E 01-01 03/4

Münchener Handbuch zum Arbeitsrecht

Herausgegeben von

Dr. Heinrich Kiel
Vorsitzender Richter am Bundesarbeitsgericht
Honorarprofessor an der
Universität Hannover

Dr. Stefan Lunk
Rechtsanwalt und Fachanwalt
für Arbeitsrecht, Hamburg
Honorarprofessor an der Universität zu Kiel

Dr. Hartmut Oetker
Professor an der Universität zu Kiel
Richter am Thüringer Oberlandesgericht

Band 3

Die einzelnen Bände
des Münchener Handbuchs zum Arbeitsrecht

Band 1
§§ 1–100
Individualarbeitsrecht I
Band 2
§§ 101–214
Individualarbeitsrecht II
Band 3
§§ 215–312
Kollektives Arbeitsrecht I
Band 4
§§ 313–394
Kollektives Arbeitsrecht II,
Arbeitsgerichtsverfahren

Münchener Handbuch zum Arbeitsrecht

Band 3
Kollektives Arbeitsrecht I

Herausgegeben von

Dr. Heinrich Kiel
Vorsitzender Richter am Bundesarbeitsgericht
Honorarprofessor an der
Universität Hannover

Dr. Stefan Lunk
Rechtsanwalt und Fachanwalt
für Arbeitsrecht, Hamburg
Honorarprofessor an der Universität zu Kiel

Dr. Hartmut Oetker
Professor an der Universität zu Kiel
Richter am Thüringer Oberlandesgericht

1. und 2. Auflage herausgegeben von

Dr. Reinhard Richardi, Professor an der Universität Regensburg
Dr. Otfried Wlotzke †, Ministerialdirektor a. D., Honorarprofessor an der
Universität Bochum

3. Auflage herausgegeben von

Dr. Reinhard Richardi, em. Professor an der Universität Regensburg
Dr. Otfried Wlotzke †, Ministerialdirektor a. D., Honorarprofessor an der
Universität Bochum
Dr. Hellmut Wißmann, Präsident des BAG a. D., Honorarprofessor an der
Universität Halle-Wittenberg
Dr. Hartmut Oetker, Professor an der Universität zu Kiel, Richter am
Thüringer Oberlandesgericht

4. Auflage 2019

C.H.BECK

Zitiervorschlag:
MHdB ArbR/*Klumpp* § 260 Rn. 9

www.beck.de

ISBN 978 3 406 71333 0
Gesamtwerk (Bd. 1–4) 978 3 406 71330 9

© 2019 Verlag C. H. Beck oHG
Wilhelmstraße 9, 80801 München
Druck: Druckerei C. H. Beck Nördlingen
(Adresse wie Verlag)

Satz: 3w+p GmbH, Rimpar
Umschlaggestaltung: Martina Busch, Grafikdesign, Homburg Saar

Gedruckt auf säurefreiem, alterungsbeständigem Papier
(hergestellt aus chlorfrei gebleichtem Zellstoff)

Die Bearbeiter/-innen des dritten Bandes

Dr. Burkhard Boemke
Professor an der Universität Leipzig

Dr. Philipp S. Fischinger, LL.M.
Professor an der Universität Mannheim

Dr. Katja Francke
Rechtsanwältin, Fachanwältin für Arbeitsrecht, Kiel

Dr. Steffen Klumpp
Professor an der Universität Erlangen-Nürnberg

Christopher Krois, EMBA
Rechtsanwalt, Hamburg

Dr. Stefan Lunk
Rechtsanwalt, Fachwanwalt für Arbeitsrecht, Hamburg
Honorarprofessor an der Universität zu Kiel

Dr. Mathias Nebendahl
Rechtsanwalt und Notar, Fachanwalt für Arbeitsrecht, Medizinrecht und Verwaltungsrecht, Kiel
Honorarprofessor an der Universität zu Kiel

Dr. Barbara Reinhard
Rechtsanwältin, Fachanwältin für Arbeitsrecht, Frankfurt a.M.

Dr. Oliver Ricken
Professor an der Universität Bielefeld

Dr. Volker Rieble
Professor an der Universität München
Direktor am Zentrum für Arbeitsbeziehungen und Arbeitsrecht (ZAAR)

Dr. Katrin Stamer
Rechtsanwältin, Fachanwältin für Arbeitsrecht, Hamburg

Dr. Volker Vogt, LL.M.
Rechtsanwalt, Fachwanwalt für Arbeitsrecht, Hamburg

Im Einzelnen haben bearbeitet:

§§ 215, 216	Zweck und Gestaltungsformen kollektiver Beteiligung	Dr. Philipp S. Fischinger
§§ 217–221	Koalitionsfreiheit als Grundrecht der Arbeitsverfassung	Dr. Volker Rieble
§§ 222–224	Koalitionsverbandsrecht	Dr. Volker Rieble
§§ 225–231	Grundlagen des Tarifvertragsrechts	Dr. Steffen Klumpp
§§ 232–235	Voraussetzungen des Tarifvertrags	Dr. Steffen Klumpp
§§ 236–238	Reichweite und Grenzen des Tarifvertrags	Dr. Steffen Klumpp
§§ 239–244	Inhalt der Tarifnormen	Dr. Steffen Klumpp
§§ 245–250	Bindung an die Tarifnormen	Dr. Steffen Klumpp
§§ 251–256	Wirkung der Tarifnormen	Dr. Steffen Klumpp
§§ 257–259	Schuldrechtlicher Teil des Tarifvertrags	Dr. Steffen Klumpp
§§ 260, 261	Beendigung des Tarifvertrags	Dr. Steffen Klumpp
§§ 262, 263	Tarifverträge und Auslandsberührung	Dr. Steffen Klumpp
§ 264	Außertarifliche Regelung der Arbeits- und Wirtschaftsbedingungen	Dr. Steffen Klumpp
§§ 265–267	Arbeitskampfrecht: Grundlegung	Dr. Oliver Ricken
§§ 268–271	Rechtsgrundlagen des Arbeitskampfes	Dr. Oliver Ricken
§§ 272–275	Rechtmäßigkeit von Arbeitskämpfen	Dr. Oliver Ricken
§§ 276–280	Rechtsfolgen von Arbeitskampfmaßnahmen	Dr. Oliver Ricken
§§ 281, 282	Schlichtungsrecht	Dr. Oliver Ricken
§§ 283–290	Betriebsverfassungsrecht: Einführung und Grundsätze der Betriebsverfassung	Dr. Burkhard Boemke
§§ 291–297	Betriebsrat	Christopher Krois
§§ 298, 299	Betriebsversammlung	Dr. Stefan Lunk
§§ 300–302	Gesamtbetriebsrat und Konzernbetriebsrat	Dr. Mathias Nebendahl
§§ 303–306	Jugend- und Auszubildendenvertretung	Dr. Katrin Stamer
§ 307	Wirtschaftsausschuss	Dr. Katrin Stamer
§ 308	Einigungsstelle	Dr. Barbara Reinhard
§ 309	Sonderregelungen	Dr. Volker Vogt
§§ 310–312	Sprecherausschuss der leitenden Angestellten	Dr. Katja Francke

Vorwort zu Band 3

Mit Band 3 des Münchener Handbuchs zum Arbeitsrecht beginnt die Darstellung des kollektiven Arbeitsrechts. Der Band widmet sich im Anschluss an das Recht der Koalitionen insbesondere dem Tarifvertragsrecht sowie dem Arbeitskampfrecht. Zugleich leitet Band 3 über zum Betriebsverfassungsrecht und erläutert die Rahmenbedingungen für die Organisation der Betriebsverfassung und deren Leitmaximen. Die Mitwirkungs- und Mitbestimmungsrechte des Betriebsrats, das europäische Betriebsverfassungsrecht sowie das Recht der Unternehmensmitbestimmung sind Gegenstand des in Kürze erscheinenden 4. Bandes, der zugleich das arbeitsgerichtliche Verfahren behandelt. Die Manuskripte für die 4. Auflage berücksichtigen den Stand der Rechtsentwicklung bis zum 1.8.2018.

Die Herausgeber danken allen Autorinnen und Autoren, die mit großem Engagement und Geduld die Manuskripte erstellt und aufgrund des zeitlichen Abstandes zur 3. Auflage zum Teil grundlegend überarbeitet und neu verfasst haben. Auch für Band 3 schulden wir Frau *Katharina Losso* stellvertretend für die Mitarbeiterinnen und Mitarbeiter des Verlags C.H.BECK einen besonderen Dank für die sorgfältige redaktionelle Betreuung der Manuskripte.

Erfurt, Hamburg und Kiel, den 1. Oktober 2018

Heinrich Kiel
Stefan Lunk
Hartmut Oetker

Inhaltsverzeichnis

Die Bearbeiter/-innen des dritten Bandes V
Im Einzelnen haben bearbeitet: VII
Vorwort zu Band 3 IX
Abkürzungsverzeichnis XV
Literaturverzeichnis XXXIX

Drittes Buch: Kollektives Arbeitsrecht

Erster Abschnitt: Zweck und Gestaltungsformen kollektiver Beteiligung 1
   § 215   Kollektives Arbeitsrecht als Arbeitsverfassungsrecht 1
   § 216   Tarifvertragssystem und institutionelle Mitbestimmung 15

Zweiter Abschnitt: Koalitionsfreiheit als Grundrecht der Arbeitsverfassung 19
   § 217   Entwicklung und Rechtsquellen der Koalitionsfreiheit 21
   § 218   Reichweite der Koalitionsfreiheit 28
   § 219   Koalitionsfreiheit des Einzelnen 52
   § 220   Koalitionsfreiheit der Koalition 64
   § 221   Koalitionsfreiheit und Wirtschaftsordnung 91

Dritter Abschnitt: Koalitionsverbandsrecht 99
   § 222   Gewerkschaften und Arbeitgeberverbände in Deutschland 99
   § 223   Organisationsrecht der Koalitionen 115
   § 224   Rechte und Pflichten der Mitglieder 125

Vierter Abschnitt: Tarifvertragsrecht 137

Erstes Kapitel: Grundlagen des Tarifvertragsrechts 137
   § 225   Entwicklung des Tarifvertragsrechts 137
   § 226   Tarifvertrag und Grundgesetz 145
   § 227   Tarifvertrag und Europarecht 151
   § 228   Sonstige internationale Gewährleistungen des Tarifvertrags 158
   § 229   TVG als Regelungsquelle des Tarifvertrags 161
   § 230   Tarifvertrag als Normen- und Schuldvertrag 165
   § 231   Funktionen des Tarifvertrags 170

Zweites Kapitel: Voraussetzungen des Tarifvertrags 176
   § 232   Tariffähigkeit 176
   § 233   Tarifzuständigkeit 197
   § 234   Abschluss des Tarifvertrags 213
   § 235   Publizität des Tarifvertrags 230

Drittes Kapitel: Reichweite und Grenzen des Tarifvertrags 241
   § 236   Umfang der Tarifmacht 241
   § 237   Grenzen der Tarifmacht 253
   § 238   Geltungsbereich des Tarifvertrags 284

Viertes Kapitel: Inhalt der Tarifnormen 299
   § 239   Individualnormen 299
   § 240   Betriebsnormen und betriebsverfassungsrechtliche Normen 313
   § 241   Prozessuale Normen 323
   § 242   Normen über gemeinsame Einrichtungen 326
   § 243   Auslegung der tariflichen Normen 339

Inhaltsverzeichnis

§ 244	Tarifliche Normenkontrolle	351

Fünftes Kapitel: Bindung an die Tarifnormen ... 361
    § 245 Mitgliedschaftliche Tarifbindung ... 361
    § 246 Schuldrechtliche Bezugnahme ... 379
    § 247 Tarifgeltung nach Betriebsübergang und Umwandlung ... 399
    § 248 Tariferstreckung durch Allgemeinverbindlichkeitserklärung ... 413
    § 249 Tarifbasierte Rechtsverordnung ... 445
    § 250 Tarifbindung und Vergaberecht (Tariftreue) ... 453

Sechstes Kapitel: Wirkung der Tarifnormen ... 458
    § 251 Normwirkung ... 458
    § 252 Öffnungsklauseln ... 464
    § 253 Günstigkeitsprinzip ... 472
    § 254 Schutz vor Rechtsverlust ... 492
    § 255 Durchsetzung tariflicher Rechte ... 501
    § 256 Tarifkollision ... 508

Siebtes Kapitel: Schuldrechtlicher Teil des Tarifvertrags ... 534
    § 257 Tarifnormen dienende Regelungen ... 534
    § 258 Tarifnormersetzende Regelungen ... 550
    § 259 Durchsetzung der tariflichen Schuldpflichten ... 554

Achtes Kapitel: Beendigung des Tarifvertrags ... 561
    § 260 Beendigungstatbestände ... 561
    § 261 Nachwirkung der Tarifnormen ... 574

Neuntes Kapitel: Tarifverträge und Auslandsberührung ... 592
    § 262 Tarifvertrag mit Auslandsberührung ... 592
    § 263 Internationale Tarifverträge ... 599

Zehntes Kapitel: Außertarifliche Regelung der Arbeits- und Wirtschaftsbedingungen ... 605
    § 264 Außertarifliche Vereinbarungen ... 605

Fünfter Abschnitt: Arbeitskampf- und Schlichtungsrecht ... 611

Erstes Kapitel: Arbeitskampfrecht ... 611
Erster Titel: Grundlegung ... 611
    § 265 Begriff und Arten des Arbeitskampfes ... 611
    § 266 Ziele und Beteiligte des Arbeitskampfes ... 626
    § 267 Überblick über die geschichtliche Entwicklung des Arbeitskampfrechts ... 632
Zweiter Titel: Rechtsgrundlagen des Arbeitskampfes ... 637
    § 268 Arbeitskampfrecht in der Verfassung ... 637
    § 269 Internationales Recht und Arbeitskampfrecht ... 643
    § 270 Einfaches Bundesrecht ... 664
    § 271 Landesrecht ... 668
Dritter Titel: Rechtmäßigkeit von Arbeitskämpfen ... 672
    § 272 Der Streik ... 672
    § 273 Sonstige Kampfmittel der Arbeitnehmerseite ... 720
    § 274 Die Aussperrung ... 727
    § 275 Sonstige Kampfmittel auf Arbeitgeberseite ... 733
Vierter Titel: Rechtsfolgen von Arbeitskampfmaßnahmen ... 741
    § 276 Auswirkungen von Streiks auf das Arbeitsverhältnis ... 741
    § 277 Auswirkungen der Aussperrung auf das Arbeitsverhältnis ... 762
    § 278 Rechtsfolgen für die beteiligten Verbände ... 766

§ 279	Rechtsfolgen bei Drittbetroffenen	773
§ 280	Arbeitskampf und Sozialrecht	791

Zweites Kapitel: Schlichtungsrecht ... 804
 § 281 Staatliche Schlichtung ... 804
 § 282 Tarifliche Schlichtung und Mediation ... 807

Sechster Abschnitt: Betriebsverfassungsrecht ... 815

Erstes Kapitel: Einführung und Grundsätze der Betriebsverfassung ... 815
 § 283 Einführung ... 815
 § 284 Sachlicher und räumlicher Geltungsbereich des Betriebsverfassungsgesetzes ... 826
 § 285 Persönlicher Geltungsbereich des Betriebsverfassungsgesetzes ... 840
 § 286 Beteiligte der Betriebsverfassung ... 870
 § 287 Rechtsverhältnis zwischen Arbeitgeber und Betriebsrat ... 883
 § 288 Leitgrundsätze der Betriebsverfassung ... 899
 § 289 Koalitionen im Betrieb ... 914
 § 290 Rechte des einzelnen Arbeitnehmers auf Grund des Betriebsverfassungsgesetzes (§§ 81 ff. BetrVG) ... 923

Zweites Kapitel: Organisation der Betriebsverfassung ... 935
Erster Titel: Betriebsrat ... 935
 § 291 Wahl und Zusammensetzung des Betriebsrats ... 935
 § 292 Amtszeit des Betriebsrats, Erlöschen der Mitgliedschaft, Ersatzmitglieder ... 1009
 § 293 Organisation des Betriebsrats ... 1042
 § 294 Geschäftsführung des Betriebsrats ... 1060
 § 295 Rechtsstellung der Betriebsratsmitglieder ... 1098
 § 296 Kosten der Betriebsverfassung ... 1156
 § 297 Amtsenthebung und Gesetzesverstöße des Arbeitgebers ... 1177
Zweiter Titel: Betriebsversammlung ... 1197
 § 298 Grundlagen ... 1197
 § 299 Durchführung der Betriebsversammlung ... 1204
Dritter Titel: Gesamtbetriebsrat und Konzernbetriebsrat ... 1232
 § 300 Gesamtbetriebsrat ... 1232
 § 301 Betriebsräteversammlung ... 1282
 § 302 Konzernbetriebsrat ... 1289
 § 303 Betriebliche Jugend- und Auszubildendenvertretung ... 1323
 § 304 Betriebliche Jugend- und Auszubildendenversammlung ... 1345
 § 305 Gesamt-Jugend- und Auszubildendenvertretung ... 1350
 § 306 Konzern-Jugend- und Auszubildendenvertretung ... 1358
Fünfter Titel: Wirtschaftsausschuss ... 1366
 § 307 Wirtschaftsausschuss ... 1366
Sechster Titel: Einigungsstelle ... 1401
 § 308 Einigungsstelle ... 1401
Siebenter Titel: Sonderregelungen ... 1463
 § 309 Seeschifffahrt und Luftfahrt ... 1463
Achter Titel: Sprecherausschuss der leitenden Angestellten ... 1472
 § 310 Grundlagen ... 1472
 § 311 Organisation ... 1487
 § 312 Mitwirkung der leitenden Angestellten ... 1533

Sachverzeichnis ... 1565

Abkürzungsverzeichnis

Zeitschriften werden, soweit nicht anders angegeben, nach Jahr und Seite zitiert.

a.	auch
aA	anderer Ansicht
AA	Arbeitsrecht aktiv (Zeitschrift)
AAG	Gesetz über den Ausgleich der Arbeitgeberaufwendungen für Entgeltfortzahlung (Aufwendungsausgleichsgesetz)
aaO	am angegebenen Ort
ÄArbVtrG	Gesetz über befristete Arbeitsverträge mit Ärzten in der Weiterbildung
ABA	Arbeitsgemeinschaft für betriebliche Altersversorgung oder Arbeit, Beruf und Arbeitslosenhilfe (Zeitschrift)
ABG	Allgemeines Berggesetz für die Preuß. Staaten
AbgG	Gesetz über die Rechtsverhältnisse der Mitglieder des Deutschen Bundestages (Abgeordnetengesetz)
ABl.	Amtsblatt
abl.	ablehnend
ABl. EG	Amtsblatt der Europäischen Gemeinschaften; vor 1958: Amtsblatt der EGKS
ABM	Arbeitsbeschaffungsmaßnahmen
Abs.	Absatz
AcP	Archiv für die civilistische Praxis
ADHGB	Allgemeines Deutsches Handelsgesetzbuch
aE	am Ende
AEMR	Allgemeinen Erklärung der Menschenrechte
AEntG	Arbeitnehmer-Entsendegesetz
AerlV	Arbeitserlaubnisverordnung
AEVO	Ausbilder-Eignungsverordnung
aF	alte Fassung
AfM	Allgemeiner Ausschuss für Menschenrechte
AfA	Absetzung für Abnutzungen
AFG	Arbeitsförderungsgesetz
AFKG	Arbeitsförderungs-Konsolidierungsgesetz
AfP	Archiv für Presserecht
AFRG	Arbeitsförderungs-Reformgesetz
AG	Aktiengesellschaft
AGB	Allgemeine Geschäftsbedingungen
AGBG	Gesetz zur Regelung des Rechts der Allgemeinen Geschäftsbedingungen (AGB-Gesetz)
AGBGB	Ausführungsgesetz zum BGB
AGG	Allgemeines Gleichbehandlungsgesetz
AHB	Allgemeine Versicherungsbedingungen für die Haftpflichtversicherung
AiB	Arbeitsrecht im Betrieb (Zeitschrift)
AK	Alternativkommentar
AKB	Allgemeine Bedingungen für die Kfz-Versicherung
AktG	Recht der Aktiengesellschaften und der Kommanditgesellschaften auf Aktien (Aktiengesetz)
ALG	Gesetz über die Alterssicherung der Landwirte
allg.	allgemein
AltZertG	Altersvorsorgeverträge-Zertifizierungsgesetz

Abkürzungsverzeichnis

AlhiV	Arbeitslosenhilfe-Verordnung
Alt.	Alternative
aM	anderer Meinung
AMRE	Allgemeine Erklärung der Menschenrechte
amtl.	amtlich/e(r)
ANBA	Amtliche Nachrichten der Bundesanstalt für Arbeit
ÄndG	Gesetz zur Änderung
ANErfG	Gesetz über Arbeitnehmererfindungen
AngKSchG	Gesetz über die Fristen für die Kündigung von Angestellten
AnglG	Gesetz zur Angleichung der Bestandsrenten an das Nettorentenniveau der BRD und zu weiteren rentenrechtlichen Regelungen
Anh.	Anhang
Anm.	Anmerkung
AnVG	Angestelltenversicherungsgesetz
AnVNG	Gesetz zur Neuregelung des Rechts der Rentenversicherung der Angestellten
AnwBl.	Anwaltsblatt
AO	Abgabenordnung
AOK	Allgemeine Ortskrankenkasse
AöR	Archiv des öffentlichen Rechts
AP	Nachschlagewerk des Bundesarbeitsgerichts (Arbeitsrechtliche Praxis)
AR-Blattei	Arbeitsrecht-Blattei
ARB	Allgemeine Bedingungen für die Rechtsschutz-Versicherung
ArbG	Arbeitsgericht
ArbGeb.	Der Arbeitgeber (Zeitschrift)
ArbGG	Arbeitsgerichtsgesetz
ArbGV	Arbeitsgerichtsverfahren
ArbKrankhG	Gesetz zur Verbesserung der wirtschaftlichen Stellung der Arbeiter im Krankheitsfalle
ArbnErfG	Gesetz über Arbeitnehmererfindungen
ArbPlSchG	Gesetz über den Schutz des Arbeitsplatzes bei Einberufung zum Wehrdienst (Arbeitsplatzschutzgesetz)
Arb	Arbeitsrecht Aktuell (Zeitschrift)
ArbRB	Der Arbeits-Rechts-Berater (Zeitschrift)
ArbRBerG	Gesetz zur Änderung des Kündigungsrechts und anderer arbeitsrechtlicher Vorschriften (Arbeitsrechtsbereinigungsgesetz)
ArbRBeschFG	Arbeitsrechtliches Beschäftigungsförderungsgesetz
ArbRGeg.	Das Arbeitsrecht der Gegenwart, Jahrbuch
ArbSchG	Arbeitsschutzgesetz
ArbSG	Gesetz zur Sicherstellung von Arbeitsleistungen für Zwecke der Verteidigung einschließlich des Schutzes der Zivilbevölkerung (Arbeitssicherstellungsgesetz)
ArbStättR	Arbeitsstättenrichtlinie
ArbStättV	VO über Arbeitsstätten
ArbStoffV	VO über gefährliche Arbeitsstoffe (Arbeitsstoffverordnung)
ArbuSozPol.	Arbeit und Sozialpolitik, Mitteilungsblatt des Arbeitsministeriums Nordrhein-Westfalen
ArbuSozR	Arbeits- und Sozialrecht, Mitteilungsblatt des Arbeitsministeriums Baden-Württemberg
ArbVG	Arbeitsvertragsgesetz
ArbZG	Arbeitszeitgesetz

Abkürzungsverzeichnis

ArbZRG	Gesetz zur Vereinheitlichung und Flexibilisierung des Arbeitszeitrechts (Arbeitszeitrechtsgesetz)
arg.	Argumentum, argumentiert
arg. e	argumentum e (folgt aus)
ARS	Arbeitsrechtssammlung mit Entscheidungen des Reichsarbeitsgerichts, der Landesarbeitsgerichte und Arbeitsgerichte (s. auch BenshSlg.)
ARSt.	Arbeitsrecht in Stichworten (Zeitschrift)
Art.	Artikel
ArztR	Arztrecht (Zeitschrift)
ASG	Arbeitssicherstellungsgesetz
ASiG	Gesetz über Betriebsärzte, Sicherheitsingenieure und andere Fachkräfte für Arbeitssicherheit (Arbeitssicherheitsgesetz)
ASJ	Arbeitsgemeinschaft Sozialdemokratischer Juristinnen und Juristen
AsylVfG	Gesetz über das Asylverfahren
AT	Allgemeiner Teil
ATG, ATZG	Altersteilzeitgesetz
ATO	Allgemeine Tarifordnung für Arbeitnehmer im öffentlichen Dienst
ATZ	Altersteilzeit
AuA	Arbeit und Arbeitsrecht (Zeitschrift)
AuB	Arbeit und Beruf (Zeitschrift)
AUB	Allgemeine Unfallversicherungs-Bedingungen; Arbeitsunfähigkeitsbescheinigung(en)
AufenthG	Gesetz über den Aufenthalt, die Erwerbstätigkeit und die Integration von Ausländern im Bundesgebiet (Aufenthaltsgesetz)
AufenthG/EWG	Gesetz über Einreise und Aufenthalt von Staatsangehörigen der Mitgliedstaaten der Europäischen Wirtschaftsgemeinschaft, außer Kraft am 1.1.2005
Aufl.	Auflage
AUG	Auslandsunterhaltsgesetz
AÜG	Gesetz zur Regelung der gewerbsmäßigen Arbeitnehmerüberlassung (Arbeitnehmerüberlassungsgesetz)
AuR	Arbeit und Recht (Zeitschrift)
ausf.	ausführlich
AusfG	Ausführungsgesetz
AusfVO	Ausführungsverordnung
AuslandsrentenVO	VO über die Zahlung von Renten in das Ausland
AuslG	Ausländergesetz
AVAG	Anerkennungs- und Vollstreckungsausführungsgesetz
AVAVG	Gesetz über Arbeitsvermittlung und Arbeitslosenversicherung
AVB	Allgemeine Versicherungsbedingungen
AVE	Allgemeinverbindlichkeitserklärung
AvermV	Arbeitsvermittlungsverordnung
AVG	Angestelltenversicherungsgesetz
AvmG	Altersvermögensgesetz
AwbG NW	Arbeitnehmerweiterbildungsgesetz Nordrhein-Westfalen
AWD	Außenwirtschaftsdienst des Betriebs-Beraters (Zeitschrift)
AWG	Außenwirtschaftsgesetz
Az.	Aktenzeichen
AZO	Arbeitszeitordnung
BA	Bundesagentur für Arbeit, Bundesanstalt für Arbeit
BaFin	Bundesanstalt für Finanzdienstleistungen

Abkürzungsverzeichnis

BAföG	Bundesgesetz über individuelle Förderung der Ausbildung (Bundesausbildungsförderungsgesetz)
BAG	Bundesarbeitsgericht
BAGE	Sammlung der Entscheidungen des Bundesarbeitsgerichts
BAGReport	BAGReport – Schnelldienst zur arbeitsgerichtlichen Rechtsprechung des BAG und des EuGH (Zeitschrift)
BAnz.	Bundesanzeiger
BArbBl.	Bundesarbeitsblatt
BarwertVO	VO zur Ermittlung des Barwerts einer auszugleichenden Versorgung
BAT	Bundes-Angestelltentarifvertrag
BAT-O	Tarifvertrag zur Anpassung des Tarifrechts – Manteltarifliche Vorschriften
BAV	Bundesaufsichtsamt für das Versicherungswesen
BayGlG	Bayerisches Gleichstellungsgesetz
BayObLG	Bayerisches Oberstes Landesgericht
BayVBl.	Bayerisches Verwaltungsblatt
BayVGH	Bayerischer Verwaltungsgerichtshof
BB	Betriebs-Berater (Zeitschrift)
BbergG	Bundesberggesetz
BbesG	Bundesbesoldungsgesetz
BBG	Bundesbeamtengesetz
Bbg	Brandenburg
BbgDSG	Brandenburgisches Datenschutzgesetz
BBiG	Berufsbildungsgesetz
Bd.	Band
BDA	Bundesvereinigung Deutscher Arbeitgeberverbände
BDI	Bundesverband der Deutschen Industrie
BDO	Bundesdisziplinarordnung
BDSG	Bundesdatenschutzgesetz
Bln	Berlin
beA	besonderes elektronisches Anwaltspostfach
BeamtSt	Beamtenstatusgesetz
BeamtVG	Beamtenversorgungsgesetz
BeckRS	Rechtsprechungssammlung auf beck-online
BEEG	Bundeselterngeld- und Elternzeitgesetz
BEG	Bundesgesetz zur Entschädigung für Opfer der nationalsozialistischen Verfolgung (Bundesentschädigungsgesetz)
Begr.	Begründung
Br	Behindertenrecht (Zeitschrift)
Beil.	Beilage
Bek.	Bekanntmachung
ber.	berichtigt
BK	Bundeskanzler
Bl.	Blatt
BMVg	Bundesministerium der Verteidigung
BenshSlg.	Entscheidungen des Reichsarbeitsgerichts und der Landesarbeitsgerichte, verlegt bei Bensheimer (Bensheimer Sammlung, s. auch ARS)
BePR	Betriebliche Prävention (Zeitschrift)
BerBiFG	Gesetz zur Förderung der Berufsbildung durch Planung und Forschung (Berufsbildungsförderungsgesetz)

Abkürzungsverzeichnis

BerHG	Gesetz über Rechtsberatung und Vertretung für Bürger mit geringem Einkommen (Beratungshilfegesetz)
BErzGG	Bundeserziehungsgeldgesetz
BeschFG 1985	Gesetz über arbeitsrechtliche Vorschriften zur Beschäftigungsförderung (Beschäftigungsförderungsgesetz 1985)
BeschFG 1996	Beschäftigungsförderungsgesetz 1996
BeschSG, BeschSchG	Gesetz zum Schutz der Beschäftigten vor sexueller Belästigung am Arbeitsplatz (Beschäftigtenschutzgesetz)
besVG	besonderen Verhandlungsgremium
BetrAV	Betriebliche Altersversorgung (Zeitschrift)
BetrAVG	Gesetz zur Verbesserung der betrieblichen Altersversorgung (Betriebsrentengesetz)
BetrVerf.	Betriebsverfassung
BetrVerf-ReformG	Betriebsverfassungs-Reformgesetz 2001
BetrVG	Betriebsverfassungsgesetz
BverfG	Bundesverfassungsgericht
BeurkG	Beurkundungsgesetz
BewG	Bewertungsgesetz
BezG	Bezirksgericht
BfA	Bundesversicherungsanstalt für Angestellte
BfG	Bank für Gemeinwirtschaft
BFDG	Bundesfreiwilligendienstgesetz
BFH	Bundesfinanzhof
BFH/NV	Sammlung amtlich nicht veröffentlichter Entscheidungen des BFH
BFHE	Sammlung der Entscheidungen des BFH
BG	Die Berufsgenossenschaft (Zeitschrift)
BGB	Bürgerliches Gesetzbuch
BGBl.	Bundesgesetzblatt
BGG	Behindertengleichstellungsgesetz
BGH	Bundesgerichtshof
BGH GS	Bundesgerichtshof Großer Senat
BGHSt.	Entscheidungen des Bundesgerichtshofs in Strafsachen
BGHZ	Entscheidungen des Bundesgerichtshofs in Zivilsachen
BGleiG	Gesetz zur Gleichstellung von Frauen und Männern in der Bundesverwaltung und in den Gerichten des Bundes (Bundesgleichstellungsgesetz)
BGremBG	Gesetz über die Berufung und Entsendung von Frauen und Männern in Gremien im Einflussbereich des Bundes (Bundesgremienbesetzungsgesetz)
BHO	Bundeshaushaltsordnung
BIBB	Bundesinstitut für berufliche Bildung
BildUrlG	Hessisches Gesetz über den Anspruch auf Bildungsurlaub (Bildungsurlaubsgesetz)
BillBG	Gesetz zur Bekämpfung der illegalen Beschäftigung
BImSchG	Gesetz zum Schutz vor schädlichen Umwelteinwirkungen durch Luftverunreinigungen, Geräusche, Erschütterungen und ähnliche Vorgänge (Bundesimmissionsschutzgesetz)
BinnSchG	Gesetz betreffend die privatrechtlichen Verhältnisse der Binnenschifffahrt (Binnenschifffahrtsgesetz)
BKGG	Bundeskindergeldgesetz
BKK	Die Betriebskrankenkasse (Zeitschrift)
BKV	Berufskrankheitenverordnung

Abkürzungsverzeichnis

BLG	Bundesleistungsgesetz
BlnDSG	Berliner Datenschutzgesetz
BlStSozArbR	Blätter für Steuerrecht, Sozialversicherung und Arbeitsrecht (Zeitschrift)
BMAS	Bundesminister(ium) für Arbeit und Soziales
BMF	Bundesminister(ium) der Finanzen
BMBF	Bundesminister(ium) für Bildung und Forschung
BMG	Bundesminister(ium) für Gesundheit
BMI	Bundesminister(ium) des Innern
BMietG	Bundesmietengesetz
BMJ	Bundesminister(ium) der Justiz
BMTG	Bundesmanteltarifvertrag für Arbeiter gemeindlicher Verwaltungen und Betriebe
BMTV	Bundesmanteltarifvertrag
BMWI	Bundesminister(ium) für Wirtschaft und Technologie
b + p	Betrieb und Personal (Zeitschrift)
BPatA	Bundespatentamt
BPatG	Bundespatentgericht
BPersVG	Bundespersonalvertretungsgesetz
BR	Der Betriebsrat (Zeitschrift); Bundesrat
BRAGO	Bundesrechtsanwaltsgebührenordnung
BRAO	Bundesrechtsanwaltsordnung
BRD	Bundesrepublik Deutschland
BR-Drs.	Drucksache des Deutschen Bundesrates
BrDSG	Bremisches Datenschutzgesetz
BReg.	Bundesregierung
Breithaupt	Sammlung von Entscheidungen aus dem Gericht der Sozialversicherung, Versorgung und Arbeitslosenversicherung
BRG	Betriebsrätegesetz vom 4. 2. 1920
BR-Prot.	Stenographische Berichte des Bundesrates (zit. Datum Jahr u. S.)
BRRG	Beamtenrechtsrahmengesetz
BRT	Bundesrahmentarif
BRTV	Bundesrahmentarifvertrag
BRTV-Bau	Bundesrahmentarifvertrag für Arbeiter des Baugewerbes
BrZ	Britische Zone
BSeuchG	Bundesseuchengesetz
BSG	Bundessozialgericht
BSGE	Sammlung der Entscheidungen des BSG
BSHG	Bundessozialhilfegesetz
BStBl.	Bundessteuerblatt
bspw.	beispielsweise
BT-Drs.	Drucksache des Deutschen Bundestages
BtG	Betreuungsgesetz
BtMG	Betäubungsmittelgesetz
BT-Prot.	Stenographische Berichte des Deutschen Bundestages (zit. nach Legislaturperiode u. S.)
Buchst.	Buchstabe
BühnenObSchG	Bühnenoberschiedsgericht
BUrlG	Mindesturlaubsgesetz für Arbeitnehmer (Bundesurlaubsgesetz)
BUV	Betriebs- und Unternehmensverfassung (Zeitschrift)
BuW	Betrieb und Wirtschaft (Zeitschrift)
BVerfG	Bundesverfassungsgericht
BVerfGE	Sammlung der Entscheidungen des Bundesverfassungsgerichts

Abkürzungsverzeichnis

BVerfGK	Neue Amtliche Sammlung der Kammerentscheidungen des Bundesverfassungsgerichts
BVerwG	Bundesverwaltungsgericht
BVFG	Bundesvertriebenengesetz
BVG	Gesetz über die Versorgung der Opfer des Krieges (Bundesversorgungsgesetz)
BVS	Bergmannsversorgungsschein
BVSG-NRW	Gesetz über den Bergmannsversorgungsschein Nordrhein-Westfalen
BW	Baden-Württemberg
BwKoopG	Kooperationsgesetz der Bundeswehr v. 30. 7. 2004 (BGBl. I S. 2027)
BWpVerwPG	Bundeswertpapierverwaltungspersonalgesetz v. 12. 7. 2006 (BGBl. I S. 1469)
Bay	Bayern
bzgl.	bezüglich
BzG BW	Bildungszeitgesetz Baden-Württemberg
BZRG	Bundeszentralregistergesetz
bzw.	beziehungsweise
ca.	circa
CaS	Causa Sport (Zeitschrift)
c.c.	code civil
CGD	Christlicher Gewerkschaftsbund Deutschland
ChemG	Gesetz zum Schutz vor gefährlichen Stoffen (Chemikaliengesetz)
cic.	culpa in contrahendo (Verschulden bei Vertragsschluss)
CMLR	Common Market Law Review
CMR	Übereinkommen über den Beförderungsvertrag im internationalen Straßengüterverkehr
CR	Computer und Recht (Zeitschrift)
DAG	Deutsche Angestelltengewerkschaft
DAngVers	Die Angestelltenversicherung (Zeitschrift)
DAR	Deutsches Autorecht (Zeitschrift)
DArbR	Deutsches Arbeitsrecht (Zeitschrift)
DAWAG	Deutsche Angestellten WohnungsbauAG
DB	Der Betrieb (Zeitschrift)
DCGK	Deutscher Corporate Governance Kodex
DDR	Deutsche Demokratische Republik
ders.	derselbe
DesignG	Designgesetz
DEVO	Verordnung über die ErfaDaten von Daten für die Träger der Sozialversicherung und für die Bundesanstalt für Arbeit (Datenerfassungs-Verordnung)
DFB	Deutscher Fußballbund
DGB	Deutscher Gewerkschaftsbund
dh	das heißt
dies.	dieselbe(n)
diff.	differenzieren(d)
Diss.	Dissertation
DJ	Deutsche Justiz (Zeitschrift)
DJT	Deutscher Juristentag
DM	Deutsche Mark
DNotZ	Deutsche Notar-Zeitschrift
DöD	Der öffentliche Dienst (Zeitschrift)

Abkürzungsverzeichnis

DOK	Die Ortskrankenkasse (Zeitschrift)
DöV	Die öffentliche Verwaltung (Zeitschrift)
DRdA	Das Recht der Arbeit (österreichische Zeitschrift)
DRiG	Deutsches Richtergesetz
DrittelbG	Drittelbeteiligungsgesetz
DRiZ	Deutsche Richterzeitung (Zeitschrift)
Drs.	Drucksache
DRsp.	Deutsche Rechtsprechung (Zeitschrift)
DruckgasVO	Druckgasverordnung
DruckluftVO	VO über Arbeiten in Druckluft (Druckluftverordnung)
DRV	Deutsche Rentenversicherung
DSG	Datenschutzgesetz
DSG-LSA	Datenschutzgesetz Sachsen-Anhalt
DSG-MV	Datenschutzgesetz Mecklenburg-Vorpommern
DSG-NW	Datenschutzgesetz Nordrhein-Westfalen
DSGVO	Datenschutz-Grundverordnung
DStR	Deutsches Steuerrecht (Zeitschrift)
DSuDS	Datenschutz und Datensicherung (Zeitschrift) (s. auch DuD)
DSWR	Datenverarbeitung in Steuer, Wirtschaft und Recht (Zeitschrift)
DtZ	Deutsch-Deutsche Rechtszeitschrift
DuD	Datenschutz und Datensicherung (Zeitschrift) (s. auch DsuDS)
DurchfBest.	Durchführungsbestimmung
DüVO	Verordnung über die Datenübermittlung auf maschinell verwertbaren Datenträgern im Lage der Sozialversicherung und der Bundesanstalt für Arbeit (Datenübermittlungs-Verordnung)
DVAuslG	Durchführungsverordnung zum Ausländergesetz
DVBl.	Deutsches Verwaltungsblatt (Zeitschrift)
DVersZ	Deutsche Versicherungs-Zeitschrift für Sozialversicherung und Privatversicherung
DV-EWG	Verordnung zur Durchführung der Verordnung (EWG)
DVO	Durchführungsverordnung
DVO zum AVAVG	Durchführungsverordnung zum Gesetz über die Arbeitsvermittlung und Arbeitslosenversicherung
DZWiR	Deutsche Zeitschrift für Wirtschaftsrecht
E	Entwurf; Entscheidung (in der amtlichen Sammlung)
EA, Euratom	Vertrag zur Gründung der Europäischen Atomgemeinschaft
EAS	Europäisches Arbeits- und Sozialrecht, Rechtsvorschriften, Systematische Darstellungen und Entscheidungssammlung
EBRG	Europäische Betriebsräte-Gesetz
EEK	Sabel, Entscheidungssammlung zur Entgeltfortzahlung an Arbeiter und Angestellte bei Krankheit, Kur und anderen Arbeitsverhinderungen
EFG	Entscheidungen der Finanzgerichte (Zeitschrift)
EFZ	Entgeltfortzahlung
EFZG	Gesetz über die Zahlung des Arbeitsentgeltes an Sonn- und Feiertagen und im Krankheitsfall
EG	Europäische Gemeinschaft(en); Vertrag zur Gründung der Europäischen Gemeinschaft; Einführungsgesetz
EGBGB	Einführungsgesetz zum Bürgerlichen Gesetzbuch
EGInsO	Einführungsgesetz zur Insolvenzordnung
EGKS	Europäische Gemeinschaft für Kohle und Stahl

Abkürzungsverzeichnis

EGKSV	Vertrag über die Gründung der Europäischen Gemeinschaft für Kohle und Stahl
EGMR	Europäischer Gerichtshof für Menschenrechte
EGV	Vertrag zur Gründung der Europäischen Gemeinschaft
EheG	Ehegesetz
1. EheRG	Erstes Gesetz zur Reform des Ehe- und Familienrechts
EhfG	Entwicklungshelfergesetz
EignÜG	Gesetz über den Einfluß von Eignungsübungen der Streitkräfte auf Vertragsverhältnisse der Arbeitnehmer und Handelsvertreter sowie auf Beamtenverhältnisse (Eignungsübungsgesetz)
Einf.	Einführung
Einl.	Einleitung
EKD	Evangelische Kirche in Deutschland
EKMR	Europäische Kommission für Menschenrechte
EMRK	Konvention zum Schutze der Menschenrechte und Grundfreiheiten
endg.	endgültig
ENeuOG	Eisenbahnneuordnungsgesetz
EntgTranspG	Entgelttransparenzgesetz
ErgBd.	Ergänzungsband
Ersk.	Die Ersatzkasse (Zeitschrift)
ESC	Europäische Sozialcharta
EStDV	Einkommensteuer-Durchführungsverordnung
EStER	Einkommensteuer-Ergänzungsrichtlinien
EStG	Einkommensteuergesetz
EStR	Einkommensteuer-Richtlinien
ESVGH	Entscheidungssammlung des Hessischen Verwaltungsgerichtshofs und des Verwaltungsgerichtshofs Baden-Württemberg
etc.	et cetera
EU	(Vertrag über die) Europäische Union
EuAbgG	Gesetz zur Regelung der Rechtsstellung von Abgeordneten des Europa-Parlaments
EuGH	Europäischer Gerichtshof
EuGHE	Entscheidungen des Gerichtshofs der Europäischen Gemeinschaften
EuGRZ	Europäische Grundrechte (Zeitschrift)
EuGVÜ	Übereinkommen über die gerichtliche Zuständigkeit und die Vollstreckung gerichtlicher Entscheidungen in Zivil- und Handelssachen
EuGVVO	Verordnung Nr. 12/2015/EU über die gerichtliche Zuständigkeit und die Vollstreckung gerichtlicher Entscheidungen in Zivil- und Handelssachen (Brüssel Ia-VO)
EuInsVO	Europäische Insolvenzverordnung
EuR	Europarecht (Zeitschrift)
EuroA	Infodienst Europäisches Arbeits- und Sozialrecht (sonstige gebräuchliche Verwendung)
EüVÜ	Übereinkommen von Rom über das auf vertragliche Schuldverhältnisse anzuwendende Recht vom 19.6.1980
EuZW	Europäische Zeitschrift für Wirtschaftsrecht
eV	eingetragener Verein
EVertr.	Vertrag zwischen der BRD und der DDR über die Herstellung der Einheit Deutschlands vom 31.8.1990 (BGBl. II S. 889)
EWG	Europäische Wirtschaftsgemeinschaft

Abkürzungsverzeichnis

EWG-Richtl.	Richtlinie(n) der Europäischen Wirtschaftsgemeinschaft
EWGV	Vertrag zur Gründung einer Europäischen Wirtschaftsgemeinschaft
EWG-VO	Verordnung der Europäischen Wirtschaftsgemeinschaft
EWiR	Entscheidungen zum Wirtschaftsrecht (Zeitschrift)
EWIV	Europäische wirtschaftliche Interessenvereinigung
EWS	Europäisches Währungssystem; Europäisches Wirtschafts- und Steuerrecht (Zeitschrift)
EzA	Entscheidungen zum Arbeitsrecht, hrsg. von Stahlhacke und Kreft
EZAR	Entscheidungssammlung zum Ausländer- und Asylrecht, hrsg. von Wollenschläger/Weickhardt/Renner
EzAÜG	Entscheidungssammlung zum Arbeitnehmerüberlassungsgesetz und zum sonstigen drittbezogenen Personaleinsatz
EzB	Entscheidungssammlung zum Berufsbildungsrecht, hrsg. von Horst-Dieter Hurlebaus
EzBAT	Entscheidungssammlung zum BAT
EzS	Entscheidungssammlung zum Sozialversicherungsrecht
f., ff.	folgende, fortfolgende
FA	Fachanwalt Arbeitsrecht (Zeitschrift)
FamG	Familiengericht
FamRZ	Zeitschrift für das gesamte Familienrecht
FAZ	Frankfurter Allgemeine Zeitung
FdA	Anordnung des Verwaltungsrats der Bundesanstalt für Arbeit zur Förderung der Arbeitsaufnahme
FernUSG	Gesetz zum Schutz der Teilnehmer am Fernunterricht (Fernunterrichtsschutzgesetz)
FFG	Gesetz zur Förderung von Frauen und der Vereinbarkeit von Familie und Beruf in der Bundesverwaltung und den Gerichten des Bundes (Frauenfördergesetz)
FG	Finanzgericht
FGG	Gesetz über die Angelegenheiten der freiwilligen Gerichtsbarkeit
FGO	Finanzgerichtsordnung
Film u. Recht	Film und Recht (Zeitschrift)
FinDAG	Gesetz über die Bundesanstalt für Finanzdienstleistungsaufsicht
Fn.	Fußnote
FPfZG	Familienpflegezeitgesetz
FreizügG/EU	Gesetz über die allgemeine Freizügigkeit von Unionsbürgern
FRG	Fremdrentengesetz
FS	Festschrift
Fusions-RL	Richtlinie 2005/56/EG über die Verschmelzung von Kapitalgesellschaften aus verschiedenen Mitgliedstaaten
G.	Gesetz (nur für Fußnoten)
GaststG	Gaststättengesetz
GBl.	Gesetzblatt
GBl.-DDR	Gesetzblatt der DDR
GbR	Gesellschaft bürgerlichen Rechts
GdB	Grad der Behinderung
GebrMG	Gebrauchsmustergesetz
GefStoffV	Gefahrstoffverordnung
gem.	gemäß
GenG	Gesetz über die Erwerbs- und Wirtschaftsgenossenschaften (Genossenschaftsgesetz)

Abkürzungsverzeichnis

GenDG	Gendiagnostikgesetz
GerSiG	Gesetz über technische Arbeitsmittel (Gerätesicherheitsgesetz)
GesO	Gesamtvollstreckungsordnung
GewA	Gewerbe-Archiv (Zeitschrift)
Gewerkschafter	Der Gewerkschafter (Zeitschrift)
GewM	Gewerkschaftliche Monatshefte
GewO	Gewerbeordnung
GewStDV	Gewerbesteuer-Durchführungsverordnung
GewStG	Gewerbesteuergesetz
GFG	Graduiertenförderungsgesetz
GG	Grundgesetz
ggf.	gegebenenfalls
ggü.	gegenüber
GKG	Gerichtskostengesetz
GleiBG, GleichberG	Gleichberechtigungsgesetz
GmbH	Gesellschaft mit beschränkter Haftung
GmbHG	Gesetz über die Gesellschaften mit beschränkter Haftung
GmbHR	GmbH-Rundschau (Zeitschrift)
GMBl.	Gemeinsames Ministerialblatt
GmS-OGB	Gemeinsamer Senat der Obersten Gerichtshöfe des Bundes
GO	Gemeindeordnung
GRC	Grundrechte-Charta
grdl.	grundlegend
grds.	grundsätzlich
GRUR	Gewerblicher Rechtsschutz und Urheberrecht (Zeitschrift)
GRUR Ausl.	Gewerblicher Rechtsschutz und Urheberrecht, Auslands- und internationaler Teil (Zeitschrift)
GRUR-Int.	Gewerblicher Rechtsschutz und Urheberrecht, international
GS	Großer Senat; Gedenkschrift, Gedächtnisschrift
GS NW	Gesetzessammlung des Landes Nordrhein-Westfalen
GSG	Gesundheitsstrukturgesetz
GV NW	Gesetzes- und Verordnungsblatt des Landes Nordrhein-Westfalen
GVBl.	Gesetzes- und Verordnungsblatt
GVG	Gerichtsverfassungsgesetz
GWB	Gesetz gegen Wettbewerbsbeschränkungen (Kartellgesetz)
hA	herrschende Ansicht
HAG	Heimarbeitsgesetz
HandwO	Handwerksordnung
Brem	Bremen
Hbd.	Halbband
HdaVÄndG	Gesetz zur Änderung dienst- und arbeitsrechtlicher Vorschriften im Hochschulbereich
Hess	Hessen
HebG	Hebammengesetz
HessDSG	Hessisches Datenschutzgesetz
HFVG	Gesetz über befristete Arbeitsverträge mit wissenschaftlichem Personal an Hochschulen und Forschungseinrichtungen
HGB	Handelsgesetzbuch
Hmb	Hamburg
HinterlO	Hinterlegungsordnung

Abkürzungsverzeichnis

hL	herrschende Lehre
hM	herrschende Meinung
HmbDSG	Landesdatenschutzgesetz Hamburg
HPflG	Haftpflichtgesetz
HRefG	Handelsrechtsreformgesetz
HRG	Hochschulrahmengesetz
HRR	Höchstrichterliche Rechtsprechung (Zeitschrift)
Hs.	Halbsatz
HVBG-Info	Aktueller Informationsdienst für die berufsgenossenschaftliche Sachbearbeitung, hrsg. vom Hauptverband der gewerblichen Berufsgenossenschaften
Hwb AR	Handwörterbuch zum Arbeitsrecht, Loseblatt
HwVG	Handwerkerversicherungsgesetz
HZvNG	Hüttenknappschaftliches Zusatzversicherungs-Neuregelungs-Gesetz
IAA	Internationales Arbeitsamt
IAK	Internationale Arbeitskonferenz
IAO	Internationale Arbeitsorganisation
IPBPR	Internationale Pakt über bürgerliche und politische Rechte (IPBPR) v. 19.12.1966
idF	in der Fassung
idR	in der Regel
idS	in dem Sinne
iErg	im Ergebnis
ieS	im engeren Sinne
IfSG	Infektionsschutzgesetz
IG	Industriegewerkschaft
IG BCE	Industriegewerkschaft Bergbau, Chemie, Energie
IHK	Industrie- und Handelskammer
iHd	in Höhe des
II. WohnbauG	Zweites Wohnungsbaugesetz (Wohnungsbau- und Familienheimgesetz)
ILO	International Labour Organisation (Internationale Arbeitsorganisation)
InfAuslR	Informationsbrief Ausländerrecht
info also	Informationen zum Arbeitslosenrecht und Sozialhilferecht (Zeitschrift)
InkrG	Gesetz über die Inkraftsetzung von Rechtsvorschriften der BRD in der ehemaligen DDR
insbes.	insbesondere
insg.	insgesamt
InsO	Insolvenzordnung
InsV	Insolvenzverwalter
IPR	Internationales Privatrecht
IPRax.	Praxis des internationalen Privatrechts (Zeitschrift)
IPRNG	Gesetz zur Neuregelung des IPR vom 25.7.1886
iRd	im Rahmen des
iRv	im Rahmen von
iSd	im Sinne des/der
iSe	Im Sinne einer/s
IStR	Internationales Steuerrecht (Zeitschrift)
iSv	im Sinne von

Abkürzungsverzeichnis

iÜ	im Übrigen
iVm	in Verbindung mit
IWB	Internationale Wirtschaftsbriefe (Zeitschrift)
iwS	im weiteren Sinne
IZPR	Internationales Zivilprozessrecht
iZw	im Zweifel
JA	Juristische Arbeitsblätter (Zeitschrift)
JArbSchG	Gesetz zum Schutz der arbeitenden Jugend (Jugendarbeitsschutzgesetz)
JbArbR	Jahrbuch des Arbeitsrechts
JbeitrO	Justizbeitreibungsordnung
Jg.	Jahrgang
JGG	Jugendgerichtsgesetz
JMBl.	Justizministerialblatt
JöR	Jahrbuch des öffentlichen Rechts
JÖSchG	Gesetz zum Schutz der Jugend in der Öffentlichkeit
JR	Juristische Rundschau (Zeitschrift)
JSchG	Jugendschutzgesetz
Jura	Jura, Ausbildungszeitschrift
JurA	Juristische Analysen (Zeitschrift)
JurBüro	Das juristische Büro (Zeitschrift)
juris	Juristisches Informationssystem für die Bundesrepublik Deutschland
JuS	Juristische Schulung (Zeitschrift)
JW	Juristische Wochenschrift (Zeitschrift)
JZ	Juristenzeitung (Zeitschrift)
KABl.	Kirchliches Amtsblatt
KAGH	Kirchlicher Arbeitsgerichtshof
Kap.	Kapitel
KAPOVAZ	Kapazitätsorientierte variable Arbeitszeit
KArbT	Kirchlicher Tarifvertrag Arbeiter
KAT	Kirchlicher Arbeitsvertrag Angestellter
KBR	Konzernbetriebsrat
KfzPflVV	Verordnung über den Versicherungsschutz in der Kraftfahrzeug-Haftpflichtversicherung (Kraftfahrzeug-Pflichtversicherungsverordnung)
KG	Kammergericht; Kommanditgesellschaft
KGaA	Kommanditgesellschaft auf Aktien
KGJ	Jahrbuch der Entscheidungen des KG
KGVOBl.	Gesetzes- und Verordnungsblatt der Kirche
KH	Das Krankenhaus (Zeitschrift)
KJ	Kritische Justiz (Zeitschrift)
KJB	Karlsruher Juristische Bibliographie
KJHG	Kinder- und Jugendhilfegesetz
KnVNG	Knappschaftsrentenversicherungs-Neuregelungsgesetz
KO	Konkursordnung
Koda.	Kommission zur Ordnung des diözesanen Arbeitsvertragsrechts
KOM	Kommissionsdokumente
KonkTrW	Zeitschrift für Konkurs, Treuhand und Schiedsgerichtswesen
KostG	Kostengesetz
KostRspr.	Kostenrechtsprechung, Nachschlagewerk
KRG	Kontrollratsgesetz

Abkürzungsverzeichnis

KrG	Kreisgericht
krit.	kritisch
KritV	Kritischen Vierteljahresschrift für Gesetzgebung und Rechtswissenschaft
KrPflG	Krankenpflegegesetz
KrV	Die Krankenversicherung (Zeitschrift)
KrWG	Kreislaufwirtschaftsgesetz
KS	Vertrag über die Gründung der Europäischen Gemeinschaft für Kohle und Stahl
KSchG	Kündigungsschutzgesetz
KStDVO	Körperschaftsteuer-Durchführungsverordnung
KStG	Körperschaftsteuergesetz
KSVG	Künstler-Sozialversicherungsgesetz
KSzW	Kölner Schrift zum Wirtschaftsrecht
KTS	Zeitschrift für Insolvenzrecht (Konkurs-Treuhand-Sanierung)
KündFG	Kündigungsfristengesetz
KuR	Zeitschrift für die kirchliche und staatliche Praxis
KVLG	Gesetz über die Krankenversicherung der Landwirte
KVRS	Die Krankenversicherung in Rechtsprechung und Schrifttum
LadSchlG	Gesetz über den Ladenschluss (auch LSchlG)
LAG	Landesarbeitsgericht
LAGE	Entscheidungen der Landesarbeitsgerichte, hrsg. von Lipke
LAGReport	LAGReport – Schnelldienst zur Rechtsprechung der Landesarbeitsgerichte (Zeitschrift)
LAM	Landesarbeitsministerium
LAO	Vorläufige Landarbeiterverordnung
LAV	Landesstelle für Arbeitsvermittlung
LDSG-BW	Landesdatenschutzgesetz Baden-Württemberg
LDSG-RP	Landesdatenschutzgesetz Rheinland-Pfalz
LDSG-SH	Landesdatenschutzgesetz Schleswig-Holstein
LFZ	Lohnfortzahlung
LFZG	Gesetz über die Fortzahlung des Arbeitsentgelts im Krankheitsfalle (Lohnfortzahlungsgesetz)
LG	Landgericht
lit.	Buchstabe
LohnabzVO	Lohnabzugsverordnung
LPartG	Lebenspartnerschaftsgesetz
LPVG	Landespersonalvertretungsgesetz (BW, NW)
LReg.	Landesregierung
Ls.	Leitsatz, Leitsätze
LSA	Sachsen-Anhalt
LSchlG	Gesetz über den Ladenschluss (auch LadSchlG)
LSG	Landessozialgericht
LStDV	Lohnsteuer-Durchführungsverordnung
LStR	Lohnsteuer-Richtlinien
lt.	laut, gemäß
LVA	Landesversicherungsanstalt
LVerf.	Landesverfassung
mAnm	mit Anmerkung
MAVO	Rahmenordnung für eine Mitarbeitervertretungsordnung in der kath. Kirche

Abkürzungsverzeichnis

max.	maximal
MBl.	Ministerialblatt
MDR	Monatsschrift für Deutsches Recht (Zeitschrift)
mE	meines Erachtens
MedR	Medizinrecht (Zeitschrift)
MgVG	Gesetz über die Mitbestimmung der Arbeitnehmer bei einer grenzüberschreitenden Verschmelzung
MHRG	Gesetz zur Regelung der Miethöhe (Zweites Wohnraum-Kündigungsschutzgesetz)
MietRÄndG	Mietrechtsänderungsgesetz
MietSchG	Mieterschutzgesetz
MiLoG	Mindestlohngesetz
mind.	mindestens
MindArbbG	Gesetz über Mindestarbeitsbedingungen
MitbestBeiG	Mitbestimmungs-Beibehaltungsgesetz
MitbestErgG	Gesetz zur Ergänzung des Gesetzes über die Mitbestimmung der Arbeitnehmer in den Aufsichtsräten und Vorständen der Unternehmen des Bergbaus und der Eisen und Stahl erzeugenden Industrie (Montan-Mitbestimmungsergänzungsgesetz)
MitbestG	Gesetz über die Mitbestimmung der Arbeitnehmer (Mitbestimmungsgesetz)
Mitbestimmung	Die Mitbestimmung (Zeitschrift)
Montan-MitbestG	Gesetz über die Mitbestimmung der Arbeitnehmer in den Aufsichtsräten und Vorständen der Unternehmen des Bergbaus und der Eisen und Stahl erzeugenden Industrie (Montan-Mitbestimmungsgesetz)
Mot.	Motive
Mrd.	Milliarde(n)
MSA	Minderjährigenschutzabkommen
MTA	Manteltarifvertrag für die Angestellten der Bundesanstalt für Arbeit vom 21.4.1961
MTB	Manteltarifvertrag für Arbeiter des Bundes
MTL	Manteltarifvertrag für Arbeiter der Länder
MTM	Methods Time Measurement
MTV	Manteltarifvertrag
MuSchG	Gesetz zum Schutz der erwerbstätigen Mutter (Mutterschutzgesetz)
MV	Mecklenburg-Vorpommern
MVG.EKD	Mitarbeitervertretungsgesetz der EKD
mvN	mit vielen Nachweisen
mwN	mit weiteren Nachweisen
mWv	mit Wirkung vom
mWz	mit Wirkung zum
mzN	mit zahlreichen Nachweisen
NachwG	Gesetz über den Nachweis der für ein Arbeitsverhältnis geltenden wesentlichen Bestimmungen (Nachweisgesetz)
NATO	North Atlantic Treaty Organization, Atlantikpakt-Organisation
NBildUG	Niedersächsisches Bildungsurlaubsgesetz
Nds	Niedersachsen
NDSG	Niedersächsisches Landesdatenschutzgesetz
nF	neue Fassung, neue Folge
NGG	Niedersächsisches Gleichberechtigungsgesetz
NJ	Neue Justiz (Zeitschrift)

Abkürzungsverzeichnis

NJW	Neue Juristische Wochenschrift (Zeitschrift)
NJW-CoR	NJW-Computerreport
NJW-RR	NJW-Rechtsprechungs-Report (Zivilrecht)
Nr.	Nummer
nrkr	nicht rechtskräftig
NRW	Nordrhein-Westfalen (s. NW)
NS	Nationalsozialismus
NStZ	Neue Zeitschrift für Strafrecht
NTS	Abkommen zwischen den Parteien des Nordatlantik-Pakts über die Rechtsstellung ihrer Truppen (NATO-Truppenstatut)
NuR	Natur und Recht (Zeitschrift)
nv	nicht veröffentlicht
NVersZ	Neue Zeitschrift für Versicherung und Recht
NVwZ	Neue Zeitschrift für Verwaltungsrecht
NVwZ-RR	NVwZ-Rechtsprechungs-Report Verwaltungsrecht
NW	Nordrhein-Westfalen (auch NRW)
NZA	Neue Zeitschrift für Arbeitsrecht
NZA-RR	NZA-Rechtsprechungs-Report Arbeitsrecht
NZI	Neue Zeitschrift für Insolvenz- und Sanierungsrecht
NZM	Neue Zeitschrift für Miet- und Wohnungsrecht
NZS	Neue Zeitschrift für Sozialrecht
NZV	Neue Zeitschrift für Verkehrsrecht
oÄ	oder ähnliche(s)
OECD	Organization for Economic Cooperation and Development
OEEC	Organization for European Economic Cooperation, Organisation für Europäische wirtschaftliche Zusammenarbeit
OEG	Gesetz über die Entschädigung für Opfer von Gewalttaten
OFD	Oberfinanzdirektion
og	oben genannt
OGH	Oberster Gerichtshof
OHG	offene Handelsgesellschaft
OLG	Oberlandesgericht
OLGE	Rechtsprechung der Oberlandesgerichte
OVG	Oberverwaltungsgericht
OWiG	Gesetz über Ordnungswidrigkeiten
PatG	Patentgesetz
PersF	Personalführung (Zeitschrift)
Personal	Personal, Mensch und Arbeit im Betrieb (Zeitschrift)
PersR	Personalrat (Zeitschrift)
PersV	Personalvertretung (Zeitschrift)
PersVG	Personalvertretungsgesetz (des Landes)
PflegeZG	Pflegezeitgesetz
PflR	Pflegerecht (Zeitschrift)
PflVG	Pflichtversicherungsgesetz
PHI	Produkthaftpflicht International (Zeitschrift)
PKH	Prozesskostenhilfe
PostG	Postgesetz
PrALR	Allgemeine Landrecht für die Preußischen Staaten
ProdHaftG	Gesetz über die Haftung für fehlerhafte Produkte (Produkthaftungsgesetz)
ProstG	Prostitutionsgesetz

Abkürzungsverzeichnis

PSA	Personal-Service-Agentur
PSA-BV	Verordnung über Sicherheit und Gesundheitsschutz bei der Benutzung persönlicher Schutzausrüstungen bei der Arbeit
PSV	Pensionssicherungsverein
PublG	Gesetz über die Rechnungslegung von bestimmten Unternehmen und Konzernen
pVV	positive Vertragsverletzung
RabelsZ	Zeitschrift für ausländisches und internationales Privatrecht (zit. nach Band u. S.)
RABl.	Reichsarbeitsblatt
RAG	Reichsarbeitsgericht
RAGE	Amtl. Sammlung der Entscheidungen des RAG
RdA	Recht der Arbeit (Zeitschrift)
RdJB	Recht des Jugend- und Bildungswesens
RdK	Recht des Kraftfahrers (Zeitschrift)
RDV	Recht der Datenverarbeitung (Zeitschrift)
Rechtspfleger	Der Deutsche Rechtspfleger (Zeitschrift)
red. Anm.	redaktionelle Anmerkung
Refa	Reichsausschuss für Arbeitszeitermittlung
RefE	Referentenentwurf
RegBl.	Regierungsblatt
RegBegr.	Regierungsbegründung
RegelungsG	Regelungsgesetz
RegEntw.	Regierungsentwurf
RegErkl.	Regierungserklärung
RehaG	Gesetz über die Angleichung der Leistungen zur Rehabilitation
RFH	Reichsfinanzhof
RG	Reichsgericht
RGBl.	Reichsgesetzblatt
RGSt.	Entscheidungen des Reichsgerichts in Strafsachen
RGZ	Entscheidung des Reichsgerichts in Zivilsachen
rkr.	rechtskräftig
RiA	Recht im Amt (Zeitschrift)
RiW	Recht der internationalen Wirtschaft (Zeitschrift)
RKG	Reichsknappschaftsgesetz
RL	Richtlinie
Rn.	Randnummer
RöV	Röntgenverordnung
RhPf	Rheinland-Pfalz
Rpfleger	Der Rechtspfleger (Zeitschrift)
RpflEntlG	Rechtspflegeentlastungsgesetz
RPflG	Rechtspflegergesetz
RRG	Rentenreformgesetz
r+s	Recht und Schaden (Zeitschrift)
Rs.	Rechtssache
Rspr.	Rechtsprechung
RsprEinhG	Gesetz zur Wahrung der Einheitlichkeit der Rechtsprechung der obersten Gerichtshöfe des Bundes
RT-Sten. Ber.	Verhandlungen des Deutschen Reichstages, Stenographische Berichte und Anlagen
RTV	Rahmentarifvertrag

Abkürzungsverzeichnis

RÜG	Gesetz zur Herstellung der Rechtseinheit in der gesetzlichen Renten- und Unfallversicherung (Rentenüberleitungsgesetz)
RuW	Recht und Wirtschaft (Zeitschrift)
RV	Die Rentenversicherung (Zeitschrift)
RVA	Reichsversicherungsamt
RVA in AN	Amtliche Nachrichten des früheren Reichsversicherungsamtes
RVerwBl.	Reichsverwaltungsblatt
RVG	Rechtsanwaltsvergütungsgesetz
RVO	Reichsversicherungsordnung
RV-TzA	Rahmenvereinbarung der europäischen Sozialpartner über Teilzeitarbeit
RzK	Rechtsprechung zum Kündigungsrecht
s.	siehe
S.	Satz
Saarl	Saarland
SächsDSG	Sächsisches Datenschutzgesetz
SAE	Sammlung arbeitsrechtlicher Entscheidungen (Zeitschrift)
SBl.	Sammelblatt
SCE	Europäische Genossenschaft
SCEAG	SCE-Ausführungsgesetz
SCEBG	SCE-Beteiligungsgesetz
SCE-RL	Richtlinie 2003/72/EG zur Ergänzung des Statuts der Europäischen Genossenschaft hinsichtlich der Beteiligung der Arbeitnehmer
SCE-VO	Verordnung (EG) Nr. 1435/2003 über das Statut der Europäischen Genossenschaft
ScheckG	Scheckgesetz
SchG	Gesetz über die Errichtung und das Verfahren der Schiedsstellen für Arbeitsrecht vom 29.6.1990 (GBl.-DDR I S. 505)
SchliG	Schlichtungsgesetz
SchliO	Schlichtungsordnung
SchulPflG	Schulpflichtgesetz
SchwArbG	Gesetz zur Bekämpfung der Schwarzarbeit
SchwbAV	Schwerbehinderten-Ausgleichsabgabeverordnung
SchwbAwV	Schwerbehindertenausweisverordnung
SchwBeschG	Schwerbeschädigtengesetz
SchwbG	Schwerbehindertengesetz
SchwbVWO	Wahlordnung Schwerbehindertenvertretungen
SDSG	Saarländisches Datenschutzgesetz
SE	Societas Europaea (Europäische Gesellschaft)
SEAG	SE-Ausführungsgesetz
SeeArbG	Seearbeitsgesetz
SEBG	SE-Beteiligungsgesetz
SE-RL	Richtlinie 2001/86/EG zur Ergänzung des Statuts der Europäischen Gesellschaft hinsichtlich der Beteiligung der Arbeitnehmer
SE-VO	Verordnung (EG) Nr. 2157/2001 über das Statut der Europäischen Gesellschaft
SeemannsG	Seemannsgesetz
SeuffA	Seufferts Archiv
SFJ	Sammlung aktueller Entscheidungen aus dem Sozial-, Familien- und Jugendrecht

Abkürzungsverzeichnis

SG	Sozialgericht
SGb.	Die Sozialgerichtsbarkeit (Zeitschrift)
SGB	Sozialgesetzbuch
SGB I	SGB – Allgemeiner Teil
SGB II	Grundsicherung für Arbeitsuchende
SGB III	Arbeitsförderung
SGB IV	Gemeinsame Vorschriften für die Sozialversicherung
SGB V	Gesetzliche Krankenversicherung
SGB VI	Gesetzliche Rentenversicherung
SGB VII	Gesetzliche Unfallversicherung
SGB VIII	Kinder- und Jugendhilfe
SGB IX	Rehabilitation und Teilhabe behinderter Menschen
SGB X	Sozialverwaltungsverfahren und Sozialdatenschutz
SGB XI	Soziale Pflegeversicherung
SGB XII	Sozialhilfe
SGG	Sozialgerichtsgesetz
sis	sicher ist sicher – Fachzeitschrift für Sicherheitstechnik, Gesundheitsschutz und menschengerechte Arbeitsgestaltung
SchiedsverfG	Ausgleichs- und Schiedsverfahrens-Kontrollratsgesetz
SchlH	Schleswig-Holstein
Slg.	Sammlung von Entscheidungen, Gesetzen etc.
SMAusbV	Schiffsmechaniker-Ausbildungsverordnung
SMBl. NW	Sammelblatt des Bereinigten Ministerialblattes für das Land Nordrhein-Westfalen
SMG	Schuldrechtsmodernisierungsgesetz
Sächs	Sachsen
sog.	so genannt(e)
SoldG	Gesetz über die Rechtsstellung der Soldaten (Soldatengesetz)
SozFort.	Sozialer Fortschritt (Zeitschrift)
SozPlKonkG	Gesetz über den Sozialplan im Konkurs
SozPolInf.	Sozialpolitische Information
SozR	Sozialrecht; Sozialrecht, Rspr. und Schrifttum, bearb. von den Richtern des BSG
SozREntschS	Sozialrechtliche Entscheidungssammlung
SozSich.	Soziale Sicherheit (Zeitschrift)
SozVers.	Die Sozialversicherung (Zeitschrift)
SozVersR	Sozialversicherungsrecht
SprAu	Sprecherausschuss
SprengG	Sprengstoffgesetz
SprengStoffVO	DurchführungsVO zum SprengG
SpTrUG	Gesetz über die Spaltung der von der Treuhandanstalt verwalteten Unternehmen
SpuRt	Zeitschrift für Sport und Recht
SR	Soziales Recht (Zeitschrift); Sonderregelung (zum BAT)
st.	ständig
st. Rspr.	ständige Rechtsprechung
Staatsvertrag	Vertrag über die Schaffung einer Währungs-, Wirtschafts- und Sozialunion zwischen der BRD u. der DDR vom 18.5.1990 (BGBl. II S. 537)
StAnpG	Steueranpassungsgesetz
Stbg.	Die Steuerberatung (Zeitschrift)
StGB	Strafgesetzbuch
StHG	Staatshaftungsgesetz

Abkürzungsverzeichnis

str.	streitig
StrlSchVO	Verordnung über den Schutz vor Schäden durch Strahlen radioaktiver Stoffe (Strahlenschutzverordnung)
StUG	Stasi-Unterlagengesetz
StuW	Steuer und Wirtschaft (Zeitschrift)
StVG	Straßenverkehrsgesetz
StVO	Straßenverkehrsordnung
StVollzG	Gesetz über den Vollzug der Freiheitsstrafe und der freiheitsentziehenden Maßregeln der Besserung und Sicherung
StVZO	Straßenverkehrszulassungsordnung
SÜG	Sicherheitsüberprüfungsgesetz
SuP	Sozialrecht + Praxis (Zeitschrift)
SvEV	Sozialversicherungsentgeltverordnung
SVG	Gesetz über die Versorgung für die ehemaligen Soldaten und ihre Hinterbliebenen (Soldatenversorgungsgesetz)
SZ	Süddeutsche Zeitung
TFG	Transfusionsgesetz
Thür	Thüringen
ThürPersVG	Thüringisches Personalvertretungsgesetz
TKG	Telekommunikationsgesetz
TOA	Tarifordnung für Angestellte
TOK	Tarifordnung für die deutschen Kulturorchester
TPG	Transplantationsgesetz
TreuhandG	Treuhandgesetz vom 17.6.1990 (GBl.-DDR I S. 300)
TVGDV	Verordnung zur Durchführung des Tarifvertragsgesetzes
TVABA	Tarifvertrag über allgemeine betriebliche Arbeitsbedingungen im rheinisch-westfälischen Steinkohlebergbau
TVAL	Tarifvertrag für Angehörige alliierter Dienststellen
TVG	Tarifvertragsgesetz
tw.	teilweise
TzBfG	Teilzeit- und Befristungsgesetz
ua	unter anderem, und andere
uä	und ähnliche
UAbs.	Unterabsatz
uam	und andere(s) mehr
UBGG	Gesetz über Unternehmensbeteiligungsgesellschaften
Übk.	Übereinkommen
UFITA	Archiv für Urheber-, Film-, Funk- und Theaterrecht (Zeitschrift)
ULA	Union leitender Angestellter
UmstG	Drittes Gesetz zur Neuordnung des Geldwesens (Umstellungsgesetz)
umstr.	umstritten
UmwG	Umwandlungsgesetz
UNO	United Nations Organization
unstr.	unstreitig
UnternehmensG	Gesetz über die Gründung und Tätigkeit privater Unternehmen und über Unternehmensbeteiligungen vom 7.3.1990 (GBl.-DDR I S. 141)
UrhG	Gesetz über Urheberrecht und verwandte Schutzrechte

Abkürzungsverzeichnis

USG	Gesetz über die Sicherung des Unterhalts der zum Wehrdienst einbe- rufenen Wehrpflichtigen und ihrer Angehörigen (Unterhaltssicherungsgesetz)
USK	Urteilssammlung für die gesetzliche Krankenversicherung
USprAu	Unternehmenssprecherausschuss
UStDV	Umsatzsteuer-Durchführungsverordnung
UStG	Umsatzsteuergesetz
usw	und so weiter
uU	unter Umständen
UVNG	Gesetz zur Neuregelung des Rechts der gesetzlichen Unfallversicherung (Unfallversicherungs-Neuregelungsgesetz)
UVV	Unfallverhütungsvorschriften
UWG	Gesetz gegen den unlauteren Wettbewerb
v.	vom, n
VA(e)	Verwaltungsakt(e)
VAG	Gesetz über die Beaufsichtigung der privaten Versicherungsunternehmen und Bausparkassen (Versicherungsaufsichtsgesetz)
Var.	Variante
VBL	Versorgungsanstalt des Bundes und der Länder
VbrInsFV	Verbraucherinsolvenzformularverordnung
ver.di	Vereinte Dienstleistungsgewerkschaft
Vereinb.	Vereinbarung
VerfDDR	Verfassung der Deutschen Demokratischen Republik
VerfE	Verfassungsentwurf
VerfGH	Verfassungsgerichtshof
VerfGHG	Gesetz über den Verfassungsgerichtshof
VerfIAO	Verfassung Internationale Arbeitsorganisation
VerglO	Vergleichsordnung
VerlG	Gesetz über das Verlagsrecht
VermBDV	Durchführungsverordnung zum Vermögensbildungsgesetz
VermBG	[Fünftes] Gesetz zur Förderung der Vermögensbildung der Arbeitnehmer (5. VermBG)
VermG	Gesetz zur Regelung offener Vermögensfragen
VersG	Versammlungsgesetz
VersR	Versicherungsrecht (Zeitschrift)
VerwR	Verwaltungsrecht
VG	Verwaltungsgericht
VGB I	Unfallverhütungsvorschriften, Allgemeine Vorschriften
VGG	Verwaltungsgerichtsgesetz
VGH	Verwaltungsgerichtshof
vgl.	vergleiche
vH	vom Hundert
ViZ	Zeitschrift für Vermögens- und Investitionsrecht
VkBl.	Verkündungsblatt
VMBl.	Ministerialblatt des Bundesministeriums (ab 1962: der Verteidigung)
VO	Verordnung
VOB Teil A/B	Verdingungsordnung für Bauleistungen, Teil A: Allgemeine Bestimmungen für die Vergabe von Bauleistungen, Teil B: Allgemeine Vertragsbedingungen für die Ausführung von Bauleistungen
VOBl.	Verordnungsblatt

Abkürzungsverzeichnis

Vorb.	Vorbemerkung
VRG	Gesetz zur Förderung von Vorruhestandsleistungen (Vorruhestandsgesetz)
VRTV	Vorruhestandstarifvertrag (Baugewerbe)
VSSR	Vierteljahresschrift für Sozialrecht
VStR	Vermögen-Steuerrichtlinien
VU	Versäumnisurteil
VVA	Allgemeine Verwaltungsvorschrift über Versicherungskarten und Aufrechnungsbescheinigungen
VVaG	Versicherungsverein auf Gegenseitigkeit
VVDStRL	Veröffentlichungen der Vereinigung der Deutschen Staatsrechtslehrer
VVG	Versicherungsvertragsgesetz
VWA	Verband weiblicher Angestellter
VwGO	Verwaltungsgerichtsordnung
VwKostG	Verwaltungskostengesetz
VwVfG	Verwaltungsverfahrensgesetz
VwVG	Verwaltungsvollstreckungsgesetz
VwZG	Verwaltungszustellungsgesetz
VwZVG	Verwaltungszustellungs- und Vollstreckungsgesetz
WahlO	Wahlordnung; s. auch WO
WasserhaushaltsG	Gesetz zur Ordnung des Wasserhaushalts
WEG	Gesetz über das Wohnungseigentum und das Dauerwohnrecht (Wohnungseigentumsgesetz)
WehrpflG	Wehrpflichtgesetz
WHG	Wasserhaushaltsgesetz
WiB	Wirtschaftsberatung (Zeitschrift)
WiKG	Gesetz zur Bekämpfung der Wirtschaftskriminalität
WinterbeschV	Winterbeschäftigungs-Verordnung
Wirt. u. Wiss.	Wirtschaft und Wissen, Die Deutsche Angestelltenzeitschrift
WiSta.	Wirtschaft und Statistik (Zeitschrift)
wistra	Zeitschrift für Wirtschaft, Steuer, Strafrecht
WissR	Wissenschaftsrecht (Zeitschrift)
WiVerw	Wirtschaft und Verwaltung (Beilage zur Zeitschrift Gewerbearchiv)
WKSchG	Gesetz über den Kündigungsschutz für Mietverhältnisse über Wohnraum
WM	Wertpapier-Mitteilungen (Zeitschrift)
WMVO	Werkstätten-Mitwirkungsverordnung (zum SGB IX)
WO	Wahlordnung; s. auch WahlO
WoGG	Wohngeldgesetz
1.(2.,3.) WOMitbestG	Erste (Zweite, Dritte) Wahlordnung zum Mitbestimmungsgesetz
WoPDV	Durchführungsverordnung zum Wohnungsbauprämiengesetz
WoPG	Wohnungsbauprämiengesetz
WODrittelbG	Wahlordnung zum Drittelbeteiligungsgesetz
WOS	Zweite Verordnung zur Durchführung des Betriebsverfassungsgesetzes (Wahlordnung Seeschifffahrt)
WOSprAuG	Wahlordnung zum Sprecherausschußgesetz
WPflG	Wehrpflichtgesetz
WpHG	Wertpapierhandelsgesetz
WRP	Wettbewerb in Recht und Praxis (Zeitschrift)

Abkürzungsverzeichnis

WRV	Verfassung des Deutschen Reiches v. 11.8.1919 (Weimarer Reichsverfassung)
WSI-(Mitt.)	Mitteilungen des Wirtschafts- und Sozialwissenschaftlichen Instituts des Deutschen Gewerkschaftsbundes
WVO	Werkstättenverordnung (zum SGB IX)
WzS	Wege zur Sozialversicherung (Zeitschrift)
WZVG	Wissenschaftszeitvertragsgesetz
ZA-NTS	Zusatzabkommen zu dem Abkommen zwischen den Parteien des Nordatlantikvertrages über die Rechtsstellung ihrer Truppen hinsichtlich der in der BRD stationierten ausländischen Truppen
ZAR	Zeitschrift für Ausländerrecht und Ausländerpolitik
ZAS	Zeitschrift für Arbeits- und Sozialrecht, Österreich
ZAV	Zentralstelle für Arbeitsvermittlung
zB	zum Beispiel
ZBlSozVers.	Zentralblatt für Sozialversicherung, Sozialhilfe und Versorgung
ZBR	Zeitschrift für Beamtenrecht
ZDG	Gesetz über den Zivildienst der Kriegsdienstverweigerer (Zivildienstgesetz)
ZDVG	Gesetz über den Vertrauensmann der Zivildienstleistenden (Zivildienstvertrauensmann-Gesetz)
ZESAR	Zeitschrift für europäisches Sozial- und Arbeitsrecht
ZeuP	Zeitschrift für Europäisches Privatrecht
ZevKr.	Zeitschrift für evangelisches Kirchenrecht
ZfA	Zeitschrift für Arbeitswissenschaft
ZfB	Zeitschrift für Bergrecht
ZfPR	Zeitschrift für Personalvertretungsrecht
zfs	Zeitschrift für Schadensrecht
ZfS	Zentralblatt für Sozialversicherung, Sozialhilfe und Versorgung
ZfSH	Zeitschrift für Sozialhilfe
ZG	Zeitschrift für Gesetzgebung
ZGB	Zivilgesetzbuch
ZGR	Zeitschrift für Unternehmens- und Gesellschaftsrecht
ZGS	Zeitschrift für das gesamte Schuldrecht
ZHR	Zeitschrift für das gesamte Handelsrecht und Wirtschaftsrecht
ZIAS	Zeitschrift für ausländisches und internationales Arbeits- und Sozialrecht
Ziff.	Ziffer
ZInsO	Zeitschrift für das gesamte Insolvenzrecht
ZIP	Zeitschrift für Wirtschaftsrecht
zit.	zitiert
ZivG	Zivilgericht
ZMR	Zeitschrift für Miet- und Raumrecht
ZMV	Zeitschrift für die Praxis der Mitarbeitervertretung in den Einrichtungen der katholischen und evangelischen Kirche
ZPO	Zivilprozessordnung
ZRHO	Rechtshilfeordnung für Zivilsachen
ZRP	Zeitschrift für Rechtspolitik
ZSEG	Gesetz über die Entschädigung von Zeugen und Sachverständigen
ZSKG	Gesetz über das Zivilschutzkorps
ZSR	Zeitschrift für Sozialreform
zT	zum Teil

Abkürzungsverzeichnis

ZTR	Zeitschrift für Tarif-, Arbeits- und Sozialrecht des öffentlichen Dienstes
zul.	zuletzt
ZUM	Zeitschrift für Urheber- und Medienrecht
zust.	zustimmend
ZustG	Zustimmungsgesetz
zVb.	zur Veröffentlichung bestimmt
ZVG	Zwangsversteigerungsgesetz
ZVK	Zusatzversorgungskasse des Baugewerbes
ZVKLG	Gesetz über die Errichtung einer Zusatzversorgungskasse in der Land- und Forstwirtschaft
zZ	zur Zeit
ZZP	Zeitschrift für Zivilprozess

Literaturverzeichnis

(Übergreifende oder abgekürzt zitierte Literatur; weitere spezielle Literatur bei den jeweiligen Bearbeitungsabschnitten)

Adomeit/Mohr	Allgemeines Gleichbehandlungsgesetz (AGG), 2. Aufl., 2011
AK-GG/*Bearbeiter*	Denninger (Hrsg.), Alternativkommentar zum GG, 3. Aufl., 2002
AKRR/*Bearbeiter*	*Annuß/Kühn/Rudolph/Rupp,* EBRG – Europäisches Betriebsrätegesetz, SEBG, MgVG, SCEBG, 2014
Altvater	*Altvater/Baden/Berg/Kröll/Noll/Seulen,* Bundespersonalvertretungsgesetz, 9. Aufl., 2016
Andres/Leithaus/ *Bearbeiter*	*Andres/Leithaus* (Hrsg.), Insolvenzordnung, Kommentar, 4. Aufl., 2018
Annuß/Thüsing/ *Bearbeiter*	*Annuß/Thüsing* (Hrsg.), Kommentar zum Teilzeit- und Befristungsgesetz, 3. Aufl., 2012
AnwK-ArbR/*Bearbeiter*	Hümmerich/Boecken/Düwell (Hrsg.), AnwaltKommentar Arbeitsrecht, 2 Bände, 2. Aufl., 2010
Anzinger/Koberski	Arbeitszeitgesetz, Kommentar, 4. Aufl., 2014
APS/*Bearbeiter*	*Ascheid/Preis/Schmidt* (Hrsg.), Kündigungsrecht, Großkommentar, 5. Aufl., 2017
ArbRBGB/*Bearbeiter*	*Schliemann/Ascheid* ua, Das Arbeitsrecht im BGB, 2. Aufl., 2012
AR/*Bearbeiter*	*Dornbusch/Fischermeier/Löwisch* (Hrsg.), AR – Kommentar zum gesamten Arbeitsrecht, 9. Aufl., 2018
Arnold/Gräfl/*Bearbeiter*	*Arnold/Gräfl* (Hrsg.), Teilzeit- und Befristungsgesetz, Kommentar, 3. Aufl., 2012
Arnold/Tillmanns/ *Bearbeiter*	*Arnold/Tillmanns* (Hrsg.), Bundesurlaubsgesetz, Praxiskommentar, 3. Aufl., 2014
Ascheid Beweislastfragen	Beweislastfragen im Kündigungsschutzprozeß, 1989
Ascheid KSchR	Kündigungsschutzrecht – Die Kündigung des Arbeitsverhältnisses, 1993
Auernhammer/ *Bearbeiter*	*Eßer/Kramer/v. Lewinski* (Hrsg.), Datenschutz-Grundverordnung/Bundesdatenschutzgesetz, Kommentar, 6. Aufl., 2018
Bachmann/Lührs	Handbuch des Jugendarbeitsschutzrechts, 9. Aufl., 1997
Baeck/Deutsch	Arbeitszeitgesetz, Kommentar, 3. Aufl., 2014
Bauer SprAuG	Sprecherausschußgesetz, 2. Aufl., 1990
Bauer/Diller	Wettbewerbsverbote, 7. Aufl., 2015
Bauer/Krieger/Günther	*Bauer/Krieger/Günther,* Allgemeines Gleichbehandlungsgesetz: AGG und Entgelttransparenzgesetz: EntgTranspG, Kommentar, 5. Aufl., 2018
Bauer/Krieger/Arnold	Arbeitsrechtliche Aufhebungsverträge, 9. Aufl., 2014
Baumbach/*Bearbeiter*	*Baumbach/Lauterbach/Albers/Hartmann,* Kommentar zur ZPO, 76. Aufl., 2018
Baumbach/Hopt/ *Bearbeiter*	*Baumbach* (Begr.), Kommentar zum HGB, 38. Aufl., 2018

Literaturverzeichnis

BBAKNS/*Bearbeiter* .... *Bader/Bram/Ahrendt/Kreutzberg-Kowalczyk/Nungeßer/Suckow,* Kündigungs- und Bestandsschutz im Arbeitsverhältnis, Loseblatt

BCF/*Bearbeiter* .... *Bader/Creutzfeld/Friedrich,* Kommentar zum Arbeitsgerichtsgesetz, 5. Aufl., 2008

BDH/*Bearbeiter* .... *Bernsau/Dreher/Hauck,* Betriebsübergang, 3. Aufl., 2010

Becker/Kingreen/
Bearbeiter .... *Becker/Kingreen* (Hrsg.), SGB V, Gesetzliche Krankenversicherung, Kommentar, 5. Aufl., 2017

Becker/Wulfgramm .... Kommentar zum Arbeitnehmerüberlassungsgesetz, 3. Aufl., 1985; Nachtrag zur 3. Aufl., 1986

BeckMandatsHdB
Vorstand der AG/
Bearbeiter .... *Lücke/Schaub* (Hrsg.), Beck'sches Mandatshandbuch, Vorstand der AG, 2. Aufl., 2010

BeckOGK/*Bearbeiter* .... *Gsell/Krüger/Lorenz/Reymann* (Hrsg.), beck-online. Großkommentar zum Zivilrecht

BeckOK ArbR/
Bearbeiter .... *Rolfs/Giesen/Kreikebohm/Udsching* (Hrsg.), Beck'scher Online-Kommentar Arbeitsrecht

BeckOK AuslR/
Bearbeiter .... *Kluth/Heusch* (Hrsg.), Beck'scher Online-Kommentar Ausländerrecht

BeckOK BGB/
Bearbeiter .... *Bamberger/Roth/Hau/Poseck* (Hrsg.), Beck'scher Online-Kommentar BGB

BeckOK GewO/
Bearbeiter .... *Pielow* (Hrsg.), Beck'scher Online-Kommentar Gewerberecht

BeckOK GG/*Bearbeiter* ... *Epping/Hillgruber* (Hrsg.), Beck'scher Online-Kommentar Grundgesetz

BeckOK SozR/
Bearbeiter .... *Rolfs/Giesen/Kreikebohm/Udsching* (Hrsg.), Beck'scher Online-Kommentar Sozialrecht

BeckOK TV-L/
Bearbeiter .... *Bepler/Böhle/Pieper/Russ* (Hrsg.) Beck'scher Online-Kommentar TV-L, Tarifverträge der Länder

BeckOK VwGO/
Bearbeiter .... *Posser/Wolf* (Hrsg.), Beck'scher Online-Kommentar VwGO

BeckOK VwVfG/
Bearbeiter .... *Bader/Ronellenfitsch* (Hrsg.), Beck'scher Online-Kommentar Verwaltungsverfahrensgesetz

BeckOK ZPO/
Bearbeiter .... *Vorwerk/Wolf* (Hrsg.), Beck'scher Online-Kommentar ZPO

Benecke/Hergenröder/
Bearbeiter .... *Benecke/Hergenröder,* BBiG – Berufsbildungsgesetz, 2009

Berger .... Einstweiliger Rechtsschutz im Zivilrecht, 2006

Berkowsky .... Die betriebsbedingte Kündigung, 6. Aufl., 2008

BerlKommGG/
Bearbeiter .... *Friauf/Höfling* (Hrsg.), Berliner Kommentar zum Grundgesetz, Loseblatt

BK/*Bearbeiter* .... *Dolzer/Vogel/Graßhoff* (Hrsg.), Bonner Kommentar zum Grundgesetz, Loseblatt

Literaturverzeichnis

BKS/*Bearbeiter*	*Berg/Kocher/Schumann* (Hrsg.), Tarifvertragsgesetz und Arbeitskampfrecht, 5. Aufl., 2015
BLP/*Bearbeiter*	*Baumgärtel/Laumen/Prütting* (Hrsg.), Handbuch der Beweislast, BGB, Schuldrecht, Besonderer Teil II, 3. Aufl., 2009
BMMS/*Bearbeiter*	*Braun/Mühlhausen/Munk/Stück,* Berufsbildungsgesetz, Kommentar, 2004
BNPM/*Bearbeiter*	*Bubenzer/Noltin/Peetz/Mallach,* Seearbeitsgesetz, Kommentar, 2015
Boecken	Unternehmensumwandlung und Arbeitsrecht, 1996
Boemke/*Bearbeiter*	*Boemke* (Hrsg.), Gewerbeordnung, Kommentar zu §§ 105–110 GewO, 2003
Boemke/Lembke/ *Bearbeiter*	*Boemke/Lembke* (Hrsg.), Arbeitnehmerüberlassungsgesetz, Kommentar, 4. Aufl., 2018
Boewer	Teilzeit- und Befristungsgesetz, 2002
Boldt	Mitbestimmungsgesetz Eisen und Kohle, 1952
Boldt/Röhsler	Kommentar zum Bundesurlaubsgesetz, 2. Aufl., 1968 mit Nachtrag 1971
Borgwardt/Fischer/Janert	Sprecherausschußgesetz für leitende Angestellte, 1990
Bork/Hölzle/*Bearbeiter*	*Bork/Hölzle* (Hrsg.), Handbuch Insolvenzrecht, 2014
Brand/*Bearbeiter*	Kommentar zum SGB III, 8. Aufl., 2018
Braun/*Bearbeiter*	*Braun* (Hrsg.), Insolvenzordnung mit EUInsVO, Kommentar, 7. Aufl., 2017
Braun/Wisskirchen/ *Bearbeiter*	*Braun/Wisskirchen* (Hrsg.), Konzernarbeitsrecht – Handbuch, 2015
Brecht Entgeltfortzahlung	*Brecht,* Entgeltfortzahlung an Feiertagen und im Krankheitsfall, 2000
Bredemeier/Neffke	TVöD/TV-L, 5. Aufl., 2017
BRO/*Bearbeiter*	*Blomeyer/Rolfs/Otto,* Betriebsrentengesetz, Kommentar, 7. Aufl., 2018
Brox/Rüthers/ *Bearbeiter*	*Brox/Rüthers* (Hrsg.), Arbeitskampfrecht, 2. Aufl., 1982
Brox/Rüthers/Henssler	Arbeitsrecht, 19. Aufl., 2016
Buchner/Becker	Mutterschutzgesetz, Bundeselterngeld- und Elternzeitgesetz, Kommentar, 8. Aufl., 2008
Burkardt	Der arbeitsrechtliche Aufhebungsvertrag, 2004
Buschmann/Ulber	Arbeitszeitgesetz, Kommentar, 8. Aufl., 2015
Callies/Ruffert/ *Bearbeiter*	*Calliess/Ruffert* (Hrsg.), EUV/AEUV, Kommentar, 5. Aufl., 2016
CFHR/*Bearbeiter*	*Cramer/Fuchs/Hirsch/Ritz,* SGB IX – Kommentar zum Recht schwerbehinderter Menschen, 6. Aufl., 2011
CKK/*Bearbeiter*	*Clemenz/Kreft/Krause,* AGB-Arbeitsrecht, Kommentar, 2013
Cramer	Schwerbehindertengesetz. Kommentar, 6. Aufl., 2011
Cramer Werkstätten	Werkstätten für behinderte Menschen, Kommentar, 5. Aufl., 2009

Literaturverzeichnis

Däubler ArbeitskampfR/ Bearbeiter	Däubler (Hrsg.), Arbeitskampfrecht, 4. Aufl., 2018
Däubler ArbR I/II	Das Arbeitsrecht, Bd. I, 16. Aufl., 2006; Bd. II, 12. Aufl., 2009
Däubler Gläserne Belegschaften	Gläserne Belegschaften, Das Handbuch zum Arbeitnehmerdatenschutz, 7. Aufl., 2017
Däubler/Kittner/Lörcher	Däubler/Kittner/Lörcher, Internationale Arbeitsordnung und Sozialordnung, 2. Aufl., 1994
DBD/Bearbeiter	Däubler/Bonin/Deinert, AGB-Kontrolle im Arbeitsrecht, Kommentar, 4. Aufl., 2014
DDZ/Bearbeiter	Däubler/Deinert/Zwanziger (Hrsg.), KSchR – Kündigungsschutzrecht, Kommentar, 10. Aufl., 2017
Deinert	Internationales Arbeitsrecht, 2013
Dieterich/Preis	Befristete Arbeitsverhältnisse in Wissenschaft und Forschung, 2001
Dietz	Arbeitszeugnisse ausstellen und beurteilen, 11. Aufl., 1999
Dietz/Richardi	Betriebsverfassungsgesetz, 6. Aufl., 2 Bände, 1981/1982
DKKW/Bearbeiter	Däubler/Kittner/Klebe/Wedde (Hrsg.), Kommentar zum Betriebsverfassungsgesetz, 16. Aufl., 2018
DKWW/Bearbeiter	Däubler/Klebe/Wedde/Weichert, Bundesdatenschutzgesetz, 5. Aufl., 2016
Dobberahn	Das neue Arbeitszeitgesetz in der Praxis, 2. Aufl., 1996
Dörner	Der befristete Arbeitsvertrag, 2. Aufl., 2011
Dörr/Schmidt	Neues Bundesdatenschutzgesetz, Handkommentar, 3. Aufl., 1997
Dreier GG/Bearbeiter	Dreier (Hrsg.), Kommentar zum Grundgesetz, Bd. I, 3. Aufl., 2013
Dütz/Thüsing	Arbeitsrecht, 23. Aufl., 2018
Düwell/Lipke/ Bearbeiter	Düwell/Lipke (Hrsg.), Arbeitsgerichtsgesetz, Kommentar, 4. Aufl., 2016
EAS/Bearbeiter	Oetker/Preis (Hrsg.), Europäisches Arbeits- und Sozialrecht, Rechtsvorschriften, Systematische Darstellungen und Entscheidungssammlung, Loseblatt
Ehmann/Helfrich	EG-Datenschutzrichtlinie, 1999
Eicher/Schlegel/ Bearbeiter	Eicher/Schlegel (Hrsg.), SGB III – Arbeitsförderungsrecht, 2016
Emmerich/Habersack Aktien-/GmbH-KonzernR	Aktien- und GmbH-Konzernrecht, 7. Aufl., 2013
Ennuschat/Wank/ Bearbeiter	Ennuschat/Wank (Hrsg.), Gewerbeordnung, 9. Aufl., 2016
Erbs/Kohlhaas/ Bearbeiter	Erbs/Kohlhaas/Häberle (Hrsg.), Strafrechtliche Nebengesetze, 216. Aufl., 2017
ErfK/Bearbeiter	Müller-Glöge/Preis/Schmidt (Hrsg.), Erfurter Kommentar zum Arbeitsrecht, 18. Aufl., 2018
Erman/Bearbeiter	BGB, Handkommentar, 2 Bde., 15. Aufl., 2017
EuArbR/Bearbeiter	Franzen/Gallner/Oetker (Hrsg.), Kommentar zum europäischen Arbeitsrecht, 2. Aufl., 2018

Literaturverzeichnis

FAHdB ArbR/ Bearbeiter	Dörner/Luczak/Wildschütz/Baeck/Hoß (Hrsg.), Handbuch des Arbeitsrechts, 14. Aufl., 2017
FCK/Bearbeiter	Förster/Cisch/Karst, Betriebsrentengesetz, Kommentar, 14. Aufl., 2014
FK-InsO/Bearbeiter	Wimmer (Hrsg.), Frankfurter Kommentar zur Insolvenzordnung: FK-InsO, 9. Aufl., 2018
Feldgen	Nachweisgesetz, 1995
Fenski	Außerbetriebliche Arbeitsverhältnisse, 2. Aufl., 2000
Fitting	Fitting/Engels/Schmidt/Trebinger/Linsenmaier, Betriebsverfassungsgesetz mit Wahlordnung, Handkommentar, 29. Aufl., 2018
FKKV DrittelbG	Freis/Kleinefeld/Kleinsorge/Voigt, Drittelbeteiligungsgesetz, 2004
FKS/Bearbeiter	Feldes/Kohte/Stevens-Bartol (Hrsg.), SGB IX Sozialgesetzbuch, Kommentar, 3. Aufl., 2015
Franßen/Haesen	Arbeitnehmerüberlassungsgesetz, Kommentar, Loseblatt
Friese	Urlaubsrecht, 2003
Frowein/Peukert	Europäische Menschenrechtskonvention, 3. Aufl., 2009
Fuchs/Köstler/Pütz	Fuchs/Köstler/Pütz, Handbuch zur Aufsichtsratswahl, 6. Aufl., 2016
Gagel/Bearbeiter	Gagel (Hrsg.), Sozialgesetzbuch III, 1999, Loseblatt
Gaier/Wendtland	Allgemeines Gleichbehandlungsgesetz – AGG, 2006
Galperin/Löwisch	Kommentar zum Betriebsverfassungsgesetz, 6. Aufl., 1982
Gamillscheg Grundrechte	Die Grundrechte im Arbeitsrecht, 1989
Gamillscheg KollArbR I	Kollektives Arbeitsrecht, Bd. I, 1997
Gamillscheg KollArbR II	Kollektives Arbeitsrecht, Bd. II, 2008
Gaul	Das Arbeitsrecht der Betriebs- und Unternehmensspaltung, 2002
Geyer/Knorr/Krasney	Geyer/Knorr/Krasney, Entgeltfortzahlung – Krankengeld – Mutterschaftsgeld, Loseblatt
GHN/Bearbeiter	Grabitz (Begr.)/Hilf/Nettesheim (Hrsg.), Das Recht der EU, Kommentar zur Europäischen Union, Loseblatt
GK-ArbGG/Bearbeiter	Ahrend ua (Bearb.), Gemeinschaftskommentar zum Arbeitsgerichtsgesetz, Loseblatt
GK-BetrVG/Bearbeiter	Wiese ua (Bearb.), Gemeinschaftskommentar zum Betriebsverfassungsgesetz, 2 Bände, 11. Aufl., 2018
GK-BetrVG/Bearbeiter[7]	Fabricius ua (Bearb.), Gemeinschaftskommentar zum Betriebsverfassungsgesetz, 2 Bände, 7. Aufl., 2002
GK-BUrlG/Bearbeiter	Stahlhacke ua (Bearb.), Gemeinschaftskommentar zum Bundesurlaubsgesetz, 5. Aufl., 1992
GK-HGB/Bearbeiter	Ensthaler (Hrsg.), Gemeinschaftskommentar zum Handelsgesetzbuch, 8. Aufl., 2015
GKK/Bearbeiter	Geiger/Kahn/Kotzur, EUV/AEUV, Kommentar 6. Aufl., 2017
GK-MitbestG/ Bearbeiter	Fabricius ua (Bearb.), Gemeinschaftskommentar zum Mitbestimmungsgesetz, Loseblatt
GK-SGB III/Bearbeiter	Ambs ua (Bearb.), Gemeinschaftskommentar zum Arbeitsförderungsrecht (GK-SGB III), 2016

Literaturverzeichnis

GK-TzA/*Bearbeiter*	*Lipke* ua (Bearb.), Gemeinschaftskommentar zum Teilzeitarbeitsrecht, 1987
Glanegger/Kirnberger/ Kusterer	*Glanegger/Kirnberger/Kusterer*, Heidelberger Kommentar zum HGB, 7. Aufl., 2007
GLF/*Bearbeiter*	*Gaul/Ludwig/Forst* (Hrsg.), Europäische Mitbestimmung, 2015
GMP/*Bearbeiter*	*Germelmann/Matthes/Prütting/Müller-Glöge/Künzl/Schlewing/ Spinner,* Arbeitsgerichtsgesetz, Kommentar, 9. Aufl., 2017
Gola/Schomerus/ *Bearbeiter*	*Gola/Schomerus* (Hrsg.), Bundesdatenschutzgesetz, Kommentar, 12. Aufl., 2015
Gola/Wronka	Handbuch zum Arbeitnehmerdatenschutz, 6. Aufl., 2013
Goldschmidt	Der Sprecherausschuß, 2. Aufl., 2008
Gotthardt	Arbeitsrecht nach der Schuldrechtsreform, 2. Aufl., 2003
Gottwald/*Bearbeiter*	*Gottwald,* Insolvenzrechts-Handbuch, 5. Aufl., 2015
Götz	Berufsbildungsrecht, 1992
Graf-Schlicker/ *Bearbeiter*	*Graf-Schlicker* (Hrsg.), Kommentar zur Insolvenzordnung, 4. Aufl., 2014
Griebeling	*Griebeling/Griebeling,* Betriebliche Altersversorgung, 2. Aufl., 2003
Groeger/*Bearbeiter*	*Groeger* (Hrsg.), Arbeitsrecht im öffentlichen Dienst, 2. Aufl, 2014
GroßK-AktG/ *Bearbeiter*	*Hirte/Mülbert/Roth* (Hrsg.), Großkommentar zum Aktiengesetz, 5. Aufl., 2015 ff.
GSH/*Bearbeiter*	*v. d. Groeben/Schwarze/Hatje* (Hrsg.), Europäisches Unionsrecht, 7. Aufl., 2015
GWBG/*Bearbeiter*	*Grunsky* (Begr.)/*Waas/Benecke/Greiner,* Arbeitsgerichtsgesetz, 8. Aufl., 2014
Habersack/Drinhausen/ *Bearbeiter*	*Habersack/Drinhausen* (Hrsg.), SE-Recht mit grenzüberschreitender Verschmelzung, 2. Aufl., 2016
Habersack/Henssler/ *Bearbeiter*	*Habersack/Henssler,* Mitbestimmungsrecht, Kommentar, 4. Aufl., 2018
Hachenburg/*Bearbeiter*	*Hachenburg* (Begr.) GmbH-Gesetz, Kommentar, 8. Aufl., 1991
Hailbronner/Geis/ *Bearbeiter*	*Hailbronner/Geis/Classen* (Hrsg.), Hochschulrecht in Bund und Ländern, Loseblatt
Hailbronner/Wilms/ *Bearbeiter*	*Hailbronner/Wilms* (Hrsg.), Recht der Europäischen Union, Loseblatt
Hamacher/*Bearbeiter*	Antragslexikon Arbeitsrecht, 2010
HambK-InsO/ *Bearbeiter*	*A. Schmidt* (Hrsg.), Hamburger Kommentar zum Insolvenzrecht, 5. Aufl., 2015
Hanau	Die Kausalität der Pflichtwidrigkeit, 1971
Hanau/Adomeit	Arbeitsrecht, 14. Aufl., 2007
Hanau/Ulmer	*Hanau/Ulmer,* Mitbestimmungsgesetz, 1981

Literaturverzeichnis

Hansen	*Hansen/Kelber/Zeißig,* Neues Arbeitsrecht, 2002
Hartmann	Gleichbehandlung und Tarifautonomie, 1994
HARV/*Bearbeiter*	*Hanau/Arteaga/Rieble/Veit,* Entgeltumwandlung, 3. Aufl., 2014
Hauck/Noftz/ *Bearbeiter*	*Hauck/Noftz* (Hrsg.), Kommentare zum SGB III, IV, VII, IX, jeweils Loseblatt
HbGR/*Bearbeiter*	*Merten/Papier* (Hrsg.), Handbuch der Grundrechte in Deutschland und Europa, Bd. V, 2013
HBS/*Bearbeiter*	*Hurlebaus/Baumstümmler/Schulien,* Berufsbildungsrecht, Loseblatt
HbStR/*Bearbeiter*	*Isensee/Kirchhof* (Hrsg.), Handbuch des Staatsrechts der Bundesrepublik Deutschland, 3. Aufl., 2003 ff.
HbVerfR/*Bearbeiter*	*Benda/Maihofer/Vogel/Hesse/Heyde* (Hrsg.), Handbuch des Verfassungsrechts, 2. Aufl., 1995
HeidelbergerK-KSchG/ *Bearbeiter*	*Dorndorf/Weller/Hauck/Kriebel/Höland/Neef,* Heidelberger Kommentar zum Kündigungsschutzgesetz, 4. Aufl., 2001
Heilmann	Kommentar zum Mutterschutzgesetz (MuSchG), Band 15, 2. Aufl., 1991
Hennig/*Bearbeiter*	*Hennig* (Hrsg.), SGB III – Arbeitsförderungsrecht, Loseblatt
Henssler	Der Arbeitsvertrag im Konzern, 1983
Henssler/Strohn/ *Bearbeiter*	*Henssler/Strohn* (Hrsg.), Gesellschaftsrecht, 3. Aufl., 2016
Herkert/Töltl	Das neue Berufsbildungsgesetz, Loseblatt
Hey/Forst/*Bearbeiter*	*Hey/Forst* (Hrsg.), Allgemeines Gleichbehandlungsgesetz, 2. Aufl., 2015
HHB/*Bearbeiter*	*Hauck/Helml/Biebl,* Arbeitsgerichtsgesetz, Kommentar, 4. Aufl., 2011
HHL/*Bearbeiter*	*v. Hoyningen-Huene/Linck/Krause,* Kündigungsschutzgesetz, Kommentar, 15. Aufl., 2013
HK-AGG/*Bearbeiter*	*Däubler/Bertzbach* (Hrsg.), Allgemeines Gleichbehandlungsgesetz, Handkommentar, 4. Aufl., 2018
HK-ArbGG/*Bearbeiter*	*Natter/Gross* (Hrsg.), Arbeitsgerichtsgesetz, Kommentar, 2. Aufl., 2013
HK-ArbR/*Bearbeiter*	*Däubler/Hjort/Schubert/Wolmerath* (Hrsg.), Arbeitsrecht, 4. Aufl., 2017
HK-ArbSchG/ *Bearbeiter*	*Heilmann/Aufhauser* (Hrsg.), Arbeitsschutzgesetz, 2. Aufl., 2015
HK-ArbSchR/ *Bearbeiter*	*Kohte/Faber/Feldhoff* (Hrsg.), Gesamtes Arbeitsschutzrecht, Handkommentar, 2. Aufl., 2018
HK-ArbZeitR/ *Bearbeiter*	*Hahn/Pfeiffer/Schubert* (Hrsg.), Arbeitszeitrecht – Handkommentar, 2014
HK-ASiG/*Bearbeiter*	*Aufhauser/Brunhöber/Igl,* Arbeitssicherheitsgesetz, 4. Aufl., 2010
HK-AÜG/*Bearbeiter*	*Ulrici,* Arbeitnehmerüberlassungsgesetz, Handkommentar, 2017
HK-BBiG/*Bearbeiter*	*Wohlgemuth* (Hrsg.), Berufsbildungsgesetz, Handkommentar, 2011

Literaturverzeichnis

HK-BetrVG/*Bearbeiter*	*Düwell* (Hrsg.), Betriebsverfassungsgesetz, Handkommentar, 5. Aufl., 2018
HK-BGB/*Bearbeiter*	*Schulze/Dörner/Ebert/Hoeren/Kemper/Saenger/Schreiber/ Schulte-Nölke/Staudinger,* Bürgerliches Gesetzbuch: BGB, 9. Aufl., 2016
HK-Dienstleistungs-RL/ *Bearbeiter*	*Schlachter/Ohler* (Hrsg.), Europäische Dienstleistungsrichtlinie: Handkommentar, 2008
HK-EFZR/*Bearbeiter*	*Feichtinger/Malkmus* (Hrsg.), Entgeltfortzahlungsrecht, Handkommentar, 2. Aufl., 2010
HK-InsO/*Bearbeiter*	*Kreft* (Hrsg.), Heidelberger Kommentar zur Insolvenzordnung, 8. Aufl., 2016
HK-KSchG/*Bearbeiter*	*Gallner/Mestwerdt/Nägele* (Hrsg.), Kündigungsschutzrecht, Handkommentar, 6. Aufl., 2018
HK-MiLoG/*Bearbeiter*	*Düwell/Schubert* (Hrsg.), Mindestlohngesetz, Handkommentar, 2. Aufl., 2016
HK-MuSchG/BEEG/ *Bearbeiter*	*Rancke* (Hrsg.), Mutterschutz, Elterngeld, Betreuungsgeld, Elternzeit, Handkommentar, 5. Aufl., 2018
HK-TzBfG/*Bearbeiter*	*Boecken/Joussen* (Hrsg.), Teilzeit- und Befristungsgesetz, Handkommentar, 5. Aufl., 2018
HMB/*Bearbeiter*	*Henssler/Moll/Bepler* (Hrsg.), Der Tarifvertrag, 2. Aufl., 2016
Höfer/*Bearbeiter*	*Höfer/Reinhard/Reich/Veit/Verhuven,* Betriebsrentenrecht, Bd. I Arbeitsrecht, Bd. II Steuerrecht/Sozialabgaben, Loseblatt
HPRW/*Bearbeiter*	*Heubeck/Höhne/Paulsdorff/Rau/Weinert,* Kommentar zum Betriebsrentengesetz, Bd. I, Arbeitsrechtliche Vorschriften, 2. Aufl., 1982
Hromadka ArbR Vorgesetze	Arbeitsrecht, Handbuch für Vorgesetzte, 5. Aufl., 2016
Hromadka/Maschmann	Arbeitsrecht, 7. Aufl., Bd. 1, 2018, Bd. 2, 7. Aufl., 2017
Hromadka/Sieg	Sprecherausschußgesetz, 4. Aufl., 2018
HS-KV/*Bearbeiter*	*Schulin* (Hrsg.), Handbuch des Sozialversicherungsrechts, Bd. 1, Krankenversicherungsrecht, 1994
HS-RV/*Bearbeiter*	*Schulin* (Hrsg.), Handbuch des Sozialversicherungsrechts, Bd. 3, Rentenversicherungsrecht, 1999
HS-UV/*Bearbeiter*	*Schulin* (Hrsg.), Handbuch des Sozialversicherungsrechts, Bd. 2, Unfallversicherungsrecht, 1996
HSW/*Bearbeiter*	*Hanau/Steinmeyer/Wank,* Handbuch des europäischen Arbeits- und Sozialrechts, 2002
Huber	*Huber,* Aufenthaltsgesetz: AufenthG, 2. Aufl., 2016
Hueck/Nipperdey	Lehrbuch des Arbeitsrechts, 7. Aufl., Bd. I 1967; Bd. II, 1. und 2. Halbbd. 1967, 1970
Hüffer/Koch	*Hüffer* (Begr.), Kommentar zum Aktiengesetz, 13. Aufl., 2018
HWGNRH/*Bearbeiter*	*Hess/Worzalla/Glock/Nicolai/Rose/Huke,* Kommentar zum Betriebsverfassungsgesetz, 10. Aufl., 2018
HWK/*Bearbeiter*	*Henssler/Willemsen/Kalb* (Hrsg.), Arbeitsrecht Kommentar, 8. Aufl., 2018
HzA/*Bearbeiter*	Handbuch zum Arbeitsrecht, hrsg. von *Stahlhacke,* fortgeführt von *Leinemann,* Loseblatt

Literaturverzeichnis

IWS/*Bearbeiter*	*Ilbertz/Widmaier/Sommer,* Bundespersonalvertretungsgesetz, 14. Aufl., 2018
Jacklofsky	Arbeitnehmerstellung und Aufsichtsratsamt, 2001
Jaeger/*Bearbeiter*	*Jaeger* (Begr.), Insolvenzordnung, Band 2, §§ 56-102, 2007
Jarass GRCh	Charta der Grundrechte der Europäischen Union: GRCh, 3. Aufl., 2016
Jarass/Pieroth	Grundgesetz für die Bundesrepublik Deutschland, Kommentar, 15. Aufl., 2018
Jauernig BGB/ *Bearbeiter*	*Stürner* (Hrsg.), Kommentar zum BGB, 17. Aufl., 2018
JKOS/*Bearbeiter*	*Jacobs/Krause/Oetker/Schubert,* Tarifvertragsrecht, 2. Aufl., 2013
Joost	Betrieb und Unternehmen als Grundbegriffe im Arbeitsrecht, 1988
Junker GK ArbR	Grundkurs Arbeitsrecht, 17. Aufl., 2018
KAEW/*Bearbeiter*	*Koberski/Asshoff/Eustrup/Winkler,* Arbeitnehmer-Entsendegesetz, Mindestarbeitsbedingungengesetz, Kommentar, 3. Aufl., 2011
Kaiser	Sprecherausschüsse für leitende Angestellte, 1995
Kallmeyer/*Bearbeiter*	*Kallmeyer* (Hrsg.), Umwandlungsgesetz, 6. Aufl., 2017
Kamanabrou ArbR	Arbeitsrecht, 2017
Karst/Cisch/*Bearbeiter*	*Karst/Cisch* (Hrsg.), Betriebsrentengesetz, 15. Aufl., 2018
KölnKomm-UmwG/ *Bearbeiter*	*Dauner-Lieb/Simon* (Hrsg.), Kölner Kommentar zum Umwandlungsgesetz, 2009
KBKB/*Bearbeiter*	*Krasney/Burchardt/Kruschinsky/Becker,* Gesetzliche Unfallversicherung (SGB VII), Kommentar Loseblattausgabe
KDHK/*Bearbeiter*	*Kaiser* (Begr.)/*Dunkl/Hold/Kleinsorge,* Entgeltfortzahlungsgesetz, Kommentar, 5. Aufl., 2000
KDZ/*Bearbeiter* KSchR ...	*Kittner/Däubler/Zwanziger* (Hrsg.), KSchR-Kündigungsschutzrecht, 9. Aufl., 2014
Kempen/Zachert/ *Bearbeiter*	*Kempen/Zachert* (Hrsg.), Tarifvertragsgesetz (TVG), Kommentar, 5. Aufl., 2014
Kern/*Bearbeiter*	*Kern* (Hrsg.), Gendiagnostikgesetz, Kommentar, 2012
Kerwer	Das europäische Gemeinschaftsrecht und die Rechtsprechung der deutschen Arbeitsgerichte, 2003
KHb ArbR/*Bearbeiter*	*Leinemann* (Hrsg.), Kasseler Handbuch zum Arbeitsrecht, 2. Aufl., 2000
KHM/*Bearbeiter*	*Kossens/von der Heide/Maaß,* SGB IX, Kommentar, 4. Aufl., 2015
Kiel/Koch	Die betriebsbedingte Kündigung, 2000
Kissel AK	Arbeitskampfrecht, 2002
Kittner AK	Arbeitskampf - Geschichte, Recht, Gegenwart, 2005
KK/*Bearbeiter*	*Körner/Leitherer/Mutschler* (Hrsg.), Kasseler Kommentar Sozialversicherungsrecht, Loseblatt
KKBH/*Bearbeiter*	*Kemper/Kisters-Kölkes/Berenz/Huber/Betz-Rehm,* BetrAVG, Kommentar zum Betriebsrentengesetz, 8. Aufl., 2018
KLM/*Bearbeiter*	*Kisters-Kölkes/Linken/Meissner,* Leitfaden bAV: Betriebsrentenstärkungsgesetz (BRSG), 2017
KKS/*Bearbeiter*	*Kollmer/Klindt/Schucht* (Hrsg.), Arbeitsschutzgesetz, Kommentar, 3. Aufl., 2016

Literaturverzeichnis

KKW/*Bearbeiter*	*Kreikebohm/Knickrehm/Waltermann* (Hrsg.), Kommentar zum Sozialrecht, 5. Aufl., 2017
Kliemt	Formerfordernisse im Arbeitsverhältnis, 1995
Knopp/Kraegeloh	Kommentar zum Berufsbildungsgesetz, 5. Aufl., 2005
KJP/*Bearbeiter*	*Koll/Janning/pinter*, Arbeitsschutzgesetz, Kommentar für die betriebliche und behördliche Praxis, Loseblatt
Kollmer	*Kollmer*, Arbeitsstättenverordnung, 3. Aufl., 2009
KölnKomm-AktG/ *Bearbeiter*	*Zöllner/Noack* (Hrsg.), Kölner Kommentar zum Aktiengesetz, 3. Aufl., 2004 ff.
Köstler/Müller/Sick	Aufsichtsratspraxis, 10. Aufl., 2013
Kötter	Kommentar zum Mitbestimmungsrecht, 1952
KPB/*Bearbeiter*	*Kübler/Prütting/Bork* (Hrsg.), Kommentar zur Insolvenzordnung, Loseblatt
KR/*Bearbeiter*	*Etzel/Bader/Fischermeier* ua, Gemeinschaftskommentar zum Kündigungsschutzgesetz und zu sonstigen kündigungsschutzrechtlichen Vorschriften, 11. Aufl., 2016
Kreikebohm SGB IV/ *Bearbeiter*	*Kreikebohm* (Hrsg.), SGB IV, Sozialgesetzbuch – Gemeinsame Vorschriften für die Sozialversicherung, 2. Aufl., 2014
Kreikebohm SGB VI/ *Bearbeiter*	*Kreikebohm* (Hrsg.), Gesetzliche Rentenversicherung, SGB VI, 5. Aufl., 2017
Kretz	Arbeitnehmer-Entsendegesetz: Gesetz über zwingende Arbeitsbedingungen bei grenzüberschreitenden Dienstleistungen; Leitfaden für die Praxis, 1996
Krummel	Zeugnis und Auskunft im Arbeitsrecht, Diss. Bielefeld 1983
Kunz/Wedde	Entgeltfortzahlungsrecht – EFZR, Kommentar, 4. Aufl., 2015
Küttner/*Bearbeiter*	*Küttner* (Hrsg.), Personalbuch 2018, Arbeitsrecht, Lohnsteuerrecht, Sozialversicherungsrecht, 25. Aufl., 2018
KZB/*Bearbeiter*	*Kelber/Zeißig/Birkefeld* (Hrsg.), Rechtshandbuch Führungskräfte, 2016
KZDH/*Bearbeiter*	*Kittner/Zwanziger/Deinert/Heuschmid* (Hrsg.), Arbeitsrecht, Handbuch für die Praxis, 9. Aufl., 2017
Lakies	Befristete Arbeitsverträge, 3. Aufl., 2012
Lakies Berufsausbildung	Rechte und Pflichten in der Berufsausbildung, 2. Aufl., 2014
Lakies Inhaltskontrolle	Inhaltskontrolle von Arbeitsverträgen, 2014
Lakies/Schoden JArbSchG	Jugendarbeitsschutzgesetz, 7. Aufl., 2014
Lakies MiLoG	Mindestlohngesetz, 2. Aufl., 2015
Lakies/Malottke	Berufsbildungsgesetz, 5. Aufl., 2016
Landmann/Rohmer GewO/*Bearbeiter*	*Landmann/Rohmer* (Hrsg.), Kommentar zur Gewerbeordnung, Loseblatt
Lang/Weidmüller/ *Bearbeiter*	*Lang/Weidmüller* (Begr.), Genossenschaftsgesetz, Kommentar, 38. Aufl., 2016
Langohr-Plato	Betriebliche Altersversorgung, 7. Aufl., 2016
Laux/Schlachter	Teilzeit- und Befristungsgesetz, Kommentar, 2. Aufl., 2011

Literaturverzeichnis

LCK/*Bearbeiter*	*Löwisch/Caspers/Klumpp,* Arbeitsrecht, 11. Aufl., 2017
Lehmann-Wandschneider	Das Sonderbefristungsrecht an Hochschulen und Forschungseinrichtungen nach dem Wissenschaftszeitvertragsgesetz, 2009
Leinemann/Linck	Urlaubsrecht, Kommentar, 2. Aufl., 2001
Leinemann/Taubert	Berufsbildungsgesetz, Kommentar, 2. Aufl., 2008
Leisbrock	Altersteilzeit, 2001
Lenz/Borchardt/ *Bearbeiter*	*Lenz/Borchardt* (Hrsg.), EU-Verträge, Kommentar, 6. Aufl., 2012
Lepke	Kündigung bei Krankheit, 16. Aufl., 2018
LHT/*Bearbeiter*	*Lutter/Hommelhoff/Teichmann* (Hrsg.), SE-Kommentar, 2. Aufl., 2015
Lieb/Jacobs	Arbeitsrecht, 9. Aufl., 2006
Lindemann	Flexible Gestaltung von Arbeitsbedingungen nach der Schuldrechtsreform, 2003
Lingscheid	Antidiskriminierung im Arbeitsrecht, 2004
Linnenkohl/ *Rauschenberg*	Arbeitszeitgesetz, Handkommentar, 2. Aufl., 2004
Löffler/Bearbeiter	*Löffler* (Begr.)/*Sedelmeier/Burkhardt* (Hrsg.), Presserecht, Kommentar, 6. Aufl., 2015
Lorenz	Kommentar zum Jugendarbeitsschutzgesetz, 1997
Löwisch	Kommentar zum Sprecherausschußgesetz, 2. Aufl., 1994
Löwisch/Kaiser/ *Bearbeiter*	*Löwisch/Kaiser,* Kommentar zum Betriebsverfassungsrecht, 7. Aufl., 2017/2018
Löwisch/Rieble	Tarifvertragsgesetz, Kommentar, 4. Aufl., 2017
LPK-SGB III/*Bearbeiter*	*Banafsche/Körtek/Kruse/Lüdtke/Reinhard/Ross/Schaumberg/ Schön/Winkler* (Hrsg.), Nomos Kommentar Sozialgesetzbuch III: SGB III, 2. Aufl., 2015
LPK-SGB V/*Bearbeiter*	*Hänlein/Schuler* (Hrsg.), SGB V, Lehr- und Praxiskommentar, 5. Aufl., 2016
LPK-SGB IX/ *Bearbeiter*	*Düwell/Haines* (Hrsg.), Lehr- und Praktikerkommentar, Rehabilitation und Teilhabe behinderter Menschen, 4. Aufl., 2014
LSW/*Bearbeiter*	*Löwisch/Spinner/Wertheimer,* Kommentar zum Kündigungsschutzgesetz, 10. Aufl., 2013
Lutter/Bearbeiter	*Lutter* (Begr.)/*Bayer/Vetter* (Hrsg.), Umwandlungsgesetz, Kommentar, 5. Aufl., 2014
Lutter/Krieger/Verse	*Lutter/Krieger/Verse,* Rechte und Pflichten des Aufsichtsrats, 6. Aufl., 2014
MAH AktR/*Bearbeiter*	*Schüppen/Schaub* (Hrsg.), Münchener Anwaltshandbuch Aktienrecht, 2. Aufl., 2010
MAH ArbR/*Bearbeiter*	*Moll* (Hrsg.), Münchener Anwaltshandbuch Arbeitsrecht, 4. Aufl., 2017
MAH SozR/*Bearbeiter*	*Plagemann* (Hrsg.), Münchener Anwaltshandbuch Sozialrecht, 3. Aufl., 2009
Maunz/Dürig/ *Bearbeiter*	*Theodor Maunz, Günter Dürig, Roman Herzog, Rupert Scholz, Peter Lerche, Hans-Jürgen Papier, Albrecht Randelzhofer,*

Literaturverzeichnis

	Eberhard Schmidt-Aßmann Grundgesetz, Loseblatt-Kommentar
Meinel AGG	*Meinel/Heyn/Herms,* Allgemeines Gleichbehandlungsgesetz, Kommentar, 2. Aufl., 2010
Meisel/Sowka	Kommentar zum Mutterschutz und Erziehungsurlaub, 5. Aufl., 1999
Mengel	Umwandlungen im Arbeitsrecht, 1997
Meyer	Kapazitätsorientierte variable Arbeitszeit, 1989
MHdB GesR IV/*Bearbeiter*	*Hoffmann-Becking* (Hrsg.), Münchener Handbuch des Gesellschaftsrechts, Band 4, 4. Aufl., 2015
MHH/*Bearbeiter*	*Meinel/Heyn/Herms,* Teilzeit- und Befristungsgesetz, Kommentar, 5. Aufl., 2015
MKS/*Bearbeiter*	*v. Mangoldt/Klein/Starck* (Hrsg.), Kommentar zum Grundgesetz: GG, 3 Bände, 7. Aufl., 2018
MüKoAktG/*Bearbeiter*	*Goette/Habersack* (Hrsg.), Münchener Kommentar zum Aktiengesetz, 4. Aufl., 2014 ff.
MüKoBGB/*Bearbeiter*	*Säcker/Rixecker/Oetker/Limperg* (Hrsg.), Münchener Kommentar zum BGB, 7. Aufl., 2015 ff.
MüKoFamFG/*Bearbeiter*	*Rauscher* (Hrsg.), Münchener Kommentar zum FamFG, 2. Aufl., 2013
MüKoHGB/*Bearbeiter*	*K. Schmidt* (Hrsg.), Münchener Kommentar zum HGB, 3. Aufl., 2010 ff., 4. Aufl., 2016 ff.
MüKoInsO/*Bearbeiter*	*Kirchhof/Eidenmüller/Stürner* (Hrsg.), Münchener Kommentar zur Insolvenzordnung, 3. Aufl., 2013
MüKoUWG/*Bearbeiter*	*Heermann/Schlingloff* (Hrsg.), Münchener Kommentar zum Lauterkeitsrecht, 2 Bd., 2. Aufl., 2014
MüKoZPO/*Bearbeiter*	*Krüger/Rauscher* (Hrsg.), Münchener Kommentar zur ZPO, 5. Aufl., 2016
Müller	Europäische-Betriebsräte-Gesetz, Kommentar 1997
Müller/Berenz	Kommentar zum Entgeltfortzahlungsgesetz, 3. Aufl., 2001
Müller/Lehmann	Kommentar zum Mitbestimmungsgesetz, Bergbau und Eisen, 1952
Musielak/Voit/*Bearbeiter*	*Musielak/Voit* (Hrsg.), ZPO, Kommentar, 15. Aufl., 2018
MVG/*Bearbeiter*	*Molitor/Volmer/Germelmann,* Jugendarbeitsschutzgesetz, Kommentar, 3. Aufl., 1986
Natzel	Bundesurlaubsrecht, 4. Aufl., 1988
Nerlich/Römermann/*Bearbeiter*	*Nerlich/Römermann* (Hrsg.), Insolvenzordnung (InsO), Loseblatt-Kommentar, 31. Aufl., 2017
Neumann/Biebl	Arbeitszeitgesetz, Kommentar, 16. Aufl., 2012
NFK/*Bearbeiter* BUrlG	*Neumann/Fenski/Kühn,* Bundesurlaubsgesetz, 11. Aufl., 2016
NFK/*Bearbeiter*	*Nagel/Freis/Kleinsorge,* SEBG, SCEBG, MgVG, 3. Aufl., 2018
Nikisch	Arbeitsrecht, Bd. I, 3. Aufl., 1961; Bd. II, 2. Aufl., 1959; Bd. III, 2. Aufl., 1966
NK-BGB/*Bearbeiter*	*Dauner-Lieb/Heidel/Ring* (Hrsg.), NomosKommentar zum BGB, 3. Aufl., 2016
NK-BUrlG/*Bearbeiter*	*Hohmeister/Oppermann,* Bundesurlaubsgesetz, Handkommentar, 3. Aufl., 2013

Literaturverzeichnis

NK-EBRG/*Bearbeiter*	*Blanke,* Europäische Betriebsräte-Gesetz, 2. Aufl., 2006
NK-EuGRCh/ *Bearbeiter*	*Meyer* (Hrsg.), Charta der Grundrechte der Europäischen Union, 4. Aufl., 2014
NK-GA/*Bearbeiter*	*Boecken/Düwell/Diller/Hanau* (Hrsg.), Nomos Kommentar – Gesamtes Arbeitsrecht, 3 Bände, 2016
NK-GesundhR/ *Bearbeiter*	*Berchtold/Huster/Rehborn* (Hrsg.), Kommentar zum Gesundheitsrecht SGB V SGB XI, 2015
NK-SGB III/*Bearbeiter*	*Mutschler/Schmidt-De Caluwe/Coseriu* (Hrsg.), Sozialgesetzbuch III, 6. Aufl., 2017
NK-TVG/*Bearbeiter*	*Däubler* (Hrsg.), Kommentar zum Tarifvertragsgesetz, 4. Aufl., 2016
NPM/*Bearbeiter*	*Neumann/Pahlen/Majerski-Pahlen,* Kommentar zum SGB IX, 12. Aufl., 2010
Obermüller/Hess	InsO, Eine systematische Darstellung des neuen Insolvenzrechts, 4. Aufl., 2003
Oberthür/Seitz/ *Bearbeiter*	*Oberthür/Seitz,* Betriebsvereinbarungen, 2. Aufl., 2016
Oetker	Das Dauerschuldverhältnis und seine Beendigung, 1994
Oetker Erhaltungsarbeiten	Die Durchführung von Not- und Erhaltungsarbeiten bei Arbeitskämpfen, 1984
Oetker/Bearbeiter	*Oetker* (Hrsg.), HGB – Kommentar, 5. Aufl., 2017
Opolony	Taschenbuch Berufsausbildungsrecht, 2001
OSK/*Bearbeiter*	*Otto/Schwarze/Krause,* Die Haftung des Arbeitnehmers, 4. Aufl., 2014
Otto AK	Arbeitskampf und Schlichtungsrecht, 2006
Paefgen	Struktur und Aufsichtsratsverfassung der mitbestimmten AG, 1982
Palandt/*Bearbeiter*	*Palandt* (Begr.), Kommentar zum Bürgerlichen Gesetzbuch, 77. Aufl., 2018
Paulsdorff	Kommentar zur Insolvenzsicherung der betrieblichen Altersversorgung, 2. Aufl., 1996
PdSR/*Bearbeiter*	*Henssler/v. Westphalen* (Hrsg.), Praxis der Schuldrechtsreform, 2. Aufl., 2002
Peters/*Bearbeiter*	*Peters* (Begr.), Handbuch der Krankenversicherung, Loseblatt
Pieper ArbSchR	*Pieper,* ArbSchR, Arbeitsschutzrecht, Kommentar, 6. Aufl., 2017
Plath/*Bearbeiter*	*Plath* (Hrsg.), Kommentar zum BDSG und zur DSGVO sowie den Datenschutzbestimmungen des TMG und TKG, 2. Aufl., 2016
Pötters	Grundrechte und Beschäftigtendatenschutz, 2013
Powietzka/Rolf/ *Bearbeiter*	*Powietzka/Rolf,* BUrlG, Bundesurlaubsgesetz, 2012
Preis Prinzipien	Prinzipien des Kündigungsrechts bei Arbeitsverhältnissen, 1987
Preis Vertragsgestaltung	Grundfragen der Vertragsgestaltung im Arbeitsrecht, 1993
Preis/*Bearbeiter*	*Preis* (Hrsg.), Der Arbeitsvertrag, 5. Aufl., 2015
Preis/Sagan/*Bearbeiter*	*Preis/Sagan* (Hrsg.), Europäisches Arbeitsrecht, 2015
Preis/Ulber	WissZeitVG – Kommentar zum Wissenschaftszeitvertragsgesetz, 2. Aufl., 2017

Literaturverzeichnis

Prütting/Wegen/Weinreich/*Bearbeiter*	Prütting/Wegen/Weinreich (Hrsg.), BGB Kommentar, 13. Aufl., 2018
PUV/*Bearbeiter*	*Pape/Uhlenbruck/Voigt-Salus*, Insolvenzrecht, 2. Aufl., 2010
Rauscher/*Bearbeiter*	Europäisches Zivilprozess- und Kollisionsrecht, EuZPR/EuIPR, 2011
RDW/*Bearbeiter*	*Richardi/Dörner/Weber* (Hrsg.), Personalvertretungsrecht, Kommentar, 4. Aufl., 2012
Reich	Hochschulrahmengesetz: mit Wissenschaftszeitvertragsgesetz, 11. Aufl., 2012
Reichold ArbR	Arbeitsrecht, 5. Aufl., 2016
Reinecke	Die Beweislastverteilung im Bürgerlichen Recht und im Arbeitsrecht, 1976
Reinhard/Ackermann/Neumann-Redlin	Entgeltfortzahlungsgesetz, Kommentar, 2006
Reinsch	Das Rechtsverhältnis zwischen Entleiher und Leiharbeitnehmer, 2009
Reithmann/Martiny/*Bearbeiter*	*Reithmann/Martiny* (Hrsg.), Internationales Vertragsrecht, Das Internationale Privatrecht der Schuldverträge, 8. Aufl., 2015
Richardi/Bayreuther KollArbR	*Richardi/Bayreuther*, Kollektives Arbeitsrecht, 4. Aufl., 2018
Richardi BetrVG/*Bearbeiter*	*Richardi* (Hrsg.), Betriebsverfassungsgesetz mit Wahlordnung, Kommentar, 16. Aufl., 2018
Richardi KirchenArbR	Arbeitsrecht in der Kirche, 7. Aufl., 2015
Rieble	Arbeitsmarkt und Wettbewerb 1996
Riechert/Nimmerjahn	Mindestlohngesetz, 2. Aufl., 2017
Riesenhuber	Europäisches Arbeitsrecht, 2009
Rittweger	*Rittweger/Petri/Schweikert*, Altersteilzeit, 2. Aufl., 2002
RMG Rechtsschutz-HdB/*Bearbeiter*	*Rengeling/Middeke/Gellermann* (Hrsg.), Handbuch des Rechtsschutzes in der Europäischen Union, 3. Aufl., 2014
Roggendorff	Arbeitszeitgesetz, Kommentar, 1994
Rolfs	Teilzeit- und Befristungsgesetz, 2002
Rolfs Haftung	Die Haftung unter Arbeitskollegen und verwandte Tatbestände, 1995
Rolfs Versicherungsprinzip	Das Versicherungsprinzip im Sozialversicherungsrecht, 2000
Rosenberg	Die Beweislast auf der Grundlage des Bürgerlichen Gesetzbuchs und der Zivilprozeßordnung, 5. Aufl., 1965
Rosenberg/Schwab/Gottwald ZivilProzR	Rosenberg/Schwab/Gottwald, Zivilprozessrecht, 17. Aufl., 2010
Rosenstein	Die Abgrenzung der Arbeitnehmerüberlassung vom Fremdfirmeneinsatz aufgrund Dienst- oder Werkvertrags, 1997
RSS/*Bearbeiter*	*Reimer/Schade/Schippel* (Hrsg.), Gesetz über Arbeitnehmererfindungen und deren Vergütungsrichtlinien, Kommentar, 8. Aufl., 2007
Rudkowski	Der Streik in der Daseinsvorsorge, 2010
Ruffert	Vorrang der Verfassung und Eigenständigkeit des Privatrechts, 2001

Literaturverzeichnis

Rühl AGG	*Rühl/Schmid/Viethen*, Allgemeines Gleichbehandlungsgesetz (AGG), 2007
Rust/Falke/*Bearbeiter*	*Rust/Falke* (Hrsg.), AGG – Allgemeines Gleichbehandlungsgesetz, Kommentar, 2007
RVJ/*Bearbeiter*	*Raiser/Veil/Jacobs*, Mitbestimmungsgesetz und Drittelbeteiligungsgesetz, 6. Aufl., 2015
Sachs/*Bearbeiter*	*Sachs* (Hrsg.), Kommentar zum Grundgesetz, 8. Aufl., 2018
Säcker	Aufsichtsratsausschüsse nach dem Mitbestimmungsgesetz 1976, 1979
Säcker Wahlordnungen	Die Wahlordnungen zum Mitbestimmungsgesetz, 1978
Säcker/Oetker	Grundlagen und Grenzen der Tarifautonomie, 1992
SBS/*Bearbeiter*	*Stelkens/Bonk/Sachs*, Verwaltungsverfahrensgesetz, 9. Aufl., 2018
Schaefer	Das Nachweisgesetz, 2000
Schaub ArbRFV-HdB	*Schrader/Straube/Vogelsang*, Arbeitsrechtliches Formular- und Verfahrenshandbuch, 12. Aufl., 2017
Schaub ArbR-HdB/ *Bearbeiter*	*Schaub* (Begr.)/*Ahrend/Koch/Linck/Treber/Vogelsang*, Arbeitsrechts-Handbuch, 17. Aufl., 2017
Schiek/*Bearbeiter*	*Schiek* (Hrsg.), Allgemeines Gleichbehandlungsgesetz – Ein Kommentar aus europäischer Perspektive, 2007
Schlachter	Wege zur Gleichberechtigung, 1993
Schlachter/Heinig/ *Bearbeiter*	*Schlachter/Heinig*, Europäisches Arbeits- und Sozialrecht, 2016
Schleßmann	Das Arbeitszeugnis, 22. Aufl., 2017
Schliemann	Arbeitszeitgesetz, Kommentar, 2. Aufl., 2013
Schmidt	Das Arbeitsrecht der EG, 2001
Schmidt/*Bearbeiter*	*Schmidt* (Hrsg.), Einkommensteuergesetz, 37. Aufl., 2018
Schmidt/Lutter/ *Bearbeiter*	*K. Schmidt/Lutter* (Hrsg.), Aktiengesetz, Kommentar, 3. Aufl., 2015
Schmidt	*Schmidt/Koberski/Tiemann/Wascher*, Heimarbeitsgesetz, 4. Aufl., 1998
Schmidt/Uhlenbruck/ *Bearbeiter*	*Schmidt/Uhlenbruck* (Hrsg.), Die GmbH in Krise, Sanierung und Insolvenz, 5. Aufl., 2016
Schmidt InsO/ *Bearbeiter*	*Schmidt* (Hrsg.), Insolvenzordnung, Kommentar, 19. Aufl., 2016
Schmitt/*Bearbeiter* EFZG	*Schmitt*, Entgeltfortzahlungsgesetz und Aufwendungsausgleichsgesetz, Kommentar, 8. Aufl., 2018
Schoden	Nachweisgesetz, 1996
Scholz/*Bearbeiter*	*Scholz* (Begr.), Kommentar zum GmbH-Gesetz, 11. Aufl., 2013, 12. Aufl., 2018
Schrader/Straube	Insolvenzarbeitsrecht, 2008
Schricker/Loewenheim/ *Bearbeiter*	*Schricker/Loewenheim* (Hrsg.), Urheberrecht, 5. Aufl., 2017
Schupp	Mitbestimmungsbeibehaltung bei Veränderung der Unternehmensstruktur, 2001

Literaturverzeichnis

Schüren/Hamann/ Bearbeiter	Schüren/Hamann (Hrsg.), Arbeitnehmerüberlassungsgesetz, Kommentar, 5. Aufl., 2018
Schwab/Weth/ Bearbeiter	Schwab/Weth (Hrsg.), Arbeitsgerichtsgesetz, 5. Aufl., 2018
Schwarze/Bearbeiter	Schwarze/Becker/Hatje/Schoo (Hrsg.), EU-Kommentar, 4. Aufl., 2018
Seiter Betriebsinhaberwechsel	Betriebsinhaberwechsel, 1980
Seiter Staatsneutralität	Staatsneutralität im Arbeitskampf, 1987
Seiter Streikrecht	Streikrecht und Aussperrungsrecht, 1975
Semler	Leitung und Überwachung der Aktiengesellschaft. Die Leitungsaufgabe des Vorstandes und die Überwachungsaufgabe des Aufsichtsrats in der Aktiengesellschaft, 1996
Semler/Stengel/ Bearbeiter	Semler/Stengel (Hrsg.), Umwandlungsgesetz, 4. Aufl., 2017
SES/Bearbeiter	Schwarze/Eylert/Schrader, Kommentar zum KSchG, 2011
SHS/Bearbeiter	Schmitt/Hörtnagel/Stratz, Umwandlungsgesetz, Umwandlungssteuergesetz, 8. Aufl., 2018
SHSS/Bearbeiter	Schlewing/Henssler/Schipp/Schnitker, Arbeitsrecht der betrieblichen Altersversorgung und Zeitwertkonten, Loseblatt
Sievers	Kommentar zum Teilzeit- und Befristungsgesetz, 4. Aufl., 2012
Simitis/Bearbeiter	Simitis (Hrsg.), Kommentar zum BDSG, 8. Aufl., 2014
Sittard	Voraussetzungen und Wirkungen der Tarifnormerstreckung nach § 5 TVG und dem AEntG, 2010
SJD MindestlohnG/ Bearbeiter	Schubert/Jerchel/Düwell, Das neue Mindestlohngesetz, 2015
SKW/Bearbeiter	Schönefelder/Kranz/Wanka, Sozialgesetzbuch III – Arbeitsförderung, Kommentar, 2016
SMS/Bearbeiter	Sandmann/Marschall/Schneider, Arbeitnehmerüberlassungsgesetz, Loseblatt
Soergel/Bearbeiter	Soergel (Begr.), Kommentar zum BGB, bandweise Aktualisierungen
Spellbrink/Eicher/ Bearbeiter	Spellbrink/Eicher (Hrsg.), Kasseler Handbuch des Arbeitsförderungsrechts, 2003
SPV Kündigung/ Bearbeiter	Stahlhacke (Begr.)/Preis/Vossen, Kündigung und Kündigungsschutz im Arbeitsverhältnis, 11. Aufl., 2015
SSH/Bearbeiter	Sowka/Schiefer/Heise/Bengelsdorf/Köster, Kölner Praxiskommentar zum Kündigungsschutzgesetz, 4. Aufl., 2012
SSV/Bearbeiter	Schleusener/Suckow/Voigt, AGG, Kommentar zum Allgemeinen Gleichbehandlungsgesetz, 4. Aufl., 2013
Staub/Bearbeiter	Staub (Begr.), HGB – Kommentar, 5. Aufl., 2010 ff.
Staudinger/Bearbeiter	Staudinger (Begr.), Kommentar zum BGB, bandweise Aktualisierungen
Stege/Weinspach/Schiefer	Stege/Weinspach/Schiefer, Betriebsverfassungsgesetz, Kommentar, 9. Aufl., 2002
Stein/Jonas/Bearbeiter	Stein/Jonas (Begr.), Kommentar zur ZPO, 22. Aufl., 2006 ff.
Steinmeyer	Betriebliche Altersversorgung und Arbeitsverhältnis, 1991

Literaturverzeichnis

Stern/Becker/*Bearbeiter* ...	*Stern/Becker* (Hrsg.), Grundrechte-Kommentar, 2. Aufl., 2015
Stern/Sachs/*Bearbeiter*	*Stern/Sachs* (Hrsg.), Europäische Grundrechte-Charta: GrCh, 2016
Stern StaatsR	Das Staatsrecht der Bundesrepublik Deutschland, Bd. III/1 (1988), Bd. III/2 (1994)
Steuer	Die Arbeitnehmerüberlassung als Mittel zur Förderung des Arbeitsmarkts in Deutschland, 2009
Stoffels	AGB-Recht, 3. Aufl., 2015
Stoffels Vertragsbruch	Der Vertragsbruch des Arbeitnehmers, 1994
Streinz/*Bearbeiter*	*Streinz* (Hrsg.), EUV/AEUV, 3. Aufl., 2018
SZK/*Bearbeiter*	*Schulze/Zuleeg/Kadelbach* (Hrsg.), Europarecht, 3. Aufl., 2015
Temming	Altersdiskriminierung im Arbeitsleben, 2008
Thomas/Putzo/ *Bearbeiter*	Zivilprozessordnung: ZPO, Kommentar mit Gerichtsverfassungsgesetz und den Einführungsgesetzen, 39. Aufl., 2018
Thüsing	Europäisches Arbeitsrecht, 3. Aufl., 2016
Thüsing/*Bearbeiter*	MiLoG und AEntG, Mindestlohngesetz und Arbeitnehmer-Entsendegesetz, Kommentar, 2. Aufl., 2016
Thüsing AGB-Kontrolle	AGB-Kontrolle im Arbeitsrecht, 2007
Thüsing AGG	Arbeitsrechtlicher Diskriminierungsschutz, 2. Aufl., 2013
Thüsing AÜG/ *Bearbeiter*	*Thüsing* (Hrsg.), AÜG, Kommentar, 4. Aufl., 2018
Thüsing Datenschutz	Arbeitnehmerdatenschutz und Compliance, 2010
Thüsing KirchlArbR	Kirchliches Arbeitsrecht, 2006
Thüsing/Braun/ *Bearbeiter*	*Thüsing/Braun* (Hrsg.), Tarifrecht – Handbuch, 2. Aufl., 2016
Tillmanns/Mutschler	*Tillmanns/Mutschler* (Hrsg.) Mutterschutzgesetz, Bundeselterngeld- und Elternzeitgesetz: MuSchG und BEEG
TLL/*Bearbeiter*	*Thüsing/Laux/Lembke* (Hrsg.), Kündigungsschutzgesetz, Kommentar, 3. Aufl., 2014
Treber	EFZG, Kommentar, 2. Aufl., 2007
Tschöpe ArbR HdB/ *Bearbeiter*	*Tschöpe* (Hrsg.), Arbeitsrecht Handbuch, 10. Aufl., 2017
TWE/*Bearbeiter*	*Tettinger/Wank/Ennuschat,* Gewerbeordnung: GewO, 8. Aufl., 2011
TZA/*Bearbeiter*	*Buschmann/Dieball/Stevens-Bartol,* TZA – Das Recht der Teilzeitarbeit, 2. Aufl., 2001
UBH/*Bearbeiter*	*Ulmer/Brandner/Hensen* (Hrsg.), Kommentar zum AGB-Recht, 12. Aufl., 2016
UFOD/*Bearbeiter*	*Uckermann/Fuhrmanns/Ostermayer/Doetsch,* Das Recht der betrieblichen Altersversorgung, 2014
UGBH/*Bearbeiter*	*Urban-Crell/Germakowski/Bissels/Hurst,* Arbeitnehmerüberlassungsgesetz, Kommentar, 2. Aufl., 2013
UHH/*Bearbeiter*	*Ulmer/Habersack/Henssler,* Mitbestimmungsrecht, Kommentar, 3. Aufl., 2013
Uhlenbruck/*Bearbeiter*	*Uhlenbruck* (Hrsg.), InsO – Insolvenzordnung, Kommentar, 14. Aufl., 2015

Literaturverzeichnis

Ulber/*Bearbeiter*	*Ulber* (Hrsg.), Arbeitnehmerüberlassungsgesetz, Kommentar, 5. Aufl., 2017
Umbach/Clemens/*Bearbeiter*	*Umbach/Clemens* (Hrsg.), Mitarbeiterkommentar zum Grundgesetz, 2002
Urban-Crell/Schulz	Arbeitnehmerüberlassung und Arbeitsvermittlung, 2003
v. Hoyningen-Huene BetrVR	*v. Hoyningen-Huene*, Betriebsverfassungsrecht, 6. Aufl., 2007
v. München/Kunig/*Bearbeiter*	*v. Münch* (Begr.)/*Kunig* (Hrsg.), Grundgesetz-Kommentar, 2 Bände, 6. Aufl., 2012
van Venrooy	Das Dienstzeugnis, 1984
v. Westphalen/*Bearbeiter*	*v. Westphalen/Thüsing* (Hrsg.), Vertragsrecht und AGB-Klauselwerke, Loseblatt
Vogelsang	Entgeltfortzahlung, 2003
Vossen	Entgeltfortzahlung bei Krankheit und an Feiertagen, 1997
Walle	Der Einsatz von Fremdpersonal auf Werkvertragsbasis, 1998
Waltermann	Arbeitsrecht, 19. Aufl., 2018
Wank Arbeitnehmer	Arbeitnehmer und Selbständige, 1988
Wank Arbeitsschutz	Kommentar zum technischen Arbeitsschutz, 1999
Wank Telearbeit	Telearbeit, 2002
Wank/Börgmann	Deutsches und europäisches Arbeitsschutzrecht, 2000
Weber	Berufsbildungsgesetz und Berufsbildungsförderungsgesetz, 13. Aufl., 1999
WEHO/*Bearbeiter*	*Weber/Ehrich/Hörchens/Oberthür*, Handbuch zum Betriebsverfassungsrecht, 2. Aufl., 2003
Wedde	Telearbeit, 2002
Wedde ArbR/*Bearbeiter*	*Wedde* (Hrsg.), Kompaktkommentar zum Individualarbeitsrecht, 2. Aufl., 2010
Weigle	Die leitenden Angestellten zwischen Sprecherausschuß und Betriebsrat, 1993
Wendeling-Schröder	Autonomie im Arbeitsrecht – Möglichkeiten und Grenzen eigenverantwortlichen Handelns in der abhängigen Arbeit, 1994
Wendeling-Schröder/Stein/*Bearbeiter*	Allgemeines Gleichbehandlungsgesetz, Kommentar, 2008
Weyand	*Weyand*, Jugendarbeitsschutzgesetz, 2012
WHSS Umstrukturierung/*Bearbeiter*	*Willemsen/Hohenstatt/Schweibert/Seibt*, Umstrukturierung und Übertragung von Unternehmen, 5. Aufl., 2016
Widmann/Mayer/*Bearbeiter*	*Widmann/Mayer* (Hrsg.), Umwandlungsrecht, Loseblatt-Kommentar
Wiedemann/*Bearbeiter*	*Wiedemann* (Hrsg.), Tarifvertragsgesetz, Kommentar, 7. Aufl., 2007
Windbichler	Arbeitsrecht im Konzern, 1989
Winter	Gleiches Entgelt für gleichwertige Arbeit, 1998
WKS/*Bearbeiter*	*Wißmann/Kleinsorge/Schubert*, Mitbestimmungsrecht, 5. Aufl., 2017
WLP/*Bearbeiter*	*Wolf/Lindacher/Pfeiffer* (Hrsg.), AGB-Recht, 6. Aufl., 2013
Wohlgemuth	Datenschutz für Arbeitnehmer, 2. Aufl., 1988

Woltereck	Mankohaftung im Arbeitsverhältnis, 1966
Worzalla/Süllwald	Kommentar zur Entgeltfortzahlung, 2. Aufl., 1999
WPK/*Bearbeiter*	*Wlotzke/Preis/Kreft* (Hrsg.), Betriebsverfassungsgesetz, Kommentar, 4. Aufl., 2009
WTR/*Bearbeiter*	*Weth/Thomae/Reichold,* Arbeitsrecht im Krankenhaus, Köln 2007
ZLH/*Bearbeiter*	*Zöllner/Loritz/Hergenröder,* Arbeitsrecht, 7. Aufl., 2015
Zmarzlik/Anzinger	Kommentar zum Jugendarbeitsschutzgesetz, 5. Aufl., 1998
Zmarzlik/Roggendorff	Kommentar zum Ladenschlussgesetz, 2. Aufl., 1997
Zöller/*Bearbeiter*	*Zöller* (Begr.), Kommentar zur ZPO, 32. Aufl., 2018
Zwanziger	Das Arbeitsrecht der Insolvenzordnung, 5. Aufl., 2015
ZZVV/*Bearbeiter*	*Zmarzlik/Zipperer/Viethen/Vieß,* Mutterschutzgesetz, Mutterschaftsleistungen, Bundeserziehungsgeldgesetz, Kommentar, 9. Aufl., 2006

Drittes Buch: Kollektives Arbeitsrecht

Erster Abschnitt: Zweck und Gestaltungsformen kollektiver Beteiligung

§ 215 Kollektives Arbeitsrecht als Arbeitsverfassungsrecht

Schrifttum:
Adomeit, Rechtsquellenfragen im Arbeitsrecht, 1969; *Bayreuther*, Tarifautonomie als kollektiv ausgeübte Privatautonomie, 2005; *Belling*, Die Haftung des Betriebsrats und seiner Mitglieder für Pflichtverletzungen, 1990; *Biedenkopf*, Grenzen der Tarifautonomie, 1964; *Floretta/Strasser*, Die kollektiven Mächte im Arbeitsleben, Wien 1963; *Gamillscheg*, Kollektives Arbeitsrecht, Bd. I: Grundlagen, Koalitionsfreiheit, Tarifvertrag, Arbeitskampf und Schlichtung, 1997 – Bd. II: Betriebsverfassung, 2008; *Hilger*, Der Einfluß des kollektiven Arbeitsrechts auf das Einzelarbeitsverhältnis, Verhandlungen des 43. DJT 1960, Bd. II/F; *Jahnke*, Tarifautonomie und Mitbestimmung, 1984; *Kamanabrou*, Arbeitsrecht, 2017; *Kreutz*, Grenzen der Betriebsautonomie, 1979; *G. Müller*, Die Tarifautonomie in der Bundesrepublik Deutschland, 1990; *Picker*, Die Regelung der „Arbeits- und Wirtschaftsbedingungen" – Vertragsprinzip oder Kampfprinzip?, ZfA 1986, 199; *Picker*, Ursprungsidee und Wandlungstendenzen des Tarifvertragswesens, GS Knobbe-Keuk 1997, S. 879; *Picker*, Der „Verein für Socialpolitik" und der freie Arbeitsvertrag, FS Zöllner, 1998, S. 899; *Picker*, Tarifautonomie – Betriebsautonomie – Privatautonomie, NZA 2002, 761; *Picker*, Privatautonomie und Kollektivautonomie, in: Recht und Freiheit – Symposion zu Ehren von Reinhard Richardi, 2003, S. 25; *Ramm*, Die Arbeitsverfassung der Bundesrepublik Deutschland, JZ 1977, 1; *Reichold*, Betriebsverfassung als Sozialprivatrecht, 1995; *Reuter*, Das Verhältnis von Individualautonomie, Betriebsautonomie und Tarifautonomie, RdA 1991, 193; *Richardi*, Kollektivgewalt und Individualwille bei der Gestaltung des Arbeitsverhältnisses, 1968; *Richardi*, Betriebsverfassung und Privatautonomie, 1973; *Richardi*, Empfiehlt es sich, die Regelungsbefugnisse der Tarifparteien im Verhältnis zu den Betriebsparteien neu zu ordnen?, Verhandlungen des 61. DJT 1996, Bd. I/B; *Rieble*, Arbeitsmarkt und Wettbewerb, 1996; *Rückert*, „Frei" und „sozial": Arbeitsvertrags-Konzeptionen um 1900 zwischen Liberalismen und Sozialismen, ZfA 1992, 225; *Säcker*, Gruppenautonomie und Übermachtkontrolle im Arbeitsrecht, 1972; *Schüren*, Die Legitimation der tariflichen Normsetzung, 1990; *Siebert*, Kollektivmacht und Individualsphäre beim Arbeitsverhältnis, BB 1953, 241; *Siebert*, Kollektivnorm und Individualrecht im Arbeitsverhältnis, FS Nipperdey, 1955, S. 119; *Sinzheimer*, Ein Arbeitstarifgesetz, 1916; *Veit*, Die funktionelle Zuständigkeit des Betriebsrats, 1998; *Waltermann*, Rechtsetzung durch Betriebsvereinbarung zwischen Privatautonomie und Tarifautonomie, 1996.

Übersicht

	Rn.
I. Begriff des kollektiven Arbeitsrechts	1
1. Begriffsbestimmung	1
2. Begriffsgeschichte	2
3. Abgrenzung zum Individualarbeitsrecht	5
II. System des kollektiven Arbeitsrechts	8
III. Kollektives Arbeitsrecht als Recht organisierter Gruppeninteressen	12
1. Element der Arbeitsverfassung	12
2. Vorrang des Kollektivrechts	14
a) Tarifvertrag und Betriebsvereinbarung als Rechtsquellen	14
b) Verhältnis zur rechtsgeschäftlichen Gestaltungsbefugnis	15
3. Privatrechtliche Gestaltungsform kollektivvertraglicher Normsetzung	16
4. Wesensverschiedenheit gegenüber der staatlichen Gesetzgebung	19
IV. Gruppenautonomie und individuelle Selbstbestimmung	24
1. Hilfsfunktion des kollektiven Arbeitsrechts	24
2. Sicherung der arbeitsvertraglichen Regelungskompetenz durch das Günstigkeitsprinzip	25
3. Begrenzung der Gruppenautonomie durch einen kollektivfreien Individualbereich	28
a) Lehre vom kollektivfreien Individualbereich	28
b) Kritik	31
4. Sicherung individueller Selbstbestimmung durch die Grundrechtsbindung kollektivvertraglicher Gestaltung	34
V. Subsidiarität einer sozialstaatlichen Ordnung der Arbeitsbedingungen	35

	Rn.
1. Regelungsvorrang der Tarifvertragsparteien	35
2. Tariferstreckung auf Außenseiter im AEntG und AÜG	36
a) Arbeitnehmer-Entsendegesetz	37
b) Arbeitnehmerüberlassungsgesetz	40
c) Mindestarbeitsbedingungsgesetz	41

I. Begriff des kollektiven Arbeitsrechts

1. Begriffsbestimmung

1 Das kollektive Arbeitsrecht ist zweispurig aufgebaut: Neben dem **Recht der Koalitionen, ihrer Verträge und Auseinandersetzungen** tritt das **Recht der Betriebsverfassung** und der **Beteiligung der Arbeitnehmer in den Unternehmensorganisationen**. Der Begriff fasst somit zwei im Grundsatz scharf zu trennende, in der Praxis aber nicht unerheblich verschränkte Rechtsbereiche zusammen, die auf einer ganz unterschiedlichen Konzeption der Interessenvertretung für die Arbeitnehmer beruhen. Das gemeinsame Band ist ausschließlich, dass auf Seiten der Arbeitnehmer stets ein **Kollektiv** besteht, entweder eine auf **freiwilliger Grundlage beruhende Vereinigung** zur Wahrung und Förderung der Arbeits- und Wirtschaftsbedingungen oder ein **durch die Betriebszugehörigkeit vermittelter Zusammenschluss**. Die Grundsätze und Formen der Interessenvertretung sind dagegen völlig verschieden. Sie begründen eine Zweigleisigkeit des kollektiven Arbeitsrechts, die den (historisch gewachsenen) „Dualismus zwischen der Gewerkschaftskonzeption und der Rätekonzeption, zwischen der *freiwilligen* (auf Mitgliedschaft beruhenden) und der allgemeinen gleichen *(demokratischen)* Interessenvertretung" widerspiegelt.[1]

2. Begriffsgeschichte

2 Die ersten Gesamtdarstellungen des Arbeitsrechts kennen noch nicht die Aufgliederung in das Individualarbeitsrecht und das kollektive Arbeitsrecht. *Kaskel* bezeichnet vielmehr die Rechtsmaterien des kollektiven Arbeitsrechts als **Arbeitsverfassungsrecht**.[2] Seinem Wesen nach sei es *Gemeinschaftsrecht;* denn es regele die Rechtsbeziehungen der Einzelnen innerhalb der Gemeinschaft, die rechtliche Stellung der Gemeinschaft als solcher und das Rechtsverhältnis der verschiedenen Gemeinschaften untereinander und zum Staat. Ebenso abstrakt spricht *Sinzheimer* von der *Arbeitsverfassung*, zu der er die Rechtsmaterien des kollektiven Arbeitsrechts zählt.[3] Auf dieser Basis kam man zu Begriffsbildungen, die bestimmte Erscheinungen trotz der Verschiedenheit des materiellen Geltungsgrundes als Einheit zusammenfassten.

3 Nach der Art der Organisation unterscheidet man das **Arbeitsverbandsrecht** in das Berufsverbandsrecht (Recht der Koalitionen) und Betriebsverbandsrecht.[4] Tarifvertrag und Betriebsvereinbarung werden als **Gesamtvereinbarungen** bezeichnet.[5] Streitigkeiten zwischen Arbeitgeber und Arbeitnehmer um den Abschluss von Tarifverträgen und Streitigkeiten zwischen ihnen innerhalb der Betriebsverfassung werden unter dem Oberbegriff der **Gesamtstreitigkeiten** zusammengefasst.[6] Der Begriff entspricht dem Begriff der Arbeitsstreitigkeiten, wie ihn das KRG Nr. 35 verwendet. In dem umfassenden Verständnis

---

[1] *Ramm* JZ 1977, 1 (2).
[2] *Kaskel*, Arbeitsrecht, 3. Aufl. 1928, S. 267.
[3] *Sinzheimer*, Grundzüge des Arbeitsrechts, 2. Aufl. 1927, S. 207.
[4] *Hueck/Nipperdey* Bd. II/1 S. 6; *Kaskel*, Arbeitsrecht, 3. Aufl. 1928, S. 273f.; vgl. auch *Sinzheimer*, Grundzüge des Arbeitsrechts, 2. Aufl. 1927, S. 214ff. (251ff.).
[5] *Hueck/Nipperdey* Bd. II/1 S. 7; *Kaskel*, Arbeitsrecht, 3. Aufl. 1928, S. 13; *Jacobi*, Grundlehren des Arbeitsrechts, 1927, S. 146ff.; grundlegend *Flatow*, Grundzüge des Schlichtungswesens, 1923.
[6] *Hueck/Nipperdey* Bd. II/1 S. 7f.; *Kaskel*, Arbeitsrecht, 3. Aufl. 1928, S. 350; *Jacobi*, Grundlehren des Arbeitsrechts, 1927, S. 147ff.; grundlegend *Flatow* NZfAR 1922 Sp. 587ff. = *Flatow*, Grundzüge des Schlichtungswesens, 1923, S. 12ff.

spricht auch § 1 LSchliO Baden davon, dass das Schlichtungsverfahren dem „Abschluss von Gesamtvereinbarungen (Tarifvertrag, Betriebsvereinbarung)" dient und damit zugleich die „Verhütung und die Beilegung von Gesamtstreitigkeiten (Regelungsstreitigkeiten)" bezweckt. Für das geltende Recht hat man zu beachten, dass die Betriebsverfassung im BetrVG geregelt ist, so dass insoweit das Schlichtungsrecht keine Anwendung findet.[7]

Indem man den **Begriff der Gesamtstreitigkeit** auf den Abschluss einer Gesamtvereinbarung (Tarifvertrag oder Betriebsvereinbarung) bezog, hat man mit ihm die Unterscheidung von den *Rechtsstreitigkeiten* festgelegt. Der Begriff der Gesamtstreitigkeit bezieht sich daher auf **Regelungsstreitigkeiten,** wie sie sowohl eine Tarifauseinandersetzung, als auch eine Meinungsverschiedenheit über den Abschluss einer Betriebsvereinbarung bestimmen. Dennoch ist es für das geltende Recht wesensverschieden, wie eine Gesamtstreitigkeit ausgetragen wird. Zu den durch Art. 9 Abs. 3 GG geschützten Koalitionsmitteln gehört der Arbeitskampf, der auf den Abschluss von Tarifverträgen gerichtet ist,[8] während für die Betriebsverfassung ein Arbeitskampfverbot besteht (§ 74 Abs. 2 S. 1 BetrVG).

3. Abgrenzung zum Individualarbeitsrecht

Das kollektive Arbeitsrecht regelt die Rechtsbeziehungen der auf freiwilliger Grundlage geschaffenen und der durch die Betriebszugehörigkeit der Arbeitnehmer gebildeten Arbeitsverbände. Es legt fest, ob und unter welchen Voraussetzungen die Koalitionen und die Betriebspartner Regelungen für den Inhalt der individuellen Arbeitsverhältnisse treffen können. Der Sache nach handelt es sich bei ihm dementsprechend um Organisations- und Verfahrensrecht. Die von den Tarifvertragsparteien und Betriebspartnern geschaffenen Regelungen, die Tarifverträge und Betriebsvereinbarungen, sind dabei aber ebenso Bestimmungsgründe des Arbeitsverhältnisses wie die durch Gesetz oder Einzelarbeitsvertrag geschaffenen Bestimmungen.[9]

Die Zugehörigkeit zum kollektiven Arbeitsrecht wird demnach im System der arbeitsrechtlichen Bestimmungsgründe **nach formalen Kriterien bestimmt.** Sie wird auf den *Urheber* einer Regelung bezogen.[10] Soweit eine von den Tarifvertragsparteien oder Betriebspartnern geschaffene Regelung den Vertragsinhalt des Arbeitsverhältnisses festlegt, kann man sie als Gestaltungsfaktor des Arbeitsverhältnisses systematisch aber auch ebenso dem Individualarbeitsrecht zuordnen wie eine durch Gesetz oder Einzelarbeitsvertrag geschaffene Bestimmung.[11] Die Teilgebiete des Arbeitsrechts stehen also nicht isoliert voneinander.[12] Beispielsweise ist die Sozialplanmitbestimmung eine kollektivrechtliche Gestaltungsform, die im Sozialplan getroffene Regelung aber ein Gestaltungsfaktor der Rechtsbeziehungen zwischen dem Arbeitgeber und dem einzelnen Arbeitnehmer; Gleiches gilt für die Festlegung von zB Arbeitslöhnen in einem Tarifvertrag.

Teilweise wird im Schrifttum die **Abgrenzung des Kollektivarbeitsrechts vom individuellen Arbeitsrecht nach anderen Kriterien** vorgenommen.[13] Vor allem *Hilger* vertritt die Auffassung, dass man sich nicht mit einer formalen Einteilung begnügen dürfe, sondern eine **inhaltsbezogene Unterscheidung zwischen Kollektiv- und Individualrecht** vorzunehmen habe.[14] Sie ordnet alle *generellen Positionen* dem *Kollektivbereich* zu, „während zum *Individualbereich* nur solche Rechtsstellungen gehören, die auch inhaltlich

---

[7] S. zur staatlichen Schlichtung § 208.
[8] Grundlegend BVerfG 26.6.1991 – 1 BvR 779/85, BVerfGE 84, 212 (225) = AP GG Art. 9 Arbeitskampf Nr. 117.
[9] So zutreffend *Adomeit* Rechtsquellenfragen S. 10.
[10] *Adomeit* Rechtsquellenfragen S. 165.
[11] So zutreffend ZLH/*Zöllner* § 6 Abs. 3.
[12] Ebenso *Gamillscheg* KollArbR I S. 2 f.
[13] Vgl. dazu *Adomeit* Rechtsquellenfragen S. 9 ff.
[14] *Hilger*, Das betriebliche Ruhegeld, 1959, S. 228; ebenso *Karakatsanis*, Die kollektivrechtliche Gestaltung des Arbeitsverhältnisses und ihre Grenzen, 1963, S. 34 ff.; ähnlich im Systemansatz die Lehre vom Arbeitsverband als Grundlage des Arbeitsverhältnisses vor allem *Reuter* RdA 1991, 193 ff.

individuell bestimmt sind".[15] Diese Auffassung geht auf *Siebert* zurück, der das Verhältnis der Kollektivnorm zum Individualbereich im Arbeitsverhältnis nach funktionsbezogenen Kriterien abgrenzte.[16] Ihm ging es dabei aber nicht um die Systematik des Arbeitsrechts, sondern um die *Dogmatik der Gesamtvereinbarungen*.[17] Dem Tarifvertrag und der Betriebsvereinbarung wies *Siebert* die Funktion zu, eine einheitliche Ordnung der Arbeitsbedingungen zu schaffen, während der Einzelarbeitsvertrag die Funktion habe, das Leistungsprinzip, aber auch den Bedürftigkeitsgedanken oder andere individuelle Momente bei der Gestaltung des Arbeitsverhältnisses zur Geltung zu bringen. Diese funktionsbestimmte Abgrenzung der Kollektivmacht vom Individualbereich widerspricht dem geltenden Recht. Das Arbeitsverhältnis untersteht keiner gemeinschaftsgebundenen Ordnung, die der Einzelpersönlichkeit einen Bereich zu individueller Gestaltung lässt, sondern seine Ausgestaltung ist der Privatautonomie überlassen. Auch die Kollektivierung seiner Regelung durch Tarifvertrag und Betriebsvereinbarung dient nicht ihrer Ersetzung, sondern soll dem Grundsatz der Selbstbestimmung im Bereich der abhängigen Arbeit eine ordnende Kraft bewahren.[18]

II. System des kollektiven Arbeitsrechts

8 Das Grundrecht der Arbeitsverfassung ist die in Art. 9 Abs. 3 GG verankerte **Koalitionsfreiheit**. Die durch sie verfassungsrechtlich gewährleistete Form für die Regelung der Arbeits- und Wirtschaftsbedingungen sichert die **Privatautonomie auf kollektiver Ebene**. Neben dem Koalitionsverbandsrecht bildet daher das Recht des Tarifvertrags mit der Konfliktlösungsmöglichkeit durch Arbeitskampf und Schlichtung einen auf denselben Leitprinzipien und Wertentscheidungen beruhenden Regelungskomplex.

9 Eine andere Form kollektiver Beteiligung zur Interessenwahrnehmung enthält die durch Gesetz geschaffene **Betriebsverfassung,** die für den Bereich des öffentlichen Dienstes durch das **Personalvertretungsrecht** geregelt ist. Die Mitbestimmungsregelung beruht hier auf Beteiligungsbefugnissen, die von Gesetzes wegen einem durch Wahl demokratisch legitimierten Arbeitnehmerrepräsentanten eingeräumt werden. Außerdem dient der Interessenvertretung die **Beteiligung der Arbeitnehmervertreter in der Unternehmensorganisation bestimmter Kapitalgesellschaften und Genossenschaften.** Dieser Bereich ist der Sache nach Unternehmensorganisationsrecht, dessen Regelungen das Gesellschaftsrecht enthält.

10 Daraus ergibt sich ein **System, das der Gliederung der folgenden Darstellung** zugrunde gelegt wird:
(1) **Koalitionsfreiheit** als Grundrecht der Arbeitsverfassung – → §§ 217–221;
(2) **Koalitionsverbandsrecht** – → §§ 222–224;
(3) **Tarifvertragsrecht** – → §§ 225–264;
(4) **Arbeitskampf- und Schlichtungsrecht** – → §§ 265–282;
(5) **Betriebsverfassungsrecht** – → §§ 283–302;
(6) **Personalvertretungsrecht** – → §§ 359–365;
(7) **Vertretung der Arbeitnehmer in Unternehmensorganen (Mitbestimmungsrecht)** – → §§ 368–386.

11 Das System des Arbeitsrechts ist kein starres, sondern ein **bewegliches System**. Das Tarifvertragssystem und die betriebsverfassungsrechtliche Mitbestimmungsordnung stehen nicht isoliert nebeneinander, sondern sind vielzählig miteinander verwoben (beispielsweise haben die Gewerkschaften bei Betriebsratswahlen das Recht, Wahlvorschläge zu machen, § 14 Abs. 3 BetrVG). Vor allem beeinflusst und bestimmt das kollektive Arbeitsrecht auch die **Rechtsstellung des Arbeitnehmers im Einzelarbeitsverhältnis**. Die Rechtsnor-

---

[15] *Hilger,* Das betriebliche Ruhegeld, 1959, S. 229.
[16] *Siebert* BB 1953, 241 ff.; *Siebert* FS Nipperdey, 1955, S. 119 ff.; s. auch → Rn. 28 ff.
[17] So zutreffend *Adomeit* Rechtsquellenfragen S. 11 f.
[18] So bereits *Richardi* Kollektivgewalt S. 339; ebenso *Rieble* Arbeitsmarkt S. 331 ff.

men eines Tarifvertrags regeln bei beiderseitiger Tarifgebundenheit und die Bestimmungen einer Betriebsvereinbarung bei Zugehörigkeit zu der vom Betriebsrat repräsentierten Belegschaft normativ den Vertragsinhalt des Arbeitsvertrags (§§ 4 Abs. 1, 3 Abs. 1 TVG bzw. § 77 Abs. 4 BetrVG). Auch das Recht, einen Arbeitskampf zu führen, greift unmittelbar in das Arbeitsvertragsrecht ein; denn bei einem zulässigen Streik hat der Arbeitnehmer das Recht, die Verpflichtung zur Erbringung der geschuldeten Arbeitsleistung einseitig zu suspendieren. Das Streikrecht ist daher eine *individualrechtliche Befugnis* zum Eingriff in vertragliche Rechtspositionen, die aus *kollektivrechtlichen Zuordnungskriterien* eingeräumt wird, nämlich zur Herstellung und Wahrnehmung des Verhandlungsgleichgewichts in der Tarifautonomie.

III. Kollektives Arbeitsrecht als Recht organisierter Gruppeninteressen

1. Element der Arbeitsverfassung

Das kollektive Arbeitsrecht regelt die **Selbstverwaltung des Arbeitslebens nach dem Prinzip der Gruppenbeteiligung.** Da die Funktionsfähigkeit der arbeitsteiligen Organisation es regelmäßig ausschließt, dass für jede Entscheidung die Zustimmung des einzelnen Betroffenen eingeholt wird, tritt an die Stelle des individuellen Konsensprinzips, dessen Instrument der individuelle Vertrag ist, das Prinzip der **Gruppenbeteiligung,** in dem entweder **gewählte Vertreter der Betroffenen** oder die **von den Betroffenen gebildeten Verbände mitwirken oder mitbestimmen.** Tarifautonomie, Betriebsverfassung und Unternehmensmitbestimmung stehen deshalb in einem engen ordnungspolitischen Zusammenhang.[19]

Das kollektive Arbeitsrecht umfasst die **Rechtsmaterien,** die der **Ordnung der Arbeitgeber-Arbeitnehmer-Beziehungen ihre Verfassung** geben. Schon bei der Herstellung einer Währungs-, Wirtschafts- und Sozialunion mit der ehem. DDR sah deshalb der erste Staatsvertrag vom 18.5.1990 vor, dass neben dem Kündigungsschutz die Koalitionsfreiheit, die Tarifautonomie, das Arbeitskampfrecht, die Betriebsverfassung und die Unternehmensmitbestimmung entsprechend dem Recht der Bundesrepublik Deutschland übernommen werden (Art. 17). Sie bilden die **Grundlagen der paritätischen Arbeitsverfassung.** Der Gesetzgeber hat daher in Österreich das Gesetz, das die kollektive Rechtsgestaltung auf überbetrieblicher Ebene und die betriebliche Interessenvertretung der Arbeitnehmer kodifiziert, zutreffend als *Arbeitsverfassungsgesetz* bezeichnet.[20] Dabei hat man allerdings zu beachten, dass mit dem Verfassungsbegriff nicht die Gesamtheit der Normen von verfassungsrechtlichem Rang gemeint ist, die das Recht der abhängigen Arbeit ordnen und an deren materielle Wertgrundsätze der Gesetzgeber gebunden ist, sondern gemeint ist die Arbeitsverfassung als **Teil der rechtlichen Ordnung des gesamtwirtschaftlichen Geschehens.** Die für das Tarifvertragssystem und die Betriebsverfassung unmittelbar maßgeblichen Regelungen beruhen auf *einfachem Gesetzesrecht.* Das Grundrecht der Koalitionsfreiheit gebietet aber, dass ein Tarifvertragssystem iSd modernen Arbeitsrechts staatlicherseits bereitzustellen ist,[21] und das Recht der Betriebsverfassung und unternehmensbezogenen Mitbestimmung „beeinflusst zu einem nicht unwesentlichen Teil die Bedingungen, unter denen die Arbeitnehmer namentlich ihr Grundrecht auf Berufsfreiheit wahrnehmen, das für alle sozialen Schichten von Bedeutung ist".[22]

---

[19] So schon *Richardi*, Recht der Betriebs- und Unternehmensmitbestimmung, Bd. 1, 2. Aufl. 1979, S. 2.
[20] Vgl. zum Arbeitsverfassungsgesetz vom 14.12.1973 den Kommentar von *Floretta/Strasser*, 1975, sowie Kurzkommentar von *Strasser/Jabornegg*, 3. Aufl. 1999.
[21] So schon BVerfG 18.11.1954 – 1 BvR 629/52, BVerfGE 4, 96 (106) = AP GG Art. 9 Nr. 1.
[22] So ausdrücklich für die Mitbestimmung im Unternehmen BVerfG 1.3.1979 – 1 BvR 533/77, BVerfGE 50, 290 (349) = AP MitbestG § 1 Nr. 1.

2. Vorrang des Kollektivrechts

14 a) Tarifvertrag und Betriebsvereinbarung als Rechtsquellen. Tarifvertragssystem und betriebsverfassungsrechtliche Mitbestimmungsordnung sind Regelungsformen einer Gruppenbeteiligung. Durch sie werden Bestimmungen für die Arbeitsverhältnisse festgelegt. Tarifvertragsparteien und Betriebspartner haben nach herrschendem Verständnis die Fähigkeit zur Setzung **objektiven Rechts**.[23] Der Tarifvertrag enthält „in seinem normativen Teil Rechtsregeln, dh generell-abstrakte, nach Maßgabe des § 4 Abs. 3 TVG zwingende Bestimmungen für den Inhalt der von ihm erfassten Arbeitsverhältnisse".[24] Arbeitgeber und Betriebsrat haben, soweit nicht der Tarifvorbehalt in § 77 Abs. 3 S. 1 BetrVG und der Tarifvorrang in § 87 Abs. 1 Einleitungssatz BetrVG eingreift, die Befugnis zur normativen Strukturierung der Arbeitsbedingungen durch BV.[25] Es handelt sich um **privatrechtliches, durch Rechtsgeschäft geschaffenes Recht.** Der Gegensatz zwischen objektivem Recht und Rechtsgeschäft ist daher nur relativ zu begreifen.[26] Das gilt auch im Verhältnis zum Einzelarbeitsvertrag, der sich ebenfalls nicht in der Festlegung einer juristischen Tatsache erschöpft, sondern eine *Rechtsregel* aufstellt, die zwischen den Arbeitsvertragsparteien gilt.

15 b) Verhältnis zur rechtsgeschäftlichen Gestaltungsbefugnis. Tarifautonomie und Betriebsverfassung können ihren Zweck nur erfüllen, wenn sie nicht zur Disposition der Arbeitsvertragsparteien stehen. Die gesetzlich festgelegte **Unabdingbarkeit** (§ 4 Abs. 1 und Abs. 3 TVG, § 77 Abs. 4 S. 1 BetrVG) sichert daher den Tarifnormen und Betriebsvereinbarungen den **Anwendungsvorrang** gegenüber einer arbeitsvertraglichen Abrede. Der Vorrang des Kollektivwillens begründet jedoch **kein Verbot rechtsgeschäftlicher Gestaltung durch die Arbeitsvertragsparteien.** Er legt vielmehr nur fest, dass bei konkurrierender Regelung Tarifvertrag und Betriebsvereinbarung in den Grenzen des Günstigkeitsprinzips den Vorrang haben. Ein Verstoß führt daher strenggenommen nicht zur *Nichtigkeit,* sondern nur zur *Nichtanwendbarkeit* der arbeitsvertraglichen Abrede.[27]

3. Privatrechtliche Gestaltungsform kollektivvertraglicher Normsetzung

16 Der Vorrang des Kollektivwillens bedeutet auch **nicht,** dass eine **von der Privatautonomie wesensverschiedene Form sozialer Autonomie** besteht. Das gilt jedenfalls für die Tarifautonomie; denn sie ist eine Form vertraglicher Verhandlung und Einigung. Als die Gewerkschaften ihre Forderung nach Abschluss von Tarifverträgen erhoben, haben sie sich dazu bekannt, dass der *Vertrag* die maßgebliche Gestaltungsform für die Rechtsbeziehungen zu den Arbeitgebern darstellen soll.[28] Die für die Rechtsordnung maßgebliche Weichenstellung lag darin, dass mit der Rechtsverbindlichkeit des Tarifvertrags der kollektiven Selbstbestimmung durch Vertrag nicht die rechtliche Anerkennung versagt wurde. Die Tarifvertragsverordnung vom 23.12.1918 hat dem Tarifvertrag lediglich eine seiner Ordnungsfunktion entsprechende Wirkung verliehen, als sie ihm den Vorrang vor einzelvertraglichen Gestaltungen des Arbeitsverhältnisses gab. Sie hat ihn nur mit der richtigen Form gekrönt, nachdem die Vertragsfreiheit des bürgerlichen Rechts ihn bereits ermöglicht hatte.[29]

---

[23] *Hueck/Nipperdey* Bd. II/1 S. 346 ff., Bd. II/2 S. 1290; *Nikisch* Bd. II S. 213, Bd. III S. 274.
[24] BVerfG 24.5.1977 – 2 BvL 11/74, BVerfGE 44, 322 (341) = AP TVG § 5 Nr. 15 (unter B II 1 b faa); vgl. auch BAG 14.2.1963 – 4 AZR 275/67, AP TVG § 4 Effektivklausel Nr. 7, wo es heißt, bei den Tarifnormen handele es sich immer um „von den Tarifvertragsparteien gesetztes objektives Recht"; ebenso *Gamillscheg* Koll ArbR I S. 541.
[25] BAG 18.8.1987 – 1 ABR 30/86, AP BetrVG 1972 § 77 Nr. 23 (unter II 3 b).
[26] Vgl. ausführlich *Richardi* Kollektivgewalt S. 21 ff.
[27] Vgl. dazu, dass Normen einer BV, soweit sie günstiger sind als die arbeitsvertragliche Vereinbarung, diese nicht nichtig machen, sondern lediglich für die Dauer ihrer Wirkung verdrängen, BAG 21.9.1989 – 1 AZR 454/88, AP BetrVG 1972 § 77 Nr. 43; 28.3.2000 – 1 AZR 366/99, AP BetrVG 1972 § 77 Nr. 83.
[28] Vgl. *Richardi* Kollektivgewalt S. 87 f.; ausführlich *Picker* ZfA 1986, 199 (246 ff.).
[29] So bereits *Richardi* Kollektivgewalt S. 95; wie hier auch *Rieble* Arbeitsmarkt S. 358 ff.

III. Kollektives Arbeitsrecht als Recht organisierter Gruppeninteressen

Soweit das BVerfG feststellt, dass der Staat im Rahmen des Art. 9 Abs. 3 GG seine Rechtsetzungszuständigkeit zurückgenommen und die Bestimmung über die regelungsbedürftigen Einzelheiten des Arbeitsvertrags in weitem Maße den Tarifvertragsparteien überlassen habe,[30] hat es keinen Zweifel daran gelassen, dass die normsetzende Gewalt der Tarifvertragsparteien eine andere Legitimation hat. Die Verfassungsvorschrift des Art. 9 Abs. 3 GG lässt **Rechtsetzung durch die Tarifvertragsparteien grds. nur gegenüber ihren Verbandsmitgliedern** zu.[31] Die Rechtsverbindlichkeit der Tarifnormen gegenüber den Parteien des Arbeitsvertrags muss deshalb **mitgliedschaftlich legitimiert** sein. Nur unter Beachtung dieser immanenten Schranke handelt es sich bei der Normsetzung durch die Tarifvertragsparteien, wie das BVerfG sagt, „um Gesetzgebung im materiellen Sinne, die Normen im rechtstechnischen Sinne erzeugt".[32]

Für die **Betriebsvereinbarung** fehlt eine rechtsgeschäftlich begründete Unterwerfung der Arbeitnehmer unter die Regelungsbefugnis des Betriebsrats.[33] Dieser ist vielmehr ein innerhalb der Betriebsverfassung vom Gesetz mit bestimmten Aufgaben und Befugnissen ausgestatteter Funktionsträger, der nur im Rahmen seiner Zuständigkeit und nur in der gesetzlich vorgesehenen Weise tätig werden kann. Soweit er Betriebsvereinbarungen mit dem Arbeitgeber abschließt, erfolgt aber auch bei ihnen die **Normsetzung durch Vertrag.** Der Unterschied zum Tarifvertrag besteht darin, dass der Betriebsrat nur den im Gesetz zugewiesenen Zuständigkeitsbereich hat. Betriebsvereinbarungen wirken daher **nur normativ, soweit sie im Rahmen der Kompetenz der Betriebspartner wirksam abgeschlossen sind.** Nach herrschendem Verständnis sollen die Betriebspartner aber grds. befugt sein, alle arbeitsrechtlichen Gegenstände zu regeln, soweit nicht besondere Grenzen eingreifen.[34] Die Begrenzung der normativen Wirkung auf die im Rahmen der Regelungszuständigkeit der Betriebspartner geschlossenen Betriebsvereinbarungen erweist sich demnach als Scheinschranke. Inhalt und Reichweite der Betriebsvereinbarungsautonomie sind daher noch nicht hinreichend geklärt. Die Betriebsvereinbarung ist das **Regelungsinstrument der durch Gesetz gestalteten betriebsverfassungsrechtlichen Mitbestimmungsordnung.** Die Regelungskompetenz hat ihren sachlichen Grund im Mitbestimmungsprinzip; sie ist, soweit die Arbeitnehmer betroffen werden, **durch die Wahl des Betriebsrats demokratisch legitimiert.** Die Tatsache der Wahl gibt dem Betriebsrat aber richtigerweise keine Regelungskompetenz für den gesamten Inhalt eines Arbeitsverhältnisses.

4. Wesensverschiedenheit gegenüber der staatlichen Gesetzgebung

Die Rechtsnormen eines Tarifvertrags oder einer Betriebsvereinbarung werden **nicht rechtsgeschäftlicher Bestandteil des Einzelarbeitsvertrags,** sondern sie beherrschen als *Rechtsquelle* den Vertragsinhalt. Die Beurteilung als **objektives Recht** darf aber nicht zur Folge haben, dass ihre Wesensverschiedenheit gegenüber dem staatlich gesetzten Recht eingeebnet wird. Tarifverträge und Betriebsvereinbarungen haben eine andere Qualität als Gesetzesrecht.[35]

---

[30] BVerfG 24.5.1977 – 2 BvL 11/74 und 14.6.1983 – 2 BvR 488/80, BVerfGE 44, 322 (340) und BVerfGE 64, 208 (215).
[31] So BVerfG 24.5.1977 – 2 BvL 11/74, BVerfGE 44, 322 (347f.); BVerfG 14.6.1983 – 2 BvR 488/80, BVerfGE 64, 208 (215).
[32] BVerfG 44, 322 (341).
[33] AA *Jahnke* Tarifautonomie S. 111 f.; wie hier aber *Richardi* Kollektivgewalt S. 317; *Kreutz* Betriebsautonomie S. 68 f.; *Waltermann* Rechtsetzung S. 88 ff.; *Veit,* Zuständigkeit des Betriebsrats, S. 185 ff.
[34] So zB BAG 18.8.1987 – 1 ABR 30/86, AP BetrVG 1972 § 77 Nr. 23 (unter II 2); GK-BetrVG/*Kreutz* § 77 Rn. 68; *Kreutz* Betriebsautonomie S. 208 ff.; *Zöllner* ZfA 1988, 265 (276); aA aber im Ansatz zutreffend BAG 12.8.1982 – 6 AZR 1117/79, AP BetrVG 1972 § 77 Nr. 4; vgl. *Richardi* ZfA 1992, 307 (320 f.).
[35] Ebenso für den Tarifvertrag *Rieble* Arbeitsmarkt S. 364 ff.; für die Betriebsvereinbarung *Waltermann* Rechtsetzung S. 140 f.

20 Die **durch das Grundrecht der Koalitionsfreiheit geschützte Tarifautonomie** verfolgt zwar nach den Worten des BVerfG „den im öffentlichen Interesse liegenden Zweck, in dem von der staatlichen Rechtsetzung frei gelassenen Raum das Arbeitsleben im einzelnen durch Tarifvertrag sinnvoll zu ordnen, insbesondere die Höhe der Arbeitsvergütung für die verschiedenen Berufstätigkeiten festzulegen, und so letztlich die Gemeinschaft sozial zu befrieden"[36] (vgl. nunmehr auch § 4a Abs. 1 TVG: „Ordnungsfunktion"). Diese im öffentlichen Interesse liegende Aufgabe hat aber nicht zur Folge, dass die Koalitionen ein staatsbezogenes Mandat wahrnehmen; es handelt sich auch nicht um eine öffentliche Aufgabe im politisch-demokratischen Sinne, sondern nur um eine Gestaltungsform sozialer Öffentlichkeit.[37]

21 Die Tarifautonomie ist daher auch **keine besondere Form der Wahrnehmung von Gemeinwohlbelangen;** sie ist vielmehr eine Form der Wahrnehmung von Gruppeninteressen. Bei ihr geht es nicht um eine richtige Gestaltung iS einer von oben her verfügten Gemeinschaftsordnung; sie bezieht sich nicht auf eine Freiheit zu sinngemäßem Gehorsam, sondern ermöglicht eine kollektive Ordnung in *eigener Verantwortung* in Verfolgung eigener Partikularinteressen, die dem Gemeinwohl gerade zuwiderlaufen können (wie zB Streiks im öffentlichen Personennahverkehr). Die Pflicht des Staates zur Wahrung des Gemeinwohls gibt ihm **keine Kompetenz zur Tarifzensur.** Daher unterliegt auch nicht der gerichtlichen Überprüfung, ob ein tarifvertragliches Regelungsziel angemessen ist und ob es verhältnismäßig ist, zu seiner Durchsetzung Kampfmaßnahmen zu ergreifen.[38]

22 Es ist bereits vom Ansatz her verfehlt, die Tätigkeit der Koalitionen einem Ordnungsziel zu unterwerfen, das nach seinem Inhalt als Gegensatz zu einer **vertragsrechtlichen Regelung der Arbeits- und Wirtschaftsbedingungen** konzipiert ist. Es geht nicht um eine gemeinsame Formulierung des Gemeinwohls durch die Tarifvertragsparteien, sondern um die **Koinzidenz des Tarifvertragssystems mit dem Gemeinwohl.**[39] Die Verfassungsgarantie des Tarifvertragssystems bezweckt, dass die kollektive Ordnung der Rechtsbeziehungen zwischen Arbeitgeber und Arbeitnehmer primär nicht heteronom-sozialstaatlich, dh hoheitlich, sondern nach dem Grundsatz autonom-sozialer Selbstbestimmung durch ein Regelungssystem vertraglicher Verhandlung und Einigung festgelegt wird. Deshalb gilt für die Tarifautonomie wie auch sonst für die Vertragsfreiheit, dass die durch vertragliche Verhandlung und Einigung festgelegte Rechtsgestaltung Anerkennung findet. Der Vorrang der Tarifnormen gegenüber arbeitsvertraglichen Abreden beruht sogar darauf, dass zwischen den Tarifvertragsparteien auch materiell ein Verhandlungsgleichgewicht besteht, wie es zur Festlegung des Vertragsinhalts zwischen den Arbeitsvertragsparteien im Allgemeinen nicht vorhanden ist. Da die Regelungsform des Vertrags die Kontrahenten dazu zwingt, ihre konträren Interessen im Kompromiss auszugleichen, sichert sie „zumindest für den Normalfall die auch objektiv *vernünftige* Lösung".[40]

23 **Tarifvertrag** und **Betriebsvereinbarung** sind nach ihrer Funktion für die Gestaltung des Vertragsinhalts eines Arbeitsverhältnisses somit nicht dem staatlichen Gesetz, sondern **dem privatautonomen Rechtsgeschäft zuzuordnen.** Die von ihnen geschaffenen Regelungen können, soweit sie unabdingbar sind, arbeitsvertragliche Abreden in den Grenzen des Günstigkeitsprinzips zwar verdrängen; ihr Anwendungsvorrang enthält aber **kein Verbot der entgegenstehenden Vertragsabrede.** Anders als bei einem Verstoß

---

[36] BVerfG 6.5.1964 – 1 BvR 79/62, BVerfGE 18, 18 (28); weiterhin BVerfG 24.5.1977 – 2 BvL 11/74, BVerfGE 44, 322 (340).
[37] Vgl. *Scholz,* Koalitionsfreiheit als Verfassungsproblem, 1971, S. 217 f.
[38] Vgl. *Seiter,* Streikrecht und Aussperrungsrecht, 1975, S. 176 ff. (539); *Ossenbühl/Richardi,* Neutralität im Arbeitskampf, 1987, S. 123; *Rüthers* GS Dietz, 1973, S. 299 (319 ff.); *Reuter* FS Böhm, 1975, S. 521 (550 f.).
[39] *Picker* ZfA 1986, 199 (243); s. bereits *Richardi* Kollektivgewalt S. 146; vgl. auch *Rieble* Arbeitsmarkt S. 336 ff.
[40] *Picker,* Der Warnstreik und die Funktion des Arbeitskampfes in der Privatrechtsordnung, 1983, S. 155.

gegen zwingendes Gesetzesrecht ist daher die Vertragsabrede auch nicht nach § 134 BGB *nichtig*, sondern nur *nicht anwendbar;* fällt der Tarifvertrag bzw. die Betriebsvereinbarung weg, so kann die zunächst verdrängte arbeitsvertragliche Regelung wieder „aufleben". TV und Betriebsvereinbarung können nicht die Regelungsbefugnis der Arbeitsvertragsparteien ausschließen. Soweit sie für den Vertragsinhalt eine Generalklausel aufstellen, gilt deshalb im Prinzip etwas anderes als bei einer gesetzlichen Generalklausel; denn auch wenn deren Aufstellung erkenntnistheoretisch ein Stück offengelassener Gesetzgebung darstellt, ist sie verbindlich, obwohl die Konkretisierung durch einen anderen – regelmäßig den Richter – erfolgt. Beschränkt sich dagegen ein Tarifvertrag oder eine Betriebsvereinbarung auf eine Generalklausel, so kann eine derartige Bestimmung nicht die in § 4 Abs. 1 TVG bzw. § 77 Abs. 4 S. 1 BetrVG angeordnete unmittelbare und zwingende Geltung haben. Die Tarifvertragsparteien und die Betriebspartner dürfen sich nicht zu Herren über das Arbeitsverhältnis aufschwingen, indem sie durch Aufstellung einer Generalklausel die Regelungsbefugnis der Arbeitsvertragsparteien, bei einer Betriebsvereinbarung die Regelungsbefugnis des einzelnen Arbeitnehmers ausschalten.

IV. Gruppenautonomie und individuelle Selbstbestimmung

1. Hilfsfunktion des kollektiven Arbeitsrechts

Das kollektive Arbeitsrecht sichert die **Erhaltung der Privatautonomie im Arbeitsverhältnis.** Die rechtliche Anerkennung kollektiver Gegenmacht dient dem Schutz des einzelnen Arbeitnehmers. Sie bewirkt keine Beseitigung der rechtsgeschäftlichen Gestaltungsbefugnis. Darin liegt der Unterschied zu den Einrichtungen einer Vertretung kraft Amtes, bei denen dem Inhaber eines Rechts entweder die Fähigkeit fehlt oder die Befugnis entzogen wird, eigene Angelegenheiten selbst zu besorgen. Das Tarifvertragssystem setzt vielmehr die Regelungszuständigkeit des Einzelnen sogar voraus; denn die Tarifgeltung hängt für den Arbeitnehmer vom freiwilligen Koalitionsbeitritt ab, wenn man von der Allgemeinverbindlicherklärung absieht. Aber auch die gesetzliche Festlegung der betriebsverfassungsrechtlichen Mitbestimmungsrechte beseitigt nicht die Rechtszuständigkeit des einzelnen Arbeitnehmers.

2. Sicherung der arbeitsvertraglichen Regelungskompetenz durch das Günstigkeitsprinzip

Der Sicherung der Regelungszuständigkeit des einzelnen Arbeitnehmers dient das Günstigkeitsprinzip. Es begrenzt die zwingende Wirkung der Tarifnormen und BV.[41] Damit wird nicht nur eine Begrenzung der Normenwirkung herbeigeführt, sondern zugleich auch eine **Schranke kollektiver Regelungsbefugnis** aufgestellt. Der Sache nach handelt es sich um einen **Vorbehalt zugunsten der individuellen Vertragsfreiheit.** Gesichert wird damit zugleich, dass kein kollektivvertragliches Gestaltungsmittel ausschließlich, sondern nur in Konkurrenz mit der Regelung im Einzelarbeitsvertrag den Inhalt des Arbeitsverhältnisses festlegt. Das ist auch sachgerecht, wenn man sich die grundlegende und vornehmliche Funktion des kollektiven Arbeitsrechts im Allgemeinen und von Tarifvertrag und Betriebsvereinbarung im Besonderen vor Augen führt: **Zum Schutze der Arbeitnehmer** soll durch eine Kollektivierung der für sich jeweils zu schwachen Arbeitnehmer ein Verhandlungsgleichgewicht mit dem Arbeitgeber erreicht werden. Vor diesem Hintergrund verbietet es sich, Regelungen in Tarifverträgen bzw. Betriebsvereinbarungen als – aus Sicht des Arbeitnehmers – Höchstarbeitsbedingungen einzustufen, die es verhinderten, dass ein besonders „starker" Arbeitnehmer günstigere Bedingungen auf individueller Ebene mit seinem Arbeitgeber aushandelt.

---

[41] Vgl. für den Tarifvertrag § 4 Abs. 3 TVG; für die Betriebsvereinbarung grundlegend BAG (GS) 16. 9. 1986 – GS 1/82 und 7. 11. 1989 – GS 3/85, AP BetrVG 1972 § 77 Nr. 17 und 46.

26 Das Günstigkeitsprinzip greift nach herrschendem Verständnis nur ein, wenn der **Nachweis der Günstigkeit** gelingt.[42] Selbst wenn der Vergleich neutral ausfällt, hat nicht die arbeitsvertragliche Vereinbarung, sondern der Tarifvertrag oder die Betriebsvereinbarung den Vorrang. Damit wird die im Schutzinteresse des Einzelnen errichtete Schranke abweichender Vertragsgestaltung zur Rechtsgrundlage für die Herstellung einheitlicher Ordnung unter Verdrängung der individuellen Selbstbestimmung. Der Einzelne erhält in ihr nicht mehr Schutz vor einer Übermacht des Arbeitgebers, sondern er wird den Entscheidungen der Verbandsrepräsentanten zur Wahrnehmung des von ihnen definierten Gruppeninteresses unterworfen. Gerechtfertigt wird dies mit der Annahme einer Ordnungsfunktion, die auch dann dem Individualinteresse entgegengesetzt wird, wenn die Vertragsgestaltung nach objektiven Kriterien nicht ungünstiger ist als die kollektivvertraglich festgelegte Ordnung.

27 Die Handhabung des Günstigkeitsprinzips setzt außerdem voraus, dass der **Vergleichsmaßstab für die Günstigkeitsbeurteilung** feststeht. Geht es um das Verhältnis von Leistung und Gegenleistung, so besteht er darin, ob der Arbeitnehmer für dieselbe Arbeitsleistung ein erhöhtes Arbeitsentgelt erhält. Wenn aber Arbeitgeber und Arbeitnehmer eine andere Arbeitszeit vereinbaren, als in der für sie maßgeblichen Kollektivnorm festgelegt ist, versagt dieser Maßstab. Die Verkürzung oder Verlängerung der Arbeitszeit bezieht sich auf den Umfang der geschuldeten Arbeitsleistung, ändert aber nicht das Verhältnis von Leistung und Gegenleistung. Sie betrifft daher ein prinzipiell anderes Problem, als es sich bei der Frage stellt, ob der Arbeitnehmer für dieselbe Arbeitsleistung das kollektivvertraglich festgelegte oder ein einzelvertraglich vereinbartes Arbeitsentgelt erhält. Es handelt sich nicht um den Austausch von Leistung und Gegenleistung. Es geht überhaupt nicht um die *Vertragsparität*, sondern um die *Freiheit*, sich rechtsgeschäftlich zu einer Leistung zu verpflichten. Zu einer richtigen Problemlösung gelangt man nur, wenn man beachtet, dass Tarifvertrag und betriebsverfassungsrechtliche Mitbestimmung der Funktionsfähigkeit einer rechtsgeschäftlich begründeten Ordnung des Arbeitslebens dienen. Die Begrenzung der individuellen Vertragsfreiheit zum Schutz des Arbeitnehmers ändert nichts daran, dass für den Arbeitnehmer die Verpflichtung zur Arbeitsleistung sich ausschließlich aus einem *rechtsgeschäftlichen Leistungsversprechen* ergibt. Es kann nicht durch Kollektivnorm ersetzt werden.

3. Begrenzung der Gruppenautonomie durch einen kollektivfreien Individualbereich

28 **a) Lehre vom kollektivfreien Individualbereich.** Die kollektivvertragliche Gestaltung ermöglicht, das für das Einzelarbeitsverhältnis bestehende Übergewicht des Arbeitgebers auszugleichen und zu beschränken. Sie hat aber zugleich bewirkt, dass neben die Abhängigkeit vom Arbeitgeber und vielfach auch an deren Stelle für den einzelnen Arbeitnehmer die **Abhängigkeit von den kollektiven Verbänden im überbetrieblichen und betrieblichen Bereich** getreten ist.[43] Sieht man von der Begrenzung durch das in seinem Anwendungsbereich keineswegs gesicherte Günstigkeitsprinzip ab, so wird der Arbeitnehmer dadurch „einer Macht ausgesetzt, die hinter der des Arbeitgebers kaum zurücksteht".[44] Der Gesetzgeber hat sich einer Lösung dieser Problematik bisher versagt. Für den Bereich der betriebsverfassungsrechtlichen Mitbestimmung steht sogar bis heute noch der Ausbau der Kollektivmacht im Vordergrund, während deren Kontrolle vernachlässigt wird.[45]

---

[42] S. auch → § 253 Rn. 35.
[43] So bereits *Richardi* Kollektivgewalt S. 332.
[44] *Belling*, Haftung des Betriebsrats, S. 42.
[45] So zutreffend *Belling*, Haftung des Betriebsrats, S. 46; vgl. zum Individualrechtsschutz vor Betriebspartnerherrschaft *Richardi* NZA 1999, 617 ff.

IV. Gruppenautonomie und individuelle Selbstbestimmung

Bereits 1953 hat *Siebert* den Versuch unternommen, für das **Verhältnis der Verbandsmacht zur individuellen Selbstbestimmung** Grundsätze aufzustellen.[46] Dem Tarifvertrag und der Betriebsvereinbarung wies er die Funktion zu, eine einheitliche Ordnung der Arbeitsbedingungen zu schaffen, während der Einzelarbeitsvertrag die Aufgabe habe, das Leistungsprinzip, aber auch den Bedürftigkeitsgedanken oder andere individuelle Momente bei der Gestaltung des Arbeitsverhältnisses zur Geltung zu bringen.[47] Er kam deshalb zu dem Ergebnis, dass ein funktionswidriger Einsatz des Arbeitsvertrags im Verhältnis zu den kollektivvertraglichen Gestaltungsmitteln nicht den Bestandsschutz eines Einzelvertrags genieße.[48] Daher soll nicht das Günstigkeitsprinzip eingreifen, sondern es soll die Ordnungsfunktion der kollektivvertraglichen Ordnung den Vorrang haben. *Siebert* unterscheidet im Rahmen des Arbeitsverhältnisses *kollektivrechtliche* und *individualrechtliche Positionen* des Arbeitnehmers, zu deren Abgrenzung er weniger den Umstand, ob sie ihre Rechtsverbindlichkeit einem kollektivvertraglichen oder einem individualvertraglichen Gestaltungsfaktor entnehmen, als vielmehr inhaltliche Maßstäbe für ausschlaggebend erachtet.[49]

Dieser Ausgangspunkt bestimmt die Lehre *Sieberts* von den **Schranken der Kollektivmacht im Verhältnis zum Individualbereich.** Wie die kollektivvertragliche Regelungsbefugnis einzelvertraglich begründete Positionen des Arbeitnehmers zum Gegenstand haben kann, wenn es sich bei ihnen um eine kollektivrechtliche Arbeitsbedingung handelt, so sollen ihr auf der anderen Seite Positionen mit individualrechtlichem Charakter entzogen sein, auch wenn sie kollektivvertraglich begründet sind. *Siebert* spricht insoweit von einer **kollektivfreien Individualsphäre.**[50] Er unterscheidet innerhalb des Individualbereichs *gewordene* und *ursprüngliche Individualrechte*. Zu den „gewordenen Individualrechten" zählt er sämtliche Ansprüche des Arbeitnehmers, die „bereits entstanden sind und ihm die Mittel und die Möglichkeiten für die private Lebensgestaltung liefern, vor allem die Ansprüche auf Lohn, Urlaub und auf Ruhegeld.[51] Sie seien der kollektivvertraglichen Regelungsbefugnis entzogen, auch soweit sie kollektivvertraglich begründet seien.[52] Zu den „ursprünglichen Individualrechten" gehören die Rechtspositionen, „die von Anfang an ausschließlich dem Individualbereich angehören",[53] also die Rechtspositionen, die die „Entscheidungs- und Verfügungsbefugnis des Arbeitnehmers über seinen Arbeitslohn und über seine Freizeit" zum Gegenstand haben.[54]

b) Kritik. Die Lehre *Sieberts* **widerspricht dem geltenden Recht.** Bedenken richten sich schon dagegen, dass die Normsetzungsbefugnis der Tarifvertragsparteien und Betriebspartner durch den Hinweis auf einen Individualbereich des einzelnen Arbeitnehmers generalisierend eingeschränkt wird.[55] Ihre Grenzen können nicht aus der Anerkennung einer kollektivfreien Individualsphäre entwickelt werden, sondern umgekehrt ergibt sich nur aus ihnen der Umfang des Individualbereichs.[56] Dieser Mangel in der Begründung wäre aber nicht so wesentlich, wenn sich mit ihm nicht zugleich eine dem Prinzip der

---

[46] *Siebert* BB 1953, 241 ff.; weiterführend *Siebert* FS Nipperdey, 1955, S. 119 ff.
[47] *Siebert* FS Nipperdey, 1955, S. 119 (126 f.).
[48] So schon *Siebert*, Die deutsche Arbeitsverfassung, 1942, S. 91.
[49] Dieser Unterscheidung stimmen zu: *Hilger* BB 1958, 417 ff.; *Hilger*, Verhandlungen des 43. DJT 1960, Bd. II/F S. 17 ff.; *Karakatsanis*, Die kollektivrechtliche Gestaltung des Arbeitsverhältnisses und ihre Grenzen, 1963, insbes. S. 41 ff., 115.
[50] *Siebert* BB 1953, 241 (242 f.); *Siebert* FS Nipperdey, 1955, S. 119 (128 ff.).
[51] *Siebert* FS Nipperdey, 1955, S. 119 (129 ff.), insbes. S. 134, 136.
[52] *Siebert* BB 1953, 241 (242); *Siebert* FS Nipperdey, 1955, S. 119 (128).
[53] *Siebert* BB 1953, 241 (243); *Siebert* FS Nipperdey, 1955, S. 119 (139 ff.).
[54] *Siebert* FS Nipperdey, 1955, S. 119 (139 f.).
[55] *Biedenkopf* Tarifautonomie S. 227 ff. (252 ff.); *Waltermann* Rechtsetzung S. 169 ff.; *O. Schmidt* AcP 162 (1963), 305, 311, 315.
[56] *Hueck/Nipperdey*, 6. Aufl. 1957, Bd. II S. 190; *Karakatsanis*, Die kollektivrechtliche Gestaltung des Arbeitsverhältnisses und ihre Grenzen, 1963, S. 80 f.; *Wiedemann* RdA 1959, 454 (457); *Schnorr* JR 1966, 327 (333).

Privatautonomie entgegengesetzte Konzeption des kollektiven Arbeitsrechts verbände. Prämisse der Lehre von *Siebert* ist das **Bestehen einer Verbandsbeziehung mit der Fähigkeit zur Festsetzung objektiven Rechts.**[57] Das Arbeitsverhältnis untersteht aber nach geltendem Recht keiner gemeinschaftsgebundenen Ordnung, in der Tarifvertrag und Betriebsvereinbarung eine bestimmte Ordnungsfunktion zu erfüllen haben und die der Einzelpersönlichkeit nur einen Bereich zu individueller Gestaltung belässt, sondern Grundprinzip für das Arbeitsverhältnis ist die Privatautonomie, für die das Tarifvertragssystem und die betriebsverfassungsrechtliche Mitbestimmungsordnung eine das Prinzip der Selbstbestimmung sichernde und ergänzende Funktion erfüllen.[58]

32 **Tarifautonomie** und **betriebsverfassungsrechtliche Mitbestimmungsordnung** sind **Rechtsinstitute zur Wahrung und Förderung der Arbeits- und Wirtschaftsbedingungen für ein individualvertraglich begründetes Leistungsversprechen.** Daraus folgt, dass Tarifvertrag und Betriebsvereinbarung nicht festlegen können, wie der Arbeitnehmer seine Freizeit einsetzt; denn zu welcher Arbeit und in welchem Umfang sich ein Arbeitnehmer verpflichtet, ist seine Sache und kann nicht durch Kollektivnorm ersetzt werden. Er entscheidet auch über die **Verwendung seines Arbeitseinkommens;** denn es besteht insoweit kein Zusammenhang mit den rechtlichen Beziehungen zwischen Arbeitgeber und Arbeitnehmer.[59]

33 Differenziert zu beurteilen ist dagegen die Rechtslage, soweit es sich um durch Kollektivnorm festgelegte **Ansprüche des Arbeitnehmers** handelt, die **bereits entstanden** sind. Die **Kollektivvertragsparteien** können über sie **keine rechtsgeschäftliche Verfügung** treffen. Aber auch für die Arbeitsvertragsparteien ist die rechtsgeschäftliche Verfügungsbefugnis eingeschränkt: Ein Verzicht auf entstandene tarifliche Rechte ist nur in einem von den Tarifvertragsparteien gebilligten Vergleich zulässig (§ 4 Abs. 4 S. 1 TVG), und werden Arbeitnehmern durch eine Betriebsvereinbarung Rechte eingeräumt, so ist ein Verzicht auf sie ebenfalls nur mit Zustimmung des Betriebsrats zulässig (§ 77 Abs. 4 S. 2 BetrVG). Das Zustimmungserfordernis soll den Anwendungsvorrang der kollektivvertraglichen Regelung sichern; es ändert aber nichts daran, sondern setzt im Gegenteil voraus, dass die Rechtszuständigkeit des einzelnen Arbeitnehmers erhalten bleibt. Dessen Verfügungsbefugnis über die durch Kollektivnorm entstandenen Ansprüche ist nur eingeschränkt, aber nicht auf die Tarifvertragsparteien oder den Betriebsrat übertragen. Dadurch wird zwar nicht ausgeschlossen, dass die Kollektivvertragsparteien die Entstehungsvoraussetzungen eines Anspruchs nachträglich ändern, indem sie eine Regelung rückwirkend in Kraft setzen; sie unterliegen dabei aber den **Grenzen des Vertrauensschutzes,** der eine Beeinträchtigung bereits entstandener Ansprüche verbietet.

4. Sicherung individueller Selbstbestimmung durch die Grundrechtsbindung kollektivvertraglicher Gestaltung

34 Die **Grundrechte** setzen der kollektivvertraglichen Regelungsbefugnis **Schranken.** Ihre Geltung beruht nicht darauf, dass die Tarifvertragsparteien und Betriebspartner Gesetzgeber iSd Art. 1 Abs. 3 GG sind, und sie ergibt sich auch nicht aus der staatlichen Überlassung einer Rechtsetzungsbefugnis, sondern eine Schrankensetzung folgt aus der **Schutzgebotsfunktion der Grundrechte** (s. → § 230 Rn. 14).

V. Subsidiarität einer sozialstaatlichen Ordnung der Arbeitsbedingungen

1. Regelungsvorrang der Tarifvertragsparteien

35 Die Verfassungsgarantie der Koalitionsfreiheit gewährleistet eine autonome Ordnung des Arbeitslebens durch das Tarifvertragssystem. Dadurch erhalten die Koalitionen ein

---

[57] Vgl. zur Bedeutung der Genossenschaftstheorie *Otto v. Gierkes* zu seiner Lehre von der kollektivfreien Individualsphäre *Siebert* BB 1953, 241 (242).
[58] Vgl. *Richardi* Kollektivgewalt S. 336 ff.; *Rieble* Arbeitsmarkt S. 331 ff.
[59] Vgl. *Richardi* Kollektivgewalt S. 190 ff.

39 Das AEntG enthält für den **Pflegebereich** und für den **grenzüberschreitenden Straßentransport von Euro-Bargeld Sonderregelungen** in §§ 10–13 bzw. § 13a AEntG. Die Sonderbestimmungen für den Pflegebereich sind auf Empfehlung des BT-Ausschusses für Arbeit und Soziales in das Gesetz aufgenommen worden,[65] weil in diesem Bereich häufig kirchliche Rechtsträger tätig sind, für die keine Tarifverträge geschlossen werden, sondern das Arbeitsrechtsregelungsverfahren des „Dritten Weges" Anwendung findet.[66]

40 **b) Arbeitnehmerüberlassungsgesetz.** Eine Ausdehnung tariflicher Normen erlaubt auch seit 2011 das **Arbeitnehmerüberlassungsgesetz** (AÜG) vom 3.2.1995 (BGBl I 158). So kann das Bundesministerium für Arbeit und Soziales zum Schutz von Leiharbeitnehmern per Rechtsverordnung bundesweit geltende tarifliche Mindeststundensätze als Lohnuntergrenze für alle in den Geltungsbereich der Rechtsverordnung fallenden Arbeitgeber und Leiharbeitnehmer verbindlich festsetzen, **§ 3a Abs. 1 S. 1, Abs. 2 AÜG**. Das Ministerium hat hierbei einen weiten Einschätzungsspielraum (vgl. § 3a Abs. 3 AÜG). Praktisch sehr bedeutsam ist, dass ein dergestalt festgesetzter Mindeststundenlohn für Leiharbeitnehmer nicht nur für Verleiher im Inland, sondern auch für im Ausland ansässige Verleiher anwendbar ist, § 2 Nr. 4 AEntG; wie beim AEntG gilt also auch insoweit das Arbeitsortprinzip.

41 **c) Mindestarbeitsbedingungsgesetz.** Das bis zum 15.8.2014 existierende Gesetz über die Festsetzung von Mindestarbeitsbedingungen (**Mindestarbeitsbedingungsgesetz – MiArbG**) enthielt eine weitere Rechtsgrundlage für ein Eingreifen des Staats, indem es erlaubte, per Rechtsverordnung für *alle Wirtschaftszweige Mindestarbeitsentgelte* festzusetzen, wenn in dem jeweiligen Wirtschaftszweig keine Tarifverträge bestanden oder die an Tarifverträge für diesen Wirtschaftszweig gebundenen Arbeitgeber weniger als 50 Prozent der unter den Geltungsbereich dieser Tarifverträge fallenden Arbeitnehmer beschäftigten (§ 1 Abs. 2). Das Gesetz – von dem in der Bundesrepublik Deutschland nie Gebrauch gemacht worden war – wurde durch die Schaffung eines allgemeinen gesetzlichen Mindestlohns durch das MiLoG überflüssig und konsequenterweise durch Art. 14 des Tarifautonomiestärkungsgesetzes vom 11.8.2014 (BGBl I 1348) **gestrichen**.

---

[65] Bericht des BT-Ausschusses für Arbeit und Soziales BT-Drs. 16/11669, 11 ff.
[66] S. hier → § 226 Rn. 5.

„Normsetzungsrecht, aber kein Normsetzungsmonopol".[60] Diese Kompetenz zur Tarifnormsetzung bezieht sich vor allem auf das Arbeitsentgelt und die anderen materiellen Arbeitsbedingungen.[61] Der **staatliche Gesetzgeber** bleibt jedoch **für die Ordnung des Arbeitslebens zuständig.**[62] So beruht die **Allgemeinverbindlicherklärung** „auf der subsidiären Regelungszuständigkeit des Staates, die immer dann eintritt, wenn die Koalitionen die ihnen übertragene Aufgabe, das Arbeitsleben durch Tarifvertrag sinnvoll zu ordnen, im Einzelfall nicht erfüllen können und die soziale Schutzbedürftigkeit einzelner Arbeitnehmer oder Arbeitnehmergruppen oder ein sonstiges öffentliches Interesse ein Eingreifen des Staates erforderlich macht".[63]

2. Tariferstreckung auf Außenseiter im AEntG und AÜG

Neben der im TVG allgemein vorgesehenen Möglichkeit, Tarifvertrag per **Allgemeinverbindlicherklärung** auch auf solche Arbeitgeber und Arbeitnehmer auszudehnen, die nicht schon kraft Mitgliedschaft bzw. Eigenschaft als Vertragspartei an diese normativ gebunden sind (§ 5 Abs. 4 TVG), existiert eine Reihe weiterer Möglichkeiten, kraft Hoheitsakt den Wirkungskreis von Tarifverträgen erheblich zu erweitern.

a) Arbeitnehmer-Entsendegesetz. So erging zum einen zur Bekämpfung von Sozialdumping beim Einsatz ausländischer Arbeitnehmer durch ausländische Bauunternehmen auf Baustellen in Deutschland das **Arbeitnehmer-Entsendegesetz** (AEntG) vom 26. 2. 1996 (BGBl. I 227), das durch das Gesetz über zwingende Arbeitsbedingungen für grenzüberschreitend entsandte und für regelmäßig im Inland beschäftigte Arbeitnehmer und Arbeitnehmerinnen (Arbeitnehmer-Entsendegesetz – AEntG) vom 20. 4. 2009 (BGBl. I 799) ersetzt wurde.[64] Es bietet den Rechtsrahmen, um tarifvertragliche Mindestlöhne für alle Arbeitnehmer einer Branche verbindlich zu machen, unabhängig davon, ob der Arbeitgeber seinen Sitz im Inland oder Ausland hat. TV-Parteien aus Branchen mit einer Tarifbindung von mindestens 50% wird die Möglichkeit eröffnet, die Erstreckung der von ihnen geschlossenen Tarifverträge auf alle Arbeitnehmer durch Rechtsverordnung oder Allgemeinverbindlicherklärung zu erreichen.

Das AEntG sichert für die von ihm erfassten Branchen (§ 4), dass das Arbeitsentgelt nicht die zur Umsetzung dieses Gesetzes vereinbarten Mindestlohntarifverträge unterschreitet. Es gilt ferner für die in § 5 genannten Arbeitsbedingungen. Da Arbeitgeber und Arbeitnehmer im Allgemeinen nicht auf Grund der Zugehörigkeit zu den tarifschließenden Verbänden beiderseits tarifgebunden sind, hängt die Tarifgeltung von einer **Allgemeinverbindlicherklärung** des Tarifvertrags ab. Das Gesetz räumt außerdem – wie bereits sein Vorläufer (§ 1 Abs. 3a) seit dem Gesetz zu Korrekturen in der Sozialversicherung und zur Sicherung der Arbeitnehmerrechte vom 19. 12. 1998 (BGBl. I 3843) – dem Bundesministerium für Arbeit und Soziales die Ermächtigung zum Erlass einer **Rechtsverordnung** ein (§ 7). Die Mindestlohnregelung kann nicht durch Tarifvertrag unterboten werden (§ 8). Da sie ausländische Arbeitgeber erfassen soll, wenn diese ihre Arbeitnehmer in der Bundesrepublik Deutschland beschäftigen, hat das Gesetz durch die Einführung des Arbeitsortprinzips auch das Internationale Arbeitsrecht geändert, das auf Arbeitsverhältnisse mit Auslandsbezug Anwendung findet (§ 2).

---

[60] So BVerfG 24. 4. 1996 – 1 BvR 712/86, BVerfGE 94, 268 (283, 285) = AP HRG § 57a Nr. 2; bereits BVerfG 24. 5. 1977 – 2 BvL 11/74, BVerfGE 44, 322 (341) = AP TVG § 5 Nr. 15; vgl. zur Konkurrenz von Gesetz und Tarifvertrag bei der Regelung der Arbeits- und Wirtschaftsbedingungen *Säcker/Oetker*, Grundlagen und Grenzen der Tarifautonomie, 1992, S. 170 ff.; *Ossenbühl/Cornils*, Tarifautonomie und staatliche Gesetzgebung, 2000, S. 46 ff.; *Henssler* ZfA 1998, 1 ff.
[61] BVerfG 24. 4. 1996 – 1 BvR 712/86, BVerfGE 94, 268 (283, 285) = AP HRG § 57a Nr. 2.
[62] BVerfG 27. 4. 1999 – 1 BvR 2203/93, BVerfGE 100, 271 (283 ff.) = AP GG Art. 9 Nr. 88.
[63] BVerfG 24. 5. 1977 – 2 BvL 11/74, BVerfGE 44, 322 (342); ausführlich zur Allgemeinverbindlicherklärung → § 248 Rn. 1 ff.
[64] Begründung des RegE BT-Drs. 16/1086, Bericht des BT-Ausschusses für Arbeit und Soziales BT-Drs. 16/11669; zum Gesetz vgl. *Bayreuther* DB 2009, 678 ff.; *Sittard* NZA 2009, 346 ff.

§ 216 Tarifvertragssystem und institutionelle Mitbestimmung

Schrifttum:
S. die Nachw. zu § 215.

Übersicht

	Rn.
I. Zweigleisigkeit des kollektiven Arbeitsrechts	1
II. Tarifautonomie als Form der Privatautonomie zur Erfüllung des Koalitionszwecks	2
1. Tarifvertrag als Koalitionsmittel	2
2. Rechtsdogmatische Einordnung der tarifvertraglichen Rechtsgestaltung	5
a) Kartellgarantie und normative Wirkung	5
b) Wesensverschiedenheit zur Gesetzgebung	6
III. Gestaltung der institutionellen Mitbestimmung	8
1. Mitbestimmung und marktwirtschaftliche Ordnung	8
2. Verhältnis zum Tarifvertragssystem	10

I. Zweigleisigkeit des kollektiven Arbeitsrechts

Die geschichtliche Entwicklung hat in Deutschland zur Ausbildung einer Zweigleisigkeit des kollektiven Arbeitsrechts geführt.[1] Ein Entwurf am grünen Tisch hätte sie niemals hervorgebracht. Von der **Gewerkschaftsmitbestimmung durch Tarifvertrag** ist die **institutionelle Mitbestimmung in Betrieb und Unternehmen** zu unterscheiden. Sie beruht auf Eingriffen des Gesetzgebers in die gesellschaftliche Ordnung. Sie besteht ihrerseits **in zwei verschiedenen Formen:** Durch Wahl werden in der Arbeitsorganisation der Unternehmen und der öffentlichen Hand Repräsentanten der Beschäftigten (Betriebsrat bzw. Personalrat) gebildet, die an den Entscheidungen der Betriebs- und Unternehmensleitung beteiligt werden. Außerdem wird unter bestimmten Voraussetzungen bei Kapitalgesellschaften und Genossenschaften das für die Auswahl und Kontrolle der Unternehmensleitung maßgebliche Unternehmensorgan (Aufsichtsrat) mit Arbeitnehmervertretern besetzt. Während für die Gewerkschaftsmitbestimmung die Herstellung und Gewährleistung der Koalitionsfreiheit ausreichte, um der kollektiven Gestaltung durch Tarifvertrag den Weg zu ebnen, ist die institutionelle Mitbestimmung in Betrieb und Unternehmen, nachdem sich auf freiwilliger Basis Arbeiterausschüsse in Betrieben gebildet hatten, durch Gesetz geregelt und ausgebaut worden. 1

II. Tarifautonomie als Form der Privatautonomie zur Erfüllung des Koalitionszwecks

1. Tarifvertrag als Koalitionsmittel

Der Gesetzgeber hat den Koalitionen auf der Grundlage der **historisch gewachsenen Bedeutung des Grundrechts der Koalitionsfreiheit** im Tarifvertragsgesetz das Mittel des Tarifvertrags an die Hand gegeben, „damit sie die von Art. 9 Abs. 3 GG intendierte autonome Ordnung des Arbeitslebens verwirklichen können".[2] 2

Das Tarifvertragssystem setzt die **Rechtsfigur des Vertrages** ein, um durch ihn eine sinnvolle Ordnung des Arbeitslebens herbeizuführen.[3] Wegen der Verankerung im Grundrecht der Koalitionsfreiheit treffen die Koalitionen durch den Abschluss von Tarifverträgen eine Regelung „in eigener Verantwortung und im Wesentlichen ohne staatliche 3

---

[1] S. → § 215 Rn. 1 ff.
[2] BVerfG 24.5.1977 – 2 BvL 11/74, BVerfGE 44, 322 (341) = AP TVG § 5 Nr. 15 (unter B II 1 b aa).
[3] Zur Bedeutung dieser Grundsatzentscheidung für die Tarifautonomie *Picker*, Der Warnstreik und die Funktion des Arbeitskampfes in der Privatrechtsordnung, 1983, S. 158 ff.

Einflussnahme".[4] Die **Rechtsetzung durch die Tarifvertrags-Parteien** folgt deshalb **privatrechtlichen Grundsätzen.**

4 Damit es zum Abschluss von Tarifverträgen kommt, wird eine **Konsensbereitschaft durch die Zulassung des Arbeitskampfs institutionalisiert.** Scheitern die Verhandlungen und kommt daher keine Einigung zustande, so wird das Verhandlungsgleichgewicht der Tarifvertrags-Parteien dadurch hergestellt und gesichert, dass als *ultima ratio* ein **Streik** geführt oder ein sonstiges Kampfmittel der Gewerkschaften (zB Flashmob) angewandt werden darf.[5] Zu den durch Art. 9 Abs. 3 GG geschützten Koalitionsmitteln gehören umgekehrt aber auch die Kampfrechte der Arbeitgeberseite, um eine funktionierende Tarifautonomie sicherzustellen.[6] In der historischen Entwicklung war traditionelles Kampfmittel der Arbeitgeberseite die **Aussperrung,** sie hat aber in Folge restriktiver Rechtsprechung schon seit Jahrzehnten so gut wie jede praktische Bedeutung verloren; wenn sich die Arbeitgeberseite heute eines Kampfmittels bedient, so ist das eher die Zahlung von Streikbruchprämien oder die Betriebsstilllegung (dazu → § 265 Rn. 13 ff.).

2. Rechtsdogmatische Einordnung der tarifvertraglichen Rechtsgestaltung

5 a) **Kartellgarantie und normative Wirkung.** Obwohl der Tarifvertrag Rechtsnormen durch Vertrag schafft, wird in Rechtsprechung und Literatur bei seiner rechtsdogmatischen Einordnung nicht seine Ausrichtung an der Ordnungsentscheidung für die Privatautonomie in den Mittelpunkt gestellt, sondern die **normative Wirkung der vertraglich vereinbarten Rechtsnormen.**[7] In den Hintergrund tritt deshalb, dass der Tarifvertrag eine **Kartellwirkung** entfaltet, die durch Art. 9 Abs. 3 GG für das Koalitionsverfahren zur Regelung der „Arbeits- und Wirtschaftsbedingungen" iS dieser Verfassungsbestimmung verfassungsrechtlich garantiert wird. Die **normative Wirkung** ist nichts anderes als die **Sicherung der Kartellwirkung gegenüber einer abweichenden Vertragsabrede.**[8]

6 b) **Wesensverschiedenheit zur Gesetzgebung.** Den Tarifvertrags-Parteien ist keine Gesetzgebungsbefugnis übertragen, wie sie dem Staat zukommt. Soweit es um die Qualifikation zur Verwirklichung des Rechtsgedankens geht, fehlt ihnen die Fähigkeit zur Rechtsetzung.[9] Der Gesetzgeber hat zur Sicherung der Gemeinwohlbelange auch gegenüber den Tarifvertrags-Parteien Rechtsetzungsbefugnis, und zwar auch für den Bereich der Arbeits- und Wirtschaftsbedingungen, für deren Wahrung und Förderung das Grundrecht der Koalitionsfreiheit besteht.[10]

7 Die **Besonderheit der Tarifautonomie** liegt **nicht in der Delegation einer Rechtsetzungsbefugnis,** sondern in der verfassungsrechtlich gewährleisteten Möglichkeit einer Regelung der Arbeits- und Wirtschaftsbedingungen nach dem **Grundsatz kollektiver Selbstbestimmung durch Vertrag.** Die Koalitionsgarantie bewirkt eine Kartellwirkung, die zwar mit normativer Wirkung nur gegenüber den Verbandsmitgliedern ausgestattet ist, die aber faktisch auch die Außenseiter erreicht. Mit dem freiheitsrechtlichen Charakter des Koalitionsverfahrens wäre es jedoch unvereinbar, wenn die Kartellwirkung generell rechtlich verfestigt würde. Das Fehlen einer normativen Wirkung sichert die Freiheit des Außenseiters, sein Glück selbst zu versuchen.[11] Aber auch für die

---

[4] BVerfG 24.5.1977 – 2 BvL 11/74, BVerfGE 44, 322 (340) = AP TVG § 5 Nr. 15; 1.3.1979 – 1 BvR 533/77, BVerfGE 50, 290 (367) = AP MitbestG § 1 Nr. 1; 20.10.1981 – 1 BvR 404/78, BVerfGE 58, 233 (246) = AP TVG § 2 Nr. 31.
[5] Vgl. zum ultima-ratio-Prinzip BAG 21.6.1988 – 1 AZR 651/86, AP GG Art. 9 Arbeitskampf Nr. 108.
[6] BVerfG 26.6.1991 – 1 BvR 779/85, BVerfGE 84, 212 (225) = AP GG Art. 9 Arbeitskampf Nr. 117.
[7] So auch noch *Fastrich,* Richterliche Inhaltskontrolle im Privatrecht, 1992, S. 206 f.
[8] Vgl. *Rieble* Arbeitsmarkt S. 262 f.; ausführlich zu den verschiedenen Lehren über die rechtsdogmatische Einordnung des Tarifvertrags MHdB ArbR/*Richardi*, 2. Aufl. 2000, § 241 Rn. 7 ff.
[9] Vgl. *Flume* FS 100 Jahre deutsches Rechtsleben 1960, Bd. I S. 135 (143).
[10] Ebenso *Henssler* ZfA 1998, 1 (20 ff.).
[11] Vgl. insoweit zutreffend *Reuter* RdA 1991, 193 (202 f.).

Gruppenmitglieder verhindert das Günstigkeitsprinzip, dass die Gruppensolidarität zum Selbstzweck wird. Der Koalitionszweck ist für sie erreicht, wenn für sie verbindliche Mindestarbeitsbedingungen bestehen. Er rechtfertigt aber nicht eine Beseitigung der individuellen Selbstbestimmung für die Verpflichtung zur Arbeitsleistung und die Festlegung der für sie maßgeblichen Arbeitsbedingungen.

III. Gestaltung der institutionellen Mitbestimmung

1. Mitbestimmung und marktwirtschaftliche Ordnung

Zu den Vorgaben der Mitbestimmungsordnung gehört, dass die **Freiheit, Wirtschaftspläne aufzustellen, grundrechtlich für jedermann verfassungsrechtlich garantiert** ist. Das Grundrecht der Berufsfreiheit (Art. 12 GG), die Eigentumsgarantie (Art. 14 GG) und das Recht zur Vereinsbildung (Art. 9 Abs. 1 GG) bilden die verfassungsrechtlichen Grundlagen für eine Selbstorganisation wirtschaftlicher Betätigung.

Ansatzpunkt für die institutionelle Mitbestimmung ist daher nicht eine vertikal gestufte Wirtschaftsdemokratie, sondern das **Unternehmen**. Bezweckt wird eine **Arbeitnehmerbeteiligung an der Ordnung der Unternehmen und ihrer Arbeitsorganisation**. Primär geht es um die privatrechtlich geschaffenen Organisations- und Wirkungseinheiten, durch die eine unternehmerische Zweckbestimmung verwirklicht wird. Soweit dort zur Berücksichtigung der Arbeitnehmerinteressen Repräsentanten nach dem Prinzip demokratischer Legitimation gebildet werden, gibt es jedoch keinen Grund, diese Form der Interessenvertretung nicht auch dort einzurichten, wo zur Erfüllung von Staatsaufgaben Arbeitsorganisationen bestehen. Es muss aber bei der **Mitbestimmung im öffentlichen Dienst** gewährleistet sein, dass **der Regierung nicht die Entscheidungsgewalt und Verantwortlichkeit entzogen** wird, die ihr im demokratischen Rechtsstaat zukommen.[12] Daraus folgt die Notwendigkeit einer unterschiedlichen Regelung für den Bereich des öffentlichen Dienstes.

2. Verhältnis zum Tarifvertragssystem

Ziel des Tarifvertragssystems und der institutionellen Mitbestimmung in Betrieb und Unternehmen ist eine von staatlicher Herrschaft freie, autonome Sozialordnung. Sie bilden die **Alternative zu einer öffentlich-rechtlichen Herrschaftsordnung für die Arbeitsverfassung**.[13] Sie bezwecken durch Gruppenautonomie die Abhängigkeit des einzelnen Arbeitnehmers vom Arbeitgeber bei der Gestaltung seines Vertragsinhalts auszugleichen, damit die **Ordnung der Arbeitsverhältnisse** auch **materiell nach dem Grundsatz der Selbstbestimmung** gestaltet wird.[14] Tarifautonomie, Betriebsverfassung und Unternehmensmitbestimmung stehen deshalb in einem **ordnungspolitischen Zusammenhang**.[15]

Der Zusammenhang des Tarifvertragssystems mit der institutionellen Mitbestimmung kam im **Räteartikel der Weimarer Reichsverfassung**, Art. 165 WRV, zum Ausdruck, wo es in Absatz 1 und 2 hieß:

„Die Arbeiter und Angestellten sind dazu berufen, gleichberechtigt in Gemeinschaft mit den Unternehmern an der Regelung der Lohn- und Arbeitsbedingungen sowie an der gesamten wirtschaftlichen Entwicklung der produktiven Kräfte mitzuwirken. Die beiderseitigen Organisationen und ihre Vereinbarungen werden anerkannt.

---

[12] Vgl. die Abgrenzung in § 104 S. 2 BPersVG.
[13] Vgl. *Richardi* Kollektivgewalt S. 119 ff.; zust. *Belling*, Haftung des Betriebsrats, S. 74.
[14] So schon *Richardi* Kollektivgewalt S. 120.
[15] So schon *Richardi*, Recht der Betriebs- und Unternehmensmitbestimmung, Bd. 1, 2. Aufl. 1979, S. 2; zust. ZLH/*Loritz* § 45 I 3.

Die Arbeiter und Angestellten erhalten zur Wahrnehmung ihrer sozialen und wirtschaftlichen Interessen gesetzliche Vertretungen in Betriebsarbeiterräten sowie in nach Wirtschaftsgebieten gegliederten Bezirksarbeiterräten und in einem Reichsarbeitsrat."

12   Dieser doppelt strukturierte Verfassungsartikel war aber ordnungspolitisch fragwürdig; denn die in ihm vorgesehene Räteverfassung beruhte auf einer Konzeption der Wirtschaftsverfassung, die als organisierte Wirtschaft unter dem Primat staatlich geregelter Selbstverwaltung unter Mitwirkung der Unternehmen und der Arbeitnehmer stand. Da man davon abgesehen hat, einen Abschnitt über das Wirtschaftsleben in das Grundgesetz aufzunehmen, ist dieser Mangel behoben. An der Geltung der freiheitsrechtlich strukturierten Grundrechte scheitert das Modell einer partizipatorisch-korporatistischen Wirtschaftsverfassung.

13   Das **Nebeneinander von Tarifvertragssystem und gesetzlicher Mitbestimmung** gehört zu der verfassungsrechtlich vorausgesetzten Ordnung des Arbeitslebens. Art. 9 Abs. 3 GG lässt sich, wie das BVerfG im Mitbestimmungsurteil festgestellt hat, „nicht dahin auslegen, dass er ein Tarifsystem als *ausschließliche* Form der Förderung der Arbeits- und Wirtschaftsbedingungen gewährleistet".[16] Die **Tarifautonomie einerseits** und die **Mitbestimmung im Unternehmen andererseits** werden **verfassungsrechtlich als miteinander vereinbar** angesehen. Das Grundrecht der Koalitionsfreiheit schließt also neben dem vom Konfrontationsmodell geprägten Tarifvertragssystem mit arbeitskampfrechtlicher Konfliktlösung Mitbestimmungsordnungen wie die Betriebsverfassung und die Unternehmensmitbestimmung, die von einem Kooperationsmodell ausgehen, also wie das BVerfG formuliert, „primär auf dem Gedanken des Zusammenwirkens beruhen",[17] keineswegs aus. Die Betriebsverfassung und die Unternehmensmitbestimmung stehen als Form der Förderung der Arbeits- und Wirtschaftsbedingungen neben der Koalitionsfreiheit und der durch sie gewährleisteten Tarifautonomie.

14   Die gesetzliche Regelung der Mitbestimmung in Betrieb und Unternehmen kann zur Folge haben, dass für die Tarifautonomie Funktionseinbußen eintreten. Zu deren Vermeidung hat der Gesetzgeber den **Initiativvorrang der Gewerkschaften in der Betriebsverfassung** gesichert. Nach § 87 Abs. 1 BetrVG hat der BR in den dort genannten Angelegenheiten nur mitzubestimmen, soweit keine tarifvertragliche Regelung besteht. Neben diesem **Tarifvorrang** enthält § 77 Abs. 3 BetrVG einen **Tarifvorbehalt**: Arbeitsentgelte und sonstige Arbeitsbedingungen, die durch Tarifvertrag geregelt sind und üblicherweise geregelt werden, können nicht Gegenstand einer Betriebsvereinbarung sein, sofern der Tarifvertrag keine ergänzende oder abweichende Betriebsvereinbarung ausdrücklich zulässt.

15   Während für die Mitbestimmung in der Betriebsverfassung prägend ist, dass Arbeitgeber und Betriebsrat getrennt voneinander sich gegenüberstehen, geht es bei der **Unternehmensmitbestimmung** gerade darum, die Arbeitnehmer an der **Auswahl und Kontrolle der Unternehmensleitung** zu beteiligen, so dass der Arbeitgeber selbst *mitbestimmt* wird. Deshalb hatte das BVerfG im Mitbestimmungsurteil zu prüfen, ob die **Gegnerunabhängigkeit** als **Funktionsvoraussetzung der Tarifautonomie** durch die erweiterte Mitbestimmung nach dem MitbestG 1976 beeinträchtigt wird; es sah eine durch die Mitbestimmungsordnung bewirkte Beschränkung der Tarifautonomie als zulässig an, „wenn diese im Prinzip erhalten und funktionsfähig bleibt", also auch die Arbeitgeberseite unabhängig genug bleibt, um ihre Rolle in der Tarifautonomie zu spielen.[18]

---

[16] BVerfG 1.3.1979 – 1 BvR 533/77, BVerfGE 50, 290 (371) = AP MitbestG § 1 Nr. 1.
[17] BVerfG 1.3.2979 – 1 BvR 533/77, BVerfGE 50, 290 (372).
[18] BVerfG 1.3.1979 – 1 BvR 533/77, BVerfGE 50, 290 (373) = AP MitbestG § 1 Nr. 1.

Zweiter Abschnitt: Koalitionsfreiheit als Grundrecht der Arbeitsverfassung

Schrifttum:
Alexy, Theorie der Grundrechte, 2. Aufl., 1994; *Anschütz*, Die Verfassung des Deutschen Reiches vom 11.8.1919: ein Kommentar für Wissenschaft und Praxis, 10. Aufl. 1929; *Arndt*, Thesen zu Artikel 9 Absatz 3 GG, FS O. Kunze, 1969, S. 265.; *Badura*, Die Unternehmensfreiheit der Handelsgesellschaft, DÖV 1990, 353; *Arndt*, Das Recht der Koalitionen – verfassungsrechtliche Fragestellungen, ArbRGegw. 15 (1977), 17; *Arndt*, Wahrung und Förderung der Arbeits- und Wirtschaftsbedingungen nach der Direktive und unter dem Schutz der Koalitionsfreiheit, FS Müller-Graff, 2015, S. 331; *Badura/Rittner/Rüthers*, Mitbestimmungsgesetz 1976 und Grundgesetz, 1977; *Barczak*, Mindestlohngesetz und Verfassung, RdA 2014, 290; *Bayreuther*, Gesetzlich angeordnete Tarifeinheit: Verfassungsrechtliche Diskussion, DB 2010, 2223; *Berghäuser*, Koalitionsfreiheit als demokratisches Grundrecht, 1980; *Bethge*, Die Grundrechtsberechtigung juristischer Personen nach Art. 19 III Grundgesetz, 1985; *Biedenkopf*, Das Verhältnis von Staat und gesellschaftlichen Gruppen, FS Ballerstedt, 1975, S. 13; *Bleckmann*, Staatsrecht II – Die Grundrechte, 4. Aufl. 1997; *Bleckmann/Helm*, Die Grundrechtsfähigkeit juristischer Personen, DVBl 1992, 9; *Bötticher*, Die gemeinsame Einrichtung der Tarifvertragsparteien, 1966; *Briefs*, Das Gewerkschaftsproblem gestern und heute, 1955; *Brock*, Gewerkschaftliche Betätigung im Betrieb nach Aufgabe der Kernbereichslehre durch das Bundesverfassungsgericht, 2002; *Brohm*, Wirtschaftstätigkeit der öffentlichen Hand und Wettbewerb, NJW 1994, 281; *Buchner*, Grundgesetz und Arbeitsverfassung, in: Löw, 25 Jahre Grundgesetz, 1974, S. 5 f.; *Butzer*, Verfassungsrechtliche Grundlagen zum Verhältnis zwischen Gesetzgebungshoheit und Tarifautonomie, RdA 1994, 375; *Däubler*, Die Koalitionsfreiheit im EG-Recht, FS Hanau, 1999, S. 489; *Däubler*, Gewerkschaftsrechte im Betrieb, 12. Aufl., 2017; *Däubler/Hege*, Koalitionsfreiheit, 1976; *Dietz*, Die Koalitionsfreiheit, in: Bettermann/Nipperdey/Scheuner, Die Grundrechte, Bd. III, 1. Hbd. 1958, S. 417; *Di Fabio*, Das beamtenrechtliche Streikverbot: das Streikverbot der Beamten als konstitutiver Bestandteil rechtsstaatlicher Demokratie; Rechtsgutachten im Auftrag des Deutschen Beamtenbundes, 2012; *Dörr/Grote/Marauhn*, EMRK/GG Konkordanzkommentar, 2. Aufl. 2013; *Dütz*, Gewerkschaft in der Gewerkschaft, AuR 1995, 337; *Eitel*, Die Ungleichbehandlung der repräsentativen und nicht repräsentativen Gewerkschaften durch den Staat, 1991; *Engel*, Collective Governance in Tarifverbänden, 2015; *Engels*, Verfassungsrechtliche Determinanten staatlicher Lohnpolitik, JZ 2008, 490; *Erdmann*, Die Respektierung des gesamtwirtschaftlichen Rahmens durch die Koalition bei Ausübung ihrer Rechte in der Arbeitsverfassung, ZfA 1980, 417; *Esser*, Das Selbstverständnis der Arbeitgeberverbände von ihrer Bedeutung und Rolle in der Arbeitsverfassung, ZfA 1980, 301; *Ewer*, Aushöhlung von Grundrechten der Berufs- und Spartengewerkschaften – das Tarifeinheitsgesetz, NJW 2015, 2230; *Federhofer*, Europäisches Tarifrecht?, 2013; *Felten*, Koalitionsfreiheit und Arbeitsverfassungsgesetz, 2015; *Fuchs/Marhold*, Europäisches Arbeitsrecht, 4. Aufl. 2014; *Giesen*, Tarifeinheit im Betrieb, NZA 2009, 11; *Giesen*, Tarifeinheit und Verfassung, ZfA 2011, 1; *Giesen/Kersten*, Gesetzliche Tarifeinheit-Rechtsgutachten im Auftrag der BDA, ZfA 2015, 201; *Greiner*, Rechtsfragen der Koalitions-, Tarif- und Arbeitskampfpluralität, 2010; *Grzeszick*, Das Urteil des BAG zum Streikverbot in Kirchen auf dem Prüfstand des Verfassungs- und Europarechts, NZA 2013, 1377; *Gusy*, Die Weimarer Reichsverfassung, 1997; *P. Hanau*, Zum Kernbereich des Koalitionswesens, AuR 1983, 257; *v. Hayek*, Verfassung der Freiheit, 1991; *Henssler*, Tarifautonomie und Gesetzgebung, ZfA 1998, 6; *Henssler*, Ende der Tarifeinheit – Eckdaten eines neuen Arbeitskampfrechts, RdA 2011, 65; *Henssler*, Mindestlohn und Tarifrecht, RdA 2015, 43; *Herresthal*, Die Re-Individualisierung des kollektiven Arbeitsrechts in der europäischen Integration am Beispiel der Tarifautonomie, EuZA 2011, 3; *Hesse*, Grundzüge des Verfassungsrechts der Bundesrepublik Deutschland, 20. Aufl. 1996; *Hopfner*, Grundgesetz und gesetzliche Tarifeinheit bei Tarifpluralität, 2015; *Höpfner*, Normativer und schuldrechtlicher Konzerntarifvertrag – Gestaltungsformen einer konzerneinheitlichen Tarifbindung, ZAAR 20, Arbeitsrecht im Konzern, 2010, S. 113; *Höpfner*, Die Tarifgeltung im Arbeitsverhältnis, 2015; *Hromadka/Schmitt-Rolfes*, Am Ziel? Senat will Grundsatz der Tarifeinheit bei Tarifpluralität kippen, NZA 2010, 687; *E.-R. Huber*, Selbstverwaltung der Wirtschaft, 1958; *Hubmann*, Die Methode der Abwägung, FS Schnorr von Carolsfeld, 1972, S. 173; *Isensee*, Beamtenstreik: zur rechtlichen Zulässigkeit des Dienstkampfes, 1971; *Isensee*, Wirtschaftsdemokratie – Wirtschaftsgrundrechte – Soziale Gewaltenteilung, Der Staat, 1978, 161 ff.; *Isensee*, Die verfassungsrechtliche Verankerung der Tarifautonomie, in: Walter-Raymond-Stiftung, Die Zukunft der sozialen Partnerschaft, 1986, S. 159 ff.; *Isensee*, Beamtenstreik, zur rechtlichen Zulässigkeit des Dienstkampfes, 1971; *Kaiser*, Die Repräsentation organisierter Interessen, 1956; *Isensee*, Die Parität der Sozialpartner, 1973; *Katerndahl*, Tarifverhandlung und Streik als Menschenrechte, 2017; *Kemper*, Die Bestimmung des Schutzbereiches der Koalitionsfreiheit (Art. 9 Abs. 3 GG), 1990; *Klein*, Koalitionsfreiheit im pluralistischen Sozialstaat, 1979; *Kleinhans*, Stichwort: Gewerkschaften II: Aufgaben und Organisation, in: Handwörterbuch der Wirtschaftswissenschaft Bd. 3, 1988, S. 659; *Kobler*, Fremdeinflüsse auf die tarifliche Willensbildung, 2012; *Kocher/Krüger/Sudhof*, Streikrecht in der Kirche im Spannungsfeld zwischen Koalitionsfreiheit und kirchlichem Selbstbestimmungsrecht. Ein goldener Mittelweg zwischen Kooperation und Konflikt?, NZA 2014, 880; *Konzen/Schliemann*, Der Regierungsentwurf des Tarifeinheitsgesetzes, RdA 2015, 1; *Krebber*, Soziale Rechte in der Gemeinschaftsrechtsordnung, RdA 2009, 224; *Krönke*, Ausgestaltung der Koalitionsfreiheit durch das Tarifeinheitsgesetz, DÖV 2015, 788; *Kübler/Schmidt/Simitis*, Mitbestimmung als gesetzgebungspolitische Aufgabe. Zur Verfassungsmäßigkeit des Mitbestimmungsgesetzes,

1978; *Larenz,* Methodische Aspekte der „Güterabwägung", FS Klingmüller, 1974, S. 235; *Latzel,* Die Anwendungsbereiche des Unionsrechts, EuZW 2015, 658; *Leinemann,* Die Bedeutung internationaler und europäischer Arbeitsrechtsnormen für die Arbeitsgerichtsbarkeit, BB 1993, 2519; *Leinemann/Schütz,* Wirkungen der IAO-Abkommen auf das Recht der Bundesrepublik Deutschland, ZfA, 1994, 1; *Lembke,* Staatliche Schlichtung in Arbeitsstreitigkeiten nach dem Kontrollratsgesetz Nr. 35 – Relikt der Besatzungszeit oder Modell für Mediation im Arbeitsrecht?, RdA 2000, 223; *Lerche,* Koalitionsfreiheit und Richterrecht, NJW 1987, 2465 ff.; *Lobinger,* Arbeitsverfassung und gesetzlicher Mindestlohn, ZfA 2016, 99; *Löwisch,* Die Ausrichtung der tariflichen Lohnfestsetzung am gesamtwirtschaftlichen Gleichgewicht – Ein Beitrag zum Spannungsverhältnis von Tarifautonomie und Staatsintervention, RdA 1969, 129; *Löwisch,* Die Arbeitsrechtsordnung unter dem Grundgesetz, FS 40 Jahre Grundgesetz, 1990, S. 59; *Löwisch,* Schutz der Selbstbestimmung durch Fremdbestimmung. Zur verfassungsrechtlichen Ambivalenz des Arbeitnehmerschutzes, ZfA 1996, 293; *Löwisch,* Tarifeinheit – Was kann und soll der Gesetzgeber tun?, RdA 2010, 263; *Löwisch,* Rechtsschutz gegen das Mindestlohngesetz, NZA 2014, 948; *Löwisch/Rieble,* Grundlagen des Arbeitskampf- und Schlichtungsrechts, AR/Blattei SD 170.1 Rn. 1 ff. in: Löwisch, Arbeitskampf- und Schlichtungsrecht, 1997; *Mayer-Maly,* Sozialpartnerparität als Verfassungsgebot, GS Hans Peters, 1967, S. 938 ff.; *Meik,* Der Kernbereich der Tarifautonomie, 1987; *Merten,* Streikfreiheit für Beamte kraft Europäischer Menschenrechtskonvention?, FS Wendt, 2015, S. 303; *Moll,* Mindestentgelt und Tarifautonomie, FS Bauer, 2010, S. 767; *Mosler/Bernhard,* Die Koalitionsfreiheit des Arbeitnehmers, Rechtsvergleichung und Völkerrecht 1980; G. *Müller,* Die Freiheit von parteipolitischen und kirchlichen Bindungen als eine Voraussetzung für die Tariffähigkeit einer Koalition, FS Nipperdey II, 1965, S. 435; G. *Müller,* Koalitionsfreiheit und Tarifautonomie als Problem der modernen Demokratie – Die gesellschafts- und staatspolitische Problematik, in: Düvernell, Koalitionsfreiheit und Tarifautonomie als Problem der modernen Demokratie, 1968, S. 45 ff.; *Muhr,* Die Arbeits- und Sozialrechtsnormen der Internationalen Arbeitsorganisation, FS Gnade, 1992, S. 699; *Muhr,* Die Internationale Arbeitsorganisation, ArbRGegw. 29 (1992), 87; *v. Nell-Breuning,* Philosophische und gesellschaftspolitische Betrachtung, in: Freiheit und Bindung im kollektiven Arbeitsrecht, Jahressammlung der Gesellschaft für Sozialen Fortschritt e.V., 1957, S. 27; *Neumann,* Tarifboni für Gewerkschaftsmitglieder, 2012; *Nicklisch,* Gesetzliche Anerkennung und Kontrolle von Verbandsmacht – Zur rechtspolitischen Diskussion um ein Verbändegesetz, FS Schiedermair, 1976, S. 459; *Nipperdey,* Koalitionsrecht, in: Nipperdey, Die Grundrechte und Grundpflichten der Reichsverfassung, Bd. III 1930, S. 385; *Nipperdey,* Soziale Marktwirtschaft und Grundgesetz, 3. Aufl. 1965; *Oetker,* Der Vertrag über die Schaffung einer Währungs-, Wirtschafts- und Sozialunion – Rechtshistorisches Dokument oder aktuelles Interpretament der Arbeitsrechtsordnung, FS Stahlhacke, 1995, S. 363; *Oetker,* Gesetz und Tarifvertrag als komplementäre Instrumente zur Regulierung des Arbeitsrechts, ZG 1998, 163; *Otto,* Verfassungsrechtliche Gewährleistung der koalitionsspezifischen Betätigung, 1982; *E. Picker,* Die Tarifautonomie in der deutschen Arbeitsverfassung, in: Walter-Raymond-Stifung (Hrsg.), Tarifautonomie – Informationsgesellschaft – globale Wirtschaft, 1997, S. 113 ff.; *C. Picker,* Niedriglohn und Mindestlohn, RdA 2014, 25; *Rancke,* Die freien Berufe zwischen Arbeits- und Wirtschaftsrecht – Materiale Kriterien des Arbeitnehmerbegriffs, 1978; *Reichold,* Stärkung in Tiefe und Breite – wie viel Staat verkraftet die Tarifautonomie?, NJW 2014, 2534; *Reuter,* Die Grenzen des Streikrechts, ZfA 1990, 535; *Richardi,* Koalitionsgewalt und individuelle Koalitionsfreiheit, AöR 93 (1968) 243; *Reuter,* Grundprobleme der kollektiven Koalitionsfreiheit, ZfA 1970, 85; *Reuter,* Die Rechtsstellung der Gewerkschaften im Betrieb, FS G. Müller, 1981, S. 413; *Rieble,* Arbeitsmarkt und Wettbewerb, 1996; *Rieble,* Tarifautonomie und Unternehmensmitbestimmung, in: Bitburger Gespräche Jahrbuch 2006/I, S. 41 ff.; *Rieble,* Der gewerkschaftsangehörige Arbeitgeberverband, FS Reuter, 2010, S. 805; *Rieble,* Verfassungsfragen der Tarifeinheit, 2010; *Rieble,* Funktionalität allgemeiner und sektoraler Mindestlöhne, ZAAR 23, Mindestlohn als politische und rechtliche Herausforderung, 2011, S. 17; *Rosenau,* Die Koalitionsbetätigungsfreiheit im gewandelten Kontext, 2013; *Rothballer,* Zulässigkeit des Beamtenstreiks, NZA 2016, 1119; *Säcker,* Grundprobleme der kollektiven Koalitionsfreiheit: Rechtsquellen- und interpretationstheoretische Bemerkungen zur legislativen und judikativen Konkretisierung des Art. 9 Abs. 3 GG, 1969; *Säcker,* Die Institutions- und Betätigungsgarantie der Koalitionen im Rahmen der Grundrechtsordnung, ArbRGegw. 12 (1974), 17; *Säcker,* Tarifhoheit, Koalitionsfreiheit und Verbände, in: Biedenkopf/von Voss (Hrsg.), Staatsführung, Verbandsmacht und innere Souveränität, 1977, S. 93; *Scharpf,* Autonome Gewerkschaften und staatliche Wirtschaftspolitik: Probleme einer Verbändegesetzgebung 1978; *Schliemann,* Fragen zum Tarifeinheitsgesetz, NZA 2014, 1250; *Schmittlein,* Verbands-Compliance, 2015; *Schnorr,* Öffentliches Vereinsrecht, 1965; *Scholz,* Koalitionsfreiheit als Verfassungsproblem, 1971; *Scholz,* Paritätische Mitbestimmung und Grundgesetz, 1974; *Scholz,* Die Koalitionsfreiheit des Arbeitgebers, ZfA 1980, 357; *Scholz/Lingemann/Ruttloff,* Tarifeinheit und Verfassung, Rechtsgutachten im Auftrag der Bundesvereinigung Deutscher Arbeitgeberverbände, NZA-Beil. 2015, 1; *Schüren,* Die Legitimation der tariflichen Normsetzung, 1990; *Schwarze,* Die verfassungsrechtliche Garantie des Arbeitskampfes, JuS 1994, 653; *Schwerdtfeger,* Individuelle und kollektive Koalitionsfreiheit, 1981; *Schwerdtner,* Trade Unions in the German Economic and Social Order, Zeitschrift für die gesamte Staatswissenschaft 135 (1979) 454; *Seifert,* Die Bedeutung von EMRK und GRCh für das deutsche kollektive Arbeitsrecht, EuZA 2013, 205; *Seiter,* Streikrecht und Aussperrungsrecht, 1975; *Seiter,* Staatsneutralität im Arbeitskampf, 1987; *Söllner,* Das Begriffspaar der Arbeits- und Wirtschaftsbedingungen in Art. 9 Abs. 3 GG, ArbRGegw. 16 (1978), 19; *Stadler,* Der Unterlassungsanspruch der Gewerkschaft gegen tarifwidrige Regelungsabreden auf der Grundlage von Art. 9 III GG, 2003; *Stein,* Die Koalitionsfreiheit des Arbeitnehmers und die Europäischen Gemeinschaften, in: Die Koalitionsfreiheit des Arbeitnehmers: Rechtsvergleichung und Völkerrecht, Bd. II, 1980, S. 1099 ff.; *Steiner,* Beschäftigung und Beschäftigungsförderung aus grundgesetzlicher Sicht, NZA 2005, 657; *Stelling*, Das Erfordernis der Überbetrieblichkeit – ein Anachronismus des modernen Gewerkschaftsbegriffs, NZA 1998, 920; *Thüsing/Traut*, Zur begrenzten Reichweite der Koalitionsfreiheit im Unionsrecht, RdA 2012, 65; *Tomuschat*, Die Bundesrepublik Deutschland und die Menschenrechtspakte der Vereinten Nationen, 1978; *Vielmeier*, Tarifzensur, 2013; *Waltermann*, Auslegung von Art. 9 Abs. 3 GG im Lichte der europarechtlichen Gewährleistung der Tarifautonomie, EuZA 2015, 15; *Wank*, Arbeitnehmer und Selbstständige, 1988; *W. Weber*, Koalitionsfreiheit und Tarifautonomie als Verfassungsproblem, 1965; *Wiedemann*, Die deutschen Gewerkschaften – Mitgliederverband oder Berufsorgan?, RdA 1969, 321; *Wiese*, Buchautoren als arbeitnehmerähnliche Personen: Zur Anwendung d. § 12a TVG, 1980; *Zacher*, Staat und Gewerkschaften, 1977; *Zacher*, Gewerkschaften in der rechtsstaatlichen Demokratie einer Arbeitnehmergesellschaft, FS Böhm 1975, S. 707; *Zachert*, Zur Zukunft der Koalitionsfreiheit, AuR 1985, 336; *Zeising/Weigert*, Verfassungsmäßigkeit des Mindestlohngesetzes, NZA 2015, 15; *Zöllner*, Arbeitsrecht und Marktwirtschaft, ZfA 1994, 423 ff.; *Zöllner/Seiter*, Paritätische Mitbestimmung und Artikel 9 Abs. 3 Grundgesetz, 1970.

§ 217 Entwicklung und Rechtsquellen der Koalitionsfreiheit

Übersicht

	Rn.
I. Entwicklung der Koalitionsfreiheit	1
II. Rechtsquellen der Koalitionsfreiheit	7
1. Im Grundgesetz	7
2. In den Landesverfassungen	11
3. Europäische Gewährleistungen der Koalitionsfreiheit	16
4. Im Recht der Internationalen Arbeitsorganisation (ILO)	24
5. Im Recht der Vereinten Nationen	30

I. Entwicklung der Koalitionsfreiheit

Rechtliche Anerkennung hat die Koalitionsfreiheit in Deutschland erstmals durch die Gewerbeordnung des Norddeutschen Bundes v. 21.6.1869[1] gefunden, die alle Koalitionsverbote und entsprechende Strafbestimmungen aufgehoben hat, § 152 Abs. 1.[2] Dies bedeutete die Öffnung der Rechtsordnung für die Entwicklung der Koalitionen. Die Rechtsordnung wandte sich damit nicht nur von den bis dahin geltenden polizeilichen, gegen den Kampfcharakter vor allem der Gesellenverbände gerichteten Koalitionsverboten ab,[3] sie trug damit auch der Erkenntnis Rechnung, dass sich Freiheit im Arbeitsleben gerade auch dann verwirklichen kann, wenn sich der Einzelne mit anderen zusammenschließt. 1

Restriktionen freilich blieben: Bis zum Inkrafttreten des BGB machte das **Vereinsrecht** die Rechtsfähigkeit von einer (den Koalitionen regelmäßig versagten) Konzession abhängig, die auch entzogen werden konnte. Weitere Einschränkungen galten für Koalitionen auch als nichteingetragene – politische – Vereine, zuletzt noch nach §§ 3, 17 VereinsG.[4] Erst 1916 wurden diese Beschränkungen für Koalitionen zurückgenommen.[5] Der **Arbeitskampf** wurde zunächst erheblich erschwert und der Streik zunächst als strafbare Erpressung aufgefasst.[6] Erst im Jahre 1906 rückte ein Zivilsenat des RG von dieser Auffassung ab.[7] Das Sozialistengesetz[8] traf auch die „freien" Gewerkschaften. 2

---

[1] GBl. S. 245 ff.
[2] Zur Entwicklung bis dahin: *Schröder* Entwicklung S. 331 ff.; *Rieble* Arbeitsmarkt und Wettbewerb Rn. 147 ff.; *Dreier* GG/*Bauer* Art. 9 Rn. 2 ff.; zur Parallelentwicklung in den USA: *Schüren* Die Legitimation der tariflichen Normsetzung S. 10 ff.
[3] Etwa Teil 2, Titel 8, § 396 des Preußischen Allgemeinen Landrechts.
[4] VereinsG von 1908, RGBl. S. 151.
[5] G. v. 26.6.1916, RGBl. S. 635.
[6] RG 6.10.1890 – 1893/90, RGSt. 21, 114 (119 f.).
[7] RG 12.7.1906 – VI 497/05, RGZ 64, 52 (56).
[8] Gesetz gegen die gemeingefährlichen Bestrebungen der Sozialdemokratie v. 21.10.1878, RGBl. S. 351.

3 Nach einer ersten Anerkennung von Gewerkschaften[9] wurde die Koalitionsfreiheit in Art. 159 und 165 Abs. 1 der **Weimarer Reichsverfassung**[10] garantiert.[11] Den Koalitionen wurde hier auch die Tarifautonomie vorbehalten, sie waren vor den Betriebs- und Arbeiterräten für die Arbeits- und Lohnbedingungen zuständig.[12]

4 Art. 159 WRV blieb **im Nationalsozialismus** bestehen, doch als funktionsleere Hülse, weil die Gewerkschaften und Arbeitgeberverbände im Mai 1933 aufgelöst und durch die Deutsche Arbeitsfront ersetzt wurden. Nach dem Krieg gestatteten die Alliierten die Wiedergründung von Gewerkschaften und – bezeichnenderweise auf Drängen der Gewerkschaften[13] auch der kriegswirtschaftlich belasteten Arbeitgeberverbände. Die Garantie der Koalitionsfreiheit wurde in einer Reihe von Landesverfassungen (→ Rn. 11 ff.) aufgenommen, ehe dann in Art. 9 Abs. 3 GG eine bundeseinheitliche Regelung erfolgte.

5 In der **DDR** fand sich die Garantie der Koalitionsfreiheit zunächst in Art. 14 Abs. 1 der ersten Verfassung v. 7.10.1949.[14] In der Verfassung von 1968[15] wie in der Fassung von 1974[16] (GBl. S. 432) war das Recht auf Koalitionsfreiheit nicht mehr enthalten. Die sozialistische Wirklichkeit vertrug keine freien, also autonomen Gewerkschaften.

6 Mit der **Sozialunion des Staatsvertrages v. 18.5.1990** galt für die kurze Zeit bis zur Vereinigung beider deutscher Staaten in der DDR die Koalitionsfreiheit gemäß dem Recht der Bundesrepublik Deutschland.

II. Rechtsquellen der Koalitionsfreiheit

1. Im Grundgesetz

7 Das Grundgesetz v. 23.5.1949 regelt die Koalitionsfreiheit in Art. 9 Abs. 3 GG. Dieser sieht den Erlass eines **Ausführungsgesetzes** nicht vor. Gleichwohl ist es Sache des Gesetzgebers und fällt in den Rahmen seiner Gestaltungsfreiheit, „die Tragweite der Koalitionsfreiheit dadurch zu bestimmen, dass er die Befugnisse der Koalitionen im Einzelnen gestaltet und näher regelt."[17] Die Kompetenz liegt beim Bundesgesetzgeber: Art. 74 Nr. 12 GG für die Koalitionsbetätigung, Art. 74 Nr. 1 GG für Verfassung und Organisation der Koalitionen und Art. 74 Nr. 3 GG für Vereins- und Versammlungsrecht.

8 Der Bundesgesetzgeber hat von dieser Kompetenz nur teilweise Gebrauch gemacht. Für die Regelung der Arbeits- und Wirtschaftsbedingungen stellt das Tarifvertragsgesetz in Gestalt der Tarifverträge eine Regelungsform zur Verfügung. Den friedlichen Tarifvertragsabschluss fördert der Gesetzgeber, indem er mit dem **Kontrollratsgesetz Nr. 35 v. 20.8.1946**[18] ein Schlichtungsverfahren zur Verfügung stellt.[19] (→ § 281 Rn. 2). Über die Wege zur kampfweisen Konfliktlösung schweigt sich der Gesetzgeber aber aus. Insbesondere fehlt ein Arbeitskampfgesetz.

9 Einzelne Befugnisse der Koalitionen sind in **diversen Spezialgesetzen** festgelegt, insbesondere die Betätigung in der Betriebs- und Unternehmensverfassung, der Personalvertretung, der sozialen Selbstverwaltung und der Arbeits- und Sozialgerichtsbarkeit.

---

[9] Durch Gesetz über den vaterländischen Hilfsdienst v. 5.12.1916, RGBl. S. 1333 ff., und die Zentralarbeitsgemeinschaft, Vereinbarung vom 15.11.1918.
[10] Vom 11.8.1919; dazu *Gusy* Die Weimarer Reichsverfassung S. 342 ff.; HbStR/*Scholz* § 151 Rn. 4.
[11] Zu diesen Bestimmungen s. *Kaskel* Koalitionen und Koalitionskampfmittel, 1925; *Lehnhoff* Die Koalition als Grundlage des Arbeitsrechts, 1930; *Neumann* Koalitionsfreiheit und Reichsverfassung, 1932.
[12] *Anschütz* Die Verfassung des deutschen Reiches, Art. 165 Anm. 3; Bericht und Protokolle des 8. Ausschusses (der Nationalversammlung) über den Entwurf einer Verfassung des Deutschen Reichs = Bericht der verfassunggebenden Deutschen Nationalversammlung 1919 Nr. 21 (1920), 394 und die Äußerung *Sinzheimers* in der Nationalversammlung, Stenographische Berichte 1919, 1748 ff., 1751.
[13] *Kaiser,* Die Repräsentation organisierter Interessen (1956) S. 185 f. mwN.
[14] GBl. S. 5.
[15] GBl. S. 199.
[16] GBl. S. 432.
[17] BVerfG 26.5.1970 – 2 BvR 664/65, BVerfGE 28, 295 = NJW 1970, 1635; 4.7.1995 – 1 BvF 2/86, BVerfGE 92, 365 = NZA, 1995, 754.
[18] ABl. KR S. 174.
[19] Zur Fortgeltung des KRG Nr. 35 *Lembke* RdA 2000, 223.

II. Rechtsquellen der Koalitionsfreiheit

Der **Staatsvertrag zwischen der Bundesrepublik Deutschland und der früheren DDR v. 18. 5. 1990** über die Wirtschafts-, Währungs- und Sozialunion enthielt ebenfalls Aussagen zur Koalitionsfreiheit: Sein Artikel 17 bestimmte die Geltung des Koalitionsrechts entsprechend dem Recht der Bundesrepublik Deutschland. Im gemeinsamen Protokoll der Leitsätze waren unter „III. Sozialunion" insbesondere die Voraussetzungen für die Tariffähigkeit der Koalition beschrieben. Dabei haben die Vertragsparteien aber lediglich ihre Auffassung von Art. 9 Abs. 3 S. 3 GG und § 2 Abs. 1 TVG zu Protokoll gegeben. Diese Aussagen sind nicht mehr als eine unverbindliche Auslegungshilfe.[20]

2. In den Landesverfassungen

In den Landesverfassungen von Bayern (Art. 170), Brandenburg (Art. 51 Abs. 1), Bremen (Art. 48), Hessen (Art. 36), Rheinland-Pfalz (Art. 66 Abs. 1), des Saarlandes (Art. 56 S. 1), Sachsens (Art. 25), Sachsen-Anhalts (Art. 13 Abs. 3) und von Thüringen (Art. 37 Abs. 1) ist die **Koalitionsfreiheit** ebenfalls garantiert.[21]

Die Landesverfassungen von Bremen (Art. 51 Abs. 1 und Abs. 2), Hessen (Art. 29 Abs. 3) und Rheinland-Pfalz (Art. 54 Abs. 2) sehen vor, dass das **Schlichtungswesen** gesetzlich geregelt wird. Soweit in Westdeutschland noch das KRG Nr. 35 als Besatzungs- und nicht als Bundesrecht[22] gilt, können die Länder dieses durch eigenes Landesschlichtungsrecht ablösen.[23] Die Landesverfassung von Brandenburg (Art. 51 Abs. 2 S. 2) räumt den Gewerkschaften ein Zutrittsrecht zu allen Betrieben und Dienststellen ein. Dies wird nur im Rahmen der Gesetze gewährleistet und geht nicht über die aus Art. 9 Abs. 3 GG und § 2 BetrVG folgenden Befugnisse hinaus (→ § 220 Rn. 81 ff.).

Die Landesverfassungen von Berlin (Art. 27 Abs. 2), Brandenburg (Art. 51 Abs. 2), Bremen (Art. 51 Abs. 3), Hessen (Art. 29 Abs. 4), Rheinland-Pfalz (Art. 66 Abs. 2) und des Saarlandes (Art. 56 S. 2) anerkennen bzw. gewährleisten das **Streikrecht**. Da diese Bestimmungen das Streikrecht an die Gewerkschaft binden, haben sie keine über die sich aus Art. 9 Abs. 3 GG ergebende Gewährleistung des Arbeitskampfes (→ § 220 Rn. 44 ff.) hinausgehende Bedeutung. Die thüringische Verfassung gewährleistet allgemeiner „das Recht Arbeitskämpfe zu führen, insbesondere das Streikrecht" (Art. 37 Abs. 2). Die Hessische Verfassung enthält in Art. 29 Abs. 5 ein **Aussperrungsverbot.** Es verstößt gegen die Gewährleistung des Arbeitskampfs auch für die Arbeitgeberseite in Art. 9 Abs. 3 GG und ist damit nach Art. 31 GG nichtig.[24]

Die Landesverfassungen von Brandenburg (Art. 51 Abs. 2 S. 1), Bremen (Art. 50 Abs. 2), Hessen (Art. 29 Abs. 2) und Rheinland-Pfalz (Art. 54 Abs. 1) enthalten **Vorschriften über Tarifverträge**. Soweit diese Bestimmungen die Tariffähigkeit „nur" Koalitionen gewähren wollen und damit die Tariffähigkeit des einzelnen Arbeitgebers in Frage stellen, sind sie nichtig, Art. 31 GG. Sie verstoßen gegen einfaches Bundesrecht (§ 2 Abs. 1 TVG) und gegen Art. 9 Abs. 3 GG.

Einige Landesverfassungen garantieren für den Bereich **staatlicher Wirtschaftslenkung** die gleichwertige Beteiligung der Koalitionen beider Seiten (Art. 38 Abs. 3 der Hessischen Verfassung, Art. 68 der Verfassung von Rheinland-Pfalz und Art. 58 der Verfassung des Saarlandes). Wirkung können diese Bestimmungen nur für wirtschaftslenkende Maßnahmen der betreffenden Bundesländer haben. Soweit die Koalitionen, wie das in Rheinland-Pfalz (Art. 68) und im Saarland (Art. 58) vorgesehen ist, zwangsweise in Wirt-

---

[20] BAG 6. 6. 2000 – 1 ABR 10/99, BAGE 95, 36 = NZA 2001, 160; *Oetker* FS Stahlhacke, 1995, 363 ff.; *Rieble* Arbeitsmarkt und Wettbewerb Rn. 174 ff.
[21] Die Bestimmungen sind abgedruckt bei *Nipperdey* I, Textsammlung zum Arbeitsrecht.
[22] *Leinenweber* Landesschlichtungsgesetze? 2011, S. 95 f.; *Löwisch/Rieble* TVG Grundl. Rn. 382 f.; aA *Rudkowski* ZAAR 37 (2015) 169, 179 f.: Bundesrecht.
[23] *Leinenweber* Landesschlichtungsgesetze? 2011, S. 144 ff.
[24] BAG 26. 4. 1988 – 1 AZR 399/86, BAGE 58, 138 = NZA 1988, 775; *Otto,* Arbeitskampf- und Schlichtungsrecht, 2006, § 4 Rn. 77.

schaftsgemeinschaften zusammengeschlossen werden sollen, ist das mit Art. 9 Abs. 3 GG unvereinbar.

3. Europäische Gewährleistungen der Koalitionsfreiheit

16 Das Recht der europäischen Verträge enthält keine ausdrückliche Gewährleistung der Koalitionsfreiheit.[25] Umgekehrt sperrt Art. 153 Abs. 5 AEUV jede Regelungskompetenz der Union für die Koalitionsfreiheit gegenüber den Mitgliedstaaten. Dass die Koalitionsfreiheit als ungeschriebenes Gemeinschaftsrecht angesehen wird,[26] hat deshalb als Selbstbindung Wirkung für Beschäftigte der Union.[27] Art. 6 Abs. 1 EUV bringt die **Grundrechtecharta** als Primärrecht zur Geltung. Art. 12 GRC gewährleistet die individuelle Koalitionsfreiheit, also insbesondere das Recht auf Bildung von und Beitritt zu Koalitionen. Hierauf baut Art. 28 GRC mit dem Schutz von Tarifverhandlungen und Kollektivverhandlungen als besonderem kollektivem Betätigungsrecht auf.[28] Doch verhindert der Zuständigkeitsausschluß in Art. 153 Abs. 5 AEUV, dass die GRC insoweit im Sinne einer positiven unionsweiten Gewährleistung der Koalitionsfreiheit zur Geltung kommt. Anwendbar ist sie nur für das Handeln der Union und „für die Mitgliedstaaten ausschließlich bei der Durchführung des Rechts der Union". Für nationales Verhalten der Mitgliedstaaten gilt die GRC anders als die EMRK nicht. Und sie kann keine Zuständigkeiten schaffen, wo keine sind, Art. 51 Abs. 2, 6 Abs. 1 u. Abs. 2 EUV. Solche „nicht-universellen" Grundrechte kommen erst zur Anwendung, wenn ein Lebensbereich vom insbesondere sekundären Unionsrecht geregelt ist und sie dadurch „aktiviert" werden.[29] Diese Aktivierung scheidet aus, weil die EU keine Rechtssetzungskompetenz für das Koalitionsrecht hat. Die Union kann weder ein europäisches Kollektivvertragsrecht schaffen noch den Arbeitskampf über Art. 28 GRC legitimieren. Insoweit ist Art. 28 GRC ein weithin wirkungsloser Programmsatz,[30] ein Grundrecht ohne Regelungszuständigkeit und ohne Anwendungsbereich. Diese Vorgabe darf nicht durch materielle Auflading des Art. 28 GRC umgangen werden.[31] Dementsprechend überantwortet Art. 28 GRC die Ausgestaltung gerade den für die Koalitionsfreiheit allein kompetenten Mitgliedstaaten und ihren „einzelstaatlichen Rechtsvorschriften und Gepflogenheiten"; der Inhalt des Grundrechts bestimmt sich aus deutscher Sicht nach Art. 9 Abs. 3 GG.[32]

17 Die Koalitionsfreiheit als Unionsgrundrecht ist indes nicht funktionslos: Sie wertet die Koalitionsfreiheit (und die Kollektivbetätigung durch Tarifvertrag und Arbeitskampf) auf, sodass diese in einer Abwägung mit den Grundfreiheiten und anderem Unionsrecht nicht notwendig Nachrang erfahren.[33] Art. 12, 28 GRC wirken so als „Schranken-Schranke". Das ist deutlich geworden an der Beanstandung von Streikaktionen, die auf eine Einschränkung der Grundfreiheiten zielen (Fälle Viking und Laval, dazu → § 269 Rn. 15f.) und an der Immunität des Tarifvertrags gegenüber dem Unionskartellrecht (→ § 221 Rn. 9ff.).

18 Der „Soziale Dialog" des Art. 155 AEUV bedeutet keinen „europäischen Tarifvertrag" weil er nur in schuldrechtliche Pflichten zwischen den Vertragsparteien münden kann. Seine Umsetzung erfolgt entweder auf nationaler Ebene nach den jeweiligen Verfahren und Gepflogenheiten der Sozialpartner (also in Deutschland durch Tarifvertrag) oder durch nationalen Rechtssetzungsakt. Alternativ dazu kann die Union, beschränkt auf die Bereiche des Art. 153 AEUV, auf gemeinsamen Antrag der Unterzeichnerparteien durch

---

[25] *Däubler* FS Hanau, 1999, 489.
[26] *Fuchs/Marhold* Europäisches Arbeitsrecht S. 457.
[27] EuGH 18.1.1990 – C-193, 194/87, NZA 1991, 189.
[28] *Seifert* EuZA 2013, 205 (210).
[29] *Latzel* EuZW 2015, 658 (661f.).
[30] Wie Art. 27 GRC: EuGH 15.1.2014 – C-176/12 CGT, NZA 2014, 193.
[31] *Herresthal* EuZA 2011, 3 (17). Nachwirkung zu entsprechenden Versuchen *Löwisch/Rieble* Grundl. Rn. 291.
[32] *Waltermann* EuZA 2015, 15 (21); *Thüsing/Traut* RdA 2012, 65 (70).
[33] *Herresthal* EuZA 2011, 3 (16); *Federhofer* Europäisches Tarifrecht S. 19.

II. Rechtsquellen der Koalitionsfreiheit

Beschluss des Rates auf Vorschlag der Kommission (Art. 155 Abs. 2 AEUV) Sekundärrecht setzen. Art. 155 AEUV schafft keinen europäischen Tarifvertrag, sondern ein **europäisches Rechtsetzungsmodell mit korporatistischem Einschlag**.[34]

Mit der GRC sind vorangegangene **appellatorisch-unverbindliche Grundrechtsakte** der Union überholt:[35] die ESC (→ Rn. 24), die Erklärung der Grundrechte und Grundfreiheiten des Europäischen Parlaments und die Gemeinschaftscharta der sozialen Grundrechte der Arbeitnehmer. Zwar nennt Art. 151 AEUV noch die ESC und die Gemeinschaftscharta der sozialen Grundrechte; einen Auslegungsgleichlauf sieht Art. 52 Abs. 3 und Abs. 4 GRC aber nur mit der EMRK (→ Rn. 22 f.) sowie den gemeinsamen Verfassungsüberlieferungen der Mitgliedstaaten vor.

Nach Art. 8 der unmittelbar geltenden **Verordnung über die Freizügigkeit der Arbeitnehmer** innerhalb der Union[36] müssen Arbeitnehmer aus EU-Staaten hinsichtlich des Zugangs und der Ausübung gewerkschaftlicher Rechte einschließlich des aktiven und passiven Wahlrechtes zu den Gewerkschaften den deutschen Arbeitnehmern gleichgestellt werden.[37]

Art. 6 Abs. 2 EUV schreibt den Beitritt der Union zur **Europäischen Menschenrechtskonvention (EMRK)** vor. Diese Beitrittspflicht ist nicht umgesetzt. Der EuGH hat den Beitritt vielmehr als derzeit unionsrechtswidrig versperrt.[38] Es bleibt daher bei der mittelbar materiell-rechtlichen Wirkung der EMRK über Art. 6 Abs. 2 EUV und die ungeschriebenen Unionsgrundrechte. Außerdem ist die EMRK „Rechtserkenntnisquelle" für die Auslegung der GRC, Art. 52 Abs. 3 GRC.[39] Die Mitgliedstaaten sind aus ihrer eigenen EMRK-Bindung verpflichtet. Die EMRK ist in der Bundesrepublik Deutschland unmittelbar geltendes nationales Recht im Range einfachen Bundesrechts.[40] Ihre Verletzung kann von jedem Betroffenen mit einer Beschwerde bei der Europäischen Kommission für Menschenrechte und im Rechtszug einer Klage beim Europäischen Gerichtshof für Menschenrechte geltend gemacht werden (Art. 34 EMRK).

Nach **Art. 11 Abs. 1 EMRK** haben alle Menschen das Recht, sich frei mit anderen zusammenzuschließen, einschließlich des Rechts, zum Schutz ihrer Interessen Gewerkschaften zu bilden und ihnen beizutreten. Auch das **Diskriminierungsverbot** des Art. 14 EMRK ist von Bedeutung, denn es erfasst mit „sonstigem Status" auch die Diskriminierung wegen Koalitionszugehörigkeit.[41]

Die nicht in allen Staaten des Europarats geltende **Europäische Sozialcharta (ESC)**[42] verpflichtet in ihrem Teil I Nr. 5 die Vertragsstaaten auf das politische Ziel, die Voraussetzungen zu schaffen, damit alle Arbeitnehmer und Arbeitgeber das Recht auf Freiheit zur Vereinigung in nationalen und internationalen Organisationen zum Schutz ihrer wirtschaftlichen und sozialen Interessen haben. In Teil I Nr. 6 ist das Recht auf Kollektivverhandlungen besonders erwähnt. Diese Vorschriften sind in den Teilen II und V näher konkreti-

---

[34] Zahlreiche Nachwirkung bei *Löwisch/Rieble*, TVG, 4. Aufl. (2017) Grundl. Rn. 444 ff.
[35] *Krebber* RdA 2009, 224 (230 f.).
[36] Nr. 492/2011 v. 5. 4. 2011 ABl. Nr. L 141/1.
[37] *Fuchs/Marhold* Europäisches Arbeitsrecht S. 457.
[38] EuGH Plenum 8. 12. 2014, Gutachten 2/13, EuGRZ 2015, 56.
[39] Dazu *Junker* ZfA 2013, 91 (97 ff.).
[40] Art. II Abs. 1 des Ratifikationsgesetzes v. 7. 8. 1952, BGBl. 1952 II S. 685; s. BVerfG 30. 7. 1952 – 1 BvF 1/52, BVerfGE 1, 396 (411); 18. 11. 1954 – 1 BvR 629/52, BVerfGE 4, 96, 162 = NJW 1954, 1881; 21. 3. 1957 – 1 BvR 65/54, BVerfGE 6, 290 (294 f.) = NJW 1957, 745; 10. 3. 1971 – 2 BvL 3/68, BVerfGE 30, 272 (284 f.); 26. 3. 1987 – 2 BvR 589/79, BVerfGE 74, 358 (370) = NJW 1987, 2427; BVerwG 22. 4. 1977 – VII C 17/74, BVerwGE 52, 313 (334) = NJW 1977, 1837; BAG 10. 6. 1980 – 1 AZR 822/79, BAGE 33, 140 = NJW 1980, 840; *Stern* StaatsR III/1 S. 278 f. auch zur Geltung in den übrigen Staaten des Europarats; einschränkend nur HbVerfR/*v. Simson*, 1. Aufl. 1983, S. 59 (61), der im Anschluss an die englische Rechtsprechung in der Menschenrechtskonvention nur bindende Auslegungsregeln bei mehrdeutigem Gesetzestext sieht.
[41] EGMR 30. 7. 2009 – 67336/01 – Danilenkov.
[42] Vom 18. 10. 1961; Ratifikationsgesetz v. 19. 9. 1964, in Kraft seit dem 26. 2. 1965, BGBl. II S. 1261; abgedruckt in *Nipperdey* I unter Nr. 1152.

siert. Weil die EMRK als „Schwesterkonvention" verbindlich und durchsetzbar ist, kann systematisch für die ESC nicht dasselbe gelten. Eine Art. 46 EMRK vergleichbare Folgepflicht gegenüber Entscheidungen des Ministerkomitees besteht daher nicht. Auch wenn die Union wie die Mitgliedstaaten nach Art. 151 AEUV den sozialen Dialog „eingedenk" der sozialen Grundrechte der ESC verfolgen, ist damit also weder ein eigenständiges Grundrecht noch eine völkerrechtliche Bindung verbunden. Der EGMR zieht die ESC aber teilweise iRd Interpretation der EMRK als einen die für die Auslegung maßgebliche „Wirklichkeit abbildenden internationalen und staatlichen Standard" heran.[43] Das ist methodisch zweifelhaft, denn die ESC ist nicht von allen Staaten des Europarates ratifiziert worden und verzichtet auf eigene Durchsetzungsmechanismen; diese Entscheidung wird durch den ESC-Import iRd Auslegung der EMRK vom EGMR unterwandert.[44]

4. Im Recht der Internationalen Arbeitsorganisation (ILO)

24 Das Übereinkommen Nr. 87 der Internationalen Arbeitsorganisation (ILO) über die Vereinigungsfreiheit und den Schutz des Vereinigungsrechts v. 9.7.1948[45] enthält eine ins Einzelne gehende Gewährleistung der Koalitionsfreiheit. Im Übereinkommen Nr. 98 über die Anwendung der Grundsätze des Vereinigungsrechts und des Rechts zu Kollektivverhandlungen v. 1.7.1949[46] wird diese Schutzverpflichtung noch konkretisiert. Das Übereinkommen Nr. 98 wird ergänzt durch die Empfehlungen Nr. 91 betreffend die Gesamtarbeitsverträge und Nr. 92 betreffend das freiwillige Einigungs- und Schiedsverfahren v. 29.6.1951 sowie Nr. 113 betreffend die Beratung und Zusammenarbeit zwischen den Staatsorganen und den Arbeitgeber- und Arbeitnehmerverbänden in einzelnen Wirtschaftszweigen und im gesamtstaatlichen Rahmen v. 20.6.1960.[47]

25 Das ILO-Übereinkommen Nr. 135 über Schutz und Erleichterungen für Arbeitnehmervertreter im Betrieb v. 23.6.1971[48] gewährt weitere Rechte für die Arbeitnehmer- und Gewerkschaftsvertreter im Betrieb.

26 Das ILO-Übereinkommen Nr. 141 über die Verbände ländlicher Arbeitskräfte v. 23.6.1975[49] bekräftigt das Vereinigungsrecht für ländliche Arbeitskräfte; das ILO-Übereinkommen Nr. 150 über die Arbeitsverwaltung v. 26.6.1978[50] behandelt das Verhältnis der Koalition zur Arbeitsverwaltung.

27 Das von der Bundesrepublik Deutschland nicht ratifizierte (zu den Gründen → § 220 Rn. 73) ILO-Übereinkommen Nr. 151 v. 27.6.1978 über den Schutz des Vereinigungsrechtes und über Verfahren zur Festsetzung der Beschäftigungsbedingungen im öffentlichen Dienst[51] gewährleistet die Koalitionsfreiheit der öffentlichen Bediensteten. Das Übereinkommen Nr. 151 wird ergänzt durch die Empfehlung Nr. 159 betreffend Verfahren zur Festsetzung der Beschäftigungsbedingungen im öffentlichen Dienst v. 27.6.1978.[52]

28 Das ebenfalls nicht ratifizierte ILO-Übereinkommen Nr. 154 v. 19.6.1981 über die Förderung von Kollektivverhandlungen[53] befasst sich mit allen Kollektivverhandlungen, die zwischen einem Arbeitgeber, einer Gruppe von Arbeitgebern oder einem oder mehreren Arbeitgeberverbänden einerseits und einem oder mehreren Arbeitnehmerverbänden

---

[43] Vgl. EGMR 12.11.2008 – 34503/97, NZA 2010, 1425; EGMR 8.4.2014 – 31045/10, NJOZ 2015, 1744; ausführlich dazu *Felten* Koalitionsfreiheit S. 211 ff.; *Katerndahl* Tarifverhandlung und Streik als Menschenrechte S. 195 ff.
[44] *Löwisch/Rieble* Grundl. Rn. 327 ff. mwN.
[45] BGBl. 1956 II 2072, in der Bundesrepublik Deutschland in Kraft seit dem 20.3.1958, BGBl. II S. 113.
[46] BGBl. 1955 II 1122, in der Bundesrepublik Deutschland in Kraft seit dem 8.6.1957, BGBl. II S. 1231.
[47] BArbBl. 1962, 489.
[48] BGBl. 1973 II 953, in der Bundesrepublik Deutschland in Kraft seit dem 26.9.1974, BGBl. II 1595; in der ehem. DDR in Kraft seit dem 7.5.1976, GBl. II 1977 S. 780.
[49] BGBl. 1977 II 482, in der Bundesrepublik Deutschland in Kraft seit dem 5.12.1979, BGBl. II S. 1149.
[50] BGBl. 1980 II 1254, in der Bundesrepublik Deutschland in Kraft seit dem 26.2.1982, BGBl. 1981 II 370.
[51] BT-Drs. 10/2123.
[52] BT-Drs. 10/2123, 11.
[53] BT-Drs. 10/2124.

andererseits stattfinden. Es wird ergänzt durch die Empfehlung Nr. 163 betreffend die Förderung von Kollektivverhandlungen.

Übereinkommen der ILO sind **völkerrechtliche Vereinbarungen.**[54] Soweit sie ratifiziert sind, gehören sie zum einfachen Bundesrecht.[55] Sie enthalten jedoch keine unmittelbaren Rechtsfolgen für Arbeitnehmer, Arbeitgeber und ihre Koalitionen, sondern nur eine Schutzverpflichtung der Bundesrepublik Deutschland,[56] die nicht anders als im Rahmen der ESC (→ Rn. 24) bei der Rechtssetzung durch den Gesetzgeber wie bei der Rechtsanwendung durch Gerichte und Verwaltung zu beachten ist.[57] Nur in Ausnahmefällen, sofern das ratifizierte Übereinkommen nach Wortlaut, Zweck und Inhalt geeignet und hinreichend bestimmt ist, wie eine innerstaatliche Vorschrift subjektive Rechte und Pflichten einzelner erkennen zu lassen, gelten mit der Ratifizierung diese Vereinbarungen oder einzelne ihrer Regelungen als für den Einzelnen unmittelbar anwendbares innerstaatliches Recht (self-executing).[58] **ILO-Empfehlungen** werden nicht ratifiziert. Sie sind auch völkerrechtlich unverbindlich; nach Art. 19 Nr. 6 der Verfassung der ILO[59] sind die Mitglieder lediglich verpflichtet zu prüfen, ob eine Empfehlung in innerstaatliches Recht umgesetzt werden soll.

5. Im Recht der Vereinten Nationen
Nach Art. 23 Nr. 4 der **Allgemeinen Erklärung der Menschenrechte** durch die Vereinten Nationen v. 10. 12. 1948 hat jeder Mensch das Recht, zum Schutz seiner Interessen Berufsvereinigungen zu bilden und solchen beizutreten.

In Art. 8 des **Internationalen Paktes über wirtschaftliche, soziale und kulturelle Rechte** v. 19. 12. 1966[60] verpflichten sich die Vertragsstaaten, das Recht zu Gewerkschaftsbildung, Beitritts- und Betätigungsfreiheit sowie Streikrecht zu gewährleisten. Der **Internationale Pakt über bürgerliche und politische Rechte** vom gleichen Tag verstärkt diese Gewährleistung.[61]

Während die Menschenrechtserklärung von vornherein als völkerrechtlich unverbindliches Dokument konzipiert und verabschiedet worden ist und Rechtswirkungen allenfalls über das Völkergewohnheitsrecht entfalten kann,[62] schafft Art. 8 des Sozialpaktes zwar kein unmittelbar geltendes nationales Recht, ist aber bei der Interpretation nationaler Rechtsvorschriften zu beachten.[63] Art. 22 des politischen Paktes hingegen will den Bürgern der Mitgliedstaaten ein subjektives Recht einräumen.[64]

---

[54] *Leinemann* BB 1993, 2519 mwN; *Muhr* ArbRGegw. 29 (1992), 87 (95, 102 ff.); *Muhr* FS Gnade, 1992, 699.
[55] BVerfG 20. 10. 1981 – 1 BvR 404/78, BVerfGE 58, 233 = AP TVG § 2 Nr. 31; BAG 10. 6. 1980 – 1 AZR 822/79, AP GG Art. 9 Arbeitskampf Nr. 64; vgl. auch *Leinemann/Schütz* ZfA 1994, 1 ff. und die Antwort der *Bundesregierung* auf eine kleine Anfrage, BT-Drs. 12/3495 v. 21. 10. 1992 unter II 2 = ArbRGegw. 30 (1993), 157 (171 ff.).
[56] BAG 19. 1. 1982 – 1 AZR 279/81, BAGE 37, 331 = BB 1982, 674; 8. 12. 1978 – 1 AZR 303/77, BAGE 31, 166 = SAE 1980, 23; 3. 12. 1997 – 7 AZR 236/97 für das Übereinkommen Nr. 135; BAG 7. 12. 1993 – 9 AZR 683/92, BAGE 75, 171 = NZA 1994, 802 für das Übereinkommen Nr. 132; allgemein *Däubler* Gewerkschaftsrechte im Betrieb Rn. 25 ff.
[57] *Däubler* Gewerkschaftsrechte im Betrieb Rn. 31 ff. mwN; Antwort der *Bundesregierung* auf eine kleine Anfrage, BT-Drs. 12/3495 v. 21. 10. 1992 unter II 1, 2 = ArbRGegw. 30 (1993), 157, 170 ff.; *Leinemann* BB 1993, 2519.
[58] BSG 18. 12. 1969 – 2 RU 162/67, BSGE 30, 226 für das Übereinkommen Nr. 19; BVerwG 28. 5. 1991 – 1 C 20/89, NVwZ 1992, 177 für Art. 8 des Übereinkommens Nr. 97; vgl. zu entspr. Auslegungsgrundsätzen BAG 7. 12. 1993 – 9 AZR 683/92, BAGE 75/1 = NZA 1994, 802; allgemein dazu *Muhr* ArbRGegw. 29 (1992), 87 (112).
[59] Abgedruckt bei *Nipperdey* I Nr. 1081.
[60] Ratifiziert durch G. v. 23. 11. 1973, BGBl. 1973 II 1569.
[61] Ratifiziert durch G. v. 15. 11. 1973, BGBl. 1973 II 1533.
[62] *Beyerlin* Recht zwischen Umbruch und Bewahrung S. 1156.
[63] *Beyerlin* Recht zwischen Umbruch und Bewahrung S. 1162 f.; *Tomuschat* Die Bundesrepublik Deutschland und die Menschenrechtspakte der Vereinten Nationen S. 3; *Däubler* Gewerkschaftsrechte im Betrieb Rn. 41.
[64] *Beyerlin* Recht zwischen Umbruch und Bewahrung S. 1170 f.

§ 218 Reichweite der Koalitionsfreiheit

Schrifttum:
Siehe vor § 217.

Übersicht
                                                                                        Rn.
I. Inhalt 1
   1. Koalitionsfreiheit als Freiheitsrecht 1
   2. Koalitionsfreiheit als Ordnungsvorstellung 8
   3. Verhältnis zu anderen Grundrechten 13
II. Zweck: Wahrung und Förderung der Arbeits- und Wirtschaftsbedingungen 15
   1. Gegenstand: Abhängige Arbeit 15
   2. Aufgabe: Förderung als Gestaltung von Arbeitsbedingungen 22
   3. Aufgabe: „Wahrung" auch als Durchsetzung von Arbeitsbedingungen 27
III. Träger 28
   1. Jedermann 28
   2. Zulassungsschranke des Art. 9 Abs. 2 GG 45
IV. Organisationsform: Vereinigung 55
   1. Koalition als Vereinigung iSv Art. 9 Abs. 1 GG 55
   2. Folgerungen aus der besonderen Zwecksetzung 60
      a) Gegnerfreiheit und Gegnerunabhängigkeit 60
      b) Unabhängigkeit von Staat, Kirche und Parteien 67
      c) „Demokratische" Organisation? 70
      d) Keine weiteren Voraussetzungen 71
   3. Rechtsfolgen fehlerhafter Organisation 72
V. Adressat: Staat, Dritte, eigene Koalition, sozialer Gegenspieler 74
VI. Ausgestaltung der Koalitionsbetätigung 77
   1. Ausgestaltung und Eingriff 77
   2. Verhältnismäßigkeit 81
   3. Gleichheitssatz (Diskriminierungsverbot) 92
   4. Vertrauensschutz 95
   5. Staatskonkurrenz zur Koalitionsbetätigung 96
VII. International-rechtliche Gewährleistungen 105

I. Inhalt

1. Koalitionsfreiheit als Freiheitsrecht

1   Art. 9 GG gewährleistet die Freiheit des Zusammenschlusses zu Vereinigungen zur Wahrung und Förderung der Arbeits- und Wirtschaftsbedingungen und die Freiheit der gemeinsamen Verfolgung dieses Zwecks. Über beides sollen die Beteiligten selbst und eigenverantwortlich und grundsätzlich frei von Einflussnahme von staatlicher oder dritter Seite entscheiden.[1] Art. 9 GG garantiert die Freiheit, eine Koalition zu gründen, ihr beizutreten, in ihr zu verbleiben und sich für sie zu betätigen[2] (**positive Koalitionsfreiheit**).

2   Art. 9 Abs. 3 GG sichert aber auch die Freiheit des Austrittes und des Fernbleibens (**negative Koalitionsfreiheit**): Niemand darf durch staatlichen oder sozialen Druck genötigt werden, eine Koalition mit seiner Mitgliedschaft zu unterstützen.[3] Die negative

---

[1] BVerfG 1.3.1979 – 1 BvR 532/77, 1 BvR 533/77, 1 BvR 419/78, 1 BvL 21/78, E 50, 290 = NJW 1979, 593 (833); zu den Adressaten § 243 Rn. 80 ff.; v. Münch/Kunig/*Löwer* GG Art. 9 Rn. 74.
[2] BVerfG 1.3.1979 – 1 BvR 532/77, 1 BvR 533/77, 1 BvR 419/78, 1 BvL 21/78, BVerfGE 50, 290 = NJW 1979, 593 (833); 30.11.1965 – 2 BvR 54/62, BVerfGE 19, 303 = NJW 1966, 491.
[3] Dass Art. 9 Abs. 3 GG auch die negative Koalitionsfreiheit schützt, ist ständige Rspr. des BVerfG und des BAG: BVerfG 1.3.1979 – 1 BvR 532/77, 1 BvR 533/77, 1 BvR 419/78, 1 BvL 21/78, E 50, 290 = NJW 1979, 593 (833); 30.11.1965 – 2 BvR 54/62, BVerfGE 19, 303 = NJW 1966, 491; BAG (GS) 29.11.1967 – GS 1/67, BAGE 20, 175 = JuS 1968, 532; BAG 21.1.1987 – 4 AZR 486/86, AP GG

I. Inhalt 3–6 § 218

Koalitionsfreiheit bezieht sich dabei **nur auf den Status als Mitglied.** Aus der negativen Koalitionsfreiheit folgt nicht das Recht, sich gegen Koalitionen zu betätigen. Insofern bewendet es beim allgemeinen Grundrechtsschutz, insbesondere nach Art. 5 Abs. 1 GG und Art. 12 Abs. 1 GG, der den Nichtmitgliedern das Recht sichert, ihre Interessen außerhalb der Koalitionen individuell zu verfolgen.

Aus der Koalitionsfreiheit folgt aber das **Verbot, den sozialen Gegenspieler unter Zwang in den Dienst der Koalition zu nehmen** – etwa durch eine Kostenpflicht des Arbeitgebers für Schulungs- und Bildungsveranstaltungen der Betriebsverfassung.[4] 3

Der **Koalition selbst** gewährleistet Art. 9 Abs. 3 GG die Bildung und den Bestand **(Existenzgarantie)**, die autonome Regelung der Verbandsorganisation **(Organisationsautonomie)** und das Recht, durch spezifisch koalitionsmäßige Betätigung die in Art. 9 Abs. 3 GG genannten Zwecke zu verfolgen **(Betätigungsgarantie)**.[5] Nur „insofern" ist Art. 9 Abs. 3 GG ein Doppelgrundrecht. Die Koalitionsfreiheit schützt die Koalition nicht um ihrer selbst,[6] sondern nur um ihrer Mitglieder willen. Insofern lässt sich auch für die kollektive Koalitionsfreiheit die vom BVerfG in ständiger Rechtsprechung zu Art. 19 Abs. 3 GG entwickelte „Durchgriffstheorie"[7] fruchtbar machen.[8] Deren Gedanken entsprechend haben die Koalitionen keinen Auftrag zur Ordnung des Arbeitslebens insgesamt. Insbesondere sind die Gewerkschaften nicht Repräsentanten der Arbeiterklasse, sondern haben ein Mandat nur für ihre Mitglieder. Deshalb können die Koalitionen **keinen Schutz vor den eigenen Mitgliedern** beanspruchen. Das Existenzrecht der Koalition besteht nicht losgelöst von den Mitgliedern; Staatshilfe zum Schutz vor Austritten darf es nicht geben.[9] 4

Art. 9 Abs. 3 GG enthält zunächst wie jedes Grundrecht ein **Eingriffsverbot.** Regeln und Maßnahmen, die sich unmittelbar belastend auf die Koalitionsfreiheit auswirken, sind unzulässig, soweit sie nicht durch Grundrechtsschranken gedeckt sind. 5

Art. 9 Abs. 3 GG muss unmittelbar oder iVm Art. 3 Abs. 1 GG auch ein **Diskriminierungsverbot** entnommen werden. Jede unterschiedliche Behandlung von verschiedenen Koalitionen und ihren Mitgliedern sowie von organisierten und nichtorganisierten Arbeitnehmern und Arbeitgebern führt, auch wenn jede Behandlung für sich genommen mit Art. 9 Abs. 3 GG vereinbar ist, zu einer Begünstigung des einen und einer Belastung des anderen. Aus Art. 9 Abs. 3 GG folgt auch ein Diskriminierungsverbot **im Verhältnis der beiden gegnerischen Seiten zueinander.** Das Prinzip der Ordnung des Arbeitslebens durch aktualisierte Gegenmacht setzt voraus, dass Macht und Gegenmacht sich grundsätzlich auf gleicher Stärke einpendeln können. Insofern bedingt Art. 9 Abs. 3 GG 6

Art. 9 Nr. 46; LS III. Nr. 1 S. 1 des Staatsvertrages (§ 242 Rn. 18); Sachs/*Höfling* GG Art. 9 Rn. 68; ZLH § 10 Rn. 39 ff.; Maunz/Dürig/*Scholz* GG Art. 9 Rn. 221 ff., 226; aA (nur Schutz nach Art. 2 Abs. 1 GG); *Säcker* Grundprobleme der kollektiven Koalitionsfreiheit S. 35 ff.; Kempen/Zachert/*Kempen* Grundl. Rn. 218 ff.; *Neumann* Tarifboni für Gewerkschaftsmitglieder S. 126 ff.; und ausführlich *Gamillscheg* Grundrechte. S. 382 ff.; kritisch zum Begriff, MKS/*Kemper* GG Art. 9 Rn. 136 f.

[4] Vgl. Entscheidung BAG 15. 1. 1992 – 7 ABR 23/90, BAGE 68, 214 = NZA 1993, 189; kritisch aus wettbewerblicher Sicht *Rieble* Arbeitsmarkt und Wettbewerb Rn. 553 ff.

[5] BVerfG 26. 6. 1991 – 1 BvR 779/85, BVerfGE 84, 212 = NZA 1991, 809; 26. 5. 1970 – 2 BvR 664/65, BVerfGE 28, 295 = NJW 1970, 1635; 18. 10. 1961 – 1 BvR 730/57, BVerfGE 13, 174 = AP GG Art. 9 Nr. 4; 18. 12. 1974 – 1 BvR 430/65, BVerfGE 38, 281 = NJW 1975, 1265; LS III. 1 S. 4 des Staatsvertrages; Sachs/*Höfling* GG Art. 9 Rn. 66 f.; ZLH § 10 Rn. 29 ff.

[6] So aber in ständiger Rechtsprechung das BVerfG 2. 3. 1993 – 1 BvR 1213/85, BVerfGE 88, 103 = NJW 1993, 1379; 24. 4. 1996 – 1 BvR 712/86, BVerfGE 94, 268 (294) = NJW 1997, 513; BAG 28. 2. 2006 – 1 AZR 460/04, BAGE 117, 137 = NZA 2006, 798.

[7] BVerfG 8. 7. 1982 – 2 BvR 1187/80, BVerfGE 61, 82 (101) = NJW 1982, 2173; eingehend *Bethge* Die Grundrechtsberechtigung juristischer Personen nach Art. 19 Abs. 3 Grundgesetz.

[8] S. nur Maunz/Dürig/*Scholz* GG Art. 9 Rn. 23 f., 170, 191, 240; *Richardi* FS G. Müller, 1981, 413 ff., 440; HbStR/*Kirchhof* § 118 Rn. 63 ff.; *v. Hayek* Verfassung der Freiheit S. 348; *Rieble* Arbeitsmarkt und Wettbewerb Rn. 1151 ff.; eindrucksvoll für die Tarifautonomie als kollektiver Privatautonomie E. *Picker* Die Tarifautonomie in der deutschen Arbeitsverfassung S. 113 ff.; aA Kempen/Zachert/*Kempen* Grundl. Rn. 89 f.; *Gamillscheg* Grundrechte S. 183 f.

[9] *Gamillscheg* Grundrechte S. 217; *Rieble* ZfA 2005, 245 (267).

auch die Rechtsgleichheit beider Seiten.[10] Als Diskriminierungsverbot erfasst die Koalitionsfreiheit allerdings nicht jede Ungleichbehandlung schlechthin, sondern nur jene, die nicht durch einen **sachlichen Grund** gerechtfertigt ist.[11]

7   Die Koalitionsfreiheit ist umfassend darauf angewiesen, dass das einfache Recht durch Gesetz oder Richterrecht die von Art. 9 Abs. 3 GG „im Prinzip" garantierten Rechtspositionen ausgestaltet.[12] Das gilt in erster Linie für die Betätigung der Koalitionen. Tarifautonomie und Arbeitskampf können ohne einfaches Tarif- und Arbeitskampfrecht nicht funktionieren.[13] Insofern verhält es sich nicht anders als bei Eigentum und Privatautonomie, die ebenfalls ohne ein bürgerlich-rechtliches System nicht verwirklicht werden können.

2. Koalitionsfreiheit als Ordnungsvorstellung

8   Wie jedes andere Grundrecht enthält Art. 9 Abs. 3 GG Grundelemente der objektiven Ordnung des Gemeinwesens.[14] Die Ordnung des Arbeitslebens soll von frei gebildeten Gruppen der sozialen Gegenspieler, die sich selbständig gegenübertreten, geprägt sein.[15] Dieses Leitbild muss die an der Verfassung ausgerichtete Rechtsordnung bei der Ausgestaltung des Arbeitslebens stets beachten. Greift der Staat aus hinreichend gewichtigen Gemeinwohlgründen in dieses freie System kollektiv verhandelter Arbeitsbedingungen ein, so muss er in der Abweichung von diesem Leitbild das Verhältnismäßigkeitsprinzip beachten.

9   Praktisch bewirkt der objektive Gehalt der Koalitionsfreiheit, dass dieser unabhängig von einem subjektiven Rechtsschutzbegehren der Grundrechtsträger Geltung verschafft wird. Der Geltungsbefehl richtet sich als Appell an alle staatlichen Stellen, die sich mit diesem Lebensbereich befassen und damit insbesondere an die Gerichte bei der Auslegung einfachen Rechts.

10 Ob der Koalitionsfreiheit dabei der Charakter einer Instituts- oder Einrichtungsgarantie zukommt[16] ist eine dogmatische Frage, die der Grundrechtsfunktion als objektiver Ordnungsvorstellung nichts hinzufügt.[17]

11 In der Literatur wird darüber hinaus die Koalitionsfreiheit als **„neuer Grundrechtstyp"** aufgefasst. Sie garantiere in **Ausprägung des Demokratieprinzips** ein Recht der (Arbeitnehmer-)Koalitionen auf Teilhabe an staatlicher Macht. Dementsprechend nähmen die Gewerkschaften ein originäres kollektives und überindividuelles Recht wahr, das nicht von ihren Mitgliedern abgeleitet, sondern vom Staat verliehen ist.[18] Dem ist entge-

---

[10] *Kaiser* Die Parität der Sozialpartner S. 11 ff.
[11] BAG 10. 6.1980 – 1 AZR 331/79, BAGE 33, 195 = NJW 1980, 1653.
[12] BVerfG 11. 7. 2017 – 1 BvR 1571/15 ua [Tarifeinheit], BVerfGE 146, 71 = NZA 2017, 915 Rn. 147.
[13] BVerfG ständig, seit 6. 5. 1964 – 1 BvR 79/62, BVerfGE 18, 18 = NJW 1964, 1267: vor allem das Mitbestimmungsurteil vom 1. 3.1979 – 1 BvR 532/77, 1 BvR 533/77, 1 BvR 419/78, 1 BvL 21/78, BVerfGE 50, 290 = NJW 1979, 593 (833) und die Aussperrungsentscheidung 26. 6.1991 – 1 BvR 779/85, BVerfGE 84, 212 = NZA 1991, 809 und die § 116 AFG-Entscheidung 4. 7.1995 – 1 BvF 2/86, BVerfGE 92, 365 = NJW 1996, 185.
[14] *Hesse* Grundzüge des Verfassungsrechts der Bundesrepublik Deutschland Rn. 279; eingehend *Stern* StaatsR III/1 S. 477 ff.
[15] ErfK/*Linsenmaier* GG Art. 9 Rn. 20.
[16] BVerfG 18. 11.1954 – 1 BvR 629/52, BVerfGE 4, 96 = NJW 1954, 1881; im Mitbestimmungsurteil vom 1. 3.1979 – 1 BvR 532/771 BvR 532/77, 1 BvR 533/77, 1 BvR 419/78, 1 BvL 21/78, BVerfGE 50, 290 = NJW 1979, 593 (833) betont das BVerfG aber, dass Art. 9 Abs. 3 GG „keine Garantie des Bestandes des Tarifvertrags- und Arbeitskampfsystems in seiner konkreten gegenwärtigen Gestalt" enthält (unter C IV 2 b); *Badura* FS Müller-Graff, 2015, 331 (332): Einrichtungsgarantie.
[16] Zu ihr ausführlich *Stern* StaatsR III/1 S. 848 ff., der für seinen ablehnenden Standpunkt ausdrücklich hervorhebt, dass dem objektiv-rechtlichen Gehalt des Art. 9 Abs. 3 GG ein Schutz zukommt, der der Einrichtungsgarantie gleichartig ist; *Hesse* Grundzüge des Verfassungsrechts Rn. 279 Fn. 4.
[18] *Ridder* Zur verfassungsrechtlichen Stellung der Gewerkschaften im Sozialstaat nach dem GG für die Bundesrepublik Deutschland, 1960; Kempen/Zachert/Kempen Grundl. Rn. 69 ff., 90, 97 f. unter Verweis auf die genossenschaftliche Rechtslehre *von Gierke* und *Sinzheimer;* vgl. auch *J.H. Kaiser* Die Repräsentation organisierter Interessen, 1956.

genzuhalten: Die Koalitionsfreiheit ist im Grundrechtsteil der Verfassung und nicht im Organisationsrecht verankert. Deshalb dürfen den Koalitionen keine ständisch-korporativen zunftmäßigen Herrschaftsbefugnisse gegenüber den Mitgliedern zukommen.[19]

Die Koalitionsfreiheit ist (wie Vertrag und Eigentum) **privatnütziges Freiheitsrecht.**[20] Gerade auf Arbeitnehmerseite dient sie dem Einzelnen, um ihm in seiner Vertragsschwäche gegenüber dem Arbeitgeber beizustehen. Ihr Zweck ist es nicht, Arbeitnehmer „vom Regen in die Traufe" zu befördern, also anstelle der Arbeitgeberherrschaft der Gewerkschaftsherrschaft auszuliefern. Nicht der Arbeitnehmer dient der Gewerkschaft und ihren „überindividuellen" Zwecken, die Gewerkschaft dient umgekehrt dem einzelnen Arbeitnehmer – nicht anders als der Arbeitgeberverband seinen Mitgliedern.[21] Auch das BVerfG betont, dass die von der Koalitionsfreiheit umfasste Tarifautonomie „kollektive Privatautonomie" sei.[22] 12

3. Verhältnis zu anderen Grundrechten
Im Verhältnis zu anderen Grundrechten ist **Art. 9 Abs. 3 GG lex specialis.** Soweit Betätigungen der Koalitionen oder ihrer Mitglieder zugleich in den Schutzbereich anderer Grundrechte fallen, wie der Abschluss von Verträgen unter Art. 2 Abs. 1 GG, die Meinungsäußerung unter Art. 5 Abs. 1 GG, die Koalitionspresse unter Art. 5 Abs. 1 S. 2 GG, die Versammlung unter Art. 8 GG und die Vereinigung von Koalitionen unter Art. 9 Abs. 1 GG, kann sich die Koalition oder ihr Mitglied nicht auf diese Grundrechte, sondern allein auf Art. 9 Abs. 3 GG berufen.[23] 13

Weil aber einer Koalition nicht weniger Rechte zustehen als ihren Mitgliedern, müssen jene Grundrechte als objektive Ordnungsvorstellung innerhalb von Art. 9 Abs. 3 GG berücksichtigt werden.[24] Wo die Koalitionen mit ihrer Betätigung **das Feld der Arbeits- und Wirtschaftsbedingungen verlassen,** treten sie aus dem Schutzbereich des Art. 9 Abs. 3 GG heraus und genießen allgemeinen Grundrechtsschutz. 14

II. Zweck: Wahrung und Förderung der Arbeits- und Wirtschaftsbedingungen

1. Gegenstand: Abhängige Arbeit
Mit der besonderen Gewährleistung der Koalitionsfreiheit legitimiert und formt die Verfassung die Funktion, welche zuerst die Gewerkschaften und dann auch die Arbeitgeberverbände bei der Ordnung des Arbeitslebens errungen haben (zur Entwicklung der Koalitionsfreiheit → § 217 Rn. 1 ff.). Unter Arbeits- und Wirtschaftsbedingungen sind dementsprechend die Bedingungen zu verstehen, unter denen **abhängige Arbeit** geleistet wird.[25] Weshalb Zusammenschlüsse, deren Zweck auf die Ordnung der Bedingungen **anderer Märkte** als des Arbeitsmarkts gerichtet ist, nicht unter Art. 9 Abs. 3 GG fallen.[26] „Für alle Berufe" heißt nicht „auf allen Märkten".[27] 15

---

[19] Vgl. BVerfG im Mitbestimmungsurteil vom 1.3.1979 – 1 BvR 532/771 BvR 532/77, 1 BvR 533/77, 1 BvR 419/78, 1 BvL 21/78, BVerfGE 50, 290 (366f.) = NJW 1979, 593 (833).
[20] ErfK/*Linsenmaier* GG Art. 9 Rn. 20.
[21] *Rieble* Arbeitsmarkt und Wettbewerb Rn. 1155; *Junker* NZA 1997, 1305, (1306f., 1311); v. *Nell-Breuning* Philosophische und gesellschaftspolitische Betrachtung S. 27 (31, 35).
[22] BVerfG 11.7.2017 – 1 BvR 1571/15 ua [Tarifeinheit], BVerfGE 146, 71 = NZA 2017, 915 Rn. 147.
[23] BVerfG 26.5.1970 – 2 BvR 311/67, BVerfGE 28, 295 = AP GG Art. 9 Nr. 16; BGH 5.2.1980 – VI ZR 174/78, NJW 1980, 1685; *Löwisch* RdA 1982, 73 (81); *Schwerdtfeger* Individuelle und kollektive Koalitionsfreiheit S. 200; aA BAG 17.12.1976 – 1 AZR 772/75, NJW 1977, 918; MKS/*Kemper* GG Art. 9 Rn. 204.
[24] Vgl. BGH 5.2.1980 – VI ZR 174/78, NJW 1980, 1685.
[25] BVerfG 3.4.2001 – 1 BvL 32/97, BVerfGE 103, 293 = NZA 2001, 777; 18.11.1954 – 1 BvR 629/52, BVerfGE 4, 96 = NJW 1954, 1881; 6.5.1964 – 1 BvR 79/62, BVerfGE 18, 18 = NJW 1964, 1267; 19.10.1966 – 1 BvR 24/65, BVerfGE 20, 312 = NJW 1966, 2305; 24.5.1977 – 2 BvL 11/74, BVerfGE 44, 322 = NJW 1977, 2255; 20.10.1981 – 1 BvR 404/78, BVerfGE 58, 233 = NJW 1982, 815; Maunz/Dürig/*Scholz* GG Art. 9 Rn. 260; *Söllner* ArbRGegw. 16 (1978), 19 (20); MKS/*Kemper* GG Art. 9 Rn. 89f.; ErfK/*Linsenmaier* GG Art. 9 Rn. 23.
[26] S. nur v. Münch/Kunig/*Löwer* GG Art. 9 Rn. 92.

16 Der **einzelne Arbeitgeber ist nie Koalition.** Auf dem Arbeitsmarkt ist der Arbeitgeber für sich genommen Individuum. Das gilt auch für Gewerkschaften in ihrer Arbeitgeberfunktion. Dementsprechend ist er in seiner Teilnahme am kollektiven System von Tarifvertrag und Arbeitskampf nicht von Art. 9 Abs. 3 GG, sondern von seiner individuellen Berufs- und Unternehmerfreiheit des Art. 12 Abs. 1 GG geschützt.[28]

17 Die Ordnung des Arbeitslebens muss nicht der **ausschließliche Zweck** der Koalition sein. Vielmehr ist der Koalition in ihrer Eigenschaft als Verein und Gesellschaft nach Art. 9 Abs. 1 GG auch die Autonomie gewährleistet, ihren Zweck über den in Art. 9 Abs. 3 GG genannten Bereich hinaus auszudehnen. Man kann nicht einmal fordern, dass dieser Zweck Hauptzweck der Vereinigung ist,[29] weil das eine unverhältnismäßige Beschränkung der Koalitionsfreiheit wäre, die auch die Freiheit zur autonomen Bestimmung des Verbandszwecks umfasst (→ § 220 Rn. 15 ff.). Durch Art. 9 Abs. 3 GG geschützte koalitionszweckfremde Ausrichtungen dürfen dem Koalitionsstatus erst dann schaden, wenn sie dem von Art. 9 Abs. 3 GG besonders geschützten Zweck zuwiderlaufen.[30]

18 Die gemeinschaftliche Interessenverfolgung auf dem Gebiet der abhängigen Arbeit ist **antagonistisch auf den sozialen Gegenspieler ausgerichtet.** Der Vorteil der einen ist zugleich Nachteil der anderen Seite. Deshalb baut Art. 9 Abs. 3 GG darauf, dass die belastete Seite dann, wenn ihr ein Nachteil nicht mehr hinnehmbar erscheint, autonom Gegenkräfte formiert. Allgemein gesagt: Art. 9 Abs. 3 GG liegt ein **Prinzip autonomer Regelung durch die Aktualisierung von Gegenmacht** zugrunde.[31]

19 Das Grundrecht der Koalitionsfreiheit zielt auf die **gemeinschaftliche Interessenverfolgung.** In ihr ist der Gedanke der Solidarität zwischen den Mitgliedern angelegt:[32] Er trägt aus verfassungsrechtlicher Sicht auch Verteilungsregelungen, etwa Bestimmungen, die wegen der Arbeitsmarktsituation die Leistung von Überstunden begrenzen.

20 Damit betrifft die Koalitionsfreiheit von vornherein **beide Seiten,** Arbeitnehmer **und** Arbeitgeber. Sie ist keinesfalls allein ein Arbeitnehmergrundrecht.[33]

21 Art. 9 Abs. 3 GG kann aber nicht entnommen werden, dass die Koalition die Ordnung des Arbeitslebens in der direkten Auseinandersetzung mit dem sozialen Gegenspieler insbesondere **durch Tarifverträge** suchen muss. Für die Wahrung und Förderung der Arbeits- und Wirtschaftsbedingungen ihrer Mitglieder wird sie immer dann tätig, wenn sie überhaupt deren Interessen auf dem Feld der abhängigen Arbeit wahrnimmt.[34]

---

[27] *Rieble* Arbeitsmarkt und Wettbewerb Rn. 607.
[28] Das hat das BAG übersehen, als es das Recht des einzelnen Arbeitgebers zur Abwehraussperrung in der Auseinandersetzung um einen Haustarifvertrag auf Art. 9 Abs. 3 GG gestützt hat BAG 20.11.1990 – 1 ABR 62/89, BAGE 66, 258 = NZA 1991, 428; jetzt offengelassen in BAG 11.8.1992 – 1 AZR 103/92, BAGE 71, 92 = NZA 1993, 39.
[29] So aber ZLH § 10 Rn. 14; Sachs/*Höfling* GG Art. 9 Rn. 54, der hierfür zu Unrecht die Kammerentscheidung des BVerfG 26.1.1995 – 1 BvR 2071/94, NJW 1995, 3377 heranzieht, die nur zur Prozessvertretungsbefugnis nach dem SGG, nicht aber zum Koalitionsstatus Stellung genommen hat.
[30] So ausdrücklich BVerfG 18.11.1954 – 1 BvR 629/52, BVerfGE 4, 96 (105) = NJW 1954, 1881.
[31] *Kaiser* Die Parität der Sozialpartner S. 1 ff., 4 ff., mit dem Hinweis auf die bezeichnende Tatsache, dass die Gewerkschaften nach dem Zweiten Weltkrieg selbst die Alliierten um Zulassung von Arbeitgeberverbänden ersuchten, um die Ordnung des Arbeitslebens gemeinschaftlich-gegensätzlich zu bewerkstelligen; *Kleinhenz,* Gewerkschaften II: Aufgabe und Organisation, S. 660 f.; *Löwisch* RdA 1969, 129 (131 ff.); *Rieble* Arbeitsmarkt und Wettbewerb Rn. 234 ff.
[32] ErfK/*Linsenmaier* Art. 9 GG Rn. 19.
[33] BVerfG 26.6.1991 – 1 BvR 779/85, BVerfGE 84, 212 = NZA 1991, 809; *Scholz* ZfA 1990, 377 ff. (381); *Gamillscheg* Grundrechte S. 180 f.; MKS/*Kemper* GG Art. 9 Rn. 91; so aber *Däubler*/*Hege* Koalitionsfreiheit Rn. 71 ff.; Kempen/Zachert/*Kempen* Grundl. Rn. 101, die der individuellen Koalitionsfreiheit des Arbeitgebers den menschenrechtlichen Bezug absprechen und die Arbeitgeberseite deshalb nur als „mittelbare" Grundrechtsträger ansehen.
[34] *Söllner* ArbRGegw. 16 (1978), 19 (25); *Rosenau* Die Koalitionsbetätigungsfreiheit S. 112 f. geht davon aus, dass zwar keine Rechtspflicht zum Tätigwerden bestehe, die Koalition aber bei völliger Untätigkeit ihren Schutz gem. Art. 9 Abs. 3 GG verliere, da sie die Arbeits- und Wirtschaftsbedingungen nicht mehr fördern will.

II. Zweck: Wahrung und Förderung der Arbeits- und Wirtschaftsbedingungen 22–26 § 218

2. Aufgabe: Förderung als Gestaltung von Arbeitsbedingungen
Der Begriff „Arbeits- und Wirtschaftsbedingungen" bezieht sich nicht nur auf Inhalt, Begründung und Beendigung des einzelnen Arbeitsverhältnisses, sondern betrifft die **Gesamtheit** der Bedingungen, unter denen abhängige Arbeit geleistet wird.[35] Die Koalitionsfreiheit erstreckt sich damit vor allem auch auf **betriebliche Fragen**. 22

Die Koalitionen sind nicht dahin beschränkt, die Arbeitsbedingungen selbst zu regeln. Effektiver Grundrechtsschutz bedingt, dass auf die institutionalisierte Entscheidungsfindung in Betrieben und Unternehmen Einfluss genommen werden kann. Zum geschützten Gegenstand der Koalitionsfreiheit gehört deshalb auch der Einfluss auf die vom Staat geschaffene betriebsverfassungsrechtliche und die Unternehmensmitbestimmung.[36] Das heißt aber nicht, dass sich auch die Tarifmacht nach dem TVG hierauf erstrecken müsste. 23

Die Bedingungen der abhängigen Arbeit sind mittelbar determiniert durch die **Unternehmenspolitik.** Die Koalitionen, vor allem auf Arbeitnehmerseite, können ihrem Schutzauftrag deshalb nur gerecht werden, wenn sie auch diese unternehmerischen Kausalfaktoren beeinflussen können und vorgebliche Sachzwänge, die die andere Seite für eine Begrenzung ihres Handlungsspielraums anführt, in Frage stellen dürfen. Eine Gewerkschaft agiert im Schutzbereich der Arbeits- und Wirtschaftsbedingungen, wenn sie auf Investitionsentscheidungen, Produktionsverlagerungen oder auch Preispolitik Einfluss nehmen will, um für ihre Mitglieder günstige Bedingungen zu wahren oder zu fördern. Die Unternehmerfreiheit als korrespondierende grundrechtlich geschützte Position kann der Koalitionsfreiheit keine absolute Grenze ziehen. Vielmehr müssen beide Positionen von Fall zu Fall durch Güterabwägung in Einklang gebracht werden und danach der Umfang der garantierten Koalitionsbetätigung bestimmt werden. 24

Die Überlegung, dass zum Gegenstand der Koalitionsfreiheit nicht bloß die unmittelbaren Arbeitsbedingungen selbst, sondern auch die sie bestimmenden mittelbaren Umstände gehören, lässt sich allerdings auf das **Verhältnis der Koalition zum Staat** nicht übertragen. Da es kaum eine politische Frage gibt, die nicht mittelbar von Einfluss auf abhängig Beschäftigte sein kann, würde dies nämlich dazu führen, dass die Koalitionen sich gleich den Parteien an der politischen Willensbildung beteiligen könnten. Das verträgt sich schon nicht mit der Abgrenzung von Art. 9 Abs. 3 zu Art. 9 Abs. 1 GG. Ein **besonderes allgemein-politisches Mandat** lässt sich gegenüber anderen Vereinigungen nicht rechtfertigen. In politischen Fragen dürfen nach Art. 21 GG allein Parteien privilegiert werden.[37] Deshalb verstieß das **Bremische Wirtschaftskammergesetz** gegen das Demokratieprinzip, soweit es den Gewerkschaften über die Wirtschaftskammer, in die sie die Hälfte der Mitglieder entsenden, ein Gesetzgebungsinitiativrecht auf allgemeinwirtschaftlichem Gebiet verschafft.[38] Gewerkschaften dürfen kein Reichswirtschaftsrat sein. 25

Der Gegenstand der Koalitionsfreiheit beschränkt sich im Verhältnis zum Staat grundsätzlich auf die Arbeitsbedingungen selbst. Gegenstand der Koalitionsfreiheit ist deshalb im Wesentlichen die Gesetzgebung einschließlich des gesetzesvertretenden Richterrechts auf dem Gebiet des Arbeitsrechts und der Sozialversicherung (Art. 74 Nr. 12 GG). Darüber hinaus wird man aus dem Bereich der **mittelbaren Arbeitsbedingungen** noch diejenigen zum Gegenstand der Koalitionsfreiheit rechnen können, die in engem Zusammenhang zur abhängigen Beschäftigung stehen und objektiv eine Tendenz zur Regelung der Arbeitsbedingungen deutlich erkennen lassen. 26

---

[35] Vgl. auch zum folgenden *Söllner* ArbRGegw. 16 (1978), 19, 26 f.; Maunz/Dürig/*Scholz* GG Art. 9 Rn. 255 ff.
[36] Vgl. BVerfG 1.3.1979 – 1 BvR 532/771 BvR 532/77, 1 BvR 533/77, 1 BvR 419/78, 1 BvL 21/78, BVerfGE 50, 290 = NJW 1979, 593 (833).
[37] Vgl. BVerfG 28.4.1976 – 1 BvR 71/73, BVerfGE 42, 133 = NJW 1976, 1627.
[38] BVerfG 18.12.1974 – 1 BvR 430/65, BVerfGE 38, 281 = NJW 1975, 1265; HbVerfR/*Papier* S. 799 (832).

3. Aufgabe: „Wahrung" auch als Durchsetzung von Arbeitsbedingungen

27 Zur Wahrung der Bedingungen abhängiger Arbeit rechnet zunächst die Befugnis, die erlangten Rechtspositionen auch zu verteidigen und durchzusetzen. Art. 9 Abs. 3 GG gewährleistet den Koalitionen damit das Recht, ihre Kollektivverträge effektiv durchzusetzen. Die Koalitionen sind insofern aber nicht auf die Wahrung der selbst geschaffenen Arbeitsbedingungen beschränkt, sie dürfen ihren Mitgliedern auch bei der Wahrung vertraglicher oder gesetzlicher Arbeitsbedingungen beistehen. Den Koalitionen ist damit über die allgemeine Rechtsschutzgarantie des Art. 19 Abs. 4 GG hinaus der Rechtsschutz für ihre Mitglieder als Betätigungsrecht eröffnet. Art. 19 Abs. 4 GG sagt aber nicht, **wie** die Koalitionen diese Rechtsdurchsetzung betreiben dürfen. Das entscheidet wiederum die staatliche Rechtsordnung.

III. Träger

1. Jedermann

28 Art. 9 Abs. 3 S. 1 GG gewährleistet die Koalitionsfreiheit **jedermann** und **für alle Berufe**. Vorausgesetzt ist nur, dass der Zusammenschluss zur Ordnung abhängiger Arbeit erfolgt (→ Rn. 15). Dementsprechend sind Träger der Koalitionsfreiheit zunächst **Arbeitnehmer und Arbeitgeber im arbeitsrechtlichen Sinn** (zu der arbeitsrechtlichen Begriffsbestimmung → § 18 Rn. 12 ff., → § 23 Rn. 1 ff.).

29 Die abhängige Arbeit als Gegenstand der Koalitionsfreiheit kann aber nicht an den einfachrechtlichen Arbeitnehmerbegriff gebunden werden. Auf der anderen Seite enthält Art. 9 Abs. 3 GG keinen eigenen Arbeitnehmerbegriff.[39] Art. 9 Abs. 3 GG ist schutzzweckbezogen auf diejenigen abhängig Beschäftigten und ihre Vertragspartner zu erstrecken, die zur Kompensation ihrer individuellen Abhängigkeit wie ein Arbeitnehmer zur Selbsthilfe durch kollektive Gegenmachtbildung greifen können sollen. Erfasst werden deshalb auch **arbeitnehmerähnliche Personen** (→ § 21 Rn. 1 ff.), insbesondere Heimarbeiter und abhängige „freie" Mitarbeiter.[40] Das gilt auch für selbständige Erwerbstätige in der Landwirtschaft, soweit diese als Pächter, Teilpächter oder Kleinlandwirte den Boden selbst bewirtschaften, keine Arbeitnehmer beschäftigen und ihr Einkommen hauptsächlich aus der Landwirtschaft beziehen. Da auch Ein-Firmenvertreter iSd § 92a HGB Arbeitnehmern vergleichbar sozial schutzbedürftig sind, können sie unter dem Schutz des Art. 9 Abs. 3 GG Koalitionen gründen.[41]

30 *Dass auch arbeitnehmerähnliche Personen von Art. 9 Abs. 3 GG geschützt werden, heißt aber nicht, dass ihnen Befugnisse wie Arbeitnehmerkoalitionen zukommen müssten. Es ist Sache des Gesetzgebers, die Koalitionsfreiheit auch für arbeitnehmerähnliche Personen und ihre Auftraggeber auszugestalten. Insbesondere Tarifautonomie und Arbeitskampfbefugnisse braucht der Gesetzgeber „an den Rändern" der abhängigen Arbeit mit Rücksicht auf den Gütermarkt und seine Wettbewerbsordnung nicht zu gewähren.*[42]

31 Der Zweck des Art. 9 Abs. 3 GG trägt über das Arbeitsrecht als Teil des Privatrechts hinaus: Auch **Beamte** leisten abhängige Arbeit iSd von Art. 9 Abs. 3 GG gemeinten Arbeits- und Wirtschaftsbedingungen.[43] Gleiches gilt bei Richtern und auch bei Soldaten und Zivildienstleistenden.[44]

---

[39] So aber *Rancke* Die freien Berufe S. 121 ff., dazu auch *Wank* Arbeitnehmer und Selbständige S. 332 f.
[40] Für die Heimarbeiter vgl. BVerfG 27.2.1973 – 2 BvL 8/72, BVerfGE 34, 307 = NJW 1973, 1319; BAG 15.11.1963 – 1 ABR 5/63, AP TVG § 2 Nr. 14; *Däubler/Hege* Koalitionsfreiheit Rn. 95; Kempen/Zachert/*Stein* TVG § 12a Rn. 7; *Wiese* Buchautoren als arbeitnehmerähnliche Personen S. 19 ff.; *Rieble* ZfA 1998, 327 ff.; von Münch/Kunig/*Löwer* GG Art. 9 Rn. 84.
[41] Zur Schutzbedürftigkeit von Handelsvertretern s. BVerfG 7.2.1990 – 1 BvR 26/84, BVerfGE 81, 242 ff. = NZA 1990, 389.
[42] AA BAG 15.2.2005 – 9 AZR 51/04, BAGE 113, 343 = NZA 2006, 223 (227 f.).
[43] BVerfG 30.11.1965 – 2 BvR 54/62, BVerfGE 19, 303 = NJW 1966, 491; BVerwG 25.10.1979 – 2 N 1/78, BVerwGE 59, 48 = NJW 1980, 1763; von Münch/Kunig/*Löwer* GG Art. 9 Rn. 81; Maunz/Dürig/*Scholz* GG Art. 9 Rn. 178; *Däubler/Hege* Koalitionsfreiheit Rn. 93.

III. Träger 32–40 § 218

Abhängig beschäftigt sind auch **Auszubildende**. Da sich die Ausbildung in einem Ver- 32
hältnis abhängiger Beschäftigung vollzieht, geht es um Arbeits- und Wirtschaftsbedingungen.[45]

Hingegen rechnen **reine Ausbildungsverhältnisse**, wie die der **Schüler und Stu-** 33
denten, gleich ob die Ausbildung hoheitlich oder privat organisiert ist, nicht hierher.
Schüler und Studenten leisten keine abhängige Arbeit.[46] Dass ihre Ausbildung darauf zielt,
später einmal womöglich abhängige Arbeit zu leisten, begründet einen zu losen Zusammenhang mit der Ordnung des Arbeitslebens als dass es gerechtfertigt wäre, sie dem
Schutzbereich des Art. 9 Abs. 3 GG zu unterstellen.

Arbeitslose, die dem Arbeitsmarkt, um dessen Ordnung es gerade geht (→ Rn. 1 ff.), 34
zur Verfügung stehen, können koalieren,[47] so wie Arbeitnehmerkoalitionen in ihrer Betätigung für solche Personen nach Art. 9 Abs. 3 und nicht bloß nach Art. 9 Abs. 1 GG geschützt sind.

Auch **Ruheständler** stehen unter dem Schutz der Koalitionsfreiheit, weil bei ihnen 35
die Arbeits- und Wirtschaftsbedingungen des beendeten Arbeitsverhältnisses noch nachwirken (zur Tarifmacht für Betriebsrentenverhältnisse → § 236 Rn. 49). Wie sich aus der
Formulierung „jedermann" (Art. 9 Abs. 3 GG) ergibt, ist die Tarifautonomie hinsichtlich
ihres persönlichen Anwendungsbereichs nicht auf aktive Arbeitsverhältnisse beschränkt.[48]

Zur Koalitionsfreiheit im **kirchlichen Dienst** → § 160 Rn. 1 ff. 36

Träger der Koalitionsfreiheit sind auch die **Arbeitgeber**. Denn sie sind neben den Ar- 37
beitnehmern notwendig an der Ordnung der abhängigen Arbeit beteiligt. Über den arbeitsrechtlichen Arbeitgeberbegriff hinaus sind koalitionsfähige Arbeitgeber alle, die koalitionsfähige Arbeitnehmer im eben beschriebenen Sinne beschäftigen.

Arbeitgeber kann eine einzelne natürliche Person, eine Personengesellschaft oder eine 38
juristische Person sein – jene werden durch Art. 9 Abs. 3 GG direkt geschützt, diese über
Art. 19 Abs. 3 GG.

Das gilt aber nur für privatrechtliche juristische Personen. **Öffentlich-rechtliche ju-** 39
ristische Personen sind nicht grundrechtsfähig.[49] Dementsprechend kann man weder für
Bund und Länder noch für die selbstverwalteten Körperschaften, wie Gemeinden und
Sozialversicherungsträger, Grundrechtsschutz durch Art. 9 Abs. 3 GG annehmen. Eine
Ausnahme gilt nur dort, wo juristische Personen des öffentlichen Rechts der Grundrechtsverwirklichung der Bürger in bestimmten grundrechtsgeschützten Lebensbereichen
dienen und als eigenständige, vom Staat unabhängige oder jedenfalls distanzierte Einrichtungen bestehen,[50] wie etwa für **Universitäten, Rundfunkanstalten** oder die **Kirchen**.[51] Der Staat ist auf den Grundrechtsschutz auch nicht angewiesen, da er es selbst in
der Hand hat, sich einfach-rechtlich Koalitionsbefugnisse zuzusprechen.

Die Umwandlung oder Ausgründung von Betrieben oder Betriebsteilen in juristische 40
Personen des Privatrechts, wie sie etwa bei der Flugsicherung erfolgt ist, führt im Hinblick auf die Koalitionsfreiheit zur Grundrechtsfähigkeit. Der Grundsatz, dass eine solche
Umwandlung nichts an der fehlenden Grundrechtsfähigkeit ändert, solange die Anteile an

---

[44] Vgl. die Entscheidung des BVerfG 7.4.1981 – 2 BvR 446/80, BVerfGE 57, 29 (34) = NJW 1981, 2112, die die Koalitionsfreiheit des Soldaten voraussetzt.
[45] V. Münch/Kunig/*Löwer* GG Art. 9 Rn. 103.
[46] Sachs/*Höfling* GG Art. 9 Rn. 119.
[47] ErfK/*Linsenmaier* GG Art. 9 Rn. 27.
[48] BAG 20.9.2016 – 3 AZR 273/15 Rn. 23, NZA 2017, 64.
[49] St. Rspr. des BVerfG; eingehend mwN etwa die Entscheidung BVerfG 31.10.1984 – 1 BvR 1245/84, BVerfGE 68, 193 (206); v. Münch/Kunig/*Löwer* GG Art. 9 Rn. 104; im Ergebnis auch Maunz/Dürig/*Scholz* GG Art. 9 Rn. 190; *Hesse* Grundzüge des Verfassungsrechts der Bundesrepublik Deutschland Rn. 286; aA *Dietz* Koalitionsfreiheit S. 444; *Däubler*/*Hege* Koalitionsfreiheit Rn. 99, die sich mit der Grundrechtsproblematik jedoch überhaupt nicht auseinandersetzen.
[50] BVerfG 31.10.1984 – 1 BvR 1245/84, BVerfGE 68, 193 (207) = NJW 1985, 1385 mwN; eingehend zur Grundrechtsproblematik öffentlich-rechtlicher juristischer Personen *Bethge* Die Grundrechtsberechtigung juristischer Personen nach Art. 19 Abs. 3 Grundgesetz S. 61 ff.
[51] Ausführlich *Löwisch/Rieble* Grundl Rn. 109 ff.

41 Auch Minderjährige sind „jedermann" und damit Träger des Grundrechts aus Art. 9 Abs. 3 GG. Eine besondere **Grundrechtsmündigkeit** kann hier so wenig wie bei anderen Grundrechten gefordert werden.[54]

den Unternehmen ausschließlich vom Staat gehalten werden,[52] bezieht sich nur auf die Wahrnehmung gesetzlich zugewiesener und geregelter öffentlicher Aufgaben,[53] nicht auf die Betätigung in dem dem Privatrecht angehörenden Tarifvertragssystem.

42 Auch **Koalitionen selbst können koalieren. Als Arbeitgeber** der bei ihnen Beschäftigten sind sie selbst koalitionsfähig; freilich können Gewerkschaften mit Blick auf die Gegnerfreiheit (→ Rn. 60 ff.) keinem Arbeitgeberverband beitreten, dem gegenüber sie die Interessen ihrer Mitglieder vertreten. Ebensowenig sind die **bei einer Koalition Beschäftigten** daran gehindert, sich gegen ihren Arbeitgeber zusammenzuschließen; auch für die Gewerkschaftsbeschäftigten greift die Koalitionsfreiheit. Sie sind berechtigt, ihre Arbeitnehmerinteressen gegenüber der Gewerkschaft als Arbeitgeber kollektiv zu vertreten.[55] Überdies können Koalitionen sich auch im Interesse ihrer Mitglieder zusammenschließen. Der Zusammenschluss zu **Spitzenorganisationen** wie die Verschmelzung von Koalitionen sind deshalb von der Koalitionsfreiheit geschützt.[56] Das Recht zur Bildung von Spitzenorganisationen folgt zusätzlich aus der Organisationsfreiheit der Koalitionen.

43 „Jedermann" meint im Gegensatz zu den Deutschen nach Art. 9 Abs. 1 GG auch **Ausländer oder Staatenlose**.[57] Aus Art. 9 Abs. 3 GG folgt also das Recht ausländischer Arbeitnehmer, in der Bundesrepublik Deutschland eine Gewerkschaft zu gründen oder einer deutschen Gewerkschaft beizutreten. Umgekehrt haben deutsche Arbeitnehmer auch das Recht, in ausländische Gewerkschaften einzutreten. „Jedermann" ist in seiner Koalitionsfreiheit aber nur in der Bundesrepublik Deutschland geschützt. Art. 9 Abs. 3 GG erstreckt sich seinem Geltungsbereich nach nur auf das Inland.

44 Soweit **ausländische Arbeitgeber** natürliche Personen sind, kommt ihnen ebenso wie ausländischen Arbeitnehmern der Grundrechtsschutz unmittelbar nach Art. 9 Abs. 3 GG zu. Hingegen können sich **ausländische juristische Personen** nach dem Wortlaut des Art. 19 Abs. 3 GG nicht auf Grundrechte berufen, und zwar auch dann nicht, wenn sie im Inland anerkannt sind.[58] Allerdings hat das BVerfG den Grundrechtsschutz des Art. 19 Abs. 3 GG auf juristische Personen mit **Sitz in einem Mitgliedsstaat der EU** erweitert, soweit sie sich im Inland betätigen.[59] Dies entspricht den in den europäischen Verträgen übernommenen Verpflichtungen, insbesondere dem Anwendungsvorrang der Grundfreiheiten im Binnenmarkt (Art. 26 Abs. 2 AEUV) sowie dem allgemeinen Diskriminierungsverbot des Art. 18 AEUV. Das **einfache Recht** machte schon zuvor in der Formulierung von Koalitionsbefugnissen keinen Unterschied[60] und darf ihn wegen der international-rechtlichen Gewährleistung (→ Rn. 105 ff.) auch nicht machen. Die Wirkung der Entscheidung des BVerfG beschränkt sich daher auf die Eröffnung der Verfassungsbeschwerde für juristische Personen der Union.[61]

---

[52] *Badura* DÖV 1990, 353; *Bleckmann/Helm* DVBl. 1992, 9; BVerfG 7.6.1977 – 1 BvR 108/73, BVerfGE 45, 63 (79 f.) = NJW 1977, 1960 für Stadtwerke in der Rechtsform einer Aktiengesellschaft; *Bethge* Die Grundrechtsberechtigung juristischer Personen nach Art. 19 Abs. 3 GG S. 66 ff.
[53] BVerfG 2.10.1995 – 1 BvR 1357/94, NJW 1996, 584.
[54] Einschränkend v. Münch/Kunig/*Löwer* GG Art. 9 Rn. 103.
[55] BAG 17.2.1998 – 1 AZR 364/97, BAGE 88, 38 = NJW 1999, 2691 gegen *Dütz* AuR 1995, 337 ff.
[56] Vgl. auch Maunz/Dürig/*Scholz* GG Art. 9 Rn. 191.
[57] V. Münch/Kunig/*Löwer* GG Art. 9 Rn. 102.
[58] MKS/*Kemper* GG Art. 9 Rn. 178; v. Münch/Kunig/*Löwer* GG Art. 9 Rn. 104; so aber Maunz/Dürig/*Scholz* GG Art. 9 Rn. 188; *Dietz* Koalitionsfreiheit S. 445.
[59] BVerfG 19.7.2011 – 1 BvR 1916/09 Rn. 68 ff., BVerfGE 129, 78 = NJW 2011, 3428.
[60] Vgl. nur § 2 Abs. 1 TVG.
[61] BVerfG 19.7.2011 – 1 BvR 1916/09 Rn. 77, BVerfGE 129, 78 = NJW 2011, 3428.

2. Zulassungsschranke des Art. 9 Abs. 2 GG

Als Sonderfall der allgemeinen Vereinigungsfreiheit unterliegt die Koalitionsfreiheit entgegen der Rechtsprechung des BVerfG[62] der Schranke des Art. 9 Abs. 2 GG.[63] Auch Koalitionen sind insgesamt verboten, wenn ihr Zweck oder ihre Tätigkeit den Strafgesetzen zuwiderlaufen, oder sie sich gegen die verfassungsmäßige Ordnung oder gegen den Grundgedanken der Völkerverständigung richten.[64] Das BVerfG hat auch nicht postuliert, dass das Koalitionsverbotsverfahren des § 16 VereinsG verfassungswidrig sei – weil eine Koalition niemals verboten werden könne.

Einschlägige **Strafgesetze** sind insbesondere §§ 129, 129a StGB, aber auch arbeitsrechtliche Strafgesetze, wie die Straftatbestände des § 119 Abs. 1 Nr. 1 und Abs. 2 BetrVG und des § 34 Abs. 1 Nr. 1 und 2 SprAuG, die die Organe der Betriebsverfassung vor Behinderungen der Wahl und ihrer Amtstätigkeit schützen. Deshalb wären Zusammenschlüsse von Arbeitgebern mit dem Ziel der Boykottierung der Betriebsratsarbeit ebenso schutzlos wie Gewerkschaften, die die Einführung der Sprecherausschüsse auf diesem Weg konterkarieren wollten. Auch die Geheimnisschutzstraftatbestände der §§ 201 ff. StGB, § 17 UWG, § 404 AktG, § 85 GmbHG, § 120 BetrVG und § 35 SprAuG gehören hierher.

Art. 9 Abs. 2 GG lässt sich **nicht** als mittelbare **Ermächtigung zu Koalitionsverboten** nutzen: Strafgesetze, welche die Vereinigungs- oder Koalitionsfreiheit beschränken, müssen ihrerseits Art. 9 Abs. 1 oder Abs. 2 GG standhalten.[65] Jedes Strafgesetz, das die Koalitionsbetätigung gezielt unter Strafe stellte, wäre nichtig und kann deshalb die Wirkung des Art. 9 Abs. 2 GG nicht auslösen. Auch muss ein allgemeines Strafgesetz, das auf die Koalitionsbetätigung anwendbar ist, verhältnismäßig sein, und zwar insbesondere hinsichtlich der Strafsanktion.

Die den Strafgesetzen zuwiderlaufende Zwecksetzung oder Tätigkeit darf nicht bloß von untergeordneter Bedeutung sein. Verstöße einzelner Mitglieder reichen nicht aus, um die verfassungsrechtliche Gewährleistung auszuschalten.[66] Das BVerfG ließ die Frage, ob jede strafbare Handlung von vorneherein aus dem Schutzbereich der Koalitionsfreiheit herausfällt, ausdrücklich offen.[67] Auch insoweit handelt es sich um eine für den entschiedenen Fall vollkommen bedeutungslose Äußerung, der insoweit keine Autorität zukommt.

Gegen die **verfassungsmäßige Ordnung** und damit die in Art. 20 GG festgeschriebenen Grundsätze verstieße etwa eine kommunistische oder faschistische Gewerkschaft.

Gegen den Gedanken der **Völkerverständigung** verstoßen Koalitionen nicht schon durch Ausländerfeindlichkeit, etwa wenn sie Arbeitsplätze in Deutschland den Deutschen vorbehalten wollen. Völkerverständigung ist eng als die Idee der friedlichen Verständigung auf der Ebene der Völker und Staaten zu verstehen.[68]

Die jedem Grundrecht immanenten Schranken, nämlich kollidierende Grundrechte Dritter, namentlich die Unternehmerfreiheit, die Koalitionsfreiheit und andere mit Verfassungsrang ausgestattete Rechtswerte,[69] können nicht zum völligen Ausschluss einer Vereinigung führen, sondern lediglich deren Betätigung begrenzen. Auch deshalb kann eine Gewerkschaft nicht kraft ihrer kollektiven Koalitionsfreiheit ihren Gewerkschaftsange-

---

[62] BVerfG 11.7.2017 – 1 BvR 1571/15 ua [Tarifeinheit], BVerfGE 146, 71 = NZA 2017, 915 Rn. 143, funktionsloses obiter dictum; der EGMR hingegen sieht die Gewerkschaftsfreiheit ebenfalls als eine besondere Form der Vereinigungsfreiheit an, EGMR 9.7.2013 – 2330/09 Rn. 131, NJOZ 2014, 1715.
[63] Wie hier v. Münch/Kunig/*Löwer* GG Art. 9 Rn. 110; HbStR/*Scholz* § 151 Rn. 123; Maunz/Dürig/*Scholz* GG Art. 9 Rn. 337, 343 ff.; Henssler ZfA 1998, 6 f.
[64] AA Sachs/*Höfling* GG Art. 9 Rn. 136.
[65] BVerfG 15.6.1989 – 2 BvL 4/87, BVerfGE 80, 244 (253 f.) = NJW 1990, 37.
[66] V. Münch/Kunig/*Löwer* GG Art. 9 Rn. 47.
[67] BVerfG 26.3.2014 – 1 BvR 3185/09 Rn. 28, NZA 2014, 493.
[68] V. Münch/Kunig/*Löwer* GG Art. 9 Rn. 53 ff.
[69] BVerfG 11.7.2017 – 1 BvR 1571/15 ua [Tarifeinheit], BVerfGE 146, 71 = NZA 2017, 915 Rn. 143.

stellten deren Koalitionsfreiheit streitig machen.[70] Auch Art. 33 Abs. 5 GG und seinen mit Verfassungsrang ausgestatteten hergebrachten Grundsätzen des Berufsbeamtentums kann kein Vereinigungsverbot für Beamte entnommen werden. Diese Grundsätze schränken die Koalitionsfreiheit nur insofern ein, als sie die Tarifautonomie und damit zugleich das Streikrecht ausschließen.[71]

52 Das einfach-gesetzliche Kartellverbot kann Koalitionen nicht verbieten, weil Art. 9 Abs. 3 GG eine Kartellgarantie für den Arbeitsmarkt enthält. Soweit sich Koalitionen allerdings auf den Gütermärkten betätigen, müssen sie das Kartellrecht als Betätigungsschranke achten, → § 221 Rn. 6 ff.

53 Die Zulassungsschranke trifft zuerst die **Koalition als Kollektiv:** Verstößt eine Koalition gegen die Zulassungsschranken des Art. 9 Abs. 2 GG, ist sie schon von Verfassung wegen verboten. Diese Feststellung ist nicht dem BVerfG vorbehalten.[72] Für die Umsetzung dieses Verbots enthält § 16 VereinsG insofern ein Privileg, als die Feststellung der Verbotswidrigkeit nicht auf dem Verwaltungswege geschehen kann, sondern erst wirksam wird, wenn die Rechtmäßigkeit des Verbotes gerichtlich bestätigt ist. Für die Fortsetzung einer verbotenen Vereinigung sieht § 85 StGB einen besonderen Straftatbestand vor. Die technische Abwicklung der Auflösung eines verbotenen Vereins regeln § 3 Abs. 1 S. 2 VereinsG, §§ 10 ff. VereinsG, insbesondere durch die regelmäßige Vermögenseinziehung.

54 Zugleich wird mit dem Koalitionsverbot die positive Koalitionsfreiheit des Individuums eingeschränkt, das eine nach Art. 9 Abs. 2 GG verbotene Koalition nicht gründen noch ihr wirksam beitreten kann. **Schlechthin vorbehaltlos garantiert ist nur die negative Koalitionsfreiheit:** Nichts erlaubt dem Staat, einen Arbeitgeber oder Arbeitnehmer zum Zwangsmitglied einer Vereinigung zu machen. Das ist konsequent, weil die Vereinigung dann wegen fehlender freiwilliger Mitgliedschaft aus dem Schutzbereich des Art. 9 GG herausfiele.

IV. Organisationsform: Vereinigung

1. Koalition als Vereinigung iSv Art. 9 Abs. 1 GG

55 Mit „Vereinigungen" nimmt Art. 9 Abs. 3 GG nicht anders als Art. 9 Abs. 2 GG Bezug auf die „Vereine" und „Gesellschaften" des Art. 9 Abs. 1 GG.[73] Damit ist die Koalitionsfreiheit ein Unterfall der allgemeinen Vereinigungsfreiheit, gekennzeichnet nur durch den besonderen Vereinigungszweck der Wahrung und Förderung der Arbeits- und Wirtschaftsbedingungen.[74] Deshalb muss jede Koalition die Anforderungen einer Vereinigung iSv Art. 9 Abs. 1 GG erfüllen. Sie dient nur den Mitgliedern; insbesondere die Gewerkschaften repräsentieren nicht die „Arbeiterklasse" (→ Rn. 28 ff.). Für die Koalitionsfreiheit gelten dieselben Grundrechtsschranken wie für die allgemeine Vereinigungsfreiheit. Koalitionen genießen den besonderen Grundrechtsschutz des Art. 9 Abs. 3 GG nur, soweit sie diesen besonderen Zweck verfolgen; ansonsten bewendet es bei dem schwächeren Schutz des Art. 9 Abs. 1 GG (→ Rn. 13).

56 Andererseits lassen sich besondere Anforderungen an Koalitionen nur stellen, soweit sie sich durch den besonderen Zweck rechtfertigen lassen. Tendenzen, die Anforderungen an

---

[70] BAG 17.2.1998 – 1 AZR 364/97, BAGE 88, 38 = NJW 1999, 2691.
[71] BVerfG 11.6.1958 – 1 BvR 1/52, BVerfGE 8, 1 (17) = DÖV 1958, 620; BVerwG 19.9.1977 – I DB 12/77, BVerwGE 53, 330 = NJW 1978, 178; 10.5.1984 – 2 C 18/82, BVerwGE 69, 208 = NZA 1984, 401; BGH 31.1.1978 – VI ZR 32/77, BGHZ 70, 277 (279) = NJW 1978, 816; 16.6.1977 – III ZR 179/75, BGHZ 69, 128 (140) = NJW 1977, 1875; s. dazu weiter § 220 Rn. 67 ff. und § 201 und *Löwisch/Riebe* AR/Blattei SD 170.1 Rn. 28 f.; s. für die heute hM *Isensee* Beamtenstreik 1971.
[72] BVerfG 18.10.1961 – 1 BvR 730/57, BVerfGE 13, 174 = AP GG Art. 9 Nr. 4; 17.11.1994 – 2 BvB 2/93, BVerfGE 91, 276 = DVBl. 1995, 462.
[73] ErfK/*Linsenmaier* GG Art. 9 Rn. 22.
[74] BVerfG 26.6.1991 – 1 BvR 779/85, E 84, 212 (224) = AP GG Art. 9 Arbeitskampf Nr. 117; v. Münch/Kunig/*Löwer* GG Art. 9 Rn. 72; Maunz/Dürig/*Scholz* GG Art. 9 Rn. 7; ErfK/*Linsenmaier* GG Art. 9 Rn. 23; **aA** nun BVerfG 11.7.2017 – 1 BvR 1571/15 ua [Tarifeinheit], BVerfGE 146, 71 = NZA 2017, 915 Rn. 143, funktionsloses obiter dictum und *Gamillscheg* Grundrechte S. 132 f.

den Koalitionsstatus und damit an das „Ob" des Grundrechtsschutzes nach Art. 9 Abs. 3 GG über das durch den Zweck Gebotene heraufzusetzen – insbesondere durch einen einheitlichen Gewerkschaftsbegriff, der nicht-tariffähige Arbeitnehmervereinigungen vom Grundrechtsschutz ausschließt[75] – laufen der Verfassung zuwider.[76]

Mit dem Begriff der Vereinigung knüpft der Verfassungsgesetzgeber an die Legaldefinition des § 2 Abs. 1 VereinsG an. Wenn § 2 Abs. 1 VereinsG einen Zusammenschluss „für **längere Zeit**" verlangt, so bedeutet das nur, dass nicht schon jede Versammlung als Augenblicksverband unter den Schutz von Art. 9 GG fällt. Vielmehr müssen die Mitglieder über die einmalige (Gründungs-)Versammlung hinaus weiter verbunden sein.[77] Sog. **ad-hoc-Koalitionen,** in denen sich Arbeitnehmer zur Erreichung eines einmaligen Ziels zusammenfinden – etwa zu gemeinschaftlichen Arbeitsvertragsverhandlungen mit dem Arbeitgeber – können durchaus dem Schutz des Art. 9 Abs. 3 GG unterfallen. Vorausgesetzt ist nur, dass das Ziel sich nicht schon in seiner gemeinschaftlichen Kundgabe, etwa bei einer Protestaktion, erschöpft, sondern weiter verfolgt wird.[78] 57

„**Organisierte Willensbildung**" setzt keine bestimmte Verfassung voraus, sondern lediglich die Möglichkeit einer Gesamtwillensbildung, der das einzelne Mitglied unterworfen ist.[79] 58

„**Freiwillig**" ist nur eine Koalition gebildet, die nicht auf einem zwangsweisen Zusammenschluss beruht. Damit scheiden öffentlich-rechtliche Zwangsverbände, insbesondere Kammern, als Koalitionen aus.[80] Dass die Mitgliedschaft des Arbeitnehmers oder Arbeitgebers auf dessen freiem Willen beruhen muss, gilt nicht nur für den Eintritt, sondern auch für die Bleibeentscheidung. Rechtlich ist der Austritt binnen kurzer Frist effektiv garantiert (→ § 219 Rn. 36). Ein faktischer Druck, der aus dem Erfolg der Koalition resultiert und dazu führt, dass die Betroffenen auf die Mitgliedschaft im Verband angewiesen sind, hindert die Freiwilligkeit nicht. Dagegen ist der in Teilen der deutschen Automobilindustrie rechtswidrig praktizierte closed shop durchaus geeignet, die Freiwilligkeit der Mitgliedschaft in Frage zu stellen. 59

2. Folgerungen aus der besonderen Zwecksetzung
a) Gegnerfreiheit und Gegnerunabhängigkeit.[81] Damit eine Vereinigung die Interessen ihrer Mitglieder auf dem Gebiet der abhängigen Arbeit dem Gegenmachtprinzip folgend effektiv wahrnehmen kann, muss sie nach ihrer Gesamtstruktur **vom sozialen Gegenspieler unabhängig** sein.[82] Das bedeutet zunächst, dass ein Arbeitgeberverband keine Gewerkschaften und ein Arbeitnehmerverband keine Arbeitgeber zum Mitglied haben darf. Diese **Gegnerfreiheit,** also die Freiheit von innerem Einfluss, wie er früher in den sogenannten Harmonieverbänden vorhanden war,[83] darf aber nicht im Sinne einer Gegnerreinheit verabsolutiert werden. Eine rein formale, ruhende oder Gastmitgliedschaft schadet daher nicht, sondern erst die aktive Einflussnahme über bspw. Stimm- oder 60

---

[75] Stellvertretend NK-TVG/*Peter* § 2 Rn. 6 ff.; ähnlich die überholte ältere BAG-Rechtsprechung zum einheitlichen Gewerkschaftsbegriff im arbeitsrechtlichen Sinn, BAG 6.7.1956 – 1 AZB 18/55, NJW 1956, 1332.
[76] Eindrücklich BVerfG 18.11.1954 – 1 BvR 629/52, BVerfGE 4, 96 (105) = NJW 1954, 1881.
[77] Maunz/Dürig/*Scholz* GG Art. 9 Rn. 65; v. Münch/Kunig/*Löwer* GG Art. 9 Rn. 37; *Dietz* Koalitionsfreiheit S. 426 f.
[78] BVerfG 26.6.1991 – 1 BvR 779/85, BVerfGE 84, 212 = NZA 1991, 809 für Kampfbündnisse; BAG 28.4.1966 – 2 AZR 176/65, ArbuR 1967, 76; *Däubler/Hege* Koalitionsfreiheit Rn. 106; *Dietz* Koalitionsfreiheit S. 426 f.
[79] *Schnorr* Öffentliches Vereinsrecht § 2 Rn. 17; Maunz/Dürig/*Scholz* GG Art. 9 Rn. 67; v. Münch/Kunig/ *Löwer* GG Art. 9 Rn. 40.
[80] Sachs/*Höfling* GG Art. 9 Rn. 14.
[81] Das ist schon ein Gebot der Koalitionsfreiheit und nicht erst der Tariffähigkeit, *Rieble* FS Reuter, 805 (815).
[82] BVerfG 18.11.1954 – 1 BvR 629/52, BVerfGE 4, 96 = NJW 1954, 1881; vgl. auch BGH 14.10.1982 – I ZR 81/81, NJW 1983, 1061; ErfK/*Linsenmaier* GG Art. 9 Rn. 25; Sachs/*Höfling* GG Art. 9 Rn. 59.
[83] Dazu *Hueck/Nipperdey* Bd. II, 3./5. Aufl., S. 165.

Wahlrechte. Entscheidend ist daher die Besetzung der Organe.[84] Dabei ist die Gegnerfreiheit nicht erst bei „beherrschendem Einfluss" oÄ verletzt, sondern schon dann, wenn (auch nur) ein Mitglied dem Gegenspieler zuzuordnen ist und Einfluss auf die Willensbildung nimmt. Personelle Verflechtungen durch Mitbestimmung in den Unternehmensaufsichtsräten wiegen nicht so schwer, dass sie die Gegnerfreiheit in Frage stellen, solange die Arbeitnehmervertreter im Aufsichtsrat keine tarifpolitischen Entscheidungen des Arbeitgebers bzw. Arbeitsgeberverbandes beeinflussen können.[85] Umgekehrt schadet es der Gegnerfreiheit der Gewerkschaft aber, wenn Vorstände und Funktionäre als Aufsichtsratsmitglieder wirken und so unternehmerisches Verständnis in die Gewerkschaft hineintragen.[86]

61 Weiter fordert das Gebot der **Gegnerunabhängigkeit,** dass der soziale Gegenspieler weder von außen, etwa durch finanzielle Ausstattung, noch von innen, etwa durch Repräsentation in den Organen, erheblichen Einfluss auf die Zielsetzung und die Durchsetzung der Koalition haben darf. Art. 2 des ILO-Übereinkommens Nr. 98 gebietet Schutz vor jedweder „Einmischung" der Gegenseite.

62 Einen **äußeren Einfluss,** wie er früher bei den sogenannten gelben Gewerkschaften gegeben war,[87] gibt es heute nur selten.[88] Finanzielle Mittel,[89] die die Gewerkschaften von den Arbeitgebern (oder umgekehrt) beziehen, stellen ihre Unabhängigkeit erst dann in Frage, wenn befürchtet werden muss, dass die Arbeitgeberseite durch Androhung mit der Zahlungseinstellung die Willensbildung der Arbeitnehmervereinigung beeinflussen kann.[90] Die Gewerkschaft ist dabei umso eher gegnerabhängig, wenn die eigene Beitragskraft gering ist und umso eher gegnerunabhängig, desto größer die regelmäßigen Beitragseinnahmen ausfallen.[91]

63 Eng verwandt mit der Gegnerunabhängigkeit ist das Prinzip, dass **der soziale Gegenspieler nicht unter Zwang in den Dienst der Koalition genommen werden darf.** Denn das Gegenmachtprinzip verweist die Koalition darauf, ihre Macht aus eigener Kraft und nur auf der eigenen Seite zu entwickeln. Damit verträgt es sich nicht, den Koalitionen eine Pflicht zur Zusammenarbeit oder zur wechselseitigen Förderung aufzuerlegen. Insbesondere der in der Literatur bejahte Verhandlungsanspruch zwischen potentiellen Tarifvertragsparteien lässt sich damit nicht vereinbaren. Zu Differenzierungsklausel → § 219 Rn. 44 ff.

64 Gegnerfreiheit und Gegnerunabhängigkeit sind nicht absolut, sondern bloß **relativ zum jeweiligen Gegenspieler** zu sehen. Deshalb kann es Koalitionen geben, die sowohl Arbeitnehmer- wie Arbeitgeberkoalitionen sind.[92] Das Gegenmachtprinzip verlangt es, dass die Interessen der Koalitionen zuerst intern gebündelt werden, ehe mit dem Geg-

---

[84] § 7 S. 2 der Satzung der VBM idF Juli 2012 bestimmt: „Den Organen des Vereins, seinen Kommissionen, Ausschüssen und sonstigen Gremien darf nicht angehören, wer Mitglied einer Arbeitnehmerorganisation oder von einer solchen abhängig ist."
[85] Zur Unternehmensmitbestimmung BVerfG 1.3.1979 – 1 BvR 532/771 BvR 532/77, 1 BvR 533/77, 1 BvR 419/78, 1 BvL 21/78, BVerfGE 50, 290 = NJW 1979, 593 (833); eingehend *Kobler* Fremdeinflüsse auf die tarifliche Willensbildung S. 176 ff. und *Höpfner* ZAAR 20, S. 113 (138); *Rieble,* Bitburger Gespräche 2006/I, S. 41 (56 f.) mwN; zu den gemeinsamen Einrichtungen der Tarifvertragsparteien: *Böttischer* Die gemeinsamen Einrichtungen der Tarifvertragsparteien S. 143 ff.
[86] Für eine klare personelle Trennung *Engel,* S. 123 ff.
[87] Ausführlich *Gamillscheg* Grundrechte S. 415 ff.
[88] Vgl. aber BGH 13.9.2010, 1 StR 220/09, BGHSt 55, 288 = NJW 2011, 88: Der Vorsitzende Schelsky der AUB wurde von der Siemens AG üppig finanziert und trat im Gegenzug bei den Betriebsratswahlen mit unternehmensgenehmen Kandidaten an.
[89] Zu solchen, die keine unzulässige Auswirkung auf die Koalitionswillensbildung darstellen vgl. *Löwisch/Rieble* § 2 Rn. 86.
[90] Siehe dazu auch den Beschluss des ArbG Köln 30.10.2008 – 14 BV 324/08, der bei der Gewerkschaft der Neuen Brief- und Zustelldienste (GNBZ) feststellt, dass eine erhebliche personelle und finanzielle Verflechtung mit der Arbeitgeberseite gegeben sei, Pressemitteilung vom 30.10.2008. Jedenfalls sei keine soziale Mächtigkeit gegeben.
[91] BAG 5.10.2010 – 1 ABR 88/09, BAGE 136, 1 = NZA 2011, 300 Rn. 52.
[92] BAG 15.11.1963 – 1 ABR 5/63, SAE 1964, 193.

ner der Ausgleich gesucht wird – für das Tarifvertragssystem heißt das: Wer Gegenspieler ist, hängt von der Tarifzuständigkeit ab.

Historisch bedingt wird unter dem Gesichtspunkt der Gegnerunabhängigkeit in Abgrenzung zu den sogenannten Werksvereinen gefordert,[93] die Koalitionen müssten **überbetrieblich organisiert** sein.[94] Dem ist nicht zu folgen. Überbetrieblichkeit kann allenfalls für die Tariffähigkeit, nicht aber für den Koalitionsstatus vorausgesetzt werden.[95] 65

Das Gebot der Gegnerunabhängigkeit und das allgemeine Autonomiegebot lassen sich zu einem Gebot der koalitionsinternen Sicherung freier Entscheidungsfindung ausbauen. Zum Schutz der inneren Koalitionsfreiheit ist dann ein Ausbau der Autonomieregeln im Dienste einer „Collective Governance" erforderlich.[96] Das meint insbesondere die institutionelle Absicherung der Selbstbestimmung der Koalitionsmitglieder.[97] 66

b) Unabhängigkeit von Staat, Kirche und Parteien. Der Zweck einer wirksamen Vertretung von Arbeitgebern oder Arbeitnehmern kann nicht erreicht werden, wenn **dritte Mächte,** also Staat, Kirche oder politische Parteien bestimmenden Einfluss auf Zielfindung und Zieldurchsetzung einer Koalition haben.[98] Dass sich Fremdbestimmung nicht mit der Autonomie verträgt, auf die die Vereinigungsfreiheit angelegt ist, gilt für Koalitionen in noch stärkerem Maße als für Vereinigungen iSv Art. 9 Abs. 1 GG.[99] 67

Die gebotene Unabhängigkeit von Parteien und Kirchen bedeutet **nicht,** dass Koalitionen **parteipolitisch oder religiös neutral** sein müssten. Es gehört zur inneren Autonomie einer Koalition, sich bestimmte gesellschaftliche Ordnungsvorstellungen zu eigen zu machen, mögen diese auch von politischen Parteien oder Kirchen entlehnt sein.[100] Abhängigkeit ist erst gegeben, wenn zwischen den Funktionsträgern der Partei oder Kirche und Mitgliedern von Koalitionsorganen weitreichende Personenidentität besteht, sodass die Personalunion zur Abhängigkeit führt. 68

Staatsunabhängigkeit verbietet alle Formen staatlich organisierter oder institutionalisierter Gewerkschaften sowie die Zuwendung erheblicher finanzieller Mittel. Aus der Koalitionsfreiheit folgt daher ein **„Beihilfeverbot"** gegenüber Koalitionen.[101] Problematisch sind insofern staatliche Tarifnormerstreckungen auf Außenseiter durch das AEntG und den neugefassten § 5 TVG. Dies birgt die Gefahr einer staatlichen „Machtsubvention" – Gewerkschaften und Arbeitgeberverbänden wird mit Hilfe des BMAS ein Tarifbeherrschungsrecht über Nichtmitglieder eröffnet. Die Unabhängigkeit vom Staat ist insofern dann nicht mehr gegeben, wenn die betroffene Koalition auf das BMAS als Tarifhelfer angewiesen ist.[102] 69

c) „Demokratische" Organisation? In der Literatur wird aus der Zwecksetzung als weitere Voraussetzung der Koalitionsgewährleistung auf Arbeitnehmerseite gefolgert, dass die Vereinigung **demokratisch organisiert** ist.[103] Allerdings: Aus der Zwecksetzung der 70

---

[93] Dazu *Hueck/Nipperdey* Bd. II, 3./5. Aufl., S. 167.
[94] *Hueck/Nipperdey* Bd. II S. 98 ff.; *Nikisch* Bd. II S. 10 f.; ZLH § 10 Rn. 22; *Hanau/Adomeit* Rn. 173; *Stelling* NZA 1998, 920.
[95] Nur dies hat das BVerfG in den Entscheidungen 1.3.1979 – 1 BvR 532/77, 1 BvR 533/77, 1 BvR 419/78, 1 BvL 21/78, BVerfGE 50, 290 = NJW 1979, 593 (833); 20.10.1981 – 1 BvR 404/78, BVerfGE 58, 233 = NJW 1982, 815 gebilligt; Sachs/*Höfling* GG Art. 9 Rn. 60.
[96] *Rieble* FS Reuter, 2010, S. 805 (820 ff.).
[97] Dazu *Engel* Collective Governance in Tarifverbänden, 2015; *Schmittlein* Verbands-Compliance, 2015.
[98] BVerfG 1.3.1979 bezeichnet die Freiheit von staatlichem Einfluss als entscheidendes Element der Koalitionsfreiheit; ZLH § 10 Rn. 21; *Hueck/Nipperdey* Bd. II S. 97 f.
[99] BVerfG 1.3.1979 – 1 BvR 532/77, 1 BvR 533/77, 1 BvR 419/78, 1 BvL 21/78, BVerfGE 50, 290 = NJW 1979, 593 (833); Maunz/Dürig/*Scholz* GG Art. 9 Rn. 68.
[100] *G. Müller* FS Nipperdey II, 1965, 435 ff.; Maunz/Dürig/*Scholz* GG Art. 9 Rn. 219.
[101] *Rieble* Arbeitsmarkt und Wettbewerb Rn. 1881 ff.
[102] Löwisch/*Rieble* § 2 Rn. 106, § 5 Rn. 11.
[103] Kempen/Zachert/*Kempen* Grundl. Rn. 82 ff., 97 ff.; S. vor allem *Däubler/Hege* Koalitionsfreiheit Rn. 132 mwN; *J.H. Kaiser* Repräsentation organisierter Interessen S. 187; hierzu mwN *Rieble* Arbeitsmarkt und Wettbewerb Rn. 1128 ff.

Koalitionen folgt ein Gebot demokratischer Organisation **erst auf der Ebene der Tariffähigkeit.**[104] In ihm drückt sich die Notwendigkeit aus, eine genügende Legitimation der tariflichen Normsetzungsbefugnis durch die Mitglieder zu gewährleisten (eingehend → § 232 Rn. 16 ff.).

71 **d) Keine weiteren Voraussetzungen.** Insbesondere die Voraussetzungen zur Tariffähigkeit sind nicht auf die Koalitionsfähigkeit zu übertragen.[105] Diese Voraussetzungen sollen ein sinnvolles Funktionieren der Tarifvertragsordnung sicherstellen. Sie zugleich zu solchen der Koalitionseigenschaft zu machen, wäre nur begründet, wenn jeder Koalition die Fähigkeit zum Tarifvertragsabschluss immanent wäre.[106] Das ist nicht der Fall. Vielmehr steht es in der freien Entscheidung der Koalitionen, mit welchen Mitteln sie die Arbeits- und Wirtschaftsbedingungen ihrer Mitglieder zu gestalten suchen.[107]

3. Rechtsfolgen fehlerhafter Organisation

72 Fehlt eine der unter 1. (→ Rn. 55 ff.) geschilderten Voraussetzungen, so fehlt es an der Vereinigung, weswegen der Zusammenschluss von Arbeitgebern oder Arbeitnehmern aus dem Schutzbereich von Art. 9 GG herausfällt. Allenfalls als Versammlung iSv Art. 8 GG kann die kollektive Interessenwahrnehmung Grundrechtsschutz genießen.

73 Fehlt dagegen eine der unter 2. (→ Rn. 60 ff.) aufgeführten Voraussetzungen, so bedeutet das grundsätzlich, dass der Zusammenschluss nur nach Art. 9 Abs. 1 GG geschützt ist und damit die besonderen Befugnisse einer Koalition verliert, also vor allem keine Tarifverträge schließen kann und das Arbeitskampfprivileg einbüßt. Allerdings verbietet Art. 9 Abs. 3 GG, schon jeden Verstoß zum Verlust der Koalitionseigenschaft führen zu lassen. Wo dieses Verdikt durch Korrektur vermieden werden kann, hat diese nach dem Grundsatz der Verhältnismäßigkeit Vorrang.[108]

V. Adressat: Staat, Dritte, eigene Koalition, sozialer Gegenspieler

74 Wie jedes Grundrecht ist die Koalitionsfreiheit zunächst **staatsgerichtetes Abwehrrecht,** an das Gesetzgebung, vollziehende Gewalt und die Rechtsprechung unmittelbar gebunden sind (Art. 1 Abs. 3 GG). Art. 9 Abs. 3 S. 2 GG verstärkt diesen Schutz durch eine den Grundrechten sonst fremde **unmittelbare Drittwirkung.** Er verbietet auch Dritten Eingriffe in die Koalitionsfreiheit. Die Vorschrift geht sogar noch einen Schritt weiter, indem sie die **Träger der Koalitionsfreiheit selbst** vor der Disposition über die Koalitionsfreiheit im Wege der Abrede bewahrt. Der vertragliche Grundrechtsverzicht einer Koalition ist also ohne Rückgriff auf § 138 BGB nichtig.

75 Wegen der unmittelbaren Drittwirkung ist der Staat auch in seiner Teilnahme am Privatrechtsverkehr gebunden. Der Streit um die Fiskalgeltung der Grundrechte[109] spielt im Rahmen der Koalitionsfreiheit ebensowenig eine Rolle wie der um die allgemeine Drittwirkung von Grundrechten.

76 Schließlich richtet sich die Koalitionsfreiheit zum Schutz des Einzelnen auch **gegen die Koalition selbst.** Der Schutz des kollektiven Zusammenschlusses dient nur der indi-

---

[104] BAG 28.3.2006 – 1 ABR 58/04, BAGE 117, 308 = NZA 2006, 1112.
[105] ErfK/*Linsenmaier* GG Art. 9 Rn. 26.
[106] So *Hueck/Nipperdey* Bd. II S. 102 ff., 105; s. auch *Dietz* Koalitionsfreiheit S. 461, der von der Koalitionsfreiheit unmittelbar die Tariffähigkeit mitgarantiert sieht und es für unzulässig hält, die Tariffähigkeit von weiteren Voraussetzungen abhängig zu machen.
[107] Vgl. BAG 15.3.1977 – 1 ABR 16/75, BAGE 29, 72 = ArbuR 1977, 281; *Badura* ArbRGegw. 15 (1977), 25; v. Münch/Kunig/*Löwer* GG Art. 9 Rn. 96; Maunz/Dürig/*Scholz* GG Art. 9 Rn. 297 spricht sogar von einer Koalitionsmittelgarantie. Zu dem phänomenologischen Argument Nipperdeys s. *Schnorr* Öffentliches Vereinsrecht § 16 Rn. 10 aE.
[108] Zu diesem Vorrang: *Bötticher* Die gemeinsamen Einrichtungen der Tarifvertragsparteien S. 146 f.
[109] Dazu v. Münch/Kunig/*Löwer* GG Vorb. Art. 1–19 Rn. 19 f.; *Hesse* Grundzüge des Verfassungsrechts der Bundesrepublik Deutschland Rn. 346 ff., jew. mwN.

viduellen Koalitionsfreiheit und muss deshalb dort weichen, wo diese beeinträchtigt ist[110] (→ Rn. 4).

VI. Ausgestaltung der Koalitionsbetätigung

1. Ausgestaltung und Eingriff

Wegen der umfassenden Ausgestaltungsbedürftigkeit der Koalitionsfreiheit (→ Rn. 7) trifft 77 den Staat keine Rechtfertigungslast, wenn er die Koalitionsbetätigung als „Wie" der Koalitionsfreiheit regelt. Insofern handelt es sich von vornherein nicht um einen – rechtfertigungsbedürftigen – Grundrechtseingriff, sondern „nur" um Ausgestaltung.[111] Grundrechtseingriffe, die durch Grundrechtsschranken legitimiert sein müssen, sind nur beim „Ob" der Koalitionsfreiheit möglich. Verbietet der Staat eine Koalition, so ist das ein Eingriff in die Koalitionsfreiheit, der nur durch die Zulassungsschranken des Art. 9 Abs. 2 GG gerechtfertigt sein kann (→ Rn. 45 ff.).

Ausnahmsweise kann ein Eingriff in die Koalitionsfreiheit im Gewand einer Regelung 78 des „Wie" der Koalitionsbetätigung einhergehen, nämlich dann, wenn diese **final** gegen die Koalitionsfreiheit gerichtet ist.[112]

Als Ausgestaltung ist die Regelungstätigkeit des Staates auf dem Gebiet der Koalitions- 79 freiheit also nicht daran gebunden, dass der Staat eine (verfassungsimmanente) Grundrechtsschranke für sich in Anspruch nehmen kann. Daraus folgt umgekehrt: Bei der Ausgestaltung des „Wie" der Koalitionsfreiheit darf der Staat **Zweckmäßigkeitserwägungen** anstellen und **Gemeinwohlbelange** oder andere **Rechtsgüter ohne Verfassungsrang** berücksichtigen.[113] Dass der Staat bei der Regelung seines Arbeitsrechts die Koalitionsfreiheit im Auge haben muss, nimmt ihm nicht seine allgemeine **wirtschafts- und sozialpolitische Kompetenz**.[114]

Die Ausgestaltung der Koalitionsfreiheit als rechtlich ausfüllungsbedürftiger Grundfrei- 80 heit ist damit nur am **Verhältnismäßigkeitsgrundsatz**, am **Gleichheitssatz** und am Gebot des **Vertrauensschutzes** zu messen.[115] Auch insofern verspricht die Figur des Grundrechtseingriffes keinen Erkenntnisgewinn. Wird dem einzelnen Arbeitgeber oder Arbeitnehmer oder seiner Koalition qua Ausgestaltung der Koalitionsfreiheit eine Betätigungsmöglichkeit abgesprochen, die für die Koalitionsfreiheit unerlässlich ist – so ist diese Ausgestaltung unverhältnismäßig, aber deswegen doch kein Eingriff.

2. Verhältnismäßigkeit

Dass die staatliche Rechtsordnung bei der Ausgestaltung der individuellen und kollektiven 81 Koalitionsfreiheit am Verhältnismäßigkeitsgrundsatz zu messen ist, heißt, dass jede die Koalitionsfreiheit berührende Regelung das grundrechtlich geschützte Interesse ins Verhältnis zum Regelungszweck gestellt werden muss. Da die Ausgestaltung anders als der Grundrechtseingriff nicht stets die Beschränkung der Freiheit vor Augen hat, kann mit dem Ver-

---

[110] Maunz/Dürig/*Scholz* GG Art. 9 Rn. 154; *Däubler/Hege* Koalitionsfreiheit Rn. 147.
[111] *Gamillscheg* Grundrechte S. 230; Sachs/*Höfling* GG Art. 9 Rn. 122 ff.; *Oetker* ZG 1998, 163 f.; *R. Schwarze* JuS 1994, 653 (658 f.); *Butzer* RdA 1994, 375 (377 ff.); allgemein *Hesse* Grundzüge des Verfassungsrechts der Bundesrepublik Deutschland Rn. 303 ff. Das BVerfG meint in der Sache dasselbe, wenn es dem Staat einen weitreichenden Spielraum zur Ausgestaltung der Koalitionsfreiheit zuspricht, verwendet aber die Begriffe Eingriff und Ausgestaltung nahezu synonym, etwa 24. 4. 1996 – 1 BvR 712/86, BVerfGE 94, 268 (284 f.) = NZA 1996, 1157.
[112] Allgemein zur Finalität als Kategorie des Grundrechtseingriffs vgl. *Bleckmann* Staatsrecht II – Die Grundrechte § 12 Rn. 41 ff.
[113] Dazu *Steiner* NZA 2005, 660.
[114] BVerfG 26. 5. 1970 – 2 BvR 664/65, BVerfGE 28, 295 (305) = NJW 1970, 1635; 4. 7. 1995 – 1 BvF 2/86, BVerfGE 92, 365 (394) = NZA 1995, 754: Andererseits ist der Gesetzgeber aber auch nicht gehindert, die Rahmenbedingungen von Arbeitskämpfen zu ändern, sei es aus Gründen des Gemeinwohls, sei es, um gestörte Paritäten wiederherzustellen! Offengelassen von BVerfG 24. 4. 1996 – 1 BvR 712/86, BVerfGE 94, 268 (284 f.) = NZA 1996, 1157.
[115] Dazu → Rn. 81 ff.

hältnismäßigkeitsgrundsatz nicht nur eine nachteilige Regelung abgewehrt, sondern zugleich das Vorenthalten einer für die Koalitionsfreiheit günstigeren Regelung beanstandet werden. Versagt der Staat dem Individuum oder der Koalition Rechte, muss das in Ansehung des Regelungszweckes geeignet, erforderlich und verhältnismäßig im engeren Sinne (proportional) sein.

82 Das Verhältnismäßigkeitsprinzip verlangt auch bei der Koalitionsfreiheit den Einsatz jeder gleichwertigen, aber weniger stark einschränkenden Regelung. Auch in Ansehung von Art. 9 Abs. 3 GG gilt ein **Optimierungsgebot.**[116]

83 Die **Verhältnismäßigkeit im engeren Sinne** ist nur schwer justitiabel, weil Gewichtungs- und Bewertungsmaßstäbe für die Abwägung zwischen dem Koalitionsbetätigungsinteresse einerseits und dem vom Staat verfolgten Regelungszweck andererseits fehlen.[117] Mit dieser Schwierigkeit korrespondiert ein **weiter Bewertungs- und Einschätzungsspielraum des Staates,** der als Gesetzgeber und kraft Richterrechts die Koalitionsbefugnisse ausgestaltet.[118] Vom Staat ist im Rahmen dieser Verhältnismäßigkeitsprüfung im engeren Sinne deshalb einmal zu verlangen, dass er sich seiner Abwägungspflicht zugunsten der Koalitionsfreiheit bewusst ist und dass er zweitens erkennt, wenn Koalitionsbetätigungsinteressen von besonderem Gewicht sind. Auf der anderen Seite besteht die an der Tarifeinheits-Entscheidung sichtbar gewordene Gefahr, dass der Beuteilungsspielraum des Gesetzgebers jedenfalls den Vorrang milderer Mittel leerlaufen lässt.[119]

84 Ausgangspunkt für die Beurteilung der Verhältnismäßigkeit ist die Geltung der allgemeinen Rechtsordnung auch für die Koalitionsbetätigung: Die rechtlichen Befugnisse einzelner werden nicht dadurch erweitert oder beschränkt, dass sich diese in einer Koalition zusammenschließen.[120]

85 Die allgemeine Rechtsordnung als Maßstab für die Ausgestaltung der Koalitionsfreiheit ist mit ihrem Verbandsrecht maßgebend für die Gründung einer Koalition, die nur mit den von der Rechtsordnung bereitgestellten Rechtsformen (→ § 220 Rn. 19 ff.) erfolgen kann. Zum anderen regelt sie die Ausübung der individuellen Koalitionsfreiheit, also die Beteiligung des einzelnen Arbeitnehmers oder Arbeitgebers an der Gründung einer Koalition, seinen Beitritt und seine Betätigung für diese oder sein Fernbleiben (→ § 219 Rn. 1 ff.).

86 Eine Besonderheit gilt für die Koalitionsbetätigung durch Tarifvertrag: Da der Tarifvertrag selbst Rechtsnormen enthält (→ § 163 Rn. 1 ff.), gestalten die Tarifvertragsparteien durch ihn die allgemeine Rechtsordnung mit. Dass sie dabei an vorrangiges Recht gebunden sind, entspricht wiederum der Bindung an die allgemeine Rechtsordnung (→ § 169 Rn. 18 ff.).

87 Auch die allgemeine Rechtsordnung muss aber der Koalitionsbetätigung gerecht werden; sie muss „im Lichte der Koalitionsfreiheit ausgelegt und angewandt werden."[121] Darüber hinaus kann die Koalitionsfreiheit gebieten, dass die allgemeine Rechtsordnung den Bedürfnissen der effektiven Koalitionsbetätigung entsprechend **modifiziert** wird. Hauptfall ist das Tarifvertragssystem: Denn das BGB-Vertragsrecht ist auf den Individualvertrag

---

[116] Allgemein *Alexy* Theorie der Grundrechte, 2. Aufl. 1994; *Rieble* Arbeitsmarkt und Wettbewerb Rn. 1589.
[117] Allgemein *Larenz* FS Klingmüller, 1974, 235 ff.; *Hubmann* FS Schnorr von Carolsfeld, 1972, 173 ff.
[118] BVerfG 4.7.1995 – 1 BvF 2/86, BVerfGE 92, 365 (394) = NZA 1995, 754.
[119] BVerfG 11.7.2017 – 1 BvR 1571/15 ua [Tarifeinheit], BVerfGE 146, 71 = NZA 2017, 915 Rn. 149, 162 ff.
[120] BVerfG 24.2.1971 – 1 BvR 438/68, BVerfGE 30, 227 (243) = NJW 1971, 1123; 1.3.1979 – 1 BvR 532/77, 1 BvR 533/77, 1 BvR 419/78, 1 BvL 21/78, BVerfGE 50, 290 (354) = NJW 1979, 593 (833); 9.10.1991 – 1 BvR 397/87, BVerfGE 84, 372 = NJW 1992, 549 für die Werbung von Lohnsteuerhilfevereinen; sowie die Kammerentscheidungen BVerfG 14.8.1992 – 2 BvR 1463/91, NJW 1993, 1253; 12.10.1995 – 1 BvR 1938/93, NJW 1996, 1203; s. auch schon BVerwG 1.3.1960 – I C 150.58, BVerwGE 10, 199 (201) = NJW 1960, 2161; Maunz/Dürig/*Scholz* GG Art. 9 Rn. 118; für Koalitionen *Reuter* ZfA 1990, 535 (543 f.).
[121] BVerfG 14.11.1995 – 1 BvR 601/92, BVerfGE 93, 352 = NZA 1996, 381.

VI. Ausgestaltung der Koalitionsbetätigung

zugeschnitten und passt auf kollektive Normenverträge nicht ohne weiteres (→ § 165 Rn. 1 ff.). Art. 9 Abs. 3 GG bedeutet in diesem Sinne aber keine Einbahnstraße, die stets nur zur Begünstigung von Koalitionen führen dürfte. Vielmehr ist der Staat auch berufen, den **koalitionsspezifischen Gefahren und Nachteilen** der kollektiven Betätigung für die Allgemeinheit und für Dritte **zu begegnen,** indem er das Verhalten der Koalition besonderen rechtlichen Grenzen unterwirft. Ausdruck der koalitionsspezifischen Belastung ist auch die Bindung des Tarifvertrages an die Grundrechte – wiederum zur Machtbegrenzung. Der Staat darf kraft seiner Gemeinwohlkompetenz schließlich ökonomischen Fehlsteuerungen durch Koalitionsverhalten begegnen. Die Koalitionsfreiheit gibt den Koalitionen nicht das Recht, die Allgemeinheit ohne jede Rücksicht mit den Folgen ihrer Arbeitsbedingungen und ihres Arbeitskampfverhaltens zu belasten.

Um eine Ausgestaltung[122] – und nicht um einen Eingriff[123] – handelt es sich auch dann, **88** wenn der Gesetzgeber das Verhältnis der Tarifvertragsparteien, die beide den Schutz des Art. 9 Abs. 3 GG genießen, regelt, da insoweit nur die Voraussetzungen („Wie") für die Wahrnehmung des Freiheitsrechts aus Art. 9 Abs. 3 GG geschaffen werden. Dabei muss er sich nicht auf Regelungen beschränken, die zwischen den sich gegenüberstehenden Tarifvertragsparteien Parität herstellen, sondern kann auch das Verhältnis der Tarifvertragsparteien auf einer der beiden Seiten ausgestalten und so strukturelle Voraussetzungen dafür schaffen, dass Tarifverhandlungen einen fairen Ausgleich der berührten Interessen ermöglichen und in Tarifverträgen mit der ihr innewohnenden Richtigkeitsvermutung angemessene Wirtschafts- und Arbeitsbedingungen hervorbringen können.[124] In der Tarifeinheits-Entscheidung konnte sich das BVerfG nicht zu einer dogmatischen Klärung von Eingriff und Ausgestaltung durchringen; es sah die Tarifverdrängung als eingriffsgleiche Beeinträchtigung, ohne diese Kategorie und ihre Folgen näher zu begründen.[125] Auch die Entscheidung zum Streikverbot sieht nur eine „Beeinträchtigung der Koalitionsfreiheit".[126]

Die Ausgestaltung von Gründung, Beitritt, Betätigung oder Fernbleiben des Einzelnen **89** oder der Betätigung der Koalition darf nicht so einschneidend wirken, dass sich die Koalitionsfreiheit überhaupt nicht mehr verwirklichen lässt. Diejenigen Handlungsmöglichkeiten, die für die Verwirklichung der Koalitionsfreiheit **unerlässlich** sind, dürfen als **Kernbereich** der Koalitionsbetätigung grundsätzlich nicht angetastet werden.[127]

Anders fällt das Verhältnismäßigkeitsurteil nur dann aus, wenn die Belastung der Koalition **90** im Kernbereich durch ein **anderes Grundrecht** oder einen sonstigen Wert mit Verfassungsrang legitimiert wird. Zentrales Beispiel ist der Ausschluss von Tarifautonomie und Arbeitskampf für Beamte, der aus den hergebrachten Grundsätzen des Berufsbeamtentums des Art. 33 Abs. 5 GG folgt. Das BVerfG bestätigt[128]: Das Tarif- und Streikverbot für Beamte hat als eigenständiger hergebrachter Grundsatz des Berufsbeamtentums iSv Art. 33 Abs. 5 GG Verfassungsrang und kann nur durch Verfassungsänderung beseitigt werden. Es ist in der praktischen Konkordanz mit der Koalitionsfreiheit nicht zu beanstanden. Den Beamtengewerkschaften bleiben wesentliche Beteiligungsrechte beim hoheitlichen Erlass von Arbeitsbedingungen. Der einzelne Beamte wird durch das Alimentationsprinzip effektiv vor unzureichenden Arbeitsbedingungen geschützt. Ebensowenig verlangt die Koalitionsfreiheit, das Tarif- und Streikverbot mit Blick auf den Funktionsvorbehalt des Art. 33 Abs. 4 GG auf Beamte zu beschränken, die schwerpunktmäßig ho-

---

[122] Ebenso *Hromadka/Schmitt-Rolfes* NZA 2010, 687; angesichts der ebenso anzustellenden Verhältnismäßigkeitsprüfung lassen die Frage dahinstehen *Löwisch* RdA 2010, 263 und *Henssler* RdA 2011, 65.
[123] *Bayreuther* DB 2010, 2223.
[124] BVerfG 11.7.2017 – 1 BvR 1571/15 ua [Tarifeinheit], BVerfGE 146, 71 = NZA 2017, 915 Rn. 148; zur Frage, ob das Tarifeinheitsgesetz eine Ausgestaltung oder einen Eingriff darstellt, ausführlich *Hopfner* Gesetzliche Tarifeinheit S. 281 ff.
[125] BVerfG 11.7.2017 – 1 BvR 1571/15 ua [Tarifeinheit], BVerfGE 146, 71 = NZA 2017, 915 Rn. 135.
[126] BVerfG 12.6.2018 – 2 BvR 1738/12 ua = NZA 2018, 947 Rn. 142.
[127] Weiter: *Otto* Die verfassungsrechtliche Gewährleistung der koalitionsspezifischen Betätigung S. 40 ff.
[128] BVerfG 12.6.2018 – 2 BvR 1738/12 ua = NZA 2018, 947 Rn. 142 ff.

heitsrechtliche Befugnisse ausüben. Ähnliches gilt für das Selbstverwaltungsrecht der Kirchen und Religionsgemeinschaften gem. Art. 4, 140 GG iVm Art. 137 Abs. 3 WRV. Auch ihnen steht das Recht, Tarifverträge abzuschließen, grundsätzlich zu. Ob sie davon Gebrauch machen, liegt bei ihnen (sog. Dritter Weg); Gewerkschaften können Tarifverträge nicht erzwingen.[129]

91 Was im Einzelnen unerlässlich ist, bedarf einer genauen Abgrenzung. Regelmäßig ist es für die Koalition nur unabweisbar, sich auf einem bestimmten Feld **überhaupt** effektiv betätigen zu können. Dann ist nicht jede Einzelmaßnahme unerlässlich und die allgemeine Rechtsordnung bleibt insoweit bestehen.

3. Gleichheitssatz (Diskriminierungsverbot)

92 Bei der Ausgestaltung der Koalitionsbetätigung ist der Staat an den Gleichheitssatz gebunden. Er darf nicht bestimmten Koalitionen und ihren Mitgliedern Betätigungsrechte zusprechen, aber konkurrierenden Koalitionen derselben Seite oder dem sozialen Gegenspieler vorenthalten, außer er hat hierfür einen rechtfertigenden Sachgrund.

93 Vielfach werden Koalitionen **Sonderrechte** eingeräumt. Etwa sind sie zur Rechtsberatung und Prozessvertretung ihrer Mitglieder vor den Arbeitsgerichten befugt, wo sonst geschäftsmäßige nichtanwaltliche Rechtsbesorgung ausgeschlossen wäre; sie dürfen sogar in zweiter und dritter Instanz auftreten, wo an sich nur Rechtsanwälte postulationsfähig sind, § 11 Abs. 4 ArbGG. Den Gewerkschaften wird trotz ihrer Eigenschaft als nichtrechtsfähiger Verein in Durchbrechung von § 50 ZPO Parteifähigkeit im Zivilprozess zuerkannt, im arbeitsgerichtlichen Verfahren durch Gesetz, im Zivilverfahren vor den ordentlichen Gerichten durch Richterrecht. Auch das Strafantragsrecht der Gewerkschaften nach § 119 Abs. 2 BetrVG stellt ein solches Sonderrecht dar. Schließlich rechnen die Steuerbefreiungen und Steuervorteile für Koalitionen und ihre Mitglieder hierher (→ § 220 Rn. 31).

94 Auch die Gewährung von Sonderrechten untersteht dem Diskriminierungsverbot. Sonderrechte dürfen nur aus sachlichem Grund auf einen Teil der Koalitionen beschränkt werden. Liegt ein solcher im Verhältnis zur zurückgesetzten konkurrierenden oder gegnerischen Koalition nicht vor, so müssen diese Koalitionen an den Sonderrechten teilhaben, wobei es der gewährenden Stelle freisteht, die Vergünstigung insgesamt abzubauen.

4. Vertrauensschutz

95 Der Staat ist an die einmal getroffene Ausgestaltung von Koalitionsbefugnissen nicht gebunden. Er kann seine Auffassung, wie die Koalitionsbefugnisse sinnvoll auszugestalten sind, ändern. Das Vertrauen der Koalitionen, dass alles bleibt, wie es ist, ist nicht schützenswert. Der Vertrauensschutz kann solchen Änderungen erst dort eine Grenze ziehen, wo die Koalitionen von den ihnen eingeräumten Befugnissen **bereits Gebrauch gemacht** haben. Auch dann liegt zwar nur eine unechte Rückwirkung im Sinne der Vertrauensschutzrechtsprechung des Bundesverfassungsgerichts vor.[130] Doch auch diese findet ihre Grenze dort, wo ein angemessener Ausgleich zwischen dem Vertrauen auf den Fortbestand der bisherigen Rechtslage und dem vom Staat vertretenen Interesse an der Rechtsänderung verfehlt wird.[131] Ändert der Gesetzgeber den Regelungsrahmen für die Tarifverträge, entspricht es dem Vertrauensschutz, dass er grundsätzlich Übergangsfristen für die bereits abgeschlossenen Tarifverträge vorsieht. Das ist im Mindestlohngesetz mit § 24 MiLoG und im Arbeitnehmerentsendegesetz mit § 24a AEntG geschehen.

---

[129] BAG 20.11.2012 – 1 AZR 611/11, BAGE 144, 1 = NZA 2013, 437; 20.11.2012 – 1 AZR 179/11, BAGE 143, 354 = NZA 2013, 448; BVerfG 15.7.2012 – 2 BvR 2292/13, BVerfGE 140, 42 = NZA 2015, 1117; *Grzeszick* NZA 2013, 1377; **aA** *Kocher/Krüger/Sudhof* NZA 2014, 880.
[130] BVerfG 14.1.1987 – 1 BvR 1052/79, BVerfGE 74, 129 = EWiR 1987, 333.
[131] BVerfG 14.1.1987 – 1 BvR 1052/79, BVerfGE 74, 129 = EWiR 1987, 333; siehe auch BVerfG 26.6.1991 – 1 BvR 779/85, BVerfGE 84, 212 = NZA 1991, 809 für die Änderung des Richterrechts zum Arbeitskampf.

5. Staatskonkurrenz zur Koalitionsbetätigung

Der Staat beschränkt sich nicht darauf, die Betätigung der Koalitionen auszugestalten. Vielmehr betätigt er sich – mittelbar oder unmittelbar – selbst auf dem Gebiet der Arbeits- und Wirtschaftsbedingungen und macht den Koalitionen so Konkurrenz. Echte Konkurrenz bewirken **vom Staat geschaffene Institutionen,** die Arbeits- und Wirtschaftsbedingungen gestalten. An erster Stelle stehen „Ersatz-Tarifverbände", wie die öffentlich-rechtlich organisierten Handwerksinnungen, die Tarifverträge abschließen können (§ 54 Abs. 3 Nr. 1 HwO sowie § 82 S. 2 Nr. 3 HwO für die Landesinnungsverbände). Die Mitbestimmung durch Betriebs- und Personalräte bewirkt auf Arbeitnehmerseite eine ähnliche Konkurrenz: Es handelt sich um vom Staat durch Gesetz installierte „Belegschaftsverbände", die durch Mitbestimmungsrechte und Kollektivverträge die Arbeits- und Wirtschaftsbedingungen der beim jeweiligen Arbeitgeber Beschäftigten mitregeln. 96

Eine mildere Form der Konkurrenz üben solche Institutionen aus, die zwar keine Arbeits- und Wirtschaftsbedingungen regeln, aber Aufgaben im Arbeitsleben wahrnehmen – von der Rechtsberatung bis zur sozialpolitischen Interessenvertretung. Hierher rechnen alle Kammern, also auf Arbeitgeberseite die Industrie- und Handelskammern und die Handwerkskammern sowie die Pflichtkammern der freien Berufe, auf der Arbeitnehmerseite sind das die Kammern in Bremen und im Saarland. 97

Der **Staat selbst** macht den Koalitionen Konkurrenz vor allem durch sein Arbeitsrecht, mit dem er auch solche Arbeitsbedingungen regelt, die sonst möglicherweise von Tarifverträgen geregelt werden, etwa die Entgeltfortzahlung im Krankheitsfall oder den gesetzlichen Mindesturlaub. Der Staat behält sich sogar das Recht vor, tarifvertragsersetzende arbeitsbehördliche Regelungen von Arbeitsbedingungen zu erlassen, etwa iRv § 92a HGB und §§ 17 ff. HAG. Auch die Allgemeinverbindlicherklärung macht den Tarifverbänden staatliche Konkurrenz. Mit seiner Beratungshilfe auch für Arbeitnehmer, tritt die Justiz in Wettbewerb zum Rechtsberatungsangebot der Gewerkschaften. Die **Sozialversicherung** ist ein Sonderfall: Sorgte der Staat nicht selbst vor, wäre die Alters-, Kranken-, Unfall- und Arbeitslosenvorsorge ein Betätigungsfeld für Koalitionen. Das zeigt nicht nur die bis 1927 von den Gewerkschaften für ihre Mitglieder betriebene Arbeitslosenunterstützung; das zeigen auch Gemeinsame Einrichtungen für zusätzliche Altersversorgung und der insbesondere von Gewerkschaften bereitgehaltene zusätzliche (Gruppen-)Versicherungsschutz. 98

Verfassungsrechtlich ist die Staatskonkurrenz gegenüber Koalitionen **weder Eingriff in die noch Ausgestaltung der Koalitionsbetätigung.** Sie behindert die Koalitionen aber potentiell in ihrer Betätigungsfreiheit. Während staatliche Konkurrenz – insbesondere für Wirtschaftsunternehmen – sonst schon bei Vorliegen einer staatlichen Aufgabenkompetenz weithin zulässig ist,[132] enthält die Koalitionsfreiheit aber ein besonderes **Autonomieprogramm:** Arbeitnehmer und Arbeitgeber sollen die Möglichkeit haben, Arbeits- und Wirtschaftsbedingungen mit den von ihnen selbst frei gebildeten Koalitionen und ohne staatlichen Einfluss zu regeln, wenn und soweit sie hierfür ein Bedürfnis sehen. Deshalb ist die staatliche Konkurrenz gegenüber Koalitionen besonders rechtfertigungsbedürftig. Ohne Grund darf der Staat sich im Betätigungsbereich von Koalitionen überhaupt nicht bewegen. Hat er einen Sachgrund, muss dieser die konkrete Beeinträchtigung der Koalitionsfreiheit rechtfertigen – nach Maßgabe des Verhältnismäßigkeitsprinzips (oben → Rn. 79 ff.).[133] 99

Auf der Seite der Koalitionsfreiheit muss den Koalitionen stets ein hinreichender Betätigungsspielraum verbleiben. Einen Regelungsvorbehalt der Tarifvertragsparteien muss er aber nicht beachten (keine Tabuzonen), Tarifautonomie darf durch staatliche Arbeitsbe- 100

---

[132] Dazu *Brohm* NJW 1994, 281; Maunz/Dürig/*Scholz* GG Art. 2 Abs. 1 Rn. 52.
[133] Dies verkennt *Engels,* wenn er, JZ 2008, 492 ff., nur den Eingriff in bestehende Tarifverträge am Verhältnismäßigkeitsgrundsatz messen will.

dingungen nur nicht ausgetrocknet werden.[134] Etwa darf der Staat nicht durch umfassende Mindestarbeitsbedingungen Gewerkschaften überflüssig machen. Die durch die Staatskonkurrenz bewirkte Behinderung der Koalitionsbetätigungsfreiheit muss konkret geeignet, erforderlich und verhältnismäßig im engeren Sinne sein. Zu messen ist das an den Sachgründen. Die Erforderlichkeit führt in aller Regel zur **Subsidiarität der staatlichen Betätigung gegenüber der autonom-koalitionsgemäßen**. Teilweise beschränkt sich der Staat daher mit seinen gesetzlichen Mindestarbeitsbedingungen auf den koalitionsfreien Raum (§ 19 Abs. 1 S. 1 HAG). Eben hieraus erklärt sich auch der Tarifvorbehalt des § 77 Abs. 3 BetrVG (→ § 238 Rn. 14). Schließlich folgt daraus, dass bei gesetzlichen Arbeitsbedingungen deren zweiseitige Tarifdispositivität die erste Wahl ist.[135]

101 Die Festlegung von sektoralen oder allgemeinen Mindestlöhnen, wie der durch das am 16.8.2014 in Kraft getretene **Mindeslohngesetz (MiLoG)** festgelegte Mindestlohn von 8,50 EUR (§ 1 Abs. 2 MiLoG) belastet die Tarifautonomie (Art. 9 Abs. 3 GG) schwer:[136] Der Staat nimmt den Koalitionen ein Normsetzungsrecht und macht sie so unattraktiver. Bestehende Tarifverträge werden verdrängt und ein künftiges Abweichen nach unten unmöglich gemacht (§ 1 Abs. 3 MiLoG). Verstärkt wird dies dadurch, dass die festgelegte Untergrenze als „angemessen" bezeichnet (§ 9 Abs. 2 MiLoG)[137] und die Verhandlungsposition der Gewerkschaften so weiter verschlechtert wird.[138] Verfassungsrechtlich ist eine solche Festsetzung weder ge- noch verboten. Der Staat darf seine Existenzgewährleistungspflicht zwar nicht ohne Weiteres auf den Arbeitgeber abwälzen. Er darf der Gefährdung sozialer Sicherungssysteme durch einen Lohnunterbietungswettbewerb mit einem Mindestlohn begegnen und als Sozialstaat so eigene Vorstellungen vom Mindestentgeltschutz umsetzen. Er kompensiert dadurch ein strukturelles Versagen der Vertragsfreiheit im Niedriglohnsektor, das zulasten der Solidargemeinschaft und der Arbeitnehmer geht.[139]

102 Die staatliche Sozialpolitik (Art. 20 Abs. 1 GG) ist insoweit im Verhältnis zur Tarifautonomie wechselseitig abzuwägen und abzugrenzen.[140] Wie das BAG in seiner Entscheidung vom 5.3.1996[141] richtig feststellte, kommt es iRd insoweit anzustellenden Verhältnismäßigkeitsprüfung maßgeblich auf den Gegenstand der gesetzlichen Regelung an – insbesondere Löhne können aus Sachgründen am besten von den Tarifvertragsparteien geregelt werden, die Wirkkraft des Grundrechts nimmt daher zu.[142] Allerdings indizieren der wachsende Niedriglohnsektor und die zurückgehende Tarifbindung ein Gewerkschafts- und Tarifversagen,[143] sodass sich die subsidiäre Schutzpflicht des Staates aktiviert und er regulierend eingreifen kann.[144] Dabei muss der Mindestlohn aber funktional existentielles Minimum der Vertragsgerechtigkeit bleiben und darf den Arbeitgeber nicht in den Dienst des Sozialstaates nehmen.[145] Er darf deshalb keine Breitenwirkung erlangen, sondern muss Ausnahme bleiben.[146] Im Ergebnis muss er sich darauf beschränken, Markt-

---

[134] Vgl. etwa BVerfG 14.1.2015 – 1 BvR 931/12, BVerfGE 138, 261 = NVwZ 2015, 582 Rn. 62.
[135] *Henssler* ZfA 1998, 17 f.; *Löwisch* ZfA 1996, 293 (306 f.); *Rosenau* Die Koalitionsbetätigungsfreiheit S. 116.
[136] *Henssler* RdA 2015, 43 (44 f.); *Barczak* RdA 2014, 290 (295 f.); *Zeising/Weigert* NZA 2015, 15 (16).
[137] Richtigerweise stellt *C. Picker* fest, dass der Gesetzgeber nur das *Notwendige* und nicht das *Angemessene* an sozialer Sicherheit sichern muss, RdA 2014, 25.
[138] *Thüsing*/*Thüsing* Einleitung Rn. 36; *Rosenau* Die Koalitionsbetätigungsfreiheit S. 116.
[139] *C. Picker* RdA 2014, 25 (29 ff.); aA *Moll* FS Bauer, 2010, 767 (773 ff.).
[140] Dazu *C. Picker* RdA 2014, 25; *Henssler* RdA 2015, 43; *Löwisch* NZA 2014, 948; *Barczak* RdA 2014, 290; *Reichold* NJW 2014, 2534.
[141] BAG 5.3.1996 – 1 AZR 590/92, BAGE 82, 211 = NZA 1996, 474.
[142] *Rosenau* Die Koalitionsbetätigungsfreiheit S. 114.
[143] *C. Picker* RdA 2014, 25 (31).
[144] BVerfG 24.5.1977 – 2 BvL 11/74, BVerfGE 44, 322 = NJW 1977, 2255; *C. Picker,* RdA 2014, 25 (30 ff.).
[145] *Lobinger* ZfA 2016, 99 (129 f.).
[146] Nach Ermittlungen der statistischen Bundesamts erfasst der Mindestlohn zum 1.1.2015 etwa 4 Millionen Arbeitnehmer und damit 10,7 % aller Arbeitsplätze – im Osten sogar 22 % der Arbeitnehmer (www.destatis.de/DE/PresseService/Presse/Pressemitteilungen/2016/04/PD16_121_621.html, 12.6.2018). Das ist jedenfalls im Osten deutlich zu viel.

verwerfungen zu bekämpfen – der Staat darf nicht selbst zum aktiven Lohnsetzer werden und die Tarifautonomie entgegen Art. 9 Abs. 3 GG verdrängen.[147]

Dem Gesetzgeber kommt in seiner Sozialpolitik ein weiter Beurteilungsspielraum zu:[148] Ob der Mindestlohn Arbeitsplätze vernichtet, ist einer exakten Ermittlung unzugänglich.[149] Allerdings ist der Gesetzgeber verpflichtet „nachzujustieren", wenn sich der Mindestlohn ex post als arbeitsplatzvernichtend erweist. Hierin liegt der Unterschied zu einem Mindestlohn, der auf die Gewährleistung existenzsichernder Mindestlöhne abzielt – dieser Regelungszweck würde auch bei Massenarbeitslosigkeit nicht entfallen.[150]

Die Verhältnismäßigkeit im engeren Sinne kann für die Koalitionen bedrohliche Staatskonkurrenz ganz verbieten. So wäre es schlechthin unzulässig, wenn die Industrie- und Handelskammern gleich den Handwerksinnungen für tariffähig erklärt würden oder wenn die Kammern auf Arbeitnehmerseite in Bremen und im Saarland in Konkurrenz zu den Gewerkschaften träten.[151]

VII. International-rechtliche Gewährleistungen

Die international-rechtlichen Gewährleistungen schützen die positive Koalitionsfreiheit auf individueller und kollektiver Ebene grundsätzlich nicht anders als Art. 9 Abs. 3 GG (→ § 217 Rn. 16 ff.). Während Art. 11 EMRK die Gewährleistung der Koalitionsfreiheit nicht detailliert beschreibt, sieht die ESC (→ § 217 Rn. 23) immerhin Gesamtarbeitsverträge und den Arbeitskampf vor; verhältnismäßig detailliert sind die ILO-Übereinkommen Nr. 87 und 98 (→ § 217 Rn. 24) nebst den unverbindlichen Empfehlungen Nr. 91 und 92. Art. 28 GRC darf materiellrechtlich nicht umfassend aufgeladen werden[152] (→ § 217 Rn. 16).

Für die **negative Koalitionsfreiheit** lässt sich über die international-rechtliche Gewährleistung streiten, weil nur einige der Normen diese ausdrücklich schützen (etwa das ILO-Übereinkommen Nr. 98, → § 217 Rn. 24), wohingegen Art. 11 EMRK ebenso wie Teil I Nr. 5 der ESC nur die positive Koalitionsfreiheit nennen.[153] Immerhin hat der EGMR im Fall *Gustafson* die negative Koalitionsfreiheit als von Art. 11 EMRK umfasst angesehen.[154]

Der EGMR anerkennt eine **kollektivrechtliche** Gewährleistungsdimension an: In der Entscheidung *Demir und Baykara* stellt der EGMR fest, dass Art. 11 EMRK auch ein Recht auf Tarifverhandlungen garantiert.[155] In der Entscheidung *Enerji Yapi-Yol Sen* entnahm der EGMR Art. 11 EMRK die allgemeine Gewähreistung eines Streikrechts.[156] Im Folgenden erkannte er auch Sympathiestreiks als von der Garantie des Art. 11 EMRK geschützt an.[157]

Der EGMR leitet aus Art. 11 EMRK ein § 612a BGB vergleichbares Benachteiligungsverbot ab: Zwar ergäben sich aus Art. 11 EMRK keine speziellen Rechte für Gewerkschaftsmitglieder, wie etwa ein Recht, nicht versetzt zu werden. Erfolgt eine solche

---

[147] *Rieble* ZAAR 23, 17 (40 f.).
[148] BVerfG 27.4.1999 – 1 BvR 2203/93, BVerfGE 100, 271 = NZA 1999, 992; *Vielmeier* Tarifzensur S. 196.
[149] *Zeising/Weigert* NZA 2015, 15 (17).
[150] *C. Picker* RdA 2014, 25 (31).
[151] Kempen/Zachert/*Kempen* TVG § 2 Rn. 97.
[152] Calliess/Ruffert/*Krebber* GRC Art. 28 Rn. 3.
[153] Vgl. zu Art. 11 EMRK etwa EGMR 9.7.2013 – 2330/09, NJOZ 2014, 1715 Rn. 130 ff.
[154] EGMR 25.4.1996 – 15573/89, AuR 1997, 408.
[155] EGMR 12.11.2008 – 34503/97, NZA 2010, 1425.
[156] EGMR 21.4.2009 – 68959/01, NZA 2010, 1423; vgl. auch EGMR 8.4.2014 – 31045/10, NJOZ 2015, 1744; 2.10.2014 – 48408/12, NZA 2015, 1268.
[157] EGMR 8.4.2014 – 31045/10, NJOZ 2015, 1744 Rn. 75 ff.; ausführlich *Katerndahl* Tarifverhandlung und Streik als Menschenrechte S. 128 ff.

Versetzung jedoch nicht aus dienstlichen Gründen, sondern als Sanktion für gewerkschaftliche Aktivitäten, sei die Gewerkschaftsfreiheit betroffen.[158]

109 Art. 14 EMRK verstärkt das **Diskriminierungsverbot** für einen bestimmten Ausschnitt. Soweit es um Rechte aus der Menschenrechtskonvention geht, darf nicht nach der Koalitionszugehörigkeit als „sonstigem Status" unterschieden werden. Behandelt der Staat etwa Versammlungen von Koalitionen anders als sonstige Versammlungen, liegt darin eine Diskriminierung im Versammlungsrecht des Art. 11 EMRK. Dieses Diskriminierungsverbot fügt dem Schutz der Koalitionsfreiheit in der Bundesrepublik Deutschland inhaltlich nichts hinzu; sie bedeutet aber eine Verstärkung des Rechtsschutzes, weil insoweit die EKMR und der EGMR angerufen werden können. (→ § 217 Rn. 21). Das spezielle Diskriminierungsverbot des ILO-Übereinkommens Nr. 98 (Art. 1), das Arbeitnehmer vor einer unterschiedlichen Behandlung im Rahmen ihrer Beschäftigung schützen soll, hat in der Bundesrepublik Deutschland keine eigenständige Bedeutung.

110 Die international-rechtlichen Gewährleistungen der Koalitionsfreiheit mit Ausnahme der ILO-Übereinkommen stellen diese nahezu übereinstimmend unter den Vorbehalt gesetzlich vorgesehener und in einer demokratischen Gesellschaft zum Schutze der Rechte und Freiheiten anderer oder zum Schutze der öffentlichen Sicherheit und Ordnung, der Sicherheit des Staates, der Volksgesundheit und der Sittlichkeit notwendiger Beschränkungen (Art. 11 Abs. 2 EMRK, Art. 31 ESC, Art. 22 Abs. 2 des politischen Paktes und Art. 8 Abs. 1 lit. a des Sozialpaktes der Vereinten Nationen). Die Anforderung des „gesetzlich vorgeschrieben" erfüllt dabei auch ungeschriebenes gesetzesvertretendes Richterrecht.[159]

111 Praktisch werden so sowohl die Gründung wie die Betätigung von Koalitionen unter einen Vorbehalt der allgemeinen Rechtsordnung gestellt, vergleichbar den in Art. 2 Abs. 1 GG aufgestellten Schranken. Wie diese greift der Vorbehalt aber nur nach Maßgabe des Grundsatzes der Verhältnismäßigkeit ein: In einer demokratischen Gesellschaft „notwendig" ist nur eine Einschränkung, die im Verhältnis zu dem mit ihr verfolgten zulässigen Zweck steht.[160]

112 Die nationalen Rechtsordnungen können bei der Beurteilung dieser Notwendigkeit im Sinne einer Verhältnismäßigkeit zu unterschiedlichen Ergebnissen kommen. Ihnen steht ein **Beurteilungsspielraum** zu.[161]

113 Art. 8 Nr. 1 des ILO-Übereinkommens Nr. 87 und Art. 3 Nr. 4 des ILO-Übereinkommens Nr. 141 binden die **Ausübung** der Koalitionsfreiheit durch eine Koalition und ihre Mitglieder an die bestehenden Gesetze. Nach Art. 8 Nr. 2 des ILO-Übereinkommens Nr. 87 und Art. 3 Nr. 4 des ILO-Übereinkommens Nr. 141 dürfen dabei aber weder das innerstaatliche Recht noch seine Anwendung die Koalitionsfreiheit antasten bzw. schmälern. Das entspricht der Zweiteilung in Zulassungs- und Ausübungsschranken des Art. 9 Abs. 3 GG. Auch die Schranken international-rechtlicher Gewährleistung dürfen unerlässliche Befugnisse nicht beschneiden. Dementsprechend hat der EGMR in einer Entscheidung v. 27.10.1985[162] darauf abgestellt, dass eine Konsultationspflicht des Staates für die wirksame Betätigung der Gewerkschaftsfreiheit nicht unabdingbar ist.

114 Alle international-rechtlichen Gewährleistungen ermöglichen es den nationalen Rechtsordnungen, für die Streitkräfte und für die Polizei eigene Regeln zu treffen. Art. 8 Abs. 2 des Sozialpakts und Art. 11 Abs. 2 der EMRK enthalten darüber hinaus einen gleichen Vorbehalt für alle Angehörige der Staatsverwaltung; die sich damit aus der ESC, den

---

[158] EGMR 2.2.2010 – 30307/03 – Müslüm Ciftci, Rn. 33, 35.
[159] EGMR 26.4.1979 – 6538/74, EuGRZ 1979, 386 ff. unter Nr. 46 der Gründe; 13.8.1981, 7601/76, EuGRZ 1981, 559 unter Nr. 60 der Gründe; Dörr/Grote/Marauhn/*Bröhmer* EMRK Kap. 19 Rn. 75.
[160] Für Art. 11 II EMRK EGMR 13.8.1981 – 7601/76, EuGRZ 1981, 559 unter Nr. 63; s. i. Ü. Dörr/Grote/Marauhn/*Bröhmer* EMRK Kap. 19 Rn. 75 ff.
[161] EGMR 26.4.1979 – 6538/74, EuGRZ 1979, 386 unter Nr. 59; 7.12.1976 – 5493/72, EuGRZ 1977, 38 (41 f.) unter Rn. 48 f.
[162] EGMR 27.10.1975 – 4464/70, EuGRZ 1975, 562 (564) unter Rn. 38.

VII. International-rechtliche Gewährleistungen

ILO-Übereinkommen und Art. 22 des politischen Paktes ergebende Garantie der Koalitionsfreiheit für andere als Polizeibeamte und Soldaten steht nur unter dem allgemeinen Gesetzesvorbehalt.

Schon daraus ergibt sich die Möglichkeit, die Koalitionsbetätigung von Beamten und Soldaten sowohl für die Tarifautonomie wie auch im Arbeitskampf, weitgehend einzuschränken.[163] Davon abgesehen kommt diesen internationalen Vereinbarungen allenfalls der Rang einfachen Bundesrechts zu (→ § 217 Rn. 21); das aus Art. 33 Abs. 5 GG in Verbindung mit den hergebrachten Grundsätzen des Berufsbeamtentums mit Verfassungsrang ausgestattete Streikverbot[164] (→ Rn. 90) geht ihnen also vor. Dass der EGMR – mit Bindung nur für die Verfahrensparteien,[165] Art. 46 Abs. 1 EMRK – entschieden hat, dass ein Streikverbot für den gesamten öffentlichen Dienst konventionswidrig sei,[166] ändert daran nichts: Zwar verleiht das BVerfG der EMRK zusätzliche Wirkung über das Gebot der völkerrechtsfreundlichen Auslegung.[167] Eine dafür erforderliche mögliche Auslegungsalternative ergibt sich aus Art. 33 Abs. 5 GG im Hinblick auf das Streikrecht aber nicht. Die beamtenrechtlichen Statusrechte und -pflichten stellen eine austarierte Gesamtheit dar; die Anerkennung eines Streikrechts würde die Treuepflicht und das Alimentationsprinzip torpedieren.[168] Das BVerwG stellte fest, dass es einer Verfassungsänderung bedürfe und es daher Aufgabe des Gesetzgebers sei, die Kollision zwischen Art. 33 Abs. 5 GG und Art. 11 EMRK aufzulösen.[169] Nun hat auch das BVerfG so entschieden: Das Streikverbot für Beamte ist jedenfalls nach Art. 11 Abs. 2 EMRK gerechtfertigt, weil es erstens eine gesetzliche Grundlage habe und als nationale Besonderheit der Bundesrepublik Deutschland eine funktionierende Verwaltung sicherstelle.[170] Den beschwerdeführenden Lehrern gibt das BVerfG mit: Jedenfalls ihnen gegenüber sei das Streikverbot durch das internationalrechtliche Recht auf Bildung gerechtfertigt und nach Art. 11 Abs. 2 S. 2 EMRK, weil sie zur Staatsverwaltung rechneten. Man mag bezweifeln, ob der EGMR das angesichts seiner bisherigen Rechtsprechung ebenso sieht; das BVerfG ist insoweit konfliktbereit und kann einen vom EGMR bejahten Konventionsbruch mit der deutschen Verfassung rechtfertigen: Die Bundesrepublik hat die EMRK nicht mit Verfassungsänderungswillen gegenüber Art. 33 Abs. 5 GG ratifiziert, schon weil bei Ratifikation die ausbrechende Auslegung durch den EGMR nicht bekannt gewesen ist.

---

[163] EGMR 2.10.2014 – 10609/10 – Matelly/Frankreich; ausführlich *Katerndahl* Tarifverhandlung und Streik als Menschenrechte S. 135 ff.
[164] Vgl. etwa BVerwG 27.2.2014 – 2 C 1/13, BVerwGE 149, 117 = NZA 2014, 616.
[165] In den relevanten Entscheidungen jeweils die Türkei.
[166] EGMR 12.11.2008 – 34503/97 Rn. 145 ff., NZA 2010, 1425; 21.4.2009 – 68959/01 Rn. 32, NZA 2010, 1423; ausführlich *Katerndahl* Tarifverhandlung und Streik als Menschenrechte S. 387 ff.
[167] BVerfG 14.10.2004 – 2 BvR 1481, BVerfGE 111, 307 = NJW 2004, 3407.
[168] Ausführlich *Rothballer* NZA 2016, 1119; ebenso *Di Fabio* Beamtenstreik S. 65 f.; *Merten* FS Wendt, 2015, S. 303 (330); *Löwisch/Rieble* Grundl Rn. 330 ff.
[169] BVerwG 27.2.2014 – 2 C 1/13, BVerwGE 149, 117 = NZA 2014, 616; 26.2.2015 – 2 B 6/15, NZA 2015, 505.
[170] BVerfG 12.6.2018 – 2 BvR 1738/12 ua = NZA 2018, 947 Rn. 176 ff.

§ 219 Koalitionsfreiheit des Einzelnen

Schrifttum:
Badura, Das Recht der Koalitionen – verfassungsrechtliche Fragestellungen, ArbRGegw. 15 (1977), 17; *Barczak/Pieroth,* Tariftreueregelungen am Maßstab der Koalitionsfreiheit, RdA 2016, 209; *Birk/Konzen/Löwisch/Raiser/Seiter,* Entwurf eines Gesetzes zur Regelung kollektiver Arbeitsstreitigkeiten, 1988; *Bötticher,* Gestaltungsrecht und Unterwerfung im Privatrecht, 1964; *Bötticher,* Die gemeinsamen Einrichtungen der Tarifvertragsparteien, 1966; *Buchner,* Tarifvertragsgesetz und Koalitionsfreiheit, 1964; *Bötticher,* Der Umfang tariflicher Abschlußnormen, insbesondere ihre Abgrenzung zu den Normen über betriebliche Fragen, RdA 1966, 208; *Däubler/Heuschmid,* Tarifverträge nur für Gewerkschaftsmitglieder?, RdA 2013, 1; *Däubler/Mayer-Maly,* Negative Koalitionsfreiheit, Recht und Staat, Heft 397/398 (1971); *Faber,* Die verfassungs- und europarechtliche Bewertung von Tariftreue- und Mindestentgeltregelungen in Landesvergabegesetzen, NVwZ 2015, 257; *Franzen,* Vorteilsregelungen für Gewerkschaftsmitglieder, RdA 2006, 1; *Giesen,* Die Auslegung von Bezugnahmeklauseln in Konflikt um Tarifanwendung und Tarifvermeidung, ZfA 2010, 657; *Greiner,* Rechtsfragen der Koalitions-, Tarif- und Arbeitskampfpluralität, 2010; *Greiner/Kleinert,* Verfassungswidrigkeit der Tariftreueregelung des § 4 Abs. 2 TVgG-NRW, RdA 2016, 229; *Greiner/Suhre* Tarifvertragliche Exklusivleistungen für Gewerkschaftsmitglieder nach der Rechtsprechungsänderung des BAG, NJW 2010, 131; *H. Hanau,* Zur Verfassungsmäßigkeit von tarifvertraglichen Betriebsnormen am Beispiel der qualitativen Besetzungsregeln, RdA 1996, 158; *P. Hanau,* Neue Rechtsprechung zur negativen Tarifvertragsfreiheit, FS Scholz, 2007, S. 1035; *Hartmann,* Negative Tarifvertragsfreiheit im deutschen und europäischen Arbeitsrecht, 2014; *Hempel,* Die Tariftreueerklärung im Lichte des deutschen und europäischen Arbeitsrechts, 2011; *Höpfner,* Blitzaustritt und Blitzwechsel in die OT-Mitgliedschaft, ZfA 2009, 541; *Höpfner,* Die Tarifgeltung im Arbeitsverhältnis, 2015; *Jacobs,* Die tarifliche Differenzierung nach der Gewerkschaftszugehörigkeit, FS Bauer, 2010, S. 479; *Kocher,* Differenzierungsklauseln: Neue Orientierungen, NZA 2009, 119; *Lieb,* Begriff, Geltungsweise und Außenproblematik der Solidarnormen, RdA 1967, 441; *Lieb/Jacobs,* Arbeitsrecht, 9. Aufl. 2006; *Lobinger/Hartmann,* Einfache Differenzierungsklauseln als Prüfstein interessengerechter Vertragsauslegung und konsistenter Systembildung – Zugleich eine Besprechung des Urteils BAG v. 18.3.2009 – 4 AZR 64/08, RdA 2010, 235; *Löwisch,* Das Gesetz zur Sicherung der Neutralität der Bundesanstalt für Arbeit in Arbeitskämpfen, NZA 1986, 345; *Löwisch/Rieble,* Grundlagen des Arbeitskampf- und Schlichtungsrechts, AR/Blattei SD 170.1 Rn. 1 ff. in: Löwisch, Arbeitskampf- und Schlichtungsrecht, 1997; *Löwisch/Rieble,* Tarifvertragsrechtliche und arbeitskampfrechtliche Fragen des Übergangs vom Haustarif zum Verbandstarif, FS Schaub, 1998, S. 457; *Lunk/Leder/Seidler,* Die tarifvertragliche und schuldrechtliche Besserstellung von Gewerkschaftsmitgliedern, RdA 2015, 399; *Th. Mann,* Zeitliche Austrittsbeschränkungen in Tarifverbänden, 1995; *May,* Die verfassungsmäßige Zulässigkeit der Bindung von Außenseitern durch Tarifverträge: eine Auseinandersetzung mit der Rechtsprechung des Bundesverfassungsgerichts zur Allgemeinverbindlicherklärung von Tarifverträgen, 1989; *D. Neumann,* Der Schutz der negativen Koalitionsfreiheit, RdA 1989, 243; *S. Neumann,* Tarifboni für Gewerkschaftsmitglieder, 2012; *Oetker,* Die Beendigung der Mitgliedschaft in Arbeitgeberverbänden als tarifrechtliche Vorfrage, ZfA 1998, 41; *Richardi,* Kollektivgewalt und Individualwille bei der Gestaltung des Arbeitsverhältnisses, 1968; *Rieble,* Die tarifliche Schlichtungsstelle nach § 76 Abs. 8 BetrVG, RdA 1993, 140; *Rieble,* Arbeitgeberfrage nach der Gewerkschaftsmitgliedschaft, GS Heinze, 2005, S. 687; *Rieble,* Arbeitsmarkt und Wettbewerb, 1996; *Sachse,* Das Aufnahme- und Verbleiberecht in den Gewerkschaften der Bundesrepublik, 1985; *Schlüter,* Tarifmacht gegenüber Außenseitern – Zur Verfassungsmäßigkeit der tariflichen Schlichtungsstelle (§ 76 Abs. 8 BetrVG), FS Lukes, 1989, S. 559; *Schlüter,* Die Grenzen der Tarifmacht bei der Regelung der Wochenarbeitszeit, FS Stree und Wessels, 1993, S. 1061; *Schmiegel,* Die Inhaltskontrolle von Koalitionssatzungen, 1995; *Scholz,* Unvereinbarkeit des closed shop mit der Europäischen Menschenrechtskonvention AöR 106 (1981), 79; *Seiter,* Streikrecht und Aussperrungsrecht, 1975; *Selzer,* Die Frage nach der Gewerkschaftszugehörigkeit, SAE 2016, 48; *Sprenger,* Tarifpluralität und die Frage nach der Gewerkschaftszugehörigkeit – Die unliebsame Kehrseite der Medaille, NZA 2015, 719; *Thüsing,* Der Anspruch des Nichtorganisierten auf Tariflohn, ZTR 1997, 433; *Zöllner,* Das Wesen der Tarifnormen, RdA 1964, 443.

Übersicht

	Rn.
I. Positive Koalitionsfreiheit	1
1. Gründung	1
2. Beitritt	6
3. Betätigung für die eigene Koalition	15
II. Negative Koalitionsfreiheit	25
1. Fernbleiben	25
2. Austritt	35
3. Auflösung	38
4. Negative Tarifvertragsfreiheit	39

	Rn.
III. Koalitionsfreiheit als Diskriminierungsverbot	40
IV. Rechtsschutz	47

I. Positive Koalitionsfreiheit

1. Gründung

Als **staatsgerichtetes Abwehrrecht** verbietet Art. 9 Abs. 3 GG der öffentlichen Gewalt 1
jede Beeinträchtigung der Gründung von Koalitionen, soweit dies nicht von der Zulassungsschranke des Art. 9 Abs. 2 GG oder von einer verhältnismäßigen Ausgestaltung der Koalitionsfreiheit gedeckt ist (→ § 218 Rn. 45 ff., 77 ff.). **Präventive Koalitionsverbote** sind heute schlechthin unzulässig. Mit der Koalitionsfreiheit unvereinbar wäre auch ein allgemeines Konzessionssystem, das wie die bis 1953 geltende Fassung des § 61 Abs. 2 BGB die Versagung der Eintragung und damit der Rechtsfähigkeit in das Ermessen der Behörde stellte.[1]

Der Staat muss für die Gründung von Koalitionen eine **effektive Rechtsform** zur 2
Verfügung stellen. Diese Pflicht würde er verletzen, wenn er eine unverhältnismäßig hohe Anzahl von Gründungsmitgliedern verlangte oder für die Eintragung eine übermäßige Gebühr forderte. Dass er für die Erlangung der Rechtsfähigkeit überhaupt die Eintragung in ein Register vorschreibt, ist wegen des Interesses der Verkehrssicherheit verhältnismäßig.[2]

Eine verfassungsrechtlich unzulässige Erschwerung der Koalitionsgründung liegt auch 3
vor, wenn ein Gericht die **Voraussetzungen des Koalitionsbegriffs** überspannt, etwa strikte Überbetrieblichkeit fordert (→ § 218 Rn. 65) oder gar die Merkmale der Tariffähigkeit verlangt (→ § 218 Rn. 71).

Richtet der Staat **öffentlich-rechtliche Zwangsverbände** zur Regelung der Arbeits- 4
und Wirtschaftsbedingungen ein, wie etwa Arbeitnehmerkammern, erschwert das im Wege der Staatskonkurrenz faktisch die Gründung freier Koalitionen. Die Einrichtung solcher Kammern ist deshalb nur zulässig, soweit deren Aufgabenstellung die Koalitionsbetätigung nur unwesentlich beeinträchtigt. Die vom Staat angeordnete Konkurrenz der **Betriebsräte und Sprecherausschüsse** sowie im öffentlichen Dienst der **Personalvertretungen** trifft die Koalitionen in einem zentralen Punkt ihrer Betätigung, weil sie sich mit Arbeitsbedingungen befassen, die durchweg auch Gegenstand eines Tarifvertrags sein können. Diese schwerwiegende Beeinträchtigung der Koalitionsfreiheit ist im Interesse auch der Nichtorganisierten gerechtfertigt, das das Grundgesetz mit der Kompetenz des Gesetzgebers für Betriebsverfassung und Personalvertretung (Art. 74 Abs. 1 Nr. 12 und 73 Abs. 1 Nr. 8 GG) anerkennt. Entscheidend kommt es aber auf die konkrete Ausgestaltung des Mitbestimmungssystems im Verhältnis zu den Koalitionsbefugnissen an, die das BetrVG mit dem Arbeitskampfverbot, dem Tarifvorrang und dem Tarifvorbehalt in verhältnismäßiger Weise vornimmt (→ § 238 Rn. 14).

Die Freiheit zur Gründung einer Koalition ist auch **vor Behinderungen durch Drit-** 5
te geschützt. Ein **Arbeitgeber** oder seine Organisation dürfen Arbeitnehmer, die eine Koalition gründen wollen, nicht benachteiligen, etwa Kündigungen oder Versetzungen aussprechen oder androhen oder ihnen lästige Arbeit zuweisen. Das gilt auch für eine **Gewerkschaft als Arbeitgeber.** Auf der anderen Seite darf auch eine **Gewerkschaft** nicht die Gründung einer Arbeitgeberkoalition behindern. Nicht nur der soziale Gegenspieler, auch **konkurrierende Koalitionen** derselben Seite dürfen die Gründung von Koalitionen nicht hintertreiben.

---

[1] S. Maunz/Dürig/*Scholz* GG Art. 9 Rn. 79.
[2] Maunz/Dürig/*Scholz* GG Art. 9 Rn. 80.

2. Beitritt

6 Sowenig wie die Gründung darf der Beitritt zu einer Koalition ver- oder behindert werden, oder das Mitglied zum Austritt gezwungen werden. Wiederum ist zunächst die **öffentliche Gewalt** angesprochen. Als **Gesetzgeber** würde der Staat den Beitritt zu Koalitionen behindern, schlösse er durch eine Änderung des § 146 SGB III organisierte Arbeitnehmer generell vom Bezug von Arbeitslosengeld im Arbeitskampf aus. Mit Art. 9 Abs. 3 GG wäre es auch unvereinbar, wenn die gleichzeitige Mitgliedschaft im Betriebs- oder Personalrat und einer Gewerkschaft gesetzlich verboten wäre.[3] Die **Rechtsprechung** verletzt die Beitrittsfreiheit, wenn sie im Rahmen der Tarifkonkurrenz einen Tarifvertrag durch einen anderen verdrängen lässt und die Arbeitnehmer auf den Übertritt verweist.

7 Als **Arbeitgeber darf der Staat** nicht bestimmten Beschäftigtengruppen, etwa Beamten oder Soldaten, den Beitritt zu Koalitionen verbieten oder an einen solchen Beitritt Nachteile knüpfen, etwa das dienstliche Fortkommen behindern oder sie von bestimmten Funktionen ausschließen.

8 Macht ein **Arbeitgeber** den Abschluss von Arbeitsverträgen oder die Beförderung vom Nichteintritt in eine Gewerkschaft oder vom Austritt aus einer Gewerkschaft oder davon abhängig, dass der Arbeitnehmer auf die aus der Mitgliedschaft folgenden Rechte, insbesondere auf die Tarifbindung, faktisch verzichtet, liegt darin ein unzulässiger Eingriff in die Beitrittsfreiheit.[4] Gleiches gilt, wenn der Eintritt oder Austritt aus einer Koalition zum Anlass für eine Kündigung genommen wird. Das gilt auch für Gewerkschaften als Arbeitgeber.[5]

9 Vorgelagert ist die Frage, ob bzw. inwieweit dem Arbeitgeber ein Recht zur Frage nach der Gewerkschaftszugehörigkeit bzw. dem Arbeitnehmer ein Recht zur Lüge zusteht. Soweit die Tarifkollision nach § 4a TVG Raum für Tarifpluralität lässt, setzt diese den Arbeitgeber der Gefahr rechtsuntreuen Verhaltens aus.[6] Vor der Einstellung ist die Frage unzulässig, da dem Arbeitgeber insoweit kein schutzwürdiges Interesse[7] zusteht: Er darf die Einstellung wegen Art. 9 Abs. 3 GG gerade nicht von der Gewerkschaftszugehörigkeit abhängig machen.[8] Bzgl. des Stadiums nach der Einstellung ging das BAG entgegen der Vorinstanz[9] von einem grundsätzlichen Verbot mit Erlaubnisvorbehalt aus.[10] Dem ist nicht zuzustimmen. Zwar kann der Schutz durch § 612a BGB bzw. Art. 9 Abs. 3 S. 2 GG nicht als tragendes Argument herangezogen werden – selbiges müsste sonst auch für Fragen schon im Vorfeld der Einstellung gelten.[11] Ein Verbot würde aber dazu führen, dass der Arbeitgeber dem Arbeitnehmer gezielt „etwas weniger" als das Tarifentgelt zahlen und so jeden Arbeitnehmer zur Aufdeckung einer etwaigen Mitgliedschaft von sich aus zwingen müsste.[12] Dies ist mit Blick auf § 266a StGB nicht zumutbar. Rechtsuntreues Verhalten zu verhindern, stellt also ein berechtigtes Interesse des Arbeitgebers dar, das zur Zulässigkeit der Frage führt.

10 Auch die **Gewerkschaft** darf einen Arbeitgeber nicht durch Druck, insbesondere die Androhung von Kampfmaßnahmen, am Beitritt zu einem Arbeitgeberverband hindern. Das Angebot, einen besonders günstigen Firmentarifvertrag abzuschließen, behindert die Beitrittsfreiheit aber nicht. Denn damit erreicht der Arbeitgeber gerade sein Ziel der günstigen Regelung der Arbeits- und Wirtschaftsbedingungen.

---

[3] BVerfG 26.5.1970 – 2 BvR 664/65, BVerfGE 28, 295 = NJW 1970, 1635.
[4] BAG 2.6.1987 – 1 AZR 651/85, BAGE 54, 353 = NZA 1988, 64.
[5] BAG 17.2.1998 – 1 AZR 364/97, BAGE 88, 38 = NZA 1998, 754.
[6] *Löwisch/Rieble* § 3 Rn. 339 ff.
[7] Dazu BAG 15.11.2012 – 6 AZR 339/11, BAGE 143, 343 = NZA 2013, 429.
[8] *Rieble* GS Heinze, 2005, S. 687 (690).
[9] LAG Hessen 7.11.2012 – 12 Sa 654/11, ZTR 2013, 665.
[10] BAG 18.11.2014 – 1 AZR 257/13, BAGE 150, 50 = NZA 2015, 306, Anm. *Selzer* SAE 2016, 48; vgl. auch BAG 27.1.2010 – 4 AZR 549/08, NZA 2010, 645.
[11] *Greiner* Koalitions-, Tarif- und Arbeitskampfpluralität S. 486.
[12] *Rieble* GS Heinze, 2005, 687 (694).

I. Positive Koalitionsfreiheit

Schließlich wirkt sich die positive Koalitionsfreiheit in Gestalt der Beitrittsfreiheit auch im Verhältnis des – künftigen – **Mitglieds zu seiner Koalition** aus. Der BGH hat auf einfach-rechtlicher Ebene einen **Aufnahmeanspruch** der Arbeitnehmer in eine Gewerkschaft bejaht, wenn die Gewerkschaft eine überragende Machtstellung innehat, ein wesentliches Interesse am Erwerb der Mitgliedschaft besteht[13] und kein sachlicher Grund die Versagung der Mitgliedschaft rechtfertigt.[14] Richtigerweise folgt der grundsätzliche Anspruch, in eine beherrschende Gewerkschaft aufgenommen und aus ihr nicht ohne sachlichen Grund ausgeschlossen zu werden, aber direkt **aus der Koalitionsfreiheit**.[15] Auch **Arbeitgeber** haben einen Anspruch auf Aufnahme in einen Arbeitgeberverband, wenn dieser eine überragende Machtstellung innehat, ein wesentliches Interesse an der Mitgliedschaft und kein sachlicher Grund für ihre Versagung besteht. Ein Aufnahmeanspruch besteht nur, wenn der Beitrittswillige die satzungsgemäßen Voraussetzungen der Mitgliedschaft erfüllt, soweit diese nicht willkürlich oder missbräuchlich sind.[16]

Aufnahmesperren für (zu Recht) ausgeschlossene Mitglieder sind nicht per se willkürlich. Allerdings darf die Sperrzeit nicht übermäßig lange dauern und so den Aufnahmeanspruch vereiteln. Die zeitliche Obergrenze dürfte bei zwei Jahren liegen.[17]

Das in der Satzung des DGB vorgesehene Schiedsverfahren zur **Abgrenzung der Zuständigkeitsbereiche** seiner Mitgliedsgewerkschaften verletzt die positive Koalitionsfreiheit des Einzelnen nicht. Willkürlich wäre aber eine Satzungsbestimmung, die **bestimmte Arbeitnehmergruppen** aus der Mitgliedschaft ausschlösse, ohne dass dies aus einer Beschränkung des Koalitionszwecks (→ § 224 Rn. 42 ff.) zu rechtfertigen wäre.[18]

Die Koalitionsfreiheit des Einzelnen schützt zunächst auch **Doppelmitgliedschaften.** Durch den Beitritt zu einer Koalition wird diese Individualfreiheit nicht „verbraucht".[19] Art. 9 Abs. 3 GG gewährt den Koalitionen keinen verfassungsrechtlichen Alleinvertretungsanspruch. Allerdings wird dieses Beitrittsrecht zur fremden Koalition durch die kollektive Koalitionsfreiheit der schon gewählten Koalition relativiert. Freilich keine Gewerkschaft und kein Arbeitgeberverband muss Mitglieder konkurrierender Organisationen in eigenen Reihen dulden.[20] Auch die DGB-Gewerkschaften haben ein anerkennenswertes Interesse, Doppelmitgliedschaften und damit insbesondere Tarifkonkurrenzen untereinander zu vermeiden. Unverhältnismäßig wird das verbandsrechtliche Verbot der Doppelmitgliedschaft dann, wenn der einzelne Arbeitnehmer oder Arbeitgeber auf sie angewiesen ist. Der Arbeitnehmer, der in zwei branchenverschiedenen Teilzeitarbeitsverhältnissen steht und für beide Koalitions- und Betriebsschutz begehrt, darf ebensowenig an der Doppelmitgliedschaft gehindert werden, wie der Arbeitgeber, der branchenverschiedene oder regional in differierende Verbandszuständigkeiten fallende Betriebe unterhält.

3. Betätigung für die eigene Koalition

Die ureigenste Betätigung eines Koalitionsmitgliedes besteht im Bekenntnis zu seiner Koalition und in der **Demonstration seiner Mitgliedschaft.** Deshalb sind Arbeitnehmer darin geschützt, eine Plakette mit dem Signet ihrer Koalition zu tragen, so wie der Arbeitgeber an seiner Betriebsstätte auf die Mitgliedschaft in seinem Arbeitgeberverband aufmerksam machen darf.

---

[13] S. iE BGH 1.10.1984 – II ZR 292/83, NJW 1985, 1214; 10.12.1984 – II ZR 91/84, BGHZ 93, 151 = NJW 1985, 1216; vgl. zu den zugrundeliegenden allgemeinen Rechtsgedanken BGH 2.12.1974 – II ZR 78/72, BGHZ 63, 282 = NJW 1975, 771; 26.6.1979 – KZR 25/78, NJW 1980, 186; eingehend *Gamillscheg* Grundrechte S. 446 ff.
[14] BGH 1.10.1984 – II ZR 292/83, NJW 1985, 1214.
[15] So auch *Sachse* Das Aufnahme-und Verbleiberecht S. 164; *Gamillscheg* Grundrechte S. 446 f.
[16] *Schmiegel* Die Inhaltkontrolle von Koalitionssatzungen S. 53.
[17] Ausführlich *Schmiegel* Die Inhaltkontrolle von Koalitionssatzungen S. 67.
[18] Näher *Schmiegel* Die Inhaltkontrolle von Koalitionssatzungen S. 54 f.
[19] BAG 17.2.1998 – 1 AZR 364/97, BAGE 88, 38 = NZA 1998, 754.
[20] BGH 25.3.1991 – II ZR 170/90, NJW-RR 1992, 246.

16 Zur individuellen Koalitionsfreiheit gehört auf einer zweiten Stufe das Recht des Mitglieds, sich **für seine Koalition einzusetzen.** So wie die kollektive Koalitionsfreiheit ihrerseits nur den Interessen der Mitglieder der Koalition dient, kann sich die Koalition als Kollektiv effektiv nur über ihre Mitglieder für die Ordnung des Arbeitslebens einsetzen. Das Mitglied einer Arbeitnehmerkoalition darf deshalb grundsätzlich aus eigenem (Grund-)Recht im Betrieb als Vertrauensmann tätig werden, andere Mitglieder beraten, Beiträge einziehen und für seine Koalition werben und über sie informieren.[21] Es muss nur wie die Koalition die Grenzen der allgemeinen Rechtsordnung beachten (→ § 220 Rn. 28). Das heißt aber nicht, dass der Einzelne jede die Koalition als Kollektiv beeinträchtigende Maßnahme abwehren könnte.[22] Er kann nur verhindern, dass gerade er an der Betätigung für seine Koalition gehindert wird.

17 Zur allgemeinen Rechtsordnung gehört auch das Gebot, den Arbeitsvertrag einzuhalten. Ein Arbeitnehmer hat deshalb grundsätzlich keinen Anspruch auf Arbeitsbefreiung für diese Betätigung. Allerdings muss der Arbeitgeber bei der Ausübung seines Direktionsrechts in die erforderliche Abwägung den Umstand einstellen, dass der Arbeitnehmer vom Grundrecht des Art. 9 Abs. 3 GG Gebrauch machen will.[23]

18 Art. 9 Abs. 3 GG entbindet den Arbeitnehmer oder Beamten auch nicht von seiner Treuepflicht gegenüber seinem Arbeitgeber oder Dienstherrn. Deshalb schützt Art. 9 Abs. 3 GG nicht die an die Öffentlichkeit dringende Betätigung eines Personalratsmitglieds, die auf die Abberufung des Dienststellenleiters gerichtet ist.[24] Gleiches gilt für den Soldaten.[25] Ebensowenig kann Art. 9 Abs. 3 GG von der jeden Bürger treffenden Zeugnispflicht befreien. Ein auf Koalitionszugehörigkeit basierendes Zeugnisverweigerungsrecht existiert nicht.[26] Noch genießen Koalitionen strafprozessuale Privilegien.[27]

19 Soweit aus dem Betätigungsrecht der Koalition eine **Arbeitskampfgarantie** folgt (→ § 220 Rn. 44 ff.), besteht auch ein subjektives Recht der Mitglieder, an Arbeitskampfmaßnahmen ihrer Koalition teilzunehmen. Nur so kann das Betätigungsrecht mit Leben erfüllt werden. Das ist der zutreffende Kern der Lehre *Seiters* vom subjektiven Streik- und Aussperrungsrecht.[28]

20 So wenig wie der Einzelne daran gehindert werden darf, sich für seine Koalition zu betätigen, so wenig darf er gezwungen werden, sich gegen sie zu stellen. Das Recht eines jeden Arbeitnehmers, zugewiesene Streikarbeit zu verweigern,[29] wird dem Koalitionsmitglied also von Art. 9 Abs. 3 GG garantiert.

21 Wo das Mitglied sich für die Koalition betätigt, folgt der Umfang seiner Betätigungsgarantie dem Umfang der kollektiven Betätigungsgarantie. Das heißt einmal, dass das Mitglied nur darf, was auch die Koalition darf (zu den Grenzen des Betätigungsrechts der Koalition → § 220 Rn. 28 ff.). Zum anderen ist es in seiner Koalitionsbetätigung von der Koalition abhängig. Diese Abhängigkeit beschränkt das Koalitionsmitglied in seiner Betätigung auf Aktionen, die die Koalition gutheißt; dies gilt dann aber auch für die Abwehr nur gegen einzelne Mitglieder gerichteter Arbeitskampfmaßnahmen. Eine **Koalitionsbetätigung auf eigene Faust** ist nicht von Art. 9 Abs. 3 GG gedeckt. Noch weniger lässt sich aus Art. 9 Abs. 3 GG ein subjektives Recht auf Arbeitskampf herleiten, das unabhängig von der Koalitionsbetätigung besteht. Dazu wäre die vom Verfassungsgeber erwogene,

---

[21] BVerfG 14.11.1995 – 1 BvR 601/92, BVerfGE 93, 352 (358) = NZA 1996, 381.
[22] BVerwG 30.7.1990 – 7 B 71/90, NVwZ 1991, 470 für das Verhältnis des Kirchenmitglieds zu seiner Religionsgemeinschaft.
[23] Vgl. *Löwisch* Anm. zu EzA BetrVG § 74 Nr. 3 für das Parallelproblem der Meinungskundgabe.
[24] VGH Kassel 11.11.1987 – 5 UE 95/85, ESVGH 38, 316 (nur Leitsätze).
[25] BVerfG 7.4.1981 – 2 BvR 446/80, BVerfGE 57, 29 (35 ff.) = NJW 1981, 2112.
[26] VGH Kassel 11.11.1987 – 5 UE 95/85, ESVGH, 38, 316.
[27] BVerfG (Kammer) 1.10.1997 – 2 BvR 1056/96, NJW 1998, 893.
[28] *Seiter* Streikrecht und Aussperrungsrecht, insbes. S. 83 ff., der freilich nicht von einem Teilnahmerecht, sondern von einem selbständigen individuellen Grundrecht auf Arbeitskampf ausgeht, dessen Ausübung er dann aber wieder an die Koalition bindet; *Löwisch/Rieble* AR/Blattei SD 170.1 Rn. 13 f.
[29] *Löwisch/Rieble* AR/Blattei SD 170.2 Rn. 335 ff.

aber letztlich nicht erfolgte Aufnahme einer ausdrücklichen Garantie eines solchen Rechts in das Grundgesetz erforderlich gewesen.[30]

Dem Betätigungsrecht für die eigene Koalition korrespondiert das Recht des Mitgliedes, an den Erfolgen der Koalitionsbetätigung **teilzuhaben.** Im Grundsatz hat deshalb jedes Koalitionsmitglied Anspruch darauf, dass der für ihn abgeschlossene Tarifvertrag auch gilt. Auf der anderen Seite haben nichtorganisierte Arbeitgeber das von der positiven Koalitionsfreiheit vermittelte Recht, durch Beitritt zum Arbeitgeberverband die Tarifgeltung auszulösen und damit den Schutz der Friedenspflicht auf sich zu beziehen (→ § 245 Rn. 13 ff.).[31]

Eine **Betätigungsgarantie des Mitglieds gegenüber der eigenen Koalition** scheitert im Grundsatz daran, dass der individuellen Koalitionsfreiheit des einzelnen – sobald er Mitglied geworden ist – die kollektive Koalitionsfreiheit der Koalition selbst gegenübertritt und der einzelne einen Vorrang seiner Interessen gegenüber den mehrheitlich bestimmten Koalitionsinteressen deshalb nicht behaupten kann. Anders verhält es sich aber, wenn die Koalition so **mächtig** ist, dass das Mitglied einen Aufnahmeanspruch gegen sie hat (→ Rn. 11 ff.). So wenig es solchen Vereinigungen freigestellt sein kann, Bewerber, die auf die Mitgliedschaft bei ihnen angewiesen sind, willkürlich abzuweisen, so wenig kann es ihnen erlaubt sein, ihre Mitglieder willkürlichen oder unbilligen, Treu und Glauben (§ 242 BGB) widerstreitenden Satzungsgestaltungen zu unterwerfen.[32] Zur billigen Ausgestaltung der Mitgliedschaft gehört weiter, dass das Mitglied sich im Rahmen der Willensbildung der Koalition angemessen betätigen kann (→ § 224 Rn. 10 ff.). Eine mächtige Koalition darf auch nicht einzelne ihrer Mitglieder **willkürlich** von ihren Leistungen **ausschließen.**[33]

Dass den Mitgliedern kein Betätigungsrecht gegenüber der eigenen Koalition zukommt, gilt ausschließlich für das Mitgliedschaftsverhältnis. Arbeitnehmer einer Gewerkschaft, die sich in einem Verband der Gewerkschaftsbeschäftigten organisieren, können sich gegen ihre Gewerkschaft koalitionsmäßig betätigen; denn diese ist nur in ihrer Rolle als Arbeitgeber und nicht als Koalition angesprochen.[34]

II. Negative Koalitionsfreiheit

1. Fernbleiben

So wie die **öffentliche Gewalt** Gründung und Beitritt nicht behindern darf, darf sie umgekehrt auch nicht auf Gründung oder Beitritt zu einer Koalition hinwirken und damit das aus der negativen Koalitionsfreiheit erwachsende Fernbleiberecht beeinträchtigen. Von den rechtlichen Folgen der Koalitionszugehörigkeit dürfen durchaus Anreize ausgehen; unzulässig ist jedoch ein Zwang oder Druck zum Koalitionsbeitritt[35], etwa durch ein closed-shop-System, vermittelt über die Einstellungsmitbestimmung des Betriebsrats. Außerdem würde ein Beitrittszwang der Vereinigung das Merkmal der Freiwilligkeit und damit den Schutz des Art. 9 Abs. 3 GG entziehen.

---

[30] *Löwisch/Rieble* AR/Blattei SD 170.1 Rn. 15; Rn. 90; *Birk/Konzen/Löwisch/Raiser/Seiter* Entwurf eines Gesetzes zur Regelung kollektiver Arbeitsstreitigkeiten S. 13 f.; zur Gegenmeinung: *Däubler* ArbeitskampfR/*Däubler* § 9 Rn. 2 ff. Auch die international-rechtlichen Gewährleistungen garantieren kein Recht auf wilden Streik. Das gilt insbesondere für Art. 6 Nr. 4 ESC.
[31] *Löwisch/Rieble* FS Schaub, 1998, S. 457 (458).
[32] So BGH 24.10.1988 – II ZR 311/87, BGHZ 105, 306 = NJW 1989, 1724 allgemein für Vereine und Verbände; BGH 28.11.1994 – II ZR 11/94, BGHZ 128, 93 ff. = NJW 1995, 583; 8.10.1997 – IV ZR 220/96, BGHZ 136, 394 = NJW 1998, 454 für den Versicherungsverein auf Gegenseitigkeit; ausführlich *Schmiegel* Die Inhaltskontrolle von Koalitionssatzungen S. 79 ff.
[33] *Schmiegel* Die Inhaltskontrolle von Koalitionssatzungen S. 119 ff.
[34] BAG 17.2.1998 – 1 AZR 364/97, BAGE 88, 28 = NZA 1998, 754.
[35] BVerfG 11.7.2006 – 1 BvL 4/00, BVerfGE 116, 202 = NZA 2007, 42 Rn. 66; 18.3.2009 – 4 AZR 64/08, BAGE 130, 43 = NZA 2009, 1028 Rn. 37; *Franzen* ZfA 2016, 25 (40) zur tarifdispositiven Gestaltung einer Höchstüberlassungsdauer nach dem AÜG.

26 Wie in → § 218 Rn. 2 ausgeführt, bezieht sich die negative Koalitionsfreiheit nur auf den Status als Mitglied. Die **Allgemeinverbindlicherklärung** von Tarifverträgen durch den Staat (§ 5 TVG) kann deshalb nur unter dem Gesichtspunkt des Eintrittsdrucks gegen die negative Koalitionsfreiheit der tarifunterworfenen Außenseiter verstoßen.[36] Von ihm kann aufseiten der Arbeitnehmer keine Rede sein: Eintrittsmotiv ist allenfalls der Wunsch des Einzelnen, nach kompetentem Tarifrechtsschutz, theoretisch vielleicht auch seine Mitwirkungsmöglichkeit.[37] Selbst dort, wo die Allgemeinverbindlicherklärung die Außenseiter am stärksten trifft, bei den gemeinsamen Einrichtungen, die aus Beiträgen auch der nichtorganisierten Arbeitgeber gespeist werden, ist der Eintrittsdruck ihnen gegenüber gerechtfertigt, wenn nur so wichtige soziale Einrichtungen geschaffen werden können.[38] Gegen die negative Vereinigungsfreiheit verstößt nur die Allgemeinverbindlicherklärung von Tarifverträgen, die eine Zwangsmitgliedschaft der Nichtorganisierten in diesen Einrichtungen vorsehen.[39]

27 Erst recht verstößt die Mitwirkung der Koalitionen an staatlichen Regelungen der Arbeits- und Wirtschaftsbedingungen, insbesondere nach dem **Heimarbeitsgesetz** nicht gegen die negative Koalitionsfreiheit der von diesen Regeln erfassten Arbeitnehmer und Arbeitgeber.[40]

28 Die Erstreckung tariflicher Normen auf Nichtorganisierte stößt an Grenzen, wenn der staatliche Geltungsbefehl nicht mehr statisch auf einen bestimmten Tarifvertrag, sondern dynamisch auf einen Tarifvertrag in seiner jeweiligen Fassung verweist. Der Staat hat dann entgegen dem **Demokratie- und Rechtsstaatsprinzip** die von den Koalitionen geschaffene Rechtsordnung nicht mehr in seinen Willen aufgenommen und liefert den Bürger so der ihm gegenüber nicht legitimierten normsetzenden Gewalt der Tarifparteien aus. Das BVerfG hat solche dynamischen Verweisungen, wenn sie in einem Gesetz enthalten sind, für verfassungswidrig erklärt.[41] Den zentralen Fall einer gerechtfertigten dynamischen Verweisung stellt der Geltungsbereich betrieblicher und betriebsverfassungsrechtlicher Normen nach § 3 Abs. 2 TVG dar.[42] Sie müssen von den nichtorganisierten Arbeitnehmern hingenommen werden, weil solche Normen von vornherein nur betriebseinheitlich gelten können (→ § 240 Rn. 1 ff.).

29 **Vergaberechtliche Tariftreueklauseln** sollen nach dem BVerfG nicht gegen die negative Koalitionsfreiheit verstoßen, weil sich die Unternehmen „frei" dem Tarifvertrag unterwerfen.[43] Die Marktmacht des Staates bleibt unkontrolliert. Indes hat der EuGH mit Rüffert, Bundesdruckerei und Regiopost effektive Grenzen gesetzt (→ § 250 Rn. 7). Die

---

[36] BAG 28.3.1990 – 4 AZR 536/89, NZA 1990, 781; aA unter dem Gesichtspunkt der negativen Koalitionsfreiheit als Freiheit von fremder Normsetzung: *May* Die verfassungsmäßige Zulässigkeit der Bindung von Außenseitern durch Tarifverträge, 1989.
[37] BVerfG 24.5.1977 – 2 BvL 11/74, BVerfGE 44, 322 = NJW 1977, 2255; 15.7.1980 – 1 BvR 24/74, BVerfGE 55, 7 = NJW 1981, 215; 19.10.1966 – 1 BvL 24/65, BVerfGE 20, 312 = NJW 1966, 2305.
[38] BVerfG 24.5.1977 – 2 BvL 11/74, BVerfGE 44, 322 = NJW 1977, 2255; 15.7.1980 – 1 BvR 24/74, BVerfGE 55, 7 = NJW 1981, 215; 10.9.1991 – 1 BvR 561/89 (Kammer), NZA 1992, 125.
[39] *Bötticher* Die gemeinsamen Einrichtungen der Tarifvertragsparteien S. 88 f.; auf Art. 9 Abs. 3 GG stützen sich BAG 5.12.1958 – 1 AZR 89/57, BAGE 7, 106 = NJW 1959, 595; 3.2.1965 – 4 AZR 385/63, BAGE 17, 59 = NJW 1965, 1624.
[40] Vgl. BVerfG 27.2.1973 – 2 BvL 27/69, BVerfGE 34, 307 = NJW 1973, 1320.
[41] BVerfG 14.6.1983 – 2 BvR 488/80, BVerfGE 64, 208 = NJW 1984, 1225; jetzt BAG 27.11.1991 – 5 AZR 167/91, BAGE 69, 105 = NZA 1992, 607; etwas einschränkend: BVerfG 25.2.1988 – 2 BvL 26/84, BVerfGE 78, 32 (36 ff.) obiter für den Fall, dass der Tarifinhalt „im Wesentlichen" feststeht.
[42] Für die Verfassungswidrigkeit aber: *Buchner* Tarifvertragsgesetz und Koalitionsfreiheit S. 67 ff.; *Buchner* RdA 1966, 208 (209); *Richardi* Kollektivgewalt und Individualwille bei der Gestaltung des Arbeitsverhältnisses S. 229 ff.; *Zöllner* RdA 1964, 443 (447); *Maunz/Dürig/Scholz* GG Art. 9 Rn. 236; differenzierend: *Lieb* RdA 1967, 441 ff.; *Lieb/Jacobs* Arbeitsrecht § 6 III 2; für die Verfassungsmäßigkeit: Kempen/Zachert/*Kempen* TVG § 3 Rn. 38 ff.; *Badura* ArbRGegw. 15 (1977), 31; das BAG geht offenbar von ihr aus: BAG 18.8.1987 – 1 ABR 30/86, BAGE 56, 18 = NZA 1987, 779.
[43] BVerfG 11.7.2006 – 1 BvL 4/00, BVerfGE 116, 202 = NZA 2007, 42; dazu auch EuGH 3.4.2008 – C 346/06, NJW 2008, 3485.

II. Negative Koalitionsfreiheit

deutschrechtliche Gefahr der „kalten" Tarifnormerstreckung[44] ist derzeit europarechtlich gebannt.

30 Die vom BVerfG betonte grundsätzliche Unzulässigkeit dynamischer Verweisungen von Gesetzen auf Tarifverträge steht jedoch einer erweiternden Handhabung des § 3 Abs. 2 TVG entgegen. Insbesondere darf der Inhalt der Arbeitsverhältnisse Nichtorganisierter nicht auf diesem Weg tariflich geregelt werden. Die Geltung von Inhaltsnormen auch für nichtorganisierte Arbeitnehmer lässt sich nur über die Allgemeinverbindlicherklärung bewerkstelligen.

31 Bezugnahmeklauseln in Arbeitsverträgen, in einem Sozialplan oder im Anschluss-Haustarifvertrag des nichtorganisierten Arbeitgebers schaffen eine hinreichende privatautonome Legitimation für die dynamische Tarifgeltung. Freilich begegnet das Bedenken insofern, als die vertragliche Bezugnahme stärker bindet, als die Mitgliedschaft. Aus dieser privatautonomen Legitimation wird auch dann keine staatliche, wenn ein Gericht der vertraglichen Regelung im Wege der Auslegung eine dynamische Verweisung entnimmt. Bei der Auslegung muss das Gericht lediglich die Grenzen der Vertragsfreiheit beachten, darf also den Parteien keine Regelung als gewollte unterschieben, die für diese in keiner Weise mehr vorhersehbar war.[45]

32 **Im Arbeitskampf** wird die Rechtsstellung der **Außenseiter** dadurch berührt, dass sie als Drittbetroffene, aber auch als Ausgesperrte Opfer von Koalitionskämpfen werden können. Sie werden, was den Lohnausfall und die staatlichen Lohnersatzleistungen auf der einen Seite und den Einnahmeausfall auf der anderen Seite angeht, den Organisierten gleichgestellt. Der darin liegende Eingriff in die allgemeine Handlungsfreiheit (Art. 2 Abs. 1 GG) ist Konsequenz der arbeitskampfrechtlichen Einheit der Belegschaft (→ § 265 Rn. 13). Auch dass nichtorganisierte Arbeitnehmer nur durch Beitritt in den Genuss von Unterstützungszahlungen der Koalitionen gelangen können, verletzt ihre Koalitionsfreiheit nicht. Denn sie haben mittelbaren Nutzen vom Arbeitskampf. Fehlt dieser Nutzen, ist auch das Solidaropfer nicht mehr gerechtfertigt. Deswegen folgt das § 146 SGB III in seiner heutigen Fassung zugrundeliegende **Partizipationsprinzip** letztlich aus Art. 9 Abs. 3 GG.[46]

33 Eine Beeinträchtigung des Fernbleiberechts stellt der **closed-shop** dar. Dass ein Arbeitgeber aufgrund eigener Entscheidung oder veranlasst durch eine Gruppe von Arbeitnehmern seines Betriebes, die Betriebsvertretung oder die Gewerkschaft die Einstellung oder Weiterbeschäftigung eines Arbeitnehmers von dessen Zugehörigkeit zu einer Arbeitnehmerkoalition abhängig macht, übt unzulässigen Druck auf den Arbeitnehmer aus. Das Arbeitsverhältnis sichert die wirtschaftliche Existenz des Arbeitnehmers. Es als Hebel für die Zwecke einer Gewerkschaft zu nutzen, ist unverhältnismäßig.[47] Ein Verbot von closed-shop-Regelungen folgt aus Art. 11 EMRK, so dass Arbeitnehmer auch in anderen Staaten gegen solchen Druck geschützt sind.[48] Allerdings werden in Deutschland durchaus solche closed-shop-Systeme praktiziert, indem der gewerkschaftlich beherrschte Betriebsrat dem Bewerber bei seiner Vorstellung bedeutet, dass er der Einstellung zustimmt, wenn der Bewerber der einschlägigen Gewerkschaft angehört. Effektiven Rechtsschutz oder gar staatlichen Schutz gibt es nicht.

---

[44] Vgl. auch die Vorlage an den VerfGH NRW durch das VG Düsseldorf 27. 8. 2015 – 6 K 2793/13, NZBau 2015, 643 mit zust. Anm. *Greiner/Kleinert* RdA 2016, 229; *Faber* NVwZ 2015, 257; ausführlich *Hempel* Tariftreueerklärung, 2011; aA *Barczak/Pieroth* RdA 2016, 209.

[45] BVerfG 23. 4. 1986 – 2 BvR 487/80, BVerfGE 73, 261 = NJW 1987, 827 für die dynamische Verweisung in einem Sozialplan.

[46] Eingehend *Löwisch* NZA 1986, 345 ff.

[47] BAG 2. 6. 1987 – 1 AZR 651/85, BAGE 54, 353 = NZA 1988, 64.; v. Münch/Kunig/*Löwer* GG Art. 9 Rn. 100; *Badura* ArbRGegw. 15 (1977), 32; Maunz/Dürig/*Scholz* GG Art. 9 Rn. 231 mwN; Kempen/Zachert/*Stein* TVG § 3 Rn. 297.

[48] EGMR 13. 8. 1981 – 7806/77, EuGRZ 1981, 559 für einen nachträglichen closed-shop gegenüber einem schon bestehenden Arbeitsverhältnis; dazu eingehend *Scholz* AöR 106 (1981), 79 ff.

34 Einen unzulässigen Beitrittsdruck löst die Rspr. des BAG[49] aus, nach der die Sperrwirkung des § 87 Abs. 1 Eingangssatz BetrVG schon greift, wenn nur der Arbeitgeber tarifgebunden ist, mit der Folge, dass die Nichtorganisierten den Schutz der Betriebsverfassung verlieren und den Schutz des Tarifvertrags nur durch Beitritt erlangen können.[50]

2. Austritt

35 Die negative Koalitionsfreiheit garantiert den Mitgliedern einer Koalition den freien Austritt. Der Staat, Dritte und die eigene Koalition dürfen deshalb keinen Druck auf Arbeitnehmer und Arbeitgeber ausüben, ihre Koalition nicht zu verlassen.

36 Etwa darf die öffentliche Hand auf Austritte aus dem Arbeitgeberverband nicht mit einer Auftragssperre reagieren. Die Satzung einer Koalition darf den Austritt **nicht unverhältnismäßig erschweren.** Eine Frist von mehr als sechs Monaten für den Austritt aus einer Koalition der Arbeitnehmer oder AG ist nicht mehr mit der negativen Koalitionsfreiheit vereinbar.[51] Das gilt sowohl für den Austritt aus einem Arbeitnehmer- als auch aus einem Arbeitgeberverband.[52] Die zu lange Frist ist zu reduzieren[53] und bleibt in dem mit Art. 9 Abs. 3 GG vereinbaren Umfang aufrechterhalten.[54] Die Austrittsfreiheit darf weder durch die Erhebung von **„Austrittsgebühren"** erschwert werden, noch darf der Austritt von der Erfüllung überzogener Formvorschriften abhängig gemacht werden.[55]

37 **§ 3 Abs. 3 TVG** verstößt nicht gegen die Austrittsfreiheit, sondern sichert sie gerade: Indem die Vorschrift die Weitergeltung der Tarifverträge auch über den Austritt aus der Tarifvertragspartei bis zur Beendigung des Tarifvertrages anordnet, gewährleistet sie die gebotene Rechtsnormsicherheit und Tarifvertragstreue, die sonst nur über längere (gesetzliche) Mindestaustrittsfristen erreicht werden könnte.[56] Noch zu den Grenzen dieser Tarifweitergeltung → § 245 Rn. 50.

3. Auflösung

38 So wie die Gründung von der positiven Koalitionsfreiheit garantiert wird, schützt die negative Koalitionsfreiheit die Auflösung der Koalition. Die Mitglieder haben es nicht nur in der Hand, durch gemeinsamen Austritt den Verein zum Erlöschen zu bringen,[57] sie können dies auch durch kollektiven Auflösungsbeschluss bewirken. Dieses Recht darf nur aus Sachgründen, etwa durch die Anordnung der Liquidation nach § 47 BGB, und nicht übermäßig eingeschränkt werden.

4. Negative Tarifvertragsfreiheit

39 Die negative Koalitionsfreiheit wird traditionell als „nacktes Statusrecht", also als Schutz vor der Mitgliedschaft in einer Koalition verstanden. Sie garantiere aber nicht, von den Folgen dieser Mitgliedschaft – insbesondere Tarifwirkung – schlechthin verschont zu bleiben. Das ist inkonsequent, ist doch das eigentlich Belastende eines Zwangs bzw. Drucks

---

[49] BAG 24.2.1987 – 1 ABR 18/85, BAGE 54, 191 = NZA 1987, 639.
[50] *Löwisch*, Anm. zu dieser Entscheidung, AR/Blattei Betriebsverfassung XIV B Entscheidung 102.
[51] BGH 4.7.1977 – II ZR 30/76, BeckRS 2010, 09131; 22.9.1980 – II ZR 34/80, NJW 1981, 340.; 29.7. 2014 – II ZR 243/13, BGHZ 202, 202 = NZA 2014, 1352; *Schmiegel* Die Inhaltskontrolle von Koalitionssatzungen S. 180 f. Deshalb war etwa § 11 Nr. 1 der Satzung der (mittlerweile in der IG BAU aufgegangenen) Gewerkschaft Gartenbau Land- und Forstwirtschaft v. 12.12.1990 unwirksam, der eine Kündigung nur zum Jahresabschluss zuließ.
[52] BGH 29.7.2014 – II ZR 243/13, BGHZ 202, 202 = NZA 2014, 1352 Rn. 26 f.
[53] Für den Verstoß gegen § 39 II BGB: RG 26.5.1937 – I 190/36, RGZ 155, 180; Soergel/*Hadding* BGB § 39 Rn. 4; vgl. aber BGH 29.7.2014 – II ZR 243/13, BGHZ 202, 202 = NZA 2014, 1352 Rn. 24: § 39 II BGB ist durch die Koalitionsfreiheit des einzelnen Mitglieds weitergehend begrenzt.
[54] BGH 29.7.2014 – II ZR 243/13, BGHZ 202, 202 = NZA 2014, 1352 Rn. 32.
[55] *Schmiegel* Die Inhaltskontrolle von Koalitionssatzungen S. 179 f.
[56] *Bötticher* Gestaltungsrecht und Unterwerfung im Privatrecht S. 21, 25; *Richardi* Kollektivgewalt und Individualwille S. 222; *Rieble* Arbeitsmarkt und Wettbewerb Rn. 1235 ff.; *Oetker* ZfA 1998, 74 ff.
[57] BGH 17.11.1955 – II ZR 172/54, BGHZ 19, 51 (61) = WM 1956, 21; BAG 28.1.1986 – 3 AZR 434/84, AP BetrAVG § 7 Nr. 30 mit krit. Anm. *Reuter*.

zum Beitritt zu einer Koalition gerade die Unterwerfung unter die Rechtsetzung des Verbandes.[58] Es wäre daher widersprüchlich, Schutz vor der Mitgliedschaft zu gewähren, aber nicht vor ihrer wichtigsten Konsequenz. Insofern kann die sog. negative Tarifvertragsfreiheit als Vorrang der Selbstbestimmung vor der Fremdbestimmung verstanden werden. Dass die Tarifgeltung ggf. günstig oder sozial befriedigend wirkt, ist kein legitimatorischer Geltungsgrund.[59] Dieses **„Recht auf Freiheit vom Tarifvertrag"** – virulent insbesondere im Hinblick auf Nachbindung und Nachwirkung, Allgemeinverbindlicherklärungen und Betriebsnormen – bedarf der Ausgestaltung. Das Europäische Recht ist mit dieser Frage nur für den Spezialfall des Betriebsübergangs befasst;[60] im Übrigen fehlt ihm die Regelungskompetenz.[61]

III. Koalitionsfreiheit als Diskriminierungsverbot

Die Koalitionsfreiheit wird durch ein Diskriminierungsverbot flankiert (→ § 218 Rn. 6). 40 Es bewährt sich dann, wenn die inkriminierte Maßnahme die Schwelle zum Eintritts- oder Austrittsdruck nicht erreicht.

Die öffentliche Gewalt diskriminiert die Gründung von Koalitionen, wenn sie die 41 **Entstehung von Konkurrenzorganisationen** unsachlich begünstigt, etwa indem sie für den Gründungsvorgang öffentliche Mittel, wie Versammlungsräume oder ein Postverteilungssystem einseitig zur Verfügung stellt.

Das Diskriminierungsverbot im Verhältnis beider Seiten zueinander verbietet es, Grün- 42 dung oder Beitritt nur für die Angehörigen einer Seite zu erschweren oder zu erleichtern, selbst wenn die Regelung für sich genommen gerechtfertigt ist. Soweit Arbeitnehmer und Arbeitgeber wegen ihrer Koalitionszugehörigkeit oder ihrer Betätigung für die eigene Koalition anders behandelt werden als Nichtmitglieder, darf daraus nicht vorschnell auf eine Diskriminierung geschlossen werden. Es ist in erster Linie Sache der Rechtsordnung, die Koalitionsbefugnisse auszugestalten (→ § 218 Rn. 77) und erst anhand dieser Ausgestaltung kann die Diskriminierung festgestellt werden.

Als Verbot der Diskriminierung zwischen Arbeitnehmern oder zwischen Arbeitgebern 43 (→ § 218 Rn. 92) begrenzt Art. 9 Abs. 3 GG vor allem die **Tarifmacht.** Zwar müssen es nicht- und andersorganisierte Arbeitnehmer hinnehmen, dass die Rechte aus Tarifverträgen – vom Fall der Allgemeinverbindlichkeit abgesehen – nur Arbeitnehmern der tarifschließenden Gewerkschaft zukommen.[62] Auch die Kampfbeteiligten unter den nichtorganisierten Arbeitnehmern haben keinen Anspruch auf Teilhabe am Tariferfolg[63], weil dessen Ausbleiben nur Konsequenz der eigenen Entscheidung ist, nur mitzukämpfen und nicht Vollmitglied der Gewerkschaft zu werden. Das ist nur der Vorteil der von Art. 9 Abs. 3 GG gerade garantierten kollektiven Interessenwahrnehmung. Deshalb hat der EGMR zu Recht keine Diskriminierung darin gesehen, dass ein Tarifvertrag, der von mehreren Gewerkschaften mit dem Staat geschlossen worden war, für die Angehörigen einer Gewerkschaft eine rückwirkende Lohnerhöhung vorgesehen hat, für die der anderen aber nicht.[64] Es bedarf für eine solche Ungleichbehandlung auch nicht eines sachlichen Grundes; ihre Rechtfertigung liegt in der Tarifautonomie. Zu Tarifverträgen und Art. 3 GG → § 237 Rn. 60.

Zu einer Diskriminierung kommt es dann, wenn die tarifliche Regelung den Anders- 44 und Nichtorganisierten für ihren Weg der Regelung der Arbeits- und Wirtschaftsbedin-

---

[58] *P. Hanau* FS Scholz, 2007, S. 1035 (1045).
[59] *Hartmann* Negative Tarifvertragsfreiheit S. 47 ff., 107 ff., 169 ff.; *Höpfner* Die Tarifgeltung im Arbeitsverhältnis S. 360 ff. und schon *Höpfner* ZfA 2009, 541 (570 ff.).
[60] Vgl. insbes. EuGH 9.3.2006 – C-499/04, NZA 2006, 376 – Werhof; 18.7.2013 – C-426/11, NZA 2013, 835 – Alemo Herron.
[61] Zur europarechtlichen Sicht *Löwisch/Rieble* § 3 Rn. 19 ff.
[62] Eingehend *Thüsing* ZTR 1997, 433.
[63] So aber *Thüsing* ZTR 1997, 433 (436 f.).
[64] EGMR 6.2.1976 – 5589/72, EuGRZ 1976, 68, 471.

gungen ohne sachlichen Grund rechtliche Hindernisse aufbaut. **Tarifausschlussklauseln,** die es dem Arbeitgeber untersagen, nichtorganisierten Arbeitnehmern die tariflichen Arbeitsbedingungen zu gewähren, sind deshalb ebenso unzulässig[65] wie die Grundannahme des Tarifeinheitsgesetzes, dass der repräsentativste Tarifvertrag einfach in einem Betrieb geltende Tarifverträge anderer Gewerkschaften verdränge (→ § 256 Rn. 3). Gleiches gilt für **Außenseiterdifferenzierungsklauseln,** durch die sich die Arbeitgeberseite verpflichtet, den nicht- oder andersorganisierten Arbeitnehmern **keine besseren Arbeitsbedingungen** als den Mitgliedern der tarifschließenden Gewerkschaft zu gewähren. Denn sie gestatten nur den Mitgliedern der tarifschließenden Gewerkschaft die Initiative zur individualvertraglichen Verbesserung der tariflichen Arbeitsbedingungen und verweisen die Nicht- oder Andersorganisierten auf ein Nachziehen.[66] Auch mit sog. **Spannensicherungsklauseln** überschreiten die Tarifparteien ihre Tarifmacht. Denn indem sie es dem Arbeitgeber „rechtlich-logisch unmöglich" machen, die vertraglichen Arbeitsbedingungen der Anders- und Nichtorganisierten den tariflich normierten Arbeitsbedingungen anzupassen, beeinträchtigen sie gezielt deren Vertragsgestaltungschancen.[67] Eine dahingehende legitimierende gesetzgeberische Anordnung, wie sie § 3 Abs. 2 TVG oder § 5 Abs. 4 TVG enthalten, fehlt aber.[68] Vielmehr stellt der Spannenzuschlag eine unzulässige Strafe iSd § 344 BGB dar. Auf eine Verletzung der individuellen oder kollektiven Koalitionsfreiheit der Anders- oder Nichtorganisierten[69] kommt es daher nicht an.[70]

45 Umgekehrt ist die **Bezugnahme auf Tarifverträge** von der Arbeitsvertragsfreiheit in Verbindung mit dem Diskriminierungsverbot garantiert. Ein „Urheberrecht" der Tarifvertragsparteien an ihrem Regelwerk verträge sich damit nicht (→ § 246 Rn. 3). Auch der Gesetzgeber darf die Nichtorganisierten grundsätzlich nicht daran hindern, für sich tarifliche Arbeitsbedingungen zu vereinbaren. Das anerkennt der Gesetzgeber, indem er bei fast allen tarifdispositiven Normen den Nichtorganisierten ein „Anhängen" durch Bezugnahmeklauseln erlaubt, damit der Vorteil der das Gesetz abbedingenden Tarifnormen nicht von Rechts wegen auf die Koalitionszugehörigkeit beschränkt ist (→ § 246 Rn. 1 ff.). Wo er ihnen dieses Recht versagt, bedarf das einer Rechtfertigung. Im Fall von § 7 Abs. 3 AZG, der die Übernahme vorrangig auf die Betriebsvereinbarung beschränkt, trägt der Gesetzgeber dem Umstande Rechnung, dass diese Arbeitszeitfragen wegen ihres Belegschaftsbezugs kollektiv geregelt werden sollen.

46 **Einfache Differenzierungsklauseln,** die die Gewerkschaftsmitgliedschaft zum anspruchsbegründenden Merkmal erheben, werden hinsichtlich des „Schutzes" vor Bezugnahmeklauseln teilweise als „Selbstverteidigungsnormen" angesehen.[71] Allerdings funktioniert dieser Mechanismus nur dann, wenn man annimmt, Bezugnahmeklauseln überwinden die Anspruchsvoraussetzung „Gewerkschaftsmitglied" nicht.[72] Dies ist aber nicht der Fall: Bezugnahmeklauseln sind wie sonst auch anhand der Interessen der Vertragsparteien auszulegen, nicht an den organisationspolitischen Interessen der Gewerkschaft. Dies führt zu einer umfassenden Gleichstellung mit Gewerkschaftsmitgliedern.[73] Die auch vom BAG vertretene exakte Nachzeichnung der Differenzierungsklauseln schei-

---

[65] Maunz/Dürig/*Scholz* GG Art. 9 Rn. 231 mwN; *Franzen* RdA 2006, 1 (5).
[66] BAG 29.11.1967 – GS 1/67, BAGE 20, 175 = JuS 1968, 532; näher *Rieble* Arbeitsmarkt und Wettbewerb Rn. 1687 ff.; kritisch *Gamillscheg* Grundrechte S. 355 ff.
[67] BAG 23.3.2011 – 4 AZR 366/09, BAGE 137, 231 = NZA 2011, 920; *Franzen* RdA 2006, 1 (6); *Lunk/Leder/Seidler* RdA 2015, 399, 402; aA *Däubler/Heuschmid* RdA 2013, 1 (6); *S. Neumann* Tariſboni für Gewerkschaftsmitglieder S. 199, 201 f., der den Eingriff in die Arbeitsvertragsfreiheit des Arbeitgebers als gerechtfertigt, die kollektive Koalitionsfreiheit der Andersorganisierten jedoch als verletzt ansieht.
[68] AA *Däubler/Heuschmid* RdA 2013, 1 (6 f.) mit Verweis auf die Parallele zu § 137 S. 2 BGB; *S. Neumann* Tariſboni für Gewerkschaftsmitglieder S. 201 f.
[69] Dazu etwa *Jacobs* FS Bauer, 2010, S. 479 (490 ff.).
[70] Ebenso *Franzen* RdA 2006, 1 (6).
[71] *Däubler/Heuschmid* RdA 2013, 1 (3).
[72] So BAG 18.3.2009 – 4 AZR 64/08, BAGE 130, 43 = NZA 2009, 1028; *Däubler/Heuschmid* RdA 2013, 1 (5); *S. Neumann* Tariſboni für Gewerkschaftsmitglieder S. 234 ff.
[73] *Giesen* ZfA 2010, 657 (675); *Lobinger/Hartmann*, RdA 2010, 235 (237 f.).

tert an § 305c Abs. 2 BGB.⁷⁴ Im Weiteren nimmt das BAG an, einfache Differenzierungsklauseln verletzen die negative Koalitionsfreiheit Anders- und Nichtorganisierter, wenn sie nach Art und absoluter Höhe der gewährten Leistung nicht nur einen Anreiz, sondern einen unzulässigen Druck bzw. Zwang zum Gewerkschaftsbeitritt darstellen, wenn wirtschaftlich also der Gewerkschaftsbeitritt die allein vernünftige Entscheidung ist.⁷⁵ Das ist nicht zutreffend: Der „Über- oder Beitrittsdruck" ist systemkonform. Will ein Arbeitnehmer am Inhalt eines Kollektivvertrags partizipieren, muss er, wenn er seine Interessen nicht individualvertraglich durchsetzen kann, in die tarifschließende Gewerkschaft eintreten.⁷⁶

IV. Rechtsschutz

Grundrechtsverstöße führen bei Art. 9 Abs. 3 GG wie bei allen anderen Grundrechten zur Rechtswidrigkeit der betreffenden **hoheitlichen Maßnahme.** Rechtsnormen, also Gesetze, Verordnungen und Satzungen von Hoheitsträgern, sind nichtig, Verwaltungsakte sind rechtswidrig, gegebenenfalls nach § 44 VwVfG und den wortgleichen Vorschriften der Landesverwaltungsverfahrensgesetze nichtig. Realakte, etwa das Abschließen von Diensträumen, um die Beteiligung von Bediensteten an Koalitionsveranstaltungen zu verhindern, sind ebenfalls rechtswidrig. Auf die Drittwirkung des Art. 9 Abs. 3 S. 2 GG muss dafür nicht abgestellt werden. 47

Zur Abwehr der Grundrechtsverstöße des Staates kann der einzelne den Weg normalen Rechtsschutzes gehen. Bestehende oder drohende Störungen seiner Koalitionsfreiheit kann er mit dem öffentlich-rechtlichen Abwehranspruch und dem Folgenbeseitigungsanspruch bekämpfen. Eingetretene Schäden sind über § 839 BGB iVm Art. 34 GG ausgleichspflichtig. 48

Handelt der Staat als Dienstherr seiner Beamten der Koalitionsfreiheit zuwider, entstehen Ansprüche aus Fürsorgepflichtverletzung. Als Arbeitgeber der Arbeiter und Angestellten des öffentlichen Dienstes ist die öffentliche Gewalt denselben Ansprüchen ausgesetzt wie jeder private Arbeitgeber. 49

Art. 9 Abs. 3 S. 2 GG verbietet mit seiner einzigartigen unmittelbaren Drittwirkung **Private Abreden,** welche die Koalitionsfreiheit einschränken oder zu behindern suchen. Indem die Bestimmung in ihrer ersten Variante allein auf den objektiven Tatbestand der „Einschränkung" abstellt, schützt sie die Grundrechtsträger **vor der vertraglichen Disposition** über ihr Grundrecht.⁷⁷ „Einschränken" kann eine Abrede die Koalitionsfreiheit selbst nur, wenn der Grundrechtsträger an ihr beteiligt ist. Bloß mittelbare Auswirkungen einer Abrede zwischen Dritten können die Koalitionsfreiheit nur behindern. 50

---

⁷⁴ *Giesen* ZfA 2010, 657 (675); *Greiner/Suhre* NJW 2010, 131 (132f.); aA S. *Neumann* Tarifboni für Gewerkschaftsmitglieder S. 235 ff.; *Däubler/Heuschmid* RdA 2013, 1 (4).
⁷⁵ BAG 18.3.2009 – 4 AZR 64/08, BAGE 130, 43 = NZA 2009, 1028; ebenso *Kocher* NZA 2009, 119; *Lunk/Leder/Seidler* RdA 2015, 399 (401).
⁷⁶ BAG 15.4.2015 – 4 AZR 796/13, BAGE 151, 235 = NZA 2015, 1388; *Löwisch/Rieble* § 1 Rn. 2127; *Jacobs* FS Bauer, 2010, S. 479 (488ff.).
⁷⁷ Näher *Rieble* Arbeitsmarkt und Wettbewerb Rn. 1676 ff.

§ 220 Koalitionsfreiheit der Koalition

Schrifttum:
Arnold/Wiese, Gewerkschaftswerbung – auch per E-Mail zulässig!, NZA 2009, 716; *Badura,* Neutralität des Staates und koalitionsrechtliches Gleichgewicht, FS Zeidler, 1987, S. 1591; *Baumann* Arbeitskampf, Staatsneutralität und Arbeitslosenversicherung: rechtspolitische Überlegungen zu einer Grundlagen-Reform des § 116 AFG, 1986; *Bayreuther,* Tarifautonomie als kollektiv ausgeübte Privatautonomie, 2005; *Beuthien,* Mitbestimmung unternehmerischer Sachentscheidungen kraft Tarif- oder Betriebsautonomie, ZfA 1984, 1; *Biedenkopf,* Grenzen der Tarifautonomie, 1964; *Birk/Konzen/Löwisch/Raiser/Seiter,* Gesetz zur Regelung kollektiver Arbeitskonflikte, 1988; *Bruhn,* Tariffähigkeit von Gewerkschaften und Autonomie, 1993; *Buchner,* Arbeitsverfassung und Grundgesetz, in: Löw, 25 Jahre Grundgesetz, 1974, S. 5; *Buchner,* Die Rechtsprechung des Bundesarbeitsgerichts zum Gewerkschaftsbegriff, FS 25 Jahre BAG, 1979, S. 55; *Büchner,* Zur Erweiterung gewerkschaftlicher Beteiligungsrechte auf der Grundlage der § 58 BRRG, § 94 BBG unter Berücksichtigung beamtenrechtlicher Besonderheiten, ZTR 1993, 142 [Teil I], 185 [Teil II]; *Canaris,* Grundrechte und Privatrecht, AcP 184 (1984) 201; *Däubler,* Das Grundrecht auf Streik – eine Skizze, ZfA 1973, 201; *Däubler,* Gewerkschaftsrechte im Betrieb, 12. Aufl. 2017; *Dieterich,* Die Grundrechtsbindung von Tarifverträgen, FS Schaub, 1998, S. 117; *Dörnwächter,* Tendenzschutz im Tarifrecht, 1998; *Dörnwächter,* Arbeitsgerichtlicher Schutz der kollektiven Koalitionsfreiheit, FS Wißmann, 2005, S. 114; *Dorndorf,* Das Verhältnis von Tarifautonomie und individueller Freiheit als Problem dogmatischer Theorie, FS Kissel, 1994, S. 139; *Dütz,* Die gewerkschaftliche Befugnis zur Benutzung von betrieblichen Anschlagbrettern, 1988; *Dütz,* Zur Entwicklung des Gewerkschaftsbegriffs, DB 1996, 2385; *Dumke,* Aufdrängen gewerkschaftlicher Informationen auf elektronischem Wege – Ansprüche der Gewerkschaften auf Nutzung betrieblicher E-Mail-Adressen und Intranetseiten, RdA 2009, 77; *Eitel,* Die Ungleichbehandlung der repräsentativen und nicht repräsentativen Gewerkschaften durch den Staat, 1991; *Enderlein,* Zur Richtigkeitsgewähr der tarifvertraglichen Einigung als Leitgedanken des Arbeitskampfrechts RdA 1995, 264; *Gagel,* Arbeitsförderungsgesetz, 1990; *P. Hanau,* Die neue Rechtsprechung zur gewerkschaftlichen Betätigung im Betrieb, ArbRGgw. 17 (1980), 19; *P. Hanau,* Die Deregulierung der Koalitionsfreiheit, RdA 1993, 1; *Heinze,* Tarifautonomie und sogenanntes Günstigkeitsprinzip, NZA 1991, 329; *Henssler,* Tarifautonomie und Gesetzgebung, ZfA 1998, 1; *Höfling/Burkiczak,* Anmerkung zu BAG 22.6.2010, 1 AZR 179/09, AP GG Art. 9 Nr. 142; *Käppler,* Tariftragliche Regelungsmacht, NZA 1991, 745; *Kehrmann,* Die Entwicklung des gewerkschaftlichen Rechtsschutzes, FS Arbeitsgerichtsverband, 1994, S. 169; *Kempen,* Staatliche Schutzpflicht gegenüber der Tarifautonomie?, FS Gitter, 1995, S. 427; *Kemper,* Die Bestimmung des Schutzbereiches der Koalitionsfreiheit (Art. 9 III GG): zugleich ein Beitrag zur Lehre von den Einrichtungsgarantien, 1990; *F. Kirchhof,* Private Rechtsetzung, 1987; *Klosterkemper,* Das Zugangsrecht der Gewerkschaften zum Betrieb, 1980; *Knobbe-Keuk,* Die Einkommensteuerpflicht gewerkschaftlicher Streik- und Aussperrungszahlungen, DB-Beil. Nr. 6/1992, 1; *Kreuzer,* Die Neutralität der Bundesanstalt für Arbeit, 1975; *Kunze,* Die Verteilung von Gewerkschaftszeitungen im Betrieb, BAG-FS 1979, S. 315; *Lieb,* Zur Rechtmäßigkeit von Unterstützungsarbeitskämpfen insbesondere im Druck- und Verlagsbereich, RdA 1991, 145; *Löwisch,* Die Ausrichtung der tariflichen Lohnfestsetzung am gesamtwirtschaftlichen Gleichgewicht, RdA 1969, 129; *Löwisch,* Gewollte Tarifunfähigkeit im modernen Kollektivarbeitsrecht, ZfA 1974, 29; *Löwisch,* Die Neuregelung der Neutralität der Bundesanstalt für Arbeit und die arbeitskampfrechtliche Parität nach der Rechtsprechung des BAG, DB 1987, 1351; *Löwisch,* Besondere Grenzen der Streikfreiheit in der Luftfahrt, ZfA 1988, 138; *Löwisch,* Neuabgrenzung von Tarifvertragssystem und Betriebsverfassung, JZ 1996, 812; *Löwisch,* Tariföffnung bei Unternehmens- und Arbeitsplatzgefährdung, NJW 1997, 905; *Löwisch,* Verfassungswidrigkeit der Quoren für die Wahl nach dem Mitbestimmungsgesetz 1976, FS Zöllner, 1998, S. 847; *Mayer-Maly,* Gemeinsame Einrichtungen im Spannungsfeld von Tarifmacht und Organisationspolitik, BB 1965, 829; *Mehrens,* Gewerkschaftswerbung per E-Mail – Zulässigkeit und Grenzen, BB 2009, 2086; *Misera,* Tarifmacht und Individualbereich unter Berücksichtigung der Sparklausel, 1969; *Oetker,* Die Beendigung der Mitgliedschaft in Arbeitgeberverbänden als tarifliche Vorfrage, ZfA 1998, 41; *Otto,* Die verfassungsrechtliche Gewährleistung der koalitionsspezifischen Betätigung, 1982; *Prütting,* Zulässigkeit und prozessuale Bedeutung einer künftigen BGB-Rechtsschutz-GmbH, AuR 1998, 133; *Prütting/Weth,* Nochmals – Zur Zulässigkeit beweisrechtlicher Geheimverfahren, AuR 1990, 269; *Reuß,* Die Stellung der Koalitionen in der geltenden Rechtsordnung, ArbRGegw. 1 (1963), 144; *Reuter,* Gewerkschaftliche Präsenz im Betrieb, FS G. Müller, 1981, S. 387; *Richardi,* Gegnerunabhängigkeit, Verhandlungsgleichgewicht und Verhandlungsfreiheit als Funktionsvoraussetzungen des Tarifvertragssystems im öffentlichen Dienst, DB 1985, 1021; *Richardi,* Koalitionsfreiheit und Tariffähigkeit, in: FS Wißmann, 2005, S. 159; *Rieble,* Die Bildung gesamtdeutscher Gewerkschaften, AuR 1990, 365; *Rieble,* Beschäftigungspolitik durch Tarifvertrag, ZTR 1993, 54; *Rieble,* Tarifvertrag und Beschäftigung, ZfA 2004, 1; *Rieble,* Staatshilfe für Gewerkschaften, ZfA 2005, 245; *Rieble,* Urabstimmung als Streikvoraussetzung, FS Canaris, 2007, S. 1439; *Rosenau,* Die Koalitionsbetätigungsfreiheit im gewandelten Kontext, 2013; *Säcker,* Grundprobleme der kollektiven Koalitionsfreiheit: Rechtsquellen- und interpretationstheoretische Bemerkungen zur legislativen und judikativen Konkretisierung des Art. 9 Abs. 3 GG, 1969; *Säcker/Oetker,* Grundlagen und Grenzen der Tarifautonomie, 1992; *Säcker/Oetker,* Höchstnormenbeschlüsse der Koalitionen zwischen Freiheitsschutz und Verbandsautonomie, ZfA 1996, 85; *Schlachter,* Gleichheitswidrige Tarifnormen, FS Schaub, 1998, S. 651; *Schleusener,* Der Begriff der betrieblichen Norm im Lichte der negativen Koalitionsfreiheit (Art. 9 Abs. 3 GG) und des Demokratieprinzips (Art. 20 GG), ZTR 1998, 100; *Schmittlein,* Verbands-Compliance, 2015; *Scholz,* Koalitionsrecht und „Neue Beweglichkeit" im

Arbeitskampf, SAE 1985, 33; *Scholz,* Verfassungsrechtliche Grundlagen des Arbeitskampfrechts, ZfA 1990, 377; *Schreiber,* Durch Gemeinschaftsgröße individuelle Nutzen stiften, in: WSI-Mitteilungen, 1995, S. 175 ff.; *Schröder,* Gesetzgebung und Verbände: ein Beitrag zur Institutionalisierung der Verbandsbeteiligung an der Gesetzgebung, 1976; *R. Schwarze,* Die Grundrechtsbindung der Tarifnormen aus Sicht grundrechtlicher Schutzpflichten, ZTR 1996, 1; *Schwerdtner,* Anmerkung zu BAG 14. 2. 1978, 1 AZR 280/77, SAE 1980, 113; *Singer,* Tarifvertragliche Normenkontrolle am Maßstab der Grundrechte, ZfA 1995, 611; *Waltermann,* Auslegung von Art. 9 Abs. 3 GG im Licht der europarechtlichen Gewährleistung der Tarifautonomie, EuZA 2015, 15; *Wank/Ramrath,* Prozeßvertretung durch Vertreter von Koalitionen nach § 11 ArbGG, NZA 1993, 345 ff.; *Weyand,* Die tarifvertragliche Mitbestimmung im Bereich der Arbeitsorganisation, AuR 1991, 65; *Wiedemann,* Unternehmensautonomie und Tarifvertrag, RdA 1986, 231.

Übersicht

	Rn.
I. Koalitionsfreiheit als Existenzgarantie	1
1. Schutz von Gründung und Verschmelzung	2
2. Bestandsschutz	5
3. Keine Erfolgsgarantie	14
II. Koalitionsfreiheit als Garantie autonomer Bestimmung des Koalitionszwecks	15
III. Koalitionsfreiheit als Organisationsautonomie	19
1. Rechtsform und innere Organisationsstruktur	19
2. Gliederung der Koalitionen und Kompetenzverteilung	25
IV. Koalitionsfreiheit als Betätigungsgarantie	28
1. Allgemeine Rechtsstellung	28
2. In der Tarifvertragsordnung	34
3. Regelung der Arbeits- und Wirtschaftsbedingungen außerhalb der Tarifvertragsordnung	62
4. Mitgliederbezogene Betätigung	74
5. Mitgliederwerbung	81
6. Sach- und Zielwerbung	99
7. Beteiligung der Koalitionen an konkurrierenden Einrichtungen	102
V. Koalitionsfreiheit als Diskriminierungsverbot	106
1. Bindung des Staates	106
2. Drittwirkung gegenüber Privaten	109
VI. Rechtsschutz	112
1. Gegenüber dem Staat	112
2. Gegenüber Privaten	119

I. Koalitionsfreiheit als Existenzgarantie

Wie unter → § 218 Rn. 4 ausgeführt, ist auch der Koalition als Kollektiv ihre Bildung und Existenz garantiert. Nicht nur ihr Mitglied, sondern auch die Koalition selbst hat ein Abwehrrecht gegen ihre **Existenz gefährdende** Maßnahmen und Abreden. 1

1. Schutz von Gründung und Verschmelzung

Dieser Schutz setzt bereits mit dem **Gründungsvorgang** als Vorbereitungshandlung ein. 2
Schon die Vorgründungsgesellschaft, in der sich die Gründer verbunden haben,[1] und der Vorverein, der mit der Einigung über die Satzung entsteht,[2] können Behinderungen der Gründung unter Berufung auf die kollektive Koalitionsfreiheit abwehren.

Die kollektive Koalitionsfreiheit garantiert auch die **Verschmelzung von Koalitio-** 3
nen. Mit der Vereinigungsfreiheit garantiert die Verfassung, dass der Einzelne all das, was er alleine tun darf, auch in der frei gebildeten Gruppe tun kann. Wenn zu den Befugnissen des Einzelnen die Freiheit gehört, Vereinigungen, insbesondere mit der Zielsetzung des Art. 9 Abs. 3 GG, zu gründen, dann muss ihm aus Art. 9 Abs. 1 und 3 GG auch das Recht erwachsen, aus einer Gruppe heraus eine solche Vereinigung zu gründen. Schlie-

---
[1] S. nur Soergel/*Hadding* Vor § 21 Rn. 61 f.
[2] S. nur Soergel/*Hadding* Vor § 21 Rn. 64 ff.

ßen sich zwei Koalitionen zusammen, so liegt in der Verschmelzung nichts anderes als eine **Gründung auf kollektiver Basis**.³ Von der grundsätzlichen Garantie der Verschmelzung zu unterscheiden ist die einfachrechtliche Frage, **wie** sie vereinsrechtlich vollzogen wird, nämlich qua Universalsukzession unter Ausschluss der Abwicklung, wie dies das UmwG auch für eingetragene Vereine vorsieht oder durch Auflösung, Abwicklung und Neugründung (→ § 223 Rn. 13).

4   Auch die Vereinigung von Koalitionen zu einer **Spitzenorganisation** ist Koalitionsgründung und steht unter dem Schutz von Art. 9 Abs. 3 GG. Ob die Spitzenorganisation für sich Tariffähigkeit in Anspruch nimmt (§ 2 Abs. 3 TVG, → § 232 Rn. 52), ist unerheblich. Auch der DGB und die Bundesvereinigung der Arbeitgeberverbände sind Koalitionen.

2. Bestandsschutz

5   Die Koalitionsfreiheit schützt die Koalitionen in ihrem Bestand. Eine Bestandsgarantie ist damit nicht verbunden.⁴ Art. 9 Abs. 3 GG garantiert aber, dass jeder von außen kommende Einfluss, der den Wegfall eines der Merkmale der Koalitionseigenschaft zur Folge hätte, abgewehrt werden kann:

6   Gestaltet der Staat eine Koalition zum **Zwangsverband** um, entfällt das Merkmal der Freiwilligkeit. Auch die **Unabhängigkeit der Koalition** wird auf diesem Weg geschützt. Entzieht der Staat bestimmten Gewerkschaftstypen, wie etwa Berufsgewerkschaften, die Existenzgrundlage, wäre dies mit Art. 9 Abs. 3 GG unvereinbar. Will der Staat die Koalition, etwa durch ein Konzessionssystem, ein Genehmigungserfordernis für wesentliche Beschlüsse oder die Entsendung von Staatsbeamten in Organe unter seine Kuratel stellen, kann die Koalition dies aus eigenem Recht verhindern. Soweit der Staat eine Koalition dem Einfluss ihres Gegners ausliefert, etwa in einer Einrichtung zwangsweise zusammenschließt, verstößt er damit zugleich gegen Art. 2 des ILO-Übereinkommens Nr. 98 (→ § 217 Rn. 24).

7   Eine Koalition kann sich ebenfalls dagegen wehren, dass ihr die Befassung mit Arbeits- und Wirtschaftsbedingungen ihrer Mitglieder verboten und sie damit von der **Koalition zum bloßen Verein zurückgestuft** wird.

8   Die Koalition kann ihre Unabhängigkeit auch **vor dem Gegner** schützen. Will etwa ein Arbeitgeberverband eine Gewerkschaft beherrschen, indem er Mitglieder oder Funktionsträger für ein bestimmtes (Abstimm-)Verhalten bezahlt, verstößt das gegen Art. 9 Abs. 3 GG.

9   Der Koalition ist nicht nur der Erhalt der Koalitionseigenschaft, sondern auch die **unmittelbare Existenz selbst** garantiert. Eingriffe sind unzulässig, soweit sie nicht durch die verfassungsrechtlichen Zulassungsschranken (→ § 218 Rn. 45 ff.) gerechtfertigt sind. Die Koalition kann sich also gegen ihr **Verbot** zur Wehr setzen und geltend machen, es sei von Art. 9 Abs. 2 GG nicht gedeckt. Dabei ist die Koalition nicht auf die Abwehr von Verbotsverfügungen selbst beschränkt. Sie muss auch im Vorfeld **Strafvorschriften** bekämpfen können, die zu einem Verbot führen können, ihrerseits aber Art. 9 Abs. 3 GG nicht beachten. Würde das BetrVG jede gewerkschaftliche Betätigung im Betrieb unter Strafe stellen, könnte die durch diesen Straftatbestand in ihrer Existenz gefährdete Koalition gegen das Gesetz selbst vorgehen.

10   Dabei können sich die Koalitionen auch gegen die Überschreitung der verfassungsimmanenten Schranken verteidigen. Dies gälte etwa für ein vom Staat an seine Beamten gerichtetes allgemeines Vereinigungsverbot. Denn ein solches lässt sich aus Art. 33 Abs. 5 GG iVm den hergebrachten Grundsätzen des Berufsbeamtentums nicht ableiten.

---

³ *Rieble* AuR 1990, 365 (368 f.); Maunz/Dürig/*Scholz* GG Art. 9 Rn. 191; vgl. auch BVerfG 26.6.1991 – 1 BvR 779/85, BVerfGE 84, 212 = NZA 1991, 809 unter C I 1 b für das Kampfbündnis mit einer Koalition als Koalition.
⁴ BVerfG 11.7.2017 – 1 BvR 1571/15 ua [Tarifeinheit], BVerfGE 146, 71 = NZA 2017, 915 Rn. 132.

Einem Verbot kommen organisatorische Zwangsmaßnahmen gleich, die die Koalition in ihrer bisherigen Gestalt vernichten. Eine Koalition kann sich deshalb gegen eine Zwangsfusion zur Wehr setzen.

Existenzbedrohend sind auch Aufrufe zum **massenhaften Austritt** aus einer Koalition. Diese sind schlechthin rechtswidrig. Das gilt nicht nur für staatliche Äußerungen oder solche des Gegners. Nicht einmal die Pressefreiheit rechtfertige es, zur Kritik am Verhalten einer Koalition existenzbedrohende Mittel einzusetzen.

Jede Arbeitnehmervereinigung kann sich aus eigenem Recht dagegen wehren, dass der Arbeitgeber die Mitgliedschaft seiner Beschäftigten zu unterbinden sucht.[5] **Closed-shop-Vereinbarungen** verletzen nicht nur die individuelle Koalitionsfreiheit des Arbeitnehmers (→ § 219 Rn. 33), sondern bei Andersorganisierten auch die Bestandsgarantie von deren Koalition. Denn diese läuft Gefahr, durch so erzwungenen Übertritt ihre Mitglieder zu verlieren.

3. Keine Erfolgsgarantie

Dass die Existenz einer Koalition von Art. 9 Abs. 3 GG geschützt wird, heißt nicht, dass ihr auch der Erfolg garantiert ist. Wie jede Freiheit, umfasst die Koalitionsfreiheit nicht nur die Chance des Erfolges, sondern auch das Risiko des Scheiterns. Es besteht keine Pflicht des Staates, seine Rechtsordnung so auszugestalten, dass die Koalition ohne eigene Anstrengung existieren kann. Die Koalitionsfreiheit selbst ist ein Programm für die Selbsthilfe und gegen die Staatshilfe.[6] Dieses Programm – das zudem in der Unabhängigkeit vom Staat als Koalitionsvoraussetzung zum Ausdruck kommt – widerspricht es, eine Schutzpflicht des Staates im Sinne einer Existenzerhaltungspflicht zugunsten von Koalitionen anzunehmen.[7] Das heißt zuerst: Der Staat ist nicht verpflichtet, den Koalitionen Mitglieder zuzuführen oder sie vor Abwanderung zu bewahren.

II. Koalitionsfreiheit als Garantie autonomer Bestimmung des Koalitionszwecks

Die Selbstbestimmungsgarantie betrifft zuerst die **autonome Festlegung des Koalitionszwecks.** Für welche Arbeitnehmer oder Arbeitgeber welche Arbeits- und Wirtschaftsbedingungen kollektiv geordnet werden sollen, ist die zentrale, freie Entscheidung der Koalition.[8] Eine Gewerkschaft bestimmt deshalb aufgrund ihrer Autonomie selbst, auf welche Betriebe und Arbeitnehmer sie ihre Tarifzuständigkeit erstrecken will.[9] Gleiches gilt für die Arbeitgeberseite. Deren Entscheidung, die Arbeitsverhältnisse ihrer Mitglieder nur in bestimmten Betrieben oder nur mit Angestellten zu regeln, ist autonom.

Deshalb darf der Staat keine Vorgaben hinsichtlich der Branchen machen, in denen sich die Koalitionen betätigen. Die Aufteilung der Wirtschaftsbereiche in feste Partien, die nur insgesamt Gegenstand der kollektiven Interessenwahrnehmung sein dürfen, ist unzulässig. Ebensowenig darf den Koalitionen vorgeschrieben werden, welche bestimmten Gruppen sie organisieren dürfen oder müssen. Insbesondere steht es den Gewerkschaften frei, nur Arbeiter, nur Angestellte, nur leitende Angestellte, nur Auszubildende oder umgekehrt mehrere oder alle diese Gruppen in sich zu vereinigen. Insofern gilt das **Prinzip freier sozialer Gruppenbildung** – Art. 9 Abs. 3 GG schützt die Koalitionen in ihrer Mannigfaltigkeit.[10] Auf Arbeitgeberseite kann sich die Koalition auf Unternehmen ab einer bestimmten Bilanzsumme oder einer bestimmten Rechtsform beschränken. Auch die Ent-

---

[5] BAG 17.2.1998 – 1 AZR 364/97, BAGE 88, 38 = NZA 1998, 754; 2.6.1987 – 1 AZR 651/85, BAGE 54, 353 = NZA 1988, 64.
[6] *Rieble* Arbeitsmarkt und Wettbewerb Rn. 1378, 1746; *Rieble* ZfA 2005, 245 (266).
[7] Falsch deshalb *Kempen* FS Gitter, 1995, S. 427 ff.
[8] BAG 22.11.1988 – 1 ABR 6/87, NZA 1989, 561.
[9] BAG 19.11.1985 – 1 ABR 37/83, BAGE 50, 179 = NZA 1986, 1235.
[10] BVerfG 11.7.2017 – 1 BvR 1571/15 ua [Tarifeinheit], BVerfGE 146, 71 = NZA 2017, 915 Rn. 133; 6.5.1964 – 1 BvR 79/62, BVerfGE 18, 18 = NJW 1964, 1267.

scheidung, ob sich eine Koalition nach dem Industrieverbandsprinzip oder nach dem Berufsverbandsprinzip (→ § 222 Rn. 26 ff.) organisiert, darf nicht determiniert werden.

17 Zur freien Zwecksetzung der Koalition rechnet auch die autonome Entscheidung, wem gegenüber, in welchen Bereichen und auf welche Weise die Interessen der Mitglieder vertreten werden sollen. Dementsprechend kann sie auch zwischen Vollmitgliedern und **OT-Mitgliedern** unterscheiden, für die sie keine Tarifverträge abschließt[11] (näher → § 222 Rn. 54). Nur eine Beschränkung von Tariffähigkeit und Tarifzuständigkeit auf Verträge mit bestimmten Partnern und auf bestimmte Gegenstände ist nicht möglich.

18 § 18 Abs. 1 Nr. 1 AGG unterwirft Koalitionen – relevant insbesondere für Arbeitnehmerverbände – einer **AGG-Kontrolle.** Dabei geht es nicht nur um die Kontrolle des Aufnahmeverhaltens, also der gleichheitswidrigen Ablehnung einer nach der Satzung möglichen Mitgliedschaft, sondern insbesondere auch um eine Satzungskontrolle. Dies schränkt die von Art. 9 Abs. 3 GG gewährleistete Zweckautonomie ein. So darf eine Gewerkschaft zB nicht auf die ethnische Herkunft als maßgebliches Kriterium abstellen (vgl. § 1 AGG). Eine Frauengewerkschaft kann hingegen als positive Maßnahme iSd § 5 AGG zulässig sein.

III. Koalitionsfreiheit als Organisationsautonomie

1. Rechtsform und innere Organisationsstruktur

19 Die Organisationsautonomie bedeutet zuerst, dass die Koalition unter den für sie in Betracht kommenden Rechtsformen frei wählen kann (→ § 223 Rn. 1 ff.). Der Staat ist zwar nicht gehalten, Gewerkschaften und Arbeitgeberverbänden eine eigene spezifische Rechtsform zur Verfügung zu stellen; er darf ihnen aber umgekehrt die allgemein zugänglichen Vereinigungsformen nicht sperren, soweit er hierfür keinen Sachgrund hat. Weder lässt sich fordern, eine Koalition müsste stets kooperatistisch organisiert, also vom Mitgliederwechsel unabhängig sein, noch wäre ein Registrierungszwang für alle Koalitionen sachgerecht. Lediglich für tariffähige Koalitionen lassen sich solche Beschränkungen rechtfertigen. So wird für die Tariffähigkeit eine vom Mitgliederwechsel unabhängige Verbandsstruktur gefordert und so ließe sich auch ein Registerzwang schaffen, damit die Satzung, von der die Tariffähigkeit und Tarifzuständigkeit abhängt, jederzeit einsehbar ist und vom Registergericht einer wenigstens formellen Prüfung unterzogen werden kann.

20 Zur Organisationsautonomie gehört weiter die Bestimmung der **Organe,** in denen sich die Willensbildung der Koalition vollzieht, und die Kompetenzabgrenzung zwischen diesen Organen. Die Koalitionen sind grundsätzlich frei darin, ob sie überhaupt eine Vollversammlung veranstalten oder ob sie Repräsentativorgane schaffen. Sie können ihre Exekutive auf mehrere Organe verteilen, insbesondere die Entscheidungen im Arbeitskampf auf ein Sonderorgan konzentrieren.

21 Mit welchen Personen die Organe besetzt werden, insbesondere ob ihnen auch Nichtmitglieder angehören können, ist ebenfalls eine autonome Entscheidung. Der soziale Gegenspieler darf sich in diese Entscheidung nicht dadurch einmischen, dass er die betreffende Person anders als durch Argumente, etwa dadurch, dass er ihn in einem Arbeitskampf besonders belastet, von der Übernahme der Funktion abzuhalten sucht. Auch die Ausgestaltung der Rechte und Pflichten der Mitglieder ist frei. Zu den Einschränkungen für tariffähige Koalitionen – unter dem Blickwinkel „demokratischer" Organisation → § 232 Rn. 16 ff.

22 Während die autonome Bestimmung des Koalitionszwecks dem absoluten Kernbereich zuzuordnen ist, unterliegt die Organisation **als Ausübung** der Koalitionsfreiheit dem allgemeinen Ausgestaltungsvorbehalt (zu ihm → § 218 Rn. 77 ff.).

23 Im Rahmen der allgemeinen Rechtsordnung sind auch staatliche Vorschriften möglich, die die Organisation der Koalitionen, etwa in einem **Verbändegesetz,** regeln.[12] Von der

---

[11] BAG 4.6.2008 – 4 AZR 419/07, BAGE 127, 27 = NZA 2008, 1336.
[12] HbStR/*Scholz* § 151 Rn. 18.

IV. Koalitionsfreiheit als Betätigungsgarantie 24–28 § 220

Verfassung geboten ist ein solches Gesetz freilich nicht.[13] Mit einem Verbändegesetz könnte **mächtigen Verbänden** und damit in erster Linie den tariffähigen Koalitionen im Interesse der Rechtssicherheit die Rechtsform eines rechtsfähigen Vereins vorgeschrieben werden; aus Art. 9 Abs. 3 GG ergibt sich kein Recht auf die Rechtsform des nichtrechtsfähigen Vereins. Minderheitenschutz, wie ihn ein Verbändegesetz leisten könnte, hat der BGH richterrechtlich durch eine Billigkeitskontrolle der Satzungen mächtiger Verbände geschaffen[14] (→ § 223 Rn. 29). Aus dieser Billigkeitskontrolle folgen auch Einschränkungen der Organisationsautonomie der Koalitionen (→ § 223 Rn. 31 f.).

Als **Allgemeininteresse** können allein die Belange des Rechtsverkehrs Eingriffe in die Organisationsautonomie rechtfertigen. Im sonstigen öffentlichen Interesse, etwa um das gesamtwirtschaftliche Gleichgewicht nicht zu stören oder volkswirtschaftliche Arbeitskampfschäden zu vermeiden, sind solche Eingriffe nicht zulässig. Der Staat ist insoweit auf das mildere Mittel verwiesen, die Betätigung der Koalition nach außen zu beschränken. 24

2. Gliederung der Koalitionen und Kompetenzverteilung
Zur Organisationsautonomie rechnet die Selbstbestimmung über ihre innere Ordnung,[15] also die horizontale und vertikale Gliederung der Koalitionen auf unterschiedliche Organisationseinheiten. 25

Die Koalitionen haben das Recht, ihre Betätigungsfelder auf **verschiedene Rechtsträger** aufzuteilen. Das können selbständige Koalitionen sein, wie das **Zwei-Verbände-Modell der OT-Mitgliedschaft,** bei dem ein Arbeitgeberverband als Tarifverband und der andere als sozialpolitischer Verband tätig wird und die Arbeitgeber frei wählen können, in welchem Verband sie Mitglied sind (zu den tarifrechtlichen Fragen → § 223 Rn. 1 ff.). Aber Art. 9 Abs. 3 GG schützt auch das Recht der Koalition, insbesondere der Gewerkschaften, ihr Vermögen über rechtlich selbständige Kapitalgesellschaften zu verwalten.[16] 26

Die Koalition kann im Rahmen ihrer **vertikalen Gliederung** grundsätzlich frei entscheiden, ob sie Gliedverbände – gegebenenfalls auf mehreren Ebenen – bildet oder nicht. Nach oben lässt sich die Koalition durch Mitgliedschaft in Dachverbänden gliedern. Die Koalition kann dabei als Verband Mitglied eines Vereinsverbandes sein – sogenannte Spitzenorganisationen.[17] So wie die Koalitionen kraft ihrer Organisationsautonomie frei darin sind, solche horizontalen und vertikalen Organisationsstrukturen zu schaffen, so dürfen sie auch die Koalitionsaufgaben auf die gebildete Organisation verteilen. Ob solche Organisationseinheiten selbst Koalitionen im Sinne von Art. 9 Abs. 3 GG sind und damit selbst Koalitionsbefugnisse haben, richtet sich danach, ob sie die Voraussetzungen des Koalitionsbegriffes erfüllen. 27

IV. Koalitionsfreiheit als Betätigungsgarantie

1. Allgemeine Rechtsstellung
Die Koalitionen können ihre Aufgaben nur erfüllen, wenn sie in der Lage sind, **am allgemeinen Rechtsverkehr teilzunehmen.** Sie müssen materielle Güter in den Dienst ihrer Sache stellen können. Das setzt voraus, dass sie Rechte an diesen Gütern erwerben können. Sie müssen auch in der Lage sein – unter dem Schutz der allgemeinen Vertragsfreiheit (→ § 218 Rn. 13) – Rechtsgeschäfte abzuschließen. Schließlich müssen Koalitionen ihre Rechte vor Gericht geltend machen können. 28

---

[13] So aber *Säcker* Grundprobleme der kollektiven Koalitionsfreiheit S. 88 f.; richtig *Gamillscheg* Grundrechte S. 404 ff.
[14] BGH 24.10.1988 – II ZR 311/87, BGHZ 105, 306 = NJW 1989, 1724.
[15] BVerfG 11.7.2017 – 1 BvR 1571/15 ua [Tarifeinheit], BVerfGE 146, 71 = NZA 2017, 915 Rn. 133.
[16] Offengelassen von BVerfG 1.10.1987 – 2 BvR 1178/86, BVerfGE 77, 1 (62 f.) = NJW 1988, 890 (892).
[17] *Oetker* ZfA 1998, 41 (72 f.).

29 Damit ist den Koalitionen garantiert, dass sie **auf irgendeinem Weg** Rechtsfähigkeit, Rechtsgeschäftsfähigkeit und Partei- wie Prozessfähigkeit erlangen können. Die Rechtsordnung stellt diesen Weg insbesondere mit der Rechtsform des rechtsfähigen Vereins zur Verfügung. Die Koalitionsfreiheit gebietet nicht, dass auch den als nichtrechtsfähigen Vereinen verfassten Gewerkschaften diese Möglichkeiten zustehen.[18] Soweit solche Befugnisse einfachrechtlich bestehen, wie das nach § 10 ArbGG für die Parteifähigkeit im arbeitsgerichtlichen Verfahren und in der rechtsfortbildenden Rechtsprechung des BGH allgemein für die Parteifähigkeit der Gewerkschaften im Zivilprozess der Fall ist, sind sie nicht verfassungsrechtlich garantiert.[19]

30 Zum Kernbereich der Betätigungsgarantie gehört, dass die Rechtsordnung der Koalition Instrumente zur **effektiven Verteidigung ihrer Stellung** als Koalition in die Hand gibt. Die Koalition muss Übergriffe Dritter in ihr Betätigungsrecht selbst abwehren können. Deshalb müssen den Koalitionen aus eigenem Recht Abwehransprüche gegenüber solchen Übergriffen zustehen. Das bedeutet, dass die Koalition ihr Namensrecht (§ 12 BGB) vor Beeinträchtigungen bewahren, dass sie unwahre Behauptungen und diffamierende Äußerungen insbesondere konkurrierender und gegnerischer Organisationen verbieten und dass sie sich gegen Beschränkungen ihrer Tätigkeit, insbesondere im Arbeitskampf durch den sozialen Gegenspieler, selbst zur Wehr setzen kann.[20]

31 Zur allgemeinen Rechtsordnung, der die Koalitionen unterworfen sind, gehört auch das **Steuerrecht**. Zwar vertrüge sich mit Art. 9 Abs. 3 GG eine spezielle Koalitionssteuer nicht, doch sind umgekehrt die Steuervorteile des geltenden Rechts für Koalitionen als Berufsverbände, § 5 Abs. 1 Nr. 5 und 6 KStG; § 4 Nr. 22 lit. a UStG; § 3 Nr. 10 GewStG, nicht geboten. Dass Arbeitskampfunterstützungen der Gewerkschaften steuerfrei sind, ist von Art. 9 Abs. 3 GG[21] nicht geboten.

32 Zur allgemeinen Rechtsordnung rechnet schließlich das **Prozessrecht.** Koalitionen haben keinen Anspruch auf eine prozessuale Sonderbehandlung. Insbesondere ist es entgegen dem BAG nicht geboten, Gewerkschaften ein Geheimverfahren zu eröffnen, mit dem sie ihre Vertretung im Betrieb nachweisen können, ohne ihr Mitglied namentlich zu benennen.[22]

33 **Ausländische Koalitionen** sind auch im Inland handlungsfähig. Sonst ließe sich die individuelle Koalitionsfreiheit als „Jedermann"-Grundrecht (→ § 218 Rn. 28 ff.) nicht verwirklichen. Dasselbe folgt aus der international-rechtlichen Gewährleistung des Art. 5 ESC (→ § 217 Rn. 23). Dem wird bereits die Rechtsprechung des BGH gerecht, nach der eine nach dem Recht des Sitzstaates rechtsfähige juristische Person auch im Inland ohne weitere Anerkennung rechtsfähig ist.[23]

---

[18] Vgl. für religiöse Vereine BVerfG 5. 2. 1991 – 2 BvR 263/86, BVerfGE 83, 341 = NJW 1991, 2623.
[19] Während der BGH in seiner ersten diesbezüglichen Entscheidung v. 6. 10. 1964 – VI ZR 176/63, BGHZ 42, 210 (217) = NJW 1965, 156 noch auf Art. 9 Abs. 3 GG abhob, stellt die zweite Entscheidung v. 11. 7. 1968 – VII ZR 63/66, BGHZ 50, 325 = WM 1968, 945 ausschließlich auf eine materielle Derogation des § 50 ZPO durch den Gesetzgeber ab.
[20] BGH 6. 10. 1989 – V ZR 152/88, BGHZ 109, 15 = NJW 1990, 186; 6. 10. 1964 – VI ZR 176/63, BGHZ 42, 210 (219) = NJW 1965, 865; BAG 26. 4. 1988 – 1 AZR 399/86, BAGE 58, 138 = NZA 1988, 775; 2. 6. 1987 – 1 AZR 651/85, BAGE 54, 353 = NZA 1988, 64; *Scholz* SAE 1985, 33 (34 ff.). Der EGMR hat die Frage offengelassen, 6. 2. 1976 – 5614/72, EuGRZ 1976, 62 (64) unter Nr. 38.
[21] BFH 24. 10. 1990 – X R 161/88, BFHE 162, 329 = NZA 1991, 277. Früher hatte der BFH die Steuerpflicht nach § 24 Nr. 1 lit. a EStG bejaht und einen Verstoß gegen Art. 9 Abs. 3 GG verneint: 30. 3. 1983 – III R 150/80, BFHE 135, 488 = BStBl. II 1982, 552. Zu Recht kritisch: *Knobbe-Keuk* DB-Beil. Nr. 6/1992, 1.
[22] BAG 25. 3. 1992 – 7 ABR 65/90, BAGE 70, 85 = NZA 1993, 134; richtig *Prütting/Weth* AuR 1990, 269.
[23] BGH 30. 1. 1970 – V ZR 139/68, BGHZ 53, 181 (183) = DB 1970, 441. Dass § 23 BGB für nach dem Sitzstatut nicht-rechtsfähige juristische Personen die Verleihung der Rechtsfähigkeit nach dem Ermessen des Bundesinnenministers vorsieht, ist demgegenüber keine unzulässige Beschränkung, sondern eine Rechtswohltat.

2. In der Tarifvertragsordnung

Zur Betätigungsfreiheit der Koalitionen gehört die **Tarifautonomie**,[24] auch wenn Art. 9 Abs. 3 GG anders als Art. 165 WRV die Vereinbarungen der Koalitionen nicht nennt. Der Staat muss ihnen – wie es das Bundesverfassungsgericht formuliert hat – den „Kernbereich eines Tarifvertragssystems überhaupt" zur Verfügung stellen.[25] In diesem Sinne ist die Möglichkeit, Tarifverträge abzuschließen, unerlässlich. Zum Kernbereich gehört die „Garantie eines gesetzlich geregelten und geschützten Tarifvertragssystems, dessen Partner frei gebildete Koalitionen iSd Art. 9 Abs. 3 GG sein müssen".[26] 34

Das TVG genügt dieser Vorgabe der Verfassung: § 1 Abs. 1 TVG überantwortet den Tarifvertragsparteien schon mit Inhalt, Abschluss und Beendigung von Arbeitsverhältnissen ein weites Feld von Arbeitsbedingungen. Damit ist dem eigentlichen Zweck der Tarifautonomie Genüge getan, nämlich das Machtungleichgewicht der Arbeitsvertragsparteien bei der Regelung der Arbeitsbedingungen des Individualarbeitsvertrages auszugleichen. 35

Tarifnormen wirken unmittelbar und zwingend auf die Arbeitsverhältnisse ein. Diese Rechtsregelqualität gewinnen sie dabei aus der staatlichen Anerkennung, vorbehaltlich der Begrenzung durch staatliche Gesetze.[27] Aus Art. 9 Abs. 3 GG ergibt sich allerdings noch kein Gebot normativer Geltung tarifvertraglicher Normen. Vielmehr könnte der Gesetzgeber iR seiner Ausgestaltungsbefugnis ebenso eine bloß schuldrechtliche Wirkung vorsehen, gewährleistet ist nur die Garantie irgendeines Tarifvertragssystems.[28] 36

Wenn in Lit. und Rspr. die Auffassung vertreten wird, § 1 Abs. 1 TVG enthalte nur einen unvollständigen Hinweis auf die Zuständigkeit der Tarifvertragsparteien, weswegen für den Umfang der Tarifautonomie auf die Generalklausel der Arbeits- und Wirtschaftsbedingungen des Art. 9 Abs. 3 GG zurückgegriffen werden müsse,[29] ist das unrichtig. Mit § 1 Abs. 1 TVG hat der Gesetzgeber von seiner weitreichenden Ausgestaltungsbefugnis (→ § 218 Rn. 81 ff.) Gebrauch gemacht.[30] Die Gegenauffassung übersieht, dass § 1 Abs. 1 TVG keine Regelungssperre für nichttarifliche Arbeitsbedingungen formuliert, sondern den Tarifparteien dort nur das Regelungsmittel des Tarifvertrages und den Arbeitskampf versagt. Den Koalitionen bleibt dort die hinreichend effektive Möglichkeit, die Arbeits- und Wirtschaftsbedingungen durch Schuldvertrag zu regeln. 37

Kraft seiner Ausgestaltungsbefugnis kann der Staat den Regelungskatalog des § 1 Abs. 1 TVG erweitern oder beschränken. Auch soweit der Staat den Tarifparteien bestimmte Materien zur tariflichen Regelung allgemein zuweist, erhalten sie damit **kein Normsetzungsmonopol**.[31] Vielmehr bleibt dem Staat das Recht, seine Gesetzgebungskompetenz auf dem Gebiet des Arbeitsrechts (Art. 74 Abs. 1 Nr. 12 GG) zu nutzen. Dabei gibt es keine **Tabuzone** bestimmter Arbeitsbedingungen, etwa des Entgelts, die allein den Tarifparteien überantwortet wäre und bei denen sich der Staat jeder eigenen Regelung zu enthalten hätte. Begrenzt wird die Regelungsbefugnis des Staates in Verbindung zu den Tarifparteien allein durch das Verhältnismäßigkeitsprinzip (→ § 218 Rn. 96 ff.). Gemeint ist nur, dass der Gesetzgeber den Tarifvertragsparteien immer ein **ausreichend großes Feld** 38

---

[24] BVerfG 26.6.1991 – 1 BvR 779/85, BVerfGE 84, 212 = NZA 1991, 809; 18.11.1954 – 1 BvR 629/52, BVerfGE 4, 96 = NJW 1954, 1881.
[25] BVerfG 6.5.1964 – 1 BvR 79/62, BVerfGE 18, 18 = NJW 1964, 1267; 19.10.1966 – 1 BvL 24/65, BVerfGE 20, 312 = NJW 1966, 2305; 18.12.1974 – 1 BvR 430/65, 1 BvR 259/66, BVerfGE 38, 281 = NJW 1975, 1265.
[26] BVerfG 1.3.1979 – 1 BvR 532/77, 1 BvR 533/77, 1 BvR 419/78, 1 BvL 21/78, BVerfGE 50, 290 = NJW 1979, 593, NJW 1979, 833.
[27] *Badura* FS Müller-Graff, 2015, S. 331 (333); ausführlich *Bayreuther* Kollektive Privatautonomie S. 199 ff.
[28] *Löwisch/Rieble* Grundl Rn. 180 f. mwN zum Streitstand.
[29] *Misera*, Tarifmacht und Individualbereich S. 20 ff.; in die gleiche Richtung *Däubler* ZfA 1973, 201 (213 ff.); *Weyand* AuR 1991, 65 ff.; *Gamillscheg* Grundrechte S. 539 f.; im Ausgangspunkt Kempen/Zachert/*Kempen* Grundl. Rn. 138 ff.; BAG 3.4.1990 – 1 AZR 123/89, BAGE 64, 284 = NZA 1990, 886. Allerdings handelt es sich insoweit um ein obiter dictum, da die Tarifregelung, um die es ging, vom BAG selbst als Betriebsnorm iSd § 1 Abs. 1 TVG qualifiziert worden ist.
[30] *Henssler* ZfA 1998, 1 (13 ff.); *Säcker/Oetker* Grundlagen und Grenzen der Tarifautonomie S. 102 mwN.
[31] BVerfG 24.4.1996 – 1 BvR 712/86, BVerfGE 94, 268 = NZA 1996, 1157.

von Arbeitsbedingungen überlassen muss, auf dem sie sich im Sinne eines Aushandelns von Leistung und Gegenleistung sinnvoll betätigen können.[32]

39 Daraus folgt: In den der Tarifautonomie überantworteten Regelungsbereichen darf der Gesetzgeber **staatliche Arbeitsbedingungen** seinerseits nur setzen, wenn er einen Sachgrund hat und seine Regelung geeignet, erforderlich und in ihrer die Tarifautonomie einschränkenden Wirkung verhältnismäßig im engeren Sinne ist. Auf der anderen Seite bedeutet das aber nicht, dass schon jedes öffentliche Interesse die Einschränkung der Tarifautonomie rechtfertigt. Die Verhältnismäßigkeitsprüfung gebietet eine sorgfältige Untersuchung, welche Regelungsmöglichkeiten den Tarifparteien zu welchem Zweck entzogen werden sollen. Im Rahmen der Verhältnismäßigkeit ist dabei stets zu fragen, ob der Gesetzgeber nicht als mildere Einschränkung der Tarifautonomie die Form **tarifdispositiven Rechts** wählen muss.

40 Das Gesagte gilt nicht nur für das Verhältnis des Tarifvertrags zum Gesetzesrecht. Auch das **gesetzesvertretende Richterrecht** kann die Tarifmacht durch zwingende Regelungen beschneiden.

41 Zweitens folgt aus dem Neutralitätsgebot, dass der Staat einer Seite, die ihr Regelungsanliegen nicht durchsetzen kann, nicht helfend zur Seite stehen darf.

42 Auch **tarifdispositives Recht** (→ § 243 Rn. 37 f.) bedarf eines sachlichen Grundes. Zwar scheint tarifdispositives Recht auf den ersten Blick an der Tarifautonomie nicht zu rütteln, weil es die Befugnis der Tarifparteien zur abweichenden Regelung in beiden Richtungen gerade offen lässt. Indess verschafft die tarifdispositive Regelung derjenigen Tarifpartei eine bessere Ausgangsposition, der die gesetzliche Regelung näher steht und die diese deshalb nur zu verteidigen braucht.

43 Zur **mittelbaren Bindung der Tarifverträge an die Grundrechte** siehe → § 12 und → § 226.

44 Die aus der Koalitionsfreiheit abzuleitende Arbeitskampfgarantie umfasst auch die Gewährleistung angemessener **Verteidigungsmittel**.[33] Das führt zur verfassungsrechtlichen Garantie der Abwehraussperrung gegenüber einem Angriffsstreik aber auch des Abwehrstreiks gegen die Angriffsaussperrung.[34]

45 Die Arbeitskampfgarantie des Art. 9 Abs. 3 GG reicht nur soweit, als der Arbeitskampf für den Abschluss eines Tarifvertrages unerlässlich ist.[35] Die Rechtsordnung hat die kollektive Regelung der Arbeits- und Wirtschaftsbedingungen auf das Tarifvertragssystem konzentriert und damit dem Betätigungsrecht der Koalitionen auf diesem Feld Gestalt gegeben. Dem Anspruch des Art. 9 Abs. 3 GG ist so genügt. Als Mittel nur zu diesem Zweck ist auch der Arbeitskampf nur in diesen Grenzen garantiert.

46 Dass die Koalitionsbetätigungsfreiheit auch außerhalb des Kernbereichs geschützt ist, ändert daran nichts: Das Interesse der Allgemeinheit, der betroffenen Arbeitnehmer und Arbeitgeber wie geschädigter Dritter rechtfertigt es, Kampfmaßnahmen außerhalb der aufgezeigten Grenzen zu untersagen.[36] Den Koalitionen stehen zur Auseinandersetzung außerhalb der Tarifverhandlungen hinreichende Möglichkeiten zur Verfügung. Auch der „wilde Streik" von nicht-tariffähigen, insbesondere ad-hoc-Koalitionen ist von Art. 9 Abs. 3 GG nicht garantiert. Arbeitskämpfe, die unzulässige Tarifziele verfolgen, die die

---

[32] *Löwisch* FS 40 Jahre GG, S. 63.
[33] BVerfG 10.9.2004 – 1 BvR 1191/03, NZA 2004, 1338; BAG GS 21.4.1971 – GS 1/68, BAGE 23, 292 = NJW 1971, 1668.
[34] BVerfG 26.6.1991 – 1 BvR 779/85, BVerfGE 84, 212 = NZA 1991, 809; BAG 21.4.1971 – GS 1/68, BAGE 23, 292 = NJW 1971, 1668; BAG 5.3.1985 – 1 AZR 468/83, BAGE 48, 160 = NZA 1985, 504; *Löwisch/Rieble* AR/Blattei SD 170.1 Rn. 56; aA *Däubler* ArbeitskampfR/*Wolter* § 21 Rn. 13 ff.
[35] BAG 5.3.1985 – 1 AZR 468/83, BAGE 48, 160 = NZA 1985, 1695; 7.6.1988 – 1 AZR 372/86, BAGE 58, 343 = NZA 1988, 883; 9.4.1991 – 1 AZR 332/90, NZA 1991, 2295; *Seiter*, Streikrecht und Aussperrungsrecht, S. 485 f.; ZLH § 44 Rn. 8; *Birk/Konzen/Löwisch/Raiser/Seiter* S. 16; aA *Däubler* ArbeitskampfR/*Däubler* § 13 Rn. 1 ff. und *Maunz/Dürig/Scholz* Art. 9 Rn. 316 ff.
[36] BVerfG 10.9.2004 – 1 BvR 1191/03, NZA 2004, 1338.

IV. Koalitionsfreiheit als Betätigungsgarantie

Friedenspflicht verletzen oder die als Sympathiekampf[37] nicht unmittelbar einen Tarifvertrag mit dem bekämpften Gegner erzielen wollen, sind deshalb nicht geschützt[38] (→ § 272 Rn. 33 ff.). Auch die international-rechtlichen Gewährleistungen, insbesondere Art. 6 Nr. 4 ESC reichen nicht weiter (→ § 217 Rn. 23).

Der Arbeitskampf greift in die Rechtspositionen, insbesondere Vertragsrechte, der Koalitionsmitglieder, nichtorganisierter Arbeitnehmer und Arbeitgeber, Dritter und der Allgemeinheit ein. Diese Rechte genießen nach Art. 12 GG (Berufsfreiheit), nach Art. 14 GG (Eigentum) und nach Art. 2 Abs. 1 GG (wirtschaftliche Entfaltungsfreiheit) selbst Verfassungsrang und beschränken deshalb die Koalitionsbetätigungsgarantie. Zu lösen ist der Grundrechtskonflikt im Wege praktischer Konkordanz nach dem **verfassungsrechtlichen Übermaßverbot**. Indem das Arbeitskampfrecht den Arbeitskampf begrenzt, bändigt es die Macht der Tarifparteien ganz ähnlich wie auf der Tarifvertragsebene mit der Grundrechtsbindung des Tarifvertrages. 47

Das arbeitskampfrechtliche Übermaßverbot verlangt, dass Arbeitskampfmaßnahmen, gemessen an ihrer Funktion, wirtschaftlichen Druck zur Lösung eines Tarifkonfliktes auszuüben, **geeignet** und **erforderlich** sind und dass die durch sie ausgelösten Beeinträchtigungen jener Rechtspositionen nicht außer Verhältnis zu dieser Funktion stehen, anders ausgedrückt, ihr **proportional** sind. 48

Andere Arbeitskampfmittel als Streik und Aussperrung sind grundsätzlich nicht erforderlich. Deshalb kann insoweit keine Durchbrechung der allgemeinen Rechtsordnung verlangt werden. Betriebsbesetzungen und -blockaden bleiben auch im Arbeitskampf verboten.[39] 49

Arbeitskampfmaßnahmen, deren Folgen **außer Verhältnis zur Funktion** stehen, sind deshalb unzulässig.[40] Begrenzt wird damit vor allem die **Art und Weise der Durchführung**. Die Kampfparteien müssen die Erhaltung der Produktionsanlagen ermöglichen und dürfen keine Vernichtungsstrategie betreiben.[41] 50

Zum anderen folgt aus dem Verhältnismäßigkeitsgrundsatz die Pflicht, die **Mindestversorgung** der Bevölkerung mit lebensnotwendigen Gütern und Leistungen aufrechtzuerhalten. Ist die Mindestversorgung gefährdet, ist nicht bloß die Zwangsschlichtung zulässig (→ Rn. 114), sondern auch der Arbeitskampf rechtswidrig. 51

Hingegen kann aus diesem Grundsatz nicht abgeleitet werden, dass die Zulässigkeit von Arbeitskampfmaßnahmen von dem mit ihm verfolgten (zulässigen) Tarifziel abhängt. Ob sich dieses in allgemeine wirtschaftspolitische Vorstellungen einfügt, etwa den Voten des Sachverständigenrates für die Begutachtung der gesamtwirtschaftlichen Entwicklung entspricht, ob es der sozialen Verteilungsgerechtigkeit widerspricht, weil es die Einkommen zu stark oder zu wenig differenziert, und ob es so wichtig ist, dass es die Folgen des Arbeitskampfes rechtfertigt, müssen allein die Tarifpartner beurteilen. Alles andere liefe auf eine – mit der durch Art. 9 Abs. 3 GG gewährleisteten Autonomie **unvereinbare** – **Zensur** von Tarifforderungen durch die Arbeitsgerichte hinaus, die über die Zulässigkeit von Arbeitskampfmaßnahmen entscheiden müssen.[42] 52

Für das **Arbeitskampfrecht** hat der Staat – wie bei jeder Koalitionsbetätigung – einen weiten Ausgestaltungsspielraum (→ § 218 Rn. 77 ff.).[43] Dabei hat er nicht nur das Interes- 53

---

[37] Anders BAG 19.6.2007 – 1 AZR 396/06, NZA 2007, 1055, das einen Unterstützungsstreik für zulässig erachtet – und dabei ausdrücklich auf die Aufgabe der Kernbereichslehre hinweist. Dazu *Rieble* BB 2008, 1506.
[38] S. iE *Löwisch/Rieble* AR/Blattei SD 170.1 Rn. 44 f.
[39] *Gamillscheg* Grundrechte S. 1057 ff.; deshalb sehr problematisch LAG Bln-Bbg 29.9.2008 – 5 SA 967/08, BB 2008, 2290.
[40] BAG 19.7.2007 – 1 AZR 396/06, BAGE 123, 134 = NZA 2007, 1055.
[41] BAG 21.4.1971 – GS 1/68, BAGE 23, 292 = NJW 1971, 1668.
[42] Auch BAG 24.4.2007 – 1 AZR 252/06, BAGE 122, 134 = NZA 2007, 987; BVerfG 26.6.1991 – 1 BvR 779/85, BVerfGE 84, 212 = NZA 1991, 809, Anm. *Rieble* EzA Art. 9 GG Arbeitskampf Nr. 97; BAG 10.6.1980 – 1 AZR 822/79, BAGE 233, 140 = NJW 1980, 1642; *Löwisch* ZfA 1988, 137 (148 ff.).
[43] BVerfG 26.6.1991 – 1 BvR 779/85, BVerfGE 84, 212 = NZA 1991, 809.

se Dritter und der Allgemeinheit, von den Folgen des Arbeitskampfes verschont zu bleiben, zu berücksichtigen. In erster Linie muss er die Rechte und Pflichten der Koalitionen zueinander regeln und dabei das aus Art. 9 Abs. 3 GG folgende Verbot der Staatsintervention beachten. Er muss **Neutralität** im Arbeitskampf wahren und darf mit staatlichen Mitteln weder die eine noch die andere Kampfpartei unterstützen.[44] Zugleich muss er das Gegengewichtsprinzip beachten, also auf Parität der Kampfparteien zielen.[45]

54 Neutralität des Staates bedeutet einerseits, dass **nicht durch staatliche Sonderleistungen,** wie finanzielle Unterstützung, die Überlassung von Transportmitteln der Bundeswehr als Ersatz für ausgefallene eigene Transportmittel eines bestreikten Unternehmens oder Überlassung eines kommunalen Rathauses für die Urabstimmung, und durch **Solidaritätsbekundungen** staatlicher Organe zu Gunsten einer Seite auf den Ablauf von Arbeitskämpfen Einfluss genommen werden darf.

55 Umgekehrt darf der Staat auch im Arbeitskampf die Erfüllung seiner öffentlichen Aufgaben nicht einstellen. Deshalb darf die Nutzung der allgemeinen öffentlichen Transportmittel nicht verweigert werden, weil ihr Einsatz den arbeitskampfbedingten Ausfall solcher Leistungen auffangen soll. An diesem Grundsatz ändert sich auch nichts dadurch, dass der Staat selbst als Arbeitgeber in den Arbeitskampf verwickelt ist. Der Einsatz von Beamten für öffentliche Aufgaben, deren Erfüllung durch den Streik öffentlicher Arbeiter und Angestellter gefährdet ist, ist also zulässig.[46]

56 Problematisch ist die Verwirklichung dieser **passiven Neutralität** im Bereich der **Leistungen der Bundesagentur für Arbeit.** Ob die Gewährung von Arbeitslosengeld oder Kurzarbeitergeld an arbeitskampfbetroffene Arbeitnehmer oder umgekehrt die Aussetzung solcher Leistungen neutralitätswidrig ist, bedarf einer wertenden Entscheidung des Gesetzgebers, die nur darauf kontrolliert werden kann, ob sie einen vertretbaren Ausgleich zwischen Arbeitskampfordnung und Sozialversicherungssystem enthält.[47]

57 Neutralität und Parität stehen in einer Wechselbeziehung. Im Ausgangspunkt ist das Neutralitätsgebot formal im Sinne strenger Waffengleichheit zu verstehen.[48] Das Gebot der Neutralität hindert den Gesetzgeber aber nicht, Kampfmittel und Kampfgrenzen der Koalitionen so auszugestalten, dass Kampfparität hergestellt wird. Im Gegenteil dient die Herstellung von Parität zwischen den Kampfparteien der Wahrung der Neutralität des Staates. Man spricht insofern zu recht von **paritätsgestaltender fördernder Neutralität.**[49]

---

[44] BSG 5.6.1991 – 7 RAr 26/89, BSGE 69, 25 = NZA 1991, 982; BAG GS 28.1.1955 – GS 1/54, BAGE 1, 291 = BB 1955, 605; *Seiter* Staatsneutralität S. 105 ff.; Maunz/Dürig/*Scholz* GG Art. 9 Rn. 283, 286; *Baumann* Arbeitskampf, Staatsneutralität und Arbeitslosenversicherung S. 38 ff.; *Kreuzer* Die Neutralität der Bundesanstalt für Arbeit S. 36 ff.
[45] BAG GS 21.4.1971 – GS 1/68, BAGE 23, 292 = NJW 1971, 1668; BAG 5.3.1985 – 1 AZR 468/83, BAGE 48, 160 = NZA 1985, 504; BGH 18.12.1967 – II ZR 211/65, BGHZ 49, 209 = NJW 1968, 387, mit dem Satz, dass es zu den sachbedingten Voraussetzungen der Tarifautonomie gehört, dass die Tarifparteien einander grundsätzlich mit annähernd paritätischen Verhandlungschancen gegenübertreten, da sonst ein echt ausgehandelter Vertragsabschluss zwischen ihnen nicht gesichert wäre und sich das Diktat des Stärkeren in einem freiheitswidrigen Sinne durchsetzen würde. Dazu *Buchner,* Grundgesetz und Arbeitsverfassung S. 11.
[46] BVerwG 10.5.1984 – 2 C 18/82, BVerwGE 69, 208 = NZA 1984, 401; BAG 10.9.1985 – 1 AZR 262/84, BAGE 49, 303 = NZA 1985, 814; ausführlich *Löwisch/Krauß* AR/Blattei SD 170.9 Rn. 46 ff. mwN.
[47] Eingehend *Bittner* Arbeitskampf und Sozialrecht AR/Blattei SD 170.5 Rn. 48 ff.; dazu auch *Seiter* Staatsneutralität S. 60 ff.; *Badura* FS Zeidler, 1987, S. 1391 ff.
[48] *Bötticher* Waffengleichheit und Gleichbehandlung der Arbeitnehmer im kollektiven Arbeitsrecht, 1956 = *Bötticher* Gleichbehandlung und Waffengleichheit, 1979, S. 31 ff.
[49] BSG 5.6.1991 – 7 RAr 26/89, BSGE 69, 25 = NZA 1991, 982; 4.10.1994 – 7 KlAr 1/93, BSGE 75, 97 = NZA 1995, 320; BVerfG 26.6.1991 – 1 BvR 779/85, BVerfGE 84, 212 = NZA 1991, 809; *Seiter* Staatsneutralität S. 105; *Löwisch* DB 1987, 1351 ff.; BVerfG 4.7.1995 – 1 BvF 2/86, BVerfGE 92, 365 = NZA 1995, 754; BGH 18.12.1967 – II ZR 211/65, BGHZ 49, 209 = NJW 1968, 543; BAG GS 21.4.1971 – GS 1/68, BAGE 23, 292 = NJW 1971, 1668.; ausführlich *Enderlein* RdA 1995, 264 ff.; anders *Kemper* Die Bestimmung des Schutzbereiches der Koalitionsfreiheit (Art. 9 Abs. 3 GG) S. 176 ff.

IV. Koalitionsfreiheit als Betätigungsgarantie

Gleichwohl ist der Staat nicht schon bei jeder „strukturellen Ungleichgewichtslage" verpflichtet, das Leistungssystem der Bundesagentur für Arbeit neu auszutarieren.[50] Nicht schon jede wahre oder vermeintliche Schwäche der Gewerkschaften oder Arbeitgeberverbände verpflichtet den Staat zum Tätigwerden. Weil Art. 9 Abs. 3 GG ein Programm für die Selbsthilfe und gegen die Staatshilfe ist, darf der Staat im Sinne strenger Subsidiarität erst dann paritätsgestaltende fördernde Neutralität betreiben, wenn die Koalitionen alles in ihrer Kraft stehende getan haben, um der eigenen Schwäche zu begegnen (→ § 218 Rn. 8 ff.). Und selbst wenn der Staat nach diesem strengen Maßstab zum Eingreifen berechtigt ist, darf die Korrektur nicht mit der staatlichen Arbeitslosenversicherung qua Subventionierung der Gewerkschaften Parität herzustellen. Der richtige Ort, die Kampfbefugnisse beider Seiten auszutarieren, ist das Arbeitskampfrecht selbst. Dass dort mehr nötig ist, als die Beschränkung der Aussperrung (zu ihr → § 274 Rn. 5), ist nicht dargetan.

Aus Art. 9 Abs. 3 GG folgt nicht, dass jede tariflich regelbare Arbeitsbedingung auch erkämpfbar sein müsste: Der Staat darf für einzelne Arbeitsbedingungen durchaus einen Freiwilligkeitsvorbehalt vorsehen, sodass nur eine einvernehmliche tarifliche Regelung ohne Kampfzwang möglich ist.

So wie die Tarifvertragsparteien sich Regeln über die friedliche Konfliktlösung geben können, umfasst die Garantie autonomer Tarifauseinandersetzungen auch die Befugnis, sich **Arbeitskampfregeln** zu geben. Begrenzt wird diese Befugnis allerdings durch die Funktionsfähigkeit des Arbeitskampfsystems, die die Tarifparteien nicht in Frage stellen dürfen,[51] und durch die Rechte Dritter.

Bei der rechtlichen Ausgestaltung des Arbeitskampfes kommt den Tarifpartnern aber kein Vorrang vor der staatlichen Regelung zu. Da die staatliche Regelungskompetenz den Schutz der Allgemeinheit, Dritter und der Mitglieder der Koalitionen vor Auswirkungen der Koalitionsbetätigung im Arbeitskampf umfasst, muss es dem Staat möglich sein, seine Regelungen zwingend auszugestalten. Das gilt auch und gerade für das Richterrecht des BAG[52].

3. Regelung der Arbeits- und Wirtschaftsbedingungen außerhalb der Tarifvertragsordnung

Die Koalitionsfreiheit beschränkt die Koalitionen nicht auf die Tarifautonomie als Mittel zur Regelung von Arbeits- und Wirtschaftsbedingungen ihrer Mitglieder. Aus der Geltung der allgemeinen Rechtsordnung (→ § 218 Rn. 85 ff.) folgt, dass ihnen auch die allgemeinen Handlungsbefugnisse zukommen müssen, insbesondere der privatrechtliche Schuldvertrag und der Einfluss auf die von den Mitgliedern abzuschließenden Arbeitsverträge.

Das ist zunächst für **nicht-tariffähige Koalitionen** von Bedeutung: Sie können auf diesem Wege mit der jeweiligen Gegenseite Absprachen über die Arbeits- und Wirtschaftsbedingungen treffen. Solche Schuldverträge können die Arbeitsbedingungen in den Arbeitsverträgen zivilrechtlich auf unterschiedlichen Wegen regeln, dazu eingehend (→ § 264 Rn. 1 ff.).

Wo den **tariffähigen Koalitionen** wegen des abschließenden Charakters des TVG tarifliche Normsetzungsbefugnis nicht zukommt (→ Rn. 37), können auch sie einen kollektiven Schuldvertrag über die Arbeits- und Wirtschaftsbedingungen abschließen. Solche Verträge können etwa die Unternehmensverfassung oder eine bestimmte Zielrichtung der Geschäftspolitik der Unternehmen innerhalb der Grenzen der allgemeinen Rechtsordnung regeln. Auch für solche schuldrechtlichen Vereinbarungen tariffähiger Parteien gilt die Angemessenheitsvermutung; sie unterliegen daher nicht dem arbeitsrechtlichen Gleichbehandlungsgrundsatz.[53]

---

[50] BVerfG 4.7.1995 – 1 BvF 2/86, BVerfGE 92, 365 = NZA 1995, 574.
[51] Ie. *Löwisch/Rieble* AR/Blattei SD 170.1 Rn. 127; krit.: *Lieb* RdA 1991, 145 ff.
[52] Dazu *Löwisch/Rieble* AR/Blattei SD 170.1 Rn. 117 ff. mwN.
[53] BAG 21.5.2014 – 4 AZR 50/13, BAGE 148, 139 = NZA 2015, 115.

65 Der kollektive Schuldvertrag steht den tariffähigen Koalitionen auch dort zur Verfügung, wo sie an sich Tarifverträge abschließen können. Sie können von Verfassungs wegen zum Gebrauch ihrer tariflichen Normsetzungsbefugnis nicht angehalten werden. Vielmehr steht es ihnen frei, auf die normative Wirkung des Tarifvertrags zu verzichten.[54] Nicht anders als die nichttariffähigen Koalitionen können sie Verträge zugunsten ihrer Mitglieder, durchsetzungspflichtige Arbeitsbedingungen und bloße Regelungsvorschläge vereinbaren (→ § 264 Rn. 1 ff.). Welche Art von Vereinbarung geschlossen wurde, ist im Wege der Auslegung zu ermitteln (§§ 133, 157 BGB).[55]

66 Auch tariffähige Koalitionen können den Abschluss solcher kollektiver Schuldverträge nicht durch Arbeitskampf erzwingen. Die Arbeitskampfgarantie reicht nicht über den normativen Tarifvertrag hinaus, denn nur insoweit ist der Arbeitskampf unerlässlich (→ Rn. 45). Die Rechtsordnung könnte den Arbeitskampf zwar auch zur Überwindung des Einigungszwangs bei kollektiven Schuldverträgen nutzbar machen. Dieser Schritt ist aber so wesentlich, dass er dem Gesetzgeber vorbehalten ist.[56]

67 Dass zur Betätigungsfreiheit der Koalition die Tarifautonomie gehört (→ Rn. 34), gilt nicht für Koalitionen der Beamten. Dem steht der hergebrachte Grundsatz des Berufsbeamtentums (Art. 33 Abs. 5 GG) entgegen, wonach die Arbeitsbedingungen der Beamten einseitig hoheitlich geregelt werden.[57] Damit scheiden Tarifvertrag und Arbeitskampf als Regelungsmittel für Beamte aus (→ § 272 Rn. 16 ff.).

68 Die Koalitionsfreiheit gebietet dem Staat auch **keine Zurückhaltung bei der Verbeamtung seiner Beschäftigten.** Art. 33 Abs. 4 GG enthält nur einen Beamtenvorbehalt als Mindestvorschrift; ein Arbeitnehmervorbehalt oder eine „Beamtensperre" lässt sich ihm nicht entnehmen.[58] Aus Art. 33 Abs. 4 GG folgt nur, dass der Beamte in einem besonderen öffentlich-rechtlichen Dienst- und Treueverhältnis stehen muss, für das es einen Anhaltspunkt geben muss. Allerdings ist der Staat kraft seiner Organisationshoheit befugt zu entscheiden, ob er Bedienstete als Beamte oder als Arbeitnehmer beschäftigt.[59] Praktisch wird das insbesondere für Lehrer. Unzulässig ist es nur, diese Organisationshoheit koalitionsfeindlich zu nutzen, also zu verbeamten, um den Beschäftigten Tarifvertrag und Arbeitskampf als Betätigungsmittel ihrer Koalitionen zu nehmen.

69 Das heißt aber nicht, dass die Verfassung selbst über Art. 33 Abs. 5 GG jede Beteiligung der Beamtenkoalitionen an der Regelung der Arbeits- und Wirtschaftsbedingungen ihrer Mitglieder ausschlösse, sodass solche Beteiligungsrechte im freien Ermessen des Gesetzgebers stünden, wie dies das BVerwG annimmt.[60]

70 Vielmehr kann die Einschränkung der Koalitionsfreiheit nur soweit gehen, als es dieser Grundsatz des Berufsbeamtentums erfordert. Dass die Letztentscheidung über die Arbeits- und Wirtschaftsbedingungen vom Staat als Dienstherrn getroffen wird, bedeutet nicht, dass auch die Mitwirkung der Koalitionen bei der Vorbereitung solcher Regelungen ausgeschlossen sein müsste. Deshalb bleibt die Garantie des Art. 9 Abs. 3 GG bestehen, soweit es um die Beratung solcher Regelungen mit dem Dienstherrn geht. Die Regelungen des § 94 BBG, § 58 BRRG und die entsprechenden Bestimmungen der Landesbeamtengesetze, die solche Beteiligungsrechte vorsehen, erfüllen deshalb nur ein Gebot der Verfassung.[61]

---

[54] Vgl. BAG 5. 11. 1997 – 4 AZR 872/95, BAGE 87, 45 = NZA 1998, 654 für eine Vereinbarung zwischen dem Freistaat Sachsen und der GEW über die freiwillige Teilzeitbeschäftigung von Lehrern als Koalitionsvertrag zugunsten Dritter.
[55] BAG 26. 1. 2011 – 4 AZR 159/09, BAGE 137, 45 = NZA 2011, 808.
[56] *Mayer-Maly* BB 1965, 829 (833 ff.); anders noch *Löwisch/Rieble* AR/Blattei SD 170.2 Rn. 16 ff.
[57] Maunz/Dürig/*Scholz* GG Art. 33 Rn. 64.
[58] Vgl. HbVerfR/*Isensee* S. 1527 (Rn. 54) mwN.
[59] V. Münch/Kunig/*Kunig* GG Art. 33 Rn. 51 mwN zur Gegenmeinung; *Löwisch/Rieble* AR/Blattei SD 170.1 Rn. 29; *Gamillscheg* Grundrechte S. 190 (1000).
[60] BVerwG 12. 10. 1978 – II C 17.76, BVerwGE 56, 308 (315) = DÖV 1979, 335; 25. 10. 1979 – 2 N 1/78, BVerwGE 59, 48 (54 ff.) = NJW 1980, 1763.
[61] Vgl. weiter *Büchner* ZTR 1993, 142 [Teil I], 185 [Teil II].

IV. Koalitionsfreiheit als Betätigungsgarantie

Dagegen kann man auch nicht einwenden, dass ein Beteiligungsrecht für Beamtenkoalitionen auch zu einem solchen der übrigen Koalitionen im Bereich der arbeitsrechtlichen Gesetzgebung führen müsste.[62] Den normalen Koalitionen bleibt auch unter Berücksichtigung des tariffesten Arbeitsrechts ein hinreichend großer Spielraum, die Arbeitsbedingungen ihrer Mitglieder zu regeln. Beamtenkoalitionen dagegen können nicht nur keine Tarifverträge abschließen, ihnen ist auch sonst die Möglichkeit verwehrt, über schuldrechtliche Verträge Einfluss auf ihre Arbeitsbedingungen zu nehmen, weil diese hoheitlich festgesetzt werden.

Das heißt freilich nicht, dass jede Koalition an diesem Beratungsrecht unmittelbar teilhaben muss. Vielmehr sind – wie bei der Tarifautonomie auch – Beschränkungen im Interesse der Funktionsfähigkeit dieses Mitwirkungsrechts möglich. Die Beschränkung auf die Spitzenorganisationen der zuständigen Gewerkschaften und Berufsverbände ist deshalb grundsätzlich unbedenklich. Den Begriff der Spitzenorganisation dahin zu verstehen, dass Beamtenkoalitionen, die sich ihrem autonom gewählten Koalitionszweck (→ Rn. 15 ff.) entsprechend auf einen Teil der Beamtenschaft, etwa auf die Hochschullehrer, beschränkt haben, vom Beratungsrecht ausgeschlossen sind,[63] verstößt gegen Art. 9 Abs. 3 GG. Denn auf diese Weise wird Koalitionen, die nicht alle Beamten vertreten, das Mitberatungsrecht ganz genommen. Ebensowenig geht es an, die autonome Organisationsentscheidung (→ Rn. 19 ff.) von Koalitionen, sich nicht als Verbände im Dachverband zu organisieren, sondern die unmittelbare Mitgliedschaft der Beamten bei entsprechender regionaler Gliederung vorzuziehen, zum Anlass für den Ausschluss von der Beratung zu nehmen. Sachgerecht kann nur darauf abgestellt werden, ob die betreffende Koalition für die von ihr vertretenen Beamten repräsentativ ist.

Wegen Art. 33 Abs. 5 GG hat die Bundesrepublik Deutschland nicht das ILO-Übereinkommen Nr. 151 (→ § 217 Rn. 27) ratifiziert.[64] Zwar hat der ILO-Ausschuss für Vereinigungsfreiheit 1991 auf Beschwerde von DGB und GEW gegen Deutschland entschieden, dass auch beamteten Lehrern das Streikrecht zukommen müsse, weil die Vereinigungsfreiheit nach dem ILO-Übereinkommen Nr. 87 auch das Streikrecht umfasse und es nur solchen Staatsbediensteten vorenthalten werden darf, die als Vertreter der öffentlichen Gewalt handeln.[65] Abgesehen davon, dass derartige Empfehlungen völkerrechtlich unverbindlich sind (→ § 217 Rn. 29) und hinter deutschem Verfassungsrecht zurücktreten müssen, könnte doch Folge der unter dem Gesichtspunkt der Vereinigungsfreiheit unzulässigen Verbeamtung nie ein Streikrecht für Beamte sein, sondern lediglich die Entbeamtung der Lehrer mit sämtlichen – auch unangenehmen – Folgen.

4. Mitgliederbezogene Betätigung

Aus Art. 9 Abs. 3 GG folgt das Recht der Koalitionen, ihre **Mitglieder zu betreuen**. Dieses Recht ist unerlässlich, weil anders der Mitgliederbestand nicht gesichert werden kann. Allerdings stehen der Koalition viele Wege der Mitgliederbetreuung zur Verfügung, sodass dem Staat auch hier ein weiter Ausgestaltungsspielraum (→ § 218 Rn. 77 ff.) zukommt. Im Einzelnen folgt daraus:

Der Staat darf die Koalition bei der Mitgliederbetreuung **nicht stören**. Hat die Koalition – wie das in einem kleinen Ort vorkommen kann – keine andere Möglichkeit für ihre Bildungsveranstaltung, ergibt sich aus Art. 9 Abs. 3 GG sogar ein Zulassungsanspruch zu öffentlichen Einrichtungen.

Der Schwerpunkt der Betreuung, die **Beratung der Mitglieder in Rechtsangelegenheiten,** darf vom Staat nicht angetastet werden, soweit es um das Gebiet des Arbeits- und Sozialrechts geht. Die **Prozessvertretung** vor den Arbeitsgerichten (§ 11 ArbGG)

---

[62] So aber *Schröder* Gesetzgebung und Verbände S. 54 ff.
[63] So aber BVerwG 29.11.1979 – 2 C 14/77, ZBR 1980, 186.
[64] S. die Stellungnahme der BReg zu diesem Übereinkommen, BT-Drs. 10/2123, 8 ff.
[65] Der Personalrat 1991, 159 ff., hierzu *Lörcher* Der Personalrat 1991, 155.

und den Sozialgerichten (§ 73 Abs. 2 S. 2 Nr. 7 SGG) gehört freilich nicht zum unerlässlichen Betätigungsrecht der Koalitionen.

77 Für die Arbeitnehmerseite ist die **Mitgliederbetreuung im Betrieb** von zentraler Bedeutung. Am Ort des Arbeitslebens ihren Mitgliedern zur Seite stehen zu können und sie über die Koalitionstätigkeit zu informieren, ist unerlässlich.[66] Das heißt aber nicht, dass jede Einzelaktion der Mitgliederbetreuung im Betrieb am Schutz der Koalitionsfreiheit teilnähme. Vielmehr hat die Koalition zahlreiche Möglichkeiten der Mitgliederbetreuung und -information. Ihr muss nur **ein effektiver Weg** zur Verfügung stehen. Im Anschluss an die Mitgliederwerbe-Entscheidung des BVerfG[67] gilt zunächst: Zwar ist auch jede nicht unerlässliche Mitgliederbetreuung von Art. 9 Abs. 3 GG geschützt; wie diese Koalitionsbetätigung aber in Einklang mit den Rechten des Arbeitgebers zu bringen ist, müssen die Arbeitsgerichte entscheiden – in verhältnismäßiger Ausgestaltung der Koalitionsfreiheit (→ § 218 Rn. 77 ff.). Dabei sind nicht nur Hausrecht und Eigentum des Arbeitgebers, sondern vor allem sein Interesse an ungestörtem Betriebsablauf zu berücksichtigen. Vor allem aber ist der Mitgliederbetreuung im Betrieb eine weitere Grenze gezogen: Erfolgt sie **auf Kosten des Arbeitgebers,** weil die Betreuung während der bezahlten Arbeitszeit erfolgt oder weil Sachmittel des Arbeitgebers in Anspruch genommen werden, ist das **Verbot der Indienstnahme des sozialen Gegenspielers** verletzt, mag auch die Intensität der Gegnerabhängigkeit nicht erreicht sein.

78 Unerlässlich für die Mitgliederbetreuung ist das Recht der Gewerkschaft, als Bindeglied zwischen dem hauptamtlichen Funktionärskörper und den Gewerkschaftsmitgliedern im Betrieb bestimmte Mitglieder zu **Vertrauensleuten** für ihren Betrieb oder für eine Betriebsabteilung zu bestellen.[68] Dagegen lässt sich aus Art. 9 Abs. 3 GG kein Anspruch der Gewerkschaft gegen den Arbeitgeber ableiten, die Wahl der gewerkschaftlichen Vertrauensleute im Betrieb durchzuführen.[69] Aus Art. 9 Abs. 3 GG folgt kein Anspruch der Gewerkschaft gegen den Arbeitgeber auf Einrichtung eines **Büros für gewerkschaftliche Vertrauensleute** oder auf die Deckung sonstiger Geschäftsbedürfnisse. Art. 9 Abs. 3 GG fordert auch nicht die bezahlte Freistellung der Vertrauensleute von ihrer Arbeit.[70]

79 Die Verteilung von **Gewerkschaftszeitungen** oder sonstigen Mitteilungen im Betrieb ist als Maßnahme der Mitgliederbetreuung nicht unerlässlich. Denn hierfür stehen andere Wege, insbesondere der Postweg, zur Verfügung.[71]

80 Unerlässlich ist auch nicht der **Einzug von Gewerkschaftsbeiträgen** im Betrieb oder gar durch den Arbeitgeber. Das zeigt sich schon daran, dass andere Vereine ohne solche Hilfe auskommen.

5. Mitgliederwerbung

81 Ebenso wie die Betreuung des vorhandenen Mitgliederbestandes hat die Werbung neuer Mitglieder existenzielle Bedeutung für jede Koalition. Sie sichert den Fortbestand der Koalition und stärkt ihre Verhandlungsposition.[72] Diese Mitgliederwerbung haben konkurrierende Koalitionen wie der soziale Gegenspieler grundsätzlich hinzunehmen.[73] Weder hat der einzelne Arbeitgeber einen Anspruch darauf, dass seine Arbeitnehmer von gewerkschaftlicher Werbung verschont bleiben, noch können die Gewerkschaften gegen die Werbung eines ihnen nicht genehmen Arbeitgeberverbandes vorgehen.

---

[66] BAG 14.2.1967 – 1 AZR 494/65, BAGE 19, 217 = NJW 1967, 843.
[67] BVerfG 14.11.1995 – 1 BvR 601/92, BVerfGE 93, 352 = NZA 1996, 381.
[68] BAG 8.12.1978 – 1 AZR 303/77, BAGE 31, 166 = ArbuR 1979, 254.
[69] BAG 8.12.1978 – 1 AZR 303/77, BAGE 31, 166 = ArbuR 1979, 254; aA *Däubler* Gewerkschaftsrechte im Betrieb Rn. 506 ff.
[70] Anders *Däubler* Gewerkschaftsrechte im Betrieb Rn. 515 ff.
[71] BAG 23.2.1979 – 1 AZR 540/77, ArbuR 1979, 90; anders *Däubler* Gewerkschaftsrechte im Betrieb Rn. 486 ff., 499.
[72] BVerfG 11.7.2017 – 1 BvR 1571/15 ua [Tarifeinheit], BVerfGE 146, 71 = NZA 2017, 915 Rn. 132; 14.11.1995 – 1 BvR 601/92, BVerfGE 93, 352 = NZA 1996, 381.
[73] BAG 31.5.2005 – 1 AZR 141/04, BAGE 115, 58 = NJW 2005, 3019.

IV. Koalitionsfreiheit als Betätigungsgarantie

Das Zutrittsrecht zum Betrieb zur Mitgliederwerbung folgt nicht aus § 2 Abs. 2 BetrVG; **82** jenes Recht bezieht sich auf betriebsverfassungsrechtlichen Aufgaben, nicht jedoch auf die allgemeine koalitionsspezifische Betätigung. Da diese nicht in den Regelungsbereich des BetrVG fällt,[74] regelt § 2 Abs. 2 BetrVG das Zugangsrecht von Gewerkschaften zum Betrieb nicht abschließend.[75] Das Recht auf Mitgliederwerbung folgt daher im Wege richterlicher Rechtsfortbildung aus **Art. 9 Abs. 3 GG**;[76] ob der konkret begehrte Zutritt zum Betrieb zu gewähren ist, richtet sich dabei nach den Umständen des Einzelfalls.[77]

Da Koalitionen Koalitionsfreiheit **unabhängig von ihrer Tariffähigkeit** genießen **83** (vgl. → § 218 Rn. 71), steht die Betätigungsgarantie in Form des Rechts auf Mitgliederwerbung bzw. des Zutrittsrechts zum Betrieb auch nicht tariffähigen Koalitionen zu.[78] Das BAG argumentiert für das Zugangsrecht tariffähiger gelegentlich, dass diese dem Arbeitgeber nicht wie ein völlig unbeteiligter Dritter gegenüberstehen, sondern mit diesem vielmehr schon in verschiedenen sich aus dem BetrVG und dem TVG ergebenden Rechtsbeziehungen stehen.[79] Diese Rechtsbeziehungen betreffen aufgrund des – jedenfalls vom BAG – einfachgesetzlich einheitlich verwandten Gewerkschaftsbegriffs[80] nur tariffähige Koalitionen. Daraus dass dieses Argument für nicht tariffähige Koalitionen nicht greift, wird teilweise gefolgt, dass deren Zutrittsrecht einzuschränken sei.[81] Dem ist nicht zuzustimmen; gerade kleine bzw. neue Arbeitnehmervereinigungen sind auf eine effektive Werbung im Betrieb angewiesen. Das Zutrittsrecht folgt schon aus Art. 9 Abs. 3 GG, ohne dass es eines Rückgriffs auf eine die Koalition übersteigende Eigenschaft als Gewerkschaft bedarf.

Für die Modalitäten stellt die Mitgliederwerbe-Entscheidung des BVerfG vom 14.11. **84** 1995[82] klar, dass zwar einerseits jede Koalitionsbetätigung von Art. 9 Abs. 3 GG geschützt ist, dass es aber Sache der einfachen Rechtsordnung ist, außerhalb des Kernbereiches das Interesse der Koalition an möglichst effektiver und kostengünstiger Mitgliederwerbung mit den Interessen des Arbeitgebers am ungestörten Betriebsablauf durch **Abwägung** in Einklang zu bringen. Wie bei der Mitgliederbetreuung gilt aber auch hier: Der Staat darf den Arbeitgeber nicht in den Dienst der Gewerkschaft stellen, indem er ihm aufgibt, die Kosten oder den Aufwand der Mitgliederwerbung zu tragen. Im Einzelnen gilt:

Grundsätzlich können die Koalitionen selbst über Anlass, Inhalt, Ort und konkrete **85** Durchführung ihrer Werbung um weitere Mitglieder befinden.[83] Sie sind berechtigt, **in den Betrieben und Dienststellen zu werben.** Das ist für Gewerkschaften im Prinzip unerlässlich, denn vor allem hier ist die für eine effektive Werbung erforderliche Aufmerksamkeit und Aufgeschlossenheit der umworbenen Arbeitnehmer aufgrund des unmittelbaren Bezugs zu den Aufgaben und Problemen, auf die sich das Tätigwerden einer Gewerkschaft bezieht, gegeben.[84] Auf irgendeinem effektiven Wege **muss** die Gewerk-

---

[74] Richardi BetrVG/*Richardi* § 2 Rn. 146 f.
[75] BAG 28.2.2006 – 1 AZR 460/60, BAGE 117, 137 = NZA 2006, 798; *Däubler* Gewerkschaftsrecht im Betrieb Rn. 258; aA *Höfling/Burkiczak* AP GG Art. 9 Nr. 142.
[76] BVerfG 14.11.1995 – 1 BvR 601/92, BVerfGE 93, 352 = NZA 1996, 381; BAG 28.2.2006 – 1 AZR 460/04, BAGE 117, 137 = NZA 2006, 798; aA *Höfling/Burkiczak* AP GG Art. 9 Nr. 142: keine Suspendierung des Vorbehaltes des Gesetzes; ähnlich *Waltermann* EuZA 2015, 15 (28).
[77] BAG 22.5.2012 – 1 ABR 11/11, BAGE 141, 360 = NZA 2012, 1176.
[78] BAG 19.9.2006 – 1 ABR 53/05, BAGE 119, 279 = NZA 2007, 518; 22.5.2012 – 1 ABR 11/11, BAGE 141, 360 = NZA 2012, 1176; *Schönhöft/Klafki* NZA-RR 2012, 393.
[79] BAG 28.2.2006 – 1 AZR 460/04, BAGE 117, 137 = NZA 2006, 789; 20.1.2009 – 1 AZR 515/08, BAGE 129, 145 = NZA 2009, 615.
[80] BAG 19.9.2006 – 1 ABR 53/05, BAGE 119, 279 = NZA 2007, 518.
[81] *Schönhöft/Klafki* NZA-RR 2012, 393 (396).
[82] BVerfG 14.11.1995 – 1 BvR 601/92, BVerfGE 93, 352 = NZA 1996, 381; jetzt auch 6.2.2007 – 1 BvR 978/05, NZA 2007, 394; zuvor schon 26.5.1970 – 2 BvR 664/65, BVerfGE 28, 295 = NJW 1970, 1635; 30.11.1965 – 2 BvR 54/62, BVerfGE 19, 303 = NJW 1966, 491.
[83] BAG 22.6.2010 – 1 AZR 179/09, BAGE 135, 1 = NZA 2010, 1365.
[84] BVerfG 26.5.1970 – 2 BvR 664/65, BVerfGE 28, 295 = NJW 1970, 1635; BAG 22.6.2010 – 1 AZR 179/09, BAGE 135, 1 = NZA 2010, 1365; kritisch *Höfling/Burkiczak* AP GG Art. 9 Nr. 142.

schaft Mitglieder werben können und das hat der Arbeitgeber auch hinzunehmen. Dennoch ist iRd erforderlichen Abwägung zwischen verschiedenen Räumlichkeiten des Betriebs bzw. der Dienststelle zu unterscheiden. Insofern gilt, dass die Interessen des Arbeitgebers (insbesondere reibungsloser Betriebsablauf) im Werkstattbereich, in Verkaufsräumen oÄ regelmäßig am stärksten beeinträchtigt werden und die werbende Koalition daher auf Alternativen, insbesondere Pausenräume etc., verwiesen werden kann.[85]

86 Aus dem gleichen Grund beschränkt sich das Recht zur Information und Mitgliederwerbung auf die **Zeit vor Arbeitsbeginn und nach Arbeitsende sowie auf die Pausen**.[86] Wenn das BVerfG für die Mitgliederwerbung in der Arbeitszeit (des Umworbenen) meint, ihre Zulässigkeit sei lediglich anhand einer Abwägung zwischen Koalitionsbetätigungsfreiheit einerseits und den grundsätzlich geschützten Positionen des Arbeitgebers (Hausrecht, wirtschaftliche Betätigungsfreiheit) andererseits zu entscheiden, so lässt das das Verbot der Indienstnahme des sozialen Gegenspielers (→ § 220 Rn. 77) außer Betracht. Die Mitgliederwerbung während der Arbeitszeit die Arbeitsleistung beeinträchtigen und damit den Vollzug des Arbeitsverhältnisses. Mit dem Recht des Arbeitgebers auf Arbeitsvertragstreue aus Art. 12 Abs. 1 GG ist das nicht zu vereinbaren. Sofern hiergegen eingewandt wird, auch andere in Art. 9 Abs. 3 GG garantierte Betätigungsformen, wie etwa der Streik, haben Vorrang vor arbeitsvertraglichen Abmachungen,[87] wird verkannt, dass die Koalitionen iRd Mitgliederwerbung ohne Weiteres auf die Arbeitspausen ausweichen können und daher nicht übermäßig in ihrem Grundrecht aus Art. 9 Abs. 3 GG betroffen sind.[88] Die Abwägung fällt zu ihren Lasten aus.

87 Zur weiten Einschätzungsprärogative der Koalitionen gehört die Auswahl der werbenden Gewerkschaftsmitglieder. Während das BVerfG in seiner Entscheidung vom 17. 2. 1981[89] noch davon ausging, dass **betriebsfremden Gewerkschaftsmitgliedern**[90] grundsätzlich kein Zutrittrecht zum Betrieb zustehe, bejahte das BAG nach Aufgabe der Kernbereichslehre[91] dieses Zutrittrecht.[92] Dafür spricht, dass hierdurch eine effektivere Gewerkschaftsarbeit gewährleistet wird, denn betriebsexterne Beauftragte können diese aufgrund größerer Unabhängigkeit vom Arbeitgeber, vermehrt zur Verfügung stehender Zeit und besserer Schulung ggf. besser leisten.[93] Ist die Gewerkschaft hingegen noch nicht im Betrieb vertreten, wird gegen ein Zutrittsrecht angeführt, dass dieses ausschließlich vom Verbandswillen der Gewerkschaft, die ihren Organisationsbereich in ihrer Satzung festlegt, abhinge.[94] Allerdings würde so die Bildung neuer Koalitionen, die gerade in ihrem Anfangsstadium auf die Werbung neuer Mitglieder angewiesen ist, stark erschwert.[95] Das Grundrecht der Koalitionsfreiheit darf nicht dazu missbraucht werden, den etablierten

---

[85] LAG Bln-Bbg 3. 8. 2011 – 4 Sa 839/11, ArbuR 2012, 83; einschränkend *Däubler* Gewerkschaftsrechte im Betrieb Rn. 441, der kurze Gespräche auch an den Arbeitsplätzen und während der Arbeitszeit als zulässig erachtet.
[86] BAG 14. 2. 1978 – 1 AZR 280/77, BAGE 30, 122 = NJW 1979, 1844.
[87] *Däubler* Gewerkschaftsrechte im Betrieb Rn. 393.
[88] *Schönhöft/Klafki* NZA-RR 2012, 393 (394 f.).
[89] BVerfG 17. 2. 1981 – 2 BvR 384/78, BVerfGE 57, 220 = NJW 1981, 1829.
[90] Zur Compliance-Problematik s. *Schmittlein* Verbands-Compliance S. 211 ff.
[91] BVerfG 26. 6. 1991 – 1 BvR 779/85, BVerfGE 84, 212 = NZA 1991, 809.
[92] BAG 28. 2. 2006 – 1 AZR 450/04, BAGE 117, 137 = NZA 2006, 798; 22. 6. 2010 – 1 AZR 179/09, BAGE 135, 1 = NZA 2010, 1365; aA und für eine Bindungswirkung der Entscheidung des BVerfG auch nach Aufgabe der Kernbereichslehre: *Höfling/Burkiczak* AP GG Art. 9 Nr. 142; Richardi BetrVG/*Richardi* § 2 Rn. 151.
[93] So schon BVerfG 17. 2. 1981 – 2 BvR 384/78, BVerfGE 57, 220 = NJW 1981, 1829; *Däubler* Gewerkschaftsrechte im Betrieb Rn. 413; *Reuter* FS G. Müller, 1981, 401 ff.; *Schwerdtner* SAE 1980, 113.
[94] Richardi BetrVG/*Richardi* § 2 Rn. 153.
[95] *Däubler* Gewerkschaftsrechte im Betrieb Rn. 415; *Rosenau* Die Koalitionsbetätigungsfreiheit S. 131 f.: Koalitionen müssen bzgl. des Zugangs zu Werbungszwecken grds. gleichbehandelt werden. Der Grundsatz der abgestuften Chancengleichheit, der für die Wahlwerbung von Parteien entwickelt wurde, könne aber angewandt werden.

Gewerkschaften Wettbewerbsvorteile zu verschaffen.⁹⁶ Auch das BVerfG ließ noch vor Aufgabe der Kernbereichslehre eine dahingehende Offenheit erkennen.⁹⁷

Zu Zwecken der Mitgliederwerbung muss der Arbeitgeber die **Verteilung von gewerkschaftlichem Informations- und Werbematerial** in seinem Betrieb oder in der Dienststelle dulden.⁹⁸ Dies gilt auch für die Verteilung von Gewerkschaftszeitungen zu Werbezwecken.⁹⁹ Des Weiteren hat der Arbeitgeber die mit der Werbetätigkeit notwendig verbundene **Inanspruchnahme der betrieblichen Räume** zu dulden. Er muss deshalb insbesondere die Anbringung entsprechenden Schriftguts an den Bekanntmachungstafeln des Betriebs hinnehmen.¹⁰⁰ Dass die Gewerkschaftsmitglieder die Betriebsmittel, etwa Maschinen, firmeneigene Kraftfahrzeuge oder die vom Arbeitgeber gestellte Arbeitskleidung als Werbeträger verwenden, braucht der Arbeitgeber nicht hinzunehmen.¹⁰¹ **Duldung** der notwendigen Inanspruchnahme betrieblicher Räume heißt nur schlichte Hinnahme der Beeinträchtigung des Besitzrechts an den Räumen. Geboten ist weder der Abschluss eines schuldrechtlichen Vertrages über die Gestattung, noch die Einräumung unmittelbaren Besitzes am Anschlagsbrett im sachenrechtlichen Sinn.¹⁰² Die Inanspruchnahme der Betriebsräume kann der Arbeitgeber auch nicht unter Berufung auf **Art. 13 GG** hindern.¹⁰³

88

Das Zutrittsrecht zum Betrieb umfasst nach Ansicht des BAG nicht nur den körperlichen Zugang; dem Arbeitgeber steht vielmehr auch kein Unterlassungsanspruch gegen die Zusendung von **E-Mails an die betriebliche E-Mail-Adressen** der Arbeitnehmer durch die Gewerkschaft zu.¹⁰⁴ Das Recht der Koalitionen, selbst über die Art und Weise der Mitgliederwerbung zu entscheiden und sich durch die Nutzung eines „modernen" Kommunikationsweges attraktiver zu machen, sei höher einzustufen als die betroffenen Arbeitgeberinteressen in Form der Beeinträchtigung des Eigentums und der Störung des Betriebsablaufs.¹⁰⁵ Teilweise wird hiergegen angeführt, die Systematik des § 1004 BGB gebe das von den Gerichten nachzuzeichnende Rangverhältnis vor – primär Ausschlussrecht des Arbeitgebers und nur ausnahmsweise Duldungspflicht.¹⁰⁶ Dies mangelt jedoch der nach der Rechtsprechung erforderlichen Abwägung der Interessen der Koalition mit denen des Arbeitgebers und müsste sonst jedwedem Zugangsrecht der Koalitionen entgegengehalten werden.¹⁰⁷ Ob die Gewerkschaft die E-Mail-Adressen in datenschutzrechtlich zulässiger Art und Weise erlangt hat, ist für den Unterlassungsanspruch des Arbeitgebers unerheblich.¹⁰⁸ Allerdings enthält die DSGVO und das neue BDSG keine entsprechende

89

---

⁹⁶ *Schwerdtner* SAE 1980, 113 (116); aA *Reuter* FS G. Müller, 1981, S. 406 f.
⁹⁷ BVerfG 17. 2. 1981 – 2 BvR 384/78, BVerfGE 57, 220 = NJW 1981, 1829.
⁹⁸ BAG 14. 2. 1967 – 1 AZR 494/65, BAGE 19, 217 = NJW 1967, 843; 14. 2. 1978 – 1 AZR 280/77, BAGE 30, 122 = NJW 1979, 1844.
⁹⁹ BAG 23. 2. 1979 – 1 AZR 540/77, ArbuR 1979, 90.
¹⁰⁰ BAG 14. 2. 1978 – 1 AZR 280/77, BAGE 30, 122 = NJW 1979, 1844; 30. 8. 1983 – 1 AZR 121/81, AP GG Art. 9 Nr. 38.
¹⁰¹ BAG 23. 9. 1979 – 1 AZR 172/78, BAGE 31, 318 = SAE 1980, 187; aA *P. Hanau* ArbR.Gegw. 17 (1980), 36; *Däubler* Gewerkschaftsrechte im Betrieb Rn. 370.
¹⁰² Vgl. aber *Dütz* Die gewerkschaftliche Befugnis S. 68, der regelmäßig Leihe annehmen will.
¹⁰³ BVerfG 13. 10. 1971 – 1 BvR 280/66, BAGE 32, 54 (69 ff.) = NJW 1971, 2299; BAG 14. 2. 1967 – 1 AZR 494/65, BAGE 19, 217 = NJW 1967, 843; aA für den Schutz der Wohnung nach Art. 8 EMRK: EuGH 21. 9. 1989 – 46/87, NJW 1989, 3080.
¹⁰⁴ BAG 20. 1. 2009 – 1 AZR 515/08, BAGE 129, 145 = NZA 2009, 615; Richardi BetrVG/*Richardi* § 2 Rn. 162.
¹⁰⁵ Kritisch *Arnold/Wiese* NZA 2009, 716 (719); *Rosenau* Die Koalitionsbetätigungsfreiheit S. 151 unterscheidet bzgl. der Werbung per E-Mail zwischen anlassbezogener und anlassunabhängiger Koalitionswerbung.
¹⁰⁶ *Ulrici* AP GG Art. 9 Nr. 137.
¹⁰⁷ Ähnlich *Mehrens* BB 2009, 2086 (2088); *Däubler* Gewerkschaftsrechte im Betrieb Rn. 547l; dazu auch MKS/*Kemper* GG Art. 9 Rn. 106.
¹⁰⁸ BAG 20. 1. 2009 – 1 AZR 518/08, BAGE 129, 145 = NZA 2009, 615, das jedenfalls bzgl. der Gewerkschaftsmitglieder § 28 Abs. 1 Nr. 1 BDSG bejaht; *Mehrens* BB 2009, 2086 (2087); aA *Arnold/Wiese* NZA 2009, 716 (719).

Öffnungsklausel für die Gewerkschaften. Ein Arbeitnehmer muss es nicht hinnehmen, dass seine E-Mail-Adresse an die Gewerkschaft als Dritte weitergegeben wird.

90 Den Gewerkschaften steht jedoch kein Recht auf Werbung über das **betriebliche Intranet** des Arbeitgebers zu. Insbesondere kann diese Form der Mitgliederwerbung nicht mit dem herkömmlichen „Schwarzen Brett" verglichen werden.[109] Der Betriebsinhaber müsste hier für die Gewerkschaft tätig werden und so in den Dienst der Gewerkschaft genommen werden. Die Gewährung eines Zugangs mit eigenen Administratorrechten scheitert wiederum aus Gründen der Sicherung von Betriebsgeheimnissen.[110]

91 Auch bei **Kirchen** führt die verfassungsrechtliche Gewährleistung durch Art. 140 GG iVm den Art. 138 ff. der Weimarer Reichsverfassung zur Beschränkung der Koalitionsrechte. Das führt einmal dazu, dass die Gewerkschaft in Kirchen und kirchlichen Einrichtungen Mitgliederwerbung in jedem Fall nur durch betriebsangehörige Gewerkschaftsmitglieder betreiben kann (eingehend → § 160 Rn. 19 ff.).[111] Das wird auch von der Mitgliederwerbe-Entscheidung des BVerfG[112] nicht in Frage gestellt.[113] Die Werbemaßnahmen der betriebsangehörigen Gewerkschaftsmitglieder müssen so erfolgen, dass sie die kirchliche Lebensäußerung nicht beeinträchtigen.

92 **Thematisch** ist die Mitgliederwerbung keiner Einschränkung unterworfen. Insbesondere sind die Gewerkschaften nicht darauf verwiesen, mit ihren Erfolgen in der Tarifpolitik zu werben. Die Mitgliederwerbung ist insgesamt unerlässlich, da nicht unterschieden werden kann, welche Motive für einen möglichen Eintritt in die Gewerkschaft maßgebend sind. Eine Gewerkschaft kann auch damit werben, ihren Mitgliedern in bestimmten Fällen Unterstützung und Hilfe zukommen zu lassen.[114] Erst die (Mitgliederwerbung in Form von) Sach- und Zielwerbung der Koalition ist thematisch eingegrenzt.

93 Von vornherein darf die Koalitionswerbung schon wegen Art. 9 Abs. 2 GG nicht beleidigen, übel nachreden oder gar verleumden.[115] Im Übrigen geht es praktisch um eine Güter- und Interessenabwägung im Rahmen des Deliktsschutzes: Das von Art. 9 Abs. 3 GG geschützte Recht der Koalitionen, Mitglieder zu werben, muss mit dem Recht des Angegriffenen in Ausgleich gebracht werden. Wird eine konkurrierende oder gegnerische Koalition angegriffen, geht es um deren kollektive Koalitionsbetätigungsfreiheit als absolutes Recht.[116] Bei Außenseitern ist die negative Koalitionsfreiheit betroffen. Der einzelne Arbeitgeber kann sein aus Art. 14, 12 GG folgendes Recht am eingerichteten und ausgeübten Gewerbebetrieb geltend machen. Soweit als Arbeitgeber oder Außenseiter natürliche Personen angegangen werden, muss auch deren Persönlichkeitsrecht in die Abwägung eingestellt werden.

94 Die Notwendigkeit, in eine Koalition einzutreten, lässt sich überzeugend oft nur durch **Kritik am Gegenspieler** dartun. Auch insoweit dürfen scharfe Klingen geführt werden;[117] lediglich schlechthin unsachliche Angriffe sind unzulässig.[118] Dass ein Arbeitgeberverband eine gegnerische Gewerkschaft als klassenkämpferisch bezeichnet und von der Notwendigkeit spricht, Solidarität gegen die Erpressung im Arbeitskampf zu üben, ist zulässig. Umgekehrt darf die Gewerkschaft einen Arbeitgeberverband als Unterdrücker,

---

[109] So aber *Däubler* Gewerkschaftsrechte im Betrieb Rn. 547z.
[110] *Rosenau* Die Koalitionsbetätigungsfreiheit S. 151; *Dumke* RdA 2009, 77 (80).
[111] Vgl. BVerfG 17. 2. 1981 – 2 BvR 384/78, BVerfGE 57, 220 = NJW 1981, 1829.
[112] BVerfG 14. 11. 1995 – 1 BvR 601/92, BVerfGE 93, 352 (361) = NZA 1996, 381.
[113] LAG BW 8. 9. 2010 – 2 Sa 24/10, LAGE GG Art. 9 Nr. 17 = ZTR 2011, 121; das BAG konnte wegen eines Anerkenntnisses des beklagten Arbeitgebers zu dieser Frage nicht Stellung nehmen, vgl. BAG-Presseerklärung Nr. 84/12; aA *Däubler* Gewerkschaftsrechte im Betrieb Rn. 786; Schaub ArbR-HdB/*Treber* § 190 Rn. 27.
[114] BAG 30. 8. 1983 – 1 AZR 121/81, AP GG Art. 9 Nr. 38.
[115] BAG 14. 2. 1967 – 1 AZR 494/65, BAGE 19, 217 = NJW 1967, 843.
[116] BGH 6. 10. 1964 – VI ZR 176/63, BGHZ 42, 210 = NW 1965, 156.
[117] Zust. *Gamillscheg* Grundrechte S. 249 f.
[118] BAG 14. 2. 1967 – 1 AZR 494/65, BAGE 19, 217 = NJW 1967, 843; weitergehend *Däubler* Gewerkschaftsrechte im Betrieb Rn. 336 ff.

Ausbeuter etc. bezeichnen. Die entscheidende Grenze liegt wie auch sonst im Äußerungsrecht in der **Schmähkritik** und im Verbreiten unwahrer Tatsachen.

Der **einzelne Arbeitgeber** darf isoliert als Gegner angegangen werden. Auch er muss sich scharfe Angriffe gefallen lassen, kann aber unwahre Behauptungen, Hetze und Eingriffe in seine Privatsphäre abwehren.[119] Einen Arbeitgeber mit dem Etikett „unsozial" zu versehen oder ihn als Jobkiller anzugehen, begegnet keinen Bedenken. Ihn als Menschenverächter oder Sklavenhalter zu bezeichnen, stellt dagegen Hetze dar.[120]

Für den **Sonderfall des Gewerkschaftswettbewerbs in der Betriebsverfassung,** insbesondere in Betriebsversammlungen oder bei Betriebsratswahlen, wird der Koalitionswettbewerb von dem Gebot der vertrauensvollen Zusammenarbeit (§ 2 Abs. 1 BetrVG) und dem besonderen Schutz des Betriebsfriedens und des Arbeitsablaufs (§ 74 Abs. 2 BetrVG) erfasst.[121] Daraus folgt: Der Maßstab für die Werbung ist strenger. Es muss nicht die Intensität des betriebsbezogenen Eingriffs in den Gewerbebetrieb erreicht sein. Vielmehr genügt, dass die Werbung den Betriebsablauf oder Betriebsfrieden stört.

Dass die Koalitionen in ihrer Mitgliederwerbung thematisch nicht begrenzt sind (→ Rn. 92) hat zur Folge, dass diese auch Rechte nicht am Arbeitsleben Beteiligter betreffen kann. Vor allem geht es dabei um die Werbung mit Leistungen, die auch gewerblich angeboten werden, etwa eine Freizeitunfallversicherung, eine Privatrechtsschutzversicherung oder Einkaufsvorteile.[122] Zwar fällt auch diese Werbung als Mitgliederwerbung unter den Schutz des Art. 9 Abs. 3 GG.[123] Weil aber die Werbung sachlich aus dem Schutzbereich der Koalitionsfreiheit herausfällt – die Gewerkschaften sprechen insofern die Arbeitnehmer in ihrer Rolle als Verbraucher an (→ § 224 Rn. 4) – können die Koalitionen für die Beurteilung der Zulässigkeit solcher Werbemaßnahmen nicht die Koalitionsfreiheit, sondern nur die allgemeinen Grundrechte in Anspruch nehmen.[124] Dementsprechend greift im Rahmen der allgemeinen Rechtsordnung auch das Wettbewerbsrecht des UWG, auf Arbeitgeberseite auch das GWB bzw. Art. 101 AEUV, sowie die sich aus dem Vereinsrecht ergebenden auch wettbewerblichen Grenzen (zur Gruppenversicherungsentscheidung des BGH, näher → § 224 Rn. 20).

Werden diese Grenzen überschritten, so ist die Werbung in aller Regel nur gegenüber konkurrierenden Dritten unzulässig.[125] Soweit eine unzulässige Koalitionswerbung im Betrieb aber dem Arbeitgeber zugerechnet werden und er deshalb selbst von Dritten als wettbewerblicher Störer in Anspruch genommen werden kann, muss er aber seinerseits diese Werbung abwehren können, weil über die Inanspruchnahme durch Dritte in seinen Gewerbebetrieb eingegriffen wird.[126]

6. Sach- und Zielwerbung

Von der Mitgliederwerbung zu trennen ist die allgemeine Sach- und Zielwerbung der Koalitionen. Wie effektiv diese ihre Vorstellungen von der richtigen Ordnung des Arbeitslebens durchsetzen können, hängt maßgeblich auch von ihrer Akzeptanz in der Gesellschaft ab. Die Koalitionen müssen deshalb ihre Ordnungsvorstellungen nicht nur in der Tarifauseinandersetzung mit dem sozialen Gegenspieler vertreten können. Es muss ih-

---

[119] BAG 14.2.1978 – 1 AZR 280/77, BAGE 30, 122 = NJW 1979, 1844.
[120] Vgl. *Löwisch* Anm. zu EzA § 74 BetrVG 1972 Nr. 3.
[121] BAG 14.2.1967 – 1 ABR 7/66, BAGE 19, 236 = NJW 1967, 1295.
[122] Dazu *Schreiber* WSI-Mitteilungen 1995, 175 ff. oder Lohnsteuerberatung.
[123] BAG 30.8.1983 – 1 AZR 121/81, AP GG Art. 9 Nr. 38.
[124] Vgl. die Rechtsprechung des BVerfG zu Lohnsteuerhilfevereinen, das die Mitgliederwerbung Art. 9 Abs. 1 GG und die Leistungswerbung Art. 12 Abs. 1 GG zuordnet, 9.10.1991 – 1 BvR 397/87, BVerfGE 84, 372 = NJW 1992, 549; 7.11.1991 – 1 BvR 1469/86, BVerfGE 85, 97 = NJW 1992, 550.
[125] Vgl. BGH 9.3.1995 – I ZR 157/93, NJW 1995, 2358 für einen Lohnsteuerhilfeverein, der die Werbung für Lohnsteuerberatung des DGB abwehren will.
[126] Dass der Arbeitgeber insoweit selbst zum Störer werden kann, übersieht das BAG 30.8.1983 – 1 AZR 121/81, AP GG Art. 9 Nr. 38, wenn es darauf abhebt, dass der Arbeitgeber nicht an dem gestörten Wettbewerb teilnehme.

nen auch möglich sein, ihre Ziele und Sachaussagen gegenüber Nichtorganisierten der eigenen Seite, den Mitgliedern der anderen Seite, der Öffentlichkeit und dem Staat darzustellen und für diese Positionen zu werben. Auch die allgemeine Sach- und Zielwerbung gehört damit zum von Art. 9 Abs. 3 GG geschützten Betätigungsrecht.

100 Im Gegensatz zur Mitgliederwerbung, die wegen der Bestandsgarantie ohne Rücksicht auf das **Thema** von der Koalitionsfreiheit geschützt ist, ist das bei der Sach- und Zielwerbung nicht der Fall. Sie unterfällt der Koalitionsfreiheit nur, wo es **unmittelbar** um die geschützte Betätigung im Bereich der **Arbeits- und Wirtschaftsbedingungen** geht. Sonst würde die Koalition gegenüber anderen am Meinungskampf teilnehmenden Verbänden unzulässig privilegiert. Das ist der eigentliche Grund dafür, dass politische Wahlwerbung im Betrieb von vornherein nicht geschützt ist[127] und damit das Hausrecht des Arbeitgebers nicht weichen muss.[128]

101 Nicht unter die durch Art. 9 Abs. 3 GG geschützte Betätigungsgarantie fallen parteipolitische Stellungnahmen[129] und allgemeinpolitische Äußerungen, solange sie keinen unmittelbaren Bezug zum Bereich der Arbeits- und Wirtschaftsbedingungen haben.[130] Auch jede andere politische Betätigung, wie etwa die „gewerkschaftliche Friedensarbeit" ist nicht von Art. 9 Abs. 3 GG gedeckt.[131] Deshalb kann es hier kein Recht der Gewerkschaft geben, Friedensveranstaltungen im Betrieb des Arbeitgebers durchzuführen oder gar Wahlwerbung für politische Wahlen zu betreiben. Außerhalb des Betriebes bewendet es bei der Betätigung der Koalition als Verein nach Art. 9 Abs. 1 GG, zu der auch die Kundgabe politischer Meinungen rechnen kann. Insoweit wird der Grundrechtsschutz durch Art. 5 und gegebenenfalls Art. 8 GG verstärkt.

7. Beteiligung der Koalitionen an konkurrierenden Einrichtungen

102 Mit der Errichtung **betrieblicher Interessenvertretungen** für Arbeitnehmer hat der Gesetzgeber die Belegschaft als Zwangsverband organisiert und damit den Koalitionen eine Konkurrenz geschaffen, die sie in einem zentralen Punkt ihrer Tätigkeit betrifft. Dieser Eingriff in den Kernbereich ist im Prinzip durch eine verfassungsimmanente Schranke gedeckt: Das Grundgesetz hat im Anschluss an Art. 165 der WRV in Art. 74 Abs. 1 Nr. 12 GG dem Gesetzgeber die Kompetenz für die „Betriebsverfassung" und in Art. 73 Abs. 1 Nr. 8 GG des Bundes für die „Personalvertretung" verliehen. Diese Kompetenz ist zugleich Ausdruck der aus Art. 12 Abs. 1 GG folgenden Schutzpflicht des Staates auch gegenüber nichtorganisierten Arbeitnehmern. Auch diese verfassungsrechtliche Eingriffsermächtigung darf ihrerseits nicht dazu führen, dass die Koalitionsfreiheit unbeachtet bleibt. Vielmehr muss ein verhältnismäßiger Ausgleich zwischen beiden Positionen hergestellt werden.

103 Von selbst versteht sich aus verfassungsrechtlicher Sicht, dass die Wahrnehmung der Mitgliederinteressen durch die Koalition von der Betriebsverfassung wie der Personalvertretung unberührt bleibt (§ 2 Abs. 3 BetrVG und § 2 Abs. 3 BPersVG). Art. 9 Abs. 3 GG gebietet auch, die Betriebe der Koalitionen selbst von Mitbestimmung durch die Arbeitnehmer der Koalition freizustellen, soweit es um die von Art. 9 Abs. 3 GG geschützte Interessenwahrnehmung geht. § 118 Abs. 1 BetrVG ist also, was die Ausnahme von Betrieben und Unternehmen mit koalitionspolitischen Bestimmungen angeht, verfassungsrechtlich geboten.[132] Den Beschäftigten von Koalitionen bleibt „nur" der Schutz durch

---

[127] BAG 14.2.1967 – 1 AZR 494/65, BAGE 19, 217 = NJW 1967, 843, das allerdings zu Unrecht den Ausschluss der allgemeinpolitischen Betätigung auf die Mitgliederwerbung übertragen hat.
[128] Vgl. BVerfG 28.4.1976 – 1 BvR 81/76, BVerfGE 42, 133 = NJW 1980, 1093.
[129] BVerfG 28.4.1976 – 1 BvR 42, 133, BVerfGE 42, 133 = NJW 1976, 1627.
[130] BAG 14.2.1967 – 1 AZR 494/65, BAGE 19, 217 = NJW 1967, 843; aA *Däubler* Gewerkschaftsrechte im Betrieb Rn. 311, der aus BAG 17.3.2010 – 7 ABR 95/08, BAGE 133, 342 = NZA 2010, 1133 schließt, dass auch Koalitionen der allgemeinpolitische Bereich eröffnet ist.
[131] So aber *Däubler* Gewerkschaftsrechte im Betrieb Rn. 294 ff.
[132] Vgl. BVerfG 6.11.1979 – 1 BvR 81/76, BVerfGE 52, 283 = NJW 1980, 1093 für Presseunternehmen nach Art. 5 Abs. 1 GG.

V. Koalitionsfreiheit als Diskriminierungsverbot

Koalitionsbildung, der aber durch den Koalitionsschutz ihres Arbeitgebers nicht berührt wird.¹³³

Die Beeinträchtigung der Koalitionsbetätigung durch die Konkurrenz staatlich verordneter Interessenvertretungen kann nur in einen verhältnismäßigen Ausgleich mit der Koalitionsfreiheit gebracht werden, wenn es den Arbeitnehmerkoalitionen möglich ist, ihre Vorstellungen von der richtigen Ordnung abhängiger Arbeit auch in der Betriebs- und Personalverfassung zu Gehör zu bringen. Insofern können die Arbeitnehmerkoalitionen regelmäßig nicht auf ihre bloße Sach- und Zielwerbung (→ Rn. 99 ff.) verwiesen werden.

Für den verhältnismäßigen Ausgleich bedarf es jedoch der Möglichkeit **„als Koalition" an den Wahlen** zu den betrieblichen Wahlgremien **teilzunehmen**.¹³⁴ Teilnahme als Koalition bedeutet, dass der Wahlvorschlag unter dem Namen der Koalition eingereicht werden kann und sich ein Unterschriftsquorum nicht als Fernhaltevorkehrung zu Lasten von Minderheitsgewerkschaften auswirkt.¹³⁵ Besondere Erleichterungen, wie das in § 14 Abs. 5 BetrVG vorgesehene Vorschlagsrecht ohne Quorum, sind nicht geboten. Die Koalition muss ihr Gewicht auch durch eine effektive Wahlwerbung in die Waagschale werfen können.¹³⁶ Für diese Wahlwerbung gelten dieselben Grenzen wie für die Mitglieder- und die Sach- und Zielwerbung (→ Rn. 100). Dass die **im Betrieb oder der Dienststelle nicht vertretenen Gewerkschaften** unberücksichtigt bleiben, ist hinzunehmen. Das entspricht dem strikt betriebsbezogenen Charakter der Betriebs- und Personalverfassung. Die Interessen von Nichtmitgliedern zu vertreten, unterfällt nicht der Koalitionsfreiheit. Dass jenen Gewerkschaften die Möglichkeit genommen wird, auf diesem Weg Nicht- oder Andersorganisierte hinter ihre Meinungsführerschaft zu bringen, ist sachgerecht.

V. Koalitionsfreiheit als Diskriminierungsverbot

1. Bindung des Staates

Als Diskriminierungsverbot verbieten Art. 9 Abs. 3 GG und die international-rechtlichen Gewährleistungen jede unterschiedliche Behandlung zwischen Koalitionen, für die kein sachlicher Grund besteht.¹³⁷ Die schärfste Diskriminierung von Arbeitnehmer- oder Arbeitgeberverbänden liegt in der Versagung des Koalitionsstatus: Der Koalitionsbegriff (→ § 218 Rn. 1 ff.) darf nur mit solchen ungeschriebenen Tatbestandsmerkmalen aufgefüllt werden, die überhaupt für die kollektive Interessenwahrnehmung auf dem Gebiet des Arbeitslebens erforderlich sind. Schlechthin unzulässig ist es, den verfassungsrechtlichen Schutz als Koalition davon abhängig zu machen, dass die Vereinigung ganz bestimmte Koalitionszwecke verfolgt. Ob eine Arbeitnehmervereinigung die Interessen ihrer Mitglieder durch Tarifverträge verfolgen will oder kann, betrifft ihre Tariffähigkeit, nicht aber ihre Koalitionseigenschaft.¹³⁸ Erst recht ist es unzulässig, Anforderungen für eine bestimmte Form der Interessenwahrnehmung auch als Koalitionsvoraussetzung zu formulieren. So ist die Mächtigkeit eine Voraussetzung zwar in der Tariffähigkeit (→ § 232 Rn. 20 ff.), nicht aber der Koalitionseigenschaft (→ § 218 Rn. 71).

Während diese Form der Ungleichbehandlung schon unmittelbar durch den Koalitionsbegriff abgewehrt wird, entscheidet das Diskriminierungsverbot über die Frage, wel-

---

[133] BAG 17.2.1998 – 1 AZR 364/97, BAGE 88, 38 = NZA 1998, 1414, Anm. *Rieble* SAE 1998, 243.
[134] BVerfG 23.3.1982 – 2 BvL 1/81, BVerfGE 60, 162 (169 f.) = NVwZ 1982, 248; 16.10.1984 – 2 BvL 20/82, 2 BvL 21/82, BVerfGE 67, 369 (377 ff.) = NVwZ 1985, 179.
[135] BVerfG 16.10.1984 – 2 BvL 20/82, 2 BvL 21/82, BVerfGE 67, 369 (377 ff.) = NVwZ 1985, 179; näher *Löwisch* FS Zöllner 1998, S. 847.
[136] BVerfG 30.11.1965 – 2 BvR 54/62, BVerfGE 19, 303 = NJW 1966, 491.
[137] *Rieble* Arbeitsmarkt und Wettbewerb Rn. 1854 ff.; dazu eingehend *Eitel* Ungleichbehandlung S. 49 f.; *Bruhn*, Tariffähigkeit von Gewerkschaften und Autonomie S. 69 f. Das muss im Übrigen auch für die Frage gelten, welcher Tarifvertrag sich bei der Tarifpluralität durchsetzt (dazu → § 186 Rn. 25 ff.).
[138] Anders aber NK-TVG/*Peter* § 2 Rn. 6 ff.

che Anforderungen an einfach-gesetzliche Befugnisse von Koalitionen – von der Tariffähigkeit bis zur Rechtsberatung – gestellt werden dürfen. Das BAG formuliert einen **einheitlichen Gewerkschaftsbegriff**, der sämtliche Koalitionsbefugnisse an die Tariffähigkeit bindet.[139] Auch das BVerfG hat 1954 gebilligt, dass einem gemischt fachlichen Arbeitgeberverband die Tariffähigkeit und deshalb die Prozessvertretungsbefugnis abgesprochen worden ist.[140] Das ist falsch, weil damit einmal in die freie Wahl des Koalitionszwecks eingegriffen wird: Eine Arbeitnehmervereinigung oder ein Arbeitgeberverband ist frei darin zu entscheiden, ob er die Interessen der Mitglieder mit Tarifverträgen verfolgen will oder nicht und darf für die Aufgabe der Tariffähigkeit nicht mit dem Entzug der berufsverbandlichen Rechtsberatungsbefugnisse oder der Prozessvertretung oder mit Steuernachteilen bestraft werden. Das hat das BVerfG später für den katholischen Hausgehilfinnenverband ausdrücklich gesagt.[141] Ebensowenig darf für die Zulassung von Gewerkschaftslisten zu Wahlen einer Arbeitnehmerkammer eine besondere Repräsentativität verlangt werden.[142] Das in der Koalitionsfreiheit enthaltene Diskriminierungsverbot zwingt bei der Normierung einfach-rechtlicher Koalitionsbefugnisse zu einem **ausdifferenzierten Anforderungsprofil**: Der Staat darf rechtliche Kompetenzen von Koalitionen nur von solchen spezifischen Merkmalen abhängig machen, die für die Wahrnehmung gerade dieses Rechts erforderlich sind. Mächtigkeit darf deshalb für die Tariffähigkeit verlangt werden, nicht aber für die Prozessvertretungsbefugnis nach § 11 ArbGG. Die Arbeitsrechtsordnung darf Unterschiede zwischen tariffähigen und sonstigen Koalitionen nur insofern machen, als sich ein konkreter inhaltlicher Bezug zum Tarifvertragssystem und seinen Anforderungen nachweisen lässt.

108 Die **Prozessvertretungsbefugnis nach § 11 ArbGG** ist in erster Instanz nach § 11 Abs. 2 S. 2 Nr. 3 ArbGG von vornherein unabhängig von der Tariffähigkeit der Verbände gewährt: Auf Arbeitnehmerseite sind neben den Gewerkschaften ausdrücklich „Vereinigungen von Arbeitnehmern mit sozial- oder berufspolitischer Zwecksetzung" vertretungsbefugt. Dafür, dass in zweiter (und nun auch in dritter, § 11 Abs. 4 S. 2 ArbGG) Instanz die Vertretungsbefugnis mit der bislang herrschenden Meinung auf tariffähige Gewerkschaften beschränkt ist, gibt es keinen sachlichen Grund: Tariffähigkeit darf man für die Prozessvertretung nur verlangen, wenn es um Streitigkeiten um oder aus Tarifverträgen geht, für die solche Verbände eine besondere Kompetenz haben. Diese Streitigkeiten privilegiert das ArbGG sonst ausdrücklich[143], hier fehlt eine entsprechende Beschränkung. Dass eine tariffähige Gewerkschaft eine Kündigungsschutzklage in höherer Instanz besser betreuen könnte, als ein nicht tariffähiger Arbeitnehmerverband, lässt sich nicht begründen. Der vergleichbare § 73 Abs. 2 S. 2 Nr. 5 SGG lässt konsequent sozialpolitische Vereinigungen neben Gewerkschaften zu.[144] Für die **Arbeitgeberseite** hat das BAG noch 1986 in zweiter Instanz für die Prozessvertretung Tariffähigkeit verlangt, 1989 diese ungerechtfertigte Diskriminierung aber aufgegeben und gesagt: „Die Befugnis oder gar der Wille einer Arbeitgebervereinigung, für sich oder für ihre Mitglieder Tarifverträge abzuschließen, ist keine Zulassungsvoraussetzung für ihre Vertreter vor den Gerichten für Arbeitssachen".[145] Insbesondere darf Arbeitgeberverbänden nicht untersagt werden, ihre OT-Mitglieder vor dem Landesarbeitsgericht zu vertreten. Mit dem auf die DGB-Rechtsschutz GmbH zugeschnittenen § 11 Abs. 2 Nr. 5 ArbGG, der auch die Prozessver-

---

[139] BAG 6.7.1956 – 1 AZB 18/55, BAGE 4, 351 = GRUR 1959, 496; BAG 19.9.2006 – 1 ABR 53/05, BAGE 119, 279 = NZA 2007, 518 Rn. 26 ff.; dazu *Buchner* FS 25 Jahre BAG, 1979, S. 55 ff.
[140] BVerfG 18.11.1954 – 1 BvR 629/52, BVerfGE 4, 96 = NJW 1954, 1881.
[141] BVerfG 6.5.1964 – 1 BvR 79/62, BVerfGE 18, 18 = NJW 1964, 1267.
[142] BVerfG 22.10.1985 – 1 BvL 44/83, BVerfGE 71, 81 = NZA 1986, 812; siehe für Aufsichtsratswahlen BAG 14.9.1988 – 7 ABR 93/87, BAGE 59, 328 = NZA 1989, 360; hiergegen *Löwisch* FS Zöllner, 1998, 847.
[143] Prozessuale Privilegien nach §§ 64 Abs. 2 Nr. 2 lit b, 72a Abs. 2 Nr. 2, 76 Abs. 2 Nr. 2 ArbGG.
[144] *Buchner* FS 25 Jahre BAG, 1979, 55 (68 ff.); *Wank/Ramrath* NZA 1993, 345 ff.
[145] BAG 20.2.1986 – 6 AZR 236/84, BAGE 51, 163 = BB 1986, 1784; 16.11.1989 – 8 AZR 368/88, BAGE 63, 255 = NZA 1990, 666; dazu *Wank/Ramrath* NZA 1993, 345 ff.

tretung durch beauftragte Verbände oder eine von der Koalition verselbständigte Rechtsschutz-Gesellschaft zulässt, ist jeder Ansatzpunkt für eine Rechtfertigung dieser Ungleichbehandlung entfallen.

2. Drittwirkung gegenüber Privaten

Wegen der unmittelbaren Drittwirkung des Art. 9 Abs. 3 S. 2 GG ist dieses Diskriminierungsverbot aber auch an den **allgemeinen Rechtsverkehr** gerichtet. Das gilt vor allem für Presse und Rundfunk. Eine Zeitung darf nicht bloß Anzeigen bestimmter Koalitionen abdrucken. Ein sachlicher Grund besteht allerdings einmal für Presseorgane der Koalitionen selbst. Zum anderen ist die Ungleichbehandlung sachlich gerechtfertigt, wo Koalitionen politisch oder weltanschaulich Partei ergreifen. Insoweit können sie nicht verlangen, gerade ihren Meinungsgegner in Dienst zu nehmen.

Wegen der Drittwirkung dürfen **Arbeitgeberverbände** ebensowenig wie der Staat bei der Auswahl der Tarifpartner nach unsachlichen Motiven verfahren. Eine Abwehraussperrung, um eine Gewerkschaft ohne Rücksicht auf die Sachforderungen aus dem Tarifvertragssystem herauszuhalten, wäre rechtswidrig. Auf der anderen Seite ist es eine autonome und ihrerseits von Art. 9 Abs. 3 GG geschützte Entscheidung eines Arbeitgeberverbandes, mit einer bestimmten Gewerkschaft wegen ihrer Tarifpolitik nicht kontrahieren zu wollen.

Für den **einzelnen Arbeitgeber** hat das Diskriminierungsverbot Folgen vor allem bei seinem Verhalten gegenüber den Gewerkschaften im Betrieb. Der Arbeitgeber darf nicht einer Gewerkschaft Räume zuweisen, der anderen aber nicht, oder die Wahl von Vertrauensleuten einer Gewerkschaft im Betrieb zulassen, die anderer Gewerkschaften jedoch nicht. Verhandelt er in Angelegenheiten seiner Arbeitnehmer mit Gewerkschaftsvertretern, darf er von dieser Verfahrensweise nicht bestimmte Gewerkschaften willkürlich ausschließen. Auch bei der Zuteilung von Werbeflächen im Betrieb muss er das Diskriminierungsverbot beachten. Dabei ist es auch kein Sachgrund, dass der Arbeitgeber die tarifschließende Gewerkschaft bevorzugen will. Denn das rechtfertigt es nicht, andere Gewerkschaften in der nichttariflichen Betreuung ihrer Mitglieder schlechter zu stellen.

VI. Rechtsschutz

1. Gegenüber dem Staat

Bedroht der **Staat** den **Bestand** einer Koalition, sind die staatlichen Handlungen als Normen nichtig, als Maßnahmen rechtswidrig (zur Unterscheidung von Abrede und Maßnahme iSv Art. 9 Abs. 3 S. 2 GG → Rn. 74 ff.). Gegen Gesetze können Koalitionen mit der Verfassungsbeschwerde vorgehen, wie das beim MitBestG geschehen ist.[146] Im Übrigen können sie Rechtsschutz vor dem Verwaltungsgericht in Anspruch nehmen, etwa das Vereinsverbot nach § 3 VereinsG (entgegen § 16 VereinsG) als Verwaltungsakt mit der Anfechtungsklage angreifen oder Bedrohungen tatsächlicher Art, etwa die massenhafte Beeinflussung der Staatsbediensteten zum Austritt aus der Gewerkschaft, mit dem öffentlich-rechtlichen Abwehranspruch bekämpfen, gegebenenfalls auch mit einem Folgenbeseitigungsanspruch. Schadensersatz kann im Wege der Amtshaftung nach § 839 BGB iVm Art. 34 GG verlangt werden. Hat sich die Maßnahme zeitlich überholt, so kann mit Blick auf mögliche Wiederholungsgefahren deren Rechtswidrigkeit im Wege der (Fortsetzungs-) Feststellungsklage geltend gemacht werden. Auf zivilrechtlicher Ebene besteht ein Abwehranspruch nach § 1004 BGB.

Eingriffe in die autonome Bestimmung des **Koalitionszwecks** und die autonome **Organisation** können in gleicher Weise abgewehrt werden. Ein unverhältnismäßiges Verbändegesetz wie eine Entscheidung des BAG, die die gewollte Tarifunfähigkeit nicht respektierte, könnten mit der Verfassungsbeschwerde angegriffen werden.

---

[146] Zur Zulässigkeit BVerfG 1.3.1979 – 1 BvR 532/77, 1 BvR 533/77, 1 BvR 419/78, 1 BvL 21/78, BVerfGE 50, 290 = JuS 1979, 897.

114 Normen, die die **Koalitionsbetätigung** unzulässig beschränken, sind nichtig. So verhielte es sich mit einem Zwangsschlichtungsgesetz, aber auch mit einem Betriebsverfassungsgesetz, das die gewerkschaftliche Betätigung im Betrieb ganz ausschlösse.

115 Hingegen ist ein Gesetz zur Regelung der Arbeits- und Wirtschaftsbedingungen von Beamten, das ohne die gebotene Beratung mit Beamtenkoalitionen zustandekommt, nicht nichtig. Denn die Beeinträchtigung deren Koalitionsfreiheit geht nicht vom Gesetzesinhalt, sondern vom Gesetzgebungsverfahren aus. Die gebotene Beratung kann nachgeholt und das Beamtengesetz gegebenenfalls geändert werden.[147]

116 Der Staat ist besonders angesprochen, wo es um seine Verpflichtung auf **Parität und Neutralität im Tarif- und Arbeitskampfsystem** geht. Staatliche Maßnahmen, etwa einseitige Parteinahmen oder die Überlassung öffentlicher Einrichtungen an Koalitionen zur Unterstützung im Arbeitskampf sind rechtswidrig und können öffentlich-rechtlich mit einem Abwehr- und einem Folgenbeseitigungsanspruch bekämpft werden. So wäre eine Unterlassungsklage der Gewerkschaft gegen staatliche Maßhalteappelle in den Lohnverhandlungen ebenso zulässig, wie eine Unterlassungsklage des Arbeitgebers gegen „nachfragesteigernde" Lohnerhöhungsappelle des Bundesfinanzministers. Öffentlich-rechtlichen Charakter hat auch der Streit um den Einsatz von Beamten zur Aufrechterhaltung staatlicher Dienste im Arbeitskampf. Selbst wenn der Staat als Arbeitgeber Partei des Arbeitskampfs ist, erfolgt doch der Beamteneinsatz stets zur Erfüllung öffentlicher Aufgaben und richtet sich damit nach öffentlichem Recht. Entgegen dem BAG[148] ist nicht das zivile Arbeitskampfrecht einschlägig. Der öffentlich-rechtliche Charakter der Neutralitätspflicht des Staates gegenüber Koalitionen und besonders im Arbeitskampf schlägt nicht in einen zivilrechtlichen nur deshalb um, weil der Staat in seiner Rolle als Arbeitgeber am Arbeitskampf beteiligt ist.[149]

117 In Fällen der **Parteinahme im Arbeitskampf,** etwa durch polizeiliche Unterstützung einer Seite, kommt auch der Erlass einer einstweiligen Anordnung durch das Verwaltungsgericht (§ 123 VwGO), notfalls auch durch das Bundesverfassungsgericht in Betracht (§ 32 BVerfGG). Gesetze sind wiederum nichtig und mit der Verfassungsbeschwerde angreifbar. Die Verfassungsbeschwerde der Gewerkschaften gegen die Neufassung des früheren § 116 AFG (jetzt § 146 SGB III) ist ebenso zulässig, wie diejenige der Arbeitgeber gegen die die Aussperrung quotierenden Urteile des BAG und gegen dessen frühere Warnstreikentscheidungen.

118 Im Arbeitskampf steht den Koalitionen gegenüber der Bundesagentur für Arbeit aus Art. 9 Abs. 3 GG iVm § 146 Abs. 1 SGB III ein subjektives Recht auf Neutralität zu.[150] Daraus folgt nach § 54 Abs. 1 S. 2 SGG, dass die Koalitionen selbst Verwaltungsakte der Bundesagentur im Wege der Anfechtungsklage angreifen können. Dabei kommen einmal die einzelnen Bescheide über die Gewährung oder Nichtgewährung von Arbeitslosen- oder Kurzarbeitergeld in Betracht.[151] Aber auch die Entscheidungen des Präsidenten der Bundesagentur über das Ruhen des Anspruchs auf Arbeitslosen- oder Kurzarbeitergeld nach § 146 Abs. 2 SGB III wie die Entscheidungen des Verwaltungsrates der Bundesagentur für Arbeit über die ausnahmsweise Gewährung von Arbeitslosengeld oder Kurzarbeitergeld nach § 146 Abs. 4 SGB III fallen darunter.[152]

---

[147] So im Ergebnis auch BVerwG 25.10.1979 – 2 N 1/78, BVerwGE 59, 48 = NJW 1980, 1763.
[148] BAG 10.9.1985 – 1 AZR 262/84, BAGE 49, 303 = NZA 1985, 814.
[149] Vgl. BVerfG 2.3.1993 – 1 BvR 1213/85, BVerfGE 88, 103 = NJW 1993, 1379; *Löwisch,* Anm. zu BAG 10.9.1985 AR/Blattei Arbeitskampf VII Entscheidung 2; *Seiler* NJW 1986, 413.
[150] BSG 9.9.1975 – 7 RAr 5/73, BSGE 40, 190 = SAE 1976, 237 mit Anm. *Löwisch.*
[151] *Gagel* AFG § 116 Rn. 81.
[152] Für den früheren § 116 AFG: BSG 9.9.1975 – 7 RAr 5/73, BSGE 40, 190 = SAE 1976, 237 mit Anm. *Löwisch; Löwisch* RdA 1972, 73 (78).

VI. Rechtsschutz

2. Gegenüber Privaten

Die Drittwirkung des Art. 9 Abs. 3 S. 2 GG verschafft der Koalition Rechtsschutz auch 119
gegenüber **Privaten.** Das bedeutet vor allem, dass alle **Abreden zur Behinderung gewerkschaftlicher Betätigung** nichtig sind, gleich ob sie unerlässliche Befugnisse beschneiden wollen oder ob sie auf eine Diskriminierung abzielen. Beschließt ein Arbeitgeberverband also, dass seine Mitglieder die Sachwerbung im Betrieb zu unterbinden haben, ist schon dieser Beschluss unwirksam. Der Arbeitgeber, der ihm zuwider Gewerkschaftsplakate duldet, darf nicht mit Verbandssanktionen belegt werden.

Das aus Art. 9 Abs. 3 GG folgende Betätigungsrecht der Koalitionen ist auch ein sonstiges Recht iSv § 823 Abs. 1 BGB und genießt damit **Deliktsschutz.**[153] Demgemäß können rechtswidrige Maßnahmen, die sich gegen die Betätigung einer Koalition richten, durch den quasi-negatorischen Unterlassungsanspruch des § 1004 BGB abgewehrt werden. Der entstandene Schaden ist nach § 823 BGB ausgleichspflichtig. Gewerkschaften können so koalitionsfeindliche Maßnahmen des Arbeitgebers unterbinden, etwa wenn dieser die Einstellung von Arbeitnehmern von der fehlenden Gewerkschaftsmitgliedschaft abhängig macht.[154] Das gilt auch zu Lasten der Gewerkschaft als Arbeitgeber, weshalb ein Verband der Gewerkschaftsbeschäftigten Unvereinbarkeitsbeschlüsse des Arbeitgebers ebenso abwehren kann, wie Ausschluss- und Kündigungsandrohungen.[155] Solche Unterlassungsansprüche greifen aber nicht nur im Verhältnis der Gewerkschaft zum Arbeitgeber oder zwischen gegnerischen Koalitionen, sondern auch zwischen konkurrierenden Koalitionen. Überschreiten konkurrierende Gewerkschaften oder Arbeitgeberverbände die Grenzen des fairen Koalitionswettbewerbs, so können sie über den quasi-negatorischen Unterlassungsanspruch des § 1004 BGB, gegebenenfalls iVm § 824 BGB, Unterlassung der unfairen Wettbewerbspraktiken verlangen.[156] Gegen Bestechungsversuche des Gegenspielers gegenüber Funktionsträgern hat die Koalition einen eigenen Unterlassungsanspruch aus § 1004 BGB.

Zur Frage, inwiefern auch der **Tarifbruch des einzelnen Arbeitgebers** in das Koalitionsbetätigungsrecht eingreift und deswegen mit einem deliktischen Unterlassungsanspruch abgewehrt werden kann (→ § 185 Rn. 7 ff.). 121

Bedeutsam ist das vor allem im **Arbeitskampf.** Der unzulässige Streik, die unzulässige Aussperrung und jede andere unzulässige Kampfmaßnahme stellen sich als Eingriff in das Betätigungsrecht der angegriffenen Koalition dar (eingehend → § 278 Rn. 4 ff.).[157] 122

Im Betrieb führt Art. 9 Abs. 3 GG zum Anspruch auf Duldung der Koalitionsbetätigung gegenüber dem Arbeitgeber.[158] Soweit die Koalitionen Räume des Arbeitgebers benötigen, etwa für die Verteilung von Informationsmaterial oder für das Anbringen von Plakaten, müssen sie dem Arbeitgeber die Duldung auf dem Rechtsweg abringen. Ein Selbsthilferecht steht ihnen nicht zu. Zuständig sind in Fragen des Betätigungsrechts der Koalitionen die Arbeitsgerichte (§ 2 Nr. 2 ArbGG), die ggf. eine einstweilige Verfügung in Form der Regelungsverfügung erlassen können. 123

Die Zwangsvollstreckung erfolgt nach § 890 ZPO durch Androhung und Verhängung von Ordnungsgeld oder Ordnungshaft, nicht nach § 888 ZPO. Die dem Hausrecht des Arbeitgebers entspringende Befugnis, den Ort der Plakatflächen wie den Ort der Prospektverteilung näher zu bestimmen ist zwar eine unvertretbare Handlung. Im Vorder- 124

---

[153] *Dietz* Arbeitszeugnisse ausstellen und beurteilen S. 452 f.; *Hueck/Nipperdey* Bd. II S. 144 f.; *Heinze* Anm. zu BAG 21.12.1982 – 1 AZR 411/80, BAGE 41, 209 = SAE 1983, 224 (227 ff.); BGH 6.10.1964 – VI ZR 176/63, BGHZ 42, 210 (219) = NJW 1965, 865.
[154] BAG 2.6.1987 – 1 AZR 651/85, BAGE 54, 353 = NZA 1988, 64.
[155] BAG 17.2.1998 – 1 AZR 364/97, BAGE 88, 38 = NJW 1999, 2691, Anm. *Rieble* SAE 1998, 243.
[156] Leitentscheidung BGH 6.10.1964 – VI ZR 176/63, BGHZ 42, 210 = NJW 1965, 156.
[157] BAG 26.4.1988 – 1 AZR 399/86, BAGE 58, 138 = NZA 1988, 775; aA noch BAG 21.12.1982 – 1 AZR 411/80, BAGE 41, 209 = NJW 1983, 1098 und 12.9.1984 – 1 AZR 342/83, BAGE 46, 322 = NZA 1984, 393; s. zur einstweiligen Verfügung auf Unterlassung eines Aufrufs zu einem Demonstrationsstreik LAG RP 5.3.1986 – 1 Ta 50/86, LAGE GG Art. 9 Arbeitskampf Nr. 26 = NZA 1986, 264.
[158] BAG 14.2.1967 – 1 AZR 494/65, BAGE 19, 217 = NJW 1967, 815.

grund steht aber die Duldungspflicht des Arbeitgebers. Diese Grundsätze gelten auch für die Weiternutzung der Betriebsräume. Hängt der Arbeitgeber ein ihm missfallendes Plakat ab oder unterbindet er die Verteilung von Informationsmaterial, sind die Gewerkschaften ebenfalls auf den allgemeinen Rechtsschutz verwiesen. Besitzschutz nach den §§ 858 ff. BGB können sie dabei aber nicht in Anspruch nehmen.[159] Der Besitz am Plakat oder Informationsmaterial wird nicht gestört, wenn der Arbeitgeber die Besitzrechte der Gewerkschaft dadurch wahrt, dass er ihr die Materialien zur Verfügung stellt. An den Räumlichkeiten des Arbeitgebers hat die Gewerkschaft regelmäßig kein Besitzrecht. Die Annahme eines Leihvertrages geht am fehlenden Vertragswillen des Arbeitgebers vorbei.

125 Das Betätigungsrecht der Koalitionen gehört zur öffentlichen Sicherheit und steht demgemäß **unter Polizeischutz.**

126 Zur Geltendmachung des Vorrangs des Tarifvertrags gegenüber der Betriebsvereinbarung (→ § 185 Rn. 10 ff.).

---

[159] AA HessLAG 16. 4. 1971 – 5 Sa 72/71, DB 1972, 1027; zust. *Däubler* Gewerkschaftsrechte im Betrieb Rn. 697 f.; ArbG Gelsenkirchen 15. 3. 1984 – 3 BV 3/84, AuR 1985, 129.

§ 221 Koalitionsfreiheit und Wirtschaftsordnung

Schrifttum:
Ackermann, Kartellrecht und Arbeitsmarkt: Der Geltungsanspruch der §§ 1 f. GWB, ZAAR 16, Kartellrecht und Arbeitsmarkt, 2010, S. 17; *Badura*, Unternehmerische Mitbestimmung, Soziale Selbstverwaltung und Koalitionsfreiheit, RdA 1976, 275; *Badura/Rittner/Rüthers*, Mitbestimmungsgesetz 1976 und Grundgesetz, 1977; *Bartholomeyczik*, Äquivalenzprinzip, Waffengleichheit und Gegengewichtsprinzip in der modernen Rechtsentwicklung, AcP 166 (1966) 30; *Bechtold*, Zur Anwendung des Kartellverbots auf wettbewerbsbeschränkende Tarifverträge, RdA 1983, 99; *Bechtold/Bosch*, GWB, 8. Aufl. 2015; *Berthold/Hank*, Bündnis für Arbeit: Korporatismus statt Wettbewerb, 1999; *Beuthien*, Die Unternehmensautonomie im Zugriff des Arbeitsrechts, ZfA 1988, 1; *Böhm*, Kartelle und Koalitionsfreiheit, 1933; *Böhm/Briefs/Löwisch*, Mitbestimmung-Ordnungselement oder politischer Kompromiss. 2. Aufl. 1973; *Briefs*, Das Gewerkschaftsproblem gestern und heute, 1955; *Däubler*, Gewerkschaftslehre im Betrieb, 12. Aufl. 2017; *Deregulierungskommission*, Marktöffnung und Wettbewerb, 1991, Kapitel 8: Der Arbeitsmarkt; *Fezer/Büscher/Obergfell*, UWG Bd. I, 3. Aufl. 2016; *Goldmann*, Tarifverträge für selbständige Dienstleistungsanbieter als Verstoß gegen EU-Kartellrecht, EuZA 2015, 509; *Höpfner*, Die Tarifgeltung im Arbeitsverhältnis, 2015; *Hüber*, Der Kartellcharakter von Gewerkschaft und Arbeitgeberverband, 1931; *Immenga*, Grenzen des kartellrechtlichen Ausnahmebereiches Arbeitsmarkt, 1989; *Immenga/Mestmäcker*, Wettbewerbsrecht, 5. Aufl. 2014; *Immenga/Mestmäcker*, EU-Wettbewerbsrecht, 5. Aufl. 2012; *Kamanabrou*, Arbeitsrecht im Binnenmarkt, EuZA 2010, 157; *Kamanabrou*, Arbeitsrecht im Binnenmarkt, EuZA 2010, 157 (163); *Kempen*, „Tariftreue-Erklärungen" – Ein Verstoß gegen Wettbewerbs- und Vergaberecht?, FS Däubler, 1999, S. 503; *Köhler* Arbeitskampf und Wettbewerbsrecht, RdA 1987, 234; *Köhler/Bornkamm*, UWG, 35. Aufl. 2017; *Kraft/Hönn*, Streikhilfeabkommen im Schnittpunkt von Kartell- und Arbeitsrecht, ZHR 141 (1977), 230 ff.; *Kronberger Kreis*, Mehr Markt im Arbeitsrecht, 1986; *Kulka*, Kollektives Arbeitsrecht und Kartellrecht, WuW 1987, 5; *Latzel/Serr*, Kartellkontrollprivileg für Tarifverträge als formeller Rahmen eines Unionstarifrechts, EuZW 2014, 410; *Löwisch*, Die Ausrichtung der tariflichen Lohnfestsetzung am gesamtwirtschaftlichen Gleichgewicht, RdA 1969, 129; *Löwisch*, Günstigkeitsprinzip als Kartellverbot, FS Rittner 1991, S. 381; *Mohr/Wolf*, Verbandstarifverträge zwischen Tarifautonomie und Kartellrecht, JZ 2011, 1091; *Monopolkommission*, 10. Hauptgutachten 1992/1993: Mehr Wettbewerb auf allen Märkten, 1994, Kapitel: „Arbeitsmarkt und Wettbewerb" Nr. 880 ff.; *Möschel*, Tarifautonomie – ein überholtes Ordnungsmodell? WuW 1995, 704; *Müller-Henneberg/Schwartz*, GWB, 1. Aufl. 1985; *Nacken*, Tarifverträge über das Ende der Arbeitszeit und § 1 GWG, WuW 1988, 475; *Naphtali*, Wirtschaftsdemokratie, 4. Aufl. 1977; *Nies*, Indexklauseln in Tarifverträgen, RdA 1970, 169; *Ohly/Sosnitza*, UWG, 7. Aufl. 2016; *E. Picker*, Die Tarifautonomie in der deutschen Arbeitsverfassung, in: Walter-Raymond-Stifung (Hrsg.), Tarifautonomie – Informationsgesellschaft – globale Wirtschaft, 1997, S. 113 ff.; *E. Picker*, Ursprungsidee und Wandlungstendenzen des Tarifvertragswesens – Ein Lehrstück zur Privatautonomie am Beispiel Otto von Gierkes, GS Knobbe-Keuk, 1997, S. 879; *Reichold*, Gegenmachtprinzip und arbeitsrechtliche Kartellgarantie aus Art. 9 Abs. 3 GG, ZAAR 16, Kartellrecht und Arbeitsmarkt, 2010, S. 55; *Reichold*, Entmachtung des Tarifkartells durch neues Kartellrecht?, FS Reuter, 2010, S. 759; *Reuter*, Möglichkeiten und Grenzen einer Auflockerung des Tarifkartells, ZfA 1995, 1; *Rieble*, Bündnis für Arbeit – „Dritter Weg" oder Sackgasse, RdA 1999, 169; *Rieble*, Tariftreue vor dem BVerfG, NZA 2007, 1; *Rieble*, EuGH-Kartellkontrolle von Tarifverträgen, ZWeR 2016, 165; *Ritter*, Wirtschaftsrecht, 2. Aufl. 1987; *Rittner*, Unternehmensverfassung und Eigentum, FS Schilling, 1973, S. 363; *Rupp*, Stichwort Wirtschaftsordnung I: Wirtschaftsverfassung, in: Handwörterbuch der Wirtschaftswissenschaft, 1982, S. 141 ff.; *Säcker*, Streikhilfeabkommen und Kartellrecht, ZHR 137 (1974), 455, insbes. 472 ff.; *Sinzheimer*, Der korporative Arbeitsnormenvertrag, 1907; *Söllner*, Der Flächentarifvertrag – ein Kartell?, ArbRGegw. 35 (1998), 21; *von Wallwitz*, Tarifverträge und die Wettbewerbsordnung des EG-Vertrages, 1997.

Übersicht

	Rn.
I. Koalitionsfreiheit als wirtschaftsverfassungsrechtliche Vorgabe	1
II. Koalitionsfreiheit und Kartellrecht	6
1. Kartellwirkung von Tarifverträgen	6
2. Art. 101 AEUV	10
3. § 1 GWB	13
4. Kartellrechtliche Zugriffsvoraussetzungen	14
III. Koalitionsfreiheit und unlauterer Wettbewerb	17
IV. Koalitionsfreiheit und staatliche Wirtschaftslenkung	21

I. Koalitionsfreiheit als wirtschaftsverfassungsrechtliche Vorgabe

1 Seit dem Investitionshilfeurteil des Bundesverfassungsgerichts v. 20.7.1954[1] entspricht es allgemeiner Auffassung, dass das Grundgesetz unmittelbar kein bestimmtes Wirtschaftssystem festlegt, vielmehr der Gesetzgeber die ihm richtig erscheinende Wirtschafts- und Sozialordnung schaffen kann. Allerdings enthält das Grundgesetz für diese Wirtschaftsverfassung zwingende Vorgaben.[2] Zentrale Bedeutung kommt neben Art. 2 Abs. 1 GG, Art. 12, 14 und 15 GG der Koalitionsfreiheit zu. Als objektive Ordnungsvorstellung verbietet sie eine Wirtschaftsverfassung, die Koalitionen keinen Raum und kein sinnvolles Betätigungsfeld lässt.

2 Erhalten bleiben muss zunächst die **bipolare Anlage** der Koalitionsfreiheit. Jede Wirtschaftsverfassung muss dafür sorgen, dass es Arbeitgeber und Arbeitnehmer gibt, aus denen sich entsprechende Koalitionen bilden können. Die in Art. 15 GG vorgesehene Vergesellschaftung von Produktionsmitteln darf nicht in der Weise erfolgen, dass die Belegschaften oder gar die Gewerkschaften zu Unternehmensträgern werden. Das von Art. 9 Abs. 3 GG für die sinnvolle Ordnung der Arbeits- und Wirtschaftsbedingungen vorausgesetzte Spannungsverhältnis zwischen Arbeitgebern und Arbeitnehmern bestünde dann nicht mehr. Gewerkschaften als Arbeitgeber sind nicht mehr gegnerfrei und könnten die Interessen ihrer Mitglieder als Arbeitnehmer nicht gegen sich selbst als Arbeitgeber organisieren.[3] Auch ein System der **Unternehmensmitbestimmung,** das der Belegschaft oder den Gewerkschaften majorisierende Mitbestimmungsrechte einräumte, ist aus diesem Grund ausgeschlossen.[4] Der Staat selbst als Unternehmer/Arbeitgeber darf seinen Arbeitnehmern keinen entscheidenden Einfluss auf die Unternehmensführung einräumen.

3 Wie insbesondere *E. Picker* herausgearbeitet hat, hat sich die Koalitionsfreiheit als liberal-kapitalistischer Weg zur Freiheit entwickelt: Gewerkschaften sind Kartelle (des Arbeitsmarktes), die die abhängig Beschäftigten durch Bildung von Marktmacht nach dem Gegenmachtprinzip in die Lage versetzen, den „freien Arbeitsvertrag" auf kollektiver Ebene auszuhandeln.[5] Insofern fußt die Koalitionsfreiheit auf der Marktwirtschaft und ist ein systemkonformes Mittel zur Bewältigung der marktbedingten Unfreiheit der Arbeitnehmer. Koalitionen müssen notwendig staatsfrei und staatsunabhängig sein; ihr von Art. 9 Abs. 3 GG privilegierter Zweck ist die autonome Selbsthilfe, die Vorrang vor jeder Staatshilfe hat. Planwirtschaftliche Systeme wie im ehemaligen Ostblock münden in die Staatsverwobenheit der „freien" Gewerkschaften, die ihre Autonomie einbüßen und zum Element einer staatlichen Wirtschaftsplanung werden.

4 Die Koalitionsfreiheit garantiert die (privat-)autonome Regelung der Arbeits- und Wirtschaftsbedingungen, insbesondere durch **Tarifvertrag.** Dass den Tarifvertragsparteien immer ein ausreichend großes Feld zur autonomen Regelung der Arbeitsbedingungen überlassen bleiben muss, stellt eine weitere Vorgabe für die Wirtschaftsverfassung dar: Eine Abschaffung des Arbeitsmarktes und seine Ersetzung durch eine Planarbeitswirtschaft verstößt gegen Art. 9 Abs. 3 GG.[6] Gerade in sozialistischen Staaten gab es keinen Raum für autonome Gewerkschaften und freie Tarifverhandlungen unter Einschluss des Arbeitskampfs: Die sogenannten „freien" Gewerkschaften in der DDR waren als Mitverwal-

---

[1] BVerfG 20.7.1954 – 1 BvR 459/52, 1 BvR 484/52, 1 BvR 548/52, 1 BvR 555/52, 1 BvR 623/52, 1 BvR 651/52, 1 BvR 748/52, 1 BvR 783/52, 1 BvR 801/52, 1 BvR 5/53, 1 BvR 9/53, 1 BvR 96/53, 1 BvR 114/54, BVerfGE 4, 7 = NJW 1954, 1235.
[2] BVerfG 20.7.1954 – 1 BvR 459/52, 1 BvR 484/52, 1 BvR 548/52, 1 BvR 555/52, 1 BvR 623/52, 1 BvR 651/52, 1 BvR 748/52, 1 BvR 783/52, 1 BvR 801/52, 1 BvR 5/53, 1 BvR 9/53, 1 BvR 96/53, 1 BvR 114/54, BVerfGE 4, 7 (18) = NJW 1954, 1235; s. auch *Rittner* Wirtschaftsrecht § 2 Rn. 25 ff.
[3] S. auch BAG 17.2.1998 – 1 AZR 364/97, BAGE 88, 38 = NZA 1998, 1414 für den Verband der Gewerkschaftsbeschäftigten.
[4] *Böhm/Briefs/Löwisch* Mitbestimmung – Ordnungselement oder politischer Kompromiss S. 131 (141 ff.).
[5] *E. Picker* GS Knobbe-Keuk, 1997, 879; *Rieble* Arbeitsmarkt und Wettbewerb Rn. 1108 ff.; *Böhm* Kartelle und Koalitionsfreiheit, 1933; *Briefs* Das Gewerkschaftsproblem gestern und heute S. 39; *Hüber* Der Kartellcharakter von Gewerkschaft und Arbeitgeberverband, 1931.
[6] HbVerfR/*Papier* S. 799 (831 f.).

tungsorgane in den Staat und seine Planwirtschaft integriert und damit keine Koalitionen im Sinne der freiheitlichen Arbeitsverfassung des GG.

Schließlich muss der Gesetzgeber Bedacht darauf nehmen, dass **Arbeits- und Güter-** 5 **markt** miteinander korrespondieren: Einmal muss sich der Gütermarkt gefallen lassen, dass Koalitionen auf dem Arbeitsmarkt bestimmenden Einfluss ausüben. Kartellwirkungen auf dem Gütermarkt müssen hingenommen werden (iE → Rn. 6 ff.). Zum anderen aber darf der Gesetzgeber den Gütermarkt nicht so zementieren, dass die Arbeitgeberseite auf dem Arbeitsmarkt keinen Verhandlungsspielraum gegenüber der Arbeitnehmerseite mehr hat. Eine umfassende staatliche Preisfestsetzung etwa würde sich mittelbar als Lohndiktat auswirken und damit gegen Art. 9 Abs. 3 GG verstoßen.

II. Koalitionsfreiheit und Kartellrecht

1. Kartellwirkung von Tarifverträgen

Jedem Tarifvertrag ist eine **Kartellwirkung** immanent: Er legt den Mindestinhalt der Ar- 6 beits- und Wirtschaftsbedingungen der tarifgebundenen Arbeitnehmer und Arbeitgeber gleichförmig fest und schaltet insofern den Unterbietungswettbewerb unter den Tarifgebundenen aus. Die von Art. 9 Abs. 3 GG (bzw. Art. 28 GRC) garantierte Tarifautonomie umfasst notwendig auch diese Kartellwirkung.[7] Vom einfach-rechtlichen Kartellrecht kann diese nicht eingeschränkt werden. Koalitionsfreiheit und Kartellverbot stehen sich deutschrechtlich nicht gleichberechtigt gegenüber, sodass eine praktische Konkordanz herzustellen wäre.[8]

Gleichwohl ist der Tarifvertrag gegen gelegentliche Zuschreibung kein Kartell, sondern 7 ein **Kartellvertrag**: Kartelle sind die Gewerkschaften und Arbeitgeberverbände, die die Angebots- und Nachfragefunktionen der Individuen auf ihrer jeweiligen Marktstufe horizontal bündeln.[9] Der (Verbands-)Tarifvertrag wirkt nicht marktmachtverstärkend, sondern als vertikaler Ausgleich zwischen den beiden Marktstufen marktmachtbegrenzend: Weder Gewerkschaften noch Arbeitgeberverbände können – wie Gütermarktkartelle – einseitig Preise und andere Vertragsbedingungen diktieren, sondern müssen diese im vertraglichen Ausgleich mit der Marktgegenseite aushandeln[10]. Damit verfolgt die Koalitionsfreiheit ein grundsätzlich anderes Marktkonzept als das (deutsche wie europäische) Kartellrecht: Während deren Kartellverbot auf Entmachtung und Individualwettbewerb zielt, schützt die Koalitionsfreiheit gerade die „Vermachtung" – zum Ausgleich der ökonomischen Schwäche des Arbeitnehmers – und beugt der einseitigen Machtausübung dadurch vor, dass der Marktgegenseite die Vermachtung „ebenso" garantiert ist. Parität soll nicht auf individueller, sondern auf kollektiver Vertragsebene erreicht werden – durch „Gegenmacht im bilateralen Monopol".[11]

Dieses Gegenmachtprinzip gründet auf der Vorstellung, die Arbeitnehmer und Arbeit- 8 geber würden einigermaßen automatisch Parität herstellen: Bedrängte Arbeitnehmer organisieren sich; unter Gewerkschaftsdruck stehende Arbeitgeber schließen sich in Arbeitgeberverbänden zusammen. Diese Idee ist blauäugig und funktioniert nicht. Sinkende Organisationsgrade auf beiden Seiten belegen das Gegenteil. Arbeitgeber reagieren auf aus ihrer Sicht zu teure Tarifbedingungen mit Weglaufen: Tarifflucht, Ausgliederung unter Nutzen branchenbezogener Lohngefälle und Verringerung der Fertigungstiefe, oft durch Zulieferung aus dem Ausland. Tarifautonomie und Gegenmachtprinzip sind in geschlossenen Volkswirtschaften gewachsen – und kommen mit dem intensiven Wettbewerb in der

---

[7] Vgl. KG 21.2.1990 – Kart U 4357/89, NZA 1991, 24; *Höpfner* Die Tarifgeltung im Arbeitsverhältnis S. 124 ff.; EUArbR/*Schubert* GRC Art. 28 Rn. 84 f.
[8] Insbesondere *Söllner* ArbRGegw. 35 (1998), 21 ff.; *Rieble* Arbeitsmarkt und Wettbewerb Rn. 114 ff.; *Böhm* Kartelle und Koalitionsfreiheit S. 29; aA *Höpfner* Die Tarifgeltung im Arbeitsverhältnis S. 536 ff.
[9] Näher *Rieble* Arbeitsmarkt und Wettbewerb Rn. 1108 ff.; *Söllner* ArbRGegw. 35 (1998), 21 ff.
[10] Siehe nur *Böhm* Kartelle und Koalitionsfreiheit S. 32.
[11] *Rieble* Arbeitsmarkt und Wettbewerb Rn. 629 ff.; *Böhm* Kartelle und Koalitionsfreiheit S. 28 f.; *Höpfner* Die Tarifgeltung im Arbeitsverhältnis S. 536 ff.

globalisierten Weltwirtschaft nicht zurecht. Die deutsche Rechtsordnung versucht gegenzusteuern, einmal durch ihr Konzept fördernder Parität im Arbeitskampf (→ § 268 Rn. 6) und zum anderen durch verkrampfte Stärkung der Tarifbindung gegen OT-Flüchtlinge (→ § 245 Rn. 30). Erfolgreich ist das nicht.

9 Virulent bleiben gegenüber diesem gegenmächtigen bipolaren Interessenausgleich einseitige kollektive Maßnahmen. Für den Arbeitskampf wurden bislang nur Verstöße gegen die unionsrechtlichen Grundfreiheiten praktisch (→ § 269 Rn. 15 ff.). Einseitig kollektiv abgestimmte „Höchstnormenbeschlüsse" von Arbeitgebern können ebenso problematisch werden wie einseitig vom Arbeitgeberverband empfohlene Lohnerhöhungen, etwa um in einer langwierigen Tarifauseinandersetzung die Arbeitnehmer nicht im Regen stehen zu lassen.

2. Art. 101 AEUV

10 Das Verhältnis von Kollektivverträgen und europäischem Kartellverbot (Art. 101 Abs. 1 AEUV) hat der EuGH in der *Albany*-Entscheidung grundsätzlich geordnet: Mit Sozialpartnervereinbarungen zwischen Organisationen, die einerseits Arbeitgeber und andererseits Arbeitnehmer vertreten, seien „zwangsläufig gewisse den Wettbewerb beschränkende Wirkungen verbunden". Eine unbegrenzte kartellrechtliche Kontrolle widerspräche der primärrechtlichen Anerkennung und Förderung der Sozialpartnerschaft gem. Art. 151 ff. AEUV.[12] Deshalb seien „die im Rahmen von Tarifverhandlungen zwischen den Sozialpartnern im Hinblick auf diese Ziele geschlossenen Verträge" vom unionsrechtlichen Kartellverbot ausgenommen.[13] Inzwischen untermauert der EuGH dies mit einem Hinweis auf Art. 28 GRC.[14] Dieser enthält zwar einen weitgehend wirkungslosen Programmsatz, kann aber als Grundlage einer tarifimmanenten Grenze im Rahmen des europäischen Kartellrechts herangezogen werden (→ § 217 Rn. 16).

11 Der EuGH behält sich jedoch im Rahmen seiner Schrankenkompetenz eine **Freistellungskontrolle** vor: „Die Art und der Gegenstand" der Sozialpartnervereinbarung müssen die Bereichsausnahme im konkreten Fall rechtfertigen.[15] Diese Kontrolle scheitert nicht an Art. 153 Abs. 5 AEUV, der lediglich eine an die Legislative gerichtete Rechtsetzungssperre für das Tarifrecht enthält.[16] Über die Kontrolle iRv Art. 101 AEUV gestaltet der EuGH unmittelbar nur das unionsrechtliche Kartellkontrollprivileg für Sozialpartnervereinbarungen und nur mittelbar – parallel zu den Grenzen, die der EuGH dem Arbeitskampf durch die Grundfreiheiten zieht – das Tarifrecht aus.[17]

12 Die Grenzen dieses Kontrollprivilegs sind notwendig europarechtlich und damit einheitlich definiert – es wird gerade nicht das (wegen Art. 153 Abs. 5 AEUV nationale) Tarifrecht, sondern das europäische Kartellrecht konkretisiert. Aus diesem Grunde bezweckt auch der Verweis auf nationales Tarifrecht in Art. 28 GRC (→ § 217 Rn. 16) nicht, dass die Reichweite des europarechtlich determinierten Kartellkontrollprivilegs qua Rückverweisung uneinheitlich nach dem jeweiligen nationalen Recht zu beurteilen ist.[18] Den Willen zu einer solchen unionseinheitlichen Anwendung des Kartellprivilegs zeigt der EuGH deutlich in der Entscheidung *FNV Kunsten Informatie en Media,* indem er strikt und ausschließlich den unionsrechtlichen Arbeitnehmerbegriff anwendet.[19]

---

[12] EuGH 21.9.1999 – C-67/96, JuS 2000, 609 – Albany; ebenso EuGH 21.9.1999 – C-219/97, EuR 2000, 403 – Drijvende Bokken; 21.9.1999 – C-115/97 NZA 2000, 201 – Brentjens'; 21.9.2000 – C-222/98 Slg 2000, I-7111 – van der Woude; 3.3.2011 – C-437/09 Slg 2011, I-973 – AG2R Prévoyance; 4.12.2014 – C-413/13 NZA 2015, 55 – FNV Kunsten Informatie en Media.
[13] EuGH 21.9.1999 – C 67/96 JuS 2000, 609 – Albany Rn. 60.
[14] EuGH 15.7.2010 – C-271/08, NZA 2011, 564 Rn. 37f.
[15] EuGH 21.9.1999 – C 67/96 JuS 2000, 609 – Albany Rn. 61.
[16] *Latzel/Serr* EuZW 2014, 410 (411).
[17] *Latzel/Serr* EuZW 2014, 410 (411).
[18] *Latzel/Serr* EuZW 2014, 410 (411f.); aA *Höpfner* Die Tarifgeltung im Arbeitsverhältnis S. 574f.; *Ackermann* ZAAR 16, 17, 33f.; *Goldmann* EuZA 2015, 509 (516f.).
[19] EuGH 4.12.2014 – C-413/13 NZA 2015, 55 – FNV Kunsten Informatie en Media Rn. 22.

3. § 1 GWB

Das GWB kannte ursprünglich eine Bereichsausnahme für den Arbeitsmarkt, ist inzwischen aber am AEUV ausgerichtet, um Friktionen in der Abgrenzung von EU- und nationalem Kartellrecht zu meiden.[20] Im originären Anwendungsbereich des § 1 GWB, also in Fällen einer in der Wirkung auf Deutschland beschränkten Wettbewerbsbeschränkung erlangt das Unionsrecht so mittelbar Bedeutung: Aufgrund des Willens des deutschen Gesetzgebers zur einheitlichen Regelung von Sachverhalten innerhalb und außerhalb des Anwendungsbereichs des europäischen Wettbewerbsrechts ergibt sich eine Pflicht zu **unionsrechtsorientierter Auslegung** deutschen Wettbewerbsrechts. Der Verweis erfasst dynamisch auch die Rechtsprechung des EuGH.[21] Im Ergebnis ist die vom EuGH entwickelte begrenzte Bereichsausnahme (→ Rn. 10 ff.) auf das deutsche Wettbewerbsrecht zu übertragen. Wiederum erfolgt keine Rückverweisung auf deutsches Tarifrecht, das die Grenzen des Kartellprivilegs bestimmt: Der Import der Tarifvertragsfreistellung nach europäischem Vorbild umfasst nicht nur die abstrakte Ausnahme „Tarifvertrag", sondern die konkrete Ausgestaltung durch das europäische Recht und den EuGH.

4. Kartellrechtliche Zugriffsvoraussetzungen

Verfehlt der Tarifvertrag die Anforderungen der Kartellrechtsimmunität, sind die Tatbestandsmerkmale des Kartellverbotes in Art. 101 Abs. 1 AEUV oder § 1 GWB zu prüfen: Verboten sind nur „Vereinbarungen zwischen Unternehmen, Beschlüsse von Unternehmensvereinigungen und aufeinander abgestimmte Verhaltensweisen, welche den Handel zwischen Mitgliedstaaten zu beeinträchtigen geeignet sind und eine Verhinderung, Einschränkung oder Verfälschung des Wettbewerbs innerhalb des Binnenmarkts bezwecken oder bewirken." Das Wettbewerbsverhalten von Arbeitnehmern ist nicht erfasst; auch Gewerkschaften sind grundsätzlich keine Unternehmen. Gegenständlich muss das Marktverhalten der Unternehmen, insbesondere der Arbeitsnachfrage koordiniert werden. Es kommt also darauf an, inwieweit ein Tarifvertrag das Unternehmerverhalten der Arbeitgeberseite steuert und dadurch den Wettbewerb beschränkt.

Das Kartellrecht reagiert auf intentionale Marktverhaltensabstimmung, nicht auf bloßes Parallelverhalten. Dazu muss der Tarifvertrag tarifrechtlich nicht wirksam sein. Sein Vollzug auf Arbeitgeberseite genügt.[22]

Die Verhaltensabstimmung muss den Wettbewerb auf dem relevanten Markt spürbar beschränken.[23] So hat die EU-Kommission einen Tarifvertrag über Banköffnungszeiten am Kartellverbot des damaligen EGV gemessen und wegen fehlender Spürbarkeit der Wettbewerbsbeschränkung ein Negativtestat erteilt.[24] Und so hat der EuGH einen Rentenfonds eines Berufsverbands für selbständige Fachärzte passieren lassen, weil die bewirkte Wettbewerbsbeschränkung minimal sei.[25] Das Spürbarkeitserfordernis ist nicht auf den Gütermarkt beschränkt. Spürbare Beschränkungen des Arbeitsnachfragewettbewerbs der Arbeitgeber genügen. Für „Kern- oder hardcore-Beschränkungen", also für die Festsetzung von Preisen, die Aufteilung des Marktes oder die Kontrolle des Absatzes lässt der EuGH das Spürbarkeitserfordernis jedenfalls bei Beschränkungen des Anbieterwettbewerbs fallen.[26]

---

[20] BT-Drs. 15/3640, S. 22 f.
[21] BGH 7.12.2010 – KZR 71/08, NJW-RR 2011, 835 Rn. 58 – Jette Joop; 6.11.2013 – KZR 61/11, BeckRS 2013, 20508 Rn. 54; *Höpfner*, Die Tarifgeltung im Arbeitsverhältnis, S. 561; *Löwisch/Rieble* TVG § 1 Rn. 1092; *Ackermann* ZAAR 16, 17, 22 ff.
[22] *Reichold* FS Reuter, 2010, S. 759 (766).
[23] Immenga/Mestmäcker/*Emmerich* AEUV Art. 101 Abs. 1 Rn. 142 ff.
[24] Kommission 30.9.1986 – 86/507/EWG Irish banks standing committee, ABl. EG 1986 L 295/28 = WuW/E EV 1182.
[25] EuGH 12.9.2000 – C-180/98 Slg 2000, I-6451 – Pavlov Rn. 82, 89.
[26] EuGH 13.12.2012 – C-226/11 NZKart 2013, 111 – Expedia Rn. 37.

III. Koalitionsfreiheit und unlauterer Wettbewerb

17 Die durch Art. 9 Abs. 3 GG gewährleistete spezifisch koalitionsmäßige, sich also im sozialpolitischen Bereich und iRd Satzungszwecks bewegende Betätigung der Gewerkschaften wie der Arbeitgeberverbände – insbesondere Mitgliederwerbung und -betreuung[27] – ist den im geschäftlichen Verkehr geltenden Wettbewerbsregeln nicht zugänglich, weil diese Betätigung nicht zum Zwecke des Wettbewerbs im Geschäftsverkehr erfolgt und die Koalitionen insoweit keine Unternehmen sind.[28] Sie unterliegen insoweit nur den Grenzen der allgemeinen Rechtsordnung (→ § 220 Rn. 28ff.).

18 Steht aber nicht mehr die koalitionsspezifische Betätigung im Vordergrund, sondern nehmen die Koalitionen als Anbieter – man denke an die Gewerkschaftsunternehmen – oder Abnehmer am Wettbewerb des Gütermarktes teil, müssen sie sich die Geltung des UWG gefallen lassen. Deshalb darf eine Gewerkschaft einem Rechtsschutzversicherer nicht dadurch einen ungerechtfertigten Wettbewerbsvorsprung iSv § 1 UWG verschaffen, dass sie ihre Mitglieder ohne deren Zustimmung – also auch dann, wenn diese bereits versichert sind, oder anderweit oder gar nicht versichert sein wollen – durch einen Gruppenversicherungsvertrag versichert und so den Leistungswettbewerb ausschaltet.[29] Zur „unlauteren" Koalitionswerbung → § 223 Rn. 35.

19 Das UWG gilt auch nicht im **Arbeitskampf.** Dort werden keine geschäftlichen, sondern sozialpolitische Interessenkonflikte ausgetragen. Etwas anderes gilt nur, wenn der Arbeitskampf zugleich einen sachfremden wettbewerbsrelevanten Zweck verfolgt, etwa einem Gewerkschaftsunternehmen Wettbewerbsvorteile zu verschaffen oder, woran man im Druckgewerbe denken kann, Unternehmer einer bestimmten politischen Richtung begünstigen soll.[30] Dass Gewerkschaften keine Unternehmen sind, hindert die Anwendung des UWG nicht: Sie fördern in einem solchen Fall den Wettbewerb des fremden Unternehmens[31]. In der Anwendung des UWG liegt keine Zensur der Tarifziele. Das Arbeitskampfprivileg steht nur für Tarifverträge zur Verfügung. Wird ein Arbeitskampf sowohl für ein Tarifziel wie zu Wettbewerbszwecken eingesetzt, ist er insgesamt rechtswidrig (zur Rühreitheorie → § 272 Rn. 45).

20 Während die Koalitionsbetätigung ohne Rücksicht auf das Recht des unlauteren Wettbewerbs erfolgen kann, muss der Geschäftsverkehr den Tarifvertrag als Ergebnis der Koalitionsbetätigung auch unter dem Aspekt unlauteren Wettbewerbs beachten. Dementsprechend ist anerkannt, dass die Beschäftigung von Arbeitnehmern unter Tarif unlauter iSv § 3a UWG sein kann. Dazu ist erforderlich, dass der Tarifvertrag erstens „gesetzliche Vorschrift" ist und zweitens auch das Marktverhalten der Arbeitgeber regeln soll. Die Rechtsprechung hat sich für die neue UWG-Fassung mit Tarifverträgen nicht befasst, aber für den früheren weiteren Tatbestand selbst den Verstoß gegen einen allgemeinverbindlichen Tarifvertrag nicht als unlauter gewertet.[32] Richtigerweise dient allein der nach dem AEntG erstreckte Tarifvertrag dem Wettbewerbsschutz, § 1 S. 1 AEntG: „sowie die Gewährleistung fairer und funktionierender Wettbewerbsbedingungen". Die wettbewerbsrechtliche Rechtsprechung spricht inzwischen selbst dem MiLoG-Verstoß die Wettbewerbsrelevanz ab.[33]

---

[27] Hierunter fällt auch die Gewährung von Rechtsschutz für die Mitglieder, *Köhler/Bornkamm* UWG § 2 Rn. 24; offengelassen von BAG 31.5.2005 – 1 AZR 141/04, BAGE 115, 58 = NJW 2005, 3019.
[28] BGH 5.2.1980 – VI ZR 174/78, BGHZ NJW 1980, 1685.; *Ohly/Sosnitza* UWG § 2 Rn. 18; *Köhler/Bornkamm* UWG § 2 Rn. 24; *Fezer/Büscher/Obergfell* UWG § 2 Abs. 1 Nr. 1 Rn. 74.
[29] BGH 25.1.1990 – I ZR 19/87, BGHZ 110, 156 = NJW 1991, 287; *Köhler/Bornkamm* UWG § 4 Rn. 4.40.
[30] Vgl. ausführlich *Köhler* RdA 1987, 234ff. unter III; im Ergebnis auch *Kulka* WuW 1987, 5 (16ff.), der Gewerkschaften als Unternehmen iSd GWB ansehen und Arbeitskämpfe wie Tarifverträge an § 25 Abs. 2 GWB, § 26 Abs. 1 GWB messen will.
[31] Dazu *Rieble* Arbeitsmarkt und Wettbewerb Rn. 505ff.
[32] BGH 3.12.1992 – I ZR 276/90 Tariflohnunterschreitung, BGHZ 120, 320.
[33] KG 14.2.2017 – 5 U 105/16, WRP 2017, 1388 Rn. 21ff.; *Ohly/Sosnitza* UWG, 7. Aufl. 2016, § 3a Rn. 16.

IV. Koalitionsfreiheit und staatliche Wirtschaftslenkung

Weil die Regelung der Arbeits- und Wirtschaftsbedingungen den Koalitionen als autonome Aufgabe überantwortet ist, darf der Staat die Koalitionen nicht zugleich auf seine wirtschaftspolitischen Ziele verpflichten und so Fremdbestimmung ausüben. Dem Staat ist es aber nicht verwehrt, eigene Vorstellungen über die richtige Ordnung des (Arbeits-) Marktes zu entwickeln und den Koalitionen nahezulegen. Solche Vorstellungen sind die Äußerungen des Sachverständigenrates zur Begutachtung der gesamtwirtschaftlichen Entwicklung,[34] der Jahreswirtschaftsbericht der Bundesregierung (§ 2 StabG), Stellungnahmen der Bundesbank und die konzertierte Aktion nach § 3 StabG. Sie können die Koalitionen nicht zu einem bestimmten Verhalten verpflichten, etwa mit der Folge, dass den Vorgaben zuwiderlaufende Tarifverträge nichtig sind.[35] Aber sie üben eine Appellfunktion aus und beeinflussen so das Verhalten der Koalitionen iSd staatlichen Wirtschaftspolitik. Art. 9 Abs. 3 GG gewährleistet den Koalitionen keinen Schutz vor staatlicher Kritik.[36] 21

Erfasst wird der Handlungsspielraum der Koalitionen aber von den allgemeinen Grenzen öffentlichen Wirtschaftsrechts. So gilt das Verbot der Indizierung von Geldschulden nach § 2 Preisangaben- und Preisklauselgesetz auch für Tarifverträge.[37] Das währungspolitische Ziel dieses Verbots mit Erlaubnisvorbehalt, Inflationsautomatismen zu vermeiden, soll zur Disposition allein der Bundesbank, nicht aber der Tarifvertragsparteien stehen. Die vertragsrechtlichen Grenzen für das Rechtsgeschäft Arbeitsvertrag gelten gerade auch für Tarifverträge. 22

Das **„Bündnis für Arbeit"** war der wohlgemeinte Versuch, beschäftigungspolitische Probleme im Wege einer Verhaltensabstimmung zwischen Staat, Gewerkschaften und Unternehmen zu lösen. Es begegnet denselben rechtlichen Grenzen wie die konzertierte Aktion des § 3 StabG: Der Staat darf seine Handlungskompetenzen wegen des Demokratieprinzips nicht aus der Hand geben; die Tarifparteien dürfen ihre Tarifverantwortung nicht durch bindende Absprachen an den Staat weiterreichen. Bündnisgespräche sind deshalb von Rechts wegen unverbindlich.[38] 23

Auch nichtorganisierte Arbeitgeber sind vor staatlicher Beeinflussung geschützt: Dass der Staat organisierte und nichtorganisierte Arbeitgeber nicht unterschiedlich behandeln darf, folgt schon aus dem Art. 9 Abs. 3 GG innewohnenden Diskriminierungsverbot (→ § 218 Rn. 92 ff.). Erst recht darf der Staat – insbesondere bei der **Auftragsvergabe** – die tarifgebundenen Arbeitgeber nicht bevorzugen und so einen Druck auf die nicht-tarifgebundenen Arbeitgeber ausüben, entweder in den tarifschließenden Arbeitgeberverband einzutreten oder doch einen Anschlusstarifvertrag abzuschließen. 24

Aber auch der – praktizierte – mildeste Weg, die Vergabe öffentlicher Aufträge von einer **Tariftreueerklärung**, also der „freiwilligen" Anwendung von Tarifverträgen abhängig zu machen,[39] ist rechtlich nicht gangbar – gegen das BVerfG[40] und mit dem EuGH.[41] (→ § 179 Rn. 126). 25

---

[34] *Nipperdey* I 204.
[35] Vgl. *Löwisch* RdA 1969, 129 (135 ff.); aA *Wiedemann/Stumpf* TVG, 5. Aufl. 1977, Einleitung Rn. 97 ff. jew. mwN.
[36] *Rieble* RdA 1999, 169 (174).
[37] *Hueck/Nipperdey* Bd. II S. 395; *W. Weber* Koalitionsfreiheit S. 46; *Löwisch/Hartje* RdA 1970, 321 (332, Fn. 107); aA *Nies* RdA 1970, 169 ff.
[38] Eingehend und mit Nachweisen *Rieble* RdA 1999, 169 (175).
[39] Zum Rechtstatsächlichen: *Kempen* FS Däubler 1999, S. 503 ff.
[40] BVerfG 11.7.2006 – 1 BvL 4/00, BVerfGE 116, 202 = NZA 2007, 42; dazu *Rieble* NZA 2007, 1.
[41] Vgl. EuGH 3.4.2008 – C-346/06 NZA 2008, 537 – Rüffert; 18.9.2014 – C-549/13 NZA 2014, 1129 – Bundesdruckerei; 17.11.2015 – C-115/14 NZA 2016, 155 – RegioPost.

Dritter Abschnitt: Koalitionsverbandsrecht

Vgl. das Schrifttum zum 2. Abschnitt: Koalitionsfreiheit als Grundrecht der Arbeitsverfassung.

§ 222 Gewerkschaften und Arbeitgeberverbände in Deutschland

Schrifttum:
Abendroth, Die deutschen Gewerkschaften, 2. Aufl. 1955; *Anders/Biebeler/Lesch*, Gewerkschaftsmitglieder – Mitgliederentwicklung und politische Einflussnahme: Die deutschen Gewerkschaften im Aufbruch, IW-Trends 1.2015, S. 21; *Bauernschubert*, Die Position des Christlichen Gewerkschaftsbundes in Deutschland, 2001; *Beier*, Gewerkschaften I: Geschichte, Handwörterbuch der Wirtschaftswissenschaft Bd. III, 1981, S. 641 ff.; *Blanpain/Engels* (Hrsg.), Comparative Labour Law an Industrial Relations in Industrialized Market Economics, 6. Aufl. 1998; *Borsdorf*, ua (Hrsg.), Grundlagen der Einheitsgewerkschaft. Historische Dokumente und Materialien, 1977; *Däubler/Lechner* (Hrsg.), Die Gewerkschaften in den zwölf EG-Ländern, 1991; *Drewes*, Die Gewerkschaften in der Verwaltungsordnung, 1958; *E.G. Erdmann*, Zur Entwicklung der Aufgaben der Arbeitgeberverbände, FS Arbeitsgerichtsverband 1994, 187; *G. Erdmann*, Die deutschen Arbeitgeberverbände im sozialgeschichtlichen Wandel der Zeit, 1966; *Esser*, Das Selbstverständnis der Arbeitgeberverbände von ihrer Bedeutung und Rolle in der Arbeitsverfassung, ZfA 1980, 301; *Europäische Gemeinschaft* (Hrsg.), Die Gewerkschaftsbewegung in der Europäischen Gemeinschaft Teil I und II, oJ; *Feldman*, Die freien Gewerkschaften und die Zentralarbeitsgemeinschaft, 1918–1924, FS Franz Böckler, 1975, S. 229; *Galperin*, Die Stellung der Gewerkschaften im Staatsgefüge, 1970; *Hettlage*, DGB in der Sackgasse, 2003; *Hromadka*, Das Recht der leitenden Angestellten im historischgesellschaftlichen Zusammenhang, 1979; *Hüttenbach/Pogge*, Die Bundesvereinigung der Deutschen Arbeitgeberverbände, AR/Blattei SD 420.4; *Industriegewerkschaft Metall für die Bundesrepublik Deutschland* (Hrsg.), 90 Jahre Industriegewerkschaft 1891 bis 1981, 1981; *Kleinhenz*, Gewerkschaften II: Aufgaben und Organisation, Handwörterbuch der Wirtschaftswissenschaft Bd. III, 1981, S. 659 ff.; *Knapp*, Organisation und Willensbildung der Arbeitgeberverbände, ZfA 1980, 389; *Kurth*, Geschichte der Gewerkschaften in Deutschland, 1957; *Lesch*, Organisationsgrad – regionale Unterschiede, in: Gewerkschaftsspiegel Nr. 3/2016, S. 4; *Limmer*, Die deutsche Gewerkschaftsbewegung, 13. Aufl. 1996; *Lörcher*, Der Europäische Gewerkschaftsbund (EGB) und seine Beteiligung am europäischen Arbeitsrecht, NZA 2003, 184; *Löwisch*, Der Einfluß der Gewerkschaften auf Wirtschaft, Gesellschaft, Staat, RdA 1975, 53; *Löwisch*, Vertretung ohne Vertretungsmacht beim Abschluß eines Tarifvertrags, BB 1997, 2161; *G. Löwisch*, Jurist in Thüringen – Sozialpolitiker in Württemberg, S. 1998, 193 ff.; *Mielke* (Hrsg.), Internationales Gewerkschaftshandbuch, 1983; *Mintzel*, Deutscher Gewerkschaftsbund, Staatslexikon Zweiter Bd., 7. Aufl. 1986, Sp. 6 ff.; *Mintzel/von Nell-Breuning*, Gewerkschaften, Staatslexikon, Zweiter Bd., 7. Aufl. 1986, Sp. 1035 ff.; *Möhring*, Christliche Gewerkschaften, Staatslexikon, Erster Bd., 7. Aufl. 1985, Sp. 1123 ff.; *Molitor*, Ende oder Reform der Flächentarifverträge?, FS Schaub, 1998, S. 487; *Müller/Wilke*, „Gestaltend Einfluß nehmen", Bahngewerkschaft und Bahnreform 1990–2005, 2005; *Niedenhoff/Pege*, Gewerkschaftshandbuch, 3. Aufl. 1997; *Otto*, Bernd, Gewerkschaftsbewegung in Deutschland – Entwicklung, geistige Grundlagen, aktuelle Politik, 1975; *Rieble*, Die Bildung gesamtdeutscher Gewerkschaften, AuR 1990, 365; *Schumann*, Nationalsozialismus und Gewerkschaftsbewegung, 1958; *Spiegelhalter*, Stichwort: Arbeitgeberverbände, Staatslexikon, Erster Bd., 7. Aufl. 1985, Sp. 235 f.; *Symposion der Hanns-Martin-Schleyer-Stiftung*, Die Rechtsstellung der Arbeitgeberverbände in der Arbeitsverfassung, ZfA 1980, 293; *Walter-Raymond-Stiftung* (Hrsg.), Aufgabe und Stellung der Arbeitgeber- und Arbeitnehmerorganisationen in der Bundesrepublik Deutschland, 1966; *Waschke*, Gewerkschaften in der Europäischen Gemeinschaft, 1978; *Waschke*, Supra-nationale Gewerkschaftspolitik, 1978; *Weber/Schönhoven/Tenfelde* (Hrsg.), Quellen zur Geschichte der deutschen Gewerkschaftsbewegung im 20. Jahrhundert, Bd. I und II, 1985; *Wiedemann*, Die Deutschen Gewerkschaften – Mitgliederverband oder Berufsorgan?, RdA 1969, 321; *Wisskirchen*, Die Rolle der Verbände in der Entwicklung des europäischen Arbeitsrechts, FS Wlotzke, 1996, S. 793.

Übersicht

	Rn.
I. Geschichtliche Entwicklung	1
1. Von den Anfängen bis 1933	1
2. Entwicklung nach 1945	10
a) Gewerkschaften	10
b) Arbeitgeberverbände	21
II. Organisationsstruktur der Gewerkschaften	26
1. Allgemeine Strukturprinzipien	26
2. Gliederung	34
3. Zuständigkeitsverteilung	37
4. Aufgaben und Ziele	42

	Rn.
III. Organisationsstruktur der Arbeitgeberverbände	51
1. Allgemeine Strukturprinzipien	51
2. Gliederung	56
3. Aufgaben	62
IV. Internationale Zusammenschlüsse	64
1. Gewerkschaften	64
2. Arbeitgeberverbände	68

I. Geschichtliche Entwicklung

1. Von den Anfängen bis 1933

1 Die **ersten Gewerkschaften** entstanden in Deutschland nach der Aufhebung der Koalitionsverbote (→ § 217 Rn. 1) Mitte des 19. Jahrhunderts. Beginnend mit dem Zentralverband für Tabakarbeiter 1865, dem Zentralverband für Buchdrucker 1866 und dem Zentralverband für Schneider 1867 waren sie im Wesentlichen in **Berufsverbänden** organisiert mit der Folge, dass Arbeiter und Angestellte – und ab 1918 auch Beamte – verschiedenen Gewerkschaften angehörten. Nach ihrer **ideologischen Ausrichtung** ließen sich drei Zweige von Gewerkschaften unterscheiden: die sogenannten freien, den sozialdemokratischen Parteien nahestehenden Gewerkschaften, die christlichen Gewerkschaften sowie die liberalen Hirsch-Dunckerschen Gewerkvereine.

2 Unter den **freien Gewerkschaften** standen dem Allgemeinen Deutschen Arbeiterverein *Lassalle*s, der vor allem politische Ziele wie das allgemeine und gleiche Wahlrecht verfolgte, die unter Einfluss *Bebel*s gegründeten Gewerksgenossenschaften gegenüber, für die die konkrete gewerkschaftliche Arbeit im Vordergrund stand. Einigungsversuche zwischen den verschiedenen gewerkschaftlichen Organisationen wurden zunächst durch das Sozialistengesetz (→ § 217 Rn. 2) unterbrochen. 1892 wurde dann die Generalkommission der Gewerkschaften Deutschlands als zentrales Koordinationsorgan der freien Gewerkschaften gebildet und deren Organisation in Berufsverbänden beschlossen. Um eine festere Struktur zu schaffen, schlossen sich die freien Arbeitergewerkschaften 1919 zum Allgemeinen Deutschen Gewerkschaftsbund (ADGB) zusammen. 1921 vereinbarte der Allgemeine freie Angestelltenbund (AfA-Bund) einen Organisationsvertrag mit dem Allgemeinen Deutschen Gewerkschaftsbund (ADGB), 1923 trat auch der Allgemeine Deutsche Beamtenbund (ADB) hinzu. Die Verbände blieben selbständig, vertraten jedoch ihre wirtschaftlichen und sozialen Interessen gemeinsam. Bestrebungen, vom Berufs- zum Industrieverbandsprinzip überzugehen, führten bis 1933 zu keinem Ergebnis.[1]

3 Gegen die sozialdemokratisch beeinflussten freien Gewerkschaften wurden 1868 von *Hirsch* und *Duncker* die **Hirsch-Dunckerschen Gewerkvereine** gegründet, die der liberalen Fortschrittspartei nahestanden. Sie schlossen sich 1869 als Verband zusammen. Nach der Einbeziehung des Gewerkschaftsbundes der Angestellten (GdA) und verschiedener Beamtenverbände setzten sie ihre Tätigkeit als Gewerkschaftsring deutscher Arbeiter-, Angestellten- und Beamten-Verbände fort, gelangten wegen ihrer gemäßigten sozialpolitischen und arbeitsrechtlichen Forderungen aber nie zu großer Bedeutung.[2]

4 **Christlich-nationale, interkonfessionelle Gewerkschaften** entstanden ab 1894 als ideologisches Gegengewicht zu den freien Gewerkschaften. Sie vertraten jedoch ähnliche sozialpolitische Forderungen wie diese und schlossen den Arbeitskampf als – wenn auch letztes – Mittel zur Durchsetzung ihrer Forderungen nicht aus. Zur Vereinheitlichung und gegenseitigen Unterstützung schlossen sie sich 1899 zum Gesamtverband der Christlichen Gewerkschaften zusammen. Nach der Bildung des Gesamtverbandes deutscher Angestell-

---

[1] Vgl. zu allem *Otto* Gewerkschaftsbewegung in Deutschland S. 51 ff., 58 ff.; *Hueck/Nipperdey* Bd. II S. 173; *Schuster* S. 13 ff. (51 ff.).
[2] *Otto* Gewerkschaftsbewegung in Deutschland S. 53 f.; *Hueck/Nipperdey* Bd. II S. 172 f.

I. Geschichtliche Entwicklung

ten-Gewerkschaften (GdAG) 1919 und der Gründung des Gesamtverbandes Deutscher Beamten-Gewerkschaften erfolgte die Vereinigung zum Deutschen Gewerkschaftsbund.[3]

Insgesamt erreichten die Gewerkschaften bis 1932 einen Organisationsgrad von etwa 40%. Die Mehrheit der gewerkschaftlich gebundenen Arbeitnehmer war in den freien Gewerkschaften organisiert. Diese konnten ihre Mitgliederzahl von etwa 300.000 Arbeitnehmern bei Aufhebung der Sozialistengesetze zunächst stetig steigern und kamen – nach einem vorübergehenden Zuwachs nach dem ersten Weltkrieg auf etwa 7,9 Millionen Mitglieder – bis 1932 auf etwa 4,7 Millionen Mitglieder. Die Hirsch-Dunckerschen Gewerkvereine zählten 1913 gerade 100.000 und erreichten auch bis 1932 kaum mehr als eine halbe Million Mitglieder. Die christlichen Gewerkschaften hatten 1913 bereits 340.000 Mitglieder und kamen bis 1933 auf etwa 1,3 Millionen.[4]

Nur ein Bruchteil der organisierten Arbeitnehmer (ca. 5%) war in anderen, keiner der drei großen Richtungen zugehörigen Gewerkschaften organisiert. Diese waren vorwiegend syndikalistisch oder marxistisch orientiert.

Die Gewerkschaftseigenschaft bestritten wurde der Vereinigung der leitenden Angestellten in Handel und Industrie (Vela) aufgrund ihrer Nähe zu Arbeitgebern.[5] Den ab 1905 gebildeten wirtschaftsfriedlichen, sogenannten „gelben" Verbänden wurde wegen ihrer Unterstützung durch die Unternehmer die Gewerkschaftseigenschaft abgesprochen[6] (zum Gewerkschaftsbegriff → § 220 Rn. 107).

Die **Gründung von Arbeitgeberverbänden** blieb zunächst hinter der der Gewerkschaften zurück.[7] Erst ab 1869, als der Deutsche Buchdruckverein gegründet wurde, schlossen sich die Arbeitgeber zunehmend zu eigenen Verbänden innerhalb der jeweiligen Branchen zusammen, um sich effektiver gegen die Forderungen der Gewerkschaften, die sie als Vertreter der Arbeitnehmer nicht anerkannten, zur Wehr setzen zu können. 1904 entstanden die ersten Spitzenorganisationen der Arbeitgeberverbände, und zwar die Hauptstelle Deutscher Arbeitgeberverbände, die der Wirtschaftsvereinigung Zentralverband Deutscher Industrieller nahestand, und der Verein Deutscher Arbeitgeberverbände, der sich an den Bund der Industriellen anlehnte. Beide Organisationen waren sich in ihren wesentlichen Zielen, den sozialen Frieden zu bewahren und unberechtigten Ansprüchen der Gewerkschaften entgegenzutreten, einig. Sie schlossen sich 1913 zur Vereinigung der Deutschen Arbeitgeberverbände zusammen, die bis 1933 bestand.

Diese Spitzenorganisationen umfassten bereits kurz nach ihrer Gründung 1905/1906 211 Arbeitgeberverbände, denen Arbeitgeber mit insgesamt mehr als 1,6 Millionen Beschäftigten angehörten.[8] Bei Kriegsende waren bereits Betriebe mit insgesamt etwa 2,4 Millionen Beschäftigten in Arbeitgebervereinigungen organisiert; diese Zahl stieg bis 1920 auf 8 Millionen an[9] und betrug im Jahre 1929 noch etwa 6,4 Millionen Arbeitnehmer.[10]

2. Entwicklung nach 1945

a) Gewerkschaften. Im Mai 1933 wurden alle Gewerkschaften durch das nationalsozialistische Regime aufgelöst und durch die aus Arbeitnehmern und Arbeitgebern bestehende Deutsche Arbeitsfront ersetzt.[11] Erst 1945 konnte wieder mit der Gründung von Gewerkschaften begonnen werden.

---

[3] *Hueck/Nipperdey* Bd. II S. 173f.
[4] Vgl. iE *Kurth* Die Geschichte der Gewerkschaften S. 57ff.; *Hueck/Nipperdey* Bd. II S. 172f.; *Schumann* Nationalsozialismus und Gewerkschaftsbewegung S. 163ff.
[5] S. ausführlich *Hromadka* Das Recht der leitenden Angestellten im historischgesellschaftlichen Zusammenhang S. 114ff.
[6] *Hueck/Nipperdey* Bd. II S. 174; *Kurth* Die Geschichte der Gewerkschaften S. 69ff.
[7] Vgl. dazu und zum Folgenden ausführlich *G. Erdmann* Die deutschen Arbeitgeberverbände S. 53ff., 67ff.
[8] *G. Erdmann* Die deutschen Arbeitgeberverbände S. 72.
[9] *G. Erdmann* Die deutschen Arbeitgeberverbände S. 92, 126.
[10] *Hueck/Nipperdey* Bd. II S. 175.
[11] S. *Hueck/Nipperdey* Bd. II S. 119f.; *Gamillscheg* KollArbR I § 2 S. 124f.

11 Ziel war dabei die Bildung von Einheitsgewerkschaften. Anders als in ihrer bisherigen Geschichte sollten die Gewerkschaften politisch und weltanschaulich neutral sein. Außerdem sollten **Industriegewerkschaften** an die Stelle von Berufsverbänden treten, um Zersplitterungen zu vermeiden und eine möglichst große Durchschlagskraft zu erzielen.

12 Entsprechend den Vorgaben der westlichen Besatzungsmächte erfolgte die Gründung der Gewerkschaften zunächst „von unten her". Nach der Gründung des Deutschen Gewerkschaftsbundes in der britischen Zone 1947 und Gewerkschaftszusammenschlüssen auf Landesebene in der amerikanischen und der französischen Zone wurde im Oktober 1949 auf Bundesebene der **Deutsche Gewerkschaftsbund (DGB)**[12] als Spitzenorganisation von 16 Einzelgewerkschaften gegründet.[13] 1978 trat die Gewerkschaft der Polizei (GdP) dem DGB bei.

13 In den letzten Jahren sind die Gewerkschaften in eine **Krise** geraten. Änderungen der Wirtschaftsstruktur haben zum Niedergang bestimmter Industriezweige geführt, während andere aufgestiegen sind. Bisherige Organisationsstrukturen haben sich als veraltet und zu aufwendig erwiesen. Vor allem ist, bedingt durch die hohe Arbeitslosigkeit, Änderungen in der Beschäftigtenstruktur und eine Entsolidarisierung im Bewusstsein der Arbeitnehmer, ein erheblicher Mitgliederschwund zu verzeichnen: Allein die IG Metall als größte Industriegewerkschaft hat nach einem durch die Wiedervereinigung bedingten Anstieg der Mitgliederzahlen auf 3.624.000 im Jahr 1991 einen Rückgang auf 2.752.000 Mitglieder bis 1997 zu verzeichnen und damit 872.000 Mitglieder bzw. 24 Prozent ihres Mitgliederbestandes verloren.[14] Reagiert haben die Gewerkschaften des DGB auf diese Krise mit einem Konzentrationsprozess. Bereits 1989 haben die Industriegewerkschaft Druck und Papier und die Gewerkschaft Kunst zur IG Medien fusioniert. Weiter fusionierten 1996 die IG Bau-Steine-Erden und die Gewerkschaft Gartenbau, Land- und Forstwirtschaft zur IG Bauen-Agrar-Umwelt (IG BAU), 1997 die IG Bergbau und Energie, die IG Chemie und die Gewerkschaft Leder zur IG Bergbau, Chemie und Energie (IG BCE), 1998 die IG Metall und die Gewerkschaft Textil-Bekleidung zur IG Metall neu (IGM). Zum 1.1. 2000 ist die Fusion der Gewerkschaft IG Metall und der Gewerkschaft Holz und Kunststoff (GHK) erfolgt. Im März 2001 erfolgte der Zusammenschluss der Gewerkschaften Öffentliche Dienste, Transport und Verkehr (ÖTV), Deutsche Angestellten-Gewerkschaft (DAG), Deutsche Postgewerkschaft (DPG), Gewerkschaft Handel, Bank und Versicherungen (HBV) und IG Medien zur Vereinten Dienstleistungsgewerkschaft, ver.di. Im November 2010 fusionierte TRANSNET mit der Gewerkschaft Deutscher Bundesbahnbeamten und Anwärter (GDBA) zur Eisenbahn- und Verkehrsgewerkschaft (EVG).

14 Der DGB umfasst folgende Gewerkschaften:
– Industriegewerkschaft Bauen-Agrar-Umwelt (IG BAU)
– Industriegewerkschaft Bergbau, Chemie und Energie (IG BCE)
– Gewerkschaft Erziehung und Wissenschaft (GEW)
– Industriegewerkschaft Metall (IGM)
– Gewerkschaft Nahrung-Genuss-Gaststätten (NGG)
– Gewerkschaft der Polizei (GdP)
– Eisenbahn- und Verkehrsgewerkschaft (EVG)
– Vereinigte Dienstleistungsgewerkschaft (ver.di)

15 Das Industrieverbandsprinzip wurde von Anfang an nicht vollständig verwirklicht. Einzelne Gewerkschaften innerhalb des DGB grenzten sich nach bestimmten Berufen (Gewerkschaft Erziehung und Wissenschaft, GEW) oder dem Arbeitgeber (ehemalige Gewerkschaft Öffentliche Dienste, Transport und Verkehr, ÖTV) ab. Vor allem entstanden aber außerhalb des DGB weitere Gewerkschaften, deren Mitglieder durch die Zugehörigkeit

---

[12] Aktuelle Satzung 1971 idF 1998.
[13] Zur Entwicklung s. ausführlich *Otto* Gewerkschaftsbewegung in Deutschland S. 94 ff.; *Abendroth* Die deutschen Gewerkschaften S. 35 ff.; *Kurth* Die Geschichte der Gewerkschaften S. 88 ff.
[14] Zahlen aus: Statistisches Jahrbuch für die Bundesrepublik Deutschland 1992, S. 733 und 1997, S. 745.

zu bestimmten Berufsgruppen oder weltanschaulichen Verpflichtungen charakterisiert sind. Bedeutendste Berufsgewerkschaft ist inzwischen der Marburger Bund, der ca. 118.000 Mitglieder, vor allem Ärzte, organisiert.[15]

Anlass zur Gründung **christlicher Gewerkschaften** waren Auseinandersetzungen um die parteipolitische Neutralität des DGB. 1955 wurde die Christliche Gewerkschaftsbewegung Deutschlands (CGD) gegründet und 1959 in den Christlichen Gewerkschaftsbund Deutschland (CGB) umbenannt. Der CGB folgt dem Berufsverbandsprinzip. Verbände von Arbeitern, Angestellten und Beamten sind ihrerseits zu Gesamtverbänden zusammengeschlossen, deren Spitzenverband der CGB ist. Im Unterschied zu den Jahren zwischen 1894 und 1932 hat der CGB keine große Bedeutung erreichen können.

Als bedeutendster Zusammenschluss der Beamten außerhalb des DGB wurde 1950 der Deutsche Beamtenbund (DBB) mit Landesbünden und Bundesfachverbänden,[16] etwa die Deutsche Polizeigewerkschaft im DBB gegründet.

Die Entwicklung eigenständiger **Berufsgruppengewerkschaften** hat in den letzten Jahren zugenommen – doch handelt es sich um eine tradierte Organisationsform. So existiert die Gewerkschaft Deutscher Lokomotivführer (GDL) seit 1867 und schließt seit 1960 Tarifverträge mit der Deutschen Bahn. Der Verband angestellter Akademiker und leitender Angestellter der chemischen Industrie e.V. (VAA) ist aus einer Vorläuferorganisation von 1919 hervorgegangen. Im DGB agiert die Gewerkschaft Erziehung und Wissenschaft (GEW) als Berufsgewerkschaft der Lehrer seit 1948. Andere Berufsgruppen hatten sich zwar zu Verbänden formiert, nahmen aber nicht selbständig am Tarifsystem teil, sondern agierten tarifpolitisch in einer Kooperation mit der DAG (so die Ärzte, Piloten und Fluglotsen). Als diese in ver.di aufgegangen ist, haben jene Verbände aus Unzufriedenheit mit der Tarifpolitik ihr tarifliches Schicksal in die eigenen Hände genommen und beanspruchen seither Tariffähigkeit (Marburger Bund, Vereinigung Cockpit und die Gewerkschaft der Fluglotsen). Die Unabhängige Flugbegleiter Organisation (UFO) wurde 1992 als Berufsverband aus Unzufriedenheit mit der Tarifpolitik von DAG und ÖTV gegründet und nimmt ihre Tariffähigkeit seit 2000 wahr. Andere Verbände haben gleiches versucht, sind indes nicht zu eigenständiger Tarifpolitik gelangt. Die 2011 gegründete Deutsche Feuerwehr-Gewerkschaft nimmt Tariffähigkeit in Anspruch, hat aber keine eigenständigen Tarifverträge durchsetzen können. Dem Verband „Bedienstete der Technischen Überwachung" (BTÜ) hat das BAG die für die Tariffähigkeit erforderliche Leistungfähigkeit abgesprochen,[17] inzwischen will er nur noch fremde Tarifverträge prüfen und ggf deren Anwendung entgegentreten. Der Verein Deutscher Ingenieure verfolgt keine tarifpolitischen Aufgaben. Die in der Diskussion um die Tarifeinheit angeführte Sorge einer breiten Zerfaserung der Gewerkschaftslandschaft durch neue Berufsverbände ist unberechtigt.

Verschiedene Verbände der leitenden Angestellten haben sich in der Union der leitenden Angestellten (ULA, heute *United Leaders Association*) zusammengeschlossen.[18] Der Mehrheit von ihnen fehlt die Tarifwilligkeit. Etwas anderes gilt nur für den Verband angestellter Akademiker und Leitender Angestellter der chemischen Industrie (VAA) und den Verband der Führungskräfte (in Bergbau, Energiewirtschaft und zugehörigem Umweltschutz) eV (VDF).[19]

Die genannten Gewerkschaften sowie der Deutsche Beamtenbund erreichten 2012 einen Organisationsgrad von gut 20% aller beschäftigten Arbeitnehmer und Beamten.[20]

---

[15] www.marburger-bund.de/der-marburger-bund (14.7.2017).
[16] *Niedenhoff/Pege* Gewerkschaftshandbuch S. 177 ff.
[17] BAG 6.6.2000 – 1 ABR 10/99, NZA 2001, 160.
[18] *Hromadka* Das Recht der leitenden Angestellten im historischgesellschaftlichen Zusammenhang S. 194f.; *Niedenhoff/Pege* Gewerkschaftshandbuch S. 421 f.
[19] Vgl. BAG 16.11.1983 – 1 ABR 22/78, SAE 1984, 133.
[20] Die Zahlen ergeben sich aus einer Datenanalyse aus der Allgemeinen Bevölkerungsumfrage der Sozialwissenschaften (ALLBUS): *Anders/Biebeler/Lesch* Gewerkschaftsmitglieder, IW-Trends 1.2015 S. 21.

Dieser fiel 2014 auf unter **18 %**. Allerdings stechen dabei Beamte mit einem Organisationsgrad von 34 % heraus; der Organisationsgrad von Arbeitern liegt mit 19,8 % und der von Angestellten mit 15,1 % niedriger.[21]

19a Der DGB nimmt mit 6.047.503 Mitgliedern im Jahr 2016 (IG Metall: 2.274.033; ver.di 2.011.950)[22] die Spitzenstellung ein. Der CGB hat ca. 280.000 Mitglieder[23] und der DBB 1,3 Millionen.[24] Der Organisationsgrad der DGB–Gewerkschaften mit 15,9 % im Jahr 2014 ist im vergangenen Jahrzehnt stark zurückgegangen.[25] Berufsgruppengewerkschaften hingegen weisen hohe Organisationsgrade auf, so etwa die GDL mit über 80 %.[26]

20 Auch in der sowjetisch besetzten Zone entstanden unter der zentralistischen Lenkung des Freien Deutschen Gewerkschaftsbundes (FDGB) Einheitsgewerkschaften, die mehr und mehr mit Partei und Staat verwoben waren. Der FDGB löste sich mit der Wiedervereinigung im September 1990 auf.

20a Im Zuge der Vereinigung Deutschlands wurde eine gewerkschaftliche Einheit hergestellt. Auf die Möglichkeit, die Gewerkschaften in Ost und West zu verschmelzen, haben die DGB-Gewerkschaften verzichtet, um einen eindeutigen Trennungsstrich zum FDGB und seinen diskreditierten Organisationen zu ziehen. Vielmehr haben die Westgewerkschaften ihren Einzugsbereich auf ganz Deutschland erstreckt und bei den Mitgliedern der Ostgewerkschaften um Übertritt geworben. Den politisch bedingten Organisationsgrad der FDGB-Gewerkschaften haben die Westgewerkschaften nicht halten können. Nur rund jeder dritte Arbeitnehmer einer FDGB-Gewerkschaft hat sich einer Westgewerkschaft angeschlossen.[27] Inzwischen ist der Organisationsgrad in den neuen Bundesländern weiter zurückgegangen.[28]

21 **b) Arbeitgeberverbände.** Die Machtergreifung der Nationalsozialisten im Jahre 1933 führte zur Auflösung der Arbeitgeberverbände und ihres Dachverbandes. Arbeitgeber und Arbeitnehmer wurden in der Deutschen Arbeitsfront zwangsvereinigt. Unternehmenszusammenschlüsse bestanden nur noch in Form von Wirtschaftsverbänden mit Zwangsmitgliedschaft, die wiederum in der Reichswirtschaftskammer zusammengeschlossen waren und nur wirtschaftspolitische Funktionen hatten.[29]

22 Die Neugründung von Arbeitgeberverbänden stieß bei den Besatzungsmächten nach 1945 zunächst auf Widerstand. Einzelanordnungen der Militärregierungen ließen nur wirtschaftliche Vereinigungen von Unternehmen derselben Branche zu, die neben der Verfolgung ihrer wirtschaftlichen Ziele auch zu Verhandlungen mit den Gewerkschaften befugt waren. Nach der Bildung einer losen „Arbeitsgemeinschaft der Arbeitgeber der Westzone" durch Arbeitgeberverbände aus den Ländern der Bizone im Jahr 1947 und der Bildung eines „Zentralsekretariats der Arbeitgeber des vereinigten Wirtschaftsgebietes" 1948 konnte erst am 28.1.1949 die „Sozialpolitische Arbeitsgemeinschaft der Arbeitgeber des Vereinigten Wirtschaftsgebietes" mit Billigung der Besatzungsmächte gegründet werden, der sich schließlich auch die Arbeitgeberverbände der französischen Zone anschlossen. Im November 1950 ging aus dieser „Vereinigung der Arbeitgeberverbände" die **Bundesvereinigung der Deutschen Arbeitgeberverbände** (BDA) hervor.[30]

---

[21] *Biebeler/Lesch* Wirtschaftsdienst 2015, 710, 713.
[22] Vorjahre abrufbar unter www.dgb.de/uber-uns/dgb-heute/mitgliederzahlen (14.7.2017).
[23] www.cgb.info (2.8.2017).
[24] www.dgb.de (2.8.2017).
[25] *Lesch* Gewerkschaftsspiegel Nr. 3/2016 S. 4.
[26] http://www.gdl.de/UeberUns (19.9.2017).
[27] Informationsdienst des Instituts der deutschen Wirtschaft Nr. 5/91 S. 2; zur Gewerkschaftlichen Vereinigung allgemein *Rieble* AuR 1990, 365 ff.
[28] Genaue Zahlen zu dieser an sich unbestrittenen Entwicklung waren von den Gewerkschaften nicht zu erhalten.
[29] *G. Erdmann* Die deutschen Arbeitgeberverbände S. 210 f.
[30] Zur Entstehung s. ausführlich *G. Erdmann* Die deutschen Arbeitgeberverbände S. 227 ff.; *Löwisch* S. 208 ff.

Die BDA ist heute die Spitzenorganisation von 49 Bundesverbänden sowie 14 überfachlichen Landesvereinigungen mit Mitgliedsverbänden aus Industrie (einschließlich Bergbau), Dienstleistungen, Handwerk, Landwirtschaft, Handel, Finanzwirtschaft (Banken, Versicherungen) und Verkehr/Transport/Logistik.[31] Nach älteren Schätzungen sind 80% aller Arbeitnehmer dieser Wirtschaftsbereiche bei Arbeitgebern beschäftigt, die in den in der BDA zusammengeschlossenen Verbänden organisiert sind.[32] Eine Untersuchung aus dem Jahr 2003 ermittelt einen Grad der Tarifbindung im Metallgewerbe von 21% in Ostdeutschland und 43% in Westdeutschland.[33]

Im Zuge der Vereinigung Deutschlands haben sich in der ehemaligen DDR Arbeitgeberverbände nach westlichem Vorbild gebildet. Die Dachverbände im Westen haben ihren Organisationsbereich auf ganz Deutschland ausgedehnt und die neuen Arbeitgeberverbände aufgenommen.[34]

Auch die Arbeitgeberverbände sind in den letzten Jahren in eine **Krise** geraten. Der Eindruck, durch die tariflichen Arbeitsbedingungen überfordert zu werden, hat, besonders in den neuen Bundesländern, zu Verbandaustritten und der mangelnden Bereitschaft neugegründeter Unternehmen zum Verbandsbeitritt geführt.[35] Die Arbeitgeberverbände versuchen dem mit dem Drängen auf eine stärkere Differenzierung und Flexibilisierung der tariflichen Arbeitsbedingungen zu begegnen.[36] Zunehmend werden auch Arbeitgeberverbände ohne Tarifzweck gebildet oder in Arbeitgeberverbänden mit Tarifzweck eine besondere Mitgliedschaft ohne Tarifbindung („OT-Mitglieder") eingeführt (→ § 245 Rn. 31 ff.).

II. Organisationsstruktur der Gewerkschaften

1. Allgemeine Strukturprinzipien

Die **DGB-Gewerkschaften** folgen dem **Industrieverbandsprinzip:** Die Zuständigkeit einer Gewerkschaft für einen bestimmten Arbeitnehmer richtet sich nicht nach dem von diesem ausgeübten Beruf, sondern danach, in welchem Wirtschaftszweig er beschäftigt ist. So sind in der IG Metall nicht die in Metallberufen tätigen Arbeitnehmer organisiert, sondern alle in der Metallbranche Tätigen, selbst wenn sie dort etwa in der Energieversorgung, als Maurer oder als Schreibkraft beschäftigt sind. Diesen Arbeitnehmern ist es umgekehrt auch nicht möglich, der IG Bergbau, Chemie, Energie oder der IG Bauen-Agrar-Umwelt beizutreten.

Der Verschiedenheit der in einer Gewerkschaft organisierten Berufe wird durch den Aufbau von **Fachgruppen** innerhalb der Gewerkschaften Rechnung getragen, die iSd berufsspezifischen Interessen ihrer Mitglieder Einfluss auf die Gewerkschaftsarbeit nehmen können.[37] Neben Fachgruppen haben viele Gewerkschaften besondere Organisationseinheiten oder Gremien etabliert, die die spezifischen Interessen einzelner Mitgliedergruppen wahrnehmen sollen. Für junge Arbeitnehmer,[38] Frauen[39] und Beamte,[40] aber auch für Senioren[41] ist oftmals die Bildung besonderer Ausschüsse, die Abhaltung eigener Delegiertentreffen oder eine anderweitige Sicherung der Mitwirkung der Personengruppe in der Gewerkschaft vorgesehen.

---

[31] Angaben der BDA im Internet, www.arbeitgeber.de (2.8.2017).
[32] Datenreport 2006, S. 170, Statistisches Bundesamt (Hrsg.); *Knapp* ZfA 1980, 408 f.
[33] Stand 31.12.2003; Datenreport 2006, S. 170, Statistisches Bundesamt (Hrsg.).
[34] *Rieble* AuR 1990, 365.
[35] *Hüttenbach/Pogge* AR/Blattei SD 420.4 Rn. 20.
[36] *Molitor* FS Schaub, 1998, 487 ff.
[37] Vgl. § 37 Satzung IG BCE 2013; §§ 46 ff. Satzung ver.di 2015; § 33 Satzung EVG 2016.
[38] § 60 Satzung ver.di 2015, § 26 Satzung EVG 2016.
[39] § 25 Satzung EVG 2016.
[40] § 63 Satzung ver.di 2015; § 29 Satzung EVG 2016.
[41] § 61 Satzung ver.di 2015.

28 Durchbrochen wird das Industrieverbandsprinzip bei der GEW, die außer für die Angehörigen von Hochschulen, wissenschaftlichen Instituten und Forschungseinrichtungen und Beschäftigte in privaten Bildungseinrichtungen auch für alle pädagogische und sozialpädagogische Berufe zuständig ist.[42]

29 Das Industrieverbandsprinzip soll den DGB-Gewerkschaften dadurch besondere Schlagkraft verleihen, dass **für einen Betrieb immer nur eine Gewerkschaft** zuständig ist und so eine Schwächung durch Konkurrenz vermieden wird.[43] Um dieses Ziel voll zu verwirklichen, ist eine Abgrenzung der Organisationsbereiche der DGB-Gewerkschaften erforderlich, vor allem in den Fällen, in denen sich die Tätigkeit eines Unternehmens nicht auf eine Branche beschränkt. Die Abgrenzung ist nach dessen Satzung Aufgabe des DGB. Dieser erlässt Richtlinien für die Abgrenzung der Organisationsbereiche, die Bestandteil der Satzung werden.[44] Zudem ist die Änderung der in der Satzung der Einzelgewerkschaften angegebenen Organisationsbereiche und Organisationsbezeichnungen von seiner Zustimmung abhängig.[45] Dieses Prinzip stellt die IG Metall mit einer an der Wertschöpfungskette ausgerichteten Zuständigkeit in Frage[46] – mit der sie auch die DGB-Zuständigkeit zur verbindlichen Revierabgrenzung delegitimiert: „Die Vorschriften der Satzung des DGB und Beschlüsse von Organen des DGB binden die IG Metall insoweit sie der IG Metall-Satzung oder der Beschlüsse ihrer Organe (Gewerkschaftstag, Beirat, Vorstand) nicht entgegenstehen" (§ 32 Abs. 1 S. 4 der Satzung 2017).

30 Die im **CGB** zusammengeschlossenen Gewerkschaften folgen teils dem Industrieverbandsprinzip, teils dem Berufsverbandsprinzip. Etwa organisiert die Christliche Gewerkschaft Metall alle in Metallbetrieben beschäftigten Arbeitnehmer.[47] Auf der anderen Seite gehört dem CGB etwa auch der „DHV – Die Berufsgewerkschaft e.V." an, der sich in der Tradition der christlichen Angestelltengewerkschaftsbewegung sieht.[48]

31 Der **DBB Beamtenbund und Tarifunion** ist ein Dachverband von Gewerkschaften des öffentlichen Dienstes und des privaten Dienstleistungssektors.[49] Er organisiert in erster Linie die Beamten von Bund und Ländern, Kommunen und anderen Körperschaften, Anstalten und Stiftungen des öffentlichen Rechts. Er steht aber auch den Angestellten und Arbeitern des öffentlichen Dienstes offen.

32 Die **Mitgliedschaft** in den Gewerkschaften ist nicht auf aktuell als Angestellte, Arbeiter oder Beamte Beschäftigte beschränkt. Mitglieder können auch in Ausbildung stehende Personen werden, gleichgültig, ob es sich um ein Berufsausbildungsverhältnis, ein Praktikantenverhältnis oder ein Verhältnis als Studierender handelt.[50] Auch Arbeitslosen, die eine Beschäftigung im Organisationsbereich der betreffenden Gewerkschaft anstreben, steht die Mitgliedschaft offen.[51] Die Mitgliedschaft endet auch nicht mit der Beendigung des Beschäftigtenverhältnisses. Wer in den Ruhestand tritt, arbeitslos wird oder eine Tätigkeit als Selbständiger aufnimmt, bleibt Mitglied, solange er nicht aus der Gewerkschaft austritt. Auch der Wechsel in den Organisationsbereich einer anderen Gewerkschaft ändert für sich allein noch nichts an der Mitgliedschaft in der bisherigen. Die Satzungen erleichtern nur den Übertritt, indem sie bei der bisherigen Gewerkschaft zurückgelegte Mitglieds- und Beitragszeiten anerkennen.[52]

33 Die im DGB zusammengeschlossenen Gewerkschaften nehmen für sich in Anspruch, als Einheitsgewerkschaften Arbeitnehmer **aller weltanschaulichen Richtungen** ohne

---

[42] § 6 Nr. 1 lit. a Satzung GEW 2016.
[43] Vgl. BAG 25.9.1996 – 1 ABR 4/96, BAGE 84, 166 = NZA 1997, 613.
[44] § 15 Nr. 1 Satzung DGB 2014.
[45] § 15 Nr. 2 Satzung DGB 2014.
[46] *Rieble* RdA 2017, 26.
[47] § 3 Nr. 1 Satzung CGM 2016.
[48] www.dhv-cgb.de (14.7.2017).
[49] § 1 Abs. 1 Satzung DBB 2012.
[50] § 6 Nr. 1 lit. c Satzung ver.di 2015.
[51] § 6 Nr. 1 lit. e Satzung ver.di 2015.
[52] § 8 Nr. 1 Satzung ver.di 2015.

Rücksicht auf Rasse, Alter oder Geschlecht zu vertreten. Dies gilt auch für den CGB und DBB mit der Maßgabe, dass der CGB die Anerkennung christlicher Grundsätze verlangt.[53] Alle Gewerkschaften haben in ihren Satzungen ihre parteipolitische Neutralität verankert.[54]

2. Gliederung

Die im DGB zusammengeschlossenen Einzelgewerkschaften sind in der Regel dreistufig aufgebaut, einzelne aber auch vierstufig.[55] Die Mitgliedschaft besteht im jeweiligen Bundesverband (aber → § 223 Rn. 7 ff. für die Mitgliedschaft in selbständigen Untergliederungen). Unterhalb der Bundesebene sind sie in verschiedene (Landes-) Bezirke aufgeteilt, die ihrerseits wiederum – abhängig von der Größe der Gewerkschaft und den Standorten des Wirtschaftszweiges – in regionale und/oder lokale Stellen untergliedert sind. 34

Der DGB selbst ist vierstufig aufgebaut. Organe auf Bundesebene sind der aus Delegierten der Gewerkschaften bestehende Bundeskongress[56] – der damit zugleich das gemeinsame höchste Organ von DGB und Einzelgewerkschaften ist – der Bundesausschuss,[57] der Bundesvorstand,[58] der geschäftsführende Bundesvorstand und die Revisionskommission.[59] Unterhalb der Bundesebene sind neun Landesbezirke gebildet, die ihrerseits wieder in Kreise und Ortskartelle mit jeweils eigenen Organen untergeliedert sind.[60] 35

Die Interessen der Einzelgewerkschaften im DGB werden durch deren angemessene Vertretung in den einzelnen Organen berücksichtigt. Dem Bundesvorstand gehören die Vorsitzenden der Einzelgewerkschaften an.[61] Die Zahl der von den einzelnen Gewerkschaften in Bundeskongress und Bundesausschuss zu entsendenden Mitglieder richtet sich danach, für wieviele Mitglieder Beiträge an den Bund abgeführt worden sind.[62] Für die Landesbezirkskonferenzen wird die Aufteilung der Delegierten auf die Einzelgewerkschaften ebenfalls im Voraus bestimmt.[63] Den einzelnen Arbeitnehmergruppen innerhalb der Gewerkschaften wird dadurch Rechnung getragen, dass bei der Wahl von Delegierten die Mitgliederstruktur der Gewerkschaft berücksichtigt werden soll.[64] Die Zugehörigkeit aller Landesbezirksvorsitzenden zum Bundesausschuss gewährleistet eine Vertretung aller Landesbezirke. 36

3. Zuständigkeitsverteilung

Der DGB und seine Einzelgewerkschaften sind hierarchisch geordnet. Die Organe der unteren Ebenen haben spezifisch regionale oder landespolitische Aufgaben zu erfüllen. Im Übrigen sind sie Beauftragte der übergeordneten Stellen und führen deren Weisungen aus.[65] In diesem Rahmen sind die örtlichen und regionalen Stellen vor allem für allgemeine Verwaltungsaufgaben, Werbekampagnen, die Durchführung überregional beschlossener Maßnahmen sowie die Mitgliederbetreuung, etwa die Unterstützung bei der Durchführung von Betriebs- und Jugendvertreterwahlen und die Schulung der Mitglieder der Interessenvertretungen verantwortlich. 37

---

[53] § 4 Nr. 1 Satzung CGB 1992.
[54] § 1 Abs. 2 Satzung DBB 2012.
[55] So etwa IG BCE, GEW.
[56] Zu seinen Aufgaben vgl. § 7 Satzung DGB 2014.
[57] Zu seinen Aufgaben vgl. § 8 Satzung DGB 2014.
[58] Zu seinen Aufgaben vgl. § 9 Satzung DGB 2014.
[59] Zu seinen Aufgaben vgl. § 10 Satzung DGB 2014.
[60] Dazu § 11, 12 Satzung DGB 2014.
[61] § 9 Nr. 1 Satzung DGB 2014.
[62] §§ 7 Nr. 7, 8 Nr. 2 Satzung DGB 2014.
[63] Vgl. § 11 Nr. 9 Satzung DGB 2014.
[64] § 7 Nr. 5 Satzung DGB 2014 für die Wahl zum Bundeskongress; § 11 Nr. 8 für die Bezirkskonferenz.
[65] Vgl. etwa § 32 Satzung IG BCE 2013.

38 Die Führung von Tarifverhandlungen und der Abschluss von Tarifverträgen ist in der Regel satzungsmäßige Aufgabe der Organe der Einzelgewerkschaften auf Landes-[66] oder Bundesebene.[67] Soweit örtliche Organe Tarifverträge abschließen, bedürfen sie dafür der – ausdrücklichen oder stillschweigenden – Vollmacht des satzungsmäßig zuständigen Organs der Landes- oder Bundesebene.[68] Wer ohne solche Vollmacht einen Tarifvertrag abschließt, haftet, wenn die nachträgliche Genehmigung ausbleibt, als Vertreter ohne Vertretungsmacht nach § 179 BGB.[69] Tarifvertragsabschlüsse setzen meist die Zustimmung, jedenfalls aber die Anhörung eigens gebildeter Tarifkommissionen voraus.[70] Tarifkündigungen und die Einleitung von Arbeitskampfmaßnahmen sind grundsätzlich von der Zustimmung des jeweiligen Hauptvorstands auf Bundesebene abhängig.[71]

39 Der DGB vertritt als Spitzenorganisation die gemeinsamen Interessen der in ihm vereinigten Einzelgewerkschaften. Nach außen steht dabei die **Wahrnehmung branchenübergreifender Aufgaben** im Vordergrund. So vertritt der DGB die sozialpolitischen Interessen der Gewerkschaften in der nationalen und internationalen Sozial- und Gesundheitspolitik, in der Sozialversicherung, einschließlich deren Selbstverwaltung, in der Arbeitsmarktpolitik und bei der Arbeitssicherheit, im Arbeits- und Sozialrecht und gegenüber der staatlichen Wirtschaftspolitik. Auch nimmt er das Widerstandsrecht des Art. 20 Abs. 4 GG wahr.[72] Gruppeninteressen werden dabei durch innerhalb des DGB gebildete Angestellten-, Arbeiter-, Beamten-, Frauen-, Senioren- und Jugendausschüssen auf Kreis-, Landesbezirks- und Bundesebene gewahrt. Den Gruppenausschüssen stehen in den jeweiligen Organen Teilnahmerechte mit beratender Stimme sowie Antragsrechte zu.[73]

40 Innergewerkschaftlich kommen dem DGB eine Reihe von **Organisationsaufgaben** zu. Neben der Abgrenzung der Organisationsbereiche und dem Schiedsgerichtswesen (→ § 223 Rn. 30) sind dies vor allem die Aus- und Fortbildung von Mitgliedern und Funktionären in eigenen Schulen und Bildungseinrichtungen, die Wahrnehmung des Rechtsschutzes für die Mitglieder im gesetzlich zulässigen Rahmen, die Koordinierung von Anlage und Verwertung des Gewerkschaftsvermögens und die Koordinierung der Gehalts- und Anstellungsbedingungen für die Angestellten des Bundes und der Gewerkschaften.[74] Allerdings ist die Frage, ob der Rechtsschutz weiterhin vom DGB wahrgenommen oder unmittelbar bei den Einzelgewerkschaften angesiedelt werden soll, inzwischen umstritten.[75]

41 **Eigene Tarifzuständigkeit** als Spitzenorganisation gem. § 2 Abs. 3 TVG (→ § 223 Rn. 40 ff.), nimmt der DGB **nicht** in Anspruch. Zu seinen Aufgaben gehört lediglich die Erarbeitung von Grundsätzen für die Tarifpolitik und die Schaffung von Richtlinien zur Führung und Unterstützung von Arbeitskämpfen.[76]

---

[66] § 16 Nr. 4 lit. b Satzung IG Metall 2016, wonach über die Kündigung eines Tarifvertrags der Bundesvorstand entscheidet; § 35 lit. e Satzung IG BCE 2013; gemäß § 10 Satzung IG BCE 2013 obliegt die Gesamtverantwortung für die Tarifpolitik dem Hauptvorstand und nach § 32 Nr. 13 bedarf der Abschluss eines Bezirkstarifvertrages seines Einvernehmens.
[67] § 69 Satzung ver.di 2015.
[68] BAG 18.12.1996 – 4 AZR 129/96, BAGE 85, 28 = NZA 1997, 830.
[69] *Löwisch* BB 1997, 2161; der berichtete Fall endete mit einem gerichtlichen Vergleich, nachdem die IG Metall erklärt hatte, der örtliche Bevollmächtigte habe Verhandlungs- und Abschlussvollmacht gehabt (ArbG Freiburg – 13 Ca 373/87).
[70] § 16 Nr. 4 lit. b Satzung IG Metall 2016.
[71] § 11 Nr. 2 Satzung IG BCE 2013.
[72] § 2 Nr. 3 lit. b Satzung DGB 2014.
[73] § 7 Nr. 9, 12; § 8 Nr. 2; § 11 Nr. 8, 12, 14, 16 Satzung DGB 2014.
[74] § 2 Nr. 3 Satzung DGB 2014.
[75] Vgl. § 13 Satzung IG BCE 2013; § 19 Satzung ver.di 2015.
[76] § 2 Nr. 4 lit. h Satzung DGB 2014.

4. Aufgaben und Ziele

Auf dem Gebiet der Wahrung und Förderung der Arbeits- und Wirtschaftsbedingungen **42** ist den Gewerkschaften ein weiter Aufgabenkreis teils von der Verfassung, teils durch einfaches Recht zugeschrieben. Er lässt sich in drei Bereiche aufgliedern, die sich nach der Art der Mitwirkung unterscheiden: Die Gewerkschaften nehmen **selbständig nichtstaatliche Aufgaben** wahr. Ihnen stehen **Anhörungs- und Antragsrechte** gegenüber Gesetzgebung und Verwaltung zu. Sie **benennen und entsenden** Vertreter in Gerichte und (Selbst-) Verwaltungsgremien.

Selbständige nichtstaatliche Aufgabe ist zunächst der Abschluss von **Tarifverträgen,** **43** deren Normen die Arbeitsverhältnisse unmittelbar und mit grundsätzlich zwingender Wirkung gestalten (§§ 1 ff. TVG, eingehend → § 251 Rn. 1 ff.).

In den **Betrieben** steht den Gewerkschaften ein originäres Recht auf Koalitionsbetäti- **44** gung zu (→ § 220 Rn. 77). Daneben sind ihnen durch Gesetz eine Reihe von Befugnissen, teils im Eigeninteresse, teils als Notrechte im Interesse der Gesamtbelegschaft zugewiesen. Gleiches gilt für die Unternehmensmitbestimmung.

Gehört werden die Gewerkschaften beim **Erlass von Gesetzen und Verordnungen** **45** **über die Arbeitsbedingungen von Beamten und Soldaten,** § 53 BeamtStG, § 104 SBG.[77] Ein Anhörungsrecht besteht iRd Erlasses von Verordnungen nach § 33 HAG. Anhörungs- und Mitwirkungsrechte bestehen außerdem beim Erlass von Durchführungsverordnungen und Verwaltungsvorschriften zu Gesetzen: § 11 TVG, § 1 Abs. 5 HAG, § 33 HAG, § 11 ArbnErfG. Der DGB ist in § 28b SGB IV eigens genannt. Ein Beratungsrecht besteht hinsichtlich der Anerkennung von Schulungs- und Bildungsveranstaltungen (§ 37 Abs. 7 BetrVG). Antragsrechte iR einer Allgemeinverbindlicherklärung normiert § 5 Abs. 1 S. 1 TVG. Im Bereich der **Arbeitsverwaltung** kommt den Gewerkschaften ein allgemeines Beratungsrecht zu.

Weitere Mitwirkungs- und Antragsrechte der Gewerkschaften sind iRd **Betriebsver-** **46** **fassung** geregelt. Bei Betriebsratswahlen stehen den Gewerkschaften Rechte nach § 14 Abs. 3 BetrVG (Wahlvorschläge für den Betriebsrat), § 16 Abs. 1 S. 4 BetrVG (Entsendung eines Mitglieds in den Wahlvorstand), § 17 Abs. 3 BetrVG (Einladung zur Wahl eines Wahlvorstandes), § 16 Abs. 2 S. 1 oder § 17 Abs. 4 BetrVG (Antrag beim Arbeitsgericht auf Einsetzung eines Wahlvorstandes), § 19 Abs. 2 S. 1 BetrVG (Anfechtung der Betriebsratswahlen) und § 23 Abs. 1 BetrVG (Antrag beim Arbeitsgericht auf Ausschluss eines Mitglieds oder Auflösung des Betriebsrats) zu. Des Weiteren besteht für Gewerkschaften das praktisch bedeutsame Recht nach § 23 Abs. 3 BetrVG (vgl. ebenso § 17 Abs. 2 AGG): Bei groben Verstößen des Arbeitgebers gegen seine Verpflichtungen aus dem BetrVG kann die Gewerkschaft beantragen, dem Arbeitgeber, ein Tun, Dulden oder Unterlassen aufzugeben. Weitere Rechte aus dem BetrVG sind die Teilnahme an einer Betriebsversammlung (§ 31 BetrVG), das Antragsrecht auf Einberufung einer Betriebsversammlung (§ 43 Abs. 4 BetrVG) und das Strafantragsrecht (§ 119 Abs. 2 BetrVG).

Die Gewerkschaften haben Benennungs- und Entsendungsrechte zu einer Vielzahl **47** staatlicher und staatlich geregelter **Institutionen auf dem Gebiet des Arbeitsrechts, der Sozialversicherung, der Wirtschaft und der Gesellschaft.** In internationalen Organisationen, insbesondere in der ILO[78] und der EU[79] sind sie vertreten. Die Kommission hört die Sozialpartner vor der Unterbreitung von Vorschlägen im Bereich der Sozialpolitik (Art. 154 Abs. 2 AEUV) an, gem. Art. 154 Abs. 3 S. 1 AEUV kann eine weitere Anhörung folgen. Art. 155 AEUV sieht den sozialen Dialog vor. Nach Art. 153 Abs. 3 AEUV kann Sozialpartnern die Durchführung von Richtlinien übertragen werden.[80]

---

[77] Vgl. OVG Saarland 21. 10. 2014 – 1 B 285/14, NZA-RR 2015, 53.
[78] Art. 3 und 7 der Verfassung der ILO, abgedruckt bei *Nipperdey* Nr. 1081.
[79] Etwa im Ausschuss für den Europäischen Sozialfonds nach Art. 163 AEUV.
[80] Die Kommission veröffentlicht eine Liste der von ihr anerkannten Sozialpartner, abrufbar unter ec.europa. eu/social/main.jsp?catId=329&langId=de (2. 8. 2017).

48 Für die **Arbeitsgerichtsbarkeit** stellen die Arbeitnehmerkoalitionen Vorschlagslisten auf, aus denen die ehrenamtlichen Richter der Arbeitnehmerseite berufen werden (§§ 20 Abs. 2, 43 Abs. 1 ArbGG). Weitere Beratungsrechte ergeben sich aus §§ 14 Abs. 5, 18 Abs. 2, 20–29, 36, 37, 43 ArbGG. In der **Sozialgerichtsbarkeit** gilt Entsprechendes für die ehrenamtlichen Richter der Versicherten (§ 14 Abs. 1, 3 SGG). Ebenso stellen die Gewerkschaften Vorschlagslisten für die Beisitzer der Schieds- und Schlichtungsausschüsse auf. In der Arbeitsgerichtsbarkeit wie der Sozialgerichtsbarkeit nehmen sie den Rechtsschutz für ihre Mitglieder wahr.

49 **Vorschlagsrechte** für Gewerkschaften und Arbeitgeberverbände ergeben sich aus § 5 MiLoG, § 12 Abs. 2 Nr. 1 AEntG, § 40 Abs. 3 BBiG, § 82 Abs. 2 BBiG, § 92 Abs. 4 BBiG, § 30 Abs. 4 ArbNErfG, § 5 Abs. 1 HAG, § 22 Abs. 3 HAG, § 103 Abs. 4 SGB IX.

50 Auch jenseits des Gebiets der Arbeits- und Wirtschaftsbedingungen verfolgen die Gewerkschaften als Vereinigung iSd Art. 9 Abs. 1 GG weitgesteckte Ziele im politischen, wirtschaftlichen, sozialen und kulturellen Leben der Bundesrepublik Deutschland vor allem durch die Mitwirkung ihrer Vertreter in Organen und Gremien, durch Stellungnahmen zu den unterschiedlichsten Fragen von öffentlichem Interesse in eigenen Publikationen und anderen Medien, durch das Betreiben eigener Wirtschaftsunternehmen und eigener Bildungseinrichtungen wirken sie bei der Gestaltung von Politik und Gesellschaft mit.

III. Organisationsstruktur der Arbeitgeberverbände

1. Allgemeine Strukturprinzipien

51 Die Arbeitgeberverbände weisen eine Vielzahl von Organisationsformen auf. **Fachverbänden,** die nach der Zugehörigkeit zu bestimmten Industriezweigen abgegrenzt sind, stehen **überfachlich zusammengesetzte Arbeitgebervereinigungen** gegenüber, deren Mitgliedschaft alle Arbeitgeber einer bestimmten Region erwerben können. Während die Vereinigungen sich zum Teil auf die Vertretung der sozialpolitischen, mithin auf die Arbeitgeberposition bezogenen, Interessen ihrer Mitglieder beschränken, zählen andere auch die Verfolgung wirtschaftlicher Ziele zu ihren Aufgaben. Ein derart breites Tätigkeitsspektrum ist wiederum bei Fachverbänden häufiger anzutreffen als bei gemischtgewerblichen Arbeitgebervereinigungen.

52 Die Abgrenzung der Arbeitgeberverbände nach Fachgebieten einerseits und geographischer Lage andererseits bringt es mit sich, dass für einzelne Arbeitgeber auch zwei Verbände, ein Fachverband und ein überfachlicher Regionalverband, zuständig sein können. Für solche Fälle ist zum Teil ausdrücklich die Möglichkeit der Mitgliedschaft in beiden Verbänden zugelassen oder vorgeschrieben.

53 Schon seit jeher sehen viele Arbeitgebervereinigungen auch die Möglichkeit der Aufnahme branchenfremder oder nicht in der jeweiligen Region ansässiger Arbeitgeber als **Gastmitglieder** vor. Deren Rechte und Pflichten sind regelmäßig gegenüber denen der ordentlichen Mitglieder beschränkt. So haben sie etwa bei Entscheidungen über die Durchführung von Arbeitskämpfen kein volles Stimmrecht oder genießen keine Unterstützung durch Solidaritätsfonds im Fall von Arbeitskämpfen.

54 Neuerdings hat sich in den Arbeitgeberverbänden die Mitgliedschaft ohne Tarifbindung herausgebildet. Für solche **OT-Mitglieder** nehmen die Arbeitgeberverbände nach ihrer Satzung keine Tarifzuständigkeit in Anspruch. Vielmehr beschränkt sich der Zweck, Tarifverträge abzuschließen, auf die Mitglieder mit Verbandstarifbindung, die für Tarifvertrags- und Arbeitskampffragen auch eigene Organe im Arbeitgeberverband bilden. Mit der OT-Mitgliedschaft reagieren die Arbeitgeberverbände auf eine mehr oder minder starke Mitgliederflucht, die ihre Ursache in als zu drückend empfundenen tariflichen Arbeitsbedingungen hat.

Die parteipolitische Ausrichtung spielt bei den Arbeitgeberverbänden eine geringe Rolle. 55
Vielfach ist in den Verbandssatzungen die parteipolitische Neutralität festgelegt oder jedes entsprechende Tätigwerden verboten.[81]

2. Gliederung

Die Arbeitgeberverbände sind im Gegensatz zu den Gewerkschaften durch einen Aufbau 56
von unten nach oben charakterisiert. Die regionalen Fachverbände schließen sich vielfach zu Landesverbänden zusammen, die wiederum – gemeinsam mit den nicht auf Landesebene verbundenen regionalen Fachverbänden – dem Fachspitzenverband auf Bundesebene angehören. Daneben bilden die Landesfachverbände gemeinsam mit den fachübergreifenden Regionalverbänden die Landesvereinigung der Arbeitgeberverbände. Sowohl Fachspitzenverbände wie Landesvereinigungen der Arbeitgeber sind unmittelbare Mitglieder der BDA.

Die Verteilung der Aufgaben zwischen den Arbeitgebervereinigungen auf den verschie- 57
denen Ebenen richtet sich nach ihrer Bedeutung in fachlicher und örtlicher Hinsicht. Die Zuständigkeit für die Tarifpolitik liegt regelmäßig bei den Fachverbänden auf Regional- und Landesebene. Überfachliche Zusammenschlüsse nehmen oft Aufgaben der Aus- und Weiterbildung sowie der Rechtspolitik wahr.[82] Die Arbeitgeberverbände auf Bundesebene werden dann tätig, wenn es um Fragen grundsätzlicher oder übergeordneter Bedeutung geht, ein einheitliches Vorgehen zu sichern oder ein gemeinsames Interesse zu vertreten ist.[83] Zum Abschluss von Tarifverträgen sind sie zumeist nur bei entsprechenden Vollmachten der ihnen angeschlossenen Verbände gemäß § 2 Abs. 2 TVG befugt. Nur in Ausnahmefällen ist in den Satzungen der Spitzenorganisationen vorgesehen, dass sie gemäß § 2 Abs. 3 TVG selbst Partei eines Tarifvertrags sein können.[84] Die BDA nimmt branchenübergreifende sozialpolitische Aufgaben wahr.[85]

Die Arbeitgeberverbände haben neben Vorstand und Mitgliederversammlung regelmä- 58
ßig weitere Gremien, denen besondere Aufgaben in der Tarifpolitik und für den Arbeitskampf zugewiesen sind. Organe der BDA sind die Mitgliederversammlung, der Vorstand, das Präsidium und die Geschäftsführung. Der Vorstand setzt darüber hinaus für bestimmte Aufgaben Ausschüsse ein. Zurzeit sind 13 Ausschüsse mit zum Teil mehreren Arbeitskreisen tätig. Besondere Bedeutung haben dabei etwa der Arbeitsrechtsausschuss, der lohn- und tarifpolitische Ausschuss, der Ausschuss für Arbeitsmarktfragen sowie die Ausschüsse für Berufs- und für Weiterbildung.[86]

Durch entsprechende Regelungen in der Satzung versucht die BDA, den Interessen 59
möglichst aller Mitglieder Rechnung zu tragen. Die Fachverbände entsenden pro angefangene 100.000 Beschäftigte der von ihnen erfassten Betriebe einen Vertreter in die Mitgliederversammlung.[87] Gleiches gilt für die Landesvereinigungen der Arbeitgeber, soweit die ihnen angeschlossenen Organisationen nicht bereits durch Vertreter der Fachverbände repräsentiert werden.[88] In den Vorstand entsenden die Fachspitzenverbände und die Landesvereinigungen je einen Vertreter, lediglich bis zu 28 Vorstandsmitglieder werden von

---

[81] Vgl. etwa § 2 Abs. 2 S. 3 Satzung Bundesverband Druck und Medien eV 2015; § 3 Nr. 4 Satzung Arbeitgeberverband des privaten Bankgewerbes 2012.
[82] *Spiegelhalter* Staatslexikon, Stichwort „Arbeitgeberverbände".
[83] Vgl. § 2 Nr. 1 Satzung Bundesarbeitgeberverband Chemie 2011; § 2 Nr. 1 Satzung Gesamtmetall 2010 und § 2 Nr. 2 Satzung Hauptverband der Deutschen Bauindustrie 2012.
[84] Vgl. § 2 Nr. 2 Satzung Bundesarbeitgeberverband Chemie 2011; diese Befugnis steht auch dem Hauptverband der Deutschen Bauindustrie eV gemäß § 2 Nr. 2 S. 4 seiner Satzung 2012 für überregionale Rahmenregelungen, für Lohntarifverhandlungen dagegen nur bei entsprechender Vollmacht zu.
[85] § 2 Satzung BDA 2002.
[86] Zu den Ausschüssen und Arbeitsweisen sowie ihren Mitgliedern s. iE www.arbeitgeber.de (2.8.2017) sowie *Hüttenbach/Pogge* AR/Blattei SD 420.4 Rn. 26 f.
[87] § 11 Abs. 3 Satzung BDA 2002.
[88] § 11 Abs. 4 Satzung BDA 2002.

60 Den durch die jeweilige Branche bedingten unterschiedlichen Interessen der Mitglieder wird durch § 18 Abs. 2 der Satzung Rechnung getragen, nach dem bei der Besetzung des Präsidiums bestimmte Mindestanforderungen hinsichtlich der fachlichen und regionalen Zusammensetzung beachtet werden sollen. Die von den Mitgliedsverbänden entsandten und die von der Mitgliederversammlung gewählten Vertreter der einzelnen Wirtschaftszweige im Vorstand sind gemäß § 13 Abs. 3 verpflichtet, die Gesamtbelange des betreffenden Wirtschaftszweiges und nicht die Sonderinteressen ihrer fachlichen Organisation zu vertreten.

61 Gemäß § 3 der Satzung darf schließlich die Selbständigkeit der Mitglieder auf tarifpolitischem Gebiet nicht durch Maßnahmen der BDA und ihrer Organe eingeschränkt werden. Lediglich vom Vorstand einstimmig beschlossene Empfehlungen sind zulässig.

3. Aufgaben

62 Den Arbeitgeberverbänden kommen nach Verfassung und gesetzlichen Vorschriften im Wesentlichen dieselben Aufgaben zu wie den Gewerkschaften (→ Rn. 42 ff.). Ihre Befugnisse bleiben hinter denen der Arbeitnehmerkoalitionen aber dort zurück, wo es um spezifische Arbeitnehmerinteressen geht, etwa in weiten Teilen der Betriebs- und Unternehmensverfassung und im System der Arbeitnehmerkammern.

63 Auch die Arbeitgeberverbände nehmen als Vereinigungen iSd Art. 9 Abs. 1 GG (→ § 218 Rn. 55) Funktionen außerhalb der eigentlichen Arbeits- und Wirtschaftsbedingungen wahr. Insbesondere betreiben auch sie Bildungseinrichtungen der verschiedensten Art und nehmen zu politischen, wirtschaftlichen und gesellschaftlichen Fragen bis hin zur Schul- und Hochschulpolitik Stellung.

IV. Internationale Zusammenschlüsse

1. Gewerkschaften

64 Der DGB ist Mitglied des im November 2006 gegründeten Internationalen Gewerkschaftsbundes (IGB), der Nachfolgeorganisation des Internationalen Bundes Freier Gewerkschaften (IBFG). Der IGB umfasst 340 gewerkschaftliche Organisationen als Vertreter von ca. 181 Millionen Arbeitnehmern aus 163 Ländern und Regionen.[91] Der IBG dient dem Informations- und Erfahrungsaustausch zwischen seinen Mitgliedern. Er hat sich zum Ziel gesetzt, weltweit, insbesondere auch in den wirtschaftlich weniger entwickelten Gebieten, die freien Gewerkschaften und ihre Arbeit zu unterstützen und zu fördern. Der IBG unterhält schließlich Kontakt zu einer Vielzahl internationaler Organisationen. Innerhalb der ILO entsendet er Delegierte zur Internationalen Arbeitskonferenz und in den Verwaltungsrat. Gegenüber anderen UN-Organisationen wie etwa der Freie Arbeiterinnen- und Arbeiter Union (FAU) und der UNESCO hat er einen anerkannten Konsultationsstatus. Auch im Gewerkschaftsausschuss der OECD, TUAC (Trade Union Advisory Committee to OECD) ist er vertreten.[92]

65 Auf europäischer Ebene ist der DGB mit 64 anderen nationalen gewerkschaftlichen Spitzenorganisationen und 14 europäischen Fachspitzenverbänden im 1973 gegründeten **Europäischen Gewerkschaftsbund** (EGB)[93] zusammengeschlossen.[94] Dieser vertritt heute 89 Mitgliedsorganisationen in 39 Ländern und zehn europäische Branchenverbän-

---

[89] § 13 Abs. 1 Satzung BDA 2002.
[90] § 18 Abs. 1 Satzung BDA 2002.
[91] Angaben unter www.ituc-csi.org (14.7.2017).
[92] Zum IBFG iE s. Mielke/*Tudyka* Internationales Gewerkschaftshandbuch S. 3 ff.; *Waschke* Supranationale Gewerkschaftspolitik S. 11 ff.
[93] Dazu *Lörcher* NZA 2003, 184.
[94] *Niedenhoff/Pege* Gewerkschaftshandbuch S. 539.

de.⁹⁵ Der EGB vertritt die Belange seiner Mitglieder gegenüber den Organen der EU.⁹⁶ Er wird gem. Art. 154 AEUV iRd Verfahrens des sozialen Dialogs angehört. Zudem schließt er auf der Grundlage von Art. 155 AEUV mit den europäischen Arbeitgeberverbänden (→ Rn. 68 ff.) „europäische Tarifverträge", die durch eine Richtlinie des Rates umgesetzt werden können.

Die einzelnen Fachgewerkschaften sind weltweit in 11 Globalen Gewerkschaftsföderationen *(Global Union Federations)*⁹⁷ zusammengeschlossen, von denen die größte, *IndustriALL Global Unions,* nach eigenen Angaben über seine Mitgliedsverbände etwa 50 Millionen Arbeitnehmer aus 140 Ländern umfasst.⁹⁸ Neben dem gegenseitigen Informations- und Erfahrungsaustausch gewinnt in neuerer Zeit die Vertretung gemeinsamer Interessen gegenüber multinationalen Konzernen an Bedeutung. Die Gewerkschaftsföderationen sind gegenüber dem IGB autonom; beide haben sich jedoch zur gegenseitigen Zusammenarbeit verpflichtet, wobei dem IGB die nähere Festlegung der allgemeinen Gewerkschaftspolitik zukommt.⁹⁹

Auch die kleineren Berufsverbände haben sich international zusammengeschlossen. Die christlichen Gewerkschaften sind Mitglieder der entsprechenden Internationalen Fachverbände (Fédérations Internationales Professionnelles, IFA) und auf europäischer Ebene der Europäischen Union der Unabhängigen Gewerkschaften (Confédération Européenne des Syndicats Indépendants, CESI).¹⁰⁰ Der DBB hat sich dem Internationalen Beamtenbund (Confédération Internationale des Fonctionnaires, CIF) angeschlossen und die Bildung der Europäischen Union unabhängiger Gewerkschaften (Confédération Européenne des Syndicats Indépendants, CESI) mitinitiiert. Die ULA ist Mitglied des Europäischen Führungskräfte-Verbandes (Confédération Européenne des Cadres, CEC), der 1989 aus dem Internationalen Führungskräfteverband (CIC), dem die ULA ebenfalls angehörte, hervorgegangen ist.¹⁰¹

2. Arbeitgeberverbände

Die BDA ist Mitglied der 1919 gegründeten **Internationalen Arbeitgeberorganisation (IOE)**, in der sich über 150 nationale Arbeitgeber- und Unternehmerverbände aus der gesamten Welt zusammengeschlossen haben.¹⁰² Aufgabe der IOE ist es, die Interessen der Arbeitgeber gegenüber internationalen Organisationen, insbesondere der ILO, zu vertreten. Sie fördert den Informations- und Erfahrungsaustausch der Mitgliedsverbände und strebt die Stärkung von Arbeitgeberorganisationen in den wirtschaftlich weniger entwickelten Ländern an.

Innerhalb der ILO entsendet die BDA Delegierte zur Internationalen Arbeitskonferenz (IAK) und in den Verwaltungsrat.

Die BDA sowie die einzelnen wirtschafts- und sozialpolitischen Spitzenorganisationen sind Mitglieder von BusinessEurope (Confederation of European Business; früher: UNICE, Union des Confédérations de l'Industrie et des Employeurs d'Europe), die die unternehmerischen Belange ihrer Mitglieder koordiniert und gegenüber den Organen der EU

---

⁹⁵ www.etuc.org (14.7.2017).
⁹⁶ Ausführlich Mielke/*Tudyka* Internationales Gewerkschaftshandbuch S. 50 ff.; *Waschke* Supranationale Gewerkschaftspolitik S. 16 ff.
⁹⁷ Diese sind: Building and Wood Worker's International (BWI), Education International (EI), International Arts and Entertainment Alliance (IAEA), International Federation of Journalists (IFJ), IndustriALL, International Transport Workers' Federation (ITF), International Trade Union Confederation (ITUC), International Union of Food, Agricultural, Hotel, Restaurant, Catering, Tobacco and Allied Workers' Associations (IUF), Public Services International (PSI), Trade Union Advisory Committee (TUAC), UNI Global Union, s. www.global-unions.org (2.8.2017).
⁹⁸ www.industriall-union.org (2.8.2017).
⁹⁹ Art. VI Satzung IGB 2014; *Tudyka* S. 33.
¹⁰⁰ *Niedenhoff/Pege* Gewerkschaftshandbuch S. 530.
¹⁰¹ *Niedenhoff/Pege* Gewerkschaftshandbuch S. 528.
¹⁰² www.ioe-emp.org (2.8.2017).

vertritt. Gemeinsam mit dem europäischen Zentralverband der öffentlichen Wirtschaft (CEEP) schließt er auf Arbeitgeberseite „europäische Tarifverträge" mit dem Europäischen Gewerkschaftsbund (→ Rn. 65).

71 Die Interessenvertretung der Wirtschafts- und Arbeitgeberverbände gegenüber der OECD wird vom BIAC (Business and Industry Advisory Committee to OECD) wahrgenommen. Diesem gehören aus der Bundesrepublik der BDA sowie der Bundesverband der Deutschen Industrie (BDI) an.

§ 223 Organisationsrecht der Koalitionen

Schrifttum:
Autenrieth, Die inländische Europäische Wirtschaftliche Interessenvereinigung (EWIV) als Gestaltungsmittel, BB 1989, 305; *Feudner,* Die „im Betrieb/im Unternehmen vertretenen Gewerkschaften", DB 1995, 2114; *Hanau/Kania,* Gestaltung einer Gewerkschaftsfusion, AuR 1994, 205; *Hemmerich,* Möglichkeiten und Grenzen wirtschaftlicher Betätigung von Idealvereinen: vereinsinterne u. vereinsexterne Organisation ihrer Geschäftsbetriebe, 1982; *Medicus/Petersen,* Allgemeiner Teil des BGB, 11. Aufl. 2016; *Oetker,* Ausgestaltung der Koalitionsfreiheit, RdA 1999, 96; *Oetker,* Das private Vereinsrecht als Ausgestaltung der Koalitionsfreiheit, RdA 1999, 105; *Ostrop,* Mitgliedschaft ohne Tarifbindung. Besondere Gestaltungsform einer tarifbindungsfreien Mitgliedschaft im Arbeitgeberverband, 1997; *Prütting* Zulässigkeit und prozessuale Bedeutung einer künftigen DGB-Rechtsschutz GmbH, AuR 1998, 133; *Reichert,* Handbuch des Vereins- und Verbandsrechts, 13. Aufl. 2016; *Reuter,* Die Fusion von Gewerkschaften, DZWIR 1993, 404; *Richardi,* Gewerkschaftsfusion und Tarifautonomie, FS Kraft, 1998, S. 509; *Ricken,* Autonomie und tarifliche Rechtsetzung, 2006; *Rieble,* Arbeitsmarkt und Wettbewerb, 1996; *Rieble/Bitterberg,* Arbeitskampf- und Verbandsrecht, AR/Blattei SD 170.6; *Säcker,* Probleme der Repräsentation von Großvereinen: Überlegungen zum Urteil d. OLG Frankfurt vom 19. Dez. 1984 zu gewerkschaftlichen Delegiertenversammlungen, 1986; *Schäfer,* Die Lehre vom fehlerhaften Verband, 2002; *Scharpf,* Organisatorische Voraussetzungen der Funktionsfähigkeit der Gewerkschaften in der Bundesrepublik Deutschland, Gewerkschaftliche Monatshefte 1978, 578; *K. Schmidt,* Gesellschaftsrecht, 4. Aufl. 2002; *K. Schmidt,* Die Partei- und Grundbuchunfähigkeit nichtrechtsfähiger Vereine, NJW 1984, 2249; *Schmidt,* Verbandszweck und Rechtsfähigkeit im Vereinsrecht: eine Studie über Erwerb und Verlust der Rechtsfähigkeit nichtwirtschaftlicher und wirtschaftlicher Vereine, 1984; *Schmiegel,* Die Inhaltskontrolle von Koalitionssatzungen, 1995; *Vorderwülbecke,* Rechtsform der Gewerkschaften und Kontrollbefugnisse des Gewerkschaftsmitglieds, 1988.

Übersicht

	Rn.
I. Rechtsformen	1
II. Gründung, Auflösung und Verschmelzung	11
III. Verbandsverfassung	18
1. Einfaches Vereinsrecht	18
2. Verschärfung bei mächtigen und bei Tarifverbänden	29
IV. Stellung im Privatrecht	33
1. Rechtsträgerschaft	33
2. Haftung	38
V. Stellung im Prozessrecht	41

I. Rechtsformen

Zur Koalitionsfreiheit gehört das Recht der Koalitionen, über Rechtsform und Organisationsstruktur autonom zu bestimmen (→ § 220 Rn. 19 ff.). Die Arbeitnehmer und Arbeitgeber müssen ihren Koalitionszweck nicht notwendig in nur einem Verband verfolgen. Sie können sich hierzu auch mehrerer Organisationen bedienen, die jeweils einen Ausschnitt des Koalitionszwecks verfolgen. Insbesondere kann der eine Verband sich auf die sozialpolitische Betreuung der Mitglieder konzentrieren (OT-Verband) und der andere die tarifpolitische Seite wahrnehmen (T-Verband). Um zu verhindern, dass Arbeitgeber Mitglied nur des T-Verbandes sind, sehen die Satzungen typischerweise die Vermittlung der Mitgliedschaft im eigenständigen OT-Schwesterverband vor.[1] Dass eine solche Aufteilung in mehrere Verbände besondere Gestaltungsmöglichkeiten eröffnet – von der Wahl nur einer „OT-Mitgliedschaft" im Zwei-Verbände-Modell bis hin zur Möglichkeit, durch Auflösung nur des Tarifverbandes Tarifverträge enden zu lassen (→ § 220 Rn. 17) – ist kein Missbrauch, sondern Konsequenz der nach Art. 9 Abs. 3 GG notwendig freien Organisationsentscheidung. 1

Wegen der Bindung der Koalitionen an die allgemeine Rechtsordnung sind sie dabei an die vom Gesetzgeber zur Verfügung gestellten Rechtsformen gebunden. Das gilt je- 2

---

[1] Vgl. § 2 Nr. 4 der Satzung des VBM 2012, der die Mitgliedschaft im OT-Verband BayME vorsieht.

3 In aller Regel organisieren sich die Koalitionen als Vereine. Die **Arbeitgeberverbände** wählen regelmäßig die Form des rechtsfähigen Vereins. Soweit die Arbeitgeberverbände die tariflichen Funktionen auf einen eigenständigen Verband konzentrieren, sind solche „Tarifgemeinschaften" in der Regel nichtrechtsfähige Vereine.[2] Die Rechtsfähigkeit resultiert dabei aus der Eintragung als Idealverein nach § 21 BGB. Die Arbeitgeberverbände sind nicht etwa nach § 22 BGB konzessionsbedürftige wirtschaftliche Vereine.[3] Die Arbeitgeberverbände könnten aber auch andere Rechtsformen, etwa Kapitalgesellschaften, wählen.

denfalls solange, als die dem Rechtsverkehr zur Verfügung gestellten Rechtsformen ausreichend sind.

4 Für **europäische Arbeitgeberverbände** kann auch die einzige im Gebiet der Europäischen Gemeinschaft einheitlich zugelassene Rechtsform, die Europäische Wirtschaftliche Interessenvereinigung (EWIV)[4] genutzt werden: Der Arbeitgeberverband übt aus der Sicht der Unternehmen – wie für die EWIV gefordert – eine Hilfstätigkeit für deren wirtschaftliche Zwecke aus, indem er die für die Mitgliedsunternehmen geltenden Arbeitsbedingungen mit den Gewerkschaften aushandelt. Damit strebt eine solche EWIV nicht nach Gewinn für sich selbst, steht als Kooperationsinstrument mit der Tätigkeit der Mitglieder in engem Zusammenhang und ersetzt auch nicht die Tätigkeit eines der Mitglieder vollständig.[5]

5 Die DGB-**Gewerkschaften** haben die historisch bedingte Rechtsform des nichtrechtsfähigen Vereins beibehalten. Die mit dieser Rechtsform verbundene wirtschaftliche Unbeweglichkeit gleichen die Gewerkschaften dadurch aus, dass sie ihr Vermögen durch Kapitalgesellschaften verwalten. Beispiel ist die BGAG für den DGB.[6] Den Rechtsschutz seiner Mitgliedsgewerkschaften organisiert der DGB in einer eigenen GmbH.[7] Diese Tätigkeiten durch rechtlich selbständige Gesellschaften ändern nichts am Charakter der Gewerkschaften als Idealverein.[8] Die Berufsgewerkschaften sind dagegen vielfach als rechtsfähige Vereine verfasst (GdF, Vereinigung Cockpit, UFO, Marburger Bund).

6 Bei nichtrechtsfähigen Vereinen kann eine langdauernde, von Rechtsüberzeugung getragene Übung eines bestimmten Vereinsverfassungsrechtssatzes (etwa die Tarifzuständigkeit) die Verfassung des Vereins rechtsverbindlich verändern. Das konstitutive Eintragungserfordernis des § 71 BGB steht dem nur bei rechtsfähigen Vereinen entgegen.[9] Sog. **Observanz** (Vereinsgewohnheitsrecht) ist also bei IG Metall und ver.di möglich, nicht aber bei Arbeitgeberverbänden oder den rechtsfähigen Spartengewerkschaften.

7 Das Vereinsrecht lässt den Koalitionen weitgehende Freiheit für die Bildung von **Untergliederungen** und **Dachverbänden.** Untergliederungen können so ausgestaltet sein, dass die Untergliederung selbst ein Verein ist oder aber nur eine unselbständige Abteilung des Gesamtvereins. Im ersten Fall besteht neben der Mitgliedschaft im Gesamtverein auch eine solche im Unterverein. Entscheidend für die Abgrenzung ist, ob die Untergliederung nach der **Satzung des Gesamtvereins** körperschaftlich verfasst ist, eigene Aufgaben selbständig wahrnimmt und einen eigenen Namen hat; eine eigene Satzung der Untergliederung ist nicht erforderlich.[10] Auch auf die Tariffähigkeit der Untergliederung kommt es nicht an.[11]

---

[2] *Ostrop* Mitgliedschaft ohne Tarifbindung S. 73.
[3] MüKoBGB/*Reuter* §§ 21, 22 Rn. 49.
[4] S. EWG-VO Nr. 2137/85 v. 25.7.1985 = Abl. EWG L 199, 1 sowie das deutsche Gesetz zur Ausführung dieser Verordnung v. 14.4.1988 BGBl. I S. 514; *Authenrieth* BB 1989, 305.
[5] Zu diesen Voraussetzungen *Autenrieth* BB 1989, 305 (307).
[6] Teilweise wird die Organisationsteilung in den Gewerkschaftssatzungen fixiert. So bestimmt § 38 Satzung IG BCE 2013: „Die Verwaltung des Vermögens erfolgt durch die Vermögensverwaltungs- und Treuhandgesellschaften der IG BCE."
[7] *Prütting* AuR 1998, 133.
[8] Vgl. BGH 29.9.1982 – I ZR 88/80, BGHZ 85, 84.
[9] MüKoBGB/*Reuter* BGB § 25 Rn. 2.
[10] BAG 26.2.1964 – 5 AR 66/64, DB 1964, 519; BGH 21.3.1972 – VI ZR 157/70, DB 1972, 928; 19.3.1984 – II ZR 168/83, BGHZ 90, 331 = NJW 1984, 2223; 2.7.2007 – II ZR 111/05, NZG 2007, 826.

Bei den Gewerkschaften sind die Satzungsregelungen in diesem Punkt unterschiedlich. **8**
Für die IG Metall hat die Rechtsprechung die Vereinseigenschaft der Bezirke verneint, weil die IG Metall zentralistisch organisiert ist und den Bezirksleitungen gegenüber dem Hauptvorstand nur Hilfsfunktionen zukommt.[12] Demgegenüber ist für die Bezirksverwaltungen der einstigen Postgewerkschaft die Vereinseigenschaft bejaht worden, weil diese nach den jeweiligen Satzungen die erforderliche Selbständigkeit aufweisen.[13] Der Marburger Bund ist echte gewerkschaftliche Spitzenorganisation: Die eigentlichen Gewerkschaften sind die Landesverbände.

Die Gliederung der Arbeitgeberverbände in Dachverbände auf Landesebene und Spit- **9**
zenverbände im Bundesgebiet wird dadurch verwirklicht, dass die lokalen und regionalen eingetragenen Vereine Mitglieder des Dachverbandes sind, der ebenfalls als eingetragener Verein erfasst ist. Die Mitgliedschaft kann auch so organisiert sein, dass die einzelnen Arbeitgeber neben ihren Verbänden Mitglieder des Dachverbandes sind,[14] oder dass ein Verband der Bezirksebene gleichzeitig Mitglied im Landes- wie im Bundesverband ist. Soll die Mitgliedschaft im Dachverband ohne selbständigen Eintritt durch die bloße Mitgliedschaft im Verband vermittelt werden, so ist hierfür eine Grundlage in den Satzungen beider Verbände erforderlich.[15]

Soweit die Koalitionen **andere Rechtsformen** als die des Vereins für sich oder, wie **10**
die Gewerkschaften, für ihre Vermögensverwaltung und den Rechtsschutz wählen, unterliegen sie den einschlägigen Vorschriften insbesondere des AktG, des GmbHG und des HGB, insbesondere den Bilanzierungsvorschriften in §§ 264ff. HGB. Freilich ist Konsequenz der verfassungsrechtlich gebotenen Mitbestimmungsfreiheit, dass die Tendenzschutzvorschriften in § 1 Abs. 4 MitbestG und § 1 Abs. 2 Nr. 2 DrittBG auch auf diese unmittelbar Koalitionszwecken dienenden Kapitalgesellschaften Anwendung finden.[16]

II. Gründung, Auflösung und Verschmelzung

Zur **Gründung** eines Vereins sind mindestens zwei Gründungsmitglieder sowie eine Sat- **11**
zung erforderlich, in der die körperschaftliche Verfassung festgelegt ist.[17] Soll der Verein eingetragen werden, muss er nach § 56 BGB mindestens sieben Mitglieder haben. Das gilt auch für eingetragene Dachverbände.[18] Die Satzung muss schriftlich vorliegen (§ 59 Abs. 2 BGB) und den Zweck, den Namen und den Sitz des Vereins enthalten und ergeben, dass der Verein eingetragen werden soll (§ 57 Abs. 1 BGB). Die EWIV bedarf mindestens zweier Mitglieder aus mindestens zwei Mitgliedstaaten der Union.

Leidet die Gründung unter rechtlichen Mängeln wird der Verband nach der Lehre vom **12**
fehlerhaften Verband gleichwohl als rechtsfähig bzw. handlungsfähig behandelt, sobald er „ins Leben tritt".[19]

Das Umwandlungsrecht sieht die **Verschmelzung** (und Spaltung) jetzt auch für **13**
rechtsfähige Vereine vor, §§ 3 Abs. 1 Nr. 4, 99ff. UmwG. Der besondere Vorteil liegt darin, dass die Mitgliedschaften kraft Universalsukzession übergehen, so dass der durch die Verschmelzung gebildete Verband nicht auf den Einzelbeitritt verwiesen ist. Die um-

---

[11] BGH 21.3.1972 – VI ZR 157/70, DB 1972, 928.
[12] BAG 26.2.1964 – 5 AR 66/64, DB 1964, 519; LAG München 27.3.1987 – 4 Sa 264/87, NZA-Beil. 2/1988, S. 23; BAG 18.12.1996 – 4 AZR 129/96, BAGE 85, 28 = NZA 1997, 830 zur Stellung der Bereichsleiter.
[13] Für die Postgewerkschaft BGH 21.3.1972 – VI ZR 157/70, DB 1972, 928; für die ehemalige Gewerkschaft Öffentliche Dienste OLG Düsseldorf 14.5.1986 – 15 U 188/85, NJW-RR 1986, 1506.
[14] So etwa § 3 Nr. 5 Satzung Handelsverband Bayern 2016.
[15] BGH 24.10.1988 – II ZR 311/87, BGHZ 105, 306 (312) = NJW 1998, 1724 und 18.9.1958 – VII ZR 170/57, BGHZ 28, 131 (134).
[16] RVJ/*Raiser* MitbestG § 1 Rn. 45, 47.
[17] KG 28.1.1983 – 1 W 5046/81, OLGZ 1983, 272 (273).
[18] LG Hamburg 27.11.1979 – 71 T 84/79, Rpfleger 1981, 198 gegen LG Mainz 24.10.1977 – 8 T 196/77, MDR 1978, 312.
[19] Eingehend *Schäfer* Die Lehre vom fehlerhaften Verband S. 137ff. (212f.).

wandlungsspezifische Universalsukzession garantiert so Kontinuität der Tarifbeziehungen, weil der neue Verband in die Vertragsparteistellung des alten eintritt.[20] Als rechtsfähige Vereine können die Arbeitgeberverbände das Umwandlungsrecht so zu umfassenden Umstrukturierungen nutzen. Die Zusammenlegung regionaler Verbände wird ebenso erleichtert wie die Aufspaltung in einen Tarif- und einen OT-Verband.

14 Nichtrechtsfähigen Vereinen spricht das UmwG diese Möglichkeit der Verschmelzung und Spaltung nicht zu. Gleichwohl müssen die **Gewerkschaften** beim Zusammenschluss oder der Aufspaltung die Mitglieder kollektiv auf den neuen Verband überführen und so verhindern können, dass die Auflösung des alten Verbandes die laufenden Tarifverträge beendet, soweit sich der tarifliche Gegenspieler nicht zur Tarifvertragsübernahme bereiterklärt. Das wäre mit der Koalitionsfreiheit nicht vereinbar, weil die Verschmelzung zweier Koalitionen als „Gründung auf kollektiver Basis" (→ § 220 Rn. 2 ff.) geschützt ist und der Tarifentfall die verschmelzungswillige Koalition im Kernbereich ihrer Betätigung trifft. Wenn die herrschende Lehre dem entgegenhält, die Gewerkschaften bräuchten sich als Verein schließlich nur eintragen zu lassen, um die Vorteile des UmwG nutzen zu können,[21] so geht das daran vorbei, dass die Rechtsordnung das tradierte Nichteingetragensein der Gewerkschaften auch sonst respektiert und sie gerade mit Rücksicht auf Koalitionsfreiheit von den Nachteilen dieser Rechtsform befreit. Mit dem Argument, die Gewerkschaften könnten sich schließlich eintragen lassen, müsste ihnen ebenso die Parteifähigkeit abgesprochen werden, auch der Schutz des Namens wie der Koalitionsbetätigung durch Störungsabwehransprüche wäre ihr konsequent zu versagen.[22] Deshalb muss in rechtsfortbildender Anlehnung an § 20 UmwG auch ohne Eintragung der Verschmelzung im Register jedenfalls der kollektive Übergang der (die Tarifgeltung legitimierenden) Mitgliedschaft und der Eintritt in die Rechtsstellung als Tarifpartei erlaubt sein – als „koalitionsrechtliche Verschmelzung".[23] Auf den Vermögensübergang sind die Gewerkschaften wegen ihrer Beteiligungsgesellschaften von vornherein nicht angewiesen. Der Zusammenschluss zur Vereinten Dienstleistungsgewerkschaft ver.di erfolgte über einen Rechtsformwechsel der beteiligten Fusionsgewerkschaften HBV, ÖTV, DPG, IG Medien und DAG in den rechtsfähigen Verein, anschließender Verschmelzung und Rückumwandlung von ver.di in einen nichtrechtsfähigen Verein.

15 Die **Auflösung** erfolgt auf Beschluss der Mitgliederversammlung (§ 41 S. 1 BGB). Für den Beschluss ist eine Mehrheit von drei Vierteln der erschienenen Mitglieder erforderlich, wenn nicht die Satzung ein anderes bestimmt (§ 41 S. 2 BGB).

16 Das Vereinsvermögen ist nach §§ 47 ff. BGB zu liquidieren. Dies gilt auch für nichtrechtsfähige Vereine.[24] Der Verein verliert seine Rechtsfähigkeit nicht schon mit Eintritt der Liquidation, sondern erst mit deren Ende (§ 49 Abs. 2 BGB). Zur Insolvenz → Rn. 46.

17 Durch **Mitgliederverlust** endet ein Verein erst, wenn er auch das letzte Mitglied verliert.[25] Dem rechtsfähigen Verein ist nach § 73 BGB die Rechtsfähigkeit zu entziehen, wenn er weniger als drei Mitglieder aufweist.

---

[20] BAG 24.6.1998 – 4 AZR 208/97, BAGE 89, 193 = NZA 1998, 1346 für die Verschmelzung eines Arbeitgebers mit Haustarifbindung.
[21] *Oetker* RdA 1999, 105; *Reuter* DZWIR 1993, 404; *Hanau/Kania* AuR 1994, 205; *Richardi* FS Kraft, 1998, 509 (514).
[22] So immerhin für die Prozessführungsbefugnis *Oetker* RdA 1999, 104 f.
[23] Siehe schon *Rieble* Arbeitsmarkt und Wettbewerb Rn. 1843.
[24] BGH 11.7.1968 – VII ZR 63/66, BGHZ 50, 325 (329) = WM 1968, 945.
[25] BGH 30.9.1965 – II ZR 79/63, WM 1965, 1132; BAG 28.1.1986 – 3 AZR 434/84, NZA 1986, 826.

III. Verbandsverfassung

1. Einfaches Vereinsrecht

Nach § 25 BGB wird – auch für nicht rechtsfähige Vereine[26] – die **Verfassung** des Vereins durch seine Satzung bestimmt. Was zur Verfassung gehört, muss in der Satzung geregelt sein. 18

Zur Verfassung rechnet in erster Linie der **Vereinszweck,** also das alle Mitglieder verbindende Vereinsinteresse, sein Lebensgesetz.[27] Das ist bei Koalitionen zuerst die Befassung mit Arbeits- und Wirtschaftsbedingungen ihrer Mitglieder. Die Satzung muss konkret ergeben, welche Koalitionsaufgaben für die Mitglieder wahrgenommen werden sollen, weil andernfalls die Mitgliedschaft kein entsprechendes Mandat der Koalition auslöst, für das Mitglied tätig zu werden. An erster Stelle besteht dabei die Regelung der Arbeitsbedingungen durch Tarifvertrag (**Tarifwilligkeit,** → § 232 Rn. 36 ff.). Auch die Wahl des Arbeitskampfs als einschneidende Konfliktlösungsmittel bedarf einer Satzungsvorgabe. Nichts anderes gilt für die Teilnahme von Gewerkschaften an Betriebsratswahlen.[28] Schließlich bedarf die außergerichtliche wie die prozessuale Rechtsberatung einer Satzungsgrundlage, wie das insbesondere § 7 RDG mit den Worten „im Rahmen ihres satzungsmäßigen Aufgabenbereichs" zeigt. Ob Koalitionen neben sozialpolitischen andere Interessen ihrer Mitglieder verfolgen, wie das bei gemischt wirtschaftlichen Arbeitgeberverbänden der Fall ist, gehört ebenfalls zur Entscheidung über den Vereinszweck. 19

Außerdem kann in der Satzung vorgesehen werden, dass weitere **Ordnungen und Richtlinien** zur Konkretisierung der Satzung geschaffen werden können und dass die Setzung dieser Richtlinien auf den Vorstand übertragen werden kann. Voraussetzung ist, dass die Satzung eine eindeutige Rechtsgrundlage für den Erlass der weiteren Bestimmungen bietet und das einzuhaltende Verfahren ordnet.[29] Wesentliche Fragen indes können als notwendiger Gegenstand der Vereinsverfassung keiner Vorstandsrichtlinie übertragen werden. Deshalb ist § 13 S. 2 Satzung IG Metall 2016 unwirksam, der das „grundsätzliche" Gebot der Beteiligung von Frauen in Organen und Gremien entsprechend ihrem Mitgliederanteil in S. 1 der Verfahrenskonkretisierung durch eine Richtlinie des Vorstandes (§ 18 Nr. 3 lit. h der Satzung) überlässt. Damit kann der Vorstand Einfluss auf die Besetzung derjenigen Organe nehmen, die ihn wählen und überwachen. Vielmehr müssen die wesentlichen Entscheidungen, wie eine solche Frauenquote verwirklicht wird, in der Satzung geregelt sein. 20

Zur Verfassung gehören weiter die das Vereinsleben bestimmenden **Leitprinzipien und Grundsatzregelungen.**[30] Bei Koalitionen sind das die Entscheidung zwischen Berufs- und Industrieverbandsprinzip, die Festlegung des räumlichen, fachlichen und persönlichen Organisationsbereiches einschließlich der Tarifzuständigkeit. Auch die Voraussetzungen für Begründung und Beendigung der Mitgliedschaft sind in der Satzung zu regeln. Die bei den Gewerkschaften gängige Praxis, von ihren eigenen Beschäftigten die Mitgliedschaft als Bekenntnis zu verlangen, ist in der Regel satzungswidrig, weil diese Mitgliedschaft dort gar nicht vorgesehen ist. 21

Zur Verfassung rechnet die Frage, welche **Organe** für den Verein handeln. Mit der Wahl der Rechtsform Verein unterliegt die Koalition der Pflicht, einen Vorstand als Exekutivorgan zu bestellen (§ 26 BGB). In den Satzungen darf die Mitgliederversammlung als Organ trotz § 40 BGB nicht ausgeschlossen werden. Sie darf allenfalls durch eine Vertreterversammlung ersetzt werden.[31] Zwingend ist auch die Vorschrift des § 34 BGB, wo- 22

---

[26] Für die Gewerkschaften: OLG Frankfurt a.M. 19.12.1984 – 9 U 107/83, ZIP 1985, 213.
[27] BGH 11.11.1985 – II ZB 5/85, BGHZ 96, 245 = NJW 1986, 1033; 24.10.1988 – II ZR 311/87, BGHZ 105, 306 = NJW 1989, 1724 unter I 2 a.
[28] Siehe *Feudner* DB 1995, 2114.
[29] BAG 21.5.2015 – 8 AZR 956/13, BAGE 151, 367 = NZA 2015, 1319 Rn. 39.
[30] BGH 6.3.1967 – II ZR 231/64, BGHZ 47, 172 (177); 25.10.1983 – KZR 27/82, BGHZ 88, 314 (316) = NJW 1984, 1355.
[31] Palandt/*Ellenberger* BGB § 32 Rn. 1.

nach Organmitglieder nicht stimmberechtigt sind, wenn es um Rechtsgeschäfte oder Rechtsstreitigkeiten mit ihnen geht. Diese zwingenden Vorschriften gelten unabhängig von der Rechtsfähigkeit des Vereins.[32] Gemäß ihrer Organisationsfreiheit können die Koalitionen weitere Organe schaffen: Von Beiräten über (Tarif-)Kommissionen bis hin zu Vereinsschiedsgerichten. Das BGB-Vereinsrecht macht für die Aufgabenzuweisung keine Vorgaben.

23 Zur Verfassung gehören weiter der **Aufbau** der Koalition, ihre Gliederung, namentlich die Mitgliedschaft in Dachverbänden, die Verteilung der Zuständigkeit zwischen den Organen, die Errichtung von Schiedsgerichten.[33] Auch die Zustimmung für die Entscheidung über Arbeitskampfmaßnahmen, insbesondere durch Urabstimmung, muss in der Satzung geregelt sein.[34] Ohne Grundlage in der Satzung darf die Entscheidung über den Arbeitskampf auch nicht an andere Vereinsorgane delegiert werden.[35]

24 Auch **wesentliche Verfahrensvorschriften** müssen in der Satzung enthalten sein. Das gilt für das Ausschlussverfahren, das Verfahren zur Satzungsänderung, das Verfahren bei Tarifabschlüssen und Arbeitskampfbeschlüssen, das Verfahren bei Gewerkschaftstagen, insbesondere die Mitteilung der Tagesordnung,[36] und das Schiedsverfahren (zu den Konsequenzen bei Feststellung der Tarifzuständigkeit → § 233 Rn. 64 ff.).[37]

25 Wollen Koalitionen ihre **Vermögensverwaltung** über Kapitalgesellschaften oder Treuhänder organisieren, muss diese Organisationsentscheidung in der Satzung enthalten sein.[38] Auch die Bildung von Kampffonds bei Dachverbänden bedarf einer Grundlage in der Satzung.

26 Die Entscheidung für oder wider eine **politische oder konfessionelle Ausrichtung** muss die Satzung selbst treffen. Das bedeutet insbesondere für Einheitsgewerkschaften, dass Unvereinbarkeitsregelungen entweder in der Satzung selbst enthalten sein oder eine hinreichend bestimmte Satzungsgrundlage haben müssen. Diese muss nicht bloß die Zuständigkeit eines bestimmten Organs festlegen, sondern auch die Voraussetzungen beschreiben, unter denen die Mitgliedschaft in einer politischen Partei als koalitionswidriges Verhalten definiert werden kann.[39]

27 Die **Grundpflichten und -rechte der Mitglieder,** insbesondere zur Beitragszahlung,[40] müssen in der Satzung fixiert sein. Dabei genügt es, dass die Satzung die Erhebung von Beiträgen vorsieht und das für die Festsetzung der Beitragshöhe zuständige Organ bezeichnet. Ob der Vereinsbeitrag als feststehender Betrag erhoben oder variabel bezogen auf einen Parameter des Mitglieds ermittelt wird, ist keine das Vereinsleben bestimmende und daher in die Satzung aufzunehmende Entscheidung.[41]

28 Nach § 33 Abs. 1 S. 1 BGB iVm § 32 BGB ist zu einer **Änderung der Satzung** ein Beschluss der Mitgliederversammlung mit einer Mehrheit von drei Vierteln der erschienenen Mitglieder erforderlich. Die Veränderung des Vereinszwecks setzt nach § 33 Abs. 1 S. 2 BGB die Zustimmung aller Mitglieder voraus. Diese Vorschriften sind aber nach § 40 BGB dispositiv. Etwa kann ein anderes Organ zur Satzungsänderung legitimiert oder eine andere Mehrheit festgelegt werden. Derartige Abweichungen müssen der Satzung aber eindeutig entnommen werden können. Satzungsregelungen über die Satzungsänderung

---

[32] Vgl. BGH 11.7.1968 – VII ZR 63/66, BGHZ 50, 328 = WM 1968, 945; OLG Frankfurt a.M. 19.12.1984 – 9 U 107/83, ZIP 1985, 213 = WM 1985, 1466; Palandt/*Ellenberger* BGB § 54 Rn. 1.
[33] Dazu BGH 25.10.1983 – KZR 27/82, BGHZ 88, 314 (316) = NJW 1984, 1355.
[34] *Rieble/Bitterberg* AR/Blattei SD 170.6 Rn. 7 ff.
[35] BGH 19.1.1978 – II ZR 192/76 = NJW 1978, 990.
[36] OLG Frankfurt aM 19.12.1984 – 9 U 107/83, ZIP 1985, 213; zu den Grenzen BGH 17.11.1986 – II ZR 304/85, BGHZ 99, 119 = NJW 1987, 1811; OLG München 19.5.2010 – 20 U 1695/10; s. eingehend *Säcker* Probleme der Repräsentation von Großvereinen, 1986.
[37] BGH 25.10.1983 – KZR 27/82, BGHZ 88, 314 (316) = NJW 1984, 1355.
[38] Vgl. die in Fn. 5 genannten Beispiele.
[39] Vgl. § 7 Nr. 2 lit. b der Satzung ver.di.
[40] OLG Hamm 22.10.1975 – 8 U 120/75, DB 1976, 93.
[41] BGH 19.7.2010 – II ZR 23/09 = NJW 2010, 3521.

gelten deshalb nicht automatisch für die Vereinszweckänderung.[42] Dritten kann die Entscheidung über Satzungsänderung überhaupt nicht übertragen werden, wenn dadurch die Autonomie zur Fremdbestimmung wird.[43]

2. Verschärfung bei mächtigen und bei Tarifverbänden

Bei **mächtigen Verbänden** sind Satzungsbestimmungen, die die Rechtsstellung des Mitglieds regeln, einer Inhaltskontrolle unterworfen.[44] Das bezieht sich nicht nur auf die materielle Rechtsstellung des Mitglieds im Verband, sondern auch auf seine Stimm- und Beteiligungsrechte. Das bedeutet insbesondere, dass Satzungs- und Vereinszweckänderungen zwar einer Vertreterversammlung, grundsätzlich aber nicht Exekutivorganen übertragen werden können.[45] Dies stellte die demokratische Organisation und ggf. die Tariffähigkeit insgesamt in Frage. So kann der Vorstand nicht zur Satzungsmodifikation ermächtigt werden – § 2 Abs. 2 Satzung NGG 2014 oder § 13 Nr. 3 Satzung Bauindustrieverband Hessen-Thüringen 2017 sind daher unwirksam. Entsprechendes gilt auch für Regelungen, die einen Gewerkschaftsbeirat, dem Mitglieder ua aus der Verbandsexekutive angehören, zur Satzungsänderung ermächtigen – so § 26 Nr. 2 lit. f Satzung IG BAU 2013, § 18 Nr. 4 lit. f Satzung IG BCE 2013 und § 19 Nr. 1 Abs. 4 Satzung IG Metall 2016. Auch das BAG kam zu dem Ergebnis, dass der DHV seine Tarifzuständigkeit nicht über den Aufsichtsrat erweitern konnte – wenn auch durch Satzungsauslegung und nicht durch verbandsrechtliche Argumentation.[46] 29

Praktisch wird das insbesondere für die in §§ 15, 16 Satzung DGB 2014 vorgesehene Änderung der Tarifzuständigkeit durch das **DGB-Schiedsgericht**,[47] das kein Organ der jeweiligen Gewerkschaft ist (näher → § 233 Rn. 59 ff.) und daher schon keine Vereinsgewalt innerhalb der Einzelgewerkschaft ausüben kann. Nach Ansicht des BAG soll ein solchermaßen ergangener Schiedsspruch dennoch die Satzung der Einzelgewerkschaft und den darin festgelegten Organisationsbereich authentisch interpretieren oder ergänzen und damit mit Außenwirkung auch gegenüber dem Tarifgegner bindend klären.[48] Dem ist nicht zuzustimmen: Einem Dachverband kann nicht das Recht übertragen werden, die Tarifzuständigkeit seiner Mitgliedsverbände zu regeln – das greift in die dem Verband verfassungsrechtlich vorbehaltene und delegationsfeste Koalitionszweckautonomie ein.[49] Auch alternative „Kooperationen" zwischen Gewerkschaften über die jeweilige Tarifzuständigkeit scheitern: Sie sind notwendig in der Satzung selbst zu regeln.[50] 30

Die „demokratische Organisation" als Voraussetzung der Tarifzuständigkeit (→ § 218 Rn. 70) meint auch nichts anderes, als die angemessene Teilhabe der Mitglieder an der tarifpolitischen Willensbildung. Bei mächtigen Tarifverbänden wie den Gewerkschaften macht es keinen Unterschied, worauf die Satzungskontrolle beruht. Bei kleineren Arbeitgeberverbänden, aus denen der einzelne Arbeitgeber jederzeit austreten kann, ohne schwerwiegende Nachteile befürchten zu müssen, hingegen schon: Hier ist der Verband zwar vereinsrechtlich nicht mächtig, unterliegt aber gleichwohl einer verschärften Satzungskontrolle, weil die Tarifmacht als solche nicht ohne die Einwirkungsmöglichkeiten der Mitglieder gerechtfertigt ist. Das bedeutet einmal positiv, dass die Wahl und Abwahl von Vereinsorganen – vom Vorstand bis zur Tarifkommission – „demokratisch" erfolgen 31

---

[42] BGH 11.11.1985 – II ZB 5/85, BGHZ 96, 245 = NJW 1986, 1033.
[43] OLG Frankfurt aM 9.3.1982 – 20 W 577/81, NJW 1983, 2576; Palandt/*Ellenberger* BGB § 25 Rn. 8; Soergel/*Hadding* BGB § 33 Rn. 7; MüKoBGB/*Arnold* § 33 Rn. 19.
[44] BGH 24.10.1988 – II ZR 311/87, BGHZ 105, 306 = NJW 1989, 1724.
[45] MüKoBGB/*Arnold* § 33 Rn. 19.
[46] BAG 17.4.2012 – 1 ABR 5/11, BAGE 141, 110 = NZA 2012, 1104 Rn. 68.
[47] Das Verfahren richtet sich dabei nach der vom Bundesausschuss erlassenen Schiedsgerichtsordnung, Anlage 2 Satzung DGB 2014.
[48] BAG 22.11.1988 – 1 ABR 6/87, NZA 1989, 561; 25.9.1996 – 1 ABR 4/96, BAGE 84, 166 = NZA 1997, 613; 27.9.2005 – 1 ABR 41/04, BAGE 116, 45 = NZA 2006, 273.
[49] IE auch *Ricken* Autonomie und tarifliche Rechtsetzung S. 175 ff.
[50] Ausführlich *Löwisch/Rieble* TVG § 2 Rn. 276 ff. mwN.

muss und dass Änderungen der Tarifzuständigkeit von der Mitgliederversammlung beschlossen werden müssen.

32 Negativ bedeutet dies, dass jeder Einfluss von Gast- oder OT-Mitgliedern – bei Gewerkschaften etwa Beamte, Studenten oder Arbeitslose[51] – auf die tarifliche Willensbildung ausgeschlossen sein muss. Ihnen darf insbesondere kein aktives und passives Wahlrecht zu Tarifkommissionen zukommen. Die Formel des BAG vom „Gleichlauf von Verantwortlichkeit und Betroffenheit"[52] ist daher richtig. Zu weit geht es aber, wenn *Oetker*[53] schon aus der Koalitionsfreiheit für jede noch so kleine und nicht tariffähige Koalition entsprechende Beschränkungen herleitet. Insofern ergibt es keinen Sachgrund, die Freiheit der Verfassungsgestaltung des Verbandes zu beschränken. Die autonome Entscheidung, eine OT-Mitgliedschaft anzubieten, steht unter dem Schutz des Art. 9 Abs. 3 GG – die Vollunwirksamkeit der OT-Mitgliedschaft ist daher unverhältnismäßig, wenn auch eine Reduktion der Mitgliedschaftsrechte in Betracht kommt.[54]

IV. Stellung im Privatrecht

1. Rechtsträgerschaft

33 Als **eingetragener Verein** sind die Koalitionen nach § 21 BGB **rechtsfähig.** Den nicht eingetragenen Vereinen kommt solche Rechtsfähigkeit nicht zu. Vielmehr sind berechtigt und verpflichtet die Mitglieder zur gesamten Hand (§ 54 BGB). Versuche, die **nicht eingetragenen Vereine** allgemein den eingetragenen völlig gleichzustellen,[55] würden die Vereine ohne Grund für die im Gesetz festgeschriebene Pflicht zur Eintragung ins Vereinsregister zum Schaden der Rechtssicherheit befreien.[56] Das gilt auch für die Gewerkschaften. Aus Art. 9 Abs. 3 GG ergibt sich insoweit nichts anderes. Dementsprechend kann auch das **Grundvermögen** der nicht rechtsfähigen Koalition wegen § 47 GBO nur über alle Mitglieder eingetragen werden.[57] Es bleibt nur der Ausweg auf rechtsfähige Kapitalgesellschaften oder eine natürliche Person als Treuhänder.

34 Der **Namensschutz** des § 12 BGB erstreckt sich auf alle unter einem Gesamtnamen auftretenden Personenvereinigungen, ohne Rücksicht darauf, ob diese sonst rechtsfähig sind. Dies gilt auch für die Koalitionen, denen deshalb gegen den unbefugten Gebrauch ihres Namens oder einer Namensabkürzung mit Verkehrsgeltung ein Unterlassungsanspruch zusteht.[58]

35 Aus dem Verfassungsschutz der Koalitionsbetätigung folgt – gerade auch zugunsten der nicht rechtsfähigen Gewerkschaften – dass sie Schutz gegen **unfaire Werbung** konkurrierender Gewerkschaften genießen.[59] Die Koalitionsbetätigung ist vergleichbar mit dem Recht am eingerichteten und ausgerichteten Gewerbebetrieb, insofern als absolutes Recht iSv § 823 Abs. 1 BGB geschützt und gewährt nicht nur Schadensersatzansprüche, sondern auch – verschuldensunabhängige – Unterlassungsansprüche aus § 1004 BGB. Das gilt dann auch gegenüber dem Arbeitgeber, der die Einstellung vom Fehlen der Gewerkschaftsmitgliedschaft abhängig macht.[60] Die Grenzen zulässiger Werbung werden überschritten, wenn sie mit unlauteren Mitteln erfolgt oder auf die Existenzvernichtung einer konkurrierenden Gewerkschaft gerichtet ist.[61]

---

[51] Vgl. etwa § 6 Nr. 1 Satzung ver.di 2015, § 3 Nr. 1 Abs. 3 bis 5 Satzung IG Metall 2016.
[52] BAG 20.5.2009 – 4 AZR 179/08, NZA 2010, 102.
[53] *Oetker* RdA 1999, 102.
[54] *Löwisch/Rieble* TVG § 2 Rn. 65.
[55] MüKoBGB/*Arnold* § 54 Rn. 14 ff.
[56] Vgl. BGH 26.4.1965 – VIII ZR 95/63, BGHZ 43, 316 (319 f.) = WM 1965, 498; *K. Schmidt* Verbandszweck und Rechtsfähigkeit im Vereinsrecht S. 52 ff.
[57] *K. Schmidt* NJW 1984, 2249 ff.
[58] BGH 24.2.1965 – IV ZR 81/64, BGHZ 43, 245 (253) = NJW 1965, 859.
[59] BGH 6.10.1964 – VI ZR 176/63, BGHZ 42, 210 (218 ff.) = NJW 1965, 29.
[60] BAG 2.6.1987 – 1 AZR 651/85, BAGE 54, 353 = NJW 1987, 2893.
[61] BAG 31.5.2005 – 1 AZR 141/04, BAGE 115, 58 = NZA 2005, 1182.

Eigenständige Anspruchsberechtigung auch ohne Rechtsfähigkeit kommt den tariffähigen 36
Koalitionen aus dem **schuldrechtlichen Teil des Tarifvertrages** zu. § 2 TVG stellt auf
den Gewerkschaftsbegriff ab, ohne die Rechtsfähigkeit zu verlangen. Gleiches gilt für die
den Gewerkschaften vom BetrVG wie von den Mitbestimmungsgesetzen zuerkannten
Rechte.

Rechtsgeschäfte der Koalitionen werden vom Vorstand (§ 26 BGB), besonderen sat- 37
zungsgemäßen Vertretern (§ 30 BGB) oder durch von diesen nach §§ 164ff. BGB bevollmächtigte Personen vorgenommen. Das gilt auch für die als nicht rechtsfähige Vereine
organisierten Koalitionen.[62] Zur Vertretung bei Tarifverhandlungen → § 234 Rn. 16ff.

2. Haftung
Für **Verbindlichkeiten des rechtsfähigen Vereins** haftet dieser mit seinem Vermögen. 38
Das gilt auch für deliktische Handlungen seiner Organe gem. § 31 BGB. Die Organmitglieder haften unter den Voraussetzungen des jeweiligen Deliktstatbestandes selbst. Für
rechtsgeschäftliche Verpflichtungen haften sie nur bei Überschreitung ihrer gesetzlichen
Vertretungsmacht nach § 179 BGB.

Schuldner der Verbindlichkeiten eines nicht rechtsfähigen Vereins sind dessen Mitglie- 39
der. Ihre Verpflichtung beruht bei Rechtsgeschäften auf der Vertretungsmacht des Vorstandes, die deliktische Haftung fußt auf der analogen Anwendung des § 31 BGB, iÜ auf
§ 831 BGB[63] (zur Deliktshaftung im Arbeitskampf eingehend s. → § 278 Rn. 1ff.). Die
Haftung beschränkt sich aber – für rechtsgeschäftliche wie für deliktische Ansprüche – auf
den Anteil am Vereinsvermögen.[64] Daneben haften die für den nicht rechtsfähigen Verein
rechtsgeschäftlich Handelnden nach § 54 S. 2 BGB persönlich als Gesamtschuldner. Ein
Verstoß gegen Art. 9 Abs. 3 GG liegt darin nicht – schon weil der rechtsfähige Verein als
Alternative zur Verfügung steht.

Soweit die Koalitionen, insbesondere als Alleingesellschafter, ihren Zwecken dienende 40
Unternehmen – von den Vermögensbeteiligungsgesellschaften der Gewerkschaften bis zur
DGB-Rechtsschutz-GmbH – **beherrschen,** unterliegen sie den Vorschriften der §§ 308ff.
AktG über die Verantwortlichkeit des beherrschenden Unternehmens.[65] Besteht – wie meist
– kein Beherrschungsvertrag, ist die Koalition nach §§ 311, 317 AktG verpflichtet, Nachteile auszugleichen, die bei dem beherrschten Unternehmen veranlasst worden sind. Diese
Haftung erstreckt sich nach § 317 Abs. 3 AktG auch auf den Vorstand der Koalition.[66] Eine
unverhältnismäßige Erschwerung der Koalitionsbetätigung liegt darin nicht. Art. 9 Abs. 3
GG garantiert den Koalitionen nicht, dass sie Gläubiger des beherrschten Unternehmens
stärker gefährden dürfen, als andere beherrschende Körperschaften.[67]

V. Stellung im Prozessrecht

Die **Parteifähigkeit vor den ordentlichen Gerichten** ist nach § 50 Abs. 1 ZPO an die 41
Rechtsfähigkeit geknüpft. Wie sonstige nicht rechtsfähige Vereine können die Koalitionen
verklagt werden, § 50 Abs. 2 ZPO. Der BGH hat allerdings dieser passiven Parteifähigkeit
der nicht rechtsfähigen Vereine die aktive Parteifähigkeit der Gewerkschaften im Wege
richterlicher Rechtsfortbildung hinzugefügt.[68] Heute ergibt sich diese als Konsequenz der

---

[62] *Medicus/Petersen* BGB AT Rn. 1158.
[63] *K. Schmidt* Gesellschaftsrecht § 25 III S. 751 f.
[64] BGH 11.7.1968 – VII ZR 63/66, BGHZ 50, 325 (329) = WM 1968, 945; BGH 2.4.1979 – II ZR 141/78, NJW 1979, 2304 (2306); Palandt/*Ellenberger* BGB § 54 Rn. 12.
[65] Für den ADAC eV BGH 29.9.1982 – I ZR 88/80, BGHZ 85, 84 = JuS 1983, 553 unter II 1 b.
[66] Zur Konzernhaftung von Vereinen s. *Hemmerich* Möglichkeiten und Grenzen wirtschaftlicher Betätigung von Idealvereinen S. 129ff.
[67] Deshalb sind die Bedenken von *Vorderwülbecke* Rechtsform der Gewerkschaften und Kontrollbefugnisse des Gewerkschaftsmitglieds S. 68 unangebracht.
[68] BGH 6.10.1964 – VI ZR 176/63, BGHZ 42, 210 (217) = NJW 1965, 156; 11.7.1968 – VII ZR 63/66, BGHZ 50, 325 (329) = WM 1968, 945.

Zuerkennung der Rechtsfähigkeit an die Gesellschaft bürgerlichen Rechts und damit auch an den nichtrechtsfähigen Verein.[69] Soweit sich die nicht rechtsfähigen Verbände juristischer Personen bedienen, sind diese schon nach § 50 Abs. 1 ZPO parteifähig.

42 Vor den Arbeitsgerichten sind die Koalitionen unabhängig von ihrer Rechtsfähigkeit parteifähig, § 10 ArbGG. § 70 Nr. 2 SGG erklärt im sozialgerichtlichen Verfahren alle nicht rechtsfähigen Personenvereinigungen für parteifähig.

43 Die Parteifähigkeit der nicht rechtsfähigen Koalitionen steht neben der **Parteifähigkeit ihrer Mitglieder.** Die nicht rechtsfähige Koalition kann also über ihre Mitglieder klagen, wegen der notwendigen Streitgenossenschaft bei Aktivprozessen der Gesamthand müssen freilich alle Mitglieder klagen; umgekehrt kann der Gläubiger einer nicht rechtsfähigen Koalition auch gegen deren Mitglieder vorgehen. Eine notwendige Streitgenossenschaft besteht dabei nur ausnahmsweise.[70] Allerdings ist bei einem Urteil nur gegen einige Mitglieder keine Vollstreckung in das Vereinsvermögen möglich (→ Rn. 46).

44 Als Körperschaft sind die Vereine nur über ihre gesetzlichen Vertreter **prozessfähig.** Die nicht rechtsfähige Koalition kann aber auch durch ihre Mitglieder klagen und verklagt werden, denen Prozessfähigkeit entweder als natürliche Person oder über die gesetzlichen Vertreter zukommt.

45 Für die **Postulationsfähigkeit** gelten zunächst die allgemeinen Regeln. § 11 Abs. 2 S. 2 Nr. 5 ArbGG erklärt auch juristische Personen, die ausschließlich die Rechtsberatung und Prozessvertretung einer Koalition und ihrer Mitglieder durchführt, für postulationsfähig. Ebenso wie bei der postulationsfähigen Anwalts-GmbH (§ 59l BRAO) ist dabei die Rechtsschutz-GmbH selbst Prozessbevollmächtigte, wie § 11 Abs. 4 S. 3 ArbGG zeigt.[71]

46 Besonderheiten gelten in der **Zwangsvollstreckung** nur für die nicht rechtsfähigen Koalitionen. Nach § 735 ZPO genügt in der Konsequenz des § 50 Abs. 2 ZPO zur Zwangsvollstreckung in ihr Vermögen ein gegen sie ergangenes Urteil. Macht der Kläger von der Möglichkeit, die nicht rechtsfähige Koalition selbst zu verklagen, keinen Gebrauch, muss er beachten, dass ein Urteil gegen die Mitglieder nach § 736 ZPO die Zwangsvollstreckung in das Koalitionsvermögen nur ermöglicht, wenn es gegen alle ergangen ist. Auch die nicht rechtsfähige Koalition ist **insolvenzfähig**, § 11 Abs. 1 S. 2 InsO.

47 Zur Zuständigkeit der Arbeitsgerichte für Streitigkeiten, an denen Koalitionen beteiligt sind, → § 389 Rn. 1 ff. Zur Prozessvertretung und Rechtsberatung durch Koalitionen für ihre Mitglieder → § 390 Rn. 21 ff. Zu der Bestellung von ehrenamtlichen Richtern der Arbeitsgerichtsbarkeit → § 388 Rn. 28 ff.

---

[69] BGH 29.1.2001 – II ZR 331/00, BGHZ 146, 341 = NJW 2001, 1056.
[70] *Baumbach* ZPO § 62 Rn. 15.
[71] BAG 7.11.2012 – 7 AZR 646/10 (A), BAGE 143, 256 = NZA 2013, 582.

§ 224 Rechte und Pflichten der Mitglieder

Schrifttum:
Anderson, Die verbandsrechtliche Stellung des Gewerkschaftsmitglieds im Streik, 1989; *Däubler* Tarifausstieg – Erscheinungsformen und Rechtsfolgen, NZA 1996, 231; *Dütz*, Verbandsbezogene Verhaltenspflichten von Koalitionsmitgliedern – Zur Erzwingung von vereinsförderlichem Verhalten, FS Hilger/Stumpf, 1983, S. 99; *Föhr*, Willensbildung in den Gewerkschaften und Grundgesetz, 1974; *Göller*, Gewerkschaftliche Gruppenrechtsschutzversicherungen, 1993; *Helms*, Schadensersatzansprüche wegen Beeinträchtigung der Vereinsmitgliedschaft, 1998; *Leonhard/Smid/Zeuner*, InsO, 3. Aufl. 2010; *Löwisch/Rieble*, Arbeitskampf- und Schlichtungsrecht, 1997, 170.6 Arbeitskampf und Verbandsrecht; *Oetker*, Das private Vereinsrecht als Ausgestaltung der Koalitionsfreiheit, RdA 1999, 96; *Oetker*, Die Beendigung der Mitgliedschaft in Arbeitgeberverbänden als tarifrechtliche Vorfrage, ZfA 1998, 41; *Piper*, Zur wettbewerbsrechtlichen Zulässigkeit der Bereitstellung von Versicherungsschutz für Vereinsmitglieder, FS von Gamm, 1990, S. 147; *Plander*, Tarifflucht durch kurzfristig vereinbarten Verbandsaustritt?, NZA 2005, 897; *Reichert*, Handbuch des Vereins- und Verbandsrecht, 13. Aufl. 2016; *Reuter*, Probleme der Mitgliedschaft beim Idealverein, ZHR 145 (1981), 273; *Richardi*, Koalitionsgewalt und individuelle Koalitionsfreiheit, AöR 93 (1968), 243; *Rieble*, „Blitzaustritt" und tarifliche Vorbindung, RdA 2009, 280; *Rieble/Bitterberg*, Arbeitskampf- und Verbandsrecht, AR/Blattei SD 170.6; *Sachse*, Das Aufnahme- und Verbleibrecht in den Gewerkschaften der Bundesrepublik, 1985; *K. Schmidt*, Die Beschlußanfechtungsklage bei Vereinen und Personengesellschaften, FS Stimpel, 1985, S. 217; *K. Schmidt*, Die Mitgliedschaft in Verbänden, 1989; *K. Schmidt*, Die Vereinsmitgliedschaft als Grundlage von Schadensersatzansprüchen, JZ 1991, 157 ff.; *Schmiegel*, Die Inhaltskontrolle von Koalitionssatzungen, 1994; *Schüren*, Die Legitimation der tariflichen Normsetzung durch die tarifunterworfenen Gewerkschaftsmitglieder in Deutschland und den Vereinigten Staaten, 1990; *Seiter*, Streikrecht und Aussperrungsrecht, 1975; *Staudinger*, §§ 21–79 BGB (Allgemeiner Teil 2), 2005; *Staudinger*, §§ 311, 311a, 312, 312a–i BGB (Vertragsschluss), 2012; *Vorderwülbecke*, Rechtsform der Gewerkschaften und Kontrollbefugnisse des Gewerkschaftsmitglieds, 1988; *Wiedemann*, Die Deutschen Gewerkschaften – Mitgliederverband oder Berufsorgan?, RdA 1969, 321.

Übersicht

	Rn.
I. Rechte	1
1. Status als Mitglied	1
2. Mitwirkungs- und Stimmrechte	10
3. Rechte auf Leistungen	20
II. Pflichten	26
1. Beitrags- und Abführungspflichten	26
2. Mitwirkungs- und Folgepflichten	30
3. Loyalitätspflichten	40
III. Sanktionen	42
1. Gegen das Mitglied	42
2. Gegen den Verein	48
IV. Rechtsschutz	54

I. Rechte

1. Status als Mitglied

Die Mitgliedsfähigkeit knüpft nach hM im Vereinsrecht nicht an die Rechtsfähigkeit an. Vielmehr sollen neben natürlichen und juristischen Personen schon immer nicht rechtsfähige Vereine,[1] **Personenhandelsgesellschaften** (OHG und KG)[2] und sogar BGB-Gesellschaften[3] Mitglieder von Idealvereinen sein können. Praktisch hat der Streit nur wenig Bedeutung. Wenn man dagegen nicht rechtsfähigen Personenzusammenschlüssen die Fähigkeit abspricht, selbst auch nur zum Teil Träger von Rechten und Pflichten zu sein, können doch die Mitglieder solcher Personenzusammenschlüsse in ihrer gesamthänderischen Verbundenheit Mitglied eines Vereins sein. Nach jeder Auffassung muss aber die

1

---

[1] BGH 30.6.1980 – II ZR 186/79 = WM 1980, 1286; Staudinger/*Weick* BGB § 32 Rn. 33; Soergel/*Hadding* BGB § 38 Rn. 5; *Reichert* Handbuch des Vereins- und Verbandrechts Rn. 76; *Reuter* ZHR 145, 274 ff.
[2] *Reuter* ZHR 145, 276 f.
[3] BGH 4.11.1991 – II ZB 7/91 = DZWIR 1992, 111 für die Mitgliedschaft in der Genossenschaft; *Reuter* ZHR 145, 246 f.

persönlich-individuelle Mitgliedschaft von der gesamthänderisch-kollektiven Mitgliedschaft unterschieden werden. Auch wenn sämtliche Mitgliedsunternehmen einer Bauarbeitsgemeinschaft (ARGE) Mitglied im Verband der Bauindustrie sind, ist es die ARGE als eigenständiges Unternehmen nicht schon deshalb automatisch. Ist ein Gesellschafter – vor allem die Komplementär-GmbH – Mitglied eines Arbeitgeberverbandes, so ist er dies nur für sich selbst; die gleichzeitige Mitgliedschaft der KG wird dadurch nicht begründet.[4] Auf Arbeitnehmerseite kann die Koalitionsmitgliedschaft grundsätzlich nur von natürlichen Personen erworben werden, denn nur solche können Arbeitnehmer sein. Arbeitnehmer-Gruppen können als Gesellschaft Bürgerlichen Rechts eine eigene Mitgliedschaft erwerben.

2 Die Mitgliedschaft meint zunächst die **Vollmitgliedschaft.** Zur Satzungsautonomie eines jeden Verbandes und damit auch von Koalitionen gehört es aber, abgestufte Mitgliedschaften mit unterschiedlichen Rechten und Pflichten (§ 35 BGB) bis hin zur nur symbolischen Gastmitgliedschaft vorzusehen. Dieses auch im Aktienrecht mit der Unterscheidung von Stamm- und (stimmrechtslosen) Vorzugsaktien (§§ 11, 139 AktG) anerkannte Prinzip ist vereinsrechtlich unbestritten. Als unabdingbares Mindestrecht muss allen Mitgliedern lediglich das Recht zur bloßen Teilnahme an der Mitgliederversammlung zukommen.[5] Das heißt für Koalitionen, dass sie ihre unterschiedlichen Betätigungsfelder nicht nur auf unterschiedliche Verbände verteilen können, sondern auch mit abgestuften Mitgliedschaften, namentlich der eigentlichen OT-Mitgliedschaft verfolgen können.[6] Davon, dass die abgestufte Mitgliedschaft gegen den vereinsrechtlichen Gleichbehandlungsgrundsatz verstieße, kann keine Rede sein.[7] Denn die Ungleichbehandlung ist Folge der freien Entscheidung des Mitglieds für die eine oder andere Form der Mitgliedschaft. Allerdings muss bei Tarifverbänden darauf geachtet werden, dass OT-Mitglieder keinen Einfluss auf Entscheidungen in Tarifangelegenheiten gewinnen, sonst ist die Tariffähigkeit gefährdet.

3 Der **Erwerb der Mitgliedschaft** erfordert grundsätzlich ein Aufnahmegesuch und dessen Annahme durch das zuständige Vereinsorgan.[8] Die Koalitionssatzung kann weitere Voraussetzungen, etwa ein schriftliches Aufnahmegesuch oder die Zustimmung eines besonderen Vereinsorgans aufstellen. Einen Aufnahmeanspruch geben die Satzungen grundsätzlich nicht. Nur zwischen DGB-Gewerkschaften ist ein Übertrittsrecht formuliert für den Fall, dass für das Mitglied eine andere DGB-Gewerkschaft zuständig wird.[9] Soweit die Koalitionen aber mächtig sind, besteht ein gesetzlicher Aufnahmeanspruch (→ § 219 Rn. 11 ff.).

4 Für die **Werbung von Gewerkschaftsmitgliedern am Arbeitsplatz** stellt sich die Frage, ob der geworbene Arbeitnehmer ein Widerrufsrecht nach § 312g BGB hat. Praktisch werden kann der „Außer-Geschäftsraum-Vertrag" des § 312b BGB, wenn der Arbeitnehmer im Betrieb, zuhause oder auf einer Veranstaltung geworben worden ist. Der **Internet-Beitritt** kann als gewerkschaftlicher Fernabsatz unter § 312c BGB fallen. Der Arbeitnehmer ist Quasi-Verbraucher nach § 13 BGB, nicht aber gem. Art. 2 Nr. 1 VRRL (Verbraucherrechte-Richtlinie 2011/83/EU), weil seine berufliche Tätigkeit betroffen ist. Das verstößt nicht gegen die vollharmonisierende Richtlinie: Mitgliedstaaten dürfen ihren von der Richtlinie nicht erfaßten Arbeitnehmerschutz mit verbraucherrechtlichen Schutzkomponenten anreichern (Erwägung 13 VRRL). Doch erfaßt die VRRL gesellschafts-

---

[4] Unscharf insofern BAG 4.5.1994 – 4 AZR 418/93, NZA 1995, 638, das aus der Mitgliedschaft der GmbH die Tarifgebundenheit der KG folgerte.
[5] BAG 22.3.1995 – 5 AZB 21/94, BAGE 79, 319 = NZA 1995, 823 – Scientology; *Reichert* Handbuch des Vereins- und Verbandsrechts Rn. 715; *Palandt/Ellenberger* BGB § 38 Rn. 2.
[6] So auch *Gamillscheg* KollArbR I § 14 S. 528f.
[7] So aber *Däubler* NZA 1996, 231.
[8] LAG Hamm 11.5.1989 – 17 Sa 1767/88, LAGE TVG § 4 Abschlussnormen Nr. 1.
[9] Vgl. § 6 Nr. 2 Satzung IG Metall 2016, wonach ein derartiger Übertritt abgelehnt werden kann, wenn dies im Interesse der IG Metall notwendig erscheint.

rechtliche Fragen und damit Beitrittsverträge nicht (Erwägung 8). Dass Deutschland insoweit zur Geltungsausdehnung greifen wollte, ist nicht ersichtlich. Deshalb begründen Vereinsbeitritte kein Widerrufsrecht, wohl aber der Beitritt des Verbrauchers zur Kapitalanlagegesellschaft,[10] solange die Vereinsmitgliedschaft kein geschickt gestaltetes Erwerbsgeschäft ist, Umgehung nach § 312k Abs. 1 S. 2 BGB.[11] Abgesehen davon: „Entgeltlich" ist die Mitgliedschaft allenfalls durch die Versicherungswirkung der Gewerkschaft (Rechtsschutz, Streikunterstützung). Der Abschluss von Versicherungsverträgen ist nach § 312 Abs. 6 BGB von dessen Anwendungsbereich grundsätzlich ausgenommen. Das hierfür einschlägige Widerrufsrecht nach § 8 VVG ist auf Gewerkschaften nicht anwendbar; nur wenn sie an die Mitgliedschaft außerhalb der Solidarität stehende wirtschaftliche Leistungen koppeln, wie eine **Gruppenversicherung für außerarbeitsrechtliche Risiken,** ist ein entsprechender Widerruf nur der Gruppenversicherung möglich. Die Gewerkschaftsmitgliedschaft ist kein „verbundenes Geschäft" iSv § 9 Abs. 2 VVG, weil er nicht auf eine Dienstleistung zielt.

Auch der Verlust der Mitgliedschaft in der Koalition richtet sich in erster Linie nach der Satzung. § 39 BGB bestimmt lediglich, dass ein **Austrittsrecht** besteht und unter keine längere Frist als zwei Jahre gestellt werden darf. Allerdings folgt aus der negativen Koalitionsfreiheit, dass das Recht zum Austritt **nicht länger als ein halbes Jahr befristet** sein darf. Eine zu lange Frist bleibt im noch zulässigen Maße aufrechterhalten[12] (→ § 219 Rn. 36). Außerdem ist ein Austritt mit sofortiger Wirkung bei Vorliegen eines wichtigen Grundes stets möglich.[13]

Daneben kann die Mitgliedschaft stets durch **Aufhebungsvertrag**[14] als contrarius actus zum Beitrittsvertrag beendet werden. Einer besonderen Satzungsbestimmung hierzu bedarf es nicht.[15] Vielmehr kann das Recht zum Aufhebungsvertrag auch durch eine ausdrückliche Satzungsbestimmung nicht ausgeschlossen werden, als Verfügung über das Mitgliedschaftsrecht verbietet das § 137 BGB. Die „Entlassung aus der Mitgliedschaft" kann fristlos erfolgen.[16] Das Tarifrecht steht nicht im Wege. Ebenso kann das ordentliche Mitglied durch Änderungsvertrag zum OT-Mitglied „herabgestuft" werden. Ausgeschlossen ist jede rückwirkende einvernehmliche Aufhebung oder Änderung der Mitgliedschaft. Rückwirkende Verträge können schon nach § 159 BGB nur mit schuldrechtlicher Wirkung geschlossen werden; vollends ist es ausgeschlossen, auf diese Weise eine bereits begründete Tarifgebundenheit nachträglich zu beseitigen.

Satzungen der Koalitionen sehen regelmäßig auch einen **Ausschluss** vor, etwa bei gewerkschaftsschädigendem Verhalten.[17] Soweit die Koalition einem Aufnahmeanspruch unterliegt (→ § 219 Rn. 11 ff.), darf der Ausschluss aber ebensowenig wie die Ablehnung der Aufnahme willkürlich erfolgen, sondern bedarf eines ihn rechtfertigenden sachlichen Grundes.[18] Dass sich andere Mitglieder gegen ein Mitglied oder dessen Wiederaufnahme stellen, rechtfertigt seinerseits keinen (erneuten) Ausschluss. Die Situation ist entgegen *Gamillscheg*[19] nicht mit der Druckkündigung vergleichbar. Gewerkschaftsmitglieder arbeiten nicht miteinander; es gibt hinreichende Möglichkeiten, sich im Gewerkschaftsleben aus dem Wege zu gehen.

---

[10] Vgl. MüKoBGB/*Wendehorst* § 312 Rn. 17; aA Staudinger/*Thüsing* BGB § 312 Rn. 34.
[11] Vgl. BGH 1.3.2011 – II ZR 297/08, NJW 2011, 2198 Rn. 15.
[12] BGH 29.7.2014 – II ZR 243/13, BGHZ 202, 202 = NZA 2014, 1352 Rn. 32.
[13] RG 23.10.1930 – VII 49/30, RGZ 130, 375 (378).
[14] Ausführlich *Löwisch/Rieble* TVG § 3 Rn. 159 ff.
[15] BAG 20.2.2008 – 4 AZR 64/07, BAGE 126, 75 = NZA 2008, 946; *Rieble* RdA 2009, 280; aA *Plander* NZA 2005, 897.
[16] *Oetker* ZfA 1998, 77 f.
[17] § 12 Nr. 1 Satzung ver.di 2015.
[18] *Gamillscheg* KollArbR I § 10 S. 448 ff.
[19] *Gamillscheg* KollArbR I § 10 S. 453.

8 Vereinzelt sehen Gewerkschaftssatzungen vor, dass die Mitgliedschaft automatisch erlischt,[20] die Mitgliedschaftsrechte ruhen[21] oder ein vereinfachter Mitgliedschaftsverlust durch „Streichung" erfolgt,[22] wenn Beiträge nicht rechtzeitig bezahlt werden. Eine derartige **auflösende Bedingung** für die Mitgliedschaft ist grundsätzlich zulässig. Sie begegnet auch bei mächtigen Koalitionen, zu denen ein Aufnahmeanspruch besteht und deren Ausgestaltung des Mitgliedschaftsverhältnisses einer Inhaltskontrolle unterliegt, keinen Bedenken. Allerdings muss – dem Rechtsgedanken von § 543 Abs. 2 Nr. 3 lit. a BGB und § 498 Abs. 1 S. 1 Nr. 1 lit. a BGB – Verzug mit mindestens zwei Monatsbeiträgen eingetreten sein. Weder der unverschuldete Zahlungsrückstand, noch Verzug mit einem geringeren Betrag kann das automatische Erlöschen rechtfertigen.

9 Die **Insolvenz** beendet die Mitgliedschaft grundsätzlich nicht. Auch kann sich der Insolvenzverwalter nicht nach § 103 InsO fristlos aus der Koalition lösen, da das Rechtsverhältnis zwischen Mitglied und Verein kein zweiseitiger Vertrag im Sinne der Vorschrift ist.[23] Allerdings sehen Arbeitgeberverbandssatzungen häufig vor, dass die Mitgliedschaft im Fall der Insolvenz automatisch endet.[24]

2. Mitwirkungs- und Stimmrechte

10 Die Mitwirkungs- und Stimmrechte des Mitglieds ergeben sich zunächst aus der **Satzung**. Ihr ist zu entnehmen, bei welchen **Wahlen und Abstimmungen** das Mitglied unter welchen Voraussetzungen stimmberechtigt ist. Sie regelt die Voraussetzungen der Wählbarkeit in Organe und Gremien. Sie bestimmt Antrags- und Rederechte, sowie Informationsansprüche.

11 Die Satzung ist bei mächtigen Koalitionen in der Ausgestaltung dieser Rechte aber nicht frei. Dass nach der Rechtsprechung des BGH die satzungsgemäße Ausgestaltung der Rechtsstellung des Mitglieds einer Inhaltskontrolle auf ihre Vereinbarkeit mit Treu und Glauben unterliegt (→ § 219 Rn. 23) gilt auch und gerade für Mitwirkungs- und Stimmrechte des Mitglieds.[25]

12 Bei den Tarifverbänden ist das Mitwirkungsrecht der tarifgebundenen Mitglieder zusätzlich durch das Erfordernis **„demokratische Organisation"** für die Tariffähigkeit geschützt (→ § 232 Rn. 16 ff.). Das meint auch nichts anderes als die angemessene Teilhabe an der tariflichen Willensbildung und schließt so etwa OT-Mitglieder aus Tarifkommissionen aus. Allerdings ist die Rechtsfolge eine andere: Während das vereinsrechtliche Mitwirkungsrecht dem einzelnen Mitglied einen Individualanspruch auf Teilhabe vermittelt, wird dort die Tariffähigkeit abgesprochen.[26]

13 § 33 Abs. 1 BGB macht deutlich, dass der Mitwirkung des Mitglieds an Satzungs- und Vereinszweckänderung besondere Bedeutung zukommt. Die vom BGH betonte Parallele zur Inhaltskontrolle allgemeiner Geschäftsbedingungen[27] zeigt auch: Die Satzungen mächtiger Vereine dürfen Kardinalrechte der Mitglieder nicht unangemessen einschränken (vgl. § 307 Abs. 2 Nr. 2 BGB). Deshalb darf die Entscheidung über Vereinszweck und Vereinsverfassung den Mitgliedern grundsätzlich nicht entzogen werden. Eine Befugnis des Vorstandes oder eines sonstigen Exekutivorgans zur Satzungsänderung auch im Verfassungsbe-

---

[20] § 10 Nr. 2 Satzung GEW 2016 sieht in der Nichtzahlung trotz zweimaliger schriftlicher Mahnung die Verweigerung der Beitragszahlung und fingiert diese als Erklärung des Austritts.
[21] § 4 Abs. 5 und 6 Satzung GdP 2014, wonach Beitragsrückstand von 3 Monaten das Ruhen der Mitgliedschaft zur Folge hat, weshalb das Mitglied keine Ansprüche geltend machen kann und sein Wahlrecht nicht ausüben kann.
[22] § 8 Nr. 2 Satzung IG Metall 2016 für Beitragsrückstand von mehr als 3 Monaten.
[23] RG 29.4.1920 – IV 518/19, RGZ 100, 1 (2 f.); Leonhard/Smid/Zeuner/*Zeuner* InsO § 103 Rn. 19.
[24] So etwa § 6 Nr. 1 lit. b Satzung Südwestmetall 2012: „Die Mitgliedschaft endet, wenn im Falle der Insolvenz die Gläubigerversammlung beschließt, das Unternehmen nicht fortzuführen oder bei Ablehnung des Insolvenzverfahrens mangels Masse."
[25] *Schmiegel* Die Inhaltskontrolle von Koalitionssatzungen S. 140 ff.
[26] So auch *Gamillscheg* KollArbR I § 14 S. 529.
[27] BGH 24.10.1988 – II ZR 311/87, BGHZ 105, 306 (312) = NJW 1998, 1724 unter I 2 a.

reich verträgt sich damit nicht. Insbesondere darf der Gewerkschaftsbeirat nicht die Tarifzuständigkeit erweitern oder einschränken. Möglich ist aber, anstelle einer bei Großvereinen nicht mehr einberufbaren Mitgliederversammlung eine repräsentative Vertreterversammlung zur Entscheidung über Vereinszweck und Vereinsverfassung zu berufen. Auch können die Mehrheitserfordernisse der §§ 32, 33 BGB abbedungen werden.

Eine Reihe von Gewerkschaftssatzungen beschränken das **passive Wahlrecht** zu Vertreterversammlungen auf Mitglieder mit **ein- oder mehrjähriger Mitgliedschaft**.[28] Darin liegt eine unangemessene Beschränkung der Mitwirkungsrechte, weil die Vertreterversammlungen an die Stelle der Mitgliederversammlungen treten und alle Mitglieder und nicht bloß die mehrjährigen repräsentieren sollen. Zulässig ist nur eine durch organisatorische Umstände bedingte Vorlaufzeit oder der Ausschluss des Wahlrechts innerhalb einer Probezeit, die aber wegen des Aufnahmeanspruchs (→ § 219 Rn. 11) auch **nicht länger als ein halbes Jahr** dauern darf. 14

Das passive Wahlrecht zu Exekutivorganen kann hingegen weitergehend beschränkt werden, weil die Funktionsfähigkeit solcher Organe eine gewisse Erfahrung der Organmitglieder voraussetzt. Aber auch hier geht das Erfordernis einer zehnjährigen Mitgliedschaft, wie es früher § 26 Nr. 3 lit. c der Satzung der IG Bau, Steine, Erden für Landes- und Bundesvorstand sowie Gewerkschaftsbeirat und Gewerkschaftsrat aufstellte, zu weit. 15

Unangemessen benachteiligt werden die Koalitionsmitglieder auch, wenn sie sich an der Willensbildung des mächtigen Verbandes nicht oder nicht hinreichend beteiligen können (→ § 232 Rn. 16 ff.). Insbesondere muss gewährleistet sein, dass Minderheiten ihre Vorstellungen effektiv zu Gehör bringen können. 16

Deshalb müssen die Mitglieder Anträge zu den zentralen Gremien stellen können, wenn auch mittelbar über untere Gliederungsebenen. Im koalitionsinternen Meinungskampf müssen sie bei den Abstimmungsberechtigten für ihre Positionen werben können. Praktisch ist das heute oft nur über die öffentlichen Medien möglich. Koalitionsmitgliedern darf deshalb nicht untersagt werden, ihre Mindermeinung öffentlich zur Sprache zu bringen[29] (s. zum Verhältnis zur Meinungsfreiheit noch → Rn. 41). 17

Mit dem Minderheitenschutz unvereinbar ist es, wenn die demokratische Wahl gewerkschaftlicher Vertrauensleute durch Beschluss des mehrheitlich bestimmten Bezirksvorstandes zu Fall gebracht werden kann.[30] Dazu, dass besondere Voraussetzungen des Minderheitenschutzes gelten, wenn die Koalition Tariffähigkeit erlangen will, → § 232 Rn. 16 ff. 18

Die nach § 35 BGB bestehende Möglichkeit, den **vereinsrechtlichen Gleichbehandlungsgrundsatz** durch statutarische Begründung von Sonderrechten auch bei der Mitwirkung und Mitbestimmung zu durchbrechen, ist jedenfalls bei mächtigen Verbänden ausgeschlossen.[31] Unangemessen ist hier jede Ungleichbehandlung ohne sachlichen Grund. Für die Arbeitnehmerkoalitionen bedeutet das Stimmrechtsgleichheit für alle Arbeitnehmer – insbesondere unabhängig vom Umfang ihrer Beschäftigung.[32] Bei Arbeitgeberkoalitionen darf nur nach sachlichen Kriterien wie der Beschäftigtenzahl differenziert werden. 19

---

[28] §§ 15 Nr. 6 Abs. 1, 17 Nr. 7 Abs. 5, 20 Nr. 4 Abs. 1 Satzung IG Metall 2016 (1 Jahr für Delegiertenversammlung auf Verwaltungsstellenebene, 3 Jahre für Bezirkskonferenz und Gewerkschaftstag).
[29] Eingehend zur Teilhabe an der tariflichen Willensbildung: *Schüren* Die Legitimation der tariflichen Normsetzung S. 179 ff.; *Schmiegel* Die Inhaltskontrolle von Koalitionssatzungen S. 161 ff.; *Kobler* Fremdeinflüsse auf die tarifliche Willensbildung (2012).
[30] LG Stuttgart 22. 12. 1989 – 22 O 138/89, in 2. Instanz hat sich der Rechtsstreit erledigt.
[31] Allgemein zum Gleichheitsgrundsatz als Grenze der Stimmrechtsdifferenzierung Staudinger/*Weick* BGB § 35 Rn. 15.
[32] *Schmiegel* Die Inhaltskontrolle von Koalitionssatzungen S. 157 ff., die aber für die Zulässigkeit von **Frauenquoten** eintritt.

3. Rechte auf Leistungen

20 Die Satzungen der Gewerkschaften sehen zahlreiche Leistungen für ihre Mitglieder vor. Sie reichen von Informationsschriften und Rechtsschutz über die Unterstützung im Arbeitskampf und in Notlagen bis hin zu Treue- und Sterbegeldern sowie die Vermittlung von Versicherungsschutz in Gruppenversicherungen.[33] Auch die Arbeitgeberverbände entfalten eine umfangreiche Beratungstätigkeit für ihre Mitglieder und leisten diesen Rechtsschutz wie Arbeitskampfunterstützung.

21 Der Rechtsschutz wird auf dem Gebiet des Arbeits- und Sozialrechts über die außerprozessuale Rechtsberatung und die Prozessvertretung vor den Arbeits- und Sozialgerichten nach § 11 Abs. 2 ArbGG und § 73 Abs. 2 SGG geleistet. Soweit die Gewerkschaften daneben eine allgemeine Rechtsschutzversicherung anbieten, hindert sie das Wettbewerbsrecht daran, sich an einen einzigen Versicherer zu binden.

22 Dass die Unterstützungsleistungen der Gewerkschaften häufig an eine bestimmte Dauer der Mitgliedschaft oder Beitragsleistung gebunden sind, ist nicht unangemessen im Sinne der beschriebenen Inhaltskontrolle. Bei der Ausgestaltung ihrer Leistungen muss den Koalitionen ein weiter Spielraum zukommen, der nur für willkürliche Ungleichbehandlung keinen Raum lässt.

23 Sachwidrige Ungleichbehandlung liegt darin, dass Gewerkschaften **Arbeitskampfunterstützungen** nur streikenden und ausgesperrten Gewerkschaftsmitgliedern, nicht aber mittelbar Betroffenen zahlen. Auch hier lässt sich die Schlechterstellung des mittelbar Betroffenen nicht als Sonderrecht der unmittelbar kämpfenden Mitglieder iSv § 35 BGB begreifen. Die satzungsgemäße Begründung eines solchen Sonderrechts hielte der Inhaltskontrolle (→ Rn. 11) nicht stand (→ § 160 Rn. 29),[34] weil die mittelbar betroffenen Arbeitnehmer dasselbe Solidaropfer bringen. Zudem hängt es bei Nadelstich- und Wellenstreiks nur vom Zufall ab, ob ein Arbeitnehmer zu den Streikenden gehört, oder ob er „nur" mittelbar seinen Entgeltanspruch verliert.

24 Auf der Arbeitgeberseite dagegen ist die Beschränkung von Arbeitskampfhilfen auf unmittelbar kämpfende Mitglieder gerechtfertigt. Denn anders als „kalt ausgesperrte" Arbeitnehmer steht der mittelbar betroffene Unternehmer mit dem kämpfenden Unternehmer in Vertragsbeziehungen. Die Risikoverteilung zwischen mittelbar und unmittelbar betroffenen Unternehmern darf die Arbeitgeberkoalition der Ausgestaltung dieser Vertragsbeziehungen, insbesondere durch allgemeine Geschäftsbedingungen überlassen.[35]

25 Soweit mächtige Koalitionen über ihren Koalitionszweck hinaus **Sonderleistungen anbieten** – wie die Gewerkschaften mit ihren Gruppenversicherungen für Risiken außerhalb des Arbeitslebens – dürfen die Mitglieder nicht gezwungen werden, diese Sonderleistungen ebenfalls in Anspruch zu nehmen. Der BGH hat dies in seiner Gruppenrechtsschutzversicherungs-Entscheidung[36] als unlauteren Wettbewerb angesehen. Virulent ist vor allem ein Koppelungsverbot,[37] dessen Konsequenz es ist, dass solche Sonderleistungen nicht über den allgemeinen Beitrag von allen Mitgliedern zwangsfinanziert werden dürfen.[38]

II. Pflichten

1. Beitrags- und Abführungspflichten

26 Die Mitglieder von Arbeitnehmer- und Arbeitgeberkoalitionen müssen satzungsgemäß Beiträge zahlen. Der vereinsrechtliche Gleichbehandlungsgrundsatz lässt Differenzierun-

---

[33] Dazu BGH 25.1.1990 – I ZR 19/87, BGHZ 110, 156 = NJW 1991, 287; *Göller* Gewerkschaftliche Gruppenrechtsschutzversicherungen, 1993.
[34] *Rieble/Bitterberg* AR/Blattei SD 170.6 Rn. 53.
[35] Dazu *Rieble/Bitterberg* AR/Blattei SD 170.6 Rn. 58 ff.
[36] BGH 25.1.1990 – I ZR 19/87, BGHZ 110, 156 = NJW 1991, 287.
[37] Dazu *Rieble* Arbeitsmarkt und Wettbewerb Rn. 448.
[38] *Schmiegel* Die Inhaltskontrolle von Koalitionssatzungen S. 122.

gen der Beitragslast zu, solange diese sachlich gerechtfertigt sind.[39] Mitgliederbeiträge müssen deshalb nicht auf denselben Nennbetrag lauten. Sie können auf Arbeitnehmerseite vielmehr an das Einkommen anknüpfen. Auf Arbeitgeberseite kann an den Umsatz, die Beschäftigtenzahl oder an die Lohn- und Gehaltssumme angeknüpft werden. Auch sind progressive wie degressive Tarife denkbar. Besondere Tarife für bestimmte Mitgliedergruppen bedürfen einer Rechtfertigung, wie sie etwa auf Gewerkschaftsseite für Auszubildende, Arbeitslose und Kranke ohne Entgeltfortzahlung besteht.

Wird über eine Koalition die Insolvenz eröffnet und besteht die Mitgliedschaft fort (→ Rn. 9), erlischt die Beitragspflicht, wenn nicht die Satzung ein anderes bestimmt.[40]

Die Gewerkschaften verlangen von ihren Mitgliedern, die aufgrund ihrer Gewerkschaftstätigkeit in **Aufsichtsräte** gewählt werden, dass sie ihre **Vergütung** bis auf einen Spesensatz an die Gewerkschaft oder eine gewerkschaftliche Einrichtung **abführen.** Auch von Beisitzern in Einigungsstellen wird derartiges verlangt.[41] Solche Abführungspflichten lassen sich nicht schon mit dem Gedanken des § 27 Abs. 3 BGB iVm § 667 BGB rechtfertigen. Denn die Wahrnehmung solcher Mandate ist kein Geschäft der Gewerkschaften. Die Gewerkschaften haben nur ein Wahlvorschlagsrecht und kein Besetzungsrecht.[42]

Vielmehr handelt es sich um einen Sonderbeitrag. Dieser kann in der Satzung der Gewerkschaft geregelt werden; einer zusätzlichen konstitutiven Verpflichtungserklärung bedarf es dann nicht. Darauf, dass das Mitglied seine Vergütung letztlich der Gewerkschaft „verdankt" und die Vergütung ausschließlich Entgelt für die Arbeit als Aufsichtsratsmitglied oder Einigungsstellenbeisitzer ist und nicht wegen der gewerkschaftlichen Herkunft gewährt wird, kommt es nicht an. Vielmehr entspricht es der Vereinsautonomie (Art. 9 GG) und dem Charakter der Gewerkschaften als vom Solidargedanken geprägte Interessenvertretungen, eine solche Regelung zu treffen.[43] Möglich ist außerdem, dass das Mitglied freiwillig individualvertraglich zur Abführung verpflichtet. Für Arbeitnehmer der Gewerkschaften kommt eine Abführungspflicht aus dem Arbeitsvertrag in Betracht. Ohne ausdrückliche Vereinbarung gehört die Abführungspflicht aber weder zu den Hauptleistungs- noch zu den Nebenpflichten des Arbeitnehmers.[44]

2. Mitwirkungs- und Folgepflichten

Das Mitglied muss sich an der gemeinsamen Interessenwahrnehmung im Verband in dem Umfang beteiligen, der ihm die Satzung zur Pflicht macht. Angefangen von der Übernahme von Ehrenämtern in der Koalition bis hin zum Arbeitskampf unterliegt das Mitglied einer allgemeinen Mitwirkungs- und Folgepflicht.

Zur Folgepflicht rechnet vor allem die Pflicht des Mitglieds, die von der Koalition abgeschlossenen Tarifverträge zu beachten. Das gilt für den normativen Teil nicht anders als für den schuldrechtlichen (dazu noch § 187).[45]

Nach herrschender Meinung kann dem Mitglied in der Koalitionssatzung eine Folgepflicht auch im Arbeitskampf auferlegt werden.[46] Es muss dann die Kampfbeschlüsse sei-

---

[39] BGH 24.3.1954 – II ZR 33/53, LM BGB § 39 Nr. 2.
[40] Vgl. BGH 11.11.1985 – II ZR 37/85, BGHZ 96, 253 = NJW 1986, 1604.
[41] Vgl. BAG 14.12.1988 – 7 ABR 73/87, NZA 1989, 515.
[42] Vgl. BAG 14.12.1988 – 7 ABR 73/87, NZA 1989, 515, das aus diesem Grund auch einen Verstoß gegen den Grundsatz der Gegnerunabhängigkeit verneint hat; ebenso BAG 21.5.2015 – 8 AZR 956/13, BAGE 151, 367 = NZA 2015, 1319.
[43] BAG 21.5.2015 – 8 AZR 956/13, BAGE 151, 367 = NZA 2015, 1319 Rn. 34 ff.; HessLAG 4.11.2009 – 8/7 Sa 2219/08.
[44] BAG 21.5.2015 – 8 AZR 956/13, BAGE 151, 367 = NZA 2015, 1319 Rn. 19 ff.
[45] So bestimmt § 4 Nr. 2 Satzung Südwestmetall 2012: „Die Mitglieder sind an die satzungsgemäß gefassten Beschlüsse des Verbandes und an die vom Vorstand abgeschlossenen Kollektivvereinbarungen gebunden."
[46] Vgl. § 4 Nr. 4 Satzung Südwestmetall 2012.

nes Verbandes vollziehen, also als Arbeitnehmer streiken und als Arbeitgeber aussperren (→ § 202 Rn. 1 ff.).[47]

33   Wenn die Satzung Entsprechendes formuliert, müssen auch andere im Zusammenhang mit dem Arbeitskampf stehende Pflichten erfüllt werden. Etwa muss das Gewerkschaftsmitglied dann Streikposten stehen oder, wenn es vom Arbeitskampf ausgenommen ist, Anordnungen der Streikleitung zur – zulässigen – Verweigerung von Streikarbeit Folge leisten.[48] Ein von der Kampfmaßnahme nicht betroffenes Arbeitgeberverbandsmitglied muss sich der Auflage beugen, keine Lohnerhöhungen zu gewähren oder ausgesperrte und streikende Arbeitnehmer nicht zu beschäftigen oder von seinem neuen Betriebsstillegungsrecht (s. § 201) keinen Gebrauch zu machen.

34   Richtig ist demgegenüber mit *Seiter* die **individuelle Kampffreiheit:** Dem Verband darf kein Anspruch auf Kampfteilnahme zustehen, weil das Mitglied mit seiner Kampfteilnahmeerklärung autonom entscheidet, ob es sein Arbeitsverhältnis suspendiert oder nicht.[49]

35   Die Folgepflicht der hM setzt die **Rechtmäßigkeit der Kampfmaßnahme** voraus: Ist die vom Verband beschlossene Kampfmaßnahme rechtswidrig, so stellt es keinen Verstoß gegen die Verbandspflichten dar, wenn das Mitglied sich weigert, dem Beschluss zu folgen. Dieser Beschluss würde es zwingen, im Widerspruch zur allgemeinen Rechtsordnung arbeitsvertragswidrig und deliktisch zu handeln.[50]

36   Dass ein solcher Beschluss nicht zu befolgen ist, ergibt sich schon aus einer sinnentsprechenden **Auslegung** der Verbandssatzung. Wenn dort festgelegt ist, dass die Verbandsorgane den Streik, die Aussperrung oder andere Kampfmaßnahmen beschließen können, so sind damit nur zulässige Kampfmaßnahmen gemeint. Die Unterwerfung der Mitglieder unter die Vereinsgewalt will keine Pflicht zu unerlaubten Handlungen begründen. Jedenfalls aber müsste die Nichtbefolgung eines auf die Vornahme einer rechtswidrigen Kampfmaßnahme gerichteten Verbandsbeschlusses sanktionslos bleiben. Sanktionen zu verhängen, um das Mitglied zu einem objektiv rechtswidrigen Verhalten zu veranlassen, überschreitet die Vereinsgewalt, die ihrerseits nur im Rahmen der Rechtsordnung Geltung beanspruchen kann.

37   Die Folgepflicht setzt als Mitgliedschaftspflicht weiter voraus, dass der Kampfbeschluss ordnungsgemäß zustande gekommen ist, insbesondere die Urabstimmung satzungsgemäß durchgeführt oder die Aussperrung vom nach der Satzung zuständigen Ausschuss oder Mitgliederrat beschlossen worden ist.

38   Ein Verfahrensfehler hindert die Folgepflicht allerdings nur, wenn der Satzungsverstoß für das Zustandekommen des Kampfbeschlusses **kausal** gewesen ist. Haben etwa nicht stimmberechtigte Mitglieder an der Urabstimmung teilgenommen, beruht der Kampfentschluss nur dann auf dem Fehler, wenn ohne deren Stimmen die notwendige Mehrheit nicht erreicht worden wäre.[51]

39   Der vereinsrechtliche Gleichheitssatz gebietet nicht, dass die **Last des Arbeitskampfs** gleichmäßig auf alle Mitglieder verteilt wird. Dann wäre eine autonome Bestimmung der Kampftaktik nicht mehr möglich. Wenn also immer dieselben Arbeitnehmer streiken und immer dieselben Arbeitgeber aussperren müssen, ist das vereinsrechtlich nicht zu beanstanden; es handelt sich um einen zulässigen Sonderbeitrag. Der Gleichheitssatz gebietet

---

[47] *Rieble/Bitterberg* AR/Blattei SD 170.6 Rn. 27; *Gamillscheg* KollArbR I § 10 S. 459 f.; davon geht im Prinzip auch BGH 19.1.1978 – II ZR 192/76, NJW 1978, 990 aus; siehe weiter *Schmiegel* Die Inhaltskontrolle von Koalitionssatzungen S. 101 ff.

[48] Vgl. Nr. 8.4. der Richtlinie für die Durchführung von Tarifverhandlungen und die Führung von Arbeitskämpfen der GEW 2016; § 11 Nr. 7 Satzung IG BCE 2013.

[49] *Seiter* Streikrecht und Aussperrungsrecht S. 104 ff., 511; *Rieble* Arbeitsmarkt und Wettbewerb Rn. 1663 ff., insb. Rn. 1669 dazu, dass die Zulässigkeit von Streikbruchprämien anders nicht erklärbar ist.

[50] KG 9.9.1976 – 15 U 1207/76, NJW 1977, 720; implizit auch BGH 19.1.1978 – II ZR 192/76, NJW 1978, 990.

[51] BGH 19.1.1978 – II ZR 192/76, NJW 1978, 990.

aber einen finanziellen Ausgleich, also die von allen Mitgliedern gleichermaßen getragene Entschädigung für den Arbeitskampfeinsatz der Einzelnen.

3. Loyalitätspflichten

Ganz allgemein ist jedes Vereinsmitglied auch ohne ausdrückliche Regelung in der Satzung verpflichtet, die Vereinsinteressen nicht treuwidrig zu verletzen. Koalitionsmitglieder dürfen etwa keine Konkurrenzkoalitionen gründen oder gar für diese in den eigenen Reihen Werbung betreiben.[52] Aus dem Schutz der Betätigungsfreiheit der Koalitionen (→ § 220 Rn. 27 ff.) folgt nach der Rechtsprechung des BVerfG auch, dass sie die Kandidatur bei Betriebsratswahlen auf einer gewerkschaftsfremden Liste und Wahlen der unternehmensangehörigen Aufsichtsratsmitglieder als illoyal sanktionieren können; der Schutz vor unzulässiger Wahlbeeinflussung gem. § 20 Abs. 2 BetrVG tritt dahinter zurück.[53] Jedenfalls dürfen diffamierende Äußerungen im Zuge des Betriebsratswahlkampfs mit dem Ausschluss geahndet werden.[54]

Soweit die Loyalitätspflicht des Mitglieds in Konkurrenz zu dessen Meinungsfreiheit tritt, muss ein Ausgleich hergestellt werden. Dass ein Mitglied in sozialpolitischen Fragen eine andere Meinung als seine Koalition öffentlich vertritt, ist – ungeachtet des ohnehin zulässigen koalitionsinternen Meinungskampfs (→ Rn. 16 f.) – solange nicht zu beanstanden, wie das in angemessener Form geschieht. Ein Arbeitgeber kann öffentlich für die 35-Stunden-Woche eintreten, auch wenn sein Verband diese strikt ablehnt. Man kann von dem Arbeitgeber nur verlangen, dass er zum Ausdruck bringt, dass es sich um seine persönliche Meinung handelt. Umgekehrt kann ein Gewerkschaftsmitglied artikulieren, dass ihm eine künftige Lohnerhöhung wichtiger ist, als weitere Arbeitszeitverkürzungen. Besondere Zurückhaltung obliegt freilich Funktionären der Koalition. Wer als Bezirksvorsitzender der IG Metall seine persönliche Gewerkschaftskritik öffentlich äußern möchte, muss auf die gewerkschaftliche Zielverfolgung Rücksicht nehmen. Der Loyalitätskonflikt kann von ihm verlangen, dass er entweder die Meinungsäußerung zurückhält oder sein Amt zunächst niederlegt.

III. Sanktionen

1. Gegen das Mitglied

Kommt das Verbandsmitglied seinen Pflichten nicht nach, kann dies mit den Mitteln der Vereinsgewalt geahndet werden. Die Satzungen der Gewerkschaften sehen dafür gewöhnlich den Entzug der Unterstützungszahlung und den Ausschluss aus der Gewerkschaft,[55] die Satzungen der Arbeitgeberverbände den kurzfristigen Ausschluss des Arbeitgebers aus dem Verband vor.

Maßnahmen der Vereinsgewalt kommen freilich nur solange in Betracht, wie der Betreffende noch Mitglied ist, insbesondere nicht wirksam seinen Austritt erklärt hat. Soweit nicht der jederzeitige Austritt möglich ist, darf dafür keine längere Frist als 6 Monate vorgesehen sein. Überdies hat die negative Koalitionsfreiheit zur Folge, dass das Mitglied jedenfalls (→ Rn. 5) vom Zeitpunkt der Erklärung des Austritts ab nicht mehr verpflichtet ist, sich am Arbeitskampf aktiv zu beteiligen.

---

[52] BGH 4.7.1977 – II ZR 30/76, BeckRS 2010, 09131.
[53] BVerfG 24.2.1999 – 1 BvR 123/93, BVerfGE 100, 214 = NJW 1999, 2657 in Korrektur der Rechtsprechung des BGH 27.2.1978 – II ZR 17/77, BGHZ 71, 126 = NJW 1978, 1370; eingehend BGH 25.3.1991 – II ZR 170/90, NJW-RR 1992, 246.
[54] BGH 19.10.1987 – II ZR 43/87, BGHZ 102, 265 = NJW 1988, 552; BGH 25.3.1991 – II ZR 170/90, BeckRS 9998, 77554 für den Ausschluss; aA *Sachse* Das Aufnahme- und Verbleiberecht S. 237 f.
[55] Vgl. § 8 Nr. 4 Satzung GEW 2016; §§ 10, 11 Satzung IG Metall 2016; § 9 Nr. 1 Satzung IG BCE 2013; § 12 Nr. 1 Satzung ver.di 2015.

44 Der Ausschluss aus dem Verein kann nicht unter einer Bedingung erfolgen.[56] Doch ist es zulässig, das Wirksamwerden des Ausschlusses davon abhängig zu machen, dass das ausgeschlossene Mitglied binnen einer bestimmten Frist nicht noch seinen Verbandspflichten nachkommt, weil dann die Bedingung ausschließlich vom Verhalten des Mitglieds selbst abhängig und das von ihm erwartete Verhalten genügend bestimmt ist[57] (Potestativbedingung).

45 Ein derartiger Ausschluss darf den anderen Mitgliedern des Verbandes bekanntgegeben werden. Die Bekanntmachung ist schon durch das Interesse der Verbandsmitglieder gerechtfertigt, zu wissen, wer der Koalition angehört. Die Bekanntgabe des Ausschlusses an die Öffentlichkeit ist nur zulässig, wenn die Koalition ein berechtigtes Interesse an der Veröffentlichung hat. Bei Verstößen, deren Folgen nicht über den Verein hinausreichen, wird man das nicht annehmen können. Umgekehrt darf die Gewerkschaft auf die öffentliche Schmähkritik eines Mitglieds auch dessen Ausschluss öffentlich bekanntgeben.

46 Unzulässig sind hingegen **Boykottaufrufe.** Dritte einzuschalten, um die interne Verbandssolidarität zu wahren, ist unverhältnismäßig. Weder darf deshalb ein Arbeitgeberverband die Nichtbefolgung der Verbandspflichten damit beantworten, dass er die übrigen Verbandsmitglieder und andere Unternehmen dazu auffordert, die Geschäftsbeziehungen mit dem verbandsuntreuen Mitglied abzubrechen und keine neuen Geschäftsbeziehungen mit ihm aufzunehmen, noch darf eine Gewerkschaft dafür werben, dass ein streikunwilliges Betriebsratsmitglied nicht mehr wiedergewählt wird. Solche Boykottaufrufe stellten rechtswidrige Eingriffe in das Recht des betroffenen Unternehmens am eingerichteten und ausgeübten Gewerbebetrieb bzw. das Persönlichkeitsrecht des betroffenen Arbeitnehmers dar und berechtigten diese zum Schadensersatz.

47 Soweit die Pflichtverletzung des Mitgliedes dem Verband einen **Schaden** zufügt, ist es ersatzpflichtig. Für die Versäumung der Beitragspflicht folgt das aus §§ 280, 286 ff. BGB; für Loyalitäts- und Treuepflichten folgen die Ersatzansprüche aus der Sonderverbindung kraft Mitgliedschaft, ähnlich der positiven Vertragsverletzung.[58]

2. Gegen den Verein

48 Verletzen die nach der Satzung zuständigen Organe Mitgliedschaftsrechte, begründet dies ähnlich der positiven Vertragsverletzung Schadensersatzpflichten des Vereins.[59] Das Mitgliedschaftsrecht ist darüber hinaus sonstiges Recht nach § 823 Abs. 1 BGB, so dass seine Verletzung Schadensersatzansprüche auch nach deliktischen Grundsätzen auslösen kann. Das führt zur persönlichen Haftung auch der Vereinsorgane gegenüber dem einzelnen Mitglied.[60] Eine solche Haftung kommt für Vereinsorgane allerdings nur in Betracht, wenn sie bei der schädigenden Handlung nicht ausschließlich in Vollzug sie bindender Mehrheitsentscheidungen gehandelt haben. Denn insofern überlagert ihre Stellung als ausführendes Organ ihre persönliche Verantwortlichkeit. Vereinsorgane können nicht zur generellen Rechtmäßigkeitskontrolle von Beschlüssen ihnen übergeordneter Organe, insbesondere der Mitgliederversammlung verpflichtet werden.[61]

49 Mit Recht weist aber *Karsten Schmidt*[62] darauf hin, dass die Verletzung bloßer Mitgliedschaftsrechte nicht schon stets einen Eingriff in die Mitgliedschaft als absolutes Recht mit der Folge der Delikthaftung darstellt. Verweigert eine Gewerkschaft dem Mitglied den

---

[56] RG 6.5.1913 – II 173/13, RGZ 82, 248 (250 f.); *Reichert* Handbuch des Vereins- und Verbandsrechts Rn. 2984.
[57] *Reichert* Handbuch des Vereins- und Verbandsrechts Rn. 2984.
[58] BGH 4.7.1977 – II ZR 30/76, BeckRS 2010, 09131; *Schmiegel* Die Inhaltskontrolle von Koalitionssatzungen S. 86 und sogleich für Ersatzansprüche des Mitglieds.
[59] BGH 6.2.1984 – II ZR 119/83, BGHZ 90, 92 (95) = NJW 1984, 1884; 12.3.1990 – II ZR 179/89, BGHZ 110, 323 (334 f.) = NJW 1990, 2877.
[60] BGH 12.3.1990 – II ZR 179/89, BGHZ 110, 323 = NJW 1990, 2877.
[61] BGH 12.3.1990 – II ZR 179/89, BGHZ 110, 323 = NJW 1990, 2877.
[62] *Schmidt* JZ 1991, 157 ff. Insgesamt ablehnend *Helms* Schadensersatzansprüche wegen Beeinträchtigung der Vereinsmitgliedschaft, 1998.

geschuldeten Rechtsschutz, haftet sie allein aus positiver Vertragsverletzung. Schließt sie es zu Unrecht aus, ist dagegen auch das Mitgliedschaftsrecht deliktisch verletzt.

Besonders strenge Haftungsmaßstäbe treffen die Koalitionen, soweit sie ihren Mitgliedern **Rechtsschutz** gewähren. Das Privileg des § 7 Abs. 1 S. 1 Nr. 1 RDG bedingt, dass den Koalitionen grundsätzlich dieselben Sorgfaltspflichten auferlegt werden wie einem Rechtsanwalt.[63] Die Koalition muss bei Rechtsberatung und Rechtsvertretung ihres Mitgliedes also jede von einem Rechtskundigen auch nur als möglich erkennbare Schädigung des Mitgliedes verhindern. Dazu gehört die Gewährung umfassenden Rechtsschutzes.[64] Die Koalition muss ihr Mitglied auf die Gefahr der Anspruchsverjährung hinweisen und darüber belehren, dass und wie ein Anspruch – wegen des anderenfalls drohenden Zinsausfallschadens – möglichst frühzeitig geltend zu machen ist.[65] Zur ordnungsgemäßen Rechtsvertretung gehört auch die rechtzeitige Geltendmachung von Angriffs- und Verteidigungsmitteln. Werden diese vom gewerkschaftlichen Prozessvertreter nicht in der Berufungserwiderung, sondern erst in der mündlichen Verhandlung vorgebracht und wird die Kündigungsschutzklage des Mitgliedes deswegen zurückgewiesen, so ist die Gewerkschaft schadensersatzpflichtig und muss dem Arbeitnehmer den Lohnausfall ersetzen.[66]

Wird die Mitgliedschaft aufgrund der Pflichtverletzung für den einzelnen unzumutbar, kommt ihm ein außerordentliches fristloses Austrittsrecht zu (→ Rn. 5).

Wiewohl eine Koalition **als Tarifvertragspartei** gegenüber ihren Mitgliedern verpflichtet ist, eine optimale Tarifpolitik zu betreiben, kann doch das einzelne Mitglied wegen der Tarifautonomie nicht geltend machen, „es sei zu kurz gekommen" und beanspruche Schadensersatz.

Dagegen kommt für unwirksame Tarifverträge eine Haftung der Tarifvertragsparteien aus positiver Vertragsverletzung in Betracht. Mit der Bekanntmachung des Tarifabschlusses an ihre Mitglieder erwecken die Tarifvertragsparteien das Vertrauen in die Gültigkeit des Tarifvertrags. Erbringen die Mitglieder im Vertrauen auf diese Gültigkeit Leistungen, die sie später nicht kondizieren können, haftet die Tarifvertragspartei, wenn sie diesen Anschein gültiger Tarifnorm schuldhaft verursacht oder nicht unterbunden hat.[67] Das Verschulden der Tarifvertragspartei gegenüber ihren Mitgliedern wird man in der tariflichen Normsetzung selbst nur selten feststellen können. Zweifel an der Gültigkeit des Tarifvertrags müssten aber den Mitgliedern umgehend mitgeteilt werden, sei es, dass sie schon bei den Tarifverhandlungen bestanden haben, sei es, dass sie später auftauchen. Dagegen lässt sich die Tarifautonomie nicht ins Feld führen; einen Freiraum zur Irreführung der eigenen Mitglieder kann es nicht geben.

IV. Rechtsschutz

Jede Sanktion der Koalition gegen ihr Mitglied unterliegt der gerichtlichen Nachprüfung. Diese erstreckt sich auf die Einhaltung des satzungsmäßig vorgeschriebenen Verfahrens, auf sonstige Gesetzes- oder Satzungsverstöße und darauf, ob die Maßnahme nicht grob unbillig oder willkürlich ist.[68] Sie erfasst auch die Tatsachenfeststellung durch das den Ausschluss beschließende Vereinsorgan.[69]

---

[63] BGH 26.2.1981 – VII ZR 50/80, NJW 1981, 1553; OLG Düsseldorf 1.6.1989 – 8 U 111/88, NJW-RR 1989, 1196.
[64] BGH 26.2.1981 – VII ZR 50/80, NJW 1981, 1553; 10.1.2002 – III ZR 62/01, NZA 2002, 446.
[65] BGH 26.2.1981 – VII ZR 50/80, NJW 1981, 1553.
[66] OLG Düsseldorf 1.6.1989 – 8 U 111/88, NJW-RR 1989, 1196.
[67] Vgl. zur Parallele der Haftung für nichtige Bebauungspläne BGH 26.1.1989 – III ZR 194/87, BGHZ 106, 323 ff. = NJW 1989, 976; 21.12.1989 – III ZR 118/88, BGHZ 109, 380 (385 ff.) = NJW 1990, 1038; 17.12.1992 – III ZR 114/91, BGHZ 121, 65 = NJW 1993, 933; 25.2.1993 – III ZR 47/92, NVwZ 1994, 91.
[68] St. Rspr. BGH 27.2.1954 – II ZR 17/53, BGHZ 13, 5.
[69] BGH 30.5.1983 – II ZR 138/82, BGHZ 87, 337 (344) = NJW 1984, 918.

55 Stützt der Verein den **Ausschluss** auf den allgemeinen Grundsatz, dass Dauerrechtsverhältnisse bei Vorliegen eines wichtigen Grundes gelöst werden können, so prüfen die Gerichte nicht nur die Unzumutbarkeit der Fortführung des Mitgliedschaftsverhältnisses nach. Schon im Ausschließungsverfahren müssen die Umstände, aus denen sich die Unzumutbarkeit ergibt, eindeutig und konkret bezeichnet und in gerichtlich nachprüfbarer Weise festgestellt werden.[70]

56 Allerdings kommt eine Anrufung der Gerichte erst in Frage, wenn der Instanzenzug, den die Satzung selbst vorsieht, erschöpft ist. Unterlässt es also ein Koalitionsmitglied, von der in der Satzung vorgesehenen Möglichkeit Gebrauch zu machen, einen besonderen Ausschuss, die Mitgliederversammlung oder ein Schiedsgericht binnen bestimmter Fristen anzurufen, so wird der Ausschluss voll wirksam, eine Klage ist nicht mehr möglich.[71]

57 Das Mitglied kann die **Verletzung seiner Mitgliedschaftsrechte** gerichtlich geltend machen. So kann ein Gewerkschaftsmitglied, dem entgegen dem vereinsrechtlichen Gleichbehandlungsgebot die Teilnahme an der Urabstimmung versagt wird, Feststellungsklage erheben oder im Wege der Klage auf Zulassung zur Urabstimmung vorgehen. Der Anspruch auf Zulassung kann auch im Wege der einstweiligen Verfügung verfolgt werden. Nicht möglich ist es aber, die Urabstimmung überhaupt zu untersagen, weil dem Kläger nur ein Recht auf Teilnahme an der Urabstimmung zusteht, aber kein Recht, über das Ob der Urabstimmung zu entscheiden.[72]

58 **Fehler in der Beschlussfassung des Vereins** führen zur Nichtigkeit des Beschlusses, die ihrerseits grundsätzlich von jedem Mitglied geltend gemacht werden kann. Der BGH hat die Analogie zu §§ 241 ff. AktG und damit die Scheidung vom nichtigen zum nur anfechtbaren Beschluss stets abgelehnt.[73]

59 Werden einem Koalitionsmitglied Unterstützungszahlungen versagt, kann es diese mit der Leistungsklage geltend machen.

60 Verlangt die Koalition Gefolgschaft bei unzulässigen oder verbandswidrigen Maßnahmen, so ist das Mitglied nicht darauf beschränkt, lediglich die Gefolgschaft zu verweigern. Es kann vielmehr gegen einen solchen Aufruf gerichtlich vorgehen und nach § 256 ZPO die negative Feststellung begehren, dass insoweit eine Folgepflicht nicht besteht.[74] Das Mitglied kann auch die Unterlassung von Sanktionen verlangen.[75]

61 Dagegen kann das Verbandsmitglied eine unzulässige und verbandswidrige Maßnahme nicht als solche angreifen. Ihm steht kein Aufsichtsrecht auf Einhaltung der Satzung und Beachtung der allgemeinen Rechtsordnung durch Vereinsorgane zu. Entgegen *Vorderwülbecke*[76] lässt sich die Verletzung der Satzung in wesentlichen Fragen nicht als Verletzung der Mitgliedschaftsrechte begreifen. Dass die Entwertung des Austrittsrechts als Korrektiv unbilligen Vereinsverhaltens bei mächtigen Verbänden kompensiert werden muss,[77] zwingt nicht zu solch weitgreifenden mitgliedschaftlichen Aufsichtsrechten. Es genügt, dass das Mitglied eine unangemessene Ausgestaltung seiner Rechtsstellung als Mitglied und die Unwirksamkeit von Vereinsbeschlüssen geltend machen kann, soweit es ein individuelles Rechtsschutzbedürfnis (bzw. Feststellungsinteresse) hat.

---

[70] BGH 10.7.1989 – II ZR 30/89, NJW 1990, 40 ff.
[71] BGH 6.3.1967 – II ZR 231/64, BGHZ 47, 172 (174) = WM 1967, 606; vgl. aber KG 30.10.1987 – 13 U 1111/87, NJW 1988, 3159.
[72] Vgl. OLG Frankfurt aM 15.12.1981 – 5 W 9/81, WM 1982, 282.
[73] Leitentscheidung BGH 9.11.1972 – II ZR 63/71, BGHZ 59, 369 = NJW 1973, 235; *Helms* Schadensersatzansprüche wegen Beeinträchtigung der Vereinsmitgliedschaft S. 12 ff. mwN; aA vor allem *K. Schmidt* FS Stimpel, 1985, 217 ff.
[74] Vgl. *Reichert* Handbuch des Vereins- und Verbandsrechts Rn. 3283 ff.
[75] Zu dem allgemeinen Schutzanspruch eines Vereinsmitgliedes, nicht gesetzes- oder satzungswidrig behandelt zu werden, vgl. BGH 6.2.1984 – II ZR 119/83, BGHZ 90, 92 (95) = NJW 1984, 1884; *Reichert* Handbuch des Vereins- und Verbandsrechts Rn. 2884 ff.
[76] *Vorderwülbecke* Rechtsform der Gewerkschaften, insbes. S. 150 ff.
[77] *Vorderwülbecke* Rechtsform der Gewerkschaften S. 152; *Reuter* ZHR 148 (1984), 523 ff. (530).

Vierter Abschnitt: Tarifvertragsrecht

Erstes Kapitel: Grundlagen des Tarifvertragsrechts

§ 225 Entwicklung des Tarifvertragsrechts

Schrifttum:
Baum, Die rechtliche Natur des kollektiven Arbeitsvertrages, Gruchot 49 (1905), 261 ff.; *Braun*, Die Tarifverträge und die deutschen Gewerkschaften, 1908; *Buchner*, Öffnung des Tarifvertrages im Spannungsfeld verfassungsrechtlicher Vorgaben und arbeitsmarktpolitischer Erfordernisse, GS Heinze 2005, S. 105; *Deregulierungskommission*, Marktöffnung und Wettbewerb, 1991; *Dreschers*, Die Entwicklung des Rechts des Tarifvertrags in Deutschland, 1994; *Engelberger*, Tarifautonomie im Deutschen Reich, 1995; *Feldman*, Die freien Gewerkschaften und die Zentralarbeitsgemeinschaften 1918 bis 1924, FS Franz Böckler, 1975, S. 229 ff.; *Feldman/Steinisch*, Industrie und Gewerkschaften 1918 bis 1924: Die überforderte Zentralarbeitsgemeinschaft, 1985; *Gerber*, Tarifrecht und Arbeitskampf vor dem Hintergrund eines globalen Marktumfeldes, ZfA 2008, 311; *Gitter*, Soziale Sicherung und Tarifrecht, in: Deutscher Sozialrechtsverband (Hrsg.), Sozialrecht und Tarifrecht, 1984, S. 15 ff.; *Goldschmidt* Tarifvertragsrecht, 2. Aufl. 1929; *Detlev Hensche*, Tarifpolitik in der Krise, ArbRGegw. 34 (1997), 35; *Henssler*, Mindestlohn und Tarifrecht, RdA 2015, 43; *Herschel*, Das Tarifvertragsgesetz des vereinigten Wirtschaftsgebietes, Arbeitsblatt BritZ 1949, 22; *Konzen*, Tarifautonomie zwischen Akzeptanz und Kritik, NZA 1995, 913; *Lotmar*, Der Arbeitsvertrag nach dem Privatrecht des Deutschen Reichs Bd. 1, 1902; *Möschel*, Tarifvertragsreform zwischen Ökonomie und Verfassung, BB 2005, 490; *Molitor*, Der reformierte Flächentarifvertrag, FS Wiese, 1998, 303; *Monopolkommission*, 10. Hauptgutachten 1992/93, Mehr Wettbewerb auf allen Märkten, 1994; *F. Neumann*, Tarifrecht auf der Grundlage der Rechtsprechung des Reichsarbeitsgerichts, 1931; *Picker*, Der „Verein für Sozialpolitik" und der freie Arbeitsvertrag, FS Zöllner, 1998, S. 899; *Rieble*, Krise des Flächentarifvertrages?, RdA 1996, 151; *Reuter*, Die Rolle des Arbeitsrechts im marktwirtschaftlichen System, ORDO 36 (1985), S. 51; *Schröder*, Die Entwicklung des Kartellrechts und des kollektiven Arbeitsrechts durch die Rechtsprechung des Reichsgerichts vor 1914, 1988; *Sinzheimer*, Ein Arbeitstarifgesetz, 1916; *Syrup/Neuloh*, Hundert Jahre staatliche Sozialpolitik 1839–1939, 1957; *Walker*, Der rechtliche Rahmen für tarifpolitische Reformen, ZTR 1997, 193; *Wiedemann*, Die Gestaltungsaufgabe der Tarifvertragsparteien, RdA 1997, 297; *Welskop-Deffaa*, Aufgaben für Gewerkschaften und Sozialpartner in der Arbeitswelt 4.0, NZA-Beil. 2/2017, 60.

Übersicht

	Rn.
I. Aktuelle Bedeutung des Tarifvertrags	1
II. Geschichte des Tarifvertrags	8
1. Bis zum 1. Weltkrieg	8
2. Weimarer Republik	13
3. Nationalsozialismus	16
4. Entwicklung nach dem 2. Weltkrieg	17
III. Einige Herausforderungen	23

I. Aktuelle Bedeutung des Tarifvertrags

Tarifverträge regeln die Arbeitsbedingungen für einen großen Teil der Arbeitsverhältnisse. Im Tarifregister des BMAS (→ § 235 Rn. 33 ff.) fanden sich zum 31.12.2017 75.943 Tarifverträge.[1] Von diesen waren ca. 11.500 Firmentarifverträge,[2] 450 Tarifverträge waren allgemeinverbindlich.[3] 1

Diese Tarifverträge regeln eine Vielzahl der Arbeitsverhältnisse – die genaue Anzahl ist freilich unbekannt. Schon die Frage, wie viele dieser Arbeitsverhältnisse aufgrund der unmittelbaren Tarifbindung durch Mitgliedschaft (→ § 245 Rn. 1 ff.) geregelt werden, kann nicht hinreichend klar beantwortet werden. Der gewerkschaftliche **Organisationsgrad** wird in verschiedenen Erhebungen mit ca. 15 % angegeben (siehe dazu → § 222 2

---

[1] Abrufbar unter http://www.bmas.de/DE/Themen/Arbeitsrecht/Tarifvertraege/tarifvertraege.html.
[2] Tarifregister BMAS, Stand 31.12.2017.
[3] Tarifregister BAMS, Stand 31.12.2017.

Rn. 19 ff.).[4] Die Anzahl der Mitglieder, die einer Gewerkschaft im DGB angehören, wird mit ungefähr 6 Mio. angegeben.[5] Einigkeit besteht darüber, dass der Organisationsgrad sinkt.[6] Auch der tarifbindungsrelevante Organisationsgrad der Arbeitgeber sinkt – insbesondere mit der Möglichkeit einer Verbandsmitgliedschaft ohne Tarifbindung (→ § 222 Rn. 54 f.).[7]

3 Vor diesem Hintergrund ist es vor allem die **schuldrechtliche Bezugnahme** (→ § 246 Rn. 1 ff.), die zu einer überwiegenden Bedeutung des Tarifvertrags als Regelungsinstrument führt. Der Tarifvertrag wird hier – funktional vergleichbar mit Allgemeinen Geschäftsbedingungen – nicht über mitgliedschaftlich begründete Normbindung, sondern über Vereinbarung der Arbeitsvertragsparteien zur Regelungsgrundlage. Das hat verschiedene Gründe (→ § 246 Rn. 4 ff.) – von denen der der Gleichstellung mit den normativ gebundenen Arbeitsverhältnissen noch maßgebend ist.

4 Insgesamt betrug die **Bindung an einen Branchentarifvertrag** im Westen der Bundesrepublik im Jahr 2016 51 %, im Osten 36 %; 48 % der Beschäftigten arbeiteten in Betrieben, für die ein Branchentarifvertrag galt.[8] Von den übrigen Arbeitsverhältnissen wiederum „orientieren" sich viele an Tarifverträgen – 2015 von den damals 47 % wiederum ungefähr die Hälfte.[9]

5 Tarifverträge können zunächst anhand der Tarifvertragsparteien **geordnet** werden. Der „Prototyp" des Tarifvertrags ist der Verbandstarifvertrag als Flächentarifvertrag: Hier sind Gewerkschaft und Arbeitgeberverband Tarifvertragsparteien, die einen Tarifvertrag mit einem geographisch festgelegten Geltungsbereich schließen (→ § 238 Rn. 17). Einen Haus-, Unternehmens-, Werk- oder Firmentarifvertrag schließt die Gewerkschaft mit dem einzelnen Arbeitgeber, der nach § 2 Abs. 1 TVG stets tariffähig ist. Als „Mischform"[10] kann der unternehmensbezogene Verbandstarifvertrag gelten, bei dem Gewerkschaft und Arbeitgeberverband einen Tarifvertrag schließen, dessen Geltungsbereich lediglich die Arbeitsverhältnisse eines Unternehmens erfasst.

6 Die Tarifvertragsparteien müssen die Arbeitsbedingungen nicht in einem Tarifvertrag regeln, sondern sie begründen regelmäßig ein ganzes **Tarifwerk,** das aus mehreren Tarifverträgen besteht: So werden allgemeine Fragen wie etwa Abschlussbedingungen (→ § 239 Rn. 33 ff.), Regelungen zur Geltendmachung tariflicher Ansprüche (→ § 239 Rn. 27 ff.) oder Kündigungsregelungen (→ § 239 Rn. 46 ff.) oftmals in einem unbefristet geschlossenen Rahmen- oder Manteltarifvertrag zusammengefasst. Entgelt-, Lohn- oder Gehaltstarifverträge sind davon meist gesondert und haben kürzere Laufzeiten – was die kontinuierliche Anpassung der Entgeltbedingungen ermöglicht. Daneben sind viele weitere **inhaltsbezogene Tarifformen** denkbar und kommen vor. Die Tarifautonomie ermöglicht die umfassende Regelung der Arbeitsbedingungen, entsprechend vielfältig ist die mögliche Kategorisierung der Tarifverträge – etwa in solche über die betriebliche Altersversorgung, die Qualifikation der Arbeitnehmer, die Gestaltung der Arbeitsbedingungen im Rahmen einer Unternehmenskrise (Rationalisierungsschutz) oder zunehmend bedeutsamer über die flexible Gestaltung der Arbeitszeit zur Vereinbarkeit von Beruf und Familie.[11]

7 Bei **Anschluss- oder Ergänzungstarifverträgen** – regelmäßig als Haustarifvertrag – verweisen die Tarifvertragsparteien auf einen anderen Tarifvertrag – entweder umfänglich

---

[4] So die Angaben des Institutes der deutschen Wirtschaft, siehe dazu den europäischen Vergleich abrufbar unter https://de.statista.com/infografik/7176/gewerkschaftlicher-organisationsgrad-in-europaeischen-laendern/.
[5] Abrufbar unter https://de.statista.com/statistik/daten/studie/3266/umfrage/mitgliedszahlen-des-dgb-seit-dem-jahr-1994/.
[6] *Löwisch/Rieble* Grundl. Rn. 2 ff.; siehe auch NK-TVG/*Däubler* Einl. Rn. 61.
[7] *Löwisch/Rieble* Grundl. Rn. 8 f.; NK-TVG/*Däubler* Einl. Rn. 78.
[8] Abrufbar unter: http://doku.iab.de/aktuell/2017/Tarifbindung_2016.pdf.
[9] So die Zahlen des IAB-Betriebspanel im Statistischen Taschenbuch Tarifpolitik 2017 des WSI unter 1.7.; abrufbar unter https://www.boeckler.de/pdf/p_ta_tariftaschenbuch_2017.pdf.
[10] *Löwisch/Rieble* Grundl. Rn. 22.
[11] Siehe etwa den Tarifvertrag IG Metall 2018.

und unverändert, oder teilweise und ergänzend. Dies ermöglicht es den Gewerkschaften, nicht im Arbeitgeberverband organisierte Arbeitgeber dennoch an den Verbandstarifvertrag zu binden.[12]

II. Geschichte des Tarifvertrags

1. Bis zum 1. Weltkrieg

Im 19. Jahrhundert gab es im Zuge der revolutionär-freiheitlichen Bewegungen des Vormärz erste Versuche einer rechtlichen Grundlegung der Vereinigungsfreiheit.[13] Die Paulskirchenverfassung vom 28.3.1849 sah in Art. VIII § 3 161, 162 entsprechende Gewährleistungen vor. Eine lineare Entwicklung der Koalitionsfreiheit und damit etwa auch des Kollektivvertrages als Instrument schloss sich daran aber wegen des Zusammenbruchs der liberalen Bewegung nicht an. Vielmehr wurden die jungen ersten Arbeitervereinigungen im Zuge der Restauration wieder verboten.[14]

Im Zuge der durch die deutschen Staaten einsetzenden duldenden Akzeptanz der sich dennoch wiederbelebenden Vereinigungen der Arbeiter – wie etwa prominent dem Allgemeinen Deutschen Arbeiterverein – folgte schließlich auch die gesetzliche Anerkennung dieser Vereinigungen. So sah etwa Titel X § 152 der Gewerbeordnung des Norddeutschen Bundes[15] – später entsprechend die Gewerbeordnung für das Deutsche Reich[16] – die Aufhebung aller Verbote gegen „Gewerbetreibende, gewerbliche Gehülfen, Gesellen oder Fabrikarbeiter wegen Verabredungen und Vereinigungen zum Behufe der Erlangung günstiger Lohn- und Arbeitsbedingungen, insbesondere mittelst Einstellung der Arbeit oder Entlassung der Arbeiter" vor.[17] Das führte zur weiteren strukturellen Verfestigung der Arbeitervereinigungen als Gewerkschaften. Freilich wurden Maßnahmen des Arbeitskampfes weiter weitgehend unter Strafe gestellt, Titel X § 153 der Gewerbeordnung.[18]

Sowohl die Arbeitgeber als auch die Gewerkschaften standen dem Tarifvertrag im (auslaufenden) Zeitalter der Industrialisierung aber zunächst ablehnend gegenüber:[19] Die Gewerkschaften, weil sie eine Schwächung der Geschlossenheit der Arbeiterklasse durch Vereinbarungen mit den Arbeitgebern und so eine Behinderung des Klassenkampfes fürchteten – mithin den Tarifvertrag als klassenkämpferisches Instrument nicht anerkannten;[20] die Arbeitgeber, weil sie die Gewerkschaften als Vertretung der Arbeiter jedenfalls im Bereich der Industrie nicht „hoffähig" machen wollten.[21] Sie sahen im Tarifvertrag auch ein Hindernis für den weiteren technischen und organisatorischen Fortschritt.[22] Gleichwohl wurden erste Tarifverträge geschlossen, bezeichnenderweise findet sich hier aber der Anfang im nichtindustriellen Buchdruckergewerbe mit dem Buchdruckertarif vom 5.5.1873.[23]

Dennoch fand der Tarifvertrag als Regelungsinstrument für die Arbeitsbedingungen nach der Aufhebung der Koalitionsverbote zunehmende Akzeptanz. So stieg die Zahl der

---

[12] *Löwisch/Rieble* Grundl. 25.
[13] Dazu NK-TVG/*Däubler* Einl. Rn. 2 ff.
[14] NK-TVG/*Däubler* Einl. Rn. 4.
[15] Vom 21.6.1869, Bundesgesetzblatt des Norddeutschen Bundes Nr. 26.
[16] Siehe Gesetz vom 26.7.1900, RGBl. I S. 871; dazu Wiedemann/*Oetker* Geschichte RN. 1.
[17] Der Text ist abrufbar unter http://www.zaar.uni-muenchen.de/download/doku/historische_gesetze/mo-nr_5_gewo_152f.pdf.
[18] Dazu NK-TVG/*Däubler* Einl. Rn. 7.
[19] JKOS//*Krause* § 1 Rn. 1.
[20] JKOS/*Krause* § 1 Rn. 2; *Syrup/Neuloh* S. 156 ff.
[21] JKOS/*Krause* § 1 Rn. 2.
[22] So eine Entschließung der deutschen Großindustrie vom 5.5.1895; dazu auch NK-TVG/*Däubler* Einleitung, Rn. 14; dazu auch Wiedemann/*Oetker* Geschichte Rn. 4.
[23] Abrufbar unter http://www.zaar.uni-muenchen.de/download/doku/historische_gesetze/1_tarifvertrag.pdf; dazu Wiedemann/*Oetker* Geschichte Rn. 4.

abgeschlossenen Tarifverträge von 1577 im Jahre 1906 auf 12.369 im Jahr 1913.[24] Der Grund für die allmähliche Akzeptanz des Tarifvertrags auf der Seite der Arbeitgeber lag vor allem in seiner Potenz, einheitliche Arbeitsbedingungen in einem Wirtschaftsbereich zu ermöglichen – weshalb vor allem die Arbeitgeber des Kleingewerbes und des Mittelstandes hier ein Instrument sahen, den Wettbewerb über die Lohnkosten zu kanalisieren.[25] Das förderte wiederum den Zusammenschluss von Arbeitgebern und Arbeitnehmern zu tarifschließenden Verbänden und damit auch den Verbandstarifvertrag – was auch zur Erarbeitung von Entwürfen für ein Tarifvertragsgesetz führte.[26]

12   Mit der vermehrten praktischen Bedeutung einer ging auch der Versuch, den **Tarifvertrag dogmatisch zu erfassen,** wobei insbesondere die Frage der Wirkung des Tarifvertrags auf das einzelne Arbeitsverhältnis gestellt wurde. Dabei standen sich eine rechtsgeschäftliche und eine rechtsquellenbezogene Schule gegenüber.[27] Der prominenteste Vertreter jener war *Lotmar,* der die Tarifvertragswirkung mit dem Stellvertretungsrecht erklärte.[28] Das rückte zwar die Arbeitsvertragsparteien in den Vordergrund und ermöglichte es so – im Sinne der Arbeitgeber – die eigenständige Bedeutung der Gewerkschaften zu relativieren, trug jedoch deshalb nicht, weil dadurch die (gewollte) zwingende Wirkung des Tarifvertrags nicht zu erklären war.[29] Auch eine Deutung des Tarifvertrags als Vertrag zu Gunsten Dritter, § 328 BGB,[30] war systematisch brüchig, weil sich damit nur Rechte, nicht aber Pflichten in das Arbeitsverhältnis transportieren ließen. Vereinsrechtliche Lösungen trugen ebenfalls nicht.[31] Auf der anderen Seite wollte prominent *Sinzheimer* dem Tarifvertrag bereits eine normative Wirkung zukommen lassen.[32]

2. Weimarer Republik

13   Schließlich wirkten der 1. Weltkrieg und die wirtschaftlichen und gesellschaftlichen Gegebenheiten der Nachkriegszeit gleichsam als Katalysator für die Entwicklung des Tarifvertrags und des Tarifvertragsrechts.[33] Arbeitgeber und Gewerkschaften begründeten die Zentralarbeitsgemeinschaft **(Stinnes-Legien-Abkommen)** vom 15.11.1918[34] über die tariflichen Regelungen der Arbeitsbedingungen und verpflichteten sich, die „Arbeitsbedingungen für alle Arbeiter und Arbeiterinnen […] entsprechend den Verhältnissen der betreffenden Gewerbe durch Kollektivvereinbarungen mit Berufsvereinigungen der Arbeitgeber festzusetzen." Damit war der Tarifvertrag endgültig und allgemein akzeptiert. Dieser Anerkennung in der Wirtschaft folgte mit der **Tarifvertragsverordnung** vom 23.12.1918[35] die erste gesetzliche Regelung des Tarifvertrags. Mit ihr wurde auch erstmals die normative, also unmittelbare und zwingende Wirkung des Tarifvertrags festgeschrieben, § 1 TVVO, auch die Möglichkeit der Allgemeinverbindlichkeit des Tarifvertrags wurde hier grundgelegt, § 2 TVVO.

14   **Art. 165 Abs. 1 S. 2 WRV garantierte das Tarifvertragswesen** schließlich verfassungsrechtlich.[36] Zugleich kannte das Tarifrecht der Weimarer Republik das Instrument

---

[24] Wiedemann/*Oetker* Geschichte Rn. 4; JKOS/*Krause* § 1 Rn. 3.
[25] JKOS/*Krause* § 1 Rn. 2.
[26] Siehe Wiedemann/*Oetker* Geschichte Rn. 6 mwN; JKOS/*Krause* § 1 Rn. 2.
[27] Dazu Wiedemann/*Oetker* Geschichte Rn. 3; JKOS § 1 Rn. 4.
[28] *Lotmar,* Der Arbeitsvertrag nach dem Privatrecht des Deutschen Reiches, I, 1902, 765ff.; 796ff.; dazu weiter *Ramm,* Die Parteien des Tarifvertrags, 1961, S. 36ff. (NS).
[29] JKOS/*Krause* § 1 Rn. 4.
[30] RG 20.1.1910, RGZ 73, 92, 105f.
[31] Wie die Tarifgemeinschaft deutscher Buchdrucker; dazu *Heinze,* Die Tarifgemeinschaft als Verein, 1918.
[32] *Sinzheimer,* Der korporative Arbeitsnormenvertrag, I, 1907, 61ff.; II, 1908, 4ff.
[33] JKOS/*Krause* § 1 Rn. 4.
[34] RABl. 1918, S. 874; abrufbar unter http://www.zaar.uni-muenchen.de/download/doku/historische_gesetze/mo-nr_35_reichsarbe.pdf.
[35] Verordnung über Tarifverträge, Arbeits- und Angestelltenausschüsse und Schlichtung von Arbeitsstreitigkeiten (TVVO) vom 23.12.1918, RGBl. S. 1456; abgedruckt unter Wiedemann/*Oetker* Geschichte Rn. 8.
[36] Dazu JKOS/*Krause* § 1 Rn. 5ff.

II. Geschichte des Tarifvertrags

der Zwangsschlichtung, die in der Verordnung über das Schlichtungswesen vom 30.10.1923 geregelt war.[37] Zu einer Neuregelung des Tarifrechts während der Weimarer Republik kam es nicht mehr, obwohl es Anstöße hierfür gab.[38] Die TVVO wurde lediglich durch Gesetz vom 28.2.1928[39] in den Rang eines Gesetzes erhoben.

Auf dieser rechtlichen Grundlage kam es zu einer Ausweitung der Bedeutung des Tarifvertrags.[40] Allerdings folgte im Zuge der sich ab Ende der zwanziger Jahre des vergangenen Jahrhunderts einsetzenden Wirtschaftskrise ein Bedeutungsverlust des Tarifvertrags.[41]

3. Nationalsozialismus

Im Nationalsozialismus war für den Tarifvertrag als freiheitliches Regelungsinstrument kein Raum, schon weil es keine Koalitionen mehr gab – weil sie aufgehoben und verboten wurden.[42] Das AOG[43] hob die TVVO auf. An die Stelle der Tarifverträge traten staatliche Tarifordnungen, die von „Treuhändern der Arbeit" erlassen wurden.[44] Dabei blieben die vorher geschlossenen Tarifverträge zunächst als Tarifordnungen in Kraft.[45] Diese Tarifordnungen beschränkten sich ursprünglich wie die Tarifverträge auf Mindestarbeitsbedingungen. Später erhielt der Reichstreuhänder der Arbeit im Rahmen der Kriegswirtschaft das Recht, auch Höchstarbeitsbedingungen zu erlassen.[46]

4. Entwicklung nach dem 2. Weltkrieg

Nach dem Krieg setzte das *Kontrollratsgesetz Nr. 40 v. 30.11.1946* das AOG außer Kraft. Die Tarifordnungen galten zwar bis zur Ablösung durch Tarifverträge fort, neue konnten jedoch nicht erlassen werden. Nachdem dann auch die Koalitionen wieder zugelassen waren, kam es alsbald zum Abschluss von Tarifverträgen, die zum Teil auf alliiertem Recht fußten.[47]

Sobald im Vereinigten Wirtschaftsgebiet[48] nach der Währungsreform der von den Alliierten aufrechterhaltene Lohnstopp am 3.11.1948 aufgehoben worden war, bedurfte es dringend einer gesetzlichen Ordnung des Tarifrechts. Aus den vom Zentralamt für Arbeit der britischen Zone in Lemgo, vom Arbeitsrechtsausschuss des Länderrates der amerikanischen Zone und vom Bundesvorstand des Gewerkschaftsbundes für die britische Zone vorgelegten Entwürfen wurde vom Hauptausschuss des Gewerkschaftsrates der vereinigten Zonen unter Beteiligung von Vertretern der Arbeitsrechtswissenschaft der sog. Gewerkschaftsratsentwurf hergestellt, der mit geringen Änderungen durch das **Gesetz Nr. 68 des Wirtschaftsrates am 9.11.1948** einstimmig verabschiedet worden ist. Nachdem alliierten Bedenken, die insbesondere die Allgemeinverbindlicherklärung betrafen, Rechnung getragen worden war, kam das Gesetz am 9.4.1949 zustande.[49]

---

[37] Deutsche Reichsanzeiger und Preußischer Staatsanzeiger Nr. 253 vom 31.10.1923; einsehbar unter http://www.zaar.uni-muenchen.de/download/doku/historische_gesetze/mo-nr__37verordnung.pdf.
[38] Zu den Einzelheiten *Hueck/Nipperdey* Bd. II/1 S. 216 ff.; *Dreschers* S. 77 f.; *Gamillscheg* KollArbR I S. 111 ff.; *Wiedemann/Oetker* Geschichte Rn. 12 ff.; dazu ebenfalls *Oetker*, Die Arbeiten zur deutsch-österreichischen Tarifangleichung, 1998, S. 319 ff.
[39] RGBl. I S. 46.
[40] NK-TVG/*Däubler* Einl. Rn. 27.
[41] JKOS/*Krause* § 1 Rn. 6; NK-TVG/*Däubler* Einl. Rn. 28 ff.
[42] *Wiedemann/Oetker* Geschichte Rn. 15.
[43] Gesetz zur Ordnung der Nationalen Arbeit vom 20.1.1934, RGBl. I S. 45.
[44] Dazu NK-TVG/*Däubler* Einleitung Rn. 28 ff.
[45] Siehe dazu mwN *Wiedemann/Oetker* Geschichte Rn. 16 ff.
[46] *Hueck/Nipperdey* Bd. II/1 S. 219 f.; s. *Hueck/Nipperdey/Dietz* AOG.
[47] Zu den Einzelheiten *Hueck/Nipperdey* Bd. II/1 S. 220 f.; *Dreschers* S. 94 ff.; *Wiedemann/Oetker* Geschichte Rn. 19.
[48] Zur Entwicklung außerhalb siehe *Wiedemann/Oetker* Geschichte Rn. 47 ff.
[49] WirtschaftsGBl. S. 55; *Hueck/Nipperdey* Bd. II/1 S. 220 ff.; *Herschel* ZfA 1973, 183 ff.; Materialien zur Entstehung des TVG bei *Wiedemann/Oetker* Geschichte Rn. 20 ff.

19 Die Entwicklung kollektiver Regelungsfindung für die Arbeitsbeziehungen in der sowjetischen Besatzungszone und der späteren DDR trennte sich insgesamt von den tarifrechtlichen Strukturen der Weimarer Republik und dann auch des bundesdeutschen Tarifrechts – das war nicht zuletzt Folge der weitgehenden Einschränkung autonomer Verbandsbildung.[50]

20 So war das TVG ursprünglich vorkonstitutionelles Recht. Mit seinen Änderungen, insbesondere der Neufassung 1969[51] ist es in den Willen des nachkonstitutionellen Gesetzgebers aufgenommen worden. Die Verwerfungskompetenz wegen Verstoßes gegen das GG steht nach Art. 100 GG also allein dem BVerfG zu.

21 Das TVG regelt das Tarifrecht eingehender als die TVVO und beseitigte einige Zweifelsfragen. Über die Normwirkung (→ § 251 Rn. 1 ff.) und die Allgemeinverbindlicherklärung (→ § 248 Rn. 1 ff.) hinaus wurden die Tariffähigkeit (→ § 232 Rn. 1 ff.), die Tarifbindung (→ § 245 Rn. 1 ff.) und die Nachwirkung (→ § 261 Rn. 1 ff.) des Tarifvertrags geregelt. Das Günstigkeitsprinzip (→ § 253 Rn. 1 ff.) wurde tariffest ausgestaltet. Erstmals wurden gemeinsame Einrichtungen der TV-Parteien ermöglicht (→ § 242 Rn. 1 ff.).

22 Mit Gründung der Bundesrepublik Deutschland wurde das TVG gem. Art. 74 Nr. 12 und Art. 125 Nr. 1 GG im ehemaligen Vereinigten Wirtschaftsgebiet, also den Ländern der amerikanischen und britischen Zone, Bundesrecht.[52] Das in der ehemaligen französischen Zone geltende Landestarifrecht[53] wurde mit der Erstreckung des TVG durch Gesetz vom 23.4.1953[54] abgelöst. Im Saarland trat das TVG am 6.7.1959 in Kraft[55]. In Berlin (West) wurde das TVG für Großberlin vom 12.9.1950[56] erst 1975 durch das TVG abgelöst, § 12b TVG. Auf dem Gebiet der ehemaligen DDR trat das TVG mit dem Beitritt der neuen Bundesländer zum 3.10.1990 in Kraft.[57]

III. Einige Herausforderungen

23 Die Tarifakteure sahen sich seit Inkrafttreten des TVG verschiedenen Herausforderungen gegenüber.[58] Diese haben gerade in jüngerer Zeit zu erheblichen gesetzlichen Eingriffen in die Regelungsstruktur des TVG geführt. Wesentliche Entwicklungen im Überblick:

24 Der recht **geringe Organisationsgrad** der Arbeitnehmer und die sich damit verringernde mitgliedschaftliche Tarifbindung (→ § 222 Rn. 19 ff.) veranlasste den Gesetzgeber zu einer Intensivierung der staatlichen Tarifnormerstreckung. Dies erfolgte einmal durch die Erleichterung der Allgemeinverbindlicherklärung des Tarifvertrags (→ § 248 Rn. 53) – und damit durch die Ausdehnung der Normbindung auch auf Außenseiterarbeitsverhältnisse. Dass diese freilich zur vom Gesetzgeber beabsichtigten Stärkung der Tarifautonomie führt,[59] darf mit guten Gründen bezweifelt werden.[60] Vieles spricht dafür, dass in der Ausdehnung der staatlichen Unterstützung der Tarifgeltung vielmehr eine Schwächung in der Motivation für den Koalitions- und insbesondere den Gewerkschaftsbeitritt zu sehen ist.[61] Auf der anderen Seite wuchs lange vor der Einführung des allgemeinen Mindestlohnes durch das MiLoG[62] auch die Bedeutung des Tarifvertrags als Grundlage für

---

[50] Siehe Wiedemann/*Oetker* Geschichte Rn. 55 ff.
[51] Arbeitsrechtsbereinigungsgesetz vom 14.8.1969, BGBl. 1969 I, S. 1106.
[52] Zur Gesetzesentwicklung siehe Wiedemann/*Oetker* Geschichte Rn. 58 ff.
[53] Vgl. die Nachweise bei Wiedemann/*Oetker* Geschichte Rn. 47 ff.
[54] BGBl. I S. 156.
[55] G. v. 30.6.1959, BGBl. I 361.
[56] GVBl. S. 417; dazu *Oppel* AuR 1953, 9 ff.
[57] Dazu Wiedemann/*Oetker* Geschichte Rn. 79.
[58] Siehe die tabellarische Darstellung auf der Zeitschiene im Statistischen Taschenbuch Tarifpolitik 2017 des WSI unter 4.1.; abrufbar unter https://www.boeckler.de/pdf/p_ta_tariftaschenbuch_2017.pdf.
[59] So der Titel des entsprechenden Artikelgesetzes Vom 11.8.2014, BGBl. 2014 I, 1348.
[60] Siehe die Kritik bei *Henssler* RdA 2015, 43; *Picker* RdA 2014, 25 (27); *Reichold* NJW 2014, 2534.
[61] Nur *Henssler* RdA 2015, 43 (43).
[62] Ebenfalls durch Gesetz vom 11.8.2014, BGBl. 2014 I, 1348.

sektorale und damit branchenbezogene Mindestlöhne. Durch das AEntG[63] wurde die Möglichkeit geschaffen, den Tarifvertrag als Grundlage einer staatlichen Rechtsverordnung über sektorale Mindestlöhne heranzuziehen[64] (→ § 249 Rn. 1 ff.).

Eine weitere tatsächliche Entwicklung, die sich in einer massiven Änderung des Tarifrechts niedergeschlagen hat, ist die zunehmende **Differenzierung auf der Seite der Gewerkschaften,** die zu einem wahrnehmbaren Gewerkschaftspluralismus führte. Zwar gab es während der gesamten Geschichte der Bundesrepublik neben den nach dem Industrieverbandsprinzip organisierten Gewerkschaften im Deutschen Gewerkschaftsbund weitere bedeutsame Gewerkschaften (→ § 222 Rn. 10 ff.), allerdings gewann die Gewerkschaftspluralität durch das Erstarken der Berufs-, Sparten- oder „Elitegewerkschaften" zunehmende Bedeutung und Beachtung. Ausgehend von der durchaus hohen Arbeitskampfkraft dieser Gewerkschaften kam es zu (vermehrt als problematisch empfundenen) betrieblichen Tarifkollisionen. Nachdem der Tarifsenat des BAG im Jahre 2010 seinen Grundsatz des „Ein Betrieb – ein Tarifvertrag" aufgab,[65] sah sich der Gesetzgeber gezwungen, diesen Grundsatz gesetzlich zu fixieren. Dies geschah durch das Tarifeinheitsgesetz 2015 mit Einführung des § 4a TVG;[66] der freilich vom BVerfG als in (wesentlichen) Teilen verfassungswidrig erkannt wurde (dazu im Einzelnen → § 256 Rn. 26 ff.).[67]

Diesem Gesetz liegt nicht zuletzt der Gedanke zugrunde, die verschiedenen Tarifvertragsparteien zu motivieren, eine Tarifkollision durch entsprechende Absprachen und Tarifgestaltungen von vornherein zu vermeiden (→ § 256 Rn. 24). Darin kann durchaus eine Tendenz zur **Zwangssolidarisierung der Gewerkschaften** und auch zur Kanalisierung der Tarifinhalte gesehen werden.[68]

Keine Reaktion des Gesetzgebers folgte auf die eingehende Diskussion über die (vermeintliche) Inflexibilität und damit „Krise" des Flächentarifvertrags.[69] Dabei ist die Frage, wieviel Flexibilität der Tarifvertrag für die Betriebs- und Arbeitsvertragsparteien zulässt, gleichsam stetiger tarif- aber auch rechtspolitischer Begleiter der Tarifentwicklung.[70] Vermehrt wurde diese Diskussion (was auch deren Abkühlung in den letzten Jahren erklärt) im Zuge der wirtschaftlichen Krisen der letzten zwanzig Jahre und in der Annahme geführt, dass die durch den Flächentarifvertrag gebundenen Arbeitgeber die tariflichen Leistungen in der Unternehmenskrise nicht zu erbringen vermögen – was wiederum zur Gefährdung von Arbeitsplätzen führen kann. Das reformatorische Hauptbegehr war hier die **Flexibilisierung des (Flächen-)Tarifvertrags** *de lege lata* etwa durch die Ausnahme des Arbeitsplatzerhalts in die Konturierung des Günstigkeitsprinzips nach § 4 Abs. 3 2. Alt. TVG[71] (→ § 253 Rn. 48 ff.) und *de lege ferenda* durch Aufnahme einer gesetzlichen Öffnungsklausel in das TVG sowie durch Abschaffung der Tarifsperre des § 77 Abs. 3 BetrVG.[72] Im ersten Fall erteilte die Rechtsprechung,[73] im zweiten Fall der untätige Gesetzgeber diesen Vorhaben eine Absage. Die (richtige) Reaktion war die tarifpolitische, indem die Tarifvertragsparteien in Ausübung ihrer Tarifautonomie den Tarifvertrag selbst gegenüber den besonderen Umständen von Unternehmen gerade in wirtschaftlichen Notlagen öffneten – durch Nutzung der Öffnung des Tarifvertrags nach § 4 Abs. 3 1. Alt. TVG.[74]

---

[63] Neugefasst durch Gesetz vom 20.4.2009, BGBl. 200 I 799.
[64] Siehe eine Übersicht über die Höhe dieser Mindestlöhne Stand Februar 2017 im Statistischen Taschenbuch Tarifpolitik 2017 des WSI unter 2.15; abrufbar unter https://www.boeckler.de/pdf/p_ta_tariftaschenbuch_2017.pdf.
[65] BAG 7.7.2010 – 4 AZR 549/08, AP GG Art. 9 Nr. 140 = NZA 2010, 1068.
[66] Gesetz zur Tarifeinheit vom 3.7.2015, BGBl. I 2015, 1130.
[67] BVerfG 11.7.2017 – 1 BvR 1571/15 –, AP GG Art. 9 Nr. 151 = NZA 2017, 915.
[68] BVerfG 11.7.2017 – 1 BvR 1571/15 –, AP GG Art. 9 Nr. 151 = NZA 2017, 915.
[69] *Pars pro toto* etwa der fragende Titel einer Aufsatzsammlung herausgegeben von *Lehmann*, 2002.
[70] Siehe die umfassende Darstellung bei NK-TVG/*Däubler* Einl. Rn. 43 f.
[71] Siehe etwa *Adomeit* NJW 1984, 24.
[72] Siehe etwa den Entwurf eines Gesetzes zur Modernisierung des Arbeitsrechts der CDU/CSU-Bundestagsfraktion, BT-Drs. 15/1182.
[73] BAG 20.4.1999 – 1 ABR 72/98, AP GG Art. 9 Nr. 89 = NZA 1999, 887.
[74] Dazu *Stiller* NZA-Beil. 2/2017, 62 (65).

28 Neben den klassischen Tarifthemen wie etwa Entgelt, Erholungsurlaub, Bestandsschutz usw. werden künftig tarifpolitisch auch weitere Entwicklungen vermehrt aufzunehmen sein – Stichwort: **Arbeit 4.0**[75] –, die hier aber nur angedeutet werden können. So wie etwa die Digitalisierung, die auch die Arbeitsbedingungen erfasst – was sich etwa in der Regelung der Tatsache der ständigen Kommunikationsfähigkeit der Arbeitnehmer niederschlägt.[76] Zum Teil damit zusammen hängt auch das immer noch wachsende Bedürfnis der (Weiter-)Qualifikation der Arbeitnehmer. Außerdem ist die Diversität des Arbeitsmarktes[77] durch atypische Arbeitsverhältnisse und „neue Selbständigkeit" aufzunehmen. Es steht die tarifliche Bedeutung der wachsenden Anzahl von Soloselbständigen – insbesondere, aber nicht nur als Arbeitnehmerähnliche, § 12a TVG – in Rede.[78] Ein weiteres momentan sehr prominentes tarifpolitisches Thema ist schließlich die Gestaltung der Arbeitsbedingungen in Anbetracht der gewollten Vereinbarkeit von Beruf und Familie – worunter auch die zunehmende Notwendigkeit der Pflege von Familienangehörigen zu fassen ist.[79]

---

[75] Dazu *Giesen/Kersten*, Arbeit 4.0. – Arbeitsbeziehungen und Arbeitsrecht in der digitalen Welt, 2017; und das Weißbuch 2017 Arbeit weiter denken – Arbeit 4.0 des BMAS; abrufbar unter http://www.bmas.de/SharedDocs/Downloads/DE/PDF-Publikationen/a883-weissbuch.pdf?__blob=publicationFile&v=6; dazu *P. Hanau* RdA 2017, 213; siehe auch *Haber-Schilling/Rohrmann*, BB 2017, Heft 49 I.
[76] Dazu *Welskop-Deffaa* NZA Beil. 2/2017, 60.
[77] Dazu schon früh *Waltermann*, Abschied vom Normalarbeitsverhältnis?, Gutachten B zum 68. Deutschen Juristentag, 2010.
[78] NK-TVG/*Däubler* Einl. Rn. 63 f.
[79] Siehe dazu den Tarifabschluss 2018 in der Metall- und Elektroindustrie, dazu den Bericht abrufbar unter http://www.faz.net/aktuell/wirtschaft/mehr-wirtschaft/ig-metall-einigung-auf-tarifabschluss-in-metallindustrie-15434620.html.

§ 226 Tarifvertrag und Grundgesetz

Schrifttum:
Bayreuther, Tarifautonomie als kollektiv ausgeübte Privatautonomie, 2005; *Biedenkopf,* Grenzen der Tarifautonomie, 1964; *Burkiczak,* Grundrechtsbindung der Tarifvertragsparteien oder Relevanz grundrechtlicher Schutzpflichten – Erfurter Einerlei?, RdA 2007, 17; *Burkiczak,* Grundgesetz und Deregulierung des Tarifvertragsrechts, 2006; *Butzer,* Verfassungsrechtliche Grundlagen zum Verhältnis zwischen Gesetzgebungshoheit und Tarifautonomie, RdA 1994, 375; *Dieterich,* Die grundrechtsdogmatischen Grenzen der Tarifautonomie in der Rechtsprechung des Bundesarbeitsgerichts, FS Wiedemann, 2002, S. 229; *Dieterich,* Zur Verfassungsmäßigkeit tariflicher Rechtsnormen, FS Däubler, 1999, S. 451; *Dieterich,* Die Grundrechtsbindung von Tarifverträgen, FS Schaub, 1998, S. 117; *Dieterich,* Bindung der Tarifvertragsparteien an den Gleichheitssatz, RdA 2001, 117; *Henssler,* Tarifautonomie und Gesetzgebung, ZfA 1998, 1; *Kempen,* Staatliche Schutzpflicht gegenüber der Tarifautonomie?, FS Gitter, 1995, S. 427; *Ladeur,* Methodische Überlegungen zur gesetzlichen „Ausgestaltung" der Koalitionsfreiheit, AöR 131/2006, 643; *Löwisch,* Föderalismusreform: Neue Gestaltungsspielräume der Länder mit Auswirkungen auf das Arbeitsrecht, FS Otto, 2008, S. 317; *Maschmann,* Tarifautonomie im Zugriff des Gesetzgebers, 2007; *Picker,* Die Tarifautonomie in der deutschen Arbeitsverfassung, 2000; *Picker,* Die Tarifautonomie am Scheideweg von Selbstbestimmung und Fremdbestimmung im Arbeitsleben, FS 50 Jahre BAG, 2004, S. 795; *Rieble/Leitmeier,* Landesgesetze über tarifliche Arbeitsbedingungen?, ZTR 2008, 237; *Säcker/Oetker,* Grundlagen und Grenzen der Tarifautonomie, 1992; *Schwarze,* Die Grundrechtsbindung der Tarifnormen aus der Sicht grundrechtlicher Schutzpflichten, ZTR 1996, 1 ff.; *Seiwerth,* Die Gemeinwohlbindung der Koalition und des TV, RdA 2017, 373; *Singer,* Tarifvertragliche Normenkontrolle am Maßstab der Grundrechte?, ZfA 1995, 611; *Wiese,* Individuum und Kollektiv im Recht der Koalitionen, ZfA 2008, 317.
Siehe auch die Literatur zu § 217.

Übersicht

	Rn.
I. Gesetzgebungskompetenz	1
II. Verfassungsrechtliche Gewährleistung des Tarifvertrags	4
III. Grundrechtsbindung	10
IV. Weitere Verfassungsprinzipien	13

I. Gesetzgebungskompetenz

Das Tarifrecht liegt als Teil des Arbeitsrechts in der **(konkurrierenden) Gesetzgebungskompetenz des Bundes,** Art. 72 Abs. 1, 74 Abs. 1 Nr. 12 GG,[1] der durch das TVG von dieser Zuständigkeit Gebrauch gemacht hat.[2] Nach Art. 72 Abs. 2 GG, der Art. 74 Abs. 1 Nr. 12 GG gerade nicht aufführt, kommt es auch nicht auf die Erforderlichkeit der bundesgesetzlichen Regelung wegen des Ziels gleichwertiger Lebensverhältnisse an.[3] Dadurch ist den Bundesländern der regelnde Zugriff auf das Tarifvertragsrecht als solches verwehrt,[4] es ist bundesgesetzlich mit dem TVG und seinen Nebengesetzen geregelt.

Die Bundesländer haben aber eine mittelbare Möglichkeit der Regelung auch tariflicher Zugriffsmöglichkeiten. Das gilt dort, wo der Bund von seiner Gesetzgebungskompetenz nach Art. 74 Abs. 1 Nr. 12 GG keinen Gebrauch gemacht hat, wie etwa im Falle des Bildungsurlaubs. Damit können Länder hier selbst Arbeitsbedingungen regeln und damit auch in Konkurrenz zum Tarifvertrag treten. Das gilt aber auch dort, wo die Länder eigene, ausschließliche Gesetzgebungskompetenz in Anspruch nehmen können, wie etwa im Personalvertretungsrecht, wo etwa ein Ausschluss des Zugriffs auf die Organisation der Personalvertretung durch Tarifvertrag möglich ist.[5]

1

2

---

[1] BVerfG 11.7.2017 – 1 BvR 1571/15 ua, AP GG Art. 9 Nr. 151 = NJW 2017, 2523; Maunz/Dürig/*Maunz* Art. 74 Rn. 165.
[2] *Löwisch/Rieble* Grundlagen Rn. 77.
[3] BVerfG 11.7.2017 – 1 BvR 1571/15, AP GG Art. 9 Nr. 151 = NJW 2017, 2523.
[4] *Löwisch/Rieble* Grundlagen Rn. 75; siehe die ausführliche Darstellung dort.
[5] *Löwisch/Rieble* Grundlagen Rn. 83.

3 Die Regelungen des arbeitsgerichtlichen Verfahrens mit tariflichem Bezug, wie §§ 98, 99 ArbGG, unterfallen der Gesetzgebungskompetenz aus Art. 74 Abs. 1 Nr. 1 GG.[6]

II. Verfassungsrechtliche Gewährleistung des Tarifvertrags

4 Der Tarifvertrag ist Instrument der Koalitionsbetätigung, somit unterfällt die **Tarifautonomie**, als Freiheit, durch Tarifverträge regelnden Zugriff auf die Arbeitsbedingungen zu haben, also Tarifverträge aushandeln und abschließen zu können, dem Schutzbereich des Art. 9 Abs. 3 GG (→ § 218 Rn. 1 ff.).[7] Die Koalitionen müssen die Möglichkeit haben, die Arbeitsbedingungen ihrer Mitglieder selbst, effektiv und staatsfern aushandeln und vereinbaren zu können,[8] gerade, weil im einzelnen Arbeitsverhältnis wegen der anzunehmenden strukturellen Unterlegenheit des Arbeitnehmers ein angemessener Interessenausgleich nicht vorausgesetzt werden kann.[9] Ein solcher Interessenausgleich ist durch (entsprechend rechtlich zu konturierende und damit auszugestaltende) kollektive Vereinbarung möglich – weshalb dem Tarifvertrag auch eine entsprechende Richtigkeitsgewähr zuerkannt wird (→ § 238 Rn. 9 ff.).[10]

5 Das bestehende Tarifsystem, das seinen materiellrechtlichen Niederschlag im TVG gefunden hat, ist gesetzliche Ausgestaltung der Tarifautonomie, weil den Koalitionen die Möglichkeit der rechtlich effektiven Gestaltung der Arbeits- und Wirtschaftsbedingungen ermöglicht werden muss. Richtig wird konstatiert, dass die Tarifautonomie aber nur „ganz allgemein" grundrechtlich garantiert sei:[11] Es ist grundrechtlich (lediglich) gefordert, dass die Koalitionen überhaupt Instrumente zur Verfügung haben, um die Arbeitsbedingungen ihrer Mitglieder mit dem sozialen Gegenspieler zu regeln.[12] Dabei sind die im TVG gefundenen tariflichen Systementscheidungen zwar grundrechtlich zu goutieren, aber nicht stets grundrechtlich auch geboten. Der Tarifvertrag in der Form des TVG ist zwar das praktisch wichtigste Mittel der kollektiven Interessenvertretung, aber nicht das einzige – das zeigt sich etwa auch in der anerkannten Möglichkeit tariffreier kollektiver Regelungssysteme wie dem kirchlichen Dritten Weg:[13] Hier kann der Koalitionsfreiheit auch genüge getan werden, wenn die Gewerkschaften hinreichend in das System einer kollektiven Regelungsfindung eingebunden sind.

6 Und das zeigt sich auch bei der durch § 4 Abs. 1 TVG angeordneten normativen Wirkung tariflicher Rechtsnormen: Diese unmittelbare und zwingende Wirkung ist zwar effizient, allerdings nicht die einzige Möglichkeit der kollektiven Regelungsgebung – Art. 9 Abs. 3 GG fordert sie nicht, aber ermöglicht sie.[14] Insgesamt gibt Art. 9 Abs. 3 GG deshalb wenig Konkretes für das Tarifsystem vor – allenfalls „Leitlinien für die Verhältnismä-

---

[6] BVerfG 11.7.2017 – 1 BvR 1571/15, ua, AP GG Art. 9 Nr. 151 = NJW 2017, 2523.
[7] BVerfG 11.7.2017 – 1 BvR 1571/15, 1, ua, AP GG Art. 9 Nr. 151 = NJW 2017, 2523; 3.4.2001 – 1 BvR 1681/94, 1 BvR 2491/94, BVerfGE 103, 293 = NZS 2001, 314; 24.4.1996 – 1 BvR 712/86, AP HRG § 57a Nr. 2 = NJW 1997, 513; 4.7.1995 – 1 BvF 2/86, ua, AP AFG § 116 Nr. 4 = NZA 1995, 754; 2.3.1993 – 1 BvR 1213/85, AP GG Art. 9 Arbeitskampf Nr. 126 = NJW 1993, 1379; 26.6.1991 – 1 BvR 779/85, AP GG Art. 9 Arbeitskampf Nr. 117 = NZA 1991, 809; 18.11.1954 – 1 BvR 629/52, AP GG Art. 9 Nr. 1 = NJW 1954, 1881; HWK/*Henssler* TVG Einl. Rn. 6; HMB/*Engels* Teil 1 Rn. 9; JKOS/*Krause* § 1 Rn. 20; Wiedemann/*Wiedemann* Einleitung Rn. 86.
[8] BVerfG 3.4.2001 – 1 BvR 1681/94, ua BVerfGE 103, 293 = NZS 2001, 314; 24.4.1996 – 1 BvR 712/86, AP HRG § 57a Nr. 2 = NJW 1997, 513.
[9] BVerfG 1.12.2010 – 1 BvR 2593/09, AP GG Art. 9 Nr. 146 = NZA 2011, 60.
[10] BVerfG 11.7.2017 – 1 BvR 1571/15, 1 BvR 1588/15, 1 BvR 2883/15, 1 BvR 1043/16, 1 BvR 1477/16, Rn. 126, AP GG Art. 9 Nr. 151 = NJW 2017, 2523.
[11] BVerfG 1.3.1979 – 1 BvR 532/77, ua, AP MitbestG § 1 Nr. 1 = NJW 1979, 699; 19.10.1966 – 1 BvL 24/65, AP TVG § 2 Nr. 24 = NJW 1966, 2305; JKOS/*Krause* § 1 Rn. 40.
[12] Bereits BVerfG 18.11.1954 – 1 BvR 629/52, BVerfGE 4, 96 = AP GG Art. 9 Nr. 1 = NJW 1954, 1881.
[13] BAG 20.11.2012 – 1 AZR 179/11, AP GG Art. 9 Arbeitskampf Nr. 179 = NZA 2013, 448; 20.11.2012 – 1 AZR 611/11, AP GG Art. 9 Arbeitskampf Nr. 180 = NZA 2013, 437.
[14] *Löwisch/Rieble* Grundlagen Rn. 180 ff.; aA HWK/*Henssler* TVG Einl. Rn. 7; JKOS/*Krause* § 1 Rn. 44, jedenfalls gegen die generelle Abschaffung oder breitflächige Zurückdrängung.

ßigkeitsprüfung",[15] die darin bestehen, dass die Bildung und der Bestand der Kollektivvertragsparteien gewährleistet ist, ein System der effizienten Konfliktlösung besteht, dass den Vereinbarungen der Kollektivparteien eine gewisse Rechtsverbindlichkeit zukommt und dass die tariflichen Regelungen keiner Tarifzensur unterfallen.[16] Damit wird insgesamt das zusammengefasst, was unter der Funktionsfähigkeit der Tarifautonomie zu verstehen ist. Eine gesetzliche Regelung, die diese Funktionsfähigkeit herstellen oder erhalten will, verfolgt einen verfassungsrechtlich belastbaren Zweck.[17]

Art. 9 Abs. 3 GG setzt dem staatlichen Handeln gegenüber den Tarifakteuren Grenzen: 7 Zwar haben die Tarifvertragsparteien kein Normsetzungsmonopol,[18] allerdings ist die Tarifautonomie bei der staatlichen Rechtsetzung zu beachten – und nur solche staatlichen Regelungen haben vor Art. 9 Abs. 3 GG Bestand, die gegenüber der autonomen Möglichkeit des Tarifvertrags verhältnismäßig sind.[19] Das zeigt sich etwa bei den branchenbezogenen Mindestlöhnen nach dem AEntG: Hier kann eine RVO nur Mindestarbeitsbedingungen setzen, aber keine Tarifgitter als solche in staatliches Mindestrecht aufnehmen, weil den Tarifvertragsparteien wegen § 8 Abs. 2 AEntG in diesem Falle kein Handlungsspielraum mehr bliebe.[20]

Auf der anderen Seite folgt aus der Möglichkeit des Tarifvertrags nicht die Pflicht zu 8 dessen Abschluss. Art. 9 Abs. 3 GG verpflichtet die Tarifvertragsparteien nicht dazu, für ihre Mitglieder die Arbeitsbedingungen zu regeln, die Tarifautonomie impliziert auch die Freiheit der Nichtregelung.[21] Deshalb gibt es auch keinen verfassungsrechtlich ableitbaren tarifrechtlichen Verhandlungsanspruch (→ § 234 Rn. 5 ff.).

Weiter verbietet Art. 9 Abs. 3 GG die Tarifzensur, also den Zugriff Dritter und besonders des Staates auf den Inhalt des Tarifvertrags.[22] Hier ist freilich vieles ungeklärt, weil der Begriff der Tarifzensur zwar sehr rigide gebraucht wird – Tarifzensur ist verboten – der Inhalt aber weit weniger konturiert ist. Jedenfalls sensibilisiert der Begriff gegenüber jeden Dritteinfluss auf den Inhalt des Tarifvertrags, sei es etwa durch gerichtliche Einflussnahme wie im Rahmen der ergänzenden Vertragsauslegung.[23]

III. Grundrechtsbindung

Ob und wie der Tarifvertrag an die Grundrechte gebunden ist, ist noch nicht übereinstimmend geklärt. Die Schwierigkeit bei der Einordnung liegt in der **Doppelnatur des Tarifvertrags:** Er ist zum einen als Instrument der kollektiv ausgeübten Tarifautonomie selbst Grundrechtsvollzug, zum anderen aber Normenvertrag und so gegenüber den Normadressaten als Grundrechtsträger Regelungsquelle. Hier schlägt sich der Charakter der Koalitionsfreiheit als Doppelgrundrecht nieder.[24] Weil der Tarifvertrag selbst Mittel

---

[15] So plastisch *Löwisch/Rieble* Grundlagen Rn. 138.
[16] *Löwisch/Rieble* Grundlagen Rn. 138.
[17] BVerfG 12.6.2018 – 2 BvR 1738/12, ua, EzA-SD 2018, 13; 11.7.2017 – 1 BvR 1571/15, ua, AP GG Art. 9 Nr. 151 = NJW 2017, 2523; 11.7.2006 – 1 BvL 4/00, AP GG Art. 9 Nr. 129 = NZA 2007, 42; 24.4.1996 – 1 BvR 712/86, AP HRG § 57a Nr. 2 = NJW 1997, 513; 4.7.1995 – 1 BvF 2/86, 1, ua, AP AFG § 116 Nr. 4 = NZA 1995, 754; 2.3.1993 – 1 BvR 1213/85, AP GG Art. 9 Arbeitskampf Nr. 126 = NJW 1993, 1379; 26.6.1991 – 1 BvR 779/85, AP GG Art. 9 Arbeitskampf Nr. 117 = NZA 1991, 809.
[18] BVerfG 29.12.2004 – 1 BvR 2283/03, AP AEntG § 3 Nr. 2 = NZA 2005, 153; 24.4.1996 – 1 BvR 712/86, AP HRG § 57a Nr. 2 = NJW 1997, 513.
[19] *Löwisch/Rieble* Grundlagen Rn. 199.
[20] Siehe insgesamt zur Frage der staatlichen Mindestentgeltgesetzgebung und zur Tarifautonomie *Löwisch/Rieble* Grundlagen Rn. 209 ff.
[21] BVerfG 13.11.1985 – 4 AZR 234/84, AP GG Art. 3 Nr. 136 = NZA 1986, 321; JKOS/*Krause* § 1 Rn. 45.
[22] Dazu grundlegend *Vielmeier* Tarifzensur, 2013, S. 81 ff.; auch NK-TVG/*Ulber* Einl. C Rn. 264.
[23] *Löwisch/Rieble* Grundlagen Rn. 228 mit weiteren Beispielen.
[24] BAG 22.6.2010 – 1 AZR 179/09, AP GG Art. 9 Nr. 142 = NZA 2010, 1365; 20.1.2009 – 1 AZR 515/08, AP GG Art. 9 Nr. 137 = NZA 2009, 615; 28.2.2006 – 1 AZR 460/04, AP GG Art. 9 Nr. 127 = NZA 2006, 798.

der Grundrechtsausübung ist, kann die ältere – und im Grunde schlichte – Auffassung, die Tarifvertragsparteien wären über Art. 1 Abs. 3 GG unmittelbar an die Grundrechte gebunden,[25] nicht überzeugen: Die tarifliche Normsetzung basiert gerade nicht auf einer gesetzlichen Ermächtigung. Zudem käme es hier nur zu einer Grundrechtsverpflichtung des Tarifvertrags, nicht aber zur Berücksichtigung des Tarifvertrags als eigenes Instrument der Grundrechtsausübung.[26] Auch das bloße Abstellen auf den Rechtsnormcharakter der Tarifregelungen führt letztlich zu diesem unbefriedigenden Ergebnis.[27]

11   Deshalb wird (auf der anderen Seite) der Charakter des **Tarifvertrags als Äußerung der kollektiven Privatautonomie** in den Vordergrund gestellt.[28] Dieser ist nicht Ersatzgesetzgebung, die durch Delegation staatlicher Rechtssetzungsmacht legitimiert ist, wie die so genannte Delegationstheorie meint,[29] sondern Grundrechtsausübung zur Regelung der Arbeitsbedingungen – weshalb die **mittelbare Grundrechtsbindung** des Tarifvertrags im Rahmen der Schutzpflichtenlehre befürwortet wird.[30] Das ist vor dem Hintergrund des Tarifvertrags als privatautonomes Instrument sicher der richtige Ausgangspunkt. Die wesentliche Frage ist hier aber, in welcher Intensität der mittelbare grundrechtliche Schutz gegenüber den Normunterworfenen gefasst wird:[31] Der Konflikt zwischen den Grundrechtsträgern greift hier Platz. Auf der Schutzpflichtenlehre baut ein abwägender Ansatz auf, der die Normsetzungsbefugnis der Tarifvertragsparteien aufnimmt, den Grundrechten der Tarifgebundenen gegenüberstellt, und besonders mit Verhältnismäßigkeitsüberlegungen arbeitet.[32] Das ist in dieser Abstraktheit sicherlich nicht falsch, allerdings stellt sich auch hier die Frage nach dem Maßstab der Grundrechtsgewichtung. Ausgangspunkt muss hier sein, dass die Tarifautonomie kein Selbstzweck ist, sondern dem Ausgleich der individuellen Vertragsschwäche des Arbeitnehmers dient.[33] Deshalb wird man vorsichtig sein müssen, den Verbandseintritt mit der Folge eines abgemilderten Schutzes zu verbinden – weil dadurch in die grundrechtliche Belastung gleichsam eingewilligt wurde.[34] Richtig ist eine solche Belastungseinwilligung als grundrechtsbegrenzend nicht – weder für Freiheitsgrundrechte noch für das Gleichheitsgebot: Der Verbandsbeitritt erfolgt ja gerade, um Schutz zu finden und nicht, um sich grundrechtsbegrenzenden Regelungen zu unterwerfen.[35] Hier ist vieles ungeklärt, was sich insbesondere an der Rechtsprechung zur Bindung des Tarifvertrags an das Gleichheitsgebot zeigt (→ § 237 Rn. 60 ff.).[36]

---

[25] BAG 14.2.1968 – 4 AZR 275/67, AP TVG § 4 Effektivklausel Nr. 7 = NJW 1968, 1396; 2.6.1961 – 1 AZR 573/59, AP GG Art. 3 Nr. 68 = NJW 1961, 1837; 20.6.1958 – 1 AZR 245/57, AP TVG § 1 Rückführung Nr. 2 = BB 1958, 665; 23.3.1957 – 1 AZR 326/56, AP GG Art. 3 Nr. 16 = NJW 1957, 1376; 15.1.1955 – 1 AZR 305/54, AP GG Art. 3 Nr. 4 = NJW 1955, 684.
[26] ErfK/*Linsenmeier* GG Art. 9 Rn. 78.
[27] So aber *Löwisch* SAE 2001, 295 (297).
[28] BVerfG 11.7.2017 – 1 BvR 1571/15, ua, AP GG Art. 9 Nr. 151 = NJW 2017, 2523; NK-TVG/*Ulber* Einl. C Rn. 243, 278.
[29] Siehe BAG 15.1.1955 – 1 AZR 305/54, AP GG Art. 3 Nr. 4 = NJW 1955, 684.
[30] BAG 27.5.2004 – 6 AZR 129/03, AP TVG § 1 Gleichbehandlung Nr. 5 = NZA 2004, 1399; 11.3.1998 – 7 AZR 700/96, AP TVG § 1 Tarifverträge: Luftfahrt Nr. 12 = NZA 1998, 716; 25.2.1998 – 7 AZR 641/96, AP TVG § 1 Tarifverträge: Luftfahrt Nr. 11 = NZA 1998, 715; Thüsing/Braun/*Thüsing* 1. Kap. Rn. 31; ErfK/*Linsenmeier* GG Art. 9 Rn. 79.
[31] So auch *Löwisch/Rieble* § 1 Rn. 663.
[32] NK-TVG/*Ulber* Einl. C Rn. 304.
[33] *Löwisch/Rieble* § 1 Rn. 663.
[34] Besonders: *Dieterich* FS Schaub, S. 117; *Dieterich* FS Wiedemann, S. 229.
[35] Wiedemann/*Wiedemann* Einleitung Rn. 195.
[36] BAG 13.10.2010 – 5 AZR 378/09, AP TVG § 1 Tarifverträge: Verkehrsgewerbe Nr. 18 = FA 2011, 91; 27.5.2004 – 6 AZR 129/03, AP TVG § 1 Gleichbehandlung Nr. 5 = NZA 2004, 1399; 20.8.2002 – 9 AZR 353/01, AP GG Art. 6 Abs. 4 Mutterschutz Nr. 10 = NZA 2003, 333; 27.2.2002 – 9 AZR 38/01, EzA § 4 TVG Luftfahrt Nr. 5 = NZA 2002, 1232; 29.11.2001 – 4 AZR 762/00, AP GG Art. 3 Nr. 296 = DB 2002, 1838; 29.8.2001 – 4 AZR 352/00, AP GG Art. 3 Nr. 291 = NZA 2002, 863; 18.10.2000 – 10 AZR 503/99, AP TVG § 1 Tarifverträge: Bau Nr. 235 = NZA 2001, 508; 30.8.2000 – 4 AZR 563/99, AP TVG § 4 Geltungsbereich Nr. 25 = NZA 2001, 613.

IV. Weitere Verfassungsprinzipien   12–16 § 226

Hier kann als Argument für eine strengere grundrechtliche Überprüfung auch der Blick 12
darauf helfen, dass die Tarifbindung nicht nur durch Mitgliedschaft, sondern auch darüber
hinaus aufgrund staatlicher Tariferstreckung erfolgen kann. Dass der allgemeinverbindliche
Tarifvertrag und die über § 3 Abs. 2 TVG auch auf betriebliche Außenseiter wirkenden
Betriebsnormen der unmittelbaren Grundrechtsbindung unterliegen müssen, unterliegt
keinen Zweifeln, eine einheitliche Grundrechtsbindung spricht deshalb auch im Bereich
der mitgliedschaftlichen Bindung für eine strenge Bindung. Andere freilich wollen hier
anhand der Normart differenzieren: insbesondere Betriebsnormen sollen deshalb einer
stärkeren Grundrechtskontrolle unterliegen.[37]

IV. Weitere Verfassungsprinzipien

Das **Demokratieprinzip** des Art. 20 Abs. 1 GG ist für den Tarifvertrag als solches un- 13
mittelbar nicht maßgeblich. Das wird aber mit dem Hinweis bejaht, die tarifliche Willensbildung innerhalb des Verbandes müsse demokratisch erfolgen.[38] Daran ist richtig, dass der
Tarifvertrag seine Richtigkeitsgewähr nur dann beanspruchen kann, wenn es zu einer un-
beeinflussten und gleichberechtigten tarifbezogenen Willensbildung kommt – gerade deshalb muss die Koalition gegnerfrei und unabhängig sein (→ § 218 Rn. 60 ff.) und die
„demokratische" Willensbildung ist die Voraussetzung für die Tariffähigkeit einer Koalition. Es ist aber fraglich, ob dies auf Art. 20 Abs. 1 GG zurückgeführt werden sollte – der
Verband ist nicht der staatliche Regelungsgeber, sondern privater Zusammenschluss. In
jedem Falle aber müssen die Kernelemente des Demokratieprinzips – Willensbildung
durch unbeeinflusste Abstimmungen, Repräsentationsprinzip – hier belastbar gemacht
werden.

Aus dem **Rechtsstaatsprinzip** wird das Bestimmtheitsgebot der tariflichen Regelun- 14
gen abgeleitet.[39] Das bedeutet, dass tarifliche Normen einen hinreichend klaren und
deutlichen Inhalt haben müssen.[40] Dieses Gebot der Rechtsklarheit ist freilich allgemeine Voraussetzung der Normgebung – es lässt sich sowohl aus dem Rechtsstaatsprinzip
als auch aus rein privatrechtlichen Überlegungen ableiten.[41] Aus diesen Allgemeinen Erwägungen folgt auch der durch eine tarifliche Regelung ausgelöste Vertrauensschutz,
der Rückwirkungen der tariflichen Normen nur ausnahmsweise möglich macht
(→ § 218 Rn. 95).

Das **Sozialstaatsprinzip**, Art. 20 Abs. 1, 28 GG, wurde bisweilen als weitere Grund- 15
lage der Tarifautonomie begriffen.[42] Diesen Gedanken hat das BVerfG jüngst wieder aufgegriffen und als Grundlage einer Verpflichtung des Staates gesehen, ein funktionierendes
Tarifvertragssystem zu gewährleisten.[43] Das Sozialstaatsprinzip wird aber auf der anderen
Seite in Kombination mit den Grundrechten als (ergänzende) Grenze der Tarifautonomie
angesehen.[44]

Eine **Gemeinwohlbindung** des Tarifvertrags gibt es nicht.[45] Das liegt schon daran, 16
dass der Begriff des Gemeinwohls letztlich rechtlich wenig konturierbar und deshalb auch
nicht justiziabel ist.[46] Der Tarifvertrag muss sich an die gesetzlichen Grenzen halten, eine

---

[37] In diese Richtung ErfK/*Franzen* TVG § 1 Rn. 11; Dazu auch NK-TVG/*Ulber* Einl. C Rn. 315.
[38] Wiedemann/*Wiedemann* Einleitung Rn. 334; ErfK/*Franzen* TVG § 1 Rn. 12.
[39] BAG 29.1.1986 – 4 AZR 465/84, AP BAT 1975 §§ 22, 23 Nr. 115 = NZA 1986, 751; Wiedemann/
Wiedemann Einleitung Rn. 332; ErfK/*Franzen* TVG § 1 Rn. 12.
[40] JKOS/*Krause* § 1 Rn. 117.
[41] So auch JKOS/*Krause* § 1 Rn. 117.
[42] BVerfG 18.11.1954 – 1 BvR 629/52, AP GG Art. 9 Nr. 1 = NJW 1954, 1881.
[43] BVerfG 11.7.2017 – 1 BvR 1571/15, ua, AP GG Art. 9 Nr. 151 = NJW 2017, 2523; 3.4.2001 – 1 BvR
1681/94, 1 BvR 2491/94, 1 BvR 24/95, BVerfGE 103, 293 = NZS 2001, 314.
[44] BVerfG 27.4.1999 – 1 BvR 2203/93, 1 BvR 897/95, NZA 1999, 992; dazu insgesamt JKOS/*Krause* § 1
Rn. 55 f.; Wiedemann/*Wiedemann* Einleitung Rn. 333.
[45] Thüsing/Braun/*Thüsing* 1. Kap. Rn. 34; aA *Gamillscheg* KollArbR I § 7 III 1.
[46] Deutlich Wiedemann/*Wiedemann* Einleitung Rn. 344: „Der Einwände sind viele."; ErfK/*Linsenmeier* GG
Art. 9 Rn. 79; HMB/*Engels* Teil 1: „populäre Formulierung".

sonstige Prüfung anhand der Angemessenheit, auch in Bezug auf ein Gemeinwohl gibt es nicht. Gemeinwohlerwägungen können nur im Rahmen anderer verfassungsrechtlicher Rechte transportiert werden.[47]

---

[47] So wohl auch BVerfG 3.4.2001 – 1 BvL 32/97, AP BUrlG Kur § 10 Nr. 2 = NZA 2001, 777; 27.4.1999 – 1 BvR 2203/93, 1 BvR 897/95, NZA 1999, 992; HMB/*Engels* Teil 1 Rn. 49.

§ 227 Tarifvertrag und Europarecht

Schrifttum:
Bayreuther, Das Verhältnis zwischen dem nationalen Streikrecht und der EU-Wirtschaftsverfassung, EuZA 2008, 395; *Birk*, Arbeitskampf und Europarecht, FS 50 Jahre BAG, 2004, S. 1165; *Federhofer*, Europäisches Tarifrecht?, 2013; *Franzen*, Europäische Grundfreiheiten und nationales Arbeitskampfrecht, FS Buchner, 2009, S. 231; *Frenz*, Europäische Grundrechte und Grundfreiheiten im Arbeitsrecht, RdA 2011, 201; *Gerken/Rieble/Roth/Stein/Streinz*, „Mangold" als ausbrechender Rechtsakt, 2009; *Hanau*, Die Europäische Grundrechtecharta – Schein und Wirklichkeit im Arbeitsrecht, NZA 2010, 1; *Hartmann*, Zehn Jahre Viking und Laval: Zu Existenz und Notwendigkeit eines funktionalen Arbeitskampfbegriffs im Unionsrecht, EuZA 2018, 1; *Junker*, Europäische Grund- und Menschenrechte und das deutsche Arbeitsrecht (unter besonderer Berücksichtigung der Koalitionsfreiheit), ZfA 2013, 91; *Junker*, Europa und das deutsche Tarifrecht – was bewirkt der EuGH, ZfA 2009, 281; *Junker*, Kooperation oder Konfrontation der obersten Instanzen in Deutschland und Europa – Dargestellt am Beispiel des Streikrechts und der Kirchenautonomie, EuZA 2018, 304; *Krebber*, Soziale Rechte in der Gemeinschaftsrechtsordnung, RdA 2009, 224; *Krebber*, Die Unionsrechts- und Kompetenzakzessorietät des unionsrechtlichen Grundrechtsschutzes im Bereich des Arbeitsrechts: Grundsatz und Ausnahmen, EuZA 2016, 3; *Rebhahn*, Überlegungen zur Bedeutung der Charta der Grundrechte der EU für den Streik und für die Kollektive Rechtsgestaltung, GedS Heinze, 2005, S. 649; *Rebhahn*, Grundfreiheit vor Arbeitskampf – der Fall Viking, ZESAR 2008, 109; *Rebhahn*, Die Zukunft der Kollektivautonomie in Europa – Tarifautonomie im Rechtsvergleich, EuZA, 2010, 62; *Schubert*, Der Tarifvertrag in den Schranken Europas, ZfA 2013, 1; *Seifert*, Die Bedeutung von EMRK und GRCh für das deutsche kollektive Arbeitsrecht, EuZA 2013, 205; *Thüsing/Traut*, Zur begrenzten Reichweite der Koalitionsfreiheit im Unionsrecht, RdA 2012, 65; *v. Danwitz*, Grundfreiheiten und Kollektivautonomie, EuZA 2010, 6.

Übersicht

	Rn.
I. Überblick	1
II. Kein europäisches Tarifrecht	3
1. Keine unionsrechtliche Kompetenz	3
2. Unionsgrundrechte	7
3. EMRK	12
4. ESC	14
III. Bindung des Tarifvertrags	16
1. Primäres Unionsrecht	17
2. Sekundäres Unionsrecht	22

I. Überblick

Das – im weiteren Sinne – europäische Recht garantiert den Tarifvertrag als Mittel der Kollektivverhandlungen in unterschiedlicher Intensität. Während die Europäische Union über Art. 28 GRC zwar für die Anwendung des Unionsrechts das Recht auf Kollektivverhandlungen gewährleistet, enthält sie sich über Art. 153 Abs. 5 AEUV des eigenen gesetzgeberischen Zugriffs (→ Rn. 3 ff.). Deshalb gibt es kein „Unions-Tarifrecht". Wenig intensiv wirken auch die Gewährleistungen in EMRK und ESC (→ Rn. 12 ff.). 1

Größere Bedeutung hat das Unionsrecht aber als Grenze der Tarifmacht: Die Tarifvertragsparteien sind an primäres Unionsrecht gebunden und haben insbesondere die europäischen Grundfreiheiten zu beachten (→ Rn. 19). Das sekundäre Unionsrecht bindet sie – Verordnungen nach § 288 Abs. 2 AEUV ausgenommen – grundsätzlich nicht unmittelbar, sondern über die jeweilige Richtlinienkonformität der umsetzenden Gesetze. 2

II. Kein europäisches Tarifrecht

1. Keine unionsrechtliche Kompetenz

Der Unionsgesetzgeber hat keine Kompetenz auf dem Gebiet des Tarifrechts. Zwar könnte man Tarifvertragsverhandlungen und damit auch Tarifverträge grundsätzlich unter die Kompetenznorm des Art. 153 Abs. 1 lit. f AEUV fassen,[1] allerdings schließt die selbst 3

---

[1] So GHN/*Benecke* AEUV Art. 153 Rn. 104; Schwarze/*Rebhahn/Reiner* Art. 153 Rn. 65.

verordnete Inkompetenz in **Art. 153 Abs. 5 AEUV** die Zugriffsmöglichkeit des Unionsgesetzgebers, ein eigenes unionsrechtliches und damit supranationales Tarifvertragsrecht zu schaffen, sogleich wieder aus: Für Arbeitsentgelt, das Koalitionsrecht, das Streikrecht sowie das Aussperrungsrecht gilt Art. 153 AEUV insgesamt nicht. Weil die Art. 151 ff. AEUV abschließende Sonderregelungen sind, greift auch keine allgemeinere Kompetenzregelung.[2] Damit könnte nur ein solcher Teilbereich des Tarifrechts unionsrechtlich geregelt werden, der keine der in Art. 153 Abs. 5 AEUV genannten Regelungsbereiche betrifft. Das ist aber nicht vorstellbar, weil Tarifrecht immer Teil des Koalitionsrechts ist, weshalb Art. 153 Abs. 5 AEUV auch für das gesamte Tarifrecht gilt.[3]

4 Das wird unter Hinweis auf Art. 153 Abs. 1 AEUV anders gesehen und zumindest eine unterstützende und ergänzende unionsrechtliche Regelung für möglich gehalten, die dann aber lediglich in einem Mindestschutz bestehen sollte.[4] Richtig wird hier angemerkt, dass dies aber ebenfalls nicht zu einem unionsrechtlich begründeten Tarifrecht führen würde, weil die Zielrichtung des Art. 153 Abs. 1, 2 AEUV die nationalen Rechte sind – nicht aber ein unionsweit geltendes Tarifvertragssystem.[5]

5 Die Wirkung der Inkompetenzregelung des Art. 153 Abs. 5 AEUV erschöpft sich aber in der Anordnung, dass der Unionsgesetzgeber keine Rechtssetzungsakte erlassen darf, die direkt das Tarifrecht regeln. Die Anwendung sonstigen Unionsrechts auf tarifliche Sachverhalte hindert Art. 153 Abs. 5 AEUV nicht (→ Rn. 16 ff.),[6] weshalb die Bedeutung des Unionsrechts für das nationale Tarifrecht gleichsam „von unten her" gedacht werden muss: Tarifvertragsinhalte und Arbeitskampfmaßnahmen dürfen nicht gegen das primäre Unionsrecht verstoßen.

6 Der **Europäische Sozialpartnerdialog, der in Art. 155 AEUV** grundlegt ist, ermöglicht zunächst die Beteiligung der Sozialpartner an der Europäischen Regelungsgebung – indem eine Sozialpartnervereinbarung nach Art. 155 Abs. 1 AEUV über Art. 155 Abs. 2 AEUV zur Grundlage einer Richtliniengebung wird, wie dies etwa bei der Befristungs-RL[7] der Fall war. Das hat aber mit einem Europäischen Tarifrecht nichts zu tun, weil der eigentliche Regelungsakt ein Akt der Unionsgesetzgebung ist. Auf der anderen Seite sind auch die Europäischen Sozialpartnervereinbarungen im Sinne des Art. 155 Abs. 1 AEUV keine normativ wirkenden Tarifverträge und Instrument eines europäischen Tarifrechts im eigentlichen Sinne, weil solche Vereinbarungen letztlich nur schuldrechtlich binden und es für ihre Umsetzung ins nationale Recht auf die jeweils gegebenen nationalen Rechte ankommt. So ist etwa eine normative Wirkung einer solchen Vereinbarung nicht möglich.[8]

2. Unionsgrundrechte

7 Die Koalitionsfreiheit und damit als deren Teil auch die Freiheit zum Abschluss und zur Durchsetzung von Kollektivvereinbarungen und Tarifverträgen wird auch durch die Europäische Grundrechtecharta aufgegriffen. **Art. 12 Abs. 1 GRC** garantiert die Vereinigungsfreiheit: „Jede Person hat das Recht, sich insbesondere im politischen, gewerkschaftlichen und zivilgesellschaftlichen Bereich auf allen Ebenen frei und friedlich mit anderen zu versammeln und frei mit anderen zusammenzuschließen, was das Recht jeder Person umfasst, zum Schutz ihrer Interessen Gewerkschaften zu gründen und Gewerkschaften beizutreten". **Art. 28 der GRC** garantiert das Recht auf Kollektivverhandlungen und

---

[2] *Löwisch/Rieble* Grundlagen Rn. 472.
[3] Calliess/Ruffert/*Krebber* AEUV Art. 153 Rn. 12; *Löwisch/Rieble* Grundlagen Rn. 475.
[4] Schwarze/Rebhahn/*Reiner* Art. 153 Rn. 65.
[5] *Löwisch/Rieble* Grundlagen Rn. 476.
[6] EuGH 13. 9. 2011 – C-447/09, AP Richtlinie 2000/78/EG Nr. 23 = NZA 2011, 1039; 11. 12. 2007 – C-438/05, AP EG Art. 43 Nr. 3 = NZA 2008, 124; 18. 12. 2007 – C-341/05, AP EG Art. 49 Nr. 15 = NZA 2008, 159; Thüsing/Braun/*Thüsing* 1. Kap. Rn. 42.
[7] Richtlinie 1999/70/EG des Rates vom 28. 6. 1999 zu der EGB-UNICE-CEEP-Rahmenvereinbarung über befristete Arbeitsverträge, ABl. L 175/42.
[8] *Löwisch/Rieble* Grundlagen Rn. 479.

Kollektivvereinbarungen: „Arbeitnehmerinnen und Arbeitnehmer sowie Arbeitgeberinnen und Arbeitgeber oder ihre jeweiligen Organisationen haben nach dem Unionsrecht und den einzelstaatlichen Rechtsvorschriften und Gepflogenheiten das Recht, Tarifverträge auf den geeigneten Ebenen auszuhandeln und zu schließen sowie bei Interessenkonflikten kollektive Maßnahmen zur Verteidigung ihrer Interessen, einschließlich Streiks, zu ergreifen." Diese Gewährleistungen garantieren den Abschluss von Tarifverträgen und die Tarifautonomie,[9] gehen nach einhelliger Meinung nicht über den über Art. 9 Abs. 3 GG geschützten Bestand hinaus,[10] auch ein Auftrag an den Unionsgesetzgeber, ein eigenes Kollektivvertragsrecht zu schaffen, lässt sich hier nicht herauslesen.[11]

Jenseits der Frage nach der Intensität dieser Gewährleistungen steht aber, wann diese überhaupt greifen. Nach Art. 51 GRC ist die Wirkung der GRC auf die Anwendung und Durchführung des Unionsrechtes, dessen Bestandteil sie nach Art. 6 Abs. 2 EUV ist, begrenzt.[12] Damit wird freilich auch die praktische Bedeutung der Gewährleistungen der GRC für die Tarifautonomie geschmälert – weil die Union gerade keine Kompetenz für die Regelung des Tarifrechts und des Arbeitskampfrechtes hat, Art. 153 Abs. 3 AEUV. Damit kommt es vor allem in folgenden Bereichen zur Berücksichtigung der Art. 12, 28 GRC: in der Beziehung der Union zu ihren Beschäftigen selbst, bei der Interpretation der Grundfreiheiten und unionsgrundrechtlichen Grundsätzen, insbesondere als Schrankenschranke, und bei der Durchführung der unionsrechtlichen Richtlinien.[13]

Bedeutung hat die GRC deshalb in jüngerer Vergangenheit etwa bei der Auslegung der **BetriebsübergangsRL** erhalten. Der EuGH „entdeckte" die Gewährleistungen der Unternehmerfreiheit, Art. 16 GRC, und der negativen Koalitionsfreiheit, Art. 12, 28 GRC, bei der Beurteilung der Reichweite dynamischer Bezugnahme bei Betriebsübergang.[14] Die entsprechenden Judikate stellen entscheidungserheblich auf die GRC ab, konturieren aber die jeweiligen Schutzbereiche nicht allzu präzise. Zum anderen weisen sie eine im Ergebnis für die Praxis hohe Volatilität auf: So wurde die negative Koalitionsfreiheit und die Unternehmerfreiheit für den Betriebserwerber schon dann als gegeben angesehen, wenn er sich grundsätzlich und auch individualrechtlich von einer dynamischen Tarifbindung lösen kann (→ § 246 Rn. 64).

Insgesamt führt die auf die Durchführung des Unionsrechts beschränkte Bedeutung der GRC dazu, dass der Tarifvertrag nicht an deren Vorgabe gebunden ist – weil er selbst kein unionsrechtlicher Rechtsakt ist.[15]

Bereits vor Aufnahme der GRC in das Unionsrecht war die Koalitionsfreiheit als ungeschriebenes Unionsgrundrecht anerkannt.[16] Auch hier erfolgte die Kontur vor allem darüber, dass die Koalitionsfreiheit als Schranke der Grundfreiheiten gesehen wurde. Prominent geschah dies anhand zweier arbeitskampfrechtlicher Fälle, bei denen die Zulässigkeit von Arbeitskampfmaßnahmen gegenüber den Grundfreiheiten gemessen wurde: In der Entscheidung *Viking Line*[17] wurde das Streikrecht als unionsgrundrechtlich geschützt begriffen, das gegen die Niederlassungsfreiheit abgewogen wurde. Im Fall *Laval* wurde das Streikrecht gegen die Dienstleistungsfreiheit gesetzt.[18]

---

[9] NK-TVG/*Schiek* Einl. D Rn. 521.
[10] *Löwisch/Rieble* Grundlagen Rn. 283; siehe auch JKOS/*Krause* § 1 Rn. 155.
[11] JKOS/*Krause* § 1 Rn. 155.
[12] JKOS/*Krause* § 1 Rn. 164.
[13] Dazu auch NK-TVG/*Schiek* Einl. D Rn. 506.
[14] EuGH 27.4.2017 – C-680/15, C-681/15, AP Richtlinie 2001/23/EG Nr. 13 = NZA 2017, 571; 18.7.2013 – C-426/11, AP Richtlinie 2001/23/EG Nr. 10 = NZA 2013, 835.
[15] *Löwisch/Rieble* § 1 Rn. 672.
[16] Siehe nur EuGH 11.12.2007 – C-438/05, AP EG Art. 43 Nr. 3 = NZA 2008, 124; 21.9.1999 – C-115/97, C-116/97, C-117/97, AP EG-Vertrag Art. 85 Nr. 2 = NZA 2008, 201; dazu NK-TVG/*Schiek* Einl. D Rn. 517; JKOS/*Krause* § 1 Rn. 152.
[17] EuGH 11.12.2007 – C-438/05, AP EG Art. 43 Nr. 3 = NZA 2008, 124.
[18] EuGH 18.12.2007 – C-341/05, AP EG Art. 49 Nr. 15 = NZA 2008, 159.

3. EMRK

12 Art. 11 EMRK gewährleistet auf konventionsrechtlicher Ebene die Vereinigungsfreiheit. Die EMRK wirkt als ratifizierter völkerrechtlicher Vertrag wie ein einfaches Bundesgesetz, zudem – und wirkmächtiger – als Auslegungsinstrument für die Schutzbereichsbestimmung der Grundrechte.[19] In einer Reihe von Entscheidungen hat der EGMR die konventionsrechtlichen Gewährleistungen konkretisiert. Insgesamt ist der Schutzgehalt des Art. 11 EMRK, jedenfalls was das Tarifvertragsrecht als solches angeht, nicht weitergehend als der von Art. 9 Abs. 3 GG, und seine Dogmatik nicht wesentlich abweichend, so dass ein gleichsam eigenständiges konventionsrechtliches Tarifrecht nicht abzuleiten ist.[20] Die Gewährleistung der Vereinigungsfreiheit in Art. 11 EMRK stehen freilich nicht absolut – trifft sie auf eine durch ein anderes Menschenrecht geschützte Rechtsposition, so ist eine Abwägung beider – praktische Konkordanz – herbeizuführen.[21] In einer jüngeren Entscheidung hat der EGMR die Allgemeinverbindlichkeit eines Tarifvertrags über eine gemeinsame Einrichtung goutiert[22] – die negative Vereinigungsfreiheit sei wegen des fehlenden Eintrittsdrucks nicht verletzt, womit sich der EGMR der herrschenden Auffassung in Deutschland anschließt (→ § 218 Rn. 106). Auch Art. 1 des Zusatzprotokolls zur EMRK, der den Eigentumsschutz regelt, sei durch das Ziel des solidarischen Arbeitnehmerschutzes gedeckt.

13 Auf der anderen Seite ist die Rechtsprechung des EGMR zum durch Art. 11 EMRK geschützten Streikrecht weiter als dies für Art. 9 Abs. 3 GG begriffen wird,[23] weil Art. 11 EMRK grundsätzlich auch das Streikrecht der staatlich Bediensteten und damit der Beamten schützt – deshalb wird die Zulässigkeit des Ausschlusses aller Beamten in Deutschland hinterfragt. Das BVerfG hat nun in einer jüngeren Entscheidung ein solches Streikrecht abgelehnt (dazu weiter → § 218 Rn. 115).[24]

4. ESC

14 Teil 1 Nr. 6 der Europäischen Sozialcharta[25] des Europarates schützt das Recht auf Kollektivverhandlungen. Um die wirksame Ausübung des Rechtes auf Kollektivverhandlungen zu gewährleisten, verpflichten sich die Vertragsparteien in Teil 2 Art. 6, die gemeinsame Beratungen zwischen Arbeitnehmern und Arbeitgebern zu fördern; Verfahren für freiwillige Verhandlungen zwischen Arbeitgebern oder Arbeitgeberorganisationen einerseits und Arbeitnehmerorganisationen andererseits zu fördern, soweit dies notwendig und zweckmäßig ist, mit dem Ziele, die Beschäftigungsbedingungen durch Gesamtarbeitsverträge zu regeln; die Einrichtung und die Benutzung geeigneter Vermittlungs- und freiwilliger Schlichtungsverfahren zur Beilegung von Arbeitsstreitigkeiten zu fördern; das Recht der Arbeitnehmer und der Arbeitgeber auf kollektive Maßnahmen einschließlich des Streikrechts im Falle von Interessenkonflikten, vorbehaltlich etwaiger Verpflichtungen aus geltenden Gesamtarbeitsverträgen anzuerkennen.

15 Die Regelung führt (nur) zur Notwendigkeit der völkerrechtsfreundlichen Auslegung des nationalen Rechts, sie weist keine subjektiven Gewährleistungen auf.[26] Allerdings gibt es keinen maßgeblichen prägenden Einfluss der ESC auf das deutsche Tarifrecht.[27]

---

[19] BVerfG 12.6.2018 – 2 BvR 1738/12, ua, EzA-SD 2018, 13; 4.5.2011 – 2 BvR 2333/08, ua, BVerfGE 128, 326 = NJW 2011, 1931; 14.10.2004 – 2 BvR 1481/04, BVerfGE 111, 307 = NJW 2004, 3407; 26.2.2008 – 1 BvR 1602/07, ua, BVerfGE 120, 180 = JA 2009, 156.
[20] Siehe dazu EGMR 6.2.1976 – 5589/72, EGMR-E 1, 172; 27.10.1975 – 4464/70, EGMR-E 1, 158; 6.2.1976 – 5614/72, EGMR -E 1, 165.
[21] Siehe exemplarisch EGMR 9.7.2013 – 2330/09, NLMR 2013, 236.
[22] EGMR 2.6.2016 – 23646/09, NZA 2016, 1519.
[23] Siehe EGMR 12.11.2008 – 34503/97, NZA 2010, 1425; 21.4.2009 – 68759/01, NZA 2010, 1423.
[24] BVerfG 12.6.2018 – 2 BvR 1738/12, ua, NVwZ 2018, 1121.
[25] Gesetz vom 26.2.1965, BGBl. II 1262.
[26] BAG 19.6.2007 – 1 AZR 396/06, AP GG Art. 9 Arbeitskampf Nr. 173 = NZA 2007, 1055; *Löwisch/Rieble* Grundlagen Rn. 341; Wiedemann/*Thüsing* Einleitung Rn. 177.
[27] Wiedemann/*Thüsing* Einl. Rn. 177.

III. Bindung des Tarifvertrags

Zwar kennt das Unionsrecht kein eigenes Tarifvertragssystem – und darf es auch nicht kennen (→ Rn. 3) –, dass enthebt den Tarifvertrag aber nicht jeglicher unionsrechtlicher Beurteilung. Das Unionsrecht kann der Handlungsfreiheit der Tarifvertragsparteien Grenzen setzen, allerdings grundsätzlich nicht mehr als jedem anderen privaten Handeln auch; weil der Tarifvertrag private und nicht staatliche Regelungssetzung ist, ist es nicht angezeigt, die Qualität der unionsrechtlichen Bindung staatlichen Handelns auch auf Tarifverträge zu übertragen.[28] Dort, wo die Normgeltung auf der Grundlage staatlichen Handelns erstreckt wird, wie bei der Erklärung der Allgemeinverbindlichkeit, gilt freilich anderes.[29]

1. Primäres Unionsrecht

Die **unionsrechtlichen Diskriminierungsverbote** binden grundsätzlich auch die Tarifvertragsparteien unmittelbar.[30] Dass es sich nach nationaler Systematik bei den Tarifverträgen um Verträge Privater und gerade nicht um staatliche Rechtssetzungsakte handelt, ändert daran nichts.[31] Und auch die Inkompetenznorm des Art. 153 Abs. 5 AEUV führt zu keinen anderen Ergebnissen, weil diese das kollektivvertragliche Handeln nicht gänzlich aus dem Anwendungsbereich des Unionsrechts herausnimmt, sondern (lediglich) der Union den gesetzgeberischen Zugriff auf den Tarifvertrag verwehrt.

Ein Tarifvertrag darf nicht gegen das Gebot der Entgeltgleichheit nach § 157 AEUV verstoßen, und nicht nach der Nationalität unterscheiden, Art. 18 AEUV.[32] Eine Rechtfertigung für eine entsprechende Unterscheidung ist nicht möglich.[33] Hier ist nicht nur die unmittelbare, sondern auch die mittelbare Ungleichbehandlung erfasst.[34] Inwieweit das primärrechtliche Gleichbehandlungsgebot und die – über Art. 28 GRC geschützte – Gewährleistung der Tarifautonomie miteinander in Einklang gebracht werden können, ist noch nicht belastbar geklärt.[35] In der Tat lässt sich eine klare Linie des EuGH zwischen dem Gleichbehandlungsschutz und der Tarifvertragsfreiheit nicht ablesen.[36]

Eine weitere Beschränkung der Tarifmacht kann durch die primärrechtlichen **Grundfreiheiten** ausgelöst werden – weil sie kollektive Maßnahmen sind.[37] Der EuGH hat die Dienstleistungsfreiheit nach Art. 56 AEUV, die Niederlassungsfreiheit nach Art. 49 AEUV und die Arbeitnehmerfreizügigkeit nach Art. 45 AEUV als für das kollektivvertragliche Handeln maßgeblich angesehen.[38] Deshalb sind weder die tarifliche Vereinbarung noch die Verhandlungen um einen Kollektivvertrag – und also: der Arbeitskampf – primärrechtlich sakrosankt.[39] Im Kern geht es darum, dass die Grundfreiheiten nicht nur durch staatliche Vorgaben eingeschränkt und damit behindert werden können, sondern auch durch kollektive private Maßnahmen.

---

[28] Siehe dazu NK-TVG/*Schiek* Einl. D Rn. 523.
[29] NK-TVG/*Schiek* Einl. D Rn. 524.
[30] EuGH 12. 2. 1974 – 152/73, AP EWG-Vertrag Art. 177 Nr. 6 = Slg 1974, 153; BAG 6. 7. 1974 – 4 AZR 240/72, AP EWG-Vertrag Art. 177 Nr. 7 = NJW 1974, 2197; Thüsing/Braun/*Thüsing* 1. Kap Rn. 45; BeckOK ArbR/*Waas* TVG § 1 Rn. 109.
[31] Thüsing/Braun/*Thüsing* 1. Kap. Rn. 45.
[32] EuGH 8. 4. 1976 – C-43/75, NJW 1976, 2068; Thüsing/Braun/*Thüsing* 1. Kap. Rn. 4; JKOS/*Krause* § 1 Rn. 166.
[33] Für eine strenge Bindung NK-TVG/*Schiek* Einl. D Rn. 528.
[34] EuGH 10. 3. 2005 – C-196/02, AP EG Art. 141 Nr. 14 = NZA 2005, 807; 27. 10. 1993 – C-127/92, AP EWG-Vertrag Art. 119 Nr. 50 = NZA 1994, 797; 13. 5. 1986 – 170/84, AP EWG-Vertrag Art. 119 Nr. 10 = NZA 1986, 599.
[35] NK-TVG/*Schiek* Einl. D Rn. 529: Gewisse Widersprüchlichkeit in der Rechtsprechung des EuGH.
[36] Siehe EuGH 16. 7. 2007 – C-411/09; 12. 10. 2010 – C-49/09; 13. 9. 2010 – C-447/09.
[37] EuGH 18. 12. 2007 – C-341/05, AP EG Art. 49 Nr. 15 = NZA 2008, 159; 11. 12. 2007 – C-438/05, AP EG Art. 43 Nr. 3 = NZA 2008, 124.
[38] EuGH 18. 12. 2007 – C-341/05, AP EG Art. 49 Nr. 15 = NZA 2008, 159; 11. 12. 2007 – C-438/05, AP EG Art. 43 Nr. 3 = NZA 2008, 124.
[39] Thüsing/Braun/*Thüsing* 1. Kap. Rn. 42.

20 Ob es mit dem Mittel des unionsrechtlichen Grundrechtes (→ Rn. 7 ff.) gelingt, unmittelbare Rechtswirkungen auch für den Tarifvertrag auszulösen, ist umstritten[40] – so müsste sich der Tarifvertrag an das unionsrechtliche Verbot der Altersdiskriminierung halten.[41] Eine solche Bindung wäre aber, jenseits der Frage nach der dogmatischen Belastbarkeit dieser Grundrechte,[42] konsequent, weil ein Art. 51 GRC bei diesen Grundrechten nicht besteht. Gerade am Beispiel der Altersdiskriminierung zeigt sich, dass hier der Weg über die Richtlinienumsetzung gleichsam überholt wird. Freilich hat der EuGH selbst im Hinblick auf das Verbot der Altersdiskriminierung auf einen notwendigen gemeinschaftsrechtlichen Bezug abgestellt.[43]

21 Die Wettbewerbsregelungen der Art. 101, 102 AEUV erfassen den Tarifvertrag dagegen nicht. Der Tarifvertrag ist, obwohl er Kartellwirkung hat (→ § 221 Rn. 6 ff.), aus der Anwendung dieser marktregulierenden Vorschriften herausgenommen: Auslöser der Kartellwirkung ist die zwingende Wirkung des Tarifvertrags, die aber wiederum notwendiges Element des kollektiven Arbeitnehmerschutzes ist.[44] Deshalb darf das Kartellrecht diese zwingende Wirkung nicht aufbrechen.

2. Sekundäres Unionsrecht

22 Tarifverträge sind an die unmittelbar wirkenden Verordnungen im Sinne des Art. 288 Abs. 2 AEUV gebunden.[45] Das sagt Art. 7 Abs. 4 der FreizügigkeitsVO 492/2011[46] ausdrücklich, in dem die Nichtigkeit tariflicher Regelungen angeordnet wird, die den Gewährleistungen der Verordnung entgegenstehen. Deshalb sind Regelungen, die einen Arbeitnehmer in seiner Freizügigkeit hindern, grundsätzlich auch in Tarifverträgen nicht möglich.[47]

23 An die **unionsrechtlichen Richtlinien** ist der Tarifvertrag als Vereinbarung unter Privaten nicht unmittelbar gebunden, weil sie sich an den Mitgliedstaat zur Umsetzung richten, Art. 288 Abs. 3 AEUV.[48] Eine unmittelbare Wirkung nicht oder fehlerhaft umgesetzter Richtlinien gibt es deshalb grundsätzlich nicht – hier bleibt grundsätzlich der Schadensersatzanspruch gegen den Mitgliedstaat.[49] Die Tarifvertragsparteien selbst sind nicht „Staat", sondern private Regelungsgeber[50] und unterfallen deshalb bei nicht umgesetzten Richtlinien auch nicht der Rechtsprechung des EuGH zur unmittelbaren Wirkung nicht umgesetzter Richtlinien.[51]

24 Lediglich, wenn der Staat selbst als Arbeitgeber und Tarifvertragspartner auftritt, hat er sich unmittelbar an die Richtlinien zu halten – und kann sich umgekehrt nicht auf die

---

[40] Dagegen Thüsing/Braun/*Thüsing* 1. Kap. 45; JKOS/*Krause* § 1 Rn. 165; tendenziell ablehenend NK-TVG/*Schiek* Einl. D Rn. 513; grundsätzlich eine Bindung annehmend, aber die Leichtigkeit der Grundrechts„erfindung" kritisierend Löwisch/*Rieble* Grundlagen Rn. 673.
[41] EuGH 13.9.2011 – C 447/09, AP Richtlinie 2000/78/EG Nr. 23 = NZA 2011, 1039; 19.1.2010 – C-555/07, AP Richtlinie 2000/78/EG Nr. 14 = NZA 2010, 85; 22.11.2005 – C 144/04, AP Richtlinie 2000/78/EG Nr. 1 = NZA 2005, 1345.
[42] Siehe Gerken/Rieble/Roth/Stein/Streinz „Mangold" als ausbrechender Rechtsakt, passim.
[43] EuGH 23.9.2008 – C-427/06, AP Richtlinie 2000/78/EG Nr. 11 = NZA 2008, 1119.
[44] EuGH 21.9.2000 – C-222/98, Slg. 2000, I-7111; 21.9.1999 – C-67/96, AP EG-Vertrag Art. 85 Nr. 1 = JuS 2000, 609; 21.9.1999 – C-115/97, C-116/97, C-117/97, AP EGV Art. 85 Nr. 2 = NZA 2000, 201; JKOS/*Krause* § 1 Rn. 166.
[45] HMB/*Engels* Teil 1 Rn. 51.
[46] Verordnung (EU) Nr. 492/2011 des Europäischen Parlaments und des Rates vom 5.4.2011 über die Freizügigkeit der Arbeitnehmer innerhalb der Union, ABl. 141/1.
[47] Siehe dazu EuGH 15.1.1998 – C-15/96, AP EGV Art. 48 Nr. 1 = NZA 1998, 205; EuGH 15.12.1995 – C-415/93, AP BGB § 611 Berufssport Nr. 10 = NZA 1996, 191; JKOS/*Krause* § 1 Rn. 162; NK-TVG/*Schiek* Einl. D Rn. 548.
[48] JKOS/*Krause* § 1 Rn. 173; ErfK/*Franzen* TVG § 1 Rn. 9; NK-TVG/*Schiek* Einl. E Rn. 549; Wiedemann/*Thüsing* Einl. Rn. 119; HMB/*Engels* Teil 1 Rn. 51.
[49] EuGH 25.11.2010 – C-429/09, AP Richtlinie 2003/88/EG Nr. 4 = NZA 2011, 53.
[50] ErfK/*Franzen* TVG § 1 Rn. 9.
[51] EuGH 15.1.2014 – C-176/12, NZA 2014, 193.

III. Bindung des Tarifvertrags 25, 26 § 227

Richtlinienwidrigkeit einer Tarifregelung berufen.[52] Das gilt auch dann, wenn zwar eine privatrechtliche Verfasstheit, hier aber durch entsprechende Beteiligung eine beherrschende Stellung des Staats besteht.[53] Allein der Abschluss eines solchen Tarifvertrags mit einer Gewerkschaft führt unionsrechtlich nicht zu einer Herausnahme aus der Richtlinienbindung.[54] Eine Bindung an Richtlinien gibt es auch für den staatlichen Akt der Tarifnormerstreckung – so kann eine Erklärung der Allgemeinverbindlichkeit am richtlinienwidrigen Tarifinhalt scheitern.[55]

Die Richtlinien betreffen den Tarifvertrag deshalb vor allem durch die richtlinienkonforme Auslegung der umsetzenden Gesetze[56] (→ § 243 Rn. 55). 25

Auf der anderen Seite enthalten richtlinienumsetzende Gesetze auch „Öffnungen" für den Tarifvertrag, so dass nur durch sie von unionsrechtlich vorgegebenen Regelungen abgewichen werden kann, wie etwa in § 10 AGG. 26

---

[52] EuGH 22.4.2010 – C-486/08, AP Richtlinie 97/81/EG Nr. 1 = NZA 2010, 557; BAG 14.10.2004 – 6 AZR 564/03, AP BAT § 2 SR 2s Nr. 3 = FA 2004, 379; 16.5.2004 – 6 AZR 108/01, AP BAT-O § 23a Nr. 3 = NZA 2006, 283; siehe auch NK-TVG/*Schiek* Einl. E Rn. 549; ErfK/*Franzen* TVG § 1 Rn. 9; Wiedemann/*Thüsing* Einl. Rn. 119; HWK/*Tillmanns* AEUV Vorb. Rn. 16.
[53] JKOS/*Krause* § 1 Rn. 172.
[54] *Klumpp* NZA 2005, 848 (853).
[55] Allgemein NK-TVG/*Schiek* Einl. E Rn. 524; JKOS/*Krause* § 1 Rn. 172.
[56] NK-TVG/*Schiek* Einl. D Rn. 550; JKOS/*Krause* § 1 Rn. 174; HMB/*Engels* Teil 1 Rn. 53.

§ 228 Sonstige internationale Gewährleistungen des Tarifvertrags

Schrifttum:
Beyerlin, Die Koalitionsfreiheit der Arbeitnehmer in den Menschenrechtsinstrumenten der Vereinten Nationen, MPI für ausländisches öffentliches Recht und Völkerrecht (Hrsg.), Die Koalitionsfreiheit des Arbeitnehmers, Teil 2, 1980, S. 1153; *Böhmert,* Das Recht der ILO und sein Einfluß auf das deutsche Arbeitsrecht im Zeichen der europäischen Integration, 2002; *Däubler,* Die Implementation von ILO-Übereinkommen, FS Arbeitsgemeinschaft Arbeitsrecht im DAV, 2006, S. 1183; *Lörcher,* Die Normen der Internationalen Arbeitsorganisation und des Europarats – Ihre Bedeutung für das Arbeitsrecht der Bundesrepublik, AuR 1991, 97 ff.; *Lörcher,* Die Normenkontrolle in der IAO – Aktueller Stand und neue Entwicklungen, Bundesministerium für Arbeit und Sozialordnung/Bundesvereinigung der Deutschen Arbeitgeberverbände/DGB (Hrsg.), Weltfriede durch soziale Gerechtigkeit – 75 Jahre Internationale Arbeitsorganisation, 1994, S. 77; *Riedel,* Zur Durchsetzung wirtschaftlicher, sozialer und kultureller Rechte im Völkerrecht, Giegerich/Zimmermann (Hrsg.), Wirtschaftliche, soziale und kulturelle Rechte im globalen Zeitalter, 2008, S. 71; *Simma,* „Die vergessenen Rechte": Bemühungen zur Stärkung des VN-Sozialpakts, FS Zacher, 1998, S. 867; *Weiss,* Strategien zur Globalisierung arbeitsrechtlicher Mindeststandards, FS Richardi, 2007, S. 1093; *Wisskirchen,* Die normensetzende und normenüberwachende Tätigkeit der Internationalen Arbeitsorganisation (IAO), ZfA 2003, 691; *Zimmer,* Soziale Mindeststandards und ihre Durchsetzungsmechanismen, 2008.

Übersicht

	Rn.
I. Geringe Wirkungsmacht	1
II. ILO-Übereinkommen	2
III. Recht der Vereinten Nationen	6
IV. OSZE	9

I. Geringe Wirkungsmacht

1 In weiteren internationalen und supranationalen Gewährleistungen wird das Recht auf Koalitionsfreiheit, Kollektivvertragsverhandlungen und die kollektive Vereinbarung der Arbeitsbedingungen grundgelegt. Das gilt für die Übereinkommen der Internationalen Arbeitsorganisation (ILO, → Rn. 2 ff.), die Pakte der Vereinten Nationen über bürgerliche und soziale Rechte (→ Rn. 6 ff.) ebenso wie für Vereinbarungen im Rahmen der OSZE (→ Rn. 9). Für das deutsche Tarifrecht hatten alle diese Gewährleistungen bislang keine Bedeutung,[1] was zum einen an der gegenüber Art. 9 Abs. 3 GG zurückbleibenden Schutztiefe,[2] zum anderen und vor allem aber an der fehlenden Verbindlichkeit für das nationale Recht liegt.

II. ILO-Übereinkommen

2 Die Übereinkommen der Internationalen Arbeitsorganisation sind – sofern durch die Bundesrepublik ratifiziert – einfaches Bundesrecht. Allerdings sind sie an den Staat adressiert und deshalb grundsätzlich keine Grundlage für subjektives Recht einzelner.[3] Sie können aber im Rahmen der **völkerrechtsfreundlichen Auslegung des Verfassungsrechts** herangezogen werden.[4] Die Überwachung der ILO-Übereinkommen durch die zuständigen Sachverständigenausschüsse entfaltet keine Rechtswirkung in Deutschland, ihnen fehlt die verbindliche Qualität.[5] Das BVerfG nimmt deren Interpretation zwar in seine Entscheidungsfindung auf, dies allerdings nicht ausschlaggebend, weil die Gewährleistungen des Art. 9 Abs. 3 GG weiter gehen.[6] Ebenso sind die Empfehlungen der ILO unverbindlich, weil sie nicht ratifiziert werden.

---

[1] JKOS/*Krause* § 1 Rn. 177; auch Wiedemann/*Thüsing* Einl. Rn. 173.
[2] BVerfG 11.7.2017 – 1 BvR 1571/15, ua, AP GG Art. 9 Nr. 151 = NJW 2017, 2523.
[3] Wiedemann/*Thüsing* Einl. Rn. 175; auch NK-TVG/*Schiek* Einl. B Rn. 196.
[4] Siehe auch BVerfG 11.7.2017 – 1 BvR 1571/15, ua, AP GG Art. 9 Nr. 151 = NJW 2017, 2523; NK-TVG/*Schiek* Einl. B Rn. 197.
[5] *Löwisch/Rieble* Grundlagen Rn. 362.
[6] BVerfG 11.7.2017 – 1 BvR 1571/15, ua, AP GG Art. 9 Nr. 151 = NJW 2017, 2523.

Nach Art. 3 des **ILO-Übereinkommens Nr. 87** über die Vereinigungsfreiheit und den 3
Schutz des Vereinigungsrechts vom 4.7.1948[7] haben Arbeitnehmer und die Arbeitgeber
ohne jeden Unterschied das Recht, ohne vorherige Genehmigung Organisationen nach
eigener Wahl zu bilden und solchen Organisationen beizutreten, wobei lediglich die Bedingung gilt, dass sie deren Satzungen einhalten.

Das **ILO-Übereinkommen Nr. 98** über die Anwendung der Grundsätze des Vereinigungsrechtes und des Rechts zu Kollektivvereinbarungen,[8] das am 18.7.1951 in Kraft getreten ist, betrifft in Art. 4 die Gewährleistung des Kollektivvertrages: „Soweit erforderlich, sind den Landesverhältnissen angepasste Maßnahmen zu treffen, um im weitesten Umfang Entwicklung und Anwendung von Verfahren zu fördern, durch die Arbeitgeber oder Organisationen von Arbeitgebern einerseits und Organisationen von Arbeitnehmern andererseits freiwillig über den Abschluss von Gesamtarbeitsverträgen zur Regelung der Lohn- und Arbeitsbedingungen verhandeln können." 4

Die **ILO-Empfehlung Nr. 91** vom 29.6.1951 betreffend Gesamtarbeitsverträge sieht 5
unter anderem Vorgaben für das Verfahren für Kollektivverhandlungen, (Artikel I), die
begriffliche Bestimmung des Gesamtarbeitsvertrages (Artikel II), die Wirkungen der Gesamtarbeitsverträge (Artikel III), die Ausdehnung der Gesamtarbeitsverträge (Artikel IV)
und die Auslegung (Artikel V) vor. Weiter sind die Empfehlungen Nr. 92 vom 29.6.1951
betreffend das freiwillige Einigungs- und Schiedsverfahren und Nr. 113 vom 20.6.1960
betreffend die Beratung und Zusammenarbeit zwischen den Staatsorganen und den Arbeitgeber und Arbeitnehmerverbänden zu nennen.

III. Recht der Vereinten Nationen

Die **Allgemeine Erklärung der Menschenrechte** vom 10.12.1948 sieht in ihrem 6
Art. 23 Abs. 4 das Recht zur Bildung von Koalitionen vor; eine national für das Tarifrecht
belastbare Bedeutung hat die Menschenrechtserklärung nicht.[9]

Gewährleistet ist die Koalitionsfreiheit in Art. 8 Abs. 1 lit. a des **Internationalen Paktes über wirtschaftliche, soziale und kulturelle Rechte vom 16.12.1966 (IpwskR; Sozialpakt),**[10] hier ist das Recht eines jeden, zur Förderung und zum Schutz seiner wirtschaftlichen und sozialen Interessen Gewerkschaften zu bilden oder einer Gewerkschaft eigener Wahl beizutreten, geschützt. Art. 8c schützt die Betätigungsfreiheit der Gewerkschaften und Art. 8d das Streikrecht. Damit wird die kollektive Handlungsmöglichkeit für die Arbeitnehmerseite garantiert.[11] Verpflichtet werden aus dem Sozialpakt aber lediglich die Vertragsstaaten selbst, es folgt aber keine Bindung der Tarifvertragsparteien.[12] Zwar ist die Vorgabe bei der Auslegung nationalen Rechts zu berücksichtigen,[13] eine über Art. 9 Abs. 3 GG hinausgehende Bedeutung hat die Regelung nicht.[14] 7

Gleiches sieht Art. 22 Abs. 1 des **Internationalen Paktes über bürgerliche und politische Rechte vom 19.12.1966 (IPbpR)**[15] vor, nach dem jedermann das Recht hat, sich frei mit anderen zusammenzuschließen sowie zum Schutze seiner Interessen Gewerkschaften zu bilden und ihnen beizutreten. Zu beachten ist Art. 22 Abs. 1 als völkerrechtliche Verpflichtung bei der Auslegung des nationalen Rechts.[16] Inwieweit subjektive Rech- 8

---

[7] Ratifiziert durch Gesetz vom 20.12.1956, BGBl. II 2072.
[8] Ratifiziert durch Gesetz vom 23.12.1955, BGBl. II 1122.
[9] Wiedemann/*Thüsing* Einl. Rn. 173, siehe auch BVerfG 11.7.2017 – 1 BvR 1571/15, ua, AP GG Art. 9 Nr. 151 = NJW 2017, 2523.
[10] Ratifiziert 17.12.1973, BGBl. 1973 II, 1569; in Kraft seit 3.1.1976, BGBl. 1976 II, 428.
[11] Wiedemann/*Thüsing* Einleitung Rn. 178.
[12] Wiedemann/*Thüsing* Einleitung Rn. 179.
[13] *Löwisch/Rieble* Grundlagen Rn. 370.
[14] BVerfG 11.7.2017 – 1 BvR 1571/15, ua, AP GG Art. 9 Nr. 151 = NJW 2017, 2523.
[15] Ratifiziert Gesetz vom 15.11.1973, BGBl. 1973 II, 1533.
[16] *Löwisch/Rieble* Grundlagen Rn. 371.

te begründet werden, ist zwar nicht geklärt,[17] allerdings gehen die Gewährleistungen über Art. 9 Abs. 3 GG nicht hinaus.[18]

IV. OSZE

9 Durch Punkt 9.3. des **Dokuments des Kopenhagener Treffens über die menschliche Dimension der KSZE** vom 29.6.1990 wird die Vereinigungsfreiheit garantiert: „Das Recht der Gewerkschaftsgründung und – vorbehaltlich des allgemeinen Rechts einer Gewerkschaft, ihre eigenen Beitrittsbedingungen festzulegen – das Recht, einer Gewerkschaft frei beizutreten, werden gewährleistet. Diese Rechte schließen jede vorherige Kontrolle aus. Die Vereinigungsfreiheit der Arbeiter, einschließlich des Streikrechts, wird vorbehaltlich der im Gesetz vorgesehenen Einschränkungen und im Einklang mit internationalen Standards gewährleistet." Das Dokument hat keine innerstaatliche Verbindlichkeit.[19]

---

[17] Dazu NK-TVG/*Schiek* Einl. B Rn. 187; *Löwisch/Rieble* Grundlagen Rn. 371.
[18] BVerfG 11.7.2017 – 1 BvR 1571/15, ua, AP GG Art. 9 Nr. 151 = NJW 2017, 2523.
[19] *Löwisch/Rieble* Grundlagen Rn. 348.

§ 229 TVG als Regelungsquelle des Tarifvertrags

Schrifttum:
Dreschers, Die Entwicklung des Tarifvertragsrechts in Deutschland, 1994; *Heinze,* Gesetzliche und vertragliche Arbeitskampfordnung, FS Molitor, 1998, S. 159; *Herschel,* Zur Entstehung des Tarifvertragsgesetzes, ZfA 1973, 103; *Konzen,* Fünfzig Jahre richterliches Arbeitskampfrecht – Grundlagen, Bilanz, Weiterentwicklung, 2. BAG-FS, 2004, S. 515; *Leinenweber,* Landesschlichtungsgesetze?, 2011; *Kranz,* Landesarbeitskampfgesetze?, 2015; *Löwisch,* Föderalismusreform: Neue Gestaltungsspielräume der Länder mit Auswirkungen auf das Arbeitsrecht, FS Otto, 2008, S. 317; *Seiter,* Zur Gestaltung der Arbeitskampfordnung durch den Gesetzgeber, RdA 1986, 165; *Rieble/Leitmeier,* Landesgesetze über tarifliche Arbeitsbedingungen?, ZTR 2008, 237; *Scholz,* Arbeitsverfassung und Richterrecht, DB 1972, 1771.

Übersicht

	Rn.
I. TVG als Grundlage des Tarifrechts	1
II. Durchführungsverordnung (TVGDV)	7
III. Systembezug des TVG	9
1. Systematische zivilrechtliche Einbettung	10
2. Tarifmacht außerhalb des TVG	11
3. Tariffähigkeit außerhalb des TVG	12
4. TVG und Regelungen zur staatlichen Tarifnormerstreckung	14

I. TVG als Grundlage des Tarifrechts

Das Tarifvertragsgesetz[1] ist die **maßgebliche einfach-gesetzliche Regelungsquelle** des 1
Tarifrechts. In ihm hat das materielle Tarifvertragsrecht eine normierte Struktur gefunden – was etwa dem Arbeitskampfrecht bislang verwehrt ist.

Das TVG regelt in § 1 den möglichen Inhalt des Tarifvertrags und gibt damit die Tarif- 2
macht der Tarifvertragsparteien vor. Die möglichen Parteien des Tarifvertrags werden durch § 2 TVG festgeschrieben. Das Schriftformgebot des § 1 Abs. 2 TVG ist die einzige Vorschrift, die speziell den Abschluss des Tarifvertrags regelt. Den Umfang der Tarifbindung und die Wirkung der tariflichen Rechtsnormen regeln die §§ 3, 4 TVG, durch § 5 TVG (Allgemeinverbindlichkeit) kann die Tarifbindung auf durch § 3 TVG nicht erfasste Arbeitsverhältnisse ausgedehnt werden. § 4a TVG gibt einen Mechanismus zur Lösung betrieblicher Tarifkollisionen vor. Die §§ 6–8 TVG beschäftigen sich im weiteren Sinne mit der Publizität des Tarifvertrags (Tarifregister, Übersendungs- und Mitteilungspflichten, Bekanntgabe). § 9 TVG sieht eine erga omnes-Wirkung rechtskräftiger Entscheidungen zwischen Tarifvertragsparteien vor, § 10 TVG die Weitergeltung von Tarifordnungen. Während § 11 TVG die Ermächtigungsgrundlage für Durchführungsverordnungen zum TVG ist, definiert § 12 TVG unabhängig von § 2 Abs. 2 TVG den Begriff der Spitzenorganisation. § 12a TVG schließlich ordnet die entsprechende Anwendung des TVG für arbeitnehmerähnliche Personen an.

Dieser kursorische, an den Vorschriftenüberschriften orientierte Überblick zeigt, dass 3
das TVG ein (mit Einschränkung der in jüngerer Zeit eingefügten Änderungen) übersichtliches und „schlankes" Gesetz ist: In den Regelungen der §§ 1–5 TVG werden die Grundstrukturen des Tarifvertragsschlusses, des Tarifinhalts und der Tarifbindung strukturiert. Dabei regelt das TVG Grundbegriffe nicht, sondern setzt sie voraus – so etwa der Begriff der Gewerkschaft oder der Tariffähigkeit (→ § 232 Rn. 1 ff.) – und wesentliche Tarifinhalte werden nicht genannt, wie etwa die schuldrechtlichen Pflichten. Gerade in jüngerer Zeit arbeitet das Gesetz aber mit nur schwer handhabbaren Begriffen, wie etwa dem der „wirtschaftlichen Fehlentwicklung" in § 5 Abs. 1 S. 2 Nr. 2 TVG.

---

[1] BGBl. 1969 I 1323, Neubekanntmachung des Tarifvertragsgesetzes vom 9.4.1949, zuletzt geändert durch Gesetz vom 3.7.2015, BGBl. I 1130.

4 Das alles verdeutlicht, dass auch in diesem Bereich des Arbeitsrechts die Anwendung des Gesetzes durch richterliche Entscheidungen hervorragende Bedeutung hat. Wie verschiedene Judikate des BAG (originäre Tarifzuständigkeit hat der 4. Senat) zeigen, hat deshalb auch manche Rechtsprechungsänderung tiefgreifende Bedeutung für die Praxis: Das lässt sich nicht nur an den Entscheidungen zur Tariffähigkeit der Spitzenorganisation (→ § 232 Rn. 53) oder des Grundsatzes der Tarifeinheit im Betrieb ablesen (→ § 256 Rn. 18 ff.).

5 Das TVG wurde für lange Zeit im Wesentlichen unverändert gelassen: Änderungen gab es zwar punktuell,[2] so etwa zunächst 1952 zu den Voraussetzungen der Allgemeinverbindlichkeit[3] und 1953 zur Ausdehnung des Anwendungsbereichs des TVG auf die Länder der französischen Besatzungszone,[4] 1969 eine Neubekanntmachung[5] und inhaltlich kleinere Änderungen zu den Mitteilungs- und Übersendungspflichten[6] und 1974 zur Aufnahme der arbeitnehmerähnlichen Personen in § 12a TVG.[7] In der jüngeren Vergangenheit kam es jedoch zu einschneidenderen Änderungen. So reagierte der Gesetzgeber auf die schwindende tarifliche Bindung (→ § 222 Rn. 19) mit dem Tarifautonomiestärkungsgesetz vom 16.8.2014[8]: In § 5 TVG wurden die Voraussetzungen, unter denen ein Tarifvertrag allgemeinverbindlich erklärt werden kann, erleichtert: Insbesondere kommt es nicht mehr auf das 50 %-Quorum der Bindung an den Tarifvertrag nach § 5 Abs. 1 S. 1 Nr. 1 TVG aF an, sondern nunmehr lediglich auf die überwiegende Bedeutung des Tarifvertrags. Damit werden im Ergebnis für die Begründung des öffentlichen Interesses zwar immer noch das quantitative Moment der Tarifbindung herangezogen, diese Bindung aber durch eine „Orientierung" am Tarifvertrag ersetzt (→ § 248 Rn. 61 ff.), die auch durch schuldrechtliche Bezugnahme oder Anerkennungstarifvertrag erreicht werden kann. Damit wird – jenseits der ursprünglichen Konzeption des TVG – die Erstreckung der normativen Bindung durch staatlichen Unterstützungsakt erleichtert. Man kann diese Erleichterung auch als Aspekt einer grundlegenden Entwicklung begreifen: Sie ist im Verein mit der Ausdehnung der Möglichkeit, tarifbasierte Arbeitsbedingungen auf der Grundlage einer RVO nach dem AEntG zu erlassen (→ § 249 Rn. 1 ff.), Element einer stärker staatsgestützten und massiv unterstützten Tarifgeltung.

6 Auch eine andere Ergänzung des TVG war reaktiv und zielte im Ergebnis auf den erstarkten Gewerkschaftspluralismus: Mit dem Tarifeinheitsgesetz vom 3.7.2015[9] wurde erstmals die Auflösung einer Kollisionslage zwischen Tarifverträgen normiert, zuvor wurden die Lösungsgrundsätze richterrechtlich grundgelegt. § 4a TVG sieht für die Tarifkollision im Betrieb mehrerer sich in ihrem Geltungsbereich überschneidender Tarifverträge nunmehr das Mehrheitsprinzip vor (→ § 256 Rn. 45). Damit reagierte der Gesetzgeber auf die Änderung der Rechtsprechung des BAG, die eben jenen Tarifeinheitsgrundsatz bei Tarifpluralität im Jahr 2010 aufgegeben hatte (→ § 256 Rn. 18 ff.).

II. Durchführungsverordnung (TVGDV)

7 Das TVG wird durch die Verordnung zur Durchführung des Tarifvertragsgesetzes (Durchführungsverordnung, TVGDV) ergänzt.[10] Sie gründet auf der Ermächtigungsgrundlage des § 11 TVG und regelt in ihren §§ 1–12, 14, 17 das Verfahren der Erklärung der Allgemeinverbindlichkeit inklusive die Konstitution des Tarifausschusses und in den

---

[2] Siehe dazu die ausführliche Darstellung bei Wiedemann/*Oetker* Geschichte Rn. 58 ff.
[3] Durch Gesetz vom 11.1.1952, BGBl. I 19.
[4] Gesetz über die Erstreckung des Tarifvertragsgesetzes, vom 23.4.1953, BGBl. 1953 I 165.
[5] Vom 25.8.1969, BGBl. 1969 I 1323.
[6] Erstes Arbeitsrechtsbereinigungsgesetz vom 14.8.1969, BGBl. 1969 I 1106.
[7] Gesetz zur Änderung des Heimarbeitsgesetzes und anderer arbeitsrechtlicher Vorschriften vom 29.10.1974, BGBl. 1974 I 2879.
[8] BGBl. 2014 I 1348.
[9] BGBl. 2015 I 1130.
[10] In der Fassung der Bekanntmachung vom 16.1.1989, BGBl. 1989 I 76, zuletzt geändert durch Gesetz vom 18.7.2017, BGBl. 2017 I 2745.

§§ 14–16 das auf § 6 TVG basierende Tarifregister. § 11 TVG erlaubt, weil die in § 11 TVG ausdrücklich genannten und in der TVGDV umgesetzten Regelungsmaterien nicht abschließend sind („insbesondere"), weitere Durchführungsverordnungen, die freilich nicht die wesentlichen, durch das TVG selbst zu regelnden tarifrechtlichen Fragen betreffen können.[11] Eine solche weitere Verordnung gibt es aber bisher nicht.

Nach § 11 TVG müssen die Spitzenorganisationen nach § 12 TVG bei Erlass einer solchen Ordnung mitwirken. Welche Intensität diese Mitwirkung haben muss, ist umstritten. Die Meinungen gehen von einer bloßen Anhörung[12] bis hin zur Beratung.[13] Manche wollen die Intensität der Mitwirkung auch von der Bedeutung des Regelungsgegenstandes abhängig machen.[14] Gegen die letzte Auffassung spricht aber die Notwendigkeit des rechtssicheren Erlasses einer solchen Verordnung. 8

III. Systembezug des TVG

Das TVG regelt den Tarifvertrag und seine Bedeutung weder umfassend noch allein. Zahlreiche weitere Gesetze sind ebenfalls wichtige Regelungsgrundlage für den Tarifvertrag. 9

1. Systematische zivilrechtliche Einbettung

Der Tarifvertrag wird richtig als kollektiver privatrechtlicher Vertrag begriffen. Weil das TVG den Tarifvertragsschluss als solchen nur punktuell – durch das Schriftformgebot in § 1 Abs. 2 TVG und die Vorgaben der tariffähigen Parteien in § 2 TVG – regelt, kann und muss hier auf die allgemeinen rechtsgeschäftlichen Regelungen zurückgegriffen werden (→ § 234 Rn. 1 ff.). Dabei gilt der Grundsatz, dass die Vorgaben des BGB immer dann zu modifizieren sind, wenn der Charakter des Tarifvertrags als Normenvertrag dies verlangt (→ § 234 Rn. 4). Das betrifft – freilich nicht nur – etwa die Auslegung des Tarifvertrags (dazu → § 243 Rn. 1 ff.). 10

2. Tarifmacht außerhalb des TVG

Andere Gesetze nehmen die durch das TVG begründete Tarifmacht auf und ordnen etwa die Tarifdispositivität für die Arbeitsvertragsparteien zwingende Vorschriften an (so etwa in § 622 Abs. 4 BGB, § 13 BUrlG, § 7 ArbZG, § 4 Abs. 4 EFZG). Derartige Gesetze können die Tarifmacht aber auch über das TVG hinaus erweitern: wie etwa § 17 HAG, der Tarifverträge über Inhalt, Abschluss oder Beendigung von Vertragsverhältnissen der Heimarbeiter zwischen Gewerkschaften und Auftraggebern oder deren Vereinigungen ermöglicht. Für prozessuale Regelungen erweitern die §§ 48 Abs. 2, 101 Abs. 2 ArbGG die Tarifmacht, die nach dem TVG nicht für Verfahrensregelungen besteht (→ § 241 Rn. 1). Einen Sonderfall regelt das GesamthafenbetriebsG vom 3.8.1950,[15] das Arbeitgeberverbände und Gewerkschaften sowie einzelne Arbeitgeber und Gewerkschaften ermächtigt, durch schriftliche Vereinbarung einen besonderen Arbeitgeber für alle Hafenarbeiter eines Hafens zu schaffen. 11

3. Tariffähigkeit außerhalb des TVG

Die Tariffähigkeit ist in § 2 Abs. 1 TVG nicht legaldefiniert, sondern wird vorausgesetzt. Das TVG legt nur fest, wer tariffähig ist, nicht aber welche Voraussetzungen die Tariffähigkeit hat. Der Staatsvertrag vom 18.5.1990 über die Währungs-, Wirtschafts- und Sozialunion hat die Voraussetzungen der Tariffähigkeit im gemeinsamen Protokoll über Leitsätze unter A III 2 zwar genannt (→ § 232 Rn. 4). Allein kommt ihm keine verbindliche 12

---

[11] *Löwisch/Rieble* § 11 Rn. 2; NK-TVG/*Reinecke/Rachor* § 11 Rn. 8.
[12] *Löwisch/Rieble* § 5 Rn. 3.
[13] *Wiedemann/Oetker* Rn. 4.
[14] NK-TVG/*Reinecke/Rachor* § 11 Rn. 4.
[15] Gesetz über die Schaffung eines besonderen Arbeitgebers für Hafenarbeiter, BGBl. 1950 I 352.

Wirkung zu – weil er als völkerrechtlicher Vertrag obsolet ist. Die Rechtsprechung wendet ihn als Interpretationshilfe an – was wiederum im Ergebnis nicht wirkmächtig ist, weil die entsprechenden staatsvertraglichen Vereinbarungen ihrerseits auf der Rechtsprechung gründen (→ § 232 Rn. 16 ff.).

13 Eine Ausdehnung der Tariffähigkeit über den in § 2 TVG genannten Kreis hinaus findet sich in der HandwO: § 54 Nr. 1 HandwO sieht für die Handwerksinnungen die Möglichkeit vor, für ihre Mitglieder Tarifverträge abzuschließen und begründet so deren Tariffähigkeit (→ § 232 Rn. 78). Diese Möglichkeit des Tarifschlusses besteht allerdings nur, soweit und solange nicht der Innungsverband Tarifverträge abgeschlossen hat. Dieser wiederum ist nach § 82 Nr. 3 HandwO tariffähig.

4. TVG und Regelungen zur staatlichen Tarifnormerstreckung

14 Der Tarifvertrag regelt grundsätzlich die durch Mitgliedschaft tarifgebundenen Arbeitsverhältnisse. Das Gesetz nutzt den Tarifvertrag aber auch als Regelungsgrundlage für die Arbeitsbedingungen für nicht mitgliedschaftlich tarifgebundene Arbeitsverhältnisse. Mittel hierzu ist zum einen (und gleichsam hergebracht) die Möglichkeit, einen Tarifvertrag allgemeinverbindlich zu erklären, § 5 TVG (→ § 248 Rn. 1 ff.). Zum anderen aber dient der Tarifvertrag im Bereich der staatlichen Gesetzgebung zu den Mindestarbeitsbedingungen auch als Grundlage für Rechtsverordnungen in diesem Bereich. Grundlage ist hier das AEntG, das die Ermächtigung zum Erlass solcher branchenspezifischer Rechtsverordnungen auf tariflicher Basis ist (→ § 249 Rn. 1 ff.). Voraussetzung hierfür ist stets ein wirksamer Tarifvertrag – womit das TVG auch in die Bereiche staatlicher Tarifnormerstreckung und Mindestarbeitsbedingungen hineinstrahlt.

§ 230 Tarifvertrag als Normen- und Schuldvertrag

Schrifttum:
Bayreuther, Tarifautonomie als kollektiv ausgeübte Privatautonomie, 2005; *Biedenkopf,* Grenzen der Tarifautonomie, 1964; *Giesen,* Tarifvertragliche Gestaltung für den Betrieb, 2002; *Höpfner,* Die Tarifgeltung im Arbeitsverhältnis, 2015; *Krämer,* Die Richtigkeitsgewähr des Tarifvertrages, 2015; *Leydecker,* Das Urheberrecht am Tarifvertrag, GRUR 2007, 1030; *Molitor,* Außertarifliche Sozialpartnervereinbarungen, FS Stahlhacke 1995, S. 339; *Kahn-Freund,* Umfang der normativen Wirkung des Tarifvertrags, 1928; *Picker,* Die Tarifautonomie in der deutschen Arbeitsverfassung, 2000; *Picker,* Tarifautonomie – Betriebsautonomie – Privatautonomie, NZA 2002, 761; *Picker,* Tarifmacht und tarifvertragliche Arbeitsmarktpolitik, ZfA 1998, 573; *Rieble,* Der Tarifvertrag als kollektiv-privatautonomer Vertrag, ZfA 2000, 5; *Säcker,* Grundprobleme der kollektiven Koalitionsfreiheit, 1969; *Seiter,* Dauerrechtsbeziehungen zwischen Tarifvertragsparteien – Zur Lehre vom gesetzlichen Schuldverhältnis im kollektiven Arbeitsrecht – ZfA 1989, 283; *Schüren,* Legitimation tariflicher Normsetzung, 1990; *Waltermann,* Zu den Grundlagen der Rechtssetzung durch Tarifvertrag, FS Söllner, 2000, S. 1251.

Übersicht

	Rn.
I. Doppelnatur des Tarifvertrags	1
II. Tarifnormen als Rechtsnormen	5
1. Normwirkung und Rechtsnormcharakter	5
2. Richtigkeitsgewähr des Tarifvertrags	9
3. Legitimation von Norm- und Rechtssetzung	13
III. Tarifvertrag als Schuldvertrag	17

I. Doppelnatur des Tarifvertrags

Der Tarifvertrag ist privatrechtlicher Vertrag, der Rechtsnormen erzeugt.[1] Er ist beides: **1** Rechtsgeschäft, das die Vertragsparteien bindet und Regelungsquelle für die Tarifgebundenen, so hat der Tarifvertrag eine Doppelnatur.[2] Die Normsetzung erfolgt dabei gerade und notwendig durch Vertrag.[3]

Freilich ist es für die Einordnung eines Vertrages zwischen Tariffähigen als Tarifvertrag **2** nicht notwendig, dass Rechtsnormen gesetzt werden sollen: Auch rein schuldrechtliche Tarifverträge sind möglich.[4] Allerdings ist auch hier die tarifliche Regelungsmacht an die Vorgaben des TVG gekoppelt, reicht die Vereinbarung darüber hinaus, handelt es sich nicht um einen – im Zweifel erkämpfbaren – Tarifvertrag, sondern um eine Koalitionsvereinbarung, für die die Vorgaben und Privilegien des Tarifvertragsrechts nicht gelten (→ § 264 Rn. 1 ff.).

Gleichwohl sind der normative und der schuldrechtliche Teil des Tarifvertrags rechtlich **3** unterschiedlich determiniert. Das zeigt sich nicht nur im Hinblick auf die unmittelbare und zwingende Wirkung der Rechtsnormen, sondern auch weitergehend: So nehmen etwa grundsätzlich nur die normativen Tarifinhalte an der Nachbindung nach § 3 Abs. 3 TVG teil (→ § 245 Rn. 50 ff.) und nur sie sind es, die über § 613a Abs. 1 S. 2 BGB im Falle des Betriebsübergangs beim nicht tarifgebundenen Arbeitgeber weitergelten.

Weil der Tarifvertrag Rechtsgeschäft und Schuldvertrag ist, sind auf ihn grundsätzlich **4** auch die Vorschriften der rechtsgeschäftlichen und schuldrechtlichen Regelungen des BGB anwendbar (→ § 234 Rn. 1 ff.). Dies gilt allerdings stets mit Rücksicht auf den normativen Teil des Tarifvertrags: So steht etwa das Interesse der Normunterworfenen an Rechtssicherheit und Rechtsklarheit im Vordergrund, wenn die Auslegung der Tarifnormen nicht nach dem Konzept der §§ 133, 155 BGB, sondern nach objektiven, an der Gesetzesauslegung orientierten Parametern erfolgt (→ § 243 Rn. 2 ff.).

---

[1] NK-TVG/*Nebe* § 1 Rn. 36.
[2] Thüsing/Braun/*Thüsing* 1. Kap. Rn. 58: „Chimäre"; *Herschel,* Kollektives Arbeitsrecht, S. 104: „Körper: Vertrag, Seele: Gesetz"; dazu auch Wiedemann/*Thüsing* § 1 Rn. 226; NK-TVG/*Nebe* § 1 Rn. 40.
[3] Wiedemann/*Thüsing* § 1 Rn. 243.
[4] JKOS/*Krause* § 4 Rn. 1.

II. Tarifnormen als Rechtsnormen

1. Normwirkung und Rechtsnormcharakter

5 Tarifnormen wirken unmittelbar und zwingend, § 4 Abs. 1 TVG. Sie bedürfen zu ihrer Geltung im tarifgebundenen Arbeitsverhältnis nicht der einzelvertraglichen Umsetzung – es kommt zum Tarifautomatismus (→ § 251 Rn. 2). Weil sie nur zugunsten des Arbeitnehmers geändert werden können, setzen die Tarifnormen Mindestarbeitsbedingungen (→ § 231 Rn. 6).

6 Damit es zur Normwirkung kommt, bedarf es eines entsprechenden Willens der Tarifvertragsparteien, auch normierend regeln zu wollen: Ist ein solcher Normierungswille nicht erkennbar, so bleibt es bei der bloßen schuldrechtlichen tariflichen Regelung der Arbeitsbedingungen, die dann aber noch einzelvertraglich in das Arbeitsverhältnis transportiert werden muss.[5] Ob ein Normierungswille besteht – und, bezogen etwa auf die betriebliche Normgeltung nach § 3 Abs. 2 TVG in welchem Umfang[6] – ist durch Auslegung zu ermitteln, wobei die allgemeinen Vorgaben der Tarifauslegung heranzuziehen sind (→ § 243 Rn. 1 ff.). Richtig ist davon auszugehen, dass der Tarifvertrag im Zweifel zum Instrument der normativen Wirkung greifen will – weil dies die effektivste Form der Regelung der Arbeitsbedingungen ist.[7]

7 Die Normwirkung kann nur im Bereich der Tarifmacht eintreten, die durch § 1 Abs. 1 TVG vorgegeben wird: Für Abschluss-, Inhalts- und Beendigungsbedingungen, betriebliche und betriebsverfassungsrechtliche Fragen. Darüber besteht keine Tarifmacht. Deshalb können auch nicht tariffähige Koalitionen sich der Normwirkung nicht bedienen (→ § 236 Rn. 1 f.).

8 Tarifnormen sind Rechtsnormen im Sinne des Art. 2 EGBGB. Sie sind damit materiale Gesetze (→ § 231 Rn. 18). Damit sind das Gericht und die Verwaltung an die Rechtsnormen des Tarifvertrags von Amts wegen gebunden (→ § 251 Rn. 18). Zu den weiteren Folgen siehe → § 251 Rn. 20 ff.

2. Richtigkeitsgewähr des Tarifvertrags

9 Dem Tarifvertrag wird eine Richtigkeitsgewähr, eine Richtigkeitschance oder ein Richtigkeitsvertrauen zugesprochen,[8] die ihn wesentlich von der arbeitsvertraglichen Vereinbarung unterscheidet:[9] Aus dieser Richtigkeitsgewähr folgt auch der zurückhaltende Berichtigungsanspruch des Staates, der die in Art. 9 Abs. 3 GG grundgelegte Staatsferne der Regelung der Arbeits- und Wirtschaftsbedingungen (mit)garantiert. Gesetzlich sichtbares Zeichen dafür ist etwa die Herausnahme des Tarifvertrags aus der AGB-Kontrolle, § 310 Abs. 4 S. 1 BGB:[10] Eine richterliche Angemessenheitskontrolle verträgt sich mit der Richtigkeitsgewähr nicht. Weniger ausdrücklich setzt sie sich fort, wo es um die staatliche Ergänzung tariflicher Normen, durch ergänzende Vertragsauslegung geht. Ebenso basiert die Möglichkeit, im Rahmen der Tarifdispositivität von arbeitnehmerschützendem Recht nur durch Tarifvertrag zuungunsten des Arbeitnehmers abweichen zu können, maßgeblich auf der angenommenen Richtigkeitsgewähr des Tarifvertrags.[11]

10 Dabei sind es vor allem die verfahrensbezogenen Determinanten, die zu dieser Richtigkeitsgewähr führen: Verhandlungsblockaden können durch Arbeitskampf aufgelöst werden, die Tariffähigkeit wird als besondere Voraussetzung für die tarifschließenden Parteien gefordert, sie umfasst vor allem die soziale Mächtigkeit eines Verbandes (→ § 232

---

[5] *Löwisch/Rieble* § 1 Rn. 93 ff.
[6] *Löwisch/Rieble* § 1 Rn. 503 ff.
[7] Siehe etwa BAG 14. 4. 2004 – 4 AZR 232/03, AP TVG § 1 Auslegung Nr. 188 = NZA 2005, 178.
[8] BAG 18. 3. 2015 – 7 AZR 272/13, AP TzBfG § 14 Nr. 129 = NZA 2015, 821; 10. 6. 1980 – 1 AZR 822/79, AP GG Art. 9 Arbeitskampf Nr. 64 = NJW 1980, 1642; ErfK/*Franzen* TVG § 1 Rn. 13; ErfK/*Schmidt* GG Einleitung Rn. 46; JKOS/*Krause* § 1 Rn. 23; NK-TVG/*Nebe* § 1 Rn. 285.
[9] Tendenziell kritisch Wiedemann/*Thüsing* § 1 Rn. 256 ff.
[10] BT-Drs. 14/6857, 54; Wiedemann/*Thüsing* § 1 Rn. 247.
[11] Wiedemann/*Wiedemann* Einleitung Rn. 380; ErfK/*Preis* BGB § 310 Rn. 13.

Rn. 20 ff.). Gerade deshalb sind die Tarifvertragsparteien zur Bildung von Gegenmacht fähig und können so idealiter „zum Richtigen hin" verhandeln.[12]

Der Vertragsmechanismus zeigt auch den notwendigen Willensbezug auf: zum einen **11** kann nur das normativ geregelt werden, auf das sich die Tarifvertragsparteien geeinigt haben, diese Binse ist wesentlich für die Richtigkeitsgewähr des Tarifvertrags (→ § 237 Rn. 2). Zum anderen ist jede den Tarifvertrag konstituierende Willenserklärung selbst Ergebnis einer innerverbandlichen Willensbildung („Bündelungseffekt")[13]. Deshalb ist es gerade der Vertragscharakter, mit seiner notwendigen Konsensualität, der das Bild der Richtigkeitsgewähr maßgeblich grundlegt.

Deshalb muss der Inhalt des Tarifvertrags auch von maßgeblichem Dritteinfluss ge- **12** schützt werden. Das geschieht – *pars pro toto* – auf verschiedenen Ebenen: Zum einen ist die Gegnerfreiheit und Unabhängigkeit bereits notwendige Voraussetzung einer Koalition (→ § 218 Rn. 60 ff.) und die tarifbezogene Willensbildung des Verbandes darf nur durch die Mitglieder mit Tarifbindung erfolgen (→ § 223 Rn. 32); zum anderen gilt für den Abschluss des Tarifvertrags die alleinige Steuerung durch die Tarifvertragsparteien selbst – so darf etwa ein Stellvertreter zwar eingesetzt werden, allerdings nur, wenn die vertretenen Tarifvertragspartei stets Zugriff auf dessen Handeln hat (→ § 234 Rn. 23 ff.)[14] – und schließlich dürfen die Tarifvertragsparteien etwa den Inhalt des Tarifvertrags nur bedingt delegieren, indem sie etwa auf andere Tarifverträge verweisen, sie haben die Regelungsverantwortung selbst vorzunehmen (→ § 237 Rn. 5 ff.).

3. Legitimation von Norm- und Rechtssetzung

Grundlage der tariflichen Normwirkung ist die Mitgliedschaft der Normunterworfenen **13** im tarifschließenden Verband. Jede rein unmittelbar rechtsgeschäftliche Erklärung der Tarifwirkung,[15] wie etwa durch die Vertretertheorie,[16] die letztlich an der notwendigen Bevollmächtigung scheitert, oder auch der Verbandstheorie,[17] die letztlich eine arbeitsvertragliche Umsetzung verlangte, kann nicht überzeugen.

Ausgangspunkt für die Legitimation der tariflichen Normwirkung ist die durch Art. 9 **14** Abs. 3 GG grundgelegte Tarifautonomie, deren Basis die Bildung einer Koalition und damit der Verbandsbeitritt ist. Durch sie legitimiert das einzelne Verbandsmitglied das Verbandshandeln und damit auch den Tarifvertragsabschluss.[18] Damit wird die individuelle Vertragsautonomie zur kollektiven Privatautonomie,[19] die die Normwirkung letztlich trägt. Dieses Modell der auch so genannten Mandatstheorie[20] kann die Normwirkung besser erklären als die weiland herrschende Delegationstheorie, die auf die staatliche Ermächtigung zur Normsetzung verweist und damit auch die Normwirkung umfasst sieht.[21] Der Gedanke der kollektiven Privatautonomie lässt sich sehr zwanglos auf das Freiheitsrecht des Art. 9 Abs. 3 GG zurückführen. Dass das Gesetz in den §§ 1 Abs. 1, 4 Abs. 1 TVG die tariflichen Regelungen in den Rang von Rechtsnormen erheben, steht dem nicht entgegen – diese Anordnungen sind letztlich Ausgestaltung der Tarifautonomie.[22]

---

[12] Grundlegend zu diesem Vertragskonzept *Schmidt-Rimpler* AcP 141/1941, 130 ff.
[13] *Giesen* ZfA 2016, 153 (155); *Höpfner* Tarifgeltung, S. 506 ff.
[14] *Löwisch/Rieble* § 1 Rn. 52.
[15] Siehe auch *Jacobi* Grundlagen des Arbeitsrechts, 1927, S. 246 ff.
[16] *Lotmar* Arbeitsrecht, S. 798.
[17] *Sinzheimer* Arbeitsnormenvertrag, S. 74.
[18] *Rieble* ZfA 2000, 5 (12 ff.); siehe auch *Bötticher*, S. 16 ff.
[19] Dazu JKOS/*Krause* § 1 Rn. 24.
[20] Siehe nur BAG 18.3.2009 – 4 AZR 64/08, AP TVG § 3 Nr. 41 = NZA 2009, 1028; 18.7.2006 – 1 ABR 36/05, AP TVG § 2 Tarifzuständigkeit Nr. 19 = NZA 2006, 1225; BAG 21.7.2004 – 7 AZR 589/03, NZA 2004, 1352; NK-TVG/*Nebe* § 1 Rn. 65; *Löwisch/Rieble* § 3 Rn. 3; *Picker* ZfA 1998, 573.
[21] BAG 14.7.1961 – 1 AZR 154/60, AP Verf. NRW Art. 24 Nr. 1 = NJW 1961, 1942; 23.3.1957 – 1 AZR 326/56, AP TVG § 1 Nr. 8 = BB 1957, 857; 15.1.1955 – 1 AZR 305/54, AP GG Art. 3 Nr. 4 = NJW 1955, 684; *Säcker* Grundprobleme, S. 74; *Biedenkopf* Grenzen der Tarifautonomie, S. 102 ff.
[22] So richtig NK-TVG/*Nebe* § 1 Rn. 65.

15 Die Annahme einer, für die Frage der Grundrechtsbindung wichtigen (→ § 226 Rn. 10ff.), kollektiv-privatautonomen Legitimation der Tarifgeltung passt letztlich ohne jede Abstriche scheinbar nur auf die mitgliedschaftlich vermittelte Normbindung, nur bedingt aber auf die Möglichkeit der Außenseiterbindung an den Tarifvertrag, § 3 Abs. 2 TVG, die mitgliedschaftsunabhängigen Nachbindung, § 3 Abs. 3 TVG, die Nachwirkung, § 4 Abs. 5 TVG, und die staatliche Tarifnormerstreckung.[23] Jedenfalls § 3 Abs. 3 TVG und § 4 Abs. 5 TVG aber weisen einen starken mitgliedschaftlichen Bezug auf: Durch die ehemals bestandene Mitgliedschaft im einen und die Anknüpfung an die bereits erfolgte Tarifbindung im anderen Falle,[24] und auch bei der Bindung an betriebliche Normen findet sich ein mitgliedschaftlicher Anknüpfungspunkt: sie setzt die mitgliedschaftliche Tarifbindung des Arbeitgebers und darüber hinaus (nach richtiger Meinung) mindestens eines Arbeitnehmers im Betrieb voraus (→ § 240 Rn. 19). Die staatliche Tarifnormerstreckung im Wege der Erklärung der Allgemeinverbindlichkeit (→ § 248 Rn. 1ff.) und erst Recht im Wege der RVO nach den §§ 7, 7a AEntG sind dagegen für Außenseiter nicht mitgliedschaftlich zu legitimieren, hier fehlt es aber auch nicht an einer gesetzlichen Grundlage der Normgeltung.

16 Inhaltlich wird auf die bei verbandlichem Handeln gegebene fremdgesteuerte Regelbildung verwiesen, weil auch in der verbandlichen Willensbildung heteronom gesteuerte Willensbildungsprozesse stattfänden.[25] Diese Hinweise sind sicherlich belastbar, allerdings müssen sie nicht zu einer Abkehr vom privatautonomen Erklärungsmodell mit der Annahme einer Legitimationsgrundlage sui generis im Rahmen einer Vermischung von privatautonomer und staatlicher Legitimation[26] führen: Immerhin liegt auch in diesen Fällen ein autonomer, und auch Belastungen rechtfertigender Verbandsbeitritt vor.[27]

III. Tarifvertrag als Schuldvertrag

17 Der Tarifvertrag ist stets auch Schuldvertrag: Er regelt durch den Vertrag festgelegte Rechte und Pflichten der Tarifvertragsparteien. Dabei gilt das Prinzip der Vertragsrelativität: Schuldrechtliche Rechte und Pflichten binden deshalb (grundsätzlich, → § 257 Rn. 1ff.) nur die Tarifvertragsparteien selbst, nicht aber Dritte und deshalb auch nicht die der Wirkung der tariflichen Rechtsnormen unterworfenen Arbeitnehmer und Arbeitgeber.

18 Der Tarifvertrag ist Schuldverhältnis. Das umfasst auch den Bereich der Vertragsverhandlungen, bei dem die Pflichten des § 241 Abs. 2 BGB über § 311 BGB Anwendung finden, und es umfasst ebenso den nachvertraglichen Bereich und die sich daraus ergebenden Abwicklungspflichten. Auf beide Bereiche haben die Tarifvertragsparteien durch entsprechende Vereinbarung regelnden Zugriff – und können etwa so während der Vertragsverhandlungen oder nach Beendigung des Tarifvertrags die Friedenspflicht erweitern.

19 Eine dauerhafte schuldrechtliche Beziehung der Tarifvertragsparteien, die über den konkreten Tarifvertrag und allgemeine Rücksichtnahmepflichten hinausgeht, ist abzulehnen.[28] Es findet weder im TVG noch im allgemeinen Schuldrecht eine Stütze.

20 Der schuldrechtliche Inhalt des Tarifvertrags kann verschiedene Funktionen erfüllen: zum einen kann er der Unterstützung der Normwirkung dienen und so für diese flankierend wirken (dazu ausführlich → § 257 Rn. 1ff.), zum anderen aber kann er auch normersetzenden Zweck haben – und die Arbeitsbedingungen nicht normativ, sondern (und damit in der Intensität schwächer) auf schuldrechtlicher Grundlage regeln.

---

[23] Siehe etwa *Waltermann* FS Söllner, S. 1252 (1267 ff.); kritisch auch *Giesen* ZfA 2016, 153 (156).
[24] *Giesen* ZfA 2016, 153 (163).
[25] Wiedemann/*Thüsing* § 1 Rn. 58; kritisch auch ErfK/*Franzen* TVG § 1 Rn. 6.
[26] Wiedemann/*Thüsing* § 1 Rn. 58.
[27] So auch *Löwisch/Rieble* Grundlagen Rn. 32, die eine solche „hybride Gesamtschau" deshalb ablehnen.
[28] *Löwisch/Rieble* § 1 Rn. 1143.

III. Tarifvertrag als Schuldvertrag

Die maßgeblichen normflankierenden schuldrechtlichen Tarifpflichten sind die Friedenspflicht und die Durchführungspflicht (→ § 257 Rn. 5 ff.). Die Friedenspflicht verbietet den Arbeitskampf um den Inhalt geltender Tarifnormen, die Durchführungspflicht gebietet die Gewährleistung der Tarifanwendung. Beide sind jedem Tarifvertrag immanent, bedürfen also nicht der Vereinbarung durch die Tarifvertragsparteien, sie sind darüber hinaus auch vereinbarungsfest, als sie grundsätzlich nicht eingeschränkt werden können. Eine Erweiterung ist aber möglich. **21**

Wichtig sind schuldrechtliche Vereinbarungen im Zusammenhang mit gemeinsamen Einrichtungen (→ § 242 Rn. 6). Deren Errichtung kann regelmäßig nicht durch tarifliche Rechtsnormen erfolgen, sondern – weil gesellschaftsrechtliche Vorgaben zu beachten sind – im Tarifvertrag nur über entsprechende Errichtungspflichten vereinbart werden. Auch die spätere Durchführung der gemeinsamen Einrichtung wird durch tarifliche Verpflichtungen der Tarifvertragsparteien unterstützt. **22**

Tarifnormersetzende schuldrechtliche Vereinbarungen zielen auf die Arbeitsbedingungen (→ § 264 Rn. 1 ff.). Hier können die Tarifvertragsparteien all das tariflich-schuldrechtlich regeln, was auch im Rahmen der Tarifmacht des § 1 Abs. 1 TVG normativ zu regeln wäre. Haben die Tarifvertragsparteien keinen Normsetzungswillen, können sie zur schuldrechtlichen Abrede greifen. Diese wird freilich nicht unmittelbar in das Arbeitsverhältnis transportiert, sondern bedarf noch der arbeitsvertraglichen Übernahme, um letztlich im Arbeitsverhältnis wirksam zu sein. **23**

Weil der Tarifvertrag Schuldverhältnis ist, finden grundsätzlich die Regelungen des allgemeinen Schuldrechts Anwendung – freilich mit Einschränkungen: Die schuldrechtliche Wirkung des Tarifvertrags kann regelmäßig nicht ohne die Normierungswirkung gedacht werden. Deshalb scheidet etwa ein Zurückbehaltungsrecht für die Durchführungspflicht aus, wenn die andere Tarifvertragspartei tarifpflichtwidrig handelt. **24**

§ 231 Funktionen des Tarifvertrags

Schrifttum:
Bayreuther, Tarifautonomie als kollektiv ausgeübte Privatautonomie – Tarifrecht im Spannungsfeld von Arbeits-, Privat- und Wirtschaftsrecht, 2005; *Böhm*, Kartelle und Koalitionsfreiheit, 1933; *Dieterich*, Koalitionswettbewerb – Nutzung von Freiheit oder Störung der Ordnung?, GS Zachert, 2010, S. 532; *Giesen*, Tarifvertragliche Rechtsgestaltung für den Betrieb, 2002; *Greiner*, Rechtsfragen der Koalitions-, Tarif- und Arbeitskampfpluralität, 2010; *Hartmann*, Negative Tarifvertragsfreiheit im deutschen und europäischen Arbeitsrecht, 2014; *Konzen*, Vom „Neuen Kurs" zur sozialen Markwirtschaft, ZfA 1991, 379; *Löwisch*, Die Ausrichtung der tariflichen Lohnfestsetzung am gesamtwirtschaftlichen Gleichgewicht, RdA 1969, 129; *E. Picker*, Ursprungsidee und Wandlungstendenzen des Tarifvertragswesens. Ein Lehrstück zur Privatautonomie am Beispiel Otto v. Gierkes, GS Knobbe-Keuk, 1997, S. 879; *E. Picker*, Die Tarifautonomie in der deutschen Arbeitsverfassung, Walter-Raymond-Stiftung (Hrsg.) Tarifautonomie – Informationsgesellschaft – globale Wirtschaft, 1997; *E. Picker*, Die Regelung der „Arbeits- und Wirtschaftsbedingungen" – Vertragsprinzip oder Kampfprinzip, ZfA 1986, 199; *Richardi*, Koalitionsfreiheit und Tariffähigkeit, FS Wißmann, 2005, S. 158; *Richardi*, Normsetzung und Normgeltung im kollektiven Arbeitsrecht, ZfA 2014, 395; *Rieble*, Der Tarifvertrag als kollektiv-privatautonomer Vertrag, ZfA 2000, 5; *Rieble*, Walter Eucken und die Frage nach der Arbeitsmarktordnung, GS Eucken, 2000, S. 199; *Söllner*, Der Flächentarifvertrag – ein Kartell?, JArbR 35, 1998, S. 21; *Waltermann*, Zu den Grundlagen der Rechtsetzung durch Tarifvertrag, FS Söllner, 2000, S. 1251; *Wiedemann*, Die deutschen Gewerkschaften – Mitgliederverband oder Berufsorgan?, RdA 1969, 321; *Wiedemann*, Die Gestaltungsaufgaben der Tarifvertragsparteien, RdA 1997, 297; *Zacher*, Gewerkschaften in der rechtsstaatlichen Demokratie einer Arbeitnehmergesellschaft, FS Böhm, 1975, S. 707; *Zohlnhöfer* (Hrsg.), Tarifautonomie auf dem Prüfstand, 1996; *Zöllner*, Arbeitsrecht und Marktwirtschaft, ZfA 1994, 423.

Übersicht

	Rn.
I. Bedeutung der Funktionen des Tarifvertrags	1
II. Schutzfunktion	6
III. Friedensfunktion	10
IV. Verteilungsfunktion?	14
V. Ordnungsfunktion?	17
VI. Kartellwirkung	22

I. Bedeutung der Funktionen des Tarifvertrags

1 Die Funktionen, die der Tarifvertrag und damit die Tarifautonomie im arbeitsrechtlichen System erfüllen sollen, sind gesetzlich nur undeutlich konturiert. Undeutlich nennt § 1 S. 2 AEntG als Funktionen der Tarifautonomie die Ordnungs- und Befriedungsfunktion und erst seit dem Tarifeinheitsgesetz nimmt das TVG selbst in § 4a Abs. 1 überhaupt auf die Funktionen des Tarifvertrags Bezug – danach hat der Tarifvertrag eine Schutzfunktion, eine Verteilungsfunktion, eine Befriedungsfunktion und eine Ordnungsfunktion. Freilich bleibt zum einen auch mit dieser gesetzlichen Aufzählung der Inhalt der genannten Funktionen in weiten Bereichen im Dunkeln, zum anderen handelt es sich um spezielle, der Auflösung von Tarifkollisionen zugrundeliegende Funktionsbeschreibungen, die sich deshalb nur in ihrem jeweiligen Betriebsbezug, nicht aber als allgemeine Tarifvertragsfunktionen erklären lassen.[1] Insgesamt ist die Klärung der Funktionen des Tarifvertrags deshalb bedeutsam, weil der Gesetzgeber die Funktionalität des Tarifsystems zu gewährleisten hat und dieses Ziel gesetzliche Ausgestaltungen der oder Eingriffe in die Koalitionsfreiheit unter Berücksichtigung des Verhältnismäßigkeitsgrundsatzes zu rechtfertigen vermag.[2]

2 Wichtig ist zunächst der **Bezugspunkt der Funktionen des Tarifvertrags.** Dieser kann sich auf seine Funktion für das mitgliedschaftlich tarifgebundene Arbeitsverhältnis beziehen. Das entspricht auch den Grundsätzen des tarifautonom zu gestaltenden und damit auf der Mitgliedschaft von Arbeitgeber und Arbeitnehmer aufbauenden Systems der kollektiven Festlegung der Arbeitsbedingungen: Der Tarifvertrag ist in seinem Ausgangs-

---

[1] Siehe hier BT-Drs. 18/4062, 8 ff.
[2] BVerfG 11.7.2017 – 1 BvR 1571/15 ua, AP GG Art. 9 Nr. 151 = NZA 2017, 915.

punkt funktionabel auf das mitgliedschaftlich tarifgebundene Arbeitsverhältnis ausgerichtet. Dass die Regelung des einzelnen Arbeitsverhältnisses in summa stets auch eine reflektierende Wirkung auf die Gesamtheit der Arbeitsverhältnisse hat, ist zwangsläufig. Diese Wirkung der tariflichen Regelungen über das einzelne Arbeitsverhältnis hinaus darf aber nicht mit einer tarifvertraglichen Funktion verwechselt werden (→ Rn. 17 ff.).

Zentral für die Frage nach der Funktion des Tarifvertrags ist die Einordnung der **Tarifautonomie als kollektiven Privatautonomie** (→ § 218 Rn. 12).³ Der Tarifvertrag ist zuerst Vertrag, der zumindest auf der Seite der Arbeitnehmer stets durch einen freiwilligen Verband geschlossen wird. Diese Verbände dienen der Interessenvertretung und -wahrnehmung der Verbandsmitglieder. Deren Frucht ist der Tarifvertrag als zentrales rechtliches Mittel zur Regelung der Arbeitsbedingungen. Bei aller Kritik (→ § 238 Rn. 15) an dieser Theorie der kollektiven Privatautonomie, so ist sie doch Grundlage des Tarifsystems und damit auch Maßstab für die Funktionen, die dem Tarifvertrag zukommen sollen. Ganz wesentlich bedeutet das, dass alle die Funktionen, die letztlich jenseits der sich auf die Mitgliedschaft beziehenden Platz greifen wollen – wie etwa eine allgemeine Verteilungs- oder Ordnungsfunktion – scheitern müssen.⁴

Freilich werden die Funktionen des Tarifvertrags oft auch über dieses mitgliedschaftlich Arbeitsverhältnis hinaus fruchtbar gemacht, so dass sie auch etwa für die Begründung einer staatlichen Tarifnormerstreckung – wie bei der Schutzfunktion und den Voraussetzungen der Allgemeinverbindlichkeit, § 5 TVG – oder als Grundlage für die Ausdehnung einer Normorientierung am Tarifvertrag auch für gänzlich Tarifungebundenen Arbeitsverhältnissen dienen. So etwa, wenn man bei der Feststellung des Missverhältnisses beim Wucherlohn auf den tariflichen Standard als solchen verweist⁵ oder (lediglich) den Tariflohn als übliche Vergütung im Sinne des § 612 BGB ansieht.⁶ Eine Ausdehnung der dem Tarifvertrag zugeschriebenen Funktionen auch auf nicht tarifgebundene Arbeitsverhältnisse widerspricht aber grundsätzlich der auf der Grundlage des Art. 9 Abs. 3 GG ausgebildeten Tarifautonomie, bei der der Tarifvertrag richtig als Instrument der kollektiven Privatautonomie begriffen wird und bei der deshalb die Bedeutung des Tarifvertrags für das einzelne, mitgliedschaftlich gebundene Arbeitsverhältnis maßgeblich ist.

§ 4a Abs. 1 TVG wiederum will die Schutz- und Befriedungsfunktion des Tarifvertrags betriebsbezogen verstehen und zu ihrer Sicherung bei Tarifkollision nur den Mehrheitstarifvertrag anwenden. Das hat aber mit der Grundkonzeption des Art. 9 Abs. 3 S. 1 GG nichts zu tun.

II. Schutzfunktion

Der Tarifvertrag ist zunächst ein Regelungsinstrument der kollektiven Interessenwahrnehmung.⁷ Durch die Kollektivierung insbesondere der Arbeitnehmer wird das im Individualarbeitsverhältnis angenommene **strukturelle Ungleichgewicht zwischen Arbeitgeber und Arbeitnehmer** aufgebrochen, der Tarifvertrag mit seiner Richtigkeitsgewähr wird zwischen Gewerkschaft und Arbeitgeberverband oder einzelnem Arbeitgeber auf der Grundlage der realisierbaren Gegenmacht geschlossen.⁸ Die Rechtsnormen des Tarifvertrags wirken nach § 4 Abs. 1 TVG normativ und somit unmittelbar und zwingend, so dass

---

³ BVerfG 11.7.2017 – 1 BvR 1571/15 ua, AP GG Art. 9 Nr. 151 = NZA 2017, 915; BVerfG 26.6.1991 – 1 BvR 779/85, AP GG Art. 9 Arbeitskampf Nr. 117 = NZA 1991, 809; BVerfG 4.7.1995 – 1 BvF 2/86, ua NZA 1995, 754 = NJW 1996, 185; ErfK/*Linsenmaier* GG Art. 9 Rn. 55.
⁴ *Löwisch/Rieble* Einl. Rn. 34 ff.
⁵ BAG 18.4.2012 – 5 AZR 630/10, NZA 2012, 978; BAG 22.4.2009 – 5 AZR 436/08, NZA 2009, 837.
⁶ BAG 28.9.1994 – 4 AZR 619/93, AP BeschFG § 2 Nr. 38; BAG 26.5.1993 – 4 AZR 461/92, NZA 1993, 1049.
⁷ Wiedemann/*Wiedemann* Einl. Rn. 3 ff.
⁸ BVerfG 11.7.2017 – 1 BvR 1571/15 ua, AP GG Art. 9 Nr. 151 = NZA 2017, 915; BVerfG 26.6.1991 – 1 BvR 779/85, AP GG Art. 9 Arbeitskampf Nr. 117 = NZA 1991, 809; *Löwisch/Rieble* Grundlagen Rn. 26.

sie zum einen ohne weiteren Transformationsakt im Arbeitsverhältnis wirksam werden und grundsätzlich nur zugunsten des Arbeitnehmers durch andere Abmachungen ersetzt werden können. Damit setzten die tariflichen Normen Mindestarbeitsbedingungen für das Arbeitsverhältnis und diesen so dem Arbeitnehmerschutz.[9] Dieser Arbeitnehmerschutz ist aber – im Gegensatz zum gesetzlichen – daran geknüpft, dass die Arbeitnehmer durch Gründung oder Beitritt zur Gewerkschaft ein entsprechendes Gegengewicht zur Arbeitgeberseite schaffen, was Art. 9 Abs. 3 GG zulässt.[10]

7 Diese Schutzfunktion des Tarifvertrags steht neben dem durch die gesetzlichen Regelungen – wie etwa MiLoG, KSchG – begründeten Mindestschutz, kommt aber im Ausgangspunkt zunächst nur den gewerkschaftsgebundenen Arbeitnehmern zu Gute. In der Praxis freilich wird für die weit überwiegende Anzahl der Arbeitsverhältnisse die schuldrechtliche Bezugnahme auf einen Tarifvertrag vereinbart, so dass weite Bereiche tarifgeprägt sind und durch den Tarifvertrag einen qualitativen Mindestschutz erfahren – der freilich im Falle der bloßen Bezugnahme ebenfalls wieder frei abdingbar ist.

8 Der durch den Tarifvertrag grundgelegte Mindestschutz ist aber reversibel: Die Tarifvertragsparteien können ein bereits erreichtes Schutzniveau wieder zurücknehmen und so etwa den zunächst vereinbarten Ausschluss der ordentlichen Kündbarkeit durch neuen Tarifvertrag wieder revidieren. Dies ist bis zum Niveau des gesetzlichen zwingenden Rechts möglich, im Fall des tarifdispositiven Gesetzesrechts kann der Tarifvertrag auch unter das gesetzliche Niveau fallen, was dem Arbeitsvertrag nicht möglich ist.

9 Die in § 4a Abs. 1 TVG genannte Schutzfunktion greift dies alles zwar auf, allerdings führt die Durchführung der Regelungen zur Auflösung der Tarifkollision paradoxerweise zu einer Absenkung des tariflichen Schutzes: Der nach der Majoritätsfeststellung nicht anwendbare Minderheitentarifvertrag kann sein relative Schutzfunktion nicht entfalten, weil ihm die normative Wirkung genommen ist. Der Majoritätstarifvertrag wiederum wirkt normativ nur für die Mitglieder der tarifschließenden Gewerkschaft – führt also nicht zu einer Ausdehnung des Tarifschutzes auch auf Außenseiter.

III. Friedensfunktion

10 Auf der Grundlage der schuldrechtlich im Tarifvertrag verankerten Friedenspflicht kommt dem Tarifvertrag auch eine Befriedungsfunktion zu:[11] Auf ihrer Grundlage sind während der Dauer der Geltung des Tarifvertrags **Arbeitskampfmaßnahmen zur Durchsetzung im Tarifvertrag selbst bereits geregelter Sachverhalte unzulässig.** Diese relative Friedenspflicht, die der Tarifvertrag auslöst, führt für die Arbeitsvertragsparteien zunächst zu einer beidseitigen Planungssicherheit, weil die Arbeitsbedingungen nicht durch Arbeitskampf erzwungenen Neuabschluss eines Tarifvertrags in Frage gestellt werden können – wobei diese Sicherheit keine absolute ist, weil die Tarifvertragsparteien selbst auch ohne Arbeitskampf zur Tarifänderung schreiten können. Zudem wirkt die Friedensfunktion relativ, so dass Arbeitskämpfe um andere Tarifinhalte geführt werden können.

11 Für den Arbeitgeber als Unternehmer bedeutet die Friedensfunktion des Tarifvertrags unternehmerische Planungssicherheit,[12] weil die durch den Tarifvertrag ausgelösten Personalkosten stabil sind und in die Kalkulation für weitere unternehmerische Entscheidungen eingebracht werden können. Die Friedensfunktion des Tarifvertrags hat allgemein den Reflex, dass durch weniger Arbeitskämpfe die volkswirtschaftlichen Ressourcen geschont werden.

---

[9] BVerfG 26.6.1991 – 1 BvR 779/85, AP GG Art. 9 Arbeitskampf Nr. 117 = NZA 1991, 809; Wiedemann/*Wiedemann* Einleitung Rn. 3 ff.; ErfK/*Franzen* TVG § 1 Rn. 2; BeckOK ArbR/*Waas* TVG § 1 Rn. 12; JKOS/*Krause* § 1 Rn. 22; HWK/*Henssler* Einl. TVG Rn. 9.
[10] *Löwisch/Rieble* Grundlagen Rn. 28.
[11] BVerfG 1.3.1979 – 1 BvR 532, 533/77, 419/78, 1 BvL 21/78, BVerfGE 50, 290 = NJW 1979, 699; Wiedemann/*Wiedemann* Einl. Rn. 20; ErfK/*Franzen* TVG § 1 Rn. 2.; BeckOK ArbR/*Waas* TVG § 1 Rn. 12; JKOS/*Krause* § 1 Rn. 31; HWK/*Henssler* Einl. TVG Rn. 10.
[12] *Löwisch/Rieble* Grundlagen Rn. 29.

IV. Verteilungsfunktion? 12–15 § 231

Die Friedensfunktion des Tarifvertrags kann schuldrechtlich zwischen den Tarifvertrags- 12
parteien durchgesetzt werden, so dass ein Anspruch besteht, auf die Friedenspflicht beeinträchtigende Mitglieder einzuwirken und selbst Kampfmaßnahmen zu unterlassen. Die
Bedeutung der Friedensfunktion wird dadurch verdeutlicht, dass die Möglichkeit, sie in-
nerverbandlich durchzusetzen, eine der Voraussetzungen für die Tariffähigkeit einer Koalition ist.

Die in § 4a Abs. 1 TVG genannte Befriedungsfunktion hat mit allem dem freilich im 13
systematischen Kontext des § 4a TVG nichts zu tun: Hier geht es um die vom Gesetz
angenommene Notwendigkeit, Tarifkollisionen im Betrieb zugunsten eines Tarifvertrags
aufzulösen. Damit sollen – auch wenn dies so aus den Gesetzgebungsmaterialien nicht
hervorgeht – Arbeitskämpfe um andere, potentiell nach dem Majoritätsprinzip des § 4a
Abs. 2 S. 2 TVG nicht anwendbare Tarifverträge verhindert werden. Damit würde aus
der den einzelnen Tarifvertrag betreffenden Friedensfunktion, die den Arbeitskampf zwischen den Tarifvertragsparteien ausschließt, eine betriebsbezogene Befriedungsfunktion.
Allerdings gibt es eine so verstandene Befriedungsfunktion gerade nicht – weil sich aus
§ 4a Abs. 2 TVG und seinen Regelungen zur Auflösung einer Tarifkollision gerade kein
betriebliches Arbeitskampfverbot ableiten lässt.

IV. Verteilungsfunktion?

Dem Tarifvertrag kommt in seinem Geltungsbereich für die tarifgebundenen Arbeitsver- 14
hältnisse eine Verteilungsfunktion zu:[13] Die Ressourcen der Arbeitgeber können durch die
entsprechende Begründung von Leistungsrechten unter den Arbeitnehmern verteilt werden[14] – und so etwa untere Lohngruppen relativ stärker bedacht werden als obere. Diese
auf den Geltungsbereich des Tarifvertrags beschränkte Verteilungsfunktion bildet sich
zwanglos in der Bedeutung der Koalitionsfreiheit, Art. 9 Abs. 3 GG, und der Tarifautonomie als deren Ausprägung ab, weil in der Koalition die Interessen der Mitglieder gebündelt und zum Ausgleich gebracht werden können (→ § 226 Rn. 11) – so etwa bei der
tariflichen Entgeltgestaltung die Interessen der kleineren, finanzschwächeren und der größeren Arbeitgeber gegenüber den Arbeitnehmern. Ob die entsprechende Interessenkana-
lisierung in größeren Verbänden in der Vergangenheit gelungen ist und ob die darauf basierenden Tarifergebnisse insgesamt von den Mitgliedern als verteilungsgerecht goutiert
wurden, kann jedenfalls mit Blick auf den Aufschwung der Berufs- und Spartengewerkschaften, die letztlich auch als Absage an die nach dem Industrieverbandsprinzip organisierten Gewerkschaften verstanden werden kann, bezweifelt werden.[15] Rechtlich ist die
Verteilungswirkung des Tarifvertrags vor allem am Gleichheitssatz zu messen (→ § 237
Rn. 60 ff.).

Eine allgemeine Verteilungsfunktion hat der Tarifvertrag nicht:[16] Er kann nicht 15
gesamtwirtschaftlich Verteilung anordnen und ist kein originäres Instrument für die allgemeine Lohn- und Einkommenspolitik.[17] Würde man dem einzelnen Tarifvertrag diese
Funktion allgemein zuerkennen, so hätte dies Folgen für seine Richtigkeitsgewähr: Weil
die Tarifvertragsparteien dann auch über die Ressourcenverteilung gegenüber Dritten entschieden.[18] Dadurch, dass der Tarifvertrag die Arbeitsbedingungen für die tarifunterworfenen Arbeitsverhältnisse festsetzt, kommt es als Reflex auch zu einer verteilenden Regelung für einen Teil des Gesamtarbeitsmarktes. Dies zeigt sich auch daran, dass sich
innerhalb einer Branche Tarifverträge mit unterschiedlichem örtlichem Geltungsbereich
Orientierung geben. Auch hier kommt es zu einer reflektierenden Verteilungswirkung.

---

[13] HWK/*Henssler* Einl. TVG Rn. 12; JKOS/*Krause* § 1 Rn. 31.
[14] Wiedemann/*Wiedemann* Einl. Rn. 7.
[15] Dazu Däubler/*Däubler* Einl. Rn. 73.
[16] BeckOK ArbR/*Waas* TVG § 1 Rn. 15.
[17] So aber Wiedemann/*Wiedemann* Einl. Rn. 12; offen gelassen HWK/*Henssler* Einl. TVG Rn. 12.
[18] Löwisch/*Rieble* § 1 Rn. 9 ff.

16 Aus dem gesamtwirtschaftlichen Blickwinkel hat der Tarifvertrag freilich Entlastungswirkung:[19] Zum einen für die Arbeitsvertragsparteien, die nicht selbst Arbeitsbedingungen aushandeln und Vertragspflege betreiben müssen, sondern dies auf die Tarifvertragsparteien verlagern können. Zum anderen auch für den Gesetzgeber, der einen Mindestschutz gewährleisten, aber mit der Möglichkeit der Abweichung für den Tarifvertrag vom tarifdispositiven Recht auch ein flexibles System der Arbeitsbedingungen schaffen kann.

V. Ordnungsfunktion?

17 Dem Tarifvertrag kommt eine Ordnungsfunktion zu, allerdings nur im tarifgebundenen Arbeitsverhältnis und zwischen den Tarifvertragsparteien.[20] Zwischen den Tarifvertragsparteien begründet der Tarifvertrag schuldrechtlich Rechte und Pflichten, in diesem Sinne ordnet er ihre rechtliche Beziehung zueinander. Der Tarifvertrag erfüllt hier keine andere Funktion als jeder andere Vertrag auch. Durch seine Rechtsnormen ordnet der Tarifvertrag das einzelne Arbeitsverhältnis oder das rechtliche Verhältnis der tarifgebundenen Arbeitsvertragsparteien zur tariflich grundgelegten gemeinsamen Einrichtung im Sinne des § 4 Abs. 2 TVG. Auch diese **Ordnungsfunktion ist eine relative,** weil sie nur für die tarifgebundenen Arbeitsverhältnisse trägt. Diese Ordnungsfunktion trägt innerhalb der angeordneten Tarifbindung und kann hier auch auf Außenseiter bezogen werden, wie etwa die Normbindung an Betriebsnormen, § 3 Abs. 2 TVG, oder die Möglichkeit der Allgemeinverbindlichkeit des Tarifvertrags, § 5 Abs. 4 TVG, zeigt. Darüber hinaus kann der Tarifvertrag durch seine betriebsverfassungsrechtlichen Normen auch die rechtlichen Beziehungen zwischen Arbeitgeber und Betriebsrat ordnen – durch eine grundlegende Regelung der betriebsverfassungsrechtlichen Struktur, § 3 Abs. 1 BetrVG, oder durch Erweiterung konkreter Rechte des Betriebsrats.

18 Eine über die Tarifbindung hinausgehende, **allgemeine Ordnungsfunktion**[21] **hat der Tarifvertrag dagegen nicht.** Es ist nicht angezeigt, Regelungen eines Tarifvertrags als solche auch auf nicht tarifgebundene Arbeitsverhältnisse und damit auf den gesamten Arbeitsmarkt zu beziehen und ihnen eine den gesamten Arbeitsmarkt ordnende Potenz zuzuerkennen.[22] Hier fehlt es an der Legitimation der Tarifvertragsparteien zur Regelung nicht tarifgebundener Arbeitsverhältnisse.

19 Zudem widerspricht sie der Grundsystematik des Art. 9 Abs. 3 GG, der die Regelung der eigenen Arbeitsbedingungen durch Tarifvertrag ermöglichen will. Wenn das BVerfG darauf hinweist, dass das Tarifvertragssystem eine sinnvolle Ordnung gewährleisten soll und dass es im öffentlichen Interesse ist, dass die Tarifpartner das Arbeitsleben im Einzelnen sinnvoll ordnen,[23] dann lässt sich dies auch als Bestätigung der Ordnungsfunktion für die tarifgebundenen Arbeitsverhältnisse begreifen. Insofern ist es richtig, wenn das BVerfG davon schreibt, dass der Gesetzgeber die Ordnungsfunktion des Tarifvertrags durch Tarifnormerstreckung *unterstützen* kann.[24] Eine allgemeine Ordnungsfunktion überlastete letztlich die Tarifautonomie. Dagegen hat der Tarifvertrag durchaus eine staatsentlastende Wirkung[25] – weil der staatliche Ordnungsgeber in wesentlichen Teilen ein ausdifferenziertes Tarifrecht vorfindet. Außerdem vermag es bei der „Orientierungsleistung" der Ta-

---

[19] Däubler/Däubler Einl. Rn. 85.
[20] Siehe auch BAG 18.3.2010 – 6 AZR 434/07, AP GG Art. 3 Nr. 321 = NZA-RR 2010, 664.
[21] So BAG 9.6.1982 – 4 AZR 274/81, AP TVG § 1 Durchführungspflicht Nr. 1 = DB 1982, 2522; *Wiedemann* RdA 1997, 297; *Bayreuther* Tarifautonomie, S. 112 ff.; *Saecker/Oetker* Tarifautonomie, S. 65;.; Wiedemann/*Wiedemann* Einleitung Rn. 13 ff.; *Gamillscheg* KollArbR I S. 291 ff.; HWK/*Henssler* Einl. TVG rn. 11; differenzierend JKOS/*Krause* § 1 Rn. 25.
[22] Dazu *Picker* ZfA 1998, 573; *Giesen* Tarifvertragliche Rechtsgestaltung für den Betrieb 2002, 199 ff.; BeckOK ArbR/*Waas* TVG § 1 Rn. 14.
[23] BVerfG 18.11.1954 – 1 BvR 629/52, BVerfGE 4, 96 = RdA 1955, 39; BVerfG 6.5.1964 – 1 BvR 79/62, BVerfGE 18, 18 = MDR 64, 569; siehe deshalb auch BVerfG 11.7.2017 – 1 BvR 1571/15, ua, AP GG Art. 9 Nr. 151 = NZA 2017, 915.
[24] BVerfG 20.3.2007 – 1 BvR 1047/05, NZA 2007, 609 = NJW 2007, 2033.
[25] JKOS/*Krause* § 1 Rn. 21.

rifverträge in das allgemeine Arbeitsrecht hinaus verbleiben[26] – aber nicht als Funktion der Tarifverträge.

Dass der Tarifvertrag keine allgemeine Ordnungsfunktion hat, strahlt auch in die andere Richtung: Jenseits der Bindung an die verfassungsrechtlichen und gesetzlichen Vorgaben unterliegt der Tarifvertrag keiner Gemeinwohlbindung.[27] Dagegen hat der Tarifvertrag durchaus eine staatsentlastende Wirkung – weil der staatliche Ordnungsgeber so im Wesentlichen auf einen Mindestschutz konzentriert bleiben kann und auch dieser (wie etwa bei der RVO nach § 7, 7a AEntG) noch tarifbasiert ist. 20

Daran ändert auch nichts, dass die Ordnungsfunktion nun in § 4a Abs. 1 TVG ausdrücklich genannt ist. Wenn sich dies auf die Ordnung der einzelnen tarifgebundenen Arbeitsverhältnisse bezieht, so ist Selbstverständliches geschrieben, ansonsten ist die Formulierung inhaltsleer. 21

VI. Kartellwirkung

Eine Kartellfunktion hat der Tarifvertrag ebenfalls nicht. Er soll nicht dafür eingesetzt werden, den Wettbewerb zu unterbinden. Anders ist dies nach § 1 AEntG für RVO nach § 7, 7a AEntG und die allgemeinverbindlichen Bautarifverträge nach §§ 3, 4 AEntG – hier ist die Gewährleistung fairer und funktionierender Wettbewerbsbedingungen durch die Erstreckung der Rechtsnormen von Branchentarifverträgen ausgesprochenes Ziel des Gesetzes. 22

Dass er auf der anderen Seite eine wettbewerbshindernde Wirkung und damit eine Kartellwirkung hat, ist aber offensichtlich:[28] Durch die zwingende Wirkung der tariflichen Normen verhindert er auf der Seite der Arbeitnehmer einen Unterbietungswettbewerb – sie können zwar um bessere, nicht aber durch das Angebot schlechterer Arbeitsbedingungen konkurrieren. Durch die Mindestarbeitsbedingungen werden auch bei den tarifgebundenen Arbeitgebern die Arbeitskosten weitgehend vereinheitlicht, ein Wettbewerb kann also etwa nicht über geringere Lohnkosten ausgetragen werden. 23

Diese Kartellwirkung ist wettbewerbsrechtlich grundsätzlich unbeachtlich, denn der Tarifvertrag ist insofern kein Kartellvertrag – er schließt zwar den Einzelwettbewerb auf der Ebene des einzelnen Arbeitsverhältnisses aus, ermöglicht aber durch Kollektivierung gerade, der einseitigen Machtausübung im Arbeitsverhältnis zu entkommen.[29] Deshalb sind die Vorgaben des Kartellunionsrechts, Art. 101 AEUV,[30] und des nationalen GWB[31] nicht zu beachten.[32] Das ist aber nur dann der Fall, wenn die entsprechende Vereinbarung zwischen den Tarifvertragsparteien die Arbeitsbedingungen regelt und nicht unternehmerisches Verhalten.[33] 24

---

[26] JKOS/*Krause* § 1 Rn. 28; HWK/*Henssler* Einl. TVG Rn. 11.
[27] Dazu HMB/*Engels* Teil 1 Rn. 49 ff.
[28] *Löwisch/Rieble* Grundlagen Rn. 44; ErfK/*Franzen* TVG § 1 Rn. 2; BeckOK ArbR/*Waas* TVG § 1 Rn. 11; JKOS/*Krause* § 1 Rn. 31; HWK/*Henssler* Einl. TVG Rn. 7.
[29] *Löwisch/Rieble* Grundlagen Rn. 48.
[30] EuGH 4.12.2014 – C-413/13, NZA 2015, 55 = EuZW 2015, 313 – FNV Kunsten Informatie en Media; EuGH 21.9.1999 – C 67/97, BeckRS 2004, 77685 – Albany; EuGH 11.12.2007 – C 438/05, AP EG Art. 43 Nr. 3 = NZA 2008, 124 – Viking; EuGH 21.9.1999 – C-115/97, EAS Art. 85 EG-Vertrag Nr. 4 – Bretjens; EuGH 21.9.1999 – C-219/97, BeckRS 2004, 75177 = EuR 2000, 403 – Drijvende Bokken; EuGH 12.9.2000 – C-180/98, BeckRS 2004, 747337 – Pavlov; EuGH 21.9.2000 – C-222/98, BeckRS 2004, 75207 – van der Woude; HKW/*Henssler* Einl TVG Rn. 7.
[31] BAG 27.6.1989 – 1 AZR 404/88, AP GG Art. 9 Nr. 113.
[32] HKW/*Henssler* Einl TVG Rn. 7; *Däubler*/*Däubler* Einl. Rn. 576 ff.
[33] EuGH 21.9.1999 – C 67/97, BeckRS 2004, 77685 – Albany; EuGH 21.9.1999 – C-115/97, EAS Art. 85 EG-Vertrag Nr. 4 – Bretjens; EuGH 21.9.1999 – C-219/97, BeckRS 2004, 75177 = EuR 2000, 403 – Drijvende Bokken; EuGH 12.9.2000 – C-180/98, BeckRS 2004, 747337 – Pavlov; siehe auch NK-TVG/*Däubler* Einl. Rn. 586.

Zweites Kapitel: Voraussetzungen des Tarifvertrags

§ 232 Tariffähigkeit

Schrifttum:
Bergerhoff, Tarifflucht durch Auflösung des Arbeitgeberverbands, 2002; *Besgen,* Mitgliedschaft im Arbeitgeberverband ohne Tarifbindung – Tarifflucht statt Verbandsflucht, 1998; *Biedenkopf,* Grenzen der Tarifautonomie, 1964; *Bruhn,* Tariffähigkeit von Gewerkschaften und Autonomie, 1993; *Brors,* Zur Entscheidung über die Tarif(un)fähigkeit der CGZP, AuR 2010, 406; *Buchner,* Verbandsmitgliedschaft ohne Tarifbindung, NZA 1995, 761; *Däubler,* Tarifausstieg – Erscheinungsformen und Rechtsfolgen, NZA 1996, 225; *Denecke,* Das Beschlussverfahren nach § 97 ArbGG, 2015; *Doerlich,* Die Tariffähigkeit der Gewerkschaft, 2002; *Dütz,* Zur Entwicklung des Gewerkschaftsbegriffs, DB 1996, 2385; *Eitel,* Die Ungleichbehandlung der repräsentativen und nicht repräsentativen Gewerkschaften durch den Staat, 1991; *Franzen,* Tarifzuständigkeit und Tariffähigkeit im Bereich der Arbeitnehmerüberlassung, BB 2009, 1472; *Fuest,* Die demokratische Struktur von Spartengewerkschaften, 2012; *Giere,* Soziale Mächtigkeit als Voraussetzung für die Tariffähigkeit, 2006; *Gitter,* Durchsetzungsfähigkeit als Kriterium der Tariffähigkeit für einzelne Arbeitgeber und Arbeitgeberverbände, FS Kissel, 1994, S. 265; *Greiner,* Der GKH-Beschluss – Evolution oder (erneute) Revolution der Rechtsprechung zur Tariffähigkeit? NZA 2011, 825; *Hensche,* Verfassungsrechtlich bedenkliche Neujustierung des Verhältnisses zwischen Individualwille und kollektiver Ordnung, NZA 2009, 815; *Henssler,* Soziale Mächtigkeit und organisatorische Leistungsfähigkeit als Voraussetzungen der Tariffähigkeit von Gewerkschaften, 2006; *Herschel,* Tariffähigkeit und Tarifmacht, 1932; *Isenhardt,* Relative Tariffähigkeit, 2008; *Jacobs,* Tariffähigkeit und Tarifzuständigkeit einer Spitzenorganisation im Sinne des § 2 Abs. 3 TVG, ZfA 2010, 27; *Kocher,* Relative Durchsetzungsfähigkeit: Notwendige oder hinreichende Bedingung der Tariffähigkeit? DB 2005, 2816; *Kocher,* Tariffähigkeit ohne Streikbereitschaft? – Funktionale Alternativen zur Arbeitskampfbereitschaft im Fall von Hausangestelltenvereinigungen, FS Kempen, 2013, S. 166; *Kobler,* Fremdeinflüsse auf die tarifliche Willensbildung, 2012; *Lammers,* Statusverfahren nach § 97 ArbGG, 2014; *Löwisch,* Die Voraussetzungen der Tariffähigkeit, ZfA 1970, 295; *Löwisch,* Gewollte Tarifunfähigkeit im modernen Kollektivarbeitsrecht, ZfA 1974, 29; *Löwisch,* Die Tariffähigkeit von Spitzenorganisationen und ihre Feststellung, SAE 2011, 61; *Ricken,* Autonomie und tarifliche Rechtsetzung, 2006; *Reuter,* Grundfragen des Koalitionsverbandsrechts, FS Söllner, 2000, S. 937; *Rieble,* Relativität der Tariffähigkeit, FS Wiedemann, 2002, S. 519; *Rieble,* Die Tarifzuständigkeit von Spitzenverbänden, DB 2001, 2194; *Rieble,* Tarifkoordinierung in Spitzenverbänden, FS Otto, 2008, S. 471; *Säcker/Oetker,* Probleme der Repräsentation von Großvereinen, 1986; *A. Schmidt,* Die Tariffähigkeit christlicher Gewerkschaften, 2014; *Schrader,* Arbeitgeberverbände und Mächtigkeit, NZA 2001, 1337; *Söllner,* Mächtigkeit und Leistungsfähigkeit als typologische Merkmale der arbeitsrechtlichen Gewerkschaften, AuR 1976, 321; *Stelling,* Das Erfordernis der Überbetrieblichkeit – ein Anachronismus des modernen Gewerkschaftsbegriffs, NZA 1998, 920; *Stoppelmann,* Tariffähigkeit und Tarifzuständigkeit von Arbeitgeberverbänden, 2015; *Suckow,* Gewerkschaftliche Mächtigkeit als Determinante korporatistischer Tarifsysteme, 2000; *Ulber,* Neues zur Tariffähigkeit RdA 2011, 353; *Wank/Schmidt,* Neues zur sozialen Mächtigkeit und organisatorischen Leistungsfähigkeit einer Arbeitnehmervereinigung, RdA 2008, 275; *Wiedemann/Thüsing,* Die Tariffähigkeit von Spitzenorganisationen und der Verhandlungsanspruch der Tarifvertragsparteien, RdA 1995, 280.

Übersicht

	Rn.
I. Tariffunktionale Tariffähigkeit	1
1. Tariffähigkeit und Tariffunktionalität	1
2. Fehlen der Tariffähigkeit	7
II. Tariffähigkeit der Verbände	12
1. Arbeitnehmerkoalition	12
a) Koalitionseigenschaft als Ausgangspunkt	15
b) Voraussetzungen der Tariffähigkeit	16
aa) Demokratische Organisation	16
bb) Durchsetzungsfähigkeit	20
cc) Tarifwilligkeit	36
dd) Anerkennung des staatlichen Tarif-, Arbeitskampf- und Schlichtungsrechts	40
2. Tariffähigkeit der Arbeitgeberverbände	42
3. Ende der Tariffähigkeit	45
4. Sonderfälle	52
a) Spitzenorganisation	52
b) Untergliederungen	56

	Rn.
c) Tarifgemeinschaft	59
III. Der einzelne Arbeitgeber	61
IV. Gesetzliche Ausweitung der Tariffähigkeit	78
V. Gerichtliche Überprüfung	80

I. Tariffunktionale Tariffähigkeit

1. Tariffähigkeit und Tariffunktionalität

Tariffähigkeit ist die **Fähigkeit, Tarifvertragspartei sein zu können**[1] und so mit dem sozialen Gegenspieler durch Tarifverträge Arbeitsbedingungen mit normativer Wirkung vereinbaren zu können.[2] Das Gesetz bestimmt in § 2 Abs. 1 TVG, wer tariffähig ist, nämlich Gewerkschaften, der einzelne Arbeitgeber und Vereinigungen von Arbeitgebern. Aus § 2 Abs. 3 TVG folgt die Tariffähigkeit der Spitzenorganisationen der Verbände. Jenseits der Vorgaben des TVG wird den Handwerksinnungen und -innungsverbände die Tariffähigkeit, §§ 54 Abs. 3 Nr. 1, 82 Nr. 3, 85 Abs. 2 HandwO, durch Gesetz verliehen. So sagen gesetzliche Regelungen zwar, wer tariffähig ist, aber nicht, welche Voraussetzungen zur Tariffähigkeit führen. Deren Konturierung ist der Rechtsprechung überlassen.[3]

Die Tariffähigkeit ist bedeutsam: So setzt der wirksame Abschluss eines Tarifvertrags zwingend voraus, dass die tarifschließenden Parteien tariffähig sind – sind sie es nicht, ist der gesamte geschlossene Vertrag kein Tarifvertrag, sondern höchstens Kollektivvereinbarung und kann keine Rechtsnormen setzen (→ § 264 Rn. 1 ff.).

Die Forderung nach der Tariffähigkeit ist **tariffunktional**[4] – sie gewährleistet bei Verbänden mit ihren einzelnen Elementen wie vor allem der Durchsetzungsfähigkeit, der demokratischen Willensbildung und der Tarifwilligkeit material die Richtigkeitsgewähr des Tarifvertrags als kollektivem Normenvertrag und schützt ihn so vor der staatlichen Vertragsinhaltskontrolle.[5] Verbänden, die nicht die Stärke zur Gegenmachtbildung aufbringen, wird die Tariffähigkeit versagt – sie sind zwar (regelmäßig) Koalition, aber nicht Gewerkschaft im Sinne des § 2 Abs. 1 TVG oder tariffähiger Arbeitgeberverband. Mit den Voraussetzungen der Tariffähigkeit wird deshalb auch die Grenze zu den Personen und Verbände bestimmt, die zur normativen Regelung fähig sind,[6] damit hat die Festlegung der Tariffähigkeit als Ausgestaltung der Tarifautonomie[7] auch ausschließende Wirkung[8] – auch, so das BVerfG, um „destruktive" Entwicklungen in der Tarifpolitik etwa durch Zersplitterung zu verhindern.[9] Gerade wegen dieser Abgrenzungsfunktion bedarf es aller-

---

[1] BAG 28.3.2006 – 1 ABR 58/04, AP TVG § 2 Tariffähigkeit Nr. 4 = NZA 2006, 1112; BAG 27.11.1964 – 1 ABR 13/63, BAGE 16, 329 = BB 1965, 331; Wiedemann/*Oetker* § 2 Rn. 8; HWK/*Henssler* TVG § 2 Rn. 2.
[2] BVerfG 19.10.1966 – 1 BvL 24/65, = AP TVG § 2 Nr. 24 = NJW 1966, 2305; BAG 14.12.2010 – 1 ABR 19/10, AP TVG § 2 Tariffähigkeit Nr. 6 = NZA 2011, 289; BAG 5.10.2010 – 1 ABR 88/09, AP TVG § 2 Tariffähigkeit Nr. 7 = NZA 2011, 300; BAG 28.3.2006 – 1 ABR 58/04, AP TVG § 2 Tariffähigkeit Nr. 4 = NZA 2006, 1112.
[3] Siehe auch BVerfG 11.7.2017 – 1 BvR 1571/15, 1 BvR 1588/15, AP GG Art. 9 Nr. 151 = NZA 2017, 915.
[4] BAG 7.7.2010 – 4 AZR 549/08, AP GG Art. 9 Nr. 140 = NZA 2010, 1068; BAG 28.3.2006 – 1 ABR 58/04, AP TVG § 2 Tariffähigkeit Nr. 4 = NZA 2006, 1112; Thüsing/Braun/*Emmert* Kap. 2 Rn. 5; NK-GA/*Krois* § 2 TVG Rn. 7; *Bayreuther*, Tarifautonomie, S. 57 ff.; *Höpfner*, Tarifgeltung, S. 229 ff.; HWK/*Henssler* TVG § 2 Rn. 4; HMB/*Greiner* Teil 2 Rn. 33; NK-TVG/*Peter* § 2 Rn. 3; Wiedemann/*Oetker* § 2 Rn. 207.
[5] *Löwisch/Rieble* § 2 Rn. 9; HMB/*Greiner* Teil 2 Rn. 36.
[6] JKOS/*Schubert* § 2 Rn. 3.
[7] BAG 31.1.2018 – 10 AZR 279/16, NZA 2018, 867; HMB/*Greiner* Teil 2 Rn. 43; JKOS/*Schubert* § 2 Rn. 3; die Vorgaben für die Tariffähigkeit als Eingriff einordnend BAG 28.3.2006 – 1 ABR 58/04, AP TVG § 2 Tariffähigkeit Nr. 4 = NZA 2006, 1112.
[8] BAG 28.3.2006 – 1 ABR 58/04, AP TVG § 2 Tariffähigkeit Nr. 4 = NZA 2006, 1112; BAG 14.12.2003 – 1 ABR 51/03, AP TVG § 2 Tariffähigkeit Nr. 1 = NZA 2005, 697.
[9] BVerfG 11.7.2017 – 1 BvR 1571/15, 1 BvR 1588/15, AP GG Art. 9 Nr. 151 = NZA 2017, 915.

dings bei der Konturierung der Voraussetzungen der Tariffähigkeit stets des verhältnismäßigen Bezugs zur Funktionalität des Tarifsystems.[10]

4   Für Verbände werden die Voraussetzungen für die Tariffähigkeit – obwohl sie eine erhebliche Bedeutung gerade für neue Koalitionen haben – gewollt[11] nicht durch das Gesetz festgelegt, sie sind richterrechtlich entwickelt worden und so auch einem entsprechenden Wandel unterworfen.[12] Einzelne Regelungen, etwa §§ 2 Abs. 1 TVG, 2a Abs. 1 Nr. 4; 97 ArbGG, 66 Abs. 2 S. 3 BPersVG greifen die Tariffähigkeit nur auf, definieren sie aber nicht.[13] Die Vorgaben im zweiten Leitsatz zur Sozialunion des Staatsvertrages über die Schaffung einer Wirtschafts- Währungs- und Sozialunion zwischen der Bundesrepublik Deutschland und der Deutschen Demokratischen Republik vom 8.5.1990[14] sind keine verbindliche gesetzliche Regelung der Tariffähigkeit,[15] sie sind – weil es die DDR nicht mehr gibt – gegenstandslos[16] und (allenfalls) unverbindliche Auslegungshilfe.[17] Das BAG hat für sie freilich die schwer einzuordnende Kategorie einer „Willensbekundung des Gesetzgebers" eingeführt.[18] Festzustellen ist aber, dass die in dem Leitsatz enthaltenen Voraussetzungen der Tariffähigkeit im Wesentlichen mit den durch die Rechtsprechung entwickelten Vorgaben übereinstimmen, weil sie daraus entnommen wurden.[19] Sie sind zudem so allgemein, dass sie für eine weiteren Entwicklung und Vertiefung offen sind.[20]

5   Der **einzelne Arbeitgeber** ist stets tariffähig, § 2 Abs. 2 TVG (→ Rn. 61 ff.). Das hat funktionale Gründe: Der Gewerkschaft soll immer, auch bei Verbandsflucht oder Verbandsverweigerung des Arbeitgebers ein Tarifvertragspartner zur Verfügung stehen. Auf der anderen Seite verliert der Arbeitgeber seine Tariffähigkeit aber auch nicht mit einem Eintritt und der Mitgliedschaft im tarifschließenden Verband.

6   Ungeklärt ist die **dogmatische Einordnung der Tariffähigkeit.** Richtig ist sie nicht als Teilrechtsfähigkeit anzusehen: Diese Einordnung wurde vor dem Hintergrund entwickelt, dass Gewerkschaften regelmäßig als – nicht-rechtsfähige – Vereine organisiert waren und so einer speziellen tarifbezogenen Rechtsfähigkeit bedurften.[21] Das ist aber obsolet, weil auch Personengesellschaften und nichtrechtsfähigen Vereinen mittlerweile zu Recht bei Außenwirkung die allgemeine Rechtsfähigkeit zukommt.[22] Deshalb ist die Tariffähigkeit als qualifizierte, organisationsbezogene Geschäftsfähigkeit beschrieben worden.[23] Dass auch der nach § 104 Abs. 1 Nr. 1 BGB geschäftsunfähige Arbeitgeber tariffähig ist, schließt diese Einordnung zwar nicht aus,[24] allerdings „passt" auch die Einordnung als besondere Geschäftsfähigkeit nicht genau – weil es eben vor allem um die Abgrenzung des

---

[10] BVerfG 20.10.1981 – 1 BvR 404/78, AP TVG § 2 Nr. 31 = NJW 1982, 815; HWK/*Henssler* TVG § 2 Rn. 4.
[11] BAG 14.12.2010 – 1 ABR 19/10, AP TVG § 2 Tariffähigkeit Nr. 6 = NZA 2011, 289.
[12] Siehe zur Kritik *Löwisch/Rieble* § 2 Rn. 18 ff.; zur widersprüchlichen Anwendung durch das BAG auch ErK/*Franzen* TVG § 2 Rn. 2.
[13] NK-GA/*Krois* TVG § 2 Rn. 5.
[14] BGBl. 1990 II 537.
[15] BAG 5.10.2010 – 1 ABR 88/09, AP TVG § 2 Tariffähigkeit Nr. 7 = NZA 2011, 300; LAG Hamburg 4.5.2016 – 5 TaBV 8/15, BeckRS 2016, 69929; NK-GA/*Krois* § 2 TVG Rn. 17; Wiedemann/*Oetker* § 2 Rn. 204; so aber Kissel NZA 1990, 545 (549).
[16] ErK/*Franzen* TVG § 2 Rn. 2; HWK/*Henssler* TVG § 2 Rn. 1; HMB/*Greiner* Teil 2 Rn. 52.
[17] JKOS/*Schubert* § 2 Rn. 2; *Löwisch/Rieble* § 2 Rn. 17.
[18] BAG 14.12.2010 – 1 ABR 19/10, AP TVG § 2 Tariffähigkeit Nr. 6 = NZA 2011, 289; BAG 5.10.2010 – 1 ABR 88/09, AP TVG § 2 Tariffähigkeit Nr. 7 = NZA 2011, 300; BAG 28.3.2006 – 1 ABR 58/04, AP TVG § 2 Tariffähigkeit Nr. 4 = NZA 2006, 1112; BAG 6.6.2000 – 1 ABR 21/99, AP ArbGG 1979 § 97 Nr. 9 = NZA 2001, 156.
[19] ErK/*Franzen* TVG § 2 Rn. 1.
[20] JKOS/*Schubert* § 2 Rn. 2; siehe aber Verwendung der Leitsatzvorgaben durch die Rechtsprechung *Löwisch/Rieble* § 2 Rn. 16.
[21] Thüsing/Braun/*Emmert* Kap. 2 Rn. 6.
[22] Dazu BGH 2.7.2007 – II ZR 111/05, NJW 2008, 69 = NZG 2007, 826; *Löwisch/Rieble* § 2 Rn. 10; JKOS/*Schubert* § 2 Rn. 3; Wiedemann/*Oetker* § 2 Rn. 10.
[23] *Löwisch/Rieble* § 2 Rn. 8.
[24] *Löwisch/Rieble* § 2 Rn. 8.

Personen- und Verbändekreises geht, der zur normativen Regelungssetzung fähig ist,[25] nicht aber um die Einsichtsfähigkeit in das eigene rechtsgeschäftliche Handeln.[26] Deshalb ist es geraten, die Tariffähigkeit nicht in die personenbezogenen Kategorien des allgemeinen Zivilrechts einzureihen, sondern sie als eigene spezielle rechtliche Fähigkeit anzuerkennen.

2. Fehlen der Tariffähigkeit

Fehlt die Tariffähigkeit einer Organisation, so ist der geschlossene **„Tarifvertrag" nichtig** – weil es an einer Tarifvertragspartei mangelt.[27] Diese Nichtigkeit *ex tunc* gilt auch, wenn die Tariffähigkeit im Verfahren nach § 97 ArbGG (→ Rn. 80 ff.) nach Tarifvertragsschluss gerichtlich festgestellt wird. Auch hier greift der Zweck der Tariffähigkeit, nur solche Verbände zur normativen Regelung zuzulassen, die für die notwendige Richtigkeitsgewähr einstehen können – damit verträgt sich die Lehre vom fehlerhaften Tarifvertrag, die letztlich eine bloße ex-nunc-Unwirksamkeit vorsieht, nicht.[28] Man kann freilich die Umdeutung, § 140 BGB, in einen rein schuldrechtlichen Koalitionenvertrag prüfen.[29] Entfällt die Tariffähigkeit nach Abschluss des Tarifvertrags, so wird der Tarifvertrag ab diesem Zeitpunkt unwirksam.[30] 7

Für die Praxis ist die Nichtigkeitsfolge bei fehlender anfänglicher Tariffähigkeit einer Tarifvertragspartei misslich, wenn der „Tarifvertrag" bereits, etwa jahrelang, vollzogen wurde. Das wurde etwa im CGZP-Verfahren virulent, bei der ein die nach den überlassungsrechtlichen Gleichbehandlungsgrundsatz (→ § 145 Rn. 93) geltenden Arbeitsbedingungen der Leiharbeitnehmer unterschreitender Tarifvertrag wegen Tarifunfähigkeit entfiel: Hier wurde, wegen der fehlenden gefestigten Rechtsprechung zur Tariffähigkeit der Spitzenorganisation (→ Rn. 52), ein Vertrauensschutz der Tarifunterworfenen verneint, womit es bei der Haftung der Arbeitgeber auf Equal-pay-Entgelt von Anfang an verblieb.[31] 8

Eine erst **nach „Tarifvertragsschluss" eintretende Tariffähigkeit** ist für die Wirksamkeit irrelevant, sie wirkt nicht heilend, weil dies wegen der notwendigen Phase der schwebenden Unwirksamkeit mit dem normativen Charakter des Tarifvertrags nicht in Einklang zu bringen wäre.[32] Ebenso schützt der gute Glaube an die Tariffähigkeit nicht vor der Unwirksamkeit,[33] weil der (unsichere) Nachweis des Vorliegens der Gutgläubigkeit zum einen in problematischem Verhältnis zur notwendigen Rechtssicherheit steht und weil zu anderen und vor allem durch die Anerkennung eines Tarifvertrags durch eine nichttariffähige Koalition die Richtigkeitsgewähr in Frage stünde, was schließlich zur staatlichen Tarifkontrolle führen müsste. 9

Bei **mehrgliedrigen Tarifverträgen** hängt die Folge der Tarifunfähigkeit eines vertragschließenden Verbandes davon ab, ob der Tarifvertrag als Einheit gewollt ist oder ob mehrere Tarifverträge nebeneinander bestehen sollen. Nur im ersten Fall ist der gesamte 10

---

[25] ErfK/*Franzen* TVG § 2 Rn. 4.
[26] Ablehnend auch Wiedemann/*Oetker* § 2 Rn. 13.
[27] BAG 15.11.2006 – 10 AZR 665/05, AP TVG § 4 Tarifkonkurrenz Nr. 34 = NZA 2007, 448; HessLAG 9.4.2013 – 4 Ca 215/12, BeckRS 2013, 70296; ErfK/*Franzen* TVG § 2 Rn. 5; Thüsing/Braun/*Emmert* Kap. 2 Rn. 8; HWK/*Henssler* TVG § 2 Rn. 3.
[28] ErK/*Franzen* TVG § 2 Rn. 5a; aA HWK/*Henssler* TVG § 2 Rn. 3.
[29] JKOS/*Schubert* Kap 2 Rn. 5; HMB/*Greiner* Teil 2 Rn. 34.
[30] BAG vom 23.1.2008 – 4 AZR 312/01, AP TVG § 3 Nr. 36 = NZA 2008, 771; BAG 11.11.1970 – 4 AZR 522/69, AP TVG § 2 Nr. 28; BAG 15.10.1986 – 4 AZR 289/85, AP TVG § 3 Nr. 4 = NZA 1987, 246; ErfK/*Franzen* TVG § 2 Rn. 5; HWK/*Henssler* TVG § 2 Rn. 3.
[31] BVerfG 25.4.2015 – 1 BvR 2314/12, AP TVG § 2 Tariffähigkeit Nr. 2 = NZA 2015, 757.
[32] Wiedemann/*Oetker* § 2 Rn. 15; JKOS/*Schubert* § 2 Rn. 4; HWK/*Henssler* TVG § 2 Rn. 3; HMB/*Greiner* Teil 2 Rn. 34.
[33] BAG 15.11.2006 – 10 AZR 665/05, AP TVG § 4 Tarifkonkurrenz Nr. 34 = NZA 2007, 448; HessLAG 9.4.2013 – 4 Ca 215/12, BeckRS 2013, 70296; Wiedemann/*Oetker* § 2 Rn. 15; JKOS/*Schubert* § 2 Rn. 4; BeckOK ArbR/*Waas* TVG § 2 Rn. 33a; ErfK/*Franzen* TVG § 2 Rn. 5.

mehrgliedrige Tarifvertrag nichtig, im anderen Fall nur derjenige, an dem die tarifunfähige Partei beteiligt ist.[34]

11 Die **schuldrechtliche Bezugnahme** auf einen wegen fehlender beidseitiger Tariffähigkeit nichtigen Tarifvertrag geht grundsätzlich ins Leere, weil die Arbeitsvertragsparteien regelmäßig auf einen rechtswirksamen Tarifvertrag verweisen wollen.[35] Das gilt insbesondere dann, wenn es sich bei der Bezugnahme um eine Gleichstellungsabrede handelt. Allerdings ist die Bezugnahmevereinbarung jeweils auszulegen: Ausgeschlossen ist der Verweis auf den nichtigen Tarifvertrag nicht, es muss sich aber aus ihm ergeben, dass sich die Arbeitsvertragsparteien an der Nichtigkeit nicht stören (→ § 246 Rn. 41).

II. Tariffähigkeit der Verbände

1. Arbeitnehmerkoalition

12 Arbeitnehmerkoalitionen sind nach der herrschenden Meinung tariffähig, wenn sie eine demokratische Organisation haben, sozial mächtig, tarifwillig und arbeitskampfbereit sind und das geltende Tarifvertrags-, Arbeitskampf- und Schlichtungsrecht anerkennen.[36] Das Gesetz beschreibt tariffähige Arbeitnehmerkoalitionen in § 2 Abs. 1 TVG mit dem Begriff „Gewerkschaften". Damit ist zugleich festgelegt, dass nicht jede Arbeitnehmerkoalition eine Gewerkschaft ist, sondern nur die, bei der qualifizierend die Voraussetzungen für die Tariffähigkeit hinzutreten. Zugleich aber bedeutet das, dass nicht nur Gewerkschaften Koalitionen im Sinne des Art. 9 Abs. 3 GG sind, sondern sich auch nichttariffähige Arbeitnehmerorganisationen ebenfalls auf die Koalitionsfreiheit berufen können, es mangelt ihnen aber an der Möglichkeit, zur Regelung der Arbeitsbedingungen ihrer Mitglieder den Tarifvertrag als normative Regelungsquelle einsetzen zu können.[37] Überholt ist die Ansicht, die Tariffähigkeit oder zumindest die Tarifwilligkeit sei bereits Voraussetzung für die Koalitionseigenschaft – eine tarifunwillige Koalition stünde also lediglich unter dem Schutz der Vereinigungsfreiheit, Art. 9 Abs. 1 GG.[38] Das verträgt sich nicht mit der Koalitionsbetätigungsfreiheit, die eben keinen Tarifzwang kennt.[39] Deshalb eröffnet die Tariffähigkeit zwar das Instrument des Tarifvertrags, verschließt aber nicht insgesamt den Schutzbereich des Art. 9 Abs. 3 GG.

13 Systematisch handelt es sich bei der Forderung nach Tariffähigkeit um die Ausgestaltung der Tarifautonomie – die vor dem Hintergrund der beschriebenen systemstabilisierenden Funktion der Tariffähigkeit auch verhältnismäßig sein muss.[40] Das Gesetz verwendet den Begriff der Gewerkschaft aber nicht nur in § 2 Abs. 1 TVG, sondern auch in anderen gesetzlichen Regelungen, wie etwa dem BetrVG oder dem ArbGG, wo Gewerkschaften besondere Rechte genießen. Die Rechtsprechung legt den **Begriff der Gewerkschaft deshalb einheitlich** aus und verlangt auch in anderen funktionalen Kontexten die tariffähige Arbeitnehmerkoalition.[41] Dagegen lässt sich anbringen, dass die Forderung nach Tariffähigkeit für Arbeitnehmerkoalitionen außerhalb des TVG nicht zu rechtfertigen ist, weil es dort nicht der auf die Richtigkeitsgewähr des Tarifvertrags bezogenen Voraussetzungen der Tariffähigkeit bedarf. Deshalb ist entgegen dem einheitlichen Gewerkschaftsbegriff der Rechtsprechung einem funktionalen Gewerkschaftsbegriff der Vorzug zu geben.[42] Eine Einbuße an Rechtssicherheit ist dies nicht, weil der jeweilige funktionale Kontext abgrenzbar ist.

---

[34] Wiedemann/*Oetker* § 2 Rn. 17.
[35] BAG 15.11.2006 – 10 AZR 665/05, AP TVG § 4 Tarifkonkurrenz Nr. 34 = NZA 2007, 448; HessLAG 9.4.2013 – 4 Ca 215/12, BeckRS 2013, 70296.
[36] Siehe nur BAG 28.3.2006 – 1 ABR 58/04, AP TVG § 2 Tariffähigkeit Nr. 4 = NZA 2006, 1112.
[37] HWK/*Henssler* TVG § 2 Rn. 1.
[38] So noch *Hueck/Nipperdey* Bd. II/1 S. 105.
[39] JKOS/*Schubert* § 2 Rn. 15.
[40] BAG 28.3.2006 – 1 ABR 58/04, AP TVG § 2 Tariffähigkeit Nr. 4 = NZA 2006, 1112.
[41] Siehe nur BAG 16.11.1989 – 8 AZR 368/88, AP ArbGG 1979 § 11 Prozessvertreter Nr. 11.
[42] HWK/*Henssler* TVG § 2 Rn. 21; skeptisch auch Wiedemann/*Oetker* § 2 Rn. 216.

II. Tariffähigkeit der Verbände

Die Tariffähigkeit eines Verbandes ist nicht nur relativ, auf den Geltungsbereich des beabsichtigten oder geschlossenen Tarifvertrags bezogen zu sehen, vielmehr ist der Bezugspunkt der **einheitlichen und unteilbaren Tariffähigkeit** der gesamte Bereich der Tarifzuständigkeit.[43] Das wird anders gesehen,[44] allerdings wird dagegen zu Recht eingewandt, dass eine lediglich relative, tarifvertragsbezogene Tariffähigkeit ein hohes Maß an Rechtsunsicherheit auslöste, die mit einer Gefährdung der Funktionalität des tariflichen Systems einher gehen kann.[45] Liegen nur in Teilbereichen die Voraussetzungen der Tariffähigkeit nicht vor, so führt dies nicht zu deren Entfall – so wie umgekehrt aus einem „tariffähigen Teilbereich" nicht auf die Tariffähigkeit der Koalition zwangsläufig geschlossen werden kann.[46] Freilich soll die Erfüllung der Voraussetzungen der Tariffähigkeit in einem nicht unerheblichen Teil der Tarifzuständigkeit vorliegen.[47]

a) Koalitionseigenschaft als Ausgangspunkt. Eine Gewerkschaft ist stets Arbeitnehmerkoalition, deshalb muss sie alle Voraussetzungen einer Koalition im Sinne des Art. 9 Abs. 3 GG erfüllen: Freiwilliger Zusammenschluss zum Zweck der Wahrung und Förderung der Arbeits- und Wirtschaftsbedingungen der Mitglieder, Gewährleistung einer organisierten Willensbildung, Gegnerfreiheit, Gegnerunabhängigkeit und Unabhängigkeit von Staat, Parteien und Kirchen. Hierzu insgesamt → § 218 Rn. 55 ff.

b) Voraussetzungen der Tariffähigkeit. aa) Demokratische Organisation. Voraussetzung der Tariffähigkeit der Koalition ist nach der herrschenden Meinung zunächst deren demokratische Organisation.[48] Darunter ist freilich nicht die Übernahme staatlich-demokratischer Organisationsformen zu verstehen, sondern die Notwendigkeit eines **„demokratischen" Mechanismus der Willensbildung** innerhalb der Koalition im Hinblick auf den Abschluss von Tarifverträgen. An dieser Willensbildung müssen die Mitglieder der Koalition teilhaben können[49] – nur dann lässt sich auch die normative Wirkung des Tarifvertrags legitimieren.[50] So bedarf es gleichsam einer Legitimationskette hin zu den Mitgliedern der Koalition, die ihren Willen durch Wahlen und Abstimmungen zum Ausdruck bringen können müssen. Deshalb folgt diese Anforderung „lediglich" aus Art. 9 Abs. 3 GG, und kann nicht – mitsamt ihren einzelnen Ausformungen – etwa aus dem ParteienG übernommen werden.[51] Zu weit geht die Forderung, die demokratische Willensbildung bereits für den Koalitionsbegriff zu fordern.[52]

Dieser Prozess ist von der Koalitionsvoraussetzung der notwendigen Willensbildungsmöglichkeit selbst zu trennen (dazu → § 220 Rn. 20) – dort kommt es „nur" darauf an, dass ein Verband überhaupt zur Bildung eines einheitlichen Willens fähig ist. Die demokratische Organisation dagegen ermöglicht den Transport der Einzelinteressen und deren

---

[43] BAG 14.12.2010 – 1 ABR 19/10, AP TVG § 2 Tariffähigkeit Nr. 6 = NZA 2011, 289; BAG 5.10.2010 – 1 ABR 88/09, AP TVG § 2 Tariffähigkeit Nr. 7 = NZA 2011, 300; BAG 28.3.2006 – 1 ABR 58/04, AP TVG § 2 Tariffähigkeit Nr. 4 = NZA 2006, 1112; JKOS/*Schubert* § 2 Rn. 99; HMB/*Greiner* Teil 2 Rn. 86; NK-TVG/*Peter* § 2 Rn. 14.
[44] *Rieble* FS Wiedemann, S. 519 (526 ff.); *Löwisch/Rieble* § 2 Rn. 37 f.; *Dütz* DB 1996, 2385; *Bayreuther* BB 2005, 2633; NK-GA/*Krois* TVG § 2 Rn. 51.
[45] BAG 28.3.2006 – 1 ABR 58/04, AP TVG § 2 Tariffähigkeit Nr. 4 = NZA 2006, 1112; HMB/*Greiner* Teil 2 Rn. 89.
[46] BAG 28.3.2006 – 1 ABR 58/04, AP TVG § 2 Tariffähigkeit Nr. 4 = NZA 2006, 1112.
[47] BAG 28.3.2006 – 1 ABR 58/04, AP TVG § 2 Tariffähigkeit Nr. 4 = NZA 2006, 1112; NK-TVG/*Peter* § 2 Rn. 15.
[48] BAG 28.3.2006 – 1 ABR 58/04, AP TVG § 2 Tariffähigkeit Nr. 4 = NZA 2006, 1112; ErfK/*Franzen* TVG § 2 Rn. 15; JKOS/*Schubert* § 2 Rn. 73; HWK/*Henssler* TVG § 2 Rn. 13; HMB/*Greiner* Teil 2 Rn. 85.
[49] *Löwisch/Rieble* § 2 Rn. 112.
[50] BAG 28.3.2006 – 1 ABR 58/04, AP TVG § 2 Tariffähigkeit Nr. 4 = NZA 2006, 1112 ErK/*Franzen* TVG § 2 Rn. 15; HWK/*Henssler* TVG § 2 Rn. 13.
[51] JKOS/*Schubert* § 2 Rn. 75; *Reuter* FS Söllner, 2000, S. 937 (945); anders aber *Söllner* AuR 1976, 321 (323).
[52] So aber *Gamillscheg* KollArbR I S. 400 ff.

Bündelung[53] – sie dient also der internen Interessenabstimmung als Vorüberlegung zur Willensbildung.

18 Das Kriterium der demokratischen Binnenorganisation wird als eigenständige Voraussetzung kritisch bis überflüssig angesehen – weil sich die entsprechenden Vorgaben bereits aus dem Vereinsrecht ergäben und – das etwa auch geforderte Recht zum Austritt[54] – bereits aus der negativen Koalitionsfreiheit nach Art. 9 Abs. 3 GG selbst folge.[55] Daran ist richtig, dass sich die Vorgabe einer mitgliedschaftlichen Willensbildung nicht allein an Art. 9 Abs. 3 GG und der Tariffunktionalität festmachen lässt, dennoch ergibt sich hieraus die spezielle Forderung danach – wobei man den Begriff der demokratischen Binnenorganisation besser durch eben den der Gewährleistung einer mitgliedschaftsbezogenen Willensbildung ersetzen sollte[56]. Damit wäre mehr Klarheit gewonnen.

19 Dabei muss dieser Willensbildungsprozess nicht durch eine Abstimmung aller Koalitionsmitglieder über konkrete Tarifinhaltsfragen erfolgen, es genügt eine Legitimation im Wege der Repräsentanz – solange diese Repräsentanz nicht durch Wahl auf Zeit erfolgt.[57] Es kommt darauf an, dass die Mitglieder am Willensbildungsprozess insgesamt beteiligt werden,[58] dieser Prozess muss dann dem Mehrheitsprinzip unterfallen.[59] Dies gilt nicht nur für den Tarifinhalt, sondern auch für die Frage nach Arbeitskampfmaßnahmen. So ist etwa eine Urabstimmung im Vorfeld des Arbeitskampfes – als Mittel der direkten Koalitionsdemokratie – auch dann nicht notwendig, wenn der Kampfbeschluss vom durch die Mitglieder legitimierten Organ getroffen wurde.[60] Im Einverbändemodell sind die Verbandsmitglieder ohne Tarifbindung (OT-Mitglieder) durch Satzung von der tarifbezogenen Willensbildung fernzuhalten (dazu → § 223 Rn. 32).

20 bb) Durchsetzungsfähigkeit. (1) Notwendiges Kriterium. In der Praxis zentrales Kriterium der Tariffähigkeit ist die Durchsetzungsfähigkeit, auch als **soziale Mächtigkeit** bezeichnet. Mit ihr wird danach gefragt, ob die Arbeitnehmerkoalition dem Arbeitgeber oder dem Arbeitgeberverband als sozialem Gegenspieler wirkungsvoll entgegentreten kann[61] – ob sie also in der Lage ist, die die Richtigkeitsannahme tragende Gegenmacht zu mobilisieren (→ § 230 Rn. 9 ff.). Gerade hier realisiert sich die Bedeutung der Kollektivierung der Arbeitnehmer vor dem angenommenen Grundbild der strukturellen Unterlegenheit des einzelnen Arbeitnehmers gegenüber dem Arbeitgeber. Die Rechtsprechung erfordert die Fähigkeit, die Aufgaben einer Tarifvertragspartei „sinnvoll" erfüllen zu können.[62] So ist die soziale Mächtigkeit eine der wesentlichen Voraussetzungen dafür, dass die Richtigkeitsgewähr des Tarifvertrags angenommen werden kann: Ein „Diktat der Gegenseite" soll durch sie verhindert werden.[63] Die Fähigkeit zur Realisierung der Gegenmacht

---

[53] Siehe *Giesen* ZfA 2016, 153 (163).
[54] So ErfK/*Franzen* TVG § 2 Rn. 15.
[55] JKOS/*Schubert* § 2 Rn. 74.
[56] In diese Richtung wohl auch BAG 28.3.2006 – 1 ABR 58/04, AP TVG § 2 Tariffähigkeit Nr. 4 = NZA 2006, 1112.
[57] *Gamillscheg* KollArbR I § 9 II 5 S. 401.
[58] BAG 28.3.2006 – 1 ABR 58/04, AP TVG § 2 Tariffähigkeit Nr. 4 = NZA 2006, 1112; siehe auch die verschiedenen Ausprägungen bei Wiedemann/*Oetker* § 2 Rn. 342 f.
[59] ErK/*Franzen* TVG § 2 Rn. 15.
[60] *Löwisch/Rieble* § 2 Rn. 126.
[61] BAG 14.12.2010 – 1 ABR 19/10, AP TVG § 2 Tariffähigkeit Nr. 6 = NZA 2011, 289; BAG 5.10.2010 – 1 ABR 88/09, AP TVG § 2 Tariffähigkeit Nr. 7 = NZA 2011, 300; BAG 28.3.2006 – 1 ABR 58/04, AP TVG § 2 Tariffähigkeit Nr. 4 = NZA 2006, 1112; BAG 14.12.2004 – 1 ABR 51/03, AP TVG § 2 Tariffähigkeit Nr. 1 = NZA 2005, 697; BAG 25.11.1986 – 1 ABR 22/85, AP TVG § 2 Nr. 36 = NZA 1987, 492; BAG 16.1.1990 – 1 ABR 10/89, NZA 1990, 623; BAG 16.1.1990 – 1 ABR 937/88, NZA 1990, 626; BAG 6.6.2000 – 1 ABR 10/99, NZA 2001, 160; HessLAG 9.4.2015 – 9 TaBV 225/14, NZA-RR 2015, 482.
[62] BAG 14.12.2010 – 1 ABR 19/10, AP TVG § 2 Tariffähigkeit Nr. 6 = NZA 2011, 289.
[63] BAG 28.3.2006 – 1 ABR 58/04, AP TVG § 2 Tariffähigkeit Nr. 4 = NZA 2006, 1112; BAG 14.12.2004 – 1 ABR 51/03, AP TVG § 2 Tariffähigkeit Nr. 1 = NZA 2005, 697.

zeigt sich insbesondere in der Arbeitskampffähigkeit und der daraus folgenden Möglichkeit zur Druckausübung auf den sozialen Gegenspieler.[64]

Die Forderung nach der sozialen Mächtigkeit ist **nicht unumstritten**,[65] denn sie ist grundrechtssensibel: Mit ihr wird das Instrument des Tarifvertrags als maßgebliche Form der Regelung der Arbeitsbedingungen ermöglicht, nichtmächtigen Koalitionen aber vorenthalten.[66] Dennoch muss an dem Kriterium der sozialen Mächtigkeit festgehalten werden, weil es für die Funktionalität des Tarifsystems maßgeblich ist,[67] soweit man die Richtigkeitsgewähr des Tarifvertrags nicht aufgeben und eine gerichtliche Angemessenheitskontrolle des Tarifvertrags propagieren will.[68] Das kollidierte dann aber mit dem von Art. 9 Abs. 3 GG grundgelegten Gedanken des staatsfernen, autonomen tariflichen Regelungssystems. Auf der anderen Seite dürfen aber keine solchen Anforderungen an die Tariffähigkeit gestellt werden, die unverhältnismäßig sind.[69] Die Rechtsprechung hält die abstrakt aufgestellten Anforderungen an die Mächtigkeit einer Koalition für verhältnismäßig[70] – sie sind es auch: Es geht nicht darum, dass sich die Koalition von vornherein vollständig durchsetzen müsste, sondern dass sie als Verhandlungspartner ernst genommen wird.[71] Die Grundrechtssensibilität schlägt sich deshalb nicht im „Ob" des Mächtigkeitserfordernisses nieder, sondern im „Wie" der aufzustellenden Voraussetzungen.

Eine Relativierung der Vorgaben für die Tariffähigkeit wird auch aus der neueren Gesetzgebung, namentlich aus dem Tarifeinheitsgesetz und aus dem Mindestlohngesetz abgeleitet.[72] Der Hinweis auf § 4a TVG geht dabei in Leere, wenn argumentiert wird, dass für eine Minderheitsgewerkschaft ein Arbeitskampf unverhältnismäßig wäre – und es deshalb auch nicht auf die Kampfstärke ankommen könne. Richtig ist das nicht, weil auch § 4a TVG Arbeitskämpfe der Minderheitengewerkschaft nicht ausschließt (→ § 256 Rn. 84ff.).[73] Beachtlicher ist der Hinweis auf das MiLoG: Setzt bereits der Gesetzgeber eine Entgeltuntergrenze, so sind jedenfalls im Entgeltbereich „Dumpinglöhne" durch Tarifvertrag nicht mehr möglich, zu deren Verhinderung bedarf es also der Mächtigkeit einer Koalition nicht. Allerdings belegt dies lediglich die bestehende Grundrechtssensibilität, führt aber nicht insgesamt zur Aufgabe der Mächtigkeit als Voraussetzung für die Tariffähigkeit. Das LAG Hamburg will hieraus jedenfalls lesen, dass die Mitgliederzahl und damit die Mächtigkeit nur dann noch eine Bedeutung hat, wenn sie unterhalb einer Bagatellgrenze liegt.[74]

Die soziale Mächtigkeit ist anhand einer Einzelfallbetrachtung durch **objektiver Maßstäbe** im Einzelfall zu ermitteln.[75] Sie muss in einem nicht unwesentlichen Teil der Tarifzuständigkeit bestehen.[76] Als wesentliche Faktoren der Mächtigkeit werden von der

---

[64] BAG 5.10.2010 – 1 ABR 88/09, AP TVG § 2 Tariffähigkeit Nr. 7 = NZA 2011, 300.
[65] Ablehnend Wiedemann/*Oetker* § 2 Rn. 402ff.; JKOS/*Schubert* § 2 Rn. 90; Bedenken tragend HWK/*Henssler* TVG § 2 Rn. 18.
[66] BAG 28.3.2006 – 1 ABR 58/04, AP TVG § 2 Tariffähigkeit Nr. 4 = NZA 2006, 1112.
[67] Siehe auch BVerfG 20.10.1981 – 1 BvR 404/78, AP TVG § 2 Nr. 31 = NJW 1982, 815.
[68] *Löwisch/Rieble* § 2 Rn. 178.
[69] BAG 28.3.2006 – 1 ABR 58/04, AP TVG § 2 Tariffähigkeit Nr. 4 = NZA 2006, 1112; NK-GA/*Krois* TVG § 2 Rn. 39.
[70] BAG 5.10.2010 – 1 ABR 88/09, AP TVG § 2 Tariffähigkeit Nr. 7 = NZA 2011, 300.
[71] HessLAG 9.4.2015 – 9 TaBV 225/14, NZA-RR 2015, 482.
[72] LAG Hamburg 4.5.2016 – 5 TaBV 8/15, BeckRS 2016, 69929.
[73] BVerfG 11.7.2017 – 1 BvR 1571/15, 1 BvR 1588/15, AP GG Art. 9 Nr. 151 = NZA 2017, 915.
[74] LAG Hamburg 4.5.2016 – 5 TaBV 8/15, BeckRS 2016, 69929.
[75] BAG 5.10.2010 – 1 ABR 88/09, AP TVG § 2 Tariffähigkeit Nr. 7 = NZA 2011, 300; BAG 28.3.2006 – 1 ABR 58/04, AP TVG § 2 Tariffähigkeit Nr. 4 = NZA 2006, 1112; BAG 14.12.2004 – 1 ABR 51/03, AP TVG § 2 Tariffähigkeit Nr. 1 = NZA 2005, 697; *BAG* 6.6.2000 – 1 ABR 10/99, NZA 2001, 160; BAG 16.1.1990 – 1 ABR 10/89, AP TVG § 2 Nr. 39 = NZA 1990, 623; BAG 25.11.1986 – 1 ABR 22/85, AP TVG § 2 Nr. 36 = NZA 1987, 492; *BAG* 16.1.1990 – 1 ABR 10/89, AP TVG § 2 Nr. 39 = NZA 1990, 623; LAG Hamburg 4.5.2016 – 5 TaBV 8/15, BeckRS 2016, 69929; HWK/*Henssler* TVG § 2 Rn. 18; NK-TVG/*Peter* § 2 Rn. 25; *Löwisch/Rieble* § 2 Rn. 189.
[76] BAG 5.10.2010 – 1 ABR 88/09, AP TVG § 2 Tariffähigkeit Nr. 7 = NZA 2011, 300; HMB/*Greiner* Teil 2 Rn. 72.

Rechtsprechung die Mitgliederzahl und Mitgliederstruktur und die Teilnahme am bisherigen Tarifgeschehen herangezogen.[77]

24 **(2) Organisationsgrad.** Die **Mitgliederzahl und der Organisationsgrad der Koalition** spielt zunächst die entscheidende Rolle.[78] Mit ihr wird nicht zuletzt die Arbeitskampffähigkeit einer Koalition verbunden.[79] Das ist auch dann sinnvoll, wenn man die Möglichkeit der Teilnahme am Arbeitskampf auf für Nichtmitglieder im Rahmen der arbeitskampfrechtlichen Einheit der Belegschaft öffnet: Weil die Aktivierung der Mitglieder der Koalition einfacher und effektiver erfolgen wird, auch wenn man eine verbandliche Folgepflicht zum Arbeitskampf nicht anerkennt. Zum anderen wirkt sich die Mitgliederzahl durch die Mitgliedsbeiträge auf die organisatorische Handlungsfähigkeit der Koalition aus.[80]

25 Absolute **Schwellenwerte** für die Mitgliederanzahl und den Organisationsgrad gibt es nicht.[81] Freilich hat das BAG einen Organisationsgrad von 0,3% als einen Wert angesehen, der die Durchsetzungskraft umfassend in Frage stellt; Zweifel wurden geäußert beim einem Organisationsgrad von 1 Prozent[82] und von 1,6%.[83] Ausreichend wird ein Organisationsgrad von 5% gesehen.[84]

26 Allerdings führt eine geringe Mitgliederzahl nicht zwangsläufig zu einer verringerten oder fehlenden Kampfkraft, das zeigt gerade die Entwicklung der **Berufs- oder Spartengewerkschaften.** Hier wird – wie etwa bei Lokomotivführern, Fluglotsen oder Piloten, die Kampkraft durch die Möglichkeit begründet, die Arbeitsleistung in Schlüsselpositionen zu entziehen.[85] Das ist richtig, weil die Mächtigkeit tariffunktional zu beurteilen ist und es auf die Fähigkeit der Gegenmachtbildung ankommt, die nicht zwangsläufig durch Quantitäten gemessen werden kann.[86] Auf der anderen Seite führt auch in anderen Bereichen eine geringe Mitgliederzahl zu Mächtigkeit einer Koalition, wenn nachgewiesen ist, dass auch Nichtmitglieder dem Aufruf zum Arbeitskampf verlässlich folgen.

27 **(3) Tarifgeschichte.** Die **Tarifgeschichte** einer Koalition ist dagegen ein zweifelhaftes Indiz für die soziale Mächtigkeit. Die Rechtsprechung zog und zieht allerdings die bereits erfolgten Tarifabschlüsse neben der Mitgliederzahl als Indiz für die Tariffähigkeit heran.[87] Dahinter steckt der Gedanke, dass sich der soziale Gegenspieler nur auf hinreichend mächtige Vertragspartner einlässt, sie überhaupt wahr und ernst nimmt.[88] Dadurch würde die Durchsetzungsfähigkeit der Koalition dokumentiert.[89] Allerdings ist zunächst der Stel-

---

[77] BAG 5.10.2010 – 1 ABR 88/09, AP TVG § 2 Tariffähigkeit Nr. 7 = NZA 2011, 300.
[78] BAG 5.10.2010 – 1 ABR 88/09, AP TVG § 2 Tariffähigkeit Nr. 7 = NZA 2011, 300; BAG 14.12.2003 – 1 ABR 51/03, AP TVG § 2 Tariffähigkeit Nr. 1 = NZA 2005, 697; LAG Hamburg 4.5.2016 – 5 TaBV 8/15, BeckRS 2016, 69929; HessLAG 9.4.2015 – 9 TaBV 225/14, NZA-RR 2015, 482; NK-TVG/*Peter* § 2 Rn. 25; *Löwisch/Rieble* § 2 Rn. 179.
[79] BAG 5.10.2010 – 1 ABR 88/09, AP TVG § 2 Tariffähigkeit Nr. 7 = NZA 2011, 300.
[80] BAG 5.10.2010 – 1 ABR 88/09, AP TVG § 2 Tariffähigkeit Nr. 7 = NZA 2011, 300; BAG 28.3.2006 – 1 ABR 58/04, AP TVG § 2 Tariffähigkeit Nr. 4 = NZA 2006, 1112.
[81] Zur Darlegung der Mitgliederstärke siehe BAG 5.10.2010 – 1 ABR 88/09, AP TVG § 2 Tariffähigkeit Nr. 7 = NZA 2011, 300.
[82] LAG Hamburg 21.3.2012 – 3 TaBV 7/11, BeckRS 2013, 72934.
[83] BAG 28.3.2006 – 1 ABR 58/04, AP TVG § 2 Tariffähigkeit Nr. 4 = NZA 2006, 1112.
[84] HMB/*Greiner* Teil 2 Rn. 71.
[85] BAG 28.3.2006 – 1 ABR 58/04, AP TVG § 2 Tariffähigkeit Nr. 4 = NZA 2006, 1112; BAG 14.12.2003 – 1 ABR 51/03, AP TVG § 2 Tariffähigkeit Nr. 1 = NZA 2005, 697; BAG 9.7.1968 – 1 ABR 2/67, NJW 1968, 2160; HWK/*Henssler* TVG § 2 Rn. 18; HMB/*Greiner* Teil 2 Rn. 78; NK-TVG/*Peter* § 2 Rn. 12.
[86] AA NK-GA/*Krois* TVG § 2 Rn. 49; *Bayreuther* BB 2005, 2633 (2634f.).
[87] BAG 28.3.2006 – 1 ABR 58/04, AP TVG § 2 Tariffähigkeit Nr. 4 = NZA 2006, 1112; LAG Hamburg 4.5.2016 – 5 TaBV 8/15, BeckRS 2016, 69929; zustimmend HWK/*Henssler* TVG § 2 Rn. 19.
[88] LAG Hamburg 4.5.2016 – 5 TaBV 8/15, BeckRS 2016, 69929.
[89] BAG 5.10.2010 – 1 ABR 88/09, AP TVG § 2 Tariffähigkeit Nr. 7 = NZA 2011, 300; BAG 28.3.2006 – 1 ABR 58/04, AP TVG § 2 Tariffähigkeit Nr. 4 = NZA 2006, 1112; BAG 14.12.2004 – 1 ABR 58/04, AP TVG § 2 Tariffähigkeit Nr. 2.

lenwert der bisherigen Teilnahme am Tarifgeschehen wesentlich: Die frühere Rechtsprechung hat auf die Anzahl der erfolgten „Tarifabschlüsse" maßgeblich abgestellt, kam davon allerdings wieder ab, schon weil bei lediglich quantitativer Betrachtung ein hohes Missbrauchsrisiko besteht: Die Tariffähigkeit könnte durch mehrmaligen Tarifabschluss gleichsam erkauft werden. Nunmehr soll das bisherige Tarifgeschehen nur noch im Zweifel maßgeblich sein.[90]

Beteiligungen in anderen kollektiv-rechtlichen Systemen, wie etwa der Betriebsverfassung, können für die Mächtigkeit keine Rolle spielen, sie sind tariffern und Arbeitskampfstärke spielt keine Rolle.[91] 28

Allerdings zieht die Rechtsprechung nicht alle geschlossenen Verträge heran, sondern nur die, die weder Scheintarifverträge, also nicht im Rahmen eines kollusiven Zusammenwirkens zum Schaden der Arbeitnehmer geschlossen werden, noch Gefälligkeitstarifverträge, also evident zu Lasten einer Seite gehen, sind.[92] Jüngeren Koalitionen wird eine größere Skepsis entgegengebracht: Hier soll das Tarifgeschehen wegen der verbundenen Missbrauchsgefahr nur eine untergeordnete Rolle spielen.[93] Auf der anderen Seite soll für jüngere Koalitionen, die noch nicht am Tarifgeschehen teilgenommen haben, die Mächtigkeit prognostisch festgestellt werden.[94] 29

Diese Folgerungen zeigen, dass der Einbezug des bisherigen Tarifgeschehens in die Beurteilung der Tariffähigkeit dysfunktional sein kann. Dies zum einen, weil die Gefahr nicht fern liegt, dass Arbeitgeber und Arbeitgeberverbände gerade mit schwachen Arbeitnehmerkoalitionen Vereinbarungen treffen und ihre dann überlegene Verhandlungsmacht realisieren können – und ihnen so den Zutritt zum Instrument des Tarifvertrags verschaffen. Zudem ist die Beurteilung, ob ein Tarifvertrag ein Scheintarifvertrag oder Gefälligkeitstarifvertrag ist, nicht mit dem Verbot der Tarifzensur in Einklang zu bringen.[95] 30

Deshalb kann die Berücksichtigung der Tarifgeschichte nur dann erfolgen, wenn auf die Sensibilität dieser Voraussetzung als Zutrittsschranke für junge Verbände reagiert wird. Dass die Berücksichtigung der Tarifgeschichte zirkelschlüssig wäre,[96] ist ein scheinbares Argument gegen den Tariferfolg: Denn als Indiz für die Akzeptanz durch die sozialen Gegenspieler können bereits abgeschlossene Vereinbarung dienen.[97] Freilich besteht das Problem hier in der als notwendig empfundenen Kontrolle eines befürchteten „Tarifdiktats" (→ § 226 Rn. 9). Das ist – will man Tarifzensur vermeiden – noch nicht überzeugend gelöst. 31

(4) Organisatorische Leistungsfähigkeit. Für die Durchsetzungsfähigkeit wird die **organisatorische Leistungsfähigkeit der** Koalition gefordert.[98] Diese kann sich mehrfach zeigen: In der Fähigkeit, die Willensbildung innerhalb des Verbandes überhaupt zu ermöglichen und so, Tarifverhandlungen vorzubereiten,[99] in der Fähigkeit, Arbeitskämpfe zu organisieren und durchzuführen und in der Fähigkeit, den geschlossenen Tarifvertrag durchzuführen. 32

---

[90] BAG 5.10.2010 – 1 ABR 88/09, AP TVG § 2 Tariffähigkeit Nr. 7 = NZA 2011, 300; HessLAG 9.4. 2015 – 9 TaBV 225/14, NZA-RR 2015, 482.
[91] HessLAG 9.4.2015 – 9 TaBV 225/14, NZA-RR 2015, 482.
[92] BAG 5.10.2010 – 1 ABR 88/09, AP TVG § 2 Tariffähigkeit Nr. 7 = NZA 2011, 300; BAG 28.3.2006 – 1 ABR 58/04, AP TVG § 2 Tariffähigkeit Nr. 4 = NZA 2006, 1112; HMB/*Greiner* Teil 2 Rn. 65; NK-TVG/*Peter* § 2 Rn. 36 f.; sehr kritisch *Löwisch/Rieble* § 2 Rn. 188.
[93] BAG 5.10.2010 – 1 ABR 88/09, AP TVG § 2 Tariffähigkeit Nr. 7 = NZA 2011, 300.
[94] HessLAG 9.4.2015 – 9 TaBV 225/14, NZA-RR 2015, 482; NK-TVG/*Peter* § 2 Rn. 26.
[95] NK-GA/*Krois* TVG § 2 Rn. 45.
[96] So andeutend BVerfG 16.6.2016 – 1 BvR 2257/15, NZA 2016, 893.
[97] *Löwisch/Rieble* § 2 Rn. 181.
[98] BAG 28.3.2006 – 1 ABR 58/04, AP TVG § 2 Tariffähigkeit Nr. 4 = NZA 2006, 1112; NK-TVG/*Peter* § 2 Rn. 12.
[99] BAG 28.3.2006 – 1 ABR 58/04, AP TVG § 2 Tariffähigkeit Nr. 4 = NZA 2006, 1112; HessLAG 9.4. 2015 – 9 TaBV 225/14, NZA-RR 2015, 482.

33 Neben der Fähigkeit zur Entwicklung von Gegenmacht ist für die Mächtigkeit auch die Fähigkeit einer Koalition maßgeblich, ob sie die tariflichen Regelungen auch gegenüber ihren Mitgliedern durchsetzen und die Anwendung überwachen kann[100]. Hierfür ist eine entsprechende dauerhafte Organisation notwendig. Sie hilft nicht nur bei der Durchführung von Arbeitskämpfen, sondern führt auch zur Unabhängigkeit gegenüber personellem Wechsel.

34 Die organisatorische Leistungsfähigkeit ist innerhalb der Tarifzuständigkeit zu ermitteln und auch **im Einzelfall zu beurteilen:** So werden bei der bundesweiten Zuständigkeit für einen Industriebereich höhere Anforderungen zu stellen sein als bei der regional beschränkten Branchenzuständigkeit.[101] Hauptamtliche Mitarbeiter sind ebenfalls nicht zwangsläufig,[102] allerdings prüft die Rechtsprechung die Loyalität der ehrenamtlichen Mitarbeiter gerade im Konfliktfall.[103] Starre Vorgaben für die Organisation einer Koalition verbietet aber bereits die durch Art. 9 Abs. 3 GG geschützte Betätigungs- und due Organisationsfreiheit.[104]

35 **(5) Überbetrieblichkeit.** Überbetrieblichkeit ist wie auch bei den Koalitionsvoraussetzungen keine Voraussetzung für die Tariffähigkeit, sie ist kein notwendiges Element der sozialen Mächtigkeit.[105] Sie ist als konstitutives Moment auch für die Realisierung von Gegenmacht nicht notwendig.[106] Die jüngere Entwicklung hat gezeigt, dass auch Gewerkschaften, die sich wesentlich auf die Organisation von Arbeitnehmer eines Arbeitgebers beschränkten, fähig zur Gegenmachtbildung sind.

36 **cc) Tarifwilligkeit.** Die Koalition ist nur dann tariffähig, wenn sie überhaupt das Instrument des Tarifvertrags zur Regelung der Arbeitsbedingungen nutzen will – und so tarifwillig ist.[107] Art. 9 Abs. 3 GG verpflichtet auch den mächtigen Verband nicht zum Tarifschluss.

37 Die Tarifwilligkeit ist deshalb in der Koalitionssatzung festzuschreiben.[108] Ist dies nicht der Fall, so besteht keine Tarifwilligkeit und damit auch keine Tariffähigkeit. Der Satzungsbezug ist schon deshalb notwendig, damit für die Mitglieder deutlich wird, dass die Mitgliedschaft über § 3 Abs. 1 TVG die Tarifbindung vermittelt. Deshalb reicht es nicht aus, sich um den Abschluss von Tarifverträgen zu bemühen oder Vereinbarungen abzuschließen – diese konkludente Erklärung der Tarifwilligkeit genügt ebenso wenig wie die ausdrückliche, aber nicht in der Satzung festgeschriebene Erklärung.[109]

38 Im Rahmen der selbst gesetzten Tarifzuständigkeit muss die Tarifwilligkeit umfassend sein.[110] Eine Beschränkung auf einzelne Bereiche der Arbeitsbedingungen, wie etwa lediglich auf den Bereich des Arbeitsentgeltes, ist richtig abzulehnen,[111] weil es die Komple-

---

[100] HessLAG 9.4.2015 – 9 TaBV 225/14, NZA-RR 2015, 482.
[101] BAG 28.3.2006 – 1 ABR 58/04, AP TVG § 2 Tariffähigkeit Nr. 4 = NZA 2006, 1112; BAG 14.12. 2003 – 1 ABR 51/03, AP TVG § 2 Tariffähigkeit Nr. 1 = NZA 2005, 697.
[102] BAG 28.3.2006 – 1 ABR 58/04, AP TVG § 2 Tariffähigkeit Nr. 4 = NZA 2006, 1112; BAG 14.12. 2003 – 1 ABR 51/03, AP TVG § 2 Tariffähigkeit Nr. 1 = NZA 2005, 697.
[103] BAG 5.10.2010 – 1 ABR 88/09, AP TVG § 2 Tariffähigkeit Nr. 7 = NZA 2011, 300, LAG Hamburg 4.5.2016 – 5 TaBV 8/15, BeckRS 2016, 69929.
[104] BAG 28.3.2006 – 1 ABR 58/04, AP TVG § 2 Tariffähigkeit Nr. 4 = NZA 2006, 1112.
[105] NK-TVG/*Peter* § 2 Rn. 66; *Löwisch/Rieble* § 2 Rn. 198; *Wiedemann/Oetker* § 2 Rn. 347 ff.; aA aber BAG 16.1.1990 – 1 ABR 10/89, NZA 1990, 623; HWK/*Henssler* TVG § 2 Rn. 12.
[106] JKOS/*Schubert* § 2 Rn. 72; aA *Nikisch* Band II S. 11; ZLH S. 97.
[107] BAG 14.12.2010 – 1 ABR 19/10, AP TVG § 2 Tariffähigkeit Nr. 6 = NZA 2011, 289; HessLAG 9.4. 2015 – 9 TaBV 225/14, NZA-RR 2015, 482; NK-GA/*Krois* TVG § 2 Rn. 21; HWK/*Henssler* TVG § 2 Rn. 15; *Löwisch/Rieble* § 2 Rn. 207.
[108] JKOS/*Schubert* § 2 Rn. 7; HMB/*Greiner* Teil 2 Rn. 53; *Wiedemann/Oetker* § 2 Rn. 366 ff., kritisch NK-TVG/*Peter* § 2 Rn. 62.
[109] JKOS/*Schubert* § 2 Rn. 7.
[110] HWK/*Henssler* TVG § 2 Rn. 79; NK-GA/*Krois* TVG § 2 Rn. 24; *Wiedemann/Oetker* § 2 Rn. 370.
[111] BAG 28.3.2006 – 1 ABR 58/04, AP TVG § 2 Tariffähigkeit Nr. 4 = NZA 2006, 1112; JKOS/*Schubert* § 2 Rn. 9; HWK/*Henssler* TVG § 2 Rn. 15.

II. Tariffähigkeit der Verbände

xität der Gesamtregelung der Arbeitsbedingungen nicht aufgreift und den Tarifvertragsparteien die Möglichkeit nimmt, einen umfassenden Interessenausgleich zu erreichen. Eine mittelbare Beschränkung der Tarifwilligkeit auf einzelne Branchen ist durch eine entsprechende Beschränkung der Tarifzuständigkeit zu erreichen.[112]

Die Tariffähigkeit setzt nicht voraus, dass die Koalition auch **arbeitskampfwillig** ist.[113] Der Arbeitskampf als Verhandlungsinstrument kann auch ausgeschlossen sein, ohne dass die Tariffähigkeit als solche entfällt. Die Koalition kann sich auch auf andere Verhandlungsmittel beschränken. Die Koalition muss nur in der Lage sein, einen Arbeitskampf grundsätzlich durchzuführen, auch dies kann bereits zur Druckausübung auf die Gegenseite ausreichen.

dd) Anerkennung des staatlichen Tarif-, Arbeitskampf- und Schlichtungsrechts.
Für die Tariffähigkeit ist die Anerkennung des staatlichen Tarif-, Arbeitskampf- und Schlichtungsrechts durch die Gewerkschaft notwendig.[114] Das folgt dem Gedanken, dass die Rechtssetzung durch Tarifvertrag durch die staatlichen Vorgaben ermöglicht wird und dass eine solche Regelungssetzung nur anerkannt werden kann, wenn der Rechtsrahmen, in dem Tarifverträge geschlossen werden, anerkannt wird: Eine stetige Anwendung rechtswidriger Instrumente führte hier auch zu einer Imparität gegenüber dem rechtstreuen Gegenspieler, so dass die Richtigkeitsgewähr des Tarifvertrags in Rede stünde. Hinzu kommt, dass aus einer systematischen Verweigerung gegenüber der gegebenen tarifrechtlichen Ordnung ein erhebliches Konfliktpotenzial resultiert – die letztlich auch im Widerspruch dazu steht, dass durch den Tarifvertrag auch Rechtsfrieden und Rechtssicherheit erreicht werden soll.

Vom grundsätzlichen Erfordernis der Anerkennung der rechtlichen Vorgaben zu scheiden ist die Frage, ab wann von einer Ablehnung durch die Gewerkschaft auszugehen ist – mit der Folge, dass dann die Tariffähigkeit entfiele. Hier ist sicherlich der **punktuelle Rechtsverstoß** ebenso wenig ausreichend wie das Bestreben der Gewerkschaft, als rechtspolitisch untauglich erachtete rechtliche Vorgaben auf rechtlich anzuerkennenden Wege zu ändern oder abzuschaffen.[115] Zu fordern ist, dass die Gewerkschaft die rechtliche Ordnung als nicht mehr verbindlich ansieht[116] – dies kann nachgewiesen werden, indem es zu planmäßigen Rechtsverstößen kommt.[117]

2. Tariffähigkeit der Arbeitgeberverbände

Auch bei Arbeitgeberverbänden ist die Mächtigkeit zu fordern.[118] Die Rechtsprechung und eine starke Literaturmeinung sehen dies anders, sie leiten aus der Tariffähigkeit des einzelnen Arbeitgebers nach § 2 Abs. 1 TVG auch die **Mächtigkeit des Arbeitgeberverbandes** ab.[119] Auch eine Flucht des einzelnen Arbeitgebers in den nicht mächtigen Arbeitgeberverband soll so verhindert werden. Beide Argumente gehen freilich fehl. Die Tariffähigkeit des einzelnen Arbeitgebers bleibt auch bei der Mitgliedschaft im nicht mächtigen Verband bestehen, er bleibt also als möglicher Tarifvertragspartner auch dann

---

[112] Wiedemann/Oetker § 2 Rn. 371.
[113] BVerfG 6.5.1964 – 1 BvR 79/62, AP TVG § 2 Nr. 15; BAG 26.4.1988 – 1 AZR 399/86, AP GG Art. 9 Arbeitskampf Nr. 201; NZA 1988, 775; JKOS/Schubert § 2 Rn. 84; HWK/Henssler TVG § 2 Rn. 17; Wiedemann/Oetker § 2 Rn. 378.
[114] BVerfG 20.10.1981 – 1 BvR 404/78, AP TVG § 2 Nr. 31 = NJW 1982, 815; BVerfG 6.5.1964 – 1 BvR 79/62, BVerfGE 18, 18; BAG 25.11.1986 – 1 ABR 22/85, AP TVG § 2 Nr. 36 = NZA 1987, 492; ErfK/Franzen TVG § 2 Rn. 10; JKOS/Schubert § 2 Rn. 82; NK-GA/Krois TVG § 2 Rn. 27 plädiert mangels Funktionalitätsrelevanz für die Aufgabe dieses Erfordernisses.
[115] JKOS/Schubert § 2 Rn. 82; HMB/Greiner Teil 2 Rn. 84; Wiedemann/Oetker § 2 Rn. 415; Löwisch/Rieble § 2 Rn. 227.
[116] So JKOS/Schubert § 2 Rn. 82.
[117] Siehe auch Wiedemann/Oetker § 2 Rn. 415.
[118] Löwisch/Rieble § 2 Rn. 201; Wiedemann/Oetker § 2 Rn. 396.
[119] BAG 20.11.1990 – 1 ABR 62/89, AP TVG § 2 Nr. 40 = NZA 1991, 428; HMB/Greiner Teil 2 Rn. 125; NK-TVG/Peter § 2 Rn. 130.

erhalten. Auf der anderen Seite ist beim nicht mächtigen Verband auch die Durchführung des Tarifvertrags gefährdet, wenn dieser etwa mangels ausreichender Organisation nicht die Durchsetzung entsprechender Pflichten seiner Mitglieder gewährleisten kann.[120] Dem wird entgegengehalten, dass die Mächtigkeit bei Arbeitnehmerkoalitionen gerade zur Gewährleistung des Ausgleichs der Ungleichgewichtslage im Arbeitsverhältnis herangezogen wird – deshalb bestehe für Arbeitgeberverbände aber gerade keine Notwendigkeit, die Durchsetzungsfähigkeit zu prüfen.[121] Auch das geht fehl, weil die Mächtigkeit gerade mit Blick auf die organisatorische Leistungsfähigkeit auch für die Vorbereitung der Tarifverhandlungen und die Durchführung des Tarifvertrags von Bedeutung ist und diese Gesichtspunkte der Tariffunktionalität auch für Arbeitgeberverbände relevant sind.

43 Deshalb muss auch ein Arbeitgeberverband neben den Koalitionsvoraussetzungen gewährleisten, dass eine durch die tarifgebundenen Mitglieder getragene Willensbildung möglich ist (demokratische Struktur), der Tarifwille muss in der Satzung des Verbandes festgelegt werden und das geltende Tarif-, Arbeitskampf- und Schlichtungsrecht muss anerkannt werden.

44 Der Arbeitgeberverband muss daneben die weiteren Voraussetzungen wie demokratische Binnenstruktur, Tarifwilligkeit und Anerkennung des geltenden Tarif-, Schlichtungs- und Arbeitskampfrecht erfüllen.[122]

3. Ende der Tariffähigkeit

45 Für die Tariffähigkeit eines Verbandes müssen alle genannten Voraussetzungen vorliegen – andernfalls kommt es nicht zur Tariffähigkeit oder sie entfällt.

46 Die Tariffähigkeit endet, wenn eine ihrer Voraussetzungen wegfällt oder der Verband selbst nicht mehr existiert. Das Herabsinken der Mitgliederanzahl unter die „Mächtigkeitsschwelle" führt dann automatisch zum Verlust der Tariffähigkeit, ebenso auch die Aufgabe der verbandlichen Organisation.[123]

47 Der Verband kann auch seine Satzung ändern und so auf die Tarifwilligkeit verzichten.[124] Auch dies führt zum Entfall der Tariffähigkeit. Wie bei der Tarifwilligkeit kann sich auch die Erklärung der Tarifunwilligkeit aber nicht auf einzelne Bereiche der Arbeitsbedingungen beschränken. Schließt der Verband längere Zeit keine Tarifverträge ab, so führt dies grundsätzlich nicht zum Verlust der Tarifwilligkeit, sondern nur im sehr seltenen Fall, wenn dieses Verhalten satzungsändernde Kraft hat, was wiederum die Überzeugung der Mitglieder voraussetzt, keine Tarifverträge schließen zu wollen, „Observanz".[125]

48 Eine schuldrechtliche Vereinbarung – etwa auch in einem Tarifvertrag –, über die Tarifwilligkeit, ist für die Tariffähigkeit belanglos, weil Voraussetzungen der Tariffähigkeit nicht durch schuldrechtliche Vereinbarungen determiniert werden können. Erklärt der verpflichtete Verband durch Satzungsänderung dennoch seine Tarifunwilligkeit, so tritt Tarifunfähigkeit ein.

49 Die **Auflösung des Verbandes** führt zum Entfall der Tariffähigkeit.[126] Das gilt ab dem Zeitpunkt des Übertritts in die Phase der Liquidation. Das ist schon deshalb richtig, weil ab diesem Zeitpunkt eine Zweckänderung eintritt, die letztlich nicht nur zum Entfall der Tariffähigkeit, sondern auch der Koalitionseigenschaft führt: Zweck des Verbandes ist dann nicht mehr die Wahrung und Förderung der Arbeits- und Wirtschaftsbedingungen, sondern eben die Auflösung des Verbandes.

---

[120] *Löwisch/Rieble* § 2 Rn. 203.
[121] NK-GA/*Krois* TVG § 2 Rn. 36.
[122] Dazu HMB/*Greiner* Teil 2 Rn. 122 ff.
[123] HMB/*Greiner* Teil 2 Rn. 133; Wiedemann/*Oetker* § 2 Rn. 34.
[124] HMB/*Greiner* Teil 2 Rn. 133.
[125] JKOS/*Schubert* § 2 Rn. 78.
[126] HMB/*Greiner* Teil 2 Rn. 133; aA Wiedemann/*Oetker* § 2 Rn. 38.

Umstritten ist bei Entfall der Tariffähigkeit die Folge für die Wirkung des Tarifvertrags. **50**
Die herrschende Meinung nimmt an, dass es im Falle der Auflösung eines Verbandes auch nach dem Eintritt in die Liquidationsphase bei der Tarifbindung bleibt, und keine Nachwirkung nach § 4 Abs. 5 TVG eintritt.[127] Das wird aus dem Rechtsgedanken des § 3 Abs. 3 TVG geschlossen.[128] Freilich liegt hier eine andere Situation vor: Es geht nicht um die Absenz von tarifgebundenen Mitgliedern, sondern um den Entfall der Voraussetzungen des Tarifvertrags selbst – hier sieht § 4 Abs. 5 TVG die richtige Rechtsfolge vor:[129] Entfall der zwingenden Wirkung mit der Möglichkeit der Abänderung auch durch andere Abmachungen. Zudem entsteht das Problem, dass der Zugriff des nunmehr tarifunfähigen Verbandes auf den Tarifvertrag, etwa durch Abänderung oder Kündigung, nicht mehr gelingt.[130] Das führt dann zur Frage, wie man (beim unbefristeten Tarifvertrag) die mögliche Ewigkeitsbindung auffängt: Hier wird etwa eine Befristung von fünf Jahren nach dem Rechtsgedanken des § 159 HGB ins Spiel gebracht[131] – die freilich zum einen zu lang und zum anderen unnötig ist, weil die Nachwirkung die passgenaueren Rechtsfolgen bereithält.[132] § 4 Abs. 5 TVG ist also entsprechend anzuwenden.

Dies gilt auch für die durch den Verband **selbst herbeigeführte Tarifunwilligkeit**[133] **51 und auch** für die Insolvenz eines Verbandes – die Tariffähigkeit entfällt ab dem Zeitpunkt, an dem das Insolvenzverfahren eröffnet wird.[134]

4. Sonderfälle
a) Spitzenorganisation. Das Gesetz schweigt zu den Voraussetzungen der Tariffähigkeit **52** der Spitzenorganisation, allerdings ist die Situation komplex, wenn die Spitzenorganisation selbst nach § 2 Abs. 3 TVG und nicht als Vertreter ihres Mitgliedsverbandes nach § 2 Abs. 2 TVG einen Tarifvertrag abschließt. Fraglich ist der Bezugspunkt: kommt es auf die jeweilige Tariffähigkeit der Mitgliedsverbände oder die originäre Tariffähigkeit der Spitzenorganisation an? Ausganspunkt ist sicher die Tariffähigkeit der Mitgliedsverbände, weil die Spitzenorganisation selbst (lediglich) ein Zusammenschluss dieser Verbände ist und deshalb ihre Tariffähigkeit abgeleitet ist.[135] Das verlagert den Blick darauf, ob alle Mitgliedsverbände einer Spitzenorganisation ihrerseits tariffähig sein müssen, um der Spitzenorganisation die Tariffähigkeit vermitteln zu können.[136] Das wird zu Recht verneint:[137] Bereits aus Gründen der Koalitionsfreiheit, Art. 9 Abs. 3 GG, ist es verfehlt, wenn schon die Tarifunfähigkeit eines Mitgliedsverbandes die Tariffähigkeit der Spitzenorganisation herbeiführte – auch diese ist Koalition.[138] Die Rechtsprechung verlangt, dass die „das Tarifgeschehen bestimmenden" Mitgliedsverbände tariffähig sein müssen,[139] andere propagieren die überwiegende Anzahl der Mitglieder, wieder andere lassen mindestens zwei tariffähige Mitgliederverbände ausreichen.[140] Das führt zur Bedeutung der Struktur der Willensbildung der Spitzenorganisation: diese muss die verbandlichen Voraussetzungen er-

---

[127] BAG 23.1.2008 – 4 AZR 312/01, NZA 2008, 771; HMB/*Greiner* Teil 2 Rn. 137; JKOS/*Schubert* § 2 Rn. 22 ff.
[128] HMB/*Greiner* Teil 2 Rn. 137.
[129] *Löwisch/Rieble* § 2 Rn. 227; so auch zuvor die Rechtsprechung BAG 15.10.1986 – 4 AZR 289/85, AP TVG § 3 Nr. 4 = NZA 1987, 246.
[130] *Löwisch/Rieble* § 2 Rn. 244.
[131] *Höpfner* Anm. zu AP TVG Nr. 36 zu 3 TVG.
[132] *Löwisch/Rieble* § 2 Rn. 245.
[133] *Löwisch/Rieble* § 2 Rn. 246.
[134] AA BAG 23.1.2008 – 4 AZR 312/01, NZA 2008, 77; BAG 27.6.2000 – 1 ABR 31/99, NZA 2001, 334; Wiedemann/*Oetker* § 2 Rn. 46.
[135] BAG 14.12.2010 – 1 ABR 19/10, AP TVG § 2 Tariffähigkeit Nr. 6 = NZA 2011, 289; HMB/*Greiner* Teil 2 Rn. 195; JKOS/*Schubert* § 2 Rn. 150.
[136] So *Ulber* NZA 2008, 439 (441); NK-TVG/*Peter* § 2 Rn. 71.
[137] *Löwisch/Rieble* § 2 Rn. 169; HMB/*Greiner* Teil 2 Rn. 196.
[138] *Löwisch/Rieble* § 2 Rn. 404.
[139] BAG 14.12.2010 – 1 ABR 19/10, AP TVG § 2 Tariffähigkeit Nr. 6 = NZA 2011, 289.
[140] *Löwisch/Rieble* § 2 Rn. 405, Wiedemann/*Thüsing* RdA 1995, 281; JKOS/*Schubert* § 2 Rn. 151.

füllen, also den Koalitionsbegriff, die in der Satzung begründete Tarifwilligkeit, die Anerkennung des staatlichen Tarif-, Arbeitskampf- und Schlichtungsrechts. Sie muss aber auch die demokratische Willensbildung gewährleisten – hier dürfen aber die nicht tariffähigen Mitglieder, die nicht der Tarifbindung unterfallen, keinen Einfluss auf die tarifliche Willensbildung haben.[141] Insofern schlägt sich hier derselbe Gedanke nieder, der auch die Diskussion um die OT-Mitgliedschaften prägt (→ Rn. 19).[142]

53 Das BAG geht beginnend mit dem CGZP-Beschluss aber weiter und verlangt die **vollständige Übereinstimmung von Tariffähigkeit und Tarifzuständigkeit**.[143] Tariffähig ist eine Spitzenorganisation danach nur dann, wenn ihre tariffähigen Mitgliedsverbände die Tarifzuständigkeit voll der Spitzenorganisation vermitteln und keine Abweichung besteht: Die Tarifzuständigkeit der Spitzenorganisation darf weder über die der Mitgliedsverbände hinausgehen noch hinter ihre zurückbleiben. Das wird mit der Funktionalität des Tarifsystems begründet.[144] Besteht nur eine geringe Abweichung, so entfällt die Tariffähigkeit. Das trifft praktisch die gewerkschaftlichen Spitzenorganisationen – weil nach der Rechtsprechung Arbeitgeberverbände unproblematisch bei Tarifwilligkeit tariffähig sind, das gölte auch für Spitzenorganisationen der Arbeitgeberverbände. Gewerkschaftliche tariffähige Spitzenverbände sind durch die Vorgaben des BAG allerdings sehr hohen Hürden unterworfen.[145]

54 Richtig ist das nicht.[146] Im Fall der nur eingeschränkten Übertragung der Tarifzuständigkeit wird hier zu stark in die Zweckautonomie des Spitzenverbandes eingegriffen.[147] Die Argumentation des BAG, die Koalitionsfreiheit werde durch das Erfordernis der Kongruenz nicht unverhältnismäßig tangiert,[148] ist vor diesem Hintergrund nicht überzeugend – weil nicht deutlich wird, warum die Funktionalität der Tarifautonomie nur bei vollständiger Übertragung der Tarifzuständigkeit gewahrt wird:[149] Es besteht gerade eine erhebliche Rechtsunsicherheit, weil jede Änderung der Tariffähigkeit und Tarifzuständigkeit der Mitgliedsverbände dann auf die Tariffähigkeit der Spitzenorganisation rückkoppelt. Deshalb kann die Tarifzuständigkeit zwar nicht über die der Mitgliedsverbände hinausreichen, aber hinter ihr zurückbleiben.[150]

55 Ähnlich dem Verhältnis zwischen Arbeitgeber und Arbeitgeberverband, verliert der Mitgliedsverband bei Tariffähigkeit der Spitzenorganisation seine eigene Tariffähigkeit nicht. Er kann weiter Tarifverträge abschließen, eine Kollision im einzelnen Arbeitsverhältnis ist dann nach den Regelungen der Tarifkonkurrenz zu lösen.[151]

56 **b) Untergliederungen.** Untergliederungen von Koalitionen – Bezirksverbände, Regionalgruppen, Fachgruppen – können ihrerseits tariffähig sein und in eigenem Namen Tarifverträge schließen.[152] Dafür müssen sie aber selbständig rechtlich verfasst sein, was aber wiederum nicht voraussetzt, dass eine eigene Satzung besteht, sich aber in der korporativen Verfasstheit und der eigenen Zweckbestimmung niederschlägt.[153] Maßgeblich ist aber,

---

[141] *Löwisch/Rieble* § 2 Rn. 407; ErfK/*Franzen* TVG § 2 Rn. 29; *Jacobs* ZfA 2010, 27 (42ff.); Wiedemann/Oetker § 2 Rn. 425f.; *Wiedemann/Thüsing* RdA 1995, 280 (282).
[142] So richtig HMB/*Greiner* Teil 2 Rn. 196.
[143] BAG 14.12.2010 – 1 ABR 19/10, AP TVG § 2 Tariffähigkeit Nr. 6 = NZA 2011, 289.
[144] BAG 14.12.2010 – 1 ABR 19/10, AP TVG § 2 Tariffähigkeit Nr. 6 = NZA 2011, 289; ebenso HMB/*Greiner* Teil 2 Rn. 198ff.
[145] *Löwisch/Rieble* § 2 Rn. 412: „Abschaffung der eigenen Tarifzuständigkeit", HMB/*Greiner* Teil 2 Rn. 203: Keine bedeutende Rolle mehr.
[146] HWK/*Henssler* TVG § 2 Rn. 31a; skeptisch wegen der Rechtsfolge des Entfalls der Tariffähigkeit auch bei geringer Inkongruenz HMB/*Greiner* Teil 2 Rn. 200.
[147] *Löwisch/Rieble* § 2 Rn. 412.
[148] BAG 14.12.2010 – 1 ABR 19/10, AP TVG § 2 Tariffähigkeit Nr. 6 = NZA 2011, 289.
[149] Ebenso ErfK/*Franzen* TVG § 2 Rn. 29.
[150] JKOS/*Schubert* § 2 Rn. 156.
[151] ErfK/*Franzen* TVG § 2 Rn. 29a.
[152] *Löwisch/Rieble* § 2 Rn. 448ff.; JKOS/*Schubert* § 2 Rn. 10; Wiedemann/*Oetker* § 2 Rn. 260.
[153] BAG 26.2.1964 – 5 AR 66/64, AP ZPO § 36 Nr. 5; Wiedemann/*Oetker* § 2 Rn. 262.

dass neben der verbandlichen Verfasstheit die Unabhängigkeit vom Gesamtverband gegeben ist.[154]

Die Untergliederung muss für sich die Voraussetzungen der Tariffähigkeit erfüllen – sie muss selbst tarifwillig sein, wobei sich diese Tarifwilligkeit aus der Satzung des Gesamtverbandes ergeben kann. Zudem muss sie durchsetzungsfähig sein. Hier kann die Unterorganisation aber von der Infrastruktur und den finanziellen Ressourcen des Gesamtverbandes profitieren.[155]

Eigenes Vermögen der Untergliederung ist nicht zu fordern[156] – die Haftung des Hauptverbandes wird aber nach § 2 Abs. 4 TVG analog begründet.

c) Tarifgemeinschaft. Die **Tarifgemeinschaft** ist nicht Verband und nicht selbst tariffähig, deshalb kommt es auf die Tariffähigkeit der Mitglieder an.[157] Die Tarifgemeinschaft führt zwar dazu, dass die Tarifmacht ihrer Mitglieder zu einer Einheit verbunden wird. Allerdings schließt sie keine Tarifverträge im eigenen Namen.[158] Das Mitglied der Tarifgemeinschaft ist selbst immer noch tariffähig und kann weitere Tarifverträge schließen. Kollisionen im Arbeitsverhältnis sind über die Regelungen zur Tarifkonkurrenz zu lösen.

An der Tarifgemeinschaft können entgegen einer starken Meinung,[159] nur tariffähige Mitglieder beteiligt werden. Das ergibt sich aus dem Verbot der Fremdbestimmung, weil eine Möglichkeit der Einflussnahme der nicht tariffähigen Mitglieder besteht.[160] Im Übrigen ergibt sich dies aus dem Einheitlichkeitsprinzip.[161] Beteiligt sich ein nichttariffähiges Mitglied, so führt dies zur Unwirksamkeit des Tarifvertrags.[162]

III. Der einzelne Arbeitgeber

Nach § 2 Abs. 1 TVG ist neben den tariffähigen Verbänden stets auch der einzelne Arbeitgeber tariffähig. Die Tariffähigkeit des Arbeitgebers ist nur an seine Arbeitgebereigenschaft gebunden – weder muss er sozial mächtig sein, noch muss er tarifwillig sein.[163] Die für die Verbände entwickelten Voraussetzungen der Tariffähigkeit gelten für ihn nicht. Deshalb kann der Arbeitgeber auch nicht durch „Aufgabe der Tarifwilligkeit" seine Tariffähigkeit abstreifen.

Das hat zwei Gründe: Zum einen soll sich der einzelne Arbeitgeber nicht durch Verbandsverweigerung oder Verbandsflucht dem Tarifsystem entziehen können – eine Gewerkschaft findet also auch im nichtverbandsgebundenen Arbeitgeber stets einen potentiellen Tarifvertragspartner.[164] Das stärkt die Funktionalität des tariflichen Systems insgesamt und die kollektive Koalitionsfreiheit der Gewerkschaft im Besonderen.[165] Zum anderen ist es für den einzelnen Arbeitgeber möglich, die Vorteile des Tarifvertrags auch dann zu nutzen, wenn er in Ausübung seiner negativen Koalitionsfreiheit keinem Verband beitreten möchte: Ihm steht auch dann der Tarifvertrag als normative Regelungsquelle zur Verfügung.

---

[154] BAG 22.4.2009 – 4 AZR 111/08, AP TVG § 3 Verbandszugehörigkeit Nr. 26 = NZA 2010, 105; *Löwisch/Rieble* § 2 Rn. 450.
[155] *Löwisch/Rieble* § 2 Rn. 456.
[156] Siehe auch Wiedemann/*Oetker* § 2 Rn. 261; aA BAG 22.12.1960 – 2 AZR 140/58, AP ArbGG 1953 § 11 Nr. 15; NK-TVG/*Peter* § 2 Rn. 69.
[157] HMB/*Höpfner* Teil 2 Rn. 188; *Löwisch/Rieble* § 2 Rn. 549: Tarifgemeinschaft sei „Korsett, das die individuelle Tariffähigkeit ... der Mitglieder vereint".
[158] HMB/*Höpfner* Teil 2 Rn. 188.
[159] HMB/*Höpfner* Teil 2 Rn. 189.
[160] *Löwisch/Rieble* § 2 Rn. 553.
[161] *Löwisch/Rieble* § 2 Rn. 530 ff.
[162] *Löwisch/Rieble* § 2 Rn. 555; Thüsing/Braun/*Emmert* 2. Kap. Rn. 159.
[163] JKOS/*Schubert* § 2 Rn. 13; ErfK/*Franzen* TVG § 2 Rn. 20.
[164] JKOS/*Schubert* § 2 Rn. 13; HWK/*Henssler* TVG § 2 Rn. 23; Wiedemann/*Oetker* § 2 Rn. 23.
[165] BAG 31.1.2018 – 10 AZR 279/16, NZA 2018, 867; ErfK/*Franzen* TVG § 2 Rn. 20.

63 Der einzelne Arbeitgeber bleibt auch dann tariffähig, wenn er **Mitglied in einem tariffähigen Arbeitgeberverband** ist.[166] Ein Ende der Tariffähigkeit bei Eintritt in den Arbeitgeberverband verkürzte die Rechte des Arbeitgebers unzulässig. Indirekt bestätigt wird dies durch § 54 Abs. 3 Nr. 1 HandwO, wonach einer Handwerksinnung Tariffähigkeit zukommt, solange der Innungsverband nach § 82 S. 2 Nr. 3 HandwO keine Tarifverträge abgeschlossen hat.

64 Satzungsregelungen von Arbeitgeberverbänden, die ihren Mitgliedern den Abschluss von Tarifverträgen verbieten, können – wenn überhaupt[167] – nur innenrechtlich wirken und haben keinen Einfluss auf den dennoch geschlossenen Tarifvertrag.[168] Allerdings wird der Abschluss eines solchen Tarifvertrags regelmäßig davon abhängen, dass der Arbeitgeber den Abschluss auch will – denn erstreikt werden kann der Tarifvertrag nur dann, wenn es sich um eine Regelungsmaterie handelt, die nicht durch die Friedenspflicht des Verbandstarifvertrags gedeckt wird.[169] Einen generellen Ausschluss des Arbeitskampfes gegenüber dem verbandsgebundenen Arbeitgeber kann es aber nicht geben, weil die Friedenspflicht tarifvertragsbezogen und nicht verbandsbezogen ist.[170]

65 Arbeitgeber ist, wer Arbeitsvertragspartner des Arbeitnehmers ist, es gilt der **allgemeine Arbeitgeberbegriff**[171] (→ § 23 Rn. 1 ff.). Das können natürliche oder juristische Personen sein. Weil die Fähigkeit, Arbeitgeber zu sein, der Rechtsfähigkeit folgt, können auch Gesellschaften des bürgerlichen Rechts mit Außenwirkung Arbeitgeber sein, ebenso Personenhandelsgesellschaften.[172] Sie sind deshalb auch tariffähig.

66 Auf die Zahl der beschäftigten Arbeitnehmer kommt es nicht an, auch der kleine Arbeitgeber ist tariffähig.[173] Richtig wird darauf hingewiesen, dass ansonsten der Arbeitgeber selbst über seine Tariffähigkeit bestimmen könnte, was mit dem Zweck des § 2 Abs. 1 TVG nicht übereinstimmt.[174]

67 Unerheblich ist es auch, welchen **Zweck das den Arbeitgeber tragende Unternehmen** hat. Tariffähig sind gewerbliche, nichtgewerbliche und öffentliche Arbeitgeber; auch auf die rechtliche Verfasstheit kommt es nicht an – diese kann privatrechtlich oder öffentlich-rechtlich sein.[175] Kirchliche Einrichtungen, sofern sie rechtlich eigenständig verfasst sind, sind grundsätzlich auch tariffähig.[176] Freilich haben die Kirchen mit dem Dritten Weg ein eigenständiges kollektives Regelungsverfahren eingerichtet – weshalb gegen kirchliche Arbeitgeber von Seiten der Gewerkschaften keine Arbeitskampfmaßnahmen ergriffen werden können. Die kirchlichen Arbeitgeber selbst sind durch die kirchengesetzlichen Vorgaben innenrechtlich gehindert, Tarifverträge abzuschließen.[177]

68 Gewerkschaften sind ebenfalls als Arbeitgeber tariffähig[178] – verneinte man dies, würde man die Koalitionsfreiheit eigener Gewerkschaften der Gewerkschaftsangehörigen verkürzen. Freilich kann eine Gewerkschaft nicht mit sich selbst einen Tarifvertrag abschließen.[179]

69 Weil die Gesellschaft bürgerlichen Rechts als Arbeitgeber tariffähig ist, ist auch die einen gemeinsamen Betrieb im Sinne des § 1 Abs. 2 BetrVG tragende GbR tariffähig.[180]

---

[166] ErfK/*Franzen* TVG § 2 Rn. 20; NK-GA/*Krois* TVG § 2 Rn. 60; HMB/*Greiner* Teil 2 Rn. 108 ff.
[167] *Rieble* NZA 2000, 255 (230).
[168] Wiedemann/*Oetker* § 2 Rn. 171; auch HWK/*Henssler* TVG § 2 Rn. 23; NK-TVG/*Peter* § 2 Rn. 158.
[169] ErfK/*Franzen* TVG § 2 Rn. 22.
[170] So auch ErfK/*Franzen* TVG § 2 Rn. 22; aA Hanau/*Thüsing* ZTR 2002, 506.
[171] Dazu BAG 31. 1. 2018 – 10 AZR 279/16, NZA 2018, 867.
[172] ErfK/*Franzen* TVG § 2 Rn. 23; HMB/*Greiner* Teil 2 Rn. 99.
[173] JKOS/*Schubert* § 2 Rn. 132; NK-GA/*Krois* TVG § 2 Rn. 59; HWK/*Henssler* TVG § 2 Rn. 24; HMB/*Greiner* Teil 2 Rn. 105.
[174] NK-GA/*Krois* TVG § 2 Rn. 59.
[175] Wiedemann/*Oetker* § 2 Rn. 131.
[176] HMB/*Greiner* Teil 2 Rn. 100.
[177] Dazu insgesamt *Richardi* KirchenArbR § 13.
[178] ErfK/*Franzen* TVG § 2 Rn. 23; Wiedemann/*Oetker* § 2 Rn. 136.
[179] Wiedemann/*Oetker* § 2 Rn. 135.
[180] ErfK/*Franzen* TVG § 2 Rn. 23.

III. Der einzelne Arbeitgeber

Die Besonderheiten einer solchen GbR werden nicht über die Frage nach der Tariffähigkeit aufgefangen, sondern dadurch, dass eine mit ihr abgeschlossener Tarifvertrag regelmäßig keine Individualnormen enthalten kann, sondern nur betriebs- und betriebsverfassungsrechtliche Normen (→ § 240 Rn. 1 ff.).

Der **Konzern** ist nicht rechtsfähig, er ist nicht der Arbeitgeber der konzernangehörigen Arbeitnehmer und deshalb auch nicht tariffähig.[181] Arbeitgeber ist freilich die Konzernobergesellschaft – aber eben nur für die Arbeitnehmer, deren Arbeitsvertragspartner sie ist. Als solche ist sie auch tariffähig und kann deshalb ihre Arbeitsverhältnisse normativ durch Tarifvertrag regeln. Die Tariffähigkeit kann nicht am Bestehen eines Konzerns festgemacht werden. Aus den betriebsverfassungsrechtlichen Besonderheiten, die eine konzernweite Betriebsvereinbarung zulassen, folgt nichts anderes, auch aus § 55 Abs. 4 BetrVG nicht – der nur einen konzerneinheitlich geltenden Tarifvertrag voraussetzt.[182] Auch § 12a Abs. 2 TVG (→ § 236 Rn. 37) führt nicht zur Tariffähigkeit des Konzerns.

Die fehlende Möglichkeit, mit „dem Konzern" einen konzernweit geltenden Tarifvertrag abschließen zu können, hindert aber nicht daran, diese Einheitlichkeit tariflich dennoch herzustellen. Dies kann einmal über den Verbandstarifvertrag gelingen, wenn alle Konzernunternehmen dem tarifschließenden Verband angehören, der auch ein Konzernarbeitgeberverband sein kann.[183] Oder aber über einen mehrgliederigen Tarifvertrag, an den sich auf Arbeitgeberseite alle Konzernunternehmen binden.[184] Konzernrechtlich ist es möglich, dass die Konzernobergesellschaft auf die abhängigen Unternehmen einwirkt, durch entsprechende Tarifabschlüsse einheitliche Arbeitsbedingungen herzustellen. Dazu kann sich die Konzernobergesellschaft in einem schuldrechtlich wirkenden Tarifvertrag gegenüber der interessierten Gewerkschaft verpflichten.

Die Tariffähigkeit des Arbeitgebers **beginnt,** wenn die Einstellung eines Arbeitnehmers geplant ist, es bedarf nicht des Abschlusses eines ersten Arbeitsvertrages.[185] Das ist schon deshalb richtig, weil ansonsten der erste Arbeitnehmer nicht von Beginn des Arbeitsverhältnisses an durch den Tarifvertrag geschützt werden könnte.

Deshalb kommt es auf die rechtliche Existenz des Arbeitgebers an. Für den einzelnen Arbeitgeber als natürliche Person kommt es auf das erste Auftreten als Unternehmer mit der Absicht, Arbeitnehmer zu beschäftigen an – das muss nicht mit der Eintragung in das Handelsregister als Kaufmann korrelieren. Für Gesellschaften folgt die Tariffähigkeit dem gesellschaftsrechtlichen Gründungsprozess: Auch bei Kapitalgesellschaften liegt dann die Tariffähigkeit nicht erst bei Eintrag in das Handelsregister vor, sondern auch schon bei der Vorgesellschaft, sofern sie über das Innenstadium der Vorgründungsgesellschaft hinausgekommen ist.[186]

Die **Tariffähigkeit des Arbeitgebers endet,** wenn er nicht mehr Arbeitgeber ist oder als Partei des Tarifvertrags wegfällt.[187] Die Arbeitgebereigenschaft geht verloren, wenn endgültig keine Arbeitnehmer mehr beschäftigt werden und dies auch zukünftig nicht mehr geplant ist – etwa bei vollständiger Unternehmensaufgabe.[188] Hier freilich reicht zum Verlust der Arbeitgebereigenschaft nicht die Planung des vollständigen Arbeitsplatzabbaus, sondern nur die Beendigung des letzten Arbeitsverhältnisses.[189]

---

[181] HWK/*Henssler* TVG § 2 Rn. 24; ErK/*Franzen* TVG § 2 Rn. 24; HMB/*Greiner* Teil 2 Rn. 101; Wiedemann/*Oetker* § 2 Rn. 141.
[182] ErK/*Franzen* TVG § 2 Rn. 24; aA NK-TVG/*Peter* § 2 Rn. 115.
[183] ErK/*Franzen* TVG § 2 Rn. 24; *Rieble* Der Konzern 2005, 475.
[184] BAG 17.10.2007 – 4 AZR 1005/06, NZA 2008, 713; BAG 9.11.2006 – 4 AZR 590/05, AP TVG § 5 Nr. 33; NK-TVG/*Peter* § 2 Rn. 111.
[185] BAG 24.6.1998 – 4 AZR 208/97, AP UmwG § 20 Nr. 1; NK-TVG/*Peter* § 2 Rn. 117; ErK/*Franzen* TVG § 2 Rn. 25; HWK/*Henssler* TVG § 2 Rn. 24.
[186] Für eine Genehmigungsfähigkeit nach § 177 BGB durch die spätere Gesellschaft NK-TVG/*Peter* § 2 Rn. 117.
[187] NK-TVG/*Peter* § 2 Rn. 118; ErfK/*Franzen* TVG § 2 Rn. 26.
[188] *Löwisch/Rieble* § 2 Rn. 497; JKOS/*Schubert* § 2 Rn. 33.
[189] NK-TVG/*Peter* § 2 Rn. 118.

75 Im Falle der Insolvenz des Arbeitgebers bleibt die Tariffähigkeit bestehen, sie wird aber vom Insolvenzverwalter wahrgenommen.[190]

76 Bei Tod des Arbeitgebers gehen die Tarifverträge durch Universalsukzession, § 1922 BGB, auf den Erben über, der das Unternehmen fortführt und damit Arbeitgeber ist.[191] Ist diese Erben ebenfalls an Tarifverträge gebunden, so hat dies auf den Bestand der Tarifverträge keine Auswirkung, sondern ist eine Frage der Tarifkonkurrenz.

77 Juristische Personen verlieren ihre Tariffähigkeit mit ihrer Auflösung. Dafür reicht aber allein der Liquidationsbeschluss nicht aus, vielmehr kommt es regelmäßig auf den Wegfall des Rechtsträgers und damit auf die Vollliquidation an,[192] vorher entfällt die Tariffähigkeit dann, wenn kein Arbeitsverhältnis mehr besteht und auch kein Abschluss neuer Arbeitsverhältnisse geplant ist. Die Tariffähigkeit des einzelnen Arbeitgebers hängt nicht von der Tarifwilligkeit ab – sondern nur von seiner Arbeitgeberstellung.

IV. Gesetzliche Ausweitung der Tariffähigkeit

78 Der Gesetzgeber hat den Handwerksinnungen und den Innungsverbänden als Körperschaften des öffentlichen Rechts Tariffähigkeit auf Arbeitgeberseite verliehen, §§ 54 Abs. 3 Nr. 1, 82 S. 1 Nr. 3, 85 Abs. 2 iVm § 82 Nr. 3 HwO.[193] Das darf er aus Gründen der Tariffunktionalität, solange den Koalitionen selbst ihr Einsatzbereich nicht entzogen wird.[194]

79 Nicht tariffähig sind dagegen Kreishandwerkerschaften, also regionale Zusammenschlüsse von Handwerksinnungen, und Handwerkskammern, §§ 86 ff.; 90 ff. HandwO.[195] Ob die Lotsenbrüderschaften[196] und die Bundeslotsenkammer tariffähig sind, ist nicht geklärt. Aus dem dürren Wortlaut des § 42 Abs. 2 Nr. 2 SeelotG, dass die Bundeslotsenkammer die Gesamtheit der Lotsenbrüderschaften gegenüber Organisationen zu vertreten habe, wird man nichts schließen können.[197]

V. Gerichtliche Überprüfung

80 §§ 2a Abs. 1 Nr. 4, 97 ArbGG stellt für die Feststellung der Tariffähigkeit eines Verbandes eine eigenes, über die Normverweise des § 97 Abs. 2a ArbGG **modifiziertes Beschlussverfahren** zur Verfügung, dessen wesentliche Elemente die Konzentration des Verfahrensgegenstandes auf die Tariffähigkeit eines Verbandes, die Erga-omnes-Wirkung des Beschlusses und die Aussetzungspflicht aller gerichtlicher Verfahren, für die die Frage der Tariffähigkeit entscheidungserheblich ist, sind.[198] Damit werden eine Entscheidungszersplitterung und damit Rechtsunsicherheit verhindert – und letztlich die Funktionalität der Tarifautonomie gestützt.[199]

81 **Verfahrensgegenstand** ist die Tariffähigkeit eines Verbandes, also einer Gewerkschaft, eines Arbeitgeberverbandes, aber auch von Spitzenorganisationen.[200] Die durch die HandwO vermittelte, letztlich gesetzliche Tariffähigkeit kann nicht Verfahrensgegenstand sein – weil Innung und Innungsverband keine freiwilligen Vereinigungen sind.[201]

---

[190] NK-TVG/*Peter* § 2 Rn. 118; *Löwisch/Rieble* § 2 Rn. 500.
[191] JKOS/*Schubert* § 2 Rn. 33; NK-TVG/*Peter* § 2 Rn. 118; *Löwisch/Rieble* § 2 Rn. 499.
[192] JKOS/*Schubert* § 2 Rn. 33.
[193] Dazu ausführlich Wiedemann/*Oetker* § 2 Rn. 288 mwN.
[194] BVerfG 19.10.1966 – 1 BvL 24/65, BVerfGE 20, 312 = AP TVG § 2 Nr. 24; BAG 31.1.2018 – 10 AZR 279/16, NZA 2018, 867; JKOS/*Schubert* § 2 Rn. 19; NK-TVG/*Peter* § 2 Rn. 150.
[195] Dazu HMB/*Greiner* Teil 2 Rn. 132; NK-TVG/*Peter* § 2 Rn. 152; Wiedemann/*Oetker* § 2 Rn. 293.
[196] Siehe § 41 des Gesetzes über das Seelotsenwesen vom 13.10.1954, BGBl. I 1035.
[197] Offen gelassen auch LAG SchlH 28.10.1969 – 1 Sa 112/69, AP TVG § 2 Nr. 27; siehe auch Wiedemann/*Oetker* § 2 Rn. 294.
[198] *Löwisch/Rieble* § 2 Rn. 625.
[199] ErfK/*Koch* ArbGG § 97 Rn. 1.
[200] BAG 15.11.1963 – 1 ABR 5/63, AP TVG § 14 Nr. 2.
[201] *Löwisch/Rieble* § 2 Rn. 648.

V. Gerichtliche Überprüfung

Antragsberechtigt sind die räumlich und sachlich zuständigen Arbeitgeberverbände und Gewerkschaften und die obersten Arbeitsbehörden des Bundes und des Landes, auf dessen Gebiet sich die Tätigkeit der Vereinigung erstreckt, § 97 Abs. 1 ArbGG. Das Verfahren ist erstinstanzlich beim örtlich zuständigen LAG kanalisiert, § 97 Abs. 2 ArbGG,[202] eine Kanalisierung, die wesentlich durch die Aussetzungspflicht, die nach § 97 Abs. 5 ArbGG alle Verfahren trifft, für die die Frage der Tariffähigkeit vorgreiflich ist, verstärkt wird. Der ergehende Beschluss hat Bindungswirkung erga omnes, § 97 Abs. 3 S. 1 ArbGG.

Zunächst antragsbefugt ist die Vereinigung, deren Tariffähigkeit in Rede steht, weshalb das Verfahren auch zur Selbstvergewisserung eingeleitet werden kann.[203] Ebenfalls antragsbefugt – in entsprechender Anwendung des § 97 Abs. 1 ArbGG – ist die (potentielle) gegnerische Tarifvertragspartei, auch der einzelne Arbeitgeber als Partei eines Haustarifvertrags.[204] Eine konkurrierende Gewerkschaft ist antragsbefugt, wenn sich ihr Zuständigkeitsbereich mit der anderen Gewerkschaft, deren Tariffähigkeit in Rede steht, zumindest teilweise überschneidet.[205] Nach der herrschenden Meinung, muss die Gewerkschaft in diesem Zuständigkeitsbereich selbst keine Tarifverträge abgeschlossen haben.[206] Diese wird zu Recht bestritten: Weil eine von der eigenen Betroffenheit losgelöste und damit auch instrumentalisierbare Antragsbefugnis die Folge ist. Deshalb wird zumindest eine Beeinträchtigung durch faktischen Tarifwettbewerb zwischen den Verbänden gefordert.[207] Die Parteien des Verfahrens, das nach § 97 Abs. 5 S. 1 ArbGG ausgesetzt wird, sind ebenfalls – im Rahmen des Aussetzungsbeschlusses – antragsbefugt.[208]

Die oberste Arbeitsbehörde ist stets antragsbefugt.[209]

Die Normadressaten des Tarifvertrags, Arbeitgeber, Arbeitnehmer oder auch Betriebsrat, sind als solche nicht antragsbefugt – ihnen bleibt aber als Parteien eines ausgesetzten Verfahrens die Antragsbefugnis nach § 97 Abs. 5 S. 2 ArbGG.

Liegt die Antragsbefugnis vor, so soll auch stets das notwendige **Feststellungsinteresse** bestehen.[210] Das wird aber zu Recht abgelehnt, weil das Verfahren für die damit überzogene Vereinigung massive negative Auswirkungen mit sich bringen kann, die aus dem Zweifel über ihre Tariffähigkeit resultieren.[211] Deshalb ist zumindest zu fordern, dass die Vereinigung tariflich aktiv geworden ist, so dass die Frage der Klärung der Tariffähigkeit nicht faktisch ins Leere greift.[212] Stellt eine Vereinigung den Antrag, über ihre eigene Tariffähigkeit zu befinden, so müssen objektive Zweifel an der Tariffähigkeit vorliegen. Bisweilen wird dieser Gedanke im Rahmen der Prüfung des Rechtsschutzbedürfnisses verankert.[213]

Nach § 83 Abs. 3 ArbGG ist neben dem Antragsteller auch der Verband zu beteiligen, um dessen Tariffähigkeit gestritten wird. Einzelne Arbeitgeber und Arbeitnehmer sind nicht zu beteiligen,[214] deren Interessen nehmen letztlich die beteiligungsberechtigten Spitzenorganisationen wahr.[215]

---

[202] *Löwisch/Rieble* § 2 Rn. 782: „Zuständigkeitskonzentration"
[203] BAG 29.6.2004 – 1 ABR 14/03, NZA 2004, 1236; BAG 25.11.1986 – 1 ABR 22/85, NZA 1987, 492; Wiedemann/*Oetker* § 2 Rn. 110.
[204] BAG 27.9.2005 1 – ABR 41/04, AP TVG § 2 Tarifzuständigkeit Nr. 18 = NZA 2006, 273; 17.2.1970 – 1 ABR 14/69, AP TVG § 2 Tarifzuständigkeit Nr. 2; ErfK/*Koch* ArbGG § 97 Rn. 2.
[205] BAG 14.12.2010 – 1 ABR 19/10, AP TVG § 2 Tariffähigkeit Nr. 6 = NZA 2011, 289; BAG 6.6.2000 – 1 ABR 10/99, NZA 2001, 160.
[206] BAG 5.10.2010 – 1 ABR 88/09, AP TVG § 2 Tariffähigkeit Nr. 7 = NZA 2011, 300.
[207] *Löwisch/Rieble* § 2 Rn. 694.
[208] ErfK/*Koch* ArbGG § 97 Rn. 2.
[209] BAG 14.12.2010 – 1 ABR 19/10, AP TVG § 2 Tariffähigkeit Nr. 6 = NZA 2011, 289.
[210] BAG 11.6.2013 – 1 ABR 32/12, AP TVG § 2 Tariffähigkeit Nr. 8 = RdA 2014, 188; HMB/*Greiner* Teil 2 Rn. 141.
[211] So überzeugend *Löwisch/Rieble* § 2 Rn. 669.
[212] *Löwisch/Rieble* § 2 Rn. 670.
[213] ErfK/*Koch* ArbGG § 97 Rn. 3.
[214] *Löwisch/Rieble* § 2 Rn. 737.
[215] BAG 14.12.2010 – 1 ABR 19/10, NZA 2011, 289 – CGZP; BAG 5.10.2010 – 1 ABR 88/09, AP TVG § 2 Tariffähigkeit Nr. 7 = NZA 2011, 300.

86 Nach § 97 Abs. 3 ArbGG wirkt der rechtskräftige Beschluss über die Tariffähigkeit oder Tarifzuständigkeit einer Vereinigung für und gegen jedermann, und so **erga omnes** – es verbleibt also nicht bei einer bloßen Bindung gegenüber den Beteiligten. Um diese Bindungswirkung zu flankieren, bestehen die in § 63 ArbGG festgelegten Übersendungspflichten auch hier: So ist die Entscheidung der zuständigen obersten Landesbehörde und dem BMAS zu übermitteln.

87 Ist die Frage der Tariffähigkeit in einem gerichtlichen Verfahren vorgreiflich, so ist dieses Verfahren nach § 97 Abs. 5 ArbGG zwingend **auszusetzen,** sobald vernünftige und objektive Zweifel an der Tariffähigkeit vorliegen,[216] damit wird die Aussetzungspflicht nicht bereits dann ausgelöst, wenn lediglich die theoretische Möglichkeit besteht, dass keine Tariffähigkeit gegeben ist.[217] Die Aussetzung kann aber auch nur erfolgen, wenn Vorgreiflichkeit gegeben ist, also die Entscheidung im Verfahren ausschließlich von der Tariffähigkeit abhängt.[218] Die Aussetzungspflicht betrifft die Verfahren aller Gerichtsbarkeiten und aller Instanzen, ist also nicht nur bezogen auf den Arbeitsrechtsweg.[219]

88 § 97 Abs. 2a ArbGG verweist nicht auf § 85 ArbGG, deshalb ist im Verfahren um die Feststellung der Tariffähigkeit kein einstweiliger Rechtsschutz möglich – das entspräche auch nicht dem Feststellungscharakter des Verfahrens.[220]

Siehe zu den Einzelheiten → § 346 Rn. 1 ff.

---

[216] BAG 28.1.2008 – 3 AZB 30/07, NZA 2008, 489; ErfK/*Koch* ArbGG § 97 Rn. 6 mwN.
[217] BAG 22.9.1993 – 10 AZR 535/91, AP TVG § 1 Tarifverträge: Bau Nr. 168 = NZA 1994, 562; *Löwisch/Rieble* § 2 Rn. 819.
[218] BAG 19.12.2012 – 1 AZB 72/12, BeckRS 2014, 73573.
[219] *Löwisch/Rieble* § 2 Rn. 782 ff.; Wiedemann/*Oetker* § 2 Rn. 118.
[220] ErfK/*Koch* ArbGG § 97 Rn. 3.

§ 233 Tarifzuständigkeit

Schrifttum:
Besgen, Mitgliedschaft im Arbeitgeberverband ohne Tarifbindung, 1998; *Buchner,* Tarifzuständigkeit bei Abschluß von Verbands- und Firmentarifverträgen, ZfA 1995, 95; *Fischer,* Zeitarbeit zwischen allen Tarifstühlen? – oder Gewerkschaften in den Untiefen der Tarifzuständigkeit, RdA 2013, 326; *Heinze,* Tarifzuständigkeit von Gewerkschaften und Arbeitgebern/Arbeitgeberverbänden, DB 1997, 2122; *Hillebrand,* Das Merkmal „Tarifzuständigkeit" als Wirksamkeitsvoraussetzung eines Tarifvertrages, 1997; *Junker,* Die Tarifzuständigkeit als Wirksamkeitserfordernis des Tarifvertrages, ZfA 2007, 229; *Konzen,* Die Tarifzuständigkeit im Tarif- und Arbeitskampfrecht, FS Kraft, 1998, 291; *Kutscher,* Die Tarifzuständigkeit 1993; *Kraft,* Abschied von der „Tarifzuständigkeit" als Wirksamkeitsvoraussetzung eines Tarifvertrags, FS Schnorr von Carolsfeld, 1972, 255; *Kutscher,* Die Tarifzuständigkeit, 1993; *Reuter,* Grundfragen des Koalitionsverbandsrechts, FS Söllner, 2000, 937; *Ricken,* Autonomie und tarifliche Rechtsetzung, 2006; *Rieble,* Unbestimmte Tarifzuständigkeit, FS Buchner, 2009, 756; *Rieble,* Tariflose Zeitarbeit? BB 2012, 2177; *Rieble,* IG Metall als Universalgewerkschaft, RdA 2017, 26; *Stoppelmann,* Tariffähigkeit und Tarifzuständigkeit von Arbeitgeberverbänden, 2015, 148; *van Venrooy,* Auf der Suche nach der Tarifzuständigkeit, ZfA 1983, 49; *Wiedemann,* Zur Tarifzuständigkeit, RdA 1975, 78; *Zachert,* Rechtsfragen bei der Durchsetzung der Tarifzuständigkeit AuR 1982, 181.

Übersicht

	Rn.
I. Allgemeines	1
II. Tarifzuständigkeit des Verbandes	11
1. Umfang der Verbandszuständigkeit	11
2. Notwendige Satzungsentscheidung	31
3. Spitzenorganisationen und Tarifgemeinschaft.	40
III. Einzelner Arbeitgeber	43
IV. Folgen fehlender Tarifzuständigkeit	47
1. Anfänglich fehlende Tarifzuständigkeit	47
2. Nachträglich entfallende Tarifzuständigkeit	52
3. Herauswandern aus der Zuständigkeit	57
V. Verfahren zur Zuständigkeitsabgrenzung	59
1. Sonderfall: DGB-Schiedsgericht.	59
2. Gerichtliche Geltendmachung	63

I. Allgemeines

Durch die Tarifzuständigkeit legen die tariffähigen Verbände autonom in Ausübung ihrer 1 Koalitionszweckfreiheit, Art. 9 Abs. 3 GG, fest, für wen, wo und in welchem fachlichen Bereich sie Tarifverträge abschließen wollen.[1] Man mag das als tariflichen „Geschäftsbereich" bezeichnen.[2] Sie ist, anders als die Tariffähigkeit, im TVG nicht erwähnt. Grundlage ist Art. 9 Abs. 3 GG, der den Koalitionen eine Kompetenz-Kompetenz für die Entscheidung gewährleistet, in welchem Bereich die Koalition Tarifverträge als Mittel zur Interessendurchsetzung ihrer Mitglieder schließen und damit Tarifmacht beanspruchen will (→ § 238 Rn. 1 ff.).[3] Die Festlegung der Tarifzuständigkeit ist somit Element der Tarifautonomie; sie muss in der Satzung des Verbandes geregelt sein.[4] Das einzelne Mitglied

---
[1] BAG 22.2.2017 – 5 AZR 253/16, BeckRS 2017, 112945; BAG 14.1.2014 – 1 ABR 66/12, AP BetrVG 1972 § 87 Arbeitszeit Nr. 134 = NZA 2014, 910; BAG 11.6.2013 – 1 ABR 32/12, AP TVG § 2 Tarifzuständigkeit Nr. 24 = NZA 2013, 1363; BAG 17.4.2012 – 1 ABR 5/11, AP TVG § 2 Nr. 23 Tarifzuständigkeit = NZA 2012, 1104; BAG 29.6.2004 – 1 ABR 14/03, AP ArbGG 1979 § 97 Nr. 21 = NZA 2004, 1236; BAG 6.5.2003 – 1 AZR 241/02, AP TVG § 3 Verbandszugehörigkeit Nr. 21 = NZA 2004, 562; JKOS/*Schubert* § 2 Rn. 162; Löwisch/*Rieble* § 2 Rn. 251; ErfK/*Franzen* TVG § 2 Rn. 33; zur Entwicklungsgeschichte siehe Wiedemann/*Oetker* § 2 Rn. 52 f.
[2] NK-TVG/*Peter* § 2 Rn. 186; Thüsing/Braun/*Emmert* 2. Kap. Rn. 63.
[3] JKOS/*Schubert* § 2 Rn. 167; Wiedemann/*Oetker* § 2 Rn. 56; siehe auch NK-TVG/*Peter* § 2 Rn. 194.
[4] BAG 21.1.2015 – 4 AZR 797/13, AP TVG § 3 Verbandszugehörigkeit Nr. 30 = NZA 2015, 1521; BAG 7.1.2015 – 10 AZB 109/14, AP ArbGG 1979 § 98 Nr. 18 = NZA 2015, 759; BAG 11.6.2013 – 1 ABR 32/12, AP TVG § 2 Tarifzuständigkeit Nr. 24 = NZA 2013, 1363; BAG 17.4.2012 – 1 ABR 5/11, AP

– oder die Interessenten an einer Mitgliedschaft – kann sich über die Regelungen der Tarifzuständigkeit über die Reichweite der Tarifmacht des Verbandes gewiss werden, was Bedeutung für die mitgliedschaftlich legitimierte Tarifgeltung hat. Damit lässt sich die Tarifzuständigkeit als Element einer Drittbelastungsbefugnis begreifen.[5]

2 Die in der Satzung grundgelegte Tarifzuständigkeit des Verbandes ist dabei begrifflich von dessen **Organisationsbereich** zu unterscheiden, der die Gesamtheit der im Verband Organisierten umfasst.[6] Tarifzuständigkeit und Organisationsbereich müssen nicht deckungsgleich sein.[7]

3 Die Tarifzuständigkeit ist letztlich richtig ein **Element der Tarifwilligkeit,**[8] weil durch sie der Bereich, in dem Tarifverträge abgeschlossen werden sollen, autonom konkretisiert wird. Das grundsätzliche „Ob" des Tarifschlusses wird durch die verbandliche Entscheidung darüber, in welchem Bereich genau Tarifverträge geschlossen werden, konkretisiert. Hier ist die Festlegung der Tarifzuständigkeit mit der Tariffähigkeit verbunden, die ebenfalls die Tarifwilligkeit voraussetzt – weshalb § 97 ArbGG auch ein eigenständiges Beschlussverfahren für die Festlegung von Tariffähigkeit und Tarifzuständigkeit kennt.[9]

4 Tarifzuständigkeit und Tariffähigkeit sind auch an derer Stelle verbunden: Die Tariffähigkeit einer Koalition wird bezogen auf deren selbst gesetzte Tarifzuständigkeit ermittelt.[10] Damit kann die Tarifzuständigkeit aber auch mit Blick auf eine potentielle Tariffähigkeit festgelegt werden: Je weiter die Tarifzuständigkeit, desto schwieriger sind die Voraussetzungen der sozialen Mächtigkeit und damit der Tariffähigkeit zu erfüllen.[11] „Allzuständigkeit" führt so leicht zur Tarifunfähigkeit.[12]

5 Die Festlegung der eigenen Tarifzuständigkeit einer Koalition führt zugleich zur **Abgrenzung von der Zuständigkeit** anderer Verbände, wie dies etwa die DGB-Gewerkschaften tun, um so Tarifkollisionen (potentiell) von vornherein zu vermeiden.[13] Damit einher geht die Sachnähe, die durch die Tarifzuständigkeit grundgelegt werden kann.[14] Weder Abgrenzungsziel noch Sachnäheargument vermögen aber die autonome Festlegung der Tarifzuständigkeit zu begrenzen. Sie sind auch nicht der Hauptzweck der Tarifzuständigkeit,[15] ihr geht es zuerst um die Festlegung der Grundlage für das eigene tarifliche Handeln. Im Ergebnis freilich wirkt die Festlegung der Tarifzuständigkeit zwischen den Verbänden ordnend – ohne dass freilich für die Tarifzuständigkeit von einer eigenen Ordnungsfunktion ausgegangen werden könnte.[16]

6 Die Tarifzuständigkeit ist zugleich autonom gesetzte Grenze der Tarifmacht des Verbandes, die sich auf die Wirksamkeit des Tarifvertrags auswirkt, weil sie die maximale Reichweite des möglichen tarifvertraglichen Geltungsbereiches vorgibt.[17] Liegt der Gel-

---

TVG § 2 Tarifzuständigkeit Nr. 23 = NZA 2012, 1104; BAG 14.12.1999 – 1 ABR 74/98, AP TVG § 2 Tarifzuständigkeit Nr. 14 = NZA 2000, 949; BAG 25.9.1996 – 1 ABR 4/96, AP TVG § 2 Tarifzuständigkeit Nr. 10 = NZA 1997, 613; BAG 12.11.1996 – 1 ABR 33/96, AP TVG § 2 Tarifzuständigkeit Nr. 11 = NZA 1997, 609; HMB/*Sittard* Teil 2 Rn. 205; JKOS/*Schubert* § 2 Rn. 162; ErfK/*Franzen* TVG § 2 Rn. 33; NK-TVG/*Peter* § 2 Rn. 187.
[5] *Löwisch/Rieble* § 2 Rn. 259.
[6] *Löwisch/Rieble* § 2 Rn. 252; undeutlich aber BAG 22.2.2017 – 5 AZR 253/16, BeckRS 2017, 112945.
[7] NK-TVG/*Peter* § 2 Rn. 187.
[8] *Löwisch/Rieble* § 2 Rn. 256.
[9] *Löwisch/Rieble* § 2 Rn. 256; Wiedemann/*Oetker* § 2 Rn. 61 sieht dies freilich als Beleg für die Trennung von Tarifzuständigkeit und Tariffähigkeit.
[10] ErfK/*Franzen* TVG § 2 Rn. 34.
[11] BAG 19.4.2012 – 1 ABR 5/11, AP TVG § 2 Rn. 23 = NZA 2012, 1104; NK-TVG/*Peter* § 2 Rn. 188.
[12] Siehe dazu BAG 19.4.2012 – 1 ABR 5/11, AP TVG § 2 Rn. 23 = NZA 2012, 1104.
[13] Wiedemann/*Oetker* § 2 Rn. 58; HWK/*Henssler* TVG § 2 Rn. 40.
[14] Wiedemann/*Oetker* § 2 Rn. 58.
[15] In diese Richtung HMB/*Sittard* Teil 2 Rn. 206.
[16] HMB/*Sittard* Teil 2 Rn. 207.
[17] BAG 10.2.2009 – 1 ABR 36/08, AP GG Art. 9 Nr. 138 = NZA 2009, 908; BAG 12.11.1996 – 1 ABR 33/96, AP TVG § 2 Nr. 11 Tarifzuständigkeit = NZA 1997, 609; BAG 24.7.1990 – 1 ABR 46/89, AP TVG § 2 Tarifzuständigkeit Nr. 7 = NZA 1991, 21; BAG 22.11.1988 – 1 ABR 6/87, AP TVG § 2 Tarifzuständigkeit Nr. 5 = NZA 1989, 561; BAG 20.4.1988 – 4 AZR 646/87, AP TVG § 1 Tarifverträ-

I. Allgemeines

tungsbereich außerhalb der eigenen Tarifzuständigkeit, ist der Tarifvertrag unwirksam.[18] Gerade deshalb kann der Verbandstarifvertrag als maximalen Geltungsbereich die Schnittmenge der Tarifzuständigkeiten der beiden tarifschließenden Verbände haben.[19] Dabei reicht die jeweils auf den Tarifvertrag bezogene Überschneidung aus, eine gänzliche Deckung der Zuständigkeiten der tarifschließenden Verbände ist nicht vorauszusetzen.[20] Daraus ergibt sich auch die weitere Funktion der Tarifzuständigkeit – die Festlegung, für wen der Verband Tarifmacht beansprucht.

Aus dem Zusammenhang mit dem Geltungsbereich eines potentiellen Tarifvertrags ergibt sich auch eine Signalwirkung nach außen: Die Festlegung der Tarifzuständigkeit hat stets auch eine „Matching-Funktion" gegenüber dem sozialen Gegenspieler, ob Tarifverträge überhaupt infolge sich überschneidender Tarifzuständigkeit wirksam geschlossen werden können.

Wer Tarifzuständigkeit und Geltungsbereich des Tarifvertrags nicht in dieser Verbindung sieht, sondern letztlich einen von der Zuständigkeit unabhängigen tariflichen Geltungsbereich behauptet,[21] geht fehl: Denn die Verbindung zur Koalitionsbetätigung wäre letztlich gelöst, die Normsetzungsmacht durch die Tarifvertragsparteien ohne die Voraussetzung der vorherigen Festsetzung der Tarifzuständigkeit wäre letztlich uferlos. Folge wäre deshalb auch eine fehlende legitimatorische Rückkopplung der normativen Wirkung des Tarifvertrags zu den eigenen Mitgliedern.[22] Weiter fehlte bei entbehrlicher Tarifzuständigkeit der Anknüpfungspunkt für die Prüfung der Tariffähigkeit und zuletzt würde die Wertung des § 2a Abs. 1 Nr. 4 ArbGG übergangen, der die Tarifzuständigkeit in einem eigenen Beschlussverfahren aufnimmt und damit die Bedeutung für die tarifliche Rechtsetzungsmacht belegt.[23]

Obwohl gerade die DGB-Gewerkschaften danach trachten, die Zuständigkeitsbereiche gegeneinander abzugrenzen (→ § 219 Rn. 13), werden sich überschneidende Zuständigkeiten durch die Koalitionsfreiheit des Art. 9 Abs. 3 GG ermöglicht.[24] Hier manifestiert sich dann der Verbandswettbewerb: Überschneidende Zuständigkeitsbereiche sind möglich und im auf der Koalitionsfreiheit basierenden Tarifsystem auch angelegt.[25] Deshalb kann eine Koalition sich nicht gegen die ebenfalls tarifzuständige Konkurrenz rechtlich zur Wehr setzen – es sei denn, deren (konkurrierende) Zuständigkeit ist nur behauptet. Dann hilft das feststellende Beschlussverfahren nach § 97 ArbGG. Aus den sich überschneidenden Zuständigkeiten – etwa bei Gewerkschaften, die einmal nach dem Industrieverbandsprinzip und zum anderen nach dem Berufsverbandsprinzip organisiert sind – ergeben sich Tarifverträge, deren Geltungsbereich sich ebenfalls überschneidet. Diese Situation ist dann durch die Grundsätze der Auflösung einer Tarifkollision, § 4a TVG, zu lösen.[26]

---

ge: Bau Nr. 95 = DB 1988, 1857; BAG 19.11.1985 – 1 ABR 37/83, AP TVG § 2 Tarifzuständigkeit Nr. 4 = NZA 1986, 480; BAG 17.2.1970 – 1 ABR 14/69, AP TVG § 2 Nr. 2 = BAGE 22, 289; HWK/*Henssler* TVG § 2 Rn. 38; *Löwisch/Rieble* TVG § 2 Rn. 177 f.; Wiedemann/*Oetker* TVG § 2 Rn. 56.

[18] BAG 18.7.2006 – 1 ABR 36/05, AP TVG § 2 Tarifzuständigkeit Nr. 19 = NZA 2006, 1225; BAG 19.12.1958 – 1 AZR 109/58, AP TVG § 2 Nr. 3 = DB 1959, 280; NK-TVG/*Peter* Rn. 164; HWK/*Henssler* TVG § 2 Rn. 39; *Löwisch/Rieble* TVG § 2 Rn. 180 f.; Kempen/Zachert/*Wendeling-Schröder* TVG § 2 Rn. 211 f.; Wiedemann/*Oetker* TVG § 2 Rn. 52, 60 f. mwN; JKOS/*Schubert* § 2 Rn. 164; HMB/*Sittard* Teil 2 Rn. 205; Kempen/Zachert/*Wendeling-Schröder* § 2 Rn. 200.

[19] BAG 18.7.2006 – 1 ABR 36/05, AP TVG § 2 Tarifzuständigkeit Nr. 19 = NZA 2006, 1225; BAG 27.9.2005 – 1 ABR 41/04, AP TVG § 2 Tarifzuständigkeit Nr. 18 = NZA 2006, 273; BAG 29.6.2004 – 1 ABR 14/03, AP ArbGG 1979 § 97 Nr. 21 = NZA 2004, 1236; JKOS/*Schubert* § 2 Rn. 165; NK-TVG/*Peter* § 2 Rn. 196; BeckOK ArbR/*Waas* TVG § 2 Rn. 49.

[20] Wiedemann/*Oetker* § 2 Rn. 59; HWK/*Henssler* TVG § 2 Rn. 39.

[21] *Van Venrooy* ZfA 1983, 49; *Kraft*, FS Schnorr von Carolsfeld S. 255 (260).

[22] Kempen/Zachert/*Wendeling-Schröder* § 2 Rn. 211.

[23] JKOS/*Schubert* § 2 Rn. 184.

[24] JKOS/*Schubert* § 2 Rn. 163.

[25] *Rieble*, Arbeitsmarkt und Wettbewerb, S. 541.

[26] ErfK/*Franzen* TVG § 2 Rn. 34a.

10 Der **einzelne Arbeitgeber** kann seine Tarifzuständigkeit nicht autonom als solche festlegen – freilich kann er sie mittelbar durch eigene Organisationsentscheidung ändern – weil es für einen wirksamen Tarifvertrag auf die Zuständigkeit der Gewerkschaft ankommt.

II. Tarifzuständigkeit des Verbandes

1. Umfang der Verbandszuständigkeit

11 Gesetzliche Vorgaben für die Tarifzuständigkeit gibt es nicht,[27] die entsprechende Satzungsregelung gründet allein auf der grundrechtlichen Organisations- und Betätigungsfreiheit aus Art. 9 Abs. 3 GG.[28, 29] Gewerkschaft und Arbeitgeberverband können ihre Tarifzuständigkeit räumlich, betriebs- oder unternehmensbezogen, branchen-, berufs-, oder personenbezogen festlegen. Auch eine Kombination mehrerer Kriterien ist möglich und regelmäßig praktisch. Ebenso kann die Tarifzuständigkeit für die Arbeitsverhältnisse bestimmter, konkret bezeichneter Unternehmen festgelegt werden.[30] Damit kann auch die Zuständigkeit etwa für Unternehmen eines Konzerns begründet werden.[31] Insgesamt ergibt sich eine große, auf der Satzungsautonomie basierende Variabilität bei der Festlegung der einzelnen Elemente der Tarifzuständigkeit.[32]

12 Inhaltlich ist der Verband in der Festsetzung der Grenzen der Zuständigkeit weitgehend frei. Richtig wird allerdings darauf hingewiesen, dass die Tarifzuständigkeit auch die Funktion hat, die mögliche Tarifvertragspartei der sozialen Gegenseite zu ermitteln. Aus dieser „Matching-Funktion" folgt auch, dass eine lediglich selbstreflexive Festschreibung der Zuständigkeit, bei einer Gewerkschaft etwa ohne Bezug zur Arbeitgeberseite, etwa durch Branchenfestlegung, nicht möglich ist.[33]

13 Die Autonomie der Verbände bei der Festlegung ihrer Zuständigkeit wird zunächst durch den **Zweck der Koalitionsfreiheit selbst begrenzt:** die Koalition darf keine „Rosinen picken" und sich etwa nur für das Entgelt zuständig erklären, aber nicht für übrige Regelungsgegenstände.[34] Das würde die Funktionsfähigkeit der Tarifsystems gefährden, weil ein Tarifabschluss und damit auch Verhandlungen über alle Arbeitsbedingungen nicht möglich wären. Damit ist der Kern der tarifvertraglichen Dignität, nämlich seine Richtigkeitsgewähr, gefährdet. Das gilt nicht nur für den Regelungsgegenstand, sondern auch für die Festlegung der Zuständigkeit gegenüber bestimmten potentiellen Tarifvertragspartnern – deshalb ist es auch nicht möglich, sich nur gegenüber bestimmten gegnerischen Verbänden oder Arbeitgebern tarifzuständig zu erklären.[35]

14 Eine ergänzende Satzungsauslegung, bei der der Richter die als angemessen und „richtig" angenommene Zuständigkeit zugrunde legen kann, ist mit der Koalitionsautonomie nicht im Einklang und darf nicht erfolgen:[36] Der Staat darf der Koalition nicht vorschreiben, in welchem Bereich sie Tarifverträge abschließen kann und soll.

---

[27] Abgesehen von der Zuständigkeit der Handwerksinnungen und -innungsverbände → § 233 Rn. 42.
[28] BAG 17.4.2012 – 1 ABR 5/11, AP TVG § 2 Nr. 23 Tarifzuständigkeit = NZA 2012, 1104; JKOS/ *Schubert* § 2 Rn. 173.
[29] BAG 27.9.2005 – 1 ABR 41/04, AP TVG § 2 Tarifzuständigkeit Nr. 18 = NZA 2006, 273; BAG 6.5. 2003 – 1 AZR 241/02, AP TVG § 3 Verbandszugehörigkeit Nr. 21; JKOS/*Schubert* § 2 Rn. 167.
[30] BAG 22.2.2017 – 5 AZR 253/16, BeckRS 2017, 112945; BAG 17.4.2012 – 1 ABR 5/11, AP TVG § 2 Tarifzuständigkeit Nr. 23 = NZA 2012, 1104; BAG 18.7.2006 – 1 ABR 36/05, AP TVG § 2 Tarifzuständigkeit Nr. 19 = NZA 2006, 1225; ErfK/*Franzen* TVG § 2 Rn. 34 HWK/*Henssler* TVG § 2 Rn. 40; JKOS/*Schubert* § 2 Rn. 167.
[31] *Löwisch/Rieble* § 2 Rn. 325.
[32] NK-TVG/*Peter* § 2 Rn. 188; BeckOK ArbR/*Waas* TVG § 2 Rn. 48.
[33] *Löwisch/Rieble* § 2 Rn. 327.
[34] JKOS/*Schubert* § 2 Rn. 176; 180; Thüsing/Braun/*Emmert* 2. Kap. Rn. 63a; Wiedemann/*Oetker* § 2 Rn. 81.
[35] HWK/*Henssler* TVG § 2 Rn. 45; Wiedemann/*Oetker* § 2 Rn. 82; JKOS/*Schubert* § 2 Rn. 181; aA *Gamillscheg* Koll ArbR, S. 531.
[36] BAG 10.2.2009 – 1 ABR 36/08, AP GG Art. 9 Nr. 138 = NZA 2009, 908; JKOS/*Schubert* § 2 Rn. 172.

II. Tarifzuständigkeit des Verbandes

Die **räumliche Tarifzuständigkeit** legt fest, für welchen maximalen geographischen 15 Raum Tarifverträge geschlossen werden sollen.[37] Das kann durch die Angabe der politischen Grenzen in der Satzung geschehen, was aber nicht zwangsläufig ist, oftmals spielen eigene verbandliche Traditionslinien eine Rolle.[38] Die Satzung muss freilich festlegen, wo der räumliche Anknüpfungspunkt für die Tarifzuständigkeit liegt: Das kann der Unternehmenssitz sein oder der Ort des Betriebes. Eine „Mindestrepräsentanz" von Verbandsmitgliedern innerhalb der räumlichen Zuständigkeit kann hierfür keine Voraussetzung sein.[39] Möglich ist auch die Festlegung für Betriebe, die im Ausland liegen.[40] Ist keine räumliche Zuständigkeit festgelegt, so ist im Zweifel von einer bundesweiten räumlichen Zuständigkeit auszugehen. Allerdings kann ein Arbeitgeberverband nicht vorsehen, dass er nur für bundesweit geltende Tarifverträge zuständig ist.[41]

Bedeutung erlangt die Festlegung des räumlichen Zuständigkeitsbereiches bei der Feststellung der Tariffähigkeit – je weiter die räumliche Zuständigkeit ist, desto größere Voraussetzungen kennt die Feststellung der sozialen Mächtigkeit (→ § 232 Rn. 23).[42] 16

Die **branchenbezogene Zuständigkeit** setzt regelmäßig den fachlichen Zugriffsbereich fest. Auch hier ist ein Verband in der Lage, die Zuständigkeit zu beschränken.[43] Die DGB-Gewerkschaften folgen hier dem Industrieverbandsprinzip: Anknüpfung ist hier nicht die einzelne, isolierte Tätigkeit der Arbeitnehmer, sondern die Zwecksetzung der beschäftigenden Unternehmen und damit dessen Branchenzugehörigkeit.[44] Nach dem Prinzip „Ein Betrieb – eine Gewerkschaft" ist regelmäßig nach der Prägung des Betriebs zu fragen. „Eigentlich" branchenfremde Betriebsabteilungen oder Nebenbetriebe werden im Hinblick auf die Zuständigkeit dem unter die Zuständigkeit fallenden Betrieb zugeschlagen.[45] Bestimmtheitsprobleme werfen Satzungsbestimmungen (→ Rn. 36 f.) auf, die eine umfassende Zuständigkeit für alle Betriebe in der Wertschöpfungskette erklären – und etwa alle Betriebe umfassen, die die originären Betriebe, „in ihrer Zielsetzung unterstützen".[46] Freilich ist – der Satzungsautonomie wegen (→ § 220 Rn. 15 ff.) – auch die Kombination mit dem Berufsprinzip möglich.[47] 17

Welche Kriterien für die Branchenzugehörigkeit maßgeblich sind, kann ebenfalls in der Satzung entschieden werden – die Verbände können hier die von der Rechtsprechung entwickelte **„Geprägetheorie"** aufnehmen, nach der es in Mischunternehmen darauf ankommt, welche Tätigkeiten dem Unternehmen sein Gepräge durch die überwiegende Anzahl der Tätigen geben.[48, 49] Für die zeitliche Zuordnung wird hier die Jahresfrist des § 613a Abs. 1 S. 2 BGB vorgeschlagen.[50] 18

---

[37] JKOS/*Schubert* § 2 Rn. 179; Thüsing/Braun/*Emmert* 2. Kap. Rn. 69.
[38] → § 222.
[39] HMB/*Sittard* Teil 2 Rn. 219; NK-TVG/*Peter* § 2 Rn. 187.
[40] BAG 19.11.1985 – 1 ABR 37/83, AP TVG § 2 Tarifzuständigkeit Nr. 4 = NZA 1986, 480; HWK/ *Henssler* TVG § 1 Rn. 44; HMB/*Sittard* Teil 2 Rn. 220.
[41] *Löwisch/Rieble* § 2 Rn. 342.
[42] Thüsing/Braun/*Emmert* 2. Kap. Rn. 69.
[43] BAG 25.9.1996 – 1 ABR 4/96, AP TVG § 2 Tarifzuständigkeit Nr. 10 = NZA 1997, 613.
[44] Thüsing/Braun/*Emmert* 2. Kap. Rn. 67a; NK-TVG/*Peter* § 2 Rn. 188; Wiedemann/*Oetker* § 2 Rn. 65.
[45] JKOS/*Schubert* § 2 Rn. 173.
[46] Dazu insgesamt *Löwisch/Rieble* § 2 Rn. 357 ff.
[47] Wiedemann/*Oetker* § 2 Rn. 87.
[48] BAG 25.9.1996 – 1 ABR 4/96, AP TVG § 2 Tarifzuständigkeit Nr. 10 = NZA 1997, 613; *Konzen* FS Kraft, 1998, S. 291 (307 f.); Wiedemann/*Oetker* § 2 Rn. 68 f.; weiter § 4 Rn. 242 ff. mwN für die Zuordnung zum Geltungsbereich; vgl. auch BAG 21.6.1989 – 7 ABR 58/87, NZA 1990, 402 für die Tendenzeigenschaft eines Zoos als Mischunternehmen; missverständlich noch BAG 22.11.1988 – 1 ABR 6/87, AP TVG § 2 Tarifzuständigkeit Nr. 5 = NZA 1989, 561 (562 f.); BAG 19.2.2003 – 4 AZR 118/02, AP TVG § 2 Tarifzuständigkeit Nr. 17 = NZA 2003, 1295; ErfK/*Franzen* TVG § 2 Rn. 36; HMB/*Sittard* Teil 2 Rn. 224.
[49] BAG 18.7.2006 – 1 ABR 36/05, AP TVG § 2 Tarifzuständigkeit Nr. 19 = NZA 2006, 1225; BAG 27.9.2005 – 1 ABR 41/04, AP TVG § 2 Tarifzuständigkeit Nr. 18 = NZA 2006, 273; Thüsing/Braun/ *Emmert* 2. Kap. Rn. 67a; *Löwisch/Rieble* § 2 Rn. 352: „quantitative Geprägetheorie".
[50] *Löwisch/Rieble* § 2 Rn. 353.

19 So kann die Satzung bestimmen, ob es maßgeblich auf die Anzahl der einschlägigen Arbeitsverhältnisse oder auf den Anteil einer branchenspezifischen Tätigkeit an Umsatz und Gewinn ankommt.[51] Allerdings muss dem verbandsautonom nicht gefolgt werden und der Verband kann auch andere Abgrenzungsmerkmale heranziehen.

20 Die branchenbezogene Zuständigkeit soll sich bei betrieblichen- oder betriebsverfassungsrechtlichen Tarifnormen auswirken – für sie muss nach der Rechtsprechung die Tarifzuständigkeit der Tarifvertragsparteien für alle Arbeitsverhältnisse des Betriebes bestehen,[52] – das wird aus § 3 Abs. 2 TVG geschlossen, weil die Vorschrift zwar die Normwirkung, nicht aber die Zuständigkeit erweitere. Das schließt Berufsgruppengewerkschaften regelmäßig aus – und geht fehl: Es kommt zu einem Auseinanderlaufen der Zuständigkeit für Individual- und Betriebs- bzw. betriebsverfassungsrechtliche Normen, die nicht angezeigt ist: Der Auflösung gegenläufiger Tarifverträge muss auf der Kollisionsebene begegnet werden.[53]

21 Die Satzungen können auch für Unternehmen und Betriebe, die der Hauptbranche zuarbeiten, ihre Zuständigkeit begründen. Das gilt unproblematisch bei unselbständigen Nebenbetrieben, wenn diese nicht ohnehin zur Hauptbranche gerechnet werden,[54] das kann durch Satzung aber auch für selbständige dienende Unternehmen geschehen – was aber je nach Formulierung der Satzungsregelung Bestimmtheitsprobleme aufwerfen kann.[55]

22 Die Zuständigkeit der Gewerkschaften der Entleiherbranche für **Arbeitsverhältnisse der Arbeitnehmerüberlassung** kann verschiedene Anknüpfungspunkte haben: Einmal die Zuständigkeit für den Verleiherbetrieb selbst, zum anderen für die im Entleiherbetrieb überlassenen Arbeitnehmer.[56] Im ersten Fall wird die Zuständigkeit für solche Verleihbetriebe begründet, die überwiegend an die vom originären Zuständigkeitsbereich erfassten Entleiherbetriebe Arbeitnehmer überlassen. Hier stellen sich insbesondere Fragen der Satzungsbestimmtheit für die Zuständigkeitsabgrenzung. Im letzten Fall kommt es zur chargierenden Zuständigkeit – die freilich wegen der zeitlichen Aufsplittung der Zuständigkeit während der Dauer der Überlassung problematisch ist.[57]

23 Darüber hinaus kennt das Recht der Arbeitnehmerüberlassung noch eine gesetzlich festgelegte punktuelle Sonderzuständigkeit: Systemfremder gesetzlicher Anknüpfungspunkt ist hier die Entleiherbranche für die tarifliche Festlegung der Entleihhöchstdauer nach § 1 Abs. 1b S. 3 AÜG.[58] Damit entfällt die (eigentliche) Zuständigkeit der Leiharbeitstarifpartner. Diese „Tarifentmündigung" ist verfassungsrechtlich bedenklich.[59]

24 Die Festlegung des **persönlichen Zuständigkeitsbereiches** findet seine Grenze im verfassungsrechtlichen Arbeitnehmerbegriff: Nur für diesen kann Tarifmacht bestehen, deshalb kann sich eine Gewerkschaft etwa für Studenten in studienbedingten Ausbildungsmaßnahmen (wie Pflichtpraktika) nicht tarifzuständig erklären.[60] Freilich bestehen gesetzliche Ausweitungen – weil nach § 12a TVG für Arbeitnehmerähnliche und nach § 10 Abs. 2 BBiG für Auszubildende Tarifverträge geschlossen werden können.[61]

---

[51] BAG 19.2.2003 – 4 AZR 118/02, AP TVG § 2 Tarifzuständigkeit Nr. 17; BAG 22.11.1988 – 1 ABR 6/87, AP TVG § 2 Tarifzuständigkeit Nr. 5 = NZA 1989, 561; ErfK/*Franzen* TVG § 2 Rn. 36.
[52] BAG 14.1.2014 – 1 ABR 66/12, AP BetrVG 1972 § 87 Arbeitszeit Nr. 134 = NZA 2014, 910; BAG 29.7.2009 – 7 ABR 27/08, AP BetrVG 1972 § 3 Nr. 7 = NZA 2009, 1424; BeckOK ArbR/*Waas* TVG § 2 Rn. 49.
[53] *Löwisch/Rieble* § 2 Rn. 331.
[54] BAG 31.3.1955 – 2 AZR 84/53, AP TVG § 4 Geltungsbereich Nr. 1; *Buchner* ZfA 1995, 105.
[55] Dazu *Löwisch/Rieble* § 3 Rn. 358ff.
[56] JKOS/*Schubert* § 2 Rn. 185.
[57] *Löwisch/Rieble* § 2 Rn. 376.
[58] *Wank* RdA 2017, 100 (108).
[59] *Henssler* RdA 2017, 83 (97).
[60] *Löwisch/Rieble* § 2 Rn. 260; auch dazu, dass § 22 Abs. 1 S. 2 MiLoG daran nichts ändert.
[61] *Löwisch/Rieble* § 2 Rn. 260.

II. Tarifzuständigkeit des Verbandes

Prägend ist der persönliche Zuständigkeitsbereich zunächst vor allem bei den Gewerkschaften, die nach dem Berufsverbandsprinzip organisiert sind, weil dann die Tarifmacht an dem ausgeübten Beruf des Arbeitnehmers anknüpft.[62] Für Angehörige anderer Berufsgruppen, die nicht unter die Zuständigkeit fallen, besteht sie nicht. Eine „nachziehende" oder Annexzuständigkeit, nach der auch diese Arbeitsverhältnisse dem Tarifvertrag unterfallen, gibt es nicht.[63] Deshalb dürfen solche Arbeitnehmer auch nicht für die Feststellung der Tariffähigkeit herangezogen werden.[64]

Das gilt einmal wegen der sich dort stellenden gleichheitsrechtlichen Fragen, zum anderen aber auch aufgrund tarifspezifischer Überlegungen: So kann sich ein Verband nicht für Personen zuständig erklären, die (noch) nicht Mitglied sind.[65] Das ergibt sich daraus, dass es Zusammenschluss und damit die Mitgliedschaft zum Ausgangspunkt nimmt – und nicht die lediglich potentielle Mitgliedschaft. Außerdem ist es nicht möglich, dass sich die Tarifzuständigkeit auf die jeweils aktuellen Mitglieder bezieht und somit von der Repräsentativität abhängig gemacht wird[66] – weil sonst der Zuständigkeitsbereich von der Entscheidung der einzelnen Mitglieder abhinge, was aber die Regelungen über die Tarifbindung, etwa § 3 Abs. 3 TVG, über die Zuständigkeitsvorgaben aushöhlte.[67] Die Regelungen über die Tarifbindung stehen aber nicht zur Disposition des tarifschließenden Verbandes.

Ein Arbeitgeberverband kann seine Zuständigkeit nicht auf einzelne Arbeitnehmergruppen etwa „Arbeiter" – beschränken, weil dies die umfassende Tarifvereinbarung für alle Arbeitnehmer verhinderte.[68] Ebenso kann ein Arbeitgeberverband keine Tarifzuständigkeit für Selbständige begründen, die keine Arbeitgeber sind, so genannte „Solo-Selbständige".[69]

Keine Frage der Tarifzuständigkeit ist die Mitgliedschaft ohne Tarifbindung im sogenannten Einverbändemodell: Das einzelne Mitglied des Verbandes kann wählen, welche Form der Mitgliedschaft bestehen soll – deshalb ist die Wahl der OT-Mitgliedschaft keine satzungsmäßig festgelegte Zuständigkeitsfrage,[70] weil sich diese aus der Satzung ergeben muss.[71] Davon zu unterscheiden ist freilich die mögliche abstrakte Beschränkung des persönlichen Zuständigkeitsbereichs (→ Rn. 25).

Die **sachliche Zuständigkeit** meint die Festlegung, welche Regelungen Gegenstand des Tarifvertrags sein können. Eine solche Festlegung freilich ist regelmäßig nichtssagend, weil die Verbände ihre Tarifzuständigkeit nicht auf einzelne Gruppen von Arbeitsbedingungen begrenzen können (→ Rn. 13).[72]

Möglich ist auch die Beschränkung der Zuständigkeit in **zeitlicher Hinsicht** – und so die Festlegung eines zeitlichen Zuständigkeitsbereichs.[73]

---

[62] Thüsing/Braun/*Emmert* 2. Kap. Rn. 67b; NK-TVG/*Peter* § 2 Rn. 188.
[63] BAG 10.2.2009 – 1 ABR 36/08, AP GG Art. 9 Nr. 138 = NZA 2009, 908; ErfK/*Franzen* TVG § 2 Rn. 34a; NK-TVG/*Peter* § 2 Rn. 188; BeckOK ArbR/*Waas* TVG § 2 Rn. 48.
[64] NK-TVG/*Peter* § 2 Rn. 188.
[65] JKOS/*Schubert* § 2 Rn. 182.
[66] BAG 17.4.2012 – 1 ABR 5/11, AP § 2 TVG Tarifzuständigkeit Nr. 23 = NZA 2012, 1104; HMB/*Sittard* Teil 2 Rn. 212; Löwisch/Rieble § 2 Rn. 339; NK-TVG/*Peter* § 2 Rn. 187; aA Wiedemann/*Oetker* § 2 Rn. 77.
[67] BAG 21.1.2015 – 4 AZR 797/13, AP TVG § 3 Verbandszugehörigkeit Nr. 30 = NZA 2015, 1521; BAG 17.4.2012 – 1 ABR 5/11, AP TVG § 2 Tarifzuständigkeit Nr. 23 = NZA 2012, 1104; BAG 10.2.2009 – 1 ABR 36/08, AP GG Art. 9 Nr. 138 = NZA 2009, 908; BAG 18.7.2006 – 1 ABR 36/05, AP TVG § 2 Tarifzuständigkeit Nr. 19 = NZA 2006, 1225; ErfK/*Franzen* TVG § 2 Rn. 33. HMB/*Sittard* Teil 2 Rn. 212.
[68] BAG 18.7.2006 – 1 ABR 36/05, AP TVG § 2 Nr. 19 = NZA 2006, 1225; Löwisch/Rieble § 2 Rn. 333; HWK/*Henssler* TVG § 2 Rn. 38.
[69] Löwisch/Rieble § 2 Rn. 262.
[70] BAG 23.2.2005 – 4 AZR 186/04, AP TVG § 4 Nachwirkung Nr. 42 = RdA 2006, 308; *Bayreuther*, S. 399 ff.; *Buchner* NZA 1994, 2 (5); *Otto* NZA 1996, 624 (629); *Besgen*, S. 84.
[71] Siehe dazu JKOS/*Schubert* § 2 Rn. 183; HWK/*Henssler* TVG § 2 Rn. 38; Wiedemann/*Oetker* § 2 Rn. 80.
[72] Wiedemann/*Oetker* § 2 Rn. 81; Thüsing/Braun/*Emmert* 2. Kap. Rn. 70.
[73] Löwisch/Rieble § 2 Rn. 370 f.

2. Notwendige Satzungsentscheidung

31 Die Tarifzuständigkeit muss in der Verbandsverfassung und damit in der Satzung geregelt werden.[74] Das ist tarifrechtlich ihrer **Bedeutung für die Tarifmacht** geschuldet, deshalb ist sie zwingend der Mitgliederversammlung vorbehalten und kann nicht auf andere Vereinsorgane delegiert werden.[75] Einstimmigkeit der Mitgliederversammlung ist bereits vereinsrechtlich nach § 40 BGB nicht erforderlich,[76] aber auch tarifrechtlich nicht. Dadurch wird die Vorgabe gelebt, dass die tariffähige Koalition demokratisch organisiert sein muss.

32 Weil die Frage, in welchem Bereich und für wen grundsätzlich Tarifverträge geschlossen werden, eine Kernfrage der tariffähigen Koalition ist, muss sie auch autonom getroffen werden (→ § 220 Rn. 15). Das ermöglicht es zwar, sich gegenüber anderen Koalitionen abzugrenzen und diese Grenzen auch durch Koalitionsvereinbarung einvernehmlich festzulegen, stets muss aber der eigentliche Satzungsbeschluss innerhalb der Koalition von den zuständigen Organen getroffen werden.[77] Das schließt eine Delegation oder eine sonstige Verlagerung der Zuständigkeitsentscheidung auf Dritte aus.[78]

33 Daraus folgt auch, dass eine Bindung an Dritte bei der Festlegung der Tarifzuständigkeit nicht möglich ist.[79] Das gilt unmittelbar für den Verweis auf die Satzungen anderer Verbände wie mittelbar – weshalb etwa eine Regelung, die Tarifzuständigkeit gleichsam reagierend dort festlegt, wo Tarifverträge geschlossen werden, nicht möglich ist.[80] Zur Frage der Wirkung von dachverbandlichen Regelungen zur Zuständigkeitsabgrenzung siehe → Rn. 9.

34 So ist auch § 15 Nr. 2 der Satzung des DGB zu verstehen, die bestimmt, dass die in den Satzungen der Mitgliedsgewerkschaft vorgesehenen Organisationsbereiche nur nach Zustimmung des Bundesausschusses geändert werden können. Das bedeutet freilich nicht die Unwirksamkeit einer Zuständigkeitsänderung ohne Zustimmung des DGB, sondern lediglich, dass sich die Mitgliedsgewerkschaft verbandsrechtlich pflichtwidrig verhält. Auch einer Spitzenorganisation kann wegen der Koalitionsautonomie des einzelnen Verbandes nicht der konstitutive Zugriff auf die Zuständigkeitsregelungen überlassen werden.

35 Die Tarifzuständigkeit wird vom Verband zwar autonom festgelegt, darf nach herrschender Meinung aber nicht willkürlich erfolgen, sondern muss ihren Grund im Koalitionszweck finden.[81] Allerdings ist es möglich, die Tarifzuständigkeit durch Satzungsänderung zu beschränken oder zu erweitern.[82]

36 Notwendig ist eine Regelung in der Satzung des Verbandes. Das wirft bei unklarer Regelung Auslegungs- und Bestimmtheitsprobleme auf. Der **Bestimmtheitsgrundsatz**,[83] der zumindest die Erkennbarkeit der Zuständigkeit und dafür objektiv feststellbare Merk-

---

[74] BAG 13.4.2016 – 4 AZR 13/13, BeckRS 2016, 73326; BAG 21.1.2015 – 4 AZR 797/13, AP TVG § 3 Verbandszugehörigkeit Nr. 30 = NZA 2015, 1521; BAG 11.6.2013 – 1 ABR 32/12, AP TVG § 2 Tarifzuständigkeit Nr. 24 = NZA 2013, 1363; BAG 17.4.2012 – 1 ABR 5/11, AP TVG § 2 Tarifzuständigkeit Nr. 23 = NZA 2012, 1104; Thüsing/Braun/*Emmert* 2. Kap. Rn. 63a.
[75] ErfK/*Franzen* TVG § 2 Rn. 34; HMB/*Sittard* Teil 2 Rn. 212; *Löwisch/Rieble* § 2 Rn. 263.
[76] *Löwisch/Rieble* § 2 Rn. 263.
[77] JKOS/*Schubert* § 2 Rn. 186.
[78] HMB/*Sittard* Teil 2 Rn. 212.
[79] *Löwisch/Rieble* § 2 Rn. 267 ff. und 271 ff.; Thüsing/Braun/*Emmert* 2. Kap. Rn. 64.
[80] *Löwisch/Rieble* § 2 Rn. 271, die noch dazu richtig auf den enthaltenen Zirkelschluss hinweisen.
[81] *Löwisch/Rieble* § 2 Rn. 310 ff.
[82] BAG 14.12.1999 – 1 ABR 74/98, AP TVG § 2 Tarifzuständigkeit Nr. 14; BAG 10.5.1989 – 4 AZR 80/89, AP TVG § 2 Tarifzuständigkeit Nr. 8; NK-TVG/*Peter* § 2 Rn. 187; BeckOK ArbR/*Waas* TVG § 2 Rn. 48.
[83] BAG 11.6.2013 – 1 ABR 32/12, AP TVG § 2 Tarifzuständigkeit Nr. 24 = NZA 2013, 1363; BAG 17.4.2012 – 1 ABR 5/11, AP TVG § 2 Tarifzuständigkeit Nr. 23 = NZA 2012, 1104; BAG 10.2.2009 – 1 ABR 36/08, AP GG Art. 9 Nr. 138 = NZA 2009, 908; BAG 19.11.1985 – 1 ABR 37/83, AP TVG § 2 Tarifzuständigkeit Nr. 4 = NZA 1986, 480; Thüsing/Braun/*Emmert* 2. Kap. Rn. 65; HMB/*Sittard* Teil 2 Rn. 212.

male verlangt,[84] fußt dabei vor allem auf tarifrechtlichen Überlegungen: die Tarifzuständigkeit ist von Bedeutung für die (potentiellen) Normunterworfenen und für den potentiellen Tarifpartner.[85] Das macht etwa Satzungsbestimmungen problematisch, die eine Zuständigkeit für alle Betriebe in der Wertschöpfungskette festlegen, um eine möglichst umfassende Zuständigkeit zu begründen.[86]

Die Satzung ist deshalb nach objektiven Kriterien wie Wortlaut, Zweck, Regelungsgeschichte, Systematik und Gesetzeskonformität auszulegen.[87] Dabei müssen sich zum einen die Auslegungsparameter in der Satzung selbst wiederfinden und nicht (lediglich) außerhalb,[88] was sich tarifrechtlich mit ihrer Bedeutung für die Tarifmacht und damit die Normunterworfenen erklären lässt.[89] Dabei geht die Bedeutung der Tarifzuständigkeit weiter: weil wegen der „Matching-Funktion" auch der soziale Gegenspieler erkennen können muss, wie es um die Tarifzuständigkeit des (potentiellen) Tarifvertragspartners bestellt ist. Zum anderen muss die Tarifzuständigkeit eindeutig aus der Satzung hervorgehen.[90] 37

Eine fehlende Festlegung der Tarifzuständigkeit in der Satzung wird nicht durch anderweitiges Handeln geheilt.[91] So ist es zu Recht anerkannt, dass der erfolgte (auch mehrmalige) Abschluss eines Tarifvertrags allein außerhalb der in der Satzung festgelegten Zuständigkeit nicht zu einer Zuständigkeitserweiterung führen kann.[92] Ob anderes für das bei nicht rechtsfähigen Vereinen im Falle des Vereinsgewohnheitsrechts, „Observanz", gilt, ist umstritten.[93] Danach kann eine mehrmalige Übung entsprechende satzungsändernde Folgen haben. Das ist aber im Ergebnis aber nur im Ausnahmefall zuzulassen, weil der Tarifvertrag Normenvertrag ist und sich nicht mit einer Unsicherheit verträgt, die der Feststellung des Gewohnheitsrechts innewohnt.[94] Notwendig ist eine langjährige Tarifpraxis und die entsprechende Rechtsüberzeugung der zuständigen Vereinsorgane.[95] Für rechtsfähige 38

---

[84] BAG 17.4.2012 – 1 ABR 5/11, AP TVG § 2 Tarifzuständigkeit Nr. 23 = NZA 2012, 1104; BAG 10.2.2009 – 1 ABR 36/08, AP GG Art. 9 Nr. 138 = NZA 2009, 908; ErfK/*Franzen* TVG § 2 Rn. 33; NK-TVG/*Peter* § 2 Rn. 187.
[85] JKOS/*Schubert* § 2 Rn. 177; BeckOK ArbR/*Waas* TVG § 2 Rn. 48.
[86] *Löwisch/Rieble* § 2 Rn. 357 ff.
[87] BAG 11.6.2013 – 1 ABR 32/12, AP TVG § 2 Tarifzuständigkeit Nr. 24 = NZA 2013, 1363; BAG 17.4.2012 – 1 ABR 5/11, AP TVG § 2 Tarifzuständigkeit Nr. 23 = NZA 2012, 1104; BAG 10.2.2009 – 1 ABR 36/08, AP GG Art. 9 Nr. 138 = NZA 2009, 908; BAG 18.7.2006 – 1 ABR 36/05, AP TVG § 2 Tarifzuständigkeit Nr. 19 = NZA 2006, 1225; BAG 27.9.2005 – 1 ABR 41/04, AP TVG § 2 Tarifzuständigkeit Nr. 18 = NZA 2006, 273; NK-TVG/*Peter* § 2 Rn. 187; Wiedemann/*Oetker* § 2 Rn. 89.
[88] BAG 17.4.2012 – 1 ABR 5/11, AP TVG § 2 Tarifzuständigkeit Nr. 23 = NZA 2012, 1104; BAG 10.2.2009 – 1 ABR 36/08, AP GG Art. 9 Nr. 138 = NZA 2009, 908; anders und weiter noch BAG 12.12.1995 – 1 ABR 27/95, AP TVG § 2 Tarifzuständigkeit Nr. 8 = NZA 1996, 1042; BAG 14.12.1999 – 1 ABR 74/98, AP TVG § 2 Tarifzuständigkeit Nr. 14 = NZA 2000, 949; BAG 27.9.2005 – 1 ABR 41/04, AP TVG § 2 Tarifzuständigkeit Nr. 18 = NZA 2006, 273; JKOS/*Schubert* § 2 Rn. 170.
[89] BAG 11.6.2013 – 1 ABR 32/12, AP TVG § 2 Tarifzuständigkeit Nr. 24 = NZA 2013, 1363; BAG 17.4.2012 – 1 ABR 5/11, AP TVG § 2 Tarifzuständigkeit Nr. 23 = NZA 2012, 1104; BAG 10.2.2009 – 1 ABR 36/08, AP GG Art. 9 Nr. 138 = NZA 2009, 908; BAG 18.7.2006 – 1 ABR 36/05, AP TVG § 2 Tarifzuständigkeit Nr. 19 = NZA 2006, 1225; BAG 27.9.2005 – 1 ABR 41/04, AP TVG § 2 Tarifzuständigkeit Nr. 18 = NZA 2006, 273; BAG 14.12.1999 – 1 ABR 74/98, AP TVG § 2 Tarifzuständigkeit Nr. 14 = NZA 2000, 949; JKOS/*Schubert* § 2 Rn. 170; HMB/*Sittard* Teil 2 Rn. 209.
[90] *Löwisch/Rieble* § 2 Rn. 317: Besonderes Bestimmtheitsgebot.
[91] BAG 11.6.2013 – 1 ABR 32/12, AP TVG § 2 Tarifzuständigkeit Nr. 24 = NZA 2013, 1363; BAG 17.4.2012 – 1 ABR 5/11, AP TVG § 2 Tarifzuständigkeit Nr. 23 = NZA 2012, 1104; BAG 29.6.2004 – 1 ABR 14/03, AP ArbGG 1979 § 97 Nr. 10 = NZA 2004, 1236; anders noch BAG 14.12.1999 – 1 ABR 74/98, AP TVG § 2 Tarifzuständigkeit Nr. 14 = NZA 2000, 949; NK-TVG/*Peter* § 2 Rn. 187.
[92] BAG 17.4.2012 – 1 ABR 5/11, AP TVG § 2 Tarifzuständigkeit Nr. 23 = NZA 2012, 1104; BAG 24.7.1990 – 1 ABR 46/89, AP TVG § 2 Tarifzuständigkeit Nr. 7 = NZA 1991, 21; HMB/*Sittard* Teil 2 Rn. 213; NK-TVG/*Peter* § 2 Rn. 165; *Löwisch/Rieble* TVG § 2 Rn. 235; Thüsing/Braun/*Emmert*, 2. Kap. Rn. 83; BeckOK ArbR/*Waas* TVG § 2 Rn. 48.
[93] Dafür *Löwisch/Rieble* § 2 Rn. 265.
[94] Ganz ablehnend HMB/*Sittard* Teil 2 Rn. 213; Kempen/Zachert/*Wendeling-Schröder* TVG § 2 Rn. 213; Thüsing/Braun/*Emmert* 2. Kap. Rn. 66a.
[95] So JKOS/*Schubert* § 2 Rn. 172.

Vereine versperrt ohnehin das Eintragungserfordernis des § 71 Abs. 2 BGB die Berufung auf das Vereinsgewohnheitsrecht.[96]

39 Nach **§ 18 Abs. 1 Nr. 1 AGG** fällt die Mitgliedschaft in einem tarifschließenden Verband unter die Kontrolle der Gleichbehandlungsregeln des AGG.[97] Das betrifft auch die Ausgestaltung dieser Mitgliedschaft durch die Satzung des Verbandes. Deshalb dürfen auch Zuständigkeitsregelungen nicht ungerechtfertigt anhand der Diskriminierungsmerkmale des § 1 AGG unterscheiden. Praktisch kann das dann werden, wenn die Tarifzuständigkeit einer Gewerkschaft unmittelbar oder mittelbar an das Alter der Mitglieder anknüpft.[98]

3. Spitzenorganisationen und Tarifgemeinschaft.

40 Die Spitzenorganisation ist selbst Koalition, weshalb sie ihre Tarifzuständigkeit in ihrer Satzung festlegt.[99] Allerdings ist sie Koalition ihrer Mitgliedsverbände – als solche kann sie ihren Zuständigkeitsbereich nicht über den ihrer Mitglieder hinaus ausdehnen.[100] Sehr wohl aber kann sie ihn zurücknehmen, so dass ihre Zuständigkeit nicht so weit reicht wie die der einzelnen Mitgliedsverbände.[101] Auf der anderen Seite kann die Spitzenorganisation eine fehlende Tarifzuständigkeit eines Mitgliedsverbandes nicht gleichsam spiegelnd ersetzen.[102] Tritt die Spitzenorganisation dagegen für ihre Mitglieder als Vertreterin auf, § 2 Abs. 2 TVG, so kommt es auf die Tarifzuständigkeit des Mitglieds an, weil dieses, nicht aber die Spitzenorganisation Tarifvertragspartei ist.[103]

41 Bei der Tarifgemeinschaft hier ist auf die Tarifzuständigkeit der Mitglieder abzustellen.[104] Beim mehrgliedrigen Tarifvertrag kommt es auf die Zuständigkeitsüberschneidung der jeweils konkret tarifschließenden Parteien an.[105]

42 Die Tarifzuständigkeit der Handwerksinnung richtet sich nach deren gesetzlichen Zuständigkeit.[106]

III. Einzelner Arbeitgeber

43 Die Tarifzuständigkeit des einzelnen Arbeitgebers wird **durch seine Tariffähigkeit nach § 2 Abs. 1 TVG determiniert** – er ist nicht autonom darin, eine eigene Tarifzuständigkeit festzulegen, weil er nicht Koalition ist, sich nicht auf Art. 9 Abs. 3 GG berufen kann.[107] Das ist systemfunktional: Der Arbeitgeber soll sich nicht durch Einschränkung der eigenen Tarifzuständigkeit dem Zugriff der Gewerkschaft entziehen können.[108] Könnte er es, wäre der Zweck der Tariffähigkeit des einzelnen Arbeitgebers gefährdet. Deshalb ist der einzelne Arbeitgeber für alle seine Betriebe und Arbeitnehmer tarifzuständig.[109] Das zeigt sich einfachgesetzlich daran, dass für ihn das die Tarifzuständigkeit der Verbände feststellende Beschlussverfahren der §§ 2a Abs. 1 Nr. 4, 97 ArbGG nicht greift.[110] Der Arbeitgeber ist deshalb daran gehindert, sich durch entsprechende Festlegung des Zuständig-

---

[96] Löwisch/Rieble § 2 Rn. 265; Thüsing/Braun/Emmert 2. Kap. Rn. 66a.
[97] Dazu BAG 11.8.2009 – 3 AZR 23/08, AP GG Art. 9 Nr. 139 = NZA 2010, 408; BAG 17.6.2008 – 3 AZR 409/06, AP GG Art. 9 Nr. 136 = NZA 2008, 1244.
[98] Dazu Löwisch/Rieble § 2 Rn. 306 ff.
[99] Löwisch/Rieble § 2 Rn. 433; Wiedemann/Oetker § 2 Rn. 62.
[100] Wiedemann/Oetker § 2 Rn. 437; Rieble DB 2001, 2194 (2195); siehe aber auch Ricken, S. 362 ff.
[101] Löwisch/Rieble § 2 Rn. 433.
[102] Wiedemann/Oetker § 2 Rn. 437.
[103] HMB/Sittard Teil 2 Rn. 215.
[104] BAG 27.9.2005 – 1 ABR 41/04, AP TVG § 2 Tarifzuständigkeit Nr. 18; BAG 25.9.1996 – 1 ABR 4/96, AP TVG § 2 Tarifzuständigkeit Nr. 10 = NZA 1997, 613; HMB/Sittard Teil 2 Rn. 216.
[105] Löwisch/Rieble § 2 Rn. 388.
[106] Siehe dazu Löwisch/Rieble § 2 Rn. 589 ff.
[107] NK-TVG/Peter § 2 Rn. 189; Wiedemann/Oetker § 2 Rn. 63.
[108] JKOS/Schubert § 2 Rn. 168; ErfK/Franzen TVG § 2 Rn. 37; Stein RdA 2000, 129 (137); HMB/Sittard Teil 2 Rn. 217.
[109] NK-TVG/Peter § 2 Rn. 189.
[110] Wiedemann/Oetker § 2 Rn. 63.

keitsbereiches dem Zugriff einzelner Gewerkschaften zu entziehen, das bringt ihn in die Lage, dass er sich potentiell vielfachen Verhandlungsbegehren ausgesetzt sieht. Das freilich ist durch § 2 Abs. 1 TVG so angelegt und nicht bei der Beurteilung der Tarifzuständigkeit zu hinterfragen, sondern im Bereich der Auflösung von Tarifkollisionen und im Arbeitskampfrecht.

Die Mitgliedschaft im Arbeitgeberverband führt nicht zum Verlust der eigenen Tarifzuständigkeit des Arbeitgebers – dabei spielt es keine Rolle, ob sich die Tarifzuständigkeit decken oder nicht.[111] **44**

Das bedeutet aber nicht, dass die Tarifzuständigkeit beim **Haustarifvertrag** keine Rolle spielte. Vielmehr spiegelt sich auf der Seite des Arbeitgebers gleichsam die Tarifzuständigkeit der Gewerkschaft, weil das Unternehmen von der Tarifzuständigkeit der Gewerkschaft umfasst sein muss – für deren Feststellung wiederum jedenfalls im Bereich des Industrieverbandsprinzips grundsätzlich die „Geprägetheorie" gilt.[112] Ist sie es nicht, kann auch kein Haustarifvertrag geschlossen werden. Deshalb kommt es hier auf die Satzung der Gewerkschaft an. Allerdings stellt sich die Frage, welches der richtige Anknüpfungspunkt ist: Ist dieser betriebsbezogen,[113] dann ist potentiell gleichsam ein „Auseinanderfallen" des einzelnen Arbeitgebers zu konstatieren. Es kommt also potentiell zur Zuständigkeit mehrerer Gewerkschaften.[114] Das wird kritisiert, weil der Arbeitgeber, will er sich in die Friedenspflicht des Verbandstarifvertrags „flüchten", dann mehreren Arbeitgeberverbänden beitreten müsste[115] und weil die sich aus Art. 12 GG ergebende Organisationsautonomie des Arbeitgebers nicht hinreichend beachtet würde.[116] Deshalb wird hier grundsätzlich für die Anknüpfung an das Unternehmen plädiert.[117] **45**

Damit kann es auch zum Herauswandern des Unternehmens aus dem Zuständigkeitsbereich der Gewerkschaft kommen – etwa fachlich durch Umstellung des Unternehmenszwecks oder räumlich durch Verlegen der Betriebsstätten.[118] Auch hier wird den Tarifvertragsparteien ein außerordentliches Kündigungsrecht zugesprochen, weil der Tarifvertrag sachlich undurchführbar oder unsachgemäß sei.[119] Im Gegensatz zum Entfall der Tarifzuständigkeit beim Verbandstarifvertrag hat der nicht mehr in den Zuständigkeitsbereich der tarifschließenden Gewerkschaft fallende Arbeitgeber zwar grundsätzlich die Möglichkeit, rechtsgeschäftlich auf den Tarifvertrag einzuwirken, allerdings kann einem solchen Kündigungsrecht dennoch nicht das Wort geredet werden: Auch hier kommt es aus Sicht der Gewerkschaft zur Regelung von Arbeitsverhältnissen, die nicht (mehr) von der verbandlichen Tarifmacht gedeckt sind. Damit verträgt sich auch nicht die zeitweise normative Weitergeltung des Tarifvertrags bis zum Zeitpunkt einer Kündigung, die ja erst noch erklärt werden muss, weil es zwar ein Kündigungsrecht, aber keine entsprechende Pflicht gibt. Deshalb bleibt auch hier im Ergebnis die entsprechende Anwendung des § 4 Abs. 5 TVG und damit die Nachwirkung des Tarifvertrags (→ § 261 Rn. 1 ff.). **46**

---

[111] NK-TVG/*Peter* § 2 Rn. 189.
[112] NK-TVG/*Peter* § 2 Rn. 190.
[113] BAG 27.9.2005 – 1 ABR 41/04, AP TVG § 2 Tarifzuständigkeit Nr. 18 = NZA 2006, 273; BAG 25.9.1996 – 1 ABR 4/96, AP TVG § 2 Tarifzuständigkeit Nr. 10 = NZA 1997, 613; anders aber BAG 22.11.1988 – 1 ABR 6/87, AP TVG § 2 Tarifzuständigkeit Nr. 5 = NZA 1989, 561; NK-TVG/*Peter* § 2 Rn. 190.
[114] BAG 27.9.2005 – 1 ABR 41/04, AP TVG § 2 Tarifzuständigkeit Nr. 18 = NZA 2006, 273; BAG 25.9.1996 – 1 ABR 4/96, AP TVG § 2 Tarifzuständigkeit Nr. 10 = NZA 1997, 613; anders aber BAG 22.11.1988 – 1 ABR 6/87, AP TVG § 2 Tarifzuständigkeit Nr. 5 = NZA 1989, 561.
[115] ErfK/*Franzen* TVG § 2 Rn. 37.
[116] HWK/*Henssler* TVG § 2 Rn. 43.
[117] ErfK/*Franzen* TVG § 2 Rn. 37; HMB/*Sittard* Teil 2 Rn. 217; HWK/*Henssler* TVG § 2 Rn. 43.
[118] BAG 22.11.1988 – 1 ABR 6/87, AP TVG § 2 Tarifzuständigkeit Nr. 5 = NZA 1989, 561.
[119] JKOS/*Schubert* § 2 Rn. 191.

IV. Folgen fehlender Tarifzuständigkeit

1. Anfänglich fehlende Tarifzuständigkeit

47 Hat die tarifschließende Partei für den vereinbarten Tarifvertrag von vornherein nicht die erforderliche Tarifzuständigkeit, so ist der **Tarifvertrag unwirksam**.[120] Einen guten Glauben an die bestehende Tarifzuständigkeit gibt es wegen des Schutzes der Normadressaten weder für die tarifunzuständige noch für die andere Tarifvertragspartei und auch nicht für Dritte.[121] Eine Heilung durch späteren Satzungsbeschluss ist ebenfalls nicht möglich[122] – weder mit Wirkung *ex nunc* noch *ex tunc*. Eine schwebende Unwirksamkeit auf dem Regelungsgedanken des § 177 Abs. 1 BGB – mit der Folge, dass etwa die Mitglieder des tarifunzuständigen Verbandes durch Genehmigung oder der Verband durch nachträgliche Satzungsänderung die anfängliche Tarifunzuständigkeit ex tunc heilen könnten – scheidet aus: Der Tarifvertrag ist Normenvertrag und verträgt sich gerade nicht mit der Unsicherheit einer Schwebelage.[123] Ist die Tarifzuständigkeit durch entsprechende Satzungsänderung hergestellt, hilft nur der Neuabschluss eines Tarifvertrags.[124]

48 Es wird dabei bisweilen zwischen dem normativen und dem schuldrechtlichen Teil des Tarifvertrags unterschieden. Bei diesem sollen auch bei nicht gegebener Tarifzuständigkeit die tariflichen Absprachen wirksam sein.[125] Richtig ist das nicht, weil durch die Zuständigkeitsfestlegung der Verband bestimmt, wo er Tarifverträge als solche schließen will – eine Unterscheidung in normativen und schuldrechtlichen Teil findet nicht statt. Außerdem ist es problematisch, normativen und schuldrechtlichen Teil des Tarifvertrags auf diese Weise auseinanderzureißen. Einer bloßen schuldrechtlichen Vereinbarung außerhalb der Tarifzuständigkeit der tarifschließenden Verbände steht aber nicht im Wege, allerdings nicht durch Tarifvertrag, sondern durch (schlichte) Koalitionsvereinbarung.

49 Wird die Tarifzuständigkeit nur teilweise überschritten, stellt sich die Frage nach der Wirksamkeit des noch von der Zuständigkeit gedeckten Teils des Tarifvertrags. Hier kann freilich geteilt werden, wenn dieser Teil der tariflichen Vereinbarung für sich genommen sinnvoll ist.[126] Eine solche rettende Betrachtung wirkt sich aber nicht aus, wenn der Tarifvertrag Grundlage für eine Mindestlohnverordnung im Sinne des § 7, 7a AEntG ist: Diese muss notwendig bundeseinheitlich gelten und so auch der zugrundeliegende Tarifvertrag, kommt es zu einem regionalen Zuständigkeitsentfall, fehlt die wirksame Grundlage für die entsprechende RVO.[127]

50 Auf einen Tarifvertrag, der wegen fehlender Tarifzuständigkeit nichtig ist, kann grundsätzlich schuldrechtlich Bezug genommen werden.[128] Das setzt allerdings voraus, dass die Bezugnahmeklausel eindeutig auch diesen Fall erfassen soll. Ist sie als Gleichstellungsabrede auszulegen (→ § 246 Rn. 4), kommt eine wirksame Bezugnahme nicht in Betracht.

51 Mittelbar hat die fehlende Tarifzuständigkeit auch arbeitskampfrechtliche Folgen, weil Arbeitskampfmaßnahmen um einen von vornherein unwirksamen Tarifvertrag grundsätz-

---

[120] BAG 22.2.2017 – 5 AZR 253/16, BeckRS 2017, 112945; BAG 17.4.2012 – 1 ABR 5/11, AP TVG § 2 Tarifzuständigkeit Nr. 23 = NZA 2012, 1104; BAG 24.7.1990 – 1 ABR 46/89, AP TVG § 2 Tarifzuständigkeit Nr. 7 = NZA 1991, 21; BAG 27.11.1964 – 1 ABR 13/63, AP TVG § 2 Tarifzuständigkeit Nr. 1 = ZfB 107, 224; Wiedemann/*Oetker* § 2 Rn. 54; ErfK/*Franzen* TVG § 2 Rn. 38; Thüsing/Braun/*Emmert* 2. Kap. Rn. 63; NK-TVG/*Peter* § 2 Rn. 194; BeckOK ArbR/*Waas* TVG § 2 Rn. 46.

[121] ErfK/*Franzen* TVG § 2 Rn. 38; HMB/*Sittard* Teil 2 Rn. 236; Thüsing/Braun/*Emmert* 2. Kap. Rn. 71; NK-TVG/*Peter* § 2 Rn. 194.

[122] BAG 29.6.2004 – 1 ABR 14/03, AP ArbGG 1979 § 97 Nr. 10 = NZA 2004, 1236; BAG 24.7.1990 – 1 ABR 46/89, AP TVG § 2 Tarifzuständigkeit Nr. 7 = NZA 1991, 21; JKOS/*Schubert* § 2 Rn. 165; ErfK/*Franzen* TVG § 2 Rn. 38; HMB/*Sittard* Teil 2 Rn. 236; Wiedemann/*Oetker* § 2 Rn. 54.

[123] Kempen/Zachert/*Wendeling-Schröder* § 2 Rn. 212.

[124] JKOS/*Schubert* § 2 Rn. 165.

[125] HMB/*Sittard* Teil 2 Rn. 234.

[126] BAG 29.7.2009 – 7 ABR 27/08, AP BetrVG 1972 § 3 Nr. 7 = NZA 2009, 1424; BAG 15.11.2006 – 10 AZR 665/05, NZA 2007, 448; Löwisch/Rieble § 2 Rn. 385; JKOS/*Schubert* § 2 Rn. 165; Thüsing/Braun/*Emmert* 2. Kap. Rn. 71.

[127] Siehe dazu Rieble/*Melle* NZA 2018, 273 (274).

[128] BAG 20.11.2014 – 2 AZR 512/13, AP KSchG 1969 § 1 Nr. 207 = NZA 2015, 679.

IV. Folgen fehlender Tarifzuständigkeit

lich unzulässig sind (→ § 272 Rn. 38 ff.).[129] Ersichtlich ist auch ein Arbeitskampf, der den gegnerischen Verband erst zur entsprechenden Änderung seiner Tarifzuständigkeit zwingen soll, ebenso unzulässig[130] – hier besteht bereits kein ausreichender Tarifbezug.

2. Nachträglich entfallende Tarifzuständigkeit

Die Tarifzuständigkeit einer tarifschließenden Partei kann aber auch nachträglich entfallen: Durch eine entsprechende Satzungsänderung.[131] Dieser nachträgliche Entfall der Tarifzuständigkeit führt ebenfalls zur Unwirksamkeit des Tarifvertrags[132] – die Figur des fehlerhaften Tarifvertrags ist abzulehnen, weshalb auch keine bloße ex nunc-Wirkung angenommen werden kann.[133] Helfen kann hier nur der Neuabschluss im Bereich der Tarifzuständigkeit oder mit einer tarifzuständigen Vertragspartei. **52**

Zu einer Fortgeltung der normativen Wirkung des Tarifvertrags kann es bei nachträglichem Fortfall der Tarifzuständigkeit nicht kommen – weil eine Tarifpartei mangels Tarifzuständigkeit wegfällt. Damit entfällt aber auch deren Zugriff auf den Tarifvertrag. Hier soll ein Kündigungsrecht, das der noch zuständigen Partei zukommen soll, in diesen Fällen helfen,[134] das aber geht fehl, weil der Gestaltungszugriff dann lediglich einseitig erfolgen kann und der (nunmehr) tarifunzuständigen Partei und ihren Mitgliedern wird das Instrument der tarifvertraglichen Gestaltung aus der Hand genommen ist. Damit freilich kommt es zur hinkenden Tariflegitimation – die es nicht geben kann.[135] Helfen könnte nur die gesetzlich begründete Legitimation, die es aber ebenfalls nicht gibt. Diese Überlegungen sprechen auch gegen die (entsprechende) Anwendung des § 3 Abs. 3 TVG.[136] Es geht aber gerade nicht um einen Entfall der Mitgliedschaft und so um ein Abstreifen der Normgeltung durch den Normunterworfenen, sondern um einen Mangel im Tarifvertragsschluss selbst, weil durch die Tarifunzuständigkeit die Tarifmacht fehlt.[137] Der hinter der Befürwortung der normativen Geltungserhalten steckende Gedanke, dass sich eine Tarifvertragspartei durch schlichte Satzungsänderung und damit durch Flucht in die Unzuständigkeit der tariflichen Bindung entledigen könnte,[138] ist hier nur scheinbar belastbar: Geht es um Missbrauch, ist bei der Satzungskontrolle anzusetzen. **53**

Um zu verhindern, dass das Arbeitsverhältnis nicht inhaltsleer wird, kann deshalb die **entsprechende Anwendung des § 4 Abs. 5 TVG** helfen.[139] Freilich ist hier Vorsicht geboten, weil § 4 Abs. 5 TVG nicht den unwirksamen Tarifvertrag retten will (→ § 261 Rn. 2 ff.). Wenn überhaupt kann die Nachwirkung nur ansetzen, wenn das Arbeitsverhältnis bereits einmal von der normativen Wirkung erfasst wurde – also in dem Fall des nachträglichen Entfalls der Tarifzuständigkeit. **54**

Ein Vertrag auf der Grundlage fehlender Tarifzuständigkeit kann dann (lediglich) schuldrechtlicher Koalitionenvertrag, aber kein Tarifvertrag sein.[140] Hierzu müssen freilich die Voraussetzungen der Umdeutung nach § 140 BGB vorliegen.[141] **55**

---

[129] Dazu NK-TVG/*Peter* § 2 Rn. 195.
[130] Wiedemann/*Oetker* § 2 Rn. 71.
[131] JKOS/*Schubert* § 2 Rn. 190.
[132] ErfK/*Franzen* TVG § 2 Rn. 38; Löwisch/*Rieble* § 2 Rn. 386.
[133] AA NK-TVG/*Peter* § 2 Rn. 197.
[134] So aber Wiedemann/*Oetker* § 2 Rn. 38 ff.; JKOS/*Schubert* § 2 Rn. 166; HWK/*Henssler* TVG § 2 Rn. 48.
[135] Löwisch/*Rieble* § 2 Rn. 386.
[136] So aber NK-TVG/*Peter* § 2 Rn. 199: analoge Anwendung.
[137] Ebenso JKOS/*Schubert* § 2 Rn. 166.
[138] HWK/*Henssler* TVG § 2 Rn. 47; Kempen/Zachert/*Wendeling-Schröder* TVG § 2 Rn. 243 ff.; Wiedemann/*Oetker* TVG § 2 Rn. 55.
[139] BAG 28.5.1997 – 4 AZR 546/95, AP TVG § 4 Nachwirkung Nr. 26 = NZA 1998, 40; BAG 15.10.1986 – 4 AZR 289/85, AP TVG § 3 Nr. 4 = NZA 1987, 246; Löwisch/*Rieble* § 2 Rn. 386. ErfK/*Franzen* TVG § 2 Rn. 38; Kempen/Zachert/*Wendeling-Schröder* § 2 Rn. 243 f.; Wiedemann/*Oetker* § 2 Rn. 96.
[140] BAG 22.2.2017 – 5 AZR 253/16, BeckRS 2017, 112945.
[141] Löwisch/*Rieble* § 2 Rn. 389.

56 Von vornherein nichts mit dem Entfall der Tarifzuständigkeit einer Tarifvertragspartei zu tun hat das „Herauswandern" eines Arbeitsverhältnisses aus dem Geltungsbereich des Tarifvertrags. Hier wird die normative Wirkung des Tarifvertrags nicht angegriffen, sondern es kommt für das konkrete Arbeitsverhältnis zur Nachwirkung entsprechend § 4 Abs. 5 TVG (→ Rn. 46, 57 f.).[142]

3. Herauswandern aus der Zuständigkeit

57 So wie es ein Herausfallen aus dem Geltungsbereich des Tarifvertrags gibt, ist auch ein Herauswandern eines Mitglieds aus dem Zuständigkeitsbereich des tarifschließenden Verbandes möglich. Die rechtlichen Folgen sind freilich sehr verschieden. Fällt ein Mitglied aus dem Geltungsbereich des Tarifvertrags heraus – etwa weil die Produktion umgestellt wird – so gilt der Tarifvertrag nicht mehr normativ, weil das Mitglied den Bereich des normativen Geltungsanspruches des Tarifvertrags verlassen hat. Bewegt sich das Mitglied aber noch im Bereich der Tarifzuständigkeit der beiden Tarifvertragsparteien kann die normative Wirkung durch eine entsprechende Ausdehnung des Geltungsbereiches tarifvertraglich für die Zukunft eingeholt werden.[143] Entfällt dagegen die Tarifzuständigkeit des Verbandes, so bedarf es einer Satzungsänderung, die den Zuständigkeitsbereich ausdehnt[144] – und hernach eines entsprechenden neuen Tarifvertragsabschlusses. Folge der entfallenden normativen Wirkung ist freilich in beiden Fällen die (entsprechende Anwendung) des § 4 Abs. 5 TVG und damit die Nachwirkung des Tarifvertrags (→ § 261).[145]

58 Dabei kann sich das Herauswandern etwa eines Unternehmens aus dem fachlichen Zuständigkeitsbereich bei beiden Verbänden auswirken. Für die Gewerkschaft bleibt dann auch nicht mehr die Möglichkeit, einen Haustarifvertrag mit dem Unternehmen abzuschließen – weil die eigene Tarifzuständigkeit nicht (mehr) soweit reicht. Ein Herauswandern aus dem Zuständigkeitsbereich der Gewerkschaft beim Haustarifvertrag ist ebenfalls möglich löst ebenfalls die Nachwirkung des § 4 Abs. 5 TVG – und kein Kündigungsrecht[146] – aus (→ Rn. 46).[147]

V. Verfahren zur Zuständigkeitsabgrenzung

1. Sonderfall: DGB-Schiedsgericht.

59 Durch die Regelung der eigenen Zuständigkeit kann sich der Verband von anderen abgrenzen und spätere Tarifkollisionen verhindern (→ § 256 Rn. 15 ff.). § 16 der DGB-Satzung sieht deshalb zur Klärung dennoch auftretender Zuständigkeitsstreitigkeiten ein eigenes Schiedsverfahren vor. Damit soll dem Grundsatz **„ein Betrieb – eine Gewerkschaft"** entsprochen werden.[148]

60 Umstritten ist nun der Umgang mit einem solchen Schiedsentscheid nach § 16 DGB-Satzung: Das BAG meint, dass hierdurch die Tarifzuständigkeit verbindlich festgelegt werde und der Schiedsstelle ein eigener Beurteilungsspielraum bei der Auslegung der gewerkschaftlichen Zuständigkeitsregelungen zukomme.[149] Noch weiter soll bereits eine

---

[142] *Löwisch/Rieble* § 2 Rn. 387.
[143] *Rieble/Klebeck* BB 2006, 885 (888); HMB/*Sittard* Teil 2 Rn. 240.
[144] *Rieble/Klebeck* BB 2006, 885 (888).
[145] *Wiedemann/Oetker* § 2 Rn. 96; HMB/*Sittard* Teil 2 Rn. 240.
[146] So aber *Wiedemann/Oetker* § 2 Rn. 95.
[147] Dazu HMB/*Sittard* Teil 2 Rn. 241.
[148] DGB-Schiedsgericht 4.4.2002 – III ZR 62/01, AP Nr. 16 § 2 TVG Tarifzuständigkeit; das in den „RL des DGB für die Abgrenzung von Organisationsbereichen und die Veränderung der Organisationsbezeichnung" vom 11.3.1992 in der Fassung vom 8.3.2000 unter Nr. 2 lit. a formuliert ist. Diese RL sind wiederum gem. § 15 Nr. 1 S. 1 DGB-Satzung Bestandteil der Satzung.
[149] BAG 27.9.2005 – 1 ABR 41/04, AP TVG § 2 Tarifzuständigkeit Nr. 18 = NZA 2006, 273; BAG 14.12.1999 – 1 ABR 74/98, AP TVG § 2 Tarifzuständigkeit Nr. 14 = NZA 2000, 949; BAG 12.11.1996 – 1 ABR 33/96, AP TVG § 2 Tarifzuständigkeit Nr. 11 = NZA 1997, 609; BAG 25.9.1996 – 1 ABR 4/96, AP TVG § 2 Tarifzuständigkeit Nr. 10 = NZA 1997, 613; ebenso NK-TVG/*Peter* § 2 Rn. 193.

bloße Einigung von Gewerkschaftsvorsitzenden im Rahmen eines Vermittlungsverfahrens die Wirkung eines verbindlichen Schiedsurteils haben.[150] Solange es keinen Schiedsspruch gibt, soll die Gewerkschaft zuständig sein, die dies bisher war.[151]

Richtig ist das alles nicht.[152] Die kollektive Koalitionsfreiheit fordert und ermöglicht die eigenständige – eben autonome – Festlegung der Tarifzuständigkeit (→ Rn. 11), nicht aber die heteronome. Das spiegelt sich auch in der individuellen Koalitionsfreiheit wider, denn erklärt das Schiedsgericht für bestimmte Arbeitsverhältnisse die Tarifunzuständigkeit, müssten die Arbeitnehmer aufgrund dieser externen Entscheidung zu der dann zuständigen Gewerkschaft wechseln.[153] Aus der (missglückten) Tarifkollisionsregelung des § 4a TVG (→ § 256 Rn. 45 ff.) folgt auch, dass durch Zuständigkeitsüberschneidungen zustande kommende Tarifkollisionen nach dem Majoritätsprinzip gelöst werden können.[154] Einzige Grundlage für die Feststellung der Tarifzuständigkeit ist so die Satzung des Verbandes. 61

Das schließt auch die eine zuständigkeitsbegründende Vereinbarung der Tarifzuständigkeit durch Abgrenzungsvereinbarungen etwa zwischen Gewerkschaften aus, wie diese in jüngerer Zeit zwischen einzelnen DGB-Gewerkschaften geschlossen wurde.[155] Solche Vereinbarungen werden bereits als Anzeichen eines „erodierenden Friedenskonzeptes" angesehen.[156] 62

2. Gerichtliche Geltendmachung
Wie die Tariffähigkeit sehen die **§§ 2a Abs. 1 Nr. 4, 97 ArbGG** auch für die Feststellung der Tarifzuständigkeit ein eigenes Beschlussverfahren vor. Damit wird die Möglichkeit geschaffen, nicht erst nach Tarifvertragsschluss, sondern schon zuvor über die Zuständigkeit der potentiellen Tarifvertragsparteien Klarheit zu erlangen. Das ist entscheidend nicht nur für die Wirksamkeit eines späteren Tarifvertrags, der bei fehlender Tarifzuständigkeit gar nicht erst geschlossen wird, sondern auch für die Zulässigkeit arbeitskampfrechtlicher Maßnahmen – weil ein wegen fehlender Tarifzuständigkeit später unwirksamer Tarifvertrag als erkämpfbares Tarifziel ausscheidet.[157] 63

Die Wirkung des Beschlusses nach § 97 ArbGG ist feststellend, nicht konstitutiv und wirkt deshalb nicht *ex nunc*.[158] Der Beschluss wirkt gegenüber jedermann *(erga omnes)*, und nicht nur für die am Beschlussverfahren Beteiligten.[159] Deshalb sind auch die Gerichte in nachfolgenden Verfahren, bei denen die Tarifzuständigkeit zu beachtende Vorfrage ist, an die ergangene Entscheidung gebunden.[160] Die Tarifzuständigkeit kann in einem neuen Verfahren nach § 97 ArbGG nur dann wieder geprüft werden, wenn sich maßgebliche Tatsachen geändert haben und damit die Rechtskraft des vorherigen Beschusses gebrochen wird.[161] 64

Wird das Beschlussverfahren zur Feststellung der Tarifzuständigkeit eröffnet, so sieht § 97 Abs. 5 ArbGG die Aussetzung aller arbeitsgerichtlichen Verfahren vor, bei denen die Zuständigkeit eine Vorfrage ist.[162] Dazu muss die Tarifzuständigkeit eines Verbandes aber entscheidungserheblich sein und der im Verfahren geltend gemachte Anspruch darf aus- 65

---

[150] BAG 14.12.1999 – 1 ABR 74/98, AP TVG § 2 Tarifzuständigkeit Nr. 14 = NZA 2000, 949.
[151] BAG 27.9.2005 – 1 ABR 41/04, AP TVG § 2 Tarifzuständigkeit Nr. 18 = NZA 2006, 273; BAG 12.11.1996 – 1 ABR 33/96, AP TVG § 2 Tarifzuständigkeit Nr. 11 = NZA 1997, 609.
[152] *Löwisch/Rieble* § 2 Rn. 294 ff.
[153] ErfK/*Franzen* TVG § 2 Rn. 35.
[154] ErfK/*Franzen* TVG § 2 Rn. 35.
[155] Dazu *Rieble* RdA 2017, 26 ff.; auch *Löwisch/Rieble* § 2 Rn. 286 ff.
[156] *Rieble* RdA 2017, 26 (26 f.).
[157] HMB/*Sittard* Teil 2 Rn. 239.
[158] BAG 13.3.2013 – 5 AZR 954/11, AP AÜG § 10 Nr. 31 = NZA 2013, 680.
[159] BAG 23.5.2012 – 1 AZB 67/11, AP ArbGG 1979 § 97 Nr. 19 = NZA 2012, 625; BAG 10.5.1989 – 4 AZR 80/89, AP TVG § 2 Tarifzuständigkeit Nr. 6 = NZA 1989, 687.
[160] BAG 23.5.2012 – 1 AZB 67/11, AP ArbGG 1979 § 97 Nr. 19 = NZA 2012, 625.
[161] BAG 23.5.2012 – 1 AZB 67/11, AP ArbGG 1979 § 97 Nr. 19 = NZA 2012, 625.
[162] BAG 25.4.2017 – 1 ABR 62/14, AP ArbGG 1979 § 97 Nr. 23 = NZA 2018, 61.

schließlich von der in Frage stehenden Tarifzuständigkeit abhängen.[163] Eine Aussetzung darf aber erst dann erfolgen, wenn begründete Zweifel an der Tarifzuständigkeit eines Verbandes bestehen[164] – eine bloße Behauptung eines der Verfahrensbeteiligten etwa reicht nicht aus.[165]

66 Verfahrensgegenstand ist die Tarifzuständigkeit des Verbandes als solche, deshalb kann nicht die rechtliche Qualität eines Tarifvertrags und die Frage, welche Tarifzuständigkeit für einen Tarifvertrag maßgeblich ist, gerichtlich überprüft werden:[166] Es geht nur um die Tarifzuständigkeit, was allerdings auch deren Grundlagen umfasst, so dass auch die Tariffähigkeit implizit zu prüfen ist.

67 Der einzelne Arbeitgeber ist nach § 2 Abs. 1 TVG immer tariffähig und damit auch tarifzuständig, das Verfahren nach § 97 ArbGG kann deshalb nicht die Feststellung seiner Tarifzuständigkeit zum Gegenstand haben – auch, ob überhaupt die Arbeitgebereigenschaft vorliegt, ist kein Verfahrensgegenstand nach § 97 ArbGG.

68 Antragsbefugt im Verfahren nach § 97 ArbGG sind zunächst alle Verbände, Arbeitgeberverbände, Gewerkschaften, Spitzenverbände, Handwerksinnungen, die selbst tariffähig und tarifzuständig sind.[167] Auch der einzelne Arbeitgeber ist antragsbefugt, aber nur als (potentieller) Vertragspartner eines Haustarifvertrags und nicht als Mitglied eines Arbeitgeberverbandes, das einem Verbandstarifvertrag unterfällt.[168] Außerdem sind die Parteien des ausgesetzten Rechtsstreites antragsbefugt[169] und zudem die oberste Bundes- oder Landesbehörde.

69 Siehe im Einzelnen → § 392 Rn. 1 ff.

---

[163] BAG 25.4.2017 – 1 ABR 62/14, AP ArbGG 1979 § 97 Nr. 23 = NZA 2018, 61; BAG 22.3.2017 – 1 AZB 55/16, AP ArbGG 1979 § 97 Nr. 22 = NZA 2017, 805; BAG 25.1.2017 – 10 ABR 43/15, AP TVG § 5 Nr. 38 = NZA 2017, 731; BAG 21.9.2016 – 10 ABR 33/15, AP TVG § 5 Nr. 35 = NZA-Beil. 2017, 12; BAG 24.7.2012 – 1 AZB 47/11, AP ArbGG 1979 § 97 Nr. 20 = NZA 2012, 1061.
[164] Siehe etwa BAG 31.1.2018 – 10 AZR 60/16 (A).
[165] BAG 24.7.2012 – 1 AZB 47/11, AP ArbGG 1979 § 97 Nr. 20 = NZA 2012, 1061.
[166] BAG 26.1.2016 – 1 ABR 13/14, AP ArbGG 1979 § 97 Nr. 21 = NZA 2016, 842.
[167] ErfK/*Franzen* TVG § 2 Rn. 39; GMP/Matthes § 97 Rn. 15 f.
[168] BAG 17.2.1970 – 1 ABR 14/69, AP TVG § 2 Tarifzuständigkeit Nr. 2 = BAGE 22, 289; ErfK/*Franzen* TVG § 2 Rn. 39; GMP/Matthes § 97 Rn. 15 f.
[169] BAG 26.1.2016 – 1 ABR 13/14, AP ArbGG 1979 § 97 Nr. 21 = NZA 2016, 842.

§ 234 Abschluss des Tarifvertrags

Schrifttum:
Belling, Die außerordentliche Anpassung von Tarifverträgen an veränderte Umstände, NZA 1986, 906; *Belling/Hartmann,* Die Unzumutbarkeit als Begrenzung der Tarifbindung, ZfA 1997, 110; *Däubler,* Die Anpassung von Tarifverträgen an veränderte wirtschaftliche Umstände, ZTR 1996, 241; *Freihube,* Probleme der Tarifbindung in der Unternehmenskrise, 2001; *Giesen,* Für einen Abschied vom „Gebot der Rechtsquellenklarheit", NZA 2014, 1; *Henssler,* Flexibilisierung der Arbeitsmarktordnung, ZfA 1994, 487; *Henssler/Höpfner/Orlowski,* Der CGZP-Beschluss des Bundesarbeitsgerichts und seine tarifrechtlichen Folgen, 2012; *Heßhaus,* Kündigung und Wegfall der Geschäftsgrundlage im Tarifvertragsrecht, 1997; *Hey,* Wegfall der Geschäftsgrundlage bei Tarifverträgen, ZfA 2002, 275; *Löwisch,* Tariföffnung bei Unternehmens- und Arbeitsplatzgefährdung, NJW 1997, 905; *Löwisch,* Tarifvertragsschluß ohne Vertretungsmacht, BB 1997, 2161; *Löwisch/Mysliwiec,* Tarifeinheit für Journalistentarifverträge? AfP 2010, 543; *Mangen,* Die Form des Tarifvertrags gem. § 1 Abs. 2 Tarifvertragsgesetz, RdA 1982, 229; *Oetker,* Die Kündigung von Tarifverträgen, RdA 1995, 82; *Otto,* Die Kündigung des Tarifvertrages aus wirtschaftlichen Gründen, FS Kissel, 1994, 787; *Wank,* Kündigung und Wegfall der Geschäftsgrundlage bei Tarifverträgen, FS Schaub, 1998, 761; *Wiedemann,* Normsetzung durch Vertrag, FS Dieterich, 1999, 661; *Wiedemann/Thüsing,* Die Tariffähigkeit von Spitzenorganisationen und der Verhandlungsanspruch der Tarifvertragsparteien, RdA 1995, 280; *Wendeling-Schröder,* Kritik der Lehre vom fehlerhaften Tarifvertrag unter besonderer Berücksichtigung der Tarifverträge tarifunfähiger Gewerkschaften in der Leiharbeit, 2013.

Übersicht

	Rn.
I. Grundsätze	1
1. Anwendung der allgemeinen rechtsgeschäftlichen Regelungen	1
2. Kein Verhandlungsanspruch	5
II. Vertragsparteien	11
III. Stellvertretung	16
1. Offenkundigkeit	17
2. Vertretungsmacht	19
a) Organschaftliche Vertretungsmacht	19
b) Rechtsgeschäftliche Bevollmächtigung	23
c) Beschränkung der Vertretungsmacht und Beschränkung der Innenmacht	26
d) Handeln ohne Vertretungsmacht	29
IV. Willensmängel	31
1. Möglichkeit der Anfechtung	31
2. Aber: Begrenzung der Anfechtungswirkung	37
V. Weitere rechtsgeschäftliche Regelungen	41
1. Nichtkeitsgründe	41
2. Dissens	42
3. Befristung und Bedingung	43
VI. Schriftform	45
1. Allgemeines	45
2. Vorliegen der Schriftform	47
3. Folge des Formverstoßes	53
4. Umfang des Formgebotes	56
VII. Unwirksamkeitsfolgen	65
VIII. Tarifabschluss und Schlichterspruch	69

I. Grundsätze

1. Anwendung der allgemeinen rechtsgeschäftlichen Regelungen

Der Tarifvertrag ist **privatautonom geschlossener Kollektivvertrag** und damit 1 Rechtsgeschäft. Deshalb sind auch grundsätzlich die **rechtsgeschäftlichen Regelungen des BGB** auf den Abschluss des Tarifvertrags anzuwenden, solange sich nicht aus dem TVG und den Besonderheiten des Tarifrechts anderweitige Regelungen ergeben.[1]

---

[1] BAG 17.2.2016 – 2 AZR 613/14, AP KSchG 1969 § 2 Nr. 168 = DB 2016, 1204; BAG 22.2.2012 – 4 AZR 24/10, AP TVG § 1 Bezugnahme auf Tarifvertrag Nr. 109 = ZTR 2012, 438; BAG 16.11.

2 Der Tarifvertrag kommt durch zwei Willenserklärungen zustande, es gilt der Grundmechanismus der §§ 145 ff. BGB.² Faktisch kommt es zwar weit überwiegend nicht zur „klassischen" Abfolge von Antrag und Annahme, sondern zur Erarbeitung eines Vertragsentwurfes, der dann innerhalb einer Frist von den Tarifvertragsparteien zu unterzeichnen ist,³ für ein gänzlich eigenständig entwickeltes oder zu entwickelndes und von den allgemeinen rechtsgeschäftlichen Regelungen unabhängiges tarifliches Abschlussrecht fehlt aber dennoch die Notwendigkeit – weil die **Besonderheiten des Tarifvertrags als Normenvertrag** auch durch entsprechende Modifizierung der allgemeinen rechtsgeschäftlichen Regelungen aufgenommen werden kann. Wenn darauf hingewiesen wird, dass der normative Charakter des Tarifvertrags den vertraglichen verdränge, weshalb die rechtsgeschäftlichen Regelungen nur den Verhandlungsablauf und die Willensübereinstimmung steuerten,⁴ so wird das Regel-Ausnahme-Verhältnis umgekehrt. Dafür besteht aber kein Grund.

3 So müssen die entsprechenden Willenserklärungen den Tarifvertragsparteien zugehen, § 130 Abs. 1 BGB, die Möglichkeit des Verzichts auf den Zugang der Annahmeerklärung besteht auch bei Erklärungen zum Abschluss eines Tarifvertrags, § 151 BGB.⁵ Für die Bindung an die zugegangene Erklärung gelten ebenfalls die allgemeinen Regelungen der §§ 145 ff. BGB.⁶ Praktisch wird hier § 148 BGB, während der gesetzten Annahmefrist ist dann die Einbindung der jeweiligen Tarifkommissionen möglich.⁷

4 Dass der Tarifvertrag zugleich – und vor allem – Normenvertrag ist, hindert zwar die Anwendung der rechtsgeschäftlichen Regelungen des BGB als solches nicht, wirkt sich aber punktuell aus, weil mit der Macht des Tarifvertrags, Arbeitsverträge normativ zu regeln, ein Bedürfnis der Normunterworfenen nach Rechtssicherheit innewohnt. Ausdruck dieses besonderen Strebens nach Rechtssicherheit und Rechtsklarheit ist nicht nur das Schriftformgebot des § 1 Abs. 2 TVG, sondern zeigt sich etwa auch darin, dass beim vollzogenen Tarifvertrag eine Anfechtung zwar nach richtiger Meinung möglich ist, deren Wirkung aber entgegen § 142 BGB nicht ex tunc, sondern ex nunc eintritt.

2. Kein Verhandlungsanspruch

5 Grundsätzlich gibt es **keinen gesetzlichen Anspruch** auf die Aufnahme von Tarifvertragsverhandlungen gegen den potentiellen Tarifvertragspartner – und erst Recht keinen Anspruch auf Abschluss eines Tarifvertrags.⁸ Das wird (jedenfalls für den Verhandlungsanspruch) anders gesehen und auf Art. 9 Abs. 3 GG als Grundlage für einen Anspruch auf Vertragsverhandlungen verwiesen.⁹ Das hebt auf den Zweck der Koalitionen, die Arbeits- und Wirtschaftsbedingungen zu fördern und auf die für die Tariffähigkeit notwendige Tarifwilligkeit ab – was aber auch die entsprechende Verhandlungsbereitschaft voraussetze, die mit einem Verhandlungsanspruch abzusichern sei.¹⁰ Damit stünde der Verhandlungsanspruch

---

2011– 4 AZR 856/09, AP TVG § 1 Nr. 60 = NZA-RR 2012, 308; BAG, 7.7.2010 – 4 AZR 1023/08, AP BGB § 613a Nr. 388 = NZA-RR 2011, 30; JKOS/*Schubert* § 3 Rn. 2.
² BAG 17.2.2016 – 2 AZR 613/14, AP KSchG 1969 § 2 Nr. 168 = DB 2016, 1204; BAG 7.7.2010 – 4 AZR 1023/08, AP BGB § 613a Nr. 388 = NZA-RR 2011, 30; Thüsing/Braun/*v. Steinau-Steinrück* 3. Kap. Rn. 11; ErfK/*Franzen* TVG § 1 Rn. 23; HWK/*Henssler* TVG § 1 Rn. 12.
³ BeckOK ArbR/*Waas* TVG § 1 Rn. 19; HWK/*Henssler* TVG § 1 Rn. 14.
⁴ Wiedemann/*Thüsing* § 1 Rn. 245.
⁵ BAG 7.7.2010 – 4 AZR 1023/08, AP BGB § 613a Nr. 388 = NZA-RR 2011, 30; JKOS/*Schubert* § 3 Rn. 3.
⁶ BAG 17.2.2016 – 2 AZR 613/14, AP KSchG 1969 § 2 Nr. 168 = DB 2016, 1204; JKOS/*Schubert* § 3 Rn. 3; LAG Hamburg 24.10.2008 – 3 Sa 23/08.
⁷ Thüsing/Braun/*v. Steinau-Steinrück* 3. Kap. Rn. 12.
⁸ BAG 25.9.2013 – 4 AZR 173/12, AP TVG § 1 Tarifverträge: Musiker Nr. 26 = BAGE 146, 133; BAG 14.2.1989 – 1 AZR 142/88, AP GG Art. 9 Nr. 52 = NZA 1989, 601; Thüsing/Braun/*v. Steinau-Steinrück* 3. Kap. Rn. 14; ErfK/*Franzen* TVG § 2 Rn. 23; HMB/*Bepler* Teil 3 Rn. 13 ff.; HWK/*Henssler* TVG § 1 Rn. 12; grundsätzlich auch NK-TVG/*Nebe* § 1 Rn. 126; BeckOK ArbR/*Waas* TVG § 1 Rn. 19.
⁹ Wiedemann/*Thüsing* § 1 Rn. 218 ff.
¹⁰ Wiedemann/*Thüsing* § 1 Rn. 220 mwN.

I. Grundsätze

im Dienst der Tariffunktionalität. Er ist aber nicht nötig – weil Mittel für die Beendigung einer Verhandlungsblockade oder auch einer Verhandlungsverweigerung gerade der tarifspezifische Arbeitskampf ist, durch den letztlich auch die Tariffunktionalität gewährleistet wird.[11] Deshalb ist auch der Hinweis auf den Ultima-ratio-Grundsatz des Arbeitskampfrechts[12] nicht zielführend, wonach die Aufnahme von Tarifverhandlungen das mildere Mittel gegenüber dem Arbeitskampf sei.[13] Vielmehr weist *Bepler* richtig auf die dann zwangsläufige Folge einer Verquickung von Verhandlungsanspruch und Ultima-ratio-Prinzip hin: Vor jeder Arbeitskampfmaßnahme müsste der Verhandlungsanspruch „ausgeklagt" werden, damit eine Arbeitskampfmaßnahme dem Ultima-ratio-Grundsatz genügte.[14]

Weil nur mächtige Koalitionen tariffähig sind, ist ein stützender Verhandlungsanspruch aber auch nicht nötig: Die Mächtigkeit manifestiert sich in der arbeitskampfrechtlichen Druckausausübung, die gleichgewichtige Verhandlungen zur Folge hat. Vielmehr wäre die Zulassung eines Verhandlungsanspruches nur dann sinnvoll, wenn er auch gerichtlich durchgesetzt werden könnte – hier zeigt sich aber, dass der staatliche Zwang, einen bestimmten Gegenstand zu verhandeln, bereits bedenklich in die (negative) Koalitionsfreiheit eingreift. Insgesamt ist die den gesetzlichen Verhandlungsanspruch ablehnende Meinung deshalb stringenter. Die sich Verhandlungen verweigernde Partei muss mit Arbeitskampfmaßnahmen rechnen, vor diesem Hintergrund mag man von einer bestehenden Verhandlungsobliegenheit schreiben.[15]

Ein solcher Anspruch besteht richtig auch nicht, wenn völlig unvorhergesehene wirtschaftliche Veränderungen vorliegen, § 313 BGB. Zwar wird auf der Grundlage des Gedankens der Störung der Geschäftsgrundlage vor der Möglichkeit der außerordentlichen Kündigung dann ein Verhandlungsanspruch bejaht.[16] Allerdings handelt es sich hier nicht um eine Pflicht, sondern um eine Obliegenheit der Vertragspartei, die sich wegen der Störung der Geschäftsgrundlage vom Tarifvertrag lösen will: Hat sie die Aufnahme von Verhandlungen zur Vertragsänderung nicht versucht, besteht auch kein Recht zur außerordentlichen Kündigung.[17]

Ein **Verhandlungsanspruch kann deshalb nur durch die Tarifvertragsparteien selbst** begründet werden[18] – und zwar durch Vorvertrag,[19] der selbst schuldrechtlicher Tarifvertrag ist (und deshalb dem Schriftformgebot des § 1 Abs. 2 TVG unterliegt)[20] oder als bereits im Vorgängertarifvertrag aufgenommene Pflicht. Hier freilich ist (als Frucht der Skepsis gegenüber dem gesetzlichen Verhandlungsanspruch) aber nicht voreilig ein vertraglicher Verhandlungsanspruch „zu erkennen", und etwa allein aus einem wiederholten Tarifabschluss auch einen zukünftigen Verhandlungsanspruch abzuleiten und so ein verhandlungsbezogenes Dauerschuldverhältnis zu konstruieren.[21] Dies ginge fehl.[22] Ob ein solcher gewillkürter Anspruch dann bereits vor Ende des Tarifvertrags und damit bei laufender Friedenspflicht bestehen soll oder erst nach Beendigung der aktuellen tariflichen Regelung, ist durch Auslegung zu ermitteln.[23]

---

[11] Thüsing/Braun/*v. Steinau-Steinrück* 3. Kap. 3 Rn. 15.
[12] Siehe *Mayer-Maly* RdA 1966, 201 (205); ZLH/*Loritz* S. 352; zu Recht ablehnend BAG 25.9.2013 – 4 AZR 173/12, AP TVG § 1 Tarifverträge: Musiker Nr. 26 = BAGE 146, 133.
[13] Siehe dazu *Hottgenroth*, Die Verhandlungspflicht der Tarifvertragsparteien, 1990, S. 88 ff.
[14] HMB/*Bepler* Teil 3 Rn. 16.
[15] HMB/*Bepler* Teil 3 Rn. 13, 19.
[16] BAG 18.6.1997 – 4 AZR 710/95, AP TVG § 1 Kündigung Nr. 2; BAG 18.12.1996 – 4 AZR 129/96, AP TVG § 1 Kündigung Nr. 1; HWK/*Henssler* TVG § 1 Rn. 12. Däubler/*Nebe* § 1 Rn. 130 mwN.
[17] Siehe dazu *Löwisch/Rieble* § 1 Rn. 1615 mwN.
[18] Siehe BAG 16.5.2012 – 4 AZR 366/10, AP TVG § 4 Nachwirkung Nr. 52 = NZA 2013, 220; HMB/*Bepler* Teil 3 Rn. 20; Däubler/*Nebe* § 1 Rn. 121; ErfK/*Franzen* TVG § 1 Rn. 23.
[19] Wiedemann/*Thüsing* § 1 Rn. 216; Däubler/*Nebe* § 1 Rn. 121; HWK/*Henssler* TVG § 1 Rn. 12.
[20] Anders Thüsing/Braun/*v. Steinau-Steinrück* 3. Kap. Rn. 14.
[21] Siehe *Arnold*, Die tarifrechtliche Dauerrechtsbeziehung, 1996.
[22] Däubler/*Nebe* § 1 Rn. 131.
[23] HMB/*Bepler* Teil 3 Rn. 20.

9 Freilich sind die Rechtsfolgen bei Verstoß gegen eine vereinbarte Verhandlungspflicht nicht einschneidend, weil das Verhandeln an sich nur schwer durchsetzbar ist.[24] An eine Vereinbarung, die zur **Verpflichtung einer Tarifvertragspartei zum Abschluss eines bestimmten Tarifvertrags** führt, werden zu Recht hohe Anforderungen gestellt: Das soll nur der Fall sein, wenn sich aus einer Verpflichtungserklärung oder -vereinbarung sowohl ein deutlicher Rechtsbindungswille als auch der Inhalt des abzuschließenden Tarifvertrags so eindeutig ergibt, dass es nur eine einzige, der Vorgabe entsprechende Regelungsmöglichkeit geben kann.[25] Das ist schon deshalb richtig, weil ein nicht eindeutiger, sondern durch das Gericht auszulegender Tarifinhalt nicht mit der Tarifabschlussfreiheit in Einklang zu bringen ist.[26] Im Zweifel verbleibt es deshalb bei einem schlichten Anspruch auf (ergebnisoffene) Tarifverhandlungen.

10 Freilich wird zu Recht darauf hingewiesen, dass es arbeitskampfrechtlich eine Pflicht zur Aufnahme von **Verhandlungen der Kampfparteien** geben kann – wenn etwa Voraussetzung für die Zulässigkeit einer Arbeitskampfmaßnahme die Vereinbarung von Notarbeitsplänen ist, dann wird man hier eine entsprechende punktuelle Pflicht bejahen können.[27] Das begründet sich aber rein arbeitskampfrechtlich – eine Verweigerung zur Aufnahme entsprechender Verhandlungen müsste mit der Zulässigkeit der Arbeitskampfmaßnahme beantwortet werden, die aber dann gerade im Bereich der Daseinsvorsorge auch stark in die Rechte Dritter eingriffe.

II. Vertragsparteien

11 Parteien des Tarifvertrags können tariffähige Koalitionen sein, also auf der Seite der Arbeitnehmer die Gewerkschaften, auf der Seite der Arbeitgeber der Arbeitgeberverband und Spitzenorganisationen als Koalitionen der Verbände selbst. Außerdem kann der einzelne Arbeitgeber, § 2 Abs. 1 TVG, Tarifvertragspartei sein, der einzelne Arbeitnehmer aber niemals. Hinzu kommen mit den Handwerksinnungen und Innungsverbänden öffentlich-rechtlich verfasste Verbände, denen durch Gesetz die Tariffähigkeit und damit die Fähigkeit Tarifvertragspartei zu sein, verliehen wurde, § 54 Abs. 3 Nr. 1 HandwO.

12 Die tariffähigen Verbände können im eigenen Namen Tarifverträge schließen, sie sind selbst Tarifvertragspartei. Die früher vertretene Auffassung, dass die Verbände lediglich Stellvertreter ihrer Mitglieder seien,[28] wurde zu Recht verworfen und lässt sich weder mit Art. 9 Abs. 3 GG noch mit § 2 Abs. 1 TVG in Einklang bringen. Weil Stellvertretung möglich ist, können Verbände auch als Vertreter auftreten, allerdings nur dann, wenn der Vertretene selbst tariffähig ist. Das Gesetz nimmt diese Möglichkeit für die **Spitzenorganisation** in §§ 2 Abs. 2, 3 TVG auf: So kann diese nach § 2 Abs. 2 TVG als Vertreter ihrer Mitglieder in Ausübung einer erteilten Vollmacht Tarifverträge schließen, wodurch aber das bevollmächtigende Mitglied Tarifvertragspartei wird; oder aber die Spitzenorganisation kann selbst als Tarifvertragspartei agieren – was allerdings ihre eigens zu prüfende Tariffähigkeit voraussetzt.

13 Bei einem **mehrgliedrigen Tarifvertrag** stehen mehrere Tarifvertragsparteien auf einer Seite. Ob diese dann als eine Tarifvertragspartei agieren wollen oder ob es sich wie regelmäßig um mehrere eigenständige Tarifvertragsparteien mit der Folge paralleler Tarifverträge mit identischem Inhalt handelt, die dann aber eigenständig nebeneinanderstehen, ist durch Auslegung zu ermitteln. So können diese Tarifverträge isoliert durch die jeweili-

---

[24] Dazu Thüsing/Braun/*v. Steinau-Steinrück* 3. Kap. Rn. 15.
[25] BAG 25.9.2013 – 4 AZR 173/12, AP TVG § 1 Tarifverträge: Musiker Nr. 26 = BAGE 146, 133; BAG 5.7.2006 – 4 AZR 381/05, AP TVG § 1 Nr. 38; Däubler/*Nebe* § 1 Rn. 121.
[26] BAG 25.9.2013 – 4 AZR 173/12, AP TVG § 1 Tarifverträge: Musiker Nr. 26 = BAGE 146, 133; siehe zur verfahrensrechtlichen Seite Wiedemann/*Thüsing* § 1 Rn. 223.
[27] Siehe dazu Wiedemann/*Thüsing* § 1 Rn. 216 verweisend auf BAG 31.1.1995 – 1 AZR 142/94, AP GG Art. 9 Arbeitskampf Nr. 135 = NZA 1995, 958; ErfK/*Franzen* TVG § 1 Rn. 24; HWK/*Henssler* TVG § 1 Rn. 12.
[28] Siehe dazu Radke AuR 1956, 273; zur Entwicklung auch Wiedemann/*Thüsing* § 1 Rn. 176f.

gen Tarifvertragsparteien beendet werden.[29] Für die Frage der Tariffähigkeit kommt es isoliert auf die einzelnen Tarifvertragsparteien an.

Bei einer **Tarifgemeinschaft** liegt regelmäßig ein Zusammenschluss von Tarifvertrags- 14 parteien, die sich zur Verhandlung von Tarifverträgen zusammenschließen und auch den Tarifvertrag als Einheit abschließen, vor, so dass es etwa für die Beendigung oder Änderung des Tarifvertrags der einheitlichen Willensausübung in der Tarifgemeinschaft bedarf.[30] Rechtlich ist die Tarifgemeinschaft regelmäßig als BGB-Gesellschaft verfasst. Zu deren Tariffähigkeit → § 232 Rn. 69.

Gerade im Falle einer Tarifgemeinschaft oder bei einem mehrgliederigen Tarifvertrag 15 muss bisweilen auslegt werden, wer Partei des Tarifvertrags ist und ob es sich um jeweils eigenständige Tarifverträge oder einen einheitlichen Tarifvertrag einer Tarifgemeinschaft handelt. Hier hilft die Auslegungsregel, dass im Zweifel der eigenständige Tarifvertrag gewollt ist – weil nur dann das eigene, unabhängige Zugriffsrecht auf den Tarifvertrag besteht.[31] Für einen Einheitlichkeitswillen kann sprechen, dass die Parteien einer Seite des Tarifvertrags gebunden sind – etwa durch einen Gesellschaftsvertrag.[32]

III. Stellvertretung

Der Tarifvertrag kann – wird regelmäßig auch – über Stellvertreter geschlossen werden, 16 deren Vertretungsmacht sich entweder organschaftlich oder rechtsgeschäftlich begründet. Hier gelten insgesamt die allgemeinen Regelungen der §§ 164 ff. BGB.[33]

1. Offenkundigkeit

Das Handeln als Vertreter muss, den Vorgaben des § 164 Abs. 1 BGB („in fremden Na- 17 men") entsprechend, offenkundig sein.[34] Bereits das Schriftformgebot, § 1 Abs. 2 TVG, erfordert, dass die Tarifvertragsparteien – und damit die Vertretenen – aus der Tarifurkunde hervorgehen.[35] Die Rechtsprechung verlangt mit Verweis auf das Interesse der Normunterworfenen an Rechtsklarheit zu Recht einen einer ausdrücklichen Nennung als Tarifvertragspartei gleichwertigen Grad an Klarheit und Eindeutigkeit.[36] Letztlich ist diese Forderung nur scheinbar von der Auffassung zu unterscheiden, die zwar keine Ausdrücklichkeit, sondern eine Erkennbarkeit im Rahmen der Andeutungstheorie als ausreichend ansieht:[37] Die vertretene Tarifvertragspartei muss sich in jedem Falle erkennbar als solche aus der Tarifurkunde ergeben: Passt etwa ein tarifliches Entgeltssystem ersichtlich nur auf die Tätigkeiten und die Beschäftigtenstruktur eines bestimmten Unternehmens, so kann hieran erkennbar werden, dass dieses Unternehmen vertreten werden soll. Das sind frei-

---

[29] HWK/*Henssler* TVG § 1 Rn. 9.
[30] HWK/*Henssler* TVG § 1 Rn. 11.
[31] BAG 8.11.2006 – 4 AZR 590/05, AP TVG § 5 Nr. 33 = NZA 2006, 576; BAG 29.6.2004 – 1 AZR 143/03, AP TVG § 1 Nr. 36 = ZTR 2005, 141; BAG 8.11.2006 – 4 AZR 590/05, AP TVG § 5 Nr. 33 = NZA 2006, 576.
[32] ErfK/*Franzen* TVG § 1 Rn. 22.
[33] BAG 22.2.2012 – 4 AZR 24/10, AP TVG § 1 Bezugnahme auf Tarifvertrag Nr. 109 = ZTR 2012, 438; BAG 18.11.2009 – 4 AZR 491/08, AP TVG § 2 Firmentarifvertrag Nr. 13 = NZA 2010, 835; BAG 12.2.1997 – 4 AZR 419/95, AP TVG § 2 Nr. 46 = NZA 1997, 1064; Thüsing/Braun/*v. Steinau-Steinrück* 3. Kap. Rn. 26; ErfK/*Franzen* TVG § 2 Rn. 25; BeckOK ArbR/*Waas* TVG § 1 Rn. 20.
[34] BAG 22.2.2012 – 4 AZR 24/10, AP TVG § 1 Bezugnahme auf Tarifvertrag Nr. 109 = ZTR 2012, 438. BAG 7.7.2010 – 4 AZR 120/09, AP TVG § 1 Bezugnahme auf Tarifvertrag Nr. 77 = NZA-RR 2011, 137 Rn. 20; BAG 18.11.2009 – 4 AZR 491/08, AP TVG § 2 Firmentarifvertrag Nr. 13 = NZA 2010, 835; BAG 29.6.2004 – 1 AZR 143/03, [III 2a der Gründe] mwN, AP TVG § 1 Bezugnahme Tarifvertrag Nr. 109 = ZTR 2012, 438; BAG 12.2.1997 – 4 AZR 419/95, AP TVG § 2 Nr. 46 = NZA 1997, 1064.
[35] BAG 22.2.2012 – 4 AZR 24/10, AP TVG § 1 Bezugnahme auf Tarifvertrag Nr. 109 = ZTR 2012, 438; BAG 18.11.2009 – 4 AZR 491/08, AP TVG § 2 Firmentarifvertrag Nr. 13 = NZA 2010, 835; JKOS/*Schubert* § 3 Rn. 7.
[36] BAG 18.11.2009 – 4 AZR 491/08, AP TVG § 2 Firmentarifvertrag Nr. 13 = NZA 2010, 835; in diese Richtung auch BeckOK ArbR/*Waas* TVG § 1 Rn. 21.
[37] JKOS/*Schubert* § 3 Rn. 7; NK-TVG/*Nebe* § 1 Rn. 137; HWK/*Henssler* TVG § 1 Rn. 15.

lich keine spezifisch tarifrechtlichen, sondern stellvertretungsrechtliche Umsetzungen des Formgebotes des § 1 Abs. 2 TVG. Wird nicht erkennbar, dass der Vertreter für einen anderen handelt, so bindet er sich – sofern eigene Tariffähigkeit vorliegt, selbst, § 164 Abs. 2 BGB.[38]

18 Das wird vor allem bei einer Vertretung durch Spitzenverbände, § 2 Abs. 2 TVG, oder Konzernmütter relevant – hier reicht lediglich die Tatsache der konzernrechtlichen Verbindung und etwa der Nennung der Tochtergesellschaft im tariflichen Geltungsbereich nicht aus, um eine offenkundige Stellvertretung der Konzernmutter für eine Tochtergesellschaft erkennen zu lassen.[39] Wird bei Handeln der Muttergesellschaft deren Stellung als Vertreterin für die Konzerntochter nicht erkennbar, so führt in diesem Fall die dann notwendige Anwendung des § 164 Abs. 2 BGB dazu, dass dann für die Arbeitsverhältnisse der Konzernmutter der Tarifvertrag wirksam wird und die tarifgebundenen Arbeitsverhältnisse normativ regelt.

2. Vertretungsmacht

19 **a) Organschaftliche Vertretungsmacht.** Bei Verbandstarifverträgen handeln regelmäßig die durch die Satzung dazu mit Vertretungsmacht ausgestatteten Personen. Die Gewerkschaft oder der Arbeitgeberverband wird durch seine Organe, §§ 26, 30 BGB, oder durch weitere Personen mit Vertretungsmacht vertreten. Regelmäßig sind Arbeitgeberverbände als eingetragene, Gewerkschaften als eingetragene oder nicht eingetragene Vereine organisiert, so dass die organschaftliche Vertretungsmacht dem Vorstand des Vereins zukommt, § 26 BGB.[40] Die Gewerkschaften werden organschaftlich regelmäßig durch den Hauptvorstand, die Bezirksleitung oder den Bezirksvorstand vertreten.

20 **Tarifkommissionen** der Verbände selbst sind regelmäßig nicht Vertreter, der Abschluss eines Tarifvertrags kann aber an ihre Zustimmung gebunden werden.[41] Die satzungsrechtliche Grundlage der Bedeutung der Zustimmung der Tarifkommission ist jeweils auszulegen – meist handelt es sich nicht um eine Beschränkung der Vertretungsmacht, sondern um eine in der Geschäftsführung. Eine Beschränkung der Vertretungsmacht ist durch Satzung möglich – wenngleich jeweils festzustellen ist, ob wirklich das Können nach außen oder nur das Dürfen nach innen beschränkt werden soll.[42] Das BAG nimmt an, dass satzungsbegründete Bindungen, etwa an eine Tarifkommission, lediglich die Geschäftsführungsmöglichkeiten beschneiden sollen, aber nicht die Vertretungsmacht nach außen.[43] Der Tarifvertrag selbst kann unter die Bedingung der Zustimmung der Tarifkommission gestellt werden.[44]

21 Üben **Spitzenverbände** Vertretungsmacht für ihre Mitgliedsverbände aus, § 2 Abs. 2 TVG, und sind sie so nicht selbst Tarifvertragspartei, gelten auch hier die allgemeinen vertretungsrechtlichen Regelungen, insbesondere ist die Bevollmächtigung der Spitzenverbände zu prüfen.[45]

22 Beim **einzelnen Arbeitgeber** ergibt sich die organschaftliche Vertretungsmacht bei Kapitalgesellschaften aus dem Gesetz, so aus §§ 35, 37 GmbHG für den Geschäftsführer der GmbH, oder aus §§ 76 Abs. 1, 78 Abs. 1 AktG für den Vorstand der Aktiengesellschaft. Der mitbestimmte Aufsichtsrat als vertretendes Organ oder als bevollmächtigendes

---

[38] BAG 12.2.1997 – 4 AZR 419/95, AP TVG § 2 Nr. 46 = NZA 1997, 1064.
[39] BAG 22.2.2012 – 4 AZR 24/10, AP TVG § 1 Bezugnahme auf Tarifvertrag Nr. 109 = ZTR 2012, 438; BAG 18.11.2009 – 4 AZR 491/08, AP TVG § 2 Firmentarifvertrag Nr. 13 = NZA 2010, 835; BAG 17.10.2007 – 4 AZR 1005/06, AP TVG § 1 Nr. 40 = NZA 2008, 713; HMB/*Bepler* Teil 3 Rn. 38; ErfK/*Franzen* TVG § 1 Rn. 25; HWK/*Henssler* TVG § 1 Rn. 15.
[40] JKOS/*Schubert* § 3 Rn. 5; HMB/*Bepler* Teil 3 Rn. 36.
[41] BeckOK ArbR/*Waas* TVG § 1 Rn. 20.
[42] JKOS/*Schubert* § 3 Rn. 5.
[43] BAG 16.5.1995 – 3 AZR 535/94, AP TVG § 4 Ordnungsprinzip Nr. 15 = NZA 1995, 1166; JKOS/*Schubert* § 3 Rn. 5.
[44] JKOS/*Schubert* § 3 Rn. 9.
[45] Thüsing/Braun/*v. Steinau-Steinrück* 3. Kap. Rn. 329.

III. Stellvertretung   23, 24 § 234

Organ muss freilich ausscheiden. Richtig ist, dass hier die Arbeitnehmer (und meist die tarifschließende Gewerkschaft selbst) auf der Seite des Arbeitgebers in den Tarifschluss einbezogen sind. Das ist systemwidrig.[46] Dies gilt auch für eine sonstige konstitutive Einbindung des mitbestimmten Aufsichtsrats in den Tarifabschluss durch entsprechende vertretungsrechtliche Satzungsbestimmungen wie etwa konstitutive Zustimmungsvorbehalte. Auch sie sind nicht möglich, weil ansonsten das Postulat der Gegnerfreiheit nicht umgesetzt würde.[47] Bei Personengesellschaften kommt den Gesellschaftern die organschaftliche Vertretung zu, §§ 712 BGB, 125 HGB.[48]

b) Rechtsgeschäftliche Bevollmächtigung. Die rechtsgeschäftliche Vertretungsmacht 23 ist ebenfalls möglich und wird durch Bevollmächtigung, §§ 167 ff. BGB, begründet.[49] Dabei sind auch Unterbevollmächtigungen möglich.[50] Theoretisch kann die Bevollmächtigung sowohl durch Innenvollmacht als auch durch Außenvollmacht erfolgen, § 167 Abs. 1 BGB. Praktisch dürften die Verhandlungspartner stets die Vorlage der Vollmacht verlangen. Die Bevollmächtigten müssen selbst – weil sie durch die Stellvertretung nicht selbst gebunden werden – nicht tariffähig sein.[51] Nach herrschender Meinung bedarf die Bevollmächtigung wegen des Grundsatzes des § 167 Abs. 2 BGB auch nicht der Form des § 1 Abs. 2 TVG.[52] Das ist jedenfalls dann richtig, wenn man eine unwiderrufliche Vollmacht schon deshalb nicht zulässt, weil die Tarifautonomie ein von der Kontrolle durch die Tarifvertragspartei völlig unabhängiges Vertreterhandeln nicht zulassen kann.[53] Weiter lässt die herrschende Meinung auch Rechtsscheinvollmachten, also Duldungs- und Anscheinsvollmacht, zu.[54] Sofern man unter der Duldungsvollmacht nicht ohnehin eine konkludente Bevollmächtigung sieht, überzeugt dies nicht: Es verträgt sich nicht mit der Rechtssicherheit, die der Tarifvertrag als normativer Regelung erfordert – das zeigt sich schon daran, dass es beim notwendigen Vertrauen auf den Rechtsschein und damit den guten Glauben, lediglich auf das Verhältnis der Tarifvertragsparteien ankommt, das ist den Normunterworfenen nicht ersichtlich.[55] Zudem wäre die Möglichkeit einer Rechtsscheinsvollmacht in der Tat „Normsetzung durch Rechtsschein" – sie ist abzulehnen.[56] Selbstredend gibt es wegen des Grundsatzes der Tarifautonomie keine Möglichkeit, vom Verbot des Insichgeschäftes, § 181 BGB, abzusehen.

Der einzelne Arbeitgeber kann sich auch durch Dritte vertreten lassen – was besonders 24 im Konzern praktisch wird.[57] Erteilt der Kaufmann Prokura nach §§ 48 ff. HGB, so gehört der Abschluss eines Unternehmenstarifvertrags zu den Geschäften, die die Führung eines Handelsunternehmens mit sich bringt – deshalb hat der Prokurist auch die entsprechende Vertretungsmacht.[58] Der Handlungsbevollmächtigte, § 54 HGB, hat sie nicht –

---

[46] Löwisch/Rieble § 1 Rn. 1508; Thüsing/Braun/v. Steinau-Steinrück 3. Kap. Rn. 28.
[47] Löwisch/Rieble § 1 Rn. 1508; für eine Einbindung des Aufsichtsrats nach § 111 Abs. 4 S. 2 AktG ohne Außenwirkung Wiedemann/Thüsing § 1 Rn. 187; Thüsing/Braun/v. Steinau-Steinrück 3. Kap. Rn. 328; ErfK/Oetker AktG § 111 Rn. 15.
[48] JKOS/Schubert § 3 Rn. 6.
[49] BAG 10.11.1993 – 4 AZR 184/93, AP TVG § 1 Tarifverträge Einzelhandel Nr. 43 = NZA 1994, 892; BAG 24.11.1993 – 4 AZR 407/92, AP TVG § 1 Tarifverträge Einzelhandel Nr. 39 = NZA 1994, 564.
[50] Löwisch/Rieble § 1 Rn. 1514.
[51] Thüsing/Braun/v. Steinau-Steinrück 3. Kap. Rn. 29.
[52] NK-TVG/Nebe § 1 Rn. 137; Thüsing/Braun/v. Steinau-Steinrück 3. Kap. Rn. 26; Wiedemann/Thüsing § 1 Rn. 191.
[53] Löwisch/Rieble § 1 Rn. 1514.
[54] BAG 12.12.2007 – 4 AZR 996/06, AP TVG § 1 Nr. 39 = NZA 2008, 892; BAG 29.4.2004 – 1 AZR 143/03, AP TVG § 1 Nr. 36 = NZA 2005, 600; Löwisch/Rieble § 1 Rn. 1520; JKOS/Schubert § 3 Rn. 8; Thüsing/Braun/v. Steinau-Steinrück 3. Kap. Rn. 31; BeckOK ArbR/Waas TVG § 1 Rn. 21; Thüsing/Braun/v. Steinau-Steinrück 3. Kap. Rn. 30.
[55] Siehe JKOS/Schubert § 3 Rn. 8.
[56] Wiedemann/Thüsing § 1 Rn. 188.
[57] JKOS/Schubert § 3 Rn. 11.
[58] MüKoHGB/Krebs § 49 Rn. 18.

schon, weil ein Tarifvertrag im Hinblick auf seine Folgen nicht als gewöhnliches Geschäft eingeordnet werden kann.[59]

25 Bei **Tarifgemeinschaften** kann ein Mitglied beim Abschluss von mehrgliederigen Tarifverträgen die anderen vertreten, das geschieht unter den Mechanismen der rechtsgeschäftlichen Bevollmächtigung.

26 **c) Beschränkung der Vertretungsmacht und Beschränkung der Innenmacht.** Die Vertretungsmacht kann beschränkt werden. Bei organschaftlicher Vertretung durch eine entsprechende Regelung in der Satzung, bei rechtsgeschäftlicher Vertretung in der Bevollmächtigung selbst. Ein Erfordernis an den Stellvertreter, die Zustimmung eines externen Dritten zum Tarifabschluss einzuholen, kann nicht aufgestellt werden, weil ansonsten die Wirksamkeit des Tarifvertrags von Nichtbetroffenen abhinge.[60] Der Umfang der Bevollmächtigung ist nach rechtsgeschäftlichen Vorgaben zu ermitteln, es ist auszulegen. Bei der Frage, ob eine Beschränkung der Vertretungsmacht gegeben ist, ist zunächst zu ermitteln, ob nicht – was regelmäßig der Fall sein dürfte – eine bloße innenrechtliche Beschränkung gewollt ist.[61] Sollen nur interne Handlungsgrenzen begründet werden, so führt eine Überschreitung durch das Organ nicht zum vertretungsmachtlosen Tarifabschluss.[62] Das wird etwa regelmäßig für Zustimmungserfordernisse praktisch.

27 Sodann darf durch außenwirksame Beschränkungen die Tarifautonomie nicht konterkariert werden: So kann etwa eine Satzung oder ein Gesellschaftsstatut nicht bestimmen, dass die Vertretungsmacht zum Abschluss des Tarifvertrags bestimmte Bereich der Arbeitsbedingungen ausnimmt.[63] Sowenig der Verband selbst hier seine Tarifzuständigkeit durch Satzung begrenzen kann, sowenig kann er über die Beschränkung der organschaftlichen Vertretungsmacht die Regelung potentiell aller Arbeitsbedingungen verhindern. Insbesondere die Vertretungsmacht der Vorstände von Handwerksinnungen und Innungsverbänden kann nicht beschränkt werden, §§ 66 Abs. 3, 83 Abs. 1 Nr. 3 HandwO.[64]

28 Im öffentlichen Dienst gelten besondere gesetzliche Beschränkungen. §§ 40 BHO, 24 HGrG und die Landeshaushaltsordnungen sehen für Tarifverträge die Zustimmung des (Bundes-)Finanzministers vor, wenn diese Regelungen zu Einnahmeminderungen oder zu zusätzlichen Ausgaben im laufenden Haushaltsjahr oder in künftigen Haushaltsjahren führen können.[65] Für Kommunen gelten regelmäßig Vorgaben in den Kommunalen Ordnungen, die allgemeinen für Kommunen geltenden Tarifverträge nicht zu überschreiten.[66]

29 **d) Handeln ohne Vertretungsmacht.** Handelt ein Vertreter ohne Vertretungsmacht *(falsus procurator)* so gelten nach herrschender Meinung die §§ 177 ff. BGB.[67] Das gilt für die anfänglich fehlende als auch die nachträglich und rückwirkend wegfallende Vertretungsmacht.[68] Der Tarifvertrag ist also zunächst schwebend unwirksam, er harrt der Genehmigung durch die vermeintlich vertretene Partei, § 179 Abs. 1 BGB.[69] Das ist im Hinblick auf die Forderung nach Rechtssicherheit und Rechtsklarheit zwar bedenklich, wird aber ausreichend damit begründet, dass eine Tarifurkunde vorliegt und so die Normadressaten

---

[59] Dazu allgemein MüKoHGB/Krebs § 54 Rn. 27 ff.
[60] Thüsing/Braun/*v. Steinau-Steinrück* 3. Kap. 3 Rn. 30; Wiedemann/*Thüsing* § 1 Rn. 187.
[61] JKOS/*Schubert* § 3 Rn. 8; Thüsing/Braun/*v. Steinau-Steinrück* 3. Kap. Rn. 30.
[62] NK-TVG/*Nebe* § 1 Rn. 140 ff.; Thüsing/Braun/*v. Steinau-Steinrück* 3. Kap. Rn. 30.
[63] Löwisch/Rieble § 1 Rn. 1503; Wiedemann/*Thüsing* § 1 Rn. 186.
[64] BAG 11.6.1975 – 4 AZR 395/74, AP TVG § 2 Nr. 29 = DB 1975, 2454.
[65] HWK/*Henssler* TVG § 1 Rn. 15.
[66] Löwisch/Rieble § 1 Rn. 1511.
[67] JKOS/*Schubert* § 3 Rn. 8; ErfK/*Franzen* TVG § 1 Rn. 25; NK-TVG/*Nebe* § 1 Rn. 139.; Thüsing/Braun/ v. *Steinau-Streinrück* 3. Kap. Rn. 31.
[68] NK-TVG/*Nebe* § 1 Rn. 139.
[69] BAG 18.12.1996 – 4 AZR 129/96, AP TVG § 1 Nr. 1 = NZA 1997, 830; Thüsing/Braun/*v. Steinau-Steinrück* 3. Kap. Rn. 31.

von der rückwirkenden Geltung nicht „überrascht" werden könnten.[70] Die Genehmigung ist einseitiges Rechtsgeschäft und ausdrücklich oder konkludent möglich, sie wirkt auf den Zeitpunkt des Vertragsschlusses zurück, § 184 Abs. 1 BGB.[71] Damit ist – gerade beim Haustarifvertrag – auch eine konkludente Genehmigung durch Tarifvollzug möglich.[72] Eine besondere Fallgruppe des vollmachtlosen Vertreters liegt vor, wenn ein Vertreter gleichsam im Vorgriff auf das Entstehen einer Tarifvertragspartei einen Tarifvertrag schließt. Das wird etwa im Fall einer Umwandlung für einen zu schließenden Haustarifvertrag praktisch.[73]

Erfolgt keine Genehmigung, so sieht sich der *falsus procurator* selbst nach den allgemeinen Vorgaben der Haftung aus § 179 BGB gegenüber.[74] Der vollmachtlose Vertreter wird hier aber lediglich auf Schadensersatz in Anspruch genommen werden können – den Normvollzug schuldet er nicht, weil sie ihm regelmäßig unmöglich ist. 30

IV. Willensmängel

1. Möglichkeit der Anfechtung

Auch die Willenserklärungen, die zum Tarifvertrag geführt haben, sind nach den §§ 119 ff. anfechtbar[75] – nur weil der Tarifvertrag auch normativ wirkender Vertrag ist, ist die Anfechtung nicht ausgeschlossen, sie wird also nicht lediglich durch ein (außerordentliches) Kündigungsrecht ersetzt.[76] Das BAG freilich hat sich zu dieser Frage noch nicht verhalten – und sie offengelassen.[77] 31

Richtig wird darauf verwiesen, dass die (zeitweise) Akzeptanz von Willensmängeln und die Ablehnung der Anfechtbarkeit sich nicht mit der Richtigkeitsgewähr des Tarifvertrags vertragen.[78] Durch die §§ 119 ff. BGB wird die irrtums- und zwangsfreie Willensbildung geschützt, ein Grund, weshalb dieser grundlegende privatrechtliche Autonomieschutz beim Tarifvertrag nicht greifen sollte, ist nicht ersichtlich. Im Gegenteil: Bereits die Voraussetzungen der Koalitionseigenschaft, die ja auf die freie, unbeeinflusste Willensbildung abstellen, zeigen, dass dieses maßgebliche Element bei der Ausübung der Koalitionsfreiheit ist. Dies muss aber auch für den Tarifvertrag gelten – weil der autonom geschlossene und damit auch ohne Willensmängel zustande gekommene Tarifvertrag Richtigkeitsgewähr erlangt.[79] Die dem Vertragsschluss zugrunde liegende **Willenserklärung ist deshalb maßgebliches „Transportmittel"** für die autonome Bindung an den Tarifvertrag. *Löwisch* und *Rieble* belegen dies durch ein *argumentum ad absurdum,* wenn sie zeigen, dass ein Ausschluss der Anfechtung auch den Fall beträfe, dass eine Seite die andere mit Waffengewalt zur Unterschrift unter den Tarifvertrag zwänge.[80] Die Besonderheit des Tarifvertrags als Normenvertrag schlägt sich nicht in der Anfechtungsmöglichkeit selbst nieder, sondern in der durch die Anfechtung ausgelöste Rechtsfolge – nämlich der Wirkung *ex nunc* und nicht *ex tunc.* Damit wird den Besonderheiten des Normenvertrages Genüge getan. 32

Bei den Anfechtungsgründen sind die **Irrtumsregelungen** des § 119 BGB freilich wenig praktisch: Die notwendige Schriftform wird regelmäßig einem Erklärungsirrtum, § 119 33

---

[70] *Löwisch/Rieble* § 1 Rn. 1523.
[71] LAG Hessen 26.5.2014 – 17 Sa 1111/13; BAG 12.12.2007 – 4 AZR 996/06, AP TVG § 1 Nr. 39 = NZA 2008, 892; Thüsing/Braun/*v. Steinau-Steinrück* 3. Kap. Rn. 31.
[72] *Löwisch/Rieble* § 1 Rn. 1522; Wiedemann/*Thüsing* § 1 Rn. 191.
[73] BAG 24.6.1998 – 4 AZR 208/97, AP UmwG § 20 Nr. 1 = NZA 1998, 1346; *Löwisch/Rieble* § 1 Rn. 1521.; Wiedemann/*Thüsing* § 1 Rn. 190.
[74] *Löwisch* BB 1997, 2161; Thüsing/Braun/*v. Steinau-Steinrück* 3. Kap. Rn. 31.
[75] ErfK/*Franzen* TVG § 1 Rn. 26; HWK/*Henssler* TVG § 1 Rn. 20.
[76] So aber NK-TVG/*Nebe* § 1 Rn. 180; Kempen/Zachert/*Stein* § 4 Rn. 193; HMB/*Bepler* Teil 3 Rn. 160; Wiedemann/*Thüsing* § 1 Rn. 245.
[77] BAG 19.10.1976 – 1 AZR 611/75, AP TVG § 1 Form Nr. 6 = NJW 1977, 318.
[78] *Löwisch/Rieble* § 4 Rn. 1536.
[79] ErfK/*Franzen* TVG § 1 Rn. 26.
[80] *Löwisch/Rieble* § 4 Rn. 1541.

Abs. 1 1. Alt. BGB, vorbeugen,[81] Inhaltsirrtum und Irrtum über eine verkehrswesentliche Eigenschaft, § 119 Abs. 1 2. Alt, Abs. 2 BGB dürften ebenfalls selten vorkommen.

34 Dagegen ist die Anfechtung wegen **widerrechtlicher Drohung, § 123 Abs. 1 2. Alt BGB,** potentiell bedeutsamer, weil sich hierunter auch die Drohung mit einer rechtswidrigen Arbeitskampfmaßnahme fassen lässt.[82] Man wird die Möglichkeit einer widerrechtlichen Drohung nicht damit ausschließen können, dass Tarifverhandlungen grundsätzlich „härter" geführt würden[83] – dieser gefühlt richtige, aber rechtlich zu präzisierende Umstand muss bei der Beurteilung aufgenommen werden, ob eine angedrohte Maßnahme rechtswidrig und damit widerrechtlich im Sinne des § 123 Abs. 1 2. Alt. BGB ist.[84] Ermittelt werden muss freilich der Zusammenhang von Drohung und Abschluss des Tarifvertrags, das ergibt sich schon aus dem Kausalitätserfordernis des § 123 Abs. 1 BGB.[85] Praktisch steht hier in Frage, ob der sich einer unzulässigen Arbeitskampfmaßnahme gegenübersehende Verhandlungspartner die Möglichkeit des einstweiligen Rechtsschutzes in Anspruch nehmen muss und ob er bei Unterlassen eine solchen Ersuchens nach gerichtlichem Schutz sich noch auf die Ursächlichkeit der rechtswidrigen Drohung berufen kann.[86]

35 Auch eine **Täuschung nach § 123 Abs. 1 1. Alt BGB** ist grundsätzlich möglich, ob freilich eine Irrtumserregung vorliegt, wird tiefer zu prüfen sein – weil gerade bei Tarifvertragsverhandlungen die gegenseitig gegebenen Informationen grundsätzlich kritisch hinterfragt werden. *Nebe* schreibt richtig von einem „gesunden Misstrauen".[87] Das schließt aber die Möglichkeit der arglistigen Täuschung nicht aus, sondern zeigt, dass diese einer erheblichen Nachweisschwelle unterliegt. Auf der Seite des Arbeitgebers lässt sich an die Angabe falscher oder das Vorenthalten unrichtiger Informationen, die die Gewerkschaft zum Abschluss eines Sanierungstarifvertrags bewegen sollen, denken.[88]

36 Rein schuldrechtliche tarifliche Vereinbarungen, wie etwa Schlichtungsvereinbarungen, sind auch nach Auffassung derer anfechtbar, die die Anfechtungsmöglichkeit für den Normenvertrag ausschließen.[89] Richtig gibt es für solche Verträge auch nicht das Bedürfnis des Adressatenschutzes, mit dem für die Nichtanfechtbarkeit des normsetzenden Tarifvertrags gestritten wird. Das gilt auch in den Fällen, in denen der schuldrechtliche Tarifvertrag Vertrag zu Gunsten Dritter nach § 328 Abs. 1 BGB ist.[90]

2. Aber: Begrenzung der Anfechtungswirkung

37 Die Besonderheiten des Tarifvertrags als Normenvertrag schlagen sich nicht in der Ablehnung der Anfechtbarkeit, sondern in der Rechtsfolge der Anfechtung nieder. Hier gilt nicht § 142 BGB mit seiner Wirkung *ex tunc,* die Beendigung des Tarifvertrags tritt vielmehr *ex nunc* ein.[91] Ausnahme ist hier der noch nicht vollzogene Tarifvertrag, der noch keinerlei normative Wirkung entfaltet hat.[92]

38 Eine Teilanfechtung ist grundsätzlich möglich – sofern der abgrenzbare, nicht von Willensmängeln betroffene Teil sinnvoll selbst bestehen kann. Das wird mit dem Hinweis abgelehnt, eine solche Aufteilung die Tarifautonomie tangiere.[93] Freilich ist der Unterschied zur geltungserhaltenden Reduktion nicht so groß, wie *Löwisch* und *Rieble* meinen,

---

[81] *Löwisch/Rieble* § 4 Rn. 1543.
[82] *Löwisch/Rieble* § 1 Rn. 1540; *Otto* FS Konzen, S. 684 (687).
[83] So NK-TVG/*Nebe* § 1 Rn. 183.
[84] Dazu allgemein Staudinger/*Singer/v. Finckenstein* (2017) § 123 Rn. 75 ff.
[85] HMB/*Bepler* Teil 3 Rn. 161.
[86] HMB/*Bepler* Teil 3 Rn. 161.
[87] NK-TVG/*Nebe* § 1 Rn. 182.
[88] *Löwisch/Rieble* § 1 Rn. 1541.
[89] NK-TVG/*Nebe* § 1 Rn. 184; HMB/*Bepler* Teil 3 Rn. 164.
[90] HMB/*Bepler* Teil 3 Rn. 164.
[91] ErfK/*Franzen* TVG § 1 Rn. 26; BeckOK ArbR/*Waas* TVG § 1 Rn. 24; BAG 18.6.1997 – 4 AZR 710/95, AP TVG § 1 Kündigung Nr. 2; BAG 18.12.1996 – 4 AZR 129/96, AP TVG § 1 Kündigung Nr. 1; HWK/*Henssler* TVG § 1 Rn. 21.
[92] *Löwisch/Rieble* § 1 Rn. 1537.
[93] *Löwisch/Rieble* § 1 Rn. 1358.

denn zwar setzt die Anfechtung bei der Willenserklärung an, der Willensmangel setzt sich aber im Inhalt des (anfechtbaren) Vertrages fort.

Freilich ist muss das bestehende Anfechtungsrecht ausgeübt werden – was im Belieben 39 des Anfechtungsberechtigten steht. Die bedrohte oder irrende Partei kann also auch nach § 144 BGB den Tarifvertrag bestätigen,[94] Voraussetzung ist freilich, dass die Bestätigung in Kenntnis der Anfechtbarkeit erfolgt. Nach herrschender Meinung kann dies – wegen § 144 Abs. 2 BGB – auch konkludent geschehen, etwa durch Normvollzug, so dass § 1 Abs. 2 TVG hier nicht greift.[95] Das ist nicht einsichtig – weil auch hier der Zweck der Schriftform, die Gewährleistung von Rechtssicherheit, eine entsprechende Anwendung des § 1 Abs. 2 TVG erfordert.

Ein wirksam angefochtener Tarifvertrag wirkt – anders als auch ein außerordentliche 40 gekündigter – nicht nach (→ § 251 Rn. 17): Sie würde dem mit Willensmängeln behafteten Tarifvertrag faktisch Geltung verschaffen und so dem Zweck der Anfechtung zuwiderlaufen.

V. Weitere rechtsgeschäftliche Regelungen

1. Nichtkeitsgründe

Verstößt der Tarifvertrag gegen ein höherrangiges Verbotsgesetz, so ist die entsprechende 41 Regelung nichtig. § 134 BGB gilt. Auf die besondere Konstellation des Tarifvertrags als Normenvertrag reagiert das Tarifrecht mit der isolierten Nichtigkeit der einzelnen nichtigen Regelung und nicht mit der Gesamtnichtigkeit des Tarifvertrags (→ Rn. 65 ff.). Tarifliche Regelungen können auch nach § 138 BGB sittenwidrig sein.[96] Die anzunehmende Richtigkeitsgewähr des Tarifvertrags schlägt sich nicht in der Frage des „Ob" des Sittenwidrigkeitsverdikts nieder, sondern dort, wo es um dessen Bestimmung geht.[97]

2. Dissens

Grundsätzlich liegt eine Einigung auf einen Tarifvertrag nur dann vor, wenn sich die Par- 42 teien über alle Verhandlungsgegenstände einig sind – weil der Tarifvertrag als Kompromiss gesehen werden muss, der insgesamt der Richtigkeitsgewähr unterfällt. Diese Zweifelsregel greift dann nicht, wenn die Tarifvertragsparteien selbst die Regelung über einzelne oder mehrere Verhandlungsgegenstände als abschließend und damit vor dem Hintergrund der Gesamtverhandlungen als partiellen Tarifvertrag vereinbaren,[98] was dann über die Auslegung zu ermitteln ist. Die Regelungen der §§ 154, 155 BGB sind nach herrschender Meinung auf den Tarifvertrag dagegen wegen dessen normativer Wirkung nicht anzuwenden:[99] Ob ein Dissens vorliegt oder nicht ist regelmäßig sowohl beim offenen als auch beim versteckten Einigungsmangel für die Normadressaten nicht ersichtlich.

3. Befristung und Bedingung

Der Tarifvertrag kann befristet abgeschlossen werden. Gesetzliche Vorgaben für eine ma- 43 ximale oder mindeste Befristungsdauer gibt es nicht – allerdings kann das Recht zur außerordentlichen Kündigung nicht ausgeschlossen und so ein unlösbarer Tarifvertrag abgeschlossen werden.[100]

---

[94] HWK/*Henssler* TVG § 1 Rn. 21.
[95] ErfK/*Franzen* TVG § 1 Rn. 26; *Löwisch/Rieble* § 1 Rn. 1539; BeckOK ArbR/*Waas* TVG § 1 Rn. 25.
[96] HWK/*Henssler* TVG § 1 Rn. 21; Wiedemann/*Thüsing* § 1 Rn. 245 mwN.
[97] Wiedemann/*Thüsing* § 1 Rn. 245.
[98] JKOS/*Schubert* § 3 Rn. 2.
[99] BAG 24.2.1988 – 4 AZR 614/87, AP TVG § 1 Tarifverträge: Schuhindustrie Nr. 2 = NZA 1988, 553; JKOS/*Schubert* § 3 Rn. 4; ErfK/*Franzen* TVG § 1 Rn. 26; *Löwisch/Rieble* § 1 Rn. 1535; BeckOK ArbR/*Waas* TVG § 1 Rn. 26; HWK/*Henssler* TVG § 1 Rn. 12.
[100] HKW/*Henssler* § 1 Rn. 22.

44 Die Tarifvertragsparteien können die Wirksamkeit eines Tarifvertrags unter eine (aufschiebende) Bedingung im Sinne des § 158 BGB stellen.[101] Das wird häufig dann praktisch, wenn bei Verhandlungen in einer Tarifgemeinschaft ein Zustimmungsvorbehalt für die anderen Mitglieder der Tarifgemeinschaft vereinbart wird[102] oder wenn bei einem Sanierungstarifvertrag der Kapitalzufluss zur Bedingung gemacht wird.[103] Allerdings ist hier zu beachten, dass nur solche Bedingungen möglich sind, durch die nicht ein Dritter bestimmenden Einfluss über die Tarifgeltung erhält.[104] Das schwächte die Tarifautonomie und legte die Normgeltung in die Hände Dritter ohne Tarifverantwortung. Das hat etwa für die Bedingung Folgen, die die Tarifgeltung von der Erklärung der Allgemeinverbindlichkeit abhängig macht – hier werden nur die Fälle unproblematisch sein, in denen es um einen Tarifvertrag über eine gemeinsame Einrichtung oder einen Mindestlohntarifvertrag geht.[105] Zudem wird gefordert, dass der Bedingungseintritt von den Normadressaten ohne Weiteres festgestellt werden kann.[106]

VI. Schriftform

1. Allgemeines

45 Nach § 1 Abs. 2 TVG bedarf der Tarifvertrag der Schriftform. Das dient weniger dem Übereilungsschutz und zielt so nicht auf die Tarifvertragsparteien selbst, sondern auf die **Normunterworfenen,** für die **Rechtsklarheit** über die normativ wirkenden tariflichen Regelungen und über die Tarifvertragsparteien selbst hergestellt werden soll.[107] Die vertragsbegründenden Willenserklärungen müssen der jeweils anderen Partei in der Schriftform des § 1 Abs. 2 TVG zugehen:[108] Der eine Vertragspartner kann also den anderen nicht durch eine formwidrige Erklärung über den Abschluss des Tarifvertrags in Kenntnis setzen, deshalb genügt etwa eine Übersendung durch ein Telefax nicht.[109] Freilich gilt § 151 BGB auch hier.[110]

46 Der Tarifvertrag muss nicht in deutscher Sprache verfasst sein – deutsch als „Tarifsprache" ist nicht festgelegt. Hier gilt nichts anderes als für andere vertragliche Vereinbarungen. Aus der Schriftformvorgabe des § 1 Abs. 2 TVG folgt auch keine Festlegung auf Deutsch als Tarifsprache.[111] Die Regelungen der §§ 184 GVG, 23 VwVfG betreffen nicht den Tarifvertrag als privatautonomer Vereinbarung.

2. Vorliegen der Schriftform

47 Für die **Schriftform gilt § 126 BGB.**[112] Damit ist auch die elektronische Form, § 126a BGB zugelassen, weil § 1 Abs. 2 TVG diese nicht ausschließt.[113] Dagegen werden Beden-

---

[101] HKW/*Henssler* § 1 Rn. 22; JKOS/*Schubert* § 3 Rn. 3.
[102] JKOS/*Schubert* § 3 Rn. 3.
[103] *Löwisch/Rieble* § 1 Rn. 1551.
[104] *Löwisch/Rieble* § 1 Rn. 1551.
[105] Siehe dazu ausführlich *Löwisch/Rieble* § 1 Rn. 1552.
[106] HWK/*Henssler* TVG § 1 Rn. 22.
[107] BAG 17.2.2016 – 2 AZR 613/14, AP KSchG 1969 § 2 Nr. 168 = DB 2016, 1204; BAG 10.11.1982 – 4 AZR 1203/79, AP TVG § 1 Form Nr. 8 = DB 1983, 717; BAG 9.7.1980 – 4 AZR 564/78, AP TVG § 1 Form Nr. 7 = NJW 1981, 1574; ErfK/*Franzen* TVG § 1 Rn. 27; HMB/*Bepler* Teil 3 Rn. 41; BeckOK ArbR/*Waas* TVG § 1 Rn. 28.
[108] BAG 17.2.2016 – 2 AZR 613/14, AP KSchG 1969 § 2 Nr. 168 = DB 2016, 1204; ErfK/*Franzen* TVG § 1 Rn. 29.
[109] BAG 17.2.2016 – 2 AZR 613/14, AP KSchG 1969 § 2 Nr. 168 = DB 2016, 1204; BAG 7.7.2010 – 4 AZR 1023/08, AP BGB § 613a Nr. 388 = NZA-RR 2011, 30.
[110] BAG 17.2.2016 – 2 AZR 613/14, AP KSchG 1969 § 2 Nr. 168 = DB 2016, 1204; BAG 7.7.2010 – 4 AZR 1023/08, AP BGB § 613a Nr. 388 = NZA-RR 2011, 30.
[111] *Rieble* FS Löwisch, 2007, S. 229 (230).
[112] BAG 17.2.2016 – 2 AZR 613/14, AP KSchG 1969 § 2 Nr. 168 = DB 2016, 1204; BAG 7.7.2010 – 4 AZR 1023/08, AP BGB § 613a Nr. 388 = NZA-RR 2011, 30; HMB/*Bepler* Teil 3 Rn. 43.
[113] ErfK/*Franzen* TVG § 1 Rn. 29; zweifelnd BeckOK ArbR/*Waas* TVG § 1 Rn. 28.

VI. Schriftform

ken erhoben,[114] allerdings können diese nicht auf den Zweck der Rechtssicherheit gestützt werden, weil diese durch die notwendige elektronische Signatur ebenfalls gewahrt ist. Praktisch dürfte die elektronische Form indes nicht werden, schon weil § 7 TVG die Übersendung einer Urschrift des Tarifvertrags an das Tarifregister verlangt. Die Textform des § 126b BGB ist nicht erlaubt.[115]

Der Tarifvertrag muss also schriftlich verfasst und eigenhändig von der Tarifvertragspartei oder von deren Vertreter unterzeichnet werden.[116] Es gelten die für § 126 BGB erstellten Regeln, so dass eine Unterschrift vorliegen muss, die den Tariftext abschließt und dass auch keine bloße Paraphe anstatt einer Unterschrift ausreicht.[117] Bei einer zeitlich aufeinanderfolgenden Annahme des Tariftextes wird dem Schriftformgebot erst mit der letzten Unterschrift genügt.[118] Ein Antrag auf Abschluss des Tarifvertrags muss mit der gesetzlichen Form zugehen.[119] 48

Weil das Schriftformgebot die **Rechtsquellenklarheit** sichern soll, müssen im Falle der Beteiligung mehrerer Tarifvertragsparteien (wie bei einer Tarifgemeinschaft) am Abschluss desselben Tarifvertrags alle Tarifvertragsparteien eindeutig aus dem Tarifvertrag hervorgehen. Das BAG nimmt diesen Gedanken weiter auf und verlangt diese Rechtsklarheit auch dann, wenn etwa Arbeitgeber, Gewerkschaft und Betriebsrat eine Vereinbarung zur Standortsicherung abschließen[120] – geschieht dies ohne klare Trennung der Vertragschließenden und der jeweiligen Vereinbarungen, so dass klar zwischen betrieblicher und tariflicher Regelung zu unterscheiden ist, ist die Vereinbarung insgesamt nichtig. *Giesen* lehnt das ab, weil sich aus dem Gesetz das Ziel der Rechtsquellenklarheit nicht ergebe.[121] Allerdings ist es gerade Zweck des § 1 Abs. 2 TVG, für die Normunterworfenen Klarheit über den Inhalt und die Parteien des Tarifvertrags zu gewährleisten. Die Unzulässigkeit einer solchen dreiseitigen Vereinbarung ergibt sich aber auch daraus, dass durch die Beteiligung einer nicht tariffähigen Partei wie des Betriebsrates der Tarifinhalt nicht allein von den Tarifvertragsparteien verantwortet wird – das gefährdet die Richtigkeitsgewähr.[122] 49

Gibt es mehrere Ausfertigungen eines Tarifvertrags, so muss jede für sich die Voraussetzungen der Schriftform erfüllen – und auch von beiden Tarifvertragsparteien unterzeichnet werden. Die herrschende Meinung, die es zulässt, dass nur vom anderen Tarifvertragspartner unterzeichnete Fassungen überreicht werden,[123] steht nicht mit dem Erfordernis der Rechtssicherheit für die Normunterworfenen in Einklang: Weil die Möglichkeit besteht, dass dann kein Exemplar mit beiden Unterschriften vorliegt.[124] 50

Die Schriftform umfasst sowohl den **normativen wie auch den schuldrechtlichen Teil** des Tarifvertrags, § 1 Abs. 2 TVG macht hier keine Unterschiede. Auf bloße Koalitionsvereinbarungen, die auch tariffähige Verbände schließen können, findet § 1 Abs. 2 TVG aber keine Anwendung. Abgrenzungskriterium ist die Frage, ob durch die Vereinbarung die Arbeitsbedingungen geregelt werden sollen. 51

Tarifliche Bezugnahme auf eine andere gesetzliche Regelung, wie ein Gesetz oder einen anderen Tarifvertrag, widerspricht dem Schriftformgebot nicht.[125] Das gilt sowohl 52

---

[114] HMB/*Bepler* Teil 3 Rn. 45; zweifelnd BeckOK ArbR/*Waas* TVG § 1 Rn. 28.
[115] ErfK/*Franzen* TVG § 1 Rn. 29.
[116] BAG 7.7.2010 – 4 AZR 1023/08, AP BGB § 613a Nr. 388 = NZA-RR 2011, 30; HWK/*Henssler* TVG § 1 Rn. 17.
[117] HMB/*Bepler* Teil 3 Rn. 43.
[118] BAG 9.7.1997 – 4 AZR 635/95, AP BAT 1975 § 22 Nr. 233 = NZA 1998, 494; ErfK/*Franzen* TVG § 1 Rn. 29.
[119] BAG 7.7.2010 – 4 AZR 1023/08, AP BGB § 613a Nr. 388 = NZA-RR 2011, 30.
[120] BAG 15.4.2008 – 1 AZR 86/07, AP BetrVG 1972 § 77 Nr. 96 = NZA 2008, 1074.
[121] *Giesen* NZA 2014, 1 (4 ff.).
[122] *Löwisch/Rieble* § 1 Rn. 67.
[123] So BAG 7.7.2010 – 4 AZR 1023/08, AP BGB § 613a Nr. 388 = NZA-RR 2011, 30.
[124] So richtig HMB/*Bepler* Teil 3 Rn. 44.
[125] BAG 22.2.2012 – 4 AZR 8/10, AP TVG § 1 Bezugnahme auf Tarifvertrag Nr. 108 = ZTR 2012, 436; BAG 10.11.1982 – 4 AZR 1203/79, AP TVG § 1 Form Nr. 8 = DB 1983, 717; ErfK/*Franzen* TVG § 1 Rn. 28; Wiedemann/*Thüsing* § 1 Rn. 233.

für die statische als auch für die dynamische Verweisung,[126] auch in Form einer Blankettverweisung auf einen erst zukünftig zu schließenden Tarifvertrag.[127] Freilich muss die Bezugnahmeklausel im Tarifvertrag ausreichend bestimmt sein – der Normunterworfene muss also aus dem verweisenden Tarifvertrag die Rechtsquelle, auf die verwiesen wird, klar erkennen können.[128] Für dynamische und Blankettverweisungen verlangt die Rechtsprechung, dass der in Bezug genommene Tarifvertrag mit seinem Geltungsbereich in einem hinreichend engen sachlichen Zusammenhang mit dem verweisenden Tarifvertrag steht – um die notwendige Sachgerechtigkeit auch bei der mittelbaren Regelunge durch einen dritten Tarifvertrag zu gewährleisten.[129]

3. Folge des Formverstoßes

53 Genügt eine tarifliche Vereinbarung der Schriftform nicht, so ist sie **nach § 125 Abs. 1 BGB nichtig.**[130] Das betrifft bei Teilverstoß gegen das Schriftformgebot den gesamten Tarifvertrag, nicht nur den konkret nicht formgemäßen Teil – das ist schon deshalb richtig, weil ansonsten das Gesamtgefüge des Tarifvertrags aufgetrennt würde. Eine Ausnahme ist dann zu machen, wenn der formgemäße Teil für sich eine eigenständige Regelung enthält.[131]

54 Eine Heilung ist wegen des Schutzes der Normunterworfenen vom Gesetz nicht vorgesehen, noch kann der fehlenden Schriftform der Einwand der rechtsmissbräuchlichen Geltendmachung der Nichtigkeit entgegengehalten werden:[132] Das vertrüge sich nicht mit der durch das Schriftformgebot zu sichernden Rechtsklarheit.

55 Die Umdeutung eines formnichtigen Tarifvertrags in einen verpflichtenden Vorvertrag scheitert schon daran, dass ein solcher Vorvertrag selbst Tarifvertrag ist und dem Formgebot unterliegt.[133] Zudem müssten hier die Voraussetzungen des § 140 BGB vorliegen – und die Tarifvertragsparteien statt der normativen Regelung auf eine lediglich verpflichtende wollen.

4. Umfang des Formgebotes

56 Die Bevollmächtigung zum Abschluss des Tarifvertrags bedarf nicht der Schriftform.[134] Vom Grundsatz des § 167 Abs. 2 BGB ist keine Abweichung erforderlich, weil das Schriftformgebot des § 1 Abs. 2 TVG nicht dem Übereilungsschutz dient.

57 Der den Tarifvertrag ändernde Vertrag bedarf als Tarifvertrag der Schriftform.[135] Gleiches gilt für Anerkennungs- und Anschlusstarifverträge.[136] Da sie allesamt Tarifverträge sind, sind sie schriftlich zu schließen.[137] Allerdings reicht es bei lediglich verweisenden Tarifverträgen aus, dass die Bezugnahme dem Schriftformgebot genügt – eine Wiederholung des Tariftextes des in Bezug genommenen Tarifvertrags ist nicht notwendig.[138]

---

[126] BeckOK ArbR/*Waas* TVG § 1 Rn. 29.
[127] BAG 10.11.1982 – 4 AZR 1203/79, AP TVG § 1 Form Nr. 8 = DB 1983, 717; siehe dazu auch Wiedemann/*Thüsing* § 1 Rn. 235.
[128] BAG 9.7.1980 – 4 AZR 564/78, AP TVG § 1 Nr. 7 Form = NJW 1981, 1574; für den Verweis in einer Betriebsvereinbarung BAG 22.8.2006 – 3 AZR 319/05, AP BetrVG 1972 § 77 Nr. 30 = NZA 2007, 1187.
[129] BAG 22.2.2012 – 4 AZR 8/10, AP TVG § 1 Bezugnahme auf Tarifvertrag Nr. 108 = ZTR 2012, 436; BAG 10.11.1982 – 4 AZR 1203/79, AP TVG § 1 Form Nr. 8 = DB 1983, 717.
[130] BAG 7.7.2010 – 4 AZR 1023/08, AP BGB § 613a Nr. 388 = NZA-RR 2011, 30; ErfK/*Franzen* TVG § 1 Rn. 29; BeckOK ArbR/*Waas* TVG § 1 Rn. 28.
[131] ErfK/*Franzen* TVG § 1 Rn. 29; *Löwisch/Rieble* § 1 Rn. 1673.
[132] BAG 21.3.1973 – 4 AZR 225/72, AP TVG § 4 Geltungsbereich Nr. 12 = MDR 1973, 794; ErfK/*Franzen* TVG § 1 Rn. 29; HMB/*Bepler* Teil 3 Rn. 53; HWK/*Henssler* TVG § 1 Rn. 21.
[133] HMB/*Bepler* Teil 3 Rn. 54.
[134] ErfK/*Franzen* TVG § 1 Rn. 25.
[135] BAG 21.3.1973 – 4 AZR 225/72, AP TVG § 4 Geltungsbereich Nr. 12; ErfK/*Franzen* TVG § 1 Rn. 27.
[136] HWK/*Henssler* TVG § 1 Rn. 18.
[137] Däubler/*Nebe* § 1 Rn. 168.
[138] *Löwisch/Rieble* § 1 Rn. 1669.

VI. Schriftform

Der tarifliche **Vorvertrag,** der etwa die Pflicht zur Aufnahme von Tarifvertragsverhandlungen umfasst, regelt zwar nicht normativ, sondern begründet nur die schuldrechtliche Pflicht zur Aufnahme von Tarifverhandlungen zu einem konkreten Themenbereich, ist aber Tarifvertrag und unterliegt deshalb dem Formgebot.[139] Das wird nicht durch den Hinweis falsch, beim Vorvertrag handele es sich nicht um einen Normenvertrag, sondern um einen schuldrechtlichen Vertrag, so dass Schutzfunktion des Schriftformgebotes gegenüber den Normunterworfenen nicht benötigt würde und es sich auch nicht um einen Tarifvertrag handele.[140] Ergibt sich aus der Vereinbarung aber die Pflicht, einen Tarifvertrag mit festgelegtem Inhalt abzuschließen, so werden die Vertragspartner gerade als Tarifvertragsparteien gebunden – mithin liegt ein Tarifvertrag vor – der nach § 1 Abs. 2 TVG formbedürftig ist. Auch wenn das Schriftformgebot die Rechtsnormklarheit gewährleisten soll, so unterscheidet es nicht zwischen normativ und lediglich schuldrechtlich wirkenden Tarifverträgen. Eine teleologische Reduktion kommt schon deshalb nicht in Betracht, weil die Willenserklärung zum Abschluss des Tarifvertrags mit dem im Vorvertrag festgelegten Inhalt gerichtlich erzwungen werden kann – womit dann aber auch der Tarifinhalt festgelegt wird. Allerdings ist durch Auslegung zu ermitteln, ob ein solcher Vorvertrag mit einer Abschlussverpflichtung überhaupt gegeben ist. 58

Auch der **Aufhebungsvertrag,** der als *actus contrarius* zur Beendigung des Tarifvertrags führt, ist Tarifvertrag und bedarf der Schriftform.[141] Das ergibt sich ganz zwanglos aus dem Zweck der Schriftform nach § 1 Abs. 2 TVG, Rechtssicherheit zu gewährleisten. Das Bedürfnis nach einer klaren und nachvollziehbaren tariflichen Rechtslage besteht nicht nur bei der Frage nach der Begründung normativer Regelungen, sondern ebenso bei der Frage nach der Beendigung. Zudem führt der Aufhebungsvertrag zur Nachwirkung der tariflichen Regelungen nach § 4 Abs. 5 TVG und damit zum Entfall der zwingenden Wirkung – diese Transformation spricht ebenfalls für das Schriftformgebot. Und: Letztlich ist der Aufhebungsvertrag ein umfassender und rigider Änderungsvertrag. Der entgegenstehenden anderen Auffassung insbesondere der Rechtsprechung ist deshalb nicht zu folgen.[142] 59

Protokollnotizen können selbst tarifliche Regelungen enthalten, dann bedürfen sie der Schriftform des § 1 Abs. 2 TVG. Nicht der Schriftform genügende Protokollnotizen können also den Tarifvertrag nicht ändern. Als Auslegungshilfe können sie dann dienen, wenn ihr Inhalt im Tarifvertrag selbst zumindest eine Andeutung finde 60

Richtig sind aus diesem Grund auch **vertragsbeendende einseitige Rechtsgeschäfte** unter das Schriftformgebot zu fassen – so dass sowohl die Anfechtung wie auch (praktischer) die Kündigung des Tarifvertrags unter das Schriftformgebot fallen.[143] Zwar nennt § 1 Abs. 2 TVG lediglich den Vertrag und damit nicht ausdrücklich einseitige Rechtsgeschäfte.[144] Allerdings ist der Hinweis auf den Normzweck auch hier überzeugend: Kündigung wie Anfechtung führen, wenngleich mit unterschiedlichem dogmatischen Mechanismus, zum Entfall der normativen Wirkung und damit der maßgeblichen Regelungswirkung des Tarifvertrags. Zwar wirken im Falle der Kündigung die tariflichen Regelungen nach § 4 Abs. 5 TVG nach – nicht aber im Falle der Anfechtung –, aber auch dies lässt den tariflichen Normierungsanspruch entfallen. Für diese Transformation besteht aber auch ein Interesse der Normunterworfenen an Rechtsklarheit.[145] Dies gilt für die 61

---

[139] *Löwisch/Rieble* § 1 Rn. 1657; anders aber BAG 19.10.1976 – 1 AZR 611/75, AP TVG § 1 Form Nr. 6 = NJW 1977, 318; BAG 25.8.1982 – 4 AZN 305/82, AP ArbGG 1979 § 72a Grundsatz Nr. 23 = BAGE 39, 346; BAG 26.1.1983 – 4 AZR 224/80, AP TVG § 1 Nr. 20 = BAGE 41, 307.
[140] So aber NK-TVG/*Nebe* § 1 Rn. 175.
[141] NK-TVG/*Nebe* § 1 Rn. 170f.; Kempen/Zachert/*Stein* § 4 Rn. 190; ErfK/*Franzen* TVG § 1 Rn. 27; *Löwisch/Rieble* § 1 Rn. 1655; Wiedemann/*Wiedemann* § 1 Rn. 235.
[142] Wie der in BAG 8.9.1976 – 4 AZR 359/75, AP TVG § 1 Form Nr. 5 = BB 1977, 94; BeckOK ArbR/*Waas* TVG § 1 Rn. 29; *Oetker* RdA 1995, 82 (100).
[143] NK-TVG/*Nebe* § 1 Rn. 172f.; 174.
[144] So Kempen/Zachert/*Stein* § 4 Rn. 189.
[145] NK-TVG/*Nebe* § 1 Rn. 173.

Kündigung und umso mehr für die Anfechtung, bei der es richtigerweise nicht zur Nachwirkung kommt.

62   Auch die **Vertragsübernahme** ist Tarifvertrag und damit formbedürftig.
63   Die Annahme eines Schlichterspruches bedarf ebenfalls der Schriftform nach § 1 Abs. 2 TVG.[146]
64   Die vertragliche und damit schuldrechtliche Bezugnahme auf einen Tarifvertrag durch die Arbeitsvertragsparteien unterliegt nicht dem Schriftformgebot des § 1 Abs. 2 TVG, allerdings sind die – freilich nicht konstitutiven – Vorgaben des NachwG zu beachten.

VII. Unwirksamkeitsfolgen

65   Die rechtsgeschäftlichen Regelungen des BGB zielen grundsätzlich auf die Gesamtnichtigkeit des Rechtsgeschäfts. Dort, wo der entsprechende Fehler den gesamten Tarifvertrag betrifft, etwa bei Verstoß gegen das Formgebot des § 1 Abs. 2 TVG, ist die Folge die Gesamtnichtigkeit des Tarifvertrags.
66   Auf der anderen Seite **gilt die Regelung des § 139 BGB bei Tarifverträgen grundsätzlich nicht,**[147] weshalb bei Unwirksamkeit einzelner Regelungen des Tarifvertrags der Tarifvertrag im Übrigen weitergilt, wenn der wirksame Teil sinnvoll bestehen bleiben kann. Das betrifft auch Verstöße einzelner Tarifnormen nach §§ 134, 138 BGB. Die Grenze der Weitergeltung ist dort erreicht, wo bei Hinwegdenken der unwirksamen tariflichen Regelung kein sinnvoll anwendbarer Regelungskomplex mehr besteht.[148]
67   Tarifrechtsspezifische Nichtigkeitsgründe wie die der fehlenden Tariffähigkeit oder Tarifzuständigkeit führen ebenfalls zur rechtlichen Nichtexistenz des betreffenden „Tarifvertrags" und damit zu dessen Nichtigkeit *ex tunc*. Das wird anders gesehen und auf die Figur des **fehlerhaften Tarifvertrags** verwiesen, die im Anklang an das fehlerhafte Arbeits- und Gesellschaftsverhältnis bejaht wird.[149] Danach ist der nichtige Tarifvertrag bis zum Zeitpunkt der Lossagung – also der Geltendmachung des Nichtigkeitsgrundes – als wirksamer Tarifvertrag zu behandeln. Richtig ist das nicht:[150] Eine belastbare Parallelität des – etwa wegen Tarifunfähigkeit – nichtigen Tarifvertrags mit der Lage beim nichtigen Arbeitsvertrag besteht nicht. Das fehlerhafte Arbeitsverhältnis soll letztlich gewährleisten, dass der Arbeitnehmer überhaupt als solcher einzuordnen ist, es geht nicht primär um den (zeitweisen) Erhalt konkreter Arbeitsbedingungen.[151] Das lässt sich – auch aus der Sicht der Normunterworfenen – nicht mit dem die Arbeitsbedingungen setzenden Tarifvertrag vergleichen. Das Argument, bei rückwirkendem Entfall der tariflichen Grundlage für erhaltene Leistungen sei der bereicherungsrechtliche Ausgleich (zu) problematisch,[152] ist nichttragend: Es ist letztlich bloße Behauptung und trägt schon als Hauptargument das fehlerhafte Arbeitsverhältnis nicht, weil dort eben der Arbeitnehmerschutz wesentliche Grundlage ist. Auch der Verweis auf die Möglichkeit eines fehlerhaften Tarifvertrags im Falle der Tarifunfähigkeit und der fehlenden Tarifzuständigkeit trägt nicht – das sind für den konkreten Tarifvertrag keineswegs lediglich „formale" Kriterien, sondern solche, die die Richtigkeitsgewähr des Tarifvertrags tangieren.[153]

---

[146] *Löwisch/Rieble* § 1 Rn. 1667.
[147] BAG 16.11.2011 – 4 AZR 856/09, AP TVG § 1 Nr. 60 = NZA-RR 2012, 308; BAG 10.11.1982 – 4 AZR 1203/79, AP TVG § 1 Form Nr. 8; HMB/*Bepler* Teil 3 Rn. 186; BeckOK ArbR/*Waas* TVG § 1 Rn. 2; HWK/*Henssler* TVG § 1 Rn. 13.
[148] BAG 16.11.2011 – 4 AZR 856/09, AP TVG § 1 Nr. 60 = NZA-RR 2012, 308; BAG 12.12.2007 – 4 AZR 996/06, AP TVG § 1 Nr. 39 = NZA 2008, 892; BAG 9.5.2007 – 4 AZR 275/06, AP TVG § 3 Verbandszugehörigkeit Nr. 23 = NZA 2007, 1439; HMB/*Bepler* Teil 3 Rn. 186.
[149] HWK/*Henssler*, 5. Aufl. 2012, TVG § 1 Rn. 21a; *Henssler/Höpfner/Orlowski*, Der CGZP-Beschluss des Bundesarbeitsgerichts und seine tarifrechtlichen Folgen, 2012.
[150] BAG 13.3.2013 – 5 AZR 954/11, AP AÜG § 10 Nr. 31 = NZA 2013, 680 für den Zeitarbeitstarifvertrag; *Löwisch/Rieble* § 1 Rn. 1526 ff.; *Wendeling-Schröder*, Die Lehre vom fehlerhaften Tarifvertrag, 33 ff.
[151] LCK/*Klumpp* Rn. 352.
[152] So HWK/*Henssler* TVG § 1 Rn. 21a.
[153] So aber HWK/*Henssler* TVG § 1 Rn. 21a.

Für den Fall der überschrittenen Tarifunzuständigkeit, wenn etwa eine Tarifvertragspartei 68
ihre geographische Zuständigkeit durch einen Tarifvertragsabschluss teilweise nicht beachtet hat, wird die Teilnichtigkeit für den unzuständigen Geltungsbereich bejaht.[154] Das hat aber nichts mit der Lehre des fehlerhaften Tarifvertrags zu tun.

VIII. Tarifabschluss und Schlichterspruch

Haben sich die Verhandlungsparteien dem Schlichterspruch unterworfen, so hängt der 69
Abschlusszeitpunkt des Tarifvertrags vom Schlichtungsprocedere ab.[155] Der Schlichterspruch als solcher ist isoliert von dem Bedeutungsgehalt, mit dem ihn die Tarifvertragsparteien versehen, nicht rechtsverbindlich und damit (noch) kein Tarifvertrag.[156] Zwar sieht Art. X Abs. 3 SchiedsverfG Nr. 35 vor, dass ein Schiedsspruch die Wirkung eines Tarifvertrags haben kann, allerdings ist dies nur dann der Fall, wenn die Tarifvertragsparteien die Annahme des Spruches erklärt haben, Art. X Abs. 1, 2 Nr. 1 SchiedsverfG Nr. 35. Insofern unterscheidet sich der tarifliche Schlichtungsspruch vom betriebsverfassungsrechtlichen Spruch der Einigungsstelle im Falle der erzwingbaren Mitbestimmung, dem die Wirkung einer Betriebsvereinbarung gleichkommt.

Bei vorheriger Unterwerfung kommt der Tarifvertrag mit dem schriftlich gefassten 70
Schlichterspruch zustande – die Legitimation durch die Tarifvertragsparteien wird so antizipiert. Auf der anderen Seite können die Tarifvertragsparteien auch vereinbaren, dass sie erst nachträglich über die Annahme des Schlichterspruches entscheiden. Bei nachheriger mit der Unterwerfungserklärung.

Anders ist es unter dem Geltungsbereich des badischen Gesetzes über das Schlichtungs- 71
wesen bei Arbeitsstreitigkeiten.[157] Hier kann der zuständige Landesminister einen Schlichtungsspruch auch ohne Annahme durch die Tarifvertragsparteien für verbindlich erklären, wenn dies das öffentlichen Interesse erfordert, § 18 Abs. 1 BadSchlO. Die verfassungsrechtliche Belastungsfähigkeit dieser Regelung ist umstritten; eine praktische Bedeutung gibt es nicht.[158]

---

[154] BAG 29.7.2009 – 7 ABR 58/04, AP BetrVG 1972 § 3 Nr. 7 = NZA 2009, 1424; HMB/*Bepler* Teil 3 Rn. 165.
[155] JKOS/*Schubert* § 3 Rn. 32; Thüsing/Braun/*v. Steinau-Steinrück* 3. Kap. Rn. 13.
[156] NK-TVG/*Nebe* § 1 Rn. 146.
[157] Vom 19.10.1949, GVBl. 1950, S. 60.
[158] Siehe NK-TVG/*Nebe* § 1 Rn. 149; Wiedemann/*Thüsing* § 1 Rn. 325 mwN.

§ 235 Publizität des Tarifvertrags

Schrifttum:
Diller, Wie beschafft man sich Tarifverträge? FA 1999, 43; *F. Fischer,* Geheime Tarifverträge und Betriebsvereinbarungen, BB 2000, 354; *Hohenhaus,* Die Bekanntmachung von Tarifverträgen im Betrieb nach § 8 TVG, NZA 2001, 1107; *Koch,* Der fehlende Hinweis auf tarifliche Ausschlussfristen und seine Folgen, FS Schaub 1998, S. 421 ff.; *Lindena,* Publizität von Tarifverträgen, DB 1988, 1114; *Lund,* Die Änderung der Verordnung zur Durchführung des Tarifvertragsgesetzes, DB 1989, 626; *Rieble,* Tarifarchiv und Informationsfreiheit, NZA 2015, 203; *Schelp,* Die Bedeutung des Tarifregisters beim Bundesministerium für Arbeit und Sozialordnung, BArbBl. 1964, 212; *Stahlhacke,* Neufassung der Verordnung zur Durchführung des Tarifvertragsgesetzes, NZA 1989, 334.

Übersicht

	Rn.
I. Allgemeines	1
II. Bekanntgabe im Betrieb	2
III. Flankierende Informationspflichten	20
IV. Übersendungs- und Mitteilungspflichten gegenüber den Arbeitsbehörden	24
V. Eintragung in das Tarifregister	33
VI. Bekanntmachung allgemeinverbindlicher Tarifverträge	44

I. Allgemeines

1 Der Tarifvertrag unterliegt gesetzlichen Publikationserfordernissen, die gewährleisten sollen, dass insbesondere die Arbeitnehmer Kenntnis der tariflichen Rechtsnormen erhalten und so die tariflichen Rechte und Ansprüche geltend gemacht und der tarifliche Mindestschutz auch gewährleistet werden kann. Der Arbeitgeber hat nach § 8 TVG den Tarifvertrag und eine Entscheidung nach § 99 ArbGG im Betrieb bekannt zu machen, die Tarifvertragsparteien haben Abschluss, Änderung und Beendigung des Tarifvertrags dem BMAS mitzuteilen, das ein Tarifregister und ein Tarifarchiv führt, in das jedermann Einsicht nehmen kann. Damit wird insgesamt dem Publizitäts- und damit Transparenzbedürfnis der Normunterworfenen und der Öffentlichkeit, das wegen der tariflichen Normwirkung das Rechtsstaatsprinzip als Grundlage hat, Rechnung getragen.[1] Dabei ist den einzelnen Ausformungen dieses Publikationsgedankens gemein, dass sie nicht konstitutiv für die Normgeltung sind – das gründet schon darauf, dass der Arbeitgeber sonst durch Nichtbeachtung der Publikationsvorgaben die Normwirkung selbst „regulieren" könnte. Vielmehr gelten tarifliche Regelungen mit dem wirksamen Tarifvertragsabschluss (→ § 234 Rn. 1 ff.). Die Frage nach den Folgen unterlassener Publikation ist im individualrechtlichen Bereich zu suchen, kann aber auch die tarifliche Einwirkungspflicht des tarifschließenden Verbandes auslösen (→ Rn. 20 ff.).

II. Bekanntgabe im Betrieb

2 Nach § 8 TVG ist der Arbeitgeber verpflichtet, die im Betrieb anwendbaren Tarifverträge bekannt zu machen. Darunter fällt nach der Ergänzung des § 8 TVG durch das Tarifeinheitsgesetz[2] nunmehr auch der Beschluss nach § 99 ArbGG über den nach § 4a Abs. 2 S. 2 TVG anwendbaren Tarifvertrag der Majoritätsgewerkschaft im Falle der Tarifpluralität. Die Bekanntmachung des Tarifvertrags soll gewährleisten, dass die Arbeitnehmer auch Kenntnis über die geltenden tariflichen Regelungen erlangen können.[3] Damit dient § 8

---

[1] BVerfG 10. 9. 1991 – 1 BvR 561/89, AP TVG § 5 Nr. 27 = NZA 1992, 125; BAG 28. 3. 1990 – 4 AZR 536/89, AP TVG § 5 Nr. 25 = NZA 1990, 781; Thüsing/Braun/*v. Steinau-Steinrück* 3. Kap. Rn. 49; HMB/*Bepler* Teil 3 Rn. 92; Wiedemann/*Oetker* § 6 Rn. 7; HWK/*Henssler* TVG § 8 Rn. 1.
[2] Vom 3. 7. 2015, BGBl. I 1130.
[3] Wiedemann/*Oetker* § 8 Rn. 3 f.; BeckOK/*Giesen* TVG § 8 Rn. 2.

II. Bekanntgabe im Betrieb

TVG der „innerbetrieblichen Tarifpublizität"[4] und damit mittelbar der Durchsetzung der durch den Tarifvertrag grundgelegten normativen Ordnung. „Grundsätzlich" geht das tarifliche System davon aus, dass der Inhalt des geschlossenen Tarifvertrags durch die Tarifvertragsparteien selbst ihren Mitgliedern übermittelt wird,[5] damit ist § 8 TVG systematisch gesehen lediglich eine Art „Flankenschutz".[6] Der freilich mit der neu aufgenommenen Pflicht zur Bekanntmachung eines Beschlusses nach § 99 ArbGG ein neues originäres Element erhält, weil die Information über den Majoritätstarifvertrag nach § 4a Abs. 2 S. 2 TVG nicht den Tarifvertragsparteien zufällt. Auf der anderen Seite dient die Bekanntmachung nicht der „Tarifwerbung"[7] – und darf deshalb nicht extensiv ausgelegt werden.

Freilich gilt nach wie vor, dass unter die Bekanntgabeobliegenheit nur solche Tarifverträge fallen, die normativ im Betrieb gelten, was voraussetzt, dass der **Arbeitgeber und mindestens ein Arbeitnehmer normativ tarifgebunden** sein müssen und der Betrieb in den Geltungsbereich des Tarifvertrags fällt.[8] Es reicht nicht aus, wenn lediglich der Arbeitgeber tarifgebunden ist[9] – denn die Bekanntmachungspflicht dient der Sicherung der tariflich-normativen Ordnung, weshalb der entsprechende Tarifvertrag auch normative Wirkung entfalten muss. Ob diese normative Wirkung auf mitgliedschaftlicher Bindung, nach § 3 Abs. 2 TVG oder durch Allgemeinverbindlichkeit begründet ist, spielt deshalb keine Rolle.[10] Damit gilt die Bekanntmachungsobliegenheit des § 8 TVG nicht für Tarifverträge, auf die lediglich schuldrechtlich Bezug genommen wird.[11] Auch für RVO nach dem AEntG gilt § 8 TVG.[12]

Mit Arbeitgeber meint das Gesetz zunächst für Individualnormen den Vertragsarbeitgeber, für Betriebsnormen ist dies der betriebsverfassungsrechtliche Arbeitgeber, was im Falle eines Gemeinschaftsbetriebes relevant wird (→ § 240 Rn. 18).[13] Arbeitgeber ist auch der Entleiher, wenn tariflichen Normen auch in seinem Betrieb eingesetzte Leiharbeitnehmer erfassen.[14]

Bekanntzumachen ist der gesamte Tarifvertrag, nicht nur Teile, auch nicht lediglich der normativ wirkende Teil – schon weil die Tarifvertragsparteien Rechte der Arbeitnehmer nicht nur normativ setzen, sondern sich etwa auch des Vertrags zugunsten Dritter bedienen können, § 328 BGB.[15] Deshalb ist der Tarifvertrag auch mit seinem schuldrechtlichen Teil bekannt zu machen[16] und ebenso ein Tarifvertrag, der sich in schuldrechtlichen Vereinbarungen erschöpft.[17]

Die Bekanntgabe ist nicht auf mitgliedschaftliche legitimierte Tarifverträge beschränkt, sie muss auch für allgemeinverbindliche Tarifverträge erfolgen.[18] Allerdings muss es sich

---

[4] BT-Drs. 18/4062, 15; NK-TVG/*Reinecke/Rachor* § 8 Rn. 3; *Löwisch/Rieble* § 8 Rn. 3; HWK/*Henssler* TVG § 8 Rn. 1.
[5] *Löwisch/Rieble* § 8 Rn. 1.
[6] Siehe auch BAG 23.1.2002 – 4 AZR 56/01, AP NachwG § 2 Nr. 5 = NZA 2002, 800; 10.11.1982 – 4 AZR 1203/79, AP TVG § 1 Form Nr. 8 = DB 1983, 717.
[7] *Löwisch/Rieble* § 8 Rn. 8.
[8] ErfK/*Franzen* TVG § 8 Rn. 1; Wiedemann/*Oetker* § 8 Rn. 15; HWK/*Henssler* TVG § 8 Rn. 2; ErfK/*Franzen* TVG § 8 Rn. 2; *Löwisch/Rieble* § 8 Rn. 14.
[9] So aber NK-TVG/*Reinecke/Rachor* § 8 Rn. 9; JKOS/*Schubert* § 3 Rn. 38.
[10] ErfK/*Franzen* TVG § 8 Rn. 1.
[11] BAG 23.1.2002 – 4 AZR 56/01, AP NachwG § 2 Nr. 5 = NZA 2002, 800; *Bunte* RdA 2009, 21 (24); offen gelassen BAG 5.11.1963 – 5 AZR 136/63, AP TVG § 1 Bezugnahme auf Tarifvertrag Nr. 1 = DB 1964, 155.
[12] *Löwisch/Rieble* § 8 Rn. 16.
[13] *Löwisch/Rieble* § 8 Rn. 10; nicht differenzierend aber NK-TVG/*Reinecke/Rachor* § 8 Rn. 6; dezidiert aA Wiedemann/*Oetker* § 8 Rn. 13.
[14] *Löwisch/Rieble* TVG § 8 Rn. 10; NK-TVG/*Reinecke/Rachor* § 8 Rn. 6.
[15] HWK/*Henssler* TVG § 8 Rn. 3.
[16] HMB/*Bepler* Teil 3 Rn. 110; Thüsing/Braun/*v. Steinau-Steinrück* 3. Kap. Rn. 65.
[17] Wiedemann/*Oetker* § 8 Rn. 9.
[18] Thüsing/Braun/*v. Steinau-Steinrück* 3. Kap. Rn. 65; JKOS/*Schubert* § 3 Rn. 38.

um einen Tarifvertrag handeln, für „bloße" Koalitionsvereinbarungen gilt § 8 TVG nicht.[19]

7   Zudem müssen solche tariflichen Regelungen bekannt gemacht werden, auf **die im Tarifvertrag verwiesen** wird[20] – weil nur so die gewollte umfassende Information der Arbeitnehmer über die tarifliche Rechtslage gewährleistet ist, das gilt auch für den Verweis auf einzelne tarifliche Regelungen.[21] Für gesetzliche Regelungen, auf die im Tarifvertrag verwiesen wird, ist dies umstritten.[22] Richtig ist es, die Bekanntgabe auch der verwiesenen gesetzlichen Regelungen zu verlangen – immerhin kann es sich hier auch um konstitutiv in Bezug genommene gesetzliche Regelunge handeln, die bei einer Gesetzesänderung als tarifliches Recht weiterwirken (→ § 237 Rn. 5 ff.).[23] Ausländische Kollektivregelungen fallen nicht unter § 8 TVG.[24] Wird auf Betriebsvereinbarungen verwiesen, gilt für diese ohnehin § 77 Abs. 2 S. 2 BetrVG.[25]

8   Ob auch lediglich **schuldrechtlich in Bezug genommene Tarifverträge** nach § 8 TVG bekannt zu machen sind, ist umstritten.[26] Die befürwortende Meinung verweist darauf, dass auch schuldrechtliche im Arbeitsverhältnis vereinbarte Tarifverträge angewendet werden.[27] Das haftet aber sehr am nur isoliert betrachteten Wortlaut des § 8 TVG – die Vorschrift steht aber in der tarifrechtlichen Systematik, die die vertragsrechtliche Begründung der Tarifgeltung als solche gerade nicht kennt.[28] Deshalb ist die schuldrechtliche Bezugnahme nicht umfasst.

9   Der Tarifvertrag ist **bekannt zu machen,** der Gesetzgeber ist von der vorherigen Formulierung der „Auslegung" abgekommen und nimmt damit insbesondere die vielfältigen Möglichkeiten der Publikation der tariflichen Regelungen auf.[29] So genügt man den Vorgaben nach § 8 TVG dann, wenn der Tarifvertrag den Arbeitnehmern so zugänglich gemacht wird, dass sie unter gewöhnlichen Umständen „ohne weitere Voraussetzungen und Mühen" Kenntnis nehmen können.[30] Das umfasst sowohl die Möglichkeit der „analogen" Auslage als auch etwa die des Zugangs über das betriebliche Intranet.[31] Möglich ist also zunächst der Aushang am allgemein zugänglichen „schwarzen Brett", aber auch die einfach mögliche Information über das digitale Netz.[32] Strittig ist, ob auch eine „mittelbare" Bekanntmachung ausreicht – der Arbeitgeber also den Tarifvertrag in der Personalverwaltung hinterlegen kann und den Arbeitnehmer auf die Möglichkeit der dortigen Einsichtnahme verweisen kann. Dies wird regelmäßig angenommen.[33] Dagegen werden aber mit dem beachtlichen Argument Bedenken erhoben, dass dann eine unbefangene Einsichtnahme nicht mehr möglich sei, weil die Arbeitnehmer zunächst Einsicht verlangen müssten.[34] Jedenfalls dann, wenn eine andere Einsichtsmöglichkeit nicht gegeben ist, wird man auch die Auslage im Personalbüro befürworten können. Dieser (alte) Streit dürfte aber

---

[19] Wiedemann/*Oetker* § 8 Rn. 9; HWK/*Henssler* TVG § 8 Rn. 3.
[20] BAG 10.11.1982 – 4 AZR 1203/79, AP TVG § 1 Form Nr. 8 = DB 1983, 717; NK-TVG/*Reinecke/Rachor* § 8 Rn. 8; *Löwisch/Rieble* § 8 Rn. 28; HWK/*Henssler* TVG § 8 Rn. 3.
[21] JKOS/*Schubert* § 3 Rn. 37.
[22] Dagegen NK-TVG/*Reinecke/Rachor* § 8 Rn. 8; dafür *Löwisch/Rieble* § 8 Rn. 8 Rn. 10.
[23] *Löwisch/Rieble* § 8 Rn. 20.
[24] *Löwisch/Rieble* § 8 Rn. 23.
[25] HWK/*Henssler* TVG § 8 Rn. 4.
[26] Dafür NK-TVG/*Reinecke/Rachor* § 8 Rn. 11; dagegen *Löwisch/Rieble* § 8 Rn. 19; Wiedemann/*Oetker* § 8 Rn. 16; JKOS/*Schubert* § 3 Rn. 38; HWK/*Henssler* TVG § 8 Rn. 4.
[27] NK-TVG/*Reinecke/Rachor* § 8 Rn. 11.
[28] So auch *Löwisch/Rieble* § 8 Rn. 19.
[29] BeckOK/*Giesen* § 8 Rn. 2; siehe zum Begriff der Auslegung nach HMB/*Bepler* Teil 3 Rn. 112.
[30] BT-Drs. 18/4062, 15; NK-TVG/*Reinecke/Rachor* § 8 Rn. 14; HWK/*Henssler* TVG § 8 Rn. 5.
[31] BT-Drs. 18/4062, 15; HWK/*Henssler* TVG § 8 Rn. 5.
[32] HWK/*Henssler* TVG § 8 Rn. 5.
[33] BAG 5.11.1963 – 5 AZR 136/63, AP TVG § 1 Bezugnahme auf Tarifvertrag Nr. 1 = DB 1964, 155; JKOS/*Schubert* § 3 Rn. 36; HWK/*Henssler* TVG § 8 Rn. 5; *Löwisch/Rieble* § 8 Rn. 33 mit dem Hinweis auf eine mögliche Beschädigung des Tarifexemplars; offen BAG 11.11.1998 – 5 AZR 63/98, AP TVG § 1 Bezugnahme auf Tarifvertrag Nr. 8 = NZA 1999, 605.
[34] NK-TVG/*Reinecke/Rachor* § 8 Rn. 15.

II. Bekanntgabe im Betrieb

mit der Möglichkeit der digitalen Bekanntgabe in weiten Strecken hinfällig sein. Richtig ist jedenfalls, dass der Hinweis darauf, dass der Betriebsrat die tariflichen Regelungen bereithält, den Erfordernissen des § 8 TVG nicht entspricht, weil die Bekanntgabepflicht den Arbeitgeber betrifft und nicht den Betriebsrat.[35] Der Tarifvertrag selbst kann freilich Art und Weise der Bekanntmachung selbst vorgeben.[36]

Die Obliegenheit zur Bekanntmachung knüpft an den **bestehenden und im Betrieb anwendbaren Tarifvertrag** an, sie beginnt also dann, wenn diese Anwendbarkeit zum ersten Mal besteht – und so mindestens ein Arbeitsverhältnis normativ durch den Tarifvertrag geregelt wird. Fällt die Anwendbarkeit weg, so auch die Notwendigkeit der Bekanntgabe.[37] Damit besteht auch während der Nachwirkungsdauer des § 4 Abs. 5 TVG die Bekanntgabepflicht.[38]

Durch den Grundsatz der Tarifeinheit auch bei **Tarifkollision im Sinne des § 4a TVG** ist es notwendig geworden, auch über den anwendbaren Majoritätstarifvertrag zu informieren – ohne eine solche Information bestünde die Gefahr der Ungewissheit über den maßgeblichen Tarifvertrag: Weil nach der Grundregelung des § 8 TVG alle im Betrieb anwendbaren Tarifverträge bekannt zu machen sind. Deshalb muss zusätzlich auch der Beschluss nach § 99 ArbGG bekannt gemacht werden. Dafür ist die Bekanntmachung des Tenors der Entscheidung ausreichend.[39] Eine Übersendung des Beschlusses nach § 63 ArbGG soll damit entfallen.[40] Bis zur rechtskräftigen Entscheidung im Verfahren nach § 99 ArbGG kann damit aber auch nach § 8 TVG keine Klarheit für die Arbeitnehmer über den anwendbaren Tarifvertrag resultieren.

Bekannt zu geben ist der Tarifvertrag in deutscher Sprache, sollte er (was wenig praktisch sein dürfte) in einer anderen Sprache geschlossen worden sein, dann in dieser. Es hindert die Wirkung der tariflichen Regelungen im Arbeitsverhältnis nicht, wenn die tarifgebundenen Arbeitgeber und Arbeitnehmer der „Tarifsprache" nicht mächtig sind (siehe zur Tarifsprache auch → § 234 Rn. 46).[41] Solche Verständnisprobleme müssten individualrechtlich aufgefangen werden, etwa durch eine vertragliche Übersetzungspflicht.

Eine Pflicht zur Herausgabe des Tarifvertrags an die Arbeitnehmer folgt aus § 8 TVG nicht.[42]

Die Bekanntmachung des Tarifvertrags ist für dessen **Wirkung nicht konstitutiv,** die Normwirkung also nicht von ihr abhängig.[43] Das gilt für alle Tarifvertragsarten, auch für den Haustarifvertrag. Auch eine „hinkende Normwirkung" bei unterlassener Bekanntgabe gibt es nicht – so dass der Arbeitgeber auch durch den Grundsatz von Treu und Glauben nicht daran gehindert wird, sich auf ihm günstige tarifliche Regelungen, wie etwa auf eine Ausschlussfrist eines nicht bekannt gemachten Tarifvertrags zu berufen.[44] Das ist nicht unbestritten, aber dennoch richtig. Hier hilft bei der systematischen Beurteilung der Rechtsfolgen vor allem der Blick auf das NachwG, das eine Informationspflicht über den

---

[35] AA *Löwisch/Rieble* § 8 Rn. 33; ErfK/*Franzen* TVG § 8 TVG Rn. 3; JKOS/*Schubert* § 3 Rn. 37; siehe auch BAG 5.11.1963 – 5 AZR 136/63, AP TVG § 1 Bezugnahme auf Tarifvertrag Nr. 1 = DB 1964, 155.
[36] HWK/*Henssler* TVG § 8 Rn. 5.
[37] NK-TVG/*Reinecke/Rachor* § 8 Rn. 12.
[38] BeckOK/*Giesen* § 8 Rn. 2; HMB/*Bepler* Teil 3 Rn. 113; Thüsing/Braun/*v. Steinau-Steinrück* 3. Kap. Rn. 66; Wiedemann/*Oetker* § 8 Rn. 18; HWK/*Henssler* TVG § 8 Rn. 6.
[39] *Löwisch/Rieble* § 8 Rn. 24.
[40] BT-Drs. 18/4062, 15; HWK/*Henssler* TVG § 8 Rn. 2.
[41] JKOS/*Schubert* § 3 Rn. 37; HWK/*Henssler* TVG § 8 Rn. 5.
[42] HWK/*Henssler* TVG § 8 Rn. 5.
[43] BeckOK/*Giesen* TVG § 8 Rn. 2; Wiedemann/*Oetker* § 8 Rn. 21; HWK/*Henssler* TVG § 8 Rn. 8.
[44] BAG 22.1.2008 – 9 AZR 416/07, AP TVG § 4 Ausschlussfristen Nr. 191 = NZA-RR 2008, 525; 27.1.2004 – 1 AZR 148/03, AP BetrVG 1972 § 112 Nr. 166 = NZA 2004, 667; 23.1.2002 – 4 AZR 56/01, AP § 2 NachwG Nr. 5 zu = NZA 2002, 800; 22.1.2008 – 9 AZR 416/07, AP TVG § 4 Ausschlussfristen Nr. 191 = NZA-RR 2008, 525; Wiedemann/*Oetker* § 8 Rn. 27; *Schrader* NZA 2003, 348 f.; *Bunte* RdA 2009, 26; HWK/*Henssler* TVG § 8 Rn. 8; aA: *Koch* FS Schaub, 1998, S. 435 f.; *Fischer* BB 2000, 358.

anzuwendenden Tarifvertrag lediglich als Hinweis auf den Tarifvertrag als Ganzes kennt – und es dem Arbeitnehmer zumutet, nach dem genauen Inhalt des Tarifvertrags zu fragen.

15 Erst recht führt eine fälschliche Bekanntmachung nach § 8 TVG eines im Betrieb gar nicht anwendbaren Tarifvertrags zur Bindung – weder normativ noch schuldrechtlich.[45]

16 Entsteht dem Arbeitnehmer wegen der unterlassenen Bekanntmachung ein Schaden, so kann dieser nach der umstrittenen Rechtsprechung nicht wegen eines Verstoßes gegen die Bekanntgabevorgabe des § 8 TVG vom Arbeitnehmer geltend gemacht werden:[46] Die Bekanntgaberegelung des TVG entfalte als Ordnungsvorschrift keine individualrechtliche Wirkung, sondern diene (lediglich) dem Publizitätsbedarf der Öffentlichkeit, mit der Folge eines individualrechtlichen Schadensersatzanspruches – weder aus § 280 Abs. 1 BGB noch in Verbindung mit § 823 Abs. 2 BGB.[47] Das wird insbesondere unter Hinweis auf den Schutzzweck von § 8 TVG und die entgegengesetzte Einordnung im Falle eines Verstoßes gegen die Nachweispflicht aus dem NachwG bestritten.[48] Dieses Argument kann aber auch für die herrschende Meinung angewendet werden – weil eine entsprechende Möglichkeit der Sanktion bereits besteht.[49] Das bedeutet für einen Tarifvertrag, der nicht nach § 8 TVG bekanntgegeben ist, aber eine Ausschlussfrist enthält, dass der Arbeitnehmer sich nicht auf die fehlende Bekanntgabe berufen kann, wenn er eine tariflichen Anspruch wegen Ablaufs der Ausschlussfrist verliert,[50] auch handelt der Arbeitgeber nicht treuwidrig, wenn er sich trotz fehlender Bekanntgabe auf die Ausschlussfrist beruft (→ Rn. 14).[51] Der Tarifvertrag kann aber selbst Vorsorge treffen und etwa den Lauf einer Ausschlussfrist an die Bekanntgabe des Tarifvertrags nach § 8 TVG binden[52] oder aber eine die durch einen Schadensersatzanspruch zu sanktionierenden Pflicht zur Bekanntgabe setzen.[53]

17 Allerdings kann die Bekanntgabe durch den tarifschließenden oder verbandsangehörigen Arbeitgeber im Wege der Einwirkungsklage der Gewerkschaft erzwungen werden – sie unterfällt der tariflichen Durchführungspflicht.[54]

18 Eine Ordnungswidrigkeit ist der Verstoß gegen die Bekanntgabevorgabe des § 8 TVG ebenfalls nicht – im Gegensatz zum Verstoß gegen punktuelle Auslagepflichten gesetzlicher Schutzvorschriften, wie etwa § 22 Abs. 1 Nr. 8 ArbZG, § 59 Abs. 1 Nr. 7 JArbSchG, § 21 Abs. 1 Nr. 8 MuschG.[55]

19 Individualrechtlich wirkt freilich die Nachweispflicht nach § 2 Abs. 1 S. 2 Nr. 10 NachwG, wonach ein in allgemeiner Form gehaltener Hinweis auf die Tarifverträge er-

---

[45] *Löwisch/Rieble* § 8 Rn. 51.
[46] BAG 27.1.2004 – 1 AZR 148/03, AP BetrVG 1972 § 112 Nr. 166 = NZA 2004, 667; 23.1.2002 – 4 AZR 56/01, AP NachwG § 2 Nr. 5 = NZA 2002, 800; 6.7.1972 – 5 AZR 100/72, AP TVG 1969 § 8 Nr. 1 = DB 1972, 1782; 30.9.1970 – 1 AZR 535/69, AP BAT § 70 Nr. 2 = DB 1971, 102; BAG 8.1.1970 – 5 AZR 124/69, AP TVG § 4 Ausschlussfristen Nr. 43 = DB 1970, 687; Thüsing/Braun/*v. Steinau-Steinrück* 3. Kap. Rn. 67.
[47] BAG 27.1.2004 – 1 AZR 148/03, AP BetrVG 1972 § 112 Nr. 166 = NZA 2004, 667; 23.1.2002 – 4 AZR 56/01, AP NachwG § 2 Nr. 5 = NZA 2002, 800; 6.7.1972 – 5 AZR 100/72, AP TVG 1969 § 8 Nr. 1 = DB 1972, 1782; 30.9.1970 – 1 AZR 535/69, AP BAT § 70 Nr. 2 = DB 1971, 102; 8.1.1970 – 5 AZR 124/69, AP TVG § 4 Ausschlussfristen Nr. 43 = DB 1970, 687; Wiedemann/*Oetker* § 8 JKOS/*Schubert* 3 Kap. Rn. 23; Rn. 39.
[48] Siehe dazu HMB/*Bepler* Teil 3 Rn. 116ff.; NK-TVG/*Reinecke/Rachor* § 8 Rn. 22f.; HWK/*Henssler* TVG § 8 Rn. 9.
[49] Thüsing/Braun/*v. Steinau-Steinrück* 3. Kap. Rn. 67; *Löwisch/Rieble* § 8 Rn. 53.
[50] BAG 22.1.2008 – 9 AZR 416/07, AP TVG § 4 Ausschlussfristen Nr. 191 = NZA-RR 2008, 525; 5.11.2003 – 5 AZR 676/02, AP NachwG § 2 Nr. 7 = NZA 2005, 64; 23.1.2002 – 4 AZR 56/01, AP NachwG § 2 Nr. 5 = NZA 2002, 800.
[51] NK-TVG/*Reinecke/Rachor* § 8 Rn. 20.
[52] *Löwisch/Rieble* § 8 Rn. 55.
[53] HWK/*Henssler* TVG § 8 Rn. 11.
[54] BAG 20.8.2002 – 3 AZR 14/01, AP BetrAVG § 1 Überversorgung Nr. 9 = NZA 2003, 1112; Thüsing/Braun/*v. Steinau-Steinrück* 3. Kap. Rn. 67; NK-TVG/*Reinecke/Rachor* § 8 Rn. 27; *Löwisch/Rieble* § 8 Rn. 52; Wiedemann/*Oetker* § 8 Rn. 18; JKOS/*Schubert* 3 Rn. 39; HWK/*Henssler* TVG § 8 Rn. 8.
[55] Wiedemann/*Oetker* § 8 Rn. 20.

folgen muss, die auf das Arbeitsverhältnis anzuwenden sind (→ § 36 Rn. 65). Falsche Auskünfte des Arbeitgebers führen hier zu einem Schadensersatzanspruch.[56]

III. Flankierende Informationspflichten

Den Arbeitgeber (nicht die Tarifvertragsparteien) treffen weitere auch Informationspflichten über im Betrieb und im Arbeitsverhältnis anwendbare tarifliche Regelungen. Sie sind freilich nicht tarifrechtlicher Natur, sondern betriebsverfassungsrechtlicher und individualrechtlicher, entsprechend knüpfen auch die Sanktionen bei Verletzung dieser Pflichten nicht tarifrechtlich an – es kommt nicht zur Nichtanwendung oder gar Unwirksamkeit der tariflichen Regelungen in Betrieb oder Arbeitsverhältnis. 20

Gegenüber dem Arbeitnehmer hat der Arbeitgeber die Vorgaben des NachwG zu beachte. Nach dessen § 2 Abs. 1 S. 2 Nr. 10 muss der Arbeitgeber den Arbeitnehmer in allgemeiner Form auf die für das Arbeitsverhältnis anzuwendenden Tarifverträge hinweisen. Das wird als allzu ungenau kritisiert.[57] Jedenfalls ist nach dieser Vorschrift nicht der Normtext des Tarifvertrags zugänglich zu machen – weil es in § 2 Abs. 1 S. 2 Nr. 10 NachwG nicht um den Tarifinhalt, sondern um den Tarifvertrag als solches geht.[58] Freilich spricht vieles dafür, dass die wesentlichen Arbeitsbedingungen jenseits der Privilegierung des § 2 Abs. 3 NachwG, auch wenn sie im Tarifvertrag grundgelegt sind, unter die weiteren Informationspflichten des § 2 Abs. 1 S. 2 NachwG fallen.[59] 21

Allgemein schuldrechtlich gilt eine Nebenpflicht des Arbeitgebers, dem Arbeitnehmer auf der Grundlage des § 241 Abs. 2 BGB die Arbeitsbedingungen mitzuteilen.[60] 22

Betriebsverfassungsrechtlich sieht in § 80 Abs. 2 S. 2 BetrVG vor, dass dem Betriebsrat auf Verlangen jederzeit die zur Durchführung seiner Aufgaben erforderlichen Unterlagen zur Verfügung zu stellen sind, so auch die im Betrieb geltenden Tarifvereinbarungen. Damit kann der Betriebsrat deren Durchführung im Betrieb überwachen, § 80 Abs. 1 Nr. 1 BetrVG. Dies gilt nicht nur für normativ geltende tarifliche Regelungen, sondern auch für solche, auf die schuldrechtlich Bezug genommen wird.[61] Dieses Informationsregime gilt auch im Personalvertretungsrecht, § 68 Abs. 2 S. 2 iVm § 68 Abs. 1 Nr. 2 BPersVG. 23

IV. Übersendungs- und Mitteilungspflichten gegenüber den Arbeitsbehörden

Nach § 7 Abs. 1 S. 1 TVG sind die Tarifvertragsparteien verpflichtet, dem Bundesministerium für Arbeit und Soziales innerhalb eines Monats nach Abschluss kostenfrei die Urschrift oder eine beglaubigte Abschrift sowie zwei weitere Abschriften eines jeden Tarifvertrags und seiner Änderungen zu übersenden; außerdem haben sie das Außerkrafttreten eines jeden Tarifvertrags innerhalb eines Monats mitzuteilen. Die **Frist** bemisst sich nach §§ 31 VwVfG, 187, 188 BGB.[62] Zudem müssen sie den obersten Arbeitsbehörden der Länder, auf deren Bereich sich der Tarifvertrag erstreckt, innerhalb eines Monats nach Abschluss kostenfrei je drei Abschriften des Tarifvertrags und seiner Änderungen übersenden und auch das Außerkrafttreten des Tarifvertrags innerhalb eines Monats mitteilen. 24

---

[56] BAG 15.10.1985 – 3 AZR 612/83, AP BetrAVG § 1 Zusatzversorgungskasse Nr. 12 = VersR 1986, 691; 22.11.1963 – 1 AZR 17/63, AP BGB § 611 Öffentlicher Dienst Nr. 6 = DB 1964, 518; 5.11.1963 – 5 AZR 136/63, AP TVG § 1 Bezugnahme auf Tarifvertrag Nr. 1 = DB 1964, 155.
[57] HMB/*Bepler* Teil 3 Rn. 121 ff.
[58] BAG 23.1.2002 – 4 AZR 56/01, AP NachwG § 2 Nr. 5 = NZA 2002, 800; HMB/*Bepler* Teil 3 Rn. 121.
[59] So ErfK/*Preis* NachwG § 2 Rn. 25; siehe aber anders BAG 17.4.2002 – 5 AZR 89/01; AP NachwG § 2 Nr. 2 = NZA 2002, 1096.
[60] BAG 15.10.1985 – 3 AZR 612/83, AP BetrAVG § 1 Zusatzversorgungskasse Nr. 12 = VersR 1986, 691; 22.11.1963 – 1 AZR 17/63, AP BGB § 611 Öffentlicher Dienst Nr. 6 = DB 1964, 518; 5.11.1963 – 5 AZR 136/63, AP TVG § 1 Bezugnahme auf Tarifvertrag Nr. 1 = DB 1964, 155; JKOS/*Schubert* § 3 Rn. 40; Wiedemann/*Oetker* § 8 Rn. 23; Löwisch/Rieble § 8 Rn. 47; HWK/*Henssler* TVG § 8 Rn. 10.
[61] *Löwisch/Rieble* § 8 Rn. 41.
[62] NK-TVG/*Reinecke/Rachor* § 7 Rn. 6.

25 Die Übersendung des Tarifvertrags ermöglicht es dem BMAS zunächst, das Tarifregister nach § 6 TVG zu führen (→ Rn. 33 ff.).⁶³ Dort ist zwar nur vorgesehen, dass in das Tarifregister der Abschluss, Änderungen und Aufhebung einzutragen sind, nicht aber der Inhalt der tariflichen Vereinbarungen. Deshalb führt die Übersendungs- und Mitteilungspflicht des § 7 Abs. 1 S. 1 TVG auch mittelbar dazu, dass neben dem Tarifregister des § 6 TVG beim BMAS noch ein Tarifarchiv besteht, das (idealerweise) sämtliche tariflichen Regelungen in Deutschland enthält. Dieses wiederum ermöglicht es dem BMAS, die aus den Tarifinhalten gewonnenen Erkenntnisse in den politischen Prozess einzubringen. Damit kommt der Übermittlungspflicht der Zweck zu, den Informationsfluss im Hinblick auf die tariflichen Arbeitsbedingungen in den politischen Prozess hinein zu gewährleisten.⁶⁴ Zudem ermöglicht erst die Übersendung und Mitteilung der Tarifverträge, dass Arbeitgeber, Arbeitnehmer und Dritte alle gewünschten Tarifverträge im Tarifregister finden (zum Einsichtsrecht → Rn. 39 ff.).⁶⁵

26 Die **öffentlich-rechtliche**⁶⁶ **Verpflichtung** zur Übersendung trifft beide Tarifvertragsparteien als Gesamtschuldner.⁶⁷ Kommt eine Tarifvertragspartei ihrer Verpflichtung nach, so ist die andere nach § 7 Abs. 1 S. 3 TVG von der Übersendungspflicht befreit – womit das Übersenden durch eine Tarifvertragspartei ausreicht.⁶⁸ Möglich sind Absprachen der Tarifvertragsparteien, welche von ihnen die Verpflichtung aus § 7 TVG erfüllt – das kann Auswirkungen auf die ordnungswidrigkeitsrechtliche Verantwortung der nicht tariflich zur Übermittlung verpflichteten Partei haben, weil deren Fahrlässigkeit verstärkt hinterfragt werden kann. Allerdings führt eine solche Vereinbarung ohne entsprechenden Vollzug nicht zum Erlöschen der Pflicht der tariflich nicht verpflichteten Tarifvertragspartei.⁶⁹ Schließt eine Spitzenorganisation den Tarifvertrag nach § 2 Abs. 3 TVG in eigenem Namen, so ist sie mitteilungspflichtig; handelt sie im Namen eines Mitgliedsverbandes, so ist dieser nach § 7 TVG als Tarifvertragspartei verpflichtet.⁷⁰

27 Wird die Übersendungspflicht vorsätzlich oder fahrlässig nicht erfüllt, so ist dies bußgeldbewährt, § 7 Abs. 2 TVG.⁷¹ Für die Durchführung des Ordnungswidrigkeitsverfahrens ist nach § 7 Abs. 3 TVG das BMAS zuständig, soweit die Übersendungs- und Mitteilungspflicht ihm gegenüber bestand; iÜ sind es die obersten Arbeitsbehörden der Länder.

28 Darüber hinaus sind sowohl Übermittlungs- wie Mitteilungspflicht bloße Ordnungsvorgaben. Sie haben **keine Bedeutung für die Wirksamkeit des Tarifvertrags** und lösen bei Verletzung auch keine Schadensersatzpflichten aus.⁷²

29 Zu übermitteln ist grundsätzlich der Tarifvertrag in seiner Urschrift oder in beglaubigter Form. Dabei meint Beglaubigung nicht eine solche nach § 42 BUrkG, sondern eine Richtigkeitserklärung auf der Abschrift durch einen zeichnungsberechtigten Vertreter einer der Tarifvertragsparteien.⁷³ Weil nach § 14 Abs. 1 S. 1 TVGDV das Tarifregister nunmehr auch in elektronischer Form geführt werden kann, wird nach § 14 Abs. 1 S. 2 TVGDV die Pflicht zur Übersendung von Tarifverträgen auch erfüllt, wenn ein Tarifvertrag als elektronisches Dokument eingereicht wird. Dann ist allerdings dem elektronischen

---

⁶³ HWK/*Henssler* TVG § 8 Rn. 1.
⁶⁴ NK-TVG/*Reinecke*/*Rachor* § 6 Rn. 5; HWK/*Henssler* TVG § 8 Rn. 1.
⁶⁵ HWK/*Henssler* TVG § 8 Rn. 1.
⁶⁶ HWK/*Henssler* TVG § 8 Rn. 2.
⁶⁷ HMB/*Bepler* Teil 3 Rn. 98.
⁶⁸ Thüsing/Braun/*v. Steinau-Steinrück* 3. Kap. Rn. 558.
⁶⁹ HWK/*Henssler* TVG § 8 Rn. 6.
⁷⁰ Wiedemann/*Oetker* § 8 Rn. 18; HWK/*Henssler* TVG § 8 Rn. 5.
⁷¹ Ausführlich Wiedemann/*Oetker* § 7 Rn. 23 ff.; HMB/*Bepler* Teil 3 Rn. 100 auch dazu, dass dies bislang – soweit ersichtlich – nicht praktisch wurde; HWK/*Henssler* TVG § 8 Rn. 8 ff.
⁷² BAG 16.5.1995 – 3 AZR 535/94, AP TVG § 4 Ordnungsprinzip Nr. 15 = NZA 1995, 1166; Thüsing/Braun/*v. Steinau-Steinrück* 3. Kap. Rn. 62; NK-TVG/*Reinecke*/*Rachor* § 7 Rn. 8; HWK/*Henssler* TVG § 8 Rn. 11.
⁷³ NK-TVG/*Reinecke*/*Rachor* § 7 Rn. 5; Wiedemann/*Oetker* § 7 Rn. 9; HWK/*Henssler* TVG § 8 Rn. 4.

Dokument eine Erklärung beizufügen, dass das elektronisch eingereichte Dokument mit der Urschrift des Tarifvertrags oder seinen Änderungen übereinstimmt, und die Erklärung ist mit einer qualifizierten elektronischen Signatur zu versehen.

Zu übermitteln sind sämtliche Tarifverträge, auch (lediglich) schuldrechtliche und der **30** gesamte Tarifinhalt, darunter fallen auch tariflich in Bezug genommene Tarifverträge.[74] Auf tariflich verwiesene gesetzliche Regelungen bezieht sich die Mitteilungspflicht nicht.[75] Änderungen sind ebenfalls zu übermitteln. Dabei sind darunter sowohl inhaltliche Änderungen zu zählen, als auch Veränderungen auf der Seite der Tarifvertragsparteien selbst – etwa durch den Beitritt einer weiteren Partei zum Tarifvertrag. Schließlich ist auch das Außerkrafttreten mitzuteilen, wenn ein eigener Beendigungsakt gesetzt wird, der Ablauf des zeitlichen Geltungsbereiches des Tarifvertrags muss nicht eigens mitgeteilt werden.[76] Deshalb ist hier vor allem die Kündigung des Tarifvertrags einschlägig. Maßgeblicher Zeitpunkt bleibt aber das Außerkrafttreten als solcher, so dass die Monatsfrist nicht bereits mit Abgabe oder Zugang der Kündigung zu laufen beginnt. Besteht über das Außerkrafttreten des Tarifvertrags Streit – etwa weil die Wirksamkeit einer Kündigung in Rede steht – so ist dennoch eine Mitteilung zu machen – mit dem Hinweis, dass über die Beendigung des Tarifvertrags gestritten wird.[77] Weil der Aufhebungsvertrag selbst Tarifvertrag ist, ist er als solcher mitzuteilen und zu übermitteln – damit entfällt auch die Mitteilung darüber dass der aufgehobene Tarifvertrag endet.[78]

Nach § 7 Abs. 1 S. 2 TVG müssen die Tarifvertragsparteien auch den obersten Arbeits- **31** behörden der Länder, auf deren Bereich sich der Tarifvertrag erstreckt, innerhalb eines Monats nach Abschluss kostenfrei je drei Abschriften des Tarifvertrags und seiner Änderungen übersenden und auch das Außerkrafttreten des Tarifvertrags innerhalb eines Monats mitteilen. Damit soll den Arbeitsbehörden der Länder ein Überblick über die in ihrem Bereich geltenden Tarifverträge ermöglicht werden.[79]

Nach § 63 ArbGG sind rechtskräftige Urteile, die in bürgerlichen Rechtsstreitigkeiten **32** zwischen Tarifvertragsparteien aus dem Tarifvertrag oder über das Bestehen oder Nichtbestehen des Tarifvertrags ergangen sind, durch das Gericht alsbald der zuständigen obersten Landesbehörde und dem Bundesministerium für Arbeit und Soziales in vollständiger Form abschriftlich übersendet oder elektronisch übermittelt werden. Damit soll ebenfalls der Rechtsklarheit und der Prozessökonomie Rechnung getragen werden.[80]

V. Eintragung in das Tarifregister

Dient § 8 TVG maßgeblich der innerbetrieblichen Publizität (→ Rn. 2ff.), so § 6 TVG **33** der außerbetrieblichen: Danach wird beim Bundesministerium für Arbeit und Soziales ein Tarifregister geführt, in das der Abschluss, die Änderungen und die Aufhebung der Tarifverträge eingetragen werden.[81] Weil der Tarifvertrag für seine Wirkung nicht „veröffentlicht" werden muss, sondern als Kollektivvertrag grundsätzlich auf die innerverbandlichen Kommunikationswege gesetzt wird, ersetzt das Tarifregister gleichsam die Bekanntmachung nach außen. Damit wird somit ein **Überblick über die gesamte „Tariflandschaft"** ermöglicht.[82]

---

[74] Thüsing/Braun/*v. Steinau-Steinrück* 3. Kap. Rn. 59; HWK/*Henssler* TVG § 8 Rn. 3.
[75] *Löwisch/Rieble* § 7 Rn. 3: wäre leere Förmelei.
[76] HWK/*Henssler* TVG § 8 Rn. 3.
[77] So HMB/*Bepler* Teil 3 Rn. 98.
[78] Wiedemann/*Oetker* § 7 Rn. 8.
[79] *Löwisch/Rieble* § 7 Rn. 7.
[80] BAG 28.9.1977 – 4 AZR 446/76, AP TVG 1969 § 9 Nr. 1 = WM 1978, 443; GMP/*Schleusener* § 63 Rn. 1.
[81] Zur Entwicklungsgeschichte NK-TVG/*Reinecke/Rachor* § 6 Rn. 1f.
[82] Thüsing/Braun/*v. Steinau-Steinrück* 3. Kap. Rn. 50; auch JKOS/*Schubert* § 3 Rn. 31; HWK/*Henssler* TVG § 8 Rn. 1.

34 Einzutragen sind der Abschluss des Tarifvertrags, die Änderung und die Aufhebung. Der Tarifvertrag wird dabei nach § 14 Abs. 2 TVGDV durch die Tarifvertragsparteien, des Geltungsbereiches des Tarifvertrags und den Zeitpunkt des Abschlusses und des Inkrafttretens bezeichnet.[83] Die Aufhebung des Tarifvertrags ist weit gefasst und meint nicht nur den Aufhebungsvertrag, sondern etwa auch die Beendigung durch Kündigung, Ende der Befristung oder Bedingungseintritt,[84] und auch der Wegfall einer Tarifvertragspartei.[85] Ebenfalls einzutragen sind der Beginn und die Beendigung der Allgemeinverbindlichkeit.

35 § 6 TVG unterscheidet nicht nach einzelnen Tarifvertragsarten, so dass jeder Tarifvertrag, auch etwa der Anschluss- oder Anerkennungstarifvertrag, einzutragen ist. Auch, ob ein Tarifvertrag allgemeinverbindlich ist, ist einzutragen – hier kommt wegen der Außenseiterwirkung eine besondere rechtstaatliche Grundlegung der Eintragung hinzu.[86]

36 Einzutragen sind in das Tarifregister auch die bindende Festsetzung des Heimarbeitsausschusses, die nach § 19 Abs. 3 S. 1 HAG einem allgemeinverbindlichen Tarifvertrag gleichkommt.[87]

37 Der Tariftext wird zwar nicht in das Tarifregister eingetragen, die zu übersendenden und übersandten Tarifverträge aber im Tarifarchiv zusammengefasst, das nicht im TVG, sondern in § 14 Abs. 1 TVGDV geregelt ist (siehe zu Tarifarchiv → Rn. 25).[88] Geregelt ist der Eintrag in das Tarifregister in den §§ 6 TVG, 14ff. TVGDV. Nach einer jüngeren Gesetzesänderung kann das Tarifregister auch in elektronischer Form geführt werden, § 14 Abs. 1 S. 1 TVG.

38 Wird der Tarifvertrag an das BMAS übersandt, kommt dies einem Antrag auf Aufnahme in das Tarifregister gleich. Diese Aufnahme kann nur dann abgelehnt werden, wenn offensichtlich kein Tarifvertrag vorliegt, was auch bei offensichtlicher oder rechtskräftig festgestellter Tarifunfähigkeit oder Tarifunzuständigkeit eines der tarifschließenden Verbände der Fall ist.[89] Das BMAS kann also prüfen, ob überhaupt ein Tarifvertrag vorliegt, darf aber keine darüber hinausgehende Rechts- oder gar Inhaltskontrolle vornehmen.[90] Kommt es nicht zur Aufnahme, so kann auf dem Verwaltungsrechtsweg entsprechende Leistungsklage erhoben werden, weil weder die Aufnahme noch die Ablehnung Verwaltungsakt ist.[91] Wird die Eintragung wegen fehlender Tarifzuständigkeit oder Tariffähigkeit abgelehnt, sind die entsprechenden tarifrechtsspezifischen Verfahren einschlägig.[92]

39 Zentraler Zweck des Tarifregisters und des Tarifarchivs ist es, die Information über die abgeschlossenen Tarifverträge sowohl für die normunterworfenen Arbeitgeber und Arbeitnehmer, als auch für Dritte zu ermöglichen.[93] Deshalb ist die Einsichtnahme in das Tarifregister jedermann gestattet, dient also auch dem Informationsbedürfnis Dritter – darunter sind auch, aber nicht nur die Gerichte und Behörden zu fassen. Nach § 16 TVGDV ist die **Einsicht des Tarifregisters und der registrierten Tarifverträge jedem auf eigene Kosten gestattet** und das Bundesministerium für Arbeit und Soziales hat auf Anfrage Auskunft über die nach § 14 TVGDV erfolgten Eintragungen zu erteilen.[94] Die Auskunft bezieht sich deshalb nur auf die Eintragung als solche, nicht auf den konkreten Tarifinhalt.[95] Einer Begründung oder eines berechtigten Interesses zur Ein-

---

[83] HWK/*Henssler* TVG § 8 Rn. 6.
[84] HMB/*Bepler* Teil 3 Rn. 94; HWK/*Henssler* TVG § 8 Rn. 6.
[85] NK-TVG/*Reinecke*/*Rachor* § 16; Wiedemann/*Oetker* § 6 Rn. 20; Thüsing/Braun/*v. Steinau-Steinrück* 3. Kap. Rn. 54.
[86] Wiedemann/*Oetker* § 6 Rn. 7; Thüsing/Braun/*v. Steinau-Steinrück* 3. Kap. Rn. 55.
[87] Wiedemann/*Oetker* § 6 Rn. 24.
[88] HMB/*Bepler* Teil 3 Rn. 95.
[89] HMB/*Bepler* Teil 3 Rn. 97; Thüsing/Braun/*v. Steinau-Steinrück* 3. Kap. Rn. 52.
[90] NK-TVG/*Reinecke*/*Rachor* § 22; HMB/*Bepler* Teil 3 Rn. 97; Thüsing/Braun/*v. Steinau-Steinrück* 3. Kap. Rn. 52; Wiedemann/*Oetker* § 6 Rn. 13; JKOS/*Schubert* § 3 Rn. 32; HWK/*Henssler* TVG § 8 Rn. 4.
[91] NK-TVG/*Reinecke*/*Rachor* § 23 JKOS/*Schubert* § 3 Rn. 32.
[92] HWK/*Henssler* TVG § 8 Rn. 5.
[93] HMB/*Bepler* Teil 3 Rn. 101.
[94] JKOS/*Schubert* § 3 Rn. 35.
[95] HWK/*Henssler* TVG § 8 Rn. 10.

sicht bedarf es nicht.⁹⁶ Dagegen besteht keine Pflicht des BMAS, Abschriften zu erstellen und zu versenden, allerdings kann der Einsichtnehmende dies auf eigene Kosten selbst.⁹⁷ Wird eine entsprechende Auskunft nicht erteilt, so kann gegen diese Entscheidung des BMAS Verpflichtungsklage erhoben werden, weil es sich um einen Verwaltungsakt handelt – das BMAS hat insbesondere eine Abwägungsentscheidung zwischen dem Geheimhaltungsinteresse und den Interessen des Antragstellers auf Einsicht zu treffen, § 16 S. 3 TVGDV. Richtig ist damit eine Ermessensentscheidung verbunden.⁹⁸

Weitergehende Bedeutung hat das Tarifregister nicht – weder ist die Eintragung dort konstitutiv für die Geltung eines Tarifvertrags,⁹⁹ noch löst ein Eintrag oder Nichteintrag Publizitätsfolgen aus,¹⁰⁰ deshalb ist das Tarifregister nicht mit dem Handelsregister, dort § 15 HGB, zu vergleichen:¹⁰¹ Auf falsche oder irrtümliche Eintragungen kann sich niemand berufen,¹⁰² deshalb kann die fälschliche Eintragung auch im Verfahren um die Tarifzuständigkeit oder Tariffähigkeit keine Rolle spielen.¹⁰³ Das gilt auch für den allgemeinverbindlichen Tarifvertrag.¹⁰⁴ Damit ist aber auch klargestellt, dass für die Wirksamkeit des Tarifvertrags kein staatlicher Eintragungsakt notwendig ist – das ist ein Ausdruck der unabhängigen Tarifautonomie.¹⁰⁵ **40**

Das IFG¹⁰⁶ sieht für die Einsichtnahme in behördliche Vorgänge einen allgemeinen Anspruch vor – der insbesondere vorsieht, dass die Art der Information (Einsichtnahme, Auskunft, Übersendung) grundsätzlich vom Antragsteller festgelegt werden kann und nur aus wichtigem Grund eine Einschränkung der Behörde möglich ist, § 1 Abs. 2 IFG. Das bedeutete, dass die bloße Möglichkeit der Einsichtnahme, die § 16 TVGDV für das Tarifregister vorsieht, durch § 1 Abs. 1 IFG ausgeweitet wird. Richtigerweise wird freilich das Verfahren auf Einsicht nach § 16 TVGDV ein besonderes Informationsverfahren nach § 1 Abs. 3 IFG sein, so dass es eine Beschränkung auf dieses gibt und das IFG nicht einschlägig ist.¹⁰⁷ **41**

Den obersten Arbeitsbehörden der Länder steht es frei, aus den ihnen übersandten TV ebenfalls ein (Landes-) Tarifregister aufzubauen. Was sie alle getan haben.¹⁰⁸ Inwieweit sie Einsicht in dieses Register und Auskunft aus ihm erteilen und inwieweit sie Einsicht in die ihnen übersandten TV gewähren, liegt in ihrem pflichtgemäßen Ermessen. Die Regelungen der §§ 6 TVG iVm der TVGDV gilt für diese Landestarifregister nicht.¹⁰⁹ **42**

Die großen Spitzenverbände DGB und BDA unterhalten eigene Tarifregister.¹¹⁰ **43**

VI. Bekanntmachung allgemeinverbindlicher Tarifverträge

Anders als die bezeichneten Publizitätserfordernisse ist für die Erklärung der Allgemeinverbindlichkeit eines Tarifvertrags die Bekanntmachung nach § 5 Abs. 7 TVG im Bundesanzeiger **konstitutiv** (→ § 248 Rn. 107). Dabei ist nicht nur die Allgemeinverbind- **44**

---

⁹⁶ NK-TVG/*Reinecke/Rachor* § 6 Rn. 28.
⁹⁷ NK-TVG/*Reinecke/Rachor* § 6 Rn. 29; Wiedemann/*Oetker* § 6 Rn. 30; HWK/*Henssler* TVG § 8 Rn. 9.
⁹⁸ *Löwisch/Rieble* § 6 Rn. 24.
⁹⁹ Siehe BAG 16.5.1995 – 3 AZR 535/94, AP TVG § 4 Ordnungsprinzip Nr. 15 = NZA 1995, 1166; HMB/*Bepler* Teil 3 Rn. 102; Thüsing/Braun/*v. Steinau-Steinrück* 3. Kap. Rn. 53; NK-TVG/*Reinecke/Rachor* § 19; JKOS/*Schubert* § 3 Rn. 31.
¹⁰⁰ BAG 6.6.2000 – 1 ABR 10/99, AP TVG § 2 Nr. 55 = NZA 2001, 160; JKOS/*Schubert* § 3 Rn. 32; HWK/*Henssler* TVG § 8 Rn. 7.
¹⁰¹ Thüsing/Braun/*v. Steinau-Steinrück* 3. Kap. Rn. 51.
¹⁰² Wiedemann/*Oetker* § 6 Rn. 27.
¹⁰³ HWK/*Henssler* TVG § 8 Rn. 7.
¹⁰⁴ NK-TVG/*Reinecke/Rachor* § 20.
¹⁰⁵ Siehe zur Diskussion zu dieser Frage in der Entwicklungsgeschichte des TVG NK-TVG/*Däubler* Einl. Rn. 38.
¹⁰⁶ Informationsfreiheitsgesetz vom 5.9.2005, BGBl. I 2722.
¹⁰⁷ An der Verfassungsmäßigkeit des § 1 Abs. 3 IFG freilich zweifelnd *Löwisch/Rieble* § 6 Rn. 17 ff.
¹⁰⁸ HWK/*Henssler* TVG § 8 Rn. 3.
¹⁰⁹ HMB/*Bepler* Teil 3 Rn. 96.
¹¹⁰ Dazu etwa https://www.boeckler.de/wsi-tarifarchiv_2179.htm.

licherklärung als solche, sondern auch der gesamte Tarifinhalt bekanntzumachen. Dieses konstitutive Publizitätserfordernis gründet sich zum einen darauf, dass die Erklärung der Allgemeinverbindlichkeit staatlicher Rechtsakt mit Außenwirkung ist und zum anderen darauf, dass das grundsätzliche Konzept des Informationsflusses zwischen den Tarifvertragsparteien und ihren Mitgliedern bei der Außenseiterwirkung des allgemeinverbindlichen Tarifvertrags versagt (→ Rn. 2 ff.).

45 Die Eintragung der Allgemeinverbindlichkeit in das Tarifregister ist dagegen – wie bei anderen einzutragenden Tarifereignissen auch (→ § 248 Rn. 106) – für diese nicht konstitutiv.[111]

---

[111] HWK/*Henssler* TVG § 8 Rn. 8.

Drittes Kapitel: Reichweite und Grenzen des Tarifvertrags

§ 236 Umfang der Tarifmacht

Schrifttum:
Bayreuther, Tarifautonomie als kollektiv ausgeübte Privatautonomie, 2005; *Bayreuther/Deinert*, Der Einbezug arbeitnehmerloser Betriebe in gemeinsame Einrichtungen der Tarifvertragsparteien, RdA 2015, 129; *Beuthien*, Die Unternehmensautonomie im Zugriff des Arbeitsrechts, ZfA 1988, 1; *Buchner*, Die arbeitnehmerähnliche Person, das unbekannte Wesen, ZUM 2000, 624; *Dieterich*, Tarifautonomie und Gesetzgebung, 2003; *Franzen*, „Tarifvertragliche Regelungsmacht", ZfA 2007, 191; *Jahnke*, Tarifautonomie und Mitbestimmung, 1984; *Käppler*, Tarifvertragliche Regelungsmacht, NZA 1991, 745; *Kempen*, Die beschäftigungspolitische Zuständigkeit der Tarifvertragsparteien, FS Hanau 1999, 529; *Maschmann*, Tarifautonomie im Zugriff des Gesetzgebers, 2007; *Neuvians*, Die arbeitnehmerähnliche Person, 2002; *Nies*, Immer noch ein ungeliebtes Kind? – Arbeitnehmerähnlichkeit und Gewerkschaft, ZUM Sonderheft 2000, 653; *Picker*, Tarifmacht und tarifvertragliche Beschäftigungspolitik, ZfA 1998, 573; *Preis*, Die Definitionen des Arbeitnehmers und der arbeitnehmerähnlichen Person in einer Kodifikation des Arbeitsvertragsrechts, FS Hromadka (2008) 275; *Ramm*, Grundrechte und Arbeitsrecht, JZ 1991, 1; *Rebhahn*, Arbeitnehmerähnliche Personen – Rechtsvergleich und Regelungsperspektive, RdA 2009, 236; *Reinecke*, Arbeitnehmer, arbeitnehmerähnliche und freie Mitarbeiter in den Bereichen Rundfunk und Fernsehen sowie Kunst und Unterhaltung, AfP 2014, 101; *Richardi*, Kollektivgewalt und Individualwille, 1968; *Richardi*, Richterrecht und Tarifautonomie, GS Rolf Dietz, 1973, S. 269; *Rieble*, Der Tarifvertrag als kollektiv-privatautonomer Vertrag, ZfA 2000, 5; *Rieble*, Die relative Verselbständigung von Arbeitnehmern – Bewegung in den Randzonen des Arbeitsrechts?, ZfA 1998, 327; *Rieble*, Tarifvertrag und Beschäftigung, ZfA 2004, 1; *Rüfner*, Zur Gemeinwohlbindung der Tarifvertragsparteien, RdA 1985, 193; *Säcker*, Gruppenautonomie und Übermachtkontrolle im Arbeitsrecht, 1972; *Säcker/Oetker*, Grundlagen und Grenzen der Tarifautonomie, 1992; *Vetter*, Potenzielle Arbeitgeber sind Arbeitgeber? – Die Problematik der Solo-Selbstständigen, NZA-RR 2017, 281; *Wank*, Arbeitnehmer und Selbständige, 1988; *Wiedemann*, Unternehmensautonomie und Tarifvertrag, RdA 1986, 231; *Wiese*, Buchautoren als arbeitnehmerähnliche Personen, 1980; *Willemsen/Müntefering*, Begriff und Rechtsstellung arbeitnehmerähnlicher Personen: Versuch einer Präzisierung, NZA 2008, 193.

Übersicht

	Rn.
I. Grundsätzliches	1
II. Persönliche Reichweite der Tarifmacht	4
1. Arbeitgeber und Arbeitnehmer	8
a) Arbeitnehmer	9
b) Arbeitgeber	19
2. Tarifmacht und Dritte	24
3. Arbeitnehmerähnliche	29
4. Heimarbeiter	42
III. Sachliche Reichweite	43
IV. Zeitliche Reichweite	52

I. Grundsätzliches

Die Tarifmacht, also die mögliche Regelungsreichweite tariflicher Normen, wird durch das Gesetz vorgegeben – im TVG und den tarifmachterweiternden Vorgaben insbesondere des tarifdispositiven Rechts. Eine Erweiterung der Tarifmacht durch die Tarifvertragsparteien selbst oder eine Einschränkung der Tarifmacht durch die Normunterworfenen ist nicht möglich. Zwar kann der Tarifvertrag bestimmte Arbeitsverhältnisse nicht in seinen Geltungsbereich aufnehmen und so die Normwirkung steuern, dabei handelt es sich aber nicht um eine Beschränkung von Tarifmacht, sondern letztlich um deren Realisierung. 1

Die **Tarifmacht ist durch § 1 Abs. 1 TVG** auf die dort vorgesehenen Regelungsbereiche beschränkt:[1] Der Tarifvertrag kann Individualnormen setzen und so den Abschluss, den Inhalt und das Ende des Arbeitsverhältnisses regeln, aber auch betriebliche und betriebsverfassungsrechtliche Normen setzen und prozessuale Fragen regeln. Weiter reicht 2

---

[1] HMB/*Hexel* Teil 4 Rn. 1.

die Tarifmacht inhaltlich nicht – eine auf der Grundlage des Art. 9 Abs. 3 GG über die Ausgestaltung hinausgehende Tarifmacht ist abzulehnen.[2]

3   Allerdings müssen die Tarifvertragsparteien ihre Tarifmacht nicht ausüben – es gibt keine Verpflichtung zur tariflichen Normsetzung (→ § 230 Rn. 2). Deshalb muss der Wille zur tariflichen und damit vor allem normativen Regelung für den Zugriff auf das einzelne Arbeitsverhältnis auch vorliegen und festgestellt werden (→ § 230 Rn. 6).

II. Persönliche Reichweite der Tarifmacht

4   **Das maßgebliche Regelungsobjekt des Tarifvertrags ist das Arbeitsverhältnis** (→ § 231 Rn. 2).[3] Deshalb ist die Tarifmacht nach dem TVG zunächst mitglieder- und damit personenbezogen: Die Tarifvertragsparteien können nur dort normative, das heißt unmittelbare und zwingende Regelungen für das Arbeitsverhältnis setzen, wo eine entsprechende Tarifbindung vorhanden ist – sowohl Arbeitnehmer wie auch Arbeitgeber müssen Mitglied des tarifschließenden Verbandes sein (→ § 245 Rn. 1 ff.).

5   Ausnahmen vom Mitgliederbezug der Tarifmacht machen nur scheinbar die Erstreckungsmöglichkeiten der Normwirkung auch auf Außenseiter. Nach § 3 Abs. 2 TVG gelten betriebliche und betriebsverfassungsrechtliche Normen auch für die Arbeitnehmer des Betriebs, die nicht Mitglieder im tarifschließenden Verband sind. Allerdings ist zum einen auch hier unter Rückgriff auf das Grundprinzip der Mitgliederbindung zu fordern, dass mindestens ein Arbeitnehmer des Betriebs Mitglied der tarifschließenden Gewerkschaft ist, die Mitgliedschaft des Arbeitgebers fordert § 3 Abs. 2 TVG ausdrücklich. Zum anderen ist § 3 Abs. 2 TVG keine Tarifmachterweiterung (siehe → § 240 Rn. 1 ff.).

6   Auch die Möglichkeit der Erstreckung der Normwirkung auf Außenseiter nach § 5 TVG im Wege der Allgemeinverbindlicherklärung (→ § 248 Rn. 1 ff.) ist keine Ausdehnung der Tarifmacht, sondern ein staatlicher Akt der Tarifnormerstreckung: § 5 TVG verleiht keine besondere Tarifmacht. Das gilt erst recht für die tarifbasierten RVO nach §§ 7, 7a AEntG: Richtig ist es hier die RVO, die staatliche Mindestarbeitsbedingungen setzt, und nicht der Tarifvertrag selbst – schon aus diesem Grund gibt es keine „entsenderechtliche" Tarifmacht (→ § 249 Rn. 4). Das gilt erst Recht für eine RVO, die lediglich einen Vorschlag der Tarifvertragsparteien voraussetzt wie die LohnuntergrenzenVO nach § 3a AÜG.

7   Die schuldrechtliche Bezugnahme auf einen Tarifvertrag schließlich hat mit der Ausübung von Tarifmacht nichts zu tun, vielmehr bedienen sich die Arbeitsvertragsparteien (aus unterschiedlichen Gründen, → § 246 Rn. 4 ff.) des Tarifvertrags als externem Regelungskonvolut für ihr Arbeitsverhältnis. Sie sind aber frei darin, die tariflichen Regeln zu ändern oder Regelungen herauszugreifen oder eigene hinzuzufügen. Hier gilt nicht die Tarif- sondern die Arbeitsvertragsmacht. Eine arbeitsvertragliche Unterstellung unter die Tarifmacht als solche ist deshalb nicht möglich – es verbleibt bei der rein schuldrechtlichen Wirkung.[4]

1. Arbeitgeber und Arbeitnehmer

8   Der Tarifmacht unterfallen Arbeitgeber und Arbeitnehmer als Parteien des Arbeitsverhältnisses.[5] Sie ist für Individualnormen streng arbeitsverhältnisbezogen, deshalb kann der Tarifvertrag auch nicht die Beziehungen jeweils der Arbeitgeber und Arbeitnehmer untereinander regeln.[6] Das kann für Arbeitnehmer – etwa durch Regelungen für Auswahlverfahren wie nach § 1 Abs. 5 KSchG – nur durch Betriebsnormen gelingen;[7] für Arbeitgeber nur über Regelungen zur gemeinsamen Einrichtung, § 4 Abs. 2 TVG.[8]

---

[2] *Löwisch/Rieble* Grundlagen Rn. 161 ff.; aA *Däubler* ZfA 1973, 201 (213 ff.).
[3] HMB/*Hexel* Teil 4 Rn. 3.
[4] JKOS/*Krause* § 4 Rn. 14.
[5] ErfK/*Franzen* TVG § 1 Rn. 38; insgesamt großzügiger *Bayreuther/Deinert* RdA 2015, 129.
[6] JKOS/*Krause* § 4 Rn. 20; Wiedemann/*Thüsing* § 1 Rn. 384.
[7] *Löwisch/Rieble* § 1 Rn. 165; JKOS/*Krause* § 4 Rn. 20.
[8] JKOS/*Krause* § 4 Rn. 21.

a) Arbeitnehmer. Einen eigenen Begriff des Arbeitsvertrages kennt das Tarifrecht nicht 9
und damit auch keinen eigenen, tariflichen Arbeitnehmerbegriff. Vielmehr ist auf die **allgemeine Regelung des § 611a BGB** zu verweisen (→ § 18 Rn. 1 ff.).[9] Die Tarifvertragsparteien haben deshalb keinen Zugriff auf die Definition des Arbeitsverhältnisses.[10] Zentrales Charakteristikum des Arbeitsverhältnisses ist die persönliche Weisungsabhängigkeit des Arbeitnehmers (→ § 18 Rn. 19 ff.), deshalb fallen freie Dienstleister und Werkunternehmer nicht unter die Tarifmacht, sofern sie nicht zugleich arbeitnehmerähnliche Personen im Sinne des § 12a TVG sind.[11]

Die zunehmende Ausweitung grundsätzlich arbeitsrechtlicher Schutzgesetzgebung un- 10
ter dem Begriff des „Beschäftigten", wie etwa in §§ 6 AGG, 7 Abs. 1 PflegeZG, führt
nicht zu einer Ausweitung der Tarifmacht auf „die Beschäftigten":[12] zum einen umfasst
der Beschäftigtenbegriff, der regelmäßig auch Bewerber und Arbeitnehmerähnliche erfasst, einen weiten Bereich der ohnehin wegen des zeitlichen Zusammenhangs zum Arbeitsverhältnis für den tariflichen Zugriff offen ist (→ § 236 Rn. 52 ff.), zum anderen führt
eine Zusammenfassung mehrerer Beschäftigtengruppen unter den Anwendungsbereich eines Gesetzes nicht zur Indifferenz ihrer rechtlichen Verfasstheit, was etwa § 24 AGG
zeigt, der das AGG unter Berücksichtigung ihrer rechtlichen Spezifika auch für Beamte
öffnet.

Der Arbeitnehmerbegriff des Tarifrechts ist ein ausschließlich **nationaler Rechtsbe-** 11
griff, es gibt keine unionsrechtlichen Vorgaben, weil das Tarifrecht als solches kein Gegenstand der unionsrechtlichen Gesetzgebung sein kann (→ § 227 Rn. 3 ff.). Deshalb
kann auch die EuGH-Rechtsprechung zum Arbeitnehmerbegriff im Sinne der Massenentlassungs-RL nicht herangezogen werden[13] – Organe von Kapitalgesellschaften sind
deshalb grundsätzlich tarifrechtlich keine Arbeitnehmer[14] und werden nicht von der Tarifmacht erfasst.[15] Für die tarifliche Regelbarkeit gleichgültig ist es, ob das Arbeitsverhältnis
sozialversicherungsrechtlich nach § 8 SGB IV als geringfügige Beschäftigung einzuordnen
ist, ob es befristet oder in Teilzeit besteht – die Tarifmacht besteht nicht nur für das „normale", sondern auch für das „prekäre" oder „atypische" Arbeitsverhältnisse.[16]

Der tarifliche Zugriff besteht auch im Falle des so genannten fehlerhaften Arbeitsver- 12
hältnisses,[17] während der Weiterbeschäftigung nach § 102 Abs. 5 BetrVG oder bei dem
nach § 10 Abs. 1 S. 1 AÜG aufgrund gesetzlicher Fiktion begründeten Arbeitsverhältnis –
er setzt also nicht zwingend einen wirksamen Arbeitsvertrag als Regelungsgrundlage voraus.[18] Freilich wird es regelmäßig keine besonderen Regelungen für diese nichtvertraglichen Arbeitsverhältnisse geben, weil sie auch in allgemeinen Geltungsbereich der Tarifverträge fallen.

Die Tarifmacht für **Leiharbeitsverhältnisse** besteht nur für die Tarifvertragsparteien 13
mit der spezifischen Tarifzuständigkeit. Die Tarifvertragsparteien der Entleihbranche
haben keinen Zugriff durch Individualnormen, weil das Arbeitsverhältnis des Leiharbeitnehmers zum Verleiher besteht. Tarifliche Regelungen der Entleiherbranche treffen das

---

[9] Wiedemann/*Thüsing* § 1 Rn. 377; *Löwisch/Rieble* § 4 Rn. 164; *Thüsing/Braun/Wißmann* 4. Kap. Rn. 5; HMB/*Hexel* Teil 4 Rn. 4; JKOS/*Krause* § 4 Rn. 14.
[10] BAG 31.1.1995 – 1 ABR 35/94, AP BetrVG 1972 § 118 Nr. 56 = NZA 1995, 1059; 2.10.1990 – 4 AZR 106/90, AP TVG § 12a Nr. 1 = NZA 1991, 239; 15.3.1978 – 5 AZR 819/76, AP BGB § 611 Nr. 26 = DB 1978, 1035; Wiedemann/*Thüsing* § 1 Rn. 377; JKOS/*Krause* § 4 Rn. 14.
[11] Wiedemann/*Thüsing* § 1 Rn. 380.
[12] Offen hierfür NK-TVG/*Nebe* § 1 Rn. 239.
[13] EuGH 9.7.2015 – C-229/14, AP Richtlinie 98/59/EG Nr. 6 = NZA 2015, 861; 11.11.2010 – C-232/09, AP EWG-RL Nr. 92/85 Nr. 13 = NJW 2011, 2343; siehe auch zum unionsrechtlichen Arbeitnehmerbegriff der ÜberlassungsRL: EuGH 17.11.2016 – C-216/15, AP Richtlinie 2008/104/EG Nr. 2 = NZA 2017, 41.
[14] NK-TVG/*Nebe* § 1 Rn. 243.
[15] JKOS/*Krause* § 4 Rn. 14.
[16] Thüsing/Braun/*Wißmann* 4. Kap Rn. 7.
[17] JKOS/*Krause* § 4 Rn. 17; Wiedemann/*Thüsing* § 1 Rn. 387 ff.
[18] *Löwisch/Rieble* § 4 Rn. 165.

Leiharbeitsverhältnis allenfalls als Reflex über den überlassungsrechtlichen Gleichbehandlungsgrundsatz, § 8 Abs. 1 S. 1 AÜG. Betriebsnormen zielen nicht auf das einzelne Arbeitsverhältnis, sondern auf das Betriebsverhältnis (→ § 240 Rn. 17), deshalb sind die Leiharbeitnehmer infolge ihrer Eingliederung in den Entleiherbetrieb dort von der Tarifmacht der Entleiherbranche umfasst, wo es gerade auf diese Eingliederung ankommt.[19] Das Verhältnis zwischen Entleiher und Verleiher ist tariflich nicht regelbar – weil sich die Tarifmacht grundsätzlich (→ Rn. 4) nicht auf das Verhältnis verschiedener Arbeitgeber untereinander bezieht.[20]

14 **Auszubildende** nach dem BBiG sind zwar keine Arbeitnehmer,[21] unterliegen nach der gesetzlichen Anordnung des § 10 Abs. 2 BBiG den für das Arbeitsverhältnis geltenden Regelungen und das gilt auch für Tarifverträge, damit bezieht sich die Tarifmacht auch auf sie.[22] Ein entsprechender Hinweis ergibt sich auch aus der Nachweispflicht des § 11 Abs. 1 Nr. 9 BBiG.[23] Das gilt nach § 26 BBiG auch für Praktika,[24] wobei hier freilich stets zu prüfen ist, ob nicht ohnehin ein Arbeitsverhältnis vorliegt, oder aber, ob es öffentlich-rechtlich verfasst ist.[25] Denn die Tarifmacht gilt nicht für solche Ausbildungsverhältnisse, die auf öffentlich-rechtlicher Grundlage stehen: Referendarausbildungen, medizinische Ausbildung im praktischen Jahr unterliegen nicht der Tarifmacht, Tarifverträge können diese Ausbildungsverhältnisse nicht regeln,[26] auch nicht, wenn eine „enge Verknüpfung" mit einem späteren Arbeitsverhältnis besteht.[27]

15 **Öffentlich-rechtliche Beschäftigungsverhältnisse** der Beamten, Richter und Soldaten unterliegen ebenfalls nicht der Tarifmacht:[28] Sie sind keine Arbeitnehmer, weil nicht privatrechtlich begründet, und stehen in einer zum arbeitsrechtlichen System völlig gegensätzlichen Regelungsstruktur im Hinblick auf ihre Beschäftigungsbedingungen: Hier geben vor allem die hergebrachten Grundsätze des Berufsbeamtentums, Art. 33 Abs. 5 GG, den Weg zur Regelung der Beschäftigungsbedingungen durch Gesetz vor. Ein Streikrecht für Beamte und damit mittelbar auch die Öffnung zur Regelung der Beamtenverhältnisse durch Tarifvertrag hat das BVerfG zu Recht wegen Verstoßes gegen Art. 33 Abs. 5 GG abgelehnt. Der Ausschluss der Beamten aus dem Tarifsystem ist deshalb (auch vor dem Hintergrund der Rechtsprechung des EGMR) verfassungsfest.[29] Der Beamte kann aber neben seiner Beamtentätigkeit oder bei Beurlaubung Arbeitnehmer sein, dieses Arbeitsverhältnis unterliegt dann dem tariflichen Zugriff.[30]

16 Öffentlich-rechtliche Beschäftigungsverhältnisse, die der Integration dienen, wie etwa bei Schwerbehinderten im Rahmen der Arbeitstherapie, § 42 Abs. 1 Nr. 7 SGB IX, sind ebenfalls keine Arbeitsverhältnisse und unterfallen nicht der Tarifmacht.[31] Dass ein tariflicher Regelungszugriff dann besteht, wenn eine Eingliederungsmaßnahme auf eine Beschäftigung im ersten Arbeitsmarkt gerichtet ist,[32] wird man nicht behaupten können,

---

[19] Wiedemann/*Thüsing* § 1 Rn. 391.
[20] JKOS/*Krause* § 4 Rn. 22.
[21] BAG 21.9.2011 – 7 AZR 375/10, AP TzBfG § 14 Nr. 86 = NZA 2012, 255.
[22] BAG 18.5.2011 – 4 AZR 340/09, AP TVG § 1 Tarifverträge: Arzt Nr. 36 = NZA 2011, 943; *Löwisch/Rieble* § 1 Rn. 181; NK-TVG/*Nebe* § 1 Rn. 292; Thüsing/Braun/*Wißmann* 4. Kap. § 9; JKOS/*Krause* § 4 Rn. 15; bereits zuvor BAG 12.3.1962 – 1 AZR 4/61, AP HandwO § 84 Nr. 1 = NJW 1962, 1222.
[23] HMB/*Hexel* Teil 4 Rn. 6.
[24] Wiedemann/*Thüsing* § 1 Rn. 396.
[25] ErfK/*Franzen* TVG § 1 Rn. 38; JKOS/*Krause* § 4 Rn. 15.
[26] BAG 19.6.1974 – 4 AZR 436/73, AP BAT § 3 Nr. 3 = DB 1974, 1920; siehe hier auch allgemein Brecht-Heitzmann RdA 2008, 276 ff.
[27] So aber noch BAG 20.1.1977 – 3 AZR 523/75, AP TVG § 1 Ausbildungsverhältnis Nr. 1 = BB 1977, 1250.
[28] JKOS/*Krause* § 4 Rn. 14; Wiedemann/*Thüsing* § 1 Rn. 379; Für ein subsidiäres Eingreifen der Tarifmacht aber NK-TVG/*Nebe* § 1 Rn. 240.
[29] BVerfG 12.6.2018 – 2 BvR 1738/12, ua, NVwZ 2018, 1121.
[30] Thüsing/Braun/*Wißmann* 4. Kap. Rn. 9.
[31] *Löwisch/Rieble* § 4 Rn. 188; NK-TVG/*Nebe* § 1 Rn. 304 ff.
[32] NK-TVG/*Nebe* § 1 Rn. 278.

weil es auch hier darauf ankommt, ob ein (vorbereitendes) Arbeitsverhältnis gegeben ist oder nicht. Allein aus der qualifizierenden und integrierenden Absicht einer Beschäftigung erwächst noch kein Tarifzugriff. Liegt dagegen bei Eingliederungsmaßnahmen ein Arbeitsverhältnis vor, so kann es tariflich geregelt werden, auch wenn es durch Maßnahmen der aktiven Arbeitsmarkförderung bezuschusst wird.[33]

Arbeitnehmer der Kirchen unterliegen, anders als die kirchlichen Beamten, für die 17 das gerade Geschriebene gilt (→ Rn. 15), grundsätzlich auch der Tarifmacht. Allerdings haben sich die Kirchen auf der Grundlage des kirchlichen Selbstbestimmungsrechts weitgehend gegen die Regelung ihrer Arbeitsverhältnisse durch Tarifverträge entschieden. Sie haben deshalb – die katholische Kirche umfänglich, die evangelische Kirche zum Teil – ein eigenes tariffreies kollektives Regelungssystem begründet, den so genannten Dritten Weg.[34] Dieser ist auf Regelungsfindung durch paritätische besetzte Kommissionen angelegt (Einzelheiten bei → § 161 Rn. 1 ff.). Der 1. Senat hat dies zu Recht goutiert, solange die Gewerkschaften ausreichend in das System des Dritten Weges einbezogen sind.[35] Frucht dieser Kommissionen sind die kirchlichen Arbeitsvertragsrichtlinien (AVR), die durch Bezugnahme in den Arbeitsvertrag aufgenommen werden. Ein Tarifvertrag über kirchliche Beschäftigungsverhältnisse ist vor diesem Hintergrund zwar möglich, weil er von den Gewerkschaften nicht durch Arbeitskampfmaßnahmen erzwungen werden kann, aber nicht praktisch.

Dritte, die auf der Seite des Arbeitnehmers tätig werden, fallen nicht zwangsläufig un- 18 ter die Tarifmacht, die für das Hauptarbeitsverhältnis gilt.[36] Zuerst ist zu fragen, ob überhaupt ein Arbeitsverhältnis vorliegt. Ist dies der Fall, dann ist dieses Bezugspunkt tariflicher Regelungsmacht – kann also einer gänzlich anderen Tarifbindung unterfallen als das Hauptarbeitsverhältnis. Solche Arbeitsverhältnisse können dann durch den den Hauptarbeitnehmer bindenden Tarifvertrag nur durch schuldrechtliche Ansprüche und damit zugunsten des Dritten geregelt werden.

b) Arbeitgeber. Auch für den Arbeitgeber gilt grundsätzlich der **allgemeine Arbeitge-** 19 **berbegriff, § 611a BGB.**[37] Arbeitgeber ist nach der im Umkehrschluss gezogenen allgemeinen Definition, wer mindestens einen Arbeitnehmer beschäftigt. Weil allerdings die Tarifmacht auch das zeitliche Stadium der vorvertraglichen Beziehungen umfasst, kann Arbeitgeber auch sein, wer die Beschäftigung von Arbeitnehmern oder arbeitnehmerähnlichen Personen nur plant[38] und weil es auch auf nachvertragliche Pflichten bezogen werden kann, endet es, wenn auch diese vollständig abgewickelt sind.[39] Allerdings gibt es hier einen konkreten Ansatzpunkt für die Tarifmacht: Bei der Regelung des vorvertraglichen Stadiums können die tariflichen Vorgaben nur greifen, wenn sich die Planung des Unternehmers bereits im Bewerbungsverfahren konkretisiert hat – eine bloße Möglichkeit oder Planung ohne konkreten Arbeitsverhältnisbezug reicht für die Tarifmacht nicht aus.[40]

Deshalb gehen Bestrebungen, sogenannte **Soloselbständige,** also Werk- und Dienst- 20 leister, die keinen Arbeitnehmer beschäftigten, als Arbeitgeber anzusehen und sie so in ein Beitragsverhältnis einer tariflichen gemeinsamen Einrichtung zu bringen, fehl.[41] Das

---

[33] Wiedemann/*Thüsing* § 1 Rn. 393.
[34] Siehe dazu *Richardi* KirchenArbR, 224 ff.
[35] BAG 20.11.2012 – 1 AZR 179/11, AP GG Art. 9 Arbeitskampf Nr. 179 = NZA 2013, 448.
[36] *Löwisch/Rieble* § 1 Rn. 192.
[37] BAG 31.1.2018 – 10 AZR 279/16, BB 2018, 1523 = BeckRS 2018, 11071.
[38] BAG 31.1.2018 – 10 AZR 279/16, BB 2018, 1523 = BeckRS 2018, 11071; 24.1.2001 – 4 ABR 4/00, AP BetrVG 1972 § 3 Nr. 1 = NZA 2001, 1149; 24.6.1998 – 4 AZR 208/97, AP UmwG § 20 Nr. 1 = NZA 1998, 1346; ErfK/*Franzen* TVG § 1 Rn. 39.
[39] BAG 24.6.1998 – 4 AZR 208/97, AP UmwG § 20 Nr. 1 = NZA 1998, 1346; *Löwisch/Rieble* § 1 Rn. 194.
[40] Siehe dazu auch *Vetter* NZA-RR 2017, 281.
[41] Dafür *Bayreuther/Deinert* RdA 2015, 129 ff.

hat das BAG zu Recht festgestellt:[42] Arbeitgeber ist nur, wer einen Arbeitnehmer beschäftigt oder dies plant; eine lediglich potentielle Möglichkeit, Arbeitgeber zu werden, rechtfertigte es nicht, dass Soloselbständige unter einen Tarifvertrag über eine gemeinsame Einrichtung als Beitragsschuldner zu fassen.

21 Der Arbeitgeber kann **natürliche oder juristische Person** sein. Die Gesellschafter einer Kapitalgesellschaft sind in Anbetracht der Gesellschaft keine Arbeitgeber:[43] Sie können zwar wiederum selbst Arbeitsverhältnisse begründen, die dann auch der Tarifmacht unterliegen, allerdings sind das dann keine Arbeitsverhältnisse der juristischen Person. Damit muss die juristische Person tarifgebunden sein, auf die Gesellschafter kommt es nicht an. Das gilt auch für bei Personengesellschaften, bei denen nach der richtigen Rechtsprechung[44] die Gesellschaft selbst rechtsfähig ist und damit Arbeitgeber sein kann, eines Rückgriffs auf die einzelnen Gesellschafter bedarf es nicht.[45] Für den Fall, dass der einzige Komplementär einer Kommanditgesellschaft verbandlich tarifgebunden ist, wird auch wenig überzeugend auf diesen abgestellt (→ § 245 Rn. 20).[46] Die Erbengemeinschaft ist als solche nicht Arbeitgeber.[47]

22 Der **Konzern** unterliegt ebenfalls nicht der Tarifmacht, er ist keine rechtsfähige Person, kann selbst also keine Arbeitsverträge schließen und damit auch kein Arbeitgeber sein, das können nur die einzelnen Konzernunternehmen.[48] Dass Konzernstrukturen mittelbar Zugriffsobjekt des Tarifvertrags sein können – etwa wenn die Frage nach der Einwirkungspflicht der Konzernmutter gegenüber einer Tochtergesellschaft gestellt wird oder betriebsverfassungsrechtliche Normen die Anzahl der Mitglieder des Konzernbetriebsrats festlegen, § 55 Abs. 4 BetrVG – ändert daran nichts.

23 Die Arbeitgeberstellung kann in bestimmten Konstellationen geteilt werden. So wird ein **gemeinsamer Betrieb im Sinne des § 1 Abs. 2 BetrVG** durch eine Führungsgesellschaft konstituiert (→ § 300 Rn. 9 f.). Diese ist dann maßgeblicher Arbeitgeber für betriebliche und betriebsverfassungsrechtliche Normen (→ § 240 Rn. 18), weil diese Normen betriebsbezogen sind. Damit kann es zum normbezogenen Auseinanderfallen der Tarifmacht kommen. Die Tarifmacht für die anderen beteiligten Arbeitgeber wird aber nicht durch die für nur ein Unternehmen bestehende Tarifmacht ausgelöst.

2. Tarifmacht und Dritte

24 Dritte werden von der Tarifmacht grundsätzlich nicht erfasst, ihr Verhältnis zum Arbeitnehmer oder zum Arbeitgeber kann aber auch durch normative Regelung gestaltet werden.[49] Diese können aber nur berechtigt, nicht aber verpflichtet werden – auch der normative Tarifvertrag kann kein Vertrag zu Lasten Dritter sein (Ausnahme ist hier nur die gemeinsame Einrichtung, bei der die Tarifmacht über § 4 Abs. 2 TVG begründet wird).

25 In Betracht kommen für solche **drittbegünstigenden Tarifverträge** vor allem Sozialleistungen. **Angehörigen des Arbeitnehmers** können etwa Ansprüche auf Benutzung betrieblicher Sozialeinrichtungen eingeräumt werden, Gleiches gilt für Erziehungsbeihilfen, Kindergeld. Sie können unmittelbar dem Begünstigten und nicht erst dem Arbeit-

---

[42] BAG 31.1.2018 – 10 AZR 279/16, AP TVG § 2 Tarifzuständigkeit Nr. 25 mit Anm. *Holler*.
[43] *Löwisch/Rieble* § 1 Rn. 198; NK-TVG/*Nebe* § 1 Rn. 245.
[44] BAG 1.12.2004 – 5 AZR 597/03, AP ZPO § 50 Nr. 14 = NZA 2005, 318; BGH 29.1.2001 – II ZR 331/00, AP ZPO § 50 Nr. 9 = NJW 2001, 1056; 18.6.2002 – VIII ZB 6/02, NJW 2002, 2958.
[45] Wiedemann/*Thüsing* § 1 Rn. 382; Thüsing/Braun/*Wißmann* 4. Kap. Rn. 10; ErfK/*Franzen* TVG § 1 Rn. 39; JKOS/*Krause* § 4 Rn. 18; anders noch BAG 6.7.1989 – 6 AZR 771/87, AP BGB § 705 Nr. 4 = NJW 1989, 3034.
[46] BAG 10.12.1997 – 4 AZR 247/96, AP TVG § 3 Nr. 20 = NZA 1998, 484; 4.5.1994 – 4 AZR 418/93, AP 1 Tarifverträge: Elektrohandwerk Nr. 1 = NZA 1995, 638; 22.2.1957 – 1 AZR 426/56, AP TVG § 2 Nr. 2 = DB 1957, 632.
[47] NK-TVG/*Nebe* § 1 Rn. 245.
[48] Siehe auch *Löwisch/Rieble* § 1 Rn. 199.
[49] JKOS/*Krause* § 4 Rn. 23.

nehmer zugewandt werden. Der Tarifvertrag kann auch die Vererblichkeit von Ansprüchen des Arbeitnehmers, etwa auf Urlaubsabgeltung, bestimmen.[50]

Auch dem tarifgebundenen Arbeitnehmer können Pflichten gegenüber Dritten auferlegt werden, auch dies entspricht dann dem Konzept eines Vertrages zugunsten Dritter.[51] Das kann verschieden intensiv geschehen, etwa durch die Begründung von Leistungsansprüchen Dritter gegen den Arbeitnehmer oder aber durch die (Erweiterung) von Schutzpflichten, so dass der Tarifvertrag zum Vertrag mit Schutzwirkung gegenüber Dritten wird.

Allerdings ist die Tarifmacht hier nicht unbegrenzt: Der Tarifvertrag kann im Verhältnis der Normunterworfenen zu Dritten nichts regeln, was in keinem sachlichen Zusammenhang mit dem Arbeitsverhältnis steht.[52] Deshalb kann nur ein solcher Anspruch begründet werden, der auch im Arbeitsverhältnis selbst begründet werden könnte. Das gilt etwa für die auf Tarifvertrag begründete Hinterbliebenenversorgung. Aus diesem Grund scheitert auch die tarifliche Regelung der Gewerkschaftsunterstützung durch den einzelnen Arbeitgeber – etwa durch die Pflicht zum Einzug des Gewerkschaftsbeitrages oder das Zurverfügungstellen von Räumen.

In die Tarifmacht aufgenommen ist aber die Beziehung der Arbeitsvertragsparteien und der Tarifvertragsparteien zu einer gemeinsamen Einrichtung. Wenn man so will, wird hier die Tarifmacht auf Dritte ausgedehnt, wobei freilich die gemeinsame Einrichtung regelmäßig formal ein solcher Dritter ist, aber in Gründung, Organisation und Geschäftsführung von den Tarifvertragsparteien abhängig ist (→ § 242 Rn. 6ff.).

3. Arbeitnehmerähnliche

§ 12a TVG[53] dehnt die Tarifmacht auf Personen aus, die **wirtschaftlich abhängig und vergleichbar einem Arbeitnehmer sozial schutzwürdig** sind, so genannte Arbeitnehmerähnliche. Voraussetzung ist nach dem Wortlaut des Gesetzes, dass sie aufgrund von Dienst- oder Werkverträgen für andere Personen tätig sind, die geschuldeten Leistungen persönlich und im Wesentlichen ohne Mitarbeit von Arbeitnehmern (arbeitnehmerähnliche Personen) erbringen. Zudem verlangt § 12a Abs. 1 Nr. 1 TVG alternativ entweder, dass die Tätigkeit für eine Person überwiegt, oder aber dass das von einer Person erwirtschaftete Entgelt durchschnittlich mehr als die Hälfte der Einkünfte ausmacht. Die durchaus verwirrende Formulierung der Vorschrift wird zu Recht kritisiert.[54]

Die **wirtschaftliche Abhängigkeit** der Arbeitnehmerähnlichen und die soziale Schutzwürdigkeit führt nach § 12a Abs. 1 Nr. 2 TVG zur Tarifmacht auf die von den Arbeitnehmerähnlichen geschlossenen Dienst- und Werkverträge. Anknüpfungspunkt ist hier also nicht wie beim Arbeitsverhältnis die persönliche, sondern die wirtschaftliche Abhängigkeit, die § 12a Abs. 1 Nr. 1 TVG letztlich mit der Abhängigkeit von einem Auftraggeber gleichsetzt. Die Ausweitung der Tarifmacht ist zwar verfassungsrechtlich nicht geboten,[55] nimmt aber den Schutzbereich des Art. 9 Abs. 3 GG auf, der sich auch auf diese Personengruppe bezieht und nicht nur Arbeitnehmer erfasst,[56] und zielte einst vor allem auf freie Mitarbeiter im Bereich der Medien und künstlerischen Tätigkeit.[57]

---

[50] *Löwisch/Rieble* § 1 Rn. 237.
[51] *Löwisch/Rieble* § 1 Rn. 238.
[52] *Löwisch/Rieble* § 1 Rn. 239; ErfK/*Franzen* TVG § 1 Rn. 40; JKOS § 4 Rn. 23.
[53] Zur Entstehungsgeschichte Wiedemann/*Wank* § 12a Rn. 19ff.
[54] NK-TVG/*Reinecke/Rachor* § 12a Rn. 20.
[55] *Löwisch/Rieble* § 12a Rn. 4, aA BAG 15.2.2005 – 9 AZR 51/04, AP TVG § 12a Nr. 6 = NZA 2006, 223.
[56] BVerfG 12.6.2018 – 2 BvR 1738/12, ua, EzA-SD 2018, 13; 7.2.1990 – 1 BvR 26/84, AP GG Art. 12 Nr. 65 = NZA 1990, 389; BAG 15.2.2005 – 9 AZR 51/04, AP TVG § 12a Nr. 6 = NZA 2006, 223; ErfK/*Franzen* TVG § 12a Rn. 2; *Löwisch/Rieble* § 12a Rn. 2; NK-TVG/*Reinecke/Rachor* § 12a Rn. 13; Wiedemann/*Wank* § 12a Rn. 24.
[57] ErfK/*Franzen* TVG § 12a Rn. 3; Wiedemann/*Wank* § 12a Rn. 23.

31 Wegen der **Kartellwirkung** des Tarifvertrags (→ § 231 Rn. 22 ff.) ist die Ausdehnung der Tarifmacht nach § 12a Abs. 1 TVG auch auf Arbeitnehmerähnliche kartellrechtlich zu hinterfragen: Die hier maßgebliche unionsrechtliche Betrachtung kennt die Figur des Arbeitnehmerähnlichen nicht, der EuGH trennt für die Tarifprivilegierung strikt zwischen Arbeitnehmer und Selbstständigen,[58] geht aber als Konstitutivum eines Arbeitnehmers von dessen (wirtschaftlicher oder persönlicher) Abhängigkeit von einem Auftraggeber aus. Das wiederum umfasst Arbeitnehmerähnliche nach § 12a Abs. 1 TVG nur zum Teil.[59]

32 Durch die in § 12a TVG grundgelegte Ausdehnung der Tarifmacht soll zugleich zur gewerkschaftlichen Organisation motiviert werden.[60] Vor allem geht es aber um die Ausdehnung des tariflichen Schutzes auch auf diese außerhalb eines Arbeitsverhältnisses stehenden Personen. Das TVG ist dabei ein Element eines Schutzkonzepts, das den Arbeitnehmerschutz auch auf diese besondere Gruppe der Selbständigen ausdehnt, entsprechende Regelungen finden sich auch in den § 5 Abs. 1 S. 2 ArbGG, § 17 Abs. 1 S. 2 BetrAVG, § 2 S. 2 BUrlG, § 6 Abs. 1 S. 1 Nr. 3 AGG. Ein solches Schutzbedürfnis besteht zwar auch für Handelsvertreter nach § 84 HGB, dennoch nimmt § 12a Abs. 4 TVG diese ausdrücklich von der Tarifmacht aus. Das ist deshalb unschädlich, weil für diese Gruppe auf der Grundlage von § 92a HGB Mindestbeschäftigungsbedingungen für Einfirmenvertreter festgelegt werden könnten.[61]

33 Der **Begriff des Dienst- oder Werkvertrages in § 12a Abs. 1 TVG** ist weit zu verstehen: Er erfasst nicht nur die in §§ 611 ff., 631 ff. BGB geregelten Vertragsarten, sondern nimmt diese als Grundtypus, der auch alle anderen dienst- und werkvertragsähnlichen Vertragsarten erfasst.[62] Das deckt sich letztlich mit dem Gedanken, dass es um die Verwertung der eigenen Arbeitskraft geht.[63] Das ist schon deshalb richtig, weil die Vertragsgestaltung nicht das durch § 12a TVG aufgenommene Schutzbedürfnis konterkarieren soll.[64] Deshalb unterfallen etwa auch Werklieferungs- oder Geschäftsbesorgungsverträge diesem Typusbegriff.[65]

34 Persönlich muss der Arbeitnehmerähnliche vergleichbar einem Arbeitnehmer sozial schutzwürdig sein. Schwierigkeiten bereitet die Kontur des **Begriffes der vergleichbaren sozialen Schutzwürdigkeit.** Hier kommt es im Rahmen der Einzelfallbetrachtung darauf an, ob die Abhängigkeit verglichen mit einem Arbeitnehmer niveaugleich ist,[66] das zeigt sich einmal in der Tätigkeit an sich, die typischerweise auch von Arbeitnehmern ausgeübt werden können muss.[67] Die Schwierigkeit in der Feststellung für die Parameter der Schutzwürdigkeit (Gesamteinkünfte? Berücksichtigung der Versorgungsansprüche?) soll durch den (problematischen → Rn. 1 f., 39) Hinweis auf den Regelungszugriff des Tarifvertrags etwa durch Festlegung von Obergrenzen begegnet werden.[68]

35 Weitere Voraussetzung ist, dass der Arbeitnehmerähnliche seine Leistung im Wesentlichen ohne Mitarbeit von Arbeitnehmern erbringt, § 12a Abs. 1 Nr. 1 TVG. Damit wird Rekurs auf die grundsätzliche Höchstpersönlichkeit der Arbeitsleistung nach § 613 BGB genommen.[69] Dieses Erfordernis ist nicht nur Indiz für die wirtschaftliche Abhängigkeit,

---

[58] EuGH 4.12.2014 – C-413/13, NZA 2015, 55.
[59] *Löwisch/Rieble* § 12a Rn. 25; NK-TVG/*Reinecke/Rachor* § 14.
[60] HWK/*Henssler* TVG § 12a Rn. 1.
[61] ErfK/*Franzen* TVG § 12a Rn. 2; NK-TVG/*Reinecke/Rachor* § 12a Rn. 18; *Löwisch/Rieble* § 12a Rn. 5 ff., auch dazu, dass dies bislang nicht praktisch wurde; kritisch HWK/*Henssler* TVG§ 12a Rn. 9; ablehnend Wiedemann/*Wank* § 12a Rn. 53.
[62] BAG 15.2.2005 – 9 AZR 51/04, AP TVG § 12a Nr. 6 = NZA 2006, 223; HWK/*Henssler* TVG § 12a Rn. 9; ErfK/*Franzen* TVG § 12a Rn. 6; *Löwisch/Rieble* § 12a Rn. 30.
[63] Wiedemann/*Wank* § 12a Rn. 61.
[64] NK-TVG/*Reinecke/Rachor* § 12a Rn. 34.
[65] NK-TVG/*Reinecke/Rachor* § 12a Rn. 35 ff. mit weiteren Beispielen.
[66] HWK/*Henssler* TVG § 12a Rn. 8; ErfK/*Franzen* TVG § 12a Rn. 5.
[67] BAG 2.10.1990 – 4 AZR 106/90, AP TVG § 12a Nr. 1 = NZA 1991, 239.
[68] NK-TVG/*Reinecke/Rachor* § 12a Rn. 53.
[69] HWK/*Henssler* TVG § 12a Rn. 10.

sondern auch Gewährleistung der Gegnerfreiheit der tarifschließenden Verbände.[70] Dass im Gegensatz zum Arbeitnehmer aber bei Selbständigen die Höchstpersönlichkeit nicht stets gewährleistet ist, fordert § 12a Abs. 1 Nr. 1 TVG sie nur „im Wesentlichen", so dass Hilfstätigkeiten oder geringfügige Tätigkeiten, die durch Dritte ausgeführt werden, unbeachtlich sind.[71]

Die **wirtschaftliche Abhängigkeit** ist ebenfalls im Einzelfall festzustellen,[72] allerdings stellt § 12a Abs. 1 Nr. 1 den konstitutiven Bezug zum Dritten als Dienstgeber oder Werkbesteller zweifach her: Entweder der Arbeitnehmerähnliche übt seine Tätigkeit überwiegend für einen Dritten aus, § 12a Abs. 1 Nr. 1a TVG oder aber er erhält durchschnittlich mehr als die Hälfte der Einkünfte von einem Dritten, § 12a Abs. 1 Nr. 1b TVG.

Der **Tätigkeitsbezug** wird durch die Verteilung der Zeit hergestellt, für die der Arbeitnehmerähnliche für seine Auftraggeber arbeitet.[73] Dabei fasst § 12a Abs. 2 TVG als einen Dritten auch solche verschiedenen Auftraggeber auf, die nach „Art eines Konzerns" oder in einer anderen nicht nur vorübergehenden Organisationsform zusammengefasst sind.

Der **Entgeltbezug** erfasst nur die konkrete Tätigkeit für den Dritten, nicht aber Nebeneinkünfte. Für Personen, die künstlerische, schriftstellerische oder journalistische Leistungen erbringen, senkt § 12a Abs. 3 TVG den Entgeltbezug auf ein Dritte. Dabei ist es unbeachtlich, wie hoch die Entgeltsumme insgesamt ist – die Tarifmacht des § 12a TVG kennt keine absolute Obergrenze.[74]

Die **Tarifvertragsparteien haben keinen Zugriff** auf die durch § 12a TVG aufgestellten Voraussetzungen für die Arbeitnehmerähnlichkeit, deshalb können sie nicht ihre Tarifmacht über die gesetzlichen Vorgaben ausdehnen, allerdings soll nach herrschender Meinung der Tarifvertrag – etwa durch Entgeltgrenzen – die soziale Schutzwürdigkeit konkretisieren.[75] Damit unterfiele die Frage der Arbeitnehmerähnlichkeit aber doch dem tariflichen Zugriff, völlig anders als beim Arbeitnehmerbegriff. Deshalb wird diese mittelbare Zugriffsmöglichkeit zu Recht abgelehnt.[76]

Durch die entsprechende Anwendung des TVG wird zunächst die Öffnung der tariffähigen Koalitionen gegenüber den Arbeitnehmerähnlichen und deren Auftraggebern ermöglicht.[77] Anwendung finden alle Regelungen des TVG, so dass ein Tarifvertrag über die Beschäftigungsbedingungen Arbeitnehmerähnlicher denselben Erfordernissen genügen muss, wie der Tarifvertrag über Arbeitsbedingungen. Dabei ist eine Trennung nicht durch § 12a TVG vorgegeben: So kann ein Tarifvertrag sowohl Arbeitsbedingungen als auch Vertragsbedingungen für Arbeitnehmerähnliche enthalten.[78]

Sachlich besteht Zugriff auf den Dienst- oder Werkvertrag durch Individualnormen und Normen über gemeinsame Einrichtungen. Umstritten ist dies aber für betriebliche und betriebsverfassungsrechtliche Normen.[79] Diese Regelungen setzen aber zum einen in jedem Falle eine Eingliederung des Arbeitnehmerähnlichen in eine betriebliche Struktur

---

[70] ErfK/*Franzen* TVG § 12a Rn. 7; dazu dezidiert *Löwisch/Rieble* § 12a Rn. 11 für die Frage nach der Bedeutung der auch auf der Grundlage des § 12a Abs. 1 TVG möglichen Arbeitgebereigenschaft des Arbeitnehmerähnlichen.
[71] HWK/*Henssler* TVG § 12a Rn. 10; NK-TVG/*Reinecke/Rachor* § 12a Rn. 31; Wiedemann/*Wank* § 12a Rn. 71.
[72] *Löwisch/Rieble* § 12a Rn. 29.
[73] NK-TVG/*Reinecke/Rachor* § 12a Rn. 46; HWK/*Henssler* TVG § 12a Rn. 11.
[74] HWK/*Henssler* TVG § 12a Rn. 7; *Löwisch/Rieble* § 12a Rn. 34; NK-TVG/*Reinecke/Rachor* § 12a Rn. 48.
[75] BAG 15.2.2005 – 9 AZR 51/04, AP TVG § 12a Nr. 6 = NZA 2006, 223; ErfK/*Franzen* TVG § 12a Rn. 5; NK-TVG/*Reinecke/Rachor* § 12a Rn. 30; Wiedemann/*Wank* § 12a Rn. 59.
[76] *Löwisch/Rieble* § 12a Rn. 39 ff.
[77] ErfK/*Franzen* TVG § 12a Rn. 10.
[78] *Löwisch/Rieble* § 12a Rn. 14; Wiedemann/*Wank* § 12a Rn. 90.
[79] Dafür HWK/*Henssler* TVG § 12a Rn. 17; ErfK/*Franzen* TVG § 12a Rn. 11; NK-TVG/*Reinecke/Rachor* § 12a Rn. 68 ff.; dagegen *Löwisch/Rieble* § 12a Rn. 19.

voraus,[80] zum anderen kann ein Tarifvertrag nicht über die Grenzen des § 5 BetrVG Arbeitnehmerähnliche in die Betriebsverfassung einbeziehen.[81]

4. Heimarbeiter

42 Nach **§ 17 HAG** gelten als Tarifverträge auch schriftliche Vereinbarungen zwischen Gewerkschaften einerseits und Auftraggebern oder deren Vereinigungen andererseits über Inhalt, Abschluss oder Beendigung von Vertragsverhältnissen der in Heimarbeit Beschäftigten oder Gleichgestellten mit ihren Auftraggebern. Dabei ist nach § 2 Abs. 1 HAG Heimarbeiter, wer in selbstgewählter Arbeitsstätte (eigener Wohnung oder selbstgewählter Betriebsstätte) allein oder mit seinen Familienangehörigen im Auftrag von Gewerbetreibenden oder Zwischenmeistern erwerbsmäßig arbeitet, jedoch die Verwertung der Arbeitsergebnisse dem unmittelbar oder mittelbar auftraggebenden Gewerbetreibenden überlässt. Damit unterfallen Heimarbeiter – unabhängig von ihrem Status als Arbeitnehmer – der Tarifmacht. Regelmäßig werden Heimarbeiter aber „mindestens" arbeitnehmerähnlich sein.[82]

III. Sachliche Reichweite

43 Sodann ist die Tarifmacht sachlich vorgegeben, weil das TVG grundlegt: Der Tarifvertrag kann Normen über Abschluss, Inhalt und Beendigung des Arbeitsverhältnisses sowie betriebliche, betriebsverfassungsrechtliche und (eingeschränkt) prozessuale Normen setzen.[83]

44 Damit ist Kernelement der Tarifmacht der Zugriff auf das Arbeitsverhältnis durch **Individualnormen:** Die Inhaltsnormen regeln die Rechte und Pflichten der Arbeitsvertragsparteien im Arbeitsverhältnis.[84] Gegenstand der Abschlussnormen ist das Ob und das Wie des Zustandekommens von Arbeitsverträgen, Gegenstand der Beendigungsnormen, das Ob und das Wie der Beendigung von Arbeitsverhältnissen. Eine tarifliche Verfügungsmacht gibt es nicht – so können durch tarifliche Regelungen etwa keine Eigentumsverhältnisse geändert werden.[85]

45 Hier hat der Tarifvertrag grundsätzlich umfänglichen Zugriff. Der Bezug zum Arbeitsverhältnis ist auch gegeben, wenn Rechtsverhältnisse zwischen Arbeitnehmer und Arbeitgeber begleitende, aber mit dem Arbeitsverhältnis in Zusammenhang stehende, Sachverhalte regeln. Hier ist danach zu fragen, ob das Rechtsverhältnis auch vereinbart worden wäre, wenn kein Arbeitsverhältnis bestanden hätte.[86] Das gilt etwa für die Werkmietwohnungen, Jahreswagenvereinbarungen oder das Arbeitgeberdarlehen.[87] Die Beteiligung der Arbeitnehmer am Unternehmen ist innerhalb der gesellschaftsrechtlichen Vorgaben auch tariflich regelbar.[88] Besteht ein solcher Zusammenhang nicht, besteht auch keine Tarifmacht. Das gilt auch für gesetzliche Schuldverhältnisse – die etwa auch von tariflichen Ausschlussfristen erfasst werden können.[89]

46 Eine erste Grenze bildet das **Günstigkeitsprinzip:**[90] Der Tarifvertrag kann keine Höchstarbeitsbedingungen setzen, den Arbeitsvertragsparteien also nicht verbieten, für den Arbeitnehmer günstigere Arbeitsbedingungen zu vereinbaren (→ § 253 Rn. 1 ff.). Daneben gibt es einen – freilich schwer abzugrenzenden – Kernbereich des Arbeitsver-

---

[80] Wiedemann/*Wank* § 12a Rn. 87.
[81] NK-TVG/*Reinecke/Rachor* § 12a Rn. 73; Wiedemann/*Wank* § 12a Rn. 88.
[82] NK-TVG/*Reinecke/Rachor* § 12a Rn. 5.
[83] *Löwisch/Rieble* § 1 Rn. 158.
[84] ErfK/*Franzen* TVG § 1 Rn. 41.
[85] *Löwisch/Rieble* § 1 Rn. 243.
[86] ErfK/*Franzen* TVG § 1 Rn. 40; JKOS/*Krause* § 4 Rn. 19; siehe kritisch *Loritz* DB 1985, 531 (534).
[87] BAG 20.1.1982 – 5 AZR 755/79, AP TVG § 4 Ausschlussfristen Nr. 72 = NJW 1982, 1830; 18.6.1980 – 4 AZR 463/78, AP TVG § 4 Ausschlussfristen Nr. 68; *Löwisch/Rieble* § 1 Rn. 229.
[88] JKOS/*Krause* § 4 Rn. 19.
[89] BAG 10.1.1974 – 5 AZR 573/72, AP TVG § 4 Ausschlußfristen Nr. 54 = DB 1974, 976; *Löwisch/Rieble* § 1 Rn. 231; ErfK/*Franzen* TVG § 1 Rn. 40; JKOS/*Krause* § 4 Rn. 19.
[90] *Löwisch/Rieble* § 1 Rn. 161.

III. Sachliche Reichweite   47–51 § 236

hältnisses und damit der Arbeitsvertragsfreiheit, der der Tarifmacht entzogen ist.[91] Das betrifft zum einen die Abschlussfreiheit als solche, weil durch Tarifvertrag keine Arbeitsverhältnisse begründet werden können.[92] Das betrifft auch die Art der Tätigkeit des Arbeitnehmers, sie kann vom Tarifvertrag nicht geändert werden. Der Tarifvertrag kann also aus einem Sachbearbeiter keinen Schreiner machen und eine Beschäftigung in Vollzeit nicht in eine solche in Teilzeit umwandeln, auch eine befristete Beschäftigung in eine unbefristete zu ändern, verstößt gegen diesen Kernbereich. Grundlage dieser Begrenzung der Tarifmacht ist Art. 12 GG. Jenseits dieser Kernelemente besteht die Tarifmacht aber und kann auch tief in die Berufsfreiheit von Arbeitgeber und Arbeitnehmer eingreifen (→ § 237 Rn. 28 ff.) – etwa durch die Präzisierung oder Ausdehnung von Weisungsrechten.[93] Siehe hier die Ausführungen zur Grenze der Tarifmacht → § 237 Rn. 1 ff.

Betriebliche und betriebsverfassungsrechtliche Normen müssen notwendig betriebseinheitlich gelten (→ § 240 Rn. 5 ff.), deshalb regeln sie nicht das Verhältnis des einzelnen Arbeitnehmers zum Arbeitgeber, sondern das betriebliche Verhältnis des Arbeitgebers zur Belegschaft (→ § 240 Rn. 17). Anknüpfungspunkt ist hier der Betrieb im betriebsverfassungsrechtlichen Sinn, wodurch dem Tarifvertrag auch eine betriebliche Tarifmacht zukommt. Diese hat die Besonderheit, dass sie über die Regelung des Betriebsverhältnisses auch die nicht mitgliedschaftlich tarifgebundenen Außenseiter erfasst: § 3 Abs. 2 TVG gibt dies als notwendige Folge der erforderlichen betriebseinheitlichen Geltung solcher Normen vor. Für die Realisierung der Tarifmacht über solche Betriebsnormen ist es damit (nur) notwendig, dass der Arbeitgeber und mindestens ein Arbeitnehmer mitgliedschaftlich tarifgebunden sind (→ § 240 Rn. 19). 47

Für Tarifverträge über die Dienst- und Werkverträge Arbeitnehmerähnlicher ist die sachliche Reichweite über Betriebsnormen umstritten (→ Rn. 41), für Heimarbeiter besteht sie wegen der ausdrücklichen Anordnung in § 17 HAG nicht. 48

Für tarifliche **gemeinsame Einrichtungen** sieht § 4 Abs. 2 TVG eine Ausdehnung der Tarifmacht vor: Normiert werden kann nicht nur die Regelung der Organisation der gemeinsamen Einrichtung selbst, sondern auch die rechtlichen Beziehungen dieser Einrichtung zu den Arbeitgebern (regelmäßig als Beitragsverhältnis, → § 242 Rn. 37 ff.) und den Arbeitnehmern (regelmäßig als Leistungsverhältnis, → § 242 Rn. 43 ff.). Damit kommt es zur Tarifmacht über die regelmäßig formal-organisatorisch eigenständige gemeinsame Einrichtung. 49

Für das Prozessrecht besteht keine Tarifmacht, sondern eine punktuelle Zugriffsmöglichkeit, die über das staatliche Recht in §§ 48 Abs. 2, 101 Abs. 2 ArbGG vermittelt wird (→ § 241 Rn. 2 ff.). 50

Infolge all dessen **greift die Tarifmacht nicht für außerhalb des Arbeitsverhältnisses liegende Sachverhalte**: Weder kann der Tarifvertrag das unternehmerische Verhalten des Arbeitgebers als solches regeln[94] – sondern nur mittelbar über die Festlegung von Arbeitsbedingungen[95] –, noch kann er das private Verhalten der Arbeitnehmer bestimmen und etwa nicht deren Konsumverhalten reglementieren[96] oder jegliche Nebentätigkeit ausschließen.[97] Ebenfalls gibt es keinen Zugriff der Tarifmacht auf den Konzern – er ist durch das TVG vom der tariflichen Regelbarkeit ausgeschlossen. Allenfalls die mittelbaren Auswirkungen durch die Normarten des § 1 Abs. 1 TVG sind möglich. Siehe hier noch zu den Grenzen der Tarifmacht → § 237 Rn. 1 ff. 51

---

[91] *Löwisch/Rieble* § 4 Rn. 161.
[92] *Wiedemann/Wiedemann* Einleitung Rn. 456.
[93] *Löwisch/Rieble* § 4 Rn. 162.
[94] *Thüsing/Braun/Thüsing* 1. Kap. Rn. 37; ErfK/*Franzen* TVG § 1 Rn. 42; HWK/*Henssler* TVG § 1 Rn. 46.
[95] *Wiedemann/Wiedemann* Einleitung Rn, 444.
[96] *Wiedemann/Wiedemann* Einleitung Rn. 457; *Löwisch/Rieble* § 1 Rn. 248 ff.; ErfK/*Franzen* TVG § 1 Rn. 42.
[97] *Wiedemann/Wiedemann* Einleitung Rn. 454.

IV. Zeitliche Reichweite

52 Das TVG setzt der Tarifmacht in zeitlicher Hinsicht **keine ausdrücklichen Grenzen**. Allerdings ergeben sich diese aus dem notwendigen Bezug zum Arbeitsverhältnis: Zwar ist es richtig, nicht nur auf das aktuelle Arbeitsverhältnis abzustellen, allerdings können nur solche Regelungen gesetzt werden, die in Zusammenhang mit dem Arbeitsverhältnis stehen. Dass das vorvertragliche Verhältnis tariflich geregelt werden kann,[98] zeigt schon die ausdrückliche Ermächtigung des § 1 Abs. 1 TVG zur Vereinbarung von Abschlussnormen:[99] So kann ein Tarifvertrag etwa Einstellungsuntersuchungen regeln oder auch die Erstattung von Bewerbungskosten.[100]

53 Das gilt aber auch für das „nachwirkende" Arbeitsverhältnis – der Tarifvertrag kann hier etwa die Abwicklungspflichten treffen; auch das kann aus § 1 Abs. 1 TVG geschlossen werden, der auch Beendigungsnormen vorsieht. In diesen Bereich fallen etwa die Regelung von Abfindungen, Zeugnisregelungen oder Wettbewerbsverbote.[101] Anerkannt ist freilich auch, dass das (für die betriebliche Altersversorgung wichtige) Ruhestandsverhältnis tariflich geregelt werden kann.[102]

54 Zur Frage der Rückwirkung tariflicher Regelungen siehe → § 237 Rn. 76 ff.

---

[98] JKOS/*Krause* § 4 Rn. 16.
[99] Wiedemann/*Thüsing* § 1 Rn. 399; ErfK/*Franzen* TVG § 1 Rn. 38.
[100] JKOS/*Krause* § 4 Rn. 16.
[101] Siehe die Beispiele bei JKOS/*Krause* § 4 Rn. 16.
[102] BAG 20.9.2016 – 3 AZR 273/15, AP BetrAVG § 1 Gesamtversorgung Nr. 7 = NZA 2017, 64; 11.8.2009 – 3 AZR 23/08, AP GG Art. 9 Nr. 139 = NZA 2010, 408; 17.6.2008 – 3 AZR 409/06, AP GG Art. 9 Nr. 136 = NZA 2008, 1244; 27.2.2007 – 3 AZR 734/05, AP BetrAVG § 1 Nr. 44 = NZA 2007, 1371; NK-TVG/*Nebe* § 1 Rn. 312; Wiedemann/*Thüsing* § 1 Rn. 400; *Löwisch/Rieble* § 1 Rn. 167 ff.; Thüsing/Braun/*Wißmann* 4. Kap. 8; HMB/*Hexel* Teil 4 Rn. 5; JKOS/*Krause* § 4 Rn. 16.

§ 237 Grenzen der Tarifmacht

Schrifttum:
Bauer/Arnold, Differenzierungsklauseln – Entscheidung des Großen Senats auf der Kippe? NZA 2009, 1169; *Baumann,* Die Delegation tariflicher Rechtsetzungsbefugnisse, 1992; *Baumann,* Rechtsfolgen eines Grundrechtsverstoßes der Tarifpartner, RdA 1994, 272; *Bayreuther,* Altersgrenzen, Altersgruppenbildung und der Ausschluss rentennaher Arbeitnehmer aus Sozialplänen, NJW 2011, 19; *Beckers,* Die rückwirkende Änderung von Tarifverträgen, ZTR 1999, 145; *Berger,* Zulässigkeit eines gewerkschaftlichen Zustimmungsvorbehalts zu Kündigungen, NZA 2015, 208; *Biedenkopf,* Grenzen der Tarifautonomie, 1964; *Biedenkopf,* Sinn und Grenzen der Vereinbarungsbefugnis der Tarifvertragsparteien, Gutachten zum 46. Deutschen Juristentag, 1966; *Burkiczak,* Grundrechtsbindung der Tarifvertragsparteien oder Relevanz grundrechtlicher Schutzpflichten – Erfurter Einerlei?, RdA 2007, 17; *Däubler,* Tarifverträge zur Unternehmenspolitik?, 2016; *Däubler/Heuschmid,* Tarifverträge nur für Gewerkschaftsmitglieder?, RdA 2013, 1; *Dieterich,* Die grundrechtsdogmatischen Grenzen der Tarifautonomie in der Rechtsprechung des Bundesarbeitsgerichts, FS Wiedemann, 2002, S. 229; *Dieterich,* Zur Verfassungsmäßigkeit tariflicher Rechtsnormen, FS Däubler, 1999, S. 451; *Dieterich,* Die Grundrechtsbindung von Tarifverträgen, FS Schaub, 1998, S. 117; *Dieterich,* Bindung der Tarifvertragsparteien an den Gleichheitssatz, RdA 2001, 117; *Dorndorf,* Das Verhältnis von Tarifautonomie und individueller Freiheit als Problem dogmatischer Theorie, FS Kissel, 1994, S. 139; *Dörnwächter,* Tendenzschutz im Tarifrecht, 1998; *Fischinger,* Streik um Tarifsozialpläne, FS Bauer, 2010, S. 349; *Franzen,* „Tarifvertragliche Regelungsmacht", ZfA 2007, 191; *Gertler/Nägele,* Tarifliche Ausschlussfristen auf dem Prüfstand des Verfassungsrechts, NZA 2011, 442; *Giesen,* Befristete Arbeitsverhältnisse im Rentenalter, ZfA 2014, 217; *Glajcar,* Altersdiskriminierung durch tarifliche Vergütung, 2011; *Gornik,* Grundrechtsbindung in der Rechtsprechung des BAG, NZA 2012, 1399; *Greiner,* Tarifdispositives Gesetzesrecht – Fluch oder Segen für die Tarifautonomie?, NZA 2018, 563; *Greiner,* Differenzierungsklauseln im Kontext von Koalitionsmittelfreiheit und Gewerkschaftspluralismus, DB 2009, 398; *Greiner,* „Weil nicht sein kann, was nicht sein darf..." NZA 2016, 10; *Hader,* Die Differenzierung nach der Gewerkschaftsmitgliedschaft durch Vereinbarung, 2012; *P. Hanau,* Ungleichstellungsklauseln, FS Hromadka, 2008, S. 115; *Hartmann,* Die Unwirksamkeit tarifvertraglicher Spannensicherungsklauseln, SAE 2011, 225; *Hartmann/Lobinger,* Die Arbeitsvertrags- und Wettbewerbsfreiheit als Grenze tarifvertraglicher Vorteilsregelungen, NZA 2010, 421; *Hartmann,* Negative Tarifvertragsfreiheit im deutschen und europäischen Arbeitsrecht, 2014; *Hartmann,* Gleichbehandlung und Tarifautonomie, 1994; *Hirschmann,* Die Begrenzung tarifvertraglicher Normsetzungsbefugnis durch die Grundrechte unter besonderer Berücksichtigung von Art. 12 GG, 2002; *Höpfner,* Die Schlichtung von Tarifkonflikten, ZfA 2018, 254; *Höpfner,* Die Tarifgeltung im Arbeitsverhältnis, 2015; *Houben,* Die Rückwirkung von Tarifverträgen, 2006; *Husemann,* Ausschlussfristen im Arbeitsrecht, NZA-RR 2011, 337; *Jacklofski,* Tarifpositivität des richterrechtlichen Grundsatzes des BAG zur Beschränkung der Arbeitnehmerhaftung, NZA 2001, 644; *Jacobs,* Die tarifliche Differenzierung nach der Gewerkschaftszugehörigkeit, FS Bauer, 2010, S. 479; *Käppler,* Tarifvertragliche Regelungsmacht, NZA 1991, 745; *E. Kaiser,* Tarifverträge und Altersdiskriminierungsschutz, 2012; *Kania/Kramer,* Unkündbarkeitsvereinbarungen in Arbeitsverträgen, Betriebsvereinbarungen und Tarifverträgen, RdA 1995, 287; *Kolbe,* Kücükdeveci und tarifliche Altersgrenzen, BB 2010, 501; *Krebber,* Rechtsfolgen einer Diskriminierung durch gesetzliche und kollektivrechtliche Regelungen, EuZA 2009, 200; *Lobinger/Hartmann,* Einfache Differenzierungsklauseln als Prüfstein interessengerechter Vertragsauslegung und konsistenter Systembildung, RdA 2010, 235; *Löwisch,* Kollektivverträge und Allgemeines Gleichbehandlungsgesetz, DB 2006, 1729; *Löwisch,* Tarifliche Regelungen von Arbeiterkündigungen, DB 1998, 877; *Löwisch,* Arbeitsrechtliche Fragen der Rente mit 67, ZTR 2011, 78; *Lunk/Leder/Seidler,* Die tarifvertragliche und schuldrechtliche Besserstellung von Gewerkschaftsmitgliedern, RdA 2015, 399; *Mälzer,* Die kollektivarbeitsrechtlichen Bezüge des Allgemeinen Gleichbehandlungsgesetzes, 2014; *Müller-Glöge,* Tarifliche Regelungen der Kündigungsfristen und Termine, FS Schaub, 1998, S. 497; *Neuner,* Die Rückwirkung von Tarifverträgen, ZfA 1998, 83; *Neuner,* Privatrecht und Sozialstaat, 1999; *Nussberger,* Altersgrenze als Problem des Verfassungsrechts, JZ 2002, 524; *Oetker,* Arbeitsrechtlicher Kündigungsschutz und Tarifautonomie, ZfA 2001, 287; *Oetker,* Die Auswirkungen tariflicher Entgelterhöhungen für den Effektivverdienst im Zielkonflikt von individueller Gestaltungsfreiheit und kollektivrechtlicher Gewährleistung innerbetrieblicher Verteilungsgerechtigkeit, RdA 1991, 16; *Oetker,* Arbeitsrechtlicher Kündigungsschutz und Tarifautonomie, ZfA 2001, 287; *Poguntke,* Neue Gestaltungsmöglichkeiten bei der Beschäftigung älterer Arbeitnehmer, NZA 2014, 1372; *Preis,* Schlangenlinien in der Rechtsprechung des EuGH zur Altersdiskriminierung, NZA 2010, 1323; *Preis/D.Ulber,* Ausschlussfristen und Mindestlohngesetz, 2014; *Ramm,* Grundrechte und Arbeitsrecht, JZ 1991, 1; *Rieble,* Entgeltgleichstellung der Frau, RdA 2011, 36; *Rieble/Zedler,* Altersdiskriminierung in Tarifverträgen, ZfA 2006, 273; *Ricken,* Stichtagsregelungen in Sanierungstarifverträgen – Belastungen für Außenseiter, Giesen/Junker/Rieble (Hrsg.), Ordnungsfragen des Tarifvertragsrechts, 2017, S. 15; *Rüfner,* Zur Gemeinwohlbindung der Tarifvertragsparteien, RdA 1985, 193; *Säcker/Oetker,* Grundlagen und Grenzen der Tarifautonomie, 1992; *Schäfer,* Die Verantwortlichkeit des Arbeitgebers für diskriminierendes Verhalten Dritter, 2013; *Schlachter,* Verbot der Altersdiskriminierung, 2014; *Schlachter,* Gleichheitswidrige Tarifnormen, FS Schaub, 1998, S. 651; *Schleusener,* Die Zulässigkeit qualitativer Besetzungsregelungen, 1997; *Schüren/Zachert,* Tarifautonomie und tarifdispositives Richterrecht, AuR 1988, 245; *Schwarze,* Die Grundrechtsbindung der Tarifnormen aus der Sicht grundrechtlicher Schutzpflichten, ZTR 1996, 1; *Singer,* Tarifvertragliche Normenkontrolle am Maßstab der Grundrechte?, ZfA 1995, 611; *Sprenger,* Ein Reflex wird reflektiert: Neues zum Grenzverlauf zwischen Sozialauswahl und Sonder-

kündigungsschutz, BB 2014, 1781; *Söllner,* Tarifmacht – Grenzen und Grenzverschiebungen, NZA-Beil. 24/2000, 33; *Stein,* Pacta sunt servanda? – Der Wert tariflicher Unkündbarkeitsregelungen, DB 2013, 1229; *Stille,* Tarifliche Meistbegünstigungsabrede, 2013; *Stoffels,* Befristung und Kündigungsschutz jenseits der Altersgrenze, Giesen/Junker/Rieble (Hrsg.), Arbeiten im Alter, 2012, S. 53; *Temming,* Altersdiskriminierung im Arbeitsleben, 2008; *Thüsing,* Zur Unanwendbarkeit nationalen Rechts bei Verstoß gegen den europarechtlichen Gleichbehandlungsgrundsatz, ZIP 2010, 199; *Thüsing/von Hoff,* Leistungsbeziehungen und Differenzierungen nach der Gewerkschaftszugehörigkeit bei Gemeinsamen Einrichtungen, ZfA 2008, 77; *Tödenhöfer,* Tarifunrecht, 2007; *D.Ulber,* Ausschlussfristen und zwingendes Gesetzesrecht, DB 2011, 1808; *Vielmeier,* Tarifzensur, 2013, *Waas,* Firmentarifvertrag und verbandstarifvertragliche „Meistbegünstigungsklausel", ZTR 2000, 341; *v. Medem,* Kehrtwende des BAG bei zweistufigen tariflichen Ausschlussfristen, NZA 2013, 345; *Waltermann,* Differenzierungsklauseln im Tarifvertrag in der auf Mitgliedschaft aufbauenden Tarifautonomie, 2016.

Übersicht

	Rn.
I. Tarifmacht und Tarifverantwortung	1
1. Keine tariffremden Akteure	3
2. Vermeidung überlanger Bindung	4
3. Dynamische Verweisung, Meistbegünstigung	5
4. Bestimmungsregelungen	15
5. Stellvertretung, Schlichtung	17
II. Grundrechte	19
1. Grundrechte des Arbeitnehmers	20
a) Koalitionsfreiheit, Art. 9 Abs. 3 GG	20
b) Berufsfreiheit, Art. 12 Abs. 1 GG	28
c) Andere Freiheitsrechte	45
2. Grundrechte des Arbeitgebers	54
a) Unternehmerfreiheit	54
b) Sonstige Gewährleistungen	58
3. Gleichheitssatz	60
a) Grundsätze	60
b) Einzelfälle	64
III. Tarifvertrag und sonstige Verfassungsgewährleistungen	73
1. Bestimmtheitsgrundsatz	73
2. Vertrauensschutz	76
IV. Tarifvertrag und Gesetzesrecht	84
1. Zweiseitig zwingendes Recht	86
2. Einseitig zwingendes Recht	93
3. Gesetzesrecht ohne zwingende Wirkung	105
a) Dispositive Gesetze	105
b) Tarifdispositive Gesetze	108
4. Tarifvertrag und Richterrecht	116
V. Rechtsfolgen der Überschreitung der Grenzen der Tarifmacht	119

I. Tarifmacht und Tarifverantwortung

1 Die Tarifvertragsparteien handeln im Rahmen ihrer durch Art. 9 Abs. 3 GG geschützten Autonomie (→ § 220 Rn. 34 ff.), mit der sich weder ein Verhandlungs- noch ein Abschlusszwang verträgt: Weder kann ein gegnerischer Verband jenseits einer vorherigen entsprechenden Vereinbarung einen Verhandlungs- oder Abschlussanspruch haben, noch gar das einzelne Verbandsmitglied. Jener ist auf das Mittel des Arbeitskampfes angewiesen, um einen unwilligen gegnerischen Verband zum Tarifabschluss zu bringen; dieser auf seine innerverbandlichen Einflussmöglichkeiten. Es gibt keine Pflicht zur tariflichen Regelung, die Tarifautonomie gewährt auch die Freiheit zur tariflichen Enthaltsamkeit.[1] Das ist auch deshalb unproblematisch, als auch beim untätigen Verband das gegebene Schutzin-

---

[1] BAG 10.11.1982 – 4 AZR 1203/79, AP TVG § 1 Form Nr. 8 = DB 1983, 717.

teresse der Arbeitnehmer auf anderen Ebenen aufgenommen werden kann, insbesondere durch den gesetzlichen Mindestschutz.

Setzen die Tarifvertragsparteien aber tarifliches Recht und entziehen so zumindest den Betriebs- und den Arbeitsvertragsparteien einen erheblichen eigenen Regelungsspielraum, so handeln sie in eigener **Tarifverantwortung,** derer sie sich nicht begeben dürfen.[2] Das ergibt schon ein schlichter Schluss aus Art. 9 Abs. 3 GG: Der Tarifvertrag hat eine Richtigkeitsgewähr als wesentlicher Grundlage der normativen Wirkung, weil er Interessenausgleich im Rahmen der (potentiellen oder durch Arbeitskampf realisierten) Gegenmachtbildung ist. Deshalb müssen die Tarifvertragsparteien auch die Interessen ihrer Mitglieder selbst regeln und können nicht auf einen Dritten als Normsetzer verweisen, sie dürfen auch einem Dritten den Abschluss eines Tarifvertrags als Stellvertreter nicht frei überlassen, zudem dürfen sich die Tarifvertragsparteien nicht überlang selbst binden, weil sonst eine Anpassung an die geänderten Interessen nicht möglich wäre, es käme zum Tarifstillstand.

1. Keine tariffremden Akteure

Der Tarifvertrag muss von tariffähigen und tarifzuständigen Parteien geschlossen werden. Das schließt es aus, dass etwa im Rahmen einer mehrseitigen Vereinbarung auch tariffremde Akteure, etwa der Betriebsrat oder weitere Dritte, sich an den Tarifvertragsverhandlungen oder gar am Abschluss eines Tarifvertrags beteiligen. Zwar ist es durchaus schwierig, im Rahmen von Verhandlungen den Einfluss Dritter deutlich zu machen – immerhin ist etwa eine Verhandlungshilfe durch Stellvertretung möglich (→ § 234 Rn. 16 ff.) – allerdings scheitert ein Tarifvertrag jedenfalls an der Beteiligung Dritter, etwa dadurch, dass er die mehrseitige Vereinbarung unterzeichnet. Das verträgt sich nicht nur mit dem Gebot der Rechtsquellenklarheit (→ § 226 Rn. 14), sondern auch nicht mit der Notwendigkeit der alleinigen Tarifverantwortung, weil es zum (dokumentierten) Einfluss von tarifunfähigen oder tarifunzuständigen Dritten führt.[3] Deshalb sind solche Vereinbarungen nicht Tarifvertrag. Wer zu Recht den Einfluss nicht tarifgebundener Mitglieder im tarifschließenden Verband ausschließt (→ § 223 Rn. 32; → § 224 Rn. 2, 12), der muss deshalb auch die Beteiligung Dritter am Vereinbarungsabschluss in konstitutiver Weise ablehnen.

2. Vermeidung überlanger Bindung

Eine überlange Dauer eines Tarifvertrags verhindert die Anpassung der tariflichen Regelungen an geänderte Umstände. Die Tarifvertragsparteien müssen aber die Möglichkeit haben, auf geänderte Interessen durch Änderung des Tarifvertrags und damit Anpassung der Arbeitsbedingungen zu reagieren.[4] Weil bei einer (zu) langen zeitlichen Geltung des Tarifvertrags das Druckmittel des Arbeitskampfes infolge der andauernden Friedenspflicht ausscheidet (→ § 257 Rn. 27), müssen überlange Tarifverträge auch einseitig beendet werden können.[5] Dabei ist das Mittel der außerordentlichen Kündigung, das nie ausgeschlossen werden kann, nicht ausreichend, weil es mit der Unzumutbarkeit des weiteren Festhaltens am Vertrag zu hohe Hürden aufstellt, bei einem bloßen Anpassungsinteresse regelmäßig nicht erreicht werden dürften.[6] Aus diesem Grund wird zu Recht dafür gestritten, nach Ablauf einer gewissen Zeit auch ohne ausdrückliche Vereinbarung ein **ordentliches Kündigungsrecht** bei jedem Tarifvertrag zuzulassen. Als zeitliche Vorgabe für eine solche Kündigungsmöglichkeit wird entsprechend § 624 BGB ein Zeitraum von 5 Jahren und als Kündigungsfrist 6 Monate vorgeschlagen.[7]

---

[2] Siehe auch *Höpfner* Tarifgeltung, S. 271 ff.
[3] Zum Ganzen vertieft *Löwisch/Rieble* § 1 Rn. 65 ff.
[4] BAG 10.11.1993 – 4 AZR 316/93, AP TVG § 1 Tarifverträge: Bau Nr. 169 = NZA 1994, 622; BAG 10.11.1982 – 4 AZR 1203/79, AP TVG § 1 Form Nr. 8 = DB 1983, 717.
[5] NK-TVG/*Deinert* § 4 Rn. 117.
[6] *Löwisch/Rieble* § 1 Rn. 18; siehe dazu auch Wiedemann/*Wank* § 4 Rn. 33.
[7] *Löwisch/Rieble* § 1 Rn. 18; HMB/*Bepler* Teil 3 Rn. 207 Fn. 3; NK-TVG/*Deinert* § 4 Rn. 117.

3. Dynamische Verweisung, Meistbegünstigung

5 Die **Tarifvertragsparteien müssen die Arbeitsbedingungen selbst regeln,** um ihrer Tarifverantwortung nachzukommen. Eine Regelung durch Dritte entspricht nicht dem Konzept der Tarifautonomie. Dem widerspricht grundsätzlich eine Verweisung im Tarifvertrag auf eine andere externe Regelungsquelle wie ein fremder Tarifvertrag, eine Betriebsvereinbarung oder auch das Gesetz.[8] Der Konflikt wird beim Verweis auf einen fremden Tarifvertrag deutlich:[9] Dessen Parteien vertreten die Interessen ihrer Mitglieder, die von denen anderer Verbände differieren können und regelmäßig werden: Die Koalitionsfreiheit und die Tarifautonomie ermöglichen die verbandliche Interessenvertretung auf der Grundlage einer Verbandsvielfalt, die verschiedene Interessen aufnimmt und jeweils kanalisiert. Die Verantwortung für die Wahrnehmung der Interessen der eigenen Mitglieder verbleibt aber stets im jeweiligen Verband.

6 Von vornherein unschädlich ist deshalb eine **Verweisung auf einen anderen Tarifvertrag derselben Tarifvertragsparteien,**[10] die Tarifverantwortung gebietet es nicht, alle Arbeitsbedingungen in einem Tarifvertrag zusammenzufassen.

7 Unproblematisch ist auch eine **statische Verweisung** auf einen anderen Tarifvertrag, weil hier die Tarifvertragsparteien einen feststehenden Normtext gleichsam als ihren eigenen aufnehmen und damit eigene Tarifverantwortung ausüben.[11]

8 In jedem Falle muss die Verweisung **hinreichend klar** und dem Schriftformgebot, § 1 Abs. 2 TVG, entsprechend formuliert sein, wobei es etwa nicht notwendig ist, den in Bezug genommenen Tarifvertrag als Anlage aufzunehmen.[12]

9 Die **dynamische Verweisung auf einen anderen Tarifvertrag,** auch „Blankettverweisung", (regelmäßig als Anschlusstarifvertrag) ist aber nur unter besonderen, die Tarifverantwortung aufnehmenden Voraussetzungen zuzulassen.[13] Zunächst muss zwischen dem verweisenden und dem Tarifvertrag, auf den verwiesen wird, ein sachlicher Zusammenhang bestehen, was angenommen wird, wenn sich die Geltungsbereiche der Tarifverträge überschneiden oder sie zumindest eng zusammenhängen.[14] *Thüsing* will hier eine wertende Gesamtbetrachtung vornehmen,[15] freilich darf die Feststellung eines solchen Zusammenhangs nicht in eine Inhaltskontrolle des in Bezug genommenen Tarifvertrags auf Angemessenheit münden.[16] Das wird etwa regelmäßig für einen Haustarifvertrag anzunehmen sein, der auf den einschlägigen Verbandstarifvertrag verweist;[17] oder aber im Falle eines Firmentarifvertrags, der für einen Betrieb außerhalb des räumlichen Geltungsbereiches eines Verbandstarifvertrags dessen Tarifgeltung ermöglichen will – wenn alle anderen Betriebe bereits diesem Verbandstarifvertrag unterfallen.[18]

---

[8] BAG 27.7.1956 – AP TVG § 4 Geltungsbereich Nr. 3, AP TVG § 4 Geltungsbereich Nr. 3.
[9] Siehe auch BAG 10.11.1982 – 4 AZR 1203/79, AP TVG § 1 Form Nr. 8 = DB 1983, 717.
[10] BAG 22.2.2012 – 4 AZR 8/10, AP TVG § 1 Bezugnahme auf Tarifvertrag Nr. 108 = NZA 2012, 1120; NK-TVG/*Nebe* § 1 Rn. 201; *Löwisch/Rieble* § 1 Rn. 26.
[11] BAG 8.10.1959 – 2 AZR 503/56, AP BetrVG 1952 § 56 Nr. 14 = DB 1959, 1257; BAG 2.3.1988 – 4 AZR 595/87, AP TVG § 1 Form Nr. 11 = NZA 1988, 623; Wiedemann/*Thüsing* § 1 Rn. 237; NK-TVG/*Nebe* § 1 Rn. 197; Thüsing/Braun/*Mengel/Burg* 5. Kap. Bezugnahmeklauseln Rn. 2.
[12] NK-TVG/*Nebe* § 1 Rn. 196; Thüsing/Braun/*Mengel/Burg* 5. Kap. Bezugnahmeklauseln Rn. 6.
[13] Zunächst ablehnend BAG 27.7.1956 – 1 AZR 430/54, AP TVG § 4 Geltungsbereich Nr. 3 = BB 1956, 958; dann offener BAG 9.7.1980 – 4 AZR 564/78, AP TVG § 1 Form Nr. 7 = DB 1981, 374.
[14] BAG 22.2.2012 – 4 AZR 8/10, AP TVG § 1 Bezugnahme auf Tarifvertrag Nr. 108 = NZA 2012, 1120; BAG 18.3.2010 – 6 AZR 434/07, AP GG Art. 3 Nr. 321 = NZA-RR 2010, 664; BAG 10.11.1982 – 4 AZR 1203/79, AP TVG § 1 Form Nr. 8 = DB 1983, 717; BAG 9.7.1980 – 4 AZR 564/78, AP TVG § 1 Form Nr. 7 = DB 1981, 374; Wiedemann/*Thüsing* § 1 Rn. 23; Thüsing/Braun/*Mengel/Burg* 5. Kap. Bezugnahmeklausel Rn. 11; im Grunde auch NK-TVG/*Nebe* § 1 Rn. 204.
[15] Wiedemann/*Thüsing* § 1 Rn. 238.
[16] Richtig NK-TVG/*Nebe* § 1 Rn. 205.
[17] BAG 29.8.2001 – 4 AZR 332/00, AP TVG § 1 Bezugnahme auf Tarifvertrag Nr. 17 = NZA 2002, 513; BAG 10.11.1982 – 4 AZR 1203/79, AP TVG § 1 Form Nr. 8 = DB 1983, 717; *Löwisch/Rieble* § 1 Rn. 28.
[18] *Löwisch/Rieble* § 1 Rn. 29 siehe auch den Fall BAG 3.7.2013 – 4 AZR 961/11, AP BGB § 613a Nr. 443 = NZA-RR 2014, 80.

I. Tarifmacht und Tarifverantwortung 10–14 § 237

Dabei ist es nicht Voraussetzung, dass der in Bezug genommene Tarifvertrag selbst normativ gilt, ein Verweis ist auch auf den nachwirkenden Tarifvertrag möglich.[19] Weitere Voraussetzung ist ein bestehendes **Kündigungsrecht** der Parteien des verweisenden Tarifvertrags – diese müssen sich von der externen Regelungsquelle lösen können und so die Kontrolle über die Arbeitsbedingungen behalten.[20] Dem wird entgegengehalten, dass der verweisende Tarifvertrag ohnehin jederzeit aufgehoben werden könne, es eines Kündigungsrechts also nicht bedürfe.[21] Das aber greift zu kurz, weil die einzelne Tarifvertragspartei der externen Regelungssetzung ausgeliefert wäre, wäre sie auf das tarifvertragliche Einvernehmen angewiesen. Zudem greift das Kündigungsrecht bei Änderung des in Bezug genommenen Tarifvertrags auch das Problem auf, dass überraschende, unvorhersehbare Änderungen so aufgefangen werden können. Denn grundsätzlich sind diese von einer Verweisung auf einen sachnahen Tarifvertrag umfasst[22] – schon, weil sich eine entsprechende gerichtliche Überprüfung verbietet.

Die Dynamik der Verweisung reicht dann soweit, als der verweisende Tarifvertrag normativ wirkt, im Nachwirkungszeitraum des § 4 Abs. 5 TVG gilt die Verweisung lediglich statisch,[23] weitere Änderungen des in Bezug genommenen Tarifvertrags erreichen die Arbeitsverhältnisse des nachwirkenden verweisenden Tarifvertrags deshalb nicht mehr.

Liegt keine Sachnähe vor, so verbleibt es bei einer statischen Verweisung – den Normtext haben die Tarifvertragsparteien in ihre Verweisung bereits aufgenommen.[24] Deshalb ist die Verweisung in diesem Fall nicht insgesamt unwirksam.[25]

Die entsprechenden Voraussetzungen gelten auch dann, wenn auf **gesetzliche Regelungen** erwiesen wird.[26] Freilich ist hier stets zu fragen, ob eine konstitutive oder deklaratorische Verweisung vorliegt.[27]

Eng verbunden mit der Verweisung auf einen anderen Tarifvertrag ist auch eine (schuldrechtliche) **Meistbegünstigungsvereinbarung,** aus der sich die Verpflichtung einer Tarifvertragspartei ergibt, die Regelungen in die tarifliche Vereinbarung zu übernehmen, die mit einem dritten Verband vereinbart wurden.[28] Das wird unter dem Hinweis auf die dann aufgegebene Tarifverantwortung als unzulässig angesehen.[29] Zwar gilt formal, dass bei Übernahme der externen Regelungen ein eigener Tarifvertrag geschlossen wird, und so keine direkte Dynamik wirkt, allerdings führt die Meistbegünstigung dazu, dass sich zum einen eine faktische Einschränkung der tariflichen Handlungsfreiheit ergibt: Die gebundene Tarifpartei wird sich, will sie den externen Tarifinhalt nicht transportieren, eines entsprechenden Tarifinhalts enthalten.[30] Und (wichtiger) ein fremder Tarifinhalt muss übernommen werden, das verträgt sich nicht mit der eigenen Tarifverantwortung.[31] Das

---

[19] BAG 30.1.1990 – 1 ABR 98/88, AP BetrVG 1972 § 99 Nr. 78 = NZA 1990, 493; *Löwisch/Rieble* § 1 Rn. 43.
[20] *Löwisch/Rieble* § 1 Rn. 37 ff.; auf die allgemeinen Kündigungsmöglichkeiten verweisend NK-TVG/*Nebe* § 1 Rn. 200.
[21] BAG 18.3.2010 – 6 AZR 434/07, AP GG Art. 3 Nr. 321 = NZA-RR 2010, 664; freilich für eine Verweisung auf das Gesetz; insgesamt JKOS/*Krause* § 1 Rn. 5.
[22] BAG 10.11.1982 – 4 AZR 1203/79, AP TVG § 1 Form Nr. 8 = DB 1983, 717; einschränkend aber NK-TVG/*Nebe* § 1 Rn. 208.
[23] BAG 24.11.1999 – 4 AZR 666/98, AP TVG § 4 Nachwirkung Nr. 34 = NZA 2000, 435; BAG 10.11.1982 – 4 AZR 1203/79, AP TVG § 1 Nr. 8 = DB 1983, 717; *Löwisch/Rieble* § 1 Rn. 40; JKOS/*Krause* § 1 Rn. 6; aA NK-TVG/*Nebe* § 1 Rn. 210.
[24] Wiedemann/*Thüsing* § 1 Rn. 242; *Löwisch/Rieble* § 1 Rn. 50.
[25] BAG 20.4.1994 – 4 AZR 354/93, AP TVG § 1 Tarifverträge: DDR Nr. 9 = NZA 1994, 1090; JKOS/*Krause* § 1 Rn. 4.
[26] BAG 18.3.2010 – 6 AZR 434/07, AP GG Art. 3 Nr. 321 = NZA-RR 2010, 664; Wiedemann/*Thüsing* § 1 Rn. 240.
[27] Dazu Thüsing/Braun/*Mengel/Burg* 5. Kap. Bezugnahmeklauseln Rn. 4.; NK-TVG/*Nebe* § 1 Rn. 211 ff.
[28] Wiedemann/*Wiedemann* Einleitung Rn. 275; *Löwisch/Rieble* § 1 Rn. 86; Thüsing/Braun/*Straube* 5. Kap. 330 Meistbegünstigungsklauseln Rn. 1.
[29] *Löwisch/Rieble* § 1 Rn. 86.
[30] *Bayreuther* Tarifautonomie, S. 317.
[31] *Rieble/Klebeck* RdA 2006, 61 (65); *Bayreuther* Tarifautonomie, S. 317; auch *Greiner* Rechtsfragen, S. 376.

wird anders gesehen, und insbesondere auf die in eigener Tarifverantwortung vereinbarte Klausel verwiesen.[32] Das ändert aber nichts am Transport „fremder" Tarifinhalte, den der Gedanke der Meistbegünstigung auslöst.

4. Bestimmungsregelungen

15 Die Tarifvertragsparteien müssen aber auch im Rahmen ihrer Tarifverantwortung nicht alle Arbeitsbedingungen konkret selbst regeln, sie können auch Dritten einen Bestimmungsbereich, etwa zur **Leistungsbestimmung,** überlassen (dazu → § 252 Rn. 14 ff.).[33] Dabei ist das tariflich vermittelte Bestimmungsrecht von einer Öffnung des Tarifvertrags für andere Regelungsebenen zu unterscheiden: Diese öffnet die eigene Regelungsmacht, jenes basiert alleine auf dem Tarifvertrag.[34] Die Tarifvertragsparteien verletzten damit ihre Tarifverantwortung nicht, das gilt schon deshalb, weil die letztliche Bestimmung des Dritten, sei es Arbeitgeber,[35] Arbeitnehmer[36] oder eine paritätische Kommission,[37] keine normative Regelung setzt.[38] Der Betriebsrat kann als solcher nicht bestimmungsberechtigt sein, weil er nicht rechtsfähig ist, hier erfolgt ein Äquivalent über die Regelung der betriebsrätlichen Mitbestimmungsrechte.[39]

16 Das Leistungsbestimmungsrecht muss hinreichend bestimmt festgelegt werden, sowohl was seinen Umfang als auch was den Bestimmungsberechtigten betrifft.[40] Blankettverweisungen sind deshalb nicht möglich.[41] Der Tarifvertrag kann das Leistungsbestimmungsrecht auch nicht weiter ziehen, als seine eigene Tarifmacht reicht.[42] Grundsätzlich hat der Bestimmungsberechtigte sein Leistungsbestimmungsrecht nach den Grundsätzen des billigen Ermessens auszuüben.[43]

5. Stellvertretung, Schlichtung

17 Bedient sich eine Tarifvertragspartei eines Dritten als **gewillkürtem Stellvertreter,** was wegen der Anwendung der rechtsgeschäftlichen Regelungen möglich ist (→ § 234 Rn. 16 ff.), so müssen sie auch dann Herren über den Inhalt des abgeschlossenen Tarifvertrags bleiben.[44] Das gelingt dann nicht, wenn die (unbegrenzte) Vollmacht des Stellvertreters unwiderruflich ist.[45] Deshalb muss eine solche Vollmacht stets und ohne Begründung widerruflich sein. Darüber hinaus gelingt eine Letztverantwortung der Tarifvertragsparteien über die Figur des Vertreters mit gebundener Marschroute: Ist die Vollmacht von vornherein so begrenzt oder detailliert, dass die Tarifvertragspartei jeden denkbaren Inhalt

---

[32] NK-TVG/*Ahrendt* § 1 Rn. 1220; *Stille* Meistbegünstigung, S. 69 ff.; *Waas* ZTR 2000, 341 (346); Thüsing/Braun/*Straube* 5. Kap. 330 Meistbegünstigungsklausel Rn. 7; HMB/*Steffan* Teil 5 (16) Rn. 9.
[33] BAG 28.11.1984 – 5 AZR 123/83, AP TVG § 4 Bestimmungsrecht Nr. 1 = DB 1985, 132; BAG 28.9.1977 – 4 AZR 743/76, AP TVG § 1 Tarifverträge: Rundfunk Nr. 4 = DB 1978, 212; NK-TVG/*Nebe* § 1 Rn. 232; Wiedemann/*Thüsing* § 1 Rn. 261.
[34] *Löwisch/Rieble* § 1 Rn. 2288; zur Abgrenzung Wiedemann/*Thüsing* § 1 Rn. 264.
[35] BAG 7.11.1990 – 4 AZR 90/90, AP TVG § 1 Tarifverträge: Druckindustrie Nr. 26 = NZA 1991, 385.
[36] BAG 28.10.1999 – 6 AZR 301/98, AP TVG § 1 Tarifverträge: Techniker-Krankenkasse Nr. 2 = NZA 2000, 953.
[37] BAG 22.1.1997 – 10 AZR 468/96, AP TVG § 1 Tarifverträge: Metallindustrie Nr. 146 = NZA 1997, 837.
[38] *Löwisch/Rieble* § 1 Rn. 2286; aA BAG 28.11.1984 – 5 AZR 123/83, AP TVG § 4 Bestimmungsrecht Nr. 1 = DB 1985, 132.
[39] *Löwisch/Rieble* § 1 Rn. 2295; aA Wiedemann/*Thüsing* § 1 Rn. 261.
[40] BAG 9.5.1995 – 1 ABR 56/94, AP BetrVG 1972 § 76 Einigungsstelle Nr. 2 = NZA 1996, 156; *Löwisch/Rieble* § 1 Rn. 2302; NK-TVG/*Nebe* § 1 Rn. 232; Wiedemann/*Thüsing* § 1 Rn. 263.
[41] JKOS/*Krause* § 1 Rn. 9.
[42] Siehe ausführlich *Löwisch/Rieble* § 1 Rn. 2302 ff.
[43] BAG 10.11.1982 – 4 AZR 1203/79, AP TVG § 1 Form Nr. 8 = DB 1983, 717; JKOS/*Krause* § 1 Rn. 10; NK-TVG/*Nebe* § 1 Rn. 234.
[44] *Höpfner* ZfA 254, 286 unterscheidet freilich zwischen dem Verbands- und dem Haustarifvertrag: Bei diesem könne der Arbeitgeber seine Normsetzungskompetenz umfassend delegieren.
[45] *Löwisch/Rieble* § 1 Rn. 52; *Höpfner* Tarifgeltung, S. 273.

goutiert, so hat sie ihre Tarifverantwortung wahrgenommen.[46] Rechtsgeschäftlich abgesichert wird die Tarifverantwortung dadurch, dass die erteilte unwiderrufliche Vollmacht unwirksam ist, § 134 BGB iVm Art. 9 Abs. 3 GG, so dass der Vertreter vollmachtlos handelt. Überschreitet der Vertreter die Grenzen der gegebenen Vollmacht, ist er ohnehin *falsus procurator*. Dann gelten für den abgeschlossenen Tarifvertrag die §§ 177 ff. (→ § 234 Rn. 29 f.)[47] – was mit dem Genehmigungsrecht nach § 177 Abs. 1 BGB die Tarifverantwortung bei der Tarifvertragspartei abschließend ansiedelt.

Der gleiche Gedanke begegnet auch bei der **tariflichen Schlichtung,** wobei hier wegen der Neutralität es Schlichters eine an diesen gerichtete „Marschroute" nicht möglich ist.[48] Auch hier kann der Schlichter nicht einseitig, unabhängig von den Tarifvertragsparteien die Tarifinhalte festlegen. Genehmigen die Tarifvertragsparteien einen Schlichterspruch nachträglich, bestehen keine Probleme, weil sie dessen Inhalt in ihre Bestätigung aufnehmen.[49] Anders ist es bei einer vorherigen Unterwerfung: Hier wird eine Kontrolle des Schlichterspruches zumindest auf offenbare Unbilligkeit vorgeschlagen, § 319 BGB.[50] Das wird wiederum als Tarifzensur verbunden mit einem zu weiten Prüfungsmaßstab der nur offenbaren Unbilligkeit kritisiert – und deshalb eine vorherige Unterwerfung nur dann ermöglicht, wenn diese speziell durch die Mitglieder legitimiert wird.[51]

II. Grundrechte

Der Tarifvertrag ist mittelbar an die Grundrechte gebunden (siehe dazu → § 226 Rn. 10 ff.). Deshalb setzen die grundrechtlichen Gewährleistungen der Tarifmacht Grenzen. Dabei besteht die Schwierigkeit insgesamt und übergreifend darin, die Grundrechtskomplexität der tariflichen Normsetzung aufzufangen: Grundrechtsträger sind sowohl die Tarifvertragsparteien selbst, aber auch die normunterworfenen Arbeitgeber und Arbeitnehmer.

1. Grundrechte des Arbeitnehmers
a) Koalitionsfreiheit, Art. 9 Abs. 3 GG. Der Tarifvertrag darf die negative Koalitionsfreiheit der Nichtmitglieder nicht verletzen.[52] Wann freilich der Schutzbereich der negativen Koalitionsfreiheit überhaupt betroffen ist, ist umstritten. Die herrschende Meinung zieht diesen eng und verlangt einen erheblichen Eintrittsdruck oder Verbleibezwang, dem sich der Außenseiter oder das austrittswillige Mitglied nicht entziehen kann.[53] Eine weitere Meinung, die sich insbesondere im Rahmen der grundrechtlichen Diskussion um die staatliche Tarifnormerstreckung und die Außenseiterbindung nach § 3 Abs. 2 TVG gebildet hat, sieht bereits die unfreiwillige Normerstreckung als zu rechtfertigenden Eingriff in den Schutzbereich (→ § 219 Rn. 39).[54] Allerdings kann der Tarifvertrag selbst seine normative Wirkung auf Außenseiterarbeitsverhältnisse nicht anordnen, weshalb es für die Grenze tarifvertraglicher Gestaltung auf den Eintritts- oder Austrittsdruck, der durch einen Tarifvertrag selbst ausgelöst wird, ankommt.

Ausgeschlossen sind wegen des Schutzes der negativen Koalitionsfreiheit deshalb solche Regelungen, die den Zugang oder die Beendigung des Arbeitsverhältnisses von der Gewerkschaftsmitgliedschaft abhängig machen, so genannte Organisations- oder Absperr-

---
[46] *Höpfner* ZfA 2018, 254 (286); *Löwisch/Rieble* § 1 Rn. 53.
[47] Siehe auch NK-TVG/*Nebe* § 1 Rn. 144; ErfK/*Franzen* TVG § 1 Rn. 25.
[48] *Höpfner* ZfA 2018, 254 (286).
[49] *Höpfner* ZfA 2018, 254, (286).
[50] *Löwisch/Rieble* § 1 Rn. 59.
[51] Dazu *Höpfner* ZfA 2018, 254 (287).
[52] Wiedemann/*Wiedemann* Einleitung Rn. 278; siehe dazu ausführlich *Hartmann* negative Koalitionsfreiheit, passim.
[53] ErfK/*Linsenmaier* GG Art. 9 Rn. 32.
[54] Siehe etwa *Höpfner* Tarifgeltung, S. 387; *Löwisch/Rieble* § 3 Rn. 18.

klauseln.⁵⁵ Solche Regelungen lösen eine **Closed-shop-Wirkung** aus und werden richtig und einhellig abgelehnt,⁵⁶ entsprechende Abschlussgebote oder -verbote (→ § 239 Rn. 45) oder Beendigungsnormen sind nichtig, sie verstoßen direkt gegen Art. 9 Abs. 3 S. 2 GG.

22 Umstrittener sind **tarifliche Differenzierungsklauseln,** nach denen eine tarifliche Leistung an die Gewerkschaftsmitgliedschaft gekoppelt wird. Sie treten in unterschiedlicher Intensität auf und sollen ein „Trittbrettfahren" der Außenseiter verhindern – und diese zum Eintritt motivieren, eine Motivation, die vor dem Hintergrund des Mehrheitserfordernisses nach § 4a Abs. 2 S. 2 TVG gewichtiger werden könnte, freilich bricht sie sich an der notwendigen Korrektur des Nachzeichnungsrechts nach § 4a Abs. 5 TVG (→ § 256 Rn. 67 ff.).⁵⁷ **Einfache Differenzierungsklauseln** nehmen die Verbandsmitgliedschaft in den Tatbestand einer rechtebegründenden Tarifregelung auf,⁵⁸ damit kann verhindert werden, dass im Falle einer schuldrechtlichen Bezugnahme oder der Allgemeinverbindlichkeit des Tarifvertrags nur für Gewerkschaftsmitglieder Ansprüche entstehen, auf der Seite der Arbeitgeber kann so der ausgetretene, aber noch nach § 3 Abs. 3 TVG an den Tarifvertrag gebundene Arbeitgeber von einer Berechtigung ausgeschlossen werden.⁵⁹ **Spannensicherungs- oder Abstandsklauseln** sollen dazu führen, dass zwischen den Leistungen an die tarifgebundenen Arbeitnehmer und den Außenseitern stets eine gewisse Spanne liegen muss – erhöhen sich die Leistungen an die Außenseiter, müssen sich auch die Leistungen an die tarifgebundenen Arbeitnehmer so erhöhen, dass stets ein gleichbleibender Abstand gegeben ist.⁶⁰ **Ausschlussklauseln oder negative Differenzierungsklauseln** schließlich verbieten dem Arbeitgeber, eine im Tarifvertrag vorgesehene Leistung an Nichtmitglieder zu erbringen.⁶¹

23 Nach anfänglicher Ablehnung aller Differenzierungsklauseln⁶² hat die Rechtsprechung mittlerweile **einfache Differenzierungsklauseln** zu Recht anerkannt.⁶³ Allerdings kommt es auch dann etwa bei Bezugnahme auf den Tarifvertrag dazu, dass Außenseiter eine im Tarifvertrag vorgesehene Leistung grundsätzlich nicht beanspruchen können, nach der Rechtsprechung selbst bei vereinbarter Gleichstellungsabrede nicht.⁶⁴ Das ist im Hinblick auf die Unklarheitenregelung des § 305c Abs. 2 BGB bedenklich, in jedem Falle möglich ist aber die ausdrückliche Vereinbarung im Arbeitsvertrag, dass die Gewerkschaftsmitgliedschaft fingiert wird.⁶⁵ Durch die einfache Differenzierungsklauseln wird unbestreitbar ein, wenn auch wegen der grundsätzlichen Möglichkeit der arbeitsvertraglichen Reaktion, qualitativ milder, Eintrittsanreiz ausgeübt. Für die grundrechtliche Beurteilung kommt es nach der Rechtsprechung deshalb auf die Stärke dieses Eintrittsdrucks an.⁶⁶ Dieser darf sich zunächst nicht aus einer Besserstellung beim synallagmatischen Leistungsaustausch ergeben, so dass vor allem zusätzliche Leistungen an Arbeitneh-

---

⁵⁵ Wiedemann/*Wiedemann* Einleitung Rn. 274.
⁵⁶ ErfK/*Linsenmaier* GG Art. 9 Rn. 33; Thüsing/Braun/*Mengel/Burg* 5. Kap. Differenzierungsklauseln Rn. 16.
⁵⁷ Siehe zum Zweck der Differenzierungsklauseln *Löwisch/Rieble* § 1 Rn. 2115 f.; und auch HMB/*Steffan* Teil 5 (8) Rn. 1 f.
⁵⁸ Thüsing/Braun/*Mengel/Burg* 5. Kap. Rn. 4.
⁵⁹ ErfK/*Franzen* TVG § 1 Rn. 62.
⁶⁰ Wiedemann/*Wiedemann* Einleitung Rn. 275.
⁶¹ ErfK/*Franzen* TVG § 1 Rn. 62.
⁶² BAG GS 29.11.1967 – GS 1/67, AP GG Art. 9 Nr. 13 = DB 1968, 1539.
⁶³ BAG 23.3.2011 – 4 AZR 366/09, AP GG Art. 9 Nr. 147 = NZA 2011, 920; BAG 18.3.2009 – 4 AZR 64/08, AP TVG § 3 Nr. 41 = NZA 2009, 1028; unterstützend NK-TVG/*Heuschmid* § 1 Rn. 1068.
⁶⁴ BAG 22.9.2010 – 4 AZR 117/09, AP GG Art. 9 Nr. 144; BAG 18.3.2009 – 4 AZR 64/08, AP TVG § 3 Nr. 41 = NZA 2009, 1028 Rn. 28; zustimmend Thüsing/Braun/*Mengel/Burg* 5. Kap. Differenzierungsklauseln Rn. 4; dazu zu Recht kritisch *Löwisch/Rieble* § 1 Rn. 2130; ErfK/*Franzen* TVG § 1 Rn. 62c.
⁶⁵ *Bauer/Arnold* NZA 2009, 1169 (1173); Thüsing/Braun/*Mengel/Burg* 5. Kap. Differenzierungsklauseln Rn. 5.
⁶⁶ Bereits BAG GS 29.11.1967 – GS 1/67, AP GG Art. 9 Nr. 13 = DB 1968, 1539.

mer wie Sonderzahlungen und Gratifikationen in Frage kommen. Die Rechtsprechung orientiert sich beim zulässigen Umfang der Privilegierung der Gewerkschaftsmitglieder hier zunächst am Monatsverdienst, bei dem bis zu einem Viertel des Durchschnitts erreicht werden könne, als auch hinzukommend am monatlichen Gewerkschaftsbeitrag als weitere Bezugsgröße – hier liegt die Grenze bei zwei Jahresmitgliedsbeiträgen.[67] Ob aber auf den Beitrittsdruck abgestellt werden kann, ist freilich durchaus fraglich – weil es dem Tarifvertrag nicht verwehrt werden kann, gegenüber Nichtorganisierten mit attraktiven Leistungen zu werben. Deshalb wird eine solche Begrenzung jedenfalls solange die tarifliche Regelung nicht durch eine verbietende Exklusivität gegenüber dem Arbeitsvertrag übergriffig wird (siehe dazu sogleich → Rn. 25), zu Recht in Frage gestellt.[68]

Die Tarifvertragsparteien können – was bei Sanierungstarifverträgen[69] oder Tarifsozialplänen relevant wird – für die Leistungsberechtigung auch unter den Gewerkschaftsmitgliedern einen bestimmten **Stichtag** festsetzen,[70] die Rechtsprechung sieht hier keine Differenzierungsklausel, sondern misst die Regelung sich daraus ergebende Ungleichbehandlung von rechtzeitig und zu spät eingetretenen Mitgliedern ist am allgemeinen Gleichheitsgrundsatz.[71] Deshalb darf der gewählte Stichtag nicht willkürlich festgesetzt sein,[72] er kann auch vor Tarifabschluss liegen und so etwa langjährige Gewerkschaftszugehörigkeit honorieren.[73] Das BAG betrachtet solche Regelung als Binnendifferenzierung unter Gewerkschaftsmitgliedern deshalb nicht als Differenzierungsklausel.[74] Das wird kritisch gesehen, weil der Außenseiter wegen einer vorherigen Entscheidung, nicht in die Gewerkschaft einzutreten, „abgestraft" würde, deshalb sei die Klausel nach Art. 9 Abs. 3 S. 2 GG nichtig.[75]

Spannen- und Ausschlussklauseln müssen dagegen scheitern.[76] Ausschlussklauseln unterfallen offensichtlich bereits nicht der Tarifmacht, weil der Tarifvertrag nicht vorgeben kann, was im Außenseiterarbeitsverhältnis vereinbart werden darf und was nicht.[77] Spannsicherungsklauseln greifen ebenfalls, wenn auch mittelbar, in die Arbeitsvertragsfreiheit der Außenseiter ein, weil diese nie das tarifliche Leistungsniveau erreichen können[78] – auch hier handeln die Tarifvertragsparteien deshalb außerhalb der Tarifmacht.[79] Zudem

---

[67] BAG 18.3.2009 – 4 AZR 64/08, AP TVG § 3 Nr. 41 = NZA 2009, 1028; siehe auch BAG 23.3.2011 – 4 AZR 366/09, AP GG Art. 9 Nr. 147 = NZA 2011, 920.
[68] *Löwisch/Rieble* § 1 Rn. 2127; ErfK/*Linsenmaier* GG Art. 9 Rn. 34: „milder Druck".
[69] Dazu ausführlich *Ricken,* in Giesen/Junker/Rieble, Ordnungsfragen des Tarifvertragsrechts, S. 15 ff.
[70] BAG 17.5.2017 – 4 AZR 646/14, BeckRS 2017, 116713; BAG 25.1.2017 – 4 AZR 386/14, BeckRS 2017, 113932; BAG 6.7.2016 – 4 AZR 966/13, BeckRS 2016, 74818; BAG 15.4.2015 – 4 AZR 796/13, AP TVG § 3 Nr. 57 = NZA 2015, 1388; BAG 5.9.2012 – 4 AZR 696/10, AP TVG § 3 Nr. 53, DB 2013, 1123.
[71] BAG 17.5.2017 – 4 AZR 646/14, BeckRS 2017, 116713; BAG 25.1.2017 – 4 AZR 386/14, BeckRS 2017, 113932; BAG 6.7.2016 – 4 AZR 966/13, BeckRS 2016, 74818; BAG 15.4.2015 – 4 AZR 796/13, AP TVG § 3 Nr. 57 = NZA 2015, 1388; so auch *Löwisch/Rieble* § 1 Rn. 2143; ErfK/*Linsenmaier* GG Art. 9 Rn. 34; kritisch zu Einordnung *Ricken,* in Giesen/Junker/Rieble, Ordnungsfragen des Tarifvertragsrechts, S. 15 (21).
[72] Ausführlich *Löwisch/Rieble* § 1 Rn. 2143.
[73] BAG 15.4.2015 – 4 AZR 796/13, AP TVG § 3 Nr. 57 = NZA 2015, 1388; BAG 5.9.2012 – 4 AZR 696/10, AP TVG § 3 Nr. 53 = DB 2013, 1123; ErfK/*Franzen* TVG § 1 Rn. 62b; aA BAG 9.5.2007 – 4 AZR 275/06, AP TVG § 3 Verbandszugehörigkeit Nr. 23 = NZA 2007, 1439.
[74] BAG 15.4.2015 – 4 AZR 796/13, AP TVG § 3 Nr. 57 = NZA 2015, 1388.
[75] HMB/*Steffan* Teil 5 (8) Rn. 13.
[76] BAG 23.3.2011 – 4 AZR 366/09, AP GG Art. 9 Nr. 147 = NZA 2011, 920; BAG GS 29.11.1967 – GS 1/67, AP GG Art. 9 Nr. 13 = DB 1968, 1539; *Löwisch/Rieble* § 1 Rn. 2147; ErfK/*Linsenmaier* Art. 9 Rn. 33.
[77] HMB/*Steffan* Teil 5 (8) Rn. 16.
[78] BAG 23.3.2011 – 4 AZR 366/09, AP GG Art. 9 Nr. 147 = NZA 2011, 920; HMB/*Steffan* Teil 5 (8) Rn. 14; dagegen aber NK-TVG/*Heuschmid* § 1 Rn. 1083, der auf die weiter bestehende Arbeitsvertragsfreiheit verweist.
[79] BAG 23.3.2011 – 4 AZR 366/09, AP GG Art. 9 Nr. 147 = NZA 2011, 920; *Löwisch/Rieble* § 1 Rn. 2155.

konterkarieren solche Klauseln das berechtigte Interesse des Arbeitgebers an der Gleichstellung der Nichtorganisierten Arbeitnehmer.[80]

26 Die **positive Koalitionsfreiheit** der Außenseiter darf durch den Tarifvertrag ebenfalls nicht verletzt werden – und etwa kein maßgeblicher Übertrittsdruck erzeugt werden. Ein solcher liegt aber ersichtlich nicht bereits dann vor, wenn ein Tarifvertrag bessere Arbeitsbedingungen für die Arbeitnehmer enthält als ein andere, von einer konkurrierenden Gewerkschaft geschlossenen. Hier handelt es sich um den Koalitionenwettbewerb, den Art. 9 Abs. 3 GG begründet (→ § 220 Rn. 1 ff.).

27 Die positive kollektive Koalitionsfreiheit steht etwa bei tariflichen Meistbegünstigungsklauseln in Rede – weil diese das Abschlussverhalten der verpflichteten Partei gegenüber potentiellen Dritten Tarifvertragsparteien beeinflusst (dazu → Rn. 14).

28 **b) Berufsfreiheit, Art. 12 Abs. 1 GG.** Grenze der Tarifmacht ist die Berufsfreiheit des Arbeitnehmers, Art. 12 Abs. 1 GG. Dabei ist nicht zu verkennen, dass insbesondere für die Arbeitnehmer der Tarifvertrag selbst durch die Regelung der Arbeitsbedingungen wiederum ein Instrument zur Ausübung der Berufsfreiheit ist.[81] Die Rechtsprechung des BVerfG im Rahmen seiner Drei-Stufen-Theorie[82], die bei Bezug zur Berufsfreiheit nach der Eingriffsschwere unterscheidet, kann als grobe Vorlage auch für die Beurteilung tariflicher Regelungen gelten, auch wenn man die Schutzpflichtenlehre und damit die mittelbare Grundrechtswirkung für den Tarifvertrag als Ausgangspunkt nimmt.[83] Weil die Tarifvertragsparteien aber nicht Staat sind und auch keine staatlich delegierte Rechtssetzungsmacht haben, müssen und können sie keine Regelungen zur Durchsetzung des Gemeinwohls setzen, die die Berufsfreiheit einschränken könnten. Vielmehr stehen hier die Interessen der Mitglieder im Vordergrund, die der Tarifvertrag aufzunehmen und auszugleichen hat (→ § 215 Rn. 21), was wiederum die Koalitionsfreiheit des Art. 9 Abs. 3 GG aufnimmt. Deshalb sind es nicht die Interessen des Gemeinwohls, die Eingriffe in die Berufsfreiheit rechtfertigen können, sondern solche der Mitglieder selbst.[84]

29 Der Respekt vor der **Arbeitsvertragsfreiheit** drückt sich zunächst vor allem im **Günstigkeitsprinzip, § 4 Abs. 3 2. Alt. TVG,** aus: Der Tarifvertrag kann grundsätzlich keine Höchstarbeitsbedingungen setzen, sondern muss eine für den Arbeitnehmer günstigere Regelung im Arbeitsvertrag oder durch Betriebsvereinbarung, sofern diese überhaupt möglich ist, passieren lassen.[85]

30 Die Arbeitsvertragsfreiheit ist auch dann verletzt, wenn der Abschluss des Arbeitsvertrages durch den Tarifvertrag als höchstpersönlich erklärt wird und damit eine Stellvertretung ausgeschlossen wird.[86]

31 Der **Zugang zum Arbeitsverhältnis** insgesamt kann nur aus überragend wichtigem Grund verhindert werden,[87] das betrifft aber regelmäßig tarifliche Regelungen nicht – weil sie nicht den gesamten Arbeitsmarkt regeln, sondern nur die tarifgebundenen Arbeitgeber erfassen. Der Schritt zum Eingriff in die Berufswahl ist also nur dort vollzogen, wo die tarifliche Regelung insgesamt dazu führt, dass der Arbeitnehmer seine beruflich gewünschte Tätigkeit nicht oder nicht mehr ausüben kann.

32 Deshalb sind Besetzungsregelungen, die regelmäßig Betriebsnormen sind,[88] (lediglich) an der Arbeitsplatzwahlfreiheit zu messen.[89] **Qualifizierte Besetzungsregeln,** die eine

---

[80] Siehe auch BAG GS 29.11.1967 – GS 1/67, AP GG Art. 9 Nr. 13 = DB 1968, 1539.
[81] NK-TVG/*Ulber* Einleitung Rn. 319.
[82] BVerfG 11.6.1958 – 1 BvR 596/56, BVerfGE 7, 377, AP GG Art. 12 Nr. 13 = NJW 1958, 1035.
[83] So auch BAG 31.1.2018 – 10 AZR 695/16, NZA 2018, 876; *Löwisch/Rieble* § 1 Rn. 718; tendenziell anders JKOS/*Krause* § 1 Rn. 62; kritisch auch Wiedemann/*Wiedemann* Einleitung 297 f.; für faktisch überwunden hält die Dreistufentheorie NK-TVG/*Ulber* Einleitung Rn. 320.
[84] *Löwisch/Rieble* § 1 Rn. 719.
[85] *Löwisch/Rieble* § 1 Rn. 756.
[86] BAG 7.11.1958 – 1 AZR 249/58, AP BGB § 611 Film Nr. 1 = NJW 1959, 693.
[87] BVerfG 11.6.1958 – 1 BvR 596/56, BVerfGE 7, 377 = AP GG Art. 12 Nr. 13 = NJW 1958, 1035.
[88] Nur Thüsing/Braun/*Thüsing* 5. Kap 150 Besetzungsregeln Rn. 7.

bestimmte Qualifikation für eine Tätigkeit als Einstellungsvoraussetzung fordern,[90] nur dann gerechtfertigt, wenn sie dem Gesundheitsschutz des (potentiellen) Arbeitnehmers oder aber des Schutzes der Belegschaft dienen.[91] Deshalb sind Regelungen, die letztlich der Abschottung gegenüber dem Arbeitsmarkt dienen, problematisch, werden aber wegen des Zwecks des Fachkräfteschutzes und der Ausbildungsmotivation (Dequalifizierung) anerkannt.[92]

Die Wahl des Arbeitsplatzes wird auch bei **quantitativen Besetzungsregelungen** berührt, bei denen eine Mindestanzahl von Arbeitnehmern für eine bestimmte Tätigkeit tariflich vorgesehen wird, etwa für jüngere Arbeitnehmer, Frauen, Auszubildende.[93] Sie sind grundsätzlich möglich, müssen aber ihren Grund im Schutz der Arbeitnehmer oder der Belegschaft finden.[94] Das gilt etwa für Lehrlingsquoten, um diese vor einer Überlastung oder Ausbeutung zu schützen. Solche Besetzungsregelungen greifen nicht nur in die Arbeitswahlfreiheit des Arbeitnehmers, sondern ebenso in die Arbeitsvertragsfreiheit des Arbeitgebers ein.[95] Aus Gründen der Arbeitsmarkpolitik können solche Besetzungsregelungen nicht gerechtfertigt sein.[96]

Regelungen über ein bestimmtes **Eintrittsalter** können dann gerechtfertigt sein, wenn sie ein zu berücksichtigendes Interesse des Arbeitgebers an einer ausreichenden Beschäftigungszeit abbilden – so etwa, wenn wegen der kurzen Tätigkeit bei einem körperlich anstrengenden Beruf, wie etwa bei Feuerwehrleuten, sich bei einer Einstellung älterer Bewerber keine ausreichende Amortisierungszeit im Vergleich zur Ausbildung gegeben ist.[97] Eine unspezifische Festlegung eines Eintrittsalters hat das BAG aber zu Recht abgelehnt, und im Rahmen der Verhältnismäßigkeit auch darauf abgestellt, dass bei einer Tätigkeit, die vor der Vollendung des 33 Lebensjahres aufgenommen sein muss, dem Arbeitnehmer nach ungefähr einem Viertel der Lebensarbeitszeit die Möglichkeit genommen wird, den Arbeitgeber zu wechseln.[98]

Das gilt grundsätzlich auch für **tarifliche Altersgrenzen,** die als Befristungsregelungen[99] grundsätzlich Einschränkungen der Arbeitsplatzwahlfreiheit und sachlich zu rechtfertigen sind. Die weit breitere diskriminierungsrechtliche Diskussion um Altersgrenzen (→ Rn. 98 ff.) kann nicht bei Seite schieben, dass diese auch grundrechtssensibel sind und die Arbeitsplatzwahlfreiheit berühren.[100] Sie müssen deshalb auch vor diesem Hintergrund verhältnismäßig sein. Das gilt für solche Altersgrenzen, die an das Erreichen des Anspruches auf **Regelrente** anknüpfen, grundsätzlich: Sie sind durch die wirtschaftliche Absicherung des Arbeitnehmers und das Interesse des Arbeitgebers an einer belastbaren Personalplanung und Personalstruktur regelmäßig gerechtfertigt. Das Interesse des Arbeit-

---

[89] ErfK/*Franzen* TVG § 1 Rn. 61; NK-TVG/*Ulber* Einleitung Rn. 358.
[90] HMB/*Ulber* Teil 5 (7) Rn. 1.
[91] BAG 22.1.1991 – 1 ABR 19/90, AP GG Art. 12 Nr. 67 = NZA 1991, 675; BAG 26.4.1990 – 1 ABR 84/87, AP GG Art. 9 Nr. 57; BAG 19.6.1984 – 1 AZR 361/82, AP TVG § 1 Verhandlungspflicht Nr. 3 = NZA 1984, 261; BAG 13.9.1983 – 1 ABR 69/81, AP TVG § 1 Tarifverträge: Druckindustrie Nr. 1 = DB 1984, 1099; HMB/*Ulber* Teil 5 (7) Rn. 4; Wiedemann/*Wiedemann* Einleitung Rn. 322; Löwisch/*Rieble* § 1 Rn. 2101.
[92] Siehe aber BAG 22.1.1991 – 1 ABR 19/90, AP GG Art. 12 Nr. 67 = NZA 1991, 675; BAG 13.9.1983 – 1 ABR 69/81, AP TVG § 1 Tarifverträge: Druckindustrie Nr. 1 = DB 1984, 1099; HMB/*Ulber* Teil 5 (7) Rn. 4; JKOS/*Krause* § 1 Rn. 68; Thüsing/Braun/*Thüsing* 5. Kap 150 Besetzungsregeln Rn. 4.
[93] Keinen Konflikt mit der Berufsfreiheit des Arbeitnehmers sieht NK-TVG/*Ulber* Einleitung Rn. 357.
[94] Thüsing/Braun/*Thüsing* 5. Kap 150 Besetzungsregeln Rn. 6.
[95] BAG 24.4.1997 – 2 AZR 352/96, AP KSchG 1969 § 2 Nr. 42 = NZA 1997, 1047; ErfK/*Franzen* TVG § 1 Rn. 61.
[96] Löwisch/*Rieble* § 1 Rn. 2105; zweifelnd Thüsing/Braun/*Thüsing* 5. Kap. 150 Besetzungsregeln Rn. 6.
[97] Siehe dazu aus unionsrechtlicher Sicht EuGH 12.1.2010 – C-229/08, EuZW 2010, 142; Löwisch/*Rieble* § 1 Rn. 728; Thüsing/Braun/*Mengel/Burg* 5. Kap. Rn. 11.
[98] BAG 8.12.2010 – 7 ABR 98/09, AP BetrVG 1972 § 99 Einstellung Nr. 62 = NZA 2011, 751; zustimmend JKOS/*Krause* § 1 Rn. 68; siehe auch HMB/*Hexel/Bork* Teil 5 (1) Rn. 44.
[99] BAG 13.8.2002 – 7 AZR 469/01, AP BGB § 620 Altersgrenze Nr. 20 = NZA 2003, 1397; Löwisch/*Rieble* § 1 Rn. 1815.
[100] Siehe auch JKOS/*Krause* § 1 Rn. 64.

nehmers am Erhalt der wirtschaftlichen Existenzgrundlage durch das Arbeitsverhältnis und der persönlichkeitsrechtlich relevanten tatsächlichen Beschäftigung muss regelmäßig dahinter zurück bleiben.[101] Dabei reicht ein generalisierender Maßstab aus, eine konkret ausreichende wirtschaftliche Absicherung des Arbeitnehmers ist nicht tariflich vorauszusetzen.[102] Die Begründung der nachlassenden Leistungskraft älterer Arbeitnehmer reicht nicht aus.[103]

36 Bei **vorheriger Altersgrenze** sind dagegen besondere Sachgründe erforderlich. Dass der Tarifvertrag etwa einen Piloten wegen dessen nachlassender Leistungsfähigkeit selbst und die Passagiere vor Gefahren an Leib und Leben bewahren darf, ist vor dem Hintergrund des Art. 12 Abs. 1 GG als Ziel unproblematisch (zur unionsrechtlichen Betrachtung siehe → § 227 Rn. 17 ff.).[104] Allerdings muss sich ein solches Ziel auch mit der Arbeitnehmergruppe, die die Altersgrenze betrifft, verknüpfen lassen – die Sicherheit des Luftverkehrs ist bei Kabinenpersonal nicht in gleichem Maße betroffen wie bei Piloten.[105] Hier stellt sich die Frage nach der Verhältnismäßigkeit: Starre Regelungen sind hier grundsätzlich abzulehnen, der Arbeitnehmer muss die Möglichkeit haben, seine Leistungsfähigkeit nachzuweisen.[106] In die Verhältnismäßigkeitsprüfung einzubeziehen ist freilich ebenso, ob die Altersgrenze einem faktischen Berufsverbot gleichkommt oder ob bei nicht tarifgebundenen Arbeitgebern entsprechende Beschäftigungsmöglichkeiten zur Verfügung stehen. Das Ziel der belastbaren Personalplanung und das Interesse des Arbeitgebers an einer ausgewogenen Personalstruktur kann allerdings eine vorzeitige Altersgrenze grundsätzlich nicht rechtfertigen.[107] Die unionsrechtlich basierte diskriminierungsrechtliche Prüfung ist hier insgesamt strenger – und erweitert so die Berufsfreiheit der Arbeitnehmer.[108]

37 Auch den Zugang zu einer **Nebentätigkeit** kann der Tarifvertrag regeln,[109] aber nur aus sachlichen Gründen verwehren.[110] Hier ist zuerst der Überforderungsschutz des Arbeitnehmers zu nennen;[111] auf der anderen Seite aber auch Loyalitätsinteressen des Arbeitgebers, der eine Tätigkeit bei Konkurrenten nicht dulden muss.[112] Allerdings muss der Tarifvertrag hier das Verhältnismäßigkeitsprinzip beachten: Grundsätzlich ist ein Zustimmungsvorbehalt zu vereinbaren, ein pauschales Verbot ist nur im Ausnahmefall möglich.[113] Wegen Art. 12 Abs. 1 GG hat der Arbeitnehmer einen Anspruch auf Zustimmung, wenn eine Beeinträchtigung der schützenswerten Interessen des Arbeitgebers nicht zu erwarten ist.[114]

---

[101] BAG 8.12.2010 – 7 AZR 438/09, AP TzBfG § 14 Nr. 77 = NZA 2011, 586; BAG 18.6.2008 – 7 AZR 116/07, AP TzBfG § 14 Nr. 48 = NZA 2008, 1302; BAG 11.6.1997 – 7 AZR 186/96, NZA 1997, 1290; BAG 20.11.1987 – 2 AZR 284/86, AP BGB § 620 Altersgrenze Nr. 2 = NZA 1988, 617; differenziert BAG 21.9.2011 – 7 AZR 134/10, AP TzBfG § 14 Nr. 84 = NZA 2012, 271; JKOS/*Krause* § 1 Rn. 65; Thüsing/Braun/*Mengel*/*Burg* 5. Kap. Rn. 3.
[102] BAG 8.12.2010 – 7 AZR 438/09, AP TzBfG § 14 Nr. 77 = NZA 2011, 586; BAG 18.6.2008 – 7 AZR 116/07, AP TzBfG § 14 Nr. 48 = NZA 2008, 1302; dazu auch HMB/*Hexel*/*Bork* Teil 5 (1) Rn. 22; kritisch NK-TVG/*Ulber* Einleitung Rn. 360.
[103] *Löwisch*/*Rieble* § 1 Rn. 1819.
[104] BAG 12.2.1992 – 7 AZR 100/91, AP BGB § 620 Altersgrenze Nr. 5 = NZA 1993, 998.
[105] BAG 31.7.2002 – 7 AZR 140/01, AP TVG § 1 Tarifverträge: Luftfahrt Nr. 14 = NZA 2002, 1155.
[106] Thüsing/Braun/*Mengel*/*Burg* 5. Kap. Rn. 9.
[107] Thüsing/Braun/*Mengel*/*Burg* 5. Kap. Rn. 9; Wiedemann/*Thüsing* § 1 Rn. 661.
[108] JKOS/*Krause* § 1 Rn. 66.
[109] BAG 18.1.1996 – 6 AZR 314/95, AP BGB § 242 Auskunftspflicht Nr. 25 = NZA 1997, 41.
[110] BAG 26.6.2001 – 9 AZR 343/00, AP TVG § 1 Tarifverträge: Verkehrsgewerbe Nr. 8 = NZA 2002, 98; BAG 21.9.1999 – 9 AZR 759/98, AP BGB § 611 Nebentätigkeit Nr. 6 = NZA 2000, 723.
[111] BAG 26.6.2001 – 9 AZR 343/00, AP TVG § 1 Tarifverträge: Verkehrsgewerbe Nr. 8 = NZA 2002, 98; BAG 21.9.1999 – 9 AZR 759/98, AP BGB § 611 Nebentätigkeit Nr. 6 = NZA 2000, 723; JKOS/*Krause* § 1 Rn. 69; *Löwisch*/*Rieble* § 1 Rn. 2533.
[112] Thüsing/Braun/*Mengel*/*Burg* 5. Kap. Nebentätigkeitsverbote Rn. 2.
[113] Siehe dazu BAG 26.6.2001 – 9 AZR 343/00, AP TVG § 1 Tarifverträge: Verkehrsgewerbe Nr. 8 = NZA 2002, 98; Wiedemann/*Wiedemann* Einleitung Rn. 308; NK-TVG/*Ulber* Einleitung Rn. 338.
[114] BAG 24.6.1999 – 6 AZR 605/97, AP BGB § 611 Nebentätigkeit Nr. 5 = DB 2000, 1336; Thüsing/Braun/*Mengel*/*Burg* 5. Kap. Nebentätigkeit Rn. 4.

Auf den **Inhalt des Arbeitsverhältnisses** haben die Tarifvertragsparteien grundsätzlich 38 Zugriff, allerdings verwehrt ihnen Art. 12 Abs. 1 GG die Regelung des Kernbereiches des Arbeitsverhältnisses (→ Rn. 39). Das gilt zunächst für die Art der Tätigkeit, so dass der Tarifvertrag nicht die arbeitsvertragliche Art der beruflichen Beschäftigung ändern kann – und so aus einem Schreiner keinen Schlosser machen kann. Das gilt aber auch für den Umfang der Tätigkeit, eine tarifliche Transformation eines Vollzeit- in ein Teilzeitarbeitsverhältnis[115] ist deshalb ebenso wenig möglich, wie die Ausdehnung der Arbeitszeit durch Tarifvertrag.

Deshalb kann der Tarifvertrag auch dem Arbeitgeber keinen umfänglichen Zugriff auf 39 diese Kernelemente des Arbeitsverhältnisses ermöglichen und so etwa erlauben, dass der Arbeitgeber voraussetzungslos Kurzarbeit anordnen kann (→ § 239 Rn. 16)[116] oder aber eine voraussetzungslose Berechtigung zur Freistellung von Arbeitnehmer begründen.[117]

Außerhalb dieses Kernbereiches des Arbeitsverhältnisses besteht grundsätzlich der Zu- 40 griff des Tarifvertrags. Wo hier insgesamt die Grenze der tariflichen Regelungsmacht verläuft, ist aber undeutlich. Vorgeschlagen wird etwa, dass durch und auf der Grundlage des Tarifvertrags nicht mehr als 30% der Arbeitszeit reduziert werden können.[118] In diesem Rahmen bewegt sich auch die Rechtsprechung.[119]

Rückzahlungsregelungen können gegen die Arbeitsplatzwahlfreiheit verstoßen, 41 wenn sie die Freiheit des Arbeitnehmers, sich vom Arbeitsverhältnis zu lösen unverhältnismäßig einschränken.[120] Hier geht es konkret vor allem um die Länge der Rückzahlungsfristen und die Rückzahlungshöhe, die verhältnismäßig sein müssen, und den mit der Rückzahlungsklausel verbundenen Zweck.[121]

Die Arbeitsplatzwahlfreiheit kann auch bei **Beendigungsnormen** tangiert sein, wenn 42 der Tarifvertrag etwa überlange Kündigungsfristen setzt und damit den Arbeitsplatzwechsel unverhältnismäßig erschwert (→ § 239 Rn. 46 ff.).[122] In keinem Fall darf der Tarifvertrag aus sich heraus einen unbefristeten Arbeitsvertrag nachträglich befristen oder gar selbst das Arbeitsverhältnis beenden.[123]

Wettbewerbsverbote im laufenden Arbeitsverhältnis betreffen die Arbeitsplatzwahl- 43 freiheit.[124] Die Rechtsprechung nimmt hier eine Gesamtwürdigung aller Umstände des Einzelfalls vor und fragt danach, ob nach Art der Haupt- und Nebentätigkeit und der beteiligten Unternehmen überhaupt eine Gefährdung oder Beeinträchtigung der Interessen des Arbeitgebers vorliegt.[125] So wird etwa ein Wettbewerbsverbot, das auch bloße Hilfstätigkeiten ohne Wettbewerbsbezug verböte, nicht den Vorgaben des Art. 12 Abs. 1 GG entsprechen.[126] Zum tariflichen Zugriff auf Wettbewerbsverbote siehe (→ § 239 Rn. 32; → § 237 Rn. 37).

---

[115] BAG 25.10.2000 – 4 AZR 438/99, AP TVG § 1 Tarifverträge: Internationaler Bund Nr. 1 = NZA 2001, 328; JKOS/*Jacobs* § 1 Rn. 67.
[116] BAG 18.10.1994 – 1 AZR 503/93, AP BGB § 615 Kurzarbeit Nr. 11 = NZA 1995, 1064; BAG 27.1.1994 – 6 AZR 541/93, AP BAT-O § 15 Nr. 1 = NZA 1995, 134; *Löwisch/Rieble* § 1 Rn. 747; Thüsing/Braun/*Mengel/Burg* 5. Kap. Kurzarbeit Rn. 3.
[117] BAG 27.2.2002 – 9 AZR 562/00, AP TVG § 1 Tarifverträge: Rundfunk Nr. 36 = NZA 2002, 1099.
[118] *Löwisch/Rieble* § 1 Rn. 751; siehe dazu insgesamt auch NK-TVG/*Ulber* Einleitung Rn. 343 f.
[119] BAG 25.10.2000 – 4 AZR 438/99, AP TVG § 1 Tarifverträge: Internationaler Bund Nr. 1 = NZA 2001, 328; Nachweise bei JKOS/*Krause* § 1 Rn. 67.
[120] BAG 23.4.1997 – 5 AZR 29/96, AP BGB § 611 Ausbildungsbeihilfe Nr. 25 = NZA 1997, 1002; *Löwisch/Rieble* § 1 Rn. 2358; Thüsing/Braun/*Mengel/Burg* 5. Kap. Rückzahlung Rn. 1; NK-TVG/*Ulber* Einleitung Rn. 350 ff.
[121] BAG 31.1.2018 – 10 AZR 210/17, AP TVG § 1 Tarifverträge: Systemgastronomie Nr. 4 = NZA-RR 2018, 253; Thüsing/Braun/*Mengel/Burg* 5. Kap. Rückzahlung Rn. 2; JKOS/*Krause* 1 Rn. 70; *Löwisch/Rieble* § 1 Rn. 2358.
[122] Siehe auch NK-TVG/*Ulber* Einleitung Rn. 349.
[123] *Löwisch/Rieble* § 1 Rn. 748.
[124] NK-TVG/*Ulber* Einleitung Rn. 340 verweist aber auf das einfache Gesetzesrecht.
[125] BAG 24.3.2010 – 10 AZR 66/09 – AP GG Art. 12 Nr. 141 = NZA 2010, 693.
[126] BAG 24.3.2010 – 10 AZR 66/09 – AP GG Art. 12 Nr. 141 = NZA 2010, 693.

44 Durch Arbeitsbedingungen kann auch mittelbar in die Grundrechte des Arbeitnehmers eingegriffen werden, dann bemisst sich die Zulässigkeit nach Maßgabe des Art. 12 Abs. 1 GG. Beispiel hierfür ist die **Residenzpflicht** des Arbeitnehmers, bei deren Verletzung (lediglich) arbeitsvertragliche Sanktionen drohen.[127]

45 **c) Andere Freiheitsrechte.** Weitere Grundrechte des Arbeitnehmers stehen gegenüber der Koalitionsfreiheit, der Berufsfreiheit und dem Gleichheitsgebot weniger Vordergrund. Sie knüpfen vor allem an besondere Konstellationen an.

46 Freilich wurde bereits ein Tarifvertrag als nichtig angesehen, weil er die **Menschenwürde** nach Art. 1 Abs. 1 GG verletzte, in dem er eine Arbeitsleistung verlangte, die wegen zu kurzer Ruhezeiten die menschliche Leistungsfähigkeit überstieg.[128]

47 Vor unzuträglichen Arbeitsbedingungen, die durch den Tarifvertrag gesetzt werden, schützt den Arbeitnehmer auch Art. 2 Abs. 2 GG. Das **Allgemeine Persönlichkeitsrecht** aus Art. 2 Abs. 1 GG ist insbesondere bei tariflichen Regelungen zur Datengewinnung maßgeblich – so etwa bei Einstellungstest und Einstellungsuntersuchungen.[129] Vor genetischen Untersuchungen schützt bereits einfachgesetzlich § 21 GendiagnostikG.

48 Die **Glaubensfreiheit** nach Art. 4 Abs. 1 GG wäre etwa dort betroffen, wo ein Tarifvertrag entweder ein bestimmtes religiöses Bekenntnis verlangte, was aber im weltlichen Bereich nicht zu rechtfertigen ist, und im kirchlichen Bereich wegen dessen grundsätzlicher Tarifabstinenz nicht vorkommt, oder aber, wenn der Tarifvertrag bestimmte Akte der Glaubensäußerung verböte. Das wäre etwa bei einem Kopftuchverbot praktisch. Ein solches wäre aber – überträgt man die unionsrechtlichen Maßstäbe[130] – nur dann möglich, wenn eine konkrete Gefährdung etwa des Betriebsfriedens nachweisbar wäre oder aber, wenn der Tarifvertrag insgesamt alle glaubensbezogenen Akte verböte.

49 Die **Meinungs- und Pressefreiheit,** Art 5 Abs. 1 GG, führt dazu, dass der Tarifvertrag nicht zielgerichtet Meinungsäußerungen unterdrücken darf,[131] zudem schützt sie Arbeitnehmer, die in den entsprechenden Berufen tätig sind, aber auch die Arbeitgeber als Tendenzunternehmer.[132] Die Wissenschaftsfreiheit wiederum angestellte Hochschullehrer.[133]

50 Gegenüber (werdenden) Müttern hat der Tarifvertrag **Art. 6 GG** zu beachten.[134] So ist es nicht möglich, eine Leistung deshalb zu versagen, weil Mutterschutz in Anspruch genommen wurde,[135] ebenso wenig, wenn Sonderurlaub zur Kinderbetreuung genommen wurde.[136] Verheiratete Arbeitnehmer dürfen nicht schlechter gestellt werden als nicht verheiratete.[137] Eine Auflösung des Arbeitsverhältnisses wegen Schwangerschaft scheitert ebenfalls an Art. 6 Abs. 4 GG[138] – und ersichtlich auch an § 7 AGG. Allerdings können die Tarifvertragsparteien Sonderleistungen während der Elternzeit aussetzen.[139] Eine Zölibatsregelung im Tarifvertrag verstieß ebenfalls gegen die Gewährleistungen des Art. 6 GG.[140]

---

[127] Löwisch/Rieble § 1 Rn. 780; anders BAG 7.6.2006 – 4 AZR 316/05, AP BGB § 611 Hausmeister Nr. 15 = NZA 2007, 343; so auch NK-TVG/Ulber Einleitung Rn. 427: Anwendung des Art. 11 GG.
[128] BAG 24.2.1982 – 4 AZR 223/80, AP BAT § 17 Nr. 7 = NJW 1982, 2140; HWK/Henssler TVG Einleitung Rn. 17; NK-TVG/Ulber Einleitung Rn. 407.
[129] NK-TVG/Ulber Einleitung Rn. 408 ff.
[130] EuGH 14.3.2017 – C-188/15, AP Richtlinie 2000/78/EG Nr. 38 = NZA 2017, 375; 14.3.2017 – C-157/15, AP Richtlinie 2000/78/EG Nr. 37 = NZA 2017, 373.
[131] HWK/Henssler TVG Einleitung Rn. 17; Wiedemann/Wiedemann Einleitung Rn. 266.
[132] Wiedemann/Wiedemann Einleitung Rn. 266 f.
[133] NK-TVG/Ulber Einleitung Rn. 421.
[134] Wiedemann/Wiedemann Einleitung Rn. 269.
[135] BAG 20.8.2002 – 9 AZR 353/01, AP GG Art. 6 Mutterschutz Nr. 10 = NZA 2003, 333.
[136] BAG 24.5.2012 – 6 AZR 586/10, AP TVÜ § 9 Nr. 1 = NZA 2012, 1304; BAG 18.12.2008 – 6 AZR 287/07, AP TVÜ § 11 Nr. 3 = NZA 2009, 391; JKOS/Krause § 1 Rn. 84.
[137] BAG 2.6.1961 – 1 AZR 573/59, AP GG Art. 3 Nr. 68 = NJW 1961, 1837; HWK/Henssler TVG Einleitung Rn. 17.
[138] BAG 28.11.1958 – 1 AZR 199/58, AP GG Art 6. Abs. 1 Ehe und Familie Nr. 3 = DB 1959, 174.
[139] BAG 24.11.1993 – 10 AZR 704/92, AP BGB § 611 Gratifikation Nr. 158 = NZA 1994, 423.

II. Grundrechte

Das Recht der **Unverletzlichkeit der eigenen Wohnung** verbleibt auch dann, wenn 51
der Arbeitnehmer einen Heimarbeitsplatz hat. Der Tarifvertrag kann denn wegen Art. 13
GG dem Arbeitgeber grundsätzlich kein Zutrittsrecht zur Wohnung des Arbeitnehmers
verschaffen.[141]

Die dingliche Rechtslage kann der Tarifvertrag ohnehin nicht ändern (→ § 239 Rn. 2; 52
→ § 236 Rn. 44), allerdings schützt **Art. 14 GG** den Arbeitnehmer auch davor, sein Vermögen etwa zugunsten einer Unternehmenssanierung einsetzen zu müssen.[142] Auf der anderen Seite darf der Tarifvertrag sozialversicherungsrechtliche Ansprüche grundsätzlich auf tarifliche Leistungen anrechnen,[143] die Rechtsprechung lässt auch die Rückwirkung (dazu
→ Rn. 76 ff.) von Lohnsenkungen zu.[144]

Die Tarifvertragsparteien müssen bei der Normsetzung die Grundrechte beachten, ih- 53
nen obliegt aber **kein Optimierungsgebot:** So müssen sie etwa nicht familienfreundliche Leistungen vorsehen.[145]

2. Grundrechte des Arbeitgebers
a) Unternehmerfreiheit. Unternehmerfreiheit, insbesondere durch Art. 12, 14 GG ge- 54
schützt, und Tarifmacht stehen in einem komplexen Wechselspiel: Jede tarifliche Regelung beeinflusst das unternehmerische Handeln – vor allem etwa durch eine tariflich ausgelöste Kostenlast –, und das unternehmerische Handeln wirkt sich auf die Gestaltung der
Arbeitsbedingungen aus.[146] Deshalb gibt keine klinisch reine Trennung der beiden Bereiche.[147] Allerdings können Grundlinien gezogen werden.

Die Unternehmerfreiheit wird zunächst dadurch geschützt, dass sich die Tarifmacht nur 55
auf die in § 1 Abs. 1 TVG grundgelegten Arbeitsbedingungen bezieht. Auf unternehmerische Entscheidungen als solche hat der Tarifvertrag keinen Zugriff. So ist es nicht möglich, die unternehmerische Ausrichtung, Investitionen, Produktionsentscheidungen, die
Preispolitik, die Unternehmensfinanzierung oder die Gründung oder Erweiterung durch
Tarifvertrag zu regeln.[148] Zwar können Verbände und Arbeitgeber entsprechende Vereinbarungen treffen, nur sind diese dann anhand der allgemeinen Vorgaben zu messen und
unterliegen nicht den Rechtsfolgen des TVG – können insbesondere nicht durch Arbeitskampf erzwungen werden. Die Rechtsprechung hat sich hierzu noch nicht eindeutig verhalten: So hat das BAG eine gewerkschaftliche Klage, die sich auf ein tarifvertragliches
Zustimmungserfordernis zu Outsourcingmaßnahmen stützte, wegen der fehlenden Nachwirkung der als schuldrechtlich eingeordneten Pflicht scheitern lassen, sich aber nicht zur
Wirksamkeit der Vereinbarung geäußert.[149]

Umstritten ist insbesondere die Tarifmacht für Regelungen über die **Standortsiche-** 56
rung. Regelungen über die Standortsicherung finden sich regelmäßig in Sanierungstarifverträgen, wo etwa formuliert wird, dass eine Standortschließung unterlassen oder ein
Standort garantiert wird.[150] Ohne Zweifel können solche Vereinbarungen etwa den Bestandsschutz der Arbeitsverhältnisse zum Regelungsgegenstand haben, was sich mittelbar
auf die Standortentscheidung des Arbeitgebers auswirken wird, allerdings kann die Frage,
ob etwa ein Betrieb stillgelegt wird oder nicht, nicht durch Tarifvertrag geregelt werden.
Das wird anders gesehen, und solche Entscheidungen pauschal den Arbeits- und Wirt-

---

[140] BAG 10.5.1957 – 1 AZR 249/56, AP GG Art. 6 Abs. 1 Ehe und Familie Nr. 1 = JZ 57, 762.
[141] *Löwisch/Rieble* § 1 Rn. 777; dazu *Rieble/C. Picker* ZfA 2013, 383 (395 f.).
[142] *Löwisch/Rieble* § 1 Rn. 778.
[143] BAG 23.2.2005 – 4 AZR 172/04, AP TVG § 1 Tarifverträge: Lufthansa Nr. 33 = NZA 2005, 1264.
[144] BAG 23.11.1994 – 4 AZR 879/93, AP TVG § 1 Rückwirkung Nr. 12 = NZA 1995, 844.
[145] BAG 30.10.2008 – 6 AZR 682/07, AP TVÜ § 5 Nr. 1 = NZA 2009, 218; JKOS/*Krause* § 1 Rn. 84; *Löwisch/Rieble* § 1 Rn. 774.
[146] *Löwisch/Rieble* § 1 Rn. 786; Thüsing/Braun/*Thüsing* 1. Kap. Rn. 37.
[147] Siehe auch NK-TVG/*Ulber* Einleitung Rn. 322.
[148] Sieh auch Thüsing/Braun/*Thüsing* 1. Kap. Rn. 37; auch Wiedemann/*Wiedemann* Einleitung Rn. 328.
[149] BAG 26.1.2011 – 4 AZR 159/09, AP TVG § 3 Betriebsnormen Nr. 7 = NZA 2011, 808.
[150] Siehe die Beispiele bei HMB/*Moll* Teil 12; Thüsing/Braun/*Straube* 5. Kap. Nr. 410.

schaftsbedingungen zugeschlagen, die dann auch tariflich regelbar seien.[151] Letztlich geht nach dieser Lehre die Unternehmerfreiheit in der Koalitionsfreiheit auf.[152] Andere verweisen auf die Offenheit des Art. 9 Abs. 3 GG für weitere, auch unternehmerische Entwicklungen.[153] Das liefe aber auf eine gänzlich uferlose Zugriffsmöglichkeit des Tarifvertrags hinaus. Die Befürworter einer umfassenden Regelungsmacht des Tarifvertrags sehen Vereinbarungen zur Unternehmensführung als erstreikbare schuldrechtliche Tarifregelungen an.[154] Andere federn hier ab: solche Fragen seien zwar tariflich regelbar, aber nicht erkämpfbar.[155] Das Recht auf Arbeitskampf folgt der Tarifmacht und nicht umgekehrt. Es bleibt dabei: § 1 Abs. 1 TVG gibt die Grenzen der Tarifmacht vor – und diese bezieht sich nicht auf unternehmerische Entscheidungen, sondern auf solche der Regelung des Arbeitsverhältnisses durch die in § 1 Abs. 1 TVG genannten Inhalte.[156] Deshalb sind auch tarifliche Zustimmungsvorbehalte zu unternehmerischen Entscheidungen nicht möglich.[157] Vereinbarungen über unternehmerische Maßnahmen können zwar getroffen werden, aber nicht als Tarifvertrag, sondern nur als schuldrechtliche Koalitionsvereinbarungen (→ § 264 Rn. 1 ff.).

57 Zugriff haben die Tarifvertragsparteien dagegen auf alle Bereiche, die die Arbeitsbedingungen regeln, auch wenn sie Folgen für das unternehmerische Handeln haben. In diesen Fällen ist dann danach zu fragen, wieweit der Tarifvertrag die unternehmerische Freiheit des Arbeitgebers zurückdrängen kann. Das gilt etwa für Besetzungsregeln (→ § 240 Rn. 13) oder Kündigungsschutzregelungen (→ § 239 Rn. 49 ff.).[158]

58 **b) Sonstige Gewährleistungen.** Der Arbeitgeber, der sich auch als Unternehmer auf die Gewährleistungen des **Art. 5 GG** berufen kann, ist vor einer Beeinträchtigung dieser grundrechtlichen Freiheiten auch vor dem tariflichen Eingriff geschützt: So kann ein Tarifvertrag etwa Arbeitnehmern eines Verlages nicht das Recht zusprechen, ihre Privatmeinung in den Publikationen des Arbeitgebers kund zu tun.[159]

59 Die **Eigentumsfreiheit des Arbeitgebers, Art. 14 GG,** wird allein durch die vom Tarifvertrag grundgelegten Arbeitsbedingungen nicht betroffen – hier geht es nicht um Eingriff in das Eigentum, sondern um Pflichtenbegründung.[160] Keine Tarifmacht besteht aber dort, wo Arbeitnehmern tariflich unmittelbar eine Unternehmensbeteiligung zugewendet werden soll.[161]

3. Gleichheitssatz

60 **a) Grundsätze.** Die Tarifvertragsparteien müssen den allgemeinen Gleichbehandlungsgrundsatz, Art. 3 Abs. 1 GG, berücksichtigen.[162] Dabei ist strittig, aber auch wesentlich,[163] welchen Grades an Rechtfertigungslast es für die Zulässigkeit einer Ungleichbehandlung bedarf. Für die Lösung dieser Frage kommt es darauf an, wie man das Verhältnis des Gleichheitssatzes zur Koalitionsfreiheit gewichtet, deren Frucht die tarifliche Regelung ist.

---

[151] Etwa JKOS/*Krause* § 1 Rn. 115.
[152] So *Däubler* Tarifverträge zur Unternehmenspolitik?, S. 79.
[153] NK-TVG/*Ulber* Einleitung Rn. 324.
[154] *Däubler* Tarifverträge zur Unternehmenspolitik?, S. 80 f.
[155] Siehe etwa *Hanau/Thüsing* ZTR 2001, 49 (53).
[156] *Löwisch/Rieble* § 1 Rn. 253 und Grundlage 162.
[157] *Löwisch/Rieble* § 1 Rn. 797.
[158] NK-TVG/*Ulber* Einleitung Rn. 364 ff.
[159] *Löwisch/Rieble* § 1 Rn. 806.
[160] BAG 31.1.2018 – 10 AZR 695/16, NZA 2018, 876; JKOS/*Krause* § 1 Rn. 116; *Löwisch/Rieble* § 1 Rn. 811; Wiedemann/*Wiedemann* Einleitung Rn. 330; NK-TVG/*Ulber* Einleitung Rn. 375.
[161] *Löwisch/Rieble* § 1 Rn. 810; Wiedemann/*Wiedemann* Einleitung Rn. 331.
[162] BAG 25.1.2018 – 6 AZR 791/16, AP TVöD § 16 Nr. 6; BAG 22.3.2017 – 4 ABR 54/14, AP TVG § 1 Tarifverträge Presse Nr. 20; BAG 15.12.2015 – 9 AZR 611/14, AP BUrlG § 11 Nr. 72; Wiedemann/*Wiedemann* Einl. Rn. 203 ff.; JKOS/*Krause* § 1 Rn. 56; *Dieterich* FS Schaub S. 128 ff. zur mittelbaren Grundrechtsbindung.
[163] NK-TVG/*Ulber* Einleitung Rn. 432.

Dass für das Verbandsmitglied ein Schutzbedürfnis vor der tariflichen Regelungssetzung besteht, ist offensichtlich: So wäre der Eintritt in den Verband letztlich in seiner sich aus Art. 9 Abs. 3 GG heraus ergebenden Schutzdimension wertlos, wenn das Verbandshandeln einzelne Mitglieder oder Mitgliedergruppen ohne Bindung durch gleichheitsrechtliche Vorgaben benachteiligen könnte.[164] Es kann nicht angenommen werden, dass das Verbandsmitglied durch seinen Eintritt in eine solche Möglichkeit der beschränkungslosen Ungleichbehandlung einwilligt.[165]

Deshalb geht auch der Maßstab einer (sehr oberflächlichen) Willkürkontrolle, die darauf abstellt, dass eine Ungleichbehandlung „unter keinem Gesichtspunkt mehr plausibel" wäre, für die Rechtfertigung einer Ungleichbehandlung jedenfalls als Grundannahme fehl,[166] weil sie das Schutzbedürfnis der Normunterworfenen nicht hinreichend aufnimmt, sondern den Gleichbehandlungsschutz bis zur Grenze der Inhaltslosigkeit verwässert. So bedarf es auch bei tariflicher Regelungssetzung eines sachlichen Grundes für eine Ungleichbehandlung.[167] Das nimmt auch die Rechtsprechung des BVerfG auf, nach der eine Verhältnismäßigkeitsprüfung vorzunehmen ist, und die Anforderungen an eine Rechtfertigung der Ungleichbehandlung von Personen strengeren Maßstäben unterliegt als bei sonstigen Sachverhalten.[168] Allerdings haben die Tarifvertragsparteien einen weiten Beurteilungsspielraum für die Rechtfertigungsgründe selbst:[169] Nicht zuletzt die (jeweilige) Sachnähe der Tarifvertragsparteien rechtfertigt es, diesen eine Einschätzungsprärogative über die gegebenen Tatsachen und die Gewichtung der Interessen zu überlassen.[170] Deshalb dürfen die Tarifvertragsparteien auch Sachverhalte typisieren und müssen nicht sämtliche Konsequenzen im Einzelfall in ihre Entscheidung aufnehmen.[171] Ohnehin müssen die Tarifvertragsparteien nicht „die zweckmäßigste, vernünftigste oder gerechteste Lösung wählen."[172] Insgesamt ergibt sich ein uneinheitliches Bild: Je nach geregeltem Bereich wird der Beurteilungsspielraum unterschiedlich weiter (bei tätigkeitsbezogenen Sachverhalten, etwa besonders weit bei der Entgeltfestlegung) oder enger (wie bei personenbezogenen Regelungen), was im Ergebnis zu einer fallbezogenen Betrachtung führt.

Vergleichsobjekt für die Frage nach der Gleichbehandlung ist allein das Tarifwerk der konkreten Tarifvertragsparteien.[173] Ein Vergleich mit anderen Normgebern scheidet aus,[174] deshalb kann auch nicht der Verbandstarifvertrag mit dem Haustarifvertrag unter Gleichbehandlungsgesichtspunkten verglichen werden.[175] Das bedeutet aber auch umge-

---

[164] *Löwisch/Rieble* § 1 Rn. 665: „Vom Regen in die Traufe."
[165] *Löwisch/Rieble* § 1 Rn. 666.
[166] So etwa BAG 29.11.2001 – 4 AZR 762/00, AP GG Art. 3 Nr. 296 = ZTR 2002, 474; BAG 29.8. 2001 – 4 AZR 352/00, AP GG Art. 3 Nr. 291 = NZA 2002, 863; BAG 30.8.2000 – 4 AZR 563/99, AP TVG § 4 Geltungsbereich Nr. 25 = NZA 2001, 613; BAG 18.9.1985 – 4 AZR 75/84, AP BAT § 23a Nr. 20 = AuR 1986, 28.
[167] BAG 18.6.1997 – 5 AZR 259/96, AP BAT § 3d Nr. 2 = NZA 1997, 1171; BAG 28.3.1996 – 6 AZR 501/95, AP BeschFG 1985 § 2 Nr. 49 = NZA 1996, 1280.
[168] BVerfG 11.1.1995 – 1 BvR 892/88, AP GG Art. 3 Nr. 209 = NZA 1995, 752; BVerfG 30.5.1990 – 1 BvL 2/83, BVerfGE 82, 126 = AP BGB § 622 Nr. 28 = NJW 1990, 2246; dem folgend etwa BAG 27.5.2004 – 6 AZR 129/03, NZA 2004, 1399.
[169] *Löwisch/Rieble* § 1 Rn. 845.
[170] BAG 25.1.2018 – 6 AZR 791/16 AP TVöD § 16 Nr. 6; BAG 21.9.2010 – 9 AZR 442/09, AP GG Art. 3 Nr. 323 = ZTR 2011, 304; siehe auch BGH 14.11.2007 – IV ZR 74/06, BGHZ 174, 127 = NJW 2008, 1378.
[171] BAG 21.9.2010 – 9 AZR 442/09, AP GG Art. 3 Nr. 323 = ZTR 2011, 304; BAG 29.11.2001 – 4 AZR 762/00, AP GG Art. 3 Nr. 296 = ZTR 2002, 474; BAG 28.7.1992 – 9 AZR 308/90, AP TVG § 1 Tarifverträge Seniorität Nr. 10 = NZA 1993, 759; JKOS/*Krause* § 1 Rn. 93.
[172] BAG 25.1.2018 – 6 AZR 791/16 AP TVöD § 16 Nr. 6; BAG 22.3.2017 – 4 ABR 54/14, AP TVG § 1 Tarifverträge Presse Nr. 20; BAG 15.12.2015 – 9 AZR 611/14, AP BUrlG § 11 Nr. 72.
[173] BAG 16.8.2005 – 9 AZR 378/04, AP TVG § 1 Gleichbehandlung Nr. 8 = NZA-RR 2006, 253; BAG 23.2.2005 – 4 AZR 172/04, AP TVG § 1 Tarifverträge: Lufthansa Nr. 33 = ZTR 2005, 646; BAG 16.12.2003 – 3 AZR 668/02, AP MTArb SR 2g § 2 Nr. 1 = NZA-RR 2004, 595; BAG 18.10.2000 – 10 AZR 503/99, AP TVG § 1 Tarifverträge Bau Nr. 235 = NZA 2001, 508; JKOS/*Krause* § 1 Rn. 86.
[174] JKO/*Krause* § 1 Rn. 57.
[175] *Löwisch/Rieble* § 1 Rn. 855.

kehrt, dass es nicht darauf ankommt, ob ein Arbeitgeber mit unterschiedlichen Gliederungen derselben Gewerkschaft einen Tarifvertrag abschließt, die Tarifverträge können verglichen werden; ebenso vergleichbar sind ein Flächentarifvertrag und ein firmenbezogener Verbandstarifvertrag derselben Tarifvertragsparteien.[176]

63 In der Praxis ist der über Art. 3 Abs. 1 GG gewährte Gleichbehandlungsschutz dort erheblich verschärft, wo (hinzukommend) Diskriminierungsmerkmale des AGG betroffen sind und damit letztlich unionsrechtliches Gleichbehandlungsrecht anwendbar ist (→ § 15 Rn. 11 ff.). Das führt auch zur Zweigleisigkeit der tariflichen Gleichbehandlungsprüfung: Für die Bereiche, die die Merkmale des § 1 AGG betreffen, ist für die Rechtfertigung einer Ungleichbehandlung ein weitgehend objektiver, an den Erfordernissen der §§ 8 bis 10 AGG anzulegendes Prüfungsprogramm vorzunehmen. Hier steht den Tarifvertragsparteien ein geringerer Einschätzungs- und Beurteilungsspielraum zur Verfügung als nach der grundrechtlichen Gleichbehandlungskontrolle, die gerade auch eine Typisierung in der Regelungssetzung ermöglicht (→ Rn. 61). Deshalb weitet das Unionsrecht den Gleichbehandlungsschutz für die Normadressaten des Tarifvertrags nicht unwesentlich aus.[177]

64 **b) Einzelfälle.** Nimmt ein Tarifvertrag eine Arbeitnehmergruppe ganz aus dem **persönlichen Geltungsbereich** heraus, so muss dieses Vorenthalten des tariflichen Schutzes gerechtfertigt werden.[178] Das gelingt einmal dann, wenn die entsprechende Arbeitnehmergruppe besondere Gründe aufweist, die den tariflichen Schutz überflüssig erscheinen lassen, etwa wegen geringer Schutzbedürftigkeit,[179] oder aber wegen eines besonderen Freiheitsschutzes[180] oder einer anderen Absicherung.[181] Der Status als Teilzeitbeschäftigte reicht dagegen für eine Herausnahme auf dem tariflichen Geltungsbereich regelmäßig nicht aus, § 4 TzBfG.[182] Lagern die Tarifvertragsparteien eine bestimmte Arbeitnehmergruppe nur „aus" und regeln sie deren Arbeitsbedingungen in einem eigenen Tarifvertrag, so entfällt der Schutz nicht, weswegen sich gleichheitsrechtliche Fragen der Geltungsbereichsversagung nicht stellen.[183]

65 Der Tarifvertrag darf grundsätzlich nicht zwischen Arbeitern und Angestellten allein wegen ihres **Status** unterscheiden. Die Vorgaben, die das BVerfG für die Regelungen der Kündigungsfristen gemacht hat, gelten auch hier.[184] Besteht aber ein Sachgrund für die Unterscheidung, etwa im Rahmen der Kündigungsfristen, so ist eine Unterscheidung möglich – was aber gerade nicht am Status, sondern an den entsprechenden Tätigkeiten der Arbeitnehmer liegt.[185] So kann ein Bedürfnis an Flexibilität gerade im Bereich der

---

[176] Siehe ausführlich *Löwisch/Rieble* § 1 Rn. 856, 859.
[177] Siehe insgesamt zu den Unterschieden *Löwisch/Rieble* § 13 Rn. 840 ff.
[178] Für eine Willkürkontrolle NK-TVG/*Ulber* Einleitung Rn. 441; weiter auch BAG 30.8.2000 – 4 AZR 563/99, AP TVG § 4 Geltungsbereich Nr. 25= NZA 2001, 613.
[179] BAG 30.8.2000 – 4 AZR 563/99, AP TVG § 4 Geltungsbereich Nr. 25 = NZA 2001, 613; *Löwisch/Rieble* § 4 Rn. 176 mit dem Beispiel der Chefärzte oder Leitenden Angestellten.
[180] Für Hochschullehrer etwa BAG 19.3.2002 – 3 AZR 121/01, AP BetrAVG § 1 Gleichbehandlung Nr. 53 = ZTR 2002, 472; für Lektoren BAG 12.10.2004 – 3 AZR 571/03, AP BAT § 3g Nr. 2 = NZA 2005, 1127; BAG 27.5.2004 – 6 AZR 129/03, AP TVG § 1 Gleichbehandlung Nr. 5 = NZA 2004, 1399.
[181] Für Berechtigte der Arbeitsförderung BAG 18.6.1997 – 5 AZR 259/96, AP BAT § 3d Nr. 2 = NZA 1997, 1171.
[182] Siehe nur BAG 5.8.2009 – 10 AZR 634/08, AP TzBfG § 4 Nr. 21 = ZTR 2009, 646; BAG 13.5.1997 – 3 AZR 66/96, AP BetrAVG § 1 Gleichbehandlung Nr. 36 = NZA 1997, 1294; dazu JKOS/*Krause* § 1 Rn. 96.
[183] BAG 16.12.2003 – 3 AZR 668/02, AP MTArb SR 2g § 2 Nr. 1 = NZA-RR 2004, 595; *Löwisch/Rieble* § 4 Rn. 177.
[184] BVerfG 30.5.1990 – 1 BvL 2/83, BVerfGE 82, 126 = AP BGB § 622 Nr. 28 = NJW 1990, 2246.
[185] BAG 10.3.1994 – 2 AZR 605/93, AP TVG § 1 Tarifverträge: Metallindustrie Nr. 117 = NZA 1994, 1045; BAG 2.4.1992 – 2 AZR 516/91, AP BGB § 622 Nr. 38 = NZA 1992, 886; BAG 23.1.1992 – 2 AZR 389/91, AP BGB § 622 Nr. 35, 36, 37 = NZA 1992, 742; BAG 21.3.1991 – 2 AZR 323/84 (A), AP BGB § 622 Nr. 29, 31 = NZA 1991, 797.

Produktion bestehen – etwa wegen wegfallender Aufträge –, so dass hier kürzere Kündigungsfristen für Arbeiter gerechtfertigt sein können.[186]

Der Tarifvertrag kann zwischen **verheirateten und ledigen** Arbeitnehmern unterscheiden.[187] Dass dies als mittelbare Ungleichbehandlung homosexueller Arbeitnehmer angesehen werden könnte, wird man mit der Einführung der „Ehe für alle" nicht mehr behaupten können.[188] Eine Anknüpfung tariflicher Leistungen an die Elternschaft der Arbeitnehmer ist – je nach Leistung – regelmäßig gerechtfertigt. Auf der anderen Seite müssen die Tarifvertragsparteien aber keine familienfördernden Regelungen vorsehen, sie trifft kein Optimierungsgebot. 66

Teilzeitbeschäftigte oder befristet Beschäftigte dürfen schon wegen § 4 TzBfG nicht ohne Rechtfertigung ungleich behandelt werden. An Art. 3 Abs. 1 GG scheiterte vor Erlass eine Herausnahme von Teilzeitbeschäftigten aus dem Geltungsbereich eines Tarifvertrags.[189] 67

Stichtagsregelungen kann der Tarifvertrag einführen, er darf typisieren und Zeitpunkte für die Leistungsberechtigung vorsehen (→ § 239 Rn. 11, 24).[190] 68

Im **tätigkeitsbezogenen Entgeltrecht** bestehen weitreichende Einschätzungsprärogativen der Tarifvertragsparteien,[191] weil es um einen Kern der tariflichen Regelungssetzung geht.[192] Dies gilt etwa für die Festschreibung von Vergütungsstrukturen.[193] Hier können die Tarifvertragsparteien die Staffelung und damit Bewertung der Vergütungsgruppen im Rahmen einer Nachvollziehbarkeit festlegen, dürfen dabei lediglich keine unsachlichen Anknüpfungen vornehmen.[194] 69

Für **Sonderzahlungen** ist wiederum eine stärkere Zweckbindung notwendig – so dass darüber Klauseln überprüft werden, die bestimmte Arbeitnehmer, etwa gekündigte, aus der Leistungsberechtigung herausnehmen.[195] Für Teilzeitarbeitnehmer kann der Tarifvertrag eine Berechnung je nach Beschäftigungsanteil vorsehen.[196] 70

Die entgeltrechtliche Gleichbehandlung von Mann und Frau, die nicht nur in Art. 3 Abs. 2 GG, sondern auch unionsrechtlich in Art. 157 AEUV festgelegt ist, ermöglicht keine Unterscheidung allein wegen des Geschlechts. Allerdings ist eine Unterscheidung möglich, was als gleiche oder gleichwertige Arbeit einzustufen ist, damit ist die Prüfung einer mittelbaren Ungleichbehandlung offen.[197] Dieser Einschätzungsspielraum der Tarifvertragsparteien ist nicht nur grundgesetzlich nach Art. 9 Abs. 3 GG, sondern auch unionsrechtlich nach Art. 16 GRC gewährleistet. 71

---

[186] BAG 21.3.1991 – 2 AZR 323/84 (A), AP BGB § 622 Nr. 29, 31 = NZA 1991, 797; JKOS/*Krause* § 1 Rn. 99.
[187] BAG 25.2.1987 – 8 AZR 430/84, AP BAT § 52 Nr. 3 = NJW 1987, 2458 für die Freistellung des Arbeitnehmers aus Anlass der Niederkunft seiner Ehefrau.
[188] So noch BAG 14.1.2009 – 3 AZR 20/07, AP GG Art. 3 Nr. 315 = NZA 2009, 489; BAG 29.4.2004 – 6 AZR 101/03, AP BAT § 26 Nr. 2 = NZA 2005, 57; JKOS/*Krause* § 1 Rn. 97 für eine Unterscheidung zwischen verheirateten und verpartnerten Arbeitnehmern; kritisch hierzu *Löwisch/Rieble* § 1 Rn. 879.
[189] BAG 15.10.2003 – 4 AZR 606/02, AP BeschFG 1985 § 2 Nr. 87 = NZA 2004, 551; BAG 7.3.1995 – 3 AZR 282/94, AP BetrAVG § 1 Gleichbehandlung Nr. 26 = NZA 1996, 48.
[190] BAG 23.3.2011 – 10 AZR 701/09, AP TVG § 1 Tarifverträge: Verkehrsgewerbe Nr. 19 = ZTR 2011, 555; BAG 29.11.2001 – 4 AZR 762/00, AP GG Art. 3 Nr. 296 = ZTR 2002, 474; BAG 6.2.1980 – 4 AZR 158/78, AP TVG § 1 Rückwirkung Nr. 7 = RiA 1981, 153; *Löwisch/Rieble* § 1 Rn. 847; § 4 Rn. 180.
[191] JKOS/*Krause* § 1 Rn. 97.
[192] *Löwisch/Rieble* § 1 Rn. 868.
[193] *Löwisch/Rieble* § 1 Rn. 868.
[194] *Löwisch/Rieble* § 1 Rn. 869.
[195] BAG 18.10.2000 – 10 AZR 503/99, AP TVG § 1 Tarifverträge Bau Nr. 235 = NZA 2001, 508; JKOS/*Krause* § 1 Rn. 97; *Löwisch/Rieble* § 1 Rn. 868.
[196] EuGH 5.11.2014 – C-476/12, NZA 2015, 170; *Löwisch/Rieble* § 1 Rn. 901.
[197] Siehe auch BAG 20.11.1996 – 5 AZR 401/95, AP BGB § 242 Gleichbehandlung Nr. 133 = NZA 1997, 724; *Löwisch/Rieble* § 1 Rn. 876.

72 **Effektivgarantieklauseln,** die übertarifliche Entgeltbestandteile in das tarifliche Entgelt aufnehmen,[198] verstoßen nach der Rechtsprechung gegen den Gleichheitsgrundsatz, weil sie zu einem differenzierten, die einzelnen arbeitsvertraglichen Entgeltsituationen in den Tarifvertrag aufnehmenden Tarifentgelt führen.[199] Das gilt auch für begrenzte Effektivklauseln,[200] die die übertariflichen Bestandteile des Entgelts zur eigenen tariflichen Zulage machen will, und auch für negative Effektivklauseln,[201] die zur Aufzehrung des übertariflichen Entgelts durch das tarifliche führen.[202] Verdienstsicherungsregelungen, die das Entgelt vor Verschlechterungen im Umfeld des Arbeitnehmers schützen sollen, etwa wegen Rationalisierungen oder Schwächung der Gesundheit,[203] sind aber grundsätzlich möglich.[204]

III. Tarifvertrag und sonstige Verfassungsgewährleistungen

1. Bestimmtheitsgrundsatz

73 Weil der Tarifvertrag Normquelle ist, müssen die tariflichen Rechtsnormen hinreichend bestimmt sein.[205] Sind sie es nicht, so sind sie nicht befolgbar und unwirksam.[206] Das kann man zwar nicht unmittelbar auf das Rechtsstaatsgebot des Art. 20 Abs. 3 GG stützen,[207] aber durchaus auf die auch im Privatrecht anerkannte Notwendigkeit der klaren Regelung. Im Kern laufen beide Grundlagen parallel.[208] So scheitert etwa eine Klausel, nach der ein Arbeitnehmer in den Fällen, in denen keine überwiegende Tätigkeit für die vergütungsrechtliche Eingruppierung maßgebend ist, die tarifliche Mindestvergütung nach einer Tätigkeit werden soll, die „der Gesamttätigkeit das Gepräge gibt".[209]

74 Nichts zu tun mit der Unbestimmtheit einer Norm hat es, wenn die Tarifvertragsparteien unbestimmte Rechtsbegriffe verwenden, Öffnungen zugunsten anderer Regelungsebenen oder den Bestimmungsklauseln als solche vorsehen. Allerdings müssen die Voraussetzungen und Grenzen diese Regelungen wiederum eindeutig und klar sein.[210]

75 Der Tarifvertrag unterfällt auch dem Gebot der Rechtsquellenklarheit (dazu → § 226 Rn. 14).

2. Vertrauensschutz

76 Die tarifliche Rechtsetzung muss auch dem **Gebot des Vertrauensschutzes** genügen. Das zieht der **Rückwirkung von Tarifnormen** eine Grenze. Die Rechtsprechung greift hier auf die Lehre der Rückwirkung von Gesetzen zurück,[211] das freilich lässt sich deshalb nicht unmittelbar übertragen, weil Tarifverträge nicht unmittelbar an das Rechtsstaatsgebot gebunden sind (→ § 226 Rn. 14), dennoch lässt sich der Vertrauensschutz auch privatrechtlich verankern.[212]

---

[198] JKOS/*Jacobs* § 7 Rn. 80.
[199] BAG 13.6.1958 – 1 AZR 591/57, AP TVG § 4 Effektivklausel Nr. 2; *Löwisch/Rieble* § 1 Rn. 2169; JKOS/*Jacobs* § 7 Rn. 82; aA NK-TVG/*Deinert* § 4 Rn. 865 ff.
[200] BAG 14.2.1968 – 4 AZR 275/67, AP TVG § 4 Effektivklausel Nr. 7 = DB 1968, 1133.
[201] BAG 26.8.2009 – 4 AZR 294/08, AP TVG § 3 Verbandszugehörigkeit Nr. 28 = NZA-RR 2010, 305.
[202] Siehe zu den Begriffen *Löwisch/Rieble* § 1 Rn. 2161; Thüsing/Braun/*Mengel/Burg* 5. Kap. Effektivklauseln Rn. 2 ff.
[203] JKOS/*Jacobs* § 7 Rn. 85.
[204] BAG 16.6.2004 – 4 AZR 408/03, AP TVG § 4 Effektivklausel Nr. 24 = NZA 2005, 1420.
[205] NK-TVG/*Ulber* Einleitung Rn. 449.
[206] BAG 18.10.1994 – 1 AZR 503/93, AP BGB § 615 Kurzarbeit Nr. 11 = NZA 1995, 1064; *Löwisch/Rieble* § 1 Rn. 991.
[207] *Löwisch/Rieble* § 1 Rn. 990; so aber Wiedemann/*Wiedemann* Einleitung Rn. 332.
[208] JKOS/*Krause* § 1 Rn. 117.
[209] BAG 27.1.1982 – 4 AZR 435/79 AP TVG § 1 Tarifverträge: Banken Nr. 3 = DB 1982, 2713.
[210] BAG 18.10.1994 – 1 AZR 503/93, AP BGB § 615 Kurzarbeit Nr. 11 = NZA 1995, 1064.
[211] BAG 15.4.2008 – 9 AZR 159/07, AP TVG § 1 Altersteilzeit Nr. 38 = NZA-RR 2008, 586; BAG 24.10.2007 – 10 AZR 878/06, NZA 2008, 131; BAG 17.7.2007 – 9 AZR 1089/06, NZA 2008, 432.
[212] *Löwisch/Rieble* § 1 Rn. 1000 f.

III. Tarifvertrag und sonstige Verfassungsgewährleistungen   77–79 § 237

Richtig kann eine Rückwirkung überhaupt nur dann greifen, wenn zum Zeitpunkt des 77
ändernden Tarifvertrags Tarifbindung bestand,[213] der Tarifvertrag kann nicht auf Dritte
rückwirken, die etwa aus dem einst tarifschließenden Verband ausgetreten sind, auch § 3
Abs. 3 TVG hilft hier nicht, weil der rückwirkend ändernde Vertrag die Nachbindung
beendet. Auch trifft die Änderung etwa nicht Regelungen, die nach § 613a Abs. 1 S. 2
BGB weitergelten.

Die **echte Rückwirkung oder Rückbewirkung von Rechtsfolgen** liegt dann vor, 78
wenn der Tarifvertrag Rechtsfolgen in der Vergangenheit bewirken will und so die auf
der Grundlage des vorherigen tariflichen Rechts eingetretenen Rechtsfolgen ändert.[214]
Die Rechtsprechung ließ solche echt rückwirkenden Regelungen früher nicht zu.[215] Freilich führt die Überlegung, dass der Tarifvertrag stets auf Änderungen angelegt ist[216] und
die Tarifvertragsparteien auch den zeitlichen Geltungsbereich festlegen können, zu einer
gewissen Öffnung gegenüber der echten Rückwirkung.[217] Ein absoluter Vertrauens- und
damit Änderungsschutz besteht also nicht.[218] So etwa eine rückwirkende Lohnerhöhung
oder ein rückwirkendes Kündigungsverbot.

Echte Rückwirkungen sind grundsätzlich nicht möglich und deshalb nur ausnahmsweise zulässig, wo die Tarifunterworfenen zum Zeitpunkt der Entstehung des tariflichen 79
Rechts mit einer rückwirkenden Änderung rechnen mussten.[219] Das ist dann der Fall,
wenn die Tarifvertragsparteien selbst das Vertrauen erschütterten, etwa durch eine bereits
im Tarifvertrag vermerkte Änderungsabsicht oder einer späteren entsprechenden Vereinbarung.[220] Auch die Information über die Aufnahme von Tarifvertragsverhandlungen
können Vertrauen zerstören, freilich wird es hier darauf ankommen, dass diese Information nicht unspezifisch ist.[221] Während des Nachwirkungszeitraums des § 4 Abs. 5 TVG
besteht kein Vertrauensschutz, weil hier davon auszugehen ist, dass die Tarifvertragsparteien durch Rückwirkung eine „geschlossene" Tarifentwicklung erreichen wollen.[222] Auf
die Kenntnis des einzelnen Normunterworfenen kommt es für das zu schützende Vertrauen nicht an, sondern auf eine kollektive Betrachtung,[223] maßgeblich ist die Information
der betroffenen „Kreise".[224] Weiter kann dies der Fall sein, wenn die tarifliche Rechtslage
einer Klärung durch Eingriff der Tarifvertragsparteien harrte – weil sie entsprechend unklar und verworren war.[225] Zudem wird noch angeführt, dass eine Rückwirkung möglich
sei, wenn überragende oder zwingende Gründe des Gemeinwohls eine Änderung rechtfertigen.[226] Diese Voraussetzung der gesetzlichen Rückwirkung lässt sich allerdings nicht

---

[213] BAG 13.12.1995 – 4 AZR 603/94, AP TVG § 1 Rückwirkung Nr. 15 = NJ 1996, 609; *Löwisch/Rieble*
§ 1 Rn. 1003, 1023.
[214] ErfK/*Franzen* TVG § 4 Rn. 19.
[215] Siehe nur BAG 10.10.1989 – 3 AZR 28/88, AP TVG § 1 Vorruhestand Nr. 2 = NZA 1990, 346.
[216] BAG 24.10.2007 – 10 AZR 878/06, NZA 2008, 131; BAG 2.2.2006 – 2 AZR 58/05, AP TVG § 1
Tarifverträge: Gewerkschaften Nr. 7 = NZA 2006, 686; HWK/*Henssler* TVG Einleitung Rn. 18; Thüsing/Braun/*Forst* 7. Kap. Rn. 14; HMB/*Bepler* Teil 3 Rn. 73.
[217] Siehe etwa BAG 8.10.2008 – 5 AZR 8/08, NZA 2009, 98; auch JKOS/*Krause* § 1 Rn. 118.
[218] HMB/*Bepler* Teil 3 Rn. 73.
[219] BAG 24.10.2007 – 10 AZR 878/06, NZA 2008, 131; ErfK/*Franzen* TVG § 4 Rn. 19; HMB/*Bepler*
Teil 3 Rn. 76; JKOS/*Krause* § 1 Rn. 118.
[220] Siehe BAG 22.10.2003 – 10 AZR 152/03, AP TVG § 1 Rückwirkung Nr. 21 = NZA 2004, 444; BAG
23.11.1994 – 4 AZR 879/93, AP TVG § 1 Rückwirkung Nr. 12 = NZA 1995, 844; *Löwisch/Rieble* § 1
Rn. 1002.
[221] Siehe dazu BAG 11.10.2006 – 4 AZR 486/05, AP TVG § 1 Rückwirkung Nr. 24 = NZA 2007, 634;
siehe auch *Löwisch/Rieble* § 1 Rn. 1007.
[222] *Löwisch/Rieble* § 1 Rn. 1009; JKOS/*Krause* § 1 Rn. 119; dies für naheliegend haltend HMB/*Bepler* Teil 3
Rn. 78, der aber auch an entsprechende Verhandlungen anknüpft.
[223] HMB/*Bepler* Teil 3 Rn. 79.
[224] Siehe dazu BAG 23.11.1994 – 4 AZR 879/93, AP TVG § 1 Rückwirkung Nr. 12 = NZA 1995, 844.
[225] ErfK/*Franzen* TVG § 4 Rn. 19; Thüsing/Braun/*Forst* 7. Kap. Rn. 14.
[226] ErfK/*Franzen* TVG § 4 Rn. 19; Thüsing/Braun/*Forst* 7. Kap. Rn. 14.

auf den Tarifvertrag übertragen, weil dieser das Gemeinwohl nicht transportieren kann und darf (→ § 226 Rn. 16).[227]

80 Bestimmte Bereiche sind einer Rückwirkung aber von vornherein entzogen, das betrifft etwa den Bestand des Arbeitsverhältnisses.[228] Das Gebot der Rechtssicherheit führt dazu, dass in abgeschlossene Kündigungssachverhalte nicht rückwirkend eingegriffen werden kann. Ein tarifliches Kündigungsverbot kann also nicht rückwirkend zur Unwirksamkeit einer bereits ausgesprochenen Kündigung führen.[229] Hier kann zum Mittel des Wiedereinstellungsanspruches gegriffen werden. Der Geltungsbereich eines Tarifvertrags kann ebenfalls nicht rückwirkend geändert werden.[230] Ob eine echte Rückwirkung auch bereits entstandene, fällige, aber noch nicht erfüllte Ansprüche erreichen kann, ist umstritten.[231] Das wird man ablehnen müssen, ist der Anspruch entstanden, kann ein erst später zerstörtes Vertrauen den Anspruch nicht mehr vernichten.[232] Das gilt auch für rückwirkende Lohnerhöhungen – hier kommt es auf das Vertrauen des Arbeitgebers an. So wurde etwa eine rückwirkende Lohnerhöhung goutiert,[233] und selbst Lohnsenkungen.[234]

81 Eine **unechte Rückwirkung** oder auch tatbestandliche Rückanknüpfung ist gegeben, wenn Rechtsfolgen in der Gegenwart oder Zukunft eintreten sollen, diese aber an einen Sachverhalt anknüpfen, der in der Vergangenheit liegt.[235] Das betrifft etwa das Anknüpfen an vergangene Beschäftigungszeiten im Rahmen von Bestandsschutzregelungen oder Systemen der betrieblichen Altersversorgung oder aber die Vereinbarung einer tariflichen Ausschlussfrist, die auch in der Vergangenheit entstandene Ansprüche umfasst. Hier gibt es wiederum zu fragen, ob sich das Vertrauen der Tarifunterworfenen gegenüber dem Änderungswillen der Tarifvertragsparteien durchsetzen kann. Das ist grundsätzlich bereits aus vernünftigen Gründen möglich.[236] Für bereits erdiente Rechte bedarf es des erschütterten Vertrauens der Normunterworfenen oder der Beseitigung einer Geschäftsgrundlagenstörung.[237] Das betrifft etwa einen erreichten Kündigungsschutz und erdiente Anwartschaften der betrieblichen Altersversorgung,[238] ist aber etwa nicht der Fall ist, wenn lediglich die Aussicht oder Erwartung auf eine gefestigte Rechtsposition gegeben war.[239]

82 Ob die Rechtspositionen, in die durch die Rückwirkung eingegriffen wird, in bereits anfänglich oder nachträglich tarifgebundenen Arbeitsverhältnissen entstanden sind, ist nicht wesentlich.

83 Ein Vertrauensschutz in die **nichtige oder unwirksame** Tarifnorm gibt es nicht – deshalb kann auf dieser Grundlage bei Verletzungen des Gleichbehandlungsrechts (→ Rn. 60) keine Angleichung „nach oben" geltend gemacht werden (→ § 14 Rn. 51 ff.).[240] Einen **Vertrauensschutz für die Zukunft** gibt es ebenfalls nicht, kein Verbandsmitglied wird in seinem Vertrauen darauf geschützt, dass zukünftige Tarifabschlüsse nicht zu einer aus

---

[227] Löwisch/Rieble § 1 Rn. 1018; im Ergebnis auch HMB/Bepler Teil 3 Rn. 76 Fn. 5.
[228] Löwisch/Rieble § 1 Rn. 1011.
[229] BAG 21.7.1988 – 2 AZR 527/87, AP TVG § 1 Rückwirkung Nr. 10 = NZA 1989, 559; JKOS/Krause § 1 Rn. 120.
[230] BAG 23.9.1981 – 4 AZR 108/79, AP TVG § 1 Tarifverträge: Bau Nr. 35 = RdA 1982, 72.
[231] Dafür BAG 15.4.2008 – 9 AZR 159/07, AP TVG § 1 Altersteilzeit Nr. 38 = NZA-RR 2008, 586; Thüsing/Braun/Forst 7. Kap. Rn. 14; anders aber BAG 5.7.2006 – 4 AZR 381/05, AP TVG § 1 Nr. 38: lediglich Anspruchsentstehung = BB 2007, 556; dazu HMB/Bepler Teil 3 Rn. 75; dagegen Löwisch/Rieble § 2 Rn. 1014.
[232] Löwisch/Rieble § 1 Rn. 1014.
[233] BAG 21.3.1991 – 2 AZR 323/84, AP BGB § 622 Nr. 29 = NZA 1991, 797.
[234] BAG 2.2.2006 – 2 AZR 58/05, AP TVG § 1 Tarifverträge: Gewerkschaften Nr. 7 = NZA 2006, 868.
[235] ErfK/Franzen TVG § 4 Rn. 20.
[236] Löwisch/Rieble § 1 Rn. 1022.
[237] ErfK/Franzen TVG § 4 Rn. 20; Löwisch/Rieble § 1 Rn. 1023.
[238] BAG 10.10.1989 – 3 AZR 28/88, AP TVG § 1 Vorruhestand Nr. 2 = NZA 1990, 346; BAG 8.12.1981 – 3 ABR 53/80, AP BetrAVG § 1 Ablösung Nr. 1 = DB 1982, 46.
[239] BAG 14.6.1995 – 4 AZR 225/94, AP TVG § 1 Rückwirkung Nr. 13 = NZA-RR 1996, 112.
[240] Dazu ausführlich Löwisch/Rieble § 1 Rn. 1025 ff.

seiner Sicht Verschlechterung der Arbeitsbedingungen führen – der Tarifvertrag ist gerade auf eine Anpassung der Arbeitsbedingungen angelegt, nach „oben" und nach „unten".[241]

IV. Tarifvertrag und Gesetzesrecht

Der Tarifvertrag hat für die Arbeitsbedingungen kein Normsetzungsmonopol, Art. 9 Abs. 3 GG erlaubt auch den staatlichen Zugriff. Damit kann das einfache Gesetzesrecht auch der Tarifmacht Grenzen setzen – dies geschieht in unterschiedlicher Intensität. **84**

Dem Tarifvertrag höherrangiges Recht ist staatliches Recht. An gleichrangiges Recht, wie etwa kommunale Satzungen, ist der Tarifvertrag grundsätzlich nicht gebunden.[242] Allerdings kann sich aus der Ermächtigungsgrundlage anderes ergeben, so dass der Tarifvertrag etwa an Unfallverhütungsvorschriften nach dem SGB VII, an Berufsausbildungsanordnungen oder an Dienstanordnungen gebunden ist.[243] **85**

1. Zweiseitig zwingendes Recht

Von zweiseitig zwingendem Gesetzesrecht können die Tarifvertragsparteien überhaupt nicht abweichen, es verbleibt **kein tariflicher Regelungsspielraum**. Auch eine solche Beschränkung der Tarifautonomie ist wegen des fehlenden Normsetzungsmonopols möglich.[244] Allerdings muss der Gesetzgeber wiederum die Tarifautonomie als Regelungsgrenze beachten – er darf den Tarifvertragsparteien die Möglichkeit zur tariflichen Regelung nicht übermäßig einschränken,[245] was zweiseitig zwingendes Recht zur Ausnahme macht.[246] Regelmäßig ordnet das Gesetz ausdrücklich an, dass durch Vereinbarung nicht abgewichen werden darf, wie etwa § 1 Abs. 1 S. 2 WissZVG. Das ist allerdings nicht zwangsläufig, wie § 626 BGB zeigt (→ Rn. 91). Vielmehr ist grundsätzlich die Reichweite der Dispositionsfreiheit durch Auslegung zu ermitteln.[247] Bei lediglich arbeitnehmerschützenden gesetzlichen Vorgaben wird allerdings eine ausdrückliche gesetzliche Anordnung für notwendig erachtet.[248] Dabei ist zweiseitig zwingendes Recht, das für den Arbeitsvertrag Grenzen setzt, auch für den Tarifvertrag zur anderweitigen Regelung versperrt. Soll die Autonomie der Arbeitsvertragsparteien eingegrenzt werden, die der Tarifvertragsparteien aber nicht, so muss dies vom Gesetz angeordnet sein (zur Tarifdispositivität → Rn. 108 ff.). **86**

Regelmäßig keine Möglichkeit der Abänderung durch Tarifvertrag besteht bei mitarbeitervertretungsrechtlichen Organisationsvorgaben.[249] So hat der Tarifvertrag etwa überhaupt keinen Zugriff auf die Personalverfassung, wegen der besonderen Sensibilität des Öffentlichen Dienstes für das Demokratieprinzip,[250] und weitgehend keinen auf die Betriebsverfassung (→ § 240 Rn. 31). Gerade § 3 BetrVG eröffnet hier aber eine – wenngleich sehr reglementierte – Möglichkeit zur tariflichen Gestaltung der Betriebsstruktur. **87**

Die Vorgaben der §§ 111 ff. BetrVG zum betrieblichen Sozialplan begrenzen die Tarifmacht nicht, deshalb können auch so genannte **Tarifsozialpläne** vereinbart werden, also Tarifverträge, die die wirtschaftlichen Nachteile von Betriebsänderungen im Sinne des § 111 BetrVG mildern sollen, insbesondere durch Abfindungsregelungen.[251] Das wurde bestritten, weil ansonsten kein Regelungsraum mehr für die Betriebsparteien verbliebe **88**

---

[241] *Löwisch/Rieble* § 1 Rn. 1008.
[242] ErfK/*Franzen* TVG § 1 Rn. 16.
[243] HWK/*Henssler* TVG Einleitung Rn. 33; NK-TVG/*Ulber* Einleitung Rn. 492 ff.
[244] BVerfG 29.12.2004 – 1 BvR 2283/03, AP AEntG § 3 Nr. 2 = NZA 2005, 153; BVerfG 3.4.2001 – 1 BvL 32/97, AP BUrlG § 10 Kur Nr. 2 = NZA 2001, 777.
[245] HWK/*Henssler* TVG Einleitung Rn. 22: Keine „Entmündigung".
[246] NK-TVG/*Ulber* Einleitung Rn. 459.
[247] Wiedemann/*Wiedemann* Einleitung Rn. 351.
[248] NK-TVG/*Ulber* Einleitung Rn. 459.
[249] Wiedemann/*Wiedemann* Einleitung Rn. 353.
[250] Allgemein RDW/*Richardi* Personalvertretungsrecht Einleitung Rn. 50 ff.
[251] BAG 24.4.2007 – 1 AZR 252/06, AP TVG § 1 Sozialplan Nr. 2 = NZA 2007, 987; BAG 6.12.2006 – 4 AZR 798/05, AP TVG § 1 Sozialplan Nr. 1 = NZA 2007, 821; HMB/*Moll* Teil 9 Rn. 124.

und es zu einer Ungleichbehandlung gegenüber den nicht tarifgebundenen Arbeitnehmern käme.[252] Richtig sind diese Einwände nicht: das ergibt sich zum einen systematisch, weil § 112 Abs. 1 BetrVG die Wirkung des § 77 Abs. 3 BetrVG aufhebt – was nicht nötig wäre, wäre eine Tarifvertrag nicht möglich, vor allem aber aus grundrechtlichen Überlegungen, weil es keine Rechtfertigung einer Einschränkung der Tarifautonomie für diesen Bereich der Arbeitsbedingungen gibt.[253] Deshalb kann um einen Tarifsozialplan grundsätzlich auch gestreikt werden.[254]

89   Im Verhältnis eines betrieblichen und eines tariflichen Sozialplans gilt das Günstigkeitsprinzip.[255] Hier gelten die allgemeinen Prinzipien, es ist ein Sachgruppenvergleich herzustellen.[256]

90   Beidseitig zwingend ist auch **§ 138 BGB**,[257] der Tarifvertrag kann keine sittenwidrigen Arbeitsbedingungen festschreiben.[258] Die Rechtsprechung lässt die Anwendung des § 138 BGB auf Tarifverträge offen, verweist aber auf die grundrechtlich begründeten Gerechtigkeitserwartungen, die sich etwa aus Art. 2 GG ergäben.[259] Das ist im Grunde mittelbare Grundrechtsanwendung. Allerdings sieht das BAG in bedenklicher Weise lediglich die Vereinbarung eines „Hungerlohnes" als unwirksam an.[260]

91   Im **Arbeitnehmerschutzrecht** kommen zweiseitig zwingende gesetzliche Vorgaben selten vor, sie sind regelmäßig zugunsten des Arbeitnehmers nur einseitig zwingend.[261] Keinen Zugriff haben die Tarifvertragsparteien aber auf die Kündigung aus wichtigem Grund, § 626 BGB, weil hier ein Fundamentalprinzip des Vertragsrecht in Rede steht – auch der Tarifvertrag kann keine Ewigkeitsbindung an den Arbeitsvertrag unter allem Umständen herbeiführen (→ Rn. 4), das widerspräche der grundrechtlich geschützten negativen Vertragsfreiheit.

92   Ansonsten sind punktuelle Regelungen überhaupt keiner Abänderung zugänglich, wie etwa § 1 WissZVG, § 3 EZFG, § 107 Abs. 2 GewO; § 1 Abs. 5 ÄrzteBfrG oder § 113 S. 2 InsO. Diese Regelungen dienen aber vor allem auch dem Drittschutz und sind deshalb jeder Abweichung entzogen.[262]

2. Einseitig zwingendes Recht

93   Weit überwiegend ist das Arbeitsrecht als Arbeitnehmerschutzrecht nur einseitig zwingend und ermöglicht so die Abweichung „nach oben", also zugunsten des Arbeitnehmers. *Wiedemann* schreibt vom „Modellbild" des Verhältnisses von parlamentarischer Gesetzgebung und Tarifautonomie.[263]

94   Das gilt etwa für das Urlaubsrecht gerade für die Dauer des Urlaubs, §§ 1, 13 BUrlG, für die Entgeltfortzahlung im Krankheitsfalle, § 3 EFZG, für das Befristungsrecht, § 14 TzBfG, oder für den Kündigungsschutz jenseits des § 626 BGB.

95   Die **Günstigkeit einer tariflichen Regelung** gegenüber der gesetzlichen Vorgaben muss punktuell erfolgen – eine Gesamtbeurteilung der gesetzlichen Vorgaben und der ta-

---

[252] Siehe dazu *Reichold* BB 2004, 2814 (2817); *Rolfs/Clemens* NZA 2004, 410 (416).
[253] BAG 24.4.2007 – 1 AZR 252/06, AP TVG § 1 Sozialplan Nr. 2 = NZA 2007, 987; *Fischinger* NZA 2007, 310 (311 ff.).
[254] BAG 24.4.2007 – 1 AZR 252/06, AP TVG § 1 Sozialplan Nr. 2 = NZA 2007, 987; siehe dazu *Fischinger* NZA 2007, 310 (312); *Bayreuther* NZA 2007, 1017.
[255] HMB/*Moll* Teil 12 Rn. 148.
[256] BAG 24.4.2007 – 1 AZR 252/06, AP TVG § 1 Sozialplan Nr. 2 = NZA 2007, 987; BAG 6.12.2006 – 4 AZR 798/05, AP TVG § 1 Sozialplan Nr. 1 = NZA 2007, 821.
[257] HWK/*Henssler* TVG Einleitung Rn. 24.
[258] Als einseitig zwingend sieht NK-TVG/*Ulber* Einleitung Rn. 471 § 138 BGB an.
[259] BAG 24.3.2004 – 5 AZR 303/03, AP BGB § 138 Nr. 59 = NZA 2004, 971.
[260] BAG 24.3.2004 – 5 AZR 303/03, AP BGB § 138 Nr. 59 = NZA 2004, 971; dazu sehr kritisch NK-TVG/*Ulber* Einleitung Rn. 471.
[261] JKOS/*Krause* § 1 Rn. 135.
[262] JKOS/*Krause* § 4 Rn. 135; siehe auch NK-TVG/*Ulber* Einleitung Rn. 459.
[263] *Wiedemann*/*Wiedemann* Einleitung Rn. 373.

IV. Tarifvertrag und Gesetzesrecht

riflichen findet nicht statt.²⁶⁴ Für die Durchführung des Günstigkeitsvergleichs sind die abstrakten Regelungen maßgebend, nicht das Ergebnis ihrer Anwendung im Einzelfall.²⁶⁵ Hier ist ebenfalls jeweils auf die gesetzliche Vorgabe zu achten – diese sieht regelmäßig vor, dass nicht zuungunsten des Arbeitnehmers abgewichen werden darf, was einen Unterschied zum Günstigkeitsprinzip des § 4 Abs. 3 2. Alt. TVG ausmacht. Deshalb sind auch „neutrale" Regelungen, so sie denn feststellbar sind, möglich.²⁶⁶

Einseitig zwingend sind die gesetzlichen Mindestlohnvorgaben. Das gilt sowohl für den allgemeinen Mindestlohn nach § 1 MiLoG als auch für die branchenspezifischen Regelungen der Mindestarbeitsbedingungen nach dem AEntG (→ § 249 Rn. 1 ff.). Die Übergangsregelung des § 24 MiLoG aF, der bis zum 31.12.2017 Tarifverträge, die für alle unter den Geltungsbereich des Tarifvertrags fallenden Arbeitgeber mit Sitz im In- oder Ausland sowie deren Arbeitnehmerinnen und Arbeitnehmer verbindlich gemacht worden waren, von der zwingenden Wirkung des § 1, 3 MiLoG ausnahm, wurde zum 1.1.2018 aufgehoben. Damit kann keine tarifliche Entgeltregelung – und auch keine tarifbasierte RVO nach den §§ 7, 7a AEntG oder eine LohnuntergrenzenVO nach § 3a AÜG den allgemeinen Mindestlohn unterschreiten.

Der Tarifvertrag hat keinen Zugriff auf das Recht der außerordentlichen Kündigung (→ Rn. 91), und er kann auf den **allgemeinen Kündigungsschutz** nur zugunsten des Arbeitnehmers zugreifen. So kann der Tarifvertrag etwa das Erfordernis sozialer Rechtfertigung auch dort vorsehen, wo das KSchG nicht anwendbar ist, wie etwa in Kleinbetrieben oder Arbeitsverhältnissen, die noch nicht sechs Monate währen (siehe dazu → § 112 Rn. 1 ff.). Er kann aber nicht umgekehrt die Schwelle für die persönliche Anwendbarkeit des KSchG etwa auf ein Jahr anheben oder die betriebliche Anwendbarkeit erst ab 20 Arbeitnehmern ermöglichen. Zwar hat der Tarifvertrag nach § 1 Abs. 4 KSchG die Möglichkeit, die Gewichtung der Parameter der Sozialauswahl festzulegen, allerdings nur in engen Grenzen: so darf er nicht neben den in § 1 Abs. 3 KSchG genannten Auswahlparametern zusätzliche einführen und er darf auch keine grob unverhältnismäßige Gewichtung vornehmen.²⁶⁷

Das **AGG** begrenzt die Tarifmacht vor allem durch das grundsätzliche Verbot der Altersdiskriminierung. Hier konzentriert sich das Problem auf die Frage, unter welchen Umständen eine Differenzierung nach dem Alter in tariflichen Regelungen gerechtfertigt ist. § 10 AGG lässt eine Altersdifferenzierung zu, wenn sie objektiv und angemessen und durch ein legitimes Ziel gerechtfertigt ist. Die Tarifvertragsparteien haben einen Regelungsspielraum, wenn es um die Festlegung des legitimen Zieles geht.²⁶⁸ Sie können es weitgehend selbst bestimmen.

Kritisch werden vor allem pauschale **Staffelungen anhand des Alters** etwa bei Vergütungs- oder Urlaubsregelungen gesehen. Sie sind unzulässig, wenn sie allein an das Alter anknüpfen, ohne Bezug zu einem sonstigen Regelungsziel.²⁶⁹ Auch ein Abstellen auf die Betriebszugehörigkeit ist nicht unbedenklich, sondern regelmäßig mittelbare Ungleichbehandlung nach § 3 Abs. 2 AGG. Eine solche Staffelung ist nur möglich, wenn das Regelungsziel die Honorierung wachsender Berufserfahrung ist.²⁷⁰ Das dürfte aber für

---

²⁶⁴ BAG 6.12.2017 – 5 AZR 118/17, AP EntgeltFG § 2 Nr. 18 = NZA 2018, 597; JKOS/*Krause* § 1 Rn. 136.
²⁶⁵ BAG 6.12.2017 – 5 AZR 118/17, AP EntgeltFG § 2 Nr. 18 = NZA 2018, 597.
²⁶⁶ BAG 6.12.2017 – 5 AZR 118/17, AP EntgeltFG § 2 Nr. 18 = NZA 2018, 597.
²⁶⁷ Siehe auch JKOS/*Krause* § 1 Rn. 136.
²⁶⁸ EuGH 21.7.2011 – C-159/10, AP Richtlinie 2000/78/EG Nr. 21 = NVwZ 2011, 1249; EuGH 26.2.2015 – C-515/13, AP Richtlinie 2000/78/EG Nr. 31 = NZA 2015, 473; JKOS/*Krause* § 4 Rn. 139.
²⁶⁹ EuGH 8.9.2011 – C-297/10, AP Richtlinie 2000/78/EG Nr. 22 = NZA 2011, 1100; *Rieble/Zedler* ZfA 2006, 273 (294); HWK/*Henssler* TVG § 1 Rn. 94; *Löwisch* DB 2006, 1729; *Löwisch/Rieble* § 1 Rn. 885.
²⁷⁰ *Löwisch/Rieble* § 1 Rn. 887.

eine Differenzierung gerade unter Arbeitnehmern mit kurzer Beschäftigungsdauer nicht belastbar sein.[271]

100 **Altersgrenzen,** mit deren Erreichen das Arbeitsverhältnis endet, sind tariflich regelbar, es handelt sich dabei um Befristungsregelungen, die einer sachlichen Rechtfertigung bedürfen (siehe bereits → Rn. 34 ff.).[272] Das gilt insbesondere für solche Grenzen, die an das Erreichen der Eintrittsschwelle für eine Altersrente anknüpfen.[273] Das erlaubt bereits der unionsrechtlich unbedenkliche § 10 S. 3 Nr. 5 AGG,[274] § 41 SGB VI steht dem nicht entgegen, er ist auf tarifliche Vereinbarungen nicht anzuwenden.[275] Als legitimes Ziel ist die ausgewogene Personalstruktur und die sachgerechte Personalplanung und Personalgewinnung anerkannt.[276] Auf den konkreten Umfang der Absicherung kommt es – wie bei der grundrechtlichen Betrachtung[277] – nicht an.[278] Die Befristung auf das Erreichen der Regelaltersschwelle ist nach dem EuGH auch verhältnismäßig, weil dadurch die Altersbeschäftigung nicht insgesamt ausgeschlossen wird.[279] Wie sich freilich eine Altersgrenze mit dem Verbot einer Altersdiskriminierung bei dem Wunsch nach Neueinstellung verträgt, ist ungeklärt.[280]

101 Die auf das 65. Lebensjahr festgelegte tarifliche Regelung ist vor dem Hintergrund der **Anhebung der Regelaltersgrenze auf 67 Jahre** entsprechend auszulegen – es geht den Tarifvertragsparteien nicht um das konkrete Alter, sondern um die Anspruchsberechtigung der Regelaltersrente. Deshalb „wächst' eine solche Befristung gleichsam mit der gesetzlichen Schwelle mit.[281]

102 **Liegt die Altersgrenze darunter,** wird das Verhältnismäßigkeitsprinzip stärker herausgehoben – so dass etwa eine pauschale Altersgrenze für Piloten bei Erreichen des 61. Lebensjahres nicht ohne weiteres zulässig ist, gerade, wenn die gesetzlichen Regelungen zur Luftsicherheit spätere Austrittszeitpunkte festschreiben.[282] Bedenklich ist freilich, dass der EuGH und mit ihm die Rechtsprechung des BAG das Ziel des Schutzes von Leib und Leben nicht als legitimes Ziel anerkennt, weil es kein sozialpolitisches Ziel ist.[283] Ebenfalls scheiden nach der Rechtsprechung rein unternehmensbezogene Ziele, wie die Kostensenkung, aus.[284] Damit verbleiben letztlich sozialpolitische Ziele etwa mit Bezug

---

[271] Kritisch auch HWK/*Henssler* TVG § 1 Rn. 94.
[272] BAG 13.8.2002 – 7 AZR 469/01, AP BGB § 620 Altersgrenze Nr. 20 = NZA 2003, 1397.
[273] EuGH 12.10.2010 –C-45/09, AP Richtlinie 2000/78/EG Nr. 18 = NZA 2010, 1167; EuGH 16.10.2007 – C-411/05, AP Richtlinie 2000/78/EG Nr. 8 = NZA 2007, 1219; JKOS/*Krause* § 1 Rn. 141.
[274] EuGH 12.10.2010 –C-45/09, AP Richtlinie 2000/78/EG Nr. 18 = NZA 2010, 1167.
[275] HMB/*Hexel/Bork* Teil 5 (1) Rn. 8; Wiedemann/*Thüsing* § 1 Rn. 650; JKOS/*Krause* § 1 Rn. 141; HWK/*Henssler* TVG § 1 Rn. 92.
[276] EuGH 5.7.2012 – C-141/11, AP Richtlinie 2000/78/EG Nr. 26 = NZA 2012, 785; EuGH 21.7.2011 – C-159/10, AP Richtlinie 2000/78/EG Nr. 21 = NVwZ 2011, 1249; EuGH 12.10.2010 – C-45/09, AP Richtlinie 2000/78/EG Nr. 18 = NZA 2010, 1167; BAG 12.6.2013 – 7 AZR 917/11, NZA 2013, 1428; BAG 21.9.2011 – 7 AZR 134/10, AP TzBfG § 14 Nr. 84 = NZA 2012, 271; BAG 8.12.2010 – 7 AZR 438/09, AP TzBfG § 14 Nr. 77 = NZA 2011, 586; HWK/*Henssler* TVG § 1 Rn. 92; Thüsing/Braun/*Mengel/Burg* 5. Kap. Rn. 4.
[277] So auch HMB/*Hexel/Bork* Teil 5 (1) Rn. 31.
[278] EuGH 5.7.2012 – C-141/11, AP Richtlinie 2000/78/EG Nr. 26 = NZA 2012, 785.
[279] EuGH 12.10.2010 –C-45/09, AP Richtlinie 2000/78/EG Nr. 18 = NZA 2010, 1167; EuGH 16.10.2007 – C-411/05, AP Richtlinie 2000/78/EG Nr. 8 = NZA 2007, 1219.
[280] HMB/*Hexel/Bork* Teil 5 (1) Rn. 33.
[281] Thüsing/Braun/*Mengel/Burg* 5. Kap. Rn. 5; ErfK/*Rolfs* SGB VI § 41 Rn. 10; HMB/*Hexel/Bork* Teil 5 (1) Rn. 2; siehe aber kritisch *Löwisch/Rieble* § 1 Rn.
[282] EuGH 13.9.2011 – C-447/09, AP Richtlinie 2000/78/EG Nr. 23 = NZA 2011, 1039.
[283] Siehe EuGH 13.9.2011 – C-447/09, AP Richtlinie 2000/78/EG Nr. 23 = NZA 2011, 1039; BAG 18.1.2012 – 7 AZR 211/09, AP TzBfG § 14 Nr. 92 = NZA 2012, 671; siehe auch BAG 15.2.2012 – 7 AZR 904/08, AP TzBfG § 14 Nr. 94; BAG 23.6.2010 – 7 AZR 1021/08, AP TzBfG § 14 Nr. 76 = NZA 2010, 1248; BAG 16.10.2008 – 7 AZR 253/07, AP TzBfG § 14 Nr. 55 = NZA 2009, 378; kritisch HWK/*Henssler* TVG § 1 Rn. 93.
[284] BAG 22.10.2015 – 8 AZR 168/14, AP AGG § 10 Nr. 8 = NZA 2016, 1081; BAG 23.7.2015 – 6 AZR 457/14, AP AGG § 7 Nr. 7 = NZA 2015, 1380; BVerfG 24.10.2011 – 1 BvR 1103/11, NZA 2012, 202.

zum Arbeitsmarkt oder zur Beschäftigungspolitik, die aber letztlich grundrechtlich bedenklich sind (→ Rn. 35 f.). Damit sind tarifliche Altersgrenzen, die unterhalb der Eintrittschwelle zur Altersrente liegen, praktisch nur schwer denkbar.

Der **Ausschluss der ordentlichen Kündbarkeit** nach Erreichen einer bestimmten 103 Altersgrenze ist eine unmittelbare Ungleichbehandlung – sie kann nur dann gerechtfertigt sein, wenn es um den Ausgleich schlechterer Arbeitsmarktchancen dieser Arbeitnehmer geht.[285] Das ist im Grunde richtig, freilich kommt es hier auf die Verhältnismäßigkeit der Regelung an, wenn der Verweis auf die Arbeitsmarktchancen der älteren Arbeitnehmer lediglich Behauptung ist, kann eine pauschale Altersgrenze keinen Bestand haben.[286]

Für **Höchstaltersgrenzen bei der Einstellung** von Arbeitnehmern ließ der EuGH 104 die Begrenzung auf 30 Jahre für Feuerwehrleute wegen der Einsatzfähigkeit der Feuerwehr zu, freilich vor den Entscheidungen zu den vorzeitigen Altersgrenzen (siehe dazu → Rn. 34).[287]

3. Gesetzesrecht ohne zwingende Wirkung
a) Dispositive Gesetze. Den Tarifparteien steht die Abweichung von dispositivem Ge- 105 setzesrecht offen – wo die Arbeitsvertragsparteien von den gesetzlichen Regelungen abweichen können, kann das auch der Tarifvertrag. Zwar könnte der Gesetzgeber eine Regelung auch nur arbeitsvertragsdispositiv gestalten und so gegenüber dem Tarifvertrag erschweren, das setzt aber zum einen eine besondere Rechtfertigung voraus und kam zum anderen bislang noch nicht vor.

Bei der Abweichung von dispositivem Recht hat der Tarifvertrag gegenüber dem Ar- 106 beitsvertrag erhebliche Vorteile: So unterfällt er wegen seiner Richtigkeitsgewähr nicht der **AGB-Kontrolle**, § 310 Abs. 4 S. 1 BGB, das gilt auch, wenn auf den Tarifvertrag schuldrechtlich Bezug genommen wird (→ § 246 Rn. 44 ff.). Allerdings sollen die Tarifvertragsparteien von den Leitlinien des dispositiven Gesetzes nicht willkürlich abweichen dürfen.[288] Dann findet sich ihre Grenze aber in der grundrechtlichen Betrachtung (→ Rn. 112).

Auch für Regelungen, die für die **Betriebsvereinbarung dispositiv** sind, kann der 107 Tarifvertrag grundsätzlich abweichende Vereinbarungen treffen, wenn das Gesetz dies nicht ohnehin anordnet, siehe etwa § 38 Abs. 1 S. 2 BetrVG.[289] Letztlich hat der Tarifvertrag nur dort keinen Zugriff, wo das Gesetz eine abändernde Regelung ausdrücklich der Betriebsvereinbarung vorbehält.[290]

b) Tarifdispositive Gesetze. Besondere Bedeutung hat das tarifdispositive Gesetzesrecht: 108 Es lässt eine Abweichung nur durch Tarifvertrag, nicht aber durch Arbeitsvertrag oder Betriebsvereinbarung zu.[291] Das Gesetz macht sich hier auf der Grundlage der **Richtigkeitsgewähr** die **Sachnähe** und die schnellere Anpassungsfähigkeit des Tarifvertrags zu Nutze,[292] die gegenüber der für andere Regelungsinstrumente zwingende Wirkung auch eine Abweichung auf zu Lasten der Arbeitnehmer rechtfertigt.[293] Hierin liegt die Bedeutung des tarifdispositiven Rechts.[294] Tarifdispositives Recht schont damit die Tarifautonomie, es nimmt die Besonderheiten des Tarifvertrags auf und kann deshalb aus Gründen

---

[285] BAG 20.6.2013 – 2 AZR 295/12, AP BGB § 626 Unkündbarkeit Nr. 3 = NZA 2014, 208; HWK/*Henssler* TVG § 1 Rn. 94.
[286] Siehe auch *Löwisch/Rieble* § 1 Rn. 090.
[287] EuGH 12.1.2010 – C-229/08, NVwZ 2010, 244.
[288] HWK/*Henssler* TVG Einleitung Rn. 25.
[289] Siehe die weitere Zusammenstellung bei *Löwisch/Rieble* § 1 Rn. 1065.
[290] *Löwisch/Rieble* § 1 Rn. 1065.
[291] HWK/*Henssler* TVG Einleitung Rn. 26.
[292] JKOS/*Krause* § 4 Rn. 143.
[293] Siehe auch NK-TVG/*Ulber* Einleitung Rn. 476; Wiedemann/*Wiedemann* Einleitung Rn. 380.
[294] Wiedemann/*Wiedemann* Einleitung Rn. 379; ErfK/*Franzen* TVG § 1 Rn. 14; JKOS/*Krause* § 1 Rn. 143; HWK/*Henssler* TVG Einleitung Rn. 26.

der Verhältnismäßigkeit gegenüber dem strikt zwingenden Recht geboten sein. Das ist die systematische Grundlegung, freilich kann man daneben durchaus fragen, ob die Möglichkeit, durch Tarifvertrag von gesetzlichen Regelungen abzuweichen – und vor allem: sie zu unterschreiten – die Attraktivität der Tarifbindung nicht schmälert.[295]

109 Tarifdispositives Recht begegnet etwa bei der Regelung der Kündigungsfristen (§ 622 Abs. 4 BGB), im Urlaubsrecht (§ 13 BUrlG), in der Betrieblichen Altersversorgung (§ 17 Abs. 3 BetrAVG), im Teilzeitarbeitsrecht (§§ 8 Abs. 4 S. 3, 4; 12 Abs. 3; 13 Abs. 3; 13 Abs. 4 TzBfG), im Befristungsrecht (§ 14 Abs. 2 S. 3, S. 4 TzBfG), in der Entgeltfortzahlung (§§ 4 Abs. 4, 12 EFZG), im Arbeitszeitschutz (§§ 7, 12 ArbZG, § 21a JArbSchG), in der Arbeitnehmerüberlassung (§ 8 AÜG), im Arbeitszeitrecht für Seeleute (§ 49 SeeArbG).[296]

110 Die Öffnung einer gesetzlichen Regelung für den Tarifvertrag muss **nicht ausdrücklich** erfolgen, möglich ist auch ein „verdeckt tarifdispositives Recht".[297] Gerade bei vorkonstitutionellem Recht ist danach zu fragen, ob nicht dem Tarifvertrag eine Abweichung zu erlauben ist. Erwogen wurde das etwa für die §§ 74 ff. HGB, freilich gilt jetzt § 74a HGB.[298]

111 Der Gesetzgeber kann den **Rahmen für die mögliche Abweichung** durch Tarifvertrag vorgeben, dann sind die Flexibilitätsspielräume für die Tarifvertragsparteien entsprechend beschränkt. Das begegnet etwa im Arbeitszeitrecht, wo § 7 ArbZG eine Erhöhung der täglichen Arbeitszeit durch Tarifvertrag bis zu 10 Stunden zulässt, oder im Befristungsrecht, wo § 14 Abs. 2 S. 3 TzBfG die Ausdehnung der Zeitbefristung bis zu 4 Jahren erlaubt. § 4 Abs. 4 EFZG ermöglicht den tariflichen Zugriff nur auf die Bemessung des Anspruches auf Entgeltfortzahlung, aber nicht auf die Entgeltfortzahlung als solche.[299]

112 Weichen die Tarifvertragsparteien vom tarifdispositiven Gesetz ab, so sollen sie dessen **Schutzzweck** zu berücksichtigen haben, allerdings ist nicht hinreichend geklärt, wie weit eine solche Berücksichtigung gehen muss:[300] Hier wird richtig dafür plädiert, einen – jenseits des bestehenden Grundrechtsbindung – dass das Gesetz selbst die entsprechenden Kernelemente vorgeben muss, wie etwa im BUrlG mit § 13 BUrlG, darüber hinaus sei nicht nach „tragenden Grundsätzen" zu suchen.[301] Das kann sich auch – wie etwa bei § 14 TzBfG – aus der Systematik des Gesetzes ergeben.[302] Das hat für sich, dass nicht nach einer eigenen, über den grundrechtlichen Gewährleistungen liegenden Prüfungskategorie gesucht werden muss – und Tarifzensur vermieden werden kann.[303]

113 Die Tarifvertragsparteien müssen auch selbst eine abweichende Regelung treffen – sie dürfen die Möglichkeit zur Abweichung grundsätzlich nicht auf Dritte übertragen.[304] Es sei denn, das Gesetz selbst ermöglicht diese Delegation, wie etwa im Arbeitszeitrecht, wo eine Abweichung in § 12 ArbZG durch Tarifvertrag oder aufgrund eines Tarifvertrags durch Betriebsvereinbarung möglich ist.[305]

114 Die Abweichung vom tarifdispositiven Recht ist regelmäßig auch für Außenseiterarbeitsverhältnisse möglich. Bei Betriebsnormen ergibt sich dies bei Tarifbindung des Arbeitgebers und mindestens eines Arbeitnehmers im Betrieb (→ § 240 Rn. 19) bereits nor-

---

[295] *Greiner* NZA 2018, 563.
[296] Siehe die Zusammenstellungen bei *Löwisch/Rieble* § 1 Rn. 1068; NK-TVG/*Ulber* Einleitung Rn. 473.
[297] *Löwisch/Rieble* § 1 Rn. 1071; *Wiedemann/Wiedemann* Einleitung Rn. 399; aA NK-TVG/*Ulber* Einleitung Rn. 473.
[298] BAG 12.11.1971 – 3 AZR 116/71, AP HGB § 74 Nr. 28 = BB 1973, 474; *Vossen*, Tarifdispositives Richterrecht, 1974, S. 131 ff.; *Canaris* GS Dietz, 1973, S. 199 (221 f.).
[299] BAG 13.3.2002 – 5 AZR 648/00, AP EntgeltFG § 4 Nr. 58 = NZA 2002, 744; BAG 26.9.2001 – 5 AZR 539/00, AP EntgeltFG § 4 Nr. 55 = NZA 2002, 387; JKOS/*Krause* § 4 Rn. 144.
[300] JKOS/*Krause* § 4 Rn. 144.
[301] *Löwisch/Rieble* § 1 Rn. 1073.
[302] BAG 15.8.2012 – 7 AZR 184/11, AP TzBfG § 14 Nr. 101= NZA 2013, 45.
[303] *Löwisch/Rieble* § 1 Rn. 1074.
[304] ErfK/*Franzen* TVG § 1 Rn. 14.
[305] JKOS/*Krause* § 4 Rn. 145; *Löwisch/Rieble* § 1 Rn. 1081.

IV. Tarifvertrag und Gesetzesrecht   115–118 § 237

mativ aus § 3 Abs. 2 TVG oder im Rahmen der Erklärung der Allgemeinverbindlichkeit aus § 5 Abs. 4 TVG. Das Gesetz ermöglicht es regelmäßig aber auch, dass die Arbeitsvertragsparteien durch **Bezugnahme auf den Tarifvertrag** ebenfalls in ihrem Arbeitsverhältnis vom Gesetz abweichende Regelungen anwenden können. Dabei ist aber zu beachten, dass eine solche Bezugnahme für den Arbeitnehmer nur dann zu einer Verschlechterung der Arbeitsbedingungen führen kann, wenn das Arbeitsverhältnis in den Geltungsbereich des Tarifvertrags fällt und zumindest die entsprechenden tariflichen Regelungen als gesamte Sachgruppe in Bezug genommen werden, wie etwa § 4 Abs. 4 S. 2 EFZG vorgibt oder auch der gesamte Tarifvertrag, § 101 Abs. 2 ArbGG.[306] Damit soll verhindert werden, dass zu Lasten des Arbeitnehmers ein Rosinenpicken betrieben und das Schutzniveau durch eine „Kollage" an verschlechternden Einzelregelungen entgegen der Gesetzesintention insgesamt abgesenkt wird.[307]

Wirkt der Tarifvertrag allerdings nach § 4 Abs. 5 TVG nach, so verliert er nicht die das tarifdispositive Recht verdrängende Wirkung.[308]   115

4. Tarifvertrag und Richterrecht

Richterrecht ist Ergebnis der Auslegung des Gesetzesrechts, deshalb kann es auch den Tarifvertrag begrenzen.[309] Dabei ist aber jeweils zu ermitteln, ob tarifdispositives Richterrecht gegeben ist und in welchem Umfang die Tarifvertragsparteien dann davon abweichen können.[310] Eine Möglichkeit der Abweichung wird der Regelfall sein:[311] Dass Richterrecht nicht per se tariffest ist, sondern durch den Tarifvertrag abweichend geregelt werden kann, ergibt sich aus dem Verhältnismäßigkeitsprinzip und daraus, dass auch der Gesetzgeber selbst diese Möglichkeit vielfach ausdrücklich vorgesehen hat (→ § 220 Rn. 40). Das BAG hatte aber recht apodiktisch die Grundsätze der Arbeitnehmerhaftung auch für den Tarifvertrag als zwingend angesehen.[312] Das wird man auf der Grundlage des § 276 Abs. 1 S. 2 BGB nicht mehr aufrechterhalten können.[313] Für Rückzahlungsklauseln ist die Tarifdispositivität anerkannt.[314]   116

Das Problem liegt in der **Reichweite der Abweichungsmöglichkeit.** Hier wird ein durch die grundrechtlichen Schutzpflichten vorgegebener tariffester Kern der richterrechtlichen Grundsätze den Änderungsmöglichkeiten in den sonstigen Bereich gegenübergestellt.[315] So etwa für die Arbeitnehmerhaftung, bei der es nicht möglich ist, jede Haftungsprivilegierung des Arbeitnehmers aufzugeben.[316]   117

Möglich ist hier auch eine Bezugnahme auf die entsprechenden tariflichen Regelungen im Arbeitsvertrag[317] – jedenfalls dann, wenn das Arbeitsverhältnis in den Geltungsbereich des vom Richterrecht abweichenden Tarifvertrags fällt. Insofern gilt nichts anderes als beim gesetzlich ausdrücklich angeordneten tarifdispositiven Recht auch (→ Rn. 108).   118

---

[306] Siehe auch NK-TVG/*Ulber* Einleitung Rn. 479; Wiedemann/*Wiedemann* Einleitung Rn. 395.
[307] HWK/*Henssler* TVG Einleitung Rn. 27.
[308] JKOS/*Krause* § 1 Rn. 145; differenziert Wiedemann/*Wiedemann* Einleitung Rn. 398.
[309] JKOS/*Krause* § 1 Rn. 146.
[310] *Löwisch/Rieble* § 1 Rn. 1085; JKOS/*Krause* § 1 Rn. 146; siehe auch Wiedemann/*Wiedemann* Einleitung Rn. 402.
[311] HWK/*Henssler* TVG Einleitung Rn. 32; ErfK/*Franzen* TVG § 1 Rn. 15.
[312] BAG 5.2.2004 – 8 AZR 91/13, AP BGB § 611 Haftung des Arbeitnehmers Nr. 126 = NZA 2004, 649; BAG 17.9.1998 – 8 AZR 175/97, AP BGB § 611 Mankohaftung Nr. 2 = NZA 1999, 141; auch BAG 27.1.2000 – 8 AZR 876/98, AP BGB § 611 Musiker Nr. 31 = NZA 2000, 727.
[313] *Löwisch/Rieble* § 1 Rn. 1084; siehe zur arbeitsvertraglichen Abweichung CKK/*Klumpp* 307 Rn. 196 ff.
[314] ErfK/*Franzen* TVG § 1 Rn. 15.
[315] *Löwisch/Rieble* § 1 Rn. 1084, 1087.
[316] JKOS/*Krause* § 1 Rn. 146.
[317] HWK/*Henssler* TVG Einleitung Rn. 32.

V. Rechtsfolgen der Überschreitung der Grenzen der Tarifmacht

119 Tarifliche Normen, die gegen zwingendes höherrangiges Recht verstoßen, sind nichtig, einer Kenntnis der Tarifvertragsparteien vom Gesetzesverstoß bedarf es nicht.[318] Allerdings muss sich die Nichtigkeitsfolge auch aus der verletzten gesetzlichen Regelung ergeben, wozu sie auch Außenwirkung haben muss – bloßes Innenrecht – wie etwa die BHO – reicht nicht aus.[319]

120 Ein Verstoß des Tarifvertrags gegen zwingendes Recht kann auch **nachträglich** eintreten und zur Nichtigkeit der tarifvertraglichen Regelung führen.[320] Der Tarifvertrag hat also keinen Bestandsschutz gegenüber einer späteren gesetzlichen Regelung, zu der der Tarifvertrag dann in Widerspruch gerät. Umgekehrt führt ein späterer Wegfall einer gesetzlichen Regelung nicht zum Wiederaufleben der entgegenstehenden tariflichen Regelung – die einmal eingetretene Nichtigkeit ist endgültig.[321] Auch durch die **nachträgliche Änderung der Umstände** kann eine tarifliche Regelung nichtig werden.[322]

121 Ist eine Regelung des Tarifvertrags nichtig oder unwirksam, so führt dies grundsätzlich nicht zur Unwirksamkeit des gesamten Tarifvertrags, dieser bleibt vielmehr, soweit sich aus den verbleibenden Regelungen eine sinnvolle Regelung ergibt, bestehen.[323] § 139 BGB gilt nicht.[324] Eine nichtige Tarifregelung kann nicht richterliche geltungserhaltend reduziert auf das „gerade noch rechtmäßige" werden, wenn dies mit einer eigenen richterlichen Wertung verbunden ist – das nähme den Kompromisscharakter der vereinbarten Regelung nicht auf.[325] Möglich ist auch hier der Rückgriff auf den Wortlaut der Regelung: Kann ein Teil ihrer sinnvoll bestehen bleiben, so gilt diese weiter.[326] Eine eigene, an die Stelle der tariflichen tretende richterliche Regelung ist aber zu unterlassen.

122 Besonders ein **Verstoß einer tariflichen Regelung gegen Gleichheitsgebote** (→ Rn. 27) führt zum Folgeproblem, wie ein gleichheitsrechtlich unbedenklicher Zustand herbeizuführen ist. Ein Gleichheitsgebot verlangt zunächst lediglich die Herstellung gleicher Arbeitsbedingungen, was aber verschieden aufgefangen werden kann: In dem die bisher vorenthaltenen Leistungen oder Rechte all denen zusätzlich gewährt werden, die ungerechtfertigt ungleich behandelt wurden („Anpassung nach oben"), oder aber, in dem den bisher Berechtigten die Leistungen entzogen werden („Anpassung nach unten"). Die Rechtsprechung entscheidet grundsätzlich dahin, dass es zur zusätzlichen Leistungsberechtigung kommt.[327] Daran wird kritisiert, dass es hier zu einer eigenen gerichtlichen Regelung kommt, weil die Frage, wie die Tarifvertragsparteien die geforderte Gleichheit herstellen, tarifautonom zu beantworten ist.[328] Ob diese Entscheidung aber in Berücksichtigung der Interessen im Hinblick auf die Mehrbelastung in jedem Falle zu einer Anpassung nach oben führt, kann nicht pauschal beantwortet werden. Deshalb wird man eine Anpassung nach oben nur dann annehmen können, wenn mit Sicherheit die Tarifvertragsparteien, wären sie sich das Gleichheitsverstoßes gewahr geworden, sie ebenfalls vor-

---

[318] HMB/*Bepler* Teil 3 Rn. 172.
[319] BAG 26.9.1984 – 4 AZR 343/83, AP TVG § 1 Nr. 21 für § 69 Abs. 2 SGB IV = DB 1985, 394.
[320] HMB/*Bepler* Teil 3 Rn. 172; *Löwisch/Rieble* § 1 Rn. 658.
[321] *Löwisch/Rieble* § 1 Rn. 656.
[322] *Löwisch/Rieble* § 1 Rn. 659.
[323] BAG 12.12.2007 – 4 AZR 996/06, AP TVG § 1 Nr. 39 = NZA 2008, 892; BAG 9.5.2007 – 4 AZR 275/06, AP TVG § 3 Verbandszugehörigkeit Nr. 23 = NZA 2007, 1439; BAG 7.3.1995 – 3 AZR 282/94, AP BetrAVG § 1 Gleichbehandlung Nr. 26 = NZA 1996, 48; BAG 26.2.1986 – 4 AZR 535/84, AP TVG § 4 Ordnungsprinzip Nr. 12 = NZA 1986, 790; HMB/*Bepler* Teil 3 Rn. 186; *Löwisch/Rieble* § 1 Rn. 654, 980.
[324] Wiedemann/*Thüsing* § 1 Rn. 245; HMB/*Bepler* Teil 3 Rn. 186.
[325] Siehe aber BAG 10.3.1994 – 2 AZR 323/84, AP BGB § 622 Nr. 44, NZA 1994, 799.
[326] *Löwisch/Rieble* § 1 Rn. 654 verweisen auf den AGB-rechtlichen „blue-pencil.test".
[327] BAG 20.3.2012 – 9 AZR 529/10, AP TVöD § 26 Nr. 2 = NZA 2012, 803; BAG 10.11.2011 – 6 AZR 148/09, AP BAT § 27 Nr. 12 = NZA 2012, 161; BAG 18.3.2010 – 6 AZR 434/07, AP GG Art. 3 Nr. 321 = NZA-RR 2010, 664; BAG 16.2.2010 – 3 AZR 216/09, AP BetrVG 1972 § 77 Betriebsvereinbarung Nr. 50 = NZA 2010, 701; zustimmend HMB/*Bepler* Teil 3 Rn. 199.
[328] Siehe grundsätzlich Wiedemann/*Wiedemann* Einleitung Rn. 247.

genommen hätten. Wer eine grundsätzliche Anpassung nach oben vornimmt, muss schließlich mit einem außerordentlichen Kündigungsrecht der Tarifvertragsparteien arbeiten, um den autonomen Regelungsspielraum wiederherzustellen.[329] Freilich haben die Tarifvertragsparteien auch die Möglichkeit, rückwirkend gleichheitsrechtlich unbedenkliche Regelungen zu erlassen (siehe zur Rückwirkung → Rn. 78 ff.).

Ausgangspunkt der Überlegungen ist aber die Gesamtnichtigkeit der gleichheitswidrigen Regelung, die § 7 AGG etwa anordnet,[330] und keine bloße Teilnichtigkeit, wie sie dem Grundkonzept der Rechtsprechung entspricht.[331] Wenn dem so ist, dann ist ein Berufen auf die Regelung ausgeschlossen – und es geht bei der dennoch erfolgten Leistung um einen Normvollzug der scheinbar wirksamen Norm. Ein Anspruch auf Leistung kann und konnte dann nicht bestehen, anderes gilt nur dann, wenn der Arbeitgeber die Leistung in Kenntnis der Nichtigkeit erbringt.[332] Dann ist freilich das die belastbare Anspruchsanknüpfung.[333]   123

Auf der Ebene des Arbeitsverhältnisses ist § 15 Abs. 3 AGG zu beachten:[334] Der Arbeitgeber haftet für eine Entschädigung nach § 15 Abs. 2 AGG bei der Anwendung diskriminierender tariflicher Regelungen nur dann, wenn er vorsätzlich oder fahrlässig gehandelt hat. Eine Haftung auf Schadensersatz nach § 15 Abs. 1 AGG setzt voraus, dass der Arbeitgeber die Ungleichbehandlung zu vertreten hat. Das wird man aber nur schwer feststellen können, wenn es um die Anwendung tariflicher Vorgaben geht.[335]   124

Eine Haftung der Tarifvertragspartei für nichtige oder unwirksame Tarifnormen[336] wird man nur im Ausnahmefall bejahen können. Grundlage kann hier gegenüber den Mitgliedern der tarifschließenden Verbände nur das Mitgliedschaftsverhältnis sein, aus dem sich jedenfalls die Pflicht ergibt, die Mitglieder auf unwirksame Tarifnormen hinzuweisen.[337] Freilich ist hier die Reichweite der Aufklärungspflicht (reichen Zweifel?), nicht hinreichend geklärt. Gegenüber Dritten bleibt nur die (wenig effiziente) Haftung aus Delikt.[338]   125

---

[329] HMB/*Bepler* Teil 3 Rn. 199.
[330] *Löwisch/Rieble* § 1 Rn. 960.
[331] BAG 20.3.2012 – 9 AZR 529/10, AP TVöD § 26 Nr. 2 = NZA 2012, 803.
[332] *Löwisch/Rieble* § 1 Rn. 967, verweisend auf BAG 21.5.2014 – 4 AZR 50/13, AP BGB § 242 Gleichbehandlung Nr. 220 = NZA 2015, 115.
[333] Auf BAG 21.5.2014 – 4 AZR 50/13, AP BGB § 242 Gleichbehandlung Nr. 220 = NZA 2015, 115.
[334] *Löwisch/Rieble* § 1 Rn. 1791 ff.
[335] *Löwisch/Rieble* § 1 Rn. 1792.
[336] Hierzu insgesamt *Todenhöfer* Tarifunrecht, 2007.
[337] Siehe dazu ausführlich *Löwisch/Rieble* § 1 Rn. 1772 ff.; *Todenhöfer* Tarifunrecht, S. 68 ff.
[338] *Löwisch/Rieble* § 1 Rn. 1778.

§ 238 Geltungsbereich des Tarifvertrags

Schrifttum:
Brecht-Heitzmann, Die Regelungsbefugnis der Tarifvertragsparteien für Studierende und Berufsakademien, RdA 2008, 276; *Buchner,* Die Reichweite der Regelungssperre aus § 77 Abs. 3 S. 1 BetrVG, DB 1997, 573; *Henssler,* Unternehmensumstrukturierung und Tarifrecht, FS Schaub, 1998, S. 311; *Hock/Klapproth,* Eingruppierung, Höhergruppierung und Stufenzuordnung im TVöD, ZTR 2006, 118; *Houben,* Die Rückwirkung von Tarifverträgen, 2006; *von Hoyningen-Huene,* Die Anwendung des branchenfremden Tarifvertrags, NZA 1996, 617; *Junker,* Die Tarifgeltung als Problem der deutschen Integration, RdA 1992, 265; *Klebeck,* Organisatorischer Geltungsbereich, SAE 2007, 271; *Lieb,* Zur Rechtmäßigkeit von Unterstützungsarbeitskämpfen, insbesondere im Druck- und Verlagsbereich, RdA 1991, 145; *Neumann,* Darlegungslast, Substantiierungspflicht und Schlüssigkeitsprüfung im Eingruppierungsprozeß, NZA 1986, 729; *Rieble,* Tarifgrenzenüberschreitende Arbeitnehmermobilität, ZTR 2000, 435; *Rieble,* Konzerntarifvertrag, Der Konzern 2005, 475ff., 549ff.; *Rieble/Klebeck,* Tarifwechsel ins Handwerk, BB 2006, 885; *Waltermann,* Zu den Grundlagen der Rechtsetzung durch Tarifvertrag, FS Söllner, 2000, S. 1251; *Rieble/Melle,* Mindestlohnaussetzer für Bau, Dachdecker und Gebäudereiniger, NZA 2018, 273; *Wiedemann,* Arbeitsrechtliche Probleme der Betriebsausgliederung, FS Fleck, 1988, S. 447; *Wiedemann,* Zeitliche Grenzen kollektiver Regelungsmacht, RdA 1959, 454: *Wiedemann,* Neuere Rechtsprechung zur Verteilungsgerechtigkeit und zu den Benachteiligungsverboten, RdA 2005, 193.

Übersicht

	Rn.
I. Geltungsbereich als Normgeltungsanspruch	1
1. Tarifsystematische Einordnung	1
2. Unwirksame Bestimmung des Geltungsbereiches	4
3. Geltungsbereichsbestimmung als Auslegungsfrage	9
4. Bedeutung des Geltungsbereiches	13
II. Geltungsbereich im Einzelnen	16
1. Räumlicher Geltungsbereich	17
a) Autonome geographische Festlegung	17
b) Anknüpfung	19
c) Weitere Bedeutung	27
2. Betrieblicher, sachlicher, fachlicher Geltungsbereich	29
a) Autonome Festlegung	29
b) Anknüpfung	34
3. Persönlicher Geltungsbereich	39
a) Anknüpfung	39
b) Verbandsmitgliedschaft als Merkmal	43
c) Gleichheitsfragen	49
4. Zeitlicher Geltungsbereich	52
III. Veränderung der für den Geltungsbereich maßgeblichen Anknüpfungspunkte	58
IV. Gerichtliche Geltendmachung	63

I. Geltungsbereich als Normgeltungsanspruch

1. Tarifsystematische Einordnung

1 Die Tarifvertragsparteien können den Geltungsbereich des Tarifvertrags, also die Entscheidung, für wen, wo und wie lange die normativen Regelungen des Tarifvertrags gelten sollen, autonom festlegen.[1] Damit gibt der tarifliche Geltungsbereich den Umfang des **normativen Geltungsanspruches des Tarifvertrags** fest,[2] bestimmt so, welche konkreten Arbeitsverhältnisse durch den Tarifvertrag geregelt werden sollen[3] – und ermöglicht den gezielten und sachnahen Zuschnitt des Tarifvertrags.[4]

---
[1] BAG 24.3.2010 – 4 AZR 713/08, ZTR 2010, 462; BAG 22.3.2005 – 1 ABR 64/03, AP TVG § 4 Geltungsbereich Nr. 26 = NZA 2006, 383; BAG 24.4.1985 – 4 AZR 457/83, AP BAT § 3 Nr. 4, NZA 1985, 602; JKOS/*Jacobs* § 5 Rn. 20; Wiedemann/*Wank* § 4 Rn. 107; HWK/*Henssler* TVG § 2 Rn. 15.
[2] HMB/*Stamer* Teil 8 Rn. 2.
[3] HWK/*Henssler* TVG § 2 Rn. 15.
[4] *Löwisch/Rieble* § 4 Rn. 147.

Zu unterscheiden ist der Geltungsbereich zunächst von der **Tarifbindung,** weil diese bezogen auf das einzelne Arbeitsverhältnis die normative Wirkung des Tarifvertrags begründet.[5] Anders als den Geltungsbereich können die Tarifvertragsparteien die Tarifbindung nicht autonom durch vertragliche Vereinbarung regeln, sie ergibt sich durch Mitgliedschaft, § 3 Abs. 1 TVG, oder staatliche Tarifnormerstreckung, §§ 3 Abs. 2, 5 Abs. 4 TVG.[6] Tarifgebundene Arbeitsverhältnisse außerhalb des Geltungsbereiches eines Tarifvertrags werden von der normativen Wirkung deshalb ebenso wenig erfasst wie nicht tarifgebundene Arbeitsverhältnisse innerhalb des Geltungsbereiches.[7]

Auf der anderen Seite ist der Geltungsbereich des Tarifvertrags von der **Tarifzuständigkeit** der Tarifvertragsparteien zu unterscheiden. Die Tarifzuständigkeit wird autonom in der Satzung der Tarifvertragsparteien festgelegt (oder besteht beim einzelnen Arbeitgeber grundsätzlich, und legt als Element der Tarifwilligkeit fest, wo, für wen und wann die Koalition Tarifverträge *überhaupt* schließen will (→ § 233 Rn. 3). Der Geltungsbereich des Tarifvertrags dagegen legt den konkreten tariflichen Geltungsanspruch fest. Deshalb wird die Möglichkeit, den räumlichen, fachlichen, persönlichen und zeitlichen Geltungsbereich des Tarifvertrags zu regeln, durch die autonom in der Verbandssatzung gesetzte Tarifzuständigkeit der Tarifvertragsparteien (→ § 233 Rn. 1) begrenzt:[8] Über die durch die verbandliche Satzung festgelegte Tarifzuständigkeit hinaus können die Tarifvertragsparteien nicht tariflich normativ regeln.[9] Das gilt für jede Tarifvertragspartei gesondert, weshalb sich der Geltungsbereich eines Tarifvertrags stets innerhalb der übereinstimmenden Tarifzuständigkeiten der Tarifvertragsparteien bewegen muss: Ihre Schnittmenge ergibt auch den maximalen Geltungsbereich des Tarifvertrags.[10] Tarifliche Regelungen des Geltungsbereiches, die darüber hinausgreifen, sind nicht möglich und unwirksam.[11] Allerdings müssen die Tarifvertragsparteien den maximalen Geltungsbereich nicht ausschöpfen, sondern können sich auf einen Teil beschränken. Dann stellen sich aber unter Umständen Gleichheitsfragen (→ § 233 Rn. 11 ff.).

2. Unwirksame Bestimmung des Geltungsbereiches

Die Festlegung des Geltungsbereiches durch die Tarifvertragsparteien erfolgt autonom, insbesondere müssen die Tarifvertragsparteien nicht nach der wohlfahrtsbezogenen Konsequenz ihrer Festlegungen fragen.[12] Allerdings stellen sich gerade hier gleichheitsrechtliche Fragen (→ § 233 Rn. 25 ff.).[13] Den Tarifvertragsparteien muss es möglich sein, den Geltungsbereich zu begrenzen und zwischen verschiedenen Arbeitsverhältnissen zu unterscheiden. Die Rechtsprechung lässt dies denn auch bei typisierender Betrachtung der gebildeten Gruppen und bei sachbezogener Unterscheidung zu.[14]

Eine Festlegung des Geltungsbereiches, der nicht höherrangigem Recht entspricht – etwa weil die Begrenzung des persönlichen Geltungsbereiches nicht mit den gleichbehandlungsrechtlichen Vorgaben übereinstimmt (→ § 233 Rn. 25 ff.) – oder ein tariflicher Geltungsbereich, der nicht seine Abbildung in der gemeinsamen Tarifzuständigkeit der Tarifvertragsparteien findet, ist **nichtig**.[15]

---

[5] NK-TVG/*Deinert* § 4 Rn. 195.
[6] ErfK/*Franzen* TVG § 4 Rn. 8.
[7] HMB/*Stamer* Teil 8 Rn. 3, 4.
[8] HWK/*Henssler* TVG § 2 Rn. 15.
[9] HWK/*Henssler* TVG § 4 Rn. 15; NK-TVG/*Deinert* § 4 Rn. 196; ErfK/*Franzen* TVG § 4 Rn. 9; HMB/ *Stamer* Teil 8 Rn. 6. Vgl. HWK/*Henssler* TVG § 4 Rn. 15.
[10] BAG vom 18.7.2006 – 1 ABR 36/05, AP TVG § 2 Tarifzuständigkeit Nr. 19 = NZA 2006, 1225; BAG 20.4.1988 – 4 AZR 646/87, AP TVG § 1 Tarifverträge – Bau Nr. 95; JKOS/*Jacobs* § 5 Rn. 4; *Löwisch*/ *Rieble* § 4 Rn. 158.
[11] ErfK/*Franzen* TVG § 4 Rn. 9.
[12] Wiedemann/*Wank* § 4 Rn. 109; NK-TVG/*Deinert* § 4 Rn. 207.
[13] HMB/*Stamer* Teil 8 Rn. 25 ff.
[14] BAG 27.5.2004 – 3 AZR 282/03; dazu auch HWK/*Henssler* TVG § 4 Rn. 15.
[15] JKOS/*Jacobs* § 5 Rn. 1.

6 Maßgeblicher Zeitpunkt ist hier der Abschluss des Tarifvertrags: Decken sich zu diesem Zeitpunkt die Tarifzuständigkeiten gemessen am vereinbarten Geltungsbereich nicht, so ist der Tarifvertrag nichtig.[16] Hier kann auch eine entsprechende Anwendung von § 4 Abs. 5 TVG nicht helfen,[17] weil die Vorschrift keinen rechtswidrigen Zustand aufrechterhalten will.[18] Eine spätere Satzungserweiterung kann den anfänglichen Mangel nicht heilen – die Tarifvertragsparteien müssen einen neuen Tarifvertrag abschließen.[19]

7 Diese Nichtigkeit bezieht sich in jedem Fall auf den vereinbarten Geltungsbereich, für den die Tarifvertragsparteien nicht gemeinsam tarifzuständig sind. Liegt der vereinbarte Geltungsbereich nur teilweise in der Tarifunzuständigkeit, kann es dann zur Teilnichtigkeit kommen, wenn der durch die Tarifzuständigkeit gedeckte Geltungsbereich aus sich heraus eine sinnvolle Anwendungsgrundlage ist.[20]

8 Eine Umdeutung des dann nichtigen, aber schon durchgeführten Tarifvertrags in ein individualrechtliches Rechtsgeschäft nach § 140 BGB, etwa in eine Gesamtzusage,[21] kann nur dann erfolgen, wenn diese losgelöst vom Willen des Arbeitgebers zur Anwendung der tariflichen Regelungen erklärt werden kann.[22] Das wird nur selten der Fall sein.

3. Geltungsbereichsbestimmung als Auslegungsfrage

9 Die Tarifvertragsparteien müssen im Tarifvertrag dessen Geltungsbereich **nicht ausdrücklich vereinbaren.**[23] Eine Pflicht zur Festlegung gibt es nicht, auch das Bestimmtheitsgebot erfordert keine ausdrückliche Festlegung.[24] Das wird anders gesehen, und aus einer fehlenden Festlegung des Geltungsbereiches die Unwirksamkeit des Tarifvertrags gefolgert.[25] Daran ist richtig, dass dann, wenn durch Auslegung kein Geltungsbereich festgestellt werden kann, der Tarifvertrag wegen Verstoßes gegen das Bestimmtheitsgebot perplex ist und keine Regelungswirkung entfalten kann (→ § 226 Rn. 14).[26] Das bedeutet aber nicht, dass sich die Tarifparteien positiv zum Geltungsbereich verhalten müssen,[27] weil die Auslegung auch ergeben kann, dass im Falle der Nichtfestlegung der maximale Überschneidungsbereich der Tarifzuständigkeiten der Tarifvertragsparteien den Geltungsbereich bestimmt (→ § 233 Rn. 5f.).

10 Legen die Tarifvertragsparteien den Geltungsbereich nicht ausdrücklich fest, so muss er durch Auslegung ermittelt werden.[28] Hier sind – wie auch bei der Tarifnormauslegung selbst – die auf dem Normadressateninteresse aufbauenden Grundsätze der Tarifnormauslegung anzuwenden (→ § 243 Rn. 1 ff.).[29] Die Anwendung der Grundsätze der Vertragsauslegung ist nicht angezeigt – wegen der Bedeutung des Geltungsbereiches als Grundlage für die Normgeltung im einzelnen Arbeitsverhältnis.

11 Im Rahmen der Auslegung des Wortlauts des Tarifvertrags sind hier – sofern die Tarifvertragsparteien nichts anderes festgelegt haben – die allgemeinen arbeitsrechtlichen Begriffe zugrunde zu legen – so dass sich etwa der Betriebsbegriff mit dem allgemeinen betriebsverfassungsrechtlichen Betriebsbegriff deckt (→ § 284 Rn. 1).[30]

---

[16] JKOS/*Jacobs* § 5 Rn. 4; dazu einschränkend *Gamilschegg* KollArbR II S. 536f.
[17] In diese Richtung NK-TVG/*Peter* § 2 Rn. 206.
[18] So richtig JKOS/*Jacobs* § 5 Rn. 8.
[19] BAG 29.6.2004 – 1 ABR 14/03, AP ArbGG 1979 § 97 Nr. 10 = NZA 2004, 1236; JKOS/*Jacobs* § 5 Rn. 5.
[20] Siehe ErfK/*Franzen* TVG § 4 Rn. 9.
[21] Kempen/Zachert/*Wendeling-Schröder* TVG § 2 Rn. 170.
[22] JKOS/*Jacobs* § 5 Rn. 7.
[23] HMB/*Stamer* Teil 8 Rn. 21.
[24] JKOS/*Jacobs* § 5 Rn. 17.
[25] Wiedemann/*Wank* § 4 Rn. 106.
[26] *Löwisch*/*Rieble* § 4 Rn. 155.
[27] NK-TVG/*Deinert* § 4 Rn. 204 freilich schreibt davon, die Tarifvertragsparteien seien „genötigt", einen Geltungsbereich festzulegen.
[28] NK-TVG/*Deinert* § 4 Rn. 204.
[29] *Löwisch*/*Rieble* § 4 Rn. 1682.
[30] BAG 11.9.1991 – 4 AZR 40/91, AP TVG § 1 Tarifverträge Bau Nr. 145 = NZA 1992, 422; BAG 25.11.1987 – 4 AZR 361/87, AP TVG § 1 Nr. 18 = NZA 1988, 317; JKOS/*Jacobs* § 5 Rn. 18.

Erfolgt keine Vereinbarung und lässt sich aus durch Auslegung keine Einschränkung des **12** Geltungsbereiches ermitteln,[31] so ergibt sich im Zweifel der tarifliche Geltungsbereich aus der maximalen Deckung der beiden Tarifzuständigkeiten.[32] Das gilt auch für die fehlende Vereinbarung nur einzelner Geltungsbereiche – wird also etwa der räumliche Geltungsbereich nicht festgelegt, so ergibt er sich aus der maximalen Überschneidung der räumlichen Tarifzuständigkeit.[33] Das widerspricht auch nicht dem Bestimmtheitsgebot, weil zugrunde gelegt werden kann, dass dann die Tarifvertragsparteien den größtmöglichen Tarifzugriff wollen.[34] Das Bestimmtheitsgebot ist mit der Folge der Unwirksamkeit des Tarifvertrags nur dann betroffen, wenn sich aus dem Tarifvertrag widersprüchliche Vorgaben für den Geltungsbereich ergeben.[35] Fehlt eine ausdrückliche Festlegung des Geltungsbereiches, so kann etwa das Ziel eines Tarifvertrags, einen Rahmentarifvertrag zu konkretisieren und auszuführen, zum Ergebnis führen, dass dessen Geltungsbereich einschlägig ist.[36] Aus dem Tarifvertrag heraus kann sich etwa der fachliche Geltungsbereich ergeben, wenn die Entgeltgruppenstruktur nur bestimmte Tätigkeiten umfasst.[37]

4. Bedeutung des Geltungsbereiches

Die Festlegung des Geltungsbereiches ist – neben der grundsätzlichen Festlegung des tarif- **13** lichen Normierungsanspruches (→ § 233 Rn. 6) – für viele weitere tarifrechtliche Fragen von Bedeutung. So kann die Allgemeinverbindlichkeit des Tarifvertrags nur im Geltungsbereich greifen.[38] Nach dem Tarifeinheitsgrundsatz des § 4a Abs. 2 TVG kommt es für die Tarifkollision auf die Überschneidung der Geltungsbereiche mindestens zweier Tarifverträge an.[39] Deshalb kann die entsprechende Festsetzung der Geltungsbereiche mehrerer Tarifverträge von vornherein eine Tarifkollision im Sinne des § 4a Abs. 1 TVG verhindern[40] – durch entsprechende Festlegung des Geltungsbereiches oder durch unterschiedlich intensive reaktive Beschränkungsregelungen gegenüber anderen Tarifverträgen.[41] Eine solche antizipierte Abgrenzung zur Vermeidung von Tarifkollisionen im Betrieb ist erklärtes Ziel des § 4a TVG (→ § 256 Rn. 24).

Der zeitliche Geltungsbereich ist etwa für die Transformation tariflicher Regelungen im **14** Falle des Betriebsübergangs relevant (→ § 238 Rn. 53).[42] Schließlich impliziert der Geltungsbereich auch arbeitskampfrechtliche Auswirkungen – etwa durch die entsprechende Festlegung der Friedenspflicht[43] oder durch § 160 SGB III, der das Ruhen des Anspruches auf Arbeitslosengeld im Geltungsbereich des umkämpften Tarifvertrags anordnet.[44] Betriebsverfassungsrechtlich gelten der Vorbehalt des Tarifvertrags nach § 77 Abs. 3 BetrVG und der Tarifvorrang des § 87 Abs. 1 BetrVG nur im Geltungsbereich des Tarifvertrags.[45]

---

[31] BAG 20.4.1988 – 4 AZR 678/87, AP TVG § 1 Tarifverträge: Bau Nr. 93; BAG 13.6.1957 – 2 AZR 402/54, AP TVG § 4 Geltungsbereich Nr. 6; HMB/*Stamer* Teil 8 Rn. 2.
[32] NK-TVG/*Deinert* § 4 Rn. 204 nimmt dies im Zweifel an; *Löwisch/Rieble* § 4 Rn. 159.
[33] JKOS/*Jacobs* § 5 Rn. 40.
[34] Undeutlich HMB/*Stamer* Teil 8 Rn. 21 auf der einen und Rn. 23 auf der anderen Seite.
[35] JKOS/*Jacobs* § 5 Rn. 19.
[36] BAG 27.5.2004 – 6 AZR 129/03, AP TVG § 1 Gleichbehandlung Nr. 5 = NZA 2004, 1399; BAG 20.4.1988 – 4 AZR 678/87, AP TVG § 1 Tarifverträge: Bau Nr. 93; BAG 13.6.1957 – 2 AZR 402/54, AP TVG § 4 Geltungsbereich Nr. 6; JKOS/*Jacobs* § 5 Rn. 17; HWK/*Henssler* TVG § 2 Rn. 15.
[37] LAG Saarbrücken 24.4.1963 – Sa 62/62, AP TVG § 4 Geltungsbereich Nr. 10; JKOS/*Jacobs* § 5 Rn. 17.
[38] BAG 20.9.2017 – 10 ABR 42/16, AP TVG § 5 Nr. 39 = NZA 2018, 186; HMB/*Stamer* Teil 8 Rn. 12; NK-TVG/*Deinert* § 4 Rn. 197.
[39] HMB/*Stamer* Teil 8 Rn. 13.
[40] HMB/*Stamer* Teil 8 Rn. 21.
[41] Zu den einzelnen unterschiedlich intensiven Möglichkeiten einer solchen Geltungsbereichsbeschränkung *Löwisch/Rieble* § 4 Rn. 164ff.
[42] NK-TVG/*Deinert* § 4 Rn. 197.
[43] LAG Hamm 19.4.1984 – 8 Sa 702/84, EzA Art. 9 GG Arbeitskampf Nr. 51 = NZA 1984, 130; HMB/*Stamer* Teil 8 Rn. 17; JKOS/*Jacobs* § 5 Rn. 3.
[44] JKOS/*Jacobs* § 5 Rn. 2; NK-TVG/*Deinert* § 4 Rn. 197.
[45] BAG 22.1.1980 – 1 ABR 48/77, AP BetrVG 1972 § 87 Lohngestaltung Nr. 3 = NJW 1981, 75; JKOS/*Jacobs* § 5 Rn. 2.

15 Für die **vertragliche Bezugnahme** auf Tarifverträge spielt dessen Geltungsbereich als Konstitutivum grundsätzlich keine Rolle – die Arbeitsvertragsparteien können auch auf Tarifverträge Bezug nehmen, in deren Geltungsbereich ihr Arbeitsverhältnis nicht fällt, das ist der Arbeitsvertragsfreiheit geschuldet (→ § 246 Rn. 9). Allerdings ist der Geltungsbereich dennoch relevant: Zum einen sind die Privilegierungen der AGB-Kontrolle für den in Bezug genommenen Tarifvertrag dann nicht maßgebend, wenn das Arbeitsverhältnis außerhalb des Geltungsbereiches liegt (→ § 246 Rn. 38); sodann gelingt die wirksame Bezugnahme auf einen tarifdispositives Recht abändernden Tarifvertrag regelmäßig nur in dessen Geltungsbereich, siehe etwa § 611 Abs. 4 S. 2 BGB; § 8 Abs. 2 S. 3 AÜG.

II. Geltungsbereich im Einzelnen

16 Die Terminologie, mit der die verschiedenen Elemente des Geltungsbereiches bezeichnet werden, ist durchaus uneinheitlich.[46] Während jedenfalls begrifflich beim zeitlichen und räumlichen Geltungsbereich weitgehende Klarheit besteht, ist dies beim fachlichen, persönlichen oder betrieblichen Geltungsbereich nicht der Fall.[47] Hier ist die Terminologie auch nicht stringent.[48] Für die Wirksamkeit einer Festlegung des Geltungsbereiches spielt dies aber keine Rolle. Freilich hat es sich als ordnend erwiesen, den Geltungsbereich des Tarifvertrags in den räumlichen, zeitlichen, persönlichen, betrieblichen und fachlichen zu systematisieren.[49]

1. Räumlicher Geltungsbereich

17 **a) Autonome geographische Festlegung.** Der räumliche Geltungsbereich bemisst die örtlichen und damit geographischen Grenzen für die Anwendung des Tarifvertrags.[50] Hier können die Tarifvertragsparteien an die gegebenen staatlichen oder kommunalen Grenzen anknüpfen, aber auch selbst Abgrenzungen vornehmen.[51] Die räumlichen Geltungsbereiche innerhalb des gesamten Tarifwerkes müssen sich dabei nicht decken[52] – so kann ein Rahmentarifvertrag für das gesamte Bundesgebiet abgeschlossen werden, während die Entgelttarifverträge einen regionalen Geltungsbereich haben.[53] Eine einheitliche Orientierung ist keine Pflicht und wird auch tariflich nicht gelebt.[54] Es lassen sich branchenbezogene Traditionen erkennen, so dass etwa im Öffentlichen Dienst regelmäßig bundesweite Tarifverträge vereinbart werden, in der Metallindustrie dagegen nicht.[55] Allerdings wird dies – zumindest im Entgeltbereich – dadurch faktisch etwas relativiert, dass durch das Modell des Pilottarifvertrags es auch bei regionaler Aufsplittung zu inhaltlich angeglichenen Regelungen kommt. Auch hier begrenzt die eigene Tarifzuständigkeit der Tarifvertragsparteien den räumlichen Geltungsbereich.[56]

18 **Ändern sich die politisch-geographischen Grenzen,** so führt dies regelmäßig nicht zur Änderung des räumlichen Geltungsbereiches, weil die Tarifvertragsparteien mit dessen Festlegung keine dynamische, sondern eine statische Vorgabe machen wollten[57] – und ansonsten ohnehin den Geltungsbereich in die Hände Dritter gäben, was sich nicht mit ihrer Tarifmacht verträgt (→ § 233 Rn. 1 ff.).

---

[46] Dazu auch BeckOK ArbR/*Giesen* TVG § 4 Rn. 6; HWK/*Henssler* TVG § 2 Rn. 15.
[47] NK-TVG/*Deinert* § 4 Rn. 200.
[48] Dazu HMB/*Stamer* Teil 8 Rn. 7; NK-TVG/*Deinert* § 4 Rn. 199.
[49] JKOS/*Jacobs* § 5 Rn. 14 ff.
[50] ErfK/*Franzen* TVG § 4 Rn. 10; BeckOK ArbR/*Giesen* TVG § 4 Rn. 6.
[51] HWK/*Henssler* TVG § 2 Rn. 16.
[52] *Löwisch/Rieble* § 4 Rn. 153.
[53] Thüsing/Braun/*Wißmann* 4. Kap. Rn. 174.
[54] JKOS/*Jacobs* § 5 Rn. 34.
[55] Thüsing/Braun/*Wißmann* 4. Kap. Rn. 174.
[56] BeckOK ArbR/*Giesen* TVG § 4 Rn. 6.
[57] BAG 26.3.1998 – 6 AZR 550/96, AP BAT-O § 1 Nr. 9 = NZA 1998, 1070; Thüsing/Braun/*Wißmann* 4. Kap. Rn. 175; ErfK/*Franzen* TVG § 4 Rn. 11; JKOS/*Jacobs* § 5 Rn. 35; NK-TVG/*Deinert* § 4 Rn. 239.

II. Geltungsbereich im Einzelnen

b) Anknüpfung. Als Anknüpfungspunkt für die Zugehörigkeit eines Arbeitsverhältnisses 19
zum räumlichen Geltungsbereich wird regelmäßig der Ort dienen, an dem der Schwerpunkt der Erfüllung der zu leistenden Tätigkeit liegt, § 269 BGB.[58] Dieser Arbeitsort ist objektiv festzustellen, unterliegt also nicht der Vereinbarung der Arbeitsvertragsparteien, die sich sonst der Tarifgeltung entziehen könnten.[59]

Anknüpfungspunkt hierfür wiederum ist im Zweifel der Betrieb.[60] Auch das kann freilich autonom anders geregelt werden und so der vom Betrieb verschiedene Unternehmenssitz bestimmt werden.[61] Grundsätzlich gilt der allgemeine (und damit betriebsverfassungsrechtliche, → § 284 Rn. 1) Betriebsbegriff,[62] jedenfalls darf es sich bei der zu beurteilenden Arbeitsstelle nicht um eine völlig unselbständige Arbeitsstelle handeln.[63] Knüpft der Tarifvertrag an den Betrieb in einem bestimmten räumlichen Geltungsbereich an, so kann es dazu kommen, dass ein einzelner oder mehrere Betriebe desselben Unternehmens, die außerhalb des räumlichen Geltungsbereiches liegen, nicht vom Geltungsanspruch des Tarifvertrags erfasst werden.[64]

Bei **betrieblichen und betriebsverfassungsrechtlichen Normen** ist es unmittelbar 21
einsichtig, dass es auf die Lage des Betriebs ankommt.[65] Ob der in einem Organisationstarifvertrag nach § 3 BetrVG grundgelegte Betrieb für den tariflichen Geltungsbereich maßgeblich sein soll, ist durch Auslegung zu ermitteln.[66]

Der Tarifvertrag kann aber auch an den Unternehmenssitz anknüpfen, dann bezieht sich 22
der räumliche Geltungsbereich auf alle Niederlassungen des Unternehmens.[67] Das wird etwa beim Firmen- oder Haustarifvertrag praktisch, hier sind der räumliche und der betriebliche Geltungsbereich auch regelmäßig übereinstimmen.[68] Im Zweifel wird auch hier die Praktikabilität maßgeblich zum richtigen Auslegungsergebnis führen (→ Rn. 29 ff.).[69]

Der Schwerpunkt der Arbeitsleistung wird sich regelmäßig auch für **Außendienstmit-** 23
arbeiter feststellen lassen, die ihren Tätigkeitsort häufig wechseln[70] – hier ist der Ort maßgeblich, von dem aus die Tätigkeit verrichtet wird.[71] Für Arbeitnehmer, die ständig im Außendienst arbeiten – etwa im „Home-Office" – kommt es regelmäßig zur Zuordnung zum Hauptbetrieb und nicht auf den Wohnort des Arbeitnehmers an.[72]

Diese Anknüpfungspunkte bleiben auch dann bestehen, wenn es zur vorübergehenden 24
Entsendung der Arbeitnehmer innerhalb Deutschlands kommt.[73] Die Eingliederung in den Heimbetrieb bleibt dann erhalten.[74] Vorübergehend ist eine Entsendung richtig dann, wenn eine Rückkehr vorgesehen ist – die Festlegung einer bestimmten Frist ist

---

[58] BAG 25.5.2005 – 5 AZR 319/04, AP TVG § 1 Tarifverträge: Gebäudereinigung Nr. 17; BAG 3.12. 1985 – 4 AZR 325/84, AP TVG § 1 Tarifverträge Großhandel Nr. 5 = EzA § 269 BGB Nr. 1; HWK/*Henssler* TVG § 4 Rn. 16; JKOS/*Jacobs* § 5 Rn. 41; Thüsing/Braun/*Wißmann* 4. Kap. Rn. 177; ErfK/*Franzen* TVG § 4 Rn. 11; NK-TVG/*Deinert* § 4 Rn. 230; *Löwisch/Rieble* § 4 Rn. 195.
[59] BAG 3.12.1985 – 4 AZR 325/84, AP TVG § 1 Tarifverträge Großhandel Nr. 5 = EzA § 269 BGB Nr. 1; JKOS/*Jacobs* § 5 Rn. 41.
[60] NK-TVG/*Deinert* § 4 Rn. 261; ErfK/*Franzen* TVG § 4 Rn. 11.
[61] JKOS/*Jacobs* § 5 Rn. 41.
[62] NK-TVG/*Deinert* § 4 Rn. 261.
[63] ErfK/*Franzen* TVG § 4 Rn. 11.
[64] BAG 26.9.2012 – 4 AZR 782/10, AP TVG § 1 Tarifverträge: Bewachungsgewerbe Nr. 25; JKOS/*Jacobs* § 5 Rn. 41.
[65] BAG 26.9.2012 – 4 AZR 782/10, AP TVG § 1 Tarifverträge: Überwachungsvertäge Nr. 25; HWK/*Henssler* TVG § 4 Rn. 16; JKOS/*Jacobs* § 5 Rn. 48; *Löwisch/Rieble* § 4 Rn. 196.
[66] Dazu NK-TVG/*Deinert* § 4 Rn. 262 ff.
[67] Thüsing/Braun/*Wißmann* 4. Kap. Rn. 175.
[68] JKOS/*Jacobs* § 5 Rn. 39.
[69] *Löwisch/Rieble* § 4 Rn. 199 ff.
[70] Thüsing/Braun/*Wißmann* 4. Kap. Rn. 178.
[71] ErfK/*Franzen* TVG § 4 Rn. 11.
[72] Thüsing/Braun/*Wißmann* 4. Kap. Rn. 178.
[73] BAG 3.12.1985 – 4 AZR 325/84, AP TVG § 1 Tarifverträge Großhandel Nr. 5 = EzA § 269 BGB Nr. 1; NK-TVG/*Deinert* § 4 Rn. 245; Thüsing/Braun/*Wißmann* 4. Kap. Rn. 178; *Löwisch/Rieble* § 4 Rn. 204.
[74] JKOS/*Jacobs* § 5 Rn. 43.

nicht zielführend.[75] Diese Grundsätze gelten auch dann, wenn eine vorübergehende Entsendung ins Ausland erfolgt:[76] Hier ergeben sich keine Besonderheiten, weil es ohnehin zu einer Zuordnung zum inländischen Betrieb kommt,[77] wobei vorübergehend auch hier meint, dass die Rückkehr des Arbeitnehmers vorgesehen ist.[78] Das entspricht auch Art. 8 Abs. 2 S. 2 Rom I-VO.

25 Erfolgt die **Entsendung dagegen auf Dauer** und verlagert sich der Schwerpunkt des Arbeitsverhältnisses somit ebenfalls dauerhaft, so wandert das Arbeitsverhältnis aus dem räumlichen Geltungsbereich hinaus.[79] Das soll dann aber die Nachwirkung des Tarifvertrags nach § 4 Abs. 5 TVG nach sich ziehen.[80] Art 8 Abs. 1 Rom I-VO ist für die innerlokale Entsendung nicht anwendbar.[81]

26 Dauerhafter Auslandseinsatz führt zur Lösung vom inländischen Betrieb. Auch in diesem Falle ist es aber den Tarifvertragsparteien möglich, einen entsprechenden räumlichen Geltungsbereich festzulegen – wenn ein Inlandsbezug gegeben ist und sofern deutsches Recht anwendbar ist.[82]

27 **c) Weitere Bedeutung.** Besondere Bedeutung hat der räumliche Geltungsbereich für die **Anwendung der RVO auf der Grundlage der §§ 7, 7a AEntG.** Nach § 8 Abs. 1 S. 1 AEntG müssen in- und ausländische Arbeitgeber, die unter den Geltungsbereich eines für allgemeinverbindlich erklärten Tarifvertrags nach § 4 Abs. 1 Nr. 1 AEntG oder einer RVO §§ 7, 7a AEntG fallen, ihren Arbeitnehmern und Arbeitnehmerinnen mindestens die in dem Tarifvertrag für den Beschäftigungsort vorgeschriebenen Arbeitsbedingungen gewähren. Sie sind auch gegenüber einer entsprechenden gemeinsamen Einrichtung beitragspflichtig.

28 Im **Arbeitskampf** ist der (potentielle) räumliche Geltungsbereich zunächst für die Frage nach der Fernwirkung von Arbeitskampfmaßnahmen von Bedeutung.[83] Aber auch sozialversicherungsrechtlich, weil § 160 SGB III für das Ruhen des Anspruches auf Arbeitslosengeld I (auch) auf den angestrebten räumlichen Geltungsbereich abstellt.[84]

2. Betrieblicher, sachlicher, fachlicher Geltungsbereich

29 **a) Autonome Festlegung.** Der betriebliche, fachliche oder branchenbezogene Geltungsbereich gibt den Anspruch auf Normgeltung für den einzelnen Arbeitgeber im Hinblick auf dessen Betriebszweck vor.[85] Dabei wird nicht immer eine einheitliche Terminologie verwendet und etwa auch vom fachlichen oder sektoralen Geltungsbereich geschrieben.[86] Das macht die Kommunikation über den Geltungsbereich zwar nicht einfacher,[87] ist aber im Ergebnis nicht schädlich, weil der Geltungsbereich jedes Tarifvertrags für sich festgestellt werden muss.

---

[75] *Löwisch/Rieble* § 4 Rn. 204.
[76] BAG 20.4.2011 – 5 AZR 171/10, AP TVG § 1 Tarifverträge: Bau Nr. 333 = NZA 2011, 1173; HWK/*Henssler* TVG § 2 Rn. 16.
BAG 20.6.2007 – 10 AZR 302/06, AP TVG § 1 Tarifverträge: Holz Nr. 26 = NZA-RR 2008, 24.
[77] Thüsing/Braun/*Wißmann* 4. Kap. Rn. 180.
[78] *Löwisch/Rieble* § 206.
[79] HWK/*Henssler* TVG § 4 Rn. 16.
[80] Thüsing/Braun/*Wißmann* 4. Kap. Rn. 178.
[81] *Löwisch/Rieble* § 4 Rn. 205; BeckOK ArbR/*Giesen* TVG § 4 Rn. 8.
[82] BAG 9.7.2003 – 10 AZR 593/02, AP TVG § 1 Nr. 261 Tarifverträge: Bau = RdA 2004, 175; BAG 11.9.1991 – 4 AZR 71/91, AP Internat Privatrecht, Arbeitsrecht Nr. 29= NZA 1992, 321; Thüsing/Braun/*Wißmann* 4. Kap. Rn. 180; ErfK/*Franzen* TVG § 4 Rn. 10;*Löwisch/Rieble* § 4 Rn. 189, 206; *Junker* Internationales Arbeitsrecht im Konzern, 1992, S. 430ff.; Wiedemann/*Thüsing* § 1 Rn. 82ff.
[83] JKOS/*Jacobs* § 5 Rn. 37.
[84] JKOS/*Jacobs* § 5 Rn. 37.
[85] Dazu BAG 18.10.2017 – 10 AZR 327/16, AP TVG § 1 Tarifverträge: Bau Nr. 362 = NZA-RR 2018, 85; BAG 26.8.1998 – 4 AZR 471/97, AP TVG § 1 Tarifverträge: Einzelhandel Nr. 66 = NZA 1999, 154.
[86] HWK/*Henssler* TVG § 2 Rn. 17.
[87] Thüsing/Braun/*Wißmann* 4. Kap. Rn. 181.

Sind die Gewerkschaften, wie die Gewerkschaften des DGB, nach dem Industrieverbandsprinzip organisiert, so wird der fachliche Geltungsbereich des Tarifvertrags entsprechend der Tarifzuständigkeit (→ § 233 Rn. 17) branchenbezogen festgelegt,[88] so dass etwa alle Betriebe der Metall- und Elektroindustrie umfasst sind. Meist, aber auch nicht zwingend, wird dies nach dem Schwerpunkt der im Betrieb erfüllten Aufgaben festgelegt.[89] 30

Dabei verweisen die Tarifverträge regelmäßig auf die Zugehörigkeit eines Betriebs zu einem bestimmten Gewerbe – mit einer entsprechenden Anknüpfung an den allgemeinen Gewerbebegriff und der Folge des Ausschlusses von Handwerks- oder karitativen Betrieben.[90] Auch bei der Beschreibung der jeweiligen Branche sind die Tarifvertragsparteien autonom – die Konturierung ist durch Auslegung zu ermitteln.[91] Eigenen Branchencharakter hat hier auch der Bereich der Arbeitnehmerüberlassung, der deshalb grundsätzlich nicht der Entleiherbranche zugerechnet werden kann.[92] 31

Die Sparten- oder Berufsgruppengewerkschaften sind nicht nach dem Industrieverbandsprinzip organisiert, was sich auch im Geltungsbereich der Tarifverträge niederschlägt. Sie schließen Tarifverträge eben für die durch sie vertretenen Berufsgruppen, wie Lokomotivführer oder Piloten. Ob man dies begrifflich dem weiteren persönlichen Geltungsbereich oder aber dem fachlichen Geltungsbereich zurechnet, ist nicht maßgeblich.[93] Jedenfalls erfolgt die Festlegung hier nach arbeitsplatzbezogenen Kriterien, sodass es um die tätigkeitsbezogene Abgrenzung einzelner Arbeitnehmergruppen geht.[94] So können etwa Schlosser oder Schreiner generell aus dem Tarifvertrag ausgenommen werden oder gerade und nur sie können aufgenommen werden. 32

Über den betrieblichen Geltungsbereich kann insbesondere der Schutz kleinerer Unternehmen erfolgen, indem die Tarifvertragsparteien Kleinbetriebe aus für sie besonders belastenden Tarifverträgen ausnehmen. Dem Missbrauch kann man durch die Auslegung des Betriebsbegriffes entsprechend der Kleinbetriebsentscheidung des BVerfG[95] begegnen.[96] 33

b) Anknüpfung. Anknüpfungspunkt ist auch hier **grundsätzlich der Betrieb im betriebsverfassungsrechtlichen Sinne:**[97] Dessen Zweck ist dann maßgeblich für die geltungsbereichsbezogene Zuordnung – womit auch Arbeitsverhältnisse, die in solchen Betrieben nicht unmittelbar eine Tätigkeit mit Branchencharakter aufweisen, dem Geltungsbereich des Tarifvertrags unterfallen.[98] 34

Nebenbetriebe und erst recht graduell verselbständigte Betriebsteile sind – sofern die Tarifvertragsparteien nicht anderes festschreiben[99] – ihrem Hauptbetrieb und damit dessen Branche zuzurechnen.[100] Dabei ist ein Hilfs- oder Nebenbetrieb ein selbständiger Betrieb, der für den Hauptbetrieb eine Hilfsfunktion ausübt und den dort verfolgten Betriebszweck unterstützt.[101] 35

---

[88] Thüsing/Braun/*Wißmann* 4. Kap. Rn. 182.
[89] HWK/*Henssler* TVG § 2 Rn. 17.
[90] BAG 20.4.1988 – 4 AZR 646/87, AP TVG § 1 Tarifverträge: Bau Nr. 95 = DB 1988, 1857; ErfK/*Franzen* TVG § 4 Rn. 14; siehe zur Abgrenzung *Löwisch/Rieble* § 4 Rn. 207 ff.
[91] BAG 22.2.2017 – 5 AZR 453/15, AP TVG § 1 Tarifverträge: Metallindustrie Nr. 242; BAG 30.1.1985 – 4 AZR 117/83, AP TVG § 1 Tarifverträge: Einzelhandel Nr. 9; *Löwisch/Rieble* § 4 Rn. 214 ff.
[92] BAG 24.3.2008 – 4 AZR 164/07; *Löwisch/Rieble* § 4 Rn. 216.
[93] → § 238 Rn. 39.
[94] HWK/*Henssler* TVG § 4 Rn. 20.
[95] BVerfG 27.1.1998 – 1 BvL 15/87, AP KSchG 1969 § 23 Nr. 17 = NZA 1998, 470.
[96] *Löwisch/Rieble* § 4 Rn. 277.
[97] Dazu BAG 18.10.2017 – 10 AZR 327/16, AP TVG § 1 Tarifverträge: Bau Nr. 362 = NZA-RR 2018, 85; *Löwisch/Rieble* § 4 Rn. 230; ErfK/*Franzen* TVG § 4 Rn. 12.
[98] Siehe schon BAG 31.3.1955 – 2 AZR 84/53, AP TVG § 4 Geltungsbereich Nr. 1.
[99] BAG 22.2.2017 – 5 AZR 453/15, AP TVG § 1 Tarifverträge: Metallindustrie Nr. 242.
[100] BAG 22.2.2017 – 5 AZR 453/15, AP TVG § 1 Tarifverträge: Metallindustrie Nr. 242; BAG 3.2.1965 – 4 AZR 461/63, AP TVG § 4 Geltungsbereich Nr. 11; HWK/*Henssler* TVG § 2 Rn. 17; Thüsing/Braun/*Wißmann* 4. Kap. Rn. 191 ff.; NK-TVG/*Deinert* § 4 Rn. 271.
[101] BAG 22.2.2017 – 5 AZR 453/15, AP TVG § 1 Tarifverträge: Metallindustrie Nr. 242; BAG 17.1.2007 – 7 ABR 63/05, AP BetrVG 1972 § 4 Nr. 18.

36 Ob aber überhaupt an den klassischen Betrieb angeknüpft wird, liegt wiederum in den Händen der Tarifvertragsparteien, deren Grenze die gemeinsame Tarifzuständigkeit ist.[102] So ist es etwa möglich, den fachlichen Geltungsbereich des Tarifvertrags so festzulegen, dass einzelne Betriebe eines Unternehmens nicht erfasst sind.[103] Legen die Tarifvertragsparteien die betriebsverfassungsrechtliche Struktur nach § 3 BetrVG fest, dann ist davon auszugehen, dass sich auch der betriebliche Geltungsbereich ihres weiteren Tarifwerkes auf diese Struktur und nicht auf den gesetzlichen Betriebsbegriff bezieht.[104] Das ist zwar nicht zwingend und, soweit nicht ausdrücklich geregelt, durch Auslegung zu ermitteln, aber im Zweifel so anzunehmen – und erst recht, wenn der Tarifvertrag betriebsverfassungsrechtliche Regelungen enthält (→ § 240 Rn. 22 ff.). Die Tarifvertragsparteien müssen nicht auf den Betrieb abstellen, sondern können auch das **Unternehmen oder den Konzern** als Bezugspunkt nehmen.[105] Allerdings ist beim Konzernbezug zu beachten, dass es einen Konzerntarifvertrag als solchen nicht gibt, sondern die Tarifzuständigkeit und die Tarifgebundenheit für jedes Konzernunternehmen eigens festzustellen ist.[106]

37 Bei **gemischtwirtschaftlichen Betrieben,** also solchen mit mehreren gleichwertigen Betriebszwecken, kommt es darauf an, welche Aufgaben im Betrieb überwiegen oder welche Tätigkeiten den Betrieb prägen[107] oder in anderer Terminologie auch hier, wo der Schwerpunkt der Tätigkeiten liegt.[108] Dafür ist der quantitative Maßstab heranzuziehen und zu fragen, welche Tätigkeiten der Arbeitnehmer im Hinblick auf den zeitlichen Anteil überwiegen.[109] Bei verschiedenen Tätigkeiten, die dieselben Arbeitnehmer ausüben („Sowohl-als-auch-Tätigkeit"),[110] stellt die Rechtsprechung dagegen auf die Leitung des Betriebs ab.[111] Ob mit bestimmten Aufgaben ein besseres wirtschaftliches Ergebnis erzielt wird oder handels- sowie gewerberechtliche Kriterien spielen dabei keine Rolle.[112] Dies ist aber stets vor dem Hintergrund der Tarifautonomie zu sehen: Legen die Tarifvertragsparteien anderes fest und orientieren sich etwa am Umsatz bestimmter Tätigkeiten, so gelten diese Vorgaben. Deshalb ist der Tarifvertrag auch hier stets auszulegen. Grenze der Auslegung ist auch hier die übereinstimmende Tarifzuständigkeit der Tarifvertragsparteien.

38 Teil des fachlichen Geltungsbereiches ist auch die Frage nach dessen **zeitlicher Dimension.** Von der Tarifautonomie umfasst ist die Entscheidung darüber, ob die Zuordnung bereits im Vorbereitungsstadium eines Unternehmens oder Betriebs erfolgen soll – oder erst zum Zeitpunkt der Produktionsaufnahme oder bei Markteintritt.[113] Ebenso kann festgelegt werden, ob auch das Stadium der Abwicklung in Insolvenz[114] oder Liquidation umfasst ist.

---

[102] BAG 22.2.2017 – 5 AZR 453/15, AP TVG § 1 Tarifverträge: Metallindustrie Nr. 242.
[103] ErfK/*Franzen* TVG § 1 Rn. 12.
[104] Thüsing/Braun/*Wißmann* 4. Kap. Rn. 185.
[105] BAG 25.1.2006 – 4 AZR 622/04, AP TVG Tarifverträge: Großhandel Nr. 22 = NJOZ 2007, 1644; BAG 28.5.1997 – 4 AZR 663/95, AP TVG § 1 Tarifverträge: Großhandel Nr. 12 = NZA 1997, 1066; *Löwisch/Rieble* § 4 Rn. 240; HWK/*Henssler* TVG § 2 Rn. 17; Thüsing/Braun/*Wißmann* 4. Kap. Rn. 184.
[106] *Löwisch/Rieble* § 4 Rn. 241; *Wiedemann* FS Fleck, S. 456.
[107] BAG 14.4.1971 – 4 AZR 201/70, AP TVG § 1 Tarifverträge – Bau Nr. 10; BeckOK ArbR/*Giesen* TVG § 4 Rn. 6; *Löwisch/Rieble* § 4 Rn. 242; ErfK/*Franzen* TVG § 1 Rn. 13.
[108] HWK/*Henssler* TVG § 2 Rn. 17; siehe auch *Löwisch/Rieble* § 4 Rn. 243 mit vertiefter Abgrenzung.
[109] BAG 26.8.1998 – 4 AZR 471/97, AP TVG § 1 Tarifverträge: Einzelhandel Nr. 66 = NZA 1999, 154; BAG 14.9.1994 – 4 AZR 761/93, AP TVG § 1 Tarifverträge: Apotheken Nr. 2 = NZA 1995, 537; BAG 25.11.1987 – 4 AZR 361/87, AP TVG § 1 Tarifverträge: Einzelhandel Nr. 18 = NZA 1988, 317; BAG 25.2.1987 – 4 AZR 240/86, AP TVG § 1 Tarifverträge: Bau Nr. 81 = NZA 1988, 34.
[110] Dazu ausführlich *Löwisch/Rieble* § 4 Rn. 257 ff.
[111] BAG 18.10.2000 – 10 AZR 455/99, BeckRS 2000, 30787336; BAG 17.1.1996 – 10 AZR 138/95, AP TVG § 1 Tarifverträge: Bäcker Nr. 1 = NZA 1996, 772.
[112] BAG 14.12.2011 – 10 AZR 570/10, AP TVG § 1 Tarifverträge: Bau Nr. 335; BAG 24.8.1994 – 10 AZR 67/94, AP TVG § 1 Tarifverträge Bau Nr. 182; BAG 25.11.1987 – 4 AZR 361/87, AP TVG § 1 Tarifverträge-Einzelhandel Nr. 18 = NZA 1988, 317; *Löwisch/Rieble* § 4 Rn. 254.
[113] ErfK/*Franzen* TVG § 1 Rn. 15.
[114] BAG 5.2.2009 – 6 AZR 110/08, AP TVG § 1 Tarifverträge: Bau Nr. 308 = NZA 2009, 1215; Thüsing/Braun/*Wißmann* 4. Kap. Rn. 185.

3. Persönlicher Geltungsbereich

a) Anknüpfung. Der persönliche Geltungsbereich des Tarifvertrags legt fest, für welche 39
Arbeitnehmer der Tarifvertrag Geltung beansprucht.[115] Damit sind **alle personenbezogenen Aspekte des Geltungsbereiches** zusammengefasst.[116] Sollen alle Arbeitsverhältnisse des räumlichen, betrieblichen, fachlichen und zeitlichen Geltungsbereiches erfasst werden, ist eine Festlegung des persönlichen Geltungsbereiches nicht notwendig, weil es hier gleichsam um die „Feinjustierung" anhand persönlicher Merkmale der einzelnen Arbeitnehmer geht. Der Geltungsbereich wird hier also weiter eingeschränkt, weshalb auch vom persönlichen Geltungsbereich im engeren Sinne zu lesen ist[117] – im Gegensatz zum persönlichen Geltungsbereich im weiteren Sinne, der dann die Geltung für einzelne Berufsgruppen regelt und damit dem fachlichen Geltungsbereich zugeschlagen wird.[118] Eine allzu große Bedeutung wird dem persönlichen Geltungsbereich deshalb nicht zugesprochen.[119]

Der Tarifvertrag kann also entweder bestimmte Merkmalsträger aus dem Geltungsbereich 40
herausnehmen oder aber gerade sie in den Geltungsbereich aufnehmen.[120] Die gleichsam traditionelle Festlegung des persönlichen Geltungsbereiches in Arbeiter, Angestellte und Auszubildende findet sich immer weniger vor dem Hintergrund, dass allein aufgrund dieser Festlegung unterschiedliche Regelungen nicht mehr gerechtfertigt sind.[121] In Betracht kommen auch Anknüpfungen an das Alter, eine Behinderung, Betriebszugehörigkeit, Arbeitszeit, Gewerkschaftszugehörigkeit und ähnliches.[122]

Relevant ist die Unterscheidung in bestimmte Tätigkeitsgruppen. Hier knüpft der per- 41
sönliche Geltungsbereich an die konkrete Tätigkeit des Arbeitnehmers an. Über die Festlegung einzelner Tätigkeitsgruppen kommt es auch zur Abgrenzung des persönlichen Geltungsbereiches „nach oben". Diese **außertariflichen („AT")**[123] Beschäftigten fallen dann nicht in den Geltungsbereich des Tarifvertrags, weil ihre Tätigkeit gleichsam oberhalb der obersten Tätigkeits- und damit Entgeltgruppe des Tarifvertrags liegt. Bisweilen findet sich auch eine Herausnahme von leitenden Angestellten im Sinne des § 5 Abs. 3 BetrVG. Zwingend ist dies nicht, § 5 Abs. 3 BetrVG gibt für den Tarifvertrag keine Regelung vor – eine Herausnahme dieser Arbeitnehmergruppe aus dem Geltungsbereich ist aber durch deren geringere Schutzbedürftigkeit gerechtfertigt.[124]

Zu unterscheiden ist der persönliche Geltungsbereich des Tarifvertrags von den persön- 42
lichen Voraussetzungen im Hinblick auf einzelne tarifliche Rechte: diese sind tatbestandlich maßgebende Anknüpfungspunkte, die für die Entstehung etwa eines tariflichen Rechtes maßgeblich sind, haben aber nichts mit dem autonom festgesetzten tariflichen Regelungsanspruch und damit dem Geltungsbereich zu tun.[125]

b) Verbandsmitgliedschaft als Merkmal. Ob es des Begriffes des **organisatorischen** 43
Geltungsbereiches[126] bedarf, kann durchaus hinterfragt werden – die Frage, ob der Tarifvertrag nur für die Mitglieder der Tarifvertragsparteien, insbesondere die Gewerk-

---

[115] Dazu BAG 2.8.2017 – 7 AZR 601/15, AP BGB § 611 Bühnenengagementsvertrag Nr. 65; BeckOK ArbR/*Giesen* TVG § 4 Rn. 9.
[116] Thüsing/Braun/*Wißmann* 4. Kap. Rn. 204.
[117] Wiedemann/*Wank* § 4 Rn. 218; so auch die begriffliche Einordnung von NK-TVG/*Deinert* § 4 Rn. 448.
[118] HWK/*Henssler* TVG § 4 Rn. 20 f.; HMB/*Stamer* Teil 8 Rn. 75; Wiedemann/*Wank* § 4 Rn. 180.
[119] JKOS/*Jacobs* § 5 Rn. 77; HWK/*Henssler* TVG § 2 Rn. 21.
[120] HMB/*Stamer* Teil 8 Rn. 74; BeckOK ArbR/*Giesen* TVG § 4 Rn. 9; Wiedemann/*Wank* § 4 Rn. 218 schreibt von positiver und negativer Festlegung des Geltungsbereiches.
[121] BVerfG 30.5.1990 – 1 BvL 2/83, AP BGB § 622 Nr. 28 = NZA 1990, 721; BVerfG 16.11.1982 – 1 BvL 16/75, AP BGB § 622 Nr. 16= DB 1983, 450; dazu Wiedemann/*Wank* § 4 Rn. 219.
[122] HWK/*Henssler* TVG § 4 Rn. 21; Thüsing/Braun/*Wißmann* 4. Kap. Rn. 204; HMB/*Stamer* Teil 8 Rn. 77; JKOS/*Jacobs* § 5 Rn. 77; Wiedemann/*Wank* § 4 Rn. 218.
[123] NK-TVG/*Deinert* § 4 Rn. 469; Thüsing/Braun/*Wißmann* 4. Kap. Rn. 204.
[124] BAG 10.4.1991 – 4 AZR 479/90, AP TVG § 1 Tarifverträge: Bau Nr. 141.
[125] Unklar HWK/*Henssler* TVG § 2 Rn. 21.
[126] Dazu aber Löwisch/*Rieble* § 4 Rn. 301 ff.

schaftsmitglieder, Geltung beansprucht, ist letztlich eine Frage des persönlichen Geltungsbereiches.[127]

44 Die Anknüpfung an die Gewerkschaftsmitgliedschaft ist zum einen dann überflüssig, wenn letztlich die Tarifbindung auf der Seite des Arbeitnehmers gemeint ist, die vom persönlichen Geltungsbereich zu trennen ist.[128] Sie ist dann lediglich deklaratorisch – und im Ergebnis eher verwirrend. Allerdings können die Tarifvertragsparteien die Gewerkschaftsmitgliedschaft als Teil des persönlichen Geltungsbereiches konstitutiv festlegen,[129] was gewollt ist, ist durch Auslegung zu ermitteln.[130] Dabei nimmt die Rechtsprechung an, dass angesichts der sehr weitreichenden Folgen einer konstitutiven Beschränkung und der typischerweise bestehenden Interessenlage der Tarifvertragsparteien ohne deutliche Anhaltspunkte im Tarifvertrag regelmäßig nicht angenommen werden kann, dass über einen bloßen Hinweis auf die gesetzlichen Voraussetzungen einer Tarifgebundenheit hinaus eine eigenständige Regelung des tarifvertraglichen Geltungsbereichs erfolgen soll.[131]

45 Hier ergibt sich keine Dissonanz zu gleichheitsrechtlichen Regelungen,[132] Art. 9 Abs. 3 S. 2 GG steht dem nicht entgegen. So wirkt sich dies etwa auf die Möglichkeit der Allgemeinverbindlichkeit aus, die lediglich im Rahmen des Geltungsbereiches erfolgen kann.[133] Das ist – entgegen der (freilich punktuellen) Rechtsprechung[134] – hinnehmbar, weil § 5 TVG keine Grenze der Tarifmacht ist.[135] Außerdem stellen sich dann dieselben Fragen, wie bei den konkreteren Differenzierungsklauseln (→ § 237 Rn. 22 ff.). Ebenfalls entfällt in diesen Fällen regelmäßig die Nachbindung nach § 3 Abs. 3 TVG.[136] Die Bezugnahme auf einen solchen Tarifvertrag bleibt aber – als Ausfluss der Vertragsfreiheit – möglich.[137]

46 Auf der anderen Seite kann der Geltungsbereich des Tarifvertrags auch auf Mitglieder des tarifschließenden Arbeitgeberverbandes beschränkt werden.[138] Dies betrifft auch die Frage, inwiefern ein **firmenbezogener Verbandstarifvertrag** überhaupt einzelne Arbeitgeber in den Tarifvertrag aufnehmen, andere aber ausschließen kann. Hier wird die Frage aufgeworfen, ob innerverbandliche Gleichbehandlungspflichten die Möglichkeit einer Festlegung des Geltungsbereiches determinieren.[139] Von der Rechtsprechung wird dies zu Recht abgelehnt.[140]

47 Durch die Festlegung des persönlichen Geltungsbereiches des Verbandstarifvertrags auf einzelne Arbeitgeber wird es auch erschwert, dass diese Arbeitgeber aus dem Geltungsbereich des Tarifvertrags herauswandern.[141] Allerdings begibt man sich hier leicht in schwierige Abwägungsprozesse, wenn sich etwa Änderungen des Arbeitgebers im räumlichen oder fachlichen Bereich ergeben und dann ein Widerspruch zwischen diesen und dem persönlichen Geltungsbereich besteht.

---

[127] JKOS/*Jacobs* § 5 Rn. 16.
[128] HWK/*Henssler* TVG § 4 Rn. 22; Thüsing/Braun/*Wißmann* 4. Kap. Rn. 205; *Löwisch/Rieble* § 4 Rn. 301.
[129] JKOS/*Jacobs* § 5 Rn. 9.
[130] BAG 16.11.2016 – 4 AZR 697/14, AP TVG § 3 Verbandszugehörigkeit Nr. 31 = NJOZ 2017, 1405; BAG 15.4.2015 – 4 AZR 796/13, NZA 2015, 1388; *Löwisch/Rieble* § 4 Rn. 305 ff.; dazu auch BAG 22.3.2005 – 1 ABR 64/03, AP TVG § 4 Geltungsbereich Nr. 26 = NZA 2006, 383.
[131] BAG 16.11.2016 – 4 AZR 697/14, AP TVG § 3 Verbandszugehörigkeit Nr. 31 = NJOZ 2017, 1405.
[132] JKOS/*Jacobs* § 5 Rn. 9.
[133] HMB/*Stamer* Teil 8 Rn. 87.
[134] BAG 23.3.2005 – 4 AZR 203/04, AP TVG § 4 Tarifkonkurrenz Nr. 29 = NZA 2005, 1003.
[135] *Löwisch/Rieble* § 4 Rn. 313; *Klebeck* SAE 2007, 276.
[136] ErfK/*Franzen* TVG § 4 Rn. 16.
[137] JKOS/*Jacobs* § 5 Rn. 12.
[138] BAG 16.11.2016 – 4 AZR 697/14, AP TVG § 3 Verbandszugehörigkeit Nr. 31 = NJOZ 2017, 1405; BAG 21.1.2015 – 4 AZR 797/13, AP TVG § 3 Verbandszugehörigkeit Nr. 30 = NZA 2015, 1521; ErfK/*Franzen* TVG § 4 Rn. 16.
[139] Dazu HWK/*Henssler* TVG § 4 Rn. 21; HMB/*Stamer* Teil 8 Rn. 80.
[140] Siehe BAG 16.11.2016 – 4 AZR 697/14, AP TVG § 3 Verbandszugehörigkeit Nr. 31 = NJOZ 2017, 1405; BAG 21.1.2015 – 4 AZR 797/13, AP TVG § 3 Verbandszugehörigkeit Nr. 30 = NZA 2015, 1521.
[141] HMB/*Stamer* Teil 8 Rn. 79.

II. Geltungsbereich im Einzelnen

Ist der tarifschließende Arbeitgeberverband im sogenannten Einverbändemodell organisiert (→ § 233 Rn. 28), so muss im persönlichen Geltungsbereich eine entsprechende Differenzierung vorgenommen werden.[142]

c) Gleichheitsfragen. Weil der persönliche Geltungsbereich an Merkmalen des einzelnen Arbeitnehmers anknüpft, stellen sich regelmäßig Gleichheitsfragen. Umstritten ist die Anwendung des allgemeinen Gleichbehandlungsgrundsatzes auf die Herausnahme einzelner Arbeitnehmergruppen aus dem persönlichen Geltungsbereich des Tarifvertrags. Der Streit hat seinen Ursprung im Verhältnis des Gleichheitssatzes des Art. 3 Abs. 1 GG zur durch Art. 9 Abs. 3 GG gewährleisteten Tarifautonomie der Tarifvertragsparteien. Während der 4. Senat hier den Tarifvertragsparteien einen Einschätzungsspielraum bis an die Grenze zur Willkür zubilligt,[143] fordert der 6. Senat einen sachlichen Grund für die Ungleichbehandlung – freilich dort abstellend auf bei typisierender Betrachtung erkennbare sachliche Unterschiede und hier verweisend auf die Berücksichtigung eines Einschätzungsspielraumes der Tarifvertragsparteien.[144] Deshalb wird diesem Streit keine allzu große praktische Wirkung zugesprochen.[145] Hier ist zunächst zu beachten, dass die Herausnahme aus dem Geltungsbereich auch Elemente einer Nichtregelung aufweist, auf die mit Rücksicht auf die Tarifautonomie zu reagieren ist.[146] *Löwisch* und *Rieble* schlagen abhängig von der Schutzbedürftigkeit der herausgenommenen Arbeitnehmer ein abgestuftes Modell vor – das führt etwa bei Arbeitnehmern, die anderweitig unter tariflichen Schutz fallen, zu einem weiteren Beurteilungsspielraum als bei solchen, die durch die Tarifvertragsparteien überhaupt keinen Tarifschutz erhalten.[147] Dem kommt die vom 6. Senat propagierte Einschätzungsprärogative der Tarifvertragsparteien sehr nah.[148] Auf der anderen Seite will *Wank* die allgemeinen gleichheitsrechtlichen Grundsätze anwenden.[149] Gerade hier greift aber die vom 6. Senat propagierte Einschätzungsprärogative der Tarifvertragsparteien.[150]

So können etwa Arbeitnehmer aus dem Geltungsbereich eines Tarifvertrags über Fragen des Auszubildendenverhältnisses herausgenommen werden – und umgekehrt die Auszubildenden aus dem Tarifvertrag, der das Arbeitsverhältnis regelt.[151] Zur Herausnahme leitender Angestellter siehe → § 238 Rn. 41.

Ohne Zweifel ist der Diskriminierungsschutz in seinen verschiedenen einfachgesetzlichen Ausprägungen zu berücksichtigen (dazu → § 237 Rn. 60 ff.).[152] Dieser gilt für die Merkmale des AGG, also Alter, Geschlecht, sexuelle Orientierung, Behinderung, Rasse, ethnische Herkunft, Religion und Weltanschauung, § 1 AGG. Ebenso über § 4 TzBfG aber für befristet und in Teilzeit Beschäftigte und über § 164 Abs. 2 SGB IX. Daneben ist auch das primäre Europäische Gleichbehandlungsrecht zu berücksichtigen:[153] So insbesondere das Entgeltgleichheitsgebot des Art. 157 AEUV.[154]

---

[142] JKOS/*Jacobs* § 5 Rn. 10.
[143] So auch BeckOK ArbR/*Giesen* TVG § 4 Rn. 8; HWK/*Henssler* TVG § 2 Rn. 15.
[144] BAG 27.5.2004 – 6 AZR 129/03, AP TVG § 1 Gleichbehandlung Nr. 5 = NZA 2004, 1399; siehe auch die ausführliche Darstellung bei NK-TVG/*Deinert* § 4 Rn. 215 ff.
[145] Wiedemann/*Wank* § 4 Rn. 228; HMB/*Stamer* Teil 8 Rn. 86.
[146] BAG 30.8.2000 – 4 AZR 563/99, NZA 2001, 613.
[147] *Löwisch*/*Rieble* § 4 Rn. 176 ff.
[148] BAG 27.5.2004 – 6 AZR 129/03, AP TVG § 1 Gleichbehandlung Nr. 5 = NZA 2004, 1399; NK-TVG/*Deinert* § 4 Rn. 216.
[149] Wiedemann/*Wank* § 4 Rn. 218a; ebenso ErfK/*Franzen* TVG § 1 Rn. 17.
[150] BAG 27.5.2004 – 6 AZR 129/03, AP TVG § 1 Gleichbehandlung Nr. 5 = NZA 2004, 1399; NK-TVG/*Deinert* § 4 Rn. 216.
[151] Däubler/*Deinert* § 4 Rn. 468.
[152] Wiedemann/*Wank* § 4 Rn. 218c ff.; HWK/*Henssler* TVG § 4 Rn. 21; *Löwisch*/*Rieble* § 4 Rn. 183.
[153] HMB/*Stamer* Teil 8 Rn. 85.
[154] JKOS/*Jacobs* § 5 Rn. 78.

4. Zeitlicher Geltungsbereich

52 Der zeitliche Geltungsbereich des Tarifvertrags bestimmt den Zeitraum, in dem die tariflichen Regelungen normativ wirken.[155] Er wird von den Tarifvertragsparteien autonom gesetzt, sowohl was den Beginn als auch was das Ende der Tarifgeltung betrifft. Dabei ist der zeitliche Geltungsbereich des Tarifvertrags von der Wirksamkeit des Tarifvertrags zu unterscheiden,[156] die letztlich rechtsgeschäftlichen Kriterien unterfällt: Der zeitliche Geltungsbereich, der die normative Geltung des Tarifvertrags für das einzelne Arbeitsverhältnis betrifft, kann sich mit dem Wirksamkeitszeitraum decken, muss es aber nicht – etwa, wenn die Tarifvertragsparteien den Beginn der zeitlichen Normwirkung erst für einen Zeitpunkt nach dem Tarifvertragsabschluss festlegen.[157] Während der Beginn des zeitlichen Geltungsbereiches durch Vereinbarung erfolgt, kann das Ende auch durch eine Tarifvertragspartei herbeigeführt werden – durch Ausübung eines ordentlichen oder außerordentlichen Kündigungsrechts.

53 **Beginn der Tarifgeltung** ist, soweit nichts anderes bestimmt und durch Auslegung zu ermitteln ist, der Zeitpunkt des Abschlusses des Tarifvertrags.[158] Soll der Tarifvertrag erst später in Kraft treten, so tritt auch die tarifliche Bindung erst mit diesem späteren Zeitpunkt ein – und ein Austritt aus dem tarifschließenden Verband löst grundsätzlich nicht die Nachbindung des § 3 Abs. 3 TVG aus.[159] Das hat auch Folgen für die Transformation der tariflichen Regelungen im Falle eines Betriebsüberganges – hier kommt es auf den Zeitpunkt des Inkrafttretens, nicht aber auf den Zeitpunkt des Tarifabschlusses an.[160]

54 Nichts mit dem zeitlichen Geltungsbereich und damit mit dem Eintritt der Tarifbindung zu tun haben Regelungen im Tarifvertrag, die tarifliche Rechte an zeitliche Vorgaben binden, wie etwa eine stufenweise geregelte Entgelterhöhung.[161] Hier „gilt" der Tarifvertrag bereits, lediglich das Entstehen tariflicher Rechte und Pflichten wird an den Zeitablauf gekoppelt.

55 Umgekehrt kann der Tarifvertrag auch **rückwirkend** regeln.[162] Zwar ist es nicht möglich, den Abschluss des Tarifvertrags „nach vorne" zu verlegen, allerdings können die Tarifvertragsparteien einzelne tarifliche Regelungen rückwirkend entfallen lassen.[163] Hier wird – weil der Tarifvertrag normative Wirkung hat – zwischen der der echten und unechten Rückwirkung unterschieden, was Vertrauensschutz der Normadressaten auslöst (dazu → § 237 Rn. 76 ff.).[164]

56 **Endet der zeitliche Geltungsbereich,** so endet auch die normative Tarifwirkung und es schließt sich grundsätzlich der Zeitraum der Nachwirkung an, § 4 Abs. 5 TVG. Wie lange der zeitliche Geltungsbereich währt, liegt in der autonomen Entscheidung der Tarifvertragsparteien. Allerdings dürfen diese sich nicht durch eine überlange Bindungsdauer ihrer Tarifverantwortung begeben[165] – deshalb besteht bei unbefristeten Tarifverträgen das Recht zur ordentlichen Kündigung und auch bei länger befristeten Tarifverträgen ein entsprechend § 624 BGB begründetes ordentliches Kündigungsrecht nach einer Laufzeit von fünf Jahren.[166] (Zur Beendigung siehe insgesamt → § 260 Rn. 1 ff.).

57 Nichts mit der Beendigung und damit dem Ablauf des zeitlichen Geltungsbereichs zu tun hat die Nichtanwendbarkeit eines Tarifvertrags im Falle der Tarifkollision: In diesen

---

[155] HMB/*Stamer* Teil 8 Rn. Rn. 89.
[156] Wiedemann/*Wank* § 4 Rn. 228.
[157] BAG 20.9.2011 – 9 AZR 416/10, AP BUrlG § 7 Abgeltung Nr. 92 = NZA 2012, 326; BeckOK ArbR/*Giesen* TVG § 4 Rn. 10; ErfK/*Franzen* TVG § 4 Rn. 18.
[158] HWK/*Henssler* TVG § 4 Rn. 24; HMB/*Stamer* Teil 8 Rn. 90; BeckOK ArbR/*Giesen* TVG § 4 Rn. 10.
[159] HMB/*Stamer* Teil 8 Rn. 91.
[160] BAG 16.5.2012 – 4 AZR 321/10, AP Nr. 431 § 613a BGB = NZA 2012, 923.
[161] ErfK/*Franzen* TVG § 4 Rn. 18.
[162] Wiedemann/*Wank* § 4 Rn. 236 ff.; BeckOK ArbR/*Giesen* TVG § 4 Rn. 10.
[163] HMB/*Stamer* Teil 8 Rn. 92.
[164] ErfK/*Franzen* § 4 Rn. 19, 20.
[165] HMB/*Stamer* Teil 8 Rn. 93.
[166] *Löwisch/Rieble* § 1 Rn. 1842; *Hanau/Kania* DB 1995, 1229 (1230).

Fällen wird der allgemeinere (im Falle der Tarifkonkurrenz) oder der Tarifvertrag der Minderheitsgewerkschaft (im Falle der Tarifpluralität, § 4a Abs. 2 TVG) nicht angewandt, besteht aber weiter (→ § 256 Rn. 56 ff.).[167]

III. Veränderung der für den Geltungsbereich maßgeblichen Anknüpfungspunkte

Der Geltungsbereich des Tarifvertrags ist statisch, die Lebenswirklichkeit aber dynamisch. Deshalb kann es dazu kommen, dass Arbeitgeber, ihre Betriebe oder Arbeitnehmer zunächst unter den Geltungsbereich fallen und dann aus diesem herauswandern oder umgekehrt. Das wird etwa dann deutlich, wenn der Unternehmer den Betriebszweck oder Unternehmenszweck ändert. Ein Arbeitnehmer kann eine Altersgrenze überschreiten oder seine Tätigkeit wechseln. 58

Der **Eintritt in den Geltungsbereich** des Tarifvertrags ist einfach zu beurteilen: Das Arbeitsverhältnis unterfällt nun dem Geltungsbereich und wird bei gegebener Tarifbindung normativ geregelt. 59

Die normative Regelung entfällt aber, wenn es zum Herauswandern aus dem tariflichen Geltungsbereich kommt. Wird etwa ein Betrieb oder bei entsprechender tarifvertraglicher Anknüpfung ein Unternehmen aus dem räumlichen Geltungsbereich des Tarifvertrags **herausverlagert,** so kommt es zur entsprechenden Anwendung des § 4 Abs. 5 TVG und damit zur Nachwirkung,[168] nicht aber zur entsprechenden Anwendung des § 3 Abs. 3 TVG und damit zur Nachbindung.[169] Das soll aber nicht gelten, wenn der Arbeitnehmer an einen Betrieb wechselt, der außerhalb des räumlichen Geltungsbereiches liegt, dann entfiele die Tarifgeltung;[170] andere wollen auch hier die Nachwirkung entsprechend § 4 Abs. 5 TVG annehmen[171] oder gar die Nachbindung entsprechend § 3 Abs. 3 TVG.[172] Richtig ist allein auch hier die entsprechende Anwendung des § 4 Abs. 5 TVG – die freilich voraussetzt, dass das Arbeitsverhältnis zum bisherigen Arbeitgeber aufrechterhalten bleibt. Jedes neue Arbeitsverhältnis wäre ersetzende Abmachung im Sinne des § 4 Abs. 5 TVG (→ § 261 Rn. 21, 58). 60

Für **Tarifverträge über gemeinsame Einrichtungen** gelten nach der Rechtsprechung Sonderüberlegungen: Hier soll wegen des Entfalls der Beitragszahlung keine Nachwirkung entsprechend § 4 Abs. 5 TVG eintreten.[173] Richtig ist das nicht: auch die Spezifika gemeinsamer Einrichtungen können den Entfall der Nachwirkung in Anbetracht von deren Zweck des Inhaltsschutzes nicht erklären.[174] 61

Zu beachten ist der Fall des Betriebsübergangs: Hier ordnet § 613a Abs. 1 S. 2 BGB die Weitergeltung der tariflichen Regelungen an. Diese Anordnung ist aber eine gesetzliche und lässt sich nur aus dem Schutzzweck des § 613a Abs. 1 BGB begreifen, sie hat nichts mit der tariflichen Systematik zu tun (→ § 247 Rn. 13 ff.). Von vornherein nichts mit dem Herausfallen aus dem Geltungsbereich zu tun hat der schlichte Gesellschafterwechsel beim tarifgebundenen Arbeitgeber, weil der Arbeitgeber und der Unternehmens- und Betriebszweck hier stabil bleiben. 62

---

[167] HMB/*Stamer* Teil 8 Rn. 95.
[168] BAG 1.4.1987 – 4 AZR 77/86, AP BGB § 613a Nr. 64 = NZA 1987, 593; LAG Düsseldorf 7.10.1981 – 5 Sa 566/81, LAGE TVG § 3 Nr. 1 = DB 1982, 808; *Konzen* ZfA 1975, 401 (412 f.); JKOS/*Jacobs* § 5 Rn. 13; Thüsing/Braun/*Wißmann* 4. Kap. Rn. 178.
[169] So NK-TVG/*Deinert* § 4 Rn. 241.
[170] JKOS/*Jacobs* § 5 Rn. 44. Rn. 44.
[171] *Löwisch/Rieble* § 4 Rn. 343.
[172] NK-TVG/*Deinert* § 4 Rn. 246.
[173] BAG 9.11.1999 – 3 AZR 690/98, AP TVG § 3 Verbandsaustritt Nr. 5 = NZA 2000, 730; BAG 25.10.1994 – 9 AZR 66/91, NZA 1995, 1054; BAG 14.6.1994 – 9 AZR 89/93, AP TVG § 3 Verbandsaustritt Nr. 2 = NZA 1995, 178; BAG 5.10.1993 – 3 AZR 586/92, AP BetrAVG § 1 Zusatzversorgungskassen Nr. 42 = NZA 1994, 848; AP BetrAVG § 1 Zusatzversorgungskassen Nr. 42; auch ErfK/*Franzen* TVG § 1 Rn. 15.
[174] *Löwisch/Rieble* § 4 Rn. 332.

IV. Gerichtliche Geltendmachung

63 Für die gerichtliche Überprüfung des Geltungsbereiches eines Tarifvertrags ist zu unterscheiden. Im Verhältnis der tarifgebundenen Arbeitgeber und Arbeitnehmer wird der Geltungsbereich im arbeitsgerichtlichen Streit implizit geprüft, wenn es um die Anwendung tariflicher Regelungen geht.[175] Eine Feststellungsklage, die darauf gerichtet ist, dass ein bestimmtes Arbeitsverhältnis unter den Geltungsbereich des Tarifvertrags fällt, ist aber möglich.[176] Im Verhältnis der Tarifvertragsparteien (oder auch der Arbeitskampfparteien) ist ein Antrag im Beschlussverfahren möglich, § 2a Abs. 1 Nr. 4 ArbGG iVm § 97 ArbGG, über § 9 TVG kommt es zur erweiterten Rechtskrafterstreckung. Auf das einzelne Mitglied der jeweils anderen Tarifvertragspartei besteht dagegen kein „Zugriff", der sich in einem Feststellungsinteresse im Sinne von § 256 ZPO niederschlagen könnte. Hier hilft die Inanspruchnahme der anderen Tarifpartei über die Einwirkungs- oder Durchführungsklage – die Frage, ob der tarifliche Geltungsbereich gegeben ist, ist dann zu prüfende Vorfrage.[177]

64 Eine Dritte Partei – etwa eine konkurrierende Gewerkschaft – hat kein relevantes Interesse an der Feststellung, dass ein von Dritten abgeschlossener Tarifvertrag in einem bestimmten Betrieb des Arbeitgebers nicht anwendbar ist.[178] Deshalb ist eine entsprechende Klage unzulässig. Helfen kann hier freilich mittelbar das Zuständigkeitsfeststellungsverfahren nach §§ 2a Abs. 1 Nr. 4, 97 ArbGG (→ § 233 Rn. 63ff.).[179]

---

[175] JKOS/*Jacobs* § 5 Rn. 33; NK-TVG/*Deinert* § 4 Rn. 203; HMB/*Stamer* Teil 8 Rn. 28.
[176] BAG 26.7.2001 – 8 AZR 759/00, AP ZPO 1977 § 256 Nr. 63; BAG 28.5.1997 – 4 AZR 663/95, AP TVG § 1 Bezugnahme auf Tarifvertrag Nr. 6; JKOS/*Jacobs* § 5 Rn. 33.
[177] JKOS/*Jacobs* § 5 Rn. 33.
[178] BAG 10.5.1989 – 4 AZR 80/89, AP TVG § 2 Tarifzuständigkeit Nr. 6 = NZA 1989, 687; NK-TVG/ *Deinert* § 4 Rn. 203.
[179] BAG 10.5.1989 – 4 AZR 80/89, AP TVG § 2 Tarifzuständigkeit Nr. 6 = NZA 1989, 687; NK-TVG/ *Deinert* § 4 Rn. 203.

Viertes Kapitel: Inhalt der Tarifnormen

§ 239 Individualnormen

Schrifttum:
Bauer, Beiderseitige und einseitige Ausschlußfristen, NZA 1987, 440; *Beck/Gotthardt,* Elektronische Form und Textform im Arbeitsrecht: Wege durch den Irrgarten, NZA 2002, 876; *Bötticher,* Die Ausübung der Tarifmacht durch negative Inhaltsnormen, RdA 1968, 418; *Buchner,* Der Umfang tariflicher Abschlußnormen, insbesondere ihre Abgrenzung zu den Normen über betriebliche Fragen, RdA 1966, 208; *Dorth,* Gestaltungsgrenzen bei Aus- und Fortbildungskosten betreffenden Rückzahlungsklauseln, RdA 2013, 287; *Gaul/Ludwig/Jung,* Der tarifliche Sonderkündigungsschutz für ältere Arbeitnehmer auf dem Prüfstand, ArbRB 2014, 146; *Gertler/Nägele,* Tarifliche Ausschlussfristen auf dem Prüfstand des Verfassungsrechts, NZA 2011, 442; *Gotthardt,* Grenzen von Tarifverträgen zur Beschäftigungssicherung durch Arbeitszeitverkürzung, DB 2000, 1462; *Graj,* Unkündbarkeitsklauseln in der Sozialauswahl, 2009; *Hanau/Thüsing,* Tarifverträge zur Beschäftigungssicherung, ZTR 2001, 49; *Höpfner,* Das deutsche Urlaubsrecht in Europa – Zwischen Vollharmonisierung und Koexistenz, RdA 2013, 16; *Hromadka,* Privat versus Tarifautonomie – Ein Beitrag zur Arbeitszeitdiskussion, DB 1992, 1042; *Husemann,* Ausschlussfristen im Arbeitsrecht, NZA-RR 2011, 337; *Kania/Kramer,* Unkündbarkeitsvereinbarungen in Arbeitsverträgen, Betriebsvereinbarungen und Tarifverträgen, RdA 1995, 287; *Kühn,* Rechtsfolgen rechtswidriger Weisungen, NZA 2015, 10; *Loritz,* Die Koppelung der Arbeitsentgelte an den Unternehmenserfolg, RdA 1998, 257; *Löwisch,* Kündigungsprävention durch Tarifvertrag, FS Buchner, 2009, S. 565; *Löwisch,* Rahmenvereinbarungen für befristete Arbeitsverträge, RdA 1987, 97; *Löwisch,* Arbeitnehmereigenschaft kraft vertraglicher Vereinbarung, FS Hromadka, 2008, S. 229; *Löwisch,* Tarifliche Regelung von Arbeitgeberkündigungen, DB 1998, 877; *Kolitz,* Kündigungsfreiheit versus „Unkündbarkeit", 2006; *Müller-Glöge,* Tarifliche Regelungen der Kündigungsfristen und Termine, FS Schaub, 1998, S. 497; *Oetker,* Arbeitsrechtlicher Kündigungsschutz und Tarifautonomie, ZfA 2001, 287; *Rieble,* Betriebliche versus tarifliche Unkündbarkeit, NZA 2003, 1243; *Plüm,* Die tarifliche Erweiterung von Leistungsbestimmungsrechten des Arbeitgebers, DB 1992, 735; *Preis/Gotthard,* Schriftformerfordernis für Kündigungen, Aufhebungsverträge und Befristungen nach § 623 BGB, NZA 2000, 348; *Reichold,* Rechtsprobleme der Einführung einer 32-Stunden-Woche, ZfA 1998, 237; *Richardi,* Kollektivvertragliche Arbeitszeitregelung, ZfA 1990, 211; *Rieble,* Entgeltbestimmung nach § 315 BGB in tariflichen Entgeltbändern, FS Birk (2008); *Rieble,* Tarifvertrag und Beschäftigung, ZfA 2004, 1; *Rieble,* Sprache und Sprachrisiko im Arbeitsrecht, FS Löwisch, 2007, S. 229; *Schlüter,* Die Grenzen der Tarifmacht bei der Regelung der Wochenarbeitszeit, FS Stree/Wessels, 1993, S. 1061; *Schindler/Künzl,* Tarifvertraglicher Ausschluss der Kündbarkeit und Sozialauswahl, ZTR 2014, 395; *Schleusener,* Die Zulässigkeit qualitativer Besetzungsregelungen, 1997; *Sprenger,* Ein Reflex wird reflektiert: Neues zum Grenzverlauf zwischen Sozialauswahl und Sonderkündigungsschutz, BB 2014, 1781; *Stein,* Pacta sunt servanda? – Der Wert tariflicher Unkündbarkeitsregelungen, DB 2013, 1229; *Ulber,* Ausschlussfristen und zwingendes Gesetzesrecht, DB 2011, 1808; *Preis/Ulber,* Ausschlussfristen und Mindestlohngesetz, 2014; *v. Medem,* Kehrtwende des BAG bei zweistufigen tariflichen Ausschlussfristen, NZA 2013, 345; *Weber,* Die Ausschlußfrist im Arbeitsrecht, 1983; *Zöllner,* Die Zulässigkeit einzelvertraglicher Verlängerung der tariflichen Wochenarbeitszeit, DB 1989, 2121.

Übersicht

	Rn.
I. Überblick	1
II. Inhalt des Arbeitsverhältnisses	2
1. Arbeitsentgelt	7
2. Arbeitszeit	14
3. Urlaub	18
4. Entgeltfortzahlung	21
5. Nebenpflichten	24
6. Weisungsrecht, Leistungsbestimmungsrechte	25
7. Ausschlussfristen	27
8. Regelung der nachvertraglichen Pflichten	31
III. Abschlussnormen	33
1. Abschlussgebote	34
2. Formgebote	42
3. Abschlussverbote	43
IV. Beendigungsnormen	46
1. Kündigung	47
a) Kündigungsfristen, Form	47
b) Materialer Kündigungsschutz	49

	Rn.
2. Befristung	55
3. Aufhebungsvertrag	59

I. Überblick

1 Individualnormen regeln das Arbeitsverhältnis (→ Rn. 2 ff.) – § 1 Abs. 1 TVG unterscheidet hier Inhaltsnormen, Abschluss- und Beendigungsnormen. In welche Normart man eine tarifliche Regelung einordnet, hat Folgen für den Zeitpunkt, an dem die Tarifbindung vorliegen muss, das zeigt sich exemplarisch an tariflichen Befristungsregelungen (→ Rn. 55 ff.).

II. Inhalt des Arbeitsverhältnisses

2 Inhaltsnormen regeln die materialen und formalen Arbeitsbedingungen und so die Rechte und Pflichten der Arbeitsvertragsparteien, unabhängig davon, ob es sich um Hauptleistungspflichten, Nebenleistungspflichten oder Nebenpflichten handelt.[1] Deshalb gelten sie als die wichtigsten Normen des Tarifvertrags.[2] Als Grundsatz kann gelten, dass alles das Gegenstand von Inhaltsnormen sein kann, was auch durch den Arbeitsvertrag geregelt werden kann,[3] wobei sich freilich die Tarifmacht am tariffesten Kern des Arbeitsverhältnisses auch hier bricht (→ § 237 Rn. 38 f.).[4] Der Tarifvertrag hat aber keine verfügende Kraft – er kann die dingliche Rechtslage nicht ändern, sondern lediglich schuldrechtliche Ansprüche begründen.[5]

3 Die Tarifmacht für Inhaltsnormen ist deshalb stets auf das **schuldrechtliche Verhältnis der Arbeitsvertragsparteien** bezogen, sodass damit nicht verbundene Materien nicht über tarifliche Inhaltsnormen geregelt werden können, weil diesen schlicht das Regelungsobjekt fehlt. Bereits entstandene Ansprüche sind dem Zugriff des Tarifvertrags als Regelungsobjekt ebenfalls entzogen.[6]

4 Der Inhalt des Arbeitsverhältnisses kann durch den Tarifvertrag auch **negativ geregelt** werden, sodass bestimmte Sachbereiche von der arbeitsvertraglichen Vereinbarung ausgeschlossen werden – dann schreibt der Tarifvertrag vor, was im Arbeitsvertrag nicht geregelt werden darf.[7] Hier ist freilich die negative Regelung im Tarifvertrag stets von der Nichtregelung durch Auslegung abzugrenzen, weil beide zu gänzlich entgegengesetzten Ergebnissen für den Regelungsspielraum der Arbeitsvertragsparteien führen: Die negative Regelung lässt dem Arbeitsvertrag – vorbehaltlich des Günstigkeitsprinzips (dazu → § 253 Rn. 20) – keinen Raum, die Nichtregelung eröffnet ihn gerade und zwar unabhängig vom Günstigkeitsprinzip.

5 Wegen des Kontrollprivilegs des Tarifvertrags nach § 310 Abs. 4 S. 1 BGB (→ § 253 Rn. 20) ist in weiten Teilen eine tarifliche Regelung der Arbeitsbedingungen erheblich flexibler und einfacher als durch arbeitsvertragliche Einheitsregelung.[8] Damit ist der Tarifvertrag ein effizienteres Regelungsinstrument als der Arbeitsvertrag.

6 Entsprechend der Regelungsweite des Arbeitsverhältnisses gibt es ebensoviele tarifliche Inhaltsnormen, die auf diese Regelungsweite reagieren. Im Folgenden sollen deshalb nur im Überblick solche Regelungen skizziert werden, die typischerweise als Inhaltsnormen im Tarifvertrag vorkommen.

---

[1] ErfK/*Franzen* TVG § 1 Rn. 41; HWK/*Henssler* TVG § 1 Rn. 45; Wiedemann/*Thüsing* § 1 Rn. 411; BeckOK ArbR/*Waas* TVG § 1 Rn. 85.
[2] Wiedemann/*Thüsing* § 1 Rn. 409.
[3] Thüsing/Braun/Wißmann 4. Kap. Rn. 12; Wiedemann/*Thüsing* § 1 Rn. 410.
[4] JKOS/*Krause* § 4 Rn. 24.
[5] HWK/*Henssler* TVG § 1 Rn. 45; BeckOK ArbR/*Waas* TVG § 1 Rn. 87.
[6] BAG 28. 9. 1983 – 4 AZR 313/82, AP TVG § 1 Rückwirkung Nr. 9 = DB 1984, 303.
[7] JKOS/*Krause* § 4 Rn. 25.
[8] HMB/*Hexel* Teil 4 Rn. 12.

II. Inhalt des Arbeitsverhältnisses 7–11 § 239

1. Arbeitsentgelt

Das Arbeitsentgelt[9] betrifft die Hauptleistungspflicht des Arbeitgebers und ist ein wesentli- 7
cher Bereich tariflicher Inhaltsnormen, weil hier maßgeblich der Interessenausgleich zwischen den Tarifvertragsparteien vollzogen wird. Gerade die Arbeitsentgeltregelungen sind maßgebliche Instrumente der tariflichen Vergütungsverteilung.[10] Dabei wird das Arbeitsentgelt regelmäßig in einem eigenen Entgelttarifvertrag vereinbart, der eine entsprechend kurze Laufzeit hat, um das Arbeitsentgelt regelmäßig anpassen zu können.[11] Gerade hier zeigt sich die Dynamik der tariflichen Regelungssetzung.

Im Entgelttarifvertrag wird regelmäßig für das **Grundentgelt** eine Vergütungsstruktur 8
festgelegt, bei der die Zuweisung einzelner Entgeltgruppen entsprechend der Tätigkeit des Arbeitnehmers erfolgt, womit es im Ergebnis um eine Bewertung der einzelnen Tätigkeit geht.[12] Hier haben die Tarifvertragsparteien im Rahmen der gleichheitsrechtlichen Prüfung einen weiten Einschätzungsspielraum bei der Bewertung und Strukturierung der Vergütung (→ § 237 Rn. 61).

Der einzelne Arbeitnehmer muss dann unter Gewichtung seiner Tätigkeit einer Vergü- 9
tungsgruppe zugeordnet werden, in einem Akt der „deklaratorischen Subsumtion"[13] muss hier die Tarifautomatik nachvollzogen werden. Die tariflichen Vergütungsstrukturen sind deshalb betriebsverfassungsrechtlich wesentlich für die Ein- und Umgruppierung der Arbeitnehmer nach § 99 Abs. 1 BetrVG. Freilich begründet der Tarifvertrag den Entgeltanspruch bei entsprechender Tätigkeit, nicht die Eingruppierung als solche. Nach Auffassung des BAG ist eine tarifliche Vergütungsstruktur zugleich eine betriebsverfassungsrechtlich nach § 87 Abs. 1 Nr. 10 BetrVG maßgebliche: Sie kann nicht ohne Zutun des Betriebsrats geändert werden – auch wenn der Tarifvertrag lediglich nach § 4 Abs. 5 TVG nachwirkt (siehe dazu → § 261 Rn. 30f.). Systemfremd erhält durch diese betriebsverfassungsrechtliche Transformation auch im Nachwirkungszeitraum ein Arbeitnehmer einen Anspruch auf entsprechende Vergütung (→ § 261 Rn. 31). Zum anderen sind auch solche Arbeitnehmer nach § 99 Abs. 1 BetrVG in die tarifliche Struktur einzugruppieren, die nicht tarifgebunden sind.[14]

Regelmäßig differenzieren Tarifverträge die Grundvergütung weiter aus und reagieren 10
auf besondere Beschäftigungssituationen, indem Zuschläge (etwa für Mehrarbeit, Akkordarbeit, Schmutzarbeit, Schichtarbeit, Feiertagsarbeit oder Sonntagsarbeit) geregelt werden.[15]

Der Tarifvertrag sieht darüber hinaus regelmäßig auch **Sonderzahlungen** oder Gratifi- 11
kationen vor, die zusätzlich zum laufenden Arbeitsentgelt gefordert werden können, und die verschiedene Zwecke verfolgen können:[16] So können sie Bezug zur konkreten Arbeitsleistung haben oder aber auch die Betriebstreue eines Arbeitnehmers honorieren.[17] Auch finden sich regelmäßig Stichtagsregelungen für die Anspruchsberechtigung oder Rückzahlungsregelungen für den Fall enttäuschter Zweckerwartungen (→ § 237 Rn. 41).[18] Gerade hier zeigt sich ein weiterer Regelungsspielraum der Tarifvertragsparteien im Vergleich zu der regelmäßig anhand der §§ 305ff. BGB zu messenden arbeitsvertraglichen Regelung.[19]

---

[9] Siehe dazu ausführlich HMB/*Steffan* Teil 5 (3); NK-TVG/*Winter/Zimmer* § 1 Rn. 939ff.; Wiedemann/*Thüsing* § 1 Rn. 469ff.
[10] Wiedemann/*Thüsing* § 1 Rn. 471.
[11] HMB/*Hexel* Teil 4 Rn. 22.
[12] Wiedemann/*Thüsing* § 1 Rn. 472ff.; siehe zur tariflichen Arbeitsbewertung eingehend NK-TVG/*Winter/Zimmer* § 1 Rn. 407ff.
[13] Löwisch/*Rieble* § 1 Rn. 304; dazu auch Wiedemann/*Thüsing* § 1 Rn. 483.
[14] BAG 20.2.2018 – BAG 1 ABR 53/16, NZA 2018, 954; BAG 18.10.2011 – 1 ABR 25/10, AP BetrVG 1972 § 87 Lohngestaltung Nr. 141 = NZA 2012, 392.
[15] Löwisch/*Rieble* § 1 Rn. 305.
[16] Wiedemann/*Thüsing* § 1 Rn. 506; HMB/*Hexel* Teil 4 Rn. 29.
[17] Wiedemann/*Thüsing* § 1 Rn. 506.
[18] ErfK/*Franzen* TVG § 1 Rn. 73; Löwisch/*Rieble* § 1 Rn. 305; HMB/*Hexel* Teil 4 Rn. 29.
[19] Dazu CKK/*Klumpp* § 307 Rn. 207ff.

12 Auch die **Leistungsmodalitäten,** wie die Leistungszeit und den Leistungsort, können die Tarifvertragsparteien festlegen,[20] ebenso die Möglichkeit eines Entgeltvorschusses oder -abschlages,[21] Rückzahlungsansprüche[22] oder Nettolohnregelungen.[23]

13 Außerdem kann auch festgelegt werden, welche **Arbeitszeit** wie zu vergüten ist – was etwa für Dienstreisen wesentlich ist.[24]

2. Arbeitszeit

14 Im Tarifvertrag wird regelmäßig auch die Arbeitszeit[25] festgelegt.[26] Das betrifft zunächst die tariflich **regelmäßige Arbeitszeit,** etwa im Rahmen einer 35-Stunden-Woche. Allerdings kann der Tarifvertrag hier keine Höchstgrenze absolut festschreiben, für den Arbeitsvertrag muss eine Abweichung im Rahmen des Günstigkeitsprinzips und der gesetzlichen Regelungen möglich bleiben (→ § 253 Rn. 62 f.).[27] Auf der anderen Seite kann der Tarifvertrag auch keine Mindestarbeitszeiten festlegen.[28] Gesetzlich sind die Tarifvertragsparteien dabei an die Vorgaben des ArbZG gebunden, das aber für den Tarifvertrag in § 7 Abs. 1 ArbZG Privilegierungen vorsieht. Daneben sind die Tarifvertragsparteien aber weitgehend frei darin, an die Arbeitszeit verschiedene Folgen in der Entgeltfestsetzung zu knüpfen – und etwa Überstundenzuschläge vorzusehen.[29]

15 Darüber hinaus kann der Tarifvertrag auch die Voraussetzungen festlegen, unter denen Überstunden und Mehrarbeit zu leisten sind – oft in Zusammenhang mit deren Bezahlung. Ebenfalls praktisch bedeutsam sind Gleitzeitmodelle oder Regelungen zur Vertrauensarbeitszeit.[30]

16 Ebenfalls regeln Tarifverträge die Voraussetzungen, unter denen **Kurzarbeit** durch den Arbeitgeber angeordnet werden kann, so etwa die maßgeblichen Einführungsgründe,[31] eine Ankündigungspflicht[32] oder die mit der Kurzarbeit verbundenen Entgeltregelungen.[33] Eine unbegrenzte Möglichkeit für den Arbeitgeber, Kurzarbeit anzuordnen, („Die Anordnung von Kurzarbeit ist zulässig.") wird dabei zu Recht abgelehnt, weil der Arbeitgeber sonst den zwingenden Bestandsschutz durch einseitige Absenkung der Arbeitszeit aushebeln könnte.[34] Umstritten ist, ob es sich bei Kurzarbeitsregelungen um Inhaltsnormen oder Betriebsnormen handelt.[35] Freilich handelt es sich um Arbeitszeitregelungen, die grundsätzlich zu den Inhaltsnormen zu zählen sind (→ § 240 Rn. 147).

---

[20] BAG 3.12.1985 – 4 AZR 325/84, NZA 1986, 366; *Löwisch/Rieble* § 1 Rn. 306; Wiedemann/*Thüsing* § 1 Rn. 480.
[21] Wiedemann/*Thüsing* § 1 Rn. 479.
[22] BAG 18.9.1986 – 6 AZR 517/83, AP BGB § 611 Lohnrückzahlung Nr. 5 = NZA 1987, 380.
[23] Wiedemann/*Thüsing* § 1 Rn. 491.
[24] *Löwisch/Rieble* § 1 Rn. 308.
[25] Dazu ausführlich *Löwisch/Rieble* § 1 Rn. 289 ff.; 483 ff.; 1869 ff. (Arbeitszeitkonten); 2200 ff. (Gleitzeit); HMB/*Natzel* Teil 5 (5); HMB/*Ulber* Teil 5 (13); Thüsing/Braun/*Thüsing* 5. Kap. 80 Arbeitszeit; Thüsing/Braun/*Mengel/Burg* 5. Kap. 270 Kurzarbeit; NK-TVG/*Heuschmid* § 1 Rn. 578 ff.
[26] Wiedemann/*Thüsing* § 1 Rn. 414: „tarifvertragliches Urgestein".
[27] HMB/*Natzel* Teil 5 (5) Rn. 9; aA Wiedemann/*Thüsing* § 1 Rn. 433 ff.; insbes. 442 ff.
[28] *Löwisch/Rieble* § 1 Rn. 290.
[29] Siehe auch Thüsing/Braun/*Thüsing* 5. Kap. Arbeitszeit Rn. 5.
[30] Dazu HMB/*Natzel* Teil 5 (5) Rn. 7.
[31] Dazu Thüsing/Braun/*Mengel/Burg* 5. Kap. Kurzarbeit 270 Rn. 4 ff.
[32] Dazu HMB/*Ulrici* Teil 5 (13) Rn. 9.
[33] Wiedemann/*Thüsing* § 1 Rn. 467; zu den Voraussetzungen siehe auch NK-TVG/*Heuschmid* § 1 Rn. 644.
[34] BAG 18.10.1994 – 1 AZR 503/93, AP BGB § 615 Kurzarbeit Nr. 11 = NZA 1995, 1064; BAG 27.1.1994 – 6 AZR 541/93, AP BAT-O § 15 Nr. 1 = NZA 1995, 134; Wiedemann/*Thüsing* § 1 Rn. 468; Thüsing/Braun/*Mengel/Burg* 5. Kap. 270 Kurzarbeit Rn. 3.
[35] Offen BAG 1.8.2001 – 4 AZR 388/99, AP TVG § 3 Betriebsnormen Nr. 5; NK-TVG/*Nebe* § 1 Rn. 353: Inhalts- und Betriebsnorm; *Säcker/Oetker* ZfA 1991, 131 (141 ff.); Wiedemann/*Thüsing* Rn. 747; Rn. 47; offen ErfK/*Franzen* TVG § 1 Rn. 69; siehe dazu auch HMB/*Ulber* Teil 5 (13) Rn. 8.

Die Lage der Arbeitszeit kann der Tarifvertrag, etwa in **Schichtsystemen,** ebenfalls vor- 17
geben. Dabei handelt es sich freilich regelmäßig um Betriebsnormen (→ § 240 Rn. 14).[36]

3. Urlaub

Der Tarifvertrag kann auch über den gesetzlichen Anspruch auf Erholungsurlaub nach 18
dem BurlG hinausgehende Urlaubsansprüche regeln.[37] Sie sind hier weitgehend frei und
können den Umfang, die Voraussetzungen der Gewährung, das zu zahlende Entgelt oder
Urlaubsgeld und deren Rückzahlung regeln.[38] Haben die Tarifvertragsparteien nichts anderes vereinbart, so ist nach der herrschenden Meinung für die Geltendmachung des Anspruches auf das BurlG zu verweisen.[39] Ob dies auch nach der Einschränkung der Rechtsprechung zum Verfall des Urlaubsanspruches[40] aufrechterhalten werden kann, ist freilich
fraglich.

Darüber hinaus kann der Tarifvertrag auch wegen § 13 Abs. 1 BurlG auf die Vorausset- 19
zungen der Geltendmachung des gesetzlichen Anspruches auf Erholungsurlaub zugreifen,
eine entsprechende Bezugnahme im Arbeitsvertrag ermöglicht es, an der tarifdispositiven
Wirkung auch im nicht tarifgebundenen Arbeitsverhältnis teilzunehmen. Auch Regelungen über die Lage des Urlaubs für die einzelnen Mitarbeiter im Rahmen etwa eines tariflichen Urlaubsplanes sind praktisch, allerdings handelt es sich hier wegen des Belegschaftsbezugs um Betriebsnormen.[41] Ebenso kann der Tarifvertrag die Grundlagen der
Berechnung des Urlaubsentgelts nach § 11 BurlG regeln – etwa durch die Ersetzung des
Referenz- durch das Lohnausfallprinzip.[42] Allerdings kann der Tarifvertrag nicht über die
in der RL 2003/88 grundgelegten Gewährleistungen, die durch das BUrlG vermittelt
werden, hinausgehen.[43] Der Urlaubsabgeltungsanspruch wird als Entgeltanspruch regelmäßig auch von tariflichen Ausschlussfristen erfasst.[44]

Auf den Anspruch gesetzlichen Erholungsurlaubs selbst haben die Tarifvertragsparteien 20
keinen Zugriff – so kann der Tarifvertrag keine Kürzung des gesetzlichen Anspruchs vorsehen[45] und auch keine zusätzlichen Voraussetzungen aufstellen.[46] Das gilt auch für den
gesetzlich vorgesehenen Mehrurlaub für schwerbehinderte Arbeitnehmer nach § 208
SGB IX.[47]

4. Entgeltfortzahlung

Das Recht der Entgeltfortzahlung[48] im **Krankheitsfall** kann nach der Maßgabe des § 4 21
Abs. 4 EFZG modifiziert werden. Danach hat der Tarifvertrag Zugriff auf die Berechnungsgrundlage und die Berechnungsmethode der Entgeltfortzahlung nach dem EFZG.[49]

---

[36] *Löwisch/Rieble* § 1 Rn. 298.
[37] Dazu ausführlich NK-TVG/*Heuschmid* § 1 Rn. 693 ff.; HMB/*Natzel* Teil 5 (22); Thüsing/Braun/*Thüsing* 5. Kap. 440 Urlaub; *Löwisch/Rieble* § 1 Rn. 2404 ff.
[38] BAG 10.12.2013 – 9 AZR 279/12, AP BUrlG § 11 Nr. 71; *Löwisch/Rieble* § 1 Rn. 2409.
[39] BAG 12.11.2013 – 9 AZR 551/12, AP BUrlG § 7 Nr. 71 = NZA 2014, 383; Wiedemann/*Thüsing* § 1 Rn. 554; siehe auch HMB/*Natzel* Teil 5 (22) Rn. 4.
[40] Siehe hier grundlegend EuGH 20.1.2009 – C-350/06, AP Richtlinie 2003/88/EG Nr. 1 = NZA 2009, 135; siehe auch EuGH 29.11.2017 – C-214/16, AP Richtlinie 2003/88/EG Nr. 23 = NZA 2017, 1591; BAG 24.3.2009 – 9 AZR 983/07, NZA 2009, 538.
[41] *Löwisch/Rieble* § 1 Rn. 301.
[42] BAG 12.1.1989 – 8 AZR 404/87, AP BAT § 47 Nr. 13 = NZA 1989, 758; BAG 19.9.1985 – 6 AZR 460/83, AP BUrlG § 13 Nr. 21 = NZA 1986, 471.
[43] Siehe dazu Thüsing/Braun/*Thüsing* 5. Kap. 440 Urlaub Rn. 6; *Löwisch/Rieble* § 1 Rn. 2408.
[44] BAG 21.2.2012 – 9 AZR 486/10, AP BUrlG § 7 Abgeltung Nr. 94 = NZA 2012, 750; HMB/*Natzel* teil 5 (22) Rn. 6.
[45] BAG 7.8.2012 – 9 AZR 353/10, AP BUrlG § 7 Nr. 61 = NZA 2012, 216.
[46] BAG 7.8.2012 – 9 AZR 353/10, AP BUrlG § 7 Nr. 61 = NZA 2012, 216; BAG 8.3.1984 – 6 AZR 442/83, AP BUrlG § 13 Nr. 15 = NZA 1984, 160; Siehe *Löwisch/Rieble* § 1 Rn. 2407.
[47] BAG 8.3.1994 – 9 AZR 49/93, AP SchwbG 1986 § 47 Nr. 5.
[48] *Löwisch/Rieble* § 1 Rn. 2174; NK-TVG/*Winter/Zimmer* § 1 Rn. 573 f.; HMB/*Steffan* Teil 5 (12); Thüsing/Braun/*Thüsing* 5. Kap. 200 Entgeltfortzahlung Rn. 2 ff.
[49] Wiedemann/*Thüsing* § 1 Rn. 552; *Löwisch/Rieble* § 1 Rn. 2175; HMB/*Steffan* Teil 5 (12) Rn. 4 ff.

Von den Voraussetzungen und dem Umfang der Entgeltfortzahlung im Krankheitsfall kann der Tarifvertrag nicht abweichen.[50]

22 Der die **unverschuldete persönliche Verhinderung** des Arbeitnehmers regelnde § 616 BGB ist dispositiv,[51] weshalb Tarifverträge regelmäßig Fallgruppen festschreiben, die zum vergütungspflichtigen Entfall der Arbeitspflicht führen.[52] Die tarifliche Regelung kann dabei die Fälle der relevanten persönlichen Arbeitsverhinderung abschließend festlegen, dann ist für den Arbeitnehmer kein Rückgriff auf § 616 BGB mehr möglich.[53] Ob dies der Fall ist, ist durch Auslegung zu ermitteln.[54]

23 Auch **§ 615 BGB ist dispositiv,**[55] so dass der Tarifvertrag Abweichungen vorsehen kann. So kann der Tarifvertrag den Arbeitnehmer zur Nacharbeit verpflichten.[56] Die entsprechenden Regelungen müssen klar und eindeutig sein. Allerdings darf der Tarifvertrag das Wirtschafts- und Betriebsrisiko nicht umfassend auf den Arbeitnehmer übertragen, Art. 12 Abs. 1 GG.[57] Wo freilich die Grenzen liegen, ist weitgehend ungeklärt.

5. Nebenpflichten

24 Der Tarifvertrag kann auch die Nebenpflichten des Arbeitsverhältnisses regeln und so etwa Aufklärungspflichten, Schutzpflichten oder Aufwendungsersatz näher konkretisieren.[58]

6. Weisungsrecht, Leistungsbestimmungsrechte

25 Nach § 106 S. 1 GewO begrenzt der Tarifvertrag die Reichweite des Weisungsrechtes des Arbeitgebers, das von Gesetzes wegen nur eingeschränkt, aber nicht ausgedehnt werden kann.[59] Deshalb konkretisieren Tarifverträge dieses Weisungsrecht. So kann der Tarifvertrag Vorgaben zur Lage der Arbeitszeit machen oder auch zur Reichweite eines Versetzungsrechts.[60]

26 Der Tarifvertrag kann auch jenseits des Weisungsrechts des Arbeitgebers nach § 106 S. 1 GewO, der sich „lediglich" auf Inhalt, Ort und Zeit der Arbeitsleistung bezieht, weitere **Bestimmungs- und Leistungsbestimmungsrechte** festlegen.[61] Dabei können der Arbeitgeber, der Arbeitnehmer, aber auch Dritte weisungsberechtigt sein (siehe dazu auch → § 237 Rn. 15). So können etwa Leistungsinhalte oder Bewertungen einseitig im Rahmen der Vorgaben des Tarifvertrags festgelegt werden, etwa, ob ein Arbeitnehmer besondere Leistungen für eine Leistungszulage erbracht hat.[62] Hat der Tarif-

---

[50] BAG 10.12.2013 – 9 AZR 279/12, AP BUrlG § 11 Nr. 71; BAG 18.11.2009 – 5 AZR 975/08, AP EntgeltFG § 4 Nr. 70; BAG 24.3.2004 – 5 AZR 346/03, AP EntgeltFG § 4 Nr. 66; Thüsing/Braun/*Thüsing* 5. Kap. 200 Entgeltfortzahlung Rn. 4.
[51] BAG 18.1.2001 – 6 AZR 492/99, AP BAT § 52 Nr. 8 = NZA 2002, 47; BAG 8.12.1982 – 4 AZR 134/80, AP BGB § 616 Nr. 58 = DB 1983, 395.
[52] Dazu ausführlich Thüsing/Braun/*Thüsing* 5. Kap 70 Arbeitsverhinderung/Arbeitsbefreiung; NK-TVG/*Heuschmid* § 1 Rn. 575; HMB/Steffan Teil 5 (4).
[53] BAG 5.8.2014 – 9 AZR 878/12, AP TVöD § 29 Nr. 3 = öAT 2014, 251; BAG 4.9.1985 – 7 AZR 249/83, AP BMTG II § 29 Nr. 1 = NZA 1986, 784; BAG 25.8.1982 – 4 AZR 1064/79, AP BGB § 616 Nr. 55 = DB 1982, 2574; ErfK/*Franzen* TVG § 1 Rn. 58; *Löwisch/Rieble* § 1 Rn. 2178.
[54] Thüsing/Braun/*Thüsing* 5. Kap. 70 Arbeitsverhinderung/Arbeitsbefreiung Rn. 4.
[55] BAG 5.9.2002 – 8 AZR 702/01, AP BGB 2002 § 280 Nr. 1 = NZA 2003, 973.
[56] Thüsing/Braun/Straube 5. Kap. 50 Annahmeverzug Rn. 3.
[57] *Löwisch/Rieble* § 1 Rn. 2181.
[58] Dazu etwa Thüsing/Braun/*Thüsing* 5. Kap. 90 Aufwendungsersatz.
[59] Ausführlich HMB/Steffan Teil 5 (9); Thüsing/Braun/*Thüsing* 5. Kap. 180 Direktionsrechtserweiterung; Wiedemann/*Thüsing* § 1 Rn. 567.
[60] HMB/*Steffan* Teil 5 (9) Rn. 4.
[61] BAG 5.8.1999 – 6 AZR 22/98, AP TVG § 1 Tarifverträge: Deutsche Bahn Nr. 3 = NZA 200, 320; BAG 8.9.1994 – 6 AZR 254/94, AP TVG § 4 Bestimmungsrecht Nr. 5 = NZA 1995, 1006; BAG 28.11.1984 – 5 AZR 123/83, AP TVG § 4 Bestimmungsrecht Nr. 1; ausführlich *Löwisch/Rieble* § 1 Rn. 2286 ff.; siehe auch ErfK/*Franzen* TVG § 1 Rn. 70.
[62] BAG 12.8.1981 – 4 AZR 76/79, AP TVG § 1 Tarifverträge: Bundesbahn Nr. 3; dazu *Löwisch/Rieble* § 1 Rn. 2297.

II. Inhalt des Arbeitsverhältnisses   27–29 § 239

vertrag selbst keine Vorgaben für die Ausübung des Bestimmungsrechts gemacht, gelten die §§ 315 ff. BGB.[63]

7. Ausschlussfristen
Tarifliche Ausschlussfristen[64] dienen der Rechtssicherheit und der schnellen Klärung 27 rechtlicher Streitigkeiten und sollen so Rechtsfrieden schaffen.[65] Sie führen nach Ablauf zum Erlöschen des erfassten Anspruches.[66] Tarifliche Ausschlussfristen spielen in der Praxis eine große Rolle, weil die Möglichkeit einer arbeitsvertraglichen Vereinbarung durch die recht rigiden Vorgaben der richterlichen AGB-Kontrolle stark eingeschränkt ist.[67] Für tarifliche Rechte sind Ausschlussfristen wegen des Verlustschutzes nach § 4 Abs. 4 TVG ohnehin nur tariflich regelbar (→ § 254 Rn. 38 ff.).

Die Rechtsprechung lässt tarifliche Ausschlussfristen in weitem Umfang zu.[68] 28 Sie müssen sich an Art. 3 Abs. 1 GG messen lassen und dürfen so nicht willkürlich sein.[69] So kann etwa festgelegt werden, welche Ansprüche Ausschlussfristen umfassen sollen, wie die Geltendmachung der Ansprüche erfolgen soll und ob die Ausschlussfrist Arbeitnehmer und Arbeitgeber betreffen sollen. Der Tarifvertrag kann Ausschlussfristen auch nur für die Ansprüche des Arbeitnehmers vorsehen.[70] Eine absolute zeitliche Grenze gibt es nicht, extrem kurz darf die Ausschlussfrist aber auch im Tarifvertrag nicht sein.[71] Sehr punktuell sieht § 9 S. 3 AEntG für Ausschlussklauseln rigidere Vorgaben vor:[72] Für Entgeltansprüche aufgrund einer RVO nach § 8 AEntG muss eine Ausschlussfrist zum einen in einem Tarifvertrag nach §§ 3, 4–6 AEntG oder dem Tarifvertrag, der der RVO nach § 7 AEntG zugrunde liegt, vorgesehen sein und muss mindestens 6 Wochen dauern. Regelmäßig bemessen sich Ausschlussfristen im Zeitraum von **zwei bis sechs Monaten** und sind als zweistufige Frist, zunächst Geltendmachung gegenüber dem Schuldner, darauffolgend die gerichtliche Geltendmachung, vereinbart.[73]

Welche Ansprüche tarifliche Ausschlussfristen erfassen, ist zunächst durch Ausle- 29 gung zu ermitteln. Eine tarifliche Ausschlussfrist kann nicht nur tarifliche Rechte umfassen, sondern auch durch Arbeitsvertrag begründete und gesetzliche.[74] Insgesamt ist die Rechtsprechung sehr weitgehend, und lässt auch Ausschlussfristen für unabdingbare gesetzliche Ansprüche zu.[75] Eine Grenze setzt § 1 Abs. 1 MiLoG: Auch die tarifliche Ausschlussfrist führt wegen des eindeutigen Wortlauts der Vorschrift nicht zum Erlöschen des Anspruches aus § 1 Abs. 1 MiLoG. Enthält die tarifliche Ausschlussklausel keine entsprechende Ausnahme, führt dies aber nicht zu deren Unwirksamkeit, sie kann lediglich den Mindestlohnanspruch nicht erfassen.[76]

---

[63] Löwisch/Rieble § 1 Rn. 2301; HMB/Steffan Teil 5 (9) Rn. 13; Thüsing/Braun/Thüsing 5. Kap. Direktionsrechtserweiterung Rn. 9.
[64] Ausführlich HMB/Steffan Teil 5 (23); Löwisch/Rieble § 1 Rn. 1877; Thüsing/Braun/Mengel/Burg 5. Kap. 110 Ausschlussklauseln.
[65] BAG 13.12.2007 – 6 AZR 222/07, AP BGB § 242 Unzulässige Rechtsausübung – Verwirkung Nr. 53 = NZA 2008, 478; BAG 25.5.2005 – 5 AZR 572/04, AP BGB § 310 Nr. 1 = NZA 2005, 1111; Thüsing/Braun/Mengel/Burg 5. Kap. Ausschlussklauseln Rn. 3; Löwisch/Rieble § 1 Rn. 1877 f.
[66] Löwisch/Rieble § 1 Rn. 2078; HWK/Henssler TVG § 4 Rn. 73.
[67] Siehe dazu CKK/Klumpp § 307 Rn. 112 ff.
[68] BAG 13.12.2007 – 6 AZR 222/07, AP BGB § 242 Unzulässige Rechtsausübung – Verwirkung Nr. 53 = NZA 2008, 478; BAG 19.1.1999 – 9 AZR 405/97, AP BAT-O § 70 Nr. 1 = NZA 1999, 1040.
[69] Löwisch/Rieble § 1 Rn. 1884.
[70] Thüsing/Braun/Mengel/Burg 5. Kap. Ausschlussklauseln Rn. 4; Löwisch/Rieble § 1 Rn. 1919.
[71] BAG 22.9.1999 – 10 AZR 839/98, AP TVG § 1 Tarifverträge: Bau Nr. 226 = NZA 2000, 551; Löwisch/Rieble § 1 Rn. 1886; HMB/Steffan Teil 5 (23) RN. 18; ErfK/Franzen TVG § 1 Rn. 48.
[72] Löwisch/Rieble § 1 Rn. 1884.
[73] BAG 18.9.2012 – 9 AZR 1/11, AP § 7 BUrlG Abgeltung Nr. 96 = NZA 2013, 216; dazu BAG 27.2.2002 – 9 AZR 543/00, AP TVG § 4 Ausschlussfristen Nr. 162 = DB 2002, 1720.
[74] Löwisch/Rieble § 1 Rn. 1895 ff.; siehe die ausführliche Darstellung dort auch in den Rn. 1922 ff.
[75] BAG 13.3.2013 – 5 AZR 954/11, AP AÜG § 10 Nr. 31 = NZA 2013, 680.
[76] Löwisch/Rieble § 1 Rn. 1911.

30 Die **Geltendmachung von Ansprüchen** ist rechtsgeschäftliche Handlung, die Regelungen über Willenserklärungen sind grundsätzlich entsprechend anwendbar. Das sah das BAG allerdings für § 174 BGB nicht so, sodass der Arbeitgeber einen Vertreter des Arbeitnehmers nicht entsprechend zurückweisen kann.[77] Das widerspricht der Rechtsprechung des BGH zu einer parallelen Problematik[78] und wird deshalb auch stark kritisiert.[79] In welcher Form die Ansprüche geltend zu machen sind, legt der Tarifvertrag fest.[80]

8. Regelung der nachvertraglichen Pflichten

31 Der Tarifvertrag kann auch die nachvertraglichen Pflichten von Arbeitgeber und Arbeitnehmer, die im Zusammenhang mit dem Arbeitsverhältnis stehen, regeln. Das gelingt etwa durch Konturierung der Rückgabeansprüche und der sonstigen Abwicklungsmodalitäten.

32 Nachvertragliche tarifliche Wettbewerbsverbote[81] sind im Grunde wegen § 74a Abs. 1 S. 1 HGB praktisch nicht möglich – weil hier stets eine Einzelfallbetrachtung erfolgen muss. Allerdings können die Tarifvertragsparteien ein nachvertragliches Wettbewerbsverbot ganz ausschließen – durch entsprechende negative Regelung.[82] Sie können auch arbeitnehmerschützend die Karenzentschädigung nach § 74 Abs. 2 HGB erhöhen.[83]

III. Abschlussnormen

33 Abschlussnormen zielen auf das Zustandekommen von Arbeitsverträgen als Grundlage für ein Arbeitsverhältnis und so entweder auf seine erstmalige Begründung oder seine Wiederbegründung.[84] Dabei regeln Abschlussnormen nicht nur das Zustandekommen des Vertrages als solches, etwa durch Begründung eines Anspruches auf Abschluss eines Arbeitsvertrages, sondern auch dessen weitere Voraussetzungen, wie etwa Formgebote.[85] Sie ergreifen damit letztlich das vorvertragliche Stadium des Arbeitsverhältnisses.[86]

1. Abschlussgebote

34 Abschlussgebote verpflichten den Arbeitgeber, einen Arbeitsvertrag mit einem Bewerber zu schließen. Dabei sind solche Abschlussgebote nicht nur auf den ersten Abschluss eines Arbeitsvertrages gerichtet, sondern regelmäßig auch auf die Wiedereinstellung eines zuvor ausgeschiedenen Arbeitnehmers.[87] Praktisch werden Abschlussgebote etwa im Bereich der Übernahmeverpflichtung eines Auszubildenden in das Arbeitsverhältnis nach erfolgreicher Ausbildung, für die Entfristung von Arbeitsverhältnissen oder für Wiedereinstellung nach erfolgter Sanierung oder jenseits des durch die Rechtsprechung entwickelten Wiedereinstellungsanspruch[88] bei enttäuschter Arbeitgeberprognose nach einer Kündigung.[89] Früher spielten sie auch eine Rolle für einen Wiedereinstellungsanspruch bei einem lösenden Ar-

---

[77] BAG 10.1.2007 – 5 AZR 665/06, AP BGB § 179 Nr. 3 = NZA 2007, 679.
[78] BGH 170.10.2000 – X ZR 97799, NZA 2001, 289.
[79] *Löwisch/Rieble* § 1 Rn. 2034.
[80] Thüsing/Braun/*Mengel/Burg* 5. Kap. Rn. 12; *Löwisch/Rieble* § 1 Rn. 2037 ff.
[81] Dazu ausführlich *Löwisch/Rieble* § 1 Rn. 2445; Thüsing/Braun/*Mengel/Burg* 5. Kap. 470 Wettbewerbsverbote.
[82] *Löwisch/Rieble* § 1 Rn. 2445.
[83] Thüsing/Braun/*Thüsing* 5. Kap. 470 Wettbewerbsverbote Rn. 4.
[84] *Löwisch/Rieble* § 1 Rn. 326 sehr klar in der Abgrenzung Arbeitsvertrag und Arbeitsverhältnis; ErfK/*Franzen* TVG § 1 Rn. 43; HWK/*Henssler* TVG § 1 Rn. 47; Wiedemann/*Thüsing* § 1 Rn. 601.
[85] BeckOK ArbR/Waas TVG § 1 Rn. 90.
[86] Thüsing/Braun/*Wißmann* 4. Kap. Rn. 70; NK-TVG/*Nebe* § 1 Rn. 312; Wiedemann/*Thüsing* § 1 Rn. 603 vergleicht ihre Wirkung mit der von Betriebsnormen, weil sie unabhängig vom bestehenden Arbeitsverhältnis seien.
[87] JKOS/*Krause* § 4 Rn. 28; *Löwisch/Rieble* § 1 Rn. 356; siehe ausführlich *Löwisch/Rieble* § 1 Rn. 2452; Thüsing/Braun/Mengel/Burg 5. Kap. 480 Wiedereinstellung; HMB/*Hexel/Bork* Teil 5 (24).
[88] Siehe BAG 19.10.2017 – 8 AZR 845/15, AP KSchG 1969 § 1 Wiedereinstellung Nr. 16 = NZA 2018, 436.
[89] HMB/*Hexel* Teil 4 Rn. 50; Wiedemann/*Thüsing* § 1 Rn. 608.

beitskampf (→ § 265 Rn. 14).[90] Das Abschlussgebot führt zu einem Anspruch des Bewerbers auf Abschluss eines Arbeitsvertrages, der mit einem entsprechenden Kontrahierungszwang des Arbeitgebers korreliert.[91] Der Tarifvertrag kann selbst keine Arbeitsverhältnisse „schaffen".[92] Der Arbeitnehmer hat dafür dem Arbeitgeber ein Angebot zu unterbreiten, das dieser dann annehmen muss.[93] Der einzelne Arbeitnehmer kann dagegen aus Gründen der Arbeitsvertragsfreiheit keinem Abschlusszwang unterliegen.[94]

Unter die Gruppe der Abschlussgebote werden auch **Besetzungsregelungen** gefasst, die etwa eine Quote bestimmter Personengruppen im Betrieb und so die Personalstruktur festschreiben, etwa für Schwerbehinderte. Hier handelt es sich aber regelmäßig um Betriebsnormen,[95] die keinen individuellen Anspruch begründen (zu ihnen → § 240 Rn. 13).

Der sich aus dem Abschlussgebot ergebende **Kontrahierungszwang** ist grundrechtssensibel,[96] weil der Arbeitgeber in seiner Arbeitsvertragsfreiheit und Unternehmerfreiheit eingeschränkt wird. Das wird grundsätzlich für unproblematisch gehalten.[97] Der Kontrahierungszwang als solcher kann tariflich durchaus begründet werden, sonst wären auch tarifliche Vorgaben für die Übernahme von Auszubildenden und die Entfristung nicht möglich, allerdings sind der Tarifmacht hier Grenzen gezogen: Der Tarifvertrag kann den Arbeitgeber nicht zur Schaffung von Arbeitsplätzen qua Abschlussgebot verpflichten.[98] Schon gar nicht kann der Tarifvertrag losgelöst von der rechtsgeschäftlichen Umsetzung ein Arbeitsverhältnis aus sich heraus schaffen.[99]

Letztlich ist für die Rechtfertigung ein sachlicher Zusammenhang mit einem früheren Ausbildungs- oder Arbeitsverhältnis zu fordern, weil der Arbeitgeber hier bereits eine freie Entscheidung zum Vertragsschluss gefällt hat:[100] Jeder davon losgelöste Kontrahierungszwang führte zu einer unverhältnismäßigen Einschränkung der Arbeitsvertragsfreiheit des Arbeitgebers und daneben zu einer closed-shop-Wirkung, weil der nichtorganisierte Bewerber sich auf einen Anspruch nicht berufen könnte.[101] Das betrifft auch Übernahmeansprüche von Leiharbeitnehmern im Entleiherbetrieb.[102] Das wird anders gesehen, und so im Rahmen der Bestimmbarkeit des begünstigten Personenkreises auch Abschlussgebote, die Personen betreffen, die noch nicht in einem Ausbildungs- oder Arbeitsverhältnis zum Arbeitgeber standen, ermöglicht.[103] Deshalb werden Abschlussgebote für möglich gehalten, wenn der Arbeitgeber einen Arbeitsplatz auch frei lassen kann, der privilegierte Personenkreis bestimmbar ist und es dem Arbeitgeber nicht verwehrt wird, qualifiziertes Personal einzustellen.[104]

Ist der grundsätzlich von einem Abschlussgebot erfasste Personenkreis größer als die zu besetzenden Arbeitsplätze, kann der Tarifvertrag selbst **Auswahlkriterien** festlegen, an den allgemeinen Gleichheitssatz gebunden, nicht aber an die Kriterien der Sozialauswahl

---

[90] Wiedemann/*Thüsing* § 1 Rn. 606; Thüsing/Braun/*Mengel/Burg* 5. Kap. 480 Wiedereinstellung Rn. 2.
[91] JKOS/*Krause* § 4 Rn. 31.
[92] NK-TVG/*Deinert* § 4 Rn. 539.
[93] Löwisch/*Rieble* § 1 Rn. 375.
[94] HMB/*Hexel* Teil 4 Rn. 48; Wiedemann/*Thüsing* § 1 Rn. 604; NK-TVG/*Nebe* § 1 Rn. 326.
[95] Wiedemann/*Thüsing* § 1 Rn. 604; 613.
[96] Thüsing/Braun/*Wißmann* 4. Kap. Rn. 72.
[97] Thüsing/Braun/*Wißmann* 4. Kap. Rn. 72 f.; Wiedemann/*Thüsing* § 1 Rn. 610.
[98] ErfK/*Franzen* TVG § 1 Rn. 43; JKOS/*Krause* § 4 Rn. 30; Löwisch/*Rieble* § 1 Rn. 359; HWK/*Henssler* TVG § 1 Rn. 47.
[99] ErfK/*Franzen* TVG § 1 Rn. 43.
[100] Löwisch/*Rieble* § 1 Rn. 367; siehe auch HMB/*Hexel* Teil 4 Rn. 53; wohl auch HWK/*Henssler* TVG § 1 Rn. 47.
[101] Löwisch/*Rieble* § 1 Rn. 367.
[102] Löwisch/*Rieble* § 1 Rn. 372.
[103] JKOS/*Krause* § 4 Rn. 29; NK-TVG/*Heuschmid/Klein* § 1 RN. 1112; wohl auch Wiedemann/*Thüsing* § 1 Rn. 610.
[104] Wiedemann/*Thüsing* § 1 Rn. 610.

nach § 1 Abs. 3 KSchG.¹⁰⁵ Der Arbeitgeber hat die Auswahl nach billigem Ermessen vorzunehmen, § 315 Abs. 1 BGB.¹⁰⁶ Eine Beschränkung auf Gewerkschaftsmitglieder ist auch hier nicht möglich.¹⁰⁷

39 Abschlussgebote können auch die weiteren Voraussetzungen des (Wieder-)Einstellungsanspruches regeln und für dessen Geltendmachung etwa Fristen vorsehen oder ihn an Bedingungen knüpfen, wie etwa durch eine Verknüpfung mit der wirtschaftlichen Situation des Arbeitgebers.¹⁰⁸

40 Besteht kein **Anküpfungstatbestand,** kann der Tarifvertrag über Abschlussgebote keinen Kontrahierungszwang mit entsprechendem Anspruch des Arbeitnehmers begründen, sondern lediglich Betriebsnormen setzen.¹⁰⁹ Das betrifft auch die Übernahmepflicht von Leiharbeitnehmern.¹¹⁰

41 Abschlussgebote aus Gründen der Arbeitsmarktpolitik oder sonstiger allgemeiner Anliegen können nicht Inhalt des Tarifvertrags sein und deshalb keinen Kontrahierungszwang rechtfertigen. Hier ist nur eine bloße schuldrechtliche Kollektivvereinbarung möglich (→ § 264 Rn. 1 ff.).

2. Formgebote

42 Oftmals sehen Tarifverträge für den Abschluss des Arbeitsvertrages auch Formgebote, regelmäßig die Schriftform, vor.¹¹¹ Das kann Dokumentationszwecken, aber auch dem Übereilungsschutz dienen und so die klassischen Formzwecke aufnehmen.¹¹² Wird freilich im Tarifvertrag für den Abschluss des Arbeitsvertrages die Schriftform gefordert, so wird die Auslegung regelmäßig ergeben, dass damit kein konstitutives Formerfordernis aufgestellt werden soll, sodass der formwidrige Vertragsschluss nicht an § 125 BGB scheitert (→ § 234 Rn. 53 ff.),¹¹³ sondern lediglich ein deklaratorisches, weil der Tarifvertrag dem Arbeitnehmer dadurch regelmäßig nicht das gesamte Arbeitsverhältnis entziehen will:¹¹⁴ Der Formverstoß kann dann keine das Rechtsgeschäft vernichtende Wirkung haben, sondern hat Dokumentations- und Informationsfunktion¹¹⁵ – und unterstützt damit die gesetzliche Nachweispflicht. Konstitutive Formgebote kommen deshalb eher dort vor, wo sie nicht den Bestand des Arbeitsverhältnisses betreffen, wie etwa im Formgebot über Nebenabreden nach § 2 Abs. 3 TVöD/TV-L.¹¹⁶ Ein Verstoß gegen diese Formvorgaben führt aber nur isoliert zur Nichtigkeit der Nebenabrede, nicht zur Nichtigkeit des Arbeitsvertrages.¹¹⁷ Solche tariflichen Formgebote dienen der Verhinderung einer betrieblichen Übung.¹¹⁸

---

¹⁰⁵ JKOS/*Krause* § 4 Rn. 30; Thüsing/Braun/*Mengel/Burg* 5. Kap. 480 Wiedereinstellung Rn. 4.
¹⁰⁶ *Löwisch/Rieble* § 1 Rn. 360; 2457; Thüsing/Braun/*Mengel/Burg* 5. Kap. 480 Wiedereinstellung Rn. 4; Wiedemann/*Thüsing* § 1 Rn. 615.
¹⁰⁷ JKOS/*Krause* § 4 Rn. 30.
¹⁰⁸ HMB/*Hexel/Bork* Teil 5 (124) Rn. 3f.
¹⁰⁹ LAG BW 18.6.2015 – 6 Sa 52/14; BAG 12.7.2016 – 9 AZR 359/15, BeckRS 2016, 74834.
¹¹⁰ *Löwisch/Rieble* § 1 Rn. 372.
¹¹¹ Siehe dazu allgemein *Löwisch/Rieble* § 1 Rn. 2191 ff.; Thüsing/Braun/*Thüsing* 5. Kap. 220 Formvorschriften.
¹¹² *Löwisch/Rieble* § 1 Rn. 333.
¹¹³ Siehe dazu BAG 15.11.1957 – 1 AZR 189/57, BAGE 5, 58, AP BGB § 125 Nr. 2 = NJW 1958, 397; BAG 7.7.1955 – 2 AZR 27/53, BAGE 2, 58, AP AOG § 32 Tarifordnung Nr. 1 = BB 55, 669.
¹¹⁴ BAG 27.3.2003 – 2 AZR 173/02, AP BMT-G II § 54 Nr. 4 = NZA 2003, 1055; BAG 24.6.1981 – 7 AZR 198/79, AP TVG § 4 Formvorschriften Nr. 2 = DB 1982, 1576; HMB/*Hexel* Teil 4 Rn. 44; Thüsing/Braun/*Wißmann* 4. Kap. Rn. 76; BeckOK ArbR/*Waas* § 1 Rn. 92; JKOS/*Krause* § 4 Rn. 37; NK-TVG/*Nebe* § 1 Rn. 335; *Löwisch/Rieble* § 1 Rn. 335; Wiedemann/*Thüsing* § 1 Rn. 580.
¹¹⁵ JKOS/*Krause* § 4 Rn. 37.
¹¹⁶ HMB/*Hexel* Teil 4 Rn. 45; Wiedemann/*Thüsing* § 1 Rn. 581.
¹¹⁷ JKOS/*Krause* § 4 Rn. 38.
¹¹⁸ *Löwisch/Rieble* § 1 Rn. 337 ff.

3. Abschlussverbote

Abschlussverbote richten sich gegen den Arbeitsvertragsschluss, sie gehen damit erheblich **43** weiter als bloße Beschäftigungsverbote, die nur die tatsächliche Beschäftigung verbieten, und auch weiter als negative Inhaltsnormen für bestimmte Vertragsinhalte: Sie greifen den Arbeitsvertrag als rechtsgeschäftliche Grundlage des Arbeitsverhältnisses an.[119] Bei Verstoß gegen ein Abschlussverbot ist der Arbeitsvertrag nach § 134 BGB nichtig,[120] ein dennoch vollzogenes Arbeitsverhältnis ist faktisches Arbeitsverhältnis.[121] Deshalb ist stets auszulegen, ob der Tarifvertrag den Arbeitsvertrag als solchen verhindern will, oder aber (lediglich) die Beschäftigung.

Dabei kann das Abschlussverbot aus Gründen des Gesundheitsschutzes etwa auch Ne- **44** bentätigkeiten untersagen, allerdings setzt das voraus, dass der Arbeitgeber des Nebenarbeitsverhältnisses ebenfalls tarifgebunden ist.[122] Auch hier muss aber das Nebentätigkeitsverbot aus Gründen des Gesundheitsschutzes verhältnismäßig sein.

Der Eingriff in die Arbeitsvertragsfreiheit ist dabei offensichtlich, er kann nur dann ge- **45** rechtfertigt werden, wenn das Ziel des Abschlussverbotes der Gesundheitsschutz, etwa durch Schutz Jugendlicher oder Älterer vor Überforderung, ist.[123] Allerdings muss das Abschlussverbot stets verhältnismäßig sein, sodass es auch in diesen Fällen nur selten gerechtfertigt sein dürfte, sondern ein bloßes Beschäftigungsverbot ausreichend ist.[124] Mit dieser richtigen Vorgabe ist die Möglichkeit eines tariflichen Abschlussverbotes aber sehr eingeschränkt, weil es nur solche Fälle erfassen kann, bei denen das Vorenthalten auch des Arbeitsvertrages gerechtfertigt ist, das wird selten der Fall sein.[125] Soll die Belegschaft geschützt werden, durch qualifizierte oder quantitative Besetzungsnormen, handelt es sich um eine Betriebsnorm.[126] Ein Abschlussverbot, das im Rahmen einer closed-shop-Strategie nur unorganisierte Bewerber träfe, ist nach Art. 9 Abs. 3 S. 2 GG nichtig.[127]

IV. Beendigungsnormen

Beendigungsnormen regeln die Frage, ob und wie das Arbeitsverhältnis beendet werden **46** kann.[128] Dabei sind vor allem Regelungen der Arbeitgeberkündigung und Befristungen praktisch.[129] Deshalb steht hier als Grenze der tariflichen Regelungsfreiheit vor allem die (negative) Arbeitsvertragsfreiheit und die Unternehmerfreiheit des Arbeitgebers in Rede.[130]

1. Kündigung
a) Kündigungsfristen, Form. Nach § 622 Abs. 4 BGB sind die gesetzlichen Vorgaben **47** zu den Kündigungsfristen tarifdispositiv, sodass die Tarifvertragsparteien entsprechenden Zugriff auf die Länge der Frist und den Kündigungstermin haben.[131] Der tarifliche Regelungsspielraum ist weiter als der der Arbeitsvertragsparteien, die die Kündigungsfristen lediglich verlängern können. Hier ist auch eine vollständige Kürzung der Kündigungsfristen

---

[119] BAG 28.6.1994 – 1 ABR 59/93, AP BetrVG 1972 § 99 Nr. 4 = NZA 1995, 387; BAG 28.1.1992 – 1 ABR 45/91, AP BetrVG 1972 § 99 Nr. 95 = DB 1992, 1049; Thüsing/Braun/*Wißmann* 4. Kap. Rn. 78; HMB/*Hexel* Teil 4 Rn. 54; HWK/*Henssler* TVG § 2 Rn. 48.
[120] JKOS/*Krause* § 4 Rn. 34; Wiedemann/*Thüsing* § 1 Rn. 639.
[121] NK-TVG/*Nebe* § 1 Rn. 331.
[122] Löwisch/Rieble § 1 Rn. 349.
[123] ErfK/*Franzen* TVG § 1 Rn. 43; JKOS/*Krause* § 4 Rn. 33.
[124] NK-TVG/*Nebe* § 1 Rn. 329; Löwisch/Rieble § 1 Rn. 343.
[125] Löwisch/Rieble § 1 Rn. 344.
[126] HMB/*Hexel* Teil 4 Rn. 57; JKOS/*Krause* § 4 Rn. 33.
[127] NK-TVG/*Nebe* § 1 Rn. 329; Wiedemann/*Thüsing* § 1 Rn. 638.
[128] ErfK/*Franzen* TVG § 1 Rn. 44; HWK/*Henssler* TVG § 1 Rn. 50; Löwisch/Rieble § 1 Rn. 379.
[129] Thüsing/Braun/*Wißmann* 4. Kap. Rn. 81.
[130] JKOS/*Krause* § 4 Rn. 39.
[131] HMB/*Hexel* Teil 4 Rn. 65.

möglich, mit dem Resultat einer sofortigen ordentlichen Kündigung.[132] Allerdings ist der Tarifvertrag auch an § 622 Abs. 6 BGB gebunden und kann für die Arbeitnehmerkündigung keine längeren Kündigungsfristen vorsehen als für die Arbeitgeberkündigung.[133] Kürzere Kündigungsfristen für die Arbeitnehmerkündigung sind aber möglich – allerdings hat der Tarifvertrag hier das Gleichheitsgebot zu beachten.[134] Verweisen Tarifverträge für die Berechnung von Kündigungsfristen auf § 622 Abs. 2 S. 2 BGB, so geht dieser Verweis wegen des Verstoßes gegen das Verbot der Altersdiskriminierung[135] ebenso ins Leere, wie wenn sie selbst die Berücksichtigung der Beschäftigungszeiten vom Erreichen eines bestimmten Lebensalters abhängig machen.[136] Insgesamt stellen sich hier vor allem Gleichheitsfragen.

48 Der Tarifvertrag kann auch eine gegenüber dem nicht tarifdispositiven § 623 BGB verschärfte Form für die Kündigungserklärung des Arbeitgebers vorschreiben und etwa vorgeben, dass die Kündigungsgründe in die schriftliche Kündigung aufzunehmen sind.[137] Freilich ist auch hier – wie bei jedem tariflichen Formgebot (→ Rn. 42) – zunächst durch Auslegung zu klären, ob das Formgebot konstitutiv oder lediglich deklaratorisch ist.[138]

49 **b) Materialer Kündigungsschutz.** Das Bestandsschutzrecht ist zum größten Teil zwingend und kann auch durch Tarifvertrag nicht zu Lasten des Arbeitnehmers abgeändert werden.[139] So kann der Tarifvertrag die **außerordentliche Kündigung** nicht ausschließen, auch keinen abschließenden Katalog der wichtigen Gründe im Sinne des § 626 Abs. 1 BGB aufstellen, sondern allenfalls die wichtigen Kündigungsgründe „konkretisieren".[140] Ebensowenig kann der Tarifvertrag bestimmte Gründe für eine außerordentliche Kündigung durch den Arbeitgeber ausschließen,[141] das verstieße gegen die negative Arbeitsvertragsfreiheit des Arbeitgebers. Auch die Frist des § 626 Abs. 2 BGB ist tariflich nicht regelbar.[142] Der Tarifvertrag kann auch keine absoluten Kündigungsgründe festschreiben, bei dessen Erfüllung eine Kündigung ohne weitere Verhältnismäßigkeitsprüfung und Interessenabwägung wirksam wäre.[143]

50 Auf der anderen Seite kann durch Tarifvertrag das Recht zur **ordentlichen Kündigung** durch den Arbeitgeber beschränkt oder ausgeschlossen werden.[144] Grundsätzlich möglich ist hier die Ausdehnung des Bestandsschutzes nach dem KSchG auch auf solche Arbeitsverhältnisse, die nicht in den persönlichen, § 1 Abs. 1 KSchG, oder betrieblichen, § 23 Abs. 1 KSchG, Geltungsbereich des KSchG fallen.[145] Allerdings wird zu Recht angemahnt, dass das Erprobungsinteresse des Arbeitgebers, geschützt durch Art. 12 Abs. 1 GG, auch in diesen Fällen ausreichend Berücksichtigung finden müsse.[146] Hier stellen sich aber Gleichheitsfragen, vor allem wegen des Verbots der Altersdiskriminierung (→ § 237

---

[132] Wiedemann/*Thüsing* § 1 Rn. 695.
[133] Thüsing/Braun/*Straube* 5. Kap. 260 Kündigungsklauseln und -fristen Rn. 2.
[134] BAG 11.8.1994 – 2 AZR 9/94, AP KSchG 1969 § 1 Krankheit Nr. 31 = NZA 1995, 1051; *Löwisch/Rieble* § 1 Rn. 2262.
[135] EuGH 19.1.2010 – C-555/07, AP Richtlinie 2000/78/EG Nr. 14 = NZA 2010, 85.
[136] HMB/*Hexel* Teil 4 Rn. 66; *Löwisch/Rieble* § 1 Rn. 2263.
[137] BAG 27.3.2003 – 2 AZR 173/02, AP BMT-G II § 54 Nr. 4 = NZA 2003, 1055; BAG 6.9.1972 – 4 AZR 422/71, AP BAT § 4 Nr. 2 = AuR 1973, 57; JKOS/*Krause* § 4 Rn. 41; Wiedemann/*Thüsing* § 1 Rn. 690.
[138] Dazu *Löwisch/Rieble* § 1 Rn. 2193.
[139] HMB/*Hexel* Teil 4 Rn. 69.
[140] BAG 31.1.1996 – 2 AZR 158/95, EzA § 626 BGB Druckkündigung Nr. 3 = DB 1996, 990; Thüsing/Braun/Wißmann 4. Kap. Rn. 94; JKOS/*Krause* § 4 Rn. 40; HWK/*Henssler* TVG § 2 Rn. 50; Wiedemann/*Thüsing* § 1 Rn. 686; Thüsing/Braun/*Mengel/Burg* 5. Kap. Sonderkündigungsschutz Rn. 13.
[141] BAG 8.8.1963 – 5 AZR 395/62, AP BGB § 626 Kündigungserschwerung Nr. 2 = DB 1963, 1543; Wiedemann/*Thüsing* § 1 Rn. 686.
[142] Wiedemann/*Thüsing* § 1 Rn. 700; Thüsing/Braun/*Mengel/Burg* 5. Kap. Sonderkündigungsschutz Rn. 13.
[143] HMB/*Hexel* Teil 4 Rn. 69.
[144] HWK/*Henssler* TVG § 2 Rn. 50.
[145] JKOS/*Krause* § 4 Rn. 39; Wiedemann/*Thüsing* § 1 Rn. 685; *Löwisch/Rieble* § 1 Rn. 2246.
[146] *Löwisch/Rieble* § 1 Rn. 382.

IV. Beendigungsnormen

Rn. 103), weil regelmäßig tarifliche Unkündbarkeitsregelungen an das Erreichen eines bestimmten Lebensalters anknüpfen.[147] Das BAG rechtfertigt solche Regelungen mit den niedrigeren Arbeitsmarktchancen der älteren Arbeitnehmer.[148]

Ebenfalls weitgehend ungeklärt ist die Folge der tarifvertraglichen ordentlichen Unkündbarkeit auf eine **durchzuführende Sozialauswahl**.[149] Das BAG operiert mit der „Eventualunwirksamkeit" einer solchen Regelung.[150] Praktisch wird der Ausschluss der ordentlichen Kündbarkeit des Arbeitnehmers auch bei Sanierungstarifverträgen, bei denen die Arbeitsplatzsicherheit gegen die Entgelteinschränkung der Arbeitnehmer gesetzt wird.[151] Bei allem ist die Berufsfreiheit der Außenseiter ersichtlich tangiert. In keinem Falle dürfen Tarifverträge einen eigenen Sonderkündigungsschutz ausschließlich für Gewerkschaftsmitglieder begründen, das verstößt gegen die negative Koalitionsfreiheit der Außenseiter.[152] Aus diesem allem wird belastbar gefolgert, dass Regelungen über den Ausschluss betriebsbedingter Kündigungen als Betriebsnormen einzustufen sind.[153]

51

In § 1 Abs. 4 KSchG wird für den Tarifvertrag der Zugriff auf die Sozialauswahl ermöglicht: Er kann Vorgaben für die Gewichtung der Sozialauswahlkriterien machen, die dann im Kündigungsschutzprozess nur auf grobe Fehlerhaftigkeit hin untersucht werden kann. Solche tariflichen Regelungen sind Betriebsnormen.[154]

52

Auch sollen durch Tarifvertrag Zustimmungserfordernisse als konstitutive Voraussetzung für die Wirksamkeit der Arbeitgeberkündigung begründet werden können. Das ist für das Zustimmungsrecht des Betriebsrats praktisch: Durch Tarifvertrag kann der Kündigungsschutz des einzelnen Arbeitnehmers mittelbar gestärkt werden, indem die Beteiligungsrechte des Betriebsrates ausgeweitet werden.[155] Das wird ebenfalls für das Zustimmungsrecht der Gewerkschaft zugelassen,[156] geht aber fehl: weil hier die Gefahr der closed-shop-Wirkung besteht und die Gewerkschaft keine Verbandsmacht über die Beendigung des Arbeitsverhältnisses ihrer Mitglieder hat.[157]

53

Verschärfungen des Kündigungsschutzes können nicht zurückwirken – das verstößt gegen das verstärkt in Bestandsschutzfragen gegebene Bedürfnis an Rechtsicherheit (→ § 237 Rn. 80).

54

2. Befristung

Befristungsregelungen sind nach der Rechtsprechung Beendigungsnormen, wenn der Tarifvertrag ein Arbeitsverhältnis selbst befristet, oder negative Inhaltsnormen, wenn er bestimmte Befristungen verbietet.[158] Das hat Auswirkungen auf den Zeitpunkt der Tarifgebundenheit: Die tarifliche Befristungsregelung, etwa die tariflich wegen § 14 Abs. 2 S. 3 TVG verlängerte Zeitbefristung, greift dann nur bei beiderseitiger Tarifgebundenheit zum Zeitpunkt des Abschlusses des Arbeitsvertrages.

55

Tarifliche Befristungsregelungen können die Sachgründe nach § 14 Abs. 1 TzBfG zunächst einschränken.[159] Voraussetzung ist aber, dass die entsprechende tarifliche Regelung zugunsten des Arbeitnehmers erfolgt, § 22 Abs. 1 TzBfG. Durch Tarifvertrag kann die

56

---

[147] Wiedemann/*Thüsing* § 1 Rn. 680.
[148] BAG 20.6.2013 – 2 AZR 295/12, AP BGB § 626 Unkündbarkeit Nr. 3 = DB 2014, 186.
[149] Dazu Wiedemann/*Thüsing* § 1 Rn. 681; Thüsing/Braun/*Mengel/Burg* 5. Kap. Differenzierungsklauseln Rn. 16.
[150] BAG 20.6.2013 – 2 AZR 295/12, AP BGB § 626 Unkündbarkeit Nr. 3 = NZA 2014, 208.
[151] JKOS/*Krause* § 4 Rn. 39.
[152] *Löwisch/Rieble* § 1 Rn. 692.
[153] *Löwisch/Rieble* § 1 Rn. 2236.
[154] ErfK/*Franzen* TVG § 1 Rn. 44; *Löwisch/Rieble* § 1 Rn. 383; Wiedemann/*Thüsing* § 1 Rn. 677.
[155] Thüsing/Braun/*Wißmann* 4. Kap. Rn. 95.
[156] BAG 24.2.2011 – 2 AZR 830/09, AP KSchG 1969 § 1 Nr. 91 = NZA 2011, 708; krit. *Berger* NZA 2015, 208.
[157] *Löwisch/Rieble* § 1 Rn. 2279.
[158] BAG 14.2.1990 – 7 AZR 68/89, AP BeschFG 1985 § 1 Nr. 12 = NZA 1990, 737; BAG 27.4.1988 – 7 AZR 593/87, AP BeschFG 1985 § 1 Nr. 4 = NZA 1988, 771; Wiedemann/*Thüsing* § 1 Rn. 648.
[159] Thüsing/Braun/*Thüsing* 5. Kap. 140 Befristete Beschäftigung Rn. 2.

Sachgrundbefristung nach § 14 Abs. 1 TzBfG nicht nur eingeschränkt, sondern auch ausgedehnt werden, weil § 14 Abs. 1 TzBfG nicht abschließend ist.[160] Damit kann der Tarifvertrag eigene Sachgründe festlegen. Allerdings müssen die tariflichen Vorgaben dann dem Wertungszusammenhang des § 14 Abs. 1 TzBfG entsprechen.[161] Deshalb können die Tarifvertragsparteien die Sachgrundbefristung nicht gänzlich und mit willkürlichen Gründen öffnen.[162]

57 Für die Zeitbefristung gibt § 14 Abs. 2 S. 3 TzBfG dem Tarifvertrag einen Spielraum für Erweiterungen, auch zu Lasten des Arbeitnehmers, § 22 Abs. 1 TzBfG nimmt § 14 Abs. 3 S. 2 TzBfG vom Verschlechterungsgebot aus.[163] Der Tarifvertrag kann sowohl den Zeitraum einer zulässigen Befristung ausdehnen, als auch (und auch kumulativ) die Anzahl der möglichen Verlängerungsverträge in diesem Zeitraum.[164]

58 Der Tarifvertrag kann das Arbeitsverhältnis auch selbst begrenzen, durch selbst gesetzte Befristung oder Bedingung. Der Tarifvertrag kann den Arbeitsvertrag unter eine auflösende Bedingung stellen, und so etwa die Beendigung mit der dauernden Arbeitsunfähigkeit des Arbeitnehmers verknüpfen.[165] Die Tarifvertragsparteien müssen die Bedingung aber hinreichend klar formulieren und der Bedingungseintritt muss ebenfalls hinreichend rechtssicher feststellbar sein.[166] Zur Zulässigkeit tariflicher Altersgrenzen siehe (→ § 237 Rn. 100 ff.).

3. Aufhebungsvertrag

59 Den Aufhebungsvertrag können die Tarifvertragsparteien ebenfalls regeln und dem Arbeitnehmer ein befristetes Widerrufsrecht einräumen, das er aus gesetzlichen Vorgaben nicht hat.[167] Die Möglichkeit, das Arbeitsverhältnis durch Aufhebungsvertrag einvernehmlich zu beenden, kann der Tarifvertrag dagegen nicht nehmen,[168] auch eine Begrenzung der Aufhebungsfreiheit auf bestimmte Gründe ist nicht möglich.

---

[160] HMB/*Hexel* Teil 4 Rn. 76.
[161] BAG 9.2.2011 – 7 AZR 221/10, AP TzBfG § 17 Nr. 10 = NZA 2011, 854; Thüsing/Braun/*Thüsing* 5. Kap. 140 Befristete Beschäftigung Rn. 2.
[162] HMB/*Hexel/Bork* Teil 5 (6) Rn. 5.
[163] HMB/*Hexel/Bork* Teil 5 (6) Rn. 2.
[164] HMB/*Hexel* Teil 4 Rn. 77.
[165] BAG 9.2.2011 – 7 AZR 221/10, AP TzBfG § 17 Nr. 10 = NZA 2011, 854; BAG 31.7.2002 – 7 AZR 118/01, AP BGB § 620 Altersgrenze Nr. 19 = NZA 2003, 620; *Löwisch/Rieble* § 1 Rn. 388.
[166] *Löwisch/Rieble* § 1 Rn. 389.
[167] BAG 10.3.1992 – 3 AZR 153/91, AP BetrAVG § 1 Lebensversicherung Nr. 17 = NZA 1993, 25; JKOS/*Krause* § 4 Rn. 41.
[168] *Löwisch/Rieble* § 1 Rn. 387.

§ 240 Betriebsnormen und betriebsverfassungsrechtliche Normen

Schrifttum:
Annuß, Schwierigkeiten mit § 3 I Nr. 3 BetrVG, NZA 2002, 290; *Arnold*, Betriebliche Tarifnormen und Außenseiter, 2007; *Beuthien*, Tarifverträge betriebsverfassungsrechtlichen Inhalts, ZfA 1986, 131; *Brecht*, Die Umsetzung von Tarifverträgen auf Betriebsebene: Das Verhältnis betrieblicher und tariflicher Rechtssetzung auf der Grundlage rechtstatsächlicher Erkenntnisse, 2002; *Dieterich*, Zur Verfassungsmäßigkeit tariflicher Betriebsnormen, FS Däubler, 1999, S. 451; *Dieterich*, Die betrieblichen Normen nach dem Tarifvertragsgesetz vom 9.4.1949, 1964; *Edenfeld*, Die tariflich erweiterte Mitbestimmung, PersR 2001, 14; *Friese*, Tarifverträge nach § 3 BetrVG – Rechtliche Erwägungen und Hinweise zur praktischen Umsetzung, ZfA 2003, 237; *Giesen*, Tarifvertragliche Rechtsgestaltung für den Betrieb, 2002; *Giesen*, Betriebsersetzung durch Tarifvertrag?, BB 2002, 1480; *Gistel*, Gewillkürte Betriebsverfassungsstruktur und Umstrukturierung, 2005; *Hanau*, Zur Verfassungsmäßigkeit von tarifvertraglichen Betriebsnormen am Beispiel der qualitativen Besetzungsregelungen, RdA 1996, 158; *Hartmann*, Negative Tarifvertragsfreiheit im deutschen und europäischen Arbeitsrecht, 2014; *Heither*, Tarifliche Gestaltung der Betriebsverfassung, FS Schaub 1998, 295; *Hueck*, Normen des Tarifvertrags über betriebliche und betriebsverfassungsrechtliche Fragen, BB 1949, 530ff.; *Jacobs/Münder*, Vergrößerung des Betriebsrats durch Tarifvertrag, NZA 2018, 148; *Jahnke*, Tarifautonomie und Mitbestimmung, 1984; *Kania/Klemm*, Möglichkeiten und Grenzen der Schaffung anderer Arbeitnehmervertretungsstrukturen nach § 3 Abs. 1 Nr. 3 BetrVG, RdA 2006, 22; *Kreiling*, Die Erstreckung betrieblicher und betriebsverfassungsrechtlicher Tarifnormen auf Außenseiter, 2004; *Lieb*, Geltungsweise und Außenseiterproblematik der Solidarnormen, RdA 1967, 441; *Löwisch/Schuster*, Arbeitnehmerbeteiligung im Konzern Stadt – Tarifliche Regelung der koordinierten Beteiligung von Betriebsräten und Personalräten bei der Stadt Hanau, ZTR 2009, 58; *Meier-Krenz*, Die Erweiterung von Beteiligungsrechten des Betriebsrates durch Tarifvertrag, 1988; *Mückl/Koehler*, Rechtsfolgen unwirksamer Vereinbarungen über die Organisation der Betriebsverfassung, NZA-RR 2009, 513; *Nipperdey*, Das Recht der Tarifverträges, BB 1948, 360; *Picker*, Betriebsverfassung und Arbeitskampf, RdA 2001, 257; *Plander*, Der Betrieb als Verhandlungsobjekt im Betriebsverfassungs- und sonstigen Arbeitsrecht, NZA 2002, 483; *Richardi*, Gewerkschaften und Betrieb – ein Gegenstand der Tarifautonomie?, RdA 1968, 427; *Rieble*, Die tarifliche Schlichtungsstelle nach § 76 Abs. 8 BetrVG, RdA 1993, 140ff.; *Rolf*, Unternehmensübergreifende Betriebsratsstruktur nach § 3 BetrVG, 2004; *Säcker/Oetker*, Tarifliche Kurzarbeit – Ankündigungsfristen im Gefüge des Individualarbeitsrechts und des kollektiven Arbeitsrechts, ZfA 1991, 131; *Spilger*, Tarifvertragliches Beteiligungsrecht, 1988; *Schleusener*, Der Begriff der betrieblichen Norm im Lichte der negativen Koalitionsfreiheit (Art. 9 Abs. 3 GG) und des Demokratieprinzips (Art. 20 GG), ZTR 1998, 100ff.; *Schlüter*, Tarifmacht gegenüber Außenseitern – zur Verfassungsmäßigkeit der tariflichen Schlichtungsstelle (§ 76 Abs. 8 BetrVG), FS Lukes, 1989, S. 559; *Schmidt-Eriksen*, Tarifvertragliche Betriebsnormen. Zum Konflikt individueller und kollektiver Gestaltung des Arbeitsverhältnisses und zur Reichweite tarifvertraglicher Gestaltungsmacht gegenüber dem Arbeitgeber, 1992; *Schwarze*, Der Betriebsrat im Dienste der Tarifvertragsparteien, 1991; *Semler*, Auswirkungen der Tarifpluralität auf betriebliche und betriebsverfassungsrechtliche Normen (2013); *Spinner*, Die vereinbarte Betriebsverfassung, 2000; *Spinner/Wiesenecker*, Unwirksame Vereinbarungen über die Organisation der Betriebsverfassung, FS Löwisch, 2007, S. 375; *Sobotta*, Die autonome Organisation der Betriebsverfassung durch Tarifverträge nach § 3 BetrVG, 2009; *Teusch*, Die Organisation der Betriebsverfassung durch Tarifvertrag, 2006; *Teusch*, Organisationstarifverträge nach § 3 BetrVG, NZA 2007, 124; *Thüsing*, Vereinbarte Betriebsratsstrukturen, ZIP 2003, 693; *Wißmann*, Tarifvertragliche Gestaltung der betriebsverfassungsrechtlichen Organisation, 2000.

Übersicht

	Rn.
I. Betriebsnormen: Außenseiterwirkung wegen Belegschaftsbezug	1
II. Konturierungsversuch bei betrieblichen Normen	5
1. Notwendig einheitliche Geltung	5
2. Aus rechtlichen Gründen	9
3. Aus tatsächlichen Gründen	11
4. Betriebsbezogenheit der Regelung	16
5. Betrieblicher Regelungswille	20
III. Betriebsverfassungsrechtliche Fragen	22
1. Vorgaben für die Tarifmacht	22
a) Anknüpfung im BetrVG	23
b) Kein allgemeiner Zugriff auf das Mitarbeitsvertretungsrecht	26
2. Einrichtung und Organisation der Betriebsverfassung	31
3. Erweiterung von Mitbestimmungs- und Mitwirkungsrechten	36

I. Betriebsnormen: Außenseiterwirkung wegen Belegschaftsbezug

1 Nach § 1 Abs. 1 TVG können Tarifverträge auch betriebliche und betriebsverfassungsrechtliche Fragen regeln. Diese sogenannten Betriebsnormen sind deshalb besonders, weil sich ihre normative Wirkung nach §§ 3 Abs. 2, 4 Abs. 1 S. 2 TVG auf die gesamte Betriebsbelegschaft und damit auch auf betriebsangehörige Außenseiter erstreckt (→ Rn. 16 f.). Sie regeln im Gegensatz zu Inhaltsnormen nicht das einzelne Arbeitsverhältnis, sondern die Beziehung des Arbeitgebers zur Belegschaft im Fall der betrieblichen Norm und das Rechtsverhältnis des Arbeitgebers zum Betriebsrat im Falle der betriebsverfassungsrechtlichen Norm.[1] Bereits das gebietet eine sensible Beantwortung der aufgeworfenen Fragen nach der Definition einer Betriebsnorm und der Voraussetzungen für ihre Anwendung im einzelnen Betrieb (→ Rn. 5 ff.).

2 Die Betriebsnormen, die keine Entsprechung in der TVVO finden,[2] knüpfen an zwei Grundgedanken an: Zum einen tritt der Arbeitgeber nicht nur dem einzelnen Arbeitnehmer als Arbeitsvertragspartei entgegen, sondern auch der Belegschaft und somit allen Arbeitnehmern als Kollektiv. Verpflichtungen gegenüber der Belegschaft als solcher sind aber durch Individualnormen nicht zu erreichen, hier bedarf es einer eigenen Art tariflicher Regelungen, die nicht nur den Arbeitgeber, sondern die Betriebsbelegschaft insgesamt binden. Hierfür wurde früher auch der Begriff der Solidarnorm geprägt.[3] Zum anderen gibt es materiale Sachverhalte, die nur einheitlich im Betrieb geregelt werden können und deshalb einer an das individuelle Arbeitsverhältnis gekoppelten Regelung nicht zugänglich sind. Das klassische Beispiel hierfür ist das betriebliche Rauchverbot, das eben nur ganz (und damit einheitlich) oder aber gar nicht im Betrieb geregelt werden kann. Man hat solche Regelungen, die sich etwa auch mit Werkskontrollen und ähnlichem befassten, unter den Begriff der Ordnungsnormen gefasst.[4] Mittlerweile ist man zu Recht von dieser begrifflichen Einordnung abgekommen und versucht, die Betriebsnormen anhand ihres materialen Kerns zu konturieren.[5]

3 Die rechtliche Sensibilität von Betriebsnormen besteht letztlich gerade in ihrer durch § 3 Abs. 2 TVG angeordneten Außenseiterwirkung. Diese darf nicht zur Möglichkeit führen, dass der Tarifvertrag unbegrenzt auch die die Arbeitsverhältnisse der Außenseiter erreichen könnte – und so eine Ermächtigungsnorm für eine gleichsam betriebsweite Allgemeinverbindlichkeit eines Tarifvertrags wäre.[6] Über Betriebsnormen darf mithin keine Erstreckung von Inhaltsnormen auf Außenseiterarbeitsverhältnisse erfolgen.

4 Die Außenseiterbindung wird zwar verfassungsrechtlich als im Ergebnis unproblematisch angesehen (→ § 219 Rn. 28)[7] – unter Hinweis darauf, dass durch die Normbindung die negative Koalitionsfreiheit nicht berührt wird (→ § 219 Rn. 25 ff.).[8] Bereits das geht in dieser Pauschalität fehl, in jedem Falle ist aber die Arbeitsvertragsfreiheit der Außenseiter berührt,[9] und bereits deshalb sind bei der Konturierung der Betriebsnormen gerade die verfassungsrechtlich geschützten Interessen der Außenseiter zu berücksichtigen – was eine enge Definition der Betriebsnorm erfordert.[10] § 1 Abs. 1 TVG hilft bei dieser Konturie-

---

[1] Wiedemann/*Thüsing* § 1 Rn. 753; Thüsing/Braun/*Wißmann* 4. Kap. Rn. 103: eine „Art Allgemeinverbindlichkeit".
[2] Siehe zur Grundlegung auch *Nipperdey* BB 1948, 157 ff.; *Giesen* Tarifvertragliche Rechtsgestaltung für den Betrieb, S. 7 ff.
[3] *Sinzheimer* Der kollektive Arbeitsnormenvertrag Teil I, 1907, S. 2 ff.
[4] *Nikisch* Bd. II, S. 301 ff.
[5] BAG 26. 4. 1990 – 1 ABR 84/87, AP GG Art. 9 Nr. 57 = NZA 1990, 850; siehe auch NK-TVG/*Nebe* § 1 Rn. 366: Unterscheidung tritt zurück.
[6] *Löwisch/Rieble* § 1 Rn. 469, ihnen folgend Thüsing/Braun/*Wißmann* 4. Kap. Rn. 105.
[7] BAG 7. 11. 1995 – 3 AZR 676/94, AP TVG § 3 Betriebsnormen Nr. 1; HMB/*Hexel* Teil 4 Rn. 84; NK-TVG/*Lorenz* § 3 Rn. 66; NK-TVG/*Nebe* § 1 Rn. 357.
[8] NK-TVG/*Lorenz* § 3 Rn. 63; verweisend auf die Rechtsprechung des BVerfG zu § 5 TVG BVerfG 24. 5. 1977 – 2 BvL 11/74, AP § 5 TVG Nr. 15.
[9] Bedenklich Einschränkend NK-TVG/*Lorenz* § 3 Rn. 64.
[10] Thüsing/Braun/*Wißmann* 4. Kap. Rn. 106; HWK/*Henssler* TVG § 3 Rn. 35.

rung nicht, das TVG präzisiert die Tarifmacht für Betriebsnormen nicht. Seit jeher wird deshalb über die Begrenzung und die Legitimation der Betriebsnormen gestritten.[11]

II. Konturierungsversuch bei betrieblichen Normen

1. Notwendig einheitliche Geltung

So wird für Betriebsnormen vorausgesetzt, dass sie unmittelbar die Organisation und Gestaltung des Betriebes betreffen und dass sie aus tatsächlichen oder rechtlichen Gründen nur einheitlich im Betrieb gelten können.[12] Andere meinen dasselbe, wenn sie eine „Dominanz des Verbundcharakters" fordern und eine Betriebsnorm dort erkennen, wo eine Regelung nach ihrer Zwecksetzung den Unterschied zwischen organisierten und nichtorganisierten Arbeitnehmern nicht berücksichtigen könne.[13] Damit ist keine „naturwissenschaftliche" Unmöglichkeit gemeint, sehr wohl aber in etwas neuerer Formulierung eine „evident sachlogische Unzweckmäßigkeit".[14] Der potentiellen Weite dieser – ersichtlich unscharfen[15] – Begriffsbildung soll mit einer Koppelung der möglichen Reichweite der Betriebsnormen an die Mitbestimmungstatbestände des BetrVG begegnet werden.[16] Dieser formale Ansatz hat sich freilich nicht durchgesetzt.

Die Vorgabe der Unzweckmäßigkeit nimmt auf, dass grundsätzlich jeder Regelungsinhalt auch durch Individualnormen geregelt werden könnte,[17] weshalb auch ersichtlich keine Unmöglichkeit der Einzelregelung vorausgesetzt werden kann. Würde man einer solchen rigiden Abgrenzungsregelung das Wort reden, so liefe der Anwendungsbereich der Betriebsnormen im Grund leer[18] – was dem Befund widerspricht, dass der Gesetzgeber diese Regelungen in §§ 1 Abs. 1, 3 Abs. 2 TVG vorgesehen und mit einer prominenten Außenseiterwirkung ausgestattet hat. Dass so gut wie alle Regelungsinhalte von Betriebsnormen auch als Individualnormen tariflich grundgelegt werden können, führt aber dazu, dass die Tarifvertragsparteien auch die Möglichkeit haben, **Doppelnormen** zu setzen[19] – und so doch für den einzelnen durch Mitgliedschaft tarifgebundenen Arbeitnehmer Ansprüche begründen können.

Aus diesen Gründen gibt es auch einen Kreis von Materien, die von vornherein keine Betriebsnormen sein können – weil eine betriebseinheitliche Geltung nicht notwendig ist. Für die Festlegung des Arbeitsentgelts wie für die Dauer der Arbeitszeit gilt dies verschärft, weil hier das arbeitsvertragliche Synallagma betroffen ist.[20] Deshalb sind auch tarifliche Regelungen zur Kurz- oder Mehrarbeit keine Betriebsnormen. Auch Abfindungen im Rahmen eines so genannten „Tarifsozialplanes" sind Individualnormen.[21]

---

[11] Siehe nur *Zöllner* RdA 1962, 453 (459); *Biedenkopf*, Grenzen der Tarifautonomie, S. 310 ff.; *Richardi*, Kollektivgewalt und Individualwille, S. 234 ff.; *Giesen*, Tarifvertragliche Rechtsgestaltung für den Betrieb, S. 176 ff.; *Gamillscheg* KollArbR II, 718 ff.; *Löwisch/Rieble* § 1 Rn. 462 ff., § 3 Rn. 222.
[12] BAG 26.1.2011 – 4 AZR 159/09, AP TVG § 3 Betriebsnormen Nr. 7 = NZA 2011, 808; 1.8.2001 – 4 AZR 388/99, AP TVG § 3 Betriebsnormen Nr. 5; 17.6.1999 – 2 AZR 456/98, AP KSchG 1969 § 1 Betriebsbedingte Kündigung Nr. 103 = NZA 1999, 1157; 17.6.1997 – 1 ABR 3/97, AP TVG § 3 Betriebsnormen Nr. 2 = NZA 1998, 213; 26.4.1990 – 1 ABR 84/87, AP GG Art. 9 Nr. 57 = NZA 1990, 850; 27.4.1988 – 7 AZR 593/87, AP BeschFG § 1 Nr. 4 = NZA 1988, 771; aufbauend auf *Säcker/Oetker* ZfA 1991, 131 (141 ff.); grundsätzlich unterstützend *Löwisch/Rieble* § 3 Rn. 222; HWK/*Henssler* TVG § 1 Rn. 52; ErfK/*Franzen* TVG § 1 Rn. 45; Wiedemann/*Thüsing* § 1 Rn. 733.
[13] Wiedemann/*Thüsing* § 1 Rn. 733 ff.
[14] BAG 26.1.2011 – 4 AZR 159/09, AP TVG § 3 Betriebsnormen Nr. 7 = NZA 2011, 808; 17.6.1997 – 1 ABR 3/97, AP TVG § 3 Betriebsnormen Nr. 2 = NZA 1998, 213; 26.4.1990 – 1 ABR 84/87, AP GG Art. 9 Nr. 57 = NZA 1990, 850.
[15] Thüsing/Braun/*Wißmann* 4. Kap. Rn. 105; kritisch auch JKOS/*Krause* § 4 Rn. 61.
[16] *Giesen* Tarifvertragliche Rechtsgestaltung für den Betrieb, S. 449 ff.; BeckOK ArbR/*Giesen* BetrVG § 3 Rn. 14.
[17] Wiedemann/*Thüsing* § 1 Rn. 731.
[18] BAG 17.6.1997 – 1 ABR 3/97, AP TVG § 3 Betriebsnormen Nr. 2 = NZA 1998, 213 und 26.4.1990 – 1 ABR 84/87, AP GG Art. 9 Nr. 57 = NZA 1990, 850.
[19] *Dieterich*, S. 70; dazu NK-TVG/*Nebe* § 1 Rn. 353; Beispiele bei NK-TVG/*Lorenz* § 3 Rn. 73.
[20] *Löwisch/Rieble* § 1 Rn. 480; siehe auch HWK/*Henssler* TVG § 3 Rn. 35.
[21] *Löwisch/Rieble* § 1 Rn. 486.

8 Von Bedeutung ist die Qualifikation als Betriebsnorm auch beim Betriebsübergang, weil dann keine Transformation in das Arbeitsverhältnis erfolgt, wie bei Inhaltsnormen über § 613a Abs. 1 S. 2 BGB (→ § 247 Rn. 20).[22]

2. Aus rechtlichen Gründen

9 Aus rechtlichem Gründen einheitlich gelten können zunächst Auswahlrichtlinien. § 1 Abs. 3 KSchG sieht einen notwendig betriebsbezogenen Mechanismus für die Sozialauswahl vor, der grundsätzlich alle vergleichbaren Arbeitnehmer des Betriebs betrifft.[23] Tarifliche Auswahlrichtlinien im Sinne des § 1 Abs. 5 KSchG können deshalb wegen dieser gesetzlichen Vorgabe nur betriebseinheitlich gelten und sind Betriebsnormen.[24] Das soll auch für quantitative Besetzungsregelungen gelten, weil für die Anzahl der etwa an einer bestimmten Maschine einzusetzenden Arbeitnehmer nicht hinsichtlich der Gewerkschaftszugehörigkeit zu unterscheiden ist.[25] Eine tarifliche Regelung, die die Begrenzung des Anspruchs auf Abschluss eines Altersteilzeitvertrages auf 5 % der Arbeitnehmer eines Betriebes vorsah, wurde vom BAG nicht als Betriebsnorm eingeordnet.[26]

10 Von manchen werden auch Sanierungstarifverträge, die eine Arbeitszeitverkürzung mit einer Stärkung des Bestandsschutzes durch zeitweisen Ausschluss der betriebsbedingten Kündigungsmöglichkeit verbinden, als Betriebsnormen eingeordnet.[27] Das ist bedenklich, weil hier das wirtschaftliche Ziel der Sanierung letztlich die betriebseinheitliche Geltung vorgibt – und die Tatsache, dass bei fehlender Normbindung auch der Außenseiter der Tarifvertrag als Sanierungsinstrument jenseits der Bezugnahme leer liefe. Das jedoch ist weder ein rechtliches noch ein tatsächliches Erfordernis der betriebseinheitlichen Geltung.[28]

3. Aus tatsächlichen Gründen

11 Tatsächliche Gründe, die eine betriebseinheitliche Geltung der Tarifnorm rechtfertigen, liegen vor allem im technisch-organisatorischen Bereich.[29] Sie greifen, wenn sich die Auswirkung einer Regelung nicht auf die mitgliedschaftlich tarifgebundenen Arbeitnehmer beschränken lässt – wenn also die Normwirkung für die Gewerkschaftsmitgliedschaft „blind" ist. Das betrifft exemplarisch das betriebliche Rauchverbot, aber auch sonstige Regelungen zum Gesundheitsschutz und zur Arbeitssicherheit.[30] Ebenso Torkontrollen und sonstige Überwachungseinrichtungen,[31] oder betriebliche Kleiderordnungen,[32] sowie Regelungen über Sanitäranlagen.[33] Das betrifft auch Regelungen zur Arbeitsplatzgestaltung wie etwa Personalbemessungsregelungen,[34] qualitative Besetzungsregelungen[35] oder betriebliche Urlaubsregelungen.[36]

12 Betriebsnormen sind auch Regelungen über Sozialeinrichtungen wie etwa Kantinen, Betriebskindergärten oder Sportstätten – sie sollen der Belegschaft zur Verfügung gestellt

---

[22] *Löwisch/Rieble* § 1 Rn. 469.
[23] *Wiedemann/Thüsing* § 1 Rn. 747; HWK/*Henssler* TVG § 1 Rn. 52.
[24] HWK/*Henssler* TVG § 1 Rn. 52; BeckOK ArbR/*Waas* TVG § 1 Rn. 97.
[25] BAG 17.6.1999 – 2 AZR 456/98, AP KSchG 1969 § 1 Betriebsbedingte Kündigung Nr. 103 = NZA 1999, 1157; Thüsing/Braun/*Wißmann* 4. Kap. Rn. 111; Wiedemann/*Thüsing* § 1 Rn. 746.
[26] BAG 18.9.2001 – 9 AZR 397/00, AP ATG § 3 Nr. 3 = NZA 2002, 1161.
[27] Thüsing/Braun/*Wißmann* 4. Kap. Rn. 111; NK-TVG/*Lorenz* § 3 Rn. 72.
[28] Siehe auch *Löwisch/Rieble* § 4 Rn. 481.
[29] Thüsing/Braun/*Wißmann* 4. Kap. Rn. 108.
[30] Siehe Wiedemann/*Thüsing* § 1 Rn. 740; BeckOK ArbR/*Waas* TVG § 1 Rn. 98; HMB/*Hexel* Teil 4 Rn. 89.
[31] Wiedemann/*Thüsing* § 1 Rn. 743.
[32] *Löwisch/Rieble* § 1 Rn. 475.
[33] NK-TVG/*Lorenz* § 3 Rn. 70.
[34] BAG 17.6.1997 – 1 ABR 3/97, AP TVG § 3 Betriebsnormen Nr. 2 = NZA 1998, 213.
[35] BAG 26.4.1990 – 1 ABR 84/87, AP GG Art. 9 Nr. 57 = NZA 1990, 850.
[36] *Löwisch/Rieble* § 1 Rn. 475.

werden, was zur notwendig betriebseinheitlichen Geltung führt.[37] Allerdings zeigt sich auch hier die Ambivalenz der Einordnung, weil die Vereinbarung lediglich von Ansprüchen der Gewerkschaftsmitglieder durchaus denkbar ist. Deshalb kommt es in diesen Fällen wesentlich auf den betriebseinheitlichen Regelungswillen der Tarifvertragsparteien an.

Auch qualifizierte Besetzungsregelungen ordnet die Rechtsprechung zu Recht als Betriebsnormen ein.[38] Ihr Zweck, ein bestimmtes Qualifikationsniveau im Betrieb zu erhalten oder aufzubauen, würde konterkariert, würden die Besetzungsregelungen lediglich für Gewerkschaftsmitglieder gelten. Ebensolche Argumente bringt das BAG für die Einordnung von Höchstaltersregelungen für die Einstellung von Piloten vor.[39]

Arbeitszeitregelungen lassen sich nicht einheitlich als Betriebsnormen begreifen.[40] Diese sind grundsätzlich als Inhaltsnormen zu qualifizieren, weil die jeweilige Dauer und Lage der Arbeitszeit einer individuellen Regelung zugänglich ist. Das wird dann anders gesehen, wenn der gewählte Arbeitsablauf eine einheitliche Arbeitszeitregelung erfordert.[41] Deshalb sind etwa Schichtpläne als Betriebsnormen einzuordnen[42] oder auch Regelungen über die Betriebsschließung an bestimmten Tagen.[43] Die Lage der Arbeitszeit und die Ermächtigung zur Anordnung von Kurz- oder Mehrarbeit wird kritischer gesehen – wegen der Arbeitsvertragsfreiheit der Außenseiter.[44] Dagegen wird gesetzt, dass die einheitliche Anordnung von Kurzarbeit der Verteilungsgerechtigkeit innerhalb der Belegschaft dient.[45] Die Rechtsprechung hat die Frage bislang offen gelassen.[46]

Für tarifliche Regelungen der Verteilung der Arbeitszeit, wie etwa die Festlegung einer Quote für die Abweichung der wöchentlichen Arbeitszeit nach oben, nimmt das BAG eine Betriebsnorm an – wegen des Belegschaftsbezugs.[47] Das müsste dann auch für die quotale Beschränkung von vorübergehenden Befristungen gelten.

4. Betriebsbezogenheit der Regelung

Anknüpfungspunkt für die Betriebsnormen ist – schon ausweislich des Wortlauts der §§ 1 Abs. 1, 3 Abs. 2 TVG – der Betrieb und nicht das Unternehmen.[48] Es gilt der allgemeine betriebsverfassungsrechtliche Betriebsbegriff (→ § 284 Rn. 1). Betriebsnormen sind deshalb nur solche tariflichen Regelungen, die das Verhältnis des Arbeitgebers zur Belegschaft und nicht zum einzelnen Arbeitnehmer regeln und die deshalb betriebsbezogen gelten sollen. Auf der Seite der Arbeitnehmer wird dies dadurch aufgenommen, dass alle Arbeitnehmer des Betriebs gebunden werden.

Betriebliche Normen zielen **nicht auf das einzelne Arbeitsverhältnis,** sondern auf den Betrieb und damit die Betriebsbelegschaft als solche und damit auf das Verhältnis des Arbeitgebers zur Belegschaft ab.[49] § 3 Abs. 2 TVG ordnet die Außenseiterbindung mit Bezug auf die Tarifbindung des Arbeitgebers an (→ § 245 Rn. 37 ff.). Deshalb kann der einzelne Arbeitnehmer aus einer Betriebsnorm auch keine individualrechtlichen Ansprü-

---

[37] *Löwisch/Rieble* § 1 Rn. 476.
[38] BAG 22.1.1991 – 1 ABR 19/90, AP GG Art 12 Nr. 67 = NZA 1991, 675; 26.4.1990 – 1 ABR 84/87, AP GG Art. 9 Nr. 57 = NZA 1990, 850; HMB/*Hexel* Teil 4 Rn. 87.
[39] BAG 8.12.2010 – 7 ABR 98/09, AP BetrVG 1972 § 99 Einstellung Nr. 62 = NZA 2011, 751.
[40] Thüsing/Braun/*Wißmann* 4. Kap. Rn. 108.
[41] Wiedemann/*Thüsing* § 1 Rn. 748.
[42] *Löwisch/Rieble* § 1 Rn. 477; Thüsing/Braun/*Wißmann* 4. Kap. Rn. 108.
[43] BAG 7.11.1995 – 3 AZR 676/94, AP TVG § 3 Betriebsnormen Nr. 1 = NZA 1996, 1214.
[44] *Löwisch/Rieble* § 1 Rn. 477.
[45] *Säcker/Oetker* ZfA 1991, 131 (141); Thüsing/Braun/*Wißmann* 4. Kap. Rn. 108.
[46] BAG 1.8.2001 – 4 AZR 388/99, AP TVG § 3 Betriebsnormen Nr. 5.
[47] BAG 17.6.1997 – 1 ABR 3/97, AP TVG § 3 Nr. 2 Betriebsnormen = NZA 1998, 213; zustimmend HMB/*Hexel* Teil 4 Rn. 89; NK-TVG/*Lorenz* § 3 Rn. 71.
[48] *Säcker/Oetker* ZfA 1991, 131, 139 ff.; NK-TVG/*Lorenz* § 3 Rn. 67.
[49] BAG 22.2.2012 – 4 AZR 527/10, AP TVG § 3 Nr. 52 Rn. 33; 26.1.2011 – 4 AZR 159/09, AP TVG § 3 Betriebsnormen Nr. 7 = NZA 2011, 808; 17.6.1997 – 1 ABR 3/97, AP TVG § 3 Betriebsnormen Nr. 2 = NZA 1998, 213; *Löwisch/Rieble* § 1 Rn. 401 ff.; NK-TVG/*Nebe* § 1 Rn. 349; HWK/*Henssler* TVG § 1 Rn. 51; Thüsing/Braun/*Wißmann* 4. Kap. Rn. 106; BeckOK ArbR/*Waas* TVG § 1 Rn. 94.

che geltend machen,[50] vielmehr ist es grundsätzlich dem Betriebsrat in die Hände gelegt, Rechte aus Betriebsnormen gegenüber dem Arbeitgeber geltend zu machen.[51] Der einzelne Arbeitnehmer kommt gleichsam reflexartig in den Genuss der durch die Betriebsnormen begründeten Rechte.[52] Auswahlrichtlinien, die die Sozialauswahl nach § 1 Abs. 4, Abs. 5 KSchG präzisieren, wirken gestaltend dabei direkt auf die Sozialauswahl, der einzelne Arbeitnehmer kann sich im Kündigungsschutzprozess unmittelbar darauf berufen.[53] Ist eine tarifliche Regelung sowohl Betriebs- als auch Individualnorm (Doppelnorm, → Rn. 6), können die aufgrund Mitgliedschaft tarifgebundenen Arbeitnehmer selbst die Ansprüche geltend machen.

18 Arbeitgeber ist der betriebsverfassungsrechtliche Arbeitgeber – eben weil die Betriebsnormen belegschaftsbezogen sind. Das ist etwa beim gemeinsamen Betrieb von Bedeutung: Hier kommt es regelmäßig zum Auseinanderfallen des maßgeblichen Arbeitgebers bei Betriebs- und Individualnormen, für diese ist es der Vertragsarbeitgeber des jeweiligen Arbeitnehmers, für jene die den Gemeinschaftsbetrieb führende Gesellschaft, auf deren Tarifbindung es dann auch nach § 3 Abs. 2 TVG ankommt.[54] Die Bindung nur eines beteiligten Unternehmens reicht deshalb nicht aus.[55]

19 Für die Tarifbindung ist Voraussetzung, dass neben dem Arbeitgeber noch mindestens ein Arbeitnehmer des Betriebs mitgliedschaftlich tarifgebunden ist. Die herrschende Meinung sieht dies freilich anders (→ § 245 Rn. 39).

5. Betrieblicher Regelungswille

20 Die Tarifvertragsparteien müssen auch gegenüber Außenseitern regeln und so Betriebsnormen setzen wollen – die Norm muss betriebseinheitliche Geltung beanspruchen.[56] Dieser Regelungswille ist konstitutiv für die Betriebsnorm und durch Auslegung des Tarifvertrags zu ermitteln (→ § 243 Rn. 7ff.). Fehlt ein solcher Erstreckungswille auch auf Außenseiter – etwa weil nur die Gewerkschaftsmitglieder in den Genuss einer Sozialeinrichtung kommen sollen oder weil keine das Arbeitsverhältnis unmittelbar regelnde, sondern nur den Arbeitgeber ermächtigende Regelung gesetzt wird – so handelt es sich nicht um eine Betriebsnorm.[57] Bei der Unterscheidung sind die Tarifvertragsparteien gegenüber den Außenseitern nicht an den Gleichheitsgrundsatz gebunden – allerdings kann der Tarifvertrag einen solchen Zugang als exklusives Gut nur für Gewerkschaftsmitglieder dadurch absichern, dass er eine entsprechende arbeitsvertragliche Vereinbarung mit den Außenseitern verböte.

21 Haben die Tarifvertragsparteien einen einheitlichen Regelungswillen, ist aber eine betriebseinheitliche Geltung nicht geboten – und kann die Norm deshalb keine Betriebsnorm sein – so erfolgt keine Bindung auch der Außenseiter.[58] Ob dann nur die Mitglieder von der Regelung betroffen werden sollen, ist durch Auslegung zu ermitteln.[59] Das gilt auch dann, wenn keine betriebseinheitliche Geltung gewollt ist, diese aber wegen des

---

[50] Thüsing/Braun/Wißmann 4. Kap. Rn. 113; NK-TVG/Nebe § 1 Rn. 351.
[51] BAG 22.2.2012 – 4 AZR 527/10, AP TVG § 3 Nr. 52 Rn. 41; Löwisch/Rieble § 1 Rn. 408; ErfK/Franzen TVG § 1 Rn. 47; NK-TVG/Nebe § 1 Rn. 351.
[52] BAG 26.1.2011 – 4 AZR 159/09, AP TVG § 3 Betriebsnormen Nr. 7 = NZA 2011, 808; Thüsing/Braun/Wißmann 4. Kap. Rn. 113.
[53] Thüsing/Braun/Wißmann 4. Kap. Rn. 115.
[54] Löwisch/Rieble § 1 Rn. 443ff.
[55] So aber NK-TVG/Lorenz § 3 Rn. 68.
[56] BAG 26.1.2011 – 4 AZR 159/09, AP § 3 TVG Betriebsnormen Nr. 7 = NZA 2011, 808; 1.8.2001 – 4 AZR 388/99, AP TVG § 3 Betriebsnormen Nr. 5; Thüsing/Braun/Wißmann 4. Kap. Rn. 114; HMB/Hexel Teil 4 Rn. 91.
[57] BAG 1.8.2001 – 4 AZR 388/99, AP TVG § 3 Betriebsnormen Nr. 5.
[58] Löwisch/Rieble § 4 Rn. 507.
[59] BAG 7.11.1995 – 3 AZR 676/94, AP TVG § 3 Betriebsnormen Nr. 1 = NZA 1996, 1214; 21.1.1987 – 4 AZR 486/86, AP GG Art. 9 Nr. 46 und 21.1.1987 – 4 AZR 547/86, AP GG Art. 9 Nr. 47 = NZA 1987, 233; Kempen/Zachert/Kempen § 3 Rn. 32; HWK/Henssler TVG § 1 Rn. 52; NK-TVG/Nebe § 1 Rn. 352; Thüsing/Braun/Wißmann 4. Kap. Rn. 114.

Regelungsgegenstandes notwendig ist – dann ist zu ermitteln, ob die Auslegung der tariflichen Regelung doch noch einen betriebseinheitlichen Regelungswillen erkennen lässt.[60]

III. Betriebsverfassungsrechtliche Fragen

1. Vorgaben für die Tarifmacht

Der Tarifvertrag kann auch betriebsverfassungsrechtliche Regelungen treffen, § 1 Abs. 1 TVG,[61] und so Fragen der Organisation der Betriebsverfassung und der Rechte des Betriebsrates regeln.[62] Auch diese Normen wirken nach § 3 Abs. 2 TVG betriebseinheitlich – was hier unmittelbar einsichtig ist, da es nicht je nach Gewerkschaftsbindung verschiedene Beteiligungsrechte des Betriebsrats oder betriebsverfassungsrechtliche Organisationsstrukturen geben kann.[63]

a) Anknüpfung im BetrVG. Das BetrVG selbst nimmt die Möglichkeit der tariflichen Regelung auf, indem punktuell ausdrücklich auf die Abänderungsbefugnis des Tarifvertrags verwiesen wird. Das betrifft Regelungen der betriebsverfassungsrechtlichen Organisation, §§ 3, 117 BetrVG, der Freistellung der Betriebsratsmitglieder, § 38 BetrVG, die Zahl der Mitglieder von Gesamtbetriebsrat und Konzernbetriebsrat, §§ 47 Abs. 4, 55 Abs. 4 BetrVG, der Gesamt-Jugend- und Auszubildendenvertretung, § 72 Abs. 4 BetrVG, die Ersetzung der Einigungsstelle durch eine tarifliche Schlichtungsstelle, § 76 Abs. 8 BetrVG, die Regelung der Einigungsstellenkosten, § 76a Abs. 5 BetrVG, das Beschwerdeverfahren, § 86 BetrVG.

Die Öffnungsmöglichkeiten, die die Organisation der Betriebsverfassung und die Zuständigkeit des Betriebsrats betreffen, sind abschließend[64] – der Tarifvertrag kann also keine anderweitigen organisatorischen Regelungen außerhalb der ihm ausdrücklich zugewiesenen Tarifmacht setzen und etwa die Voraussetzungen der sächlichen Gewährleistung der Betriebsratsarbeit durch den Arbeitgeber jenseits von § 40 Abs. 2 BetrVG abweichend tariflich regeln.[65] Und auch eine Änderung der Zuständigkeitsvorgaben des BetrVG für Betriebs-, Gesamtbetriebs- und Konzernbetriebsrat durch Tarifvertrag ist nicht möglich.[66]

Die Rechtsprechung verlangt für betriebsverfassungsrechtliche Normen die Tarifzuständigkeit der tarifschließenden Gewerkschaft für alle Arbeitsverhältnisse des Betriebes.[67]

b) Kein allgemeiner Zugriff auf das Mitarbeitsvertretungsrecht. § 1 Abs. 1 TVG sieht die Tarifmacht nur für betriebsverfassungsrechtliche Fragen vor, nicht aber ein allgemeines Zugriffsmandat des Tarifvertrags auf alle Systeme der Mitarbeitervertretung.

Das **Personalvertretungsrecht** verbietet ausdrücklich den tariflichen Zugriff sowohl auf die personalvertretungsrechtliche Organisation als auch auf die Beteiligungsrechte des Personalrats, siehe nur §§ 3, 97 BPersVG. Dieser rigide Ausschluss der tariflichen Regelung ist in der besonderen Verfassung der Personalvertretung begründet, die wegen der

---

[60] *Löwisch/Rieble* § 4 Rn. 506.
[61] Zur Entwicklung siehe Wiedemann/*Thüsing* § 1 Rn. 755 ff.
[62] *Löwisch/Rieble* § 1 Rn. 510; ErfK/*Franzen* TVG § 1 Rn. 48.
[63] HMB/*Hexel* Teil 4 Rn. 92.
[64] BAG 27.9.2009 – 7 ABR 27/08, AP BetrVG 1972 § 3 Nr. 7 = NZA 2009, 1424; 9.6.1999 – 7 ABR 66/97, BAGE 92, 26; ErfK/*Franzen* TVG § 1 Rn. 48; BAG 10.2.1988 – 1 ABR 70/86, AP BetrVG 1972 § 99 Nr. 53 = NZA 1988, 699; HMB/*Hexel* Teil 4 Rn. 93; Thüsing/Braun/*Wißmann* 4. Kap. Rn. 121.
[65] BAG 9.6.1999 – 7 ABR 66/97, BAGE 92, 26.
[66] BAG 18.11.2014 – 1 ABR 21/13, AP BetrVG 1972 § 3 Nr. 12 = NZA 2015, 694; 9.12.2003 – 1 ABR 49/02, AP BetrVG 1972 § 50 Nr. 27 =NZA 2005, 234; 21.1.2003 – 3 ABR 26/02, NZA 2003, 992; 11.11.1998 – 4 ABR 40/97, AP BetrVG 1972 § 50 Nr. 18 = NZA 1999, 1056; *Löwisch/Rieble* § 1 Rn. 513.
[67] BAG 14.1.2014 – 1 ABR 66/12, AP BetrVG 1972 § 87 Arbeitszeit Nr. 134 = NZA 2014, 910; zustimmend NK-TVG/*Lorenz* § 3 Rn. 75; HWK/*Henssler* TVG § 3 Rn. 35.

Aufgaben der öffentlichen und hoheitlichen Tätigkeit dem Demokratieprinzip verpflichtet ist und deshalb keinen lediglich privatautonom legitimierten Eingriff verträgt.[68]

28 Für **kirchliche Einrichtungen** ist wegen § 118 Abs. 2 BetrVG das BetrVG insgesamt nicht anwendbar. Die Kirchen haben aber die dadurch eröffnete Möglichkeit, ein eigenes Mitarbeitervertretungsrecht zu schaffen, wahrgenommen – siehe für den katholischen Bereich MAVO und den evangelischen Bereich MVG.EKD. In diesen ist ein tariflicher Zugriff nicht vorgesehen, was schon deshalb folgerichtig ist, da die Kirchen den Tarifvertrag als Regelungsinstrument in Ausübung ihres aus Art. 140 GG iVm Art. 137 Abs. 3 WRV resultierenden Selbstbestimmungsrechts weitgehend ausgeschlossen haben.[69]

29 Die **Unternehmensmitbestimmung** liegt nicht im Zugriffsbereich des Tarifvertrags, das TVG gibt hier keine entsprechende Tarifmacht – es sieht nur betriebsverfassungsrechtliche Normen vor und ist eindeutig – und auch die Gesetze zur Unternehmensmitbestimmung, MitbestG, MontanMitBestG, DrittelBG, sehen eine entsprechende Tarifmacht nicht vor.[70] Und auch für das Europäische Mitbestimmungssystem auf der Grundlage des EBRG, SEBG und SCEBG ist kein Tarifvertragszugriff vorgesehen – hier bewendet es bei der Verhandlungslösung über das besondere Verhandlungsgremium.[71]

30 Auch das Sprecherausschussgesetz kennt keinen tarifvertraglichen Zugriff.

2. Einrichtung und Organisation der Betriebsverfassung

31 Die **betriebsverfassungsrechtliche Organisation** ist in § 3 BetrVG für den tariflichen Zugriff geöffnet,[72] allerdings kann nach § 3 Abs. 5 BetrVG lediglich der Betrieb als Organisationsgrundlage des einzelnen Betriebsrates beeinflusst werden, nicht aber darüber hinaus etwa die Zuständigkeiten von Gesamt- oder Konzernbetriebsrat.[73]

32 So können etwa in einem Unternehmen mit mehreren Betrieben durch Tarifvertrag einzelne Betriebe zusammengefasst werden und hier also ein Betriebsrat, statt die grundsätzlich nach § 1 Abs. 1 BetrVG vorgesehenen mehrere Betriebsräte, implementiert werden, auch ein unternehmensweit zuständiger Betriebsrat ist möglich. Und ebenso kann eine solche Zusammenfassung sich dann an einzelnen Sparten orientieren. Problematisch ist hier allerdings die materiale Vorgabe des Gesetzes: Eine Zusammenfassung mehrerer oder aller Betriebe eines Unternehmens gelingt nur, wenn dies die Bildung von Betriebsräten erleichtert oder einer sachgerechten Wahrnehmung der Interessen der Arbeitnehmer dient, § 3 Abs. 1 Nr. 1 BetrVG, ein Spartenbetriebsrat setzt nach § 3 Abs. 1 Nr. 2 BetrVG voraus, dass dies der sachgerechten Wahrnehmung der Aufgaben des Betriebsrats dient. Diese Sachdienlichkeit entbehrt der Bestimmtheit.[74] Werden die materialen Voraussetzungen durch den Tarifvertrag nicht erfüllt, so soll die dennoch durchgeführte Betriebsratswahl anfechtbar, aber nicht nichtig sein.[75]

33 Bei der Regelung organisatorischer Fragen sind die Tarifvertragsparteien den Strukturprinzipien und Kernelementen des BetrVG unterworfen – sie haben etwa den Gleichbehandlungsgrundsatz des § 75 BetrVG oder das Benachteiligungs- und Begünstigungsverbot des § 78 BetrVG zu beachten.[76] Und über den betrieblichen Bereich kann der

---

[68] *Löwisch/Rieble* § 4 Rn. 551 ff., die aber für eine maßvolle Öffnung de lege ferenda plädieren.
[69] → § 236 Rn. 17; dazu auch allgemein → §§ 366, 367.
[70] Thüsing/Braun/*Wißmann* 4. Kap. Rn. 123; HMB/*Hexel* Teil 4 Rn. 102; Wiedemann/*Thüsing* § 1 Rn. 760.
[71] *Löwisch/Rieble* § 1 Rn. 547 ff.
[72] Zur verfassungsrechtlich intendierten Kritik an dieser Regelung siehe *Löwisch/Rieble* § 1 Rn. 527 ff.; *Giesen* Tarifvertragliche Rechtsgestaltung für den Betrieb, S. 309 f.; *Picker* RdA 2001, 259 (288 f.); keine verfassungsrechtlichen Bedenken sieht BAG 29.7.2009 – 7 ABR 27/08, AP BetrVG 1972 § 3 Nr. 7 = NZA 2009, 1424.
[73] *Löwisch/Rieble* § 1 Rn. 543 ff. mwN auch zur Gegenmeinung.
[74] Siehe freilich BAG 13.3.2013 – 7 ABR 70/11, AP BetrVG 1972 § 3 Nr. 10 = NZA 2013, 738.
[75] BAG 13.3.2013 – 7 ABR 70/11, AP BetrVG 1972 § 3 Nr. 10 = NZA 2013, 738; dezidiert dagegen *Löwisch/Rieble* § 1 Rn. 533.
[76] *Löwisch/Rieble* § 1 Rn. 512.

Tarifvertrag die Zuständigkeit des Betriebsrates nicht ausdehnen – und den Betriebsrat etwa mit einer umfassenden „Rechtsfähigkeit" durch Ausweitung der Aufgaben ausstatten.[77]

Die **Rechte der Gewerkschaft im Betrieb** sind im BetrVG abschließend festgelegt – sie können durch Tarifvertrag nicht ausgeweitet werden. Schon gar nicht kann ein etwa über gewerkschaftliche Vertrauensleute konstituiertes mitbestimmungsrechtliches Parallelsystem implementiert werden.[78] 34

Für die im Flugbetrieb Beschäftigten eines Luftfahrtunternehmens sieht § 117 Abs. 2 BetrVG – im Gegensatz zu den in Landbetrieben Tätigen, § 117 Abs. 1 BetrVG[79] den Tarifvertrag als konstitutive Regelungsgrundlage für die Struktur einer betrieblichen Mitbestimmung vor. Inhaltliche Vorgaben macht das Gesetz nicht, auch eine strukturelle und grundlegende Abweichung der Vorgaben des BetrVG ist möglich.[80] Deshalb wird es als unbestimmt und damit verfassungswidrig eingeordnet.[81] Das ist deshalb bedenklich, weil die betroffenen Arbeitnehmer für die Wahl eines Betriebsrates auf den Tarifvertrag angewiesen sind. Inhaltlich wird auch deshalb auf einen durch den Tarifvertrag einzuhaltenden Mindeststandard verwiesen, der sich insbesondere aus den Vorgaben der Anhörungsrichtlinie 2002/78/EG ergeben soll.[82] 35

3. Erweiterung von Mitbestimmungs- und Mitwirkungsrechten

Durch Tarifvertrag können die Mitbestimmungsrechte des Betriebsrates nur ausgeweitet, aber nie eingeschränkt werden.[83] Freilich kann man den Tarifvorbehalt des § 87 Abs. 1 BetrVG als faktische Beschränkungsmöglichkeit der Mitbestimmungsrechte in sozialen Angelegenheiten begreifen.[84] Das ist aber kein Zugriff auf Beteiligungsrechte, sondern Ausübung und Gewährleistung der Tarifautonomie. 36

Dass der Tarifvertrag überhaupt die materiellen Rechte des Betriebsrats regeln kann, wird bestritten.[85] Haupteinwand ist – neben gesetzeshistorischen Gründen[86] – dass das systematische Gefüge der Beteiligungsrechte des Betriebsrats nicht durch einseitigen Eingriff zugunsten des Betriebsrates geändert werden können soll und sich für eine solche Ausweitung im Gegensatz zu den organisatorischen Fragen gesetzliche Öffnungen zugunsten des Tarifvertrags gerade fehlen.[87] Richtige Kernüberlegung dieser rigiden ablehnenden Meinung ist, dass nur solche Erweiterungen möglich sein dürfen, die der Aufgabe des Betriebsrates als Interessenvertretung der Belegschaft gerecht werden – was eine Ausweitung hin zu allgemeinen politischen oder gesellschaftlichen Aufgaben ausschließt.[88] Das BetrVG setzt allerdings – wie beim organisatorischen Zugriff – der tariflichen Erweiterung der Rechte des Betriebsrates Grenzen: So hat auch der Tarifvertrag die Grundsystematik des BetrVG zu beachten – es kann also kein tariflich „neues" und dem BetrVG systematisch widersprechendes Beteiligungsregime des Betriebsrates geschaffen und es 37

---

[77] *Löwisch/Rieble* § 1 Rn. 514.
[78] *Löwisch/Rieble* § 1 Rn. 516, 524 f.
[79] Zur Abgrenzung BAG 20.2.2001 – 1 ABR 27/00, AP BetrVG 1972 § 117 Nr. 6 = NZA 2001, 1089; Richardi BetrVG/*Forst* § 117 Rn. 10 ff.; kritisch zur gesamten gesetzlichen Konstruktion *Bayreuther* NZA 2010, 262.
[80] BAG 5.3.2013 – 1 ABR 11/12, AP BetrVG 1972 § 98 Nr. 15; 5.11.1985 – 1 ABR 56/83, AP BetrVG 1972 § 117 Nr. 4.
[81] Dazu *Giesen* Tarifliche Rechtsgestaltung für den Betrieb, S. 325 ff.
[82] Richardi BetrVG/*Forst* § 117 Rn. 19.
[83] BAG 10.2.1988 – 1 ABR 70/86, AP BetrVG 1972 § 99 Nr. 53; 18.8.1987 – 1 ABR 30/86, AP BetrVG 1972 § 77 Nr. 23 = NZA 1987, 779; NK-TVG/*Lorenz* § 3 Rn. 75; Wiedemann/*Thüsing* § 1 Rn. 758; Thüsing/Braun/*Wißmann* 4. Kap. Rn. 122; HWK/*Henssler* TVG § 1 Rn. 54.
[84] Wiedemann/*Thüsing* § 1 Rn. 766; Thüsing/Braun/*Wißmann* 4. Kap. Rn. 131.
[85] Skeptisch ErfK/*Franzen* TVG § 1 Rn. 48; BeckOK ArbR/*Waas* TVG § 1 Rn. 100; *Giesen* Tarifvertragliche Rechtsgestaltung für den Betrieb, S. 360 ff.; BeckOK ArbR/*Giesen* TVG § 3 Rn. 15.
[86] Dazu Wiedemann/*Thüsing* § 1 Rn. 766 mwN.
[87] Darauf weist auch ErfK/*Franzen* TVG § 1 Rn. 48 hin.
[88] *Löwisch/Rieble* § 1 Rn. 520.

kann auch nicht aus der betriebsbezogenen eine Unternehmensmitbestimmung gemacht werden.[89] Das begegnet etwa im Bereich der sozialen Mitbestimmung, wo entsprechende Erweiterungen stets einen Konnex zu den sozialen Angelegenheiten aufweisen müssen.[90] Richtig dürfen die Tarifvertragsparteien durch die Ausweitung von Mitbestimmungsrechten keine mittelbare inhaltliche Gestaltung der Arbeitsverhältnisse betreiben, indem sie entsprechende Vorgaben – etwa über die Arbeitszeit – im Tarifvertrag machen: Das wäre eine ungerechtfertigte Ausdehnung der Tarifmacht auf Außenseiter.[91]

38 In personellen Angelegenheiten sieht § 102 Abs. 6 BetrVG für die Betriebsparteien die Möglichkeit vor, für Kündigungen ein Zustimmungsrecht des Betriebsrats mit Einigungsstellenzuständigkeit zu vereinbaren. Man ist sich überwiegend einig, dass diese Möglichkeit auch für die Tarifvertragsparteien besteht.[92] Darüber hinaus geht das BAG recht weit, wenn es auch ein tariflich begründetes echtes Mitbestimmungsrecht bei allen personellen Entscheidungen goutiert, jedenfalls wenn die Einigungsstelle letztlich entscheide.[93] Insgesamt wird die Erweiterung der Beteiligungsrechte in personellen Angelegenheiten auch kritisch gesehen und darauf hingewiesen, dass der Tarifvertrag die abgestufte Intensität der Beteiligungsrechte in den §§ 99 ff. BetrVG zu beachten habe.[94]

39 Eine Erweiterung der Beteiligungsrechte des Betriebsrats in wirtschaftlichen Angelegenheiten wird demgegenüber zu Recht abgelehnt:[95] Das BetrVG selbst sieht eine konstitutive Beteiligung an unternehmerischen Entscheidungen gerade nicht vor, diese sind der Unternehmensmitbestimmung vorbehalten. Deshalb kann auch der Tarifvertrag nicht über die Ausweitung etwa der Rechte des Wirtschaftsausschusses, §§ 106 ff. BetrVG, eine Entwicklung hin zur Unternehmensmitbestimmung anstoßen.[96] Das gilt nicht nur für die Anknüpfung an die §§ 106 ff. BetrVG, sondern darüber hinaus, weswegen etwa kein Zustimmungsrecht des Betriebsrates für die Aufnahme der Tätigkeit von Selbständigen und deren Erfüllungsgehilfen im Betrieb begründet werden kann.[97]

---

[89] Wiedemann/*Thüsing* § 1 Rn. 768.
[90] Wiedemann/*Thüsing* § 1 Rn. 768.
[91] *Löwisch/Rieble* § 1 Rn. 522.
[92] BAG 21.6.2000 – 4 AZR 379/99, AP BetrVG 1972 § 102 Nr. 121 = NZA 2001, 271;10.2.1988 – 1 ABR 70/86, AP BetrVG 1972 § 99 Nr. 53; Wiedemann/*Thüsing* § 1 Rn. 769; Wiedemann/*Thüsing* § 1 Rn. 132.
[93] BAG 10.2.1988 – 1 ABR 70/86, NZA 1988, 699.
[94] Wiedemann/*Thüsing* § 1 Rn. 770.
[95] Wiedemann/*Thüsing* § 1 Rn. 771; HMB/*Hexel* Teil 4 Rn. 103; offen aber Thüsing/Braun/*Wißmann* 4. Kap. Rn. 133.
[96] Wiedemann/*Thüsing* § 1 Rn. 771.
[97] *Löwisch/Rieble* § 1 Rn. 521.

§ 241 Prozessuale Normen

Schrifttum:
Oppolny, Seitenwege – Umwege – Abwege – Arbeitsrechtliche Streitigkeiten außerhalb der Arbeitsgerichte, FS Leinemann, 2006, S. 607 ff.; *Vogel*, Die Bühnenschiedsgerichtsbarkeit – ein Modell für Tarifvertragsgerichte zur arbeitsrechtlichen Streitbeilegung?, NZA 1999, 26.

Übersicht

	Rn.
I. Tariflicher Zugriff als Ausnahme	1
II. Besonderheit Schiedsgericht nach § 101 Abs. 2 ArbGG	3
III. Mittelbare Gestaltung durch materiale Regelungen	6

I. Tariflicher Zugriff als Ausnahme

Prozessuale Regelungen sind von der Tarifmacht des TVG nicht umfasst, weil 1 Prozessrecht der staatlichen Rechtsetzung vorbehalten bleibt.[1] Auch dort, wo die Verfahrensordnungen Vereinbarungen der Prozessbeteiligten zulassen (wie etwa bei Gerichtsstandsvereinbarungen,[2] Rechtsmittelverzichten,[3] Prozessvergleichen,[4] die über §§ 54 Abs. 3, 83a Abs. 1 ArbGG auch im arbeitsgerichtlichen Verfahren möglich sind), steht diese Möglichkeit nicht auch den Tarifvertragsparteien als Normgeber zu.[5]

Ein Zugriff durch Tarifvertrag muss sich deshalb aus der **konkreten Verfahrensord-** 2 **nung** explizit ergeben. Einen solchen sieht § 48 Abs. 2 ArbGG für örtliche Zuständigkeitsregelungen vor: Tarifliche Regelungen können deshalb über die örtliche Zuständigkeit für bürgerliche Rechtsstreitigkeiten zwischen Arbeitgeber und Arbeitnehmer aus einem Arbeitsverhältnis und aus Verhandlungen über die Eingehung eines Arbeitsverhältnisses, das sich nach einem Tarifvertrag bestimmt, und für bürgerliche Rechtsstreitigkeiten aus dem Verhältnis einer gemeinsamen Einrichtung der Tarifvertragsparteien zu den Arbeitnehmern und Arbeitgebern, vereinbart werden. Besonders die letzte Möglichkeit der tariflichen Gerichtsstandsfestschreibung ist bedeutsam.[6] Eine abweichende arbeitsvertragliche Vereinbarung setzt sich bei normativer Tarifbindung nicht gegen die tarifliche Regelung durch.[7] Ausreichend ist im Geltungsbereich eines solchen Tarifvertrags auch die Bezugnahme des (freilich gesamten) Tarifvertrags, § 48 Abs. 2 S. 2 ArbGG. Die Einschränkungen des § 38 Abs. 2, Abs. 3 ZPO, gelten für die Wirksamkeit der tariflichen Regelungen nicht. Andere Zuständigkeiten als die örtliche werden von § 48 Abs. 2 ArbGG nicht umfasst[8] – und auch die Verfahrensgegenstände sind abschließend.[9]

II. Besonderheit Schiedsgericht nach § 101 Abs. 2 ArbGG

Nach **§ 101 Abs. 2 ArbGG** können die Tarifvertragsparteien für bürgerliche Rechtsstrei- 3 tigkeiten aus einem Arbeitsverhältnis die Arbeitsgerichtsbarkeit im Tarifvertrag durch die ausdrückliche Vereinbarung ausschließen, dass die Entscheidung durch ein Schiedsgericht erfolgen soll, wenn der persönliche Geltungsbereich des Tarifvertrags überwiegend Büh-

---

[1] *Löwisch/Rieble* § 1 Rn. 557; *Wiedemann/Thüsing* § 1 Rn. 587; *HWK/Henssler* TVG § 1 Rn. 57.
[2] Dazu *ErfK/Koch* ArbGG § 48 Rn. 22.
[3] Dazu BAG 15.3.2006 – 9 AZN 885/05, AP ArbGG 1979 § 69 Nr. 5 = NZA 2006, 876; *ErfK/Koch* ArbGG § 74 Rn. 16.
[4] BAG 10.12.2014 – 10 AZR 63/14, AP GewO § 106 Nr. 30 = NZA 2015, 483; BAG 24.9.2015 – 2 AZR 716/14, AP ZPO § 794 Nr. 57 = NZA 2016, 716; *ErfK/Koch* ArbGG § 83a Rn. 1.
[5] BAG 18.5.1983 – 4 AZR 456/80, AP TVG § 1 Tarifverträge: Bau Nr. 51 = DB 1983, 2200; ErfK/*Franzen* TVG § 1 Rn. 49; *Löwisch/Rieble* TVG § 1 Rn. 557; *Wiedemann/Thüsing* § 1 Rn. 11 ff., 587.
[6] *Wiedemann/Thüsing* § 1 Rn. 588; Thüsing/Braun/*Wißmann* 4. Kap Rn. 65.
[7] Thüsing/*Wißmann* 4. Kap. Rn. 65.
[8] BAG 24.1.1990 – 5 AZR 749/87, AP ArbGG 1979 § 2 Nr. 16 = NZA 1990, 539; Wiedemann/*Thüsing* § 1 Rn. 587.
[9] HMB/*Gäntgen* Teil 16 Rn. 73.

nenkünstler, Filmschaffende oder Artisten umfasst.[10] Damit soll den Besonderheiten dieser Berufsgruppen Rechnung getragen werden.[11] Die Nennung der Tätigkeitsgruppen ist enumerativ.[12] Die vormals ebenfalls aufgenommenen Kapitäne und Besatzungsmitglieder wurden gestrichen,[13] das SeeArbG sieht keine Möglichkeit einer tariflichen Schiedsgerichtsbarkeit vor.[14] Freilich bleibt nach § 110 ArbGG die Aufhebungsklage vor den Arbeitsgerichten möglich – und der Schiedsspruch auf Rechtsfehler überprüfbar.[15] Hier ermöglicht das Gesetz Ausübung von Tarifmacht und stellt den Grundsatz des § 4 ArbGG tarifdispositiv:[16] Das Verbot von Schiedsgerichten nach § 4 ArbGG greift für die Tarifvertragsparteien hier nicht. Die tariflichen Regelungen sind normative Regelungen, Abweichungen müssen sich deshalb am Günstigkeitsprinzip des § 4 Abs. 3 2. Alt. TVG messen lassen, ob der einzelvertragliche Ausschluss der Bühnenschiedsgerichtsbarkeit für den Arbeitnehmer günstiger ist, ist freilich umstritten, richtig wird man zu keinem Günstigkeitsurteil kommen können, so dass es bei der tariflichen Regelung bleibt.[17] „Überwiegend" bedeutet, dass der Geltungsbereich des Tarifvertrags vor allem die genannten Berufsgruppen umfassen muss, ist dies der Fall, so gilt die tarifliche Vereinbarung des Schiedsgerichts auch für Arbeitsverhältnisse, die nicht unter die genannte berufliche Zuordnung fallen.[18] Ob für die Geltung der tariflichen Schiedsklausel im Arbeitsverhältnis auch eine Tarifbindung wegen Allgemeinverbindlichkeit ausreicht, ist zwar umstritten,[19] wegen des geforderten sehr spezifischen Geltungsbereiches allerdings auch wenig praktisch.[20]

4   Nach § 101 Abs. 2 S. 3 ArbGG ist auch die schriftliche und ausdrückliche Vereinbarung der tariflichen Schiedsregelung für nicht Tarifgebundene möglich, allerdings muss sich das Arbeitsverhältnis auch dann nach dem Tarifvertrag regeln, etwa durch umfassende Bezugnahme;[21] zudem gilt die Möglichkeit nur für solche Arbeitsverhältnisse, die dem geforderten persönlichen Geltungsbereich unterfallen.[22] Damit ist also ein Zugriff von Arbeitsverhältnissen außerhalb dieses Geltungsbereiches nicht möglich: Die Möglichkeit der vertraglichen Vereinbarung geht nicht weiter als die originäre Tarifmacht.[23] Eine Klage,

---

[10] Zur Einordnung als künstlerische Tätigkeit siehe BAG vom 13.12.2017 – 7 AZR 369/16; BAG 28.1.2009 – 4 AZR 987/07, AP BGB § 611 Bühnenengagementsvertrag Nr. 61; NZA-RR 2009, 465; BAG 26.8.1998 – 7 AZR 263/97, AP BGB § 611 Bühnenengagementsvertrag Nr. 53 = NZA 1999, 442; siehe dazu auch GMP/*Germelmann* ArbGG § 101 Rn. 18ff.
[11] GWBG/*Greiner* § 101 Rn. 15; ErfK/*Koch* ArbGG § 110 Rn. 2f.
[12] BAG 6.8.1997 – 7 AZR 156/96, AP ArbGG 1979 § 101 Nr. 5 = NZA 1998, 220; Thüsing/Braun/*Wißmann* 4. Kap Rn. 66.
[13] Durch das Gesetz zur Umsetzung des Seearbeitsübereinkommens 2006 der Internationalen Arbeitsorganisation vom 20.4.2013, BGBl. I 868.
[14] GMP/*Germelmann* § 101 Rn. 20.
[15] Dazu BAG 2.8.2017 – 7 AZR 601/15, AP BGB § 611 Bühnenengagementsvertrag Nr. 65; BAG 8.9.2016 – 7 AZR 128/14, AP ArbGG 1979 § 110 Nr. 9 = MDR 2017, 528; LAG Köln 12.9.2014 – 9 Sa 730/13.
[16] HMB/*Gäntgen* Teil 16 Rn. 57.
[17] So auch mit Streitdarstellung GWBG/*Greiner* § 101 Rn. 15.
[18] GWBG/*Greiner* § 101 Rn. 15; GMP/*Germelmann* § 101 Rn. 21; Thüsing/Braun/*Wißmann* 4. Kap Rn. 66.
[19] Dagegen HMB/*Gäntgen* Teil 16 Rn. 62; dafür HWK/*Kalb* ArbGG § 101 Rn. 12; zum Streit auch GWBG/*Greiner* § 101 Rn. 14.
[20] Dazu GMP/*Germelmann* ArbGG § 101 Rn. 23ff.; skeptisch für eine mögliche Allgemeinverbindlichkeit des Schiedstarifvertrages überhaupt HWK/*Henssler* TVG § 1 Rn. 10; enger auch Thüsing/Braun/*Wißmann* 4. Kap Rn. 67 unter Verweis auf BAG 31.10.1963 – 5 AZR 283/62, AP ArbGG § 10 Nr. 11 = MDR 1964, 88.
[21] Die umfassende Bezugnahme offen gelassen Wiedemann/*Thüsing* § 1 Rn. 592.
[22] BAG 20.9.2017 – 6 AZR 474/16, AP BGB § 611 Bühnenengagementsvertrag Nr. 64 = NJW 2018, 805; BAG 15.2.2012 – 7 AZR 626/10, AP § 110 ArbGG 1979 Nr. 8 = NZA-RR 2013, 154; GMP/*Germelmann* ArbGG § 101 Rn. 29; GWBG/*Greiner* § 101 Rn. 17; siehe auch Thüsing/Braun/Lembke/*Hesser* 12. Kap. Rn. 15.
[23] BAG 20.9.2017 – 6 AZR 474/16, AP BGB § 611 Bühnenengagementsvertrag Nr. 64 = NJW 2018, 805; GMP/*Germelmann* ArbGG § 101 Rn. 29.

die trotz eines Tarifvertrags im Sinne des § 101 Abs. 2 ArbGG beim Arbeitsgericht erhoben wird, ist unzulässig.[24]

Durch Tarifvertrag kann nach **§ 101 Abs. 1 ArbGG** auch ein Schiedsgerichtsverfahren 5 über Streitigkeiten aus Tarifverträgen oder über Bestehen oder Nichtbestehen von Tarifverträgen vereinbart werden – und zwar abstrakt als auch konkret bezogen auf eine bestimmte Streitigkeit.[25] Geschieht dies, so liegt aber eine schuldrechtliche tarifliche Vereinbarung vor, die Streitigkeiten zwischen den Tarifvertragsparteien betrifft. Rechtssetzung für das tarifunterworfene Arbeitsverhältnis ist dies nicht, entsprechende Tarifmacht wird nicht begründet.

III. Mittelbare Gestaltung durch materiale Regelungen

Über die genannten Bereiche hinaus können die Tarifvertragsparteien keine prozessualen 6 Normen setzen, auf das prozessuale Verhalten der Mitglieder können sie nur verbandsrechtlich auf der Grundlage schuldrechtlicher Vereinbarungen einwirken.[26]

Möglich sind aber materiale tarifliche Regelungen, die dann auch prozessuale Folgen 7 auslösen.[27] So kann eine gerichtliche Gütestelle vorgesehen werden,[28] mit der das arbeitsgerichtliche Verfahren nicht ausgeschlossen, sondern ergänzt wird. Ebenso ist ein materieller Vergleichsvertrag (§ 779 BGB) möglich.[29] Keine prozessuale Norm und deshalb von der Tarifmacht nach § 1 Abs. 1 TVG gedeckt ist auch die tariflich begründete Leistungsbestimmung durch Dritte, insbesondere durch eine paritätisch besetzte Kommission. Diese materielle Regelung hat zwar letztlich die Wirkung einer Schiedsvereinbarung, sperrt allerdings nicht das arbeitsgerichtliche Verfahren. An tarifliche Regelungen der Beweislast ist auch das Arbeitsgericht gebunden.

Materiale Kostenerstattungsansprüche können grundsätzlich tariflich grundgelegt wer- 8 den, wegen § 12a ArbGG aber nicht für die Kosten der ersten Instanz.[30]

---

[24] BAG 28.1.2009 – 4 AZR 987/07, AP BGB § 611 Bühnenengagementsvertrag Nr. 61 = NZA-RR, 2009, 465.
[25] GWBG/*Greiner* § 101 Rn. 11.
[26] *Löwisch/Rieble* § 1 Rn. 565.
[27] *Löwisch/Rieble* § 1 Rn. 567; siehe auch Thüsing/Braun/*Wißmann* 4. Kap Rn. 63.
[28] *Löwisch/Rieble* § 1 Rn. 2374 mit Verweis auf BGH 29.10.2008 – XII ZR 165/06, NJW-RR 2009, 637.
[29] *Löwisch/Rieble* § 1 Rn. 569; siehe allgemein GWBG/*Waas* § 12a Rn. 4; GMP/*Germelmann* § 12a Rn. 8; ErfK/*Koch* ArbGG § 12a Rn. 2.
[30] *Löwisch/Rieble* § 1 Rn. 572; siehe allgemein zu entsprechenden Vereinbarungen BeckOK ArbR/*Poeche* ArbGG § 12a Rn. 9.

§ 242 Normen über gemeinsame Einrichtungen

Schrifttum:
Assenmacher, Funktionen und Befugnisse der Gemeinsamen Einrichtungen der Tarifvertragsparteien, 2003; *Bayreuther/Deinert,* Der Einbezug arbeitnehmerloser Betriebe in gemeinsame Einrichtungen, RdA 2015, 129; *Bötticher,* Die gemeinsamen Einrichtungen der Tarifvertragsparteien, 1966; *Greiner/P.Hanau/Preis,* Die Sicherung der Allgemeinverbindlichkeit bei gemeinsamen Einrichtungen der Tarifvertragsparteien, SR 2014, 2; *Guse,* Die „gemeinsame Einrichtung" – das unbekannte Wesen, DB 2017, 2736; *Hanau,* Gemeinsame Einrichtungen der Tarifvertragsparteien als Instrument der Verbandspolitik, RdA 1970, 161; *Herschel,* Empfiehlt es sich, das Recht der Gemeinsamen Einrichtungen der Tarifvertragsparteien (§ 4 Abs. 2 des Tarifvertragsgesetzes) näher gesetzlich zu regeln, ggf. wie?, JZ 1970, 461; *Kissel,* Die Zusatzversorgungskasse des Baugewerbes im Gesamtgefüge der Tarifautonomie, ZfA 1985, 39; *Klocke,* Die vorläufige Leistungspflicht nach § 98 VI 2 ArbGG, NZA 2018, 77; *Kolbe/Rieble,* Gemeinsame Einrichtungen als soziale Selbstverwaltung, ZfA 2015, 125; *Kübele/Sahl,* Die Zukunft der Sozialkassensysteme der Bauwirtschaft im Europäischen Binnenmarkt, 1993; *Oetker,* Die Binnenorganisation Gemeinsamer Einrichtungen der Tarifvertragsparteien zwischen Paritätsgebot und Unternehmensmitbestimmung, GS Heinze, 2005, S. 597; *Oetker,* Die Rechtsform gemeinsamer Einrichtungen als Gegenstand autonomer Rechtsetzung der Tarifvertragsparteien, FS 50 Jahre Zusatzversorgungskasse des Baugewerbes 2007, 123; *Oetker,* Tarifkonkurrenz und Tarifpluralität bei Tarifverträgen über gemeinsame Einrichtungen, NZA-Beil. 1/2010, 13; *Otto/Schwarze,* Tarifnormen über gemeinsame Einrichtungen und deren Allgemeinverbindlicherklärung, ZfA 1995, 639; *Sahl,* Leistung und Verfahren der gemeinsamen Einrichtung ULAK und ZVK, NZA-Beil. 1/2010, 8; *Schelp,* Gemeinsame Einrichtungen der Tarifvertragsparteien, FS Nipperdey II Bd. 2, 1965, S. 579; *Schliemann,* Tarifrecht und Entgeltumwandlung bei Betriebsrenten, GS Blomeyer, 2003, S. 375; *Schubert,* Diskussionsbericht des Symposiums „Tarifkonkurrenz und Tarifpluralität bei Gemeinsamen Einrichtungen" vom 18.6.2009, NZA-Beil. 1/2010, 34; *Strippelmann,* Rechtsfragen bei gemeinsamen Einrichtungen, 2016; *Temming,* Beitragsklagen der Sozialkassen des Baugewerbes – Zur internationalen Zuständigkeit deutscher Arbeitsgerichte, EuZA 2009, 413; *Thüsing/v. Hoff,* Leistungsbeziehungen und Differenzierungen nach der Gewerkschaftszugehörigkeit bei Gemeinsamen Einrichtungen, ZfA 2008, 77; *Waas,* Probleme der Tarifgebundenheit bei Normen über gemeinsame Einrichtungen der Tarifvertragsparteien, RdA 2000, 81; *Walser,* Stärkung der Tarifautonomie? Aber wie? – Eine Betrachtung mit besonderer Berücksichtigung gemeinsamer Einrichtungen, SR 2017, 2; *Waltermann,* Differenzierungsklauseln im Tarifvertrag in der auf Mitgliedschaft aufbauenden Tarifautonomie, 2016; *Wiedemann,* Rationalisierungsschutz, Tarifmacht und gemeinsame Einrichtung, RdA 1968, 420; *Zindel,* Die Rechtsbeziehungen zwischen Arbeitgebern, Arbeitnehmern und tarifvertraglichen Zusatzversorgungseinrichtungen und ihre Bedeutung für die steuerliche Behandlung der Beiträge und Leistungen, SdL 2013, 216; *Zöllner,* Der Begriff der gemeinsamen Einrichtung der Tarifvertragsparteien, BB 1968, 597; *Zöllner,* Empfiehlt es sich, das Recht der Gemeinsamen Einrichtungen der Tarifvertragsparteien (§ 4 Abs. 2 TVG) gesetzlich näher zu regeln?, Gutachten zum 48. Deutschen Juristentag 1970.

Übersicht

	Rn.
I. Begriff und Funktion	1
1. Begriff	1
2. Funktion	3
3. Nicht: Außertarifliche Einrichtungen	5
II. Verfasstheit, Organisation und Verwaltung	6
1. Tarifmachtbezogener Zweck	7
a) Keine Erweiterung der Tarifmacht	8
b) Normartunterscheidung	12
aa) Inhaltsnormen	12
bb) Betriebsnormen	17
cc) Prozessnormen	19
2. Rechtliche Verfasstheit	21
a) Rechtsform	21
b) Beteiligte	26
3. Organisation	28
III. Ende des Tarifvertrags und der gemeinsamen Einrichtung	32
1. Auflösung der gemeinsamen Einrichtung	32
2. Ende des Tarifvertrags	34
IV. Arbeitsverhältnis und gemeinsame Einrichtung	36
1. Beitragsbeziehung	37
a) Trennungsprinzip	37

	Rn.
b) Beitragsinhalt	40
2. Leistungsbeziehung	43
a) Trennungsprinzip	43
b) Leistungsinhalt	49
V. Gemeinsame Einrichtung und Allgemeinverbindlichkeit	51

I. Begriff und Funktion

1. Begriff

Eine gemeinsame Einrichtung ist ein durch Tarifvertrag grundgelegter Rechtsträger, der Rechtsbeziehungen zwischen diesem und den tarifgebundenen Arbeitgebern und Arbeitnehmern begründet und auf den die Tarifvertragsparteien gleichen Einfluss haben.[1] Im TVG wird sie nur „am Rande" ausdrücklich erwähnt, in § 4 Abs. 2 TVG bezogen auf die Normwirkung der entsprechenden tariflichen Regelungen und in § 5 TVG bezogen auf die erleichterte Möglichkeit der Allgemeinverbindlichkeit entsprechender Tarifverträge.[2] Das Besondere der gemeinsamen Einrichtung ist es, dass sie in die Arbeitgeber/Arbeitnehmerbeziehung gleichsam „zwischengeschaltet" ist und dem normativen Regelungszugriff der Tarifvertragsparteien unterfällt – das gilt sowohl für die Rechtsbeziehung der gemeinsamen Einrichtung zu Arbeitgeber und Arbeitnehmer als auch für die Satzung der gemeinsamen Einrichtung selbst.[3] Damit wird die Tarifmacht über das tarifgebundene Arbeitsverhältnis hinaus ausgedehnt – was aber nicht den Tarifinhalt, sondern lediglich die Bindungsmacht meint (→ § 236 Rn. 49, 78).[4]

1

Das Gesetz nennt als Beispiele für gemeinsame Einrichtungen in § 4 Abs. 2 TVG Lohnausgleichskassen und Urlaubskassen. Das ist ersichtlich („usw.") nicht abschließend gemeint. Ein wichtiger Bereich für den Einsatz gemeinsamer Einrichtungen ist der der betrieblichen Altersversorgung.[5] Ebenso der Ausbildungskostenausgleich.[6] Auch der Gesamthafenbetrieb wird als gemeinsame Einrichtung angesehen.[7]

2

2. Funktion

Der Zweck der gemeinsamen Einrichtung ist es, den Arbeitnehmern Ansprüche und Leistungen zukommen zu lassen, die der einzelne Arbeitgeber nicht erbringen könnte oder müsste. Hier steht die wirtschaftliche oder anderweitige Belastung des einzelnen Arbeitgebers durch tarifliche Ansprüche im Vordergrund:[8] Leistungen, die der einzelne Arbeitgeber alleine nicht erbringen könnte, werden sozialisiert, was etwa im Bereich der betrieblichen Altersversorgung praktisch wird.[9] Diese **Verteilungsmechanik** hat im Ergebnis auch wettbewerbsbezogene Wirkung, weil die Arbeitgeberlasten von allen Arbeitgebern gemeinsam getragen werden.[10] So können auch Mitnahmeeffekte durch Arbeitgeber verhindert werden, was sich anhand von Ausbildungskostenumlagen zeigt.[11] Für die

3

---

[1] BAG 31.1.2018 – 10 AZR 695/16, NZA 2018, 876; BAG 25.1.1989 – 5 AZR 43/88, AP GesamthafenbetriebsG § 1 Nr. 5 = DB 1989, 1580; BVerfG 15.7.1980 – 1 BvR 24/74, 1 BvR 439/79, AP TVG § 5 Nr. 17 = NJW 1981; JKOS/*Krause* § 4 Rn. 80; HMB/*Hexel* Teil 4 Rn. 105; NK-TVG/*Heuschmid* § 1 Rn. 1128; Thüsing/Braun/*Wißmann* 4. Kap. Rn. 135; Wiedemann/*Oetker* § 1 Rn. 784.
[2] NK-TVG/*Heuschmid* § 1 Rn. 1124.
[3] ErfK/*Franzen* TVG § 4 Rn. 22; JKOS/*Krause* § 4 Rn. 79.
[4] NK-TVG/*Heuschmid* § 1 Rn. 1132.
[5] BAG 21.9.2016 – 10 ABR 48/15, AP TVG § 5 Nr. 36 = FA 2017, 93.
[6] BAG, 31.1.2018 – 10 AZR 695/16, BeckRS 2018.
[7] BAG 25.1.1989 – 5 AZR 43/88, AP GesamthafenbetriebsG § 1 Nr. 5 = DB 1989, 1580; kritisch dazu Löwisch/Rieble § 4 Rn. 344 ff.; siehe weitere Beispiele bei NK-TVG/*Heuschmid* § 1 Rn. 1127.
[8] HWK/*Henssler* TVG § 4 Rn. 25.
[9] Thüsing/Braun/*Wißmann* 4. Kap. Rn. 135; HWK/*Henssler* TVG § 4 Rn. 25.
[10] BAG 25.10.1984 – 6 AZR 35/82, AP TVG § 4 Ausgleichsmasse Nr. 5 = NZA 1985, 365; JKOS/*Krause* § 4 Rn. 79; HMB/*Hexel* Teil 4 Rn. 107.
[11] Löwisch/Rieble § 4 Rn. 341.

Arbeitnehmer hat die gemeinsame Einrichtung ebenfalls Vorteile, weil ein regelmäßig geringes Insolvenzrisiko als beim einzelnen Arbeitgeber besteht und durch Ansprüche gegenüber gemeinsamen Einrichtungen auf Sondersituationen eingegangen werden kann – etwa auf häufiger vorkommende Arbeitgeberwechsel in einer Branche („Portabilität")[12]. Mögliche Defizite in der Geltendmachung von Ansprüchen gegenüber dem einzelnen Arbeitgeber – etwa weil eine tarifliche oder gesetzliche Wartezeit nicht eingehalten wurde – können dann durch einen summierenden Anspruch gegenüber der gemeinsamen Einrichtung ausgeglichen werden.[13] Das wird etwa für die gemeinsame Einrichtung des Gesamthafenbetriebs praktisch.[14] Wegen der Vorteile einer gemeinsamen Einrichtung ist diese auch älter als das TVG – das TVG konnte also an eine bereits bestehende Praxis anknüpfen.[15]

4 Nach alledem ist die gemeinsame Einrichtung vor allem für den Verbandstarifvertrag praktisch – zwangsläufig ist dies aber nicht: Auch durch Haustarifvertrag kann eine gemeinsame Einrichtung konstituiert werden, womit auch hier ein eigener Rechtsträger geschaffen wird.[16] Das wird etwa für Rationalisierungs-, Aus- und Weiterbildungszwecke praktisch.[17]

3. Nicht: Außertarifliche Einrichtungen

5 Die Tarifvertragsparteien können auch andere Organisationen gründen, die nicht den Voraussetzungen der gemeinsamen Einrichtung entsprechen[18] – etwa weil es keinen paritätischen Einfluss gibt oder weil die Tarifmacht überschritten wurde –, allerdings sind dies dann keine tarifvertraglichen gemeinsamen Einrichtungen im Sinne des § 4 Abs. 2 TVG – sie können also bei den tarifunterworfenen Arbeitgebern und Arbeitnehmern keine normative Regelung ihrer rechtlichen Beziehungen zur Einrichtung auslösen.[19]

II. Verfasstheit, Organisation und Verwaltung

6 Die gemeinsame Einrichtung wird tarifvertraglich vereinbart. Hier ist zu unterscheiden: Die rechtlichen Beziehungen der Arbeitnehmer und Arbeitgeber regeln sich ebenso wie der Inhalt der Satzung der gemeinsamen Einrichtung normativ nach dem Tarifvertrag, die Errichtung der gemeinsamen Einrichtung als eigener Rechtsträger basiert aber auf schuldrechtlichen tariflichen Regelungen.[20]

1. Tarifmachtbezogener Zweck

7 Die Tarifmacht bezieht sich auf das bestehende Arbeitsverhältnis, deshalb können auch Regelungen über gemeinsame Einrichtungen nicht weiter greifen.

8 **a) Keine Erweiterung der Tarifmacht.** Richtig führt § 4 Abs. 2 TVG im Ergebnis lediglich dazu, dass die Leistungserbringung tariflicher Rechte getrennt vom Arbeitsverhältnis erfolgen kann.[21] Genau diese Unabhängigkeit von dem konkreten Arbeitsverhältnis ist maßgebliche Funktion der gemeinsamen Einrichtung (→ § 242 Rn. 3). Darin erschöpft sich die Besonderheit aber im Wesentlichen auch: § 4 Abs. 2 TVG knüpft an die bestehende Tarifmacht an, durch einen Tarifvertrag über eine gemeinsame Einrichtung kann deshalb nicht von der Normstruktur des TVG abgewichen werden. So sind sie entweder

---

[12] *Löwisch/Rieble* § 4 Rn. 341.
[13] JKOS/*Krause* § 4 Rn. 79.
[14] JKOS/*Krause* § 4 Rn. 88.
[15] Zur geschichtlichen Entwicklung NK-TVG/*Heuschmid* § 1 Rn. 1125.
[16] *Löwisch/Rieble* § 4 Rn. 348; Wiedemann/*Oetker* § 1 Rn. 800.
[17] Wiedemann/*Oetker* § 1 Rn. 800.
[18] NK-TVG/*Heuschmid* § 1 Rn. 1124.
[19] JKOS/*Krause* § 4 Rn. 80; siehe dazu auch die weiteren Ausführungen bei *Löwisch/Rieble* § 4 Rn. 363 ff.
[20] *Löwisch/Rieble* § 4 Rn. 418; HMB/*Stamer* Teil 8 Rn. 101.
[21] *Löwisch/Rieble* § 4 Rn. 371.

Inhalts-, Betriebs- oder Prozessnormen, weisen aber keinen Hybridcharakter etwa aus Inhalts- und Betriebsnormen auf[22] oder entziehen sich weitgehend einem Vergleich mit den in § 1 Abs. 1 TVG genannten Normarten.[23]

Darüber hinaus wird § 4 Abs. 2 TVG als „entwicklungsoffene" Regelung eingeordnet, die nicht an die Vorgaben des TVG über die Tarifmacht nach § 1 Abs. 1 TVG gebunden sei, sondern einen getrennten Sachbereich darstellte.[24] Die Tarifvertragsparteien sollten sich dieses Korsetts gerade entledigen können und auch über tariflich durch Individual-, Betriebs- und Prozessnormen regelbare Bereiche hinaus Zwecke grundlegen können, solange diese sich im Rahmen der Arbeits- und Wirtschaftsbedingungen im Sinne des Art. 9 Abs. 3 GG hielten.[25] Ohne Zweifel ermöglicht diese weite Auffassung, dass der Zugriff der Tarifvertragsparteien auf neue Sachverhalte wesentlich erweitert würde. Allerdings steht sie nicht in der Systematik des TVG.[26] Dieses verweist in § 4 Abs. 2 TVG auf die gegebene Tarifbindung, die wiederum für die in §§ 1, 3 Abs. 1, Abs. 2 TVG genannten Normarten besteht. Damit ist aber auch die Tarifmacht in Bezug auf die gemeinsame Einrichtung beschränkt.[27] § 4 Abs. 2 TVG nicht als Beleihung mit einer gleichsam dynamischen Tarifmacht zu begreifen ist schon deshalb richtig, weil die Erklärung der Allgemeinverbindlichkeit nach § 5 TVG gerade für Tarifverträge über gemeinsame Einrichtungen erheblich erleichtert ist (→ Rn. 51). Damit stellt sich auch die Frage nach der Rechtfertigung für die Außenseiterwirkung – eine durch die Tarifvertragsparteien selbst ausdehnbare Tarifmacht ist hier bedenklich. 9

Die Koppelung an die Tarifbindung bedeutet auch, dass für solche Zwecke, die Inhaltsnormen des Tarifvertrags aufnehmen, die beidseitige Tarifbindung vorauszusetzen ist, für solche, die Betriebsnormen aufnehmen, die einseitige des Arbeitgebers, wobei aber mindestens ein Arbeitnehmer des Betriebs ebenfalls tarifgebunden sein muss (→ § 245 Rn. 39).[28] Das folgt schon daraus, dass die Tarifmacht nicht über die Reichweite des § 4 Abs. 1 TVG hinausgeht und zudem die systematische Stellung des § 4 Abs. 2 TVG zu berücksichtigen ist.[29] Das wird anders gesehen,[30] weil § 4 Abs. 2 TVG nicht das Arbeitsverhältnis regle, sondern das Rechtsverhältnis zur gemeinsamen Einrichtung;[31] zudem sollten auch die Gewerkschaftsmitglieder grundsätzlich leistungsberechtigt sein, die bei nichttarifgebundenen Arbeitgebern beschäftigt sind.[32] Vor dem Hintergrund der großen Bedeutung der Allgemeinverbindlichkeit von Tarifverträgen über gemeinsame Einrichtungen relativiert sich dieser Streit allerdings erheblich.[33] Zudem kann der Tarifvertrag selbst anderes festschreiben.[34] 10

Deshalb ist auch der Zweck der gemeinsamen Einrichtung dort begrenzt, wo die Tarifvertragsparteien selbst für das Arbeitsverhältnis keine Regelungen treffen könnten. Das gilt etwa für den Grundsatz der freien Anlagenwahl – die Tarifvertragsparteien können dem Arbeitnehmer auch nicht über eine gemeinsame Einrichtung Vorgaben zur Verwendung des Arbeitsentgelts machen.[35] Deshalb kann gemeinsame Einrichtung nicht mit einem un- 11

---

[22] *Löwisch/Rieble* § 4 Rn. 373; anders NK-TVG/*Deinert* § 4 Rn. 554.
[23] So aber Wiedemann/*Oetker* § 1 Rn. 803.
[24] JKOS/*Krause* § 4 Rn. 86.
[25] JKOS/*Krause* § 4 Rn. 86.
[26] BeckOK ArbR/*Giesen* TVG § 4 Rn. 11; Wiedemann/*Oetker* § 1 Rn. 815.
[27] BAG 31.1.2018 – 10 AZR 695/16, NZA 2018, 876; BAG 22.10.2003 – 10 AZR 13/03, AP TVG § 1 Tarifverträge: Gebäudereinigung Nr. 16= FA 2004, 287; BVerfG 15.7.1980 – 1 BvR 24/74, 1 BvR 439/79, AP TVG § 5 Nr. 17 = NJW 1981, 215; ErfK/*Franzen* TVG § 4 Rn. 23; BeckOK ArbR/*Giesen* TVG § 4 Rn. 11.
[28] ErfK/*Franzen* TVG § 4 Rn. 22; Thüsing/Braun/*Wißmann* 4. Kap. Rn. 139.
[29] HWK/*Henssler* TVG § 4 Rn. 27.
[30] JKOS/*Krause* § 4 Rn. 100; NK-TVG/*Heuschmid* § 1 Rn. 1134; NK-TVG/*Deinert* § 4 Rn. 359.
[31] Wiedemann/*Oetker* § 1 Rn. 842.
[32] Wiedemann/*Oetker* § 1 Rn. 845.
[33] HWK/*Henssler* TVG § 4 Rn. 27; HMB/*Stamer* Teil 8 Rn. 103.
[34] Wiedemann/*Oetker* § 1 Rn. 844.
[35] *Löwisch/Rieble* § 4 Rn. 390.

ternehmerischen Zweck gegründet werden.[36] Es wird richtig darauf hingewiesen, dass eine solche Einrichtung zu den Arbeitgebern selbst in Wettbewerb treten könnte und bei einem allgemeinverbindlichen Tarifvertrag sogar eine Außenseiterfinanzierung erfolgte.[37]

12 **b) Normartunterscheidung. aa) Inhaltsnormen.** Zunächst können gemeinsame Einrichtungen überall dort eingesetzt werden, wo der Tarifvertrag Ansprüche durch Inhaltsnormen regeln kann. Die Ansprüche des Arbeitnehmers richten sich dann nicht mehr gegen den Arbeitgeber, sondern rechtlich verselbständigt eben gegen die gemeinsame Einrichtung. Das ermöglicht den Arbeitgebern die Verteilung der wirtschaftlichen Belastung durch tarifliche Ansprüche.

13 Durch die tarifliche Vereinbarung einer gemeinsamen Einrichtung können sowohl die Voraussetzungen der Leistungen, die der Arbeitnehmer beanspruchen kann, als auch die rechtliche Art und Weise der Geltendmachung der Ansprüche losgelöst vom einzelnen Arbeitsverhältnis geregelt werden (→ Rn. 43 ff.).

14 Klassischer Bereich der gemeinsamen Einrichtung ist das Baugewerbe mit seinen Lohnausgleichs- und Urlaubskassen.[38] Ebenso relevant sind sie im Bereich der betrieblichen Altersversorgung. Hier kann durch eine gemeinsame Einrichtung eine kollektive Vorsorgeform getroffen werden.[39] Darüber hinaus gibt es auch gemeinsame Einrichtungen, die die Aus- und Weiterbildung der Arbeitnehmer unterstützen.[40] Gegenstand der gemeinsamen Einrichtung kann auch die Abmilderung von Rationalisierungen sein, etwa durch Beschäftigungs- und Qualifizierungsgesellschaften. **Anknüpfungspunkt ist hier das nachvertragliche Arbeitsverhältnis.**[41]

15 Beschäftigungs- und Qualifizierungsgesellschaften können als gemeinsame Einrichtungen errichtet werden. Anknüpfungspunkt ist hier das nachvertragliche Arbeitsverhältnis.[42]

16 Auch zur Tarifüberwachung kann eine gemeinsame Einrichtung begründet werden. Diese hat dann den Zweck, die Einhaltung der tariflichen Rechte der Arbeitnehmer zu überwachen, was etwa durch das Mittel der Vertragsstrafe ermöglicht wird, die der Arbeitgeber bei Tarifverstoß an die gemeinsame Einrichtung zu zahlen hat. Strittig ist, ob dies nur solche Rechte betrifft, die von vornherein über die gemeinsame Einrichtung abzuwickeln sind.[43]

17 **bb) Betriebsnormen.** Gemeinsame Einrichtungen können aber nicht nur dann vereinbart werden, wenn es um den Bereich der Individualnormen geht, sondern auch bei Betriebsnormen. Das TVG nimmt in § 4 Abs. 2 TVG die Tarifgebundenheit als Anknüpfungspunkt. Praktisch wird das etwa dort, wo kleinere Arbeitgeber betriebliche Einrichtungen, wie etwa Kindergärten, nicht alleine tragen könnten.[44]

18 Richtig können gemeinsame Einrichtungen auch betriebsverfassungsrechtliche Fragen aufgreifen. So etwa im Falle einer tariflichen Schlichtungsstelle nach § 76 Abs. 8 BetrVG.[45]

19 **cc) Prozessnormen.** Im Bereich der prozessualen Normen sind ebenfalls gemeinsame Einrichtungen möglich, allerdings nur in den engen Grenzen des ArbGG. Dies gilt etwa für das tarifliche Schiedsgericht nach § 101 Abs. 2 ArbGG.[46]

---

[36] JKOS/*Krause* § 4 Rn. 90; *Löwisch/Rieble* § 4 Rn. 393 ff.
[37] JKOS/*Krause* § 4 Rn. 90.
[38] HMB/*Hetzel* Teil 4 Rn. 107; JKOS/*Krause* § 4 Rn. 87.
[39] JKOS/*Krause* § 4 Rn. 89.
[40] *Löwisch/Rieble* § 4 Rn. 380; HMB/*Hetzel* Teil 4 Rn. 107.
[41] *Löwisch/Rieble* § 4 Rn. 383.
[42] JKOS/*Krause* § 4 Rn. 87.
[43] Dagegen JKOS/*Krause* § 4 Rn. 90.
[44] *Löwisch/Rieble* § 4 Rn. 384.
[45] *Löwisch/Rieble* § 4 Rn. 385; HMB/*Stamer* Teil 8 Rn. 99.
[46] JKOS/*Krause* § 4 Rn. 82; *Löwisch/Rieble* § 4 Rn. 386.

§ 48 Abs. 2 Nr. 2 ArbGG lässt es zu, dass im Tarifvertrag die örtliche Zuständigkeit für **20** bürgerlich-rechtliche Streitigkeiten einer gemeinsamen Einrichtung mit Arbeitgeber oder Arbeitnehmer festgelegt wird. Das ist ein ausnahmsweise bestehender tariflicher Zugriff auf das Prozessrecht, der die normativen Regelungen über die gemeinsame Einrichtung prozessual ergänzt.[47]

2. Rechtliche Verfasstheit

a) Rechtsform. § 4 Abs. 2 TVG schreibt **keine spezielle rechtliche Verfasstheit** der **21** gemeinsamen Einrichtung vor. Zu fordern ist aber eine gewisse organisatorische Abgeschlossenheit.[48] Deshalb muss der Rechtsträger der gemeinsamen Einrichtung keine juristische Person sein, sondern es reicht auch eine gesamthänderische Zusammenarbeit der Tarifvertragsparteien aus.[49] Die eigene Rechtsfähigkeit der gemeinsamen Einrichtung ist dagegen vorauszusetzen, weil Rechtsbeziehungen zu den Arbeitgebern und Arbeitnehmern begründet werden[50] – deshalb kann die gemeinsame Einrichtung auch selbst Arbeitgeber sein.[51]

Mit der Anerkennung der Rechtsfähigkeit auch der Gesellschaft bürgerlichen Rechts[52] **22** ist eine juristische Person nicht mehr notwendig, auch eine Personengesellschaft ist möglich.[53] Insgesamt ist deshalb die Rechtsform, in der die gemeinsame Einrichtung begründet wird, zur Wahl der Tarifvertragsparteien gestellt, allerdings sind die jeweils maßgeblichen gesellschaftsrechtlichen Vorgaben bindend, § 4 Abs. 2 TVG ermächtigt also nicht zur tariflichen Organisationsfantasie.[54]

Das heißt: Bei Organisationsformen, die keine weiteren verbandsrechtlichen Gründungsvoraussetzungen vorgeben, reicht zur Gründung der gemeinsamen Einrichtung die **23** tarifliche Einigung aus.[55] Sieht das Gesellschaftsrecht weitere Voraussetzungen vor – wie etwa die Eintragung in das Handelsregister oder die notarielle Beurkundung – so ergeben sich aus dem Tarifvertrag schuldrechtliche Pflichten der Tarifvertragsparteien, an diesen konstituierenden Akten teilzunehmen.[56] Auch davor kann allerdings eine gesellschaftsrechtlich relevante Vorgründungsgesellschaft entstehen.

Weil sie auf ein Auftreten am Markt ausgerichtet sind, kommen OHG und KG als **24** Handelsgesellschaften nur eingeschränkt in Frage – maßgeblich ist hier, ob das Gesellschaftsrecht eine Gewinnerzielungsabsicht voraussetzt.[57] Die Genossenschaft schließlich scheidet aus, weil sie der Förderung der Mitglieder dient – das sind aber die Tarifvertragsparteien,[58] bei der Stiftung steht der dauerhafte Einfluss der Tarifvertragsparteien in Frage.[59]

Weil die gemeinsame Einrichtung auch selbst Arbeitgeber sein kann (→ Rn. 21), gelten **25** für sie selbstredend die arbeitsrechtlichen Vorgaben. Sie unterfällt zwar nicht dem Tendenzschutz nach § 118 Abs. 1 BetrVG, sehr wohl allerdings dem aus § 1 Abs. 4 S. 1 Nr. 1 MitbestG; § 1 Abs. 2 S. 1 Nr. 2 DrittelbG.[60]

---

[47] GWBG/*Benecke* § 48 Rn. 36.
[48] JKOS/*Krause* § 4 Rn. 81.
[49] NK-TVG/*Deinert* § 4 Rn. 544; *Oetker* GS Heinze 2005, S. 597.
[50] Wiedemann/*Oetker* § 1 Rn. 799; NK-TVG/*Heuschmid* § 1 Rn. 1128.
[51] Dazu Wiedemann/*Oetker* § 1 Rn. 830.
[52] BGH 29.1.2001 – II ZR 331/00, AP ZPO § 5 Nr. 110 = NJW 2002, 1207.
[53] JKOS/*Krause* § 4 Rn. 81.
[54] NK-TVG/*Heuschmid* § 1 Rn. 1129; HWK/*Henssler* TVG § 4 Rn. 30; JKOS/*Krause* § 4 Rn. 81.
[55] Wiedemann/*Oetker* § 1 Rn. 833; JKOS/*Krause* § 4 Rn. 93.
[56] NK-TVG/*Deinert* § 4 Rn. 548.
[57] JKOS/*Krause* § 4 Rn. 94; offen Wiedemann/*Oetker* § 1 Rn. 822.
[58] JKOS/*Krause* § 4 Rn. 94.
[59] Deshalb ablehnend *Löwisch/Rieble* § 4 Rn. 358; bedingt dafürhaltend Wiedemann/*Oetker* § 1 Rn. 822.
[60] JKOS/*Krause* § 4 Rn. 113; Wiedemann/*Oetker* § 1 Rn. 831 f.

26 b) Beteiligte. Die gemeinsame Einrichtung ist stets eine der Tarifvertragsparteien selbst. Die tarifgebundenen Arbeitnehmer und Arbeitgeber stehen so zwar in tariflich begründeter rechtlicher Beziehung zur gemeinsamen Einrichtung, sind aber nicht selbst Mitglieder – weil die Stabilität der gemeinsamen Einrichtung nur von den Tarifvertragsparteien abhängen darf.[61] Deshalb scheidet manche Organisationsform aus, wie etwa der VVaG, bei dem die Arbeitnehmer oder Arbeitgeber Vereinsmitglieder wären.[62] Das wird anders jedenfalls für den Fall so gesehen, dass den Tarifertragsparteien weiterhin die wesentlichen Entscheidungen über das Bestehen der gemeinsamen Einrichtung vorbehalten bleibt.[63]

27 **Dritte** können ebenfalls nicht Mitglieder der gemeinsamen Einrichtung sein, sondern lediglich in eine schuldrechtliche Beziehung zu ihr treten, die aber keine normative Kraft hat.[64] Außerdem können Dritte in die Leistungserbringung eingeschaltet werden: als Erfüllungsgehilfen.[65]

3. Organisation

28 Organisatorisch wird die gemeinsame Einrichtung, wenn sie (wie regelmäßig) als juristische Person konstituiert ist, eigene personelle und Sachmittel einsetzen, konstitutiv für die gemeinsame Einrichtung als solche ist das aber nicht.[66] Das bedeutet, dass auch eine natürliche Person, wie ein Treuhänder, als gemeinsame Einrichtung eingesetzt werden kann.[67] Allerdings ist zu Recht eine organisatorische Selbständigkeit gegenüber den Tarifvertragsparteien zu fordern.[68]

29 Zur gemeinsamen Einrichtung nach § 4 Abs. 2 TVG wird eine Einrichtung nur dann, wenn die Tarifvertragsparteien diese **gemeinsam tragen** und sie so von den Tarifvertragsparteien abhängt.[69] Ihnen muss die Verantwortung für die gemeinsame Einrichtung durch entsprechende Aufsichts- und Weisungsrechte zukommen.[70] In den Konturen ist die Reichweite dieses Paritätsgebotes noch recht unklar,[71] allerdings ist es überwiegende Meinung, dass jedenfalls die kontrollierenden Organe der gemeinsamen Einrichtung paritätisch durch die Tarifvertragsparteien besetzt werden müssen.[72] Eine nichtparitätische Besetzung hätte zur Folge, dass der Bestand der Einrichtung lediglich von einer Tarifvertragspartei abhinge und so die Vereinbarung im Tarifvertrag unterlaufen werden könnte.[73] Bei der Besetzung ist auf der Gewerkschaftsseite zu berücksichtigen, dass der Einfluss der Gewerkschaft gewahrt bleibt, was bei der Besetzung etwa nur durch Betriebsräte nicht erreicht würde.[74]

---

[61] *Löwisch/Rieble* § 4 Rn. 355.
[62] *Löwisch/Rieble* § 4 Rn. 355.
[63] JKOS/*Krause* § 4 Rn. 84.
[64] BeckOK ArbR/*Giesen* TVG § 4 Rn. 11; JKOS/*Krause* § 4 Rn. 84; Kempen/Zachert/*Kempen* § 4 Rn. 239.
[65] *Löwisch/Rieble* § 4 Rn. 354.
[66] BeckOK ArbR/*Giesen* TVG § 4 Rn. 12; ErfK/*Franzen* TVG § 4 Rn. 24; JKOS/*Krause* § 4 Rn. 82; *Bötticher*, S. 124 ff.; *Löwisch/Rieble* § 4 Rn. 351; kritisch *Zöllner* Gutachten, S. 29 ff.
[67] JKOS/*Krause* § 4 Rn. 82; NK-TVG/*Heuschmid* § 1 Rn. 1129.
[68] Wiedemann/*Oetker* § 1 Rn. 785; HMB/*Stamer* Teil 8 Rn. 99; aA *Bötticher*, S. 124 ff.
[69] BAG 31.1.2018 – 10 AZR 695/16, NZA 2018, 876; Wiedemann/*Oetker* § 1 Rn. 787; *Bötticher*, S. 129 ff.; *Zöllner* Gutachten, S. 34 ff.
[70] BAG 31.1.2018 – 10 AZR 695/16, NZA 2018, 876; AJKOS/*Krause* § 4 Rn. 83.
[71] Siehe die ausführliche Darstellung bei Wiedemann/*Oetker* § 1 Rn. 787 ff.
[72] BAG 31.1.2018 – 10 AZR 695/16, NZA 2018, 876; BAG 25.1.1989 – 5 AZR 43/88, AP GesamthafenbetriebsG § 1 Nr. 5 = DB 1989, 1580; BGH 14.12.2005 – IV ZB 45/04, NZA-RR 2006, 430; *Löwisch/Rieble* § 4 Rn. 357; ErfK/*Franzen* TVG § 4 Rn. 24; Wiedemann/*Oetker* § 1 Rn. 787 793; HWK/*Henssler* TVG § 4 Rn. 29; aA BeckOK ArbR/*Giesen* TVG § 4 Rn. 12; HWK/*Henssler* TVG § 4 Rn. 29.
[73] *Löwisch/Rieble* § 4 Rn. 357.
[74] BAG 28.4.1981 – 3 AZR 255/80, AP TVG § 4 Gemeinsame Einrichtungen Nr. 3 = RiA 1981, 238; JKOS/*Krause* § 4 Rn. 83.

Eine gemeinsame Verwaltung und Geschäftsführung ist dagegen nicht vorauszusetzen.[75] 30
Diese kann auch durch Vertreter einer Tarifvertragspartei erfolgen.[76] Auch Dritte können hier eingesetzt werden, allerdings ist dabei zu beachten, dass deren Einfluss nicht bestimmend wird.[77]

Die Tarifvertragsparteien können auch eine bereits bestehende Einrichtung „übernehmen", zur gemeinsamen Einrichtung im Sinne des § 4 Abs. 2 TVG wird diese aber nur dann, wenn die gemeinsame Trägerschaft gegeben ist.[78] 31

III. Ende des Tarifvertrags und der gemeinsamen Einrichtung

1. Auflösung der gemeinsamen Einrichtung

Die Auflösung der gemeinsamen Einrichtung muss sich ebenfalls auf einen Tarifvertrag zurückführen lassen.[79] Das kann durch entsprechende unmittelbare tarifliche Vereinbarung geschehen, aber auch durch die Festlegung von Auflösungsgründen.[80] Auch hier ist aber das verbandsrechtliche Moment zu beachten – unmittelbar können die Tarifvertragsparteien die gemeinsame Einrichtung nur auflösen, wenn sie dafür den unmittelbaren schuldrechtlichen Zugriff haben. Setzt das Verbandsrecht besondere Regelungen, so sind diese zu beachten, durch tarifliche Vereinbarung kann freilich die schuldrechtliche Pflicht zur Vornahme der entsprechenden gesellschaftsrechtlichen Schritte begründet werden.[81] 32

Ist die gemeinsame Einrichtung aufgelöst, greifen die normativen tariflichen Regelungen, die die Rechtsbeziehungen zwischen den Arbeitsvertragsparteien und der Einrichtung regeln, ins Leere.[82] Das setzt freilich auch gesellschaftsrechtlich die erfolgte Auflösung voraus, so dass insbesondere im Liquidationsstadium noch Beitragspflichten und Leistungsansprüche bestehen können.[83] 33

2. Ende des Tarifvertrags

Die Normen des Tarifvertrags über die gemeinsame Einrichtung wirken nach § 4 Abs. 5 TVG nach[84] – wenn die gemeinsame Einrichtung weiter besteht (→ Rn. 32 f.). Die Nachwirkung führt dazu, dass die rechtlichen Beziehungen zur gemeinsamen Einrichtung bestehen bleiben und der Arbeitgeber so weiterhin zur Leistung des Beitrages verpflichtet und der Arbeitnehmer berechtigt ist. Diese Rechtsbeziehungen können durch Einzelvertrag als andere Abmachung im Sinne des § 4 Abs. 5 TVG nicht gelöst werden,[85] weil sonst die Funktionalität der Einrichtung gefährdet wäre, was letztlich auf die anderen Arbeitgeber und Arbeitnehmer Einfluss hat. Damit steht für diese aber der Inhaltsschutzzweck des § 4 Abs. 5 TVG in Frage. Keine Nachwirkung erfolgt aber, wenn es zu einem Herauswandern aus dem Geltungsbereich des Tarifvertrags kommt und damit auch die Beitragspflicht des Arbeitgebers entfällt.[86] 34

---

[75] JKOS/*Krause* § 4 Rn. 83; Wiedemann/*Oetker* § 1 Rn. 794.
[76] NK-TVG/*Heuschmid* § 1 Rn. 1131.
[77] Löwisch/*Rieble* § 4 Rn. 359; NK-TVG/*Heuschmid* § 1 Rn. 1131.
[78] BGH 14.12.2005 – IV ZB 45/04, NZA-RR 2006, 430; BAG 28.4.1981 – 3 AZR 255/80, AP TVG § 4 Gemeinsame Einrichtungen Nr. 3 = RiA 1981, 238; HMB/*Hexel* Teil 4 Rn. 105; Wiedemann/*Oetker* § 1 Rn. 824; NK-TVG/*Deinert* § 4 Rn. 552.
[79] Wiedemann/*Oetker* § 1 Rn. 836.
[80] JKOS/*Krause* § 4 Rn. 95.
[81] Wiedemann/*Oetker* § 1 Rn. 837.
[82] Löwisch/*Rieble* § 4 Rn. 140; NK-TVG/*Bepler* § 4 Rn. 955.
[83] Wiedemann/*Oetker* § 1 Rn. 839.
[84] BAG 12.2.1975 – 5 AZR 117/74, AP TVG § 4 Nr. 12 = DB 75, 1128; Löwisch/*Rieble* § 4 Rn. 795; NK-TVG/*Bepler* § 4 Rn. 953 ff.; BeckOK ArbR/*Giesen* TVG § 4 Rn. 63; Wiedemann/*Oetker* § 1 Rn. 840; JKOS/*Krause* § 4 Rn. 96; HMB/*Hexel* Teil 4 Rn. 112; Thüsing/Braun/*Wißmann* 4. Kap. Rn. 140.
[85] Wiedemann/*Oetker* § 1 Rn. 840; Thüsing/Braun/*Wißmann* 4. Kap. Rn. 140.
[86] BAG 5.10.1993 – 3 AZR 586/92, AP BetrAVG § 1 Zusatzversorgungskassen Nr. 42 = NZA 1994, 848; Wiedemann/*Oetker* § 1 Rn. 843.

35 Dieser Weiterbestand kann auch dadurch entfallen, dass die Tarifvertragsparteien ihren schuldrechtlichen Pflichten zur Förderung der gemeinsamen Einrichtung wegen der Beendigung des Tarifvertrags nicht mehr nachkommen.[87] Diese Pflicht entfällt, wenn der Tarifvertrag endet, weil die schuldrechtliche Durchführungs- und Förderungspflicht nicht nachwirkt.[88] Das betrifft auch den Fall, dass sich die Tarifvertragsparteien aus der gemeinsamen Einrichtung zurückziehen und so die gemeinsame Trägerschaft nicht mehr ausüben.[89]

IV. Arbeitsverhältnis und gemeinsame Einrichtung

36 Die Normen über die gemeinsame Einrichtung regeln die unterschiedlichen rechtlichen Beziehungen der gemeinsamen Einrichtung zu den finanzierenden Arbeitgebern, den leistungsberechtigten Arbeitnehmer sowie die Verfasstheit der gemeinsamen Einrichtung selbst.[90] Das schreibt der Gesetzgeber in § 5 Abs. 1a S. 2 TVG nun ebenso, wonach der Tarifvertrag alle mit dem Beitragseinzug und der Leistungsgewährung in Zusammenhang stehenden Rechte und Pflichten einschließlich der dem Verfahren zugrunde liegenden Ansprüche der Arbeitnehmer und Pflichten der Arbeitgeber regeln kann. Dabei ist für Streitigkeiten zwischen der gemeinsamen Einrichtung auf der einen und Arbeitgeber oder Arbeitnehmer auf der anderen Seite nach § 2 Abs. 1 Nr. 4, Nr. 6 ArbGG der Arbeitsrechtsweg eröffnet.

1. Beitragsbeziehung

37 **a) Trennungsprinzip.** Die Beziehung der tarifgebundenen Arbeitgeber zur gemeinsamen Einrichtung ist regelmäßig eine rechtlich eigenständige Beitragsbeziehung,[91] sodass die gemeinsame Einrichtung ihre Ansprüche gegen den Arbeitgeber selbst geltend macht und durchsetzt.[92] Ein „Umweg" über die Tarifvertragsparteien ist gerade nicht notwendig. Auch vom Arbeitsvertrag ist die Beitragsbeziehung unabhängig. Das führt zum einen dazu, dass der Arbeitgeber seine Leistung nicht mit Verweis auf Pflichtverletzungen des Arbeitnehmers zurückhalten[93] und auch keine etwaigen Ausschlussfristen geltend machen kann, zum anderen hat der Arbeitnehmer aber auch keinen Anspruch gegen den Arbeitgeber auf die Beitragsleistung.[94]

38 Zwangsvollstreckungsrechtlich dokumentiert sich wiederum das Streben nach der Funktionalität der gemeinsamen Einrichtung: Der Beitragsanspruch ist unpfändbar, §§ 851 ZPO, 399 BGB, in der Insolvenz zählt er nicht zur Insolvenzmasse, § 36 Abs. 1 S. 1 InsO.[95]

39 Vereinbart der Arbeitgeber mit dem Arbeitnehmer günstigere Leistungen als der Arbeitnehmer diese von der gemeinsamen Einrichtung beanspruchen kann, so führt dies nicht zum Wegfall seiner Pflicht zur Beitragsleistung gegenüber der gemeinsamen Einrichtung. Das widerspräche dem Zweck der gemeinsamen Einrichtung, gerade überbetrieblich belastbare Strukturen zu schaffen[96] und der systematischen Erkenntnis, dass die rechtlichen Beziehungen zur gemeinsamen Einrichtung und die arbeitsvertragliche Beziehung zu trennen sind.

---

[87] JKOS/*Krause* § 4 Rn. 97.
[88] *Löwisch/Rieble* § 4 Rn. 424.
[89] JKOS/*Krause* § 4 Rn. 97.
[90] Wiedemann/*Oetker* § 1 Rn. 798.
[91] HWK/*Henssler* TVG § 4 Rn. 25.
[92] JKOS/*Krause* § 4 Rn. 111.
[93] JKOS/*Krause* § 4 Rn. 110; Wiedemann/*Oetker* § 1 Rn. 848.
[94] LAG Rheinland-Pfalz 9.8.2010 – 10 Ta 152/10; *Löwisch/Rieble* § 4 Rn. 409.
[95] *Löwisch/Rieble* § 4 Rn. 408.
[96] JKOS/*Krause* § 4 Rn. 111.

b) Beitragsinhalt. Der gemeinsamen Einrichtung wird gegen den Arbeitgeber ein eigener Anspruch auf Leistung der Beiträge zur Finanzierung eingeräumt. Dieser Anspruch muss nicht finanzieller Art sein, auch Sachleistungen kommen etwa in Frage.[97] Meist werden diese durch andere Ansprüche flankiert, wie etwa Auskunftspflichten.[98] Der konkrete Inhalt der Leistung des Arbeitgebers muss nicht im Tarifvertrag festgeschrieben sein, er kann auch durch den Tarifvertrag den Organen der gemeinsamen Einrichtung überlassen werden.[99]

Bei der Festlegung der Höhe der Beiträge steht vor allem der Beitragssatz in Rede. Dabei gilt auch hier der Gleichheitssatz.[100] Umstritten ist, ob dieser an allgemeine Faktoren wie den Umsatz des Arbeitgebers anknüpfen kann. Weil auch hier der Gleichheitsgrundsatz zu beachten ist, ist dies bedenklich. In jedem Fall nicht möglich sind solche Faktoren, die vollständig arbeitsunabhängig sind.[101] Freilich steht den Tarifvertragsparteien hier ein Beurteilungsspielraum zu,[102] aus dem sich nach der Rechtsprechung ergibt, dass zwischen der Beitragsleistung und den an die Arbeitnehmer zu erbringenden Leistungen der gemeinsamen Einrichtung kein unmittelbarer Zusammenhang bestehen muss. So können etwa für eine gemeinsame Einrichtung über Ausbildungskostenerstattung auch für solche Arbeitgeber Beitragspflichten begründet werden, die keine Auszubildenden beschäftigen.[103] Vielmehr soll hier auch auf die Bruttolohnsumme abgestellt werden – der rechnerischen Praktikabilität wegen.[104] Das wurde für einen allgemeinverbindlichen Tarifvertrag entschieden, ansonsten ist es bedenklich, weil die Bruttolohnsumme in keinem Verhältnis zum Organisationsgrad steht.[105]

Beitragspflichten zur gemeinsamen Einrichtung greifen in die Berufsausübungsfreiheit ein,[106] können aber aus vernünftigen Gründen des Allgemeinwohls gerechtfertigt sein.[107]

2. Leistungsbeziehung
a) Trennungsprinzip. Das Rechtsverhältnis zwischen der gemeinsamen Einrichtung und dem Arbeitnehmer wird regelmäßig als Leistungsbeziehung bezeichnet.[108] Der Arbeitnehmer hat gegen die gemeinsame Einrichtung einen Leistungsanspruch, der auf einem eigenen Rechtsverhältnis beruht – der Tarifvertrag kann hier also nach § 4 Abs. 2 TVG eigene schuldrechtliche Beziehungen schaffen und nicht lediglich, wie über § 4 Abs. 1 TVG, auf das bestehende Arbeitsverhältnis zugreifen. Durch die Begründung unmittelbarer Ansprüche gegen die gemeinsame Einrichtung wird das Insolvenzrisiko des Arbeitnehmers gemindert, dass bei Ansprüchen lediglich gegen den Arbeitgeber bestünde.[109] Diese Trennung vom Arbeitsverhältnis führt auch dazu, dass die gemeinsame Einrichtung gegenüber dem Arbeitnehmer kein Zurückbehaltungsrecht aus dem Arbeitsvertrag geltend machen kann,[110] auf der anderen Seite kann der Arbeitnehmer auch nicht gegen seinen Arbeitgeber vorgehen.

---

[97] JKOS/*Krause* § 4 Rn. 106.
[98] BAG 31.1.2018 – 10 AZR 695/16 (A), NZA 2018, 876; NK-TVG/*Deinert* § 4 Rn. 554.
[99] JKOS/*Krause* § 4 Rn. 107; *Löwisch/Rieble* § 4 Rn. 405.
[100] *Löwisch/Rieble* § 4 Rn. 396; Thüsing/Braun/*Wißmann* 4. Kap. Rn. 138.
[101] JKOS/*Krause* § 4 Rn. 109.
[102] BAG 31.1.2018 – 10 AZR 695/16 (A), NZA 2018, 876.
[103] BAG 31.1.2018 – 10 AZR 695/16 (A), NZA 2018, 876.
[104] BAG 31.1.2018 – 10 AZR 695/16 (A), NZA 2018, 876; BAG 20.10.1982 – 4 AZR 1211/79, AP TVG § 1 Tarifverträge – Bau Nr. 45 = ZIP 1983, 475.
[105] *Löwisch/Rieble* § 4 Rn. 396.
[106] BAG 31.1.2018 – 10 AZR 695/16 (A), NZA 2018, 876.
[107] BAG 31.1.2018 – 10 AZR 695/16 (A), NZA 2018, 876.
[108] JKOS/*Krause* § 4 Rn. 98; *Löwisch/Rieble* § 4 Rn. 410; Thüsing/Braun/*Wißmann* 4. Kap. Rn. 138.
[109] JKOS/*Krause* § 4 Rn. 98.
[110] Wiedemann/*Oetker* § 1 Rn. 848; NK-TVG/*Heuschmid* § 1 Rn. 1138.

44 Der einzelne Arbeitgeber kann aber für die gemeinsame Einrichtung als Zahlstelle fungieren.[111] Eine diesem Modell nahekommende Gestaltung ist es, wenn der Tarifvertrag zwar die Stellung des einzelnen Arbeitgebers als Schuldner der Leistung festschreibt, dieser aber gegen die gemeinsame Einrichtung Rückabwicklungsansprüche hat.[112]

45 Durch Tarifvertrag kann auch für den nicht tarifgebundenen Arbeitnehmer oder sonstige Dritte ein Anspruch gegen die gemeinsame Einrichtung begründet werden.[113] Dann handelt es sich aber um einen schuldrechtlichen Anspruch zugunsten Dritter.[114] Das wird etwa im Rahmen der Hinterbliebenenversorgung praktisch.

46 Eine einzelvertragliche Bezugnahme auf den Tarifvertrag reicht für die Begründung einer Leistungsberechtigung gegenüber der gemeinsamen Einrichtung aber nicht aus – das wäre ein nicht zulässiger Vertrag zu Lasten Dritter, nämlich der gemeinsamen Einrichtung.[115] Damit ist Tarifverträgen über gemeinsame Einrichtungen die Differenzierung nach der Gewerkschaftsmitgliedschaft immanent.[116] Auch deshalb hat die Allgemeinverbindlichkeit bei gemeinsamen Einrichtungen erhebliche Bedeutung. Allerdings kann der Tarifvertrag eine solche Bezugnahme zulassen.[117] Eine andere Frage ist, wie eine solche dennoch erfolgte Bezugnahme sich im Verhältnis zwischen Arbeitnehmer und Arbeitgeber auswirkt – hier wird vertreten, dass dann der Arbeitgeber selbst zur Leistung verpflichtet ist.[118]

47 Der Anspruch des Arbeitnehmers gegen die gemeinsame Einrichtung steht neben den arbeitsvertraglichen und tarifvertraglich begründeten Ansprüchen des Arbeitnehmers gegen seinen Arbeitgeber. Hier sind die verschiedenen rechtlichen Beziehungen zu trennen, was etwa dazu führt, dass arbeitsvertraglich vereinbarte günstigere Leistungen der gemeinsamen Einrichtung nicht vereinbart werden können, weil auch dies ein Vertrag zu Lasten Dritter wäre. Einen Ansatzpunkt für das Günstigkeitsprinzip nach § 4 Abs. 3 2. Alt. TVG gibt es also nicht.[119]

48 Die Ansprüche gegen die gemeinsame Einrichtung genießen den gleichen Schutz wie sonstige tarifliche Ansprüche nach § 4 Abs. 4 TVG.[120] Als Teil des Arbeitseinkommens unterfallen die Ansprüche des Arbeitnehmers in der Zwangsvollstreckung den §§ 850 ff. ZPO.[121]

49 **b) Leistungsinhalt.** Eine abschließende Regelung konkreter Ansprüche des Arbeitnehmers im Tarifvertrag ist nicht notwendig, es reicht aus, wenn durch die Satzung und so durch tarifliche Vereinbarung der gemeinsamen Einrichtung die Leistungsbestimmung eingeräumt wird.[122] Außerdem können die Tarifvertragsparteien auch die Qualität der Leistungsberechtigung festlegen – und etwa lediglich Naturalobligationen oder gar „Chancen" auf den Leistungserhalt vorsehen.[123]

50 Bei der Festlegung der Leistungsansprüche sind die Tarifvertragsparteien wie allgemein (→ § 237 Rn. 27) vor allem an den Gleichheitssatz gebunden, so dass zumindest willkürliche Unterscheidungen nicht möglich sind.[124] Hier wird – schon in Anbetracht der gro-

---

[111] BAG 14.12.1977 – 5 AZR 326/76, AP TVG § 4 Gemeinsame Einrichtungen Nr. 1 = DB 1978, 639; *Löwisch/Rieble* § 4 Rn. 410; JKOS/*Krause* § 4 Rn. 98; NK-TVG/*Deinert* § 4 Rn. 554.
[112] BAG 31.1.2018 – 10 AZR 695/16 (A), NZA 2018, 876; BAG 25.10.1984 – 6 AZR 35/82, AP TVG § 4 Ausgleichskasse Nr. 5= NZA 1985, 365.
[113] JKOS/*Krause* § 4 Rn. 101; Wiedemann/*Oetker* § 1 Rn. 844.
[114] *Löwisch/Rieble* § 4 Rn. 412.
[115] ErfK/*Franzen* TVG § 4 Rn. 25; JKOS/*Krause* § 4 Rn. 101; NK-TVG/*Heuschmid* § 1 Rn. 1136.
[116] Treffend *Waltermann* Differenzierungsklauseln, S. 89: „Gesetzliche Differenzierungskausel".
[117] HWK/*Henssler* TVG § 4 Rn. 28.
[118] JKOS/*Krause* § 4 Rn. 101.
[119] JKOS/*Krause* § 4 Rn. 103.
[120] JKOS/*Krause* § 4 Rn. 102.
[121] *Löwisch/Rieble* § 4 Rn. 412.
[122] JKOS/*Krause* § 4 Rn. 99.
[123] *Löwisch/Rieble* § 4 Rn. 411.
[124] Thüsing/Braun/*Wißmann* 4. Kap. Rn. 138; *Löwisch/Rieble* § 4 Rn. 398.

V. Gemeinsame Einrichtung und Allgemeinverbindlichkeit

Regelmäßig sind gemeinsame Einrichtungen nur dann funktionsfähig, wenn insbesondere 51 der Kreis der finanzierenden Arbeitgeber über den originären Kreis der Tarifgebundenen hinaus ausgedehnt wird. Deshalb ist die Erklärung der Allgemeinverbindlichkeit von Tarifverträgen nach § 5 TVG vor allem für Tarifverträge über gemeinsame Einrichtungen praktisch (→ § 248 Rn. 9).[126] Das war stets so, allerdings hat der Gesetzgeber in jüngerer Zeit wesentliche Erleichterungen für die Allgemeinverbindlichkeit solcher Tarifverträge in § 5 TVG eingefügt. So kommt es nun nach § 5 Abs. 1a S. 1 TVG für die Allgemeinverbindlichkeit von Tarifverträgen über enumerativ genannte Zwecke darauf an, dass die Funktionsfähigkeit der gemeinsamen Einrichtung gesichert werden soll (→ § 248 Rn. 9). Dies gilt für gemeinsame Einrichtungen, die den Erholungsurlaub oder das Urlaubsgeld, § 5 Abs. 1a S. 1 Nr. 1 TVG; die betriebliche Altersversorgung, § 5 Abs. 1a S. 1 Nr. 2 TVG; die Vergütung der Auszubildenden, § 5 Abs. 1a S. 1 Nr. 3 TVG; die Vermögensbildung der Arbeitnehmer, § 5 Abs. 1a S. 1 Nr. 4 TVG oder den Lohnausgleich bei Arbeitszeitausfall, Arbeitszeitverkürzung oder Arbeitszeitverlängerung, § 5 Abs. 1a S. 1 Nr. 5 TVG, zum Gegenstand haben. Ob Tarifverträge über gemeinsame Einrichtungen mit anderen Zwecken daneben noch nach § 5 Abs. 1 TVG allgemeinverbindlich erklärt werden können, ist umstritten (→ § 248 Rn. 72).

Damit wird die Allgemeinverbindlichkeit von Tarifverträgen über gemeinsame Einrichtungen von den allgemeinen materiellen Voraussetzungen der Allgemeinverbindlichkeit nach § 5 Abs. 1 TVG, insbesondere der in § 5 Abs. 1 S. 2 Nr. 1 TVG vorgegebenen überwiegenden Bedeutung des Tarifvertrags, weitgehend entkoppelt (→ § 248 Rn. 71). Das kann bei mehreren in Frage kommenden Tarifverträgen Auswahlkonflikte provozieren, die das Gesetz in § 5 Abs. 1a S. 2 TVG mit Verweis auf § 7 Abs. 2 AEntG löst und damit auf die Repräsentativität der jeweiligen Tarifverträge verweist (→ § 248 Rn. 75). Auch auf der Rechtsfolgenseite ist der allgemeinverbindliche Tarifvertrag über eine gemeinsame Einrichtung privilegiert: Nach § 5 Abs. 4 S. 2 TVG kann er nicht durch einen Tarifvertrag, an den der Arbeitgeber nach § 3 TVG gebunden ist, verdrängt werden (→ § 248 Rn. 113). Damit werden die Regelungen der Tarifkollision zugunsten solcher Tarifverträge außer Kraft gesetzt. Abgesichert wird die Funktionsfähigkeit der gemeinsamen Einrichtung schließlich verfahrensrechtlich: Wird ein Verfahren, das die gemeinsame Einrichtung gegen einen Arbeitgeber wegen des Beitragsanspruches betreibt, wegen der Entscheidungserheblichkeit der Wirksamkeit der Allgemeinverbindlicherklärung ausgesetzt, so hat der Arbeitgeber die Beiträge dennoch einstweilen zu erbringen, § 98 Abs. 7 S. 2–5 ArbGG.[127]

Die Bedeutung der Allgemeinverbindlichkeit für gemeinsame Einrichtungen zeigt sich 53 auch dort, wo diese in der jüngeren Vergangenheit fehlschlug. Das BAG hatte in einer Reihe von Entscheidungen die Wirksamkeit der Erklärung der Allgemeinverbindlichkeit von Tarifverträgen über Sozialkassen im Baubereich verneint.[128] Daraufhin griff der Gesetzgeber durch das Gesetz zur Sicherung der Sozialkassenverfahren im Baugewerbe (SOKA-SiG)[129] ein und unterwarf rückwirkend die maßgeblichen Regelungen dieser Tarifverträge einer ausschließlich gesetzlich begründeten Wirkung. Mit dem Gesetz zur Si-

---

[125] Thüsing/Braun/*Wißmann* 4. Kap. Rn. 138; siehe dazu auch *Waltermann* Differenzierungsklauseln, S. 88 ff.; kritisch Wiedemann/*Oetker* § 1 Rn. 810, 845.
[126] Thüsing/Braun/*Wißmann* 4. Kap. Rn. 139.
[127] Dazu *Klocke* NZA 2018, 77.
[128] BAG 25.1.2017 – 10 ABR 43/15, AP TVG § 5 Nr. 38 = NZA 2017, 731.
[129] BAG 16.5.2017 – AP BBiG § 17 Nr. 15= NZA 2017, 1129; BGBl. 2017 I 1210.

cherung der tarifvertraglichen Sozialkassenverfahren (SOKA-SiG II)[130] kam es zur Ausdehnung über den Bereich der Baubranche hinaus. Dieses gesetzgeberische Eingreifen ist umstritten (→ § 248 Rn. 76), allerdings zeigt es deutlich, dass in wesentlichen Bereichen gemeinsame Einrichtungen nur bei Überschreitung der lediglich mitgliedschaftlich begründeten Bindung an den Tarifvertrag funktionstüchtig sind.

---

[130] BAG 1.8.2017 – 9 AZB 45/17, AP ArbGG 1979 § 2 Nr. 106 = NZA 2017, 1143; BGBl. 2017 I, S. 3356.

§ 243 Auslegung der tariflichen Normen

Schrifttum:
Franzen, Gesetzesbindung im Tarifvertragsrecht, FS Picker, 2010, 929; *Belling/Hartmann,* Die Unzumutbarkeit als Begrenzung der Bindung an den Tarifvertrag, ZfA 1997, 87; *Dütz,* Subjektive Umstände bei der Auslegung kollektivvertraglicher Normen, FS K. Molitor 1988, S. 63; *Fieberg,* Protokoll und Niederschrift oder: Von den Mühen der Tarifauslegung, ZTR 2014, 75; *Hamacher,* Deklaratorische und konstitutive Klauseln in Tarifverträgen, 2000; *Herschel,* Die Auslegung von Tarifvertragsnormen, FS E. Molitor, 1961, S. 161; *Herschel,* Eigenart und Auslegung der Tarifverträge, AuR 1976, 1; *Kamanabrou,* Die Auslegung und Fortbildung des normativen Teils von Tarifverträgen, 1997; *Kohte,* Teleologische Tarifvertragsauslegung und Transformationsrecht, AuR 1996, 124; *Liedmeier,* Die Auslegung und Fortbildung arbeitsrechtlicher Kollektivverträge, 1991; *Mayer-Maly,* Ergänzende Tarifvertragsauslegung und Tarifautonomie, RdA 1988, 136; *Neumann,* Zur Auslegung von Tarifverträgen, AuR 1985, 320; *Preis,* Konstitutive und deklaratorische Klauseln in Tarifverträgen, FS Schaub, 1998, S. 571; *Rieble,* Die Einschränkung der gesetzlichen Entgeltfortzahlung im Krankheitsfalle und ihre Auswirkung auf inhaltsgleiche Regelungen in Tarifverträgen, RdA 1997, 134; *Sandmann,* Die Unterscheidung zwischen deklaratorischen und konstitutiven Tarifvertragsklauseln aus verfassungsrechtlicher Sicht, RdA 2002, 73; *Schaub,* Auslegung und Regelungsmacht von Tarifverträgen, NZA 1994, 597; *Schliemann,* Zur arbeitsgerichtlichen Kontrolle kollektiver Regelunge, FS Hanau, 1999, S. 577; *Wank,* Die Auslegung von Tarifverträgen, RdA 1998, 71; *Zachert,* Auslegung und Überprüfung von Tarifverträgen durch die Arbeitsgerichte, FS Arbeitsgerichtsverband, 1994, S. 573.

Übersicht

	Rn.
I. Auslegung der tariflichen Rechtsnormen	1
1. Bedeutung des Tarifvertrags als Normenvertrag	1
2. Die tarifliche Regelung als Auslegungsobjekt	7
3. Auslegungskanon	13
a) Wortlaut	13
b) Gesamtzusammenhang und Systematik	20
c) Zweck	25
d) Entstehungsgeschichte	29
e) Rechtskonforme Interpretation	33
4. Entwickelten Auslegungsgrundsätze	40
II. Auslegung schuldrechtlicher Vereinbarungen	45
III. Lückenfüllung	47
1. Normativer Teil	47
a) Möglichkeit der Selbstinterpretation	47
b) Keine tarifersetzende Lückenfüllung	50
2. Schuldrechtlicher Teil	53
IV. Rechtsstreitigkeiten	54

I. Auslegung der tariflichen Rechtsnormen

1. Bedeutung des Tarifvertrags als Normenvertrag

Der Tarifvertrag hat eine Doppelnatur:[1] Er ist Vertrag, aber auch normative Regelungsgrundlage für die tarifunterworfenen Arbeitsverhältnisse (→ § 230 Rn. 1 ff.). Das führt auf den ersten Blick zu einem Dilemma im Hinblick auf die Auslegungsmethode: Hier stehen sich der im Ausgangspunkt subjektiv willensbezogene rechtsgeschäftliche Auslegungsgrundsatz, wie er in den §§ 133, 155 BGB seinen Niederschlag gefunden hat, und die objektiv ausgerichtete Methode der Gesetzesauslegung gegenüber. Allerdings besteht die Notwendigkeit einer rigiden Wahl zwischen der rein subjektiven und der konsequent objektiven Auslegungsmethode im Ergebnis beim Tarifvertrag nicht.[2] Das liegt nicht nur daran, dass auch die Vertragsauslegung nach §§ 133, 155 BGB keineswegs mehr rein subjektiv ausgerichtet ist, sondern mit dem „objektivierten" Empfängerhorizont auch objektive Parameter aufnehmen kann, sondern vielmehr an der schlichten Erkenntnis, dass der

1

---

[1] JKOS/*Krause* § 4 Rn. 164: „Hybrider Charakter"
[2] ErfK/*Franzen* TVG § 1 Rn. 92; siehe auch Wiedemann/*Wank* § 1 Rn. 979 ff.

Tarifvertrag als Normenvertrag die zwei Grundüberlegungen der jeweiligen Auslegungsmodi aufnehmen muss: Den Respekt vor dem Willen der vertragsschließenden Parteien auf der einen und das Interesse der Normunterworfenen an einer klaren, erkennbaren und damit rechtssicheren Regelung der Arbeitsverhältnisse auf der anderen Seite.[3] Das Gesetz drückt das zu verfolgende Ziel der Rechtsklarheit und der Rechtssicherheit für die Normunterworfenen, wenn auch implizit, bereits darin aus, dass § 1 Abs. 2 TVG die Schriftform für den Tarifvertrag fordert.[4] Dass die Berücksichtigung des grundlegenden Willens der Tarifvertragsparteien und dessen Erkennbarkeit im Tarifvertrag zusammenzuführen sind, steht mittlerweile außer Streit.[5] Im Ausgangspunkt sind aber die Auslegungsmodi von Rechtsprechung und Teilen der Literatur unterschiedlich. Insgesamt wird freilich richtig darauf verwiesen, dass die praktische Bedeutung der unterschiedlichen Ausgangspositionen – Gesetzesauslegung auf der einen Seite, Vertragsauslegung auf der anderen – deshalb gering ist, als letztlich der Wille der Tarifvertragsparteien in der objektiv erkennbaren Form eine Rolle spielt.[6]

2   Die **Rechtsprechung des BAG** setzt den Akzent auf die Notwendigkeit der Rechtsklarheit und Rechtssicherheit für die Normunterworfenen und judiziert kontinuierlich, dass **Tarifverträge grundsätzlich wie Gesetze** auszulegen sind.[7] Wesentlicher Anknüpfungspunkt für die Auslegung sind deshalb der Wortlaut der tariflichen Regelung und ihre Stellung im Gesamtzusammenhang des Tarifvertrags oder des Tarifwerkes.[8] Dabei stehen beide Parameter in einem Stufenverhältnis: Der Gesamtzusammenhang wird maßgeblich, wenn die Wortlautauslegung Zweifel hinterlässt. Freilich wird diese Trennung nicht strikt eingehalten, wenn etwa für die Wortlautauslegung auch auf den Begriffsgebrauch im gesamten Tariftext verwiesen wird → Rn. 13 ff.

3   Aber auch die Rechtsprechung ermittelt – gleichsam an die Vertragsqualität anknüpfend – den hinter einer Regelung stehenden Willen der Tarifvertragsparteien, dieser muss sich allerdings in der konkreten Regelung wiederfinden und darf nicht lediglich „neben" dem Tarifvertrag erkennbar sein.[9] Plastisch firmiert dieser Ansatz unter der Bezeichnung der Andeutungstheorie, nach der das Auslegungsergebnis im tariflichen Text zumindest angedeutet sein muss.[10] Damit freilich ist über die erforderliche Andeutungstiefe noch nichts gesagt. Neben dem Wortlaut und dem Gesamtzusammenhang als wesentlich zu berücksichtigende Anknüpfungspunkte für die Auslegung[11] zieht die Rechtsprechung auch andere Parameter, wie die Entstehungsgeschichte, die Tarifübung oder die Praxistauglichkeit heran, wenn weder der Wortlaut noch der die Einordnung einer tariflichen Regelung in den Gesamtzusammenhang ein eindeutiges Auslegungsergebnis vorgeben und weiter Zweifel bestehen.[12] Eine Gewichtung, etwa in Form einer stufenweisen Abarbeitung dieser zusätzlichen Gesichtspunkte, kennt die Rechtsprechung aber nicht.[13]

---

[3] HWK/*Henssler* TVG § 1 Rn. 78.
[4] *Löwisch/Rieble* § 1 Rn. 1676.
[5] Siehe *Löwisch/Rieble* § 1 Rn. 1675 ff.
[6] ErfK/*Franzen* TVG § 1 Rn. 93; JKOS/*Krause* § 4 Rn. 169; Thüsing/Braun/*Wißmann* 4. Kap. Rn. 155; NK-TVG/*Däubler* Einl. Rn. 594; weiter aber Wiedemann/*Wank* § 1 Rn. 991 ff.
[7] BAG 27.7.2017 – 6 AZR 701/16, AP TVG § 1 Tarifverträge: Verkehrsgewerbe Nr. 25; BAG 5.7.2017 – 4 AZR 831/16, AP TVG § 1 Tarifverträge: Bewachungsgewerbe Nr. 30; BAG 7.12.2016 – 4 AZR 322/14, AP TVG § 1 Tarifverträge: Gartenbau Nr. 7; BAG 10.12.2014 – 4 AZR 503/12, BAGE 150, 184 ff. = AP TVG § 4 Günstigkeitsprinzip Nr. 25; auch HMB/*Bepler* Teil 3 Rn. 129 ff.
[8] BAG 18.10.2017 – 10 AZR 578/16, AP ArbZG § 6 Nr. 16.
[9] BAG 26.4.2017 – 10 AZR 589/15, AP TzBfG § 4 Nr. 26.
[10] HMB/*Bepler* Teil 3 Rn. 136.
[11] BAG 31.1.2018 – 10 AZR 210/17, EzA-SD 2018, Nr. 7, 16; BAG 23.1.2018 – 9 AZR 854/16, BeckRS 2018, 5042; BAG 12.12.2017 – 9 AZR 45/17, BeckRS 2017, 140720; BAG 6.12.2017 – 10 AZR 575/16, NZA 2018, 321; BAG 26.4.2017 – 10 AZR 589/15, AP TzBfG § 4 Nr. 26; BAG 8.11.2017 – 10 AZR 501/16, AP TVG § 1 Tarifverträge: Holz Nr. 28.
    BAG 25.10.2017 – 7 AZR 712/1, NZA-RR 2018, 180; BAG 12.12.2012 – 10 AZR 922/11, AP TVöD § 20 Nr. 4.
[12] BAG 26.4.2017 – 10 AZR 589/15, AP TzBfG § 4 Nr. 26.

Die neuere Literatur geht dagegen davon aus, dass der Tarifvertrag grundsätzlich nach 4
den **rechtgeschäftlichen Auslegungsmodi** auszulegen ist.[14] Dieser Ansatz ist schon
deshalb richtig, weil der Tarifvertrag als Ausdruck kollektiver Privatautonomie zuerst Vertrag ist.[15] Deshalb ist der der tariflichen Regelung zugrundeliegende Wille der Tarifvertragsparteien zu ermitteln. Dieser Wille ist – wie bei anderen Verträgen auch – letztlich der Nukleus der verbindlichen vertraglichen Einigung und so auch der konkreten tariflichen Regelung. Allerdings hat auch diese Meinung – in verschiedenen Schattierungen – den Charakter des Tarifvertrags als Normenvertrag im Blick, so dass auch nach ihr der Wille der Tarifvertragsparteien sich in der beschlossenen Norm niederschlagen muss.

Im Ergebnis treffen sich beide Ansätze regelmäßig: So folgt sowohl nach der im 5
Ausgangspunkt gesetzesbezogenen als auch nach der vertragsbezogenen Auslegungsmethode, dass allein und ausschließlich der Wille der Tarifvertragsparteien ein Auslegungsergebnis dann nicht stützen kann, wenn er sich gleichsam „neben" aber nicht in der tariflichen Regelung niederschlägt. Das hat zur Folge, dass etwa der nach §§ 133, 157 BGB mögliche Auslegungsgrundsatz der *falsa demonstratio non nocet*[16] in keinem Falle Anwendung findet: Der für den normunterworfenen Dritten nicht erkennbare, wenngleich übereinstimmende Wille hinter einer objektiv anders aufzufassenden Regelung kann für die Auslegung des Tarifvertrags keine Rolle spielen. Ebenso führt dies dazu, dass § 155 BGB nicht anwendbar ist, weil der versteckte Dissens ebenfalls für den Normunterworfenen nicht erkennbar ist (→ § 234 Rn. 42).[17]

Gelingt es nicht, ein Auslegungsergebnis zu ermitteln, so ist die tarifliche Regelung 6
unwirksam und unanwendbar.[18] Wie beschrieben, kann § 155 BGB nicht helfen. Dabei führt allerdings – wie grundsätzlich – die Unwirksamkeit der einzelnen tariflichen Regelung nicht zur Unwirksamkeit des gesamten Tarifvertrags. Das gebietet schon der Respekt vor dem tariflichen Normcharakter. Allerdings kann sich die Unwirksamkeit etwa bezogen auf einen nicht auslegbaren Begriff überall dort auswirken, wo dieser Begriff im tariflichen Regelungsgefüge verwendet wird.

2. Die tarifliche Regelung als Auslegungsobjekt

Auslegungsobjekt ist die tarifliche normative Regelung. In ihr muss sich der zu ergründende Wille der Tarifvertragsparteien nachweisen lassen. Für die Auslegung der tariflichen Normen ist der **gesamte Tarifvertrag** heranzuziehen – das gebietet schon der Respekt vor dem Tarifvertrag als ausgehandeltem Gesamtkompromiss zwischen den Tarifvertragsparteien. Nur so kann auch der Gesamtzusammenhang ermittelt werden, in den die einzelne tarifliche Regelung gestellt wird. Hier kann zur Auslegung auch das einschlägige anderweitige Tarifwerk der Tarifvertragsparteien herangezogen werden – und etwa vom Rahmentarifvertrag auf Regelungen eines Entgelttarifvertrags geschlossen werden.[19] Tarifverträge anderer Tarifvertragsparteien – für die Auslegung des Haustarifvertrags etwa der geltende Verbandstarifvertrag – können dagegen grundsätzlich nicht in die Betrachtung einbezogen werden.[20] Anderes gilt nur dann, wenn der auszulegende Tarifvertrag selbst eine entsprechende Regelung aufgreift und etwa auf eine entsprechende Begriffsdefinition verweist.

---

[13] BAG 26.4.2017 – 10 AZR 589/15, AP TzBfG § 4 Nr. 26; BAG 27.7.2017 – 6 AZR 701/16, AP TVG § 1 Tarifverträge: Verkehrsgewerbe Nr. 25.
[14] ErfK/*Franzen* TVG § 1 Rn. 93; JKOS/*Krause* § 4 Rn. 169.
[15] JKOS/*Krause* § 4 Rn. 169.
[16] HMB/*Bepler* Teil 3 Rn. 140.
[17] HMB/*Bepler* Teil 3 Rn. 140.
[18] BAG 26.4.1966 – 1 AZR 242/65, AP TVG § 1 Auslegung Nr. 117; *Löwisch/Rieble* § 1 Rn. 1683f. mit dem Beispiel des perplexen Begriffes des „guten, ausgewogenen und schmackhaften Essens" in § 16 Abs. 1 MTV See 2010; NK-TVG/*Däubler* Einl. 621.
[19] BAG 15.5.1991 – 4 AZR 543/90, AP TVG § 1 Tarifverträge Metallindustrie Nr. 97 = NZA 1991, 855.
[20] *Löwisch/Rieble* § 1 Rn. 1700.

8 Weil Objekt dieses Nachweises der tarifliche Text ist, können zur Auslegung auch nicht allein „nebentarifliche" Vereinbarungen oder Sachverhalte herangezogen werden. Tarifliche Protokollnotizen sind dann ohne Bedenken als Auslegungsgrundlage maßgeblich, wenn sie selbst Tarifnorm sind.[21] Die Bezeichnung als bloße Protokollnotiz schadet hier nicht. Für nichttarifliche Vereinbarungen, die als Auslegungshilfen herangezogen werden sollen, gilt allerdings, dass deren Inhalt sich im eigentlichen Normtext zumindest angedeutet finden muss. Das ist etwa bei sogenannten Niederschriftserklärungen der Fall, bei denen die Tarifverhandlungen (außerhalb des Tarifvertrags) zusammengefasst werden und die damit den Verlauf der Tarifvertragsverhandlungen dokumentieren.[22]

9 Der **schuldrechtliche Teil des Tarifvertrags** kann grundsätzlich im Rahmen der systematischen Betrachtung auch zur Auslegung des normativen Teils herangezogen werden. Das wird etwa für Regelungen über gemeinsame Einrichtungen praktisch.[23] Allerdings kommt es dann zur Besonderheit, dass die Auslegung dieser schuldrechtlichen Regelungen wiederum selbst den Erfordernissen der Normauslegung zu entsprechen hat – und deshalb etwa hier der Grundsatz der *falsa demonstratio* nicht greifen kann.

10 Der Auslegung zugänglich ist nicht nur die konkrete tarifliche Regelung, sondern auch die Frage, ob bei einem mehrgliedrigen Tarifvertrag (→ § 234 Rn. 13) ein Einheitstarifvertrag ist oder aus mehreren parallelen Tarifverträgen besteht[24] und vor allem die Frage, ob die Tarifvertragsparteien überhaupt normativ regeln und damit die tarifgebundenen Arbeitsverhältnisse unmittelbar und zwingend regeln wollten – und damit von ihrer Rechtssetzungsbefugnis Gebrauch machten.[25] Auch diese Fragen sind vor dem Hintergrund des Interesses der Normadressaten an Rechtssicherheit mit den genannten tarifspezifischen Modi zu lösen. In der Tat ist die der eigentlichen Tarifauslegung vorgelagerte Frage nach der Tarifwirkung als solcher für die normunterworfenen Arbeitsverhältnisse als Vorfrage ebenso bedeutsam wie die Auslegung der konkreten Tarifregelung selbst.[26] Deshalb darf sie nicht den Grundsätzen der reinen Vertragsauslegung überlassen werden. Die Rechtsprechung des BAG sieht dies anders und wendet für diese Frage die §§ 133, 157 BGB an.[27]

11 Zeitlich gelten die Auslegungsmodi sowohl im Zeitraum der zwingenden Tarifbindung und damit auch im Nachbindungszeitraum, aber auch im Zeitraum der Nachwirkung, § 4 Abs. 5 TVG.[28]

12 Die genannten Grundsätze gelten grundsätzlich auch für die Auslegung des Tarifvertrags, wenn die Arbeitsvertragsparteien auf ihn schuldrechtlich Bezug genommen haben.[29] Allerdings können die Arbeitsvertragsparteien selbst die tariflichen Regelungen interpretieren – und so die für ihr Arbeitsverhältnis maßgebende Auslegung vorgeben.[30] Allerdings ist zu unterscheiden: Die arbeitsvertragliche Bezugnahmeklausel selbst ist originäres Einzelvertragsrecht und unterliegt allein der Auslegung nach den Grundsätzen der §§ 133, 157 BGB[31] (→ § 246 Rn. 15).

---

[21] Dazu *Fieberg* ZTR 2014, 75 (76); auch *Löwisch/Rieble* § 1 Rn. 1694.
[22] *Fieberg* ZTR 2014, 75 (77).
[23] *Löwisch/Rieble* § 1 Rn. 1697.
[24] HMB/*Bepler* Teil 3 Rn. 157.
[25] BAG 19.9.2007 – 4 AZR 670/06, NZA 2008, 950.
[26] NK-TVG/*Däubler* Einl. 638; HMB/*Bepler* Teil 3 Rn. 159; *Löwisch/Rieble* § 1 Rn. 1681.
[27] BAG 8.12.2011 – 6 AZR 291/10, AP TVG § 1 Nr. 58 = NJOZ 2013, 461; BAG 13.10.2011 – 8 AZR 514/10, AP TVG § 1 Auslegung Nr. 228 = DB 2012, 1104; BAG 24.8.2011 – 4 AZR 717/10, AP TVG § 1 Auslegung Nr. 226 = NJOZ 2013, 180; BAG 14.4.2008 – 9 AZR 159/07, AP TVG § 1 Altersteilzeit Nr. 38 = NZA-RR 2008, 58; BAG 14.4.2004 – 4 AZR 232/03, AP TVG § 1 Auslegung Nr. 188 = NZA 2005, 178; ebenso JKOS/*Krause* § 4 Rn. 198.
[28] JKOS/*Krause* § 4 Rn. 170.
[29] BAG 6.12.1990 – 6 AZR 268/89, AP TVG § 1 Bezugnahme auf Tarifvertrag Nr. 2.
[30] NK-TVG/*Däubler* Einl. Rn. 639.
[31] BAG 6.12.1990 – 6 AZR 268/89, AP TVG § 1 Bezugnahme auf Tarifvertrag Nr. 2.

3. Auslegungskanon

a) Wortlaut. Maßgeblicher Ausgangspunkt der Auslegung ist zunächst der Wortlaut der 13 tariflichen Regelung.[32] Haben die Tarifvertragsparteien hier eigene Begriffe und damit eine Legaldefinition gesetzt, so sind diese maßgeblich:[33] Sie gehen den allgemeinsprachlichen und auch den allgemein-fachspezifischen Wortbedeutungen vor, weil sich in ihnen der Tarifwille ausdrückt. Mögen die Tarifvertragsparteien einen Begriff gänzlich gegen den allgemeinen Sprachgebrauch festlegen, so ist dies zu respektieren, wenn sich diese Festlegung eindeutig in der tariflichen Regelung wiederfindet. Dabei ist freilich auch hier zu ermitteln, ob die gegebenen tariflichen Erläuterungen oder Definitionen wirklich eigene Begriffe festschreiben wollen, oder aber gesetzliche oder allgemeinsprachliche Begriffe lediglich beschreiben wollen. Dieses Setzen eigener Begriffe kann sich auch aus dem tariflichen Gesamtzusammenhang und der Tarifgeschichte ergeben.[34] Allerdings müssen sich die Tarifvertragsparteien an ihrem selbst gesetzten eindeutigen Wortlaut auch festhalten lassen: Ein davon abweichender tatsächlicher Wille wird nicht berücksichtigt.[35]

Haben die Tarifvertragsparteien keine eigene Begriffsklärung vorgenommen, so ist der 14 allgemeinsprachliche Bedeutungsgehalt zu ermitteln – gegebenenfalls unter Zuhilfenahme entsprechender Wörterbücher.[36] Fachbegriffe sind als solche auszulegen, besondere, einem Verkehrskreis, den der Tarifvertrag aufnimmt, zuzurechnende Begriffe aus der Bedeutung in diesem Verkehrskreis heraus.[37] Solche Fachbegriffe sind auch die, die gesetzliche Begriffe aufnehmen:[38] Der Inhalt der gesetzlichen Begriffe gilt jedenfalls dann, wenn das entsprechende Gesetz in einem Zusammenhang mit den tariflichen Regelungen steht.[39]

Verwenden die Tarifvertragsparteien den Begriff mehrfach gleich, so ist grundsätzlich 15 von einem übereinstimmenden Regelungsgehalt auszugehen.[40] Und umgekehrt gilt: Werden unterschiedliche Begriffe verwendet, so ist von einem unterschiedlichen Regelungsgehalt auszugehen.[41]

---

[32] BAG 31.1.2018 – 10 AZR 210/17, AP TVG § 1 Tarifverträge: Systemgastronomie Nr. 4 = NZA-RR 2018, 253; BAG 6.12.2017 – 10 AZR 575/16, NZA 2018, 321; BAG 8.11.2017 – 10 AZR 501/16, AP TVG § 1 Tarifverträge: Holz Nr. 28; BAG 25.10.2017 – 7 AZR 712/15, NZA-RR 2018, 180; BAG 18.10.2017 – 10 AZR 578/16, AP ArbZG § 6 Nr. 16; BAG 26.4.2017 – 10 AZR 856/15, AP TVG § 1 Tarifverträge: Bewachungsgewerbe Nr. 29; ErfK/*Franzen* TVG § 1 Rn. 97; *Löwisch/Rieble* § 1 Rn. 1685; Wiedemann/*Wank* § 1 Rn. 1000.
[33] BAG 23.1.2018 – 9 AZR 854/16, AP TVG § 1 Tarifverträge: Bau Nr. 363 = NZA 2018, 735; BAG 19.4.2016 – 3 AZR 341/14, AP BetrAVG § 1 Gesamtversorgung Nr. 6; Thüsing/Braun/*Wißmann* 4. Kap. Rn. 157; ErfK/*Franzen* TVG § 1 Rn. 97; *Löwisch/Rieble* § 1 Rn. 1692; Wiedemann/*Wank* § 1 Rn. 1001.
[34] BAG 31.1.2018 – 10 AZR 387/17, AP TVG § 1 Tarifverträge: DRK Nr. 30 = NZA-RR 2018, 256; JKOS/*Krause* § 4 Rn. 174.
[35] LAG München 14.7.2010 – 10 Sa 1143/09, BeckRS 2010, 74584; *Löwisch/Rieble* § 1 Rn. 1685.
[36] BAG 12.12.2017 – 9 AZR 45/17, ArbR 2018, 124; BAG 26.4.2017 – 10 AZR 589/15, AP TzBfG § 4 Nr. 26; BAG 8.11.2017 – 10 AZR 501/16, AP TVG § 1 Tarifverträge: Holz Nr. 28; Thüsing/Braun/*Wißmann* 4. Kap. Rn. 157; JKOS/*Krause* § 4 Rn. 176; *Löwisch/Rieble* § 1 Rn. 1686.
[37] BAG 26.4.2017 – 10 AZR 589/15, AP TzBfG § 4 Nr. 26.
  BAG 8.11.2017 – 10 AZR 501/16, AP TVG § 1 Tarifverträge: Holz Nr. 28; BAG 21.1.2011 – 9 AZR 565/08, AP TzBfG § 17 Nr. 9.
[38] JKOS/*Krause* § 4 Rn. 175.
[39] BAG 19.4.2016 – 3 AZR 341/14, AP BetrAVG § 1 Gesamtversorgung Nr. 6; BAG 18.7.2017 – 9 AZR 850/16, ZAT 2017, 201 für den Behindertenbegriff. BAG 5.7.2017 – 4 AZR 831/16, AP TVG § 1 Tarifverträge: Bewachungsgewerbe Nr. 30; Thüsing/Braun/*Wißmann* 4. Kap. Rn. 157.
[40] BAG 8.11.2017 – 10 AZR 501/16, AP TVG § 1 Tarifverträge: Holz Nr. 28; BAG 19.4.2016 – 3 AZR 341/14, AP BetrAVG § 1 Gesamtversorgung Nr. 6; BAG 26.4.2017 – 10 AZR 589/15, AP TzBfG § 4 Nr. 26; BAG 2.11.2016 – 10 AZR 615/15, AP TVG § 1 Tarifverträge: Luftfahrt Nr. 36.
  BAG 13.1.2016 – 10 AZR 42/15, AP TVG § 1 Tarifverträge: Metallindustrie Nr. 237; BAG 22.12.2009 – 3 AZR 936/07, NZA 2010, 1440.
[41] BAG 3.7.2013 – 4 AZR 259/12, EzA § 4 TVG Einzelhandel Nr. 57 = AP TVG § 1 zu Tarifverträge: Einzelhandel Nr. 102; *Löwisch/Rieble* § 1 Rn. 1693.

16 Zum tariflichen Wortlaut gehören auch Protokollnotizen oder andere zusätzliche Vereinbarungen, wenn die Tarifvertragsparteien sie in ihren Tarifwillen aufgenommen haben. Dann sind sie wie jede tarifliche Regelung auszulegen.[42]

17 Die Tarifvertragsparteien können auch außerhalb des Tarifvertrags Begriffsdefinition betreiben, etwa in Interpretationshilfen oder Auslegungshilfen. Damit ist die authentische Tarifauslegung möglich. Allerdings müssen auch diese Hilfen – um für die Auslegung maßgeblich zu sein – die Form des § 1 Abs. 2 TVG erfüllen.[43] Ist sie nicht tarifliche Regelung, so kann sie nicht zur Auslegung des tariflichen Wortlautes herangezogen werden. Solche authentischen Interpretationen, die nachträglich vereinbart werden, können aber auch selbst abändernder Tarifvertrag sein: Das bedeutet dann, dass sie auch nur ab ihrer Vereinbarung für die Zukunft wirken.[44]

18 Zu berücksichtigen sind auch Redaktionsversehen. Solche liegen allerdings nur dann vor, wenn für die Normunterworfenen objektiv erkennbar ist, dass der tarifliche Text fehlerhaft ist und wie der entsprechende Fehler zu schließen ist.[45] Ansonsten verbleibt es bei der Unbeachtlichkeit des sich nicht klar erschließenden Willens – die falsa-demonstratio-Regel greift nicht.[46]

19 Weil Deutsch nicht notwendige Tarifsprache ist (→ § 234 Rn. 46), kann ein Tarifvertrag auch in anderen Sprachen abgeschlossen werden. Dann ist für die Wortauslegung jeweils der Verständnishorizont der jeweiligen Sprache maßgebend. Gibt es verschiedene Versionen, so soll im Zweifel die deutsche Version die maßgebliche sein.[47] Allerdings sind es zunächst die Tarifvertragsparteien selbst, die die maßgebliche Fassung festlegen können.

20 **b) Gesamtzusammenhang und Systematik.** Von der Rechtsprechung wird – ergibt die Wortlautauslegung kein eindeutiges Ergebnis – der tarifliche Gesamtzusammenhang als Auslegungsparameter herangezogen. Das entspricht dem Gedanken, dass die Vertragsparteien und Regelungsgeber ein systematisch geschlossenes Regelungssystem grundlegen wollten.[48] Richtig ist dieses Stufenverhältnis nicht, schon weil sich der Wortlaut oftmals nur aus dem Gesamtzusammenhang und damit der Systematik erschließt.[49]

21 Ein tarifliches System, das Grundlage für eine systematische Auslegung sein kann, kann sich aus dem einzelnen Tarifvertrag selbst, aber auch aus der Gesamtheit der zwischen den Tarifvertragsparteien geschlossenen Tarifverträge ergeben, die sich auf denselben Geltungsbereich beziehen.[50] Dieser Gesamtzusammenhang ist Auslegungskriterium, wenn die Wortlautauslegung kein eindeutiges Ergebnis bringt.[51] Insgesamt gilt hier der Auslegungsgrundsatz, dass die Tarifvertragsparteien ein in sich widerspruchsfreies Regelungswerk schaffen wollen.[52] Deshalb kann es auch nicht lediglich auf die Betrachtung einer isolierten normativen Regelung ankommen.

22 Für die systematische Auslegung ist auch der schuldrechtliche Teil des Tarifvertrags beachtlich. Dies gilt etwa für Durchführungspflichten und Einwirkungspflichten, insbesondere aber für Regelungen über gemeinsame Einrichtungen. Obwohl bei diesen Pflichten

---

[42] BAG 27.7.2017 – 6 AZR 701/16, AP TVG § 1 Tarifverträge: Verkehrsgewerbe Nr. 25; BAG 13.11.2014 – 6 AZR 1102/12, NZA-RR 2015, 608 = AP TVÜ § 16a Nr. 1; JKOS/*Krause* § 4 Rn. 172.; Thüsing/Braun/*Wißmann* 4. Kap. Rn. 157.
[43] BAG 17.9.2003 – 4 AZR 540/02, AP TVG § 1 Tarifverträge: Verkehrsgewerbe Nr. 9; ErfK/*Franzen* TVG § 1 Rn. 97.
[44] JKOS/*Krause* § 4 Rn. 173.
[45] BAG 31.10.1990 – 4 AZR 114/90, AP TVG § 1 Tarifverträge Presse Nr. 11 = NZA 1991, 201; Löwisch/*Rieble* § 1 Rn. 1695.
[46] BAG 2.6.1961 – 1 AZR 573/59, AP GG Art. 3 Nr. 68; JKOS/*Krause* § 4 Rn. 177.
[47] NK-TVG/*Däubler* Einl. 629 mwN.
[48] Siehe ErfK/*Franzen* TVG § 1 Rn. 98; Löwisch/*Rieble* § 1 Rn. 1696 ff.; NK-TVG/*Däubler* Einl. Rn. 611.
[49] Wiedemann/*Wank* § 1 Rn. 1016.
[50] BAG 31.10.1984 – 4 AZR 604/82, AP TVAL II § 42 Nr. 3 ErfK/*Franzen* TVG § 1 Rn. 98.
[51] BAG 23.1.2018 – 9 AZR 854/16, AP TVG § 1 Tarifverträge: Bau Nr. 363 = NZA 2018, 735; JKOS/*Krause* § 4 Rn. 178; Thüsing/Braun/*Wißmann* 4. Kap. Rn. 158; ErfK/*Franzen* TVG § 1 Rn. 97.
[52] Thüsing/Braun/*Wißmann* 4. Kap. Rn. 158.

keine normative Wirkung besteht, sind sie tarifliche Regelung und dokumentieren den Willen der Tarifvertragsparteien, so dass auch Rückschlüsse auf die Bedeutung normativer Regelungen gezogen werden können.

Für die Auslegung maßgeblich ist auch das gesamte Tarifwerk der Tarifvertragsparteien, so etwa für die Auslegung eines Entgelttarifvertrags auch der geschlossene Rahmentarifvertrag. Freilich ist dies nur dann der Fall, wenn auch die Geltungsbereiche der Tarifverträge gleich sind. 23

Dabei kann es aber nur auf die Tarifverträge zwischen den Tarifvertragsparteien des auszulegenden Tarifvertrags ankommen. Andere Tarifverträge mit Dritten nehmen nicht den übereinstimmenden Willen der Tarifvertragsparteien auf und sind deshalb für die systematische Auslegung unbeachtlich und können höchstens bei der Entstehungsgeschichte eine Rolle spielen. 24

c) Zweck. Der Zweck der konkreten Regelung beantwortet die Frage nach dem Warum der Regelung – und damit nach dem Willen der Tarifvertragsparteien als solchem.[53] Insofern ist jede Auslegung in ihrem Ausgangspunkt eine zweckbezogene Auslegung. Deshalb muss der Zweck der Regelung auch im Tarifvertrag seinen Ausdruck gefunden haben – schon deshalb kann es nicht nur auf die Vorstellungen einer Tarifvertragspartei ankommen.[54] 25

Dabei kann sich der Zweck auf verschiedene Regelungsbereiche beziehen: die einzelne Regelung, den Regelungskomplex, in dem sie steht, und den Tarifvertrag als Gesamtvereinbarung.[55] Das kann zu führen, dass je nach Regelungskomplex unterschiedliche Zwecke zugrunde liegen – und deshalb auch für den jeweiligen Komplex zu beachten sind.[56] 26

Allgemeine tarifliche Zwecke sind notwendig abstrakt – und sie können sich gegen den anderweitig bereits festgestellten tariflichen Willen nicht durchsetzen.[57] Freilich werden die Tarifvertragsparteien nur solche Regelungen treffen wollen, die in ihrem Vollzug praktisch handhabbar sind – sodass im Zweifel eine praktisch umsetzbare Regelung einer solchen vorgeht, die in ihrer praktischen Umsetzung Schwierigkeiten bereitet. 27

Weil der Wille der Tarifvertragsparteien zu erkunden ist, ist auch für die Anwendung der Unklarheitenregel, die im Zweifel zu Lasten des Arbeitgebers geht, kein Raum.[58] 28

d) Entstehungsgeschichte. Beachtlich als Auslegungsmerkmal ist auch die Entstehungsgeschichte der tariflichen Regelung – die die Rechtsprechung allerdings hinter die Wortlaut- und die systematische Auslegung stellt.[59] Das freilich ist auch kritisch zu sehen: Die Entstehungsgeschichte selbst ist dem Tarifvertrag gleichsam vorgelagert und den Normunterworfenen nicht zwangsläufig bekannt. Deshalb wird zur Recht gefordert, dass sie nur dann für die Auslegung maßgeblich sein kann, wenn sie Niederschlag im tariflichen Text gefunden hat.[60] 29

Dazu können für die Entstehungsgeschichte nur solche Informationen und Dokumente herangezogen werden, die allgemein zugänglich sind. Das sind etwa Verhandlungsprotokolle, Protokollnotizen, aber auch der Verlauf des Arbeitskampfes. Richtig wird freilich 30

---

[53] JKOS/*Krause* § 4 Rn. 180; Thüsing/Braun/*Wißmann* 4. Kap. Rn. 162; siehe auch Wiedemann/*Wank* § 1 Rn. 1031.
[54] JKOS/*Krause* § 4 Rn. 180.
[55] Löwisch/Rieble § 1 Rn. 1704.
[56] Löwisch/Rieble § 1 Rn. 1704.
[57] JKOS/*Krause* § 4 Rn. 181.
[58] JKOS/*Krause* § 4 Rn. 191.
[59] BAG 8.11.2017 – 10 AZR 501/16, AP TVG § 1 Tarifverträge: Holz Nr. 28; BAG 26.4.2017 – 10 AZR 589/15, AP TzBfG § 4 Nr. 26; BAG 27.7.2017 – 6 AZR 701/16, AP TVG § 1 Tarifverträge: Verkehrsgewerbe Nr. 25; Thüsing/Braun/*Wißmann* 4. Kap. Rn. 161.
JKOS/*Krause* § 4 Rn. 182; HWK/*Henssler* TVG § 1 Rn. 82.
[60] BAG 10.12.2014 – 4 AZR 503/12, NZA 2015, 946, BAGE 150, 184ff. = AP TVG § 4 Günstigkeitsprinzip Nr. 25; BAG 21.3.2012 – 4 AZR 254/10, AP TVG § 1 Auslegung Nr. 229.

darauf hingewiesen, dass die Tarifentwicklung regelmäßig nicht hinreichend dokumentiert ist, so dass die unmittelbare Regelungsgeschichte oftmals wenig ergiebig sein dürfte.[61]

31 Ebenso heranzuziehen ist die Reformgeschichte eines Tarifvertrags – so dass vorherige Tarifverträge und die Änderungsgeschichte des Tarifvertrags als Gesamtheit, aber auch der einzelnen tariflichen Regelung Aufschluss über den Inhalt der aktuellen Regelung geben.[62] Das ist letztlich – bezogen auf das Reformwerk der Tarifvertragsparteien – nichts anderes als die Betrachtung des zeitlichen Gesamtzusammenhanges einer tariflichen Regelung. Deshalb ist bei gleichbleibenden Begriffen die Auslegung in früheren Tarifversionen zu beachten.[63]

32 Eine Berücksichtigung der Tarifpraxis oder der tariflichen Übung nach Abschluss des Tarifvertrags ist dagegen dann unbeachtlich, wenn sie nicht in der schriftlichen Tarifregelung ihren Widerhall findet, etwa weil sie erst nach Abschluss des Tarifvertrags festgestellt werden kann.[64] Tatsächliche Entwicklungen nach Tarifvertragsschluss dürfen ebenso nur zurückhaltend berücksichtigt werden, so kann etwa bei einem älteren Tarifvertrag nicht die später eintretende technische Entwicklung zur Auslegung herangezogen werden.[65]

33 **e) Rechtskonforme Interpretation.** Wie bei der Gesetzesauslegung auch, geht die Auslegung des Tarifvertrags davon aus, dass die Tarifvertragsparteien nur solche Regelungen treffen wollen, die den gesetzlichen Vorgaben entsprechen, weil sie wollen, dass ihre Regelungen Bestand haben und nicht der Unwirksamkeit anheimfallen.[66]

34 Deshalb sind Tarifverträge zunächst **verfassungskonform** auszulegen.[67] Das bedeutet, ebenso wie bei der Gesetzesauslegung, dass von zwei möglichen Auslegungsvarianten diejenige zu wählen ist, die den verfassungsrechtlichen Vorgaben entspricht, die verfassungsrechtlich nicht goutierte Variante ist zu verwerfen.[68] Sind mehrere Auslegungsergebnisse verfassungsrechtlich möglich, so ist im Zweifel diejenige zu wählen, die die verfassungsrechtlich geschützten Rechtsgüter am wenigsten beeinträchtigen.[69] Allerdings ist hier zu beachten, dass im Rahmen der mittelbaren Wirkung der Grundrechte im Tarifvertrag für die grundrechtliche Beurteilung das Untermaßverbot gilt.[70]

35 Vorgaben des **Unions- und Völkerrechts können** ebenfalls zu berücksichtigen sein – und die unionsrechtskonforme Auslegung geht der unionsrechtswidrigen Auslegungsvariante vor.[71] Das freilich betrifft nur solche Regelungen, die auch die Tarifvertragsparteien unmittelbar binden, wie etwa entsprechende primärrechtliche Regelungen oder sekundärrechtliche Verordnungen, ansonsten – etwa im Falle der richtlinienumsetzenden Rechts[72] – verbleibt es bei dem Hinweis, dass der Tarifvertrag privater Vertrag ist und keine unionsrechtsgebundene staatliche Rechtssetzung.[73] Anderes soll nur dann gelten, wenn der Staat selbst Tarifvertragspartei ist, weil dann davon auszugehen ist, dass er sich an seine supranationalen Verpflichtungen halten will.[74]

---

[61] ErfK/*Franzen* TVG § 1 Rn. 100; HWK/*Henssler* TVG § 1 Rn. 82.
[62] BAG 27.7.2017 – 6 AZR 701/16, AP TVG § 1 Tarifverträge: Verkehrsgewerbe Nr. 25; BAG 4.4.2001 – 4 AZR 180/00, AP TVG § 1 Auslegung Nr. 172; ErfK/*Franzen* TVG § 1 Rn. 100.
[63] *Löwisch/Rieble* § 1 Rn. 1708.
[64] BAG 26.4.2017 – 10 AZR 589/15, AP TzBfG § 4 Nr. 26; *Löwisch/Rieble* § 1 Rn. 1709. JKOS/*Krause* § 4 Rn. 184.
[65] BAG 16.3.2016 – 4 AZR 502/14, NZA 2017, 131.
[66] BAG 26.4.2017 – 10 AZR 589/15, AP TzBfG § 4 Nr. 26; *Löwisch/Rieble* § 1 Rn. 1713. JKOS/*Krause* § 4 Rn. 186.
[67] JKOS/*Krause* § 4 Rn. 186; Thüsing/Braun/*Wißmann* 4. Kap. Rn. 159; NK-TVG/*Däubler* Einl. 620.
[68] BAG 21.1.1987 – 4 AZR 486/96, AP GG Art. 9 Nr. 46, 47; BAG 21.7.1988 – 2 AZR 527/87, AP TVG § 1 Rückwirkung Nr. 10 = NZA 1989, 181; ErfK/*Franzen* TVG § 1 Rn. 97.
[69] JKOS/*Krause* § 4 Rn. 186.
[70] JKOS/*Krause* § 4 Rn. 186.
[71] ErfK/*Franzen* TVG § 1 Rn. 98; NK-TVG/*Däubler* Einl. 620.
[72] HMB/*Bepler* Teil 3 Rn. 149.
[73] Dazu *Löwisch/Rieble* § 1 Rn. 1716, aA NK-TVG/*Däubler* Einl. Rn. 620.
[74] *Löwisch/Rieble* § 1 Rn. 1718; HMB/*Bepler* Teil 3 Rn. 149.

Der Tarifvertrag ist an **zwingendes Gesetzesrecht** gebunden, deshalb sind solche Auslegungsergebnisse maßgeblich, die diesen gesetzlichen Regelungen entsprechen.[75] Es gilt der Grundsatz der gesetzesfreundlichen Auslegung.[76]

Für die Auslegung ist auch das **dispositive Gesetzesrecht** zu berücksichtigen, wenn die Tarifvertragsparteien hier nicht selbst abweichendes Recht setzen wollten – was festzustellen ist.[77] Das gilt für das einfache dispositive Gesetzesrecht ebenso wie für das tarifdispositive. Deshalb ist es notwendig, zunächst festzustellen, ob überhaupt ein tariflicher Ersetzungs- oder Abänderungswille vorliegt. Ist dies nicht der Fall, taugen die dispositiven Regelungen auch als Auslegungskriterien für die tariflichen Normen. Die bloße Verweisung auf gesetzliche Regelungen wird regelmäßig als lediglich deklaratorisch zu begreifen sein.[78]

Bedienen sich die Tarifvertragsparteien dagegen des gesetzlichen Wortlauts, gehen die Auffassungen von Rechtsprechung und Literatur auseinander: Während die Rechtsprechung hier im Zweifel lediglich einen deklaratorischen Verweis annimmt, sieht die überwiegende Literatur im Zweifel eine konstitutive Regelung (siehe auch → Rn. 40 ff.).[79]

Richterrecht ist angewandtes Gesetzesrecht. Deshalb ist auch die Auslegung der zwingenden gesetzlichen Regelungen durch die Gerichte Auslegungskriterium für den Tarifvertrag.[80] Die Tarifvertragsparteien werden sich im Zweifel an die richterrechtlichen Vorgaben halten wollen, Abweichungen müssen deshalb feststellbar sein.[81] Ob dies auch für die Rechtsprechung zur Auslegung tariflicher Regelungen selbst der Fall ist, ist dagegen fraglich:[82] Für die Auslegung der Tarifnorm ist der Wille der Tarifvertragsparteien maßgebend – der Schluss, diese wollten sich etwa grundsätzlich an die Auslegungsrechtsprechung einer Vorgängerregelung halten, geht deshalb zu weit.[83]

4. Entwickelten Auslegungsgrundsätze

Das TVG kennt, anders als etwa das BGB, keine eigenen gesetzlichen Auslegungsregelungen. Für den rechtsgeschäftlichen Ansatz kann zwar auf die formellen Auslegungsregeln der §§ 133, 157 BGB zurückgegriffen werden, aber auch dann tritt recht schnell der Normcharakter des Tarifvertrags in den Blickpunkt. Materielle Auslegungsregelungen, wie sie das BGB etwa in §§ 315 Abs. 1, 612 Abs. 2 BGB vorgibt, kennt das TVG für den Tarifvertrag nicht. Dennoch haben sich auf der Grundlage der Rechtsprechung einige Auslegungsregeln vor allem in Form von Zweifelsregelungen etabliert. Diese müssen sich aber stets auf die grundsätzlichen Auslegungsparameter zurückführen lassen. Deshalb wurden andere vorgeschlagene Zweifelsregelungen verworfen.

So nimmt die Rechtsprechung für tarifliche Regelungen, die mit der **wörtlichen Übernahme der gesetzlichen Regelungen** einhergehen an, dass diese im Zweifel lediglich deklaratorisch, aber nicht konstitutiv wirken.[84] Damit nähme der Verweis an der gesetzlichen Dynamik teil. Richtig ist das nicht, die Literatur weist zu Recht darauf hin, dass der Normgeber – Tarifwille vorausgesetzt – im Zweifel eine eigene Regelung treffen will.[85]

---

[75] BAG 20.9.2016 – 9 AZR 429/15, NZA 2017, 76; BAG 21.2.2013 – 6 AZR 524/11, NZA 2013, 625; ErfK/*Franzen* TVG § 1 Rn. 98; HMB/*Bepler* Teil 3 Rn. 149.
[76] Wiedemann/*Wank* § 1 Rn. 1020.
[77] BAG 10.8.1967 – 5 AZR 81/67, AP BUrlG § 13 Nr. 9 = BB 1967, 1208; *Löwisch/Rieble* § 1 Rn. 1721.
[78] *Löwisch/Rieble* § 1 Rn. 1723; JKOS/*Krause* 4 Rn. 187.
[79] *Löwisch/Rieble* § 1 Rn. 1723; JKOS/*Krause* 4 Rn. 190.
[80] BAG 21.7.1993 – 4 AZR 468/92, AP TVG § 1 Auslegung Nr. 144; BAG 17.9.2003 – 4 AZR 540/02, AP TVG § 1 Tarifverträge: Verkehrsgewerbe Nr. 9; ErfK/*Franzen* TVG § 1 Rn. 99; HMB/*Bepler* Teil 3 Rn. 149.
[81] BAG 21.7.1993 – 4 AZR 489/92, NZA 1994, 627.
[82] Dafür BAG 5.10.1995 – 2 AZR 353/95, AP BGB § 622 Nr. 48; BAG 18.9.2001 – 9 AZR 397/00, AP ATG § 3 Nr. 3; ErfK/*Franzen* TVG § 1 Rn. 99.
[83] *Löwisch/Rieble* § 1 Rn. 1727.
[84] BAG 16.6.1998 – 5 AZR 638/97, AP TVG § 1 Tarifverträge: Bau Nr. 212; Thüsing/Braun/*Wißmann* 4. Kap. Rn. 160.
[85] ErfK/*Franzen* TVG § 1 Rn. 93.

42 Richtig ist auch, dass im Zweifel davon auszugehen ist, dass die Tarifvertragsparteien eine **vernünftige, sachgerechte, zweckorientierte, gesetzeskonforme und praktisch brauchbare Regelung** treffen wollten.[86] Das ist eine Rückführung auf den objektiv erkennbaren Tarifwillen. *Däubler* schreibt treffend vom „Pragmatismusvorbehalt".[87]

43 Ebenso richtig ist die Annahme, dass die Tarifvertragsparteien es den Tarifunterworfenen ermöglichen wollen, möglichst klar und ohne Rücksprache mit den Tarifvertragsparteien den Inhalt des Tarifvertrags zu erkennen.[88]

44 Den Grundsatz der im Zweifel und durch Schutzfunktion des Tarifvertrags begründeten arbeitnehmerfreundlichen Auslegung[89] gibt es ebenso wenig wie auf der anderen Seite den der arbeitgeberfreundlichen Auslegung:[90] Der Tarifvertrag dient dem Interessenausgleich und baut auf der Ebenbürtigkeit der Tarifvertragsparteien auf, was dem Tarifvertrag auch seine Richtigkeitsgewähr verleiht. Deshalb darf bei der Auslegung nicht pauschal der Seite der Arbeitnehmer der Vorzug dadurch gegeben werden, dass der Arbeitnehmerschutz abstraktes Auslegungsmerkmal ist.[91] Ihm ist eine Unklarheitenregel wie die des § 305c Abs. 2 BGB für die AGB-Auslegung fremd.[92] Auf der anderen Seite gibt es im Bereich der Arbeitnehmerüberlassung keinen (arbeitgeberfreundlichen) Auslegungsgrundsatz, wonach die Leiharbeitnehmer nicht besser gestellt werden dürften als die Stammarbeitnehmer im Entleiherbetrieb.[93]

II. Auslegung schuldrechtlicher Vereinbarungen

45 Schuldrechtliche Vereinbarungen im Tarifvertrag sind anhand der rechtgeschäftlichen Auslegungsmaximen auszulegen.[94] Sie betreffen die Tarifvertragsparteien als solche. Deshalb gilt auch hier etwa der Grundsatz der *falsa demonstratio non nocet*.[95] Die Möglichkeit der ergänzenden Vertragsauslegung ist hier gegeben.[96]

46 Das gilt auch dann, wenn die schuldrechtliche Vereinbarung Rechte zu Gunsten Dritter, § 328 BGB, begründet. Zwar wird hier eingewandt, dass in diesen Fällen der Begünstigte Dritte letztlich gleich einem Normunterworfenen ein Interesse auf Rechtsklarheit und Rechtssicherheit hätte und dass deshalb die Grundsätze der Auslegung der Tarifnormen Anwendung finden.[97] Allerdings ist hier kein Unterschied zum allgemeinen Vorge-

---

[86] BAG 6.12.2017 – 10 AZR 575/16, NZA 2018, 321; BAG 26.4.2017 – 10 AZR 589/15, AP TzBfG § 4 Nr. 26; BAG 12.12.2013 – 8 AZR 942/12, NZA 2014, 431; BAG 13.10.2011 – 8 AZR 514/10, NZA-RR 2012, 645 Os. = BeckRS 2012, 68680 = AP TVG § 1 Auslegung Nr. 228; BAG 11.11.2010 – 8 AZR 392/09, NZA 2011, 763 = AP BGB § 613a Nr. 392; BAG 23.9.2009 – 4 AZR 382/08, NZA 2010, 588 = AP TVG § 1 Tarifverträge: Arzt Nr. 3; BAG 20.1.2009 – 9 AZR 677/07, NZA 2010, 295 = AP TVG § 1 Altersteilzeit Nr. 43 = EzA TVG § 4 Altersteilzeit Nr. 30; BAG 21.7.1993 – 4 AZR 468/92, NZA 1994, 181 = AP TVG § 1 Auslegung Nr. 144; ErfK/*Franzen* TVG § 1 Rn. 101.
[87] NK-TVG/*Däubler* § 1 TVG Rn. 596.
[88] BAG 19.9.2007 – 4 AZR 670/06, AP TVG § 1 Auslegung Nr. 202; *Löwisch/Rieble* § 1 Rn. 1731: „bei unbefangenem Lesen"
[89] Dafür NK-TVG/*Däubler* Einl. Rn. 621 mwN; *Kempen/Zachert/Zachert* TVG, 4. Aufl. 2006, Grundlagen Rn. 397.
[90] BAG 7.7.2011 – 6 AZR 241/10, NJOZ 2011, 2049; JKOS/*Krause* § 4 Rn. 191; Thüsing/Braun/*Wißmann* 4. Kap. Rn. 163; Wiedemann/*Wank* § 1 Rn. 998; ErfK/*Franzen* TVG § 1 Rn. 101; *Löwisch/Rieble* § 1 Rn. 1728; HMB/*Bepler* Teil 3 Rn. 150.
[91] Wiedemann/*Wank* § 1 Rn. 998.
[92] BAG 15.1.2015 – 6 AZR 650/13, NZA 2015, 1139; *Löwisch/Rieble* § 1 Rn. 1730; ErfK/*Franzen* TVG § 1 Rn. 101.
[93] BAG 18.10.2017 – 10 AZR 578/16, AP ArbZG § 6 Nr. 16.
[94] Wiedemann/*Wank* § 1 Rn. 984; ErfK/*Franzen* TVG § 1 Rn. 95; *Löwisch/Rieble* § 1 Rn. 1752; HWK/*Henssler* TVG § 1 Rn. 76.
[95] HWK/*Henssler* TVG § 1 Rn. 76; ErfK/*Franzen* TVG § 1 Rn. 95.
[96] BAG 8.11.1997 – 4 AZR 15/72, AP BGB § 157 Nr. 3; ErfK/*Franzen* TVG § 1 Rn. 95; Thüsing/Braun/*Wißmann* 4. Kap. Rn. 167; *Löwisch/Rieble* § 1 Rn. 1757.
[97] BAG 15.2.2005 – 9 AZR 52/04, NZA 2005, 1320 = EzA TVG § 4 Altersteilzeit Nr. 13; ErfK/*Franzen* TVG § 1 Rn. 95; JKOS/*Krause* § 4 Rn. 197; Thüsing/Braun/*Wißmann* 4. Kap. Rn. 168; HWK/*Henssler* TVG § 1 Rn. 76; NK-TVG/*Däubler* Einl. 637.

hen beim Vertrag zu Gunsten Dritter zu machen[98]– weil die Tarifvertragsparteien gerade keine normative Wirkung wollen und so ihre Vereinbarung nicht über eine schuldrechtliche hinausheben. Deshalb gelten hier die §§ 133, 157 BGB vollumfänglich.[99]

III. Lückenfüllung

1. Normativer Teil

a) Möglichkeit der Selbstinterpretation. Auslegungslücken und damit Lücken des Tarifvertrags können zuerst von den Tarifvertragsparteien selbst geschlossen werden.[100] Sie können durch eindeutige Normierung Auslegungsspielräume einengen oder ganz entziehen. Sie kann auch selbst erkannte Mehrdeutigkeiten schließen oder Begriffe definieren. Dies kann im Tarifvertrag selbst geschehen oder hernach ebenfalls durch tarifliche Regelung – durch einen Änderungstarifvertrag.[101]

Besteht zwischen den Tarifvertragsparteien selbst über die Auslegung einer tariflichen normativen Regelung Streit, so kann dieser Streit auch extern entscheiden werden. Dies kann zum einen auf dem Wege der Schlichtung erfolgen. Der Schlichterspruch kann eine stimmte Auslegung vorgaben. Allerdings wird dieser Schlichterspruch nur dann für die Normunterworfenen verbindlich, wenn er – durch entsprechende Übernahme – durch die Tarifvertragsparteien selbst mit tarifliche Qualität ausgestattet wird.

Eine gerichtlich festgestellte Auslegung einer tariflichen Regelung ist nach § 9 TVG erga omnes bindend (→ § 244 Rn. 5 ff.): Kommt es hernach zum Streit, bei dem die Auslegung der tariflichen Regelung maßgeblich ist, so sind die Gerichte und Schiedsgerichte an die bereits ergangene rechtskräftige gerichtliche Entscheidung gebunden.

b) Keine tarifersetzende Lückenfüllung. Führt die Auslegung nicht zu einem eindeutigen, sondern einem mehrdeutigen Ergebnis oder besteht von vornherein eine Lücke in der tariflichen Regelung und kommt es auch nicht zur Eigeninterpretation der Tarifvertragsparteien, so ist dem Richter eine ausfüllende Auslegung versagt. Jede staatliche Ersatzregelung steht in einer problematischen Spannung zur Tarifautonomie. Die Tarifvertragsparteien können die Lücke durch erneuten Tarifabschluss selbst schließen.[102]

Das ist für die **bewusste Regelungslücke** deshalb selbstverständlich, weil hier durch die Tarifvertragsparteien eine (negative ausschließende) Vereinbarung getroffen wurde, in die der Richter aus Respekt vor der Tarifautonomie nicht verbessernd eingreifen darf.[103] Dies hat auch Auswirkungen für die Frage, wann eine bewusste Regelungslücke festzustellen ist: Aus Sicht der Auffassung, die eine Vertragsergänzung im Falle der unbewussten Regelungslücke bejaht, muss im Zweifel wegen der vorrangigen Tarifautonomie dann eine bewusste Lücke angenommen – oder jedenfalls auf die Lückenfüllung verzichtet werden.[104]

Anders wird dies bei **unbewussten Regelungslücken** gesehen.[105] Ausnahmen soll es dann geben, wenn für die Schließung der unbewussten Lücke eindeutige Anhaltspunkte der Tarifvertragsparteien zu ermitteln sind.[106] Danach muss der Tarifvertrag „zu Ende ge-

---

[98] Siehe zu dessen Auslegung Staudinger/*Klumpp*, 2015, § 328 Rn. 84.
[99] So auch *Löwisch/Rieble* § 1 Rn. 1755; HMB/*Bepler* Teil 3 Rn. 156.
[100] HWK/*Henssler* TVG § 1 Rn. 84.
[101] *Löwisch/Rieble* § 1 Rn. 1732; HWK/*Henssler* TVG § 1 Rn. 84.
[102] Siehe auch ErfK/*Franzen* TVG § 1 Rn. 102.
[103] BAG 24.9.2008 – 4 AZR 642/07, AP TVG § 1 Nr. 57; BAG 10.11.1982 – 4 AZR 109/80, AP BAT 1975 §§ 22, 23 Nr. 69; Thüsing/Braun/*Wißmann* 4. Kap. Rn. 165; *Löwisch/Rieble* § 1 Rn. 1736; Wiedemann/*Wank* § 1 Rn. 1038; HWK/*Henssler* TVG § 1 Rn. 85; NK-TVG/*Däubler* Einl. 623; HMB/*Bepler* Teil 3 Rn. 152.
[104] Dazu mit HMB/*Bepler* Teil 3 Rn. 154.
[105] BAG 23.9.1981 – 4 AZR 569/79, AP BGB § 611 Lehrer, Dozenten Nr. 19; ErfK/*Franzen* TVG § 1 Rn. 103; HWK/*Henssler* TVG § 1 Rn. 85; NK-TVG/*Däubler* Einl. Rn. 625.
[106] BAG 12.2.2015 – 10 AZR 50/14, NZA-RR 2015, 386 = EzTöD 110 Anlage C.11 Nr. 4 TVöD-V Theaterbetriebszulage Nr. 2; BAG 24.9.2008 – 4 AZR 642/07, AP TVG § 1 Nr. 57; BAG 29.4.2004 –

dacht" werden:[107] Ausgehend von der bestehenden und feststellbaren tariflichen Systematik muss die Regelung gefunden werden, die die Tarifvertragsparteien selbst getroffen hätten, hätten sie die Regelungslücke bedacht.[108] Resultat muss danach aber sein, dass nur eine mögliche Lückenfüllung gegeben ist:[109] Es muss also überhaupt eine Möglichkeit der Lückenfüllung geben und dann genau eine.[110] Das wird mit Blick auf die Gewährleistung der Tarifautonomie kritisiert und darauf hingewiesen, dass auch im Falle nur einer sich stellenden Ergänzungsmöglichkeit die Alternative der Nichtregelung bliebe – was letztlich eben diese Ergänzung verbiete.[111]

2. Schuldrechtlicher Teil

53 Der schuldrechtliche Teil des Tarifvertrags folgt den rechtsgeschäftlichen Auslegungslehren. Deshalb kann hier auch die richterrechtlich anerkannte ergänzende Vertragsauslegung herangezogen werden. Allerdings darf die ergänzende Vertragsauslegung nicht dem Willen einer Vertragspartei widersprechen.[112]

IV. Rechtsstreitigkeiten

54 Ist die Auslegung einer tariflichen Regelung maßgeblich für den Streitentscheid, so hat sie der Richter vorzunehmen.[113]

55 Die Tarifvertragsparteien können selbst eine Auslegung des Tarifvertrags nach § 9 TVG erreichen – und so eine verbindliche erga omnes Wirkung (→ § 244 Rn. 11).

56 Das Gericht hat für die Auslegung tariflicher Regelungen die maßgeblichen Tatsachen zu ermitteln, §§ 46 Abs. 2 ArbGG iVm § 293 ZPO.[114] Das gilt etwa bei der Berücksichtigung der Entstehungsgeschichte durch Zeugenvernahme.[115] Die Auslegung selbst ist Rechtsanwendung, dieser kann sich das Gericht nicht begeben, sondern muss sie selbst vornehmen.[116]

57 Weil die Auslegung des Tarifvertrags Rechtsanwendung, § 73 Abs. 1 S. 1 ArbGG, ist, gibt es keine strikte Bindung an die Feststellungen des LAG über die der Auslegung zugrundeliegenden Tatsachen. Diese kann das BAG vielmehr selbst erheben.[117] Das gilt auch für Tarifverträge, die (lediglich) schuldrechtlich in Bezug genommen wurden.[118]

---

6 AZR 101/03, AP BAT § 26 Nr. 2; BAG 5.10.1999 – 3 AZR 230/98, AP BetrAVG § 1 Zusatzversorgungskassen Nr. 51; BAG 18.5.1988 – 4 AZR 775/87, AP BAT 1975 §§ 22, 23 Nr. 145; JKOS/*Krause* § 4 Rn. 196; Thüsing/Braun/*Wißmann* 4. Kap. Rn. 166; kritisch *Löwisch/Rieble* § 1 Rn. 1737: „richterliche Selbstermächtigung"

[107] BAG 12.12.2013 – 8 AZR 942/12, NZA-RR 2014, 431; Wiedemann/*Wank* § 1 Rn. 1038.
[108] BAG 12.12.2013 – 8 AZR 942/12, NZA-RR 2014, 431; BAG 21.6.2000 – 4 AZR 931/98, AP BAT 1975 §§ 22, 23 Nr. 276.
[109] BAG 21.4.2010 – 4 AZR 750/08, NZA 2011, 175; HWK/*Henssler* TVG § 1 Rn. 86.
[110] HMB/*Bepler* Teil 3 Rn. 153.
[111] *Löwisch/Rieble* § 1 Rn. 1741; dagegen freilich NK-TVG/*Däubler* Einl. Rn. 625; HMB/*Bepler* Teil 3 Rn. 153 Fn. 2 hält diese Sichtweise für „zu rigoros".
[112] *Löwisch/Rieble* § 1 Rn. 1758.
[113] HWK/*Henssler* TVG § 1 Rn. 87.
[114] BAG 9.8.1995 – 6 AZR 1047/94, AP ZPO § 293 Nr. 8; Wiedemann/*Wank* § 1 Rn. 1049; *Löwisch/Rieble* § 1 Rn. 1760.
[115] BAG 25.8.1982 – 4 AZR 1064/79, AP BGB § 616 Nr. 55; dazu Creutzfeld FS Düwell, S. 286 ff.; *Löwisch/Rieble* § 1 Rn. 1760.
[116] 12.12.2012 – 4 AZR 267/11, AP § 1 TVG Tarifverträge: Krankenanstalten Nr. 10.
[117] BAG 13.6.1996 – 2 AZR 547/95, AP TVG § 1 Tarifverträge: Lufthansa Nr. 21; BAG 10.10.1957 – 2 AZR 48/55, AP TVG § 1 Auslegung Nr. 12; *Löwisch/Rieble* § 1 Rn. 1762; Wiedemann/*Wank* § 1 Rn. 1052; HWK/*Henssler* TVG § 1 Rn. 87.
[118] Wiedemann/*Wank* § 1 Rn. 1050.

§ 244 Tarifliche Normenkontrolle

Schrifttum:
Bogs, FS von Gierke, 1950, S. 39; *Bötticher,* Die Bindung der Gerichte an Entscheidungen anderer Gerichte, FS DJT 1960, Bd. I S. 511; *Brox,* Die subjektiven Grenzen der Rechtskraft und des Tarifvertragsrechts, JuS 1961, 252; *Denecke,* Das Beschlussverfahren nach § 97 ArbGG, 2015; *Dütz,* Kollektivrechtliche Fragestellungen im Arbeitsgerichtsverfahren, ArbRGeg 20, 1983, S. 33; *Franzen,* Kollektive Rechtsdurchsetzung, ZIAS 2004, 32; *Klas,* Die Zulässigkeit der Verfassungsbeschwerde gegen Tarifnormen, 1979; *Krause,* Rechtskrafterstreckung im kollektiven Arbeitsrecht, 1996; *Löwisch,* Fragen des schiedsrichterlichen Verfahrens zwischen Tarifvertragsparteien nach § 101 Abs. 1 ArbGG, ZZP 103, 1990, 22; *Nottebom,* Rechtskrafterstreckung präjudizieller Entscheidungen im arbeitsgerichtlichen Verfahren, 2001; *Otto,* Entscheidungsharmonie, Verfahrensökonomie und rechtliches Gehör bei Streitigkeiten mit kollektivem Bezug, RdA 1989, 247; *Rieble,* Tarifnormenkontrolle durch Verbandsklage, NZA 1992, 250; *Schreiber,* Der Schiedsvertrag in Arbeitsstreitigkeiten, ZfA 1983, 31.

Übersicht

	Rn.
I. Fachgerichtliche Normenkontrolle	1
1. Grundsatz: Inzidentkontrolle	1
2. Verfahren nach § 9 TVG	5
a) Funktionales Normenkontrollverfahren	5
b) Urteilsverfahren und Klageantrag	9
c) Parteien des Verfahrens	11
d) Feststellungsinteresse	16
e) Streitgegenstand	20
f) Bindungswirkung	27
II. Verfassungsgerichtliche Normenkontrolle	40
III. Europarechtliche Kontrolle	44

I. Fachgerichtliche Normenkontrolle

1. Grundsatz: Inzidentkontrolle

Grundsätzlich erfolgt die Kontrolle der Wirksamkeit tariflicher Normen und ihre Auslegung implizit während des Streits um tarifliche Rechte durch die Fachgerichte; eine Möglichkeit der Tarifgebundenen, objektiv und isoliert die Wirksamkeit oder den Inhalt einer Tarifnorm feststellen zu lassen, besteht nicht.[1] Die Implizitentscheidung des Fachgerichtes entwickelt für tarifrechtliche Vorfragen keine Bindung, sie wirkt zum einen lediglich *inter partes* und zum anderen erwachsen rechtliche Vorfragen nicht in Rechtskraft. 1

Verfahrensrechtlich kanalisiert werden tarifnormbezogene Rechtsfragen dort, wo das Gesetz besondere Verfahren und Zuständigkeiten vorsieht: so für die Tarifzuständigkeit und die Tariffähigkeit in § 97 ArbGG, für die Wirksamkeit der Erklärung der Allgemeinverbindlichkeit in § 98 ArbGG und für die Feststellung des Majoritätstarifvertrags bei der Auflösung einer Tarifkollision nach § 4a Abs. 2 S. 2 TVG in § 99 ArbGG. In den Fällen der §§ 97, 98 ArbGG arbeitet das Gesetz für Individualrechtsstreitigkeiten mit einer Aussetzungslösung, § 97 Abs. 5 S. 1 ArbGG, § 98 Abs. 6 S. 1 ArbGG, sodass eine implizite Entscheidung nicht ergehen kann. Steht die Auflösung einer Tarifkollision in Frage, ist dies nicht so.[2] 2

Liegen die Sonderfälle einer Aussetzungspflicht nicht vor, kann die Geltung und der Inhalt des Tarifvertrags auch im Wege der Zwischenfeststellungsklage geklärt werden, § 256 Abs. 2 ZPO,[3] der freilich für das Feststellunginteresse einen Zusammenhang mit dem in Rede stehenden prozessualen Anspruch voraussetzt.[4] 3

---

[1] *Löwisch/Rieble* § 9 Rn. 142.
[2] ErfK/*Koch* ArbGG § 99 Rn. 5.
[3] BAG 25.11.1987 – 4 AZR 361/87, AP TVG § 1 Tarifverträge: Einzelhandel Nr. 18 = NZA 1988, 317; Kempen/Zachert/*Zeibig/Zachert* § 9 Rn. 7; ErfK/*Franzen* TVG § 9 Rn. 2; *Löwisch/Rieble* § 9 Rn. 143.
[4] BAG 24.2.1987 – 1 ABR 73/84, AP BetrVG 1972 § 80 Nr. 28 = NZA 1987, 674.

4 Die Frage nach der Gültigkeit und dem Inhalt einer tariflichen Norm kann auch implizit im Beschlussverfahren entschieden werden,[5] auch dann jedoch gelten im Hinblick auf die Bindungswirkung eines Beschlusses die für das Individualverfahren geltenden Grundsätze – auch hier erfolgt keine erga omnes-Wirkung.

2. Verfahren nach § 9 TVG

5 **a) Funktionales Normenkontrollverfahren.** Nach § 9 TVG[6] binden rechtskräftige Entscheidungen der Arbeitsgerichte, die in Rechtsstreitigkeiten zwischen Tarifvertragsparteien aus dem Tarifvertrag oder über das Bestehen oder Nichtbestehen des Tarifvertrags ergangen sind, in Rechtsstreitigkeiten zwischen tarifgebundenen Parteien sowie zwischen diesen und Dritten die Gerichte und Schiedsgerichte. Auf dieser Grundlage können die Tarifvertragsparteien Wirksamkeit und Inhalt der tariflichen Normen arbeitsgerichtlich mit einer Erga-omnes-Wirkung klären lassen.[7]

6 Verfahrensrechtlich ist die Klage nach § 9 TVG Feststellungsklage,[8] funktional handelt es sich letztlich um ein Normenkontrollverfahren.[9] Der Begriff der Verbandsklage ist eingängig,[10] aber etwas schief, weil auch der einzelne Arbeitgeber als Tarifvertragspartei das Verfahren anstrengen kann und sich auch ein Vergleich mit der Klage nach dem UKlaG verbietet.[11] Jenseits dieser – für die Praxis nur mäßig bedeutsamen – dogmatisch-begrifflichen Einordnung ist die in § 9 TVG erfolgte eigene Grundlegung eines Verfahrens mit Erga-omnes-Wirkung über den Tarifinhalt zwischen den Tarifvertragsparteien notwendig – gäbe es sie nicht, könnten die Tarifvertragsparteien lediglich im Zusammenhang mit der Geltendmachung schuldrechtlicher Tarifpflichten und damit implizit den Inhalt des normativen Teils des Tarifvertrags gerichtlich kontrollieren lassen: Denn die Tarifvertragsparteien selbst sind nicht Adressaten der Tarifnormen, weshalb es an einem feststellbaren Rechtsverhältnis nach § 256 ZPO mangelt.[12]

7 Wegen der Erga-omnes-Wirkung wird für Entscheidungen nach § 9 TVG gerne der Vergleich mit der Allgemeinverbindlichkeit bemüht,[13] freilich folgt die Bindung letztlich der bereits bestehenden Tarifbindung, in dem die Wirksamkeit und der Inhalt der Tarifnorm für die Tarifunterworfenen geklärt wird. Damit wird für die Geltung des Tarifvertrags dessen Inhalt dem Streit im Individualverfahren entzogen, weshalb die tarifliche Normenkontrolle hauptsächlich der Rechtssicherheit und Rechtsklarheit dient.[14] Das Verfahren kann deshalb auch reaktiv von einer Tarifvertragspartei genutzt werden, wenn diese mit einer Auslegung des Tarifvertrags im Individualrechtsstreit oder im Verwaltungsverfahren nicht einverstanden ist.

---

[5] BAG 1.2.1989 – 4 ABR 86/88, AP BetrVG 1972 § 99 Nr. 63 = NZA 1989, 863.
[6] Zur Entstehungsgeschichte Wiedemann/*Oetker* § 9 Rn. 1 ff.
[7] BAG 15.6.2016 – 4 AZR 805/14, AP UmwG § 20 Nr. 2 = NZA 2017, 326.
[8] BAG 15.6.2016 – 4 AZR 805/14, AP UmwG § 20 Nr. 2 = NZA 2017, 326; HMB/*Gäntgen* Teil 16 Rn. 9.
[9] Kritisch zum Begriff NK-TVG/*Reinecke*/*Rachor* § 9 Rn. 9; JKOS/*Krause* § 4 Rn. 201; ErfK/*Franzen* TVG § 9 Rn. 1 ff.; wie hier *Löwisch*/*Rieble* § 9 Rn. 8.
[10] BAG 18.4.2012 – 4 AZR 371/10, AP ZPO 1977 § 256 Nr. 108 = NZA 2013, 161; HMB/*Gäntgen* Teil 16 Rn. 2.
[11] Wiedemann/*Oetker* § 9 Rn. 8.
[12] BAG 9.12.2009 – 4 AZR 190/08, AP TVG § 3 Nr. 48 = NZA 2010, 712; 4.7.2007 – 4 AZR 491/06, AP TVG § 4 Tarifkonkurrenz Nr. 35 = NZA 2008, 307; JKOS/*Krause* § 4 Rn. 199; KempenZachert/*Zeibig*/*Zachert* § 9 Rn. 41; NK-TVG/*Reinecke*/*Rachor* § 9 Rn. 54 ff.; HWK/*Henssler* TVG § 9 Rn. 9; JKOS/*Krause* § 4 Rn. 199.
[13] Siehe JKOS/*Krause* § 4 Rn. 200.
[14] BAG 15.6.2016 – 4 AZR 805/14, AP UmwG § 20 Nr. 2 = NZA 2017, 326; 23.3.2011 – 4 AZR 366/09, AP GG Art. 9 Nr. 147 = NZA 2011, 920; JKOS/*Krause* § 4 Rn. 200; Wiedemann/*Oetker* § 9 Rn. 6.

Als Reflex führt die *Erga-omnes*-Wirkung auch prozessökonomisch zu Vorteilen: Streitig- 8
keiten über die Wirksamkeit und Inhalt tariflicher Normen im Individualstreit entfallen
damit.[15] Das ist aber nicht Hauptzweck des Verfahrens.[16]

b) Urteilsverfahren und Klageantrag. Das Verfahren nach § 9 TVG, das in die aus- 9
schließliche Zuständigkeit der Arbeitsgerichte fällt, § 2 Abs. 1 Nr. 1 ArbGG,[17] ist keine eigene Klageart,[18] sondern wird als Streitigkeit zwischen den Tarifvertragsparteien im Urteilsverfahren im Rahmen einer **Feststellungsklage** durchgeführt.[19] Deshalb sind die §§ 46ff. ArbGG einschlägig, wenngleich das Beschlussverfahren wegen seiner auf Kollektivgeltung abstellenden Verfahrensgrundsätze systematisch die bessere Prozessart gewesen wäre.

Der **Klageantrag** muss sich auf die Wirksamkeit oder den Inhalt einer konkreten tarif- 10
lichen Norm beziehen, darf aber nicht deren Anwendung im Arbeitsverhältnis erfragen.
Das Gericht darf dabei keine Subsumtion eines konkreten Sachverhalts unter die auslegungsbedürftige Tarifnorm vornehmen müssen, um den Rechtsstreit zu entscheiden.[20]
Weil sich die Rechtskraft und damit die Bindungswirkung der gerichtlichen Entscheidung nur auf den Tenor bezieht,[21] muss der Antrag abstrakt gehalten werden, die in Streit stehende Tarifnorm bestimmt bezeichnet sein und dieser Streit ebenfalls konkret benannt sein.[22] So ist der fragliche Tarifvertrag und die betreffende Tarifnorm zu benennen, und der von der klagenden Tarifvertragspartei als zutreffend angesehene, abstrakte Auslegungsschritt zu formulieren, sodass damit der abstrakte Tarifbegriff mit einem – notwendig weniger abstrakten – ausgelegten Tarifbegriff verbunden wird.[23]

c) Parteien des Verfahrens. Das Verfahren nach § 9 TVG kann nur von einer Tarifver- 11
tragspartei eingeleitet werden und sich gegen die andere Tarifvertragspartei richten, für
Dritte besteht weder Aktiv- noch Passivlegitimation.[24] Deshalb kann sich beim Verbandstarifvertrag, auch beim firmenbezogenen, die Klage der Gewerkschaft nicht gegen den einzelnen tarifgebundenen Arbeitgeber richten, sondern nur gegen den tarifschließenden Verband.[25] Und beim durch einen Spitzenverband abgeschlossenen Tarifvertrag kommt es darauf an, ob dieser als Vertreter eines Mitgliedsverbandes handelte oder selbst Tarifvertragspartei ist: Nur im letzten Fall kann er selbst nach § 9 TVG beteiligt sein.[26]

Jedoch reicht für die Zulässigkeit auch die bloße Behauptung der klagenden Partei, sie 12
sei Tarifvertragspartei, ob dies der Fall ist, ist dann eine Frage der Begründetheit.[27] Glei-

---

[15] BAG 6.6.2007 – 4 AZR 411/06, AP TVG 1969 § 9 Nr. 11 = NZA 2008, 1086; 8.11.1957 – 1 AZR 274/56, AP ZPO § 256 Nr. 7 = BB 1958, 232; JKOS/*Krause* § 4 Rn. 200; Wiedemann/*Oetker* § 9 Rn. 6.
[16] BAG 6.6.2007 – 4 AZR 411/06, AP TVG 1969 § 9 Nr. 11 = NZA 2008, 1086; offener aber BAG 15.6.2016 – 4 AZR 805/14, AP UmwG § 20 Nr. 2 = NZA 2017, 326.
[17] BAG 23.3.1957 – 1 AZR 64/56, AP GG Art. 3 Nr. 18 = BB 1957, 821; ErfK/*Franzen* TVG § 9 Rn. 9; HWK/*Henssler* TVG § 9 Rn. 5.
[18] BAG 18.4.2012 – 4 AZR 371/10, AP ZPO 1977 § 256 Nr. 108 = NZA 2013, 161.
[19] BAG 15.6.2016 – 4 AZR 805/14, AP UmwG § 20 Nr. 2 = NZA 2017, 326; 28.9.1977 – 4 AZR 446/76, AP TVG 1969 § 9 Nr. 1 = BB 1978, 555; ErfK/*Franzen* TVG § 9 Rn. 3.
[20] BAG 15.6.2016 – 4 AZR 805/14, AP UmwG § 20 Nr. 2 = NZA 2017, 326.
[21] BAG 18.4.2012 – 4 AZR 371/10, AP ZPO 1977 § 256 Nr. 108 = NZA 2013, 161; Wiedemann/*Oetker* § 9 Rn. 38.
[22] BAG 15.6.2016 – 4 AZR 805/14, AP UmwG § 20 Nr. 2 = NZA 2017, 326; 18.4.2012 – 4 AZR 371/10, AP ZPO 1977 § 256 Nr. 108 = NZA 2013, 161; *Löwisch/Rieble* § 9 Rn. 48ff.
[23] BAG 15.6.2016 – 4 AZR 805/14, AP UmwG § 20 Nr. 2 = NZA 2017, 326.
[24] BAG 10.5.1989 – 4 AZR 80/89, AP TVG § 2 Tarifzuständigkeit Nr. 6 = NZA 1989, 687; NK-TVG/*Reinecke/Rachor* § 9 Rn. 14; ErfK/*Franzen* TVG § 9 Rn. 4; HWK/*Henssler* TVG § 9 Rn. 11; HMB/*Gäntgen* Teil 16 Rn. 4.
[25] BAG 9.12.2009 – 4 AZR 190/08, AP TVG § 3 Nr. 48 = NZA 2010, 712; JKOS/*Krause* § 4 Rn. 202.
[26] *Löwisch/Rieble* § 9 Rn. 27.
[27] BAG 9.12.2009 – 4 AZR 190/08, AP TVG § 3 Nr. 48 = NZA 2010, 712; NK-TVG/*Reinecke/Rachor* § 9 Rn. 14; *Löwisch/Rieble* § 9 Rn. 24; BeckOK ArbR/*Giesen* TVG § 9 Rn. 1; HWK/*Henssler* TVG § 9 Rn. 11; JKOS/*Krause* § 4 Rn. 202.

ches gilt grundsätzlich für die Frage nach der Tariffähigkeit. Allerdings ist hier § 97 ArbGG zu beachten: Sofern es nur auf die Tariffähigkeit ankommt und somit nur diese in Streit steht, ist eine Klage nach § 9 TVG unzulässig, weil das Verfahren nach § 97 ArbGG vorrangig ist.[28] Ist die Tariffähigkeit dagegen Vorfrage im Streit um den Inhalt des Tarifvertrags, so ist das Verfahren nach § 9 TVG nach § 97 Abs. 5 S. 1 ArbGG auszusetzen.[29]

13 **Mehrgliederige Tarifverträge** sind zunächst danach zu beurteilen, ob lediglich unabhängig voneinander bestehende, parallele Tarifverträge vorliegen, dann ist das Verfahren nach § 9 TVG zwischen den Tarifvertragsparteien des konkreten Tarifvertrags anzuwenden und die Bindungswirkung ergreift auch nur diesen Tarifvertrag, nicht aber die weiteren. Liegt dagegen ein einheitlicher Tarifvertrag vor, besteht zwischen den beteiligten Verbänden eine notwendige Streitgenossenschaft.[30] Streitigkeiten zwischen den Verbänden, die beim mehrseitigen Tarifvertrag auf einer Tarifvertragsseite stehen, umfasst § 9 TVG ebenso wenig, wie die zwischen jeweils konkurrierenden Gewerkschaften und Arbeitgeberverbänden.[31]

14 In Rechtsstreitigkeiten von Dritten untereinander oder auch von Dritten mit einer Tarifvertragspartei, greift § 9 TVG nicht.[32] Deshalb kann auch der nach § 3 Abs. 3 TVG gebundene Arbeitgeber gegenüber der Gewerkschaft oder gar seinem ehemaligen Verband nicht nach § 9 TVG vorgehen, gleiches gilt für den Betriebserwerber, bei dem die tariflichen Regelungen nach § 613a Abs. 1 S. 2 BGB weitergelten. Sie sind auch nicht passiv legitimiert.[33]

15 Fasst man – wie die (unrichtige) herrschende Meinung (→ Rn. 27) – die Bindungswirkung nach § 9 TVG als subjektive Rechtskrafterstreckung auf, so ist den davon betroffenen Tarifgebundenen als einfachen Nebenintervenienten rechtliches Gehör zu gewährleisten. Richtig ist das nicht: Weil die Bindungswirkung aus der normativen Wirkung der in Streit stehenden Tarifnorm folgt, handelt es sich nicht um eine subjektive Rechtskrafterstreckung und eine Beteiligung der Normunterworfenen ist prozessrechtlich nicht statthaft.[34] Richtig wird darauf hingewiesen, dass eine Beteiligung am Verfahren schon deshalb systematisch fehl geht, weil sonst gerichtlich möglich wäre, was verbandsrechtlich in dieser Intensität nicht gegeben ist: Konkreter Einfluss auf die Wirksamkeit und den Inhalt einer Tarifnorm.[35]

16 **d) Feststellungsinteresse.** Das Verfahren nach § 9 TVG ist ein besonderes Feststellungsverfahren. Deshalb ist eine Klage nur zulässig, wenn das notwendige Feststellungsinteresse der klagenden Partei nach § 256 Abs. 1 ZPO vorliegt.[36] Das ergibt sich zunächst daraus, dass eine Entscheidung nach § 9 TVG eine *Erga-omnes*-Wirkung hat und damit auf Dritte ausstrahlt.[37] Dabei ist es nicht notwendig, dass die zwischen den Tarifvertragsparteien streitige Frage bereits im Rahmen von Individualverfahren maßgeblich war.[38] Das Fest-

---

[28] HWK/*Henssler* TVG § 9 Rn. 11; *Löwisch/Rieble* § 9 Rn. 25.
[29] *Löwisch/Rieble* § 9 Rn. 71.
[30] BAG 29.6.2004 – 1 AZR 143/03, AP TVG § 1 Nr. 36 = NJ 2005, 96; 25.9.1990 – 3 AZR 266/89, AP TVG 1969 § 9 Nr. 8 = NZA 1991, 314; NK-TVG/*Reinecke/Rachor* § 9 Rn. 15; *Löwisch/Rieble* § 9 Rn. 28; HWK/*Henssler* TVG § 9 Rn. 12; JKOS/*Krause* § 4 Rn. 202; HMB/*Gäntgen* Teil 16 Rn. 8.
[31] BAG 9.12.2009 – 4 AZR 190/08, AP TVG § 3 Nr. 48 = NZA 2010, 712; *Löwisch/Rieble* § 9 Rn. 25, 30; HMB/*Gäntgen* Teil 16 Rn. 5.
[32] HMB/*Gäntgen* Teil 16 Rn. 5.
[33] *Krause* Rechtskrafterstreckung, S. 283 f.
[34] So richtig *Löwisch/Rieble* § 9 Rn. 75 ff.
[35] *Löwisch/Rieble* § 9 Rn. 77.
[36] BAG 15.6.2016 – 4 AZR 805/14, AP UmwG § 20 Nr. 2 = NZA 2017, 326; 15.12.2010 – 4 AZR 197/09, AP TVG § 1 Tarifverträge: Metallindustrie Nr. 215; 4.7.2007 – 4 AZR 491/06, AP TVG § 4 Tarifkonkurrenz Nr. 35 = NZA 2008, 307; 6.6.2007 – 4 AZR 411/06, AP TVG 1969 § 9 Nr. 11 = NZA 2008, 1086; 30.5.2001 – 4 AZR 387/00, AP ZPO 1977 § 256 Nr. 64 = NZA 2002, 228; 6.6.2007 – 4 AZR 411/06, AP TVG 1969 § 9 Nr. 11 = NZA 2008, 1086; JKOS/*Krause* § 4 Rn. 208.
[37] HMB/*Gäntgen* Teil 16 Rn. 11.
[38] BAG 4.7.2007 – 4 AZR 491/06, AP TVG § 4 Tarifkonkurrenz Nr. 35 = NZA 2008, 307; 30.5.1984 – 4 AZR 512/81, AP TVG 1969 § 9 Nr. 3 = NZA 1984, 300.

stellungsinteresse ist dann gegeben, wenn Anhaltspunkte vorliegen, die die Klärung der Rechtsfrage erforderlich machen, wie etwa im Falle der fehlerhaften Anwendung von Tarifnormen durch einen Tarifvertragspartner.[39] Das zeigt, dass es einer unterschiedlichen Auffassung der beiden Tarifvertragsparteien selbst über die Wirksamkeit oder den Inhalt der tariflichen Norm bedarf,[40] dass lediglich Dritte (Tarifunterworfene, Behörden, Gerichte) die Wirksamkeit oder den Inhalt des Tarifvertrags angreifen, löst deshalb kein Feststellungsinteresse aus.[41]

Ein bloßes objektives Interesse an Rechtssicherheit reicht nicht aus – die Prozessökonomie ist kein Hauptzeck des Verfahrens.[42] Die Tarifvertragsparteien können, wenn sie sich einig sind, auch zum Mittel eines ihren Auffassungen entsprechenden ändernden oder klarstellenden Tarifvertrags oder einer authentischen Interpretation greifen. Allerdings sind die dadurch aufgestellten Hürden nicht sehr hoch: Die Tarifvertragsparteien können bei entsprechendem Interesse an einem Feststellungsverfahren nach § 9 TVG auch künstlich einen Streit herbeiführen und so das Feststellungsinteresse auslösen.[43]

Kein Feststellungsinteresse besteht grundsätzlich, wenn die tarifliche Normwirkung bereits beendet ist – also etwa nach dem Ende des Nachwirkungszeitraums des § 4 Abs. 5 TVG oder wenn die Tarifvertragsparteien die Nachwirkung selbst ausgeschlossen haben (→ § 261 Rn. 71). Hier ist auch grundsätzlich kein Verfahren auf der Grundlage des § 9 TVG zulässig, wenn auf der Grundlage der beendeten tariflichen Normen noch Rechtsstreitigkeiten geführt werden und ausgesetzt wurden,[44] allein die Vorgreiflichkeit kann das Feststellungsinteresse nicht auslösen und noch viel weniger, das Prozessverhalten Dritter.[45]

Besteht ein Feststellungsinteresse im Verfahren nach § 9 TVG, so bedeutet dies nicht, dass deshalb eine allgemeine Leistungs- oder Feststellungsklage zwischen den Tarifvertragsparteien ausgeschlossen wäre – so kann dennoch im Rahmen einer Einwirkungsklage implizit die Unwirksamkeit einer Tarifnorm festgestellt werden. Die Tarifvertragsparteien können also von der Bindungswirkung des Verfahrens nach § 9 TVG Gebrauch machen, sie müssen es aber nicht.[46]

e) Streitgegenstand. Dem Verfahren nach § 9 TVG geht es um die Wirksamkeit und den Inhalt tariflicher Normen.[47] Deshalb können nur sie Streitgegenstand sein, nicht aber Bestand und Inhalt schuldrechtlicher Tarifrechte oder -pflichten.[48] Streitigkeiten aus dem schuldrechtlichen Teil des Tarifvertrags müssen auch nicht im Verfahren nach § 9 TVG geklärt werden:[49] Für sie stehen, weil sie die Tarifvertragsparteien selbst berechtigen oder verpflichten, nach den allgemeinen Grundsätzen Leistungs- oder Feststellungsklage zur Verfügung.[50]

Streitgegenstand muss nicht der gesamte normative Teil des Tarifvertrags sein, sondern auch einzelne Tarifnormen können auf Wirksamkeit und Inhalt nach § 9 TVG kontrol-

---

[39] BAG 15.6.2016 – 4 AZR 805/14, AP UmwG § 20 Nr. 2 = NZA 2017, 326.
[40] Wiedemann/*Oetker* § 9 Rn. 26.
[41] BAG 20.5.2001 – 4 AZR 387/00, AP ZPO 1977 § 256 Nr. 64 = NZA 2002, 228; treffend *Löwisch/Rieble* § 9 Rn. 55: kein „Tarifleugnungsabwehrschutz".
[42] JKOS/*Krause* § 4 Rn. 208; *Löwisch/Rieble* § 9 Rn. 54.
[43] Dazu *Löwisch/Rieble* § 9 Rn. 58.
[44] BAG 12.4.2000 – 5 AZR 228/98, AP TVG § 1 Tarifverträge: Brauereien Nr. 6 = NZA 2001, 1028; HMB/*Gäntgen* Teil 16 Rn. 12.
[45] Skeptisch auch BAG 6.6.2007 – 4 AZR 411/06, AP TVG 1969 § 9 Nr. 11 = NZA 2008, 1086; *Löwisch/Rieble* § 9 Rn. 39.
[46] *Löwisch/Rieble* § 9 Rn. 138.
[47] HMB/*Gäntgen* Teil 16 Rn. 3.
[48] JKOS/*Krause* § 4 Rn. 203; aA Wiedemann/*Oetker* § 9 Rn. 23; HWK/*Henssler* TVG § 9 Rn. 13.
[49] BAG 9.6.1982 – 4 AZR 274/81, AP TVG § 1 Durchführungspflicht Nr. 1 = BB 1983, 1796; 8.2.1963 – 1 AZR 511/61, AP ZPO § 256 Nr. 42 = BB 1963, 601; *Löwisch/Rieble* § 9 Rn. 44; ErfK/*Franzen* TVG § 9 Rn. 6; zweifelnd NK-TVG/*Reinecke/Rachor*, § 9 Rn. 22; Thüsing/Braun/*Lembke* Kap. 12 Rn. 29.
[50] Im Ergebnis auch HMB/*Gäntgen* Teil 16 Rn. 3.

liert werden.[51] Allerdings muss die Norm vereinbart worden sein.[52] Deshalb kann über die Rechtmäßigkeit einer Forderung während der Tarifvertragsverhandlungen kein Verfahren nach § 9 TVG eingeleitet werden.[53]

22 Verfahrensgegenstand kann auch die Frage sein, ob eine Tarifnorm dispositiv ist oder nicht – und ob sie so Öffnungen zugunsten der Betriebs- oder Arbeitsvertragsparteien zulässt,[54] oder ob sie sich im Stadium der Nachwirkung befindet – und ebenso, ob überhaupt eine Tarifnorm vorliegt, oder nicht (lediglich) eine schuldrechtliche Regelung. Damit kann der Normsetzungswille der Tarifvertragsparteien nach § 9 TVG festgestellt werden.[55] Deshalb sind auch Normen überprüfbar, die sich im Zeitraum der Nachwirkung befinden.[56] Inwieweit von der tariflichen Regelung durch eine andere Abmachung nach den Vorgaben des Günstigkeitsprinzips abgewichen werden kann, § 4 Abs. 3 2. Alt. TVG, kann jedenfalls für die konkrete Abweichung nicht im Verfahren des § 9 TVG untersucht werden.[57] Hier ist nur als Vorfrage zu klären, ob eine Norm überhaupt zwingend ist.

23 Ein verbindlicher **Schlichterspruch** hat ebenfalls normative Kraft (→ § 234 Rn. 69) und kann deshalb im Rahmen des § 9 TVG kontrolliert werden.[58]

24 Die Maßgeblichkeit der normativen Tarifregelung als Streitgegenstand führt folgerichtig dazu, dass Tarifregelungen, die nach § 613a Abs. 1 S. 2 BGB beim Betriebserwerber weitergelten, als solche nicht Gegenstand einer Feststellungsklage nach § 9 TVG sein können, sondern nur als originär normativ geltende Regelungen.[59] Deshalb kann ein Betriebserwerber für einen beim Betriebsveräußerer geltenden Haustarifvertrag, sofern keine Vertragsnachfolge gegeben ist (→ § 247 Rn. 8), gegenüber der Gewerkschaft kein Verfahren nach § 9 TVG einleiten.

25 Ist ein Tarifvertrag allgemeinverbindlich erklärt, so kann die Wirksamkeit der **Allgemeinverbindlicherklärung** selbst nur im Verfahren nach § 98 ArbGG geklärt werden, nicht aber im Rahmen des § 9 TVG. Allerdings ist die Überprüfung von Normen des allgemeinverbindlichen Tarifvertrags selbst möglich.[60] Hier kann es nach § 98 Abs. 6 ArbGG zu einer Aussetzung des Verfahrens nach § 9 TVG kommen, wenn die zu kontrollierende Tarifnorm die Erklärung der Allgemeinverbindlichkeit als materialrechtliche Voraussetzung hat.[61] Die Bindungswirkung ergreift dann auch die Außenseiterarbeitsverhältnisse, die von der Tarifnormerstreckung nach § 4 Abs. 5 TVG erfasst werden. Der Inhalt einer RVO nach den §§ 7, 7a AEntG ist nicht nach § 9 TVG kontrollfähig, sondern allein – weil staatliche Rechtsetzung vorliegt – mit den allgemeinen Rechtsmitteln (→ § 249 Rn. 19).

26 Ob der Tarifvertrag im Arbeitsverhältnis anwendbar ist und ob so auf der Ebene des Arbeitsverhältnisses Tarifbindung gegeben ist, ist keine Frage der Wirkung und des Inhalts des Tarifvertrags, sie kann deshalb nicht Gegenstand des Verfahrens nach § 9 TVG sein.[62]

---

[51] Wiedemann/*Oetker* § 9 Rn. 22.
[52] JKOS/*Krause* § 4 Rn. 204.
[53] BAG 19.6.1984 – 1 AZR 361/82, AP TVG § 1 Verhandlungspflicht Nr. 3 = NZA 1984, 261; JKOS/*Krause* § 4 Rn. 204.
[54] BAG 15.12.2010 – 4 AZR 197/09, AP TVG § 1 Tarifverträge: Metallindustrie Nr. 215.
[55] *Löwisch*/*Rieble* § 9 Rn. 34.
[56] BAG 15.6.2016 – 4 AZR 805/14, AP UmwG § 20 Nr. 2 = NZA 2017, 326; Wiedemann/*Oetker* § 9 Rn. 27; NK-TVG/*Reinecke*/*Rachor* § 9 Rn. 24; *Gamillscheg* KollArbR I S. 550; ErfK/*Franzen* TVG § 9 Rn. 6; *Rieble* NZA 1992, 250 (252); *Krause* Rechtskrafterstreckung, S. 285 ff.
[57] *Löwisch*/*Rieble* § 9 Rn. 47.
[58] *Löwisch*/*Rieble* § 9 Rn. 37.
[59] *Löwisch*/*Rieble* § 9 Rn. 42.
[60] JKOS/*Krause* § 4 Rn. 205.
[61] *Löwisch*/*Rieble* § 9 Rn. 73.
[62] *Löwisch*/*Rieble* § 9 Rn. 46.

f) Bindungswirkung. Umstritten ist die **Grundlage für die Bindungswirkung.** Die 27 herrschende Meinung geht von einer subjektiven Rechtskrafterstreckung aus.[63] Dem wird aber richtig ein materiellrechtliches Konzept der normativen Wirkung entgegengehalten: Es geht nicht um eine Beziehung Dritter zu einer Prozesspartei, sondern um die Normbindung selbst – die, das zeigt etwa § 5 TVG – von der Beziehung zur Prozesspartei auch völlig losgelöst sein kann.[64] Deshalb spricht mehr für die materiell-rechtliche Betrachtung. Die Rechtsprechung betont zwar, dass die Bindungswirkung die normative Wirkung der Tarifregelungen unterstützen soll,[65] lässt die Frage nach der dogmatischen Einordnung aber offen,[66] eine Erklärung der Bindungswirkung über § 318 ZPO wurde richtig aufgegeben.[67]

Die Bindungswirkung erstreckt sich immer nur auf den Tarifvertrag, zu dem eine Entscheidung nach § 9 TVG ergangen ist, deshalb umfasst sie nicht nachfolgende Tarifverträge, auch wenn diese wortgleich sind, Änderungstarifverträge und auch nicht Anerkennungstarifverträge.[68] 28

Die Bindungswirkung im Verfahren nach § 9 TVG gelingt nur auf der **Grundlage einer rechtskräftigen arbeitsgerichtlichen Entscheidung.**[69] Eine letztinstanzliche Entscheidung ist nicht vorausgesetzt. Ausreichend ist auch ein stattgebendes Versäumnisurteil, nicht dagegen ein ablehnendes.[70] Ein Anerkenntnis- oder Verzichtsurteil kann dagegen nicht ergehen, weil diese nicht zur gerichtlichen Überprüfung der Wirksamkeit oder des Tarifinhalts führen.[71] 29

Ein Spruch eines Schiedsgerichts scheidet als Grundlage für die *Erga-omnes*-Wirkung aus, das ergibt sich bereits aus dem Wortlaut der Regelung.[72] Ebenso kann eine gerichtliche Entscheidung in einem anderen Rechtsweg keine Bindung nach § 9 TVG auslösen. 30

Auch ein Vergleich löst keine Bindungswirkung nach § 9 TVG aus.[73] Allerdings kann ein Vergleich auf materiellrechtlicher Grundlage normativ wirken – wenn er selbst Tarifvertrag ist.[74] Über die Gültigkeit einer Tarifnorm kann kein rechtsbegründender Vergleich geschlossen werden.[75] 31

Die Entscheidung nach § 9 TVG führt zuerst zur Bindung der Tarifvertragsparteien selbst – diese unterfallen zwar nicht der Normwirkung, dennoch ist die Reichweite tariflicher Normen auch hier maßgeblich, nämlich als Grundlage für die tarifliche Friedens- und Durchführungspflicht. 32

Die Bindungswirkung erfasst nach § 9 TVG auch alle anderen Gerichte und Schiedsgerichte – das betrifft nicht nur die Arbeitsgerichte.[76] Auch die Verwaltung ist gebunden, 33

---

[63] *Krause* Rechtskrafterstreckung, S. 98 ff.; Wiedemann/*Oetker* § 9 Rn. 10 ff.; GMP/*Schlewing* § 2 Rn. 19; HMB/*Gäntgen* Teil 16 Rn. 13; BeckOK ArbR/*Giesen* TVG § 9 Rn. 1; ErfK/*Franzen* TVG § 9 Rn. 2; Kempen/Zachert/*Zeibig* § 9 Rn. 4; JKOS/*Krause* § 4 Rn. 210; HWK/*Henssler* TVG § 9 Rn. 18.
[64] So *Löwisch*/*Rieble* § 9 Rn. 104; *Bogs* FS von Gierke, S. 39 (64).
[65] BAG 23.3.2011 – 4 AZR 366/09, AP GG Art. 9 Nr. 147 = NZA 2011, 920.
[66] BAG 18.4.2012 – 4 AZR 371/10, AP ZPO 1977 § 256 Nr. 108 = NZA 2013, 161.
[67] So noch BAG 28.9.1977 – 4 AZR 446/76, AP TVG 1969 § 9 Nr. 1.
[68] ErfK/*Franzen* TVG § 9 Rn. 17; Wiedemann/*Oetker* § 9 Rn. 40; differenzierend NK-TVG/*Reinecke*/*Rachor*, § 9 Rn. 37.
[69] HMB/*Gäntgen* Teil 16 Rn. 14.
[70] HMB/*Gäntgen* Teil 16 Rn. 14; HWK/*Henssler* TVG § 9 Rn. 15.
[71] *Löwisch*/*Rieble* § 9 Rn. 87 f.; HMB/*Gäntgen* Teil 16 Rn. 14; Wiedemann/*Oetker* § 9 Rn. 35, auch gegen eine Analogie Rn. 36.
[72] JKOS/*Krause* § 4 Rn. 209; NK-TVG/*Reinecke*/*Rachor* § 9 Rn. 33; ErfK/*Franzen* TVG § 9 Rn. 9; *Löwisch*/*Rieble* § 9 Rn. 65 f.; HWK/*Henssler* TVG § 9 Rn. 16; HMB/*Gäntgen* Teil 16 Rn. 14; Wiedemann/*Oetker* § 9 Rn. 34 ff.; GMP/*Germelmann* 63 Rn. 4; aA GWBG/*Greiner* § 108 Rn. 20; für eine Analogie Kempen/Zachert/*Zeibig*/*Zachert* § 9 Rn. 27.
[73] Wiedemann/*Oetker* § 9 Rn. 37.
[74] HMB/*Gäntgen* Teil 16 Rn. 14.
[75] NK-TVG/*Reinecke*/*Rachor* § 9 Rn. 34; HWK/*Henssler* TVG § 9 Rn. 15.
[76] Kempen/Zachert/*Zeibig*/*Zachert* § 9 Rn. 35; NK-TVG/*Reinecke*/*Rachor* § 9 Rn. 44; Wiedemann/*Oetker* § 9 Rn. 53, ErfK/*Franzen* TVG § 9 Rn. 16.

was bei der Erklärung der Allgemeinverbindlichkeit nach § 5 Abs. 1 TVG eine Rolle spielen kann.[77]

34 Darüber hinaus sind nach § 9 TVG alle Normunterworfenen durch die Entscheidung gebunden. Das betrifft die mitgliedschaftliche Normbindung nach § 3 Abs. 1 TVG ebenso wie die durch Nachbindung gebundenen ehemaligen Verbandsangehörigen, § 3 Abs. 3 TVG Außenseiter, Betriebsrat und Einigungsstelle, die nach § 3 Abs. 2 TVG von der Tarifnorm erfasst werden, werden ebenso umfasst wie diejenigen, die aufgrund der Tarifnormerstreckung nach § 5 TVG der Tarifbindung unterfallen. Auch die gemeinsame Einrichtung nach § 4 Abs. 2 TVG. Trifft die Entscheidung Tarifnormen, die im Nachbindungszeitraum gelten – so ist sie keine Änderung des Tarifvertrags und führt nicht zum Ende der Nachbindung nach § 3 Abs. 3 TVG.[78]

35 Dritte sind nach § 9 TVG im Rahmen einer Entscheidung über normative Tarifregelungen zu ihren Gunsten gebunden.[79]

36 Gilt der Tarifvertrag im Arbeitsverhältnis auf der Grundlage einer schuldrechtlichen Bezugnahme (→ § 246), so erfolgt keine Bindung an eine Entscheidung nach § 9 TVG.[80] Das gilt sowohl dann, wenn keine der Arbeitsvertragsparteien tarifgebunden ist,[81] aber auch dann, wenn der Arbeitgeber tarifgebunden ist.[82] Die herrschende Meinung sieht dies anders und gelangt bei der Tarifgebundenheit des Arbeitgebers zu einer unmittelbaren Bindungswirkung auch für die lediglich schuldrechtliche Tarifanwendung.[83] Dass das fehlgeht folgt schon daraus, dass Arbeitsvertragsparteien durch vertragliche Vereinbarung jederzeit den Tarifinhalt ändern und auch einer eigenen Interpretation zuführen können. Allerdings wird jedenfalls dann, wenn die Bezugnahme beim tarifgebundenen Arbeitgeber Gleichstellungsabrede ist (→ § 246 Rn. 4), diese auch dahin auszulegen sein, dass eine Bindung des Arbeitgebers nach § 9 TVG auch im Bezug nehmenden Arbeitsverhältnis maßgeblich ist. Das alles folgt aber der arbeitsvertraglichen, nicht aber einer normativen Tarifbindung, die durch die Entscheidung nach § 9 TVG unterstützt wird.

37 Zeitlich wirkt die Entscheidung nach § 9 TVG ab ihrer Rechtskraft *ex nunc* – zwar besteht die festgestellte Wirksamkeit und der Inhalt der Tarifnorm insofern bereits seit Abschluss des Tarifvertrags, dennoch kommt eine Rückwirkung nicht in Betracht. Bei allen Rechtsstreitigkeiten, die zum Zeitpunkt der Rechtskraft einer Entscheidung nach § 9 TVG ihrerseits noch nicht rechtskräftig abgeschlossen sind, greift die Bindungswirkung.[84] Liegt eine rechtskräftige Entscheidung vor, ist aber die Zwangsvollstreckung noch nicht erfolgt, so ist diese einzustellen, sofern die Entscheidung nach § 9 TVG die Unwirksamkeit der maßgeblichen Tarifnorm feststellt – der Staat darf nicht die festgestellte Unrechtmäßigkeit exekutieren.[85]

38 Eine zwangsläufige Revisionszulassung folgt aus Entscheidungen nach § 9 TVG nicht mehr. Das hatte die Rechtsprechung angenommen, lehnt einen Automatismus aber mittlerweile wieder ab: Jedenfalls in einem Fall, in dem ein in Rede stehender Tarifvertrag bereits durch einen anderen abgelöst wurde, folgt nicht allein aus der Bindungswirkung

---

[77] JKOS/*Krause* § 4 Rn. 213; *Löwisch/Rieble* § 9 Rn. 108; NK-TVG/*Reinecke/Rachor* § 9 Rn. 46; aA Wiedemann/*Oetker* § 9 Rn. 54; HWK/*Henssler* TVG § 9 Rn. 2.
[78] *Löwisch/Rieble* § 9 Rn. 111.
[79] Siehe auch Wiedemann/*Oetker* § 9 Rn. 46.
[80] HMB/*Gäntgen* Teil 16 Rn. 16.
[81] So auch die herrschende Meinung NK-TVG/*Reinecke/Rachor* § 9 Rn. 42; HWK/*Henssler* TVG § 9 Rn. 20; Wiedemann/*Oetker* § 9 Rn. 50; Kempen/Zachert/*Zeibig/Zachert* § 9 Rn. 34; aA GMP/*Schlewing* § 2 Rn. 22; GWBG/*Waas* § 2 Rn. 21.
[82] *Löwisch/Rieble* § 9 Rn. 116.
[83] *Krause* Rechtskrafterstreckung, S. 311 ff.; Wiedemann/*Oetker* § 9 Rn. 47; NK-TVG/*Reinecke/Rachor* § 9 Rn. 40.
[84] *Löwisch/Rieble* § 9 Rn. 141.
[85] *Löwisch/Rieble* § 9 Rn. 123; Wiedemann/*Oetker* § 9 Rn. 42.

nach § 9 TVG das abstrakte Interesse der Allgemeinheit an der einheitlichen Entwicklung und Handhabung des Rechts.[86]

Die rechtskräftige Entscheidung nach § 9 TVG ist, unabhängig von der entscheidenden Instanz, nachdem sie gemäß § 63 ArbGG übersandt worden ist, von der zuständigen obersten Landesbehörde und dem BMAS zu **veröffentlichen**.[87] Das lässt sich nur aus dem normativen Charakter der Entscheidung begründen.[88]

II. Verfassungsgerichtliche Normenkontrolle

Tarifliche Normen können nicht Gegenstand eines verfassungsrechtlichen Normenkontrollverfahrens sein[89] – weder über Art. 93 Abs. 1 Nr. 2 GG noch über Art. 100 GG.[90]

Die Frage, ob Tarifnormen mit der **Verfassungsbeschwerde** nach Art. 93 Abs. 1 Nr. 4a GG angegriffen werden können, ist umstritten.[91] Folgerichtig wäre dies nur, wenn man der Delegationstheorie folgte, weil sich nur so ein Akt öffentlicher Gewalt erklären ließe.[92] Richtig ist aber die tarifliche Normsetzung privat-autonom konstituiert, weshalb eine Verfassungsbeschwerde gegen die tarifliche Normsetzung als solche ausscheidet. Zudem kann der Zulässigkeit einer Verfassungsbeschwerde gegen eine tarifliche Norm die Notwendigkeit der Rechtswegerschöpfung nach § 90 Abs. 2 BVerfGG entgegengehalten werden: Die Implizitklärung im fachgerichtlichen Verfahren hätte Vorrang.[93]

Die Erklärung der Allgemeinverbindlichkeit eines Tarifvertrags und die Rechtsverordnung nach §§ 7, 7a AEntG sind Akte öffentlicher Normsetzung und können deshalb mit der Normenkontrolle wie mit der Verfassungsbeschwerde angegriffen werden.[94] Allerdings steht hier auch das fachgerichtliche Verfahren nach § 98 ArbGG zur Verfügung, das zuvor auszuschöpfen ist.

Allerdings kann die gerichtliche Entscheidung, die die Wirksamkeit oder den Inhalt des Tarifvertrags zum Gegenstand hat, als staatlicher Akt im Rahmen einer Verfassungsbeschwerde überprüft werden.[95] Das gilt auch bei einer Entscheidung nach § 9 TVG,[96] eine Verletzung der Grundrechte kann ein von der Bindung nach § 9 TVG Betroffener durch Verfassungsbeschwerde geltend machen. Auch das bestätigt aber den Grundsatz, dass sich die Verfassungsbeschwerde gegen die gerichtliche Entscheidung als öffentlichem Akt, nicht aber direkt gegen die Tarifnorm richtet. Die der Verfassungsbeschwerde stattgebende Entscheidung des BVerfG führt dann auch zur Nichtigkeit der arbeitsgerichtlichen Entscheidung nach § 9 TVG.[97]

---

[86] BAG 10.7.2014 – 10 AZN 307/14, AP ArbGG 1979 § 72a Nr. 86 = NZA 2014, 982; siehe zuvor BAG 17.6.1997 – 9 AZN 251/97, AP ArbGG 1979 § 72a Grundsatz Nr. 51 = NZA 1998, 500.
[87] GMP/*Germelmann* § 63 Rn. 9; GWBG/*Benecke* § 63 Rn. 1; Wiedemann/*Oetker* § 9 Rn. 58; praktisch geschieht das im Bundesarbeitsblatt: *Koberski/Clasen/Menzel* § 9 Rn. 13.
[88] Siehe auch § 47 Abs. 6 VwGO, § 31 Abs. 2 S. 3 BVerfGG.
[89] *Löwisch/Rieble* § 9 Rn. 153.
[90] *Maunz/Schmidt-Bleibtreu/Klein/Bethge/Müller-Trepitz* BVerfGG § 80 Rn. 80; *Bauer/Krieger/Schenke* Art. 19 Abs. 4 Rn. 257; BeckOK BVerfGG/*Geißler* BVerfGG § 80 Rn. 11; *Kempen/Zachert/Kempen* Grundl. Rn. 346; Wiedemann/*Wiedemann* Einleitung Rn. 347.
[91] Dafür Wiedemann/*Wiedemann* Einleitung Rn. 347 f. mit Blick auf die Delegationstheorie; *Gamillscheg* KollArbR I S. 667; aA Maunz/Schmidt-Bleibtreu/Klein/*Bethge* BVerfGG § 90 Rn. 217: nur die Allgemeinverbindlicherklärung; ErfK/*Linsenmeier* Art. 9 Rn. 93; offen gelassen von BVerfG 8.1.1998 – 1 BvR 1872–94, AP GG Art. 6 Abs. 1 Nr. 26 = NJW 1998, 2043.
[92] BeckOK GG/*Morgenthaler* GG Art. 93 Rn. 59; Sachs/*Detterbeck* GG Art. 93 Rn. 87.
[93] So auch Wiedemann/*Wiedemann* Einleitung Rn. 348.
[94] Maunz/Schmidt-Bleibtreu/Klein/*Bethge* BVerfGG § 90 Rn. 217.
[95] Wiedemann/*Wiedemann* Einleitung Rn. 348.
[96] *Löwisch/Rieble* § 9 Rn. 157.
[97] *Löwisch/Rieble* § 9 Rn. 160.

III. Europarechtliche Kontrolle

44 Ein nationales Gericht kann auch tarifliche Normen im Vorlageverfahren nach § 267 AEUV unionsrechtlich überprüfen lassen. Allerdings ist durch die Entscheidung das nationale Gericht gebunden, das dann entsprechend der Rechtsauffassung des EuGH zu entscheiden hat.[98] Der EGMR kann bei Verletzung der EMRK durch einen Tarifvertrag nach nationaler Rechtswegeerschöpfung angerufen werden.[99]

---

[98] Siehe etwa EuGH 13. 9. 2011 – C-447/09, AP Richtlinie 2000/78/EG Nr. 23 = NZA 2011, 1039; *Löwisch/Rieble* § 9 Rn. 162.

[99] *Löwisch/Rieble* § 9 Rn. 163.

Fünftes Kapitel: Bindung an die Tarifnormen

§ 245 Mitgliedschaftliche Tarifbindung

Schrifttum:
Bauer, Flucht aus Tarifverträgen: Königs- oder Irrweg?, FS Schaub, 1998, S. 19; *Bauer*, Informationsobliegenheiten bei „Blitzaustritt" und „Blitzwechsel", FS Picker, 2010, S. 889; *Bauer/Haußmann*, Blitzaustritt und Blitzwechsel: Wirksam, aber ohne Wirkung?, RdA 2009, 99; *Bayreuther*, OT-Mitgliedschaft, Tarifzuständigkeit und Tarifbindung, BB 2007, 325; *Besgen/Weber*, Der „Blitzwechsel" in die OT-Mitgliedschaft, SAE 2010, 1; *Buchner*, Mitgliedschaft in Arbeitgeberverbänden ohne Tarifbindung, NZA 1994, 2; *Buchner*, Verbandsmitgliedschaft ohne Tarifgebundenheit, NZA 1995, 761; *Buchner*, Bestätigung der OT-Mitgliedschaft durch das BAG Grundsätzliche Anerkennung – offene Folgefragen, NZA 2006, 1377; *Büdenbender*, Tarifbindung trotz Austritts aus dem Arbeitgeberverband – eine notwendige oder eine korrekturbedürftige Regelung?, NZA 2000, 509; *Däubler*, Tarifflucht – eine aussichtsreiche Strategie zur Reduzierung von Lohnkosten?, ZTR 1994, 448; *Däubler*, Tarifausstieg – Erscheinungsformen und Rechtsfolgen, NZA 1996, 225; *Deinert*, Schranken der Satzungsgestaltung beim Abstreifen der Verbandstarifbindung durch OT-Mitgliedschaften, RdA 2007, 83; *Giesen*, Fremdbestimmung durch Tarifvertrag, ZfA 2016, 153; *Hanau*, Neue Rechtsprechung zur negativen Tarifvertragsfreiheit, FS Scholz, 2007, S. 1035; *Hartmann*, Negative Tarifvertragsfreiheit im deutschen und europäischen Arbeitsrecht, 2014; *Haußmann*, Der Verbandswechsel des Arbeitgebers, 1997; *Heinz*, Tarifgeltung ohne Mitgliedschaft, 2014; *Henssler*, Nachbindung und Nachwirkung, FS Picker, 2010, S. 987; *Höpfner*, Die unbegrenzte Nachbindung an Tarifverträge, NJW 2010, 2173; *Höpfner*, Blitzaustritt und Blitzwechsel in die OT-Mitgliedschaft, ZfA 2009, 541; *Höpfner*, Die Tarifgeltung im Arbeitsverhältnis, 2015; *Jacobs/Krois*, Das Zusammenspiel von Tarif- und Satzungsautonomie bei Blitzaustritt und Blitzwechsel, FS Reuter, 2010, S. 555; *Konzen*, Blitzaustritt und Blitzwechsel, FS Bauer, 2010, S. 559; *Krause*, „Blitzaustritt" und „Blitzwechsel" von Arbeitgebern als Herausforderung des Tarifrechts, GS Zachert, 2010, S. 605; *Kühnel*, Zeitliche Grenzen der gemäß § 3 Abs. 3 TVG fortbestehenden Tarifgebundenheit bei Verbandsaustritt des Arbeitgebers, 2008; *Lobinger*, Ewige Bindung an Tarifverträge?, JZ 2013, 915; *Oetker*, Das private Vereinsrecht als Ausgestaltung der Koalitionsfreiheit, RdA 1999, 96; *Oetker*, Die Beendigung der Mitgliedschaft in Arbeitgeberverbänden als tarifliche Vorfrage, ZfA 1998, 41; *Löwisch/Rieble*, Tarifvertragsrechtliche und arbeitskampfrechtliche Fragen des Übergangs vom Haustarif zum Verbandstarif, FS Schaub, 1998, S. 457; *Melot de Beauregard*, „Blitzaustritt" und Tarifbindung, ZTR 2009, 514; *Melot de Beauregard*, Mitgliedschaft in Arbeitgeberverbänden und Tarifbindung; *Pfister*, Tarifrechtliche Unwirksamkeit des sofortigen Austritts aus dem Arbeitgeberverband, 2013; *Reitze*, Der Austritt aus Gewerkschaft und Arbeitgeberverband, NZA 1999, 70; *Reuter*, Kündigungsfrist für den Verbandsaustritt von Arbeitgebern, RdA 2000, 117; *Rieble*, Tarifautonomie als kollektive Privatautonomie, ZfA 2000, 5; *Rieble*, „Blitzaustritt" und tarifliche Vorbindung, RdA 2009, 280; *Rieble*, Flucht aus dem Tarifvertrag und ihre Behinderung durch die gesetzliche Weitergeltung, Bitburger Gespräche – Jahrbuch 1998, S. 109; *Schubert*, Ist der Außenseiter vor der Normsetzung durch die Tarifvertragsparteien geschützt?, RdA 2001, 199; *Schüren*, Die Legitimation der tariflichen Normsetzung durch die tarifunterworfenen Gewerkschaftsmitglieder in Deutschland und den Vereinigten Staaten, 1990; *Sinzheimer*, Der korporative Arbeitsnormenvertrag. Eine privatrechtliche Untersuchung, 1907; *Wiedemann*, Blitzaustritt und Tarifflucht, FS Reuter, 2010, S. 889; *Willemsen/Mehrens*, Die Rechtsprechung des BAG zum „Blitzaustritt" und ihre Auswirkungen auf die Praxis, NJW 2009, 1916.

Übersicht

	Rn.
I. Tarifbindung als Anknüpfung beim Normadressaten	1
II. Tarifbindung durch Mitgliedschaft	6
1. Bedeutung für die Normlegitimation	6
2. Vereinsrechtliche Anknüpfung	10
3. Beginn der Tarifbindung	13
4. Differenzierte Mitgliedschaft	19
a) Mitgliedschaft des Arbeitgebers	20
aa) Ordentliche Mitglieder	20
bb) Gast-, Probe- und Ehrenmitglieder	26
cc) Mitglieder ohne Tarifbindung	27
b) Mitgliedschaft des Arbeitnehmers	34
5. Spitzenverband	35
6. Tarifbindung und Normarten	36
a) Individualnormen	36
b) Sonderfall Betriebsnormen	37
c) Gemeinsame Einrichtung	41
7. Ende der Tarifbindung	42

	Rn.
a) Ende der Mitgliedschaft	42
b) Kurzfristiger Austritt als Sonderfall	48
III. Aber: Nachbindung, § 3 Abs. 3 TVG	50
1. Nachbindung als Funktionalitätsmoment	50
2. Anknüpfungspunkt: Ende der Mitgliedschaft	52
3. Wirkung der Nachbindung	59
4. Ende der Nachbindung	65
IV. Tarifbindung beim Haustarifvertrag	74
V. Verfahren	76

I. Tarifbindung als Anknüpfung beim Normadressaten

1   § 3 Abs. 1 TVG setzt als Grundfall der Tarifbindung die Mitgliedschaft im tarifschließenden Verband voraus. Welche Folgen die Tarifbindung hat, geht aus der Vorschrift nicht hervor, sondern erst aus § 4 Abs. 1 TVG, der für die tarifgebundenen Arbeitsverhältnisse die unmittelbar und zwingende Wirkung der Tarifnomen anordnet. Damit ist die Tarifbindung die (subjektive) Voraussetzung für die normative Wirkung des Tarifvertrags im einzelnen Arbeitsverhältnis:[1] Ohne Tarifbindung kann der Tarifvertrag seine normative Kraft nicht entfalten. Allein die Vorgabe eines tariflichen Geltungsbereiches reicht für die Normwirkung ohne Tarifbindung nicht aus. Deshalb ist die Tarifbindung notwendige Voraussetzung der Normgeltung auf der Ebene des Arbeitsverhältnisses. Dieser Normwirkung können sich die Arbeitsvertragsparteien bei der mitgliedschaftlichen Tarifbindung, die auch in Zeiten des schwächer werdenden Organisationsgrades die systematische Grundannahme des Tarifrechts ist, deshalb selbst entziehen, indem sie die verbandliche Bindung vermeiden.

2   Allerdings gelingt dieser autonome Zugriff auf die Normgeltung durch negative Mitgliedschaftsentscheidung nur mit Einschränkungen: Der Arbeitgeber kann sich als Vertragspartei eines Haustarifvertrags ohnehin nicht durch Verbandsabstinenz schützen (→ § 232 Rn. 5), der Arbeitnehmer kann zumindest die Tarifbindung an Normen im Sinne des § 3 Abs. 2 TVG nicht vermeiden, wenn im Betrieb auch nur ein Gewerkschaftsmitglied zur Tarifbindung des Arbeitgebers hinzukommt (→ Rn. 39). Beide können durch bloßen Verbandsaustritt die eingetretene Tarifbindung wegen der Nachbindungsanordnung des § 3 Abs. 3 TVG grundsätzlich nicht abschütteln (→ Rn. 50 ff.).

3   Allerdings kann die Tarifbindung nicht nur auf der Mitgliedschaft im tarifschließenden Verband beruhen, sie gelingt auch durch staatlichen Akt der Normerstreckung: Ist ein Tarifvertrag nach § 5 TVG für allgemeinverbindlich erklärt, so spielt in seinem Geltungsbereich die Verbandsmitgliedschaft für die Tarifbindung keine Rolle (→ § 248 Rn. 1 ff.). Von der herrschenden Meinung werden die tarifbasierten RVO nach den §§ 7, 7a AEntG ebenfalls als staatliche Tarifnormerstreckung und damit die Tarifbindung auslösend verstanden (→ § 249 Rn. 4).

4   § 3 Abs. 3 TVG ist nicht abdingbar, insbesondere können die Tarifverbände ihre Tarifzuständigkeit nicht von der Tarifbindung abhängig machen (→ § 233 Rn. 26), allerdings kann die Tarifwirkung durch entsprechende klare Gestaltung des Geltungsbereiches an die Verbandsmitgliedschaft gekoppelt werden.[2] Dabei ist eine entsprechende tarifliche Regelung aber stets auszulegen, ob der Verweis auf die Verbandsmitgliedschaft konstitutiv und damit rechtsbegründend sein soll, oder lediglich die Grundsätze der §§ 3 Abs. 1, 4 Abs. 1 TVG nachzeichnen soll.[3]

---

[1] JKOS/*Oetker* § 6 Rn. 8.
[2] BAG 16.11.2016 – 4 AZR 697/14, AP TVG § 3 Verbandszugehörigkeit Nr. 31 = NZA-RR 2017, 608; HMB/*Höpfner* Teil 6 Rn. 3.
[3] BAG 16.11.2016 – 4 AZR 697/14, AP TVG § 3 Verbandszugehörigkeit Nr. 31 = NZA-RR 2017, 608; *Henning/Nadler* FA 2018, 110.

Die Normbindung, die über § 3 TVG gelingt, ist auch Voraussetzung für einen von der Rechtsprechung angenommenen Unterlassungsanspruch gegen die Vereinbarung und Durchführung untertariflicher Regelungsabreden: Die „Burda-Rechtsprechung" zielt auf den Schutz der normativen Tarifbindung – auch im Zeitraum der Nachbindung, aber nicht darüber hinaus.[4]

II. Tarifbindung durch Mitgliedschaft

1. Bedeutung für die Normlegitimation

§ 3 Abs. 1 TVG geht von der mitgliedschaftlichen Tarifbindung als Grundfall aus. Die Mitgliedschaft im tarifschließenden Verband ist essentiell für die Legitimation der Normbindung über § 4 Abs. 1 TVG:[5] Die Entscheidung zur Verbandsmitgliedschaft ist der zentrale autonome Akt des einzelnen Arbeitgebers und Arbeitnehmers, mit der dieser die Tarifbindung herbeiführt. Durch diese Entscheidung legitimiert er, zusammen mit der möglichen Einflussnahme im innerverbandlichen Prozess der Willensbildung, die unmittelbare und zwingende Wirkung der tariflichen Rechtsnormen.

Auf der Ebene der grundrechtlichen Betrachtung zeigt sich hier das Ergebnis der Koalitionsbildung, Art. 9 Abs. 3 GG: Der freiwillige Verbandsbeitritt führt erst dazu, dass die Koalition letztlich Mächtigkeit erlangen kann und damit tariffähig wird. Man mag das als Unterwerfung bezeichnen, allerdings ist die Mitgliedschaft in der Koalition notwendiger Nukleus der Möglichkeit zur Tarifautonomie als kollektiver Privatautonomie – durch den Eintritt in den Verband kommt es so mit zum Wechsel der individuellen zur kollektiven Privatautonomie.

Die Legitimation erfolgt nicht statisch, sondern hat eine gleichsam dynamische Wirkung: Das Verbandsmitglied ist grundsätzlich an alle Tarifverträge gebunden, die zum Zeitpunkt seines Eintritts bestehen, aber auch an deren weitere Entwicklung und auch an die erst später abgeschlossenen Tarifverträge. Eine Beschränkung der Tarifbindung nur an bestimmte Verträge oder eine gewünschte Abkopplung von der tariflichen Dynamik ist nicht möglich, weil § 3 TVG nicht abdingbar ist – allerdings kann die konkrete tarifliche Vereinbarung etwa über den tariflichen Geltungsbereich zur Nichtgeltung einzelner Tarifverträge auch bei tarifgebundenen Verbandsmitgliedern führen (→ § 238 Rn. 3).[6]

Es kommt es für die normative Tarifbindung nach §§ 3 Abs. 1, 4 Abs. 1 TVG nicht auf die Zustimmung des Verbandsmitglieds an, ja nicht einmal auf seine Kenntnis.[7]

2. Vereinsrechtliche Anknüpfung

Die aktuellen Tarifakteure sind – wieder[8] – rechtsfähige oder nicht-rechtsfähige Vereine. Deshalb richtet sich die Beurteilung der Mitgliedschaft, deren Beginn und Ende zunächst nach den vereinsrechtlichen Vorgaben:[9] Die mitgliedschaftliche Tarifbindung ist somit an den wirksamen vereinsrechtlichen Rechtsakt gebunden. Freilich sind vereinsrechtliche und tarifrechtliche Mitgliedschaft im Sinne des § 3 Abs. 1 TVG nicht zwangsläufig deckungsgleich, wie die Möglichkeit der Mitgliedschaft ohne Tarifbindung (→ Rn. 27 ff.) oder der Gastmitgliedschaft (→ Rn. 26), oder die (nicht richtige) Rechtsprechung zum so genannten Blitzaustritt (→ Rn. 48 f.) zeigen.[10]

---

[4] BAG 7.6.2017 – 1 ABR 32/15, AP GG Art. 9 Nr. 152 = NZA 2017, 1410; BAG 20.4.1999 – 1 ABR 72/98, AP GG Art. 9 Nr. 89 = NZA 1999, 887.
[5] NK-TVG/*Lorenz* § 3 Rn. 1.
[6] *Löwisch/Rieble* § 3 Rn. 29.
[7] HWK/*Henssler* TVG § 3 Rn. 6; BeckOK ArbR/*Giesen* TVG § 3 Rn. 8.
[8] Siehe zur „Umwandlungsgeschichte" der Vereinigten Dienstleistungsgewerkschaft ver.di → § 223 Rn. 14.
[9] BAG 16.2.1962 – 1 AZR 167/61, AP TVG § 3 Verbandszugehörigkeit Nr. 12 = BB 1962, 485; BeckOK ArbR/*Giesen* TVG § 3 Rn. 6; *Löwisch/Rieble* § 3 Rn. 39.
[10] HMB/*Höpfner* Teil 6 Rn. 13.

11 Die Anknüpfung an den vereinsrechtlichen Eintritts- oder Lösungsakt führt auch zur Anwendung der allgemeinen rechtsgeschäftlichen Vorgaben:[11] So unterfallen die entsprechenden Willenserklärungen den §§ 104 ff. BGB, es kommt etwa auf deren Zugang und auf die willensmangelfreie Ausübung an. Für beschränkt Geschäftsfähige ist weder der Vereinsbeitritt noch der Austritt lediglich rechtlich vorteilhaft im Sinne des § 107 BGB. Deshalb bedarf es grundsätzlich der Einwilligung der gesetzlichen Vertreter. Gemeinhin wird bei Minderjährigen, die aufgrund § 113 BGB für die Aufnahme einer Erwerbstätigkeit partiell geschäftsfähig sind, der Gewerkschaftsbeitritt und -austritt als von der Ermächtigung nach § 113 BGB umfasst angesehen.[12] Für die Ermächtigung nach § 112 BGB gilt dies nicht, dieser stellt allein auf das Führen eines Erwerbsgeschäfts ab, worunter gemeinhin der Beitritt zum Arbeitgeberverband nicht gefasst wird.

12 Anzuwenden sind hier auch die Grundsätze der fehlerhaften oder faktischen Mitgliedschaft: Leidet der Aufnahmevertrag an einem Willensmangel und ficht der Aufgenommene an, so kommt es ex nunc zur Beendigung der Mitgliedschaft.[13]

3. Beginn der Tarifbindung

13 Die Mitgliedschaft und damit die Tarifbindung nach § 3 Abs. 1 TVG beginnt mit Aufnahme in den Verband.[14] Die Modalitäten der Aufnahme gibt grundsätzlich die Verbandssatzung vor.[15] Diese folgt verbandsrechtlichen Grundsätzen durch einen **Aufnahmevertrag**,[16] den regelmäßig der Aufnahmewillige dem Verband anbietet. Der Verein selbst handelt regelmäßig durch seinen Vorstand, § 26 Abs. 1 S. 2 BGB. Der Zugang der Annahme ist regelmäßig nach § 151 BGB entbehrlich. Einer solchen Einigung bedarf es grundsätzlich auch beim Wechsel des Mitgliedschaftsstatus vom tarifgebundenen zum Mitglied ohne Tarifbindung (→ Rn. 27 ff.).[17]

14 Einen **Anspruch auf Aufnahme** gibt es – jenseits der verbandsautonomen Begründung in der Satzung des Vereins[18] – grundsätzlich nicht, der Verband kann wegen seiner Verbandsautonomie selbst entscheiden, wer als Mitglied aufgenommen werden soll. Die Verbandsautonomie wird aber bereits aus allgemeinen Erwägungen dort durchbrochen, wo die starke, monopolähnliche Verbandsstellung dazu führt, dass der Bewerber um die Mitgliedschaft deshalb ein berechtigtes Interesse hat ohne dass ein sachlicher Grund für die Versagung besteht, dogmatische Grundlage ist § 826 BGB.[19] Das wird im Tarifbereich vor allem für den Beitritt zur Gewerkschaft praktisch, weil der einzelne Arbeitnehmer ohne Mitgliedschaft nicht durch Tarifverträge geschützt werden kann. Hier wird als Anspruchsgrundlage direkt auf Art. 9 Abs. 3 S. 2 GG verwiesen, weil die Zurückweisung des Antrages gegen die Koalitionsfreiheit verstößt.[20] § 18 AGG verhindert ohnehin die diskriminierende Nichtaufnahme – und gibt im Fall der Ablehnung wegen eines Diskriminierungsmerkmals nach § 1 AGG einen expliziten Aufnahmeanspruch in den Tarifverband.

15 Auf der anderen Seite darf es auch **keinen Eintrittsdruck** geben: Vereinbarungen, die etwa einen Arbeitgeber zum Verbandseintritt verpflichten wollen, sind unwirksam, weil sie mit der negativen Koalitionsfreiheit nicht in Einklang zu bringen sind, Art. 9 Abs. 3

---

[11] Siehe auch HMB/*Höpfner* Teil 6 Rn. 29; ausführlich NK-TVG/*Lorenz* § 3 Rn. 17 ff.
[12] LG Frankenthal 14.3.1966 – 1 T 56/66, DB 1966, 586; LG Düsseldorf 10.3.1966 – 15 T 24/66, DB 1966, 587.
[13] HWK/*Henssler* TVG § 3 Rn. 8; *Löwisch/Rieble* § 3 Rn. 99; NK-TVG/*Lorenz* § 3 Rn. 17.
[14] NK-TVG/*Lorenz* § 3 Rn. 16.
[15] HWK/*Henssler* TVG § 3 Rn. 8.
[16] BGH 29.6.1987 – II ZR 295/86, NJW 1987, 2503; ErfK/*Franzen* TVG § 3 Rn. 6; zu den Einzelheiten siehe auch HMB/*Höpfner* Teil 6 Rn. 15.
[17] Siehe dazu ausführlich *Löwisch/Rieble* § 4 Rn. 78 ff.
[18] HMB/*Höpfner* Teil 6 Rn. 25.
[19] BGH 10.12.1984 – II ZR 91/84, NJW 1985, 1216; 15.10.1990 – II ZR 255/89, NJW 1991, 485; Wiedemann/*Oetker* § 2 Rn. 239 ff.; BeckOK ArbR/*Giesen* TVG § 3 Rn. 6.
[20] HWK/*Henssler* TVG § 3 Rn. 9; *Löwisch/Rieble* § 3 Rn. 111, die freilich auch auf die Bedeutung des schwindenden Organisationsgrades für den Aufnahmeanspruch verweisen.

S. 2 GG;²¹ außerdem gefährdet der Eintrittsdruck die Koalitionsfähigkeit als solche, weil die Freiwilligkeit der Mitgliedschaft in Rede steht.²²

Der Tarifvertrag kann zwar grundsätzlich rückwirkend regeln, indem die zeitabhängigen Rechte und Pflichten auf den Zeitpunkt vor dem Beitritt fingiert werden, diese Fiktion vollzieht das Tarifrecht aber nicht nach: Die Tarifbindung beginnt auch in diesem Fall mit dem Zeitpunkt des tatsächlichen Eintritts.²³

Die Tarifbindung zielt auf der anderen Seite auch auf den Zeitpunkt des Verbandsbeitritts: Dieser löst kein rückwirkendes Entstehen tariflicher Rechte aus, wenn der Beitritt zum tarifschließenden Verband erst nach Abschluss und Inkrafttreten des Tarifvertrags erfolgt.²⁴

Eine Doppelmitgliedschaft ist auch im tarifschließenden Verband möglich²⁵ und löst grundsätzlich auch entsprechende doppelte Tarifbindung aus, außer ein Verband kann – etwa wegen eines Konkurrenzverhältnisses – dem Mitglied des konkurrierenden Verbandes den Beitritt untersagen.²⁶

4. Differenzierte Mitgliedschaft

Tarifgebundene Mitglieder können nur Arbeitgeber, Arbeitnehmer oder Arbeitnehmerähnliche sein, § 12a TVG, andere Mitglieder nicht. Deren Mitgliedschaft ist letztlich daran zu messen, ob ihr Einfluss im Verband für die Koalitions- und die Tariffähigkeit zu groß ist, eine Tarifbindung scheidet von vornherein aus (→ § 236 Rn. 4 ff.).²⁷

a) Mitgliedschaft des Arbeitgebers. aa) Ordentliche Mitglieder. § 3 Abs. 1 TVG setzt die Vollmitgliedschaft im tarifschließenden Verband voraus. Verbandsmitglied können alle Arbeitgeber werden – wer Arbeitsverträge abschließen kann ist rechtsfähig und kann deshalb auch Verbandsmitglied sein. Das gilt für natürliche und privat- wie öffentlich-rechtliche juristische Personen offensichtlich, aber auch für die mittlerweile mit Rechtsfähigkeit versehenen Personengesellschaften.²⁸ Deshalb ist es nicht richtig, wenn man hier auf die Mitgliedschaft der einzelnen Gesellschafter abstellt, auch für Personengesellschaften kommt es richtig auf die Mitgliedschaft der Gesellschaft an.²⁹ Dieser Grundsatz wird dort aufgebrochen, wo es bei einer Kommanditgesellschaft auch auf die Mitgliedschaft des einzigen Komplementärs ankommen soll.³⁰

Eine Mitgliedschaft des Konzerns im Arbeitgeberverband gibt es nicht, weil der Konzern nicht rechtsfähig ist, das sind nur die einzelnen Konzernunternehmen, auch die Konzernmuttergesellschaft.³¹ Es kann aber nicht von deren Mitgliedschaft und der daraus folgenden Tarifbindung auf die Tarifbindung der abhängigen Konzernunternehmen geschlossen werden, hier gilt ein Trennungsprinzip. Die (aus anderen Gründen angreifbare, → § 236 Rn. 22) Entscheidung des 4. Senats zur Einwirkungspflicht auf eine ausländische Tochtergesellschaft³² widerspricht dem nicht: Dort ging es im Ergebnis um die schuld-

---

²¹ BAG 19.9.2006 – 1 ABR 2/06, AP TVG § 3 Verbandszugehörigkeit Nr. 22 = NZA 2007, 277.
²² *Löwisch/Rieble* § 3 Rn. 93.
²³ Dazu BAG 22.11.2000 – 4 AZR 688/99, AP TVG § 3 Verbandszugehörigkeit Nr. 20 = NZA 2001, 980; BeckOK ArbR/*Giesen* TVG § 3 Rn. 6; HMB/*Höpfner* Teil 6 Rn. 23; *Löwisch/Rieble* § 3 Rn. 105 ff.; NK-TVG/*Lorenz* § 3 Rn. 19, der (freilich vorsichtig, und letztlich nicht durchschlagend) mit einer Parallele zum Kündigungsschutz Schwerbehinderter arbeiten will.
²⁴ BeckOK ArbR/*Giesen* TVG § 3 Rn. 19.
²⁵ NK-TVG/*Lorenz* § 3 Rn. 24.
²⁶ *Löwisch/Rieble* § 3 Rn. 119 ff.
²⁷ *Löwisch/Rieble* § 3 Rn. 40.
²⁸ Grundlegend BGH 29.1.2001 – II ZR 331/00, AP ZPO § 50 Nr. 11 = NJW 2001, 1056; BAG 4.5.1994 – 4 AZR 418/93, AP TVG § 1 Tarifverträge Elektrohandwerk Nr. 1 = NZA 1995, 638; HWK/*Henssler* TVG § 3 Rn. 7; NK-TVG/*Lorenz* § 3 Rn. 33.
²⁹ BeckOK ArbR/*Giesen* TVG § 3 Rn. 10.
³⁰ Dazu NK-TVG/*Lorenz* § 3 Rn. 33.
³¹ HWK/*Henssler* TVG § 3 Rn. 7; *Löwisch/Rieble* § 3 Rn. 46 ff.; NK-TVG/*Lorenz* § 3 Rn. 29.
³² BAG 11.9.1991 – 4 AZR 71/91, AP Internationales Privatrecht, Arbeitsrecht Nr. 29 = NZA 1992, 321.

rechtliche Gewährleistung der Tarifanwendung, nicht aber um die Behauptung einer mitgliedschaftlichen Tarifbindung.

22 Eine Mitgliedschaft aufgrund eines Rechtsscheins gibt es nicht und führt deshalb auch nicht zur Tarifbindung nach § 3 Abs. 1 TVG.[33] Abgesehen von der Frage, wann überhaupt ein entsprechender Rechtsschein vorliegt (genügt die Teilnahme an Verbandsaktivitäten, die Vertretung durch den Verband im Prozess?), kann sich der Gesichtspunkt des Vertrauensschutzes, der letztlich die Berücksichtigung von Rechtsscheinsüberlegungen tragen würde, nicht gegenüber dem zentralen Einwand hinwegsetzen, dass der Eintrittsakt in den Verband die wesentliche legitimatorische Grundlage für die Tarifbindung ist. Deshalb ist eine Tarifbindung nach § 3 Abs. 1 TVG kraft Rechtsscheins abzulehnen.[34] Allenfalls kann sich ein solcher Rechtschein für Ansprüche im Arbeitsverhältnis selbst auswirken, indem etwa auf die Tarifanwendung im Betrieb abgestellt wird und die Möglichkeit einer betrieblichen Übung zur schuldrechtlichen Bezugnahme auf den Tarifvertrag gegeben ist.[35]

23 Nichts zu tun hat die Mitgliedschaft kraft Rechtsscheins mit den Auswirkungen der Lehre des fehlerhaften Verbandes: Diese löst eine, wenn auch zeitweise, Mitgliedschaft aus, die selbst, nicht aber ein irgend gearteter Rechtsschein Anknüpfung für die Tarifbindung ist.[36] Und ebenso wenig mit der Situation, in der die Aufnahmevereinbarung durch einen Vertreter ohne rechtsgeschäftliche oder organschaftliche Vertretungsmacht aufgrund einer Rechtsscheinsvollmacht geschlossen wird – dann liegt nach den allgemeinen Regeln eine wirksame Vereinbarung und damit eine Verbandsmitgliedschaft vor.[37]

24 Zur aufgespaltenen Arbeitgebereigenschaft bei Betriebsnormen siehe → § 240 Rn. 18.

25 Über § 3 S. 1 iVm § 2 Abs. 1 Nr. 10 NachwG hat der Arbeitgeber Änderungen wesentlicher Vertragsbedingungen nachzuweisen – gilt infolge neuer Verbandsmitgliedschaft ein neuer oder erstmals ein Tarifvertrag, so folgt daraus auch die implizite Information über den Verbandsbeitritt.[38]

26 **bb) Gast-, Probe- und Ehrenmitglieder.** Gastmitglieder oder Ehrenmitglieder werden von der Tarifbindung nicht erfasst.[39] Solche, durch die Satzung grundgelegten, Mitgliedschaften sehen regelmäßig den Ausschluss des Gast- oder Ehrenmitgliedes aus den gesamten Entscheidungsprozessen des Verbandes vor.[40] Das ist tarifrechtlich unbedenklich, allerdings muss die Satzung des Verbandes die entsprechende mitgliedschaftsrechtliche Abstinenz des Gastmitgliedes klar festlegen. Für Probemitglieder gilt ähnliches, nur dass diese nach einer Probezeit die Mitgliedschaftsrechte erhalten und damit in die Tarifbindung wachsen.[41]

27 **cc) Mitglieder ohne Tarifbindung.** Praktisch besteht das Bedürfnis, Arbeitgebern eine Möglichkeit zu eröffnen, einem Verband beizutreten, ohne dass es zur Tarifbindung kommt. So sollen diese Verbandsmitglieder „ohne Tarifbindung" – so genannte „OT-Mitglieder" – die Rechte und Pflichten der Verbandsmitgliedschaft haben, und so etwa

---

[33] BAG 13.7.1994 – 4 AZR 555/93, AP TVG § 3 Verbandszugehörigkeit Nr. 14 = NZA 1995, 479; offen gelassen in BAG 24.2.1999 = 4 AZR 62/98, AP TVG § 3 Verbandszugehörigkeit Nr. 17 = NZA 1999, 995; BeckOK ArbR/*Giesen* TVG § 3 Rn. 8; HMB/*Höpfner* Teil 6 Rn. 12; offener NK-TVG/*Lorenz* § 3 Rn. 20.
[34] ErfK/*Franzen* TVG § 3 Rn. 5.
[35] *Löwisch/Rieble* § 3 Rn. 326, 328.; BeckOK ArbR/*Giesen* TVG § 3 Rn. 8.
[36] BeckOK ArbR/*Giesen* TVG § 3 Rn. 8.
[37] So auch HMB/*Höpfner* Teil 6 Rn. 12.
[38] NK-TVG/*Lorenz* § 3 Rn. 39.
[39] BAG 25.9.2002 – 4 AZR 294/01, AP TVG § 1 Bezugnahme auf Tarifvertrag Nr. 26 = NZA 2003, 807; 16.2.1962 – 1 AZR 167/61, AP TVG § 3 Verbandszugehörigkeit Nr. 12 = BB 1962, 485; Wiedemann/ Oetker Rn. 135; HWK/*Henssler* TVG § 3 Rn. 6.
[40] HWK/*Henssler* TVG § 3 Rn. 6; *Löwisch/Rieble* § 3 Rn. 53 ff.
[41] *Löwisch/Rieble* § 3 Rn. 57.

die verbandliche Rechtsberatung in Anspruch nehmen können, nicht aber tarifgebunden sein.[42]

(1) Einverbandmodell. Kompliziert ist es, wenn sich ein Verband sowohl für tarifwillige als auch für solche Mitglieder öffnen will, die keine Tarifbindung wollen und so zwei Arten der Mitgliedschaften ermöglicht (Einverbandmodell, Zwei-Mitgliedschaften-Modell oder Stufenmodell). Die Rechtsprechung und die überwiegende Literatur lassen diese Möglichkeit zu Recht zu.[43] § 3 Abs. 1 TVG kennt keinen Automatismus, dass stets alle Mitglieder eines Verbands tarifgebunden sein müssten. Ein solches „Entweder-oder-Prinzip" verstieße auch gegen die Verbandsautonomie und damit gegen die grundrechtlich verbürgte Koalitionsfreiheit. 28

Allerdings gilt dies nicht voraussetzungslos: Weil es für die Legitimation der Normgeltung für die tarifgebundenen Mitglieder gerade auf deren innerverbandliche Willensbildung ankommt und weil jeder institutionelle Fremdeinfluss auf das Tarifergebnis dessen Richtigkeitsgewähr stört („Gleichlauf von Verantwortlichkeit und Betroffenheit")[44], dürfen mit der Rechtsprechung zu Recht die tarifunwilligen Mitglieder dort keinen Einfluss auf die verbandliche Willensbildung haben, wo diese das tarifvertragsbezogene Handeln des Verbands betrifft.[45] Die bloße Regelung in der Satzung, bestimmte Mitglieder träfe die Tarifbindung nicht, genügt für eine wirksame Trennung nicht.[46] Deshalb darf etwa die Tarifkommission nicht mit Mitgliedern ohne Tarifbindung besetzt sein und sie dürfen zu diesen Gremien auch nicht das aktive Wahlrecht haben, sie dürfen den Verband nicht tarifpolitisch nach außen vertreten und es darf auch auf der Seite der Planung und Durchführung von Arbeitskampfmaßnahmen zu keinem Einfluss dieser Mitglieder kommen.[47] Diese Trennung in der Gremien und Organbesetzung muss parallel mit der Trennung im Rahmen tarifbezogener Beschlüsse gehen: Im Rahmen etwa der Mitgliederversammlung müssen in diesem Fall der Mitglieder ohne Tarifbindung von der Beschlussfassung ausgeschlossen werden. Die klare und eindeutige Trennung der verschiedenen Mitgliedschaftsarten müssen in der Satzung des Verbandes niedergelegt werden, dabei reicht eine allgemeine, aber klar und eindeutig formulierte Satzungsregelung aus.[48] Eine Regelung durch „unterrangiges Vereinsrecht", wie etwa einen bloßen Vorstandsbeschluss, reicht nicht aus.[49] 29

Gelingt diese Trennung nicht, und sind etwa Mitglieder „ohne Tarifbindung" in der Tarifkommission eingebunden und tragen sie auch die tarifbezogene Willensbildung des Verbandes mit, so führt dies nach herrschender Meinung nicht zur Tarifunfähigkeit des Verbandes insgesamt[50] – mit der Folge, dass es zu überhaupt keiner tariflichen Bindung kommt –, sondern zur Tarifbindung aller Mitglieder, auch derjenigen, die diese Tarifbin- 30

---

[42] *Buchner* NZA 1994, 2.
[43] BAG 21.1.2015 – 4 AZR 797/13, AP TVG § 3 Verbandszugehörigkeit Nr. 30 = NZA 2015, 1521; 19.6.2012 – 1 AZR 775/10, AP GG Art. 9 Arbeitskampf Nr. 177 = NZA 2012, 1372; 22.4.2009 – 4 AZR 111/08, AP TVG § 3 Verbandszugehörigkeit Nr. 26 = NZA 2010, 105; 4.6.2008 – 4 AZR 419/07, AP TVG § 3 Nr. 38 = NZA 2008, 1366; 18.7.2006 – 1 ABR 36/05, AP TVG § 2 Tarifzuständigkeit Nr. 19 = NZA 2006, 1225; 18.7.2006 – 1 ABR 36/05, AP TVG § 2 Tarifzuständigkeit Nr. 19 = NZA 2006, 1225; 23.2.2005 – 4 AZR 186/04, AP TVG § 4 Nachwirkung Nr. 42 = NZA 2006, 1225; BeckOK ArbR/*Giesen* TVG § 3 Rn. 4; *Löwisch/Rieble* § 3 Rn. 60; kritisch NK-TVG/*Lorenz* § 3 Rn. 37.
[44] BAG 21.1.2015 – 4 AZR 797/13, AP TVG § 3 Verbandszugehörigkeit Nr. 30 = NZA 2015, 1521.
[45] BAG 22.4.2009 – 4 AZR 111/08, AP TVG § 3 Verbandszugehörigkeit Nr. 26 = NZA 2010, 105; HWK/*Henssler* TVG § 3 Rn. 4.
[46] BAG 21.11.2012 – 4 AZR 27/11, AP TVG § 3 Verbandsaustritt Nr. 16 = NZA-RR 2014, 545; 25.2.2009 – 4 AZR 986/07, AP TVG § 3 Nr. 40 = NZA 2009, 1304; HWK/*Henssler* TVG § 3 Rn. 5a.
[47] BAG 21.1.2015 – 4 AZR 797/13, AP TVG § 3 Verbandszugehörigkeit Nr. 30 = NZA 2015, 1521.
[48] BAG 21.1.2015 – 4 AZR 797/13, AP TVG § 3 Verbandszugehörigkeit Nr. 30 = NZA 2015, 1521; 26.8.2009 – 4 AZR 294/08, AP TVG § 3 Verbandszugehörigkeit Nr. 28 = NZA-RR 2010, 305; BeckOK ArbR/*Giesen* TVG § 3 Rn. 4; HWK/*Henssler* TVG § 3 Rn. 11.
[49] BAG 21.1.2015 – 4 AZR 797/13, AP TVG § 3 Verbandszugehörigkeit Nr. 30 = NZA 2015, 1521.
[50] Auf diese mögliche Folge hinweisen *Löwisch/Rieble* § 3 Rn. 65; HWK/*Henssler* TVG § 3 Rn. 5b.

dung nicht wollten.⁵¹ Für diese Rechtsfolge ist der grundsätzlich in der Satzung des Verbandes niedergelegte Tarifwille ausschlaggebend: Das Risiko, die Trennung zwischen den Mitgliedschaften mit und ohne Tarifbindung nicht hinreichend gewährleisten zu können, tragen in diesem Fall die Verbandsmitglieder. Freilich lässt diese apodiktische Rechtsfolge etwa die Situation außer Acht, dass der Beitritt (nicht der Wechsel) bereits als OT-Mitglied erfolgen soll. Dann entspricht es nicht dem Willen des Mitglieds in die Tarifbindung genommen zu werden, weil die Verbandssatzung die notwendige Trennung nicht aufweist. Eine solche Konstellation muss dazu führen, dass die Mitgliedschaft von vornherein nicht besteht – und damit auch eine Tarifbindung entfällt.⁵²

31 **(2) Zweiverbändemodell.** Keine Probleme weisen in diesem Zusammenhang solche Verbände auf, die sich nur aus tarifunwilligen Mitgliedern bilden.⁵³ Weil für die Tariffähigkeit die Tarifwilligkeit des Verbandes vorauszusetzen ist (→ § 232 Rn. 36 ff.), kann die Satzung des Verbandes selbst bestimmen, dass keine Tarifverträge abgeschlossen werden sollen. Aus Sicht der Funktionalität der Tarifautonomie ist dies kein Problem, weil der einzelne Arbeitgeber selbst stets über § 2 Abs. 1 TVG tariffähig ist und durch den Eintritt in den tarifunwilligen Verband seine Tariffähigkeit auch nicht verliert. Deshalb kann der Arbeitgeber, der Mitglied im tarifunwilligen Verband ist, auch von der Gewerkschaft durch Arbeitskampf um einen Haustarifvertrag angegangen werden. Selbstredend kann eine tarifliche Friedenspflicht über den Arbeitgeberverband den einzelnen Arbeitgeber hier nicht schützen.

32 In der Praxis haben sich solche „OT-Verbände" auf der Grundlage eines Zweiverbände-Modells (auch „Aufteilungsmodell")⁵⁴ gebildet: So besteht ein tarifunwilliger Verband neben einem tarifwilligen und damit tariffähigen Verband. Das bildet das (wachsende) Bedürfnis ab, eine Mitgliedschaft ohne Tarifbindung zu ermöglichen. Besteht bei den geschäftsführenden Organen des Verbandes hier Personalunion mit dem tariffähigen Schwesterverband, so ist dies problemlos – allerdings dürfen die durch Mitglieder zu besetzenden Organe auch nur durch Mitglieder besetzt sein.

33 Durch den Wechsel in den OT-Verband kann das bisher im tariffähigen Verband tarifgebundene Mitglied seine Tarifbindung ebenso wenig unmittelbar abstreifen, wie dies durch den Austritt aus dem Tarifverband alleine gelingt (→ Rn. 50). Vielmehr kommt es auch hier zur Nachbindung an den zum Übertrittszeitpunkt geltenden Tarifvertrag nach § 3 Abs. 3 TVG, mit sich anschließender Nachwirkung nach § 4 Abs. 5 TVG.

34 **b) Mitgliedschaft des Arbeitnehmers.** Der Beitritt des Arbeitnehmers zur Gewerkschaft erfolgt ebenfalls durch Aufnahmevertrag. Eine Pflicht des Arbeitnehmers, den Arbeitgeber auf einen Beitritt zur Gewerkschaft hinzuweisen, gibt es als konstitutive Voraussetzung für die Tarifbindung nicht.⁵⁵ Für die DGB-Gewerkschaften folgt ein erleichtertes Recht zum Wechsel der Mitgliedschaft bei Wechsel der Tarifzuständigkeit der Gewerkschaften.⁵⁶ Möglich ist auch eine kollektive Mitgliedschaft von Arbeitnehmergruppen, sofern dies in der Satzung der Gewerkschaft vorgesehen ist.

---

⁵¹ BAG 21.1.2015 – 4 AZR 797/13, AP TVG § 3 Verbandszugehörigkeit Nr. 30 = NZA 2015, 1521; 12.2.2014 – 4 AZR 450/12, AP TVG § 3 Nr. 56 = ZTR 2014, 330; 19.6.2012 – 1 AZR 775/10, AP GG Art. 9 Arbeitskampf Nr. 177 = NZA 2012, 1372; 21.11.2012 – 4 AZR 27/11, AP TVG § 3 Verbandsaustritt Nr. 16 = NZA-RR 2014, 544; 22.4.2009 – 4 AZR 111/08, AP TVG § 3 Verbandszugehörigkeit Nr. 26 = NZA 2010, 105; kritisch und differenzierend *Löwisch/Rieble* § 3 Rn. 64 ff.
⁵² Kritisch auch HWK/*Henssler* TVG § 3 Rn. 5b.
⁵³ BAG 16.11.2016 – 4 AZR 697/14, AP TVG § 3 Verbandszugehörigkeit Nr. 31 = NZA-RR 2017, 608; HWK/*Henssler* TVG § 3 Rn. 3; dennoch kritisch NK-TVG/*Lorenz* § 3 Rn. 37.
⁵⁴ BeckOK ArbR/*Giesen* TVG § 3 Rn. 3.
⁵⁵ BAG 18.11.2014 – 1 AZR 257/13, AP GG Art. 9 Nr. 150 = NZA 2015, 306; NK-TVG/*Lorenz* § 3 Rn. 38.
⁵⁶ Dazu NK-TVG/*Lorenz* § 3 Rn. 25.

II. Tarifbindung durch Mitgliedschaft

5. Spitzenverband
Für den von der Spitzenorganisation (→ § 232 Rn. 52 ff.) infolge ihrer eigenen Tarifmacht geschlossenen Tarifverträge nach § 2 Abs. 3 TVG kommt es zur vermittelten mitgliedschaftlichen Tarifbindung: Mitglied der Spitzenorganisation sind Gewerkschaft und Arbeitgeberverband, deren Mitglieder wiederum Arbeitgeber und Arbeitnehmer.

6. Tarifbindung und Normarten
a) Individualnormen. Die notwendige beiderseitige Mitgliedschaft als Grundlegung der Tarifbindung wird bei den Inhaltsnormen offensichtlich: Hier müssen Arbeitgeber und Arbeitnehmer Mitglied im tarifschließenden Verband sein.

b) Sonderfall Betriebsnormen. § 3 Abs. 2 TVG legt für betriebliche- und betriebsverfassungsrechtliche Normen die Tarifbindung auf den betriebsangehörigen Außenseiter fest (siehe zu Betriebsnormen allgemein → § 240 Rn. 1 ff.).

§ 3 Abs. 2 TVG setzt zunächst die Verbandsmitgliedschaft des Arbeitgebers voraus. Das gilt auch für den Arbeitgeber beim **gemeinsamen Betrieb:** Hier muss die Führungsgesellschaft Verbandsmitglied sein, eine bloße parallele Mitgliedschaft der einzelnen beteiligen Vertragsarbeitgeber hilft wegen des notwendigen Tarifbezugs der betrieblichen und betriebsverfassungsrechtlichen Normen nicht (→ § 259 Rn. 3).[57] Schon gar nicht reicht die mitgliedschaftliche Bindung nur eines der beteiligten Arbeitgeber aus.[58]

Die Tarifbindung nach § 3 Abs. 2 TVG setzt aber voraus, dass der Arbeitgeber als auch **mindestens ein Arbeitnehmer des Betriebes mitgliedschaftlich tarifgebunden** ist.[59] Diese Mindestrepräsentation gilt betriebsbezogen, so dass die Normen nach § 3 Abs. 2 TVG nur in dem Betrieb binden, wo mindestens ein Gewerkschaftsmitglied beschäftigt ist, nicht aber den Betrieb desselben Unternehmens, wo dies nicht der Fall ist.[60] Die herrschende Meinung lehnt dies ab und verlangt lediglich die mitgliedschaftliche Bindung des Arbeitgebers.[61] Das geht aber fehl: Die mitgliedschaftliche Bindung ist vor dem Hintergrund des Art. 9 Abs. 3 GG der grundsätzliche Geltungsgrund der Normbindung. Deshalb ist es zu weitgehend, wenn man die Normwirkung auch dort annimmt, wo eine Tarifvertragspartei überhaupt keine Mitglieder hat. Dass betriebliche und betriebsverfassungsrechtliche Normen betriebseinheitlich gelten müssen, ist kein belastbares Gegenargument, weil es bei fehlender Gewerkschaftsmitgliedschaft unter den Arbeitnehmern zu gar keiner Regelungsbindung im Betrieb kommt. Ebenso wenig sprechen Argumente der Rechtspraktikabilität dagegen, und ebenfalls nicht das Abstellen auf eine mangelnde Legitimation nur „eines" Arbeitnehmers.[62] Es geht um Ausdehnung der Tarifbindung, nicht aber um mitgliedschaftslose Begründung.[63]

Gegen die Außenseiterbindung werden verfassungsrechtliche Bedenken erhoben.[64] Diese werden von der herrschenden Meinung mit Hinweis auf die Rechtsprechung des BVerfG zur verfassungsrechtlichen Unbedenklichkeit der Erklärung der Allgemeinverbindlichkeit als nicht beachtlich angesehen, weil die bloße Anordnung der tariflichen Normgeltung kein Verstoß gegen die negative Koalitionsfreiheit ist, auch ein Verstoß gegen das Rechtsstaats- und Demokratieprinzip wird deshalb nicht angenommen.[65] Dennoch ist die Außenseiterbindung grundrechtssensibel, die Gewährleistung der negativen

---

[57] *Löwisch/Rieble* § 3 Rn. 219; aA HMB/*Höpfner* Teil 6 Rn. 91.
[58] So aber NK-TVG/*Lorenz* § 3 Rn. 68.
[59] *Löwisch/Rieble* § 3 Rn. 223; ErfK/*Franzen* TVG § 3 Rn. 17; HMB/*Höpfner* Teil 6 Rn. 102.
[60] *Löwisch/Rieble* § 3 Rn. 229.
[61] BeckOK ArbR/*Giesen* TVG § 3 Rn. 18; Wiedemann/*Oetker* § 3 Rn. 168.
[62] Siehe BeckOK ArbR/*Giesen* TVG § 3 Rn. 18.
[63] *Löwisch/Rieble* § 3 Rn. 224, auch *Löwisch/Rieble* § 3 Rn. 34: „scheinbarer" Bruch mit dem Grundprinzip der mitgliedschaftlichen Tarifbindung.
[64] *Löwisch/Rieble* § 3 Rn. 18.
[65] BVerfG 24.5.1977 – 2 BvL 11/74, AP TVG § 5 Nr. 15 = NJW 1977, 2255; BVerfG 29.12.2004 – 1 BvR 2283/03, AP AEntG § 3 Nr. 2 = NZA 2005, 153; NK-TVG/*Lorenz* § 3 Rn. 66 mwN.

Koalitionsfreiheit muss weiter gezogen werden als dies bei der sehr formalen Festlegung durch die herrschende Meinung der Fall ist: Richtig wird darauf hingewiesen, dass die Bedeutung, einer fremden, externen Regelungsquelle unterworfen zu werden, regelmäßig größer ist als die „nackte" Verbandsmitgliedschaft.[66] Diese Grundrechtssensibilität ist deshalb dort aufzunehmen, wo es um die Konturierung der Grenzen der Möglichkeit zur Vereinbarung von Betriebsnormen geht – sie können nur dort wirksam vereinbart werden, wo die betriebseinheitliche Geltung erforderlich ist.[67] Deshalb ist § 3 Abs. 2 TVG auch keine Ermächtigungsgrundlage für die Bindung von Außenseiterverhältnissen, sondern Geltungsanordnung bei notwendiger Betriebseinheitlichkeit.

41 **c) Gemeinsame Einrichtung.** Normen über gemeinsame Einrichtungen sind keine eigene Normart, sondern transportieren gleichsam Individual-, Betriebs- und prozessuale Normen in das Verhältnis gegenüber der gemeinsamen Einrichtung (→ § 242 Rn. 8). Deshalb folgt die Tarifbindung an diese Normen auch der entsprechenden Normart. Man wird nicht pauschal behaupten können, dass für die Bindung an Normen über gemeinsame Einrichtungen, die dem Arbeitnehmer Leistungsansprüche gegen die gemeinsame Einrichtung zusprechen, lediglich die mitgliedschaftliche Bindung des Arbeitnehmers ausreicht.[68]

7. Ende der Tarifbindung

42 **a) Ende der Mitgliedschaft.** Das Ende der Mitgliedschaft führt zum Ende der Tarifbindung nach § 3 Abs. 1 TVG.[69] Die Mitgliedschaft endet regelmäßig durch Austritt des Verbandsmitgliedes. Dieser kann einvernehmlich durch Aufhebungsvertrag erfolgen und hat damit – sofern nichts anderes vereinbart ist – sofortige Wirkung, er kann aber auch durch das einseitige Rechtsgeschäft der Kündigung der Mitgliedschaft erfolgen. Ob ein Kündigungsrecht besteht und wie lange die Austrittsfrist währt, ist grundsätzlich eine Frage der verbandsautonomen Entscheidung, § 39 Abs. 2 BGB. Dessen (dispositive) Austrittsfrist von zwei Jahren wird für Koalitionen wegen der negativen Koalitionsfreiheit des Art. 9 Abs. 3 GG als zu lange angesehen, als angemessen werden – bislang entschieden für den Austritt aus der Gewerkschaft – Fristen bis zu einem halben Jahr angenommen.[70] Andere plädieren für eine dreimonatige Frist.[71] Für den Austritt aus dem Arbeitgeberverband gilt nichts anderes.[72] Eine zu lange satzungsmäßige Frist wird auf die noch angemessene Austrittsfrist reduziert.[73] Im Einzelnen zum Austritt aus dem Verband → § 219 Rn. 35 ff.

43 Die Verbandssatzung kann einen Austritt aus wichtigem Grund nicht ausschließen. Wird das Festhalten an der Mitgliedschaft unzumutbar, besteht bereits aus allgemeinen Grundsätzen die Möglichkeit der außerordentlichen Kündigung des Mitgliedschaftsverhältnisses.

44 Die Mitgliedschaft kann auch von vornherein **befristet oder bedingt** werden, sodass mit Ablauf der Befristung oder Eintritt der Bedingung die Mitgliedschaft wieder endet.[74]

---

[66] *P. Hanau* FS Scholz, 2007, S. 1035 (1045); *Hartmann,* Negative Tarifvertragsfreiheit, passim; *Schüren* RdA 1988, 138 (139); *Löwisch/Rieble* § 3 Rn. 18; dagegen *Schubert* RdA 2001, 199 (202).
[67] *Löwisch/Rieble* § 3 Rn. 222.
[68] *Löwisch/Rieble* § 3 Rn. 236.
[69] HWK/*Henssler* TVG § 3 Rn. 40.
[70] BGH 22.9.1980 – II ZR 34/80, AP GG Art. 9 Nr. 33 = NJW 1981, 340; 4.7.1977 – II ZR 30/76, AP GG Art. 9 Nr. 25 = DB 1977, 2226; siehe auch BGH 29.7.2014 – II ZR 243/13, NJW 2014, 3239; ErfK/*Franzen* TVG § 3 Rn. 9; HMB/*Höpfner* Teil 6 Rn. 37; HWK/*Henssler* TVG § 3 Rn. 11.
[71] NK-TVG/*Lorenz* § 3 Rn. 47.
[72] HMB/*Höpfner* Teil 6 Rn. 35 mwN; anders aber *Oetker* ZfA 1998, 41 (74): für Arbeitgeberverbände ein Jahr, dem folgend NK-TVG/*Lorenz* § 3 Rn. 47.
[73] BGH 29.7.2014 – II ZR 243/13, NZA 2014, 1352.
[74] BAG 22.11.2000 – 4 AZR 688/99, AP TVG § 3 Verbandszugehörigkeit Nr. 20 = NZA 2001, 980; HMB/*Höpfner* Teil 6 Rn. 22; HWK/*Henssler* TVG § 3 Rn. 13.

II. Tarifbindung durch Mitgliedschaft 45–48 § 245

Der Verband legt grundsätzlich selbst fest, unter welchen Umständen ein Mitglied **ausge-** 45
schlossen werden kann.[75] Allerdings bestehen Grenzen: Aus demselben Gedanken, der auch einen Aufnahmeanspruch trägt, muss auch der Ausschluss hinterfragt werden, wenn ein marktmächtiger Verband sich von einem Mitglied trennen will, dann bedarf es eines sachlichen Grundes für den Ausschluss.[76]

Der Tod des Mitglieds beendet die Mitgliedschaft und damit Tarifbindung ebenfalls, 46
das gilt für den Arbeitnehmer schon wegen § 613 BGB, aber regelmäßig auch für den Arbeitgeber als natürliche Person, § 38 BGB.[77] Ein Erbe kann zwar dann ebenfalls Mitglied des Arbeitgeberverbandes sein, ist dann allerdings selbst originär tarifgebunden.[78]

Fällt der Arbeitgeber in Insolvenz, so führt dies als solches nicht zum Verlust der Mit- 47
gliedschaft und damit auch nicht zum Entfall der Tarifbindung, vielmehr ist ein selbständiger Beendigungsgrund notwendig.[79] Die Insolvenz des Verbandes selbst führt ebenfalls nicht automatisch zum Wegfall der Bindung an die von diesem abgeschlossenen Tarifverträge.[80]

b) Kurzfristiger Austritt als Sonderfall. Die Rechtsprechung durchbricht den Grund- 48
satz, dass die Tarifbindung von der Mitgliedschaft im tarifschließenden Verband abhängt, im Falle des so genannten „Blitzwechsels"[81] von der Verbandsmitgliedschaft mit in die ohne Tarifbindung oder des „Blitzaustritts". Hier wird metaphorisch die Situation umschrieben, dass ein Verbandsmitglied während der laufenden Tarifverhandlungen den Arbeitgeberverband verlässt.[82] Das mitgliedschaftliche Modell des § 3 Abs. 1 TVG schließt in diesem Falle grundsätzlich eine Bindung an den später abgeschlossenen Tarifvertrag aus. Das BAG zieht diese Konsequenz aber dann nicht, wenn die Gewerkschaft während der Verhandlungen nicht mehr auf die geänderte Mitgliederstruktur des Arbeitgeberverbandes reagieren kann. Dahinter steckt der Gedanke, dass die Richtigkeitsgewähr des Tarifvertrags auch davon abhängt, dass den Verhandlungspartnern die Reichweite der späteren Tarifbindung bekannt ist. Damit geht es der Rechtsprechung um die Funktionalität des Tarifsystems, allerdings ohne genau präzisieren zu können, ob diese wirklich beeinträchtigt wird.[83] Als Folge dieses kurzfristigen Austritts wird dann die Tarifbindung an den konkreten Tarifvertrag nach § 3 Abs. 1 TVG angenommen.[84] Diese Reaktion ist rein tarifbezogen, vereinsrechtliche Konsequenzen zieht die Rechtsprechung nicht, der Verbandsaustritt bleibt also letztlich wirksam. Damit kommt es zu einem Fremdkörper im gesetzlichen System der Tarifbindung,[85] weil diese von der Mitgliedschaft während des wirksamen Tarifvertrags abgekoppelt wird. Die Rechtsprechung ist abzulehnen.[86] Richtig wird auf eine starke systemische Unwucht hingewiesen, die durch die Rechtsprechung erzeugte „Vor-

---

[75] Zu den Einzelheiten siehe → § 224 Rn. 42 ff.
[76] HMB/*Höpfner* Teil 6 Rn. 53.
[77] HWK/*Henssler* TVG § 3 Rn. 9.
[78] HWK/*Henssler* TVG § 3 Rn. 42.
[79] BAG 28.1.1987 – 4 AZR 150/86, AP TVG § 4 Geltungsbereich Nr. 14 = NZA 1987, 455; HWK/*Henssler* TVG § 3 Rn. 10.
[80] BAG 27.6.2000 – 1 ABR 31/99, AP TVG § 2 Nr. 56 = NZA 2001, 334; HWK/*Henssler* § 3 Rn. 40.
[81] BAG 4.6.2008 – 4 AZR 419/07, AP TVG § 3 Nr. 38 = NZA 2008, 1366.
[82] BAG 19.6.2012 – 1 AZR 775/10, AP GG Art. 9 Arbeitskampf Nr. 177 = NZA 2012, 1372; BAG 18.5.2011 – 4 AZR 457/09, AP TVG § 3 Verbandsaustritt Nr. 15 = NZA 2011, 1378; BAG 26.8.2009 – 4 AZR 285/08, AP TVG § 3 Nr. 45 = NZA 2010, 230; 4.6.2008 – 4 AZR 419/07, AP TVG § 3 Nr. 38 = NZA 2008, 1366; BAG 20.2.2008 – 4 AZR 64/07, AP GG Art. 9 Nr. 134 = NZA 2008, 946.
[83] Kritisch auch ErfK/*Franzen* TVG § 3 Rn. 11a.; *Löwisch/Rieble* § 3 Rn. 307.
[84] BAG 21.11.2012 – 4 AZR 27/11, AP TVG § 3 Verbandsaustritt Nr. 16 = NZA-RR 2014, 545; 26.8.2009 – 4 AZR 285/08, AP TVG § 3 Nr. 45 = NZA 2010, 230; in den tragenden Gründen dann 4.6.2008 – 4 AZR 419/07, AP TVG § 3 Nr. 38 = NZA 2008, 1366; 20.2.2008 – 4 AZR 64/07, AP GG Art. 9 Nr. 134 = NZA 2008, 946; 26.8.2009 – 4 AZR 285/08, AP TVG § 3 Nr. 45 = NZA 2010, 230; bestätigt durch BAG 19.6.2012 – 1 AZR 775/10, AP GG Art. 9 Arbeitskampf Nr. 177 = NZA 2012, 1372 Rn. 30.
[85] *Löwisch/Rieble* § 3 Rn. 319:"Außerhalb der Tarifordnung".
[86] Ebenso HMB/*Höpfner* Teil 6 Rn. 50.

wirkung" steht im Widerspruch zur Nachbindung nach § 3 Abs. 3 TVG: Diese endet, wenn der Tarifvertrag nur „irgendwie" geändert wird (→ Rn. 68 ff.), weil das ausgetretene Verbandsmitglied den dann geänderten Tarifvertrag nicht legitimiert hat, im Falle der Bindung bei Blitzaustritt aber soll eine völlig tarifinhaltsunabhängige Bindung begründet werden.[87] Gewichtig ist auch das Argument, dass es Gegenstand des in Art. 9 Abs. 3 GG angelegten Koalitionenwettbewerbs ist, dass solche Mitglieder, die mit der Tarifpolitik und der Verhandlungsführung nicht einverstanden sind, dies mit einem Austritt dokumentieren können.[88]

49 Die Rechtsprechung zum Blitzaustritt führt zu Abgrenzungsproblemen. Diesen begegnet die Rechtsprechung zunächst mit einer zeitlichen Eingrenzung, relevant wird ein Austritt nur während der laufenden Tarifvertragsverhandlungen, nicht aber davor, lässt aber wiederum die präzise Vorgabe vermissen, wann Tarifverhandlungen beginnen.[89] Denn die Begründung des BAG trägt dann nicht, wenn die Gewerkschaft vom Austritt des Arbeitgebers rechtzeitig Kenntnis hat, so dass sie ihre Verhandlungen darauf einstellen kann. Dieser Nachweis ist schwierig, weshalb mit einer Obliegenheit des Arbeitgeberverbandes operiert wird: Dieser muss der Gewerkschaft den Austritt ihres Mitgliedes rechtzeitig mitteilen, wobei auch eine mündliche Mitteilung reichen soll.[90] Diese Unsicherheiten wirken sich auf die gerichtliche Geltendmachung der Tarifbindung im Individualprozess aus: Weshalb Löwisch und Rieble die Theorie zum Blitzaustritt bereits als „tot" bezeichnen.[91]

III. Aber: Nachbindung, § 3 Abs. 3 TVG

1. Nachbindung als Funktionalitätsmoment

50 Nach § 3 Abs. 3 TVG bleibt die einmal bestehende Tarifbindung bestehen, bis der Tarifvertrag endet, sogenannte „Nachbindung" oder „Fortwirkung". Damit wird die Bindung nach § 3 Abs. 1, Abs. 2 TVG bei Entfall der Mitgliedschaft im tarifschließenden Verband fingiert.[92] Damit soll die Tarifwirkung gesichert werden, die instabil wäre, wenn sich ein Mitglied eines tarifschließenden Verbandes allein durch Beendigung der Mitgliedschaft auch der Tarifbindung entledigen und so „Tarifflucht" begehen könnte.[93] Das einzelne Verbandsmitglied soll es nicht in der Hand haben, die einmal eingetretene Bindung an einen Tarifvertrag sogleich wieder abzustreifen: Es geht um Tariftreue vor dem Hintergrund des Grundsatzes *pacta sunt servanda*[94] und letztlich um die Funktionalität des Tarifsystems, die gefährdet wären, wenn die einmal eingetretene Tarifbindung einseitig beendet werden könnte.[95] Diese durch § 3 Abs. 3 TVG erzeugte Tariftreue macht es auch entbehrlich, die Stabilität der Normwirkung eines Tarifvertrags über die Erschwerung des Verbandsaustritts zu erreichen und etwa Mindestaustrittsfristen vorzusehen. Damit dient die Nachbindung – weitere Bindung an den einzelnen Tarifvertrag, aber nicht Bindung an den tarifschließenden Verband – auch der Gewährleistung der negativen Koalitionsfreiheit.[96]

---

[87] *Löwisch/Rieble* § 3 Rn. 310; *Willemsen/Mehrens* NJW 2009, 1919.
[88] HMB/*Höpfner* Teil 6 Rn. 51.
[89] BAG 21.11.2012 – 4 AZR 27/11, AP TVG § 3 Verbandsaustritt Nr. 16 = NZA-RR 2014, 544.
[90] BAG 19.6.2012 – 1 AZR 775/10, AP GG Art. 9 Arbeitskampf Nr. 177 = NZA 2012, 1372, Rn. 35.
[91] *Löwisch/Rieble* § 3 Rn. 311.
[92] BAG 17.5.2000 – 4 AZR 363/99, AP TVG § 3 Verbandsaustritt Nr. 8 = NZA 2001, 453; ErfK/*Franzen* TVG § 3 Rn. 23.
[93] BAG 10.12.1997 – 4 AZR 247/96, AP TVG § 3 Nr. 20 = NZA 1998, 484; BAG 17.5.2000 – 4 AZR 363/99, AP TVG § 3 Verbandsaustritt Nr. 8 = NZA 2001, 453; BeckOK ArbR/*Giesen* TVG § 3 Rn. 21; HMB/*Höpfner* Teil 6 Rn. 62; HWK/*Henssler* TVG § 3 Rn. 41; NK-TVG/*Lorenz* § 3 Rn. 79.
[94] ErfK/*Franzen* TVG § 3 Rn. 22.
[95] *Löwisch/Rieble* § 3 Rn. 245; HMB/*Höpfner* Teil 6 Rn. 62.
[96] *Löwisch/Rieble* § 3 Rn. 245.

Verfassungsrechtliche Gründe gegen diese so genannte Nachbindung bestehen nicht:[97] Es **51** wäre für die Normwirkung und damit letztlich für die Funktionalität des Tarifsystems gefährlich, wenn sie von der Entscheidung des einzelnen Verbandsmitgliedes abhängig wäre. Deshalb ist die Nachbindung gerechtfertigt.

2. Anknüpfungspunkt: Ende der Mitgliedschaft
Bereits systematisch, aber auch verfassungsrechtlich geboten zielt § 3 Abs. 3 TVG allein **52** auf die Beendigung der Mitgliedschaft im tarifschließenden Verband. Kommt es zum Verlust der Tarifgeltung aus anderen Gründen, so gilt nicht die unmittelbare und zwingende Geltungsanordnung des § 3 Abs. 3 TVG, sondern regelmäßig die lediglich unmittelbare Weitergeltung der Tarifnormen durch Nachwirkung nach § 4 Abs. 5 TVG (→ § 261 Rn. 1 ff.).[98]

Wenn § 3 Abs. 3 TVG auf der einen Seite allein auf die Beendigung der Verbandsmit- **53** gliedschaft zielt, so wird auf der anderen Seite nicht differenziert, warum diese Verbandsmitgliedschaft endet: Nicht nur der (Standardfall) des freiwilligen Austritts ist umfasst, sondern auch der unfreiwillige Ausschluss.[99] Das ist schon deshalb richtig, weil ansonsten das Mitglied durch verbandswidriges Verhalten den Ausschluss provozieren und dadurch die Tarifbindung abschütteln könnte.[100] Eine Ausnahme soll freilich dann gemacht werden, wenn der Grund für die außerordentliche Kündigung des Mitgliedsverhältnisses gerade in der Belastung durch die tarifliche Normwirkung liegt (→ § 260 Rn. 40 ff.)[101] und ebenso, wenn die fehlerhafte Mitgliedschaft endet.[102] Richtig ist auch, dass beim Einverbändemodell (→ Rn. 28 ff.) der Wechsel von der Mitgliedschaft mit hin zur Mitgliedschaft ohne Tarifbindung von § 3 Abs. 3 TVG in analoger Anwendung umfasst wird.[103]

Allerdings setzt die Nachbindung nur ein, wenn die Beendigung der Mitgliedschaft **54** nicht dadurch erfolgt, dass das bislang tarifgebundene Mitglied untergeht, wie etwa im Falle der Unternehmensumwandlung bei Verschmelzung oder Aufspaltung. In diesen Fällen kommt es nicht zur Nachbindung, weil gleichsam außerhalb der Mitgliedschaft keine Identität der Rechtsträger herrscht.[104] Im Falle der Umwandlung gilt § 324 UmwG mit seinem Verweis auf § 613a BGB – und damit auch auf dessen Weitergeltung der Tarifregelungen nach § 613a Abs. 1 S. 2 BGB (→ § 247 Rn. 13 ff.).[105] Das gilt auch im Falle des Todes eines Verbandsmitglieds – folgt der Erbe in der Verbandsmitgliedschaft nach, so braucht es keine Nachbindung, weil dann § 3 Abs. 1 TVG unmittelbar greift.[106] Ansonsten kann es lediglich zur Nachwirkung kommen.[107] Stirbt der Arbeitnehmer, so endet das Arbeitsverhältnis als tarifliches Regelungsobjekt, § 613 BGB.[108]

---

[97] BAG 1.7.2009 – 4 AZR 261/08, AP TVG § 3 Verbandsaustritt Nr. 14 = NZA 2010, 53; BAG 4.8. 1993 – 4 AZR 499/92, AP TVG § 3 Nr. 15 = NZA 1994, 34; HMB/*Höpfner* Teil 6 Rn. 66; Wiedemann/*Oetker* § 3 Rn. 61; NK-TVG/*Lorenz* § 3 Rn. 82, anders *Reuter* RdA 1996, 201 (208).
[98] HWK/*Henssler* TVG § 3 Rn. 43; JKOS/*Oetker* § 6 Rn. 57.
[99] BAG 4.6.2008 – 4 AZR 419/07, AP TVG § 3 Nr. 38 = NZA 2008, 1366; BAG 23.2.2005 – 4 AZR 186/04, AP TVG § 4 Nachwirkung Nr. 42 = NZA 2005, 1320; ErfK/*Franzen* TVG § 3 Rn. 23.
[100] HWK/*Henssler* TVG § 3 Rn. 42; *Löwisch*/*Rieble* § 3 Rn. 248.
[101] Siehe dazu ausführlich *Löwisch*/*Rieble* § 3 Rn. 248, 297 ff.
[102] *Löwisch*/*Rieble* § 3 Rn. 99.
[103] BAG 25.2.2009 – 4 AZR 986/07, AP TVG § 3 Nr. 40 = ZTR 2009, 631; JKOS/*Oetker* § 6 Rn. 55; BAG 23.2.2005 – 4 AZR 186/04, AP TVG § 4 Nachwirkung Nr. 42 = NZA 2005, 1320; BeckOK ArbR/*Giesen* TVG § 3 Rn. 21; HMB/*Höpfner* Teil 6 Rn. 69.
[104] BAG 5.10.1993 – 3 AZR 586/92, AP BetrAVG § 1 Zusatzversorgungskassen Nr. 42 = NZA 1994, 848; 4.12.1974 – 5 AZR 75/74, AP TVG § 3 Nr. 2 = DB 1975, 695; JKOS/*Oetker* § 6 Rn. 58.
[105] ErfK/*Franzen* TVG § 3 Rn. 24; HMB/*Höpfner* Teil 6 Rn. 71; HWK/*Henssler* TVG § 3 Rn. 48.
[106] BAG 18.7.2006 – 1 ABR 36/05, AP TVG § 2 Tarifzuständigkeit Nr. 19 = NZA 2006, 1225; HWK/*Henssler* TVG § 3 Rn. 42; ErfK/*Franzen* TVG § 3 Rn. 24.
[107] *Löwisch*/*Rieble* § 3 Rn. 249.
[108] *Löwisch*/*Rieble* § 3 Rn. 249.

55 Weil die Nachbindung nur eine Antwort auf die entfallende Mitgliedschaft geben will, tritt sie nicht ein, wenn die Tarifbindung zusätzlich aus einem anderen Grund entfällt:[109] Geht mit dem Verbandsaustritt auch eine Änderung der Tarifzuständigkeit oder ein Heraustreten aus dem tariflichen Geltungsbereich einher, so tritt nicht Nachbindung, sondern Nachwirkung ein. § 3 Abs. 3 TVG kennt also eine strikte Monokausalität.

56 Ob das tarifgebundene Arbeitsverhältnis bereits zum Zeitpunkt des Tarifabschlusses oder des Inkrafttretens des Tarifvertrags bestand oder erst danach begründet wurde, ist für die Nachbindung irrelevant. § 3 Abs. 3 TVG will die einmal eingetretene Normwirkung schützen, unabhängig davon, wann diese Normwirkung eingetreten ist. Damit kann es dazu kommen, dass das Arbeitsverhältnis durch den Tarifvertrag normativ geregelt wird, obwohl zu keinem Zeitpunkt eine zeitlich übereinstimmende beidseitige Mitgliedschaft in den tarifschließenden Verbänden bestand:[110] Die Nachbindung gilt auch für das erst im Nachbindungszeitraum begründete Arbeitsverhältnis.[111]

57 Die Nachbindung nach § 3 Abs. 3 TVG umfasst sowohl den Verbandsaustritt des Arbeitgeber als auch den des Arbeitnehmers, eine hinkende Nachbindung an den Tarifvertrag gibt es nicht.[112] Umstritten ist, ob § 3 Abs. 3 TVG auch dann anwendbar ist, wenn das einzelne Arbeitsverhältnis betreffend sowohl der Arbeitgeber als auch der Arbeitnehmer zugleich aus ihren Verbänden austreten.[113] Mit guten Argumenten kann man in diesen Fällen eine **teleologische Reduktion des § 3 Abs. 3 TVG** befürworten, weil beide Arbeitsvertragsparteien die Tarifwirkung beenden wollen, es insofern nicht zu dem von § 3 Abs. 3 TVG zu verhindernden einseitigen Tarifgeltungsentzug und damit zur Tarifflucht kommen kann.

58 Bisweilen wird angenommen, dass die Nachbindung auch dann eintritt, wenn der tarifschließende Verband endet – etwa durch Auflösung.[114] Das ist aber abzulehnen.[115] Das gilt auch dann, wenn ein tarifschließender Verband durch Fusion endet und in einem anderen Verband aufgeht.[116]

3. Wirkung der Nachbindung

59 Wegen § 3 Abs. 3 TVG bleibt die Bindung des ausgetretenen Mitglieds an den normativen Teil des Tarifvertrags umfänglich erhalten.[117] Die Regelung des Tarifvertrags wirken nach wie vor unmittelbar und zwingend nach § 4 Abs. 1 TVG.[118] Im Gegensatz zur Nachwirkung nach § 4 Abs. 5 TVG gilt also das Günstigkeitsprinzip, eine abweichende Regelung zu Ungunsten des Arbeitnehmers ist nur bei entsprechender tariflicher Öffnungsklausel, § 4 Abs. 3 1. Alt. TVG möglich (→ § 252 Rn. 1 ff.). Eine im Tarifvertrag angelegte Stufenentwicklung der tariflichen Rechte, etwa eine zeitlich gestaffelte Entgelterhöhung, wird auch im Nachbindungszeitraum mitvollzogen, diese „Dynamik" bleibt

---

[109] BAG 4.6.2008 – 4 AZR 419/07, AP TVG § 3 Nr. 38 = NZA 2008, 1366; 23.2.2005 – 4 AZR 186/04, AP TVG § 4 Nachwirkung Nr. 42 = NZA 2005, 1320; ErfK/*Franzen* TVG § 3 Rn. 24; JKOS/*Oetker* § 6 Rn. 60.
[110] BAG 6.7.2011 – 4 AZR 424/09, AP TVG § 3 Nr. 51 = NZA 2012, 281; 14.8.2007 – 9 AZR 587/06, AP BGB § 611 Ausbildungsverhältnis Nr. 41 = ZTR 2007, 682; 7.11.2001 – 4 AZR 703/00, AP TVG § 3 Verbandsaustritt Nr. 11 = NZA 2002, 748; 4.8.1993 – 4 AZR 499/92, AP TVG § 3Nr. 15 = NZA 1994, 32; *Löwisch/Rieble* § 3 Rn. 242.
[111] BAG 7.11.2001 – 4 AZR 703/00, AP TVG § 3 Verbandsaustritt Nr. 11 = NZA 2002, 748; HMB/*Höpfner* Teil 6 Rn. 74; HWK/*Henssler* TVG § 3 Rn. 42.
[112] BAG 16.5.2001 – 10 AZR 357/00, EzA Nr. 23 § 3 TVG; 4.4.2001 – 4 AZR 237/00, AP TVG § 4 Tarifkonkurrenz Nr. 26 = NZA 2001, 1085; *Löwisch/Rieble* § 3 Rn. 247; ErfK/*Franzen* TVG § 3 Rn. 23; HMB/*Höpfner* Teil 6 Rn. 78; HWK/*Henssler* TVG § 3 Rn. 42; NK-TVG/*Lorenz* § 3 Rn. 80.
[113] Dafür JKOS/*Oetker* § 6 Rn. 57; HMB/*Höpfner* Teil 6 Rn. 75.
[114] BAG 23.1.2008 – 4 AZR 312/01, AP TVG § 3 Nr. 36 = NZA 2008, 771.
[115] JKOS/*Oetker* § 6 Rn. 61; ErfK/*Franzen* TVG § 3 Rn. 25.
[116] BAG 23.1.2008 – 4 AZR 312/01, AP TVG § 3 Nr. 36 = NZA 2008, 771; *Löwisch/Rieble* § 3 Rn. 252; JKOS/*Oetker* § 6 Rn. 62; HMB/*Höpfner* Teil 6 Rn. 72; NK-TVG/*Lorenz* § 3 Rn. 98.
[117] *Löwisch/Rieble* § 3 Rn. 255; HKW 41.
[118] HWK/*Henssler* TVG § 3 Rn. 41.

erhalten, weil sie im Tarifvertrag selbst grundgelegt ist.[119] Anders liegt der Fall dann, wenn zur Weiterentwicklung eine spätere zusätzliche tarifvertragliche Einigung notwendig ist.[120]

Setzt man für die Bindung an Betriebsnormen mit der richtigen Meinung voraus, dass zu ihrer Begründung neben dem Arbeitgeber mindestens ein Arbeitnehmer mitgliedschaftlich gebunden sein muss (→ Rn. 39), dann führt das Ausscheiden des einzigen tarifgebundenen Arbeitnehmers aus dem Betrieb nicht zum Entfall der Tarifbindung (→ Rn. 38), ebenso wenig dann aber zum Entfall der Nachbindung. Richtig wird darauf verwiesen, dass es der Arbeitgeber sonst in der Hand hätte, sich durch entsprechende Organisationsentscheidungen von tarifgebundenen Arbeitnehmern freizumachen.[121] 60

Normen über gemeinsame Einrichtungen nehmen an der Nachbindung teil.[122] 61

Die Bindung an den **schuldrechtlichen Teil** betrifft § 3 Abs. 3 TVG schon deshalb grundsätzlich nicht, weil hier die Tarifvertragsparteien selbst berechtigt und verpflichtet sind, und nicht das einzelne Mitglied.[123] Für den tarifschließenden Verband führt der Verbandsaustritt dazu, dass dessen Durchführungs- und Einwirkungspflicht das ausgetretene Mitglied nicht mehr erfassen kann: Vereinsrechtliche Einwirkungsmöglichkeiten können nicht mehr greifen. 62

Drittschützende schuldrechtliche Pflichten aus dem Tarifvertrag können dagegen weitergelten:[124] So ist das ausgetretene Mitglied auch während des Zeitraumes das Nachbindung durch die **tarifliche Friedenspflicht** geschützt.[125] Damit wird die Nachbindung über die Friedensfunktion des Tarifvertrags (→ § 231 Rn. 10 ff.) mit der Friedenspflicht verbunden. Das wird für den Wechsel von der tarifgebundenen zur Mitgliedschaft ohne Tarifbindung im Einverbändemodell (→ Rn. 28 ff.) anders gesehen.[126] 63

Die Tarifvertragsparteien können durch Vereinbarung die Wirkung der Nachbindung ausschließen, indem der persönliche Geltungsbereich des Tarifvertrags nur für Verbandsmitglieder eröffnet wird, damit kommt es mit der Beendigung der Verbandsmitgliedschaft zum Herauswandern aus dem tariflichen Geltungsbereich. Folge ist nicht die Nachbindung nach § 3 Abs. 3 TVG, sondern die Nachwirkung, § 4 Abs. 5 TVG.[127] 64

4. Ende der Nachbindung

Die Nachbindung des § 3 Abs. 3 TVG ist stets bezogen auf den konkreten Tarifvertrag, deshalb kann es bei einer mehrfachen Tarifbindung an verschiedene Tarifverträge zu einer gestuften, schrittweisen Beendigung der Nachbindung kommen.[128] 65

Befristete Tarifverträge enden mit dem Ablauf der Befristung, eine Verlängerung ist neuer Tarifvertrag und damit nicht mehr von der Nachbindung umfasst, allerdings nur dann, wenn diese Verlängerung nicht bereits im Tarifabschluss vereinbart war.[129] 66

Unbefristete Tarifverträge können theoretisch ewig im Stadium der Nachbindung verbleiben. Das hat zu Überlegungen geführt, ob in diesen Fällen die Nachbindung zeitlich zu begrenzen ist. Vorgeschlagen wird die Anwendung einer Einjahresfrist, in Anlehnung an § 613a Abs. 1 S. 2 BGB,[130] weiter wird auf die Fünfjahresfrist des § 624 BGB,[131] die 67

---

[119] *Löwisch/Rieble* § 3 Rn. 256.
[120] HWK/*Henssler* § 3 Rn. 41.
[121] ErfK/*Franzen* TVG § 3 Rn. 28.
[122] *Löwisch/Rieble* § 3 Rn. 259.
[123] HMB/*Höpfner* Teil 6 Rn. 77.
[124] ErfK/*Franzen* TVG § 3 Rn. 28.
[125] HWK/*Henssler* TVG § 3 Rn. 41; aA NK-TVG/*Lorenz* § 3 Rn. 117.
[126] HessLAG 17.9.2008 – 9 SaGa 1442/08, NZA-RR 2009, 26; BeckOK ArbR/*Giesen* TVG § 3 Rn. 4.
[127] *Löwisch/Rieble* § 3 Rn. 246., 261.
[128] HMB/*Höpfner* Teil 6 Rn. 82.
[129] ErfK/*Franzen* TVG § 3 Rn. 25; HMB/*Höpfner* Teil 6 Rn. 82.
[130] BeckOK ArbR/*Giesen* TVG § 3 Rn. 24; *Willemsen/Mehrens* NZA 2010, 307 (309).
[131] *Hanau/Kania* DB 1995, 1229 (1233); *Däubler* NZA 1996, 225 (227); NK-TVG/*Lorenz* § 3 Rn. 115.

Fünfjahresfrist des § 160 HGB,[132] die zehnjährige Verjährungsfrist des § 199 Abs. 4 BGB[133] oder auf die Zweijahresfrist des § 39 Abs. 2 BGB[134] verwiesen. Von der Rechtsprechung wird eine solche Begrenzung abgelehnt.[135] Das freilich ist wenig grundrechtssensibel. Hier ist der Gedanke beachtlich, dass das ausgetretene Mitglied keinen Einfluss mehr auf das verbandliche Handeln hat und mithin auch nicht an der Entscheidung teilhaben kann, ob ein Tarifvertrag gekündigt wird oder nicht. Deshalb wird vertreten, dass die Bindung nach § 3 Abs. 3 TVG dann endet, wenn der (ehemalige) Verband des Mitglieds die erste gegebene Kündigungsmöglichkeit ungenutzt verstreichen lässt.[136] Das wird freilich mit dem Argument abgelehnt, dass der Schutzzweck die Bindung an den noch bestehenden Tarifvertrag voraussetze und die unterlassene Kündigungserklärung auch eine bloße Nichtentscheidung gewesen sein kann.[137] Richtig ist freilich, dass die Berücksichtigung des Kündigungsrechts und dessen unterlassener Ausübung schwer nachzuweisen ist.

68 Insgesamt führt der enge Blick auf den einzelnen Tarifvertrag dazu, dass das bestehende Tarifwerk letztlich erst nach und nach aus dem Nachbindungszeitraum herausfällt. Bei unbefristeten Tarifverträgen endet die Nachbindung deshalb dann, wenn die Tarifvertragsparteien durch Kündigung oder Aufhebungsvertrag den Tarifvertrag beenden.[138] Ist die Teilkündigung des Tarifvertrags möglich, so soll die Nachbindung den nicht gekündigten Teil noch und weiterhin umfassen.[139] Dem liegt die Überlegung zugrunde, dass die Tarifvertragsparteien selbst den „Restvertrag" als sinnvolle Regelung betrachten, weil sie ansonsten ein Teilkündigungsrecht nicht vorgesehen hätten (zum Teilkündigungsrecht insgesamt siehe → § 260 Rn. 32).

69 Eine Änderung des Tarifvertrags wirft Schwierigkeiten auf. Einigkeit besteht darin, dass die Nachbindung die Änderung des Tarifvertrags als solche nicht erfasst – sie soll lediglich die Tarifbindung zum Zeitpunkt des Endes der Verbandsmitgliedschaft konservieren, Änderungen, die danach eintreten sind nicht mehr umfasst: Schon deshalb weil das ausgetretene Mitglied keine Möglichkeit hat, am innerverbandlichen tarifbezogenen Willensbildungsprozess teilzunehmen. Freilich muss hier zunächst geklärt werden, ob in dem Änderungsbegehren einer Tarifvertragspartei nicht die Kündigung des bisherigen Tarifvertrags liegt und ob im „ändernden" Tarifvertrag nicht zunächst ein Aufhebungsvertrag zu sehen ist.[140] Ist das der Fall, handelt es sich gerade nicht um einen ändernden Tarifvertrag, sondern um die Beendigung des bisherigen und den anschließenden Neuabschluss. Dann aber wird dieser von der Nachbindung nicht mehr umfasst.

70 Allerdings ist umstritten, ob eine Änderung des Tarifvertrags nur zum Entfall der Nachbindung an den geänderten Teil des Tarifvertrags führt, oder aber ob die Nachbindung insgesamt entfällt, mithin jede Änderung die unmittelbar und zwingende Tarifbindung als solche beendet. Dabei ist Änderung jeder tarifvertragliche Zugriff: so dass auch verbindliche Interpretationen oder ergänzende Protokollnotizen als Änderung anzusehen sind.[141] Richtig ist mit der herrschenden Meinung die **Beendigung der Nachbindung bei jeder Änderung des Tarifvertrags** zu bejahen.[142] Eine unterschiedliche Beurteilung

---

[132] HMB/*Höpfner* Teil 6 Rn. 89.
[133] ArbG Hannover 17.4.2008 – 10 Ca 436/07.
[134] Wiedemann/*Oetker* § 3 Rn. 94.
[135] BAG 1.7.2009 – 4 AZR 261/08, AP TVG § 3 Verbandsaustritt Nr. 14 = NZA 2010, 53; zustimmend, freilich zur Regelung de lege ferenda mahnend HWK/*Henssler* TVG § 3 Rn. 44.
[136] ErfK/*Franzen* TVG § 3 Rn. 27; Löwisch/*Rieble* § 3 Rn. 273; ErfK/*Franzen* TVG § 3 Rn. 27; *Walker* ZfA 1996, 353, 380; dagegen HMB/*Höpfner* Teil 6 Rn. 86.
[137] BAG 20.5.2009 – 4 AZR 230/08, AP TVG § 3 Nr. 42 = NZA-RR 2010, 591; BAG, 1.7.2009 – 4 AZR 261/08, AP TVG § 3 Verbandsaustritt Nr. 14 = NZA 2010, 53 Rn. 36; Wiedemann/*Oetker* § 3 Rn. 89; BeckOK ArbR/*Giesen* TVG § 3 Rn. 19.
[138] ErfK/*Franzen* TVG § 3 Rn. 25.
[139] ErfK/*Franzen* TVG § 3 Rn. 26; skeptisch HMB/*Höpfner* Teil 6 Rn. 85.
[140] Dazu JKOS/*Oetker* § 6 Rn. 77.
[141] ErfK/*Franzen* TVG § 3 Rn. 26; Löwisch/*Rieble* § 3 Rn. 288.
[142] BAG 7.11.2001 – 4 AZR 703/00, AP TVG § 3 Verbandsaustritt Nr. 11 = NZA 2002, 748; BAG 27.9.2001 – 2 AZR 236/00, AP TVG § 4 Nachwirkung Nr. 40 = NZA 2002, 750; BAG 4.4.2001 – 4 AZR

nach der Wesentlichkeit der Änderungen oder der weiteren Sinnhaftigkeit der nicht geänderten Tarifregelungen[143] ist nicht fruchtbringend, schon weil sie zu einer erheblichen Rechtsunsicherheit für die tarifgebundenen Arbeitsverhältnissen führt, aber auch – und besonders – weil durch die isolierte Weitergeltung des nicht geänderten Teils des Tarifvertrags das tarifliche Gesamtgefüge auseinandergerissen würde und deshalb auch Richtigkeitsgewähr des „Resttarifvertrags" in Rede stünde,[144] und der Richter entscheiden müssten, was wesentlicher und unwesentlicher Tarifinhalt ist.[145]

Ein Tarifvertrag wird auch dann geändert, wenn der tariflich in Bezug genommene Tarifvertrag geändert wird.[146] Es kommt zum Entfall der Nachbindung des verweisenden Tarifvertrags.[147] Das gilt auch dann, wenn die Änderung in der Ergänzung des Tarifvertrags besteht.[148] **71**

Das **Ende der Nachbindung** führt nach allgemeiner Meinung zur **Nachwirkung des § 4 Abs. 5 TVG:**[149] Die tariflichen Regelungen wirken zwar noch unmittelbar, aber nicht mehr zwingend, können also durch eine andere Abmachung (→ § 261 Rn. 49 ff.) auch zu Lasten des Arbeitnehmers geändert werden. **72**

§ 3 Abs. 3 TVG ordnet (nur) die normative Bindung an den Tarifvertrag an, deshalb führt etwa der Eintritt des Arbeitgebers in einen anderen Arbeitgeberverband zur Bindung an einen von diesem abgeschlossenen Tarifvertrag nach § 3 Abs. 1 TVG: Es kommt im Fall derselben Gewerkschaft damit zur Tarifkonkurrenz.[150] Für die Auflösung dieser Tarifkonkurrenz wird die Nachbindung verschieden gewichtet: Zum einen wird dem nachbindenden Tarifvertrag stets der Vorrang eingeräumt, weil § 3 Abs. 3 TVG Sonderregelung sei,[151] auf der anderen Seite soll der Tarifvertrag in der Nachbindungsphase deshalb zurücktreten, weil er nicht mehr (hinreichend) mitgliedschaftlich legitimiert sei.[152] Die Rechtsprechung hat sich nicht auf ein Vorzugsverhältnis festgelegt,[153] zu Recht: Es ist nicht ersichtlich, dass § 3 Abs. 3 TVG Vorgaben für die Auflösung einer Tarifkonkurrenz machen soll. **73**

IV. Tarifbindung beim Haustarifvertrag

Beim Haustarifvertrag ist der Arbeitgeber sowohl Tarifvertragspartei als auch selbst normativ tarifgebunden.[154] Auf eine irgendgeartete Mitgliedschaft kommt es nicht an, das würde auch den Zweck der Tariffähigkeit des einzelnen Arbeitgebers konterkarieren (→ § 232 Rn. 5, 42). Deshalb kann es auch beim Haustarifvertrag keine Nachbindung **74**

215/00, AP TVG § 3 Verbandsaustritt Nr. 9 = NZA 2002, 104; 17.5.2000 – 4 AZR 363/99, AP TVG § 3 Verbandsaustritt Nr. 8 = NZA 2001, 453; zuletzt BAG 22.2.2012 – 4 AZR 8/10, AP TVG § 1 Bezugnahme auf Tarifvertrag Nr. 108 = NZA 2012, 1120; ErfK/*Franzen* TVG § 3 Rn. 26; BeckOK ArbR/*Giesen* TVG § 3 Rn. 22; HWK/*Henssler* TVG § 3 Rn. 44.

[143] So NK-TVG/*Lorenz* § 3 Rn. 122.
[144] Siehe auch JKOS/*Oetker* § 6 Rn. 79.
[145] Wiedemann/*Oetker* § 3 Rn. 102; *Löwisch/Rieble* § 3 Rn. 280.
[146] BAG 22.2.2012 – 4 AZR 8/10, AP TVG § 1 Bezugnahme auf Tarifvertrag Nr. 26 = NZA 2012, 1120; BAG 1.7.2009 – 4 AZR 261/08, AP TVG § 3 Verbandsaustritt Nr. 14 = NZA 2010, 53, Rn. 51 f.; BAG 25.2.2009 – 4 AZR 986/07 – AP TVG § 3 Nr. 40 Rn. 45; BAG 7.11.2001 – 4 AZR 703/00, AP TVG § 3 Verbandsaustritt Nr. 11 = NZA 2002, 748.
[147] *Löwisch/Rieble* § 3 Rn. 284.
[148] BAG 22.2.2012 – 4 AZR 8/10, AP TVG § 1 Bezugnahme auf Tarifvertrag Nr. 108 = NZA 2012, 1120; ErfK/*Franzen* TVG § 3 Rn. 26; JKOS/*Oetker* § 6 Rn. 80.
[149] BAG 6.7.2011 – 4 AZR 424/09, AP TVG § 3 Nr. 51 = NZA 2012, 281; BAG 1.7.2009 – 4 AZR 261/08, AP TVG § 3 Verbandsaustritt Nr. 14 = NZA 2010, 53; 13.12.1995 – 4 AZR 1062/94, AP TVG § 3 Verbandsaustritt Nr. 3 = NJW 1996, 3165; ErfK/*Franzen* TVG § 3 Rn. 28; HWK/*Henssler* TVG § 3 Rn. 44.
[150] HMB/*Höpfner* Teil 6 Rn. 80; ErfK/*Franzen* TVG § 3 Rn. 65.
[151] Wiedemann/*Oetker* § 1 Rn. 3 Rn. 109.
[152] Etwa ErfK/*Franzen* TVG § 4 Rn. 69.
[153] BAG 23.1.2008 – 4 AZR 312/01, AP TVG § 3 Nr. 36 = NZA 2008, 771; 26.10.1983 – 4 AZR 219/81, AP TVG § 3 Nr. 3 = DB 1984, 1303.
[154] HWK/*Henssler* TVG § 3 Rn. 14.

nach § 3 Abs. 3 TVG geben, weil sich der Arbeitgeber nicht durch Verbandsaustritt von der Tarifbindung lösen kann. Er kann zwar den Tarifvertrag selbst beenden oder den Betrieb oder das Unternehmen so organisieren, dass der Geltungsbereich nicht mehr erfüllt wird – was aber bei einem Haustarifvertrag die Ausnahme sein dürfte –, Folge ist dann aber keine Nachbindung nach § 3 Abs. 3 TVG, sondern die Nachwirkung nach § 4 Abs. 5 TVG. Deshalb endet die Tarifbindung des Arbeitgebers beim Haustarifvertrag als Tarifvertragspartei mit dem Ende des Tarifvertrags.[155] Anderes gilt, wenn ein firmenbezogener Verbandstarifvertrag vorliegt – dann gelten die Regelungen für die mitgliedschaftliche Tarifbindung.

75 Der Arbeitgeber kann aber auch während eines Arbeitskampfes um einen Haustarifvertrag in den Arbeitgeberverband eintreten und sich so unter die verbandstarifvertragliche Friedenspflicht begeben – es kann so zur Flucht in den Arbeitgeberverband kommen.[156]

V. Verfahren

76 Die Tarifgebundenheit als Voraussetzung der Normwirkung ist implizit im Urteilsverfahren zu prüfen,[157] ein eigenes Beschlussverfahren zur Feststellung der Tarifgebundenheit gibt es nicht. Wer tarifliche Rechte geltend macht, muss die notwendige eigene Tarifbindung beweisen.[158] Nach der herrschenden Meinung genügt für die Tarifbindung des Anspruchsgegners zunächst die bloße Behauptung, dieser sei auch tarifgebunden.[159] Dann bedarf es eines substantiierten Bestreitens der Tarifbindung durch diesen.[160] Das ist jedenfalls insofern zweifelhaft, wenn keine vom Anspruchsgegner gesetzten Anzeichen einer Verbandsmitgliedschaft bestehen. Gleichwohl handelt es sich bei der Verbandsmitgliedschaft um eine Tatsache, die im Zugriffsbereich des Anspruchsgegners liegt, allerdings ist es ratsam, für eine Darlegungs- und Beweislastumkehr zumindest den Nachweis von Indizien der gegnerischen Tarifbindung durch den (vermeintlich) Anspruchsberechtigten zu verlangen.

77 Für die von der Rechtsprechung ermöglichte Tarifbindung bei intransparentem Blitzaustritt oder Blitzwechsel (→ Rn. 48 f.), bedarf es der Darlegung des Arbeitnehmers, dass die Tarifvertragsverhandlungen bei Beendigung der Mitgliedschaft schon begonnen hatten und diese Beendigung für die Gewerkschaft intransparent war. Dann muss der Arbeitgeber Gründe für die dennoch gegebene Transparenz darlegen und der Arbeitnehmer dann diese entkräftend beweisen.[161] Diese abgestufte Darlegungs- und Beweislast ist regelmäßig praktisch nicht umsetzbar (siehe dazu auch → Rn. 49).

78 Die Verbandsmitgliedschaft als solche ist nicht Gegenstand des arbeitsgerichtlichen Verfahrens, sondern der Verfahren der ordentlichen Gerichtsbarkeit.[162]

---

[155] *Löwisch/Rieble* § 3 Rn. 15.
[156] Dazu auch NK-TVG/*Lorenz* § 3 Rn. 12.
[157] BAG 18.7.2006 – 1 ABR 36/05, AP TVG § 2 Nr. 19 = NZA 2006, 1225; HMB/*Höpfner* Teil 6 Rn. 4.
[158] BAG 18.8.1999 – 4 AZR 247/98, AP TVG § 3 Nr. 22 = NZA 2000, 432.
[159] BeckOK ArbR/*Giesen* TVG § 3 Rn. 13.
[160] HWK/*Henssler* TVG § 3 Rn. 50; ErfK/*Franzen* TVG § 3 Rn. 45.
[161] BAG 17.2.2010 – 5 AZR 191/09, AP TVG § 1 Tarifverträge: Metallindustrie Nr. 211 = FA 2010, 222; 4.6.2008 – 4 AZR 419/07, AP TVG § 3 Nr. 38 = NZA 2008, 1366; 18.8.1999 – 4 AZR 457/09, AP TVG § 3 Verbandsaustritt Nr. 15 = NZA 2011, 1378; HWK/*Henssler* TVG § 3 Rn. 50.
[162] HMB/*Höpfner* Teil 6 Rn. 4.

§ 246 Schuldrechtliche Bezugnahme

Schrifttum:
Annuß, Die einzelvertragliche Bezugnahme auf Tarifverträge, BB 1999, 2558; *Annuß.*, Tarifbindung durch arbeitsrechtliche Bezugnahme?, ZfA 2005, 405; *Bauer/Günther*, Bezugnahmeklauseln bei Verbandswechsel und Betriebsübergang – ein Irrgarten?, NZA 2008, 6; *Bauschke*, Zur Problematik tariflicher Bezugnahmeklauseln, ZTR 1993, 416; *Bayreuther*, Die Rolle des Tarifvertrages bei der AGB-Kontrolle von Arbeitsverträgen, RdA 2003, 81; *Bepler*, Tarifverträge im Betriebsübergang, RdA 2009, 65; *Diehn*, AGB-Kontrolle von arbeitsrechtlichen Verweisungsklauseln, NZA 2004, 129; *Dietz*, Die Berufung auf den Tarifvertrag. 1933; *Flockenhaus*, Vertragsgestaltung und Kollektivverträge, 2012; *Gäbeler*, Die Auslegung von Bezugnahmeklauseln bei Tarifpluralität, 2014; *B. Gaul*, Einzelvertragliche Bezugnahmeklausel beim Übergang des Arbeitsverhältnisses auf nicht tarifgebundene Arbeitgeber, BB 2000, 1086; *B. Gaul*, Bezugnahmeklauseln – zwischen Inhaltskontrolle und Nachweisgesetz, ZfA 2003, 75; *D. Gaul*, Schranken der Bezugnahme auf einen Tarifvertrag, ZTR 1993, 355; *Giesen*, Die Auslegung von Bezugnahmeklauseln im Konflikt um Tarifanwendung und Tarifvermeidung, ZfA 2010, 657; *Greiner*, Der „unechte Tarifwechsel" – Zu den Wirkungen kleiner dynamischer Bezugnahmeklauseln bei Tarifwechsel, Tarifsukzession und Tarifrestrukturierung, NZA 2009, 877; *P. Hanau*, Die Rechtsprechung des BAG zur arbeitsvertraglichen Bezugnahme auf Tarifverträge, NZA 2005, 489; *P. Hanau/Kania*, Die Bezugnahme auf Tarifverträge durch Arbeitsvertrag und betriebliche Übung, FS Schaub, 1998, S. 239; *Haußmann*, Die vorausschauende Tarif-ablösende Vereinbarung, FS Bauer, 2010, S. 411; *Haußmann*, Tarifwechselklauseln in Arbeitsverträgen seit der Schuldrechtsreform („Neuverträgen") DB 2013, 1359; *Henssler*, Tarifbindung durch betriebliche Übung, 2. BAG-FS, 2004, S. 683; Henssler, Schuldrechtliche Tarifgeltung bei Verbandsaustritt, Verbandswechsel und Unternehmensumstrukturierung, FS Wißmann, 2005, S. 133; *Herschel*, Die individualrechtliche Bezugnahme auf einen Tarifvertrag, DB 1969, 659; *Hohenstatt/Kuhnke*, Die Bezugnahme auf einheitliche Tarifverträge beim Betriebs(teil)übergang, RdA 2009, 107; *v. Hoyningen-Huene*, Die Bezugnahme auf den Tarifvertrag – ein Fall der Tarifbindung, RdA 1974, 138; *Jacobs*, Bezugnahmeklauseln als Stolpersteine beim Betriebsübergang, BB 2011, 2037; *Kania/Seitz*, Die Entdynamisierung von Bezugnahmeklauseln, RdA 2015, 228; *Klebeck*, Unklarheiten bei arbeitsvertraglicher Bezugnahmeklausel, NZA 2006, 15; *Klingebiel*, Arbeitsvertragliche Bezugnahmeklauseln bei Aufgabe der Tarifeinheit im Betrieb, 2009; *Kraft*, Einzelvertragliche Bezugnahme auf Tarifverträge, Tarifpluralität und das Prinzip der Tarifeinheit, FS Zöllner Bd II, 1998, S. 831; *Lingemann*, Kleine dynamische Bezugnahmeklausel bei Änderung der Tarifbindung, FS ARGE Arbeitsrecht im DAV, 2006, S. 71; *Lobinger*, Ewige Dynamik? Ein Beitrag zur Rezivilisierung arbeitsvertraglicher Bezugnahmeklauseln, FS von Hoyningen-Huene, 2014, S. 271; *Löwisch*, Blankettverweisung und Überraschungsklauseln, NZA 1985, 317; *Löwisch/Rieble*, Tarifvertragsrechtliche und arbeitskampfrechtliche Fragen des Übergangs vom Haustarif zum Verbandstarif, FS Schaub, 1998, S. 457; *Mückl*, Alemo-Herron – Ende der Dynamik einer Bezugnahmeklausel bei Betriebsübergang?, ZIP 2014, 207; *G. Müller*, Die Tragweite der tariflichen Bezugnahmeklauseln, RdA 1990, 321; *Preis/Greiner*, Vertragsgestaltung bei Bezugnahmeklauseln nach der Rechtsprechungsänderung des BAG, NZA 2007, 1073; *Reichel*, Die arbeitsvertragliche Bezugnahme auf den Tarifvertrag, 2001; *Rinck*, Kollision von fortwirkenden Tarifnormen und Bezugnahmeklauseln und Betriebsübergang, RdA 2011, 216; *Scharff*, Auswirkungen eines Betriebsübergangs auf arbeitsvertragliche Bezugnahmeklauseln, DB 2016, 1315; *Schliemann*, Arbeitsvertragliche Verweisung auf Tarifverträge, NZA-Beil. 16/2003, 3; *Schwab*, Auslegung und Inhaltskontrolle arbeitsvertraglicher Bezugnahmen auf Tarifverträge, 2007; *Seibert*, Auslegung und Inhaltskontrolle arbeitsvertraglicher Verweisungen, NZA 1985, 730; *Stahlhacke*, Bezugnahme auf Tarifverträge in Betriebsvereinbarungen, DB 1960, 579; *Sutschet*, Bezugnahmeklausel kraft betrieblicher Übung, NZA 2008, 679; *Thüsing*, Der Anspruch des Nichtorganisierten auf Tariflohn, ZTR 1997, 433; *Thüsing*, Tarifkonkurrenz durch arbeitsvertragliche Bezugnahme, NZA 2005, 1280; *Thüsing/Hüther*, Das Schicksal der kleinen dynamischen arbeitsvertraglichen Bezugnahme bei Ablösung des BAT durch den TVöD bzw. TV-L – Ausnahmen von der Teilnahme an der Tarifsukzession? SR 2015, 60; *Thüsing/Lambrich*, Arbeitsvertragliche Bezugnahme auf Tarifnormen, RdA 2002, 193; *Thüsing/v. Hoff*, Leistungsbeziehungen und Differenzierungen nach der Gewerkschaftszugehörigkeit bei Gemeinsamen Einrichtungen, ZfA 2008, 77; *Ulber/Koch*, Das Ende der Dynamik einer arbeitsvertraglichen Bezugnahmeklausel auf einen Anerkennungstarifvertrag, BB 2017, 2169; *Waas*, Zur Rechtsnatur der Bezugnahme auf einen Tarifvertrag nach deutschem Recht, ZTR 1999, 540; *Wiedemann*, Der nichtorganisierte Arbeitnehmer im kollektiven Arbeitsrecht, RdA 2007, 65; *E. Willemsen*, Die arbeitsvertragliche Bezugnahme auf den Tarifvertrag bei Tarifwechsel, 2009.

Übersicht

	Rn.
I. Arbeitsvertragliche Bezugnahme	1
1. Schuldrechtliche Tarifgeltung	1
2. Funktionen	4
3. Intensität der Bezugnahme („Typologie")	8
4. Wirkung der Bezugnahme	9
II. Verweisungsvereinbarung	15

	Rn.
1. Bezugnahmevereinbarung	15
a) Vertragliche Vereinbarung	15
b) Möglichkeit der betrieblichen Übung	23
c) Aufhebung und Änderung	26
2. Grenze der Bezugnahmefreiheit	28
3. AGB-Kontrolle	32
4. Bezugnahmeobjekt	37
a) Mögliches Bezugnahmeobjekt	37
b) Kontrollprivileg	44
5. Besonders: Dynamik der Bezugnahme	48
a) Kleine Dynamik	49
b) Große Dynamik	52
c) Dynamik und Gleichstellung	59
d) Entdynamisierung	69
III. Bezugnahme und Betriebsvereinbarung	73

I. Arbeitsvertragliche Bezugnahme

1. Schuldrechtliche Tarifgeltung

1 Die normative Wirkung der tariflichen Regelungen, § 4 Abs. 1 TVG, trifft nur die tarifgebundenen Arbeitsverhältnisse und wird durch Mitgliedschaft im tarifschließenden Verband oder durch staatliche Normerstreckung begründet. Damit wird aber aufgrund des geringen Organisationsgrades (→ § 225 Rn. 2) und der geringen Zahl der allgemeinverbindlichen Tarifverträge jedenfalls für Individualnormen nur ein geringerer Teil der Arbeitsverhältnisse erreicht. Tatsächlich finden die tariflichen Regelungen aber weit über diesen Bereich der normativen Wirkung hinaus Anwendung,[1] weil die Arbeitsvertragsparteien oft durch arbeitsvertragliche Vereinbarung im Arbeitsvertrag die Anwendung eines Tarifvertrags vereinbaren – und so schuldrechtlich auf den Tarifvertrag Bezug nehmen.

2 Anders als § 1 Abs. 2 TVVO (→ § 225 Rn. 13 ff.),[2] nennt das TVG die Möglichkeit einer schuldrechtlichen Bezugnahme auf den Tarifvertrag nicht als Tarifgeltungsgrund. Außerhalb des TVG ist das anders: Hier greift das Gesetz die Möglichkeit der Bezugnahme ausdrücklich auf: In dem die Möglichkeit gegeben wird, durch Bezugnahme an der Tarifdispositivität gesetzlicher Regelungen teilzunehmen, § 666 Abs. 4 S. 2 BGB; § 13 Abs. 1 S. 2 BUrlG; § 4 Abs. 4 EFZG; § 7 Abs. 3 ArbZG; § 613a Abs. 1 S. 4 BGB; § 17 Abs. 3 S. 2 BetrAVG; §§ 48 Abs. 2 S. 2, 101 Abs. 2 S. 3 ArbGG.[3]

3 Die Tarifvertragsparteien können sich nicht gegen die Indienstnahme ihres Tarifvertrags wehren – weder urheberrechtliche noch wettbewerbsrechtliche Vorgaben stehen einer schuldrechtlichen Vereinbarung der Tarifanwendung im Wege:[4] Als Gesetze im materiellen Sinne unterliegen Sie nicht dem Urheberrechtsschutz, § 5 Abs. 1 UrhG.[5] Auch die kollektive Koalitionsfreiheit der Tarifvertragsparteien schützt diese nicht vor der Inbezugnahme durch die Arbeitsvertragsparteien.[6] Selbstschutz dürfen die Tarifvertragsparteien grundsätzlich ebenfalls nicht betreiben: Eine schuldrechtliche Regelung im Tarifvertrag, Bezugnahmen zu unterlassen oder auf der anderen Seite herbeizuführen, ist nicht mög-

---

[1] Thüsing/Braun/*Reufels* 8. Kap. Rn. 12: 80–90% aller Arbeitsverträge.
[2] „Beteiligte Personen im Sinne des Absatzes 1 sind Arbeitgeber und Arbeitnehmer, die Vertragsparteien des Tarifvertrages oder Mitglieder der vertragsschließenden Vereinigungen sind oder bei Abschluss des Arbeitsvertrages gewesen sind oder **die den Arbeitsvertrag unter Berufung auf den Arbeitsvertrag abgeschlossen haben.**"; zur Entwicklungsgeschichte siehe ausführlich Wiedemann/*Oetker* § 2 Rn. 272 ff.
[3] Siehe dazu ausführlich *Löwisch*/*Rieble* § 3 Rn. 538 ff.
[4] BeckOK ArbR/*Giesen* TVG § 3 Rn. 33.
[5] BAG 11.11.1968 – 1 AZR 16/68, AP GG Art. 9 Nr. 14 = NJW 1969, 861; ErfK/*Franzen* TVG § 3 Rn. 29; JKOS/*Oetker* § 6 Rn. 210; aA *Leydecker* GRUR 2010, 1030.
[6] BAG 21.9.2011 – 5 AZR 520/10; HMB/*Henssler* Teil 10 Rn. 10.

lich, sie scheiterte an Art. 9 Abs. 3 S. 2 GG.[7] Jede schuldrechtliche Regelung, auch eine verbandsinterne, hätte ohnehin keine Außenwirkung.[8] Hier hilft nur (begrenzt) eine tarifliche Differenzierungsklausel,[9] die freilich durch einzelvertragliche Vereinbarung selbst wieder aufgebrochen werden kann.[10]

2. Funktionen

Die Funktionen einer vertraglichen Bezugnahme eines Tarifvertrags sind mannigfaltig. **4** Speziell tarifrechtlich intendiert ist das Ziel des Arbeitgebers, normativ tarifgebundene und nicht tarifgebundene Arbeitsverhältnisse durch einheitliche Arbeitsbedingungen **gleichzustellen** und so die Teilung der Belegschaft zu verhindern.[11] Die Tarifbindung nach § 3 Abs. 1 TVG lässt die Ungleichbehandlung der Arbeitnehmer zu: Die tariflichen Regelungen gelten nur für die normativ tarifgebundenen Arbeitsverhältnisse, nicht aber für die Außenseiter. Es kommt so potentiell zur Spaltung der Belegschaft in tarifgebundene und nicht tarifgebundene Arbeitsverhältnisse. Der Arbeitgeber wird ein Interesse daran haben, eine solche Spaltung nicht entstehen zu lassen und auch die nicht tarifgebundenen Arbeitsverhältnisse für den Tarifvertrag zu öffnen. Dies gelingt über die entsprechende arbeitsvertragliche Bezugnahme auf den Tarifvertrag. So kommt es zur Gleichstellung der Arbeitsbedingungen im Betrieb.[12] Damit ist der Arbeitgeber auch der Notwendigkeit enthoben, die Gewerkschaftsmitgliedschaft des einzelnen Arbeitnehmers festzustellen.[13] Zudem verringert die Vereinbarung der schuldrechtlichen Geltung des Tarifvertrags den Anreiz für die Arbeitnehmer, in die tarifschließende Gewerkschaft einzutreten – weil auch ohne Mitgliedschaft die tariflichen Regelungen Anwendung finden.[14] Auf der anderen Seite ermöglicht die Bezugnahme ein „Trittbrettfahren" – und damit auch potentiell eine Schwächung der tarifschließenden Verbände.[15] Diese Gleichstellungsabsicht wurde lange dann als maßgebliche Funktion und damit als regelmäßig vorliegend angesehen, wenn der Arbeitgeber tarifgebunden war. Das führte zur entsprechenden Berücksichtigung bei der Auslegung der Reichweite einer vereinbarten Dynamik, weil es im Falle des Entfalls der normativen Tarifgeltung auch zum Ende der schuldrechtlich begründeten Dynamik kam.[16] Von diesem Auslegungsmechanismus ist die Rechtsprechung nach der Schuldrechtsreform abgekommen (→ Rn. 59 ff.).[17]

Im bereits tarifgebundenen Arbeitsverhältnis kann die schuldrechtliche Bezugnahme **5** auch die Funktion der **Geltungserhaltung** erfüllen: Mängel des Tarifvertrags, Änderungen oder Verschiebungen des Geltungsbereiches können so aufgefangen werden, weil die vertragliche Vereinbarung einen eigenen Geltungsgrund setzt.[18]

Durch Bezugnahme kann das nicht tarifgebundene Arbeitsverhältnis zudem in vielen **6** Fällen am **Privileg der Tarifdispositivität** teilhaben: So lässt etwa § 622 Abs. 4 S. 2 BGB für die Abweichung von den Grundsätzen über die Kündigungsfristen auch die Bezugnahme auf einen einschlägigen Tarifvertrag ausreichen. Andere entsprechende Regelungen finden sich in § 13 Abs. 1 S. 2 BUrlG; § 4 Abs. 4 EFZG; § 7 Abs. 3 ArbZG;

---

[7] *Löwisch/Rieble* § 3 Rn. 532.
[8] NK-TVG/*Lorenz* § 3 Rn. 217; Thüsing/Braun/*Reufels* 8. Kap. Rn. 17.
[9] BAG 18.3.2009 – 4 AZR 64/08, AP TVG § 3 Nr. 41 = NZA 2009, 1028.
[10] Dazu *Löwisch/Rieble* § 4 Rn. 533.
[11] Wiedemann/*Oetker* § 3 Rn. 265; NK-TVG/*Lorenz* § 3 Rn. 217; Thüsing/Braun/*Reufels* 8. Kap. Rn. 3.
[12] BAG 26.9.2001 – 4 AZR 544/00, AP TVG § 1 Bezugnahme auf Tarifvertrag Nr. 21 = NZA 2002, 634; BAG 4.9.1996 – 4 AZN 151/96, AP TVG § 1 Bezugnahme auf TV Nr. 5 = NZA 1997, 283; JKOS/*Oetker* § 6 Rn. 193.
[13] *Löwisch/Rieble* § 4 Rn. 512.
[14] HMB/*Henssler* Teil 10 Rn. 4; *Löwisch/Rieble* § 4 Rn. 512; ErfK/*Franzen* TVG § 3 Rn. 29.
[15] HMB/*Henssler* Teil 10 Rn. 10; diese Funktion hebt NK-TVG/*Lorenz* § 3 Rn. 217 hervor.
[16] BAG 26.9.2001 – 4 AZR 544/00, AP TVG § 1 Bezugnahme auf Tarifvertrag Nr. 21 = NZA 2002, 634.
[17] Beginnend mit BAG 14.12.2005 – 4 AZR 536/04, AP TVG § 1 Bezugnahme auf Tarifvertrag Nr. 39 = NZA 2006, 607; siehe die ausführliche Darstellung der Entwicklung bei JKOS/*Oetker* § 6 Rn. 193 ff.
[18] *Löwisch/Rieble* § 4 Rn. 510.

§ 613a Abs. 1 S. 4 BGB; § 17 Abs. 3 S. 2 BetrAVG; §§ 48 Abs. 2 S. 2, 101 Abs. 2 S. 3 ArbGG.

7 Vertragsfunktional handelt es sich bei der Bezugnahme auf einen Tarifvertrag um die Vereinbarung von Allgemeinen Arbeitsbedingungen, deren Funktion auch bedeutsam ist: Die Arbeitsvertragsparteien können die Ausarbeitung der Arbeitsbedingungen gleichsam auslagern und den Tarifvertragsparteien überlassen – sie entheben sich damit der eigenen **Vertragsgestaltungslast** und die Vereinbarung der Bezugnahme in allen Arbeitsverhältnissen führt zu einheitlichen Arbeitsbedingungen mit entsprechenden Effizienzeffekten.[19] Freilich wird richtig darauf hingewiesen, dass gerade bei kleineren Unternehmen beim Verweis auf größere und komplexe Tarifwerke dem auch eine erhebliche Durchführungslast entgegensteht.[20] Gegenüber „einfachen" AGB bestehen bei der Bezugnahme auf den Tarifvertrag zudem spezifische Vorteile: Die Arbeitsvertragsparteien können mittelbar von der tariflichen Richtigkeitsgewähr partizipieren – so dass die Bezugnahme eines Tarifvertrags beim Arbeitnehmer regelmäßig Akzeptanz findet und zudem als Argument bei der Personalsuche genutzt werden kann.[21] Zudem können die Arbeitsvertragsparteien an der Dynamik der tariflichen Entwicklung teilnehmen, so sie denn wie regelmäßig ihre Bezugnahme entsprechend dynamisch gestalten. Damit entledigen sie sich einer Anpassungslast der Arbeitsbedingungen und der Arbeitnehmer gelangt so – gerade im Entgeltbereich – zu einer automatischen Entgeltanpassung.

3. Intensität der Bezugnahme („Typologie")

8 Die konkrete einzelvertragliche Vereinbarung, die die Anwendung eines Tarifvertrags im Arbeitsverhältnis begründet, die so genannte **Bezugnahmeklausel,** findet sich in **verschiedener Intensität,** die regelmäßig anhand der Reichweite der Teilhabe an der Tarifdynamik ermittelt wird.[22] Die „engste" Möglichkeit der Bezugnahme ist die **statische Verweisung,** die auf einen Tarifvertrag in der zum Zeitpunkt der Bezugnahme vereinbarten Fassung verweist. Wird dieser Tarifvertrag geändert – etwa durch Änderungen der Entgeltvereinbarungen –, so nimmt das Arbeitsverhältnis daran nicht teil, sondern verharrt in der Anwendung des Tarifstandes zum Zeitpunkt der Bezugnahme. Es wird etwa auf den „Tarifvertrag in der Fassung vom" verwiesen. Solche statischen Bezugnahmeklauseln sind deshalb nicht sehr häufig, weil sie eine entsprechende Nachverhandlungslast auf der Ebene des Arbeitsvertrages auslösen. Durch eine **kleine dynamische Bezugnahmeklausel** gelingt es, an der Tarifdynamik eines konkreten Tarifvertrags teilzunehmen – damit lassen sich etwa bei einem Entgelttarifvertrag die jeweiligen Entgeltsteigerungen abbilden. Hier lautet eine gängige Klausel „Auf das Arbeitsverhältnis findet der Tarifvertrag X in seiner jeweiligen Fassung Anwendung": Allerdings verbleibt man auch mit der kleinen dynamischen Bezugnahmeklausel stets innerhalb eines Tarifvertrags derselben Tarifvertragsparteien. Weiter geht deshalb die **große dynamische Bezugnahmeklausel (oder Tarifwechselklausel)**, die auf den jeweils für das Arbeitsverhältnis anwendbaren Tarifvertrag verweist: „Auf das Arbeitsverhältnis findet der jeweils im Betrieb geltende Tarifvertrag Anwendung". Damit wird es möglich, dass das Arbeitsverhältnis etwa dem Herauswandern aus dem Geltungsbereich eines Tarifvertrags mit der Folge eines Tarifwechsels folgt.

---

[19] BAG 26.9.2001 – 4 AZR 544/00, AP TVG § 1 Bezugnahme auf Tarifvertrag Nr. 21 = NZA 2002, 634; JKOS/*Oetker* § 6 Rn. 193; ErfK/*Franzen* TVG § 3 Rn. 29; Thüsing/Braun/*Reufels* 8. Kap. Rn. 3.
[20] BeckOK ArbR/*Giesen* TVG § 3 Rn. 34.
[21] *Löwisch/Rieble* § 4 Rn. 515; ErfK/*Franzen* TVG § 3 Rn. 29.
[22] Wiedemann/*Oetker* § 3 Rn. 262; *Annuß* ZfA 2005, 405 (411 ff.).

4. Wirkung der Bezugnahme

Die einzelvertragliche Bezugnahme auf einen Tarifvertrag löst deren schuldrechtliche 9 Wirkung aus und keine normative Geltung der tariflichen Regelungen,[23] es kommt also weder zur Unterwerfung unter die Tarifgeltung[24] noch zur kollisionsrechtlichen Verweisung.[25] Auch bei der Bezugnahme auf Tarifverträge, die vom tarifdispositivem Recht abweichen, gilt nichts anderes.[26] Die tariflichen Regelungen werden allein auf rechtsgeschäftlicher Grundlage Teil des Arbeitsvertrages und sind auch Bestandteil des Arbeitsvertrages,[27] was dazu führt, dass die Arbeitsvertragsparteien auch jederzeit die tariflichen Regelungen ändern oder die Bezugnahme ganz aufheben können.[28] Ob eine solche schuldrechtliche Geltung auch gewollt ist, oder lediglich ein deklaratorischer Verweis auf tarifliche Regelungen, ist durch Auslegung zu ermitteln.[29] Das TVG selbst nimmt die Möglichkeit der schuldrechtlichen Bezugnahme – im Gegensatz zur TVVO, dort § 1 Abs. 2 – nicht auf und lässt so keinen Zweifel daran, dass es für die normative Wirkung der tariflichen Regelungen einer Bindung nach § 3 TVG oder der staatlichen Tarifnormerstreckung nach § 5 Abs. 4 S. 1 TVG bedarf – und die Bezugnahme lediglich schuldrechtlich wirkt.[30]

Die Bezugnahme führt (bei entsprechender Reichweite der Vereinbarung) zur gesam- 10 ten Anwendung des Tarifvertrags im bezugnehmenden Arbeitsverhältnis. Das gilt auch für den Geltungsbereich des Tarifvertrags, weshalb es auch im Rahmen einer Bezugnahme zu einem Herauswandern aus dem Geltungsbereich kommen kann – mit der Folge, dass die Regelungen des Tarifvertrags keine Anwendung mehr finden.[31] Umgekehrt verbleibt es bei der schuldrechtlichen Anwendung des Tarifvertrags, wenn etwa durch Neuabschluss oder Eintritt in den Geltungsbereich eines weiteren Tarifvertrags für das Arbeitsverhältnis ein anderer Tarifvertrag normativ gilt – dann hilft das Günstigkeitsprinzip.[32]

Die Möglichkeit der Bezugnahme setzt nicht voraus, dass das betreffende Arbeitsver- 11 hältnis „tariflos" ist: Auch die bereits (oder noch nicht) tarifgebundenen Arbeitsvertragsparteien können die schuldrechtliche Anwendung eines Tarifvertrags vereinbaren.[33] Das hat etwa Auswirkungen bei der **Anwendung des Günstigkeitsprinzips:** Stehen sich ein in Bezug genommener und normativer Tarifvertrag im einzelnen Arbeitsverhältnis gegenüber, und ergibt sich aus der Auslegung der Bezugnahmeklausel kein Anwendungsvorrang, so gelten nicht die Grundsätze zur Auflösung der Tarifkonkurrenz (→ § 256 Rn. 91 ff.),[34] sondern das Günstigkeitsprinzip – weil es um das Verhältnis vertraglicher und normativer Regelungen geht.[35]

---

[23] BAG 22.10.2008 – 4 AZR 784/07, AP TVG § 1 Bezugnahme auf Tarifvertrag Nr. 66 = NZA 2009, 151; Wiedemann/*Oetker* § 3 TVG Rn. 278, 285; HMB/*Henssler* Teil 10 Rn. 7.; *Löwisch/Rieble* § 3 Rn. 575; JKOS/*Oetker* § 6 Rn. 205; ErfK/*Franzen* TVG § 1 Rn. 32; Thüsing/Braun/*Reufels* 8. Kap. Rn. 2.
[24] Wiedemann/*Oetker* § 3 Rn. 278; *Löwisch/Rieble* § 3 Rn. 575.
[25] Wiedemann/*Oetker* § 3 Rn. 279 ff.; so aber noch *Herschel* DB 1969, 659; NK-TVG/*Lorenz* § 3 Rn. 245, 248.
[26] Dafür aber *v. Hoyningen-Huene* RdA 1974, 138 (142); dem zuneigend auch NK-TVG/*Lorenz* § 3 Rn. 223.
[27] BAG 22.10.2008 – 4 AZR 784/07, AP TVG § 1 Bezugnahme auf Tarifvertrag Nr. 66 = NZA 2009, 151; JKOS/*Oetker* § 6 Rn. 206; BeckOK ArbR/*Giesen* TVG § 3 Rn. 33.
[28] JKOS/*Oetker* § 6 Rn. 265.
[29] BAG 21.8.2013 – 4 AZR 656/11 = NZA 2014, 561; 1.8.2001 – 4 AZR 7/01 = NJOZ 2002, 599; *Löwisch/Rieble* § 3 Rn. 672.
[30] HMB/*Henssler* Teil 10 Rn. 6.
[31] LAG Düsseldorf 7.10.1981 – 5 Sa 566/81, DB 1982, 808; *Löwisch/Rieble* § 3 Rn. 663.
[32] BAG 29.8.2007 – 4 AZR 767/06, AP TVG § 1 Bezugnahme auf Tarifvertrag Nr. 61 = NZA 2008, 364; HMB/*Henssler* Teil 10 Rn. 7.
[33] JKOS/*Oetker* § 6 Rn. 211.
[34] ErfK/*Franzen* TVG § 1 Rn. 32.
[35] BAG 15.4.2015 – 4 AZR 587/13, AP TVG § 4 Günstigkeitsprinzip Nr. 26 = NZA 2015, 1274; 10.12.2014 – 4 AZR 503/12, AP TVG § 4 Günstigkeitsprinzip Nr. 25 = NZA 2015, 946; 22.10.2008 – 10 AZR 703/07, AP ZPO § 850h Nr. 22 = NZA 2009, 151; 29.8.2007 – 4 AZR 767/06, AP TVG

12 Der Günstigkeitsvergleich erfolgt – wie grundsätzlich – durch Sachgruppenvergleich.[36] Das wird anders gesehen und auf den Gesamtvergleich der beiden Tarifverträge verwiesen, um ein „Rosinenpicken" zu vermeiden.[37] Das allerdings ist abzulehnen: Zwar entsteht bei der Bezugnahme auf einen gesamten Tarifvertrag richtig eine schuldrechtliche Entscheidung für eine insgesamt andere tarifliche Ordnung. Allerdings kann eine solche Situation auch durch entsprechende einzelne arbeitsvertragliche Vereinbarungen begründet werden, die sich dann gleichsam mosaikartig gegen den normativ geltenden Tarifvertrag stellen. Deshalb führt die richtige, rein schuldrechtliche Betrachtung der arbeitsvertraglichen Bezugnahme (→ Rn. 15) auch hier zum (ebenfalls richtigen (→ § 253 Rn. 40 ff.)) Sachgruppenvergleich. Dass für den Arbeitnehmer dann die jeweils günstigeren Sachgruppen gelten, ist schlichte Folge des Günstigkeitsprinzips.

13 Die Bezugnahme erfasst regelmäßig auch den nachwirkenden Tarifvertrag[38] – es sei denn, die Bezugnahmeklausel ist an die Beendigung der normativen Wirkung des Tarifvertrags gebunden. Bei einer dynamischen Bezugnahmeklausel führt dies dazu, dass die Anwendung des „alten" Tarifvertrags dann endet, wenn die Tarifvertragsparteien einen neuen, ablösenden Tarifvertrag als andere Abmachung im Sinne des § 4 Abs. 5 TVG geschlossen haben. Freilich sind die Arbeitsvertragsparteien frei darin, die zeitliche Anwendung des Tarifvertrags zu begrenzen. Eine Bindung an den Tarifvertrag nach dem Gedanken des § 3 Abs. 3 TVG scheidet aus. Die Bezugnahme an sich kann nicht nachwirken – ist sie, etwa durch vereinbarten Zeitablauf, beendet, so ist auch der Tarifvertrag nicht mehr anzuwenden.

14 Die (bloße) schuldrechtliche Wirkung des Tarifvertrags führt auch dazu, dass die die normative Wirkung der tariflichen Regelungen schützenden **Verbote des § 4 Abs. 4 TVG** (→ § 254 Rn. 1 ff.) nicht anzuwenden sind.[39] So kann der Arbeitnehmer auf Rechte, die auf der Grundlage der Bezugnahme entstehen, verzichten, sie können vertraglichen Ausschlussfristen unterfallen und sie können ohne Beteiligung der Tarifvertragsparteien in einen Vergleich eingebracht werden.[40] Das wird für die Gleichstellungsabrede einschränkend gesehen und grundsätzlich die Schutzwirkungen § 4 Abs. 4 TVG angenommen, sofern nicht anderes vereinbart ist.[41]

II. Verweisungsvereinbarung

1. Bezugnahmevereinbarung

15 **a) Vertragliche Vereinbarung.** Die Bezugnahme auf einen Tarifvertrag kommt durch eine vertragliche Vereinbarung zustande. Für sie gelten die **allgemeinen rechtsgeschäftlichen Regelungen des BGB.**[42] So ist die Reichweite der Bezugnahme durch Auslegung zu ermitteln, für die die allgemeinen rechtsgeschäftlichen Auslegungsregelungen der §§ 133, 157 BGB greifen.[43]

---

§ 1 Bezugnahme auf Tarifvertrag Nr. 61 = NZA 2008, 364; anders noch BAG 23.3.2005 – 4 AZR 203/04, AP TVG § 4 Tarifkonkurrenz Nr. 29 = NZA 2005, 1003; 20.3.1991 – 4 AZR 455/90, AP TVG § 4 Tarifkonkurrenz Nr. 20 = NZA 1991, 736; ErfK/*Franzen* TVG § 3 Rn. 32; BeckOK ArbR/*Giesen* TVG § 3 Rn. 34; NK-TVG/*Lorenz* § 3 Rn. 220.

[36] BAG 15.4.2015 – 4 AZR 587/13, AP TVG § 4 Günstigkeitsprinzip Nr. 26 = NZA 2015, 1274.
[37] *Löwisch/Rieble* § 3 Rn. 702; dem (freilich skeptisch) näher tretend JKOS/*Oetker* § 6 Rn. 212.
[38] BAG 27.1.1987 – 1 ABR 66/85, AP BetrVG 1972 § 99 Nr. 42 = NZA 1987, 489; 29.1.1975 – 4 AZR 218/74, AP TVG § 4 Nachwirkung Nr. 8 = DB 1975, 2455; NK-TVG/*Lorenz* § 3 Rn. 248; *Löwisch/Rieble* § 3 Rn. 665.
[39] BAG 6.7.2011 – 4 AZR 494/09, AP TVG § 1 Bezugnahme auf Tarifvertrag Nr. 90 = NJOZ 2012, 665; *Löwisch/Rieble* § 3 Rn. 584; Wiedemann/*Wank* § 4 Rn. 671.
[40] BAG 20.1.1998 – 9 AZR 698/96, AP BetrVG 1972 § 77 Nr. 73 = NZA 1998, 816; 5.11.1963 – 5 AZR 136/63, AP TVG § 1 Bezugnahme auf TV Nr. 1 = DB 1964, 155; *Löwisch/Rieble* § 3 Rn. 584.
[41] JKOS/*Oetker* § 6 Rn. 271; Wiedemann/*Oetker* § 3 Rn. 353.
[42] Thüsing/Braun/*Reufels* 8. Kap. Rn. 6.
[43] JKOS/*Oetker* § 6 Rn. 228; Wiedemann/*Oetker* § 3 Rn. 308.

Ein **Formgebot** besteht für die Bezugnahme nicht, vielmehr nimmt auch diese an der 16
allgemeinen Formfreiheit des Arbeitsvertrages teil und ist deshalb auch konkludent möglich.[44] Nur an die konkrete arbeitsvertragliche Vereinbarung gerichtete Formgebote, wie
etwa § 14 Abs. 4 TzBfG, greifen ebenfalls nicht, wenn lediglich der Tarifinhalt entsprechende Regelungen setzt: Deshalb ist auch eine tariflich vorgesehene Befristung wirksam,
wenn die Bezugnahme auf den Tarifvertrag nicht schriftlich erfolgt.[45] Die Vorgaben des
TVG selbst gelten für die Bezugnahme nicht – so gilt für sie nicht die Formvorschrift des
§ 1 Abs. 2 TVG und auch die Auslagepflicht des § 8 TVG ist nicht einschlägig.[46]

Zwar muss der in Bezug genommene Tarifvertrag dem Arbeitnehmer nach § 2 Abs. 1, 17
3 NachwG zur Kenntnis gebracht werden,[47] ein Verstoß löst aber nicht die Nichtigkeit
der Bezugnahmeklausel aus, sondern ist eine Pflichtverletzung des Arbeitgebers.[48] Umstritten ist, ob § 2 Abs. 2 S. 2 Nr. 10 NachwG nicht ohnehin lediglich für normativ wirkende Tarifverträge gilt.[49] Allerdings muss der Arbeitgeber die wesentlichen Arbeitsbedingungen in jedem Fall nachweisen – auch wenn sich diese aus einem in Bezug
genommenen Tarifvertrag ergeben.[50] Das hat Auswirkungen bei einer großen dynamischen
Verweisung – hier folgt die Nachweispflicht des Arbeitgebers auch dem entsprechenden
Tarifwechsel.[51]

An verschiedener punktueller Stelle löst aber nur die schriftliche Bezugnahme auf einen Tarifvertrag Rechtsfolgen aus. So kann auf einen Bühnenschiedstarifvertrag nach 18
§ 101 Abs. 2 ArbGG nur schriftlich und gesamt Bezug genommen werden, um diesen in
Anwendung zu bringen (→ § 241 Rn. 3 f.). Im Rahmen des EntgTranspG ist der Arbeitgeber nur dann tarifanwendend im Sinne des § 5 Abs. 5 EntgTranspG, wenn im Geltungsbereich eines Entgelttarifvertrags oder Entgeltrahmentarifvertrags die tariflichen Regelungen zum Entgelt durch schriftliche Vereinbarung zwischen Arbeitgeber und
Beschäftigten verbindlich und inhaltsgleich für alle Tätigkeiten und Beschäftigten übernommen wurden. Nur diese Bezugnahme löst das Verfahren nach § 14 Abs. 3 EntgTranspG aus.[52]

Der Umfang der Bezugnahme auf den Tarifvertrag ist privatautonome Entscheidung 19
der Arbeitsvertragsparteien.[53] Diese können den ganzen Tarifvertrag oder gar ein Tarifwerk in Bezug nehmen oder aber auch lediglich einzelne tarifliche Regelungen oder Regelungsgruppen, wie etwa Entgelt- oder Urlaubsregelungen.[54] Auswirkungen hat dies zwar
für die Frage der rechtlichen Kontrolle der einzelnen in Bezug genommenen tariflichen
Regelungen, eine sie betreffende Gleichstellungsabrede ist aber auch bei lediglich punktuellem Verweis möglich. Dazu bedarf es nicht der Bezugnahme auf den gesamten Tarifvertrag.[55]

---

[44] BAG 19.1.1999 – 1 AZR 606/98, AP TVG § 1 Bezugnahme auf Tarifvertrag Nr. 9 = NZA 1999, 879; Wiedemann/*Oetker* § 3 Rn. 295; ErfK/*Franzen* TVG § 3 Rn. 31; JKOS/*Oetker* § 6 Rn. 216.
[45] BAG 23.7.2014 – 7 AZR 771/12, AP TzBfG § 14 Nr. 120.
[46] ErfK/*Franzen* TVG § 3 Rn. 4.
[47] ErfK/*Franzen* TVG § 3 Rn. 31; Löwisch/*Rieble* § 3 Rn. 675; Wiedemann/*Oetker* § 3 Rn. 299 ff.
[48] Thüsing/Braun/*Reufels* 8. Kap. Rn. 7.
[49] So BAG 23.1.2002 – 4 AZR 56/01, AP NachwG § 2 Nr. 5 = NZA 2002, 800; aA ErfK/*Preis* NachwG § 2 Rn. 23.
[50] HMB/*Henssler* Teil 10 Rn. 13.
[51] BAG 23.1.2002 – 4 AZR 56/01, AP NachwG § 2 Nr. 5 = NZA 2002, 800; JKOS/*Oetker* § 6 Rn. 221.
[52] Dazu insgesamt *Weigert* NZA 2018, 210.
[53] BAG 11.12.2013 – 4 AZR 473/12, AP TVG § 1 Bezugnahme auf Tarifvertrag Nr. 125 = NZA 2014, 900; 23.1.2008 – 4 AZR 602/06, AP TVG § 1 Bezugnahme auf Tarifvertrag Nr. 63 = ZTR 2008, 665; 1.12.2004 – 4 AZR 50/04, AP TVG § 1 Bezugnahme auf Tarifvertrag Nr. 34 = NZA 2005, 478; 13.11.2002 – 4 AZR 393/01, AP TVG § 1 Bezugnahme auf Tarifvertrag Nr. 27 = NZA 2003, 1039; 16.10.2002 – 4 AZR 467/01, AP TVG § 1 Bezugnahme auf Tarifvertrag Nr. 22 = NZA 2003, 390; 26.9.2001 – 4 AZR 544/00, AP TVG § 1 Bezugnahme auf Tarifvertrag Nr. 21 = NZA 2002, 634.
[54] Wiedemann/*Oetker* § 3 Rn. 263.
[55] BAG 13.5.2015 – 4 AZR 244/14, AP TVG § 1 Bezugnahme auf Tarifvertrag Nr. 130 = NZA-RR 2016, 6.

20 Eine Frage der Auslegung ist es, ob der **Verweis auf einzelne tarifliche Regelungen,** wie etwa die Entgeltregelungen, zu einer Bezugnahme auf den ganzen Tarifvertrag führt. Die Rechtsprechung des BAG ist hier großzügig und geht im Zweifel von einer Inbezugnahme des ganzen Tarifvertrags,[56] jedenfalls aber der Regelungen, die im Sachgruppenzusammenhang stehen, aus.[57] Das freilich ist nicht überzeugend – weil von der Vereinbarung einer singulären tariflichen Regelung im Zweifel gerade nicht auf einen umfassenden Bezugswillen geschlossen werden kann.[58]

21 In einem **mehrdimensionalen tariflichen Gefüge** ist die genaue Bestimmung des Bezugnahmeobjektes maßgeblich (siehe zu Transparenzgebot → Rn. 35). So macht es einen Unterschied, ob auf einen Verbandstarifvertrag selbst oder einen Anerkennungstarifvertrag verwiesen wird – erfolgt die Bezugnahme (lediglich) auf den Anerkennungstarifvertrag, so werden im Falle der Nachwirkung dieses in Bezug genommenen Anerkennungstarifvertrags Änderungen des Verbandstarifvertrags nicht mehr in das Arbeitsverhältnis transportiert.[59]

22 Sind die Arbeitsvertragsparteien an denselben Tarifvertrag, auf den sie schuldrechtlich Bezug nehmen, bereits normativ gebunden, so führt dies in der Regel nicht dazu, dass die Bezugnahme lediglich **deklaratorisch** wirkte.[60] Im nichttarifgebundenen Arbeitsverhältnis stellt sich die Frage nicht, weil ein deklaratorischer Verweis nicht in Betracht kommt. Maßgeblich ist die Auslegung der Vereinbarung, die regelmäßig und besonders vor dem Hintergrund der Unklarheitenregel des § 305c Abs. 2 BGB ergeben wird, dass eine konstitutive schuldrechtliche Vereinbarung gewollt ist.[61] Dafür spricht, dass bei Vertragsschluss die Gewerkschaftsmitgliedschaft des Arbeitnehmers regelmäßig nicht bekannt ist,[62] und dass die Bezugnahme auch die Funktion der Gewährleistung der Tarifgeltung haben kann.[63] Eine bloße informelle Klarstellung der Arbeitsvertragsparteien auf die normative Wirkung eines Tarifvertrags bedarf deshalb der Eindeutigkeit.[64] Ist die Bezugnahme konstitutiv, so ergeben sich dann unterschiedliche Konstellationen, wenn die normative Tarifbindung und die Bezugnahme inhaltlich abweichen – wenn etwa bei einer statischen Verweisung auf einen Tarifvertrag die Tarifentwicklung zu einer Absenkung des Arbeitsentgelts führt, so gilt der vorherige Tarifvertrag schuldrechtlich weiter – und setzt sich nur bei positivem Günstigkeitsvergleich gegenüber dem normativen Tarifvertrag durch.

23 **b) Möglichkeit der betrieblichen Übung.** Deshalb ist eine Bezugnahme auch durch so genannte **betriebliche Übung** möglich.[65] Wann eine solche betriebliche Übung mit der Folge einer Bezugnahme auf tarifliche Regelungen entsteht, ist nicht abstrakt feststellbar, sondern Sache des Einzelfalles.[66] Maßgeblich ist, ob ein entsprechender Anwendungswille des Arbeitgebers ermittelt werden kann – was etwa bei fehlerhafter Tarifanwendung nicht

---

[56] BAG 19.1.1999 – 1 AZR 606/98, AP TVG § 1 Bezugnahme auf Tarifvertrag Nr. 9 = NZA 1999, 879.
[57] BAG 9.11.2005 – 5 AZR 128/05, AP BGB § 305c Nr. 4 = NZA 2006, 202; siehe auch BAG 13.2.2013 – 5 AZR 2/12, AP TVG § 1 Bezugnahme auf Tarifvertrag Nr. 119 = NZA 2013, 1024.
[58] Kritisch auch HMB/*Henssler* Teil 10 Rn. 12.
[59] BAG 22.3.2017 – 4 AZR 462/16, AP TVG § 1 Bezugnahme auf Tarifvertrag Nr. 136 = NZA 2017, 587.
[60] Wiedemann/*Oetker* § 1 Rn. 347f.; NK-TVG/*Lorenz* § 3 Rn. 226; so aber noch *Schwab* BB 1994, 781 (783).
[61] BAG 19.3.2003 – 4 AZR 331/02, AP TVG § 1 Bezugnahme auf Tarifvertrag Nr. 33 = NZA 2003, 1207; ErfK/*Franzen* TVG § 3 Rn. 33.
[62] ErfK/*Franzen* TVG § 3 Rn. 33; HMB/*Henssler* Teil 10 Rn. 8.
[63] *Löwisch/Rieble* § 3 Rn. 672.
[64] ErfK/*Franzen* TVG § 1 Rn. 33.
[65] BAG 23.3.2011 – 4 AZR 268/09, AP BetrVG 1972 § 77 Nr. 101 = NZA 2012, 231; 19.1.1999 – 1 AZR 606/98, AP TVG § 1 Bezugnahme auf Tarifvertrag Nr. 9 = NZA 1999, 879; 22.3.1994 – 1 ABR 47/93, EzA TVG § 4 Geltungsbereich Nr. 10; 3.11.2004 – 5 AZR 622/03, AP BGB § 611 Lohnanspruch Nr. 28 = NJOZ 2005, 4260; ErfK/*Franzen* TVG § 3 Rn. 30; JKOS/*Oetker* § 6 Rn. 217; *Löwisch/Rieble* § 3 Rn. 680ff.; Wiedemann/*Oetker* § 3 Rn. 296; NK-TVG/*Lorenz* § 3 Rn. 216.
[66] BAG 28.7.2004 – 10 AZR 19/04, AP BGB § 611 Gratifikation Nr. 257 = NZA 2004, 1152.

der Fall ist.⁶⁷ Bei der Inbezugnahme eines Tarifvertrags reicht hier nicht die Gewährung einzelner tariflicher Leistungen,⁶⁸ sondern maßgeblich ist die (kollektive) Durchführung des Tarifvertrags als solchem – etwa mit seinen entsprechenden Lohnentwicklungen. Vorgeschlagen wird hier die Anwendung während einer Dauer von sechs Monaten.⁶⁹

Eine Frage der Auslegung ist es auch, ob sich die Bezugnahme durch betriebliche Übung auf den gesamten Tarifvertrag oder auf **einzelne tarifliche Normkomplexe bezieht**.⁷⁰ Eine Ableitung, dass bei Anwendung einzelner Regelungen der gesamte Tarifvertrag in Bezug genommen wurde,⁷¹ ist nicht hinreichend belastbar, auch nicht, wenn der Arbeitgeber tarifgebunden ist.⁷² Vielmehr ist auch hier der konkrete Bindungswille des Arbeitgebers festzustellen, dafür können Indizien sein, dass wesentliche Teile des Tarifvertrags durchgeführt werden oder dass der Arbeitgeber eine Gleichstellung mit den tarifgebundenen Arbeitsverhältnissen bezweckt.⁷³

Ebenso wird ein Arbeitgeber, der nicht tarifgebunden ist, eine **dynamische Bindung an einen Tarifvertrag** eher ablehnen als ein Arbeitgeber, der tarifgebunden ist und eine Bezugnahme aus Gleichstellungsgründen herbeiführen will.⁷⁴ Freilich wird hier richtig darauf verwiesen, dass für den Arbeitnehmer hier nicht immer erkennbar ist, ob der Arbeitgeber tarifgebunden ist oder nicht.⁷⁵ Daraus kann keine Zwangsläufigkeit angenommen werden, weil stets im konkreten Fall der entsprechende Rechtsbindungswille des Arbeitgebers zur vertraglichen Bezugnahme festzustellen ist.

c) Aufhebung und Änderung. So frei die Arbeitsvertragsparteien darin sind, eine Bezugnahme auf einen Tarifvertrag zu vereinbaren, so frei sind sie, diese wieder **aufzuheben oder in ihrer Reichweite zu verändern**. Diente die Bezugnahme der Gleichstellung tarifgebundener und nicht tarifgebundener Arbeitsverhältnisse, kommt es durch die Aufhebung zur Abkoppelung von der Tarifentwicklung – die Gleichstellung der Arbeitsbedingungen entfällt.

Die Änderung der Bezugnahmevereinbarung kann auch durch betriebliche Übung erreicht werden, wegen der richtigen vertragsrechtlichen Grundlegung der betrieblichen Übung über § 151 BGB allerdings nicht bei Änderungen zum Nachteil der Arbeitnehmer.⁷⁶ Will der Arbeitgeber eine nachteilige Abweichung erreichen, so bleibt ihm – stimmt der Arbeitnehmer nicht ohnehin zu – die Änderungskündigung,⁷⁷ bei der allerdings das Ziel der Vereinheitlichung der Arbeitsbedingungen allein nicht zur sozialen Rechtfertigung des Änderungsbegehrens führt.⁷⁸

2. Grenze der Bezugnahmefreiheit
Die Arbeitsvertragsparteien sind in ihrer Freiheit, einen Tarifvertrag in Bezug zu nehmen, nur wenig beschränkt.⁷⁹ Insbesondere die Gefahr des „Trittbrettfahrens" (→ Rn. 4) führt auch mit Blick auf die positive kollektive Koalitionsfreiheit der Tarifvertragsparteien nicht zur Unwirksamkeit der Bezugnahme, die die Arbeitsvertragsfreiheit beschränken könnte:

---

⁶⁷ BAG 17.3.2010 – 5 AZR 317/09, AP TVG § 1 Tarifverträge: Brotindustrie Nr. 9; 27.11.2002 – 4 AZR 540/01, NZA 2003, 1278; *Löwisch/Rieble* § 3 Rn. 680; JKOS/*Oetker* § 6 Rn. 217.
⁶⁸ BAG 19.1.1999 – 1 AZR 606/98, NZA 1999, 879.
⁶⁹ HMB/*Henssler* Teil 10 Rn. 108.
⁷⁰ BAG 19.10.2011 – 5 AZR 359/10, AP BGB § 242 Betriebliche Übung Nr. 92 = NZA-RR 2012, 344.
⁷¹ Siehe BAG 17.4.2002 – 5 AZR 89/01, AP NachwG § 2 Nr. 6 = NZA 2002, 1096; 19.1.1999 – 1 AZR 606/98, NZA 1999, 879; JKOS/*Oetker* § 6 Rn. 218.
⁷² BAG 19.1.1999 – 1 AZR 606/98, NZA 1999, 879; *Löwisch/Rieble* § 3 Rn. 681.
⁷³ JKOS/*Oetker* § 6 Rn. 218.
⁷⁴ BAG 24.2.2016 – 4 AZR 990/13, AP BGB § 242 Betriebliche Übung Nr. 94 = ZTR 2016, 267; ErfK/*Franzen* TVG § 3 Rn. 30; HMB/*Henssler* Teil 10 Rn. 117.
⁷⁵ JKOS/*Oetker* § 6 Rn. 217.
⁷⁶ JKOS/*Oetker* § 6 Rn. 235.
⁷⁷ BeckOK ArbR/*Giesen* TVG § 3 Rn. 34.
⁷⁸ JKOS/*Oetker* § 6 Rn. 236.
⁷⁹ JKOS/*Oetker* § 6 Rn. 207; Thüsing/Braun/*Reufels* 8. Kap. Rn. 14.

Der Tarifvertrag ist als Regelungswerk kein staatlich gegen Zugriff zu schützendes Gut (→ Rn. 3).[80]

29 Allerdings können sie nicht am **Privileg der Tarifdispositivität** teilnehmen, wenn der Gesetzgeber hier nicht gerade auch eine Bezugnahme zulässt. Aber auch dann, wenn eine Bezugnahme von der Tarifdispositivität grundsätzlich partizipiert, muss das bezugnehmende Arbeitsverhältnis in den Geltungsbereich des Tarifvertrags fallen. Das gilt auch dann, wenn das Richterrecht durch die Rechtsprechung tarifdispositiv ausgestaltet ist.[81] Zudem sind die Einschränkungen der einzelnen gesetzlichen Regelungen zu beachten: § 13 BUrlG setzt die Übernahme der gesamten tariflichen Urlaubsregelung voraus; §§ 48 Abs. 2 S. 2, 101 Abs. 2 S. 3 ArbGG die schriftliche Bezugnahme des gesamten Tarifvertrags, gleiches fordert § 5 Abs. 4 EntgTranspG.

30 Bei dem dynamischen Verweis auf Tarifverträge stellt sich die Frage, inwieweit sich die Arbeitsvertragsparteien an die Tarifentwicklung koppeln können. Eine absolute Bindung an die Vereinbarungen der Tarifvertragsparteien wäre nicht zu lösende Fremdbestimmung und damit nicht möglich. Freilich ist die Grenze der Vertragsfreiheit hier weit: Nur **nicht vorhersehbare Tarifentwicklungen** wird man nicht mehr von der Verweisungsklausel umfasst sehen können.[82] Eine andere Frage ist hier, ob die gewollte dynamische Verweisung auch AGB-rechtlich nicht zu beanstanden ist (→ Rn. 32 ff.).

31 Das **Verbot des Vertrags zu Lasten Dritter**,[83] steht einer Bezugnahme auf Tarifverträge über gemeinsame Einrichtungen im Wege: Durch die Bezugnahme käme es zur Leistungsberechtigung des Arbeitnehmers gegen die gemeinsame Einrichtung, das führt zur Unzulässigkeit. Dabei spielt auch keine Rolle, dass der Arbeitgeber zur Beitragszahlung verpflichtet würde. Hier kann nur der Tarifvertrag selbst die Bezugnahme zulassen (→ § 242 Rn. 46), ist dies nicht Fall, so muss die Auslegung ergeben, ob sich der Arbeitgeber selbst dazu verpflichten wollte, die Leistungen der gemeinsamen Einrichtung zu erbringen. Allerdings wird diese Frage nur selten praktisch, weil bei Tarifverträgen über gemeinsame Einrichtungen regelmäßig die Allgemeinverbindlichkeit erklärt ist (→ § 242 Rn. 51 ff.).

3. AGB-Kontrolle

32 Regelmäßig erfolgt die Bezugnahme durch vom Arbeitgeber **formulierte Vertragsklauseln**. Im Gegensatz zum grundsätzlich wegen § 310 Abs. 4 S. 3 BGB nicht zu kontrollierenden Tarifvertrag als Bezugsobjekt unterliegt die Bezugnahmeklausel der Kontrolle anhand der §§ 305 ff. BGB.

33 Dabei darf die Verweisungsklausel keine **überraschende Verweisung** enthalten, § 305c Abs. 1 BGB, da sie sonst nicht Bestandteil des Arbeitsvertrags wird.[84] Sowohl die statische als auch die dynamische Bezugnahme als solche ist nicht überraschend.[85] Allerdings kann eine überraschende Bezugnahme dann gegeben sein, wenn auf einen fremden Tarifvertrag verwiesen wird, also auf einen, dessen fachlicher oder räumlicher Geltungsbereich das Arbeitsverhältnis nicht umfasst.[86] Gleiches soll gelten, wenn gezielt nur ein Teil eines Tarifwerkes herangezogen wird.[87] Überraschend kann auch der Inhalt des Tarifvertrags sein, was insbesondere für Änderungen des Tarifvertrags in Frage kommt: Sind diese nicht voraussehbar und ungewöhnlich, so werden sie nicht einbezogen.[88]

---

[80] JKOS/*Oetker* § 6 Rn. 208 ff.; Wiedemann/*Oetker* § 3 Rn. 287.
[81] BAG 31.3.1966 – 5 AZR 516/65, AP BGB § 611 Gratifikation Nr. 54 = NJW 1966, 1625.
[82] *Löwisch/Rieble* § 3 Rn. 694.
[83] Dazu allgemein Staudinger/*Klumpp* Vorb. zu § 328 Rn. 53 ff.
[84] Wiedemann/*Oetker* § 3 Rn. 303.
[85] BAG 24.9.2008 – 6 AZR 76/07, NZA 2009, 154; JKOS/*Oetker* § 6 Rn. 224; NK-TVG/*Lorenz* § 3 Rn. 219.
[86] *Löwisch/Rieble* § 3 Rn. 710; JKOS/*Oetker* § 6 Rn. 225.
[87] BAG 19.2.2014 – 5 AZR 700/12, NZA 2014, 1097; 13.3.2013 – 5 AZR 954/11, NZA 2013, 680; *Löwisch/Rieble* § 3 Rn. 713.
[88] AA JKOS/*Oetker* § 6 Rn. 227 für eine Gleichstellungsabrede.

Hier gilt zunächst die **Unklarheitenregel des § 305c Abs. 2 BGB**.[89] Das ist ausschlaggebend bei Zweifeln darüber, ob eine Gleichstellungsabrede vorliegt: Dann ist die für den Arbeitnehmer günstigere Regelung anzunehmen, was sich im Falle eines Betriebsüberganges etwa dahin auswirken kann, dass der Verweis auf den Tarifvertrag als dynamisch einzuordnen ist, wenn sich der gewollte Entfall der Dynamik in diesem Fall nicht eindeutig aus der Bezugnahmeklausel ergibt.[90] 34

Auch dem **Transparenzgebot** muss die Bezugnahmeklausel genügen. Dass sie eine dynamische Verweisung an sich enthält, ist dabei unschädlich, auch wenn jeder Dynamik ein unsichereres Element angeeignet ist.[91] Das folgt bereits daraus, dass solche kleinen und großen dynamischen Verweisungen im Arbeitsrecht nachgerade typisch sind und deshalb das Transparenzgebot des § 307 Abs. 1 S. 2 BGB durch diese arbeitsrechtliche Besonderheit in Sinne des § 310 Abs. 4 S. 3 BGB geprägt wird.[92] Das Bezugnahmeobjekt muss aber klar bestimmt sein.[93] An der klaren Bestimmung des maßgeblichen Tarifvertrags kann es aber fehlen, wenn der in Bezug genommene Tarifvertrag wiederum auf einen anderen Tarifvertrag verweist[94] oder wenn auf mehrere Tarifverträge oder Tarifwerke verwiesen wird: Dabei ist ein solcher Verweis auf einen mehrgliedrigen Tarifvertrag jedenfalls solange nicht intransparent im Sinne des § 307 Abs. 1 S. 2 BGB, wie die einzelnen Tarifverträge inhaltlich identisch sind, weil es dann nicht zur Gefahr einer Rechtsverkürzung für den Arbeitnehmer kommt.[95] Einer vertraglichen Klarstellung, welcher Tarifvertrag genau gelten soll, bedarf es nicht[96] – schon weil dem Telos des Transparenzgebotes genüge getan und keine Rechtsverkürzung zu befürchten ist.[97] Divergiert freilich der Inhalt verschiedener in Bezug genommener Tarifverträge, und ist nicht deutlich, welcher Tarifvertrag in der konkreten Situation den Vorrang hat, ist die Verweisungsklausel intransparent.[98] Gleiches gilt beim Verweis auf verschiedene Tarifverträge und Tarifwerke, ohne dass die Verweisungsklausel selbst eine Kollisionsregelung enthält. 35

In einem mehrdimensionalen tariflichen Gefüge ist die genaue Bestimmung des Bezugnahmeobjektes maßgeblich. So macht es einen Unterschied, ob auf einen Verbandstarifvertrag selbst oder einen Anerkennungstarifvertrag verwiesen wird – erfolgt die Bezugnahme (lediglich) auf den Anerkennungstarifvertrag, so werden im Falle der Nachwirkung dieses in Bezug genommene Anerkennungstarifvertrags Änderungen des Verbandstarifvertrags nicht mehr in das Arbeitsverhältnis transportiert.[99] 36

4. Bezugnahmeobjekt
a) Mögliches Bezugnahmeobjekt. Die Arbeitsvertragsparteien sind frei darin, welchen Tarifvertrag sie in Bezug nehmen – ausgenommen sind aber grundsätzlich Tarifverträge über gemeinsame Einrichtungen (→ § 242 Rn. 46). Die Arbeitsvertragsparteien werden regelmäßig, gerade wenn sie die Gleichstellung mit den tarifgebundenen Arbeitsverhältnissen erreichen wollen, auf den gesamten Tarifvertrag, dessen Geltungsbereich das bezugnehmende Arbeitsverhältnis umfasst, verweisen. Das gilt im Zweifel auch dann, wenn die Arbeitsvertragsparteien auf den „einschlägigen" Tarifvertrag verweisen.[100] 37

---

[89] JKOS/*Oetker* § 6 Rn. 232; Wiedemann/*Oetker* § 3 Rn. 310.
[90] BAG 14.12.2005 – 4 AZR 536/04, AP TVG § 1 Bezugnahme auf Tarifvertrag Nr. 39 = NZA 2006, 607.
[91] BAG 15.4.2008 – 9 AZR 159/07, AP TVG § 1 Altersteilzeit Nr. 38 = NZA-RR 2008, 586; *Löwisch/Rieble* § 3 Rn. 712; dazu *Oetker* JZ 2002, 337.
[92] JKOS/*Oetker* § 6 Rn. 215.
[93] JKOS/*Oetker* § 6 Rn. 214.
[94] Zweifelnd an der Bestimmtheit JKOS/*Oetker* § 6 Rn. 215.
[95] LAG Düsseldorf 24.10.2012, 5 Sa 704/12, BB 2013, 307; ErfK/*Franzen* TVG § 4 Rn. 34a.
[96] BAG 13.3.2013 – 5 AZR 954/11, NZA 2013, 680.
[97] ErfK/*Franzen* TVG § 3 Rn. 34a.
[98] ErfK/*Franzen* TVG § 3 Rn. 34a.
[99] BAG 22.3.2017 – 4 AZR 462/16, AP TVG § 1 Bezugnahme auf Tarifvertrag Nr. 136 = NZA 2017, 587.
[100] JKOS/*Oetker* § 6 Rn. 240.

38 Notwendig ist das nicht: So können die Arbeitsvertragsparteien auch nur Teile eines Tarifvertrags in Bezug nehmen[101] und so etwa lediglich auf die Entgeltregelungen oder die Urlaubsregelungen eines Tarifvertrags verweisen.[102] Sie können nur einzelne Tarifverträge eines Tarifwerkes schuldrechtlich für anwendbar vereinbaren und sie müssen sich auch nicht an den Geltungsbereich eines Tarifvertrags halten. Auch branchenfremde Tarifverträge können schuldrechtlich in Bezug genommen werden.[103] Allerdings hat dies Auswirkungen auf das Kontrollprivileg des Tarifvertrags im Rahmen der AGB-Kontrolle (→ Rn. 47).

39 Taugliches Bezugnahmeobjekt ist auch ein Tarifvertrag, der bereits beendet ist, und für die tarifgebundenen Arbeitsverhältnisse lediglich nach § 4 Abs. 5 TVG **nachwirkt**.[104] Damit ist gewährleistet, dass auch für in der Nachwirkungsphase eingestellte Arbeitnehmer der Tarifvertrag angewendet werden kann – weil nach richtiger Meinung (→ § 261 Rn. 21) auch im Nachwirkungszeitraum eintretende Gewerkschaftsmitglieder nicht unmittelbar an den nachwirkenden Tarifvertrag gebunden sind.

40 Bezugnahmeobjekt kann auch der im Falle der Tarifkollision nach dem Majoritätsprinzip des § 4a Abs. 2 S. 2 TVG verdrängte **Minderheitentarifvertrag** sein, er findet zwar keine normative Anwendung, ist allerdings nicht unwirksam und kann schuldrechtlich in Bezug genommen werden.[105] Dadurch ist es auch möglich, Tarifpluralität durch entsprechende Bezugnahmeklauseln (wieder)herzustellen.

41 Auch der **unwirksame oder nichtige Tarifvertrag** kann Bezugnahmeobjekt sein, das gilt insgesamt oder auch für die unwirksamen Teile des Tarifvertrags. Auch hier ist die Bezugnahmeklausel auszulegen: Wollen die Arbeitsvertragsparteien durch die Bezugnahme gerade dem tariflichen Geltungsentfall unwirksamer Regelungen begegnen, so ist ein solches Auslegungsergebnis naheliegend. Allerdings betrifft dies zuerst richtig nur die spezifisch tarifrechtlichen Unwirksamkeits- und Nichtigkeitsgründe, wie etwa die fehlende Tariffähigkeit oder Tarifzuständigkeit der tarifschließenden Parteien.[106] Zudem kann die Bezugnahme auch dann bestehen, wenn die Tarifvertragsparteien selbst sich vom Tarifvertrag, etwa durch Anfechtung, lösen. Die Arbeitsvertragsparteien können sich auch durch Bezugnahme nicht über zwingendes Recht hinwegsetzen: Verstößt deshalb ein Tarifvertrag gegen höherrangiges Recht, so ist er kein taugliches Bezugnahmeobjekt. Ein entsprechender Verweis im Arbeitsvertrag geht deshalb ins Leere.[107]

42 Es ist durch **Auslegung** zu ermitteln, wie weit die Bezugnahme reichen soll. Allerdings kann aus dem Verweis auf einzelne Regelungen oder Regelungsgruppen des Tarifvertrags nicht der Rückschluss auf die Bezugnahme auf den gesamten Tarifvertrag gezogen werden. Die Anwendung eines Firmentarifvertrags soll durch ergänzende Vertragsauslegung auch dann möglich sein, wenn lediglich eine kleine dynamische Verweisung auf den Verbandstarifvertrag vorliegt, die aber vom Gleichstellungszweck getragen

---

[101] BAG 29.7.1986 – 3 AZR 71/85, AP BetrAVG § 1 Zusatzversorgungskassen Nr. 16 = NZA 1987, 668; 19.1.1999 – 1 AZR 606/98, AP TVG § 1 Bezugnahme auf Tarifvertrag Nr. 9 = NZA 1999, 879; JKOS/*Oetker* § 6 Rn. 237; ErfK/*Franzen* TVG § 1 Rn. 34.
[102] BAG 8.7.2015 – 4 AZR 51/14, AP TVG § 1 Bezugnahme auf Tarifvertrag Nr. 131 = NZA 2015, 1462; 13.5.2015 – 4 AZR 244/14, AP TVG § 1 Bezugnahme auf Tarifvertrag Nr. 130 = NZA-RR 2016, 6; 13.2.2013 – 5 AZR 2/12, AP TVG § 1 Bezugnahme auf Tarifvertrag Nr. 119 = NZA 2013, 1024; 17.1.2006 – 9 AZR 41/05, AP TVG § 1 Bezugnahme auf Tarifvertrag Nr. 40 = NZA 2006, 923; 9.11.2005 – 4 AZR 331/02, AP BGB § 305c Nr. 1 = NZA 2003, 1207; 17.11.1998 – 4 AZR 51/14, AP TVG § 1 Bezugnahme auf Tarifvertrag Nr. 10 = NZA 2015, 1462.
[103] BAG 21.9.2011 – 5 AZR 520/10, AP BGB § 242 Gleichbehandlung Nr. 215 = NZA 2012, 31.
[104] BAG 20.6.2013 – 9 AZR 551/12, AP BUrlG § 7 Nr. 71 = NZA 2014, 383 (384); BAG 9.12.2009, AP TVG § 3 Nr. 48; 20.9.2006 – 10 AZR 715/05, AP TVG § 1 Bezugnahme auf Tarifvertrag Nr. 44; JKOS/*Oetker* § 6 Rn. 244; ErfK/*Franzen* TVG § 1 Rn. 34.
[105] HMB/*Henssler* Teil 10 Rn. 9a; *Vielmeier* NZA 2015, 1294 (1294); aA *Fischer* NZA 2015, 662 (665).
[106] BAG 20.9.2006 – 10 AZR 715/05, AP TVG § 1 Bezugnahme auf Tarifvertrag Nr. 44; 20.6.2013 – 9 AZR 551/12, AP BUrlG § 7 Nr. 71 = NZA 2014, 383 (384); JKOS/*Oetker* § 6 Rn. 245; ErfK/*Franzen* TVG § 1 Rn. 34.
[107] JKOS/*Oetker* § 6 Rn. 245.

II. Verweisungsvereinbarung

wird.[108] Das wird etwa beim vom Verbandstarifvertrag abweichenden Haussanierungstarifvertrag praktisch.[109]

Die Arbeitsvertragsparteien haben – für ihr Arbeitsverhältnis – Zugriff auf den Tarifvertrag: Sie können die Regelungen des Tarifvertrags auch ändern und ihren Interessen anpassen. **43**

b) Kontrollprivileg. Der Tarifvertrag als Bezugnahmeobjekt ist schuldrechtlich in den Arbeitsvertrag eingebunden (→ Rn. 15). Damit können aber Verstöße einzelner Tarifregelungen gegen höherrangiges Recht nicht geheilt werden – sie bleiben unwirksam und entfalten im Arbeitsverhältnis keine Wirkung.[110] **44**

Funktional handelt es sich beim in Bezug genommenen Tarifvertrag um schuldrechtliche Regelungen und um Allgemeine Arbeitsbedingungen (→ Rn. 7). Dennoch nimmt auch der in Bezug genommene einschlägige Tarifvertrag nach § 310 Abs. 4 S. 3 BGB am tariflichen Kontrollprivileg teil. Das liegt einmal daran, dass dem Tarifvertrag auch bei schuldrechtlicher Bezugnahme jedenfalls in seinem Geltungsbereich Richtigkeitsgewähr zukommt[111] und ebenso daran, dass eine Besserstellung der nicht normativ gebundenen Arbeitsverhältnisse durch die Angemessenheitskontrolle vermieden werden soll.[112] Konsequent muss das auch für die Transparenzkontrolle nach § 307 Abs. 1 S. 2 BGB gelten.[113] **45**

Auch wenn es nur zur schuldrechtlichen Vereinbarung kommt, ist der Tarifvertrag dennoch nach den **Grundsätzen der Tarifauslegung** und damit nach objektiven Gesichtspunkten auszulegen (→ § 243 Rn. 1 ff.).[114] Das gilt nicht nur im Falle der Gleichstellungsabrede.[115] **46**

Verweist der Arbeitsvertrag nur auf einen Teil des Tarifvertrags, auf einen nicht einschlägigen Tarifvertrag oder ändern die Arbeitsvertragsparteien die tariflichen Regelungen ab, geht allerdings das **Kontrollprivileg des § 310 Abs. 4 S. 3 BGB verlustig,**[116] denn ein nur teilweise anwendbarer Tarifvertrag oder einer, der von den Tarifvertragsparteien gerade nicht für das entsprechende Arbeitsverhältnis konzeptioniert wurde, verliert damit auch seine Richtigkeitsgewähr für das einzelne Arbeitsverhältnis[117] und zu einer „auseinanderlaufenden" Kontrolldichte zu den normativ tarifgebundenen Arbeitsverhältnissen kann es nicht kommen – weil diese gar nicht (mehr) besteht. Deshalb ist hier die Kontrolle auf unangemessene Benachteiligung nach §§ 307 ff. BGB möglich. Allerdings ist in solchen Fällen zunächst zu klären, ob überhaupt eine wirksame Bezugnahme erfolgt – beim Verweis auf einzelne Regelungen kommt hier die Kontrolle anhand § 305c Abs. 1 BGB in Frage. Das ist beim fremden Tarifvertrag ebenso,[118] beim Verweis auf den unwirksamen Tarifvertrag wird man zunächst nach dem entsprechenden Vereinbarungswillen der Arbeitsvertragsparteien fragen müssen. **47**

---

[108] JKOS/*Oetker* § 6 Rn. 242.
[109] LAG Düsseldorf 24.6.2014 – 16 Sa 388/14, BeckRS 2014, 73949.
[110] JKOS/*Oetker* § 6 Rn. 260.
[111] BAG 25.7.2007 – 10 AZR 634/06, NZA 2007, 875; 28.6.2007 – 6 AZR 750/06, AP BGB § 307 Nr. 27 = NZA 2007, 1049; ErfK/*Preis* BGB § 310 Rn. 13; JKOS/*Oetker* § 6 Rn. 261.
[112] Darauf stellen *Löwisch/Rieble* § 3 Rn. 551 allein ab.
[113] *Löwisch/Rieble* § 3 Rn. 551; Wiedemann/*Oetker* § 3 Rn. 350.
[114] BAG 12.8.1959 – 2 AZR 75/59, AP BGB § 305 Nr. 1 = RdA 1960, 357; ErfK/*Franzen* TVG § 3 Rn. 33.
[115] So aber JKOS/*Oetker* § 6 Rn. 269.
[116] ErfK/*Franzen* TVG § 3 Rn. 34; JKOS/*Oetker* § 6 Rn. 263; *Löwisch/Rieble* § 3 Rn. 554 ff.
[117] BAG 28.6.2007 – 6 AZR 750/06, AP BGB § 307 Nr. 27 = NZA 2007, 1049; 14.12.2005 – 4 AZR 536/04, AP TVG § 1 Bezugnahme auf Tarifvertrag Nr. 39 = NZA 2006, 607.
[118] JKOS/*Oetker* § 6 Rn. 264.

5. Besonders: Dynamik der Bezugnahme

48 Durch schuldrechtliche Verweisung soll regelmäßig die Dynamik der Tarifentwicklung nachgezeichnet werden (→ Rn. 7).[119] Die Dynamik sorgt damit für die Entwicklung der Arbeitsbedingungen und kann deshalb auch zu deren Absenkung – insbesondere wenn die Bezugnahmeklausel auch Sanierungstarifverträge erfasst[120] – führen. Dabei ist auch die dynamische Verweisung keine Delegation von Rechtssetzungsmacht.[121]

49 **a) Kleine Dynamik.** Die so genannte kleine dynamische Bezugnahmeklausel knüpft an die **Dynamik eines speziellen Tarifvertrags** an, in dem auf den entsprechenden Tarifvertrag „in seiner jeweiligen Fassung" verwiesen wird. Eine solche Verweisung ist nicht intransparent im Sinne des § 307 Abs. 1 S. 2 BGB.[122]

50 Ob eine dynamische Vereinbarung gewollt ist und welche Reichweite diese hat, ist durch Auslegung zu ermitteln.[123] Die Rechtsprechung ist „dynamik-freundlich" und lässt diese im Zweifel zu.[124] Verneint werden muss eine dynamische Verweisung, wenn der Arbeitsvertrag einen Tarifvertrag ausdrücklich in seiner konkreten Fassung nennt.[125] Allerdings kann es auch im Falle einer ausdrücklichen statischen Vereinbarung im weiteren Vollzug der Tarifanwendung zum Wechsel hin zur dynamischen Bezugnahme kommen, wenn Tarifänderungen durch tatsächliche Umsetzung im Arbeitsverhältnis zu einer nachträglichen Vereinbarung im Wege der betrieblichen Übung führen (→ Rn. 23 ff.).[126] Hier sind die rechtsgeschäftlichen Voraussetzungen zu prüfen – einen Automatismus allein anhand der tatsächlichen Leistungserbringung kann es nicht geben.[127]

Im Zweifel wollen die Vertragsparteien nach der Rechtsprechung einen dynamischen Verweis.[128] Die Vereinbarung eines lediglich statischen Verweises ergibt sich dann, wenn der Arbeitsvertrag etwa die konkrete Fassung nennt.[129]

51 Ist eine **Jeweiligkeitsklausel** nicht gegeben, sondern wird lediglich auf die Anwendung eines Tarifvertrags verwiesen – und gerade keine zeitliche Geltungsangabe gemacht – so ist im Zweifel von einer kleinen dynamischen Bezugnahme auszugehen.[130] Richtig wird hierfür angeführt, dass die Arbeitsvertragsparteien mit dem Verweis auf einen Tarifvertrag auch dessen Entwicklung aufnehmen wollen.[131] Soll – was gesondert festzustellen ist – mit der Bezugnahme eine Gleichstellungsberede erreicht werden, ist dieser Schluss zwangsläufig. Im Falle einer Zeitangabe – etwa des Datums des Inkrafttretens („Tarifvertrag vom ...") – soll ebenfalls im Zweifel eine kleine Dynamik gemeint sein.[132] Das geht

---

[119] BAG 26.9.2001 – 4 AZR 544/00, AP TVG § 1 Bezugnahme auf Tarifvertrag Nr. 21 = NZA 2002, 634; 20.3.1991 – 4 AZR 455/90, AP TVG § 4 Tarifkonkurrenz Nr. 20 = NZA 1991, 736; 21.8.2013 – 4 AZR 656/11, NZA 2014, 561; Löwisch/Rieble § 3 Rn. 594; MAH/Hamacher/van Laak § 68 Rn. 114.
[120] LAG Düsseldorf 24.6.2014 – 16 Sa 388/14, ZIP 2015, 144.
[121] Löwisch/Rieble § 3 Rn. 580.
[122] BAG 21.11.2012 – 4 AZR 85/11, AP UmwG § 123 Nr. 1 = NZA 2013, 512.
[123] JKOS/Oetker § 6 Rn. 231.
[124] BAG 21.8.2013 – 5 AZR 581/11, AP TVG § 1 Bezugnahme auf Tarifvertrag Nr. 124 = NZA 2014, 271.
[125] BAG 21.8.2013 – 5 AZR 581/11, AP TVG § 1 Bezugnahme auf Tarifvertrag Nr. 124 = NZA 2014, 271; 12.12.2012 – 4 AZR 65/11, AP TVG § 1 Bezugnahme auf Tarifvertrag Nr. 121 = ZTR 2013, 558.
[126] BAG 21.8.2013 – 5 AZR 581/11, AP TVG § 1 Bezugnahme auf Tarifvertrag Nr. 124 = NZA 2014, 271.
[127] Richtig Löwisch/Rieble § 3 Rn. 611 mit dem Verweis auf die vergleichbare Problematik bei der vertraglichen Konkretisierung des Weisungsrechts, dazu BAG 3.6.2004 – 2 AZR 577/03, NZA 2005, 175.
[128] BAG 21.8.2013 – 5 AZR 581/11, AP TVG § 1 Bezugnahme auf Tarifvertrag Nr. 124 = NZA 2014, 271.
[129] BAG 21.8.2013 – 5 AZR 581/11, AP TVG § 1 Bezugnahme auf Tarifvertrag Nr. 124 = NZA 2014, 271; 12.12.2012 – 4 AZR 65/11, AP TVG § 1 Bezugnahme auf Tarifvertrag Nr. 121 = ZTR 2013, 558.
[130] JKOS/Oetker § 6 Rn. 247.
[131] JKOS/Oetker § 6 Rn. 247.
[132] JKOS/Oetker § 6 Rn. 248.

freilich weit, weil hier gerade in einem sich entwickelnden tariflichen Regelwerk auf einen speziellen Zeitpunkt verwiesen wird. Eindeutig liegt eine lediglich statische Verweisung vor, wenn auf den Tarifvertrag in einer bestimmten Fassung verwiesen wird.

b) Große Dynamik. Statische und kleine dynamische Verweisungsklauseln führen das 52 Arbeitsverhältnis entlang eines bestimmten Tarifvertrags und damit einer konkreten Tarifentwicklung. Kommt es zur **Inkongruenz** des Arbeitsverhältnisses mit dem tariflichen Geltungsbereich, so laufen normative Tarifgeltung und schuldrechtliche Bezugnahme im Arbeitsverhältnis auseinander. Diese Inkongruenz kann zunächst durch ein „Herauswandern" aus dem Geltungsbereich des Tarifvertrags erfolgen, es kann aber auch erfolgen, wenn der Arbeitgeber einen Verbandswechsel vornimmt. Diese Änderungen können schuldrechtlich mit einer großen dynamischen Bezugnahmeklausel, die auch den Tarifwechsel zulässt, aufgefangen werden. Klassische Formulierung ist hier die Verweisung „auf den jeweils geltenden Tarifvertrag in seiner jeweils gültigen Fassung".[133]

Tarifwechselverweisungen zeichnen das Flexibilitätspotential des Arbeitsverhältnisses – 53 etwa durch Branchenwechsel des Arbeitgebers – nach, sie sind deshalb grundsätzlich zulässig und auch nicht überraschend im Sinne des § 305c Abs. 2 BGB.[134] Freilich muss sie eindeutig als Tarifwechselklausel formuliert sein.[135]

Auch die Tarifwechselverweisung kann und wird regelmäßig als **Gleichstellungsabre-** 54 **de** konzeptioniert werden. Wie bei der kleinen dynamischen Verweisung gilt allerdings auch hier, dass sich der Zweck der Gleichstellung eindeutig durch Auslegung ergeben muss.[136] Dies kann etwa gelingen, in dem auf den „jeweils normativ geltenden Tarifvertrag" verwiesen wird und die statische Weitergeltung bei Entfall der Tarifbindung des Arbeitgebers angeordnet wird.[137] Auch steht – wie bei der kleinen Dynamik – die Frage nach der Auslegung der Bezugnahmeklausel im Raum, wenn nicht eine eindeutige Tarifwechselklausel arbeitsvertraglich grundgelegt wurde.

Hier wurde früher anhand er Tarifgebundenheit des Arbeitgebers getrennt: Der Ver- 55 weis auf einen bestimmten Tarifvertrag führte beim tarifgebundenen Arbeitgeber wegen der grundsätzlich angenommenen Gleichstellungsabrede im Zweifel zu einer großen dynamischen Verweisung, weil die Arbeitsvertragsparteien die normative Tarifbindung nachzeichnen wollten.[138] Richtig ist das nicht: Ist im Arbeitsvertrag ein bestimmter Tarifvertrag bezeichnet, so ist eine Tarifwechselklausel im Zweifel zu verneinen und zwar unabhängig von der Tarifbindung des Arbeitgebers.[139] Anderes kann dann gelten, wenn die Auslegung eindeutig ergibt, dass eine Nachzeichnung der Tarifentwicklung auch in diesem Falle gewollt ist,[140] was wiederum regelmäßig dann gegeben ist, wenn eine Gleichstellungsabrede vorliegt. Die Rechtsprechung verlangt deshalb „besondere Umstände", die zum Tarifwechsel führen können.[141]

Bei einem Betriebsübergang führt die Tarifwechselklausel – bleibt ihre Dynamik erhal- 56 ten (→ Rn. 59 ff.) – zum Bezug auf die beim Betriebserwerber geltenden Tarifwerke.[142] Damit kann es auch hier zur Divergenz zu den normativ tarifgebundenen Arbeitsverhältnissen kommen, wenn der Betriebserwerber nicht gleich organisiert ist wie der Betriebs-

---

[133] HMB/*Henssler* Teil 9 Rn. 83; JKOS/*Oetker* § 6 Rn. 251; ErfK/*Franzen* TVG § 3 Rn. 40.
[134] Siehe auch BAG 15.4.2008 – 9 AZR 159/07.
[135] BAG 29.8.2007, AP TVG § 1 Bezugnahme auf Tarifvertrag Nr. 61; Rn. 44.
[136] BAG 6.7.2011 – 4 AZR 706/09, AP TVG § 1 Bezugnahme auf Tarifvertrag Nr. 92 = NZA 2012, 100; 17.11.2010 – 4 AZR 391/09, AP BGB § 613a Nr. 391 = NZA 2011, 356.
[137] Siehe die Formulierungsvorschläge bei HMB/*Henssler* Teil 10 Rn. 131 f.
[138] BAG 26.9.2001 – 4 AZR 544/00, AP TVG § 1 Bezugnahme auf Tarifvertrag Nr. 21 = NZA 2002, 634.
[139] BAG 22.10.2008 – 4 AZR 784/07, NZA 2009, 151.
[140] BAG 22.10.2008 – 4 AZR 784/07, NZA 2009, 151; 29.8.2007 – 4 AZR 767/99, NZA 2008, 364; 30.8.2000 – 4 AZR 581/99, NZA 2001, 510.
[141] BAG 6.7.2011 – 4 AZR 706/09, AP TVG § 1 Bezugnahme auf Tarifvertrag Nr. 92 = NZA 2012, 100.
[142] ErfK/*Franzen* TVG § 3 Rn. 41a.

veräußerer. Der bisherige Tarifvertrag gilt hier nach § 613a Abs. 1 S. 2 BGB fort, § 613a Abs. 1 S. 4 2. Alt. gilt nicht.[143]

57 Die Frage, ob auch eine **„Tarifsukzession"**, also das Ersetzen eines Tarifwerkes durch ein anderes wie im Falle der Ablösung des BAT durch TVöD und TV-L, von einer Bezugnahmeklausel umfasst ist, muss durch die Ermittlung der Reichweite der Vereinbarung beantwortet werden.[144] Das ist bei einer Tarifwechselklausel einfach, bei einer kleinen dynamischen Verweisung dagegen nicht: Hier hilft die Rechtsprechung dann mit der ergänzenden Auslegung – und hat den Einbezug des Tarifwechsels goutiert.[145]

58 Im Fall der betrieblichen Tarifpluralität muss eine große dynamische Verweisung, die sich auf „die im Betrieb jeweils geltenden Tarifverträge" bezieht, ausgelegt werden – sofern die Arbeitsvertragsparteien nicht selbst Regelungsvorsorge getroffen haben.[146] Liegt zugleich eine Tarifkollision im Sinne des § 4a TVG vor und wird sie nach dem Majoritätsprinzip gelöst, so wird regelmäßig auf diesen Tarifvertrag verwiesen. Ist dies nicht der Fall, ist zur ergänzenden Vertragsauslegung zu greifen.[147]

59 **c) Dynamik und Gleichstellung.** Problematisch ist bei einer Koppelung an die Dynamik eines Tarifvertrags, ob diese auch dann noch bestehen bleibt, **wenn die normative Tarifbindung des Arbeitgebers endet** – etwa bei Verbandsaustritt nach Ablauf der Nachbindung des § 3 Abs. 3 TVG, durch Verbandswechsel oder bei Betriebsübergang, § 613a Abs. 1 S. 1 BGB, wenn der Betriebserwerber nicht normativ tarifgebunden ist.

60 Lange Zeit hatte die Rechtsprechung des BAG bei Tarifbindung des Arbeitgebers dynamische Verweisungen grundsätzlich widerleglich als Gleichstellungsabrede vermutet, auch wenn es keine entsprechenden ausdrücklichen oder den Umständen zu entnehmenden Indizien für einen entsprechenden Gleichstellungswillen gab.[148] Das hatte zur Folge, dass die schuldrechtliche Verweisung in ihrer Intensität an die normative Tarifgeltung gekoppelt wurde.[149] So wirkte auch die schuldrechtliche Verweisung lediglich statisch, wenn die Tarifbindung normativ endete.[150] Damit kam es zum (im Sinne der Gleichstellungsabrede erwünschten) Gleichauf von normativer und schuldrechtlicher Tarifgeltung.

61 Der schlichte Rückschluss von der Tarifbindung des Arbeitgebers auf eine Gleichstellungsabrede wurde unter Hinweis auf die notwendige rechtsgeschäftliche Implementierung der Gleichstellungsabsicht als vorschnell kritisiert, wenn sich im Wortlaut der Bezugnahmeklausel eine entsprechende Gleichstellungsabsicht nicht wiederfinden ließ. Spätestens mit der Aufnahme des Arbeitsvertrages in die AGB-Kontrolle durch die Schuldrechtsreform konnte hier auf die Unklarheitenregel des § 305c Abs. 2 BGB und das Transparenzgebot des § 307 Abs. 1 S. 2 BGB, zum Teil auch auf das Verbot der geltungserhaltenden Reduktion,[151] verwiesen werden.[152] Diese Kritik wurde durch das BAG aufgenommen und eine Vereinbarung der Gleichstellung mit „hinreichender Deutlichkeit"

---

[143] *Löwisch/Rieble* § 3 Rn. 634; ErfK/*Franzen* TVG § 3 Rn. 41a.
[144] *Löwisch/Rieble* § 3 Rn. 608.
[145] BAG 25.2.2015 – 5 AZR 481/13, NZA 2015, 943; 21.8.2013 – 5 AZR 581/11, NZA 2014, 271; 16.12.2009 – 5 AZR 888/08, AP TVG § 1 Bezugnahme auf Tarifvertrag Nr. 73 = NZA 2010, 401.
[146] *Löwisch/Rieble* § 3 Rn. 642 ff.
[147] *Löwisch/Rieble* § 3 Rn. 643.
[148] Siehe BAG 1.12.2004 – 4 AZR 50/04, AP TVG § 1 Bezugnahme auf Tarifvertrag Nr. 34 = NZA 2005, 478; 25.9.2002 – 4 AZR 294/01, AP TVG § 1 Bezugnahme auf Tarifvertrag Nr. 26 = NZA 2003, 807; 21.8.2002 – 4 AZR 263/01 AP BGB § 157 Nr. 21 = NZA 2003, 442.
[149] BAG 18.3.2009 – 4 AZR 64/08, AP TVG § 3 Nr. 41 = NZA 2009, 1028.
[150] Siehe nur BAG 27.11.2002 – 4 AZR 540/01, AP TVG § 1 Bezugnahme auf Tarifvertrag Nr. 29 = NZA 2003, 1278; 26.9.2001 – 4 AZR 544/00, *BAGE 99*, 120 = AP TVG § 1 Bezugnahme auf Tarifvertrag Nr. 21 = NZA 2002, 634.
[151] Siehe BAG 14.12.2005 – 4 AZR 536/04, AP TVG § 1 Bezugnahme auf Tarifvertrag Nr. 39 = NZA 2006, 607.
[152] Siehe bereits *Hanau* NZA 2005, 489 (491); *Annuß* ZfA 2005, 405; *Thüsing/Lambrich* RdA 2002, 193.

gefordert.¹⁵³ Mit anderen Worten: Die bloße Gleichstellungsabsicht oder Gleichstellungsmotivation des Arbeitgebers reicht für einen Rückschluss auf eine Gleichstellungs*abrede* nicht mehr aus. Dogmatischer Ansatzpunkt ist letztlich die Erkennbarkeit eines entsprechenden Rechtsbindungswillen des Arbeitgebers. Diesen sah das BAG auch bei Tarifbindung als nicht mehr zwangsläufig gegeben an.¹⁵⁴ Gegenüber der älteren Auslegung der widerlegbaren Vermutung der Gleichstellungsabrede war dies ein radikaler Wechsel hin zur entsprechenden Vertragsgestaltungslast. Ist die Gleichstellung nicht mehr eindeutig in der Bezugnahmeklausel verankert, so kommt es zu einer Entkoppelung der normativen und schuldrechtlich gebundenen Arbeitsverhältnisse im Falle des Entfalls der Normativität: die vertragliche Geltung des Tarifvertrags löst sich vollständig von dessen normativer Geltung.¹⁵⁵

Der rechtsgeschäftsbezogenen Gleichstellungsskepsis wird mit **dezidiert tarifsystematischen Erwägungen** entgegengetreten: Fundamental ist die Kritik, dass die durch die Aufgabe der Gleichstellungsautomatik stabil dynamisierte schuldrechtliche Tarifgeltung die normative Tarifgeltung als Leitbild des Tarifrechts in Frage stelle,¹⁵⁶ sie wird vor dem Hintergrund der schwindenden normativen Tarifbindung begreiflich. Zudem wird darauf hingewiesen, dass auch der Gesetzgeber die Gleichstellung von schuldrechtlicher und normativer Tarifgeltung kennt und ausdrücklich aufnimmt: In den Regelungen zur Bezugnahmemöglichkeit bei Tarifdispositivität (→ Rn. 2) und im Kontrollprivileg des § 310 Abs. 4 S. 3 BGB.¹⁵⁷ 62

Diese Kritik ist beachtlich, letztlich aber ist die Bezugnahme ein rein schuldrechtlicher und rechtsgeschäftlicher Akt (→ Rn. 15), weshalb das tarifliche Leitbild eben nur dann zu berücksichtigen ist, wenn es Eingang in die einzelne Regelung gefunden hat, die entsprechend auszulegen ist – und bei formularmäßiger Bezugnahme der Unklarheitenregelung des § 305c Abs. 2 BGB standzuhalten hat. Damit ist bei übereinstimmender Klauselformulierung auch die Unterscheidung in tarifgebundene und nichttarifgebundene Arbeitgeber als Grundkategorisierung hinfällig, ein Moment, das für den Arbeitnehmer ohnehin nicht stets klar erkennbar ist.¹⁵⁸ Die aus einer fehlenden Gleichstellungsabrede resultierenden erheblichen Folgen können auch nicht automatisch in die rechtsgeschäftliche Vereinbarung hineingelegt werden, zumal wenn diese mit der AGB-Kontrolle ein eigenes Schutzprogramm für den Vertragspartner des Klauselverwenders kennt. Es ist Aufgabe der Arbeitsvertragsparteien (und damit bei Formularvereinbarungen des Arbeitgebers), eine Koppelung der Dynamik an die normative Tarifbindung des Arbeitgebers zu erreichen: durch entsprechende Vertragspflege (→ Rn. 69 ff.). 63

Die Folgen dieser Rechtsprechung wurden freilich auf europarechtlicher Grundlage in Frage gestellt, weil sie etwa bei einem Betriebsübergang dazu führen, dass auch bei nicht tarifgebundenen Erwerbern die dynamische schuldrechtliche Bindung an den Tarifvertrag erhalten bleibt: Durch die arbeitsvertragliche Vereinbarung kommt es nicht zur Transformation nach § 613a Abs. 1 S. 2 BGB, sondern es verbleibt bei der Grundregel des Übergangs nach § 613a Abs. 1 S. 1 BGB (→ § 142 Rn. 142 ff.). Der EuGH sieht hier die unternehmerische Freiheit nach Art. 16 GRC betroffen – wenn der Erwerber keinen 64

---

¹⁵³ Grundlegend BAG 14.12.2005 – 4 AZR 536/04, AP TVG § 1 Bezugnahme auf Tarifvertrag Nr. 39 = NZA 2006, 607; dann auch BAG 18.4.2007 – 4 AZR 652/05, BAGE 122, 74 (95) = AP TVG § 1 Bezugnahme auf Tarifvertrag Nr. 53 = NZA 2007, 965; 18.4.2007 – 4 AZR 653/05, AP TVG § 1 Bezugnahme auf Tarifvertrag Nr. 54 = DB 2007, 2598.
¹⁵⁴ BAG 14.12.2005 – 4 AZR 536/04, AP TVG § 1 Bezugnahme auf Tarifvertrag Nr. 39 = NZA 2006, 607.
¹⁵⁵ Für den Fall des Betriebsübergangs BAG 18.4.2007 – 4 AZR 652/05, AP TVG § 1 Bezugnahme auf Tarifvertrag Nr. 53 = NZA 2007, 965; 22.10.2008 – 4 AZR 793/07, NZA 2009, 323; 23.9.2009 – 4 AZR 331/08, NJW 2010, 1831; 24.2.2010 – 4 AZR 691/08, AP TVG § 1 Bezugnahme auf Tarifvertrag Nr. 71 = DB 2010, 1593.
¹⁵⁶ *Löwisch/Rieble* § 3 Rn. 605: „schuldrechtliche dauerdynamische Allgemeinverbindlichkeit".
¹⁵⁷ *Löwisch/Rieble* § 3 Rn. 615.
¹⁵⁸ ErfK/*Franzen* TVG § 3 Rn. 44.

Einfluss auf die tariflichen Grundlagen nehmen kann.[159] In der Entscheidung Alemo-Heron hatte der EuGH deshalb eine weitere Dynamik verworfen, allerdings hatte das Gericht hier den Schwerpunkt auf die kollektivrechtliche Betrachtung gelegt und auf die Einflussnahmemöglichkeit durch Verbandszugehörigkeit verwiesen.[160] In jüngerer Zeit wurde diese Betrachtung wieder eingeschränkt – der EuGH lässt für die Gewährleistung der unternehmerischen Freiheit nach Art. 16 GRC auch die individualrechtliche Einflussnahmemöglichkeit auf die Arbeitsbedingungen genügen.[161] Das bedeutet aber wiederum, dass bereits die Möglichkeit einer einvernehmlichen Änderung der Arbeitsbedingungen, wie sie im Rahmen der Überleitung von Arbeitsbedingungen nach § 613a Abs. 1 S. 1 BGB besteht, den Vorgaben der unternehmerischen Freiheit genügt. Das aber führt dazu, dass es im Ergebnis auch bei europarechtlicher Betrachtung nicht zu einem impliziten „Wiederaufleben" der Gleichstellungsvereinbarung kommt.

65 Für **Altverträge, die vor dem 1.1.2002,** dem Tag des Inkrafttretens der Schuldrechtsreform, abgeschlossen wurden, besteht nach der Rechtsprechung des BAG Vertrauensschutz ohne zeitliche Grenze im Sinne der grundsätzlich angenommenen Gleichstellungsabrede.[162]

66 Ob dieser Zeitpunkt richtig gewählt ist, ist sehr fraglich, näher hätte der 14.12.2005 gelegen, der Tag, an dem der 4. Senat die Rechtsprechungsänderung ankündigte.[163] Allerdings ist zu beachten, dass auch bei Altverträgen kein Vertrauensschutz mehr besteht, wenn nach dem 31.12.2001 die Bezugnahmeklausel Gegenstand (neuer) vertraglicher Willensbildung war.[164] Das soll freilich schon dann der Fall sein, wenn die Arbeitsvertragsparteien vereinbaren, dass bei einer konkreten Vertragsänderung alle anderen Vereinbarungen unberührt bleiben.[165]

67 Bei nicht tarifgebundenen Arbeitgebern fehlt von vornherein der Anknüpfungspunkt für eine Gleichstellungsabrede – weil es dem Arbeitgeber gar nicht um die Gleichstellung gehen kann. Gleiches gilt dann, wenn die Bezugnahme auf einen Tarifvertrag erfolgt, dessen Geltungsbereich den Arbeitgeber (wie etwa bei einer fremden Branche) nicht umfasst.[166]

68 Die grundsätzliche stabile Dynamik der Bezugnahmeklausel ohne Gleichstellungsabrede wirkt sich etwa dann aus, wenn es zum Verbandsaustritt des Arbeitgebers kommt und die Nachbindung des § 3 Abs. 3 TVG beendet ist. Während die (bisher) normativen Arbeitsverhältnisse im Nachwirkungszeitraum des § 4 Abs. 5 TVG nicht mehr an der Dynamik teilnehmen, ist dies bei den schuldrechtlich Bezug nehmenden der Fall, bis die Bezugnahme etwa wegen des Herauswanderns des Arbeitsverhältnisses aus dem Geltungsbereich des Tarifvertrags ins Leere geht.[167]

69 **d) Entdynamisierung.** Der Zweck der Gleichstellung mit den unmittelbar tarifgebundenen Arbeitsverhältnissen muss sich aus der einzelvertraglichen Vereinbarung ergeben (→ Rn. 54). Das kann durch die ausdrückliche Nennung der die Tarifbindung des Arbeit-

---

[159] EuGH 27.4.2017 – C-680/15, NZA 2017, 571 – Asklepios; 18.7.2013 – C-426/11, NZA 2013, 835 – Alemo-Herron.
[160] EuGH 18.7.2013 – C-426/11, NZA 2013, 835 – Alemo-Herron.
[161] EuGH 27.4.2017 – C-680/15, NZA 2017, 571 – Asklepios.
[162] BAG 10.12.2014 – 4 AZR 503/12, AP TVG § 4 Günstigkeitsprinzip Nr. 25 = NZA 2015, 946; 17.11.2010 – 4 AZR 391/09, AP BGB § 613a Nr. 391 = NZA 2011, 356; 14.12.2005 – 4 AZR 536/04, AP TVG § 1 Bezugnahme auf Tarifvertrag Nr. 39 = NZA 2006, 607.
[163] *Löwisch/Rieble* § 3 Rn. 601; *Giesen* NZA 2006, 625 (628).
[164] BAG 24.2.2010 – 4 AZR 691/08, AP TVG § 1 Bezugnahme auf Tarifvertrag Nr. 75.
[165] BAG 13.5.2015 – 4 AZR 244/14, AP TVG § 1 Bezugnahme auf Tarifvertrag Nr. 130; 19.10.2011 – 4 AZR 811/09, AP TVG § 1 Bezugnahme auf Tarifvertrag Nr. 93; 24.2.2010 – 4 AZR 691/08 = NZA-RR 2010, 530; kritisch dazu *Löwisch/Rieble* § 3 Rn. 603.
[166] BAG 25.10.2000 – 4 AZR § 1 Bezugnahme auf Tarifvertrag Nr. 13; 21.10.2009 – 4 AZR 396/08, NZA-RR 2010, 361 Rn. 22f.; 17.11.2010 – 4 AZR 127/09, NZA 2011, 457.
[167] BAG 18.4.2007 – 4 AZR 652/05, AP TVG § 1 Bezugnahme auf Tarifvertrag Nr. 53; 22.10.2008 – 4 AZR 793/07, NZA 2009, 323.

gebers begründenden Normen wie § 3 Abs. 1 TVG geschehen,[168] so dass die Bezugnahme unter die Bedingung der Tarifgebundenheit des Arbeitgebers gestellt wird.[169]

Grundsätzlich ausreichend ist es aber, wenn die Gleichstellungsabsicht hinreichend deutlich in der Vereinbarung zum Ausdruck kommt. So reicht es auch aus, wenn der Arbeitsvertrag auf den Tarifvertrag verweist, *„soweit"* er für den Arbeitgeber verbindlich ist.[170] Damit ergibt sich für die Formulierung der Entdynamisierungsklausel keine allzu rigide Formulierungstiefe. Insbesondere ist es nicht notwendig, dass vertraglich die einzelnen Möglichkeiten des Tarifentfalls aufgenommen werden.[171] Das entspricht freilich nur allgemeinen rechtsgeschäftlichen Erwägungen – und ist risikobehaftet: Weil sich jede Beschränkung der Dynamik der durchaus wechselhaften (→ Rn. 60 ff.) gerichtlichen Überprüfung auszusetzen hat. 70

Die Dynamik der Bezugnahme kann – wie die Bezugnahme als solche – jederzeit durch die Arbeitsvertragsparteien beendet werden.[172] Der Arbeitsvertrag ist allerdings dahin auszulegen, dass eine solche Entdynamisierung auch gewollt ist – mithin ist ein entsprechender Rechtsbindungswille festzustellen.[173] 71

Besteht keine Einschränkung der Dynamik (klein oder groß), so wirkt sie grundsätzlich ohne zeitliche Beschränkung. Dies wird vor dem Hintergrund der Vertragsfreiheit als bedenklich angesehen und ein Recht auf Entdynamisierung angenommen, das sich in einem Widerrufsrecht konkretisiert.[174] Dass ein solches Widerrufsrecht vereinbart werden kann, steht außer Frage. Umstritten ist jedoch, ob diese Vereinbarung eindeutig sein muss, oder aber auch **regelmäßig in einer dynamischen Bezugnahmeklausel** enthalten sein kann, was dann zu einem grundsätzlichen einseitigen **Entdynamisierungsrecht** führte.[175] Auch hier ist aber wieder die Unklarheitenregel zu beachten: so dass ein solches Widerrufsrecht eindeutig zu vereinbaren ist[176] und nicht durch seine vorschnelle Annahme die Voraussetzungen für die Vereinbarung einer Gleichstellungsabrede konterkariert werden. 72

III. Bezugnahme und Betriebsvereinbarung

Die Bezugnahme auf einen Tarifvertrag ist nicht nur durch einen Arbeitsvertrag möglich, auch die Betriebsparteien können sich ihrer bedienen.[177] Allerdings müssen sie hier spezifisch betriebsverfassungsrechtliche Vorgaben berücksichtigen. 73

Geltungsgrund für die Anwendung des Tarifvertrags durch Bezugnahme in einer Betriebsvereinbarung bleibt diese selbst. Deshalb muss auch die Bezugnahmevereinbarung dem Schriftformgebot des § 77 Abs. 1 BetrVG entsprechen.[178] Die in Bezug genommenen Regelungen wirken dann normativ, also unmittelbar und zwingend, aber nicht nach § 4 Abs. 1 TVG, sondern nach § 77 Abs. 4 S. 1 BetrVG,[179] was auch die spezifischen 74

---

[168] BAG 23.9.2009 – 4 AZR 331/08, AP TVG § 1 Bezugnahme auf Tarifvertrag Nr. 71 = NZA 2010, 513; 21.10.2010 – 4 AZR 396/08, AP TVG § 1 Bezugnahme auf Tarifvertrag Nr. 72 = NZA-RR 2010, 361.
[169] BAG 25.1.2018 – 6 AZR 687/16, EzA-SD 8/2018, 5; 18.4.2007 – 4 AZR 652/05, AP TVG § 1 Bezugnahme auf Tarifvertrag Nr. 53 = NZA 2007, 965.
[170] BAG 5.7.2017 – 4 AZR 867/16, BAGE 159, 351–359, AP TVG § 1 Bezugnahme auf Tarifvertrag Nr. 138 = NZA 2018, 47.
[171] So auch *Jacobs* jurisPR-ArbR 2/2018 Anm. 2.
[172] Siehe etwa BAG 25.10.2017 – 4 AZR 375/16.
[173] Siehe etwa BAG 25.10.2017 – 4 AZR 375/16.
[174] *Löwisch/Rieble* § 3 Rn. 653 ff.
[175] So *Löwisch/Rieble* § 3 Rn. 653 ff.; *Hartmann* EuZA 2015, 203 (218); nur andeutend ErfK/*Franzen* TVG § 3 Rn. 43.
[176] JKOS/*Oetker* § 6 Rn. 202; *Klebeck* NZA 2006, 15 ff.; *Hanau/Kania* FS Schaub, S. 262.
[177] BVerfG 23.4.1986 – 2 BvR 487/80, BVerfGE 73, 261 = AP GG Art. 2 Nr. 28 Verweisung auf einen Tarifvertrag im Sozialplan = NJW 1987, 827; BAG 9.4.1991 – 1 AZR 406/90, AP BetrVG 1972 § 77 Tarifvorbehalt Nr. 1 = NZA 1991, 734; kritisch *Reuter* RdA 1991, 193 ff.
[178] *Löwisch/Rieble* § 3 Rn. 735.
[179] HMB/*Henssler* Teil 10 Rn. 125.

Rechtsfolgen für eine Betriebsvereinbarung auslöst, wie etwa die Nachwirkung nach § 76 Abs. 6 BetrVG und den Verzichtsschutz nach § 77 Abs. 4 S. 2 BetrVG.[180]

75 Und deshalb gilt auch die Grenze des § 77 Abs. 3 S. 1 BetrVG[181] – dies auch dann, wenn lediglich auf Teile eines Tarifvertrags verwiesen wird.[182] Hier greift ersichtlich der Zweck des § 77 Abs. 3 BetrVG, den Betriebsrat nicht als „beitragslose Ersatzgewerkschaft" zu etablieren, was leicht wäre, könnten Betriebsvereinbarungen ohne weiteres auf tarifliche Regelungen durch Bezugnahme zugreifen.[183] Lässt der Tarifvertrag im Sinne des § 77 Abs. 3 S. 2 BetrVG eine Öffnung zu[184] oder greift § 77 Abs. 3 BetrVG durch gesetzliche Anordnung nicht, wie im Falle des Sozialplanes, § 112 Abs. 1 S. 4 BetrVG, zu, so kann auch eine statische Bezugnahme erfolgen.[185] Im Rahmen der Vorrangtheorie gilt dies auch für Sachverhalte der sozialen Mitbestimmung, § 87 Abs. 1 BetrVG.[186]

76 Die Betriebsparteien müssen sich mit der Bezugnahme in ihrer Regelungsmacht halten – sie können nur dort verweisen, wo sie selbst regeln könnten. Sie können so nur im Rahmen ihrer Vereinbarungskompetenz wirksam auf einen Tarifvertrag Bezug nehmen.[187]

77 Eine dynamische Verweisung durch Betriebsvereinbarung auf einen Tarifvertrag ist nicht möglich, weil die Betriebspartner ihre eigene, spezifisch betriebsverfassungsrechtliche Regelungsverantwortung nicht aus der Hand geben und den Tarifvertragsparteien überlassen dürfen und weil die Regelung durch Tarifvertrag dann auch die nichtorganisierten Arbeitnehmer träfe.[188] Zudem lässt das Betriebsverfassungsrecht keine durch die dynamische Bezugnahme faktisch begründete Bindung der betrieblichen Arbeitsverhältnisse an einen Tarifvertrag zu – das wäre ein Verstoß gegen das koalitionspolitische Neutralitätsgebot im Betrieb.[189] Eine dennoch vereinbarte dynamische Verweisung soll aber nicht grundsätzlich unwirksam sein, sondern ist statische Verweisung zum Zeitpunkt des Abschlusses der Betriebsvereinbarung.[190]

---

[180] Löwisch/Rieble § 3 Rn. 742.
[181] BAG 26.2.2015 – 5 AZR 481/13, BAGE 151, 56, AP TVG § 1 Bezugnahme auf Tarifvertrag Nr. 129 = NZA 2015, 943; 20.11.2001 – 1 AZR 12/01, EzA § 77 BetrVG 1972 Nr. 70 = NZA 2002, 872; dazu Wiedemann/Oetker § 3 Rn. 401ff.; ErfK/Franzen TVG § 3 Rn. 30; Löwisch/Rieble § 3 Rn. 739ff.; NK-TVG/Lorenz § 3 Rn. 272ff.; Thüsing/Braun/Reufels 8. Kap. Rn. 77.
[182] HMB/Henssler Teil 10 Rn. 124; Thüsing/Braun/Reufels 8. Kap. Rn. 79; aA Wiedemann/Oetker § 3 Rn. 407f.
[183] Löwisch/Rieble § 3 Rn. 739.
[184] Thüsing/Braun/Reufels 8. Kap. Rn. 78.
[185] Löwisch/Rieble § 3 Rn. 741.
[186] Wiedemann/Oetker § 3 Rn. 404.
[187] Löwisch/Rieble § 3 Rn. 734.
[188] BAG 25.2.2015 – 5 AZR 481/13, AP TVG § 1 Bezugnahme auf Tarifvertrag Nr. 129 = NZA 2015, 943; 28.3.2007 – 10 AZR 719/05, AP BetrVG 1972 § 112 Nr. 184 = NZA 2007, 1066; 23.6.1992 – 1 ABR 11/92, AP BetrVG 1972 § 77 Nr. 55 = NZA 1992, 1095; Löwisch/Rieble § 3 Rn. 736; Wiedemann/Oetker § 3 Rn. 406; Thüsing/Braun/Reufels 8. Kap. Rn. 80.
[189] Löwisch/Rieble § 3 Rn. 736.
[190] BAG 23.6.1992 – 1 ABR 9/92, NZA 1993, 229.

§ 247 Tarifgeltung nach Betriebsübergang und Umwandlung

Schrifttum:
Bange, Fortgeltung von Kollektivverträgen bei Unternehmensumstrukturierung, 2000; *Bauer/von Medem,* Betriebsübergang: Beschränkt kollektivrechtliche Fortgeltung nach § 613a Abs. 1 S. 2 BGB, DB 2010, 2560; *Boecken,* Unternehmensumwandlungen und Arbeitsrecht, 1996; *Bepler,* Tarifverträge im Betriebsübergang, RdA 2009, 65; *B. Gaul,* Einzelvertragliche Bezugnahmeklausel beim Übergang des Arbeitsverhältnisses auf nicht tarifgebundene Arbeitgeber, BB 2000, 1086; *Däubler,* Tarifliche Betriebsverfassung und Betriebsübergang, DB 2005, 666; *Franzen,* Gesetzesbindung im Tarifvertragsrecht, FS Picker, 2010, S. 929; *Haußmann,* Die vorausschauende Tarifablösende Vereinbarung, FS Bauer, 2010, S. 411; *Heinze,* Arbeitsrechtliche Fragen bei der Übertragung und Umwandlungen von Unternehmen, ZfA 1997, 1; *Henssler,* Unternehmensumstrukturierung und Tarifvertrag, FS Schaub, s. 1998, S. 275; *Henssler,* Schuldrechtliche Tarifgeltung bei Verbandsaustritt, Verbandswechsel und Unternehmensumstrukturierung, FS Wißmann, S. 2005, S. 133; *Hohenstatt,* Die Fortgeltung von Tarifnormen nach § 613a I 2 BGB, NZA 2010, 23; *Hohenstatt/Schuster,* Auswirkungen des Tarifeinheitsgesetzes auf Umstrukturierungen, ZIP 2016, 5; *Jacobs,* Fortgeltung und Änderung von Tarif- und Arbeitsbedingungen bei der Umstrukturierung von Unternehmen, NZA-Beil. 1/2009, 45; *Kamlah,* Bestandschutz und Ablösung von Kollektivverträgen bei Betriebsübergang, 1998; *Lipinski/Kaindl,* Risiken und Chancen des § 613a BGB bei M&A-Transaktionen: Strategien zur Vermeidung und Gestaltung eines Betriebs(teil)übergangs, BB 2018, 245; *Mengel,* Umwandlungen im Arbeitsrecht, 1997; *Müller-Bonanni/Mehrens,* Auswirkungen von Umstrukturierungen auf die Tarifsituation, ZIP 2012, 1217; *Rinck,* Kollision von fortwirkenden Tarifnormen und Bezugnahmeklauseln und Betriebsübergang, RdA 2011, 216; *Sagan,* Die kollektive Fortgeltung von Tarifverträgen und Betriebsvereinbarungen nach § 613a Abs. 1 Sätze 2–4 BGB, RdA 2011, 163; *Sieg/Maschmann,* Unternehmensumstrukturierungen aus arbeitsrechtlicher Sicht, 2. Auflage, 2010; *Skuderis,* Die Weitergeltung von Tarifverträgen bei Betriebsübergängen nach § 613a Abs. 1 S. 2 bis 4 BGB, 1999; *Stuber,* Die Auswirkungen gesellschaftsrechtlicher Gesamtrechtsnachfolgen auf die bestehenden Arbeitsverträge und Kollektivverträge, 1994; *Waas,* Tarifvertrag und Betriebsübergang: Die Fortgeltung tarifvertraglicher Regelungen im Falle des Betriebsübergangs gemäß § 613a Abs. 1 S. 2–4 BGB, 1999; *Wank,* Die Geltung von Kollektivvereinbarungen nach einem Betriebsübergang, NZA 1987, 505; *Willemsen/Hohenstatt/Schweibert/Seibt,* Umstrukturierung und Übertragung von Unternehmen, 4. Auflage, 2011; *Zöllner,* Veränderung und Angleichung tariflich geregelter Arbeitsbedingungen nach Betriebsübergang, DB 1995, 1401.

Übersicht

	Rn.
I. Überblick	1
II. Tarifvertrag und Betriebsübergang	3
1. Zuerst: Normative Weitergeltung des Tarifvertrags	4
2. Transformation, § 613a Abs. 1 S. 2 BGB	13
a) „Kollektivrechtliche Transformation"?	14
b) Umfang	18
c) Abänderung	25
aa) Veränderungssperre, § 613a Abs. 1 S. 2 BGB	25
bb) Ablösung durch anderes normatives Regelungswerk, § 613a Abs. 1 S. 3 BGB	31
3. Schuldrechtliche Bezugnahme und Betriebsübergang	39
III. Tarifvertrag und Umwandlungsrecht	40

I. Überblick

Für den Betriebsübergang ordnet § 613a Abs. 1 S. 1 BGB in Umsetzung der BetriebsübergangsRL 2001/23/EG[1] den Eintritt des Betriebserwerbers in die Rechte und Pflichten des Arbeitsverhältnisses an, es kommt zur gesetzlichen Vertragsübernahme. Weil die Anordnung des § 613a Abs. 1 S. 1 BGB auch deshalb arbeitsvertragsbezogen ist, muss die Weitergeltung der bislang beim Betriebsveräußerer normativ geltenden tariflichen Regelungen gesondert angeordnet werden: Nach § 613a Abs. 1 S. 2 BGB gelten diese für das Arbeitsverhältnis weiter und können nicht zum Nachteil des Arbeitnehmers vor Ablauf

1

---

[1] Richtlinie 2001/23/EG des Rates vom 12.3.2001 zur Angleichung der Rechtsvorschriften der Mitgliedstaaten über die Wahrung von Ansprüchen der Arbeitnehmer beim Übergang von Unternehmen, Betrieben oder Unternehmens- oder Betriebsteilen, ABl. 22/16.

einer einjährigen Veränderungssperre geändert werden. Die Rechtsprechung sieht darin eine besondere kollektivrechtliche Weitergeltung der Tarifnormen (→ Rn. 14), die allerdings dann zurücksteht, wenn der Betriebserwerber und der Arbeitnehmer nicht ohnehin an denselben oder einen anderen Tarifvertrag, § 613a Abs. 1 S. 3 BGB, gebunden sind. Weil der Schutz der Arbeitnehmer beim Betriebsübergang den Inhalt der Arbeitsbedingungen konservieren, den Inhaltsschutz aber nicht verstärken soll, ordnet § 613a Abs. 1 S. 4 BGB das Ende der Veränderungssperre an, wenn der Tarifvertrag vorher ein (tarifrechtliches) Ende findet oder aber wenn es zum schuldrechtlichen (Gesamt)Bezug auf einen anderen Tarifvertrag kommt.

2 Im Falle der Unternehmensumwandlung gelten für Verschmelzung, Spaltung und Vermögensübertragung nach § 324 UmwG ebenfalls die Regelungen der § 613a Abs. 1 S. 2–4 BGB im Rahmen einer Rechtsgrundverweisung (→ Rn. 40). Diese Basis für die Weitergeltung tariflicher Regelungen steht aber neben den Folgen, die sich aus der umwandlungsrechtlichen Gesamtrechtsnachfolge ergeben: Das betrifft insbesondere den Haustarifvertrag, bei dem die Gesamtrechtsnachfolge praktisch wird (→ Rn. 42).

II. Tarifvertrag und Betriebsübergang

3 Für die Weitergeltung tariflicher Regelungen beim Betriebsübergang sind mehrere Situationen denkbar: Der Betriebserwerber ist normativ an denselben Tarifvertrag gebunden wie der Betriebsveräußerer – dann ergibt sich die weitere Tarifgeltung aus der nach wie vor durch §§ 3, 4 Abs. 1 TVG angeordneten normativen Wirkung (→ Rn. 4 ff.). Ist er normativ an einen anderen Tarifvertrag gebunden und ist der Arbeitnehmer auch Mitglied in der diesen Tarifvertrag schließenden Gewerkschaft, so gilt dieser normativ, zur Weitergeltung nach § 613a Abs. 1 S. 2 BGB kommt es nicht, oder sie wird nach § 612a Abs. 1 S. 3 BGB abgelöst. Fehlt eine beidseitige normative Tarifbindung beim Betriebserwerber so gelten die bislang normativ wirkenden tariflichen Regelungen nach § 613a Abs. 1 S. 2 BGB mit einer Veränderungssperre weiter (→ Rn. 25 ff.) – die Weitergeltung steht aber unter der Möglichkeit der Ablösung. Nahm der Arbeitsvertrag beim Betriebsveräußerer auf einen Tarifvertrag schuldrechtlich Bezug, so bleibt es auch im Falle des Betriebsüberganges bei der rein arbeitsvertraglichen Qualität der Bezugnahme, diese geht nach § 613a Abs. 1 S. 1 BGB über (→ Rn. 22, 33).

1. Zuerst: Normative Weitergeltung des Tarifvertrags

4 Sind Betriebsveräußerer und Betriebserwerber durch Mitgliedschaft im tarifschließenden Verband an den Tarifvertrag verbunden, so gelten beim Betriebsübergang keine Besonderheiten: Für die Arbeitsverhältnisse mit den gewerkschaftlich gebundenen Arbeitnehmern gelten die Normen des Tarifvertrags in gleicher Weise wie vor dem Betriebsübergang.[2] Das ist schon deshalb richtig, weil § 613a Abs. 1 BGB sowohl dem Bestandsschutz, aber auch dem Inhaltsschutz des Arbeitsverhältnisses dient, ein Eingreifen der Regelung aber nicht notwendig ist, wenn bereits das Tarifrecht über §§ 3 Abs. 1, 4 Abs. 1 TVG die normative Tarifbindung anordnet. § 613a Abs. 1 S. 2 BGB greift im Falle der stabilen normativen Tarifbindung also nicht ein,[3] was auch mittelbar durch § 613a Abs. 1 S. 3 BGB bestätigt wird. Die Weitergeltungsregelung des § 613 Abs. 1 S. 2 BGB ist kein spezielleres Gesetz gegenüber den allgemeinen Vorgaben, die eine normative Bindung auslösen.[4]

---

[2] BAG 5.2.1991 – 1 ABR 32/90, AP BGB § 613a Nr. 89 = NZA 1991, 639; *Löwisch/Rieble* § 3 Rn. 408; Thüsing/Braun/*Heise* 11,. Kap. Rn. 165; HWK/*Willemsen*/Müller-Bonanni BGB § 613a Rn. 262; NK-TVG/*Lorenz* § 3 Rn. 146; Wiedemann/*Oetker* § 3 Rn. 202; JKOS/*Oetker* § 6 Rn. 160.
[3] BAG 26.8.2009 – 4 AZR 280/08, AP BGB § 613a Nr. 376 = NZA 2010, 238; 18.9.2002 – 1 ABR 54/01, AP BetrVG 1972 § 77 Betriebsvereinbarung Nr. 7 = NZA 2003, 670; 27.7.1994 – 7 ABR 37/93, AP BGB § 613a Nr. 118 = NZA 1995, 222; HMB/*Grau* Teil 15 Rn. 32; Wiedemann/*Oetker* § 3 Rn. 203; HWK/*Willemsen*/Müller-Bonanni § 613a Rn. 254.
[4] So aber ErfK/*Preis* BGB § 613a Rn. 112 f.

II. Tarifvertrag und Betriebsübergang

Der **Vorrang der gleichbleibenden normativen Geltung** betrifft nicht nur die mitgliedschaftlich legitimierte Tarifbindung nach § 3 TVG, sondern auch die staatliche Tarifnormerstreckung im Wege der Erklärung der Allgemeinverbindlichkeit, § 5 TVG (→ § 248 Rn. 1 ff.). Fallen Betriebsveräußerer und Betriebserwerber beide unter den Geltungsbereich derselben Allgemeinverbindlicherklärung, so kommt es auch zu keiner Änderung der normativen Geltung, einer spezifischen gesetzlichen Anordnung der Weitergeltung der Regelungen nach § 613a Abs. 1 S. 2 BGB bedarf es nicht, die normativ begründete Tarifwirkung bleibt vor und nach dem Betriebsübergang erhalten.[5]

Für den (bisher) nicht tarifgebundenen Betriebserwerber gelingt ein **Wechsel hin zur normativen Bindung** an den bisherigen Tarifvertrag ab dem Zeitpunkt, an dem er in den tarifschließenden Arbeitgeberverband eintritt: Galten die bisherigen Tarifregelungen bis dahin gemäß § 613a Abs. 1 S. 2 BGB, so wird diese Geltungsanordnung durch § 613a Abs. 1 S. 3 BGB bei Eintritt in den Arbeitgeberverband abgelöst.[6] Durch die über § 613a Abs. 1 S. 2 BGB nurmehr gegebene bloße statische Weitergeltung der Tarifregelungen nach Betriebsübergang auf den (bisher) nicht tarifgebundenen Betriebserwerber (→ Rn. 21) kann es aber zu einem gewissen Anpassungsdruck kommen: Die Arbeitnehmer – und die Gewerkschaft – werden aber etwa die weiteren tariflichen Entgelterhöhungen beim Betriebserwerber ebenfalls begehren. Dem kann jedenfalls nicht dadurch entsprochen werden, dass sich der Betriebserwerber gegenüber der Gewerkschaft oder dem Veräußerer im Überleitungsvertrag verpflichtet, in den entsprechenden Arbeitgeberverband einzutreten – eine solche Vereinbarung verstößt gegen die negative Koalitionsfreiheit und scheitert an Art. 9 Abs. 3 S. 2 GG.[7] Vereinbarungslösungen sind aber dennoch auch auf tariflicher Ebene möglich, und bei fehlender Friedenspflicht auch erkämpfbar: Neben dem Abschluss eines inhaltsgleichen neuen Tarifvertrags kann ein Anerkennungstarifvertrag geschlossen werden, das bietet den Vorteil der normativen Weitergeltung der bisherigen Tarifregelungen, oder aber es kann eine schuldrechtliche tarifliche Vereinbarung als Vertrag zu Gunsten der Arbeitnehmer auf Abgabe eines Angebotes des die Tarifentwicklung nachvollziehenden Entgelts vereinbart werden.[8]

Die normative Weitergeltung desselben Tarifvertrags gelingt freilich nur beim (nicht firmenbezogenen) Verbandstarifvertrag, beim mit dem Betriebsveräußerer geschlossenen **Haustarifvertrag** kann es dagegen nicht zu einer normativen Bindung des Betriebserwerbers als neuer Tarifvertragspartei kommen.[9] Dem wird aber ein Übergang der Vertragspartnerstellung für den Fall der Betriebsidentität,[10] des Übergangs des einzigen Betriebs, der durch den Haustarifvertrag geregelt wird[11] oder Tarifsukzession beim Haustarifvertrag entgegengehalten.[12] Das jedoch geht fehl: Der Übergang der normativen Wirkung des Tarifvertrags auf den Erwerber findet in diesen Fällen weder im Tarifrecht noch im Betriebsübergangsrecht eine Stütze – weil es auf die Stellung als Tarifvertragspartei ankommt und diese über § 613a Abs. 1 BGB nicht sukzessionsfähig ist (zum Umwandlungsrecht siehe → Rn. 40 ff.)[13] und weil § 613a Abs. 1 S. 2 BGB keine abschließende Sonderregelung ist, die jeder tarifrechtlichen Beurteilung vorgeht.[14] Auch der Rekurs auf die nor-

---

[5] NK-TVG/*Lorenz* § 3 Rn. 150; HMB/*Grau* Teil 15 Rn. 34.
[6] HMB/*Grau* Teil 15 Rn. 34.
[7] BAG 26.8.2009 – 4 AZR 290/08, AP BGB § 613a Nr. 376 = NZA 2010, 238; 19.9.2006 – 1 ABR 2/06, AP TVG § 3 Verbandszugehörigkeit Nr. 22 = NZA 2007, 277.
[8] BAG 23.2.2011 – 4 AZR 439/09, AP BGB § 133 Nr. 60 = NZA-RR 2012, 253; HWK/*Willemsen/Müller-Bonanni* BGB § 613a Rn. 265a.
[9] BAG 10.6.2009 – 4 ABR 21/08, AP BGB § 613a Nr. 372 = NZA 2010, 51; 20.6.2001 – 4 AZR 295/00, AP TVG § 1 Bezugnahme auf Tarifvertrag Nr. 18 = NZA 2002, 517; JKOS/*Oetker* § 6 Rn. 163.
[10] NK-TVG/*Lorenz* § 3 Rn. 176.
[11] Wiedemann/*Oetker* § 2 Rn. 199.
[12] ErfK/*Preis* BGB § 613a Rn. 112; *Sagan* RdA 2011, 163 (167).
[13] Wiedemann/*Oetker* § 3 Rn. 239; HMB/*Grau* Teil 15 Rn. 38.
[14] Sie aber ErfK/*Preis* BGB § 613a Rn. 119; dagegen Wiedemann/*Oetker* § 3 Rn. 203.

mative Weitergeltung von Betriebsvereinbarungen bei Betriebsidentität geht fehl,[15] weil diese als betriebliche Regelung von vornherein den Betrieb als Geltungsobjekt hat und § 613a BGB auch die betriebsverfassungsrechtliche Ordnung aufrechterhalten soll. Das ist aber mit der tariflichen Situation nicht vergleichbar, weil der Tarifvertrag an das einzelne Arbeitsverhältnis anknüpft.

8 Der Haustarifvertrag kann also in einer lückenlosen normativen Geltungskette für die bislang normativ gebundenen Arbeitsverhältnisse nur dann erhalten werden, wenn es entweder zur rechtsgeschäftlichen Tarifvertragsübernahme zwischen Betriebsveräußerer, Betriebserwerber und Gewerkschaft kommt[16] oder aber, wenn der Betriebserwerber für den Zeitpunkt des Betriebsüberganges einen inhaltsgleichen Haustarifvertrag abschließt.[17] Ein mit derselben Gewerkschaft geschlossener Tarifvertrag für das Unternehmen des Betriebserwerbers kann den Übergang der tariflichen Regelungen des „alten" Haustarifvertrags nach § 613a Abs. 1 S. 2 BGB (→ Rn. 13 ff.) verhindern, das ist aber ein Fall der Ablösung und kein Fall der normativen Weitergeltung.[18]

9 Die Zugriffsmöglichkeit auf den Haustarifvertrag steht nach wie vor dem Betriebsveräußerer als Tarifvertragspartei zu.[19] Zur Kündigungsmöglichkeit beim Haustarifvertrag im Falle des Betriebsübergangs siehe noch → Rn. 12.

10 Beim firmenbezogenen Verbandtarifvertrag wird die normative Weitergeltung regelmäßig daran scheitern, dass der fachliche Geltungsbereich auf das Unternehmen bezogen ist, dem der Betrieb nach Betriebsübergang aber gerade nicht mehr angehört. Es kommt zum Entfall des Geltungsbereiches, die tariflichen Regelungen gelten über § 613a Abs. 1 S. 2 BGB weiter (→ Rn. 13 ff.).

11 Kommt es durch den Betriebsübergang zum Entfall der normativen Wirkung, etwa wegen des Herausfallens aus dem tariflichen Geltungsbereich, so gilt § 613a Abs. 1 S. 2–4 BGB, nicht aber die Nachwirkungsregelung des § 4 Abs. 5 TVG.[20] Praktisch hat dies keine Auswirkungen, weil die einjährige Änderungssperre des § 613a Abs. 1 S. 2 BGB für für den Arbeitnehmer nachteilige Vereinbarungen wegen § 613a Abs. 1 S. 4 BGB nicht gilt: Die normative Tarifwirkung ist bereits beendet.

12 Für den **Betriebsveräußerer** ändert sich durch den Betriebsübergang tarifrechtlich nichts: Für ihn und die (beim Teilbetriebsübergang etwaig zurückgebliebenen) Arbeitnehmer gilt bei gegebener Tarifbindung der Tarifvertrag weiter. Mittelbar kann der Übergang des einzigen oder aller Betriebe bei einem Haustarifvertrag allerdings Folgen haben – und etwa ein außerordentliches Kündigungsrecht für den Betriebsveräußerer auslösen, weil der Tarifvertrag nunmehr gleichsam „entkernt" ist (→ § 260 Rn. 40). Kommt es zu einem Teilbetriebsübergang und führt dies beim Veräußerer nach der Geprägetheorie (→ § 233 Rn. 18) zu einem Herausfallen aus dem Geltungsbereich des Tarifvertrags, so kommt es nicht zur Nachbindung nach § 3 Abs. 3 TVG, weil ein „faktischer Verbandsautritt" gegeben wäre,[21] sondern zur entsprechenden Anwendung des § 4 Abs. 5 TVG.

2. Transformation, § 613a Abs. 1 S. 2 BGB

13 Kommt es nicht zur normativen Geltung der Tarifregelungen auch beim Erwerber, werden nach § 613a Abs. 1 S. 2 BGB die Rechtsnormen des Tarifvertrags mit dem Betriebsübergang Inhalt des Arbeitsverhältnisses und können vor Ablauf eines Jahres nicht zum Nachteil des Arbeitnehmers geändert werden. Damit wird der bisher durch normative

---

[15] Diesen führt NK-TVG/*Lorenz* § 3 Rn. 176 an.
[16] NK-TVG/*Lorenz* § 3 Rn. 176; Wiedemann/*Oetker* § 2 Rn. 200, 201.
[17] HWK/*Willemsen*/*Müller-Bonanni* § 613a BGB Rn. 262; Wiedemann/*Oetker* § 3 Rn. 201.
[18] Thüsing/Braun/*Heise* 11. Kap. Rn. 167.
[19] BAG 26.8.2009 – 4 AZR 280/08, AP BGB § 613a Nr. 376 = NZA 2010, 238; HWK/*Willemsen*/*Müller-Bonanni* BGB § 613a Rn. 262; Wiedemann/*Oetker* § 3 Rn. 239; aA ErfK/*Preis* BGB § 613a Rn. 113b.
[20] BAG 29.8.2001 – 4 AZR 332/00, AP TVG § 1 Bezugnahme auf Tarifvertrag Nr. 17 = NZA 2002, 513; HMB/*Grau* Teil 15 Rn. 35.
[21] So aber NK-TVG/*Lorenz* § 3 Rn. 151.

II. Tarifvertrag und Betriebsübergang

Tarifwirkung geregelte Inhalt des Arbeitsverhältnisses zeitlich beschränkt stabilisiert und geschützt.[22]

a) „Kollektivrechtliche Transformation"? Die Rechtsprechung und mit ihr Teile der Literatur begreifen die Weitergeltungsanordnung des § 613a Abs. 1 S. 2 BGB als eine „kollektivrechtliche Transformation" – danach werden die Regelungen des Tarifvertrags nicht Bestandteil des Arbeitsvertrages, gelten aber dennoch im Arbeitsverhältnis[23] – als „kollektivrechtliche Regelung auf individueller Ebene".[24] Eine Begründung sieht das BAG in einem (allerdings nur scheinbaren) Gleichlauf der Situation beim Betriebsübergang auf den nichttarifgebundenen Betriebserwerber mit der des Verbandsaustritts und der daraus folgenden Nachbindung nach § 3 Abs. 3 TVG.[25] Das führt freilich zu einer der kollektivarbeitsrechtlichen Systematik nicht bekannten Kategorie der kollektivrechtlichen Regelungswirkung, die harsche Folgen hat: Eine kollektivrechtliche Weitergeltung der Tarifverträge führte dazu, dass nicht nur die tariflichen Regelungen weitergelten, die zum Zeitpunkt des Betriebsübergangs („konkret") anwendbar waren, sondern auch alle anderen, etwa durch Tarifkonkurrenz oder Tarifkollision, verdrängten, aber nicht anwendbaren Tarifverträge.[26] Das ist etwa bei für Sanierungstarifverträge praktisch, die zum Zeitpunkt des Betriebsüberganges anwendbar sind – sie können auch beim Erwerber bei Wegfall des Sanierungsgrundes durch die Anwendung der bis dahin nicht anwendbaren Tarifverträge abgelöst werden. Damit kommt es letztlich zum Übergang des gesamten Tarifwerkes, auch dann, wenn dieses zum Übergangszeitpunkt keine Anwendung fand. Weiter hat diese Betrachtung auch Auswirkungen auf den Verzichtsschutz: Die Rechtsprechung nimmt für die transformierten Regelungen § 4 Abs. 4 TVG in Anspruch,[27] was dazu führt, dass der Arbeitnehmer nicht auf die weitergeltenden Rechte verzichten kann, auch nicht nach Ablauf der Veränderungssperre nach § 613a Abs. 1 S. 2 BGB (→ Rn. 25).

Richtig ist das nicht:[28] Der übergangsrechtliche Inhaltsschutz bezieht sich auf das Arbeitsverhältnis und auf die Gewährleistung der Arbeitsbedingungen zum Zeitpunkt des Betriebsübergangs.[29] § 613a Abs. 1 BGB schützt den Inhalt der Arbeitsbedingungen und ordnet deren Weitergeltung im Arbeitsverhältnis an, damit ist dieses und nicht der Tarifvertrag als solcher Schutzziel der Regelung. Aus dieser Konzentration auf den Inhalt des Arbeitsverhältnisses vor allem folgt dann aber – nach wie vor[30] –, dass die tariflichen Regelungen lediglich individualrechtlich nach § 613a Abs. 1 S. 2 BGB weitergelten. Dass das Günstigkeitsprinzip zum „kollektivrechtlichen Besitzstand" gehört,[31] ändert daran nichts: Schon weil § 613a Abs. 1 S. 2 BGB selbst nur Veränderungen zu Lasten des Arbeitnehmers ausschließt und es eines Rückgriffes auf eine (wie immer methodisch begründete) Anwendung des § 4 Abs. 3 2. Alt. TVG nicht bedarf. Die Herleitung aus § 3 Abs. 3 TVG

---

[22] BAG 1.8.2001 – 4 AZR 82/00, AP BGB § 613a Nr. 225 = NZA 2002, 41; HMB/*Grau* Teil 15 Rn. 42.
[23] BAG 12.2.2014 – 4 AZR 317/12, AP TVG § 4 Nr. 36 = NZA 2014, 613; 12.9.2013 – 6 AZR 512/12, AP TVÜ § 1 Nr. 4 = NZA-RR 2014, 154; 24.2.2010 – 4 AZR 691/08, AP TVG § 1 Bezugnahme auf Tarifvertrag Nr. 75 = NZA-RR 2010, 530; dem im Ergebnis zustimmend HMB/*Grau* Teil 15 Rn. 50ff.; HWK/*Willemsen/Müller-Bonanni* BGB § 613a Rn. 250.
[24] NK-TVG/*Lorenz* § 3 Rn. 156.
[25] BAG 23.9.2010 – 4 AZR 331/08, AP TVG § 1 Bezugnahme auf Tarifvertrag Nr. 71 = NZA 2010, 513; 26.8.2009 – 5 AZR 969/08, AP BGB § 613a Nr. 375 = NZA 2010, 173; 22.4.2009 – 4 AZR 100/08, AP BGB § 613a Nr. 371 = NZA 2010, 41; dagegen dezidiert Wiedemann/*Oetker* § 3 Rn. 229.
[26] BAG 26.8.2009 – 5 AZR 969/08, AP BGB § 613a Nr. 375 = NZA 2010, 173; 22.4.2009 – 4 AZR 100/08, AP BGB § 613a Nr. 371 = NZA 2010, 41; HMB/*Grau* Teil 15 Rn. 51: Übergang des „Tariforganismus".
[27] BAG 12.2.2014 – 4 AZR 317/12, AP TVG § 4 Nr. 36 = NZA 2014, 613.
[28] JKOS/*Oetker* § 6 Rn. 157.
[29] *Löwisch/Rieble* § 3 Rn. 410; Thüsing/Braun/*Heise* 11. Kap. Rn. 171; Wiedemann/*Oetker* § 3 Rn. 229.
[30] Siehe auch die ältere Rechtsprechung des BAG 13.11.2007 – 3 AZR 191/06, AP BGB § 613a Nr. 336 = NZA 2008, 600; 1.8.2001 – 4 AZR 82/00, AP BGB § 613a Nr. 225 = NZA 2002, 41; 20.4.1994 – 4 AZR 342/93, AP BGB § 613a Nr. 108 = NZA 1994, 1140.
[31] So etwa HMB/*Grau* Teil 15 Rn. 51.

trägt nicht, weil der Verbandsaustritt als Akt der „Tarifflucht" (→ § 245 Rn. 50) nicht mit der unternehmerischen Entscheidung der Betriebsveräußerung und des Betriebserwerbs zu vergleichen ist. § 3 Abs. 3 TVG hat letztlich einen mitgliedschaftsbezogenen Ansatz (→ § 245 Rn. 52ff.), eine Parallele zum Betriebsübergang verbietet sich, immerhin bleibt die Tarifbindung beim Betriebsveräußerer weiter erhalten. Zudem zeigt sich die fehlende Belastbarkeit des Vergleichs darin, dass Arbeitnehmer, die erst nach Betriebsübergang in ein Arbeitsverhältnis mit dem Betriebserwerber eintreten, auch nach Auffassung des BAG richtig nicht von der Weitergeltung nach § 613a Abs. 1 S. 2 BGB erfasst werden.[32]

16 Weil § 613a Abs. 1 S. 2 BGB den individuellen Normenbestand schützen will, lebt auch der nach § 4a Abs. 2 S. 2 TVG beim Betriebsveräußerer verdrängte Minderheitentarifvertrag nicht mit dem Betriebsübergang wieder auf.[33] Auch das ist Folge der individualrechtlichen Bedeutung von § 613a Abs. 1 S. 2 BGB.

17 Ein zweiter Betriebsübergang führt nicht zum Entfall der Veränderungssperre, sondern lässt diese auch über diesen bestehen, zu einer Summierung der Jahresfristen kommt es nicht.[34]

18 **b) Umfang.** Die Weitergeltung nach § 613a Abs. 1 S. 2 BGB erfasst nur die Arbeitsverhältnisse, die zum Zeitpunkt des Betriebsübergangs bestehen[35] und die zu diesem Zeitpunkt normativ an den Tarifvertrag gebunden sind.[36] Tritt ein Arbeitnehmer, auch wenn er organisiert ist, erst nach dem Betriebsübergang in das Arbeitsverhältnis mit dem Betriebserwerber ein, so kann er sich nicht auf die (ehemals) tarifliche geltenden Regelungen berufen,[37] auch nicht aufgrund des allgemeinen Gleichheitsgrundsatzes.[38] Gleiches gilt dann, wenn ein Tarifvertrag beim Erwerber erst nach dem Betriebsübergang geschlossen oder ein zuvor geschlossener Tarifvertrag dann erst in Kraft tritt: In beiden Fällen fehlt es an der notwendigen Tarifgeltung zum Zeitpunkt des Betriebsübergangs.[39] Arbeitsverhältnisse, die erst nach dem Betriebsübergang mit dem Erwerber geschlossen werden, werden nicht ergriffen[40] – das gilt auch dann, wenn die Arbeitnehmer zuvor bereits beim Veräußerer beschäftigt waren und dieses Arbeitsverhältnis vor Betriebsübergang wirksam beendet wurde.

19 Die Weitergeltung greift auch, wenn der Tarifvertrag beim Betriebsveräußerer im Nachbindungszeitraum des § 3 Abs. 3 TVG gilt,[41] und ebenso, wenn er bereits zum Zeitpunkt des Betriebsübergangs lediglich nach § 4 Abs. 5 TVG nachwirkt.[42] Das gilt schon deshalb, weil durch die Nachwirkung die tariflichen Regelungen nicht originärer Bestandteil des Arbeitsvertrages werden, sondern lediglich ihre zwingende Wirkung verlieren (→ § 261 Rn. 1). Allerdings endet mit dem Betriebsübergang der Nachwirkungszeitraum und wird durch die Weitergeltung des § 613a Abs. 1 S. 2 BGB abgelöst (→ § 261 Rn. 70). Vereinbaren die Tarifvertragsparteien den Entfall der Nachwirkung (→ § 261 Rn. 71), so hat dies nach Betriebsübergang keine Auswirkungen: Die Weitergeltung ist zum Zeitpunkt des Betriebsüberganges erfolgt, allerdings gilt die Veränderungssperre des § 613a Abs. 1 S. 2 BGB dann nicht, was aus dem Rechtsgedanken des § 613a Abs. 1 S. 4

---

[32] Siehe BAG 22. 4. 2009 – 4 AZR 100/08, AP BGB § 613a Nr. 371 = NZA 2010, 41.
[33] *Löwisch/Rieble* § 3 Rn. 418; aA HWK/*Willemsen/Müller-Bonanni* BGB § 613a Rn. 263.
[34] HWK/*Willemsen/Müller-Bonanni* BGB § 613a Rn. 276; *Löwisch/Rieble* § 3 Rn. 413.
[35] Wiedemann/*Oetker* § 3 Rn. 232.
[36] JKOS/*Oetker* § 6 Rn. 164.
[37] Wiedemann/*Oetker* § 3 Rn. 232; HMB/*Grau* Teil 15 Rn. 52.
[38] JKOS/*Oetker* § 6 Rn. 161.
[39] BAG 16. 5. 2012 – 4 AZR 321/10, AP BGB § 613a Nr. 431 = NZA 2012, 923; ErfK/*Preis* BGB § 613a Rn. 117; HWK/*Willemsen/Müller-Bonanni* BGB § 613a Rn. 263; aA NK-TVG/*Lorenz* § 3 Rn. 197.
[40] Wiedemann/*Oetker* § 3 Rn. 232.
[41] Wiedemann/*Oetker* § 3 Rn. 244.
[42] ErfK/*Preis* BGB § 613a Rn. 117; HMB/*Grau* Teil 15 Rn. 58; Wiedemann/*Oetker* § 3 Rn. 244; HWK/*Willemsen/Müller-Bonanni* BGB § 613a Rn. 263; NK-TVG/*Lorenz* § 3 Rn. 197.

folgt. Wer sich auf eine eigene kollektivrechtliche Weitergeltung beruft, wird zum insgesamten und ersatzlosen Wegfall der Regelungen kommen.[43]

Weiter gelten zunächst die **Individualnormen** des Tarifvertrags.[44] Für Abschlussnormen wird das differenziert gesehen,[45] jedenfalls laufen sie ins Leere, weil das Arbeitsverhältnis bei Betriebsübergang bereits besteht.[46] Wird ein ehemals tarifgebundenes Arbeitsverhältnis nach Betriebsübergang beim Erwerber beendet und später wieder begründet, so kann eine Abschlussnorm ebenfalls nicht greifen, weil im Fall des Wiedereintritts auch die Weitergeltung des § 613a Abs. 1 S. 2 BGB nicht wieder aufgenommen wird. Die individualrechtliche Bedeutung der Weitergeltung nach § 613a Abs. 1 S. 2 BGB wirkt sich aber bei Betriebs- oder betriebsverfassungsrechtlichen Normen aus: Diese gelten grundsätzlich nicht weiter (außer, es handelt sich bei betrieblichen Normen um Doppelnormen, → § 240 Rn. 6),[47] weil sie von vornherein nicht Inhalt des Arbeitsverhältnisses werden.[48] Der Bezug auf eine kollektivrechtliche Lösung führte für betriebs- und betriebsverfassungsrechtliche Normen gar zur Unterstützung der entsprechenden Anwendung des § 3 Abs. 3 TVG.[49] Das ist nicht richtig: weil es den behaupteten Gleichlauf von § 613a Abs. 1 S. 2 BGB und § 3 Abs. 3 TVG nicht gibt (→ Rn. 15). Auch Normen über gemeinsame Einrichtungen nach § 4 Abs. 2 TVG gelten nach § 613a Abs. 1 S. 2 BGB nicht weiter,[50] schon weil der Betriebserwerber nicht über das Betriebsübergangsrecht in Pflichten gegenüber der gemeinsamen Einrichtung genommen werden kann. Die „Ausweichlösung" einer originären Begründung von Erwerberpflichten, die den bisherigen Ansprüchen des Arbeitgebers gegen die gemeinsame Einrichtung entsprechen,[51] findet in § 613a Abs. 1 BGB keine Stütze.[52]

Die **Tarifentwicklung** friert nach § 613a Abs. 1 S. 2 TVG ein, sodass Verweisungen auf andere Tarifverträge lediglich statisch zum Zeitpunkt des Tarifvertrags weitergelten.[53] Insgesamt haben die Tarifvertragsparteien keinen Zugriff mehr auf den Inhalt der übergegangenen Arbeitsverhältnisse, weder durch Änderung oder Beendigung der tariflichen Regelungen.[54] Das gilt auch für rückwirkende Änderungen, die auf einen Zeitpunkt vor dem Betriebsübergang abzielen.[55] Eine solche Beendigung wirkt sich nur mittelbar aus, weil sie nach § 613a Abs. 1 S. 4 BGB die einjährige Veränderungssperre abkürzt.[56] Anders wird das zu Recht für eine tarifinterne „Stufendynamik" gesehen, wenn also etwa bereits bei Tarifabschluss eine spätere Entgeltsteigerung erfolgen soll. Diese kann sich dann auch noch nach dem Betriebsübergang realisieren, weil auch sie bereits für das einzelne Ar-

---

[43] BAG 22.4.2009 – 4 AZR 100/08, AP BGB § 613a Nr. 371 = NZA 2010, 41; ErfK/*Preis* BGB § 613a Rn. 117.
[44] BAG 24.8.2011 – 4 AZR 566/09, AP TVG § 1 Auslegung Nr. 225 = NZA 2012, 528; HMB/*Grau* Teil 15 Rn. 54; HWK/*Willemsen*/*Müller-Bonanni* BGB § 613a Rn. 264; Wiedemann/*Oetker* § 3 Rn. 245.
[45] Ablehnend ErfK/*Preis* BGB § 613a Rn. 118.
[46] HWK/*Willemsen*/*Müller-Bonanni* BGB § 613a Rn. 263.
[47] Auch ErfK/*Preis* BGB § 613a Rn. 118; HWK/*Willemsen*/*Müller-Bonanni* BGB § 613a Rn. 264; Wiedemann/*Oetker* § 3 Rn. 246.
[48] HMB/*Grau* Teil 15 Rn. 55.
[49] NK-TVG/*Lorenz* § 3 Rn. 198.
[50] HWK/*Willemsen*/*Müller-Bonanni* BGB § 613a Rn. 264; HMB/*Grau* Teil 15 Rn. 55.
[51] So NK-TVG/*Lorenz* § 3 Rn. 196.
[52] So grundsätzlich auch Wiedemann/*Oetker* § 3 Rn. 247, der aber einen solchen Kompensationsanspruch als *ultima ratio* in Betracht zieht.
[53] BAG 7.3.2013 – 4 AZR 961/11, AP BGB § 613a Nr. 443 = NZA-RR 2014, 80; 6.7.2011 – 4 AZR 706/09, AP TVG § 1 Bezugnahme auf Tarifvertrag Nr. 92 = NZA 2012, 100; 26.8.2009 – 5 AZR 969/08, AP BGB § 613a Nr. 375 = NZA 2010, 173; 20.6.2001 – 4 AZR 295/00, AP TVG § 1 Bezugnahme auf Tarifvertrag Nr. 18 = NZA 2002, 517; Wiedemann/*Oetker* § 3 Rn. 248; HWK/*Willemsen*/*Müller-Bonanni* BGB § 613a Rn. 265; HMB/*Grau* Teil 15 Rn. 62; Thüsing/Braun/*Heise* 11. Kap. Rn. 172; im Ergebnis auch ErfK/*Preis* BGB § 613a Rn. 112.f; sehr kritisch NK-TVG/*Lorenz* § 3 Rn. 156 und 198.
[54] Wiedemann/*Oetker* § 3 Rn. 248.
[55] BAG 13.9.1994 – 3 AZR 148/94, AP TVG § 1 Rückwirkung Nr. 11 = NZA 1995, 740.
[56] HMB/*Grau* Teil 15 Rn. 70.

beitsverhältnis vorgesehen war, es handelt sich nicht um eine Änderung des Tarifvertrags.[57]

22 Die **schuldrechtlichen Regelungen des Tarifvertrags** werden vom Betriebsübergang und der Weitergeltung nach § 613a Abs. 1 S. 2 BGB nicht umfasst[58] – weil es nach § 613a Abs. 1 BGB nicht zur Nachfolge des Betriebserwerbers als Tarifvertragspartei kommt[59] – § 613a Abs. 1 BGB verfolgt ein individualrechtliches Konzept[60] und schuldrechtliche Tarifpflichten können nicht Inhalt eines Arbeitsverhältnisses werden. Deshalb kommt es auch nicht zum Übergang von Ansprüchen aus einem schuldrechtlichen Tarifvertrag zugunsten Dritter.[61]

23 Nichts zu tun mit der Überleitung eines Tarifvertrags nach § 613a Abs. 1 S. 2 BGB hat im Kern ein vergütungsrechtliches Detail, das auch beim Betriebsübergang praktisch wird: Weil die Rechtsprechung ein **tarifliches Vergütungssystem als betriebsverfassungsrechtlich relevant** nach § 87 Abs. 1 Nr. 10 BetrVG einordnet (→ § 239 Rn. 9), setzt sich im Falle des Betriebsüberganges auch dieses wegen der erhaltenen Betriebsidentität fort: So kann der Arbeitgeber dieses Vergütungssystem nur mit Zustimmung des Betriebsrates ändern. Das ist nicht richtig (dazu → § 261 Rn. 30f.).

24 **Zeitlich** besteht die Weitergeltung grundsätzlich unbegrenzt, einen automatischen Entfall der weitergeltenden Tarifnormen kennt das Gesetz nicht.[62] Zugunsten des Arbeitnehmers können die Regelungen jederzeit geändert werden, nach Ablauf der einjährigen Änderungssperre (→ Rn. 25) auch zu seinem Nachteil. Ansonsten kann eine Ablösung nach § 613a Abs. 1 S. 3, 4 BGB erfolgen (→ Rn. 31 ff.).

25 **c) Abänderung. aa) Veränderungssperre, § 613a Abs. 1 S. 2 BGB.** Nach § 613a Abs. 1 S. 2 BGB dürfen die so transformierten tariflichen Arbeitsbedingungen nicht vor Ablauf eines Jahres zum Nachteil des Arbeitnehmers geändert werden – weil der zu gewährleistende inhaltliche Bestandsschutz entkernt würde, könnte er sogleich nach Betriebsübergang angegriffen werden. Wie die § 613a Abs. 1 S. 3, 4 BGB aber zeigen, wirkt dieser Veränderungsschutz nicht absolut, sondern gilt nur eingeschränkt.[63] Deshalb gilt er im Ergebnis lediglich für arbeitsvertragliche Änderungsinstrumente. Die Veränderungssperre bezieht sich dabei nur auf die weitergeltenden ehemals tariflichen Regelungen, für die nach § 613a Abs. 1 S. 1 BGB übergehenden arbeitsvertraglichen Inhalte gilt sie von vornherein nicht: Sie können auch zum Nachteil des Arbeitnehmers durch wirksame rechtsgeschäftliche Mittel – und so auch durch die Änderungskündigung – geändert werden.[64] Das folgt schon daraus, dass der Arbeitnehmer durch den Betriebsübergang zwar nicht schlechter, aber auch nicht besser gestellt werden soll als ohne diesen.

26 An dieser **Veränderungssperre** scheitern entsprechende rechtsgeschäftliche arbeitsvertragliche Vereinbarungen nach § 134 BGB,[65] auch die Änderungskündigung, wenn sie nicht für den Arbeitnehmer günstiger sind: es gilt das Günstigkeitsprinzip.[66] Das hat aber – wie die Vertreter der Theorie der kollektivrechtlichen Weitergeltung meinen[67] – nichts

---

[57] BAG 16.5.2012 – 4 AZR 321/10, AP BGB § 613a Nr. 431 = NZA 2012, 923; 21.4.2010 – 4 AZR 768/08, AP BGB § 613a Nr. 387 = BB 2010, 2236; kritisch HWK/*Willemsen/Müller-Bonanni* BGB § 613a Rn. 265.
[58] HWK/*Willemsen/Müller-Bonanni* BGB § 613a Rn. 264; NK-TVG/*Lorenz* § 3 Rn. 196; JKOS/*Oetker* § 6 Rn. 167.
[59] Wiedemann/*Oetker* § 3 Rn. 243.
[60] HMB/*Grau* Teil 15 Rn. 59.
[61] Wiedemann/*Oetker* § 3 Rn. 243; freilich kritisch auf die unionsrechtliche Ebene verweisend JKOS/*Oetker* § 6 Rn. 167.
[62] JKOS/*Oetker* § 6 Rn. 188.
[63] HMB/*Grau* Teil 15 Rn. 79.
[64] BAG 22.10.2008 – 4 AZR 793/07, AP TVG § 1 Bezugnahme auf Tarifvertrag Nr. 67 = NZA 2009, 323; HWK/*Willemsen/Müller-Bonanni* BGB § 613a Rn. 266.
[65] ErfK/*Preis* BGB § 613a Rn. 119; HMB/*Grau* Teil 15 Rn. 81.
[66] Thüsing/Braun/*Heise* 11. Kap. Rn. 188; ErfK/*Preis* BGB § 613a Rn. 119.
[67] Sie etwa ErfK/*Preis* BGB § 613a Rn. 119.

II. Tarifvertrag und Betriebsübergang

mit einer Parallelität zu § 3 Abs. 3 TVG zu tun. Auch für den Arbeitsvertrag ist eine verschlechternde Änderung vor Ablauf der Jahresfrist möglich, wenn die tariflichen Regelungen selbst dispositiv und damit für den Arbeitsvertrag offen sind (→ § 252 Rn. 1 ff.), das gilt auch für einen Tarifvertrag, der sich im Nachwirkungsstadium befindet. Wie für die Nachwirkung nach § 4 Abs. 5 TVG (→ § 252 Rn. 42),[68] können die Arbeitsvertragsparteien auch während des Laufs der Änderungssperre Vorsorge für die ihr nachfolgende Zeit treffen und dann auch (zukünftig geltende) verschlechternde Reglungen treffen.[69] Das umfasst dann auch das Instrument der Änderungskündigung.[70]

27 Die Veränderungssperre wird zeitlich durch § 613a Abs. 1 S. 4 1. Alt BGB begrenzt: Gilt der Tarifvertrag vor Ablauf eines Jahres nach Betriebsübergang nicht mehr, so ist auch eine Änderung zu Lasten des Arbeitnehmers möglich.[71] Das betrifft etwa die Fälle, in denen ein bereits nachwirkender Tarifvertrag über § 613a Abs. 1 S. 2 BGB weitergilt oder auch, wenn dessen Nachwirkung nach dem Betriebsübergang eintritt. Auch das lässt sich individualrechtlich erklären: Der Weitergeltungsschutz nach § 613a Abs. 1 S. 2 BGB soll nicht weitergehen als ohne den erfolgten Betriebsübergang.

28 Ändernd wirkt auch die Vereinbarung der Arbeitsvertragsparteien einen anderen Tarifvertrag in dessen Geltungsbereich schuldrechtlich anzuwenden, § 613a Abs. 1 S. 4 BGB. Damit kann im Erwerberbetrieb ein Gleichlauf mit dem dort bereits normativ geltenden Tarifvertrag für die Arbeitnehmer hergestellt werden, die nicht der tarifschließenden Gewerkschaft angehören.[72] Eine solche Bezugnahme kann auch erfolgen wenn nur eine Vertragspartei nicht tarifgebunden ist – die Formulierung in § 613a Abs. 1 S. 4 BGB ist hier insofern missverständlich.[73] Weil auf einen einschlägigen Tarifvertrag Bezug zu nehmen ist und auf diesen auch insgesamt, ergibt sich daraus auch kein Schutzdefizit, so dass es bei asynchroner Tarifbindung nicht zur Ablösung nach § 613a Abs. 1 S. 4 BGB kommen könnte.[74]

29 Voraussetzung für die ablösende Wirkung ist aber, dass der einschlägige Tarifvertrag insgesamt in Bezug genommen wird – eine lediglich punktuelle Verweisung reicht nicht aus.[75] Ein solcher punktueller Bezug geht nur für die Ablösung nach § 613a Abs. 1 S. 4 2. Alt. BGB ins Leere: Rechtsgeschäftlich ist sie wirksam, muss dann aber dem Günstigkeitsvergleich mit den nach § 613a Abs. 1 S. 2 BGB weitergeltenden bisherigen Tarifregelungen stellen (→ § 253 Rn. 40 ff.).

30 Allerdings führt der Ablauf der Veränderungssperre nicht zum Entfall der **allgemeinen Vorgaben für eine Vertragsänderung**, sondern setzt nur eine zusätzliche Grenze für die Arbeitsvertragsfreiheit: so kann zwar der Arbeitgeber dann durch eine Änderungskündigung versuchen, zu einer Änderung der Arbeitsbedingungen zu kommen; allerdings reicht es für deren Rechtfertigung nicht aus, dass der Arbeitgeber nach betriebseinheitlichen Arbeitsbedingungen strebt.[76]

31 **bb) Ablösung durch anderes normatives Regelungswerk, § 613a Abs. 1 S. 3 BGB.** Gilt ein **anderer Tarifvertrag im Arbeitsverhältnis normativ,** bedarf es des Schutzes durch die Transformation nach § 613a Abs. 1 S. 2 BGB nicht.[77] Deshalb ordnet § 613a Abs. 1 S. 3 BGB für diesen Fall an, dass es zu keiner Weitergeltung der bisherigen Regelungen nach § 613a Abs. 1 S. 2 BGB kommt. Von vornherein spielt dann auch die Ände-

---

[68] Darauf auch verweisend HWK/*Willemsen/Müller-Bonanni* BGB § 613a Rn. 267.
[69] HWK/*Willemsen/Müller-Bonanni* BGB § 613a Rn. 267; HMB/*Grau* Teil 15 Rn. 81; ErfK/*Preis* BGB § 613a Rn. 119.
[70] MüKoBGB/*Müller-Glöge* § 613a Rn. 136; aA NK-TVG/*Lorenz* § 3 Rn. 215.
[71] HMB/*Grau* Teil 15 Rn. 84 ff.; HWK/*Willemsen/Müller-Bonanni* BGB § 613a Rn. 282.
[72] ErfK/*Preis* BGB § 613a Rn. 122.
[73] HWK/*Willemsen/Müller-Bonanni* BGB § 613a Rn. 283.
[74] So aber NK-TVG/*Lorenz* § 3 Rn. 212.
[75] HWK/*Willemsen/Müller-Bonanni* BGB § 613a Rn. 283; NK-TVG/*Lorenz* § 3 Rn. 210.
[76] NK-TVG/*Lorenz* § 3 Rn. 157 mwN.
[77] BAG 13.3.2012 – 1 AZR 659/10, AP-Newsletter 2012, 189 = NZA 2012, 990.

rungsfrist des § 613a Abs. 1 S. 2 BGB keine Rolle.[78] Diese Ablösung kann sowohl durch Haus- als auch Verbandstarifvertrag erfolgen, unabhängig davon, welcher Tarifvertrag nach § 613a Abs. 1 S. 2 BGB weitergilt.[79]

32   Allerdings gelingt die Ablösung nach § 613a Abs. 1 S. 3 BGB nur dann, wenn das **Arbeitsverhältnis insgesamt** der normativen Bindung unterfällt, entweder aufgrund beidseitiger mitgliedschaftlicher Tarifbindung oder aufgrund Allgemeinverbindlichkeit, § 5 Abs. 4 TVG.[80] Damit reicht weder die lediglich einseitige Bindung des Arbeitgebers noch ein in dessen Betrieb lediglich nachwirkender Tarifvertrag aus.[81]

33   Damit greift auch das **Günstigkeitsprinzip** nicht, sondern der normativ geltende Tarifvertrag gilt von vornherein:[82] Der ablösende Tarifvertrag kann also auch für den Arbeitnehmer verschlechternde Regelungen enthalten. Das unterscheidet die vormalige normative Tarifgeltung von der durch schuldrechtliche Bezugnahme begründetet Tarifanwendung: bei dieser muss sich ein normativ für das Arbeitsverhältnis geltender Tarifvertrag beim Erwerber am Günstigkeitsprinzip messen lassen – weil die Fortgeltung der Bezugnahme beim Betriebsübergang auf § 613a Abs. 1 S. 1 BGB und nicht auf § 613a Abs. 1 S. 2 BGB gründet. Das durch § 613a Abs. 1 S. 3 BGB (in Umsetzung von Art. 3 Abs. 3 BetriebsübergangsRL 2001/23/EG) vorgegebene Ablösungsprinzip lässt sich auch nach den EuGH-Entscheidungen Scattolon[83] und Unionen[84] halten: Beide benennen zwar ein unionsrechtliches Verschlechterungsverbot – allerdings „soweit wie möglich" und setzten dagegen auch das geschützte Interesse des Betriebserwerbers, die Arbeitsbedingungen anpassen zu können.[85] Das nimmt die unionsgrundrechtlich geprägte Rechtsprechung der Entscheidungen Alemo-Herron[86] und Asklepios[87] auf, die für die Frage der Weitergeltung einer vereinbarten dynamischen Bezugnahme auf einen Kollektivvertrag auf die Unternehmerfreiheit, Art. 16 GRC, und die (negative) Koalitionsfreiheit, Art. 28 GRC, abstellen.[88] Zudem betreffen sowohl die Scattolon- als auch die Unionen-Entscheidung Sonderfälle, weil es um die Berücksichtigung von Beschäftigungszeiten für die Entgeltberechnung und die Berechnung von Kündigungsfristen geht.[89] Ein Plädoyer für die Anerkennung eines übergangsrechtlichen kollektiven Günstigkeitsprinzips ist dies nicht.

34   Voraussetzung für die Ablösung nach § 613a Abs. 1 S. 3 BGB ist, dass die beiden Tarifverträge dieselben, identischen Regelungsbereiche umfassen („Inhaltsgleichheit"; „deckungsgleich"),[90] was durch die Bildung von Sachgruppen festgestellt werden kann.[91] Zu-

---

[78] Unklar aber EuGH 6.4.2017 – C-336/15, AP Richtlinie 2001/23/EG Nr. 12 = NZA 2017, 585; für ErfK/*Preis* BGB § 613a Rn. 123 ist die Entscheidung unhaltbar.
[79] HWK/*Willemsen/Müller-Bonanni* BGB § 613a Rn. 275; NK-TVG/*Lorenz* § 3 Rn. 159; JKOS/*Oetker* § 6 Rn. 176.
[80] BAG 7.7.2010 – 4 AZR 1023/08, AP BGB § 613a Nr. 388 = NZA-RR 2011, 30; ErfK/*Preis* BGB § 613a Rn. 123; Wiedemann/*Oetker* § 3 Rn. 253.
[81] BAG 7.7.2010 – 4 AZR 1023/08, AP BGB § 613a Nr. 388 = NZA-RR 2011, 30; 21.2.2001 – 4 AZR 18/00 = NZA 2001, 1318; HWK/*Willemsen/Müller-Bonanni* BGB § 613a Rn. 268, 271.
[82] BAG 22.4.2009 – 4 AZR 100/08, AP BGB § 613a Nr. 371 = NZA 2010, 41; 11.5.2005 – 4 AZR 315/04, AP TVG § 4 Tarifkonkurrenz Nr. 30 = NZA 2005, 1362; BAG 7.7.2001 – 4 AZR 1023/08, AP BGB § 613a Nr. 388 = NZA-RR 2011, 30; HMB/*Grau* Teil 15 Rn. 47; Thüsing/Braun/*Heise* 11. Kap. Rn. 189; ErfK/*Preis* BGB § 613a Rn. 123; NK-TVG/*Lorenz* § 3 Rn. 204; Wiedemann/*Oetker* § 3 Rn. 255.
[83] EuGH 6.9.2011 – C-180/10 = DB 2011, 2129.
[84] EuGH 6.4.2017 – C-336/15, AP Richtlinie 2001/23/EG Nr. 12 = NZA 2017, 585; skeptisch HWK/*Willemsen/Müller-Bonanni* BGB § 613a Rn. 270; für ein „betriebsübergangsrechtliches Günstigkeitsprinzip" aber *Steffan* NZA 2012, 437; *Sagan* EuZA 2012, 247 (253); NK-TVG/*Lorenz* § 3 Rn. 198.
[85] EuGH 6.4.2017 – C-336/15, AP Richtlinie 2001/23/EG Nr. 12 = NZA 2017, 585.
[86] EuGH 18.7.2013 – C-426/11, AP Richtlinie 2001/23/EG Nr. 10 = NZA 2013, 835 – Alemo-Herron.
[87] EuGH 27.4.2017 – C-680/15, C-681/15, NJW 2017, 2178 – Asklepios.
[88] *Löwisch/Rieble* § 3 Rn. 474 ff.
[89] So auch *Junker* EuZA 2016, 428 (440); *Löwisch/Rieble* § 3 Rn. 475.
[90] BAG 22.1.2003 – 10 AZR 10 AZR 227/02, AP BGB § 613a Nr. 242 = NZA 2003, 879; 20.4.1994 – 4 AZR 342/93, AP BGB § 613a Nr. 108 = NZA 1994, 1140; ErfK/*Preis* BGB § 613a Rn. 123; HMB/*Grau* Teil 15 Rn. 46; NK-TVG/*Lorenz* § 3 Rn. 203; Wiedemann/*Oetker* § 3 Rn. 255.

II. Tarifvertrag und Betriebsübergang　　　　　　　　　　　　　35–37 § 247

dem können die Tarifparteien des ablösenden Tarifvertrags eine im nach § 613a Abs. 1 S. 2 BGB weitergeltenden Tarifvertrag geregelte Materie bewusst nicht regeln und damit die weitergeltenden Regelungen durch die tarifliche Nichtregelung ersetzen.[92] Hier ist freilich nach dem Regelungswillen hin auszulegen.[93] Auch eine bloße Teilablösung ist möglich,[94] so dass es zur Aufteilung der Regelungsgeltung nach § 612a Abs. 1 S. 2 BGB und nach der normativen Tarifbindung kommen kann.[95] Insgesamt sind die zu § 4 Abs. 5 TVG gemachten Überlegungen auch hier fruchtbringend (→ § 261 Rn. 43 ff.).

Auf den **Zeitpunkt des Tarifschlusses beim Erwerber** kommt es nicht an, sowohl 35 beim zum Betriebsübergang bereits abgeschlossenen Tarifvertrag als auch bei Abschluss nach dem Betriebsübergang greift § 613a Abs. 1 S. 3 BGB.[96] Dann kommt es zwar zu einer zwischenzeitlichen Weitergeltung der bisherigen Tarifnormen über § 613a Abs. 1 S. 2 BGB, diese endet aber mit Abschluss des neuen Tarifvertrags.[97]

Kommt es für einige Arbeitsverhältnisse (etwa wegen der neu angenommenen Ge- 36 werkschaftsmitgliedschaft) zur normativen Ablösung der Weitergeltung der bisherigen tariflichen Regelungen nach § 613a Abs. 1 S. 2 BGB, für andere aber nicht, so sind im Betrieb faktisch zwei Tarifvertragswerke anzuwenden. Mit einer Tarifkollision, wie sie § 4a Abs. 2 TVG voraussetzt, hat das aber nichts zu tun,[98] sie kann und darf gerade nicht „in § 613a Abs. 1 S. 2 BGB hinein(ge)lesen" werden:[99] Eben, weil die Regelungen des bisherigen Tarifvertrags lediglich individualrechtlich weitergelten, und nicht normativ. Die Frage nach einem Spezialitätsverhältnis des § 613a Abs. 1 S. 3 BGB gegenüber § 4a Abs. 2 TVG[100] stellt sich nur bei der strikt kollektivrechtlichen Betrachtung (→ Rn. 14 ff.). Weil § 613a Abs. 1 S. 2 BGB den individuellen Normenbestand schützen will, lebt auch der nach § 4a Abs. 2 S. 2 TVG beim Betriebsveräußerer verdrängte Minderheitentarifvertrag nicht mit dem Betriebsübergang wieder auf.[101] Auch das ist Folge der individualrechtlichen Bedeutung von § 613a Abs. 1 S. 2 BGB.

Ob § 613 Abs. 1 S. 3 BGB auch den Fall einer für Ablösung der Weitergeltung tarifli- 37 cher Regelungen nach § 613a Abs. 1 S. 2 BGB durch eine beim Erwerber geltende Betriebsvereinbarung gilt, ist umstritten. Die Rechtsprechung und Teile der Literatur lehnen eine solche **„Überkreuzablösung"** grundsätzlich ab.[102] Eine Ausnahme soll nur bei Sachverhalten der erzwingbaren Mitbestimmung gemacht werden.[103] Dem kann folgen, wer eine kollektivrechtliche Weitergeltung befürwortet.[104] Auch dies verkennt freilich den individualschützenden Kern des § 613a Abs. 1 S. 2 BGB: Es geht nicht um den Schutz der Kollektivregelung an sich, sondern um den Regelungsbestand des Arbeitsverhältnisses, der kann aber nach § 613a Abs. 1 S. 3 auch durch eine Betriebsvereinbarung abgelöst werden. Gerade weil es nicht zur kollektivrechtlichen Weitergeltung kommt, sondern zur

---

[91] BAG 20.4.1994 – 4 AZR 342/93, AP BGB § 613a Nr. 108 = NZA 1994, 1140; HWK/*Willemsen/Müller-Bonanni* BGB § 613a Rn. 271.
[92] ErfK/*Preis* BGB § 613a Rn. 125.
[93] BAG 22.1.2003 – 10 AZR 10 AZR 227/02, AP BGB § 613a Nr. 242 = NZA 2003, 879; 23.1.2008 – 4 AZR 602/06, AP TVG § 1 Bezugnahme auf Tarifvertrag Nr. 63 = ZTR 2008, 665.
[94] BAG 22.1.2003 – 10 AZR 10 AZR 227/02, AP BGB § 613a Nr. 242 = NZA 2003, 879; 20.4.1994 – 4 AZR 342/93, AP BGB § 613a Nr. 108 = NZA 1994, 1140; HMB/*Grau* Teil 15 Rn. 46.
[95] HWK/*Willemsen/Müller-Bonanni* BGB § 613a Rn. 270.
[96] BAG 16.5.1995 – 3 AZR 535/94, AP TVG § 4 Ordnungsprinzip Nr. 15 = NZA 1995, 1166; 20.4. 1994 – 4 AZR 342/93, AP BGB § 613a Nr. 108 = NZA 1994, 1140; ErfK/*Preis* BGB § 613a Rn. 125; HWK/*Willemsen/Müller-Bonanni* BGB § 613a Rn. 270; Wiedemann/*Oetker* § 3 Rn. 252.
[97] HMB/*Grau* Teil 15 Rn. 47.
[98] Siehe dazu auch HMB/*Grau* Teil 15 Rn. 92.
[99] So aber HWK/*Willemsen/Müller-Bonanni* BGB § 613a Rn. 263; anders aber HWK/*Willemsen/Müller-Bonanni* BGB § 613a Rn. 268.
[100] Bejahend ErfK/*Preis* BGB § 613a Rn. 124.
[101] *Löwisch/Rieble* § 3 Rn. 418; aA HWK/*Willemsen/Müller-Bonanni* BGB § 613a Rn. 263.
[102] BAG 3.7.2013 – 4 AZR 961/11, AP BGB § 613a Nr. 443 = NZA-RR 2014, 80; 21.4.2010 – AZR 768/08, AP BGB § 613a Nr. 387 = BB 2010, 2236; NK-TVG/*Lorenz* § 3 Rn. 201, 206.
[103] 3.7.2013 – 4 AZR 961/11, AP BGB § 613a Nr. 443 = NZA-RR 2014, 80.
[104] So ErfK/*Preis* BGB § 613a Rn. 126.

individualrechtlichen Transformation, besteht allein wegen des Betriebsübergangs auch keine zu achtende Normenhierarchie.[105] Eine Sperre für die Betriebsvereinbarung kann allein aus ihren eigenen Geltungsvoraussetzungen resultieren – so darf sie etwa nicht an § 77 Abs. 3 BetrVG scheitern.[106]

38 Endet der ablösende Tarifvertrag, so unterfällt er grundsätzlich der Nachwirkung nach § 4 Abs. 5 TVG, es gelten keine übergangsrechtlichen Spezifika (mehr). Ist für ihn die Nachwirkung selbst ausgeschlossen (→ § 261 Rn. 71), so kommt es nicht zum Wiederaufleben der Weitergeltung nach § 613a Abs. 1 S. 2 BGB:[107] Der übergangsrechtliche Sonderschutz ist mit der Ablösung nach § 613a Abs. 1 S. 3 BGB beendet.

3. Schuldrechtliche Bezugnahme und Betriebsübergang

39 Nehmen die Arbeitsvertragsparteien schuldrechtlich auf einen Tarifvertrag Bezug, so sind im Falle eines Betriebsübergangs nicht die Regelungen des § 613a Abs. 1 S. 2–4 BGB, sondern es ist allein § 613a Abs. 1 S. 1 BGB anwendbar. Es handelt sich um eine rein arbeitsvertragliche Grundlegung der Tarifanwendung, die Bezugnahmevereinbarung als solche nimmt als arbeitsvertragliche Regelung an der Übergangsanordnung des § 613a Abs. 1 S. 1 BGB teil (siehe dazu ausführlich → § 246 Rn. 59 ff.).

III. Tarifvertrag und Umwandlungsrecht

40 Im Falle der Unternehmensumwandlung in den Fällen der der Aufspaltung, Verschmelzung, Vermögensübertragung führt § 324 UmwG zu einer Rechtsgrundverweisung auf § 613a Abs. 1 BGB.[108] Das bedingt zunächst die Anknüpfung an den bestehenden Betrieb.[109] Liegen die Voraussetzungen eines Betriebsüberganges vor, so bestimmt sich die Weitergeltung der bisherigen Tarifregelungen deshalb auch nach § 613a Abs. 1 S. 2 BGB. Die Regelungen des UmwG sind nicht nur auf Arbeitgeber, sondern auch auf Gewerkschaften anwendbar, sofern diese die umwandlungsrechtlichen Voraussetzungen erfüllen.[110]

41 Aber auch wenn es mit der Umwandlung zum Betriebsübergang kommt, kann es durch die umwandlungsrechtliche Rechtsnachfolge, § 20 Abs. 1 Nr. 1 UmwG für die Verschmelzung, § 131 Abs. 1 Nr. 1 UmwG für die Aufspaltung, zur normativen Weitergeltung des Tarifvertrags kommen, § 613a Abs. 1 S. 2 BGB ist dann nicht anwendbar.[111] Sind sie anwendbar, kann ein doppelter Betriebsübergang stattfinden: der nach der umwandlungsrechtlichen Verweisung in § 324 UmwG und ein „rein übergangsrechtlicher". Das ist etwa dann der Fall, wenn das (später) aufnehmende Unternehmen die Betriebsleitung bereits vor der umwandlungsrechtlichen Wirksamkeit der Umwandlung innehat – dann transformieren sich die beim übertragenden Unternehmen bestehenden Tarifbedingungen nach § 613a Abs. 1 S. 2 BGB und wirken dann statisch (→ Rn. 21),[112] danach

---

[105] Löwisch/Rieble § 3 Rn. 497; Wiedemann/Oetker § 3 Rn. 251.
[106] Löwisch/Rieble § 3 Rn. 498; im Ergebnis auch HWK/Willemsen/Müller-Bonanni BGB § 613a Rn. 273.
[107] HWK/Willemsen/Müller-Bonanni BGB § 613a Rn. 275.
[108] BAG 6.10.2005 – 2 AZR 316/04, AP BetrVG 1972 § 102 Nr. 150 = NZA 2006, 990 Rn. 41; 25.5.2000 – 8 AZR 416/99, AP BGB § 613a Nr. 209 = NZA 2000, 1115; ErfK/Oetker UmwG § 324 Rn. 2; Lutter/Joost UmwG § 324 Rn. 6; Thüsing/Braun/Heise 11. Kap. 198; HWK/Willemsen UmwG § 324 Rn. 1.
[109] BAG 6.10.2005 – 2 AZR 316/04, AP BetrVG 1972 § 102 Nr. 150 = NZA 2006, 990 Rn. 41; 25.5.2000 – 8 AZR 416/99, AP BGB § 613a Nr. 209 = NZA 2000, 1115.
[110] BAG 14.11.2007 – 4 AZR 861/06, AP TVG § 1 Auslegung Nr. 207 = NZA-RR 2008, 362; 11.5.2005 – 4 AZR 315/04, AP TVG § 4 Tarifkonkurrenz Nr. 30 = NZA 2005, 1362.
[111] BAG 15.6.2016 – 4 AZR 805/14, AP UmwG § 20 Nr. 2 = NZA 2017, 326; 4.7.2007 – 4 AZR 491/06, AP TVG § 4 Tarifkonkurrenz Nr. 35 = NZA 2008, 307 Rn. 46; 29.8.2001 – 4 AZR 332/00, AP TVG § 1 Bezugnahme auf Tarifvertrag Nr. 17 = NZA 2002, 513 (514); 24.6.1998 – 4 AZR 208/97, AP UmwG § 20 Nr. 1 = NZA 1998, 1346 (1347); ErfK/Oetker UmwG § 324 Rn. 4; HWK/Willemsen UmwG § 324 Rn. 20; Wiedemann/Oetker § 3 Rn. 204.
[112] Löwisch/Rieble § 3 Rn. 507.

gehen sie nach § 324 UmwG iVm § 613a BGB bei der „eigentlichen" Umwandlung über.

Beim **Haustarifvertrag** führt die Gesamtrechtsnachfolge nach § 20 Abs. 1 Nr. 1 **42** UmwG zum Eintritt des nachfolgenden Rechtsträgers als Tarifvertragspartei.[113] Das gilt nicht nur für den normativen, sondern auch den schuldrechtlichen Teil des Tarifvertrags.[114] Durch den Eintritt in den Tarifvertrag nach § 20 Abs. 1 Nr. 1 UmwG wird der unternehmensbezogene Geltungsbereich des Haustarifvertrags auch auf die Arbeitnehmer des aufnehmenden Unternehmens erstreckt, wenn der tarifliche Geltungsbereich sich nicht nur auf die aufgenommenen Betriebe bezieht.[115] Das gleiche Problem stellt sich bei einem Haustarifvertrag des aufnehmenden Rechtsträgers gegen über den aufgenommenen Betrieben.[116] Deshalb kann es auch zur Tarifkonkurrenz oder Tarifkollision kommen, die aber nach den allgemeinen Prinzipien und Regelungen zu lösen sind.[117] Die umwandlungsrechtliche Nachfolge beim Haustarifvertrag ist bei der Verschmelzung unproblematisch, weil es hier zur umfassenden Gesamtrechtsnachfolge nach § 20 Abs. 1 Nr. 1 UmwG kommt.[118] Bei der Aufspaltung ist dies schwieriger, hier sieht aber § 131 Abs. 1 Nr. 1 UmwG die Rechtsnachfolge entsprechend der Vorgaben des Spaltungs- und Übernahmevertrages, vor. Im Spaltungs- und Übernahmevertrag und im Spaltungsplan, § 126 Abs. 1 Nr. 9 UmwG, kann die Zuordnung des Haustarifvertrags bestimmt werden. Damit wird auch eine Multiplikation des Haustarifvertrags verhindert.[119] Erfolgt keine Festlegung, so verbleibt der Haustarifvertrag beim übertragenden Unternehmen. Erfolgt die Zuordnung zum aufnehmenden Rechtsträgers, so kommt es beim übertragenden Unternehmen nicht zur Nachbindung des § 3 Abs. 3 TVG,[120] sondern zur Nachwirkung nach § 4 Abs. 5 TVG.[121]

Beim Verbandstarifvertrag führt die Gesamtrechtsnachfolge regelmäßig nicht auch zur **43** Nachfolge in der Verbandsmitgliedschaft.[122] Damit gilt der Tarifvertrag – ist der nachfolgende Rechtsträger nicht seinerseits Mitglied im tarifschließenden Arbeitgeberverband[123] – normativ nicht weiter, es bleibt dann bei der Möglichkeit nach § 613a Abs. 1 S. 2 BGB, falls ein Betriebsübergang vorliegt. Allerdings kann die Verbandssatzung auch die Mitgliedschaft des übernehmenden Rechtsträgers vorsehen.[124] Besteht keine Kontinuität in der verbandsmitgliedschaftlichen Bindung, so kann die Weitergeltung des Tarifvertrags,

---

[113] BAG 15.6.2016 – 4 AZR 805/14, AP UmwG § 20 Nr. 2 = NZA 2017, 326; 21.11.2012 – 4 AZR 85/11, AP UmwG § 123 Nr. 1 = NZA 2013, 512; 4.7.2007 – 4 AZR 491/06, AP TVG § 4 Tarifkonkurrenz Nr. 35 = NZA 2008, 307 Nr. 46; 29.8.2001 – 4 AZR 332/00, AP TVG § 1 Bezugnahme auf Tarifvertrag Nr. 17 = NZA 2002, 513 (514); 24.6.1998 – 4 AZR 208/97, AP UmwG § 20 Nr. 1 = NZA 1998, 1346 (1347); ErfK/*Oetker* UmwG § 324 Rn. 4; *Löwisch/Rieble* § 3 Rn. 504; Wiedemann/*Oetker* § 3 Rn. 193.
[114] BAG 15.6.2016 – 4 AZR 805/14, AP UmwG § 20 Nr. 2 = NZA 2017, 326; ErfK/*Oetker* UmwG § 20 Rn. 4.
[115] BAG 15.6.2016 – 4 AZR 805/14, AP UmwG § 20 Nr. 2 = NZA 2017, 326; Wiedemann/*Oetker* § 3 Rn. 194; aA HWK/*Willemsen* UmwG § 324 Rn. 20; ErfK/*Preis* BGB § 613a Rn. 181; siehe auch HMB/*Grau* Teil 15 Rn. 201.
[116] Siehe dazu Thüsing/Braun/*Heise* 11. Kap. Rn. 202.
[117] HMB/*Grau* Teil 15 Rn. 203.
[118] BAG 21.11.2012 – 4 AZR 85/11, AP UmwG § 123 Nr. 1 = NZA 2013, 512; Thüsing/Braun/*Heise* 11. Kap. Rn. 201.
[119] So HWK/*Willemsen* UmwG § 324 Rn. 20; Thüsing/Braun*Heise* 11. Kap. Rn. 205.
[120] HMB/*Grau* Teil 15 Rn. 211.
[121] *Löwisch/Rieble* § 3 Rn. 505; Thüsing/Braun/*Heise* 11. Kap. Rn. 205.
[122] BAG 24.6.1998 – 4 AZR 208/97, AP UmwG § 20 Nr. 1 = NZA 1998, 1346 (1347); 5.10.1993 – 3 AZR 586/92, AP BetrAVG § 1 Zusatzversorgungskassen Nr. 42 = NZA 1994, 848; 4.12.1974 – 5 AZR 75/74, AP TVG § 3 Nr. 2 = DB 1975, 695; *Löwisch/Rieble* § 3 Rn. 506; HWK/*Willemsen* UmwG § 324 Rn. 20; Thüsing/Braun/*Heise* 11. Kap. Rn. 197.
[123] HMB/*Grau* Teil 15 Rn. 1966.
[124] BAG 24.6.1998 – 4 AZR 208/97, AP UmwG § 20 Nr. 1 = NZA 1998, 1346 (1347); ErfK/*Oetker* UmwG § 20 Rn. 4; siehe aber *Löwisch/Rieble* § 3 Rn. 506, die bei der Auslegung einer Verbandssatzung wegen der oftmals einer automatischen Mitgliedschaft des aufnehmenden Rechtsträgers Vorsicht anmahnen; Wiedemann/*Oetker* § 3 Rn. 208.

sofern keine Allgemeinverbindlichkeit vorliegt,[125] nur über § 613a Abs. 1 S. 2 BGB erfolgen. Auch hier greift § 3 Abs. 3 TVG nicht.[126]

44   Für den Fall des Formwechsels bleibt es wegen der dabei aufrechterhaltenen rechtlichen Identität bei der Tarifgeltung, wie sie vor der Umwandlung bestand: So gelten sowohl der Haustarif- aber wegen der weiterhin bestehenden Verbandsmitgliedschaft auch der Verbandstarifvertrag normativ weiter.[127]

---

[125] Wiedemann/*Oetker* § 3 Rn. 209.
[126] Wiedemann/*Oetker* § 3 Rn. 210.
[127] HWK/*Willemsen* UmwG § 324 Rn. 2; *Löwisch/Rieble* § 3 Rn. 503; Thüsing/Braun/*Heise* 11. Kap. Rn. 197; 207.

§ 248 Tariferstreckung durch Allgemeinverbindlichkeitserklärung

Schrifttum:
Barczak, Mindestlohngesetz und Verfassung, RdA 2014, 290; *Bepler,* Stärkung der Tarifautonomie – Welche Änderungen des Tarifvertragsrechts empfehlen sich?, Gutachten für den 70. Deutschen Juristentag 2014; *Bepler,* Stärkung der Tarifautonomie – Welche Maßnahmen empfehlen sich?, NZA 2014, 891; *Bispinck,* Allgemeinverbindlicherklärung von Tarifverträgen – Vom Niedergang zur Reform?, WSI-Mitteilungen 2012, 496; *Creutzfeld,* Nachdenken über die Nachwirkung von allgemeinverbindlichen Tarifverträgen, FS Bepler, 2012, S. 45; *Däubler,* Reform der Allgemeinverbindlicherklärung – Tarifrecht in Bewegung?, WSI-Mitteilungen 2012, 508; *Engels,* Allgemeinverbindlicherklärung qua Gesetz?, NZA 2017, 680; *Feudner,* Ablösung eines nachwirkenden Tarifvertrags durch einen für allgemeinverbindlich erklärten Tarifvertrag, RdA 2007, 244; *Fischer-Lescano,* Verfassungs-, völker- und europarechtlicher Rahmen für die Gestaltung von Mindestlohnausnahmen, Rechtsgutachten, 2014; *Forst,* Die Allgemeinverbindlicherklärung von Tarifverträgen nach dem sogenannten Tarifautonomiestärkungsgesetz, RdA 2015, 25; *Giesen,* Staatsneutralität bei der Verbindlicherklärung von Tarifverträgen, ZfA 2008, 355; *Greiner,* Die Allgemeinverbindlichkeitserklärung von Tarifverträgen zwischen mitgliedschaftlicher Legitimation und öffentlichem Interesse, FS von Hoyningen-Huene, 2014, S. 103; *Greiner/Hanau/Preis,* Die Sicherung der Allgemeinverbindlichkeit bei gemeinsamen Einrichtungen der Tarifvertragsparteien, SR 2014, 2; *Hanau,* Neue Rechtsprechung zur negativen Tarifvertragsfreiheit, FS Scholz, 2007, S. 1035; *Henssler,* Mindestlohn und Tarifrecht, RdA 2015, 43; *Jacobs,* Entgeltfindung zwischen Markt und Staat, GedS W. Rainer Walz. 2008, 289; *Jöris,* Die Allgemeinverbindlicherklärung von Tarifverträgen nach dem neuen § 5 TVG, NZA 2014, 1313; *Klumpp,* Die Wirkung der Allgemeinverbindlichkeit eines Tarifvertrages nach § 5 TVG und der Dritte Weg, ZAT 2016, 7; *Krets,* Die Allgemeinverbindlicherklärung nach § 5 Abs. 4 TVG als „gesetzliche Gleichstellungsregelung"?, RdA 2011, 294; *Lakies,* Gesetzlicher Mindestlohn: Zur Legitimation der Staatsintervention gegen Niedriglöhne, AuR 2013, 69; *Latzel/Serr,* Rechtsschutz gegen Mindestlöhne, ZfA 2011, 391; *Lesch,* Die Allgemeinverbindlichkeit von Tarifverträgen aus ordnungspolitischer und empirischer Sicht, Sozialer Fortschritt 2005, 13; *Lobinger,* Stärkung oder Verstaatlichung der Tarifautonomie?, JZ 2014, 810; *Mäßen/Mauer,* Allgemeinverbindlicherklärung von Tarifverträgen und verwaltungsgerichtlicher Rechtsschutz, NZA 1996, 121; *Nielebock,* Allgemeinverbindliche und gesetzliche Mindestentgelte und Mindestarbeitsbedingungen – Ausgewählte Aspekte, FS Kempen 2013, S. 181; *Otto/Schwarze,* Tarifnormen über Gemeinsame Einrichtungen und deren Allgemeinverbindlicherklärung, ZfA 1995, 639; *Preis/Peramato,* Das neue Recht der Allgemeinverbindlicherklärung im Tarifautonomiestärkungsgesetz, HRI-Schriftenreihe Bd. 20, 2017; *Reichold,* Stärkung in Tiefe und Breite – wieviel Staat verkraftet die Tarifautonomie?, NJW 2014, 2534; *Ricken,* Autonomie und tarifliche Rechtssetzung, 2006; *Rieble,* Stärkung der Tarifbindung durch erleichterte Allgemeinverbindlicherklärung, ZAAR 36/2014, 67; *Schlüter,* Ein allgemeinverbindlicher Tarif – Soziales und Gesundheit unter Einbeziehung der Kirchen?, Kirche und Recht 2013, 2004; *Schweibert/Leßmann,* Mindestlohngesetz – der große Wurf?, DB 2014, 1866; *Seiwerth,* Das „Genter System" als Mittel zur Stärkung der Tarifautonomie?, NZA 2014, 708; *Sittard,* Voraussetzungen und Wirkungen der Tarifnormerstreckung nach § 5 TVG und dem AEntG, 2010; *Sodan/Zimmermann,* Tarifvorrangige Mindestlöhne versus Koalitionsfreiheit, NJW 2009, 2001; *Stiebert/Pötters,* Spielräume der Exekutive bei Mindestlöhnen durch Rechtsverordnung, RdA 2013, 101; *Ulber,* Das Sozialkassenverfahrenssicherungsgesetz ist mit dem Grundgesetz vereinbar!, NZA 2017, 1104; *Walser,* Grundrechtskonformität der Sozialkassenverfahren, NZA 2016, 1510; *Waltermann,* Stärkung der Tarifautonomie – Welche Wege könnte man gehen?, NZA 2014, 874; *Waltermann,* Entwicklungslinien der Tarifautonomie, RdA 2014, 86; *Zachert,* „Neue Kleider für die Allgemeinverbindlichkeitserklärung?", NZA 2003, 132.

Übersicht

	Rn.
I. Überblick	1
II. Zweck der Allgemeinverbindlichkeit	5
1. Zweck des Arbeitnehmerschutzes	5
2. Funktionalität gemeinsamer Einrichtungen	9
3. Wettbewerbsschutz	12
4. Stärkung der Tarifautonomie?	17
5. Summa	22
III. Einheitlicher Rechtssetzungsakt	23
IV. Verfassungssensibilität der Allgemeinverbindlichkeit	27
1. Rechtsstaats- und Demokratieprinzip	28
2. Grundrechte	33
V. Europäisches Recht	42
VI. Voraussetzung der Allgemeinverbindlichkeit	45
1. Wirksamer Tarifvertrag	45

	Rn.
2. Öffentliches Interesse	50
a) Überwiegende Bedeutung des Tarifvertrags, § 5 Abs. 1 S. 2 Nr. 1 TVG	56
aa) Überwiegende Bedeutung	57
bb) Bezugsrahmen	60
cc) Tariforientierung	61
b) Absicherung gegen Folgen wirtschaftlicher Fehlentwicklung, § 5 Abs. 1 S. 2 Nr. 2 TVG	65
c) Sonderfall: Gemeinsame Einrichtungen, § 5 Abs. 1a TVG	70
VII. Verfahren	77
1. Gemeinsamer Antrag	79
2. Sonderfall: Vorzeitiges Verfahrensende	87
3. Anhörung	88
4. Verfahren vor dem Tarifausschuss	92
5. Entscheidung des BMAS	98
6. Bekanntmachung	106
7. Rolle der obersten Landesbehörde	108
VIII. Wirkung der Allgemeinverbindlichkeit	110
1. Tarifnormerstreckung	110
2. Objekt der Rechtserstreckung	115
3. Wirkung im Geltungsbereich	121
4. Beginn der Allgemeinverbindlichkeit	126
5. Sonderregelung des § 5 Abs. 4 S. 2 TVG	129
6. Kollisionsrecht	131
7. Ende der Allgemeinverbindlichkeit	132
a) Aufhebung oder Ablauf der Allgemeinverbindlichklärung	132
b) Ende des Tarifvertrags	135
IX. Rechtsschutz	137
1. Entscheidung über den Antrag	137
2. Wirksamkeit der Allgemeinverbindlichkeit	140

I. Überblick

1 Der allgemeinverbindliche Tarifvertrag erstreckt seine normative Wirkung über den Bereich der §§ 3, 4 TVG hinaus und erfasst auch anders oder nicht tarifgebundene Arbeitsverhältnisse, § 5 Abs. 4 S. 1 TVG. Diese Tariferstreckung gelingt durch staatlichen Akt der Rechtsetzung eigener Art (→ Rn. 23), wenn sie im öffentlichen Interesse geboten erscheint, § 5 Abs. 1 S. 1 TVG. Die materialen Voraussetzungen und Rechtsfolgen der Erklärung der Allgemeinverbindlichkeit finden sich in § 5 TVG (→ Rn. 45 ff.), das Verfahren über Erklärung und Beendigung (→ Rn. 98 ff., 132 ff.) findet sich in der auf der Ermächtigungsgrundlage des § 11 TVG basierenden Verordnung zur Durchführung des Tarifvertragsgesetzes in der Form der Bekanntmachung vom 16. 1. 1989.[1]

2 In der jüngeren Vergangenheit hat das Recht der Allgemeinverbindlichkeit wesentliche Änderungen erfahren: Durch das **Tarifautonomiestärkungsgesetz** vom 16. 8. 2014 (TAG)[2] wurden die Voraussetzungen des öffentlichen Interesses wurden durch Regelbeispiele neu geregelt, insgesamt wurde die Erklärung der Allgemeinverbindlichkeit wesentlich erleichtert (→ Rn. 53). Bereits ausweislich der Bezeichnung des TAG wird deutlich, dass der Gesetzgeber auf die sinkende mitgliedschaftliche Tarifbindung (→ Rn. 61) reagieren und den Tarifvertrag als Regelungsinstrument stützen wollte.[3] Die frühere zentrale Voraussetzung für die Allgemeinverbindlichkeit, das 50%-Quorum der mitgliedschaftlichen Bindung an den Tarifvertrag, § 5 Abs. 1 S. 1 Nr. 1 TVG aF, wurde zugunsten einer „überwiegenden" Tariforientierung im Regelbeispiel des § 5 Abs. 1 S. 2 Nr. 1 TVG

---

[1] BGBl. 1989 I 76, zuletzt geändert durch Gesetz vom 18. 7. 2017, BGBl. 2017 I 2745.
[2] BGBl. 2014 I 1348.
[3] *Löwisch/Rieble* § 5 Rn. 1.

(→ Rn. 56 ff.) aufgegeben; ein neues Regelbeispiel der Absicherung der Tarifwirkung gegen wirtschaftliche Fehlentwicklungen wurde geschaffen, § 5 Abs. 1 S. 2 Nr. 2 TVG (→ Rn. 65 ff.). Zudem wurde der Tarifvertrag über gemeinsame Einrichtungen privilegiert (→ Rn. 70 ff.). Ob diese Erleichterung der Allgemeinverbindlichkeit aber das richtige Mittel zur Stärkung der Tarifautonomie ist, wird mit guten Gründen bestritten (→ Rn. 17 ff.).[4]

Die Anzahl der allgemeinverbindlichen Tarifverträge ist im Tarifregister einsehbar.[5] 2017 waren von 73.466 Tarifverträgen lediglich 400 allgemeinverbindlich.[6]

Die Allgemeinverbindlichkeit nach § 5 TVG steht in einem engen Zusammenhang zum Regelungsmechanismus nach dem AEntG (siehe dazu → § 249 Rn. 1 ff.). In dieser Entwicklung – der Erleichterung der Erklärung der Allgemeinverbindlichkeit und Ausdehnung der AEntG-Verordnungsermächtigung – wird mit einigem Grund eine starke Tendenz hin zur staatsgetragenen Tarifwirkung gesehen.[7] In der Tat: Das Staatshandeln aufgrund beider Gesetze führt zur Normwirkung tariflicher und tarifbasierter Regelungen auch auf Außenseiterarbeitsverhältnisse, das AEntG ergreift darüber hinaus auch Arbeitsverhältnisse entsandter ausländischer Arbeitnehmer. Allerdings ist das Hauptregelungsinstrument des AEntG – außer im Bau-Bereich – nicht der allgemeinverbindliche Tarifvertrag, sondern die Rechtsverordnung nach §§ 7, 7a AEntG. Diese ist zwar „tarifbasiert", weil ihr Regelungsinhalt letztlich durch einen Tarifvertrag vorgegeben wird, allerdings wird hier nicht die Tarifnormwirkung erstreckt, sondern eigene staatliche Mindestarbeitsbedingungen gesetzt (→ § 249 Rn. 4). Dennoch gibt es Ähnlichkeiten zur Allgemeinverbindlichkeit in den auf das Rechtsverordnungsverfahren bezogenen Regelungen, auf der anderen Seite nimmt auch § 5 TVG punktuell Regelungen aus dem AEntG auf, § 5 Abs. 1a S. 3 TVG.

II. Zweck der Allgemeinverbindlichkeit

1. Zweck des Arbeitnehmerschutzes

Zweck der Allgemeinverbindlichkeit ist der Schutz der bislang nicht tarifgebundenen Arbeitnehmer durch staatliche Erstreckung der als schutzbegründend angesehenen Tarifnormen.[8] Durch die Allgemeinverbindlichkeit werden so im Geltungsbereich des Tarifvertrags für alle Arbeitsverhältnisse einheitliche, normativ geltende Mindestarbeitsbedingungen gesetzt. Erst das **Schutzbedürfnis** begründet das für die Erklärung der Allgemeinverbindlichkeit **notwendige öffentliche Interesse** – das wird regelmäßig am Regelbeispiel des § 5 Abs. 1 S. 2 Nr. 1 TVG erläutert, der die Erklärung der Allgemeinverbindlichkeit dann ermöglicht, wenn ein Tarifvertrag überwiegende Bedeutung in seinem Geltungsbereich hat (→ Rn. 56 ff.). Diese überwiegende Bedeutung wird als Indikator für eine insgesamt angemessene Regelung durch den Tarifvertrag angesehen, an der auch die Anders- und Nichtgebundenen teilhaben sollen. Von dieser Betrachtung müssen sich freilich die lösen, die den Schutz der Tarifautonomie als maßgeblichen Zweck ansehen[9] – weil ein überwiegend angewandter Tarifvertrag kaum geschützt werden muss.[10]

---

[4] *Henssler* RdA 2015, 43; *Picker* RdA 2014, 25 (27); *Reichold* NJW 2014, 2534; *Löwisch/Rieble* § 5 Rn. 9; *Junker* ZfA 2016, 81 (90).
[5] Abrufbar unter http://www.bmas.de/Themen/Arbeitsrecht/Tarifvertraege.
[6] Abrufbar unter http://www.bmas.de/Themen/Arbeitsrecht/Tarifvertraege.
[7] *Rieble* ZAAR 36/2014, 67 (84): „staatsgestützte Tarifherrschaft".
[8] BAG 24.1.1979 – 4 AZR 377/77, AP TVG § 5 Nr. 16 = DB 1979, 1365; BVerfG 24.5.1977 – 2 BvL 11/74, AP TVG § 5 Nr. 15 = NJW 1977, 2255; HWK/*Henssler* TVG § 5 Rn. 1; HMB/*Sittard* Teil 7 Rn. 7; *Löwisch/Rieble* § 5 Rn. 16 f.; Thüsing/Braun/*Braun* 6. Kap. Rn. 68.
[9] *Preis/Peramato*, S. 16.
[10] Dazu *Henssler* RdA 2015, 43 (51).

6 Dieser Schutzweck ist es auch, der den aus der Allgemeinverbindlichkeit für Außenseiterarbeitsverhältnisse resultierenden Grundrechtseingriff rechtfertigen kann (→ Rn. 37):[11] Die Erklärung der Allgemeinverbindlichkeit ist als staatlicher Akt unmittelbar grundrechtsgebunden und berührt die Koalitionsfreiheit anderer Tarifvertragsparteien und die Arbeitsvertragsfreiheit der betroffenen Arbeitsverhältnisse (→ Rn. 33 ff.).[12]

7 Damit wird auch offenbar, dass es der Allgemeinverbindlichkeit nicht um Sicherung des Existenzminimums geht.[13] Vor dem Hintergrund des immer ausgedehnteren gesetzlichen Mindestentgeltschutzes – über den allgemeinen Mindestlohn nach dem MiLoG, die RVO auf der Grundlage des AEntG, die Lohnuntergrenze des § 3a AÜG – wird freilich der Arbeitnehmerschutz jedenfalls im Entgeltbereich als tragfähiges Rechtfertigungsmoment durchaus schleichend in Frage gestellt.

8 Reflex der Setzung von Mindestarbeitsbedingungen im Entgeltbereich ist es, dass damit auch die Stabilität der Sozialversicherungssysteme gefördert wird.[14] Das ergibt sich aber schlicht aus dem durch die Ausdehnung der tariflichen Arbeitsbedingungen unter Umständen erreichten höheren Entgeltniveau – weil sich dann auch die Beiträge zur Sozialversicherung entsprechend erhöhen.

2. Funktionalität gemeinsamer Einrichtungen

9 Einen wesentlichen Zweck hat die Allgemeinverbindlichkeit auch darin, dass sie die Finanzierung und damit die Funktionalität gemeinsamer Einrichtungen ermöglichen soll.[15] Das ist hergebracht, weil durch die Erstreckung der Normwirkung auch eine umfassende Zahl der die gemeinsame Einrichtung finanzierenden Arbeitgeber erfasst wird, und wird heute durch die erleichterte Möglichkeit der Allgemeinverbindlichkeit nach § 5 Abs. 1a TVG belegt. Die Finanzierung der gemeinsamen Einrichtung ist regelmäßig auch davon abhängig, dass der Tarifvertrag allgemeinverbindlich erklärt wird. Das gilt nicht nur wegen des größeren Beitragsvolumens, sondern auf der Leistungsseite auch dort, wo durch den Einbezug aller Arbeitgeber etwa Beschäftigungszeiten im Rahmen des Leistungsanspruchs des einzelnen Arbeitnehmers schlicht zusammengerechnet werden können.[16] Deshalb machen die Tarifvertragsparteien das Inkrafttreten des Tarifvertrags oftmals von der Allgemeinverbindlichkeit als aufschiebender Bedingung abhängig (→ § 234 Rn. 44).[17]

10 Das Bedürfnis der Stützung gemeinsamer Einrichtungen zeigt sich auch am drastischen Handeln des Gesetzgebers in jüngerer Zeit: Nachdem durch die Entscheidung des BAG mehrere Erklärungen der Allgemeinverbindlichkeit für Tarifverträge über Sozialkassen im Baugewerbe scheiterten,[18] wurden die Sozialkassen durch das Gesetz zur Sicherung der Sozialkassenverfahren im Baugewerbe[19] (SOKA-SiG) und das Gesetz zur Sicherung der tarifvertraglichen Sozialkassenverfahren (SOKA-SiG II)[20] rückwirkend gestützt (→ § 242 Rn. 53). Das führte zur gesetzlichen „heilenden Allgemeinverbindlichkeit" jenseits der Voraussetzungen des § 5 TVG. Man mag dieses gesetzliche Vorgehen mit sehr guten Gründen als problematisch ansehen (→ Rn. 76), es zeigt aber mittelbar die regelmäßig

---

[11] BVerfG 8.1.1987 – 1 BvR 1354/86, AP TVG § 4 Gemeinsame Einrichtungen Nr. 8; 15.7.1980 – 1 BvR 24/74, 1 BvR 439/79, BVerfGE 55, 7 (24) = AP TVG § 5 Nr. 17 = NJW 1981, 215; 24.5.1977 – 2 BvL 11/74, AP TVG § 5 Nr. 15 = NJW 1977, 2255.
[12] BVerfG 15.7.1980 – 1 BvR 24/74, 1 BvR 439/79, BVerfGE 55, 7 (24), AP TVG § 5 Nr. 17 = NJW 1981, 215; BeckOK ArbR/*Giesen* TVG § 5 Rn. 6.
[13] *Löwisch/Rieble* § 5 Rn. 17.
[14] BAG 20.9.2017 – 10 ABR 42/16, AP TVG § 5 Nr. 39 = NZA 2018, 186.
[15] *Löwisch/Rieble* § 5 Rn. 24; HWK/*Henssler* TVG § 5 Rn. 2; Thüsing/Braun/*Braun* 6. Kap. Rn. 68.
[16] *Löwisch/Rieble* § 5 Rn. 25; HWK/*Henssler* TVG § 5 Rn. 2.
[17] HMB/*Sittard* Teil 7 Rn. 15; *Löwisch/Rieble* § 5 Rn. 26.
[18] BAG 25.1.2017 – 10 ABR 34/15, AP TVG § 5 Nr. 37 = BeckRS 2017, 109186; 21.9.2016 – 10 ABR 33/15, AP TVG § 5 Nr. 35 = NZA-Beil. 1/2017, 12; 21.9.2016 – 10 ABR 48/15, AP TVG § 5 Nr. 36 = BeckRS 2016, 74224.
[19] Vom 16.5.2017, BGBl. 2017 I 1210.
[20] Vom 1.9.2017, BGBl. 2017 I 3356.

funktionsnotwendige Bedeutung der Allgemeinverbindlichkeit für die gemeinsame Einrichtung.

Im Verfahren um die Wirksamkeit der Erklärung der Allgemeinverbindlichkeit wird die besondere Bedeutung des Tarifvertrags über eine gemeinsame Einrichtung in § 98 Abs. 6 S. 2–5 ArbGG aufgenommen (→ Rn. 146). 11

3. Wettbewerbsschutz

Die Allgemeinverbindlichkeit soll zudem auch eine wettbewerbsregulierende Funktion haben.[21] Die tarifgebundenen Arbeitgeber und als Schutz die davon betroffenen tariffreien Arbeitnehmer sollen vor einem Unterbietungswettbewerb der nicht-tarifgebundenen Arbeitgeber geschützt und somit – im Duktus der Rechtsprechung – vor „Lohndrückerei und Schmutzkonkurrenz" bewahrt werden.[22] Damit soll der Wettbewerb insbesondere über Lohnkosten ausgeschlossen werden. Dieser Wettbewerbsschutz wurde insbesondere durch das BVerwG hervorgehoben.[23] Das betrifft theoretisch auch den Wettbewerb der Arbeitnehmer untereinander, praktisch aber vor allem den Wettbewerb der Arbeitgeber als Unternehmer.[24] 12

Der Rekurs auf den Wettbewerbsschutz im Zusammenhang mit der Allgemeinverbindlichkeit nach § 5 TVG mit der Maßgabe, „Schmutzkonkurrenz" verhindern zu wollen, überrascht bereits im Hinblick auf die mittlerweile sehr ausgedehnte staatliche Mindestentgeltgesetzgebung: Schon dadurch wird dieser Gefahr der „Schmutzkonkurrenz" – bei aller Unschärfe des Begriffes – begegnet.[25] Das zeigt § 1 S. 2 AEntG, der Wettbewerbsschutz ausdrücklich als Gesetzeszweck aufnimmt; das zeigt auch der gesetzliche Mindestlohn. Deshalb wird der Raum für den Lohndumpingschutz durch Allgemeinverbindlichkeit eng. 13

Vielmehr gilt: **Wettbewerbsschützende Funktion kann die Allgemeinverbindlichkeit** nach § 5 TVG aber **nicht haben.**[26] Eine wettbewerbsverhindernde Funktion lässt sich aus dem Tarifsystem weder für den Tarifvertrag allgemein (→ § 231 Rn. 22) noch für die Allgemeinverbindlichkeit entnehmen. Hier wie dort ergibt sich die Kartellwirkung lediglich als Reflex der über die normative Wirkung vermittelten Mindestarbeitsbedingungen – sei es über § 3 TVG oder über § 5 Abs. 4 TVG – und damit letztlich aus der zwingenden Wirkung des die Mindestarbeitsbedingungen setzenden Tarifvertrags. 14

Hinzu kommt: Die Koalitionsfreiheit und damit die Tarifautonomie ist auf den Wettbewerb zwischen den Koalitionen angelegt[27] – sie ist richtig kollektive Privatautonomie. Damit verträgt sich eine Nivellierung hin zu einem Tarifvertrag durch staatliche Erstreckung nicht. Darüber hinaus ergibt sich aus der negativen Koalitionsfreiheit, dass eine Unterscheidung zwischen tarifgebundenen und nicht tarifgebundenen Arbeitsverhältnissen ebenfalls systemgemäß ist.[28] 15

Die konkrete gesetzliche Ausgestaltung ist gegenüber einer angenommenen wettbewerbsbezogenen Funktion sogar widersprüchlich: Wenn die Verhinderung von „Schmutzkonkurrenz" Ziel der Allgemeinverbindlichkeit ist, dann lässt sich das nur schwer damit vereinbaren, dass deren maßgebliche Voraussetzung eine möglichst hohe, jedenfalls überwiegende Bedeutung der tariflichen Regelungen ist, § 5 Abs. 1 S. 2 Nr. 1 TVG. Je höher 16

---

[21] NK-TVG/*Lakies* § 5 Rn. 6; Wiedemann/*Wank* § 5 Rn. 5; HWK/*Henssler* TVG § 5 TVG Rn. 3; siehe zur historischen Betrachtung *Zachert* NZA 2003, 132 (132 f.).
[22] BAG 20.9.2017 – 10 ABR 42/16, AP TVG § 5 Nr. 39 = NZA 2018, 186.
[23] BVerwG 3.11.1988 – 7 C 115/86, AP TVG § 5 Nr. 23 = NZA 1989, 364.
[24] HMB/*Sittard* Teil 7 Rn. 9.
[25] Thüsing/Braun/*Braun* 6. Kap. Rn. 70; *Henssler* RdA 2015, 43 (51).
[26] BGH 3.12.1992 – I ZR 276/90, BGHZ 120, 320, AP UnlWG § 1 Nr. 10 = NJW 1993, 1010; BAG 24.1.1979 – 4 AZR 377/77, AP TVG § 5 Nr. 16 = BeckRS 9998, 180207; *Löwisch/Rieble* § 5 Rn. 35; Thüsing/Braun/*Braun* 6. Kap. Rn. 70.
[27] Siehe auch BVerfG 15.7.1980 – 1 BvR 24/74, AP TVG § 1 Nr. 17 = ZIP 1980, 1117.
[28] HMB/*Sittard* Teil 7 Rn. 10.

aber die Bindung oder Orientierung (→ § 248 Rn. 61) am Tarifvertrag, desto kleiner der Bereich, in dem eine solche „Schmutzkonkurrenz" stattfindet.[29]

4. Stärkung der Tarifautonomie?

17 Die Ausdehnung der normativen Wirkung des Tarifvertrags über die Allgemeinverbindlichkeit führt zu einer Erstreckung der tariflichen Regelungen über den Bereich der mitgliedschaftlichen Bindung hinaus. Diese Stärkung der konkreten tariflichen Normgeltung wird als Stärkung der Tarifautonomie insgesamt aufgefasst und deshalb auch als Zweck der Allgemeinverbindlichkeit angeführt.[30] Dieser Gedanken ist nicht neu[31] — weshalb der Name des TAG nicht von ungefähr kommt.

18 Auf das Wesentliche zurückgeführt wird danach die Tarifautonomie durch die Allgemeinverbindlichkeit dadurch gestärkt und geschützt, dass bei öffentlichem Interesse am Schutz der Arbeitnehmer nicht der Staat gesetzliche Mindestarbeitsbedingungen setzt, sondern ein Tarifvertrag — wenn auch mit Staatshilfe — diese Regelungen grundlegt.[32] Damit haben Tarifvertragsparteien und nicht der Staat Zugriff auf den Inhalt des für notwendig befundenen Schutzes. Das wird als Stützung der autonomen Ordnung befunden.[33]

19 Allerdings trägt dieser Gedanke nicht allzu weit: Zum einen greift der Gesetzgeber selbst und öfter zum Mittel der gesetzlichen Regelung der Mindestarbeitsbedingungen, wie etwa das MiLoG zeigt. Zum anderen aber ist die staatliche Geltungshilfe für einen Tarifvertrag nicht zwangsläufig eine Stärkung der Tarifautonomie.[34] Vielmehr ist die Wirkung der Allgemeinverbindlichkeit für das gesamte tarifautonom grundgelegte System in den Blick zu nehmen: Hier wird durch den allgemeinverbindlichen Tarifvertrag den übrigen Tarifvertragsparteien zumindest dadurch tarifautonomer Spielraum genommen, dass bereits Mindestarbeitsbedingungen vorliegen. Das wirkt sich auf den späteren Tarifschluss (so er denn überhaupt erfolgt) aus. Diese „Vorprägung"[35] des übrigen tarifvertraglichen Handelns durch den allgemeinverbindlichen Tarifvertrag ist praktisch plausibel und systematisch bedenklich, weil dadurch die Grenzen autonomen Handelns eingeengt werden. Damit nimmt aber das der Allgemeinverbindlichkeit zugrundeliegende Staatshandeln starken Einfluss auf das potentielle Tarifhandeln. Eine Stärkung der Tarifautonomie ist die (ausgeweitete) Allgemeinverbindlichkeit deshalb nicht[36] — im Gegenteil: nur wenig metaphorisch überhöht wird von einer „toxischen Gefahr" für die Tarifautonomie geschrieben.[37]

20 Ob die tarifschließenden Verbände des konkreten allgemeinverbindlichen Tarifvertrags betreffend von der Allgemeinverbindlichkeit ein Eintrittsanreiz[38] oder eine Eintrittsabschreckung[39] ausgeht, fällt demgegenüber letztlich sogar weniger ins Gewicht. Auch hier wird nämlich der Blick verengt auf die tarifschließenden Verbände des allgemeinverbindlichen Tarifvertrags.

---

[29] *Henssler* RdA 2015, 43 (41).
[30] *Preis/Peramato*, S. 16.
[31] BVerfG 15.7.1980 — 1 BvR 24/74, 1 BvR 439/79, BVerfGE 55, 7 (24) = AP TVG § 5 Nr. 17 = NJW 1981, 215; 24.5.1977 — 2 BvL 11/74, AP TVG § 5 Nr. 15 = NJW 1977, 2255.
[32] So *Preis/Peramato*, S. 16.
[33] BT-Drs. 18/1558, S. 1; siehe auch BVerfG 11.7.2006 — 1 BvL 4/00, AP GG Art. 9 Nr. 129 = NZA 2007, 42; 15.7.1980 — 1 BvR 24/74, 1 BvR 439/79, BVerfGE 55, 7 (24), AP TVG § 5 Nr. 17 = NJW 1981, 215; 24.5.1977 — 2 BvL 11/74, AP TVG § 5 Nr. 15 = NJW 1977, 2255.
[34] *Henssler* RdA 2015, 43 (43 f.).
[35] *Löwisch/Rieble* § 5 Rn. 10; auch *Bepler* Gutachten Rn. 111; *Reichold* NJW 2014, 2534 (2535); nicht sensibel dafür NK-TVG/*Lakies* § 5 Rn. 51.
[36] *Waltermann* NZA 2014, 874 (877); *Waltermann* RdA 2014, 86 (90); Kritisch auch *Bepler* Gutachten, passim; *Reichold* NJW 2015, 2534 (2535).
[37] *Bepler* Gutachten, 104 ff.; *Bepler* NJW-Beil. 31/2014, 33; *Rieble* ZAAR 36/2014, 67 (74) erkennt eine „Ironiekompetenz" des Gesetzgebers.
[38] So *Preis/Peramato*, S. 17.
[39] So *Löwisch/Rieble* § 5 Rn. 10.

Um die Tarifautonomie zu stärken, sind deshalb andere Mittel notwendig, als die staatliche Normerstreckung eines Tarifvertrags. Die tarifautonome Antwort selbst besteht etwa in der Tendenz zur Isolierung des eigenen Tarifvertrags vor dem Leistungszugriff durch Außenseiter, wie sie sich etwa in der Vereinbarung von Differenzierungsklauseln zeigt. Dies lässt den Schluss zu, dass die Tarifverbände eine Stärkung der Tarifautonomie eher in einer exklusiven Regelungsgeltung sehen (→ § 219 Rn. 46 ff.). In der Literatur gibt es der Vorschläge viele[40] – bis hin zum Genter Modell einer Kombination von Gewerkschaftsorganisation und sozialen Sicherungssystemen.[41]

5. Summa

Als Funktion der Allgemeinverbindlichkeit und damit belastbarer Zweck für eine Grundrechtseinschränkung (→ Rn. 33 ff.) taugen letztlich nur der Schutz der Außenseiter und die Sicherung der Funktion der gemeinsamen Einrichtungen. Je mehr freilich das staatliche Recht Zugriff auf Mindestarbeitsbedingungen nimmt (→ Rn. 7), desto fraglicher ist die Tragfähigkeit des Arbeitnehmerschutzes durch Ausdehnung der Normwirkung eines konkreten Tarifvertrags. Deshalb kann vor der gegebenen Regelungslandschaft rechtspolitisch die Frage gestellt werden, ob sich das Institut der Allgemeinverbindlichkeit de lege ferenda nicht ausschließlich auf die Sicherung der Funktion gemeinsamer Einrichtungen beschränken sollte.

III. Einheitlicher Rechtssetzungsakt

Die Erklärung der Allgemeinverbindlichkeit ist ein gegenüber allen Beteiligten und Betroffenen einheitlicher Akt der Rechtsetzung, weil sie insofern solitär ist, bemüht man die Figur des Rechtssetzungsaktes sui generis.[42] Das BVerfG sieht sie zwischen der autonomen Regelung und der staatlichen Rechtssetzung, der seine Grundlage in Art. 9 Abs. 3 GG hat.[43] Es handelt sich um einen Akt staatlicher Rechtssetzung[44] und nicht um einen Verwaltungsakt.[45] Art. 80 GG ist nicht anwendbar (→ Rn. 25).[46]

Die Einheitlichkeit dieses Rechtssetzungsaktes wird scheinbar deshalb verundeutlicht, weil die Wirkung zum einen die normative Bindung der Normadressaten an den Tarifvertrag auslöst, zum anderen aber auch den Tarifvertrag gegenüber den Tarifvertragsparteien über den originären Bereich der mitgliedschaftlichen Tarifbindung hinaushebt. Hieraus wird geschlossen, dass die Erklärung der Allgemeinverbindlichkeit überhaupt eine Allgemeinverfügung nach § 35 S. 2 VwVfG,[47] jedenfalls aber gegenüber den Tarifvertragsparteien ein Verwaltungsakt im Sinne des § 35 VwVfG sei.[48] Nach der letztgenannten

---

[40] Umfassend *Bepler* Gutachten, passim; siehe auch die Darstellung bei *Waltermann* RdA 2014, 86 ff.
[41] Dazu *Waltermann* NZA 2014, 874 (878); kritisch *Löwisch/Rieble* § 5 Rn. 13.
[42] BAG 12.5.2010 – 10 AZR 559/09, AP TVG § 1 Tarifverträge: Bau Nr. 320 = NZA 2010, 953; BVerfG 24.5.1977 – 2 BvL 11/74, AP TVG § 5 Nr. 15 = NJW 1977, 2255; BAG 19.3.1975 – 4 AZR 270/74, AP TVG § 5 Nr. 14 = DB 1975, 1804; 28.3.1990 – 4 AZR 536/89, AP TVG § 5 Nr. 25 = NZA 1990, 3036; HWK/*Henssler* TVG § 5 Rn. 5; Thüsing/Braun/*Braun* 6. Kap. Rn. 72; HMB/*Sittard* Teil 7 Rn. 21; BeckOK ArbR/*Giesen* TVG § 5 Rn. 5.
[43] BAG 21.9.2016 – 10 ABR 33/15, AP TVG § 5 Nr. 35 = NZA-Beil. 1/2017, 12; 29.9.2010 – 10 AZR 523/09, EzA TVG § 5 Nr. 6 = NZA-RR 2011, 89 (90); BVerwG 3.11.1988 – 7 C 115/86, AP TVG § 5 Nr. 23 = NZA 1989, 364; BVerfG 15.7.1980 – 1 BvR 24/74, 1 BvR 439/79, BVerfGE 55, 7 (24) = AP TVG § 5 Nr. 17 = NJW 1981, 215; 24.5.1977 – 2 BvL 11/74, AP TVG § 5 Nr. 15 = NJW 1977, 2255.
[44] BAG 12.5.2010 – 10 AZR 559/09, AP TVG § 1 Tarifverträge: Bau Nr. 320 = NZA 2010, 953; Thüsing/Braun/*Braun* 6. Kap. Rn. 72.
[45] BAG 21.9.2016 – 10 ABR 33/15, AP TVG § 5 Nr. 35 = NZA-Beil. 1/2017, 12; bereits BVerwG 6.6.1958 – VII CB 187.57, AP TVG § 5 Nr. 6 = NJW 1958, 1794.
[46] BAG 21.9.2016 – 10 ABR 33/15, AP TVG § 5 Nr. 35 = NZA-Beil. 1/2017, 12; 29.9.2010 – 10 AZR 523/09, EzA TVG § 5 Nr. 6 = NZA-RR 2011, 89–90.
[47] OVG Berlin 15.3.1957 – OVG II B 52.56.
[48] JKOS/*Oetker* § 6 Rn. 89; *Nikisch* Arbeitsrecht II, S. 492.

Ansicht käme der Allgemeinverbindlichkeit dann eine rechtliche Doppelnatur zu.[49] Dem ist freilich nicht so, weil die Rechtsfolge der Erklärung der Allgemeinverbindlichkeit in der Erstreckung der Normbindung an den Tarifvertrag liegt, die Tarifvertragsparteien dagegen (lediglich) in das Rechtssetzungsverfahren eingebunden sind: Die Wirkung der Rechtssetzung basiert allein auf staatlichem Akt, es erfolgt keine Ausdehnung der Rechtssetzungsmacht der Tarifvertragsparteien selbst. Deshalb lässt sich die Erklärung der Allgemeinverbindlichkeit auch nicht in eine Doppelnatur aufspalten.

25 Die Allgemeinverbindlichkeit ist also keine Zustimmung des BMAS zur von den Tarifvertragsparteien vereinbarten Ausdehnung ihrer Rechtssetzungsmacht, sondern eine originäre eigene Rechtssetzung durch staatlichen Akt.[50] Als solcher unterfällt er grundsätzlich nicht den Regelungen des VwVfG – allerdings sollen dessen allgemeine Vorschriften entsprechend anzuwenden sein.[51] Insgesamt ergibt sich aus dieser Einordnung freilich, dass alle formellen und materiellen Mängel im Verfahren der Allgemeinverbindlichkeit zu deren Nichtigkeit führen.[52] Freilich: Die Rechtssetzung durch Erklärung der Allgemeinverbindlichkeit ist gegenüber sonstiger staatlicher Rechtssetzung durchaus eingeschränkt, weil der Regelungsgeber, das BMAS, lediglich auf einen wirksamen Tarifvertrag zurückgreifen kann, ist eine inhaltliche Änderung oder Ergänzung, also eigene inhaltliche Rechtssetzung, nicht möglich.[53]

26 Auszulegen ist die Erklärung der Allgemeinverbindlichkeit wie ein Gesetz.[54] Für den allgemeinverbindlichen Tarifvertrag gelten die Grundsätze der Tarifauslegung (→ § 243 Rn. 1 ff.).

IV. Verfassungssensibilität der Allgemeinverbindlichkeit

27 Die Allgemeinverbindlichkeit als Akt staatlicher Rechtssetzung ist in mehrfacher Hinsicht verfassungssensibel. Das betrifft die Allgemeinverbindlichkeit als Rechtsinstitut ebenso wie deren konkrete Erklärung.

1. Rechtsstaats- und Demokratieprinzip

28 Das in § 5 TVG iVm TVGDV **vorgesehene Verfahren** für die Erklärung der Allgemeinverbindlichkeit verletzt nicht das Rechtsstaatsprinzip das Art. 20 Abs. 3 GG.[55] Das BVerfG sieht die Beteiligungsrechte und Informationsregelungen, die das Verfahren begleiten (→ § 248 Rn. 77 ff.), als den rechtsstaatlichen Anforderungen genügend an.[56] Rechtsstaatlich wesentlich ist, dass der demokratisch legitimierte Minister oder der Staatssekretär die Letztverantwortung für die Erklärung der Allgemeinverbindlichkeit hat (→ Rn. 98).[57]

29 Art. 80 Abs. 1 GG ist nach herrschender Meinung nicht anwendbar, weil es sich bei der Erklärung der Allgemeinverbindlichkeit nicht um eine RVO handelt.[58] Bedenken werden für die durch das TAG eingeführten neuen Regelungen mit Blick auf das Be-

---

[49] So aber JKOS/*Oetker* § 6 Rn. 89.
[50] BAG 21.9.2016 – 10 ABR 33/15, AP TVG § 5 Nr. 35 = NZA-Beil. 1/2017, 12.
[51] Ablehnend für § 24 VwVfG allerdings BAG 21.9.2016 – 10 ABR 33/15, AP TVG § 5 Nr. 35 = NZA-Beil. 1/2017, 12.
[52] Thüsing/Braun/*Braun* 6. Kap. Rn. 110; NK-TVG/*Lakies* § 5 Rn. 158; HWK/*Henssler* TVG § 1 Rn. 35; Löwisch/*Rieble* § 5 Rn. 210.
[53] JKOS/*Oetker* § 6 Rn. 89.
[54] BAG 12.5.2010 – 10 AZR 559/09, AP TVG § 1 Tarifverträge: Bau Nr. 320 = NZA 2010, 953.
[55] BVerfG 10.9.1991 – 1 BvR 561/89, AP TVG § 5 Nr. 27 = NZA 1992, 125; BVerfG 24.5.1977 – 2 BvL 11/74.
[56] BVerfG 10.9.1991 – 1 BvR 561/89, AP TVG § 5 Nr. 27 = NZA 1992, 125; siehe dazu auch NK-TVG/*Lakies* § 5 Rn. 44f.
[57] BAG 21.9.2016 – 10 ABR 33/15, AP TVG § 5 Nr. 35 = NZA-Beil. 1/2017, 12.
[58] BVerfG 24.5.1977 – 2 BvL 11/74, BVerfGE 44, 322; BVerfG 15.7.1980 – 1 BvR 24/74, NJW 1981, 215.

stimmtheitsgebot dennoch erhoben, gerade die Voraussetzung des im „öffentlichen Interesse geboten Erscheinens" sei schwammig.[59] Das stimmt.

Die **Erklärung der Allgemeinverbindlichkeit** als solche ist staatlicher Rechtssetzungsakt (→ Rn. 23). Grundlage der Normbindung der Außenseiter, § 5 Abs. 4 S. 1 TVG, ist die staatliche Tarifnormerstreckung. Daraus folgt zunächst, dass die Erklärung der Allgemeinverbindlichkeit selbst die tariflichen Regelungen setzt.

Damit ist das **Rechtsstaatsprinzip** zu beachten.[60] Der staatliche Regelungsgeber hat deshalb die Normverantwortung.[61] So können Tarifverträge, die dynamisch auf andere Tarifverträge verweisen, unter Aufrechterhaltung der Dynamik nicht allgemeinverbindlich erklärt werden, weil die Regelungssetzung dann nicht mehr in der staatlichen Verantwortung liegt, eine statische Verweisung ist möglich.[62] Die Erklärung der Allgemeinverbindlichkeit muss hinreichend klar sein – was bei einer Einschränkung des Geltungsbereiches praktisch wird (→ Rn. 121 f.).[63] Aus dem Rechtsstaatsprinzip folgt auch die eingeschränkte Zulässigkeit einer Rückwirkung der Erklärung der Allgemeinverbindlichkeit. Diese gelingt nur dann, wenn kein Vertrauen auf die Nichterstreckung vorliegt – mithin die von der Allgemeinverbindlichkeit erfassten mit dieser rechnen mussten (→ Rn. 123).[64]

Das **Demokratieprinzip** schließlich fordert, dass der demokratisch legitimierte Minister oder der Staatssekretär die konkrete Entscheidung über die Erklärung der Allgemeinverbindlichkeit fällt oder sie ihm im dokumentiert zurechenbar ist (→ Rn. 98).[65] In dieser eigenen Entscheidung liegt auch das verfassungsmäßig wesentliche Moment der eigenen Normverantwortung der staatlichen Rechtssetzung.[66] Auch deshalb darf es keinen Mechanismus der Allgemeinverbindlichkeit geben, sondern es muss eine ergebnisoffene Entscheidungsfindung erfolgen.[67] So war das ursprüngliche Vorhaben im Gesetzentwurf des TAG, das öffentliche Interesse lediglich an die Darlegung der antragstellenden Tarifvertragsparteien zu binden (→ Rn. 50),[68] bereits wegen des Rechtsstaatsprinzips zu verwerfen.

2. Grundrechte

Das BVerfG judizierte – zur alten Fassung des § 5 TVG –, dass die Allgemeinverbindlichkeit als solche nicht verfassungswidrig ist und insbesondere nicht den grundrechtlichen Gewährleistungen widerspricht. Eingriffe sind danach durch den Schutzzweck gerechtfertigt, das gilt für die allgemeine Handlungsfreiheit, die Berufsfreiheit, Art. 12 GG und die positive Koalitionsfreiheit, Art. 9 Abs. 3 GG.[69] Gerade für die Koalitionsfreiheit konkurrierender Koalitionen ist hier von Bedeutung, dass sich der allgemeinverbindliche Tarifvertrag nicht per se gegen den mitgliedschaftlich legitimierten durchsetzen kann. Hier sind die allgemeinen Regelungen anzuwenden, die den mitgliedschaftlich legitimierten Tarifvertrag zur Anwendung bringen (→ § 256 Rn. 107).[70] Die Regelung des § 5 Abs. 4

---

[59] *Löwisch/Rieble* § 5 Rn. 132.
[60] BVerfG 10.9.1991 – 1 BvR 561/89, AP TVG § 5 Nr. 27 = NZA 1992, 125; ErfK/*Franzen* TVG § 5 Rn. 15.
[61] BVerfG 14.6.1983 – 2 BvR 488/80, BVerfGE 64, 208; BVerfG 24.5.1977 – 2 BvL 11/74 – BVerfGE 44, 322.
[62] *Löwisch/Rieble* § 5 Rn. 135; ErfK/*Franzen* TVG § 5 Rn. 18; Thüsing/Braun/*Braun* 6. Kap. Rn. 84.
[63] *Löwisch/Rieble* § 5 Rn. 138.
[64] BAG 3.11.1982 – 4 AZR 1255/79, AP TVG § 5 Nr. 18; *Löwisch/Rieble* § 5 Rn. 141; ErfK/*Franzen* TVG § 5 Rn. 15.
[65] BVerfG 24.5.1977 – 2 BvL 11/74, AP TVG § 5 Nr. 15 = BB 1977, 1259; BAG 21.9.2016 – 10 ABR 33/15, AP TVG § 5 Nr. 35 = NZA-Beil. 1/2017, 12.
[66] BVerfG 24.5.1977 – 2 BvL 11/74, AP TVG § 5 Nr. 15 = BB 1977, 1259; NK-TVG/*Lakies* § 5 Rn. 42.
[67] *Löwisch/Rieble* § 5 Rn. 130.
[68] BT-Drs. 18/1558, S. 60 (65 f.).
[69] BVerfG 24.5.1977 – 2 BvL 11/74, AP TVG § 5 Nr. 15 = BB 1977, 1259; BVerfG 15.7.1980 – 1 BvR 24/74, AP TVG § 1 Nr. 17 = ZIP 1980, 1117.
[70] *Löwisch/Rieble* § 5 Rn. 150.

S. 1 TVG ist vor diesem Hintergrund nur dann zu rechtfertigen, wenn deren Wirkung in der Erklärung der Allgemeinverbindlichkeit selbst aufgenommen und berücksichtigt wird.

34 Die **negative Koalitionsfreiheit, Art. 9 Abs. 3 GG,** ist durch die Allgemeinverbindlichkeit nach herrschender Meinung gar nicht berührt, weil dadurch kein Eintrittsdruck ausgeübt wird und die bloße Bindung an Tarifnormen kein Eingriff in die negative Koalitionsfreiheit ist.[71] Ein solcher Eintrittsdruck wird nicht in dem Faktum gesehen, dass Nichtmitglieder der tarifschließenden Verbände keinen Einfluss auf die tarifliche Willensbildung haben.[72]

35 Die bisher grundrechtsbezogene Rechtsprechung erging zur alten Fassung des § 5 TVG.[73] In der Literatur werden allerdings Zweifel an der Verfassungsmäßigkeit der reformierten Fassung angemeldet – mit dem Hinweis darauf, dass das Ziel der Stärkung der Tarifautonomie die Eingriffe in die genannten Grundrechte nicht rechtfertigen könne, das gelänge nur über den Arbeitnehmerschutz.[74] Das ist richtig: Wie gezeigt, kann die Stärkung der Tarifautonomie im beabsichtigten Sinne nicht als Zweck der Allgemeinverbindlicherklärung herangezogen werden (→ Rn. 17ff.), deshalb kann auch keine rechtfertigende Wirkung darauf gestützt werden. Deshalb sind es allein der Arbeitnehmerschutz und (letztlich als ein Element daraus) die Funktionsgewährleistung der gemeinsamen Einrichtung, die Rechtfertigungspotential haben. Nur sie stützen das Institut der Allgemeinverbindlichkeit.[75]

36 Die konkrete **Erklärung der Allgemeinverbindlichkeit selbst** ist staatlicher Akt der Rechtsetzung und damit unmittelbar an die Grundrechte gebunden.[76] Das setzt sie in Gegensatz zu den Tarifvertragsparteien, die lediglich der mittelbaren Grundrechtsbindung unterliegen (→ § 226 Rn. 10ff.).[77]

37 Hier berührt sie zunächst die **Arbeitsvertrags- und Berufsfreiheit** der von der Tarifnormerstreckung betroffenen bislang nicht oder anders tarifgebundenen Arbeitnehmer und Arbeitgeber. Gerade deshalb muss das BMAS bei der Beurteilung der Voraussetzungen des öffentlichen Interesses nach § 5 Abs. 1 TVG die Grundrechtssensibilität beachten: Sie ist aus dem Arbeitnehmerschutzgedanken gerechtfertigt – dieser muss aber belastbar die Allgemeinverbindlichkeit erfordern und in die Abwägungsentscheidung aufgenommen werden.

38 Gerade die Einschränkung des Geltungsbereiches der Erklärung der Allgemeinverbindlichkeit gegenüber dem Geltungsbereich des Tarifvertrags selbst, ist anhand des verfassungsrechtlichen Gleichbehandlungsgrundsatzes zu überprüfen, **Art. 3 GG**.[78]

39 Durch die Tarifnormerstreckung wird der tarifpolitische Spielraum der anderen Koalitionen berührt und damit auch deren Tarifautonomie und **Koalitionsfreiheit, Art. 9 Abs. 3 GG**.[79] Bei der Entscheidung über die Allgemeinverbindlicherklärung muss dies be-

---

[71] BVerfG 15.7.1980 – 1 BvR 24/74, 1 BvR 439/79, AP TVG § 5 Nr. 17 = NJW 1981, 215; BVerfG 24.5.1977 – 2 BvL 11/74, AP TVG § 5 Nr. 15 = NJW 1977, 2255.; BAG 28.3.1990 – 4 AZR 536/89, AP TVG § 5 Nr. 25 = NZA 1990, 3036; BAG 22.9.1993 – 10 AZR 371/92, AP TVG § 1 Tarifverträge: Gerüstbau Nr. 2 = NZA 1994, 323; JKOS/*Oetker* § 6 Rn. 88; *Löwisch/Rieble* § 5 Rn. 149; NK-TVG/*Lakies* § 5 Rn. 49.
[72] Siehe nur BVerfG 10.9.1991 – 1 BvR 561/89, AP TVG § 5 Nr. 27 = NZA 1992, 125.
[73] Ausnahme LAG Bln-Bbg 21.7.2016 – 14 BVL 5007/15, BeckRS 2016, 70880, das die Verfassungsgemäßheit der neuen Fassung uneingeschränkt bejaht.
[74] BeckOK ArbR/*Giesen* TVG § 5 Rn. 7; HWK/*Henssler* TVG § 5 Rn. 5.
[75] Siehe auch BeckOK ArbR/*Giesen* TVG § 5 Rn. 6.
[76] BVerfG 10.9.1991 – 1 BvR 561/89, AP TVG § 5 Nr. 27 = NZA 1992, 125; NK-TVG/*Lakies* § 5 Rn. 52; *Löwisch/Rieble* § 5 Rn. 146; BeckOK ArbR/*Giesen* TVG § 5 Rn. 6; ErfK/*Franzen* TVG § 5 Rn. 18.
[77] BeckOK ArbR/*Giesen* TVG § 5 Rn. 6.
[78] BVerfG 15.7.1980 – 1 BvR 24/74, AP TVG § 1 Nr. 17 = ZIP 1980, 1117.
[79] BAG 21.9.2016 – 10 ABR 33/15, AP TVG § 5 Nr. 35 = NZA-Beil. 1/2017, 12; BAG 10.9.2014 – 10 AZR 959/13, AP ArbGG 1979 § 98 Nr. 17 = NZA 2014, 1282; BVerfG 11.7.2006 – 1 BvL 4/00, AP GG Art. 9 Nr. 129 = NZA 2007, 42; BVerfG 15.7.1980 – 1 BvR 24/74, 1 BvR 439/79, AP TVG § 5 Nr. 17 = NJW 1981, 215; BVerfG 24.5.1977 – 2 BvL 11/74, AP TVG § 5 Nr. 15 = NJW 1977, 2255.

rücksichtigt werden, etwa durch entsprechende Einschränkungsklauseln wie im Falle des Tarifvertrags über gemeinsame Einrichtungen mit seiner privilegierten Wirkung nach § 5 Abs. 4 S. 2 TVG (→ Rn. 129f.).

Maßgeblich ist hier insgesamt die richtige Abwägungsentscheidung des BMAS, das in Anwendung seines Beurteilungs- und Ermessensspielraums das **Verhältnismäßigkeitsprinzip** zu beachten hat.[80]

Das durch das **kirchliche Selbstbestimmungsrecht, Art. 140 GG iVm 137 Abs. 3 WRV**, gewährleistete kirchliche Regelungssystem zur Vereinbarung kollektiver Arbeitsbedingungen,[81] so genannter Dritter Weg, kennt den Tarifvertrag als Regelungsinstrument nicht: Die katholische Kirche hat sich ganz, die evangelischen Kirchen haben sich teilweise gegen den Tarifvertrag entschieden. Das hat Folgen auch für den allgemeinverbindlichen Tarifvertrag: Dieser kann zum einen die Arbeitsverhältnisse mit einem kirchlichen Arbeitgeber nicht ergreifen, zum anderen können die kirchlichen Arbeitsverhältnisse nicht zur Bestimmung der überwiegenden Bedeutung herangezogen werden, selbst wenn sich die kirchlichen Arbeitsvertragsbedingungen (AVR), etwa durch Übernahme des Tarifinhalts, am Tarifvertrag orientieren.[82]

V. Europäisches Recht

Vorgaben des Unionsrechts verletzt die Allgemeinverbindlichkeit eines Tarifvertrags nach herrschender Meinung nicht.[83] Freilich kann die Dienstleistungsfreiheit etwa dann betroffen sein, wenn eine gemeinsame Einrichtung durch die Erklärung der Allgemeinverbindlichkeit eine marktbeherrschende Stellung erhält. Das ist wegen des Zieles des Arbeitnehmerschutzes unionsrechtlich hinzunehmen,[84] allerdings sind auch die betroffenen ausländischen Unternehmen anzuhören.

Durch die Allgemeinverbindlichkeitserklärung werden die Grundrechte der **europäischen GRC** nicht berührt, weil es nicht um die Durchführung von Unionsrecht im Sinne des Art. 51 Abs. 1 GRC geht.[85] Deshalb lässt sich auch die Rechtsprechung im Falle Alemo-Heron nicht übertragen.[86]

Die negative Vereinigungsfreiheit, die durch **Art. 11 EMRK** geschützt wird, wird durch die Allgemeinverbindlichkeit des Tarifvertrags nicht berührt – weil kein ausreichender Eintrittsdruck erzeugt wird.[87] Im genannten Verfahren, das eine Allgemeinverbindlichkeit eines Tarifvertrags über eine gemeinsame Einrichtung zum Gegenstand hatte, fiel auch die Sozialkasse gar nicht unter den Vereinigungsbegriff des Art. 11 EMRK.[88] Allerdings rekurrierte der EGMR auf Art. 1 Zusatzprotokoll zur EMRK und damit den Eigentumsschutz. Hier wurde ein Eingriff zwar bejaht, aber wegen des Schutzwecks der Gewährleistung der gemeinsamen Einrichtung als gerechtfertigt angesehen.[89]

---

[80] ErfK/*Franzen* TVG § 5 Rn. 5.
[81] Dazu nur BVerfG 15.7.2015 – 2 BvR 2292/13, NZA 2015, 1117; BAG 20.11.2012 – 1 ABR 179/11.
[82] Siehe dazu ausführlich *Klumpp* ZAT 2016, 7ff.
[83] BAG 21.9.2016 – 10 ABR 33/15, AP TVG § 5 Nr. 35 = NZA-Beil. 1/2017, 12; NK-TVG/*Lakies* § 5 Rn. 54.
[84] NK-TVG/*Lakies* § 5 Rn. 56.
[85] BAG 21.9.2016 – 10 ABR 33/15, AP TVG § 5 Nr. 35 = NZA-Beil. 1/2017, 12.
[86] HWK/*Henssler* TVG § 5 Rn. 17.
[87] EGMR 2.6.2016 – 23646/09, NZA 2016, 1519 – Geotech Kancev GmbH; BAG 21.9.2016 – 10 ABR 33/15, AP TVG § 5 Nr. 35 = NZA-Beil. 1/2017, 12.
[88] Siehe dazu *Walser* NZA 2016, 1510.
[89] EGMR 2.6.2016 – 23646/09, NZA 2016, 1519 – Geotech Kancev GmbH.

VI. Voraussetzung der Allgemeinverbindlichkeit
1. Wirksamer Tarifvertrag

45 Für die Allgemeinverbindlichkeit offen ist nur der wirksame Tarifvertrag.[90] Ein Tarifvertrag, der wegen Nichtigkeit die nach § 3 TVG gebundenen Arbeitsverhältnisse nicht regeln kann, kann dies auch nicht durch Allgemeinverbindlicherklärung. Diese ist keine Möglichkeit, den Tarifvertrag zu heilen.[91]

46 Mängel, die den gesamten Tarifvertrag betreffen, wie etwa die fehlende Schriftform, Tariffähigkeit oder Tarifzuständigkeit einer oder beider tarifschließenden Parteien, führen deshalb dazu, dass bereits kein taugliches Objekt für die Erklärung der Allgemeinverbindlichkeit zur Verfügung steht.[92]

47 Dass der Tarifvertrag unter der aufschiebenden Bedingung der Erklärung der Allgemeinverbindlichkeit steht, ist kein Wirksamkeitsproblem.[93] Allerdings ist es problematisch, bei einem Tarifvertrag, der noch keine normative Wirkung entfalten konnte, die bestehende überwiegende Bedeutung festzustellen.[94]

48 Die Unwirksamkeit einzelner Regelungen des Tarifvertrags hindert die Allgemeinverbindlichkeit im Grundsatz nicht,[95] allerdings wird es regelmäßig nicht im öffentlichen Interesse liegen, einen Tarifvertrag, der unwirksame Regelungen enthält, allgemeinverbindlich zu erklären.

49 Es ist umstritten, ob auch ein Tarifvertrag, der sich bereits in der Nachwirkungsphase nach § 4 Abs. 5 TVG befindet, für die Erklärung der Allgemeinverbindlichkeit offen ist.[96] Das ist aber nicht so: Zum einen ist die Allgemeinverbindlichkeit an den Geltungsbereich des Tarifvertrags gebunden, darunter fällt auch der zeitliche Geltungsbereich, dieser ist im Falle der Nachwirkung aber bereits beendet. Zum anderen ist eine Ausdehnung der Normwirkung auf Außenseiter dann nicht erklärbar, wenn die Tarifvertragsparteien selbst, durch Ablauf des zeitlichen Geltungsbereiches, durch Aufhebung oder einseitige Beendigung, auf die normative Wirkung verzichten – und der nachwirkende Tarifvertrag hier nur die Inhaltsschutz- und Brückenfunktion des § 4 Abs. 5 TVG ausfüllt.[97] Das hindert aber nicht daran, den bereits während des Laufes des zeitlichen Geltungsbereiches allgemeinverbindlichen Tarifvertrag nach Ablauf nach § 4 Abs. 5 TVG nachwirken zu lassen.

2. Öffentliches Interesse

50 Nach dem Gesetz kann ein Tarifvertrag allgemeinverbindlich erklärt werden, wenn dies im öffentlichen Interesse geboten erscheint, § 5 Abs. 1 S. 1 TVG. Ein solches öffentliches Interesse ist gegeben, wenn die Erstreckung der Tarifbindung wesentliche Nachteile für eine erhebliche Anzahl von Arbeitsverhältnisse verhindern kann,[98] deren Vorteile also die Nachteile überwiegen.[99] Das hat das BMAS zu entscheiden – der ursprüngliche Vorschlag, die „Darlegung" des öffentlichen Interesses durch die Tarifvertragsparteien ausreichen zu lassen,[100] wurde im Gesetzgebungsverfahren zum TAG nicht weiter verfolgt.[101]

---

[90] BAG 21.9.2016 – 10 ABR 33/15, AP TVG § 5 Nr. 35 = NZA-Beil. 1/2017, 12; HWK/*Henssler* TVG § 5 Rn. 7; JKOS/*Oetker* § 6 Rn. 92; BeckOK ArbR/*Giesen* TVG § 5 Rn. 8; Thüsing/Braun/*Braun* 6. Kap. Rn. 75.
[91] HWK/*Henssler* TVG § 5 Rn. 7; ErfK/*Franzen* TVG § 5 Rn. 7; BeckOK ArbR/*Giesen* TVG § 5 Rn. 8; Löwisch/*Rieble* § 5 Rn. 88.
[92] ErfK/*Franzen* TVG § 5 Rn. 7; JKOS/*Oetker* § 6 Rn. 92.
[93] Löwisch/*Rieble* § 5 Rn. 83.
[94] Löwisch/*Rieble* § 5 Rn. 84.
[95] JKOS/*Oetker* § 6 Rn. 92.
[96] Dafür HWK/*Henssler* TVG § 5 Rn. 7; JKOS/*Oetker* § 6 Rn. 93; Wiedemann/*Wank* § 5 Rn. 54; Thüsing/Braun/*Braun* 6. Kap. Rn. 75.
[97] Löwisch/*Rieble* § 5 Rn. 93.
[98] ErfK/*Franzen* TVG § 5 Rn. 12; Löwisch/*Rieble* § 5 Rn. 162.
[99] HWK/*Henssler* TVG § 5 Rn. 11; HMB/*Sittard* Teil 7 Rn. 47.
[100] BT-Drs. 18/1558, S. 49.
[101] BT-Drs. 18/1558, S. 60 (65 f.); dazu auch NK-TVG/*Lakies* § 5 Rn. 110.

VI. Voraussetzung der Allgemeinverbindlichkeit

Das BMAS hat hier die Interessen der Betroffenen vor dem Hintergrund der sich aus dem Tarifvertrag ergebenden Schutzvorteile auf der einen und die Belastungen auf der anderen Seite abzuwägen und insbesondere zu prüfen, ob die Erstreckung der tariflichen Arbeitsbedingungen durch den Zweck der Allgemeinverbindlichkeit getragen wird[102] – damit ist auch eine entsprechende inhaltliche Gewichtung der Tarifregelungen umfasst.[103] Dabei darf es nicht bei der Berücksichtigung der Interessen der Tarifgebundenen stehen bleiben, sondern muss auch die Interessen der Außenseiter aufnehmen – gerade das macht das *öffentliche* Interesse aus.[104]

Es besteht bei dieser Prüfung, wie schon der Wortlaut („geboten erscheint") zeigt, ein weiter, gerichtlich nur eingeschränkt überprüfbarer Beurteilungsspielraum.[105] Die Rechtsprechung sieht diesen Spielraum erst dann als überschritten an, wenn zweckbezogen die Beurteilung „schlechterdings unvertretbar oder unverhältnismäßig" ist.[106] Das ist offensichtlich im Fall des Abwägungsausfalls so, aber auch, wenn die Abwägung auf der Grundlage falscher Tatsachen (etwa über die Tariforientierung [→ Rn. 61 ff.]) oder falscher Beurteilung des Tarifinhalts erfolgt.[107]

Der Gesetzgeber gibt für das öffentliche Interesse in § 5 Abs. 1 S. 2 TVG Regelbeispiele vor: die überwiegende Bedeutung eines Tarifvertrags in seinem Geltungsbereich, § 5 Abs. 1 S. 2 Nr. 1 TVG, und die Notwendigkeit der Allgemeinverbindlichkeit zur Absicherung gegen wirtschaftliche Fehlentwicklungen, § 5 Abs. 1. S. 2 Nr. 2 TVG. Die vor dem TAG geforderte Kumulation von öffentlichem Interesse und der tariflichen Mindestbindung von 50% im Geltungsbereich, wurde aufgegeben – es ist im Rahmen der „Tariforientierung" des § 5 Abs. 1 S. 2 Nr. 1 TVG (lediglich) ein Regelbeispiel. Dennoch hat das TAG so zu einer erheblichen Erleichterung für die Feststellung der Voraussetzungen der Allgemeinverbindlichkeit geführt – als Reaktion auf den zurückgehenden oder zumindest stagnierenden Organisationsgrad.[108] Ob außerhalb der Regelbeispiele des § 5 Abs. 1 S. 2 TVG überhaupt – unter der gebotenen grundrechtssensiblen Betrachtung – weitere Fälle des öffentlichen Interesses denkbar sind, wird mit Recht in Frage gestellt.[109] Der aufgegebene Gesichtspunkt des sozialen Notstandes jedenfalls wird bereits über den allgemeinen und sektoralen Mindestlohn aufgenommen und scheidet deshalb für die Begründung des öffentlichen Interesses aus.[110]

Liegt umgekehrt ein Regelbeispiel des § 5 Abs. 1 S. 2 TVG vor so bedeutet dies nicht zwangsläufig, dass auch die Erklärung der Allgemeinverbindlichkeit erfolgen darf. Eine entsprechende Zwangsläufigkeit gibt es nicht.[111] Vielmehr muss das BMAS auch hier eine abwägende Entscheidung treffen und die Vorteile der Allgemeinverbindlichkeit für den Schutz der Arbeitnehmer gegen die Nachteile für Arbeitgeber und Arbeitnehmer abwägen.[112]

---

[102] HWK/*Henssler* TVG § 5 Rn. 11; ErfK/*Franzen* TVG § 5 Rn. 13; *Preis/Peramato*, S. 37 f.
[103] Dazu, dass das keine Tarifzensur ist *Löwisch/Rieble* § 5 Rn. 162.
[104] NK-TVG/*Lakies* § 5 Rn. 112.
[105] BAG 20.9.2017 – 10 ABR 42/16, AP TVG § 5 Nr. 39 = NZA 2018, 186; BAG 12.4.2017 – 10 AZB 29/17 = BeckRS 2017, 11026; BAG 21.9.2016 – 10 ABR 33/15, AP TVG § 5 Nr. 35 = NZA-Beil. 1/2017, 12; BVerfG 10.9.1991 – 1 BvR 561/89, AP TVG § 5 Nr. 27 = NZA 1992, 125; BAG 28.3.1990 – 4 AZR 536/89, AP TVG § 5 Nr. 25 = NZA 1990, 781; BVerwG 3.11.1988 – 7 C 115/86, AP TVG § 5 Nr. 23 = NZA 1989, 364; BVerfG 24.5.1977 – 2 BvL 11/74, AP TVG § 5 Nr. 15 = NJW 1977, 2255; ErfK/*Franzen* TVG § 5 Rn. 13; BeckOK ArbR/*Giesen* TVG § 5 Rn. 9; NK-TVG/*Lakies* § 5 Rn. 113.
[106] BAG 20.9.2017 – 10 ABR 42/16, AP TVG § 5 Nr. 39 = NZA 2018, 186; BAG 21.9.2016 – 10 ABR 33/15, AP TVG § 5 Nr. 35 = NZA-Beil. 1/2017, 12.
[107] Siehe ausführlich zu den Abwägungsfehlern *Löwisch/Rieble* § 5 Rn. 165 ff.
[108] BT-Drs. 18/1558, 48.
[109] BeckOK ArbR/*Giesen* TVG § 5 Rn. 10.
[110] *Löwisch/Rieble* § 5 Rn. 164; anders NK-TVG/*Lakies* § 5 Rn. 123, der in diesem Fall von einem nicht mehr geregelten, weil offensichtlichen öffentlichen Interesse ausgeht.
[111] *Löwisch/Rieble* § 5 Rn. 163: Keine „Allgemeinverbindlichkeits-Automatik"; HMB/*Sittard* Teil 7 Rn. 48; wohl auch *Preis/Peramato*, S. 38.
[112] ErfK/*Franzen* TVG § 5 Rn. 17.

55 Liegt auf der anderen Seite das öffentliche Interesse vor, so wird regelmäßig das Ausübungsermessen – das BMAS „kann" die Allgemeinverbindlichkeit erklären, § 5 Abs. 1 S. 1 TVG – gebunden sein. Aber auch hier gibt es keinen Automatismus: Eine Ablehnung der Allgemeinverbindlichkeit muss dann vertieft begründet werden.

56 a) Überwiegende Bedeutung des Tarifvertrags, § 5 Abs. 1 S. 2 Nr. 1 TVG. Erstes Regelbeispiel für das öffentliche Interesse an der Erklärung der Allgemeinverbindlichkeit ist nach § 5 I 2 Nr. 1 TVG die überwiegende Bedeutung eines Tarifvertrags in seinem Geltungsbereich.

57 aa) Überwiegende Bedeutung. Hier kehrt in Ansätzen das alte 50%-Quorum,[113] qualitativ allerdings wesentlich entkernt, wieder:[114] Überwiegend ist seine Bedeutung dann, wenn der Tarifvertrag Regelungsgrundlage für die Mehrheit der Arbeitsverhältnisse ist[115] und so maßgebliche Orientierung in seinem Geltungsbereich gibt. Dabei kann man durchaus kritisch fragen, ob ein Tarifvertrag, der ohnehin überwiegend gilt, überhaupt der Tarifnormerstreckung bedarf.[116]

58 Die Notwendigkeit der Majoritätswirkung des Tarifvertrags wird bisweilen als nicht zwingend angesehen[117] und darauf verwiesen, dass es Tarifverträge geben könne, die auch bei fehlender Mehrheitsorientierung überwiegende Bedeutung hätten. Allerdings sei eine solche Konstellation nur bei triftigen Gründen vorstellbar.[118] Hiergegen steht dann zwar das Faktum zur Abwägung, dass sich die Mehrheit der Arbeitsverhältnisse nicht für den Tarifvertrag entschieden hat. Unmöglich erscheint dies aber nicht – allerdings sollte dann wegen des Wortlauts nicht § 5 Abs. 1 S. 2 Nr. 1 TVG, sondern S. 1 herangezogen werden.

59 Nicht überzeugend ist die Meinung, dass die überwiegende Bedeutung nicht absolut im Geltungsbereich, sondern relativ zu anderen konkurrierenden Tarifverträgen festzustellen sei[119] – sie ist mit der Tarifautonomie nicht in Einklang zu bringen.[120]

60 bb) Bezugsrahmen. Das Gesetz gibt den Bezugsrahmen für die Feststellung der überwiegenden Bedeutung vor: den tariflichen Geltungsbereich.[121] Weil aber die Möglichkeit besteht, die Erklärung der Allgemeinverbindlichkeit mit einer so genannten Einschränkungsklausel zu versehen (→ Rn. 121 f.) und so der Geltungsbereich der Allgemeinverbindlichkeit hinter dem des Tarifvertrags selbst zurückbleiben kann, wird dieser Bezugsrahmen in Frage gestellt: Es komme im Fall einer solchen Einschränkung auch nur auf den Geltungsbereich der Allgemeinverbindlichkeit an.[122] Die Frage ist bedeutend, weil sich dann die Mehrheitsverhältnisse der Tariforientierung je nach gewählter Einschränkung ändern. Für das alte 50%-Quorum hatte das BAG in jüngerer Zeit eindeutig für den tariflichen, nicht den eingeschränkten Geltungsbereich entschieden – übrigens auch explizit gegen einen entsprechenden Rekurs auf die ältere Rechtsprechung in den Gesetzgebungsmaterialien des TAG.[123] Weil das Gesetz klar ist, muss aber der tarifliche Gel-

---

[113] Siehe dazu jüngst BAG 20.9.2017 – 10 ABR 42/16, AP TVG § 5 Nr. 39 = NZA 2018, 186; BAG 12.4.2017 – 10 AZB 29/17, BeckRS 2017, 110261.
[114] Thüsing/Braun/*Braun* 6. Kap. Rn. 76; ErfK/*Franzen* TVG § 5 Rn. 14; *Preis/Peramato*, S. 43.
[115] ErfK/*Franzen* TVG § 5 Rn. 14; HMB/*Sittard* Teil 7 Rn. 57, der jedenfalls dann die überwiegende Bedeutung bejaht.
[116] So *Henssler* RdA 2015, 43 (51).
[117] *Löwisch/Rieble* § 5 Rn. 178; wohl auch NK-TVG/*Lakies* § 5 Rn. 111.
[118] *Löwisch/Rieble* § 5 Rn. 178.
[119] Siehe in diese Richtung NK-ArbR/*Forst* TVG § 5 Rn. 87.
[120] BT-Drs. 18/2010, 16; HWK/*Henssler* TVG § 5 Rn. 14; siehe ablehnend auch *Preis/Peramato*, S. 43.
[121] *Löwisch/Rieble* § 5 Rn. 186.
[122] So *Preis/Peramato*, S. 39.
[123] BAG 12.4.2017 – BAG 10 AZB 29/17, BeckRS 2017, 11026; auch ausdrücklich entgegen BT-Drs. 18/1558, 48; BAG 21.9.2016 – 10 ABR 33/15, AP TVG § 5 Nr. 35 = NZA-Beil. 1/2017, 12.

tungsbereich maßgeblich sein. Auch sticht das Argument nicht, dass die nicht von der späteren Allgemeinverbindlichkeit betroffenen Arbeitsverhältnisse auch nicht bei der Feststellung der überwiegenden Bedeutung herangezogen werden dürften.[124] § 5 Abs. 1 S. 2 Nr. 1 TVG fragt nach der Akzeptanz des Tarifvertrags dort, wo er regeln will – das aber ist der gesamte Geltungsbereich. Anders entscheiden hieße, letztlich das öffentliche Interesse durch Einschränkungsklausel steuerbar zu machen – das ist abzulehnen.

cc) Tariforientierung. Durch das TAG erfolgte vor allem eine tiefgreifende Änderung:[125] Weil der Organisationsgrad und damit auch die mitgliedschaftliche Tarifbindung, die das alte 50%-Quorum forderte, gering ist, wird durch die neue Gesetzesfassung nicht nur auf die durch § 3 TVG gebundenen Arbeitsverhältnisse geblickt, sondern werden darüber hinaus alle Arbeitsverhältnisse einbezogen, die vom Tarifvertrag ganz oder wesentlich geregelt werden.[126] Die Gesetzesbegründung bemüht die Formulierung der tarifmäßigen Ausgestaltung oder „Orientierung".[127] Danach werden auch die lediglich schuldrechtliche Bezugnahme, die sonstige Übernahme in das Arbeitsverhältnis, wie etwa durch betriebliche Übung oder die Übernahme der Regelungen durch Anschluss- und Übernahmetarifertrag erfasst,[128] beachtlich sind hier auch inhaltsgleiche Paralleltarifverträge mit übereinstimmendem Geltungsbereich, wie sie bei mehrgliedrigen Tarifverträgen vorkommen.[129]

61

Mit der erleichterten Vorgabe der bloßen Tariforientierung beschert das Gesetz der Rechtspraxis zunächst ein massives Nachweisproblem.[130] Das gilt wegen der Publizitätserfordernisse (→ § 235 Rn. 24 ff.) nicht maßgeblich für die Orientierung durch Anschluss- oder Übernahmetarifverträge, verstärkt aber für die schuldrechtliche Bezugnahme: Ist der Nachweis über die mitgliedschaftliche Bindung schon nicht immer einfach, so bestehen für den Nachweis bloßer schuldrechtlicher Bindung erheblich größere Schwierigkeiten. Das BMAS muss alle möglichen Erkenntnisquellen nutzen – und bei Notwendigkeit eigene Erhebungen (etwa bei Verbänden, Handwerkskammern, Industrie- und Handelskammern, Bundesagentur für Arbeit) anstrengen.[131] Vorgaben der Tarifvertragsparteien dürfen nicht unbesehen übernommen werden.[132] Auch kann nicht schlicht auf die bisherige Bedeutung eines bereits allgemeinverbindlichen Tarifvertrags verwiesen werden:[133] Das war schon für das entfallene 50%-Quorum problematisch, jetzt allerdings noch mehr, weil die bloße Tariforientierung wesentlich fragiler und wechselhafter ist als die Verbandsmitgliedschaft.

62

Das BMAS kann sich zwar mit einer Schätzung behelfen.[134] Freilich muss diese Schätzung valide sein – und darf nicht „über den Daumen" erfolgen.[135] Für sie besteht auch kein weiterer Beurteilungsspielraum, sondern sie ist gerichtlich nachzuprüfen.[136]

63

---

[124] So *Preis/Peramato*, S. 40.
[125] BeckOK ArbR/*Giesen* TVG § 5 Rn. 12.
[126] ErfK/*Franzen* TVG § 5 Rn. 14.
[127] BR-Drs. 147/14, 54.
[128] Siehe auch explizit BR-Drs. 147/14, 54; auch Thüsing/Braun/*Braun* 6. Kap. Rn. 77; HWK/*Henssler* TVG § 5 Rn. 14; BeckOK ArbR/*Giesen* TVG § 5 Rn. 12.
[129] Siehe dazu und zu den bestehenden Folgeproblemen *Löwisch/Rieble* § 5 Rn. 192.
[130] Thüsing/Braun/*Braun* 6. Kap. Rn. 78.
[131] BAG 11.6.1975 – 4 AZR 395/74, AP TVG § 2 Nr. 29 = DB 1975, 2434; Wiedemann/*Wank* Rn. 65 f.; *Zachert* NZA 2003, 132 (134); HMB/*Sittard* Teil 7 Rn. 60; BeckOK ArbR/*Giesen* TVG § 5 Rn. 15.
[132] HMB/*Sittard* Teil 7 Rn. 60.
[133] So für die alte Rechtslage und einen ersten Anschein BAG 10.9.2014 – 10 AZR 959/13, AP ArbGG 1979 § 98 Nr. 17 = NZA 2014, 1282 (1285); LSG Bln-Bbg 25.6.2010 – L 1 KR 87/08, BeckRS 2010, 71353; BeckOK ArbR/*Giesen* TVG § 5 Rn. 15.
[134] BT-Drs. 18/1558, 49; zur früheren Rechtslage BAG 20.9.2017 – 10 ABR 42/16, AP TVG § 5 Nr. 39 = NZA 2018, 186; BAG 22.10.2003 – 10 AZR 13/03, AP TVG § 1 Tarifverträge: Gebäudereinigung Nr. 16 = DB 2004, 712; BAG 28.3.1990 – 4 AZR 536/89, AP TVG § 5 Nr. 25 = NZA 1990, 781; BAG 11.6.1975 – 4 AZR 395/74, AP TVG § 2 Nr. 29 = DB 1975, 2454.
[135] *Löwisch/Rieble* § 5 Rn. 197 ff. mit Beispielen für die bisweilen problematische gerichtliche Aufarbeitung dieser Frage.

64 Im Falle einer schuldrechtlichen Bezugnahme kommt es nicht darauf an, wie die Bezugnahme „rechtstechnisch" erfolgt – ob durch Vereinbarung bei Arbeitsvertragsschluss oder später durch betriebliche Übung.[137] Problematisiert wird aber, ob es stets der Orientierung durch Bezugnahme am gesamten Tarifvertrag bedarf[138] oder ob die Bezugnahme auf Kernelemente oder wesentliche Teile des Tarifvertrags ausreichen.[139] Offensichtlich sieht sich die letztgenannte Meinung zwei Problemen gegenüber: zum ersten muss geklärt werden, was solche Kernelemente überhaupt sind und zum anderen stellt sich auch hier und verstärkt das Nachweisproblem. Als Kernelement schlagen Preis und Peramato etwa das Entgelt, den Urlaub, Arbeitszeit oder Altersversorgung vor.[140] Allerdings lässt sich eine solche Gewichtung nicht ziehen – das BMAS darf nicht zwischen „wichtigen" und „unwichtigen" tariflichen Regelungen unterscheiden.[141] Insbesondere muss schon wegen der Grundrechtssensibilität die Feststellung der überwiegenden Bedeutung weitgehend dem steuernden Zugriff des BMAS entzogen werden: Zwar besteht ein Beurteilungsspielraum bei der Festlegung des öffentlichen Interesses, aber keine Zugriffskompetenz bei der „Gestaltung" der dieser Entscheidung zugrundeliegenden Tatsachen. Deshalb kann es keine (zudem rechtsunsichere) Bestimmung tariflicher Kernelemente durch das BMAS geben – was beim Geltungsbereich gilt, gilt auch hier.

65 b) Absicherung gegen Folgen wirtschaftlicher Fehlentwicklung, § 5 Abs. 1 S. 2 Nr. 2 TVG. Zweites Regelbeispiel für das öffentliche Interesse ist nach § 5 Abs. 1 S. 2 Nr. 2 TVG, die Absicherung der Wirksamkeit der tarifvertraglichen Normsetzung gegen die Folgen wirtschaftlicher Fehlentwicklung, die die Allgemeinverbindlicherklärung verlangt. Das greift (in problematischer Weise)[142] eine Formulierung des BVerfG auf.[143] Nach den Gesetzgebungsmaterialien des TAG ist § 5 Abs. 1 S. 2 Nr. 2 TVG einschlägig, wenn die Aushöhlung der tariflichen Ordnung zu einer Gefährdung des Arbeitsfriedens führt oder wenn in bestimmten Regionen oder Wirtschaftszweigen die Tarifstrukturen erodieren.[144] Der Gesetzgeber will hier in Bereichen, in denen Tarifverträge etwa aufgrund geringen Organisationsgrades keine maßgebliche Bedeutung haben, die (noch verbliebene) tarifliche Ordnung stützen[145] und greift mit dem Hinweis auf die Tariferosion und den Arbeitsunfrieden auf höchst dunkle, indifferente – oder anders gewendet: flexible – Rechtsbegriffe zurück.

66 Damit soll ersichtlich das öffentliche Interesse auch dort bejaht werden können, wo von einer überwiegenden Bedeutung im Sinne des § 5 Abs. 1 S. 2 Nr. 1 TVG nicht ausgegangen werden kann. Hier will man den Tarifvertrag als Ordnungsinstrument (siehe aber → § 231 Rn. 17 ff.) schützen, auch und gerade dort, wo er sich – auch unter dem weiten Gesichtspunkt der Tariforientierung (→ Rn. 61 ff.) – nicht durchsetzen kann. Das widerspricht zunächst dem Grundgedanken, dass sich die Koalitionen durchsetzen werden, die die Interessen ihrer Mitglieder besser vertreten. Deshalb darf es bei der Auslegung des Merkmals der Wirksamkeit der tariflichen Normsetzung nicht um „Bestandsschutz" gegen Mitgliederschwund gehen[146] und auch nicht um „Koalitionsstarthilfe". Die Gesetzesbegründung weist (auch) deshalb daraufhin, dass das Regelbeispiel nicht einschlägig sein soll, wenn der betreffende Tarifvertrag von einem unbedeutenden Verband ge-

---

[136] *Löwisch/Rieble* § 5 Rn. 202; Kritisch auch HWK/*Henssler* TVG § 5 Rn. 15; HMB/*Sittard* Teil 7 Rn. 61.
[137] *Preis/Peramato*, S. 41.
[138] So *Löwisch/Rieble* § 5 Rn. 194.
[139] So *Preis/Peramato*, S. 40 f.; HMB/*Sittard* Teil 7 Rn. 56; Thüsing/Braun/*Braun* 6. Kap. Rn. 78.
[140] *Preis/Peramato*, S. 41 f.
[141] *Löwisch/Rieble* § 5 Rn. 194.
[142] *Löwisch/Rieble* § 5 Rn. 204.
[143] BVerfG 24.5.1977 – 2 BvL 11/74, AP TVG § 5 Nr. 15 = NJW 1977, 2255.
[144] BR-Drs. 147/14, 54.
[145] Thüsing/Braun/*Braun* 6. Kap. Rn. 79; BT-Drs. 18/1558, S. 49.
[146] *Löwisch/Rieble* § 5 Rn. 208.

schlossen wurde.¹⁴⁷ Das kann nur so erklärt werden, dass unbedeutende Tarifverträge nicht zu berücksichtigen sind – was auch schon verfassungsrechtlich notwendig ist.¹⁴⁸ Aber: Was ist unbedeutend?¹⁴⁹ Das wird man wiederum nur an der quantitativen Orientierung messen können.¹⁵⁰ Wie hoch diese sein muss, bleibt einstweilen ungeklärt. Maßgeblicher Gedanke ist, dass man auf das Mittel des Tarifvertrags in einem schwierigen wirtschaftlichen Umfeld nicht verzichten will. Insgesamt zielt das Regelbeispiel deshalb weniger auf den Arbeitnehmerschutz, sondern auf den Schutz des hergebrachten Tarifsystems – dass das den Eingriff in die Grundrechte der Außenseiter rechtfertigen kann, wird mit Recht bezweifelt.¹⁵¹

Letztlich ist der Begriff der wirtschaftlichen Fehlentwicklung schwer zu fassen – gleichwohl kann er nicht angenommen, sondern muss überprüfbar festgestellt werden.¹⁵² Es geht ausdrücklich um wirtschaftliche Fehlentwicklungen wie etwa Konjunktureinbrüche. Wettbewerbliche Gesichtspunkte als solche jedenfalls dürfen nicht berücksichtigt werden:¹⁵³ Weil die Verhinderung von Wettbewerb zwar Folge, aber nicht Funktion der Erklärung der Allgemeinverbindlichkeit ist (→ Rn. 12 ff.) und weil Wettbewerb als solcher gerade keine Fehlentwicklung sein kann.¹⁵⁴ 67

§ 5 Abs. 1 S. 2 Nr. 2 TVG ist wegen seiner multiplen Unbestimmtheit kaum justitiabel.¹⁵⁵ Die Literatur sieht die Vorschrift deshalb zu Recht kritisch.¹⁵⁶ Zunächst ist sie handwerklich bedenklich: Das beginnt bereits dort, wo das Gesetz auf die Wirksamkeit der tariflichen Normsetzung abstellt: Das Gesetz verkennt hier das eigene tarifrechtliche Vokabular, weil damit nicht die Gewährleistung der normativen Wirkung eines Tarifvertrags nach § 4 Abs. 1 TVG gemeint ist, sondern die faktische Bedeutung der tariflichen Regelung für die Arbeitsverhältnisse insgesamt.¹⁵⁷ 68

Das Regelbeispiel wird – bestenfalls – als wenig praktische Auffangregelung begriffen, die im Regel-Ausnahme-Verhältnis zu § 5 Abs. 1 S. 2 Nr. 1 TVG stehe.¹⁵⁸ Klar ist, dass unter § 5 Abs. 1 S. 2 Nr. 2 TVG nur solche Tarifverträge fallen, die nicht ohnehin überwiegende Bedeutung nach § 5 Abs. 1 S. 2 Nr. 1 TVG erlangt haben. Richtig ist es deshalb im Umkehrschluss, eine besonders hohe Schutznotwendigkeit im Einzelfall zu verlangen,¹⁵⁹ was der Vorschrift nur wenig Anwendungsspielraum lassen dürfte. 69

c) Sonderfall: Gemeinsame Einrichtungen, § 5 Abs. 1a TVG. Nach § 5 Abs. 1a TVG kann das BMAS einen Tarifvertrag über eine gemeinsame Einrichtung zur Sicherung ihrer Funktionsfähigkeit allgemeinverbindlich erklären, wenn der Tarifvertrag die Einziehung von Beiträgen und die Gewährung von Leistungen durch eine gemeinsame Einrichtung zum Urlaub, der betrieblichen Altersversorgung, der Auszubildendenvergütung, der Vermögensbildung der Arbeitnehmer oder dem arbeitszeitbezogenen Lohnausgleich regelt. Damit werden über die wesentlich erleichterte Möglichkeit der Allgemeinverbindlichkeit die gemeinsamen Einrichtungen besonders geschützt. Dieser Schutz wird dadurch verstärkt, dass nach § 5 Abs. 4 S. 2 TVG dieser Tarifvertrag einem durch § 3 70

---

¹⁴⁷ BT-Drs. 18/1558, 49.
¹⁴⁸ *Henssler* RdA 2015, 43 (51); *Forst* RdA 2015, 25 (27).
¹⁴⁹ Kritisch auch Thüsing/Braun 6. Kap. Rn. 80.
¹⁵⁰ *Preis/Peramato*, S. 52; auch *Henssler* RdA 2015, 43 (51).
¹⁵¹ BeckOK ArbR/*Giesen* TVG § 5 Rn. 13.
¹⁵² So auch *Preis/Peramato*, S. 50.
¹⁵³ HMB/*Sittard* Teil 7 Rn. 64.
¹⁵⁴ *Löwisch/Rieble* § 5 Rn. 207.
¹⁵⁵ *Henssler* RdA 2015, 43 (51); HMB/*Sittard* Teil 7 Rn. 63; ErfK/*Franzen* TVG § 5 Rn. 14a.
¹⁵⁶ HMB/*Sittard* Teil 7 Rn. 65; *Reichold* NJW 2014, 2534 (2536); *Forst* RdA 2015, 25 (30); HWK/*Henssler* TVG § 5 Rn. 17: Legitimationsproblem, rechtspolitisch fragwürdig; *Henssler* RdA 2015, 43 (51); BeckOK ArbR/*Giesen* TVG § 5 Rn. 14: in ihrer Unklarheit kaum handhabbar; *Jöris* NZA 2014, 1313 (1315): „schemenhafte Konturen"; freundlicher *Preis/Peramato*, S. 49: der Wortlaut sei „offen".
¹⁵⁷ ErfK/*Franzen* TVG § 5 Rn. 14a.
¹⁵⁸ ErfK/*Franzen* TVG § 5 Rn. 14a; HWK/*Henssler* TVG § 5 Rn. 16.
¹⁵⁹ HMB/*Sittard* Teil 7 Rn. 63.

TVG bindenden Tarifvertrag vorgeht. Damit nimmt § 5 Abs. 1a TVG eine spezielle Regelung für Tarifverträge auf, die auch zuvor den Großteil der allgemeinverbindlichen Tarifverträge stellte.[160] In der Tat sind gemeinsame Einrichtungen regelmäßig auf eine jeweils breite Bindungsbasis angewiesen.[161]

71 Nach dem Wortlaut kommt es für die Erklärung der Allgemeinverbindlichkeit nur auf die Sicherung der Funktionsfähigkeit der gemeinsamen Einrichtung an, auf das Vorliegen eines öffentlichen Interesses wird verzichtet. Diese sehr weitgehende Erleichterung wird kritisiert und angemahnt, hier in verfassungskonformer Auslegung den Gesichtspunkt des öffentlichen Interesses heranzuziehen.[162] Deshalb ist die Bedeutung der gemeinsamen Einrichtung – und damit auch ihre Repräsentativität – beachtlich.[163] Das führt nicht notwendig zum Erfordernis der überwiegenden Bedeutung, weil § 5 Abs. 1a TVG (jenseits der Verbindung zu § 5 Abs. 4 S. 2 TVG) sonst überflüssig wäre, allerdings bedarf die Allgemeinverbindlichkeit eines in diesem Sinne nicht bedeutenden Tarifvertrags einer vertieften Begründung.[164] Anders entscheiden hieße, auch bei einem Tarifvertrag, der wenige Arbeitsverhältnisse umfasst, die überwiegende Anzahl der Außenseiter von der Verwaltung der gemeinsamen Einrichtung auszuschließen und die Außenseiterarbeitgeber mit Beitragspflichten zu belegen.[165]

72 Die Aufzählung der Zwecke der gemeinsamen Einrichtungen des § 5 Abs. 1a S. 1 TVG ist enumerativ.[166] Umstritten ist, ob Tarifverträge über gemeinsame Einrichtungen mit anderen Zwecken noch über die Voraussetzungen des § 5 Abs. 1 TVG allgemeinverbindlich erklärt werden können.[167] Solche Tarifverträge nähmen dann nicht am Privileg des § 5 Abs. 4 S. 2 TVG teil.[168] Eine solche parallele Möglichkeit der Allgemeinverbindlichkeit wird mit beachtlichen Argumenten und Hinweis auf den Wortlaut und die Systematik des § 5 TVG abgelehnt.[169]

73 Mischverträge, die sowohl Normen über gemeinsame Einrichtungen als auch weitere Tarifregelung enthalten, fallen zwar grundsätzlich unter § 5 Abs. 1a TVG, allerdings muss dann geteilt werden: die Tarifnormerstreckung für die zweite Gruppe der Regelungen kann nicht unter den erleichterten Voraussetzungen des § 5 Abs. 1a TVG erfolgen, sondern nur unter denen des § 5 Abs. 1 TVG.[170]

74 Die Allgemeinverbindlichkeit muss zur Sicherung der Funktionsfähigkeit der gemeinsamen Einrichtung notwendig sein. Deshalb kommt es darauf an, dass gerade die Ausdehnung auf Außenseiter die Funktion der gemeinsamen Einrichtung sichert. Das ist anhand der Aufgabe der gemeinsamen Einrichtung und der sich ergebenden Lasten und Leistungen im Einzelfall festzustellen.[171]

75 Ist eine Auswahlentscheidung zwischen mehreren in Frage kommenden Tarifverträgen im Sinne des § 5 Abs. 1a S. 1 TVG zu treffen, so ist der Auswahlmechanismus des § 7 Abs. 2 AEntG heranzuziehen, § 5 Abs. 1a S. 3 TVG.[172] Maßgebend ist dann die Repräsentativität des Tarifvertrags: wobei es vorrangig auf die Zahl der von den jeweils tarifgebundenen Arbeitgebern beschäftigten, unter den Geltungsbereich des Tarifvertrags fallen-

---

[160] Preis/Peramato, S. 57.
[161] NK-TVG/Lakies § 5 Rn. 124.
[162] BeckOK ArbR/Giesen TVG § 5 Rn. 17.
[163] ErfK/Franzen TVG § 5 Rn. 14b.
[164] Löwisch/Rieble § 5 Rn. 211; in diese Richtung auch NK-TVG/Lakies § 5 Rn. 124.
[165] ErfK/Franzen TVG § 1 Rn. 14b; Rieble/Kolbe ZfA 2015, 152.
[166] Thüsing/Braun/Braun 6. Kap. Rn. 81.
[167] Dafür ErfK/Franzen TVG § 5 Rn. 14b; Forst RdA 2015, 30; Jöris NZA 2014, 1317; Preis/Peramato, S. 65; NK-TVG/Lakies § 5 Rn. 125.
[168] NK-TVG/Lakies § 5 Rn. 125.
[169] Löwisch/Rieble § 5 Rn. 77 ff.
[170] Dazu ausführlich Preis/Peramato, S. 60 ff.; Forst RdA 2015, 25 (30 f.).
[171] Siehe dazu im Einzelnen Löwisch/Rieble § 5 Rn. 214.
[172] Dazu Preis/Peramato, S. 69; NK-TVG/Lakies § 5 Rn. 127.

den, Arbeitnehmer und die Zahl der jeweils unter den Geltungsbereich des Tarifvertrags fallenden Mitglieder der Gewerkschaft, die den Tarifvertrag geschlossen hat, ankommt.

Die Bedeutung der Allgemeinverbindlichkeit von Tarifverträgen über gemeinsame Einrichtungen zeigt sich auch anhand jüngerer gesetzlicher Hilfestellungen. Nachdem die Rechtsprechung die Erklärung der Allgemeinverbindlichkeit mehrerer Tarifverträge über Sozialkassen im Baugewerbe wegen Verfahrensfehlern für unwirksam erklärt hatte,[173] wurden sie durch das Gesetz zur Sicherung der Sozialkassenverfahren im Baugewerbe[174] (SOKA-SiG) und das Gesetz zur Sicherung der tarifvertraglichen Sozialkassenverfahren (SOKA-SiG II)[175] rückwirkend gestützt (→ § 242 Rn. 53) – durch diese gesetzliche Geltung der betreffenden Tarifnormen kommt es nun letztlich zur von § 5 TVG unabhängigen Betrachtung.[176] Dieses gesetzliche „Backup", das durch das SOKA-SiG II auch auf andere Branchen ausgedehnt wurde, erhielt die Funktionsfähigkeit der betroffenen Einrichtungen aufrecht – steht aber in der Kritik der Verfassungswidrigkeit, weil dadurch Leistungsansprüche aber auch Beitragslasten rückwirkend begründet werden.[177] **76**

VII. Verfahren

Die Allgemeinverbindlichkeit eines Tarifvertrags kann nur dann wirksam erklärt werden, wenn das in § 5 TVG und den §§ 1–11, 14, 17 TVGDV geregelte Verfahren eingehalten ist. Fehler im Verfahren führen grundsätzlich zur Unwirksamkeit der erklärten Allgemeinverbindlichkeit.[178] Sie sind im Beschlussverfahren nach § 98 ArbGG geltend zu machen (→ Rn. 140 ff.). **77**

Das Verfahren ist insgesamt kostenfrei, § 17 TVGDV.[179] **78**

1. Gemeinsamer Antrag

Seit den Änderungen durch das TAG reicht für die Einleitung des Verfahrens zur Erklärung der Allgemeinverbindlichkeit nicht mehr lediglich der Antrag einer Tarifvertragspartei aus, so noch § 5 Abs. 1 S. 1 TVG aF, sondern beide,[180] oder bei Einheitstarifvertrag alle,[181] Tarifvertragsparteien müssen den Antrag gemeinsam stellen, § 5 Abs. 1 S. 1 TVG;[182] eine Vertretung etwa durch den Spitzenverband oder auch die andere Tarifpartei oder einzelne Arbeitgeber oder Arbeitnehmer ist möglich.[183] Der Antrag nur einer Tarifvertragspartei geht ins Leere, ebenso der eines oder mehrerer Spitzenverbände, wenn sie nicht selbst Tarifvertragsparteien sind.[184] Damit kommt den einzelnen Tarifvertragsparteien ein Vetorecht zu.[185] Grund für das Erfordernis des gemeinsamen Antrages ist es, die Allgemeinverbindlichkeit mit einer größeren Akzeptanz zu versehen.[186] Die früher bis- **79**

---

[173] BAG 25.1.2017 – 10 ABR 34/15, AP TVG § 5 Nr. 37 = BeckRS 2017, 109186; BAG 21.9.2016 – 10 ABR 33/15, AP TVG § 5 Nr. 35 = NZA-Beil. 1/2017, 12; BAG 21.9.2016 – 10 ABR 48/15, AP TVG § 5 Nr. 36 = BeckRS 2016, 74224.
[174] Vom 16.5.2017, BGBl. 2017 I 1210.
[175] Vom 1.9.2017, BGBl. 2017 I 3356.
[176] BeckOK ArbR/*Giesen* TVG § 5 Rn. 36.
[177] Sehr kritisch BeckOK ArbR/*Giesen* TVG § 5 Rn. 36; „hart auf verfassungsrechtlicher Kante genäht" sieht *Thüsing* NZA-Beil. 3/2017, 12 das Gesetz; keine verfassungsrechtlichen Probleme sehen *Ulmer* NZA 2017, 1104; *Engels* NZA 2017, 680; LAG Hessen 2.6.2017 – 10 Sa 907/16, NZA-RR 2017, 485 nrkr; LAG Hessen 19.6.2017 – 10 Ta 524/16, NJOZ 2017, 1413.
[178] BAG 21.9.2016 – 10 ABR 33/15, AP TVG § 5 Nr. 35 = NZA-Beil. 1/2017, 12; HMB/*Sittard* Teil 7 Rn. 28.
[179] BeckOK ArbR/*Giesen* TVG § 5 Rn. 20.
[180] Nach HMB/*Sittard* Teil 7 Rn. 23 ist dies eine Kompensation für den Wegfall des 50%-Quorums.
[181] ErfK/*Franzen* TVG § 5 Rn. 20.
[182] Thüsing/Braun/*Braun* 6. Kap. Rn. 89.
[183] HWK/*Henssler* TVG § 5 Rn. 20; *Löwisch/Rieble* § 5 Rn. 245; NK-TVG/*Lakies* § 5 Rn. 83; Thüsing/Braun/*Braun* 6. Kap. Rn. 89.
[184] ErfK/*Franzen* TVG § 5 Rn. 20.
[185] *Löwisch/Rieble* § 5 Rn. 244.
[186] HMB/*Sittard* Teil 7 Rn. 23, der allerdings von „Legitimation" schreibt.

weilen beobachtete Praxis, dass eine Gewerkschaft allein und gegen den Willen des Arbeitgeberverbandes versuchte, eine Allgemeinverbindlichkeit zu erreichen,[187] ist damit obsolet. Das ist aus Sicht des Zieles des TAG konsequent:[188] Wenn eine Tarifvertragspartei eine Allgemeinverbindlichkeit ablehnt, wird sie dieses Instrument für die Unterstützung der Tarifautonomie nicht für notwendig halten.[189]

80 Gemeinsam heißt, dass grundsätzlich *ein* Antrag gestellt werden soll. Deshalb ist der Regelfall der des gemeinsamen schriftlichen Antrags, auch wenn das Gesetz keine Formvorschriften macht.[190] Unabhängige, nebeneinander gestellte Anträge entsprechen diesen Vorgaben dann, wenn sie vollständig inhaltsgleich sind.[191] Das genügt – ein Bezug der Anträge zueinander[192] ist nicht Voraussetzung.

81 Der Antrag muss den entsprechenden Tarifvertrag mit Inhalt genau bezeichnen, was regelmäßig durch die Einreichung der Tarifurkunde erfolgt.[193] Antrag und Tarifvertrag müssen sich decken.[194] Wollen die Antragsteller eine Beschränkung des Geltungsbereiches, so muss diese genau mitgeteilt werden.[195]

82 Der Antrag kann auch zurückgenommen werden – und zwar von jeder Tarifvertragspartei unabhängig.[196] Ersichtlich soll das Erfordernis des gemeinsamen Antrags gewährleisten, dass beide Tarifvertragsparteien die Allgemeinverbindlichkeit auch für erforderlich halten. So wie aber eine Tarifvertragspartei alleine durch bloße Nichtbeteiligung am Antrag die Ablehnung dieser Erforderlichkeit ausdrücken kann, so kann sie auch nach Antragstellung die Gemeinsamkeit allein aufkündigen. Es bedarf also keiner gemeinsamen Rücknahme des Antrags.[197] Das wird freilich auch anders gesehen.[198] Die Rücknahme ist in jedem Stadium des noch nicht abgeschlossenen Verfahrens bis zur Entscheidung möglich und beendet das Verfahren zur Erklärung der Allgemeinverbindlichkeit.[199]

83 Eine vertragliche Pflicht zur gemeinsamen Antragstellung kann sich aus einer entsprechenden Vereinbarung im schuldrechtlichen Teil des Tarifvertrags ergeben – allerdings hängt die Rechtmäßigkeit des Antrags nicht von schuldrechtlich-tariflichen Vorgaben ab.[200] Hier ergibt sich eine Änderung durch das Erfordernis des gemeinsamen Antrages: Wurde früher vereinbart, keinen Antrag zu stellen und scherte eine Tarifvertragspartei aus und leitete dennoch ein Verfahren ein, so konnte die bloße schuldrechtliche Pflichtwidrigkeit dieses Tuns keinen Einfluss auf das Verfahren der Allgemeinverbindlichkeit als solches haben. Nunmehr ist es gleichsam umgekehrt, dass ein alleiniges Vorgehen einer Tarifvertragspartei nicht möglich ist, auch nicht, wenn die gemeinsame Antragstellung im Tarifvertrag vereinbart war.[201] Es bleibt dann der pflichttreuen Partei der Weg über eine klagweise Geltungsmachung des Anspruches auf gemeinsamen Antrag.[202] Umgekehrt kommt die pflichtwidrige Antragstellung als wichtiger Grund zur Kündigung in Frage.[203]

---

[187] Dazu Thüsing/Braun/*Braun* 6. Kap. Rn. 89.
[188] BT-Drs. 18/1558, 57.
[189] Siehe auch BT-Drs. 18/1558, 48; *Forst* RdA 2015, 25 (27).
[190] *Forst* RdA 2015, 25 (27).
[191] ErfK/*Franzen* TVG § 5 Rn. 20, *Löwisch/Rieble* § 5 Rn. 251; *Preis/Peramato*, S. 82.
[192] *Forst* RdA 2015, 25 (27); HWK/*Henssler* TVG § 5 Rn. 20; BeckOK ArbR/*Giesen* TVG § 5 Rn. 20; NK-TVG/*Lakies* § 5 Rn. 87.
[193] NK-TVG/*Lakies* § 5 Rn. 85.
[194] NK-TVG/*Lakies* § 5 Rn. 86.
[195] *Löwisch/Rieble* § 5 Rn. 249.
[196] HMB/*Sittard* Teil 7 Rn. 27; *Forst* RdA 2015, 25 (27); *Löwisch/Rieble* § 5 Rn. 256; NK-TVG/*Lakies* § 5 Rn. 92; *Preis/Peramato*, S. 83 f.
[197] *Forst* RdA 2015, 25 (27).
[198] BeckOK ArbR/*Giesen* TVG § 5 Rn. 20.
[199] HWK/*Henssler* TVG § 5 Rn. 21; HMB/*Sittard* Teil 7 Rn. 27; NK-TVG/*Lakies* § 5 Rn. 92.
[200] HMB/*Sittard* Teil 7 Rn. 25; ErfK/*Franzen* TVG § 5 Rn. 20; BeckOK ArbR/*Giesen* TVG § 5 Rn. 2; NK-TVG/*Lakies* § 5 Rn. 88.
[201] HWK/*Henssler* TVG § 5 Rn. 21; *Forst* RdA 2015, 25 (27).
[202] *Löwisch/Rieble* § 5 Rn. 257.
[203] NK-TVG/*Lakies* § 5 Rn. 88.

VII. Verfahren

Der Antrag muss an das BMAS gestellt werden. Dies gilt auch dann, wenn eine Verweisung an die oberste Landesbehörde nach § 5 Abs. 6 TVG möglich erscheint (→ Rn. 108 f.).[204] Eine Begründung des Antrags ist zwar nicht zwingend notwendig,[205] allerdings kommt es im Verfahren auf die materiellen Voraussetzungen des § 5 Abs. 1 TVG an – so dass entsprechende Angaben hilfreich sind.[206] Freilich ist das BMAS berechtigt und verpflichtet, eigene Erkundigungen im Rahmen des Verfahrens einzuholen. Eine Bindung lediglich an den Antrag kann es nicht geben. Weil nicht der gesamte Tarifvertrag allgemeinverbindlich erklärt werden muss, müssen die Tarifvertragsparteien in ihrem Antrag festlegen, welche tariflichen Regelungen allgemeinverbindlich werden sollen. Erfolgt keine Vorgabe, so bezieht sich der Antrag auf den gesamten Tarifvertrag.

Eine Frist für die Antragstellung gibt es nicht.[207] Nach herrschender Meinung kann der Antrag auch noch im Nachwirkungszeitraum des § 4 Abs. 5 TVG gestellt werden.[208] Das freilich geht fehl, weil ein Tarifvertrag dann nicht mehr allgemeinverbindlich erklärt werden kann (→ Rn. 49).

Der Antrag wird durch das BMAS im Bundesanzeiger bekannt gemacht, um Öffentlichkeit herzustellen und Stellungnahmen zu ermöglichen. Hierzu soll eine Frist von 3 Wochen gesetzt werden[209] – freilich sind auch kürzere Fristen denkbar. Diese Frist ist keine Ausschlussfrist, so dass auch spätere Stellungnahmen noch in das Verfahren aufgenommen werden können.

2. Sonderfall: Vorzeitiges Verfahrensende

Ausnahmsweise kann eine ablehnende Entscheidung des BMAS auch ohne Durchführung des weiteren Verfahrens erfolgen, wenn offensichtlich kein Tarifvertrag mit normativen Regelungen die Grundlage für den Antrag der Tarifvertragsparteien ist, § 4 Abs. 2 TVGDV.[210] So etwa, wenn es sich lediglich um schuldrechtliche Vereinbarungen handelt, weil eine „Tarifvertragspartei" tarifunfähig ist. Dass allein einzelne Regelungen des Tarifvertrags unwirksam sind, erübrigt das Verfahren nicht, freilich wird es dann an einem öffentlichen Interesse fehlen.[211] Die anderen materiellen Voraussetzungen der Allgemeinverbindlichkeit selbst sind dagegen stets im Verfahren zu klären.

3. Anhörung

Ist nicht offensichtlich, dass die Voraussetzungen für die Erklärung der Allgemeinverbindlichkeit nicht vorliegen (→ Rn. 45 ff.),[212] ist der Antrag im elektronischen Bundesanzeiger bekannt zu machen. Auch sind die von der beantragten Allgemeinverbindlicherklärung betroffenen Arbeitgeber und Arbeitnehmer, die am Ausgang des Verfahrens interessierten Gewerkschaften und Vereinigungen von Arbeitgebern und die obersten Arbeitsbehörden der Länder, auf die sich der Geltungsbereich des Tarifvertrags erstreckt, zu beteiligen, § 5 Abs. 2 TVG, und zur schriftlichen Stellungnahme aufzufordern. Wird das Anhörungsverfahren nicht beachtet – kommt es insbesondere nicht zur Bekanntmachung des Antrags (→ Rn. 86, 89) – ist eine spätere Erklärung der Allgemeinverbindlichkeit unwirksam.[213]

Die Bekanntmachung des Antrages erfolgt nach § 4 Abs. 1 TVGDV im Bundesanzeiger, eine Veröffentlichung des Tarifvertrags selbst ist nicht notwendig – potentiell betroffene Arbeitnehmer und Arbeitgeber können kostenpflichtig eine Abschrift des Tarifver-

---

[204] HWK/*Henssler* TVG § 5 Rn. 22.
[205] Thüsing/Braun/*Braun* 6. Kap. Rn. 90; BeckOK ArbR/*Giesen* TVG § 5 Rn. 20.
[206] Wiedemann/*Wank* Rn. 79; BeckOK ArbR/*Giesen* TVG § 5 Rn. 20.
[207] HWK/*Henssler* TVG § 5 Rn. 20.
[208] HWK/*Henssler* TVG § 5 Rn. 20; BeckOK ArbR/*Giesen* TVG § 5 Rn. 20.
[209] Thüsing/Braun/*Braun* 6. Kap. Rn. 90.
[210] JKOS/*Oetker* § 6 Rn. 101; HMB/*Sittard* Teil 7 Rn. 26; sehr kritisch dazu NK-TVG/*Lakies* § 5 Rn. 156 ff.; *Löwisch*/*Rieble* § 5 Rn. 283: nur in krassen Ausnahmefällen.
[211] *Löwisch*/*Rieble* § 5 Rn. 292.
[212] HWK/*Henssler* TVG § 5 Rn. 23.
[213] *Löwisch*/*Rieble* § 5 Rn. 259.

trags verlangen, § 5 S. 1 TVGDV.[214] Die Bekanntmachung ist den antragstellenden Tarifvertragsparteien und den obersten Arbeitsbehörden der Länder mitzuteilen, § 4 Abs. 1 TVGDV.

90 Das Anhörungsverfahren selbst kennt ebenfalls zwei Stufen:[215] Die Möglichkeit der schriftlichen Stellungnahme während einer in der Bekanntmachung festgesetzten Frist, die nach § 4 Abs. 1 S. 3 TVGDV drei Wochen betragen soll, und die mündliche Anhörung vor dem Tarifausschuss, § 5 Abs. 2 S. 2 TVG, § 6 TVGDV.

91 Betroffen von der Allgemeinverbindlichkeit ist jeder, der von der erweiterten Normwirkung erfasst würde, also insbesondere Arbeitgeber und Arbeitnehmer.[216] Nicht aber Betriebsräte, die nur im Innenverhältnis zum Arbeitgeber handeln können.[217] Am Ausgang des Verfahrens interessiert sind nicht nur die Antragsteller, sondern auch Verbände, deren Tarifverträge sich im Geltungsbereich mit dem zur Allgemeinverbindlichkeit anstehenden Tarifvertrag überschneiden: weil durch die Allgemeinverbindlichkeit ein Übertrittsdruck ausgelöst werden könnte[218]. Betroffen sind auch Dienstleistungsunternehmen aus der EU, wenn eine gemeinsame Einrichtung marktbeherrschend würde – hier gilt auch eine unionsrechtlich grundgelegte Anhörungsfrist von 5 Wochen.[219]

4. Verfahren vor dem Tarifausschuss

92 § 5 Abs. 1 S. 1 TVG setzt für die Entscheidung des BMAS das Einvernehmen mit dem Tarifausschuss voraus. Dadurch soll gewährleistet werden, dass die Voraussetzungen der Allgemeinverbindlichkeit auch aus Sicht der Sozialpartner gegeben sind und es so zur breiten Grundlage für die Erstreckung der Normwirkung kommt.[220]

93 Der Tarifausschuss setzt sich aus je drei Vertretern der Spitzenverbände der Arbeitgeber und der Arbeitnehmer zusammen, §§ 5 Abs. 1 S. 1 TVG, 1 ff. TVGDV. Die Beratungen werden von einem – freilich stimmrechtslosen – Vertreter des BMAS geleitet.[221] Zudem werden noch je drei Ersatzmitglieder bestellt.

94 Der Tarifausschuss wird nicht ad hoc gebildet, sondern ist ein ständiger Ausschuss beim BMAS. Die Bestellung seiner Mitglieder erfolgt für vier Jahre, § 1 TVGDV. Der Tarifausschuss, dessen Sitzung im Bundesanzeiger bekanntzumachen ist, § 6 Abs. 1 S. 1 TVGDV, soll die Voraussetzungen für die Erklärung der Allgemeinverbindlichkeit feststellen und entsprechend die tatsächlichen und rechtlichen Gesichtspunkte abwägen. Hierfür zieht er die eingegangenen schriftlichen Stellungnahmen und die Erkenntnisse aus der erfolgten Anhörung der Anhörungsberechtigten heran. Freilich ist der Tarifausschuss daran nicht gebunden, sondern kann sich auch weiterer Erkenntnisquellen, wie etwa sachverständiger Gutachter, bedienen.[222] Die von der beantragten Allgemeinverbindlichkeit Betroffenen haben ein Äußerungsrecht, auch wenn sie keine schriftliche Stellungnahme abgegeben haben, § 6 Abs. 3 S. 2 TVGDV.[223]

95 Die anschließende Beratung des Tarifausschusses selbst ist nicht öffentlich, § 2 Abs. 1 TVGDV. Aus der Verletzung des Beratungsgeheimnisses folgen aber keine Sanktionen.[224]

---

[214] HWK/*Henssler* TVG § 5 Rn. 24.
[215] NK-TVG/*Lakies* § 5 Rn. 134.
[216] *Löwisch/Rieble* § 5 Rn. 265; NK-TVG/*Lakies* § 5 Rn. 133.
[217] *Löwisch/Rieble* § 5 Rn. 266; anders bezogen auf betriebsverfassungsrechtliche Normen NK-TVG/*Lakies* § 5 Rn. 135.
[218] *Löwisch/Rieble* § 5 Rn.
[219] Dazu im Einzelnen *Löwisch/Rieble* § 5 Rn. 268.
[220] HWK/*Henssler* TVG § 5 Rn. 25; skeptische Stimmen der Beteiligung dokumentiert NK-TVG/*Lakies* § 5 Rn. 142.
[221] Thüsing/Braun/*Braun* 6. Kap. Rn. 92.
[222] *Löwisch/Rieble* § 5 Rn. 276.
[223] NK-TVG/*Lakies* § 5 Rn. 148.
[224] BeckOK ArbR/*Giesen* TVG § 5 Rn. 22; *Löwisch/Rieble* § 5 Rn. 280.

Die Erklärung der Allgemeinverbindlichkeit ist für den BMAS nur im Einvernehmen mit **96** dem Tarifausschuss möglich.²²⁵ Dieses Einvernehmen wird durch Mehrheitsbeschluss erklärt. Deshalb kann „eine Seite" des Tarifausschusses, bleibt sie geschlossen, die Erklärung der Allgemeinverbindlichkeit verhindern.²²⁶ Eine Bindung der Mitglieder des Tarifausschusses an die Vorgaben ihrer eigenen Verbände besteht nicht.²²⁷ Umgekehrt ist aber die Ablehnung des Antrages nicht an das Einvernehmen gebunden- das heißt, dass das BMAS einen Antrag auch dann ablehnen und die Erklärung der Allgemeinverbindlichkeit verweigern kann, wenn der Ausschuss selbst sein Einvernehmen erklärt hat.²²⁸ Das Einvernehmen ist schriftlich zu erklären, aber nicht zu begründen.²²⁹

Das Einvernehmen oder dessen Verweigerung haben keine Außenwirkung, sie sind **97** deshalb isoliert nicht justiziabel und können nicht angegriffen werden. Im Rahmen der Wirksamkeitsprüfung nach § 98 ArbGG kann die Beteiligung des Tarifausschusses aber kontrolliert werden. So wird richtig vertreten, dass die Missachtung der notwendigen Beteiligung der potentiell Normbetroffenen zur Nichtigkeit der Erklärung der Allgemeinverbindlichkeit führt.²³⁰

5. Entscheidung des BMAS

Das BMAS erklärt die Allgemeinverbindlichkeit alleine,²³¹ es handelt sich also nicht um **98** einen Rechtssetzungsakt, der etwa gemeinsam mit dem Tarifausschuss oder den Tarifvertragsparteien erfolgte. Das BAG leitet aus dem Demokratieprinzip ab, dass der Minister oder die Ministerin oder ein (parlamentarischer) Staatssekretär selbst zu entscheiden hat.²³² Die Rechtsprechung verlangt eine aktenkundig dokumentierte materielle Zurechenbarkeit in Bezug auf den Minister.²³³

Das BMAS hat dabei verschiedenen Optionen: Die **Ablehnung des Antrages** auf Erklärung der Allgemeinverbindlichkeit kann das BMAS stets²³⁴ und auch ohne Einvernehmen des Tarifausschusses erklären, lediglich die Erklärung selbst muss mit Einvernehmen erfolgen: Ohne Einvernehmen ist die Allgemeinverbindlichkeit nicht möglich.²³⁵ Zudem kann das BMAS auch lediglich Teile des Tarifvertrags allgemeinverbindlich erklären, andere dagegen nicht, auch wenn das Einvernehmen des Tarifausschusses auf den Tarifvertrag als Ganzes zielt. Allerdings ist hierfür die Rücksprache mit dem Tarifausschuss, § 7 TVGDV „Benehmen", notwendig. Umgekehrt besteht aber kein automatisches Einvernehmen, wenn der Tarifausschuss lediglich Teile allgemeinverbindlich erklärt wissen will, das BMAS aber den gesamten Tarifvertrag.²³⁶ **99**

Allerdings kann die Entscheidung nicht vom gestellten Antrag abweichen: Umfasst der **100** Antrag der Tarifvertragsparteien nicht den gesamten Tarifvertrag, sondern lediglich Teile, dann ist das BMAS an diese Vorgaben gebunden.²³⁷

---

²²⁵ JKOS/*Oetker* § 6 Rn. 100.
²²⁶ Thüsing/Braun/*Braun* 6. Kap. Rn. 92; NK-TVG/*Lakies* § 5 Rn. 151.
²²⁷ HWK/*Henssler* TVG§ 5 Rn. 27.
²²⁸ JKOS/*Oetker* § 6 Rn. 101.
²²⁹ HWK/*Henssler* TVG § 5 Rn. 27; weiter aber Löwisch/*Rieble* § 5 Rn. 282.
²³⁰ HWK/*Henssler* TVG § 5 Rn. 26.
²³¹ ErfK/*Franzen* TVG § 5 Rn. 23.
²³² BAG 21.9.2016 – 10 ABR 33/15, AP TVG § 5 Nr. 35 = NZA-Beil. 1/2017, 12; BAG 25.1.2017 – 10 ABR 43/15, AP TVG § 5 Nr. 38 = NZA 2017, 731; Löwisch/*Rieble* § 5 Rn. 287.
²³³ BAG 21.9.2016 – 10 ABR 33/15, AP TVG § 5 Nr. 35 = NZA-Beil. 1/2017, 12.
²³⁴ NK-TVG/*Lakies* § 5 Rn. 167.
²³⁵ HWK/*Henssler* TVG § 5 Rn. 28; NK-TVG/*Lakies* § 5 Rn. 166.
²³⁶ NK-TVG/*Lakies* § 5 Rn. 168.
²³⁷ BAG 12.5.2010 – 10 AZR 559/09, AP TVG § 1 Tarifverträge: Bau Nr. 320 = NZA 2010, 953; ErfK/ *Franzen* TVG § 5 Rn. 5.

101 Das BMAS hat sowohl bei der Feststellung des öffentlichen Interesses einen Beurteilungsspielraum[238] (→ Rn. 52) wie auch bei der Frage der Erklärung der Allgemeinverbindlichkeit einen Ermessensspielraum.[239] Es besteht eine Bindung an die Grundrechte und damit auch an den Verhältnismäßigkeitsgrundsatz.[240] Die tatsächlichen Voraussetzungen, die zur Feststellung des öffentlichen Interesses notwendig sind, hat das BMAS selbst von Amts wegen zu prüfen.[241] Es gilt der Amtsermittlungsgrundsatz.[242]

102 Das BMAS hat eine umfassende Interessenabwägung vorzunehmen und zu prüfen, ob die Vorteile der AVE eines Tarifvertrags etwaige Nachteile überwiegen. Hierbei sind sowohl die Interessen der tarifgebundenen als auch diejenigen der nicht tarifgebundenen Arbeitnehmer und Arbeitgeber gegenüberzustellen.[243] Allein das Interesse der Tarifvertragsparteien, welches sie mit ihrem Antrag zum Ausdruck bringen, genügt ebenso wenig wie das positive Votum des Tarifausschusses.[244]

103 Liegt ein Regelbeispiel nach § 5 Abs. 1 S. 2 TVG vor, so ist regelmäßig die Allgemeinverbindlichkeit zu erklären – für die dennoch mögliche Ablehnung werden aber gewichtige Gründe heranzuziehen sein. Umgekehrt ist es, wenn kein Regelbeispiel einschlägig ist: dann wiegt die Begründungslast für die Allgemeinverbindlichkeit schwerer.[245]

104 Die Entscheidung ist den Tarifvertragsparteien mitzuteilen, § 8 S. 1 TVGDV. Lehnt das BMAS den Antrag ab, so ist dies auch den Mitgliedern des Tarifausschusses mit Begründung mitzuteilen.[246] Die Erklärung für die ablehnende Entscheidung der Allgemeinverbindlichkeit ist zu begründen, § 8 S. 2 TVGDV.

105 Die Voraussetzungen der Allgemeinverbindlichkeit müssen zum Zeitpunkt der Entscheidung vorliegen.[247] Dieser Zeitpunkt ist auch für die gerichtliche Überprüfung maßgeblich.[248]

6. Bekanntmachung

106 Ebenso wie die Erklärung der Allgemeinverbindlichkeit selbst sind die allgemeinverbindlichen Regelungen des entsprechenden Tarifvertrags nach § 5 Abs. 7 TVG im Bundesanzeiger bekannt zu machen und im Tarifregister einzutragen. Die Bekanntmachung, nicht aber die Eintragung, ist konstitutiv.[249]

107 Die positive und die ablehnende Entscheidung des BMAS sind öffentlich im Bundesanzeiger bekannt zu machen, § 11 TVGDV. Im Gegensatz zur alten Rechtslage ist nunmehr also nicht nur die Erklärung der Allgemeinverbindlichkeit als solche bekannt zu machen, sondern auch die allgemeinverbindlichen tariflichen Regelungen, § 5 Abs. 7 S. 2 TVG. Das dient der Rechtssicherheit der (neu) Normunterworfenen, die nun aus gleichsam erster Hand die für ihr Arbeitsverhältnis maßgeblichen Regelungen kennen.[250] Aller-

---

[238] BAG 20.9.2017 – 10 ABR 42/16, AP TVG § 5 Nr. 39 = NZA 2018, 186; BAG 12.4.2017 – 10 AZB 29/17 = BeckRS 2017, 11026; BAG 21.9.2016 – 10 ABR 33/15, AP TVG § 5 Nr. 35 = NZA-Beil. 1/2017, 12.
[239] Vgl. BAG 28.3.1990 – 4 AZR 536/89, AP TVG § 5 Nr. 25 = NZA 1990, 781; BVerwG 3.11.1988 – 7 C 115/86, AP TVG § 5 Nr. 23 = NZA 1989, 364; BVerfG 24.5.1977 – 2 BvL 11/74, AP TVG § 5 Nr. 15 = NJW 1977, 2255.
[240] HWK/*Henssler* TVG § 5 Rn. 28.
[241] Anders noch die Ausgangsregelung im Gesetzgebungsverfahren, BR-Drs. 147/14, 54, nach der die Tarifvertragsparteien die Voraussetzungen nur darlegen mussten. Dazu BeckOK ArbR/*Giesen* TVG § 5 Rn. 15.
[242] BeckOK ArbR/*Giesen* TVG § 5 Rn. 22.
[243] Siehe dazu ausführlich die beachtlichen Interessen bei *Löwisch/Rieble* § 5 Rn. 221 ff.
[244] BAG 20.9.2017 – 10 ABR 42/16, AP TVG § 5 Nr. 39 = NZA 2018, 186.
[245] *Preis/Peramato*, S. 87.
[246] HWK/*Henssler* TVG § 5 Rn. 28.
[247] BAG 25.1.2017 – 10 ABR 34/15, AP TVG § 5 Nr. 37 = BeckRS 2017, 109186; 21.9.2016 – 10 ABR 33/15, AP TVG § 5 Nr. 35 = NZA-Beil. 1/2017, 12; NK-TVG/*Lakies* § 5 Rn. 169.
[248] BAG 20.9.2017 – 10 ABR 42/16, AP TVG § 5 Nr. 39 = NZA 2018, 186.
[249] ErfK/*Franzen* TVG § 5 Rn. 24; BeckOK ArbR/*Giesen* TVG § 5 Rn. 23.
[250] Thüsing/Braun/*Braun* 6. Kap. Rn. 92.

dings folgt aus der unvollständigen Bekanntmachung auch, dass die Allgemeinverbindlichkeit nicht eintreten kann[251] – weil die Bekanntmachung als solche konstitutiv ist.

7. Rolle der obersten Landesbehörde
Nach § 5 Abs. 6 TVG kann das BMAS die Entscheidung über die Allgemeinverbindlichkeit auf eine oberste Landesbehörde (regelmäßig das Landesarbeitsministerium) delegieren. Voraussetzung hierfür ist ein entsprechend regional begrenzter Geltungsbereich des Tarifvertrags, § 12 TVGDV. Dabei darf der Geltungsbereich des Tarifvertrags nicht über die Landesgrenzen hinausgehen[252] – das verlangt schon das Demokratieprinzip, weil ansonsten für Arbeitsverhältnisse jenseits der Landesgrenze keine demokratische Legitimationsgrundlage besteht.[253]

Ist das BMAS für die Entscheidung über die Allgemeinverbindlichkeit zuständig, so kann die oberste Landesbehörde dem gestellten Antrag widersprechen. Das führt aber nicht zur Unzulässigkeit einer Erklärung der Allgemeinverbindlichkeit, sondern (lediglich) dazu, dass die Beteiligung der Bundesregierung notwendig wird. Das BMAS kann also nicht mehr allein entscheiden, sondern muss die Zustimmung der Bundesregierung einholen.[254]

VIII. Wirkung der Allgemeinverbindlichkeit

1. Tarifnormerstreckung
§ 5 Abs. 4 TVG gibt die Wirkung der Allgemeinverbindlichkeit eines Tarifvertrags vor: Die Rechtsnormen des allgemeinverbindlichen Tarifvertrags erfassen im Geltungsbereich der Allgemeinverbindlichkeitserklärung auch die bisher nicht tarifgebundenen Arbeitgeber und Arbeitnehmer.[255] Die Kenntnis der Normunterworfenen von der Allgemeinverbindlichkeit des Tarifvertrags ist hierfür nicht notwendig.[256] Damit ersetzt die Erklärung der Allgemeinverbindlichkeit bei den nicht Tarifgebundenen die mitgliedschaftliche Legitimation, die über § 3 Abs. 1 TVG zur Tarifbindung führt, womit die Tarifbindung nach § 5 Abs. 4 TVG neben die Tarifbindung aus § 3 TVG tritt.[257] Die Allgemeinverbindlichkeit geht aber nicht weiter, sondern erschöpft sich in dieser ersetzenden Wirkung. Damit werden die erfassten Außenseiterarbeitsverhältnisse gleichsam in das tarifliche System aufgenommen: Ohne entsprechende tarifliche Öffnung nach § 4 Abs. 3 Alt. 1 TVG (→ § 252 Rn. 1 ff.) können wegen des Günstigkeitsprinzips des § 4 Abs. 3 Alt. 2 TVG nur für den Arbeitnehmer günstigere Arbeitsbedingungen arbeitsvertraglich gesetzt werden. Ohne Öffnung des allgemeinverbindlichen Tarifvertrags gelingen verschlechternde Arbeitsbedingungen nur durch (eigenen) Tarifvertrag, weil hier die allgemeinen Regelungen der Tarifkollision anwendbar sind (→ § 256 Rn. 1 ff.).

Ebenso gelten die Schutzregelungen des § 4 Abs. 4 TVG:[258] Der Arbeitnehmer kann auf die durch den allgemeinverbindlichen Tarifvertrag begründeten Rechte ebenso wenig verzichten wie diese verwirken können, einzelvertragliche Ausschlussfristen greifen nicht (→ § 254 Rn. 38 ff.).

Richtig erfasst die Erstreckung der normativen Wirkung auch Arbeitsverhältnisse, die bereits von anderen Tarifverträgen geregelt werden.[259] Dies gilt ohnehin für Arbeitsverhältnisse, die auf einen Tarifvertrag lediglich schuldrechtlich Bezug nehmen, aber ebenso

---
[251] BeckOK ArbR/*Giesen* TVG § 5 Rn. 23.
[252] BeckOK ArbR/*Giesen* TVG § 5 Rn. 20.
[253] HMB/*Sittard* Teil 7 Rn. 22.
[254] Dazu *Preis/Peramato*, S. 85.
[255] HWK/*Henssler* TVG § 5 Rn. 35; ErfK/*Franzen* TVG § 5 Rn. 5.
[256] HWK/*Henssler* TVG § 5 Rn. 35; BeckOK ArbR/*Giesen* TVG § 5 Rn. 25.
[257] JKOS/*Oetker* § 6 Rn. 116; Thüsing/Braun/*Braun* 6. Kap. Rn. 104.
[258] JKOS/*Oetker* § 6 Rn. 117.
[259] ErfK/*Franzen* TVG § 5 Rn. 5; BVerwG 28.1.2010 – 8 C 19/09, NZA 2010, 718 Rn. 31; Wiedemann/*Wank* § 5 Rn. 146; aA *Greiner* FS v. Hoyningen-Huene 2014, S. 103 (115); *Sittard*, S. 247 ff.

für anderweitig tariflich-normativ geregelte Arbeitsverhältnisse. Es gibt keinen Grund, hier dem allgemeinverbindlichen Tarifvertrag die normative Wirkung zu versagen. Das bedeutet aber nicht, dass die Allgemeinverbindlichkeit andere tarifliche Regelungen automatisch verdrängt, sondern es sind die allgemeinen tarifrechtlichen Instrumente für die Frage anzuwenden, welche Regelungen sich durchsetzen.

113 Trifft der allgemeinverbindliche Tarifvertrag auf einen anderweitig normativ wirkenden Tarifvertrag, so muss diese Tarifkollision nach den allgemeinen Grundsätzen gelöst werden (→ § 256 Rn. 1 ff.),[260] für das bei Tarifkonkurrenz anzuwendende Spezialitätsprinzip gilt freilich, dass ein Tarifvertrag, der aufgrund mitgliedschaftlicher Tarifbindung gilt, dem allgemeinverbindlichen und somit mitgliedschaftsunabhängigen Tarifvertrag vorgeht.[261] Tarifkollisionen können aber durch die entsprechende einschränkende Erklärung der Allgemeinverbindlichkeit verhindert werden.[262] Für Tarifverträge über gemeinsame Einrichtungen gilt freilich die Sonderregelung des § 5 Abs. 4 S. 2 TVG.

114 Trifft er auf einen in Bezug genommenen Tarifvertrag, so sind die Voraussetzungen des § 4 Abs. 3 TVG zu prüfen – insbesondere das Günstigkeitsprinzip des § 4 Abs. 3 Alt. 2 TVG (→ § 253 Rn. 1 ff.). Das sieht mittlerweile auch die Rechtsprechung so.[263]

2. Objekt der Rechtserstreckung

115 Als „Erstreckungsobjekt" kommt jeder Tarifvertrag in Frage, bloße Koalitionsvereinbarungen genügen deshalb nicht.[264] Ob es sich dabei um einen Verbandstarifvertrag oder einen Firmentarifvertrag handelt, ist im Ausgangspunkt nicht von Belang.[265] Freilich dürfte es schwer sein, die materiellen Voraussetzungen der Allgemeinverbindlicherklärung und insbesondere das notwendige öffentliche Interesse für einen Firmentarifvertrag nachzuweisen.[266] Ausländische Tarifverträge können nicht allgemeinverbindlich erklärt werden.[267]

116 Tarifverträge, die auf andere Tarifverträge dynamisch verweisen, sind kein taugliches Objekt der Rechtserstreckung.[268] Diese wird durch den staatlichen Rechtssetzungsakt legitimiert, der aber fehlt, wenn der Tarifvertrag, auf den verwiesen wird, durch die dortigen Tarifvertragsparteien geändert wird. Hier würden die Arbeitsverhältnisse einem dritten Regelungsgeber unterworfen, weshalb die Legitimation für die Normsetzung fehlte. Das widerspricht dem Rechtsstaatsprinzip, wenn nicht auch der in Bezug genommene Tarifvertrag allgemeinverbindlich ist.[269] Deshalb wird auch vorgeschlagen, dass ein solcher Tarifvertrag lediglich in statischer Verweisung allgemeinverbindlich werden kann.[270] Verweist der allgemeinverbindliche Tarifvertrag dagegen von vornherein lediglich statisch auf einen anderen Tarifvertrag, so wird dieser über die Verweisung von der Allgemeinverbindlichkeit erfasst.[271]

117 Von der Allgemeinverbindlichkeit umfasst werden die normativen Regelungen des Tarifvertrags – sowohl Individualnormen als auch betriebliche und betriebserfassungsrechtli-

---

[260] ErfK/*Franzen* TVG § 5 Rn. 5; BeckOK ArbR/*Giesen* TVG § 5 Rn. 27; Thüsing/Braun/*Braun* 6. Kap. Rn. 105.
[261] Dazu → § 256 Rn. 107.
[262] BAG 21.2.2001 – 4 AZR 455/90, AP TVG § 4 Tarifkonkurrenz Nr. 20 = NZA 1991, 736; BAG 13.12.1995 – 4 AZR 219/81, AP TVG § 3 Nr. 3 = DB 1984, 1303.
[263] → § 253 Rn. 11.
[264] JKOS/*Oetker* § 6 Rn. 90.
[265] JKOS/*Oetker* § 6 Rn. 91.
[266] JKOS/*Oetker* § 6 Rn. 91; Löwisch/Rieble § 5 Rn. 66, die hier auf Besonderheiten des Sanierungstarifvertrags hinweisen.
[267] JKOS/*Oetker* § 6 Rn. 90; Löwisch/Rieble § 5 Rn. 69; aA ErfK/*Franzen* TVG § 5 Rn. 6.
[268] HWK/*Henssler* TVG § 5 Rn. 10.
[269] ErfK/*Franzen* TVG § 5 Rn. 15.
[270] BeckOK ArbR/*Giesen* TVG § 5 Rn. 8.
[271] ErfK/*Franzen* TVG § 5 Rn. 15.

che und prozessuale Normen:²⁷² Sie kann am Tarifinhalt nichts ändern. Das gilt auch für tarifliche Öffnungsklauseln, die eine Abweichung vom Tarifvertrag ermöglichen.²⁷³

Der schuldrechtliche Teil des Tarifvertrags unterfällt der Allgemeinverbindlichkeit **118** nicht.²⁷⁴ So erstreckt sich etwa die Friedenspflicht des Tarifvertrags nicht auch „allgemeinverbindlich" auf die tariflichen Akteure. Eine solche gleichsam radikale Friedensfunktion wäre zum einen verfassungsrechtlich nicht akzeptabel, weil sie letztlich die Tarifautonomie durch Entzug der arbeitskampfrechtlichen Instrumente schädigte, zum anderen ist das Gesetz eindeutig, indem § 5 Abs. 4 TVG eben nur und damit ausschließlich auf die Rechtsnormen des Tarifvertrages und nicht auf den gesamten Tarifvertrag verweist.

Das Gesetz gibt nicht vor, dass stets der gesamte Tarifvertrag allgemeinverbindlich sein **119** muss. Vielmehr ist es möglich, auch Teile für allgemeinverbindlich zu erklären, andere Teile jedoch nicht.²⁷⁵ Das kann im Interesse der Tarifvertragsparteien liegen, die dann bereits ihren Antrag entsprechend stellen können; außerdem kann es auch nur für die Allgemeinverbindlichkeit von Teilregelungen ein öffentliches Interesse geben.²⁷⁶ Das wird mit dem Argument anders gesehen, dass durch eine Teilung des Tarifvertrags dessen Gesamtgefüge gebrochen würde.²⁷⁷ Dieser beachtliche Einwand wird freilich dadurch geschwächt, dass die Grundrechtssensibilität der Allgemeinverbindlichkeit nur im Falle einer Teilung ausreichend berücksichtigt wird, wenn nur für diesen Teil der Regelungen ein ausreichendes öffentliches Interesse besteht. Voraussetzung ist allerdings die Teilbarkeit in eigenständig, klar abgrenzbare tarifliche Regelungsbereiche, weshalb die Tarifvertragsparteien durch entsprechende Verbindungsvereinbarung die Unteilbarkeit herstellen können.²⁷⁸ Die Allgemeinverbindlicherklärung kann aber tarifliche Regelungen inhaltlich nicht abändern.²⁷⁹

Zur Änderung des Tarifvertrags siehe → Rn. 36. **120**

3. Wirkung im Geltungsbereich

Der allgemeinverbindliche Tarifvertrag hat auch – wie auch der nichtallgemeinverbindli- **121** che – (lediglich) in seinem Geltungsbereich normative Wirkung. Eine Ausweitung des Geltungsbereiches ist durch die Erklärung der Allgemeinverbindlichkeit nicht möglich.²⁸⁰ Eine Einschränkung dagegen ist möglich.²⁸¹ Das ist nicht als verbotene inhaltliche Abänderung zu sehen, weil es den Tarifvertrag im dann eingeschränkten Geltungsbereich unangetastet lässt.²⁸²

So kann etwa die Allgemeinverbindlichkeit auf einen Teil des Geltungsbereiches be- **122** schränkt werden – so genannte Einschränkungsklausel.²⁸³ Das begegnet etwa dann, wenn

---

[272] Wiedemann/*Wank* § 5 Rn. 148; ErfK/*Franzen* TVG § 5 Rn. 6; BeckOK ArbR/*Giesen* TVG § 5 Rn. 25; zu prozessualen Normen über Schiedsgerichte nach § 101 Abs. 3 ArbGG siehe aber *Löwisch/Rieble* § 5 Rn. 99 ff. und Thüsing/Braun/*Braun* 6. Kap. Rn. 86.
[273] *Löwisch/Rieble* § 5 Rn. 68.
[274] HWK/*Henssler* TVG § 5 Rn. 36; BeckOK ArbR/*Giesen* TVG § 5 Rn. 8; *Löwisch/Rieble* § 5 Rn. 85; Wiedemann/*Wank* § 5 Rn. 161.
[275] HMB/*Sittard* Teil 7 Rn. 37; *Löwisch/Rieble* § 5 Rn. 117 ff.; Thüsing/Braun/*Braun* 6. Kap. Rn. 107.
[276] JKOS/*Oetker* § 6 Rn. 94.
[277] Wiedemann/*Wank* § 5 Rn. 57 ff.; HWK/*Henssler* TVG § 5 Rn. 8; *Greiner* FS v. Hoyningen-Huene 2014, S. 103 (111).
[278] *Löwisch/Rieble* § 5 Rn. 121.
[279] BeckOK ArbR/*Giesen* TVG § 5 Rn. 8.
[280] HWK/*Henssler* TVG § 5 Rn. 8; *Löwisch/Rieble* § 5 Rn. 105 ff.
[281] BAG 2.7.2008 – 10 AZR 386/07, AP TVG § 1 Tarifverträge: Bau Nr. 304 = NZA-RR 2009, 145; 20.6.2007 – 10 AZR 302/06, AP TVG § 1 Tarifverträge: Holz Nr. 26 = NZA-RR 2008, 24; BAG 18.10.2006 – 10 AZR 576/05, AP TVG § 1 Tarifverträge: Bau Nr. 287 = NZA 2007, 1111; BAG 14.10.1987 – 4 AZR 429/87, AP TVG § 1 Nr. 88 = BeckRS 1987, 30723146; Wiedemann/*Wank* Rn. 60 ff.; ErfK/*Franzen* TVG § 5 Rn. 9; BeckOK ArbR/*Giesen* TVG § 5 Rn. 8.
[282] *Löwisch/Rieble* § 5 Rn. 108.
[283] BAG 21.9.2016 – 10 ABR 33/15, AP TVG § 5 Nr. 35 = NZA-Beil. 1/2017, 12; zur Einschränkung bei „Spezialität" BAG 16.6.2010 – 4 AZR 934/08, AP TVG § 1 Tarifverträge: Bau Nr. 324 = NZA

von vornherein eine Tarifkonkurrenz vermieden werden soll.[284] Für die Einschränkung wird allerdings ein sachlicher Grund gefordert – das wiederum entspricht den Vorgaben des Gleichheitsgrundsatzes.[285]

123 Zeitlich gibt ebenfalls der Geltungsbereich des Tarifvertrags regelmäßig die normative Wirkung durch Erklärung der Allgemeinverbindlichkeit vor. Erst wenn der Tarifvertrag selbst normativ regeln will, kann die Wirkung der Allgemeinverbindlichkeit eintreten. Nach oder mit Beginn des zeitlichen Geltungsbereiches ist dann auch die Wirkung der Allgemeinverbindlichkeit möglich. Das wirft die Frage nach der Rückwirkung auf, wenn der Tarifvertrag über § 3 TVG bereits normativ wirkte und erst danach die Normwirkung über § 4 V TVG eintritt. Als staatlicher Rechtssetzungsakt ergeben sich hier die allgemeinen Überlegungen zur Rückwirkung[286] – diese ist möglich, wenn die Normunterworfenen mit ihr rechnen mussten.[287]

124 Der allgemeinverbindliche Tarifvertrag nimmt auch insgesamt an der Nachwirkung nach § 4 Abs. 5 TVG teil.[288] Auch hier sollen die Arbeitsverhältnisse nicht in den – ungewollten – Zustand vor der Allgemeinverbindlicherklärung zurückfallen (→ § 248 Rn. 134, 136). Allerdings ist hier zu unterscheiden: Wird die Erklärung der Allgemeinverbindlichkeit zurückgenommen oder ist die Allgemeinverbindlichkeit zeitlich begrenzt, so wirkt diese als solche nicht nach § 4 Abs. 5 TVG nach, weil diese Vorschrift sich nur auf die normativen Regelungen des Tarifvertrags bezieht, nicht aber auf den staatlichen Rechtsetzungsakt der Allgemeinverbindlichkeit.[289]

125 Ändern die Tarifvertragsparteien den Tarifvertrag nach dessen Allgemeinverbindlicherklärung, so bindet diese Änderung die Außenseiter nicht, die Allgemeinverbindlichkeit umfasst sie nicht.[290] Schließen sie im Nachwirkungszeitraum einen neuen Tarifvertrag ab, so ist dieser für die Außenseiter keine andere Abmachung im Sinne des § 4 Abs. 5 TVG – bei ihnen verbleibt es bei der Nachwirkung.[291]

4. Beginn der Allgemeinverbindlichkeit

126 Der Beginn der Allgemeinverbindlichkeit wird nach § 7 S. 2 TVGDV durch das BMAS notwendig in der Erklärung der Allgemeinverbindlichkeit festgelegt.

127 Dabei ist die zeitliche Wirkung der Erklärung der Allgemeinverbindlichkeit an die zeitliche Geltung des Tarifvertrags gekoppelt.[292] Diesen kann sie zwar einschränken, aber nicht ausdehnen.[293] Als Rechtssetzungsakt tritt die Wirkung regelmäßig mit der Bekanntgabe im Bundesanzeiger ein, allerdings kann auch ein späterer Zeitpunkt festgesetzt wer-

---

2011, 656; BAG 23.2.2005 – 10 AZR 382/04, AP TVG § 1 Tarifverträge: Bau Nr. 270 = NZA 2005, 1136; ErfK/*Franzen* TVG § 5 Rn. 9; BeckOK ArbR/*Giesen* TVG § 5 Rn. 25.

[284] BAG 21.9.2016 – 10 ABR 33/15, AP TVG § 5 Nr. 35 = NZA-Beil. 1/2017, 12; BAG 16.6.2010 – 4 AZR 934/08, AP TVG § 1 Tarifverträge: Bau Nr. 324 = NZA 2011, 656; HWK/*Henssler* TVG § 5 Rn. 9.

[285] BAG 16.6.2010 – 4 AZR 934/08, AP TVG § 1 Tarifverträge: Bau Nr. 324 = NZA 2011, 656; HWK/*Henssler* TVG § 5 Rn. 9; *Löwisch/Rieble* § 5 Rn. 113.

[286] BAG 21.8.2007 – 3 AZR 102/06, AP BetrAVG § 1 Zusatzversorgungskassen Nr. 69 = NZA 2008, 182; ErfK/*Franzen* TVG § 5 Rn. 10.

[287] ErfK/*Franzen* TVG § 5 Rn. 16.

[288] BAG 18.6.1980 – 4 AZR 463/78, AP TVG § 4 Ausschlussfristen Nr. 68 = DB 1980, 2248; ErfK/*Franzen* TVG § 5 Rn. 10; HWK/*Henssler* TVG § 5 Rn. 37; JKOS/*Oetker* § 6 Rn. 115.

[289] Anders aber BAG 7.12.1977 – 4 AZR 474/7, AP TVG § 4 Nachwirkung Nr. 9 = DB 1978, 356; BAG 19.1.1962 – 1 AZR 147/61, AP TVG § 5 Nr. 11= NJW 1962, 1314; BeckOK ArbR/*Giesen* TVG § 5 Rn. 27–28.

[290] BAG 17.1.2006 – 9 AZR 41/05, AP TVG § 1 Bezugnahme auf Tarifvertrag Nr. 40 = NZA 2006, 923 (924); BeckOK ArbR/*Giesen* TVG § 5 Rn. 25.

[291] BAG 25.10.2000 – 4 AZR 212/00, AP TVG § 4 Nachwirkung Nr. 38 = NZA 2001, 1146; BAG 27.11.1991 – 4 AZR 211/91, AP TVG § 4 Nachwirkung Nr. 22 = NZA 1992, 800; BAG 18.6.1980 – 4 AZR 463/78, AP TVG § 4 Ausschlussfristen Nr. 68 = DB 1980, 2248.

[292] JKOS/*Oetker* § 6 Rn. 111; HWK/*Henssler* TVG § 5 Rn. 31; *Löwisch/Rieble* § 5 Rn. 123.

[293] HWK/*Henssler* TVG § 5 Rn. 8; ErfK/*Franzen* TVG § 5 Rn. 10.

VIII. Wirkung der Allgemeinverbindlichkeit

den.²⁹⁴ Erfolgt keine Festsetzung, so ist der Tag der Veröffentlichung auch der Tag des Eintritts der normativen Wirkung.²⁹⁵

Von der Koppelung an die zeitliche Geltung des Tarifvertrags zu unterscheiden ist die mögliche Rückwirkung der Allgemeinverbindlichkeit innerhalb der zeitlichen Geltung des Tarifvertrags. So kann die Wirkung der Allgemeinverbindlichkeit bis zum Zeitpunkt der Bekanntmachung des Antrages zurückreichen, § 7 S. 3 TVGDV.²⁹⁶ Eine solche Rückwirkung ist dann möglich, wenn die Normunterworfenen mit ihr rechnen mussten, was insbesondere dann der Fall ist, wenn mit Bekanntgabe des Antrages auf die Möglichkeit der Rückwirkung hingewiesen wurde.²⁹⁷ Außerdem soll eine Rückwirkung eines neuen oder geänderten Tarifvertrags möglich sein, wenn bereits der vorherige Tarifvertrag allgemeinverbindlich war.²⁹⁸

5. Sonderregelung des § 5 Abs. 4 S. 2 TVG

Für Tarifverträge über gemeinsame Einrichtungen, die nach § 5 Abs. 1a TVG allgemeinverbindlich erklärt werden, sieht § 5 Abs. 4 S. 2 TVG eine besondere privilegierende Rechtsfolge vor: Sie sind vom Arbeitgeber auch dann einzuhalten, wenn er nach § 3 TVG an einen anderen Tarifvertrag gebunden ist. Damit soll verhindert werden, dass durch die Verdrängungswirkung eines mitgliedschaftlich legitimierten Tarifvertrags im Falle der Tarifkollision der gemeinsamen Einrichtung des allgemeinverbindlichen Tarifvertrags Beiträge „entzogen" werden.²⁹⁹

Das Gesetz sieht vor, dass der allgemeinverbindliche Tarifvertrag „auch ... einzuhalten" ist, das spricht dafür, dass es nicht zu einer Verdrängungswirkung des nach § 3 TVG legitimierten Tarifvertrags kommt, sondern zu einer Doppelbindung des Arbeitgebers.³⁰⁰ Das Günstigkeitsprinzip kann gerade nicht angewandt werden.³⁰¹ Das führt gerade, wenn auch der mitgliedschaftlich legitimierte Tarifvertrag eine gemeinsame Einrichtung regelt, zu Doppelbelastungen. Dieses Problem ist wegen des eindeutigen Wortlauts in die Entscheidung über die Einschränkung der Allgemeinverbindlichkeit aufzunehmen – das kann auf der Ebene des Antrags der Tarifvertragsparteien,³⁰² aber auch in der Entscheidung des BMAS geschehen.³⁰³

6. Kollisionsrecht

Die Allgemeinverbindlichkeit erfasst Arbeitsverhältnisse nach ausländischem Recht grundsätzlich nicht.³⁰⁴ Anderes gilt nur bei Bezug zum AEntG.

7. Ende der Allgemeinverbindlichkeit

a) Aufhebung oder Ablauf der Allgemeinverbindlichklärung. Die Allgemeinverbindlichkeit kann durch Befristung von vornherein zeitlich begrenzt werden. Sie kann aber nach § 5 Abs. 5 TVG auch durch das BMAS aufgehoben werden. Die Aufhebung ist dabei ebenfalls ein selbständiger Rechtssetzungsakt eigener Art,³⁰⁵ das Verfahren des § 5

---

²⁹⁴ BeckOK ArbR/*Giesen* TVG § 5 Rn. 24.
²⁹⁵ Thüsing/Braun/*Braun* 6. Kap. Rn. 96; Wiedemann/*Wank* § 5 Rn. 103.
²⁹⁶ JKOS/*Oetker* § 6 Rn. 112; BeckOK ArbR/*Giesen* TVG § 5 Rn. 24.
²⁹⁷ BAG 21.8.2007 – 3 AZR 102/06, AP BetrAVG § 1 Zusatzversorgungskassen Nr. 69 = NZA 2008, 182; BAG 25.9.1996 – 4 AZR 209/95, AP TVG § 5 Nr. 30 = NZA 1997, 495; HWK/*Henssler* TVG § 5 Rn. 32; Thüsing/Braun/*Braun* 6. Kap. Rn. 97.
²⁹⁸ HWK/*Henssler* TVG § 5 Rn. 32.
²⁹⁹ BT-Drs. 18/1558, 50; *Preis/Peramato*, S. 69; *Löwisch/Rieble* § 5 Rn. 325; dazu auch *Forst* RdA 2015, 25 (26f.).
³⁰⁰ *Löwisch/Rieble* § 5 Rn. 327.
³⁰¹ *Preis/Peramato*, S. 74.
³⁰² Dazu *Preis/Peramato*, S. 73.
³⁰³ Dazu *Löwisch/Rieble* § 5 Rn. 330.
³⁰⁴ *Löwisch/Rieble* § 5 Rn. 157.
³⁰⁵ Thüsing/Braun/*Braun* 6. Kap. Rn. 100; NK-TVG/*Lakies* § 5 Rn. 212.

Abs. 2, 3 TVG ist einzuhalten.[306] Materiale Voraussetzung für die Aufhebung ist das öffentliche Interesse. Damit kann sie erfolgen, wenn die Voraussetzungen für ihre Erklärung nicht mehr vorliegen, etwa weil die überwiegende Bedeutung des Tarifvertrags entfallen ist.[307] Auch hier besteht wie bei der Entscheidung über die Allgemeinverbindlichkeit selbst (→ Rn. 52) ein weiter Beurteilungsspielraum. Eines Antrages bedarf es für die Einleitung des Verfahrens nicht, sie erfolgt von Amts wegen.[308]

133 Ebenso wie bei der Erklärung der Allgemeinverbindlichkeit nur für einen Teil des Tarifvertrags ein öffentliches Interesse festgestellt werden kann, so kann dies auch bei der Aufhebung sein:[309] Dann kann die Aufhebung der Allgemeinverbindlichkeit auch für einen Teil des Tarifvertrags erfolgen. Allerdings liegt auch hier noch eine Bindung an den Antrag der Tarifvertragsparteien vor.[310] Das Einvernehmen des Tarifausschusses ist ohnehin neu einzuholen.

134 Richtig führt das Ende der Allgemeinverbindlichkeit zur Nachwirkung dieser und damit auch der tariflichen Normen.[311] Die Schutzzwecke der Nachwirkung (→ § 261 Rn. 1 ff.) greifen auch hier.[312] Die Nachwirkung des Tarifvertrags kann allerdings von vornherein im Rahmen der Erklärung der Allgemeinverbindlichkeit von dieser ausgenommen werden – dann entfällt sie auch bei Entfall der Allgemeinverbindlichkeit.[313] Oder aber die Erklärung der Allgemeinverbindlichkeit selbst oder ihre Aufhebung begrenzt die Nachwirkung.[314]

135 **b) Ende des Tarifvertrags.** Endet der Tarifvertrag, so endet dessen Allgemeinverbindlichkeit, § 5 Abs. 5 S. 3 TVG.[315] Die Mitteilungspflicht des § 7 S. 1 TVG, § 11 TVGDV gewährleistet hier den notwendigen Informationsfluss.

136 Wird der Tarifvertrag durch die Tarifvertragsparteien aufgehoben oder geändert, so endet auch die durch Allgemeinverbindlichkeit begründete unmittelbare und zwingende Wirkung des Tarifvertrags.[316] Damit haben die Tarifvertragsparteien Zugriff auf die Wirkungsdauer der Allgemeinverbindlichkeit.[317] Für einen neuen Tarifvertrag ist ein gesondertes Verfahren zur Allgemeinverbindlichkeit durchzuführen. Weil der allgemeinverbindliche Tarifvertrag auch an der Nachwirkung nach § 4 Abs. 5 TVG teilnimmt,[318] kann es hier zu einem Auseinanderfallen kommen: Die Änderung oder der Neuabschluss erfasst lediglich die über § 3 TVG tarifgebundenen Arbeitsverhältnisse, nicht aber diejenigen, die über die Allgemeinverbindlichkeit einbezogen wurden. Für sie gelten die Regelungen des allgemeinverbindlichen Tarifvertrags weiter, freilich nicht zwingend,[319] sondern nach § 4 Abs. 5 TVG.[320]

---

[306] HWK/*Henssler* TVG § 5 Rn. 34.
[307] *Löwisch/Rieble* § 5 Rn. 309.
[308] NK-TVG/*Lakies* § 5 Rn. 215.
[309] NK-TVG/*Lakies* § 5 Rn. 213.
[310] *Löwisch/Rieble* § 5 Rn. 310.
[311] BAG 24.10.2002 – 6 AZR 743/00, AP BBiG § 4 Nr. 2 = NZA 2004, 105; BAG 25.10.2000 – 4 AZR 212/00, AP TVG § 4 Nachwirkung Nr. 38 = NZA 2001, 1146; NK-TVG/*Lakies* § 5 Rn. 219; BeckOK ArbR/*Giesen* TVG § 5 Rn. 28.
[312] *Löwisch/Rieble* § 5 Rn. 127.
[313] Thüsing/Braun/*Braun* 6. Kap. Rn. 103; ErfK/*Franzen* TVG § 5 Rn. 10; *Löwisch/Rieble* § 5 Rn. 318.
[314] *Löwisch/Rieble* § 5 Rn. 128; NK-TVG/*Lakies* § 5 Rn. 220.
[315] JKOS/*Oetker* § 6 Rn. 113; *Löwisch/Rieble* § 5 Rn. 94; Wiedemann/*Wank* § 5 Rn. 108.
[316] *Löwisch/Rieble* § 5 Rn. 94; JKOS/*Oetker* § 6 Rn. 113; BeckOK ArbR/*Giesen* TVG § 5 Rn. 25; Thüsing/Braun/*Braun* 6. Kap. Rn. 99.
[317] HWK/*Henssler* TVG § 5 Rn. 33.
[318] Thüsing/Braun/*Braun* 6. Kap. Rn. 102.
[319] *Löwisch/Rieble* § 5 Rn. 95.
[320] NK-TVG/*Lakies* § 5 Rn. 222; BeckOK ArbR/*Giesen* TVG § 5 Rn. 28; Thüsing/Braun/*Braun* 6. Kap. Rn. 103, der dann für einen Ausschluss der Nachwirkung in der Allgemeinverbindlicherklärung plädiert.

IX. Rechtsschutz

1. Entscheidung über den Antrag

Rechtsschutz gegen die ablehnende Entscheidung über den Antrag auf Allgemeinverbindlichkeit können die Tarifvertragsparteien auf dem Verwaltungsrechtsweg erlangen.[321] Sie haben danach ein Recht auf ermessensfehlerfreie Entscheidung über ihren Antrag.[322] § 98 ArbGG ist nicht einschlägig, weil dieser die Wirksamkeit der Allgemeinverbindlichkeit, nicht aber die Ablehnung des gestellten Antrags betrifft. Eine Verpflichtungsklage ist nicht statthaft, weil nicht der Erlass eines Verwaltungsaktes in Rede steht.[323] Die Rechtsprechung bevorzugt eine Feststellungsklage, § 43 VwGO.[324] Andere präferieren die Leistungsklage auf ermessensfehlerfreie Entscheidung.[325]

Verbände, die nicht selbst die tarifschließende Partei sind, haben gegen die ablehnende Entscheidung des BMAS keine rechtliche Handhabe.[326] Das gilt auch für Mitglieder der tarifschließenden Parteien und für Dritte – auch für potentiell von der Allgemeinverbindlichkeit umfasste Arbeitgeber und Arbeitnehmer.

Diese Rechtsschutzmöglichkeit wird in Frage gestellt, weil die Erklärung der Allgemeinverbindlichkeit im öffentlichen Interesse erfolge – damit vertrage sich aber kein Klagerecht auf Allgemeinverbindlichkeit.[327] Das ist – wenn man zu Recht den Zweck der Allgemeinverbindlichkeit im Arbeitnehmerschutz sieht – folgerichtig.

2. Wirksamkeit der Allgemeinverbindlichkeit

Mit dem TAG hat der Gesetzgeber ein eigenes, zentrales Verfahren über die Wirksamkeit der Allgemeinverbindlichkeit eingeführt, §§ 2a Abs. 1 Nr. 5, 98 ArbGG. Damit sollte verhindert werden, dass im Rahmen verschiedener Verfahren bisweilen in unterschiedlichen Rechtswegen isoliert oder auch inzident über die Wirksamkeit der Allgemeinverbindlichkeit eines Tarifvertrags entschieden wird – mit bisweilen unterschiedlichen Ergebnissen. Der Gefahr der Zersplitterung sollte begegnet, Rechtsklarheit geschaffen und Prozessökonomie gewährleistet werden, deshalb die Rechtswegzuständigkeit nach § 2a Abs. 1 Nr. 5 ArbGG.[328] Das Verfahren gilt für alle Allgemeinverbindlicherklärungen, auch solche, die vor Inkrafttreten des TAG erfolgten.

§§ 2a Abs. 1 Nr. 5; 98 ArbGG institutionalisieren damit ein arbeitsgerichtliches Normkontrollverfahren, der Gesetzgeber orientierte sich an § 47 VwGO.[329] Deshalb können die im verwaltungsgerichtlichen Normenkontrollverfahren geltenden Anforderungen übertragen werden.[330]

Antragsbefugt ist zunächst jede natürliche oder juristische Person, Gewerkschaft oder eine Vereinigung von Arbeitgebern, die nach Bekanntmachung der Allgemeinverbindlicherklärung geltend macht, durch die Allgemeinverbindlicherklärung oder deren Anwendung in ihren Rechten verletzt zu sein oder in absehbarer Zeit verletzt zu werden, § 2a Abs. 1 Nr. 5, 98 Abs. 1 ArbGG. Die aus dem Verwaltungsprozessrecht bekannte Möglich-

---

[321] JKOS/*Oetker* § 6 Rn. 131; HWK/*Henssler* TVG § 5 Rn. 39; NK-TVG/*Lakies* § 5 Rn. 263; Thüsing/Braun/*Braun* 6. Kap. Rn. 120.
[322] BVerwG 3.11.1988 – 7 C 115/86, AP TVG § 5 Nr. 23 = NZA 1989, 364.
[323] ErfK/*Franzen* TVG § 5 Rn. 27.
[324] BVerwG 3.11.1988 – 7 C 115/86, AP TVG § 5 Nr. 23 = NZA 1989, 364; so auch ErfK/*Franzen* TVG § 5 Rn. 27; *Forst* RdA 2015, 25 (34).
[325] NK-TVG/*Lakies* § 5 Rn. 266; HWK/*Henssler* TVG § 5 Rn. 40; BeckOK ArbR/*Giesen* TVG § 5 Rn. 31; *Düwell* NZA-Beil. 2/2011, 80 (81); anders JKOS/*Oetker* § 6 Rn. 131.
[326] NK-TVG/*Lakies* § 5 Rn. 269; ErfK/*Franzen* TVG § 5 Rn. 27; aA Wiedemann/*Wank* § 5 Rn. 176.
[327] *Löwisch/Rieble* § 5 Rn. 440.
[328] BT-Drs. 18/1558, 44; BR-Drs. 147/14, 29 f.; HWK/*Henssler* TVG § 5 Rn. 41; ErfK/*Koch* ArbGG § 98 Rn. 1.
[329] BAG 21.9.2016 – 10 ABR 33/15, AP TVG § 5 Nr. 35 = NZA-Beil. 1/2017, 12; ErfK/*Koch* ArbGG § 98 Rn. 1; *Forst* RdA 2015, 25 (34).
[330] BAG 21.9.2016 – 10 ABR 33/15, AP TVG § 5 Nr. 35 = NZA-Beil. 1/2017, 12; ErfK/*Koch* ArbGG § 98 Rn. 3; *Maul-Sartori* NZA 2014, 1305 (1310).

keitsformel[331] gilt auch hier: Der Antragsteller muss Tatsachen vortragen, die es zumindest als möglich erscheinen lassen, dass eine Rechtsverletzung vorliegt oder droht.[332] Das heißt umgekehrt, die Antragsbefugnis besteht nur dann nicht, wenn die Rechte des Antragsstellers offensichtlich und in keiner Weise betroffen werden können. Damit sind rechtliche und wirtschaftliche Belastungen der betroffenen Arbeitgeber oder Arbeitnehmer ebenso umfasst wie die in ihrer Koalitionsfreiheit betroffene Konkurrenzkoalition – ausgeschlossen ist die Antragsbefugnis aber dann, wenn die betriebliche Tätigkeit erkennbar nicht dem räumlichen und fachlichen Geltungsbereich der erstreckten Tarifregelung zuzuordnen ist und Nachteile für den Antragsteller nicht erkennbar sind.[333] Das ist etwa bei einer Koalition der Fall, die laut ihrer Satzung überhaupt nicht tarifzuständig ist.[334]

143   Antragsgegenstand ist die geltende Erklärung der Allgemeinverbindlichkeit, mit Einschränkungen, nämlich der Wirkungsausstrahlung, auch die bereits beendete.[335]

144   Zuständig ist das LAG, in dem die die Erklärung der Allgemeinverbindlichkeit abgebende Behörde ihren Sitz hat, § 98 Abs. 2 ArbGG.

145   Antragsbefugt sind auch Parteien eines Rechtsstreits, den das Gericht wegen ernsthafter Zweifel an der Wirksamkeit der Allgemeinverbindlicherklärung nach § 98 Abs. 6 S. 1 ArbGG ausgesetzt hat, § 98 Abs. 6 S. 7 ArbGG. Aussetzungsvoraussetzung ist die Entscheidungserheblichkeit der wirksamen Allgemeinverbindlichkeit des Tarifvertrags und ernste Zweifel des Gerichts an deren Wirksamkeit.[336] Hierfür müssen konkrete, die Zweifel begründende Tatsachen durch die Prozessparteien vorgetragen werden oder gerichtsbekannt sein.[337] Dem Gericht kommt ein Beurteilungsspielraum zu.[338] Das gilt für jedes Gericht, nicht nur für die Arbeitsgerichtsbarkeit.

146   Auch hier hat der Gesetzgeber jüngst besondere Schutzmechanismen im Zusammenhang mit Tarifverträgen über eine gemeinsame Einrichtung vorgesehen. Nach dem neuen § 98 Abs. 6 S. 2, 3 ArbGG hat das Gericht auf Antrag der gemeinsamen Einrichtung den Beklagten zur vorläufigen Leistung zu verpflichten, wenn es im Verfahren um Leistungsansprüche der gemeinsamen Einrichtung geht. Das gilt nur dann nicht, wenn das Gericht die Allgemeinverbindlicherklärung für offensichtlich unwirksam hält oder der Beklagte glaubhaft macht, dass die vorläufige Leistungspflicht ihm einen nicht zu ersetzenden Nachteil bringen würde.[339]

147   Die Entscheidung des LAG hat *erga omnes* Wirkung, § 98 Abs. 4 S. 1 ArbGG.

148   Zu den Einzelheiten siehe die Ausführungen zum arbeitsgerichtlichen Verfahren (→ § 392 Rn. 1 ff.).

---

[331] BVerwG 17.12.2012 – 4 BN 19.12, BauR 2013, 753; BVerwG 29.12.2011 – 3 BN 1.11, BeckRS 2012, 46361 Rn. 3.
[332] BAG 20.9.2017 – 10 ABR 42/16, AP TVG § 5 Nr. 39 = NZA 2018, 186; BAG 21.9.2016 – 10 ABR 33/15, AP TVG § 5 Nr. 35 = NZA-Beil. 1/2017, 12.
[333] So BAG 21.9.2016 – 10 ABR 33/15, AP TVG § 5 Nr. 35 = NZA-Beil. 1/2017, 12.
[334] So BAG 21.9.2016 – 10 ABR 33/15, AP TVG § 5 Nr. 35 = NZA-Beil. 1/2017, 12.
[335] So BAG 21.9.2016 – 10 ABR 33/15, AP TVG § 5 Nr. 35 = NZA-Beil. 1/2017, 12; HWK/*Treber* ArbGG § 98 Rn. 5.
[336] *Bader* NZA 2015, 644; *Maul-Sartori* NZA 2014, 1305 (1311); ErfK/*Franzen* TVG § 5 Rn. 28; HWK/*Henssler* TVG § 5 Rn. 42; BeckOK ArbR/*Giesen* TVG § 5 Rn. 34, 35.
[337] ErfK/*Koch* ArbGG § 98 Rn. 7.
[338] BAG 12.4.2017 – 10 AZB 28/17.
[339] Dazu ErfK/*Koch* ArbGG § 98 Rn. 8.

§ 249 Tarifbasierte Rechtsverordnung

Schrifttum:
Bauckhage-Hoffer, Die „andere Allgemeinverbindlichkeit" – Erstreckung von Tarifverträgen auf Dritte nach § 7a AEntG, ZAT 2017, 142; *Bayreuther*, Einige Anmerkungen zur Verfassungsmäßigkeit des Arbeitnehmer-Entsendegesetzes und des Mindestarbeitsbedingungengesetzes 2009, NJW 2009, 2006; *Hennig/Nadler*, Rechtsfragen des § 8 Abs. 3 Halbsatz 2 Arbeitnehmerentsendegesetz, FA 2018, 110; *Heukenkamp*, Gesetzlicher Mindestlohn in Deutschland und Frankreich, 2017; *Klebeck*, Grenzen staatlicher Mindestlohntarifersteckung, NZA 2008, 446; *Klumpp*, Die Wirkung der Allgemeinverbindlichkeit eines Tarifvertrages nach § 5 TVG und der Dritte Weg, ZAT 2016, 7; *Kortstock*, Zulässige Länge von einzelvertraglichen Ausschlussfristen unter Berücksichtigung der Neuregelung im Arbeitnehmerentsendegesetz und im Mindestarbeitsbedingungengesetz, NZA 2010, 311; *Preis/Greiner*, Die staatliche Geltungserstreckung nach dem alten und neu gefassten AEntG, insbesondere bei Vorliegen konkurrierender Tarifverträge, ZfA 2009, 825; *Rieble*, Stärkung der Tarifbindung durch erleichterte Allgemeinverbindlicherklärung, in: Giesen/Junker/Rieble, Neue Tarifrechtspolitik?, 2014, S. 67; *Sagan*, Mindestlohnwirksame Vergütung – Grundlohn- gegen Entgelttheorie, RdA 2018, 121; *Sittard*, Im Dschungel der Mindestlöhne – ein Versuch der Systematisierung, RdA 2013, 301; *Sittard*, Staatliche Tariferstreckung, 2013; *Thüsing*, Mindestlohn im Spannungsverhältnis staatlicher und privatautonomer Regelung, ZfA 2008, 590; *Waltermann*, Koalitionsvertrag: Flächendeckende Tarifgeltung in der Pflegebranche, NZA 2018, 686; *Willemsen/Sagan*, Mindestlohn und Grundgesetz – Staatliche Lohnfestsetzung versus Tarifautonomie, NZA 2008, 1216.

Übersicht

	Rn.
I. Überblick	1
II. RVO nach dem AEntG	2
1. Zweck	2
2. Dogmatik der AEntG-RVO	4
3. Erstreckungsfähige Tarifinhalte	5
a) (Offener) Branchenbezug	5
b) Mindestarbeitsbedingungen	7
c) Bundesweiter Tarifvertrag	10
4. Verfahren	11
a) Formale Voraussetzungen	11
b) Materiale Voraussetzungen	16
c) Gerichtliche Überprüfung	19
5. Rechtsfolgen	20
a) Tariferstreckung	20
b) Absicherung	26
6. Sonderfall Pflegebereich	27
III. RVO nach § 3a AÜG	28

I. Überblick

Zentral für das staatliche System der Mindestarbeitsbedingungen und hier vor allem des Mindestlohnes ist das AEntG. Es hat, anders als das MiLoG, starken Bezug zum Tarifvertrag, der als Grundlage der gesetzlichen Mindestarbeitsbedingungen nach dem AEntG dient. Dabei erklärt zunächst § 2 AEntG wesentliche gesetzliche Arbeitnehmerschutzregelungen zu Eingriffsnormen, die auch im grundsätzlich nach ausländischem Recht zu beurteilenden Arbeitsverhältnis eines nach Deutschland entsandten Arbeitnehmers gelten.[1] Hier erkennt man noch den originär entsenderechtlichen und internationalprivatrechtlichen Kern des AEntG. Darüber hinaus und praktisch bedeutsam ermöglicht es das AEntG aber auch, tarifbasierte Arbeitsbedingungen mit Wirkung gegenüber dem Arbeitsverhältnis des aus dem Ausland entsandten Arbeitnehmers, aber auch des inländischen Arbeitnehmers zu versehen. Diese Wirkung stellt das AEntG auf zwei Wegen her: einmal durch Aufnahme der Allgemeinverbindlicherklärung nach § 5 TVG, zum anderen durch die originär entsenderechtliche Möglichkeit einer tarifbasierten RVO. Die Aufnahme der Er- 1

---

[1] Dazu BAG 18.4.2012 – 10 AZR 200/11, AP EntgeltFG § 2 Nr. 14 = NZA 2012, 1152.

klärung der Allgemeinverbindlichkeit nach § 5 TVG in den Wirkungsbereich des AEntG besteht nur noch in der Baubranche, § 3 S. 1 1. Alt. AEntG, und auch dort grundsätzlich nur für einen bundesweiten Tarifvertrag (→ § 238 Rn. 16 ff.), für alle anderen Branchen ist zur Tariferstreckung nach dem AEntG eine RVO notwendig.

II. RVO nach dem AEntG

1. Zweck

2 Der Zweck des die Entsenderichtlinie 96/71/EG[2] umsetzenden AEntG hat sich im Laufe der Zeit maßgeblich gewandelt: Von der bei Erlass 1996[3] auf Entsendesachverhalte bezogenen arbeitnehmer- und (vor allem) wettbewerbsschützenden Funktion konkret im Baubereich hin zur Grundlage für branchenbezogene Mindestarbeits- und vor allem Mindestentgeltbedingungen, die weit überwiegend auf nationale Sachverhalte zielen.[4] Deutlich steht hier auch der (nationale) Wettbewerbsschutz im Fokus, den § 1 AEntG ausdrücklich neben dem Schutz entsandter und regelmäßig im Inland beschäftigter Arbeitnehmer als Gesetzesziel formuliert: zum einen soll vor dem Wettbewerb über Lohnkosten durch ausländische Unternehmen *("Lohndumping")*[5] geschützt werden, diese Kernidee des AEntG wird aber verallgemeinert, indem insgesamt und damit auch bezogen auf den innerdeutschen Wettbewerb ein wettbewerbsbezogenes Lohndumping verhindert werden soll. Das Gesetz will den „fairen Wettbewerb" schützen.[6] Das wird besonders relevant für die branchenoffenen RVO nach §§ 4 Abs. 2, 7a AEntG.

3 Dass das AEntG in einer letzten Reform durch das Tarifautonomiestärkungsgesetz wesentlich geändert und erweitert wurde, zeigt sich auch daran, dass – neben dem Erhalt sozialversicherungspflichtiger Beschäftigung – durch die mögliche RVO nach dem AEntG auch die Ordnungs- und Befriedungsfunktion der Tarifautonomie gewahrt werden soll. Diesem Zweck kann man freilich auch zweifelnd gegenübertreten, weil durch die weitreichende Möglichkeit der staatlichen Normsetzung durch RVO der Tarifvertrag als Regelungsmittel gerade zurückgedrängt wird.[7] Wie die einzelnen Zwecke des Gesetzes zueinander im Verhältnis stehen, bleibt weitgehend dunkel – *Thüsing* meint, dass ohnehin nur der Schutz des Arbeitnehmers durch angemessene Arbeitsbedingungen trägt.[8]

2. Dogmatik der AEntG-RVO

4 Die RVO nach dem AEntG ist **staatlicher Rechtssetzungsakt,** sie unterfällt Art. 80 Abs. 1 GG.[9] Es ist umstritten, ob die RVO selbst die Arbeitsbedingungen setzt, der Tarifvertrag also letztlich lediglich deren Inhalte vorgibt,[10] oder aber, ob es sich um einen bloßen Akt der Rechtsnormerstreckung handelt, dem der Erklärung der Allgemeinverbindlichkeit eines Tarifvertrags nach § 5 TVG ähnlich – mit der Folge, dass es die tariflichen Regelungen selbst sind, die Verbindlichkeit entfalten.[11] Systematisch richtig ist die erste Ansicht, was sich auch an der Wirkung der RVO zeigt: Nach § 8 Abs. 2 AEntG erfolgt

---

[2] Richtlinie 96/71/EG des Europäischen Parlaments und des Rates vom 16.12.1996 über die Entsendung von Arbeitnehmern im Rahmen der Erbringung von Dienstleistungen ABl. L 18 vom 21.1.1997, 1.
[3] BGBl. I, 227; neu erlassen durch Gesetz vom 20.4.2009, BGBl. I, 779; maßgeblich reformiert durch das Tarifautonomiestärkungsgesetz 2014, BGBl. I, 1348.
[4] Thüsing/Braun/*Braun* 6. Kap. Rn. 159; so auch Thüsing/*Thüsing* AEntG Vor § 1 Rn. 3: „Vom Entsendegesetz zum allgemeinen Schutzgesetz".
[5] BT-Drs. 13/2414, 6; zur Verfassungsfestigkeit eines solchen Zwecks siehe auch BVerfG 11.7.2006 – 1 BvL 4/00, NZA 2007, 42; BVerfG 20.3.2007 – 1 BvR 1047/05, NZA 2007, 609.
[6] Zu diesem problematischen Anglizismus Thüsing/*Thüsing* AEntG § 1 Rn. 11; die Zwecke aufnehmend BAG 22.3.2017 – 5 AZR 666/15, AP BGB § 611 Nr. 30 = NZA 2018, 680.
[7] Kritisch auch HMB/*Sittard* Teil 7 Rn. 138; Thüsing/*Bayreuther* AentG § 8 Rn. 62.
[8] Thüsing/*Thüsing* AEntG § 1 Rn. 24.
[9] BVerfG 18.7.2000 – 1 BvR 948/00, AP AEntG § 1 Nr. 4.
[10] BAG 20.4.2011 – 4 AZR 467/09, AP AEntG § 1 Nr. 28 = NZA 2011, 1105; Thüsing/*Bayreuther* AEntG § 8 Rn. 1.
[11] So die hM HMB/*Sittard* Teil 7 Rn. 161; JKOS/*Oetker* § 6 Rn. 142; BeckOK ArbR/*Gussen* AEntG § 3 Rn. 8; wohl auch ErfK/*Schlachter* AEntG § 3 Rn. 3.

letztlich ein Herauslösen der Inhalte der RVO aus dem tariflichen System – so kann sich selbst ein anderer, speziellerer, aber ungünstigerer Tarifvertrag gegen die RVO nicht durchsetzen (→ Rn. 21), es kommt also nicht nur zur Ersetzung der fehlenden mitgliedschaftlichen durch die staatlich angeordnete Tarifbindung. Auch der Zugriff der Tarifvertragsparteien durch Beendigung des Tarifvertrags schlägt auf die Wirkung der RVO nicht durch.[12] Deshalb gleicht auch hier die RVO der Allgemeinverbindlichkeit nach § 5 Abs. 1 TVG nicht. Wortlautargumente müssen dagegen zurücktreten.[13]

3. Erstreckungsfähige Tarifinhalte

a) (Offener) Branchenbezug. Ursprünglich war die Möglichkeit einer RVO nach dem AEntG nur für bestimmte Branchen möglich, siehe § 4 AEntG aF. Das hat sich mit dem Tarifautonomiestärkungsgesetz geändert: Nunmehr besteht in allen Branchen die Möglichkeit, zu spezifischen Mindestarbeitsbedingungen qua RVO zu kommen. Zwar trennt das Gesetz nach wie vor in die explizit genannten Branchen des § 4 Abs. 1 AEntG[14] (Bauhaupt- und Baunebengewerbe, Gebäudereinigung, Briefdienstleistungen, Sicherheitsdienstleistungen, Bergbauspezialarbeiten, Wäschereidienstleistungen im Objektkundengeschäft, Abfallwirtschaft, Aus- und Weiterbildungsbranche nach SGB II und III und Schlachter- und Fleischverarbeitung)[15] und in die sonstigen Branchen nach § 4 Abs. 2 AEntG, allerdings wirkt sich diese Trennung lediglich in gering abweichenden Verfahrensvoraussetzungen für Tarifverträge der unterschiedlichen Bereiche aus. Letztlich besteht keine abgeschlossene Branchenvorgabe mehr.[16]

Der Branchenbezug des einzelnen Betriebes nach § 4 Abs. 1 AEntG wird durch das in § 6 AEntG festgelegte **Überwiegensprinzip** hergestellt: Es kommt hier darauf an, ob im Betrieb oder in selbständigen Betriebsabteilungen zeitlich überwiegend branchenspezifische Tätigkeiten ausgeführt werden.[17] Das Überwiegensprinzip gilt zwar ausdrücklich für die branchenoffenen Tarifverträge nicht, soll aber auch hier entsprechende Anwendung finden.[18]

b) Mindestarbeitsbedingungen. Inhaltlich muss es sich bei den tariflichen Regelungen um Mindestarbeitsbedingungen handeln – § 5 nennt hier Mindestentgeltsätze, § 5 S. 1 Nr. 1, Urlaubsregelungen, § 5 S. 1 Nr. 2, und damit verbunden Regelungen über eine gemeinsame Einrichtung einer Urlaubskasse, § 5 S. 1 Nr. 3. Die tariflichen Regelungen können hier auch solche über die Fälligkeit entsprechender Ansprüche einschließlich hierzu vereinbarter Ausnahmen und deren Voraussetzungen sein. Eine Öffnung gegenüber den in § 2 Nr. 3 bis 7 genannten Arbeitsbedingungen enthält schließlich § 5 S. 1 Nr. 4, so dass auch Regelungen über Höchstarbeits- und Mindestruhezeiten, Regelungen zur Arbeitnehmerüberlassung, Arbeitsschutz und Gleichbehandlung umfasst sein können. Früher waren diese Inhalte über § 7 Abs. 1 S. 3 aF gesperrt, nunmehr wird auf den gesamten Katalog des § 5 AEntG verwiesen.

---

[12] BAG 20.4.2011 – 4 AZR 467/09, AP AEntG § 1 Nr. 28 = NZA 2011, 1105.
[13] HMB/*Sittard* Teil 7 Rn. 161.
[14] Siehe die Übersicht über die auf dieser Grundlage erlassenen RVO bei ErfK/*Schlachter* AEntG § 4 Rn. 2ff.
[15] Siehe zur Abgrenzung auch BAG 16.4.2014 – 4 AZR 802/11, AP TVG § 1 Tarifverträge: Entsorgungswirtschaft Nr. 8 = NZA 2014, 1277; BAG 5.9.2013 – 4 AZR 99/12, AP TVG § 1 Tarifverträge: Gebäudereinigung Nr. 25 = NZA-RR 2014, 249; BAG 30.1.2013 – 4 AZR 272/11, AP TVG § 1 Tarifverträge: Gebäudereinigung Nr. 24 = NZA 2013, 808.
[16] Auf der Grundlage von § 4 Abs. 2 AEntG wurde bisher etwa erlassen: RVO für das Friseurhandwerk, vom 9.12.2014; RVO für Land- und Forstwirtschaft sowie Gartenbau vom 18.12.2014; RVO für die Textil- und Bekleidungsindustrie, BAnz. AT 30.11.2015, V1; siehe zur vorherigen Branchenbeschränkung BAG 16.4.2014 – 4 AZR 802/11, NZA 2014, 1277.
[17] HMB/*Sittard* Teil 7 Rn. 143.
[18] HMB/*Sittard* Teil 7 Rn. 148.

8 Die RVO wird vor allem für branchenspezifische Mindestentgeltregelungen praktisch.[19] Dabei ist zu beachten, dass anders als über § 5 TVG eine umfassende Erstreckung tariflicher Entgeltstrukturen nicht möglich ist: so genannte „Tarifgitter", also differenzierte, in verschiedene Vergütungsgruppen gestaffelte Vergütungssysteme, können nicht Gegenstand einer RVO nach dem AEntG sein, das lediglich einen Mindestschutz gewährleisten soll und darf: Jede tiefere Ausdifferenzierung griffe zu sehr und ungerechtfertigt in die Arbeitsvertrags- und Koalitionsfreiheit ein.[20] Dabei ist das regelmäßig anzutreffende „Lohnquartett",[21] in denen in der RVO die Entgelte nach alten und neuen Bundesländern sowie gelernten und ungelernten Arbeitnehmern aufgeschlüsselt werden, (noch) möglich.[22]

9 Es ist nicht Voraussetzung, dass der Tarifvertrag selbst nur solche Bedingungen enthält, die § 5 AEntG entsprechen, er kann auch darüber hinaus gehende Regelungen enthalten, diese können dann aber nicht Gegenstand der RVO nach dem AEntG sein.[23]

10 **c) Bundesweiter Tarifvertrag.** Grundlage einer RVO kann grundsätzlich nur ein bundesweiter Tarifvertrag sein, § 3 S. 1 AEntG. Das gilt im Bereich von Urlaubstarifverträgen dann nicht, wenn verschiedene Tarifverträge zusammen und damit additiv den bundesweiten Geltungsbereich umfassen, § 3 S. 2 AEntG – was auf die tatsächlichen Gegebenheiten im Baugewerbe Rücksicht nimmt.[24]

4. Verfahren

11 **a) Formale Voraussetzungen.** Das Verfahren wird durch den **gemeinsamen Antrag** beider Tarifvertragsparteien eingeleitet, §§ 7 Abs. 1, 7a Abs. 1 AEntG. Das soll der Tarifautonomie dienen, weil ein einseitiges Vorgehen einer Tarifvertragspartei dadurch verhindert wird,[25] und geht parallel zu den Antragserfordernissen nach § 5 Abs. 1 TVG, darauf kann verwiesen werden (→ § 248 Rn. 77 ff.).

12 Der BMAS hat vor Erlass der Rechtsverordnung den in den potentiellen Geltungsbereich fallenden Arbeitgebern und Arbeitnehmern, den Tarifvertragsparteien, die Gelegenheit zur Stellungnahme zu geben, §§ 7 Abs. 4, 7a Abs. 3 AEntG. Die Verfahren nach § 7 und § 7a AEntG unterscheiden sich hier in Nuancen: Im branchenoffenen Verfahren nach § 7a AEntG ist allen am Ausgang des Verfahrens Interessierten, so etwa auch anderen Gewerkschaften und Arbeitgeberverbänden oder den Kommissionen des kirchlichen Dritten Weges, Gelegenheit zur Stellungnahme zu geben. Im Verfahren nach § 7 AEntG ist dies nur der Fall, wenn mehrere Tarifverträge mit dem zumindest teilweise selben fachlichen Geltungsbereich wie der zur RVO beantragte bestehen, § 7 Abs. 2, 4 AEntG. Diese weitere Regelung des § 7a Abs. 3 AEntG hat den Grund, dass Überschneidungen des Geltungsbereiches mit anderen Tarifverträgen und kirchlichen AVR überhaupt erkannt werden können.[26] Ein Verstoß gegen die Beteiligungsrechte führt zur Unwirksamkeit der RVO.[27]

13 Der Tarifausschuss nach § 5 Abs. 1 TVG wird in Verfahren nach § 7 AEntG grundsätzlich nur bei einem erstmaligen Antrag befasst, bei RVO in den in § 4 Nr. 1 bis 8 AEntG genannten Branchen gar nicht, § 7 Abs. 5 S. 4 AEntG.[28] Praktisch heißt das, dass nur noch für neu in § 4 Abs. 1 AEntG aufzunehmende Branchen und dann nur bei erstmaliger Antragstellung der Tarifausschuss zu beteiligen ist, weil es in der Fleischereibranche,

---

[19] Siehe zu den einzelnen Entgeltkomponenten Thüsing/Waas AEntG § 5 Rn. 3 ff.
[20] So auch HMB/Sittard Teil 7 Rn. 152, der auch auf unionsrechtliche Bedenken hinweist; Thüsing/Bayreuther AEntG § 8 Rn. 4; offener ErfK/Schlachter AEntG § 5 Rn. 2.
[21] Begriff nach Thüsing/Bayreuther AEntG § 8 Rn. 5.
[22] Thüsing/Bayreuther AEntG § 8 Rn. 5.
[23] HMB/Sittard Teil 7 Rn. 167.
[24] Thüsing/Waas AEntG § 3 Rn. 6.
[25] Siehe BR-Drs. 541/08, 16.
[26] BT-Drs. 18/1558, 52; HMB/Sittard Teil 7 Rn. 180; ErfK/Schlachter AEntG § 7a Rn. 1.
[27] BAG 18.4.2012 – 5 AZR 268/11, AP BGB § 138 Nr. 66 = NZA 2012, 978.
[28] Gleichheitsrechtliche Bedenken Löwisch/Rieble § 5 Rn. 52.

II. RVO nach dem AEntG

§ 4 Abs. 1 Nr. 8 AEntG, eine entsprechende RVO bereits gibt.[29] Für Verfahren nach § 7a AEntG gilt (fast) Gleiches, nur dass hier der Tarifausschuss bei jedem Antrag, also auch einem Folgeantrag, beteiligt werden muss, § 7a Abs. 4 AEntG.

Stimmen vier Mitglieder zu oder gibt der Tarifausschuss innerhalb von zwei Monaten keine Stellungnahme ab, kann die RVO durch den BMAS erlassen werden, §§ 7 Abs. 5 S. 2, 7a Abs. 4 S. 2 AEntG. Damit ist das Prinzip des Einvernehmens nach § 5 TVG verlassen. Stimmen nur zwei oder drei Mitglieder zu, kann nur die Bundesregierung die RVO erlassen, §§ 7 Abs. 5 S. 3, 7a Abs. 4 S. 3 AEntG.

Die Verfahrensvoraussetzungen sind zwingend, werden sie nicht eingehalten, so ist die dennoch erlassene RVO unwirksam.[30]

b) Materiale Voraussetzungen. Eine RVO kann nur dann erlassen werden, wenn sie im **öffentlichen Interesse** geboten ist, §§ 7 Abs. 1, 7a Abs. 1 AEntG. Eine Konkretisierung durch Regelbeispiele wie § 5 Abs. 1 S. 2 TVG kennt das AEntG nicht, so dass es – außer im Falle einer notwendigen Auswahlentscheidung (→ Rn. 18) – auf die Tariforientierung oder Tarifbindung nicht ankommt. Vielmehr ist der Zweck des Gesetzes zentral: Arbeitnehmerschutz für entsandte und inländische Arbeitnehmer und Schutz vor Wettbewerb über Lohnkosten, zudem der Erhalt sozialversicherungspflichtiger Beschäftigung und Wahrung der Ordnungs- und Befriedungsfunktion des Tarifvertrags, § 1 AEntG. Dabei wird man auch den entsenderechtlichen Kern des AEntG nicht vergessen dürfen: So ist die Begründungslast für das öffentliche Interesse an einer RVO dort höher, wo der Anteil der aus dem Ausland entsandten Arbeitnehmer gering ist.[31]

Für eine RVO nach § 7a AEntG gilt hinzukommen, dass der Gesetzeszweck der Verhinderung eines Verdrängungswettbewerbs besonders berücksichtigt wird, § 7a Abs. 1 aE AEntG. Diese Hürde wird allerdings in der Literatur als nicht hoch angesehen.[32]

Stehen sich mehrere Tarifverträge mit demselben Geltungsbereich gegenüber, so hat das BMAS bei der Entscheidung über den Erlass der RVO die **Repräsentativität** des vom Antrag erfassten Tarifvertrags zu ermitteln, § 7 Abs. 2 S. 1 AEntG[33]. Dabei ist nach § 7 Abs. 2 S. 2 AEntG vorrangig auf die Zahl der von den tarifgebundenen Arbeitgebern beschäftigten Arbeitnehmer und die Zahl der einschlägig organisierten Arbeitnehmer abzustellen. Sind mehrere Anträge für verschiedene Tarifverträge gestellt, ist unter Abwägung der Interessen auszuwählen, § 7 Abs. 3 AEntG.

c) Gerichtliche Überprüfung. Die Wirksamkeit einer RVO nach dem AEntG wird im Verfahren nach § 98 ArbGG überprüft, §§ 2a Abs. 1 Nr. 5, 98 ArbGG.[34] Es kann auf die Ausführungen zu § 5 TVG verwiesen werden (→ § 248 Rn. 140 ff.).

5. Rechtsfolgen

a) Tariferstreckung. Durch die RVO wird bestimmt, dass die Arbeitsbedingungen des Tarifvertrags auf alle unter seinen Geltungsbereich fallenden und nicht an ihn gebundenen Arbeitnehmer und Arbeitgeber Anwendung finden, §§ 7 Abs. 1, 7a Abs. 1 AEntG. Damit weist (ihrer ursprünglichen Intention entsprechend) die Regelungsgeltung nach dem AEntG zunächst die **IPR-Wirkung** einer Eingriffsnorm auf:[35] sie gelten auch für Arbeitsverhältnisse lediglich vorübergehend entsandter Arbeitnehmer. Das gilt nach § 8 Abs. 3 AEntG auch für Leiharbeitsverhältnisse.

---

[29] BAnz. AT 31.7.2014, V1.
[30] BVerwG 28.1.2010 – 8 C 19/09, NZA 2010, 718; HMB/*Sittard* Teil 7 Rn. 164.
[31] HMB/*Sittard* Teil 7 Rn. 170.
[32] HMB/*Sittard* Teil 7 Rn. 183.
[33] Dazu ErfK/*Schlachter* AEntG § 7 Rn. 8.
[34] Siehe dazu BAG 12.4.2017 – 10 AZB 28/17, ArbR 2017, 315; BAG 10.9.2014 – 10 AZR 959/13, AP ArbGG 1979 § 98 Nr. 17 = NZA 2014, 1282.
[35] *Löwisch/Rieble* § 5 Rn. 44; HMB/*Sittard* Teil 7 Rn. 185.

21 Damit ist die RVO staatliches zwingendes Recht, an das die Tarifverträge wiederum gebunden sind. Im **Verhältnis zwischen einem Tarifvertrag** und einer RVO nach dem AEntG gelten deshalb weder die Regelungen der Tarifablösung noch die der Tarifkonkurrenz oder Tarifkollision: So kann etwa eine RVO nicht durch einen Haustarifvertrag unterboten werden[36] und mangels Kollisionslage greift auch § 4a TVG nicht.[37] Diesen RVO-Vorrang ordnet § 8 Abs. 2 AEntG ausdrücklich an.[38] Dieser rigide Ausschluss der Anwendung eines nach dem TVG bindenden Tarifvertrags sieht sich grundrechtlichen Bedenken ausgesetzt. Insbesondere wird kritisiert, dass das Schutzziel durch staatliche, branchenadäquate Mindestarbeitsbedingungen den Eingriff in die Tarifautonomie nicht trägt.[39] Das ist insbesondere deshalb belastbar, weil auch die Parteien des Vertrages, der die RVO „trägt", keine Möglichkeit haben, diesen durch einen neuabgeschlossenen Tarifvertrag abzulösen, der für den Arbeitnehmer schlechtere Arbeitsbedingungen enthält. Andere verweisen darauf, dass kein absoluter Schutz der Tarifautonomie bestehe,[40] ein eher schwächeres Argument. Außerdem wird unionsrechtlich auf der Grundlage der EuGH-Entscheidung Portugaia Constructioes[41] damit argumentiert, dass es dem ausländischen Unternehmen nicht möglich sei, durch Tarifabschluss von den Vorgaben des AEntG abzuweichen, so dass es, bestünde diese Möglichkeit für die deutschen Arbeitgeber, zu einer die Dienstleistungsfreiheit beeinträchtigenden Ungleichbehandlung komme.[42]

22 Auf der anderen Seite ist der Tarifvertrag weiterhin oder erstmals gegenüber der RVO anwendbar, wenn er für den Arbeitnehmer günstigere Regelungen enthält.[43] Das folgt aus dem allgemeinen, hier die Tarifautonomie schützenden arbeitsrechtlichen Günstigkeitsprinzip.[44] Richtig ist es, auch hier die Grundsätze des § 4 Abs. 3 2. Alt TVG heranzuziehen und einen Sachgruppenvergleich vorzunehmen.[45]

23 Die Tarifvertragsparteien des Tarifvertrags, der zur Grundlage der RVO geworden ist, verlieren mit deren Erlass auch die Herrschaft über die Normgeltung: Sie können durch (einseitige oder einvernehmliche) Änderung oder Beendigung des Tarifvertrags nicht zugleich die Wirkung der RVO beenden.[46] Das ist ein wesentlicher Unterschied zur Allgemeinverbindlichkeit nach § 5 TVG, wo durch die Beendigung des Tarifvertrags auch die Allgemeinverbindlichkeit beendet werden kann (→ § 248 Rn. 135 f.), dieser Zugriff ist bei der RVO nach dem AEntG nicht möglich.[47] Systematisch folgt dies schon daraus, dass es die RVO selbst ist, die die Arbeitsbedingungen setzt, nicht aber wie im Falle des § 5 TVG der Tarifvertrag.

24 Die RVO wirkt nicht nach – und deshalb auch nicht die ihr zugrundeliegenden tariflichen Regelungen, § 4 Abs. 5 TVG ist nicht (entsprechend) anwendbar.[48]

25 § 9 AEntG kennt für den Schutz der aus der RVO dem Arbeitnehmer entstandenen Rechte ein ähnliches Schutzprogramm wie § 4 Abs. 4 TVG: So kann auf einen Anspruch aus einer RVO nach dem AEntG nur im Rahmen eines gerichtlichen Vergleichs verzichtet werden, die Verwirkung ist ausgeschlossen und Ausschlussfristen, die mindestens sechs Monate bemessen müssen, müssen Inhalt des der RVO zugrundliegenden Tarifvertrags

---

[36] Siehe bereits BAG 25.6.2002 – 9 AZR 405/00, AP AEntG § 1 Nr. 12 = NZA 2003, 275 (281); JKOS/ Oetker § 6 Rn. 141.
[37] Thüsing/*Bayreuther* AEntG § 8 Rn. 37.
[38] Dazu entspricht auf der früheren Rechtslage BAG 25.6.2002 – 9 AZR 405/00, AP AEntG § 1 Nr. 12 = NZA 2003, 275; BAG 20.7.2004 – 9 AZR 343/03, NZA 2005, 114.
[39] Thüsing/Braun/*Braun* 6. Kap. Rn. 176.
[40] HMB/*Sittard* Teil 7 Rn. 199.
[41] EuGH 24.1.2002 – C-164/99, AP EG Art. 49 Nr. 4 = NZA 2002, 207.
[42] HMB/*Sittard* Teil 7 Rn. 199 mit weiteren unionsrechtlichen Argumenten.
[43] JKOS/Oetker § 6 Rn. 141; HWK/*Tillmanns* AEntG § 8 Rn. 4.
[44] HMB/*Sittard* Teil 7 Rn. 193.
[45] So auch HMB/*Sittard* Teil 7 Rn. 194.
[46] HMB/*Sittard* Teil 7 Rn. 201.
[47] BAG 20.4.2011 – 4 AZR 467/09, AP AEntG § 1 Nr. 28 = NZA 2011, 1105.
[48] BAG 20.4.2011 – 4 AZR 467/09, AP AEntG § 1 Nr. 28 = NZA 2011, 1105; ebenso HMB/*Sittard* Teil 7 Rn. 206, der freilich von der Wirkung einer bloßen Tarifnormerstreckung ausgeht.

sein. Der Unterschied zu § 4 Abs. 4 TVG besteht darin, dass ein gerichtlicher Vergleich mit Verzichtswirkung nicht der Zustimmung der Tarifvertragsparteien bedarf (siehe dazu → § 254 Rn. 26 ff.).

b) Absicherung. § 21 AEntG enthält eine spezifisch vergaberechtliche Konnotation: Wer den Vorgaben der RVO nicht nachgekommen ist und den Arbeitnehmern die dort enthaltenen Mindestarbeitsbedingungen vorenthalten hat, verhält sich nach § 23 Abs. 1 Nr. 1 AEntG ordnungswidrig. Beträgt das daraus resultierende Bußgeld mindestens 2.500 EUR, so soll das Unternehmen eine angemessene Zeit von dem Vergabewettbewerb ausgeschlossen werden – bis zur Wiederherstellung der Zuverlässigkeit. Diese Sanktion ist regelmäßig ungleich härter als das bloße Bußgeld.[49]

6. Sonderfall Pflegebereich

Im Pflegebereich kennt das AEntG besondere Regelungen, §§ 10 bis 13 AEntG. Hier ist die Grundlage einer RVO kein Tarifvertrag, sondern eine Empfehlung einer Kommission, die sich aus den Vertretern der für die Pflegebranche tarifzuständigen Gewerkschaften und Arbeitgeberverbände, aber auch von Vertretern der Dienstnehmer und Dienstgeber der paritätisch besetzten Kommissionen des kirchlichen Dritten Weges bildet § 12 Abs. 1, 2 AEntG.[50] Durch dieses Kommissionsmodell sollen die Besonderheiten der Pflegebranche aufgenommen werden, in der kirchliche Träger, die nicht dem tariflichen Bereich unterfallen, eine bedeutende Rolle spielen. Deshalb dient das besondere Verfahren nach §§ 10 ff. AEntG auch der Verwirklichung des kirchlichen Selbstbestimmungsrechts. Richtig sind damit im Rahmen des AEntG für den Bereich der Pflege §§ 10 ff. AEntG *leges speciales* gegenüber einer tarifbasierten RVO nach §§ 4 Abs. 2, 7a AEntG.[51] Die kirchlichen Dienstnehmer und Dienstgeber wären dort lediglich nach § 7a Abs. 3 AEntG in der Lage, Stellung zu nehmen, nicht jedoch, konstitutiven Einfluss auf die tarifliche RVO-Grundlage.

III. RVO nach § 3a AÜG

Das BMAS kann auf der Grundlage von § 3a AÜG auf Vorschlag der tarifzuständigen Gewerkschaften und Arbeitgeberverbände und auf der Grundlage von deren Tarifverträgen für die Leiharbeitsverhältnisse eine RVO über eine Lohnuntergrenze erlassen, wenn dies im öffentlichen Interesse ist.[52]

Das **Verfahren zum Erlass der LohnuntergrenzenVO** folgt im Wesentlichen dem zum Erlasse einer RVO nach dem AEntG.[53] Maßgeblicher Unterschied ist allerdings, dass die RVO nach § 3a AÜG einen Vorschlag der Tarifvertragsparteien aufnimmt, nicht aber einen Tarifvertrag.

Erlassen werden kann die RVO nach § 3a AÜG, wenn ein öffentliches Interesse dafür besteht. Grundlage der RVO ist ein gemeinsamer, begründeter Vorschlag der Tarifvertragsparteien, dieser muss auf der Grundlage bundesweit tariflich vereinbarter Mindeststundenentgelte erfolgen – hier liegt der mittelbare Anknüpfungspunkt der RVO an den Tarifvertrag und die alleinige Initiativberechtigung der Tarifvertragsparteien. Der Vorschlag kann aber – solange er sich insgesamt auf das gesamte Bundesgebiet bezieht – einzelne regionale Unterschiede aufweisen.[54] Werden mehrere Vorschläge gemacht, so entscheidet das BMAS nach § 3a Abs. 4 AÜG und hat die Repräsentativität der vorschlagenden Tarifvertragsparteien zu berücksichtigen. Nach § 3a Abs. 5 AÜG ist vor Erlass der

---

[49] Siehe auch Thüsing/*Mengel* AEntG § 21 Rn. 1.
[50] Siehe auch BAG 19.11.2014 – 5 AZR 1101/12, AP BGB § 611 Nr. 24 = DB 2015, 253.
[51] Siehe dazu *Klumpp* ZAT 2016, 7 ff.; gegen ein Spezialitätsverhältnis *Waltermann* NZA 2018, 686 (689).
[52] Siehe die Liste der entsprechenden Entgeltentwicklung durch die RVO nach § 3a AÜG bei BeckOK ArbR/*Kock* AÜG § 3a Rn. 6.1 ff.
[53] BT-Drs. 17/5238, 15.
[54] BeckOK ArbR/*Kock* AÜG § 3a Rn. 7.

RVO den Verleihern und Leiharbeitnehmern, den Gewerkschaften und Arbeitgebervereinigungen, die im Geltungsbereich der Rechtsverordnung tarifzuständig sind, Gelegenheit zur Stellungnahme zu geben.

31 Die LohnuntergrenzenVO wirkt zwingend für alle Arbeitsverhältnisse in ihrem Geltungsbereich, auch für die entsandter Arbeitnehmer.[55] Weil für sie kein Tarifvertrag die Grundlage ist, sondern lediglich ein Vorschlag der Tarifvertragsparteien, besteht hier auch kein Streit darüber, dass die RVO selbst die maßgebliche Lohnuntergrenze setzt und nicht lediglich einen Tarifvertrag erstreckt (siehe zu dieser Frage beim AEntG → § 249 Rn. 4).[56] Gegenüber einem Tarifvertrag der Leiharbeitsbranche wirkt die RVO nach unten begrenzend,[57] verschließt aber nicht die Möglichkeit, nach § 8 Abs. 2 AÜG durch Tarifvertrag vom überlassungsrechtlichen Gleichbehandlungsgrundsatz abzuweichen (dazu → § 145 Rn. 93). Zugriff haben die Tarifvertragsparteien auf die RVO selbst nicht – sie können aber nach § 3a Abs. 6 AÜG wiederum Änderungen beantragen.[58]

---

[55] BeckOK ArbR/*Kock* AÜG § 3a Rn. 2.
[56] JKOS/*Oetker* § 6 Rn. 143.
[57] Schüren/Hamann/*Wilde* § 3a Rn. 24.
[58] Dazu Schüren/Hamann/*Wilde* § 3a Rn. 54.

§ 250 Tarifbindung und Vergaberecht (Tariftreue)

Schrifttum:
Bayreuther, Tariftreue vor dem Aus – Konsequenzen der Rüffert-Entscheidung des EuGH für die Tariflandschaft, NZA 2008, 626; *Bayreuther*, Betriebs-/Beschäftigtenübergang und Tariftreueverlangen nach Neuvergabe eines Dienstleistungsauftrags im ÖPNV, NZA 2014, 1171; *Dierkes/Scharf/Wendt*, Equal-Pay in der vergaberechtlichen Praxis, NZA 2016, 1060; *Dieterich/Ulber*, Zur Verfassungsmäßigkeit von Tariftreuepflicht und Repräsentativitätserfordernis, ZTR 2013, 179; *Faber*, Die verfassungs- und europarechtliche Bewertung von Tariftreue- und Mindestentgeltregelungen in Landesvergabegesetzen, NVwZ 2015, 257; *Greiner*, Von der Tariftreue zum Landesvergabemindestlohn – Bestandsaufnahme und europarechtliche Bewertung, ZIP 2011, 2129; *Greiner*, Repräsentativität des Tarifvertrags als Vergabekriterium?, ZfA 2012, 483; *Greiner*, Vergaberegeln im öffentlichen Personennahverkehr – ein Angriff auf die Tarifautonomie, ZTR 2013, 647; *Hantel*, Der Schutz arbeitsrechtlicher Mindeststandards bei einem grenzüberschreitenden Arbeitnehmereinsatz innerhalb der EU, ZESAR 2014, 261 (Teil 1), ZESAR 2014, 313 (Teil 2); *Hempel*, Die Tariftreueerklärung im Lichte des deutschen und europäischen Arbeitsrechts, 2011; *Krebber*, Vergabegesetze der Länder und Dienstleistungsfreiheit, EuZA 2013, 435; *Köster*, Das Tariftreue- und Vergabegesetz Nordrhein-Westfalen, DÖV 2012, 474; *Latzel*, Soziale Aspekte bei der Vergabe öffentlicher Aufträge nach der Richtlinie 2014/24/EU, NZBau 2014, 643; *Löwisch*, Landesrechtliche Tariftreue als Voraussetzung der Vergabe von Bau- und Verkehrsleistungen, DB 2004, 814; *Meißner*, Landesvergabegesetze – Besonderheiten, Innovationen, Schwierigkeiten, ZfBR 2013, 20; *Meißner*, Landesvergabegesetze und (k)ein Ende?, ZfBR 2014, 453; *Pünder/Klafki*, Rechtsprobleme des Arbeitnehmerschutzes in den neuen Landesvergabegesetzen, NJW 2014, 429; *Rödl*, Bezifferte Mindestentgeltvorgaben im Vergaberecht, EuZW 2011, 292; *Serr*, Privative Tariftreue, 2013; *Siegel*, Mindestlöhne im Vergaberecht und der EuGH, EuZW 2016, 101; *Simon*, Verstößt das Tariftreue- und Vergabegesetz Nordrhein-Westfalen gegen EU-Recht? – Zur Inkohärenz von Tariftreuepflichten und Mindestlohnklauseln im Vergaberecht, RdA 2014, 165; *Tscherner*, Arbeitsbeziehungen und Europäische Grundfreiheiten, 2012; *Tugendreich*, Mindestlohnvorgaben im Kontext des Vergaberechts, NZBau 2015, 395

Übersicht

	Rn.
I. Überblick	1
II. Öffentliches Vergaberecht	4
1. Allgemeine Rechtstreue	4
2. Spezielle Tariftreuevorgaben	5
3. Verstoß gegen die Tariftreuevorgaben	12
III. Private Tariftreue	13

I. Überblick

Mittelbares Instrument zur Gewährleistung der Effektivität tariflicher Arbeitsbedingungen kann das Vergaberecht sein: Wenn öffentliche Aufträge im Bau- und Dienstleistungsbereich nur an solche Unternehmen vergeben werden dürfen, die einen (einschlägigen) Tarifvertrag anwenden, entsteht ein nachhaltiger Druck zur Tarifanwendung.[1] Diese Forderung der Tariftreue kann verschieden intensiv sein: Sie kann sich zum einen darauf beschränken, dass die Tarifverträge, an die das Unternehmen bereits gebunden ist, eingehalten werden, in diesen Fällen wird (lediglich) der Vollzug der Tarifbindung gefordert (→ §§ 245 ff.). Sie kann aber auch darüber hinausgehen und gleichsam zur „konstitutiven" Forderung werden,[2] indem die Auftragsvergabe an die Tarifanwendung gebunden wird und zwar unabhängig von einer gegebenen normativen Tarifbindung. Tariffreie Unternehmen haben dann nur eine Chance im Vergabeverfahren, wenn sie sich zur Tarifanwendung entschließen. 1

Diese Tarifanwendung hatten zahlreiche Tariftreue- und Vergabegesetze der Länder (→ Rn. 5 ff.) für die öffentliche Auftragsvergabe gefordert, die Unternehmen mussten sich verpflichten, ihren Arbeitnehmern das am Leistungsort einschlägige Tarifentgelt zu zahlen (so genannte Tariftreueerklärung).[3] Damit spielte der öffentliche Auftraggeber seine starke 2

---
[1] HWK/*Henssler* TVG § 5 Rn. 47.
[2] Begriff nach *Löwisch/Rieble* § 5 Rn. 454.
[3] So etwa das zum 1.12.2010 aufgehobene Bremer Vergabegesetz in § 4 Abs. 1.

Marktmacht zugunsten der Tarifeinhaltung aus.[4] Mit dem Unionsrecht ist diese sehr simple Art der Tarifunterstützung nicht in Einklang zu bringen (→ Rn. 7 f.), weshalb die aktuellen Ländervergabegesetze den Gedanken der Tarifanwendung zwar grundsätzlich auch ins Vergabeverfahren einführen, sich allerdings weitgehend – zumindest für allgemeine Bau- und Dienstleistungen – auf die Vorgabe zur Anwendung von tarifbasierten Mindestarbeitsbedingungen nach RVO des AEntG beschränken (→ Rn. 8 f.).

3 Das Vergaberecht betrifft die Vergabe öffentlicher Aufträge, die private Auftragsvergabe ist nicht erfasst. Allerdings wird der Gedanke der Tariftreue auch unter Privaten etwa dort aufgenommen, wo eine Gewerkschaft mit einem Arbeitgeber vereinbart, dass dieser die Auftragsvergabe von der Anwendung eines bestimmten Tarifvertrags durch seinen Auftragnehmer oder Dienstleister abhängig macht. Diese „privative Tariftreue"[5] ist rechtlich nicht haltbar (→ Rn. 13).

II. Öffentliches Vergaberecht

1. Allgemeine Rechtstreue

4 § 128 Abs. 1 GWB fordert für die Vergabe und Durchführung öffentlicher Aufträge die Einhaltung der gesetzlichen Vorschriften durch die Unternehmen. Dazu gehören auch die zwingenden arbeitsrechtlichen Regelungen, § 128 Abs. 1 GWB verweist ausdrücklich auf das MiLoG, denn nach dem AEntG allgemeinverbindlichen Tarifvertrag, eine RVO nach den §§ 7, 7a, 11 AEntG und die RVO nach § 3a AÜG. Allerdings sind unter den einzuhaltenden gesetzlichen Regelungen auch die Tarifverträge, an die das Unternehmen gebunden ist, zu verstehen.[6] Dieses vergaberechtliche Anhalten zur Rechtsanwendung ist tarifrechtlich unbedenklich: Dass der staatliche Auftraggeber die Einhaltung bestehenden Rechts fordern darf, ist unmittelbar einsichtig – zu einer Ausdehnung der Tarifbindung oder nur Anwendung kommt es dadurch nicht, es wird nur auf die ohnehin bestehende Bindung abgestellt.

2. Spezielle Tariftreuevorgaben

5 „Konstitutive" Tariftreueforderungen, wie sie in früheren Ländervergabegesetzen zu finden waren, begegnen dagegen tiefgreifenden Bedenken.[7] Die Idee war, durch das Instrument des Vergaberechts die Unternehmen nicht nur zur Anwendung der sie bereits bindenden Tarifverträge anzuhalten, sondern letztlich wegen des Vergabedrucks auch die erstmalige Anwendung eines einschlägigen, repräsentativen oder jeweils geltenden zu erreichen, und diese über den Auftragnehmer auch noch für dessen Nachunternehmer zu gewährleisten.[8] Das freilich verstößt gegen verfassungsrechtliche und vor allem unionsrechtliche Vorgaben.

6 **Verfassungsrechtlich** ist dieses Modell angreifbar, weil die Koalitionsfreiheit und die Unternehmerfreiheit der am Vergabeverfahren beteiligten Unternehmen betroffen ist: Sie werden zur Tarifanwendung gezwungen, wollen sie einen öffentlichen Auftrag erhalten – durch Realisierung der staatlichen Marktmacht.[9] Das BVerfG hat dies indes für das einstige Berliner Vergabegesetz anders gesehen und entsprechende Tariftreueregelungen als mit den grundgesetzlichen Vorgaben vereinbar gehalten:[10] Weder die negative noch die positive Koalitionsfreiheit, Art. 9 Abs. 3 GG, sei betroffen, der Eingriff in die Berufsfreiheit, Art. 12 Abs. 1 GG gerechtfertigt. Für die negative Koalitionsfreiheit folgt dies der problematischen Linie (→ § 248 Rn. 34), dass allein durch die Notwendigkeit der Tarifanwendung kein schutzbereichsrelevanter Eintrittsdruck in den tarifschließenden Verband er-

---

[4] *Löwisch/Rieble* § 5 Rn. 454.
[5] Siehe zum Begriff *Serr* Privative Tariftreue, 27.
[6] *Löwisch/Rieble* § 5 Rn. 447.
[7] So das ehemalige Berliner Vergabegesetz in § 1 Abs. 1.
[8] So das ehemalige Berliner Vergabegesetz in § 1 Abs. 1.
[9] So bereits BGH 18. 1. 2000 – KVR 23/98, WRP 2008, 252.
[10] BVerfG 11. 7. 2006 – 1 BvL 4/00, AP GG Art. 9 Nr. 129 = NZA 2007, 42.

zeugt wird.¹¹ Die starke Bedeutung, die allein aus der erzwungenen Normanwendung resultiert, wird hier – freilich in ständiger Rechtsprechung und konsequent – außer Acht gelassen. Die Berufsfreiheit ist nach dem BVerfG zwar berührt, der Eingriff aber gerechtfertigt, weil der Zweck des Schutzes vor Arbeitslosigkeit und der Stabilisierung der Sozialversicherungssysteme diesen trage. Diese Entscheidung des BVerfG erging allerdings vor der Einführung des allgemeinen gesetzlichen Mindestlohnes und der Ausdehnung der Möglichkeit, branchenbezogene Mindestarbeitsentgelte zu schaffen (AEntG) – die vom BVerfG angenommenen Schutzzwecke sind, wie etwa § 1 AEntG explizit ausweist, bereits durch diese Instrumente erfasst, so dass durchaus gefragt werden kann, ob nicht der durch die Tariftreueforderungen bezweckte Arbeitnehmerschutz bereits durch die (zahlreichen) gesetzlichen Mindestlohnregelungen gewährleistet wird.¹²

Unionsrechtlich sind die Gewährleistungen der Dienstleistungsfreiheit nach Art. 56 AEUV und die Vorgaben der Entsenderichtlinie 2004/14/EG zu beachten: Der EuGH hat in einer Reihe von Entscheidungen zur Forderung nach Tariftreue Stellung genommen. In der (ersten) Entscheidung *(Rüffert)*¹³ zum damaligen niedersächsischen Vergabegesetz erkennt der EuGH einen Verstoß gegen die Dienstleistungsfreiheit insbesondere darin, dass durch die Vergaberegelungen lediglich die Arbeitnehmer im Bereich der öffentlichen Tätigkeiten geschützt werden, die im Bereich der privaten Auftragsvergabe mangels Zugriff durch die Vergabegesetze aber nicht. Zudem sah der EuGH – letztlich im Kern denselben Gedanken auf sekundärrechtlicher Ebene aufnehmend – auch die Entsenderichtlinie 97/71/EG als Begrenzung einer Tariftreueregelung, weil diese nur eine gesetzliche Mindestlohnregelung oder einen allgemeinverbindlichen Tarifvertrag goutiere. Ansatzpunkt war die Überlegung, dass der die Dienstleistungsfreiheit potentiell begrenzende Arbeitnehmerschutz letztlich nur dann seinen entsprechenden rechtfertigenden Nachdruck erzeugen kann, wenn nicht nur die Arbeitnehmer im Bereich der öffentlichen Vergabe gleichsam im Rahmen einer „Insellösung" profitieren. In einer zweiten Entscheidung *(Bundesdruckerei)*¹⁴ bestätigte der EuGH diese Rechtsprechung im Wesentlichen. Zur Aufweichung der Rechtsprechung kam es mit der jüngsten Entscheidung *(RegioPost)*,¹⁵ hier nahm das Gericht an, dass grundsätzlich zwischen öffentlichen Aufträgen und dem privaten Bereich in den Tariftreuevorgaben unterschieden werden könne.¹⁶ Allerdings wird auch richtig darauf hingewiesen, dass das Gericht für die Rechtfertigung der Tariftreue vor dem Hintergrund der Dienstleistungsfreiheit auf den notwendigen Schutz der Arbeitnehmer Bezug nahm – und dass dieses Argument mit der Einführung des gesetzlichen Mindestlohnes an Überzeugung verloren hat.¹⁷ Insofern gilt im Kern das, was auch für die grundrechtlichen Überlegungen gilt, nämlich dass durch die Ausdehnung des gesetzlichen Schutzes durch zwingende Mindestarbeitsbedingungen das Instrument der Gewährleistung der Tarifgeltung durch vergaberechtliche Vorgaben nur noch schwer zu rechtfertigen ist.

Außer in Bayern und Sachsen gibt es in den **Bundesländern**¹⁸ eine längere Tradition von Tariftreuegesetzen. Mittlerweile liegen sie als Reaktion auf die Rechtsprechung des

---

[11] Zustimmend NK-TVG/*Lakies* § 5 Anhang 1 Rn. 54.
[12] So VG Düsseldorf 27.8.2015 – 6 K 2793/13, NZBau 2015, 643.
[13] EuGH 3.4.2008 – C-346/06, AP EG Art. 49 Nr. 16 = NZA 2008, 537.
[14] EuGH 18.9.2014 – C-549/13, NZA 2014, 1129.
[15] EuGH 17.11.2015 – C-115/14, NZA 2016, 155.
[16] Dazu auch HMB/*Sittard* Teil 7 Rn. 241 f.
[17] HMB/*Sittard* Teil 7 Rn. 244.
[18] **BW:** LTMG, 16.4.2013, GBl. 2013, 50; **Bln:** BerlAVG, 8.7.2010, GVBl. 2010, 399; **Bbg:** BbgVergG, 29.9.2016, GVBl. I 2016, Nr. 21; **Brem:** TtVG, 24.11.2009, Brem.GBl. 2009, 476; **Hmb:** HmbVgG, 13.2.2006, HmbGVBl. 2006, 57; **Hess:** HVTG, 19.12.2014, GVBl. 2014, 354; **MV:** VgG M-V, 7.7.2011, GVOBl. M-V 2011, 411; **Nds:** NTVergG, 31.10.2013, Nds. GVBl. 2013, 259; **NRW:** TVgG NRW, 31.10.2013, GV. NRW. 2018, 172; **RhPf:** LTTG, 1.12.2010, GVBl. 2010, 629; **Saarl:** STTG, 6.2.2013, Amtsblatt I 2013, 84; **LSA:** LVG LSA, 19.11.2012, GVBl. LSA 2012, 536; **SchlH:** TTG, 31.5.2013, GVOBl. 2013, 239; **Thür:** ThürVgG, 18.4.2011, GVBl. 2011, 69. Der Bund hat sich eines entsprechenden Bundestariftreuegesetzes enthalten, der Entwurf eines Gesetzes zur tariflichen Entlohnung

EuGH auch in „zweiter Generation"[19] vor. Charakteristisch – bei weiter bestehender Diversität der einzelnen landesrechtlichen Regelungen[20] – ist hier eine Trennung der vergaberechtlichen Forderungen anhand der Intensität der notwendigen Tariftreue: Für allgemeine Bau- und Dienstleistungen gilt regelmäßig, dass die Unternehmen ihre Tariftreue durch Einhaltung eines auf der Grundlage des AEntG allgemeinverbindlichen Tarifvertrags oder einer Rechtsverordnung nach §§ 7, 7a, 11 AEntG erweisen,[21] für den öffentlichen Personennahverkehr dagegen wird (nach wie vor) die Tariftreue gegenüber dem „einschlägigen" oder „repräsentativen" Tarifvertrag gefordert.[22]

9 Unionsrechtlich ist die geforderte Tariftreue für allgemeine Bau- und Dienstleistungen jedenfalls mit der EntsendeRL 96/72/EG in Einklang zu bringen: weil die Allgemeinverbindlichkeit und die RVO nach dem AEntG alle Arbeitsverhältnisse erfassen.[23] Darüber hinaus fordert die Einhaltung der RVO nach dem AEntG letztlich das, was ohnehin gilt – die Tarifanwendung wird also nicht über das durch die RVO-Bindung nach § 8 Abs. 1 AEntG gegebene Maß hinaus gefordert.[24]

10 Die schärferen Forderungen im **öffentlichen Personennahverkehr** stoßen insbesondere in eine unionsrechtliche Lücke: Art. 58 AEUV sieht vor, dass für den freien Dienstleistungsverkehr auf dem Gebiet des Verkehrs die Bestimmungen des Titels über den Verkehr gelten, die die VO EG 1370/2007 aufnimmt. Hier gilt zwar zunächst nach Art. 4 Abs. 4a EG 1370/2007 das allgemeine Gebot, dass sich die Unternehmen an die nach dem Unionsrecht, dem nationalen Recht oder Tarifverträgen geltenden sozial- und arbeitsrechtlichen Verpflichtungen zu halten haben, nach Art. 4 Abs. 5 S. 2 der VO kann das Unternehmen aber auch verpflichtet werden, bestimmte Sozialstandards einzuhalten. Damit gelten die die unionsrechtlichen Einschränkungen tragenden allgemeinen Vorgaben für die Dienstleistungsfreiheit nach Art. 56 AEUV in diesem Bereich nicht. Die hier geforderte Anwendung des repräsentativen Tarifvertrags, siehe etwa § 2 Abs. 2 TVgG NRW, wirft aber dennoch rechtliche Probleme auf: Das beginnt zunächst mit dem höchst unbestimmten Begriff des repräsentativen Tarifvertrags, der zwar gesetzlich etwas präzisiert wird, siehe etwa in § 3 TVgG NRW, allerdings verbleibt es regelmäßig behördlichen Zugriff auf die Erklärung der Repräsentativität durch RVO. Das wird unter Hinweis auf die Koalitionsfreiheit der Tarifvertragsparteien, die gerade nicht am repräsentativen Tarifvertrag beteiligt sind, angegriffen.[25] Zudem wird auf spezifisch personenbeförderungsrechtliche Vorgaben verwiesen: § 13 PBefG sieht einen *numerus clausus* für die Fälle vor, bei denen die Beförderungsgenehmigung verweigert werden kann – die Einhaltung tariflicher Regelungen zählt nicht dazu. Der Entzug der Genehmigung ist zwar für den Fall des wiederholten oder schwerwiegenden Verstoßes gegen arbeitsrechtliche Verpflichtungen möglich, § 25 Abs. 2 PBefG, allerdings setzt auch dies zuerst eine gegebene Bindung an den Tarifvertrag voraus.[26]

---

bei öffentlichen Aufträgen, BT-Drs. 14/7796 fiel mit Ablauf der 14. Legislaturperiode dem Grundsatz der Diskontinuität zum Opfer. Dazu NK-TVG/*Lakies* § 5 Anhang 1 Rn. 51.
[19] So ErfK/*Franzen* TVG § 5 Rn. 31.
[20] *Dierke/Scharf/Wendt* NZA 2016, 1060 (1060): „Flickenteppich".
[21] **Regelungen der einzelnen Landesgesetze, die auf RVO des AEntG verweisen:** § 3 Abs. 1 LTMG; § 1 Abs. 2 BerlAVG; § 6 Abs. 1 BbgVergG; § 3 Abs. 1, 3 HmbVgG; § 4 Abs. 2 HVTG; § 4 Abs. 1 NTVergG; § 2 Abs. 1 TVgG – NRW; § 4 Abs. 1 LTTG; § 3 Abs. 1 STTG; § 10 Abs. 1 LVG LSA; § 4 Abs. 1 TTG; § 10 Abs. 1 ThürVgG.
[22] **Einzelne Regelungen der Landesgesetze, die für ÖPNV auf repräsentativen TV oÄ verweisen:** **BW:** § 3 Abs. 3 LTMG; **Bln:** § 1 Abs. 3 BerlAVG; **Bbg:** § 4 BbgVergG; **HB:** § 10 TtVG; **HE:** § 4 Abs. 4 HVTG; **MV:** § 9 Abs. 1 VgG M-V; **Nds:** § 5 Abs. 1 NTVergG; **NRW:** § 2 Abs. 2 TVgG – NRW; **RhPf:** § 4 Abs. 3 LTTG; **Saarl:** § 3 Abs. 2 STTG; **LSA:** § 10 Abs. 2 LVG LSA; **SchlH:** § 4 Abs. 2 TTG; **Thür:** § 10 Abs. 2 ThürVgG.
[23] Thüsing/Braun/*Thüsing* 1. Kap. Rn. 89.
[24] Thüsing/Braun/*Thüsing* 1. Kap. Rn. 87.
[25] *Löwisch/Rieble* § 5 Rn. 476; *Greiner* ZTR 2013, 647.
[26] Siehe dazu insgesamt *Löwisch/Rieble* § 5 Rn. 477.

Flankiert wurden die Forderungen nach Tariftreue regelmäßig durch vergaberechtliche Mindestlohnregelungen. Das freilich war zum einen letztlich ein gesetzlicher Mindestlohn im Tätigkeitsbereich nur des öffentlichen Sektors, der bereits deshalb unionsrechtlich problematisch ist,[27] zum anderen erfüllt nunmehr bereits der allgemeine Mindestlohn die Funktion des Mindestschutzes, so dass spezielle Vergabemindestlöhne unverhältnismäßig sind.[28] Deshalb verweisen nunmehr die neueren Vergabegesetze auf den gesetzlichen Mindestlohn nach dem MiLoG, etwa § 2 Abs. 3 TVgG NRW.

3. Verstoß gegen die Tariftreuevorgaben

Die vergaberechtlichen Forderungen nach Tariftreue führen für sich nicht zur Bindung an tarifliche Regelung, diese ergibt sich im Rahmen der geforderten Einhaltung der durch das AEntG erstreckten Tarifregelungen eben aus dem staatlichen Erstreckungsakt, § 8 Abs. 2 AEntG (→ § 249 Rn. 20f.). Dennoch ist die spezielle vergaberechtliche Berücksichtigung nur scheinbar überflüssig, weil dadurch bei Verstoß das vergaberechtliche Sanktionarium eröffnet wird.[29] Zentral ist hier der (fakultative) Ausschluss aus dem Vergabeverfahren, der nach § 124 Abs. 1 Nr. 1 GWB bei nachweislichem Verstoß gegen die arbeitsrechtlichen Verpflichtungen erfolgen kann. Nach § 125 GWB besteht freilich die Möglichkeit der vergaberechtlichen „Selbstreinigung" durch Ersatz des durch die Pflichtverletzung entstandenen Schadens und der Gewährleistung einer effektiven zukünftigen Verstoßprävention.[30] Zudem sind auch hier die §§ 21 AEntG, 19 MiLoG anwendbar (→ § 249 Rn. 26).

III. Private Tariftreue

Private Vereinbarungen darüber, dass eine Auftragsvergabe nur an solche Unternehmen erfolgen soll, die einen bestimmten Tarifvertrag anwenden oder gar mitgliedschaftlich an ihn gebunden sind, sind bedenklich. Sie kommen etwa dort vor, wo sich der Entleiher verpflichtet, nur solche Verleihunternehmen zu beauftragen, die (ohne Rücksicht auf einen abweichenden Tarifvertrag) den gleichen Lohn bezahlen wie im Entleiherbetrieb.[31] Werden solche Vereinbarungen zwischen einer Gewerkschaft und einem Unternehmen geschlossen, so können sie jedenfalls nicht mehr am Kartellprivileg des Tarifvertrags teilnehmen.[32] Von einem tariflich normativen Zugriff auf die entsprechenden Arbeitsverhältnisse sind sie ohnehin entfernt – soweit reicht die Tarifmacht nicht.

---

[27] Thüsing/Braun/*Thüsing* 1. Kap. Rn. 88.
[28] Siehe auch *Löwisch/Rieble* § 5 Rn. 472, die auf RegioPost-Entscheidung verweisen.
[29] Thüsing/Braun/*Thüsing* 1. Kap. Rn. 87.
[30] Dazu Burgi/Dreher/*Opitz*, Beck'scher Vergaberechtskommentar, Band 1: GWB 4. Teil, § 125 Rn. 15ff.
[31] Siehe *Löwisch/Rieble* § 1 Rn. 1112 mit weiteren Beispielen; insgesamt dazu *Serr*, Privative Tariftreue.
[32] Eingehend *Löwisch/Rieble* § 1 Rn. 1113.

Sechstes Kapitel: Wirkung der Tarifnormen

§ 251 Normwirkung

Schrifttum:
Adomeit, Rechtquellenfragen im Arbeitsrecht, 1969; *Baumann*, Anforderungen an den Tarifvertrag als Gesetz, RdA 1987, 270; *Bötticher*, Die Ausübung der Tarifmacht durch negative Inhaltsnormen, RdA 1968, 468; *Buchner*, Der Unterlassungsanspruch der Gewerkschaft – Stabilisierung oder Ende des Verbandstarifvertrages?, NZA 1999, 897; *Giesen*, Fremdbestimmung durch Tarifvertrag, ZfA 2016, 153; *Rieble*, Der Tarifvertrag als kollektiv-privatautonomer Vertrag, ZfA 2000, 5; *Waltermann*, Zu den Grundlagen der Rechtsetzung durch Tarifvertrag, FS Söllner, 2000, S. 1251; *Zöllner*, Die Rechtsnatur der Tarifnormen nach deutschem Recht, 1966.

Übersicht

	Rn.
I. Normwirkung und Normintensität	1
II. Normwirkung und Arbeitsverhältnis	6
III. Regelungstechnik	10
IV. Normadressaten	14
V. Gesetzlicher Normbefehl	18

I. Normwirkung und Normintensität

1 Der Tarifvertrag kann das Arbeitsverhältnis in unterschiedlicher Intensität regeln – er kann zunächst von einer normativen Regelung der Arbeitsbedingungen überhaupt absehen und lediglich schuldrechtliche Vereinbarungen vorsehen, die dann aber noch in die einzelnen Arbeitsverhältnisse rechtsgeschäftlich übernommen werden müssen (→ § 258 Rn. 6). Oder aber er kann Rechtsnormen setzen. Deshalb steht am Anfang der Frage nach der Normwirkung einer Regelung, ob eine tarifliche Vereinbarung überhaupt Normativität beansprucht und ob ein entsprechender Normsetzungswille vorhanden ist (→ § 230 Rn. 23).[1]

2 Ist dies der Fall, so wirken nach § 4 Abs. 1 TVG tarifliche Rechtsnormen **unmittelbar und zwingend, also „normativ"**. Unmittelbar ist die Normwirkung, weil es keines weiteren rechtsgeschäftlichen Übernahmeaktes der tariflichen Regelung in das einzelne Arbeitsverhältnis bedarf, es kommt zur **Tarifautomatik,**[2] die von der Kenntnis der Normunterworfenen unabhängig ist.[3] Bestandteil des Arbeitsverhältnisses wird der Tarifvertrag aber nicht – er wirkt als materielles Gesetz von außen.[4] Der Tarifvertrag hat also direkten Regelungszugriff auf das tarifgebundene Arbeitsverhältnis und setzt zudem zwingende Mindestarbeitsbedingungen (→ § 230 Rn. 5) – den Arbeitsvertragsparteien bleibt also nur „Regelungsspielraum nach oben". Diese stärkste Intensität normativer Wirkung kann aber im Tarifvertrag selbst aufgebrochen werden. Der Tarifvertrag kann zwar die unmittelbare Wirkung nutzen, die zwingende aber aufgeben, und so durch tarifliche Öffnungsvereinbarungen im Sinne des § 4 Abs. 3 1. Alt. BGB Flexibilitätsräume für das Arbeitsverhältnis und (in Kombination mit einer Öffnung nach § 77 Abs. 3 S. 2 BetrVG) auch für die Betriebsvereinbarung schaffen (→ § 252 Rn. 1 ff., 23). Damit setzt der Tarifvertrag im Ergebnis für die unteren Regelungsebenen dispositives Recht.[5]

3 Auch in der abschließenden Konkretisierung der Normen hat der Tarifvertrag einen Intensitätsspielraum. So können Regelungen ohne weitere Wertungsmöglichkeit getroffen werden – wie etwa bei der Festlegung einer Kündigungsfrist oder eines (konstitutiven)

---

[1] *Löwisch/Rieble* § 1 Rn. 93.
[2] HMB/*Greiner* Teil 9 Rn. 5; *Löwisch/Rieble* § 4 Rn. 29.
[3] NK-TVG/*Deinert* § 4 Rn. 502.
[4] JKOS/*Jacobs* § 7 Rn. 2.
[5] Wiedemann/*Thüsing* § 1 Rn. 355.

Formgebots. Es können aber auch unbestimmte Rechtsbegriffe eingesetzt werden, die dann durch die Tarifvertragsparteien später mit einer authentischen Interpretation ausgefüllt werden können oder aber im gerichtlichen Verfahren ausgelegt und damit strukturiert werden.[6]

Die tariflichen Regelungen können noch in anderer Weise mit verschiedener Intensität ausgestattet werden: So kann der Tarifvertrag selbst unmittelbar Rechtsfolgen herbeiführen – und etwa tarifliche Verbote aussprechen, die dann im Arbeitsverhältnis unmittelbare Rechtsfolgen herbeiführen. Diese Wirkung gilt auch dann, wenn es um Ansprüche geht, weil auch hier ohne weiteren Zwischenakt konkrete Rechtsfolgen ausgelöst werden. Oder aber, die Tarifnorm kann den Arbeitsvertragsparteien Gestaltungsrechte zukommen lassen, die diese dann ausfüllen müssen – etwa durch entsprechende Leistungsbestimmungs- oder Kündigungsrechte. Ansprüche wiederum kann der Tarifvertrag auch als Naturalobligation ausgestalten und damit für den Berechtigten der gerichtlichen Geltendmachung entziehen.[7]

Die **zwingende Wirkung umfasst dabei lediglich das Entstehen,** nicht aber das weitere Schicksal **eines tariflich begründeten Anspruches** – deshalb sieht § 4 Abs. 4 TVG zur Unterstützung der zwingenden Wirkung ein weitreichendes Schutzprogramm vor einem Anspruchsverlust des Arbeitnehmers vor (→ § 254 Rn. 1 ff.). Zudem wird die zwingende Wirkung auch durch die schuldrechtlichen Pflichten des Tarifvertrags flankiert und unterstützt, so sieht etwa die Durchführungspflicht vor, dass die Tarifvertragspartei ein tarifwidriges Verhalten eines Mitgliedes durch Einwirkung sanktioniert (→ § 257 Rn. 35 ff.). Außerhalb des TVG gelingt der gesetzliche Flankenschutz durch das Maßregelungsverbot des § 612a BGB.[8]

II. Normwirkung und Arbeitsverhältnis

Für die Normwirkung des Tarifvertrags auf das Arbeitsverhältnis gibt es im Ausgangspunkt zwei unterschiedliche Möglichkeiten: Zunächst könnte man annehmen, der Tarifvertrag vernichtet und ersetzt entgegenstehende arbeitsvertragliche Vereinbarungen, sofern diese nicht günstiger für den Arbeitnehmer sind.[9] Käme es zum Entfall der tariflichen Regelung, dann „lebten" die arbeitsvertraglichen Vereinbarungen deshalb nicht mehr auf. Das wäre auch grundsätzlich unproblematisch, weil § 4 Abs. 5 TVG nach Ende des Tarifvertrags dessen Nachwirkung vorsieht, so dass es nicht zur Inhaltsleere im Arbeitsverhältnis kommt (→ § 261 Rn. 3). Nach der Rechtsprechung kann hier die (schlechtere) arbeitsvertragliche Regelung auch nicht per se als andere, die Nachwirkung beendende Abmachung gesehen werden, sondern nur dann, wenn sie in einem Zusammenhang zum Nachwirkungszeitraum steht.[10] Deshalb kommt es nachwirkungsrechtlich letztlich auf die Frage nach der Verdrängung oder Vernichtung nicht an, weil sich die ursprüngliche arbeitsvertragliche Vereinbarung ohnehin nicht gegen den nachwirkenden Tarifvertrag durchsetzen kann.[11]

Eine andere Situation tritt nur dann ein, wenn der Tarifvertrag selbst auf die Nachwirkung verzichtet: dann führte der Entfall der arbeitsvertraglichen Regelung zum Rückfall auf das dispositive Gesetzesrecht. Das könnte man tarifrechtlich begründen, weil die Tarifvertragsparteien diese Wirkung in den Verzicht auf die Nachwirkung aufnehmen.

---

[6] ErfK/*Franzen* TVG § 4 Rn. 4; *Löwisch/Rieble* § 4 Rn. 10.
[7] *Löwisch/Rieble* § 4 Rn. 15.
[8] BAG 7.11.2002 – 2 AZR 742/00, NZA 2003, 1139; *Löwisch/Rieble* § 4 Rn. 47; einschränkend HMB/*Greiner* Teil 9 Rn. 20.
[9] So *Gamillscheg* KollArbR I S. 792.
[10] BAG 1.7.2009 – 4 AZR 250/08, NZA-RR 2010, 30.
[11] Siehe auch HMB/*Greiner* Teil 9 Rn. 17.

8 Allerdings wird diese vernichtende Normwirkung von der herrschenden Meinung grundsätzlich zu Recht abgelehnt:[12] Durch den Tarifvertrag wird die (schlechtere) arbeitsvertragliche Regelung nicht vernichtet, sondern lediglich verdrängt. Hauptargument ist hier, dass das Günstigkeitsprinzip nicht gewährleistet ist, wenn ein ablösender Tarifvertrag (dann wieder) schlechtere Arbeitsbedingungen vorsieht als die ursprünglich arbeitsvertragliche: Eine arbeitsvertragliche Vereinbarung eines Stundenlohns von 15 EUR kann sich nicht gegen eine tarifliche Vorgabe von 16 EUR durchsetzen. Wird der tarifliche Lohn aber durch Änderung des Tarifvertrags auf 14 EUR gesenkt, so wäre das Günstigkeitsprinzip gleichsam „ausgehebelt", wenn die arbeitsvertragliche Vereinbarung wegen Nichtigkeit nicht greifen könnte. Das lässt sich mit der grundrechtlichen Verankerung des Günstigkeitsprinzips nicht vereinbaren: die vernichtende Wirkung wäre nicht verhältnismäßig.[13]

9 Das setzt aber voraus, dass für eine arbeitsvertragliche Regelung das Günstigkeitsprinzip überhaupt eröffnet ist – deshalb leben selbstredend ohnehin nichtige und unwirksame arbeitsvertragliche Vereinbarungen nicht auf.[14] Auch solche Rechtsgeschäfte, die über § 134 BGB zur Nichtigkeit führen, können nicht als lediglich verdrängt angesehen werden – so dass eine entsprechende tarifwidrige Kündigung von vornherein nichtig ist (→ § 239 Rn. 49 ff.).[15]

III. Regelungstechnik

10 Tarifnormen regeln grundsätzlich abstrakt-generell. Der Tarifvertrag kann aber auch Regelungen für den Einzelfall vorsehen.[16] Es gibt keine Notwendigkeit der abstrakten Regelung, die stets eine nicht individuell festgelegte Gruppe von Arbeitsverhältnissen betreffen müsste. Das wurde unter Hinweis auf verfassungsrechtliche Gründe bestritten. Allerdings zieht dieser Einwand nicht: Er gilt lediglich für die grundrechtlich relevanten Gesetzesvorbehalte, nicht aber dann, wenn eine – noch dazu privatautonom grundgelegte – tarifliche Regelung sich deshalb an den allgemeinen Grundrechtsschranken messen lassen muss.[17] Richtig wird hier darauf hingewiesen, dass Einzelfallregelungen in bestimmten Sachverhalten auch notwendig sind. Wenn der Tarifvertrag auch die sozialen Nachteile bei einer Betriebsänderung abfedern können soll, und so „Tarifsozialplan" ist, muss er auch individuell diese Nachteile, etwa durch Abfindungsregelungen – festlegen können.[18] Deshalb ist eine Einzelfallregelung grundsätzlich möglich, allerdings muss sich diese dem Grundsatz der Gleichbehandlung stellen.[19]

11 Weiter können Tarifverträge sowohl positiv als auch negativ regeln – und so Gebote und Verbote vorsehen.[20] So ist die Festlegung des Arbeitsentgelts ein tarifliches Gebot, die Einschränkung einer Nebentätigkeit ein tarifliches Verbot. Dass tarifliche Verbote nicht mit dem Günstigkeitsprinzip überwunden werden können, weil es etwas „Verboteneres" als ein Verbot nicht gibt, ist allzu begrifflich – auch tarifliche Verbote unterfallen dem Günstigkeitsprinzip (→ § 253 Rn. 20).

12 Ebenfalls kann der Tarifvertrag auch durch Nichtregelung Rechtsfolgen herbeiführen. Sieht der Tarifvertrag bewusst keine Regelung vor, so eröffnen sich für die Betriebsparteien jedenfalls im Bereich der erzwingbaren Mitbestimmung und für die Arbeitsvertragsparteien

---

[12] BAG 12.12.2007 – 4 AZR 998/06, AP § 4 TVG Nr. 29 = NZA 2008, 649; 21.9.1989 – 1 AZR 454/88; *Löwisch/Rieble* § 4 Rn. 37; *Wiedemann/Wank* § 4 Rn. 370; HMB/*Greiner* Teil 9 Rn. 14; JKOS/*Jacobs* § 7 Rn. 6; *Thüsing/Braun/Forst* § 7 Rn. 26; NK-TVG/*Deinert* § 4 Rn. 502, 519.
[13] Thüsing/Braun/*Forst* 7. Kap. Rn. 26.
[14] Richtig differenzierend auch Wiedemann/*Wank* § 4 Rn. 371, der allerdings jeweils auf den Einzelfall abstellen will.
[15] So auch NK-TVG/*Deinert* § 4 Rn. 521.
[16] Wiedemann/*Thüsing* § 1 Rn. 335.
[17] Wiedemann/*Thüsing* § 1 Rn. 335; *Löwisch/Rieble* § 4 Rn. 6.
[18] ErfK/*Franzen* TVG § 4 Rn. 4.
[19] *Löwisch/Rieble* § 4 Rn. 6; Wiedemann/*Thüsing* § 1 Rn. 335.
[20] Wiedemann/*Thüsing* § 1 Rn. 336.

eigene Regelungsspielräume. Dabei ist die Nichtregelung von der Öffnung des Tarifvertrags abzugrenzen – hat aber im weiten Bereich letztlich die gleiche Wirkung. Wichtig ist die Nichtregelung auch für die Reichweite der schuldrechtlichen Tarifpflichten, so erreicht die Friedenspflicht nur solche Sachverhalte, die auch tariflich geregelt sind. Eine Nichtregelung kann hier verschiedene Folgen haben, die sich diametral unterscheiden:[21] Einmal kann die Nichtregelung einen Sachverhalt ausschließen, mit der Folge, dass die Friedenspflicht ihn nicht erreicht und ein Arbeitskampf möglich ist. Zum anderen aber kann eine Nichtregelung auch bedeuten, dass der Tarifvertrag zwar keine eigenen Regelungen treffen will, gerade diese Entscheidung aber auch einen späteren Tarifvertrag ausschließen soll und deshalb die Friedenspflicht eintritt. Welche Bedeutung eine Nichtregelung hat, ist durch Auslegung zu ermitteln – wichtig ist hier die Frage danach, ob der Tarifvertrag einen bestimmten Kontext abschließend oder ergänzbar regeln wollte. Je differenzierter und auch systematischer aber tariflich geregelt wird, desto mehr spricht dafür, dass durch den Tarifvertrag ergänzende anderweitige Vereinbarungen ausgeschlossen sein sollen.

Schließlich kann der Tarifvertrag für beide Seiten Rechte und Pflichten vorsehen, also auch für den Arbeitnehmer begünstigende und belastende Arbeitsbedingungen.[22] Deshalb kann ein Tarifvertrag auch die bereits tariflich gesetzten Arbeitsbedingungen im Wege der Ablösung verschlechtern oder aber es kann sich bei Auflösung einer Tarifkollision, insbesondere einer Tarifkonkurrenz (→ § 256 Rn. 91 ff.) auch der verschlechternde Tarifvertrag durchsetzen. Das Günstigkeitsprinzip, das nach der für den Arbeitnehmer vorteilhafteren Regelung fragt, gilt nicht innerhalb der Regelungsquelle des Tarifvertrags, sondern nur gegenüber unterrangigen Regelungsquellen (→ § 253 Rn. 10). **13**

IV. Normadressaten

Die **Individualnormen** des Tarifvertrags richten sich zunächst an Arbeitgeber und Arbeitnehmer als Parteien des Arbeitsvertrages. Allerdings können auch Dritte Adressaten sein, wenn sie direkt durch die tarifliche Norm berechtigt werden – wie dies etwa bei der Hinterbliebenenversorgung der Fall ist (→ § 236 Rn. 27). Die Tarifvertragsparteien selbst sind keine Normadressaten, sondern Vertragsparteien, weshalb sie die schuldrechtlichen Rechte und Pflichten des Tarifvertrags treffen, aber nicht dessen Rechtsnormen. Anderes gilt beim Haustarifvertrag, bei dem der Arbeitgeber sowohl Normadressat als auch Vertragspartei ist.[23] Den Rechtsnachfolger des Normadressaten trifft die normative Wirkung grundsätzlich nicht – sofern dieser nicht selbst tarifgebunden ist (→ § 251 Rn. 14). **14**

Betriebsnormen sind an den Arbeitgeber und die Belegschaft adressiert. Der einzelne Arbeitnehmer hat aus einer Betriebsnorm keine Rechte, kann also nicht isoliert den Arbeitgeber in Anspruch nehmen. Dem wird zwar bisweilen dadurch abgeholfen, dass eine Regelung als Doppelnorm – also Betriebsnorm und individueller Anspruch des Arbeitnehmers – geschaffen wird (→ § 240 Rn. 6), das ändert aber nichts am Belegschaftsbezug der „reinen" Betriebsnorm. Das gilt freilich nur dann, wenn sich die Betriebsnorm nicht „selbst exekutiert", also etwa bei Leistungsrechten. Ordnet die Betriebsnorm das betriebliche Rechtsverhältnis ohne dass es einer Leistungshandlung bedarf, so kann sich auch jeder Arbeitnehmer des Betriebs darauf berufen. Das gilt etwa für die tarifliche Konturierung der Sozialauswahlparameter nach § 1 Abs. 5 KSchG, die der Arbeitnehmer im Kündigungsschutzprozess geltend machen kann. Weil die Belegschaft nicht – auch nicht punktuell – rechtsfähig ist, ist der Betriebsrat ansonsten auf der betrieblichen Ebene zur Durchsetzung der Betriebsnormen berechtigt.[24] Dann stellt sich die Frage, ob die Tarifnorm eine Geltendmachung durch den Arbeitnehmer zulässt – und deshalb Doppelnorm ist.[25] **15**

---

[21] Dazu *Löwisch/Rieble* § 4 Rn. 9.
[22] *Wiedemann/Thüsing* § 1 Rn. 340.
[23] ErfK/*Franzen* TVG § 4 Rn. 5.
[24] *Thüsing/Braun/Wißmann* 4. Kap. Rn. 115.
[25] *Löwisch/Rieble* § 4 Rn. 21.

16 Bei **betriebsverfassungsrechtlichen Normen** sind der betriebsverfassungsrechtliche Arbeitgeber und der Betriebsrat Normadressat. Besteht kein Betriebsrat, so gehen diese Regelungen deshalb ins Leere. Im Falle des Gemeinschaftsbetriebs ist für den Arbeitgeber auf die Führungsgesellschaft, nicht aber auf die einzelnen am Gemeinschaftsbetrieb beteiligten Arbeitgeber abzustellen (→ § 245 Rn. 38).

17 Normen über gemeinsame Einrichtungen regeln zunächst das Verhältnis zwischen der gemeinsamen Einrichtung und den Arbeitnehmern als Leistungsberechtigen sowie den Arbeitgebern als Beitragspflichtigen. Damit geht die Normwirkung über das Arbeitsverhältnis hinaus und gestaltet direkt das Rechtsverhältnis zwischen der gemeinsamen Einrichtung als eigener rechtsfähiger Person und den einzelnen Arbeitsvertragsparteien. Darüber hinaus können – unberührt der gesellschaftsrechtlichen Vorgaben – die Normen des Tarifvertrags auch die gemeinsame Einrichtung selbst regeln.

V. Gesetzlicher Normbefehl

18 Tarifliche Normen sind Teil der staatlichen Rechtsordnung, sie sind Gesetze im materiellen Sinn, Art. 2 EGBGB, § 12 EGZPO, § 7 EGStPO.[26] Deshalb sind sie durch das Gericht von Amts wegen zu berücksichtigen und unterliegen nicht dem Beibringungsgrundsatz, hier hilft das Tarifregister (→ § 235 Rn. 33 ff.).[27] Freilich muss die Tarifgebundenheit von der klagenden Partei in den Prozess eingeführt werden. Auch die Verwaltung ist an die Tarifverträge als Rechtsnorm gebunden.[28]

19 Das gilt freilich nur dann, wenn der Tarifvertrag auch normativ gilt: Ist die Grundlage für seine Anwendung im Arbeitsverhältnis eine schuldrechtliche Bezugnahme (→ § 246 Rn. 1 ff.), so handelt es sich funktional um einfaches Vertragsrecht, für das die allgemeinen zivilprozessrechtlichen Grundsätze gelten.

20 Über die „Transformationsnormen" des BGB wirken sich tarifvertragliche Regelungen so auf die Wirksamkeit entgegenstehender Rechtsgeschäfte aus – wobei regelmäßig der Arbeitsvertrag, wegen § 77 Abs. 3 S. 1 BetrVG seltener die Betriebsvereinbarung betroffen sein wird. Deshalb können tarifliche Regelungen Verbotsgesetze nach § 134 BGB sein.[29] Das wird umfassend bestritten mit dem Argument, dass Tarifverträge gerade nicht allgemein wirkten und deshalb kein Verbotsgesetz sein könnten,[30] hier wird auf eine Parallelität zur Diskussion über die Qualität tariflicher Regelungen als Schutzgesetz im Sinne des § 823 Abs. 2 BGB verwiesen.[31] Diese Parallelität geht aber fehl: Bei § 134 BGB geht es um die Nichtigkeit eines Rechtsgeschäfts, das dem rein deliktischen Raum gerade entzogen ist. Die Relativität des Rechtsgeschäfts führt aber dann gerade auf die tariflich erfassten Normadressaten. Wenn der Tarifvertrag hier *leges perfectae* setzen kann, dann kann auch, liegen *leges imperfectae* vor, § 134 BGB greifen. Auch der eingeschränkte Geltungsbereich kann kein Grund für die Nichtanwendung des § 134 BGB sein[32] – der Anwendungsbereich eines Verbotsgesetzes führt grundsätzlich zur abgegrenzten Normwirkung. Insgesamt freilich reicht die praktische Bedeutung der Frage nicht allzu weit[33] – wer die Anwendung des § 134 BGB ablehnt, sieht die Unwirksamkeit einer tarifwidrigen Regelung in § 4 Abs. 1 TVG unmittelbar angeordnet.[34]

---

[26] BVerfG 24.5.1977 – 2 BvL 11/74, AP TVG § 5 Nr. 15 = NJW 1977, 2255; ErfK/*Franzen* TVG § 4 Rn. 4; HMB/*Greiner* Teil 9 Rn. 1; HWK/Henssler TVG § 4 Rn. 4; JKOS/*Jacobs* § 7 Rn. 3.
[27] BAG 29.3.1957 – 1 AZR 208/55 – AP TVG § 4 Tarifkonkurrenz Nr. 4; 25.8.1982 – 4 AZR 1064/79, AP BGB § 616 Nr. 55; *Löwisch/Rieble* § 1 Rn. 118.
[28] *Löwisch/Rieble* § 1 Rn. 122.
[29] *Löwisch/Rieble* § 1 Rn. 113; HWK/*Henssler* TVG § 1 Rn. 4; JKOS/*Jacobs* § 7 Rn. 3; Thüsing/Braun/*Forst* 7. Kap. 26.
[30] HMB/*Greiner* Teil 9 Rn. 20.
[31] BeckOK ArbR/*Giesen* TVG § 4 Rn. 4.
[32] So aber → § 34 Rn. 6.
[33] *Löwisch/Rieble* § 1 Rn. 113.
[34] → § 34 Rn. 6.

V. Gesetzlicher Normbefehl

Allerdings ist stets zunächst zu fragen, ob die entsprechende Tarifnorm das Verbotsgesetz **21** ist und damit die Rechtsfolge der Nichtigkeit Platz greifen soll.[35] Wegen des Günstigkeitsprinzips führt eine tarifliche Entgeltregelung so etwa nur zur Verdrängung einer schlechteren arbeitsvertraglichen Regelung, die nach Tarif- und Nachwirkungsentfall wieder aufleben kann (→ Rn. 6). Damit verträgt sich die Nichtigkeitswirkung nicht. Dagegen sind Kündigungsverbote gezielt auf eine entgegenstehende Kündigung gerichtet – weshalb etwa eine Änderungskündigung an § 134 BGB scheitern kann.[36]

Ein Verstoß gegen ein konstitutives tarifliches Formgebot führt zur Nichtigkeit nach **22** § 125 S. 1 BGB,[37] die tarifliche Vorgabe der Schriftform oder anderer Formarten misst sich direkt an den §§ 126 ff. BGB.[38] Deshalb sind die Regelungen für die gewillkürte Schriftform, § 127 BGB, nicht anwendbar.[39]

Tarifvertragliche Regelungen sollen auch Schutzgesetz im Sinne vom § 823 Abs. 2 **23** BGB sein.[40] Das überzeugt nicht: Tarifverträge sind zwar materielle Gesetze, allerdings sind sie strukturell nicht mit einem auf deliktische Haftung zielenden „Jedermannscharakter" ausgestattet. Sie gelten im tarifunterworfenen Arbeitsverhältnis, sollen aber nicht darüber hinaus die Rechtsordnung prägen und sind bereits aus diesem Grund nicht als Grundlage der deliktischen Haftung heranzuziehen.[41]

Der AGB-Kontrolle unterfallen tarifliche Regelungen nicht, auch nicht, wenn auf sie **24** (insgesamt) schuldrechtlich Bezug genommen wird, § 310 Abs. 4 S. 1, 3 BGB, allerdings können tarifliche Regelungen auch nicht per se als Maßstab für die Kontrolle auf unangemessene Benachteiligung nach § 307 Abs. 1 S. 1 BGB herangezogen werden:[42] Eine normative Ausstrahlungswirkung auf nicht tarifgebundene Arbeitsverhältnisse gibt es nicht[43] – schon auch deshalb, weil dem Tarifvertrag keine allgemeine Ordnungsfunktion zukommt (→ § 231 Rn. 18 ff.).

Hier gilt letztlich gleiches wie bei der Bestimmung des Wucherlohns nach § 138 Abs. 1 **25** BGB oder der üblichen Vergütung nach § 612 Abs. 2 BGB: Die tarifliche Vergütung ist hier zwar stets wichtiger Teil der maßgeblichen Marktvergütung, sie bildet sie aber regelmäßig nicht alleine ab.[44] Das gelingt nur dort, wo, der Tarifvertrag, auch durch Bezugnahme, eine weit überwiegende Anwendung erfährt.

Als gesetzliche Regelung ist die Verletzung des Tarifvertrags Revisionsgrund nach § 73 **26** ArbGG und Beschwerdegrund nach § 93 ArbGG.[45]

---

[35] HWK/Henssler TVG § 1 Rn. 4; JKOS/Jacobs § 7 Rn. 6, der im Zweifel das Verbotsgesetz annehmen will; NK-TVG/Deinert § 4 Rn. 518: Verbotsgesetz im Einzelfall.
[36] BAG 10.2.1999 – 2 AZR 422/98, NZA 1999, 657; Löwisch/Rieble § 1 Rn. 114.
[37] BeckOK ArbR/Giesen TVG § 4 Rn. 5.
[38] ErfK/Franzen TVG § 4 Rn. 4; HWK/Henssler TVG § 4 Rn. 4.
[39] HWK/Henssler TVG § 4 Rn. 4.
[40] ErfK/Franzen TVG § 4 Rn. 4; JKOS/Jacobs § 7 Rn. 3; Thüsing/Braun/Forst 7. Kap. Rn. 26.
[41] BeckOK ArbR/Giesen TVG § 4 Rn. 4; differenzierend Löwisch/Rieble § 1 Rn. 111 ff., die auf den Regelungswillen der Tarifvertragsparteien abstellen, freilich fragt sich dann, ob nicht ohnehin der Bereich des Arbeitsverhältnisses und nicht der deliktische Bereich gemeint ist. Außerhalb der Tarifmacht ist ein tariflicher Zugriff ohnehin nicht möglich.
[42] JKOS/Jacobs § 7 Rn. 3.
[43] Dazu umfassend Giesen ZfA 2016, 153.
[44] BAG 26.5.1993 – 4 AZR 461/92, NZA 1993, 1049; 22.4.2009 – 5 AZR 436/08, NZA 2009, 837; 18.11.2015 – 5 AZR 751/13, AP BGB § 138 Nr. 72 = NZA 2016, 487; Löwisch/Rieble § 1 Rn. 139 ff.
[45] JKOS/Jacobs § 7 Rn. 3; NK-TVG/Deinert § 4 Rn. 503.

§ 252 Öffnungsklauseln

Schrifttum:
Bahnmüller, Dezentralisierung der Tarifpolitik – Re-Stabilisierung des Tarifsystems?, Zukunft der Tarifautonomie 2010, 81; *Bepler,* Aktuelle tarifrechtliche Fragen aus Anlass eines BAG-Urteils vom 23.3.2005, FS ARGE Arbeitsrecht, 2006, S. 791; *Buchner,* Öffnung der Tarifverträge im Spannungsfeld verfassungsrechtlicher Vorgaben und arbeitsmarktpolitischer Erfordernisse, GS Heinze, 2005, S. 105; *Dieterich,* Flexibilisiertes Tarifvertragsrecht und Grundgesetz, RdA 2002, 1; *Drohsel,* Vereinbarkeit gesetzlicher Öffnungsklauseln mit der Koalitionsfreiheit aus Art. 9 Abs. 3 GG, 2010; *v. Hoyningen-Huene/Meier-Krenz,* Flexibilisierung des Arbeitsrechts durch Verlagerung tariflicher Regelungskompetenzen auf den Betrieb, ZfA 1988, 293; *Kittner,* Öffnung des Flächentarifvertrages, FS Schaub, 1998, S. 389; *Kleinebrink,* Öffnungsklauseln in Tarifverträgen und ihre Nutzung auf betrieblicher Ebene, ArbRB 2008, 350; *Kohaut/Schnabel,* Tarifliche Öffnungsklauseln – Verbreitung, Inanspruchnahme und Bedeutung, Sozialer Fortschritt 2007, 33; *Lesch,* Dezentralisierung der Tarifpolitik und Reform des Tarifrechts, DB 2000, 322; *Löwisch,* Kündigungsprävention durch Tarifvertrag, FS Buchner, 2009, 565; *Natzel,* Gesetzliche Öffnungsklauseln im Kommen?; NZA 2005, 903; *Rieble,* Öffnungsklausel und Tarifverantwortung, ZfA 2004, 405; *Seitel,* Öffnungsklauseln in Tarifverträgen – eine ökonomische Analyse für Löhne und Arbeitszeiten, 1995; *Waltermann,* „Umfassende Regelungskompetenz" der Betriebsparteien zur Gestaltung durch Betriebsvereinbarung? RdA 2007, 257; *Wiedemann,* Tarifvertragliche Öffnungsklauseln, FS Hanau, 1999, S. 607.

Übersicht

	Rn.
I. Öffnung als freiwillige Begrenzung der zwingenden Wirkung	1
II. Die Öffnungsklausel	8
1. Regelung im Tarifvertrag	8
2. Umfang der Öffnung	14
3. Gesetzliche Grenzen der Öffnung	26
4. „Kontrollierte" Öffnung mit Zustimmungsvorbehalt	32
III. Öffnung und Arbeitskampf	35

I. Öffnung als freiwillige Begrenzung der zwingenden Wirkung

1 Die Tarifvertragsparteien können die eigenen tariflichen Regelungen für andere Abmachungen öffnen und so auf die zwingende Wirkung der tariflichen Normen verzichten, § 4 Abs. 3 1. Alt. TVG – der Tarifvertrag wirkt dann lediglich unmittelbar.[1] Sie können so eine getroffene tarifliche Regelung durch eine Öffnungsklausel zum **dispositiven Tarifrecht** machen. Dabei ist den Tarifvertragsparteien die Öffnung des Tarifvertrags selbst in die Hände gelegt[2] – eine gesetzlich angeordnete Öffnungsklausel jenseits des Günstigkeitsprinzips des § 4 Abs. 3 2. Alt TVG gibt es nicht. Freilich wurde darüber im Rahmen der angenommenen „Krise des Flächentarifvertrags" ausdauernd diskutiert – hier ging es insbesondere um die Zulassung so genannter „betrieblicher Bündnisse für Arbeit" (→ § 253 Rn. 48 ff.).[3]

2 Die Öffnung des Tarifvertrags nach § 4 Abs. 3 1. Alt TVG führt **nicht zur Delegation** von Rechtssetzungsmacht,[4] so dass durch Betriebs- und Arbeitsvertragsparteien anstelle der und für die Tarifvertragsparteien geregelt wird, sondern ermöglicht es den untertarifli-

---

[1] BAG 20.1.2009 – 9 AZR 677/07, AP TVG § 1 Altersteilzeit Nr. 43 = NZA 2010, 295; BAG 28.6.2007 – 6 AZR 851/06, AP BAT § 15 Nr. 55 = NJOZ 2008, 1833; BAG 11.7.1995 – 3 AZR 8/95, AP TVG § 1 Tarifverträge: Versicherungsgewerbe Nr. 10 = EzA TVG § 4 Öffnungsklausel Nr. 1; ErfK/*Franzen* TVG § 4 Rn. 27; vgl. auch JKOS/*Jacobs* § 7 Rn. 89; HMB/*Greiner* Teil 9 Rn. 238 ff.; BeckOK ArbR/*Giesen* TVG § 4 Rn. 27. Wiedemann/*Wank* Rn. 375, 380.
[2] AR/*Krebber* § 4 Rn. 15; NK-TVG/*Deinert* § 4 Rn. 580: „Selbstöffnung von innen"; ErfK/*Franzen* TVG § 4 Rn. 29; JKOS/*Jacobs* § 7 Rn. 92; zu den versch. Modellen Kempen/Zachert/*Wendeling-Schröder* § 4 Rn. 536 ff.
[3] *Wolf* GS Heinze, 2005, S. 1095, siehe auch *Löwisch/Rieble* § 4 Rn. 465; JKOS/*Jacobs* § 7 Rn. 88 mwN; Kempen/Zachert/*Wendeling-Schröder* § 4 Rn. 518 f.; Wiedemann/*Wank* § 4 Rn. 598 ff.
[4] HMB/Natzel Teil 5 (17) Rn. 2.

I. Öffnung als freiwillige Begrenzung der zwingenden Wirkung 3–5 § 252

chen Regelungsgebern, autonom Regelungen zu vereinbaren.[5] Damit wird aber nicht die Schutzfunktion des Tarifvertrags beeinträchtigt,[6] eben weil eine Öffnung durch tarifliche Vereinbarung erst möglich wird und in dieser – im Rahmen des „Ob" und des „Wie" der Öffnung – die Schutzfunktion des Tarifvertrags aufgenommen wird. Allerdings wird deshalb eine Ermächtigung Dritter durch die Öffnungsklausel verhindert.[7]

Öffnen kann sich der Tarifvertrag gegenüber anderen Tarifverträgen, der Betriebsvereinbarung und dem Arbeitsvertrag.[8] Dabei sind Betriebsvereinbarung – vorbehaltlich § 77 Abs. 3 S. 1 BetrVG – und Arbeitsvertrag bereits durch das Günstigkeitsprinzip des § 4 Abs. 3 2. Alt TVG Instrumente, um vom Tarifvertrag abzuweichen, allerdings eben nur zugunsten der Arbeitnehmer. Vor diesem Hintergrund kann die Öffnung des Tarifvertrags auch dazu dienen, den bisweilen **schwierigen Günstigkeitsvergleich** überflüssig zu machen[9] und „unkompliziert" auch untertarifliche Arbeitsbedingungen zuzulassen. Das macht auch deutlich, dass die Öffnung nach § 4 Abs. 3 1. Alt. TVG gerade auf solche für den Arbeitnehmer schlechtere Arbeitsbedingungen zielt.[10] 3

Durch die Öffnung im Sinne des § 4 Abs. 3 1. Alt TVG können die Tarifvertragsparteien so für den einzelnen Betrieb und für das Arbeitsverhältnis **Flexibilität** ermöglichen.[11] Das gilt insbesondere bei der Vereinbarung eines Flächentarifvertrags, der nicht für jedes Bedürfnis der Betriebs- und Arbeitsvertragsparteien eine konkrete, „passende" Lösung vorsehen kann. Damit entlasten Öffnungsklauseln den (Flächen-)Tarifvertrag und dessen bisweilen als starr empfundene Regelungen – und ermöglichen die „Dezentralisierung" tariflich grundgelegter Regelungen.[12] Das wird praktisch im Fall einer wirtschaftlichen Belastungslage für den einzelnen Arbeitgeber. Da in diesen Fällen eine Abweichung von den tariflichen Vorgaben nach dem Günstigkeitsprinzip dann nicht möglich ist, wenn sie mit einer Absenkung der tariflichen Standards verbunden wird (→ § 253 Rn. 1), ist die Öffnung zugunsten untertariflicher Regelungsinstrumente der Weg, um eine Sicherung der Arbeitsplätze zu erreichen (Betriebliche Bündnisse (→ § 253 Rn. 48ff.)). Das geht – durchaus plausibel – damit einher, dass die Tarifbindung für Arbeitgeber attraktiv bleibt.[13] 4

Dabei kann auch auf die **Interessen einzelner Arbeitnehmergruppen** eingegangen werden[14] – und etwa besondere Regelungen für arbeitsmarktschwache Arbeitnehmer durch entsprechende Öffnung des Tarifvertrags ermöglicht werden.[15] Auf der anderen Seite können Öffnungsklauseln auch solchen Arbeitnehmern gerecht werden, die des tariflichen Schutzes durch Mindestarbeitsbedingungen nicht bedürfen – etwa weil sie aus Sicht der Tarifvertragsparteien wirtschaftlich unabhängiger als diejenigen Arbeitnehmer sind, auf die die Regelungen des Tarifvertrags grundsätzlich zielen. 5

---

[5] BeckOKArbR/*Giesen* TVG § 4 Rn. 28; zu den Grenzen der Öffnungsmacht *Löwisch/Rieble* § 4 Rn. 515 ff.; JKOS/*Jacobs* § 7 Rn. 94 f.; zu einer Ermächtigungslösung tendierend NK-TVG/*Deinert* § 4 Rn. 582.
[6] So aber BAG 24. 2. 2010 – 10 AZR 40/09, AP TVG § 4 Nr. 33 = NJOZ 2010, 1709.
[7] Zu einer Ermächtigungslösung tendierend NK-TVG/*Deinert* § 4 Rn. 582.
[8] Siehe etwa BAG 20. 9. 2017 – 6 AZR 474/16, AP BGB § 611 Bühnenengagementsvertrag Nr. 64 = NJW 2018, 805.
[9] *Löwisch/Rieble* § 4 Rn. 451; JKOS/*Jacobs* § 7 Rn. 91. AR/*Krebber* § 4 Rn. 12; NK-TVG/*Deinert* § 4 Rn. 580.
[10] HMB/Natzel Teil 5 (17) Rn. 3.
[11] ErfK/*Franzen* TVG § 4 Rn. 27; JKOS/*Jacobs* § 7 Rn. 88; Kempen/Zachert/*Wendeling-Schröder* § 4 Rn. 528 ff.; HMB/Natzel Teil 5 (17) Rn. 3.
[12] JKOS/*Jacobs* § 7 Rn. 88; Zöllner ZfA 1988, 265 ff., insbes. 272 ff.; *v. Hoyningen-Huene/Meier-Krenz* ZfA 1988, 293 f.; *Gamillscheg* KollArbR I S. 810.
[13] Dazu NK-TVG/*Deinert* § 4 Rn. 581; zu Verbandsaustritten und der Rolle von Öffnungsklauseln aus arbeitsmarktökonomischer Sicht: *Ellguth/Kohaut* in Industrielle Beziehungen 2010, Heft 4, S. 345 ff.
[14] *Löwisch/Rieble* § 4 Rn. 469; ErfK/*Franzen* TVG § 4 Rn. 27; HMB/*Natzel* Teil 5 (17) Rn. 3.
[15] JKOS/*Jacobs* § 7 Rn. 92.

6 Die Öffnung gegenüber einem anderen Tarifvertrag kann Tarifkonkurrenz im Wege der **Selbstbeschränkung** verhindern:[16] Regelt der Tarifvertrag das Vorrangverhältnis selbst, so bedarf es keiner Anwendung des Spezialitätsgrundsatzes. Gleiches gilt auch für die **Tarifkollision** des § 4a TVG – hier kommt das Majoritätsprinzip des § 4a Abs. 2 S. 2 TVG nur dann zu Anwendung, wenn nicht ein Tarifvertrag selbst sich für nachrangig erklärt.[17] Das entspricht dem erklärten Ziel des § 4a TVG, zu einer von vornherein abgegrenzten betrieblichen Tariflandschaft zu kommen.

7 Die Öffnungsklausel kann durch solche Abmachungen genutzt werden, die der Tarifvertrag selbst zulässt. Diese kann den Tarifvertrag für alle in Frage kommenden Abmachungen öffnen, oder nur für bestimmte (→ Rn. 14). Machen die Regelungsgeber – etwa die Arbeitsvertragsparteien – aber keinen Gebrauch der durch die Öffnung begründeten Regelungsmöglichkeit, so verbleibt es bei der Wirkung der dispositiven Tarifnorm.[18] Besteht bereits bei Abschluss des Tarifvertrags eine andere Abmachung, die durch die Öffnungsklausel gedeckt ist, so wirkt diese weiter – es sei denn, die Tarifvertragsparteien hätten anderes vorgesehen.[19]

II. Die Öffnungsklausel
1. Regelung im Tarifvertrag

8 Ob eine Öffnung des Tarifvertrags gegeben ist, ist eine Frage der Auslegung.[20] Eine stillschweigende Öffnung ist mit der herrschenden Meinung nicht möglich.[21] Das folgt sowohl aus dem Interesse der Normadressaten an einer klaren und sicheren Regelung als auch aus der Schutzfunktion des Tarifvertrags (→ 231 Rn. 6 ff.).[22] Auf der anderen Seite ist aber auch eine ausdrückliche Regelung nicht notwendig[23] – wird allerdings doch empfohlen.[24] Schon wegen des Schriftformgebotes des § 1 Abs. 2 TVG müssen sich im Wortlaut des Tarifvertrags Anhaltspunkte für eine Öffnung nach § 4 Abs. 3 1. Alt TVG finden (→ § 243 Rn. 1 ff.).

9 Finden sich im Tarifvertrag Soll-Vorschriften, so sind diese auszulegen:[25] Zum einen kann eine solche Regelung überhaupt keinen normativen Charakter haben, so dass untertarifliche und auch verschlechternde Regelungen nicht an die Öffnung nach § 4 Abs. 3 1. Alt TVG geknüpft sind. Zum anderen kann sie normativ dispositives Recht setzen, aber eine Öffnung zulassen.[26]

10 Die Tarifvertragsparteien werden regelmäßig eine Öffnung der konkreten tariflichen Regelung im selben Tarifvertrag vornehmen. Zwangsläufig ist das nicht: Es ist auch möglich, dass in einem Tarifvertrag auch andere Tarifverträge derselben Tarifvertragsparteien ganz oder teilweise geöffnet werden – bis hin zum eigenen „Öffnungstarifvertrag".[27] Die

---

[16] ErfK/*Franzen* TVG § 4 Rn. 30; JKOS/*Jacobs* § 7 Rn. 90; *Löwisch/Rieble* § 4 Rn. 462: „Rangrücktritt"; NK-TVG/*Deinert* § 4 Rn. 583.
[17] *Löwisch/Rieble* § 4 Rn. 463.
[18] HWK/*Henssler* TVG § 4 Rn. 33; *Löwisch/Rieble* § 4 Rn. 475.
[19] NK-TVG/*Deinert* § 4 Rn. 602; Wiedemann/*Wank* § 4 Rn. 380; s. a. *Löwisch/Rieble* § 4 Rn. 492.
[20] BAG 20.1.2009 – 9 AZR 677/07, AP TVG § 1 Altersteilzeit Nr. 43 = NZA 2010, 295; BAG 11.7.1995 – 3 AZR 8/95, AP TVG § 1 Tarifverträge: Versicherungsgewerbe Nr. 10 = EzA TVG § 4 Öffnungsklausel Nr. 1; BAG 28.6.2007 – 6 AZR 851/06, AP BAT § 15 Nr. 55 = NJOZ 2008, 1833.
[21] *Löwisch/Rieble* Rn. 478; ErfK/*Franzen* TVG § 4 Rn. 27; JKOS/*Jacobs* § 7 Rn. 90; offengelassen von BAG 20.1.2009 – 9 AZR 677/07, AP TVG § 1 Nr. 43 Altersteilzeit = NZA 2010, 295.
[22] Insofern richtig BAG 24.2.2010 – 10 AZR 40/09, AP TVG § 4 Nr. 33 = NJOZ 2010, 1709.
[23] NK-TVG/*Deinert* § 4 Rn. 589; HMB/*Greiner* Teil 9 Rn. 239; Thüsing/Braun/*Forst* 7. Kap. Rn. 29; Wiedemann/*Wank* § 4 Rn. 379.
[24] JKOS/*Jacobs* § 7 Rn. 89.
[25] NK-TVG/*Deinert* § 4 Rn. 589; HMB/*Greiner* Teil 9 Rn. 239; *Löwisch/Rieble* § 4 Rn. 477.
[26] AR/*Krebber* § 4 Rn. 14; HMB/*Greiner* Teil 9 Rn. 239; *Löwisch/Rieble* § 4 Rn. 477.
[27] SächsLAG 13.11.2009 – 3 Sa 330/09; *Löwisch/Rieble* § 4 Rn. 480; JKOS/*Jacobs* § 7 Rn. 90; Thüsing/Braun/*Forst* 7. Kap. Rn. 29.

II. Die Öffnungsklausel

Öffnung eines fremden Tarifvertrags ist aber nicht möglich.[28] Im Zusammenspiel mit den Regelungen der Tarifkonkurrenz ist es freilich möglich, dass ein Haustarifvertrag die Regelungen des Verbandstarifvertrags inhaltlich übernimmt und um eine Öffnungsmöglichkeit ergänzt. Weil sich der Haustarifvertrag als speziellerer Tarifvertrag gegenüber dem Verbandstarifvertrag durchsetzt (→ § 256 Rn. 102) käme das dann faktisch einer Öffnung des Verbandstarifvertrags durch den Haustarifvertrag gleich.[29]

Keine Öffnung des Tarifvertrags ist die **bloße Nichtregelung eines Sachverhaltes**[30] – haben die Tarifvertragsparteien eine Regelung unterlassen, so gibt es keinen Tarifvertrag, der geöffnet werden müsste: Die Arbeitsvertragsparteien unterfallen hier keiner normativen Wirkung, die Betriebsparteien nicht der Tarifsperre des § 77 Abs. 3 S. 1 BetrVG, solange der nichtgeregelte Sachverhalt auch nicht üblicherweise tariflich geregelt wird (→ § 316 Rn. 1 ff.). Nach der Vorrangtheorie kann in mitbestimmungspflichtigen Angelegenheiten des § 87 Abs. 1 BetrVG dann auch eine Betriebsvereinbarung geschlossen werden, hier kommt es auf die Üblichkeit der tariflichen Regelung nicht an.[31]

Von Öffnungsklauseln nach § 4 Abs. 3 1. Alt. TVG zu unterscheiden sind **tarifliche Rahmenvorgaben,** die den Arbeitsvertragsparteien gemeinsam, einzeln oder einem Dritten einen Rahmen vorgeben, innerhalb dessen diese Arbeitsbedingungen festlegen können. Hier liegt keine Öffnung des Tarifvertrags vor, sondern eine tarifliche Regelung, die im Arbeitsverhältnis ausgefüllt werden kann und muss.[32] Die Tarifvertragsparteien sehen hier – im Gegensatz zu einer Öffnungsklausel – von einer eigenen Regelung ab, so dass bei Nichtnutzung des gesetzten Rahmens keine tarifliche dispositive Regelung zur Verfügung steht.[33]

Wird auf den Tarifvertrag **schuldrechtlich Bezug** genommen, wirken sich tarifliche Öffnungsklauseln nicht aus: Im nicht tarifgebundenen Arbeitsverhältnis sind die Arbeitsvertragsparteien ohnehin frei darin, vom Tarifvertrag abzuweichen.[34]

2. Umfang der Öffnung

Den Umfang der Öffnung legen die Tarifvertragsparteien autonom fest.[35] Frei ist der Tarifvertrag zunächst darin, für welche Regelungsinstrumente er sich öffnet: für andere Tarifverträge, die Betriebsvereinbarung oder den Arbeitsvertrag – oder aber für alle.[36] Die Öffnung für eine vertragliche Vereinbarung als solche freilich ist nicht zwingend notwendig, so dass auch gegenüber einem Leistungsbestimmungsrecht etwa des Arbeitgebers geöffnet werden kann.[37] Das ist schon deshalb richtig, weil der durch ein Vertragserfordernis intendierte Arbeitnehmerschutz durch die tarifliche Öffnung selbst aufgenommen wird. Zudem fällt unter die Öffnung für den Arbeitsvertrag auch eine im Wege der Änderungskündigung erzielte Abmachung, für die Betriebsvereinbarung auch der Spruch der Einigungsstelle – allerdings können die Tarifvertragsparteien die Abweichung von der „material-freiwilligen" Vereinbarung abhängig machen und so Änderungskündigung und Einigungsstellenverfahren ausschließen.

Das Tarifvertragsrecht kennt keine Begrenzung der Sachbereiche oder des Umfanges der Öffnung des Tarifvertrags – weil die Tarifvertragsparteien zu gar keiner Regelung

---

[28] BAG 20. 4. 1999 – 1 AZR 631/98, AP BetrVG 1972 § 77 Tarifvorbehalt Nr. 12 = NZA 1999, 1059; *Löwisch/Rieble* § 4 Rn. 481; Thüsing/Braun/*Forst* 7. Kap. Rn. 29.
[29] *Löwisch/Rieble* § 4 Rn. 482.
[30] AR/*Krebber* § 4 Rn. 13; *Löwisch/Rieble* § 4 Rn. 474.
[31] Dazu Richardi BetrVG/*Richardi* § 87 Rn. 150 ff.
[32] ErfK/*Franzen* TVG § 1 Rn. 28.
[33] *v. Hoyningen-Huene/Meier-Krenz* ZfA 1988, 295 ff.; HMB/Natzel Teil 5 (17) Rn. 4.
[34] *Löwisch/Rieble* § 4 Rn. 450.
[35] AR/*Krebber* § 4 Rn. 15; ErfK/*Franzen* § 4 Rn. 29; JKOS/*Jacobs* 7 Rn. 92; Thüsing/Braun/*Forst* 7. Kap. Rn. 31; HMB/Natzel Teil 5 (17) Rn. 15.
[36] BeckOKArbR/*Giesen* § 4 Rn. 27; JKOS/*Jacobs* 7 Rn. 93; *Löwisch/Rieble* § 4 Rn. 476.
[37] *Löwisch/Rieble* § 4 Rn. 453; offen gelassen BAG 24. 2. 2010 – 10 AZR 40/09, AP TVG § 4 Nr. 33 = NJOZ 2010, 1709.

verpflichtet sind.[38] Deshalb bedarf die Öffnung auch keiner tariflichen Rechtfertigung.[39] Die Tarifvertragsparteien können auch den gesamten Tarifvertrag öffnen – weil sie auch ganz auf eine tarifliche Regelung verzichten können.[40]

16 Für die Öffnung können Ober- und Untergrenzen gesetzt werden, innerhalb derer eine Regelung durch andere Regelungsinstrumente möglich ist[41] – damit werden gleichsam **Autonomiekorridore** eröffnet.[42] Funktional bedeutet dies, dass die zwingende Wirkung der tariflichen Normen gegenüber dem gesetzten dispositiven Tarifrecht nach „unten" verschoben wird[43]. Das hat Folgen für die Frage der Festsetzung der Öffnung: Zwar muss diese klar abgrenzbar sein, allerdings sind materiale Vorgaben für die untertarifliche Regelung nicht notwendig – weil es sich bei dieser nicht um abgeleitete, sondern autonome Regelung handelt.

17 Möglich ist eine materiale Vorgabe durch die Öffnungsklausel des Tarifvertrags aber durchaus: So kann die Zulässigkeit einer Abweichung von nachgewiesenen Sachgründen, einer freiwilligen, also ohne Änderungskündigung erreichten Vereinbarung sowie zugesagten Leistungen des Arbeitgebers abhängig gemacht oder nur bis zu einer entsprechenden quantitativen Abweichungsquote zugelassen werden.[44] Im letzten Fall ist aber besonders der Gleichheitssatz zu beachten (→ § 237 Rn. 60 ff.).

18 Die Öffnung kann für die untertarifliche Regelung auch **formale Voraussetzungen** aufstellen – und diese etwa an ein tarifliches Formerfordernis binden,[45] was wegen § 77 Abs. 2 BetrVG für arbeitsvertragliche Abweichungen praktisch werden kann. Ob ein solches Formgebot konstitutiv oder deklaratorisch ist, bedarf dann der Auslegung. Ist es konstitutiv, führt die formwidrige Vereinbarung dazu, dass es bei den tariflichen Regelungen verbleibt, weil die Voraussetzungen der Öffnung nicht erfüllt wurden.[46]

19 Die Öffnung des Tarifvertrags kann **fachlich begrenzt** sein – und etwa bei einem für die gesamte Metallindustrie geltenden Tarifvertrag eine Öffnung für bestimmte Teilbranchen zulassen. Die Öffnung kann **räumlich begrenzt** werden – und so für bestimmte Regionen im Geltungsbereich eines Flächentarifvertrags untertarifliche Regelungen erlaubt werden. Ebenfalls ist eine Öffnung innerhalb des persönlichen Geltungsbereiches möglich – um auf die Interessen bestimmter Arbeitnehmergruppen eingehen zu können.

20 Ebenfalls durch die Tarifvertragsparteien festzulegen ist der **zeitliche Umfang der Öffnung**.[47] Damit kann der Tarifvertrag insbesondere in der Übergangszeit vor Abschluss des Tarifvertrags für abweichende einzelvertragliche Regelungen „abfedern" und eine Grenze setzen, bis wann eine Abweichung durch untertarifliche Regelungen möglich ist. Umgekehrt ist es auch möglich, dass der Tarifvertrag die Öffnung an die Notwendigkeit einer vorher bestehenden Geltung der tariflichen Regelung knüpft – so dass die Arbeitsvertragsparteien etwa Abweichungen vor dem Hintergrund der bestehenden tariflichen Regelungen treffen müssen.[48]

21 Anerkannt ist zudem, dass eine Öffnung auch **rückwirkend** vereinbart werden kann – und so der Heilung von Tarifabweichungen dient.[49] Allerdings ist eine solche Öffnung an die Vorgaben des Vertrauensschutzes gebunden, gerade wenn verschlechternde Regelun-

---

[38] *Löwisch/Rieble* § 4 Rn. 447; ErfK/*Franzen* TVG § 4 Rn. 29; JKOS/*Jacobs* § 7 Rn. 92.
[39] *Löwisch/Rieble* § 4 Rn. 515; NK-TVG/*Deinert* § 4 Rn. 585; Wiedemann/*Wank* § 4 Rn. 376.
[40] Rieble ZfA 2004, 405 (420 ff.); aA NK-TVG/*Deinert* § 4 Rn. 585; ErfK/*Franzen* TVG § 4 Rn. 29; HMB/*Greiner* Teil 9 Rn. 240; Wiedemann/*Wank* § 4 Rn. 376.
[41] *Löwisch/Rieble* § 4 Rn. 487.
[42] JKOS/*Jacobs* § 7 Rn. 92.
[43] Siehe auch BeckOK ArbR/*Giesen* TVG § 4 Rn. 28.
[44] *Löwisch/Rieble* § 4 Rn. 488 f., 497; NK-TVG/*Deinert* § 4 Rn. 597.
[45] *Löwisch/Rieble* § 4 Rn. 498; NK-TVG/*Deinert* § 4 Rn. 590.
[46] NK-TVG/*Deinert* § 4 Rn. 590; s. a. Wiedemann/*Wank* § 4 Rn. 379.
[47] AR/*Krebber* § 4 Rn. 15; NK-TVG/*Deinert* § 4 Rn. 593; ErfK/*Franzen* TVG § 4 Rn. 29.
[48] *Löwisch/Rieble* § 4 Rn. 492.
[49] BAG 29.1.2002 – 1 AZR 267/01, NZA 2002, 927; BAG 20.4.1999 – 1 ABR 33/98, AP BetrVG 1972 § 87 Arbeitszeit Nr. 80 = NZA 1999, 1230; *Löwisch/Rieble* § 4 Rn. 494; NK-TVG/*Deinert* § 4 Rn. 604; ErfK/*Franzen* TVG § 4 Rn. 29.

II. Die Öffnungsklausel

gen dadurch zugelassen werden.[50] So ist eine echte Rückwirkung dann möglich, wenn die Normadressaten zum Zeitpunkt des rückwirkenden Inkrafttretens der Öffnung keinen hinreichenden Vertrauensschutz auf den Fortbestand der zwingenden Wirkung des Tarifvertrags mehr genießen.[51]

Auch **Betriebsnormen** können geöffnet werden und zwar auch für den Arbeitsvertrag. Hier ist aber Voraussetzung, dass es um individual relevante Regelungen geht, die nicht zwangsläufig mit den Arbeitsbedingungen anderer Arbeitnehmer zusammenhängen.[52] Die Mitbestimmungsrechte des Betriebsrates können die Tarifvertragsparteien durch Öffnung des Tarifvertrags etwa hin zur pauschalen arbeitsvertraglichen Regelung oder zur einseitigen Bestimmung durch den Arbeitgeber nicht entkernen.[53]

Die Tarifvertragsparteien können den Tarifvertrag **zweifach für die Betriebsvereinbarung** öffnen: Die Öffnung nach § 4 Abs. 3 1. Alt. TVG führt zunächst dazu, dass verschlechternde Regelungen auf der untertariflichen Ebene möglich werden. Die Öffnung nach § 77 Abs. 3 S. 2 BetrVG führt dazu, dass das Regelungsinstrument der Betriebsvereinbarung überhaupt eingesetzt werden kann. Wollen die Tarifvertragsparteien also eine verschlechternde Betriebsvereinbarung ermöglichen, dann müssen sie sowohl nach § 77 Abs. 3 S. 2 BetrVG öffnen – und so die Betriebsvereinbarung als solche zulassen – und hinzukommen auch nach § 4 Abs. 3 1. Alt. TVG der Betriebsvereinbarung jenseits des Günstigkeitsprinzips verschlechternde Regelungen ermöglichen.[54] Erfolgt die Öffnung nur nach § 77 Abs. 3 S. 2 BetrVG ist zwar die Betriebsvereinbarung als Regelungsinstrument möglich, weil die Tarifsperre des § 77 Abs. 3 S. 1 BetrVG ausgesetzt wurde, es gilt aber nach wie vor das Günstigkeitsprinzip. Erfolgt nur eine Öffnung nach § 4 Abs. 3 1. Alt. TVG so ist zwar das Günstigkeitsprinzip nicht mehr heranzuziehen, § 77 Abs. 3 S. 1 BetrVG verbietet aber immer noch das Regelungsinstrument der Betriebsvereinbarung – damit kommt es lediglich zur Öffnung für den Arbeitsvertrag.[55] Welche Öffnung gemeint ist, ist durch Auslegung zu ermitteln – jedenfalls in nicht mitbestimmungspflichten Angelegenheiten bedeutet eine Öffnung für die Betriebsvereinbarung stets eine nach § 77 Abs. 3 S. 2 BetrVG[56] – ob dann auch das Günstigkeitsprinzip geöffnet wurde, ist zudem festzustellen. Eine tarifliche Regelung, die nur für den Arbeitnehmer günstigere Betriebsvereinbarungen zulässt, ist keine Öffnung nach § 4 Abs. 3 1. Alt. TVG, sondern eine nach § 77 Abs. 3 S. 2 BetrVG.[57]

Die Betriebsvereinbarung wirkt normativ, § 77 Abs. 4 S. 1 BetrVG, darauf zielt auch die tarifliche Öffnung. Regelungsabreden wirken nicht normativ, sie bedürfen zu ihrer Umsetzung der arbeitsvertraglichen Vereinbarung[58] – deshalb muss sich in diesen Fällen auch die Öffnungsklausel auf den Arbeitsvertrag ausdehnen. Regelmäßig wird die Öffnung nur für freiwillige Betriebsvereinbarungen zugelassen, was dann das Einigungsstellenverfahren ausschließt.[59]

Öffnet sich der Tarifvertrag für die Betriebsvereinbarung, so ist für die Zuständigkeit für deren Abschluss grundsätzlich die Zuständigkeitsordnung des BetrVG maßgeblich – mit den entsprechenden Reglementierungen der Zuständigkeit von Betriebsrat, Gesamt-

---

[50] HMB/*Natzel* Teil 5 (17) Rn. 18.
[51] BAG 20. 4. 1999 – 1 ABR 33/98, AP BetrVG 1972 § 87 Arbeitszeit Nr. 80 = NZA 1999, 1230.
[52] *Löwisch/Rieble* § 4 Rn. 452.
[53] BAG 17. 11. 1998 – 1 ABR 12/98, AP BetrVG 1972 § 87 Arbeitszeit Nr. 79 = NZA 1999, 66 22. 1. 1980 – 1 ABR 48/77, AP BetrVG 1972 § 87 Lohngestaltung Nr. 3 = NJW 1981, 75; JKOS/*Jacobs* § 7 Rn. 95; *Löwisch/Rieble* § 4 Rn. 519.
[54] BAG 11. 7. 1995 – 3 AZR 8/95, AP TVG § 1 Tarifverträge: Versicherungsgewerbe Nr. 10 = NZA 1996, 264; ErfK/*Franzen* TVG § 1 Rn. 28.
[55] AR/*Krebber* § 4 Rn. 16; JKOS/*Jacobs* § 7 Rn. 102.; ungenau HWK/*Henssler* TVG § 4 Rn. 33.
[56] *Löwisch/Rieble* § 4 Rn. 458.
[57] *Löwisch/Rieble* § 4 Rn. 459.
[58] ErfK/*Franzen* TVG § 1 Rn. 29.
[59] Dazu HMB/*Natzel* Teil 5 (17) Rn. 10.

betriebsrat und Konzernbetriebsrat.[60] Betrifft die Öffnung eine freiwillige Betriebsvereinbarung, können die Tarifvertragsparteien die entsprechende Zuständigkeit aber vorgeben.[61]

3. Gesetzliche Grenzen der Öffnung

26 Weil die Öffnung des Tarifvertrags selbst normative Regelung ist, ist sie nur **innerhalb der Tarifmacht** der Tarifvertragsparteien möglich.[62] Die Öffnung ist also an höherrangiges Recht und insbesondere an die Vorgaben der Grundrechte gebunden.

27 Hier setzt mittelbar das **tarifdispositive Gesetzesrecht** der Öffnungsbefugnis der Tarifvertragsparteien Grenzen: Kann von einem tarifdispositiven Gesetz nur durch Tarifvertrag abgewichen werden, sind untertarifliche Abweichungen also nicht möglich, so greift auch eine tarifliche Öffnung nicht,[63] weil diese eben gerade keine bloße Delegation tariflicher Rechtssetzungsmacht ist.

28 Das gilt zunächst für den **Gleichheitssatz**.[64] Erfolgt die Öffnung nur bezogen auf bestimmte Arbeitnehmergruppen, so bedarf es eines Sachgrundes, weshalb für andere Arbeitnehmergruppen keine Öffnung erfolgt.[65]

29 Die **Koalitionsfreiheit, Art. 9 Abs. 3 GG,** steht in ihrer Bedeutung als Tarifautonomie zunächst einer Öffnung nicht entgegen: Die Tarifvertragsparteien können regeln, müssen dies aber nicht. Deshalb begeben sie sich auch nicht ihrer Tarifverantwortung, wenn sie den Tarifvertrag gegenüber anderen Regelungsinstrumenten öffnen:[66] Richtig wird darauf hingewiesen, dass die Tarifvertragsparteien die Öffnung auch wieder zurücknehmen können[67] und es so bei einer Zugriffsmöglichkeit der Tarifvertragsparteien bleibt.

30 Die Koalitionsfreiheit ist aber betroffen, wenn die Öffnung des Tarifvertrags an die Mitgliedschaft im tarifschließenden Verband gekoppelt wird – und damit im Falle des Verbandsaustritts während der Nachbindung nach § 3 Abs. 3 TVG verhindert werden soll. Das entspricht nicht dem (bloßen) Treuezweck des § 3 Abs. 3 TVG und soll den Verbandsaustritt verhindern – was wiederum Art. 9 Abs. 3 S. 2 GG widerspricht.[68] Sieht die Öffnungsklausel eine bestimmte Quote für die Abweichung vor, so sind nur die organisierten Arbeitnehmer in die Berechnung einzubeziehen – weil ansonsten die Nichtorganisierten Einfluss auf die Tarifwirkung hätten, das aber widerspricht der Koalitionsfreiheit.[69]

31 Die **Unternehmerfreiheit** wiederum ist betroffen, wenn durch die Öffnungsklausel die Zustimmung des Betriebsrates etwa zu einer arbeitsvertraglichen Abweichung gefordert wird, ohne dass eine Blockadehaltung des Betriebsrates durch ein Einigungsstellenverfahren aufgelöst werden kann. In diesen Fällen käme es zu einem systemwidrigen Vetorecht des Betriebsrats.[70] Der Hinweis darauf, dass ein solches Vetorecht schon deshalb möglich sei, weil an seiner Stelle der Tarifvertrag auch zwingende Regelungen setzen könnte und es so zu einer Freiheitsmehrung des Arbeitgebers käme, sticht nicht:[71] Denn das Vetorecht des Betriebsrats kann betriebsverfassungsrechtlich falsch als „Koppelungshebel" eingesetzt werden.

---

[60] BAG 19.6.2007 – 1 AZR 454/06, AP BetrVG 1972 § 58 Nr. 4 = NZA 2007, 1184.
[61] BAG 19.6.2007 – 1 AZR 454/06, AP BetrVG 1972 § 58 Nr. 4 = NZA 2007, 1184.
[62] ErfK/*Franzen* TVG § 4 Rn. 29; JKOS/*Jacobs* § 6 Rn. 94; *Löwisch/Rieble* § 4 Rn. 515.
[63] *Löwisch/Rieble* § 4 Rn. 520; NK-TVG/*Deinert* § 4 Rn. 585; JKOS/*Jacobs* § 7 Rn. 95.
[64] NK-TVG/*Deinert* § 4 Rn. 587; HMB/*Greiner* Teil 9 Rn. 240; JKOS/*Jacobs* § 4 Rn. 94.
[65] *Löwisch/Rieble* § 4 Rn. 521; ErfK/*Franzen* TVG § 4 Rn. 29; HMB/*Greiner* Teil 9 Rn. 240.
[66] JKOS/*Jacobs* § 7 Rn. 94; aA *Wank* NJW 1996, 2273 (2280).
[67] JKOS/*Jacobs* § 7 Rn. 94; HMB/*Natzel* Teil 5 (17) Rn. 5.
[68] *Löwisch/Rieble* § 4 Rn. 516.
[69] AA BAG 17.6.1997 – 1 ABR 3/97, AP TVG § 3 Betriebsnormen Nr. 2= NZA 1998, 213.
[70] *Löwisch/Rieble* § 4 Rn. 518; aA NK-TVG/*Deinert* § 4 Rn. 595; Thüsing/Braun/*Forst* 7. Kap. Rn. 31.
[71] So aber NK-TVG/*Deinert* § 4 Rn. 595; Thüsing/Braun/*Forst* 7. Kap. Rn. 31.

4. „Kontrollierte" Öffnung mit Zustimmungsvorbehalt

Die Wirksamkeit der untertariflichen Regelung kann an die Zustimmung gebunden werden – mit der Folge, dass der Zustimmungsberechtigte ein entsprechendes Kontrollrecht hat[72]. Zudem erhält der Zustimmungsberechtigte so Informationen über Inhalt und Anzahl der Abweichungen vom Tarifvertrag.[73]

Zustimmungsberechtigt können die Tarifvertragsparteien selbst sein, oder auch bei Öffnung für den Arbeitsvertrag der Betriebsrat.[74] Ist der zustimmungsberechtigte Betriebsrat nicht existent, führt dies zur Unzulässigkeit von Abweichungen in Betrieben, in denen es keinen Betriebsrat gibt – weder die Arbeitsvertragsparteien gemeinsam noch der Arbeitgeber alleine können abweichende Regelungen setzen.[75] Sind die Tarifvertragsparteien zustimmungsberechtigt und entfällt – wegen nunmehr fehlender Tariffähigkeit oder Verbandsauflösung – eine Tarifvertragspartei, so gilt nach herrschender, aber nicht überzeugender Auffassung der Tarifvertrag fort (→ § 260 Rn. 59 f.). Folgt man dem, so können Öffnungsklauseln nicht mehr greifen, weil eine Zustimmung nicht mehr möglich ist. Grundsätzlich möglich erscheint auch die Zustimmungsbefugnis eines Dritten.

Dann stellt sich die Frage, ob gegen den Zustimmungsberechtigten ein **Anspruch auf Zustimmung** besteht oder ob dieser die Zustimmung bis zur Grenze der Willkür verweigern kann. Für die Zustimmung der Tarifvertragsparteien hat das BAG einen Zustimmungsanspruch entwickelt, wenn kein sachlicher Grund für die Verweigerung der Zustimmung vorliegt.[76] Der Zustimmungsanspruch ist schuldrechtlicher Anspruch aus dem Tarifvertrag – und so durch eine Tarifvertragspartei zu erheben.[77] *Löwisch* und *Rieble* sehen im Zustimmungsrecht grundsätzlich ein nach § 317 BGB zu beurteilendes Leistungsbestimmungsrecht eines Dritten.[78]

III. Öffnung und Arbeitskampf

Die Öffnungsklausel ist selbst normative Regelung des Tarifvertrags, deshalb kann sie auch erkämpft werden.[79] Lässt der Tarifvertrag eine Abweichung für einen anderen Tarifvertrag zu, so stellt sich die Frage, ob dieser erkämpft werden kann. Für Tarifverträge anderer Tarifvertragsparteien ist eine solche Erkämpfbarkeit grundsätzlich möglich – durch eine Öffnung kann nicht die Arbeitskampffreiheit Dritter genommen werden.[80] Anders wird dies gesehen, wenn durch einen Haustarifvertrag vom Verbandstarifvertrag abgewichen werden soll. Obwohl verschiedene Tarifvertragsparteien betroffen sind, gilt die Friedenspflicht aus dem Tarifvertrag[81] – weil der Tarifvertrag Regelungen setzt, auch wenn sie durch die Öffnung dispositiv sind.[82]

---

[72] BAG 24.2.2010 – 10 AZR 40/09, AP TVG § 4 Nr. 33 = NJOZ 2010, 1709; JKOS/*Jacobs* § 7 Rn. 93; HMB/*Natzel* Teil 5 (17) Rn. 16.
[73] NK-TVG/*Deinert* § 4 Rn. 591.
[74] NK-TVG/*Deinert* § 4 Rn. 595; ErfK/*Franzen* TVG § 4 Rn. 29; JKOS/*Jacobs* § 7 Rn. 93; *Löwisch/Rieble* § 4 Rn. 499.
[75] LAG Hamm 18.12.1997 – 8 Sa 720/01, NZA-RR 2003, 93 = BeckRS 2001, 31011194.
[76] BAG 20.10.2010 – 4 AZR 105/09, AP GG Art. 9 Nr. 145 = NZA 2011, 468; ebenso *Löwisch/Rieble* § 4 Rn. 504; JKOS/*Jacobs* § 7 Rn. 93; HWK/*Henssler* TVG § 4 Rn. 33.
[77] *Löwisch/Rieble* § 4 Rn. 505 ff.; NK-TVG/*Deinert* § 4 Rn. 591.
[78] *Löwisch/Rieble* § 4 Rn. 509 f.
[79] NK-TVG/*Deinert* § 4 Rn. 600; aA Buchner DB 1970, 2074 (2080).
[80] NK-TVG/*Deinert* § 4 Rn. 608.
[81] HMB/*Natzel* Teil 5 (17) Rn. 7.
[82] *Löwisch/Rieble* § 4 Rn. 530; aA NK-TVG/*Deinert* § 4 Rn. 608.

§ 253 Günstigkeitsprinzip

Schrifttum:
Adomeit, Das Günstigkeitsprinzip – neu verstanden, NJW 1984, 26; *Belling,* Das Günstigkeitsprinzip im Arbeitsrecht, 1984; *Bergner,* Die Zulässigkeit kollektivvertraglicher Arbeitszeitregelungen und ihr Verhältnis zu abweichenden individualvertraglichen Vereinbarungen im Lichte des Günstigkeitsprinzips, 1995; *Blomeyer,* Das kollektive Günstigkeitsprinzip – Bemerkungen zum Beschluss des Großen Senats des Bundesarbeitsgerichts vom 16.9.1986, DB 1987, 634; *Buchner,* Beschäftigungssicherung unter dem Günstigkeitsprinzip, DB-Beil. 12, 1996, 1 ff.; *Buchner,* Öffnung der Tarifverträge im Spannungsfeld verfassungsrechtlicher Vorgaben und arbeitsmarktpolitischer Erfordernisse, GS Heinze, 2005, S. 105; *Buschmann,* Die Günstigkeit der Nachtarbeit, NZA 1990, 387; *Däubler,* Der Arbeitsvertrag – Ein Mittel zur Verlängerung der Wochenarbeitszeit?, DB 1989, 2534; *Ehmann/Schmidt,* Betriebsvereinbarungen und Tarifverträge, NZA 1995, 193; *Gitter,* Zum Maßstab des Günstigkeitsvergleichs, FS Wlotzke 1996, S. 297; *Heinze,* Tarifautonomie und sogenanntes Günstigkeitsprinzip, NZA 1991, 329; *Hermann,* Das Günstigkeitsprinzip und die verschlechternde Betriebsvereinbarung, ZfA 1989, 577; *Höfling/Burkiczak,* Das Günstigkeitsprinzip – ein grundrechtlicher Zwischenruf, NJW 2005, 469; *Joost,* Tarifrechtliche Grenzen der Verkürzung der Wochenarbeitszeit, ZfA 1984, 173; *Körner,* Zum Verständnis des tarifvertraglichen Günstigkeitsprinzips, RdA 2000, 140; *Kort,* Zum Verhältnis von Tarifkonkurrenz und Anwendung des Günstigkeitsprinzips bei arbeitsvertraglichen Bezugnahmeklauseln, SAE 2006, 247; *Krauss,* Günstigkeitsprinzip und Autonomiebestreben am Beispiel der Arbeitszeit, 1995; *Löwisch,* Zur Zulässigkeit freiwilliger Samstagsarbeit nach dem Günstigkeitsprinzip, DB 1989, 1185; *Löwisch,* Die Freiheit zu arbeiten – nach dem Günstigkeitsprinzip, BB 1991, 59; *Löwisch,* Die Freiheit des Arbeitnehmers in der sozialen Marktwirtschaft, Freiburger Universitätsblätter 1992, S. 31 ff.; *Melms/Kentner,* Die Modifikation des Günstigkeitsprinzips, NZA 2014, 127; *Nebeling/Arntzen,* Das Günstigkeitsprinzip – Der Tarifvertrag als „Gesamtwerk", NZA 2011, 1215; *Nikisch,* Inhalt und Grenzen des tariflichen Günstigkeitsprinzips, DB 1963, 1254; *Reuter,* Möglichkeiten und Grenzen der Auflockerung des Tarifkartells, ZfA 1995, 1 ff.; *Richardi,* Der Beschluss des Großen Senats des Bundesarbeitsgerichts zur ablösenden Betriebsvereinbarung, NZA 1987, 185; *Richardi,* Kollektivvertragliche Arbeitszeitregelung, ZfA 1990, 211; *Rieble,* Tarifvertrag und Beschäftigung, ZfA 2004, 1; *Säcker/Oetker,* Höchstnormenbeschlüsse der Koalitionen zwischen Freiheitsschutz und Verbandsautonomie, ZfA 1996, 85; *Schliemann,* Tarifliches Günstigkeitsprinzip und Arbeitsvertragsfreiheit, Symposion Richardi, 2003, S. 1; *Schliemann,* Tarifvertragliches Günstigkeitsprinzip und Bindung der Rechtsprechung, NZA 2003, 122; *Steiner,* Beschäftigung und Beschäftigungssicherung aus grundgesetzlicher Sicht, NZA 2005, 657; *Thüsing,* Vom verfassungsrechtlichen Schutz des Günstigkeitsprinzips, GS Heinze, 2005, S. 901; *Wiedemann,* Leistungsprinzip und Tarifvertragsrecht, FS BAG 1979, 635; *Wlotzke,* Das Günstigkeitsprinzip im Verhältnis des Tarifvertrags zum Einzelarbeitsvertrag und zur Betriebsvereinbarung, 1957; *Zachert,* Aufhebung der Tarifautonomie durch „freiwillige Regelungen" im Arbeitsvertrag?, DB 1990, 986; *Zöllner,* Flexibilisierung des Arbeitsrechts, ZfA 1988, 265; *Zöllner,* Die Zulässigkeit einzelvertraglicher Verlängerung der tariflichen Wochenarbeitszeit, DB 1989, 2121.

Übersicht

	Rn.
I. Grundlagen	1
1. Günstigkeitsprinzip als Grundprinzip	1
2. Grundfunktion: Schutz der Arbeitsvertragsfreiheit	3
3. Betriebsvereinbarung	7
4. Nicht: Tarifkollision	10
5. Zeitpunkt der Abmachung	14
6. Zwingende Wirkung des Günstigkeitsprinzips	16
II. Anwendungsbereich des Günstigkeitsprinzips	19
1. Individualnormen	19
2. Betriebs- und betriebsverfassungsrechtliche Normen	25
3. Prozessuale Normen	29
4. Normen über gemeinsame Einrichtungen	30
5. Schuldrechtliche tarifliche Vereinbarungen	32
III. Günstigkeitsvergleich	35
1. Vergleichsgegenstand	36
a) Gesamtvergleich	37
b) Einzelvergleich	39
c) Sachgruppenvergleich	40
aa) Grundsatz	40
bb) Zugriff auf den Vergleichsgegenstand	44
cc) Sonderfälle	46
2. Vergleichsmaßstab	54

I. Grundlagen   1–3 § 253

	Rn.
a) Verständiger Arbeitnehmer als Maßstab	54
b) Ambivalente und neutrale Abmachungen	58
c) Sonderfall der kollektiven Günstigkeit	65
3. Vergleichszeitpunkt	67
IV. Wirkung	69

I. Grundlagen

1. Günstigkeitsprinzip als Grundprinzip

Nach § 4 Abs. 3 2. Alt. TVG setzen sich andere Abmachungen, die für den Arbeitnehmer **1** günstiger sind als die tariflichen Rechtsnormen, gegenüber diesen durch. Damit wird die zwingende Tarifwirkung „nach oben" geöffnet. Als Resultat kann der Tarifvertrag nur Mindestarbeitsbedingungen setzen,[1] die andere Abmachungen (vorbehaltlich einer Öffnung nach § 4 Abs. 3 1. Alt. TVG, → § 252 Rn. 1 ff.) nicht unterschreiten dürfen. Sehr wohl aber dürfen sie darüber hinausgehen, womit es dem Tarifvertrag wiederum verwehrt ist, Höchstarbeitsbedingungen zu setzen. Die Regelungen des Tarifvertrags wirken also zu Gunsten des Arbeitnehmers „halbzwingend".[2] Andere Abmachungen im Sinne dieses so genannten Günstigkeitsprinzips sind die Betriebsvereinbarung, die personalvertretungsrechtliche Dienstvereinbarung und der Arbeitsvertrag.[3] Die Arbeitnehmergünstigkeit als Kollisionsparameter greift also gegenüber tariflichen Normen lediglich für rangniedere Rechtsquellen. Kollidieren zwei Tarifverträge als ranggleiche Regelungsquellen, ist sie kein Kollisionsfaktor (→ Rn. 10).

Das Günstigkeitsprinzip ist ausdrücklich nur in § 4 Abs. 3 2. Alt TVG für das Verhältnis **2** des Tarifvertrags zu anderen Abmachungen und in § 28 Abs. 2 S. 2 SprAuG im Verhältnis von einer sprecherausschussrechtlichen Richtlinie nach § 28 Abs. 1 SprAuG zu anderen Abmachungen geregelt. Verfassungsrechtlich ist es geboten, weil durch das Verbot, tarifliche Höchstarbeitsbedingungen zu setzen, die Arbeitsvertragsfreiheit nach Art. 2 Abs. 1, 12 Abs. 1 GG geschützt wird (→ Rn. 3 ff.) – wobei die Arbeitsvertragsfreiheit keine konkrete Ausformung des Günstigkeitsprinzips vorgibt. Es ist aber als allgemeines arbeitsrechtliches Prinzip anerkannt, das nach hergebrachter Meinung dogmatisch auf einer Analogie der genannten gesetzlichen Vorschriften fußt.[4] So gilt es auch im Verhältnis von Betriebsvereinbarung und personalvertretungsrechtlicher Dienstvereinbarung zur arbeitsvertraglichen Vereinbarung:[5] Allgemein bedeutet dies, dass rangniedere, aber für den Arbeitnehmer günstigere Regelungen kollektivarbeitsrechtlichen normativen Regelungen vorgehen und dass ranghöhere kollektivvertragliche Regelungen diese Möglichkeit der Abweichung nicht ausschließen können.[6]

2. Grundfunktion: Schutz der Arbeitsvertragsfreiheit

§ 4 Abs. 3 2. Alt TVG zielt vor allem auf den Arbeitsvertrag, das Günstigkeitsprinzip **3** schützt die Arbeitsvertragsfreiheit:[7] Der Tarifvertrag als Ergebnis der kollektiven Gegenmachtbildung und damit als Instrument des Ausgleichs der strukturellen Unterlegenheit

---

[1] HWK/*Henssler* TVG § 4 Rn. 34.
[2] BAG 14.2.2017 – 9 AZR 488/16, AP TVG § 1 Tarifverträge: Metallindustrie Nr. 241 = NZA 2017, 795; ErfK/*Franzen* TVG § 4 Rn. 31; NK-TVG/*Deinert* § 4 Rn. 612.
[3] BeckOK ArbR/*Giesen* TVG § 4 Rn. 30.
[4] ErfK/*Franzen* TVG § 4 Rn. 31; JKOS/*Jacobs* § 7 Rn. 21; Thüsing/Braun/*Forst* 7. Kap. Rn. 36; dazu Wiedemann/*Wank* § 4 Rn. 389 ff.
[5] BAG 19.6.1986 – 2 AZR 563/85, AP KSchG 1969 § 1 Betriebsbedingte Kündigung Nr. 33 = NZA 1987, 21; ErfK/*Franzen* TVG § 4 TVG Rn. 31; HMB/*Greiner* Teil 9 Rn. 196; NK-TVG/*Deinert* § 4 Rn. 611.
[6] NK-TVG/*Deinert* § 4 Rn. 614.
[7] Wiedemann/*Wank* Rn. 383 ff., 389 ff.; BeckOK ArbR/*Giesen* TVG § 4 Rn. 29; HWK/*Henssler* TVG § 4 Rn. 34.

des Arbeitnehmers soll und muss zwar einen **Mindestschutz** gewährleisten[8] – aber die Arbeitsvertragsfreiheit dort nicht beschränken, wo das tarifliche Schutzniveau für den Arbeitnehmer überschritten wird. Eine Begrenzung der Arbeitsvertragsfreiheit durch Höchstarbeitsbedingungen ist deshalb nicht möglich.[9] Sie wäre unverhältnismäßig – weil nicht erforderlich und damit ein unzulässiger Eingriff in die durch Art. 12 Abs. 1, 2 Abs. 1 GG geschützte Privatautonomie der Arbeitsvertragsparteien.[10]

4   Somit ergibt sich für die Arbeitsvertragsparteien ein **Flexibilitätsspielraum** oberhalb der tariflichen Regelungen. Die Kartellwirkung der tariflichen Regelungen (→ § 231 Rn. 22 ff.) setzt sich nur im Bereich der Mindestarbeitsbedingungen durch. „Nach oben" besteht die Möglichkeit des Wettbewerbs zwischen den Arbeitnehmern – und zwischen den Arbeitgebern um qualifizierte Arbeitskräfte. Damit führt der Respekt vor der Arbeitsvertragsfreiheit zwangsläufig zur Möglichkeit des Wettbewerbs. Ob damit das Günstigkeitsprinzip auch zugleich Kartellverbot ist und man ihm damit eine spezifisch wettbewerbsrechtliche Funktion zumisst,[11] kann man fragen – in jedem Fall ist die **Wettbewerbswirkung** Folge des den Arbeitsvertragsparteien durch das Günstigkeitsprinzip zugestandenen Autonomieraums.[12] Dadurch kann der Arbeitnehmer für seine (gegenüber anderen Bewerbern oder Arbeitnehmern) höheren Fähigkeiten bessere Arbeitsbedingungen vereinbaren, der Arbeitgeber durch deren Angebot Arbeitnehmer mit starker Marktposition zum Vertragsschluss überzeugen, die eine starke Marktmacht haben. Das zielt insbesondere auf die Arbeitsmarktsituation, die von einem Mangel an qualifizierten Arbeitnehmern geprägt ist. Zudem kann die Möglichkeit der Verbesserung der Arbeitsbedingungen über das tarifliche Mindestmaß hinaus Weiterbildungsanreize setzen. Das zur Erklärung des Günstigkeitsprinzips bisweilen allerdings ebenfalls bemühte Leistungsprinzip, das heißt der Gedanke, dass eine erhöhte Leistungsbereitschaft des Arbeitnehmers auch durch übertarifliche Arbeitgeberleistungen belohnt werden können müssten,[13] hat hier zwar einen faktischen Ansatzpunkt, ist aber weder Grund noch Funktion des Günstigkeitsprinzips: richtig wird darauf hingewiesen, dass das Günstigkeitsprinzip nicht nach dem Motiv für übertarifliche Arbeitsbedingungen fragt.[14] Bei Lichte betrachtet handelt es sich hier (lediglich) um einen Folgeaspekt der Vertragsfreiheit.[15]

5   Das Günstigkeitsprinzip trennt den Bereich der **kollektiven von dem der individuellen Privatautonomie**. Zwischen beiden gibt es kein Rangverhältnis, weshalb zu Recht darauf hingewiesen wird, dass nicht von vornherein eine möglichst restriktive Anwendung des Günstigkeitsprinzips zu erfolgen habe.[16] Auf der anderen Seite aber ist zu berücksichtigen, dass die Schutzfunktion der privatautonomen Kollektivierung, die letztlich im Tarifvertrag ihr Ergebnis findet, durch eine für diesen Schutz unsensible Interpretation des Günstigkeitsprinzips nicht konterkariert werden darf.[17] Das zeigt sich etwa an der Frage, ob die Günstigkeit einer Abmachung anhand objektiver Beurteilung oder aber anhand der subjektiven Meinung des einzelnen Arbeitnehmers zu ermitteln ist – richtig kann nur das Erste sein, weil ansonsten der tarifliche Mindestschutz allzu leicht auszuhöhlen wäre (→ § 253 Rn. 54).

---

[8] JKOS/*Jacobs* § 7 Rn. 16.
[9] BAG 18.8.1971 – 4 AZR 342/70, AP TVG § 4 Effektivklausel Nr. 8 = RdA 1971, 380; Wiedemann/ *Wank* § 4 Rn. 387; JKOS/*Jacobs* § 7 Rn. 19; HMB/*Greiner* Teil 9 Rn. 198.
[10] BAG 25.10.2000 – 4 AZR 438/99, AP TVG § 1 Tarifverträge: Internationaler Bund Nr. 1 = NZA 2001, 328; *Belling* Das Günstigkeitsprinzip, 64 ff.; JKOS/*Jacobs* § 7 Rn. 19; HMB/*Greiner* Teil 9 Rn. 1989; NK-TVG/*Deinert* § 4 Rn. 620.
[11] *Löwisch/Rieble* § 4 Rn. 537.
[12] So auch HMB/*Greiner* Teil 9 Rn. 200; NK-TVG/*Deinert* § 4 Rn. 626.
[13] Etwa noch *Hueck/Nipperdey* Bd. 2/1, 572.
[14] NK-TVG/*Deinert* § 4 Rn. 617.
[15] So auch JKOS/*Jacobs* § 7 Rn. 18; HMB/*Greiner* Teil 9 Rn. 200.
[16] *Löwisch/Rieble* § 4 Rn. 534; einschränkend HMB/*Greiner* Teil 9 Rn. 200.
[17] *Löwisch/Rieble* § 4 Rn. 534.

I. Grundlagen

Weil es dem Günstigkeitsprinzip um die Gewährleistung der Arbeitsvertragsfreiheit geht, ist es ohne Bedeutung, auf welchem Wege die arbeitsvertraglichen Regelungen zustande kommen – auch Einheitsregelung, Gesamtzusage und betriebliche Übung sind allesamt arbeitsvertragliche Instrumente und führen zu einer arbeitsvertraglichen Begründung von Arbeitsbedingungen, die dann in ihrem Verhältnis zum Tarifvertrag durch das Günstigkeitsprinzip zu beurteilen sind, solange keine Öffnung zugunsten des Arbeitsvertrages nach § 4 Abs. 3 1. Alt. TVG erfolgt (→ § 252 Rn. 1 ff.).[18] Das hat das BAG früher anders gesehen und gemeint, zumindest arbeitsvertragliche Einheitsregelungen im Betrieb könnten durch Tarifverträge auch verschlechternd abgelöst werden[19] – weil beide Regelungen kollektive Ordnungen setzten. Diese Auffassung wurde inzwischen zu Recht aufgegeben.[20]

3. Betriebsvereinbarung

Andere Abmachung in Sinne des § 4 Abs. 3 2. Alt. TVG ist auch die Betriebsvereinbarung.[21] Das folgt schon aus der systematischen Verbindung zu § 4 Abs. 5 TVG, wo die Betriebsvereinbarung als andere Abmachung ebenfalls anerkannt ist (→ § 261 Rn. 54 ff.).[22] Freilich kann es zu einer durch das Günstigkeitsprinzip aufzulösenden Kollision nur dann kommen, wenn die Betriebsvereinbarung als Regelungsinstrument überhaupt genutzt werden kann: § 77 Abs. 3 S. 1 BetrVG sperrt sie aber bei geltendem oder üblichem Tarifvertrag grundsätzlich zugunsten dieses Tarifvertrags – greift § 77 Abs. 3 S. 1 BetrVG, darf deshalb aber überhaupt keine Betriebsvereinbarung geschlossen werden, auf ihren Inhalt und damit auf einen Günstigkeitsvergleich kommt es deshalb nicht an.[23]

In anderen Fällen ist ein Günstigkeitsvergleich dagegen möglich. Das gilt einmal dann, wenn das BetrVG eine Betriebsvereinbarung auch bei Tarifgeltung selbst zulässt – so etwa beim Sozialplan, der nach § 112 Abs. 1 S. 4 BetrVG die Wirkung einer Betriebsvereinbarung hat.[24] Weil auch ein Tarifsozialplan möglich ist (→ § 237 Rn. 88 f.), geht hier die günstigere betriebliche Regelung vor. Zum anderen ist ein Günstigkeitsvergleich durchzuführen, wenn der Tarifvertrag selbst die Tarifsperre des § 77 Abs. 3 S. 1 BetrVG durch eine Öffnungsklausel im Sinne des § 77 Abs. 3 S. 2 BetrVG beseitigt.[25] Eine tarifliche Öffnungsklausel ist aber stets auszulegen: Das Günstigkeitsprinzip kommt bei einer Öffnung des Tarifvertrags für das Regelungsinstrument der Betriebsvereinbarung nach § 77 Abs. 3 S. 2 BetrVG zur Anwendung, nicht aber, wenn sich der Tarifvertrag auch nach § 4 Abs. 3 1. Alt TVG für die Betriebsvereinbarung öffnet – denn dann sind, gleichsam in der Kombination der §§ 77 Abs. 3 S. 2 BetrVG, 4 Abs. 3 1. Alt TVG auch verschlechternde Betriebsvereinbarungen möglich (→ § 252 Rn. 23). Darüber hinaus gilt im Bereich der erzwingbaren Mitbestimmung nach § 87 Abs. 1 BetrVG wegen der (richtigen, → § 319 Rn. 1 ff.) Vorrangtheorie die Tarifsperre des § 77 Abs. 3 S. 1 BetrVG nicht – womit die Betriebsvereinbarung als Regelungsinstrument möglich, allerdings auch an das Günstigkeitsprinzip gebunden ist.[26]

Richtig hat das BAG seine frühe Rechtsprechung aufgegeben, dass eine tarifliche Regelung einer betrieblichen wegen der Ordnungsfunktion des Tarifvertrags stets vorgehe –

---

[18] JKOS/*Jacobs* § 7 Rn. 10; Thüsing/Braun/*Forst* 7. Kap. Rn. 36.
[19] BAG 4.12.1969 – 5 AZR 84/69, AP BGB § 620 Befristeter Arbeitsvertrag Nr. 32 = DB 1970, 399; 28.2.1956 – 3 AZR 90/54, AP BGB § 242 Betriebliche Übung Nr. 1 = RdA 1956, 318.
[20] BAG 16.9.1986 – GS 1/82, AP ZPO § 553 Nr. 12 = NJW 1987, 1967.
[21] Löwisch/Rieble § 4 Rn. 538; ErfK/*Franzen* TVG § 4 Rn. 32; JKOS/*Jacobs* § 7 Rn. 12; Wiedemann/*Wank* § 4 Rn. 419; *Wlotzke*, S. 122; *Wiese* FS 25 Jahre BAG, 1979, S. 661 (669 f.); *Gamillscheg* KollArbR I S. 841; HMB/*Greiner* Teil 9 Rn. 187.
[22] JKOS/*Jacobs* § 7 Rn. 12.
[23] HMB/*Greiner* Teil 9 Rn. 187.
[24] JKOS/*Jacobs* § 7 Rn. 12.
[25] Löwisch/Rieble § 4 Rn. 539.
[26] Löwisch/Rieble § 4 Rn. 539.

auch ohne Rekurs auf das Günstigkeitsprinzip.[27] Dass eine solche Ordnungsfunktion des Tarifvertrags aber nicht zur Beschränkung des Günstigkeitsprinzips führen kann, ist mittlerweile anerkannt.[28]

4. Nicht: Tarifkollision

10 Im Falle der Tarifkollision, also bei **Tarifkonkurrenz im Arbeitsverhältnis und Tarifpluralität** im Betrieb, findet das Günstigkeitsprinzip keine Anwendung, weil es nicht im Verhältnis ranggleicher Rechtsquellen gilt.[29] Der normativ geltende Tarifvertrag ist keine „andere Abmachung" im Sinne des § 4 Abs. 3 2. Alt TVG. Hier kann nicht anhand der günstigeren Regelung entschieden werden, welcher Tarifvertrag Anwendung findet, sondern anhand der spezielleren Normsetzungsbefugnis bei der Tarifkonkurrenz oder nach § 4a Abs. 2 S. 2 TVG anhand des Majoritätsprinzips bei einer Tarifkollision nach § 4a Abs. 2 S. 1 TVG (→ § 256 Rn. 29 ff.). Für Tarifverträge derselben Tarifvertragsparteien gilt das Ablöseprinzip, auch hier ist das Günstigkeitsprinzip nicht anzuwenden.[30]

11 Kein Fall einer solchen rein normativen Tarifkollision ist das Zusammentreffen von normativ geltendem Tarifvertrag und **schuldrechtlich in Bezug genommenen Tarifvertrag** (→ § 256 Rn. 10). Hier hatte die Rechtsprechung zwar lange auf den Rekurs auf das Günstigkeitsprinzip verzichtet und auf das Spezialitätsprinzip und damit die Regelungen zur Tarifkollision abgestellt,[31] dann aber richtig erkannt, dass es sich bei der schuldrechtlichen Inbezugnahme um ein rein individualvertragliches Instrument handelt, so dass der entsprechende Tarifvertrag Inhalt des Arbeitsvertrages wird.[32] Mit dieser Erkenntnis ist die Anwendung des Günstigkeitsprinzips im Verhältnis zu einem normativ geltenden Tarifvertrag aber zwangsläufig (→ § 256 Rn. 9), Streit besteht nur noch über den Vergleichsgegenstand: Die herrschende Meinung präferiert hier wie allgemein den Sachgruppenvergleich, andere bevorzugen den Gesamtvergleich zwischen den beiden Tarifverträgen (→ § 249 Rn. 11 f.).

12 Wird bei normativer Tarifbindung zusätzlich schuldrechtlich auf den normativ wirkenden Tarifvertrag verwiesen, gehen die Regelungen parallel, so dass keine Abgrenzung notwendig ist. Etwas anderes gilt aber, wenn sich die schuldrechtliche Verweisung von der normativ geltenden Tarifgrundlage trennt – weil die Inbezugnahme etwa statisch gehalten ist und die Tarifentwicklung fortschreitet. Dann ist das Günstigkeitsprinzip anzuwenden, und bei einer verschlechternden Tarifentwicklung setzt sich der schuldrechtlich in Bezug genommene „alte" Tarifvertrag durch.

13 Gilt ein Tarifvertrag bei einem Betriebsübergang nach § 613a Abs. 1 S. 2 BGB fort und kommt es beim Erwerber zur normativen Tarifbindung, liegt ebenfalls eine Ablösung vor: Der normativ bindende Tarifvertrag setzt sich gegenüber den nach § 613a Abs. 1 S. 2 BGB weitergeltenden Tarifregelungen stets durch. Zur Anwendung des Günstigkeitsprinzips kommt es nicht (→ § 247 Rn. 33).[33] Ein spezielles betriebsübergangsrechtliches Günstigkeitsprinzip lässt sich auch nicht auf unionsrechtlicher Grundlage begründen (siehe dazu → § 247 Rn. 33).

---

[27] BAG 26.2.1986 – 4 AZR 535/84, AP TVG § 4 Ordnungsprinzip Nr. 12 = NZA 1986, 790; auch *Belling* Das Günstigkeitsprinzip, 157 ff.
[28] BAG 16.9.1986 – GS 1/82, AP ZPO § 553 Nr. 12 = NZA 1987, 168.
[29] BAG 24.1.2001 – 4 AZR 655/99, AP TVG § 1 Tarifverträge: Metallindustrie Nr. 173 = NZA 2001, 788; NK-TVG/*Deinert* § 4 Rn. 617; JKOS/*Jacobs* § 7 Rn. 13.
[30] JKOS/*Jacobs* § 7 Rn. 13.
[31] → § 256 Rn. 10.
[32] → § 246 Rn. 9.
[33] BAG 16.9.1986 – GS 1/82; AP ZPO § 553 Nr. 12 = NZA 1987, 168; 11.10.1967 – 4 AZR 448/66, AP TVG § 1 Tarifverträge – BAVAV Nr. 11 = RiA 1968, 33; JKOS/*Jacobs* § 7 Rn. 14; Wiedemann/*Wank* § 4 Rn. 421.

5. Zeitpunkt der Abmachung

Das Günstigkeitsprinzip gilt auch dann, wenn die andere und günstigere Abmachung vor der normativen Geltung des Tarifvertrags wirksam wurde.[34] Eine **zeitliche Reihenfolge,** dass stets zuerst die normative Wirkung hergestellt sein müsste, um dann durch günstigere Vereinbarungen davon abweichen zu können, gibt es nicht.[35] Das gilt auch dann, wenn solche vertraglichen Vereinbarungen im Rahmen allgemeiner Arbeitsbedingungen erfolgen.[36] Richtig kommt dem Tarifvertrag keine allgemeine Ordnungsfunktion zu, mit der eine grundsätzlich ablösende Wirkung jenseits des Günstigkeitsprinzips begründet werden könnte, wenn der Tarifvertrag eine bestehende Einheitsregelung ersetzt (→ Rn. 6).[37] Eine solche zeitliche Abfolge wäre auch unverhältnismäßig, weil die Arbeitsvertrags- oder Betriebsparteien für günstigere Regelungen des Drucks durch die tariflichen Mindestarbeitsbedingungen nicht bedürfen – was sich an deren bereits erfolgter Vereinbarung zeigt.

Allerdings können die Arbeitsvertragsparteien selbst ihre Regelungen **für den Tarifvertrag öffnen** – und eine spätere verschlechternde tarifliche Regelung zulassen. Das hat mit einem Abbedingen des Günstigkeitsprinzips nur scheinbar zu tun: Die Arbeitsvertragsparteien erlauben nur in Ausübung ihrer Arbeitsvertragsfreiheit, dass auch nachträgliche schlechtere Tarifbedingungen maßgeblich sind. Sie begeben sich aber nicht des Spielraumes, bei eingetretener tariflicher Absenkung wiederum bessere Arbeitsbedingungen zu vereinbaren. Eine solche Tariföffnung muss aber bei formularmäßiger Grundlegung hinreichend klar und bestimmt sein,[38] deshalb erfolgt eine solche Tariföffnung nicht bereits durch die Verwendung allgemeiner Arbeitsbedingungen und damit einheitlicher Regelungen im Betrieb. Die Annahme, in der bloßen Verwendung allgemeiner Arbeitsbedingungen sei eine das Günstigkeitsprinzip ausschaltende, konkludent vereinbarte Betriebsvereinbarungsoffenheit zu sehen,[39] ist schon für sich nicht richtig. Sie wäre es auch nicht in Bezug auf einen Tarifvertrag.[40]

6. Zwingende Wirkung des Günstigkeitsprinzips

Das Günstigkeitsprinzip begrenzt die Tarifmacht tariflicher Vereinbarungen,[41] deshalb kann der Tarifvertrag auch günstigere Regelungen in Arbeitsvertrag oder Betriebsvereinbarung nicht verbieten:[42] Sie griffen unverhältnismäßig in die Arbeitsvertragsfreiheit ein.[43] Das wird mittelbar auch anhand der historischen Betrachtung deutlich: § 1 Abs. 1 S. 2 TVVO sah noch die Möglichkeit vor, im Tarifvertrag für den Arbeitnehmer günstigere Abmachungen auszuschließen.[44] Diese Regelung wurde nicht in das TVG übernommen.[45]

---

[34] BAG 12.12.2007 – 4 AZR 998/06, AP TVG § 4 Nr. 29 = NZA 2008, 649; 11.10.1967 – 4 AZR 448/66, AP TVG § 1 Tarifverträge – BAVAV Nr. 11 = RiA 1968, 33; LAG Hamburg 20.12.1994 – 3 Sa 55/94, LAGE § 4 TVG Günstigkeitsprinzip Nr. 4; Kempen/Zachert/*Schubert* § 4 Rn. 375; Wiedemann/*Wank* § 4 Rn. 421; *Löwisch/Rieble* § 4 Rn. 547; ErfK/*Franzen* TVG § 4 Rn. 32; JKOS/*Jacobs* § 7 Rn. 15; BeckOK ArbR/*Giesen* TVG § 4 Rn. 29.

[35] HM; BAG 11.10.1967 – 4 AZR 448/66, AP TVG § 1 Tarifverträge – BAVAV Nr. 11 = RiA 1968, 33; LAG Hamburg 20.12.1994 – 3 Sa 35/94, LAGE TVG § 4 Günstigkeitsprinzip Nr. 4; Kempen/Zachert/*Zachert* § 4 Rn. 285.

[36] *Löwisch/Rieble* § 4 Rn. 548.

[37] ErfK/*Franzen* TVG § 4 Rn. 32.

[38] *Löwisch/Rieble* § 4 Rn. 550 ff.

[39] So aber BAG 5.3.2013 – 1 AZR 417/12, AP BetrVG 1972 § 77 Nr. 105 = NZA 2013, 916.

[40] *Löwisch/Rieble* § 4 Rn. 551 ff., auch zur agb-rechtlichen Beurteilung einer entsprechenden eindeutigen Klausel im Arbeitsvertrag.

[41] BAG 15.12.1960 – 5 AZR 374/58, AP TVG § 4 Angleichungsrecht Nr. 2 = RiA 1961, 9; *Löwisch/Rieble* § 4 Rn. 557.

[42] BAG 26.2.1986 – 4 AZR 535/84, AP TVG § 4 Ordnungsprinzip Nr. 12 = NZA 1986, 790; 15.12.1960 – 5 AZR 374/58, AP TVG § 4 Angleichungsrecht Nr. 2 = RiA 1961, 9; ErfK/*Franzen* TVG § 4 Rn. 32; NK-TVG/*Deinert* § 4 Rn. 624.

[43] JKOS/*Jacobs* § 7 Rn. 17.

[44] Zur historischen Entwicklung NK-TVG/*Deinert* § 4 Rn. 610.

[45] So JKOS/*Jacobs* § 7 Rn. 19.

17 Die zwingende Wirkung des Günstigkeitsprinzips nach § 4 Abs. 3 2. Alt. TVG gilt für **normative wie für schuldrechtliche tarifliche Vereinbarungen:** Ebenso wenig wie im normativen Teil des Tarifvertrags der Ausschluss des Günstigkeitsprinzips durch Vereinbarung von Höchstarbeitsbedingungen vereinbart werden kann, gelingt dies durch schuldrechtliche Abrede: So können sich die Tarifvertragsparteien nicht verpflichten, keine für den Arbeitnehmer gegenüber den Tarifnormen günstigeren Vereinbarungen zu treffen (→ Rn. 33).[46]

18 Ersichtlich erwächst aus dem Günstigkeitsprinzip kein Anspruch gegen den Arbeitgeber auf Vereinbarung günstigerer Abmachungen.[47] Die Schutzwirkung des Günstigkeitsprinzips schlägt allerdings über § 134 BGB auf rechtsgeschäftliche Vereinbarungen durch, die günstigere Vereinbarungen mit dem Arbeitnehmer verhindern wollen. Das gilt etwa für entsprechende Beschlüsse des Arbeitgeberverbandes.[48] Das gründet schon in der verbandsrechtlichen Folgepflicht der Mitglieder. Allerdings haben solche Vereinbarungen ohnehin keine Außenwirkung – schert ein Arbeitgeber aus und vereinbart günstigere Arbeitsbedingungen, so sind diese nach § 4 Abs. 3 2 Alt. TVG wirksam.[49]

II. Anwendungsbereich des Günstigkeitsprinzips

1. Individualnormen

19 Praktisch maßgeblich ist das Günstigkeitsprinzip für die Individualnormen des Tarifvertrags. Hier lässt sich auch die Frage nach der Günstigkeit für den Arbeitnehmer grundsätzlich leichter beantworten als bei Betriebs- oder Prozessnormen – was sich etwa bei Entgeltvereinbarungen zeigt. Dem Günstigkeitsvergleich unterliegen alle Arten der Individualnormen – das gilt für Abschluss-, Inhalts- und Beendigungsnormen.[50] Dabei verlangt das Günstigkeitsprinzip bei Individualnormen nicht, dass nur die Arbeitsvertragsparteien günstigere Regelungen vereinbaren könnten.[51] Das ist auch durch Betriebsvereinbarung möglich, wenn sie denn, § 77 Abs. 3 S. 1 BetrVG, als Regelungsinstrument überhaupt einsetzbar ist. Praktisch wird dies dort, wo die Tarifsperre des § 77 Abs. 3 S. 1 BetrVG nicht greift.

20 Auch **tarifliche Verbote** – negative Inhaltsnormen – unterfallen dem Günstigkeitsprinzip.[52] Mit der Begründung, dass etwas Verbotenes nicht „noch verbotener" werden könne, wurde dies anders gesehen.[53] Freilich übersieht dies, dass bei einem tariflichen Verbot unter Umständen gerade die Aufhebung des Verbotes die für den Arbeitnehmer günstigere Vereinbarung sein kann.[54] Das Gesetz jedenfalls sieht eine Beschränkung des Günstigkeitsprinzips lediglich auf tarifliche Gebote und damit positive Normen nicht vor – und könnte es auch nicht, weil eine solche Einschränkung der Arbeitsvertragsfreiheit nicht verhältnismäßig wäre. Für die Überschreitung einer tariflichen Altersgrenze hat der Große Senat des BAG dies auch durchgespielt.[55] Damit wird bei Verboten die Schwierigkeit auf die Feststellung der Günstigkeit für den Arbeitnehmer verlagert.[56]

---

[46] BAG 15.12.1960 – 5 AZR 374/58, AP TVG § 4 Angleichungsrecht Nr. 2 = RiA 1961, 9; *Buchner* DB 1990, 1715 (1723); Wiedemann/*Wank* § 4 Rn. 396; JKOS/*Jacobs* § 7 Rn. 28.
[47] NK-TVG/*Deinert* § 4 Rn. 612; so aber früher *Rehhahn* AuR 1956, 37, auf der Grundlage einer angenommenen Leistungsfunktion des Günstigkeitsprinzips.
[48] *Löwisch/Rieble* § 4 Rn. 563; Wiedemann/*Wank* § 4 Rn. 398; *Säcker/Oetker* ZfA 1996, 85; *Belling* Das Günstigkeitsprinzip, 102 ff.; *Wlotzke*, S. 24 ff.; aA JKOS/*Jacobs* § 7 Rn. 29.
[49] JKOS/*Jacobs* § 7 Rn. 29.
[50] *Löwisch/Rieble* § 4 Rn. 565 ff.
[51] *Löwisch/Rieble* § 4 Rn. 569.
[52] *Löwisch/Rieble* § 4 Rn. 566; NK-TVG/*Deinert* § 4 Rn. 639; JKOS/*Jacobs* § 7 Rn. 24; *Joost* ZfA 1984, 173 (188 ff.); HWK/*Henssler* TVG § 4 Rn. 41.
[53] BAG 7.12.1956 – 1 AZR 480/55, AP BGB § 817 Nr. 1 = NJW 1957, 726; LAG Düsseldorf 17.5.1966 – 8 Sa 59/66, AP TVG § 4 Abschlußverbote Nr. 1; *Gamillscheg* KollArbR I S. 846.
[54] NK-TVG/*Deinert* § 4 Rn. 6000; *Löwisch/Rieble* § 4 Rn. 567; *Zöllner* DB 1989, 2121 (2124).
[55] BAG [GS] 7.11.1989 – GS 3/85, AP BetrVG 1972 § 77 Nr. 46 = NZA 1990, 816.
[56] ErfK/*Franzen* TVG § 4 Rn. 33: „besondere Beachtung".

Was hier allgemein gilt, gilt auch für Abschlussverbote.[57] Das wird bezweifelt, weil die **21** Begründung eines Arbeitsverhältnisses nicht in den Vergleich mit anderen Arbeitsbedingungen eingebracht werden könne[58] – diese Begründung verfängt aber nur bei enger Betrachtung, wie sie etwa das BAG für die Beurteilung beschäftigungssichernder, aber tarifabsenkender Vereinbarungen anstellt (→ Rn. 48 ff.). Richtiger Kern ist auch hier die Feststellung der Günstigkeit selbst. Deshalb wird erwogen, eine abweichende Regelung als günstiger dann zuzulassen, wenn der Arbeitnehmer wegen der ihn „evident" stützenden Arbeitsmarktsituation von „echter" individueller Autonomie Gebrauch gemacht hat.[59] Das allerdings verlagert die Schwierigkeit eklatant auf die Feststellung der Günstigkeit (→ Rn. 35 ff.).

Abschlussgebote können am Günstigkeitsprinzip des § 3 Abs. 3 2. Alt TVG gemessen **22** werden.[60]

Problematisch ist das Verhältnis arbeitsvertraglicher und tariflicher Entgeltregelungen **23** dort, wo es bei einer günstigeren arbeitsvertraglichen Vereinbarung um das Verhältnis zu einer erfolgenden Tariferhöhung geht: Dann stellt sich die Frage, ob das für den Arbeitnehmer günstigere arbeitsvertragliche Delta durch eine Tariferhöhung aufgezehrt wird oder aber mit der Tariferhöhung gleichsam „mitwächst". Hier ist zunächst zu ermitteln, ob die arbeitsvertragliche Regelung übertarifliche Leistungen umfasst und so auf das Tarifentgelt aufbaut – dann besteht ein entsprechender Sachgruppenzusammenhang. Ist dies nicht der Fall und handelt es sich um eine außer- oder nebentarifliche Leistung, besteht von vornherein kein Konnex zur tariflichen Regelung und die Frage der Anrechnung stellt sich nicht.

Bei übertariflichen Vereinbarungen ist die Auslegung der arbeitsvertraglichen Vereinbarungen entscheidend. Die Arbeitsvertragsparteien können sowohl eine Anrechnung vereinbaren als auch den gleichbleibenden Abstand zum Tarifentgelt. Regelmäßig wird anzunehmen sein, dass die arbeitsvertragliche Vereinbarung zum Ausdruck bringt, dass der Tariflohn als unzureichend angesehen wird, der arbeitsvertragliche aber als angemessen. Das spricht dann dafür, dass eine Anrechnung einer Tariferhöhung erfolgt.[61] Wenn die Arbeitsvertragsparteien den Fall der Anrechnung ausdrücklich selbst geregelt haben, ist ohnehin entsprechend zu verfahren.[62] **24**

2. Betriebs- und betriebsverfassungsrechtliche Normen

Durch für den Arbeitnehmer günstigere Abmachungen kann auch grundsätzlich von tariflichen Betriebsnormen abgewichen werden.[63] Das Erfordernis der betriebseinheitlichen Geltung dient zwar als Rechtfertigung der Normwirkung auch über den Bereich der mitgliedschaftlichen Tarifbindung hinaus, § 3 Abs. 2 TVG (→ § 236 Rn. 47) – steht aber der Vereinbarung einer günstigeren Regelung nicht grundsätzlich entgegen, wie sich etwa an Arbeitszeitregelungen zeigt. **25**

Ein kategorialer Ausschluss des Günstigkeitsprinzips bei betrieblichen Normen verträgt sich nicht mit der durch Art. 4 Abs. 3 2. Alt TVG geschützten Arbeitsvertragsfreiheit **26**

---

[57] So auch freilich stark differenzierend NK-TVG/*Deinert* § 4 Rn. 641.
[58] JKOS/*Jacobs* § 7 Rn. 23; HWK/*Henssler* TVG § 4 Rn. 41.
[59] So HMB/*Greiner* Teil 9 Rn. 190.
[60] NK-TVG/*Deinert* § 4 Rn. 640.
[61] BAG 23.9.2009 – 5 AZR 973/08, NZA 2010, 360 = NJOZ 2010, 856; 27.8.2008 – 5 AZR 820/07, AP BGB § 307 Nr. 36 = NZA 2009, 49; *Löwisch/Rieble* § 4 Rn. 619.
[62] BAG 23.9.2009 – 5 AZR 973/08, NZA 2010, 360 = NJOZ 2010, 856; 27.8.2008 – 5 AZR 820/07, AP BGB § 307 Nr. 36 = NZA 2009, 49; 9.11.2005 – 5 AZR 105/05, AP TVG § 1 Tarifverträge: Metallindustrie Nr. 196 = NZA 2006, 231; 31.10.1995 – 1 AZR 276/95, AP BetrVG 1972 § 87 Lohngestaltung Nr. 80 = NZA 1996, 613; 3.6.1987 – 4 AZR 44/87, AP TVG § 1 Tarifverträge – Metallindustrie Nr. 58 = NZA 1987, 848; BAG 3.7.2013 – 4 AZR 476/12, AP TVG § 4 Nr. 205.
[63] *Löwisch/Rieble* § 4 Rn. 570 ff.; ErfK/*Franzen* TVG § 4 Rn. 34; NK-TVG/*Deinert* Rn. 643; *Löwisch/Rieble* Rn. 570 f.; Wiedemann/*Wank* § 4 Rn. 415; BeckOK ArbR/*Giesen* TVG § 4 Rn. 29; HWK/*Henssler* TVG § 4 Rn. 41; aA Kempen/Zachert/*Schubert/Zachert* Rn. 357; *Buschmann* NZA 1990, 387 (388); *Linnenkohl* ua BB 1990, 628 (630); *Zachert* DB 1990, 988.

(→ Rn. 3 ff.). Allerdings kann sich deren Schutz beim einzelnen Arbeitnehmer dort nicht durchsetzen, wo von der einzelvertraglichen Vereinbarung auch zwangsläufig andere Arbeitnehmer betroffen werden: Ist dem einzelnen Arbeitnehmer das Rauchen trotz Rauchverbotes erlaubt, werden auch die anderen Arbeitnehmer in Mitleidenschaft gezogen.[64] Deshalb unterscheidet man gemeinhin zwischen solchen betrieblichen Normen, die die Belegschaft als solche betreffen und denen, die eine individuelle günstigere Abweichung zulassen.[65]

27 Für solche Betriebsnormen, die einem individuellen Günstigkeitsvergleich nicht zugänglich sind, muss dann aber gefragt werden, ob eine abweichende, betriebseinheitliche Regelung nicht für die Belegschaft als solche und damit kollektiv günstiger ist (→ Rn. 65 f.).[66]

28 Das Günstigkeitsprinzip gilt auch für **betriebsverfassungsrechtliche Normen**.[67] Allerdings wird hier regelmäßig keine für den Arbeitnehmer günstigere Regelung feststellbar sein.[68] Zu denken wäre etwa an die Verschärfung der Beteiligungsrechte des Betriebsrates bei Arbeitgeberkündigungen.

3. Prozessuale Normen

29 Das Günstigkeitsprinzip gilt auch für prozessuale Normen des Tarifvertrags.[69] Freilich wird es hier durch engere gesetzliche Vorgaben wie die §§ 38 ff. ZPO beschränkt (siehe zu ihrem Umfang → § 241). Im Prozess ist aber die rügelose Einlassung möglich, die dann nicht am Tarifvertrag scheitern kann. Praktisch kann eine Abweichung werden, wenn die Arbeitsvertragsparteien den Gang zum tariflichen Schiedsgericht, § 101 Abs. 2 ArbGG, ausschließen und sogleich den Weg zu den Arbeitsgerichten eröffnen. Richtig wird allerdings darauf hingewiesen, dass in diesen Fällen die günstigere Regelung in Frage steht[70] – sie wird jedenfalls darin gesehen, dass dem Arbeitnehmer ein Wahlrecht zwischen Schieds- und Arbeitsgericht eingeräumt wird.

4. Normen über gemeinsame Einrichtungen

30 Nach der herrschenden Meinung sind Regelungen über gemeinsame Einrichtungen dem Günstigkeitsprinzip entzogen.[71] Begründet wird dies damit, dass andernfalls durch günstigere abweichende Vereinbarungen zwischen Arbeitgeber und Arbeitnehmer die Grundlage der gemeinsamen Einrichtung entzogen werden könnte – indem der Arbeitgeber von seiner Beitragspflicht frei werde, käme es zu Entsolidarisierung. Der entsprechende Vertrag sei deshalb ein Vertrag zu Lasten Dritter.[72] Der Entfall des Günstigkeitsprinzips in diesen Fällen hat zur Konsequenz, dass ein bestehendes System der betrieblichen Altersversorgung auch durch ein verschlechterndes tarifliches System abgelöst werden kann. Zudem will der Sachgruppenvergleich bei Normen über gemeinsame Einrichtungen nicht recht greifen, weil im Tarifvertrag über gemeinsame Einrichtungen insgesamt der Ausgleich von Lasten und Rechten zusammengefasst wird.[73]

---

[64] Standardbeispiel bei *Löwisch/Rieble* § 4 Rn. 572; NK-TVG/*Deinert* § 4 Rn. 643 mit weiterer Genese.
[65] HMB/*Greiner* Teil 9 Rn. 191; HWK/*Henssler* TVG § 4 Rn. 41; NK-TVG/*Deinert* § 4 Rn. 643.
[66] *Löwisch/Rieble* § 4 Rn. 573.
[67] HMB/*Greiner* Teil 9 Rn. 191; aA *Giesen* Tarifvertragliche Rechtsgestaltung für den Betrieb, 529 ff.
[68] Kritisch auch JKOS/*Jacobs* § 7 Rn. 26.
[69] *Löwisch/Rieble* § 4 Rn. 578; NK-TVG/*Deinert* § 4 Rn. 645.
[70] *Löwisch/Rieble* § 4 Rn. 578.
[71] BAG 5.12.1958 – 1 AZR 89/57, AP TVG § 4 Ausgleichskasse Nr. 1 = NJW 1959, 595; ErfK/*Franzen* TVG § 4 Rn. 34; *Gamillscheg* KollArbR I S. 851; Kempen/Zachert/*Schubert/Zachert* Rn. 358; JKOS/*Jacobs* § 7 Rn. 27; Wiedemann/*Wank* § 4 Rn. 417; HWK/*Henssler* TVG § 4 Rn. 41; NK-TVG/*Deinert* § 4 Rn. 644.
[72] NK-TVG/*Deinert* § 4 Rn. 644.
[73] HMB/*Greiner* Teil 9 Rn. 192.

Das hat Widerspruch hervorgerufen, weil hierdurch die Tarifmacht der Tarifvertragsparteien über Gebühr ausgedehnt würde.[74] Sehr beachtlich ist der Einwand, dass Normen über gemeinsame Einrichtungen keine eigene Art tariflicher Regelungen sind, sondern nur dort gesetzt werden können, wo auch Individual- oder Betriebsnormen vereinbart werden könnten (→ § 242 Rn. 12f.). Das führte dann zwangsläufig zur Anwendung des Günstigkeitsprinzips.[75] Dieser Streit wird letztlich dadurch entschärft, dass Tarifverträge über gemeinsame Einrichtungen regelmäßig allgemeinverbindlich sind. Hier hat der Gesetzgeber aber mit § 5 Abs. 4 S. 2 TVG die Privilegierung der allgemeinverbindlichen gemeinsamen Einrichtung auch neben mitgliedschaftlich legitimierten Tarifverträgen vorgesehen. Auch der mitgliedschaftlich legitimierte Tarifvertrag kann also den allgemeinverbindlichen Tarifvertrag über eine gemeinsame Einrichtung nicht verdrängen. Damit soll die Funktionsfähigkeit der gemeinsamen Einrichtung ermöglicht werden – das sticht auch, selbst wenn § 5 Abs. 4 S. 2 TVG das nicht erwähnt, im Verhältnis zum Arbeitsvertrag. Auch er kann den Tarifvertrag nicht verdrängen – selbst wenn er günstiger ist.[76] Hier kommt es dann zur Deckung mit der herrschenden Meinung – die arbeitsvertragliche Vereinbarung kann für den Arbeitnehmer günstigere Bedingungen setzen, aber zusätzlich zu den Regelungen zur gemeinsamen Einrichtung, nicht etwa an ihrer Stelle.[77]

5. Schuldrechtliche tarifliche Vereinbarungen

Auf **schuldrechtliche Koalitionsvereinbarungen** zielt das Günstigkeitsprinzips nicht. Hier fehlt es bereits an der Normwirkung für das einzelne Arbeitsverhältnis, um den Günstigkeitsvergleich für den Arbeitsvertrag zu eröffnen – es besteht deshalb kein Bedürfnis nach einer Auflösung der Regelungskollision.[78] Arbeitsvertragliche Vereinbarungen setzen sich hier stets durch.

Allerdings ist die Frage umstritten, ob schuldrechtliche Koalitions- und auch Tarifvereinbarungen, die die Vereinbarung besserer Arbeitsbedingungen mit den Arbeitnehmern untersagen, wirksam sind. Das wird mit dem Argument bejaht, dass § 4 Abs. 3 2. Alt. TVG nur auf die normativen Regelungen des Tarifvertrags ziele und zudem lediglich faktischer Druck auf die Arbeitsvertragsfreiheit ausgeübt würde – gefordert wird nur eine ausdrückliche tarifliche Vereinbarung.[79] Dem kann aber nicht gefolgt werden: Das Günstigkeitsprinzip trifft wegen seiner Intention, die Arbeitsvertragsfreiheit zu schützen, den gesamten Tarifvertrag, es ist durchaus verfassungsrechtlich begründet – und verbietet deshalb alle tariflichen Regelungen, die zu seiner Einschränkung führen, das aber gilt auch für schuldrechtliche tarifliche Regelungen.[80] Diese stehen zwar nicht selbst im Günstigkeitsvergleich, dürfen diesen aber eben auch nicht verhindern.

Auch verbandliche Vorgaben eines Arbeitgeberverbandes – etwa durch entsprechenden Beschluss-, die den Mitgliedern die Vereinbarung übertariflicher Arbeitsbedingungen verbieten, sind wegen des Verstoßes gegen das Günstigkeitsprinzip nichtig.[81]

III. Günstigkeitsvergleich

Nach § 4 Abs. 3 2. Alt. TVG geht die für den Arbeitnehmer günstigere Abmachung den Normen des Tarifvertrags vor. Konkreter wird das Gesetz nicht, immerhin lässt sich bereits aus dem Wortlaut herauslesen, dass die Günstigkeit der anderen Abmachung positiv festgestellt werden muss: Ist sie nicht festzustellen, weil eine Regelung ebenso günstiger wie ungünstiger sein kann – und liegt so eine für den Arbeitnehmer neutrale Abmachung

---

[74] *Löwisch/Rieble* § 4 Rn. 579ff.
[75] *Löwisch/Rieble* § 4 Rn. 580.
[76] So auch *Löwisch/Rieble* § 4 Rn. 585ff.
[77] HMB/*Greiner* Teil 9 Rn. 192.
[78] HMB/*Greiner* Teil 9 Rn. 193; *Löwisch/Rieble* § 4 Rn. 561.
[79] So NK-TVG/*Deinert* § 4 Rn. 630; Kempen/Zachert/*Schubert/Zachert* § 4 Rn. 364.
[80] HMB/*Greiner* Teil 9 Rn. 194f.; *Löwisch/Rieble* § 4 Rn. 562; JKOS/*Jacobs* § 7 Rn. 28.
[81] *Löwisch/Rieble* § 4 Rn. 563; aA NK-TVG/*Deinert* § 4 Rn. 632.

vor (→ Rn. 58 ff.) – so bleibt es bei der tariflichen Regelung. Darüber hinaus schweigt das Gesetz. Das gilt sowohl im Hinblick auf die zu vergleichenden Regelungen als auch über den für die Günstigkeitsfeststellung anzuwendenden Maßstab der Günstigkeit und auch für den Zeitpunkt des anzustellenden Vergleiches. Die Arbeitsvertragsfreiheit ist zwar Schutzzweck des Günstigkeitsprinzips, konkrete Vorgaben für dessen Präzisierung lassen sich aber nicht aus dessen grundrechtlicher Verankerung ableiten.[82] Deshalb ist die Entwicklung des Günstigkeitsprinzips vor allem durch Richterrecht erfolgt. Rechtspolitische Diskussionen über eine gesetzliche Regelung der Einzelheiten des Günstigkeitsprinzips – sie entzündeten sich vor allem an der Frage nach der Berücksichtigung der Arbeitsplatzsicherheit in den Günstigkeitsvergleich[83] – gab es in der Vergangenheit häufiger, wurden bisher nicht umgesetzt. In jüngerer Zeit sind diese Diskussionen abgeflaut – das zeigt zum einen, dass um die Konturierung der arbeitsvertraglichen Spielräume gegenüber der normativen tariflichen Regelung vor allem in Zeiten wirtschaftlichen Drucks gerungen wird; zum anderen aber haben die Tarifvertragsparteien selbst die Flexibilisierungsbedürfnisse der Normadressaten verstärkt aufgenommen – durch entsprechende Öffnungsklauseln nach § 4 Abs. 1. Alt. TVG oder den Abschluss von (Haus-)Sanierungstarifverträgen.

1. Vergleichsgegenstand

36 Ein Vergleich setzt zunächst Klarheit darüber voraus, was überhaupt verglichen werden soll. Beim Vergleich des Tarifvertrags mit nachrangigen Regelungen insbesondere dem Arbeitsvertrag kommen auf den ersten Blick mehrere Möglichkeiten in Betracht.

37 **a) Gesamtvergleich.** Beim Gesamtvergleich käme es zur Betrachtung des gesamten Arbeitsvertrages oder der gesamten Betriebsvereinbarung mit dem gesamten Tarifvertrag.[84] Eine solche umfassende Vorgehensweise wird zu Recht abgelehnt, weil hier die günstigere Regelung nicht mehr seriös festzustellen ist.[85] Das hätte für den Arbeitnehmer die negative Konsequenz, dass sich regelmäßig der Tarifvertrag durchsetze, eben weil es dem Günstigkeitsprinzip nur um die günstigere Regelung geht, neutrale Abmachungen sind aber gerade keine günstigeren (→ Rn. 58 f.). Implizit spricht auch der Wortlaut des § 4 Abs. 3 2. Alt TVG gegen den Gesamtvergleich: Er verweist auf „Regelungen", nicht auf die gesamte Abmachung.[86] Wer zu Recht den Gesamtvergleich ablehnt, muss auch ebenso richtig wie zwangsläufig den darüber hinausgehenden „Generalvergleich" aller Arbeitsbedingungen und des gesamten anwendbaren Tarifwerkes insgesamt ablehnen.

38 Siehe zur Frage, ob der Gesamtvergleich im Falle der schuldrechtlichen Gesamtbezugnahme auf einen anderen Tarifvertrag nicht ausnahmsweise durchzuführen ist → Rn. 46 f.

39 **b) Einzelvergleich.** Der **punktuelle oder Einzelvergleich** verglich jede einzelne Regelung der anderen Abmachung mit den entsprechenden Regelungen im Tarifvertrag.[87] So könnte es etwa bei Urlaubsregelungen dazu kommen, dass die Anzahl der Urlaubstage verglichen würde und auch eigenständig die Zahlung eines Urlaubsgeldes. Jeweils würde sich die günstigere Regelung durchsetzen: Also im Beispiel die höhere Anzahl der Urlaubstage und das höhere Urlaubsgeld. Dieses Vorgehen wird aber zu Recht als **unzulässige „Rosinenpickerei"** erkannt und abgelehnt.[88] Ein lediglich punktueller Vergleich würde das tariflich gefundene Regelungsgefüge und den Interessenausgleich aushebeln – und es den Arbeitsvertragsparteien verunmöglichen, kompensatorische Vereinbarungen zu

---

[82] JKOS/*Jacobs* § 7 Rn. 30.
[83] BT-Drs. 15/1182, 5; BT-Drs. 15/1225, 2.
[84] Unterstützend *Nebeling/Arntzen* NZA 2011, 1215.
[85] *Löwisch/Rieble* § 4 Rn. 597; ErfK/*Franzen* TVG § 4 Rn. 36; JKOS/*Jacobs* § 7 Rn. 37; Thüsing/Braun/ Forst 7. Kap. Rn. 41.
[86] JKOS/*Jacobs* § 7 Rn. 37.
[87] In diese Richtung *Linnekohl/Rauschenberg/Reh* BB 1990, 628 (629).
[88] ErfK/*Franzen* TVG § 4 Rn. 36; JKOS/*Jacobs* § 7 Rn. 36; Thüsing/Braun/*Forst* 7. Kap. Rn. 41.

treffen und so gleichsam ein Gesamtpaket zu vereinbaren.[89] Im Beispiel mag der Gewährung einer geringeren Anzahl von tariflichen Urlaubstagen etwa ein höheres tarifliches Urlaubsgeld zugrunde liegen.

c) Sachgruppenvergleich. aa) Grundsatz. Richtig wird deshalb weit überwiegend der 40 so genannte Sachgruppenvergleich befürwortet, nach dem einzelne Regelungsgruppen des Tarifvertrags und der jeweiligen anderen Abmachung, also vor allem des Arbeitsvertrages, zu vergleichen sind. Diese müssen dafür in einem sachlichen Zusammenhang zueinander stehen.[90] Der Sachgruppenvergleich hat zunächst den Vorteil, dass zusammengehörende Regelungsgefüge in Tarifvertrag und anderer Abmachung nicht auseinander gezogen werden, und dass so die entsprechenden bisweilen kompensatorischen Einzelregelungen innerhalb des sachlichen Zusammenhangs berücksichtigt werden können.[91]

Die (bisweilen erhebliche) Schwierigkeit besteht nun darin, den erforderlichen sachlichen Zusammenhang festzustellen.[92] Die Tarifvertragsparteien können diesen Zusammenhang jedenfalls nicht durch Vereinbarung vorgeben und so im Tarifvertrag festschreiben, ob zwischen Regelungen ein Zusammenhang besteht, weil sie damit auch den die Arbeitsvertragsfreiheit schützenden Günstigkeitsvergleich steuern könnten (→ Rn. 44).[93] Freilich steht diese Erkenntnis in gewissem Widerspruch zur Notwendigkeit der Auslegung.[94] Beim Tarifvertrag erfolgt die Auslegung grundsätzlich nach objektiven Gesichtspunkten (→ § 243 Rn. 1 ff.), das gilt auch für die Feststellung eines Sachgruppenzusammenhangs. Hier liegt der richtige Kern der Vorgabe, es komme auf den objektiven Zusammenhang und die Verkehrsanschauung an:[95] Anhand objektiver Gesichtspunkte muss sich eindeutig ein Regelungszusammenhang der Sachgruppe ergeben.[96]

So wurde ein Sachgruppenzusammenhang angenommen zwischen tariflichem Grund- 42 lohn und tariflichen Lohnzuschlägen; ebenso zwischen der Dauer des Urlaubs, der Länge der Wartezeit und der Höhe des Urlaubsgelds[97]; der Kündigungsfrist und dem Kündigungstermin[98]; der einmaligen Sozialplanabfindung und wiederkehrenden Überbrückungsleistungen des Arbeitgebers („nicht grundsätzlich ausgeschlossen")[99]; der Grundvergütung und der Leistungszulage; der Gesamtvergütung[100]; dem Stundenlohn und der Auslösung;[101] zwischen Arbeitszeit und Arbeitsentgelt;[102] der Höhe der Jubiläumszuwen-

---

[89] JKOS/*Jacobs* § 7 Rn. 36.
[90] BAG 20.9.2017 – 6 AZR 474/16, AP BGB § 611 Bühnenengagementsvertrag Nr. 64 = NJW 2018, 805; 14.2.2017 – 9 AZR 488/16 Rn. 27 mwN, AP TVG § 1 Tarifverträge: Metallindustrie Nr. 241 = NZA 2017, 795; 12.5.2016 – 6 AZR 259/15, AP TVöD § 51 Nr. 2 = NZA 2016, 1030; 1.7.2009 – 4 ABR 17/08, AP BetrVG 1972 § 99 Eingruppierung Nr. 41 = RiA 2010, 143; 7.11.2002 – 2 AZR 742/00, AP BGB § 615 Nr. 100 = NZA 2003, 1139; 4.7.2001 – 2 AZR 469/00, AP BGB § 622 Nr. 59 = NZA 2002, 380; 20.4.1999 – 1 ABR 72/9, AP GG Art. 9 Nr. 89 = NZA 1999, 887; LAG München 4.5.1990 – 2 Sa 128/90, LAGE TVG § 4 Günstigkeitsprinzip Nr. 3; BAG 23.5.1984 – 4 AZR 129/82, AP BGB § 339 Nr. 9 = NZA 1984, 255; 12.4.1972 – 4 AZR 211/71, AP TVG § 4 Günstigkeitsprinzip Nr. 13 = NJW 1972, 1775; 10.12.1965 – 4 AZR 411/64, AP TVG § 4 Tariflohn und Leistungsprämie Nr. 1 = RdA 1966, 119; ErfK/*Franzen* TVG § 4 Rn. 38; JKOS/*Jacobs* § 7 Rn. 38 ff.; Wiedemann/*Wank* § 4 Rn. 38; Thüsing/Braun/*Forst* 7. Kap. Rn. 41; BeckOK ArbR/*Giesen* TVG § 4 Rn. 31; berichtend HWK/*Henssler* TVG § 4 Rn. 35; HMB/*Greiner* Teil 9 Rn. 212 ff.
[91] JKOS/*Jacobs* § 7 Rn. 39.
[92] HMB/*Greiner* Teil 9 Rn. 212.
[93] *Löwisch/Rieble* § 4 Rn. 615.
[94] JKOS/*Jacobs* § 7 Rn. 40; Kempen/Zachert/*Schubert* § 4 Rn. 411; NK-TVG/*Deinert* § 4 Rn. 664a.
[95] Siehe JKOS/*Jacobs* § 7 Rn. 38, 40.
[96] HMB/*Greiner* Teil 9 Rn. 217, 218.
[97] BAG 23.5.1984 – 4 AZR 129/82, AP BGB § 339 Nr. 9 = NZA 1984, 255.
[98] BAG 4.7.2001 – 2 AZR 469/00, AP BGB § 622 Nr. 59 = NZA 2002, 380.
[99] BAG 27.1.2004 – 1 AZR 148/03, AP BetrVG 1972 § 112 Nr. 166 = NZA 2004, 667.
[100] LAG Baden-Württemberg 14.6.1989 – 9 Sa 145/88, BeckRS 1989, 30429467 = DB 1989, 2028.
[101] BAG 12.4.1972 – 4 AZR 211/71, TVG § 4 Günstigkeitsprinzip Nr. 13 (Ls. 1) = DB 1972, 1242.
[102] BAG 12.5.2016 – 6 AZR 259/15, AP TVöD § 51 Nr. 2 = NZA 2016, 1030; 15.4.2015 – 4 AZR 587/13, AP TVG § 4 Günstigkeitsprinzip Nr. 26 = NZA 2015, 1274; 12.12.2012 – 4 AZR 328/11, AP TVG § 1 Bezugnahme auf Tarifvertrag Nr. 122 = DB 2013, 1730.

dung und der Anrechnung von Dienstzeiten[103] sowie den Zuschlagssätzen und den Stundenlöhnen.[104] **Kein Zusammenhang** wurde festgestellt zwischen einer Vertragsstrafe und der Urlaubsreduzierung bzw. der Rückzahlung tariflicher Sonderzahlungen;[105] zwischen den Entgelt- und Arbeitszeitregelungen und einer Arbeitsplatzgarantie.[106]

43   **Umstände,** die **außerhalb der zu vergleichenden Regelungen** liegen, können nicht in den Günstigkeitsvergleich aufgenommen werden.[107] Eine solche Ausdehnung der in den Günstigkeitsvergleich einzubeziehenden Umstände führte wegen der offensichtlichen Konturenlosigkeit zu einer zu großen Rechtsunsicherheit[108] – und lässt sich auch dogmatisch nicht rechtfertigen, weil das Gesetz einen Vergleich der Abmachungen verlangt. Das gilt etwa für den Einbezug steuerrechtlicher oder sozialversicherungsrechtlicher Folgewirkungen einer Entgelterhöhung.[109]

44   **bb) Zugriff auf den Vergleichsgegenstand.** Die Tarifvertragsparteien haben keinen Zugriff auf den Vergleichsgegenstand, sie können etwa nicht vereinbaren, dass nur der gesamte Tarifvertrag als Grundlage für den Günstigkeitsvergleich herangezogen werden kann und so den Sachgruppenvergleich ausschließen. Das schlösse das Günstigkeitsprinzip letztlich aus und verstieße so gegen dessen zwingende Wirkung für die Tarifvertragsparteien (→ Rn. 16 ff.).[110] Das Günstigkeitsprinzip will die Arbeitsvertragsfreiheit gerade dort schützen, wo tariflicher Schutz nicht erforderlich ist. Deshalb liegen Vorgaben über die Durchführung des Günstigkeitsvergleichs nicht in der Hand der Tarifvertragsparteien. Allerdings haben es die Tarifvertragsparteien in der Hand, über die Qualität oder den Umfang der sachlich zusammengehörenden Regelungsgruppen mittelbar den Günstigkeitsvergleich zu steuern.

45   Die Arbeitsvertragsparteien können freilich vereinbaren, dass ihre Regelungen nur dann gelten sollen, wenn sie insgesamt günstiger sind als der Tarifvertrag. Das wird praktisch bei der Bezugnahme auf den Tarifvertrag. Diese Vereinbarung entzieht den Arbeitsvertragsparteien auch nicht das Günstigkeitsprinzip – sie können immer noch abweichen – führt aber dazu, dass entweder der gesamte in Bezug genommene Tarifvertrag oder aber der gesamte normativ geltende Tarifvertrag Anwendung findet. Allerdings muss im (formularmäßigen) Arbeitsvertrag auch eine entsprechend klare und eindeutige Regelung enthalten sein, das ist dem Transparenzgebot geschuldet. Dass dieses hier wegen der Besonderheiten des Arbeitsrechts, § 310 Abs. 4 S. 2 BGB, auch vor dem Hintergrund zu lesen ist, dass es bei dem Sachgruppenvergleich zu einem Verlust des tariflichen Kontrollprivilegs kommt, ist zu unterstützen.[111]

46   **cc) Sonderfälle. (1) Nur scheinbar: Schuldrechtliche Bezugnahme.** Ausnahmsweise wird ein Gesamtvergleich befürwortet, wenn arbeitsvertraglich auf einen Tarifvertrag Bezug genommen wird und diese Bezugnahme zu einer Abweichung von den normativen tariflichen Regelungen führt[112] – was zum einen dann geschehen kann, wenn auf einen fremden Tarifvertrag schuldrechtlich Bezug genommen wird, oder wenn im tarifgebun-

---

[103] BAG 10.12.2014 – 4 AZR 503/12, AP TVG § 4 Günstigkeitsprinzip Nr. 25 Rn. 46 = NZA 2015, 946.
[104] BAG 17.4.2013 – 4 AZR 592/11, AP TVG § 4 Nr. 35 = BB 2013, 2227.
[105] BAG 23.5.1984 – 4 AZR 129/82, AP BGB § 339 Nr. 9 = NZA 1984, 255.
[106] Grundlegend BAG 20.4.1999 – 1 ABR 72/98, AP GG Art. 9 Nr. 89 = NZA 1999, 887; 7.11.2002 – 2 AZR 742/00, AP BGB § 615 Nr. 100 = NZA 2003; 1.7.2009 – 4 AZR 261/08, AP TVG § 3 Verbandsaustritt Nr. 14 = NZA 2010, 53.
[107] JKOS/*Jacobs* § 7 Rn. 41; *Löwisch/Rieble* § 4 Rn. 605 ff.
[108] BAG 18.12.1997 – 2 AZR 709/96, AP KSchG 1969 § 2 Nr. 46 = NZA 1998, 304; Thüsing/Braun/Forst 7. Kap. Rn. 40; *Löwisch/Rieble* § 4 Rn. 605: „diffuse Gesamtschau".
[109] Anders aber noch BSG 28.2.1990 – 10 RKg 15/89, SozR 3-1200 § 46 Nr. 1 = NZA 1990, 995; siehe auch *Moll* RdA 2016, 97 (98 ff.).
[110] *Löwisch/Rieble* § 4 Rn. 615.
[111] *Löwisch/Rieble* § 4 Rn. 613.
[112] ErfK/*Franzen* TVG § 4 TVG Rn. 37; *Löwisch/Rieble* § 4 Rn. 612.

denen Arbeitsverhältnis statisch auf den geltenden Tarifvertrag verwiesen wird, um einen konkreten Tarifstand schuldrechtlich festzuhalten. Im ersten Fall kommt es sogleich zur Frage nach der Günstigkeit, im zweiten Fall dann, wenn die Tarifentwicklung über den schuldrechtlich festgehaltenen Stand hinausgeht.

Kerngedanke des Rekurses auf den Gesamtvergleich ist hier, dass durch die Inbezugnahme des gesamten Tarifvertrags eine kollektive Regelung insgesamt gesetzt werden soll, faktisch werde hier eine Tarifkonkurrenz ausgelöst.[113] Das BAG hält freilich auch hier am Sachgruppenvergleich fest.[114] Zu Recht: Bei der Bezugnahme handelt es sich um ein rein arbeitsvertragliches Instrument – richtig wird darauf hingewiesen, dass dann, wenn die entsprechenden Regelungen ausdrücklich im Arbeitsvertrag vereinbart worden wären, unkritisch ein Sachgruppenvergleich durchgeführt werden müsste.[115] Zudem liefe der Günstigkeitsvergleich regelmäßig darauf hinaus, dass kein Tarifvertrag als günstiger beurteilt werden könnte, weil das Günstigkeitsurteil neutral ausfällt. Damit setzte sich aber genauso regelmäßig der normativ wirkende Tarifvertrag durch. Das ist aber mit der Arbeitsvertragsfreiheit, die das Günstigkeitsprinzip gerade schützen will, nicht in Einklang zu bringen. Vor jedem Günstigkeitsvergleich ist allerdings die Frage zu stellen, ob die Bezug nehmenden Arbeitsvertragsparteien den schuldrechtlich grundgelegten Tarifvertrag nur dann anwenden wollen, wenn dieser insgesamt günstiger ist – und seine Anwendung ablehnen, wenn es im Zuge des Sachgruppenvergleiches zu einem „Anwendungsmix" aus normativen und schuldrechtlich wirkenden tariflichen Regelungen käme.[116]

(2) Bündnisse für Arbeit. Auch der Sachgruppenvergleich gerät an seine Grenzen. So kann auf seiner Grundlage nicht begründet werden, wie sich die Bestandssicherung des Arbeitsverhältnisses außerhalb ihrer eigenen spezifischen Sachgruppe einordnen lässt. Konsequent hat das BAG deshalb auch eine Vereinbarung, die Entgeltverzicht gegen Ausschluss der betrieblichen Kündigungsmöglichkeit vorsah, nicht passieren lassen.[117] Diese Rigidität bei der Anwendung des Sachgruppenvergleichs geht allerdings zu weit.

Damit sind betriebliche Bündnisse für Arbeit beschrieben, worunter man gemeinhin eine zeitweise betriebsweite Absenkung der tariflichen Entgeltbedingungen unter gleichzeitiger Sicherung des Bestandsschutzes des Arbeitsverhältnisses durch Ausschluss betriebsbedingter Kündigungen versteht. Die darüber besonders in den 90er Jahren des vergangenen Jahrhunderts geführte Diskussion hat verschiedene kollektiv-rechtliche Facetten: So kann zum einen eine Regelung durch Betriebsvereinbarung nicht erreicht werden, weil § 77 Abs. 3 S. 1 TVG diese sperrt, weshalb nur der Weg über (unter Umständen durch Regelungsabrede gesicherte) einzelvertragliche Vereinbarung bleibt. Ob diese Vereinbarung sich gegenüber dem Tarifvertrag und dessen normativen Entgeltregelungen durchsetzt, ist wiederum anhand des Günstigkeitsprinzips zu beurteilen.

Frühe Ansätze wollten hier den Bestandsschutz des Arbeitsverhältnisses in den Günstigkeitsvergleich einbeziehen und kamen so zur Wirksamkeit der arbeitsvertraglichen Vereinbarung.[118] Dies lenkt den Blick richtig auf die Bedeutung des vereinbarten Bestandsschutzes für den Günstigkeitsvergleich in seiner Form des Sachgruppenvergleichs. Ohne Zweifel sind bestandsschützende Regelungen regelmäßig der Sachgruppe der Beendigungsregelungen zuzuordnen, hier aber steht ihre Verbindung zu Entgeltregelungen oder anderen Regelungsgruppen in Rede. Das BAG hat deshalb eine Vergleichbarkeit der Regelungsgegenstände verneint: Die so berühmte wie schiefe Metapher des „Äpfel-Birnen-Vergleichs"[119] meint dogmatisch nichts anderes, als dass Bestandsschutzregelungen und

---

[113] Nachweis bei ErfK/*Franzen* § 4 Rn. 37 und *Löwisch/Rieble* § 4 Rn. 612.
[114] BAG 15.4.2015 – 4 AZR 587/13, AP TVG § 4 Günstigkeitsprinzip Nr. 26 = NZA 2015, 1274.
[115] Thüsing/Braun/*Forst* 7. Kap. Rn. 42.
[116] So richtig *Löwisch/Rieble* § 4 Rn. 612: „Alles- oder- nichts-Klausel".
[117] BAG 20.4.1999 – 1 ABR 72/98, AP GG Art. 9 Nr. 89 = NZA 1999, 887.
[118] *Adomeit* NJW 1984, 26 (27).
[119] BAG 20.4.1999 – 1 ABR 72/98, AP GG Art. 9 Nr. 89 = NZA 1999, 887.

Entgeltregelungen verschiedenen und als solchen nicht vergleichbaren Sachgruppen angehören, womit sich eine günstigere Regelung nicht feststellen lässt.[120]

51 Diese im Ergebnis rigide Betrachtung lässt freilich aus dem Blick, dass das Günstigkeitsprinzip die Arbeitsvertragsfreiheit schützen soll (→ Rn. 3 ff.) und dass der Bestand des Arbeitsverhältnisses stets Grundlage jeder Regelung der Arbeitsbedingungen im Arbeitsverhältnis ist.[121] Deshalb gebietet bereits eine verfassungskonforme Interpretation des Günstigkeitsprinzips, nicht auf der Stringenz des Sachgruppenvergleiches zu verharren – weil dieser kein Verfassungsprinzip ist. Bei der Beurteilung der arbeitssichernden, aber tarifabsenkenden Vereinbarung muss allerdings geklärt werden, wie die Arbeitsvertragsfreiheit wirklich gewährleistet werden kann. Das gilt schon deshalb, weil ansonsten jede tarifliche Regelung allein durch verstärkte Bestandsschutzsicherung oder durch Hinweis auf drohenden Arbeitsplatzverlust unterboten werden könnte.[122] Ein Ergebnis, das mit dem Zweck des Günstigkeitsprinzips ersichtlich nicht in Einklang steht.

52 Löwisch und Rieble schlagen ein komplexes Modell vor:[123] zunächst muss der Arbeitgeber die Arbeitsplatzgefahr nachweisen, er muss betriebsbedingte Kündigungen in Betracht ziehen dürfen; zum anderen muss sich die beschäftigungssichernde Absicht im Arbeitsvertrag niederschlagen, etwa durch entsprechenden Kündigungsverzicht. Die Absenkung des Tarifniveaus muss sich dann in einem angemessenen Rahmen halten und schließlich muss der Arbeitnehmer ein Rückkehrrecht zu den ursprünglichen Tarifbedingungen haben. Dieses Modell enthält viele Unbekannte – etwa den Nachweis der Voraussetzungen der in Betracht zu ziehenden betriebsbedingten Kündigung oder die Angemessenheit der Absenkung der Tarifbedingungen, es nimmt aber richtig die Bedeutung der Arbeitsvertragsfreiheit und die Kompetenz der Arbeitsvertragsparteien zur Arbeitsplatzsicherung auf.

53 Insofern wird die Ausnahme vom Sachgruppenvergleich bei bestandssichernden arbeitsvertraglichen Vereinbarungen durch eine erhebliche Komplexität der Günstigkeitsmodelle erkauft werden müssen. Jede einfache Regelung, wie etwa das Abstellen auf die rein subjektive Betrachtung, steht wiederum dem Schutzweck des Günstigkeitsprinzips entgegen. Auf der anderen Seite kann einer entsprechenden Arbeitsplatzgefahr von vornherein tariflich begegnet werden, bereits die Tarifvertragsparteien können entsprechende bestandsschützende Regelungen vorsehen:[124] Diese kann durch entsprechende Öffnung des Tarifvertrags nach § 4 Abs. 3 1. Alt TVG erfolgen (→ § 252 Rn. 1 ff.) oder aber durch den Abschluss entsprechender Sanierungstarifverträge auf der Ebene des Haustarifvertrags. Insofern bedarf es des Rufes an den Gesetzgeber[125] insgesamt nicht.

2. Vergleichsmaßstab

54 **a) Verständiger Arbeitnehmer als Maßstab.** Maßstab für die Beurteilung der Günstigkeit bei individuell schützenden Regelungen ist der einzelne Arbeitnehmer.[126] Allerdings hat die herrschende Meinung Recht, wenn sie eine objektive Betrachtung fordert und so das **Bild des verständigen Arbeitnehmers** zeichnet:[127] Es kommt darauf an, ob dieser unter Berücksichtigung des Einzelfalls eine Verbesserung durch die vom Tarifvertrag abweichende Abmachung für sich annehmen würde oder nicht.[128] Der Günstigkeitsmaßstab

---

[120] HMB/*Greiner* Teil 9 Rn. 233.
[121] *Schliemann* NZA 2003, 122 (125); dafür wohl auch ErfK/*Franzen* TVG § 4 Rn. 38.
[122] HMB/*Greiner* Teil 9 Rn. 233.
[123] *Löwisch/Rieble* § 4 Rn. 654 ff.
[124] HMB/*Greiner* Teil 9 Rn. 231; auf die rechtspolitische Diskussion verweisend BeckOK ArbR/*Giesen* TVG § 4 Rn. 34.
[125] Siehe etwa dazu HWK/*Henssler* TVG § 4 Rn. 35.
[126] BAG 20.7.1961 – 5 AZR 343/60, AP UrlaubsG § 10 Hamburg Nr. 3 = NJW 1961, 2229; Wiedemann/*Wank* § 4 Rn. 446; JKOS/*Jacobs* § 7 Rn. 43; HWK/*Henssler* TVG § 4 Rn. 37.
[127] *Löwisch/Rieble* § 4 Rn. 626; Thüsing/Braun/*Forst* 7. Kap. Rn. 45; HMB/*Greiner* Teil 9 Rn. 207.
[128] Rspr. LAG München 4.5.1990 – 2 Sa 128/90, LAGE TVG § 4 Günstigkeitsprinzip Nr. 3, das zwar im LS „die objektive Interessenlage bei Abschluss des Arbeitsvertrages" für maßgebend erklärt, in den Grün-

III. Günstigkeitsvergleich   55–58 § 253

hat also eine objektive und eine hypothetische Komponente, weshalb auch vom „objektiv-individuellen Ansatz" zu lesen ist.¹²⁹ Diese objektive Betrachtung ist notwendig – eine subjektive Betrachtung, die den konkreten Arbeitnehmer über die Günstigkeit befragte und entscheiden ließe,¹³⁰ würde im Ergebnis den Tarifvertrag als Schutzinstrument konterkarieren: Weil das durch die Kollektivierung erreichte Gleichgewicht dann auf arbeitsvertraglicher Ebene allzu leicht wieder zugunsten des Arbeitgebers aufgehoben werden könnte.¹³¹ Außerdem führte die subjektive Betrachtung zu einer hohen Rechtsunsicherheit, wenn je nach Arbeitnehmer unterschiedliche Feststellungen der Günstigkeit erfolgen.¹³²

Eine Einschränkung soll dort gemacht werden, wo der Arbeitnehmer eine (objektiv nicht als günstiger feststellbare) subjektiv aber gewünschte Vereinbarung abschließt – dann soll es gleichsam auf das Moment der **„Selbstschädigung"** des Arbeitgebers ankommen: Als Beleg für die materielle Freiwilligkeit der Entscheidung des Arbeitnehmers und damit dessen Günstigkeit soll dann die erwiesene Belastung des Arbeitgebers etwa durch ausgelöste Kosten treten.¹³³ Freilich ist hier Vorsicht geboten, weil die Bestimmung dieser „Selbstschädigung" problematisch ist und die Betrachtungen über das einzelne Arbeitsverhältnis hinaus angestellt werden müssen. 55

Auf der anderen Seite kommt eine Verlagerung der Beurteilung der Günstigkeit auf die Tarifvertragsparteien ebenfalls nicht in Betracht:¹³⁴ Sie können nicht selbst festlegen, was für den Arbeitnehmer eine Verbesserung ist und was nicht, weil das mit der Arbeitsvertragsfreiheit als Schutzgut des § 4 Abs. 3 2. Alt TVG nicht in Einklang zu bringen ist.¹³⁵ Auf der anderen Seite ist der Wille der Tarifvertragsparteien für den Günstigkeitsvergleich nicht maßgeblich.¹³⁶ 56

Regelmäßig wird mit dieser objektiv-hypothetischen Betrachtung ein Ergebnis zu erzielen sein: Ein höherer Stundenlohn, mehr Urlaubstage, eine Haftungsbeschränkung sind ohne weitere Erwägungen als günstiger für den Arbeitnehmer anzusehen. 57

b) Ambivalente und neutrale Abmachungen. Das ist aber (bei weitem) nicht immer so. So gibt es Abmachungen, bei denen sich nicht klar bestimmen lässt, ob sie schließlich für den Arbeitnehmer eine Verbesserung bedeuten oder nicht – sie sind **ambivalent**. Diese ambivalenten Regelungen können für den Arbeitnehmer günstiger sein, sind es aber eben nicht zwangsläufig. So etwa im Fall einer verlängerten Kündigungsfrist, die im konkreten Fall der Kündigung dem Arbeitnehmer eine längere Bindung an den Arbeitsvertrag ermöglicht, auf der anderen Seite aber auch dazu führt, dass er erst später ein neues Arbeitsverhältnis eingehen kann. Was günstiger ist, wird sich regelmäßig erst im Falle der Kündigung selbst herausstellen. Ambivalente Regelungen sind für den Arbeitnehmer nicht prognostizierbar günstiger, sie setzen sich deshalb grundsätzlich nicht nach § 4 Abs. 3 2. Alt. TVG gegen den Tarifvertrag durch.¹³⁷ Das enthebt allerdings nicht davon, die Ambivalenz einer Abmachung konkret festzustellen: Weil in diesen Fällen die Einzel- 58

---

den aber sehr wohl auf die Beurteilung „von Fall zu Fall" abstellt; s. aus der Lit. JKOS/*Jacobs* § 7 Rn. 43; Kempen/Zachert/*Zachert* § 4 Rn. 307; NK-TVG/*Deinert* § 4 Rn. 689; *Wlotzke*, S. 78f.; *Belling* Das Günstigkeitsprinzip, S. 169 ff.; Wiedemann/*Wank* § 4 Rn. 451; ZLH/*Loritz* § 39 II S. 503; *Gamillscheg* KollArbR I S. 855 f.; JKOS/*Jacobs* § 7 Rn. 44; Wiedemann/*Wank* § 4 Rn. 451.
129 HWK/*Henssler* TVG § 4 Rn. 37.
130 Dafür vor dem Hintergrund der Arbeitsvertragsfreiheit *Adomeit* NJW 1984, 26 (27); *Heinze* NZA 1991, 332 (333).
131 Wiedemann/*Wank* § 4 Rn. 462; Thüsing/Braun/*Forst* 7. Kap. Rn. 45; HWK/*Henssler* TVG § 4 Rn. 37.
132 Richtig JKOS/*Jacobs* § 7 Rn. 44.
133 HWK/*Henssler* TVG § 4 Rn. 38.
134 So aber *Käppler* NZA 1991, 745 (753).
135 JKOS/*Jacobs* § 7 Rn. 43.
136 HMB/*Greiner* Teil 9 Rn. 207.
137 JKOS/*Jacobs* § 7 Rn. 45; HMB/*Greiner* Teil 9 Rn. 219.

fallbetrachtung anzustellen ist[138]– so dass etwa die Arbeitsmarktfähigkeit des Arbeitnehmers im Falle der verlängerten Kündigungsfrist eine Rolle spielt.

59 Lässt sich ein Günstigkeitsurteil von vornherein überhaupt nicht fällen, setzt sich die tarifliche Regelung durch.[139] Bei diesen so genannten **neutralen Regelungen** sieht § 4 Abs. 3 2. Alt. TVG ebenfalls die normative Wirkung als Rechtsfolge vor.[140] Der Wortlaut der Regelung ist eindeutig.[141] Die Idee, im Zweifel die arbeitsvertragliche Regelung vorgehen zu lassen,[142] hat die besondere Sensibilität für die Arbeitsvertragsfreiheit auf ihrer Seite. Sie nimmt aber nicht auf, dass zum einen das TVG systematisch von der Normwirkung der tariflichen Regelung ausgeht und diese zum Grundsatz macht,[143] und dass zum anderen der Tarifvertrag ebenfalls ein privatautonom begründeter Vertrag ist.

60 Eine neutrale Regelung ist aber dann günstiger, wenn sie mit einem **Wahlrecht des Arbeitnehmers** verknüpft wird – also zwischen der tariflichen und der arbeitsvertraglichen Regelung ausgewählt werden kann.[144] Dieses Wahlrecht darf sich aber, um die Günstigkeit zu begründen, nicht in der einmaligen Ausübung erschöpfen, sondern muss umfassend bestehen, so dass der Arbeitnehmer auch wieder eine Abwahloption hat und zur tariflichen Regelung zurückkehren kann.[145] Richtig wird darauf hingewiesen, dass durch die Berücksichtigung des Wahlrechts des Arbeitnehmers eine neue Flexibilitätskomponente in den Günstigkeitsvergleich eingeführt wird.[146] Das Wahlrecht als solches – etwa bezogen auf die Wahl zwischen verschlechternden und verbessernden Arbeitsbedingungen – ist nicht günstiger, weil die Ausübung manipulierbar ist.[147]

61 Ein Bezug zum Wahlrecht besteht auch bei Regelungen der Arbeitszeit im Tarifvertrag. Die Regelung der Dauer der Arbeitszeit durch den Tarifvertrag ist für die Feststellung der Günstigkeit besonders: zum einen sollen solche Festlegungen regelmäßig als Höchstarbeitszeit begriffen werden, zum anderen ist eine Vereinbarung der Verlängerung oder der Verkürzung der Arbeitszeit bei kongruenter Entgeltentwicklung günstigkeitsneutral.

62 Ob der Tarifvertrag überhaupt die Höchstarbeitszeit festlegen kann, ist nicht unumstritten. Hier wird angeführt, dass die Tarifmacht nicht soweit reiche, dass den Arbeitsvertragsparteien eine Höchstarbeitszeit vorgegeben werden könnte – weil dies den Kern des Arbeitsverhältnisses betreffe, der nur den Arbeitsvertragsparteien zugänglich sei. Erfolgt die entsprechende Festsetzung aus beschäftigungspolitischen Zielsetzungen, wird auch dies mit Art. 9 Abs. 3 GG und Art. 12 Abs. 1 GG als nicht in Einklang gesehen.[148] Richtig ist das nicht: Die Arbeitszeit kann durch den Tarifvertrag so wie das Entgelt geregelt werden, und auch beschäftigungswirksame Zielsetzungen dürfen die Tarifvertragsparteien verfolgen.[149]

---

[138] *Löwisch/Rieble* § 4 Rn. 629; *Thüsing/Braun/Forst* 7. Kap. Rn. 46.
[139] BAG 15.4.2015 – 4 AZR 587/13, AP TVG § 4 Günstigkeitsprinzip Nr. 26 = NZA 2015, 1274; HWK/*Henssler* TVG § 4 Rn. 39.
[140] Neutral: BAG 20.9.2017 – 6 AZR 474/16, AP BGB § 611 Bühnenengagementsvertrag Nr. 64 = NJW 2018, 805; 15.4.2015 – 4 AZR 587/13, AP TVG § 4 Günstigkeitsprinzip Nr. 26 = NZA 2015, 1274; ErfK/*Franzen* TVG § 4 Rn. 40; 12.4.1972 – 4 AZR 211/71, AP TVG § 4 Günstigkeitsprinzip Nr. 13 = NJW 1972, 1775; *Gamillscheg* Bd. 1 S. 857; JKOS/*Jacobs* § 7 Rn. 45; anders Wiedemann/*Wank* § 4 Rn. 465, der einerseits neutralen Verträgen den Vorrang geben will, die Frage, was neutral ist, von der tarifvertraglichen Interessenbewertung entscheiden lässt; aA *Heinze* NZA 1991, 334f., der jede selbstbestimmte Abweichung vom TV als günstiger ansieht; auch *Joost* ZfA 1984, 183; *Zöllner* DB 1989, 2121.
[141] ErfK/*Franzen* TVG § 4 Rn. 40.
[142] *Buchner* NZA 1999, 897 (901); *Heinze* NZA 1991, 329; *Adomeit* NJW 1984, 26.
[143] ErfK/*Franzen* TVG § 4 Rn. 40; HMB/*Greiner* Teil 9 Rn. 219.
[144] JKOS/*Jacobs* § 7 Rn. 42; HWK/*Henssler* TVG § 4 Rn. 39; hier auch HMB/*Greiner* Teil 9 Rn. 208.
[145] ErfK/*Franzen* TVG § 4 Rn. 41.; *Buchner* ZfA 2004, 229 (241); *Löwisch/Rieble* Rn. 638; vgl. auch BAG 22.10.2015 – 8 AZR 168/14, NZA 2016, 1081 Rn. 26; aA Thüsing/Braun/*Forst* 7. Kap. Rn. 46.
[146] *Löwisch/Rieble* § 4 Rn. 535.
[147] HMB/*Greiner* Teil 9 Rn. 208.
[148] Siehe *Richardi* DB 1990, 1613 (1616); *Bengelsdorf* ZfA 1990, 563 (570); *Zöllner* DB 1989, 2121 (2121ff.); *Hromadka* DB 1992, 1042 (1044).
[149] Dazu insgesamt JKOS/*Jacobs* § 7 Rn. 56ff.

III. Günstigkeitsvergleich

Allerdings bleibt es dabei, dass die Tarifvertragsparteien keine absoluten Höchstarbeitsbedingungen setzen können, weil das mit der Arbeitsvertragsfreiheit nicht in Übereinstimmung zu bringen ist. Vielmehr ist das Günstigkeitsprinzip auch hier anzuwenden, und günstigere Abmachungen führen zur Unanwendbarkeit der tariflichen Arbeitszeitregelung. Weil die Frage, ob für den Arbeitnehmer eine längere Arbeitszeit oder eine kürzere Arbeitszeit bei kongruenter Entgeltentwicklung günstiger ist, aber für sich genommen günstigkeitsneutral ist, kommt es hier darauf an, ob dem Arbeitnehmer ein Wahlrecht mit Rückkehroption eingeräumt wird. Ist dies der Fall, setzt sich die arbeitsvertragliche Vereinbarung durch.[150]

Das hat von vornherein nichts damit zu tun, wenn bereits der Tarifvertrag entsprechende Wahlmöglichkeiten bereithält – und dem Arbeitgeber etwa eine Abweichungsquote gestattet (→ § 252 Rn. 17). Dann handelt es sich regelmäßig um eine Öffnung des Tarifvertrags, auf einen Günstigkeitsvergleich und damit auch auf ein Wahlrecht mit Rückkehroption kommt es nicht an.

c) Sonderfall der kollektiven Günstigkeit. Ist auch Ausgangspunkt aller Betrachtungen der individuelle, auf den einzelnen Arbeitnehmer abstellende Günstigkeitsvergleich,[151] so gibt es im Falle der möglichen Abweichung von Betriebsnormen Ausnahmen: Wird durch eine Betriebsnorm die Belegschaft insgesamt geschützt, so muss der Bezugspunkt für die Günstigkeit auch die Belegschaft insgesamt sein – es muss damit zur kollektiven Feststellung der Günstigkeit kommen.[152] Maßgeblich ist, ob die Belegschaft als Ganzes günstiger gestellt wird oder nicht. Der einzelne Arbeitnehmer wird nicht einbezogen, auch wenn er aus der Abmachung selbst Ansprüche geltend machen kann. Weil der Belegschaftsbezug maßgeblich ist, ist der kollektive Günstigkeitsvergleich nur im Verhältnis zwischen Betriebsvereinbarung und Tarifvertrag anzuwenden. Regelungen im Arbeitsvertrag können keinen entsprechenden Kollektivschutz auslösen, weil sie individuelle Rechte begründen. Das gilt auch für arbeitsvertragliche Einheitsregelungen.

Nichts zu tun hat diese kollektive Betrachtung mit dem kollektiven Günstigkeitsvergleich,[153] der von der Rechtsprechung im Falle der Ablösung einer betrieblichen Einheitsregelung durch eine Betriebsvereinbarung über Sozialleistungen vorgenommen wird.[154]

3. Vergleichszeitpunkt

Zeitpunkt des Günstigkeitsvergleiches ist der, an dem sich tarifliche und andere Abmachung zum ersten Mal gegenüber stehen, welche der Vereinbarungen zuerst geschlossen wurden, spielt dabei keine Rolle (→ Rn. 14).[155] Jede neue rechtsgeschäftliche Vereinbarung ist dabei auch eine neue andere Abmachung – ebenso wie jede tarifliche Änderung zu einer neuen Frage nach der Günstigkeit führt.[156]

Der Günstigkeitsvergleich ist zum genannten Zeitpunkt ex ante durchzuführen[157] – das bedeutet, dass tatsächliche Änderungen im Hinblick auf die Günstigkeitsfeststellung danach keine Rolle mehr spielen dürfen, weil dies zu einer Einschränkung der Rechtssi-

---

[150] JKOS/*Jacobs* § 7 Rn. 64; für die Günstigkeit auch ohne Wahlrecht HWK/*Henssler* TVG § 4 Rn. 37.
[151] BeckOK ArbR/*Giesen* TVG § 4 Rn. 29; HMB/*Greiner* Teil 9 Rn. 207.
[152] BAG 28.3.2000 – 1 AZR 366/99, AP BetrVG 1972 § 77 Nr. 83 = NZA 2001, 49; 16.9.1986 – GS 1/82; AP ZPO § 553 Nr. 12 = NZA 1987, 168; ErfK/*Franzen* TVG § 4 Rn. 35; JKOS/*Jacobs* § 7 Rn. 49.
[153] Löwisch/Rieble § 4 Rn. 593; Thüsing/Braun/*Forst* 7. Kap. Rn. 38.
[154] Dazu BAG 23.10.2001 – 3 AZR 74/01, AP BetrAVG § 1 Ablösung Nr. 33 = NZA 2003, 986; 28.3.2000 – 1 AZR 366/99, AP BetrVG 1972 § 77 Nr. 83 = NZA 2001, 49; 16.9.1986 – GS 1/82; AP ZPO § 553 Nr. 12 = NZA 1987, 168.
[155] BAG 15.4.2015 – 4 AZR 587/13, AP TVG § 4 Günstigkeitsprinzip Nr. 26 = NZA 2015, 1274; 12.4.1972 – 4 AZR 211/71, AP TVG § 4 Günstigkeitsprinzip Nr. 13 = NJW 1972, 1775; 25.11.1970 – 4 AZR 534/69, AP TVG § 4 Günstigkeitsprinzip Nr. 12 = DB 1971, 1919; ErfK/*Franzen* TVG § 4 Rn. 42; JKOS/*Jacobs* § 7 Rn. 47; Wiedemann/*Wank* § 4 Rn. 475; HWK/*Henssler* TVG § 4 Rn. 40.
[156] JKOS/*Jacobs* § 7 Rn. 47.
[157] JKOS/*Jacobs* § 7 Rn. 47.

cherheit führen würde, und klar sein muss, welche Regelungen im Arbeitsverhältnis gelten.[158] Zukünftige tatsächliche Entwicklungen müssen freilich prognostisch in den Günstigkeitsvergleich aufgenommen werden.[159]

IV. Wirkung

69 Die Günstigkeit der anderen Abmachung festgestellt, führt dies zur Unanwendbarkeit der tariflichen Regelungen.[160] Regelungen, die gegenüber dem Tarifvertrag nicht günstiger sind, werden durch die tarifliche Regelung deshalb verdrängt, aber nicht ersetzt oder vernichtet. Das gebietet das Günstigkeitsprinzip gerade: Solche Regelungen können wiederaufleben, wenn sich die tarifliche Situation ihr gegenüber verschlechtert. Käme es bei der ersten Gegenüberstellung dagegen zur Nichtigkeit der arbeitsvertraglichen Regelung, gölte später der (noch) schlechtere Tarifvertrag, das aber ist mit der Bedeutung des Günstigkeitsprinzips für den Arbeitsvertrags- und Arbeitnehmerschutz nicht vereinbar (siehe dazu → Rn. 3 ff.). Kommt es zur Änderung des Arbeitsvertrages oder das Tarifvertrags, ist ein neuer Günstigkeitsvergleich anzustellen.[161]

70 Diese Wirkung gilt stets bezogen auf die in Sachgruppen zusammenhängenden Regelungen. Das führt regelmäßig dazu, dass tarifliche Regelungen und arbeitsvertragliche Regelungen, die unterschiedlichen Sachgruppen angehören, nebeneinander bestehen – und dass die Bewertung des Umfanges der Sachgruppen maßgebliche Bedeutung für die Regelungsanwendung hat.[162]

71 Problematisch ist das Verhältnis arbeitsvertraglicher und tariflicher Entgeltregelungen dort, wo es bei einer günstigeren arbeitsvertraglichen Vereinbarung um das Verhältnis zu einer erfolgenden Tariferhöhung geht: Dann stellt sich die Frage, ob das für den Arbeitnehmer günstigere arbeitsvertragliche Delta durch eine Tariferhöhung aufgezehrt wird oder aber mit der Tariferhöhung gleichsam „mitwächst". Hier ist zunächst zu ermitteln, ob die arbeitsvertragliche Regelung übertarifliche Leistungen umfasst und so auf das Tarifentgelt aufbaut – dann besteht ein entsprechender Sachgruppenzusammenhang.[163] Ist dies nicht Fall und handelt es sich um eine außer- oder nebentarifliche Leistung, besteht von vornherein kein Konnex zur tariflichen Regelung und die Frage der Anrechnung stellt sich nicht.

72 Bei übertariflichen Vereinbarungen ist die Auslegung der arbeitsvertraglichen Vereinbarungen entscheidend. Die Arbeitsvertragsparteien können sowohl eine Anrechnung vereinbaren als auch den gleichbleibenden Abstand zum Tarifentgelt. Geht man davon aus, dass anzunehmen sein werde, dass die arbeitsvertragliche Vereinbarung zum Ausdruck bringt, dass der Tariflohn als unzureichend angesehen wird, der arbeitsvertragliche aber als angemessen, spräche dies dafür, dass eine Anrechnung einer Tariferhöhung erfolgt.[164] Wenn die Arbeitsvertragsparteien den Fall der Anrechnung ausdrücklich selbst geregelt haben, ist ohnehin entsprechend zu verfahren.[165] Problematisch ist aber die Grundannahme der Anrechnung, wenn keine explizite Regelung getroffen ist: Hier kann man richtig nicht bei der Forderung einer ausdrücklichen Vereinbarung stehen bleiben – wenn der Arbeitsvertrag die maßgebliche Beurteilungsebene ist, dann gilt auch das entsprechende

---

[158] Anders aber HMB/*Greiner* Teil 9 Rn. 220.
[159] BAG 12.4.1972 – 4 AZR 211/71, AP TVG § 4 Günstigkeitsprinzip Nr. 13 = NJW 1972, 1775.
[160] Thüsing/Braun/*Forst* 7. Kap. Rn. 39.
[161] Thüsing/Braun/*Forst* 7. Kap. Rn. 39.
[162] HMB/*Greiner* Teil 9 Rn. 216.
[163] BAG 27.8.2008 – 5 AZR 821/01, AP TVG § 1 Tarifverträge: Metallindustrie Nr. 206.
[164] So BAG 23.9.2009 – 5 AZR 973/08, NZA 2010, 360 = NJOZ 2010, 856; 27.8.2008 – 5 AZR 820/07, AP BGB § 307 Nr. 36 = NZA 2009, 49; *Löwisch/Rieble* § 4 Rn. 619.
[165] BAG 23.9.2009 – 5 AZR 973/08, NZA 2010, 360 = NJOZ 2010, 856; 27.8.2008 – 5 AZR 820/07, AP BGB § 307 Nr. 36 = NZA 2009, 49; 9.11.2005 – 5 AZR 105/05, AP TVG § 1 Tarifverträge: Metallindustrie Nr. 196 = NZA 2006, 231; 31.10.1995 – 1 AZR 276/95, AP BetrVG 1972 § 87 Lohngestaltung Nr. 80 = NZA 1996, 613; 3.6.1987 – 4 AZR 44/87, AP TVG § 1 Tarifverträge – Metallindustrie Nr. 58 zu = NZA 1987, 848.

IV. Wirkung

Instrumentarium. Das bedeutet, dass bei einer – wie regelmäßig – formularmäßigen Vereinbarung auch die Unklarheitenregelungen des § 305c Abs. 2 BGB und das Transparenzgebot des § 307 Abs. 1 S. 2 BGB greifen können, so dass sich hier letztlich die Forderung umkehrt: Eine Anrechnungsvereinbarung muss eindeutig sein.[166]

---

[166] Richtig auf die arbeitsvertragsrechtliche Analyse verweisend: HMB/*Greiner* Teil 9 Rn. 244.

§ 254 Schutz vor Rechtsverlust

Schrifttum:
Auffarth, Die Abgrenzung des Vergleichsverzichts nach § 4 Abs. 4 S. 1 TVG, BArbBl. 1957, 382; *Bauer*, Beiderseitige und einseitige Ausschlussfristen, NZA 1987, 440; *Bauer*, Chancen und Risiken von Ausgleichsklauseln in arbeitsrechtlichen Aufhebungs- und Abwicklungsverträgen, FS Bartenbach, 2005, S. 607; *Berrisch*, Der Tatsachenvergleich, FA 2005, 308; *Bork*, Der Vergleich, 1988; *Endemann*, Die Grenzen des Verbotes einer Verwirkung von Tarifansprüchen, AuR 1955, 106; *Klüsener*, Die Abgrenzung des Günstigkeitsprinzips aus § 4 III TVG vom Tarifverzicht des § 4 IV TVG, 2004; *Korinth*, Die Tücken des Tatsachenvergleiches, ArbRB 2003, 316; *Krause*, Vereinbarte Ausschlussfristen, RdA 2004, 106; *Moritz*, Die Ausgleichsquittung – Privatautonomie im Arbeitsrecht, BB 1979, 1610; *Migsch*, Der sogenannte Verzicht des Arbeitnehmers auf Ansprüche aus dem Arbeitsverhältnis, Festschrift Strasser, 1983, S. 255; *Peetz/Rose*, Ausschlussfristen: Geltendmachung von Ansprüchen per E-Mail, DB 2006, 2346; *Rieble*, Insolvenzbedingter Forderungsverzicht und arbeitsrechtliche Erlaßverbote, ZIP 2007, 1389; *Schulte*, Rechtsfragen der Ausgleichsquittung bei Beendigung des Arbeitsverhältnisses, DB 1981, 937; *Schütt*, Die Vertragskontrolle von Ausgleichsquittungen, 2008; *Siebert*, Einrede der Arglist gegenüber Tarifansprüchen, BB 1955, 70; *Simon*, Unabdingbarkeit und vertraglicher Verzicht, 2008; *Stahlhacke*, Der Gegenstand der Kündigungsschutzklage und ihre Kombination mit einer allgemeinen Feststellungsklage, FS Wlotzke, 1996, S. 173; *Szücs*, Verzicht und Vergleich im österreichischen, deutschen und schweizerischen Arbeitsrecht, 2006; *Thomas*, Der Verzicht auf tarifliche Ansprüche im arbeitsgerichtlichen Verfahren unter besonderer Berücksichtigung des Vergleichsabschlusses, 1961; *Trieschmann*, Der Vergleich über tatsächliche Voraussetzungen tariflicher Ansprüche und das Erfordernis seiner Billigung durch die Tarifvertragsparteien, RdA 1959, 87; *Weyand*, Ausschlussfristen im Tarifrecht, 2008.

Übersicht

	Rn.
I. Flankierender Schutz vor Rechtsverlust	1
II. Umfasste tarifliche Rechte	11
III. Konkreter Verlustschutz	15
1. Verzichtsverbot	15
2. Vergleich	26
3. Verwirkungsschutz	34
4. Tariflicher Vorbehalt für Ausschlussfristen	38

I. Flankierender Schutz vor Rechtsverlust

1 Nach § 4 Abs. 4 S. 1 TVG[1] ist ein Verzicht auf entstandene tarifliche Rechte nur in einem von den Tarifvertragsparteien gebilligten Vergleich zulässig, die Verwirkung dieser Rechte ist ausgeschlossen und Ausschlussfristen für ihre Geltendmachung können nur im Tarifvertrag vereinbart werden. Damit wird ein Schutz vor dem Verlust entstandener tariflicher Rechte entfaltet. Dieser Schutz vor Rechtsverlust **flankiert die zwingende Wirkung** tariflicher Normen nach § 4 Abs. 1 TVG, die im Ergebnis beeinträchtigt würden, wenn über sie zwar die Entstehung tariflicher Rechte abgesichert wäre, diese entstandenen Rechte aber durch einen (zu einfachen) Verlust nicht mehr real erfüllt werden müssten.[2] Damit nimmt die Vorschrift die Trennung zwischen Entstehung und Einwirkung auf tariflich begründete Rechte auf.[3] Der Verlustschutz knüpft an die **Schutzfunktion des Tarifvertrags** an (→ § 231 Rn. 6 ff.) und dient deshalb insgesamt vor allem dem Arbeitnehmerschutz.[4] Der Arbeitnehmer wird so letzlich vor einem opportunistischen Drängen des Arbeitgebers zum Verzicht auf der arbeitsvertraglichen Ebene bewahrt.[5] § 4 Abs. 5 TVG soll Gewähr dafür bieten, dass die tariflichen Rechte auch realisiert werden können. Mittelbar schützt § 4 Abs. 4 TVG damit auch den Tarifvertrag als Regelungsgrundlage für das Arbeitsverhältnis, weil die Realisierung tariflicher Ansprüche unterstützt

---

[1] Siehe zur Entwicklung der Vorschrift Wiedemann/*Wank* § 4 Rn. 652 ff., Rn. 712.
[2] NK-TVG/*Zwanziger* § 4 Rn. 1003; ErfK/*Franzen* TVG § 4 Rn. 43; *Löwisch/Rieble* § 4 Rn. 675.
[3] In diesem Sinne *Löwisch/Rieble* § 4 Rn. 657.
[4] BeckOK ArbR/*Giesen* TVG § 4 Rn. 35; JKOS/*Jacobs* § 7 Rn. 120; Kempen/Zachert/*Brecht-Heitzmann* § 4 Rn. 580.
[5] Siehe auch HMB/*Greiner* Teil 9 Rn. 59.

wird.⁶ Das dient der Funktionalität des Tarifsystems.⁷ In § 77 Abs. 4 S. 2 BetrVG findet sich eine parallele Regelung für den Schutz vor Verlust durch Betriebsvereinbarung begründeter Rechte.⁸

Weil der Verlustschutz des § 4 Abs. 4 TVG die zwingende Wirkung tariflicher Regelungen flankiert, gilt er auch **nur für den Arbeitnehmer.** Der Arbeitgeber kann auf seine Rechte ebenso verzichten wie der Dritte, dem der Tarifvertrag nach § 328 Abs. 1 BGB ein Recht zuwendet – wie etwa im Falle der Ansprüche einer gemeinsamen Einrichtung.⁹ Und auch der Dritte, dem etwa eine Forderung aus dem Tarifvertrag abgetreten wird, kann sich aus diesem Grund nicht auf den Verlustschutz des § 4 Abs. 4 TVG berufen, die Vorschrift ist hier teleologisch zu reduzieren.¹⁰

Die Verbindung des Verlustschutzes zur zwingenden Wirkung des Tarifvertrags zeigt sich auch dort, wo diese zwingende Wirkung nicht besteht: Im Falle einer **Öffnung durch die Tarifvertragsparteien** oder aber bei für den Arbeitnehmer günstigeren Vereinbarungen. Die Abweichungen, die § 4 Abs. 3 TVG für das Entstehen tariflicher Rechte zulässt, sind auch im Rahmen des § 4 Abs. 4 TVG relevant. Freilich gilt es hier zu beachten, dass sich die Öffnung durch die Tarifvertragsparteien oder die Günstigkeit eines (teilweisen) Rechtsverlustes eben gerade auf diesen Rechtsverlust und die betreffende Vereinbarung beziehen muss. Man kann auch die Zustimmungsnotwendigkeit der Tarifvertragsparteien zu einem konkreten Vergleich im Sinne des § 4 Abs. 4 S. 1 TVG als punktuelle Öffnung des Verlustschutzes begreifen. Richtig (freilich umstritten)¹¹ kann eine solche Öffnung aber auch bereits im Tarifvertrag selbst und losgelöst vom konkreten Arbeitsverhältnis erfolgen. Allerdings ist dann stets auszulegen, ob es sich um eine Öffnung nach § 4 Abs. 3 1. Alt TVG und damit hin zu einer abweichenden Abmachung handelt, also das Entstehen der tariflichen Rechte betrifft, oder aber um eine Öffnung für den Verzicht auf entstandene Rechte.¹² So können die Tarifvertragsparteien nur für die Abweichung vom Tarifvertrag öffnen, aber nicht für den Verzicht auf entstandene tarifliche Rechte. Im Zweifel wird hier vorgeschlagen, aus einer Öffnung nach § 4 Abs. 3 1. Alt. TVG auch eine Öffnung für den Rechtsverzicht zuzulassen.¹³ Das ist richtig. Freilich können die Tarifvertragsparteien auch die Reichweite der Öffnung für den Rechtsverlust festlegen – und etwa nur die Verwirkung eines tariflich entstandenen Rechts aus § 242 BGB zulassen.

Der Flankenschutz für die zwingende Wirkung wirkt sich auch dann aus, wenn diese zwingende Wirkung nur teilweise greift, wie etwa im Falle eines Urlaubsanspruchs, dessen Höhe teilweise einer Öffnung für die Arbeitsvertragsparteien unterliegt. In diesen Fällen ist auch der Verlustschutz teilbar – § 4 Abs. 4 TVG umfasst dann nur den zwingenden Teil.¹⁴

Der Verlustschutz des § 4 Abs. 4 TVG ist allerdings begrenzt auf rechtsgeschäftliche Tatbestände, die der realen Geltendmachung eines tariflichen Rechts entgegenstehen. Die **Verwendungsfreiheit des Arbeitnehmers** will die Regelung nicht einschränken.¹⁵ So hindert – ersichtlich – die Erfüllung eines Anspruches nicht dessen Erlöschen nach § 362

---

⁶ Thüsing/Braun/*Forst* 7. Kap. Rn. 69; ähnlich *Richardi*/*Bayreuther* KollArbR § 6 Rn. 31; *Preis* KollArbR Rn. 553.
⁷ HMB/*Greiner* Teil 9 Rn. 60.
⁸ Dazu Richardi BetrVG/*Richardi* § 77 Rn. 178 ff.
⁹ BAG 14. 4. 2004 – 4 AZR 232/03, NZA 2005, 178; BeckOK ArbR/*Giesen* TVG § 4 Rn. 36; *Löwisch*/ *Rieble* § 4 Rn. 681 ff.; aA für den Arbeitgeber NK-TVG/*Zwanziger* § 4 Rn. 1003, 1015; Wiedemann/ *Wank* § 4 Rn. 668, 701.
¹⁰ *Löwisch*/*Rieble* § 4 Rn. 687 f.
¹¹ BeckOK ArbR/*Giesen* TVG § 4 Rn. 40; *Löwisch*/*Rieble* § 4 Rn. 712; aA HWK/*Henssler* TVG § 4 Rn. 56; JKOS/*Jacobs* § 7 Rn. 130; Wiedemann/*Wank* § 4 Rn. 685.
¹² Thüsing/Braun/*Forst* § 4 Rn. 71.
¹³ *Löwisch*/*Rieble* § 4 Rn. 678.
¹⁴ BeckOK ArbR/*Giesen* TVG § 4 Rn. 37; ErfK/*Franzen* TVG § 4 Rn. 43; JKOS/*Jacobs* § 7 Rn. 122; *Löwisch*/*Rieble* § 4 Rn. 675 ff.
¹⁵ ErfK/*Franzen* TVG § 4 Rn. 44; JKOS/*Jacobs* § 7 Rn. 128.

BGB, auch kann der Arbeitnehmer mit seiner Forderung aufrechnen und sie zum Erlöschen bringen, § 387 BGB, oder aber die Forderung abtreten.[16]

6   Ebenfalls führt § 4 Abs. 4 TVG nicht dazu, dass der Arbeitnehmer die ihm zustehenden Rechte geltend machen müsste – ein solches **Geltendmachungsgebot** findet keinerlei dogmatischen Ansatzpunkt. Der Arbeitnehmer kann also seine Ansprüche im Hinblick auf eine tarifliche Ausschlussfrist erlöschen oder verjähren lassen, er kann seine Klage zurücknehmen oder er kann einen erstrittenen Titel nicht zwangsvollstrecken.[17]

7   Der Flankenschutz für die zwingende Wirkung zeigt sich auch bei der Frage nach der **zeitlichen Dimension** der Entstehung der zu schützenden Rechte.[18] Entsteht ein tarifliches Recht etwa (erst) im Zeitraum der Nachwirkung, § 4 Abs. 5 TVG, so wird es nicht vom Verlustschutz erfasst.[19] Das ist schon deshalb richtig, weil der Verlustschutz nicht weiter gehen kann als der Schutz des entstehenden Rechts: Es wäre asynchron, wenn die Entstehung eines tariflichen Rechts durch andere Abmachung unterbunden werden könnte, ein Verzicht darüber aber etwa nicht.[20]

8   **Arbeitsvertraglich begründete Rechte** unterfallen dem Verlustschutz nicht, weil sie keine tariflichen Rechte sind. Hier sind zunächst außer- und übertarifliche Vereinbarungen zu nennen.[21] Das gilt auch für Rechte aus schuldrechtlich in Bezug genommenen Tarifverträgen – weil es auch hier an der zwingenden Wirkung des Tarifvertrags mangelt.[22] Ebenso entfällt der Verlustschutz bei Rechten, die aus für den Arbeitnehmer günstigeren Vereinbarungen mit dem Arbeitgeber resultieren, weil diese zwar die zwingende Wirkung des Tarifvertrags durchbrechen, aber nicht selbst tarifliche Regelungen sind.[23] Und auch völlig „tarifvertragsferne" Rechte aus dem Arbeitsvertrag, wie grundsätzlich Entgeltansprüche, oder auch sekundäre Ansprüche etwa nach § 280 Abs. 1 BGB, unterfallen nicht § 4 Abs. 4 TVG. Vor ihrem Verlust kann nur eine entsprechende gesetzliche Regelung schützen, wie etwa § 3 MiLoG – oder aber ein einzelvertragliches Verzichtsverbot nach § 137 S. 2 BGB, das aber ebenso einzelvertraglich auch wieder aufgehoben werden kann.[24]

9   **Rechte, die aus einer Betriebsvereinbarung** resultieren, sind keine tariflichen Rechte, für sie greift dann auch nicht § 4 Abs. 4 TVG, sondern § 77 Abs. 4 BetrVG. Das gilt auch dann, wenn sich der Tarifvertrag nach § 77 Abs. 3 S. 2 BetrVG für die Betriebsvereinbarung öffnet. Für Richtlinien nach dem SprAuG gilt dessen § 28 Abs. 2 S. 3.

10 Nach dem **Betriebsübergang** auf den (nicht tarifgebundenen) Betriebserwerber kommt es nach der neueren Rechtsprechung des BAG zu einer „kollektivrechtlichen" Weitergeltung tariflicher Regelungen nach § 613a Abs. 1 S. 2 BGB.[25] Daraus wird geschlossen, dass dann auch der Verlustschutz des § 4 Abs. 4 TVG zumindest entsprechend weiter gölte.[26] Beides geht fehl: Die kollektivrechtliche Sicht ist dogmatisch nicht zu begründen (→ § 247 Rn. 13 ff.); für die analoge Anwendung des § 4 Abs. 4 TVG fehlt die Regelungslücke.[27]

---

[16] ErfK/*Franzen* TVG § 4 Rn. 44; JKOS/*Jacobs* § 7 Rn. 123, 128.
[17] HMB/*Greiner* Teil 9 Rn. 64 mwN.
[18] JKOS/*Jacobs* § 7 Rn. 122; *Löwisch/Rieble* § 4 Rn. 675 ff.
[19] ErfK/*Franzen* TVG § 4 Rn. 43; Thüsing/Braun/*Forst* Kap. 7 Rn. 71; JKOS/*Jacobs* § 7 Rn. 122; Wiedemann/*Wank* § 4 Rn. 669; HMB/*Greiner* Teil 9 Rn. 61.
[20] *Löwisch/Rieble* § 4 Rn. 676.
[21] JKOS/*Jacobs* § 7 Rn. 122; *Löwisch/Rieble*, § 4 Rn. 672.
[22] BAG 31.5.1990 – 8 AZR 132/89, AP BUrlG § 13 Unabdingbarkeit Nr. 13 = NZA 1990, 935; ErfK/*Franzen* TVG § 4 Rn. 43; JKOS/*Jacobs* § 7 Rn. 122; HMB/*Greiner* Teil 9 Rn. 61.
[23] ErfK/*Franzen* TVG § 4 Rn. 43; *Löwisch/Rieble* § 4 Rn. 679.
[24] Thüsing/Braun/*Forst* Kap. 7 Rn. 71.
[25] BAG 26.8.2009 – 5 AZR 969/08, AP BGB § 613a Nr. 375 = NZA 2010, 17.
[26] JKOS/*Jacobs* § 7 Rn. 122; Thüsing/Braun/*Forst* Kap. 7 Rn. 71; aA *Löwisch/Rieble* § 4 Rn. 670.
[27] *Löwisch/Rieble* § 4 Rn. 671; aA Thüsing/Braun/*Forst* Kap. 7 Rn. 71.

II. Umfasste tarifliche Rechte

Geschützt wird vor dem Verlust von **entstandenen, tariflichen Rechten.** Das gilt nicht nur für solche, die durch einen mitgliedschaftlich legitimierten Tarifvertrag, §§ 3 Abs. 1, 4 Abs. 1 TVG, grundgelegt werden, sondern auch für allgemeinverbindliche Tarifverträge.[28] Damit nicht umfasst ist der Zugriff auf Abreden, die lediglich mittelbar zum Rechtsverlust führen, wie etwa der Tatsachenvergleich.[29] Auf der anderen Seite meint das Gesetz alle entstandenen Rechte des Arbeitnehmers, die nach ihrer Entstehung losgelöst vom zu Grunde liegenden Arbeitsverhältnis und rechtliche Eigenständigkeit aufweisen. Dazu gehören etwa Entgeltansprüche, Abfindungsansprüche und Urlaubsansprüche, aber auch Ansprüche auf Abfindung oder Wiedereinstellung.[30] Ein Recht im Sinne des § 4 Abs. 4 TVG ist auch das Stammrecht im Rahmen einer Rentenanwartschaft.[31]

Der Verlustschutz bezieht sich aber nicht nur auf Ansprüche und damit Forderungen, sondern ebenso auf **Gestaltungs-, Widerrufs- und Zurückbehaltungsrechte.**[32] Freilich kann gerade bei Gestaltungsrechten die Abgrenzung zwischen „Verzicht" und Bestätigung nach § 144 BGB schwerfallen.[33]

Knüpft man an die Verselbständigung der Rechte an, dann sind etwa tarifliche **Kündigungsfristen** oder die tarifliche **ordentliche Unkündbarkeit** des Arbeitnehmers keine Rechte, die unter den Verlustschutz des § 4 Abs. 4 TVG fallen – was auch gar nicht nötig ist, weil hier etwa durch eine Vereinbarung, die die ordentliche Kündigung arbeitsvertraglich doch wieder zulässt, unmittelbar die zwingende Wirkung angegriffen wird. Es gilt hier § 4 Abs. 1 TVG, der nur durch die Ausnahmen des § 4 Abs. 3 TVG durchbrochen werden kann.[34] Andere freilich fassen auch diese Rechte unter § 4 Abs. 4 TVG[35] – was aber keine weitreichenden Folgen hat, weil sowohl § 4 Abs. 1 TVG wie § 4 Abs. 4 TVG einer solchen rechtsmindernden Vereinbarung entgegenstehen und eine Durchbrechung der Unwirksamkeit durch Öffnung und Günstigkeitsprinzip in beiden Fällen gewährleistet ist.

§ 4 Abs. 4 TVG schützt nur vor dem Verlust tariflicher Rechte, deshalb sind Rechte, die ihre Grundlage außerhalb des Tarifvertrags haben, nicht umfasst, so wie etwa **gesetzliche** Entgeltfortzahlungs**ansprüche**.[36] Nehmen Tarifverträge diese Ansprüche auf, etwa in dem sie auf die gesetzlichen Ansprüche verweisen, so ist durch Auslegung zu ermitteln, ob die Tarifvertragsparteien selbst tarifliches Recht setzen wollten oder aber lediglich deklaratorisch auf die gesetzliche Lage verweisen wollten. Der Verlustschutz des § 4 Abs. 4 TVG gilt nur im ersten Fall.

III. Konkreter Verlustschutz

1. Verzichtsverbot

§ 4 Abs. 4 S. 1 TVG verbietet zunächst grundsätzlich – zur Verbindung mit einem Vergleich sogleich (→ Rn. 26 ff.) – den Verzicht auf tarifliche Rechte des Arbeitnehmers. Der Arbeitgeber kann einen Verzicht wirksam schließen. Wird dennoch ein Verzicht im Sinne des § 4 Abs. 4 S. 1 TVG geschlossen, so ist er wegen der Anordnung des § 134

---

[28] HMB/*Greiner* Teil 9 Rn. 70 für den Verzicht.
[29] BeckOK ArbR/*Giesen* TVG § 4 Rn. 39 f.; ErfK/*Franzen* TVG § 4 Rn. 45; *Löwisch/Rieble* § 4 Rn. 704; aA Kempen/Zachert/*Brecht-Heitzmann* § 4 Rn. 592.
[30] *Löwisch/Rieble* § 4 Rn. 662; Thüsing/Braun/*Forst* Kap. 7 Rn. 70.
[31] *Löwisch/Rieble* § 4 Rn. 662.
[32] BAG 24. 1. 1985 – 2 AZR 67/84, AP TVG § 1 Tarifverträge: Einzelhandel Nr. 7; ErfK/*Franzen* TVG § 4 Rn. 43; *Löwisch/Rieble* § 4 Rn. 663.
[33] *Löwisch/Rieble* § 4 Rn. 699; Staudinger/*Rieble* BGB § 397 Rn. 74 ff.
[34] *Löwisch/Rieble* § 4 Rn. 664.
[35] NK-TVG/*Zwanziger* § 4 Rn. 1004; Kempen/Zachert/*Brecht-Heitzmann* § 4 Rn. 585; Thüsing/Braun/*Forst* Kap. 7 Rn. 70; JKOS/*Jacobs* § 7 Rn. 121 verweisend auf BAG 18. 11. 1999 – NZA 2000, 605, dessen Lösung über § 4 Abs. 4 *Löwisch/Rieble* in 4 Rn. 664 wiederum als „schief" bezeichnen.
[36] *Löwisch/Rieble* § 4 Rn. 667.

BGB nichtig. § 4 Abs. 4 S. 1 TVG ist Verbotsgesetz.[37] Damit führt § 4 Abs. 4 S. 1 TVG zu einer Beschränkung der Verfügungsbefugnis über das tarifliche Recht.[38]

16 Wegen des beabsichtigten Flankenschutzes für die zwingende Wirkung ist der Begriff des Verzichts weit auszulegen.[39] Damit wird jedes Rechtsgeschäft umfasst, das zum Erlöschen des tariflichen Rechts führt, ohne der Realisierung des Rechtes zu dienen.[40] Dies betrifft zunächst vertragliche Vereinbarungen wie den Erlass, § 397 Abs. 1 BGB[41] und das negative Schuldanerkenntnis nach § 397 Abs. 2 BGB – weshalb auch eine Ausgleichquittung tarifliche Rechte nicht ergreifen kann.[42] Umfasst wird nicht nur der vollständige Verzicht, sondern auch der teilweise Verzicht auf tarifliche Rechte.

17 Einen Verzicht enthält auch der **Vergleich,** § 779 BGB, auch als Prozessvergleich, weil er seinen Charakter aus dem gegenseitigen Nachgeben zieht. Der Vergleich weist lediglich die Besonderheit auf, dass ein enthaltener Rechtsverzicht beim Vergleich mit Zustimmung der Tarifvertragsparteien möglich ist.[43]

18 Weil es § 4 Abs. 4 TVG um die tatsächliche und effektive Erfüllung tariflicher Forderungen geht, fallen auch Verträge, die lediglich die **Durchsetzbarkeit** einer tariflich begründeten Forderung, aber nicht deren Bestand treffen, unter die Vorschrift. Deshalb sind sowohl die Stundung[44] als auch der Ausschluss der Klagbarkeit *(pactum de non petendo)* vom Verzichtsverbot des § 4 Abs. 4 S. 1 TVG erfasst. Der **Klageverzicht** des § 306 ZPO fällt nach herrschender Meinung ebenfalls unter das Verzichtsverbot.[45] Dem wird die rein materiellrechtliche Wirkung des Verzichtsverbotes entgegengehalten.[46]

19 Der **weite Verzichtsbegriff** des § 4 Abs. 4 TVG umfasst auch Rechtsgeschäfte, die zu einem Schuldneraustausch führen – weil sie potentiell die Realisierung der tariflichen Rechte gefährden können.[47] Deshalb steht der Verlustschutz des § 4 Abs. 4 S. 1 TVG auch gegen die Schuldübernahme nach §§ 414, 415 BGB. Ebenso soll der Inhalt des tariflichen Rechts geschützt werden, weshalb auch eine Vereinbarung einer Leistung an Erfüllungs statt, § 364 BGB oder die inhaltliche Umwandlung – etwa einer tariflichen Forderung in ein Darlehen an den Arbeitgeber – nicht möglich ist.[48]

20 § 4 Abs. 4 TVG umfasst aber nicht nur Verträge, die zum Erlöschen des tariflichen Rechts führen, sondern auch den **Verzicht auf einseitige Rechtsmacht,** wie auf Gestaltungs-, Widerruf- oder Zurückbehaltungsrechte. Der Grund des Verlustschutzes greift hier ebenso wie beim vertraglichen Erlass. Allerdings muss hier abgegrenzt werden, weil in der Nichtausübung eines Gestaltungsrechts auch die Bestätigung des entsprechenden Gestaltungsobjekts liegen kann – deren Möglichkeit dem Arbeitnehmer aber auch zustehen muss, § 144 BGB.[49]

---

[37] BAG 12.2.2014 – 4 AZR 317/12, NZA 2014, 613; BAG 12.12.2007 – 4 AZR 998/06, NZA 2008, 649; HMB/*Greiner* Teil 9 Rn. 60.
[38] *Löwisch/Rieble* § 4 Rn. 727.
[39] Kempen/Zachert/*Brecht-Heitzmann* § 4 Rn. 582; Thüsing/Braun/*Forst* Kap. 7 Rn. 72; Wiedemann/*Wank* § 4 Rn. 655.
[40] BeckOK ArbR/*Giesen* § 4 Rn. 38; Kempen/Zachert/*Brecht-Heitzmann* § 4 Rn. 582.
[41] BAG 29.5.1991 – 7 AZR 79/90, NZA 1991, 942.
[42] *Löwisch/Rieble* § 4 Rn. 690; JKOS/*Jacobs* § 7 Rn. 128; Kempen/Zachert/*Brecht-Heitzmann* § 4 Rn. 582, 590; Wiedemann/*Wank* § 4 Rn. 659; HMB/*Greiner* Teil 9 Rn. 62.
[43] → § 215 Rn. 33.
[44] Kempen/Zachert/*Brecht-Heitzmann* § 4 Rn. 583; *Löwisch/Rieble* § 4 Rn. 693; Wiedemann/*Wank* § 4 Rn. 655; aA JKOS/*Jacobs* § 7 Rn. 128.
[45] BeckOK ArbR/*Giesen* TVG § 4 Rn. 38; ErfK/*Franzen* TVG § 4 Rn. 45; JKOS/*Jacobs* § 7 Rn. 126; Thüsing/Braun/*Forst* Kap. 7 Rn. 72; Wiedemann/*Wank* § 4 Rn. 658; HMB/*Greiner* Teil 9 Rn. 62.
[46] *Löwisch/Rieble* § 4 Rn. 700.
[47] NK-TVG/*Zwanziger* § 4 Rn. 10005; *Löwisch/Rieble* § 4 Rn. 691 ff.; Kempen/Zachert/*Brecht-Heitzmann* § 4 Rn. 583; aA Wiedemann/*Wank* § 4 Rn. 655; unentschlossen ErfK/*Franzen* TVG § 4 Rn. 44.
[48] NK-TVG/*Zwanziger* § 4 Rn. 1005, 1008; *Löwisch/Rieble* § 4 Rn. 695 f.; JKOS/*Jacobs* § 7 Rn. 126 (für das Darlehen); Kempen/Zachert/*Brecht-Heitzmann* § 4 Rn. 583 (für das Darlehen); aA Wiedemann/*Wank* § 4 Rn. 655.
[49] Dazu allgemein Staudinger/*Rieble*, 2016, BGB § 397 Rn. 74 ff.

III. Konkreter Verlustschutz

Auf der anderen Seite greift der Verzichtsschutz des § 4 Abs. 4 S. 1 TVG nicht in die **Verwendungsfreiheit des Arbeitnehmers** ein (→ Rn. 5), so dass der Arbeitnehmer mit einer tariflichen Forderung aufrechnen kann oder aber die Forderung abtreten kann.[50] Dies gilt jedenfalls solange, wie die Abtretung keine Verzichtswirkung hat, die etwa infolge Konfusion eintritt, wenn der Arbeitnehmer seine Forderung an den Arbeitgeber abtritt.[51] 21

Dass das Verzichtsverbot nicht greift, wenn es sich wirtschaftlich zu Gunsten des Arbeitnehmers auswirkt,[52] ist falsch.[53] Sofern hier zur Begründung auf die Rechtsprechung zum Verzicht mit sachlichem Grund bei Betriebsübergang verwiesen wird,[54] wird der originär tarifliche Boden verlassen. 22

Das Verzichtsverbot nach § 4 Abs. 4 S. 1 TVG für tarifliche Rechte wird nicht durch einen **Betriebsübergang** beendet – das entstandene tarifliche Recht wird auch nach der kollektivrechtliche Weitergeltung nach § 613a Abs. 1 S. 2 BGB geschützt.[55] Das gilt für solche Rechte, die bereits vor dem Betriebsübergang entstanden sind, aber auch für diejenigen, die danach entstehen. Die Frage der Günstigkeit kann nur beim privilegierten Vergleich (→ Rn. 26) eine Rolle spielen, nicht aber beim isolierten Verzicht. Hier wären auch entsprechende Feststellungen eines sachlichen Grundes – etwa im Sinne der wirtschaftlichen Günstigkeit – nur schwer feststellbar.[56] 23

Ein „Verzicht", der **vor Entstehung des tariflichen Rechts** geschlossen wird, kann die Entstehung dieses Rechts nicht verhindern. Hier kann der Verzicht von vornherein nicht auf die Verhinderung der Rechtentstehung zielen, das er ergibt sich bereits aus § 4 Abs. 1 TVG.[57] 24

Ist der Verzicht in eine umfangreichere Gesamtvereinbarung eingebettet – wie etwa regelmäßig bei einer Ausgleichsquittung – so wirkt sich die **Nichtigkeit der Verzichtsvereinbarung** regelmäßig nicht auf das Gesamtgeschäft aus.[58] 25

2. Vergleich

Verzichtet der Arbeitnehmer auf seine Rechte im Rahmen eines Vergleichs, so ist der Verzicht wirksam, wenn der Vergleich mit **Zustimmung der Tarifvertragsparteien** geschlossen wird. Damit kommt es zu einer Privilegierung des Vergleichs gegenüber dem „bloßen" Verzicht.[59] Das ist dem Kernelement des Vergleiches, dem „gegenseitigen Nachgeben", geschuldet:[60] Der Arbeitnehmer verliert so zwar bestehende tarifliche Rechte, er gewinnt aber ebenso gegenüber dem Arbeitgeber. 26

Unter § 4 Abs. 4 TVG ist der **Tatsachenvergleich** nicht zu fassen (→ Rn. 11), weil § 4 Abs. 4 TVG ausschließlich auf tarifliche Rechte abstellt. Richtig wird deshalb darauf hingewiesen, dass eine Berücksichtigung des Tatsachenvergleiches letztlich mit dem prozessualen Dispositionsgrundsatz nicht in Einklang zu bringen ist, so dass die Arbeitsvertragsparteien über das Vorliegen von Tatsachen Einigung erzielen können.[61] So kann der 27

---

[50] ErfK/*Franzen* TVG § 4 Rn. 44; *Löwisch/Rieble* § 4 Rn. 697; JKOS/*Jacobs* § 7 Rn. 128; Kempen/Zachert/Brecht-Heitzmann § 4 Rn. 584.
[51] ErfK/*Franzen* TVG § 4 Rn. 44; *Löwisch/Rieble* § 4 Rn. 697; Thüsing/Braun/*Forst* Kap. 7 Rn. 72.
[52] So Wiedemann/*Wank* § 4 Rn. 664.
[53] BAG 12. 2. 2014 – 4 AZR 317/12, NZA 2014, 613.
[54] Siehe Wiedemann/*Wank* § 4 Rn. 664 unter Hinweis auf BAG 27. 4. 1988 – 5 AZR 358/87, NZA 1988, 655.
[55] BAG 12. 2. 2014 – 4 AZR 317/12, NZA 2014, 613.
[56] Deshalb nicht überzeugend: BSG 28. 2. 1990 – 10 RKg 15/89, NZA 1990, 995.
[57] HMB/*Greiner* Teil 9 Rn. 60.
[58] HMB/*Greiner* Teil 9 Rn. 63; aA NK-TVG/*Zwanziger* § 4 Rn. 1064.
[59] *Löwisch/Rieble* § 4 Rn. 702.
[60] Dazu allgemein MüKoBGB/*Habersack* § 779 Rn. 26 ff.
[61] BAG vom 12. 2. 2014 – 4 AZR 317/12, NZA 2014, 613; BAG 5. 11. 1997 – 4 AZR 682/95, AP TVG § 4 Nr. 17 = NZA 1998, 434; Wiedemann/*Wank* § 4 Rn. 680 ff.; JKOS/*Jacobs* § 7 Rn. 129; *Preis* KollArbR Rn. 554; Thüsing/Braun/*Forst* 7. Kap. Rn. 73; aA Kempen/Zachert/Brecht-Heitzmann § 4 Rn. 592; Trieschmann RdA 1959, 87 (93).

Arbeitnehmer im Prozess auch einzelne Tatsachen unstreitig stellen, § 4 Abs. 4 TVG hindert dies nicht.[62]

28 Ein Vergleich ist zulässig, wenn die Tarifvertragsparteien den Vergleich billigen, damit ist eine **Zustimmung nach §§ 182 ff. BGB** gemeint.[63] Die Zustimmung ist Rechtsgeschäft, auf sie sind deshalb die allgemeinen Regeln anwendbar,[64] und kann durch Einwilligung oder Genehmigung erteilt werden, §§ 182 ff. BGB. § 4 Abs. 4 S. 1 TVG fordert die Billigung durch beide Tarifvertragsparteien, im Falle des Haustarifvertrags ist freilich in der Erklärung des Arbeitgebers zum Vergleich zugleich die Billigung im Sinne des § 4 Abs. 4 S. 1 TVG zu sehen. Weil die Billigung Rechtsgeschäft ist, kann sie auch – und wird bei Verbänden regelmäßig – durch Vertreter erfolgen. Externen Dritten – wie Rechtsanwälte – kann freilich keine entsprechende, vollumfängliche und nicht auf den konkreten Fall bezogene Bevollmächtigung gegeben werden, weil sie ansonsten die Tarifgeltung ohne Tarifverantwortung und den Zweck des Zustimmungsvorbehalts, den Einzelfall zu regeln, konterkarieren könnten.[65]

29 Die Zustimmung muss **ausdrücklich** erklärt werden.[66] Einem Formgebot unterliegt sie nicht.

30 Ein **Anspruch auf die Zustimmung** der Tarifvertragsparteien besteht – sofern keine entsprechende Vereinbarung vorliegt – nicht, sie ergibt sich jedenfalls nicht bereits aus dem schlichten Mitgliedsverhältnis.

31 Weil die Tarifvertragsparteien Zugriff auf die zwingende Wirkung haben, können sie auch im Tarifvertrag tarifliche Rechte für einen Vergleich öffnen (→ § 252 Rn. 1 ff.).[67] Deshalb ist es nicht richtig, wenn darauf verwiesen wird, dass eine Zustimmung nach § 4 Abs. 4 S. 2 TVG nur zum konkreten Vergleich gegeben werden kann.[68]

32 Es wird vorgeschlagen, bei fehlender mitgliedschaftlicher Tarifbindung wie bei Nachbindung nach § 3 Abs. 3 TVG oder bei Allgemeinverbindlichkeit nicht § 4 Abs. 4 TVG anzuwenden – und so die Wirksamkeit des Vergleichs von der Zustimmung der (nicht mehr durch Mitgliedschaft legitimierten) Tarifvertragsparteien abhängig zu machen, sondern **§ 9 AEntG** entsprechend anzuwenden, so dass die Zustimmung beim gerichtlichen Vergleich entfiele.[69] Freilich ist der Wortlaut der Vorschrift für normativ geltende Tarifverträge eindeutig.[70] Für schuldrechtlich in Bezug genommene Tarifverträge gilt das Zustimmungserfordernis ohnehin nicht.

33 Von vornherein keiner Zustimmungsnotwendigkeit unterliegt ein Vergleich, wenn er für den Arbeitnehmer günstiger ist als das Bestehen auf dem tariflichen Recht.[71] Im Rahmen des **Günstigkeitsvergleiches** ist hier auf den konkreten Vergleich abzustellen.[72] Freilich wird es gewisse Schwierigkeiten bereiten, die Günstigkeit in diesen Fällen festzustellen. Befürwortet wird sie etwa in dem Fall, dass der Arbeitnehmer einen Vergleich mit

---

[62] JKOS/*Jacobs* § 7 Rn. 129; HMB/*Greiner* Teil 9 Rn. 71.
[63] BAG 25.7.1962 – 4 AZR 535/61, AP TVG § 1 Auslegung Nr. 114; BeckOK ArbR/*Giesen* § 4 Rn. 39; NK-TVG/*Zwanziger* § 4 Rn. 1101; Löwisch/Rieble § 4 Rn. 707.
[64] HMB/*Greiner* Teil 9 Rn. 69.
[65] NK-TVG/*Zwanziger* § 4 Rn. 1101; HWK/*Henssler* TVG § 4 Rn. 56; JKOS/*Jacobs* § 7 Rn. 130; Thüsing/Braun/*Forst* Kap. 7 Rn. 7; HMB/*Greiner* Teil 9 Rn. 69.
[66] BAG 25.7.1962 – 4 AZR 535/61, AP TVG § 1 Auslegung Nr. 114.
[67] Löwisch/Rieble § 4 Rn. 712.
[68] So aber JKOS/*Jacobs* § 7 Rn. 130; NK-TVG/*Zwanziger* § 4 Rn. 1011: „(...) dürfte unzulässig sein"; HWK/*Henssler* TVG § 4 Rn. 56; Thüsing/Braun/*Forst* Kap. 7 Rn. 73; Wiedemann/*Wank* § 4 Rn. 685; aA Löwisch/Rieble § 4 Rn. 712; BeckOK ArbR/*Giesen* TVG § 4 Rn. 40.
[69] Löwisch/Rieble § 4 Rn. 709; aA NK-TVG/*Zwanziger* § 4 Rn. 1003; Wiedemann/*Wank* § 4 Rn. 670 (für AVE).
[70] Siehe auch HMB/*Greiner* Teil 9 Rn. 68.
[71] BAG 27.1.2004 – 1 AZR 148/03, AP BetrVG 1972 § 112 Nr. 166 = NZA 2004, 667 (für Verzicht auf Sozialplanansprüche); Löwisch/Rieble § 4 Rn. 710; aA Wiedemann/*Wank* § 4 Rn. 675; kritisch auch Kempen/Zachert/Brecht-Heitzmann § 4 Rn. 587; JKOS/*Jacobs* § 7 Rn. 128 will jedenfalls einen seitens des Arbeitgebers erklärten Verzicht zulassen.
[72] BAG 27.1.2004 – 1 AZR 148/03, AP BetrVG 1972 § 112 Nr. 166 = NZA 2004, 667; BAG 30.3.2004 – 1 AZR 85/03, AP BetrVG 1972 § 112 Nr. 170; Löwisch/Rieble § 4 Rn. 679; JKOS/*Jacobs* § 7 Rn. 127.

III. Konkreter Verlustschutz

Verzicht auf sein Recht gegen Gegenleistung abschließt vor dem Hintergrund eines für ihn ungünstigen Musterverfahrens.[73]

3. Verwirkungsschutz

Durch § 4 Abs. 4 S. 2 TVG wird die Verwirkung, § 242 BGB, entstandener tariflicher Rechte des Arbeitnehmers ausgeschlossen. Damit wird verhindert, dass durch **Zeitablauf und Umstände**[74] der Arbeitgeber in seinem Vertrauen auf das stabile Nichtgeltendmachen eines Rechtes geschützt wird. Aufgrund von Zeitablauf kann ein tarifliches Recht also nur durch Ablauf einer (tariflichen) Ausschlussfrist erlöschen. 34

§ 4 Abs. 4 S. 2 TVG betrifft allerdings nur die Verwirkung, daran auch **andere Fallgruppen der Treuwidrigkeit** zu messen (exceptio doli; dolo-agit-Einwand; grob unbillige Rechtsausübung und das Verbot des venire contra factum proprium, Arglisteinreden), geht fehl,[75] weil nicht dem Arbeitnehmer treuwidriges Verhalten erlaubt werden soll.[76] Der Verwirkungsschutz dient – wie der gesamte § 4 Abs. 4 TVG – dem Arbeitnehmerschutz. Deshalb ist er dort nicht angezeigt, wo der Arbeitnehmer arglistig den Arbeitgeber durch Vorspiegeln der Nichtgeltendmachung davon abhält oder es ihm erschwert, sich gegen den Ansprüche zu verteidigen. In diesen Fällen, die auch auf § 162 BGB gründen, kann sich der Arbeitgeber ausnahmsweise auf Verwirkung berufen.[77] 35

Die prozessuale Verwirkung des Klagerechts als solchem ist möglich, denn sie zielt nicht auf ein tarifliches Recht.[78] 36

§ 4 Abs. 4 TVG steht der **Verjährung tariflicher Rechte** nicht entgegen.[79] Die Vorschrift will keine absolute „Unverfallbarkeit" für den Arbeitnehmer begründen. So verjähren sie regelmäßig nach §§ 195, 199 BGB in der dreijährigen Jahresendverjährungsfrist:[80] Gekoppelt an die Anspruchsentstehung und deren Kenntnis oder das Kennenmüssen des Schuldners.[81] Die absolute Höchstfrist beträgt wie allgemein 10 Jahre, § 199 Abs. 4 BGB. Das Tarifrecht kennt keine auf die Verjährung der Ansprüche bezogenen Sonderregelungen. 37

4. Tariflicher Vorbehalt für Ausschlussfristen

Ausschlussfristen, nach deren Ablauf ein nicht geltend gemachtes Recht erlischt,[82] können für tarifliche Rechte nur im Tarifvertrag selbst vorgesehen werden, § 4 Abs. 4 S. 3 TVG. Weder arbeitsvertragliche noch betriebliche Vereinbarungen vermögen es deshalb, ein Erlöschen durch Zeitablauf herbeizuführen. Weil tarifliche Ausschlussfristen aber gleichsam flächendeckend vorkommen, spielt das Verbot für den Arbeitnehmer ungünstigerer arbeitsvertraglicher Ausschlussfristen in der Praxis keine größere Rolle.[83] 38

Dabei ist es freilich möglich, dass die Tarifvertragsparteien die Möglichkeit der Ausschlussfrist auch für die Arbeitsvertragsparteien oder die Betriebsparteien öffnen – so wie 39

---

[73] *Löwisch/Rieble* § 4 Rn. 711; *Klüsener*, Die Abgrenzung des Günstigkeitsprinzips aus § 4 Abs. 3 TVG vom Tarifverzicht des § 4 IV TVG, S. 143 f.
[74] Zu den allgemeinen Voraussetzungen der Verwirkung siehe MüKoBGB/*Schubert* § 242 BGB Rn. 356 ff.
[75] BAG 23.12.1957 – 1 AZR 565/56, AP BGB § 242 Verwirkung Nr. 4; ErfK/*Franzen* TVG § 4 Rn. 47; HWK/*Henssler* TVG § 4 Rn. 58; *Löwisch/Rieble* § 4 Rn. 719; JKOS/*Jacobs* § 7 Rn. 132; Thüsing/Braun/Forst 7. Kap. Rn. 75; Wiedemann/*Wank* § 4 Rn. 693 ff.; aA NK-TVG/*Zwanziger* § 4 Rn. 1017; Kempen/Zachert/Brecht-Heitzmann § 4 Rn. 597.
[76] *Löwisch/Rieble* § 4 Rn. 718; JKOS/*Jacobs* § 7 Rn. 131.
[77] HMB/*Greiner* Teil 9 Rn. 75.
[78] Zur Prozessverwirkung BAG 20.4.2011 – 4 AZR 368/09, AP BAT-O § 22, 23 Nr. 41 = NZA-RR 2011, 609; JKOS/*Jacobs* § 7 Rn. 132; *Löwisch/Rieble* § 4 Rn. 721; aA NK-TVG/*Zwanziger* § 4 Rn. 1016.
[79] NK-TVG/*Zwanziger* § 4 Rn. 1180; JKOS/*Jacobs* § 7 Rn. 124; Kempen/Zachert/Brecht-Heitzmann § 4 Rn. 602; *Löwisch/Rieble* § 4 Rn. 719; Wiedemann/*Wank* § 4 Rn. 687.
[80] HMB/*Greiner* Teil 9 Rn. 76.
[81] Dazu MüKoBGB/*Grothe* § 199 Rn. 27 ff.
[82] Siehe zur Wirkung *Preis* KollArbR Rn. 558 ff.
[83] JKOS/*Jacobs* § 7 Rn. 142; zur Verbreitung von Ausschlussfristen auch Kempen/Zachert/Brecht-Heitzmann § 4 Rn. 607 und Wiedemann/*Wank* § 4 Rn. 720.

40 Ob § 4 Abs. 4 TVG auch auf die **Vereinbarung über verkürzte Verjährungsfristen** anzuwenden ist, die § 202 Abs. 1 BGB grundsätzlich zulässt, ist umstritten. Die herrschende Meinung will hier § 4 Abs. 4 S. 3 TVG (entsprechend) heranziehen und eine solche Vereinbarung nur dann zulassen, wenn sie im Tarifvertrag grundgelegt ist.[85] Damit wird der effektive Rechtsverlust aufgenommen, der durch § 4 Abs. 4 TVG verhindert werden soll. Dem ist zuzustimmen. Andere verweisen hier auf § 77 Abs. 4 BetrVG, der die Verjährung im Gegensatz zu § 4 Abs. 4 TVG ausdrücklich aufnehme.[86] Freilich belegen die Gesetzgebungsmaterialien, dass durch § 77 Abs. 4 BetrVG die tarifliche Rechtslage aufgenommen werden sollte.[87] Auch der Schutz durch die AGB-Kontrolle der §§ 305 ff. BGB[88] greift zu kurz, weil hiervon Individualvereinbarungen nicht betroffen sind.

---

[84] *Löwisch/Rieble* § 4 Rn. 723.
[85] NK-TVG/*Zwanziger* § 4 Rn. 1180; Kempen/Zachert/*Brecht-Heitzmann* § 4 Rn. 604; *Löwisch/Rieble* § 4 Rn. 724; Thüsing/Braun/*Forst* 7. Kap. Rn. 72; Wiedemann/*Wank* § 4 Rn. 688; HMB/*Greiner* Teil 9 Rn. 77.
[86] JKOS/*Jacobs* § 7 Rn. 125.
[87] BT-Drs. VI/1786, 47.
[88] BAG 25. 5. 2005 – 5 AZR 572/04, AP BGB § 310 Nr. 1 = NZA 2005, 1111; JKOS/*Jacobs* § 7 Rn. 125.

§ 255 Durchsetzung tariflicher Rechte

Schrifttum:
Annuß, Schutz der Gewerkschaften vor tarifwidrigem Handeln der Betriebsparteien?, RdA 2000, 287; *Berg*, Tarifwidrige Arbeitsbedingungen im Betrieb – Überlegungen zur Begründung eines Unterlassungsanspruchs der Gewerkschaft, FS Däubler, 1999, S. 495; *Buchner*, Der Unterlassungsanspruch der Gewerkschaft – Stabilisierung oder Ende des Verbandstarifvertrages?, NZA 1999, 897; *Bauer*, Betriebliche Bündnisse für Arbeit vor dem Aus?, NZA 1999, 957; *Däubler*, Gewerkschaftliches Klagerecht gegen tarifwidrige Betriebsvereinbarungen?, BB 1990, 2256; *Dieterich*, Arbeitsgerichtlicher Schutz der kollektiven Koalitionsfreiheit, FS Wißmann, 2005, S. 114; *Feudner*, Die Durchsetzung von Tarifverträgen, DB 1991, 1118; *Franzen*, Kollektive Rechtsdurchsetzung – Länderbericht Deutschland, ZIAS 2004, 32; *Gamillscheg*, Die Durchsetzung tariflicher Ansprüche, FS Henckel, 1995, S. 215; *Grunsky*, Antragsbefugnis der Gewerkschaft zur Feststellung der Tarifvertragswidrigkeit einer Betriebsvereinbarung, DB 1990, 526; *Kittner*, Rechtsschutz für Tarifverträge, FS Stahlhacke, 1995, S. 247; *Kocher*, Materiell-rechtliche und prozessuale Fragen des Unterlassungsanspruchs aus Art. 9 Abs. 3 GG, AuR 1999, 382; *Kocher*, Bestimmtheit und Streitgegenstand beim koalitionsrechtlichen Unterlassungsanspruch gegen tarifwidrige Einheitsregelungen, NZA 2005, 140; *Krause*, Der gewerkschaftliche Durchgriff auf den verbandsangehörigen Arbeitgeber bei Tarifbruch, FS Kempen, 2013, S. 313; *Löwisch*, Deliktsschutz gegen abtrünnige Mitglieder? – zur Tarifbruch-Unterlassungsklage des BAG, BB 1999, 2080; *Pfarr/Kocher*, Kollektivverfahren im Arbeitsrecht – Arbeitnehmerschutz und Gleichberechtigung durch Verfahren, NZA 1999, 358; *Rieble*, Die Burda-Entscheidung des BAG, ZTR 1999, 483; *Rieble*, Staatshilfe für Gewerkschaften, ZfA 2005, 245; *Schwarze*, Was wird aus dem gewerkschaftlichen Unterlassungsanspruch?, RdA 2005, 159; *Sutschet*, Zur Unterlassungsklage der Gewerkschaft gegen betriebliche Bündnisse für Arbeit, ZfA 2007, 207; *Walker*, Der tarifvertragliche Einwirkungsanspruch, FS Schaub, 1998, 743; *Walker*, Rechtsschutz der Gewerkschaft gegen tarifwidrige Vereinbarungen, ZfA 2000, 29.

Übersicht

	Rn.
I. Grundprinzip: Durchsetzung durch die Normadressaten	1
II. Durchsetzung durch die Tarifvertragsparteien	7
1. Keine vertraglichen Durchsetzungsansprüche	7
2. Tarifbruchunterlassungsklage	8
a) Deliktischer Schutz als Ausweg?	8
b) Tarifliche Ordnung als Schutzgut	11
c) Rechtsfolge des Anspruches	16
d) Verfahrensart	18
3. Betriebsverfassungsrechtlicher Unterlassungsanspruch	20
4. Hilfe durch die Arbeitnehmervertretung	22
III. Mittelbare staatliche Durchsetzungshilfe	27

I. Grundprinzip: Durchsetzung durch die Normadressaten

Die tariflichen Normen gelten unmittelbar und zwingend im einzelnen tarifunterworfenen Arbeitsverhältnis, § 4 Abs. 1 TVG. Deshalb sind auch die normunterworfenen Arbeitsvertragsparteien zuerst berufen, ihre Rechte durchzusetzen. Wegen dieses Transports der tariflichen Regelungen in das einzelne Arbeitsverhältnis ist grundsätzlich die Durchsetzungshilfe der Tarifvertragsparteien für die Arbeitsvertragsparteien nicht notwendig und systematisch nicht vorgesehen: Zuständig für die Durchsetzung tariflicher Rechte und damit für die faktische Durchführung des Tarifvertrags sind die Arbeitsvertragsparteien als Normadressaten.[1] Das Tarifvertragsrecht selbst kennt so keine unmittelbare Vertragshilfe zugunsten der Normunterworfenen, sondern lediglich flankierende Unterstützung über die tarifliche Durchführungspflicht (→ § 257 Rn. 35 ff.). Diese läuft aber strikt an den vertraglich gesetzten Rechtsbeziehungen: So dass etwa der Arbeitgeberverband der Gewerkschaft Einwirkung auf den tarifbrüchigen Arbeitgeber schuldet, ein direkter Zugriff auf tarifvertraglicher Grundlage aber nicht möglich ist.[2]

1

---

[1] Wiedemann/*Thüsing* § 1 Rn. 929.
[2] NK-TVG/*Ahrendt* § 1 Rn. 1255.

2 Dieser Grundsatz der Eigenverantwortung der Normadressaten zeigt sich auch beim Blick auf die zum Teil schwach, zum Teil nur mittelbar bestehenden Durchsetzungshilfen durch die Tarifvertragsparteien (→ Rn. 7 ff.), die Arbeitnehmervertretungen (→ Rn. 22) und staatliche Institutionen (→ Rn. 27).

3 Der effektive Normvollzug kann freilich durch entsprechende normative Gestaltung des Tarifvertrags unterstützt werden. Bereits das Gesetz nimmt den Effektuierungsgedanken in § 4 Abs. 4 TVG auf und sorgt für einen weitreichenden Schutz des Arbeitnehmers vor Rechtsverlust (→ § 254 Rn. 1 ff.). Durch den Tarifvertrag selbst kann dies weiter intensiviert werden, etwa durch besondere Schutzinstrumente, um Druck für die individualrechtliche Tarifdurchsetzung aufzubauen.[3] Diese Rechte, wie etwa verschärfte Zurückbehaltungsrechte oder Vertragsstrafen, sind aber durch das allgemeine schuldrechtliche Instrumentarium determiniert.

4 Die gerichtliche Durchsetzung normativ gesetzter tariflicher Rechte im Arbeitsverhältnis erfolgt grundsätzlich im Urteilsverfahren und hier durch eine Leistungsklage, §§ 2 Abs. 1 Nr. 3a, 2 Abs. 5; 46 ff. ArbGG.[4] Die Qualität der Tarifbindung – mitgliedschaftliche oder staatliche Tariferstreckung – ist dafür nicht maßgeblich. Im Verfahren werden tarifrechtliche Fragen implizit geklärt – es sei denn, das Gesetz sieht, wie in § 97 Abs. 5 S. 1 ArbGG, eine Aussetzungspflicht vor (→ § 232 Rn. 82, 87).[5] Möglich ist auch ein isoliertes Feststellungsverfahren, §§ 46 Abs. 2 ArbGG, 256 ZPO über die Geltung eines Tarifvertrags im Arbeitsverhältnis, wenn es der zukünftigen Streitvermeidung zwischen den Arbeitsvertragsparteien dient.[6]

5 Bei Betriebsnormen (die keine Doppelnormen sind (→ § 240 Rn. 6)), kommt dem Betriebsrat die Durchsetzung der tariflichen Normen zu,[7] auch hier gibt es keinen direkten Zugriff der Gewerkschaft. Sofern die Normen selbstwirkend sind – wie etwa bei Auswahlvorgaben – kann sich jeder betroffene Arbeitnehmer darauf berufen. Gibt es keinen Betriebsrat, so kann der Tarifvertrag – was durch Auslegung zu ermitteln ist – dem einzelnen Arbeitnehmer das Recht zuerkennen, eine durch die Betriebsnorm grundgelegte Sozialleistung für die Belegschaft geltend zu machen.[8] Der Verstoß gegen betriebsverfassungsrechtliche Normen ist durch das betriebsverfassungsrechtliche Instrumentarium zu ahnden, sofern es zu einer individualrechtlichen Reflexwirkung kommt – etwa durch eine Verschärfung der Beteiligungsrechte des Betriebsrates im Fall der Kündigung – auch im Individualprozess.

6 Im Rahmen ihrer Koalitionsfreiheit aus Art. 9 Abs. 3 GG können die tarifschließenden Verbände ihren Mitgliedern Rechtsrat und Prozessvertretung anbieten, § 11 ArbGG. Das ist für das einzelne Mitglied aber lediglich Möglichkeit, nicht Pflicht zur Inanspruchnahme.

II. Durchsetzung durch die Tarifvertragsparteien

1. Keine vertraglichen Durchsetzungsansprüche

7 Erfüllt der einzelne tarifgebundene Arbeitgeber seine tariflich normativ grundgelegten Pflichten gegenüber dem Arbeitnehmer nicht, so kann die tarifschließende Gewerkschaft aus dem Tarifvertrag unmittelbar nicht gegen ihn vorgehen: Sie selbst ist nicht Normadressat, die schuldrechtlichen Tarifpflichten treffen (lediglich) den Arbeitgeberverband. Hier hat die Gewerkschaft zwar die Möglichkeit der Einwirkungsklage (→ § 259 Rn. 8 ff.), diese wird aber regelmäßig zu Recht als nicht effizient angesehen.[9] Gerade die

---

[3] *Löwisch/Rieble* § 4 Rn. 56 f.
[4] Thüsing/Braun/*Lembke/Forst* 12. Kap. Rn. 11.
[5] Thüsing/Braun/*Lembke/Forst* 12. Kap. Rn. 12.
[6] Im Einzelnen *Löwisch/Rieble* § 4 Rn. 52 ff.
[7] Wiedemann/*Thüsing* § 1 Rn. 752.
[8] *Löwisch/Rieble* § 4 Rn. 21.
[9] Explizit: BAG 20.4.1999 – 1 ABR 72/98, AP GG Art. 9 Nr. 89 = NZA 1999, 887; HMB/*Gäntgen* Teil 16 Rn. 48.

Fälle der so genannten betrieblichen Bündnisse für Arbeit (→ § 253 Rn. 48 ff.) haben gezeigt, dass der Grundsatz der Geltendmachung durch die normative Berechtigten oftmals leerläuft: Die Arbeitnehmer halten sich regelmäßig an die tarifwidrigen Arbeitsbedingungen, schon, um ihren Arbeitsplatz nicht zu gefährden.[10]

2. Tarifbruchunterlassungsklage

a) Deliktischer Schutz als Ausweg? Weil keine vertraglichen Rechte der Gewerkschaft bestehen, gelingt ein Zugriff auf den tarifbrüchigen Arbeitgeber nur auf deliktischem Weg. Das freilich läuft darauf hinaus, das grundsätzliche System der individuellen Durchsetzung tariflicher Rechte aufzuweichen und auf die deliktische Ebene zu heben – ohne dass die Freiheit des Arbeitnehmers, Ansprüche geltend zu machen oder auch nicht, eine maßgebliche Rolle spielte.[11]

Das BAG bejaht deshalb auch auf der Grundlage der Koalitionsfreiheit als Rahmenrecht im Sinne des § 823 Abs. 1 BGB einen Unterlassungsanspruch der Gewerkschaft gegen den tarifvertragsbrechenden Arbeitgeber aus §§ 1004 analog, 823 Abs. 1 BGB.[12] Damit gibt es einen direkten Zugriff für ein Unterlassungsbegehren der Tarifvertragspartei auf das Mitglied des gegnerischen Verbandes. Dabei steht der Anspruch der Gewerkschaft gegen den tarifgebundenen Arbeitgeber in Rede, der umgekehrte Fall eines möglichen deliktischen Anspruches des Arbeitgebers gegen die Gewerkschaft ist – soweit ersichtlich – nicht praktisch geworden.[13]

Der Ansatzpunkt über § 823 Abs. 1 BGB wird angegriffen, und stattdessen mit Blick auf die zu schützende Vertragsstabilität auf § 826 BGB verwiesen, der maßgebliche deliktische Sanktion für einen gezielten Vertragsbruch ist.[14] Die direkte Zugriffsmöglichkeit der Gewerkschaft gegenüber dem tarifbrüchigen Arbeitgeber hat erhebliche Diskussionen im Grundsatz und in den Details ausgelöst,[15] mittlerweile wird ihr aber, gerade wegen der schwierigen praktischen Durchsetzungsfähigkeit, keine allzu große Bedeutung mehr zugemessen.[16]

b) Tarifliche Ordnung als Schutzgut. Deliktisches Schutzgut ist die durch die normative Wirkung gesetzte tarifvertragliche Ordnung, weil die Koalitionsfreiheit nicht nur den Normerlass schütze, sondern auch die Normdurchsetzung – maßgeblich ist, dass durch das Verhalten des tarifgebundenen Arbeitgebers die durch den Tarifvertrag begründete kollektive Ordnung verdrängt werden soll.[17] Damit wird das Augenmerk darauf gelenkt, dass es zu einem Ersatz der tariflichen durch eine andere kollektive Ordnung kommen muss, etwa durch Betriebsvereinbarung oder aber durch arbeitsvertragliche Einheitsregelungen.[18] Dabei setzt die Verletzung der kollektiven Ordnung stets voraus, dass die ersetzende Ordnung nicht tarifrechtlich zu goutieren ist – etwa weil sie im Rahmen einer Öffnungsklau-

---

[10] Thüsing/Braun/*Thees* 10. Kap. Rn. 36: „Wo kein Kläger, da kein Richter".
[11] Siehe dazu *Rieble* ZfA 2005, 245.
[12] Grundlegend BAG 20.4.1999 – 1 ABR 72/98, AP GG Art. 9 Nr. 89 = NZA 1999, 887; BAG 15.7.2011 – 1 AZR 473/09, AP GG Art. 9 Nr. 148 = NZA 2011, 1169; BAG 7.6.2017 – 1 ABR 32/15, AP GG § 9 Nr. 152 = NZA 2017, 1410; BAG 15.7.2011 – 1 AZR 473/09, NZA 2011, 1169; 21.3.2003 – 1 ABR 9/02, AP BetrVG 1972 § 21a Nr. 1.
[13] Siehe aber mögliche Fallkonstellationen bei *Löwisch/Rieble* § 4 Rn. 93.
[14] *Löwisch/Rieble* § 4 Rn. 89; *Rieble* ZTR 1999, 483 (484); siehe auch *Rieble* ZfA 2005, 245.
[15] Siehe etwa *Annuß* RdA 2000, 287; *Buchner* NZA 1999, 897; *Löwisch* BB 1999, 2080; *Walker* ZfA 2000, 29; *Krause* FS Kempen, S. 313 (316); *Pfarr/Kocher* NZA 1999, 358.
[16] *Rieble* Anm. AP GG § 9 Nr. 152: Anspruchskonstellation sei „klinisch tot"; *Löwisch/Rieble* § 4 Rn. 110: „Biss verloren"; siehe auch zur praktischen Durchsetzungsmöglichkeit zielend NK-TVG/*Ahrendt* § 1 Rn. 1259; ErfK/*Franzen* TVG § 4 Rn. 7: nicht sehr effektiv.
[17] BAG 7.6.2017 – 1 ABR 32/15, AP GG § 9 Nr. 152 = NZA 2017, 1410; BAG 15.7.2011 – 1 AZR 473/09, AP GG Art. 9 Nr. 148 = NZA 2011, 1169; BAG 20.4.1999 – 1 ABR 72/98, AP GG Art. 9 Nr. 89 = NZA 1999, 887.
[18] BAG 20.4.1999 – 1 ABR 72/98, AP GG Art. 9 Nr. 89 = NZA 1999, 887.

sel erfolgt (→ § 252 Rn. 1 ff.) oder durch das Günstigkeitsprinzip gedeckt ist (→ § 253 Rn. 1 ff.).

12   Hier genügt es deshalb nicht, dass es lediglich zum punktuellen Tarifbruch kommt, vielmehr bedarf es einer einheitlichen Verdrängung.[19] Die kollektive Ordnung wird nur bei einer erheblichen Anzahl von Tarifabweichungen verdrängt und ersetzt – vorgeschlagen werden hier die Schwellenwerte des § 17 Abs. 1 KSchG.[20]

13   Zudem kann die normative Ordnung des Tarifvertrags nur dort beeinträchtigt werden, wo beiderseitige mitgliedschaftliche Tarifbindung gegeben ist.[21] Sie kann deshalb nur greifen, wenn neben dem Arbeitgeber mindestens ein Arbeitnehmer in der tarifschließenden Gewerkschaft Mitglied ist.[22] Dieses Mitglied muss im Antrag auch namentlich genannt werden.[23]

14   Geltungsgrundlage der Tarifregelungen muss der unmittelbar und zwingend wirkende Tarifvertrag sein,[24] nur dann kann die tariflich gesetzte Ordnung Ausschließlichkeit beanspruchen.[25] Das betrifft die mitgliedschaftliche Bindung auch im Nachbindungszeitraum des § 3 Abs. 3 TVG,[26] nicht aber die Geltung aufgrund staatlicher Tariferstreckung nach § 5 Abs. 4 TVG.[27] Die bloße unmittelbare Wirkung im Zeitraum des § 4 Abs. 5 TVG[28] oder die Weitergeltung der Tarifregelungen nach § 613a Abs. 1 S. 2 BGB sind keine Grundlage für die zu schützende normative Ordnung.[29] Damit scheiden auch lediglich schuldrechtliche Verpflichtungen des Arbeitgebers aus dem in Bezug genommenen Tarifvertrag aus. Das gilt auch dann, wenn die Bezugnahme durch eine Gleichstellungsabrede erfolgte. Deshalb ist die Auffassung der Rechtsprechung, es reiche die einseitige Tarifbindung des Arbeitgebers aus, nicht richtig.[30]

15   Richtig muss zudem die tarifliche Ordnung final oder bewusst gestört werden: Das Schutzgut der tariflichen Ordnung ist ein Rahmenrecht – deshalb ist die Rechtswidrigkeit bei Verletzung nicht indiziert, sondern muss festgestellt werden.[31] Das erfordert eine Abwägung mit den deliktisch geschützten Interessen des Arbeitgebers – so können unterschiedliche Auffassungen über die Wirksamkeit des Tarifvertrags oder seine Auslegung nicht zum Unterlassungsanspruch führen.[32]

16   **c) Rechtsfolge des Anspruches.** Der Anspruch besteht im zukünftigen Unterlassen der eingetretenen Störung der tariflichen Ordnung.[33] Deshalb führt die Tarifbruchunterlassungsklage nicht zu einem Anspruch der tarifgebundenen Arbeitnehmer auf die tariflichen Leistungen, aus dem Deliktsrecht lässt sich keine rückwirkende Vertragshilfe durch einen irgendgearteten Nacherfüllungsanspruch für die tarifgebundenen Arbeitnehmer ableiten.[34]

---

[19] BAG 20.4.1999 – 1 ABR 72/98, AP GG Art. 9 Nr. 89 = NZA 1999, 887; ErfK/*Franzen* TVG § 1 Rn. 90.
[20] *Löwisch/Rieble* § 4 Rn. 101.
[21] ErfK/*Franzen* TVG § 1 Rn. 90; BeckOK ArbR/*Waas* TVG § 1 Rn. 81; Thüsing/Braun/*Thees* 10. Kap. Rn. 37; offenbar weiter BAG 7.6.2017 – 1 ABR 32/15, AP GG § 9 Nr. 152 = NZA 2017, 1410.
[22] *Löwisch/Rieble* § 4 Rn. 97.
[23] BAG 19.3.2003 – 4 AZR 271/02, NZA 2003, 1221.
[24] BAG 7.6.2017 – 1 ABR 32/15, AP GG § 9 Nr. 152 = NZA 2017, 1410.
[25] BAG 7.6.2017 – 1 ABR 32/15, AP GG § 9 Nr. 152 = NZA 2017, 1410.
[26] BAG 7.6.2017 – 1 ABR 32/15, AP GG § 9 Nr. 152 = NZA 2017, 1410; NK-TVG/*Ahrendt* § 1 Rn. 1259.
[27] *Löwisch/Rieble* § 4 Rn. 97; NK-TVG/*Ahrendt* § 1 Rn. 1259.
[28] BAG 7.6.2017 – 1 ABR 32/15, AP GG § 9 Nr. 152 = NZA 2017, 1410.
[29] ErfK/*Franzen* TVG § 1 Rn. 90.
[30] BAG 20.4.1999 – 1 ABR 72/98, AP GG Art. 9 Nr. 89 = NZA 1999, 887.
[31] ErfK/*Franzen* TVG § 1 Rn. 90; *Löwisch/Rieble* § 4 Rn. 99.
[32] *Löwisch/Rieble* § 4 Rn. 100, 102.
[33] BAG 15.7.2011 – 1 AZR 473/09, AP GG Art. 9 Nr. 148 = NZA 2011, 1169.
[34] BAG 15.7.2011 – 1 AZR 473/09, AP GG Art. 9 Nr. 148 = NZA 2011, 1169; bereits BAG 20.4.1999 – 1 ABR 72/98, AP GG Art. 9 Nr. 89 = NZA 1999, 887.

II. Durchsetzung durch die Tarifvertragsparteien

Das Ziel des Unterlassungsanspruches, den Arbeitgeber zur Tariftreue anzuhalten, wird also gleichsam auf halbem Wege verfehlt.[35]

Zudem zielt der Unterlassungsanspruch auf die tarifgebundenen Arbeitsverhältnisse, weil nur sie Bezugspunkt der kollektiven Tarifordnung sind.[36] Gegenüber den lediglich auf den Tarifvertrag schuldrechtlich Bezug nehmenden Arbeitsverhältnissen kann es keinen Unterlassungsanspruch geben.[37]

d) Verfahrensart. Nach der Rechtsprechung ist der Unterlassungsanspruch im Beschlussverfahren nach § 2a Abs. 1 Nr. 1 ArbGG geltend zu machen.[38] Maßgeblich sei die Störung der betrieblichen Ordnung.[39] Richtig ist das nicht, weil es um deliktischen Rechtsschutz geht, der nach § 2 Abs. 1 Nr. 2 ArbGG im Urteilsverfahren zu verfolgen ist.[40] Die Nähe zum betriebsverfassungsrechtlichen Unterlassungsanspruch und die darauf zielende verfahrensrechtliche Parallelführung auch für den deliktischen Anspruch ist nicht belastbar – das zeigt sich deutlich daran, dass unabhängig vom Instrument der Störung der tariflichen Ordnung, und damit auch bei einer tarifwidrigen arbeitsvertraglichen Einheitsregelung, das Beschlussverfahren einschlägig sein soll. Allerdings sieht die Rechtsprechung auch in diesem Fall bei Beteiligung des Betriebsrats eine betriebsverfassungsrechtliche Angelegenheit im Sinne des § 2a Abs. 1 Nr. 1 ArbGG.[41] Zudem enthält die Wahl des Beschlussverfahrens noch eine mittelbar beachtliche Komponente: im Verfahren des einstweiligen Rechtsschutzes wird über § 85 Abs. 2 ArbGG die sich grundsätzlich aus § 945 ZPO ergebende Schadensersatzpflicht bei anfänglich ungerechtfertigter einstweiliger Verfügung nicht ausgelöst.[42]

Die Antragsbefugnis ergibt sich aus der Möglichkeit der Verletzung einer Tarifvertragspartei in ihrer Koalitionsfreiheit, Art. 9 Abs. 3 GG.[43] Der Antrag muss hinreichend bestimmt sein – in Bezug auf die betroffenen Arbeitnehmer und den betreffenden Zeitraum des Verstoßes.[44] Die namentliche Bezeichnung der betroffenen Arbeitnehmer soll nur dann notwendig sein, wenn sich der Antrag lediglich auf die Gewerkschaftsmitglieder bezieht.[45] Das freilich folgt aus dem falschen Gedanken, dass auch ein Unterlassungsanspruch im Hinblick auf das Arbeitgeberverhalten gegenüber nicht tarifgebundenen Arbeitnehmern gegeben sein könnte (→ Rn. 17).

3. Betriebsverfassungsrechtlicher Unterlassungsanspruch

Verletzt der Arbeitgeber durch seinen Tarifbruch zugleich seine Pflichten aus dem BetrVG, kann die Gewerkschaft grundsätzlich aus § 23 Abs. 3 BetrVG vorgehen.[46] Allerdings setzt jedes Vorgehen nach § 23 Abs. 3 BetrVG voraus, dass es um einen groben Verstoß gegen betriebsverfassungsrechtliche Pflichten des Arbeitgebers geht – die Vorschrift dient

---

[35] *Löwisch/Rieble* § 4 Rn. 104.
[36] BAG 19.3.2003 – 4 AZR 271/02, AP ZPO § 253 Nr. 41 = NZA 2003, 1221; NK-TVG/*Ahrendt* § 1 Rn. 1259.
[37] *Löwisch/Rieble* § 4 Rn. 98.
[38] BAG 7.6.2017 – 1 ABR 32/15, AP GG § 9 Nr. 152 = NZA 2017, 1410; BAG 15.7.2011 – 1 AZR 473/09, AP GG Art. 9 Nr. 148 = NZA 2011, 1169; BAG 20.4.1999 – 1 ABR 72/98, AP GG Art. 9 Nr. 89 = NZA 1999, 887; zustimmend HMB/*Gäntgen* Teil 16 Rn. 51.
[39] Siehe auch NK-TVG/*Ahrendt* § 1 Rn. 1259.
[40] *Löwisch/Rieble* § 4 Rn. 107.
[41] BAG 20.4.1999 – 1 ABR 72/98, AP GG Art. 9 Nr. 89 = NZA 1999, 887.
[42] Für eine teleologische Reduktion der Vorschrift wegen der Vermögensfähigkeit der Gewerkschaft siehe *Löwisch/Rieble* § 4 Rn. 108.
[43] BAG 7.6.2017 – 1 ABR 32/15, AP GG § 9 Nr. 152 = NZA 2017, 1410.
[44] BAG 15.7.2011 – 1 AZR 473/09, AP GG Art. 9 Nr. 148 = NZA 2011, 1169.
[45] BAG 7.6.2017 – 1 ABR 32/15, AP GG § 9 Nr. 152 = NZA 2017, 1410; BAG 15.7.2011 – 1 AZR 473/09, AP GG Art. 9 Nr. 148 = NZA 2011, 1169.
[46] BAG 20.8.1991 – 1 ABR 85/90, NZA 1992, 317; 22.6.1993 – 1 ABR 62/92, NZA 1994, 184; HMB/*Gäntgen* Teil 16 Rn. 49; Thüsing/Braun/*Thees* 10. Kap. Rn. 41; NK-TVG/*Ahrendt* § 1 Rn. 1255.

nicht dem Tarifschutz, sondern der Stabilität der betriebsverfassungsrechtlichen Ordnung.⁴⁷

21   Deshalb ist ein Abstellen auf einen Verstoß gegen die Tarifsperre des § 77 Abs. 3 S. 1 BetrVG oder den Tarifvorrang des § 87 Abs. 1 BetrVG ambivalent: Es ist umstritten, ob § 77 Abs. 3 S. 1 BetrVG eine betriebsverfassungsrechtliche Grundnorm ist, die bei grobem Verstoß die Rechtsfolgen des § 23 Abs. 3 BetrVG eröffnet oder ob es sich letztlich um eine bloße tarifautonomieschützende Grenznorm handelt.⁴⁸ Zudem ist dieser Weg nicht sehr effektiv: Auch hier kommt es nicht zur Nacherfüllung gegenüber den Arbeitnehmern aus dem Tarifvertrag.⁴⁹ Weil er nur das Instrument der Betriebsvereinbarung gegenüber dem Tarifvertrag zurücknimmt, greift § 77 Abs. 3 S. 1 BetrVG bei tarifwidrigem Verhalten, das auf anderer rechtlicher Grundlage basiert, ohnehin nicht. Das betrifft auch die Regelungsabrede, bei der letztlich erst die Übernahme in das einzelne Arbeitsverhältnis das unmittelbar tarifbrechende Instrument ist.⁵⁰

4. Hilfe durch die Arbeitnehmervertretung

22   Betriebsrat, Personalrat, Sprecherausschuss, Jugend- und Auszubildendenvertretung und Schwerbehindertenvertretung haben die Aufgabe, über die Einhaltung der Tarifverträge im Betrieb oder der Dienststelle zu wachen, §§ 70 Abs. 1 Nr. 2 BetrVG; 80 Abs. 1 Nr. 1 BetrVG, 25 Abs. 1 SprAuG, 68 Abs. 1 Nr. 2 BPersVG, 178 Abs. 1 S. 2 Nr. 1 SGB IX.⁵¹ Diese Überwachungsaufgabe betrifft Inhalts- und Betriebsnormen eines im Betrieb geltenden Tarifvertrags.⁵² Allerdings kann die Arbeitnehmervertretung die tariflichen Rechte des einzelnen Arbeitnehmers durch einen entsprechenden Hinweis gegenüber dem Arbeitgeber zwar flankieren, aber nicht für oder anstelle des Arbeitnehmers durchsetzen, diesen vertreten oder auch nur rechtsberatend tätig werden.⁵³

23   Dass der Betriebsrat eine entsprechende Beschwerde des Arbeitnehmers über Nichteinhaltung der tariflichen Vorgaben nach § 85 BetrVG gegenüber dem Arbeitgeber geltend machen kann, heißt nichts anderes – hier geht es nicht um prozessuale Rechtsdurchsetzung, sondern allenfalls um ein informatives Einwirken auf den Arbeitgeber. Die Einigungsstelle nach § 85 Abs. 2 BetrVG kann in diesen Fällen ohnehin nicht entscheiden.⁵⁴

24   Im Rahmen der personellen Mitbestimmung des § 99 BetrVG kann der Betriebsrat tarifliche Vorgaben dagegen effektiver umsetzen: Er kann die Zustimmung gegen eine tarifwidrige Einstellung ebenso verweigern wie gegen eine Ein- und Umgruppierung oder Versetzung.

25   Dabei besteht ein Zustimmungsverweigerungsrecht bei der Einstellung nur dann, wenn tarifliche Besetzungsregelungen die tatsächliche Beschäftigung verhindern sollen⁵⁵ – es geht nicht um die Kontrolle der Einhaltung der tariflichen Inhaltsnormen.⁵⁶ Bei der – wichtigen – Frage nach der tariflichen Eingruppierung kommt dem Betriebsrat dagegen

---

⁴⁷ Kritisch auch *Löwisch/Rieble* § 4 Rn. 111 f.
⁴⁸ Dafür NK-TVG/*Ahrendt* § 1 Rn. 1255; offen gelassen BAG 7.6.2017 – 1 ABR 32/15, AP GG § 9 Nr. 152 = NZA 2017, 1410; BAG 20.4.1999 – 1 ABR 72/98, AP GG Art. 9 Nr. 89 = NZA 1999, 887; berichtend ErfK/*Franzen* TVG § 4 Rn. 7.
⁴⁹ BAG 15.7.2011 – 1 AZR 473/09, AP GG Art. 9 Nr. 148 = NZA 2011, 1169.
⁵⁰ HMB/*Gäntgen* Teil 16 Rn. 49.
⁵¹ ErfK/*Franzen* TVG § 4 Rn. 6.
⁵² Dazu Richardi BetrVG/*Thüsing* § 80 Rn. 13 ff.
⁵³ Richardi BetrVG/*Thüsing* § 80 Rn. 20; *Löwisch/Rieble* § 4 Rn. 63, 66; ErfK/*Kania* BetrVG § 80 Rn. 7.
⁵⁴ *Löwisch/Rieble* § 4 Rn. 68.
⁵⁵ BAG 14.12.2004, 1 ABR 54/03, AP BetrVG 1972 § 99 Nr. 121 = NZA 2005, 424; BAG 12.11.2002 – 1 ABR 1/2, NZA 2003, 513; BAG 28.6.1994 – 1 ABR 59/93, AP BetrVG 1972 § 99 Einstellung Nr. 4 = NZA 1995, 387; BAG 28.3.2000 – 1 ABR 16/99, AP GG Art. 9 Nr. 98 = NZA 2000, 1294; BAG 22.1.1991 – 1 ABR 19/90, NZA 1991, 675; Richardi BetrVG/*Thüsing* § 99 Rn. 211; ErfK/*Kania* BetrVG § 80 Rn. 25.
⁵⁶ BAG 27.10.2010 – 7 ABR 36/09, AP BetrVG 1972 § 99 Einstellung Nr. 61 = NZA 2011, 527; 28.3.2000 – 1 ABR 16/99, AP GG Art. 9 Nr. 98 = NZA 2000, 1294; Richardi BetrVG/*Thüsing* § 99 Rn. 211; *Löwisch/Rieble* § 4 Rn. 68; ErfK/*Kania* BetrVG § 80 Rn. 23.

eine stärkere Rechtsposition zu: Er muss einer Eingruppierung oder Umgruppierung durch den Arbeitgeber zustimmen. Damit ist die Durchführung der tariflichen Entgeltordnung im Betrieb von der Zustimmung des Betriebsrates abhängig, wenngleich diese keine Auswirkung auf die normative Wirkung der tariflichen Regelung hat.[57] Der Arbeitgeber kann die unrichtige Zustimmungsverweigerung lediglich im Zustimmungsersetzungsverfahren ersetzen lassen, § 99 Abs. 4 BetrVG.

Im Anhörungsverfahren zur Kündigung nach § 102 Abs. 1 BetrVG ist der Betriebsrat **26** auch mit Einwänden, die auf der Verletzung tariflicher Kündigungsschutzregelungen basieren, zu hören. Allerdings besteht bei tariflichen Auswahlrichtlinien kein Widerspruchsrecht nach § 102 Abs. 3 Nr. 2 BetrVG. Der Tarifvertrag kann freilich die Stellung des Betriebsrates durch entsprechende Normen selbst stärken – und etwa die Wirksamkeit der Kündigung von der Zustimmung durch den Betriebsrat abhängig machen.[58]

III. Mittelbare staatliche Durchsetzungshilfe

Durch die Bindung der Rechtsprechung und der Verwaltung an die Rechtsordnung führt **27** auch das staatliche Handeln zur Tarifdurchführung. Die ehemals weitreichenden staatlichen Tariftreueregelungen beziehen sich nunmehr jedenfalls für die allgemeine öffentliche Auftragsvergabe nicht mehr auf die jeweils anwendbaren oder repräsentativen Tarifverträge, sondern auf die geltenden RVO nach den §§ 7, 7a AEntG (→ § 249 Rn. 1ff.). Mithin ist der Tariftreuegedanke zur Tarifdurchsetzung nicht mehr sehr belastbar.

Allerdings dient die staatliche Rechtsdurchsetzung dort mittelbar der Tarifdurchsetzung, **28** wo die Zuverlässigkeit des Arbeitgebers eingefordert werden kann. Das gilt allgemein im Vergabeverfahren, § 128 GWB, aber (eingeschränkt) auch im Gewerberecht, wo der Tarifbruch jedenfalls mittelbar zur Unzuverlässigkeit des Gewerbetreibenden nach § 35 Abs. 1 S. 1 GewO führen kann, wenn etwa eine untertarifliche Entlohnung der Arbeitnehmer zum Ausfall von Sozialversicherungsbeiträgen führt. Der schlichte Tarifverstoß kann allerdings die Unzuverlässigkeit nicht begründen.[59]

Wettbewerbsrechtlich folgt aus dem Tarifbruch des Arbeitgebers wenig. Zwar sieht § 3a **29** UWG vor, dass sich die Unlauterkeit eines Verhaltens auch auf Gesetzesverstoß beziehen kann, allerdings setzt dies voraus, dass diese Gesetze das Marktverhalten regeln sollen. Wegen der fehlenden Wettbewerbsfunktion des Tarifvertrags fehlt es daran aber (→ § 231 Rn. 22ff.). Anderes gilt nur wegen § 1 AEntG für tarifbasierte RVO nach §§ 7, 7a AEntG (→ § 249 Rn. 2).[60]

---

[57] Richardi BetrVG/*Thüsing* § 99 Rn. 88.
[58] Siehe dazu Richardi BetrVG/*Thüsing* § 102 Rn. 316.
[59] Landmann/Rohmer/*Marcks* GewO § 35 Rn. 62; *Löwisch/Rieble* § 4 Rn. 118.
[60] Dazu insgesamt *Löwisch/Rieble* § 4 Rn. 127ff.

§ 256 Tarifkollision

Schrifttum:
Band, Tarifkonkurrenz, Tarifpluralität und der Grundsatz der Tarifeinheit, 2003; *Bauer/Haußmann,* Tarifwechsel durch Verbandswechsel, DB 1999, 1114; *Bayreuther,* Gewerkschaftspluralismus im Spiegel der aktuellen Rechtsprechung – Abschied vom „Einheitstarifvertrag"?, BB 2005, 2633; *Bayreuther,* Tarifpluralitäten und Konkurrenzen im Betrieb, NZA 2007, 184; *Bepler,* Gewillkürte „kollidierende" Tarifpluralität und Tarifeinheitsgesetz, RdA 2015, 194; *Bieback,* Tarifrechtliche Probleme des Verbandswechsels von Arbeitgeber, DB 1989, 477; *Däubler/Bepler,* Das neue Tarifeinheitsrecht, 2016; *Etzel,* Tarifordnung und Arbeitsvertrag, NZA-Beil. 1/1987, 19; *Fenn,* Der Grundsatz der Tarifeinheit – Zugleich zu Voraussetzungen und Grenzen richterlicher Rechtsfortbildung, FS Kissel, 1994, S. 213; *Fischer,* Die DGB-Gewerkschaften und das Tarifeinheitsgesetz – Wer anderen eine Grube gräbt, fällt (manchmal auch) selbst hinein, NZA 2015, 662; *Fischinger/Monsch,* Tarifeinheitsgesetz und Arbeitskampf, NJW 2015, 2209; *Franzen,* Das Ende der Tarifeinheit und die Folgen, RdA 2008, 193; *Franzen,* Das Bundesverfassungsgericht und das Tarifeinheitsgesetz, ZTR 2017, 571; *Gräf,* Tarifpluralität und Tarifeinheit nach Betriebs(teil)übergang, NZA 2016, 327; *Greiner,* Das Tarifeinheitsgesetz, NZA 2015, 769; *P. Hanau,* Verbands-, Tarif- und Gerichtspluralismus, NZA 2003, 128; *Henssler,* Caveat legis lator – fünf Kardinalfehler des Gesetzgebers bei der Verabschiedung des Tarifeinheitsgesetzes, RdA 2015, 222; RdA 2015, 222; *Heß,* Rechtsfragen zum „betriebsnahen Tarifvertrag" unter Berücksichtigung von Tarifpluralitäten, ZfA 1976, 45; *Hohenstatt,* Problematische Ordnungsvorstellungen des BAG im Tarifrecht, DB 1992, 1678; *Hromadka,* Entwurf eines Gesetzes zur Regelung der Tarifkollision, NZA 2008, 384; *Hromadka,* Tarifeinheit bei Tarifpluralität, GS Heinze 2005 S. 383; *Jacobs,* Tarifeinheit und Tarifkonkurrenz, 1999; *Jacobs,* Tarifpluralität statt Tarifeinheit, NZA 2008, 325; *Konzen,* Die Tarifeinheit im Betrieb, RdA 1978, 146; *Kraft,* Tarifkonkurrenz, Tarifpluralität und das Prinzip der Tarifeinheit, NZA 1992, 161; *Kraft,* Einzelvertragliche Bezugnahme auf Tarifverträge, Tarifpluralität und das Prinzip der Tarifeinheit, FS Zöllner, 1998, S. 831; *Linsenmaier,* Tarifpluralität, Tarifkonkurrenz – Folgen für das Arbeitskampfrecht, RdA 2015, 369; *Löwisch,* Reparatur der Tarifeinheit als Sache des Gesetzgebers, NZA 2017, 1423; *Löwisch,* Tarifeinheit nur auf Antrag, NZA 2015, 1369; *Löwisch,* Tarifeinheit als Vorfrage, NZA 2016, 997; *Löwisch/Rieble,* Tarifvertragsrechtliche und arbeitskampfrechtliche Fragen des Übergangs vom Haustarif zum Verbandstarif, FS Schaub, 1998, S. 457; *Melot des Beauregard,* Das neue Gesetz zur Tarifeinheit, DB 2015, 1527; *Merten,* Das Prinzip der Tarifeinheit als arbeitsrechtliche Kollisionsnorm, BB 1993, 572; *B. Müller,* Tarifkonkurrenz und Tarifpluralität, NZA 1989, 449; *G. Müller,* Das Rangverhältnis zwischen allgemeinverbindlichen und dritten Tarifverträgen, DB 1989, 1970; *Reichold,* Abschied von der Tarifeinheit im Betrieb und die Folgen, RdA 2007, 321; *Rieble,* Tarifeinheit nach Karlsruhe, NZA 2017, 1157; *Rixen,* Wie lange gilt die Übergangsregelung des Tarifeinheitsurteils?, NVwZ 2018, 784, *Sammet/Wolffskeel v. Reichenberg:* Das Tarifeinheitsgesetz und die notarielle Urkunde nach § 58 III ArbGG, NZA 2017, 1167; *Säcker/Oetker,* Tarifeinheit im Betrieb – ein Akt unzulässiger Rechtsbildung?, ZfA 1993, 1 ff.; *Schliemann,* Zur Inbezugnahme des Minderheitentarifvertrages, NZA 2015, 1298; *Thüsing,* Tarifkonkurrenz und arbeitsvertragliche Bezugnahme, NZA 2005, 1280; Treber, Das neue Tarifeinheitsgesetz, Rechtspolitisches Forum 76, 2017; *Twardy,* Minderheitenrechte im Tarifeinheitsgesetz, NZA 2016, 357; *Ubber,* Tarifeinheitsgesetz – Folgen für das Arbeitskampfrecht und das Verfahrensrecht, RdA 2016, 361; *Ulrici,* Arbeitsverfahrensrecht im Urteil zum Tarifeinheitsgesetz, NZA 2017, 1161; *Ulrici,* Das Beschlussverfahren zur Verwirklichung der Tarifeinheit (§ 99 ArbGG nF), DB 2015, 2155; *Vielmeier,* Vereinbarkeit des Tarifeinheitsgesetzes mit dem Grundgesetz, DB 2017, 1719; *Vielmeier,* Tarifeinheit und Rechte der Konkurrenzgewerkschaft, NZA 2015, 1294; *v. Steinau-Steinrück/Gooren,* Steine statt Brot vom BVerfG in Sachen Tarifeinheit?; NZA 2017, 1149; *Wiedemann/Arnold,* Tarifkonkurrenz und Tarifpluralität in der Rechtsprechung des Bundesarbeitsgerichts, ZTR 1994, 399 ff., 443 ff.; *Wienbracke,* Das Tarifeinheitsgesetz im Spiegel der BVerfG-Rechtsprechung NJW 2017, 2506; *Witzig,* Der Grundsatz der Tarifeinheit und die Lösung von Tarifkonkurrenzen, 1992.

Übersicht

	Rn.
I. Tarifkollision	1
1. Allgemeines	1
2. Abgrenzung zu anderen Konstellationen	5
II. Tarifeinheit bei Tarifkollision, § 4a TVG	15
1. (Kurze) Problemgeschichte	18
2. Zweck	22
3. Dispositivität	25
4. Unvereinbarkeit mit Art. 9 Abs. 3 GG	26
5. Tarifkollision, § 4a Abs. 2 S. 1 TVG	29
a) Betriebsbezug	29
b) Mitgliedschaftliche Tarifbindung des Arbeitgebers	35
c) Überschneidung im Geltungsbereich	40
d) Keine Inhaltsgleichheit	42

I. Tarifkollision

	Rn.
6. Lösung durch Majoritätsprinzip	45
a) Grundsatz	45
b) Zeitpunkt	51
c) Gestaltendes Feststellungsverfahren	52
7. Folgen	56
8. Flankierende Regelungen	67
a) Nachzeichnungsrecht, § 4 Abs. 4 TVG	67
b) Stellungnahmerecht, § 4a Abs. 5 TVG	79
9. Folgefragen	89
III. Verbleibende Tarifkonkurrenz	91
1. Begriff	91
2. Auflösung	99
a) Tarifeinheit und Tarifspezialität nach dem BAG	99
b) Auflösung nach Legitimation und Tarifzuständigkeit	104
aa) Vorrang mitgliedschaftlicher Legitimation	106
bb) Vorrang speziellerer Tarifzuständigkeit	111
cc) Situation des § 5 Abs. 4 S. 2 TVG	116
dd) Rechtsfolge	117

I. Tarifkollision

1. Allgemeines

Tarifkollision meint den **normativen Geltungsanspruch** mindestens zweier Tarifverträ- **1** ge für einen gemeinsamen Bezugspunkt.[1] Ist dieser Bezugspunkt das einzelne Arbeitsverhältnis, so bezeichnet man dies hergebracht als Tarifkonkurrenz (→ Rn. 91),[2] ist es der Betrieb, als Tarifpluralität (→ Rn. 15).[3] Bis zum Inkrafttreten des § 4a TVG waren diese Begriffe deutlicher getrennt, verlieren nun aber an Trennschärfe, weil die Vorschrift den Begriff der Tarifpluralität nicht aufnimmt, sondern nur den der Tarifkollision kennt.[4] Der Kollisionsbegriff nach § 4a Abs. 2 TVG ist zunächst weiter als der der bloßen klassischen Tarifpluralität, weil er etwa auch die Geltung von Betriebsnormen im einzelnen Arbeitsverhältnis nach § 3 Abs. 2 TVG erfasst (→ Rn. 31),[5] er ist auf der anderen Seite aber auch enger, weil er sich nur auf Tarifverträge bezieht, an die der Arbeitgeber durch Mitgliedschaft gebunden ist, nicht aber auf den allgemeinverbindlichen Tarifvertrag.[6] Deshalb ist der neue Begriff der Tarifkollision keine bloße (verschleiernde) Semantik.[7]

Verhielt sich zuvor das TVG zur Lösung von Tarifpluralität und Tarifkonkurrenz nicht **2** ausdrücklich, sondern verließ sich auf die Präzisierung durch Rechtsprechung[8] und Literatur,[9] ist diese nun durch § 4a TVG gesetzlich konturiert: Liegt eine Tarifkollision im Sinne des § 4a Abs. 2 S. 1 TVG vor, wird sie nach dem Mehrheitsprinzip aufgelöst, § 4a Abs. 2 S. 2 TVG. Erst wenn dies erfolgt ist (oder gar nicht nötig war), kann nach der (verbleibenden) Tarifkonkurrenz gefragt werden. Die Auflösung von Tarifkonkurrenz und Tarifkollision im engeren Sinne wird tarifrechtlich unterschiedlich geregelt. Weil die – im Gesetz nicht geregelte – Tarifkonkurrenz zwingend aufzulösen ist, diskutiert man hier (lediglich) um die Frage nach den Maßstäben für die Kollisionslösung (→ Rn. 99 ff.). Die Beurteilung der Tarifkollision nach § 4a Abs. 2 S. 1 TVG in der Form der Tarifplura-

---

[1] NK-TVG/*Zwanziger* § 4a Rn. 21. ff.
[2] JKOS/*Jacobs* § 7 Rn. 196.
[3] BAG 7.7.2010 – 4 AZR 549/08, AP GG Art. 9 Nr. 140 = NZA 2010, 1068; Wiedemann/*Wank* § 4 Rn. 280.
[4] Siehe zum Begriff auch HMB/*Greiner* Teil 9 Rn. 113 f.
[5] *Däubler/Bepler* Das neue Tarifeinheitsrecht, S. 46.
[6] NK-TVG/*Zwanziger* § 4a Rn. 21.
[7] In diese Richtung aber HMB/*Greiner* Teil 9 Rn. 113.
[8] Siehe nur BAG 7.7.2010 – 4 AZR 549/08, AP GG Art. 9 Nr. 140 = NZA 2010, 1068.
[9] Nur *Jacobs* Tarifeinheit und Tarifkonkurrenz, 1999.

lität hat dagegen eine äußerst wechselhafte Geschichte hinter sich (→ Rn. 18 ff.). Dabei ging es stetig um die Frage, ob sie überhaupt auszulösen wäre. Der Gesetzgeber hat hier mit § 4a Abs. 2 S. 1 TVG die Grundentscheidung für eine Auflösung nach dem Majoritätsprinzip getroffen, wonach sich der Tarifvertrag durchsetzt, an den mehr Arbeitnehmer mitgliedschaftlich gebunden sind (→ Rn. 45). Damit gilt auch hier der Grundsatz der Tarifeinheit, nachdem sich im Betrieb nur ein Tarifvertrag in der Anwendung durchsetzt. Das Tarifrecht hat in jüngerer Zeit kaum eine Frage so beschäftigt, wie die nach der richtigen Auslösung von Tarifkollisionen.[10]

3 Diese Diskussion ist auch nach Aufnahme des § 4a in das TVG nicht abgeebbt. Vielmehr wurden die grundsätzlichen verfassungsrechtlichen Bedenken gegen die vorherige Rechtsprechung des BAG, die dieses 2010 zur Aufgabe seiner Tarifeinheitsgrundsatz-Vorgabe führte (→ Rn. 19 f.), nunmehr gegen die kodifizierte Norm des § 4a TVG vorgebracht. Das BVerfG hat diese Bedenken, die sich auf die Beeinträchtigung der Tarifautonomie der Gewerkschaften berief, deren Tarifvertrag infolge des Majoritätsgrundsatzes nicht mehr anwendbar ist, stützten, aufgenommen. Es hat in seiner Entscheidung vom 11.7.2017[11] einen Grundrechtsverstoß festgestellt, weil die Interessen der Minderheitengewerkschaft im Majoritätsverfahren nicht ausreichend aufgenommen seien. Dennoch erklärte das Gericht die Vorschrift nicht nichtig, sondern (lediglich) für mit dem Grundgesetz in weiten Bereichen unvereinbar, und gab dem Gesetzgeber vor, bis zum 31.12.2018 eine gesetzliche Lösung zu finden. Bis zu einer Neuregelung „darf die Vorschrift mit der Maßgabe angewendet werden, dass eine Verdrängungswirkung nach § 4a Abs. 2 TVG nur in Betracht kommt, wenn plausibel dargelegt werden kann, dass die Mehrheitsgewerkschaft die Interessen der Berufsgruppen, deren Tarifvertrag verdrängt wird, ernsthaft und wirksam in ihrem Tarifvertrag berücksichtigt hat."[12]

4 Weil mit erfolglosem Ablauf dieser Frist aber § 4a TVG nicht der Nichtigkeit anheimfällt, sondern nach den Vorgaben des BVerfG weiterhin anzuwenden ist (→ Rn. 28), ist der Fokus auf die praktische Umsetzung verlagert – und den Arbeitsgerichten überantwortet.[13] Insgesamt handelt es sich bei § 4a TVG um handwerklich mäßige, im Grunde oberflächliche Gesetzgebung, die die bekannte und zuvor ausführlich diskutierte Grundrechtssensibilität des Tarifeinheitsgrundsatzes nie hinreichend aufgenommen hat.

2. Abgrenzung zu anderen Konstellationen

5 Von der Tarifkollision zu unterscheiden sind andere Konstellationen, bei denen es sich nicht um eine aufzulösende Kollisionslage handelt, sondern um eigenständige Sachverhalte, die nach eigenen Prinzipien zu lösen sind.

6 Ändern oder ersetzen die Tarifvertragsparteien einen bestehenden Tarifvertrag durch Änderungsvertrag oder durch Aufhebung des alten und Abschluss eines neuen Tarifvertrags, so liegt kein Fall der Tarifkollision vor, sondern der jüngere, ändernde Tarifvertrag löst den älteren ab.[14] Es geht hier um die zeitliche Ablösung und so gilt das **Ablöseprinzip**, *lex posterior derogat legi priori*,[15] ob eine ablösende Regelung günstiger für die Arbeitnehmer ist oder die Arbeitsbedingungen verschlechtert, ist dabei ohne Belang.[16]

7 Innerhalb eines **Tarifwerkes** derselben Tarifvertragsparteien werden regelmäßig wegen der verschiedenen Tarifinhalte die Tarifverträge nebeneinanderstehen und miteinander ab-

---

[10] Siehe HMB/*Greiner* Teil 9 Rn. 91: „wohl umwälzendsten Entwicklungen im Tarifrecht".
[11] BVerfG 11.7.2017 – 1 BvR 1571/15, AP GG Art. 9 Nr. 151 = NZA 2017, 915.
[12] BVerfG 11.7.2017 – 1 BvR 1571/15, AP GG Art. 9 Nr. 151 = NZA 2017, 915.
[13] Kritisch *Rieble* NZA 2017, 1157 (1160).
[14] BAG 19.11.2014 – 4 AZR 761/12, AP TVG § 1 Tarifverträge: Luftfahrt Nr. 33 = NZA 2015, 950; Thüsing/Braun/*Braun* 6. Kap. Rn. 118; HWK/*Henssler* TVG § 4a Rn. 8.
[15] NK-TVG/*Zwanziger* § 4a Rn. 5; HMB/*Greiner* Teil 9 Rn. 80; kritisch zum Begriff auch HWK/*Henssler* TVG § 4a Rn. 8: missverständlich.
[16] BAG 28.6.2001 – 6 AZR 114/00, AP BGB § 611 Arbeitszeit Nr. 24 = NZA 2002, 331; BAG 16.5.1995 – 3 AZR 535/94, AP TVG § 4 Ordnungsprinzip Nr. 15 = NZA 1995, 1166; JKOS/*Jacobs* § 7 Rn. 198.

I. Tarifkollision

gestimmt sein,[17] maßgeblich ist hier die Auslegung der tariflichen Regelungen.[18] Ist dies nicht der Fall, ist nach dem Ablöseprinzip zu entscheiden, welcher Tarifvertrag gilt.[19] Das zeigt etwa der Fall eines Flächentarifvertrags und eines unternehmensbezogenen Verbandstarifvertrags derselben tarifschließenden Verbände: Das ist kein Fall der Tarifkonkurrenz, der unternehmensbezogene Verbandstarifvertrag ist deshalb anzuwenden, weil sich das aus der spezielleren Regelung mit dem entsprechenden Geltungswillen der Tarifvertragsparteien ergibt – der Flächentarifvertrag wird hier teilverdrängt oder teilabgelöst.[20]

Sind weder Ergänzung, sinnvolle Parallelität oder Ablösung feststellbar, so sind die widersprechenden Regelungen unbestimmt und damit beide nichtig.[21]

Tarifkollision setzt den Geltungsanspruch mehrerer Tarifverträge als gleichrangige Regelungsquellen voraus. Konkurrieren dagegen ein Tarifvertrag auf der einen und **niederrangigere Regelungsquellen** wie Betriebsvereinbarung, Dienstvereinbarung oder Arbeitsvertrag auf der anderen Seite, so ist der Tarifvertrag die höherrangige Regelungsquelle, der für die untertariflichen Vereinbarungen Mindestregelungen setzt. Von diesen kann, solange keine Öffnung des Tarifvertrags nach § 4 Abs. 3 1. Alt TVG (→ § 252 Rn. 1 ff.) besteht, wegen des **Günstigkeitsprinzips** nur zugunsten des Arbeitnehmers abgewichen werden, § 4 Abs. 3 2. Alt. TVG (→ § 253) – vorausgesetzt die untertarifliche Vereinbarung wird gegenüber dem Tarifvertrag als solche überhaupt zugelassen. Das gilt für den Arbeitsvertrag umfassend, für die Betriebsvereinbarung wegen der Tarifsperre des § 77 Abs. 3 S. 1 BetrVG dagegen nur, wenn der Tarifvertrag sie grundsätzlich durch Öffnung zulässt, § 77 Abs. 3 S. 2 BetrVG (→ § 252 Rn. 23).

Das gilt auch für die **schuldrechtliche Bezugnahme** eines Tarifvertrags: Dieser tritt nicht in Tarifkonkurrenz oder Tarifkollision zu einem normativ geltenden Tarifvertrag.[22] Es liegen gerade keine parallelen Normbefehle vor. Vielmehr gilt hier, weil sich tarifliche Rechtsnorm und einzelvertragliche Vereinbarung gegenüberstehen, das **Günstigkeitsprinzip** des § 4 Abs. 3 2. Alt. BGB. Das wurde vom BAG früher anders gesehen, diese Rechtsprechung ist aber zu Recht aufgegeben worden (zur Frage der Anwendung des Günstigkeitsprinzips siehe → § 253 Rn. 11).[23]

Ebenfalls keine Tarifkollision besteht dann, wenn sie **bereits tarifvertraglich ausgeschlossen** wird, durch so genannte Selbstbeschränkungsregelungen.[24] Die Tarifvertragsparteien können den eigenen Regelungsanspruch zugunsten eines anderen Tarifvertrags zurücknehmen: Der Verbandstarifvertrag etwa dem Haustarifvertrag den Vorrang lassen, was regelmäßig der Fall sein wird,[25] wenn auch nach richtiger Auffassung kaum praktisch werden, weil sich bei Tarifkonkurrenz zwischen Verbands- und Haustarifvertrag grundsätzlich der Haustarifvertrag durchsetzt (→ § 256 Rn. 114). Umgekehrt kann ein Tarifvertrag allerdings nicht seinen eigenen Vorrang gegenüber einem anderen Tarifvertrag fremder Tarifvertragsparteien anordnen, das wäre eine unzulässige Vereinbarung zu Lasten Dritter.[26]

---

[17] BAG 24.3.2010 – 3 AZR 317/08, AP BBiG § 4 Nr. 3 = ZTR 2010, 462; HMB/*Greiner* Teil 9 Rn. 79; *Löwisch/Rieble* § 4a Rn. 327.
[18] Wiedemann/Wank § 4 Rn. 272.
[19] *Löwisch/Rieble* § 4a Rn. 327.
[20] *Löwisch/Rieble* § 4a Rn. 341.
[21] JKOS/*Jacobs* § 7 Rn. 197.
[22] BAG 15.4.2015 – 5 AZR 587/13, AP TVG § 4 Günstigkeitsprinzip Nr. 26 = NZA 2015, 1274; BAG 22.10.2008 – 4 AZR 784/07, BAGE 128, 165, AP TVG § 1 Bezugnahme auf Tarifvertrag Nr. 66 = NZA 2009, 151; BAG 29.8.2007 – 4 AZR 767/06, AP TVG § 1 Bezugnahme auf Tarifvertrag Nr. 61 = NZA 2008, 364; HWK/*Henssler* TVG 4a Rn. 18; HMB/*Greiner* Teil 9 Rn. 98; BeckOK ArbR/*Giesen* TVG § 4 Rn. 26; HWK/*Henssler* TVG § 4a Rn. 18; JKOS/*Jacobs* § 7 Rn. 209.
[23] BAG 23.3.2005 – 4 AZR 203/04, AP TVG § 4 Tarifkonkurrenz Nr. 29 = NZA 2005, 1003; BAG 20.3.1991 – 4 AZR 455/90, AP TVG § 4 Tarifkonkurrenz Nr. 20 = NZA 1991, 736.
[24] BAG 22.10.2008 – 4 AZR 784/07, BAGE 128, 165, AP TVG § 1 Bezugnahme auf Tarifvertrag Nr. 66 = NZA 2009, 151; JKOS/*Jacobs* § 7 Rn. 199.
[25] HMB/*Greiner* Teil 9 Rn. 92.
[26] JKOS/*Jacobs* § 7 Rn. 199.

12 Auch die **Organisation von Gewerkschaften** nach dem Industrieverbandsprinzip und damit die entsprechende Abgrenzung ihrer Zuständigkeiten lässt sich als Selbstbeschränkung begreifen (→ § 233 Rn. 17), hat aber mit der tariflichen Selbstbeschränkung nichts zu tun, sondern erzeugt gleichsam eine Vorfeldwirkung, weil der Geltungsbereich eines Tarifvertrags nicht über die jeweilige Tarifzuständigkeit hinausreichen kann (→ § 233 Rn. 6).

13 Auch im Zeitraum der **Nachwirkung nach § 4 Abs. 5 TVG** kommt es nicht zur Tarifkonkurrenz mit einem (weiterhin) geltenden Tarifvertrag,[27] sondern der normative Tarifvertrag ist dann andere Abmachung im Sinne des § 4 Abs. 5 TVG. Das wird freilich bestritten:[28] Für den Fall eines nachwirkenden Haustarifvertrags gegenüber dem verdrängten, nun freilich wieder normativ wirkenden Verbandstarifvertrag.[29] Auch die **Transformation tariflicher Regelungen nach § 613a Abs. 1 S. 2 BGB** führt nicht zur Tarifkollision,[30] weil keine normative Bindung mehr besteht, ein anderer, normativ geltender Tarifvertrag beendet die Weitergeltung nach § 613a Abs. 1 S. 2 BGB ohnehin, § 613a Abs. 1 S. 3 BGB oder lässt sie gar nicht erst entstehen (→ § 242 Rn. 31 ff.).

14 Tarifkollisionen können von vornherein nur durch **wirksame Tarifverträge** ausgelöst werden.[31] Ist einer der betreffenden Tarifverträge insgesamt unwirksam oder nichtig, so ist er bei der Auflösung einer Kollision nicht zu berücksichtigen – oder es kommt von vornherein nicht zu einer auflösungsbedürftigen Kollision.

II. Tarifeinheit bei Tarifkollision, § 4a TVG

15 Die nach dem Einheitsgrundsatz aufzulösende Tarifkollision nach § 4a TVG liegt vor, wenn mehrere Tarifverträge unterschiedlicher Tarifvertragsparteien bei sich überscheidendem Geltungsbereich und auf der Grundlage mitgliedschaftlicher Tarifbindung des Arbeitgebers Geltung im selben Betrieb beanspruchen. Bezugspunkt ist hier also anders als im Falle der Tarifkonkurrenz nicht das einzelne Arbeitsverhältnis (→ Rn. 91), sondern der Betrieb. Das Gesetz, das in § 4a TVG im Schwerpunkt den Fall der mitgliedschaftlich begründeten Tarifpluralität regeln will, nimmt diesen tarifrechtlich eingeführten Begriff selbst nicht auf – ja vermeidet ihn geradezu und regelt stattdessen allgemein die Tarifkollision.

16 Als Rechtsfolge setzt sich der Majoritätstarifvertrag gegenüber den anderen kollidierenden Tarifverträgen durch – diese werden zwar nicht unwirksam, aber verdrängt, so dass sie auf normativer Grundlage keine Wirkung im Arbeitsverhältnis entfalten können (dazu → Rn. 29 ff.).

17 Flankiert wird § 4a TVG von einem ebenfalls neu eingeführten Feststellungsverfahren: Nach § 99 ArbGG kann auf Antrag einer Partei eines kollidierenden Tarifvertrags der Majoritätstarifvertrag festgestellt werden. Ob diese Feststellung gestaltend wirkt und so die Auflösung der Tarifkollision konstituiert, oder lediglich feststellend die materiale Rechtslage bestätigt, ist umstritten (→ Rn. 52 ff.).

---

[27] BAG 20.4.2005 – 4 AZR 288/04, AP TVG § 4 Nachwirkung Nr. 43 = NZA 2005, 1360; BAG 25.10.2000 – 4 AZR 212/00, AP TVG § 4 Nachwirkung Nr. 38 = NZA 2001, 1146; BAG 28.5.1997 – 4 AZR 546/95, AP TVG § 4 Nachwirkung Nr. 26 = NZA 1998, 40; Löwisch/Rieble § 4a Rn. 331; BeckOKArbR/Giesen TVG § 4 Rn. 23.
[28] HWK/Henssler TVG § 4a Rn. 13; NK-TVG/Bepler § 4 Rn. 861; Thüsing/Braun/Forst 7. Kap. Rn. 59; ErfK/Franzen TVG § 4 Rn. 64; Jacobs Tarifeinheit und Tarifkonkurrenz, S. 301 f.; Jacobs/Krois FS Bepler, 2012, S. 241 (246).
[29] LAG SchlH 6.2.2007 – 5 Sa 328/06, NZA-RR 2007, 482; LAG Nürnberg 21.11.2006 – 6 Sa 470/06, NZA-RR 2007, 421.
[30] JKOS/Jacobs § 7 Rn. 213.
[31] BAG 15.11.2006 – 10 AZR 665/05, AP TVG § 4 Tarifkonkurrenz Nr. 34 = NZA 2007, 448.

II. Tarifeinheit bei Tarifkollision, § 4a TVG   18–22 § 256

1. (Kurze) Problemgeschichte

Die Rechtsprechung des BAG hat die Tarifpluralität bis 2010 nach dem **Grundsatz der** 18
Tarifeinheit gelöst und damit das wesentliche Strukturprinzip des § 4a TVG vorweggenommen:[32] Wie im Falle der Tarifkonkurrenz sollte auch hier lediglich ein Tarifvertrag Anwendung finden (→ Rn. 99).[33] Das basierte auf der Annahme, dass gerade die Tarifeinheit maßgebliche und notwendige Grundlage für die Rechtsklarheit und Rechtssicherheit im Betrieb sei. Freilich blieb diese Begründung im Wesentlichen Behauptung. Gelöst wurde die Tarifpluralität nach dem Maßstab der Majorität, so dass sich der Tarifvertrag durchsetzte, dessen tarifschließende Gewerkschaft mehr Mitglieder auf sich vereinen konnte.[34]

Diese Lösung des BAG wurde von einem großen Teil der Literatur heftig angegriffen[35] 19
– mit dem richtigen Argument, dass das Streben nach Rechtssicherheit und Praktikabilität den Entzug der Tarifwirkung des Minderheitentarifvertrags nicht zu rechtfertigen vermag. Freilich fand die Rechtsprechung auch prominente Befürworter.[36]

Auf die stetige Kritik hat das **BAG schließlich reagiert**[37] – und 2010 im Sinne der 20
Kritik der Literatur entschieden, dass bei Tarifpluralität nicht der Grundsatz der Tarifeinheit gölte, sondern die entsprechenden Tarifverträge nebeneinander Anwendung fänden.

Eine breite rechtspolitische Initiative der Arbeitgeber und der Mehrheit der DGB-Ge- 21
werkschaften[38] führte dann aber 2015 wiederum zu Kehrtwende, als das Tarifeinheitsgesetz den Grundsatz der Tarifeinheit bei Tarifpluralität in § 4a Abs. 2 TVG gesetzlich festschrieb[39] und wiederum eine breite Diskussion auslöste.[40]

2. Zweck

In den in § 4a Abs. 1 TVG aufgeführten Funktionen des Tarifvertrags im Betrieb schreibt 22
das Gesetz den Zweck des Einheitsgrundsatzes fest: Die Belegschaft soll sich nicht durch die Möglichkeit der gelebten Tarifkollision und insbesondere der Tarifpluralität **entsolidarisieren:** Durch die Spaltung in verschiedene Gewerkschaften, und damit verschiedene Tarifverträge, bestünde die Gefahr, dass Arbeitnehmer, die nicht in (marktmächtigen) Schlüsselpositionen stünden, ihre Verhandlungsmacht schleichend verlören – und die Schutzfunktion ihres Tarifvertrags entwertet würde.[41] Zudem käme es durch die Tarifpolitik der Sparten- oder Elitegewerkschaften zur Gefahr einer Beeinträchtigung der **Verteilungsfunktion** des Tarifvertrags – weil diese durch ihre Verhandlungsmacht letztlich ei-

---

[32] Siehe zur Problemgeschichte auch JKOS/*Jacobs* § 7 Rn. 236 ff.; *Däubler/Bepler,* Das neue Tarifeinheitsrecht, S. 15 ff.
[33] BAG 9.12.2009 – 4 AZR 190/08, AP TVG § 3 Nr. 48 = NZA 2010, 712; BAG 20.3.1991 – 4 AZR 455/90, AP TVG § 4 Tarifkonkurrenz Nr. 20 = NZA 1991, 736; BAG 5.9.1990 – 4 AZR 59/90, AP TVG § 4 Tarifkonkurrenz Nr. 19 = NZA 1991, 202; BAG 14.6.1989 – 4 AZR 200/89, AP TVG § 4 Tarifkonkurrenz Nr. 16 = DB 1990, 129; BAG 29.3.1957 – 1 AZR 208/55, AP TVG § 4 Tarifkonkurrenz Nr. 4 = DB 1957, 632.
[34] BAG 20.3.1991 – 4 AZR 455/90, AP TVG § 4 Tarifkonkurrenz Nr. 20 = NZA 1991, 736.
[35] Siehe nur *pars pro toto Jacobs* Tarifeinheit und Tarifkonkurrenz, 1999, S. 334 ff.; *Waas* Tarifkonkurrenz und Tarifpluralität, 1999, S. 123 ff.; *Bayreuther* Tarifautonomie als kollektiv ausgeübte Privatautonomie, 2005, S. 370 ff.
[36] Siehe nur stellvertretend *Säcker/Oetker* ZfA 1993, 1 ff.; *Heinze/Ricken* ZfA 2001, 159 ff.; *Buchner* BB 2003, 2121 (2122 ff.); *Giesen* NZA 2009, 11.
[37] Angekündigt in BAG 27.1.2010 – 4 AZR 549/08 (A), AP TVG § 3 Nr. 46 = NZA 2010, 645; sodann BAG 7.7.2010 – 4 AZR 549/08, AP GG Art. 9 Nr. 140 = NZA 2010, 1068.
[38] Siehe das Gemeinsame Eckpunktepapier von BDA und DGB vom 4.6.2010, RdA 2010, 315; vertiefend *Däubler/Bepler* Das neue Tarifeinheitsrecht, S. 28 f.
[39] Siehe dazu bereits die Koalitionsvereinbarung Deutschlands Zukunft gestalten – Koalitionsvertrag zwischen CDU, CSU und SPD, S. 70.
[40] Sieh nur *pars pro toto Melot de Beauregard* DB 2015, 1527; *Bepler* RdA 2015, 194; *Henssler* RdA 2015, 222; *Ulrici* DB 2015, 2155; *Vielmeier* NZA 2015, 1294; *Schliemann* NZA 2015, 1298; *Löwisch* NZA 2015, 1369; *Fischinger/Monsch* NJW 2015, 2209; *Greiner* NZA 2015, 769.
[41] BT-Drs. 18/4062, 9.

nen größeren Anteil an den zu verteilenden Ressourcen bekämen,[42] was wiederum Verteilungskämpfe auslöste und damit die **Befriedungsfunktion** des Tarifvertrags in Frage stellte.[43]

23 Das Gesetz bleibt mit der näheren Konturierung dieser tarifvertraglichen Funktionen in § 4a Abs. 1 TVG **vage**.[44] Man wird insbesondere nicht behaupten können, dass der Gesetzgeber hier die Frage nach der Bedeutung der Funktionen auch im Bereich jenseits der Tarifbindung bejaht und systematisch grundgelegt hat[45] – er hat sie lediglich behauptet.[46] Daneben ist die Sicht auf den einzelnen Betrieb ein wenig eng: Die einheitliche Geltung etwa eines Flächentarifvertrags wird durch den betriebsbezogenen Tarifeinheitsgrundsatz sehr in Frage gestellt – weil die Gefahr besteht, dass je nach den Mehrheitsverhältnissen in den einzelnen Betrieben, sich gleichsam „inselförmig" mehrere Tarifverträge durchsetzen und die jeweils anderen verdrängen.[47] Das hat dann mit der Stärkung der tariflichen Ordnung und den in § 4a Abs. 1 TVG genannten Funktionen wenig zu tun. Dabei geht es dem Gesetz doch um die Stärkung der Tarifautonomie.[48]

24 Die Auflösungsregel des § 4a Abs. 2 S. 2 TVG soll aber bereits im Vorfeld wirken, sie ist gleichsam **subsidiär** angelegt: (Versteckter) Zweck des Gesetzes ist es, Tarifkollisionen gar nicht erst entstehen zu lassen.[49] Wenn sich die beteiligten Tarifvertragsparteien auf eine eigene Auflösung der potentiellen Tarifkollision einigen, so greift § 4a Abs. 2 S. 2 TVG mangels tatbestandlicher Voraussetzungen nicht ein. Das kann etwa durch entsprechende Abgrenzung der Geltungsbereiche der Tarifverträge oder Öffnungsregelungen geschehen.[50] Das allerdings setzt wiederum ein entsprechendes gemeinsames Vorgehen mindestens der verschiedenen Gewerkschaften voraus. Damit soll auch eine Stärkung der Verhandlungsstärke der Arbeitnehmerseite als Ganzes einhergehen – weil § 4a Abs. 2 S. 2 TVG zum gemeinsamen Vorgehen und zur Absprache um den Preis des Tarifverlusts zwänge. Das BVerfG hat dieses Ziel des Gesetzes goutiert und insbesondere auf die Rechtfertigung durch das Ziel der Sicherung der Funktionalität der Tarifautonomie verwiesen.[51] Man kann es auch mit *Greiner* und leichtem, aber angesichts der nur mäßigen Qualität der Gesetzgebung angebrachtem Sarkasmus so formulieren: *„Bad laws make good contracts"*.[52]

3. Dispositivität

25 Nach der Entscheidung des BVerfG muss der Grundsatz der Tarifeinheit nach § 4a Abs. 2 S. 2 TVG dispositiv sein – eine autonome Entscheidung der Tarifvertragsparteien gehe vor.[53] Das setzt freilich die Entscheidung aller möglichen Tarifvertragsparteien gemeinsam voraus, was die Möglichkeit einer solchen Vereinbarung recht unpraktisch macht. So ist zweifelhaft, ob sich die (offensichtliche) Mehrheitsgewerkschaft auf eine solche Vereinbarung einlässt. *Rieble* sieht deshalb nur bei stets schwankenden Mehrheitsverhältnissen im Betrieb einen entsprechenden Anwendungsfall.[54] Eine Vereinbarung über die Nichtanwendung des Majoritätsgrundsatzes im Betrieb könnten zwei Tarifvertragsparteien isoliert

---

[42] BT-Drs. 18/4062, 11 f.
[43] BT-Drs. 18/4062, 8.
[44] *Rieble* NZA 2017, 1157 (1161): „Märchenklausel".
[45] So *Greiner* NZA 2015, 769 (775).
[46] Siehe auch *Däubler/Bepler* Das neue Tarifeinheitsrecht, S. 34: für die befürchteten Verteilungskämpfe fehle jede empirische Begründung. Beide äußern sich im weiteren auch sehr kritisch zu den gesetzlichen Behauptungen.
[47] ErfK/*Franzen* TVG § 4a Rn. 18: Gefahr der „Erosion des Flächentarifvertrages".
[48] BT-Drs. 18/4062, 8.
[49] BT-Drs. 18/4062, 12 (14); HWK/*Henssler* TVG § 4a Rn. 4; ErfK/*Franzen* TVG § 4a Rn. 6.
[50] Siehe im Einzelnen *Löwisch/Rieble* § 4a Rn. 238 ff.; *Däubler/Bepler* Das neue Tarifeinheitsrecht, S. 43 f.
[51] BVerfG 11.7.2017 – 1 BvR 1571/15, AP GG Art. 9 Nr. 151 = NZA 2017, 915.
[52] *Greiner* NZA 2015, 769 (771).
[53] BVerfG 11.7.2017 – 1 BvR 1571/15, AP GG Art. 9 Nr. 151 = NZA 2017, 915; so bereits HWK/*Henssler* TVG § 4a Rn. 35; aA *Greiner* NZA 2015, 769 (774); *Schliemann* NZA 2015, 1298.
[54] *Rieble* NZA 2017, 1157 (1158).

ohnehin nicht treffen, es wäre letztlich eine Vereinbarung zu Lasten Dritter,[55] deshalb kommen tarifliche Abgrenzungen zur Kollisionsvermeidung im Ergebnis der dispositiven Regelung sehr nahe.[56]

4. Unvereinbarkeit mit Art. 9 Abs. 3 GG

Das BVerfG hat entschieden, dass § 4a TVG mit Art. 9 Abs. 3 GG insoweit unvereinbar ist, „als es an Vorkehrungen fehlt, die sicherstellen, dass die Interessen der Berufsgruppen, deren Tarifvertrag nach § 4a Abs. 2 S. 2 des Tarifvertragsgesetzes verdrängt wird, im verdrängenden Tarifvertrag hinreichend berücksichtigt werden."[57] Damit wurde wegen eines festgestellten Verfassungsverstoßes nicht die Nichtigkeit des § 4a TVG festgestellt, sondern dessen Unvereinbarkeit mit Art. 9 Abs. 3 GG, eine in der Entscheidungspraxis nicht prominent auftretende Wirkung.[58] Das BVerfG hat dem Gesetzgeber eine Frist bis zum 31.12.2018 gesetzt, bis dahin ist § 4a TVG zwar weiter anzuwenden, aber unter Berücksichtigung der Vorgaben des BVerfG. Im Original: „Bis zu einer Neuregelung darf die Vorschrift mit der Maßgabe angewendet werden, dass eine Verdrängungswirkung nach § 4a Abs. 2 TVG nur in Betracht kommt, wenn plausibel dargelegt werden kann, dass die Mehrheitsgewerkschaft die Interessen der Berufsgruppen, deren Tarifvertrag verdrängt wird, ernsthaft und wirksam in ihrem Tarifvertrag berücksichtigt hat. ... Dies näher zu beurteilen, obliegt den Fachgerichten."

Die Interessen der Mitglieder der Minderheitengewerkschaft müssen bei der Anwendung des § 4a TVG durch die Arbeitsgerichte also ausreichende Berücksichtigung finden. Das betrifft etwa die Verdrängungswirkung, diese wird jedenfalls in einem Kernbereich langfristig angelegter, die Lebensplanung betreffender Ansprüche grundsätzlich eingeschränkt (→ Rn. 61). Das betrifft aber auch das Verfahren der Nachzeichnung, das BVerfG sieht die formalen Schritte der Mitteilung gegenüber und Anhörung der Minderheitengewerkschaft als konstitutive Verfahrensschritte, deren Nichteinhaltung zur Nichtauflösung der Tarifkollision führt (→ Rn. 67 ff.). Bemerkenswert ist in diesem Zusammenhang die ausdrückliche Aufforderung des BVerfG bei nicht hinreichend möglicher Aufnahme der Interessen der Minderheitengewerkschaft durch Auslegung des Gesetzes von Art. 100 GG Gebrauch zu machen.[59]

Welche Bedeutung die vom BVerfG gesetzte **Übergangsfrist zum 31.12.2018** hat, ist umstritten.[60] Die besseren verfassungsprozessualen Gründe sprechen dafür auch bei fehlender gesetzlicher Neuregelung nach diesem Datum **keine Nichtigkeit** des § 4a TVG anzunehmen, sondern die Anwendung der Regelungen unter den Vorgaben des BVerfG fortzuführen.[61] Möglich ist aber eine vorläufige nachträgliche Regelung auf der Basis von § 35 BVerfGG.[62]

---

[55] *v. Steinau-Steinrück/Gooren* NZA 2017, 1149 (1152); *Greiner* NZA 2015, 769 (775).
[56] Siehe ErfK/*Franzen* TVG § 4a Rn. 22 f.
[57] BVerfG 11.7.2017 – 1 BvR 1571/15, AP GG Art. 9 Nr. 151 = NZA 2017, 915; dazu *Franzen* ZTR 2017, 571; *Rixen* NVwZ 2018, 784 ff.; *Rieble* NZA 2017, 1157; *Löwisch* NZA 2017, 1423 (1426); *Vielmeier* DB 2017, 1719.
[58] *Rixen* NVwZ 2018, 784 (786).
[59] BVerfG 11.7.2017 – 1 BvR 1571/15, AP GG Art. 9 Nr. 151 = NZA 2017, 915.
[60] Bei Drucklegung lag (lediglich) eine Beschlussempfehlung des BT-Ausschusses für Arbeit und Soziales vor, BT-Drs. 19/6146, § 4a Abs. 2 S. 2 TVG wie folgt zu ergänzen: „(Mehrheitstarifvertrag); wurden beim Zustandekommen des Mehrheitstarifvertrages die Interessen von Arbeitnehmergruppen, die auch von dem nach dem ersten halbsatz nicht anzuwendenden Tarifvertrag erfasst werden, nicht ernsthaft und wirksam berücksichtigt, sind auch die Rechtsnormen dieses Tarifvertrages anwendbar."
[61] Siehe ausführlich *Rixen* NVwZ 2018, 784 ff.; *Rieble* NZA 2017, 1157; dezidiert anders *Löwisch* NZA 2017, 1423 (1426); siehe auch dessen Gesetzesvorschlag, S. 1427 und auch den „minimalinvasiven" Vorschlag von *Franzen* ZTR 2017, 571 (577).
[62] *Rixen* NVwZ 2018, 784 (787).

5. Tarifkollision, § 4a Abs. 2 S. 1 TVG

29 a) Betriebsbezug. Die Tarifkollision muss im Betrieb bestehen. Maßgeblich ist hier nach der herrschenden Meinung der betriebsverfassungsrechtliche Betriebsbegriff.[63] Dieser wird in § 4a TVG zwar nicht ausdrücklich genannt, aber in § 4a Abs. 2 S. 4 TVG doch aufgenommen, wenn auf den gemeinsamen Betrieb nach § 1 Abs. 1 S. 2 und den gewillkürten Betrieb nach § 3 BetrVG hingewiesen wird. Die Gesetzgebungsmaterialien vermengen freilich ohne weitere Klärung einen zu entwickelnden tariflichen und den betriebsverfassungsrechtlichen Betriebsbegriff[64] – was als Anknüpfung auch einer extensiveren Auslegung herangezogen wird (→ Rn. 32).

30 Der betriebsverfassungsrechtliche Betriebsbegriff knüpft mit seinem Leitungsmachtbezug an die Ausübung mitbestimmungsrechtsrelevanter Rechte des Arbeitgebers an.[65] Die Gesetzgebungsmaterialien formulieren das anders, im Ergebnis aber auch auf die klassische Betriebsdefinition bezogen, wenn die Organisation maßgeblich sein soll, die „die Grundlage der gemeinsamen Arbeit legt".[66] Das BVerfG hat den betriebsverfassungsrechtlichen Betriebsbegriff goutiert.[67]

31 Das wird sich regelmäßig mit den Erfordernissen zur Auflösung einer Tarifkollision decken, zwangsläufig ist dies aber nicht: So ist etwa der gemeinsame Betrieb nach § 1 Abs. 1 S. 2, Abs. 2 BetrVG für Individualnormen wenig ergiebig, weil es hier nicht auf den betriebsverfassungsrechtlichen, sondern auf den arbeitsvertraglichen Arbeitgeber ankommt.[68] Beim gemeinsamen Betrieb im Sinne des § 1 Abs. 1 S. 2 BetrVG ist deshalb zu trennen: Für Tarifverträge, die Individualnormen regeln, kann hier kein Betrieb im Sinne des § 4a Abs. 2 S. 1 TVG gegeben sein, sondern es ist auf den einzelnen Arbeitgeber abzustellen, was zur Tarifpluralität führen kann.[69] Für Betriebsnormen und betriebsverfassungsrechtliche Normen dagegen kann es im gemeinsamen Betrieb zur Tarifkollision kommen.[70] § 4a Abs. 2 S. 4 TVG verweist ebenfalls ausdrücklich auf den möglichen Bezugspunkt des gewillkürten Betriebs nach § 3 BetrVG. Für mehrere solcher Tarifverträge gilt das Prioritätsprinzip.[71]

32 In der Literatur wird deshalb auch unter Berücksichtigung der Zweckvorgaben in Abs. 1 – Verteilungsfunktion, Anschluss an Solidargemeinschaft; Verhinderung von Entsolidarisierung (→ Rn. 22) – eine erhebliche Weitung vorgeschlagen und jedenfalls im Einzelfall und in den wichtigen Vergütungsfragen ein weiter tariflicher Betriebsbegriff unterstützt, der je nach Vergütungskonzept auch das Unternehmen oder den Konzern umfassen könne.[72] Das wird zurecht kritisiert:[73] Eine konzernweite Ausdehnung scheidet schon aus grundlegenden tariflichen Erwägungen aus – der Konzern kann kein Arbeitgeber sein.

33 Geht man allein vom betriebsverfassungsrechtlichen Betriebsbegriff aus, so kommt dem Unternehmen eine entsprechende organisatorische Freiheit zu, Betriebe auch im Hinblick auf den Grundsatz der Tarifeinheit zu gestalten.[74] Das wird jedenfalls dann hinzunehmen sein, solange nicht zielgerichtet die Geltung eines bestimmten Tarifvertrags verhindert werden soll. Allerdings wird zu Recht angemerkt, dass eine Betriebsumstrukturierung allein zur Verhinderung der Tarifgeltung und unter Zuhilfenahme des Grundsatzes der Tari-

---

[63] HMB/*Greiner* Teil 9 Rn. 117; NK-TVG/*Zwanziger* § 4a Rn. 50; siehe ausführlich zu den Dienststellen im Öffentlichen Dienst *Löwisch/Rieble* § 4a Rn. 113 ff.
[64] BT-Drs. 18/4062, 13; *Löwisch/Rieble* § 4a Rn. 81: „widersprüchlich".
[65] Klassisch: *Jacobi* FS Ehrenberg, 1926, S. 1 ff., HWK/*Henssler* TVG § 4a Rn. 26; → § 284 Rn. 1 ff.
[66] BT-Drs. 18/4062, 13.
[67] BVerfG 11.7.2017 – 1 BvR 1571/15, AP GG Art. 9 Nr. 151 = NZA 2017, 915.
[68] ErfK/*Franzen* TVG § 4a Rn. 20.
[69] HWK/*Henssler* TVG § 4a Rn. 27; *Däubler/Bepler* Das neue Tarifeinheitsrecht, S. 55; aA: BeckOKArbR/*Giesen* TVG § 4a Rn. 15.
[70] HMB/Greiner Teil 9 Rn. 114.
[71] *Löwisch/Rieble* § 4a Rn. 102.
[72] ErfK/*Franzen* TVG § 4a Rn. 21.
[73] *Löwisch/Rieble* § 4a TVG Rn. 82.
[74] Kritisch dazu *Konzen/Schliemann* RdA 2015, 1 (11); HWK/*Henssler* TVG § 4a Rn. 29.

feinheit sehr selten vorkommen dürfte.[75] Nach § 4a Abs. 2 S. 5 TVG soll ein Missbrauch der gewillkürten Betriebsorganisation verhindert werden.[76]

Der Betrieb ist als „Zählbezirk" auch das Bezugsobjekt für die Feststellung des Majoritätstarifvertrags (→ Rn. 48, 58),[77] deshalb führt die Anwendung des betriebsverfassungsrechtlichen Betriebsbegriffes auch zur Anwendung der §§ 5, 7 BetrVG – so dass hier für die Betriebszugehörigkeit die entsprechende Eingliederung des Arbeitnehmers in den Betrieb notwendig ist.[78] 34

b) Mitgliedschaftliche Tarifbindung des Arbeitgebers. Die Kollisionsregel des § 4a Abs. 2 S. 2 TVG setzt zunächst voraus, dass der Arbeitgeber mitgliedschaftlich an mehrere Tarifverträge gleichzeitig gebunden ist. Das Gesetz verweist hier ausdrücklich auf § 3 TVG. Die aktuelle Mitgliedschaft des Arbeitgebers ist nicht vorausgesetzt, die Kollision kann auch durch einen Tarifvertrag begründet werden, für den § 3 Abs. 3 TVG die Nachbindung anordnet.[79] Ist der Arbeitgeber aber lediglich über § 4 Abs. 5 TVG an den nachwirkenden Tarifvertrag gebunden, so ist dies keine Grundlage für eine nach § 4a aufzulösende Tarifkollision mehr, weil der nicht zwingend wirkende Tarifvertrag sich nicht gegen zwingende durchsetzen können soll (→ Rn. 40).[80] 35

Die Normarten der betreffenden Tarifverträge sind unerheblich: Ob die Tarifbindung des Arbeitgebers aus § 3 Abs. 1 TVG oder nach § 3 Abs. 2 TVG resultiert, ist nicht maßgeblich.[81] Damit wird für Betriebsnormen das bereits früher zur Auflösung der Tarifkonkurrenz befürwortete Mehrheitsprinzip[82] gesetzlich bestätigt. 36

Der Verweis auf § 3 TVG zeigt auch, dass die **staatliche Tarifnormerstreckung** eine nach § 4a Abs. 2 S. 2 TVG aufzulösende Tarifkollision nicht begründet.[83] Gilt ein Tarifvertrag, an den der Arbeitgeber nach § 3 TVG gebunden ist, und ein Tarifvertrag, an den die Arbeitsverhältnisse nach § 5 Abs. 4 TVG gebunden sind, gilt nicht das Mehrheitsprinzip, vielmehr kommt es für die Arbeitsverhältnisse, die über § 3 TVG an einen anderen Tarifvertrag zur Tarifkonkurrenz mit dem allgemeinverbindlichen Tarifvertrag. Diese ist zugunsten des mitgliedschaftlich legitimierten Tarifvertrags aufzulösen (→ Rn. 106 f.). Für die Arbeitsverhältnisse, die normativ nur durch den allgemeinverbindlichen Tarifvertrag geregelt werden, verbleibt es bei dann dessen Wirkung. Damit kommt es auf die Frage der Majorität nicht an. Ist freilich der Arbeitgeber an den allgemeinverbindlichen Tarifvertrag durch seine Mitgliedschaft im tarifschließenden Verband gebunden und nicht originär durch dessen Allgemeinverbindlichkeit, so vermag dies die Tarifkollision etwa mit einem ebenfalls geschlossenen Haustarifvertrag aufzulösen.[84] 37

Ein **schuldrechtlich in Bezug genommener Tarifvertrag** vermag die Tarifkollision im Sinne des § 4a Abs. 2 S. 1 TVG nicht auszulösen, weil hier keine Bindung aus § 3 TVG erfolgt.[85] Gleiches gilt im Falle der Tariftransformation nach **§ 613a Abs. 1 S. 2 BGB** – auch hier kommt es nicht zu einer Bindung des Betriebserwerbers nach § 3 TVG; ausgenommen freilich, man folgt dem – falschen (→ § 247 Rn. 14 ff.) – Sukzessionsmodell.[86] 38

---

[75] HMB/*Greiner* Teil 9 Rn. 118, 119; *Greiner* NZA 2015, 769 (772).
[76] Kritisch zur Vorschrift und im Einzelnen *Löwisch/Rieble* § 4a Rn. 106 ff.
[77] *Löwisch/Rieble* § 4a Rn. 153.
[78] Siehe auch *Löwisch/Rieble* § 4a Rn. 118.
[79] NK-TVG/*Zwanziger* § 4a Rn. 41; ErfK/*Franzen* TVG § 4a Rn. 5.
[80] HMB/*Greiner* Teil 9 Rn. 114; NK-TVG/*Zwanziger* § 4a Rn. 41.
[81] *Däubler/Bepler* Das neue Tarifeinheitsrecht, S. 46.
[82] Siehe *Jacobs* Tarifeinheit und Tarifkonkurrenz, S. 308 f.
[83] *Däubler/Bepler* Das neue Tarifeinheitsrecht, S. 50.
[84] ErfK/*Franzen* TVG § 4a Rn. 5.
[85] ErfK/*Franzen* TVG § 4a Rn. 5.
[86] Darauf weist auch ErfK/*Franzen* TVG § 4a Rn. 5 hin.

39 Tarifverträge, die am Tage der Verkündung des Tarifeinheitsgesetzes am **10.7.2015** bereits normativ galten, werden vom Tarifeinheitsgrundsatz nicht erfasst, § 13 Abs. 3 TVG. Damit soll der Respekt vor der bereits ausgeübten Tarifautonomie bekundet werden.[87]

40 c) Überschneidung im Geltungsbereich. Eine Tarifkollision wird nur dann ausgelöst, wenn sich die Tarifverträge in ihrem Geltungsbereich überschneiden, § 4a Abs. 2 S. 2 TVG. Damit sind der fachliche, räumliche, persönliche und auch der zeitliche Geltungsbereich erfasst.[88] Im Zeitraum der Nachwirkung eines Tarifvertrags kann es damit auch nicht zu einer Tarifkollision kommen.[89] Ob im sich überschneidenden Geltungsbereich auch tarifgebundene Arbeitnehmer tätig sind, spielt für die Auslösung der Tarifkollision keine Rolle.[90]

41 Damit besteht für die jeweiligen Tarifvertragsparteien die Möglichkeit, die Geltungsbereiche der Tarifverträge so zu vereinbaren, dass eine Tarifkollision ausscheidet, was dem Zweck des § 4a Abs. 2 TVG, als Auffangregelung zu dienen, entspricht.[91] Damit kann etwa eine Minderheitsgewerkschaft, die nach dem Industrieverbandsprinzip organisiert ist und einen weiten Bereich der Tarifzuständigkeit hat, ihren Tarifvertrag gegenüber dem einer Berufsgewerkschaft auch dann „retten", indem sie den persönlichen Geltungsbereich im Tarifvertrag entsprechend gestaltet.[92]

42 d) Keine Inhaltsgleichheit. Die sich in ihrem Geltungsbereich überschneidenden Tarifverträge führen nur dann zur Tarifkollision, wenn sie nicht inhaltsgleich sind. Sind sie es, besteht keine Notwendigkeit zur Kollisionslösung. Allerdings ist das Gesetz beim Wort zu nehmen: es ist **exakt gleicher Inhalt** gefordert.[93] Damit werden regelmäßig etwa Anschlusstarifverträge und mehrseitige Tarifverträge auch der Minderheitengewerkschaft weiterhin Anwendung, gerade weil sie inhaltsgleich sind.[94]

43 Auf der anderen Seite verlangt das Gesetz **nicht,** dass für die Tarifkollision die Tarifverträge **denselben Regelungsgegenstand** haben[95] – es können also etwa nicht nur jeweils Entgelttarifverträge oder Tarifverträge über Urlaubsregelungen zu einer Tarifkollision führen. Vielmehr ergibt sich aus dem Gesetz auch im Umkehrschluss zu § 4a Abs. 3, Abs. 4 S. 2, dass Tarifkollision auch dann vorliegt, wenn die Tarifverträge völlig verschiedene Sachverhalte regeln und seien es noch so unbedeutende. Begründet wird das damit, dass Tarifverträge stets ganz und einheitlich regeln wollen – und auch keine punktuellen Abweichungen zugelassen werden sollen.[96] Maßgeblich ist hier allein die Überschneidung der Geltungsbereiche.[97] Hier wird zurecht auf einen möglichen Sackgasseneffekt hingewiesen, wenn der Arbeitgeber lediglich nach § 3 Abs. 3 TVG nachgebunden ist (→ § 245 Rn. 50 ff.), dieser Tarifvertrag aber den Mehrheitstarifvertrag stellt: Dann erreichen ihn Änderungen des Tarifvertrags nicht mehr, konkurrierende Tarifverträge aber können sich nicht durchsetzen.[98]

---

[87] BT-Drs. 18/4062, 9; dazu *Däubler/Bepler* Das neue Tarifeinheitsrecht, S. 41.
[88] ErfK/*Franzen* TVG § 4a Rn. 6; *Löwisch/Rieble* § 4a Rn. 125 ff.; dazu *Däubler/Bepler* Das neue Tarifeinheitsrecht, S. 37.
[89] ErfK/*Franzen* TVG § 4a Rn. 7; aA HMB/*Greiner* Teil 9 Rn. 115.
[90] *Löwisch/Rieble* § 4a Rn. 122.
[91] HWK/*Henssler* § 4a Rn. 20.
[92] HMB/*Greiner* Teil 9 Rn. 116; HWK/*Henssler* TVG § 4a Rn. 20.
[93] *Löwisch/Rieble* § 4a Rn. 134; siehe auch NK-TVG/*Zwanziger* § 4a Rn. 40; für eine besondere Behandlung von sich lediglich punktuell unterscheidenden Tarifverträgen im Rahmen einer Tarifgemeinschaft *Däubler/Bepler* Das neue Tarifeinheitsrecht, S. 39 f.
[94] *Löwisch/Rieble* § 4a Rn. 133; *Däubler/Bepler* Das neue Tarifeinheitsrecht, S. 38.
[95] ErfK/*Franzen* TVG § 4a Rn. 12.
[96] BT-Drs. 18/4062, 13.
[97] BVerfG 11.7.2017 – 1 BvR 1571/15, AP GG Art. 9 Nr. 151 = NZA 2017, 915; HMB/*Greiner* Teil 9 Rn. 115.
[98] *Löwisch/Rieble* § 4a Rn. 137.

Anderes gilt nach § 4a Abs. 3 TVG für **Tarifverträge nach § 3 Abs. 1 und § 117** 44
Abs. 2 BetrVG.[99] Diese Regelung soll die Kontinuität der betriebsverfassungsrechtlichen Ordnung sichern[100] – weshalb es hier darauf ankommt, dass der Mehrheitstarifvertrag auch gerade diese betriebsverfassungsrechtliche Fragen regelt. Ist dies nicht der Fall, bleibt der Minderheitentarifvertrag anwendbar.

6. Lösung durch Majoritätsprinzip
a) Grundsatz. Liegt eine Tarifkollision im Sinne des § 4 Abs. 2 S. 1 TVG vor, so setzt 45
sich der Tarifvertrag durch, an den auf der Seite der Gewerkschaft die Mehrheit der Arbeitnehmer gebunden sind, § 4a Abs. 2 S. 2 TVG.

Dabei kommt es auf die **relative Mehrheit der Tarifbindung,** bezogen jeweils auf 46
den einzelnen Tarifvertrag an:[101] Weder die absolute Mehrheit ist entscheidend, noch gibt § 4a Abs. 2 S. 2 TVG ein Mindestquorum vor.[102]

Das kann Auswirkungen haben, wenn sich Gewerkschaften im Rahmen einer Tarifge- 47
meinschaft zusammenschließen und einen mehrseitigen Tarifvertrag abschließen. Hier könnte es dazu kommen, dass der Tarifvertrag, an den relativ die meisten Arbeitnehmer mitgliedschaftlich gebunden sind, sich gegenüber den inhaltlich gleichen Tarifverträgen des mehrgliedrigen Tarifvertrags auch dann durchsetzt, wenn diese zusammen die Mehrheit der Arbeitnehmer binden.[103] Dies ist zu vermeiden, deshalb sind bei einem inhaltsgleichen mehrgliedrigen Tarifvertrag die jeweiligen Gewerkschaftsmitglieder zusammenzuzählen.[104]

Das Gesetz stellt auf die in einem **Arbeitsverhältnis** stehenden Mitglieder ab. Damit 48
ist zunächst der Arbeitnehmerstatus vorausgesetzt, Auszubildende und Arbeitnehmerähnliche zählen deshalb nicht,[105] leitende Angestellte dagegen schon. Zum anderen müssen die Arbeitnehmer im Arbeitsverhältnis zum Arbeitgeber stehen – was etwa Leiharbeitnehmer ausschließt:[106] Arbeitnehmer sind nur die des betreffenden Betriebs.[107]

Mitglied im Sinne des § 4a Abs. 2 S. 2 TVG ist das **„Gewerkschaftsvollmitglied",** 49
das dem Betrieb angehört. Allerdings müssen diese auch einen entsprechenden „Tarifbezug" haben – deshalb sind etwa Gastmitglieder, Ehrenmitglieder oder Scheinmitglieder ausgenommen.[108] Das basiert darauf, dass nur Vollmitglieder mit entsprechenden Satzungsrechten den Tarifvertrag legitimieren[109] und so auch einer Majoritätsmanipulation begegnet werden kann.[110] Hier gilt im Prinzip nichts anderes als bei der Abgrenzung der OT-Mitgliedschaft.[111] Dabei muss aber die Vollmitgliedschaft als solche ausreichen. Die drohende Rechtsunsicherheit, die etwa die Prüfung einer „aktiven" Gewerkschaftsmitgliedschaft (etwa im Hinblick auf dessen Verbandsloyalität im Arbeitskampf) auslöste, ist Grund, auf eine weitere Differenzierung zu verzichten.[112]

---

[99] Dazu *Däubler/Bepler* Das neue Tarifeinheitsrecht, S. 49.
[100] BT-Drs. 18/4062, 14; kritisch *Löwisch/Rieble* § 4a Rn. 139 ff.
[101] HWK/*Henssler* TVG § 4a Rn. 23; *Löwisch/Rieble* § 4a Rn. 171.
[102] HWK/*Henssler* TVG § 4a Rn. 23.
[103] HMB/*Greiner* Teil 9 Rn. 128.
[104] *Löwisch/Rieble* § 4a Rn. 170; *Greiner* NZA 2015, 769 (773).
[105] *Löwisch/Rieble* § 4a Rn. 157, 158; anders für Auszubildende BT-Drs. 18/4062, S. 3, NK-TVG/*Zwanziger* § 4a Rn. 44.
[106] *Löwisch/Rieble* § 4a Rn. 159; NK-TVG/*Zwanziger* § 4a Rn. 44; *Däubler/Bepler* Das neue Tarifeinheitsrecht, S. 67.
[107] HWK/*Henssler* TVG § 4a Rn. 25.
[108] *Löwisch/Rieble* § 4a Rn. 168; NK-TVG/*Zwanziger* § 4a Rn. 45.
[109] *Löwisch/Rieble* § 4a Rn. 165.
[110] HWK/*Henssler* TVG § 4a Rn. 24; HMB/*Greiner* Teil 9 Rn. 140; zu den einzelnen Beeinflussungsinstrumenten siehe *Löwisch/Rieble* § 4a Rn. 173.
[111] Darauf weist *Greiner* NZA 2015, 769 (773) hin.
[112] So HWK/*Henssler* TVG § 4a Rn. 24; siehe aber für „ruhende" Mitgliedschaften *Däubler/Bepler* Das neue Tarifeinheitsrecht, S. 66.

50 An einer gesetzlichen Vorgabe, wie die Mehrheitsverhältnisse im Betrieb festzustellen sind, fehlt es – nach § 58 Abs. 3 ArbGG reicht dafür aber auch die Vorlage einer entsprechenden notariellen Urkunde (→ § 390 Rn. 1 ff.).[113]

51 b) Zeitpunkt. Maßgeblicher Zeitpunkt für die Feststellung der Majorität ist der, an dem die Tarifverträge zum ersten Mal eine Tarifkollision auslösen. Das ist die erstmalige normative Geltung im Betrieb und somit das Inkrafttreten des Tarifvertrags,[114] dieser Zeitpunkt kann von dem des Abschlusses des Tarifvertrags verschieden sein.[115] Andere Zeitpunkte sind etwa durch einen Verbandswechsel des Arbeitgebers möglich.[116] Die Tarifkollision muss freilich „in der Zeit" gesehen werden: Kollisionen können sich ablösen, weil ein neuer Tarifvertrag hinzukommt oder ein bisheriger geändert und abgelöst wird – jedes Mal muss es dann zu einer neuen Majoritätsbetrachtung kommen.[117] Keine Rolle soll dagegen die Änderung der Mehrheitsverhältnisse als solche spielen, so dass der einstige Mehrheitstarifvertrag auch dann verdrängende Wirkung hat, wenn er im Laufe der Zeit zum Minderheitstarif wird.[118]

52 c) Gestaltendes Feststellungsverfahren. Für die Feststellung des Mehrheitstarifvertrags hat das Tarifeinheitsgesetz mit §§ 2a Abs. 1 Nr. 6, 99 ArbGG ein eigenes Beschlussverfahren eingeführt. Dieses Beschlussverfahren soll mit Wirkung *erga omnes* klären, welcher der Tarifverträge Anwendung findet. Antragsberechtigt sind alle Tarifvertragsparteien der zur Tarifkollision führenden Tarifverträge, § 99 Abs. 1 ArbGG.

53 Eine der wichtigsten, auch nach der Entscheidung des BVerfG noch immer ungeklärten Fragen ist, ob die Feststellung nach § 99 ArbGG konstitutiv und so gestaltend oder aber deklaratorisch wirkt. In seinem Beschluss im einstweiligen Rechtsschutzverfahren hatte sich das BVerfG in die Richtung einer gestaltenden Entscheidung geäußert.[119] Dem stimmten gewichtige Stimmen im Schrifttum zu.[120] In der Tat spricht unter der Berücksichtigung der Bedeutung der Entscheidung nach § 99 ArbGG für die Tarifautonomie, Überzeugendes für eine solche gestaltende Wirkung: Die Verdrängung der Minderheitentarifverträge erfolgt erst dann, wenn ein entsprechender Antrag gestellt wird, das heißt, wenn sich die (vermeintliche) Mehrheitsgewerkschaft auch auf die Vorrangstellung ihres Tarifvertrags berufen will. Zudem sprechen Gründe der Rechtssicherheit dafür. In der Entscheidung im Hauptsacheverfahren hält das BVerfG diese Auffassung verfassungsrechtlich für möglich,[121] die abweichenden Sondervoten zur Entscheidung halten sie für verfassungsrechtlich zwingend.[122]

54 Nach der herrschenden Meinung ist die **Feststellung nach § 99 Abs. 1 ArbGG nicht gestaltend**.[123] Das wird im Individualrechtsstreit um tarifliche Rechte virulent, bei der die Anwendung eines der Tarifverträge in Rede steht. Hier wird vorgeschlagen, mit der analogen Anwendung des § 97 Abs. 5 ArbGG zu helfen – was zur Aussetzung des Individualrechtsstreits und einem Antragsrecht auch der Arbeitsvertragsparteien führen würde.[124] Freilich wird man eine Regelungslücke nur schwer bejahen können, weil die

---

[113] Dazu *Sammet/Wolffskeel v. Reichenberg*, NZA 2017, 1167; *Däubler/Bepler* Das neue Tarifeinheitsrecht, S. 78.
[114] HWK/*Henssler* TVG § 4a Rn. 30.
[115] *Löwisch/Rieble* § 4a Rn. 150; aA ErfK/*Franzen* TVG § 4a Rn. 15.
[116] HWK/*Henssler* TVG § 4a Rn. 30.
[117] *Löwisch/Rieble* § 4a Rn. 152; NK-TVG/*Zwanziger* § 4a Rn. 67; ErfK/*Franzen* TVG § 4a Rn. 16.
[118] HWK/*Henssler* TVG § 4a Rn. 30.
[119] BVerfG 6.10.2015 – 1 BvR 1571/15, 1 BvR 1582/15, NZA 2015, 1271.
[120] *Löwisch* NZA 2016, 997; *Löwisch/Rieble* § 4a Rn. 257; dem folgend auch *Vielmeier* DB 2017, 1719.
[121] BVerfG 11.7.2017 – 1 BvR 1571/15, AP GG Art. 9 Nr. 151 = NZA 2017, 915.
[122] BVerfG 11.7.2017 – 1 BvR 1571/15, AP GG Art. 9 Nr. 151 = NZA 2017, 915; Sondervoten der Richterin *Baer* und des Richters *Paulus*, dort Rn. 17.
[123] *Ulrici* NZA 2017, 1161 (1162).
[124] HMB/*Greiner* Teil 9 Rn. 130; *Greiner* NZA 2015, 769 (773).

Gesetzesbegründung bewusst eine Regelung wie §§ 97 Abs. 5, 98 Abs. 6 ArbGG nicht aufnimmt.¹²⁵ Es bleibt deshalb nur eine Aussetzung des Individualverfahrens nach §§ 46 ArbGG, 148 ZPO und auch nur nach Eröffnung des Beschlussverfahrens nach § 99 ArbGG und bei dessen Vorgreiflichkeit.¹²⁶

Insgesamt zum Beschlussverfahren auch nach § 99 ArbGG siehe → § 392 Rn. 1 ff.   55

7. Folgen

Der Mehrheitstarifvertrag findet nach Auflösung der Tarifkollision im Betrieb Anwendung, der Minderheitentarifvertrag nicht, dieser wird aber nicht unwirksam, sondern es kommt (lediglich) zum Anwendungsvorrang.¹²⁷ Das heißt zunächst, dass er die tarifgebundenen Arbeitsverhältnisse in seinem Geltungsbereich **nicht normativ regeln** kann. Folge ist der **Tarifentfall**, weil mangels Tarifbindung an den Mehrheitstarifvertrag auch dieser nicht normativ gilt. Dieser Tarifentfall kann zwar aufgefangen werden, durch schuldrechtliche Bezugnahme¹²⁸ oder durch Nachzeichnung des Mehrheitstarifvertrags durch die Minderheitsgewerkschaft nach § 4a Abs. 4 TVG, das ändert aber nichts an seiner grundrechtlichen Problematik: die Minderheitengewerkschaft wird um ihren Tariferfolg gebracht, der Tarifvertrag als Instrument der Durchsetzung der Mitgliederinteressen entfällt.   56

Allerdings erfolgt die Verdrängung auch nur in dem Bereich, in dem sich die Tarifverträge in ihrem Geltungsbereich überschneiden – außerhalb dieses Überschneidungsbereiches ist der unterlegene Tarifvertrag weiter anzuwenden,¹²⁹ womit es faktisch doch zum Nebeneinander mehrerer Tarifverträge kommen kann.   57

Die Verdrängung des Tarifvertrags der Minderheitengewerkschaft erfolgt nur **bezogen auf den Betrieb**, in dem eine Tarifkollision vorliegt¹³⁰ – ist der örtliche Geltungsbereich des Tarifvertrags größer, so behält der Tarifvertrag außerhalb seine normative Wirkung weiter.¹³¹ Ob in anderen Betrieben ebenfalls eine nach § 4a TVG zu lösende Tarifkollision vorliegt, ist gesondert festzustellen.¹³²   58

Der Inhalt der tariflichen Regelungen spielt, liest man das Gesetz unbefangen, solange nur Tarifkollision vorliegt, keine Rolle, ebenso wenig die tariflichen Normarten.¹³³ Allerdings hat das BVerfG dennoch der Verdrängungswirkung Grenzen gesetzt: 59

Das BVerfG strapaziert die Wortlautgrenze, wenn es im Ergebnis doch eine Inhaltsgewichtung der beiden Tarifverträge fordert: eine Verdrängung komme nicht in Frage, wenn die Tarifleistungen nicht erkennbar untereinander verknüpft seien.¹³⁴ Das kann nur bedeuten, dass sich die Regelungstatbestände decken müssen und nicht ein Entgelttarifvertrag der Minderheitsgewerkschaft durch einen Urlaubsgeldtarifvertrag der Mehrheitsgewerkschaft verdrängt werden darf.¹³⁵ Ob sich diese Vorgabe im Gesetzestext wiederfinden lässt, ist fraglich.¹³⁶ Auch hier wird das Arbeitsgericht in der praktischen Anwendung nur der Weg über Art. 100 GG gehen können.   60

Ebenso hat die Verdrängungswirkung nach dem BVerfG dort eine Grenze, wo der Minderheitentarifvertrag **langfristig angelegte, die Lebensplanung der Beschäftigten** berührende Ansprüche enthält und nicht durch die Nachzeichnung (→ Rn. 67 ff.) die   61

---

¹²⁵ BT-Drs. 18/406, 16.
¹²⁶ So *Löwisch/Rieble* § 4a Rn. 194.
¹²⁷ *Löwisch/Rieble* § 4a Rn. 174; NK-TVG/*Zwanziger* § 4a Rn. 46; ErfK/*Franzen* TVG § 4a Rn. 17; *Däubler/Bepler* Das neue Tarifeinheitsrecht, S. 87: „Schattenexistenz".
¹²⁸ HWK/*Henssler* TVG § 4a Rn. 37.
¹²⁹ BT-Drs. 18/4062, 13; BVerfG 11.7.2017 – 1 BvR 1571/15, AP GG Art. 9 Nr. 151 = NZA 2017, 915; HWK/*Henssler* TVG § 4a Rn. 22; *Löwisch/Rieble* § 4a Rn. 178; NK-TVG/*Zwanziger* § 4a Rn. 47.
¹³⁰ BVerfG 11.7.2017 – 1 BvR 1571/15, AP GG Art. 9 Nr. 151 = NZA 2017, 915; *Löwisch/Rieble* § 4a Rn. 175.
¹³¹ HMB/*Greiner* Teil 9 Rn. 143.
¹³² *Löwisch/Rieble* § 4a Rn. 175.
¹³³ *Löwisch/Rieble* § 4a Rn. 181 ff.; NK-TVG/*Zwanziger* § 4a Rn. 48.
¹³⁴ BVerfG 11.7.2017 – 1 BvR 1571/15, AP GG Art. 9 Nr. 151 = NZA 2017, 915.
¹³⁵ So das Beispiel von *Franzen* ZTR 2017, 571 (575).
¹³⁶ Ebenso *Franzen* ZTR 2017, 571 (575).

Möglichkeit gegeben ist, vergleichbare Leistungen im zu erhalten.[137] Das zielt vor allem auf die betriebliche Altersversorgung, führt aber zu einem erheblichen Problem der Rechtsanwendung. Das betrifft zum einen die Frage nach vergleichbaren Leistungen im Mehrheitstarifvertrag und zum anderen die nach der Nachzeichnungspflicht der Minderheitsgewerkschaft.[138] Rechtssicher sind diese Vorgaben nicht, im Wortlaut des § 4a TVG finden sie sich auch nicht: Das BVerfG hat bei unmöglicher Umsetzung durch die Arbeitsgerichte zur Vorlage nach Art. 100 GG aufgerufen.[139]

62 Eine weitere Grenze der Verdrängungswirkung ist auf den **Inhalt des Mehrheitstarifvertrags** bezogen: Dieser muss nach dem BVerfG auch die Interessen der Arbeitnehmer der Minderheitengewerkschaft tariflich aufnehmen und darf diese nicht vernachlässigen. Wie eine solche Vernachlässigung festgestellt werden soll – abgesehen von offensichtlichem Interessenausfall – ist völlig offen, weil eine solche gesetzliche Verhandlungsstandschaft der Mehrheitsgewerkschaft für die Arbeitnehmer der Minderheitengewerkschaft tarifrechtlich unsystematisch und bislang zu Recht unbekannt ist.[140]

63 Weil der Minderheitentarifvertrag nur verdrängt, aber nicht unwirksam wird, bleiben dessen schuldrechtlichen Pflichten grundsätzlich bestehen.[141] § 4a TVG stellt lediglich auf die Rechtsnormen des Tarifvertrags ab, nicht auf den schuldrechtlichen Teil.[142] Allerdings ruht die Durchführungspflicht (→ § 257 Rn. 35 ff.) – weil der verdrängte Tarifvertrag gerade nicht angewandt wird, die Durchführungspflicht ginge deshalb ohnehin ins Leere. Diskutiert wird über das Schicksal der Friedenspflicht. Das BVerfG sieht sie als weiter bestehend an.[143]

64 Der **unterlegene Tarifvertrag lebt wieder auf,** wenn die normative Wirkung des verdrängenden wegfällt.[144] Das löst die Gefahr des Tarifsprunges während des Nachwirkungszeitraumes des Mehrheitstarifvertrags aus, mit einem entsprechenden „Rücksprung" nachdem der Mehrheitstarif wieder normativ gilt. Das BVerfG legt es in die Entscheidung der Fachgerichte ob und unter welchen Umständen ein solcher kurzfristiger Tarifsprung ausgeschlossen werden kann.[145] Endet die mitgliedschaftliche normative Wirkung und kommt der Mehrheitstarifvertrag in das Stadium der Nachwirkung, § 4 Abs. 5 TVG, dann lebt der verdrängte Minderheitentarifvertrag wieder in seiner Normativität auf.[146] Das führt dazu, dass es zu einem „Hin-und-Her" kommen kann, wenn die Mehrheitsgewerkschaft einen nachfolgenden Tarifvertrag abschließt.[147]

65 Der verdrängte Tarifvertrag bleibt wirksam, er wirkt nach § 4 Abs. 5 TVG nach, kann also durch eine andere Abmachung abgelöst werden, der Majoritätstarifvertrag aber nicht ist.[148] Und er belegt auch die Tarifüblichkeit einer Regelung und führt zur Sperrwirkung des § 77 Abs. 3 S. 1 BetrVG.[149]

66 Allerdings kann im Minderheitentarifvertrag vorgebeugt werden. Dieser ist zwar nicht anwendbar, aber doch wirksam – er ist deshalb auch **taugliches Objekt der Bezugnah-**

---

[137] BVerfG 11.7.2017 – 1 BvR 1571/15, AP GG Art. 9 Nr. 151 = NZA 2017, 915.
[138] *Rieble* NZA 2017, 1157 (1159); siehe auch kritisch *v. Steinau-Steinrück/Gooren* NZA 2017, 1149 (1153).
[139] BVerfG 11.7.2017 – 1 BvR 1571/15, AP GG Art. 9 Nr. 151 = NZA 2017, 915.
[140] *Rieble* NZA 2017, 1157 (1159); *Franzen* ZTR 2017, 571 (574): Das Gericht verlasse die gedankliche Logik des Koalitionenwettbewerbs.
[141] BVerfG 11.7.2017 – 1 BvR 1571/15, AP GG Art. 9 Nr. 151 = NZA 2017, 915; *Däubler/Bepler* Das neue Tarifeinheitsrecht, S. 94 f.
[142] BT-Drs. 18/4062, 14.
[143] BVerfG 11.7.2017 – 1 BvR 1571/15, AP GG Art. 9 Nr. 151 = NZA 2017, 915.
[144] BVerfG 11.7.2017 – 1 BvR 1571/15, AP GG Art. 9 Nr. 151 = NZA 2017, 915.
[145] BVerfG 11.7.2017 – 1 BvR 1571/15, AP GG Art. 9 Nr. 151 = NZA 2017, 915.
[146] ErfK/*Franzen* TVG § 4a Rn. 8; *Däubler/Bepler* Das neue Tarifeinheitsrecht, S. 47.
[147] Siehe *Däubler/Bepler* Das neue Tarifeinheitsrecht, S. 49 f.
[148] *Löwisch/Rieble* § 4a Rn. 192.
[149] BVerfG 11.7.2017 – 1 BvR 1571/15, AP GG Art. 9 Nr. 151 = NZA 2017, 915; *Löwisch/Rieble* § 4a Rn. 193.

me.¹⁵⁰ Eine solche Verpflichtung zum Angebot der Bezugnahme an die Gewerkschaftsmitglieder kann im Tarifvertrag schuldrechtlich vereinbart werden. Damit hat der Arbeitgeber die Pflicht, die Arbeitsverträge entsprechend zu gestalten. Faktisch wird dadurch Tarifpluralität im Betrieb erreicht. Eine Tarifkonkurrenz zum Mehrheitstarifvertrag liegt nicht vor, damit gilt das Spezialitätsprinzip nicht (→ § 253 Rn. 11) – und das Günstigkeitsprinzip ist ebenfalls nicht einschlägig, weil der Mehrheitstarifvertrag auf das Minderheitsarbeitsverhältnis nicht normativ anzuwenden ist. Das führt dazu, dass der Grundsatz der Tarifeinheit nach § 4a TVG letztlich für die Tarifvertragsparteien des Minderheitstarifvertrags disponibel ist. Dem wird entgegengehalten, dass eine entsprechende Regelung im Tarifvertrag an § 134 BGB scheiterte.¹⁵¹

8. Flankierende Regelungen

a) Nachzeichnungsrecht, § 4 Abs. 4 TVG. Nach § 4 Abs. 4 TVG hat die Gewerkschaft, die einen in Tarifkollision stehenden Tarifvertrag abgeschlossen hat, das Recht, die Regelungen eines kollidierenden Tarifvertrags „nachzuzeichnen". Damit soll ein „Nachteilsausgleich" für die Gewerkschaft erreicht werden, deren Tarifvertrag nicht anwendbar ist: Der drohende Tarifverlust für deren Mitglieder könne so verhindert werden.¹⁵² Das Gesetz unterscheidet nicht zwischen Mehrheits- und Minderheitstarifvertrag, so dass dieses Nachzeichnungsrecht allen Gewerkschaften zusteht, die an einem kollidierenden Tarifvertrag beteiligt sind.¹⁵³ Deshalb müssen die Mehrheitsverhältnisse nicht geklärt sein und auch ein Verfahren nach § 99 ArbGG muss nicht abgeschlossen sein.¹⁵⁴ Freilich zielt die Regelung auf die Minderheitengewerkschaft, die so für ihre Mitglieder zur (scheinbar eigenen) normativen Regelung der Arbeitsverhältnisse kommt. Sind die Mehrheitsverhältnisse bekannt, wird die Mehrheitsgewerkschaft kein Interesse daran haben, einen unterliegenden Tarifvertrag nachzuzeichnen. Durch das Nachzeichnungsrecht soll die Tarifautonomie gewährleistet und verhindert werden, dass die Arbeitsverhältnisse der Mitglieder der Minderheitsgewerkschaft insgesamt einer normativen tariflichen Regelung ihrer Arbeitsverhältnisse entbehren. Das freilich um den hohen Preis, den eigenen Tarifvertrag nicht angewendet zu finden und sich von der Mehrheitsgewerkschaft vereinbarten Tarifinhalten anzuschließen oder besser zu unterwerfen.¹⁵⁵ Das BVerfG mahnt bei der Ausgestaltung dieses Nachzeichnungsrechts zu einer grundrechtssensiblen Auslegung.¹⁵⁶ Freilich besteht keine Nachzeichnungspflicht, die Minderheitsgewerkschaft kann also auch darauf verzichten, sie hat also ein Wahlrecht.

Der **Anspruch besteht gegen den Arbeitgeber oder den Arbeitgeberverband**, der mit ihr bereits einen kollidierenden Tarifvertrag abgeschlossen hat, das Nachzeichnungsrecht und der resultierende Tarifvertrag führen also nicht zum „Vertragspartnersprung", das wäre mit der durch Art. 9 III GG geschützten Freiheit der Vertragspartnerwahl nicht in Einklang.¹⁵⁷ Dem steht ein entsprechender Kontrahierungszwang des Arbeitgebers oder des Arbeitgeberverbandes gegenüber. Die Gewerkschaft hat einen Anspruch auf Abschluss des nachzeichnenden Tarifvertrags, das bedeutet, sie muss dem Arbeitgeber oder dem Arbeitgeberverband ein entsprechendes Angebot unterbreiten, das den von der Nachzeichnungspflicht gedeckten Tarifinhalt wiedergibt.¹⁵⁸

---

¹⁵⁰ BVerfG 11.7.2017 – 1 BvR 1571/15, AP GG Art. 9 Nr. 151 = NZA 2017, 915; NK-TVG/*Zwanziger* § 4a Rn. 57; *Däubler/Bepler* Das neue Tarifeinheitsrecht, S. 93.
¹⁵¹ BeckOKArbR/Giesen TVG § 4a Rn. 35.
¹⁵² BT-Drs. 18/4062, 14.
¹⁵³ BVerfG 11.7.2017 – 1 BvR 1571/15, AP GG Art. 9 Nr. 151 = NZA 2017, 915; BeckOKArbR/Giesen § 4a Rn. 23.
¹⁵⁴ BeckOKArbR/Giesen § 4a Rn. 23.
¹⁵⁵ Kritisch auch HMB/*Greiner* Teil 9 Rn. 144; *Preis* FA 2014, 354.
¹⁵⁶ BVerfG 11.7.2017 – 1 BvR 1571/15, AP GG Art. 9 Nr. 151 = NZA 2017, 915.
¹⁵⁷ *Löwisch/Rieble* § 4a Rn. 203; aA: BeckOKArbR/*Giesen* § 4a Rn. 23.
¹⁵⁸ *Löwisch/Rieble* § 4a Rn. 204.

69 Voraussetzung für das Nachzeichnungsrecht ist es, dass die Minderheitsgewerkschaft einen zur Tarifkollision führenden Tarifvertrag geschossen hat.[159] Eine Nachzeichnung kann also nach der Konzeption des Gesetzes nicht ohne Kollisionsbezug erfolgen. Dieser Kollisionsbezug ist allerdings ein engerer als der des § 4a Abs. 2 S. 1 TVG – das Nachzeichnungsrecht erfordert Tarifverträge, bei denen sich nicht nur die Geltungsbereiche, sondern auch die Rechtsnormen überschneiden, § 4a Abs. 4 S. 2 TVG, so dass die Tarifinhalte, zumindest teilweise, kongruent sein müssen.[160] Wie diese Kongruenz festzustellen ist, wird verschieden gesehen – hier sollte der aus dem Günstigkeitsvergleich bekannte Sachgruppenzusammenhang herangezogen werden.[161] Das alles ist freilich insgesamt bedenklich, weil damit diejenigen Minderheitsgewerkschaften, die noch keinen Tarifvertrag geschlossen haben, auch von der Nachzeichnung ausgeschlossen werden.[162] Gerade sie sind dann, wollen sie einen Tarifvertrag erreichen, regelmäßig auf den Arbeitskampf angewiesen,[163] der richtig nicht ausgeschlossen werden darf.[164]

70 Das Nachzeichnungsrecht bezieht sich nicht lediglich auf die sich überschneidenden Regelungen der kollidierenden Tarifverträge, sondern auf den gesamten Mehrheitstarifvertrag.[165] Das gebietet die grundrechtskonforme weite Auslegung des Nachzeichnungsrechts,[166] die sich freilich in der schlichten Auslegung des § 4a TVG nicht ohne weiteres wiederfinden lässt. Deshalb wurde vor der Entscheidung des BVerfG die Meinung vertreten dass nur dort ein Nachzeichnungsrecht besteht, wo es zur Überschneidung der Regelungen kam.[167] Damit wurde es aber ermöglicht, dass der Mehrheitstarifvertrag mit einer nur geringen Überschneidung zur ebenso geringen Nachzeichnung führte – aber zum Entfall des gesamten Minderheitstarifvertrags. Das soll durch die nunmehr angeordnete Ausweitung des Nachzeichnungsrechts verhindert werden.[168] Damit wird die gesetzliche Intention einer weiten Verdrängungswirkung und eines engen Nachzeichnungsrechts umgekehrt.[169]

71 Daraus ergibt sich aber auch ein **schwieriges Verhältnis der beiden Tarifverträge der Minderheitsgewerkschaft,** weil der ursprüngliche, die Tarifkollision (mit)begründende Tarifvertrag, infolge des Majoritätsprinzips nur unanwendbar, aber nicht unwirksam ist. Zu unterscheiden sind hier die Rechtsnormen der Tarifverträge und die schuldrechtlichen Rechte und Pflichten aus den Tarifverträgen.

72 Recht einfach ist die Lage während der Geltung des Mehrheitstarifvertrags für die tariflichen Rechtsnormen: Hier findet der kollisionsbegründende Tarifvertrag der Minderheitsgewerkschaft keine Anwendung, sondern der Nachzeichnungstarifvertrag, der die durch den Grundsatz der Tarifeinheit gerissene normative Lücke für die Arbeitsverhältnisse der Mitglieder der Minderheitsgewerkschaft schließt. Er tritt dann neben die Regelungen des Tarifvertrags der Mehrheitsgewerkschaft – was aber die Ziele des Gesetzes, Rechtsicherheit und Rechtsklarheit zu gewährleisten, wegen der Inhaltsgleichheit beider Tarifverträge nicht gefährdet. Schließt die Minderheitsgewerkschaft einen Nachzeichnungstarifvertrag ab, so wirkt dieser normativ. Er löst aber den verdrängten Tarifvertrag

---

[159] HMB/*Greiner* Teil 9 Rn. 142; *Löwisch/Rieble* § 4a Rn. 198; ErfK/*Franzen* TVG § 4a Rn. 24.
[160] *Löwisch/Rieble* § 4a Rn. 209.
[161] *Löwisch/Rieble* § 4a Rn. 210.
[162] HWK/*Henssler* TVG § 4a Rn. 39.
[163] HWK/*Henssler* TVG § 4a Rn. 42.
[164] BVerfG 11.7.2017 – 1 BvR 1571/15, 1 BvR 1588/15, 1 BvR 2883/15, 1 BvR 1043/16, 1 BvR 1477/16, NZA 2017, 915.
[165] Siehe auch BVerfG 11.7.2017 – 1 BvR 1571/15, AP GG Art. 9 Nr. 151 = NZA 2017, 915; ErfK/*Franzen* TVG § 4a Rn. 24; aA noch HWK/*Henssler* TVG § 4a Rn. 39.
[166] BVerfG 11.7.2017 – 1 BvR 1571/15, AP GG Art. 9 Nr. 151 = NZA 2017, 915; kritisch *Rieble* NZA 2017, 1157 (1159).
[167] Siehe auch BT-Drs. 18/4062, 14; siehe auch *Däubler/Bepler* Das neue Tarifeinheitsrecht, S. 96.
[168] Dazu auch *v. Steinau-Steinrück/Gooren* NZA 2017, 1149 (1154).
[169] So richtig *Franzen* ZTR 2017, 571 (576).

der Gewerkschaft nicht ab, so dass dieser beendet wäre, vielmehr kann dieser nach Ende des Nachzeichnungstarifvertrags wieder normativ wirken.[170]

Die Nachzeichnung nimmt auch die zeitliche Geltung des nachgezeichneten Tarifvertrags auf, allerdings ist der nachgezeichnete Tarifvertrag vollständiger eigener Tarifvertrag – deshalb kann sich auch die Kündigung des nachgezeichneten Tarifvertrags nicht auf den nachzeichnenden Tarifvertrag auswirken.[171]

Für den nachzeichnenden Tarifvertrag wiederum ergeben sich Besonderheiten aus dem Nachzeichnungsanspruch selbst, weil die Kündigung dieses Tarifvertrags den Nachzeichnungsanspruch durch **vorzeitige Kündigung** nicht vereiteln darf, der nachzeichnenden Gewerkschaft wäre sonst die beabsichtigte normative Wirkung eines eigenen Tarifvertrags wieder schnell zu nehmen.[172] Die Kündigung aus wichtigem Grund muss allerdings stets möglich sein.[173]

Problematisch sind Regelungen im nachgezeichneten Tarifvertrag, die für die begründeten Rechte an die Gewerkschaftsmitgliedschaft anknüpfen. Diese einfachen **Differenzierungsklauseln** könnten dazu führen, dass die Mitglieder der Minderheitengewerkschaft über die fehlende Tatbestandsmäßigkeit trotz des nachgezeichneten Tarifvertrags tarifliche Ansprüche nicht geltend machen könnten. Das wird zu Recht abgelehnt, so dass eine solche Differenzierungsklausel unwirksam ist.[174]

Der **Nachzeichnungstarifvertrag wirkt allerdings nur in dem Betrieb,** in dem es zur Tarifkollision kommt und der ursprüngliche Tarifvertrag der Minderheitsgewerkschaft nicht anwendbar ist.[175] Außerhalb dieses Betriebes wirkt der ursprüngliche Tarifvertrag normativ weiter, es kommt – bei entsprechendem Geltungsbereich – dort auch nicht zur Tarifkonkurrenz mit dem Nachzeichnungstarifvertrag, weil § 4a Abs. 4 S. 3 TVG dessen normative Wirkung ausdrücklich auf den Bereich beschränkt, in dem der ursprüngliche Tarifvertrag verdrängt wurde.[176]

Die **schuldrechtlichen Pflichten** werden im nachzeichnenden Tarifvertrag nicht übernommen, sondern entstehen originär neu.[177] Damit können auch schuldrechtlich begründete Rechte Dritter, § 328 BGB, nicht schlicht übernommen werden. Für die **Friedenspflicht** ist auf den originären kollidierenden Tarifvertrag abzustellen, nicht auf den nachzeichnenden, damit könnte nach Ende des verdrängten Tarifvertrags die Möglichkeit zum Arbeitskampf bestehen.[178] Allerdings ist der nachzeichnende Tarifvertrag ebenfalls Tarifvertrag – dem auch eine Friedenspflicht immanent ist, das bedeutet aber nur, dass während der Geltung des nachzeichnenden Tarifvertrags nicht um dessen Inhalte gekämpft werden kann.[179]

Verletzt der Arbeitgeber oder der Arbeitgeberverband die Pflicht, einen nachzeichnenden Tarifvertrag abzuschließen, so kann auf Abgabe einer entsprechenden Willenserklärung geklagt werden. Die Zwangsvollstreckung erfolgt dann über §§ 62 Abs. 2 ArbGG iVm 894 ZPO.[180] Für Schäden aus einer zu vertretenden verspäteten Nachzeichnung soll der Arbeitgeber oder der Arbeitgeberverband dem einzelnen Arbeitnehmer gegenüber haften.[181] Freilich bestehen jedenfalls gegenüber dem Arbeitgeberverband zum einzelnen Arbeitnehmer keine vertraglichen Beziehungen. Eine Schadensersatzpflicht ließe sich deshalb lediglich über § 823 Abs. 2 BGB iVm § 4a TVG begründen – allerdings

---

[170] *Löwisch/Rieble* § 4a Rn. 223.
[171] Dazu BeckOKArbR/*Giesen* TVG § 4a Rn. 24.
[172] *Löwisch/Rieble* § 4a Rn. 219.
[173] *Löwisch/Rieble* § 4a Rn. 219.
[174] In diese Richtung auch HWK/*Henssler* TVG § 4a Rn. 40.
[175] BeckOKArbR/*Giesen* TVG § 4a Rn. 24.
[176] Im Ergebnis gleich, allerdings von einer Tarifkonkurrenz ausgehend HMB/*Greiner* Teil 9 Rn. 143.
[177] HWK/*Henssler* TVG § 4a Rn. 40.
[178] BeckOKArbR/*Giesen* § 4a Rn. 26a.
[179] *Löwisch/Rieble* § 4a Rn. 226.
[180] *Löwisch/Rieble* § 4a Rn. 205; BeckOKArbR/*Giesen* TVG § 4a Rn. 25.
[181] BeckOKArbR/*Giesen* TVG § 4a Rn. 25.

dient die Vorschrift der Tarifautonomie und nicht primär dem Schutz des einzelnen Arbeitsverhältnisses, so dass es sich nur schwer als Schutzgesetz im Sinne des § 823 Abs. 2 BGB auffassen lässt.

79 **b) Stellungnahmerecht, § 4a Abs. 5 TVG.** Nehmen Arbeitgeber oder Arbeitgeberverband mit einer Gewerkschaft Tarifvertragsverhandlungen auf, so ist die Arbeitgeberseite dazu verpflichtet, die Aufnahme der Verhandlungen rechtzeitig und in geeigneter Weise bekannt zu geben, § 4 Abs. 5 S. 1 TVG. Andere tarifzuständige Gewerkschaften sind dann berechtigt, dem Arbeitgeber oder dem Arbeitgeberverband ihre Vorstellungen und Forderungen mündlich vorzutragen, § 4 Abs. 5 S. 2 TVG.

80 Durch das **Mitteilungsverfahren des § 4a Abs. 5 TVG** soll den (potentiellen) Minderheitsgewerkschaften die Möglichkeit gegeben werden, ihre Vorstellungen in den Verhandlungsprozess um den Tarifvertrag einzubringen. Der Gesetzgeber will hier innerbetriebliche Transparenz herstellen.[182]

81 Die Mitteilungspflicht trifft den einzelnen Arbeitgeber oder den Arbeitgeberverband, je nachdem, ob um einen Haustarifvertrag oder einen (auch firmenbezogenen) Verbandstarifvertrag verhandelt wird.[183] Zwar soll die Aufnahme von Tarifverhandlungen den anderen Gewerkschaften mitgeteilt werden, das Gesetz macht aber keine Ausführungen darüber, **wie und wann diese Mitteilung** zu erfolgen hat.[184] Das ist insbesondere deshalb misslich, weil Tarifverhandlungen regelmäßig sensible Daten und Informationen zugrunde liegen.[185] Das gilt verstärkt, aber nicht nur für den Haustarifvertrag – etwa über Sanierungsfragen.

82 Die unterlassene Mitteilung ist nach dem BVerfG folgenreich: Dann kann die Verdrängungswirkung des Mehrheitstarifvertrags nicht Platz greifen.[186] Das wiederum ist konzeptionsgefährdend, weil es damit der der Arbeitgeber mit in der Hand hat, durch nicht erfolgte Mitteilung den Tarifeinheitsgrundsatz auszuhebeln.[187]

83 Ebenfalls nicht näher geregelt ist, wie **die Gewerkschaften** zu ermitteln sind, denen gegenüber die Mitteilung zu erbringen ist. Nach der Systematik der Vorschrift können aber nur solche Gewerkschaften gemeint sein, deren Tarifverträge kollisionsrelevant sind.[188]

84 Die Mitteilung muss **rechtzeitig** und unverzüglich nach Aufnahme der Verhandlungen erfolgen, ohne dass sich aus den Gesetzgebungsmaterialien ein genauerer Zeitpunkt lesen ließe, wann Verhandlungen „aufgenommen" sind.[189] Aus dem Zweck der Vorschrift, die Vorstellungen anderer Gewerkschaften in den laufenden Verhandlungsprozess einzubringen, ergibt sich zumindest, wenn auch für die Praxis nur bedingt hilfreich, dass eine Bekanntmachung nach Abschluss des Tarifvertrags verspätet ist. Die Literatur behilft sich hier mit einem Verweis auf die Rechtzeitigkeitsdefinition bei der betriebsverfassungsrechtlichen Unterrichtungspflicht.[190]

85 Nach überwiegender Meinung ist es nicht notwendig, dass die Mitteilung des Arbeitgebers den Gewerkschaften entsprechend § 130 BGB zugeht.[191] Deshalb reicht es auch aus, dass der Arbeitgeber diese Mitteilung etwa über seine Homepage vornimmt. Die Gesetzesbegründung spricht sich ebenfalls für weiterreichende Möglichkeiten aus und verweist auf mündliche, schriftliche oder elektronische Mitteilung.[192] Die Literatur lässt eine

---

[182] BT-Drs. 18/4062, 15.
[183] BeckOKArbR/*Giesen* TVG § 4a Rn. 29.
[184] HWK/*Henssler* TVG § 4a Rn. 43.
[185] *Löwisch/Rieble* § 4a Rn. 229.
[186] BVerfG 11.7.2017 – 1 BvR 1571/15, AP GG Art. 9 Nr. 151 = NZA 2017, 915.
[187] *Rieble* NZA 2017, 1157 (1160).
[188] BT-Drs. 18/4062, 15; BeckOKArbR/*Giesen* TVG § 4a Rn. 27.
[189] BT-Drs. 18/4062, 15; kritisch auch *v. Steinau-Steinrück/Gooren* NZA 2017, 1149 (1155).
[190] HMB/*Greiner* Teil 9 Rn. 147.
[191] *Löwisch/Rieble* § 4a Rn. 234.
[192] BT-Drs. 18/4062, 15.

"umfasste Normenvielfalt" zu.¹⁹³ Ebenfalls wird der Arbeitgeber nicht alle in Betracht kommenden Gewerkschaften ermitteln können, durch die Art der Mitteilung auf der Homepage des Arbeitgebers haben aber alle Gewerkschaften die grundsätzliche Möglichkeit, die Mitteilung zur Kenntnis zu nehmen. Freilich wird dann aus dem Recht auf Mitteilung eine Aufmerksamkeitsobliegenheit der Gewerkschaften.

Die Gewerkschaften sind vom Arbeitgeber **mündlich anzuhören,** damit sie ihre Vorstellungen und Forderungen vorbringen können, § 4a Abs. 5 S. 2 TVG. Eine Beschränkung der Anhörungspflicht auf die Minderheitengewerkschaften gibt es nicht – will der Arbeitgeber also mit einer Minderheitengewerkschaft verhandeln, so hat er auch die Mehrheitsgewerkschaft anzuhören.¹⁹⁴ Wer freilich genau anhören muss, der einzelne Arbeitgeber, der Arbeitgeberverband, die gesamte Verhandlungsdelegation, bleibt offen, vorgeschlagen wird jedenfalls eine Person, die wegen ihrer Vertrauensstellung geeignet ist, die vorgebrachten Anregungen oder Bedenken gegenüber der Arbeitgeberseite zu kommunizieren.¹⁹⁵ Ebenso unklar ist, wie und wo die Anhörung stattfinden soll.¹⁹⁶

Mehr als ein Anhörungsrecht vermittelt § 4a Abs. 5 S. 2 TVG nicht: Einen Anspruch auf Verhandlungen mit dem Arbeitgeber oder auch nur auf Teilnahme an den eigentlichen Tarifverhandlungen gibt es nicht.¹⁹⁷ Einen Anspruch auf Berücksichtigung des Vorbringens in den Tarifvertragsverhandlungen besteht ebenfalls nicht.

Die Begründung zum Tarifeinheitsgesetz sah für die Verletzung der Pflichten der Arbeitgeberseite aus § 4a Abs. 5 TVG keine Auswirkungen auf die tarifrechtliche Situation vor – weder bezogen auf die Wirksamkeit des Tarifvertrags, der verhandelt werden soll, noch auf die Anwendung des Grundsatzes der Tarifeinheit nach § 4a Abs. 2 S. 2 TVG.¹⁹⁸ Das BVerfG freilich wertet die Mitteilungs- und Anhörungspflicht des § 4a Abs. 5 S. 1 TVG beträchtlich auf und verlangt ihre **Erfüllung,** damit eine entstehende Tarifkollision nach § 4a Abs. 2 S. 2 TVG überhaupt gelöst werden kann.¹⁹⁹ Das wird auch die Bedeutung des einstweiligen Rechtsschutzes steigern.

9. Folgefragen

Arbeitskampfrechtliche Auswirkungen hat der Grundsatz der Tarifeinheit bei Tarifkollision **nicht.**²⁰⁰ Wenngleich die Annahme plausibel ist, dass durch die Einführung des Tarifeinheitsgrundsatzes gerade Arbeitskämpfe um einen unterliegenden Tarifvertrag – und damit vor allem solche der Berufsgewerkschaften – verhindert werden sollten,²⁰¹ sehen das vordergründig auch die Gesetzgebungsmaterialien so. Sie fügen allerdings dann an, dass ein Arbeitskampf, der um einen nicht anwendbaren Tarifvertrag geführt wird, nicht der Stärkung der Tarifautonomie diene.²⁰²

Ansatzpunkt für die arbeitskampfrechtliche Diskussion ist der Verhältnismäßigkeitsgrundsatz, nach dem ein Arbeitskampf um einen Tarifvertrag, dem dann die Anwendung versagt wird, nicht angemessen ist.²⁰³ Freilich greift dies Überlegung zu kurz. Zum einen gibt § 4a TVG keine arbeitskampfrechtlichen Vorgaben, sondern geht von einer Tarifkol-

---

¹⁹³ HMB/*Greiner* Teil 9 Rn. 147.
¹⁹⁴ BT-Drs. 18/4062, 15.
¹⁹⁵ BeckOK ArbR/*Giesen* TVG § 4a Rn. 33.
¹⁹⁶ Siehe dazu BeckOK ArbR/*Giesen* TVG § 4a Rn. 33: nicht im „Bahnhof-Stehcafe".
¹⁹⁷ BT-Drs. 18/4062, 15; *Löwisch/Rieble* § 4a Rn. 234; ErfK/*Franzen* TVG § 4a Rn. 25.
¹⁹⁸ BT-Drs. 18/4062, 15.
¹⁹⁹ BVerfG 11.7.2017 – 1 BvR 1571/15, AP GG Art. 9 Nr. 151 = NZA 2017, 915 (915); sehr kritisch hierzu BeckOKArbR/*Giesen* TVG § 4a Rn. 33a; ebenso *Löwisch/Rieble* 4a Rn. 237, *Däubler/Bepler* Das neue Tarifeinheitsrecht, S. 99, freilich vor der BVerfG-Entscheidung.
²⁰⁰ BVerfG 11.7.2017 – 1 BvR 1571/15, AP GG Art. 9 Nr. 151 = NZA 2017, 915; *Fischinger/Monsch* NJW 2015, 2209; *Linsenmaier* RdA 2015, 369; *Löwisch* DB 2015, 1102; HWK/*Henssler* TVG § 4a Rn. 46; *Greiner* NZA 2015, 769 (777).
²⁰¹ *Däubler/Bepler* Das neue Tarifeinheitsrecht, S. 103: „Bindung der Arbeitsgerichte durch die Hintertüre."
²⁰² BT-Drs. 18/4062, 12.
²⁰³ *Däubler/Bepler* Das neue Tarifeinheitsrecht, S. 103 ff., die freilich darauf abstellen wollen, ob die Mehrheitsverhältnisse offenkundig sind.

lision und damit mindestens zwei geltenden Tarifverträgen aus. Diese können dann auch potentiell erkämpft werden. Zudem ist der Zeitpunkt der Tarifkollision und damit auch der Zeitpunkt der Feststellung der Majorität der, an dem sich die Tarifverträge erstmals gegenüberstehen. Es ist aber nicht ausgeschlossen, dass eine Gewerkschaft, die erst wenige Mitglieder im Betrieb hat, durch attraktive Forderungen gegenüber dem Arbeitgeber mehr Mitglieder gewinnt und während der Tarifverhandlungen zur Mehrheitsgewerkschaft wird. Eine solche Attraktivität für neue Mitglieder wird aber durch das Instrument des Arbeitskampfes erheblich unterstützt. Zudem ist das Nachzeichnungsrecht des § 4a Abs. 4 TVG an eine bestehende Tarifkollision geknüpft und setzt damit bestehende Tarifverträge voraus. Damit kann sich die Minderheitengewerkschaft nur dann in die Lage versetzen, den Mehrheitstarifvertrag nachzuzeichnen, wenn sie selbst einen Tarifvertrag abgeschlossen hat – den muss sie aber, will sie nicht auf die Gunst des Arbeitgebers angewiesen sein, erkämpfen können.[204] Dazu ausführlich → Rn. 27f., 41f.

III. Verbleibende Tarifkonkurrenz

1. Begriff

91 Tarifkonkurrenz ist gegeben, wenn für **dasselbe Arbeitsverhältnis** zwei oder mehrere Tarifverträge unterschiedlicher Tarifvertragsparteien normative Geltung beanspruchen, ohne sich zu ergänzen oder abzulösen.[205] Hier müssen Arbeitgeber und Arbeitnehmer an beide Tarifverträge normativ gebunden sein.[206] Die Tarifverträge müssen sich in ihrem Geltungsbereich überschneiden – ansonsten liegt keine die Konkurrenz auslösende Anordnung doppelter Normwirkung vor.[207]

92 In diesen Fällen kommt es zur tariflichen Mehrfachregelung gleicher Sachverhalte mit **Widerspruchsgefahr,**[208] weil unterschiedliche Normbefehle vorliegen. Weil dann aber keine Regelung des Arbeitsverhältnisses erfolgt, ist die Tarifkonkurrenz notwendig aufzulösen. Im Verhältnis zur Tarifkollision nach § 4a TVG ist also zunächst zu fragen, ob ein Tarifvertrag normativ überhaupt Anwendung findet, erst dann kann eine Tarifkonkurrenz entstehen: So kann ein Verbands- und ein Haustarifvertrag, der mit einer Minderheitsgewerkschaft abgeschlossen wurde, im Betrieb durch einen Mehrheitstarifvertrag verdrängt werden. Zum anderen sind manche Fälle der Tarifkonkurrenz bereits unter den Kollisionsbegriff des § 4a Abs. 2 TVG zu fassen: Das gilt für die doppelte Gewerkschaftsmitgliedschaft des Arbeitnehmers, der Bindung an einen Tarifvertrag nach § 3 Abs. 3 TVG und einen weiteren nach § 3 Abs. 1 TVG, sowie der in zwei Tarifverträgen angeordneten Geltung von Betriebsnormen nach § 3 Abs. 2 TVG.[209]

93 Tarifkonkurrenz kann zunächst rein **tarifautonom ausgelöst** werden, wenn die grundsätzliche normative Bindung des Arbeitsverhältnisses aufgrund der Mitgliedschaft im tarifschließenden Verband erfolgt. Tarifkonkurrenz wird deshalb dann ausgelöst, wenn mit derselben Gewerkschaft sowohl ein Haustarifvertrag als auch ein Tarifvertrag mit dem Arbeitgeberverband geschlossen wurde, dessen Mitglied der Arbeitgeber ist.[210] Gleiches gilt auch für einen Tarifvertrag einer Spitzenorganisation, dessen Mitglied wiederum der Arbeitgeberverband ist. Zudem kann die Tarifkonkurrenz aus einer Mehrfachmitgliedschaft

---

[204] *Löwisch/Rieble* § 4a Rn. 198.
[205] BAG 26.1.1994 – 10 AZR 611/92, AP TVG § 4 Tarifkonkurrenz Nr. 22 = NZA 1994, 1038; BAG 20.3.1991 – 4 AZR 455/90, AP TVG § 4 Tarifkonkurrenz Nr. 20 = NZA 1991, 736; NK-TVG/*Zwanziger* § 4a Rn. 21; BAG 5.9.1990 – 4 AZR 59/90, AP TVG § 4 Tarifkonkurrenz Nr. 19 = NZA 1991, 202; *Jacobs* Tarifeinheit und Tarifkonkurrenz, S. 95 ff.; ErfK/*Franzen* TVG § 4a Rn. 29; *Löwisch/Rieble* § 4a Rn. 327; Thüsing/Braun/*Braun* 6. Kap. Rn. 119.
[206] JKOS/*Jacobs* § 7 Rn. 206.
[207] *Löwisch/Rieble* § 4a Rn. 333; JKOS/*Jacobs* § 7 Rn. 205.
[208] *Löwisch/Rieble* § 4a Rn. 312.
[209] NK-TVG/*Zwanziger* § 4a Rn. 23.
[210] BAG 4.4.2001 – 4 AZR 237/00, AP TVG § 4 Tarifkonkurrenz Nr. 26 = NZA 2001, 1085; BAG 24.1.2001 – 4 AZR 655/99, AP TVG § 1 Tarifverträge: Metallindustrie Nr. 173 = NZA 2001, 788; Thüsing/Braun/*Braun* 6. Kap. Rn. 120.

III. Verbleibende Tarifkonkurrenz

des Arbeitgebers in verschiedenen Arbeitgeberverbänden resultieren – schließen diese mit derselben Gewerkschaft im Rahmen der gleichen Tarifzuständigkeit und sich überschneidender Geltungsbereiche Tarifverträge ab, kommt es bei entsprechender Gewerkschaftsmitgliedschaft des Arbeitnehmers oder bei sich überschneidenden Betriebsnormen zur Tarifkonkurrenz.[211] Im Rahmen der Nachbindung nach § 3 Abs. 3 TVG kann es zu Tarifkonkurrenzen kommen, wenn der Arbeitgeber während der Zeit der Nachbindung in einen anderen Arbeitgeberverband eintritt, der mit derselben Gewerkschaft einen Tarifvertrag geschlossen hat.[212]

Auch der Arbeitnehmer kann Mitglied verschiedener Gewerkschaften sein, schließen diese dann mit demselben Arbeitgeberverband Tarifverträge im selben Geltungsbereich, so kann es auch hier zur Tarifkonkurrenz kommen, diese ist dann aber ein Fall der Tarifkollision nach § 4a Abs. 2 TVG. Auch hier ist ein Gewerkschaftswechsel innerhalb des Nachbindungszeitraums denkbar. Zumindest die Gewerkschaften des **DGB** versuchen Doppelmitgliedschaften zu verhindern, indem Übertrittsrechte in der Satzung vorgesehen sind. Tarifkonkurrenzen sollen durch die abgegrenzten Tarifzuständigkeiten verhindert werden.

Auf der anderen Seite kann Tarifkonkurrenz auch dadurch ausgelöst werden, dass einer der Tarifverträge aufgrund **staatlicher Normerstreckung** normativ gilt.[213] Das gilt für den Fall der Erklärung der Allgemeinverbindlichkeit, § 5 Abs. 1 TVG – diese ersetzt die fehlende mitgliedschaftliche Tarifgebundenheit der Außenseiter und erstreckt die Normgeltung auf alle Arbeitsverhältnisse im Geltungsbereich des Tarifvertrags, § 5 Abs. 4 TVG (→ § 248 Rn. 110). Deshalb kann ein allgemeinverbindlicher Tarifvertrag in Tarifkonkurrenz zu Verbands- und Haustarifverträgen, die aufgrund der Tarifgebundenheit nach § 3 Abs. 1, Abs. 3 TVG normativ wirken, treten, auch wenn diese Tarifverträge von unterschiedlichen Gewerkschaften geschlossen wurden. Auch zwei allgemeinverbindliche Tarifverträge können eine Tarifkonkurrenz auslösen.[214] Allerdings ist stets zu beachten, dass die Erklärung der Allgemeinverbindlichkeit auch eingeschränkt erfolgen kann (→ § 248 Rn. 121 f.), wodurch Tarifkonkurrenzen auch vermieden werden können.[215]

Für Tarifverträge, die Grundlage einer RVO nach §§ 7, 7a AEntG sind, liegt keine Tarifkonkurrenz vor, weil es sich um staatlich gesetztes Recht handelt (→ § 249 Rn. 21). Hier setzt die RVO auch den tariflichen Regelungen eine gesetzliche Untergrenze, § 8 Abs. 2 AEntG: Tarifverträge können sich gegenüber der RVO nur dann durchsetzen, wenn sie günstiger sind (→ § 249 Rn. 22).

Auch im **Zeitraum der Nachwirkung nach § 4 Abs. 5 TVG** kommt es nicht zur Tarifkonkurrenz mit einem (weiterhin) geltenden Tarifvertrag.[216] Das wird doppelt begründet: zum einen sei der normativ wirkende Tarifvertrag eine andere Abmachung im Sinne des § 4 Abs. 5 TVG;[217] zum anderen führte die nunmehr alleinige normative und auch zwingende Wirkung des bisher verdrängten Tarifvertrags zu dessen Anwendung.[218] Das wird freilich bestritten:[219] Für den Fall eines nachwirkenden Haustarifvertrags gegen-

---

[211] BeckOK ArbR/*Giesen* TVG § 4 Rn. 15.
[212] BAG 23.3.2005 – 4 AZR 203/04, BAGE 114, 186, AP TVG § 4 Tarifkonkurrenz Nr. 29 = NZA 2005, 1003; BAG 26.10.1983 – 4 AZR 219/81, BAGE 44, 191, AP TVG § 3 Nr. 3 = DB 1984, 1303; *Löwisch/Rieble* § 4a Rn. 328; ErfK/*Franzen* TVG § 4a Rn. 29; HMB/*Greiner* Teil 9 Rn. 93.
[213] BAG 14.6.1989 – 4 AZR 200/89, AP TVG § 4 Tarifkonkurrenz Nr. 16 = DB 1990, 129; ErfK/*Franzen* TVG § 4a Rn. 29; HMB/*Greiner* Teil 9 Rn. 93; Thüsing/Braun/*Braun* 6. Kap. Rn. 120.
[214] *Löwisch/Rieble* § 4a Rn. 330; HMB/*Greiner* Teil 9 Rn. 93.
[215] BeckOK ArbR/*Giesen* TVG § 4 Rn. 24.
[216] BAG 20.4.2005 – 4 AZR 288/04, AP TVG § 4 Nachwirkung Nr. 43 = NZA 2005, 1360; *Löwisch/Rieble* § 4a Rn. 331; JKOS/*Jacobs* § 7 Rn. 208.
[217] Wiedemann/Wank § 4 Rn. 290.
[218] *Löwisch/Rieble* § 4a Rn. 47; offen gelassen BAG 4.7.2007 – 4 AZR 491/06, AP TVG § 4 Tarifkonkurrenz Nr. 35 = NZA 2008, 307.
[219] HWK/*Henssler* TVG § 4a Rn. 13; NK-TVG/*Bepler* § 4 Rn. 861; Thüsing/Braun/*Forst* 7. Kap. Rn. 59; ErfK/*Franzen* TVG § 4 Rn. 64; JKOS/*Jacobs* § 7 Rn. 226; *Jacobs* Tarifeinheit und Tarifkonkurrenz, S. 301 f.; *Jacobs/Krois* FS Bepler, 2012, S. 241 (246).

über dem verdrängten, nun freilich wieder normativ wirkenden Verbandstarifvertrag,[220] wird wegen der Schutzfunktion der Nachwirkung dem nachwirkenden Tarifvertrag weiter der Vorzug gegeben, jedenfalls dann, wenn mit einem Neuabschluss des numehr nachwirkenden Tarifvertrags nicht mehr zu rechnen ist. Das hat zwar das Argument der Kontinuität auf seiner Seite, freilich lässt es außer Acht, dass zum einen die Funktion der Nachwirkung im Kern nicht gestört ist, weil es einen „auffangenden" Tarifvertrag gibt, zum anderen keine zwingend wirkenden Regelungsquellen in Konkurrenz treten.

98 Die Geltung eines Tarifvertrags im Arbeitsverhältnis auf der Grundlage schuldrechtlicher Bezugnahme führt nicht zur Tarifkonkurrenz (→ Rn. 10).

2. Auflösung

99 **a) Tarifeinheit und Tarifspezialität nach dem BAG.** Die Tarifkonkurrenz ist nach dem Grundsatz der Tarifeinheit zu lösen – es kann für ein Arbeitsverhältnis nur ein Tarifvertrag gelten.[221] Dieser Einheitsgeltungsanspruch[222] ist unumstritten, weil ansonsten zwei gleichrangige Regelungsquellen widersprüchliche Normen setzen könnten und der Inhalt des Arbeitsverhältnisses indifferent würden – das Arbeitsverhältnis wäre eben gerade nicht geregelt.

100 Das führt zur Frage, welchem Tarifvertrag im Fall der Tarifkonkurrenz der Vorzug gebührt. Das Günstigkeitsprinzip hilft nicht weiter[223] – es forderte zur Mehrfachmitgliedschaft und damit zum Entstehen von Tarifkonkurrenzen geradezu heraus – als Einladung zum Rosinenpicken.[224] Zum anderen berücksichtigte die Anwendung eines tarifvertragsbezogenen Günstigkeitsprinzips mit dem Blick auf die jeweils günstigeren Regelungsbereiche der verschiedenen Tarifverträge nicht den jeweiligen Gesamtzusammenhang des einzelnen Tarifvertrags und ist schon deshalb nicht möglich.[225] Und auch ein Wahlrecht des Arbeitnehmers geht systematisch fehl, weil die Normgeltung keinen Zugriff des Arbeitnehmers erlaubt.[226]

101 Die Rechtsprechung stellt deshalb die Tarifeinheit bei Tarifkonkurrenz auf der Grundlage des Spezialitätsgrundsatzes her[227] und fragt nach der räumlichen, fachlichen und persönlichen Nähe der Tarifverträge zum Betrieb.[228] Es findet dann der Tarifvertrag Anwen-

---

[220] LAG SchlH 6.2.2007 – 5 Sa 328/06, NZA-RR 2007, 482; LAG Nürnberg 21.11.2006 – 6 Sa 470/06, NZA-RR 2007, 421.
[221] BAG 20.3.1991 – 4 AZR 455/90, AP TVG § 4 Tarifkonkurrenz Nr. 20 = NZA 1991, 736; HWK/*Henssler* TVG § 4a Rn. 8; BeckOK ArbR/*Giesen* TVG § 4 Rn. 15; Thüsing/Braun/*Braun* 6. Kap. Rn. 122.
[222] *Löwisch/Rieble* § 4a Rn. 312.
[223] So aber *Müller* NZA 1989, 449 (452).
[224] HMB/*Greiner* Teil 9 Rn. 94; JKOS/*Jacobs* § 7 Rn. 214.
[225] *Löwisch/Rieble* § 4a Rn. 312; „Rosinenarbeitsbedingungen"; JKOS/*Jacobs* § 7 Rn. 214; NK-TVG/*Zwanziger* § 4a Rn. 10 f.
[226] *Löwisch/Rieble* § 4a Rn. 351; aA *Jacobs* Tarifeinheit und Tarifkonkurrenz, 1999, 275 f.
[227] BAG 8.10.2008 – 5 AZR 8/08, NZA 2009, 98; BAG 15.4.2008 – 9 AZR 159/07, AP TVG § 1 Altersteilzeit Nr. 38 = NZA-RR 2008, 586; BAG 4.7.2007 – 4 AZR 491/06, AP TVG § 4 Tarifkonkurrenz Nr. 35 = NZA 2008, 307; BAG 23.3.2005 – 4 AZR 203/04, BAGE 114, 186, AP TVG § 4 Tarifkonkurrenz Nr. 29 = NZA 2005, 1003; BAG 4.4.2001 – 4 AZR 237/00, AP TVG § 4 Tarifkonkurrenz Nr. 26 = NZA 2001, 1085; BAG 26.1.1994 – 10 AZR 611/92, AP TVG § 4 Tarifkonkurrenz Nr. 22 = NZA 1994, 1038; BAG 20.3.1991 – 4 AZR 455/90, AP TVG § 4 Tarifkonkurrenz Nr. 20 = NZA 1991, 736; zustimmend Thüsing/Braun/*Braun* 6. Kap. Rn. 125; HWK/*Henssler* TVG § 4a Rn. 11; NK-TVG/*Zwanziger* § 4a Rn. 12.
[228] BAG 8.10.2008 – 5 AZR 8/08, NZA 2009, 98; BAG 15.4.2008 – 9 AZR 159/07, AP TVG § 1 Altersteilzeit Nr. 38 = NZA-RR 2008, 586; BAG 4.7.2007 – 4 AZR 491/06, AP TVG § 4 Tarifkonkurrenz Nr. 35 = NZA 2008, 307; BAG 18.10.2006 – 10 AZR 576/05, AP TVG § 1 Tarifverträge: Bau Nr. 287 = NZA 2007, 1111; BAG 23.3.2005 – 4 AZR 203/04, BAGE 114, 186, AP TVG § 4 Tarifkonkurrenz Nr. 29 = NZA 2005, 1003; BAG 4.12.2002 – 10 AZR 113/02, AP TVG § 4 Tarifkonkurrenz Nr. 28 = NZA 2003, 632; BAG 24.1.2001 – 4 AZR 655/99, AP TVG § 1 Tarifverträge: Metallindustrie Nr. 173 = NZA 2001, 788; BAG 26.1.1994 – 10 AZR 611/92, AP TVG § 4 Tarifkonkurrenz Nr. 22 = NZA 1994, 1038; BAG 20.3.1991 – 4 AZR 455/90, AP TVG § 4 Tarifkonkurrenz Nr. 20 = NZA 1991, 736; BAG 5.9.1990 – 4 AZR 59/90, AP TVG § 4 Tarifkonkurrenz Nr. 19 = NZA 1991,

dung, der „näher" am Betrieb und damit spezieller ist. Der Kern dieser Überlegungen ist richtig:[229] Streiten zwei Regelungsquellen, so soll sich die durchsetzen, die die Bedürfnisse und Interesse der Normunterworfenen am ehesten aufnimmt. Allerdings ist die Spezialitätsformel zum einen blass,[230] zum anderen besteht die Gefahr einer inhaltlichen Gewichtung der Tarifverträge, das aber führte in den Bereich der Tarifzensur[231] und zum Dritten ist der Bezugspunkt falsch gewählt: Es geht nicht um den Betrieb, sondern um die Frage, welcher Tarifvertrag sich im Arbeitsverhältnis durchsetzen soll.[232]

Die Rechtsprechung bedient sich hier auch regelmäßig abstrakter Abgrenzungskriterien **102** und überlässt etwa einem Haustarifvertrag den Vorrang gegenüber dem Verbandstarifvertrag[233] – und unterscheidet so nach den Tarifvertragsparteien. Sind diese beim Verbandstarifvertrag gleich, so kommt es auf den engeren räumlichen Geltungsbereich an,[234] decken sich diese, auf den Organisationsgrad.[235]

Einer zwangsläufigen Anwendung des Majoritätsprinzips des § 4a Abs. 2 S. 2 TVG bei **103** der Auflösung auch der Tarifkonkurrenz ist nicht das Wort zu reden – das würde bedeuten, dass sich derjenige Tarifvertrag auch im Falle der Tarifkonkurrenz durchsetzte, an den die meisten Arbeitnehmer normativ gebunden sind.[236] Davon geht schon das Gesetz in § 4a TVG selbst nicht aus: Weil hier eine Tarifkollision die doppelte mitgliedschaftliche Tarifbindung des Arbeitgebers voraussetzt, damit aber nicht alle Fälle der Tarifkonkurrenz abgedeckt sind. Das zeigt der Fall der Tarifkonkurrenz bei Tarifverträgen mit derselben Gewerkschaft (also etwa Verbands- oder Haustarifvertrag): Hier geht die Majoritätsfrage ins Leere.

b) Auflösung nach Legitimation und Tarifzuständigkeit. Freilich kann man daran **104** zunächst kritisieren, dass der richtige Bezugspunkt – jedenfalls für Individualnormen – nicht der Betrieb, sondern das geregelte Arbeitsverhältnis ist.[237] Allerdings ist die Feststellung der Sachnähe an inhaltlicher Ausgestaltung letztlich unumgänglich mit einer entsprechenden Bewertung der tariflichen Regelungen verbunden, eine solche ist dem tariflichen System aber fremd – es läge Tarifzensur vor.[238]

So ist der richtige Ansatzpunkt auch nicht die Bewertung des Inhalts der konkurrieren- **105** den Tarifverträge, sondern der Blick auf die ausgeübte Normsetzungskompetenz[239] – der mit der mit Art. 9 Abs. 3 GG konform gehenden Überlegung einhergeht, welche der Tarifvertragsparteien die stärkere tarifliche Legitimation aufweisen.

aa) Vorrang mitgliedschaftlicher Legitimation. Deshalb ist der erste Bezugspunkt die **106** mitgliedschaftliche Legitimation des Tarifvertrags.[240] So setzt sich der Haustarifvertrag des-

---

202; BAG 14.6.1989 – 4 AZR 200/89, AP TVG § 4 Tarifkonkurrenz Nr. 16 = DB 1990, 129; BAG 22.2.1957 – 1 AZR 536/55, AP TVG § 4 Tarifkonkurrenz Nr. 2 = DB 1957, 632.
[229] NK-TVG/*Zwanziger* § 4a Rn. 12; Wiedemann/*Wank* § 3 Rn. 298.
[230] *Löwisch/Rieble* § 4a Rn. 336: „hübsch, aber inhaltsleer".
[231] *Löwisch/Rieble* § 4a Rn. 337.
[232] NK-TVG/*Zwanziger* § 4a Rn. 16.
[233] BAG 8.10.2008 – 5 AZR 8/08, NZA 2009, 98; BAG 15.4.2008 – 9 AZR 159/07, AP TVG § 1 Altersteilzeit Nr. 38 = NZA-RR 2008, 586; BAG 4.7.2007 – 4 AZR 491/06, AP TVG § 4 Tarifkonkurrenz Nr. 35 = NZA 2008, 307; BAG 4.4.2001 – 4 AZR 237/00, AP TVG § 4 Tarifkonkurrenz Nr. 26 = NZA 2001, 1085; BAG 24.1.2001 – 4 AZR 655/99, AP TVG § 1 Tarifverträge: Metallindustrie Nr. 173 = NZA 2001, 788; BAG 20.4.1999 – 1 AZR 631/98, AP BetrVG 1972 § 77 Tarifvorbehalt Nr. 12 = NZA 1999, 1059.
[234] BAG 25.7.2001 – 10 AZR 599/00, AP TVG § 1 Tarifverträge: Bau Nr. 242 = NZA 2002, 1406; BAG 29.11.1978 – 4 AZR 304/77, AP TVG § 4 Tarifkonkurrenz Nr. 12 = RdA 1979, 135; BAG 24.9.1975 – 4 AZR 471/74, AP TVG § 4 Tarifkonkurrenz Nr. 11 = ARST 1976, 76.
[235] BAG 14.6.1989 – 4 AZR 200/89, AP TVG § 4 Tarifkonkurrenz Nr. 16 = DB 1990, 129.
[236] Dafür aber HMB/*Greiner* Teil 9 Rn. 97.
[237] NK-TVG/*Zwanziger* § 4a Rn. 16.
[238] *Löwisch/Rieble* § 4a Rn. 337.
[239] *Löwisch/Rieble* § 4a Rn. 339; ErfK/*Franzen* TVG § 4a Rn. 33.
[240] ErfK/*Franzen* TVG § 4a Rn. 33; *Löwisch/Rieble* § 4a Rn. 358; *Jacobs/Krois* FS Bepler, 2012, S. 241 (248).

halb gegen den Verbandstarifvertrag mit derselben Gewerkschaft durch, weil jener vom Arbeitgeber unmittelbar durch Abschluss legitimiert wird.[241] Hinzu kommt der nähere Bezug zum zu regelnden Arbeitsverhältnis – weil der tarifschließende Arbeitgeber selbst Tarifvertragspartei ist.[242] Freilich kommt die Rechtsprechung mit dem Spezialitätsprinzip hier ebenfalls zum Vorrang des Haustarifvertrags, so dass sich der dogmatische Streit in der Praxis nicht auswirkt (→ Rn. 102).

107 Die mitgliedschaftliche Legitimation setzt sich auch gegen die Tarifgeltung aufgrund **staatlicher Tariferstreckung** durch.[243] Hier geht es nicht um die Frage nach der letztlich inhaltsbezogenen Spezialität,[244] sondern darum, ob die staatliche Tarifnormerstreckung den mitgliedschaftlich legitimierten Tarifvertrag überhaupt verdrängen kann. Sie kann es nicht: Die staatliche angeordnete Tarifgeltung ist grundrechtssensibel, weil sich die mitgliedschaftlich vermittelte Geltung eines Tarifvertrags auf Art. 9 Abs. 3 GG stützt.[245] Eine heteronome Normgeltung muss sich rechtfertigen, was aber nicht gelingt, weil der mitgliedschaftlich legitimierte Tarifvertrag eine eigene Richtigkeitsgewähr aufweist. Diese Grundrechtsausübung muss auch bei der Auflösung von Tarifkonkurrenzen berücksichtigt werden – weshalb sich gegenüber einem allgemeinverbindlichen Tarifvertrag immer der mitgliedschaftlich legitimierte Tarifvertrag durchsetzen muss. Das wird indirekt durch die Tariftransformation in § 613a Abs. 1 S. 2 BGB gestützt: Hier setzt sich der normativ geltende Tarifvertrag stets gegen die staatlich angeordnete Tariffortführung durch (→ Rn. 13; → § 253 Rn. 13).

108 Für die nicht organisierten Arbeitnehmer, deren Arbeitsverhältnisse nur durch den allgemeinverbindlichen Tarifvertrag, nicht aber durch einen Haustarifvertrag normativ geregelt werden, verbleibt es bei dessen Normgeltung.[246] Damit entsteht Tarifpluralität, die nicht durch das Majoritätsprinzip des § 4a Abs. 2 S. 2 TVG aufgelöst wird, weil die Tarifkollision im Sinne des § 4a TVG eine mehrfache mitgliedschaftliche Bindung des Arbeitgebers an die kollisionsauslösenden Tarifverträge nach § 3 TVG voraussetzt (→ Rn. 35 ff.).[247]

109 Für Tarifverträge, die Grundlage einer RVO nach §§ 7, 7a AEntG sind, hat das Gesetz den Vorrang mitgliedschaftlich legitimierter Tarifverträge ausgeschlossen, § 8 Abs. 2 AEntG.[248] Das widerspricht aber dem vorgenannten Prinzip nicht, weil es hier gar nicht zu einer Tarifkonkurrenz kommt, sondern die Rechtsverordnung und nicht der Tarifvertrag die Grundlage für die Normgeltung ist. Deshalb ist die RVO auch gesetzliche Grenze für den Inhalt eines Tarifvertrags – der sich an dieser messen lassen muss und sich nur dann durchsetzt, wenn er für den Arbeitnehmer günstigere Regelungen schafft.

110 Gleiches gilt auch für Innungstarifvertrag und Innungsverbandstarifvertrag (§§ 54 Abs. 3 Nr. 1, 82 Nr. 3 HwO) und Tarifverträge von Arbeitgeberverbänden. Auch hier muss der auf der Grundlage von Art. 9 Abs. 3 GG abgeschlossene Tarifvertrag dem vorgehen, der von einer Tarifvertragspartei geschlossen wurde, die aufgrund Gesetzes mit der Tariffähigkeit ausgestattet sind.[249]

111 bb) Vorrang speziellerer Tarifzuständigkeit. Für die Lösung der Tarifkonkurrenz bleibt dem Ansatz, dass sich der sachnähere Tarifvertrag durchsetzt, nur dann Raum,

---

[241] JKOS/*Jacobs* § 7 Rn. 227.
[242] *Löwisch/Rieble* § 4a Rn. 340; auf die Nähe zum Arbeitsverhältnis abstellend auch NK-TVG/*Zwanziger* § 4a Rn. 16.
[243] *Löwisch/Rieble* § 4a Rn. 358; unterstützend auch HWK/*Henssler* TVG § 4a Rn. 14; JKOS/*Jacobs* § 7 Rn. 228.
[244] So HWK/*Henssler* TVG § 4a Rn. 14; NK-TVG/*Lakies* § 5 Rn. 191.
[245] *Löwisch/Rieble* § 4a Rn. 357; JKOS/*Jacobs* § 7 Rn. 228.
[246] AA HWK/*Henssler* TVG § 4a Rn. 14: teleologische Reduktion § 5 Abs. 4 TVG; offen gelassen: BAG 22.9.2010 – 4 AZR 98/09, AP BGB § 133 Nr. 59 = NZA 2011, 879.
[247] NK-TVG/*Lakies* § 5 Rn. 191.
[248] JKOS/*Jacobs* § 7 Rn. 229.
[249] *Löwisch/Rieble* § 4a Rn. 361.

III. Verbleibende Tarifkonkurrenz

wenn mitgliedschaftlich legitimierte Tarifverträge konkurrieren. Das ist der Fall bei beiderseitiger doppelter Tarifgebundenheit, etwa bei Tarifverträgen von Spitzen- und Mitgliedsverband, bei Firmentarifvertrag und Verbandstarifvertrag mit jeweils derselben Gewerkschaft und bei Tarifverträgen über Betriebsnormen zweier gleich stark im Betrieb vertretener Gewerkschaften.

Als Ausnahmefall gilt es schließlich auch dann, wenn zwei allgemeinverbindliche Tarifverträge konkurrieren. Hier freilich wird auch auf die Repräsentation der jeweiligen durch Mitgliedschaft tarifgebundenen Arbeitnehmer abgestellt.[250] 112

Ausgangspunkt der Überlegung ist, wie sich die Sachnähe eines Tarifvertrags bestimmen lässt. Eine konkret inhaltliche Beurteilung der jeweiligen tariflichen Regelungen ist schwierig, maßgebliches Kriterium ist deshalb hier die Frage, welche sich deckenden Tarifzuständigkeiten für das betreffende Arbeitsverhältnis oder den Betrieb bei Betriebsnormen sachnäher sind. 113

Ersichtlich ist die **starke Sachnähe des Haustarifvertrags** – hier besteht die sich deckende Tarifzuständigkeit gerade bezogen auf die Arbeitsverhältnisse und den Betrieb des den Tarifvertrag schließenden Arbeitgebers. So setzt sich der Haustarifvertrag auch gegen den Verbandstarifvertrag durch. Der Verbandstarifvertrag setzt sich aufgrund der **engeren sich deckenden Tarifzuständigkeit** gegenüber dem Tarifvertrag der Spitzenorganisation durch. 114

Tritt ein Arbeitgeber aus dem Arbeitgeberverband aus und bleibt nach **§ 3 Abs. 3 TVG** an den Tarifvertrag gebunden, entsteht aber durch den Beitritt zu einem anderen Verband oder durch Abschluss eines Haustarifvertrags mit derselben Gewerkschaft noch eine zusätzliche „aktuelle" Tarifbindung, gelten die genannten Grundsätze. Das wird anders gesehen und dem Tarifvertrag in Nachbindung ein Vorrang eingeräumt, weil der Normzweck des § 3 Abs. 3 TVG, die Sicherung von Vertragstreue, dies gebiete.[251] Richtig ist das nicht, schon deshalb, weil auch die entsprechende tarifliche Bindung des Arbeitnehmers an beide Tarifverträge nach § 3 Abs. 1 TVG gegeben ist – der Arbeitnehmer also nicht davor zu schützen ist, dass seine Gewerkschaft einen weiteren Tarifvertrag abgeschlossen hat.[252] Wird der spätere Tarifvertrag mit einer anderen Gewerkschaft abgeschlossen, liegt ohnehin ein Fall der Tarifkollision nach § 4a Abs. 2 TVG vor (→ Rn. 35). 115

cc) Situation des § 5 Abs. 4 S. 2 TVG. § 5 Abs. 4 S. 2 TVG unterstützt die Privilegierung des allgemeinverbindlichen Tarifvertrags über eine gemeinsame Einrichtung: Danach ist ein Tarifvertrag, der nach § 5 Abs. 1a TVG für allgemeinverbindlich erklärt wurde, vom Arbeitgeber auch dann einzuhalten, wenn er nach § 3 TVG an einen anderen Tarifvertrag gebunden ist. Damit scheidet hier eine Auflösung einer Tarifkonkurrenz nach dem Spezialitätsprinzip aus (siehe dazu → Rn. 91 ff.). 116

dd) Rechtsfolge. Der sich durchsetzende Tarifvertrag verdrängt den anderen Tarifvertrag. Das bedeutet nicht dessen Unwirksamkeit, sondern das Aussetzen der Wirkungsanordnung des § 4 Abs. 1 TVG.[253] Freilich kann auf den verdrängten Tarifvertrag schuldrechtlich Bezug genommen werden, Folge ist dann die Notwendigkeit einer Günstigkeitsprüfung (→ § 253 Rn. 11). 117

---

[250] HWK/*Henssler* TVG § 4a Rn. 14.
[251] So Wiedemann/*Oetker* § 3 Rn. 109; JKOS/*Jacobs* § 7 Rn. 223.
[252] Im Ergebnis auch *Löwisch/Rieble* § § 4a Rn. 353.
[253] *Löwisch/Rieble* § 4a Rn. 362.

Siebtes Kapitel: Schuldrechtlicher Teil des Tarifvertrags

§ 257 Tarifnormen dienende Regelungen

Schrifttum:
Anthes, Die Rechtsnatur der tariflichen Friedenspflicht, NZfA 1930 Sp. 529; *Anthes,* Inhalt und Umfang der tariflichen Friedenspflicht, NZfA 1931, Sp. 81; *Arnold,* Die tarifrechtliche Dauerbeziehung, 1996; *Buchner,* Abschied von der Einwirkungspflicht der Tarifvertragsparteien, DB 1992, 572; *Benecke,* Rühreitheorie, Friedenspflichtverletzungen und „Ins-Messer-Laufen-Lassen" im Haftungssystem des BGB, ZfA 2018, 2, *Buchner,* Abschied von der Einwirkungspflicht der Tarifvertragsparteien, DB 1992, 572; *Gift,* Probleme der Friedenspflicht, DB 1959, 651; *Helms/Reinhardt,* Das Ende der relativen Friedenspflicht – Arbeitskampf immer?, NZA 2010, 1033; *Kleinke/Kley/Walter,* Personalüberleitungstarifverträge von Mitgliedern kommunaler Arbeitgeberverbände, ZTR 2000, 499; *Löwisch,* Reichweite und Durchsetzung der tariflichen Friedenspflicht am Beispiel der Metalltarifrunde 1987, NZA-Beil. 2/1988, 3; *König,* Der Schadensersatzanspruch drittbetroffener Fluggesellschaften beim Fluglotsenstreik, VersR 2017, 1308; *Konzen,* Tarifvertragliche Kampfklauseln, ZfA 1980, 77; *Löwisch/Rieble,* Tarifvertragsrechtliche und arbeitskampfrechtliche Fragen des Übergangs vom Haustarif zum Verbandstarif, FS Schaub, 1998, S. 457; *Meyer,* Zum Schadensersatzanspruch (un)mittelbar vom Arbeitskampf betroffener Unternehmen in der jüngsten Rechtsprechung des BAG, ZTR 2017, 210; *Kirchner,* Vereinbarte Schlichtung und vereinbarte Schiedsgerichtsbarkeit – Abgrenzungsprobleme, RdA 1966, 1; *G. Müller,* Probleme der Friedenspflicht, DB 1959, 515ff.; *Nikisch,* Friedenspflicht, Durchführungspflicht und Realisierungspflicht, 1932; *Nipperdey,* Zur Abgrenzung der tariflichen Friedenspflicht, FS Hans Schmitz, 1967, 1. Bd., S. 275; *Otto,* Relative Friedenspflicht, tariflicher Regelungsgegenstand und Geschäftsgrundlage, FS Wiedemann, 2002, S. 410; *Otto,* Arbeitskampf und Schlichtungsrecht, 2006; *Richardi,* Selbstgestaltung der Arbeitskampfordnung durch Tarifvertrag und Verbandssatzung, RdA 1986, 146; *Schleusener,* Die Erzwingung von Firmentarifverträgen nach Verbandsaustritt des Arbeitgebers, BB 1999, 684; *Stahlhacke,* Aktuelle Probleme tariflicher Friedenspflicht, FS Molitor, 1988, S. 351; *Thüsing,* Die Erstreikbarkeit von Firmentarifverträgen verbandsangehöriger Arbeitgeber, NZA 1997, 295; *Treichel,* Rechtsfragen des Kita-Streiks, RdA 2017, 379; *Valentin,* Die Friedenspflicht in sachlicher, persönlicher und zeitlicher Hinsicht als (fehlender) Gegenstand tarifvertraglicher Vereinbarungen, 2000; *Walker,* Der tarifvertragliche Einwirkungsanspruch, FS Schaub, 1998, S. 743; *Wallisch,* Die tarifvertraglichen Einwirkungspflichten, 1998.

Übersicht

	Rn.
I. Flankierende schuldrechtliche tarifliche Regelungen	1
1. Allgemeines	1
2. Friedenspflicht	5
a) Berechtigte und Verpflichtete	9
b) Relativität der Friedenspflicht	15
c) Verstoß	18
d) Zeitliche Reichweite	19
e) Zugriff auf die Friedenspflicht	23
f) Folgen des Verstoßes	32
3. Durchführungspflicht	35
a) Grundlagen	35
b) Berechtigte und Verpflichtete	39
c) Inhalt	42
d) Zeitliche Reichweite	48
e) Erweiterung und Beschränkung	49
f) Geltendmachung	51
II. Vereinbarungen über die Tarifnormerstreckung	53
III. Vereinbarungen über die gemeinsame Einrichtung	55
IV. Weitere flankierende schuldrechtliche Vereinbarungen	56
V. Weitere vertragsimmanente Pflichten	65

I. Flankierende schuldrechtliche tarifliche Regelungen

1. Allgemeines

1 Die normativen Regelungen des Tarifvertrags wirken zwar unmittelbar und zwingend – und sind deshalb gleichsam aus sich heraus „effektiv"-, weil der Tarifvertrag aber nicht

I. Flankierende schuldrechtliche tarifliche Regelungen

nur Normen- sondern auch Schuldvertrag ist (→ § 230 Rn. 17 ff.), flankieren Rechte und Pflichten der Tarifvertragsparteien diese Normwirkung zusätzlich. Die wichtigsten dieser schuldrechtlichen Pflichten, die Friedens- und die Durchführungspflicht (→ Rn. 5 ff., 31 ff.), sind jedem Tarifvertrag immanent und durch den Tarifvertrag selbst zwar erweiterbar, aber nur sehr bedingt einschränkbar (→ Rn. 23, 49 ff.). Diese Pflichten stehen ersichtlich im Dienst der normativen Tarifwirkung, in dem sie deren Durchführung schuldrechtlich gewährleisten, weshalb sie auch nur greifen können, wenn die tariflichen Normen selbst wirksam sind. Sie sind letztlich Ausfluss des Grundsatzes der Vertragstreue *pacta sunt servanda*. Schuldrechtliche tarifliche Flankierung für den nichtigen oder teilunwirksamen Tarifvertrag kann es deshalb nicht geben.[1]

Daneben können die Tarifvertragsparteien weitere schuldrechtlich wirkende Vereinbarungen treffen, die etwa die Tarifverhandlungen oder die Lösung von Konflikten im bestehenden Tarifvertrag betreffen (→ Rn. 56 ff.).

Die schuldrechtlichen Pflichten basieren auf dem Tarifvertrag als Schuldverhältnis: Anders als bei der Normwirkung verbleibt es hier bei dessen Relativität, Berechtigte und Verpflichtete sind die Tarifvertragsparteien. Zwar kann der Tarifvertrag hier auch Vertrag zugunsten Dritter sein, § 328 BGB, allerdings beziehen sich auch diese Rechte unmittelbar auf den Tarifvertrag als Schuldverhältnis.

Ob diese schuldrechtlichen Pflichten auch von der Normwirkung unabhängig wirken – und so etwa schon vor Inkrafttreten des Tarifvertrags oder auch im Nachwirkungszeitraum gelten – ist anhand der konkreten Pflicht zu ermitteln (→ Rn. 19 ff.).

2. Friedenspflicht

Eine der zwei wesentlichen schuldrechtlichen Pflichten des Tarifvertrags ist die Friedenspflicht, die Arbeitskampfmaßnahmen mit dem Ziel der Abänderung oder des Neuabschlusses eines Tarifvertrags mit bereits beschlossenen Inhalt untersagt.[2] Die (relative) Friedenspflicht ist jedem Tarifvertrag immanent,[3] so dass sie keiner (ausdrücklichen oder konkludenten) Vereinbarung im Tarifvertrag bedarf.[4] Diese implizite Grundlegung der Friedenspflicht folgt notwendig der Befriedungsfunktion des Tarifvertrags (→ Rn. 10 ff.). Im Gegensatz zur Friedenspflicht als solcher bedarf aber eine Erweiterung oder Beschränkung stets der tariflichen, dem Schriftformgebot des § 1 Abs. 2 TVG entsprechenden, Regelung (→ § 234 Rn. 45 ff.).[5]

Die Friedenspflicht ist maßgeblicher Stützpfeiler des tariflichen Regelungssystems. Indem sie Arbeitskampfmaßnahmen während der Dauer des zeitlichen Geltungsbereiches des Tarifvertrags untersagt, ermöglicht sie zweierlei: Zum einen unterstützt sie die Normwirkung des geltenden Tarifvertrags dadurch, dass Regelungen während seiner Laufzeit nicht infrage gestellt werden – das entspricht letztlich dem Grundsatz des *pacta sunt servanda*,[6] der zwar nicht grundsätzlich Verhandlungen über eine Vertragsänderung verbietet, aber sehr wohl die Ausübung von zu hohem Verhandlungsdruck um eine Vertragsänderung. Zum anderen ermöglicht sie für die Parteien des Arbeitsverhältnisses Planungssi-

---

[1] *Löwisch/Rieble* § 1 Rn. 1135.
[2] BAG 8.2.1957 – 1 AZR 169/55, AP TVG § 1 Friedenspflicht Nr. 1 = BB 1957, 327; BeckOK ArbR/*Waas* TVG § 1 Rn. 64; ErfK/*Franzen* TVG § 1 Rn. 81; Wiedemann/*Thüsing* § 1 Rn. 866; HWK/*Henssler* TVG § 1 Rn. 64.
[3] BAG 26.7.2016 – 1 AZR 160/14, AP GG Art. 9 Arbeitskampf Nr. 184 = NZA 2016, 1543; BAG 25.8.2015 – 1 AZR 875/13, AP GG Art. 9 Arbeitskampf Nr. 183 = NZA 2016, 179; BAG 12.9.1984 – 1 AZR 342/83, AP GG Art. 9 Arbeitskampf Nr. 81 = NZA 1984, 393; 21.12.1982 – 1 AZR 411/80, AP GG Art. 9 Arbeitskampf Nr. 76 = NJW 1983, 1750; BeckOK ArbR/*Waas* TVG § 1 Rn. 65.; NK-TVG/*Ahrendt* § 1 Rn. 1168.
[4] JKOS/*Krause* § 4 Rn. 141; HMB/*Hexel* Teil 4 Rn. 117; Wiedemann/*Thüsing* § 1 Rn. 867.
[5] BAG 27.6.1989 – 1 AZR 404/88, AP GG Art. 9 Arbeitskampf Nr. 113 = NZA 1989, 969; ErfK/*Franzen* TVG § 1 Rn. 81.
[6] Siehe bereits BAG 8.2.1957 – 1 AZR 169/55, AP TVG § 1 Friedenspflicht Nr. 1 = BB 1957, 327.

cherheit.[7] Die Friedenspflicht ermöglicht so die Durchführung des Arbeitsverhältnisses auf der vereinbarten tariflichen Grundlage während der Dauer der vereinbarten zeitlichen Geltung des Tarifvertrags. Der Inhalt des laufenden Tarifvertrags wird also durch die Friedenspflicht der kollektiven Auseinandersetzung jedenfalls im arbeitskampfrechtlichen Sinne entzogen. Dabei ist es unerheblich, ob es um Arbeitskampfmaßnahmen zur Änderung des bestehenden Tarifvertrags oder um den Neuabschluss eines Tarifvertrags geht.

7 Darauf beschränkt sich die Friedenspflicht freilich auch: Sie schließt nicht aus, dass die Tarifvertragsparteien bereits während des Laufs des Tarifvertrags über dessen Inhalt neu verhandeln. Freilich fällt dann der durch mögliche Arbeitskampfmaßnahmen begründete Verhandlungsdruck weg.

8 Die Friedenspflicht hat so eine doppelte Komponente.[8] Sie untersagt während der Laufzeit des Tarifvertrags jegliche Arbeitskampfmaßnahmen der Tarifvertragspartei um den Tarifinhalt. So haben die Tarifvertragsparteien es etwa zu unterlassen, ihre Mitglieder zu Arbeitskampfmaßnahmen aufzurufen. Auf der anderen Seite hat jede Tarifvertragspartei auch die Pflicht, Arbeitskampfmaßnahmen durch einzelne Mitglieder verbandsrechtlich zu verhindern und entsprechend auf das eigene Mitglied einzuwirken.[9]

9 **a) Berechtigte und Verpflichtete.** Die schuldrechtliche Grundlegung der Friedenspflicht weist auch ihren relativen Bezug zu den jeweiligen Tarifvertragsparteien aus – sie bindet diese, aber nicht Dritte,[10] weshalb etwa konkurrierende gegnerische Gewerkschaften nicht von ihr gebunden werden.[11]

10 Allerdings ist gerade durch die Friedenspflicht der Tarifvertrag ein **Vertrag zugunsten Dritter, § 328 BGB,** der auch die normunterworfenen Verbandsmitglieder schützt.[12] Der tarifgebundene und verbandsangehörige einzelne Arbeitgeber kann deshalb während des Laufs der Friedenspflicht des Verbandstarifvertrags von der Gewerkschaft nicht durch Arbeitskampfmaßnahmen um einen Haustarifvertrag angegangen werden[13] – und sich auf der Grundlage der Friedenspflicht um Unterlassung und Einwirkung an die tarifschließende Gewerkschaft wenden.[14] Und zwar auch dann, wenn es eine „Tradition" des Abschlusses von Haustarifverträgen gibt – hier kommt es auch aus dem Gedanken der Verwirkung nicht zum Entfall der Friedenspflicht.[15] Der Schutz durch die Friedenspflicht wird allerdings nicht durch die Verbandsangehörigkeit isoliert ausgelöst, sondern stets vom konkreten Tarifvertrag. Deshalb kann der einzelne, von Arbeitskampfmaßnahmen um einen Haustarifvertrag bedrohte Arbeitgeber nur dann in den befriedeten Verbandsbereich „flüchten", wenn auch ein Verbandstarifvertrag mit identischen Tarifinhalten besteht.[16] Das gilt auch umgekehrt: Ein mit derselben Gewerkschaft geschlossener Haustarifvertrag schützt den einzelnen verbandsangehörigen Arbeitgeber vor Arbeitskampfmaßnahmen,

---

[7] NK-TVG/*Ahrendt* § 1 Rn. 1167.
[8] BAG 12.9.1984 – 1 AZR 342/83, AP GG Art. 9 Arbeitskampf Nr. 81= NZA 1984, 393; 8.2.1957 – 1 AZR 169/55, AP TVG § 1 Friedenspflicht Nr. 1 = BB 1957, 327; ErfK/*Franzen* TVG § 1 Rn. 81; Wiedemann/*Thüsing* § 1 Rn. 869 ff.; *Löwisch/Rieble* § 1 Rn. 1164, 1165; NK-TVG/*Ahrendt* § 1 Rn. 1169.
[9] ErfK/*Franzen* TVG § 1 Rn. 81; BecKOK ArbR/*Waas* TVG § 1 Rn. 64.
[10] *Löwisch/Rieble* § 1 Rn. 1168.
[11] NK-TVG/*Ahrendt* § 1 Rn. 1175.
[12] BAG 31.10.1958 – 1 AZR 632/57, AP TVG § 1 Friedenspflicht Nr. 2 = NJW 1959, 356; *Löwisch/Rieble* § 1 Rn. 1173; ErfK/*Franzen* TVG § 1 Rn. 82; Thüsing/Braun/*Wißmann* 4. Kap. Rn. 140h; BecKOK ArbR/*Waas* TVG § 1 Rn. 68; HMB/*Hexel* Teil 4 Rn. 117; NK-TVG/*Ahrendt* § 1 Rn. 1175.
[13] *Löwisch/Rieble* § 1 Rn. 1172.
[14] LAG Hamm 8.8.1985 – 8 Sa 1498/85, LAGE Art. 9 GG Arbeitskampf Nr. 18 = NZA 1985, 743; LAG Düsseldorf 31.7.1985 – 13 Sa 1082/85, LAGE Art. 9 GG Arbeitskampf Nr. 21 = DB 1986, 807; LAG Frankfurt aM 23.4.1985 – 5 SaGA 507/85, LAGE § 1 TVG Friedenspflicht Nr. 1; Wiedemann/*Thüsing* § 1 Rn. 912.
[15] AA LAG Köln 14.6.1996 – 4 Sa 177/96, LAGE Art. 9 GG Arbeitskampf Nr. 63 = NZA 1997, 327; *Thüsing* NZA 1997, 295; NK-TVG/*Ahrendt* § 1 Rn. 1174; wie hier *Löwisch/Rieble* § 1 Rn. 1224.
[16] Dazu JKOS/*Krause* § 4 Rn. 147.

die auf den Abschluss eines Verbandstarifvertrags über die dieselben Arbeitsbedingungen zielen.[17]

Die Friedenspflicht strahlt über § 2 Abs. 4 TVG auch auf den am Tarifschluss beteiligten Spitzenverband aus: Der Spitzenverband, der stellvertretend für seinen Mitgliedsverband, oder aber in eigenem Namen einen Tarifvertrag schließt, hat in beiden Fällen die Friedenspflicht zu beachten. Das gilt auch für die betroffenen Mitgliedsverbände (siehe noch → § 259 Rn. 28 ff.).[18]

Ein Vertrag mit Schutzwirkung für Dritte ist der Tarifvertrag nicht – deshalb können sich auch mittelbar wirtschaftlich betroffene Dritte, also etwa von einer Arbeitskampfmaßnahme geschädigte Unternehmen, nicht auf die Friedenspflicht berufen.[19] Das gründet letztlich im Zweck der Friedenspflicht, die Durchführung der Tarifnormen zu flankieren und zu ermöglichen (→ Rn. 6), weshalb sie gerade nicht allgemein drittschützend ist, sondern ihre Schutzwirkung sich auf die Normunterworfenen beschränkt.[20] Deshalb handelt es sich richtig auch nicht um ein Problem der Erkennbarkeit.[21]

Verpflichtet werden Dritte – auch die normunterworfenen Verbandsmitglieder – durch die Friedenspflicht nicht. Gerade deshalb sieht die positive Komponente der Friedenspflicht die Pflicht des tarifschließenden Verbandes zur verbandsrechtlichen Einwirkung auf seine Mitglieder vor, pflichtwidrige Maßnahmen zu unterlassen.[22]

Deshalb scheitern Sympathie- oder Unterstützungsstreikmaßnahmen nach der Rechtsprechung auch nicht unmittelbar an der tariflichen Friedenspflicht.[23] Allerdings werden sie zurecht als unverhältnismäßig angesehen, weil sich das Unterstützungsinteresse dritter Akteure nicht gegen das durch Art. 9 Abs. 3 GG geschützte und sich in der Friedenspflicht konkretisierende Stabilitätsinteresse der Tarifvertragspartei durchsetzt.[24]

b) Relativität der Friedenspflicht. Die Friedenspflicht wirkt relativ: Sie betrifft alle Arbeitskampfmaßnahmen, deren Ziel es ist, die bereits getroffenen tariflichen Regelungen durch neuen Tarifvertrag abzuändern oder zu beseitigen, aber auch nur diese.[25] Deshalb werden während des Laufs eines Tarifvertrags Arbeitskampfmaßnahmen nicht als solche verboten, sondern lediglich dann, wenn ihr tarifliches Ziel bereits im Tarifvertrag geregelt ist. Wie diese Reichweite der Friedenspflicht zu ermitteln ist, ist kontrovers.[26] Das liegt darin begründet, dass Tarifforderungen die Regelungen eines bereits abgeschlossenen Tarifvertrags nicht direkt, aber durchaus wirtschaftlich infrage stellen können. Bei der Lösung des Konfliktes ist maßgeblich, dass die Friedenspflicht zwar tarifliche Vereinbarungen der arbeitskampfrechtlichen Auseinandersetzung entziehen soll, dass aber eben nicht jede Arbeitskampfmaßnahme absolut ausgeschlossen werden soll. Nicht zielführend ist es, die Reichweite der Friedenspflicht durch die Auslegung einer betreffenden Vereinbarung der Tarifvertragsparteien und damit deren Willen ermitteln zu wollen:[27, 28] Weil die Friedenspflicht normflankierend wirkt, ist nicht nach einer entsprechenden Auslegung unter der

---

[17] LAG Nürnberg 30.9.2010 – 5 Ta 135/10, LAGE Art 9 GG Arbeitskampf Nr. 86 = ZTR 2010, 576; *Löwisch/Rieble* § 1 Rn. 1172.
[18] *Löwisch/Rieble* § 1 Rn. 1181 ff.
[19] BAG 26.7.2016 – 1 AZR 160/14, AP GG Art. 9 Arbeitskampf Nr. 184 = NZA 2016, 1543; BAG 25.8.2015 – 1 AZR 875/13, AP GG Art. 9 Arbeitskampf Nr. 183 = NZA 2016, 179; ErfK/*Franzen* TVG § 1 Rn. 82; *Benecke* ZfA 2018, 2 (6 f.).
[20] *Löwisch/Rieble* § 1 Rn. 1176.
[21] So aber BAG 26.7.2016 – 1 AZR 160/14, AP GG Art. 9 Arbeitskampf Nr. 184 = NZA 2016, 1543; NK-TVG/*Ahrendt* § 1 Rn. 1173.
[22] *Löwisch/Rieble* § 1 Rn. 1184 ff.
[23] BAG 19.6.2007 – 1 AZR 396/06, AP GG Art. 9 Arbeitskampf Nr. 173 = NZA 2007, 1055; NK-TVG/*Ahrendt* § 1 Rn. 1189.
[24] *Löwisch/Rieble* § 1 Rn. 1193: „Entwertung der Friedenspflicht"
[25] JKOS/*Krause* § 4 Rn. 142; HWK/*Henssler* TVG § 1 Rn. 67.
[26] Wiedemann/*Thüsing* § 1 Rn. 884 ff.
[27] Siehe etwa NK-TVG/*Ahrendt* § 1 Rn. 1178; Kempen/Zachert/*Zachert* § 1 Rn. 677.
[28] Wiedemann/*Thüsing* § 1 Rn. 885.

16 Berücksichtigung der Interessen der Tarifvertragsparteien zu fragen, sondern allein nach der Reichweite der tariflichen Normen selbst, die dann wiederum den Bezug zur Friedenspflicht herstellt.[29]

16 Die Friedenspflicht umfasst nicht nur solche Forderungen, die sich ausdrücklich gegen die im Tarifvertrag vereinbarten Regelungen richten, sondern vielmehr alle Tarifziele, die in einem inneren sachlichen Zusammenhang mit den bereits getroffenen Regelungen stehen.[30] Ein solcher Zusammenhang wird auch dann gesehen, wenn die neue Tarifforderung das wirtschaftliche Gewicht der bereits geltenden Regelungen verändern würde.[31] Das ist freilich nicht allzu konturiert und wird deshalb kritisch gesehen.[32] In jedem Falle ist der normbezogene Sachzusammenhang durch Auslegung zu ermitteln,[33] die auch mehrere Tarifverträge umfassen kann.[34] Das gilt etwa für Regelungen eines Rahmentarifvertrags über die Kündigung, auch für neue Tarifforderungen etwa nach besserem Kündigungsschutz für Arbeitnehmer.[35] Praktisches Problem ist hier die Feststellung, wann und bis wohin eine tarifliche Regelung reicht – und ob sie für eine Materie abschließend ist, wo also ein abschließender Komplex wie etwa der Urlaub als solcher so geregelt ist, dass er dem Arbeitskampf etwa um Sonderrechte für bestimmte Arbeitnehmergruppen entgegensteht, oder wo der tarifliche Komplex „offen" ist.

17 Das weist zugleich zum Problem, wann eine sogenannte negative Regelung im Tarifvertrag die Friedenspflicht auslöst.[36] Das ist dann der Fall, wenn der Tarifvertrag gerade nicht selbst regeln will, sondern den anderen Regelungsgebern auf Betriebs- oder Arbeitsvertragsebene die Regelung überlässt. Die Friedenspflicht muss sich auch darauf beziehen, weil ansonsten der Zweck der Negativregelung konterkariert würde.[37] *Thüsing* weist richtig darauf hin, dass es jedenfalls nicht ausschlaggebend ist, welche Forderungen während der Tarifverhandlungen aufgenommen und dann wieder fallen gelassen wurden.[38] Vielmehr bedarf es des Nachweises einer entsprechenden Einigung zur Nichtregelung.[39]

18 c) Verstoß. Die Friedenspflicht verbietet alle Arbeitskampfmaßnahmen. Das betrifft nicht nur „klassische" Maßnahmen wie Streik und Aussperrung, sondern auch alle anderen Maßnahmen, die zum Zweck der Druckausübung mit dem Ziel eines Tarifabschlusses durchgeführt werden. Im Rahmen der Rechtsprechung des BAG zu Unterstützungsstreik[40] und Flash-Mob[41] zeigt sich, dass es einen *numerus clausus* der Arbeitskampfmaßnahmen nicht gibt – weshalb solche „neuen" Arbeitskampfformen von der Friedenspflicht umfasst werden.[42] Deshalb ist auch die kollektiv gebündelte Wahrnehmung von Individualrechten – etwa Zurückbehaltungs- oder Widerspruchsrechte – mit dem Ziel, einen Tarifvertragsabschluss zu erreichen, letztlich ein Verstoß gegen die Friedenspflicht, weil diese richtig die Druckausübung zur Revision getroffener tariflicher Regelungen verhindern

---

[29] Prägnant *Löwisch/Rieble* § 4 Rn. 1196: „Immanenz" statt „Konsens"
[30] BAG 26.7.2016 – 1 AZR 160/14, AP GG Art. 9 Arbeitskampf Nr. 184 = NZA 2016, 1543; ErfK/*Franzen* TVG § 1 Rn. 83; BecKOK ArbR/*Waas* § 1 TVG Rn. 66; JKOS/*Krause* § 4 Rn. 143; Wiedemann/*Thüsing* § 1 Rn. 885; *Löwisch/Rieble* § 1 Rn. 1198.
[31] BAG 10.12.2002 – 1 AZR 96/02, AP GG Art. 9 Arbeitskampf Nr. 162 = NZA 2003, 734; JKOS/*Krause* § 4 Rn. 144.
[32] NK-TVG/*Ahrendt* § 1 Rn. 1177.
[33] ErfK/*Franzen* TVG § 1 Rn. 83.
[34] Wiedemann/*Thüsing* § 1 Rn. 885.
[35] BAG 10.12.2002 – 1 AZR 96/02, AP GG Art. 9 Arbeitskampf Nr. 162 = NZA 2003, 734; ErfK/*Franzen* TVG § 1 Rn. 83.
[36] Dazu *Löwisch/Rieble* § 1 Rn. 1202 ff.
[37] JKOS/*Krause* § 4 Rn. 145; dies tendenziell ablehnend NK-TVG/*Ahrendt* § 1 Rn. 1183.
[38] Wiedemann/*Thüsing* § 1 Rn. 885; aA ErfK/*Franzen* TVG § 1 Rn. 83.
[39] *Löwisch/Rieble* § 1 Rn. 1203; auch NK-TVG/*Ahrendt* § 1 Rn. 1179.
[40] BAG 19.6.2007 – 1 AZR 396/06.
[41] BAG 22.9.2009 – 1 AZR 972/08, AP GG Art. 9 Arbeitskampf Nr. 174 = NJW 2010, 631.
[42] NK-TVG/*Ahrendt* § 1 Rn. 1204.

soll (→ Rn. 5 f.).⁴³ Das zeigt sich schon daran, dass ein Aufruf der Tarifvertragspartei, die Mitglieder mögen ihre individuellen Rechte kollektiv geltend machen, zweifelsfrei tarifwidrig ist, dann muss auch umgekehrt die Pflicht der Tarifvertragspartei bestehen, ihre Mitglieder von entsprechenden Maßnahmen abzuhalten. Freilich stellt sich hier regelmäßig das Problem, einen solchen Kampfeinsatz der individuellen Rechte nachzuweisen. Bloße Vorbereitungsmaßnahmen erzielen keinen (messbaren) Druck und können deshalb auch während des Laufs der Friedenspflicht vorgenommen werden.⁴⁴

d) Zeitliche Reichweite. Die Friedenspflicht ist schuldrechtliche Tarifpflicht, weshalb 19
sie mit dem Abschluss des Tarifvertrags entsteht, auf den etwa für einen späteren Zeitpunkt vereinbarten Eintritt der normativen Wirkung und damit das Inkrafttreten des Tarifvertrags kommt es nicht an.⁴⁵ Es wäre auch widersprüchlich, wenn im Zeitraum nach Vertragsschluss, aber vor Normwirkung das erzielte Tarifergebnis durch Arbeitskampf in Frage gestellt werden könnte. Allerdings bedarf es für die Begründung der vertragsimpliziten Friedenspflicht auch des Vertragsschlusses: Dessen Vorstadium steht – außer anderes wäre entsprechend vereinbart – nicht unter der Friedenspflicht.

Weil die Friedenspflicht der Wirkung der Tarifnormen dient (→ Rn. 6), endet sie auch 20
mit dem Ende der zwingenden Tarifwirkung.⁴⁶ Deshalb gilt sie im Nachwirkungszeitraum des § 4 Abs. 5 TVG nicht mehr.⁴⁷ Anderes kann vereinbart werden (→ Rn. 24). Kommt es nur zum teilweisen Normentfall – etwa durch eine entsprechende Teilkündigung (→ § 260 Rn. 32) –, so entfällt auch nur für den entfallenen Teil die diesen betreffende Friedenspflicht.⁴⁸ Allerdings ist die Reichweite der Friedenspflicht auch dann stets anhand der verbleibenden tariflichen Normen zu messen.⁴⁹

Entfällt die Anwendung eines Tarifvertrags durch Auflösung einer **Tarifkollision nach** 21
§ 4a Abs. 2 S. 2 TVG, so führt dies nicht zum Entfall der Friedenspflicht, weil der Tarifvertrag nicht beendet wird.⁵⁰ Überzeugend ist das Argument, dass der Betriebsbezug der Kollisionsauflösung sonst zu einer lediglich betriebsbezogenen Friedenspflicht führen könnte – je nachdem, ob ein Tarifvertrag Mehrheits- oder Minderheitstarifvertrag ist.⁵¹ Das wäre unsystematisch.

Kommt es zur Nachbindung nach § 3 Abs. 3 TVG, so bleibt auch im Nachbindungs- 22
zeitraum die Friedenspflicht bestehen, obwohl § 3 Abs. 3 TVG schuldrechtliche Pflichten grundsätzlich nicht erfasst.⁵² Als Begründung wird hier richtig angeführt, dass die Friedenspflicht letztlich auf die durch § 3 Abs. 3 TVG geforderte Tariftreue zurückzuführen ist:⁵³ Damit ist zu Recht der Konnex der Friedenspflicht zur normativen Tarifwirkung angesprochen. Andere verweisen demgegenüber auf den schuldrechtlichen Charakter der Friedenspflicht und auf die durch den Verbandsaustritt entfallende Einwirkungsmöglichkeit des tarifschließenden Verbandes.⁵⁴

---

⁴³ BAG 28.4.1966 – 2 AZR 176/65, AP GG Art. 9 Arbeitskampf Nr. 37 = DB 1966, 905; 8.2.1957 – 1 AZR 169/55, AP TVG § 1 Friedenspflicht Nr. 1 = BB 1957, 327; *Löwisch/Rieble* § 1 Rn. 1227; aA NK-TVG/*Ahrendt* § 1 Rn. 1204.
⁴⁴ NK-TVG/*Ahrendt* § 1 Rn. 1205.
⁴⁵ *Löwisch/Rieble* § 1 Rn. 1211; aA Thüsing/Braun/*Wißmann* 4. Kap. Rn. 140j: „Inkrafttreten".
⁴⁶ *Löwisch/Rieble* § 1 Rn. 1214.
⁴⁷ Thüsing/Braun/*Wißmann* 4. Kap. Rn. 140j; NK-TVG/*Ahrendt* § 1 Rn. 1199.
⁴⁸ NK-TVG/*Ahrendt* § 1 Rn. 1197.
⁴⁹ *Löwisch/Rieble* § 1 Rn. 1201.
⁵⁰ NK-TVG/*Ahrendt* § 1 Rn. 1203; *Löwisch/Rieble* § 4a Rn. 383 f.; skeptisch sieht *Linsenmeier* RdA 2015, 369 (387) „Fragen über Fragen".
⁵¹ *Löwisch/Rieble* § 4a Rn. 383.
⁵² *Löwisch/Rieble* § 3 Rn. 266; Wiedemann/*Oetker* § 3 Rn. 78; ErfK/*Franzen* TVG § 3 Rn. 28.
⁵³ Dazu *Löwisch/Rieble* § 3 Rn. 266.
⁵⁴ NK-TVG/*Ahrendt* § 1 Rn. 1200.

23 **e) Zugriff auf die Friedenspflicht.** Die Friedenspflicht steht in Grenzen zur Disposition der Tarifvertragsparteien, **sie kann erweitert,** aber grundsätzlich nicht eingeschränkt werden.[55]

24 Das betrifft zunächst die zeitliche Reichweite: So können die Tarifvertragsparteien vereinbaren, dass auch zu Beginn des Nachwirkungszeitraums des Tarifvertrags etwa im Rahmen der Aufnahme von Tarifvertragsverhandlungen Arbeitskampfmaßnahmen unzulässig sein sollen. Ebenfalls kann eine vertragliche Friedenspflicht ein Schlichtungsverfahren am Ende der Tarifverhandlungen absichern.[56] Die Folgen einer solchen vertraglichen Ausweitung der Friedenspflicht sind grundsätzlich keine anderen als bei der impliziten Friedenspflicht (→ Rn. 18), allerdings kann der Tarifvertrag anderes, insbesondere im Hinblick auf die sachliche Reichweite, vorsehen.

25 Die Tarifvertragsparteien können ebenso die Friedenspflicht in sachlicher Hinsicht ausweiten,[57] und sie etwa auf die Regelungsmaterie eines anderen Tarifvertrags übertragen und so selbst ihre Reichweite bestimmen, und auch Arbeitskämpfe um Haustarifverträge mit verbandsangehörigen Arbeitgebern, allein aufgrund deren Verbandszugehörigkeit, ausschließen. Auch die nach der herrschenden Meinung grundsätzlich zulässigen Sympathiearbeitskämpfe (→ § 266 Rn. 5; → § 272 Rn. 26) können durch entsprechende Vereinbarung über eine Friedenspflicht verhindert werden.[58] Sie können aber auch losgelöst von einer konkreten Tarifmaterie die Unterlassung von Arbeitskampfmaßnahmen vereinbaren – und so etwa einzelnen nicht geregelten Materien der Friedenspflicht unterwerfen.[59]

26 Das Ablösen der Friedenspflicht von konkreten tariflichen Zielen kann dann hin zur **absoluten Friedenspflicht** führen – wie dies im oftmals angeführten Beispiel des Schweizer Friedensabkommens in der Maschinen-, Metall- und Uhrenindustrie,[60] das am 19.7.1937 geschlossen und regelmäßig verlängert wurde und wird, geschah. In Deutschland werden absolute Friedensübereinkommen im Bereich der Kirchen praktisch, sofern sie den Tarifvertrag als Regelungsinstrument grundsätzlich zulassen, den Arbeitskampf aber ausschließen wollen. Das ist verfassungsrechtlich grundsätzlich möglich.[61] Eine solche Vorgabe zur Vereinbarung einer absoluten Friedenspflicht kennt die Evangelische Kirche: § 13 Abs. 3 des Arbeitsrechtsregelungsgrundsätzegesetz (ARGG) der EKD vom 13.11.2013 sieht vor, dass kirchengemäße Tarifverträge eine uneingeschränkte Friedenspflicht voraussetzen, deren Ausgestaltung von den Tarifpartnern vereinbart werden muss. Die katholische Kirche kennt den Tarifvertrag als Regelungsmittel nicht.[62]

27 Für die vertragliche Ausweitung der Friedenspflicht ist die aus Art. 9 Abs. 3 GG folgende Maßgabe zu beachten, dass durch die Tarifautonomie eine belastbare Friedensordnung für die Arbeitsverhältnisse geschaffen werden soll, auf der anderen Seite Arbeitskampfmaßnahmen nicht für alle Zeiten ausgeschlossen werden dürfen.[63] Dies widerspräche der Funktion des Arbeitskampfes, Verhandlungskonflikte zu lösen und es führte letztlich zur Dysfunktionalität der tariflichen Regelungsfindung. Bei allen Ausweitungen der Friedenspflicht durch die Tarifvertragsparteien ist aber die Funktion des Arbeitskamp-

---

[55] BAG 26.7.2016 – 1 AZR 160/14, AP GG Art. 9 Arbeitskampf Nr. 184 = NZA 2016, 1543; ErfK/*Franzen* TVG § 1 Rn. 84; BecKOK ArbR/*Waas* § 1 TVG Rn. 67; Wiedemann/*Thüsing* § 1 Rn. 889; *Löwisch/Rieble* § 1 Rn. 1231ff.; HWK/*Henssler* TVG § 1 Rn. 64; Thüsing/Braun/*Wißmann* 4. Kap. Rn. 140k.
[56] *Löwisch/Rieble* § 4 Rn. 1233.
[57] BAG 26.7.2016 – 1 AZR 160/14, AP GG Art. 9 Arbeitskampf Nr. 184 = NZA 2016, 1543; 19.6.2007 – 1 AZR 396/06, AP GG Art. 9 Arbeitskampf Nr. 173 = NZA 2007, 1055; 24.4.2007 – 1 AZR 252/06, AP TVG § 1 Sozialplan Nr. 2 = NZA 2007, 987; 18.2.2003 – 1 AZR 142/02, AP GG Art. 9 Arbeitskampf Nr. 163 = NZA 2003, 866.
[58] *Löwisch/Rieble* § 14 Rn. 1235.
[59] HMB/*Hexel* Teil 4 Rn. 118; ErfK/*Franzen* TVG § 1 Rn. 84.
[60] Die maßgeblichen Regelungen abgedruckt bei Wiedemann/*Thüsing* § 1 Rn. 909.
[61] BAG 20.11.2012 – 1 AZR 611/11, AP GG Art. 9 Arbeitskampf Nr. 180 = NZA 2013, 437.
[62] Dazu *Klumpp* ZAT 2013, 120ff.
[63] Wiedemann/*Thüsing* § 1 Rn. 911; NK-TVG/*Ahrendt* § 1 Rn. 1208.

fes zu berücksichtigen –⁶⁴ Konfliktlösungsmechanismus, der letztlich die Grundlage für die Richtigkeitsgewähr des Tarifvertrags ist. Deshalb muss auch die zeitliche Reichweite einer Vereinbarung über eine absolute Friedenspflicht begrenzt sein. Vorgeschlagen wird hier eine Grenze von fünf Jahren.[65]

Vertreten wird, dass die Vereinbarung eines Verhandlungsanspruches ebenfalls eine Friedenspflicht auslöst, jedenfalls bis zur gerichtlichen Geltendmachung des Anspruchs.[66] Das ist zwar möglich, aber durch Auslegung zu ermitteln. Einen Automatismus geht hier zu weit. **28**

Auf der anderen Seite ist eine Beschränkung der **Friedenspflicht grundsätzlich nicht möglich.**[67] Sie ist aber mittelbar zu erreichen: So können die Tarifvertragsparteien vereinbaren, dass bestimmte Tarifziele nicht in einem Zusammenhang mit bereits geregelten Tarifinhalt stehen oder sie können durch die Möglichkeit von Teilkündigungsrechten die normative Wirkung erleichtert beenden, was dann für den entsprechenden Regelungsbereich auch den Entfall der Friedenspflicht nach sich zieht.[68] Die durch den Tarifvertrag aufgestellte Friedensordnung kann eine solche Vereinbarung nicht schwächen,[69] weil die Regelungen des Tarifvertrags selbst in ihrer Stabilität stets durch die Friedenspflicht geschützt werden. Freilich wird vertreten, dass eine Koppelung des Entfalls der Friedenspflicht an geänderte Umstände, etwa unvorhergesehene Gewinnsteigerungen, möglich sein soll.[70] Einzelne Arbeitgeber können durch verbandstarifliche Vereinbarung nicht aus der Friedenspflicht herausgenommen werden.[71] **29–31**

f) Folgen des Verstoßes. Wird die Friedenspflicht verletzt, hat die betroffene Gegenpartei einen Unterlassungsanspruch aus dem geltenden Tarifvertrag (zur Durchsetzung → § 259 Rn. 7 ff.).[72] Ein solcher Unterlassungsanspruch besteht auch für die betroffenen verbandsangehörigen Tarifgebundenen, für die der Tarifvertrag Vertrag zu Gunsten Dritter ist. **32**

Entstandene Schäden sind nach § 280 Abs. 1 BGB zu ersetzen. Die Haftung für das Handeln der Organe ergibt sich aus §§ 31, 276 BGB.[73] Eine Zurechnung nach § 278 BGB für das Verschulden der Verbandsmitglieder scheidet regelmäßig aus, weil diese keine Erfüllungsgehilfen sind (→ § 259 Rn. 20).[74] Allerdings muss der verpflichtete Verband auf die Mitglieder einwirken, damit diese die rechtswidrigen Maßnahmen unterlassen – geschieht dies nicht, macht er sich schadensersatzpflichtig. Siehe dazu insgesamt → § 259 Rn. 1 ff. **33**

Werden trotz bestehender Friedenspflicht Arbeitskampfmaßnahmen durchgeführt und kommt es aufgrund dessen zum Tarifvertragsschluss, so kann der Tarifvertrag nach § 123 Abs. 1 BGB anfechtbar sein – wegen widerrechtlicher Drohung. **34**

3. Durchführungspflicht
a) Grundlagen. Dem Tarifvertrag ebenfalls immanent[75] ist die Pflicht der Tarifvertragsparteien, die Durchführung der tariflichen Regelungen zu gewährleisten und damit die **35**

---

[64] BecKOK ArbR/*Waas* TVG § 1 Rn. 68.
[65] *Löwisch/Rieble* § 1 Rn. 1238; NK-TVG/*Ahrendt* § 1 Rn. 1208.
[66] HMB/*Hexel* Teil 4 Rn. 118.
[67] Wiedemann/*Thüsing* § 1 Rn. 887; ErfK/*Franzen* TVG § 1 Rn. 84; aA NK-TVG/*Ahrendt* § 1 Rn. 1209.
[68] *Löwisch/Rieble* § 1 Rn. 1243.
[69] ErfK/*Franzen* TVG § 1 Rn. 84.
[70] *Gamillscheg* KollArbR I § 22 II 1d, S. 1077; HMB/*Hexel* Teil 4 Rn. 121.
[71] *Löwisch/Rieble* § 1 Rn. 1242; So aber Kempen/Zachert/*Seifert* § 1 Rn. 932; NK-TVG/*Reim* § 1 Rn. 1138.
[72] Wiedemann/*Thüsing* § 1 Rn. 912.
[73] ErfK/*Franzen* TVG § 1 Rn. 85.
[74] BecKOK ArbR/*Waas* TVG § 1 Rn. 70.
[75] *Löwisch/Rieble* § 1 Rn. 1248; Wiedemann/*Thüsing* § 1 Rn. 916; JKOS/*Krause* § 4 Rn. 119; NK-TVG/*Ahrendt* § 1 Rn. 1151.

faktische Wirkung des Tarifvertrags zu unterstützen.[76] Das umfasst die Erbringung der tariflich grundgelegten Leistungen ebenso wie das Unterlassen aller Handlungen, die die Durchführung des Tarifvertrags behindern oder leerlaufen lassen könnten.[77] Außerdem enthält auch die Durchführungspflicht die Notwendigkeit der Einwirkung auf die Verbandsmitglieder, wenn diese den Tarifvertrag nicht exekutieren.[78] Diese Durchführungspflicht dient ebenso wie die Friedenspflicht der Flankierung der normativen Wirkung der tariflichen Regelungen. Deshalb reicht sie auch nur soweit, wie diese normative, originär tarifliche Regelungswirkung besteht: Bei bloßer schuldrechtlicher Bezugnahme[79] oder bei staatlicher Erstreckung der Tarifnormen durch Allgemeinverbindlichkeit oder auf der Grundlage einer RVO nach dem AEntG, greift sie nicht.[80]

36 Auch die Durchführungspflicht ist letztlich auf den Grundsatz des *pacta sunt servanda*[81] zurückzuführen, der auch für den Tarifvertrag als schuldrechtlicher Vertrag gilt, § 242 BGB, und dient der Erfüllung der schuldrechtlichen tariflichen Pflichten.[82] Auch wenn die Durchführungspflicht – ebenso wie die Friedenspflicht (→ Rn. 5 ff.) – nicht ausdrücklich im Tarifvertrag vereinbart werden muss, so ist sie doch auf der einen Seite immer auf den konkreten Tarifvertrag bezogen und gründet sich auf der anderen Seite auch stets auf einen konkreten Tarifvertrag – eine tarifliche Dauerrechtsbeziehung jenseits der einzelnen Tarifverträge gibt es nicht und kann auch keine Grundlage für schuldrechtliche Pflichten sein.[83]

37 Grundsätzlich ist die Geltendmachung von Rechten aus dem Tarifvertrag in die Hände der tarifgebundenen Arbeitgeber und Arbeitnehmer gelegt. Durch die normative Wirkung kommt es gerade zur unmittelbaren Rechtsbegründung. Hieraus folgt die Möglichkeit des einzelnen, seine eigenen Rechte geltend zu machen. Hinzu kommt der weitreichende Schutz vor Rechtsverlust durch § 4 Abs. 4 TVG (→ § 254 Rn. 1 ff.). Die tarifvertragliche Durchführungspflicht, der die einzelnen Tarifvertragsparteien unterworfen sind, flankiert diesen Schutz, ist aber selbst grundsätzlich – wenn der Tarifvertrag anderes nicht vorsieht – nicht die Normunterworfenen unmittelbar berechtigend.[84] Dies ist zunächst dann von Vorteil, wenn die Normunterworfenen sich selbst, etwa wenn sie davon Nachteile befürchten, nicht in der Lage sehen, ihre Rechte geltend zu machen.[85] Zudem kann unter Umständen ein festgestellter Durchführungsanspruch einer Tarifvertragspartei zahlreiche individuelle Verfahren zur Rechtsdurchsetzung überflüssig machen.[86] Auf der anderen Seite wird der Normenschutz durch die Durchführungspflicht als schwach erkannt: Die schärfste Sanktion, nämlich der Ausschluss aus dem gegnerischen Verband, ist für die Tarifvertragspartei kontraproduktiv, weil er zur erzwungenen Tarifflucht führt. Das wird vor allem nicht das Ziel der Gewerkschaften sein.[87]

38 Wichtige Absicherung für die Tarifverwirklichung kommt der Durchführungspflicht bei einem Tarifvertrag über eine gemeinsame Einrichtung zu. Hier ist das Handeln der Tarifvertragsparteien selbst zur Errichtung der gemeinsamen Einrichtung notwendig (→ Rn. 6).[88]

---

[76] ErfK/*Franzen* TVG § 1 Rn. 86; BecKOK ArbR/*Waas* TVG § 1 Rn. 72.
[77] JKOS/*Krause* § 4 Rn. 118; Wiedemann/*Thüsing* § 1 Rn. 913.
[78] BAG 29.4.1992 – 4 AZR 432/91, AP TVG § 1 Durchführungspflicht Nr. 3 = NZA 1992, 846; 11.9. 1991 – 4 AZR 71/91, AP Internat. Privatrecht, Arbeitsrecht Nr. 29 = NZA 1992, 321; Wiedemann/*Thüsing* § 1 Rn. 913.
[79] Löwisch/*Rieble* § 1 Rn. 1257.
[80] Wiedemann/*Thüsing* § 1 Rn. 923; JKOS/*Krause* § 4 Rn. 121.
[81] BAG 29.4.1992 – 4 AZR 432/91, AP TVG § 1 Durchführungspflicht Nr. 3 = NZA 1992, 846; NK-TVG/*Ahrendt* § 1 Rn. 1151.
[82] Wiedemann/*Thüsing* § 1 Rn. 913; 917; JKOS/*Krause* § 4 Rn. 119.
[83] JKOS/*Krause* § 4 Rn. 119; aA HWK/*Henssler* TVG § 1 Rn. 62.
[84] NK-TVG/*Ahrendt* § 1 Rn. 1152.
[85] Löwisch/*Rieble* § 1 Rn. 1252; JKOS/*Krause* § 4 Rn. 120.
[86] Löwisch/*Rieble* § 1 Rn. 1252.
[87] JKOS/*Krause* § 4 Rn. 130.
[88] Siehe dazu ausführlich Löwisch/*Rieble* § 1 Rn. 1262 ff.

b) Berechtigte und Verpflichtete. Die Durchführungspflicht als Einwirkungspflicht **39** trifft den Verband gegenüber seinen Mitgliedern.[89] Im Falle eines vom Spitzenverband geschlossenen Tarifvertrags besteht dessen Einwirkungspflicht gegenüber seinen Mitgliedsverbänden, wiederum auf deren Mitglieder einzuwirken:[90] Das gilt wegen § 2 Abs. 4 TVG sowohl beim durch die Spitzenorganisation in eigenem wie im Namen eines Mitgliedsverbandes abgeschlossenen Tarifvertrags.[91]

Die Durchführungspflicht ist auf den Tarifvertrag bezogen und so auch auf den Bereich **40** der normativ gebundenen Verbandsmitglieder beschränkt.[92] Bereits dies lässt davon Abstand nehmen, eine allgemeine Pflicht der tarifgebundenen Konzernmutter anzuerkennen, ihre nicht-tarifgebundenen Tochterunternehmen zur Anwendung der tariflichen Regelungen anzuhalten,[93] und gilt auch für den Fall sonstiger Umstrukturierungen.[94] Anerkannt werden hier (lediglich) entsprechende ausdrückliche Vereinbarungen zwischen den Tarifvertragsparteien, dass die Muttergesellschaft ihre konzernrechtlichen Möglichkeiten gegenüber den abhängigen Unternehmen ausschöpft.[95] Das BAG sieht eine Pflicht zur Einwirkung – und damit im Ergebnis zur Anwendung des Tarifvertrags – allerdings als gegeben an, wenn die Umstrukturierung gerade wegen der tariflichen Bindung durchgeführt werden soll, und das Tochterunternehmen tatsächlich von der Haustarifvertragspartei ideell, wirtschaftlich und verwaltungsmäßig abhängt.[96] Dahinter steckt der Gedanke, dass es etwa gerade bei einem Haustarifvertrag nicht durch Umstrukturierungen und Ausgliederungen zur Entkernung des Tarifvertrags kommen soll.[97] Das ist aber nicht folgerichtig und falsch, weil die fehlende normative Wirkung auch keine Durchführungspflicht erfordert:[98] Entfällt die Tarifbindung, kann auch die Durchführungspflicht nicht greifen. Deshalb kann auch nicht mit dem Instrument des Rechtsmissbrauchs gearbeitet werden,[99] wenn das Tarifrecht selbst die Beseitigung der Tarifbindung zulässt. Es kann stets nur nach der Reichweite der Tarifbindung gefragt werden, die die Durchführungspflicht nach sich zieht – dass die Durchführungspflicht die Tarifanwendung nach sich zöge, geht dagegen fehl.

Drittberechtigend – auch gegenüber den Mitgliedern – ist die Durchführungspflicht **41** nicht.[100] Das ist schon deshalb richtig, weil der normberechtigte einzelne Arbeitgeber oder Arbeitnehmer seine Rechte selbst unmittelbar geltend machen kann und nicht auf einen Anspruch gegen den (gegnerischen) Verband angewiesen ist.[101] Der Arbeitnehmer hat also bei einem sich sträubenden Arbeitgeber keinen Anspruch gegen den Arbeitgeberverband, auf diesen einzuwirken.[102]

c) Inhalt. Die Durchführungspflicht umfasst zunächst das Verhalten der Tarifvertragspar- **42** teien selbst. Diese müssen zum einen alles unterlassen, was zur Aushöhlung des Tarifver-

---

[89] NK-TVG/*Ahrendt* § 1 Rn. 1155.
[90] BAG 25.1.2006 – 4 AZR 432/04, AP TVG § 1 Tarifverträge: Metallindustrie Nr. 197 = NZA-RR 2006, 336; Wiedemann/Tüsing RdA 1995, 280; JKOS/*Krause* § 4 Rn. 126.
[91] BAG 25.1.2006 – 4 AZR 552/04, AP TVG § 1 Tarifverträge: Metallindustrie Nr. 197 = NZA-RR 2006, 336.
[92] NK-TVG/*Ahrendt* § 1 Rn. 1162.
[93] Siehe aber anders BAG 11.9.1991 – 4 AZR 71/91, AP Internat. Privatrecht, Arbeitsrecht Nr. 29 = NZA 1992, 321.
[94] JKOS/*Krause* § 4 Rn. 134.
[95] JKOS/*Krause* § 4 Rn. 134.
[96] BAG 11.9.1991 – 4 AZR 71/91, AP Nr. 29 Internat Privatrecht, Arbeitsrecht = NZA 1992, 321; ErfK/*Franzen* TVG § 1 Rn. 86.
[97] BAG 11.9.1991 – 4 AZR 71/91, AP Internat. Privatrecht, Arbeitsrecht Nr. 29 = NZA 1992, 321; ErfK/*Franzen* TVG § 1 Rn. 86; HWK/*Henssler* TVG § 1 Rn. 72.
[98] *Löwisch/Rieble* § 1 Rn. 1250.
[99] So NK-TVG/*Ahrendt* § 1 Rn. 1162.
[100] So aber Wiedemann/*Thüsing* § 1 Rn. 935.
[101] *Löwisch/Rieble* § 1 Rn. 1260.
[102] JKOS/*Krause* § 4 Rn. 125.

trags führen kann.¹⁰³ Das führt etwa dazu, dass der tarifschließende Verband seine Mitglieder nicht zur Nichtbeachtung des Tarifvertrags auffordern darf. Hier ist die Grenze zur Beeinflussung durch die Mitteilung einer eigenen rechtlichen Auffassung zu betrachten: Solange keine rechtskräftige Entscheidung, etwa über die Auslegung des Tarifvertrags besteht, darf der Verband seinen Mitgliedern auch die für sie günstige Auslegung mitteilen und empfehlen.¹⁰⁴ Auf der anderen Seite müssen die tariflichen Regelungen, die durchgeführt werden sollen, hinreichend bestimmt sein – nur dann kann es einen Anknüpfungspunkt für die Tarifdurchführung geben.¹⁰⁵

43 Inhalt der Durchführungspflicht ist es zudem, dass die Tarifvertragspartei auf ihre Mitglieder **einwirkt,** die tariflichen Regelungen zu beachten und durchzuführen.¹⁰⁶ Dabei setzt die Einwirkungspflicht keine kollektive Verweigerung gegenüber der tariflichen Ordnung als solcher voraus, auch der punktuelle Verstoß eines einzelnen Verbandsmitgliedes kann die Einwirkungspflicht auslösen.¹⁰⁷ Das wird anders gesehen, ein Durchführungsanspruch mit Einwirkungspflicht nicht in jedem Fall bloßer individueller Nichtbeachtung der tariflichen Vorgaben bejaht¹⁰⁸ und eine kollektive Nichtbeachtung durch die Mitglieder der Tarifvertragsparteien gefordert.¹⁰⁹ Eine nachgewiesene planmäßige Nichtbeachtung und damit ein gemeinsames Vorgehen kann aber schon deshalb nicht verlangt werden, weil der Nachweis nur schwer gelingen wird.¹¹⁰ Der Durchführungsanspruch zielt nicht auf die Beseitigung der Störung der kollektiven Ordnung, wie der deliktische Unterlassungsanspruch nach § 823 Abs. 1 iVm Art. 9 Abs. 3 GG (→ § 255 Rn. 8 ff.), sondern auf die Flankierung der tariflichen Normenwirkung, was auch den Einzelfall erfasst. Dass ein kollektiver Normverstoß nicht schadet, ist offensichtlich.

44 Die Einwirkungspflicht kann auch nur soweit reichen, wie die normative Wirkung der betreffenden tariflichen Regelungen: Bricht das Günstigkeitsprinzip (→ § 253 Rn. 1 ff.) die normative Wirkung auf, so fehlt es auch an einem Auslöser für die Einwirkungspflicht.¹¹¹

45 Für die Einwirkung hat die Tarifvertragspartei die durch die jeweilige Satzung vorgegebenen verbandsrechtlichen Möglichkeiten zu nutzen. Allerdings hat sie hier auch einen Beurteilungsspielraum, welches Instrument sie wählt, das gebietet die Verbandsautonomie.¹¹² Eine Bindung an ein Auswahlermessen nach § 315 Abs. 1 BGB ist wegen der dann durch eine richterliche Ersatzbestimmung nach § 315 Abs. 3 BGB erfolgenden Einschränkung der Verbandsautonomie problematisch.¹¹³ So sind die Einwirkungsmittel durchaus vielfältig: Sie können von der Information der Mitglieder über den Inhalt des Tarifvertrags, über etwaige verbindliche Entscheidungen über den Tarifinhalt,¹¹⁴ bis hin zum Verbandsausschluss reichen.¹¹⁵ Bloße symbolische Handlungen gegenüber dem Mitglied genügen der Durchführungspflicht freilich nicht.¹¹⁶ Als schuldrechtliche Pflicht kann die Durchführungspflicht unmöglich werden – etwa wenn keine Möglichkeit der Einwir-

---

[103] BAG 29.4.1992 – 4 AZR 432/91, AP TVG § 1 Durchführungspflicht Nr. 3 = NZA 1992, 846; 11.9.1991 – 4 AZR 71/91, AP Internat. Privatrecht, Arbeitsrecht Nr. 29 = NZA 1992, 321; JKOS/*Krause* § 4 Rn. 124.
[104] JKOS/*Krause* § 4 Rn. 1234.
[105] *Löwisch/Rieble* § 1 Rn. 1246.
[106] JKOS/*Krause* § 4 Rn. 126; ErfK/*Franzen* TVG § 1 Rn. 87; Wiedemann/*Thüsing* § 1 Rn. 919, 924 ff.
[107] *Löwisch/Rieble* § 1 Rn. 1253; NK-TVG/*Ahrendt* § 1 Rn. 1159.
[108] JKOS/*Krause* § 4 Rn. 123.
[109] Wiedemann/*Thüsing* § 1 Rn. 923.
[110] JKOS/*Krause* § 6 Rn. 127.
[111] *Löwisch/Rieble* § 1 Rn. 1255.
[112] BAG 9.6.1982 – 4 AZR 274/81, AP TVG § 1 Durchführungspflicht Nr. 1 = DB 1982, 2522; ErfK/*Franzen* TVG § 1 Rn. 87; Wiedemann/*Thüsing* § 1 Rn. 924.
[113] Dafür aber TB/*Wißmann* 4. Kap. Rn. 140n.
[114] JKOS/*Krause* § 4 Rn. 127.
[115] Siehe auch HWK/*Henssler* TVG § 1 Rn. 70.
[116] Wiedemann/*Thüsing* § 1 Rn. 924; JKOS/*Krause* § 4 Rn. 129; HWK/*Henssler* § 1 Rn. 70.

I. Flankierende schuldrechtliche tarifliche Regelungen 46–49 § 257

kung auf Verbandsmitglieder besteht, § 275 Abs. 1 BGB.[117] Insgesamt besteht die Einwirkungspflicht stets lediglich in einem Handeln der verpflichteten Tarifvertragspartei, sie schuldet keinen Erfolg – in Verbindung mit dem weitreichenden Autonomieraum bei der Auswahl der Einwirkungsmittel wird auf die nicht allzu große Durchschlagskraft der Einwirkungspflicht verwiesen.[118]

Umstritten ist, wann die Pflicht zur Einwirkung überhaupt ausgelöst wird und hier vor allem, wie manifest ein Verstoß gegen die tariflichen Vorgaben beim einzelnen Verbandsmitglied sein müssen. Das BAG hat früher eine Einwirkungspflicht an einen eindeutigen Verstoß gegen die tariflichen Vorgaben geknüpft.[119] Das setzte regelmäßig eine bereits rechtskräftig entschiedene Rechtsfrage – insbesondere im Verfahren nach § 9 TVG – voraus[120] und ging fehl: Aus der fehlenden rechtskräftigen Entscheidung kann keine Unzumutbarkeit der Einwirkung abgeleitet werden.[121] Eine solche „Vorausklage" – regelmäßig über die Tarifauslegung, § 9 TVG – ist auch nicht notwendig,[122] weil das Gesetz keinen Vorrang in der Geltendmachung von Tarifschutzinstrumenten kennt.[123] Insofern kann es auch im Rechtsstreit um die Einwirkungspflicht zur Klärung etwa von Fragen der Tarifauslegung kommen. Eine erga-omnes-Wirkung ist allerdings gerade bei Auslegungsfragen nur über das Verfahren des § 9 TVG zu erreichen (→ § 244 Rn. 5 ff., 16). **46**

Eine Einwirkung der Gewerkschaft auf Betriebsräte ist nicht möglich, deshalb kann auch ihnen gegenüber keine tarifliche Durchführungspflicht bestehen. Hier stehen – bei Verletzung betriebsverfassungsrechtlicher Pflichten durch den Betriebsrat – auch nur die entsprechenden Sanktionen nach dem BetrVG zur Verfügung, wie etwa § 23 Abs. 1 BetrVG.[124] **47**

d) Zeitliche Reichweite. Weil die Durchführungspflicht die normative Tarifgeltung unterstützt, beginnt und endet sie grundsätzlich mit dieser. Im Nachwirkungszeitraum des § 4 Abs. 5 TVG gilt sie deshalb nicht, ein Anspruch auf Einwirkung auf Verbandsmitglieder scheidet in diesem Zeitraum damit aus.[125] Dies gilt ersichtlich auch dann, wenn ein Mitglied aus dem tarifschließenden Verband ausgetreten ist und der Tarifvertrag in die Nachbindung nach § 3 Abs. 3 TVG eingetreten ist[126] – dann fehlt dem Verband jede Einflussnahmemöglichkeit. Hier unterschiedet sich die Durchführungspflicht von der Friedenspflicht – die richtig auch im Nachbindungszeitraum gilt (→ Rn. 22). **48**

e) Erweiterung und Beschränkung. Der Tarifvertrag kann die Durchführungspflicht erweitern und konkretisieren.[127] So kann etwa das Mittel der verbandsrechtlichen Abmahnung im Falle leichter Verstöße gegen die Durchführung des Tarifvertrags vereinbart werden[128] oder es kann etwa ein Verfahren vereinbart werden, in dem über die Durch- **49**

---

[117] BAG 26.7.2012 – 6 AZR 221/11, AP TVG § 1 Tarifverträge: Telekom Nr. 14 = BB 2012, 3008; NK-TVG/*Ahrendt* § 1 Rn. 1231.
[118] NK-TVG/*Ahrendt* § 1 Rn. 1158; HMB/*Gäntgen* Teil 16 Rn. 22: „Appellwirkung des Einwirkungsurteils".
[119] BAG 29.4.1992 – 4 AZR 432/91, AP TVG § 1 Durchführungspflicht Nr. 3 = NZA 1992, 846; ErfK/*Franzen* TVG § 1 Rn.
[120] NK-TVG/*Ahrendt* § 1 Rn. 1160.
[121] BAG 29.4.1992 – 4 AZR 432/91, AP TVG § 1 Durchführungspflicht Nr. 3 = NZA 1992, 846.
[122] BAG 17.11.2010 – 4 AZR 118/09, AP TVG § 1 Tarifverträge: Lufthansa Nr. 48 = NZA-RR 2011, 365; 10.6.2009 – 4 AZR 77/08, NZA 2010, 248; JKOS/*Krause* § 4 Rn. 128; NK-TVG/*Ahrendt* § 1 Rn. 1163.
[123] *Löwisch/Rieble* § 1 Rn. 1254.
[124] *Löwisch/Rieble* § 1 Rn. 1259.
[125] NK-TVG/*Ahrendt* § 1 Rn. 1164.
[126] NK-TVG/*Ahrendt* § 1 Rn. 1165.
[127] *Löwisch/Rieble* § 1 Rn. 1268; Wiedemann/*Thüsing* § 1 Rn. 918; JKOS/*Krause* § 4 Rn. 136; NK-TVG/*Ahrendt* § 1 Rn. 1166.
[128] HMB/*Hexel* Teil 4 Rn. 124.

führung des Tarifvertrags berichtet wird – über Informations- und Berichtspflichten.[129] Diese Informationspflichten können gegenüber dem anderen Tarifvertragspartner bestehen aber auch darin, die jeweiligen Mitglieder überhaupt über den Tarifvertrag und seinen Inhalt zu informieren. Ebenso kommt die Vereinbarung von Vertragsstrafen bei Verletzung der Durchführungspflicht in Betracht.[130] Weiter kann nach § 101 Abs. 1 ArbGG ein tarifliches Schiedsgericht eingesetzt werden, das bei Streitigkeiten über die Durchführungspflicht entscheiden soll.[131] Als Grenze einer Erweiterung wird die Verbandsunabhängigkeit angesehen – so geht eine vereinbarte Pflicht zur Satzungsänderung eines Verbandes ins Leere.[132]

50 Inwieweit die Tarifvertragsparteien die Durchführungspflicht beschränken können, ist noch nicht klar konturiert. Erwogen wird hier die Vereinbarung schwächerer Einwirkungsinstrumente – etwa einer bloßen Abmahnung bei Tarifverstoß.[133] Wie bei der Friedenspflicht kann die Durchführungspflicht aber nicht gänzlich durch Vereinbarung entfallen[134] – das käme einer Negierung des Grundsatzes des *pacta sunt servanda* gleich. Die grundsätzliche Verantwortung des tarifschließenden Verbandes für seine Mitglieder und zur Erfüllung des Tarifvertrags muss erhalten bleiben.[135]

51 f) Geltendmachung. Gerichtlich geltend gemacht werden kann die Durchführungspflicht durch die Leistungsklage.[136] Wegen des Beurteilungsspielraumes muss der Antrag (lediglich) das vom Kläger gewünschte Ergebnis enthalten, aber nicht (mehr)[137] das konkrete verbandsrechtliche Mittel.[138] Das ist schon deshalb richtig, weil es die Verbandautonomie der anderen Tarifvertragspartei berücksichtigt. Vorher sah man das anders.[139]

52 Die Vollstreckung erfolgt nach § 888 ZPO, auch wird die Anwendung des § 890 ZPO propagiert.[140] Kommt der verpflichtete Verband seiner Durchführungspflicht nicht nach, können Schäden über § 280 Abs. 1 BGB kompensiert werden (siehe dazu noch → § 259 Rn. 15 ff.).

II. Vereinbarungen über die Tarifnormerstreckung

53 Die Tarifvertragsparteien können im schuldrechtlichen Teil des Tarifvertrags auch Vereinbarungen über die Einleitung eines Verfahrens zur staatlichen Tarifnormerstreckung treffen. Dies betrifft die Erklärung der Allgemeinverbindlichkeit und die Einleitung eines Verfahrens nach §§ 7, 7a AEntG. In beiden Fällen ist der Antrag beider Tarifvertragsparteien notwendig (→ § 248 Rn. 79). Eine Verpflichtung, diesen Antrag gemeinsam oder in Bezug aufeinander zu stellen, kann im Tarifvertrag vereinbart werden (näher → § 249 Rn. 11).

54 Allerdings bleibt es beim Verstoß gegen diese Verpflichtung bei rein schuldrechtlichen Folgen: Beteiligt sich etwa eine Tarifvertragspartei pflichtwidrig nicht an der Antragstellung nach § 5 Abs. 1 TVG, so führt dies nicht dazu, dass dann der allein von der anderen Tarifvertragspartei gestellte Antrag ausreicht – vielmehr kann dann das Verfahren zur Erklärung der Allgemeinverbindlichkeit nicht durchgeführt werden (näher → § 248 Rn. 79).

---

[129] Wiedemann/*Thüsing* § 1 Rn. 917; NK-TVG/*Ahrendt* § 1 Rn. 1166.
[130] HMB/*Hexel* Teil 4 Rn. 125.
[131] *Löwisch/Rieble* § 1 Rn. 1270; JKOS/*Krause* § 4 Rn. 136.
[132] Wiedemann/*Thüsing* § 1 Rn. 918.
[133] *Löwisch/Rieble* § 1 Rn. 1273.
[134] Wiedemann/*Thüsing* § 1 Rn. 918; HMB/*Hexel* Teil 4 Rn. 124; NK-TVG/*Ahrendt* § 1 Rn. 1166; *Löwisch/Rieble* § 1 Rn. 1273.
[135] JKOS/*Krause* § 4 Rn. 136.
[136] BAG 29.4.1992 – 4 AZR 432/91, AP TVG § 1 Durchführungspflicht Nr. 3 = NZA 1992, 846; ErfK/*Franzen* TVG § 1 Rn. 88.
[137] Früher BAG 9.6.1982 – 4 AZR 274/81, AP TVG § 1 Durchführungspflicht Nr. 1 = DB 1982, 2522.
[138] ErfK/*Franzen* TVG § 1 Rn. 88.
[139] Früher BAG 9.6.1982 – 4 AZR 274/81, AP TVG § 1 Durchführungspflicht Nr. 1 = DB 1982, 2522.
[140] Dazu JKOS/*Krause* § 4 Rn. 130.

III. Vereinbarungen über die gemeinsame Einrichtung

Eine gemeinsame Einrichtung (→ § 242 Rn. 1 ff.) wird regelmäßig nicht allein durch 55 normative Tarifregelungen begründet werden können, vielmehr bedarf es einer schuldrechtlichen Vereinbarung im Tarifvertrag, eine rechtsfähige Organisationsform für die gemeinsame Einrichtung zu schaffen (→ § 242 Rn. 6). Weil der Tarifvertrag keinen Zugriff auf das Verbands- und Gesellschaftsrecht hat, kann der Tarifvertrag hier nur die Pflicht zur gemeinsamen Errichtung, zur Besetzung der Gesellschaftsorgane und zur Ausstattung vorsehen.[141]

IV. Weitere flankierende schuldrechtliche Vereinbarungen

Neben den jedem Tarifvertrag immanenten Friedens- und Durchführungspflichten können 56 die Tarifvertragsparteien weitere Vereinbarungen treffen, die die Effizienz tariflicher Normsetzung steigern helfen.[142] Diese können die Tarifverhandlungen als solche betreffen, aber auch die Möglichkeit, durch Grundlegung entsprechender Rechte flexibel auf Änderungen der tatsächlichen und rechtlichen Gegebenheiten zu reagieren. Auszulegen ist dieser schuldrechtliche Vertragsinhalt nach den Grundsätzen der §§ 133, 157 BGB (→ § 230 Rn. 24; → § 242 Rn. 53).

Um die Tarifvertragsverhandlungen zu beschleunigen, kann ein Verhandlungsanspruch 57 vereinbart werden.[143] Zwar besteht kein gesetzlicher Anspruch auf Aufnahme von Tarifverhandlungen, schuldrechtlich ist ein solcher Anspruch aber möglich (→ § 234 Rn. 8 ff.),[144] der in seiner Intensität variieren kann – bis hin zur Vereinbarung eines konkreten Verhandlungsverfahrens. Während des Laufs der Friedenspflicht kann ein solcher Verhandlungsanspruch in Grenzen die Funktion des Arbeitskampfes ersetzen.[145] Ein solches Verhandlungsverfahren wird regelmäßig mit einer Ausdehnung der Friedenspflicht verbunden werden. In einem tariflichen Vorvertrag, der selbst Tarifvertrag ist, kann auch ein Anspruch auf den Abschluss eines konkretes Tarifvertrag vereinbart werden – dieser muss allerdings, um klagbar zu ein, hinreichend bestimmt sein (→ § 234 Rn. 9).

Zu den Vereinbarungen über die Tarifverhandlungen lassen sich auch Vereinbarungen 58 in verschiedener Intensität über die Tarifschlichtung[146] und Arbeitskampf zählen (→ § 282 Rn. 7). Sie betreffen zunächst etwa die Schlichtung als mögliches Konfliktlösungsmittel – so durch Vorgabe der Besetzung der Schlichtungsstelle.[147] Ob es dann zur Schlichtung kommt oder aber zum Arbeitskampf, hängt vom Willen der Tarifvertragsparteien ab. Auf einer zweiten Stufe kann die verpflichtende Durchführung eines Schlichtungsverfahrens tarifvertraglich vereinbart werden: ob nur beide Parteien gemeinsam, oder aber eine Partei alleine zum Aufruf der Schlichtung berechtigt ist,[148] oder ob sich die Tarifvertragsparteien von vornherein oder erst nach dem Schlichtungsspruch und damit in dessen Kenntnis dem Schlichtungsspruch unterwerfen.[149] Und zuletzt kann zu der Zwangsschlichtung mit bloßer Verfahrensaufnahmepflicht auch die Pflicht zur Anerkennung des Schlichtungsspruchs selbst kommen. Ein angenommener Schlichtungsspruch hat dann die Wirkung eines Tarifvertrags.[150]

---

[141] *Löwisch/Rieble* § 4 Rn. 1263.
[142] HWK/*Henssler* TVG § 1 Rn. 73; Thüsing/Braun/*Wißmann* 4. Kap. Rn. 141.
[143] Thüsing/Braun/*Wißmann* 4. Kap. Rn. 151a.
[144] HMB/*Hexel* Teil 4 Rn. 131; dazu BAG 25.9.2013 – 4 AZR 173/12, AP TVG § 1 Tarifverträge: Musiker Nr. 26 = ZTR 2013, 608; aA NK-TVG/*Ahrendt* § 1 Rn. 1147.
[145] *Löwisch/Rieble* § 1 Rn. 1274.
[146] Siehe *Löwisch/Rieble* § 1 Rn. 1277; *Otto*, Arbeitskampf und Schlichtungsrecht, § 20 Rn. 6 ff.
[147] HMB/*Hexel* Teil 4 Rn. 133.
[148] HMB/*Hexel* Teil 4 Rn. 132.
[149] BAG 24.2.1988 – 4 AZR 614/87, AP TVG § 1 Tarifverträge: Schuhindustrie Nr. 2 = NZA 1988, 553.
[150] Dazu BAG 24.2.1988 – 4 AZR 614/87, AP TVG § 1 Tarifverträge: Schuhindustrie Nr. 2 = NZA 1988, 553.

59 Arbeitskampfregelungen können etwa eine Ankündigungs- oder Informationspflicht über Kampfmaßnahmen umfassen.[151] Für Vereinbarungen über die Aufrechterhaltung eines Notdienstes besteht eine Vereinbarungsobliegenheit – weil ansonsten Arbeitskampfmaßnahmen unverhältnismäßig würden (→ § 272 Rn. 61).

60 Zugriff auf das Ende des Tarifvertrags – und damit mittelbar auch der Friedenspflicht – haben die Tarifvertragsparteien durch entsprechende Vereinbarungen über die Vertragsbeendigung, sei es durch Aufhebungsvertrag, Befristung oder auflösende Bedingung (→ § 260 Rn. 1 ff.). Flexibilitätsinstrument ist hier auch ein vereinbartes Recht zu ordentlichen Kündigung des Tarifvertrags (→ § 260 Rn. 28 ff.),[152] mit dem eine Tarifvertragspartei den Tarifvertrag beenden kann, um auf neue Umstände durch erneuten Tarifabschluss reagieren zu können. Das kann durch Vereinbarung sehr präzise durch die Möglichkeit eines Teilkündigungsrechts geschehen.[153]

61 Möglich ist die Vereinbarung eines Verfahrens, das zur authentischen Interpretation des Tarifinhalts führt. Das Ergebnis dieses Verfahrens erlangt aber, anders als eine Entscheidung nach § 9 TVG, keine erga-omnes-Wirkung. So kann auch nach § 101 Abs. 1 ArbGG ein tarifliches Schiedsgericht eingerichtet werden, § 101 Abs. 1 ArbGG (→ Rn. 49).[154]

62 Für die Sicherung und Gewährleistung des normativen Tarifinhalts gibt es aber auch Grenzen. So können keine schuldrechtlichen Bindungen vereinbart werden, die eine Tarifvertragspartei daran hindern soll, im Rahmen ihrer Tarifautonomie andere, auch konkurrierende Tarifverträge abzuschließen, wie dies bei so genannten Meistbegünstigungsklauseln der Fall ist.[155] Hier verspricht eine Tarifvertragspartei, keine anderweitigen, für die berechtige Tarifvertragspartei günstigere Tarifverträge mit Dritten zu schließen und wenn doch, diese günstigeren Regelungen auch in den ursprünglichen Tarifvertrag einzubringen. Das kommt zum einen einer dynamischen Verweisung auf einen anderen, fremden Tarifvertrag gleich, weshalb hier die Tarifverantwortung der versprechenden Partei gegenüber ihren Mitgliedern in Rede steht, wenn sie sich selbst zum Tarifenthalt verpflichtet.[156] Dem wird mit dem Argument widersprochen, dass lediglich eine schuldrechtliche Vereinbarung besteht, die zwar Druck ausübt, allerdings der versprechenden Partei nicht die tarifliche Handlungsfreiheit nimmt.[157]

63 Ebenso nicht möglich, und direkt an Art. 9 Abs. 3 S. 2 GG scheiternd, sind schuldrechtliche Tarifvereinbarungen, die einen Arbeitgeber verpflichten, nicht aus dem Arbeitgeberverband auszutreten, um ihn auch bei Änderung des Tarifvertrags in der Tarifbindung zu halten.[158]

64 Die Verpflichtung auf ausgetretene Mitglieder einzuwirken, geht ins Leere, weil die verbandliche Folgepflicht für diese Mitglieder nicht mehr gilt. § 3 Abs. 3 TVG ist nicht anwendbar, weil der sich lediglich auf den normativen Tarifinhalt (und die Friedenspflicht → Rn. 22) bezieht.

V. Weitere vertragsimmanente Pflichten

65 Weil der Tarifvertrag schuldrechtlicher Vertrag ist, gilt auch hier der Grundsatz von Treu und Glauben, § 242 BGB. Die Tarifvertragsparteien sind einander zu redlichem Verhalten verpflichtet. Das umfasst etwa den Geheimnisschutz oder verschiedene Durchführungs- und Informationspflichten. Die Tarifvertragsparteien dürfen nichts unternehmen, das dem

---
[151] HWK/*Henssler* TVG § 1 Rn. 73.
[152] ErfK/*Franzen* TVG § 1 Rn. 79; HWK/*Henssler* TVG § 1 Rn. 73.
[153] *Löwisch/Rieble* § 1 Rn. 1276.
[154] HMB/*Hexel* Teil 4 Rn. 126.
[155] *Löwisch/Rieble* § 1 Rn. 86 ff.; *Rieble/Klebeck* RdA 2006, 65 (68); HWK/*Henssler* TVG § 1 Rn. 73.
[156] Ausführlich *Löwisch/Rieble* § 1 Rn. 86 ff.
[157] HMB/*Ulber* Teil 5 Rn. 8 ff. mwN.
[158] BAG 26.8.2009 – 4 AZR 290/08, AP TVG § 1 Nr. 69 = NZA 2010, 891; HWK/*Henssler* TVG § 1 Rn. 74.

V. Weitere vertragsimmanente Pflichten

Zweck des Tarifvertrags entgegenläuft. Dies umfasst etwa die Fälle, bei denen die Wirkung des Tarifvertrags durch Mitglieder der anderen Tarifvertragspartei oder durch diese selbst vermieden wird. Das wird dann angenommen, wenn die Arbeitgeber bewusst und planmäßig nur nicht der tarifschließenden Gewerkschaft angehörige Bewerber anstellen, um die Tarifbindung der Arbeitsverhältnisse zu umgehen.[159]

Aus § 241 Abs. 2 BGB folgt die allgemeine Nebenpflicht in jedem Schuldverhältnis, auf die Rechtsgüter und Interessen des jeweils anderen Vertragspartners Rücksicht zu nehmen. Wie bei jedem Vertrag greifen diese auch im Vorfeld des Tarifvertragsabschlusses über § 311 Abs. 2 BGB.[160]

---

[159] JKOS/*Krause* § 4 Rn. 135.
[160] HWK/*Henssler* TVG § 1 Rn. 62.

§ 258 Tarifnormersetzende Regelungen

Schrifttum:
Berthold/Hank, Bündnis für Arbeit: Korporatismus statt Wettbewerb, 1999; *Boeck,* Tarifverträge und andere Koalitionsverträge, 2007; *Hertenstein,* Die schuldrechtliche Regelungsbefugnis der Tarifvertragsparteien, 2017; *Hölters,* Harmonie normativer und schuldrechtlicher Abreden in Tarifverträgen, 1973; *Hueck,* Normenverträge, Jherings Jahrbücher Bd. 73, 1923, 33; *Karsten,* Schuldrechtliche Tarifverträge und außertarifliche Sozialpartnervereinbarungen, 2004; *Krause,* Standortsicherung und Arbeitsrecht, 2007; *Mikosch,* Vertrauensvolle Zusammenarbeit der Tarifvertragsparteien, FS Dieterich, 1999, S. 365, *Molitor,* Außertarifliche Sozialpartnervereinbarungen, FS Stahlhacke, 1995, S. 339; *Rieble,* Umweltschutz durch kollektives Arbeitsrecht, insbesondere durch Tarifvertrag und Koalitionsvereinbarung, ZTR 2000, 1; *Schack,* Gruppenarbeit in der Chemischen Industrie, NZA 1996, 923; *Zachert,* Sozialpartnervereinbarungen – ein Modell für die Zukunft, FS Hanau I, 1999, S. 137; *Zachert,* „Jenseits des Tarifvertrages?", NZA 2006, 10.

Übersicht

	Rn.
I. Schuldrechtliche Vereinbarung von Tarifinhalten	1
II. Grundsätzlich notwendiger Umsetzungsakt bei schuldrechtlichen Regelungen mit Arbeitsvertragsbezug	6
III. Grenzen der schuldrechtlichen tariflichen Vereinbarungsmacht	12

I. Schuldrechtliche Vereinbarung von Tarifinhalten

1 Die Tarifparteien können, müssen die Arbeitsbedingungen aber nicht normativ regeln: Haben sie keinen entsprechenden Normsetzungswillen (→ § 230 Rn. 6), kommt es zur (bloßen) schuldrechtlichen Regelung,[1] die dann auch nur die Tarifvertragsparteien selbst berechtigen oder verpflichten können. Als rechtsfähige Akteure besteht für die Tarifvertragsparteien grundsätzlich eine unbeschränkte Vereinbarungsmacht,[2] die aber in unterschiedlichen rechtlichen Intensitäten einzuordnen ist: Innerhalb der durch § 1 Abs. 1 TVG vorgegebenen Tarifmacht können die Tarifvertragsparteien schuldrechtliche, tarifliche Vereinbarungen treffen. Diese sind Tarifvertrag, und unterliegen somit auch den Erfordernissen des TVG, wie etwa dem Schriftformgebot das § 1 Abs. 2 TVG, den tariflichen Publizitätsvorgaben (→ § 235 Rn. 1 ff.), aber etwa auch der Möglichkeit des Arbeitskampfes.[3] Jenseits der Tarifmacht, aber innerhalb der Vereinbarungsmacht über die Arbeits- und Wirtschaftsbedingungen handeln die tariflichen Akteure dann im Schutzbereich des Art. 9 Abs. 3 GG durch Koalitionenvertrag; und außerhalb dessen, geschützt nurmehr durch die allgemeine Vertragsfreiheit.

2 Eine starke Meinung differenziert hier freilich nicht – und fasst alle schuldrechtlichen Regelungen im Bereich der Arbeits- und Wirtschaftsbedingungen nach Art. 9 Abs. 3 GG als tarifvertraglich auf.[4] Zuzugeben ist, dass diese Meinung einen gewissen Vorteil der Indifferenz hat, weil dann für das auf Arbeitsbedingungen zielende, schuldrechtliche Handeln der Tarifvertragsparteien kein Anlass für die spezifische Frage nach der Trennung von Tarif- und Koalitionenvertrag mehr besteht.

3 Die Tarifmacht entspricht dabei der der normativen Regelung: Die Tarifvertragsparteien können tariflich-schuldrechtliche Vereinbarungen über den Abschluss, den Inhalt und die Beendigung des Arbeitsverhältnisses treffen, ebenso können sie betriebliche und betriebsverfassungsrechtliche Fragen regeln und auch prozessuale Vereinbarungen treffen und gemeinsame Einrichtungen schaffen und die jeweiligen Pflichten und Rechte der Arbeitgeber und Arbeitnehmer schuldrechtlich vereinbaren. Der Unterschied zur vom Normie-

---

[1] JKOS/*Krause* § 4 Rn. 158; HWK/*Henssler* TVG § 1 Rn. 75.
[2] *Löwisch/Rieble* § 1 Rn. 1283.
[3] *Löwisch/Rieble* § 1 Rn. 1311.
[4] Für eine Einordnung als Tarifverträge auch hier NK-TVG/*Ahrendt* § 1 Rn. 1150; JKOS/*Krause* § 4 Rn. 1; Wiedemann/*Thüsing* § 1 Rn. 961; HMB/*Hexel* Teil 4 Rn. 128; Kempen/Zachert/*Zeibig/Zachert* § 1 Rn. 945.

rungswillen getragenen Tarifregelung liegt also nicht im Regelungsinhalt, sondern in der Regelungswirkung: die schuldrechtliche Vereinbarung wirkt nicht unmittelbar und zwingend im Arbeitsverhältnis, § 4 Abs. 1 TVG gilt nicht. Um dort „anzukommen" bedarf es eines arbeitsvertraglichen, oder im Falle betrieblicher oder betriebsverfassungsrechtlicher Regelungen, eines betrieblichen rechtsgeschäftlichen Umsetzungsaktes.

Zentral ist es deshalb, die Intensität des Regelungswillens der Tarifvertragsparteien festzustellen. Ihnen steht das Regelungsinstrument der normativen Wirkung zur Verfügung, das zur unmittelbaren Wirkung im tarifgebundenen Arbeitsverhältnis führt. Es ist regelmäßig und damit im Zweifel anzunehmen, dass die Tarifvertragsparteien deshalb auch normativ regeln wollen und nicht die durchaus schwierige schuldrechtliche und rechtsgeschäftliche Umsetzung der gewollten Arbeitsbedingungen in das einzelne Arbeitsverhältnis bevorzugen.[5]

Die schuldrechtlichen tariflichen Vereinbarungen sind nach den §§ 133, 157 BGB auszulegen, weil sie eben nicht Rechtsnormen sind und für Dritte grundsätzlich keine unmittelbaren Rechtsfolgen auslösen. Die Grundsätze der normativen Tarifwirkung gelten für sie nicht – das gilt auch dann, wenn Rechte zu Gunsten Dritter begründet werden (→ § 230 Rn. 17 ff.).

II. Grundsätzlich notwendiger Umsetzungsakt bei schuldrechtlichen Regelungen mit Arbeitsvertragsbezug

Weil schuldrechtliche Tarifvereinbarungen nicht normativ wirken (→ § 230 Rn. 17), bedürfen sie der Umsetzung, sollen sie das einzelne Arbeitsverhältnis erreichen – mithin müssen grundsätzlich die Arbeitsvertragsparteien die Tarifvereinbarung rechtsgeschäftlich nachvollziehen.[6] Hier gilt Gleiches wie im Falle der betriebsverfassungsrechtlichen Regelungsabrede (siehe dazu allgemein → § 316 Rn. 1 ff.).

Eine unmittelbare Begründung von Rechten außerhalb der Tarifvertragsparteien selbst gelingt nur über eine **Vereinbarung zugunsten Dritter, § 328 Abs. 1 BGB**.[7] Hier kann etwa ein Haustarifvertrag dem einzelnen Arbeitnehmer einen Anspruch gegen den Arbeitgeber als Tarifvertragspartei zuwenden, diese Situation kommt der normativen Wirkung einer Tarifregelung am nächsten.[8] Durch eine Vereinbarung zugunsten Dritter können auch Außenseiter direkt erreicht werden.[9] Allerdings reicht diese Möglichkeit nur soweit, als für Dritte ausschließlich Ansprüche begründet oder Rechte erweitert werden, ansonsten stößt eine Vereinbarung an die Grenze des Verbotes von Verträgen zu Lasten Dritter.[10] Im Falle eines Verbandstarifvertrags kann deshalb nur ein Anspruch gegen eine der tarifschließenden Parteien zugewendet werden, nicht aber gegen ein Verbandsmitglied. Für schuldrechtliche Vereinbarungen zu Gunsten Dritter gelten auch dessen allgemeinen Vorgaben – mithin kann etwa der einzelne begünstigte Arbeitnehmer einen Anspruch auch nach **§ 333 BGB** zurückweisen. Das verstößt nicht gegen das Verzichtsverbot des § 4 Abs. 4 TVG:[11] Wollen die Tarifvertragsparteien einen Anspruch verzichtsfrei machen, so müssen sie zur normativen Regelung greifen. § 4 Abs. 4 TVG flankiert offensichtlich die Normwirkung tariflicher Regelungen. Der Betriebsrat kann kein Dritter im Sinne des § 328 Abs. 1 BGB sein – er ist außerhalb seiner durch das BetrVG begründeten Rechtspositionen nicht rechtsfähig.[12]

---

[5] JKOS/*Krause* § 4 Rn. 160.
[6] *Löwisch/Rieble* § 1 Rn. 1297.
[7] HWK/*Henssler* TVG § 1 Rn. 75.
[8] JKOS/*Krause* § 4 Rn. 160.
[9] JKOS/*Krause* § 4 Rn. 160.
[10] BAG 14.12.1993 – 1 AZR 550/93, AP GG Art. 9 Arbeitskampf Nr. 129 = NZA 1994, 331; JKOS/ *Krause* § 4 Rn. 160; HWK/*Henssler* TVG § 1 Rn. 75.
[11] So aber *Plander* PersR 2002, 292 (296).
[12] BAG 29.9.2004 – 1 ABR 30/03, AP BetrVG 1972 § 40 Rn. 81 = NZA 2005, 123; *Löwisch/Rieble* § 1 Rn. 1289.

8 Jenseits der Ansprüche zugunsten Dritter bedarf es der **einzelvertraglichen Umsetzung,** auch weil es eine Verpflichtungsermächtigung nicht gibt.[13] Diese kann in unterschiedlicher Intensität angeregt oder gefordert werden. Vereinbaren die Tarifvertragsparteien etwa, den Arbeitsvertragsparteien eine bestimmte Regelung zu empfehlen, so sind die tarifschließenden Verbände auch nur zu einem entsprechenden Hinweis auf diese Empfehlung verpflichtet. Anders ist es, wenn die Pflicht weiter reicht und die Tarifvertragspartei etwa die zur Verfügung stehenden verbandsrechtlichen Instrumente anwenden muss, um ihr Mitglied zur Umsetzung zu verpflichten. Allerdings verbleibt hier im Extremfall eine Grenze: Verletzt ein Mitglied seine verbandsrechtliche Umsetzungspflicht, so kann als *ultima ratio* auch ein Verbandsausschluss die Folge sein – aber auch das führt nicht dazu, dass die Notwendigkeit der umsetzenden arbeitsvertraglichen Vereinbarung entfiele. Freilich kann der Tarifvertrag hier mehrere Modelle kombinieren und etwa dem einzelnen Arbeitnehmer gegen den Arbeitgeberverband im Wege eines Vertrages zu Gunsten Dritter einen Anspruch auf Einwirkung auf den Arbeitgeber zur Umsetzung der tariflichen Vereinbarung zukommen lassen.

9 Aus der notwendigen Umsetzung folgt die Bedeutung der auch für den schuldrechtlichen Teil des Tarifvertrags geltenden Durchführungspflicht – schon, weil die normative Wirkung entfällt und sich die tarifgebundene Arbeitsvertragspartei nicht unmittelbar auf die entsprechenden Arbeitsbedingungen berufen kann.[14]

10 Für die Betriebsparteien kann eine schuldrechtliche tarifliche Vereinbarung lediglich Empfehlungen abgeben[15] – das Betriebsverhältnis und auch die betriebsverfassungsrechtliche Beziehung zwischen Arbeitgeber und Betriebsrat kann nur über die normative Regelung direkt erreicht werden. Schuldrechtliche Verträge zu Gunsten der Belegschaft oder des Betriebsrats gehen ins Leere, weil weder der Betriebsrat noch die Belegschaft über die Rechte, die das BetrVG vermittelt, rechtsfähig sind.

11 Ist die schuldrechtliche Vereinbarung im einzelnen Arbeitsverhältnis umgesetzt, wird sie Arbeitsvertragsinhalt. Damit aber kann sich eine solche Vereinbarung auch nicht gegen einen im selben Arbeitsverhältnis normativ wirkenden Tarifvertrag durchsetzen, solange sie nicht für den Arbeitnehmer günstiger ist – es gilt das Günstigkeitsprinzip, § 4 Abs. 3 2. Alt. TVG (→ § 253). Der Verzichtsschutz des § 4 Abs. 4 TVG erfasst solche Rechte nicht (→ § 254 Rn. 8).

III. Grenzen der schuldrechtlichen tariflichen Vereinbarungsmacht

12 Nimmt man richtig an, dass tarifnormersetzende schuldrechtliche Vereinbarungen im Tarifvertrag durch die Tarifmacht gedeckt sein müssen (→ Rn. 1), so ergeben sich die Grenzen für ihre Vereinbarungsmöglichkeit aus den Grenzen der Tarifmacht (→ § 236 Rn. 1 ff.): Was nicht durch Rechtsnorm geregelt werden kann, kann dann folgerichtig auch nicht durch tariflich begründeten Normersatz geregelt werden.

13 Die schuldrechtliche tarifliche Vereinbarung bindet zwar unmittelbar lediglich die Tarifvertragsparteien, allerdings sind auch sie an höherrangiges Recht und insbesondere über die mittelbare Drittwirkung insbesondere nach § 242 BGB an die Grundrechte gebunden.[16]

14 Eine Verpflichtung, von den Mitgliedern die Einhaltung von Höchstarbeitsbedingungen zu fordern, scheitert deshalb am allgemeinen Grundsatz des Günstigkeitsprinzips und damit an der Arbeitsvertragsfreiheit, Art. 12 GG – eine solche Forderung mit verbandsrechtlichen Mitteln gegenüber den Mitgliedern durchzusetzen, ist nicht möglich, weshalb die schuldrechtliche tarifliche Vereinbarung unwirksam ist.

---

[13] JKOS/*Krause* § 4 Rn. 160; zur Verpflichtungsermächtigung allgemein Staudinger/*Klumpp* Vor § 328 Rn. 72 f.
[14] JKOS/*Krause* § 4 Rn. 163.
[15] *Löwisch/Rieble* § 1 Rn. 1308.
[16] *Löwisch/Rieble* § 1 Rn. 1369; JKOS/*Krause* § 4 Rn. 162.

III. Grenzen der schuldrechtlichen tariflichen Vereinbarungsmacht

Die Tarifvertragsparteien können deshalb nichts vereinbaren, was im (umsetzenden) Arbeitsvertrag unwirksam wäre. So sind die Tarifvertragsparteien auch bei schuldrechtlichen normersetzenden Tarifvereinbarungen an das zwingende und einseitig zwingende Arbeitnehmerschutzrecht gebunden. Regelmäßig kann der schuldrechtliche Teil des Tarifvertrags keine Privilegierung bei der Abweichung von tarifdispositivem Recht beanspruchen – für eine wirksame Abweichung ist hier die normative Regelung notwendig.[17]

Nehmen die Arbeitsvertragsparteien durch eigene Vereinbarungen auf den schuldrechtlichen Tarifinhalt Bezug, so gilt das, was auch für in Bezug genommene Tarifnormen gilt: Die Bezugnahmeklausel selbst ist nach den §§ 305 ff. BGB zu überprüfen (dazu → § 246 Rn. 32 ff.), der in Bezug genommene Tarifvertrag wegen § 310 Abs. 1 S. 1, 3 BGB nicht.[18] Die Regelung unterscheidet nicht zwischen originär schuldrechtlicher und normativer Wirkung und für die arbeitsvertragliche Bezugnahme ist dies auch hinfällig: denn sie begründet in jedem Falle nur die schuldrechtliche Begründung der Arbeitsbedingungen.

---

[17] JKOS/*Krause* § 4 Rn. 162; Wiedemann/*Thüsing* § 1 Rn. 962.
[18] *Löwisch/Rieble* § 1 Rn. 1355; JKOS/*Krause* § 4 Rn. 162.

§ 259 Durchsetzung der tariflichen Schuldpflichten

Schrifttum:
Bayreuther, Der Dritte im Arbeitskampf – Schadensersatz Drittbetroffener und Auswirkungen von Streiks auf die Vertragsbeziehungen des Bestreikten mit Dritten, RdA 2016, 181; *Däubler,* Haftung der Gewerkschaft für Millionenschäden?, ArbuR 2017, 232; *Gamillscheg,* Die Durchsetzung tariflicher Ansprüche, FS Henckel, 1995, S. 215; *Grubert,* Haftung aus Tarifbruch, *Löwisch,* Schadensersatzklagen gegen die Gewerkschaft der Flugsicherung, RdA 2017, 255; *Kaskel,* Hauptfragen des Tarifrechts, 1927, S. 136 ff.; *Kasper,* Durchbrechung des prozessualen Erkenntnisverfahrens bei der sog. Einwirkungsklage der Tarifvertragsparteien?, DB 1993, 682 ff.; *Wallisch,* Die tarifvertraglichen Einwirkungspflichten, 1998; *Walker,* Der tarifvertragliche Einwirkungsanspruch, FS Schaub, 1998, S. 743.

Übersicht

	Rn.
I. Erfüllung schuldrechtlicher Pflichten	1
1. Erfüllungsanspruch aus dem Tarifvertrag	1
2. Vereinsrechtlicher Erfüllungsanspruch	4
3. Prozessuales	7
II. Sanktionen bei Nichterfüllung	15
1. Haftung der Tarifvertragspartei	15
2. Vereinsrechtliche Sanktionen	25
3. Prozessuales	27
III. Gesetzliche Haftungserweiterung nach § 2 Abs. 4 TVG	28
1. Vertreterhaftung des Spitzenverbandes	28
2. Haftung der Mitgliedsverbände beim Spitzentarifvertrag	31
3. Gesamtschuldnerische Haftung	32
4. Prozessuales	33

I. Erfüllung schuldrechtlicher Pflichten

1. Erfüllungsanspruch aus dem Tarifvertrag

1 Schuldrechtliche Pflichten aus dem Tarifvertrag wirken relativ. Die Erfüllung einer solchen Pflicht der einen kann deshalb von der anderen Tarifvertragspartei als Gläubiger gefordert werden.[1] Wie die Pflicht zu erfüllen ist, bestimmt sich nach deren Inhalt: so sind wegen der Friedenspflicht alle dieser entgegenstehenden Kampfmaßnahmen zu unterlassen, in Erfüllung der Durchführungspflicht sind alle erforderlichen Maßnahmen zu ergreifen, die die Flankierung der tariflichen Normwirkung erfordern – durch entsprechende Gewährleistung organisatorischer Maßnahmen durch die Tarifvertragspartei selbst, auch im Rahmen einer gemeinsamen Einrichtung, oder durch Einwirkung auf ihre Mitglieder, die effektive Normeinhaltung zu gewährleisten.

2 Eine solche Einwirkungspflicht gibt es auch bei schuldrechtlichen Vereinbarungen im Tarifvertrag, die Tarifnormen ersetzen sollen (→ § 258 Rn. 1 ff.): Diese bedürfen, um im Arbeitsverhältnis oder Betriebsverhältnis „anzukommen", der entsprechenden einzelvertraglichen oder betriebsverfassungsrechtlichen Umsetzung. Hier müssen die Tarifvertragsparteien im Rahmen der Intensität der tarifvertraglichen Vereinbarung gegenüber ihren Mitgliedern und den Betriebsparteien tätig werden – je nachdem ob tariflich lediglich vereinbart ist, eine entsprechende Empfehlung zu geben oder aber ein Einwirken im Rahmen des verbandsrechtlich Möglichen (→ Rn. 4).

3 Gewähren Tarifverträge **Dritten** einen Anspruch im Wege eines Vertrages zu deren Gunsten, § 328 BGB (→ § 243 Rn. 46), so kann die verpflichtete Tarifvertragspartei vom Dritten nach den allgemeinen schuldrechtlichen Regelungen in Anspruch genommen werden. Bei den tarifimmanenten Pflichten wie der Friedenspflicht und der Durchführungspflicht kommt es auf deren Ausstrahlung auf Dritte, insbesondere also auf die Verbandsmitglieder an. Während die Friedenspflicht grundsätzlich drittschützend ist und so

---

[1] NK-TVG/*Ahrendt* § 1 Rn. 1230.

I. Erfüllung schuldrechtlicher Pflichten   4–8 § 259

etwa der für einen Haustarifvertrag mit einem Arbeitskampf überzogene verbandstariflich gebundene Arbeitgeber bei Gewerkschaftsidentität gegen die kampfwillige Gewerkschaft einen Unterlassungsanspruch aus dem Verbandstarifvertrag hat, gilt dies bei der Durchführungspflicht jedenfalls dann, wenn tarifnormersetzende Regelungen im Tarifvertrag Dritte begünstigen sollen – allerdings bedarf es hier stets der Auslegung, in welcher Intensität eine solche normersetzende Wirkung vereinbart wurde.

2. Vereinsrechtlicher Erfüllungsanspruch
Der tarifschließende Verband hat gegenüber seinen Mitgliedern den Anspruch auf Vollzug 4 der tariflichen Regelungen, das gilt sowohl für den normativen wie auch für den schuldrechtlichen Teil des Tarifvertrags. Bereits aus dem Mitgliedschaftsverhältnis selbst folgt die Pflicht, die Durchführung des vom Verband abgeschlossenen Tarifvertrags zu gewährleisten.[2] Diese Verbandsgewalt muss der tarifschließende Verband einsetzen, um gegenüber der berechtigten Tarifvertragspartei oder dem berechtigten Dritten seine Pflichten zu erfüllen. Die Folgepflicht der Verbandsmitglieder kann dabei durch entsprechende verbandsrechtliche Sanktionen abgesichert werden (→ Rn. 15 ff.).

Das Verbandsmitglied kann ebenfalls vom Verband selbst verlangen, dass die Einhaltung 5 der tariflichen Regelungen durch die andere Tarifvertragspartei gewährleistet wird.[3] Diese Dreieckskonstellation ist aber nur dann notwendig, wenn das Verbandsmitglied nicht selbst direkt gegen die andere Tarifvertragspartei im Rahmen eines Anspruches zu seinen Gunsten vorgehen kann oder aber wenn nicht die normative Regelung des Tarifvertrags ohnehin durch Inanspruchnahme auf der Ebene des Arbeitsverhältnisses möglich ist.

Bei normativen Regelungen ist die Durchführung des Tarifvertrags somit primär in die 6 Hände der Normadressaten gelegt. Allerdings können gegen den eigenen Verband flankierende Ansprüche bestehen, etwa auf Rechtsberatung oder Prozessvertretung.

3. Prozessuales
Soweit **von einer Tarifvertragspartei selbst** der Vollzug des Tarifvertrags verlangt wird 7 – etwa das Unterlassen von Arbeitskampfmaßnahmen im Rahmen der Friedenspflicht oder die Mitwirkung an der Errichtung einer gemeinsamen Einrichtung im Rahmen der Durchführungspflicht sowie die Einwirkung auf die Verbandsmitglieder – ist die Leistungsklage richtige Klageart.[4] Das Leistungsurteil ist nach § 888 Abs. 1 oder § 890 ZPO zu vollstrecken.[5] Wo eine Tarifvertragspartei ausnahmsweise eine Willenserklärung abgeben soll, ist § 894 ZPO einschlägig.[6] Das wird etwa für die Verpflichtung zur Einrichtung einer gemeinsamen Einrichtung praktisch oder aber bei der Verpflichtung, einen Tarifvertrag abzuschließen – dann muss der Klageantrag aber den vollständigen Tariftext enthalten.[7]

Auch wenn die Tarifvertragsparteien auf ihre Mitglieder **einwirken sollen** (→ Rn. 2), 8 ist die Leistungsklage (als „Einwirkungsklage") die richtige Klageart.[8] Seine frühere Auffassung, nur eine Feststellungsklage sei möglich, weil eine konkrete Einwirkungsmaßnahme mit Rücksicht auf die Vereinsautonomie regelmäßig nicht Gegenstand einer Klage sein könne[9], hat das BAG mit Recht aufgegeben.[10] Denn die Vereinsautonomie führt nur

---

[2] *Löwisch/Rieble* § 1 Rn. 1428.
[3] *Löwisch/Rieble* § 1 Rn. 1429.
[4] NK-TVG/*Ahrendt* § 1 Rn. 1230; *Löwisch/Rieble* § 1 Rn. Rn. 1452; ErfK/*Franzen* TVG § 1 Rn. 85; Thüsing/Braun/Lembke/Hesser 12. Kap. Rn. 29.
[5] NK-TVG/*Ahrendt* § 1 Rn. 1230; ErfK/*Franzen* TVG § 1 Rn. 85.
[6] *Löwisch/Rieble* § 1 Rn. 1453.
[7] BAG 25.9.2013 – 4 AZR 173/12, AP TVG § 1 Tarifverträge: Musiker Nr. 26 = FA 2013, 352.
[8] HMB/*Gäntgen* Teil 16 Rn. 20; HWK/*Henssler* § 1 Rn. 71.
[9] BAG 25.1.2006 – 4 AZR 552/04, AP TVG § 1 Durchführungspflicht Nr. 6 = NZA 2006, 1008; 3.2. 1988 – 4 AZR 513/87, AP TVG § 1 TVG Tarifverträge: Druckindustrie Nr. 20 = DB 1988, 1171; 9.6. 1982 – 4 AZR 274/81, AP TVG § 1 Durchführungspflicht Nr. 1 = DB 1982, 2522.

dazu, dass die konkrete Einwirkungsmaßnahme nicht vorgeschrieben werden kann,[11] die Einwirkung selbst also unvertretbare Handlung ist. Für die Bestimmtheit des Klagantrages aber genügt die Bezeichnung des durch die Einwirkung zu erreichenden Ergebnisses. Bestimmte Einwirkungsmittel müssen nicht im Klageantrag genannt werden.[12] Denn auch dann kann die beklagte Tarifpartei erkennen, was sie zur Erfüllung eines entsprechenden **Einwirkungsleistungsurteils** zu tun hat. Einer Festschreibung der möglichen verbandlichen Instrumente in der Satzung des Verbandes bedarf es weder für den materiellen Anspruch auf Einwirkung, noch für die Zulässigkeit der Einwirkungsklage:[13] Die Verbandsautonomie führt dazu, dass der verpflichtete Verband auch dann die angemessenen Mittel anzuwenden hat.[14] Insgesamt wird der Einwirkungsklage wegen der weiterreichenden Verbandsautonomie und weil lediglich ein Handeln, nicht aber ein Erfolg für die Erfüllung der Einwirkungspflicht geschuldet ist, wenig Bedeutung zugemessen.[15]

9 Ein entsprechendes Einwirkungsleistungsurteil ist regelmäßig nach § 888 Abs. 1 ZPO **vollstreckbar**.[16] Die verurteilte Tarifpartei kann das konkrete Einwirkungsmittel zwar zunächst frei auswählen, hat ihrer Handlungspflicht aber nur entsprochen, wenn entweder das Mitglied sich wieder oder erstmals tarifgerecht verhält oder aber dann, wenn der Verband alle möglichen Einwirkungsmittel erschöpft hat.[17] Dass Letzteres der Fall ist, kann der verpflichtete Verband mit der Vollstreckungsgegenklage nach § 767 ZPO geltend machen.[18] § 888 Abs. 1 ZPO ist in gleicher Weise auf eine Einwirkungsleistungsklage auf Durchführung des Tarifvertrags, wie auf eine solche auf Effektuierung der Friedenspflicht anwendbar. Unvertretbare Handlung ist im letzteren Falle der Einsatz der verbandsrechtlichen Mittel, um die Mitglieder zur Einstellung von wilden Kampfmaßnahmen zu veranlassen.[19]

10 Für eine Einwirkungsfeststellungsklage fehlt regelmäßig das Feststellunginteresse.[20] Nur wenn als sicher davon auszugehen ist, dass die beklagte Tarifvertragspartei einem Feststellungsurteil Folge leisten wird, genügt auch dieses. Wegen des Grundsatzes der Gesetzmäßigkeit der Verwaltung trifft dies auf die öffentliche Hand als Tarifpartei zu.[21]

11 Für den Vollzug tarifnormersetzender Regelungen im einzelnen Arbeitsvertrag geht es um die Abgabe einer Willenserklärung, § 894 ZPO. Diese Erklärung kann aber nicht der tarifschließende Verband abgeben – er ist zwar verpflichtet, kann aber selbst nicht die Änderung des Arbeitsvertrags herbeiführen.[22] Hier verbleibt es gegen den Verband bei der Möglichkeit der Einwirkungsklage.

12 Das Verfahren im einstweiligen Rechtsschutz wird insbesondere bei Verletzung der Friedenspflicht praktisch.[23]

13 Für die gerichtliche Geltendmachung des schuldrechtlichen Anspruches einer Tarifvertragspartei oder aber eines Dritten gegen eine Tarifvertragspartei ist der Arbeitsgerichts-

---

[10] BAG 29.4.1992 – 4 AZR 432/91, AP TVG § 1 Durchführungspflicht Nr. 3 = NZA 1992, 846; dazu HMB/*Gäntgen* Teil 16 Rn. 21; anders noch BAG 9.6.1982 – 4 AZR 274/81, AP TVG § 1 Durchführungspflicht Nr. 1 = DB 1982, 2522.
[11] BAG 25.1.2006 – 4 AZR 552/04, AP TVG § 1 Durchführungspflicht Nr. 6 = NZA 2006, 1008.
[12] LAG Köln 2.7.1987 – 3/7 Sa 113/87; EzA GG Art. 9 Arbeitskampf Nr. 53; Wiedemann/*Thüsing* § 1 Rn. 932; HMB/*Gäntgen* Teil 16 Rn. 20; HWK/*Henssler* § 1 Rn. 71; ErfK/*Franzen* TVG § 1 Rn. 88; Thüsing/Braun/*Lembke/Hesser* 12. Kap. Rn. 29.
[13] NK-TVG/*Ahrendt* § 1 Rn. 1233; HMB/*Gäntgen* Teil 16 Rn. 20.
[14] HMB/*Gäntgen* Teil 16 Rn. 20.
[15] Siehe HMB/*Gäntgen* Teil 16 Rn. 22f.
[16] BAG 29.4.1992 – 4 AZR 432/91, AP TVG § 1 Durchführungspflicht Nr. 3 = NZA 1992, 846; HMB/*Gäntgen* Teil 16 Rn. 24.
[17] *Löwisch/Rieble* § 1 Rn. 1456.
[18] HMB/*Gäntgen* Teil 16 Rn. 24.
[19] *Wallisch* S. 203 ff.
[20] BAG 9.6.1982 – 4 AZR 274/81, AP TVG § 1 Durchführungspflicht Nr. 1; *Löwisch/Rieble* § 1 Rn. 1457.
[21] *Wallisch* S. 194.
[22] *Löwisch/Rieble* § 4 Rn. 1458.
[23] Dazu NK-TVG/*Ahrendt* § 1 Rn. 1238; auch HWK/*Henssler* § 1 Rn. 71; ErfK/*Franzen* TVG § 1 Rn. 88.

weg und dort das Urteilsverfahren eröffnet, § 2 Abs. 1 Nr. 1 ArbGG.²⁴ Für die **örtliche Zuständigkeit** der Arbeitsgerichte ist der Sitz der beklagten Tarifvertragspartei als allgemeiner Gerichtsstand, §§ 12 ff. ZPO, maßgeblich. Außerdem der Gerichtsstand des Erfüllungsorts, § 29 ZPO.²⁵ Erfüllungsort der tariflichen Pflicht ist hier jeder Ort, an dem Pflichten zu erfüllen sind, was vor allem für die tarifliche Friedenspflicht praktisch wird.²⁶ Zur auf Art. 9 III GG gestützten Unterlassungsklage der Tarifvertragsparteien gegen Mitglieder der gegnerischen Tarifpartei, die den Tarifvertrag systematisch unterlaufen, → § 255 Rn. 8 ff.

Durch den Tarifvertrag kann vereinbart werden, dass die Erfüllung des schuldrechtlichen Teils des Tarifvertrags auch vor einem Schiedsgericht nach § 101 ArbGG verhandelt werden kann.²⁷

II. Sanktionen bei Nichterfüllung

1. Haftung der Tarifvertragspartei

Leistungsstörungen der tariflichen Pflichten richten sich zunächst nach den allgemeinen Regelungen des Leistungsstörungsrechts. Das gilt auch, wenn der Tarifvertrag Recht zu Gunsten Dritter bereithält.²⁸ Allerdings kann so wenig wie bei der Anwendung der rechtsgeschäftlichen Vorgaben (→ § 234 Rn. 1 ff.), bei der Anwendung der schuldrechtlichen Regelungen der §§ 280 ff.; 320 ff. BGB der Charakter des Tarifvertrags als Normenvertrag außer Acht gelassen werden.

So können Tarifverträge nicht als gegenseitige Verträge im Sinne der §§ 320 BGB eingeordnet werden. Hier fehlt es zum einen schon am notwendigen Synallagma: Die dem Tarifvertrag immanenten Pflichten wie die Friedens- und die Durchführungspflicht stehen im Dienst der effektiven Wirkung der tariflichen Normen (→ § 237 Rn. 35), und nicht in einem synallagmatischen Verhältnis des do-ut-des. Außerdem passen auch die Rechtsfolgen der §§ 320 ff. BGB auf die schuldrechtlichen Pflichten des Tarifvertrags nicht.²⁹ Der Rücktritt ist bereits deshalb ausgeschlossen, weil der Tarifvertrag als Dauerschuldverhältnis als schuldrechtliches Mittel für die zukünftige Vertragsbeendigung nur die Kündigung kennt (→ § 260 Rn. 19 ff.).³⁰ Ein Zurückbehaltungsrecht nach § 320 BGB im Bereich der schuldrechtlichen Pflichten (etwa Einhaltung der Friedenspflicht nur gegen Erfüllung der Durchführungspflicht) widersprächen der normflankierenden oder auch normersetzenden Wirkung der schuldrechtlichen Pflichten und gefährdeten letztlich die Funktion des Tarifvertrags als solche. Das sperrt auch ein Zurückbehaltungsrecht nach § 273 BGB.³¹

Die Tarifvertragspartei haftet bei Pflichtverletzung regelmäßig auf der Grundlage des § 280 Abs. 1 BGB.³² Wer hier für die Durchführungspflicht einen Anspruch auf Schadensersatz statt der Leistung, §§ 280 Abs. 1, III, 281 BGB, annimmt,³³ verkennt, dass dessen Voraussetzungen mit der grundsätzlichen Fristsetzung nach § 281 Abs. 1 BGB nicht passen und auch die Folgen, der Verlust des Erfüllungsanspruches, § 281 Abs. 4 BGB, nicht hinreichend die Bedeutung gerade der Durchführungspflicht für die Gewährleistung der tariflichen Normeffizienz aufnehmen.³⁴ Dieser Grundsatz mag dann Ausnahmen ken-

---
[24] *Löwisch/Rieble* § 1 Rn. 1445; *Thüsing/Braun/Lembke/Hesser* 12. Kap. Rn. 25.
[25] *Wiedemann/Thüsing* § 1 Rn. 912.
[26] Dazu ie. für die Friedenspflicht *Löwisch* NZA-Beil. 2/1988, 7 f. und *Löwisch/Krauß* Arbeitskampf- und Schlichtungsrecht, SD 170.2 Rn. 457 ff.
[27] *Löwisch/Rieble* § 1 Rn. 1451.
[28] BAG 8.2.1957 – 1 AZR 169/55, AP TVG § 1 Friedenspflicht Nr. 1 = BB 1957, 327.
[29] *Wiedemann/Thüsing* § 1 Rn. 968; *Löwisch/Rieble* § 1 Rn. 1432.
[30] ErfK/*Franzen* TVG § 1 Rn. 85.
[31] Dagegen aber NK-TVG/*Ahrendt* § 1 Rn. 1229, die annimmt, ein Verstoß gegen die Friedenspflicht entbinde auch die andere Tarifvertragspartei von dieser.
[32] ErfK/*Franzen* TVG § 1 Rn. 85.
[33] HWK/*Henssler* § 1 Rn. 71.
[34] Im Ergebnis wie hier Wiedemann/*Thüsing* § 1 Rn. 968.

nen, wenn es nicht um die Flankierung der tariflichen Normwirkung geht, sondern von dieser losgelöste schuldrechtliche Leistungspflichten verletzt werden, wie etwa bei der Verpflichtung zur Errichtung und Durchführung einer gemeinsamen Einrichtung.[35]

18   Nach § 280 Abs. 1 S. 2 BGB muss die Pflichtverletzung durch die Tarifvertragspartei zu vertreten sein. Ist im Tarifvertrag nichts anderes geregelt, stellt sich nach dem Grundsatz des § 276 Abs. 1 S. 1 BGB die Frage nach Vorsatz oder Fahrlässigkeit der Pflichtverletzung. Für fahrlässiges Verhalten ist der Sorgfaltsmaßstab die im Tarifverkehr erforderliche Sorgfalt.[36] Das schlägt zurück auf die Maßstäbe, die zur ordnungsgemäßen Tarifvertragsdurchführung anzustellen sind, etwa an die Organisation oder die Anwendung der notwendigen Einwirkungsinstrumente auf das einzelne Mitglied. Ein Rechtsirrtum kann nur dann anerkannt werden, wenn eine Rechtsfrage durch die Rechtsprechung kurzfristig und unerwartbar geändert wird.[37]

19   Außer im Fall des Abschlusses eines Haustarifvertrags durch einen Arbeitgeber als natürlicher Person – und hier auch nur, wenn dieser selbst handelt – kommt es dabei auf die Zurechnung des Verschuldens durch Verbandsorgane oder Vertreter an. Eine solche Zurechnung gelingt über § 31 BGB auch dann, wenn die Tarifvertragspartei als nicht rechtsfähiger Verein organisiert ist.[38]

20   Eine Zurechnung des Verschuldens ihrer Mitglieder nach § 278 BGB kommt im Rahmen der leistungsstörungsrechtlichen Betrachtung grundsätzlich nicht in Betracht.[39] Das kann man einmal darauf stützen, dass man die Verbandsmitglieder nicht als Erfüllungsgehilfen einordnet, weil sie zwar zur Einhaltung der Rechtsnormen des Tarifvertrags, nicht aber zur Ausführung der schuldrechtlichen Pflichten ihre Verbandes berufen sind.[40] Darüber hinaus widerspricht eine gewollten Zurechnung regelmäßig dem Willen der Tarifvertragsparteien, bereits deshalb, weil diese das Verhalten ihrer Mitglieder regelmäßig nicht hinreichend steuern können. Deshalb wird man in den Tarifvertrag auch hineinlesen können, dass eine Zurechnung des Verschuldens der Verbandsmitglieder gerade nicht gewollt ist.[41] Die Zurechnung nach § 278 BGB beschränkt sich deshalb auf die unmittelbar für den Verband in Ausführung seiner tarifvertraglichen Pflichten handelnden Personen und so insbesondere für die Mitarbeiter und Angestellten des Verbandes in Ausführung der schuldrechtlichen Pflichten.[42]

21   Der Einwand rechtmäßigen Alternativverhaltens wird bei der Verletzung der tarifvertraglichen Friedenspflicht nicht gehört.[43] So kann sich eine Gewerkschaft nicht darauf berufen, der durch eine pflichtwidrige Arbeitskampfmaßnahme eingetretene Schaden wäre auch dann entstanden, wenn der Arbeitskampf rechtmäßig erst nach Ablauf der Friedenspflicht aufgenommen worden wäre. Der Schutzzweck der Friedenspflicht, die normative Ordnung des Tarifvertrags zu schützen und die Befriedungsfunktion des Tarifvertrags zu gewährleisten, schließt ein solches Vorbringen aus: Ansonsten würde die Friedenspflicht geschwächt, weil der Schadensersatzanspruch als Sanktion keine wesentliche präventive Wirkung mehr entfalten könnte.[44]

---

[35] *Löwisch/Rieble* § 4 Rn. 1435.
[36] ErfK/*Franzen* TVG § 1 Rn. 85.
[37] Vgl. BAG 9.4.1991 – 1 AZR 332/90, AP GG Art. 9 Arbeitskampf Nr. 116 = NZA 1991, 815; 31.10.1958 – 1 AZR 632/57, AP TVG § 1 Friedenspflicht Nr. 2 = NJW 1959, 865; 8.2.1957 – 1 AZR 169/55, AP TVG § 1 Friedenspflicht Nr. 1 = BB 1957, 327; Wiedemann/*Thüsing* § 1 Rn. 972.
[38] Wiedemann/*Thüsing* § 1 Rn. 973.
[39] *Löwisch/Rieble* § 1 Rn. 1439.
[40] BAG 21.6.1988 – 1 AZR 651/86, AP GG Art. 9 Arbeitskampf Nr. 108; Wiedemann/*Thüsing* § 1 Rn. 973; ErfK/*Franzen* TVG § 1 Rn. 85.
[41] *Löwisch/Hartje* RdA 1970, 321 (330).
[42] Wiedemann/*Thüsing* § 1 Rn. 973.
[43] Wiedemann/*Thüsing* § 1 Rn. 970; *Löwisch/Rieble* § 1 Rn. 1436; aA H. Hanau, Die Kausalität der Pflichtwidrigkeit, 1971, S. 56 (112).
[44] Siehe dazu BAG 31.10.1958 – 1 AZR 632/57, AP TVG § 1 Friedenspflicht Nr. 2 = NJW 1959, 865; BGH 18.4.1956 – III ZR 26/55, BGHZ 20, 275, NJW 1956, 1027.

III. Gesetzliche Haftungserweiterung nach § 2 Abs. 4 TVG

Den Schaden ihrer Verbandsmitglieder kann die Tarifvertragspartei nicht selbst gerichtlich durchsetzen. Weil gerade bei Verletzung der Friedenspflicht auch dem Mitglied selbst ein Schadensersatzanspruch zusteht, kommt auch die Anwendung der Grundsätze der Drittschadensliquidation nicht in Betracht.[45]

Kommt ausnahmsweise ein Schadensersatzanspruch statt der Leistung in Betracht, kann an dessen Stelle nach § 284 BGB auch Aufwendungsersatz verlangt werden – so, wenn der Pflicht zur Errichtung, Ausstattung oder Durchführung einer gemeinsamen Einrichtung nicht genüge getan wird und die berechtigte Partei selbst Aufwendungen macht.[46]

Weil der Tarifvertrag auch Schuldvertrag ist, können die Tarifvertragsparteien auch selbst die Sanktionsfolgen bei einer Pflichtverletzung festlegen. Entsprechend sind etwa Regelungen über ein außerordentliches Kündigungsrecht einzuordnen.

2. Vereinsrechtliche Sanktionen

Die Einwirkungs- und Durchführungspflicht ist eng mit der verbandlichen Folgepflicht verknüpft. Verletzt das einzelne Mitglied seine verbandlichen Pflichten, so kommen auch vereinsrechtliche Sanktionen in Betracht.[47] Diese reichen von einer einfachen Information über den Tarifverstoß über die Entziehung von verbandlichen Unterstützungen bis (in extremen Fällen) hin zum Verbandsausschluss.[48]

Das Verbandsmitglied kann gegen den Verband wiederum einen Anspruch auf Ersatz der Schäden haben, der sich etwa aus einer Verletzung der Durchführungs- oder Friedenspflicht durch den eigenen Verband ergibt. Grundlage ist hier ebenfalls das Mitgliedschaftsverhältnis.[49]

3. Prozessuales

Für Streitigkeiten zwischen Tarifvertragsparteien um Haftungsfragen gilt das in → Rn. 15 Geschriebene.

III. Gesetzliche Haftungserweiterung nach § 2 Abs. 4 TVG

1. Vertreterhaftung des Spitzenverbandes

Die Haftung des in Vertretung für sein Mitglied tarifschließenden Spitzenverbandes ist in § 2 Abs. 4 TVG besonders geregelt, weil der Spitzenverband auch dann, wenn er lediglich als Stellvertreter agiert, gegenüber der anderen Tarifvertragspartei besonderes Durchführungsvertrauen in Anspruch nimmt.[50] Deshalb treffen die schuldrechtlichen, normflankierenden tariflichen Pflichten auch den Spitzenverband selbst. Damit ist § 2 Abs. 4 TVG eine spezielle gesetzlich ausgeformte tarifliche Vertreterhaftung, die den Spitzenverband als Stellvertreter in das vertragliche Pflichtengefüge einbezieht[51] – und über die §§ 280 Abs. 1, 311 Abs. 3, 241 Abs. 2 BGB mögliche Haftung des ordnungsgemäß bevollmächtigten Vertreters erheblich hinausgeht.[52]

Dabei geht es nämlich nicht lediglich um die Ausweitung leistungsstörungsrechtlicher Folgen – etwa durch Schadensersatzansprüche im Falle der Pflichtverletzung der Tarifvertragspartei selbst –, sondern um eine originäre Erfüllungspflicht:[53] Der Spitzenverband hat auch als Vertreter alles verbandsrechtlich Mögliche zu unternehmen, um die Einhaltung des tariflichen Friedens und die Durchführung des Tarifvertrags gegenüber seinem Mit-

---

[45] Löwisch/Rieble § 4 Rn. 1433.
[46] Löwisch/Rieble § 1 Rn. 1435.
[47] Löwisch/Rieble § 1 Rn. 1443.
[48] Siehe die Darstellung bei HMB/Gäntgen Teil 16 Rn. 20; kritisch zum Ausschluss Wiedemann/Thüsing § 1 Rn. 934.
[49] Löwisch/Rieble § 1 Rn. 1444.
[50] ErfK/Franzen TVG § 2 Rn. 32; BeckOK ArbR/Waas TVG § 2 Rn. 44; Löwisch/Rieble § 2 Rn. 438.
[51] Richtig: HWK/Henssler § 2 Rn. 37: Durchgriffshaftung.
[52] Löwisch/Rieble § 2 Rn. 438.
[53] ErfK/Franzen TVG § 2 Rn. 32; JKOS/Schubert § 2 Rn. 159.

gliedsverband als Tarifvertragspartei zu gewährleisten. Dabei steht die erweiterte Indienstnahme der vertretenden Spitzenorganisation im Dienst des normativen Teils des Tarifvertrags – die Normativität selbst trifft die Spitzenorganisation als Vertreter nicht.[54]

30 § 2 Abs. 4 TVG gilt nur für die durch entsprechende Bevollmächtigung mit Vertretungsmacht ausgestattete Spitzenorganisation. Handelt der Spitzenverband ohne Vertretungsmacht als *falsus procurator* treffen ihn grundsätzlich die Pflichten aus § 179 BGB.

2. Haftung der Mitgliedsverbände beim Spitzentarifvertrag

31 Umgekehrt regelt § 2 Abs. 4 TVG aber auch den Fall, dass der Spitzenverband den Tarifvertrag nach § 2 Abs. 3 TVG selbst abschließt, das einzelne Mitglied oder wiederum dessen Verbandsmitglieder aber den schuldrechtlichen Pflichten nicht nachkommen. Ein Anspruch nur gegen den Spitzenverband, der dann über das verbandsrechtliche Instrumentarium „nach unten" weitergereicht würde, wäre für die andere Tarifvertragspartei zeitraubend und aufwändig. Deshalb ermöglicht § 2 Abs. 4 TVG, dass auch die Mitgliedsverbände selbst den tariflichen Pflichten unterliegen.[55] Die berechtigte Tarifvertragspartei kann also auf demselben Wege wie beim direkt ohne Beteiligung des Spitzenverbandes geschlossenen Tarifvertrag vorgehen.

3. Gesamtschuldnerische Haftung

32 Spitzenverband und Mitgliedsverband haften sowohl im Falle des § 2 Abs. 2 TVG als auch dann, wenn der Spitzenverband selbst Tarifvertragspartei ist, als Gesamtschuldner.[56] Das liegt am identischen Friedens- oder Durchsetzungsinteresse des Gläubigers, der beiden Ansprüchen innewohnt, auch wenn zum einen Einwirkung und zum anderen Unterlassen gefordert werden kann.[57]

4. Prozessuales

33 Die gesamtschuldnerische Haftung führt nicht zur notwendigen Streitgenossenschaft zwischen Mitglieds- und Spitzenverband.[58] Es gilt auch für die Haftungserstreckung des § 2 Abs. 4 TVG der Gerichtsstand des (vertraglichen) Erfüllungsorts.

34 Ein tarifliches Schiedsgericht nach § 101 Abs. 1 ArbGG ist nicht zuständig.[59]

---

[54] NK-TVG/*Peter* § 2 Rn. 77; Wiedemann/*Oetker* § 2 Rn. 449.
[55] BeckOK ArbR/*Waas* TVG § 2 Rn. 44.
[56] BAG 25.1.2006 – 4 AZR 552/04, AP TVG § 1 Durchführungspflicht Nr. 6 = NZA 2006, 1008; NK-TVG/*Peter* § 2 Rn. 77; BeckOK ArbR/*Waas* TVG § 2 Rn. 45; Wiedemann/*Oetker* § 2 Rn. 449; HWK/*Henssler* § 2 Rn. 37.
[57] *Löwisch/Rieble* § 4 Rn. 446.
[58] HWK/*Henssler* § 2 Rn. 37; ErfK/*Franzen* TVG § 2 Rn. 32.
[59] *Löwisch/Rieble* § 2 Rn. 447.

Achtes Kapitel: Beendigung des Tarifvertrags

§ 260 Beendigungstatbestände

Schrifttum:
Belling, Die außerordentliche Anpassung von Tarifverträgen an veränderte Umstände, NZA 1986, 906; *Belling/Hartmann,* Die Unzumutbarkeit als Begrenzung der Tarifbindung, ZfA 1997, 110; *Bender,* Der Wegfall der Geschäftsgrundlage bei arbeitsrechtlichen Kollektivverträgen am Beispiel des Tarifvertrages und des Sozialplans, 2005; *Beuthien/Meik,* Wenn Tariftreue unzumutbar wird, DB 1993, 1518; *Däubler,* Die Anpassung von Tarifverträgen an veränderte wirtschaftliche Umstände, ZTR 1996, 241; *Freihube,* Probleme der Tarifbindung in der Unternehmenskrise, 2001; *Gmelin-Lux,* Die außerordentliche Kündigung des Tarifvertrags, 2006; *Hanau/Strauß,* Die neue Rechtsprechung zur Kündigung von Tarifverträgen nach Betriebsübergang, FS *Bepler,* 2012, S. 199; *Henssler,* Flexibilisierung der Arbeitsmarktordnung, ZfA 1994, 487; *Henssler,* Tarif- und arbeitsvertragliche Folgen der Auflösung von Arbeitgeberverbänden und Tarifgemeinschaften, FS 25 Jahre ArbG ArbR, 2006, 37; *Heßhaus,* Kündigung und Wegfall der Geschäftsgrundlage im Tarifvertragsrecht, 1997; *Hey,* Wegfall der Geschäftsgrundlage bei Tarifverträgen, ZfA 2002, 275; *Löwisch,* Tariföffnung bei Unternehmens- und Arbeitsplatzgefährdung, NJW 1997, 905; *Oetker,* Die Kündigung von Tarifverträgen, RdA 1995, 82; *Otto,* Die Kündigung des Tarifvertrages aus wirtschaftlichen Gründen, FS Kissel, 1994, S. 787; *Wank,* Kündigung und Wegfall der Geschäftsgrundlage bei Tarifverträgen, FS Schaub, 1998, S. 761.

Übersicht

	Rn.
I. Allgemeines	1
II. Einzelne rechtsgeschäftliche Beendigungstatbestände	6
1. Befristung	6
2. Auflösende Bedingung	10
III. Aufhebung und Ablösung	14
IV. Kündigung	19
1. Allgemeines	19
2. Ordentliche Kündigung	28
3. Außerordentliche Kündigung	33
a) Dogmatische Grundlegung	34
b) Erklärungsfrist	36
c) Wichtiger Grund	38
d) Ultima ratio	50
4. Folgen der Kündigung	54
V. Störung der Geschäftsgrundlage	58
VI. Wegfall einer Vertragspartei	59

I. Allgemeines

Die Dauer der zeitlichen Geltung des Tarifvertrags liegt in der Entscheidung der Tarifvertragsparteien: Wie lange der Tarifvertrag wirkt und normativ die tarifunterworfenen Arbeitsverhältnisse regelt, ist tarifautonome Entscheidung. Dabei kann freilich unterschieden werden: Zwischen dem zeitlichen Geltungsbereich der normativen Geltung der tariflichen Regelungen und der schuldrechtlich-vertraglichen Bindung.[1] Regelmäßig fallen aber Ende der vertraglichen Bindung und damit des Tarifvertrags als solchem und der normativen Regelungswirkung zusammen. 1

Diese Entscheidungsfreiheit setzt sich auch dort fort, wo es um die (rechtsgeschäftlichen) Beendigungsinstrumente geht. Wie beim Abschluss des Tarifvertrags sind grundsätzlich die allgemeinen rechtsgeschäftlichen Beendigungsinstrumente anwendbar.[2] Die Tarifvertragsparteien können den Tarifvertrag von vornherein befristen (→ Rn. 6ff.) oder unter eine auflösende Bedingung stellen (→ Rn. 10ff.), sie können die Möglichkeit der ordentlichen Kündigung konkret regeln (→ Rn. 28ff.) oder einen Aufhebungsvertrag 2

---
[1] Dazu NK-TVG/*Deinert* § 4 Rn. 74.
[2] So wohl auch NK-TVG/*Deinert* § 4 Rn. 75.

schließen (→ Rn. 4). Der autonome Zugriff auf die Beendigung des Tarifvertrags findet aber seine Grenze in der Möglichkeit zur Kündigung aus wichtigem Grund, § 314 BGB: Diese Möglichkeit, den Tarifvertrag einseitig wegen Unzumutbarkeit am weiteren Festhalten kündigen zu können, besteht immer und kann durch den Tarifvertrag selbst nicht eingeschränkt werden (→ Rn. 33).

3 Der Tarifvertrag endet auch, wenn eine Tarifvertragspartei wegfällt – weil sie aufgelöst wird oder weil ihre Tariffähigkeit entfällt. Die herrschende Meinung nimmt hier aber keine Beendigung an, sondern behilft sich mit einem Recht zur (außerordentlichen) Kündigung (→ Rn. 59 ff.).

4 Von vornherein nichts mit einer Beendigungswirkung zu tun hat die durch Tarifkonkurrenz und Tarifpluralität ausgelöste Verdrängung des nicht anwendbaren Tarifvertrags (→ § 256 Rn. 56 ff., 99 ff.). In beiden Fällen führt der Grundsatz der Tarifeinheit zwar zur Nichtanwendbarkeit des zurückstehenden Tarifvertrags, aber nicht zu dessen Beendigung – was dann Folgen hat, wenn sich die Konkurrenz- und Pluralitätsverhältnisse ändern.[3]

5 Ebenfalls keine Beendigungswirkung liegt im Falle des Betriebsüberganges auf den tariflich nicht gebundenen Betriebserwerber vor: Hier kommt es nach § 613a Abs. 1 S. 2 BGB zu kollektivrechtlichen Transformation der tariflichen Regelungen, die dann im einzelnen Arbeitsverhältnis weitergelten. Den Bestand des Tarifvertrags selbst rührt dies aber nicht an – noch kann dieser, etwa als Haustarifvertrag, vom Betriebserwerber gekündigt werden, weil nur die Tarifvertragsparteien selbst das Kündigungsrecht haben (→ Rn. 22).

II. Einzelne rechtsgeschäftliche Beendigungstatbestände

1. Befristung

6 Der Tarifvertrag kann durch die Tarifvertragsparteien befristet werden.[4] Er endet dann nach dem vereinbarten Zeitablauf: Entweder zum vereinbarten Termin oder nach Ablauf der in einem Zeitraum bemessenen Befristung. Die Vereinbarung der Befristung unterfällt, weil sie tarifliche Vereinbarung ist, dem Schriftformgebot des § 1 Abs. 2 TVG. Die Befristung als solche und auch die Befristungsdauer verlangen keinen Sachgrund[5] und unterliegen somit keiner gerichtlichen Kontrolle,[6] erst recht nicht einer nach den Vorgaben des TzBfG. Die Tarifvertragsparteien haben es selbst in der Hand, über die zeitliche Reichweite des Tarifvertrags zu entscheiden. Damit unterfällt auch die Befristungsabrede der Richtigkeitsgewähr des Tarifvertrags.

7 Praktisch hängt die Befristung regelmäßig vom Regelungsgegenstand ab. So werden Mantel- oder Rahmentarifverträge über allgemeine Vorgaben für die Arbeitsbeziehungen regelmäßig unbefristet abgeschlossen, Entgelttarifverträge dagegen ebenso regelmäßig befristet, um die sich ändernden wirtschaftlichen Umstände in einen neuen Tarifvertrag aufnehmen zu können.[7] Zudem hängt die arbeitskampfrechtlich relevante schuldrechtliche Friedenspflicht am bestehenden Tarifvertrag (→ § 257 Rn. 20).

8 Ist ein Tarifvertrag befristet abgeschlossen, entfällt grundsätzlich die **Möglichkeit der ordentlichen Kündigung** (→ Rn. 28) – freilich können die Tarifvertragsparteien anderes vereinbaren.[8] Dies gilt auch für einzelne Teile des Tarifvertrags betreffende Sonder-

---

[3] HMB/Bepler Teil 3 Rn. 216.
[4] Wiedemann/Wank § 4 Rn. 11; NK-TVG/Deinert § 4 Rn. 77; Löwisch/Rieble § 1 Rn. 1560; HWK/Henssler TVG § 1 Rn. 22; Thüsing/Braun/Seel 3. Kap. Rn. 207.
[5] ErfK/Franzen TVG § 1 Rn. 30; NK-TVG/Deinert § 4 Rn. 78; HWK/Henssler TVG § 1 Rn. 22.
[6] JKOS/Oetker § 8 Rn. 2, der § 138 BGB als Grenze anführt.
[7] Thüsing/Braun/Seel 3. Kap. Rn. 208 mit dem Hinweis, ein unbefristeter Entgelttarifvertrag verstoße gegen § 138 BGB – freilich bleibt stets die außerordentliche Kündigung (→ § 260 Rn. 33) und das Kündigungsrecht entsprechend § 624 BGB (→ § 260 Rn. 28).
[8] Löwisch/Rieble § 1 Rn. 1589; NK-TVG/Deinert § 4 Rn. 78; ErfK/Franzen TVG § 1 Rn. 30; dazu auch Oetker RdA 1995, 82 (97).

kündigungsrechte.⁹ Umgekehrt kann der Tarifvertrag auch die Kündbarkeit bis zum Ablauf einer bestimmten Frist vorsehen und bei Ausbleiben der Kündigung dessen unbefristete Weitergeltung.¹⁰ Oder aber die jederzeitige Kündigungsmöglichkeit kann mit einer Höchstlaufzeit kombiniert werden.¹¹

Ist die Befristung abgelaufen und der zeitliche Geltungsbereich beendet, greift auch hier die Nachwirkung des Tarifvertrags nach § 4 Abs. 5 TVG (→ § 261 Rn. 15). **9**

2. Auflösende Bedingung

Der Tarifvertrag kann auch unter eine auflösende Bedingung gestellt werden.¹² Das geschieht in der Praxis freilich eher selten.¹³ Relevant wird dies etwa für die Vereinbarung einer Verlängerungsfrist des Tarifvertrags bis zum Abschluss eines ablösenden Tarifvertrags¹⁴ oder bis zum Scheitern der Tarifvertragsverhandlungen.¹⁵ Gerade die letzte Konstellation zielt auf die Überbrückung der Normgeltung und der schuldrechtlichen Friedenspflicht. Zudem wird die Anknüpfung an die (sicher feststellbare)¹⁶ Veränderung der Lebenshaltungskosten im Rahmen einer sogenannten Indexklausel befürwortet.¹⁷ **10**

Auch hier ist die Vereinbarung der Bedingung als solche nicht gerichtlich zu überprüfen. Allerdings dürfen sich die Tarifvertragsparteien ihrer Tarifverantwortung nicht begeben und einem Dritten durch dessen Herrschaft über den Bedingungseintritt Zugriff auf die Geltungsdauer des Tarifvertrags geben.¹⁸ **11**

Weil aber der Tarifvertrag Normenvertrag ist und deshalb das Bedürfnis der Rechtssicherheit über seine zeitliche Geltungsdauer besteht, muss der vereinbarte Bedingungseintritt für die Normadressaten klar und zweifelsfrei feststellbar sein¹⁹ – was unbestimmte Begriffe wie etwa der der „Unzumutbarkeit des Festhaltens am Tarifvertrag" ausscheiden lässt.²⁰ **12**

Hier greift nach Eintritt der Bedingung die Nachwirkung nach § 4 Abs. 5 TVG (→ § 261 Rn. 15). **13**

III. Aufhebung und Ablösung

Der Tarifvertrag kann auch einvernehmlich vertraglich aufgehoben werden:²¹ durch Aufhebungsvertrag, der ebenfalls Tarifvertrag ist.²² Auch wenn sich dessen Wirkung in der Beendigung des Tarifvertrags erschöpft, unterliegt der Aufhebungsvertrag dennoch dem Formgebot des § 1 Abs. 2 TVG,²³ eben weil er als actus contrarius selbst Tarifvertrag ist. Das wird anders gesehen,²⁴ mit Verweis auf (vermeintlich) fehlende Tarifqualität des Auf- **14**

---

⁹ BAG 27.2.2013 – 4 AZR 78/11, AP TVG § 1 Kündigung Nr. 9 = NZA 2013, 1026.
¹⁰ NK-TVG/*Deinert* § 4 Rn. 78; JKOS/*Oetker* § 8 Rn. 3.
¹¹ Wiedemann/*Wank* § 4 Rn. 12.
¹² BAG 29.8.2007 – 4 AZR 561/06, AP TVG § 4 Nr. 27 = NZA-RR 2008, 249; NK-TVG/*Deinert* § 4 Rn. 79; HWK/*Henssler* TVG § 2 Rn. 22; JKOS/*Oetker* § 8 Rn. 4.
¹³ HMB/*Bepler* Rn. 207.
¹⁴ JKOS/*Oetker* § 8 Rn. 5.
¹⁵ BAG 20.3.2002 – 10 AZR 501/01, AP TVG § 1 Tarifverträge: Gebäudereinigung Nr. 12; *Löwisch/Rieble* § 1 Rn. 1561.
¹⁶ Auf die Problematik der Bestimmbarkeit hinweisend JKOS/*Oetker* § 8 Rn. 5; NK-TVG/*Deinert* § 4 Rn. 79.
¹⁷ *Löwisch/Rieble* § 1 Rn. 1564; anders aber Wiedemann/*Wank* § 4 Rn. 18; NK-TVG/*Deinert* § 4 Rn. 79.
¹⁸ *Löwisch/Rieble* § 1 Rn. 1561.
¹⁹ BAG 29.8.2007 – 4 AZR 561/06, AP TVG § 4 Nr. 27 = NZA-RR 2008, 249; ErfK/*Franzen* TVG § 1 Rn. 30; Wiedemann/*Wank* § 4 Rn. 18; HWK/*Henssler* TVG § 2 Rn. 22; JKOS/*Oetker* § 8 Rn. 4; Thüsing/Braun/*Seel* 3. Kap. Rn. 209.
²⁰ *Löwisch/Rieble* § 1 Rn. 1563.
²¹ BAG 8.9.1976 – 4 AZR 359/75, AP TVG § 1 Form Nr. 5 = DB 1977, 640; JKOS/*Oetker* § 8 Rn. 6; HWK/*Henssler* TVG § 2 Rn. 22; Wiedemann/*Wank* 15; NK-TVG/*Deinert* § 4 Rn. 103.
²² NK-TVG/*Deinert* § 4 Rn. 103.
²³ JKOS/*Oetker* § 8 Rn. 7; Wiedemann/*Wank* § 4 Rn. 15 *Löwisch/Rieble* § 1 Rn. 1567; Thüsing/Braun/*Seel* 3. Kap. Rn. 212.
²⁴ BAG 8.9.1976 – 4 AZR 359/75, AP TVG § 1 Form Nr. 5 = DB 1977, 640.

hebungsvertrages und die (vermeintlich) fehlende Schriftform der Kündigung des Tarifvertrags (→ Rn. 20). Ist bereits diese Annahme nicht richtig, so kann das Schriftformerfordernis des Aufhebungsvertrages noch mit Hinweis auf § 6 TVG (zusätzlich) belegt werden – hier sind auch Aufhebungsverträge zum Tarifregister anzuzeigen, was die Bedeutung der Publizität auch für die Aufhebung belegt und deshalb für die Schriftform spricht.[25]

15 Die Aufhebung kann durch Ablösung auch in einem neuen Tarifvertrag derselben Tarifvertragsparteien[26] enthalten sein, dann muss der Aufhebungswille aber aus dem neuen Tarifvertrag erkennbar sein.[27] Das wird regelmäßig dann der Fall sein, wenn die Tarifvertragsparteien den bisherigen Tarifgegenstand neu regeln[28] – also nicht beide Regelungen nebeneinander bestehen können.[29] Dann gilt das Ablöseprinzip: Die neuere Regelung führt zur Beendigung der vorherigen Regelung. Zur Nachwirkung kommt es dann ersichtlich nicht.

16 Möglich ist auch eine Teilablösung, wenn der ablösende Tarifvertrag nur einen Teil des bisherigen Tarifvertrags regelt[30] und für den restlichen Teil kein Auflösungswille vorliegt. So können die Tarifvertragsparteien einen Tarifvertrag oder Teile zeitweise ablösen, so dass sie nach einer bestimmten Zeit wieder aufleben und anzuwenden sind.[31] Eine solche Regelung des Ruhens des Tarifvertrags ist eindeutig zu regeln – wegen des Interesses der Normunterworfenen an der klaren Regelungsgrundlage.

17 Beim mehrgliederigen Tarifvertrag führt die Aufhebungsvereinbarung zur Beendigung des Tarifvertrags der aufhebenden Tarifvertragsparteien. Die anderen Tarifverträge bleiben eigenständig bestehen.[32] Liegt freilich ein einheitlicher Tarifvertrag vor, so muss auch der Aufhebungsvertrag als Einheitstarifvertrag geschlossen werden.[33]

18 Ob ein Tarifvertrag aufgehoben wird, hat auch dort Konsequenzen, wo es zur staatlichen Tariferstreckung durch Allgemeinverbindlichkeit kommt. Weil sich die Erklärung der Allgemeinverbindlichkeit immer nur auf einen konkreten Tarifvertrag bezieht, endet deren Wirkung auch mit der Aufhebung durch die Tarifvertragsparteien (→ § 248 Rn. 135 f.). Verbinden diese also eine Aufhebung des alten mit dem Abschluss eines neuen Tarifvertrags, führt dies dazu, dass die normative Wirkung des alten Tarifvertrags endet, der neue Tarifvertrag aber nur Arbeitsverhältnisse mit mitgliedschaftlicher Bindung erfasst, nicht aber Außenseiter, weil der neue Tarifvertrag nicht allgemeinverbindlich ist (→ § 248 Rn. 136).

IV. Kündigung

1. Allgemeines

19 Der Tarifvertrag ist grundsätzlich ordentlich und außerordentlich kündbar. Das hat er mit allen anderen Dauerrechtsverhältnissen gemein.[34] Vorgaben für die Kündigung macht das TVG nicht, deshalb muss und kann auf die allgemeinen Regelungen zur Kündigung von Dauerrechtsverhältnissen zurückgegriffen werden. Dabei kann die außerordentliche Kündigung, die auf dem Rechtsgedanken des § 314 BGB beruht, nicht tariflich ausgeschlossen werden, dagegen ist der Zugriff der Tarifvertragsparteien auf die ordentliche Kündigung

---

[25] JKOS/*Oetker* § 8 Rn. 7; HMB/*Bepler* Teil 3 Rn. 215; Wiedemann/*Wank* § 4 Rn. 15.
[26] *Löwisch/Rieble* 1580.
[27] Dazu *Löwisch/Rieble* § 1 Rn. 1570 f.
[28] ErfK/*Franzen* TVG § 1 Rn. 30.
[29] *Löwisch/Rieble* § 1 Rn. 1571 mit weiteren Beispielen.
[30] NK-TVG/*Deinert* § 4 Rn. 109; *Löwisch/Rieble* § 4 Rn. 1573.
[31] *Löwisch/Rieble* § 4 Rn. 1575; NK-TVG/*Deinert* § 4 Rn. 110.
[32] BAG 8.9.1976 – 4 AZR 359/75, AO TVG § 1 Form Nr. 5 = DB 1977, 640; NK-TVG/*Deinert* § 4 Rn. 105.
[33] NK-TVG/*Deinert* § 4 Rn. 106.
[34] NK-TVG/*Deinert* § 4 Rn. 113.

umfassend. Sowohl ordentliche als auch außerordentliche Kündigung sind auch als Änderungskündigung denkbar.[35]

Das Kündigungsrecht ist Gestaltungsrecht, das durch entsprechende Gestaltungserklärung ausgeübt wird. Die entsprechende Willenserklärung muss wegen des Erfordernisses der Rechtssicherheit über die Beendigung schriftlich erfolgen, entsprechend § 1 Abs. 2 TVG.[36] Das wird zwar von der herrschenden Meinung bestritten,[37] ist aber dennoch richtig – schon deshalb, weil die Beendigungswirkung der Kündigung für die Normunterworfenen rechtssicher feststellbar sein muss.[38] Jenseits der gesetzlichen Form kann auch im Tarifvertrag selbst ein Formgebot für die Kündigungserklärung aufgestellt werden.[39] Ob solche gewillkürten Formgebote dann konstitutiv oder deklaratorisch gemeint sind, ist durch Auslegung zu ermitteln – nimmt man richtig ohnehin die entsprechende Geltung des § 1 Abs. 2 TVG an, spielt dies nur für tarifliche Verschärfungen des Schriftformgebotes eine Rolle.

Weil die Kündigung Gestaltungserklärung ist, ist eine Rücknahme oder ein Widerruf der wirksamen Kündigungserklärung zumindest ab deren Zugang nicht möglich.[40] Ein „Akzeptieren" der Rücknahme durch die andere Tarifvertragspartei kann aber wiederum Willenserklärung zum Neuabschluss sein. Dieser unterliegt dann aber insgesamt dem Schriftlichkeitsgebot des § 1 Abs. 2 TVG.[41]

Kündigungsberechtigt sind nur die Tarifvertragsparteien selbst.[42] Das ergibt sich zum einen aus der Tarifverantwortung selbst, zum anderen aus den allgemeinen rechtsgeschäftlichen Grundsätzen. Die Tarifvertragsparteien handeln hier regelmäßig durch ihre Organe und bevollmächtigten Vertreter. Nur der Arbeitgeber als natürliche Person und als Partei des Haustarifvertrags kann in und für die eigene Person kündigen. Den normunterworfenen Arbeitgebern und Arbeitnehmern steht kein Kündigungsrecht zu – sie können nur über ihren mitgliedschaftlichen Einfluss eine Kündigung des Tarifvertrags durch den eigenen Verband zu erreichen suchen.

Bei einem mehrgliedrigen Tarifvertrag wird regelmäßig jeder tarifschließenden Partei ein Kündigungsrecht gesondert zustehen, mit der Folge, dass sich die Beendigungswirkung der Kündigung auf den Tarifvertrag des Kündigenden mit dem Tarifvertragspartner beschränkt.[43] Anderes, also die vereinbarte nur gemeinsame Kündigungsmöglichkeit, ist aber möglich.[44] Liegt dagegen ein einheitlicher Tarifvertrag vor, so kann dieser auch nur von der Tarifgemeinschaft insgesamt gekündigt werden.[45]

Das Kündigungsrecht ganz in die Hände eines Dritten zu legen, widerspräche auch hier der Normverantwortung der Tarifvertragsparteien. Umstritten ist dies für den Fall, dass tarifliche Regelungen eines Haustarifvertrags nach einem Betriebsübergang nach § 613a Abs. 1 S. 2 BGB (nunmehr in der unsicheren dogmatischen Form der „kollektivrechtlichen Transformation")[46] weitergelten. Hier wird durch das BAG ein Kündigungsrecht des Betriebserwerbers zu Recht abgelehnt.[47] In der Literatur wird dies zum Teil

---

[35] Wiedemann/Wank § 4 Rn. 21.
[36] NK-TVG/Deinert § 4 Rn. 122; HMB/Bepler Teil 3 Rn. 209.
[37] BAG 26.7.2016 – 1 AZR 160/14, AP GG Art. 9 Arbeitskampf Nr. 184 = NZA 2016, 1543; Wiedemann/Wank § 4 Rn. 23; ErfK/Franzen § 1 TVG § 1 Rn. 32; JKOS/Oetker § 8 Rn. 10.
[38] HMB/Bepler Teil 3 Rn. 213; diesen Zusammenhang verneinend BAG 26.7.2016 – 1 AZR 160/14, AP GG Art. 9 Arbeitskampf Nr. 184 = NZA 2016, 1543.
[39] NK-TVG/Deinert § 4 Rn. 124.
[40] Löwisch/Rieble § 1 Rn. 1597.
[41] Löwisch/Rieble § 1 Rn. 1598 f.
[42] BAG 26.4.2000 – 4 AZR 170/99, AP TVG § 1 Kündigung Nr. 4 = NZA 2000, 1010; NK-TVG/Deinert § 4 Rn. 120; JKOS/Oetker § 8 Rn. 9.
[43] HMB/Bepler Teil 3 Rn. 209; NK-TVG/Deinert § 4 Rn. 130; JKOS/Oetker § 8 Rn. 23.
[44] BAG 26.4.2000 – 4 AZR 170/99, AP TVG § 1 Kündigung Nr. 4 = NZA 2000, 1010; JKOS/Oetker § 8 Rn. 9; HMB/Bepler Teil 3 Rn. 209; Löwisch/Rieble § 1 Rn. 1586.
[45] BAG 29.6.2004 – 1 AZR 143/03, AP TVG § 1 Nr. 36 = NJOZ 2005, 1844; JKOS/Oetker § 8 Rn. 24.
[46] BAG 22.4.2009 – 4 AZR 100/08, AP BGB § 613a Nr. 371 = NZA 2010, 41.
[47] BAG 26.8.2009 – 4 AZR 280/08, AP BGB § 613a Nr. 376 = NZA 2010, 238.

bejaht,[48] allerdings nicht durchgreifend: Der Erwerber wird durch den Betriebsübergang nicht Tarifvertragspartei und entbehrt deshalb auch des Kündigungsrechts – außer, es erfolgt die tarifliche Vertragsübernahme.[49]

25   Für die Kündigungserklärung gelten die allgemeinen rechtsgeschäftlichen Regelungen des BGB.[50] Die Erklärung selbst muss den Beendigungswillen erkennen lassen, nach richtiger Meinung in der Kündigungsurkunde. Wirksam wird die Kündigung mit Zugang bei der anderen Tarifvertragspartei oder deren empfangsberechtigten Vertreter, § 130 BGB.[51] Praktisch wird dies im Falle des Betriebsübergangs: Gegenüber dem Betriebserwerber kann der mit dem Betriebsveräußerer abgeschlossene Haustarifvertrag nicht wirksam gekündigt werden.[52]

26   Die Kündigung durch einen Vertreter muss nach § 164 Abs. 2 BGB die Vertretereigenschaft erkennen lassen,[53] ansonsten geht sie als Eigengeschäft des Vertreters ins Leere. Das wird etwa bei Tarifverträgen unter Beteiligung von Spitzenorganisationen relevant, die selbst Tarifvertragspartei oder Vertreter sein können, § 2 Abs. 2, 3 TVG.[54] Eine Kündigung, die von einem Vertreter ohne Vertretungsmacht ausgesprochen wurde, ist nach § 180 BGB grundsätzlich unwirksam und kann jenseits der Voraussetzungen der §§ 180 S. 2, 3, 177 Abs. 1 BGB auch nicht genehmigt werden.[55] Für den bevollmächtigten kündigenden Vertreter gilt zudem § 174 BGB: Kann er keine schriftliche Bevollmächtigung vorweisen oder ist die andere Tarifvertragspartei nicht anderweitig über die Bevollmächtigung informiert, besteht ein Zurückweisungsrecht, die Kündigung muss dann, mit allen Folgen für die Einhaltung von Fristen, neu vorgenommen werden.[56]

27   Zu unterscheiden ist die Kündigung von der Anfechtung. Beide Gestaltungsrechte greifen höchst unterschiedliche Sachverhalte auf und führen zu unterschiedlichen Rechtsfolgen. Während die Kündigung den Tarifvertrag für die Zukunft beendet, führt die Anfechtung nach § 142 BGB grundsätzlich zur Nichtigkeit des Tarifvertrags *ex tunc*. Hier will die Lehre vom faktischen Tarifvertrag helfen, die sich auf den Gedanken stützt, dass es nicht durch Anfechtung zum rückwirkenden Normentfall kommen soll (→ § 234 Rn. 37). Dem ist aber nicht zu folgen. Im Gegensatz zur Anfechtung führt die Kündigung des Tarifvertrags – auch die außerordentliche (→ Rn. 55) – zur Nachwirkung nach § 4 Abs. 5 TVG.

2. Ordentliche Kündigung

28   Die Vereinbarung der ordentlichen Kündbarkeit des Tarifvertrags liegt in der autonomen Entscheidung der Tarifvertragsparteien.[57] Für die ordentliche Kündigung des Tarifvertrags bedarf es – soweit die Tarifvertragsparteien nichts anderes vereinbart haben – keines Kündigungsgrundes.[58] Ob ein ordentliches Kündigungsrecht besteht, ist durch Auslegung zu ermitteln (→ § 243 Rn. 45):[59] Eine ausdrückliche Vereinbarung ist nicht notwendig.[60] Die Tarifvertragsparteien können die ordentliche Kündbarkeit auch ganz ausschließen, dann verbleibt es bei der Möglichkeit zur außerordentlichen Kündigung. Bei einem befristeten

---

[48] *Hanau/Strauß* FS Bepler, S. 199 (202); skeptisch offen gelassen HMB/*Bepler* Teil 3 Rn. 210f.
[49] *Löwisch/Rieble* § 4 Rn. 1585.
[50] ErfK/*Franzen* TVG § 1 Rn. 32; *Löwisch/Rieble* § 1 Rn. 1596.
[51] BAG 26.8.2009 – 4 AZR 280/08, AP BGB § 613a Nr. 376 = NZA 2010, 238; JKOS/*Oetker* § 8 Rn. 11; NK-TVG/*Deinert* § 4 Rn. 121.
[52] BAG 26.8.2009 – 4 AZR 280/08, AP BGB § 613a Nr. 376 = NZA 2010, 238; *Löwisch/Rieble* § 1 Rn. 1585.
[53] BAG 26.4.2000 – 4 AZR 170/99, AP TVG § 1 Kündigung Nr. 4 = NZA 2000, 1010; JKOS/*Oetker* § 8 Rn. 9; NK-TVG/*Deinert* § 4 Rn. 120.
[54] BAG 26.4.2000 – 4 AZR 170/99, AP TVG § 1 Kündigung Nr. 4 = NZA 2000, 1010.
[55] JKOS/*Oetker* § 8 Rn. 9; *Löwisch/Rieble* § 1 Rn. 1601.
[56] NK-TVG/*Deinert* § 4 Rn. 120.
[57] JKOS/*Oetker* § 8 Rn. 910.
[58] ErfK/*Franzen* TVG § 1 Rn. 32; JKOS/*Oetker* § 8 Rn. 13; HWK/*Henssler* TVG § 2 Rn. 25.
[59] BAG 27.2.2013 – 4 AZR 78/11, AP TVG § 1 Kündigung Nr. 9 = NZA 2013, 1026.
[60] JKOS/*Oetker* § 8 Rn. 12.

IV. Kündigung

Tarifvertrag ist die ordentliche Kündigung regelmäßig ausgeschlossen, weil sich die Parteien auf einen Beendigungszeitpunkt geeinigt haben. Wollen die Tarifvertragsparteien dennoch ein ordentliches Kündigungsrecht, so müssen sie dies eindeutig vertraglich festlegen (→ Rn. 8). Auf der anderen Seite sind unbefristete Tarifverträge regelmäßig ordentlich kündbar – hier muss dann die ordentliche Unkündbarkeit eindeutig tariflich festgelegt sein.[61] Überlangen Befristungen des Tarifvertrags kann mit einem Kündigungsrecht entsprechend § 624 BGB begegnet werden – so dass nach 5 Jahren ein gesetzliches ordentliches Kündigungsrecht besteht.[62]

Die Vereinbarung eines **asynchronen Kündigungsrechts,** also etwa die Möglichkeit der ordentlichen Kündigung für die Gewerkschaft, deren Ausschluss aber für den tarifschließenden Arbeitgeberverband oder umgekehrt, ist möglich. Grenze ist hier der Ausschluss der außerordentlichen Kündigung oder die Einschränkung der außerordentlichen Kündigungsgründe – sie ist nicht möglich. 29

Tariflich regelbar sind auch **Kündigungstermin und Kündigungsfrist.**[63] §§ 621, 622 BGB sind nicht einschlägig, die Tarifvertragsparteien können also die Länge der Kündigungsfrist festlegen, eine fristlose ordentliche Kündigung vereinbaren oder sie können auch für Gewerkschaft und Arbeitgeberseite unterschiedliche Kündigungsfristen vereinbaren. Ist tariflich nichts vereinbart, ist auf allgemeine Grundsätze zurückzugreifen. Das TVG verhält sich aber nicht zu entsprechenden Kündigungsfristen, deshalb ist auf §§ 77 Abs. 5 BetrVG, 28 Abs. 2 S. 4 SprAuG abzustellen – und eine Kündigungsfrist von 3 Monaten zugrunde zu legen.[64] Dabei ist diese Dreimonatsfrist lediglich im Falle des Ausfalls einer tariflichen Regelung relevant. Vereinbaren die Tarifvertragsparteien eine kürzere (etwa einmonatige) Frist, indiziert dies nicht, dass nur eine Kündigung aus wichtigem Grund möglich sein soll.[65] Der Kündigungstermin ist über § 187 Abs. 1 BGB zu ermitteln.[66] 30

Verkennt die kündigende Partei in der Kündigungserklärung den Kündigungstermin oder die Kündigungsfrist, so ist die Kündigung umzudeuten und regelmäßig zum nächsten Kündigungszeitpunkt wirksam.[67] Erst wenn ersichtlich nur der falsche Zeitpunkt gewollt ist, ist die Kündigung unwirksam. 31

Die **Teilkündigung einzelner Abschnitte** des Tarifvertrags ist nur dann möglich, wenn die Tarifvertragsparteien dies ausdrücklich vereinbart haben.[68] Ist dies nicht der Fall, ist sie ausgeschlossen: Diese zu Recht zu fordernde Rigidität ist dem Charakter des Tarifvertrags als Gesamtkompromiss geschuldet, der nicht durch das Herausbrechen einzelner Regelungskomplexe oder gar nur einzelner Regelungen aufgelöst werden soll.[69] Zu Recht wird eine Umdeutung einer unwirksamen Teilkündigung in eine Kündigung des ganzen Tarifvertrags deshalb ebenfalls abgelehnt.[70] 32

---

[61] NK-TVG/*Deinert* § 4 Rn. 119; *Löwisch/Rieble* § 1 Rn. 1587.
[62] *Löwisch/Rieble* § 1 Rn. 1592; NK-TVG/*Deinert* § 4 Rn. 117.
[63] BAG 27.2.2013 – 4 AZR 78/11, AP TVG § 1 Kündigung Nr. 9 = NZA 2013, 1026.
[64] BAG 10.11.1982 – 4 AZR 1203/79, AP TVG § 1 Form Nr. 8 = DB 1983, 717; JKOS/*Oetker* § 8 Rn. 14; ErfK/*Franzen* TVG § 1 Rn. 32; Wiedemann/*Wank* § 4 Rn. 24; NK-TVG/*Deinert* § 4 Rn. 119; *Löwisch/Rieble* § 1 Rn. 1591; Thüsing/Braun/*Seel* 3. Kap. Rn. 218.
[65] BAG 27.2.2013 – 4 AZR 78/11, AP TVG § 1 Kündigung Nr. 9 = NZA 2013, 1026.
[66] HMB/*Bepler* Teil 3 Rn. 212.
[67] *Löwisch/Rieble* § 1 Rn. 1602; HMB/*Bepler* Teil 3 Rn. 212.
[68] BAG 26.7.2016 – 1 AZR 160/14, AP GG Art. 9 Arbeitskampf Nr. 184 = NZA 2016, 1543; BAG 3.5.2006 – 4 AZR 795/05, AP TVG § 1 Kündigung Nr. 8 = NZA 2006, 1125; JKOS/*Oetker* § 8 Rn. 15; Wiedemann/*Wank* § 4 Rn. 26; *Löwisch/Rieble* § 1 Rn. 1593; HMB/*Bepler* Teil 3 Rn. 208; Thüsing/Braun/*Seel* 3. Kap. Rn. 220.
[69] JKOS/*Oetker* § 8 Rn. 15; ErfK/*Franzen* TVG § 1 Rn. 32; Wiedemann/*Wank* § 4 Rn. 26; HWK/*Henssler* TVG § 2 Rn. 25.
[70] BAG 3.5.2006 – 4 AZR 795/05, AP TVG § 1 Kündigung Nr. 8 = NZA 2006, 1125; HWK/*Henssler* TVG § 2 Rn. 25; *Löwisch/Rieble* § 1 Rn. 1595.

3. Außerordentliche Kündigung

33 Die außerordentliche Kündigung von Tarifverträgen aus wichtigem Grund wegen Unzumutbarkeit der weiteren Vertragsbindung hat die Beendigung des Tarifvertrags zum Zeitpunkt des Zugangs der Kündigungserklärung zur Folge und ist immer möglich. Der vereinbarte Ausschluss einer solchen außerordentlichen Kündigungsmöglichkeit aber nicht:[71] Auch für Tarifverträge gilt, dass die außerordentliche Kündigung wegen Unzumutbarkeit stets möglich sein muss. Das gilt auch für befristete oder auflösend bedingte Tarifverträge.

34 **a) Dogmatische Grundlegung.** Dogmatischer Anknüpfungspunkt ist § 314 BGB,[72] nicht aber § 626 BGB,[73] was sich auf die Ausübungsfrist des Kündigungsrechts auswirkt (→ Rn. 36). Dabei ist § 314 BGB entsprechend anzuwenden, weil der Tarifvertrag zwar auch, aber nicht nur Dauerschuldverhältnis ist.[74]

35 Daneben kann auch **§ 313 Abs. 3 BGB als Grundlage** für ein außerordentliches Kündigungsrecht herangezogen werden – allerdings führt dies nicht zu einer anderen Betrachtung. Die Frage, ob das Rechtsinstitut der Störung der Geschäftsgrundlage neben dem Recht auf außerordentliche Kündigung bestehen kann, wird stetig gestellt, die (freilich ältere und vereinzelte) Rechtsprechung dazu ist in der Begründung indifferent, im ablehnenden Ergebnis aber übereinstimmend.[75] Klar ist, dass das primäre Ziel des § 313 Abs. 1 BGB, nämlich das der Vertragsanpassung bei Störung der Geschäftsgrundlage, nicht über den Weg des klagbaren Anpassungsanspruches erreicht werden kann. Eine solche letztlich richterliche Vertragsanpassung griffe in die Tarifautonomie der Tarifvertragsparteien ein und negierte dessen Richtigkeitsgewähr.[76] Damit verbunden wäre zum einen eine Abgabe der Tarifverantwortung an das Arbeitsgericht und zum anderen eine erhebliche Form der Tarifzensur durch staatliche Selbstregelung.[77] Deshalb verbliebe es auch bei Anwendung des § 313 BGB bei der Folge des Rechts zur außerordentlichen Kündigung, § 313 Abs. 3 BGB.[78] *Franzen* bezeichnet deshalb zu Recht die umstrittene Abgrenzungsdiskussion als akademisch,[79] sie sollte zugunsten des § 314 BGB aufgegeben werden. Der zentrale Mechanismus im Falle der Störung der Geschäftsgrundlage, vorrangig die Vertragsanpassung zu erreichen, kann auch im Rahmen des den § 314 BGB prägenden Ultima-ratio-Prinzips erreicht werden: In dem die betroffene Tarifvertragspartei die Obliegenheit zum Angebot von Änderungsverhandlungen trifft, und sie nur im Falle von deren Scheitern zur außerordentlichen Kündigung berechtigt ist. Man mag wie *Löwisch* und *Rieble* mit Verweis auf das Vertragsprinzip noch anhand der Kündigungsgründe (Pflichtverletzungen vorrangig nach § 314 BGB, Störungen der Vertragsäquivalenz nach § 313 BGB) trennen,[80] material kann man umfassend mit § 313 BGB arbeiten.

36 **b) Erklärungsfrist.** Nach § 314 Abs. 3 BGB ist die außerordentliche Kündigung **innerhalb einer angemessenen Frist zu erklären.** Das gilt auch für die außerordentliche Kündigung des Tarifvertrags.[81] Die – ohnehin zu enge – Zweiwochenfrist des § 626

---

[71] NK-TVG/*Deinert* § 4 Rn. 134.
[72] BAG 27.2.2013 – 4 AZR 78/11, AP TVG § 1 Kündigung Nr. 9 = NZA 2013, 1026; HWK/*Henssler* TVG § 2 Rn. 26; *Löwisch/Rieble* § 1 Rn. 1603; Wiedemann/*Wank* § 4 Rn. 28; ErfK/*Franzen* TVG § 1 Rn. 33.
[73] So vor der Schuldrechtsreform BAG 18.12.1996 – 4 AZR 129/96, NZA 1997, 830; 18.2.1998 – 4 AZR 363/96, NZA 1998, 1008.
[74] NK-TVG/*Deinert* § 4 Rn. 132.
[75] BAG 18.12.1996 – 4 AZR 129/96, NZA 1997, 830; BAG 18.6.1997 – 4 AZR 710/95, NZA 1997, 1234.
[76] HWK/*Henssler* TVG § 1 Rn. 35.
[77] *Löwisch/Rieble* § 1 Rn. 1614; auch Wiedemann/*Wank* § 4 Rn. 75; ErfK/*Franzen* TVG § 1 Rn. 36.
[78] *Löwisch/Rieble* § 1 Rn. 1614; JKOS/*Oetker* § 8 Rn. 22.
[79] ErfK/*Franzen* TVG § 1 Rn. 36; so auch Thüsing/Braun/*Seel* 3. Kap. Rn. 226.
[80] *Löwisch/Rieble* § 4 Rn. 1613.
[81] NK-TVG/*Deinert* § 4 Rn. 136; Thüsing/Braun/*Seel* 3. Kap. Rn. 225.

Abs. 2 S. 1 BGB gilt nicht.[82] So muss die Erklärung der kündigungsberechtigten Tarifvertragspartei innerhalb dieser an den jeweiligen Umständen des Einzelfalls auszurichtenden Frist zugehen.[83] Beginn der Frist ist die Kenntnis des Kündigungsgrundes.[84] Vorgeschlagen wird, diese Frist während der Verhandlungen um eine Vertragsanpassung nach dem Rechtsgedanken des § 203 BGB zu verlängern.[85]

Eine unwirksame außerordentliche Kündigung kann nach Maßgabe des § 140 BGB in eine wirksame ordentliche Kündigung **umgedeutet** werden.[86] Maßgebliche Voraussetzung dafür ist, dass eine solche ordentliche Kündigung auch vom Willen des Kündigenden umfasst ist.[87]

c) Wichtiger Grund. Ein **wichtiger Grund zur außerordentlichen Kündigung** führt zur Unzumutbarkeit für eine Tarifvertragspartei an der weiteren Bindung an den Tarifvertrag, § 314 Abs. 1 S. 2 BGB. Dabei kann sich die Unzumutbarkeit aus einer Pflichtverletzung der anderen Tarifvertragspartei, aus den geänderten wirtschaftlichen oder rechtlichen Rahmenbedingungen, die zu einer Äquivalenzstörung führen, ergeben. Es wird richtig darauf hingewiesen, dass die Feststellung der Unzumutbarkeit restriktiv erfolgt und zu erfolgen hat.[88]

Das gilt einmal bei **massiven Pflichtverletzungen** der anderen Tarifvertragspartei,[89] etwa durch Verletzung der Friedenspflicht.[90] Eine solche Pflichtverletzung liegt auch dann vor, wenn eine Tarifvertragspartei die Durchführung des Tarifvertrags durch entsprechende Einwirkung auf die Verbandsmitglieder verweigert,[91] oder wenn zugesagte Verhandlungen stetig verzögert werden.[92] Aus dem Ultima-ratio-Grundsatz folgt aber, dass ein Recht zur außerordentlichen Kündigung wegen Pflichtverletzung der anderen Tarifvertragspartei regelmäßig eine Abmahnung voraussetzt, § 314 Abs. 2 S. 1 BGB (→ Rn. 51). *Bepler* weist freilich daraufhin, dass dieser Fall ein theoretischer ist und zudem die außerordentliche Kündigung für die kündigungsberechtigte Partei zudem nicht zielführend ist, weil mit der Beendigung des Tarifvertrags auch die Friedenspflicht endet.[93] Allerdings kann diese Feststellung ein Recht zur außerordentlichen Kündigung in diesem Fall nicht ausschließen. Schwerwiegende Pflichtverletzungen müssen grundsätzlich zur Unzumutbarkeit führen können. Einer neuerlichen Tarifvereinbarung kann sich der pflichtentreue Tarifpartner grundsätzlich entziehen. Auch für die Verletzung der Durchführungspflicht wird die Effizienz einer außerordentlichen Kündigung bezweifelt,[94] was freilich ebenfalls nicht zum Ausschluss des Kündigungsrechts führen kann. Weitere Pflichtverletzungen, die grundsätzlich zur außerordentlichen Kündigung berechtigen können, können auch anderweitig aufgefangen werden – etwa durch Anfechtung im Falle der arglistigen Täuschung.[95] Liegen die Voraussetzungen sowohl für die Kündigung als auch für die Anfechtung vor, ist durch Auslegung zu ermitteln, welches Gestaltungsrecht mit einer Erklärung gewollt ist.

---

[82] JKOS/*Oetker* § 8 Rn. 20.
[83] ErfK/*Franzen* TVG § 1 Rn. 33.
[84] HWK/*Henssler* TVG § 1 Rn. 34; JKOS/*Oetker* § 8 Rn. 20.
[85] *Löwisch/Rieble* § 1 Rn. 1609.
[86] JKOS/*Oetker* § 8 Rn. 21; HWK/*Henssler* TVG § 1 Rn. 26.
[87] *Löwisch/Rieble* § 1 Rn. 1612.
[88] HWK/*Henssler* TVG § 1 Rn. 27.
[89] ErfK/*Franzen* TVG § 1 Rn. 33; Thüsing/Braun/*Seel* 3. Kap. Rn. 222.
[90] BAG 14.11.1958 – 1 ABR 247/57, AP TVG § 1 Friedenspflicht Nr. 4; *Löwisch/Rieble* § 1 Rn. 1604; JKOS/*Oetker* § 8 Rn. 17; ErfK/*Franzen* TVG § 1 Rn. 33.
[91] *Löwisch/Rieble* § 1 Rn. 1605.
[92] BAG 14.11.1958 – 1 ABR 247/57, AP TVG § 1 Friedenspflicht Nr. 4; NK-TVG/*Deinert* 4 Rn. 154.
[93] HMB/*Bepler* Teil 3 Rn. 226.
[94] HMB/*Bepler* Teil 3 Rn. 226.
[95] NK-TVG/*Deinert* § 4 Rn. 156; JKOS/*Oetker* § 8 Rn. 20; HMB/*Bepler* Teil 3 Rn. 228; ErfK/*Franzen* TVG § 1 Rn. 33.

40 Im Rahmen der Berücksichtigung der **Äquivalenzstörung** durch Änderung der zum Tarifschluss bestehenden Umstände schlägt sich die Qualität des Tarifvertrags als Normvertrag nieder: Es geht insbesondere um die Frage, ob die Tarifregelungen und ihre Durchführung für die Normunterworfenen zumutbar sind. Dabei ist es abzulehnen, dass die Unzumutbarkeit ausschließlich die Tarifvertragspartei treffen soll und diese sich gleichsam als Reflex aus der den Bestand der tarifschließenden Koalition gefährdenden Verbandsflucht der durch die Änderung belasteten Mitglieder ergibt.[96] Das ist zwar vertragsbezogen stringent, nimmt aber wiederum den Charakter des Tarifvertrags als Normenvertrag nicht hinreichend auf. Und: der Bezug zum tarifschließenden Verband („kollektiver Unzumutbarkeitstest")[97] wird material dadurch hergestellt, dass es (mindestens) der Mehrheit der Mitglieder bedarf, die durch die Änderung der Umstände einer massiven Belastung ausgesetzt sind (→ Rn. 46).[98]

41 Allerdings wird hier ein Recht zur außerordentlichen Kündigung nur im Ausnahmefall anzunehmen sein. Ausgangspunkt ist zunächst die Überlegung, dass der Tarifvertrag stets in die Zukunft hinein regelt – also von vornherein bereits bei Tarifvertragsabschluss eine Ungewissheit über die zukünftige wirtschaftliche und rechtliche Entwicklung besteht.[99] Zum anderen ist die Tatsache wichtig, dass der Tarifvertrag regelmäßig befristet abgeschossen wird, so dass bereits die begrenzte zeitliche Bindung hier zu einer absehbaren Beendigung des Tarifvertrags und damit zur Entlastung der Tarifvertragsparteien und der Normunterworfenen führt. Schließlich können nur solche Umstände herangezogen werden, die für beide Tarifvertragsparteien nicht absehbar waren – die also zu einer übereinstimmenden irrtümlichen Einschätzung der Entwicklung führten.[100]

42 **Änderungen der Rechtslage** sind grundsätzlich kein wichtiger, zur außerordentlichen Kündigung berechtigender Grund.[101] Dabei kann sich die Rechtslage zunächst in für den Tarifvertrag unterschiedlicher Intensität ändern: einmal durch Unwirksamkeit tariflicher Regelungen und damit zur Einengung des tariflichen Autonomieraumes, und zum anderen durch dessen Erweiterung, wenn bislang bestehende gesetzliche Grenzen aufgehoben oder erweitert werden. Hier ist zunächst auf die Möglichkeit der entsprechenden tariflichen Gestaltung hinzuweisen: Die Tarifvertragsparteien können zum einen die Rechtslage zum Zeitpunkt des Vertragsschlusses in ihre Vereinbarung aufnehmen – und etwa für eintretende Änderungen ein Recht zur ordentlichen Kündigung vereinbaren. Haben sie dies nicht getan, so können sie in beiden Fällen auf die Änderung mit einem Neuabschluss des Tarifvertrags reagieren. Dass eine sofortige Lösung vom Tarifvertrag indiziert ist, ergibt sich deshalb nicht.

43 Davon wird dann eine Ausnahme gemacht, wenn es zu einer unvorhersehbaren Änderung des Gesetzes (meist in Gestalt der entsprechenden Rechtsprechung) kommt. Dann wird ein Recht zur außerordentlichen Kündigung für den Fall eines wesentlichen, den Tarifvertrag in seinen wirtschaftlichen Auswirkungen grob verfälschenden Änderungseffekts angenommen.[102] Das führt dann zur Überlegung, wann ein Recht zur außerordentlichen Kündigung bei Änderung der wirtschaftlichen Umstände gegeben ist (→ Rn. 44). Auf der anderen Seite wird ein Recht zur außerordentlichen Kündigung bejaht, wenn ein dynamisch in Bezug genommenen Regelungswerk wie etwa ein anderer Tarifvertrag überraschend geändert wird – hier soll dann nicht der grundsätzlich zuerst in Betracht kommende automatische Entfall der Verweisung einschlägig, sondern aus Gründen der Rechtssicherheit ein Recht zur außerordentlichen Kündigung zu bevorzugen sein.[103]

---

[96] In diese Richtung NK-TVG/*Deinert* § 4 Rn. 149.
[97] So etwa NK-TVG/*Deinert* § 4 Rn. 149.
[98] JKOS/*Oetker* § 8 Rn. 18.
[99] HMB/*Bepler* Teil 3 Rn. 231; NK-TVG/*Deinert* § 4 Rn. 143.
[100] NK-TVG/*Deinert* § 4 Rn. 145; *Löwisch/Rieble* § 4 Rn. 1618.
[101] NK-TVG/*Deinert* § 4 Rn. 141; Thüsing/Braun/*Seel* 3. Kap. Rn. 223.
[102] HMB/*Bepler* Teil 3 Rn. 231.
[103] *Löwisch/Rieble* § 4 Rn. 1620; NK-TVG/*Deinert* § 4 Rn. 141.

IV. Kündigung

Ausnahmsweise können auch **wirtschaftliche Änderungen** zu einem Recht zur außerordentlichen Kündigung führen. So etwa wenn die Lebenserhaltungskosten sich besonders stark vom zum Tarifvertragsabschluss angenommenen Niveau entwickeln oder wenn es zu massiven wirtschaftlichen Belastungen auf der Seite der Arbeitgeber kommt.[104] Richtig wird aber stets darauf hingewiesen, dass dies nur im Falle einer exorbitanten Änderung der wirtschaftlichen Lage der Fall sein kann.[105]

Auch hier sind es zuerst die Tarifvertragsparteien, die durch entsprechende Regelungsvorsorge oder (auch nach dem Ablauf des befristeten Tarifvertrags) durch ersetzende tarifliche Regelung diese Änderungen aufnehmen können und sollen. Nehmen die Tarifvertragsparteien eine mögliche und erkennbare Änderung der wirtschaftlichen Rahmenbedingungen nicht in den Tarifvertrag auf, kann im Zweifel davon ausgegangen werden, dass sie sich bewusst diesem Risiko stellen. Ein Recht zur außerordentlichen Kündigung besteht wegen fehlender Unzumutbarkeit nicht[106]. Zudem kann eine Unzumutbarkeit nur dann vorliegen, wenn die Möglichkeit der Vertragsanpassung nicht ohnehin durch das angemessen nahe Ende des Tarifvertrags ermöglicht wird.[107]

Dass nur einzelne oder mehrere Arbeitgeber unter der wirtschaftlichen Belastung durch die tariflichen Regelungen (auch besonders) leiden, reicht in keinem Falle zur außerordentlichen Kündigung.[108] Hier muss zumindest die Mehrheit der Arbeitgeber massiv betroffen sein.[109] Andere wollen auf einen Großteil,[110] eine überwiegende Mehrheit[111] oder einen wesentlichen Teil[112] abstellen. Auch hier ist darauf hinzuweisen, dass die Tarifvertragsparteien – etwa durch entsprechende Öffnung des Tarifvertrags (→ § 252 Rn. 14 ff.) – von vornherein die Interessen wirtschaftsschwacher Arbeitgeber in den Tarifvertrag aufnehmen können.[113]

Dem einzelnen Arbeitgeber und Arbeitnehmer steht auch bei den genannten Fällen der massiven Änderung der Rechts- oder Wirtschaftslage kein eigenes Kündigungsrecht zu.[114] Sie können innerhalb des tarifschließenden Verbandes für die Kündigung werben oder aber aus dem Verband austreten.[115]

Das alles führt dazu, dass das Recht zur außerordentlichen Kündigung vor allem für den Haustarifvertrag relevant werden dürfte, weil sich die massive wirtschaftliche Belastung des Arbeitgebers mit dessen Kündigungsberechtigung als Tarifvertragspartei deckt.[116] Allein der Insolvenzfall als solcher ist aber kein Kündigungsgrund. § 120 Abs. 1 S. 2 InsO, der ein Sonderkündigungsrecht für Betriebsvereinbarungen vorsieht, gilt für Tarifverträge nicht.[117]

Diskutiert wird, ob die **Nichtanwendbarkeit eines Minderheitstarifvertrags nach § 4a Abs. 2 S. 2 TVG** zu einer Unzumutbarkeit am Festhalten an diesem Vertrag führt und damit ein außerordentliches Kündigungsrecht auslöst.[118] Das lässt sich mit der Be-

---

[104] BAG 18.12.1996 – 4 AZR 129/96, AP TVG § 1 Kündigung Nr. 1; 18.6.1997 – 4 AZR 710/95, AP TVG § 1 Kündigung Nr. 2; *Löwisch/Rieble* § 4 Rn. 1621; ErfK/*Franzen* TVG § 1 Rn. 34.
[105] *Löwisch/Rieble* § 4 Rn. 1621; JKOS/*Oetker* § 8 Rn. 17; NK-TVG/*Deinert* § 4 Rn. 148; ErfK/*Franzen* TVG § 1 Rn. 34.
[106] *Löwisch/Rieble* § 4 Rn. 1622; auch ErfK/*Franzen* TVG § 1 Rn. 34.
[107] *Löwisch/Rieble* § 4 Rn. 1622; HWK/*Henssler* TVG § 1 Rn. 30; ErfK/*Franzen* TVG § 1 Rn. 34.
[108] HWK/*Henssler* TVG § 1 Rn. 28; JKOS/*Oetker* § 8 Rn. 18; Thüsing/Braun/*Seel* 3. Kap. Rn. 224.
[109] *Löwisch/Rieble* § 4 Rn. 1624; *Hey* ZfA 2002, 275 (282).
[110] *Buchner* NZA 1993, 289 (298).
[111] *Oetker* RdA 1995, 82 (90); Belling/Hartmann ZfA 1997, 87 (113).
[112] Wiedemann/*Wank* § 4 Rn. 33.
[113] HWK/*Henssler* TVG § 1 Rn. 28.
[114] *Löwisch/Rieble* § 4 Rn. 1626; Thüsing/Braun/*Seel* 3. Kap. Rn. 225a; anders noch *Löwisch* NJW 1997, 905; MHdB ArbR/*Rieble/Klumpp*, 3. Aufl. 2009, § 166 Rn. 24.
[115] HWK/*Henssler* TVG § 1 Rn. 29.
[116] *Löwisch/Rieble* § 4 Rn. 1625; JKOS/*Oetker* § 8 Rn. 18.
[117] MüKoInsO/*Caspers* § 120 Rn. 13.
[118] So jedenfalls für den weitgehend verdrängten Firmentarifvertrag NK-TVG/*Deinert* § 4 Rn. 139; siehe auch *Linsenmaier* RdA 2015, 369 (387).

gründung hören, dass die Minderheitengewerkschaft nach dem durch die Kündigung erreichten Wegfall der Friedenspflicht für einen neuen Tarifvertrag werben und um ihn kämpfen kann – dies mit der Aussicht, dann selbst den Mehrheitsvertrag abzuschließen. Arbeitskampfrechtliche Hindernisse stehen dem nicht entgegen.[119]

50 **d) Ultima ratio.** Die außerordentliche Kündigung ist stets ultima ratio.[120] Das gilt für den Tarifvertrag als Normenvertrag besonders. Deshalb besteht das Kündigungsrecht nur dann, wenn andere, mildere Mittel zur Abwendung oder Beseitigung des die Unzumutbarkeit begründenden Umstandes nicht zur Verfügung stehen.

51 Bei einer Pflichtverletzung der anderen Tarifvertragspartei wird zunächst regelmäßig eine Abmahnung zu erklären sein, bevor das Recht zur außerordentlichen Kündigung besteht, § 314 Abs. 2 BGB.[121] Das Kündigungsrecht besteht dann erst, wenn es zum wiederholten Pflichtverstoß kommt. Ob eine Abmahnung entbehrlich ist, ist vor allem anhand der Schwere des Pflichtverstoßes zu entscheiden.

52 Ein solches milderes Mittel – das sich auch nahtlos in die Systematik des § 313 BGB einpasst[122] – ist das **Angebot, eine entsprechende einvernehmliche Vertragsänderung herbeizuführen.** Insofern besteht eine Obliegenheit zum Angebot von Änderungsverhandlungen,[123] ein Anspruch auf die Aufnahme solcher Verhandlungen oder auf Abschluss eines ändernden oder ersetzenden Tarifvertrags besteht auch dann nicht (→ Rn. 35). Grundlage der Angebotsobliegenheit ist nicht der Tarifvertrag, sondern letztlich das Ultimaratio-Prinzip des § 313 BGB. Das schließt nicht aus, dass die Tarifvertragsparteien selbst Vorsorge treffen und im Tarifvertrag entsprechende Verhandlungsobliegenheiten oder gar -pflichten festschreiben. Aus dem Fehlen einer solchen Vereinbarung kann aber nicht der Entfall der kündigungsrechtlichen Obliegenheit geschlossen werden.[124] Eine solche Angebotsobliegenheit wird jedenfalls dann zu fordern sein, wenn der Grund der Unzumutbarkeit im Inhalt des Tarifvertrags liegt. Für die Pflichtverletzung der anderen Tarifvertragspartei wird nicht sie, sondern die Abmahnung maßgeblich sein. Richtig wird in dieser Konstruktion im Ergebnis eine außerordentliche Änderungskündigung gesehen.

53 Milderes Mittel kann ausnahmsweise auch die **Teilkündigung des Tarifvertrags** sein.[125] Das gilt dann, wenn der Tarifvertrag selbst eine solche Teilkündigung zulässt und sich die Unzumutbarkeit gerade aus dem entsprechenden Teil des Tarifvertrags ergibt und so durch die Teilkündigung Abhilfe geschaffen werden kann.[126] Ist dies nicht der Fall, so ist eine Teilkündigung abzulehnen – weil man auch hier stets zu gewärtigen hat, dass der Tarifvertrag als Gesamtregelung grundsätzlich keiner Aufteilung zugänglich ist.[127]

4. Folgen der Kündigung

54 Der gekündigte Tarifvertrag wird für die Zukunft beendet – das unterscheidet ihn von der Anfechtung (→ § 234 Rn. 37). Damit sind auch die bereits erfolgten Leistungen auf der Grundlage des Tarifvertrags mit Rechtsgrund erfolgt.[128]

---

[119] BVerfG 11.7.2017 – 1 BvR 1571/15 ua, AP GG Art. 9 Nr. 151 = NZA 2017, 915.
[120] BAG 18.6.1997 AP TVG § 1 Kündigung Nr. 2; BAG 18.12.1996 – 4 AZR 129/96, AP TVG § 1 Kündigung Nr. 1 = NZA 1997, 830; HWK/*Henssler* TVG § 1 Rn. 32; JKOS/*Oetker* § 8 Rn. 19; NK-TVG/*Deinert* § 4 Rn. 158.
[121] HWK/*Henssler* TVG § 1 Rn. 33; JKOS/*Oetker* § 8 Rn. 19.
[122] *Löwisch/Rieble* § 1 Rn. 1615.
[123] BAG 18.6.1997 – 4 AZR 710/95, AP TVG § 1 Kündigung Nr. 2 = NZA 1997, 1234; BAG 18.12.1996 – 4 AZR 129/96, AP TVG § 1 Kündigung Nr. 1 = NZA 1997, 830; HWK/*Henssler* TVG § 1 Rn. 32; JKOS/*Oetker* § 8 Rn. 19; ErfK/*Franzen* § 1 Rn. 36.
[124] HWK/*Henssler* TVG § 1 Rn. 32.
[125] HWK/*Henssler* TVG § 1 Rn. 32.
[126] JKOS/*Oetker* § 8 Rn. 19.
[127] NK-TVG/*Deinert* § 4 Rn. 169.
[128] *Löwisch/Rieble* § 4 Rn. 1628.

Der gekündigte Tarifvertrag wirkt dann nach § 4 Abs. 5 TVG nach. Das gilt für die ordentliche Kündigung, aber auch richtig für die außerordentliche Kündigung. Auch hier überwiegt der Zweck des § 4 Abs. 5 TVG, den Inhaltsschutz des einzelnen Arbeitsverhältnisses zu gewährleisten (→ § 261 Rn. 3).

Ob der Tarifvertrag durch eine Kündigung beendet worden ist oder nicht, kann Gegenstand einer eigenen Feststellungsklage sein, § 9 TVG. Die Entscheidung wirkt dann erga omnes.

Ein Arbeitskampf um die Rechtmäßigkeit einer Kündigung ist nicht möglich – es geht nicht um Regelungs- sondern um der Vereinbarung nicht zugängliche Rechtsfragen.[129]

V. Störung der Geschäftsgrundlage

Zur Bedeutung des Instituts der Störung der Geschäftsgrundlage siehe → Rn. 35.

VI. Wegfall einer Vertragspartei

Es ist umstritten, welche Auswirkungen der Wegfall einer Tarifvertragspartei auf die von dieser abgeschlossenen Tarifverträge hat.[130] Dabei ist zunächst zu unterscheiden: Verliert die Tarifvertragspartei ihre **Tariffähigkeit,** wird sie also nach Abschluss des Tarifvertrags zur „bloßen" Koalition, endet auch die unmittelbare und zwingende Wirkung des Tarifvertrags (→ § 251 Rn. 1 ff.). Das ist schon deshalb richtig, weil die nicht tariffähige Koalition keinen rechtsgeschäftlichen Zugriff auf den Tarifvertrag – etwa durch Kündigung – mehr hat. Manche meinen, dass der Wegfall der Tariffähigkeit keine Auswirkungen auf den Bestand des Tarifvertrags habe,[131] weil dieser nach wie vor der Richtigkeitsgewähr unterliege. Das greift aber zu kurz, eben weil dann die tarifliche Einwirkungsmöglichkeit fehlt. Außerdem hat der verbleibende tariffähige Vertragspartner keine Möglichkeit, mit seinem ehemaligen Tarifpartner einen Beendigungs- oder Änderungstarifvertrag zu schließen. Deshalb wollen andere hier unter grundsätzlicher Beibehaltung des Tarifvertrags mit einem Recht des weiterhin tariffähigen Vertragspartners zur außerordentlichen Kündigung helfen.[132] *Löwisch* und *Rieble* führen an dem extremen Fall des beiderseitigen Entfalls der Tariffähigkeit vor Augen, dass es dann bei Weitergeltung zur Normbindung käme, ohne dass überhaupt eine rechtsgeschäftliche Einwirkung auf den Tarifvertrag mehr möglich wäre.[133] Vielmehr schließt sich die Nachwirkung entsprechend § 4 Abs. 5 TVG an.

Sieht man im Ende der Tariffähigkeit auch die Beendigung des Tarifvertrags, so hat dies auch Bedeutung für den **Entfall der Tarifvertragspartei als Verband.** Hier wird dessen Auflösung und der Übergang in die Liquidation ebenfalls zunächst zum Verlust der Tariffähigkeit führen, und so der Tarifvertrag sein Ende finden.[134] Das BAG sieht das anders und gewährt dem Liquidator ein Kündigungsrecht.[135] (siehe dazu auch → Rn. 48).

Für den einzelnen Arbeitgeber kommt es – besteht die juristische Person fort – nicht zum Entfall der Tariffähigkeit, weil der einzelne Arbeitgeber stets tariffähig ist, § 2 Abs. 1 TVG (zu Umwandlungstatbeständen siehe → § 247 Rn. 40 ff.).

---

[129] *Löwisch/Rieble* § 4 Rn. 1632.
[130] Siehe HWK/*Henssler* TVG § 1 Rn. 37; JKOS/*Oetker* § 8 Rn. 17; Wiedemann/*Wank* § 4 Rn. 78 ff.
[131] HMB/*Bepler* Teil 3 Rn. 203; NK-TVG/*Deinert* § 4 Rn. 82.
[132] Wiedemann/*Wank* § 4 Rn. 78; JKOS/*Schubert* § 2 Rn. 32; JKOS/*Oetker* § 8 Rn. 17; NK-TVG/*Deinert* § 4 Rn. 139.
[133] *Löwisch/Rieble* § 2 Rn. 244.
[134] *Löwisch/Rieble* § 1 Rn. 1635.
[135] BAG 27.6.2000 – 1 ABR 31/99, NZA 2001, 334; BAG 23.1.2008 – 4 AZR 312/01, NZA 2008, 771; auch Wiedemann/*Wank* § 4 Rn. 83; NK-TVG/*Deinert* § 4 Rn. 86; 140.

§ 261 Nachwirkung der Tarifnormen

Schrifttum:
Bayreuther, Generelle Verpflichtung zur Aufnahme von Bezugnahmeklauseln durch betriebliche Mitbestimmung bei nachwirkenden (transformierten) Tarifverträgen? BB 2010, 2177; *Bayreuther,* Nachwirkung von Zeitarbeitstarifverträgen im Kontext des Equal Pay/Treatment Gebots des AÜG, BB 2010, 309; *Behrens/ Hohenstatt,* Nachwirkung betriebsverfassungsrechtlicher Normen nach Ablauf des Tarifvertrages (§ 4 Abs. 5 TVG), DB 1991, 1877; *Behrendt/Gaumann/Liebermann,* Tarifvertragliche Bindungswirkungen und –folgen beim Austritt aus dem Arbeitgeberverband, NZA 2006, 525; *Bepler,* Tarifvertragliche Vergütungssysteme als Grundsätze der betrieblichen Lohngestaltung – Ansprüche ohne Anspruchsgrundlage? FS Bauer, 2010, S. 161; *Caspers,* Teilnachwirkung des Tarifvertrags durch § 87 Abs. 1 Nr. 10 BetrVG – zur Ablösung tariflicher Vergütungssysteme, FS Löwisch, 2007, S. 45; *Deinert,* Abweichung vom Tarifvertrag durch verdrängte Vertragsabrede oder Vorratsvereinbarung, FS Zachert, 2010, S. 21; *Denzel/Hummel,* Equal pay statt Nachwirkung, AiB 2008, 567; *Eich,* Tarifverträge nach § 3 BetrVG – Rechtliche Erwägungen und Hinweise zur praktischen Umsetzung, FS Weinspach, 2002, S. 17; *Feudner,* Ablösung eines nachwirkenden Tarifvertrags durch einen für allgemeinverbindlich erklärten Tarifvertrag, RdA 2007, 245; *Fischer,* Nachwirkung von Tarifnormen, 2009; *Friedrich,* Nachwirkender Tarifvertrag und seine Ablösung durch einen Tarifvertrag eines anderen Arbeitgeberverbandes mit einer anderen Gewerkschaft – eine Fallstudie, FS Schaub, 1998, S. 193; *Frölich,* Eintritt und Beendigung der Nachwirkung von Tarifnormen, NZA 1992, 1105; *Hanspach,* Umfang der Nachwirkung betrieblicher und betriebsverfassungsrechtlicher Tarifnormen, 2005; *Haußmann,* Vorausschauende Vertragsgestaltung zur Ablösung nachwirkender Tarifverträge, ArbR 2010, 307; *Henssler,* Tarif- und arbeitsvertragliche Folgen der Auflösung von Arbeitgeberverbänden und Tarifgemeinschaften, FS ARGE Arbeitsrecht im DAV, 2006, S. 37; *Herschel,* Der nachwirkende Tarifvertrag, insbesondere seine Änderung, ZfA 1976, 89; *Jacobs,* Entgeltmitbestimmung beim nicht (mehr) tarifgebundenen Arbeitgeber, FS Säcker, 2011, 201; *Jacobs/Krois,* Keine Nachwirkung betriebsverfassungsrechtlicher Tarifnormen i. S. d. § 117 Abs. 2 BetrVG, ZTR 2011, 643; *Kocher,* Nachwirkung im Bereich tarifdispositiven Rechts am Beispiel von Tarifverträgen zu § 9 Nr. 2 AÜG, DB 2010, 900; *Kreft,* Tarifliche Vergütungsordnung und betriebliche Entlohnungsgrundsätze, FS Kreutz, 2010, 263; *Kreft,* Mitbestimmung bei Änderung von Entlohnungsgrundsätzen, FS Bepler, 2012, S. 317; *Leitmeier,* Funktionen und Unterschiede der Nachwirkung von Tarifverträgen und Betriebsvereinbarungen, 2009; *Lessner,* Dynamische tarifliche Blankettverweisung im Nachwirkungszeitraum – Tarifauslegung, SAE 2005, 169; *Oetker,* Nachwirkende Tarifnormen und Betriebsverfassung, FS Schaub, 1998, S. 535; *Reichold,* Notwendige Mitbestimmung als neue „Anspruchsgrundlage"? FS Konzen, 2006. S. 763; *Reichold,* Entgeltanspruch aufgrund Vergütungsordnung trotz fehlender Nachwirkung – Theorie der Wirksamkeitsvoraussetzung, RdA 2011, 311; *Rieble,* Die Flucht aus dem Tarifvertrag und ihre Behinderung durch die Tarifweitergeltung, Bitburger Gespräche – Jahrbuch 1998, S. 109; *Rinck,* Kollision von fortwirkenden Tarifnormen und Bezugnahmeklauseln bei Betriebsübergang, RdA 2010, 216; *Röger,* Ansprüche auf Sonderzuwendungen im Nachwirkungszeitraum eines Tarifvertrags bei Abschluss eines Anschlusstarifvertrags, DB 2005, 1058; *Rotter,* Nachwirkung der Normen eines Tarifvertrags, 1992; *Salamon,* § 87 BetrVG als Geltungsgrund tariflicher Vergütungsordnungen für Außenseiter? NZA 2012, 899; *Stein,* Zeitliche Begrenzung der Nachwirkung von Tarifnormen, AuR 2005, 30; *Thüsing,* Vereinbarte Betriebsratsstrukturen, ZIP 2003, 693; *Ulber,* Zur Nachwirkung von Tarifverträgen für die Leiharbeit, ZTR 2010, 287; *Vielmeier,* Keine Geltung von Tarifverträgen bei Gewerkschaftseintritt im Nachwirkungszeitraum – auch bei Anerkennungstarifvertrag, DB 2018, 516; *Weber/Gräf,* Nachwirkung betriebsverfassungsrechtlicher Tarifnormen nach § 117 Abs. 2 BetrVG, RdA 2012, 95; *Wiebauer,* Das vertragsrechtliche Fundament der Theorie der Wirksamkeitsvoraussetzung, RdA 2013, 364; *Wiese,* Geltung von Entlohnungsgrundsätzen und Mitbestimmung, RdA 2012, 332.

Übersicht

	Rn.
I. Funktion der Nachwirkung	1
II. Unmittelbare, aber nicht zwingende Nachwirkung	9
1. Wirkung und dogmatische Grundlegung	9
2. Tarifvertrag als Ausgangspunkt	11
a) Normativ geltender Tarifvertrag	11
b) Ende des Tarifvertrags	15
3. Erfasste Arbeitsverhältnisse	20
III. Reichweite der Nachwirkung	25
IV. Ablösung durch „andere Abmachung"	38
1. Begriff der Abmachung	38
2. Wirkung der Ersetzung	43
3. Andere Abmachungen	49
a) Tarifvertrag	49
b) Betriebsvereinbarung	54

	Rn.
c) Arbeitsvertrag	58
V. Ausdehnende Anwendung des § 4 Abs. 5 TVG	64
VI. Tariflicher Zugriff auf die Nachwirkung	71

I. Funktion der Nachwirkung

Nach § 4 Abs. 5 TVG wirken die Normen des Tarifvertrags auch nach dessen Beendigung nach, bis sie durch eine andere Abmachung ersetzt werden.[1] Damit bleibt zwar die unmittelbare Wirkung der tariflichen Normen erhalten, nicht jedoch die zwingende:[2] Eine andere Vereinbarung, auch eine für den Arbeitnehmer ungünstigere, kann die in § 4 Abs. 5 TVG angeordnete Nachwirkung deshalb ablösen. Eine zeitliche Begrenzung der Nachwirkung sieht § 4 Abs. 5 TVG nicht vor. Verfassungswidrig ist dies nicht.[3] **1**

Der **Zweck der Nachwirkung** wird deutlich, wenn man sie hinwegdächte: Eine unmittelbar den alten Tarifvertrag ablösende neue tarifliche Vereinbarung wird es regelmäßig nicht geben, schon, weil die arbeitskampfrechtliche Friedenspflicht erst mit Ablauf des Tarifvertrags endet, Verhandlungsblockaden also erst nach Ende der Normwirkung durch Arbeitskampf aufgelöst werden können. Für das einzelne Arbeitsverhältnis käme es dann zu einer inhaltlichen Leere, es müssten die gesetzlichen Auffangregelungen angewandt werden, so etwa § 612 Abs. 2 BGB mit der Anordnung des üblichen Entgelts oder die Mindestregelungen des BUrlG. Auch das Weisungsrecht des Arbeitgebers wäre regelmäßig weiter; Ansprüche gegen eine gemeinsame Einrichtung bestünden nicht mehr. **2**

Diese Folgen verhindert die Nachwirkung nach § 4 Abs. 5 TVG. Sie hat die Funktion des **Inhaltsschutzes.**[4] *Jacobs* und *Krois* konstatieren einen *horror vacui*.[5] Das Ende des Tarifvertrags führt nicht zur Inhaltsleere des Arbeitsverhältnisses oder zur Verschlechterung. Das Arbeitsverhältnis wird durch den Tarifvertrag weiter geregelt, bis eine andere Abmachung neue Regelungen setzt. Dabei spielt auch der Gedanke eine Rolle, dass die (bisherigen) tariflichen Regelungen gegenüber dem dispositiven Gesetzesrecht immer noch von der Richtigkeitsgewähr des Tarifvertrags profitieren.[6] Dieser Inhaltsschutz ist auch die Grundlage für die weit über die Grundsituation zweier nachfolgender Tarifverträge hinausreichende Bedeutung der Nachwirkung nach § 4 Abs. 5 TVG. **3**

Aus dieser Inhaltsfunktion lässt sich – gleichsam als deren Bestandteil – auch das Ziel des Gesetzes erkennen, **Rechtssicherheit** für das Arbeitsverhältnis zu schaffen, indem die tariflichen Normen weitergelten und nicht auf (durchaus unklares, § 612 Abs. 2 BGB) Gesetzesrecht zurückgegriffen werden muss. Eine Hauptfunktion der Nachwirkung vermag die herrschende Meinung darin aber zu Recht nicht zu erkennen.[7] **4**

§ 4 Abs. 5 TVG hat weiter eine **Brückenfunktion.**[8] Deshalb dient die Nachwirkung der Überbrückung des Zeitraumes zwischen Ende des vorherigen und Neuabschluss des nachfolgenden Tarifvertrags. Sie gewährleistet eine einheitliche Entwicklung des Tarif- **5**

---

[1] Zur Regelungsgeschichte siehe auch ausführlich NK-TVG/*Bepler* § 4 Rn. 878 ff.
[2] BAG 7.6.2017 – 1 ABR 32/15, AP GG Art. 9 Nr. 152 = NZA 2017, 1410; BAG 30.1.2013 – 4 AZR 306/11, AP TVG § 1 Tarifverträge: Musiker Nr. 25 = BeckRS 2013, 71114.
[3] BVerfG 3.7.2000 – 1 BvR 945/00, AP TVG § 4 Nachwirkung Nr. 36 = NZA 2000, 947; BAG 15.10.2003 – 4 AZR 573/02, NZA 2004, 387 = AP TVG § 4 Nachwirkung Nr. 4; BeckOKArbR/*Giesen* TVG § 4 Rn. 60.
[4] BAG 22.3.2017 – 4 AZR 462/16, AP TVG § 1 Bezugnahme auf Tarifvertrag Nr. 136 = NZA 2017, 587; BAG 18.3.1992 – 4 AZR 339/9, AP TVG § 3 Nr. 13 = NZA 1992, 700; BAG 26.4.1990 – 1 ABR 84/87, AP GG Art. 9 Nr. 57 = NZA 1990, 850; JKOS/*Oetker* § 8 Rn. 28; HMB/*Höpfner* Teil 9 Rn. 22; *Löwisch/Rieble* § 1 Rn. 743.
[5] *Jacobs/Krois* ZTR 2011 643 (643).
[6] NK-TVG/*Bepler* § 4 Rn. 846; HMB/*Höpfner* Teil 9 Rn. 22.
[7] Anders tendenziell *Jacobs/Krois* ZTR 2011 643 (643); siehe *Löwisch/Rieble* § 1 Rn. 736, die die Rechtssicherheitsfunktion an die Überbrückungsfunktion anknüpfen.
[8] BAG 25.10.2000 – 4 AZR 212/00, AP TVG § 4 Nachwirkung Nr. 38 = NZA 2001, 1146; JKOS/*Oetker* § 8 Rn. 28; HMB/*Höpfner* Teil 9 Rn. 23; ErfK/*Franzen* TVG § 4 Rn. 50; Wiedemann/Wank § 4 Rn.

werkes und hält den Regelungszusammenhang zwischen verschiedenen Tarifverträgen derselben Tarifvertragsparteien aufrecht. Ebenso nimmt sie auch Druck aus den Tarifvertragsverhandlungen.[9] Die Möglichkeit, dass auch durch untertarifliche Regelungsinstrumente wie Betriebsvereinbarung und Arbeitsvertrag die Nachwirkung beendet werden kann, steht der Annahme einer Brückenfunktion deshalb nicht entgegen, weil ein später abgeschlossener Tarifvertrag sich gegenüber diesen wieder durchzusetzen vermag.[10]

6 Inhalts- und Brückenfunktion stehen nebeneinander. Verfehlt ist es, der Nachwirkung lediglich Brückenfunktion zukommen zu lassen,[11] weil das die Rechtsnormwirkung tariflicher Regelungen nicht hinreichend aufnimmt.

7 In den genannten Funktionen erschöpft sich die Nachwirkung tariflicher Regelungen auch, denn eine allgemeine, betriebliche **Ordnungsfunktion** hat die Nachwirkung nicht.[12] Zwar ordnet sie die bislang tarifunterworfenen Arbeitsverhältnisse im Nachwirkungszeitraum weiter (→ § 231 Rn. 17ff.), das allerdings ist Ausfluss der auf das konkret tarifgebundene Arbeitsverhältnis zielenden Regelungsfunktion des Tarifvertrags.[13] Weil der Tarifvertrag aber darüber hinaus keine allgemeine Ordnungsmacht hat, kann diese auch – und erst recht – im Nachwirkungszeitraum nicht reüssieren. Unter anderem deshalb unterfallen auch Arbeitsverhältnisse, die erst im Nachwirkungszeitraum begründet wurden, nicht dem § 4 Abs. 5 TVG.[14]

8 Die weit herrschende Meinung setzt die Nachwirkung aber auch dann ein, wenn wegen eines von vornherein nicht in Aussicht stehenden nachfolgenden Tarifvertrags dem Arbeitsverhältnis eine inhaltliche Leere droht – wie etwa im Falle des Herauswanderns des Arbeitsverhältnisses aus dem Geltungsbereich des Tarifvertrags (→ § 233 Rn. 57f.). Damit erlangt § 4 Abs. 5 TVG eine weit über seine originäre Anwendungssituation hinausgehende Bedeutung.

II. Unmittelbare, aber nicht zwingende Nachwirkung

1. Wirkung und dogmatische Grundlegung

9 Weitergeltung der tariflichen Rechtsnormen nach § 4 Abs. 5 TVG bedeutet, dass zwar die unmittelbare, nicht aber die zwingende Wirkung der tariflichen Regelungen erhalten bleibt.[15] Damit wirken die tariflichen Regelungen fort, bis sie durch eine andere Abmachung, die nicht den Vorgaben des Günstigkeitsprinzips entsprechen muss,[16] abgelöst werden.

10 Die tariflichen Regelungen werden auch im Zeitraum der Nachwirkung nicht in das einzelne Arbeitsverhältnis transformiert, sondern sie wirken von außen auf das Arbeitsverhältnis ein, freilich ohne zwingende Wirkung.[17] Die **dogmatisch-legitimatorische Grundlage** der Weitergeltung im Nachwirkungszeitraum ist umstritten. Zum einen wird sie in der staatlichen Anordnung des § 4 Abs. 5 TVG allein gesehen,[18] zum anderen im

---

[9] HMB/*Höpfner* Teil 9 Rn. 23.
[10] HMB/*Höpfner* Teil 9 Rn. 23.
[11] So aber *Heinze/Ricken* ZfA 2001, 159 (165).
[12] *Jacobs/Krois* ZTR 2011 643 (645); dagegen auch *Löwisch/Rieble* § 1 Rn. 747.
[13] In diesem Sinne wohl auch BeckOKArbR/*Giesen* TVG § 4 Rn. 60.
[14] *Jacobs/Krois* ZTR 2011 643 (643).
[15] BAG 17.5.2000 – 4 AZR 363/99, AP TVG § 3 Verbandsaustritt Nr. 8 = NZA 2001, 453; BAG 28.1.1987 – 5 AZR 323/86, AP TVG § 4 Nachwirkung Nr. 16; BAG 29.1.1975 – 4 AZR 218/74, AP TVG § 4 Nachwirkung Nr. 8 = RdA 1975, 267; NK-TVG/*Bepler* § 4 Rn. 888; *Löwisch/Rieble* Rn. 824; Wiedemann/*Wank* § 4 Rn. 323; ErfK/*Franzen* TVG § 4 Rn. 50; HMB/*Höpfner* Teil 9 Rn. 39; anders auch die unmittelbare Wirkung verneinend *H. Hanau* NZA 2012, 825 (826).
[16] BAG 17.1.2006 – 9 AZR 41/05, AP TVG § 1 Bezugnahme auf Tarifvertrag Nr. 40 = NZA 2006, 923.
[17] HMB/*Höpfner* Teil 9 Rn. 27.
[18] BAG 16.8.1990 – 8 AZR 439/89, AP TVG § 4 Nachwirkung Nr. 19 = NZA 1991, 353; 29.1.1975 – 4 AZR 218/74, AP TVG § 4 Nachwirkung Nr. 8 = BeckRS 9998, 154043; 14.2.1973 – 4 AZR 176/72, AP TVG § 4 Nachwirkung Nr. 6 = BeckRS 9998, 154042; offen gelassen BAG 19.4.2012 – 6 AZR 622/10, AP TVÜ § 5 Nr. 9 = NZA-RR 2012, 642; HMB/*Höpfner* Teil 9 Rn. 29; HWK/*Henssler* TVG § 4 Rn. 7.

Tarifvertrag, der lediglich seine zwingende Wirkung verlöre und die Qualität seiner Rechtsgeltung ändere.[19] Damit läge der Grund der Nachwirkung letztlich in der privatautonomen Legitimation, die auch die tarifliche Normwirkung trägt.[20] Richtig ist hier zunächst, dass die Nachwirkung ohne eine gesetzliche Anordnung nicht zu erklären wäre, weil die Tarifvertragsparteien die normative Geltung zeitlich beschränkt haben. Diese aber sieht in § 4 Abs. 5 TVG vor, dass die Normen des Tarifvertrags *weiter*gelten,[21] was für den autonom-legitimatorischen Ansatz spricht. Zu unterschiedlichen Ergebnissen führen die verschiedenen Ansätze kaum – letztlich wird hier auch der (scheinbar überkommene) Streit zwischen der Delegationstheorie und der Theorie der kollektiven Privatautonomie fortgeführt: Weil auch hier auf die Problemfelder etwa der Geltung betrieblicher Normen verwiesen wird (→ § 230 Rn. 13 ff.).[22] *Löwisch* und *Rieble* verweisen aber auch auf das Problem der Auslandsgeltung nachwirkender Tarifnormen.[23]

2. Tarifvertrag als Ausgangspunkt

a) Normativ geltender Tarifvertrag. Die Nachwirkung schließt sich dabei an die Geltung der tariflichen Regelungen als Rechtsnormen an. Dabei ist grundsätzlich nicht von Bedeutung, ob diese Rechtsnormen durch Haus- oder Verbandstarifvertrag grundgelegt werden,[24] oder ob sie aufgrund der mitgliedschaftlichen Bindung oder durch die Erklärung der Allgemeinverbindlichkeit im tarifgebundenen Arbeitsverhältnis gelten. Auch im Fall des allgemeinverbindlichen Tarifvertrags kommt es grundsätzlich zur Nachwirkung.[25] Das ist freilich dann nicht zwangsläufig, wenn die **Allgemeinverbindlichkeit** mit dem zeitlichen Ende des Tarifvertrags endet. Auch dann wird aber von der herrschenden Meinung wegen des Inhaltsschutzes für das einzelne Arbeitsverhältnis die entsprechende Anwendung des § 4 Abs. 5 TVG befürwortet.[26]

Die Regelungen des nachwirkenden Tarifvertrags wirken somit **statisch** fort – die weitere Tarifentwicklung ist nur durch Abschluss eines neuen Tarifvertrags möglich, der freilich die Nachwirkung beendet.[27] Das wirkt sich auch auf die dynamische Verweisung eines Tarifvertrag auf einen anderen Tarifvertrag oder das (dispositive) Gesetz aus: Es kommt mit Eintritt der Nachwirkung zum Einfrieren des Verweises auf den Stand zum Zeitpunkt der Beendigung des verweisenden Tarifvertrags.[28] Änderungen des Tarifvertrags, auf den verwiesen wird, können also das Arbeitsverhältnis im Nachwirkungszeitraum nicht mehr ergreifen. Das gilt auch für Anerkennungs- und Anschlusstarifverträge – auch hier kommt es allein auf die Nachwirkung des „Scharniertarifvertrags" an.[29]

---

[19] Gamillscheg KollArbR I § 18 VII 1b; NK-TVG/*Bepler* § 4 Rn. 886.
[20] *Löwisch/Rieble* § 4 Rn. 750; siehe auch die vermittelnde Ansicht von *Jacobs/Krois* ZTR 2011, 645 (647).
[21] NK-TVG/*Bepler* § 4 Rn. 886.
[22] *Jacobs/Krois* ZTR 2011, 645 (647).
[23] *Löwisch/Rieble* § 4 Rn. 752.
[24] HMB/*Höpfner* Teil 9 Rn. 33.
[25] BAG 25.10.2017 – 4 AZR 375/16, BeckRS 2017, 145016; BAG 25.1.2017 – 4 AZR 517/15, AP TVG § 1 Bezugnahme auf Tarifvertrag Nr. 137 = NZA 2017, 1623; BAG 25.1.2017 – 4 AZR 521/15, BeckRS 2017, 117401; BAG 11.2.2009 – 5 AZR 168/08, AP TVG § 4 Ausschlussfristen Nr. 192 = NZA 2009, 687; BAG 17.1.2006 – 9 AZR 41/05, AP TVG § 4 Bezugnahme auf Tarifvertrag Nr. 40 = NZA 2006, 923; BAG 25.10.2000 – 4 AZR 212/00, AP TVG § 4 Nachwirkung Nr. 38 = NZA 2001, 1146; *Wiedemann/Wank* § 5 Rn. 125; NK-TVG/Bepler § 4 Rn. 961; ErfK/*Franzen* TVG § 5 Rn. 26; BeckOKArbR/*Giesen* TVG § 4 Rn. 62; aA Sittard, Tarifnormerstreckung S. 289; *Creutzfeldt* FS Bepler S. 45, 48 ff.
[26] BAG 25.10.2000 – 4 AZR 212/00, AP TVG § 4 Nachwirkung Nr. 38 = NZA 2001, 1146; BAG 27.11.1991 – 4 AZR 211/91, AP TVG § 4 Nachwirkung Nr. 22 = NZA 1992, 800; Kempen/Zachert/*Kempen* § 4 Rn. 734; § 5 Rn. 24; NK-TVG/*Bepler* Rn. 961; Wiedemann/*Wank* § 5 Rn. 125; BeckOK ArbR/*Giesen* TVG § 4 Rn. 62.
[27] BAG 4.4.2001 – 4 AZR 215/00, AP TVG § 3 Verbandsaustritt Nr. 9 = NZA 2002, 104; HMB/*Höpfner* Teil 9 Rn. 41; ErfK/*Franzen* TVG § 4 Rn. 51.
[28] BAG 4.4.2001 – 4 AZR 215/00, NZA 2002, 104; HMB/*Greiner* Teil 9 Rn. 41; ErfK/*Franzen* TVG § 4 Rn. 51.
[29] BAG 7.5.2008 – 4 AZR 229/07, AP TVG § 1 Nr. 45; Thüsing/Braun/*Forst* 7. Kap. Rn. 81.

13 Für das Ende einer RVO nach § 7 AEntG soll das nicht gelten, weil die RVO als staatliche Rechtsquelle an ihren Ablauf gebunden sei, danach ist sie nicht mehr legitimiert.[30] Das lässt freilich die Überbrückungs- und Inhaltsschutzfunktion der Nachwirkung außen vor.[31] Es ist aus diesem Grund überzeugend, solche RVO mit Nachwirkung zu versehen, die „tarifnah" sind und insbesondere als Ausgangspunkt der Regelung einen Tarifvertrag haben – das gilt für RVO nach §§ 7, 7a AEntG.[32] Wegen § 13 AEntG auch für die RVO nach § 11 AEntG im Pflegebereich.

14 Das Verhältnis eines beendeten Haustarifvertrags zu einem normativ wirkenden Flächentarifvertrag ist Gegenstand stetiger Diskussion. Hier ist zunächst zu fragen, ob die Parteien des Haustarifvertrags auch konkludent nicht die Nachwirkung überhaupt ausgeschlossen haben (→ Rn. 37). Tiefer berührt die Frage die Anwendung der zur Auflösung der Tarifkonkurrenz entwickelten Prinzipien auf den genannten Fall. Haben die Haustarifvertragsparteien keine Vorsorge getroffen, so geht der normativ wirkende Tarifvertrag dem lediglich nachwirkenden Tarifvertrag vor – die Nachwirkung ist entbehrlich, es bedarf weder des Inhaltsschutzes noch der Brückenfunktion.[33] Die Anwendung des Spezialitätsgrundsatzes mit der Folge, dass sich der nachwirkende Haustarifvertrag durchsetzt, geht fehl.[34]

15 b) Ende des Tarifvertrags. Die Nachwirkung des § 4 Abs. 5 TVG knüpft zunächst an das zeitliche Ende des Tarifvertrags an. Damit ist zuerst der Ablauf der vereinbarten Frist des Tariflaufs gemeint. Allerdings ist es grundsätzlich gleichwertig, aus welchem Grund der Tarifvertrag nicht mehr gilt – ob durch schlichten Zeitablauf, Aufhebungsvertrag oder ordentliche Kündigung des Tarifvertrags.[35]

16 Freilich wird hier darauf hingewiesen, dass im Falle der **Kündigung aus wichtigem Grund,** die die sofortige Beendigung des Tarifvertrags herbeiführt, die Nachwirkung der tariflichen Normen kontraindiziert wäre, weil es nicht gelänge, die Wirkung der Tarifnormen hier zu beenden und der Tarifvertrag trotz Unzumutbarkeit weiter gölte – ein Widerspruch zum Zweck der außerordentlichen Kündigung. Deshalb wird hier für den Fall der außerordentlichen Kündigung eine teleologische Reduktion des § 4 Abs. 5 TVG vorgeschlagen.[36] Dieser nachvollziehbare Einwand sticht aber nicht, weil die Funktion des § 4 Abs. 5 TVG für das einzelne Arbeitsverhältnis einen Inhaltsschutz zu bieten, auch dann greifen muss, wenn zwischen den Tarifvertragsparteien auf der schuldrechtlichen Ebene ein Grund zur außerordentlichen Kündigung gegeben ist. Hier setzt sich der Inhaltsschutz mit der (eingeschränkten) Aufrechterhaltung der Normwirkung durch.[37] Richtig wird auch darauf hingewiesen, dass die statische Nachwirkungsgeltung gerade im Entgeltbereich regelmäßig der dynamisch angelegten Regelung durch § 612 Abs. 2 BGB vorzuziehen ist.[38] Zudem besteht zwischen der Unzumutbarkeit des Festhaltens am Vertrag durch die kündigende Tarifvertragspartei und der Unzumutbarkeit am Normvollzug nicht immer einer Deckung.[39] Ist es aber gerade das Festhalten an (bestimmten) tariflichen Normen, so wird vorgeschlagen, nur bei diesen unzumutbaren tariflichen Regelungen die

---

[30] BAG 20.4.2011 – 8 AZR 366/00, AP AEntG § 1 Nr. 28 = NZA 2011, 1105; siehe dazu auch *Sittard* NZA 2012, 303.
[31] Deshalb ablehnend HMB/*Höpfner* Teil 9 Rn. 34; *Löwisch/Rieble* § 4 Rn. 776 ff.
[32] *Löwisch/Rieble* § 4 Rn. 780; Wiedemann/*Wank* § 4 Rn. 332 ff.; *Herschel* ZfA 1976, 89 (99).
[33] BAG 19.1.1962 – 1 AZR 147/61, AP TVG § 5 Nr. 11 = NJW 1962, 1314.
[34] HWK/*Henssler* TVG § 4 Rn. 50; JKOS/*Jacobs* § 7 Rn. 225; offen gelassen BAG 4.7.2007 – 4 AZR 491/96, AP TVG § 4 Nr. 35 = NZA 2008, 307; BAG 20.4.2005 – 4 AZR 288/04, AP TVG § 4 Nachwirkung Nr. 43 = NZA 2005, 1360.
[35] JKOS/*Oetker* § 8 Rn. 32.
[36] *Bauer/Diller* DB 1993, 1085.
[37] ErfK/*Franzen* TVG § 4 Rn. 56; NK-TVG/*Bepler* § 4 Rn. 930; Wiedemann/*Wank* § 4 Rn. 49; im Ergebnis auch HMB/*Höpfner* Teil 9 Rn. 36; offen gelassen BAG 18.6.1997 – 4 AZR 710/95, AP TVG § 1 Kündigung Nr. 2.
[38] HMB/*Greiner* Teil 9 Rn. 36 mwN.
[39] JKOS/*Oetker* § 8 Rn. 33.

Nachwirkung auszusetzen.⁴⁰ Das aber erfordert eine Bewertung der Normlast des Tarifvertrags – die sich auch im Hinblick auf den Regelungskomplex des gesamten Tarifvertrags nur schwer treffen lassen wird. Zudem: Schutzziel der Nachwirkung ist das einzelne Arbeitsverhältnis, hier kann auf dem Boden der Nachwirkung entsprechende Abhilfe durch eine andere Abmachung getroffen werden.⁴¹

Ein **angefochtener Tarifvertrag** wirkt nicht nach. Hier wird richtig darauf hingewiesen, dass – im Gegensatz zu Kündigung – ein Tarifvertrag von vornherein nicht bestand. Dass die Anfechtung bisweilen ex nunc angenommen wird (→ § 234 Rn. 37 ff.), ändert an dieser dogmatischen Zwangsläufigkeit nichts.⁴² 17

Durch die Vorgabe der **Nichtanwendbarkeit des Minderheitentarifvertrags nach Maßgabe der Majoritätsregelung des § 4a Abs. 2 TVG** stellt sich auch die Frage nach dessen Nachwirkung. *Löwisch* und *Rieble* sehen in der angeordneten Nichtanwendbarkeit ebenfalls das Ende des Tarifvertrags und befürworten dessen Nachwirkung nach § 4 Abs. 5 TVG.⁴³ Richtig ist, dass ein Entfall der Nachwirkung die bisher an den Minderheitentarifvertrag gebundenen Arbeitsverhältnisse, die nicht über eine schuldrechtliche Bezugnahme aufgefangen werden, letztlich inhaltsleer zurücklässt. Das steht in krassem Widerspruch zur Inhaltsschutzfunktion der Nachwirkung.⁴⁴ Die Literatur nimmt dazu nicht ausdrücklich Stellung, sieht aber die Verdrängungswirkung und den Subsidiaritätszweck des § 4a TVG im Vordergrund, so dass (wohl) von einer nicht eintretenden Nachwirkung ausgegangen wird.⁴⁵ Das zeigt die unsystematische Regelung des § 4a TVG, ist im Ergebnis aber richtig, weil der Grundsatz der Tarifeinheit gerade die Verdrängung des Minderheitentarifvertrags will. Eine Nachwirkung böte dafür keine Gewähr und auch nicht den Anreiz zur Entwicklung präventiver Regelungen. 18

Wirkt der Mehrheitstarifvertrag im Sinne des § 4a Abs. 2 S. 2 TVG nach, so verliert er seine verdrängende Wirkung.⁴⁶ In seiner Entscheidung zu § 4a TVG stellt das BVerfG auf das Laufzeitende des Tarifvertrags ab – als Konsequenz des grundrechtssensiblen Tarifentfalls.⁴⁷ Deshalb lebt ein bisher verdrängter Minderheitenvertrag nach dem Laufzeitende des Mehrheitstarifvertrags wieder auf. Das wird unter Verweis auf die lediglich notwendige unmittelbare Wirkung anders gesehen.⁴⁸ 19

3. Erfasste Arbeitsverhältnisse

Damit ändert sich für das Arbeitsverhältnis in der Anwendung und den Voraussetzungen der tariflichen Normen im Nachwirkungszeitraum zunächst nichts: Auch dann, wenn die **Voraussetzungen** für eine tarifliches Recht erst im Nachwirkungszeitraum vorliegen, kommt es zur Entstehung des Rechtes – weil der Tarifvertrag nach wie vor unmittelbar regelt. 20

Umstritten ist es, ob auch Arbeitsverhältnisse, die erst im Nachwirkungszeitraum eines Tarifvertrags **begründet werden,** der Normgeltung unterfallen. Das wird mit dem Argument vertreten, dass die Normwirkung im Nachwirkungszeitraum bestehen bliebe.⁴⁹ Richtig ist das aber nicht, wie schon der Blick auf den Wortlaut des § 4 Abs. 5 TVG zeigt, der die Weitergeltung der tariflichen Normen anordnet, um den Inhaltsschutz für 21

---

⁴⁰ *Oetker* RdA 1995, 82 (95); *Otto* FS Kissel, S. 787 (794).
⁴¹ *Löwisch/Rieble* § 4 Rn. 784. Zur entsprechenden Senkung der Voraussetzungen einer Massenänderungskündigung siehe Wiedemann/*Wank* § 4 Rn. 49; NK-TVG/*Bepler* § 4 Rn. 931.
⁴² *Löwisch/Rieble* § 4 Rn. 770.
⁴³ *Löwisch/Rieble* § 4 Rn. 799 ff.; § 4a Rn. 192.
⁴⁴ Siehe *Löwisch/Rieble* § 4 Rn. 800 mit instruktivem Beispiel.
⁴⁵ Siehe BeckOKArbR/*Giesen* TVG § 4a Rn. 21; ErfK/*Franzen* TVG § 4a Rn. 17; wohl auch NK-TVG/*Bepler* § 4 Rn. 938.
⁴⁶ ErfK/*Franzen* TVG § 4a Rn. 8.
⁴⁷ BVerfG 11.7.2017 – 1 BvR 1571/15, NZA 2017, 915; dazu *Rieble* NZA 2017, 1157 (1158).
⁴⁸ HMB/*Greiner* Teil 9 Rn. 115; *Bepler* JbArbR 53 (2016), 23, 31 f.
⁴⁹ So *Wiedemann/Wank* TVG § 4 Rn. 332; *Kempen/Zachert/Kempen* TVG § 4 Rn. 722; NK-TVG/*Bepler* § 4 Rn. 887 ff.

diese Arbeitsverhältnisse zu gewährleisten.[50] Das schließt aber solche Arbeitsverhältnisse aus, bei denen die Normgeltung noch nie vorlag, weil sie erst nach Beendigung des Tarifvertrags begründet wurden.[51] Zudem greift der Zweck der Nachwirkung, eine Inhaltsleere des Arbeitsvertrages zu verhindern, in diesen Fällen nicht, weil die Arbeitsvertragsparteien bei Vertragsschluss den Inhalt des Arbeitsverhältnisses frei vereinbaren können.

22 Ein Arbeitsverhältnis, dessen **Befristung** nach dem Ende des Tarifvertrags ausläuft und das unmittelbar verlängert wird, unterfällt auch entgegen der Rechtsprechung weiterhin der Nachwirkung.[52] Derselbe Gedanke kann für die Begründung von Arbeitsverhältnissen während des Nachwirkungszeitraumes fruchtbar gemacht werden, wenn zuvor unmittelbar ein tariflich geregeltes Ausbildungsverhältnis bestand.[53]

23 Weil eine zuvor bestehende normative Wirkung vorausgesetzt ist, erfasst die Nachwirkung auch nicht den Fall, dass ein Arbeitsverhältnis zwar schon während des Laufs des Tarifvertrags bestand, der Arbeitnehmer allerdings erst im Nachwirkungszeitraum in die **tarifschließende Gewerkschaft** eintritt – auch dann gibt es keinen normativen Anknüpfungspunkt für die Nachwirkung.[54]

24 Richtig ist es freilich auch, dass die in Arbeitsverträgen regelmäßig **vereinbarte Bezugnahme** auf den Tarifvertrag auch den nachwirkenden Tarifvertrag zu erfassen vermögen.[55] Das schließt auch die Möglichkeit ein, dass die Arbeitsvertragsparteien erst im Nachwirkungszeitraum auf den Tarifvertrag Bezug nehmen.[56] Insgesamt gilt dies auch für die Möglichkeit, durch den nachwirkenden Tarifvertrag von tarifdispositiven Recht abzuweichen.[57] Ob sich freilich eine einzelvertragliche Bezugnahme auch auf den nachwirkenden Tarifvertrag bezieht oder ob sie mit Ende des Tarifvertrags enden soll, ist durch die Auslegung der entsprechenden Bezugnahmeklausel festzustellen.[58]

III. Reichweite der Nachwirkung

25 § 4 Abs. 5 TVG ordnet die Nachwirkung des Tarifvertrags nur für die **Rechtsnormen des Tarifvertrags** an, deren zwingende Wirkung entfällt. Während die unmittelbare Wirkung bestehen bleibt.

26 **Zeitlich** kennt § 4 Abs. 5 TVG keine Grenze – deshalb ist die oftmals zu lesende „ewige Nachwirkung" möglich.[59] *De lege lata* ist eine zeitliche Beschränkung der Nach-

---

[50] BAG 2.3.2004 – 1 AZR 271/03, AP TVG § 3 Nr. 31 = NZA 2004, 852; BAG 22.7.1998 – 4 AZR 403/97, AP TVG § 4 Nachwirkung Nr. 32 = NZA 1998, 1287; BAG 6.6.1958 – 1 AZR 515/57, BAGE 6, 90 = AP TVG § 4 Nachwirkung Nr. 1 = NJW 1958, 1843; HMB/*Höpfner* Teil 9 Rn. 42.
[51] BAG 27.9.2017 – 4 AZR 630/15, AP TVG § 4 Nachwirkung Nr. 53; BAG 2.3.2004 – 1 AZR 271/03, AP TVG § 3 Nr. 31 = NZA 2004, 852; BAG 22.7.1998 – 4 AZR 403/97, AP TVG § 4 Nachwirkung Nr. 32 = NZA 1998, 1287; BAG 6.6.1958 – 1 AZR 515/57, AP TVG § 4 Nachwirkung Nr. 1 = NJW 1958, 1843; HMB/*Höpfner* Teil 9 Rn. 42; ErfK/*Franzen* TVG § 4 Rn. 53; BeckOK ArbR/*Giesen* TVG § 4 Rn. 64.
[52] *Löwisch/Rieble* § 4 Rn. 815; aA BAG 5.8.2009 – 10 AZR 1006/08, AP TVG § 4 Nr. 32 = NZA 2009, 1439; 20.9.2006 – 10 AZR 770/05, AP TVG § 1 Bezugnahme auf Tarifvertrag Nr. 41 = NZA 2007, 288.
[53] BAG 7.5.2008 – 4 AZR 288/07, AP TVG § 4 Nr. 30 = NZA 2008, 886; BeckOK ArbR/*Giesen* TVG § 4 Rn. 64.
[54] BAG 27.9.2017 – 4 AZR 630/15, AP TVG § 4 Nachwirkung Nr. 53 = NZA 2018, 177; BAG 15.11.2006 – 10 AZR 665/05, AP TVG § 4 Tarifkonkurrenz Nr. 34 = NZA 2007, 448; BAG 11.6.2002 – 1 AZR 390/01, AP BetrVG § 87 1972 Lohngestaltung Nr. 113 = NZA 2003, 570; BAG 7.11.2001 – 4 AZR 703/00, AP TVG § 3 Verbandsaustritt Nr. 11 = NZA 2002, 748; BAG 10.12.1997 – AZR 247/96, AP TVG § 3 Nr. 20 = NZA 1998, 484; ErfK/*Franzen* TVG § 4 Rn. 53; *Löwisch/Rieble* § 4 Rn. 814; HMB/*Höpfner* Teil 9 Rn. 34; JKOS/*Oetker* § 8 Rn. 3.
[55] BAG 18.9.2012 – 9 AZR 1/11, AP BUrlG § 7 Abgeltung Nr. 96 = NZA 2013, 216; BAG 20.9.2006 – 10 AZR 33/06, AP TVG § 1 Bezugnahme auf Tarifvertrag Nr. 42 = NZA 2007, 164; JKOS/*Oetker* § 8 Rn. 31.
[56] BAG 18.9.2012 – 9 AZR 1/11, AP BUrlG § 7 Abgeltung Nr. 96 = NZA 2013, 216.
[57] Siehe dazu NK-TVG/*Bepler* § 4 Rn. 925 ff.
[58] BAG 20.9.2006 – 10 AZR 33/06, AP TVG § 1 Bezugnahme auf Tarifvertrag Nr. 42 = NZA 2007, 164; BeckOKArbR/*Giesen* TVG § 4 Rn. 64.
[59] *Löwisch/Rieble* § 4 Rn. 756.

wirkung aus dem Gesetz nicht leistbar – obwohl verschiedene Vorschläge unterbreitet wurden: Für betriebsverfassungsrechtliche Organisationsnormen wird dies besonders diskutiert (→ Rn. 34). Dort ist das Problem besonders virulent, weil kaum andere Abmachungen als ersetzende Instrumente in Frage kommen. Gewissheit brachte die Diskussion indes nicht. Als Lösung dieses Problems wird deshalb nicht die Einschränkung der zeitlichen Dauer der Nachwirkung angesehen, sondern die Erleichterung der Ersetzung dieser Nachwirkung durch eine andere Abmachung. Damit steht für nachwirkende Individualnormen insbesondere die Möglichkeit einer erleichterten Änderungskündigung in Rede.[60]

Die Nachwirkung des Tarifvertrags belässt es beim tariflichen Vorrang vor dem **tarifdispositivem Gesetzesrecht**.[61] Es kommt also nicht zu einer Rückkehr zum gesetzlichen Standard. Die entgegensetzte Meinung, die von einer Prüfung jeder einzelnen tarifdispositiven Vorschrift im Hinblick auf ihre „Nachwirkungsfestigkeit" ausgeht,[62] geht fehl, weil sie im Gesetz keine Stütze findet: § 4 Abs. 5 TVG kennt eine entsprechende Änderung des Blickwinkels nicht.[63] Deshalb gilt in der Konsequenz, dass eine schuldrechtliche Bezugnahme auf einen entsprechenden Tarifvertrag auch im Nachwirkungszeitraum zu respektieren ist, wenn das tarifdispositive Recht diese Bezugnahme zulässt, wie etwa § 13 BUrlG. 27

Schuldrechtliche Regelungen – auch die dem Tarifvertrag immanenten wie Friedenspflicht[64] und Durchführungspflicht – wirken deshalb nicht nach,[65] das ist schon deshalb folgerichtig, weil sie nicht von der Funktionen des Inhaltsschutzes betroffen sind.[66] Hinzu kommt für die Friedenspflicht, dass deren Entfall gerade der Brückenfunktion dient, weil nun durch Arbeitskampf ein neuer Tarifvertrag erreicht werden kann.[67] Freilich können die Tarifvertragsparteien durch entsprechenden Tarifvertrag die Friedenspflicht eigens verlängern.[68] 28

Die **Individualnormen** des Tarifvertrags (→ § 239 Rn. 1 ff.) wirken grundsätzlich nach. Das gilt letztlich auch für Abschlussnormen, allerdings wird deren Nachwirkung aus zwei Gründen kaum praktisch: zum einen werden nach richtiger Meinung erst im Nachwirkungszeitraum begründete Arbeitsverhältnisse nicht von § 4 Abs. 5 TVG erfasst (→ Rn. 21), damit gelten auch tarifliche Abschlussnormen nicht; zum anderen wäre der neue Arbeitsvertragsschluss bei angenommener Nachwirkung selbst eine andere Abmachung im Sinne des § 4 Abs. 5 TVG, die die tariflichen Abschlussnormen verdrängen kann.[69] Richtig wird freilich darauf hingewiesen, dass nachwirkende Abschlussnormen entsprechende Betriebsvereinbarungen wegen § 77 Abs. 3 S. 1 BetrVG sperren können.[70] 29

Für **tarifliche Entgeltstrukturen** gilt im Nachwirkungszeitraum zunächst, dass diese nach wie vor ein betriebliches Vergütungssystem vorgeben, das für die Zustimmungsrechte des Betriebsrates nach § 99 Abs. 1 BetrVG maßgeblich ist.[71] Allerdings kennt die 30

---

[60] HMB/*Greiner* Teil 9 Rn. 58; *Henssler,* FS Picker, S. 987 (101).
[61] BAG 15.10.2003 – 4 AZR 573/02, AP TVG § 4 Nachwirkung Nr. 4 = NZA 2004, 387; NK-TVG/ *Bepler* § 4 Rn. 920; BeckOK ArbR/*Giesen* TVG § 4 Rn. 62; Wiedemann/*Wank* § 4 Rn. 334; HMB/ *Greiner* Teil 9 Rn. 43; TB/*Forst* 7. Kap. Rn. 81; offen gelassen HWK/*Henssler* TVG § 4 Rn. 9.
[62] *Herschel* ZfA 1976, 89 (99).
[63] NK-TVG/*Bepler* § 4 Rn. 921.
[64] BAG 14.2.1973 – 4 AZR 176/72, AP TVG § 4 Nachwirkung Nr. 6 = BeckRS 9998, 154042; NK-TVG/*Bepler* § 4 Rn. 916.
[65] HMB/*Höpfner* Teil 9 Rn. 39; HWK/*Henssler* TVG § 4 Rn. 7; NK-TVG/*Bepler* § 4 Rn. 939.
[66] ErfK/*Franzen* TVG § 4 Rn. 55.
[67] HMB/*Greiner* Teil 9 Rn. 39.
[68] NK-TVG/*Bepler* § 4 Rn. 916: Möglichkeit der „Abkühlungsphase"; siehe auch BAG 31.10.1958 – 1 AZR 632/57, AP GG Art. 9 Arbeitskampf Nr. 2.
[69] BAG 18.4.1977 – 4 AZR 47/76, AP BAT § 4 Nr. 4 = DB 1977, 2145; ErfK/*Franzen* TVG § 4 Rn. 55; HMB/*Höpfner* Teil 9 Rn. 40; NK-TVG/*Bepler* § 4 Rn. 943.
[70] NK-TVG/*Bepler* § 4 Rn. 944.
[71] BAG 23.8.2016 – 1 ABR 15/14, AP BetrVG 1972 § 99 Nr. 148 = NZA 2017, 74 Rn. 24; 14.4.2010 – 7 ABR 91/08, AP BetrVG 1972 § 99 Eingruppierung Nr. 44 = NZA-RR 2011, 83; 15.4.2008 – 1 AZR 65/07, BAGE 126, 237, AP BetrVG 1972 § 87 Lohngestaltung Nr. 133 = NZA 2008, 888.

Rechtsprechung hier eine massive nachwirkungsverstärkende und mitbestimmungsrechtlich begründete Stabilisierung: Weil diese tariflichen Regelungen auch kollektive betriebliche Vergütungsordnung seien, bedürfe deren Änderung der Mitbestimmung des Betriebsrats nach § 87 Abs. 1 Nr. 10 BetrVG, selbst wenn die Tarifvertragsparteien die Nachwirkung ausgeschlossen haben.[72] Diese betrifft dann aber nicht nur die ehemals tarifgebundenen, sondern auch die im Nachwirkungszeitraum eingestellten Arbeitnehmer. Zugleich wird dadurch aber auch der Arbeitsvertrag als ersetzende Abmachung ausgeschlossen: Nach der Theorie der notwendigen Mitbestimmung (→ § 318 Rn. 1 ff.) scheiterten entsprechende Arbeitsverträge am Mitbestimmungsrecht nach § 87 Abs. 1 Nr. 10 BetrVG, solange der Arbeitgeber nicht insgesamt nach der „Rasenmähermethode" die Entgeltstufen in einer betrieblichen Einheitsregelung kürzt.

31 Damit werden die Entgeltregelungen des Tarifvertrags mitbestimmungsrechtlich perpetuiert. Die Literatur sieht dies zu Recht kritisch, weil damit die verschiedenen individual- und kollektivrechtlichen Ebenen unzulässig verknüpft werden: Aus einer mitbestimmungsrechtlich begründeten Nachwirkung von Individualnormen eines Tarifvertrags resultieren Ansprüche für Arbeitnehmer, die von der Nachwirkung gar nicht erfasst werden dürfen. Die Rechtsprechung ist deshalb abzulehnen.[73]

32 **Beendigungsnormen** wirken nach – und genießen auch keinen besonderen Schutz.[74] Es gibt keinen Grund, die tariflichen Bestandsschutzregelungen zu privilegieren und ihre Nachwirkung mit der Unabdingbarkeit zu versehen.[75] Deshalb ist auch eine Änderungskündigung zur Beseitigung etwa der ordentlichen Unkündbarkeit (zumindest theoretisch) denkbar.[76]

33 **Betriebsnormen** wirken nach, freilich besteht hier das Problem, dass Ablösungsinstrumente nur begrenzt zur Verfügung stehen:[77] Einzelvertraglich gelingt dies grundsätzlich nicht, weil hier kein Zugriff auf die Regelungen gegenüber der gesamten Belegschaft erfolgen kann und eine Betriebsvereinbarung wird an § 77 Abs. 3 S. 1 BetrVG scheitern, sofern nicht der Bereich der sozialen Mitbestimmung betroffen ist. Eine ewige Nachwirkung muss in diesen Fällen verhindert werden.[78]

34 **Auch betriebsverfassungsrechtliche** Normen wirken nach. Allerdings besteht hier die Besonderheit, dass der Arbeitsvertrag immer als anderes Regelungsinstrument ausscheidet und die erzwingbare Betriebsvereinbarung regelmäßig und dass deshalb nur bei Einmütigkeit eine ersetzende Abmachung realisiert werden kann.[79] Das ist der Fall bei einigen betriebsverfassungsrechtlichen Normen des Tarifvertrags, etwa wenn sie organisatorische Sachverhalte wie bei §§ 3, 117 Abs. 2 BetrVG betreffen. In diesen Fällen kommt es potentiell zur ewigen Nachbindung, weil der Arbeitgeber eine andere Regelung schlicht nicht erzwingen kann.[80] Das BAG sieht das so.[81] Die Literatur widerspricht dem und will zum Teil die Nachwirkung betriebsverfassungsrechtlicher Regelungen gar nicht

---

[72] BAG 11.1.2011 – 1 AZR 310/09, AP BetrVG 1972 § 87 Lohngestaltung Nr. 137 = PflR 2011, 456; 14.4.2010 – 7 ABR 91/08, AP BetrVG 1972 § 99 Eingruppierung Nr. 44 = NZA-RR 2011, 83; 15.4.2008 – 1 AZR 65/07, AP BetrVG 1972 § 87 Lohngestaltung Nr. 133 = NZA 2008, 888; 2.3.2004 – 1 AZR 271/03, AP TVG § 3 Nr. 31 = NZA 2004, 852; 11.6.2002 – 1 AZR 390/01, AP BetrVG 1972 § 87 Lohngestaltung Nr. 113 = NZA 2003, 570.
[73] *Löwisch/Rieble* § 4 Rn. 820 ff.; *Wiese* RdA 2012, 335; *Reichold*, FS Konzen, S. 763; *Reichold* FS Konzen, S. 763; *Caspers*, FS Löwisch, S. 45 ff.; HMB/*Greiner* Teil 9 Rn. 52; *Henssler*, FS Picker, S. 987 (998).
[74] Anders *Däubler* Tarifvertragsrecht Rn. 1452.
[75] Richtig NK-TVG/*Bepler* § 4 Rn. 945; sowohl auch BAG 7.11.2001 – 4 AZR 703/00, NZA 2002, 748.
[76] *Löwisch/Rieble* § 4 Rn. 793; NK-TVG/*Bepler* § 4 Rn. 946; Wiedemann/*Wank* § 4 Rn. 346.
[77] BAG 26.4.1990 – 1 ABR 84/87, AP GG Art. 9 Nr. 57 = NZA 1990, 850; HWK/*Henssler* TVG § 4 Rn. 10.
[78] ErfK/*Franzen* TVG § 4 Rn. 55; aA NK-TVG/*Bepler* § 4 Rn. 950: Regelung durch Betriebsvereinbarung möglich.
[79] *Löwisch/Rieble* § 4 Rn. 852.
[80] Hübsch *Löwisch/Rieble* § 4 Rn. 758: „Petrifizierung".
[81] BAG 15.10.2003 – 4 AZR 573/02, AP TVG § 4 Nachwirkung Nr. 41 = NZA 2004, 387.

anerkennen⁸² oder auf die Auffangwirkung des BetrVG verweisen.⁸³ Andere wollen eine Befristung der Nachwirkung durch Rekurs auf den Rechtsgedanken des § 613a Abs. 1 S. 2 BGB erreichen,⁸⁴ an das Mandat des betreffenden Betriebsrats anknüpfen⁸⁵ oder aber die Verhandlungen zu einem neuen Organisationstarifvertrag ablaufen lassen.⁸⁶ Alle diese Vorschläge leiden an dogmatischen Unwuchten.⁸⁷ Am nächsten liegt noch die Koppelung der Nachwirkung solcher Regelungen an die entsprechenden Amtszeiten der auf der Grundlage des Organisationstarifvertrags gewählten Betriebsräte.⁸⁸ Allerdings wird zu Recht darauf hingewiesen, dass zuerst zu ermitteln ist, ob die Tarifvertragsparteien selbst die Nachwirkung ausgeschlossen oder beschränkt haben.⁸⁹

Regelungen über **gemeinsame Einrichtungen** wirken grundsätzlich ebenfalls nach.⁹⁰ **35** Allerdings wird hier eine Nachwirkung dann abgelehnt, wenn es zu einem Herauswandern aus dem Geltungsbereich des Tarifvertrags kommt und damit auch die Beitragspflicht des Arbeitgebers entfällt.⁹¹ Entfällt die gemeinsame Einrichtung durch entsprechenden Beschluss ihrer Träger, so geht die Nachwirkung ins Leere. Zudem kann der entsprechende Beschluss als andere Abmachung gesehen werden.⁹²

Der Nachwirkung unterfallen auch **prozessuale Normen**.⁹³ Das gilt auch für Tarif- **36** verträge über Bühnenschiedsgerichte (→ § 241 Rn. 3 ff.) im Sinne des § 101 Abs. 2 ArbGG.⁹⁴ Um die Nachwirkung zu ersetzen, wird eine Abmachung benötigt – ein bloßes einseitiges Nichtbesetzen des Schiedsgerichts führt deshalb noch nicht zum Ende der Nachwirkung.⁹⁵ Ein einvernehmliches Nichtbesetzen der Einigungsstelle führt freilich zum Entfall der Nachwirkung.⁹⁶

Wirkt ein **Haustarifvertrag** nach, so stellt sich die Frage nach dessen Verhältnis zu ei- **37** nem **geltenden Flächentarifvertrag**. Hier ist zunächst zu fragen, ob die Parteien des Haustarifvertrags auch konkludent nicht die Nachwirkung überhaupt ausgeschlossen haben, wie dies etwa bei Sanierungstarifverträgen regelmäßig der Fall ist. Haben sie dies nicht, so geht der normativ wirkende Tarifvertrag dem lediglich nachwirkenden Tarifvertrag vor – die Nachwirkung ist entbehrlich, es bedarf weder des Inhaltsschutzes noch der Brückenfunktion.⁹⁷ Zudem ergibt sich ein Vorrang des mitgliedschaftlich legitimierten Verbandstarifvertrags vor dem lediglich nachwirkenden Tarifvertrag. Die Anwendung des Spezialitätsgrundsatzes mit der Folge, dass sich der nachwirkende Haustarifvertrag durchsetzt,⁹⁸ geht fehl: Die Regelungen der Tarifkollision zielen auf den normativ wirkenden Tarifvertrag.⁹⁹

---

⁸² *Jacobs/Krois* ZTR 643, 645 ff.
⁸³ Etwa GK-BetrVG/*Franzen* § 3 Rn. 35.
⁸⁴ *Löwisch/Rieble* § 4 Rn. 763.
⁸⁵ BeckOK ArbR/*Giesen* TVG § 4 Rn. 63; *Giesen* Tarifvertragliche Rechtsgestaltung für den Betrieb, S. 521 ff.
⁸⁶ DKKW/*Trümner* BetrVG § 3 Rn. 166.
⁸⁷ NK-TVG/*Bepler* § 4 Rn. 913, der selbst freilich auf die Möglichkeit der Tarifvertragsparteien zur Regelung der Nachwirkung verweist.
⁸⁸ GK-BetrVG/*Franzen* § 3 Rn. 760; BeckOK ArbR/*Giesen* TVG § 4 Rn. 63; *Giesen* Tarifvertragliche Rechtsgestaltung für den Betrieb, S. 521 ff.
⁸⁹ NK-TVG/*Bepler* § 4 Rn. 952.
⁹⁰ BAG 12.2.1975 – 5 AZR 117/74, AP TVG § 4 Nr. 12 = DB 75, 1128; *Löwisch/Rieble* § 4 Rn. 795; NK-TVG/*Bepler* § 4 Rn. 953 ff.; BeckOK ArbR/*Giesen* TVG § 4 Rn. 63.
⁹¹ BAG 5.10.1993 – 3 AZR 586/92, AP BetrAVG § 1 Zusatzversorgungskassen Nr. 42 = NZA 1994, 848.
⁹² *Löwisch/Rieble* 795.
⁹³ BAG 3.9.1986 – 5 AZR 319/85, AP TVG § 4 Nachwirkung Nr. 12 = NZA 1987, 178; *Löwisch/Rieble* § 4 Rn. 797; NK-TVG/*Bepler* § 4 Rn. 947; siehe aber auch aber BAG 10.4.1996 – 10 AZR 722/95, AP ArbGG 1979 § 101 Nr. 4 = NZA 1996, 942.
⁹⁴ NK-TVG/*Bepler* § 4 Rn. 947.
⁹⁵ *Löwisch/Rieble* § 4 Rn. 979; so wohl auch NK-TVG/*Bepler* § 4 Rn. 947.
⁹⁶ NK-TVG/*Bepler* § 4 Rn. 947.
⁹⁷ BAG 19.1.1962 – 1 AZR 147/61, AP TVG § 5 Nr. 11 = NJW 1962, 1314.
⁹⁸ HWK/*Henssler* TVG § 4 Rn. 50; JKOS/*Jacobs* § 7 Rn. 225; offen gelassen BAG 4.7.2007 – 4 AZR 491/96, AP AVR Caritasverband § 12 Nr. 11 = NZA-RR 1998, 424; BAG 20.4.2005 – 4 AZR 288/04, AP TVG § 4 Nachwirkung Nr. 43 = NZA 2005, 1360.
⁹⁹ *Löwisch/Rieble* § 4 Rn. 836.

IV. Ablösung durch „andere Abmachung"

1. Begriff der Abmachung

38 Im Zeitraum der Nachwirkung entfällt die zwingende Wirkung der tariflichen Normen, sie können ohne Berücksichtigung des Günstigkeitsprinzips durch andere Abmachungen ersetzt werden.[100] Andere Abmachung ist jede andere Vereinbarung, die die Inhaltsleere überwinden kann. Damit stellt das Gesetz nicht nur auf einen nachfolgenden Tarifvertrag und damit die Brückenfunktion des § 4 Abs. 5 TVG ab, sondern auch auf die Betriebsvereinbarung und den Arbeitsvertrag. Dabei spielt es keine Rolle, ob diese Abmachungen freiwillig erfolgten oder nicht: Auch die Änderungskündigung, der Spruch der Einigungsstelle oder der durch die Tarifvertragsparteien angenommene Schlichterspruch (→ § 234 Rn. 69f.) führen zu einer Ablösung im Sinne des § 4 Abs. 5 TVG.[101]

39 § 4 Abs. 5 TVG kennt **kein Verschlechterungsverbot:** Deshalb kann die andere Abmachung auch für den Arbeitnehmer ungünstigere Regelungen setzen. Ein Vertrauen des Arbeitnehmers auf den erreichten „Sozialstand" gibt es nicht.[102] Das ist schon deshalb richtig, weil sich die Funktion der Nachwirkung nicht am Inhalt der jeweiligen durch die andere Abmachung gesetzten Regelungen misst, sofern sie tarifersetzend vereinbart werden und damit auf die Ablösung der tariflichen Regelungen zielen.

40 Die andere Abmachung ist also nicht lediglich auf den nachfolgenden Tarifvertrag der Tarifvertragsparteien des nachwirkenden Tarifvertrags begrenzt. Weil es § 4 Abs. 5 TVG nicht nur um die Brückenfunktion, sondern vor allem auch um den Inhaltsschutz zu tun ist, kommen auch Abmachungen anderer Vertragspartner in Frage – solange ihre Vereinbarung für das bisher tariflich geregelte Arbeitsverhältnis wirkt.[103] Das gilt ersichtlich für den Arbeitsvertrag und die Betriebsvereinbarung, aber auch für den Tarifvertrag – weshalb etwa ein Haustarifvertrag den nachwirkenden Verbandstarifvertrag ablösen kann.[104]

41 Wie diese Abmachungen zustande kommen, richtet sich nach den jeweiligen Voraussetzungen – die ersetzende Wirkung der anderen Abmachung wird nur bei deren **Wirksamkeit** ausgelöst. So ist für den Arbeitsvertrag auch die ändernde Wirkung durch eine betriebliche Übung möglich, besondere Formgebote müssen also nicht eingehalten werden.

42 § 4 Abs. 5 TVG sieht auf den ersten Blick eine **Abmachung nach Ende des Tarifvertrags** vor, weil die nachwirkenden tariflichen Regelungen ersetzt werden sollen. Ein notwendiges Abwarten bis zum Zeitablauf ist allerdings nicht zu fordern.[105] Sowohl der beabsichtigte Inhaltsschutz als auch die Brückenfunktion erlauben es, dass bereits während des laufenden Tarifvertrags Abmachungen für den Zeitraum nach dessen Ablauf getroffen werden.[106] So kann bereits dann ein nachfolgender Tarifvertrag geschlossen werden oder aber einzelvertragliche Vereinbarungen. Wesentlich dafür ist aber, dass diese Vereinbarungen gerade für die Zeit nach Ablauf des Tarifvertrags und damit für den (potentiellen) Nachwirkungszeitraum getroffen werden.[107] Hier ist auszulegen, die Arbeitsvertragsparteien müssen hier gerade und im Zusammenhang mit der möglichen Nachwirkung eigene

---

[100] BAG 20.4.2005 – 4 AZR 288/04, AP TVG § 4 Nachwirkung Rn. 43 = NZA 2005, 1360; BAG 15.10.2003 – 4 AZR 573/02, AP TVG § 4 Nachwirkung Nr. 41 = NZA 2004, 387.
[101] BAG 27.9.2001 – 2 AZR 236/00, AP TVG § 4 Nachwirkung Nr. 40 = NZA 2002, 750; *Löwisch/Rieble* § 4 Rn. 827.aA Kempen/Zachert/*Kempen* TVG § 4 Rn. 762.
[102] BeckOK ArbR/*Giesen* TVG § 4 Rn. 66.
[103] BeckOK ArbR/*Giesen* TVG § 4 Rn. 66.
[104] BAG 4.7.2007 – 4 AZR 439/06, AP TVG § 4 Nachwirkung Nr. 48 = NZA 2008, 552; *Löwisch/Rieble* § 1 Rn. 834.
[105] HMB/*Höpfner* Teil 9 Rn. 54.
[106] BAG 23.2.2005 – 4 AZR 186/04, AP TVG § 4 Nachwirkung Nr. 42 = NZA 2005, 1320; ErfK/*Franzen* TVG § 4 Rn. 64.
[107] BAG 1.7.2009 – 4 AZR 261/08, AP TVG § 3 Verbandsaustritt Nr. 14 = NZA 2010, 53; BAG 1.7.2009 – 4 AZR 250/08, AP TVG § 4 Nachwirkung Nr. 51 = NZA-RR 2010, 30; BAG 20.5.2009 – 4 AZR 230/08, AP TVG § 3 Nr. 42 = NZA-RR 2010, 591 = BB 2009, 1237; BAG 22.10.2008 – 4 AZR 789/07, AP TVG § 4 Tarifkonkurrenz Nr. 37 = NZA 2009, 265; BAG 17.1.2006 – 9 AZR 41/05, AP TVG § 1 Bezugnahme auf Tarifvertrag Nr. 40 = NZA 2006, 923; BAG 23.2.2005 – 4 AZR 186/04, AP TVG § 4 Nachwirkung Nr. 42 = NZA 2005, 1320; BeckOK ArbR/*Giesen* TVG § 4 Rn. 67.

IV. Ablösung durch „andere Abmachung"

Regelungen gesetzt haben. Die Forderung des BAG, die Vereinbarung für den Zeitraum der Nachwirkung müssen in unmittelbarem zeitlichen Zusammenhang mit der erwarteten Nachwirkung stehen,[108] überzeugt nicht. Zunächst ist unklar, wie dieser zeitliche Zusammenhang zu bestimmen ist, zum anderen stehen die Funktionen der Nachwirkung einer bereits frühzeitigen arbeitsvertraglichen Vereinbarung nicht entgegen, anstelle der nachwirkenden tariflichen, eigene Regelungen zu setzen.[109]

2. Wirkung der Ersetzung

Durch die andere Abmachung kommt es zur Ersetzung der nachwirkenden tariflichen **43** Regelungen. Deren unmittelbare Geltung wird aufgehoben, sie können das Arbeitsverhältnis nicht mehr umfassen. Deshalb kommt es bei einer Ersetzung durch Einzelvertrag oder Betriebsvereinbarung nicht zur Anwendung des Günstigkeitsprinzips, § 4 Abs. 3 2. Alt. TVG, und deshalb ist auch die Regelungsmacht der ablösenden Vereinbarung nicht auf tarifliche Öffnungsräume begrenzt.

Ersetzt eine tarifliche Regelung den nachwirkenden Tarifvertrag, gelten deshalb auch **44** nicht die Regelungen über die Tarifkollision.[110] Das wird für den ersetzenden Tarifvertrag, bei dem keine Parteienidentität besteht,[111] aber selbst bei bestehender Parteienidentität so gesehen.[112] Diese Meinung entlässt deshalb nur den Tarifvertrag aus der Kollisionslage, der erkennbar einen Ablösungswillen zeigt.[113] Hier geht der Verweis auf die Funktion der Nachwirkung aber fehl: Der Inhaltsschutz, der durch § 4 Abs. 5 TVG gewährleistet werden soll, wird auch durch jeden ersetzenden Tarifvertrag – ob mit oder ohne Parteienidentität – gewährleistet. Weil jeder Tarifvertrag Regelungswillen für sich beansprucht, geht letztlich auch die Suche nach einem speziellen Ablösungswillen ins Leere.

Damit setzt sich auch der bereits bestehende, bisher aber verdrängte normativ geltende **45** Tarifvertrag gegen den nunmehr nachwirkenden Tarifvertrag durch[114] – so dass etwa auch der bislang verdrängte allgemeinverbindliche Tarifvertrag sich nun gegen den mitgliedschaftlich legitimierten, aber nur nachwirkenden Tarifvertrag durchsetzt.[115]

Die andere Abmachung hat nur dann ersetzende Wirkung, wenn sie den Regelungsbe- **46** reich des nachwirkenden Tarifvertrags aufnimmt.[116] Ob die nachfolgende Abmachung durch ihre Regelungen die nachwirkenden tariflichen Regelungen ersetzt, ist durch Auslegung zu ermitteln – das kann ausdrücklich, teilweise oder auch durch Nichtregelung geschehen.[117] Kommt es zur **teilweisen Ersetzung,** gelten die abgrenzbaren, weil als solche sinnvollen nachwirkenden Regelungen des Tarifvertrags fort.[118] Ob lediglich punktuelle Regelungen ablösend sein sollen oder aber das gesamte Tarifwerk ersetzt werden soll, ist letztlich durch Auslegung der Abmachung zu ermitteln.[119] Für das erste wird viel beim Arbeitsvertrag sprechen, für das letzte beim Tarifvertrag. Insofern können die Parteien der ablösenden Abmachung durch Ausübung ihrer Ablösungsmacht die auch teilweise Weitergeltung des nachwirkenden Tarifvertrags steuern.

---

[108] BAG 1.7.2009 – 4 AZR 250/08, AP TVG § 4 Nachwirkung Nr. 51 = NZA-RR 2010, 30.
[109] So im Ergebnis auch HMB/*Höpfner* Teil 9 Rn. 55.
[110] BAG 4.7.2007 – 4 AZR 491/06, AP TVG § 4 Tarifkonkurrenz Nr. 35 = NZA 2008, 307; BAG 20.5. 2005 – 4 AZR 288/04, AP TVG § 4 Nachwirkung Nr. 43 = NZA 2005, 1360; Buchner, FS 50 Jahre BAG, 2004, S. 631 (639); *Löwisch/Rieble* FS Schaub 1998, S. 457 (462); *Löwisch/Rieble* § 1 Rn. 836; Wiedemann/*Wank* § 4 Rn. 290; BeckOK ArbR/*Giesen* TVG § 4 Rn. 23.
[111] NK-TVG/*Bepler* § 4 Rn. 861.
[112] JKOS/*Jacobs* § 7 Rn. 226; *Jacobs/Krois* FS Bepler, 2012, S. 241 (247).
[113] JKOS/*Jacobs* § 7 Rn. 225; HMB/*Greiner* Teil 9 Rn. 44.
[114] BeckOK ArbR/*Giesen* TVG § 4 Rn. 62.
[115] BAG 22.10.2008 – 4 AZR 798/07, AP TVG § 4 Tarifkonkurrenz Nr. 37 = NZA 2009, 265; *Löwisch/ Rieble* § 1 Rn. 836ff.
[116] BAG 21.10.2009 – 4 AZR 477/08, AP TVG § 4 Nachwirkung Nr. 50 = NZA-RR 2010, 477; ErfK/ *Franzen* TVG § 4 Rn. 64.
[117] HMB/*Höpfner* Teil 9 Rn. 48.
[118] BAG vom 21.10.2009 – 4 AZR 477/08, AP TVG § 4 Nachwirkung Nr. 50 = NZA-RR 2010, 477.
[119] *Löwisch/Rieble* § 1 Rn. 828ff.

47 Weil die zwingende Wirkung des Tarifvertrags im Nachwirkungszeitraum entfällt, greift auch ein **Unterlassungsanspruch wegen Abwehr der Störung der tariflichen Regelungsbefugnis** ins Leere.[120]

48 Die Nachwirkung des Tarifvertrags kann auch im Falle des **Betriebsüberganges** und ohne Beachtung der Sperrfrist des § 613a Abs. 1 S. 2 BGB durch eine andere Abmachung ersetzt werden.[121] Das ist – unabhängig davon, ob die Nachwirkung bereits zum Zeitpunkt des Betriebsüberganges eintrat oder dies erst später geschieht – schon deshalb richtig, weil § 613a Abs. 1 S. 2 BGB den gegebenen Schutz aufrechterhalten, aber keine Privilegierung schaffen will.[122]

3. Andere Abmachungen

49 a) **Tarifvertrag.** Bezogen auf die Brückenfunktion ist zunächst der Tarifvertrag die wesentliche andere Abmachung im Sinne des § 4 Abs. 5 TVG. Dabei kommt sowohl ein Haustarifvertrag als auch ein Verbandstarifvertrag in Betracht, weil die Tarifvertragsparteien nicht identisch sein müssen.[123] Ebenfalls hindert es die Nachwirkung eines Tarifvertrags nicht, wenn die Tarifvertragsparteien neben diesem (wie regelmäßig) noch andere, noch normativ geltende Tarifverträge geschlossen haben – außer etwas anderes ist tariflich vereinbart.[124] In welchem Umfang die Nachwirkung beendet werden soll, ergibt sich aus der Auslegung des Tarifvertrags:[125] So kann der nachfolgende Tarifvertrag seine normative Wirkung auch beschränken und einzelne nachwirkende Regelungen erhalten.[126]

50 Ist ein Tarifvertrag andere Abmachung, löst er die nachwirkenden Regelungen im Arbeitsverhältnis zunächst nur dann ab, wenn **beide Arbeitsvertragsparteien tarifgebunden** sind.[127] Dann tritt nach § 3 Abs. 1, 2 TVG die normative Wirkung der neuen tariflichen Regelungen ein, nach dem Prinzip der Einzelablösung.[128] Ein Tarifvertrag zwischen anderen Tarifvertragsparteien kann auf dieser Grundlage nur dann ablösende Regelung sein, wenn die Arbeitsvertragsparteien beide (auch oder erstmals) Mitglieder dieser Tarifvertragsparteien sind. Deshalb ist entgegen dem BAG nicht zwangsläufig die Identität der Tarifvertragsparteien zu fordern.[129] Hier wirkt sich dann auch der Austritt einer Arbeitsvertragspartei aus dem tarifschließenden Verband im Nachwirkungszeitraum aus: Es verbleibt dann bei der Nachwirkung des beendeten Tarifvertrags. Dadurch kann es zu einer Aufspaltung kommen – die mitgliedschaftlich gebundenen Arbeitsvertragsparteien nehmen an der ablösenden Wirkung des neuen Tarifvertrags teil, für die nicht (mehr) gebundenen verbleibt es dagegen bei der Nachwirkung des alten Tarifvertrags.[130]

51 Gilt der nachwirkende Tarifvertrag aufgrund der **Erklärung der Allgemeinverbindlichkeit** auch für Außenseiter, wird für diese die Nachwirkung entweder durch einen mitgliedschaftlich legitimierten Tarifvertrag oder aber durch einen Tarifvertrag abgelöst, der wiederum allgemeinverbindlich ist.[131] Schließen die Tarifvertragsparteien des allgemeinverbindlichen, nachwirkenden Tarifvertrags einen neuen, nun nicht mehr allgemein-

---

[120] BAG 7.6.2017 – 1 ABR 32/15, AP GG Art. 9 Nr. 152 = NZA 2017, 1410.
[121] BAG 29.8.2001 – 4 AZR 332/00, AP TVG § 1 Bezugnahme auf Tarifvertrag Nr. 17.
[122] NK-TVG/*Bepler* § 4 Rn. 918.
[123] *Löwisch/Rieble* § 4 Rn. 834.
[124] BAG 20.4.2005 – 4 AZR 288/04, AP TVG § 4 Nachwirkung Nr. 43 = NZA 2005, 1360.
[125] BAG 16.5.2012 – 4 AZR 366/10, AP TVG § 4 Nachwirkung Nr. 52 = NZA 2013, 220.
[126] *Löwisch/Rieble* § 4 Rn. 867.
[127] BAG 20.4.2005 – 4 AZR 288/04, AP TVG § 4 Nachwirkung Nr. 43 = NZA 2005, 1360; ErfK/*Franzen* TVG § 4 Rn. 61; HMB/*Höpfner* Teil 9 Rn. 46.
[128] BAG 28.5.1997 – 4 AZR 546/95, AP TVG § 4 Nachwirkung Nr. 26 = NZA 1998, 40; HMB/*Höpfner* Teil 9 Rn. 46.
[129] Anders BAG 23.8.2016 – 1 ABR 15/14, AP BetrVG 1972 § 99 Nr. 148 = NZA 2017, 74.
[130] BAG 24.11.1999 – 4 AZR 666/98, AP TVG § 4 Nachwirkung Nr. 34 = NZA 2000, 435; ErfK/*Franzen* TVG § 4 Rn. 61.
[131] BAG 27.11.1991 – 4 AZR 211/91, AP TVG § 4 Nachwirkung Nr. 22 = NZA 1992, 800; HMB/*Höpfner* Teil 9 Rn. 46.

IV. Ablösung durch „andere Abmachung" 52–56 § 261

verbindlichen Tarifvertrag, ist dieser für die Außenseiter also keine andere Abmachung im Sinne des § 4 Abs. 5 TVG.[132]

Weil auch der Arbeitsvertrag andere Abmachung im Sinne des § 4 Abs. 5 TVG ist, 52 kann auch eine **schuldrechtliche Bezugnahme** auf einen anderen Tarifvertrag die nachwirkenden Regelungen ablösen.[133] Das gilt etwa für eine große Bezugnahme, die auch Tarifverträge zwischen Tarifvertragsparteien aufnehmen kann, bei denen keine mitgliedschaftliche Verbindung zu den Arbeitsvertragsparteien gegeben ist.

Zur Frage des Verhältnisses vom beendeten Haustarifvertrag zum Flächentarifvertrag 53 siehe → Rn. 37.

b) Betriebsvereinbarung. Ersetzende Abmachung kann auch die Betriebsvereinbarung 54 sein. Diese ist etwa im Falle von **Betriebsnormen** oder bei **betriebsverfassungsrechtlichen Normen** regelmäßig jenseits der stets möglichen tariflichen Ersetzung das mögliche zweite Ersetzungsinstrument, weil der Arbeitsvertrag als ersetzende Abmachung nicht zur Verfügung steht: Für Betriebsnormen hat der Arbeitsvertrag auf das Betriebsverhältnis keinen Zugriff (→ § 287 Rn. 9, 21 ff.);[134] für betriebsverfassungsrechtliche Normen auch nicht. Hier ist jeweils zu prüfen, ob neben dem Tarifvertrag überhaupt eine Betriebsvereinbarung als ersetzende Abmachung in Frage kommt.[135] Problematisch ist das Instrument der Betriebsvereinbarung, wenn es zum einen zur Ersetzung der tariflichen Regelungen allein zur Verfügung steht und zum anderen das Einigungsstellenverfahren der erzwingbaren Mitbestimmung nicht angewandt werden kann. Das löst die Diskussion um die zeitliche Dimension tariflicher betriebsverfassungsrechtlicher Normen aus (→ Rn. 34).

Weil die Ersetzungswirkung aber nur bei Wirksamkeit der Abmachung eintritt, muss 55 sich die Betriebsvereinbarung über Arbeitsbedingungen an die betriebsverfassungsrechtlichen Vorgaben insbesondere im Hinblick auf ihre Stellung zum Tarifvertrag halten. Die Ersetzungsmöglichkeit des § 4 Abs. 5 TVG hebt nicht die Sperre des § 77 Abs. 3 S. 1 BetrVG aus, so dass bei Tarifüblichkeit einer Regelungsmaterie auch (und gerade) im Nachwirkungszeitraum keine Betriebsvereinbarung geschlossen werden kann. Die Berücksichtigung der **Tarifüblichkeit** in § 77 Abs. 3 S. 1 BetrVG greift maßgeblich im Nachwirkungszeitraum.[136] Das heißt konkret, dass dann keine ersetzende Betriebsvereinbarung möglich ist, wenn mit einem ersetzenden Tarifvertragsabschluss zu rechnen ist.[137] Wann das der Fall ist, unterliegt der Betrachtung im Einzelfall.[138] Das gilt nicht nur für den zu erwartenden Tarifvertrag zwischen den Tarifvertragsparteien des nachwirkenden Tarifvertrags, sondern auch bei nicht gegebener Parteienidentität. Haben die Tarifvertragsparteien im Tarifvertrag eine Öffnungsklausel nach § 77 Abs. 3 S. 2 BetrVG vereinbart, kann diese auch im Nachwirkungszeitraum genutzt und auch lediglich für den Nachwirkungszeitraum vereinbart werden.[139] Enthält dann der ersetzende Tarifvertrag eine solche Öffnungsklausel nicht mehr, führt dies zur Nichtigkeit der im Nachwirkungszeitraum geschlossenen Betriebsvereinbarung – es greifen die allgemeinen Mechanismen.

Im Fall der Mitbestimmung nach § 87 Abs. 1 BetrVG gilt nach richtiger Meinung die 56 Tarifsperre des § 77 Abs. 3 S. 1 BetrVG nicht (→ § 315 Rn. 54 ff.), so dass es auf den normativ wirkenden Tarifvertrag ankommt. Bloße (und im Nachwirkungszeitraum beste-

---

[132] BAG 27.11.1991 – 4 AZR 211/91, AP TVG § 4 Nachwirkung Nr. 22 = DB 1992, 1294; BeckOK ArbR/*Giesen* TVG § 4 Rn. 62.
[133] ErfK/*Franzen* TVG § 4 Rn. 61.
[134] *Löwisch/Rieble* § 4 Rn. 849.
[135] Siehe die Analyse bei *Löwisch/Rieble* § 4 Rn. 852.
[136] BAG 25.8.1983 – 6 ABR 40/82, AP BetrVG 1972 § 77 Nr. 7 = BeckRS 9998, 149779; ErfK/*Franzen* TVG § 4 Rn. 62; NK-TVG/*Bepler* § 4 Rn. 910: Die Nachwirkung „indiziert" die Tarifüblichkeit; BeckOK ArbR/*Giesen* TVG § 4 Rn. 65.
[137] *Löwisch/Rieble* § 1 Rn. 847.
[138] Siehe dazu auch *Oetker*, FS Schaub, 1998, S. 533 (552).
[139] HMB/*Höpfner* Teil 9 Rn. 50.

hende) Tarifüblichkeit reicht hier deshalb nicht aus, um eine ersetzende Betriebsvereinbarung zu verhindern.[140]

57 Eine **Regelungsabrede der Betriebsparteien** benötigt die arbeitsvertragliche Umsetzung – kann also nicht selbst ablösend wirken, „andere Abmachung" ist hier erst die Übernahme durch die Arbeitsvertragsparteien.[141]

58 **c) Arbeitsvertrag.** Die ersetzende arbeitsvertragliche Abmachung ist nicht an eine bestimmte Form gebunden, so dass eine Vereinbarung auch konkludent erfolgen kann. Es gelten die allgemeinen rechtsgeschäftlichen Regelungen, weshalb auch eine betriebliche Übung möglich ist, wegen § 151 BGB aber keine verschlechternde.[142] Das hat aber nichts mit den Vorgaben des § 4 Abs. 5 TVG zu tun, sondern ist allein rechtsgeschäftlich begründet.[143] Auch die Vereinbarung infolge einer Änderungskündigung ist andere Abmachung.[144]

59 Hier gibt es aber noch die Grenze der betrieblichen Normen, die der Arbeitsvertrag selbst nicht angreifen kann,[145] wenn dadurch die tariflich gesetzte betriebliche Ordnung gestört wird: Der einzelne Arbeitnehmer kann diese Ordnung mit dem Arbeitgeber nicht ändern, es fehlt hier grundsätzlich an der entsprechenden Vertragsmacht. Allerdings wird für vertragliche Einheitsregelungen vertreten, dass diese die Nachwirkung von Betriebsnormen beenden können.[146] Das setzte dann aber gleiche Abmachungen mit der gesamten Belegschaft voraus.

60 Arbeitsvertragliche Vereinbarung ist auch die schuldrechtliche **Bezugnahme auf einen anderen Tarifvertrag.**[147] Das freilich setzt voraus, dass die Bezugnahme im Arbeitsvertrag sich gerade auf den ablösenden Arbeitsvertrag bezieht. Hier ist etwa maßgeblich, dass nur der Tarifvertrag in Bezug genommen wird, der den Arbeitgeber tarifunmittelbar bindet – mithin eine Gleichstellungsabrede vorliegt.[148] Das Günstigkeitsprinzip gilt hier nicht.

61 Begrenzt wird die Ersetzungsmöglichkeit durch Arbeitsvertrag dort, wo der nachwirkende Tarifvertrag tarifdispositives Gesetzesrecht unterschreitet.[149] Die Arbeitsvertragsparteien haben hier keinen Zugriff.[150] Allerdings können, sofern das Gesetz auch die Bezugnahme in die Tarifdispositivität aufnimmt, die Arbeitsvertragsparteien auf einen nachwirkenden Tarifvertrag verweisen und diesen so anstelle der gesetzlichen Regelung setzen.[151]

62 Der Arbeitsvertrag vermag auch dann die nachwirkenden tariflichen Regelungen abzulösen, wenn es sich um eine tarifliche Vergütungsordnung handelt.[152] Die Rechtsprechung insbesondere des 1. und 7. Senates des BAG lässt solche arbeitsvertraglichen Vereinbarungen wegen Verstoßes gegen die notwendige Beteiligung des Betriebsrates aus § 87 Abs. 1 Nr. 10 BetrVG scheitern.[153]

---

[140] BAG 27.11.2002 – 4 AZR 660/01, AP BetrVG 1972 § 87 Tarifvorrang Nr. 34 = EzA § 77 BetrVG 2001 Nr. 2; BAG 3.12.1991 – GS 2/90, AP BetrVG 1972 § 87 Lohngestaltung Nr. 51 = NZA 1992, 749; NK-TVG/*Bepler* § 4 Rn. 909; HMB/*Höpfner* Teil 9 Rn. 50; ErfK/*Franzen* TVG § 4 Rn. 62.
[141] HMB/*Höpfner* Teil 9 Rn. 50.
[142] *Löwisch/Rieble* § 4 Rn. 854.
[143] Dazu → § 117 Rn. 1 ff.
[144] BAG 27.9.2001 – 2 AZR 236/00, AP TVG § 4 Nachwirkung Nr. 40 = NZA 2002, 750.
[145] HMB/*Höpfner* Teil 9 Rn. 55.
[146] ErfK/*Franzen* TVG § 4 Rn. 63.
[147] BAG 17.1.2006 – 9 AZR 41/05, AP TVG § 1 Bezugnahme auf Tarifvertrag Nr. 40 = NZA 2006, 923; ErfK/*Franzen* TVG § 4 Rn. 63.
[148] Siehe dazu *Löwisch/Rieble* § 1 Rn. 845.
[149] BAG 27.6.1978 – 6 AZR 59/77, AP BUrlG § 13 Nr. 12 = DB 1978, 2226; HMB/*Höpfner* Teil 9 Rn. 43.
[150] ErfK/*Franzen* TVG § 4 Rn. 63.
[151] HMB/*Höpfner* Teil 9 Rn. 43.
[152] HMB/*Höpfner* Teil 9 Rn. 52.
[153] BAG 15.4.2008 – 1 AZR 65/07, AP BetrVG 1972 § 87 Lohngestaltung Nr. 133 = NZA 2008, 888; BAG 14.4.2007 – 7 ABR 91/08, AP BetrVG 1972 § 99 Eingruppierung Nr. 44 = NZA-RR 2011, 83.

Die Nachwirkung kann im Ergebnis auch durch individualvertragliche Vereinbarung verhindert werden – durch eine entsprechende ersetzende Vereinbarung.[154] Dabei kann diese Vereinbarung auch vor Beendigung des Tarifvertrags geschlossen werden.[155] So können die Arbeitsvertragsparteien Vorratsregelungen treffen – freilich sollen tarifwidrige Abreden nicht möglich sein.[156] Die Rechtsprechung verlangt aber einen Zusammenhang mit dem absehbaren Ende des Tarifvertrags (→ Rn. 42).[157] Das korreliert mit einem entsprechenden Ersetzungswillen. Das ist schon deshalb richtig, weil ansonsten sehr alte arbeitsvertragliche Vereinbarungen bei Ende des Tarifvertrags wieder aufleben könnten – und so, gerade bei erheblichem Zeitablauf, die Nachwirkungsfunktion des Inhaltsschutzes konterkarieren könnten. 63

V. Ausdehnende Anwendung des § 4 Abs. 5 TVG

§ 4 Abs. 5 TVG wird nicht nur im Falle des zeitlichen Ablaufs des Tarifvertrags angewandt, sondern auch noch weit darüber hinaus. Hier wird § 4 Abs. 5 TVG als subsidiärer Auffangtatbestand bei jeder Art des Tarifentfalles angesehen.[158] Diese Nachwirkungslehre[159] kennt folgende Fallgruppen. 64

„Wandert" ein Arbeitsverhältnis aus dem **Geltungsbereich des Tarifvertrags** heraus – etwa weil der Arbeitgeber den fachlichen Geltungsbereich verlässt oder durch Sitzverlegung aus dem geographischen Geltungsbereich fällt –, so wendet die Rechtsprechung § 4 Abs. 5 TVG entsprechend an – um das Arbeitsverhältnis vor Inhaltsleere zu schützen.[160] Das ist wegen des notwendigen Inhaltsschutzes grundsätzlich richtig,[161] wenngleich der Unterschied zum Entfall der zeitlichen Tarifgeltung darin besteht, dass der Tarifvertrag das entsprechende „gewanderte" Arbeitsverhältnis gar nicht regeln wollte.[162] Wegen der Brückenfunktion soll es aber darauf ankommen, ob dieselben Tarifvertragsparteien durch einen neuen Tarifvertrag das Arbeitsverhältnis gleichsam wieder „einfangen" können.[163] 65

Die Nachwirkung entsprechend § 4 Abs. 5 TVG wurde von der Rechtsprechung auch im Falle des **Entfalls einer Tarifvertragspartei wegen Auflösung** angenommen (→ § 260 Rn. 59).[164] Der Gedanke kann auch dann fruchtbar gemacht werden, wenn eine Tarifpartei – etwa durch Wegfall der Tariffähigkeit – entfällt. Entgegen der neueren Rechtsprechung ist dann die Folge nicht der normative Fortbestand des Tarifvertrags mit einem Sonderkündigungsrecht,[165] sondern die inhaltsschützende Nachwirkung.[166] 66

Für den Fall des **Endes der Allgemeinverbindlichkeit** eines Tarifvertrags – nicht des Tarifvertrags selbst (dazu → § 248 Rn. 132 ff.) – kommt es auch zur entsprechenden An- 67

---

[154] Wiedemann/*Wank* § 4 Rn. 359.
[155] JKOS/*Oetker* § 8 Rn. 49; anders LAG Mannheim 4.2.1950 – Sa 158/49, AP 52 Nr. 171.
[156] ErfK/*Franzen* TVG § 4 Rn. 61.
[157] BAG 20.5.2009 – 4 AZR 230/08, AP TVG § 3 Nr. 42 = NZA-RR 2010, 591; BAG 22.10.2008 – 4 AZR 789/07, AP TVG § 4 Tarifkonkurrenz Nr. 37 = NZA 2009, 265.
[158] ErfK/*Franzen* TVG § 4 Rn. 60.
[159] NK-TVG/*Bepler* § 4 Rn. 956.
[160] BAG 16.5.2012 – 4 AZR 366/10, AP TVG § 4 Nachwirkung Nr. 52 = NZA 2013, 220; BAG 6.7.2011 – 4 AZR 424/09, AP TVG § 3 Nr. 51 = EzA TVG § 3 Verbandsaustritt Nr. 5; BAG 1.7.2009 – 4 AZR 261/08, AP TVG § 3 Verbandsaustritt Nr. 14 = NZA 2010, 53; BAG 23.2.2005 – 4 AZR 186/04, AP TVG § 4 Nachwirkung Nr. 42 = EzA TVG § 3 Verbandsaustritt Nr. 2; BAG 14.2.1991 – 8 AZR 166/90, AP TVG § 3 Nr. 10 = NZA 1991, 779; BAG 17.5.2000 – 4 AZR 363/99, AP TVG § 3 Verbandsaustritt Nr. 8 = NZA 2001, 453; BAG 7.11.2001 – 4 AZR 703/00, AP TVG § 3 Verbandsaustritt Nr. 11 = NZA 2002, 748.
[161] JKOS/*Oetker* § 4 Rn. 37; NK-TVG/*Bepler* § 4 Rn. 968; *Löwisch/Rieble* § 4 Rn. 787, 788.
[162] Darauf weist NK-TVG/*Bepler* § 4 Rn. 965 hin.
[163] *Löwisch/Rieble* § 4 Rn. 741; siehe dazu auch BAG 14.6.1994 – 9 AZR 89/93, AP TVG § 3 Verbandsaustritt Nr. 2.
[164] BAG 28.5.1997 – 4 AZR 546/95, NZA 1998, 40.
[165] BAG 23.1.2008 – 4 AZR 312/01, AP TVG § 3 Nr. 36 = NZA 2008, 771 anders noch BAG 28.5.1997 – 4 AZR 546/95, AP TVG § 4 Nachwirkung Nr. 26 = NZA 1998, 40.
[166] *Löwisch/Rieble* § 4 Rn. 788.

wendung des § 4 Abs. 5 TVG auf die bisher gebundenen Arbeitsverhältnisse der Außenseiter.[167]

68 Für den Wegfall der **Tarifzuständigkeit** nach Tarifvertragsabschluss wird ebenfalls die entsprechende Anwendung des § 4 Abs. 5 TVG befürwortet (→ § 248 Rn. 134, 136).[168]

69 Die Rechtsprechung wendet § 4 Abs. 5 TVG auch im Anschluss an die **Nachbindung nach § 3 Abs. 3 TVG** an — weil die normative Bindung an den Tarifvertrag bestand und der Inhaltsschutz auch hier notwendig ist.[169] Das betrifft den wirksamen Austritt aus dem tarifschließenden Verband vor dem Ende des Tarifvertrags oder zu seinem Ende,[170] aber auch den Wechsel aus einer Mitgliedschaft mit in eine ohne Tarifbindung (OT-Mitgliedschaft, → § 222 Rn. 54).[171] Hier kann es dann, obwohl durch den Verbandsaustritt eine Entscheidung gegen die tarifliche Bindung getroffen wurde, zu einer potentiellen „Ewigkeitsbindung" an den Tarifvertrag kommen. Verfassungsrechtliche Bedenken bestehen, weil die negative Koalitionsfreiheit nicht berührt wird und die Möglichkeit besteht, eine andere Abmachung zu treffen nach der Rechtsprechung des BVerfG dennoch nicht.[172]

70 Für die Geltung des Tarifvertrags bei **Rechtsnachfolge des Arbeitgebers** bestehen Sonderregelungen, die der Anwendung des § 4 Abs. 5 TVG vorgehen.[173] Prominent ist hier im Falle des Betriebsüberganges § 613a Abs. 1 S. 2–4 BGB. Die Rechtsprechung wendet inzwischen § 613a Abs. 1 S. 2–4 BGB in richtlinienkonformer Auslegung auch weitgehend auf Betriebsübergänge infolge Hoheitsaktes an.[174] Deshalb ist auch in diesen Fällen praktisch die entsprechende Anwendung des § 4 Abs. 5 TVG nicht mehr angezeigt.[175]

VI. Tariflicher Zugriff auf die Nachwirkung

71 Die Tarifvertragsparteien können auf die Brückenfunktion der Nachwirkung verzichten und sie im Tarifvertrag selbst ausschließen, befristen oder beschränken.[176] Freilich sind auch diese Vereinbarungen tarifvertragliche Vereinbarungen und unterliegen deshalb dem Schriftformgebot des § 1 Abs. 2 TVG mit seiner Andeutungstheorie.[177] Nur insofern kann ein Ausschluss oder eine Beschränkung auch „konkludent" erfolgen.[178] Dies wurde vom BAG weitreichend etwa dort bejaht, wo durch lange Kündigungsfristen des Tarifvertrags und Verhandlungsansprüche während des Laufs einer Kündigungsfrist nicht von einem ta-

---

[167] BAG 25.10.2000 – 4 AZR 212/00, NZA 2001, 1146; JKOS/*Oetker* § 8 Rn. 31; Thüsing/Braun/*Forst* 7. Kap. Rn. 80.
[168] *Löwisch/Rieble* § 3 Rn. 386.
[169] BAG 16.5.2012 – 4 AZR 366/10, AP TVG § 4 Nachwirkung Nr. 52 = NZA 2013, 220; BAG 6.7.2011 – 4 AZR 424/09, AP TVG § 3 Nr. 51 = EzA TVG § 3 Verbandsaustritt Nr. 5; BAG 1.7.2009 – 4 AZR 261/08, AP TVG § 3 Verbandsaustritt Nr. 14 = NZA 2010, 53; BAG 23.2.2005 – 4 AZR 186/04, AP TVG § 4 Nachwirkung Nr. 42 = EzA TVG § 3 Verbandsaustritt Nr. 2; BAG 14.2.1991 – 8 AZR 166/90, AP TVG § 3 Nr. 10 = NZA 1991, 779; BAG 17.5.2000 – 4 AZR 363/99, AP TVG § 3 Verbandsaustritt Nr. 8 = NZA 2001, 453; BAG 7.11.2001 – 4 AZR 703/00, AP TVG § 3 Verbandsaustritt Nr. 11 = NZA 2002, 748; HMB/*Greiner* Teil 9 Rn. 35; Wiedemann/*Wank* § 4 Rn. 339.
[170] NK-TVG/*Bepler* § 4 Rn. 957.
[171] BAG 25.2.2009 – 4 AZR 986/07, AP TVG § 3 Nr. 40 = DB 2009, 2220; BAG 20.5.2009 – 4 AZR 230/08, AP TVG § 3 Nr. 42 = DB 2009, 2789.
[172] BVerfG 3.7.2000 – 1 BvR 945/00, AP TVG § 4 Nachwirkung Nr. 36 = NZA 2000, 947.
[173] BeckOK ArbR/*Giesen* TVG § 4 Rn. 61.
[174] Siehe EuGH 6.9.2011 – C-108/10, NZA 2011, 1077 – Scattolon.
[175] *Löwisch/Rieble* § 4 Rn. 789.
[176] BAG 16.5.2012 – 4 AZR 366/10, AP TVG § 4 Nachwirkung Nr. 52 = NZA 2013, 220; BAG 16.8.1990 – 8 AZR 439/89, AP TVG § 4 Nachwirkung Nr. 19 = NZA 1991, 353; BAG 22.10.2008 – 4 AZR 789/07, AP TVG § 4 Tarifkonkurrenz Nr. 37 = NZA 2009, 265; BAG 3.9.1986 – 5 AZR 319/85, AP TVG § 4 Nachwirkung Nr. 12 = NZA 1987, 178; HMB/*Höpfner* Teil 9 Rn. 37; ErfK/*Franzen* TVG § 4 Rn. 58; *Löwisch/Rieble* § 1 Rn. 858; NK-TVG/*Bepler* § 4 Rn. 902; BeckOKArbR/*Giesen* § 4 Rn. 65; Thüsing/Braun/*Forst* 7. Kap. Rn. 79.
[177] Dazu NK-TVG/*Bepler* § 4 Rn. 902.
[178] So die Formulierung in BAG 16.5.2012 – 4 AZR 366/10, AP TVG § 4 Nachwirkung Nr. 52 = NZA 2013, 220.

riflosen Zustand ausgegangen wurde.[179] Oder aber bei einem Firmensanierungstarifvertrag gegenüber einem Flächentarifvertrag.[180]

Ist die Nachwirkung ausgeschlossen, sind die entsprechenden gesetzlichen zwingenden **72** und dispositiven Regelungen anzuwenden – für Urlaubsregelungen fällt das Arbeitsverhältnis also etwa auf das BurlG zurück. Hielt der Arbeitsvertrag aber schon zuvor entsprechende Regelungen bereit, konnten diese sich aber nicht gegen den nicht ungünstigeren Tarifvertrag durchsetzen, so soll der bisher verdrängte Arbeitsvertrag wieder aufleben.[181] Allerdings folgen aus der Funktion des Inhaltsschutzes Einschränkungen: Die Tarifvertragsparteien können die Nachwirkung nicht für die **Kernregelungen (essentialia)** des Arbeitsverhältnisses ausschließen.[182] Das gilt für die Entgeltregelungen und die Arbeitszeitregelungen. Hier kann zwar für Nebenregelungen die Nachwirkung beschränkt werden, es besteht aber kein nachwirkungsbezogener Zugriff auf die *essentialia* an sich. Wäre dies anders, würde die durch § 4 Abs. 5 TVG zu verhindernde Inhaltsleere im wesentlichen synallagmatischen Bereich erfolgen. Gegen einen solchen zwingenden Kern des § 4 Abs. 5 TVG wird die Bedeutung der Tarifautonomie vorgebracht, die nicht nur bei bestehendem auffangendem tariflichen Regelwerk (wie etwa bei Sanierungstarifverträgen der weitergeltende Verbandstarifvertrag), sondern auch dann den gänzlichen Entfall der Nachwirkung zulässt, wenn die entstehende Inhaltsleere nur durch gesetzliche Regelungen wie § 612 Abs. 2 BGB aufgefangen werden kann.[183] Allerdings wird sich das Streben nach Inhaltsschutz hier durchsetzen können.[184] Das zeigt sich schon bei der kollektiven Betrachtung eines tariflichen Entgeltsystems – das bei plötzlichem Entfall die gesamte betriebliche Vergütungsstruktur auflöste (→ Rn. 16). Diese über § 612 BGB aufzufangen, erscheint praktisch problematisch.

Eine **Verstärkung der Nachwirkung** – mit der Folge einer zwingenden Wirkung **73** auch im Nachwirkungszeitraum, ist nicht möglich. Das widerspräche der Überbrückungsfunktion der Nachwirkung.[185] Wollen die Tarifvertragsparteien auch im „Nachwirkungszeitraum" etwa die zwingende Wirkung ihrer Regelung gewährleisten, können sie dies dennoch tun – allerdings schließen sie dann normativ nach § 4 Abs. 1 TVG geltende Regelungen. Für entsprechende Flexibilität kann dann eine Öffnung nach § 4 Abs. 3 TVG sorgen. Das ist dann kein Fall des § 4 Abs. 5 TVG.[186]

Lediglich nachwirkende Tarifverträge sind nicht möglich – sie wären zwar im **74** Hinblick auf die fehlende zwingende Wirkung unbedenklich, weil auch während der normativen Geltung der Tarifvertrag umfänglich nach § 4 Abs. 3 1. Alt TVG geöffnet werden kann (→ Rn. 14 ff.);[187] sie vertrügen sich nicht damit, dass dann auch die Friedenspflicht entfiele.[188] Richtig wird freilich darauf hingewiesen, dass es den Tarifvertragsparteien freisteht, einen Tarifvertrag mit sehr kurzer Laufzeit zu vereinbaren, an den sich die Nachwirkung dann ebenso schnell anschließt.[189]

---

[179] BAG 8.10.1997 – 4 AZR 87/96, AP TVG § 4 Nachwirkung Nr. 29 = NZA 1998, 492; 16.5.2012 – 4 AZR 366/10, AP TVG § 4 Nachwirkung Nr. 52 = NZA 2013, 220.
[180] BAG 16.5.2012 – 4 AZR 366/10, AP TVG § 4 Nachwirkung Nr. 52 = NZA 2013, 220; HMB/*Höpfner* Teil 9 Rn. 37; kritisch *Löwisch/Rieble* § 4 Rn. 864.
[181] NK-TVG/*Bepler* § 4 Rn. 906, verweisend auf BAG 12.12.2007 – 4 AZR 998/06, AP TVG § 4 Nr. 29 = NZA 2008, 649; *Löwisch/Rieble* § 4 Rn. 861.
[182] *Löwisch/Rieble* § 1 Rn. 862.
[183] NK-TVG/*Bepler* § 4 Rn. 904.
[184] *Löwisch/Rieble* § 1 Rn. 862 warnen vor dem sonst funktionslosen Arbeitsvertrag.
[185] HMB/*Greiner* Teil 9 Rn. 38; aA Kempen/Zachert/*Kempen* § 4 Rn. 727.
[186] BeckOK ArbR/*Giesen* TVG § 4 Rn. 65.
[187] BeckOK ArbR/*Giesen* TVG § 4 Rn. 65.
[188] BAG 14.2.1973 – 4 AZR 176/72, AP TVG § 4 Nachwirkung Nr. 6 = BeckRS 9998, 154042; BAG 29.1.1975 – 4 AZR 218/74, AP TVG § 4 Nachwirkung Nr. 8 = BeckRS 9998, 154043; BAG 7.11.2001 – 4 AZR 703/00, AP TVG § 3 Verbandsaustritt Nr. 11 = NZA 2002, 748; aA NK-TVG/*Bepler* Rn. 974; Wiedemann/*Wank* § 4 Rn. 365 ff.
[189] HMB/*Greiner* Teil 9 Rn. 38 mwN.

Neuntes Kapitel: Tarifverträge und Auslandsberührung

§ 262 Tarifvertrag mit Auslandsberührung

Schrifttum:
Bayreuther, Vollständige Arbeitnehmerfreizügigkeit zu Gunsten der MOE-Staaten, DB 2011, 706; *Birk,* Tarifverträge über Sozialleistungen in rechtsvergleichender und internationalrechtlicher Sicht, VSSR 5/1977, 1; *Birk,* Internationales Tarifvertragsrecht, FS Beitzke, 1979, S. 831; *Britz/Volkmann,* Tarifautonomie in Deutschland und Europa, 2003; *Däubler,* Wahl des anwendbaren Arbeitsrechts durch Tarifvertrag?, NZA 1990, 673; *Däubler,* Möglichkeiten und Grenzen europäischer Tarifverträge, in Heinemann (Hrsg.), Das kollektive Arbeitsrecht in der Europäischen Gemeinschaft, 1991, 16; *Däubler,* Europäische Tarifverträge nach Maastricht, EuZW 1992, 329; *Deinert,* Internationales Arbeitsrecht und Tarifvertrag, FS Bepler, 2012, S. 75; *Deinert,* Internationales Arbeitsrecht, 2013; *Deinert,* Neues Internationales Arbeitsvertragsrecht, RdA 2009, 144; *Deinert,* Der Europäische Tarifvertrag, 1999; *Deinert,* Partizipation europäischer Sozialpartner an der Gemeinschaftsrechtssetzung, RdA 2004, 211; *Friedrich,* Probleme der Tarifverträge mit Auslandsberührungen, RdA 1980, 109; *Franzen,* Grenzüberschreitende Arbeitnehmerüberlassung – Überlegungen aus Anlass der Herstellung vollständiger Arbeitnehmerfreizügigkeit zum 1.5.2011, EuZA 2011, 451; *Fudickar,* Parteiautonome Anknüpfung grenzüberschreitender Tarifverträge in der Europäischen Union, 2004; *Junker,* Die Tarifgeltung als Problem der deutschen Integration, RdA 1992, 265; *Junker,* Zwingendes ausländisches Recht und deutscher Tarifvertrag, IPRax 1994, 21; *Junker,* Internationales Arbeitsrecht im Konzern, 1992; *Langenbrinck,* Europäische Aspekte kollektiven Arbeitsrechts, DB 1998, 1081; *Lohmann,* Grenzüberschreitende Firmentarifverträge, 1993; *Schneider,* Einfluss der Rom I-VO auf die Arbeitsvertragsgestaltung mit Auslandsbezug, NZA 2010, 1380; *Skocki,* Der transnationale Konzerntarifvertrag, 2013; *Stiller,* Europäische Tarifverträge als Instrumente der sozialen Integration der Gemeinschaft, ZIAS 1991, 194; *Thüsing/Müller,* Geklärtes und Ungeklärtes im internationalen Tarifrecht, BB 2004, 1333; *Walz,* Multinationale Unternehmen und internationaler Tarifvertrag, 1981; *Wimmer,* Kollektivvertragliche Gestaltung internationaler Arbeitsverträge, 1992; *Wimmer,* Neuere Entwicklungen im internationalen Arbeitsrecht – Überlegungen zur Politik des Arbeitskollisionsrechts, IPRax 1995, 207; *Wurmnest,* Das neue Internationale Arbeitsvertragsrecht der Rom I-Verordnung, EuZA 2009, 481.

Übersicht

	Rn.
I. Mehrfacher Auslandsbezug	1
II. Tarifvertragsstatut	2
1. Wahlmöglichkeit?	3
2. Ausländische Tarifvertragsparteien	6
III. Maßgeblich: Arbeitsvertragsstatut	9
1. Grundsatz	9
2. Arbeitsvertragsstatut durch tarifliche Festlegung	12
IV. Deutsche Tarifverträge im Ausland	13
V. Ausländische Tarifverträge in Deutschland	15
1. Mögliche Einstrahlung	15
2. Inbezugnahme eines ausländischen Tarifvertrags	18
3. Auslandstarifvertrag und tarifdispositives Recht	21

I. Mehrfacher Auslandsbezug

1 Der Auslandsbezug von Tarifverträgen kann kollisionsrechtlich mehrfach relevant werden: So bei der Frage, nach welcher Rechtsordnung, also welchem Tarifvertragsstatut, der Tarifvertrag selbst zu beurteilen ist (→ Rn. 2 ff.) und ebenso bei der Beurteilung der Regelungskraft deutscher Tarifverträge bei Beschäftigungen im Ausland (→ Rn. 13) und umgekehrt ausländischer Tarifverträge bei der Beschäftigung im Inland (→ Rn. 15 f.).

II. Tarifvertragsstatut

2 Die kollisionsrechtlich für schuldrechtliche Verträge maßgebliche Rom-I-VO verhält sich nicht ausdrücklich zu Tarifverträgen,[1] sondern (nur) in Art. 8 Rom-I-VO zu Arbeitsver-

---

[1] JKOS/*Krause* § 1 Rn. 179; MüKoBGB/*Martiny* Rom-I-VO Art. 8 Rn. 154.

II. Tarifvertragsstatut

trägen, die Vorschrift ist auf Tarifverträge nicht anwendbar.[2] Sie ist für das Tarifvertragsstatut, also die Frage nach den anwendbaren Regelungen über den Abschluss, den Inhalt und die Wirkung des Tarifvertrags,[3] nicht fruchtbar zu machen. Art. 9 Rom-II-VO ist nicht einschlägig, weil sie sich im deliktischen Bereich nur auf Arbeitskampfmaßnahmen bezieht.[4]

1. Wahlmöglichkeit?

Ob die Tarifvertragsparteien das Tarifvertragsstatut selbst wählen können, ist umstritten.[5] Der Streit dreht sich vor allem um die Bedeutung der kollektiv-privatautonomen Vereinbarung des Tarifvertrags als Normenquelle: Die Befürworter eines Wahlrechts über das Tarifvertragsstatut insgesamt verweisen darauf, dass dem Tarifvertrag nicht anders als bei anderen privatautonomen Vereinbarungen die Rechtswahl offen stehe und so der Grundsatz des Art. 3 Rom-I-VO gelte.[6] Ein Missbrauch, etwa durch Ausdehnung der Tarifmacht auch auf nach dem TVG grundsätzlich nicht tarifgebundene Arbeitsverhältnisse, die sich aus der Anwendung eines fremden Tarifrechts ergeben könnten, sei wegen des Machtgleichgewichts nicht zu befürchten.[7] Nach dieser Lehre kann eine Wahl des Tarifstatuts auch konkludent erfolgen[8] – etwa durch die Unterstellung von Streitigkeiten unter die deutsche Gerichtsbarkeit oder die Anmeldung zu einem bestimmten Tarifregister.[9] Auf der anderen Seite wird der Tarifvertrag als Normvertrag für Dritte in den Blick genommen – durch eine Rechtswahl solle etwa nicht die Regelungswirkung über die Vorgaben des TVG hinaus ausgedehnt werden können.[10] Die Sensibilität für die Normwirkung lässt hier wiederum nach einer Meinung eine Rechtswahl nur für den schuldrechtlichen Teil des Tarifvertrags zu, weshalb Tarifbindung und Tarifwirkung stets anhand objektiver Kriterien zu ermitteln sind (→ Rn. 4).[11] Nach einer weitergehenden Meinung ist die Rechtswahl insgesamt ausgeschlossen.[12] In der Tat ist der Blick auf die Normgebundenen maßgeblich: Der Tarifvertrag ist zwar privatautonome Vereinbarung, bindet aber nicht nur die Tarifvertragsparteien, sondern maßgeblich die Tarifgebundenen – gegenüber diesen ist die die Regelungswirkung legitimierende kollektive Privatautonomie an die Tarifmacht nach dem TVG gebunden.[13] Aus diesem Grunde ist eine Wahl des Tarifvertragsstatuts nicht möglich, weil es je nach der Rechtswahl zu einer Ausdehnung gerade auch im Hinblick auf die Tarifbindung kommen könnte. Dies gilt umso mehr, wenn man keinen Gleichlauf von Arbeitsvertrags- und Tarifvertragsstatut fordert (→ Rn. 9). Das wird auch nicht durch § 21 Abs. 4 S. 2 FlRG in Frage gestellt, nach dem für ausländische Besatzungsmitglieder ohne Wohnsitz in Deutschland auf im Schifffahrtsregister eingetragenen Kauffahrteischiffen ausländische Tarifverträge mit den deutschen tarifrechtlichen Wirkungen gelten, wenn in diesen die Anwendung des deutschen Tarif-

---

[2] Staudinger/*Magnus* Rom I-VO Art. 8 Rn. 251 mwN; NK-TVG/*Däubler* Einleitung Rn. 706.
[3] *Löwisch/Rieble* Grundlagen Rn. 392.
[4] MüKoBGB/*Junker* Rom-II-VO Art. 9 Rn. 13; *Löwisch/Rieble* Grundlagen Rn. 392.
[5] Dagegen *Löwisch/Rieble* Grundlagen Rn. 392ff.; ebenso grundsätzlich Wiedemann/*Thüsing* § 1 Rn. 108; dafür *Deinert* § 15 Rn. 39; ErfK/*Schlachter* ROM I-VO Art. 9 Rn. 32; Staudinger/*Magnus* Rom I-VO Art. 8 Rn. 15ff.; HMB/*Tillmanns* Wimmer Die Gestaltung internationaler Arbeitsverhältnisse durch kollektive Normenverträge, 1992, 51 ff.; NK-TVG/*Däubler* Einleitung Rn. 781.
[6] BAG 11.9.1991 – 4 AZR 71/91, AP Internat. Privatrecht, Arbeitsrecht Nr. 29 = NZA 1992, 321; dafür *Deinert* § 15 Rn. 39; ErfK/*Schlachter* Rom I-VO Art. 9 Rn. 32; Staudinger/*Magnus* Rom I-VO Art. 8 Rn. 252; → § 18 Rn. 155.
[7] HMB/*Tillmanns* Teil 17 Rn.
[8] NK-TVG/*Däubler* Einleitung Rn. 785.
[9] ErfK/*Schlachter* Rom I-VO Art. 9 Rn. 32; Staudinger/*Magnus* Rom I-VO Art. 8 Rn. 252; → § 18 Rn. 155.
[10] *Löwisch/Rieble* Grundlagen Rn. 396.
[11] Siehe etwa *Birk* FS Beitzke, S. 831 (848); im Ergebnis auch Staudinger/*Magnus*; Rom I-VO Art. 8 Rn. 255 ff.
[12] *Löwisch/Rieble* Grundlagen Rn. 392 ff.
[13] Wiedemann/*Thüsing* § 1 Rn. 108.

rechts und die Zuständigkeit der deutschen Gerichte vorgesehen ist.[14] Die Vorschrift regelt einen nicht verallgemeinerungsfähigen Sonderfall.[15]

4   Deshalb hat das Tarifvertragsstatut nach objektiven Kriterien zu erfolgen, Art. 4 Abs. 4 Rom-I-VO[16] – in Art. 4 Abs. 1–3 Rom-I-VO findet sich der Tarifvertrag nicht wieder. Es gilt deshalb das Tarifvertragsstatut, das zum Tarifvertrag die engste Bindung aufweist.[17] Das gilt auch dann, wenn man die Rechtswahl zulässt, diese aber nicht erfolgt.[18] Für die objektive Anknüpfung kommt es deshalb darauf an, wo der Anwendungsschwerpunkt des Tarifvertrags und damit die Mehrzahl der geregelten Arbeitsverhältnisse liegt. Herangezogen wird auch der Sitz der Tarifvertragsparteien.[19] Auch hier führt der Doppelcharakter des Tarifvertrags als Schuld- und Normenvertrag (→ § 230 Rn. 5 ff., 17 ff.) zu Anknüpfungsproblemen. Während (richtig) die Bindung des gesamten Tarifvertrags an das Tarifnormstatut zu fordern ist – und so auf den Schwerpunkt der Tarifanwendung abzustellen ist,[20] wird zum Teil auch eine Aufspaltung in die Anknüpfung jeweils des schuldrechtlichen und des normativen Teils befürwortet.[21] Andere wollen den schuldrechtlichen Teil gleichsam „akzessorisch" dem normativen Teil folgen lassen.[22] Auch nach der objektiven Anknüpfung richten sich die Tariffähigkeit, die Tarifbindung und die Tarifwirkung nach dem Schwerpunkt der tariflich geregelten Arbeitsverhältnisse.[23] Deshalb gilt: Tarifverträge, die ihren Regelungsschwerpunkt in Deutschland haben, unterfallen dem TVG. Probleme treten dann ohnehin nur auf, wenn Tarifverträge Auslandsberührung haben.[24]

5   Dem Tarifvertragsstatut unterfallen die Vorgaben zur Tariffähigkeit, zum Abschluss des Tarifvertrags, wie etwa bei Formfragen, zum Inhalt des Tarifvertrags, zur Wirkung der tariflichen Regelungen im Arbeitsverhältnis und zur Beendigung des Tarifvertrags.[25]

2. Ausländische Tarifvertragsparteien

6   Auch ausländische Tarifakteure können deshalb Tarifverträge nach dem TVG schließen: Das kann zum einen mit „einseitiger" ausländischer Beteiligung geschehen, so dass eine ausländische Gewerkschaft mit einem deutschen Arbeitgeber oder Arbeitgeberverband einen Tarifvertrag abschließt oder umgekehrt ein ausländischer Arbeitgeber mit einer deutschen Gewerkschaft, aber auch durch Beteiligung eines ausländischen Verbandes etwa an einer Tarifgemeinschaft. Denkbar sind aber auch Tarifverträge ausschließlich durch ausländische Tarifvertragsparteien.

7   Zunächst maßgeblich ist hier die objektive Anknüpfung an das deutsche Tarifrecht (→ Rn. 4). Das TVG knüpft weiter aber nicht an die Nationalität der Tarifvertragspartei an, maßgeblich ist hier vor allem, ob diese die Voraussetzungen an die Tariffähigkeit erfüllt – und so beim Tarifschluss durch einen Verband insbesondere durchsetzungsstarke Koalitionen sind.[26] Der einzelne Arbeitgeber, auch wenn er seinen Sitz im Ausland hat,

---

[14] Dazu MüKoBGB/*Martiny* Rom-I-VO Art. 8 Rn. 164 f.
[15] Wiedemann/*Thüsing* § 1 Rn. 76; anders aber NK-TVG/*Däubler* Einleitung Rn. 782.
[16] NK-TVG/*Däubler* Einleitung Rn. 788; ErfK/*Schlachter* Rom I-VO Art. 9 Rn. 32.
[17] JKOS/*Krause* § 1 Rn. 180; Staudinger/*Magnus* Rom I-VO Art. 8 Rn. 253.
[18] MüKoBGB/*Martiny* Rom-I-VO Art. 8 Rn. 154.
[19] Siehe Staudinger/*Magnus* Rom I-VO Art. 8 Rn. 253; NK-TVG/*Däubler* Einleitung Rn. 788.
[20] Deinert § 15 Rn. 25; Dazu MüKoBGB/*Martiny* Rom-I-VO Art. 8 Rn. 154; JKOS/*Krause* § 1 Rn. 180.
[21] ErfK/*Schlachter* Rom I-VO Art. 3 ff. Rn. 32.
[22] Deinert § 15 Rn. 25.
[23] MüKoBGB/*Martiny* Rom-I-VO Art. 8 Rn. 156 f.; JKOS/*Krause* § 1 Rn. 181; Wiedemann/*Thüsing* § 1 Rn. 109 ff.; Wiedemann/*Thüsing* § 1 Rn. 33; Staudinger/*Magnus* Rom I-VO Art. 8 Rn. 253; NK-TVG/*Däubler* Einleitung Rn. 789 ff.
[24] Wiedemann/*Thüsing* § 1 Rn. 105.
[25] MüKoBGB/*Martiny* Rom-I-VO Art. 8 Rn. 156 ff.; JKOS/*Krause* § 1 Rn. 181; Thüsing/Braun/*Reufels* 13. Kap. Rn. 6 ff.; Wiedemann/*Thüsing* § 1 Rn. 109 ff.; Wiedemann/*Thüsing* § 1 Rn. 33; Staudinger/*Magnus* Rom I-VO Art. 8 Rn. 253; NK-TVG/*Däubler* Einleitung Rn. 789 ff.
[26] Löwisch/Rieble Grundlagen Rn. 407; NK-TVG/*Däubler* Einleitung Rn. 790.

ist nach § 2 Abs. 1 TVG per se tariffähig.[27] Die ausländische Koalition ist tariffähig, wenn sie den Erfordernissen des Koalitionsbegriffs genügt, also insbesondere ein freiwilliger Zusammenschluss ist, und wenn sie durchsetzungsstark und so mächtig ist.[28] Hier kommt es auf die Frage an, ob diese Mächtigkeit sich auf Deutschland beziehen muss oder ob auch die Gegebenheiten im Ausland zu berücksichtigen sind.

Voraussetzung für die Geltung des Tarifvertrags ist aber stets die Anwendbarkeit deutschen Arbeitsrechts auf die einzelnen Arbeitsverhältnisse, auf die der Tarifvertrag zielt. **8**

III. Maßgeblich: Arbeitsvertragsstatut

1. Grundsatz

Welche Tarifverträge im einzelnen Arbeitsverhältnis anwendbar sind, entscheidet sich **9** grundsätzlich nach dem Arbeitsvertragsstatut.[29] Ob für die Geltung eines Tarifvertrags im Arbeitsverhältnis eine **Parallelität von Arbeitsvertrags- und Tarifvertragsstatut** notwendig ist, ist umstritten.[30] Das wird richtig bejaht, was zur Folge hat, dass tarifliche Inhaltsnormen nur dann auf das Arbeitsverhältnis anwendbar sind, wenn der Arbeitsvertrag das deutsche Recht gewählt hat.[31] Allerdings gewährleistet schon Art. 8 Abs. 1 S. 2 Rom I-VO mit seiner Günstigkeitsregelung, dass der Schutz des zwingend geltenden Tarifvertrags nicht gänzlich entzogen werden kann. Das BAG hat in seiner Entscheidung im Falle des Goethe-Instituts in Mexiko[32] nichts anderes gesagt – sondern sich (nur) zur tariflichen Einwirkungspflicht verhalten (→ § 257 Rn. 35 ff.). Der notwendige Gleichlauf gilt auch für allgemeinverbindliche Tarifverträge, die Allgemeinverbindlichkeit ersetzt lediglich die fehlende mitgliedschaftliche Tarifbindung.[33] Verneint man die Notwendigkeit dieser Parallelität, so kann der deutsche Tarifvertrag auch auf einen durch ein ausländisches Arbeitsvertragsstatut geprägtes Arbeitsverhältnis zugreifen.[34] Danach reicht ein Tätigkeitsschwerpunkt im räumlichen Geltungsbereich des Tarifvertrags aus.[35] Für Betriebsnormen wird dies wegen des Betriebsbezuges allgemein so gesehen.[36]

Die Arbeitsvertragsparteien können nach Art. 8 Abs. 1 S. 1 Rom-I-VO deshalb zwar **10** das Arbeitsvertragsstatut wählen und so „eigentlich" auch die Anwendung deutscher Tarifverträge ausschließen, wenn sie aber ausländisches Recht wählen, kann ein solcher Ausschluss an Art. 8 Abs. 1 S. 2 Rom-I-VO scheitern: Für zwingende arbeitnehmerschützende Regelungen, worunter bei beiderseitiger Tarifgebundenheit auch normative Tarifverträge zu zählen sind, ist bei objektiver Anknüpfung an das deutsche Recht die Wahl des Arbeitsvertragsstatus auf ausländische Regelungen beschränkt, die für den Arbeitnehmer günstiger sind.[37] Ob daneben noch Art. 3 Abs. 4 Rom I-VO, so genannter Einbettungsstatus, zu beachten ist, ist umstritten: Danach wären die Tarifnormen bei rein inländischem Bezug, aber dennoch vereinbartem ausländischem Arbeitsvertragsstatut, als

---

[27] NK-TVG/*Däubler* Einleitung Rn. 790.
[28] NK-TVG/*Däubler* Einleitung Rn. 790.
[29] Wiedemann/*Thüsing* § 1 Rn. 103; zur Feststellung des Arbeitsvertragsstatuts ausführlich → § 18 Rn. 14 ff.
[30] Dafür JKOS/*Krause* § 1 Rn. 183.
[31] Siehe auch BAG 20.8.2003 – 5 AZR 362/02, AP BGB § 620 Befristeter Arbeitsvertrag Nr. 245 = NJOZ 2004, 4103; BAG 9.7.2003 – 10 AZR 593/02, AP TVG § 1 Tarifverträge: Bau Nr. 261 = NJOZ 2003, 3477; BAG 4.5.1977 – 4 AZR 10/76, AP TVG § 1 Tarifverträge: Bau Nr. 30; *Junker* Internationales Arbeitsrecht im Konzern, S. 430, Wiedemann/*Thüsing* § 1 Rn. 82; *Löwisch*/*Rieble* Grundlagen Rn. 406; im Ergebnis auch Thüsing/Braun/*Reufels* 13. Kap. Rn. 24 f.
[32] BAG 11.9.1991 – 4 AZR 71/91, AP Internat. Privatrecht, Arbeitsrecht Nr. 29 = NZA 1992, 321.
[33] BAG 20.8.2003 – 5 AZR 362/02, AP BGB § 620 Befristeter Arbeitsvertrag Nr. 245 = NJOZ 2004, 4103; Thüsing/Braun/*Reufels* 13. Kap. Rn. 26.
[34] So Staudinger/*Magnus* Rom I-VO Art. 8 Rn. 258; ErfK/*Schlachter* Rom I-VO Art. 8 Rn. 34.
[35] Staudinger/*Magnus* Rom I-VO Art. 8 Rn. 259.
[36] JKOS/*Krause* § 1 Rn. 184; Wiedemann/*Thüsing* § 1 Rn. 84.
[37] Wiedemann/*Thüsing* § 1 Rn. 83; Thüsing/Braun/*Reufels* 13. Kap. Rn. 54; *Löwisch*/*Rieble* Grundlagen Rn. 406; JKOS/*Krause* § 1 Rn. 184; → § 18 Rn. 26 auch zum Günstigkeitsvergleich → § 18 Rn. 30 ff.; siehe auch Staudinger/*Magnus* Rom I-VO Art. 8 Rn. 259.

zwingendes Recht anzuwenden.³⁸ Allerdings wird dagegen vorgebracht, dass Art. 8 Abs. 1 S. 2 Rom I-VO wegen seines Günstigkeitsbezugs *lex specialis* sei.³⁹

11   Eine weitere Grenze der Wahl eines ausländischen Arbeitsvertragsstatuts folgt aus Art. 9 Abs. 1 Rom-I-VO: Eingriffsnormen setzen sich gegen die Vertragswahl durch. Dabei ist in restriktiver Auslegung des Art. 9 Rom I-VO maßgeblich, dass die Eingriffsnorm Gemeinwohlzecke verfolgt.⁴⁰ Für tarifliche Regelungen wird das etwa für Arbeitsschutzvorgaben vertreten.⁴¹ Die Allgemeinverbindlichkeit eines deutschen Tarifvertrags führt nicht zwangsläufig zur Qualifikation als Eingriffsnorm.⁴² Dass tarifliche Regelungen das Arbeitsvertragsstatut nach Art. 21 Rom I-VO im Rahmen der Ordre-public-Beurteilung begrenzen, ist nicht vorstellbar.

2. Arbeitsvertragsstatut durch tarifliche Festlegung

12   Der Tarifvertrag kann selbst für die normunterworfenen Arbeitsverhältnisse das Arbeitsvertragsstatut festlegen, ob durch Abschluss- oder Inhaltsnorm ist freilich umstritten.⁴³ Das soll aber nur in „eine Richtung" gehen: So kann der deutsche Tarifvertrag für ihm unterworfene Arbeitsverhältnisse die Geltung ausländischen Rechts anordnen. Auf der anderen Seite sollen Arbeitsverhältnisse, die einem ausländischen Arbeitsvertragsstatut unterfallen, nicht durch deutschen Tarifvertrag dem deutschen Arbeitsrecht und damit der Tarifmacht unterstellt werden können, weil damit zugleich eine Ausweitung der Tarifmacht erfolge.⁴⁴ Das wird anders gesehen: Die Wahl des Arbeitsvertragsstatuts sei Inhalt des Arbeitsverhältnisses und unterfalle deshalb der Tarifmacht – insbesondere bestehe eine dem strukturellen Ungleichgewicht geschuldete Missbrauchsgefahr der Vereinbarung des Arbeitsvertragsstatuts auf einzelvertraglicher Ebene.⁴⁵ Das ist belastbar, weil die Tarifmacht sich auch hier an der Tarifbindung bricht: Die Wahl des Arbeitsvertragsstatuts durch den Tarifvertrag trifft das Arbeitsverhältnis nur dann, wenn entsprechende Tarifbindung gegeben ist.

IV. Deutsche Tarifverträge im Ausland

13   Ist das deutsche Arbeitsvertragsrecht gewählt, dann können Tarifverträge auch die im Ausland vollzogenen Arbeitsverhältnisse ergreifen, sofern Tarifzuständigkeit und Tarifbindung vorliegen.⁴⁶ Das gilt recht unproblematisch für die bloße vorrübergehende Entsendung ins Ausland, bei der es auch nicht einer entsprechenden Regelung im Tarifvertrag bedarf, so genannte „Ausstrahlungsfälle".⁴⁷ Ob eine solche Tätigkeit vorrübergehend ist, ist anhand der Dauer der Entsendung, der Rückkehrabsicht und der Verbindung über ein bestehendes Weisungsrecht zu ermitteln.⁴⁸ Rückgriff genommen werden kann insofern auf die Rechtsprechung zur Ausstrahlung der betriebsverfassungsrechtlichen Bindung des im Ausland tätigen Arbeitnehmers.⁴⁹ Das ist zwar grundsätzlich ebenso möglich, wenn die Arbeitsleistung stets oder teilweise im Ausland erfolgt, allerdings bedarf es dann einer ta-

---

³⁸ Dafür Thüsing/Braun/*Reufels* 13. Kap. Rn. 55.
³⁹ Siehe → § 18 Rn. 33; *Deinert* § 42 Rn. 9; *Deinert* RdA 2009, 150.
⁴⁰ Dazu → § 18 Rn. 68 ff.
⁴¹ BAG 12.1.2005 – 5 AZR 617/01, AP AEntG § 1a Nr. 2 = NZA 2005, 627; siehe auch Wiedemann/*Thüsing* § 1 Rn. 88.
⁴² JKOS/*Krause* § 1 Rn. 184; Wiedemann/*Thüsing* § 1 Rn. 89; Löwisch/Rieble Grundlagen Rn. 407.
⁴³ Siehe dazu Thüsing/Braun/*Reufels* 13. Kap. Rn. 68 ff.
⁴⁴ *Löwisch/Rieble* Grundlagen Rn. 401 ff.; zweifelnd auch JKOS/*Krause* § 1 Rn. 185; aA Wiedemann/*Thüsing* § 1 Rn. 86, 104.
⁴⁵ NK-TVG/*Däubler* Einleitung Rn. 714 f.; Thüsing/Braun/*Reufels* 13. Kap. Rn. 66.
⁴⁶ MüKoBGB/*Martiny* Rom-I-VO Art. 8 Rn. 163; Thüsing/Braun/*Reufels* 13. Kap. Rn. 18 ff.; dazu Wiedemann/*Thüsing* § 1 Rn. 95.
⁴⁷ HMB/*Tillmanns* Teil 17 Rn. 50; *Junker* Internationales Arbeitsrecht, 414; MüKoBGB/*Martiny* Art. 8 Rom-I-VO Rn. 163; JKOS/*Krause* § 1 Rn. 186; siehe ErfK/*Schlachter* Rom I-VO Art. 8 Rn. 34; Staudinger/*Magnus* Rom I-VO Art. 8 Rn. 262; → § 18 Rn. 157.
⁴⁸ JKOS/*Krause* § 1 Rn. 185.
⁴⁹ Siehe etwa BAG 7.12.1989 – 2 AZR 228/89, AP Internat. Privatrecht, Arbeitsrecht Nr. 27; NK-TVG/*Däubler* Einleitung Rn. 739.

riflichen Vorgabe der Tarifgeltung auch für diese Arbeitsverhältnisse,[50] für die aber ein Inlandsbezug vorauszusetzen ist.[51] Das wird unter Hinweis auf den Schutzauftrag der Koalitionen anders gesehen.[52] Allein der Gedanke, dass es nicht durch die Auslandstätigkeit zum Entfall der tariflichen Rechte kommen dürfe,[53] ist aber nicht tragfähig:[54] Es kommt in Respekt der Tarifautonomie auf die Reichweite des Tarifvertrags an. Das gilt auch für allgemeinverbindliche Tarifverträge – die Allgemeinverbindlichkeit ersetzt (lediglich) die mitgliedschaftliche Tarifbindung, deshalb kann aus ihr selbst keine kollisionsrechtliche Relevanz abgeleitet werden.[55]

Für Arbeitsverhältnisse, bei denen für die Auslandstätigkeit ausländisches Recht gewählt ist, ergibt sich kein Zugriff der Tarifvertragsparteien, unabhängig davon, ob der Arbeitsvertrag mit einem deutschen oder ausländischen Arbeitgeber geschlossen wurde.[56] Das ergibt sich schon aus dem notwendigen Gleichlauf von Arbeitsvertrags- und Tarifvertragsstatut (→ Rn. 9). Ist deutsches Recht gewählt, gelten die vorherigen Ausführungen – nur wenn ein Ausstrahlungsfall vorliegt, kann es zur Tarifanwendung ohne entsprechenden tariflichen Geltungsbereich kommen.[57]

V. Ausländische Tarifverträge in Deutschland

1. Mögliche Einstrahlung

So wie es für deutsche Tarifverträge auf Auslandssachverhalte eine Ausstrahlung geben kann (→ Rn. 13), ist auch eine Einstrahlung ausländischer Tarifverträge möglich.[58] Deshalb kann entsprechend der ausländische Tarifvertrag das ausländische Arbeitsverhältnis des nach Deutschland entsandten Arbeitnehmers regeln.[59] Dieser Tarifvertrag kann sich zwar an den Eingriffsnormen im Sinne des Art. 9 Abs. 1 Rom I-VO brechen,[60] dieser soll aber eng auszulegen sein – um einer nationalen „Introvertiertheit" entgegenzuwirken.[61] Das ist insofern richtig, als eine ausweitende Anwendung des Art. 9 Abs. 1 Rom I-VO zur entsprechenden Zurückdrängung des Internationalen Privatrechts führte. Das TVG selbst setzt deshalb nach richtiger Meinung keine Eingriffsnormen nach Art. 9 Abs. 1 Rom I-VO.[62] Das führt auch dazu, dass grundsätzlich tarifliche Normen nicht als Eingriffsnormen anzusehen sind, für die im öffentlichen Interesse allgemeinverbindlich erklärten Tarifverträge soll anderes gelten.[63] Die Rechtsprechung sieht dies zu Recht anders.[64] Als Begrenzung ist hier aber das AEntG von großer Bedeutung – die RVO nach den §§ 7, 7a AentG sind Eingriffsnormen im Sinne des Art. 9 Rom-I-VO und somit zwingend auch auf das ausländische Arbeitsverhältnis des entsandten Arbeitnehmers anzuwenden (→ § 249 Rn. 20).[65]

---

[50] HMB/*Tillmanns* Teil 17 Rn. 52 ff.; offener NK-TVG/*Däubler* Einleitung Rn. 741 f.
[51] Wiedemann/*Thüsing* § 1 Rn. 77; JKOS/*Krause* § 1 Rn. 186.
[52] NK-TVG/*Däubler* Einleitung Rn. 729 f.; ErfK/*Schlachter* Art. 3 ff. Rom I-VO Rn. 34.
[53] So aber im Ergebnis NK-TVG/*Däubler* Einleitung Rn. 742.
[54] So auch Thüsing/Braun/*Reufels* 13. Kap. Rn. 34.
[55] BAG 9.7.2003 – 10 AZR 593/02, AP TVG § 1 Tarifverträge: Bau Nr. 261 = NJOZ 2003, 3477.
[56] BAG 9.7.2003 – 10 AZR 593/02, AP TVG § 1 Tarifverträge: Bau Nr. 261 = NJOZ 2003, 3477; so im Grundsatz auch Wiedemann/*Thüsing* § 1 Rn. 9 ff.; Thüsing/Braun/*Reufels* 13. Kap. Rn. 36.
[57] Siehe auch Thüsing/Braun/*Reufels* 13. Kap. Rn. 36; offener NK-TVG/*Däubler* Einleitung Rn. 741 ff.
[58] JKOS/*Krause* § 1 Rn. 189; Wiedemann/*Thüsing* § 1 Rn. 100; Staudinger/*Magnus* Rom I-VO Art. 8 Rn. 260; → § 18 Rn. 160; NK-TVG/*Däubler* Einleitung Rn. 763.
[59] Wiedemann/*Thüsing* § 1 Rn. 91.
[60] *Löwisch/Rieble* Grundlagen Rn. 422.
[61] So NK-TVG/*Däubler* Einleitung Rn. 766; siehe auch *Löwisch/Rieble* Grundlagen Rn. 407.
[62] Thüsing/Braun/*Reufels* 13. Kap. Rn. 48.
[63] NK-TVG/*Däubler* Einleitung Rn. 767.
[64] BAG 9.7.2003 – 10 AZR 593/02, AP TVG § 1 Tarifverträge: Bau Nr. 261 = NJOZ 2003, 3477; so auch Thüsing/Braun/*Reufels* 13. Kap. Rn. 48.
[65] Staudinger/*Magnus* Rom I-VO Art. 8 Rn. 262.

16 Der fremde Tarifvertrag bricht sich aber am BetrVG, dieses geht den ausländischen Tarifverträgen vor.[66]

17 Ein ausländischer Tarifvertrag kann nicht nach § 5 Abs. 1 TVG allgemeinverbindlich erklärt werden. Das ergibt sich schon daraus, dass die Allgemeinverbindlichkeit lediglich die Tarifbindung ausweitet, ansonsten aber an das deutsche Tarifvertragssystem anknüpft.[67]

2. Inbezugnahme eines ausländischen Tarifvertrags

18 Ausländische Tarifverträge können im Arbeitsvertrag schuldrechtlich in Bezug genommen werden. Hier werden zwei Fragen aufgeworfen: Zum einen, ob der ausländische Tarifvertrag dann ebenfalls dem Kontrollprivileg nach § 310 Abs. 4 BGB unterfällt und zum anderen, ob durch ihn die Abweichung von tarifdispositivem Gesetzesrecht möglich ist.

19 Für die Frage nach dem Kontrollprivileg des § 310 Abs. 4 S. 1 BGB ist weniger auf den Gedanken abzustellen, ob der ausländische Tarifvertrag in einem dem deutschen ähnlichen „Paritätssystem" zustande gekommen ist.[68] Das ist notwendige, aber nicht hinreichende Bedingung, vielmehr ist die Frage, ob der ausländische Tarifvertrag überhaupt auf zum in Bezug nehmenden Arbeitsverhältnis „passt": Auch deutsche Tarifverträge verlieren ihr Kontrollprivileg, wenn sie nur zum Teil in Bezug genommen werden oder wenn ihr tariflicher Geltungsbereich das Arbeitsverhältnis nicht erfasst. Darin kommt der Gedanke zum Ausdruck, dass eine kollektive Regelung nur dann angemessene Bedingungen schafft, wenn sie auch auf das konkrete Arbeitsverhältnis zielt (→ § 215 Rn. 5). Das aber dürfte bei ausländischen Tarifverträgen schon wegen deren Einbettung in die ausländische Rechtsordnung regelmäßig nicht der Fall sein.

20 Eine Möglichkeit, durch Bezugnahme auf einen ausländischen Tarifvertrag von deutschem tarifdispositiven Recht abzuweichen, besteht regelmäßig nicht, weil diese Abweichung normative Wirkung des Tarifvertrags voraussetzt, die ausländischen Tarifverträgen vorenthalten ist.[69]

3. Auslandstarifvertrag und tarifdispositives Recht

21 Unionsrechtliche Folgeprobleme werden ausgelöst, wenn durch ausländische Tarifverträge nicht vom deutschen tarifdispositiven Recht – wie etwa dem überlassungsrechtlichen Equal-pay-Grundsatz, § 8 Abs. 1, 2 AÜG – abgewichen werden kann. Hier steht die Dienstleistungsfreiheit, Art. 56 AEUV, in Rede, weil eine Unterschreitung des Equal-pay-Grundsatzes dann deutschen, aber nicht ausländischen, Tarifverträgen gestattet wäre.[70] Während einige im Falle der Abweichung nach § 8 Abs. 2 AÜG und unter Hinweis auf die zwingende Lohnuntergrenze des § 3a AÜG auch ausländische Tarifverträge – bei entsprechendem Arbeitsvertragsstatut – ohne weiteres als Abweichung zulassen wollen,[71] wollen andere mit verschiedenen Konzepte helfen, die letztlich darauf abstellen, inwiefern ein ausländischer Tarifvertrag die Anforderungen an den Zweck des tarifdispositiven Rechts erfüllt, infolge der kollektiven Verhandlungsstruktur angemessene Abweichungen zu ermöglichen: So verweisen *Löwisch* und *Rieble* auf die Voraussetzungen nach Art. 11 EMRK;[72] *Thüsing* auf die nach Art. 9 Abs. 3 GG[73] und *Franzen* auf das ILO-Abkommen Nr. 98.[74]

---

[66] Thüsing/Braun/*Reufels* 13. Kap. Rn. 49.
[67] *Löwisch/Rieble* Grundlagen Rn. 423.
[68] Siehe *Löwisch/Rieble* Grundlagen Rn. 426.
[69] *Löwisch/Rieble* Grundlagen Rn. 427.
[70] Dazu auch *Franzen* EuZA 2011, 452 (454 ff.),: ausführlich *Löwisch/Rieble* Grundlagen Rn. 429 ff.
[71] Siehe etwa Schüren/Hamann/*Schüren* AÜG § 8 Rn. 112.
[72] *Löwisch/Rieble* Grundlagen Rn. 439.
[73] *Thüsing* ZfA 2008, 590 (626); siehe auch *Bayreuther* DB 2011, 706 (710).
[74] *Franzen* EuZA 2011, 451 (470 f.).

§ 263 Internationale Tarifverträge

Schrifttum:
Ales, Der transnationale Kollektivvertrag zwischen Vergangenheit, Gegenwart und Zukunft, ZESAR 2007, 150; *C. Arnold,* Die Stellung der Sozialpartner in der europäischen Sozialpolitik, NZA 2002, 1261; *S. Arnold,* Der Soziale Dialog nach Art. 139 EG, 2008; *Birk,* Vereinbarungen der Sozialpartner im Rahmen des Sozialen Dialogs und ihre Durchführung, EuZW 1997, 453; *Birk,* Vereinbarungen der Sozialpartner als Regelungsinstrumente in der Europäischen Sozialcharta und im supranationalen Arbeitsrecht, FS Rehbinder, 2002, S. 3; *Britz/Schmidt,* Die institutionalisierte Mitwirkung der Sozialpartner an der Rechtsetzung der Europäischen Gemeinschaft, EuR 1999, 467; *Däubler,* Europäische Tarifverträge nach Maastricht, EuZW 1992, 329; *Dederer,* Durchführung von Vereinbarungen der europäischen Sozialpartner, RdA 2000, 216; *Deinert,* Der europäische Kollektivvertrag, 1999; *Deinert,* Partizipation europäischer Sozialpartner an der Gemeinschaftsrechtsetzung, RdA 2004, 211; *Gilles,* Das Zustandekommen und die Durchführung von Sozialpartnervereinbarungen im Rahmen des europäischen Sozialen Dialogs, 1999; *Goos,* Tarifautonomie in Europa – Chancen und Risiken, FS Birk, 2008, S. 135; *Heinze,* Die Rechtsgrundlagen des sozialen Dialogs auf Gemeinschaftsebene, ZfA 1997, 505; *Konzen,* Der europäische Einfluß auf das deutsche Arbeitsrecht nach dem Vertrag über die Europäische Union, EuZW 1995, 39; *Kowanz,* Europäische Kollektivvertragsordnung, 1999; *Rieble/Kolbe,* Vom Sozialen Dialog zum europäischen Kollektivvertrag?, EuZA 2008, 453; *Sagan,* Das Gemeinschaftsgrundrecht auf Kollektivmaßnahmen, 2008; *Seifert,* Veränderungen der Regelungstechniken im Arbeitsrecht der EU – Einige Überlegungen zum aktuellen Zustand des europäischen Arbeitsrechts, EuZA 2018, 51; *Thüsing/Traut,* Zur begrenzten Reichweite der Koalitionsfreiheit im Unionsrecht, RdA 2012, 65; *Waas,* Der soziale Dialog auf europäischer Ebene, ZESAR 2004, 443; *Weiss,* Transnationale Kollektivvertragsstrukturen in der EG: Informalität oder Verrechtlichung?, FS Birk, 2008, S. 957; *Wisskirchen,* Der soziale Dialog in der Europäischen Gemeinschaft, FS-Deutscher Arbeitsgerichtsverband, 1994, S. 653.; *Zachert,* Europäische Kollektivvereinbarungen – Wahnsinn ohne Grenzen oder ein Gebot der Vernunft?, FS Hromadka, 2008, S. 529; *Zimmer,* Entwicklungsperspektiven transnationaler Kollektivverhandlungen in Europa – Schaffung eines rechtlichen Rahmens für transnationale Kollektivverträge in der Europäischen Union, EuZA 2013, 247.

Übersicht

	Rn.
I. Kein supranationales Tarifrechtssystem	1
II. Verbindlichkeit unionsrechtlicher Sozialpartnervereinbarungen	8
1. Der unionsrechtliche Akt der Rechtsetzung	10
2. Rein nationale Umsetzung	15

I. Kein supranationales Tarifrechtssystem

Zwar gibt es durchaus mannigfaltige und verschieden intensive supranationale Gewährleistungen der Vereinigungsfreiheit und der Freiheit zum Abschluss von Kollektivvereinbarungen (→ § 228 Rn. 1 ff.), eine entsprechende Grundlage für ein internationales Tarifsystem, das – funktional gleich etwa dem TVG – die wesentlichen Strukturkomponenten eines Internationalen Tarifvertrags mit dem deutschen System zumindest ähnlichen Voraussetzungen und Rechtswirkungen festschriebe, gibt es aber nicht. An (im Ansatz) historischem Vorbild mangelte es nicht: Das deutsch-polnische Abkommen über Oberschlesien vom 15.5.1922[1] begründete eine bilaterale Grundlage für Tarifverträge, die über die Landesgrenzen hinweg galten. Hier finden sich in den Art. 160 ff. Regelungen über die Tarifvertragsparteien, den Abschluss und die Beendigung des Tarifvertrags, allerdings keine über die Wirkungsweise der tarifvertraglichen Regelungen. 1

Insbesondere das europäische Unionsrecht kennt kein eigenes Tarifrecht[2] – und kann es wegen der fehlenden unionsrechtlichen Kompetenz letztlich auch nicht kennen, Art. 153 Abs. 5 AEUV (→ § 227 Rn. 3 ff.): Zwar umfasst die Inkompetenzregelung des Art. 153 Abs. 5 AEUV unmittelbar lediglich die Bereiche des Koalitionsrechts, des Arbeitskampfrechts und des Entgeltrechts, allerdings ist jede Regelung eines unionsrechtlichen Tarif- 2

---

[1] RGBl. I 2239.
[2] Siehe auch Thüsing/Braun/*Reufels* 13. Kap. Rn. 103 f.

vertrags zugleich eine Regelung des Koalitionsrechts, womit zumindest mittelbar keine Grundlage für einen europäischen Tarifvertrag geschaffen werden kann (→ § 227 Rn. 3).

3   Anderes ergibt sich auch nicht aus den unionsgrundrechtlichen Gewährleistungen – weder im Rahmen der Vorgaben des Art. 28 GRC zur Koalitionsfreiheit, noch über das allgemeine, ungeschriebene Unionsgrundrecht der Vereinigungsfreiheit auf der anerkennenden Grundlage des Art. 6 Abs. 2 AEUV (→ § 217 Rn. 21). Zum einen gilt die GRC nur bei der Umsetzung und Durchführung des Unionsrechts – bindet also die Union und kann nicht in rein nationale Bereiche ausstrahlen; zum anderen verpflichtet auch das ungeschriebene Koalitionsgrundrecht nicht zur Bereitstellung eines eigenen Tarifsystems: Das ergibt sich wiederum aus der Inkompetenzregelung des Art. 153 Abs. 5 AEUV.[3] Mit anderen Worten: Das Grundrecht auf Koalitionsfreiheit hat zwar unionsrechtlich eine starke Schutzkomponente, die sich etwa in seiner Funktion als Schranken-Schranke für die unionsrechtlichen Grundfreiheiten auswirkt, sie hat aber, anders als Art. 9 Abs. 3 GG, keinen zwingenden Ausgestaltungsauftrag.

4   Die unionsrechtliche Vereinbarung unter den Sozialpartnern,[4] wie sie durch Art. 155 Abs. 1 AEUV vorgesehen ist, hilft auch nicht weiter: Sie ermöglicht zwar – wofür es keines eigenen Tarifrechts bedarf – die schuldrechtliche Vereinbarung zwischen den europäischen (Spitzen-)verbänden (→ § 227 Rn. 6), allerdings führt dies nicht zu einem normativen Transport der erzielten Regelungen in das einzelne Arbeitsverhältnis.[5] Hierfür bedarf es stets der Umsetzung der Regelungen in das nationale Tarifrecht – mithin eines entsprechenden nationalen Tarifabschlusses oder aber durch die gesetzlich Aufnahme einer Regelung im Mitgliedstaat. Ansonsten kann eine solche Vereinbarung zur Grundlage für den Europäischen Gesetzgebungsprozess werden, indem der Unionsgesetzgeber sie durch letztlich inhaltliche Aufnahme in eines der unionsrechtlichen Regelungsinstrumente mit entsprechender Verbindlichkeit ausstattet (→ § 227 Rn. 6). Das hat dann aber ebenfalls nichts mit einem unionsrechtlichen Tarifvertrag zu tun. Der europäische Richtliniengeber hat deshalb etwa auch richtig von der Grundlegung einer eigenen Tariffähigkeit an die Europäische Aktiengesellschaft abgesehen.[6]

5   Für die unionsrechtliche Sozialpartnervereinbarung auf der Grundlage des Art. 155 AEUV gäbe es für den Unionsgesetzgeber die Möglichkeit, jenseits der Anordnung einer normativen Wirkung zumindest Vorgaben über das Zustandekommen solcher Vereinbarungen zu machen.[7] Das Ergebnis einer solchen Vorgabe wäre jedenfalls kein eigenes Tarifrecht, sondern ein eigenes Vertragsrecht der Sozialpartnervereinbarung, weil die normative Wirkung in das einzelne nationale Arbeitsverhältnis nicht angeordnet werden könnte. Das scheiterte sowohl an Art. 153 Abs. 5 AEUV wie auch an der systematischen Stellung des Art. 155 Abs. 1 AEUV: Die Umsetzung der Sozialpartnervereinbarungen gelingt nur auf der Grundlage des Art. 155 Abs. 2 AEUV (→ § 227 Rn. 6).[8] Auf der anderen Seite gibt es entsprechende rechtspolitische Bestrebungen, ein solches Abschlussrecht zu schaffen, – soweit ersichtlich – auch nicht hinreichend intensiv. Damit können zwar zwischen internationalen Vertragspartnern Vereinbarungen über Arbeitsbedingungen geschlossen werden, national umzusetzen sind diese aber, will man normative Wirkung erreichen, in Deutschland durch einen umsetzenden Tarifvertrag im Sinne des TVG. Eine Pflicht zur Umsetzung resultiert aus gesetzlichen Vorgaben wie etwa Art. 155 AEUV nicht, sondern kann sich nur aus der jeweiligen verbandsrechtlichen Bindung ergeben.[9]

6   Auf anderer internationaler Grundlage, Teil II Nr. 6 ESC, Art. 11 EMRK, ILO-Abkommen Nr. 87, 98 Art. 23 Nr. 3 der Erklärung der Menschenrechte (dazu siehe

---

[3] Offener HMB/*Tillmanns* Teil 17 Rn. 66.
[4] Zum Sozialpartnerbegriff siehe NK-TVG/*Schiek* Einleitung Rn. 873.
[5] EuArbR/*Franzen* AEUV Art. 155 Rn. 5; Calliess/Ruffert/*Krebber* AEUV Art. 155 Rn. 16.
[6] Dazu *Löwisch/Rieble* Grundlagen Rn. 466.
[7] EuArbR/*Franzen* AEUV Art. 155 Rn. 13.
[8] *Löwisch/Rieble* Grundlagen Rn. 479.
[9] EuArbR/*Franzen* AEUV Art. 155 Rn. 14.

→ § 228 Rn. 2 ff.), lässt sich ein inter- oder supranationales Tarifsystem ebenfalls nicht aufbauen:[10] Die ESC etwa ist völkerrechtlicher Vertrag, der sich an die Mitgliedstaaten wendet und so auch an die nationalen Tarifordnungen anknüpft, gleiches gilt für die Gewährleistungen der EMRK, die zwar im Rang eines einfachen Bundesgesetzes und grundrechtsinterpretierend wirken, die aber ebenfalls an die nationalen Systeme gebunden sind (→ § 217 Rn. 23).

Die internationalen Sozialpartner selbst können durch Vertrag auch keine eigene normative Wirkung ihrer Vereinbarungen nach einem so genannten Statuskontraktmodell begründen:[11] Die eigene Vertragsgestaltungsmacht reicht nicht so weit.[12] Jenseits eines vorgegebenen supranational begründeten Tarifrechts besteht im Rahmen der allgemeinen und auch der speziell die Kollektivvertragsfreiheit schützenden Regelungen die Möglichkeit, dass entweder nationale Tarifakteure oder aber internationale Verbände oder Arbeitgeber grenzüberschreitende Vereinbarungen treffen.[13] Weil es keine normative Wirkung für diese Vereinbarungen gibt, verbleibt ihre Wirkung schuldrechtlich.[14] Für solche Vereinbarungen stellt sich zunächst die Frage nach dem anwendbaren Recht[15] und sodann nach den konkreten Rechtsfolgen[16] – wie etwa einer Umsetzungspflicht in nationale Tarifverträge durch die Verbandsmitglieder.

II. Verbindlichkeit unionsrechtlicher Sozialpartnervereinbarungen

Nach Art. 155 Abs. 1 AEUV kann der Dialog zwischen den Sozialpartnern[17] auf Unionsebene, falls sie es wünschen, zur Herstellung vertraglicher Beziehungen einschließlich des Abschlusses von Vereinbarungen führen. Inhaltlich sind solche Vereinbarungen grundsätzlich nicht an die Begrenzungen nach Art. 153 AEUV gebunden, eine solche Grenzziehung gilt nur dann, wenn die Vereinbarung auf der Grundlage des Art. 155 Abs. 2 2. Alt. AEUV durch den europäischen Gesetzgeber in Gesetzesrecht transformiert wird.[18] Jenseits dieses Verfahrens sind die Sozialpartner in der inhaltlichen Regelung frei – sofern sie sich, wegen der systematischen Stellung des Art. 155 AEUV, im Bereich der Sozialpolitik halten.[19] Arbeitskämpfe um eine solche Vereinbarung sind wegen Art. 153 Abs. 5 AEUV nicht möglich.[20]

Verfahrensvorgaben für den Abschluss dieser Vereinbarungen gibt es nicht.[21] Ein Schriftformgebot wird im Umkehrschluss aus Art. 155 Abs. 2 2. Alt AUEV gefolgert[22]. Wenn die Rechtsprechung für das Verfahren nach Art. 155 Abs. 2 2. Alt. AEUV eine Gesamtrepräsentativität der beteiligten Sozialpartner voraussetzt, dann gilt dies nur für das unionsrechtliche Gesetzgebungsverfahren, nicht für die Wirksamkeit der Vereinbarung als solche.

1. Der unionsrechtliche Akt der Rechtsetzung

Art. 155 Abs. 2 2. Alt. AEUV ist nicht die Grundlage für einen europäischen Tarifvertrag, ermöglicht aber die rechtliche Verbindlichkeit des Inhalts der Sozialpartnervereinbarung,

---

[10] *Löwisch/Rieble* Grundlagen Rn. 480 ff.; HMB/*Tillmanns* Teil 17 Rn. 63.
[11] Letztlich anders NK-TVG/*Schiek* Einleitung Rn. 925; Thüsing/Braun/*Reufels* 13. Kap. Rn. 103 f.
[12] *Löwisch/Rieble* Grundlagen Rn.
[13] Siehe zu den „International Framework Agreements" etwa Thüsing/Braun/*Thüsing* 1. Kap. Rn. 89 ff.
[14] EuArbR/*Franzen* AEUV Art. 155 Rn. 5; Grabitz/Hilf/Nettesheim/*Benecke* Art. 155 Rn. 6.
[15] HMB/*Tillmanns* Teil 17 Rn. 68.
[16] Auf die oftmalige Unbestimmtheit solcher Vereinbarungen verweist Thüsing/Braun/*Thüsing* 1. Kap. Rn. 102.
[17] Zum Begriff siehe Thüsing/Braun/*Reufels* 13. Kap. Rn. 82.
[18] EuArbR/*Franzen* AEUV Art. 155 Rn. 8.
[19] EuArbR/*Franzen* AEUV Art. 155 Rn. 9; Grabitz/Hilf/Nettesheim/*Benecke* Art. 155 Rn. 2.
[20] Grabitz/Hilf/Nettesheim/*Benecke* AEUV Art. 155 Rn. 2; Calliess/Ruffert/*Krebber,* AEUV, Art. 155 Rn. 8; Streinz/Eichenhofer EUV/AEUV Art. 155 AEUV Rn. 9; EuArbR/*Franzen* AEUV Art. 155 Rn. 7.
[21] Calliess/Ruffert/*Krebber* AEUV Art. 155 Rn. 5.
[22] Calliess/Ruffert/*Krebber* AEUV Art. 155 Rn. 5.

die durch das gewählte unionsrechtliche Regelungsinstrument in seiner jeweiligen Intensität festgelegt wird – unmittelbare Bindung und eine Loslösung vom nationalen Recht gelingt damit über die unionsrechtliche Regelungssetzung. Diese Rechtssetzungsakte sind dann auch als solche an die Kompetenzvorgaben insbesondere des Art. 153 Abs. 1 AEUV gebunden,[23] was Art. 155 Abs. 2 2. Alt AEUV deklaratorisch ausdrücklich erwähnt. Damit kann etwa der Entgeltbereich nicht Gegenstand eines entsprechenden unionsrechtlichen Rechtssetzungsaktes sein, Art. 153 Abs. 5 AEUV. Beispiele einer Umsetzung von Sozialpartnervereinbarungen sind etwa die TeilzeitarbeitsRL, 97/81/EG,[24] SeearbeitszeitRL 1999/63/EG,[25] die BefristungsRL, 99/70/EG,[26] die Luftfahrt-ArbeitszeitorganisationsRL 2000/79/EG,[27] Seearbeitsübereinkommen-DurchführungsRL 2009/13/EG,[28] EisenbahnverkehrsRL 2005/47/EG,[29] ElternurlaubsRL, 2010/18/EU,[30] Krankenhaus-GesundheitsschutzRL 2010/32/EU.[31]

11 Im (weiten) verbleibenden Bereich des Art. 153 Abs. 1 AEUV kann der Mechanismus des Art. 155 Abs. 2 2. Alt. AEUV entfernt mit dem der Allgemeinverbindlichkeit und der Tarifnormerstreckung der RVO nach dem AEntG verglichen werden: Ein unionsrechtlicher Akt verleiht der Kollektivvereinbarung rechtliche Verbindlichkeit. Vergleichbar ist dieses System etwa mit der tarifbasierten RVO nach dem AEntG (→ § 249 Rn. 4). Letztlich geht die Intensität sogar über die Allgemeinverbindlichkeit und Tarifnormerstreckung hinaus, weil die europäische Sozialpartnervereinbarung als solche nicht einmal in der Lage ist, die Verbandsmitglieder normativ zu erfassen. Rechtliche Verbindlichkeit über die rein rechtsgeschäftliche Bindung der an der Vereinbarung beteiligten Sozialpartnerverbände – wenn auch bei einer Richtlinie „nur" gegenüber den zur Umsetzung verpflichteten Mitgliedstaaten – entwickelt sich erst durch die Aufnahme als Rechtssetzungsakt.

12 Legitimiert ist ein solcher Rechtssetzungsakt allein durch den Erlass der zuständigen Unionsorgane,[32] nicht aber mitgliedschaftlich-privatautonom. Zwar ist die Sozialpartnervereinbarung inhaltliche Grundlage der Regelung, sie setzt aber nicht selbst Recht. Mit den genannten Wirkungen erschöpft sich der Vergleich zu Allgemeinverbindlichkeit auch

---

[23] EuArbR/*Franzen* AEUV Art. 155 Rn. 17; Grabitz/Hilf/Nettesheim/*Benecke* Art. 155 Rn. 7.; Calliess/Ruffert/*Krebber* AEUV Art. 155 Rn. 11.
[24] Richtlinie 97/81/EG des Rates vom 15.12.1997 zu der von UNICE, CEEP und EGB geschlossenen Rahmenvereinbarung über Teilzeitarbeiter, ABl. L 14 S. 9.
[25] Richtlinie 1999/63/EG des Rates vom 21.6.1999 zu der vom Verband der Reeder in der Europäischen Gemeinschaft (European Community Shipowners' Association ECSA) und dem Verband der Verkehrsgewerkschaften in der Europäischen Union (Federation of Transport Workers' Unions in the European Union FST) getroffenen Vereinbarung über die Regelung der Arbeitszeit von Seeleuten, ABl. L 167 S. 33.
[26] Richtlinie 1999/70/EG des Rates vom 28.6.1999 zu der EGB-UNICE-CEEP-Rahmenvereinbarung über befristete Arbeitsverträge, ABl. L 175 S. 43.
[27] Richtlinie 2000/79/EG des Rates vom 27.11.2000 über die Durchführung der von der Vereinigung Europäischer Fluggesellschaften (AEA), der Europäischen Transportarbeiter-Föderation (ETF), der European Cockpit Association (ECA), der European Regions Airline Association (ERA) und der International Air Carrier Association (IACA) geschlossenen Europäischen Vereinbarung über die Arbeitszeitorganisation für das fliegende Personal der Zivilluftfahrt, ABl. L 302 S. 57.
[28] Richtlinie 2009/13/EG des Rates vom 16.2.2009 zur Durchführung der Vereinbarung zwischen dem Verband der Reeder in der Europäischen Gemeinschaft (ECSA) und der Europäischen Transportarbeiter-Föderation (ETF) über das Seearbeitsübereinkommen 2006 und zur Änderung der Richtlinie 1999/63/EG, ABl. L 124 S. 30.
[29] Richtlinie 2005/47/EG des Rates vom 18.7.2005 betreffend die Vereinbarung zwischen der Gemeinschaft der Europäischen Bahnen (CER) und der Europäischen Transportarbeiter-Föderation (ETF) über bestimmte Aspekte der Einsatzbedingungen des fahrenden Personals im interoperablen grenzüberschreitenden Verkehr im Eisenbahnsektor, ABl. L 195 S. 15.
[30] Richtlinie 2010/18/EU des Rates vom 8.3.2010 zur Durchführung der von BUSINESSEUROPE, UEAPME, CEEP und EGB geschlossenen überarbeiteten Rahmenvereinbarung über den Elternurlaub und zur Aufhebung der Richtlinie 96/34/EG, ABl. L 68 S. 13.
[31] Richtlinie 2010/32/EU des Rates vom 10.5.2010 zur Durchführung der von HOSPEEM und EGÖD geschlossenen Rahmenvereinbarung zur Vermeidung von Verletzungen durch scharfe/spitze Instrumente im Krankenhaus- und Gesundheitssektor, ABl. L 134 S. 66.
[32] Siehe ausführlich zur Legitimationsdiskussion *Löwisch/Rieble* Grundlagen.

wieder: Es fehlt zunächst an Vorgaben für den Abschluss der Vereinbarung im Unionsrecht, etwa für die einer Tariffähigkeit vergleichbaren „Vereinbarungsfähigkeit". Welche Sozialpartner Vereinbarungen schließen können und welche von deren Vereinbarungen wiederum Grundlage einer staatlichen Übernahme sein können, regelt Art. 155 AEUV nicht – wenngleich die Rechtsprechung eine, inhaltlich nicht näher konkretisierte – Gesamtrepräsentation fordert.[33]

Das Verfahren unter Beteiligung der europäischen Sozialpartner ist in Art. 155 Abs. 2 AEUV angedeutet, freilich besteht wegen Art. 154 Abs. 4 EUV bei Unterbrechung des dortigen Anhörungsverfahrens eine zeitliche Grenze von 9 Monaten, Art. 154 Abs. 4 S. 2 AEUV.[34] Es bedarf eines gemeinsamen Antrags der Parteien der Sozialpartnervereinbarung. Die europäische Kommission hat dann die Rechtmäßigkeit und die politische Zweckmäßigkeit einer Umsetzung zu prüfen – so kann der Antrag auch aus politischen Gründen abgelehnt werden.[35] Sodann beschließt der Europäische Rat und unterrichtet das Europäische Parlament, Art. 155 Abs. 2 S. 2 AEUV. Eine spezielle Rechtsform ist der Beschluss des Rates nicht – er bedient sich, soll Ziel die Verbindlichkeit sein, der Verordnung oder der Richtlinie.[36] Auch der Rat ist frei darin, den Rechtsakt zu erlassen.[37]

Insgesamt haben die vereinbarenden Sozialpartnerverbände auch keine wirksame Initiativmacht, sie können ein entsprechendes Verfahren zwar anregen, aber nicht verbindlich „auf den Weg bringen". Und wichtig: Durch Aufhebung oder anderweitige Beendigung ihrer Vereinbarung kann die Wirksamkeit des gesetzten unionsrechtlichen Rechtssetzungsaktes nicht beendet werden – die Sozialpartner verlieren so die Herrschaft über die rechtliche Verbindlichkeit ihrer Vereinbarung. Das ist die Folge der lediglich inhaltlichen Übernahme der Vereinbarung in rein unionsrechtliche und im Falle einer Richtlinie mitgliedstaatliche Gesetzgebung.

2. Rein nationale Umsetzung

Die zweite Möglichkeit einer „Umsetzung" der schuldrechtlichen Sozialpartnervereinbarung nach Art. 155 Abs. 1 AEUV ist durch nationale Instrumente – nach den jeweiligen Verfahren und Gepflogenheiten der Sozialpartner und der Mitgliedstaaten. Hier kommt es zur Anknüpfung an die rein nationalen Rechtssetzungssysteme.[38]

Damit ist einmal der Weg über die nationalen Tarifsysteme eröffnet. In Deutschland müsste der Vereinbarungsinhalt gleichsam in einen Tarifvertrag nach dem TVG transformiert werden – durch die (tariffähigen) Mitgliedsverbände der Europäischen Sozialpartner. Es käme dadurch zu einer doppelstufigen Kollektivvereinbarung,[39] wobei die erste, die Sozialpartnervereinbarung den Inhalt vorgibt, und die zweite, der Tarifvertrag, die Normativität verleiht. Allerdings wird deren Tarifmacht durch eine Vereinbarung im Sinne des Art. 155 AEUV nicht erweitert. Deshalb muss der Tarifvertrag insgesamt den Vorgaben des deutschen Tarifrechts entsprechen.[40] Eine solche Umsetzungspflicht kann sich wiederum aus der Sozialpartnervereinbarung und der verbandlichen Folgepflicht der nationalen Verbände ergeben.

Der zweite Weg führt über die nationalen staatlichen Rechtssetzungsakte, nur so kann sie umfassende Bindung erlangen: So kann die Sozialpartnervereinbarung Grundlage für

---

[33] EuG T-135/96, Slg. 1998, II-2335; gegen eine solche Repräsentation Calliess/Ruffert/*Krebber* AEUV Art. 155 Rn. 25.
[34] Zum Verhältnis des Anhörungsverfahrens zum Verfahren nach Art. 155 AEUV siehe auch Grabitz/Hilf/Nettesheim/*Benecke* Art. 154 Rn. 10 ff.
[35] EuArbR/*Franzen* Art. 155 AEUV Rn. 20; Calliess/Ruffert/*Krebber* AEUV Art. 155 Rn. 25; aA Thüsing/Braun/*Reufels* 13. Kap. Rn. 91: Nur Zulässigkeitsprüfung.
[36] Grabitz/Hilf/Nettesheim/*Benecke* Art. 155 Rn. 11 mwN; Oetker/Preis/*Schwarze* EAS B 8100, Rn. 81; Thüsing/Braun/*Reufels* 13. Kap. Rn. 92 ff.
[37] Calliess/Ruffert/*Krebber* AEUV Art. 155 Rn. 26.
[38] Calliess/Ruffert/*Krebber* AEUV Art. 155 Rn. 20.
[39] Thüsing/Braun/*Reufels* 13. Kap. Rn. 98.
[40] Calliess/Ruffert/*Krebber* AEUV Art. 155 Rn. 11.

ein nationales Gesetz oder eine Rechtsverordnung sein oder ein Tarifvertrag auf der Grundlage der Vereinbarung kann nach § 5 TVG allgemeinverbindlich erklärt werden.[41]

18 Auf der Grundlage von Art. 155 Abs. 2 1. Alt. AEUV, der ausdrücklich auf die „jeweiligen Verfahren und Gepflogenheiten der Sozialpartner und der Mitgliedstaaten" verweist, sind etwa die Rahmenvereinbarung über Telearbeit vom 16. 7. 2002[42] oder die Rahmenvereinbarung über sexuelle Belästigung und Gewalt am Arbeitsplatz vom 26. 4. 2007 geschlossen worden.[43]

---

[41] Calliess/Ruffert/*Krebber* AEUV Art. 155 Rn. 24.
[42] Dazu Schaub ArbR-HdB/*Vogelsang* § 164 Rn. 13.
[43] Siehe dazu http://ec.europa.eu/social/main.jsp?catId=1307&langId=de.

Zehntes Kapitel: Außertarifliche Regelung der Arbeits- und Wirtschaftsbedingungen

§ 264 Außertarifliche Vereinbarungen

Schrifttum:
Berthold/Hank, Bündnis für Arbeit: Korporatismus statt Wettbewerb, 1999; *Boeck,* Tarifverträge und andere Koalitionsverträge, 2006; *Molitor,* Außertarifliche Sozialpartnervereinbarungen, FS Stahlhacke, 1995, S. 339; *Plander,* Nichttarifliche Übereinkünfte zwischen Gewerkschaften und Trägern öffentlicher Gewalt, FS Kehrmann, 1997, S. 295; *Rieble,* Bündnis für Arbeit – „Dritter Weg" oder Sackgasse?, RdA 1999, 169; *Schack,* Gruppenarbeit in der Chemischen Industrie: Gemeinsam e Hinweise des Bundesarbeitgeberverbandes Chemie und der IG Chemie-Papier-Keramik, NZA 1996, 923; *Zachert,* Sozialpartnervereinbarungen – ein Modell für die Zukunft, FS Hanau, 1999, S. 137; *Zachert,* „Jenseits des Tarifvertrags"?, NZA 2006, 10.

Übersicht

	Rn.
I. Koalitionsvereinbarung als (additives) Instrument	1
II. Anwendbare Regelungen	8
III. Arbeitsbedingungen und Koalitionenvertrag	13
1. Koalitionsvertragliche Grundlegung	14
2. Arbeitsvertragliche Umsetzung	19

I. Koalitionsvereinbarung als (additives) Instrument

Jede Koalition, ob tariffähig oder nicht, kann auf der Grundlage des Art. 9 Abs. 3 GG lediglich schuldrechtliche, nichttarifliche Vereinbarungen mit einer anderen Koalition treffen, so genannte außertarifliche Vereinbarungen, **Koalitionsvereinbarungen** oder Sozialpartnervereinbarungen.[1] Für die tariffähigen Koalitionen ist dies eine andere und weitere Möglichkeit, rechtlich verbindliche Verträge zu schließen, für die nichttariffähige Koalition ist die einzige Möglichkeit, Regelungen über Arbeitsbedingungen zu vereinbaren. **1**

Tariffähige Koalitionen sind nicht auf das Instrument des Tarifvertrags beschränkt, um die Mitgliederinteressen rechtsgeschäftlich zu stabilisieren.[2] Schließen sie schuldrechtliche Vereinbarungen innerhalb der Tarifmacht des TVG, so sind diese zwar regelmäßig als Tarifvertrag einzuordnen (→ § 258 Rn. 1), weil sie als Koalition aber nicht an die Vorgaben zur Tarifmacht nach dem TVG gebunden sind, können sich auch außerhalb der Begrenzungen durch § 1 Abs. 1 TVG Koalitionsverträge schließen – soweit sie die Wahrung und Förderung der Arbeits- und Wirtschaftsbedingungen betreffen, Art. 9 Abs. 3 GG (zu deren Umfang → § 258 Rn. 2).[3] *Däubler* schreibt in Anbetracht der übergroßen Aufmerksamkeit für den Tarifvertrag von einem „versteckten Dualismus" der Koalitionsverträge.[4] Außerhalb dieses Bereichs der Arbeits- und Wirtschaftsbedingungen bleibt zudem stets noch der durch die allgemeine Privatautonomie geschützte Vertrag. Hier besteht dann aber keine „Koalitionsrechtsspezifik", solche Verträge, etwa Kaufverträge, unterstehen den allgemeinen schuldrechtlichen Regelungen. Sie sind auf der Grundlage des Art. 2 Abs. 1 GG gewährleistet.[5] **2**

Dabei ist der Inhalt solcher Vereinbarungen weit: Sie sind gerade nicht an die Vorgaben des § 1 Abs. 1 TVG gebunden, sondern umfassen grundsätzlich alle Bereiche der Arbeits- und Wirtschaftsbedingungen, die einer rechtsgeschäftlichen Regelungen zugänglich sind. Das folgt schon daraus, dass eine rechtliche Bindung nur die vereinbarungsschließenden **3**

---
[1] Wiedemann/*Thüsing* § 1 Rn. 20.
[2] BAG 14.4.2004 – 4 AZR 232/03, AP TVG § 1 Auslegung Nr. 188 = NZA 2005, 178; Wiedemann/*Thüsing* § 1 Rn. 25.
[3] JKOS/*Krause* § 4 Rn. 159.
[4] NK-TVG/*Däubler* Einleitung Rn. 961.
[5] Wiedemann/*Thüsing* § 1 Rn. 25.

Parteien trifft – eine normative Wirkung auf das einzelne Arbeitsverhältnis ist ausgeschlossen (→ § 258 Rn. 3). Hier können auch Vereinbarungen getroffen werden, die im Rahmen allgemein verbandspolitischer Ziele mit Bezug zu den Arbeits- und Wirtschaftsbedingungen, wie etwa dem betrieblichen (nicht aber dem allgemeinen) Umweltschutz, der Berufsbildung oder der Unternehmenspolitik, Rechte und Pflichten der beteiligten Verbände grundlegen. So sind hier auch Vereinbarungen über konkrete unternehmerische Entscheidungen möglich[6] – etwa durch ein entsprechendes Zustimmungsrecht zu Outsourcing-Maßnahmen[7] oder Vorgaben für die unternehmerische Personalpolitik. Das kann auch die Wahrnehmung gewerkschaftlicher Rechte im Betrieb jenseits der Gewährleistung der Betriebsverfassung umfassen[8] oder auch Notdienstvereinbarungen im Rahmen des Arbeitskampfes, wenn man diese nicht je nach Inhalt der konkreten Regelung der Tarifmacht des § 1 Abs. 1 TVG unterstellt.[9] In der chemischen Industrie sind Sozialpartnervereinbarungen verwurzelt.[10]

4 Der Koalitionsvertrag kann hier auch Basis einer gemeinsamen Interessenwahrnehmung in der gesellschaftlichen Diskussion sein und so etwa gemeinsame Ziele, aber auch Rechte und Pflichten im Hinblick auf deren Umsetzung bei der Teilnahme am rechtspolitischen Diskurs festlegen.

5 Für nicht tariffähige Koalitionen ist der Koalitionsvertrag die einzige Möglichkeit, verbindliche Vereinbarungen mit dem sozialen Gegenspieler über die Arbeitsbedingungen ihrer Mitglieder zu treffen.[11] Das können nicht tariffähige Arbeitnehmerkoalitionen auch als Instrument begreifen, mit den Gewerkschaften in Wettbewerb zu treten – der Koalitionsvertrag kann dann als Instrument zur Mitgliedergewinnung eingesetzt werden.[12]

6 Ein Koalitionenvertrag ist auch als Haus- oder Firmenkoalitionenvertrag möglich,[13] wenn der Vertragspartner der Koalition das einzelne Unternehmen ist. Ebensowenig wie beim Tarifvertrag ist ein Konzernkoalitionenvertrag möglich, weil der Konzern als solcher nicht rechtsfähig ist (→ § 232 Rn. 70).

7 Ob Bündnisse für Arbeit Koalitionsvereinbarung sind, ist fraglich, wenn daran der Staat durch unterstützende Zusagen beteiligt ist.[14]

II. Anwendbare Regelungen

8 Verträge zwischen Koalitionen oder zwischen Arbeitgeber und einer Koalition können dann kein Tarifvertrag sein, wenn eine nicht tariffähige Koalition beteiligt ist, oder aber, wenn tariffähige Koalitionen Bereiche außerhalb der Tarifmacht regeln (→ § 229 Rn. 2). Das bedeutet, dass auch die tarifrechtlichen Geltungsvoraussetzungen nach dem TVG nicht einzuhalten sind.[15] So muss ein Koalitionsvertrag nicht schriftlich nach § 1 Abs. 2 TVG geschlossen werden. Auch alle Regelungen, die an den Normcharakter des Tarifvertrags anknüpfen, müssen beim Koalitionsvertrag nicht beachtet werden. So sind (nur) die allgemeinen rechtsgeschäftlichen und schuldrechtlichen Vorgaben zu beachten – die Auslegung eines Koalitionsvertrages richtet sich deshalb etwa nach den §§ 133, 155 BGB. Das gilt auch dann, wenn durch Vereinbarung Rechte Dritter nach § 328 Abs. 1 BGB begründet werden.[16]

---

[6] *Löwisch/Rieble* § 1 Rn. 73.
[7] BAG 21.5.2014 – 4 AZR 50/13, AP BGB § 242 Gleichbehandlung Nr. 220 = NZA 2015, 115.
[8] NK-TVG/*Däubler* Einleitung Rn. 963.
[9] Dazu NK-TVG/*Bepler* § 4 Rn. 997 ff.; Wiedemann/*Thüsing* § 1 Rn. 24.
[10] Dazu NK-TVG/*Däubler* Einleitung Rn. 967; *Löwisch/Rieble* Grundlagen Rn. 73; Wiedemann/*Thüsing* § 1 Rn. 21.
[11] BAG 28.3.2006 – 1 ABR 58/04, AP TVG § 2 Tariffähigkeit Nr. 4 = NZA 2006, 1112; HessLAG 9.4.2015 – 9 TaBV 225/14, NZA-RR 2015, 482.
[12] *Löwisch/Rieble* Grundlagen Rn. 71.
[13] *Löwisch/Rieble* Grundlagen Rn. 71.
[14] Wiedemann/*Thüsing* § 1 Rn. 23.
[15] Wiedemann/*Thüsing* § 1 Rn. 20.
[16] AA NK-TVG/*Däubler* Einleitung Rn. 994.

Durch Auslegung ist – handelt es sich um eine Vereinbarung unter tariffähigen Akteuren – auch zu ermitteln, ob ein Tarifvertrag oder eine Koalitionsvereinbarung vorliegt.[17] Maßgeblich ist der Regelungsgegenstand – betrifft dieser den die Tarifmacht umfassenden Bereich des § 1 Abs. 1 TVG, wird regelmäßig ein Tarifvertrag gewollt sein.

Ist grundsätzlich eine tarifliche Regelung gewollt, scheitert diese aber – etwa wegen der Nichteinhaltung des Schriftformgebotes nach § 1 Abs. 2 TVG (→ § 229 Rn. 2) –, so kann die Vereinbarung im Wege der Umdeutung, § 140 BGB bei entsprechendem mutmaßlichen Willen der Vertragsparteien als Koalitionsvertrag Bestand haben.

Ebenfalls ist durch Auslegung zu klären, ob überhaupt eine rechtsverbindliche, pflichtenbegründende Vereinbarung vorliegt oder nicht lediglich eine bloße unverbindliche Absprache oder Empfehlung. Hier geht es – entsprechend der allgemeinen Vorgaben – um die Manifestation des Rechtsbindungswillens der an der Vereinbarung Beteiligten.[18]

Weil der Arbeitskampf tariffunktional ist, kann um Koalitionsverträge gekämpft werden.[19]

III. Arbeitsbedingungen und Koalitionenvertrag

Tariffähige Koalitionen werden die Arbeitsbedingungen ihrer Mitglieder tariflich regeln, für nichttariffähige Koalitionen steht dieses Instrument nicht zur Verfügung, es kommt nicht zur normativen Wirkung.[20] Für ihre Verbindlichkeit im einzelnen Arbeitsverhältnis ist deshalb auf die allgemeinen rechtsgeschäftlichen und schuldrechtlichen Mechanismen zu blicken.

1. Koalitionsvertragliche Grundlegung

Eine **unmittelbare mitgliederbezogene Wirkung** einer Koalitionsvereinbarung kann mit einem Vertretungsmodell erreicht werden: Dann sind die vereinbarenden Verbände Vertreter ihrer Mitglieder, es greifen die §§ 164 ff. BGB. Das setzt freilich wesentlich voraus, dass die Vertretung offenkundig wird und – schwieriger –, dass eine entsprechende Vertretungsmacht vorliegt. Eine solche ist über die Satzung des Verbandes denkbar.

Ebenfalls unmittelbar wirkt eine **Vereinbarung zu Gunsten Dritter, § 328 BGB,**[21] die aber lediglich jeweils den Arbeitgeber oder den Arbeitnehmer als einzelne Anspruchsberechtigte einsetzen kann, aber nicht das Arbeitsverhältnis als solches bindet. Praktischer wird dies aber etwa bei der Hauskoalitionsvereinbarung, bei der der Arbeitgeber Versprechender ist und so über § 328 Abs. 1 BGB dem einzelnen Arbeitnehmer direkt einen Anspruch gegen seinen Arbeitgeber verschafft. Zudem kann es dadurch nur zur Anspruchsbegründung und zur Rechteerweiterung kommen, jede Pflichtbegründung ist als Vertrag zu Lasten Dritter nicht möglich.[22] Deshalb können sich vereinbarte Ansprüche auch nur gegen die versprechende Koalition richten, aber nicht gegen ihr Mitglied. Denkbar ist zwar der Anspruch, dass die Koalition auf das Mitglied „einwirkt", mit dem Anspruchsberechtigten entsprechende Vereinbarungen abzuschließen, was systematisch *cum grano salis* der tariflichen Durchführungspflicht gleichkommt (→ § 257 Rn. 35 ff.), mehr ist aber wegen des Verbotes des Vertrages zu Lasten Dritter nicht möglich.

Alle anderen rechtlichen Transportmöglichkeiten wirken nur **mittelbar,** weil sie einen originären rechtsgeschäftlichen **Umsetzungsakt** im Arbeitsverhältnis voraussetzen. Diesen können die vertragschließenden Koalitionen mit unterschiedlicher Intensität ansto-

---

[17] NK-TVG/*Däubler* Einleitung Rn. 986; Wiedemann/*Thüsing* § 1 Rn. 25.
[18] Siehe auch NK-TVG/*Däubler* § 4 Rn. 991 ff.
[19] Dies sieht auch NK-TVG/*Däubler* Einleitung Rn. 990 (noch) so.
[20] BAG 28.3.2006 – 1 ABR 58/04, AP TVG § 2 Tariffähigkeit Nr. 4 = NZA 2006, 1112; HessLAG 9.4.2015 – 9 TaBV 225/14, NZA-RR 2015, 482.
[21] BAG 3.12.2002 – 9 AZR 457/01, AP TVG § 1 Altersteilzeit Nr. 2 = NZA-RR 2003, 613; ErfK/*Franzen* § 1 Rn. 80.
[22] Allgemein Staudinger/*Klumpp*, 2015, Vorbem. zu § 328 Rn. 53 ff.

ßen²³ und über ihn können im Koalitionsvertrag Pflichten begründet werden, auf die Verbandsmitglieder zur einzelvertraglichen Umsetzung der Vereinbarungsvorgaben einzuwirken. Dies entspricht gleichsam umgekehrt der tariflichen Einwirkungspflicht (→ § 257 Rn. 43): Dort soll eine bestehende normative Wirkung im Arbeitsverhältnis flankiert werden, beim Koalitionsvertrag dagegen die Rechtsbegründung im Arbeitsvertrag erreicht werden. Konstitutiv bleibt aber hier die arbeitsvertragliche Vereinbarung.

17 Die Koalitionsvereinbarung kann vorsehen, dass den Arbeitsvertragsparteien lediglich **Empfehlungen** gemacht werden, die Vereinbarung umzusetzen. Sie können darüber hinaus vorsehen, dass die möglichen verbandsrechtlichen Sanktionen als Druckinstrument angewendet werden.

18 Komplizierter, aber möglich, ist auch eine Bindung über die **Koalitionssatzung,** die dem Mitglied eines anderen Verbandes einen Anspruch gegen das eigene Mitglied einräumt. Auch dann allerdings ist es nicht die Koalitionsvereinbarung selbst, die auf das Arbeitsverhältnis wirkt, sondern unmittelbar rechtsbegründend ist die jeweilige Satzung. Ob eine entsprechende dynamische Verweisung in der Satzung möglich ist, ist zweifelhaft. Ohnehin kommt man der Tarifwirkung über dieses Model zwar nahe, trifft sie aber nicht: Zunächst geht dieses Modell gleichsam über das Viereck von Koalitionsvereinbarung, den jeweiligen Satzungen und dem Arbeitsverhältnis, was mit der normativen Tarifwirkung nichts zu tun hat; zum anderen kann sich eine Arbeitsvertragspartei durch Verbandsaustritt mit sofortiger Wirkung dieses Konstruktes entziehen: Eine Nachbindung nach § 3 Abs. 3 TVG gibt es nicht.

2. Arbeitsvertragliche Umsetzung

19 Die arbeitsvertragliche Übernahme von Koalitionsvereinbarungen geschieht auf den **allgemeinen rechtsgeschäftlichen Grundlagen,** sie gelingt auch durch Gesamtzusage oder betriebliche Übung. Das kann durch Übernahme einzelner Vereinbarungsinhalte geschehen, aber auch durch Bezugnahme auf die gesamte Koalitionsvereinbarung. Zweifelsfrei ist eine solche Vereinbarung, erfolgt sie auf der Grundlage einer formularmäßigen Vereinbarung, anhand der §§ 305 ff. BGB zu kontrollieren. Hier wird man – wie bei der schuldrechtlichen Bezugnahme auf den Tarifvertrag – die Vereinbarung eines Koalitionsvertrages, der das entsprechende Arbeitsverhältnis nicht unter seinen Geltungsbereich fasst, insbesondere an § 305c Abs. 2 BGB messen müssen: Eine solche Vereinbarung wird regelmäßig überraschend sein (→ § 246 Rn. 33 f.). Freilich kommt für die Beurteilung, ob eine solche überraschende Vereinbarung vorliegt, noch spezifisch hinzu, dass bei Koalitionsvereinbarungen keine gesetzlichen Publizitätsvorgaben bestehen, sich Arbeitgeber und Arbeitnehmer also nicht jenseits der Möglichkeiten, die ihnen verbandsrechtlich und verbandspolitisch eingeräumt werden, über den nicht Vereinbarungsinhalt informieren können.

20 Eine andere Frage ist es, ob die in Bezug genommene Koalitionsvereinbarung selbst Kontrollgegenstand der §§ 307 ff. BGB sein kann.²⁴ Das Kontrollprivileg des § 310 Abs. 4 S. 1, S. 3 BGB trifft lediglich den Tarifvertrag, deshalb ist eine unkritische Übernahme nicht möglich.²⁵ Weil aber die AGB-Kontrolle auf die Ausübung einseitiger Vertragsgestaltungsmacht zielt, kann einer Gleichstellung von Kollektivvereinbarungen nur dann aufgeschlossen gegenübergetreten werden, wenn das entsprechende Regelungswerk nicht AGB-typisch in einer solchen asynchronen Gestaltungssituationen vereinbart wurde.²⁶ Mit anderen Worten: Ist die kollektive Vereinbarung im Rahmen eines paritätischen Verfahrens zustande gekommen, ist sie nicht auf Angemessenheit hin zu kontrollieren, sondern

---

²³ ErfK/*Franzen* TVG § 1 Rn. 80.
²⁴ Für eine Koalitionsvereinbarung zwischen tariffähigen Vertragspartnern offen gelassen von BAG 13. 6. 2012 – 7 AZR 669/10, AP BGB § 307 Nr. 63; BAG 19. 10. 2011 – 7 AZR 743/10, AP BGB § 307 Nr. 61; BAG 9. 2. 2011 – 7 ZR 91/10, AP BGB § 307 Nr. 52 = NZA-RR 2012, 232.
²⁵ Siehe dazu CKK/*Kreft* § 310 Rn. 42.
²⁶ Siehe Staudinger/*Wendland,* Eckpfeiler des Zivilrechts, 2018, S. 260 f.

lediglich einer Rechtskontrolle zu unterziehen. Ob man dies dogmatisch auf die entsprechende Anwendung des § 310 Abs. 4 S. 1, S. 3 BGB oder auf die Besonderheiten des Arbeitsrechts stützt, spielt im Ergebnis keine Rolle. Damit kommt es aber darauf an, wie das Verfahren der Vereinbarung zwischen den Koalitionen ausgestaltet ist. Auf die AVR des so genannten Dritten Weges im kirchlichen Bereich zu verweisen, deren Verfahren eine paritätisch besetzte Kommission und eine mögliche Schlichtung umfasst (→ § 161 Rn. 1 ff.), ist allerdings nicht passgenau, weil es sich bei den AVR nicht um Vereinbarungen von Verbänden handelt, sondern um das durch kirchliches Gesetz ausgefertigte Ergebnis einer mit Arbeitgebern und Arbeitnehmern besetzten paritätischen Kommission.[27] Diesem kommt eine entsprechende Richtigkeitsgewähr zu.

Eine solche ist aber jedenfalls dann nicht gegeben, wenn die Koalitionsvereinbarung 21 von nicht tariffähigen, mächtigen Verbänden geschlossen wurde – weil dann keine Richtigkeitsgewähr angenommen werden kann.

---

[27] Etwa BAG 21.12.2017 – 6 AZR 245/16, AP BGB § 611 Kirchendienst Nr. 88.

Fünfter Abschnitt: Arbeitskampf- und Schlichtungsrecht

Erstes Kapitel: Arbeitskampfrecht

Erster Titel: Grundlegung

§ 265 Begriff und Arten des Arbeitskampfes

Übersicht

	Rn.
I. Begriffsbestimmung	1
II. Arten des Arbeitskampfes	4
1. Kampfmittel der Arbeitnehmerseite	5
a) Der Streik	5
b) Arbeitskampfmittel: Leistungsverweigerung	6
c) Kollektives Gebrauchmachen von individualarbeitsrechtlichen Optionen	9
d) Betriebsblockade und Betriebsbesetzung	10
e) Boykott	11
f) Sonstige Kampfmittel der Arbeitnehmerseite	12
2. Arbeitskampfmittel der Arbeitgeberseite	13
a) Die Aussperrung	13
b) Betriebsstilllegung	15
c) Boykott	16
d) Streikbruchprämien	18
e) Massen-(Änderungs)-kündigungen	23
f) Sonstige Arbeitskampfmittel auf Arbeitgeberseite	24

I. Begriffsbestimmung

Schon der Versuch einer Begriffsbestimmung zeigt, dass man für das Arbeitskampfrecht in Deutschland kaum auf gesetzliche Regelungen trifft, die an den Arbeitskampf anknüpfen oder diesen gar regeln wollen. Daher fehlt eine gesetzliche Definition, was unter Arbeitskämpfen zu verstehen ist. Die Rechtswissenschaft nähert sich dem Begriff des Arbeitskampfes zunächst, indem sie ihn als Phänomen, sei es als historisches,[1] sei es als Sozialphänomen umschreibt.[2] Letztlich beruht dieses „Phänomen" auf dem Umstand, dass ein freies und damit selbstbestimmtes Aushandeln der Arbeitsbedingungen zwischen den Parteien des Arbeitsverhältnisses vielfach an seine Grenzen stößt. Dies hängt damit zusammen, dass die Parteien des Arbeitsverhältnisses in einer Dauerrechtsbeziehung stehen, deren Beendigung in der Regel sowohl von den Parteien als auch von der Rechtsordnung als unerwünscht angesehen wird. Insofern agieren die Akteure des Arbeitsmarktes in einem Markt strukturell unvollkommener Privatautonomie. Dabei darf die Feststellung der Unvollkommenheit nicht dahingehend missverstanden werden, dass diese unvollkommene Privatautonomie zu beseitigen ist. Vielmehr entstammt die Erkenntnis, dass die arbeitsrechtlichen Rechtsbeziehungen sich in einem unvollkommenen Markt vollziehen, aus den unserem Gemeinwesen innewohnenden wirtschaftlichen, sozialen sowie rechtlichen Gegebenheiten. Wenn sich also das Mittel der Privatautonomie als unvollkommen erweist, um angemessene Arbeitsbedingungen hervorzubringen, so stellt sich die Frage nach den Alternativen. Eine Alternative, die sich denken lässt, ist das staatliche Lohndiktat. Hier hat allerdings die Vergangenheit gezeigt, dass Volkswirtschaften, deren Arbeitsbedingungen weitgehend durch staatliche Eingriffe bestimmt werden, kaum überlebensfähig sind. Dies mag nicht zuletzt darauf beruhen, dass vielfach den staatlichen Entscheidungs-

1

---

[1] *Kissel* AK § 1 Rn. 1.
[2] *Otto* AK § 1 Rn. 1.

trägern, die sich zur Festsetzung der Arbeitsbedingungen berufen fühlen, die notwendige Sachkenntnis fehlt oder aber, getragen von gesamtgesellschaftlichen Erwägungen, die Interessen der unmittelbaren Arbeitsvertragsparteien nicht hinreichend berücksichtigen. Insofern ist bezeichnend, dass sich bis zum heutigen Tag ein System zur Findung angemessener Arbeitsbedingungen entwickelt hat, bei dem die Hervorbringung der Arbeitsbedingungen den Parteien des Arbeitsverhältnisses und ihren berufenen Vertretern überlassen bleibt und sich der Staat weitestgehend – sieht man einmal von der pauschalen Festlegung von Mindestlöhnen ab – jeglicher Einflussnahme zu enthalten hat. Damit dieses System aber funktionieren kann, bedarf es eines Konfliktlösungsinstrumentariums. Wenn hierfür aber nicht auf die Möglichkeit der Privatautonomie, den Vertragspartner zu wechseln, ausgewichen werden kann, so muss ein anderes Instrumentarium vorhanden sein, um im Rahmen eines Verhandlungsprozesses zu einem angemessenen Ergebnis zu kommen. Von daher lag die Überlegung nicht fern, durch Verhaltensweisen der unmittelbar am Arbeitsverhältnis Beteiligten Druck auf den jeweiligen Verhandlungspartner auszuüben. Diese Möglichkeit der Druckausübung ersetzt die tatsächlich nicht bestehende Möglichkeit, sich im Arbeitsverhältnis ohne Weiteres einen anderen Vertragspartner zu suchen. Aufgrund der Besonderheiten des Arbeitsrechts und der dort eingeschränkten Privatautonomie war es daher von der Rechtsordnung zu akzeptieren, dass eine wirtschaftliche Druckausübung in Privatrechtsbeziehungen erfolgt, obwohl die Parteien des Arbeitsverhältnisses weiterhin vertraglich verbunden sind. Insofern kompensiert das „Phänomen" des Arbeitskampfes die fehlende Möglichkeit eines Austausches der Vertragspartner im Arbeitsverhältnis. Anders gewendet bedeutete das, dass der durch ökonomische, soziale oder auch rechtliche Zwänge hervorgerufene Verlust an Freiheit in Bezug auf die privatautonome Gestaltung des Arbeitsverhältnisses durch die Möglichkeit von Arbeitskämpfen zumindest zum Teil wiedergewonnen wird und so der Einzelne, in seiner kollektiven Verbundenheit in die Lage versetzt wird, staatsfrei bei der Gestaltung seiner Arbeitsbedingungen mitzuwirken.

2 Dabei wird der Arbeitskampf als ein Instrument kollektiver Selbsthilfe aufgefasst.[3] Diese Anlehnung an den bürgerlich-rechtlichen Begriff der Selbsthilfe umschreibt aber eher ungenau die Funktion des Arbeitskampfes. Hier geht es nicht darum, durch Kampfmittel irgendwelche Rechtspositionen zu schützen. Vielmehr handelt es sich bei dem Arbeitskampf um ein Konfliktlösungsinstrument, welches innerhalb bestimmter Schranken den Parteien erlaubt, durch außerrechtliche Instrumente die Bereitschaft zum Abschluss von Verträgen herbeizuführen. Insofern ist der Arbeitskampf zielorientiert, also ein „Mittel zum Zweck",[4] der allerdings nur dort zu tolerieren ist, wo die Rechtsordnung keine ausreichenden Konfliktlösungsmechanismen vorsieht. Aus der Zweckgerichtetheit des Arbeitskampfes, die sich von der Begrifflichkeit des Arbeitskampfes her nicht auf die Tarifbezogenheit beschränkt (zur Tarifbezogenheit als Rechtmäßigkeitsvoraussetzung → § 272 Rn. 38 ff.), folgt indes auf der anderen Seite auch die Begrenzung dieses Rechtsinstituts. Dies betrifft einmal das Verhältnis der kämpfenden Parteien selbst. Hier muss sichergestellt werden, dass der Arbeitskampf tatsächlich dazu geeignet ist, dass sich Arbeitnehmer- und Arbeitgeberseite in ihren Verhandlungspositionen aufeinander zubewegen. Auf der anderen Seite ist einer außerrechtlichen Auseinandersetzung eigen, dass diese nicht nur die Rechtssphären der unmittelbar kämpfenden Parteien berührt, sondern vielmehr auch in Rechtspositionen Dritter eingreifen kann. Insofern bedarf es einer rechtlichen Umgrenzung des außerrechtlichen Phänomens Arbeitskampf. Der Gesetzgeber hat sich hier aber weitgehend einer Regelung enthalten und es stattdessen den Gerichten überlassen, aus den wenigen Rechtsvorschriften, die die Rechtsordnung hierzu vorhält, insbesondere aber aus der Koalitionsfreiheit des Art. 9 Abs. 3 GG, ein Arbeitskampfrecht zu entwickeln.

---

[3] Vgl. *Wieacker* Privatrechtsgeschichte der Neuzeit, S. 550; *Rüthers* DB 1990, 113 (114 f.); *Gamillscheg* KollArbR I S. 1071; *Haurand/Vahle* DVP 2002, 223 ff.; ErfK/*Linsenmaier* GG Art. 9 Rn. 19.
[4] *Greiner* RdA 2015, 36 (41).

I. Begriffsbestimmung

Wenn aber das Arbeitskampfrecht lediglich den Rahmen bilden soll, innerhalb dessen die Kampfparteien ihren Arbeitskampf austragen und es diesen weitgehend überlassen ist, welche Mittel sie hierzu einsetzen,[5] so ist, damit das Arbeitskampfrecht funktionsgerecht wirkt, von einem weiten Arbeitskampfbegriff auszugehen, wie er auch von der ganz hA vertreten wird.[6] Diese charakterisiert den Arbeitskampf als die in einer Störung der vertragsgemäßen Durchführung des Arbeitsverhältnisses liegende bewusste Druckausübung mit Schadenseffekt, die von einer Seite der an einem Arbeitsverhältnis Beteiligten ausgeht und der Erreichung eines selbst gesteckten Zieles dient.[7] Insofern kann sich die hM im Hinblick auf den Arbeitskampfbegriff auf die Rechtsprechung des 1. Senats des BAG berufen, der schon in einem Urteil aus dem Jahr 1958 den Begriff der Kampfmaßnahmen zunächst danach bestimmen wollte, wie dieses Wort im allgemeinen Sprachgebrauch verstanden wird und als solches alle Maßnahmen ansah, die den Verhandlungspartner bewusst und gewollt unter den unmittelbaren Druck eingeleiteter Arbeitskämpfe setzen und damit seine Entschließungsfreiheit beeinträchtigen sollen. *„Kampfmaßnahme in diesem Sinn ist jede Maßnahme, die an die Stelle des freien Verhandelns den Zwang zum Bewilligen der Forderung des Partners oder jedenfalls zum Nachgeben setzen soll und zwar aus Furcht vor Nachteilen oder Verlusten, die der Arbeitskampf mit sich bringt".*[8] Damit ist der Arbeitskampf durch zwei Elemente gekennzeichnet, nämlich durch eine kollektive Druckausübung sowie durch eine Ausrichtung auf ein bestimmtes Ziel.[9] Dass die Druckausübung allein auf eine Störung der Arbeitsbeziehungen beschränkt ist,[10] ergibt sich dagegen nicht aus dem Begriff des Arbeitskampfes, wie ihn der allgemeine Sprachgebrauch versteht. Vielmehr ist die Frage des Mittels der Druckausübung ein Teil der rechtlichen Bewertung von Arbeitskampfmaßnahmen. Ebenso wenig ist mit dem Begriff des Arbeitskampfes eine Festlegung des mit ihm erstrebten Zieles verbunden. Ob also ein Arbeitskampf nur dann vorliegt, wenn mit ihm eine Regelung der Arbeitsbedingungen erzielt werden soll, ist für den Begriff des Arbeitskampfes unerheblich. Auch dies stellt vielmehr eine Frage dar, die im Rahmen der Rechtmäßigkeitsvoraussetzungen eines Arbeitskampfes zu prüfen ist. Wenn aber die Kernelemente des Begriffes „Arbeitskampf" in der Ausübung von Druck zur Erreichung eines bestimmten Zieles liegen, so fehlt, wenn man hierauf den Begriff des Arbeitskampfes beschränken wollte, ein Bezug zum Arbeitsverhältnis, da schließlich schon der Begriff eine derartige Verbindung nahe legt.[11] Der Arbeitskampf meint schon von seiner Bedeutung her nicht irgendwelche Kampfmaßnahmen, sondern nur solche, die einen Bezug zum Arbeitsverhältnis aufweisen.[12] Insofern wird man verlangen müssen, dass sich zumindest das jeweilige Druckmittel oder das jeweilige Kampfziel auf das Arbeitsverhältnis bezieht. Von einem Arbeitskampf kann also nur dann gesprochen werden, wenn sich unabhängig von den handelnden Personen die mit ihm verbundenen Zwangswirkungen auf die andere Partei des Arbeitsverhältnisses, sei es mittelbar oder unmittelbar auswirken, oder aber das Ziel des Arbeitskampfes darin besteht, inhaltlich auf das Arbeitsverhältnis einzuwirken. Insofern ist für die Betrachtung des Arbeitskampfrechtes eine, die Arbeitskampfmittelfreiheit[13] gewährleistende weite Definition des Arbeitskampfes zugrunde zu legen. Auch wenn zu Recht zu beklagen ist, dass infolge der Weite der Definition der Begriff des Arbeitskampfes in seinen Konturen verschwimmt, muss die Unschärfe seiner Definition mE gleichwohl hingenommen werden, da der Arbeitskampf gerade ein außerrechtliches

---

[5] Hierzu: *Engels* Verfassung und Arbeitskampfrecht, 2008, S. 261.
[6] BVerfG 26.3.2014 – 1 BvR 3185/09, NZA 2014, 493 (494).
[7] *Kissel* AK § 13 Rn. 1; ähnlich: ZLH/*Loritz* § 43 Rn. 1 ff.
[8] BAG 31.10.1958 – 1 AZR 632/57. AP TVG § 1 Friedenspflicht Nr. 2.
[9] *Otto* AK § 1 Rn. 5 f.; ErfK/*Linsenmaier* GG Art. 9 Rn. 94.
[10] *Hueck/Nipperdey* ArbR II/2, S. 870; Brox/Rüthers/*Rüthers* § 2 Rn. 17; HzA/*Kalb* Gruppe 18 Teilbereich 3 Rn. 1007; ZLH/*Loritz* § 43 Rn. 6.
[11] Hierauf weist auch *Kissel* AK § 13 Rn. 2 hin.
[12] Maunz/Dürig/*Scholz* GG Art. 9 Rn. 316; Jarass/*Pieroth* GG Art. 9 Rn. 34.
[13] Kritisch hierzu: *Schwarze* ZfA 2018, 149.

und entwicklungsoffenes Phänomen darstellt,[14] dass sich einer näheren Umschreibung durch die Rechtsordnung entzieht. Diese beschränkt sich darauf, dem Phänomen Arbeitskampf Grenzen zu setzen, ohne es aber selbst regeln zu wollen. Mit anderen Worten, die Rechtsordnung bestimmt eben nicht, was unter einem Arbeitskampf genau zu verstehen ist. Sie greift allerdings den Arbeitskampf in seiner konkreten Ausgestaltung auf, um diesem im Interesse der Beteiligten und auch der am Arbeitskampf Unbeteiligten bestimmte Grenzen zu geben.[15]

II. Arten des Arbeitskampfes

4 Auch wenn der Begriff des Arbeitskampfes relativ offen formuliert ist, haben sich doch in Rechtsprechung und Literatur bestimmte Erscheinungsformen herausgebildet, die als Arbeitskampfmittel bezeichnet werden. Dabei wird üblicherweise danach differenziert, wer Organisator der jeweiligen Kampfmaßnahme ist, also in welchem Interesse das jeweilige Arbeitskampfmittel ergriffen wird oder für welche Ziele das Arbeitskampfmittel eingesetzt wird. Für die folgende Darstellung soll danach differenziert werden, wer Organisator des jeweiligen Kampfmittels ist, ohne dabei schon Aussagen über die Rechtmäßigkeit des jeweiligen Kampfmittels treffen zu wollen.

1. Kampfmittel der Arbeitnehmerseite

5 **a) Der Streik.** Auf der Arbeitnehmerseite bildet der Streik das hauptsächliche Kampfmittel. Dabei ist allerdings darauf hinzuweisen, dass die Bundesrepublik Deutschland im internationalen Vergleich als ein streikarmes Land gilt.[16] In Deutschland fielen 2016 je 1000 Beschäftigte durchschnittlich 5,4 Arbeitstage durch Streiks aus.[17] Unter einer Langzeitbetrachtung für den Zeitraum 2006 bis 2015 waren es im Jahresdurchschnitt zwar 20 Arbeitstage pro tausend Beschäftigte, die durch Arbeitskämpfe ausfielen.[18] Niedriger ist die Streikquote in der Schweiz, Österreich und Polen. Deutlich höher ist sie aber etwa in Frankreich, Dänemark, Finnland und Spanien.[19] In der Rechtsprechung wird der Streik definiert als gemeinsame und planmäßig durchgeführte Arbeitseinstellung durch eine größere Anzahl von Arbeitnehmer zu einem bestimmten Kampfziel.[20] Auf der Grundlage einer solchen Umschreibung ist es zum einen das kollektive Erscheinungsbild,[21] was das Arbeitskampfmittel „Streik" ausmacht, zum anderen aber auch die vollständige oder teilweise Zurückhaltung von geschuldeter Arbeitsleistung zum Zwecke der Druckausübung. Dieser Druck soll dadurch entstehen, dass die Arbeitnehmer für den Zeitraum, in dem sie ihre Arbeitsleistung entziehen, die Weiterführung des Betriebes verhindern und dem Arbeitge-

---

[14] *Berg* FS Kempen, 2013, S. 278 (291).
[15] Maunz/Dürig/*Scholz* GG Art. 9 Rn. 312.
[16] *Kittner* AK, S. 651.
[17] *Statistisches Bundesamt* (Hrsg.) Qualität der Arbeit, 2017, S. 54.
[18] Focus 20/2017, S. 27.
[19] WSI Statistisches Taschenbuch Tarifpolitik 2016, Punkt 4.4; zur Anzahl der ausgefallenen Arbeitstage in Deutschland für die Jahre 1993 bis 2015 s. Bundesagentur für Arbeit, Streikstatistik Berichtsjahr 2015, abrufbar unter: http://statistik.arbeitsagentur.de/Navigation/Statistik/Statistik-nach-Themen/Beschaeftigung/Streik/Streik-Nav.html; abweichende Berechnungen in: WSI Statistisches Taschenbuch Tarifpolitik 2016, Punkt 4.3.
[20] BAG GS 28.1.1955 – GS 1/54, AP GG Art. 9 Arbeitskampf Nr. 1; 20.12.1963 – 1 AZR 157/63, AP GG Art. 9 Arbeitskampf Nr. 34 = NJW 1964, 1291; BSG GS 11.12.1973 – GS 1/73, AP GG Art. 9 Arbeitskampf Nr. 48; ähnlich auch: LAG Köln 2.7.1984 – 9 Sa 602/84, NZA 1984, 402. Dabei hat sich der GS bei seiner Begriffsbildung zwar an der Nipperdeyschen Definition orientiert. Diese Definition ist allerdings umfassender, als die von der Rechtsprechung benutzte Umschreibung des Streikbegriffes: „Streik im Sinne des Arbeitskampfrechts ist die aufgrund eines Kampfbeschlusses der Arbeitnehmerseite erfolgende kollektive Arbeitseinstellung zu dem Zweck, mit Hilfe des dadurch ausgeübten Drucks eine freiwillig nicht zugestandene kollektivvertragliche Regelung zu erreichen (Angriffsstreik) oder abzuwehren (Abwehrstreik)" (*Hueck/Nipperdey* ArbR II/2, S. 892).
[21] S. hierzu ausführlich *Seiter* Streikrecht, S. 16 ff.

II. Arten des Arbeitskampfes 5 § 265

ber somit wirtschaftliche Nachteile zufügen.[22] Der Streik hat insofern lediglich transitorischen (vorübergehenden) Charakter, als er nicht auf die Veränderung des Betriebes gerichtet ist, sondern dieser vielmehr nach Beendigung des Arbeitskampfes fortgeführt werden soll.[23] Die Arbeitsverweigerung können die Arbeitnehmer betreiben, indem sie erst gar nicht in den Betrieb kommen oder indem sie an ihrem Arbeitsplatz erscheinen, ohne dort Arbeit zu verrichten („Sitzstreik").[24] In der Arbeitskampfpraxis haben sich verschiedene Formen des Streiks herausgebildet. Streiks werden idR von den Gewerkschaften organisiert, die im Rahmen der Kampfmittelfreiheit eine Streikform wählen können, bei der Durchführung aber an ihre verbandsautonomen Regelungen gebunden sind.[25] Arbeitsniederlegungen, die ohne die Zustimmung der entsprechenden Gewerkschaftsorgane stattfinden, werden als „verbandsfreie" oder gemeinhin auch als „wilde Streiks" bezeichnet. Während lange Zeit der sog. „Flächenstreik" das Kampfgeschehen beherrschte, bei dem möglichst viele Arbeitnehmer in einem Tarifgebiet streiken, um so den Abschluss eines Verbandstarifvertrages zu erzwingen, hat die veränderte Tariflandschaft sowie der rückläufige Organisationsgrad in den Betrieben dazu geführt, dass die Gewerkschaften andere Streikkonzepte finden mussten, die bei minimalem Einsatz der Arbeitnehmerseite einen größtmöglichen Schaden auf Arbeitgeberseite bewirken können. Insofern ist die Arbeitnehmerseite dazu übergegangen, die Streikmaßnahmen zu begrenzen und etwa sog. „Teilstreiks", die sich nur auf einen Teil eines Unternehmens beziehen, durchzuführen oder in einem Tarifgebiet „Schwerpunktstreiks" auszurufen.[26] Angesichts der heutigen Verzahnung von Produktions- und Dienstleistungsabläufen führen auch derartige punktuelle Streikmaßnahmen zu ganz erheblichen Störungen der Produktions- und Dienstleistungsabläufe. Dieses Phänomen hat sich mittlerweile noch verstärkt, da Produktions- und Dienstleistungsabläufe vielfach von der Arbeit weniger Spezialisten abhängig sind. Dies betrifft zB die Beschäftigten in den IT-Abteilungen von Unternehmen. Aber bspw. auch Piloten und Flugbegleiter bei Fluggesellschaften oder Lokführer bei Bahnunternehmen haben eine derart zentrale Stellung. Treten diese Personenkreise in den Streik, spricht man von einem „Spezialistenstreik".[27] Mit dem Ziel, den Aufwand für die Arbeitnehmerseite möglichst gering zu erhalten, sind in der Vergangenheit Gewerkschaften mitunter dazu übergegangen, sogenannte „Wechselstreiks" durchzuführen, bei denen die jeweils bestreikten Unternehmen alsbald ausgetauscht werden, so dass es im jeweiligen Unternehmen zu lediglich kurzen Produktionsstörungen kommt. Dadurch werden möglichst viele Betriebe und Beschäftigte einbezogen, ohne aber Fernwirkungen in anderen Tarifgebieten auszulösen.[28] Diese Streiks sind jedoch kaum berechenbar, weshalb Vorsorgemaßnahmen von Seiten des Unternehmens nur schwer getroffen werden können. Gleichzeitig führt diese Taktik dazu, dass zwischen verschiedenen Unternehmen bestehende Produktionsstrukturen, wie etwa die aufeinander aufbauende Just-in-time-Produktion, durch eine derartige Vorgehensweise nachhaltig gestört werden. Geschieht dies nicht unternehmensübergreifend, sondern innerhalb eines Unternehmens, bspw. in der Form, dass zunächst die Abteilung A und anschließend die Abteilung B in den Streik tritt, spricht man von „Wellenstreiks".[29] Hierbei befinden sich nur wenige Arbeitnehmer zeitgleich im Arbeitsausstand. Gleichwohl wird durch

---

[22] BAG 22.3.1994 – 1 AZR 622/93, NZA 1994, 1097 (1098); BKS/*Berg* Teil 1 Rn. 32.
[23] BAG 30.3.1982 – 1 AZR 265/80, NJW 1982, 2835 (2836); *Kissel* AK § 39 Rn. 14.
[24] Däubler ArbeitskampfR/*Däubler* § 8 Rn. 11.
[25] *Kissel* AK § 14 Rn. 4; HWK/*Hergenröder* GG Art. 9 Rn. 180.
[26] HzA/*Kalb* Gruppe 18 Teilbereich 3 Rn. 1021; vgl. zur ökonomischen Erfassung dieser Kampfformen: *Seidler* Arbeitskampfmanagement 1991, S. 119 ff.
[27] Däubler ArbeitskampfR/*Hensche* § 18 Rn. 10; *Otto* AK § 1 Rn. 13; *Ozimek* Streiks von Sparten- und Spezialistengewerkschaften, 2011; *Hinz* AP GG Art. 9 Arbeitskampf Nr. 61; *Preis* KollArbR Rn. 1128; *Rolfs/Clemens* NZA 2004, 410 (413); *Pflüger* RdA 2008, 185. Zum Streik der Lokführer: HessLAG 7.11.2014 – 9 SaGa 1496/14, NZA-RR 2015, 441; SächsLAG 5.10.2007 – 7 SaGa 19/07, NZA 2008, 59 ff.; *Greiner* NZA 2007, 1023 ff.; *Blank* KJ 2008, 204 ff.; *Scholz* FS Buchner, 2009, S. 827.
[28] *Zachert* NZA-Beil. 2006, 61 (63).
[29] *Loscher* Arbeitgeberreaktion auf Wellenstreiks in der Druckindustrie, S. 19 f.

diese Vorgehensweise die Produktion üblicherweise massiv gestört, da der Arbeitgeber im Unklaren darüber gelassen wird, welche Personen wie lange streiken, so dass ein relativ hoher Druck ausgeübt wird. Bei all diesen Formen geht es darum, die Kampfkosten für die streikende Partei möglichst gering zu halten, gleichzeitig aber effektiv Druck auf das Arbeitgeberlager auszuüben. In seinem Kampfziel etwas anders gelagert ist der sogenannte „Warnstreik", der von dem idR nach einer Urabstimmung stattfindenden „Erzwingungsstreik" zu unterscheiden ist. Zwar geht es auch beim Warnstreik um eine (kurze, zB einen Tag oder wenige Stunden[30] dauernde) Arbeitsniederlegung in einem Betrieb. Im Gegensatz zu sonstigen Erzwingungsstreiks ist der Warnstreik aber nicht darauf gerichtet, eine abschließende Regelung im Hinblick auf die umkämpfte Forderung zu erzielen. Vielmehr dient er dazu, den bei Tarifverhandlungen erhobenen Forderungen Nachdruck zu verleihen bzw. den jeweiligen Gegner des Arbeitskampfes verhandlungsbereit zu machen und die grds. Kampfbereitschaft zu demonstrieren.[31] Warnstreiks kommt deshalb eine hohe tatsächliche Bedeutung zu, weil sie angesichts des überschaubaren Vorbereitungs- und Durchführungsaufwandes relativ kurzfristig und somit überraschender eingesetzt werden können.[32] Neben dem „Hauptstreik" werden mitunter auch „Unterstützungsstreiks" durchgeführt, mit denen Beschäftigte ihre Solidarität und Sympathie mit Streikenden eines anderen Tarifgebietes zum Ausdruck bringen wollen.[33] Im Hinblick auf den Zweck des Arbeitskampfes wird zwischen „arbeitsrechtlichen" Streiks, bei denen es um ein bestimmtes Verhalten des Arbeitgebers geht, und „politischen" Streiks, bei denen spezifische Handlungen staatlicher Organe erzielt werden sollen, differenziert.[34] Bei dem sog. „Demonstrationsstreik" geht es den Arbeitnehmern darum, ohne ein spezielles Ziel ihre Meinung zu politischen, sozialen oder gesellschaftlichen Themen kundzutun oder den Arbeitgeber allgemein auf ihren Unwillen hinzuweisen.[35]

6 b) Arbeitskampfmittel: Leistungsverweigerung. Während bei Streikmaßnahmen die Arbeitnehmer, soweit sie in den Streik treten, ihre Arbeitsleistung vollständig verweigern, finden sich auch Arbeitskampfformen, bei denen die Arbeitnehmer zwar ihre Arbeitsleistung erbringen, dieses aber bewusst qualitativ schlechter oder quantitativ eingeschränkt erfolgt. Alternativ oder ergänzend werden bisweilen während der Tarifverhandlungen auch zusätzliche Arbeitsleistungen verweigert, wie etwa die Ableistung von Überstunden oder die Arbeit an Sonn- und Feiertagen, um hierdurch Druck gegenüber der Arbeitgeberseite aufzubauen.[36] Die damit verbundenen Folgen für den Arbeitgeber sind im Unterschied zum Vollstreik ungleich gravierender. Sofern sich die Leistungen überhaupt quantifizieren lassen, kann es allenfalls zu einer anteiligen Suspendierung kommen. Im Wesentlichen wird aber die entsprechende Lohnzahlungspflicht des Arbeitgebers erhalten bleiben. Auch die laufenden Kosten bleiben meist in gleicher Höhe bestehen.[37] Darüber hinaus nutzt der Arbeitnehmer den Arbeitsplatz weiter und somit besteht für den Arbeitgeber keine Möglichkeit, diesen anderweitig zu besetzen, um den Arbeitsverlust zu kompensieren.[38] Im Rahmen von Gleitzeitregelungen kommt es auch vor, dass Arbeitnehmer vermehrt zu gleichen Zeiten angesammelte Überstunden abbauen. Hieraus ergibt sich ge-

---

[30] Vgl. BKS/*Schumann* Teil 3 Rn. 238.
[31] HzA/*Kalb* Gruppe 18 Teilbereich 3 Rn. 1011; *Gamillscheg* KollArbR I, S. 1155 ff.
[32] *Otto* AK § 1 Rn. 12.
[33] BAG 19.6.2007 – 1 AZR 396/06, NZA 2007, 1055 (1056); Däubler ArbeitskampfR/*Däubler* § 8 Rn. 15; *Kamanabrou* ArbR § 23 Rn. 2090 ff.; *Trabant* Solidaritätskampf oder Sozialschlacht? Die Rechtmäßigkeit des Unterstützungsstreiks in Deutschland im Rechtsvergleich mit Großbritannien, S. 161 ff.
[34] Vgl. Brox/Rüthers/*Brox* § 3 Rn. 42.
[35] *Preis* KollArbR Rn. 1131; Schaub ArbR-HdB/*Treber* § 192 Rn. 13.
[36] *Otto* AK § 1 Rn. 16; *Kissel* AK § 61 Rn. 2.
[37] *Richter* Grenzen aktiver Produktionsbehinderung im Arbeitskampf, 64 f.
[38] *Richter* Grenzen aktiver Produktionsbehinderung im Arbeitskampf, 63 f.

rade bei Arbeiten, die an einen zeitlichen Termin gebunden sind, ein erheblicher wirtschaftlicher Druck auf den Arbeitgeber.[39]

Diese Formen der offenen Leistungsverweigerung sind, soweit die übrigen Streikvoraussetzungen, wie Friedenspflicht, Verhältnismäßigkeit, Kampfbeschluss der Gewerkschaft, vorliegen, rechtmäßig.[40] Bereits das RG hat es für zulässig erachtet, dass dem Aufruf der Gewerkschaft zur Verweigerung der Ableistung von Überstunden gefolgt wurde, obwohl dadurch die Fahrten der betroffenen Binnenschiffe nicht mehr möglich waren.[41] Gleiches gilt auch für den sog. „Bleistiftstreik".[42] Hier werden lediglich zum Aufgabengebiet gehörende Aufgaben erfüllt. Regelmäßig ruht jedoch die dazugehörige Verwaltungstätigkeit. Behandelt ein Krankenhausarzt beispielsweise seine Patienten nach wie vor, erledigt aber nicht den damit verbundenen Papieraufwand, ist es dem Krankenhausträger unmöglich, die erbrachten Leistungen gegenüber den Patienten oder den Krankenkassen abzurechnen.

Anders stellt es sich beim sogenannten „Bummelstreik" dar,[43] bei dem die Arbeitnehmer zwar die geschuldete Arbeit der Art nach erbringen, dies jedoch bewusst langsam, so dass sich das Arbeitsergebnis verringert.[44] Ein Unterfall des „Bummelstreiks" ist der sog. „Dienst nach Vorschrift". Arbeitnehmer verrichten ihre Arbeitsleistung hier unter übertriebener Beachtung von Ordnungs- und Sicherheitsvorschriften, wie etwa die Einhaltung von Vorschriften zum Arbeits- und Gesundheitsschutz sowie hinsichtlich der Höchstarbeitszeiten.[45] Teilweise finden sich aber auch Begriffe wie: „Go slow" oder „Slow go".[46] Im Zusammenhang mit dem Fluglotsenstreik von 1973 wurde auch ein Phänomen beobachtet, wonach sich zu bestimmten Terminen auffallend viele Arbeitnehmer krank meldeten. Diese Krankmeldungen beruhten allerdings auf einer gemeinsamen Verabredung und dienten dem Zweck, hierdurch ebenfalls Druck auf den Arbeitgeber auszuüben. Gleiches geschah in den Jahren 2016 und 2017 bei den Fluggesellschaften Tuifly und Air Berlin, als zur gleichen Zeit zahlreiche Krankmeldungen von Flugpersonal und Piloten erfolgten.[47] Eine solche Verfahrensweise eines „Go sick" ist als Arbeitskampfmittel einzuordnen.[48] Der BGH hat diese Form der verdeckten Leistungsverweigerung richtigerweise als sittenwidrig eingestuft.[49] Dass es sich hier um ein zulässiges Arbeitskampfmittel handelt, weil es im Vergleich zum Vollstreik das mildere Mittel darstellt, kann nicht überzeugen. Hier findet ein verschleierter Streik statt, dem eine beabsichtigte Schädigung des Arbeitgeber innewohnt. Durch diese Verschleierung soll eine Entgeltkürzung verhindert und eine Verhältnismäßigkeitskontrolle umgangen werden.[50]

c) Kollektives Gebrauchmachen von individualarbeitsrechtlichen Optionen. Ebenfalls zu den Arbeitskampfmitteln wird gezählt, wenn Arbeitnehmer kollektiv individu-

---

[39] *Däubler* ArbeitskampfR/*Däubler* § 27 Rn. 3.
[40] Erfk/*Linsenmaier* GG Art. 9 Rn. 272; *Otto* AK § 10 Rn. 49 ff.; *Gamillscheg* KollArbR I, S. 987 f.
[41] RG 30.3.1926 – III 214/25 RGZ 113, 197, 200 f.
[42] *Preis* KollArbR Rn. 1150.
[43] ArbG Bremen 7.10.1999 – 9 Ga 79/99, NZA-RR 2000, 35; *Kissel* AK § 61 Rn. 8.
[44] *Kissel* AK § 61 Rn. 8.
[45] *Kissel* AK § 61 Rn. 10; *Otto* AK § 10 Rn. 48; ErfK/*Linsenmaier* GG Art. 9 Rn. 274, der allerdings dann einen Unterschied zum „Bummelstreik" annimmt, wenn klare Anweisung wörtlich genommen werden, obwohl der Arbeitnehmer bewusst ist, dass dadurch eine Verzögerung des Leistungsablaufes stattfindet und der erwartete Leistungsgrad gemindert wird. Hier bestünde für den Arbeitgeber die Möglichkeit, seine einschlägigen Dienstanweisungen zu korrigieren.
[46] BGH 31.1.1978 – VI ZR 32/77, AP GG Art. 9 Arbeitskampf Nr. 61 zum Fluglotsenstreik; *Gamillscheg* KollArbR I, S. 1063; *Zeuner* JZ 1979, 6 ff.
[47] Hierzu: *Becker* NJ 2017, 494 ff.; *Rieble/Junker/Giesen/Bayreuther* Arbeitskampf, Verhandlung und Schlichtung, S. 15 (27 ff.).
[48] BGH 31.1.1978 – VI ZR 32/77, AP GG Art. 9 Arbeitskampf Nr. 61; aA *Kissel* AK § 61 Rn. 112, der darin keinen rechtswidrigen Streik sieht, sondern eine, trotz kollektiver Verabredung, Verletzung der Pflichten aus dem Arbeitsvertrag, rechtswidrige Arbeitsverweigerung und Täuschung des Arbeitgeber.
[49] BGH 31.1.1978 – VI ZR 32/77, AP GG Art. 9 Arbeitskampf Nr. 61; *Otto* AK § 10 Rn. 48; *Kissel* AK § 61 Rn. 8 f.; *Rehder/Deinert/Callsen* Arbeitskampfmittelfreiheit und atypische Arbeitskampfformen, S. 39 f.
[50] ErfK/*Linsenmaier* GG Art. 9 Rn. 273.

alarbeitsrechtliche Rechtspositionen ausnutzen. Dies kann etwa in der Weise geschehen, dass Arbeitnehmer eines Betriebes in abgestimmter Weise ihr Beschäftigungsverhältnis kündigen, um so den Arbeitgeber unter Druck zu setzten und damit letztlich eine Fortsetzung des Beschäftigungsverhältnisses unter verbesserten Bedingungen zu erreichen. Diese Form der Arbeitskampfmittel ist mit hohen Risiken der Arbeitnehmer verbunden. Im Hinblick auf die Situation des Arbeitsmarktes dürfte die praktische Relevanz verhältnismäßig gering sein. Gleichwohl hat das BAG diese Vorgehensweise als Arbeitskampf eingestuft und zumindest während laufender Tarifverhandlungen als rechtswidrig eingestuft.[51] Das gilt aber auch für die kollektive Zurückhaltung der Arbeitsleistung[52] sowie für einen kollektiven Widerspruch gegen einen Betriebsübergang.[53] Gerade die Frage, inwieweit die kollektive Ausübung des Widerspruchsrechts gem. § 613a Abs. 6 BGB einzuordnen ist, bereitet in der Praxis Schwierigkeiten. Nach der Rechtsprechung des 8. Senats des BAG ist auch ein derartig kollektiv ausgeübter Widerspruch rechtmäßig, wenn dieser lediglich die Verhinderung der Auswechslung des Arbeitgebers bezweckt. Er kann allerdings rechtsmissbräuchlich sein, wenn die Ausübung des Widerspruchsrechts durch eine Vielzahl von Arbeitnehmern nicht im Schwerpunkt auf die Verhinderungen des Arbeitgeberwechsels, sondern davon getragen ist, den Betriebsübergang als solchen zu verhindern oder aber sonstige Vergünstigungen zu erzielen, auf die bisher die Arbeitnehmer keinen Anspruch hatten.[54]

10 **d) Betriebsblockade und Betriebsbesetzung.** Bei der Betriebsblockade und bei der Betriebsbesetzung handelt es sich um Arbeitskampfmittel, die über einen bloßen Streik hinausgehen, aber häufig mit einem solchen einhergehen. Bei der Betriebsblockade werden Zugänge zu den Arbeitsplätzen gesperrt, um zu verhindern, dass arbeitswillige Arbeitnehmer den Betrieb betreten oder Zulieferungen und Auslieferungen erfolgen können.[55] Hierbei erhoffen die Kampfführenden, dass durch derartige Blockademaßnahmen die Arbeitsabläufe derart gestört werden, dass es in dem blockierten Betrieb und/oder bei den Kunden und Zulieferern zu massiven Störungen der Arbeitsabläufe kommt. Noch massiver wirkt in der Regel die Betriebsbesetzung, bei der sich die im Arbeitskampf befindlichen Arbeitnehmer gegen den Willen des Arbeitgebers[56] nicht aus dem Betrieb entfernen, aber gleichzeitig die Arbeit einstellen und durch das Nichtverlassen der Arbeitsplätze Arbeitswillige an der Arbeitsaufnahme hindern oder aber durch ihre bloße Anwesenheit im Betrieb die Arbeitsabläufe stören.[57] Denkbar ist darüber hinaus auch eine Betriebsbesetzung durch den Aufenthalt von betriebsfremden Gewerkschaftsmitgliedern gegen den Willen des Arbeitgebers auf dem Betriebsgelände.[58] Als streikunterstützende Maßnahmen hat auch die Betriebsbesetzung die Funktion, dem Arbeitgeber die Aufrechterhaltung der Produktion durch den Einsatz des arbeitswilligen Teils der Belegschaft unmöglich zu machen. Durch Betriebsblockade und Betriebsbesetzung wird nicht nur in das Eigentum und das Recht am eingerichteten und ausgeübten Gewerbebetrieb des Arbeitgebers, sondern vor allem auch in das Recht der arbeitswilligen Arbeitnehmer eingegriffen, sich nicht an dem Arbeitskampf zu beteiligen.[59] Demzufolge wurde die Betriebsblockade bisher als weit

---

[51] BAG 28.4.1966 – 2 AZR 176/65, AP GG Art. 9 Arbeitskampf Nr. 37; ErfK/*Linsenmaier* GG Art. 9 Rn. 281.
[52] *Otto* AK § 1 Rn. 15.
[53] BAG 30.9.2004 – 8 AZR 462/03, AP BGB § 613a Nr. 275 = NZA 2005, 43; *Beauregard* BB 2005, 826.
[54] BAG 30.9.2004 – 8 AZR 462/03, AP BGB § 613a Nr. 275 = NZA 2005, 43.
[55] *Otto* AK § 1 Rn. 18; *Schutte* AuA 2006, 458.
[56] Den entgegenstehenden Willen des Arbeitgeber als Charakteristikum der Betriebsbesetzung sehend: *Däubler* ArbeitskampfR/*Unterhinninghofen* § 17 Rn. 191; *Otto* AK § 11 Rn. 6; *Treber* Aktiv produktionsbehindernde Maßnahmen, S. 111; *Söllner* FS Molitor, 1988, S. 333 (345).
[57] *Gamillscheg* KollArbR I, S. 1057 ff.; *Kissel* AK § 34 Rn. 26 u. § 61 Rn. 101 ff.
[58] *Otto* AK § 11 Rn. 7; *Treber* Aktiv produktionsbehindernde Maßnahmen, S. 109; *Söllner* FS Molitor, 1988, S. 333 (346).
[59] *Kissel* AK § 61 Rn. 59 ff. u. Rn. 102 ff.; *Otto* AK § 11 Rn. 5 f.; *Wesch* Neue Arbeitskampfmittel, S. 81 ff.; aA *Wendt* Die Betriebsbesetzung, S. 146 ff. u. S. 156 f.

II. Arten des Arbeitskampfes

über die zulässige Arbeitsniederlegung hinausgehende Arbeitskampfmaßnahme eingestuft,[60] weshalb die Betriebsbesetzung entsprechend auch für rechtswidrig gehalten wird.[61] Insbesondere dürfte bei Betriebsbesetzungen jedenfalls spätestens mit der Aufforderung des Arbeitgebers, den Betrieb wieder zu verlassen, der Tatbestand des Hausfriedensbruchs gemäß § 123 StGB erfüllt sein.[62]

e) Boykott. Unter Boykott versteht man die organisierte Verweigerung mit bestimmten Personen oder Personenkreisen rechtsgeschäftlich in Kontakt zu treten.[63] Hierdurch soll die boykottierte Person veranlasst werden, sich entsprechend den Kampfforderungen der Boykottierenden zu verhalten. Der Boykott ist nicht auf das Arbeitsrecht beschränkt, sondern stellt ein allgemeines wirtschaftliches Kampfmittel dar. Dementsprechend zählt der Boykott über den reinen Arbeitskampf hinaus zu den ältesten Kampfmitteln in sozialen Auseinandersetzungen.[64] Als Arbeitskampfmittel wird er dann eingesetzt, wenn mit den Kampfforderungen, auf die sich der Boykott bezieht, eine Änderung der Arbeitsbedingungen erstrebt wird. In der Regel werden es die Arbeitnehmer eines Unternehmens sein, die zum Zwecke der Änderung der Arbeitsbedingungen das Unternehmen boykottieren, indem sie etwa dazu aufrufen, von ihrem Arbeitgeber keine Waren mehr zu beziehen („güterrechtlicher Boykott"[65]), keine Arbeitsverträge mit diesem abzuschließen („Zuzugssperre" oder „arbeitsrechtlicher Boykott"[66]) und überhaupt jegliche geschäftliche Beziehungen zu dem Unternehmen einzustellen. Demnach setzt der arbeitskampfrechtliche Boykott die Beteiligung von drei Parteien voraus.[67] Von der Rechtsprechung wird er, insbesondere bei Tarifkonflikten in der Seeschifffahrt, grds. für zulässig erachtet.[68] Dabei zielt der Boykottaufruf auf eine Verweigerung der Hafenarbeiter ab, bestimmte, unter sog. „billigen Flaggen" fahrende, Schiffe nicht abzufertigen. Diese Verweigerung wird in der Literatur zumeist jedoch als teilweiser Sympathie- oder Solidaritätsstreik zu Gunsten der Seeleute eingeordnet.[69] Besondere Schlagkraft gewinnen Boykottmaßnahmen aber insbesondere dadurch, dass ihnen regelmäßig eine Mobilisierung der Öffentlichkeit eigen ist. Dies ist aber ein Aspekt, der sich für die Arbeitgeberseite zu einer ganz erheblichen Belastung im Hinblick auf das Renommee eines Unternehmens entwickeln und zu erheblichen Schäden insbesondere in Bezug auf den Unternehmenswert führen kann.[70]

---

[60] BAG 21.6.1988 – 1 AZR 651/86, NZA 1988, 846; BAG 8.11.1988 – 1 AZR 417/86, NZA 1989, 475; LAG Köln 2.7.1984 – 9 Sa 602/84, NZA 1984, 402, wobei bei diesen Sachverhalten der Streik jeweils außer Kontrolle geraten war; LAG Bln-Bbg 15.6.2016 – 23 SaGa 968/16; grds. ebenso, lediglich kurzzeitige Zugangsbehinderungen jedoch für zulässig erachtend: LAG Hmb 6.2.2013 – 5 SaGa 1/12, AiB 2013, 726.

[61] BAG 14.2.1978 – 1 AZR 103/76, NJW 1979, 239 (allerdings an versteckter, die Entscheidung nicht tragender Stelle); LAG Hamm 6.11.1975 – 8 TaBV 21/75, DB 1976, 343; *Gamillscheg* KollArbR I S. 1057 mwN; *Kissel* AK § 61 Rn. 68ff.; *Rieble/Junker/Giesen/Krause* Entgrenzter Arbeitskampf?, S. 43 (82); *Müller* Arbeitskampf und Recht, S. 141 f.

[62] LAG Düsseldorf 24.2.1994 – 13 Sa 1214/93, LAGE Art. 9 GG Arbeitskampf Nr. 54; HzA/*Kalb* Gruppe 18 Teilbereich 3 Rn. 1168; *Picker* ZfA 1986, 211ff.; *Richter* Grenzen aktiver Produktionsbehinderung im Gruppe 18 Teilbereich 3 Rn. 1168; *Seiter* Streikrecht, S. 522; *Wesch* Neue Arbeitskampfmittel, S. 51 ff.

[63] *Kissel* AK § 61 Rn. 122ff. m. zahlr. Nachw.; ferner: *Konzen* FS Molitor, 1988, S. 181 ff.; *Otto* AK § 11 Rn. 25; evtl. BAG 19.10.1976 – 1 AZR 611/75, NJW 1977, 318.

[64] ErfK/*Linsenmaier* GG Art. 9 Rn. 278.

[65] *Otto* AK § 11 Rn. 26.

[66] Däubler ArbeitskampfR/*Däubler* § 30 Rn. 28ff.; *Otto* AK § 11 Rn. 26.

[67] Umfassend zur begrifflichen Einordnung: *Seiter* Arbeitskampfparität und Übermaßverbot, S. 27f.; vgl. auch: *Birk* AuR 1974, 297; *Brunner* Der Boykott, S. 24; HzA/*Kalb* Gruppe 18 Teilbereich 3 Rn. 1027.

[68] BAG 19.10.1976 – 1 AZR 611/75, NJW 1977, 318; LAG SchlH 24.3.2005 – 2 Sa 139/05, ArbuR 2007, 280; ArbG Bremen 7.10.1999 – 9 Ga 79/99, NZA-RR 2000, 35; ferner: EuGH 11.12.2007 – C-438/05, NZA 2008, 124.

[69] *Birk* AuR 1974, 297; HzA/*Kalb* Gruppe 18 Teilbereich 3 Rn. 1257; *Otto* AK § 11 Rn. 26; *Seiter* Arbeitskampfparität und Übermaßverbot, S. 82 ff.

[70] ErfK/*Linsenmaier* GG Art. 9 Rn. 279.

12 f) Sonstige Kampfmittel der Arbeitnehmerseite. Da der Begriff des Arbeitskampfmittels sehr vielschichtig ist, lassen sich in der Praxis viele Erscheinungsformen antreffen. Insbesondere die Ausübung kollektivarbeitsrechtlicher Möglichkeiten kann Arbeitskampfmittelqualität erreichen. Zu denken ist zB an die Durchführung der Betriebsversammlungen, deren Gestaltung, etwa im Hinblick auf Ort und Zeit sowie Dauer, vielfältige Möglichkeiten bietet, um Druck auf die Arbeitgeberseite aufzubauen. Dass der Phantasie bei der Kreation neuer Arbeitskampfmittel keine Grenzen gesetzt sind, zeigt sich spätestens bei den sog. Flash-Mob-Aktionen im Bereich des Einzelhandels.[71] Dabei wurde zur Unterbindung von Streikarbeit gezielt von Nicht-Arbeitnehmern der Betriebsablauf öffentlich-zugänglicher Einzelhandelsgeschäfte gestört, indem gewerkschaftlich gesteuert eine Vielzahl von Personen zur gleichen Zeit sog. Pfennig-Artikel kauften und damit für längere Zeit den Kassenbereich blockierten oder Einkaufwagen befüllten und diese anschließend im Geschäft stehen ließen. Die instanzgerichtliche Rechtsprechung ordnete derartige gewerkschaftliche Aktivitäten sogar als den laufenden Arbeitskampf ergänzende Maßnahme der in Art. 9 Abs. 3 GG geschützten Koalitionsfreiheit zu.[72] Das BAG hat sich dem weitestgehend angeschlossen und Flash-Mob-Aktionen grundsätzlich gebilligt.[73] Zwar griffen diese zum einen in das Recht am eingerichteten und ausgeübten Gewerbebetrieb des Arbeitgebers ein und bestehe zum anderen zwischen ihnen und herkömmlichen Formen des Arbeitskampfes eine Diskrepanz, da der Betriebsablauf aktiv und eben gerade nicht zwingend durch Arbeitnehmer, sondern auch durch Dritte,[74] gestört werde. Für diese verbinde sich zudem, ganz im Gegensatz zu Arbeitnehmern des bestreikten Betriebs, mit der Beteiligung am Streik kein wirtschaftlicher Nachteil. Der Verlust des Vergütungsanspruchs habe bisher regelmäßig dazu geführt, dass auf Seiten der Gewerkschaften und Arbeitnehmer eigenverantwortlich mit dem Arbeitskampfmittel des Streiks umgegangen worden ist. Dennoch können Flash-Mob-Aktionen nach Ansicht des BAG als streikbegleitende Arbeitskampfmaßnahmen jedenfalls dann gerechtfertigt sein, wenn für den bestreikten Arbeitgeber die verantwortliche Gewerkschaft erkennbar und die Intensität und Dauer der Aktion von der Gewerkschaft beherrschbar sei. In dem Fall sei der Arbeitgeber den Aktionen nicht wehrlos ausgeliefert. Vielmehr könne er sich vielgestaltiger Verteidigungsmöglichkeiten bedienen, indem er beispielsweise gegenüber den Flash-Mob-Teilnehmern von seinem Hausrecht Gebrauch macht oder seinen Betrieb vorübergehend schließt. Damit verlangt das BAG für die Bestimmung der Rechtmäßigkeit von Flash-Mob-Aktionen eine Einzelfallbewertung am Verhältnismäßigkeitsgrundsatz. Diese Flash-Mob-Rechtsprechung des BAG hat in der Literatur erheblich mehr Kritik[75] als Unterstützung[76] gefunden. Allerdings war auch die vom Arbeitgeberverband angestrengte Verfassungsbeschwerde gegen diese BAG-Entscheidung insofern erfolglos, als dass das BVerfG diese nicht zur Entscheidung angenommen hat.[77] Dies zeigt, dass aus der Sicht des BVerfG eine verfassungsrechtliche Würdigung des „Flash-Mob-Urteils" des BAG nicht angezeigt war, da die Entscheidung des BAG keine über die bisherigen Grundsätze

---

[71] BAG 22. 9. 2009 – 1 AZR 972/08, NZA 2009, 2792; LAG Bln-Bbg 29. 9. 2008 – 5 Sa 967/08, NZA-RR 2009, 149; ArbG Berlin 23. 6. 2008 – 2 Ga 9993/08; ArbG Berlin 1. 4. 2008 – 34 Ca 2402/08; ArbG Berlin 12. 12. 2007 – 34 Ga 20169/07.
[72] LAG Bln-Bbg 29. 9. 2008 – 5 Sa 967/08, NZA-RR 2009, 149.
[73] BAG 22. 9. 2009 – 1 AZR 972/08, NZA 2009, 2792.
[74] Die Beteiligung von Nichtmitgliedern für rechtswidrig erachtend: *Jacobs* ZfA 2011, 71 (85); *Konzen* FS Reuter, 2010, S. 603 (609 ff.); *Thüsing/Waldhoff* ZfA 2011, 329 (349 ff.).
[75] *Jacobs* ZfA 2011, 71 (81 ff.); *Krieger/Günther* NZA 2010, 20; *Olbertz/Reinartz* ArbRB 2008, 310 (314); *Rieble/Junker/Giesen/Otto* Neues Arbeitskampfrecht?, S. 15 ff.; *Otto* RdA 2010, 135; *Picker* FS Bauer, 2010, S. 811 (823 ff.); *Richter* Grenzen aktiver Produktionsbehinderung im Arbeitskamof, S. 74 ff.; *Richardi* FS Säcker, 2010, S. 285; *Rieble* NZA 2008, 796 (798); *Säcker* NJW 2010, 1115 (1116); *Stoffels* SAE 07/2008, S. III.
[76] BKS/*Kocher* Teil 3 Rn. 216 ff.; Däubler ArbeitskampfR/*Däubler* § 31 Rn. 6 ff.; *Fischer* RdA 2011, 50 (53 ff.).
[77] BVerfG 26. 3. 2014 – 1 BvR 3185/09, NZA 2014, 493.

II. Arten des Arbeitskampfes

hinausgehenden verfassungsrechtlichen Fragen aufwarf.[78] Aufgrund der Rechtsprechung muss man daher zukünftig auch über die Flash-Mob-Aktionen hinausgehende, aktive Produktionsbehinderungen, wie etwa Internetstreiks, in Betracht ziehen, bei denen der Betriebsablauf beispielsweise mittels einer durch Spam-Mails verursachten Blockade des E-Mail-Verkehrs gestört wird.[79]

2. Arbeitskampfmittel der Arbeitgeberseite

a) Die Aussperrung. Das klassische Arbeitskampfmittel der Arbeitgeberseite stellt die Aussperrung dar. Diese war zunächst in der Zeit des deutschen Kaiserreichs, aber auch in der Weimarer Republik ein vielfach eingesetztes Arbeitskampfmittel.[80] Aber auch in der Bundesrepublik wurden bis in die 1980er Jahre zahlreiche derartige Maßnahmen von der Arbeitgeberseite ergriffen. In den letzten Jahrzehnten hat die praktische Bedeutung dieses Kampfmittels allerdings deutlich nachgelassen.[81] Durch die Aussperrung verhindert der Arbeitgeber die Aufnahme und Erbringung der geschuldeten Arbeitsleistung durch die Arbeitnehmer, mit der Folge, dass auch kein Arbeitslohn gezahlt werden muss. Die Aussperrung setzt eine eindeutige Erklärung des Arbeitgebers voraus; es muss deutlich werden, dass der Arbeitgeber nicht nur auf streikbedingte Betriebsstörungen reagieren, sondern selbst Kampfmaßnahmen einleiten will.[82] Nicht ausreichend ist es, wenn er die Arbeitgeber ohne Angabe von Gründen nach Hause schickt.[83] Ähnlich wie beim Streik haben sich auch im Hinblick auf die Begriffsbildung verschiedene Unterformen gebildet. So bezeichnet man als Angriffsaussperrung ein Vorgehen der Arbeitgeberseite, bei dem diese den Arbeitskampf mit Aussperrungsmaßnahmen beginnen, ohne dass zuvor von Arbeitnehmerseite zu Arbeitskampfmaßnahmen gegriffen wurde. Dagegen ist die Abwehraussperrung dadurch gekennzeichnet, dass mit ihr die Arbeitgeberseite auf Arbeitskampfmittel der Arbeitnehmerseite reagiert.[84] Bei einer Sympathieaussperrung wollen dagegen die Arbeitgeber weitere Arbeitnehmer in den Arbeitskampf einbeziehen, um so den Druck auf die Arbeitnehmerseite zu verstärken. Es ist möglich, jedoch nicht zwingend, die Aussperrung auf die Streikenden zu beschränken.[85] Im Rahmen einer Aussperrung darf der Arbeitgeber die Arbeitnehmerschaft als Einheit sehen[86], dh auch solche Arbeitnehmer aussperren, die nicht der streikenden Gewerkschaft angehören.[87] Eine Beschränkung nur auf organisierte Arbeitnehmer ist dagegen unzulässig.[88]

Von den Rechtsfolgen unterscheidet man bei der Aussperrung die lösende Aussperrung sowie die suspendierende Aussperrung. Dabei ist die Zulässigkeit der lösenden Aussperrung umstritten, da sie zu einer Beendigung des Arbeitsverhältnisses führt, jedoch der Arbeitgeber nach Ende der Aussperrung verpflichtet ist, die ausgesperrten Arbeitnehmer

---

[78] BVerfG 26.3.2014 – 1 BvR 3185/09, NZA 2014, 493 Rn. 37; vgl. auch: *Bertke* NJW 2014, 1852; *Rieble/Junker/Giesen/Krause* Entgrenzter Arbeitskampf?, S. 43 (47 f.).
[79] Vgl. *Rehder/Deinert/Callsen* AuR 2012, 103 (106, 113 f.); *Renneberg* Die Arbeitskämpfe von morgen?, 2005, S. 232; *Richter* Grenzen aktiver Produktionsbehinderung im Arbeitskampf, S. 184 ff.; zur Weiterentwicklung der Kampfmittel: *Giesen/Kersten* NZA 2018, 1 (4).
[80] Vgl. *Kittner* AK, S. 333 ff. und S. 477 ff.
[81] Vgl. zur Entwicklung der Anzahl von Aussperrungen im Zeitraum 1900 bis 1976: *Schneider* Aussperrung: Ihre Geschichte und Funktion vom Kaiserreich bis heute, S. 22 f.; für den Zeitraum ab 1984: Streikstatistik der Bundesagentur für Arbeit, Berichtsjahr 2016, S. 1; Statistik der Arbeitskämpfe des Wirtschafts- und Sozialwissenschaftlichen Instituts der Hans-Böckler-Stiftung, abrufbar unter http://www.boeckler.de/wsitarifarchiv_11020.htm; zu den Gründen etwa *Kittner* AK, S. 698 ff.; *Hromadka* NZA 2012, 585 (591).
[82] BAG 27.6.1995 – 1 AZR 1016/94, AP GG Art. 9 Arbeitskampf Nr. 137; *Kissel* AK § 56 Rn. 2; *Korinth* AuA 1997, 103.
[83] *Hromadka/Maschmann* § 14 Rn. 84; BAG 27.6.1995 – 1 AZR 1016/94, AP GG Art. 9 Arbeitskampf Nr. 137.
[84] Zur Abgrenzung vgl. auch *Seiter* Streikrecht, S. 336 f.
[85] BAG 11.8.1992 – 1 AZR 103/92, AP GG Art. 9 Arbeitskampf Nr. 124.
[86] Zum Grundsatz der arbeitskampfrechtlichen Einheit der Belegschaft vgl. *Wietfeld* Die rechtliche Stellung von Arbeitnehmeraußenseitern im Spartenarbeitskampf, S. 146; *Franzen* RdA 2008, 193 (201).
[87] Vgl. BAG GS 21.4.1971 – GS 1/68, AP GG Art. 9 Arbeitskampf Nr. 43.
[88] BAG 10.6.1980 – 1 AZR 331/79, AP GG Art. 9 Arbeitskampf Nr. 66.

nach billigem Ermessen wieder einzustellen.[89] Teilweise besteht nach landesrechtlichen Vorschriften insoweit sogar ein (generelles) gesetzliches Verbot der Aussperrung[90] oder eine gesetzliche Pflicht zur Wiedereinstellung.[91] Dagegen löst die suspendierende Aussperrung das Beschäftigungsverhältnis nicht, sondern bewirkt stattdessen lediglich ein Ruhen der Hauptleistungspflichten, vergleichbar mit der Suspendierungswirkung eines Streiks. Allen Aussperrungsmaßnahmen gemein ist der Umstand, dass durch den Entzug von der Arbeitsmöglichkeit den Arbeitnehmer als Druckmittel zur Erreichung eines Tarifziels die Arbeitsvergütung entzogen werden soll. Allerdings hat die praktische Bedeutung dieses Kampfmittels in den letzten Jahren stark nachgelassen. Auch wenn ihre tatsächliche Bedeutung geschwunden ist, bleibt aber aus der Sicht des Arbeitskampfrechts die Aussperrung das traditionelle Arbeitskampfmittel auf Arbeitgeberseite (→ § 274 Rn. 1).

15 **b) Betriebsstilllegung.** Reaktion auf einen Arbeitskampf kann von Seiten der Arbeitgeberseite auch eine Betriebsstilllegung sein. Mit seinem Urteil vom 22.3.1994 hat das BAG ausdrücklich bestätigt, dass eine solche Maßnahme zulässig ist,[92] und zwar unabhängig von der Frage, ob dem Arbeitgeber eine (Weiter-)Beschäftigung der betroffenen Arbeitnehmer wirtschaftlich zumutbar ist.[93] Das BAG differenziert dabei zwischen der Aussperrung und der Betriebsstilllegung. Bei einer Betriebsstilllegung beschränke sich die Arbeitgeberseite darauf, sich dem gewerkschaftlichen Druck zu beugen. Voraussetzung ist aber, dass die betrieblichen Funktionen tatsächlich weder vom Arbeitgeber noch von einem von ihm beauftragten Dritten übernommen werden. Eine Ausnahme hiervon besteht lediglich bei Erhaltungs- und Notstandsarbeiten.[94] Weil die Betriebsstilllegung sich auf eine bloße Reaktion des Arbeitgebers auf Kampfmittel der Arbeitnehmerseite beschränkt. Infolgedessen, ordnet das BAG die Betriebsstilllegung nicht als Arbeitskampfmittel ein.[95] Von ihrer Funktion her, lässt sich die Betriebsstilllegung aber schon als solches einordnen, da schließlich der Einsatz dieses Instruments stets einer Entscheidung des Arbeitgebers bedarf. Dass ein solche nicht auf das Kampfgeschehen bezogen ist, dürfte aber fernliegend sein. Allerdings hat auch die Betriebsstilllegung die Suspendierung der von der Betriebsstilllegung betroffenen Arbeitsverhältnisse zur Folge. Insofern lässt sich dieses Instrument des Arbeitgebers von seiner unmittelbaren Wirkung nicht von einer Aussperrung unterscheiden.[96] Legt man die Sichtweise des BAG zugrunde, so unterscheidet sich die Aussperrung von der Betriebsstilllegung dadurch, dass sich letztere strikt im räumlichen und zeitlichen Rahmen des konkreten Streikbeschlusses der Gewerkschaft zu halten hat, da sich andernfalls der Arbeitgeber einer Kampfmaßnahme der Arbeitnehmer nicht beugt, sondern seinerseits Arbeitskampfmaßnahmen ergreift.[97] Im Gegensatz zu den Anforderungen bei der Aussperrung ist auch keine individuelle Erklärung gegenüber den einzelnen Arbeitnehmern erforderlich, es genügt die Bekanntgabe der Stilllegung in betriebsüblicher Art und Weise.[98]

---

[89] Vgl. *Kissel* AK § 52 Rn. 52 mwN; evtl. BAG GS 21.4.1971 – GS 1/68, AP GG Art. 9 Arbeitskampf Nr. 43.
[90] Vgl. Art. 29 V Verfassung des Landes Hessen vom 1.12.1946 – GVBl. S. 229.
[91] Vgl. etwa § 11 Abs. 2 BVSG NW.
[92] BAG 22.3.1994 – 1 AZR 622/93, AP GG Art. 9 Nr. 130; 31.1.1995 – 1 AZR 142/94, AP GG Art. 9 Arbeitskampf Nr. 135; *Kissel* AK § 14 Rn. 27; kritisch dazu ua *Lieb* SAE 1995, 257; *Thüsing* DB 1995, 2607.
[93] BAG 27.6.1995 – 1 AZR 1016/94, AP GG Art. 9 Arbeitskampf Nr. 137.
[94] Vgl. BAG 13.12.2011 – 1 AZR 495/10, AP GG Art. 9 Arbeitskampf Nr. 175.
[95] BAG 11.7.1995 – 1 AZR 63/95, AP GG Art. 9 Arbeitskampf Nr. 138; aA wohl *Baeck/Winzer/Kramer* NZG 2015, 1063 (1065); ebenfalls abl. *Schultheis* Die Stillegungsbefugnis im Arbeitskampf, 2001.
[96] *Gamillscheg* BB 1996, 212, 213.
[97] BAG 12.11.1996 – 1 AZR 364/96, AP GG Art. 9 Arbeitskampf Nr. 147; *Löwisch* FS Gitter, 1995, S. 533 (534).
[98] Vgl. BAG 13.12.2011 – 1 AZR 495/10, AP GG Art. 9 Arbeitskampf Nr. 175; dazu auch *Kalb* RdA 2015, 226 (228).

II. Arten des Arbeitskampfes

c) Boykott. Auch auf Arbeitgeberseite sind Boykottmaßnahmen denkbar.[99] Hiervon wurde in der Vergangenheit auch Gebrauch gemacht. Dies geschieht in der Regel durch sog. „schwarze Listen". Diese Listen enthalten die Namen von Arbeitnehmern mit dem Ziel, deren Arbeitsaufnahme auch bei anderen Arbeitgebern zu verhindern, so dass bereits durch die Androhung, solche Listen aufzustellen bzw. in Umlauf zu bringen, Druck auf die Arbeitnehmerseite ausgeübt werden soll.[100] Diese Listen vermitteln den Arbeitnehmern den Eindruck, ihre vermerkte Streikteilnahme und die Aufforderung der Nichteinstellung an andere Arbeitgeber könnten weitergehende Konsequenzen haben und stellen daher ein unverhältnismäßiges Mittel im Arbeitskampf dar.[101] Der Boykott findet auch hier also in einem Drei-Personen-Verhältnis statt.[102]

Das Reichsgericht hatte bereits in seiner Entscheidung aus dem Jahre 1902 diese Streikmaßnahme für nicht zulässig erachtet.[103] Nach neueren Stimmen in der Literatur sollen „schwarze Listen" mit Blick auf die aktuelle Rechtsprechung zur Koalitionsbetätigungsfreiheit gem. Art. 9 Abs. 3 GG als Arbeitskampfmittel zulässig sein.[104] Dem lässt sich aber entgegenhalten, dass ein solches Arbeitskampfmittel, welches der Gegenseite keine Verteidigungsmöglichkeit lässt und gleichzeitig für den Angreifer keine Risiken enthält, nicht mehr der Kampfparität entspricht.[105] Für eine sich im Umlauf befindende schwarze Liste würde dies bedeuten, dass der Arbeitnehmer dieser für die Zukunft nichts entgegenzusetzen hätte. Welche Wirkung diese auf potentielle zukünftige Arbeitgeber entfalte, liegt völlig außerhalb seines Machtbereichs.

d) Streikbruchprämien. Grundsätzlich stellt die Gewährung von Streikbruchprämien, als Möglichkeit des Arbeitgebers den Arbeitnehmer zur Nichtteilnahme am Streik bzw. Abbruch des Streiks zu bewegen, ein zulässiges Arbeitskampfmittel dar und ist mit Art. 9 Abs. 3 GG vereinbar.[106] Insbesondere liegt hierin kein Verstoß gegen die Kampfparität.[107] Allerdings muss mit Blick auf das Maßregelverbot der zeitliche Zusammenhang und die Intention der Prämienzahlung betrachtet werden.

Will der Arbeitgeber trotz eines Streiks den Betrieb aufrecht erhalten, so kann er versucht sein, durch Zahlung oder Zusage von Streikbruchprämien Arbeitnehmer vom Streik abzuhalten bzw. diese zum Abbruch ihres Ausstandes zu bewegen. Das BAG bewertet derartige Streikbruchprämien als grds. zulässiges Arbeitskampfmittel.[108] Voraussetzung ist allerdings immer, dass mit der Zahlung der Streikbruchprämie eine Fortsetzung des Betriebes ermöglicht werden soll, das Angebot bzw. die Zusage der Prämie also in zeitlichem Zusammenhang mit dem Streik stehen muss.[109] Darüber hinaus muss die Höhe der Prämie angemessen sein.[110] In diesem Fall ist ein Verstoß gegen das Maßregelverbot aus § 612a BGB nicht gegeben.[111]

---

[99] Zur Einordnung und Abgrenzung des Boykotts von anderen Arbeitskampfmittel *Seiter* Arbeitskampfparität und Übermaßverbot, S. 27 ff.; *Brunner* Der Boykott, S. 29 ff.
[100] *Kissel* AK § 14 Rn. 29.
[101] *Otto* AK § 11 Rn. 29; *Gamillscheg* KollArbR I, S. 1053; hierzu auch der Professoren-Entwurf „Gesetz zur Regelung kollektiver Arbeitskonflikte", S. 36 f.; *Müller* Arbeitskampf und Recht, S. 136, der von einer Existenzgefährdung der Arbeitnehmer spricht.
[102] Vgl. *Brunner* Der Boykott, S. 24; HzA/*Kalb* Gruppe 18 Teilbereich 3 Rn. 1027.
[103] RG 29. 5. 1902 – VI. 59/02, RGZ 51, 369.
[104] *Rieble/Wiebauer* ZfA 2010, 63 (71).
[105] Vgl. BAG 22. 9. 2009 – 1 AZR 972/08, NZA 2009, 1347.
[106] ErfK/*Preis* BGB § 612a Rn. 16; *Kissel* AK § 42 Rn. 124; BeckOK ArbR/*Waas* GG Art. 9 Rn. 171; *Greiner* NJW 2010, 2977 (2980); aA *Otto* AK § 12 Rn. 45; Däubler ArbeitskampfR/*Rödl* § 21 Rn. 189.
[107] *Belling* NZA 2010, 214 (217 ff.).
[108] BAG 13. 7. 1993 – 1 AZR 675/92, DB 1993, 1479; *Kissel* AK § 42 Rn. 124; Soergel/*Raab* § 612a Rn. 19; *Reuter* JuS 1994, 443.
[109] BeckOK ArbR/*Waas* GG Art. 9 Rn. 171; *Belling* NZA 1990, 214; *Rolfs* DB 1994, 1237.
[110] LAG Nds 18. 5. 2017 – 7 Sa 815/16.
[111] APS/*Linck* BGB § 612a Rn. 18; *Kissel* § 42 Rn. 124.

20 Ein Verstoß gegen das gesetzliche Maßregelverbot liegt aber dann vor, wenn eine Prämienzahlung für die Nichtteilnahme am Streik nicht während des Streiks zugesagt wurde und eine Zahlung auch erst nach Beendigung des Arbeitskampfes stattfindet.[112]

21 Hiervon zu unterscheiden ist die Intention des Arbeitgebers, ganz außergewöhnliche Belastungen des Arbeitnehmers im Rahmen des Streiks auszugleichen. Dies ist zulässig, wenn es sich nicht um die Abgeltung der üblichen streikbedingten zusätzlichen Anstrengungen wie zB Überstunden handelt, sondern um gravierende Belastungen der durch die Prämie begünstigten Arbeitnehmer, welche während des Streiks eingetreten sind.[113]

22 Eine Sonderzahlung an die Arbeitnehmer, welche nicht an dem Streik teilgenommen haben, kann aber auch aufgrund eines tariflich vereinbarten Maßregelverbots unzulässig sein.[114] Und zwar auch dann, wenn das tarifliche Maßregelverbot erst nach Zusage und Zahlung der Sonderzahlung vereinbart wurde.[115]

23 **e) Massen-(Änderungs)-kündigungen.** Aber auch auf der Arbeitgeberseite besteht die Möglichkeit, dass individualarbeitsrechtliche Instrumente zu Arbeitskampfmitteln umfunktioniert werden. In der Vergangenheit bedurfte eine rechtmäßige Aussperrung der vorherigen Beendigung der Arbeitsverhältnisse, wollte der Arbeitgeber nicht durch die Aussperrung der Arbeitnehmer in Annahmeverzug geraten.[116] Das traditionelle Beispiel hierfür ist die Massen-(Änderungs-)Kündigung. Allein deren Androhung führt dazu, dass ein ganz erheblicher Druck auf die Arbeitnehmerseite ausgeübt wird. Dies rechtfertigt es, das individualarbeitsrechtliche Instrument als Arbeitskampfmittel einzuordnen.[117] Im Unterschied zu einer suspendierenden Aussperrung hat allerdings die Massenkündigung unbefristete Wirkung. Unabhängig von den Besonderheiten des Arbeitskampfes gelten jedoch für sie die allgemeinen Rechtmäßigkeitsvoraussetzungen, wie sie auch für sonstige Kündigungen gelten. Von der Rechtsprechung wird die Massenkündigung, bzw. Massenänderungskündigung aber nicht als Arbeitskampfmaßnahme eingeordnet. Die Massenänderungskündigung wird als reguläre Individualänderungskündigung betrachtet, die nicht unter die arbeitskampfrechtliche Sondervorschrift des § 25 KSchG fällt.[118]

24 **f) Sonstige Arbeitskampfmittel auf Arbeitgeberseite.** Ebenso wenig, wie es auf der Arbeitnehmerseite einen erschöpfenden Katalog von Arbeitskampfmitteln gibt, sind Arbeitgeber und Arbeitgeberkoalitionen auf bestimmte Arbeitskampfmittel beschränkt.[119] So lässt es ein weites Verständnis im Hinblick auf den Begriff des Arbeitskampfmittels denkbar erscheinen, dass auch unternehmerische Entscheidungen oder bereits deren Androhung als Arbeitskampfmittel eingeordnet werden müssten. Es spricht viel dafür, die Drohung, einen Betrieb zu verlagern oder Produktions- und Dienstleistungsabteilungen auszugliedern, ebenfalls als Arbeitskampfmittel aufzufassen, wenn derartige Drohungen überwiegend den Zweck haben, eine Veränderung der Arbeitsbedingungen herbeizuführen. Voraussetzung ist allerdings immer, dass die Nichtdurchführung der angedrohten Maßnahme von der Arbeitgeberseite als ernsthaftes Szenario in Betracht gezogen wird,

---

[112] *Kissel* AK § 42 Rn. 126; BeckOK ArbR/*Waas*, GG Art. 9 Rn. 172.
[113] HzA/*Kalb* Gruppe 18 Teilbereich 3 Rn. 1242; *Schwarze* NZA 1993, 967 (971); *Gaul* NJW 1994, 1025 (1026f.).
[114] ErfK/*Preis* BGB § 612a Rn. 17; HzA/*Kalb* Gruppe 18 Teilbereich 3 Rn. 1239f.; BAG 4.8.1987 – 1 AZR 486/85, NZA 1988, 61; kritisch hierzu *Belling* NZA 1990, 214 (215f.).
[115] BAG 4.8.1987 – 1 AZR 486/85, NZA 1988, 61.
[116] Hierzu *Kissel* AK § 62 Rn. 11.
[117] *Otto* AK § 1 Rn. 23; zu den Reaktionsmöglichkeit der Arbeitnehmer *Seiter* Streikrecht, S. 417ff.
[118] BAG 1.2.1957 – 1 AZR 521/54, AP BetrVG 1952 § 56 Nr. 4; 21.4.1971 – GS 1/68, AP GG Art. 9 Arbeitskampf Nr. 43; vgl. auch: ErfK/*Kiel* KSchG § 25 Rn. 3; *Däubler* ArbeitskampfR/*Däubler* § 28 Rn. 4; *Herschel* RdA 1984, 214; *Kissel* AK § 62 Rn. 17; aA HzA/*Kalb* Gruppe 18 Teilbereich 3 Rn. 1294; *Brox*/*Dudenbostel* DB 1979, 1893 (1894); differenzierend *Seiter* Streikrecht, S. 424f.
[119] Maunz/Dürig/*Scholz* GG Art. 9 Rn. 314; *Engels* Verfassung und Arbeitskampfrecht, 2008, S. 88; ErfK/*Linsenmaier* GG Art. 9 Rn. 271.

II. Arten des Arbeitskampfes

wenn die Arbeitnehmerseite im Hinblick auf ihre Arbeitsbedingungen zu Zugeständnissen bereit ist.

Der Arbeitgeber hat aber auch die Möglichkeit andere Arbeitnehmer auf den bestreikten Arbeitsplätzen einzusetzen und so seine streikbedingten Einbußen zu minimieren. Das BAG sieht in dem Einsatz von Streikbrechern eine Arbeitskampfmaßnahme.[120] Hinsichtlich des Streikbruchs durch die Beschäftigung von Arbeitssuchenden ist § 36 Abs. 3 SGB III zu beachten, wonach eine Vermittlung der Agentur für Arbeit in den durch Arbeitskampf betroffenen Bereich nach einem Hinweis auf den Arbeitskampf nur erfolgen darf, wenn dies durch den Arbeitssuchenden und den Arbeitgeber verlangt wird. Hierfür muss der Arbeitgeber der Agentur für Arbeit gemäß § 320 Abs. 5 SGB III Ausbruch und Beendigung der Arbeitskampfmaßnahme unverzüglich anzeigen.[121] Der Einsatz von Leiharbeitnehmern als Streikbrecher ist aufgrund von § 11 Abs. 5 AÜG weitgehend begrenzt. Danach darf ein Entleiher Leiharbeitnehmer grundsätzlich nicht tätig werden lassen, wenn sein Betrieb unmittelbar durch einen Arbeitskampf betroffen ist. Allerdings gilt dieses Verbot nicht, wenn der Entleiher sicherstellt, dass Leiharbeitnehmer keine Tätigkeiten übernehmen, die bisher von Arbeitnehmern erledigt wurden, die sich im Arbeitskampf befinden oder ihrerseits Tätigkeiten von Arbeitnehmern, die sich im Arbeitskampf befinden, übernommen haben. Zusätzlich besteht ein Leistungsverweigerungsrecht des Leiharbeitnehmers für Tätigkeiten bei einem Entleiher, soweit dieser durch einen Arbeitskampf unmittelbar betroffen ist. Die Regelung in § 11 Abs. 5 AÜG sieht sich erheblicher Kritik ausgesetzt. Hier wird insbesondere kritisiert, dass das Verbot des Einsatzes von Leiharbeitnehmern als Streikbrecher der Arbeitgeberseite ein bisheriges Arbeitskampfmittel entzieht, was zu einer Verschiebung der Kampfparität zugunsten der Arbeitnehmer führt und somit der Gesetzgeber seine Pflicht zur Neutralität aus Art. 9 Abs. 3 GG verletzt hat.[122]

Inwiefern der Arbeitgeber Beamte auf bestreikten Arbeitsplätzen einsetzen kann, ist davon abhängig, inwieweit dies freiwillig geschieht. Der zwangsweise Einsatz ist, entsprechend dem zwangsweisen Einsatz der Arbeitnehmer auf bestreikten Arbeitsplätzen, unzulässig.[123] Entscheiden sich aber Beamte freiwillig für die Arbeit auf einem bestreikten Arbeitsplatz, ist dies ein zulässiger Streikbruch.[124]

Auch kann der Arbeitgeber zur Aufrechterhaltung des Betriebes im Rahmen eines Streiks arbeitswillige Arbeitnehmer aus einem sich nicht im Streik befindenden Betrieb in einen bestreikten Betrieb versetzen. Hier sind die Mitbestimmungsrechte des Betriebsrates gem. § 99 BetrVG im Rahmen einer streikbedingten Versetzung von Arbeitnehmer eingeschränkt, da sonst die Arbeitskampfmaßnahme des Arbeitgebers gefährdet ist.[125] Jedoch ist im Fall unmittelbarer Streikarbeit von einem Leistungsverweigerungsrecht des Arbeitnehmers auszugehen.[126] Grundlage hierfür bildet § 275 Abs. 3 BGB.[127] Der Vergütungsanspruch bleibt jedoch den für den Streikbrechereinsatz vorgesehenen Arbeitnehmern erhalten.[128] Hier hat der Arbeitgeber das Leistungshindernis überwiegend zu vertreten, da er durch die Anordnung des Streikbrechereinsatzes die mit der Leistungsverweigerung entstandene Unmöglichkeit letztlich ausgelöst hat. Das Leistungsverweigerungsrecht gilt allerdings nur für die unmittelbare Streikarbeit.

---

[120] BAG 13.12.2011 – 1 ABR 2/10, NZA 2012, 571.
[121] Hierzu Däubler ArbeitskampfR/Ögüt § 19 Rn. 63.
[122] So *Franzen* RdA 2015, 141 (151); *Ubber/Löw* BB 2015, 3125 (3126); kritisch zu dem Gesetzesvorhaben auch *Willemsen/Mehrens* NZA 2015, 897 (901); *Franke* Der erwachte Gesetzgeber, 2017, S. 143 (153f.); *Krois* FS Willemsen, 2018, S. 177 (285f.); aA *Beckerle* Der erwachte Gesetzgeber, 2017, S. 121 (131f.).
[123] AA: Isensee/Kirchhof/*Lecheler* Handbuch des Staatsrechts, Bd. 5, 2007, § 110 Rn. 113.
[124] BVerfG 2.3.1993 – 1 BvR 1213/85, NJW 1993, 1379; ArbG Bonn 26.5.2015 – 3 Ga 18/15, BeckRS 2015, 70087; ErfK/*Linsenmaier* GG Art. 9 Rn. 155.
[125] BAG 10.12.2002 – 1 ABR 2/10, AP GG Art. 9 Arbeitskampf Nr. 176.
[126] BAG 25.7.1957 – 1 AZR 194/56, AP Nr. 3 zu § 615 BGB Betriebsrisiko; HWK/*Hergenröder* GG Art. 9 Rn. 206f.
[127] APS/*Dörner* BGB § 626 Rn. 200.
[128] HWK/*Hergenröder* GG Art. 9 GG Rn. 207.

§ 266 Ziele und Beteiligte des Arbeitskampfes

Übersicht

	Rn.
I. Ziele des Arbeitskampfes	1
1. Der Tarifvertrag als Regelungsziel	2
2. Sonderfall: Sympathiearbeitskämpfe	5
3. Einwirkung auf unternehmerische Entscheidungen	6
4. Arbeitskampf zur Durchsetzung und Klärung von Rechtsansprüchen	9
5. Der politische Arbeitskampf	10
II. Beteiligte am Arbeitskampf	11

I. Ziele des Arbeitskampfes

1 Da allen Arbeitskampfmitteln eigen ist, dass durch sie Druck auf den Arbeitskampfgegner ausgeübt werden soll, ist für eine Betrachtung der Ziele von Arbeitskämpfen maßgeblich, was der jeweilige Organisator oder Urheber des Arbeitskampfmittels an Tun oder Unterlassen vom Arbeitskampfgegner erwartet.

1. Der Tarifvertrag als Regelungsziel

2 Durch die Anwendung von Arbeitskampfmitteln wird regelmäßig versucht, auf die eine oder andere Weise den Abschluss eines Tarifvertrages herbeizuführen, dessen Inhalt für den Organisator des Arbeitskampfmittels als günstig erscheint (zur Tarifbezogenheit → § 272 Rn. 38 ff.). Dabei können sich die Arbeitskampfforderungen sowohl auf den normativen Teil von Tarifverträgen erstrecken, als auch nur auf den schuldrechtlichen Teil oder die Regelung gemeinsamer Einrichtungen.[1] Die Art und Weise, wie das jeweils ins Auge gefasste Fernziel mit dem jeweiligen Arbeitskampfmittel erreicht werden soll, kann unterschiedlich angelegt sein. So kann ein Streik etwa verhandlungsbegleitend geführt werden, um letztlich noch während der Tarifverhandlungen zu einem Ergebnis zu kommen. Dies ist die Situation des Warnstreiks. Zwar hält das BAG im Hinblick auf die Rechtmäßigkeit von derartigen Streikmaßnahmen eine Unterscheidung zwischen Warnstreik und Erzwingungsstreik nicht mehr für möglich.[2] Rein funktional betrachtet macht es jedoch einen Unterschied, ob Arbeitskampfmittel während laufender Verhandlungen eingesetzt werden oder erst, nachdem die Arbeitskampfparteien zu der Überzeugung gelangt sind, sich nicht ohne den Einsatz von Arbeitskampfmitteln oder Schlichtungsmaßnahmen einigen zu können.[3] Beide Formen des Arbeitskampfes sind sicherlich darauf angelegt, Druck auf die Gegenseite auszuüben. Beim Warnstreik überwiegt allerdings das Drohelement vor dem eigentlichen Belastungselement. Mit dem Warnstreik macht die streikführende Partei deutlich, dass sie zum Arbeitskampf entschlossen ist. Hierbei geht es weniger um das Hervorrufen eines Schadens auf Arbeitgeberseite, sondern vielmehr darum, ihre Kampffähigkeit unter Beweis zu stellen.[4] Darüber hinaus kann der Warnstreik von Seiten der Gewerkschaften dazu genutzt werden, die Gewerkschaftsmitglieder auf einen möglicherweise folgenden Erzwingungsstreik vorzubereiten.[5] Aufgrund der Kurzfristigkeit des Aufrufs zum Warnstreik ist insbesondere der Überraschungseffekt auf Seiten des Arbeitgebers nicht zu unterschätzen.[6] Beim Erzwingungsstreik dagegen sind es die unmittelbaren Auswirkungen des Streiks, die auf der Arbeitgeberseite den Druck ausüben

---

[1] *Kissel* AK § 14 Rn. 32.
[2] BAG 21.6.1988 – 1 AZR 651/86, AP GG Art. 9 Arbeitskampf Nr. 108; *Mayer-Maly* AP GG Art. 9 Arbeitskampf Nr. 108.
[3] *Otto* AK § 1 Rn. 27.
[4] *Seiter* Streikrecht, S. 257 ff.; *Kissel* AK § 41 Rn. 1; *Gamillscheg* KollArbR I, S. 1155 ff.
[5] *Kissel* AK § 41 Rn. 1.
[6] *Otto* AK § 1 Rn. 12.

I. Ziele des Arbeitskampfes

sollen. Nicht die Erwartung, dass es noch „viel schlimmer" kommen kann, ist der eigentliche Kern des Kampfmittels, sondern im Fall des Erzwingungsstreiks der Umstand, dass die Arbeitgeberseite durch die Streikmaßnahmen unmittelbar geschädigt wird, also letztlich hierdurch Geld verliert. Auch wenn eine Unterscheidung nach Auffassung des BAG für die Beurteilung der Rechtmäßigkeit nicht mehr möglich ist,[7] bildet das endgültige Scheitern der Verhandlungen die Zäsur zwischen Warnstreik und Erzwingungsstreik.[8]

Darüber hinaus lassen sich Arbeitskämpfe im Hinblick auf ihre Ziele danach differenzieren, was die kämpfenden Parteien mit dem Arbeitskampf erreichen wollen. Dies ist eine inhaltliche Betrachtungsweise. Das traditionelle Ziel des Arbeitskampfes besteht darin, durch die Durchführung des Arbeitskampfes den Abschluss eines Tarifvertrages zu bewirken, der für die Kämpfenden vorteilhafte Regelungen enthält. Dabei kann es zunächst nur darum gehen, den Arbeitskampfgegner überhaupt zu Tarifverhandlungen zu bewegen. Sind aber bereits, wie in der Regel, Tarifverhandlungen aufgenommen, so kann der Arbeitskampf, der auf einen bestimmten Tarifvertrag abzielt, auch dazu eingesetzt werden, den Kampfgegner am Verhandlungstisch zu Zugeständnissen zu bewegen. Beiden Erscheinungsformen ist gemein, dass das Ziel des Arbeitskampfes im Abschluss eines von den Kämpfenden als vorteilhaft empfundenen Tarifvertrages gesehen wird. Dabei kommt es nicht darauf an, ob es um den Abschluss eines traditionellen Tarifvertrages geht, welcher sowohl schuldrechtliche als auch normative Bestandteile enthält, oder ob die Kampfparteien den Abschluss von sog. „Sozialpartnerabkommen",[9] also Tarifverträgen, die rein schuldrechtlich zwischen den Tarifvertragspartnern wirken, anstreben.[10] Wenn es darum geht, den Gegner zum Abschluss eines Tarifvertrages zu veranlassen, ist der Arbeitskampf das einzige Mittel zur Erreichung dieses Zieles. Schließlich hat das BAG in der Vergangenheit stets die Annahme eines eigenständigen Verhandlungsanspruches einer potentiellen Tarifpartei gegenüber der anderen potentiellen Tarifpartei abgelehnt.[11] Voraussetzung für die Erstreikbarkeit eines rein schuldrechtlich wirkenden Tarifvertrages ist allerdings, dass dessen Inhalt bei wertender Betrachtung im weitesten Sinne dem hergebrachten Typus eines Tarifvertrages entspricht.[12] Grund hierfür ist, dass die Arbeitskampffreiheit nur im Rahmen der Wahrung und Förderung der Arbeits- und Wirtschaftsbedingungen zur Verfügung steht.

Weiterhin kann im Rahmen der Arbeitskämpfe unterschieden werden, ob diese einen ersten Angriff darstellen, oder als Abwehr auf einen bereits erfolgten Angriff ausgestaltet sind. Diese Unterscheidung zeigt sich insbesondere im Rahmen der Aussperrung. So kann diese als reine Gegenwehrmaßnahme, sog. Abwehraussperrung, des Arbeitgebers ausgestaltet sein, wenn nämlich durch die Arbeitnehmer bereits ein gewerkschaftlicher Streik stattfindet, oder aber der Arbeitgeber kann eine Angriffsaussperrung vornehmen, um einen für ihn günstigeren Tarifvertrag auszuhandeln.[13]

2. Sonderfall: Sympathiearbeitskämpfe

Nicht immer dienen Arbeitskampfmaßnahmen dazu, eigene Forderungen durchzusetzen, sondern bisweilen sollen mit ihnen fremde Forderungen durchgesetzt werden, etwa wenn

---

[7] BAG 21.6.1988 – 1 AZR 651/86, AP GG Art. 9 Arbeitskampf Nr. 108; der Warnstreik als „echter Kampfstreik" bereits: *Hueck/Nipperdey* Lehrbuch des Arbeitsrechts, 7. Aufl. Bd. II, 2. Halbbd. 1970, S. 897.
[8] *Otto* AK § 1 Rn. 31.
[9] *Zachert* FS Hanau, 1999, S. 137 (138ff.).
[10] Vgl. BAG 19.10.1976 – 1 AZR 611/75, NJW 1977, 318; BeckOK ArbR/*Waas* GG Art. 9 Rn. 43; ErfK/*Linsenmaier* GG Art. 9 Rn. 114; aA: *Mayer-Maly* BB 1965, 829 (833).
[11] BAG 10.5.1989 – 4 AZR 80/89, AP TVG § 2 Tarifzuständigkeit Nr. 6; BAG 25.9.2013 – 4 AZR 173/12, BAGE 146, 133.
[12] *Otto* AK § 5 Rn. 21; *Hertenstein* Die schuldrechtliche Regelungsbefugnis der Tarifvertragsparteien, 2017, S. 106; zu möglichen Grenzen der Vereinbarungsmacht bei schuldrechtlichen Tarifverträgen *Löwisch/Rieble* § 1 TVG Rn. 1338ff.
[13] *Otto* AK § 1 Rn. 32.

mit einem Arbeitskampf das Kampfgeschehen in einem fremden Tarifgebiet, sog. Hauptarbeitskampf, unterstützt werden soll.[14] Insofern stellt sich diese Art von sog. Sympathiearbeitskämpfen lediglich als eine Art Hilfsinstrument dar.[15] Jedoch sollen auch solche Streiks, die der Unterstützung eines in einem anderen Tarifgebiet geführten Hauptarbeitskampfes dienen, der durch Art. 9 Abs. 3 GG gewährleisteten Betätigungsfreiheit der Gewerkschaften unterfallen, soweit sie nicht offensichtlich ungeeignet, offensichtlich nicht erforderlich oder unangemessen sind.[16] Aber auch die Beteiligung Dritter, nicht in einem Arbeitsverhältnis stehender Personen, an gewerkschaftlichen Arbeitskampfmaßnahmen, lässt den Arbeitskampfcharakter der Kampfmaßnahme nicht entfallen. Diese Situation ist typisch etwa für Flashmob-Aktionen, die auch dann dem Schutzbereich des Art. 9 Abs. 3 GG unterfallen, wenn diese darauf angelegt sind, durch das Verhalten Dritter Druck auf den Kampfgegner auszuüben.[17]

3. Einwirkung auf unternehmerische Entscheidungen

6   Zunehmend wird aber von Seiten der Arbeitnehmerschaft versucht, durch Arbeitskampfmittel auf unternehmerische Entscheidungen des jeweiligen Arbeitgebers einzuwirken. Hierbei geht es häufig darum, die Schließung von Betrieben und Abteilungen zu verhindern oder ein „Abwandern" der Produktion zu anderen Standorten, vornehmlich ins Ausland, abzuwenden.[18] Bisher werden derartige Arbeitskämpfe um Standortverlagerungen weitestgehend als rechtswidrig eingeordnet,[19] da diese letztlich über das hinausgehen, was Art. 9 Abs. 3 GG mit der „Wahrung und Förderung der Arbeits- und Wirtschaftsbedingungen" schützt. Auf der verfassungsrechtlichen Ebene finden sich teilweise Ansätze, die für ein entwicklungsoffenes Verständnis der Streikgarantie streiten.[20] Schließlich hätten auch Ausgliederungen und Umstrukturierungen von Betrieben und Unternehmen einen nicht nur über Marktmechanismen vermittelten Einfluss auf die Arbeitsbedingungen und ihre Folgen für die Arbeitsbedingungen würden den traditionellen Kern des Arbeitskampfes betreffen.[21] Das BAG hat es bisher offengelassen, ob ein Arbeitskampf mit dem Ziel der Unterlassung einer Standortverlagerung geführt werden kann. Um diese rechtlichen Bedenken zu umgehen, ist man weitgehend dazu übergegangen, nicht primär Arbeitskampfmaßnahmen zur Erhaltung eines Standortes, sondern zunächst den Arbeitskampf mit dem Ziel des Abschlusses eines Tarifvertrages durchzuführen. Als Tarifforderung kommt in diesem Zusammenhang etwa in Betracht, dass für eine gewisse Zeit von Seiten des Arbeitgebers auf den Ausspruch betriebsbedingter Kündigungen verzichtet wird. Wirtschaftlich betrachtet, ist das nichts anderes, als ein Arbeitskampf, der auf Erhaltung etwa eines Unternehmensstandortes gerichtet ist. Auch wenn dies die wirtschaftliche Zielrichtung ist, so ist unter rechtlichen Betrachtungen, lediglich das unmittelbare Ziel des Arbeitskampfes relevant. Das entspricht auch der bisher ganz hA, die aus Gründen der

---

[14] *Fütterer* Die Reichweite des Solidaritätsstreikrechts; *Kissel* AK § 24 Rn. 16; *Schlochauer* FS Buchner, 2009, S. 810; *Stille* Die tarifliche Meistbegünstigungsabrede, S. 160 ff.
[15] *Otto* AK § 1 Rn. 33; Maunz/Dürig/*Scholz* GG Art. 9 Rn. 318; Sachs/*Höfling* GG Art. 9 Rn. 102 ff.; MKS/*Kemper* GG Art. 9 Rn. 169; Rieble/Junker/Giesen/*Bayreuther* Arbeitskampf, Verhandlung und Schlichtung, S. 15 (18).
[16] BAG 19.6.2007 – 1 AZR 396/06, AP GG Art. 9 Arbeitskampf Nr. 173; *Bertke* Zur Zulässigkeit von Sympathiestreiks, S. 45 ff.; *Junker* JZ 2008, 102 ff.; Däubler ArbeitskampfR/*Däubler* § 8 Rn. 15.
[17] BVerfG 26.3.2014 – 1 BvR 3185/09, NZA 2014, 493 (494).
[18] Beispielhaft etwa die Tarifauseinandersetzung bei der Firma Otis in Stadthagen: LAG Nds 2.6.2004 – 7 Sa 819/04, AP GG Art. 9 Arbeitskampf Nr. 164.
[19] LAG Hamm 31.5.2000 – 18a Sa 858/00, NZA-RR 2000, 535; *Fischinger* Arbeitskämpfe bei Standortverlagerunge und –schließung, 2006, S. 87 f.; *Franzen* FS Reuter, 2010, 479; *Krieger*/*Wiese* BB 2010, 568; *Willemsen/Mehrens* NZA 2013, 1400 (1403); eher skeptisch: ErfK/*Linsenmaier* GG Art. 9 Rn. 116; aA ArbG Pforzheim 5.4.2018 – 3 Ca 208/17.
[20] *Poscher* RdA 2017, 235.
[21] *Poscher* RdA 2017, 235 (244).

I. Ziele des Arbeitskampfes

Rechtssicherheit und Klarheit rein auf das formale Streikziel abstellt.[22] Im Zusammenhang mit den Streiks um sog. Tarifsozialpläne[23] wurde aber teilweise vertreten, dass das „eigentliche" Tarifziel zu ermitteln sei.[24] Würden also die erhobenen Tarifforderungen, zB nach exorbitanten Abfindungen oder nach einem Verzicht auf betriebsbedingte Kündigungen, in Wirklichkeit in erster Linie dazu dienen, eine Betriebsänderung als solche zu verhindern, müsste dieses als Arbeitskampfziel angesehen werden, wenn man tatsächlich auf das „eigentliche" Tarifziel abstellen wollte. Ähnlich wurde im Zusammenhang mit Streiks bei Luftfahrtunternehmen argumentiert.[25]

Was das Arbeitskampfziel ist, überlässt das BVerfG entsprechend Art. 9 Abs. 3 GG aber **7** der autonomen Entscheidung der arbeitskampfführenden Organisation.[26] Vor diesem Hintergrund muss sich das Kampfziel auf den Willen der arbeitskampfführenden Koalition zurückführen lassen. Dabei ist es aber nicht ausgeschlossen und durchaus mit Art. 9 Abs. 3 GG vereinbar, auch auf das Verhalten der Koalition im Zusammenhang mit dem angestrebten Tarifabschluss abzustellen. Das hat das BVerfG in seiner Entscheidung zur Verfassungsmäßigkeit der Regelung des damaligen § 116 Abs. 3 AFG ausdrücklich hervorgehoben.[27] Hierfür können allerdings nur solche Verhaltensweisen herangezogen werden, die der Koalition als solches zugerechnet werden können. Dabei wird man zwei Dinge zu berücksichtigen haben. Erstens kann nicht aus Äußerungen Einzelner auf das Kampfziel der Koalition geschlossen werden. So hat es das BAG schon 1973 abgelehnt, zur Ermittlung des Streikziels auf Meinungsäußerungen einzelner Mitglieder der Streikleitung oder der streikenden Arbeitnehmer Rückgriff zu nehmen.[28] Zum Zweiten ist lediglich das Kampfziel von Interesse. Ob außerhalb des Arbeitskampfes andere oder weitere Ziele verfolgt werden, die etwa auf der politischen oder betriebsverfassungsrechtlichen Ebene durchgesetzt werden sollen, muss unberücksichtigt bleiben.[29] Also nur Ziele, die in den Arbeitskampf einbezogen werden, können arbeitskampfrechtlich bewertet werden. Demzufolge wird man zunächst vom Streikbeschluss der Gewerkschaft auszugehen haben. Erst dort, wo sich dieser Streikbeschluss insgeheim anders darstellt als er gefasst wurde, oder wo der Streikbeschluss nachträglich von den zuständigen Organen geändert wird, ist auf die sich hieraus ergebenden Streikziele abzustellen. Solange also der Arbeitskampf der Durchsetzung von Tarifforderungen dient, die sich auf die Arbeitsbedingungen der Arbeitnehmer in seinem Geltungsbereich beziehen, ist dies das Arbeitskampfziel, auch wenn damit mittelbar unternehmerische Entscheidungen beeinflusst werden sollen. Insofern kann man hier auf Wertungen des § 117 BGB zurückgreifen. Geht es der jeweiligen Kampfpartei um die Erzielung von Arbeitsbedingungen, die in der wirtschaftlichen Folge-

---

[22] HessLAG 2.2.2006 – 9 Sa 915/05, LAGE Art. 9 GG Arbeitskampf Nr. 75; LAG LSA 12.3.1997 – 3 Sa 285/96, LAGE Art. 9 GG Arbeitskampf Nr. 67; LAG SchlH 27.3.2003 – 5 Sa 137/03, AP Art. 9 GG Arbeitskampf Nr. 165, NZA RR 2003, 592 (593f.); *Kissel* AK § 42 Rn. 2, *Mehrens* Sozialtarifverträge, S. 175; *Otto* AK § 5 Rn. 2; *Wolter* RdA 2002, 218 (224).
[23] Hierzu: BAG 24.4.2007 – 1 AZR 252/06, AP TVG § 1 Sozialplan Nr. 2: *Bayreuther* NZA 2007, 1017ff.; *Brecht-Heitzmann* NJW 2007, 3617ff.; *Gaul* RdA 2008, 12ff.; *Greiner* NZA 2008, 1274ff.; *Henssler* FS Richardi, 2007, S. 553ff.; *Höfling* ZfA 2008, 1ff.; *Kaiser* FS Buchner, 2009, 385 (393ff.); *Kappenhagen/Lambrich* BB 2007, 2238ff.; *Kreft* Tarifverträge der Zukunft, 2008, S. 96; *Lipinski/Ferme* DB 2007, 1250ff.; *Ricken* ZfA 2008, 283ff.
[24] In diese Richtung: BVerfG 4.7.1995 – 1 BvF 2/86, 1 BvF 1/87, 1 BvF 2/87, 1 BvF 3/87, 1 BvF 4/87, 1 BvR 1421/86, NZA 1995, 754 (758).
[25] HessLAG 9.9.2015 – 9 SaGa 1082/15, NZA 2015, 1337; dazu *Bücker* ArbuR 2017, 328; zur Zulässigkeit des Streikziels: *Becker* NJ 2017 494 (495).
[26] BVerfG 4.7.1995 – 1 BvF 2/86, 1 BvF 1/87, 1 BvF 2/87, 1 BvF 3/87, 1 BvF 4/87, 1 BvR 1421/86, NZA 1995, 754 (758).
[27] BVerfG 4.7.1995 – 1 BvF 2/86, 1 BvF 1/87, 1 BvF 2/87, 1 BvF 3/87, 1 BvF 4/87, 1 BvR 1421/86, NZA 1995, 754 (758).
[28] BAG 19.6.1973 – 1 AZR 521/72, AP Art. 9 GG Arbeitskampf Nr. 47. Schließlich bestimmt selbst die Streikleitung lediglich die Organisation des Arbeitskampfes, nicht die Kampfziele (vgl. BAG 19.6.1973 – 1 AZR 521/72, AP Art. 9 GG Arbeitskampf Nr. 47; LAG LSA 12.3.1997 – 3 Sa 285/96, NZA-RR 1998, 270).
[29] *Krause* Standortsicherung und Arbeitsrecht, S. 111.

betrachtung dazu führen, dass etwa eine Standortverlagerung sich wirtschaftlich nicht mehr rechnet, so ist der Arbeitskampf auf die Gestaltung von Arbeitsbedingungen bezogen. Werden dagegen Kampfforderungen nur zu Schein erhoben, um unter ihrem Deckmantel Arbeitskampfmaßnahmen durchzuführen, ist die erhobene Kampfforderung nicht das wahre Streikziel. Deutlich wird dies etwa, wenn die Gegenseite bereit ist, der erhobenen Streikforderung weitestgehend zu entsprechen, der Streik allerdings unabhängig von diesem Einigungssignal in unvermindertem Umfang weitergeführt wird. In solchen Fällen würde dann offenbar, dass sich hinter dem Streik ein anderes Ziel verbirgt als die ursprünglich erhobene Streikforderung. Aber auch aus dem streikbegleitenden Verhandlungsgeschehen lassen sich Rückschlüsse auf das wahre Streikziel ziehen,[30] sofern sich hier ein eindeutiges Verhalten einer Arbeitskampfpartei ermitteln lässt.

8 Dass aber nicht immer der Tarifvertrag das Ziel des Arbeitskampfes ist, zeigen Fälle aus der Rechtsprechung, bei denen Arbeitskämpfe etwa darauf gerichtet waren, die Entlassung von unbeliebten Vorgesetzten zu erreichen.[31]

4. Arbeitskampf zur Durchsetzung und Klärung von Rechtsansprüchen

9 Auch die Durchsetzung von Rechtsansprüchen und Rechten kann das Ziel von jeweiligen Arbeitskampfmaßnahmen sein. Dies ist besonders dann relevant, wenn der Arbeitskampfgegner behauptet, dass bestimmte Tarifverträge, aus welchen Gründen auch immer, nicht mehr anwendbar seien.[32] Geht es den Organisatoren des Arbeitskampfes etwa darum, dass die Gegenseite durch den Arbeitskampf dazu gebracht wird, Rechtspositionen, die bisher strittig sind, anzuerkennen, so zielt ein solcher Arbeitskampf nicht etwa auf Beilegung einer Regelungsstreitigkeit ab, sondern durch den Einsatz von Kampfmitteln soll letztlich ein Rechtsstreit entschieden werden. In diesen Fällen fehlt es an der Erforderlichkeit des Arbeitskampfes. Zur Entscheidung über das Bestehen oder Nichtbestehen eines Rechtsanspruches sind allein die (Arbeits)Gerichte ermächtigt.[33]

5. Der politische Arbeitskampf

10 Denkbar ist darüber hinaus, dass ein Arbeitskampf mit dem Ziel geführt wird, politische Forderungen durchzusetzen.[34] In diesen Fällen richtet sich der Arbeitskampf von seiner Zielrichtung her nicht gegen den Arbeitgeber sondern gegen diejenigen, die die jeweilige zum Ziel des Arbeitskampfes gemachte politische Entscheidung treffen müssen bzw. die entsprechende Handlung vornehmen müssen. Der Arbeitgeber ist lediglich sog. „Durchgangsadressat".[35] Das kann sowohl die Legislative sein, als aber auch die Exekutive. Beispiele hierfür ist etwa der sog. „Zeitungsstreik", bei dem es um die Mitbestimmung des BR in Tendenzbetrieben durch das Betriebsverfassungsgesetz 1952 ging[36] oder die Kampfmaßnahmen anlässlich der Einführung von Karenztagen bei der Entgeltfortzahlung im Krankheitsfall.[37] In diesem Zusammenhang ist iÜ an den Generalstreik zu erinnern, der 1920 gegen den sog. „Kapp-Lüttwitz-Putsch" ausgerufen wurde.[38] Aber auch dann, wenn die Gestaltung von Arbeitsbedingungen Ziel des Arbeitskampfes ist, wird ein solcher Arbeitskampf als „politisch" eingeordnet, wenn die Gestaltung der Arbeitsbedingun-

---

[30] HessLAG 9.9.2015 – 9 SaGa 1082/15, NZA 2015, 1337; LAG LSA 12.3.1997 – 3 Sa 285/96, NZA-RR 1998, 270 (273).
[31] BAG 20.12.1963 – 1 AZR 428/62, AP GG Art. 9 Arbeitskampf Nr. 32; Brox/Rüthers/*Brox* § 2 Rn. 18.
[32] *Walker* NZA 1993, 769 ff.; BAG 14.2.1978 – 1 AZR 76/76, AP GG Art. 9 Arbeitskampf Nr. 58.
[33] Otto AK § 5 Rn. 28, 31.
[34] Zur Diskussion um politische Streiks im Zusammenhang mit der Regelung der Tarifeinheit vgl. FAZ 8.11.2010, Nr. 260, S. 14; im Zusammenhang mit der Einführung des Mindestlohns vgl. *Hopfner/Heider* DB 2012, 1684.
[35] Brox/Rüthers/*Brox* § 3 Rn. 42; Däubler ArbeitskampfR/*Däubler* § 8 Rn. 17.
[36] Dazu: Däubler ArbeitskampfR/*Däubler* § 7 Rn. 1 ff.
[37] Handelsblatt v. 25.5.1993, S. 1: „Gewerkschaften kündigen Streiks gegen geplante Karenztage an".
[38] Ausführlich hierzu: *Kittner* AK, S. 421 ff.

gen durch den Gesetzgeber selbst erfolgen, wie das bei Beamten der Falle ist.[39] Ob allerdings schon jeder Streik, der sich nicht gegen einen Tarifvertragspartner wendet und kein Ziel verfolgt, das mit den Mitteln des „kollektiven Arbeitsrechts" regelbar wäre, als politischer Streik einzuordnen ist, dürfte mE aber fraglich sein.[40] Aus der Praxis bekannt ist auch die Kundgabe einer ganz allgemeinen politischen Meinung in Form eines sog. Demonstrationsstreiks.[41] Diese sollen keinen so beträchtlichen Druck auf den Streikgegner ausüben, wie es bei einem Erzwingungsstreik der Fall ist. Es geht vielmehr darum, öffentliche Aufmerksamkeit und Medienpräsenz zu erzeugen. Indikator wird in der Regel sein, dass derartige Streiks nur von kurzer Dauer sind.[42]

II. Beteiligte am Arbeitskampf

Bei Arbeitskampfmaßnahmen unterscheidet man üblicherweise zwischen unmittelbaren Beteiligten, mittelbaren Beteiligten und Drittbetroffenen. Unmittelbar beteiligt sind sowohl die im Arbeitskampf befindlichen Koalitionen wie auch deren Mitglieder und sonstige Personen, deren Rechte oder Pflichten durch Arbeitskampfmaßnahmen unmittelbar betroffen werden.[43] In der Regel wird es sich hierbei um Arbeitgeberorganisationen und Gewerkschaften handeln. Mittelbar betroffen sind dagegen solche Personen, die sich nicht aktiv oder passiv am Arbeitskampf beteiligen, sondern die als Arbeitgeber oder Arbeitnehmer von den Folgen des Arbeitskampfes berührt werden. Hierbei handelt es sich etwa um die arbeitswilligen Arbeitnehmer, die infolge des Arbeitskampfes nicht ihren arbeitsvertraglichen Pflichten nachkommen können. Ferner zählen hierzu die Arbeitnehmer und Arbeitgeber von Betrieben, die infolge von arbeitskampfbedingten Störungen, die aus einem fremden Arbeitskampf herrühren, in ihren entsprechenden Arbeits- und Produktionsabläufen behindert werden. Dies kann bei arbeitskampfbedingter Störung von Zulieferungen oder Abnahmemöglichkeiten der Fall sein. Drittbetroffen dagegen sind solche Personen, die nicht zu den unmittelbar oder mittelbar Kampfbetroffenen zählen, für die der Arbeitskampf aber ebenso einen Eingriff in ihre Belange und Interessen herbeiführt. Diese Personenkreise werden nicht in ihrer Eigenschaft als Arbeitnehmer oder Arbeitgeber betroffen, sondern vielmehr dadurch, dass streikbedingt bestimmte Waren oder Dienstleistungen nicht mehr zur Verfügung stehen oder nur unter Erschwerungen zu erhalten sind. Die Anerkennung der Unterstützungsstreiks und der sog. Flash-Mobs hat aber gezeigt, dass Dritte nicht nur passiv von Arbeitskämpfen betroffen sein können, sondern dass Dritte auch aktiv am Arbeitskampfgeschehen teilnehmen können, ohne dass dadurch der Schutzbereich des Art. 9 Abs. 3 GG verlassen wird. Während beim Unterstützungsstreik noch die Nähe der Beteiligten zum Arbeitskampf als erforderlich angesehen wurde, ist mit der Billigung der Flash-Mobs als Arbeitskampfmittel die Teilnahme von beliebigen Dritten am Arbeitskampf anerkannt worden, ohne dass diese eine objektive Nähe zum Arbeitskampf aufweisen.[44] Dies lässt eine Tendenz dahingehend erkennen, dass die Begrifflichkeit des Arbeitskampfs nicht so sehr durch seine Akteure sondern eher durch seine Ziele geprägt wird.

---

[39] OVG Lüneburg 12.6.2012 – 20 BD 7/11, BeckRS 2012, 51816.
[40] BSG 30.11.2016 – B 6 KA 38/15 R, Rn. 105, SozR 4–2500 § 75 Nr. 18.
[41] Schaub ArbR-HdB/*Treber* § 192 Rn. 13; Beispielhaft etwa die Protestkampagne gegen die geplante Rente mit 67 (FAZ 17.1.2007, Nr. 14, S. 13) oder der Aufruf des DGB im Oktober 1983 „'5 Mahnminuten für den Frieden" gegen die geplante Raketenstationierung in der Bundesrepublik Deutschland zu demonstrieren *Zielke* BB 2003, 1785 (1788).
[42] Däubler ArbeitskampfR/*Wroblewski* § 17 Rn. 135 ff.
[43] *Kissel* AK § 14 Rn. 38.
[44] *Krieger/Günther* NZA 2010, 20 (22).

§ 267 Überblick über die geschichtliche Entwicklung des Arbeitskampfrechts

Übersicht

	Rn.
I. Ursprünge des Arbeitskampfrechtes	1
II. Die Zeit der Weimarer Republik und des Nationalsozialismus	2
III. Die Entwicklung nach Ende des 2. Weltkrieges	4

I. Ursprünge des Arbeitskampfrechtes

1 Betrachtet man die Geschichte des Arbeitskampfes, stellt man fest, dass dessen Wurzeln nur vordergründig im Zeitalter der Industrialisierung liegen. Erste dokumentierte Formen, welche natürlich nicht unserem heutigen Verständnis dieses Begriffes unterliegen, finden sich bereits im alten Ägypten. So legten hier bereits Arbeiter in den Nekropolen aufgrund ausbleibender Entlohnungen die Arbeit für eine gewisse Zeit nieder.[1] Im ausgehenden Mittelalter spielten dann insbesondere die Gesellenverbände eine entscheidende Rolle, die sich neben gemeinsamer Religionsausübung vordringlich um bessere Arbeitsbedingungen, größere Unabhängigkeit und eine angemessene Stellung der Gesellen in der Gesellschaftsordnung bemühten. Durch ihre Mobilität und ihren Zusammenhalt waren die damaligen Gesellenverbände weit mächtiger als man heute meinen möchte und konnten so den Meistern, welche in Zünften organisiert waren, großen Schaden zufügen.[2] Der Verruf und die Aussperrung waren mögliche Reaktionen der Arbeitgeber aber auch die Gesellen bedienten sich des Verrufs neben dem Streik und dem Schmähen und Schelten.[3] Die damalige Rechtsordnung reagierte darauf mit Koalitionsverboten und Strafandrohungen, wie sie etwa im Bayrischen Landesrecht von 1518 und in der Weimarischen Landesordnung zu finden sind.[4] Mit der Neuordnung des Lehrlings- und Gesellenwesens durch das Reichsgewerbegesetz (auch als Reichszunftgesetz bezeichnet) wurde 1731 die Verbindung von Gesellen und die Durchführung von Versammlungen verboten.[5] Mit dieser Rechtsquelle hob man nicht nur die Autonomie der Zünfte auf und stellte diese unter Staatsaufsicht, sondern mit ihr wurde auch der Arbeitskampf verboten.[6] In seiner heutigen Ausprägung ist der Arbeitskampf als Erscheinung des Industriezeitalters entstanden. Das ging damit einher, dass Zünfte und Gesellenorganisationen, die bis dahin das Arbeitsleben bestimmten, aufgrund der industriellen Entwicklung immer mehr in den Hintergrund traten und damit nicht zuletzt auch ihre zumindest teilweise vorhandene interessenausgleichende Funktion verloren. Gleichzeitig waren aber die Arbeitsbedingungen der Arbeitnehmer häufig von menschenunwürdigen Umständen bestimmt, die nicht selten zur Verelendung weiter Kreise der Bevölkerung führten. Auf der anderen Seite war es nicht zuletzt der Staat, der eine Solidarisierung der Arbeiterschaft zu verhindern suchte. Eine entscheidende Weiterentwicklung[7] im Bereich des Arbeitskampfrechts erfolgte erst mit

---

[1] Ausführlich und sehr anschaulich beschrieben bei: *Kittner* AK, S. 9 ff.
[2] *Gamillscheg* KollArbR I, S. 80 f.; *Sieg'l* Arbeitskämpfe seit dem Spätmittelalter, S. 114 f.; zum Streik der Webergesellen in Speyer ab 1351: *Kittner* AK, S. 25 f.
[3] *Gamillscheg* KollArbR I, S. 80; *Sieg'l* Arbeitskämpfe seit dem Spätmittelalter, S. 108 ff.
[4] Umfassender Überblick bei: *Kittner* AK, S. 73 f.
[5] *Gamillscheg* KollArbR I, S. 81.
[6] *Hueck/Nipperdey* ArbRII/2, S. 867.
[7] *Seiter* spricht davon, dass §§ 152, 153 zur „Magna Charta der Arbeitskampffreiheit" hätten werden können. (*Seiter* Streikrecht und Aussperrungsrecht, S. 55); *Däubler* gibt aber zu bedenken, dass die Gewerbeordnung nicht für Beschäftigte in der Landwirtschaft und dem öffentlichen Dienst galt und somit wohl zunächst „die Mehrheit der abhängig Beschäftigen nicht erfasst" war (*Däubler* Arbeitskampfrecht/*Däubler* § 3 Rn. 1). S. auch *Höpfner* Die Tarifgeltung im Arbeitsverhältnis, S. 72 ff.

§ 152 der Gewerbeordnung für den Norddeutschen Bund vom 21.6.1869.[8] Mit dieser Norm wurde die Bildung von Koalitionen der Arbeitnehmer bzw. Arbeitgeber staatlich geduldet.[9] Sie stellte aber keine rechtliche Grundlage für den Abschluss von Tarifverträgen dar.[10] Eine gewisse Kampffreiheit wurde durch Beseitigung der bestehenden Verbote und Strafbestimmungen allerdings gewährt.[11] An der Grundeinstellung des Staates, dass Arbeitskämpfe als unerwünscht galten, änderte sich indes nichts. So enthielt die Gewerbeordnung von 1869 in § 153 eine Regelung, wonach sich derjenige strafbar machte, der andere durch Anwendung körperlichen Zwanges, durch Drohungen, durch Ehrverletzungen oder durch Verrufserklärungen bestimmt oder zu bestimmen sucht, an Verabredungen iSd § 152 teilzunehmen, oder ihnen Folge zu leisten oder andere durch gleiche Mittel hindert oder zu hindern versucht, von solchen Verabredungen zurückzutreten. Diese Strafvorschrift legten die Gerichte sehr weit aus,[12] so dass bereits bloße Zurufe an Arbeitswillige dazu führten, dass sich am Arbeitskampf Beteiligte strafbar machten.[13] Trotz dieser Restriktionen gelang es den Buchdruckergehilfen, 1873 den ersten allgemeinen Buchdruckertarifvertrag durchzusetzen. Insgesamt war aber die Rechtsprechung, insbesondere die Rechtsprechung in Strafsachen von der Auffassung geprägt, dass auf die jeweilige Gegenseite beim Kampf um Arbeits- und Lohnbedingungen nicht durch irgendeine Form von Druckmittel eingewirkt werden dürfe.[14] Anderseits ergab sich aus § 152 Abs. 1 GewO, dass der Arbeitskampf als solcher als eine rechtlich zulässige Erscheinung anzusehen war.[15] Trotz aller Restriktionen erstarkten die Gewerkschaften. Hierbei beschränkten sie sich im Wesentlichen auf die Wahrung der ökonomischen Interessen der Arbeitnehmer gegenüber den Arbeitgebern. Im März 1892 hielten die Freien Gewerkschaften Deutschlands ihren ersten gemeinsamen Kongress in Halberstadt ab, an dem 208 Delegierte, welche ca. 300.000 organisierte Arbeitnehmer vertraten, teilnahmen. Der Kongress bestätigte die zur Vorbereitung des Kongresses gegründete Generalkommission der Gewerkschaften Deutschland als einen Dachverband für die Freien Gewerkschaften.[16] Diese Entwicklung mündete bei Ausbruch des Ersten Weltkriegs in den sog. „Burgfrieden".[17] In diesem Zusammenhang hatte die Generalkommission der Gewerkschaften Deutschlands, als Dachorganisation der den Sozialdemokraten nahestehenden freien Gewerkschaften, erklärt, während des Krieges auf Lohnbewegungen und Streiks zu verzichten.

II. Die Zeit der Weimarer Republik und des Nationalsozialismus

Bereits in den letzten Kriegsjahren des Ersten Weltkrieges war es zu einer Annäherung der Gewerkschaften und Arbeitgeber gekommen.[18] Diese Zusammenarbeit, die von sehr unterschiedlichen Interessen geprägt war,[19] führte zur sog. Zentralarbeitsgemeinschaftvereinbarung („Stinnes-Legien-Abkommen")[20] zwischen Arbeitgeber- und Arbeitnehmerverbänden vom 15.11.1918, mit der auch formell die Gewerkschaften als berufene Vertreter der Arbeiterschaft anerkannt wurden. Darüber hinaus sah die Vereinbarung vor, dass die

---

[8] Bundesgesetzblatt des Norddeutschen Bundes 1869, S. 245 ff.
[9] „Alle Verbote und Strafbestimmungen gegen Gewerbetreibende, gewerbliche Gehilfen, Gesellen oder Fabrikarbeiter wegen Verabredung und Vereinigung zum Behufe der Erlangung günstiger Lohn- und Arbeitsbedingungen, insbesondere mittelst Einstellung der Arbeit oder Entlassung der Arbeiter, werden aufgehoben." (§ 152 Abs. 1 GewO 1869).
[10] Otto AK § 2 Rn. 3.
[11] Seiter Streikrecht, S. 54.
[12] Dazu ausführlich Kittner AuR 2018, 69.
[13] Vgl. RG 1.10.1912 – V 838/12, RGSt 46, 213; RG 1.11.1913 – II 773/13, JW 1914, 368.
[14] Kissel AK § 2 Rn. 18.
[15] Seiter Streikrecht, S. 57 f.
[16] Hierzu Scharrer Die Entstehung des freigewerkschaftlichen Dachverbandes, S. XI ff.
[17] Kittner AK, S. 380 f.
[18] Schneider Geschichte der deutschen Gewerkschaften, 1987, S. 289.
[19] Vgl. Schneider Geschichte der deutschen Gewerkschaften, 1987, S. 289 f.
[20] Abgedruckt bei: BEMS Kollektives Arbeitsrecht – Quellentexte I S. 181.

Arbeitsbedingungen für alle Arbeiter und Arbeiterinnen „durch Kollektivvereinbarungen mit den Berufsvereinigungen der Arbeitnehmer festzusetzen seien".[21] Auch die Einrichtung von Schlichtungsstellen war in der Vereinbarung bereits enthalten.[22] Anlässlich der Beratungen über die Weimarer Reichsverfassung wurde zwar die Frage diskutiert, inwieweit auch die Arbeitskampffreiheit bereits durch die Verfassung geregelt werden sollte.[23] Bei der Ausarbeitung des Art. 159 WRV, der die Vereinigungsfreiheit regelte, kam man auf Vorschlag Sinzheimers dann allerdings mehrheitlich zu der Auffassung, die Frage des Streikrechts in der Verfassung nicht entscheiden zu wollen.[24] Folge dieses Schweigens der Weimarer Reichsverfassung zum Arbeitskampf war, dass die Arbeitskampffreiheit als Bestandteil der allgemeinen Handlungsfreiheit verstanden wurde.[25] Folglich konnte nach damaligem Verständnis durch Gesetz diese Freiheit eingeschränkt werden, wobei ein völliges Verbot des Arbeitskampfes zT jedoch als verfassungswidrig angesehen wurde.[26] Von diesen Möglichkeiten einer Einschränkung des Streikrechts wurde auch Gebrauch gemacht, wie etwa die Verordnungen vom 10.11.1920[27] für Betriebe der Daseinsvorsorge und vom 1.2.1922[28] für Beamte der Reichsbahn belegen. Folge der Ablehnung eines verfassungsmäßigen Arbeitskampfrechts durch die Weimarer Reichsverfassung war, dass der Streik als Arbeitsvertragsbruch angesehen wurde, wenn dieser ohne vorherige Kündigung der Arbeitsverhältnisse ausgerufen wurde.[29] Es galt also der Satz: „Vertragspflicht geht vor Verbandspflicht".[30]

3   Während bis zum Ende der Weimarer Republik der Streik von der hA als Vertragspflichtverletzung verstanden wurde und sich der Arbeitskampf daher den Regeln des Zivilrechts zu unterwerfen hatte, änderte sich mit der Machtübernahme der Nationalsozialisten die Rechtslage drastisch. Sie beseitigten die Koalition und begründeten die Deutsche Arbeitsfront als Einheitsorganisation für Arbeitnehmer und Arbeitgeber. Unabhängig von jeder rechtswissenschaftlichen Diskussion war damit die Arbeitskampffreiheit abgeschafft. § 36 Abs. 1 S. 2 Nr. 2 AOG bestimmte etwa, dass es eine gröbliche Verletzung der durch die Betriebsgemeinschaft begründeten sozialen Pflichten sei, wenn Angehörige der Gefolgschaft den Arbeitsfrieden im Betriebe durch böswillige Verhetzung der Gefolgschaft gefährden. Insofern waren sämtliche Arbeitskampfmaßnahmen damit verboten. Allerdings hat es auch nach 1933 in verschiedenen Bereichen zahlreiche Arbeitsniederlegungen gegeben, die sich jedoch in einem relativ engen Rahmen gehalten haben.[31] Darüber hinaus reagierten Arbeitnehmer durch vermehrte Krankmeldungen auf veränderte Arbeitsumstände,[32] so dass die Arbeitgeber, statt mit einem offenen Arbeitskampf, mit einer Vielzahl verdeckter Widerstandsformen konfrontiert waren.[33]

---

[21] Vgl. Ziff. 4 der Zentralarbeitsgemeinschaftsvereinbarung.
[22] Vgl. Ziff. 8 der Zentralarbeitsgemeinschaftsvereinbarung.
[23] *Seiter* Streikrecht, S. 59.
[24] *Sinzheimer* Berichte und Protokolle des 8. Ausschusses über den Entwurf einer Verfassung des Deutschen Reiches. Bericht der verfassungsgebenden Nationalversammlung 1919 – Nr. 21, S. 389 (390).
[25] *Hueck/Nipperdey* ArbR II/1, S. 437: „Die Streikfreiheit ist nichts anderes als ein Ausfluss der natürlichen Handlungsfreiheit."
[26] *Seiter* Streikrecht, S. 60.
[27] RGBl. I S. 1865.
[28] RGBl. I S. 187.
[29] *Hueck/Nipperdey* ArbR II/1, S. 579.
[30] *Hueck/Nipperdey* ArbR II/1/, S. 437; *Groh* Koalitionsrecht, S. 133 ff.; aA *Potthoff* JW 1925, 1842 ff.; *Potthoff* Einwirkung der Reichsverfassung auf das Arbeitsrecht, S. 28 ff.
[31] *Mason* Sozialpolitik im Dritten Reich, S. 103; *Vollmer* Volksopposition im Polizeistaat, S. 96 f., zitiert nach *Däubler* ArbeitskampfR/*Däubler* § 5 Rn. 9 f.
[32] *Mason* Sozialpolitik im Dritten Reich, 2. Aufl., S. 313 ff.; zitiert nach *Däubler* ArbeitskampfR/*Däubler* § 5 Rn. 13.
[33] *Däubler* ArbeitskampfR/*Däubler* § 5 Rn. 13.

III. Die Entwicklung nach Ende des 2. Weltkrieges

Nach dem Übergang der Staatsgewalt auf die Siegermächte begann, zumindest in den westlichen Besatzungszonen, die Wiedererrichtung eines demokratischen und rechtsstaatlichen Staatswesens. Durch das Kontrollratsgesetz Nr. 40 v. 30.11.1946[34] wurde das AOG aufgehoben, nachdem bereits mit dem Kontrollratsgesetz Nr. 35 v. 20.8.1946[35] Regelungen über ein Ausgleichs- und Schiedsverfahren in Arbeitsstreitigkeiten getroffen wurden, dessen Vorgaben sich an den Gedanken der Schlichtungsverordnung der Weimarer Republik von 1923 orientierten. 1946 soll es auch zu ersten Streikmaßnahmen nach dem Krieg gekommen sein. Als erste Arbeitsniederlegung nach dem Krieg gilt der Streik bei Bode-Panzer in Hannover im November und Dezember 1946, bei dem es um die Einführung der Mitbestimmung für Arbeitnehmer ging.[36] In den folgenden Jahren kam es darüber hinaus zu zahlreichen, sehr großen Streiks insbesondere im Ruhrgebiet. Hierbei ging es um die Frage der Sozialisierung des Bergbaus, aber auch um eine verbesserte Versorgung der Bevölkerung mit Lebensmitteln. Als Höhepunkt dieser Entwicklung gilt der Generalstreik vom 12.11.1948. An diesem Streik, bei dem es um die wirtschaftliche Lage der Bevölkerung, um Steuerreformen aber auch um die Überführungen der Grundstoffindustrien und Kreditinstitute in die Gemeinwirtschaft ging, beteiligten sich 9,25 Millionen Arbeiter, Angestellte und Beamte. Rechtliche Regelungen zum Arbeitskampf wurden in dieser Zeit insbesondere durch verschiedene Landesverfassungen geschaffen. Hierbei ging es im Wesentlichen um die Gewährleistung des Streikrechts, das teilweise in den Landesverfassungen vorbehaltlos, teilweise aber auch unter Gesetzesvorbehalt stehend, anerkannt wurde.[37] Eine Regelung zu den Arbeitskampfmitteln der Arbeitgeber findet sich dagegen lediglich in der Verfassung des Landes Hessen, wo es unter Art. 29 Abs. 5 der Verfassung des Landes Hessen heißt: „Die Aussperrung ist rechtswidrig".[38] Auch anlässlich der Beratungen zur Schaffung des Grundgesetzes wurde die Frage des Arbeitskampfrechts thematisiert. So sahen einige Entwürfe einen Abs. 4 zu Art. 9 GG vor, in der das Arbeitskampfrecht mehr oder weniger anerkannt oder gewährleistet werden sollte. Letztendlich kam es aber nicht dazu, zumindest das Recht, bei wirtschaftlichen und sozialen Auseinandersetzungen zu streiken, im Rahmen der Gesetze anzuerkennen. Da man aber zu viele Einschränkungen und eine zu große Kasuistik befürchtete, wenn man sich in Bezug auf die Gewährleistung des Arbeitskampfrechts auf eine Regelung im Grundgesetz verständigte, verzichtete man auf eine ausdrückliche Regelung in Art. 9 Abs. 4 GG.[39] Mit Inkrafttreten des Grundgesetzes fehlte eine ausdrückliche Anerkennung des Arbeitskampfes in der Verfassung. Stattdessen blieb es bei der allgemeinen Gewährleistung der Koalitionsfreiheit in Art. 9 Abs. 3 GG. Mit dem 17. Gesetz zur Änderung des Grundgesetzes vom 24.6.1968[40] erhielt der Arbeitskampf aber dann doch Erwähnung in der Verfassung. Im Zusammenhang mit der Notstandsgesetzgebung wurde dem Art. 9 Abs. 3 GG ein S. 3 angefügt, um damit bestimmte Arbeitskämpfe notstandsfest zu machen, und so sicherzustellen, dass diese nicht durch Maßnahmen des Staates eingeschränkt werden können. Allerdings wird der Regelung des Art. 9 Abs. 3 S. 3 GG von der ganz hM kein eigenständiger Garantiegehalt im Hinblick auf den Arbeitskampf zugemessen.[41] Insofern galt es, die Garantie des Arbeitskampfes aus anderen Vorschriften des Grundgesetzes abzuleiten. Auch heute, mehrere Jahrzehnte nach Schaffung des Grundgesetzes, ist es insbesondere der Art. 9 Abs. 3 S. 1

---

[34] Amtsblatt Kontrollrat, S. 229.
[35] Amtsblatt Kontrollrat, S. 174.
[36] *Däubler* ArbeitskampfR/*Däubler* § 6 Rn. 6.
[37] Einen Überblick über die einschlägigen Bestimmungen der damaligen Landesverfassung bietet: *Seiter* Streikrecht, S. 126.
[38] Verfassung des Landes Hessen vom 1.12.1946 – GVBl. S. 229.
[39] Zum Ganzen: *Seiter* Streikrecht, S. 63; *Däubler* ArbeitskampfR/*Däubler* § 6 Rn. 10ff.
[40] BGBl. I S. 709.
[41] BAG 26.4.1988 – 1 AZR 399/86, AP GG Art. 9 Arbeitskampf Nr. 101; *Seiter* Streikrecht, S. 133ff.; *Konzen* AcP 177 (1977), 473, 525.

GG, der nach heute herrschendem Verständnis die Grundlage für das Arbeitskampfrecht bietet. Trotz vielfältiger Versuche der Wissenschaft ist es nicht gelungen, das Phänomen des Arbeitskampfes mit einem Normenbestand zu erfassen. Vielmehr ist es seit Jahrzehnten der Rechtsprechung überlassen, aus der Garantie der Koalitionsfreiheit ein Arbeitskampfrecht zu entwickeln und angesichts sich verändernder Wirtschaftsbedingungen auch fortzuentwickeln.

5 In der sowjetischen Besatzungszone und späteren DDR kam es aufgrund der politischen Entwicklungen zu einem fast völligen Aussterben des Streiks als Arbeitskampfmittel.[42] Um den angestrebten Arbeiter-und-Bauern-Staat zu erschaffen, wurde eine Vielzahl von Unternehmen und landwirtschaftlichen Betrieben enteignet und verstaatlicht.[43] Obwohl ein Streikrecht in der Verfassung der DDR „für die Gewerkschaften" normiert war,[44] war es aus der Sicht der Machthaber praktisch nicht nötig und damit unerwünscht. Der Interessengegensatz von Arbeitgeber und Arbeitnehmer galt unter diesen Prämissen als aufgelöst, so dass ein Streik sich geradezu gegen die eigenen Interessen der Arbeitnehmer gerichtet hätte.[45] Die Streikordnung des FDGB bezeichnete das Streikrecht als Kampfmittel „gegen das kapitalistische Unternehmertum". Damit sollte das Streikrecht also nur noch in privaten Betrieben eine Funktion haben.[46] Zwar gab es in der DDR den Freien Deutsche Gewerkschaftsbund (FDGB). Diesem war aber letztlich eine andere Aufgabe zugedacht als der im eigentlichen gewerkschaftlichen Sinne. Er war zum einen die einzige Gewerkschaft, zwar mit ihm unterstehenden Spartengewerkschaften, und sah zum anderen seine Aufgabe darin, der SED bei der Umsetzung der Planwirtschaft zu dienen.[47] Der Unmut der Arbeitnehmerschaft in den frühen Jahren der DDR gipfelte in dem Volksaufstand 1953. Bereits 1947 sollte mit der Einführung des Akkordlohnes die Produktivität gesteigert werden. In der Folge wurden die Normen regelmäßig erhöht.[48] Auf Beschluss des Zentralkomitees der SED sollten die Arbeitsnormen bis zum 1.6.1953 dann um im Durchschnitt weitere 10% gesteigert werden. Nach einem Demonstrationszug am Vormittag des 16.6.1953, welcher zunächst aus Ostberliner Bauarbeitern bestand, denen sich aber auf ihrem Weg zum „Haus der Ministerien" immer mehr Arbeiter anderer Baustellen anschlossen, verkündete das Politbüro am frühen Nachmittag des 16.6.1953, dass es die verfügten Normerhöhungen zurücknehme. Diese Maßnahme konnte aber den am Morgen des 17.6.1953 beginnenden Volksaufstand mit den Forderungen nach Rücknahme der Normerhöhungen und freien Wahlen nicht mehr verhindern. Dieser Arbeitskampf, welcher zunächst mit der Arbeitsniederlegung einer Gruppe Bauarbeiter in Berlin begann und dessen Auslöser der Kampf um Arbeitsbedingungen war, gipfelte in einem Volksaufstand, der dann aber mithilfe sowjetischer Truppen in kurzer Zeit niedergeschlagen wurde.[49] In den Jahren danach kam es immer wieder zu Arbeitsniederlegungen im kleineren betrieblichen Rahmen. Mit dem Bau der Mauer sank jedoch diese Zahl stetig.[50] Sieht man von dem Volksaufstand 1953 ab, hatte der Arbeitskampf in der Wirtschaftsordnung DDR mit Abstand nicht die prägende Bedeutung, die ihm für die Gestaltung der Arbeitsbeziehungen der Bundesrepublik zukam.[51]

---

[42] Übersicht bei *Kittner* AK, S. 571.
[43] Zur Enteignung auf dem Gebiet der ehemaligen DDR nach 1949 *Fricke/Märker* Enteignetes Vermögen in der Ex-DDR, S. 1 ff.
[44] Die Verfassung der DDR von 1949 gewährte den Gewerkschaften noch ein Streikrecht, während die zweite und dritte Verfassung (1968 und 1974) kein verfassungsrechtlich garantiertes Streikrecht mehr enthielten (*Otto* AK, § 2 Rn. 29).
[45] *Kittner* AK, S. 577 f.; Brox/Rüthers/*Rüthers* § 1 Rn. 5.
[46] *Kittner* AK, S. 577.
[47] So bezeichnete sich der FDGB in seiner Satzung aus dem Jahre 1950 als „ihr bewußter organisierter Vortrupp." (*Kittner* AK, S. 574).
[48] *Kittner* AK, S. 579 ff.
[49] Ausführlich zu dem Volksaufstand am 17.6.1953 und seinen Folgen *Kittner* AK, S. 581 ff.; *Fricke/Engelmann* Der >> Tag X << und die Staatssicherheit, S. 40 ff. und 118 ff.
[50] Hierzu *Kittner* AK, S. 586 ff.
[51] Ausführlich zum Arbeitskampf in der BRD: *Dribbusch* Zukunft der Tarifautonomie, S. 145 ff.

Zweiter Titel: Rechtsgrundlagen des Arbeitskampfes
§ 268 Arbeitskampfrecht in der Verfassung

Der Arbeitskampf ist eine Erscheinung, die von ihrer gesamten Anlage her nicht einer gesetzlichen Regelung bedarf, um wirksam zu werden. Selbst in Zeiten, in denen Arbeitskämpfe verboten waren, hat es derartige Phänomene gegeben.[1] Dies mag darauf beruhen, dass es beim Arbeitskampf rein faktische Machtpositionen sind, die instrumentalisiert werden, um die ins Auge gefassten Kampfziele durchzusetzen. Insofern ist es nicht der Rechtsstaat, der den Boden bereiten muss, damit Arbeitskämpfe geführt werden können. Auf der anderen Seite ist nicht zu verkennen, dass Arbeitskämpfe in rechtlich geordnete Beziehungen hineinwirken und diese stören und darüber hinaus die Rechtspositionen Dritter maßgeblich berühren können. Insofern stellt sich jeder Arbeitskampf auch als eine Art Angriff auf die Rechtsordnung und die Rechtsgüter des Einzelnen dar. Damit ist weder die Frage der Arbeitskampffreiheit auf der einen noch das Recht, Arbeitskämpfe zu führen auf der anderen Seite angesprochen. Vielmehr ist für die rechtliche Erfassung des Phänomens Arbeitskampf eine andere Ausgangslage maßgebend. Solange der Arbeitskampf als ein Instrument zur Konfliktlösung akzeptiert wird, was letztlich daran liegt, dass die Rechtsordnung für die mit dem Arbeitskampf zu lösenden Fragen kein probates Mittel zur Verfügung stellt,[2] beschränkt sich die Aufgabe des Arbeitskampfrechtes als Bestandteil der Rechtsordnung darauf, die Folgen geführter Arbeitskämpfe sowohl für die unmittelbar Beteiligten als auch für die Drittbetroffenen zu begrenzen.[3] In diesem Sinne hat bereits der Große Senat des BAG in seiner grundlegenden Entscheidung zum Arbeitskampf vom 28.1.1955 formuliert: 1

„Arbeitskämpfe (Streik und Aussperrung) sind im Allgemeinen unerwünscht, da sie volkswirtschaftliche Schäden mit sich bringen und den im Interesse der Gesamtheit liegenden sozialen Frieden beeinträchtigen".[4]

Es sind also die rechtlichen und tatsächlichen Folgen, welche von Arbeitskämpfen ausgehen, die einer Regelung bedürfen. Ob dagegen der Arbeitskampf noch als angemessenes Mittel anzusehen ist, eigene Interessen durchzusetzen, kann das Arbeitskampfrecht nicht beantworten. Hier ist vielmehr die gesamte Rechtsordnung gefragt, ob Verfahren denkbar sind, die ohne das Ergreifen von Kampfmitteln zu erlauben, zu einem angemessenen Ausgleich der Interessen beider Kampfparteien kommen können. Solange es allerdings kein rechtsstaatliches Verfahren gibt, mit dem insbesondere die Arbeitsbedingungen interessengerecht geregelt werden können, ist es die Unvollkommenheit der Rechtsordnung, die trotz der damit verbundenen Störungen den Arbeitskampf als akzeptables Instrumentarium erscheinen lässt. 2

In der Verfassung wird der Arbeitskampf lediglich in Art. 9 Abs. 3 S. 3 GG erwähnt. Mit dieser Regelung, die erst 1968 im Zuge der sogenannten Notstandsverfassung eingefügt wurde, sollte lediglich ausgeschlossen werden, dass Notstandsmaßnahmen zum Eingriff des Staates in Arbeitskämpfe missbraucht werden. Hierdurch wird jedoch der Arbeitskampf als solcher nicht konstitutiv mit Verfassungsrang anerkannt.[5] Trotzdem wird teilweise geschlussfolgert, dass ein verfassungsrechtlicher Schutz vor Notstandsmaßnahmen gerade voraussetze, dass ein Arbeitskampfrecht anerkannt sei, und deshalb durch die Einfügung von Art. 9 Abs. 3 S. 3 GG das Arbeitskampfrecht verfassungsrechtlich anerkannt 3

---

[1] *Rüthers* Streik und Verfassung, S. 6 ff.; ausführlich zur historischen Entwicklung *Gamillscheg* KollArbR I, S. 79 ff., S. 917 ff.; *Kissel* AK § 2.
[2] Vgl. *Heinze* NZA 1997, 1 (9), der ein effektives Schlichtungswesen anmahnte.
[3] Sachs/*Höfling* GG Art. 9 Rn. 143.
[4] BAG 28.1.1955 – GS 1/54, AP GG Art. 9 Arbeitskampf Nr. 1; hierzu vertiefend *Müller* Die Tarifautonomie in der Bundesrepublik Deutschland, S. 272 ff.
[5] BAG 26.4.1988 – 1 AZR 399/86, NZA 1988, 775; *Gamillscheg* KollArbR I, S. 942; *Greiner* Rechtsfragen der Koalitions-, Tarif- und Arbeitskampfpluralität, S. 113; *Kamanabrou* ArbR § 23 Rn. 2070; *Konzen* AcP 177 (1977), 473 (525); *Seiter* Streikrecht, S. 71 ff.; Thüsing/Braun/*v. Steinau-Steinrück* 3. Kap. Rn. 91; *Glückert* Die Arbeitskampfschutzklausel des Art. 9 Abs. 3 S. 3, S. 179 ff.

worden sei.[6] Dies widerspricht jedoch insbesondere dem verfassungsgesetzgeberischen Willen von 1968, der die bisherige verfassungsrechtliche Einschätzung der Zulässigkeit von Arbeitskämpfen nicht verändern wollte.[7] Das BVerfG hat sich dementsprechend viele Jahre lang einer Aussage darüber enthalten, inwieweit der Arbeitskampf oder einzelne Arbeitskampfmaßnahmen durch die Verfassung gewährleistet sind.[8] Auch in der Literatur ist in den Anfangsjahren der Bundesrepublik eine verfassungsrechtliche Garantie des Arbeitskampfes noch weitestgehend abgelehnt worden.[9] In Bezug auf Arbeitskampfmaßnahmen hat das BVerfG dann aber im Jahr 1991 die bis dahin an den Tag gelegte Enthaltsamkeit aufgegeben.[10] In dieser Entscheidung ordnete es Arbeitskampfmaßnahmen, die auf den Abschluss von Tarifverträgen gerichtet sind, den durch Art. 9 Abs. 3 GG geschützten Mitteln zu. In seiner Argumentation stellt das BVerfG in diesem Beschluss die Funktion der durch Art. 9 Abs. 3 GG geschützten Koalitionen besonders heraus. Den wesentlichen Zweck der Koalitionen mache im Schutzbereich des Art. 9 Abs. 3 GG der Abschluss von Tarifverträgen aus.[11] Wenn danach also die Koalitionen und deren Zweck durch Art. 9 Abs. 3 GG einen besonderen Schutz erfahren, dann müsse dieses auch für die Wahl der Mittel gelten, die zur Erreichung dieses Zwecks von den Koalitionen als geeignet angesehen werden. Zumindest grds. unterfielen derartige Mittel zur Erzielung eines Tarifabschlusses dem Schutz des Art. 9 Abs. 3 GG. Zu diesen Mitteln zählt das BVerfG auch Arbeitskampfmaßnahmen. Diese seien jedenfalls insoweit von der Koalitionsfreiheit des Art. 9 Abs. 3 GG erfasst, *„als sie allgemein erforderlich sind, um eine funktionierende Tarifautonomie sicherzustellen"*. Insofern misst das BVerfG den Arbeitskämpfen dienenden Charakter bei, denn Arbeitskampfmaßnahmen dienten der Herstellung eines Verhandlungsgleichgewichts bei Tarifauseinandersetzungen und damit dem Abschluss von Tarifverträgen. Das BVerfG leitete also in seinem Beschluss bereits eine Grenze für Arbeitskampfmaßnahmen ab, die es darin ausmachte, dass Arbeitskämpfe nicht zu einem Ungleichgewicht führen dürften, da andernfalls die Funktionsfähigkeit der Tarifautonomie beeinträchtigt sei.[12]

4   Während sich die Entscheidung vom 26.6.1991 auf die Aussperrung als Arbeitskampfmaßnahme bezog, stellt das BVerfG mit seinem Beschluss vom 2.3.1993, der sich mit der Frage des Beamteneinsatzes bei Streikmaßnahmen beschäftigte, klar, dass zu den geschützten Mitteln für den freien Abschluss von Tarifverträgen durch Koalitionen auch Arbeitskampfmaßnahmen in Form von Streiks zählten.[13] Entscheidend stellte hierbei das Gericht einmal mehr für den Schutz einzelner Arbeitskampfmittel darauf ab, ob sie allgemein für eine funktionierende Tarifautonomie erforderlich seien. Insofern scheint das BVerfG hier eine generell-typisierende Betrachtung zugrunde zu legen.[14] Umstritten blieb jedoch, ob neben dem, dem einzelnen Koalitionsmitglied verfassungsrechtlich gewährleisteten Teilnahmerecht am Koalitionsarbeitskampf, welches sich unmittelbar aus dem den Koalitio-

---

[6] *Bötticher* RdA 1969, 367 (368); Brox/Rüthers/*Rüthers* § 4, Rn. 82ff.; HzA/*Kalb* Gruppe 18 Teilbereich 3 Rn. 1038; *Isensee* Beamtenstreik, S. 23f.; *Lerche* Verfassungsrechtliche Zentralfragen des Arbeitskampfrechts, S. 89ff.; *Otto* AK § 4 Rn. 19ff.; *Wank* FS Kissel, 1994, S. 1225 (1228f.).
[7] Zwar war es zunächst die Absicht des Parlamentarischen Rates, das Streikrecht zu regeln, indem ein ursprünglich vorgesehener Absatz 4 zu Art. 9 GG das Streikrecht im Rahmen der Gesetze anerkennen sollte. Dieses Vorhaben wurde jedoch letztendlich nicht umgesetzt. (vgl. zur Entstehungsgeschichte Brox/Rüthers/*Rüthers* § 4 Rn. 80f.; *Engels* Verfassung und Arbeitskampfrecht, S. 174ff.).
[8] Ausdrücklich offen gelassen: BVerfG 19.2.1975 – 1 BvR 418/71, NJW 1975, 968.
[9] Vgl. *Rüthers* Streik und Verfassung, S. 89; *Lerche* Verfassungsrechtliche Zentralfragen des Arbeitskampfrechts, S. 43.
[10] BVerfG 26.6.1991 – 1 BvR 779/85, NZA 1991, 809.
[11] Vgl. auch BAG 5.3.1985 – 1 AZR 468/83, NZA 1985, 504; 7.6.1988 – 1 AZR 372/86, NZA 1988, 883; 9.4.1991 – 1 AZR 332/90, NZA 1991, 815; *Seiter* Streikrecht und Aussperrungsrecht, S. 485f.; *Engels* Verfassung und Arbeitskampfrecht, S. 122ff.; aA *Birk* Die Rechtmäßigkeit gewerkschaftlicher Unterstützungskampfmaßnahmen, S. 66; *Däubler* ZfA 1973, 201 (213ff.); Maunz/Dürig/*Scholz* GG Art. 9 Rn. 316; *Scholz* Koalitionsfreiheit als Verfassungsproblem, S. 319, die eine umfassende Befugnis zur Sozialgestaltung annehmen.
[12] BVerfG 26.6.1991 – 1 BvR 779/85, NZA 1991, 809.
[13] BVerfG 2.3.1993 – 1 BvR 1213/85, NJW 1993, 1379.
[14] *Otto* AK § 4 Rn. 4.

nen zur Wahrnehmung der Tarifautonomie garantierten Arbeitskampfrecht ergibt, ein eigenständiges subjektives Arbeitskampfrecht des Einzelnen besteht. Teilweise wird in den Art. 9 Abs. 3 GG ein subjektiv-öffentliches Grundrecht auf Streikausübung hineingelesen.[15] Für Arbeitnehmer ergebe sich ein individuelles Grundrecht auf kampfweise Betätigung aus Art. 2 Abs. 1 GG, welches durch Art. 9 Abs. 3 GG „mitgeprägt" werde.[16] Andererseits sei die Arbeitskampffreiheit, insbesondere nach der Rechtsprechung des BVerfG, als Annexgarantie der Tarifautonomie zu verstehen, weswegen das aus Art. 9 Abs. 3 GG abgeleitete Arbeitskampfrecht vorrangig als Grundrecht der Koalitionen aufzufassen sei.[17] Da allein Gewerkschaften Tarifverträge abschließen können, ist Grundvoraussetzung für ein subjektives Streikrecht ein gewerkschaftlich geführter Arbeitskampf. Die verfassungsrechtliche Gewährleistung des Arbeitskampfrechts für den einzelnen Arbeitnehmer steht also unter einem „kollektiven Vorbehalt".[18] Damit lässt sich auch die Möglichkeit der Außenseiter erklären, sich aufgrund des Grundrechts aus Art. 9 Abs. 3 GG an einem Arbeitskampf beteiligen zu können, ohne selbst Mitglied einer zum Arbeitskampf aufrufenden Koalition zu sein.[19]

Seine Entscheidungslinie setzte das BVerfG auch in seinem Beschluss vom 4.7.1995 **5** zur Frage der Kurzarbeitergeldgewährung bei Streik fort. Auch dort betonte das Gericht, dass Art. 9 Abs. 3 GG das Recht der Vereinigungen selbst schützt, durch spezifisch koalitionsmäßige Betätigung die in Art. 9 Abs. 3 GG genannten Zwecke zu verfolgen. Dabei seien die Koalitionen bei der Wahl der Mittel frei, die sie zur Erreichung des jeweiligen Zwecks für geeignet halten. Diese Wahl würde vielmehr gem. Art. 9 Abs. 3 GG grds. den Koalitionen selbst zustehen. Unter ausdrücklicher Bezugnahme auf den Streik seien jedenfalls auch koalitionsmäßige Betätigungen in Form von Arbeitskampfmaßnahmen, die auf den Abschluss von Tarifverträgen gerichtet sind, durch das Grundrecht der Koalitionsfreiheit geschützt. Allerdings verkennt das BVerfG nicht, dass die Ergreifung von Kampfmaßnahmen immer auch in Wechselwirkung zu den Kampfgegnern und unbeteiligten Dritten steht. Insofern findet sich in dieser Entscheidung folgende Formulierung: *„Das Grundrecht der Koalitionsfreiheit bedarf der Ausgestaltung durch die Rechtsordnung, soweit es die Beziehung zwischen Trägern widerstreitender Interessen zum Gegenstand hat. Beide Tarifvertragsparteien genießen den Schutz des Art. 9 Abs. 3 GG in gleicher Weise, stehen bei seiner Ausübung aber in Gegnerschaft zueinander. Sie sind auch insoweit vor staatlicher Einflussnahme geschützt, als sie zum Austragen ihrer Interessengegensätze Kampfmittel mit beträchtlichen Auswirkungen auf den Gegner und die Allgemeinheit einsetzen. Dieser Schutz erfordert koordinierende Regelungen, die gewährleisten, dass die aufeinander bezogenen Grundrechtspositionen trotz ihres Gegensatzes nebeneinander bestehen können. Die Möglichkeit des Einsatzes von Kampfmitteln setzt rechtliche Rahmenbedingungen voraus, die sichern, dass Sinn und Zweck dieses Freiheitsrechts, sowie seine Einbettung in die verfassungsrechtliche Ordnung gewahrt bleiben".*[20]

In seiner Entscheidung vom 4.7.1995 erkannte das BVerfG gleichzeitig auch die Ge- **6** staltungsdimension des Gesetzgebers im Rahmen der durch Art. 9 Abs. 3 GG vorgegebenen Grundrechtsposition an. Hierbei betonte das Gericht, dass der Gesetzgeber einen weiten Handlungsspielraum habe. Es erkennt zwar an, dass im Arbeitskampf unterschiedliche Grundrechtspositionen aufeinandertreffen. Wie diese allerdings aufeinander abzustimmen seien, werde nicht durch das Grundgesetz vorgegeben. Hier weist das BVerfG zunächst den Tarifvertragspartnern die grundsätzliche Aufgabe zu, ihre Kampfmittel den

---

[15] *Däubler* ArbeitskampfR/*Däubler* § 12 Rn. 31 ff.; *Scholz* Koalitionsfreiheit als Verfassungsproblem, S. 364; *Seiter* Streikrecht, S. 92.
[16] *Seiter* Streikrecht, S. 92.
[17] *Badura* AöR 140 (2015), 333 (344); HzA/*Kalb* Gruppe 18 Teilbereich 3 Rn. 1045.
[18] *Birk* Die Rechtmäßigkeit gewerkschaftlicher Unterstützungskampfmaßnahmen, S. 28; *Gamillscheg* KollArbR I, S. 939, S. 993; *Kissel* AK § 18 Rn. 16; *Otto* AK § 4 Rn. 43.
[19] *Gamillscheg* KollArbR I, S. 944; *Otto* AK § 4 Rn. 43.
[20] BVerfG 4.7.1995 – 1 BvF 2/86, 1 BvF 1/87, 1 BvF 2/87, 1 BvF 3/87, 1 BvF 4/87, 1 BvR 1421/86, NZA 1995, 754.

sich wandelnden Umständen anzupassen, „*um dem Gegner gewachsen zu bleiben und ausgewogene Tarifabschlüsse zu erzielen*".[21] Auf der anderen Seite ist es dem Gesetzgeber unbenommen, Rahmenbedingungen für die Führung von Arbeitskämpfen zu schaffen. Diese gesetzlichen Rahmenbedingungen könnten zum einen im Hinblick auf das Gemeinwohl gerechtfertigt werden. Zum anderen könnten derartige Rahmenbedingungen erforderlich sein, um eine gestörte Parität zwischen den Kampfparteien wiederherzustellen. Allerdings gibt es eine absolute Grenze für eine Arbeitskampfregelung durch den Gesetzgeber. So wäre jedenfalls eine gesetzliche Regelung mit Art. 9 Abs. 3 GG unvereinbar, wenn sie dazu führen würde, „*dass die Verhandlungsfähigkeit einer Tarifvertragspartei bei Tarifauseinandersetzungen einschließlich der Fähigkeit, einen wirksamen Arbeitskampf zu führen, nicht mehr gewahrt bleibt und ihre koalitionsmäßige Betätigung weitergehend beschränkt wird als zum Ausgleich der beiderseitigen Grundrechtspositionen erforderlich ist*".[22] Damit hat das BVerfG die Funktionen des Arbeitskampfrechts deutlich herausgestellt, indem es betont hat, dass die Rechtsordnung den Arbeitskampfparteien nur insoweit Grenzen setzen kann, wie dies der Sicherung des – wie auch immer zu definierenden – Gemeinwohls oder der Herstellung einer gestörten Parität der Kampfparteien zu dienen bestimmt ist. Im Hinblick auf die Parität der Kampfparteien sieht das BVerfG den Gesetzgeber allerdings nur dann in der Pflicht Maßnahmen zu treffen, um Disparitäten auszugleichen, wenn diese strukturell bedingt sind und nicht lediglich auf der inneren Struktur der Verbände oder ihrer Mitglieder beruhen. Insofern müsse der Gesetzgeber eingreifen, wenn zwischen den Tarifvertragsparteien strukturelle Ungleichgewichte auftreten, „*die ein ausgewogenes Aushandeln der Arbeits- und Wirtschaftsbedingungen nicht mehr zulassen und die in dem von der Rechtsprechung gezogenen Rahmen nicht ausgeglichen werden können*". Auch diese Entscheidung vom 4.7.1995 belegt einmal mehr, dass die Sichtweise des BVerfG in Bezug auf den Arbeitskampf eine tarifvertragsbezogene ist. Es geht darum, sicherzustellen, dass das Tarifvertragssystem mit seiner ihm innewohnende Richtigkeitsgewähr funktionsfähig bleibt und nur dort, wo durch die strukturelle Unterlegenheit der einen oder anderen Seite das autonome Aushandeln und Erkämpfen von Tarifbedingungen gefährdet erscheint, die Rechtsordnung Sorge tragen muss, dass diese Ungleichgewichtslage wieder ausgeglichen wird. Darüber hinaus ist es das Gemeinwohl, welches dem Arbeitskampf Grenzen zu setzen vermag. Dies gilt allerdings nur so lange, wie die Führung tarifbezogener Arbeitskämpfe weiterhin möglich ist.

7 Diese in seinem Urteil von 4.7.1995 vorgezeichnete Rechtsprechungslinie findet sich auch in späteren Entscheidungen des BVerfG wieder. Dabei wird stets hervorgehoben, dass die Wahl der Mittel, die die Koalition zur Regelung der Arbeits- und Wirtschaftsbedingungen für geeignet hält, durch Art. 9 Abs. 3 GG ihnen selbst überlassen ist.[23] In diesem Zusammenhang schützt die Koalitionsfreiheit auch eine koalitionsmäßige Betätigung in Form von Arbeitskampfmaßnahmen, die auf den Abschluss von Tarifverträgen gerichtet sind. Mit anderen Worten zählen Arbeitskampfmaßnahmen dann zur Koalitionsfreiheit, wenn sie erforderlich sind, um eine funktionierende Tarifautonomie sicherzustellen.

8 Dass insbesondere in der Literatur[24] mehrere Entscheidungen des BVerfG dahingehend aufgefasst und äußerst kritisch gewürdigt worden sind, dass Art. 9 Abs. 3 GG die koalitionsmäßige Betätigung von vornherein nur in einem inhaltlich eng begrenzten Umfang

---

[21] BVerfG 4.7.1995 – 1 BvF 2/86, 1 BvF 1/87, 1 BvF 2/87, 1 BvF 3/87, 1 BvF 4/87, 1 BvR 1421/86, NZA 1995, 754.
[22] BVerfG 4.7.1995 – 1 BvF 2/86, 1 BvF 1/87, 1 BvF 2/87, 1 BvF 3/87, 1 BvF 4/87, 1 BvR 1421/86, NZA 1995, 754.
[23] BVerfG 24.4.1996 – 1 BvR 712/86, NZA 1996, 1157; 10.9.2004 – 1 BvR 1191/03, NZA 2004, 1338; 26.3.2014 – 1 BvR 3185/09, NZA 2014, 493; vgl. auch Leibholz/*Linck* GG Art. 9 Rn. 301; Maunz/Dürig/*Scholz* GG Art. 9 Rn. 311; *Treber* Aktiv produktionsbehindernde Maßnahmen, S. 394 ff. mwN.
[24] *Caspar* Die gesetzliche und verfassungsrechtliche Stellung der Gewerkschaften im Betrieb, S. 78; *Gröbing* AuR 1986, 297 ff.; *Hahn* Die gewerkschaftliche Betätigung in der Dienststelle, S. 196 ff.; *Herschel* AuR 1981, 265 (268); *Lübbe-Wolff* DB-Beil. 9/1988, 2 (3); *Zechlin* NJW 1985, 585 (591).

schütze, hat das Gericht in seinem Beschluss vom 14.11.1995[25] dazu veranlasst, klarzustellen, dass Art. 9 Abs. 3 GG alle koalitionsspezifischen Verhaltensweisen schütze und nicht nur den Bereich des Unerlässlichen. Mit der Kernbereichsformel habe das Gericht lediglich die Grenze umschrieben, die bei der Ausgestaltung der Betätigungsfreiheit der Koalitionen durch den Gesetzgeber zu beachten sei. Diese werde überschritten, soweit einschränkende Regelungen nicht zum Schutz anderer Rechtsgüter von der Sache her geboten sind.[26] Den Schutzbereich von Art. 9 Abs. 3 GG von vornherein auf den Bereich des Unerlässlichen zu beschränken, sei nie beabsichtigt gewesen.[27]

Für die rechtliche Bewertung von Arbeitskämpfen hat der 1. Senat des BVerfG in seinen Entscheidungen vom 10.9.2004[28] und vom 26.3.2014[29] ausdrücklich auf die „Staatsferne der Koalitionsfreiheit" abgestellt. Hieraus und aus der Bedeutung des Art. 9 Abs. 3 GG als Freiheitsrecht könne einmal mehr die Aussage abgeleitet werden, dass die Wahl der Mittel, die die Koalition zur Erreichung des Zwecks einer Regelung von Arbeitsbedingungen durch Tarifverträge für geeignet halten darf, den Koalitionen selbst obliege. Die Bewertung von Arbeitskampfmaßnahmen durch die Fachgerichte habe sich am Grundsatz der Verhältnismäßigkeit zu orientieren und könne dementsprechend nur dann von deren Rechtswidrigkeit ausgehen, wenn eine Arbeitskampfmaßnahme offensichtlich ungeeignet oder unverhältnismäßig sei.[30] Damit lässt die Rechtsprechung des BVerfG eine gewisse Reserviertheit gegenüber dem Arbeitskampf erkennen. Dieser wird im Wesentlichen als ein Mittel zum Zweck, nämlich dem Abschluss von Tarifverträgen verstanden. In dieser Funktion aber soll der Arbeitskampf rechtlichen Rahmenbedingungen, soweit sie nicht gesetzlich oder richterrechtlich geregelt wurden, weitgehend nicht unterworfen seien. 9

In seiner Entscheidung vom 26.3.2014 hat im Zusammenhang mit sog. Flash-Mob-Aktionen die 3. Kammer des 1. Senats des BVerfG darauf hingewiesen, dass die verfassungsrechtliche Absicherung des Arbeitskampfes nicht auf die traditionell anerkannten Formen des Streiks und der Aussperrung beschränkt ist. Insofern sind auch jenseits des Streiks und der Aussperrung Arbeitskampfmittel vom Schutz des Art. 9 Abs. 3 GG erfasst, wobei es den Koalitionen überlassen bleibt, grundsätzlich frei zu entscheiden, welches Arbeitskampfmittel sie zur Erreichung der koalitionsspezifischen Zwecke für geeignet halten.[31] Es gilt also der Grundsatz nicht der freien Typenwahl, sondern der freien Typenbildung.[32] Dieser weite Freiheitsraum für die Koalition in Bezug auf den Arbeitskampf trifft allerdings auf das Erfordernis einer Ausgestaltung des Arbeitskampfes durch die Rechtsordnung, da beide Tarifvertragsparteien und Arbeitskampfgegner den Schutz von Art. 9 Abs. 3 GG genießen. Allerdings betont das BVerfG, dass durch die Verfassung gerade nicht vorgegeben werde, wie die gegensätzlichen Grundrechtspositionen abzugrenzen sind. Insofern verweist es auf den Gesichtspunkt der Proportionalität. Mit dieser Entscheidung dürfte verfassungsrechtlich klargestellt sein, dass es keinen Katalog verfassungsrechtlich angemessener Arbeitskampfmittel gibt und letztlich jeder Arbeitskampf im Wege einer Einzelentscheidung den Erfordernissen des Verhältnismäßigkeitsgrundsatzes standhalten muss. Auch wenn diese Entscheidung gerade durch das Schrifttum erheblich kritisiert wurde,[33] was nicht zuletzt darin begründet liegt, dass über die tatsächlichen Abläufe der streitgegenständlichen Flash-Mobs unterschiedliche Vorstellungen herrschen, weisen die Ausführungen des BVerfG auf ein weites Arbeitskampfverständnis hin. Hier ist es dann 10

---

[25] BVerfG 14.11.1995 – 1 BvR 601/92, NZA 1996, 381.
[26] BVerfG 17.2.1981 – 2 BvR 384/78, NJW 1981, 1829.
[27] BVerfG 14.11.1995 – 1 BvR 601/92, NZA 1996, 381.
[28] BVerfG 10.9.2004 – 1 BvR 1191/03, NZA 2004, 1338.
[29] BVerfG 26.3.2014 – 1 BvR 3185/09, NZA 2014, 493.
[30] BVerfG 10.9.2004 – 1 BvR 1191/03, NZA 2004, 1338; 26.3.2014 – 1 BvR 3185/09, NZA 2014, 493.
[31] BVerfG 26.3.2014 – 1 BvR 3185/09, NZA 2014, 493 (494).
[32] HWK/*Hergenröder* GG Art. 9 Rn. 165.
[33] Ua.: *Herbert* ZTR 2014, 639; *Lembke* NZA 2014, 471; *Ring* NJ 2014, 303; *Rüthers* JZ 2014, 738; zustimmend dagegen: *Fischer* FA 2014, 162.

Sache der Rechtsordnung die jeweiligen Grenzen für den konkreten Einzelfall zu bestimmen, was im Hinblick auf die Rechtssicherheit zwar problematisch erscheint, aber verfassungsrechtlich nicht zu beanstanden ist. Maßstab hierfür ist gerade der Verhältnismäßigkeitsgrundsatz. Darüber hinaus ist der Entscheidung vom 26.3.2014 zu entnehmen, dass das BVerfG weiterhin auf dem Standpunkt steht, dass nur gewerkschaftlich getragene Aktionen der Arbeitnehmerschaften dem Schutzbereich des Art. 9 Abs. 3 GG unterfallen.[34] Dem steht jedoch nicht entgegen, dass Dritte im Rahmen des Arbeitskampfgeschehens instrumentalisiert werden, sofern erkennbar ist, dass es sich um eine gewerkschaftlich getragene Aktion handelt. Insofern bestätigte das BVerfG die arbeitskampfrechtliche Sichtweise des BAG nicht nur zu Flash-Mobs sondern damit letztlich auch zu den Sympathiearbeitskämpfen.

---

[34] BVerfG 26.3.2014 – 1 BvR 3185/09, NZA 2014, 493 (494).

§ 269 Internationales Recht und Arbeitskampfrecht

Übersicht

	Rn.
I. Europäisches Recht	1
1. Vertrag über die Arbeitsweise der Europäischen Union	1
2. Gemeinschaftscharta der sozialen Grundrechte	4
3. Charta der Grundrechte der Europäischen Union	5
4. Europäische Sozialcharta	10
5. Europäische Menschenrechtskonvention	12
6. Die Rechtsprechung des Europäischen Gerichtshofes	14
II. Sonstige Internationale Rechtsvorschriften	32
1. ILO-Übereinkommen	32
2. Recht der Vereinten Nationen	35
III. Kollisionsrecht	36

I. Europäisches Recht

1. Vertrag über die Arbeitsweise der Europäischen Union

In Art. 153 Abs. 5 AEUV werden sowohl das Streikrecht als auch das Aussperrungsrecht ausdrücklich erwähnt, den Organen der EU wird jedoch insoweit eine Rechtsetzungskompetenz zur Verbesserung und Angleichung der Lebens- und Arbeitsbedingungen ausdrücklich abgesprochen. Dabei sind allein die Mitgliedstaaten oder die Tarifpartner zuständig, wobei jedoch Möglichkeiten der Union bestehen, auf anderer Grundlage Regelungen zu treffen. Hier sind etwa Art. 115 AEUV oder sonstige Konstellationen mit engem Binnenmarktbezug zu nennen.[1] Was der Art. 153 Abs. 5 AEUV unter dem Streik- und Aussperrungsrecht versteht, wird nicht näher in der Vorschrift konkretisiert. Da es sich aber um eine Kompetenzvorschrift handelt, wird man von einem unionsrechtlichen Streik- und Aussperrungsbegriff auszugehen haben. Als Auslegungshilfe wird man hierbei auf die Gewährleistungen in der Charta der Grundrechte, der Gemeinschaftscharta der sozialen Grundrechte der Arbeitnehmer sowie der Europäischen Sozialcharta zurückgreifen können.[2] Insofern unterfallen auch nichtgewerkschaftlich getragene oder politische Streiks der Regelung des Art. 153 Abs. 5 AEUV.[3] Das in Art. 153 Abs. 5 AEUV erwähnte Streik- und Aussperrungsrecht steht dabei beispielhaft für das gesamte Arbeitskampfrecht.[4]

Soweit der AEUV im Rahmen des sog. „Sozialen Dialoges" den Sozialpartnern auf Gemeinschaftsebene die Sachregelung bestimmter Themenstellungen überlässt und sich die EU-Organe darauf beschränken, die von den Sozialpartnern gefundenen Regelungen in entsprechende Richtlinien umzusetzen, fehlt ein Konfliktlösungsmechanismus. Mit anderen Worten: Der „Soziale Dialog" entsprechend Art. 155 AEUV ist ein freiwilliges Verfahren, dass die Konfliktlösung allein dem Verhandlungsmechanismus überantwortet. Dennoch ist er ein für das Europäische Arbeitsrecht ganz wesentliches Instrument, das den Sozialpartnern die Möglichkeit eröffnet, regelnd das Europäische Arbeitsrecht mitzugestalten,[5] und kann zur Herstellung vertraglicher Beziehungen einschließlich des Abschlusses von Vereinbarungen führen. Art. 155 Abs. 2 AEUV enthält insoweit Bestimmungen über die Durchführung der auf Unionsebene geschlossenen Vereinbarungen, wonach diese entweder nach den jeweiligen Verfahren und Gepflogenheiten der Sozialpartner und

---

[1] Vgl. GHN/*Benecke,* Das Recht der Europäischen Union, 60. Ergänzungslieferung 2016, AEUV Art. 153 Rn. 101; umfassende Überlegungen zur Rechtsetzungskompetenz der Union im Arbeitskampfrecht *Wagner* Der Arbeitskampf als Gegenstand des Rechts der Europäischen Union, S. 59ff.
[2] Calliess/Ruffert/*Krebber* AEUV Art. 153 Rn. 12.
[3] GSH/*Langer* AEUV Art. 153 Rn. 48; Schwarze/Rebhahn/*Reiner* AEUV Art. 153 Rn. 66.
[4] Calliess/Ruffert/*Krebber* AEUV Art. 153 Rn. 12; *Rieble/Kolbe* EuZA 2008, 464ff.
[5] Vgl. dazu *Goos,* FS Birk, 2008, S. 135.

der Mitgliedstaaten oder in den durch Art. 153 AEUV erfassten Bereichen auf gemeinsamen Antrag der Unterzeichnerparteien durch einen Beschluss des Rates auf Vorschlag der Kommission durchgeführt werden. Anhand der Gegenüberstellung der Regelungen in Art. 155 Abs. 1 und Abs. 2 AEUV wird deutlich, dass die Vereinbarungen der Sozialpartner als solche keine normativen Wirkungen haben.[6] Erst durch die Umsetzung gemäß Art. 155 Abs. 2 AEUV entfalten sie rechtliche Wirksamkeit. Hierfür bestehen verschiedene Optionen: Beispielsweise können die Sozialpartner selbst auf der nationalen Ebene durch Kollektivvereinbarungen die im Rahmen des sozialen Dialogs gefundenen Vereinbarungen umsetzen.[7] Daneben können auch die Mitgliedstaaten den Inhalt der auf europäischer Ebene erzielten Vereinbarungen in Form von Gesetzen oder ähnlichen Regelungen übernehmen. In den durch Art. 153 AEUV erfassten Bereichen können die Sozialpartnervereinbarungen aber auch durch einen Beschluss des Rates auf Vorschlag der Kommission durchgeführt werden. Dies dürfte die Richtlinienform meinen,[8] wobei aber nicht ausgeschlossen sein soll, dass der Rat eine Umsetzung der Sozialpartnervereinbarung auch im Wege der Verordnung vornehmen kann.[9] Es ist aber zu betonen, dass die in Art. 153 Abs. 5 AEUV genannten Bereiche von dieser Vorgehensweise ausgenommen sind. Fraglich ist allerdings ob Vereinbarungen im Rahmen des „sozialen Dialogs" durch Arbeitskämpfe durchgesetzt werden können.[10] Dies dürfte im Ergebnis allerdings zu verneinen sein.[11] Obschon Art. 153 Abs. 5 AEUV seinen Anwendungsbereich auf Art. 153 AEUV beschränkt, wird vielfach aus dieser Vorschrift auf die Unzulässigkeit von Arbeitskämpfen zur Erzielung von Ergebnissen im Rahmen des „sozialen Dialogs" geschlossen.[12] Der „soziale Dialog" gem. Art. 155 Abs. 1 AEUV begründet letztlich eine Kompetenz der Sozialpartner auf Unionsebene zum Abschluss von Vereinbarungen ohne unmittelbar normative Wirkung. Die Wirkung der Sozialpartner-Vereinbarungen steht vielmehr unter dem Vorbehalt ihrer Umsetzung und begründet keine unmittelbaren Berechtigungen für die betroffenen Arbeitgeber und Arbeitnehmer. Insofern nehmen die Sozialpartner Regelungskompetenzen wahr, die eigentlich dem Unionsgesetzgeber zugewiesen sind. Da der Unionsgesetzgeber aber selbst nicht durch Arbeitskämpfe zu einem Handeln gezwungen werden kann, darf dieses auch nicht im Rahmen des „sozialen Dialogs" erfolgen. Im Übrigen lässt sich die Fristbestimmung in Art. 154 Abs. 4 S. 2 AEUV nur schwer mit der Vorstellung in Einklang bringen, dass die Partner des sozialen Dialogs die Option von Arbeitskämpfen hätten. Etwas anderes mag für die Durchführung der auf Unionsebene erzielten Ergebnisse des „sozialen Dialogs" durch Tarifverträge gelten (Art. 155 Abs. 2 AEUV).

3   Auch die Kommission ist gem. Art. 156 AEUV darauf beschränkt, im Hinblick auf die Erreichung der Ziele des Art. 151 AEUV die Zusammenarbeit zwischen den Mitgliedstaaten zu fördern. Dies betrifft nicht zuletzt die Gebiete des Koalitionsrechts und der Kollektivverhandlungen zwischen Arbeitgeber und Arbeitnehmer. Allerdings bezieht sich die negative Kompetenzvorschrift des Art. 153 Abs. 5 AEUV nur auf Maßnahmen iSd Art. 153 Abs. 1 AEUV und auf das in Art. 153 Abs. 2 AEUV genannte Verfahren.[13] Insofern können sich aus dem AEUV durchaus Vorgaben für das nationale Arbeitskampfrecht

---

[6] *Zeppenfeld* Der soziale Dialog in Europa, S. 110.
[7] Vgl. dazu *Weiss* FS Birk, 2008, S. 957 ff.
[8] Vgl. *Deinert* RdA 2004, 211 mwN.
[9] So in Callies/Ruffert/*Krebber* AEUV Art. 155 Rn. 29; aA Streinz/*Eichenhofer* EUV/AEUV Art. 155 Rn. 17.
[10] Streinz/*Eichenhofer* AEUV Art. 155 Rn. 9.
[11] IE: Streinz/*Eichenhofer* AEUV Art. 155 Rn. 9.
[12] *Birk* EuZW 1997, 453 (454); Calliess/Ruffert/*Krebber* AEUV Art. 155 Rn. 8, *Konzen* EuZW 1995, 39 (47); Streinz/*Eichenhofer* AEUV Art. 155 Rn. 9.
[13] Vgl. GA Mengozzi SchlA C-341/05, BeckRS 2008 70140 – Laval (noch zum EG-Vertrag).

ergeben. Diese hat der EuGH insbesondere in den Rs. „Viking" und „Laval" aber in erster Linie aus den Grundfreiheiten entwickelt (→ Rn. 15 ff.).[14]

2. Gemeinschaftscharta der sozialen Grundrechte

Eine ausdrückliche Regelung zum Streikrecht findet sich daneben in der Gemeinschaftscharta der sozialen Grundrechte der Arbeitnehmer von 1989. Danach schließt, vorbehaltlich der Verpflichtungen aufgrund einzelstaatlicher Regelungen und Tarifverträge, das Recht, bei Interessenkonflikten Kollektivmaßnahmen zu ergreifen, ausdrücklich das Streikrecht mit ein (Art. 13). Der Gemeinschaftscharta kommt jedoch nur Empfehlungscharakter zu. Insofern beinhaltet sie lediglich eine politische Selbstbindung der Mitgliedstaaten ohne Rechtscharakter.[15]

3. Charta der Grundrechte der Europäischen Union

Besondere Bedeutung kommt mittlerweile der Charta der Grundrechte der Europäischen Union zu. War sie ursprünglich noch eine unverbindliche Erklärung, die durch den EuGH auch lediglich als Auslegungshilfe angewendet wurde,[16] wurde sie mit dem Vertrag von Nizza in ihrer Bedeutung erheblich aufgewertet.[17] Zwar wurde die Charta nicht ausdrücklich in den EU-Vertrag aufgenommen, jedoch sieht Art. 6 Abs. 1 EUV die Charta als den Verträgen rechtlich gleichrangig an. Die Grundrechte-Charta ist daher dem Primärrecht zuzuordnen. Insbesondere in ihrem IV. Titel enthält die Charta unter der Überschrift „Solidarität" Regelungen, die einen mehr oder weniger großen Bezug zum Arbeitsrecht aufweisen. Inwieweit die Gewährleistungen in den Art. 27–33 GRCh Verbindlichkeit beanspruchen können, kann nicht mit letzter Sicherheit gesagt werden, da insbesondere die allgemeinen Fragen zur Bedeutung der GRCh und ihr Verhältnis zum nationalen Recht es sind, die es schwierig machen, den Grad der Verbindlichkeit der jeweiligen Regelungen in der GRCh zu bestimmen.[18] Auch wenn die Grundrechte-Charta dem europäischen Primärrecht zuzuordnen ist, kann jedoch ihre Wirkung nur soweit reichen, wie sie selbst für sich Verbindlichkeit in Anspruch nimmt. Gemäß Art. 51 GRCh gilt sie für die Organe, Einrichtungen und sonstigen Stellen der Union unter Wahrung des Subsidiaritätsprinzips und für die Mitgliedstaaten ausschließlich bei der Durchführung des Rechts der Union. Insoweit ist insbesondere das Verhältnis der Grundrechte-Charta zum nationalen Recht nicht (letztverbindlich) geklärt. Aus Art. 51 Abs. 1 S. 1 GRCh ergibt sich aber, dass in Sachverhalten, bei denen es nicht um die Durchführung des Rechts der Union geht, sondern mitgliedstaatliches Recht zur Anwendung kommt und allein das Handeln von Mitgliedstaaten in Rede steht, die Grundrechte-Charta nicht zur Anwendung kommen kann. Solche Sachverhalte mögen durch nationale Grundrechte determiniert sein, nicht aber durch das Unionsrecht.[19] Es bleibt somit die Frage, wann von einer „Durchführung des Rechts der Union" auszugehen ist. Der EuGH versteht diesen Begriff relativ weit[20] und verlangt einen hinreichenden Zusammenhang. Es ist deshalb zu prüfen, ob mit der fraglichen nationalen Regelung die Durchführung einer Bestimmung des Uni-

---

[14] EuGH 18.12.2007 – C-341/05, EzA Art. 9 GG Arbeitskampf Nr. 142 – Laval; EuGH 11.12.2007 – C-438/05, EzA Art. 9 GG Arbeitskampf Nr. 141 – Viking; dazu *Barnard* NZA-Beil. 2011, 122; *Bayreuther* EuZA 2008, 395 ff.; *Bücker* NZA 2008, 212 ff.; *Däubler* AuR 2008, 409 ff.; *Joussen* ZESAR 2008, 333 ff.; *Junker* SAE 2008, 209 ff.; *Kocher* AuR 2008, 13 ff. und AuR 2009, 332; *Köhler* ZESAR 2008, 65 ff.; *Maeßen* Auswirkungen der EuGH-Rechtsprechung auf das deutsche Arbeitskampfrecht, Frankfurt 2010, S. 67 ff.; *Rebhahn* ZESAR 2008, 109 ff.; *Schubert* RdA 2008, 289 ff.; *Temming* ZESAR 2008, 231 ff.; *Thüsing* ZfA 2008, 590 ff.; *Weiss* FS Hromadka, 2008, S. 493 ff.; *Wendeling-Schröder* AiB 2008, 179 ff.; *Zwanziger* DB 2008, 294 ff.
[15] ErfK/*Linsenmaier* GG Art. 9 Rn. 108; *Kissel* AK § 20 Rn. 39.
[16] Vgl. EuGH 27.6.2006 – C-540/03, EuZW 2006, 566.
[17] Vgl. *Schroeder* Grundkurs Europarecht § 2 Rn. 22.
[18] *Grabenwarter/Rebhahn* Europäischer Grundrechteschutz § 16 Rn. 5.
[19] BVerfG 24.4.2013 – 1 BvR 1215/07, NJW 2013, 1499.
[20] EuGH 26.2.2013 – C-617/10, NJW 2013, 1415 (1416) – Åkerberg Fransson; EuGH 15.1.2014 – C-176/12, NZA 2014, 193 – Association de médiation sociale.

onsrechts bezweckt wird, welchen Charakter diese Regelung hat und ob mit ihr andere als die unter das Unionsrecht fallenden Ziele verfolgt werden, selbst wenn sie das Unionsrecht mittelbar beeinflussen kann, sowie ferner, ob es eine Regelung des Unionsrechts gibt, die für diesen Bereich spezifisch ist oder ihn beeinflussen kann.[21] Das BAG hat sich dieser Sichtweise angeschlossen.[22] Aus seiner Sicht soll aber für die Anwendbarkeit der GRCh im nationalen Recht ausreichend, aber auch erforderlich sein, dass Unionsrecht oder Transformationsnormen des nationalen Rechts angewendet werden.[23] Der Begriff der Transformationsnorm ist allerdings relativ unscharf. Insofern erscheint fraglich, ob diese Kurzformel den vom EuGH entwickelten Kriterien entspricht. Die Grundrechte der Union sind jedenfalls im Verhältnis zu einer nationalen Regelung unanwendbar, wenn die unionsrechtlichen Vorschriften in dem betreffenden Sachbereich keine Verpflichtungen der Mitgliedstaaten enthalten.[24] Demgegenüber fasst das BVerfG den Begriff der Durchführung des Rechts offenbar enger auf.[25] Dort aber, wo es um die Umsetzung von europäischen Richtlinien in nationale Regelungen geht, wird jedenfalls Unionsrecht im Sinne von Art. 51 GRCh durchgeführt.[26] Fällt etwa ein arbeitskampfrechtlicher Kontext in den Bereich des Art. 51 CRCh, sind die diesen Kontext erfassenden nationalen Regelungen im Sinne der Gewährleistungen der Grundrechte-Charta auszulegen.[27] Wo dies nicht möglich ist, hat nationales Recht bei einem Verstoß gegen die GRCh unangewendet zu bleiben,[28] wobei dies nach Ansicht des EuGH wiederum nur für solche Grundrechte gelten soll, die für ihre Wirksamkeit nicht der Konkretisierung durch Unionsrecht oder nationales Recht bedürfen.[29]

6 Im Hinblick auf die Formulierung in Art. 288 Abs. 3 AEUV dürften jedenfalls alle Organe, Einrichtungen und sonstigen Stellen der Mitgliedstaaten erfasst sein.[30] Nichtstaatliche Stellen sind dagegen grundsätzlich nicht gebunden,[31] der EuGH hält es aber offenbar für möglich, dass die Gewährleistungen der Charta auch im Verhältnis zwischen Privaten Bedeutung erlangen können, nämlich wenn es darum geht die Anwendung einer nicht unionsrechtskonformen nationalen Bestimmung auszuschließen.[32] Dies führt aber nicht zu einer unmittelbaren Bindungswirkung der Grundrechte-Charta innerhalb reiner Privatrechtsverhältnisse.[33] Privatrechtlich organisierte Koalitionen werden demnach grundsätzlich nicht an die GRCh gebunden.

7 Von Bedeutung dürfte insbesondere Art. 28 GRCh sein. Zwar gewährleistet auch Art. 12 Abs. 1 GRCh die Koalitionsfreiheit, wovon prinzipiell auch das Recht auf Betäti-

---

[21] EuGH 10.7.2014 – C-198/13, NZA 2014, 1325 (1326) – Hernández; EuGH 5.2.2015 – C-117/14, NZA 2015, 349 – Nisttahuz Poclava; hierzu: Schlachter/Heinig/*Krebber* Europäisches Arbeits- und Sozialrecht, § 2 Rn. 37; *Krebber* GPR 2016, 188; *Krebber* GPR 2015, 136f., der darin eine Rückkehr des EuGH zum Wortlaut des Art. 51 Abs. 1 S. 1 GRCh sieht.
[22] BAG 21.9.2016 – 10 ABR 33/15, NZA-Beil. 2017, 12.
[23] BAG 21.9.2016 – 10 ABR 33/15, NZA-Beil. 2017, 12.
[24] EuGH 6.3.2014 – C-206/13, NVwZ 2014, 575 – Siragusa.
[25] BVerfG 24.4.2013 – 1 BvR 1215/07, NJW 2013, 1499; zurückhaltender hierzu *Rebhahn* DRdA 2014, 183 (185).
[26] EuGH 29.1.2008 – C-275/06, NJW 2008, 743 (746) – Promusicae; EuGH 15.1.2014 – C-176/12, NZA 2014, 193, 195 Rn. 24f. – Association de médiation sociale; *Ehlers* Europäische Grundrechte und Grundfreiheiten, § 14 Rn. 50; EUArbR/*Schubert* GRCh Art. 51 GRCh Rn. 20.
[27] Vgl. EuGH 22.11.2012 – C-277/11, NVwZ 2013, 59 (61) – M.; EuGH 21.12.2011 – C-411/10, C-493/10, NVwZ 2012, 417 (419) – N.S. ua.
[28] Vgl. *Jarass* EuR 2013, 29 (36).
[29] Vgl. EuGH 15.1.2014 – C-176/12, NZA 2014, 193 – Association de médiation sociale.
[30] So *Jarass* NVwZ 2012, 457 (458).
[31] Vgl. SA GAin Trstenjak 8.9.2011 – C-282/10, BeckRS 2011, 81367 Rn. 80ff. mwN – Dominguez; Bergmann/Dienelt Ausländerrecht, Charta der Grundrechte der Europäischen Union, Vorbem. Rn. 11; Calliess/Ruffert/*Kingreen* EUV/AEUV, Art. 51 GRCh Rn. 21; NK-EuGRCh/*Borowsky* GRCh Art. 51 Rn. 31; *Seifert* EuZW 2011, 696ff.; EUArbR/*Schubert* GRCh Art. 28 Rn. 3f.; *Thüsing/Traut* RdA 2012, 65 (71f.); kritisch insbesondere zum Begriff der Drittwirkung: SA GA Pedro Cruz Villalón 18.7.2013 – C-176/12 – BeckRS 2014, 80206 Rn. 36 – Association de médiation sociale.
[32] EuGH 15.1.2014 – C-176/12, NZA 2014, 193 (195) – Association de médiation sociale.
[33] Vgl. *Schubert* ZfA 2013, 1 (9); *Krois* DB 2010, 1704.

gung innerhalb einer Koalition erfasst sein dürfte. Gleichwohl legt darüber hinaus Art. 28 GRCh ein Recht auf Kollektivverhandlungen und Kollektivmaßnahmen fest. Danach haben Arbeitnehmerinnen und Arbeitnehmer sowie die Arbeitgeberinnen und Arbeitgeber oder ihre jeweiligen Organisationen nach dem Unionsrecht und den einzelstaatlichen Rechtsvorschriften und Gepflogenheiten das Recht, Tarifverträge auf den geeigneten Ebenen auszuhandeln und zu schließen sowie bei Interessenkonflikten kollektive Maßnahmen zur Verteidigung ihrer Interessen, einschließlich Streiks, zu ergreifen.[34] Auch hier stellt sich die Frage, wer Verpflichteter des Grundrechts aus Art. 28 GRCh sein kann, wobei die oben genannten Grundsätze gelten.[35] Teilweise wird hierzu vertreten, dass Art. 28 GRCh auch nur eine Gewährleistung ohne konkrete inhaltliche Aussage enthalte und durch das Recht der Mitgliedstaaten ausgefüllt werden müsse.[36]

Art. 28 GRCh schützt für Arbeitnehmer und Arbeitgeber sowie ihre jeweiligen Organisationen das Recht, bei Interessenkonflikten kollektive Maßnahmen zur Verteidigung ihrer Interessen, einschließlich Streiks zu ergreifen. Die Kollektivmaßnahme ist im Verhältnis zum ebenfalls erwähnten Streik der Oberbegriff. Demnach ist der Schutzgehalt nicht auf bestimmte Kollektivmaßnahmen beschränkt.[37] Neben Streiks werden von der Vorschrift auch die Kampfmittel der Aussperrung oder auch des Boykotts erfasst.[38] Die Maßnahmen müssen dem Schutz der Arbeitnehmer oder dem der Arbeitgeber dienen. Kollektivmaßnahmen sind daher kein Selbstzweck und der EuGH hat auch in der Vergangenheit geprüft, ob eine Kollektivmaßnahme dieser Aufgabe gerecht wird (→ Rn. 14 ff.). Bezugspunkt für Kollektivmaßnahmen müssen immer Interessenkonflikte zwischen Arbeitnehmern und Arbeitgebern sein. Kein tauglicher Gegenstand von Kollektivmaßnahmen sollen dagegen unternehmerische Entscheidungen sein und auch der politische Streik soll nicht der Regelung unterfallen.[39] Letzteres ergibt sich unmittelbar daraus, dass hier dann kein Interessenkonflikt zwischen Arbeitnehmern und Arbeitgebern vorliegt.[40] Einen zwingenden Tarifbezug von Arbeitskämpfen setzt die Vorschrift ausdrücklich nicht voraus.[41] Das schließt aber nicht aus, dass ein solcher in den einzelstaatlichen Rechtsvorschriften vorgesehen ist. Geschützt sind bereits nach dem Wortlaut das Ergreifen und das Durchführen von Arbeitskampfmaßnahmen. Aber auch das Recht den Arbeitskampfmaßnahmen fernzubleiben, fällt in den Schutzbereich.[42]

Die Gewährleistung des Rechts auf Durchführung von kollektiven Maßnahmen einschließlich des Streikrechts in Art. 28 GRCh ist aber nicht vorbehaltlos, sondern nach Auffassung des EuGH in den Rs. „Laval" und „Viking" nur nach dem Unionsrecht und den einzelstaatlichen Rechtsvorschriften und Gepflogenheiten geschützt.[43] Der Gerichtshof erkannte zwar den Grundrechtscharakter des Rechts auf Durchführung einer kollektiven Maßnahme grundsätzlich an, stellte diesen aber unter den Vorbehalt des Unionsrechts bzw. den Vorbehalt einzelstaatlicher Rechtsvorschriften und Gepflogenheiten. Von da aus muss sich die Gewährleistung auch mit anderweitigen Rechtspositionen, etwa der Dienstleistungsfreiheit und der Niederlassungsfreiheit, messen lassen. Die Lösung dieses Zielkon-

---

[34] Hierzu *Sagan* Das Gemeinschaftsgrundrecht auf Kollektivmaßnahmen – Eine dogmatische Analyse des Art. 28 der Europäischen Grundrechtecharta; *Franzen* EuZA 2010, 453 ff.; *Brameshuber* EuZA 2016, 46; *Rödl/Callsen* Kollektive soziale Rechte unter dem Druck der Währungsunion, 2015.
[35] Ablehnend hinsichtlich einer Geltung auch für Private *Jarass* Charta der Grundrechte der EU, GRCh Art. 28 Rn. 4.
[36] *Waltermann* EuZA 2015, 15 (21).
[37] *Meyer/Rudolph* Charta der Grundrechte der Europäischen Union, GRCh Art. 28 Rn. 24.
[38] *Jarass* Charta der Grundrechte der EU, GRCh Art. 28 Rn. 7; *Schwarze/Holoubek* GRCh Art. 28 Rn. 19.
[39] *Jarass* Charta der Grundrechte der EU, GRCh Art. 28 Rn. 7.
[40] Für ein weitergehendes Verständnis der Vorschrift: *Schwarze/Holoubek* GRCh Art. 28 Rn. 19; *Brameshuber* EuZA 2016, 46 (52).
[41] *Däubler* ArbeitskampfR/*Heuschmid* § 11 Rn. 23; *Rödl/Callsen* Kollektive soziale Rechte unter dem Druck der Währungsunion, S. 53.
[42] *Jarass* Charta der Grundrechte der EU, GRCh Art. 28 Rn. 7.
[43] Umfassend zum Gewährleistungsgehalt von Art. 28 EU-GRC *Rödl/Callsen* Kollektive soziale Rechte unter dem Druck der Währungsunion, S. 52 ff.

fliktes obliegt dann dem Verhältnismäßigkeitsgrundsatz.[44] Auch hierzu hat der EuGH in den Rs. „Viking" und „Laval" richtungsweisende Ausführungen gemacht (→ Rn. 22 ff.), die es angezeigt erscheinen lassen, die Anforderungen der Verhältnismäßigkeitsprüfung nicht der Einschätzungsprärogative der Arbeitskampfparteien zu unterstellen. Dass ein solcher umfassender Überprüfungsansatz seinerseits an Art. 153 Abs. 5 AEUV scheitern soll,[45] ist wenig plausibel, zumal die Grundfreiheiten auf primärrechtlicher Ebene liegen und insofern auch nicht von der Bereichsausnahme des Art. 153 Abs. 5 AEUV erfasst werden.

4. Europäische Sozialcharta

10 Darüber hinaus befasst sich die Europäische Sozialcharta von 1961, die 1965 in Kraft getreten ist und 1995 um ein Protokoll ergänzt wurde, welches ein Verfahren über Kollektivbeschwerden beinhaltet,[46] mit dem Arbeitskampf. So erkennen in Art. 6 Nr. 4 die Vertragsparteien das Recht der Arbeitnehmer und der Arbeitgeber auf kollektive Maßnahmen einschließlich des Streikrechts im Fall von Interessenkonflikten, vorbehaltlich etwaigen Verpflichtungen aus geltenden Gesamtarbeitsverträgen, ausdrücklich an.[47] Subjektive Rechte, die ein einzelner vor einem nationalen Gericht einklagen kann, ergeben sich hieraus nicht. Es handelt sich vielmehr um „rechtspolitische Zielsetzungen [...], deren Umsetzung in einklagbares nationales Recht sich die Vertragsparteien ausdrücklich vorbehalten haben".[48] Die Sozialcharta gilt mittlerweile in einer revidierten Fassung, die ihrerseits seit 1999 in Kraft ist.[49] Diese revidierte Fassung, welche auch ein Kollektivbeschwerdeverfahren vorsah, ist von Deutschland nicht ratifiziert worden. Insofern besteht für die BRD weiterhin das System der Berichterstattung und Empfehlungserteilung.[50] Es war lange Zeit umstritten, inwieweit die Bestimmungen der Sozialcharta für die innerstaatliche Rechtsordnung unmittelbar verbindlich sein sollten.[51] Nach Auffassung des BAG stellte die Sozialcharta eine von der Bundesrepublik Deutschland eingegangene völkerrechtliche Verpflichtung dar, deren Regeln die Gerichte beachten mussten, wenn sie die im Gesetzesrecht bezüglich der Ordnung des Arbeitskampfes bestehenden Lücken anhand von Wertentscheidungen der Verfassung ausfüllen mussten. So hatte das BAG ausdrücklich entschieden, dass die aus der tarifvertraglichen Friedenspflicht abgeleitete Beschränkung des Streikrechts mit den Bestimmungen der europäischen Sozialcharta im Einklang stehe.[52] Später wurde vom BAG auch das Erfordernis der Mächtigkeit von Koalitionen anhand der Vorgaben der europäischen Sozialcharta überprüft.[53] Unter Hinweis auf die Bestimmungen der europäischen Sozialcharta finden sich darüber hinaus auch in der rechtswissenschaftlichen Literatur Ansätze, die der Sozialcharta verbindliche Wirkung zumessen wollten. Dies betraf einmal die Frage, inwieweit das Streikrecht auf tariflich regelbare Ziele beschränkt ist,[54] sowie die Frage des gewerkschaftlichen Streikmonopols.[55] Diese Bedenken gingen letztlich zurück auf eine Empfehlung des Ministerkomitees des Europarats vom 3./4.2.1998.[56] Dort empfahl das Ministerkomitee der Bundesregierung, die Erkenntnisse eines unabhängigen Expertenkomitees zu berücksichtigen, welches ange-

---

[44] Stern/Sachs/*Krämer* GRCh Art. 52 Rn. 40 ff.; *Schubert* RdA 2008, 289 (292 ff.).
[45] *Maeßen* Auswirkungen der EuGH-Rechtsprechung auf das deutsche Arbeitskampfrecht, 2010, S. 237.
[46] *Buschmann* FS Kempen, 2013, S. 255 (270).
[47] Ausführlich hierzu *Dumke* Streikrecht iSd Art. 6 Nr. 4 ESC und deutsches Arbeitskampfrecht, S. 59 ff.
[48] BVerwG 18.12.1992 – 7 C 12.92, NVwZ 1993, 778.
[49] Ausführlich zur Entwicklung der Sozialcharta *Knopse* ZESAR 2015, 449; *Buschmann* FS Kempen, 2013, S. 255 (270).
[50] S. hierzu *Junker* ZfA 2015, 267 (269); *Brecht-Heitzmann/Khonsari* ZESAR 2017, 463 (464).
[51] Vgl. *Otto* AK § 4 Rn. 55.
[52] Vgl. dazu BAG 10.12.2002 – 1 AZR 96/02, AP GG Art. 9 Arbeitskampf Nr. 162.
[53] BAG 28.3.2006 – 1 ABR 58/04, AP TVG § 2 Tariffähigkeit Nr. 4.
[54] ErfK/*Linsenmaier* GG Art. 9 Rn. 105.
[55] *Rieble* RdA 2005, 200 ff.
[56] Abgedruckt in: AuR 1998, 156.

merkt hatte, dass die Beschränkung auf Streiks, die tarifvertraglich regelbare Ziele verfolgten und die Beschränkung auf gewerkschaftlich geführte Streiks gegen Art. 6 Nr. 4 der Sozialcharta verstießen. Mit anderen Worten, die Beschränkung des Streikrechts auf tariflich regelbare Ziele sowie auf gewerkschaftlich organisierte Streiks sei mit der Sozialcharta nicht vereinbar. Allerdings sah damals die Bundesregierung keinen Anlass, dieser Empfehlung des Ausschusses der Ministerbeauftragten des Europarats zu folgen.[57] Stattdessen verwies sie auf die Rechtsprechung des BAG.[58] Im Hinblick auf die Tarifbezogenheit des Streiks relativierte der zuständige Sachverständigenausschuss zwischenzeitlich seine Position: Den Gewerkschaften könne das Recht auf Ausrufung eines Streikes vorbehalten bleiben, solange Arbeitnehmer ohne besondere Voraussetzungen oder Förmlichkeiten eine Gewerkschaft zur Durchführung eines Streiks gründen dürften.[59] Eine weitere Rüge des Sachverständigenausschusses erfolgte 2002 im Hinblick auf die relative Friedenspflicht eines Tarifvertrages.[60] Den Stellungnahmen und Empfehlungen wird im deutschen Recht allerdings wenig Bedeutung beigemessen und eher als nicht bindende Meinungsäußerungen verstanden.[61] Art. 6 Nr. 4 der Sozialcharta gewährleistet das Arbeitskampfrecht ohnehin nicht einschränkungslos. Vielmehr bestimmt Art. 31 Abs. 1 der Sozialcharta, dass Einschränkungen zulässig sind, wenn diese gesetzlich vorgeschrieben und in einer demokratischen Gesellschaft zum Schutz der Rechte und Freiheiten anderer oder zum Schutz der öffentlichen Sicherheit und Ordnung der Sicherheit des Staates, der Volksgesundheit und der Sittlichkeit notwendig werden.[62]

Da es an einer einschlägigen gesetzlichen Regelung des Arbeitskampfrechts in der Bundesrepublik Deutschland fehlt, sondern stattdessen der Rechtsprechung die Aufgabe zufällt, gestützt auf die Verfassungsgarantie des Art. 9 Abs. 3 GG die Rahmenbedingungen für den Arbeitskampf zu entwickeln, stellte sich die von *Kissel* aufgeworfene Frage, ob nämlich die durch Art. 6 Nr. 4 der Sozialcharta gewährleistete Arbeitskampffreiheit mangels eines förmlichen Gesetzes iSd Art. 31 der Sozialcharta überhaupt uneingeschränkt gelten soll.[63] Dieses warf zugleich die Frage nach der Funktion der Rechtsprechung im Arbeitskampfrecht auf. Das BAG vertrat hierzu die Auffassung, dass Gerichte denselben Grenzen unterliegen, wie der Gesetzgeber, wenn es darum geht, die in der Sozialcharta enthaltenen völkerrechtlichen Verpflichtungen in innerstaatliches Recht umzusetzen: „*Der Richter, der die bestehenden gesetzlichen Lücken anhand von Wertentscheidungen des Gesetzgebers ausfüllen muss, muss sich an die Regeln halten, die der Gesetzgeber als für die Bundesrepublik Deutschland verbindlich akzeptiert hat. Er darf völkerrechtliche Verpflichtungen nicht verletzen. Will der Richter das Streikrecht begrenzen, darf er nur solche Grundsätze aufstellen, die nach Art. 31 Abs. 1 ESC zulässig sind.*"[64] Auf der anderen Seite wurde in der Literatur einer gestaltenden Funktion der Rechtsprechung im Arbeitskampfrecht im Rahmen des Art. 31 der Sozialcharta eine Absage erteilt: „*Kein Arbeitsgericht ist befugt, die von der ESC vorgesehene völkerrechtlichen Verpflichtungen im Rahmen einer Rechtsanwendung zu aktualisieren oder zu vollziehen, solange die ESC nicht kraft gesetzgeberischen Entscheids zu unmittelbar geltendem Bundesrecht geworden ist*".[65] Wenn man sich diesem Problem nähern wollte, so konnte dies nur vor dem Hintergrund der besonderen Situation des Arbeitskampfrechts erfolgen. Obwohl das Phänomen des Arbeitskampfes im Hinblick auf seine Begrenzung einer Regelung bedarf, hat sich der Gesetzgeber bisher nicht dazu durchringen können, hier regelnd tätig zu

---

[57] BT-Drs. 13/11415, 17f.
[58] BAG 12.1.1988 – 1 AZR 219/86, NZA 1988, 474ff.; 7.6.1988 – 1 AZR 372/86, NZA 1988, 883f.; dem folgend: ArbG Pforzheim 5.4.2018 – 3 Ca 208/17, BeckRS 2018, 11642.
[59] *Brecht-Heitzmann/Khonsari* ZESAR 2017, 463 (466).
[60] Auszüge abgedruckt in: ZESAR 2003, 398.
[61] *Junker* ZfA 2015, 267 (270).
[62] Hierzu neuerdings: BAG 19.6.2007 – 1 AZR 396/06, AP GG Art. 9 Arbeitskampf Nr. 173.
[63] *Kissel* AK § 20 Rn. 4ff.
[64] BAG 12.9.1984 – 1 AZR 342/83, AP GG Art. 9 Arbeitskampf Nr. 81; s. auch BAG 20.11.2012 – 1 AZR 179/11, NZA 2013, 448 (465); BAG 20.11.2012 – 1 AZR 611/11, NZA 2013, 437 (446).
[65] *Scholz* SAE 1985, 33 (39f.); vgl. auch *Czycholl/Frieling* ZESAR 2011, 322.

werden. Stattdessen überlässt er es der Rechtsprechung, die Grenzen der Arbeitskampffreiheit zu bestimmen. Nun ist es aber nicht unbedenklich, wenn sich die Rechtsprechung mit ihrer normanwendenden Funktion auf normgestaltende Arbeitsfelder begibt, mit anderen Worten als „Ersatzgesetzgeber" tätig wird. Diese (vorgebliche) Durchbrechung des Gewaltenteilungsprinzips lässt sich allerdings noch rechtfertigen, wenn man sich vergegenwärtigt, dass durch Art. 9 Abs. 3 GG eine Wertentscheidung des Verfassungsgebers vorliegt, die sowohl der Rechtsgestaltung wie der Rechtsanwendung Grenzen setzt. Versteht man das Arbeitskampfrecht als Konkretisierung der in Art. 9 Abs. 3 GG enthaltenden Gewährleistung, so überwindet man damit zunächst einmal den Einwand, dass die Rechtsprechung hier zu Unrecht von den Befugnissen, die Art. 31 der Sozialcharta eröffnet, Gebrauch machte. Lässt der durch die Verfassung gezogene Rahmen verschiedene Konkretisierungsmöglichkeiten offen, so wird man eine Verpflichtung der Gerichte annehmen müssen, sich an den Vorgaben, die Art. 31 der Sozialcharta aufstellt, zu orientieren. Dies entspricht auch dem vom BVerfG stets betonten Grundsatz einer völkerrechtsfreundlichen Auslegung.[66] Nach diesem Grundsatz sind Rechtsnormen im Rahmen geltender methodischer Standards im Einklang mit den völkerrechtlichen Verpflichtungen der Bundesrepublik Deutschland auszulegen und anzuwenden, selbst wenn sie zeitlich später erlassen worden sind. Jedoch betont auch das BVerfG, dass dieses Gebot völkerrechtsfreundlicher Auslegung kein absolutes sei und sich ihre Wirkung nur im Rahmen des demokratischen und rechtsstaatlichen Systems des Grundgesetzes entfalten könne.[67] In diesem Sinne enden die Möglichkeiten einer völkerrechtsfreundlichen Auslegung dort, wo diese nach den anerkannten Methoden der Gesetzesauslegung und Verfassungsinterpretation nicht mehr vertretbar erscheint.[68] In diesem Sinne stellte letztlich auch Art. 31 Abs. 1 der Sozialcharta keine verbindliche Auslegungsregel dar.[69] Vielmehr bildet die Regelung einen Orientierungspunkt, der bei der Konkretisierung der Arbeitskampffreiheit, wie sie sich in Art. 9 Abs. 3 GG wiederfindet, Berücksichtigung finden konnte.[70] Mit dem Inkrafttreten der Grundrechte-Charta der EU besteht allerdings inzwischen ohnedies keine Notwendigkeit mehr, auf die europäische Sozialcharta zurückzugreifen.[71]

5. Europäische Menschenrechtskonvention

12 Auch die Europäische Menschenrechtskonvention, die am 4.11.1950 in Rom unterzeichnet wurde, enthält einen Katalog von Grund- und Menschenrechten. In der Bundesrepublik Deutschland hat die Europäische Menschenrechtskonvention den Rang einfachen innerstaatlichen Rechtes.[72] Dies führt dazu, dass deutsche Gerichte die Konvention wie andere Bundesgesetze im Rahmen methodisch vertretbarer Auslegung zu beachten und anzuwenden haben. Außerdem beeinflussen die Gewährleistungen der Konvention die Auslegung der rechtsstaatlichen Grundsätze des Grundgesetzes. Dies hat das BVerfG ausdrücklich in seinem Beschluss vom 14.10.2004 klargestellt.[73] Hinsichtlich der Rechtsprechung des EGMR weist das BVerfG darauf hin, dass Verfahren den nicht beteiligten Vertragsstaaten „*lediglich Anlass [geben], ihre nationale Rechtsordnung zu überprüfen und sich bei*

---

[66] BVerfG 26.3.1987 – 2 BvR 589/79, 2 BvR 740/81, 2 BvR 284/85, BVerfGE 74, 358, 370; BVerfG 14.10.2004 – 2 BvR 1481/04, BVerfGE 111, 307 (318).
[67] BVerfG 14.10.2004 – 2 BvR 1281/04, BVerfGE 111, 307; 22.12.2006 – 2 BvR 1526/04 NVwZ-RR 2007, 266 (267f.).
[68] BVerfG 12.6.2018 – 2 BvR 1738/12, 2 BvR 1395/132, BvR 1068/14, 2 BvR 646/15, NVwZ 2018, 1121 (1126).
[69] *Dumke* Streikrecht iS des Art. 6 Nr. 4 ESC und deutsches Arbeitskampfrecht, S. 58.
[70] In diesem Sinne auch *Kissel* AK § 20 Rn. 31; iÜ vgl. *Kothe/Doll* ZESAR 2003, 393ff. und *Bepler* FS Wissmann, 2005, S. 97ff.
[71] Vgl. *Löwisch/Rieble* Grundlagen Rn. 301; *Krebber* RdA 2009, 224 (230f.).
[72] Gesetz über die Konvention zum Schutze der Menschenrechte und Grundfreiheiten vom 7.8.1952 (BGBl II S. 685); *Reufels/Blöchl* KSzW 4.2014, 235ff. besprechen angesichts des 2014 gescheiterten Beitrittsversuchs der EU zur EMRK die möglichen Auswirkungen auf die Rechtslage nach einem solchen Beitritt.
[73] BVerfG 14.10.2004 – 2 BvR 1481/04, BVerfGE 111, 307.

I. Europäisches Recht   13 § 269

einer möglicherweise erforderlichen Änderung an der einschlägigen Rechtsprechung des Gerichtshofs zu orientieren".[74] Inhaltlich spricht die Europäische Menschenrechtskonvention nur die Versammlungs- und Vereinigungsfreiheit in Art. 11 EMRK an. Der EGMR hat deshalb auch in seiner frühen Rechtsprechung hieraus weder Tarifautonomie noch Streikrecht abgeleitet.[75] Auch wenn Art. 11 EMRK den Arbeitskampf nicht ausdrücklich erwähnt, argumentierte der Europäische Gerichtshof für Menschenrechte, dass die in der Vorschrift enthaltene Formulierung „zum Schutz seiner Interessen" deutlich mache, dass die EMRK auch die Freiheit schützt, die beruflichen Interessen der Mitglieder einer Gewerkschaft durch von dieser durchgeführte kollektive Maßnahmen wahrzunehmen. Dies waren nach Auffassung des EGMR Maßnahmen, deren Durchführung und Entfaltung die Vertragsstaaten sowohl gestatten als auch ermöglichen müssen.[76] Besonders in seiner Entscheidung vom 2.7.2002 hat sich der Europäische Gerichtshof für Menschenrechte mit der Funktion des Arbeitskampfes für die Gewerkschaften auseinandergesetzt und ausdrücklich dessen besondere Bedeutung für die Durchsetzung der Interessen der Arbeitnehmer hervorgehoben.[77] Auch wenn der Streik das effektivste Mittel der Gewerkschaft sei, gäbe es aber auch noch andere Möglichkeiten, um ihre Funktion auszuüben.[78] Insofern hat der Europäische Gerichtshof für Menschenrechte das Streikrecht als solches lange Zeit nicht als ein aus Art. 11 EMRK zu entnehmendes Recht anerkannt.[79] Vor diesem Hintergrund wurde die Rechtsprechung des EGMR auch als wenig eindeutig bewertet.[80] Inhaltlich brachte im Übrigen die Formulierung in Art. 11 EMRK gegenüber der Gewährleistung in Art. 9 Abs. 3 GG nichts Neues.[81]

Nunmehr hat der EGMR aber seit der Entscheidung in der Rechtssache „Demir und 13 Baykara" 2008 eine Rechtsprechungswende eingeläutet.[82] Er hat seine frühere zurückhaltende Rechtsprechung aufgegeben und wesentliche Bestandteile gewerkschaftlicher Freiheiten, insbesondere das Recht auf Tarifverhandlungen ausdrücklich anerkannt.[83] Kritisiert wurde der EGMR insbesondere für seinen dogmatischen Ansatz, zur Begründung der Tarifautonomie aus Art. 11 EMRK Völkerrecht, welches nicht in allen Vertragsstaaten verbindlich gelte, sowie Auslegungen der Ausschüsse der ILO und des Europäischen Sozialrechtsausschusses herangezogen zu haben.[84] An dieses Urteil anknüpfend hat der Gerichtshof in der Rechtssache „Enerji Yapi-Yol Sen" auch das Recht auf kollektive Maßnahmen, also das Streikrecht als von Art. 11 EMRK umfasst angesehen.[85] Zur Herleitung

---

[74] BVerfG 14.10.2004 – 2 BvR 1481/04, BVerfGE 111, 307. S. hierzu auch *Schlachter* AuR 2015, 217 (218).
[75] EGMR 6.2.1976 „Schmidt & Dahlström/Schweden" – 5589/72, EuGRZ 1976, 68; EGMR 25.4.1996 „Gustafsson/Schweden" – 15573/89, AuR 1997, 408.
[76] EGMR 27.10.1975 „Belgische Polizeigewerkschaft/Belgien" – 4464/70, EuGRZ 1975, 562; 6.2.1976 „Schwedischer Lokführer-Verband/Schweden" – 5614/72, EuGRZ 1976, 62; 6.2.1976 „Schmidt & Dahlström/Schweden" – 5589/72, EuGRZ 1976, 68; 2.7.2002 „Wilson & National Union of Journalists ua/VK" – 30668/96, 30671/96, 30678/96, ÖJZ 2003, 729 (730).
[77] EGMR 2.7.2002 „Wilson & National Union of Journalists ua/VK" – 30668/96, 30671/96, 30678/96, ÖJZ 2003, 729 (730f.).
[78] EGMR 10.1.2002 „UNISON/VK" – 53574/99, ÖJZ 2003, 276 (277).
[79] *Schmidt-Kessel* FS Löwisch, 2007, S. 325 (333); *Rengeling/Szczekalla* Grundrechte in der Europäischen Union, Rn. 1006; *Dörr/Grote/Marauhn* Kap. 19 Rn. 106 f.
[80] *Meyer-Ladewig/Daiber* EMRK Art. 11 Rn. 10.
[81] *Otto* AK § 4 Rn. 50.
[82] NK-ArbR/*Sagan* EMRK Art. 11 Rn. 1 spricht insofern von einem „Jahrhunderturteil"; *Junker* EuZA 2018, 304 (312).
[83] EGMR 12.11.2008 „Demir und Baykara/Türkei" – 34503/97, NZA 2010, 1425; umfassend zur Entwicklung der Rspr. des EGMR zur Reichweite der Koalitionsbetätigungsgarantie des Art. 11 EMRK: *Katerndahl* Tarifverhandlung und Streik als Menschenrechte, S. 69 ff.
[84] NK-ArbR/*Sagan* EMRK Art. 11 Rn. 14; *Junker* ZfA 2015, 267 (273); *Weiß* EuZA 2010, 457 (467f.); *Seifert* KritV 2009, 357 (366) und EuZA 2013, 205 (209); *Kaiser* AöR 2017, 417 (426f.); dem EGMR zustimmend hingegen: *Schlachter* RdA 2011, 341 (346).
[85] EGMR 21.4.2009 „Enerji Yapi-Yol Sen/Türkei" – 68959/01, NZA 2010, 1423; *Karpenstein/Mayer/Arndt/Engels* EMRK Art. 11 Rn. 53.

griff er lediglich auf seine Begründung in „Demir und Baykara" zurück.[86] In der Folge ergingen weitere Urteile zum Streikrecht.[87] Der EGMR sieht das Streikrecht nunmehr als offensichtlich von Art. 11 EMRK geschützt an, wendet aber gleichsam die Auslegungsgrundsätze aus „Demir und Baykara" eher verhaltener und nur in Teilen an.[88] Eingeschränkt werden kann das Streikrecht gemäß Art. 11 Abs. 2 EMRK nur durch eine Maßnahme, die gesetzlich vorgesehen und hinreichend bestimmt ist.[89] Im Hinblick auf das deutsche Arbeitskampfrecht ist seit dem Rechtsprechungswandel nicht mehr so eindeutig, wie sich die in der Europäischen Menschenrechtskonvention enthaltene Gewährleistung auf die Auslegung des Art. 9 Abs. 3 GG auswirkt (so etwa in Bezug auf den Beamtenstreik → § 272 Rn. 30).[90] Bedeutung erhalten die Gewährleistungen der EMRK insbesondere dadurch, dass sie als völkerrechtliche Regelungen im Rahmen der Auslegung des Grundgesetzes zu berücksichtigen sind.[91] Allerdings spricht das BVerfG in diesem Zusammenhang aber auch von einem Beurteilungsspielraum des nationalen Gesetzgebers („Die Koalitionsfreiheit der EMRK gilt als soziales Recht, weshalb dem Gesetzgeber ein Beurteilungsspielraum zuerkannt wird").[92] In seiner Entscheidung zum Beamtenstreik aus dem Jahr 2018 hat das BVerfG klargestellt, dass die EMRK sowie die Rechtsprechung des EGMR zwar als Auslegungshilfen für das GG anzuwenden sind, Erwägungen des EGMR jedoch nicht einfach übernommen werden müssen, sofern Deutschland nicht Partei des jeweiligen Verfahrens ist.[93] Bei Heranziehung der Erwägungen des EGMR als Auslegungshilfe müssen im Rahmen einer Kontextualisierung die besonderen konkreten Umstände des jeweilig entschiedenen Falles beachtet und die Rechtsprechung des EGMR möglichst schonend mit dem nationale Rechtssystem in Einklang gebracht werden.[94] Unter Beachtung dieses Auslegungsmaßstabes konnte das BVerfG keine Kollisionslage zwischen Art. 11 EMRK und dem im Grundgesetz verankerten generellen Streikverbot für Beamte erkennen (hierzu: → § 272 Rn. 30a). Von daher waren bisher sämtliche Ansätze vergebens, aus den Gewährleistungen des Streikrechts der EMRK eine über den bisherigen Stand der Auslegung des Art. 9 Abs. 3 GG hinausgehende Schutzgarantie des Arbeitskampfes zu gewinnen.

6. Die Rechtsprechung des Europäischen Gerichtshofes

14 Das europäische Primärrecht ist, was die Regelung von Arbeitskämpfen angeht, auf den ersten Blick eher von Zurückhaltung geprägt. Dementsprechend findet sich etwa in Art. 153 Abs. 5 AEUV (Art. 137 Abs. 5 EGV) ein ausdrückliches Bekenntnis zu arbeits-

---

[86] *Junker* ZfA 2015, 267 (275); kritisch insofern auch NK-ArbR/*Sagan* EMRK Art. 11 Rn. 13; *Schubert* AöR 137 (2012), 92 (99 ff.).
[87] Zum Streikrecht für den kirchlichen Dienst: EGMR 31.1.2012 „Sindicatul ‚Păstorul cel Bun'/Rumänien" – 2330/09, hierzu auch: BAG 20.11.2012 – 1 AZR 179/11, NZA 2013, 448 (465); *Junker* EuZA 2018, 304 (312 ff.); BAG 20.11.2012 – 1 AZR 611/11, NZA 2013, 437 (446); ausführlich *Reichold* ZAT 2018, 65. Zum Sympathiestreik EGMR 8.4.2014 „National Union of Rail, Maritime and Transport Workers/Großbritannien" – 31045/10. Zum kroatischen Streikrecht EGMR 27.11.2014 „Hrvatski liječnički sindikat/Kroatien" – 36701/09, AuR 2015, 146; zur Bewertung für das deutsche Recht: *Junker* ZfA 2015, 267 (276 f.).
[88] NK-ArbR/*Sagan* EMRK Art. 11 Rn. 13 mwN.
[89] EGMR 2.10.2014 „Veniamin Tymoshenko ua/Ukraine" – 48408/12, NZA 2015, 1268 (1269).
[90] Nach der alten Rechtslage ergaben sich keine über Art. 9 Abs. 3 GG hinausgehende Gewährleistungen: BAG 10.6.1980 – 1 AZR 822/79, AP GG Art. 9 Arbeitskampf Nr. 64; Brox/Rüthers/*Rüthers* § 7 Rn. 127; anders aber nunmehr etwa: Däubler ArbeitskampfR/*Lörcher* § 10 Rn. 42, der für eine weitergehende Gewährleistung des Streikrechts plädiert.
[91] BVerfG 11.7.2017 – 1 BvR 1571/15, 1 BvR 1588/15, 1 BvR 2883/15, 1 BvR 1043/16, 1 BvR 1477/16, NZA 2017, 915 (926), *Seifert* KritV 2009, 357 (372).
[92] BVerfG 11.7.2017 – 1 BvR 1571/15, 1 BvR 1588/15, 1 BvR 2883/15, 1 BvR 1043/16, 1 BvR 1477/16, NZA 2017, 915 (926).
[93] BVerfG 12.6.2018 – 2 BvR 1738/12, 2 BvR 1395/132, BvR 1068/14, 2 BvR 646/15, NVwZ 2018, 1121 (1125).
[94] BVerfG 12.6.2018 – 2 BvR 1738/12, 2 BvR 1395/132, BvR 1068/14, 2 BvR 646/15, NVwZ 2018, 1121 (1126).

I. Europäisches Recht

kampfrechtlicher Abstinenz. Danach gilt die spezifische Rechtssetzungskompetenz der EU-Organe zur Verbesserung und Angleichung der Lebens- und Arbeitsbedingungen gerade nicht für das Streik- und Aussperrungsrecht. Inwieweit diese Vorschrift den europäischen Gesetzgeber allerdings in Bezug auf die Schaffung eines Arbeitskampfrechts einschränkt, war nie ganz unumstritten.[95] Jedenfalls war es zunächst ganz überwiegende Auffassung, dass das Arbeitskampfrecht aus der Regelungszuständigkeit der Union ausgenommen sei.[96] Insofern wurde das Arbeitskampfrecht als ureigenste Domäne der Mitgliedstaaten gesehen.[97]

Seit Ende des Jahres 2007 ist diese Annahme jedoch fragwürdig geworden.[98] In zwei Entscheidungen hat der Europäische Gerichtshof sich intensiv mit der Rechtmäßigkeit von Arbeitskämpfen beschäftigt.[99] In dem einen Fall hatte das lettische Unternehmen Laval un Partneri mehrere Dutzend Arbeiter aus Lettland auf Baustellen in Schweden entsandt.[100] Weil sich das Unternehmen weigerte, einen Tarifvertrag zu unterzeichnen und die schwedischen Gesetze für Arbeitsbedingungen und Mindestlöhne einzuhalten, leiteten die schwedischen Gewerkschaften gegen Laval Maßnahmen ein. Auf eine entsprechende Klage von Laval legte das schwedische Arbeitsgericht dem Europäischen Gerichtshof die Sache zur Entscheidung vor. Ähnlich ist der Sachverhalt des sog. „Viking-Falles" gelagert.[101] Die Viking-Line, die ua im Verkehr zwischen Estland und Finnland mit ihrem Fährschiff „Rosella" tätig ist, beabsichtigte, das niedrigere estnische Lohnniveau auszunutzen und zu diesem Zweck die Rosella zukünftig unter estnischer Flagge fahren zu lassen. Daraufhin versuchte die finnische Seeleute-Gewerkschaft dies mit Unterstützung durch die internationale Transportarbeiter-Föderation zu unterbinden, indem sie Viking-Line im Falle der Durchführung ihrer Pläne Streiks und Boykott androhte. Die internationale Transportarbeiter-Föderation rief zudem ihre ca. 600 Mitgliedsgewerkschaften in 140 Staaten auf, weder mit Viking-Line noch deren Tochtergesellschaften Vertragsverhandlungen zu führen. Gegen diese Beschränkungen wendet sich Viking im Klagewege am Sitz der internationalen Transportarbeiter-Föderation. Der Court of Appeal legte daraufhin den Fall dem EuGH vor. Beiden Fällen ist gemein, dass ihre Brisanz aus dem Umstand resultiert, dass das Lohnniveau zwischen den Mitgliedstaaten der Gemeinschaft ganz erheblich differiert und Arbeitsleistungen letztlich ebenso wie Waren dort beschafft werden, wo die Konditionen am günstigsten sind. Dies führt zwangsläufig dazu, dass die Arbeitsplätze der Arbeitnehmer in Gefahr geraten, für die das hohe Lohnniveau gilt.

In der Rs. Viking prüfte der EuGH entsprechend der Vorlagefrage, ob die gegen ein privates Unternehmen gerichtete kollektive Maßnahme einer Gewerkschaft oder eines Gewerkschaftsverbandes einen Verstoß gegen die Niederlassungsfreiheit darstellt, wenn das private Unternehmen verpflichtet werden soll, mit einer Gewerkschaft in einem bestimmten Mitgliedstaat einen Tarifvertrag zu schließen, der letztlich dazu führt, dass es für das Unternehmen zwecklos ist, sein Fährschiff umzuflaggen. Das heißt also, dass der EuGH zunächst nicht danach fragt, ob es ein Recht der Gewerkschaften bzw. des Gewerkschaftsverbandes gab, die entsprechenden Maßnahmen zu ergreifen, sondern der Ansatzpunkt war, ob das Treiben der Gewerkschaft oder ihres Gewerkschaftsverbandes

---

[95] *Kühling* NJW 1999, 403 (404).
[96] *Everling* GS Heinze, 2005, S. 157(173 f.), der darauf hinweist, dass auch durch die Grundrechte-Charta keine Kompetenzerweiterung erfolgen kann; Stern/Sachs/*Rixen/Scharl* GRCh Art. 28 Rn. 4; Calliess/Ruffert/*Krebber* Art. 153 AEUV Rn. 4; *Fuchs/Marhold* Europäisches Arbeitsrecht S. 373.
[97] *Kocher* AuR 2008, 13.
[98] Zur vorherigen Situation *Jeschke* Der europäische Streik.
[99] S. hierzu auch *Patett* Das Verhältnis des Arbeitskampfrechts zu Art. 12 GG und den europäischen Grundfreiheiten, S. 155 ff.; *Tscherner* Arbeitsbeziehungen und Europäische Grundfreiheiten, S. 142 ff.
[100] EuGH 18.12.2007 – C-341/05, NZA 2008, 159 – Laval; dazu *Tscherner* Arbeitsbeziehungen und Europäische Grundfreiheiten, S. 179 ff.
[101] EuGH 11.12.2007 – C-438/05, NZA 2008, 124 – Viking; dazu: *Rebhahn* ZESAR 2008, 109 ff.; *Hartmann* EuZA 2018, 1 f.

durch europarechtliche Vorgaben begrenzt ist. Folglich wurde hier eine geradezu typische Frage des Arbeitskampfrechtes angesprochen.

17 Bei der Beurteilung dieser Frage konnte der Gerichtshof an seine bisherige Rechtsprechung anknüpfen, nach der sich die Grundfreiheiten, wie etwa die Dienstleistungs- und Niederlassungsfreiheit, nicht nur auf das Handeln staatlicher Behörden erstrecken, sondern auch auf Regelwerke, die die abhängige Erwerbstätigkeit, die selbständige Arbeit und die Erbringung von Dienstleistungen kollektiv regeln sollen.[102] Bei der Begründung verweist der Gerichtshof auf die unterschiedlich ausgestalteten Arbeitsrechtsordnungen der Mitgliedstaaten. Angesichts des Umstandes, dass in einigen Mitgliedstaaten die Arbeitsbedingungen durch Gesetze und Verordnungen geregelt werden, würden Ungleichheiten bei der Anwendung der Grundfreiheiten entstehen, wenn man bei denjenigen Mitgliedstaaten, die die Arbeitsbedingungen durch Tarifverträge regeln, in Bezug auf diese Tarifverträge die Grundfreiheiten nicht anwenden würde. Der Gerichtshof verkennt an dieser Stelle nicht, dass die kollektiven Gewerkschaftsmaßnahmen autonom von Privatrechtssubjekten vorgenommen werden. Nichtsdestotrotz sollen diese Maßnahmen den Grundfreiheiten unterworfen bleiben.[103] Demgemäß ist es für den Gerichtshof auch unschädlich, dass das Arbeitskampfrecht an sich in Art. 137 Abs. 5 EG-Vertrag (Art. 153 Abs. 5 AEUV) der Regelungsbefugnis der Union entzogen wurde.[104] Zur Begründung verweist er lediglich darauf, dass schließlich auch die Mitgliedstaaten bei nationalen Regelungen an die Grundfreiheiten gebunden seien. Insofern ist die Bereichsausnahme des Abs. 5 des Art. 137 EG (Art. 153 AEUV) auf den Anwendungsbereich dieser Vorschrift beschränkt. Im Gegensatz zu der Rs. Albany, in der der EuGH einen wettbewerbsrechtlichen Ausnahmebereich für das Handeln der Sozialpartner anerkannte,[105] lehnte es der Gerichtshof hier ab, dass etwa kollektive Arbeitskampfmaßnahmen aus dem Anwendungsbereich der in Art. 43 EG (Art. 49 AEUV) normierten Niederlassungsfreiheit, herausgenommen werden können.[106]

17a Mithin geht der EuGH bei der Beschränkung von Grundfreiheiten durch Arbeitskämpfe von einer unmittelbaren horizontalen Wirkung aus.[107] Dies wurde von großen Teilen der Literatur kritisiert.[108] Es sei nicht nachvollziehbar, warum Gewerkschaften als private Akteure an die Grundfreiheiten der Arbeitgeber gebunden sein sollen. Soweit der EuGH bzgl. der direkten Wirkung für privatautonome Regelungen auf seine bisherige Rechtsprechung in den Rechtssachen Walrave, Bosman und Wouters verweist,[109] in denen eine Anwendbarkeit der Grundfreiheiten aus Art. 39 und 49 EGV (Art. 45 und 56 AEUV) auf Kollektivregelungen von Verbänden und Einrichtungen angenommen wurde, überzeuge dies mangels hinreichender Vergleichbarkeit nicht.[110]

18 Andererseits erkennt der Gerichtshof aber das Recht auf Durchführung einer kollektiven Maßnahme einschließlich des Streikrechts nunmehr als einen allgemeinen Grundsatz

---

[102] EuGH 12.12.1974 – C-36/74, Slg. 1974, 1405, Rn. 16/19 = NJW 1975, 1093 (1094) – Walrave; 14.7. 1976 – C-13/76, Slg. 1976, 1333, Rn. 17 – Donà; 6.6.2000 – C-281/98, Slg. 2000, I-4139, Rn. 31 = NZA-RR 2001, 20 (21) – Angonese; 19.2.2002 – C-309/99, Slg. 2002, I 1577, Rn. 120 = NJW 2002, 877 (882) – Wouters ua; *Junker* SAE 2008, 209 (211 f.).
[103] Von der Groeben ua/*Tiedje* Europäisches Unionsrecht, Art. 49 AEUV Rn. 149.
[104] *Kamanabrou* EuZA 2010, 157 (167–168); kritisch *Fuchs/Marhold* Europäisches Arbeitsrecht S. 379–380; *Thüsing* § 10 Rn. 12.
[105] EuGH 21.9.1999 – C-67/96, AP Art. 85 EG-Vertrag Nr. 1 Rn. 63 f. – Albany; s. hierzu *Kamanabrou* EuZA 2010, 157 (159–164).
[106] Bedenken finden sich bei *Joussen* ZESAR 2008, 333 ff.; *Däubler* AuR 2008, 409 (412 ff.).
[107] *Pießkalla* NZA 2007, 1144 (1146); *Fuchs/Marhold* Europäisches Arbeitsrecht S. 381.
[108] *Kocher* Europäisches Arbeitsrecht § 3 Rn. 44; *Jarass* EuR 2000, 705 (716); *Sciarra* GS Zachert, 2010, 105 (108 ff.); *Thüsing* RdA 2007, 307 (308); *Kamanabrou* EuZA 2010, 157 (171); *Fuchs/Marhold* Europäisches Arbeitsrecht S. 381 ff.
[109] EuGH 18.12.2007 – C-341/05, NZA 2008, 159 (166) – Laval; EuGH 11.12.2007 – C-438/05, NZA 2008, 124 (128) – Viking; hierzu *Junker* SAE 2008, 209 (211–213).
[110] Vgl. *Kamanabrou* EuZA 2010, 157 (168–170); *Fuchs/Marhold* Europäisches Arbeitsrecht S. 381–386; *Rebhahn* ZESAR 2008, 109 (113 f.).

des Unionrechts an. Derartige allgemeine Rechtsgrundsätze, die den Rechtsordnungen der Mitgliedstaaten gemeinsam sind, gewinnt der EuGH im Wege wertender Rechtsvergleichung, bei der eine im Sinne des Unionsrechts beste Lösung aus dem Normenbestand der Rechtsordnungen aller Mitgliedstaaten extrahiert wird.[111] Man mag sicherlich über die Berechtigung dieser Rechtsfigur streiten. Auch in den Entscheidungen zur Rs. Viking und Laval hat der Gerichtshof nicht offen gelegt, aufgrund welcher Überlegungen er zu der Annahme gelangt ist, dass ein Recht auf Durchführung von kollektiven Maßnahmen einschließlich des Streikrechts zu den allgemeinen Grundsätzen des Unionsrechts zähle. Er verweist auf die Charta der Grundrechte der Europäischen Union, die zu diesem Zeitpunkt noch keine rechtliche Verbindlichkeit erlangt hatte. Dort heißt es in Art. 28:

„*Die Arbeitnehmerinnen und Arbeitnehmer sowie die Arbeitgeberinnen und Arbeitgeber oder ihre jeweiligen Organisationen haben nach dem Unionsrecht und den einzelstaatlichen Rechtsvorschriften und Gepflogenheiten das Recht, Tarifverträge auf den geeigneten Ebenen auszuhandeln und zu schließen sowie bei Interessenkonflikten kollektive Maßnahmen zur Verteidigung ihrer Interessen, einschließlich Streiks, zu ergreifen.*"[112] 19

Diese Bestimmung der Grundrechte-Charta hat allerdings erst durch Inkrafttreten des EU-Reformvertrages am 31.12.2009 Rechtsverbindlichkeit erhalten. Angesichts dessen verwundert es schon, wenn der Gerichtshof zur Bekräftigung des Umstands, dass das Recht auf Durchführung einer kollektiven Maßnahme als allgemeiner Grundsatz des Gemeinschaftsrechts anzusehen sei, auf Art. 28 der Charta der Grundrechte zurückgreift, da schließlich die Charta der Grundrechte, gerade was den Art. 28 GRCh betrifft, keineswegs von allen Mitgliedstaaten als gemeinsame Basis anerkannt wird.[113] So haben sowohl Polen als auch das Vereinigte Königreich eine Relativierung des Anwendungsbereiches der Grundrechte-Charta durchgesetzt, indem in Art. 1 Abs. 2 des Protokolls über die Anwendung der Charta der Grundrechte der Europäischen Union für Polen und das Vereinigte Königreich[114] klargestellt wurde, dass etwa durch den besagten Art. 28 der Charta keine für Polen oder das Vereinigte Königreich geltenden einklagbaren Rechte geschaffen werden, soweit Polen bzw. das Vereinigte Königreich solche Rechte nicht in ihrem nationalen Recht vorgesehen haben.[115] 20

Die Garantie des Rechts auf Durchführung kollektiver Maßnahmen einschließlich des Streikrechts ist jedoch unter dem Blickwinkel von Art. 28 GRCh keine vorbehaltlose, sondern aus Sicht des Gerichtshofes unter Rückgriff auf Art. 28 GRCh „nur" nach dem Unionsrecht und den einzelstaatlichen Rechtsvorschriften und Gepflogenheiten geschützt. Damit erkennt der Gerichtshof zwar den Grundrechtscharakter des Rechts auf Durchführung einer kollektiven Maßnahme grds. an, allerdings vorbehaltlich des Gemeinschaftsrechts bzw. einzelstaatlicher Rechtsvorschriften und Gepflogenheiten. Von diesem Standpunkt aus konsequent sieht der Gerichtshof hier einen Zielkonflikt zwischen den Grundfreiheiten, etwa der Dienstleistungsfreiheit und der Niederlassungsfreiheit auf der einen Seite und dem Recht auf Durchführung einer kollektiven Maßnahme auf der anderen Seite. Zu lösen ist dieser Konflikt nach Maßgabe des Gerichtshofs über die Anwendung des Verhältnismäßigkeitsgrundsatzes.[116] 21

Bei der Prüfung des Verhältnismäßigkeitsgrundsatzes stellt der Gerichtshof vorab klar, dass sich Grundfreiheiten und das Recht auf Durchführung von kollektiven Maßnahmen nicht per se ausschließen, also nicht immer bei jeder Durchführung einer kollektiven Maßnahme eine Beeinträchtigung der Grundfreiheit vorliegen muss. In der Rs. Viking zielten aber die kollektiven Maßnahmen gerade darauf ab, es für das Unternehmen weni- 22

---

[111] *Thüsing* § 1 Rn. 37; vgl. auch GA Colomber SchlA C-466/00, Slg. 2003 I-2219 – Arben Kaba.
[112] Ausführlich zu Art. 28 GRCh *Sagan* Das Gemeinschaftsgrundrecht auf Kollektivmaßnahmen.
[113] Hierzu *Bayreuther* EuZA 2008, 395 (400 f.); *Schlachter* FS Birk, 2008, S. 809 (815).
[114] ABl. EU 2007 C 306 vom 17.12.2007, 156 f.; *Lindner* EuR 2008, 786 (788 ff.).
[115] S. hierzu auch *Junker* ZfA 2013, 91 (111–112).
[116] Umfassende Erläuterungen: *Schubert* RdA 2008, 289 (292 ff.); ausführlich zum Verhältnismäßigkeitsgrundsatz im Europäischen Recht: *Stern/Sachs/Krämer* GRCh Art. 52 Rn. 40 ff.

ger attraktiv und vielleicht sogar zwecklos erscheinen zu lassen, von seiner Niederlassungsfreiheit Gebrauch zu machen. Insofern seien die von Gewerkschaftsseite ergriffenen Maßnahmen zumindest geeignet gewesen, in die Niederlassungsfreiheit des Unternehmens einzugreifen. Einen solchen Eingriff in die Niederlassungsfreiheit hält der Gerichtshof allerdings nur für zulässig, wenn mit ihm ein berechtigtes und mit dem Vertrag zu vereinbarendes Ziel verfolgt wird und wenn er durch zwingende Gründe des Allgemeininteresses gerechtfertigt ist. Insofern müsse die Beschränkung der Niederlassungsfreiheit geeignet sein, die Erreichung des legitimen Zieles zu gewährleisten und dürfe nicht über das hinausgehen, was zur Erreichung eben dieses Zieles erforderlich ist. Dies ist die klassische Prüfung des Verhältnismäßigkeitsgrundsatzes.

23   Dieses Vorgehen bestätigte der EuGH im Hinblick auf die Dienstleistungsfreiheit einige Jahre später in der Rs. Fonnship.[117] In dieser Entscheidung ging es vorrangig um den persönlichen Anwendungsbereich der Verordnung (EWG) Nr. 4055/86 zur Anwendung des Grundsatzes des freien Dienstleistungsverkehrs auf die Seeschifffahrt zwischen Mitgliedstaaten sowie zwischen Mitgliedstaaten und Drittländern. Da das vorlegende schwedische Arbeitsgericht seine Vorlagefrage explizit auf die Anwendbarkeit des europäischen Rechts beschränkte und die Frage der Vereinbarkeit der Gewerkschaftsmaßnahmen mit der Dienstleistungsfreiheit angesichts der Judikate in den Rs. Laval und Viking nicht für erforderlich hielt, war es dem Gerichtshof in dieser Sache verwehrt, die Rechtmäßigkeit der Arbeitskämpfe zu prüfen.[118] Der EuGH führt insofern nur aus, dass im Falle der Anwendbarkeit der Verordnung jede Beschränkung, die geeignet ist, die Dienstleistungserbringung ohne Rechtfertigung zu behindern oder weniger attraktiv zu machen mit dem Unionsrecht unvereinbar ist, da die Verordnung die primärrechtlichen Regelungen zum freien Dienstleistungsverkehr sowie die hierzu ergangene Rechtsprechung, welche auch das Urteil in der Rs. Laval einbezieht, umsetzt.[119]

24   Sowohl in der Rechtssache Laval als auch in der Rechtssache Viking macht der Gerichtshof deutlich, dass die Durchführung von Kollektivmaßnahmen, die den Schutz der Arbeitnehmer bezwecken, berechtigte Interessen sind, die eine Beschränkung der Grundfreiheiten rechtfertigen können. Erstmalig verweist der Gerichtshof somit auf die sozialpolitische Dimension der Gemeinschaft, deren Tätigkeit sich nicht nur durch einen Binnenmarkt im Sinne eines freien Waren-, Personen-, Dienstleistungs- und Kapitalverkehrs auszeichnet, sondern vielmehr auch eine sozialpolitische Dimension beinhaltet. Bemerkenswert ist an dieser Stelle aber auch ein Aspekt, zu dem der EuGH sich in der Entscheidung gerade nicht geäußert hat. Zur Wertigkeit der sozialpolitischen Dimension der Gemeinschaft im Verhältnis zu den Grundfreiheiten finden sich nämlich in den Entscheidungen gerade keine Ausführungen. Vielmehr verlangt der Gerichtshof bei der Anwendung der Grundfreiheiten eine Abwägung mit den sozialpolitischen Zielen der Gemeinschaft, was mE klar dafür spricht, dass der Gerichtshof nicht von einer Präferenz der Grundfreiheiten zulasten sozialpolitischer Belange ausgeht.[120] Der vielfach dem Gerichtshof nachgesagte Grundsatz „Binnenmarkt sticht Sozialpolitik"[121] scheint also damit überwunden. Angesichts der Regelung in Art. 52 Abs. 1 S. 2 GRCh ist dies erst recht seit dem Inkrafttreten der Grundrechte-Charta anzunehmen.[122] Da seit dem Vertrag von Lis-

---

[117] EuGH 8.7.2014 – C-83/13, TranspR 2014, 452 – Fonnship.
[118] Schlussanträge GA Mengozzi v. 1.4.2014 – C-83/13, Rn. 9–25.
[119] EuGH 8.7.2014 – C-83/13, TranspR 2014, 452 (455) Rn. 43 – Fonnship.
[120] So auch *Kocher* AuR 2008, 13 (15).
[121] *Karl* Die neue EU-Verfassung und die europäische Sozialpolitik, Dokumentation des Symposions vom 10.11.2003, veranstaltet durch die Gesellschaft für Europäische Sozialpolitik e.V., die Europäische Kommission, in Zusammenarbeit mit der Fachhochschule Bonn-Rhein-Sieg und dem Hauptverband der gewerblichen Berufsgenossenschaft, S. 91 (93); eine höchstrichterliche Legitimation von Sozialdumping annehmend: *Zimmer* AuR 2015, 103, Anm. zur jüngsten Entscheidung des EuGH v. 8.7.2014 – C-83/13, TranspR 2014, 452 – Fonnship.
[122] *Thüsing/Traut* RdA 2012, 65 (72).

sabon die Charta und die Verträge gleichrangig auf einer Stufe stehen, dürften die vom Gerichtshof entwickelten Grundsätze auch insofern weiterhin gelten.[123]

Die Prüfung, ob bei den durch die Gewerkschaftsseite angedrohten und durchgeführ- 25 ten Maßnahmen das Verhältnismäßigkeitsprinzip beachtet wurde, überließ der Gerichtshof den nationalen Gerichten, wobei der Gerichtshof deutlich machte, dass hier eine tatsächliche gerichtliche Überprüfung dahingehend erfolgen muss, ob die durch die Gewerkschaftsseite ergriffenen Maßnahmen tatsächlich dem Schutz und der Verbesserung der Arbeitsbedingungen der betroffenen Seeleute zu dienen bestimmt sind.[124] Wie genau hier die nationalen Gerichte die Verhältnismäßigkeit von Arbeitskampfmaßnahmen zu prüfen haben, zeigen die Erwägungen des Gerichtshofs am Ende der Entscheidung in der Rs. Viking. Denn ganz offensichtlich sieht der Gerichtshof den Schutz für die Durchführung kollektiver Maßnahmen nicht als um seiner selbst willen gewährleistet, sondern vielmehr müssen die jeweiligen Maßnahmen gerade dem Schutz vor einer Verschlechterung der Arbeitsbedingungen dienen, um noch im Sinne des Verhältnismäßigkeitsprinzips als erforderlich zu gelten.[125] Da hier aber nach Ansicht des Gerichtshofs durch die Gewerkschaftsseite eine Strategie verfolgt wurde, bei der generell das Umflaggen von Schiffen bekämpft werden sollte, unabhängig davon, ob dieses Umflaggen zu einer Verschlechterung der Arbeitsbedingungen führte, machte der Gerichtshof deutlich, dass die Erforderlichkeit derartiger Maßnahmen fragwürdig sei. Diese Verhältnismäßigkeitsprüfung ist sicherlich der umstrittenste Punkt der EuGH-Rechtsprechung zum Arbeitskampf.[126] Die Position des EuGH ist aber nur konsequent, da sie gerade akzeptiert, dass Kollektivmaßnahmen nicht um ihrer selbst willen geschützt sind und mit der in Art. 28 GRCh geschützten Freiheit zur Durchführung von Kollektivmaßnahmen nicht eine Beschränkung gerichtlicher Kontrolldichte verbunden sein muss.

In den Bewertungen beider Rechtssachen wurde zwar hervorgehoben, dass damit die 26 Koalitionsfreiheit und Arbeitskampffreiheit erstmals auf europäischen Ebenen anerkannt wurde. Kritisiert wird aber ua die inhaltliche Bestimmung dieser Freiheit.[127] Dies gipfelt bisweilen in Aussagen, dass grenzüberschreitende koordinierende gewerkschaftliche Maßnahmen in den Kernbereich dieser noch zu definierenden Koalitionsfreiheit fielen und daher geeignet seien, die Niederlassungsfreiheit zu beschränken, ohne diese in ihrem Kernbereich zu berühren. Insbesondere sei die Frage, welche Arbeitsbedingungen auf welchem Niveau ausgehandelt werden, allein Sache der Tarifpartner und „sollte nicht Gegenstand staatlicher Regulierung sein".[128] Andererseits wird der methodische Begründungsansatz kritisiert, unter Rückgriff auf die Charta der Grundrechte zu einer Einschränkung der Koalitionsfreiheit und Arbeitskampffreiheit zu kommen. Der EuGH formulierte in beiden Judikaten ausdrücklich, dass die Ausübung des Rechts auf Durchführung von Kollektivmaßnahmen bestimmten Beschränkungen unterworfen werden könne.[129] Hier – so die Kritik – habe der Gerichtshof nicht genügend berücksichtigt, dass sich eine Regelung der Grundrechtsschranken in Art. 51 f. GRCh befindet.[130] Damit wird ein im deutschen Schrifttum vielfach verwandtes Argument aufgenommen, die Gewährung der Koalitionsfreiheit nach dem Gemeinschaftsrecht und den einzelstaatlichen Rechtsvorschriften und Gepflogenheiten sei entgegen dem Gerichtshof nicht als Schranke zu verstehen.[131] Die Schranken der Grundrechte seien in Art. 51 f. der Charta geregelt und aus dieser Vor-

---

[123] Vgl. *Junker* EuZA 2014, 1 (10 f.); *Zimmer* AuR 2012, 114.
[124] Kritisch hierzu *Kocher* AuR 2008, 13 (16).
[125] *Bayreuther* EuZA 2008, 395 (403 f.); *Schubert* RdA 2008, 289 (296).
[126] *Kocher* Europäisches Arbeitsrecht S. 214 ff.
[127] *Schiek* Europäisches Arbeitsrecht Teil 1 D Rn. 70.
[128] *Bücker* NZA 2008, 212 (216).
[129] EuGH 18.12.2007 – C-341/05, NZA 2008, 159 (165) unter Rn. 91 – Laval.
[130] *Zwanziger* DB 2008, 294 (296).
[131] *Rebhahn* GS Heinze, 2005, S. 649 (654 f.), Stern/Sachs/*Rixen/Scharl* GRCh Art. 28 Rn. 15, hier wird teilweise von einem Ausgestaltungsvorbehalt gesprochen.

schrift ergebe sich, dass das Verhältnismäßigkeitsprinzip zunächst für die Eingriffe in Grundrechte gelte und erst dann für Eingriffe in die wirtschaftlichen Grundfreiheiten.[132]

27 Diese Kritik an den Erwägungen des EuGH in den Rechtssachen Laval und Viking lässt sich in einem Punkt zusammenfassen: Das Recht zur Durchführung von Kollektivmaßnahmen soll einen wie auch immer gearteten Vorrang gegenüber den Grundfreiheiten erhalten, sei es – um in der Diktion der Grundrechtslehren zu bleiben – dass sein Schutzbereich gegenüber Einschränkungen besonders herausgehoben wird, sei es, dass seine Schranken im Verhältnis zu den Grundfreiheiten als besonders hoch anzusehen sind. Dieses wird beiden Entscheidungen aber nicht gerecht und die Kritiker übersehen, auf welch dünnem Eis der Gerichtshof argumentieren musste, um europarechtlich die Arbeitsbedingungen nicht gänzlich dem scharfen Wind der wirtschaftlichen Grundfreiheiten auszusetzen.[133] Sieht man von den Diskriminierungsverboten ab, waren es die Grundfreiheiten, die der Motor der europäischen Rechtsentwicklung im Arbeitsrecht waren. Mit diesen Entscheidungen stellt der Gerichtshof trotz der problematischen Regelung in Art. 137 Abs. 5 EGV (Art. 153 Abs. 5 AEUV)[134] dem ein Recht zur Durchführung kollektiver Maßnahmen als Grundrecht entgegen. Dabei bekräftigt er, dass dieses Recht fester Bestandteil der allgemeinen Grundsätze des Unionsrechts sei.[135] Ob sich dieses tatsächlich so einfach, wie es der Gerichtshof darstellt, als allgemeiner Grundsatz ermitteln lässt, scheint mE angesichts der Diskussion um seinen Inhalt fragwürdiger denn je.[136] Dass dieses europäische Grundrecht aber so ausgestaltet ist, dass es per se in der Lage ist, die Grundfreiheiten zu verdrängen, ist aufgrund der bisherigen Rechtsentwicklung eher fernliegend.[137] Schließlich enthält hierzu Art. 52 Abs. 2 GRCh gerade die Regelung, wonach die Ausübung der durch die Charta anerkannten Rechte, die in den Gemeinschaftsverträgen oder im Vertrag über die Europäische Union begründet sind, nur im Rahmen der darin festgelegten Bedingungen und Grenzen erfolgt. Aber auch der Vertrag von Lissabon bestimmt in Bezug auf die Änderung des Vertrages über die Europäische Union, dass die Charta der Grundrechte und die Verträge rechtlich gleichrangig sind, und sich damit auch zukünftig das Recht auf Durchführung kollektiver Maßnahmen keineswegs als vorrangig gegenüber den Verkehrsfreiheiten erweisen kann.[138]

28 Aus den Entscheidungen Laval und Viking folgt also zunächst die wichtige Erkenntnis, dass das Recht auf Durchführung kollektiver Maßnahmen als allgemeiner Grundsatz des Gemeinschaftsrechts anerkannt ist, ohne dass es der Verbindlichkeit der Charta der Grundrechte bedurfte. Die zweite wichtige Erkenntnis ist die, dass das Recht auf Durchführung kollektiver Maßnahmen geeignet ist, die Grundfreiheiten zu beschränken. Damit wird die soziale Dimension des Binnenmarktes in bisher unbekannter Weise betont. Der Binnenmarkt ist nicht mehr nach den Judikaten des EuGH auf die Wahrnehmung der Verkehrsfreiheiten reduziert, sondern er erweist sich in seiner rechtlichen Anerkennung als sozialer Lebensraum, in dem sich die verschiedenen Rechtspositionen begrenzend gegenüberstehen. Hierzu hat der Gerichtshof in der Rechtsache Laval ausdrücklich hervorgehoben, dass auch kollektive Maßnahmen zum Schutz der Arbeitnehmer gegen ein etwaiges Sozialdumping eine Einschränkung der Grundfreiheiten zu rechtfertigen vermögen. Damit hat der Gerichtshof die begrenzende Wirkung der Grundfreiheiten für Arbeitskämpfe sehr weit zurückgenommen.

---

[132] *Zwanziger* DB 2008, 294 (296).
[133] Insofern stellt sich der Gerichtshof durchaus schützend vor das Arbeitskampfrecht (aA *Thüsing* RdA 2007, 307 (308)).
[134] Ausführlich hierzu *Rebhahn* GS Heinze, 2005, S. 649 (656, 658); s. auch *Fuchs/Marhold* Europäisches Arbeitsrecht S. 379.
[135] Ebenso im Ergebnis ErfK/*Linsenmaier* GG Art. 9 Rn. 110; *Däubler* FS Hanau, 1999, S. 489 (496); *Schmidt-Kessel* FS Löwisch, 2007, S. 325 (334).
[136] Kritisch auch *Rebhahn* ZESAR 2008, 109 (110).
[137] *Kocher* AuR 2008, 13 (15).
[138] *Junker* SAE 2008, 209 (213 f.); *Schlachter* FS Birk, 2008, S. 809 (815).

I. Europäisches Recht

Die eigentliche Brisanz der Entscheidungen besteht indes darin, dass der EuGH eben nicht dem deutschen Modell folgt, wonach es der Einschätzungsprärogative der Gewerkschaften und Gewerkschaftsverbänden überlassen ist, welche Ziele zum Schutz der Arbeitnehmer angemessen sind.[139] Das BAG überlässt die Bestimmung, was als geeignet und erforderlich im Rahmen des Verhältnismäßigkeitsgrundsatzes zu gelten hat, ausdrücklich dem Beurteilungsvorrang der jeweiligen Arbeitskampfpartei.[140] Für Arbeitskämpfe in einem europäischen Zusammenhang hat der EuGH dem nunmehr einen Gegenentwurf gegenüber gestellt. Wenn also durch Kampfmaßnahmen die Grundfreiheiten anderer betroffen sind, so müssen sich diese Kampfmaßnahmen im Hinblick auf den Arbeitnehmerschutz als verhältnismäßig erweisen.[141] Dabei geht der Gerichtshof sogar so weit, dass er das Vorhandensein von Regelungen – seien es Tarifverträge, seien es sonstige rechtliche Mindestarbeitsbedingungen – zum Anlass nimmt, die Erforderlichkeit derartiger Kampfmaßnahmen in Frage zu stellen. Dies ist aber folgerichtig die Konsequenz, wenn aus einer wertenden Gesamtbetrachtung ein Grundrecht auf Durchführung von kollektiven Maßnahmen gewonnen wird, das sich in das Regelungssystem des übrigen Primärrechts einordnen muss.[142] Dass hier dann der Proportionalitätsgrundsatz eingreift, ist nicht weiter überraschend. 29

Jedenfalls hat der EuGH – auch wenn seine Ausführungen sich zunächst „nur" auf grenzüberschreitende Sachverhalte beschränken[143] – mit den in beiden Rechtssachen entwickelten Konstruktionen einen Weg eröffnet, der auf ein europäisches Arbeitskampfrecht hinweist. Dies als Beschneidung kollektiver Rechte der Arbeitnehmerschaft zu verstehen, wie es bisweilen in Stellungnahmen anklingt, wird der Sache nicht gerecht. Der Gerichtshof betont geradezu die Aufgabe der Koalitionen dort, wo es erforderlich ist, gegen Sozialdumping vorzugehen. Das kann aber kein Freibrief sein, nationale Mindeststandards als Alibi zu benutzen, um den nationalen Arbeitsmarkt konkurrenzfrei zu halten.[144] Mit den Judikaten in Sachen Viking und Laval, die der EuGH noch einmal etwa in den Rechtssachen Rüffert[145] und Kommission/Bundesrepublik Deutschland[146] bekräftigt hat, sind Rahmenbedingungen vorgegeben, die über den sozialen Dialog hinaus auch unter Beachtung der Grundfreiheiten die Sozialpartner in das Zusammenwachsen der Mitgliedstaaten einbinden. 30

In Folge der Diskussionen um die Entscheidungen des EuGH stellte sich der (unzutreffende)[147] Eindruck ein, der Gerichtshof würde den unternehmerschützenden Grundfreiheiten gegenüber den sozialen Grundrechten einen höheren Stellenwert einräumen.[148] Da die Europäische Kommission befürchtete, dass sich „die Arbeiterbewegung und die Gewerkschaften (…) vom Binnenmarkt entfremden"[149] könnten, unterbreitete sie im März 2012 einen Vorschlag für eine Verordnung des Rates über die Ausübung des Rechts auf 31

---

[139] So auch *Rebhahn* FAZ v. 19.12.2007, Nr. 295, S. 23, *Blanke* AuR 2007, 249 (254); EUArbR/*Schubert* GRCh Art. 28 Rn. 74.
[140] BAG 19.6.2007 – 1 AZR 396/06, NZA 2007, 1055 (1058); 24.4.2007 – 1 AZR 252/06, AP TVG § 1 Sozialplan Nr. 2; 22.9.2009 – 1 AZR 972/08, NZA 2009, 1347 (1352); lediglich bei der Verhältnismäßigkeit im engeren Sinn fehle eine Einschätzungsprärogative der Kampfpartei.
[141] Kritisch hierzu *Konzen* FS Säcker, 2011, S. 229 (245).
[142] AA *Wendeling-Schröder* AiB 2007, 617.
[143] *Maeßen* Auswirkungen der EuGH-Rechtsprechung auf das deutsche Arbeitskampfrecht, 2010, S. 301.
[144] Ähnlich *Reich* EuZW 2007, 391 (395).
[145] EuGH 3.4.2008 – C-346/06, NZA 2008, 537 – Rüffert.
[146] EuGH 15.7.2010 – C-271/08, NZA 2011, 564 (565) – Kommission/Bundesrepublik Deutschland, s. *Patett* Das Verhältnis des Arbeitskampfrechts zu Art. 12 GG und den europäischen Grundfreiheiten, S. 167–168.
[147] Für eine Gleichrangigkeit der Garantien: *Franzen* EuZA 2013, 1 (2); *Junker* ZfA 2013, 91 (129); *Kamanabrou* EuZA 2010, 157 (170–172); *Hanau* NZA 2010, 1 (5); HzA/*Kalb* Gruppe 18 Teilbereich 3 Rn. 1084.
[148] *Franzen* EuZA 2013, 1; s. etwa Befürchtungen bei *Zwanziger* DB 2008, 294 (295f.); *Sunnus* AuR 2008, 1 (11).
[149] KOM(2012) 130 endg., 3.

Durchführung kollektiver Maßnahmen im Kontext der Niederlassungs- und Dienstleistungsfreiheit[150] (sog. Monti II-Verordnung). Der Vorschlag sah in Art. 2 vor: „Bei der Ausübung der im Vertrag verankerten Niederlassungs- und Dienstleistungsfreiheit wird das Grundrecht auf Durchführung kollektiver Maßnahmen, einschließlich des Streikrechts oder der Streikfreiheit gewahrt; umgekehrt werden bei der Ausübung des Grundrechts auf Durchführung kollektiver Maßnahmen, einschließlich des Streikrechts oder der Streikfreiheit, diese wirtschaftlichen Freiheiten gewahrt." Daneben enthielt der Verordnungsvorschlag Vorschriften zu Schlichtungsverfahren und Ankündigungspflichten. Aufgrund massiver Kritik[151] und zwölf Subsidiaritätsrügen nationaler Parlamente zog die Kommission den Vorschlag schließlich am 12.9.2012 zurück.[152]

II. Sonstige Internationale Rechtsvorschriften

1. ILO-Übereinkommen

32 Die internationale Arbeitsorganisation (ILO) ist eine Sonderorganisation der Vereinten Nationen. Den Schwerpunkt ihrer Arbeit bildet die Formulierung und Durchsetzung internationaler Arbeits- und Sozialnormen.[153] Damit die von der ILO erarbeiteten Übereinkommen unmittelbare Geltung in den Mitgliedstaaten erhalten, bedarf es ihrer Ratifizierung. Erfolgt diese, so werden die entsprechenden Übereinkommen innerstaatliches Recht im Rang einfachen Bundesrechts.[154] Zu den ratifizierten Übereinkommen zählt das auch arbeitskampfrechtlich relevante Übereinkommen Nr. 87 über die Vereinigungsfreiheit und den Schutz des Vereinigungsrechtes.[155] In Art. 3 dieses Übereinkommens findet sich folgende Regelung:

„1. Die Organisationen der Arbeitnehmer und der Arbeitgeber haben das Recht, sich Satzungen und Geschäftsordnungen zu geben, ihre Vertreter frei zu wählen, ihre Geschäftsführung und Tätigkeit zu regeln und ihr Programm aufzustellen.
2. Die Behörden haben sich jeden Eingriffs zu enthalten, der geeignet wäre, dieses Recht zu beschränken oder dessen rechtmäßige Ausübung zu behindern."[156]

33 Nach zutreffender Auffassung der Rechtsprechung gewährleistet die in dem Übereinkommen genannte Koalitionsfreiheit diese nur in ganz allgemeiner Form und geht nicht über die Grundsätze hinaus, die schon durch Art. 9 Abs. 3 GG abgesichert sind.[157] Demgegenüber entnimmt der Sachverständigenausschuss der ILO, dessen Auslegungs- und Spruchpraxis nicht Verbindlichkeit im Hinblick auf die inhaltliche Garantie des Streikrechts beanspruchen kann,[158] aus dem Art. 3 des Übereinkommens Nr. 87 eine ganze Reihe von Gewährleistungen. So soll aus Art. 3 des Übereinkommens nicht nur eine Streikgarantie hergeleitet werden können,[159] sondern dem Abkommen soll darüber hinaus zu entnehmen sein, dass

---

[150] KOM(2012) 130 endg.
[151] S. hierzu etwa: *Bruun/Bücker* NZA 2012, 1136; *Walter* ArbuR 2013, 27; *Patett* Das Verhältnis des Arbeitskampfrechts zu Art. 12 GG und den europäischen Grundfreiheiten, S. 176; der Kritik entgegentretend EuArbR/*Franzen* AEUV Art. 153 Rn. 52.
[152] *Schubert/Jerchel* EuZW 2012, 926.
[153] Vgl. zur Auslegung des Arbeitskampfrechts durch die zuständigen Organe der ILO *Servais* SR 2017, 45.
[154] *Kissel* AK § 20 Rn. 42.
[155] BGBl. 1956 II 2072; 1958 II 113.
[156] Übereinkommen Nr. 87 der ILO (Zustimmungsgesetz vom 20.12.1956 – BGBl. II 2072). In Kraft getreten seit dem 20.3.1958 lt. Bekanntmachung vom 2.5.1958 (BGBl. II 113).
[157] BAG 20.11.2012 – 1 AZR 179/11, NZA 2013, 448 (465–466); BVerfG 20.10.1981 – 1 BvR 404/78, BVerfGE 58, 233 f. = NJW 1982, 815 (817).
[158] *Weiss/Seifert* GS Zachert, 2010, S. 130 (145); *Seifert* KritV 2009, 357 (363 ff.); *Buschmann* FS Kempen, 2013, S. 255 (269); umfassend zum Mandat des Sachverständigenausschusses *Hofmann/Schuster* AVR 51, 483 (491 ff.).
[159] *Borzaga* FS Höland, 2015, S. 195 (199); *Däubler/Kittner/Lörcher* Nr. 210, S. 273; zustimmend *Schlachter* AuR 2015, 217 (218); *Weiss/Seifert* GS Zachert, 2010, S. 130; ablehnend *Wisskirchen* ZfA 2003, 691 (727–728).

II. Sonstige Internationale Rechtsvorschriften

- ein nicht nur vorübergehend aus einer schweren Notsituation heraus gerechtfertigtes Streikverbot rechtswidrig sei,
- auch ein Proteststreik, um die Wirtschafts- und Sozialpolitik der Regierung zu kritisieren, zulässig sei, nicht aber ein rein politischer Streik,
- das Streikrecht nicht auf tarifvertraglich regelbare Ziele beschränkt werden dürfe,
- eine Betriebsbesetzung nur dann für illegal erklärt werden dürfe, wenn sie ihren friedlichen Charakter verliert, und auch
- ein Solidaritätsstreik zulässig sei, sofern der Hauptarbeitskampf zulässig ist.[160]

Der genaue Umfang der Streikgarantie lässt sich indes wohl bisher nicht abschließend bestimmen.[161]

Das BVerfG und BAG gehen allerdings davon aus, dass auch wenn das Übereinkommen Nr. 87 über die Vereinigungsfreiheit und den Schutz des Vereinigungsrechtes zwar zum einfachen innerstaatlichen Recht zählt, seine Gewährleistungen jedoch nicht über die Grundsätze hinausgehen, die ohnehin durch Art. 9 Abs. 3 GG verfassungsrechtlich gelten.[162] Das Übereinkommen wird ausgelegt und fortentwickelt durch die Spruchpraxis der zuständigen Überwachungsgremien, wobei allerdings darauf hinzuweisen ist, dass nach richtiger Auffassung deren Empfehlungen keine bindende Wirkung haben.[163]

2. Recht der Vereinten Nationen

In der Allgemeinen Erklärung der Menschenrechte vom 10.12.1948 findet sich zwar in Art. 23 Nr. 4 eine allgemeine Gewährleistung des Koalitionsrechts, wonach jeder Mensch das Recht hat, zum Schutze seiner Interessen Gewerkschaften zu bilden und solchen beizustehen. Eine ausdrückliche Anerkennung des Arbeitskampfes ist aber in der Allgemeinen Erklärung der Menschenrechte nicht enthalten. Konkreteres lässt sich demgegenüber dem internationalen Pakt über bürgerliche und politische Rechte sowie dem internationalen Pakt über wirtschaftliche, soziale und kulturelle Rechte (UN-Sozialpakt) entnehmen.[164] So findet sich im Teil III Art. 8 Abs. 1 lit. d UN-Sozialpakt eine Verpflichtung zur Gewährleistung des Streikrechts, soweit es in Übereinstimmung mit der innerstaatlichen Rechtsordnung ausgeübt wird. Diese geht nach bisher hA aber inhaltlich nicht über die Gewährleistung des Art. 9 Abs. 3 GG hinaus.[165] Diskutiert wird aber, ob die Vorgaben des UN-Sozialpaktes dem Verbot des Beamtenstreiks entgegenstehen.[166] Inhaltlich wird der Vorschrift des Teil III Art. 8 Abs. 1 lit. d UN-Sozialpakt für den Arbeitskampf ein weitgehendes Maßregelungsverbot entnommen.[167] Daraus, dass dort allein das Streikrecht erwähnt ist, kann allerdings kein Rückschluss auf die Unzulässigkeit von Kampfmitteln der Arbeitgeberseite gezogen werden.[168] Demgegenüber enthält der internationale Pakt über bürgerliche und politische Rechte in Art. 22 die Garantie der Koalitionsfreiheit und Koalitionsbetätigung. Die internationale Kontrolle zur Einhaltung dieses Paktes ist dem „Ausschuss für Menschenrechte" übertragen worden. Dieser hat 1986 jedoch die Auffassung vertreten, dass in dieser Bestimmung über die Koalitionsfreiheit und Koalitionsbetätigung das Streikrecht nicht eingeschlossen sei, da die Urheber dieses Paktes nicht die Ab-

---

[160] ILC, 69th Session 1983, Report III Part 4b, Freedom of Association and Collective Bargaining, §§ 215 ff.
[161] *Weiss/Seifert* GS Zachert, 2010, S. 130 (145).
[162] BVerfG 11.7.2017 – 1 BvR 1571/15, 1 BvR 2883/15, 1 BvR 1043/16, 1 BvR 1477/16, NZA 2017, 915 (926); BAG 20.11.2012 – 1 AZR 611/11, NZA 2013, 437 (446).
[163] *Otto* AK § 4 Rn. 57; ErfK/*Linsenmaier* GG Art. 9 Rn. 107; *Wisskirchen* ZfA 2003, 691 (711 ff.); HzA/*Kalb* Gruppe 18 Teilbereich 3 Rn. 1081;aA Däubler ArbkampfR/*Lörcher* § 10 Rn. 51–53; *Lörcher* WSI-(Mitt.) 1987, S. 227 ff.
[164] Abgedruckt bei: *Däubler/Kittner/Lörcher* Nr. 120, S. 130.
[165] BVerfG 20.10.1981 – 1 BvR 404/78, BVerfGE 58, 233 f. = NJW 1982, 815 (817); 11.7.2017 – 1 BvR 1571/15, 1 BvR 1588/15, 1 BvR 2883/15, 1 BvR 1043/16, 1 BvR 1477/16, NZA 2017, 915 (926).
[166] *Lörcher* AuR 2016, 488 (492 f.).
[167] *Lörcher* AuR 2016, 488 (492).
[168] *Seiter* RdA 1981, 61 (70).

sicht gehabt hätten, das Streikrecht zu gewährleisten.[169] Fünf Mitglieder des Ausschusses vertraten die entgegengesetzte Ansicht und hielten in ihrem Minderheitsvotum fest, dass die Ausübung der in Art. 22 gewährleisteten Vereinigungsfreiheit auch ein Streikrecht umfassen müsse.[170] Diese Auffassung scheint sich mittlerweile im Ausschuss durchgesetzt zu haben, da er sich in mehreren Entscheidungen für ein durch Art. 22 gewährleistetes Streikrecht ausgesprochen hat.[171]

III. Kollisionsrecht

36 Auch das internationale Privatrecht befasst sich mit Fragen des Arbeitskampfes. So trifft Art. 9 Rom II-Verordnung eine Regelung zu kollisionsrechtlichen Fragen der Geltendmachung deliktischer Schadensersatzansprüche, welche aus schadensbegründenden Arbeitskampfmaßnahmen nach dem 11.1.2009 resultieren. Art. 9 Rom II-VO bestimmt, dass auf außervertragliche Schuldverhältnisse in Bezug auf die Haftung einer Person in ihrer Eigenschaft als Arbeitnehmer oder Arbeitgeber oder der Organisationen, die deren berufliche Interessen vertreten, für Schäden, die aus bevorstehenden oder durchgeführten Arbeitskampfmaßnahmen entstanden sind, das Recht des Staates anzuwenden ist, in dem die Arbeitskampfmaßnahme erfolgen soll oder erfolgt ist.[172] Hintergrund für die Regelung in dieser Fassung ist die Rechtsprechung in der Rechtssache DFDS Torline, in welcher der EuGH im Hinblick auf Arbeitskampfmaßnahmen das Gericht des Ortes für zuständig hielt, an dem finanzielle Einbußen eingetreten sind.[173] Da in der Folge befürchtet wurde, dies könnte übertragen auf das internationale Privatrecht bedeuten, dass jede Arbeitskampfmaßnahme nach dem Recht des Staates zu beurteilen ist, in dem ein Schaden entstanden ist, wurde im Gesetzgebungsverfahren nachträglich die jetzige Fassung des Art. 9 Rom II-VO aufgenommen.[174] Art. 9 Rom II-VO regelt also ausdrücklich das Arbeitskampfdeliktsstatut.[175] Die Vorfrage der Rechtmäßigkeit des Arbeitskampfes ist davon losgelöst eigens anzuknüpfen.[176] Erwägungsgrund 28 stellt daneben ausdrücklich klar, dass Art. 9 Rom II-VO die Bedingungen für die Durchführung von Arbeitskampfmaßnahmen nach nationalem Recht und die im Recht der Mitgliedstaaten vorgesehene Rechtsstellung der Gewerkschaften oder der repräsentativen Arbeitnehmerorganisationen unberührt lässt.

37 Art. 9 Rom II-VO enthält eine Sonderanknüpfung für deliktsrechtliche Ansprüche, die infolge von Arbeitskampfmaßnahmen entstehen. Ein Rückgriff auf die allgemeine Kollisionsnorm des Art. 4 Rom II-VO soll im Rahmen der Haftung anlässlich eines Arbeitskampfes ausgeschlossen werden.[177] Allerdings gilt für die Anknüpfung folgende Reihenfolge: In erster Linie bestimmt sie sich nach der freien Rechtswahl gemäß Art. 14 Rom II-VO.[178] Danach folgt – wie Art. 9 Rom II-VO ausdrücklich eingangs festlegt – die Anknüpfung an das Recht des gemeinsamen gewöhnlichen Aufenthalts von Schädiger und Geschädigtem gemäß Art. 4 Abs. 2 Rom II-VO.[179] Erst daran schließt sich die Anknüpfung nach Art. 9 Rom II-VO an. Eine Ausweichklausel ist in Art. 9 Rom II-VO nicht vorgesehen. Erwägungsgrund 27 S. 2 erläutert, dass grundsätzlich das Recht des Staates anzuwenden ist, in dem die Arbeitskampfmaßnahmen ergriffen wurden. Dies begründet sich auch in der Intention, dass die Arbeitnehmer leicht erkennen sollen, welchem Sach-

---

[169] Ausschuss für Menschenrechte, Entscheidung 18.7.1986, EuGRZ 1987, 47; Nomos-BR/*Hofmann/Boldt* IPBürgR Art. 22 Rn. 2.
[170] Sondervotum des Ausschusses für Menschenrechte, Entscheidung 18.7.1986, EuGRZ 1987, 47 (51).
[171] Däubler ArbeitskampfR/*Lörcher* § 10 Rn. 62–63 mwN.
[172] Ausführlich hierzu: *Zelfel* Der Internationale Arbeitskampf nach Art. 9 Rom II-Verordnung, 2012.
[173] EuGH 5.2.2004 – C-18/02, IPRax 2006, 161 – DFDS Torline.
[174] Zur Entstehung: *Deinert* ZESAR 2012, 311 (312); *Knöfel* EuZA 2008, 228 (232 ff.).
[175] S. auch zum Arbeitskampfstatut: *Deinert* ZESAR 2012, 311 (314 ff.); Däubler ArbeitskampfR/*Däubler* § 32 Rn. 45 ff.
[176] *Knöfel* EuZA 2008, 228 (241 f.).
[177] BeckOK BGB/*Spickhoff* VO (EG) 864/2007 Art. 9 Rn. 1.
[178] Keinen Anwendungsbereich von Art. 14 Rom II-VO sieht hingegen *Wagner* IPRax 2008, 1 (10).
[179] Kritisch diesbezüglich: *Knöfel* EuZA 2008, 228 (238).

III. Kollisionsrecht § 269

recht sie bei der Ausübung eines Arbeitskampfes unterfallen.[180] Entscheidend ist folglich das Handlungsortsrecht. Wenn eine Kampfmaßnahme nach diesem keine Haftung auslöst, soll nicht über ein anderes Erfolgsortrecht eine Haftung herbeigeführt werden können.[181] Außerdem soll im Falle eines Unterlassungsbegehrens das Unterlassen auch an dem Ort einsetzen, an dem bislang die Handlung vorgenommen wurde.[182] Es ist demnach auf den Ort des schadensbegründenden Ereignisses und eben nicht auf den Ort, an dem sich möglicherweise Auswirkungen des Streiks zeigen, abzustellen.[183] Insofern treten mittlerweile Literaturstimmen bei der Beurteilung des Anknüpfungspunktes von Seearbeitskämpfen der früher herrschenden Ansicht entgegen, welche an das Recht der Flagge anknüpfen wollte, und sprechen sich trotz der Gefahr eines „strike law shoppings" dafür aus, den geographischen Aufenthaltsort des betroffenen Schiffes in Bezug zu nehmen.[184] Überdies sind einzelne Kampfmaßnahmen jeweils separat anhand ihres Handlungsortes einzuordnen. Dies ist insbesondere bei sog. transnationalen Arbeitskämpfen von Bedeutung, wie etwa bei einem Streik von Piloten in mehreren Staaten. Eine Schwerpunktbetrachtung verbietet sich im Rahmen von Art. 9 Rom II-VO.[185]

Die Regelung des Art. 9 Rom II-VO umfasst Ansprüche von Arbeitnehmern gegen Arbeitgeber und Arbeitgeberverbände, Ansprüche von Arbeitgebern gegen Arbeitnehmer oder Gewerkschaften sowie Ansprüche von Verbänden gegeneinander. Die Vorschrift bezieht sich dem Wortlaut nach nur auf Arbeitnehmer, Arbeitgeber und Verbände. Ob auch Dritte, wie zB Funktionsträger der Verbände oder Streikbrecher Anspruchsgegner iSv Art. 9 Rom II-VO sein können, wird unterschiedlich beurteilt.[186] Art. 9 Rom II-VO findet außerdem in sachlicher Hinsicht lediglich auf deliktsrechtliche Ansprüche Anwendung. Arbeits- oder tarifvertragliche Ansprüche sind demnach ausgeklammert und anhand der Rom I-Verordnung zu beurteilen.[187] Des Weiteren setzt Art. 9 Rom II-VO voraus, dass der Anspruch aus der Arbeitskampfmaßnahme erwächst. Das Statut für Delikte, die lediglich bei Gelegenheit einer Arbeitskampfmaßnahme begangen werden (zB körperliche Auseinandersetzungen, Diebstahl oÄ), richtet sich demnach nicht nach Art. 9 Rom II-VO, sondern nach den allgemeinen Regeln des Art. 4 Rom II-VO.[188] Die begriffliche Bestimmung, was eine Arbeitskampfmaßnahme ist, unterliegt gemäß Erwägungsgrund 27 S. 1 dem innerstaatlichen Recht (Qualifikationsverweisung). Beispielhaft nennt Erwägungsgrund 27 S. 1 nur den Streik und die Aussperrung. Diese Regelungstechnik stellt eine Besonderheit dar. Denn grundsätzlich gilt im Unionsrecht eine autonome, einheitliche Auslegung von Begrifflichkeiten. Uneinigkeit herrscht jedoch darüber, ob der europäische Gesetzgeber damit hinsichtlich der Begriffsbestimmung auf die lex fori oder aber die lex causae verweist.[189]

---

[180] BeckOK BGB/*Spickhoff* VO (EG) 864/2007 Art. 9 Rn. 1.
[181] Vgl. ErfK/*Schlachter* Rom II-VO Art. 9 Rn. 2.
[182] MüKoBGB/*Junker* Rom II-VO Art. 9 Rn. 3.
[183] Erman/*Hohloch* Rom-II-VO Art. 9 Rn. 6.
[184] *Knöfel* EuZA 2008, 228 (244 ff.); *Deinert* ZESAR 2012, 311 (313); Däubler ArbeitskampfR/*Däubler* § 32 Rn. 33; vgl. auch ArbG Hamburg 6.5.1983 – S 15 Ga 7/83, IPRax 1987, 29; aA Palandt/*Thorn* Rom II-VO Art. 9 Rn. 3. Bei einer Maßnahme auf See kann jedoch weiterhin das Recht der Flagge gelten: Erman/*Hohloch* Rom-II-VO Art. 9 Rn. 6.
[185] *Knöfel* EuZA 2008, 228 (237); *Deinert* ZESAR 2012, 311 (313); MüKoBGB/*Junker* Art. 9 Rom II-VO Rn. 29; BeckOK BGB/*Spickhoff* VO (EG) 864/2007 Art. 9 Rn. 7; ErfK/*Schlachter* Rom II-VO Art. 9 Rn. 2; Däubler ArbeitskampfR/*Däubler* § 32 Rn. 32; aA *Leible/Lehmann* RIW 2007, 721 (731).
[186] Dafür: ErfK/*Schlachter* Rom II-VO Art. 9 Rn. 1; *Heinze* RabelsZ 73 (2009), 770 (784); Däubler ArbeitskampfR/*Däubler* § 32 Rn. 29; dagegen: *Knöfel* EuZA 2008, 228 (239); Prütting/Wegen/Weinreich/*Lingemann* Rom II Art. 9 Rn. 2; MüKoBGB/*Junker* Rom II-VO Art. 9 Rn. 25; Erman/*Hohloch* Rom-II-VO Art. 9 Rn. 4.
[187] ErfK/*Schlachter* Rom II-VO Art. 9 Rn. 2.
[188] *Heinze* RabelsZ 73 (2009), 770 (785).
[189] Lex fori: *Knöfel* EuZA 2008, 228 (241); Palandt/*Thorn* Art. 9 Rom II-VO Rn. 2; BeckOK BGB/*Spickhoff* VO (EG) 864/2007 Art. 9 Rn. 3. Lex causae: MüKoBGB/*Junker* Rom II-VO Art. 9 Rn. 15; *Heinze* RabelsZ 73 (2009), 770 (782); *Deinert* ZESAR 2012, 311 (314).

§ 270 Einfaches Bundesrecht

Übersicht

Rn.
I. Gesetzliche Regelungen 1
II. Richterrecht 3

I. Gesetzliche Regelungen

1 Da der Gesetzgeber, wie in vielen Bereichen des Arbeitsrechts, sich bisher nicht dazu entschließen konnte, eine gesetzliche Regelung für die Grenzen des Arbeitskampfes zu schaffen und letztlich auch alle Vorschläge aus der Wissenschaft zwar zur Kenntnis genommen aber nicht umgesetzt wurden,[1] fehlt eine bundesrechtliche Regelung des Arbeitskampfrechts.[2] Gleichwohl finden sich in vielen Normen des einfachen Bundesrechts Begriffe wie „Arbeitskampf" oder „Streik", die als Tatbestandsmerkmale Eingang in das Bundesrecht gefunden haben. Derartige Vorschriften sind etwa § 2 ArbGG, § 64 ArbGG, § 76 ArbGG, § 11 AÜG, § 74 BetrVG, § 66 BPersVG, § 32a Zivildienstgesetz, § 7a Güterkraftverkehrsgesetz, § 499 HGB, § 25 KSchG, § 36 SGB III, § 160 SGB III, § 100 SGB III, § 312 SGB III, § 320 SGB III, § 380 SGB III, § 192 SGB V sowie § 174 SGB IX (§ 91 SGB IX 2001). Selbst die „Aussperrung" wird in einigen wenigen Bundesgesetzen erwähnt (§ 7a Güterkraftverkehrsgesetz, § 499 HGB, § 174 SGB IX sowie § 4 Versicherungssteuergesetz). Der Große Senat des BAG hat in seinem Beschluss vom 21.4.1971 derartige Vorschriften als „neutrale Rechtsnormen" bezeichnet.[3] Damit sind solche Vorschriften gemeint, die zwar den Arbeitskampf oder einzelne Arbeitskampfmaßnahmen erwähnen, diese aber nicht unmittelbar regeln wollen. Ein derartiges Verständnis des einfachen Bundesrechts erscheint jedoch als nicht unproblematisch. Die Bezeichnung als neutrale Rechtsnormen erweckt den Eindruck, dass für die Bestimmung der Grenzen des Arbeitskampfes diese Vorschriften generell außer Betracht zu lassen sind. Hier ist aber zu berücksichtigen, dass der Bundesgesetzgeber mit den genannten Vorschriften eine Wertentscheidung getroffen hat. Selbst wenn diese darin besteht, lediglich die bisherige höchstrichterliche Rechtsprechung aufzunehmen und in Gesetzesform zu gießen, kann diese Wertentscheidung für zukünftige Entscheidungen der Gerichte nicht unberücksichtigt bleiben. Dies gebietet nicht zuletzt der Grundsatz der Widerspruchsfreiheit der Rechtsordnung, der auch dem Gesetzgeber in seiner Gesetzgebungstätigkeit Grenzen setzt.[4] Wenn aber schon der Gesetzgeber selbst an diesen Grundsatz gebunden ist, dann muss bei einem „Ersatzgesetzgeber", wie sich gerade die Rechtsprechung im Bereich des Arbeitskampfrechts versteht, gleiches gelten. Sofern also den genannten bundesrechtlichen Vorschriften Wertungen zu entnehmen sind, die auf die rechtlichen Grenzen von Arbeitskämpfen Rückschlüsse zulassen, muss die Rechtsprechung diese Grenzen auch bei Weiterentwicklung des Arbeitskampfrechts als Leitentscheidung des parlamentarischen Gesetzgebers hinnehmen. Das gilt selbst dann, wenn man den Aufgabenbereich der Rechtsprechung lediglich als Konkretisierung des in Art. 9 Abs. 3 GG gewährleisteten Arbeitskampfes begreift. Im Rahmen der verfassungsrechtlichen Grundentscheidungen ist die Rechtsprechung auch in diesen Fällen

---

[1] Insbes. hinzuweisen ist auf den Entwurf eines Gesetzes zur Regelung kollektiver Arbeitskonflikte von den Professoren *Birk/Konzen/Löwisch/Raiser/Seiter* aus dem Jahre 1988.
[2] Kritik an der Untätigkeit des Bundesgesetzgebers übt etwa *Fischer* RdA 2009, 287; auch *Henssler* ZfA 2010, 397 fordert eine Kodifikation.
[3] BAG GS 21.4.1971 – GS 1/68, AP GG Art. 9 Arbeitskampf Nr. 43; so auch: 26.4.1988 – 1 AZR 399/86, AP GG Art. 9 Arbeitskampf Nr. 101; HessLAG 17.4.1979 – 4/5 1033/78, NJW 1979, 2268 (2270).
[4] Vgl. dazu: BVerfG 7.5.1998 – 2 BvR 1991/95, 2 BvR 2004/95, BVerfGE 98, 106, 125 = NJW 1998, 2341; 15.7.2003 – 2 BvF 6/98, BVerfGE 108, 169 (181); 21.6.2006 – 2 BvL 2/99, BVerfGE 116, 164ff.

gehalten, sich bei der Ausfüllung der Spielräume, die Art. 9 Abs. 3 GG bietet, an die Vorgaben des parlamentarischen Gesetzgebers zu halten. Insoweit lässt sich etwa in einer Regelung wie § 25 KSchG, der Kündigungen, die lediglich als Maßnahmen in wirtschaftlichen Kämpfen zwischen Arbeitgeber und Arbeitnehmer vorgenommen werden, vom Anwendungsbereich des Kündigungsschutzgesetzes ausnimmt, durchaus eine Wertentscheidung zugunsten von Arbeitskampfmaßnahmen der Arbeitgeberseite, insbesondere Aussperrungen, entnehmen.[5] Ebenso ist es geboten, sich für die Bestimmung des Arbeitskampfrisikos, etwa an einer Regelung wie dem § 160 SGB III zu orientieren, die das Ruhen des Anspruchs auf Arbeitslosengeld in Fällen des Arbeitskampfes zum Inhalt hat. Auch § 74 Abs. 2 S. 1 BetrVG ist eine derartige Norm, die auf eine gewisse Wertungsvorstellung des Gesetzgebers rückschließen lässt. Wenn der Gesetzgeber etwa die Arbeitskämpfe tariffähiger Parteien ausdrücklich vom Unzulässigkeitsverdikt in § 74 Abs. 2 S. 1 BetrVG ausnimmt („Maßnahmen des Arbeitskampfes zwischen Arbeitgeber und Betriebsrat sind unzulässig"), dann wird man sich schwerlich der Frage verschließen können, ob der Gesetzgeber nicht bereits durch diese Regelung die Tariffähigkeit der Kampfparteien als rechtliche Voraussetzungen für die Rechtmäßigkeit eines Arbeitskampfes anerkannt hat.[6] Gerade dann, wenn der Gesetzgeber einen wichtigen Regelungsbereich ungeregelt gelassen hat, wie dies im Arbeitsrecht der Fall ist, so sollten normative Wertungen nicht unberücksichtigt bleiben, selbst wenn diese nicht unmittelbar dem Arbeitsrecht, sondern etwa dem Sozialrecht zuzuordnen sind.

Das BAG hat darüber hinaus in mehreren Entscheidungen die Zulässigkeit von Arbeitskampfmitteln unmittelbar dem geltenden Tarifrecht entnommen.[7] Dabei hat sich das BAG nicht allein auf das Tarifvertragsgesetz als bundesrechtliche Ausgestaltung des geltenden Tarifrechts beschränkt. Vielmehr fallen unter das, was das BAG mit Tarifrecht meint, auch die inzwischen aus Art. 9 Abs. 3 GG abgeleiteten Grundprinzipien, ohne dass diese eine bundesrechtliche Regelung im TVG erfahren haben. Der Rückgriff auf das geltende Tarifrecht beruht auf der These, dass letztlich der Arbeitskampf nur im Hinblick auf seinen dienenden Charakter zugunsten der Tarifautonomie anerkannt werden könne. Dort, wo das Tarifrecht den Tarifvertragsparteien Grenzen setzt, stößt auch letztlich der Arbeitskampf an seine rechtlichen Grenzen. Auch wenn daher das Tarifrecht, und insbesondere das TVG, den Arbeitskampf nicht explizit erwähnt, lassen sich Rückschlüsse auf die Grenzen des Arbeitskampfes ziehen, wenn man der Annahme folgt, dass der Arbeitskampf stets tarifbezogen zu sein hat.[8] In diesem Sinne ergeben sich dann aus dem Tarifrecht unmittelbare rechtliche Schranken für den Arbeitskampf.[9]

II. Richterrecht

Vielfach wird bei der Begründung des Arbeitskampfrechts auf Richterrecht zurückgegriffen.[10] Wie im einzelnen Richterrecht entsteht, soll an dieser Stelle nicht vertieft werden.[11] Jedenfalls erkennt das BVerfG die Existenz von Richterrecht an und stellt Richterrecht dem einfachen Recht im Hinblick auf die Überprüfungskompetenz der Gerichte gleich.

---

[5] So auch zu Recht *Otto* AK § 4 Rn. 46.
[6] *Otto* AK § 4 Rn. 46.
[7] BAG 10.6.1980 – 1 AZR 822/79, 1 AZR 168/79, AP GG Art. 9 Arbeitskampf Nr. 64 und 65; GS 21.4.1971 – GS 1/68, AP GG Art. 9 Arbeitskampf Nr. 43; 26.4.1988 – 1 AZR 399/86, AP GG Art. 9 Arbeitskampf Nr. 101.
[8] HWK/*Hergenröder* GG Art 9 Rn. 278.
[9] BAG 5.3.1985 – 1 AZR 468/83, AP GG Art. 9 Arbeitskampf Nr. 85.
[10] *Otto* AK § 4 Rn. 65 f.; allgemein zum Richterrecht: *Gamillscheg* KollArbR I, S. 32 ff.; kritisch „Richterrecht als Quelle der Rechtsunkenntnis": *Richardi* ZfA 2017, 199; *Höpfner* Neue Arbeitswelt 2014, S. 114 (134).
[11] Vgl. hierzu etwa: *Langenbucher* Die Entwicklung und Auslegung von Richterrecht, 1996; *Neumann* FS Wiedemann, 2002, S. 367 ff.; *Richardi* FS Zöllner, 1998, S. 935 ff.; *Rüthers* FS Karl Molitor, 1988, S. 293 ff.

Die Auslegung und Anwendung von Richterrecht unterliegt also denselben Maßstäben, die auch anzuwenden wären, wenn entsprechendes Gesetzesrecht zu überprüfen wäre.[12]

4   Dass Gerichte zur Rechtsfortbildung berufen sind, hat selbst der Gesetzgeber (vgl. § 132 Abs. 4 GVG, § 45 Abs. 4 ArbGG) so gesehen.[13] Jedoch dürfte zumindest zweifelhaft sein, ob die Gerichte einen ähnlichen Gestaltungsspielraum in Anspruch nehmen dürfen, wie es der Gesetzgeber üblicherweise tun kann.[14] In diesem Zusammenhang stellt sich dann die Frage, inwieweit das Richterrecht eine vom konkreten Einzelfall abstrakte Rechtsquelle darstellt, die für zukünftige Sachverhalte Kraft ihrer Eigenschaft als Richterrecht Rechtsgeltung verlangt. In einer Entscheidung aus dem Jahr 1980 stellte das BAG ausdrücklich klar: *„Die Bezeichnung „Richterrecht" darf nicht zu dem Trugschluß verführen, als könnten die Gerichte Normen setzen. Grundsatzentscheidungen bilden zwar eine Rechtserkenntnisquelle, begründen aber keine Normen. (...) Damit soll die rechtsfortbildende Funktion der Rechtsprechung nicht bestritten werden. Sie liegt gerade im Arbeitskampfrecht offen zutage. Aber der Richter, der eine ungeregelte Frage entscheiden muß, ist nicht in dem Ausmaße wie der Gesetzgeber frei, sondern an die Wertentscheidungen der Rechtsordnung gebunden."*[15] In diesem Sinne hat das BAG auch in seiner Entscheidung zum Aussperrungsverbot des Art. 29 Abs. 5 der Hessischen Landesverfassung eindeutig Stellung bezogen. Der 1. Senat betonte hier, dass Gerichte gerade keine Normen setzen können, sondern vielmehr das Recht anzuwenden haben. Insofern ist nach den zutreffenden Ausführungen des Senats rechtsfortbildendes Richterrecht im Wesentlichen Rechtsauslegung und kann insofern nicht zur Rechtsquelle für künftige Entscheidungen werden.[16]

5   Auch wenn die Rechtsprechung gerade im Bereich des Arbeitskampfrechtes vielfach dazu gezwungen ist, Aufgaben wahrzunehmen, die eigentlich besser durch den Gesetzgeber wahrgenommen worden wären,[17] folgt daraus nicht, dass die stets für einen Einzelfall getroffenen Entscheidungen zur Rechtsquelle werden und die Rechtsunterworfenen auch zukünftig binden. Die Rechtsprechung, auch die Rechtsprechung im Arbeitskampfrecht, ist, wie *Kissel* bereits zutreffend feststellt, keine Rechtsquelle.[18] Hieran anknüpfend ist auf eine Formulierung des 1. Senats des BVerfG zu verweisen, in der es wie folgt heißt: *„Höchstrichterliche Urteile sind kein Gesetzesrecht und erzeugen keine damit vergleichbare Rechtsbindung (...). Von ihnen abzuweichen verstößt grds. nicht gegen Art. 20 Abs. 3 GG. Ihr Geltungsanspruch über den Einzelfall hinaus beruht allein auf der Überzeugungskraft ihrer Gründe sowie der Autorität und den Kompetenzen des Gerichts. Es bedarf deswegen nicht des Nachweises wesentlicher Änderungen der Verhältnisse oder der allgemeinen Anschauung, damit ein Gericht ohne Verstoß gegen Art. 20 Abs. 3 GG von seiner früheren Rechtsprechung abweichen kann".*[19] Das BVerfG hat seine Reserviertheit gegenüber dem Richterrecht gerade in Bezug auf das Arbeitskampfrecht auch später noch bekräftigt. In Bezug auf das durch die Rechtsprechung geprägte Arbeitskampfrecht formuliert das BVerfG ausdrücklich, dass das BAG nicht Recht gesetzt habe, das zukünftig verbindlich wäre. Bei den vom BAG entwickelten Grundsätzen, an denen es Arbeitskampfmaßnahmen misst, handele es sich gerade nicht um Rechtssätze im Sinne des Art. 20 Abs. 3 GG. Insofern sind Fachgerichte an die durch die Rechtsprechung entwickelten Regelungen nicht in gleicher Weise gebunden wie an Gesetze, da es schließlich nach deutschem Recht grundsätzlich keine Präjudizienbindung gebe.[20] Das heißt aber auch, dass der bloße Hinweis auf Richterrecht allein keineswegs zur Begründung der Übertragung eines für einen Einzelfall gefundenen Ergebnisses auf

---

[12] BVerfG 10.9.2004 – 1 BvR 1191/03, NZA 2004, 1338 ff.; 6.2.2007 – 1 BvR 978/05, NZA 2007, 394 ff.
[13] BAG 28.2.2006 – 1 AZR 460/04, AP GG Art. 9 Nr. 127.
[14] *Schmidt* FS Richardi, 2007, S. 765 (769).
[15] BAG 10.6.1980 – 1 AZR 822/79, AP GG Art. 9 Arbeitskampf Nr. 64.
[16] BAG 26.4.1988 – 1 AZR 399/86, NZA 1988, 775 ff.
[17] S. zur Kritik insbesondere *Fischer* RdA 2009, 287.
[18] *Kissel* AK § 21 Rn. 19 ff.
[19] BVerfG 26.6.1991 – 1 BvR 355/86, BVerfGE 82, 212 ff.
[20] BVerfG 15.7.2015 – 2 BvR 2292/13, BVerfGE 140, 60 f.

II. Richterrecht

sonstige Sachverhalte in der Zukunft genügt. Vielmehr ist es die Normanwendung durch das Gericht, die den Geltungsanspruch für das gefundene Ergebnis begründet. Jedenfalls kann allein unter Hinweis auf die rechtssichernde Funktion der höchstrichterlichen Rechtsprechung eine Verbindlichkeit dieser Rechtsprechung über den Einzelfall hinaus nicht angenommen werden. Dies gilt gerade in den Fällen, bei denen sich eine Rechtsfortbildung durch die Gerichte nicht mehr auf eine Rechtsanwendung zurückführen lässt. In diesem Fall hat man es nicht etwa mit einem allgemeine Verbindlichkeit beanspruchenden Richterrecht zu tun, sondern vielmehr mit einer Überschreitung der sich aus Art. 20 Abs. 3 GG ergebenden Grenzen. Insoweit mag man darüber streiten, inwieweit sich die eine oder andere Entscheidung der Gerichte in Arbeitssachen noch als Rechtsanwendung darstellen lässt.[21] Jedenfalls führt das aber nicht dazu, dass diese Entscheidungen dann als ein für alle verbindliches Richterrecht verstanden werden müssen.

---

[21] Vgl. *Rüthers/Bakker* Anm. zu BAG 26.4.1988 – 1 AZR 399/86, EzA GG Art. 9 Arbeitskampf Nr. 74.

§ 271 Landesrecht

1 Auch das Recht der einzelnen Bundesländer enthält Regelungen, die dem Arbeitskampfrecht im weiteren Sinne zugeordnet werden können.[1] Sie können im Rahmen der richterlichen Rechtsfortbildung als weitere Legitimationsgrundlage dienen und zur Frage der Ausgestaltung der Streikrechtsgewährleistung herangezogen werden.[2] So werden vielfach in den Landespersonalvertretungsgesetzen ebenso wie bereits im Bundespersonalvertretungsgesetz Arbeitskämpfe erwähnt (zB § 68 PersVG für das Land Baden-Württemberg, § 2 PersVG für das Land Nordrhein-Westfalen etc.). Das nordrhein-westfälische Gesetz über einen Bergmannsversorgungsschein erwähnt in seinem § 11 Abs. 2 BVSG NW sowohl den Streik als auch die Aussperrung. Danach sind Inhaber des Bergmannsversorgungsscheins, denen lediglich aus Anlass eines rechtmäßigen Streiks oder einer Aussperrung fristlos gekündigt worden ist, nach Beendigung des Streiks oder der Aussperrung wieder einzustellen.

2 Ganz unterschiedlich fällt die Absicherung von Koalitionsfreiheit und Arbeitskampf in den verschiedenen Landesverfassungen aus. So fehlen in den Verfassungen von Hamburg[3] und Schleswig-Holstein[4] unmittelbar einschlägige Regelungen im Hinblick auf die Koalitionsfreiheit und den Arbeitskampf. Demgegenüber beschränken sich die Verfassungen von Baden-Württemberg,[5] Niedersachsen[6] und Nordrhein-Westfalen[7] in Bezug auf den Regelungsbereich Koalitionsfreiheit/Arbeitskampf darauf, auf den Grundrechtsteil des Grundgesetzes Bezug zu nehmen, so dass die Grundrechte des Grundgesetzes zusätzlich durch die Inkorporation in die jeweiligen Landesverfassungen deren Rechtscharakter teilen.[8] Gleiches gilt für die Verfassung des Landes Mecklenburg-Vorpommern.[9] Auch hier findet sich eine Formulierung, wonach die im Grundgesetz der Bundesrepublik Deutschland festgelegten Grundrechte und staatsbürgerlichen Rechte Anteil der Landesverfassung und unmittelbar geltendes Recht sind (Art. 5 Abs. 3 der Verfassung des Landes Mecklenburg-Vorpommern). Andere Bundesländer kennen in ihren Landesverfassungen aber ausdrückliche Regelungen zum Arbeitskampf oder zur Koalitionsfreiheit.

3 **Bayern**
Die Verfassung des Freistaates Bayern vom 2.12.1946[10] enthält zwar keine explizite Regelung zum Arbeitskampfrecht. Jedoch findet sich unter Art. 170 Bayerische Verfassung eine Regelung zur Koalitionsfreiheit, wonach die Vereinigungsfreiheit zur Wahrung und Förderung der Arbeits- und Wirtschaftsbedingungen für jedermann und für alle Berufe gewährleistet ist und Abreden und Maßnahmen, welche die Vereinigungsfreiheit einschränken oder zu verhindern suchen, rechtswidrig und nichtig sind.

---

[1] Vgl. auch *Kranz* Landesarbeitskampfgesetze?, 2015, S. 55 ff.
[2] *Seiter* Streikrecht, S. 128 f.
[3] Verfassung der Freien und Hansestadt Hamburg vom 6.6.1952, zuletzt geändert durch Gesetz vom 20.7.2016 (GVBl. S. 319).
[4] Verfassung des Landes Schleswig-Holstein vom 13.12.1949, zuletzt geändert durch Gesetz vom 18.3.2008 (GVBl. S. 149).
[5] Verfassung des Landes Baden-Württemberg vom 11.11.1953, zuletzt geändert durch Gesetz vom 1.12.2015 (GVBl. S. 1032).
[6] Verfassung des Landes Niedersachsen vom 19.5.1993, zuletzt geändert durch Gesetz vom 30.6.2011 (GVBl. S. 210).
[7] Verfassung für das Land Nordrhein-Westfalen vom 28.6.1950, zuletzt geändert durch Gesetz vom 25.10.2016 (GVBl. S. 860).
[8] *Kissel* AK § 19 Rn. 4.
[9] Verfassung des Landes Mecklenburg-Vorpommern vom 23.5.1993, zuletzt geändert durch Gesetz vom 14.7.2016 (GVBl. S. 573).
[10] Verfassung des Freistaates Bayern vom 2.12.1946, zuletzt geändert durch Gesetze vom 11.11.2013 (GVBl. S. 638, 639, 640, 641, 642).

Berlin
4

Dagegen hat die Verfassung von Berlin vom 23.11.1995[11] eine explizite Vorschrift zum Streikrecht. So findet sich in ihrem Art. 27 Abs. 2 BLNVerf die Formulierung: *„Das Streikrecht wird gewährleistet".*

Brandenburg
5

Auch in Art. 51 Abs. 2 S. 3 BbgVerf (Verfassung des Landes Brandenburg vom 20.8.1992)[12] wird das Streikrecht gewährleistet.

Bremen
6

Ähnliches findet sich in der Verfassung der Freien Hansestadt Bremen vom 21.10.1947[13] in Art. 51 Abs. 3. Dort heißt es: *„Das Streikrecht der wirtschaftlichen Vereinigungen wird anerkannt."*

Hessen
6a

Die hessische Landesverfassung erwähnt als einzige der Landesverfassungen sowohl das Streikrecht wie auch die Aussperrung. Gem. Art. 29 Abs. 4 Hessische Verfassung (Verfassung des Landes Hessen vom 1.12.1956)[14] wird das Streikrecht anerkannt, wenn die Gewerkschaften den Streik erklären. Demgegenüber erklärt Art. 29 Abs. 5 der Verfassung des Landes Hessen: *„Die Aussperrung ist rechtswidrig".*

Rheinland-Pfalz
7

Die Verfassung für Reinland-Pfalz vom 18.5.1947[15] erkennt dagegen in ihrem Art. 66 RhPfVerf das Streikrecht der Gewerkschaften nur im Rahmen der Gesetze an.

Saarland
8

Im Saarland wird nach der Verfassung des Saarlandes vom 15.12.1947[16] das Streikrecht der Gewerkschaften ebenfalls nur im Rahmen der Gesetze anerkannt. Gem. Art. 56 S. 3 SLVerf der Verfassung des Saarlandes dürften aber Streiks erst dann durchgeführt werden, wenn alle Schlichtungs- und Verhandlungsmöglichkeiten erschöpft sind. Darüber hinaus schließt nach Art. 115 Abs. 5 der Verfassung des Saarlandes die Stellung des Beamten zum Staat das Streikrecht aus.

Sachsen
9

Demgegenüber beinhaltet die Verfassung des Freistaates Sachsen vom 27.5.1992[17] keine ausdrückliche Regelung zum Arbeitskampf. Allerdings heißt es dort unter Art. 25 Sächsische Verfassung: *„Das Recht, zur Wahrung und Förderung der Arbeits- und Wirtschaftsbedingungen Vereinigungen zu bilden, ist für jede Person und für alle Berufe gewährleistet. Abreden, die dieses Recht einschränken oder zu behindern suchen, sind nichtig; hierauf gerichtete Maßnahmen sind rechtswidrig."*

Sachsen-Anhalt
10

Die Verfassung des Landes Sachsen-Anhalt vom 16.7.1992[18] enthält ebenfalls keine ausdrückliche Regelung zum Arbeitskampfrecht. Unter der Überschrift „Vereinigungsfrei-

---

[11] Verfassung von Berlin vom 23.11.1995, zuletzt geändert durch Gesetz vom 22.3.2016 (GVBl. S. 114).
[12] Verfassung des Landes Brandenburg vom 20.8.1992, zuletzt geändert durch Gesetz vom 18.3.2015 (GVBl. I Nr. 6).
[13] Verfassung der Freien Hansestadt Bremen vom 21.10.1947, zuletzt geändert durch Gesetz vom 20.12.2016 (GVBl. S. 904).
[14] Verfassung des Landes Hessen vom 1.12.1946, zuletzt geändert durch Gesetz vom 29.4.2011 (GVBl. S. 182).
[15] Verfassung für Rheinland-Pfalz vom 18.5.1947, zuletzt geändert durch Gesetz vom 8.5.2015 (GVBl. S. 35).
[16] Verfassung des Saarlandes vom 15.12.1947, zuletzt geändert durch Gesetz vom 3.7.2016 (GVBl. S. 710).
[17] Verfassung des Freistaates Sachsen vom 27.5.1992, zuletzt geändert durch Gesetz vom 11.7.2013 (GVBl. S. 502).
[18] Verfassung des Landes Sachsen-Anhalt vom 16.7.1992, zuletzt geändert durch Gesetz vom 5.12.2014 (GVBl. S. 494).

heit" enthält jedoch der Art. 13 Abs. 3 LSAVerf folgende Regelung: „*Das Recht, zur Wahrung und Förderung der Arbeits- und Wirtschaftsbedingungen Vereinigungen zu bilden, ist für jedermann und für alle Berufe gewährleistet. Abreden, die dieses Recht einschränken oder zu behindern suchen, sind nichtig, hierauf gerichtete Maßnahmen sind rechtswidrig.* "

11 Thüringen
In der Verfassung des Freistaats Thüringen[19] findet sich in Art. 37 Abs. 2 ThürVerf dagegen die Formulierung, dass das Recht, Arbeitskämpfe zu führen, insbesondere das Streikrecht, gewährleistet ist. Aufgrund dieser Formulierung wird man unter dem Begriff „Arbeitskampf" wohl auch die Aussperrung zu fassen haben.

12 Aus dieser Zusammenstellung der verschiedenen Regelungen in den Landesverfassungen wird deutlich, dass es eine ganze Vielfalt von verschiedenen Regelungsansätzen gibt. In Bezug auf das Arbeitskampfrecht sind hierbei insbesondere die Landesverfassungen von Interesse, die ausdrücklich den Arbeitskampf, den Streik oder die Aussperrung zum Gegenstand einer Regelung gemacht haben. Aber auch unter diesen Landesverfassungen lässt sich keine einheitliche Regelungslinie feststellen. Teilweise wird das Streikrecht vorbehaltlos gewährt. Andere Verfassungen weisen das Streikrecht nur bestimmten Organisationen, insbesondere Gewerkschaften, zu. Wiederum andere Landesverfassungen (Saarland) gewährleisten das Streikrecht nur bei Erschöpfung der Schlichtungs- und Verhandlungsmöglichkeiten. Angesichts der Enthaltsamkeit des Bundesgesetzgebers stellt sich damit die Frage, inwieweit die Landesverfassungsgeber damit zumindest teilweise den Arbeitskampf geregelt haben. Zunächst hat der Große Senat des BAG früh entschieden, dass die Landesverfassungen kein subjektiv-privates Streikrecht beinhalten.[20] Sofern die Landesverfassungen ein Streikrecht garantieren, folgt daraus keine privatrechtlich wirksame Bestimmung über ein Streikrecht gegenüber dem Arbeitgeber. Zudem ist darauf hinzuweisen, dass sich die Frage der Geltung von Grundrechten in Landesverfassungen zunächst nach Art. 142 GG bestimmt. Danach bleiben ungeachtet der Vorschrift des Art. 31 GG Bestimmungen der Landesverfassung auch insoweit in Kraft, als sie in Übereinstimmung mit den Art. 1–18 GG Grundrechte gewährleisten. Insofern sichert diese Vorschrift den Bestand der Grundrechte im Landesverfassungsrecht. Dies gilt allerdings nur, soweit sie in Übereinstimmung mit den Art. 1–18 GG Grundrechte gewährleisten. Eine Übereinstimmung in diesem Sinne liegt zunächst vor, wenn ein und dasselbe Grundrecht inhaltsgleich sowohl im Grundgesetz als auch in einer Landesverfassung garantiert ist.[21] Aber auch dann besteht eine Übereinstimmung, wenn das Landesverfassungsrecht ohne Widerspruch zum Grundgesetz einen weitergehenden Grundrechtsschutz bietet.[22] Handelt es sich indes bei der Vorschrift, die in der Landesverfassung den Arbeitskampf regelt, nicht um ein Grundrecht iSd. Art. 142 GG, so beantwortet sich das Verhältnis zwischen der landesverfassungsrechtlichen Norm und sonstigen Vorschriften des Bundesrechtes einschließlich der des Grundgesetzes allein nach Art. 31 GG. Für den Arbeitskampf tritt das Problem auf, dass durch Kampfmaßnahmen eine ganze Reihe von Grundrechten des Grundgesetzes betroffen ist. Hier geht es also nicht nur um einen Vergleich zwischen der grundrechtlich geschützten Koalitionsfreiheit auf Bundesebene und den entsprechenden Bestimmungen in der Landesverfassung. Reicht also die Gewährleistung für den Arbeitskampf der jeweiligen Landesverfassungen weiter als im Bundesrecht, so muss berücksichtigt werden, dass durch die umfangreiche Gewährleistung des Arbeitskampfes in der Landesverfassung – etwa bei einem Streik – Arbeitgebergrundrechte durch das Landesrecht stärker eingeschränkt wür-

---

[19] Verfassung des Freistaats Thüringen vom 25.10.1993, zuletzt geändert durch Gesetz vom 11.10.2004 (GVBl. S. 745).
[20] BAG 28.1.1955 – GS 1/54, AP GG Art. 9 Arbeitskampf Nr. 1; Brox/Rüthers/*Rüthers* § 5 Rn. 102; aA *Ramm* AuR 1967, 97 (101 ff.).
[21] *Sachs/Huber* Art. 142 GG Rn. 8 ff.
[22] *Sachs* DÖV 1985, 469 ff.

den als durch das komplementäre Bundesgrundrecht.²³ Von daher ist hier dann richtigerweise Art. 31 GG anzuwenden, so dass die weiterreichende Gewährleistung des Arbeitskampfs in Landesverfassungen unberücksichtigt zu bleiben hat.²⁴

Das Verhältnis von Art. 142 GG und Art. 31 GG im Zusammenhang mit Arbeitskampfmaßnahmen war im Übrigen ua Gegenstand einer Entscheidung des BAG vom 26.4.1988.²⁵ Dort hatte sich das BGB mit dem in Art. 29 Abs. 5 Hessische Verfassung enthaltenen Aussperrungsverbot auseinanderzusetzen.²⁶ Der 1. Senat des BAG verstand die Regelung in Art. 29 Abs. 5 Hessische Verfassung entgegen einiger Stimmen im rechtswissenschaftlichen Schrifttum²⁷ als ein umfassendes Verbot, welches sowohl die suspendierende als auch die lösende Aussperrung umfasst. Allerdings ist nach der Argumentationslinie des 1. Senats in Art. 29 Abs. 5 Hessische Verfassung kein Grundrecht iSd Art. 142 GG zu erblicken, da die Vorschrift nicht von ihrer Funktion her auf einen grundrechtsverstärkenden Schutz des gewerkschaftlichen Streikrechts reduziert werden kann.²⁸ Vor diesem Hintergrund brauchte der 1. Senat nicht auf Art. 142 GG als Kollisionsnorm zurückzugreifen, sondern konnte sich auf die Anwendungen des Art. 31 GG beschränken. Da aber der Senat bereits zuvor festgestellt hatte, dass sich die Zulässigkeit der suspendierenden Abwehraussperrung aus dem die Tarifautonomie konkretisierenden geltenden Tarifrecht ergebe und dieses durch die Einzelvorschriften des Bundesrechts bestätigt werde, in denen die Zulässigkeit der Aussperrung vorausgesetzt wird, lag in Bezug auf Art. 29 Abs. 5 Hessische Verfassung eine Kollision vor, die entsprechend Art. 31 GG zwingend zugunsten des Bundesrechts und damit der Zulässigkeit der suspendierenden Abwehraussperrung aufgelöst werden konnte.²⁹ Auf diese Weise leitete der Senat die Zulässigkeit der Abwehraussperrung letztlich aus der Tarifautonomie, wie sie im Grundgesetz in Art. 9 Abs. 3 GG gewährleistet wird, ab. Insofern handelte es sich bei der Ableitung der Zulässigkeit der Abwehraussperrung um Rechtsanwendung aufgrund bundesrechtlicher Vorschriften. Der teilweise gegen diese Rechtsprechung vorgebrachte Einwand, hierbei handele es sich um Richterrecht, das zwar als Bundesrecht einzuordnen sei, jedoch aufgrund seiner nur punktuellen Erfassung von Sachverhalten nicht in der Lage sei, die verdrängende Wirkung des Art. 31 GG zu Lasten des Landesrechts auszulösen, vermag nicht zu überzeugen, da es hier letztlich nicht um Richterrecht als Rechtsquelle geht, sondern um die durch Rechtsanwendung gefundene Erkenntnis, dass die Tarifautonomie, wie sie das Grundgesetz gewährleistet, die Möglichkeit einer suspendierenden Abwehraussperrung beinhaltet.³⁰ Dementsprechend hat der Hessische Staatsgerichtshof jüngst zu Art. 29 Abs. 4 der Hessischen Landesverfassung entschieden, dass einer Gewerkschaft aus dieser landesrechtlichen Bestimmung unter Berücksichtigung der Art. 31 und 142 GG kein über Art. 9 Abs. 3 GG hinausgehendes Streikrecht zuzusprechen ist.³¹

---

[23] StGH Hess 10.5.2017 – P.St. 2545, NZA 2017, 727.
[24] AA *Kaiser/Lindner* DVBl 2017, 1329 (1330 ff.).
[25] BAG 26.4.1988 – 1 AZR 399/86, AP GG Art. 9 Arbeitskampf Nr. 101.
[26] Kritisch zu dieser Entscheidung: *Otto* AK § 4 Rn. 72.
[27] *Söllner* RdA 1980, 14 (15 f.); *Seiter* JA 1979, 337 (347); *Ramm* 30 Jahre hessische Verfassung, 1976, S. 227 f.
[28] BAG 26.4.1988 – 1 AZR 399/86, AP GG Art. 9 Arbeitskampf Nr. 101; aA *Herschel* Sozialer Fortschritt, S. 217; *Kittner* AuR 1981, 289 (292); *Wohlgemuth/Bobke* WB 1981, 2141 (2147).
[29] So auch bereits Brox/Rüthers/*Rüthers* § 5 Rn. 99.
[30] S. auch schon *Seiter* Streikrecht, S. 127; aA *Otto* AK § 4 Rn. 73.
[31] StGH Hess 10.5.2017 – P.St. 2545, NZA 2017, 727; dazu *Meyer* SAE 2017, 103.

Dritter Titel: Rechtmäßigkeit von Arbeitskämpfen
§ 272 Der Streik

Übersicht

	Rn.
I. Parteien des Arbeitskampfes	2
1. Das Verhältnis von individueller und kollektiver Koalitionsfreiheit	3
a) Die Lehre vom Doppelgrundrecht	4
b) Ableitung der kollektiven Koalitionsfreiheit aus Art. 19 Abs. 3 GG	6
c) Einheitliche Betrachtung von individueller und kollektiver Koalitionsfreiheit	7
2. Kampfparteien und Kampfbeteiligte	15
a) Kampfparteien	16
b) Kampfbeteiligte	18
aa) Die Arbeitnehmerseite	19
bb) Die Arbeitgeberseite	31
II. Rechtmäßigkeitsvoraussetzungen des Streiks	33
1. Formale Rechtmäßigkeitsvoraussetzungen des Streiks	34
2. Tarifbezogenheit des Streiks	38
3. Die Friedenspflicht	44
4. Das Gebot der Kampfparität	55
5. Gebot fairer Kampfführung	59
6. Der Verhältnismäßigkeitsgrundsatz	64
a) Allgemeines	65
b) Geeignetheit des Arbeitskampfes	68
c) Das Ultima-Ratio-Prinzip	69
d) Prinzip der Proportionalität	73
e) Einschätzungsprärogative	80
7. Arbeitskampf und Gemeinwohlbindung	81

1 Arbeitskämpfe sind mit den Worten des Großen Senats des BAG im Allgemeinen unerwünscht, *„da sie volkswirtschaftliche Schäden mit sich bringen und den im Interesse der Gesamtheit liegenden sozialen Frieden beeinträchtigen."*[1] Gleichwohl aber formuliert das Bundesverfassungsgericht in ständiger Rechtsprechung, dass zu den durch Art. 9 Abs. 3 GG geschützten Mitteln der Koalitionsfreiheit auch Arbeitskampfmaßnahmen zählen, die auf den Abschluss von Tarifverträgen gerichtet sind. Solche Arbeitskampfmaßnahmen werden insoweit von der Koalitionsfreiheit erfasst, als sie allgemein erforderlich sind, um eine funktionierende Tarifautonomie sicher zu stellen.[2] Damit ist der Arbeitskampf nichts anderes als ein Hilfsinstrument der Tarifautonomie, der lediglich als Instrument zur Durchsetzung tariflicher Regelungen eingesetzt werden kann.[3] Insofern geht sowohl die Rechtsprechung als auch der ganz überwiegende Teil des rechtswissenschaftlichen Schrifttums von der Tarifbezogenheit des Arbeitskampfes aus.[4]

---

[1] BAG 28.1.1955 – GS 1/54, AP GG Art. 9 Arbeitskampf Nr. 1.
[2] BVerfG 26.6.1991 – 1 BvR 779/85, BVerfGE 84, 212 (224); 2.3.1993 – 1 BvR 1213/85, BVerfGE 88, 103, 114; 4.7.1995 – 1 BvR 1421/86, BVerfGE 92, 365 (395); *Kissel* AK § 17 Rn. 8.
[3] BAG 21.4.1971 – GS 1/68, AP GG Art. 9 Arbeitskampf Nr. 43; 10.6.1980 – 1 AZR 822/79, AP GG Art. 9 Arbeitskampf Nr. 64; 7.6.1988 – 1 AZR 372/86, AP GG Art. 9 Arbeitskampf Nr. 106; 5.3.1985 – 1 AZR 468/83, AP GG Art. 9 Arbeitskampf Nr. 85.
[4] *Kissel* AK § 24 Rn. 1ff.; BeckOK ArbR/*Waas* GG Art. 9 Rn. 30; ErfK/*Linsenmaier* GG Art. 9 Rn. 101; *Gamillscheg* KollArbR I, S. 1071; Brox/Rüthers/*Rüthers* § 4 Rn. 91; Löwisch/*Rieble* AR-Blattei SD 170.1 Rn. 37; *Seiter* Streikrecht, S. 485; kritisch: Däubler ArbeitskampfR/*Schumann* § 13 Rn. 1ff.; Maunz/Dürig/*Scholz* GG Art. 9 Rn. 316; aus dem älteren Schrifttum: *Nikisch* Bd. II, S. 120f.; *Reuß* AöR 90 (1965), 97ff.; *Wohlgemuth* AöR 105 (1980), 33ff.

I. Parteien des Arbeitskampfes

Legt man also richtigerweise von der Tarifbezogenheit des Arbeitskampfes zugrunde, so hat dies auch Auswirkungen auf die Bestimmung des Personenkreises, der den Arbeitskampf führen bzw. sich an einem Arbeitskampf beteiligen kann.

1. Das Verhältnis von individueller und kollektiver Koalitionsfreiheit

Da sich aber die Tarifbezogenheit des Arbeitskampfes letztlich aus der Gewährleistung der Koalitionsfreiheit in Art. 9 Abs. 3 GG ergibt, ist für die Bestimmung des Personenkreises, der von der Arbeitskampffreiheit Gebrauch machen kann, zunächst zu fragen, wem die Gewährleistung aus Art. 9 Abs. 3 GG überhaupt zukommen kann. Hierzu werden seit jeher ganz unterschiedliche Auffassungen vertreten.

a) Die Lehre vom Doppelgrundrecht. Das Bundesverfassungsgericht und die herrschende Meinung im Schrifttum gehen von einem sog. „Doppelgrundrecht" aus. Geschützt werde die Koalition in ihrem Bestand, ihrer organisatorischen Ausgestaltung und ihrer Betätigung, soweit diese gerade in der Wahrung und Förderung der Arbeits- und Wirtschaftsbedingungen besteht. Dies ergebe sich aus der Aufnahme des Vereinszwecks in den Schutzbereich des Grundrechts.[5] Danach folge also unmittelbar aus der Vorschrift des Art. 9 Abs. 3 GG, dass die Koalition als solche Grundrechtsschutz genieße, was letztlich auch die Regelung in Art. 9 Abs. 3 S. 3 GG belege, wenn sie diese Arbeitskämpfe, die von den Vereinigungen im Sinne des Art. 9 Abs. 3 GG geführt werden, unter besonderen Schutz stelle.

Im Ergebnis bemüht man das Bild vom „Doppelgrundrecht", um eine vom Interesse des einzelnen Mitglieds unabhängige Schutzgarantie für die Koalition herzuleiten. Da sowohl die individuelle als auch die kollektive Koalitionsfreiheit eigenständigen Grundrechtsschutz genießen, wäre im Konfliktfall beider Grundrechtsgewährleistungen eine Lösung im Wege der praktischen Konkordanz zu finden.[6] Im Übrigen ließe sich bei der Größe heutiger Verbände tatsächlich kein Handeln der Koalition vorstellen, welches absolut widerspruchsfrei zu den jeweiligen Interessen sämtlicher Mitglieder sei.[7] Stattdessen müsse der Verband von seinem Mitglied auch dann Loyalität erwarten können, wenn dies den Interessen des Mitglieds nicht entspreche.[8] Das habe zur Konsequenz, dass bei einer Kollision des Kollektivgrundrechtes mit dem Individualgrundrecht, die Interessen des Einzelnen gegenüber denen der Koalition eher zurücktreten müssen.[9] Teilweise wird auch auf ein Verfassungsprinzip „sozialer Selbstverwaltung" zurückgegriffen, um die Herleitung eines eigenständigen Kollektivgrundrechts zu rechtfertigen.[10] Nur diese Eigenständigkeit der kollektiven Koalitionsfreiheit entspreche letztlich der geschichtlichen Entwicklung, die dieses Grundrecht erfahren habe.[11]

---

[5] BVerfG 18.11.1954 – 1 BvR 629/52, BVerfGE 4, 96, 101 f.; 1.3.1979 – 1 BvR 532/77, 1 BvR 533/77, 1 BvR 419/78, 1 BvL 21/78, BVerfGE 50, 290 (367); 26.6.1991 – 1 BvR 779/85, BVerfGE 84, 212 (224); 2.3.1993 – 1 BvR 1213/85, BVerfGE 88, 103, 114; 14.11.1995 – 1 BvR 601/92, BVerfGE 93, 352 (357); 24.4.1996 – 1 BvR 712/86, BVerfGE 94, 268 (282 f.); 10.11.1998 – 1 BvR 2296/96, 1 BvR 1081/97, BVerfGE 99, 214 (221); 26.3.2014 – 1 BvR 3185/09, NJW 2014, 1874; MK/*Löwer* GG Art. 9 Rn. 68; Schmidt-Bleibtreu/*Klein* GG Art. 9 Rn. 5; *Gamillscheg* KollArbR I, S. 210 ff.; *Säcker/Oetker* Grundlagen und Grenzen, S. 31 ff.; *Biedenkopf* Grenzen der Tarifautonomie, S. 102; *Schwerdtfeger* Individuelle und kollektive Koalitionsfreiheit, S. 6; *Waltermann* ZfA 2000, 53 (59 mwN).
[6] *Zachert* Vereinigungsfreiheit/Koalitionsfreiheit AR-Blattei SD 1650.1, Rn. 54; *Schwarze* Der BR, S. 64; vgl. auch *Popp* Öffentliche Aufgaben der Gewerkschaften, S. 74 ff.
[7] Hierauf weist *Gamillscheg* KollArbR I, S. 183 f. hin.
[8] *Gamillscheg* KollArbR I, S. 184.
[9] *Wank* FS Kissel, 1994, S. 1225 (1227).
[10] Vgl. *Wiedemann* Einleitung, Rn. 90.
[11] Hierauf weist *Kempen* (Sonderbeilage NZA 3/2000, 7 (10)) hin.

6 **b) Ableitung der kollektiven Koalitionsfreiheit aus Art. 19 Abs. 3 GG.** Diese rechtsdogmatische Gleichstellung von individueller und kollektiver Koalitionsfreiheit ist aber nicht unbestritten, sondern wird bisweilen unter verfassungsdogmatischen Aspekten in Frage gestellt. Erst der Rückgriff auf die Vorschrift des Art. 19 Abs. 3 GG erlaube, auch die Koalition als solche unter den Grundrechtschutz von Art. 9 Abs. 3 GG zu stellen.[12] Im Hinblick auf den Umfang der Schutzgarantie sei zwar diese dogmatische Differenzierung ohne Bedeutung, denn die kollektivrechtlichen Garantien des kollektiven Koalitionsrechtes blieben sämtlich ebenso verfassungsrechtlich geschützt, wie die herrschende Meinung dies aus Art. 9 Abs. 3 GG unmittelbar ableitet.[13] Entscheidend sei stattdessen, wie das Verhältnis von individueller und kollektiver Koalitionsfreiheit zu bestimmen ist. Insofern weist der rechtsdogmatische Streit über die Anknüpfung der kollektiven Koalitionsfreiheit auf einen Punkt hin, der für die Frage der Legitimation der staatlichen Anerkennung tariflicher Rechtsetzung von besonderer Bedeutung ist.

7 **c) Einheitliche Betrachtung von individueller und kollektiver Koalitionsfreiheit.** Das Bundesverfassungsgericht beschreibt das Verhältnis von individueller und kollektiver Koalitionsfreiheit mit folgender Formulierung:

„Die individualrechtliche Gewährleistung setzt sich nach feststehender Rechtsprechung des Bundesverfassungsgerichts in einem Freiheitsrecht der Koalitionen selbst fort."[14]

8 Die Ausübung individueller Koalitionsfreiheit setzt sich danach in der Koalitionsfreiheit der Koalition fort. Insofern sieht das Bundesverfassungsgericht die Koalition als direkt durch Art. 9 Abs. 3 GG geschützt an, leitet aber diesen Schutz aus der Ausübung der individuellen Koalitionsfreiheit ab.

9 Diese Position ähnelt einer im Schrifttum vertretenen (teilweise als Bündelungstheorie bezeichneten[15]) Auffassung, die die kollektive Koalitionsfreiheit als *„summiert-individuelle"* Ausübung der individuellen Koalitionsfreiheit auffasst.[16] Kollektive Koalitionsfreiheit ist insoweit *„Derivat der individuellen Koalitionsfreiheit, die damit die eigentliche Legitimationsquelle der Tarifautonomie bildet".*[17] Dieser Ansatz geht folglich vom Wortlaut des Art. 9 Abs. 3 GG

---

[12] *Scholz* Koalitionsfreiheit, S. 121 sowie S. 140: „Art. 9 GG gibt das subjektive Recht auf Bildung von Vereinigungen; Art. 19 III GG gibt den Vereinigungen selbst subjektive Rechte. Art. 9 und Art. 19 III GG verbinden sich also zu einem Wirkungszusammenhang, der beide Rechte als Bestandteil eines gemeinsamen Gewährleistungssystems erscheinen lässt. Innerhalb dieses Systems stehen die Rechte aus Art. 9 und Art. 19 III GG nicht nebeneinander; sie sind vielmehr stufenförmig übereinander gebaut: Art. 9 GG schützt die Bildung, Art. 19 III GG das Dasein und die Betätigung von Vereinigungen; Art. 19 III GG bildet folglich die „Verlängerung" des Art. 9 GG. Diese „Verlängerung" gilt aber nur in subjektiv-rechtlicher Hinsicht. Sie darf daher nicht mit dem (objektiv-rechtlichen) Aspekt des Schutzes der Vereinigung in der Person der die Vereinigungsfreiheit ausübenden Individuen verwechselt werden. Art. 9 und Art. 19 III GG treffen sich insofern zwar in ihrem Garantieobjekt, nicht aber in ihrem Garantiesubjekt. Art. 9 und Art. 19 III GG dienen dem vereinigungswilligen Individuum ...," (So wörtlich *Scholz* Koalitionsfreiheit, S. 140); ähnlich auch: MKS/*Kemper* GG Art. 9 Rn. 138 ff.; Sachs/*Höfling* GG Art. 9 Rn. 70; *Kingreen/Poscher* Rn. 815; Maunz/Dürig/*Scholz* GG Art. 9 Rn. 240.
[13] Vgl. *Zöllner* AöR 98 (1973), 72 (79).
[14] BVerfG 24.4.1996 – 1 BvR 712/86, BVerfGE 94, 268 (282); 24.2.1999 – 1 BvR 123/93, BVerfGE 100, 214 (221); vgl. auch: BAG 20.4.1999 – 1 ABR 72/98, AP GG Art. 9 Nr. 89; 19.1.2000 – 4 AZR 752/98, AP TVG § 1 Tarifverträge Nr. 1 (Deutsche Post). Dagegen formulierte das Bundesverfassungsgericht früher weitaus vorsichtiger: „Wie der Wortlaut des Art. 9 III GG und die geschichtliche Entwicklung zeigen, ist die Koalitionsfreiheit in erster Linie ein Freiheitsrecht. Sie gewährleistet die Freiheit des Zusammenschlusses zu Vereinigungen zur Förderung der Arbeits- und Wirtschaftsbedingungen und die Freiheit der gemeinsamen Verfolgung dieses Zwecks" (...); über beides sollen die Beteiligten selbst und eigenverantwortlich, grds. frei von staatlicher Einflußnahme bestimmen. Elemente der Gewährleistung sind die Bindungs- und Beitrittsfreiheit, die Freiheit des Austritts und des Fernbleibens sowie der Schutz der Koalition als solche" ... „und ihr Recht, durch spezifisch koalitionsmäßige Betätigung die in Artikel 9 III GG genannten Zwecke zu verfolgen ..." (BVerfG 1.3.1979 – 1 BvR 532/77, 1 BvR 533/77, 1 BvR 419/78, 1 BvL 21/78, BVerfGE 50, 290 (367)).
[15] *Gamillscheg* KollArbR I, S. 183.
[16] *Konzen* AcP 177 (1977), 473 (494 f.); *Zöllner* AöR 98 (1973), 72 (79 ff.); *Scholz* Koalitionsfreiheit, S. 145; Maunz/Dürig/*Scholz* GG Art. 9 Rn. 240; vgl. auch *Heinze* DB 1996, 729 (733), der von kollektiver Privatautonomie spricht.
[17] *Isensee* Die verfassungsrechtliche Verankerung der Tarifautonomie, S. 159, 165.

I. Parteien des Arbeitskampfes

aus, der als Grundrecht des Individuums und nicht des Kollektivs ausgestaltet ist. Da der Schutz der individuellen Koalitionsfreiheit praktisch wirkungslos bleiben müsste, wenn man nicht auch die Koalition in gleicher Weise wie das Individuum schützt, folge hieraus, dass auch die Koalition vom Schutzbereich des Art. 9 Abs. 3 GG erfasst werde.[18]

Die Bejahung des Grundrechtsschutzes der Koalition als solcher durch Art. 9 Abs. 3 GG bedeutet aber nicht, wie vielleicht das Bild des Doppelgrundrechts nahelegen mag, eine Gleichrangigkeit von privater und kollektiver Koalitionsfreiheit.[19] Vielmehr ist im Verhältnis von kollektiver und individueller Koalitionsfreiheit zu beachten, dass die Legitimation kollektiven Handelns, einschließlich der Ausübung der Tarifautonomie, *„von unten nach oben und nicht wie es bei der Ableitung aus der Staatsgewalt der Fall wäre, von oben nach unten"* erfolgt.[20] Das heißt aber nicht, dass die individuelle Koalitionsfreiheit stets dem kollektiven Handeln Grenzen setzt. Ein solches zementiertes Rangverhältnis würde die Koalitionsfreiheit denaturieren. Insbesondere *Scholz* hat darauf hingewiesen, dass die individuelle Koalitionsfreiheit der sozialen Gruppenbildung diene und somit Rücksichtnahmepflichten auf das Gruppeninteresse der individuellen Koalitionsfreiheit immanent seien.[21] Denn in der Koalition treffen auch die ebenso geschützten Interessen sämtlicher anderer Mitglieder aufeinander, so dass sich von daher ein starres Stufenverhältnis von individueller und kollektiver Koalitionsfreiheit verbietet.

Diese Diskussion um den Anknüpfungspunkt der kollektiven Koalitionsfreiheit ist lange erbittert geführt worden. Mittlerweile scheint insoweit Einigkeit zu herrschen, als die Frage, ob die kollektive Koalitionsfreiheit grundrechtlich geschützt ist, allgemein bejaht wird.[22] Stattdessen rückt zunehmend die Betrachtung des Verhältnisses von privater und kollektiver Koalitionsfreiheit in den Mittelpunkt des Interesses. Kollidiert die individuelle Koalitionsfreiheit mit der kollektiven Koalitionsfreiheit, ist die Kollision nach der sog. Bündelungstheorie insofern zu lösen, als im Grundsatz die individuelle Koalitionsfreiheit gegenüber der kollektiven Koalitionsfreiheit besondere Bedeutung erlangt, während nach dem Verständnis vom strikten Doppelgrundrecht beide grundrechtlichen Gewährleistungen zunächst gleichrangig gegenüberstehen.[23] Mit anderen Worten geht es bei diesem Meinungsstreit längst nicht mehr um die Frage des Grundrechtsschutzes der Koalition überhaupt, sondern vielmehr um die Frage der Wertigkeit der individuellen Koalitionsfreiheit im Verhältnis zur kollektiven Koalitionsfreiheit. Das Bundesverfassungsgericht hat in einer Entscheidung zum Verhältnis von individueller und kollektiver Koalitionsfreiheit folgendes ausgeführt:

„Allerdings tritt das Recht der Beschwerdeführerin aus Art. 9 III GG in Widerstreit mit der individuellen Koalitionsfreiheit ihrer Mitglieder und kann hierbei Beschränkungen erfahren, denn auch das vorbehaltlos gewährleistete Grundrecht des Art. 9 III GG kann zum Schutz anderer verfassungsrechtlich begründeter Positionen, insbesondere zum Ausgleich konkurrierender Positionen desselben Grundrechts, eingeschränkt werden ... Dem Schutz der individuellen Koalitionsfreiheit der Gewerkschaftsmitglieder kommt hier jedoch nur geringes Gewicht zu. Sie haben sich mit ihrem Beitritt zur Gewerkschaft freiwillig deren Satzungsautonomie unterworfen und die Verbindlichkeit ordnungsgemäß zustande gekommener Beschlüsse anerkannt. Im Gegenzug hatten sie die Gelegenheit, sich an der gewerkschaftsinternen Willensbildung zu beteiligen und so selbst auf deren Entscheidungen Einfluß zu nehmen. ... Die den Klägern wie allen Mitgliedern obliegende Solidaritätspflicht gegenüber den in satzungsgemäßen Verfahren zustande gekommenen Entscheidungen der Beschwerdeführerin ist vom Zweck der Koalition her sachlich begründet."[24]

---

[18] Vgl. *Zöllner* AöR 98 (1973), 72 (78); *Säcker* Grundprobleme der kollektiven Koalitionsfreiheit, S. 33ff.; *Säcker* Gruppenautonomie, S. 241f.
[19] *Zöllner* AöR 98 (1973), 71 (78); *Richardi* Kollektivgewalt, S. 77f.
[20] *Isensee* Die verfassungsrechtliche Verankerung der Tarifautonomie, S. 159, 165.
[21] Maunz/Dürig/*Scholz* GG Art. 9 Rn. 240.
[22] Vgl. etwa Maunz/Dürig/*Scholz* GG Art. 9 Rn. 240 aE; MKS/*Kemper* GG Art. 9 Rn. 139.
[23] Vgl. *Zachert* Vereinigungsfreiheit/Koalitionsfreiheit AR-Blattei SD 1650.1, Rn. 54f.; *Sachse* AuR 1999, 387 (389).
[24] BVerfG 24.2.1999 – 1 BvR 123/93, BVerfGE 100, 214 (224).

13 Diese Ausführungen des Bundesverfassungsgerichts betreffen die individuelle Koalitionsfreiheit von Gewerkschaftsmitgliedern. In diesem Zusammenhang misst das Bundesverfassungsgericht den Solidaritätspflichten der Mitglieder eine entscheidende Bedeutung bei. Das beinhaltet weder eine Aussage zugunsten der Bündelungslehre noch zugunsten der Theorie vom strikten Doppelgrundrecht. Selbst die Bündelungslehre kennt die Fälle, in denen das „Kollektivgrundrecht" dem Individualgrundrecht vorgeht, da dem Zusammenschluss mehrerer stets gewisse Rücksichtnahmepflichten immanent sind.[25] Denn im Ergebnis beruht dieses auf einer zweckbezogenen Überlegung: Würde man stets den Vorrang individueller Koalitionsfreiheit gegenüber kollektiver Koalitionsfreiheit annehmen, würde dies eine geschlossene kollektive Interessenvertretung konterkarieren.[26]

14 Die oben zitierten Ausführungen des Bundesverfassungsgerichts werfen aber das Problem auf seine Ausgangsfrage zurück, wenn das Gericht formuliert, dass die allen Mitgliedern obliegende Solidaritätspflicht gegenüber den in satzungsgemäßen Verfahren zustande gekommenen Entscheidungen der Koalition vom Zweck der Koalition her sachlich begründet ist. Danach hängt die Frage des Verhältnisses von individueller zu kollektiver Koalitionsfreiheit vom „Zweck der Koalition" ab, wie er vom Bundesverfassungsgericht verstanden wird. Diesen Koalitionszweck leitet das Bundesverfassungsgericht seit jeher aus dem Wortlaut des Art. 9 Abs. 3 GG ab (*„Wahrung und Förderung der Arbeits- und Wirtschaftsbedingungen")*[27]. Ein wesentlicher Zweck in diesem Rahmen stellt das Aushandeln von Tarifverträgen dar.[28] Dieser Zweck rechtfertigt allerdings nur dann die Beschränkung individueller Koalitionsfreiheit durch Auferlegung von Solidaritätspflichten, wenn sich das Handeln der Koalition zum Zweck der Förderung und Wahrung der Arbeits- und Wirtschaftsbedingungen auf die Mitglieder bezieht.[29] Insofern tritt die individuelle Koalitionsfreiheit des Mitglieds gegenüber der kollektiven Koalitionsfreiheit nur dann zurück, wenn der Zweck der Koalition in Bezug auf ihre Mitglieder beeinträchtigt werden kann. In diesem Fall erlangt die Ausübung individueller Koalitionsfreiheit eine Verpflichtung gegenüber den in der Koalition zusammengeschlossenen Mit-Koalitionären. Es kann also durchaus Kollisionsfälle zwischen individueller und kollektiver Koalitionsfreiheit geben.[30] Indem das Bundesverfassungsgericht grds. die Aufgabenwahrnehmung der Koalitionen auf deren Mitgliederkreis beziehen will, wenn es um die Frage des Verhältnisses von individueller zu kollektiver Koalitionsfreiheit geht, spricht viel dafür, dass hierbei gerade die kollektive Koalitionsfreiheit aus der individuellen Koalitionsfreiheit abgeleitet werden soll. Auf diese Weise lässt sich dem Art. 9 Abs. 3 GG gewissermaßen als gemeinsamer Nenner

---

[25] Maunz/Dürig/*Scholz* GG Art. 9 Rn. 240.
[26] Hierauf weist zu Recht *Reuter* RdA 2000, 101 (102) hin; ähnlich: *Richardi* Kollektivgewalt, S. 78, der in der Koalitionsfreiheit ein gemeinschaftsbegründendes Individualgrundrecht erblickt.
[27] BVerfG 1.3.1979 – 1 BvR 532/77, 1 BvR 533/77, 1 BvR 419/78, 1 BvL 21/78, BVerfGE 50, 290 (373f.); 26.6.1991 – 1 BvR 779/85, BVerfGE 84, 212 (224); 27.4.1999 – 1 BvR 2203/93, 1 BvR 897/95, BVerfGE 100, 271 (282).
[28] BVerfG 24.4.1996 – 1 BvR 712/86, BVerfGE 94, 268 (283); 27.4.1999 – 1 BvR 2203/93, 1 BvR 897/95, BVerfGE 100, 271, (282).
[29] BVerfG 24.2.1999 – 1 BvR 123/93, BVerfGE 100, 214 (223): *„Die Selbstbestimmung der Koalition über ihre innere Ordnung ist ein wesentlicher Teil der Koalitionsfreiheit. Das Prinzip der freien sozialen Gruppenbildung ist, wie das Bundesverfassungsgericht im Zusammenhang mit Art. 9 I GG ausgeführt hat, konstituierend für die demokratische und rechtsstaatliche Ordnung des Grundgesetzes. ... Für Koalitionen im Sinne des Art. 9 III GG sind die Solidarität ihrer Mitglieder und ein geschlossenes Auftreten nach außen von besonderer Bedeutung. Vor allem darauf beruht ihre Fähigkeit, die Arbeits- und Wirtschaftsbedingungen ihrer Mitglieder wirksam zu fördern und zu wahren. Tarifautonomie steht von Verfassungs wegen nur solchen Koalitionen zu, die in der Lage sind, den von der staatlichen Rechtsordnung freigelassenen Raum des Arbeitslebens durch Tarifverträge sinnvoll zu gestalten. Voraussetzung dafür sind die Geschlossenheit der Organisation und die Durchsetzungskraft gegenüber dem sozialen Gegenspieler ... Gegnerfreiheit gehört zum Wesen der durch Art. 9 III GG geschützten Koalition ... Verbandsinterne Regularien, die diese Voraussetzung sicherstellen sollen, sind daher zentrales Schutzgut des Art. 9 III GG. Auch im Rahmen der betrieblichen Mitbestimmung fördern die Gewerkschaften die Arbeits- und Wirtschaftsbedingungen ihrer Mitglieder und nehmen damit eine verfassungsrechtlich geschützte Funktion wahr."*
[30] BeckOK GG/*Cornils* GG Art. 9 Rn. 80.

entnehmen, dass das Individuum, welches von seiner positiven Koalitionsfreiheit Gebrauch macht, Maßstab für das Handeln der Koalition ist.

2. Kampfparteien und Kampfbeteiligte

Wenn also vom Grundverständnis her Koalitionen und Koalitionsmitglieder im Rahmen der Gewährleistung der Koalitionsfreiheit nicht immer gleichstufig anzusehen sind, so bedingt dies auch eine differenzierte Betrachtungsweise, wenn es um die Anforderungen an die Arbeitskampfführenden geht. Hierbei ist zu differenzieren zwischen den Kampfparteien und den Kampfbeteiligten. Dabei werden als Kampfparteien diejenigen verstanden, die den Arbeitskampf unmittelbar führen, während Kampfbeteiligte diejenigen sind, die unmittelbar oder mittelbar vom Arbeitskampf betroffen sind. Geht man darüber hinaus einmal mehr von der Tarifbezogenheit des Arbeitskampfes aus, so geraten aber auch für die Bestimmung der Parteien des Arbeitskampfes die Vorschriften des TVG notwendigerweise in das Blickfeld (→ § 232 Rn. 1 ff.).

a) Kampfparteien. Wie ein Tarifvertrag auch zwischen verschiedenen Tarifvertragsparteien ausgehandelt wird, so soll der Arbeitskampf auch zwischen verschiedenen Kampfparteien ausgetragen werden. Die ganz herrschende Meinung stellt zwischen den Tarifvertragsparteien und den Arbeitskampfparteien eine Verbindung in der Weise her, dass Partei eines Arbeitskampfes grundsätzlich nur diejenige sein kann, die tariffähig und, soweit es um Verbände geht, auch tarifzuständig ist.[31] Setzt also die Eigenschaft Arbeitskampfpartei zu sein, die Tariffähigkeit voraus, so greift das Arbeitskampfrecht hinsichtlich der Rechtmäßigkeitsvoraussetzungen ua auf die Bestimmungen der Tariffähigkeit in § 2 TVG zurück. Danach sind tariffähig zum einen die Koalitionen, zum anderen aber auch der einzelne Arbeitgeber. Zählt der Abschluss von Tarifverträgen zu den satzungsgemäßen Aufgaben, so kann auch eine Spitzenorganisation iS von § 2 Abs. 3 TVG Kampfpartei sein.[32] Kraft Gesetzes sind darüber hinaus Handwerksinnungen und Innungsverbände tariffähig (§§ 54 Abs. 3 Nr. 1, 82 S. 1 Nr. 3, 85 Abs. 3 iVm 82 Nr. 3 Handwerksordnung). Eine derartige gesetzliche Verleihung der Tariffähigkeit außerhalb des Tarifvertragsgesetzes ist verfassungsrechtlich zulässig.[33] Aufgrund ihrer Tariffähigkeit können daher die Handwerksinnungen und Innungsverbände auch Parteien eines Arbeitskampfes sein. Nach ganz herrschender Auffassung muss ein Verband, um Partei eines Arbeitskampfes zu sein, nicht nur tariffähig, sondern auch tarifzuständig sein.[34] Dies wird letztlich einmal mehr mit der Tarifbezogenheit des Arbeitskampfes begründet. Schließlich wird nach ganz überwiegender Auffassung in der Tarifzuständigkeit ein eigenständiges Wirksamkeitserfordernis für den Tarifvertrag gesehen. Es kann also nach traditionellem Verständnis kein wirksamer Tarifvertrag mangels kongruenter Tarifzuständigkeit der Arbeitskampfparteien zustande kommen. Dementsprechend kann die tarifunzuständige Kampfpartei keine Arbeitskämpfe führen, da solche Arbeitskämpfe nicht mit dem Ziel eines wirksamen Tarifvertrags enden können. Diese Auffassung ist allerdings in mehrfacher Hinsicht problematisch. Zunächst einmal stellt sich die Frage, ob das Erfordernis der Tarifzuständigkeit als Wirksamkeitserfordernis für den Tarifvertrag und damit als Zubilligung der Arbeitskampffähigkeit auf Koalitionen beschränkt ist. Dagegen sei die Tarifzuständigkeit des einzelnen Arbeitgebers diesen gesetzlich zugewiesen. Diese Wertung entnimmt die ganz herrschende Auffassung der Regelung des § 2 Abs. 1 TVG. Man schließt also aus der Tariffähigkeit auf die Tarifzuständigkeit.[35] Hier ist allerdings zu bedenken, dass der Gesetzgeber des TVG den Ein-

---

[31] ErfK/*Linsenmaier* GG Art. 9 Rn. 123; *Otto* AK § 6 Rn. 1; *Löwisch/Rieble* AR-Blattei 170.2 Rn. 4.
[32] *Otto* AK § 6 Rn. 4.
[33] BVerfG 19. 10. 1966 – 1 BvL 24/65, E, 20, 312.
[34] *Otto* AK § 6 Rn. 1; BeckOK ArbR/*Waas* GG Art. 9 Rn. 31; HessLAG 11. 1. 2007 – 9 SaGa 2098/06.
[35] So ausdrücklich unter Berufung auf § 2 Abs. 1 TVG: BAG 25. 9. 1996 – 1 ABR 25/96, AP TVG § 2 Tarifzuständigkeit Nr. 10 LAG Bln-Bbg 29. 11. 2002 – 2 Sa 1359/02 – nv; *Konzen* FS Kraft, 1998, S. 291 (315 f.); *Jacobs* ZTR 2001, 249 ff.; *Rieble* NZA 2000, 225 (229); *Löwisch/Rieble* TVG § 2 Rn. 251 ff.; *Stein*

zelarbeitgeber nur deshalb für tariffähig erklärt hat, um auf diese Weise in Wahrnehmung seines verfassungsrechtlichen Gestaltungsauftrages ein funktionsfähiges Tarifvertragssystem gesetzlich vorzuhalten. Nur wenn die Möglichkeit besteht, den Einzelarbeitgeber bei Tarifverhandlungen oder gar bei Durchführung eines Arbeitskampfes in Anspruch zu nehmen, könne gewährleistet sein, dass auch die Arbeitnehmer bei einem nicht verbandsgebundenen Arbeitgeber unter den Schutz des Tarifrechts fallen können. Dies bedeutet aber nicht, dass der Einzelarbeitgeber als Tarifvertragspartei jede autonome Entscheidungsmöglichkeit über seine Tarifzuständigkeit eingebüßt hat. Solange nämlich sichergestellt ist, dass die mit ihm bestehenden Arbeitsverhältnisse einer tariflichen Regelung zugänglich sind, besteht kein Grund, ihn zwingend auf die Tarifzuständigkeit zu verweisen.[36]

17   Heute ist aber zunehmend festzustellen, dass sich die jeweilige Kampfmaßnahme nicht immer gegen die andere Kampfpartei richtet. Erscheinungen wie Unterstützungsstreiks[37] und neue Formen von Arbeitskämpfen, wie etwa der sog. Flashmob[38] führen dazu, dass der Kampfgegner schwieriger zu identifizieren ist. Daraus folgt, dass es für die Identifizierung der Kampfpartei nicht auf die Stoßrichtung der jeweiligen Kampfmaßnahme, sondern auf das jeweilige Kampfziel, also im Falle eines rechtmäßigen Arbeitskampfes, auf den potentiellen Tarifvertragspartner ankommt.

18 **b) Kampfbeteiligte.** Von der Frage, wer den Arbeitskampf führt bzw. gegen wen der Arbeitskampf geführt wird, ist die Frage zu trennen, welche Personenkreise sich am Arbeitskampf beteiligen können.

19 **aa) Die Arbeitnehmerseite. (1) Arbeitnehmer.** Aus der Tarifbezogenheit des Arbeitskampfes folgt, dass sich nur Arbeitnehmer an Arbeitskämpfen beteiligen können, da sich der Arbeitskampf schließlich als Mittel zur autonomen Gestaltung der eigenen Rechtsverhältnisse darstellt. Insoweit gilt der allgemeine Arbeitnehmerbegriff.[39] Darum kann kein Zweifel daran bestehen, dass auch leitende Angestellte streiken dürfen. Zwar hat der Gesetzgeber ihnen zum Teil eine arbeitsrechtliche Sonderstellung zuerkannt, weil ihnen in Teilbereichen die eigenverantwortliche Übernahme von typischen Arbeitgeberfunktionen übertragen ist. Trotzdem differenziert das TVG nicht zwischen Arbeitnehmern und leitenden Angestellten, so dass ihnen ein Streikrecht ohne Weiteres zusteht, obwohl in der Praxis dieses eher nur selten in Anspruch genommen wird.[40] Nach bisher herrschendem Verständnis war es auch unerheblich, ob der Arbeitnehmer der streikführenden Gewerkschaft als Mitglied angehörte oder nicht.[41] Ob sich auch Nicht-Arbeitnehmer, wie etwa Selbstständige, die einen freien Beruf ausüben, an Arbeitskämpfen beteiligen können, wurde verschiedentlich im Zusammenhang mit sog. Ärztestreiks diskutiert.[42] Zwar findet sich vereinzelt die Auffassung, dass sich etwa auch Vertragsärzte grds. auf die Koalitionsfreiheit einschließlich der Arbeitskampffreiheit berufen können.[43] Die höchstrichterliche Rechtsprechung steht dem reserviert gegenüber.[44] Angesichts der historischen Grundlegung der Koalitionsfreiheit ist es allerdings nur schwer vorstellbar, das Instrument der kol-

---

RdA 2000, 129 (136 f.); ZLH/*Loritz* § 37 Rn. 24 ff.; vgl. auch *Ischner* Vereinheitlichung standortunterschiedlicher tarifvertraglicher Arbeitsbedingungen durch Haustarifvertrag, S. 146 ff.
[36] Hierzu ausführlich *Ricken* Autonomie und tarifliche Rechtssetzung, S. 207 ff.
[37] BAG, 19. 6. 2007 – 1 AZR 396/06, NZA 2007, 1055.
[38] BVerfG 26. 3. 2014 – 1 BvR 3185/09, NJW 2014, 1874; BAG, 22. 9. 2009 – 1 AZR 972/08, NZA 2009, 1347.
[39] *Seiter* Streikrecht, S. 247.
[40] Brox/Rüthers/*Brox* § 19 Rn. 639.
[41] BAG 21. 4. 1971 – GS 1/68, AP GG Art. 9 Arbeitskampf Nr. 43; *Hromadka/Maschmann* § 14 Rn. 28.
[42] *Sodan/Schaks* VSSR 2014, 89 ff.; BeckOK ArbR/*Waas* GG Art. 9 Rn. 2; *Schinnenburg* MedR 2005, 26.
[43] LSG Nds-Brem 9. 4. 2008 – L 3 KA 139/06, MedR 2008, 529; *Sodan/Schaks* VSSR 2014, 89 (112 ff.) – Streikrecht auf der Grundlage von Art 12 Abs 1 GG.
[44] BSG 17. 6. 2009 – B 6 KA 16/08 R, BSGE 103, 243; BSG 30. 11. 2016 – B 6 KA 38/15 R, NZS 2017, 539.

lektiven Zurückhaltung der Arbeitsleistung auch solchen Personenkreisen zuzugestehen, die sich nicht aufgrund einer abhängigen Beschäftigung in einer strukturellen Ungleichgewichtslage befinden. Von daher wird man Selbständige idR nicht zum Personenkreis derjenigen zählen können, die sich geschützt durch Art. 9 Abs. 3 GG an einem Arbeitskampf beteiligen können.[45]

(2) Streikberechtigung von Auszubildenden. Umstritten ist allerdings, ob Auszubildende streiken dürfen.[46] Während die ganz herrschende Meinung in Rechtsprechung und Schrifttum ein Streikrecht der Auszubildenden bejaht, wird teilweise unter Hinweis auf die Andersartigkeit von Ausbildungsverhältnissen im Vergleich zu Arbeitsverhältnissen ein Streikrecht verneint. Zur Begründung hierfür wird auf den besonderen Erziehungs- und Ausbildungszweck des Ausbildungsverhältnisses hingewiesen. So werde der Ausbildungszweck durch einen Arbeitskampf gefährdet, ohne dass auf der anderen Seite der Auszubildende in der Lage wäre, durch seine Beteiligung am Streik nennenswert Druck auf die Arbeitsgeberseite auszuüben.[47] Dem wird man allerdings entgegenhalten müssen, dass, so lange durch Tarifverträge auch die Arbeitsbedingungen der Auszubildenden geregelt werden, diesen auch zumindest dem Grunde nach ein Streikrecht zustehen muss. Auch wenn es sich bei dem Ausbildungsverhältnis um etwas anderes als ein Arbeitsverhältnis handelt, sind doch die Ausbildungsvergütungen als Arbeits- und Wirtschaftsbedingungen im Sinne des Art. 9 Abs. 3 GG einzuordnen.[48] Auf der anderen Seite lässt sich ein unbeschränktes Streikrecht der Auszubildenden nicht dadurch begründen, dass mit der Teilnahme am Streik den Auszubildenden Gelegenheit gegeben werden soll, solidarisches Verhalten einzuüben.[49]

Allein das Argument, nur mit einer Beteiligung am Streik sei ein Einüben von Solidarität für junge Menschen, die in einem Ausbildungsverhältnis stehen, möglich, erscheint als wenig tragfähig. Schließlich bildet Solidarität nicht den Selbstzweck des Arbeitskampfes, sondern stellt sich lediglich als ein Mittel zur Erreichung der mit dem Arbeitskampf verfolgten Ziele dar. Es ist auch nicht zu verkennen, dass die Streikbeteiligung von Auszubildenden, insbesondere bei lang andauernden Arbeitskämpfen, den Ausbildungszweck beeinträchtigen kann. Dabei ist dem Argument zu widersprechen, in einem bestreikten Betrieb könne keine Ausbildung stattfinden. Dies verkennt die Realitäten von Arbeitskämpfen und unterstellt, dass es einer streikenden Gewerkschaft etwa gelingt, die gesamte Belegschaft eines Betriebes zur Teilnahme am Streik zu veranlassen. Nach Auffassung der Rechtsprechung dürfen zwar Auszubildende grds. streiken.[50] Allerdings bezieht sich diese ausdrückliche Billigung des Streikrechts von Auszubildenden auf kurzfristige Streikmaßnahmen. Ob Auszubildende auch längerfristig streiken dürfen, hat die Rechtsprechung bisher offen gelassen. Man wird der Rechtsprechung zustimmen können, dass es keine fixen zeitlichen Grenzen geben kann, bis zu denen man das Streikrecht von Auszubildenden anerkennen muss. Es wird jeweils eine Frage des Einzelfalles sein, wobei ausschlaggebend ist, inwieweit unter prognostischer Betrachtung die Teilnahme von Auszubildenden an Streikmaßnahmen geeignet ist, den Ausbildungszweck zu gefährden, was umso mehr zu bejahen ist, je länger die jeweilige Streikmaßnahme dauern soll. Demgegenüber

---

[45] Maunz/Dürig/*Scholz*, GG Art. 9 Rn. 180; SG Stuttgart 23.7.2015 – S 4 KA 3147/13; aA: *Burkiczak* NZS 2017, 536 (537).
[46] Für ein Streikrecht: BAG 12.9.1984 – 1 AZR 342/83, BAGE 46, 322; Gagel/*Bepler* SGB III vor § 160 Rn. 43; ErfK/*Schlachter* BBiG § 10 Rn. 8; Brox/Rüthers/*Brox* § 19 Rn. 674; *Gamillscheg* KollArbR I, S. 996 f.
[47] Gegen ein Streikrecht für Auszubildende: Löwisch/*Rieble* AR-Blattei SD 170.2 Rn. 271; *Natzel* DB 1970, 2267, 2273; Hueck/*Nipperdey* ArbR II/2, S. 961; ArbG Düsseldorf 21.8.1972 – 7 Ca 1995/71, EzA Art. 9 GG Arbeitskampf Nr. 15.
[48] Brox/Rüthers/*Brox* § 19 Rn. 674.
[49] So aar *Otto* AK § 6 Rn. 17; ähnlich *Gamillscheg* KollArbR I, S. 997.
[50] BAG 12.9.1984 – 1 AZR 342/83 AP GG Art. 9 Arbeitskampf Nr. 81; 21.6.1988 – 1 AZR 651/86, AP GG Art. 9 Arbeitskampf Nr. 108.

besteht weitgehend Übereinstimmung darin, dass auch Auszubildende von einer suspendierenden Aussperrung betroffen sein können.[51] Dies ist allerdings nur insoweit zutreffend, als aufgrund einer suspendierenden Aussperrung der Ausbildungszweck nicht nachhaltig beeinträchtigt wird. Insofern ist eine Parallele zum Streikrecht der Auszubildenden zu ziehen. Allerdings wird bei einer Aussperrung durch den Arbeitgeber regelmäßig eine Ausbildung im Betrieb vorübergehend nicht mehr möglich sein, so dass durch die Aussperrung des Auszubildenden der Ausbildungszweck regelmäßig nicht beeinträchtigt sein wird.

22 **(3) Arbeitnehmerähnliche Personen.** Eindeutig streikberechtigt sind demgegenüber arbeitnehmerähnliche Personen (vgl. § 12a TVG).[52] Bei der Gruppe der arbeitnehmerähnlichen Personen handelt es sich in Wahrheit um Selbständige, also nicht um Arbeitnehmer.[53] Die Besonderheit dieser Gruppe besteht jedoch darin, dass arbeitnehmerähnliche Personen aufgrund ihrer wirtschaftlichen Abhängigkeit in ein Verhältnis zu ihrem Auftraggeber geraten, der dem Verhältnis, nämlich der Abhängigkeit, von Arbeitnehmern in seiner Wirkung vergleichbar ist.[54] Unabhängig von der begrifflichen Einordnung folgt jedoch aus der Einbindung der arbeitnehmerähnlichen Personen in das Tarifrecht durch § 12a TVG, dass der Gesetzgeber bei diesem Personenkreis auch von einem Streikrecht ausging. Dagegen ist ein Streikrecht anderer Personenkreise, die zwar auch selbständig tätig sind, die aber nicht die Voraussetzungen einer arbeitnehmerähnlichen Person erfüllen, nicht anzuerkennen. Es mag zwar sein, dass auch unter den Selbständigen, die nicht arbeitnehmerähnliche Personen sind, es solche gibt, die sich in einer ähnlichen Abhängigkeit zu einem Auftraggeber befinden, wie das bei arbeitnehmerähnlichen Personen der Fall ist. Solange aber die Voraussetzungen des § 12a TVG nicht vorliegen und auch sonst der Gesetzgeber diesen Personen nicht das Recht eingeräumt hat, Tarifverträge abzuschließen, kann nicht von einem Streikrecht ausgegangen werden. Dies ergibt sich aus der Tarifbezogenheit des Arbeitskampfes.[55]

23 **(4) Ein-Euro-Jobber.** Auf der anderen Seite steht das Streikrecht solchen Personen nicht zu, die – abgesehen von den erwähnten Sonderfällen – nicht die Voraussetzungen des allgemeinen Arbeitnehmerbegriffes erfüllen. So folgt aus dem Umstand, wonach es sich bei den sog. „Ein-Euro-Beschäftigten" iSd § 16d SGB II nicht um Arbeitnehmer handelt,[56] dass diesen Personen auch kein Streikrecht zusteht.

24 **(5) Nicht- und Anders-Organisierte.** Steht einer Person ein Streikrecht zu, so kann dieses nicht von der Mitgliedschaft zur streikführenden Gewerkschaft abhängig gemacht werden. Zwar zeigt sich hier eine gewisse Durchbrechung bei der Tarifbezogenheit des Arbeitskampfes, da nicht organisierte Streikende nach Abschluss des erkämpften Tarifvertrags nicht von diesem Tarifvertrag in normativer Hinsicht profitieren. Allerdings ist nicht zu verkennen, dass der Tarifvertrag etwa durch Bezugnahmeklausel in Arbeitsverträgen oder schlicht aufgrund der Kraft des Faktischen das Entgeltniveau in einem Betrieb mitbestimmt. Wollte man den Nicht-Organisierten ein Streikrecht absprechen, so würde dies bedeuten, dass sie während eines Streiks arbeiten müssten. Dies würde aber letztlich ein Verstoß gegen Art. 9 Abs. 3 GG bedeuten, da die Ausübung der Koalitionsfreiheit, sich

---

[51] ErfK/*Schlachter* BBiG § 10 Rn. 8; Brox/Rüthers/*Brox* § 19 Rn. 675; Gagel/*Bepler* SGB III vor § 160 Rn. 66; BeckOK ArbR/*Hagen* BBiG § 10 Rn. 13; aA Däubler Arbeitskampfr/*Wolter* § 12 Rn. 56.
[52] HWK/*Henssler* TVG § 12a Rn. 19; BeckOK ArbR/*Giesen* TVG § 12a Rn. 1.
[53] *Griebeling* RdA 1998, 208 (211).
[54] Vgl. instruktiv und kontrovers zu den arbeitnehmerähnlichen Personen im Verhältnis zu Arbeitnehmern und Selbständigen: Wiedemann/*Wank* § 12a Rn. 1 ff.
[55] Ähnlich auch *Otto* AK § 6 Rn. 10.
[56] BAG 8.11.2006 – 5 AZB 36/06, AP ArbGG 1979 § 2 Nr. 89; 26.9.2007 – 5 AZR 857/06, AP SGB II § 16 Nr. 3.

I. Parteien des Arbeitskampfes

mit anderen zum Zwecke der Wahrung und Förderung der Wirtschaftsbedingungen zusammenzuschließen, nicht davon abhängig gemacht werden darf, sich vereinsrechtlichen Zwängen zu unterwerfen.[57] Gerade im Hinblick auf Arbeitskämpfe unter Beteiligung von Spartengewerkschaften wird teilweise Außenseitern ein Streikrecht abgesprochen. Begründet wird dies etwa aufgrund der Koppelung des Arbeitskampfes mit dem Koalitionsrecht.[58] Hierbei wird indes die individuelle Dimension der Koalitionsfreiheit nicht hinreichend berücksichtigt. Art. 9 Abs. 3 GG setzt keine Mindestdauer für den Anschluss an eine Koalition voraus. Ebenso wenig verlangt das Grundrecht einen formalen Beitritt. Mit der Entscheidung des Außenseiters sich an einem Arbeitskampf einer Koalition zu beteiligen, übt dieser sein Recht aus, sich mit anderen Arbeitnehmern zusammenzuschließen. Hierin ist dann nicht die Bildung einer Ad-hoc-Koalition zu sehen,[59] da schließlich bezogen auf den Streik dieser durch eine Gewerkschaft und damit durch eine verfestigte Organisation getragen wird. Für die Streikberechtigung der Nichtorganisierten spricht zudem, dass andernfalls die Funktionsfähigkeit des Arbeitskampfes als Mittel der Tarifautonomie gefährdet erscheint, so dass sich die Streikberechtigung der Nichtorganisierten auch als „rechtsreflexive" Begünstigung aus dem Streikrecht der Gewerkschaft erklären lässt.[60] Mit der Streikberechtigung auf der einen Seite ist aber auch auf der anderen Seite verbunden, dass Außenseiter, also anders- oder nicht-organisierte Arbeitnehmer grds. auch ausgesperrt werden dürfen.[61] Die Rechtsprechung des BAG geht allerdings noch einen Schritt weiter, indem sie die selektive Aussperrung von Organisierten für unzulässig erklärt.[62] Hier folgt bereits aus dem Paritätsgedanken, dass man einem Verbot jeglicher selektiver Auslegung skeptisch gegenüber stehen sollte. Schließlich ist es der kampfführenden Gewerkschaft auch unbenommen, selektiv bestimmte Bereiche eines Betriebes zu bestreiken. In gleicher Weise müsste dann aber auch dem bestreikten Arbeitgeber das Recht zustehen, selbst zu entscheiden, auf welche Personengruppen er seinen Aussperrungsentschluss beziehen will. Schließlich trifft die Arbeitgeberseite, wenn sie selektiv aussperrt, eine Entscheidung, bei der sie sich ebenfalls, da es um eine Arbeitskampfmaßnahme geht, auf die Koalitionsfreiheit berufen kann.[63]

Mit der Entscheidung des BAG vom 19.6.2007[64] zur Rechtmäßigkeit von Unterstützungsstreiks hat sich die Problematik, inwieweit Arbeitnehmer ein Streikrecht besitzen, wenn sie von dem Tarifvertrag nicht betroffen werden, erheblich zugespitzt. Das BAG hatte in der og Entscheidung vom Grundsatz her gewerkschaftliche Streiks, die der Unterstützung eines in einem anderen Tarifgebiet geführten Hauptarbeitskampfes dienen, grds. für zulässig und mit Art. 9 Abs. 3 GG vereinbar angesehen. Auch wenn derartige Streiks im Hinblick auf ihre konkrete Zulässigkeit am Grundsatz der Verhältnismäßigkeit zu messen sind,[65] bedeutet dies doch, dass das BAG die potentielle Normunterworfenheit unter einen Tarifvertrag von der Frage löst, ob der Arbeitnehmer den Tarifvertrag auch miterstreiken kann. Unabhängig von der Frage der Zulässigkeit von Unterstützungsstreiks weist dieser Ansatz des BAG in die richtige Richtung. Wollte man das Streikrecht davon abhängig machen, ob der Streikende vom Streikziel begünstigt wird, würde dies unmit-

---

[57] Ebenso auch, wenn auch mit anderer Begründung *Otto* AK § 6 Rn. 11.
[58] *Wietfeld*, Die rechtliche Stellung von Arbeitnehmeraußenseitern im Spartenarbeitskampf, 2010, S. 119.
[59] Hierzu: *Lembke*, Die Arbeitskampfbeteiligung von Außenseitern, 2000, S. 45.
[60] *Thüsing* Der Außenseiter im Arbeitskampf, S. 54.
[61] BAG 21.4.1971 – GS 1/68, AP GG Art. 9 Arbeitskampf Nr. 43; *Thüsing* Der Außenseiter im Arbeitskampf, S. 59 ff.; *Kissel* AK § 38 Rn. 10 ff.; *Wank* AP GG Art. 9 Arbeitskampf Nr. 173; *Wiedemann* RdA 2007, 65 (68), der allerdings Skepsis gegenüber einer verfassungsrechtlichen Begründung der Einbeziehung von Außenseitern in den Arbeitskampf äußert. AA: *Wietfeld*, Die rechtliche Stellung von Arbeitnehmeraußenseitern im Spartenarbeitskampf, 2010, S. 216.
[62] BAG 10.6.1980 – 1 AZR 331/79, AP GG Art. 9 Nr. 66.
[63] Vgl. auch *Otto* AK § 6 Rn. 13.
[64] BAG 19.6.2007 – AZR 396/06, AP GG Art 9 Arbeitskampf Nr. 173; zustimmend LAG BW 31.3.2009 BeckRS 2009 59015; kritisch: *Hohenstatt/Schramm* NZA 2007, 1034; *Wank* RdA 2009, 1 (2 ff.); *Wank* AP GG Art. 9, Arbeitskampf Nr. 173; *Buchner* FS Hromadka, 2008, S. 39, 42.
[65] Hierzu: *Bieder* NZA 2008, 799, (800 f.); *Paukner* ZTR 2008, 130 (134 ff.); *Junker* JZ 2008, 102 ff.

telbar auf die Funktionsfähigkeit des Tarifvertrags als angemessene Regelung der Arbeitsbedingungen durchschlagen. Eine Gewerkschaft müsste, um eine möglichst große Streikbeteiligung überhaupt zu ermöglichen, Forderungen aufstellen, die möglichst allen Arbeitnehmern eine Begünstigung gewähren. Dass dies allerdings nicht immer möglich ist und auch ein Arbeitskampf dazu dienen kann, spezielle Gruppen von Arbeitnehmern (etwa im Niedriglohnbereich) besonders zu begünstigen, ist bekannt. Insofern würde, wenn man das Streikrecht nur auf potentiell begünstigte Arbeitnehmer erstreckt, die Ausgleichsfunktion, die ein Tarifvertrag auch haben kann, gefährdet werden. Im Übrigen wäre, wenn man nur potentiell begünstigten Arbeitnehmern das Streikrecht zuerkennt, es dem Arbeitgeber möglich, bei ausdifferenzierten Tarifforderungen durch gezielte Versetzungen einzelner Arbeitnehmer oder Arbeitnehmergruppen in Bereiche, die nach der Tarifforderung der Gewerkschaft nicht begünstigt werden, das Streikrecht zu nehmen. Allein diese Überlegung macht deutlich, dass das Streikrecht nicht davon abhängig sein kann, ob jemand durch die Streikforderungen begünstigt wird oder nicht.

26   Ein besonderes Problem ergibt sich indes dann, wenn sich Anders-Organisierte einem Streik anschließen wollen, obwohl für diese Personengruppe bereits ein Tarifvertrag besteht, den deren Gewerkschaft mit dem Arbeitgeber bzw. dem entsprechenden Arbeitgeberverband vereinbart hatte.[66] Hier könnte man sich auf den Standpunkt stellen, dass die aus diesem Tarifvertrag herrührende Friedenspflicht einer Beteiligung dieser anders organisierten Arbeitnehmer am Streik einer fremden Gewerkschaft entgegensteht. Diese Friedenspflicht, die einem Tarifvertrag als dessen schuldrechtlicher Bestandteil auch ohne gesonderte Vereinbarung innewohnt (umfassend → Rn. 44 ff.), schützt die Mitglieder der Tarifvertragsparteien davor, hinsichtlich der tariflich geregelten Materie mit Arbeitskampfmaßnahmen überzogen zu werden.[67] Allerdings wirkt die Friedenspflicht, sofern nicht anders vereinbart, nicht absolut, also verbietet nicht jeden Arbeitskampf. Vielmehr ist ihre Wirkung relativ,[68] dh den Tarifvertragsparteien ist es lediglich verboten, einen bestehenden Tarifvertrag inhaltlich dadurch in Frage zu stellen, dass sie Änderungen der bereits tariflich geregelten Gegenstände mit Mitteln des Arbeitskampfes angreifen.[69] Daraus folgt, dass solange die Anders-Organisierten mit ihrer Streikbeteiligung nicht eine Änderung der für sie bestehenden Tarifverträge zum Arbeitskampfziel gemacht haben, diese Streikbeteiligung keine Verletzung der Friedenspflicht darstellen kann. Insoweit greifen genau dieselben Erwägungen, wie sie für den Sympathiestreik angestellt werden. Diejenigen Arbeitnehmer, die sich an einem Sympathiearbeitskampf beteiligen, wenden sich nicht gegen den Tarifvertrag, aus dem die Friedenspflicht herrührt, sondern wollen lediglich einen Tarifvertrag erzwingen, der sie, zumindest rechtlich, nicht betreffen würde. Da insofern der Tarifvertrag, aus dem die Friedenspflicht herrührt, als solcher unangetastet bleibt, wird der Sympathiearbeitskampf als zulässig erachtet.[70] Dies kann allerdings nur dann gelten, wenn es sich um echte Sympathiearbeitskämpfe handelt, bei denen sich Anders-Organisierte letztlich ohne eigene wirtschaftliche Interessen an dem Sympathiearbeitskampf beteiligen. Steht zu erwarten, dass die Ergebnisse eines Arbeitskampfes, an dem sich Anders-Organisierte beteiligen, auch für diese zu einer Veränderung der für sie geltenden Tarifverträge und Arbeitsbedingungen führt, kann nicht mehr von einem Sympathiearbeitskampf ge-

---

[66] Vgl. *Meyer* SAE 2013, 30 (31 ff.).
[67] BAG 10.12.2002 – 1 AZR 96/02, AP GG Art. 9 Arbeitskampf Nr. 162.
[68] *Gaul* RdA 2008, 13 (15).
[69] BAG 27.6.1989 – 1 AZR 404/88, AP GG Art. 9 Arbeitskampf Nr. 113 = BAGE 62, 171 ff.
[70] BAG 21.12.1982 – 1 AZR 411/80, AP GG Art. 9 Arbeitskampf Nr. 76 = BAGE 41, 209 ff.; BAG 5.3. 1985 – 1 AZR 468/83 AP GG Art. 9 Arbeitskampf Nr. 85 = BAGE 48, 160 =; Brox/Rüthers/*Rüthers* § 8 Rn. 238; Wiedemann/*Thüsing* § 1 Rn. 886; Kempen/Zachert/*Zachert* TVG § 1 Rn. 915; NK-TVG/ *Heuschmid* § 1 Rn. 1189; Wiedemann/*Thüsing* TVG § 1 Rn. 886; aA: BAG 19.6.2007 – 1 AZR 396/06, AP GG Art. 9 Arbeitskampf Nr. 173 = NZA 2007, 1055 ff.; *Bertke* Zur Zulässigkeit von Sympathiestreiks, S. 287; *Löwisch/Rieble* TVG § 1 Rn. 1038.

sprochen werden, denn in diesem Fall liegt ein ganz normaler Arbeitskampf vor, mit der Folge, dass hierfür die Friedenspflicht gilt.[71]

(6) Mitglieder der Minderheitsgewerkschaften. Besondere Probleme ergeben sich in tarifpluralen Betrieben, in denen die Regelung des § 4a TVG zur Anwendung kommt. Durch diese Regelungen wird zwar das Streikrecht nicht eingeschränkt.[72] Insofern ist auch ein Streik einer Minderheitsgewerkschaft nicht schon deshalb rechtswidrig, weil im Betrieb bereits ein inhaltlich entsprechender Tarifvertrag mit der Mehrheitsgewerkschaft als Tarifvertragspartner besteht und deshalb ein Tarifvertrag mit der Minderheitsgewerkschaft verdrängt werden würde. Dass es überhaupt zu einer Verdrängung kommt, setzt schon nach der gesetzlichen Regelung eine Tarifkollision und damit auch einen Tarifvertrag voraus, bei dem die Minderheitsgewerkschaft Tarifvertragspartner ist. Darüber hinaus ist darauf hinzuweisen, dass eine Verdrängung nur so lange dauert, wie der verdrängende Tarifvertrag läuft und kein weiterer Tarifvertrag ebenfalls eine Verdrängung bewirkt, sodass der verdrängte Tarifvertrag auflebt, wenn die Laufzeit des verdrängenden Tarifvertrages endet.[73] Daraus folgt dann aber, dass aus den Regelungen des § 4a Abs. 2 TVG nicht etwa der Einwand hergeleitet werden kann, dass ein Tarifvertrag, der verdrängt wird, nicht erstreikt werden dürfe (→ Rn. 41).[74] Wenn die Verdrängung kraft Gesetzes gerade den Abschluss eines Tarifvertrages voraussetzt, bedeutet dies notwendigerweise, dass damit der Gesetzgeber die Wertentscheidung dahingehend getroffen hat, dass Arbeitskämpfe zur Erzielung eines später verdrängten Tarifvertrages nicht unverhältnismäßig sein können und dass gerade im Interesse eines kollisionsfreien Tarifvertragssystems unter größtmöglicher Schonung der Koalitionsfreiheit der Mitglieder, die in der Minderheitsgewerkschaft organisiert sind, der Abschluss auch des Tarifvertrags mit der Minderheitsgewerkschaft der Gewährleistung der Tarifautonomie dient. Schließlich gilt die Verdrängungswirkung nur beschränkt und darüber hinaus ist der Tarifvertragsabschluss Voraussetzung für das Nachzeichnungsrecht des § 4a Abs. 4 TVG.

Im Hinblick auf den Kreis der Kampfbeteiligten ist aber fraglich, ob Arbeitnehmer, die in einer Minderheitsgewerkschaft organisiert sind und für die im Betrieb ein geltender Tarifvertrag besteht, sich ihrerseits an Kampfmaßnahmen der Mehrheitsgewerkschaft beteiligen dürfen, um letztlich durch das Nachzeichnungsrecht in § 4a Abs. 4 TVG später von den erstreikten Regelungen des Mehrheitstarifvertrages profitieren zu können. Zum Teil wird dies unter Hinweis auf die fortbestehende Friedenspflicht aus dem zwar (möglicherweise dann) verdrängten, aber „permanent potentiell anwendbar[en]" Minderheitentarifvertrag abgelehnt. Dies ergäbe sich aus der Dogmatik und aus der Tatsache, dass das Tarifrecht keine „betriebsbezogene Friedenspflicht" kenne. Zudem trete die Verdrängungswirkung erst mit Rechtskraft des Verdrängungsbeschlusses ein.[75] Es trifft zwar zu, dass die Friedenspflicht aus dem Minderheitentarifvertrag fortbesteht.[76] Richtigerweise

---

[71] So zu Recht *Kissel* AK § 24 Rn. 23; *Paukner* ZTR 2008, 130 (137); einschränkend auch *Otto* AK § 6 Rn. 15.
[72] BVerfG 11.7.2017 – 1 BVR 1571/15, AP GG Art. 9 Nr. 151, Rn. 138 ff.; kritisch zum Urteil: *v. Steinau-Steinrück/Gooren* NZA 2017, 1149; *Rieble* NZA 2017, 1157; vor dem Urteil des BVerfG ist das TEG in der Literatur umfassend kritisch betrachtet worden: *Fischinger/Monsch* NJW 2015, 2209; *Giesen/Kersten*, ZfA 2015, 201; *Greiner* NZA 2015, 769; *Jacobs* ... denn sie wissen nicht, was sie tun – die Tarifeinheit im Betrieb wie früher da, Zwischen Theorie und Praxis – Herausforderungen des Arbeitsrechts 2015, S. 9–26; *Linsenmaier* RdA 2015, 369; *Lehmann* BB 2015, 2229 und 2293; *Scholz/Lingemann/Ruttloff* NZA-Beil. 2015, 3; *Ubber* RdA 2016, 361; Regelungsvorschläge vor dem TEG: *Bayreuther/Franzen/Greiner/Krause/Oetker/Preis/Rebhahn/Thüsing/Waltermann* Tarifpluralität als Aufgabe des Gesetzgebers, S. 44ff.; dazu *Franzen* ZfA 2011, 647; Gemeinsames Eckpunktepapier von BDA und DGB RdA 2010, 315; dazu *Dieterich* AuR 2011, 46; *Giesen* ZfA 2011, 1; *Greiner* NZA 2010, 743; *Konzen* JZ 2010, 1036; *Waas* AuR 2011, 93.
[73] BVerfG 11.7.2017 – 1 BVR 1571/15, AP GG Art. 9 Nr. 151, Rn. 189.
[74] So auch *Däubler* ArbeitskampfR/*Reinfelder* § 15 Rn. 11.
[75] *Löwisch/Rieble* TVG § 4a Rn. 383f.
[76] *Vielmeier* NZA 2015, 1294 (1296); ErfK/*Franzen* TVG § 4a Rn. 24.

wird man den Mitgliedern der Minderheitsgewerkschaft dennoch ein Streikrecht zusprechen müssen. Teilweise wird diesbezüglich von einem unechten Unterstützungsstreik gesprochen[77]. Es läge dann ein Sympathie-Arbeitskampf vor, in dem sich Anders-Organisierte mit eigenen wirtschaftlichen Interessen beteiligen. Aus der Funktionsweise der gesetzlichen Regelungen zur Tarifkollision folgt aber, dass die streikenden Mitglieder der Minderheitsgewerkschaft durch Arbeitskampfmaßnahmen formal nicht den Tarifvertrag der Minderheitsgewerkschaft infrage stellen – auch, da dieser nicht länger die „maßgebliche Friedensordnung" darstellt[78] – und insofern die Friedenspflicht wahren. Ungeachtet dessen, dass die Friedenspflicht aus dem Minderheitentarifvertrag trotz einer möglichen Verdrängung erhalten bleibt, hat der Gesetzgeber ausdrücklich formuliert, dass eine Gewerkschaft die Nachzeichnung der Rechtsnormen eines mit ihrem Tarifvertrag kollidierenden Tarifvertrages verlangen kann. Daraus folgt, dass die Nachzeichnung als solche schon kraft Gesetzes keine Verletzung der Friedenspflicht darstellt, sondern für Tarifvertragsparteien eine gesetzlich erlaubte Handlungsoption ist. Da es erst die Ausübung dieser Option ist, die den Mitgliedern der Minderheitsgewerkschaft die Vorteile aus dem Mehrheitstarifvertrag verschafft, kann die Beteiligung der Mitglieder der Minderheitsgewerkschaft an Arbeitskampfmaßnahmen der Mehrheitsgewerkschaft keinen Verstoß gegen die Friedenspflicht bedeuten, weil durch Unterstützungsmaßnahmen der Mitglieder der Minderheitsgewerkschaft der Minderheitstarifvertrag nicht zur Disposition gestellt wird, sondern das Nachzeichnungsrecht gerade voraussetzt, dass die Minderheitsgewerkschaft wie auch ihre Mitglieder die tarifvertragliche Bindung an den Minderheitstarifvertrag akzeptieren.

29 **(7) Beamte.** Für Kontroversen sorgt seit jeher das Streikrecht von Beamten. Hatten Beamte nach dem Ersten Weltkrieg noch ausdrücklich ein Streikrecht inne, wurde ihnen seit der Notverordnung des Reichspräsidenten vom 1.2.1922 ein solches Recht aberkannt.[79] Mit der Garantie des Streikrechts in Art. 9 Abs. 3 GG erlangte die Diskussion, ob nicht auch Beamte ein Recht auf Streik haben, neuen Schwung. Zum Teil wird ein Streikrecht im Hinblick darauf gefordert, dass auch Beamte sich in einer zum Dienstherrn unterlegenen Position befinden und der Fokus weniger auf den Status als vielmehr auf die jeweiligen Aufgaben gelegt werden müsse.[80] Zudem ergebe sich angesichts der zunehmenden Privatisierung in der öffentlichen Verwaltung eine Schieflage.[81] Die hM lehnt ein Streikrecht allerdings weiterhin ab.[82] Zur Begründung werden die hergebrachten Grundsätze des Berufsbeamtentums aus Art. 33 Abs. 5 GG herangezogen.[83] Auch wenn verschiedentlich bestritten wird, dass es sich bei dem Streikverbot um einen hergebrachten Grundsatz des Berufsbeamtentum handelt,[84] hat das BVerfG und das BVerwG das Streikverbot auf der Grundlage von Art. 33 Abs. 5 GG auch in jüngster Zeit nochmals bestätigt.[85] Das Berufsbeamtentum soll durch loyale und wirtschaftlich unabhängige Beschäftigte eine rechtsstaatliche, funktionstüchtige und politisch unabhängige Verwaltung gewährleisten.[86] Davon ausgehend unterliegen Beamte besonderen Loyalitäts- und Treuepflichten, welche einen uneingeschränkten

---

[77] *Linsenmaier* RdA 2015, 369 (385).
[78] ErfK/*Linsenmaier* GG Art. 9 Rn. 125.
[79] S. hierzu Däubler ArbeitskampfR/*Hensche* § 18a Rn. 30 ff.
[80] HK-ArbR/*Hensche* GG Art. 9 Rn. 123; ähnlich auch *Klein* AuR 2018, 130.
[81] Ausführlich zu diesem Problem: *Klein* Das Kollektivvertrags- und Streikrecht für Beamte in privatisierten Unternehmen, 2017.
[82] Vgl. dazu ausführlich *Bitsch* ZTR 2012, 78; *Hebeler* JA 2018, 634 (636); *Kawik* DÖV 2016, 212.
[83] BVerfG 30.3.1977 – 2 BvR 1039/75, 2 BvR 1045/75, NJW 1977, 1869; *Di Fabio* Das beamtenrechtliche Streikverbot, S. 31 ff.; *Hebeler* JA 2014, 731 (734 f.); *Kaiser* AöR 142 (2017), 417 (420 ff.); *Isensee* Beamtenstreik, 1971; *Kranz* Landesarbeitskampfgesetze, S. 72 f.; *Otto* AK § 9 Rn. 2 ff.; *Traulsen* JZ 2013, 65 (70); *Gamillscheg* KollArbR I, S. 1108 ff., sieht das Streikverbot als „Gewohnheitsrecht" einordnet.
[84] *Dumke* Streikrecht iSd Art. 6 Nr. 4 ESC und deutsches Arbeitskampfrecht, S. 246.
[85] BVerfG 12.6.2018 – 2 BuR 1738/12 ua, NVwZ 2018, 1121; BVerwG 27.2.2014 – 2 C 1/13, NZA 2014, 616; 26.2.2015 – 2 B 6/15, NZA 2015, 505; 30.6.2016 – 2 B 3/15, NZA 2017, 405.
[86] *Schlachter* RdA 2011, 341 (342).

I. Parteien des Arbeitskampfes

Einsatz fordern. Aufgrund der besonderen Verantwortung für das Allgemeinwohl haben sie die Funktionsfähigkeit der Verwaltung sicherzustellen und eigene Interessen hinter diese Prämisse zurückzustellen.[87] Von daher lässt sich ein Streikrecht mit der Treuepflicht des Beamten nicht vereinbaren.[88] Sachlich eng mit diesen Verpflichtungen verbunden ist das Alimentationsprinzip, welches einem Streikrecht ebenfalls entgegensteht. Würden die Einsatz- und Treuepflichten zur Disposition tarifvertraglicher Verhandlungen gestellt, entfiele auch die Rechtfertigung für die lebenslange Alimentation.[89]

In jüngster Zeit drehte sich die Diskussion vor allem um die Vereinbarkeit eines generellen Streikverbots für Beamte mit europarechtlichen Vorgaben. Hier ging es insbesondere um die aus Art. 11 EMRK folgende Streikrechtsgarantie. Der EGMR hatte nämlich in mehreren Verfahren Einschränkungen des Streikrechts für Angehörige der Staatsverwaltung gemäß Art. 11 Abs. 2 S. 2 EMRK nicht pauschal zugelassen. Der Gerichtshof stellt vielmehr auf die konkreten Aufgaben und nicht allein auf den Status des Beschäftigten ab. Demnach müsse solchen Angehörigen des öffentlichen Dienstes, die keine genuin hoheitlichen Befugnisse ausüben, das Recht auf Streik zukommen.[90] Die Entscheidungen des EGMR haben aber nur für den beteiligten Vertragsstaat verbindliche Wirkung und sind deshalb für das deutsche Recht lediglich als Auslegungshilfe zu verstehen. Diese Rechtsprechung des EGMR wird dennoch als Argument für ein Beamtenstreikrecht ins Feld geführt.[91] Das BVerwG hat in seiner Entscheidung vom 27.2.2014 zwar anerkannt, dass Art. 11 EMRK gemäß der Interpretation des EGMR auch ein Streikrecht für Beamte umfasse und ein solches lediglich aus funktionsbezogenen Gründen eingeschränkt werden könne. Es hält aber nichtsdestotrotz (zunächst) weiter an seiner rein statusbezogenen Sichtweise fest. Denn der bestehende Konflikt zwischen Art. 33 Abs. 5 GG und Art. 11 EMRK sei allein gesetzgeberisch und nicht durch die Auslegung von Konventionsrechten zu lösen. Solange der Gesetzgeber also nicht tätig werde, gelte weiterhin ein umfassendes Streikverbot.[92] Dem ist zuzustimmen, da das Gebot der völkerfreundlichen Auslegung des GG dort endet, wo diese zu Ergebnissen führt, die nach den anerkannten Methoden der Gesetzesauslegung und Verfassungsinterpretation nicht mehr vertretbar erscheinen.[93] Soweit der Europäische Ausschuss für soziale Rechte in einem generellen Streikverbot für Beamte einen Verstoß gegen Art. 6 Nr. 4 ESC sieht, stehen einer dieser Auffassung entsprechenden völkerrechtsfreundlichen Auslegung die Grenzen aus Art. 33 GG entgegen.[94] Ebenso folgt aus den Regelungen der ILO-Übereinkommen Nr. 87, 98 und 151 kein Streikrecht für deutsche Beamte.[95] Auch wenn der Sachverständigenausschuss ein Streikrecht hieraus ableiten will, ist zu berücksichtigen, dass diese Interpretation rechtlich nicht bindend ist.[96]

---

[87] BVerfG 30.3.1977 – 2 BvR 1039/75, 2 BvR 1045/75, NJW 1977, 1869.
[88] BVerfG 12.6.2018 – 2 BuR 1738/12 ua, NVwZ 2018, 1121 (1124).
[89] BVerwG 27.2.2014 – 2 C 1/13, NZA 2014, 616; *Rothballer* NZA 2016, 1119 (1120f.); *Lorse* ZBR 2015, 109 (118); vgl. auch BVerfG 12.6.2018 – 2 BuR 1738/12 ua, NVwZ 2018, 1121 (1124); auf die Folgen eines Streikrechts für Beamte weist *Luber* RiA 2018, 4 hin.
[90] EGMR 12.11.2008 – 34503/97, NZA 2010, 1425 – Demir und Baykara; 21.4.2009 – 68959/01, NZA 2010, 1423 – Enerji Yapi-Yol Sen.
[91] VG Kassel 27.1.2011 – 28 K 574/10.KS.D, ZBR 2011, 386; *Dieterich* FS Jäger, 2011, S. 95 (105ff.); *Fütterer* EuZA 2011, 505 (515); *Gooren* ZBR 2011, 400 (406); *Polakiewicz/Kessler* NVwZ 2012, 841; *Schubert* AöR 137, 92 (112); zur Kritik an Methodik und Inhalt der Entscheidungen des EGMR s. etwa: *Kaiser* AöR 142 (2017), 417 (426f.); *Lindner* ZBR 2013, 145 (146); *Schlachter* RdA 2011, 341 (348); *Rothballer* NZA 2016, 1119 (1121); *Widmaier/Alber* ZEuS 2012, 387 (408).
[92] BVerwG 27.2.2014 – 2 C 1/13, NZA 2014, 616; zur Kritik an dieser Entscheidung: *Däubler* ArbeitskampfR/*Hensche* § 18a Rn. 87; *Neuhäuser/Otto* DVBl. 2016, 393; s. auch *Lorse* ZBR 2015, 109 (113ff.); *Wißmann* ZBR 2015, 294 (299).
[93] *Junker* EuZA 2018, 304 (310).
[94] EuArbR/*Schubert* ESC Art. 6 Rn. 30, 45ff.; aA Däubler ArbeitskampfR/*Lörcher* § 10 Rn. 27.
[95] *Kutzki* DÖD 2011, 169 (170); s. aber in diesem Zusammenhang auch *Novitz* AuR 2017, 324ff. und AuR 2017, 376ff.
[96] *Rothballer* NZA 2016, 1119 (1121); *Weiss/Seifert* GS Zachert, 2010, S. 130 (137); aA *Schlachter* RdA 2011, 341 (345).

30a Ein vorläufiges Ende der Diskussion um das Streikrecht von Beamten – gerade auch unter Berücksichtigung der Gewährleistung von Art. 11 EGMR – dürfte mit der Entscheidung des BVerfG aus dem Jahr 2018 erreicht sein.[97] In dieser Entscheidung stellte das BVerfG noch einmal deutlich heraus, dass das Streikverbot für Beamte einen eigenständigen hergebrachten Grundsatz des Berufsbeamtentums darstellt. Dieses grundgesetzlich anerkannte Streikverbot kann auch nicht – worauf ebenfalls das BVerfG hinweist – durch eine völkerrechtsfreundliche Auslegung des GG überwunden werden. Zwar sind die EMRK sowie die Rechtsprechung des EGMR Auslegungshilfen für die Bestimmung von Inhalt und Reichweite von Grundrechten und rechtsstaatlichen Grundsätzen. Eine solche Auslegungshilfe versteht allerdings das BVerfG zurecht nicht in der Weise, dass Erwägungen des EGMR, soweit Deutschland nicht Partei des jeweiligen Verfahrens ist (Art. 46 Abs. 1 EMRK), „eins zu eins" zu berücksichtigen sind.[98] Vielmehr ist auch im Rahmen der konventionsfreundlichen Auslegung des GG die Rechtsprechung des EGMR möglichst schonend in das nationale Rechtssystem einzupassen.[99] Damit müssen bei Heranziehung der Erwägungen des EGMR als Auslegungshilfe die besonderen konkreten Umstände des jeweilig entschiedenen Falles in den Blick genommen werden („Kontextualisierung").[100] Unter Berücksichtigung dieses Maßstabes konnte das BVerfG eine Kollisionslage zwischen dem durch die Verfassung vorgegebenen Streikverbot für Beamte und der EMRK nicht feststellen. Im Übrigen steht die Gewährleistung in Art. 11 Abs. 1 EMRK unter dem Vorbehalt von Art. 11 Abs. 2 EMRK.[101] Da das Streikverbot für Beamte zu dem durch Art. 33 Abs. 5 GG gewährleisteten Kernbestand von Strukturprinzipien zählt,[102] ist dieses im Sinne von Art. 11 Abs. 2 S. 1 EMRK gesetzlich vorgesehen und für die Aufrechterhaltung der Ordnung notwendig, weil es der Gewährleistung einer funktionsfähigen öffentlichen Verwaltung dient[103]. Damit ist festzuhalten, dass das Streikverbot für Beamte zum Kernbestand der Grundsätze des Berufsbeamtentums zählt und auch nicht ohne weiteres durch eine völkerrechtsfreundliche Auslegung des GG überwunden werden kann.

31 bb) Die Arbeitgeberseite. Auf der Arbeitgeberseite richtet sich die Fähigkeit, Arbeitskämpfe zu führen und sich an Arbeitskampfmaßnahmen zu beteiligen, in erster Linie nach den Vorgaben des Tarifrechts. Insofern ist es unproblematisch, wenn durch den Arbeitgeberverband ein Arbeitskampf geführt wird, der die Erzielung oder die Abwehr eines Verbandstarifvertrages zum Inhalt hat. Dies gilt grundsätzlich, auch wenn gegenüber einem einzelnen Arbeitgeber ein Arbeitskampf geführt wird, der auf den Abschluss eines Firmentarifvertrages gerichtet ist.[104] Im Fall eines sog. Blitzaustritts aus dem Arbeitgeberverband (→ § 245 Rn. 48) können Fälle auftreten, bei denen sich der Austritt nach der Rspr. des BAG tarifrechtlich wegen Verstoßes gegen Art. 9 Abs. 3 GG iVm § 134 BGB als unwirksam darstellt, wenn der Arbeitgeberverband oder der Arbeitgeber selbst die Gewerkschaft nicht rechtzeitig über die Beendigung der Mitgliedschaft mit Tarifbindung in

---

[97] BVerfG 12.6.2018 – 2 BvR 1738/12, 2 BvR 1395/132, BvR 1068/14, 2 BvR 646/15, NVwZ 2018, 1121; hierzu: *Hebeler* ZTR 2018, 368.
[98] Stuttmann NVwZ 2018, 1136 (1137)
[99] BVerfG 12.6.2018 – 2 BvR 1738/12, 2 BvR 1395/132, BvR 1068/14, 2 BvR 646/15, NVwZ 2018, 1121 (1126).
[100] BVerfG 12.6.2018 – 2 BvR 1738/12, 2 BvR 1395/132, BvR 1068/14, 2 BvR 646/15, NVwZ 2018, 1121 (1126); zur Argumentationsfigur der „Kontextualisierung" ausführlich: *Kaiser* AöR 142 (2017), 417 (432 ff.).
[101] BVerfG 12.6.2018 – 2 BvR 1738/12, 2 BvR 1395/132, BvR 1068/14, 2 BvR 646/15, NVwZ 2018, 1121 (1134).
[102] BVerfG 12.6.2018 – 2 BvR 1738/12, 2 BvR 1395/132, BvR 1068/14, 2 BvR 646/15, NVwZ 2018, 1121 (1129).
[103] BVerfG 12.6.2018 – 2 BvR 1738/12, 2 BvR 1395/132, BvR 1068/14, 2 BvR 646/15, NVwZ 2018, 1121 (1134).
[104] Ist der Arbeitgeber allerdings Mitglied eines Arbeitgeberverbandes, kann ihm die die Tarifzuständigkeit fehlen und der Arbeitskampf würde sich als rechtswidrig erweisen (vgl. ausführlich hierzu: *Ricken* Autonomie und tarifliche Rechtssetzung, S. 207 ff.).

I. Parteien des Arbeitskampfes 32 § 272

Kenntnis gesetzt hat.[105] Dies gilt auch für den Arbeitskampf. Erfolgt die Information der Gewerkschaft über einen Blitzaustritt aus dem Arbeitgeberverband oder den Blitzwechsel in die OT-Mitgliedschaft aber vor dem Streikaufruf, kann arbeitskampfrechtlich in der Regel nicht von einem unwirksamen Austritt aus dem Arbeitgeberverband ausgegangen werden.[106] Liegt ein auch arbeitsrechtlich wirksamer Austritt aus dem Arbeitgeberverband vor, kann aber der Arbeitgeber ggfls. unter den Voraussetzungen des Unterstützungsstreiks bestreikt werden.[107] Problematisch wird es allerdings dann, wenn es bei dem Arbeitskampf um den Abschluss eines firmenbezogenen Verbandstarifvertrages[108] geht.[109] Hier treffen dann nicht nur die Interessen von Arbeitnehmer- und Arbeitgeberseite aufeinander, sondern im Fall eines Arbeitskampfes um einen firmenbezogenen Verbandstarifvertrag lassen sich im Arbeitgeberlager darüber hinaus zwei unterschiedliche Interessen feststellen, die nicht immer auf das gleiche Ziel ausgerichtet sein müssen. So kann etwa der Arbeitgeber, der von dem firmenbezogenen Verbandstarifvertrag betroffen ist oder betroffen sein wird, ganz andere Interessen haben, als die übrigen Verbandsmitglieder.[110] Diese unterschiedlichen Interessen können dazu führen, dass es mangels Solidarität im Arbeitgeberlager zu einer Verschiebung des Kampfgleichgewichts kommt. Da diese Verschiebung eine systembedingte ist, weil Vorteile und Lasten des Tarifvertrags, um den der Arbeitskampf geführt wird, nicht alle Verbandsmitglieder gleichermaßen treffen, könnte dies für eine Einschränkung der Arbeitskampfbefugnis in Fällen des firmenbezogenen Verbandstarifvertrages sprechen. Indes obliegt es dem Verband, entsprechend seinen satzungsgemäßen Vorgaben zu bestimmen, für welchen Tarifvertrag und mit welchem Geltungsbereich er einen Arbeitskampf führen will. Insofern treffen in diesem Punkt einmal mehr die individuelle und die kollektive Koalitionsfreiheit aufeinander, wobei sich dieser Konflikt dadurch lösen lässt, dass Arbeitskämpfe, die sich auf firmenbezogene Verbandstarifverträge beziehen, durch den Arbeitgeberverband nicht gegen den Willen des vom firmenbezogenen Verbandstarifvertrages betroffenen Unternehmens geführt werden dürfen.[111] Wirksamkeitsvoraussetzung eines Arbeitskampfes um einen firmenbezogenen Verbandstarifvertrag ist aber, dass der Abschluss firmenbezogener Verbandstarifverträge nicht durch die Satzung des Verbandes ausgeschlossen ist.[112] Dies ist aber nicht so sehr ein Aspekt des Arbeitskampfrechts, als vielmehr ein solcher des Tarifrechts, da ein Verband, dessen Satzung eine Einschränkung in Bezug auf den Abschluss von firmenbezogenen Tarifverträgen enthält, diesbezüglich nicht tarifzuständig ist, so dass sich von daher schon aus dem Gesichtspunkt der Tarifbezogenheit des Tarifvertrags Grenzen ergeben. Probleme können sich hier allerdings dann ergeben, wenn der Verband bei seiner Satzungsgestaltung im Hinblick auf die Zulässigkeit eines Arbeitskampfes für einen firmenbezogenen Verbandstarifvertrag willkürlich vorgeht und sich nur etwa für bestimmte Mitglieder als zuständig erklärt, soweit es um den Abschluss von firmenbezogenen Verbandstarifverträgen geht.[113]

Demgegenüber hat das BAG in seiner Entscheidung vom 24.4.2007 die Grenzen des Erstreiks eines firmenbezogenen Verbandstarifvertrages sehr weit gezogen.[114] Insbesondere sah das BAG die kollektive Koalitionsfreiheit des Verbandes durch einen Streik auf

---

[105] BAG 26.8.2009 – 4 AZR 285/08, NZA 2010, 230.
[106] BAG 19.6.2012 – 1 AZR 775/10, NZA 2012, 1372 (1376); *Kocher/Sudhof* NZA 2013, 875 (876).
[107] *Willemsen/Mehrens* NZA 2013, 79 (81).
[108] Hierzu: *Kessel* Die Zulässigkeit von Streiks um firmenbezogene Tarifverträge gegenüber verbandsangehörigen Arbeitgebern, S. 1 ff.; *Paschke* Der firmenbezogene Arbeitskampf gegen einen verbandsangehörigen Arbeitgeber, 2010, S. 1 ff.; *Melms* NZA 2017, 365.
[109] Für die Zulässigkeit eines Arbeitskampfes um einen firmenbezogenen Verbandstarif: BAG 24.4.2007 – 1 AZR 252/06, AP TVG § 1 Sozialplan Nr. 2; BeckOK GG/*Cornils* GG Art 9 Rn. 67; *Paschke* Der firmenbezogene Arbeitskampf gegen einen verbandsangehörigen Arbeitgeber, S. 75.
[110] Vgl. zu den unterschiedlichen Interessen etwa *Rolfs/Clemens* NZA 2004, 410 (412f.); *Lobinger* RdA 2006, 12 (20).
[111] Im Ergebnis auch Wiedemann/*Oetker* § 2 Rn. 187.
[112] Wiedemann/*Oetker* § 2 Rn. 187.
[113] Vgl. zum Gleichheitsgrundsatz Wiedemann/*Oetker* § 2 Rn. 189.
[114] BAG 24.4.2007 – 1 AZR 252/06, AP TVG § 1 Sozialplan Nr. 2; zustimmend: *Wank* RdA 2009, 1 (5).

Abschluss eines firmenbezogenen Verbandstarifvertrages nicht als verletzt an. Aus Art. 9 Abs. 3 GG folge nicht, dass eine Gewerkschaft nur Tarifverträge fordern könnte, die für alle Verbandsmitglieder gelten sollten.[115] Nur dort, wo es bei dem Streik darum gehe, das betreffende Unternehmen zur Aufgabe seiner Mitgliedschaft im Verband zu veranlassen, sei die kollektive Betätigungsfreiheit des Arbeitgeberverbandes verletzt. Dies gelte bei einem Streik um einen firmenbezogenen Verbandstarifvertrag genauso wie bei einem Streik um einen mit dem verbandsangehörigen Arbeitgeber abzuschließenden Firmentarifvertrag.[116] Genauso wenig hatte der 1. Senat Bedenken im Hinblick auf eine Verletzung der individuellen Koalitionsfreiheit des verbandsangehörigen Arbeitgebers, wenn ein firmenbezogener Verbandstarifvertrag erstreikt werden soll. Hierzu verwies das Gericht auf eine typisierende Betrachtungsweise, wonach seiner Auffassung nach die Einbeziehung des Verbandes regelmäßig zu einer Stärkung der Position des einzelnen Arbeitgebers führe.[117] Angesichts der oben aufgezeigten möglichen Interessensgegensätze zwischen Verband und Verbandsmitglied erscheint dies allerdings keineswegs als zwingend.

II. Rechtmäßigkeitsvoraussetzungen des Streiks

33 Der Streik, also die von einer Mehrzahl von Arbeitnehmern planmäßig und gemeinschaftlich durchgeführte Arbeitsniederlegung, unterliegt vielfältigen Beschränkungen. Dabei sind diese vielfach nicht rein streikbezogen, sondern gelten auch für andere Erscheinungsformen des Arbeitskampfes. Da der Streik allerdings das hergebrachte und immer noch effektivste Kampfmittel auf Arbeitnehmerseite ist, erscheint es gerechtfertigt, die Rechtmäßigkeitsvoraussetzungen – obwohl sie auch andere Kampfmittel betreffen – im Zusammenhang mit dem Streik zu behandeln. Rechtmäßigkeitsvoraussetzungen knüpfen sowohl an die mit dem Streik verfolgten Ziele als auch an die Art und Weise der Durchführung des Arbeitskampfes an. Gerade bei der Betrachtung der mit einem Streik verfolgten Ziele ist jedoch zunächst die Frage zu beantworten, wie für die Beurteilung der Rechtmäßigkeit eines Arbeitskampfes mit der regelmäßig auftretenden Situation umzugehen ist, dass die Kampfparteien gleich mehrere Kampfziele ins Auge fassen. Dieses ist etwa dann der Fall, wenn es bei einem Streik um die Durchsetzung eines mehrere Regelungen umfassenden Tarifvertrages geht. Hier könnte man in Erwägung ziehen, die Rechtmäßigkeitsprüfung auf die Forderung zu beschränken, die dem Arbeitskampf das Gepräge gibt[118] bzw. die die zentrale Forderung des Arbeitskampfes darstellt (Geprägetheorie).[119] Hierfür spricht sicherlich die Erkenntnis, dass in der Praxis die Kampfparteien regelmäßig eine Vielzahl von Forderungen aufstellen, wobei die fordernde Kampfpartei selbst Zweifel hat, ob sich diese Forderungen durchsetzen lassen. Letztlich dienen solche Forderungen bei der Suche nach einer Einigung häufig als Verhandlungsmasse.[120] Bei derartigen Forderungen wird man annehmen können, dass ein Arbeitskampf auch ohne sie geführt worden wäre, so dass eine etwaige Rechtswidrigkeit solcher Forderungen letztlich nicht zur Rechtswidrigkeit des Streiks führen kann.[121] Dieser Ansatz übersieht allerdings zum einen, dass es objektiv kaum zu ermitteln ist, was denn eine in diesem Sinne wesentliche oder unwesentliche Forderung ist.[122] Zum anderen ist jeder Arbeitskampf von seiner Struktur zweckbestimmt. Erst wenn der Arbeitskampf auf einen zulässigen Zweck ausgerichtet ist, unterfällt er dem Schutzbereich des Art. 9 Abs. 3 GG. Wenn dann aber folgerichtig die Streikforderung zum Rechtmäßigkeitsmaßstab erhoben wird, diese aber Ver-

---

[115] BAG 24.4.2007 – 1 AZR 252/06, AP TVG § 1 Sozialplan Nr. 2 unter Bezugnahme auf *Jacobs* ZTR 2001, 249, 256; *Kissel* AK § 26 Rn. 135.
[116] BAG 10.12.2002 – 1 AZR 96/02, AP GG Art. 9 Arbeitskampf Nr. 162.
[117] BAG 24.4.2007 – 1 AZR 252/06, AP TVG § 1 Sozialplan Nr. 2.
[118] Däubler ArbeitskampfR/*Reinfelder* § 15 Rn. 27.
[119] *Fischer* NZA 2014, 1177 (1180); offengelassen in BAG 4.5.1955 – 1 AZR 493/54, BAGE 2, 75.
[120] *Fischer* NZA 2015, 1303 (1304f.).
[121] Brox/Rüthers/*Rüthers* § 8 Rn. 159.
[122] HWK/*Hergenröder* GG Art. 9 Rn. 279.

änderungen unterliegen kann, lässt sich die Zulässigkeit eines Arbeitskampfes im Hinblick hierauf nur bejahen, wenn eine rechtmäßige Zielbestimmung des Streiks in jedem Zeitpunkt der Streikmaßnahme objektiv vorliegt. Ob eine Forderung später an Bedeutung verlieren könnte und nur als Verhandlungsmasse erhoben wurde, lässt sich der Forderung im Arbeitskampf nicht entnehmen. Von daher hat eine Bewertung der Kampfforderung nach Wertigkeit zu unterbleiben. Dementsprechend wird zurecht die gesamte, dem Arbeitskampf zugrunde liegende Forderung als Maßstab für die Rechtmäßigkeitskontrolle herangezogen. Insofern gilt die sog. Rührei-Theorie („Ein verdorbenes Ei verdirbt den ganzen Brei"[123]). Erweist sich nur eine Teilforderung als nicht rechtmäßige Tarifforderung, so ist der Arbeitskampf insgesamt rechtswidrig.[124] Im Schrifttum wird teilweise vertreten, dass die Entscheidung des EGMR in der Sache HLS/Kroatien[125] letztlich der sog. Rührei-Theorie ein Ende bereitet habe.[126] Ob allerdings die in der Entscheidung des EGMR zugrunde liegende Sachverhaltskonstellation ganz allgemein mit der Situation vergleichbar ist, dass eine Gewerkschaft ein ganzes Forderungsbündel durch Kampfmaßnahmen durchsetzen möchte, aber sich eine dieser Forderung als rechtswidrig erweist, ist mE fraglich.[127] Insofern ist bereits sowohl in der Rechtsprechung als auch im Schrifttum darauf hingewiesen worden, dass der Erkenntnisgewinn durch die Entscheidung in der Sache HLS/Kroatien beschränkt ist.[128]

1. Formale Rechtmäßigkeitsvoraussetzungen des Streiks

Die Rechtmäßigkeit eines Streiks setzt einen Streikbeschluss der Gewerkschaft voraus, in dem diese ihre Mitglieder zum Streik aufruft und mit dem der Kreis der streikenden Arbeitnehmer bestimmt wird, sowie der Beginn des Streiks und die zu bestreikenden Betriebe festgelegt werden. Hierbei kommt es grundsätzlich nicht darauf an, ob der jeweilige Streikbeschluss satzungsgemäß herbeigeführt wurde, da die Erfüllung satzungsmäßiger Pflichten im Verhältnis zum Kampfgegner regelmäßig keine rechtliche Bedeutung hat.[129] Daher spielt es etwa auch keine Rolle, ob eine satzungsmäßig vorgesehene Urabstimmung mit entsprechendem Urabstimmungsergebnis dem Streikbeschluss vorausgegangen ist. Allerdings muss der Streikbeschluss der Gewerkschaft zurechenbar sein, also das zuständige Gewerkschaftsorgan hierüber entschieden haben.[130] Ähnliches gilt bei einer Übernahme eines zunächst nicht von der Gewerkschaft getragenen, sog. „wilden" Streiks durch einen entsprechenden Übernahmebeschluss der Gewerkschaft. Hier wirkt die Übernahmeentscheidung sogar rückwirkend.[131] Aber auch wenn die Rechtmäßigkeit eines Arbeitskampfes grundsätzlich nicht von der Einhaltung der satzungsmäßigen Vorgaben für den Streikbeschluss abhängig ist, ist zu betonen, dass die Selbstbindung der streikenden Gewerkschaft durch ihre Satzung dann auf die formale Rechtmäßigkeit des Arbeitskampfes durchschlägt, wenn der Satzungsbeschluss dazu führt, dass das verfolgte Kampfziel, also der Tarifvertrag seinerseits sich als satzungswidrig erweist. Dies ist etwa in Fällen fehlender Tarifzuständigkeit anzunehmen. Hier gehen Fragen der formalen und der materiellen Rechtmäßigkeitsvoraussetzungen ineinander über.

---

[123] *Fischer* NZA 2014, 1177 (1180).
[124] BAG 26.7.2016 – 1 AZR 160/14, BAGE 155, 347 (362 f.); *Benecke* ZfA 2018, 2 (12 f.); *Hanau* Die Kausalität der Pflichtwidrigkeit, S. 53; *Löwisch/Rieble* TVG Grundl. Rn. 516; *Melot de Beauregard* Tarif- und Arbeitskampfrecht für die Praxis, Rn. 439.*Otto* AK § 5 Rn. 25; *Rieble* BB 2014, 949 (950); *Willemsen/Mehrens* NZA 2013, 1400 (1401); kritsch hierzu: *Fischer* NZA 2014, 1177 (1180).
[125] EGMR 27.11.2014 – Hrvatski Liječnički Sindikat/Kroatien (HLS/Kroatien) – 36701/09, AuR 2015, 146 ff.
[126] *Jacobs/Schmidt* EuZA 2016, 82 (93 f.); *Lörcher* AuR 2015, 126 (129).
[127] Vgl. auch BAG 26.7.2016 – 1 AZR 160/14, BAGE 155, 347 (371).
[128] *Löwisch/Rieble* TVG Grundl. Rn. 516; BAG 26.7.2016 – 1 AZR 160/14, BAGE 155, 347 (370 f.).
[129] BAG 31.10.1995 – 1 AZR 217/95, BAGE 81, 213.
[130] *Raab* FS Otto, 2008 BS. 405 (424).
[131] AG 20.12.1963 – 1 AZR 428/62, NJW 1964, 883 (885).

35 Bei einem Kampfbeschluss ist fraglich, inwieweit dieser mit einer konkreten Tarifforderung verbunden sein muss. Teilweise wird gefordert, dass die Tarifforderung, die zur Kampfforderung gemacht wird, so konkret bestimmt ist, dass die bestreikte Kampfpartei diese mit einem bloßen „Ja" annehmen kann.[132] Eine solche umfassende Konkretisierung würde natürlich ermöglichen, den Tarifbezug des Arbeitskampfes am besten sicherzustellen. Auf der anderen Seite ist es für die Beurteilung des Tarifbezugs gleichgültig und damit nicht erforderlich, wie sich die jeweilige Kampfpartei die entsprechende Formulierung in einem Tarifvertrag genau vorstellt. Entscheidend dürfte es vielmehr sein, dass die Kampfziele hinreichend klar formuliert sind, so dass die Gegenseite hierauf sinnvoll reagieren kann und auch eine Rechtmäßigkeitskontrolle möglich bleibt.[133] Legen die so formulierten Kampfziele eine Auslegung nahe, nach der sich die Tarifforderung als rechtswidrig erweisen würde und ist damit nicht ausgeschlossen, dass der Arbeitskampf auf der Grundlage der Rührei-Theorie insgesamt rechtswidrig ist, geht die Unklarheit entsprechend dem Rechtsgedanken des § 305c Abs. 2 BGB zulasten derjenigen Partei, die die Forderung erhoben hat. Erweist sich eine Tarifforderung teilweise als rechtswidrig, so wird diese Rechtswidrigkeit auch nicht mit Wirkung für die Vergangenheit durch ein Fallenlassen dieser speziellen Tarifforderung beseitigt.[134] Maßstab für die Rechtmäßigkeit ist der jeweils im Zeitpunkt der Arbeitskampfmaßnahme geltende Kampfbeschluss.

36 Der Streikbeschluss ist dem Kampfgegner zusammen mit dem Streikziel mitzuteilen.[135] Der Streikbeschluss als solcher ist keine Willenserklärung und auch keine geschäftsähnliche Handlung.[136] § 130 Abs. 1 BGB gilt hier nicht.[137] Der Streikbeschluss ist wirksam, wenn er getroffen wurde, ohne dass dies dem Kampfgegner bekannt wird. Wird die Bekanntgabe allerdings durch die kampfführende Gewerkschaft unterlassen, so ist der Streik, nicht aber der Kampfbeschluss rechtswidrig. Insofern ist die Bekanntgabe des Streikbeschlusses Rechtmäßigkeitsvoraussetzung für das Arbeitskampfgeschehen und als rechtsgeschäftsähnliche Handlung zu werten.[138] Grundlage für die Mitteilungspflicht ist letztlich der Umstand, dass der Arbeitskampf nicht Selbstzweck ist, sondern auf die Willensbildung des Kampfgegners einwirken soll, um so zu einem Tarifvertrag zu kommen. Dafür ist zwingende Voraussetzung, dass dem Gegenüber Kampfbeschluss und Streikforderung bekannt wird. Ein Zugang im Rechtssinne ist dafür allerdings nicht erforderlich.[139] Es muss erkennbar sein, mit welchem Ziel zum Arbeitskampf aufgerufen wird, von wem der Kampfbeschluss stammt, um welche Kampfmaßnahme es sich handelt, wer zur Teilnahme am Arbeitskampf aufgerufen wird und für welchen Zeitraum Maßnahmen durchgeführt werden sollen.[140]

37 Davon zu unterscheiden ist einerseits die Frage, wie Arbeitnehmer zur Streikteilnahme mobilisiert werden und andererseits, wie der einzelne Arbeitnehmer zum Ausdruck bringt, dass er sich im Arbeitskampf befindet. Obwohl die Gewerkschaften die vom Arbeitgeber zu Arbeitszwecken eingerichteten E-Mail-Accounts zur Mitgliederwerbung nutzen dürfen,[141] gilt dies nicht für den Fall eines Streikaufrufs.[142] Will sich ein Arbeitneh-

---

[132] *Rieble* BB 2014, 949; *Kissel* AK § 24 Rn. 12.
[133] ErfK/*Linsenmaier* GG Art. 9 Rn. 117; *Beckerle* NJW 2017, 439 (441).
[134] *Benecke* ZfA 2018, 2 (13).
[135] BAG 31.10.1995 – 1 AZR 217/95, BAGE 81, 213; *Gagel/Bepler* SGB III Vorbemerkung vor § 160 Rn. 22.
[136] *Raab* FS Otto, 2008, S. 405, (426 ff.); *Däubler* ArbeitskampfR/*Wolter/Schubert/Rödl* § 16 Rn. 8 f.
[137] ArbG Pforzheim 5.4.2018 – 3 Ca 208/17 Rn. 281, BeckRS 2018, 11642; *Däubler* ArbeitskampfR/*Wolter/Schubert/Rödl* § 16 Rn. 8 f.
[138] *Däubler* ArbeitskampfR/*Wolter/Schubert/Rödl* § 16 Rn. 8 f.; ErfK/*Linsenmaier* GG Art. 9 Rn. 138.
[139] So aber: *Rieble* BB 2014, 949.
[140] BAG 31.10.1995 – 1 AZR 217/95, BAGE 81, 213 = NZA 1996, 389; BAG 23.10.1996 – 1 AZR 269/96, AP GG Art. 9 Arbeitskampf Nr. 146 = NZA 1997, 397; BAG 24.4.2007 – 1 AZR 252/06, NZA 2007, 987; BAG 25.8.2015 – 1 AZR 875/13, NZA 2016, 179; BAG 26.7.2016 – 1 AZR 160/14, NZA 2016, 1543; ErfK/*Linsenmaier* GG Art. 9 Rn. 138.
[141] BAG 20.1.2009 – 1 AZR 515/08, NZA 2009, 615.
[142] BAG 15.10.2013 – 1 ABR 31/12, NZA 2014, 319; *Schwarze* JA 2014, 787; *Meyer* SAE 2009, 280 (284).

mer einem solchen Streik anschließen, so muss er dieses klar zum Ausdruck bringen. Jedoch genügen konkludente Erklärungen, etwa in dem Fall, in dem der Arbeitnehmer nicht an seinem Arbeitsplatz erscheint.[143] Derartig konkludente Erklärungen reichen aber nicht mehr, sofern Sondertatbestände vorhanden sind, wie etwa wenn der Arbeitnehmer sich gerade im Urlaub befindet oder arbeitsunfähig erkrankt ist.[144] Auf der anderen Seite endet ein Streik mit der entsprechenden Erklärung der Streikleitung der Gewerkschaft.[145] Unabhängig davon kann der einzelne streikende Arbeitnehmer jedoch schon vorher eindeutig erklären, dass er sich nicht mehr an einem Streik beteiligt. Dies betrifft dann allerdings nur seine persönliche Rechtsstellung.

2. Tarifbezogenheit des Streiks

Rechtmäßigkeitsvoraussetzung des Streiks ist seine Tarifbezogenheit. Nur dann, wenn der Streik als Mittel eingesetzt wird, um zu einem Tarifabschluss zu kommen, ist es für die Rechtsordnung akzeptabel, dass außerrechtliche Konfliktlösungsinstrumentarien angewandt werden.[146] Denn der Arbeitskampf ist letztlich ein Hilfsmittel für die Tarifautonomie.[147] In der Literatur gibt es jedoch Tendenzen, den Tarifbezug in Frage zu stellen.[148] Danach seien auch Ziele jenseits tariflicher Regelungen von der Arbeitskampffreiheit gedeckt. Diese Auffassung stützt sich insbesondere auf die Auslegung der Streikrechtsgarantie aus Art. 6 Nr. 4 ESC durch das Europäische Komitee für Soziale Rechte. Danach können nach Art. 6 Nr. 4 ESC jegliche Verhandlungen zwischen Arbeitnehmern und Arbeitgebern Gegenstand des Streiks sein, so dass sich eine Beschränkung auf tariflich regelbare Ziele verbiete.[149] Nach Ansicht des Komitees verstoße das deutsche Arbeitskampfrecht, welches allein tarifliche Ziele zulasse, somit gegen Art. 6 Nr. 4 ESC. Infolgedessen hat das Ministerkomitee des Europarats Deutschland die Empfehlung erteilt, die Auffassung des Europäischen Komitees für Soziale Rechte zu berücksichtigen.[150] Die Bundesregierung sah sich jedoch zu Recht nicht in der Pflicht, dieser Empfehlung Folge zu leisten und das nationale Streikrecht insoweit anzupassen.[151]

Die Tarifbezogenheit fehlt etwa bei politischen Streiks oder Demonstrationsarbeitskämpfen, welche aus diesem Grund unzulässig sind.[152] Die Rechtsprechung fasst das Erfordernis der Tarifbezogenheit dennoch mittlerweile sehr weit. So hat der 1. Senat des BAG mit seiner Entscheidung vom 19.6.2007 auch sog. „Unterstützungsstreiks" ausdrücklich gebilligt.[153] Aus dieser Entscheidung folgt, dass der durch den Streik zu erkämpfende Tarifvertrag nicht zwangsläufig zwischen den Kampfparteien vereinbart werden muss. Voraussetzung ist lediglich, dass durch den Streik eine Druckwirkung auf die Arbeitgeberseite erzeugt wird, die geeignet ist, diese zu einem Tarifabschluss zu bewegen. Ein solcher Streik ist demnach jedoch dann rechtswidrig, wenn er zur Erreichung des Zieles, den Hauptarbeitskampf zu unterstützen, offensichtlich ungeeignet, nicht er-

---

[143] BAG 15.1.1991 – 1 AZR 178/90, AP GG Art. 9 Arbeitskampf Nr. 114.
[144] BAG 24.4.1991 AP ArbKrankhG § 1 Nr. 1; 9.2.1982 – 1 AZR 567/79, AP BUrlG § 11 Nr. 16; ErfK/*Linsenmaier* GG Art. 9 Rn. 173.
[145] BAG 1.10.1991 – 1 AZR 147/91, AP GG Art. 9 Arbeitskampf Nr. 121.
[146] BAG 5.3.1985 – 1 AZR 468/83, AP GG Art. 9 Arbeitskampf Nr. 85; s. auch ausführlich *Gooren* Der Tarifbezug des Arbeitskampfes, 2014, S. 95 ff.
[147] BeckOK ArbR/*Waas* GG Art. 9 Rn. 30.
[148] Däubler ArbeitskampfR/*Däubler* § 13 Rn. 1 ff.; BKS/*Wankel*/*Schoof* Teil 3 Rn. 22; ausführlich zum Meinungsstand *Schansker* Die Beschränkung des Streikrechts auf tariflich regelbare Ziele, S. 107 ff.
[149] S. hierzu BKS/*Wankel*/*Schoof* Teil 3 Rn. 22.
[150] Empfehlung abgedruckt in: AuR 1998, 154 ff.
[151] BT-Drs. 13/11415, 17 f.; s. auch ErfK/*Linsenmaier* GG Art. 9 Rn. 105.
[152] *Schansker* Die Beschränkung des Streikrechts auf tariflich regelbare Ziele, S. 111 f., 301 ff.
[153] BAG 19.6.2007 – 1 AZR 396/06, AP GG Art. 9 Arbeitskampf Nr. 173; hierzu: *Junker* JZ 2008, 102 ff.; *Konzen* SAE 2008, 1 ff.; *Paukner* ZTR 2008, 130 ff.; *Reinartz*/*Olbertz* DB 2008, 814 ff.; *Ricken* ZfA 2008, 283; *Trabant* Solidaritätskampf oder Sozialschlacht? Die Rechtmäßigkeit des Unterstützungsstreiks in Deutschland im Rechtsvergleich mit Großbritannien, S. 190 ff.; *Beckerle* NJW 2017, 439; kritisch: *Meyer* NZA 2011, 1392; *Wank* RdA 2009, 1 (2 ff.).

forderlich oder unangemessen ist. So hat etwa das ArbG Frankfurt aM den Arbeitskampf der Flugsicherungsgewerkschaft als unverhältnismäßig beurteilt, da dieser aufgrund der hohen Zahl von Flugausfällen im Hinblick auf seine Auswirkungen und Bedeutung nicht mehr lediglich als unterstützende Maßnahme bzw. „erhebliche Nadelstiche", sondern bereits als Hauptstreik anzusehen sei.[154] Der Streik muss generell zwischen tariffähigen und nach herrschender Ansicht auch -zuständigen Parteien stattfinden, wobei sich diese Erfordernisse bei Unterstützungsstreiks auf den Hauptarbeitskampf beziehen.[155] So ist der Arbeitskampf um einen Verbandstarifvertrag gegen den Arbeitgeberverband zu führen, wohingegen bzgl. eines Firmentarifvertrages jeder Arbeitgeber unabhängig von einer Verbandsmitgliedschaft betroffen sein kann. Fraglich ist, ob auch firmenbezogene Verbandstarifverträge Ziel des Streiks sein können.[156] Die früher eher theoretische Frage, ob ein rechtmäßiger, aber unanwendbarer Tarifvertrag erstreikt werden darf, hat nunmehr mit Inkrafttreten des Tarifeinheitsgesetzes praktische Bedeutung erlangt (s. hierzu unten). Im Hinblick auf betriebsverfassungsrechtliche Ziele hat das BAG in früherer Rechtsprechung den strengen Ansatz vertreten, dass der Arbeitskampf für den Bereich der Betriebsverfassung keine Anwendung findet.[157] Mittlerweile wurde dieser Standpunkt gelockert. Jedenfalls ist ein Arbeitskampf dann von einem grds. zulässigen Streikziel getragen, wenn das BetrVG Tarifregelungen erlaubt.[158]

40 Auch wenn die Rechtsprechung die Arbeitskampffreiheit sehr weit gefasst hat, bleibt sie aber bei dem Grunderfordernis, dass letztlich der Streik nur Hilfsfunktion für die Vereinbarung eines Tarifvertrages haben darf. Daraus folgt, dass nur auch das erstreikt werden kann, was tariflich einer Regelung zugänglich ist.[159] Infolgedessen kann ein Streik nur dann wirksam sein, wenn die tarifliche Regelung, die der Streik durchsetzen soll, ihrerseits den Rechtmäßigkeitserfordernissen genügt. Sie ist also am Tarifvertragsrecht zu messen. Insoweit gibt das Tarifrecht für den Streik die Rechtmäßigkeitsvoraussetzungen vor.[160] Unklarheiten über die Rechtmäßigkeit des Streikziels gehen, da der Streik stets Rechte anderer beeinträchtigt, zulasten der streikenden Partei.[161] Zulässiges Ziel sind zB auch Betriebsnormen iSv § 3 Abs. 2 TVG zum Schutze der Arbeitnehmer vor Überlastung in Form quantitativer Besetzungsregeln.[162] Neben Arbeitskampfmaßnahmen zur Erzielung tariflicher Regelungen mit normativer Wirkung können auch schuldrechtliche Kollektivverträge, sofern sie sich inhaltlich auf den Schutzbereich des Art. 9 Abs. 3 GG beschränken, erstreikt werden.[163] Hinsichtlich der Frage, was Ziel des jeweiligen Streiks ist, ist in erster Linie auf den Streikbeschluss abzustellen, wobei nach neuerer Rechtsprechung unter Umständen auch sonstige Erklärungen der Gewerkschaft herangezogen werden können.[164] Streiks, die sich auf andere als tariflich regelbare Ziele richten, sind rechtswidrig. So darf ein Streik weder die Feststellung einer Rechtsposition noch die Durchsetzung von Ansprüchen zum Ziel haben. Diese sind Aufgaben der Gerichte bzw.

---

[154] ArbG Frankfurt a.M. 28.2.2012 – 9 Ga 25/12, NZA 2012, 579; *Meyer* SAE 2012, 35. Diese Entscheidung als Argument für Tarifeinheit beleuchtet bei: *Greiner* NZA 2012, 529.
[155] ErfK/*Linsenmaier* GG Art. 9 Rn. 123.
[156] LAG SchlH 27.3.2003 – 5 Sa 137/03, DB 2003, 1336; ablehnend: *Rolfs/Clemens* DB 2003, 1678; *Lobinger* RdA 2006, 12.
[157] BAG 17.12.1976 – 1 AZR 772/75, NJW 1977, 918.
[158] Däubler ArbeitskampfR/*Däubler* § 13 Rn. 28; BAG 29.7.2009 – 7 ABR 27/08, DB 2010, 117.
[159] BAG 10.2.2002 – 1 AZR 96/02, AP GG Art. 9 Arbeitskampf Nr. 162 = NZA 2003, 734 (735); LAG Bln-Bbg 24.6.2015 – 26 SaGa 1059/15; aA Däubler ArbeitskampfR/*Däubler* § 13 Rn. 5, der das Streikrecht nicht auf das Ziel des Tarifvertrages beschränken will.
[160] *Dütz/Thüsing* Arbeitsrecht Rn. 702 f.; *Richardi/Bayreuther* KollArbR § 10 Rn. 13.
[161] Aa ArbG Pforzheim 5.4.2018 – 3 Ca 208/17 Rn. 294, BeckRS 2018, 11642.
[162] LAG Bln-Bbg 24.6.2015 – 26 SaGa 1059/15.
[163] Vgl. BAG 19.10.1976 – 1 AZR 611/75, NJW 1977, 318; BeckOK ArbR/*Waas* GG Art. 9 Rn. 43; ErfK/*Linsenmaier* GG Art. 9 Rn. 114.
[164] HessLAG 9.9.2015 – 9 SaGa 1082/15, NZA 2015, 1337.

des Zwangsvollstreckungsrechts.[165] Der Tarifbezug fehlt zudem dann, wenn das Ziel darin besteht, den Arbeitgeber zu verpflichten, dauerhaft Mitglied eines bestimmten Arbeitgeberverbandes zu bleiben oder tarifvertragliche Regelungen einzelvertraglich zu vereinbaren.[166] Zudem ist zu überlegen, was mit „kaschierten" Streikzielen ist. Damit gemeint sind Streiks, die unter dem Deckmantel eines Tarifziels, wie zB exorbitante Abfindungen oder Verlängerung der Kündigungsfristen betriebsbedingter Kündigungen, insbesondere darauf gerichtet sein können, die Erhaltung des Standortes zu erreichen.[167] In diesem Zusammenhang ist umstritten, ob Tarifsozialpläne, welche ähnliche Inhalte haben wie Interessenausgleich und Sozialplan (§ 112 BetrVG), zum Gegenstand eines Streiks gemacht werden können.[168] Das BAG sieht einen Streik als zulässig an, der den Abschluss eines firmenbezogenen Verbandstarifvertrags bezweckt, mit dem die Nachteile aus konkreten Betriebsänderungen ausgeglichen oder gemildert werden sollen. Auch das Ziel tariflicher Fristen von mitunter über einem Jahr für betriebsbedingte Kündigungen führe nicht wegen des Umfangs der Tarifforderung zur Rechtswidrigkeit des Streiks.[169] Die §§ 111 ff. BetrVG stehen solchen Abmachungen nicht entgegen.[170] Teilweise wird es jedoch kritisch gesehen, dass das BAG Streikforderungen weitestgehend ungeprüft hinnimmt und die Gewerkschaft somit über diesen Weg doch die Unternehmerentscheidung beeinflussen kann.[171] Ob eine Gewerkschaft in solchen Fällen mit einem Streik etwa das Ziel der Standorterhaltung überhaupt durchsetzen kann, ist demgegenüber durchaus fraglich.[172] Unternehmerentscheidungen als solche können nicht direkter Gegenstand eines Streiks sein.[173] Dies gilt auch, wenn diese nicht das Hauptziel, sondern lediglich eine Nebenforderung darstellen.[174] Sollte es bei einem Arbeitskampf explizit um den Standorterhalt gehen, ist dies ein tariflich nicht regelbares Streikziel. In einem solchen Fall wird die arbeitgeberseitige Entscheidung als solche zum Angriffsziel. Die einmal getroffene Arbeitgeberentscheidung ist verfassungsrechtlich durch Art. 12, 14 GG geschützt und hat grds. Vorrang.[175] So hatte etwa das LAG Baden-Württemberg in einem Rechtsstreit festgestellt, dass ein Streik mit dem Ziel einen Sozialtarifvertrag zu erreichen, welcher die Übernahme ausscheidender Arbeitnehmer durch einen Dritten, der nicht Arbeitgeber dieser Arbeitnehmer ist, regelt, rechtswidrig ist.[176] Der Anschein eines tariflich regelbaren Zieles hatte sich bei genauerer Prüfung nicht bestätigt und es zeigte sich, dass es letztendlich allein um die Beeinflussung einer unternehmerischen Entscheidung ging. Zum Teil wird im Hinblick auf die Erzwingung von Unternehmerentscheidung eine Zwischenlösung vorgeschlagen. Sofern die Standortentscheidungen keinen die Berufswahlfreiheit des Ar-

---

[165] BAG 14.2.1978 – 1 AZR 76/76, DB 1978, 1403; vgl. LAG Nds 2.6.2004 – 7 Sa 819/04, NZA-RR 2005, 200; *Otto* AK § 5 Rn. 26 ff.; s. aber auch *Däubler* ArbeitskampfR/*Däubler* § 13 Rn. 24. Zur völkerrechtlichen Perspektive s. *Gooren* Der Tarifbezug des Arbeitskampfes, 2014, S. 287 ff.
[166] BAG 10.12.2002 – 1 AZR 96/02, NZA 2003, 734.
[167] Vgl. LAG SchlH 27.3.2003 – 5 Sa 137/03, NZA-RR 2003, 592; LAG Nds 2.6.2004 – 7 Sa 819/04, NZA-RR 2005, 200. S. zu diesen Entscheidungen auch *Lobinger* RdA 2006, 12.
[168] Umfassend: *Olschewski* Standorterhaltung und Arbeitskampf, 2010, S. 203 ff.; *Picker* ZfA 2011, 443 (485 ff.); *Benecke* FS Buchner, 2009, S. 96 (97 ff.).
[169] BAG 24.4.2007 – 1 AZR 252/06, NZA 2007, 987; zustimmend LAG Hamm 2.7.2017 – 12 Ta 373/17, AuR 2017, 410; ArbG Gelsenkirchen 14.11.2017 – 1 Ga 16/17.
[170] BAG 6.12.2006 – 4 AZR 798/05, NZA 2007, 821; LAG Nds 2.6.2004 – 7 Sa 819/04, NZA-RR 2005, 200; LAG SchlH 27.3.2003 – 5 Sa 137/03, DB 2003, 1336; *Gaul* RdA 2008, 13 (14); *Bayreuther* NZA 2007, 1017; *Thüsing/Ricken* Jahrbuch des Arbeitsrechts 42 (2005), S. 113 (122).
[171] *Beckerle* NJW 2017, 439 (441); s. auch *Wank* RdA 2009, 1 (7); zur Kritik an der inhaltlichen Herleitung des BAG s.: *Ricken* ZfA 2008, 283 (288).
[172] ArbG Pforzheim 5.4.2018 – 3 Ca 208/17 Rn. 305, BeckRS 2018, 11642; *Patett* Das Verhältnis des Arbeitskampfrechts zu Art. 12 GG und den europäischen Grundfreiheiten, 2015, S. 135.
[173] *Gamillscheg* KollArbR I, S. 345.
[174] AA HessLAG 9.9.2015 – 9 SaGa 1082/15, NZA 2015, 1337.
[175] *Beckerle* NJW 2017, 439 (441); s. aber zur verfassungsrechtlichen Dimension eines Streiks aufgrund Ausgliederung und Umstrukturierung auch *Poscher* RdA 2017, 235.
[176] LAG BW 3.8.2016 – 4 SaGa 2/16, LAGE Art. 9 GG Arbeitskampf Nr 107; hierzu *Däubler* ArbeitskampfR/*Däubler* § 13 Rn. 41.

beitgebers prägenden personalen Bezug (etwa bei Kapitalgesellschaften) aufweisen, habe das aus Art. 9 Abs. 3 GG abgeleitete Streikrecht Vorrang. Demnach sei ein auf solche unternehmerische Entscheidungen gerichteter Streik nicht generell rechtswidrig.[177] Diese Differenzierung unter Rückgriff auf einen personalen Bezug überzeugt allerdings nicht. Art. 19 Abs. 3 GG vermittelt keinen Grundrechtsschutz „zweiter Klasse". Die juristische Person genießt gemäß Art. 19 Abs. 3 GG grundsätzlich den gleichen Schutz der Grundrechte wie die natürliche Person.[178]

41 Mit dem Inkrafttreten des Tarifeinheitsgesetzes geriet auch der arbeitskampfrechtliche Grundsatz des Tarifbezuges in die Diskussion. Hier gab es bisweilen die Tendenz, über die Verbindung zwischen Tarif- und Arbeitskampfrecht zu dem Ergebnis zu kommen, dass durch das Tarifeinheitsgesetz eine verfassungswidrige Einschränkung der Arbeitskampffreiheit vorgenommen werde. Argumentiert wurde hier vielfach, dass ein durch eine Minderheitsgewerkschaft geführter Arbeitskampf letztlich rechtswidrig sein müsse, da ein von einer solchen Minderheitsgewerkschaft geschlossener Tarifvertrag gemäß § 4a TVG verdrängt werde. Damit sei ein Arbeitskampf, der auf ein solches Ziel gerichtet sei, unverhältnismäßig.[179] Das BVerfG ist in seiner Entscheidung zum Tarifeinheitsgesetz diesen Ansätzen aber nicht gefolgt. Vielmehr hat das BVerfG die Regelung in § 4a TVG zu Recht als Kollisionsregel eingeordnet.[180] Dies entspricht der Sichtweise, wie sie an dieser Stelle auch der Vorauflage in Bezug auf den ursprünglich von der Rechtsprechung herausgearbeiteten Grundsatz der Tarifeinheit zugrunde lag. Wie schon der Grundsatz der Tarifeinheit beschränkt auch § 4a TVG nicht etwa die Möglichkeit der Tarifparteien, konkurrierende Tarifverträge abzuschließen.[181] Stattdessen ging es bei dem Grundsatz der Tarifeinheit ebenso wie bei § 4a TVG um die Antwort auf die Frage, welcher von mehreren konkurrierenden Tarifverträgen sich mit normativer Wirkung durchsetzt. Genauso wenig wie der Grundsatz der Tarifeinheit und § 4a TVG aber den Abschluss von Tarifverträgen begrenzte bzw. begrenzt, wird hierdurch ihre arbeitskampfmäßige Durchsetzung beschränkt. § 4a Abs. 2 TVG ist vielmehr nur im Hinblick auf den Normgeltungsbefehl in § 4 Abs. 1 TVG als eine Kollisionsregel zu sehen und vermag von daher keine Grenze für die Führung von Arbeitskämpfen zu bilden. Dies entspricht der Einschätzung in der Begründung des Gesetzesentwurfs. Danach sollten die Regelungen zur Tarifeinheit gerade keine Änderung des Arbeitskampfrechts herbeiführen.[182] Hieran anknüpfend stellt das BVerfG fest, dass die Kollisionsregel des § 4a TVG sich nicht auf die Zulässigkeit von Arbeitskampfmaßnahmen auswirke. Sowohl die Kollisionsregel aber auch der Anspruch auf Nachzeichnung nach § 4a Abs. 4 TVG setzen schließlich den Abschluss eines weiteren Tarifvertrages voraus.[183] Wenn das so ist, ist dem BVerfG zuzustimmen, dass dann auch die Möglichkeit bestehen muss, einen solchen Tarifvertrag zu erkämpfen. Damit ist festzuhalten, dass Kollisionsregeln Tarifvielfalt voraussetzen und von daher schon gar nicht geeignet sind, im Hinblick auf die Tarifbezogenheit des Arbeitskampfes eine Grenze des Streikrechts zu begründen. § 4a Abs. 2 TVG ist also nur im Hinblick auf den Normgel-

---

[177] ArbG Pforzheim 5.4.2018 – 3 Ca 208/17 Rn. 305 BeckRS 2018, 11642; *Patett* Das Verhältnis des Arbeitskampfrechts zu Art. 12 GG und den europäischen Grundfreiheiten, 2015, S. 132 ff.; ErfK/*Linsenmaier* GG Art. 9 Rn. 116; Bedenken zu diesem Zwischenweg finden sich bei: *Kühling/Bertelsmann* NZA 2005, 1017 (1026).
[178] Isensee/Kirchhof/*Isensee* Handbuch des Staatsrechts, Band IX, § 199 Rn. 4.
[179] *Ewer* NJW 2015, 2230 (2232); *Rüthers* ZRP 2015, 2 (5); *Ubber* RdA 2016, 361 (365); aA *Fischinger/Monsch* NJW 2015, 2209 (2111); *Greiner* NZA 2015, 769 (777); der allerdings eine intensive faktische Beeinträchtigung des Streikrechts annimmt.
[180] BVerfG 11.7.2017 – 1 BvR 1571/15, 1 BvR 1588/15, 1 BvR 2883/15, 1 BvR 1043/16, 1 BvR 1477/16, NJW 2017, 2523 (2526).
[181] Zur Tarifeinheit im tarifpluralen Betrieb: *Richardi* FS Buchner, 2009, S. 731.
[182] BT-Drs. 18/4062, 12; vgl. auch *Stier* ZTR 2018, 3.
[183] BVerfG 11.7.2017 – 1 BvR 1571/15, 1 BvR 1588/15, 1 BvR 2883/15, 1 BvR 1043/16, 1 BvR 1477/16, NJW 2017, 2523 (2526).

tungsbefehl in § 4 Abs. 1 TVG als eine Kollisionsregel zu sehen und vermag von daher keine Grenze für die Führung von Arbeitskämpfen zu bilden.

Sollen lediglich Sozialpartnervereinbarungen, also rein schuldrechtlich wirkende Tarifverträge, erstreikt werden, so ist hierfür ein Streik nur zulässig, sofern diese schuldrechtlichen Vereinbarungen mit der Regelung von Arbeits- und Wirtschaftsbedingungen im Zusammenhang stehen.[184] Auch für Streiks um schuldrechtliche Tarifverträge gilt, dass das Tarifrecht dem Arbeitskampfrecht Grenzen zieht.[185] Insbesondere kann aber durch einen Streik um einen schuldrechtlichen Tarifvertrag keinesfalls eine Verpflichtung zur Erhaltung eines Produktionsstandortes durchgesetzt werden, da andernfalls der für den Arbeitskampf geltende Rahmen des Art. 9 Abs. 3 GG überschritten würde.[186] Die tariflichen Grenzen des Arbeitskampfes sind aber für schuldrechtliche Tarifverträge weiter gesteckt als bei normativ geltenden Tarifwerken. Insbesondere finden die Vorschriften, die die Rechtsnormwirkung von Tarifverträgen betreffen, auf Sozialpartnervereinbarungen keine Anwendung. Etwas anderes lässt sich dem TVG nicht entnehmen. Der schuldrechtliche Tarifvertrag als Kampfziel ist damit aber auch ein Instrument für Minderheitsgewerkschaften, sich trotz der Regelung in § 4a Abs. 2 TVG mit tariflichen Forderungen durchzusetzen.[187] Insofern könnten Streiks auf Abschluss von Tarifverträgen mit schuldrechtlichen Verpflichtung zugunsten Dritter in Zukunft häufiger als bisher auftreten. Aus der Tarifbezogenheit des Arbeitskampfes folgt aber wiederum, dass Streiks, mit denen lediglich bestehende Rechte durchgesetzt werden sollen, rechtswidrig sind, da die Rechtsordnung durch die Gerichtsbarkeit ein eigenständiges Konfliktlösungsinstrumentarium vorhält[188] und es nicht ein Tarifvertrag ist, derentwegen in diesen Fällen der Arbeitskampf geführt wird.

Eine andere Frage ist, ob jede tarifliche Forderung sich auch für einen Arbeitskampf eignet. Dahinter steht der Gedanke, dass die Tarifvertragspartner sich auf alles Mögliche freiwillig einigen können, jedoch im Hinblick auf die gegenseitigen Rechtspositionen nicht alles erstreikbar ist. Diese Diskussion wird unter den Stichworten „Freiwilligkeitsvorbehalt" oder „freiwilligen Tarifverträge"[189] geführt und hat den Vorteil die Regelungsoptionen der Tarifvertragspartner unter größter Schonung der Interessen anderer zu wahren. Hierbei ist allerdings zu berücksichtigen, dass tarifvertraglich nur das geregelt werden kann, was sich als Wahrung und Förderung der Arbeits- und Wirtschaftsbedingungen darstellt. Ob eine solche Regelung dann normative Wirkung hat, spielt für ihre Erstreikbarkeit keine Rolle („Das Streikrecht ist auf normativ regelbare Fragen beschränkt, nicht auf Normativregelungen").[190] Innerhalb eines solchen Rahmens würde dann aber die Annahme von streikrechtlichen Tabuzonen dazu führen, dass man die jeweiligen Tarifforderungen danach bewerten müsste, ob ihre Durchsetzung einen durch Arbeitskampf ausgelösten Eingriff in Rechtspositionen anderer rechtfertigt. Für eine solche Bewertung von Streikforderungen fehlt aber der Maßstab und dies auch aus einem guten Grund: Indem die Konfliktlösung dem Arbeitskampfgeschehen überlassen wird, ist die berechtigte Erwartung verknüpft, dass sich Forderungen, um die es nicht zu kämpfen lohnt, auch nicht durchsetzen werden. Der Arbeitskampf ist also der vorgesehene Indikator für den „Wert" der jeweiligen Streikforderung. Ihn durch streikrechtliche Tabuzonen auszuschalten, dürfte kaum dem bisherigen Leitbild des Tarif- und Arbeitskampfsystems gerecht werden, zumal es für solche Streikforderungen fraglich erscheint, warum diese dann überhaupt in

---

[184] *Hromadka/Maschmann* § 14 Rn. 32; *Löwisch/Rieble* TVG § 4a Rn. 379 (beschränkt auf „Arbeitsbedingungen"); sehr weitgehend: ErfK/*Linsenmaier* GG Art. 9 Rn. 114.
[185] Zum strittigen Inhalt von schuldrechtlichen Tarifverträgen umfassend: *Löwisch/Rieble* TVG § 1 Rn. 1311 ff.
[186] Hierzu: *Giesen* Ausweitung der Tarifmacht – Zugriff auf Unternehmensautonomie und Marktverhalten, S. 57.
[187] *Löwisch/Rieble* TVG § 4a Rn. 379; *Löwisch* DB 2015, 1102 (1103); aA: *Greiner* NZA 2015, 769, (776).
[188] BAG 14.2.1978 – 1 AZR 76/76, AP GG Art. 9 Arbeitskampf Nr. 58.
[189] *Otto* AK § 5 Rn. 17; *Christ*, Freiwillige Tarifverträge, 2007 S. 49 ff.
[190] *Löwisch/Rieble* TVG Grundl. Rn. 511; *Greiner* NZA 2008, 1274 (1277).

eine Kollektivvereinbarung Eingang finden sollen.[191] Allerdings können die Tarifvertragspartner selbst bestimmte Regelungsbereiche kampflos stellen, indem sie eine entsprechende qualifizierte Friedenspflicht für diese Bereiche vereinbaren.

3. Die Friedenspflicht

44 Ein Arbeitskampf, also auch ein Streik, darf nur dann geführt werden, wenn die sog. „Friedenspflicht" hierdurch nicht verletzt wird. Man unterscheidet die absolute und die relative Friedenspflicht. Während die absolute Friedenspflicht schlechthin jeden Arbeitskampf untersagt, verbietet die relative Friedenspflicht nur solche Arbeitskämpfe, die sich gegen bestehende Tarifverträge im ganzen oder gegen einzelne Bestimmungen richten.[192] Während die absolute Friedenspflicht zwischen den Tarifparteien gesondert vereinbart werden muss, bedarf es einer solchen ausdrücklichen Vereinbarung für die Entstehung der relativen Friedenspflicht gerade nicht. Jeder Tarifvertrag enthält schließlich eine stillschweigende oder ausdrückliche Regelung, wonach während der Laufzeit eines Tarifvertrags eine kampfweise Durchsetzung von Tarifforderungen ausgeschlossen ist, wenn und soweit diese mit der tarifvertraglich geregelten Materie in einem inneren sachlichen Zusammenhang steht.[193] Diese Friedenspflicht folgt letztlich aus der befriedenden Funktion des Vertrages während seiner Laufzeit. Wollte man hier anders entscheiden und Arbeitskämpfe, insbesondere Streiks, auch während der Laufzeit eines Tarifvertrags über die im Tarifvertrag enthaltenen Regelungsgegenstände für zulässig erachten, so wäre damit die Verbindlichkeit des Tarifvertrags ad absurdum gestellt und es würde letztlich eine Rechtfertigung dafür fehlen, dass Tarifverträge unmittelbar und zwingend auf das Arbeitsverhältnis einwirken.

45 Aus der Friedenspflicht folgen für die Tarifparteien unmittelbare Unterlassungs- und Handlungspflichten. Zunächst untersagt die relative Friedenspflicht den Tarifparteien Arbeitskämpfe zu führen, deren Ziele, wenn auch nur zum Teil, eine bestehende tarifliche Regelung zum Gegenstand haben (sog. „Rühreitheorie"). Des Weiteren verpflichtet die Friedenspflicht die jeweiligen Tarifvertragsparteien, auf ihre Mitglieder einzuwirken, keine – auch rechtswidrige – Arbeitskampfmaßnahmen zu ergreifen.[194] Dagegen besteht keine Verpflichtung der Tarifparteien, auf Nicht-Organisierte Einfluss zu nehmen.[195] Die Friedenspflicht reicht aber über den Bereich des einfachen Arbeitskampfes hinaus. Sie verbietet, als Pflicht zur Vertragstreue, auch solche kollektiven Handlungen oder Maßnahmen, die letztlich dazu führen, dass der erzielte Tarifvertrag nicht zur Anwendung kommt.[196] Begrenzt wird jedoch die so verstandene Friedenspflicht durch die Möglichkeiten, die das Tarifvertragsrecht den Tarifvertragspartnern einräumt. Insofern verstößt es nicht etwa gegen die Friedenspflicht aus dem Tarifvertrag mit einer Minderheitsgewerkschaft, wenn der Arbeitgeber mit der Mehrheitsgewerkschaft ebenfalls einen Tarifvertrag abschließt und damit die Verdrängungswirkung des § 4a TVG auslöst. Schließlich kann der Tarifvertragspartner nur insoweit Vertragstreue erwarten, wie er die Vertragsschlusserklärung des anderen Tarifvertragspartners als Zusicherung von Vertragstreue verstehen darf. Dass ein Tarifvertragspartner aber mit dem Tarifvertragsabschluss für die Dauer der Laufzeit sich solcher Gestaltungsoptionen enthalten will, die auf der Grundlage des geltenden Tarifvertragsrechts die tatsächliche Wirkung des Tarifvertrags wieder obsolet werden lassen, wird man regelmäßig nicht annehmen können. Bei dieser Frage geht es schließlich nicht um eine Beeinträchtigung des tarifvertraglichen Geltungsanspruchs,[197] sondern um die Reichweite der gegenseitigen Vertragstreue.

---

[191] *Löwisch/Rieble* TVG Grundl. Rn. 505 f.
[192] BAG 27.6.1989 – 1 AZR 404/88, AP GG Art. 9 Arbeitskampf Nr. 113.
[193] BAG 21.12.1982 – 1 AZR 411/80, AP GG Art. 9 Arbeitskampf Nr. 76.
[194] BAG 8.2.1957 – 1 AZR 169/55, AP TVG § 1 Friedenspflicht Nr. 1.
[195] Wiedemann/*Thüsing* § 1 Rn. 871.
[196] *Löwisch*/Rieble TVG § 4 Rn. 1167.
[197] BAG 20.4.1999 – 1 ABR 72/98 Rn. 97 f., AP GG Art 9 Nr. 89.

II. Rechtmäßigkeitsvoraussetzungen des Streiks

Schuldner der Friedenspflicht sind nur die jeweiligen Tarifvertragsparteien, nicht aber deren Mitglieder. Darüber hinaus ist durch § 2 Abs. 4 TVG gewährleistet, dass die Mitgliedsverbände an die Friedenspflicht aus einem von Spitzenorganisationen geschlossenen Tarifvertrag gebunden sind.[198] Teilweise wird auch eine analoge Anwendung von § 2 Abs. 4 TVG auf den Fall befürwortet, dass ein Arbeitgeberverband als Vertreter gem. § 164 BGB einen Haustarifvertrag im Namen des Arbeitgebers abschließt.[199] Warum sich hieraus dann eine Selbstbeschränkung des als Vertreter handelnden Verbandes ergeben soll, ist nicht ersichtlich.

Gläubiger der Friedenspflicht ist grds. die andere Vertragspartei. Ob die Vereinbarung der Friedenspflicht aber einen Vertrag zugunsten Dritter bzw. einen Vertrag mit Schutzwirkung zugunsten Dritter darstellt, ist umstritten.[200] Hier spricht zwar einiges dafür, in der Friedenspflicht nur einen Vertrag mit Schutzwirkung zugunsten Dritter zu sehen.[201] So erscheint es von der Vertragssituation fernliegend, dass die Vertragspartner ihren Mitgliedern einen eigenständigen Anspruch auf Durchführung der Vertragstreue geben wollten. Für die Einordnung als Vertrag zugunsten Dritter lässt sich aber zugegebenermaßen anführen, dass damit bei einem Verstoß gegen die Friedenspflicht die Grundlage für einen Unterlassungsanspruch des einbezogenen Dritten begründet werden kann. Das BAG sieht mittlerweile den Tarifvertrag in seinem schuldrechtlichen Teil insoweit als einen Vertrag zugunsten Dritter, als er die Mitglieder der Tarifvertragsparteien davor schützt, hinsichtlich der tariflich geregelten Materie mit Arbeitskampfmaßnahmen überzogen zu werden.[202] Dritte in diesem Sinne sind aber nur die Mitglieder der Tarifvertragsparteien. Andere Dritte sind demgegenüber regelmäßig nicht in die schuldrechtlichen Vereinbarungen von Tarifvertragsparteien einbezogen.[203]

Die Friedenspflicht als Teil einer schuldrechtlichen Vereinbarung wirkt aber grds. nur relativ. Insbesondere wird durch die Friedenspflicht nicht ausgeschlossen, dass eine Gewerkschaft versucht, mit Streiks Tarifbedingungen gegenüber einem Arbeitgeber durchzusetzen, der bereits mit einer anderen Gewerkschaft einen Tarifvertrag über denselben Regelungsgegenstand getroffen hat.[204] Das gilt wegen der Arbeitskampfneutralität von § 4a TVG auch dann, wenn der erstreikte Tarifvertrag gem. § 4a Abs. 2 TVG verdrängt würde. Geht es aber um einen Arbeitskampf, der auf Abschluss eines Haustarifvertrages gerichtet ist, und ist der Arbeitgeber bereits in Bezug auf einen Verbandstarifvertrag tarifgebunden, so wird die Friedenspflicht berührt, wenn Tarifvertragspartner sowohl des Haustarifvertrages als auch des Verbandstarifvertrages ein und dieselbe Gewerkschaft ist. Für die Laufzeit des Verbandstarifvertrages stellt ein Arbeitskampf um einen Haustarifvertrag dann einen Verstoß gegen die Friedenspflicht dar, wenn durch den Haustarifvertrag Regelungen durchgesetzt werden sollen, die bereits aufgrund des Verbandstarifvertrages geregelt waren.[205] Die Friedenspflicht bezieht sich nur auf solche Regelungen, die in einem inneren sachlichen Zusammenhang zueinander stehen.[206] Inwieweit zur Feststellung eines inneren Zusammenhangs auf den Parteiwillen abzustellen ist, wird unterschiedlich beurteilt.[207] Da die Friedenspflicht aber schuldrechtlich determiniert

---

[198] HWK/*Henssler* TVG § 2 Rn. 37.
[199] *Löwisch/Rieble* TVG § 4 Rn. 1181.
[200] Vgl. BAG 10.12.2002 – 1 AZR 96/02, NZA 2003, 735; ErfK/*Franzen* TVG § 1 Rn. 82; *Kissel* AK § 26 Rn. 51; ZLH/*Loritz* § 38 Rn. 22.
[201] So auch: BeckOK ArbR/*Waas* GG Art. 9 Rn. 69; aA: HessLAG 5.12.2013 – 9 Sa 592/13, BB 2013, 3123.
[202] BAG 25.8.2015 – 1 AZR 875/13, Rn. 43, AP GG Art. 9 Arbeitskampf Nr. 183; *Löwisch* ZfA 2018, 374 (380).
[203] BAG 25.8.2015 – 1 AZR 875/13, Rn. 43, AP GG Art. 9 Arbeitskampf Nr. 183; *Löwisch* ZfA 2018, 374 (380).
[204] BAG 4.5.1955 – 1 AZR 493/54, AP GG Art. 9 Arbeitskampf Nr. 2.
[205] Schaub ArbR-HdB/*Treber* § 192 Rn. 23.
[206] BAG 18.2.2003 – 1 AZR 142/02, BAGE 105, 5; BAG 19.6.2007 – 1 AZR 396/06, BAGE 123 (134) Rn. 18; BAG 26.6.2016 – 1 AZR 160/14, AP GG Art 9 Arbeitskampf Nr. 184.
[207] *Löwisch/Rieble* TVG § 1 Rn. 1195; *Kempen/Zachert/Seifert* TVG § 1 Rn. 903.

ist,²⁰⁸ können mE Gesichtspunkte des Parteiwillens, wie er in den vorhandenen Tarifwerke zum Ausdruck kommt, bei der Beurteilung, ob Regelungen in einem inneren Zusammenhang stehen, nicht unberücksichtigt bleiben. Dass hierbei dann eine wirtschaftliche Betrachtungsweise für die Beurteilung des inneren Zusammenhangs zentral ist, folgt schon aus dem Umstand, dass Tarifverträge letztlich der Regelung der Arbeits- und Wirtschaftsbedingungen dienen.

49 Die relative Friedenspflicht, die jedem Tarifvertrag grds. immanent ist, ist begrenzt durch den jeweiligen Inhalt dieses Tarifvertrags. Nur soweit die Tarifvertragspartner in dem Tarifvertrag eine Regelung getroffen haben, können sie voneinander Vertragstreue erwarten und damit die Friedenspflicht einfordern. Insofern verlangt die Überprüfung der Friedenspflicht einen Vergleich zwischen dem Inhalt des bestehenden Tarifvertrages einerseits und den erhobenen Tarifforderungen andererseits. Immer dann, wenn die Tarifvertragsparteien eine bestimmte Sachmaterie erkennbar umfassend geregelt haben, ist davon auszugehen, dass sie diesen Bereich der Friedenspflicht unterwerfen wollen, so dass während der Laufzeit des Tarifvertrags die sich aus der Friedenspflicht ergebende Verpflichtung besteht, keine Regelungen kampfweise durchzusetzen, die in einem sachlichen inneren Zusammenhang mit dem befriedeten Bereich stehen.²⁰⁹ Aus dieser Formulierung der Rechtsprechung folgt, dass es nicht nur auf die subjektiven Vorstellungen der Tarifvertragspartner über die Reichweite der von ihnen getroffenen Regelungen ankommt, sondern auch darauf, dass sich diese Vorstellungen erkennbar im Wortlaut oder der Systematik des Tarifvertrages manifestiert haben.

50 Zeitlich besteht die Friedenspflicht nur während der Laufzeit des Tarifvertrags. Mit dem Ende seiner Geltungsdauer endet auch die Pflicht zum vertragstreuen Verhalten der Tarifvertragspartner und damit die Friedenspflicht.²¹⁰ Liegt eine zulässige Teilkündigung vor, so beschränkt sich die Friedenspflicht nur auf den ungekündigten Teil.²¹¹ Die Tarifvertragsparteien können aber auch die Reichweite der Friedenspflicht besonders vereinbaren und etwa besondere Sachmaterien, selbst wenn diese nicht tarifvertraglich geregelt sind, der Friedenspflicht unterstellen.²¹² Liegt ein Fall der Nachwirkung gem. § 4 Abs. 5 TVG vor, so besteht für diesen Zeitraum der Nachwirkung keine Friedenspflicht mehr.²¹³ Die Regelung zur Nachwirkung betrifft die Normwirkung des Tarifvertrags und löst sie von der schuldrechtlichen Bindung der Tarifvertragsparteien, so dass die Friedenspflicht als schuldrechtlicher Teil des Tarifvertrages ohne besondere Vereinbarung gerade nicht im Nachwirkungszeitraum gilt. Gelten allerdings die Normen eines Tarifvertrags gem. § 3 Abs. 3 TVG weiter, etwa wenn ein Arbeitgeber aus dem Arbeitgeberverband ausgetreten ist, ist fraglich, ob sich der Arbeitgeber auch in diesen Fällen, wenn er sich mit Arbeitskampfmaßnahmen konfrontiert sieht, auf die Friedenspflicht berufen kann. Dabei scheint die herrschende Ansicht davon auszugehen, dass die Rechtswirkung des § 3 Abs. 3 TVG allein auf die normativen Bestandteile eines Tarifvertrags beschränkt ist, während die Schutzwirkungen der schuldrechtlichen Friedenspflicht letztlich über die Verbandsmitgliedschaft vermittelt werden.²¹⁴ Begründet wird dies mit dem eng auszulegenden Regelungszweck des § 3 Abs. 3 TVG, der letztlich nur dazu dienen soll, Missbräuche privatrechtlicher Gestaltungsformen

---

²⁰⁸ BAG 26.7.2016 – 1 AZR 160/14, NZA 2016, 1543 (1551).
²⁰⁹ BAG 10.12.2002 – 1 AZR 96/02, BAGE 104, 155; BAG 26.7.2016 – 1 AZR 160/14, BAGE 155, 347.
²¹⁰ ArbG Pforzheim 5.4.2018 – 3 Ca 208/17 Rn. 246, BeckRS 2018, 11642.
²¹¹ Däubler ArbeitskampfR/*Reinfelder* § 15 Rn. 7.
²¹² BAG 26.7.2016 – 1 AZR 160/14, AP GG Art 9 Arbeitskampf Nr. 184; *Pfohl* Die Friedenspflicht der Tarifvertragsparteien, S. 32f.
²¹³ *Gamillscheg* KollArbR I, S. 1082; Wiedemann/*Thüsing* § 1 Rn. 881.
²¹⁴ HessLAG 17.9.2008 – 9 SaGa 1442/08, BB 2008, 2296; LAG RhPf 20.12.1996 – 7 Sa 1247/96, LAGE § 1 TVG Friedenspflicht Nr. 8; LAG Hamm 31.1.1991 – 16 Sa 119/91, DB 1991, 1126; HessLAG 23.4.1985 – 5 SaGa 507/85, LAGE § 1 TVG Friedenspflicht Nr. 1; *Bayreuther* BB 2007, 325 (327); *Däubler* ZTR 1994, 452; *Höpfner* Die Tarifgeltung im Arbeitsverhältnis, S. 338; *Kissel* AK § 26 Rn. 56; *Konzen* ZfA 1975, 421; *Thüsing/Stelljes* ZfA 2005, 527 (569).

II. Rechtmäßigkeitsvoraussetzungen des Streiks

zu vermeiden, um auf diese Weise die normativen Wirkungen eines Tarifvertrags aufrecht zu erhalten.[215] Inwieweit die schuldrechtlichen Verpflichtungen, die ein Verbandstarifvertrags vermittelt, von einer bestehenden Verbandsmitgliedschaft abhängig sind, kann nur jeweils bezogen auf die konkrete schuldrechtliche Verpflichtung beantwortet werden. Ganz offensichtlich ist dies etwa bei der tarifvertraglichen Durchführungspflicht. Gegenüber einem Mitglied, dessen Mitgliedschaft im tarifschließenden Verband beendet ist, wird mangels Bestehen einer mitgliedschaftlichen Rechtsbeziehung die aus der Durchführungspflicht resultierende Einwirkungspflicht des Verbandes auf das Mitglied rechtlich unmöglich. Insofern ist hier das Bestehen einer schuldrechtlichen Rechtsbeziehung schon davon abhängig, ob im Verhältnis zum tarifschließenden Verband noch ein Mitgliedschaftsverhältnis besteht. Wo es allerdings darum geht, dass die schuldrechtlichen Verpflichtungen zugunsten eines Mitglieds des tarifschließenden Verbandes wirken, muss durch Auslegung des Tarifvertrags ermittelt werden, ob es sich bei derartigen schuldrechtlichen Schutzpflichten ggf. um nachwirkende Verpflichtungen handelt, die auch nach dem Ende der Mitgliedschaft fortbestehen. Dies ist regelmäßig bei der tarifvertraglichen Friedenspflicht der Fall, wenn der Tarifvertrag gem. § 3 Abs. 3 TVG fortwirkt. Gerade weil sich aufgrund von § 3 Abs. 3 TVG die normative Wirkung des Tarifvertrags nicht verändert hat, besteht zum einen kein Bedürfnis danach, durch Arbeitskämpfe diese normative Wirkung in Frage zu stellen. Zum anderen hat der Gesetzgeber ausdrücklich durch § 3 Abs. 3 TVG die Wirkung des Tarifvertrags vom Fortbestehen der Mitgliedschaft abgekoppelt. Wenn er also den Tarifvertrag ohne Fortbestehen der Mitgliedschaft in seiner ordnenden Funktion aufrecht erhalten wollte, so lässt sich dem zumindest mittelbar entnehmen, dass auch die friedensstiftende und friedenswahrende Funktion des Tarifvertrags aufrechterhalten bleiben sollte. Insofern kann es nicht auf das Fortbestehen einer Mitgliedschaft ankommen, um zu entscheiden, ob die Friedenspflicht auch im Fall des § 3 Abs. 3 TVG fortbesteht. Vielmehr ergibt sich aus der Funktion des Tarifvertrags, die der Gesetzgeber etwa im Fall des Verbandsaustritts durch § 3 Abs. 3 TVG erhalten wissen wollte, dass sich auch in dieser Zeit etwa ein Arbeitgeber, der aus dem tarifschließenden Arbeitgeberverband ausgetreten ist, auf die nachwirkende Friedenspflicht als Teil eines schuldrechtlich wirkenden Tarifvertrags berufen kann.[216]

Inhaltlich verbietet die Friedenspflicht lediglich Kampfmaßnahmen. Insofern stellt sich etwa die Frage, inwieweit Vorbereitungshandlungen, wie zB die Durchführung einer Urabstimmung, gegen die Friedenspflicht verstoßen. Das BAG hat in einer älteren Entscheidung als Kampfmaßnahmen alle Maßnahmen angesehen, die den Verhandlungspartnern bewusst und gewollt unter den unmittelbaren Druck eingeleiteter Arbeitskämpfe setzen und damit seine Entscheidung beeinträchtigen sollen.[217] Hierbei muss jedoch berücksichtigt werden, dass es in der damaligen Entscheidung des BAG um die Auslegung eines Schlichtungsabkommens ging. Insofern können die damaligen Ausführungen des BAG nicht verallgemeinert werden.[218] Sofern keine besonderen Vereinbarungen durch die Tarifvertragspartner getroffen wurden, verbietet nach heutigem Verständnis die Friedenspflicht nur die tatsächliche Störung der arbeitsvertraglichen Beziehungen durch Arbeitskampfmaßnahmen, nicht aber reine Vorbereitungshandlungen, wie etwa die Urabstimmung.[219] Die Durchführung einer Urabstimmung ist auch kein eigenständiges

---

[215] *Kissel* AK § 26 Rn. 56.
[216] Vgl. *Matthes* FS Schaub, 1998, S. 477, 478; *Bauer* FS Schaub, 1998, S. 19, 23; *Bauer* DB 1993, 1085 (1086); *Reuter* RdA 1996, 208; aA: LAG Hamm 31.1.1991 – 16 Sa 119/91, DB 1991, 1126; LAG RhPf 20.12.1996 – 7 Sa 1247/96, NZA-RR 1998, 131; HessLAG 17.9.2008 – 9 SaGa 1442/08, NZA-RR 2009, 26; *Bayreuther* BB 2007, 325 (327); *Melot de Beauregard* Tarif- und Arbeitskampfrecht für die Praxis, Rn. 426.
[217] BAG 31.10.1958 – 1 AZR 632/57, AP TVG § 1 Friedenspflicht Nr. 2.
[218] *Wiedemann/Thüsing* § 1 Rn. 878.
[219] *Gamillscheg* KollArbR I, S. 1084; *Hromadka/Maschmann* § 14 Rn. 38; *Waltermann* § 30 Rn. 679.

Rechtmäßigkeitskriterium für den Streik.[220] Die Frage, ob der Streikaufruf der Gewerkschaft bei Verzicht auf eine Urabstimmung nicht satzungsgemäß war, stellt sich nur dann, wenn in der jeweiligen Satzung der Gewerkschaft eine ausdrückliche und eindeutige Bestimmung vorhanden ist, wonach zum Streik nur dann aufgerufen werden darf, wenn zuvor eine Urabstimmung durchgeführt wurde. Nur unter diesem Blickwinkel ließe sich die fehlende Urabstimmung als Rechtmäßigkeitskriterium für den Streik einordnen.[221] Eindeutig keinen Verstoß gegen die Friedenspflicht beinhaltet das bloße Aufstellen von Tarifforderungen. Schließlich sind die Tarifvertragspartner jederzeit ohne Verstoß gegen die Friedenspflicht in der Lage, bestehende tarifliche Regelungen zu ändern. Die Grenze zur tarifvertragswidrigen Störung ist dann allerdings überschritten, wenn zu Arbeitskampfmaßnahmen aufgerufen wird. Bereits in diesem Zeitpunkt wird für die andere Seite deutlich, dass die Zusage gegenseitiger Vertragstreue zumindest von einer Seite als beendet angesehen wird und nunmehr jederzeit mit Arbeitskampfmaßnahmen zu rechnen ist. Allein die dadurch begründete Unsicherheit, ob die vertraglichen Verpflichtung des Arbeitsverhältnis eingehalten werden, führt zu einer Störung der Vertragsbeziehungen und begründet als solche auch einen Verstoß gegen die Friedenspflicht.

52 Wenn die Friedenspflicht die tatsächliche Störung der arbeitsvertraglichen Beziehungen untersagt, dann beinhalten Maßnahmen, die sich in einem arbeitsvertragsrechtlich zulässigen Rahmen bewegen, keinen Verstoß gegen die Friedenspflicht. Demzufolge sind also Massen(-änderungs-)kündigungen von Arbeitnehmern oder Arbeitgebern ebenso wenig als Verstoß gegen die Friedenspflicht zu sehen, wie Massenwidersprüche im Sinne des § 613a Abs. 6 BGB.[222] Gerade letztere können gemäß § 242 BGB rechtsmissbräuchlich und daher unwirksam sein, soweit sie dazu eingesetzt werden, andere Zwecke als die Sicherung der arbeitsvertraglichen Rechte und die Beibehaltung des bisherigen Arbeitgebers herbeizuführen.[223] Ein Verstoß gegen die Friedenspflicht wird hierin aber nicht gesehen.[224] Die Instrumentalisierung der individualarbeitsrechtlichen Möglichkeiten der Arbeitnehmer durch Gewerkschaften ist aber dann eine gegen die Friedenspflicht verstoßende Arbeitskampfmaßnahme, wenn gerade durch die Bündelung der individualarbeitsrechtlichen Möglichkeiten Druck auf das Arbeitgeberlager ausgeübt werden soll.[225] Insofern verstoßen Maßnahmen von Tarifpartnern, die dazu dienen, individualarbeitsrechtliche Gestaltungsoption mit dem Ziel zu bündeln, Druck auf den Tarifgegner auszuüben, gegen die Friedenspflicht, da sie letztlich in unlauterer Weise auf die Willensbildung des anderen einwirken wollen. Solche Maßnahmen können etwa in der Bereitstellung von Musterschreiben oder in entsprechenden Aufrufen an die Mitglieder zum kollektiven Handeln gesehen werden.

53 Ob Kampfmaßnahmen der Friedenspflicht zuwider laufen, bestimmt sich nach den jeweiligen Streikzielen. Maßgeblich sind hier nach Auffassung der Rechtsprechung die dem Gegner von den entsprechend zuständigen Gremien der Arbeitskampfpartei übermittelten konkreten Streikforderungen.[226] Dabei sollen Motive der Kampfparteien weitgehend unberücksichtigt bleiben. Argumentiert wird mit der Freiheit der gewerkschaftlichen Willensbildung und Aspekten der Rechtssicherheit.[227] Die übermittelten Forderungen sind allerdings der Auslegung zugänglich. Es geht dabei nicht lediglich um eine Missbrauchskontrolle, sondern um eine rechtliche Bewertung des Handelns der jeweiligen Kampfpar-

---

[220] Brox/Rüthers/*Schlüter* § 13 Rn. 489; *Kissel* AK § 40 Rn. 17f.; aA wohl *Rieble* FS Canaris, 2007, S. 1439ff.
[221] HWK/*Hergenröder* GG Art. 9 Rn. 287.
[222] Zum Kollektivwiderspruch: BAG 30.9.2004 – 8 AZR 462/03, BAGE 112, 124.
[223] BAG 30.9.2004 – 8 AZR 462/03, BAGE 112, 124.
[224] Däubler ArbeitsKampfR/*Reinfelder* § 15, Rn. 23.
[225] Däubler ArbeitsKampfR/*Reinfelder* § 15, Rn. 23.
[226] BAG 24.4.2007 – 1 AZR 252/06, BAGE 122, 134; BAG 26.7.2016 – 1 AZR 160/14, BAGE 155, 347 (359f.).
[227] *Fischinger* Arbeitskämpfe bei Standortverlagerung und –schließung, 2006, S. 107f., *Krause* Standortsicherung und Arbeitsrecht, S. 110; *Schlachter* FS Birk, 2008, 809 (811).

II. Rechtmäßigkeitsvoraussetzungen des Streiks

tei.²²⁸ So will etwa auch das BAG die „gesamten Umstände" für das Kampfziel berücksichtigen.²²⁹ Auf der Grundlage der übermittelten Forderungen ist also das wahre Streikziel zu ermitteln. Jedoch muss sich das Kampfziel auf den Willen der arbeitskampfführenden Koalition zurückführen lassen. Für die Ermittlung des Kampfziels kann auch auf das Verhalten der Koalition im Zusammenhang mit dem angestrebten Tarifabschluss abgestellt werden. Dies hat das BVerfG in seiner Entscheidung zur Verfassungsmäßigkeit der Regelung des damaligen § 116 Abs. 3 AFG ausdrücklich hervorgehoben.²³⁰ Jedoch können nur solche Verhaltensweisen herangezogen werden, die der Koalition zugerechnet werden können. Aus Äußerungen Einzelner kann jedenfalls nicht ohne weiteres auf das Kampfziel der Koalition geschlossen werden.²³¹ Ob allerdings die Willensbildung innerhalb der Organisation, die Arbeitskampfmaßnahmen ergreift, allen satzungsgemäßen Vorgaben entspricht, ist nicht erforderlich, um die erhobene Streikforderung der jeweiligen Organisation zuzurechnen. Es genügt, dass sich aus dem Verhalten der jeweiligen Kampfpartei und nicht etwa nur des Verhaltens Einzelner ergibt, dass eine bestimmte Tarifforderung als beschlossen anzusehen ist. Insoweit kann hier auf die Regelung in § 160 Abs. 3 S. 2 SGB III entsprechend Rückgriff genommen werden. Demzufolge wird man zunächst von der dem Gegner übermittelten Streikforderung auszugehen haben. Aber auch solche Forderungen kommen in die Betrachtung, die nach den Gesamtumständen als beschlossen anzusehen sind. Beispielhaft kommen hier Sachverhalte in Betracht, in denen die verbandsinterne Willensbildung nach dem satzungsmäßigen Verfahren zwar abgeschlossen ist, jedoch die förmliche Beschlussfassung über die Forderungserhebung zurückgehalten wird oder es an einer öffentlichen Verlautbarung fehlt.²³²

Ergibt sich aus den der jeweiligen Kampfpartei zurechenbaren Gesamtumständen, dass die Kampfforderung über die formal dem Gegner übermittelte Forderung hinausgeht, ist die tatsächliche Forderung zu berücksichtigen.²³³ Das so ermittelte Kampfziel bleibt für die Prüfung eines möglichen Verstoßes gegen die Friedenspflicht so lange maßgebend, wie dieses Kampfziel nicht ausdrücklich aufgegeben wird. Auch für die Aufgabe von Kampfzielen sind nur die von den zuständigen Gremien der Arbeitskampfpartei getroffenen Entscheidungen maßgebend. Ebenso wie der Streikaufruf die wesentlichen satzungsrechtlichen Vorgaben wahren und deshalb der Gewerkschaft zurechenbar sein muss, gilt auch für seine Modifizierung eine dementsprechende Einhaltung der Satzung.²³⁴ Spontanäußerungen genügen jedenfalls dann nicht, wenn ersichtlich ist, dass die zuständigen Gremien der Kampfpartei in diese Entscheidungen nicht involviert sind. Die Modifizierung der Kampfforderung muss der Gegenseite auch bekannt gemacht werden.²³⁵ Hieran sind allerdings keine übertrieben hohen Anforderungen zu stellen. Insofern genügt auch eine Erklärung des Prozessbevollmächtigten einer Gewerkschaft, sofern dieser zur Abgabe von derartigen Erklärungen ausdrücklich bevollmächtigt wurde.²³⁶ Eine Änderung der Kampfziele, etwa das „Fallenlassen" von Streikforderungen,²³⁷ wirkt auch nur für die Zukunft,²³⁸

---

²²⁸ Kritisch zur Auslegung der Streikforderungen und für die Beschränkung auf eine Mißbrauchskontrolle: *Olschewski* Standorterhaltung und Arbeitskampf, 2010, S. 282 f.
²²⁹ BAG 26.7.2016 – 1 AZR 160/14, BAGE 155, 347 (359 f.).
²³⁰ BVerfG 4.7.1995 – 1 BvF 2/86, 1 BvF 1/87, 1 BvF 2/87, 1 BvF 3/87, 1 BvF 4/87, 1 BvR 1421/86, NZA 1995, 754 (758).
²³¹ BAG 19.6.1973 – 1 AZR 521/72, AP GG Art. 9 Arbeitskampf Nr. 7; Die Streikleitung bestimmt lediglich die Organisation des Arbeitskampfes, nicht die Kampfziele (vgl. BAG 19.6.1973 – 1 AZR 521/72, AP GG Art. 9 Arbeitskampf Nr. 47; LAG LSA 12.3.1997 – 3 Sa 285/96, LAGE Art. 9 GG Arbeitskampf Nr. 67).
²³² HWK/*Peters-Lange* SGB III § 160 Rn. 25.
²³³ *Ricken* ZfA 2008, 283 (286).
²³⁴ *Rieble* BB 2014, 949 (952); anders dagegen *Fischer* NZA 2014, 1177 (1183), der von einer Notgeschäftsführungsbefugnis des Vorstands ausgeht.
²³⁵ *Rieble* BB 2014, 949 (952).
²³⁶ *Fischer* NZA 2014, 1177 (1183).
²³⁷ Hierzu: LAG Bln-Bbg, 14.8.2012 – 22 SaGa 1131/12, BeckRS 2012, 72275; HessLAG 9.8.2011 – 9 SaGa 1147/11, BeckRS 2011, 75508.
²³⁸ *Benecke* ZfA 2018, 2 (13); *Fischer* NZA 2014, 1177 (1181); *Löwisch* ZfA 2018, 374 (382).

so dass eine nachträgliche Korrektur der Kampfziele zur Einhaltung der Friedenspflicht für die Vergangenheit außer Betracht zu bleiben hat.[239] Für die den Streik begrenzende Wirkung des Arbeitskampfrechts muss schließlich zu jeder Zeit objektiv feststehen, ob die Arbeitskampfmaßnahme rechtswidrig ist, da andernfalls das Gebot friedenspflichtwahrenden Verhaltens jede Bedeutung verlieren würde. Schließlich führt ein Verstoß gegen die Friedenspflicht beim Kampfgegner, der sich auf die friedensstiftende Wirkung des bereits vorhandenen Tarifvertrags verlassen hatte, zu einer Verletzung berechtigten Vertrauens. Dieser einmal eingetretene Vertrauensbruch kann nicht dadurch ungeschehen gemacht werden, dass nachträglich, etwa aufgrund von Hinweisen der Gerichte für Arbeitssachen[240], eine rechtswidrige Tarifforderung wieder fallengelassen wird, da dies für die Vergangenheit den Verstoß gegen die Vertragstreue nicht beseitigt, sondern die Funktion der Friedenspflicht nur für die Zukunft wieder herstellt.[241] Ein wirksames „Fallenlassen" von rechtswidrigen Streikforderungen für die Zukunft bedeutet dann notwendigerweise, dass ab diesem Zeitpunkt ein Streik nicht mehr aufgrund einer rechtswidrigen Forderung als insgesamt rechtswidrig anzusehen ist und ein Unterlassen der Streikmaßnahme nicht mehr verlangt werden kann.[242] Mit dem Fallenlassen einer rechtswidrigen Streikforderung sieht sich schließlich der Arbeitgeber einem rechtmäßigen Arbeitskampf in der Weise konfrontiert, als ob die rechtswidrige Streikforderungen nie erhoben worden wäre.

4. Das Gebot der Kampfparität

55   Für den Arbeitskampf, insbesondere für den Streik, gilt das Gebot der Kampfparität, wonach beide Kampfparteien ein hinreichendes Kampfgleichgewicht aufweisen müssen. Das wäre nicht gegeben, wenn eine Partei das Kampfgeschehen allein bestimmen könnte und die andere Seite lediglich auf ein Dulden des Arbeitskampfes angewiesen wäre. In der Vergangenheit spielte der Grundsatz der Kampfparität in der Praxis insbesondere bei den Arbeitskampfmitteln der Arbeitgeber eine Rolle. Auf Seiten der Gewerkschaft bleibt, solange bei der Durchführung des Streiks zulässige Kampfziele erhoben werden, nach bisher allgemeiner Ansicht der Grundsatz der Kampfparität gewahrt.[243] Im Zusammenhang mit Streikmaßnahmen zur Erzielung sog. „tarifvertraglicher Sozialpläne" wurde jedoch für die Unzulässigkeit entsprechender Arbeitskämpfe eine Verletzung der Kampfparität geltend gemacht.[244] Das BAG hat aber in seiner Entscheidung zur Erstreikbarkeit tarifvertraglicher Sozialpläne eine Verletzung des Grundsatzes der Kampfparität verneint.[245] Dies ist in Bezug auf eine mögliche Verletzung der Kampfparität zutreffend, auch wenn diese Entscheidung ansonsten zu Widerspruch Anlass gegeben hat.[246] Das BAG hat aber zu Recht darauf hingewiesen, dass der Grundsatz der Kampfparität nur Kriterien erfassen kann, die einer typisierenden Betrachtung zugänglich sind und situationsbedingte Vorteile daher notwendigerweise unberücksichtigt bleiben müssen.[247] Insofern ist grds. das Gebot der Kampfparität durchaus geeignet, auch einem Streik Grenzen zu setzen. Insbesondere beschränkt sich der Grundsatz der Kampf- bzw. Verhandlungsparität nicht darauf, den Gerichten für

---

[239] So aber *Däubler* AuR 2017, 232 (234f.) unter Hinweis auf § 184 BGB und die rückwirkende Übernahme eines wilden Streiks durch eine Gewerkschaft. Diese Situation ist allerdings mit der Konstellation eines Fallenlassens von Kampfforderungen nicht vergleichbar, da es die Gewerkschaft selbst war, die die rechtswidrige Forderung schließlich erhoben hatte. Ob das „Fallenlassen" von Streikforderungen die Rechtswidrigkeit eines Streiks vergangenheitsbezogen zu beseitigen vermag, hat das BAG bisher ausdrücklich offen gelassen (BAG 26.7.2016 – 1 AZR 160/14, BAGE 155, 347 (365)).
[240] Kritisch zur Rolle einzelner Arbeitsrichter im Arbeitskampf: *Rieble* BB 2014, 949 (952).
[241] IE *Löwisch* RdA 2017, 255 (257).
[242] *Fischer* NZA 2014, 1177 (1181); aA *Rieble* BB 2014, 949 (952f.).
[243] BeckOK ArbR/*Waas* GG Art. 9 Rn. 48; Brox/Rüthers/*Rüthers* § 8 Rn. 183.
[244] *Bauer/Krieger* NZA 2004, 1019, (1020, 1023); *Nicolai* RdA 2006, 33; *Rolfs/Clemens* NZA 2004, 410 (415).
[245] BAG 24.4.2007 – 1 AZR 252/06, AP TVG § 1 Sozialplan Nr. 2; kritisch hierzu: *Höfling* ZfA 2008, 1ff.
[246] *Ricken* ZfA 2008, 283 (298ff.) mwN.
[247] So auch BAG 10.6.1980 – 1 AZR 822/79, AP GG Art. 9 Arbeitskampf Nr. 64; BVerfG 26.6.1991 – 1 BvR 779/85, AP GG Art. 9 Arbeitskampf Nr. 117.

II. Rechtmäßigkeitsvoraussetzungen des Streiks 56, 57 § 272

Arbeitssachen bei der gerichtlichen Ausgestaltung der geschützten Koalitionsbetätigung Grenzen zu setzten.[248] Vielmehr stellt das Gebot der Kampfparität ein den Arbeitskampf begrenzendes Element im Sinne des Übermaßverbotes dar. Man mag zwar die Abstraktionshöhe dieses Prinzips zurecht bemängeln.[249] Die Kampfparität als nur ein die Fortentwicklung des Arbeitskampfrechts dienendes Instrument zu betrachten, löst aber letztlich nicht das mit seiner Unbestimmtheit zusammenhängende Problem. Schließlich muss jeder Arbeitskampf an der Verhältnismäßigkeit gemessen werden, mit der Folge, dass die Erwägungen, die im Rahmen der Kampfparität anzustellen wären, letztlich ein Problem der Verhältnismäßigkeit werden.[250] Angesichts des dort nach herrschender Meinung geltenden „weiten" Prüfungsmaßstabs würde aber bei Aufgabe der Kampfparität als Rechtmäßigkeitsmaßstab für den Arbeitskampf die „Abstraktionshöhe" der dann vorzunehmenden Verhältnismäßigkeitsprüfung deutlich zunehmen.

Entscheidend ist aber, wie der Grundsatz der Kampfparität zu verstehen ist. So wird teilweise die Frage der Parität lediglich auf die rechtliche Ebenbürtigkeit der Kampfparteien beschränkt. Das tatsächliche Kräfteverhältnis wird von Vertretern dieser Auffassung dagegen unberücksichtigt gelassen.[251] Die weitaus überwiegende Auffassung in Rechtsprechung und Schrifttum versucht sich von dieser rein formalen Betrachtung des Kampfgeschehens zu lösen und das tatsächliche Kräfteverhältnis bei der Paritätsprüfung zu erfassen. Wie aber materielles Kampfgeschehen im Einzelnen im Hinblick auf die Parität der Konfliktparteien zu überprüfen ist, wird keineswegs einheitlich gesehen. Im Wesentlichen lassen sich drei Ansätze hierfür nachweisen.

Eine umfassende Paritätsprüfung wollen diejenigen vornehmen, die in jedem einzelnen Fall von Tarifkonflikten die Frage der Ebenbürtigkeit der Konfliktpartner untersuchen und dies anhand aller denkbar in Betracht kommenden Kriterien durchführen wollen.[252] Dem entgegengesetzt findet sich der Ansatz, dass die rechtliche Gleichstellung der Konfliktpartner darauf angelegt sei, eine materielle Parität der Kampfparteien hervorzubringen.[253] Erst wenn sich dies nicht realisiere, sehen diese Vertreter ein Eingreifen des Staates als erforderlich an. Die inzwischen herrschende Auffassung in Rechtsprechung und Schrifttum geht dagegen von der bereits oben erwähnten typisierenden materiellen Betrachtungsweise aus.[254] Das BAG führte hierzu bereits 1980 folgendes aus: *„Er (hier: der Grundsatz der Parität) muss in generellen und abstrakt formulierten Regeln ausgedrückt werden und kann nur Kriterien erfassen, die einer typisierenden Betrachtung zugänglich sind. Situationsbedingte Vorteile, die sich im konkreten Arbeitskampf sehr stark auswirken mögen, bleiben notwendigerweise unberücksichtigt ... Der innere Zusammenhang des Paritätsprinzips mit der Tarifautonomie spricht nicht nur gegen eine auf den Einzelfall bezogene konkrete Betrachtung, sondern ebenso auch gegen eine globale Einbeziehung aller denkbaren Kriterien, die sich in anderen Bereichen auf das Kräfteverhältnis von Arbeitgeber und Arbeitnehmer auswirken mögen."*[255]

---

[248] So wohl: Schaub ArbR-HdB/*Treber* § 192 Rn. 31.
[249] BAG 19.6.2007 – 1 AZR 396/06, AP GG Art 9 Arbeitskampf Nr. 173; LAG Hamburg 6.2.2013 – 5 SaGa 1/12, AiB 2013, 726.
[250] *Kamanabrou* ArbR § 23 Rn. 2115.
[251] *Mayer-Maly* DB 1979, 95 (98).
[252] Vgl. Däubler ArbeitskampfR/*Däubler* § 20 Rn. 4 ff.; *ders.* JuS 1972, 642 (645); *Kempen* AuR 1982, 73 (76); *Klein* Koalitionsfreiheit, S. 165; *Hensche* RdA 1996, 293 (297); *Wolf* ZfA 1971, 151 (161).
[253] *Scholz/Konzen* Die Aussperrung, S. 175 ff.; *Scholz* Koalitionsfreiheit, S. 262.
[254] Vgl. BAG 10.6.1980 – 1 AZR 168/79, AP GG Art. 9 Arbeitskampf Nr. 65; 22.12.1980 – 1 ABR 2/79, AP GG Art. 9 Arbeitskampf Nr. 70; 12.9.1984 – 1 AZR 342/83, AP GG Art. 9 GG Arbeitskampf Nr. 81; 12.3.1985 – 1 AZR 636/82, AP GG Art. 9 Arbeitskampf Nr. 84; 5.5.1987 – 1 AZR 292/85, AP BetrVG 1972 § 44 Nr. 4; 13.7.1993 – 1 AZR 676/92, AP GG Art. 9 Arbeitskampf Nr. 127; 30.8.1994 – 1 ABR 10/94, AP GG Art. 9 Arbeitskampf Nr. 132; *Belling* NZA 1990, 214 (216), der insbesondere auf das Erfordernis eines strukturellen Gleichgewichts hinweist. Schmidt-Preuß BB 1986, 1083 (1095); *Wank* FS Kissel, 1994, S. 1225 (1241); *Plander* JZ 1986, 570 f.; *Raiser* Aussperrung, S. 70; *Kissel* AK § 32 Rn. 18 ff.
[255] BAG 10.6.1980 – 1 AZR 822/79, AP GG Art. 9 Arbeitskampf Nr. 64.

58 Gemeinsam ist allen Auffassungen, dass der Paritätsgrundsatz zumindest von einer rechtlichen Chancengleichheit der Konfliktparteien ausgeht.[256] Schließlich hängt auch das tatsächliche Gleichgewicht von den durch die Rechtsordnung den Tarifpartnern eingeräumten – gleichen – Möglichkeiten ab. Ist diese Chancengleichheit unter einem typisierenden Blickwinkel nicht gewahrt, so ist die jeweilige Arbeitskampfmaßnahme rechtswidrig. Dabei darf die typisierende Betrachtung nicht dazu führen, dass Besonderheiten die beim jeweiligen Kampfgegner vorliegen, typisierend außer Betracht gelassen werden. Der richtige Hinweis auf das Erfordernis einer typisierenden Betrachtung auf situationsbedingte Besonderheiten der jeweiligen Kampfsituation kann aber nicht dazu führen, dass Lebens-, Arbeits- und Produktionsbedingungen der Kampfparteien unberücksichtigt bleiben, wenn sie für den jeweiligen Bereich, in dem die Kampfmaßnahmen wirken, prägend sind. Wirkt unter typisierender Betrachtung ein Arbeitskampfmittel in der Weise, dass die Gegenseite sich letztlich nur dem Kampfgeschehen beugen kann, ist die Grenze der Kampfparität überschritten.

5. Gebot fairer Kampfführung

59 Der Arbeitskampf, und damit auch der Streik, ist zweckbezogen, dh, er darf nur soweit gehen, wie es erforderlich ist, um die mit ihm verfolgten Forderungen durchzusetzen. Die Grenze hierfür ist ein allgemeines Fairnessgebot, das daraus folgt, dass die durch den Streik notwendigerweise verbundenen Einschränkungen der anderen Seite möglichst nur auf die Streikphase beschränkt sein sollen. Nach dem Arbeitskampf sollen die Beziehungen der Arbeitsvertragsparteien aber auch der Tarifvertragspartner nicht mehr durch den vorangegangenen Arbeitskampf belastet bleiben. Dann müssen sich aber auch die Kampfparteien im Arbeitskampf fair gegenüber der jeweils anderen Seite verhalten. Hieraus folgen eine ganze Reihe von Verhaltenspflichten, die für die Arbeitskampfphase gelten. So bestehen etwa während des Streiks Verpflichtungen zur Durchführung von Notdienstarbeiten (Erhaltungs- und Notstandsarbeiten).[257] Als Erhaltungsarbeiten werden üblicherweise solche Arbeiten bezeichnet, die erforderlich sind, um für die Dauer des Arbeitskampfes die Betriebsmittel in dem Zustand zu erhalten, in dem sie sich bei Beginn des Arbeitskampfes befanden. Hierzu zählen aber auch solche Arbeiten, die zwar die Fortsetzung der Produktion zum Gegenstand haben, die aber aus technischen Gründen erforderlich sind, um die Betriebsmittel vor Schäden zu bewahren oder um Produktionsanlagen ohne Schaden stillzulegen.[258] Demgegenüber sind Notstandsarbeiten solche Tätigkeiten, die die Versorgung der Bevölkerung mit lebensnotwendigen Diensten und Gütern während eines Arbeitskampfes sicherstellen sollen.[259] Der rechtliche Ansatzpunkt für derartige Verpflichtungen wird bisweilen kontrovers beurteilt. Argumentiert wird in diesem Zusammenhang etwa mit dem Verhältnismäßigkeitsgrundsatz, den Grundrechten des Arbeitgebers oder von einem Streik betroffener Dritter sowie mit dem allgemeinen Fairnessgedanken, der sich wiederum selbst aus der Funktion des Arbeitskampfes erklärt.[260] Allen Erklärungsversuchen gemein ist allerdings das Problem, dass in der Arbeitskampfsituation die Verpflichtung zur Durchführung von Notdienstarbeiten in ein Spannungsverhältnis zur Arbeitskampffreiheit der Arbeitnehmer tritt. Die Verpflichtung, Notdienstarbeiten zu ermöglichen, beschränkt sich auf das, was im Sinne einer fairen Kampfführung noch als erforderlich anzusehen ist. Dabei ist aber zu berücksichtigen, dass jeder Arbeitskampf und damit auch der Streik darauf angelegt ist, einen wirtschaftlichen Schaden beim Streikgeg-

---

[256] Auf das Erfordernis der rechtlichen Ebenbürtigkeit der Tarifparteien weist bereits *Biedenkopf* Grenzen der Tarifautonomie, S. 149 f. hin.
[257] BAG 30.3.1982 – 1 AZR 265/80, AP GG Art. 9 Arbeitskampf Nr. 74; ausführlich hierzu: *Weißleder* Erhaltungs- und Notstandsarbeiten im Streik.
[258] BAG 30.3.1982 – 1 AZR 265/80, AP GG Art. 9 Arbeitskampf Nr. 74.
[259] BAG 30.3.1982 – 1 AZR 265/80, AP GG Art. 9 Arbeitskampf Nr. 74.
[260] Vgl. etwa: *Kraus* Erhaltungsarbeiten im Streik, S. 15; *Löwisch/Mikosch* ZfA 1978, 153; *Oetker* Die Durchführung von Not- und Erhaltungsarbeiten bei Arbeitskämpfen; *Buschmann*, AuR 1980, 230–235.

II. Rechtmäßigkeitsvoraussetzungen des Streiks

ner hervorzurufen. Wie hoch dieser Schaden ist, ist für die Bestimmung der Erforderlichkeit von Notdiensten in Form von Erhaltungsarbeiten letztlich unerheblich.[261] Insofern kann etwa ein drohender Verderb von Waren aufgrund von Streikmaßnahmen noch nicht das Erfordernis von Notdienstarbeiten begründen. Dort wo allerdings Produktionsanlagen Schaden nehmen und damit Streikfolgen über die eigentliche Kampfphase hinaus zu Produktionsbeeinträchtigungen und Ausfällen führen, besteht ein Erfordernis für Erhaltungsarbeiten. Solche Erhaltungsarbeiten können dann auch sogar in einer Fortführung der Produktion bestehen.

Ein Erfordernis von Notstandarbeiten ergibt sich insbesondere in Betrieben, die der Sicherstellung der Versorgung der Bevölkerung mit lebensnotwendigen Diensten und Gütern dienen. Dies können etwa Energieversorgungsunternehmen oder Unternehmen sein, die öffentliche Dienstleistungen (Gesundheitsversorgung, Pflege, Kinderbetreuung[262]) erbringen, aber auch Telekommunikationsunternehmen und Verkehrsbetriebe. Arbeitskämpfe in solchen Betrieben sind geradezu darauf angelegt, dass die Streikfolgen sich tiefgreifend auf weite Teile der Bevölkerung auswirken. Nicht nur weil ein solcher Arbeitskampf häufig absolut geschützte Rechtsgüter Drittbetroffener berühren kann, sondern die Auswirkungen derartiger Arbeitskämpfe einen erheblichen Druck auf den Arbeitskampfgegner ausüben, der nur aus dem Umstand herrührt, dass Güter und Dienstleistungen mit Gemeinwohlbezug betroffen sind, wirft die Frage der fairen Kampfführung auf. Gerade im Bereich der Energie- und Gesundheitsversorgung sowie des Verkehrs ist ein Streik, der auch nur Teilbereiche lahmlegt, als inadäquates Mittel anzusehen, um einseitig die Interessen der Arbeitnehmerschaft auf Kosten ebenso berechtigter Interessen der Bevölkerung durchzusetzen. Arbeitgeber in solchen Bereichen werden kaum in der Lage sein, einen Arbeitskampf durchzustehen, der in diesem Sinne zur Lahmlegung einzelner existenzieller Teilbereiche führt. Auf der anderen Seite kann dies allerdings nicht bedeuten, dass in diesen Bereichen Arbeitskämpfe ausgeschlossen sind. Von daher ist das Aufrechterhalten von Notstandsarbeiten geradezu rechtlich geboten, um die Arbeitskampffreiheit in derartigen Bereichen zu gewährleisten. Dies ist aber nicht absolut zu verstehen, sondern hängt von den Umständen des Einzelfalles ab. Während zB in einem Akutkrankenhaus zumindest gewährleistet sein muss, dass Patienten mit akuten Erkrankungen umfassend versorgt werden, mag man das für Rehabilitationskliniken anders sehen. Hier genügt es einen Notdienst vorzuhalten, der der Besetzung an Wochenenden oder Feiertagen entspricht, um sicherzustellen, dass die bereits aufgenommenen Patienten in einer solchen Rehaklinik versorgt werden.[263] Dagegen umfasst nach Auffassung der Rechtsprechung die Verpflichtung zur Durchführung von Notstandsarbeiten im Bahnverkehr nicht, einen Ersatzfahrplan durchzuführen, bei dem der Bahnverkehr fast zur Hälfte aufrechterhalten wird.[264] Aber auch etwa bei Blutspendediensten ist eine Notdienstregelung erforderlich. Jedenfalls allein unter dem Hinweis, dass andere Blutspendedienste in der Lage seien, die Versorgung der Bevölkerung sicherzustellen, kann nicht auf die Einrichtung von Notdiensten verzichtet werden, wobei nach Auffassung des LAG Hamm sogar die Gerichte selbst die entsprechende Notdienstregelung treffen können.[265]

Umgesetzt wird die Verpflichtung zur Erbringung von Notdiensten durch Abschluss einer Notdienstvereinbarung.[266] Eine formale Notdienstvereinbarung ist allerdings nicht Voraussetzung für die Rechtmäßigkeit von Arbeitskämpfen. Ausreichend ist auch eine konkludente Notdienstabrede. Treffen die Kampfparteien eine Regelung über Erhaltungs- und Notstandsarbeiten in einer Notdienstvereinbarung, führt dies zu einer entspre-

---

[261] Däubler ArbeitskampfR/*Reinfelder* § 15 Rn. 43.
[262] Ablehnend für Kindertageseinrichtungen: *Treichel* RdA 2017, 379 (380).
[263] LAG Hamm 13.7.2015 – 12 SaGa 21/15, AuR 2016, 124.
[264] LAG Bln-Bbg 24.10.2007 – 7 SaGa 2044/07, AuR 2008, 66.
[265] LAG Hamm 16.1.2007 – 8 SA 74/07, NZA-RR 2007, 250.
[266] Brox/Rüthers/*Brox* § 9 Rn. 293; aA: *Oetker* Die Durchführung von Not- und Erhaltungsarbeiten im Arbeitskampf, S. 61 f.

chenden Beschränkung des Streiks mit der Folge, dass die vom Notdienst betroffenen Arbeitnehmer nicht am Streik teilnehmen dürfen und zu Notdienstarbeiten verpflichtet sind. Diese Verpflichtung der Arbeitnehmer beruht allerdings nicht auf der zwischen den Kampfparteien wirkenden Notdienstvereinbarung, sondern auf dem Arbeitsvertrag, da die daraus resultierenden Hauptleistungspflichten aufgrund der Notdienstvereinbarung nicht suspendiert sind.[267] Die Notdienstvereinbarung begrenzt in personeller Hinsicht den Arbeitskampf insoweit, als die aufgrund der Notdienstvereinbarung für die Erbringung von Notdiensten bestimmten Arbeitnehmer als nicht vom Streikaufruf erfasst anzusehen sind.[268] Uneinigkeit besteht über die Frage, wer solche Arbeiten bestimmt, organisiert und leitet, wer also Träger ist.[269] Das BAG hat die Frage bislang ausdrücklich offen gelassen.[270] Teile der Literatur sind der Ansicht, dass der bestreikte Arbeitgeber die Kompetenz innehat.[271] Nach anderer Ansicht ist die Gewerkschaft zuständig.[272] Wiederum andere Autoren sprechen sich dafür aus, den Notdienst als eine Aufgabe anzusehen, die Arbeitgeber und Gewerkschaft gleichermaßen gemeinsam obliegt.[273] Richtigerweise obliegt die Organisation der Notdienste als solche aber allein dem Arbeitgeber. Dieser bestimmt, ob er Notdienste mit Teilen seiner bisherigen Belegschaft durchführen will und welche Personen er hierfür heranziehen möchte. Dabei hat er sich innerhalb des Rahmens zu halten, der ihm durch die Notdienstvereinbarung vorgegeben wird. Der Arbeitskampf führt aber nicht dazu, dass der kampfführenden Gewerkschaft ein Gestaltungsrecht für Arbeitsvorgänge eingeräumt wird und ihnen die Anordnungskompetenz bezüglich der Notarbeiten obliegt.[274]

62 Die kampfführenden Gewerkschaften haben allerdings bei der Einrichtung von Notdiensten sowohl ein Mitwirkungsrecht als auch eine Mitwirkungspflicht. Diese beinhaltet nicht nur, dass sie sämtliche Tätigkeiten zu unterlassen haben, die der Einrichtung von Notdiensten entgegenwirken, indem etwa Notdienstleistende verunglimpft werden. Kampfführende Gewerkschaften haben vielmehr auch auf ihre Mitglieder einzuwirken, soweit erforderlich, Notdienstarbeiten zu erbringen. Kommen Gewerkschaften dieser Verpflichtung nicht nach, so ist der gesamte Arbeitskampf solange rechtswidrig, wie die entsprechenden Mitwirkungshandlungen nicht nachgeholt werden. Insofern mag zwar die Organisation der Notdiensttätigkeiten allein beim Arbeitgeber liegen; die Sicherstellung, dass Notdienste geleistet werden, ist aber eine gemeinsame Aufgabe von Arbeitgeber und Gewerkschaft.[275] Ob man allerdings für den Fall der fehlenden Mitwirkung der kampfführenden Gewerkschaft von einer Notkompetenz des Arbeitgebers ausgehen kann, die suspendierende Wirkung von Streikaufrufen für unaufschiebbare Arbeiten zu beenden,[276] ist mE fraglich.

---

[267] ErfK/*Linsenmaier* GG Art. 9 Rn. 187f.
[268] Ähnlich schon: *Löwisch/Mikosch* ZfA 1978, 153 (165).
[269] LAG Nds 1.2.1980 – 10 Sa 110/79, AP GG Art. 9 Arbeitskampf Nr. 69, *Buschmann* AuR 1983, 254; Däubler ArbeitskampfR/*Reinfelder* § 15 Rn. 40; *Heckelmann* Erhaltungsarbeiten im Arbeitskampf, S. 21 ff.;*Hirschberg*, RdA 1986, 355; *Oetker*, Die Durchführung von Not- und Erhaltungsarbeiten bei Arbeitskämpfen, S. 68 ff.; s. hierzu auch die Übersicht bei BAG 30.3.1982 – 1 AZR 265/80, AP GG Art. 9 Arbeitskampf Nr. 74 sowie die ergänzende Anm. Hromadka SAE 1983, 59 (60).
[270] BAG 30.3.1982 – 1 AZR 265/80, AP GG Art. 9 Arbeitskampf Nr. 74; BAG 14.12.1993 – 1 AZR 550/93, AP GG Art. 9 Arbeitskampf Nr 129; BAG 31.1.1995 – 1 AZR 142/94, NJW 1995, 2869 (2870).
[271] *Kissel* AK § 43 Rn. 45ff.; *Linsenmaier* RdA 2015, 369 (380); HWK/*Hergenröder* GG Art. 9 Rn. 294; für eine Notkompetenz des Arbeitgebers: ErfK/*Linsenmaier* GG Art. 9 Rn. 188; eine solche Notkompetenz bis zu einer Entscheidung im einstweiligen Rechtsschutzverfahren annehmend: Schaub ArbR-HdB/*Treber* § 192 Rn. 63.
[272] § 8 der *Arbeitskampfrichtlinien des DGB* v. 5.6.1974, AuR 1974, 272; *Däubler* AuR 1981, 257 (263).
[273] Däubler ArbeitskampfR/*Reinfelder* § 15 Rn. 50; *Otto* AK § 8 Rn. 35; Brox/Rüthers/*Brox* § 9 Rn. 293; *Deinert* RdA 2011, 12 (22).
[274] AA *Oetker* Die Durchführung von Not- und Erhaltungsarbeiten im Arbeitskampf, S. 76.
[275] BAG 31.1.1995 – 1 AZR 142/94, AP GG Art. 9 Arbeitskampf Nr. 135.
[276] So: ErfK/*Linsenmaier* GG Art. 9 Rn. 188; Däubler ArbeitskampfR/*Reinfelder* § 15 Rn. 49; Schaub ArbR-HdB/*Treber* § 192. Rn. 63.

II. Rechtmäßigkeitsvoraussetzungen des Streiks

Darüber hinaus dürfen Streiks und anderweitige Kampfmaßnahmen nicht zu einer Existenzgefährdung des jeweiligen Gegners führen.[277] Insofern führen Streikforderungen, die gezielt auf die wirtschaftliche Existenzvernichtung des Gegners gerichtet sind, schon zur Rechtswidrigkeit des Streiks.[278] Dass mit einem Arbeitskampf naturgemäß Beeinträchtigungen der Gegenseite verbunden sind, ist zwangsläufig. Aber auch ein Streik darf nicht dazu führen, dass etwa der bestreikte Betrieb gezwungen wird, den Betrieb dauerhaft einzustellen. Ein auf die Existenzvernichtung des Gegners gerichteter Streik, bedeutet einen Verstoß gegen das Gebot der fairen Kampfführung.[279] Ebenso verstößt es gegen das Gebot der fairen Kampfführung, wenn Gewerkschaften zum Mittel der Betriebsblockade oder gar der Betriebsbesetzung greifen. Solche Blockaden, wie etwa Menschenmauern oder Streikbrechergassen schikanöser Art, die anlässlich eines ansonsten rechtmäßigen Streiks durchgeführt werden und die dessen Auswirkungen steigern sollen, sind nicht mehr von dem Recht zur Durchführung von Arbeitskämpfen gedeckt.[280] Es ist vielmehr durch die streikende Gewerkschaft sicherzustellen, dass Arbeitswillige beim Betreten oder Verlassen des Werksgeländes weder durch körperliche noch durch psychische Gewalt behindert werden.[281] Dies gilt auch für kurzzeitige Zugangsbehinderungen. Zwar umfasst das Streikrecht auch, Arbeitswillige zur Solidarität mit dem Streikenden und zur Streikteilnahme überreden zu dürfen.[282] Insofern ist jeder Streikmaßnahme auch ein mehr oder weniger intensives Kommunikationselement immanent.[283] Damit geht jedoch nicht das Recht einher, Arbeitswilligen, Kunden, Lieferanten oder sonstigen Dritten eine Kommunikation gegen ihren Willen aufzuzwingen. Das Streikrecht gibt den Streikenden gerade kein Recht darauf, bei Nicht-Streikenden mit den Streikforderungen Gehör zu finden. Insofern ist auch jede kurzzeitige Blockade des Zugangs mit dem Zweck, nicht streikende Personen über die Streikforderungen zu informieren bzw. auf die Person einzuwirken, nicht mehr vom Streikrecht erfasst.[284] Dies gilt auch, wenn sich das argumentative Einwirken der Streikenden sich auf kurzzeitige Zugangsbehinderungen von Arbeitswilligen beschränkt. Zwar wird hier in der Rechtsprechung vertreten, dass es noch verhältnismäßig sei, Arbeitswillige für einen angemessenen Zeitraum von maximal 15 Minuten am Zugang zum bestreikten Betrieb zu hindern.[285] Da aber durch jedwede, auch nur kurzzeitige Behinderung, Arbeitswillige zum Objekt des Streikhandelns werden, ohne dass dies für das kommunikative Element des Streiks erforderlich ist, weil jede Kommunikation die Bereitschaft beider Kommunikationspartner zum Gedankenaustausch voraussetzt, überschreitet es das Streikrecht, wenn Streikende auch nur kurzzeitig Arbeitswilligen gegen deren Willen eine Auseinandersetzung mit den Streikforderungen aufzwingen wollen. Somit dürfen Streikposten und Streikende nur so aufgestellt werden, dass ein ausreichend breiter Zugang (die Rspr. verlangt je nach der konkreten Situation mindestens drei bis fünf Meter) gewährleistet ist und dass Lieferanten, Kunden und Besucher beim Passieren nicht behindert werden.[286] Werden aber derartige Mittel fortgesetzt zum Einsatz gebracht oder beruht etwa die Kampfstrategie auf derartigen Mitteln, so ist nicht nur die einzelne Handlung, wie etwa die konkrete Betriebsblockade rechtswidrig, sondern vielmehr der

---

[277] BAG 21.4.1971 – GS 1/68, AP GG Art. 9 Arbeitskampf Nr. 43; *Hromadka/Maschmann* § 14 Rn. 25.
[278] BAG 24.4.2007 – 1 AZR 252/06, NZA 2007, 987 (997).
[279] HWK/*Hergenröder* GG Art. 9 Rn. 269.
[280] BAG 21.6.1988 – 1 AZR 653/86, AP GG Art. 9 Arbeitskampf Nr. 109; LAG Köln 2.7.1984 – 9 Sa 602/84, NZA 1984, 402.
[281] LAG SchlH 12.7.2002 – 4 Sa 241/02; *Säcker* NJW 2010, 1115.
[282] LAG BW 24.2.2016 – 2 SaGa 1/15, ZTR 2016, 527.
[283] Zur Koalitionsfreiheit als Kommunikationsgrundrecht: *Klein* AuR 2015, 216 (217).
[284] LAG Bln-Bbg 15.6.2016 – 23 SaGa 968/16, LAGE Art. 9 GG Arbeitskampf Nr. 106; aA ArbG Berlin 9.5.2018 – 29 Ca 12686/70; unklar: HessLAG 16.10.2017 – 16 SaGa 1175/17, BeckRS 2017, 147168: kurzzeitige Zugangshinderung ist zulässig, aber der Wille eines Angesprochenen, den Betrieb betreten zu wollen, muss respektiert werden.
[285] LAG Hmb 6.2.2013 – 5 SaGa 1/12, AiB 2013, 726.
[286] LAG Köln 2.7.1984 – 9 Sa 602/84, NZA 1984, 402; LAG SchlH 24.3.2005 – 2 Sa 139/05, AuR 2007, 280; ArbG Lübeck 10.6.1993 – 2 Ga 11/93, EZA GG Art. 9 Arbeitskampf Nr. 111.

gesamte Streik.²⁸⁷ Zum Gebot der fairen Kampfführung zählt des Weiteren, dass die Kampfparteien Arbeitskampfmaßnahmen als solche erkennbar machen, um dem Gegner überhaupt eigene Reaktionen zu ermöglichen. Der Angegriffene muss wissen, von welcher Maßnahme er betroffen ist, um sich in seinem eigenen Verhalten darauf einstellen zu können.²⁸⁸ Die Verpflichtung zum Offenlegen von Kampfmaßnahmen enthält allerdings keine formalen Anforderungen im Sinne ausdrücklicher Erklärungen an die Gegenseite. Es genügt, wenn die Gegenseite erkennen kann, dass die jeweilige Handlung als Kampfmaßnahme einer Kampfpartei zu verstehen ist. Hierfür reicht aber auch eine öffentliche Verlautbarung, die tatsächlich zur Kenntnis des Kampfgegners gelangt, aus.²⁸⁹

6. Der Verhältnismäßigkeitsgrundsatz

64   Zentrales Rechtmäßigkeitskriterium von Arbeitskämpfen und insbesondere Streiks ist der Verhältnismäßigkeitsgrundsatz,²⁹⁰ dessen Handhabung durch die Gerichte zunehmend kritisiert wird.²⁹¹ Gerade in Zusammenhang mit der rechtlichen Erfassung von modernen Erscheinungen bei der kampfmäßigen Durchsetzung von Tarifforderungen werden Stimmen laut, die in der Verhältnismäßigkeitsprüfung, wie sie von der Rechtsprechung durchgeführt wird, nur eine ineffektive Missbrauchskontrolle sehen.²⁹² Eine solche Bewertung, die letztlich vom Ergebnis her den Rechtsanwendungsprozess beurteilt, ist aber letztlich nicht geeignet, den Verhältnismäßigkeitsgrundsatz im Arbeitskampfrecht als solches in Frage zu stellen. Vielmehr weist diese Kritik lediglich darauf hin, dass jede Verhältnismäßigkeitsprüfung die Frage aufwirft, wie weit oder wie eng der jeweilige Rahmen für das Arbeitskampfgeschehen im Hinblick auf hierdurch beeinträchtige Rechtsgüter des einzelnen oder der Gemeinschaft zu ziehen ist.

65   **a) Allgemeines.** Im Hinblick auf das Verhältnismäßigkeitsprinzip ist an die Formulierung des Großen Senats des BAG zu erinnern, wonach Arbeitskämpfe im Allgemeinen unerwünscht sind, „da sie volkswirtschaftliche Schäden mit sich bringen und den im Interesse der Gesamtheit liegenden sozialen Frieden beeinträchtigen"²⁹³. Auf der anderen Seite ist es gleichwohl die Verfassung, die den Arbeitskampf als Bestandteil der Rechtsordnung anerkennt. So formuliert etwa das BVerfG in ständiger Rechtsprechung, dass zu den durch Art. 9 Abs. 3 GG geschützten Mitteln auch Arbeitskampfmaßnahmen zählen, die auf den Abschluss von Tarifverträgen gerichtet sind. Diese Arbeitskampfmaßnahmen werden insoweit von der Koalitionsfreiheit erfasst, als sie allgemein erforderlich sind, um eine funktionierende Tarifautonomie sicher zu stellen.²⁹⁴ Aus dieser Ambivalenz folgt, dass sich nach heutigem Verständnis jeder Arbeitskampf als verhältnismäßig erweisen muss. Dies war zwar nicht immer unumstritten.²⁹⁵ Heute wird allerdings der Verhältnismäßigkeitsgrundsatz zur allgemeinen Rechtswirksamkeitsvoraussetzung des Arbeitskampfes erhoben.²⁹⁶

---

²⁸⁷ ZLH/*Loritz* § 44 Rn. 43.
²⁸⁸ BAG 22.9.2009 – 1 AZR 972/08, NZA 2009, 1347 (1352f.); *Wißmann* JbArbR Bd. 35, S. 115 (123 ff.).
²⁸⁹ BAG 23.10.1996 – 1 AZR 269/96, NJW 1997, 1799 (1800).
²⁹⁰ BAG 21.4.1971 – GS 1/68, AP GG Art. 9 Arbeitskampf Nr. 43; *Mayer-Maly* FS Richardi, 2007, S. 691; *Fischinger* RdA 2007, 99 ff.; umfassend: *Georges* Der Grundsatz der Verhältnismäßigkeit im Arbeitskampfrecht und seine besondere Relevanz für die Rechtmäßigkeit von Unterstützungsstreiks; *Greiner* Das arbeitskampfrechtliche Verhältnismäßigkeitsprinzip, S. 25 ff.
²⁹¹ *Otto* Neues Arbeitskampfrecht?, 2010, S. 15 (230); *Schwarze* ZfA 2018, 149 (156 ff.).
²⁹² *Kersten* Verfassungsfragen des Arbeitskampfes, S. 27.
²⁹³ BAG 28.1.1955 – GS 1/54, AP GG Art. 9 Arbeitskampf Nr. 1.
²⁹⁴ BVerfG 26.6.1991 – 1 BvR 779/85, AP GG Art. 9 Arbeitskampf Nr. 117; 2.3.1993 – 1 BvR 1213/85, AP GG Art. 9 Arbeitskampf Nr. 126; 4.7.1995 – 1 BvF 2/86, AP AFG § 116 Nr. 4; *Kissel* AK § 17 Rn. 8.
²⁹⁵ Siehe dazu: *Georges* Der Grundsatz der Verhältnismäßigkeit im Arbeitskampfrecht und seine besondere Relevanz für die Rechtmäßigkeit von Unterstützungsstreiks, S. 14 ff.
²⁹⁶ Vgl. *Kreuz* Der Grundsatz der Verhältnismäßigkeit im Arbeitskampfrecht, S. 47; kritisch: *Hensche/Wolter* GS Zachert, 2010, S. 544 (553).

II. Rechtmäßigkeitsvoraussetzungen des Streiks

Eine Prüfung der Verhältnismäßigkeit von Arbeitskampfmaßnahmen ist auch nicht deshalb entbehrlich, nur weil sie sich als eine schwer lösbare Aufgabe für die Rechtsprechung darstellt.[297] Sicherlich nicht zu Unrecht wird das Problem der Konkretisierung geeigneter Maßstäbe gesehen.[298] Die Verfassung eröffnet den Arbeitskampfparteien aber die Möglichkeit des Führens eines Arbeitskampfes nicht um seiner selbst willen. Vielmehr ist der Arbeitskampf zweckgebunden. Diese Zweckbindung stellt die rechtliche Grenze des Arbeitskampfes dar und an ihr ist er auch zu messen.[299] Schließlich trifft die Eingriffsrechtfertigung, die die in Art. 9 Abs. 3 GG garantierte Arbeitskampffreiheit den Kampfparteien verschafft, auf ebenso durch Grundrechte verbürgte Rechtspositionen der Arbeitgeber oder Dritter. Da aber die Tarifautonomie und damit auch der Arbeitskampf nicht ein gegenüber sonstigen Rechten vorrangiges Gut ist, muss die Lösung in einer Abwägung der einzelnen Rechtspositionen gesucht werden. Das führt sicherlich zu einer von den Gegnern des Verhältnismäßigkeitsgebots im Arbeitskampfrecht beklagten Verrechtlichung des außerrechtlichen Phänomens[300] Arbeitskampf, welches das Druckpotential hypothetischer Arbeitskämpfe zu reduzieren vermag.[301] Diese Verrechtlichung ist aber zwingend, wenn man nicht die Rechte des Kampfgegners oder auch Dritter der jeweiligen Kampfpartei überantworten will. Auch wenn Art. 9 Abs. 3 S. 1 GG keinen Gesetzesvorbehalt enthält, ist die darin geschützte Arbeitskampffreiheit nicht vorbehaltlos gewährleistet. Vielmehr sind es ua die Grundrechte anderer, die der Arbeitskampffreiheit eine Grenze ziehen.[302] Kollidieren diese Rechte, muss die Kollision gelöst werden. Hierfür steht mit dem Verhältnismäßigkeitsprinzip ein bewährtes Instrument zur Verfügung. 66

Für die Prüfung des arbeitskampfrechtlichen Verhältnismäßigkeitsprinzips ist von der aus dem öffentlichen Recht bekannten Stufenfolge auszugehen, wonach erstens im Hinblick auf einen legitimen Zweck des Arbeitskampfes dieser im Einzelfall geeignet zur Erreichung des Ziels sein muss, zweitens die Erforderlichkeit gewahrt wird, und drittens das Übermaßverbot beachtet wird.[303] Auch wenn die Begrifflichkeiten hier bisweilen differieren, geht es beim Verhältnismäßigkeitsgrundsatz um die Frage, ob ein Mittel für die Erreichung eines vorgegebenen Zwecks „zulässig" ist.[304] Damit verlangt jede Verhältnismäßigkeitsprüfung eine Klärung der Zweckbestimmung (→ Rn. 74 ff.) der eingreifenden Regelung.[305] 67

b) Geeignetheit des Arbeitskampfes. Geeignet ist nach Auffassung der Rspr. das jeweilige Kampfmittel, wenn durch seinen Einsatz die Durchsetzung des Kampfziels gefördert werden kann, wobei den einen Arbeitskampf führenden Koalitionen eine Einschätzungsprärogative zugebilligt wird.[306] Unter Rückgriff auf die Einschätzungsprärogative ist es damit weitgehend der jeweiligen Arbeitskampfpartei überlassen, die Tauglichkeit des Kampfmittels einzuschätzen. Nur dann, wenn sich ein Kampfmittel als offensichtlich ungeeignet darstellen würde, wäre ein solches Kampfmittel unverhältnismäßig. Eine solche Feststellung konnten die Gerichte für Arbeitssachen bei Zugrundelegung des Prüfungsmaßstabes, wie er durch die Gerichte angelegt wird, soweit ersichtlich bei Arbeitskampf- 68

---

[297] Kritisch zum Verhältnismäßigkeitsgrundsatz: Däubler ArbeitskampfR/*Däubler* § 14 Rn. 20 f.
[298] ErfK/*Linsenmaier* GG Art. 9 Rn. 130; auch schon: *Däubler* JuS 1972, 642.
[299] *Müller* Die Tarifautonomie in der Bundesrepublik Deutschland: Rechtliche und ethische Grundlagen, S. 281.
[300] Zur Frage der rechtlichen Bewertung des „Phänomens" Arbeitskampf: v. Münch/Kunig/*Löwer* GG Art. 9 Rn. 80.
[301] ErfK/*Linsenmaier* GG Art. 9 Rn. 130.
[302] Jarass/Pieroth GG Art. 9 Rn. 52 ff.; Sachs/*Höfling* GG Art. 9 Rn. 135 ff.
[303] *Kissel* AK § 29 Rn. 16; *Buchner* Symposium für Hugo Seiter, 1990, S. 22; HWK/*Hergenröder* GG Art. 9 Rn. 169; *Konzen* AfP 1984, 1 (3); letztlich auch ZLH/*Loritz* § 44 Rn. 66, die aber die Geeignetheit eher als Bestandteil der Erforderlichkeit sehen.
[304] Vgl. *Huster* Rechte und Ziele, S. 131; Hensche/*Wolter* GS Zachert, 2010, S. 544 (548).
[305] *Kreuz* Der Grundsatz der Verhältnismäßigkeit im Arbeitsrecht, S. 98.
[306] Schaub ArbR-HdB/*Treber* § 192 Rn. 33.

maßnahmen in der Vergangenheit nicht feststellen.[307] Da mittlerweile seitens der Rechtsprechung auch der Unterstützungsstreik akzeptiert wird, dürfte es in diesem Kontext nur noch solche Fallgestaltungen geben, bei denen man die Geeignetheit von Arbeitskampfmaßnahmen ernstlich anzweifeln muss, weil zwischen dem bestreikten Unternehmen und der Branche, für die der Tarifvertrag erstritten werden soll, keine Verbindungen dergestalt bestehen, dass der Druck, der durch den Streik ausgelöst wird, auch Auswirkungen auf die Branche hat, für die der Tarifvertrag erstritten werden soll.[308]

69 **c) Das Ultima-Ratio-Prinzip.** Aus dem so umschriebenen Verhältnismäßigkeitsgrundsatz ist bisher insbesondere das so genannte Ultima-Ratio-Prinzip entwickelt worden, das besagt, dass Arbeitskampfmaßnahmen erst dann ergriffen werden dürfen, wenn ohne sie ein Tarifabschluss im Wege von Verhandlungen nicht zu erreichen ist.[309] Solange also über die Tarifforderungen verhandelt wird, darf vom Grundsatz her nicht gestreikt werden. Wann allerdings die Verhandlungsmöglichkeiten ohne begleitende Arbeitskampfmaßnahmen als gescheitert anzusehen sind, liegt nach Auffassung der Rechtsprechung in der freien und nicht nachprüfbaren Entscheidung der Tarifvertragsparteien.[310] Funktional beschreibt das Ultima-Ratio-Prinzip die Grenze zwischen der Verhandlungs- und der Kampfphase. Hier besteht dann das eigentliche Problem darin, welche Voraussetzungen erfüllt sein müssen, um von der Verhandlungsphase in die Kampfphase zu wechseln. Während gerade in der Rechtsprechung die Entscheidung über einen Wechsel von der Verhandlungsphase in die Kampfphase im Wesentlichen den Tarifparteien überlassen bleiben soll, finden sich im Schrifttum immer wieder die Forderungen, das Ultima-Ratio-Prinzip Ernst zu nehmen, mit der Konsequenz, dass die Tarifparteien nicht nur zunächst eine vertragliche Einigung zu versuchen haben, bevor sie Arbeitskampfmaßnahmen ergreifen, sondern auch verpflichtet sind, vor einem Streik ein Schlichtungsverfahren durchzuführen.[311]

70 Das Ultima-Ratio-Prinzip betrifft aber nach bisherigem Verständnis nur das Verhältnis der Tarifvertragspartner untereinander.[312] Es geht also um die Frage, ob den Tarifvertragsparteien noch Instrumentarien zur Verfügung stehen, mit Hilfe derer ein Tarifvertragsabschluss ohne Arbeitskampfmaßnahmen zu erzielen ist. Insofern ist sicherlich das Ultima-Ratio-Prinzip aus dem Grundsatz der Erforderlichkeit im Rahmen der Verhältnismäßigkeitsprüfung entstanden, was aber nicht zu einer Gleichsetzung von Ultima-Ratio-Prinzip und Erforderlichkeit führt. Dementsprechend wird auch zu Recht in Bezug auf das Ultima-Ratio-Prinzip von einem Unterfall des Verhältnismäßigkeitsprinzips gesprochen.[313]

71 Im Hinblick auf das Ultima-Ratio-Prinzip haben sich in der Vergangenheit insbesondere Warnstreiks als problematisch erwiesen.[314] Für diese Arbeitskampfform ist kennzeichnend, dass die Gewerkschaft bereits vor dem Scheitern der Verhandlungen zu kurzfristigen Arbeitsniederlegungen aufruft. Lange Zeit hat die Rechtsprechung des BAG diese Warnstreiks vom Anwendungsbereich des Ultima-Ratio-Prinzips ausgenommen.[315] Erst

---

[307] Däubler ArbeitskampfR/*Däubler* § 14 Rn. 5.
[308] Däubler ArbeitskampfR/*Däubler* § 14 Rn. 6.
[309] BAG 19.1.1962 – 1 ABR 14/60, AP TVG § 2 Nr. 13; 21.6.1988 – 1 AZR 651/86, AP GG Art. 9 Arbeitskampf Nr. 108.; Brox/Rüthers/*Rüthers* § 8 Rn. 197; *Buchner* Symposium für Hugo Seiter, 1990, S. 25; HbStR/*Scholz* Bd. VI § 151 Rn. 113; Hanau/Adomeit Rn. 295; *Löwisch* § 9 Rn. 357; Richardi/Bayreuther KollArbR § 10 Rn. 17; *Waltermann* § 30 Rn. 695.
[310] BAG 21.6.1988 – 1 AZR 651/86, AP GG Art. 9 Arbeitskampf Nr. 108.
[311] *Heinze* Der Arbeitskampf, Rechtsvergleichender Sammelband 9 (Inchieste di diritto comparato, Band 9), S. 145, 164f.; *Heinze* NJW 1983, 2409 (2413ff.); *Löwisch* BB 1982, 1373 (1377); *Picker* Der Warnstreik und die Funktion des Arbeitskampfes in der Privatrechtsordnung, S. 147ff.
[312] Weitergehend: Schmidt-Bleibtreu/Hofmann/Henneke/*Kannengießer* GG Art. 9 Rn. 31.
[313] *Kissel* AK § 29 Rn. 28, Richardi/Bayreuther KollArbR § 10 Rn. 17.
[314] Zum Problem des Warnstreiks: *Kissel* FS des Fachbereichs Rechtswissenschaft zum 400jährigen Gründungsjubiläum der Justus-Liebig-Universität Gießen, 2007, S. 491ff.
[315] BAG 17.12.1976 – 1 AZR 605/75, AP GG Art. 9 Arbeitskampf Nr. 51; 12.9.1984 – 1 AZR 342/83, AP GG Art. 9 Arbeitskampf Nr. 81.

mit seiner Entscheidung aus dem Jahr 1988 gab das BAG diese Sichtweise auf, zumal von Gewerkschaftsseite zunehmend die Warnstreiks als Mittel benutzt wurden, um relativ kostengünstig ein hohes Druckpotential gegenüber der Arbeitgeberseite zu erzeugen. Mittlerweile gilt auch für die Warnstreiks das Ultima-Ratio-Prinzip.[316] Nunmehr wird in der Durchführung eines Warnstreiks die Erklärung einer Gewerkschaft gesehen, dass die Verhandlungen gescheitert seien. Insofern sieht das BAG im Warnstreik die konkludente Erklärung über das Scheitern der Verhandlungen. Damit wird der Warnstreik wie ein normaler Streik behandelt, so dass dann auf diesen Streik auch mit Kurzaussperrungen reagiert werden könnte.[317] Allerdings wird diese Rechtsprechung durchaus kritisch gesehen.[318] Wenn man den Warnstreik wie einen normalen Streik behandeln will, so scheint es folgerichtig, wenn man auch bzgl. der Erklärung über das Scheitern der Verhandlungen dieselben Grundsätze anwendet wie beim Vollstreik. Berücksichtigt man zudem, dass es die Unternehmen aus wirtschaftlichen Gründen häufig unterlassen, die Warnstreikzeiten der beteiligten Arbeitnehmer bei der nächsten Lohnabrechnung zu berücksichtigen und daher keine Kürzung der Vergütung um die streikbedingte Ausfallzeit vorgenommen wird, so zeigt das, dass von Warnstreiks ganz erhebliche Druckwirkungen ausgehen können. Angesichts dessen erscheint eine Privilegierung dieser Streikform wenig angezeigt zu sein. Gleichwohl ist nicht zu verkennen, dass der Warnstreik mittlerweile ein gängiges Phänomen der Tarifauseinandersetzungen ist.

Aus dem Ultima-Ratio-Prinzip wird des Weiteren abgeleitet, dass die Tarifvertragsparteien vor Einleitung eines Arbeitskampfes zunächst ein Schlichtungsverfahren durchführen müssen.[319] Dieses wird man nur dann verlangen können, wenn sich die Tarifparteien zuvor verbindlich auf ein Schlichtungsverfahren geeinigt haben. Es ist Sache der Parteien, frei zu entscheiden, ob eine Schlichtung Sinn ergibt oder nicht. Falls die Tarifvertragsparteien zu dem Schluss kommen, dass ein Schlichtungsverfahren keinen Erfolg bringt, wäre eine Verpflichtung der Tarifvertragsparteien auf Durchführung eines solchen Verfahrens reine Förmelei.[320] **72**

d) Prinzip der Proportionalität. Mit dem Prinzip der Proportionalität scheint arbeitskampfrechtlich alles das gemeint zu sein, was nicht unter das Ultima-Ratio-Prinzip fällt. Nach diesem Prinzip dürfen Arbeitskampfmaßnahmen nicht außer Verhältnis zum erstrebten Ziel stehen.[321] Das bedeutet nichts anderes als die Verhältnismäßigkeitsprüfung als solche. Hierbei geht es nicht darum, Art und Umfang von Tarifforderungen zu bewerten.[322] Dies würde letztlich auf eine durch Art. 9 Abs. 3 GG verbotene Tarifzensur hinauslaufen.[323] Es geht vielmehr um das Verfahren des Arbeitskampfes als solches. Also immer dann, wenn sich der Arbeitskampf, wie zB der Streik, als nicht geeignet, nicht erforderlich oder als unangemessen darstellt, liegt ein Verstoß gegen den Proportionalitätsgrundsatz vor. **73**

Wenn man diese Kriterien aber zum Rechtmäßigkeitskriterium eines Arbeitskampfes macht, so stellt sich die Frage nach dem Maßstab, anhand dessen diese Kriterien gemessen werden können.[324] Der erste Senat des BAG hat sich für die Erforderlichkeit insofern festgelegt, als diese daran zu messen sei, ob ein Streik im Hinblick auf den mit ihm erstrebten **74**

---

[316] BAG 21.6.1988 – 1 AZR 651/86, AP GG Art. 9 Arbeitskampf Nr. 108.
[317] BAG 11.8.1992 – 1 AZR 103, 92, AP GG Art. 9 Arbeitskampf Nr. 124.
[318] Vgl. etwa *Gamillscheg* KollArbR I, S. 1159 ff.; *Hromadka/Maschmann* § 14 Rn. 59; ZLH/*Loritz* § 44 Rn. 71 ff.; *Loritz* ZfA 1985, 185 (206 ff.).
[319] Brox/Rüthers/*Rüthers* § 8 Rn. 202.
[320] So zutreffend *Kissel* AK § 69 Rn. 28.
[321] BeckOK ArbR/*Waas* GG Art. 9 Rn. 59.
[322] Vgl. *Feudner* RdA 2008, 104 (106).
[323] Allerdings kann die Forderung auf ihre Rechtsmissbräuchlichkeit geprüft werden: *Wank* RdA 2009, 1 (7).
[324] *Hensche/Wolter* GS Zachert, 2010, S. 544 (548).

Tarifabschluss nach Ausschöpfen aller anderen Mittel notwendig ist.[325] Die Durchsetzung der – rechtmäßig – erhobenen Kampfforderung ist danach für den Arbeitskampf zweckbestimmend.[326] Insofern wird dem Erreichen des Kampfziels die für die Zweckfestlegung des Arbeitskampfes entscheidende Bedeutung beigemessen.[327] Da Zweck jeder Arbeitskampfmaßnahme der Abschluss eines Tarifvertrags sei, müsse die Erforderlichkeit einer Maßnahme sich hieran messen lassen. Als Begründung hierfür findet sich folgende Argumentation: Würde man über die Kampfforderung, also den Tarifvertrag hinaus eine Zweckbestimmung des Arbeitskampfes treffen, so wäre damit die Frage zu erörtern, ob nicht der konkret ins Auge gefasste Tarifvertrag als solcher noch erforderlich ist. Dies aber übergehe die durch Art. 9 Abs. 3 GG gewährleistete Einschätzungsprärogative der Tarifvertragsparteien und beschränke deren koalitionsspezifische Betätigung unverhältnismäßig.[328] Damit schließt sich der 1. Senat einem schon verschiedentlich im Schrifttum geäußerten Ansatz zur Bestimmung des Zwecks eines Arbeitskampfes an.[329]

75 Andere wiederum wollen in Bezug auf konkrete Streikmaßnahmen die Verhältnismäßigkeit anhand der gewählten Kampftaktik der jeweiligen kampfführenden Partei festmachen,[330] was zu Recht Bedenken hinsichtlich der Beliebigkeit dieser Argumentation aufwirft.[331] Teilweise wird die Willensbeeinflussung des Gegners als der Zweck des Arbeitskampfmittels angesehen, an dem sich das Verhältnismäßigkeitsprinzip auszurichten habe.[332] Ein anderer beachtlicher Teil des Schrifttums sieht den Zweck des Arbeitskampfes in der Herstellung gleichgewichtiger Verhandlungschancen der Tarifpartner.[333] Aber auch der Gesichtspunkt der Kampfparität soll zweckbestimmend für den Arbeitskampf sein.[334] Gestritten wird zwischen den verschiedenen Ansätzen dann darum, was denn der eigentliche Selbstzweck des Arbeitskampfes ist und was lediglich als eine Art Zwischenziel anzusehen ist. Dabei sind die Vertreter, die den Zweck des Arbeitskampfes in der Erzielung eines bestimmten Tarifabschlusses erblicken, sicherlich diejenigen, die noch die am weitestgehende Zielbestimmung vertreten.

76 Der Verhältnismäßigkeitsgrundsatz soll die Frage beantworten, welches von zwei kollidierenden Rechtsgütern das Vorrangige ist.[335] Das leistet der Verhältnismäßigkeitsgrundsatz aber dann nicht mehr, wenn sich die Zweck-Mittel-Relation auf das Verhältnis Arbeitskampf und Tarifvertrag beschränkt. Dies wird nicht zuletzt deutlich am Merkmal der Erforderlichkeit, das schließlich bedeutet, dass zur Erreichung des Erfolges das mildeste Mittel gleicher Wirksamkeit eingesetzt werden muss, wobei gleiche Wirksamkeit dieselbe Steigerung der Erfolgswahrscheinlichkeit bedeutet.[336] In der Kampfsituation wird es aber regelmäßig das schärfste Kampfmittel sein, welches die größte Erfolgswahrscheinlichkeit bietet, sofern man den Zweck des Arbeitskampfes allein in dem Abschluss des ins Auge

---

[325] Hierzu: *Georges* Der Grundsatz der Verhältnismäßigkeit im Arbeitskampfrecht und seine besondere Relevanz für die Rechtmäßigkeit von Unterstützungsstreiks, S. 62f., 85.
[326] BAG 22.9.2009 – 1 AZR 972/08, NZA 2009, 1347 (1349).
[327] LAG Nds 18.5.2017 – 7 Sa 815/16.
[328] BAG 21.6.1988 – 1 AZR 651/86, AP GG Art. 9 Arbeitskampf Nr. 108.
[329] So: *Wank* FS Kissel, 1994, S. 1225 (1234); *Fischinger* RdA 2007, 99 (100f.); *Auktor* Der Wellenstreik im System des Arbeitskampfrechts, S. 33f.
[330] *Löwisch* ZfA 1971, 319 (326ff.).
[331] Siehe *Fischinger* RdA 2007, 99 (100); *Wank* FS Kissel, 1994, S. 1225 (1233).
[332] *Von Hoyningen-Huene* JuS 1987, 505 (507).
[333] BAG 12.3.1985 – 1 AZR 636/82, AP GG Art. 9 Arbeitskampf Nr. 84; LAG Nds 18.5.2017 – 7 Sa 815/16; *Bieder* NZA 2008, 799 (800ff.); *Buchner* Symposion für Hugo Seiter, 1990, S. 21 (28, 114); *Dumke* Streikrecht iSd Art. 6 Nr. 4 ESC und deutsches Arbeitskampfrecht, S. 213; *Konzen* Jura 1981, 585 (587); *Mager* Arbeitsrecht der Gegenwart Band 15, S. 75 (89); *Preis* KollArbR Rn. 1279f. („herrschende Ansicht"); *Seiter* Streikrecht, S. 172; *Seiter* RdA 1981, 65 (75).
[334] *Greiner* NJW 2010, 2977 (2981); wohl auch: *Bieder* NZA 2008, 799 (800).
[335] *Huster* Rechte und Ziele, S. 130.
[336] Sachs/*Sachs* GG Art. 20 Rn. 152.

gefassten Tarifvertrags erblickt. Hierdurch werden dann gleich geeignete aber weniger belastend wirkende Mittel aus der Verhältnismäßigkeitsprüfung ausgeschlossen.[337]

Das Ergebnis wäre hinnehmbar, wenn nicht auf der dritten Stufe, bei der Verhältnismäßigkeit im engeren Sinne, zu prüfen wäre, ob der Aufwand des Mittels durch den Vorteil des Tarifvertrags aufgewogen würde.[338] Konsequenz wäre, dass die Tarifforderung nun mit der Eingriffsintensität des Arbeitskampfes für den Gegner und die Allgemeinheit abgewogen und bewertet werden müsste. Dies aber würde auf eine Tarifzensur anhand tariffremder Maßstäbe hinauslaufen, die – wenn man die Tarifautonomie im Kern erhalten will[339] – zu unterbleiben hat.[340] Hieran zeigt sich, dass eine zu enge Zweckfassung letztlich zur Funktionslosigkeit der Verhältnismäßigkeitsprüfung führt. Denn solange der Arbeitskampf auf den Abschluss eines Tarifvertrags gerichtet ist, wird er sich, wenn die Arbeitgeberseite die Tarifforderung nicht erfüllt, wohl stets als geeignet und erforderlich erweisen.[341] Wenn zudem eine Angemessenheitsprüfung wegen des damit verbundenen Eingriffs in die Tarifautonomie zu unterbleiben hat, erweist sich jeder Arbeitskampf als verhältnismäßig. Die Anwendung eines Rechtsgrundsatzes in der Weise, dass dieser jegliche Funktion verliert, weist allerdings darauf hin, dass entweder etwas an dem Rechtsgrundsatz nicht stimmt oder ein Defizit in seiner Anwendung vorliegt. Ersteres wird man kaum vom Verhältnismäßigkeitsgrundsatz behaupten können, so dass viel dafür spricht, die Anwendung des Verhältnismäßigkeitsgrundsatzes zu überprüfen.

Wenn man mit der Rechtsprechung Arbeitskämpfe generell als unerwünscht ansieht, so sind diese nur im Interesse der Funktionsfähigkeit der Tarifautonomie zu rechtfertigen.[342] Als auf die Tarifautonomie bezogene Hilfsfunktion[343] leitet sich der Arbeitskampf aus der Tarifautonomie her und stützt sich dabei auf dieselbe rechtliche Grundlage, die für die Klärung der Zweckbestimmung allein maßgeblich ist. Aus der historischen Sicht entspringt die Tarifautonomie dem Schutzbedürfnis des einzelnen Arbeitnehmers. Heute spricht man bisweilen von der Funktionsschwäche des Arbeitsvertrages, die die kollektive Ordnung des Arbeitslebens notwendig macht (→ § 215 Rn. 24 ff.). Auch wenn die These von einem Funktionsdefizit des Arbeitsvertrages bzw. von der Imparität angesichts moderner Entwicklungen des Arbeitslebens in Teilbereichen fragwürdig ist,[344] versteht die verfassungsgerichtliche Rechtsprechung die Tarifautonomie als Ausgleich für eine als solche erkannte strukturelle Unterlegenheit der einzelnen Arbeitnehmer beim Abschluss von Arbeitsverträgen.[345] Wenn dem Arbeitskampf hierfür eine Hilfsfunktion zukommen soll, so ist damit auch sein Ziel so umschrieben, dass er – da auf gleicher Rechtsgrundlage beruhend – kein anderes Ziel haben kann als die Tarifautonomie selbst. Daraus folgt, dass sich der Streik nur dann als verhältnismäßig erweist, wenn er zur Überwindung einer strukturellen Unterlegenheit der Arbeitnehmer geeignet, erforderlich und angemessen

---

[337] *Huster* Rechte und Ziele, S. 137.
[338] *Huster* Rechte und Ziele, S. 137.
[339] Für die Verfassungswidrigkeit einer Tarifzensur: *Kissel* AK § 29 Rn. 34; *Kempen/Zachert/Kempen* Grundlagen Rn. 121, 231 für eine Tarifzensur in extremen Ausnahmefällen: *Otto* FS Konzen, 2006, S. 663 (684 f.).
[340] *Otto* AK § 8 Rn. 7.
[341] So für die Erforderlichkeit: *Fischinger* RdA 2007, 99 (102 f.).
[342] So formulierte der 1. Senat des BAG in seinem Urt. v. 12.3.1985 (AP GG Art. 9 Arbeitskampf Nr. 84) unter Bezugnahme auf *Konzen* (AfP 1984, 1 (3)): „Die Aussperrung beeinträchtigt auch Rechte und Interessen Dritter, der von ihr betroffenen Arbeitnehmer und der Allgemeinheit. Diese Beeinträchtigung muss zur Erfüllung des Koalitionszwecks geeignet und erforderlich sein, sie darf auch nicht unverhältnismäßig sein". Die Bezugnahme auf den Koalitionszweck findet sich auch schon bei: *Konzen* AcP 177 (1977), 474 (514); ausführlich: *Müller* Die Tarifautonomie in der Bundesrepublik Deutschland: rechtliche und ethische Grundlagen, S. 276 ff.
[343] BAG 12.1.1988 – 1 AZR 219/86, AP GG Art. 9 Arbeitskampf Nr. 90; 18.2.2003 – 1 AZR 142/02, AP GG Art. 9 Arbeitskampf Nr. 163.
[344] Vgl. *Heinze* NZA 1991, 329 ff.
[345] BVerfG 26.6.1991 – 1 BvR 779/85, BVerfGE 84, 212 (229).

ist.³⁴⁶ Insofern ist der Arbeitskampf kein Selbstzweck, sondern bezieht seine Zwecksetzung aus dem intendierten Ziel der Schaffung angemessener Arbeitsbedingungen.³⁴⁷ Vor diesem Hintergrund ist die Erforderlichkeit einer Kampfmaßnahme nur zu bejahen, wenn kein anderes, zumindest gleich geeignetes Mittel zur Verfügung steht, das die Rechtssphäre der von den Kampfmaßnahmen Betroffenen weniger einschneidend beeinträchtigt, also ein zumindest gleicher Erfolg nicht durch weniger belastende Mittel erreicht werden könnte.³⁴⁸

79   In der Rechtsprechung finden sich allerdings nur selten Ansätze, Streikmaßnahmen einer Proportionalitätsprüfung zu unterziehen. Zum Teilstreik hat das BAG einmal vier Kriterien in Erwägung gezogen, mit Hilfe derer es die Proportionalität des Kampfmittels zur Herstellung der Verhandlungsparität messen wollte. So nannte das BAG etwa die konjunkturelle Lage, die Konkurrenzsituation im Tarifgebiet, die Breite des Teilstreiks und die Dauer des Arbeitskampfes, wobei die ersten beiden Kriterien gleich wieder wegen ihrer Unbestimmtheit verworfen wurden.³⁴⁹ Angesichts seiner Unbestimmtheit wird vielfach der Grundsatz der Proportionalität nur auf extreme Arbeitskampfsituationen angewandt, etwa wenn der Streik auf den Ruin der Gegenseite hinausläuft oder etwa im Zusammenhang mit der räumlichen Abgrenzung des Kampfgebietes.³⁵⁰ In der Flashmob-Entscheidung umschrieb zwar das BAG den Rahmen für die Proportionalitätsprüfung. Danach ist nur das Arbeitskampfmittel proportional, das sich unter hinreichender Würdigung der grundrechtlich gewährleisteten Betätigungsfreiheit zur Erreichung des angestrebten Kampfziels unter Berücksichtigung der Rechtspositionen der von der Kampfmaßnahme unmittelbar oder mittelbar Betroffenen als angemessen darstellt.³⁵¹ Hier sei dann keine Einschätzungsprärogative der Arbeitskampfparteien anzunehmen, sondern gefordert werde eine rechtliche Abwägung.³⁵² Dieses ist im Ansatz zu begrüßen,³⁵³ jedoch verlangt sowohl die Prüfung der Geeignetheit als auch die der Erforderlichkeit eine rechtliche Wertung,³⁵⁴ so dass auch hier ein strengerer Prüfungsmaßstab seitens der Rechtsordnung angezeigt wäre. Von daher kann das Verhältnismäßigkeitsprinzip auch dann verletzt sein, wenn im Hinblick auf das mit dem Streik verfolgte wirtschaftliche Ziel andere Regelungsmöglichkeiten zur Verfügung stehen, bei denen nicht der Arbeitskampf als Konfliktlösungsinstrument eingesetzt werden muss, sondern wo es rechtsförmige Verfahren der Streikbeilegung gibt, wie dies etwa bei den sog. „Tarifsozialplänen" der Fall ist.³⁵⁵

80   **e) Einschätzungsprärogative.** Nach Auffassung der Rechtsprechung ist den Kampfparteien, insbesondere den Gewerkschaften, aber immer noch eine Einschätzungsprärogative bei der Prüfung zuzubilligen, ob eine Kampfmaßnahme geeignet und erforderlich ist.³⁵⁶ Eine solche Einschätzungsprärogative hat zur Konsequenz, dass die Überprüfung einer

---

³⁴⁶ *Ozimek* Streiks von Sparten- und Spezialistengewerkschaften, S. 146 f. („Schaffung ausgewogener Arbeitsbedingungen" als Zweckbestimmung des Streiks).
³⁴⁷ Gegen eine Berücksichtigung der Tarifziele als Kontrollmaßstab: *Hensche/Wolter* GS Zachert, 2010, S. 544 (548 f.).
³⁴⁸ BAG 10.6.1980 – 1 AZR 168/79, AP GG Art. 9 Arbeitskampf Nr. 65; *Gamillscheg* KollArbR I, S. 1130 ff., *Kissel* AK § 29 Rn. 28 f., *Löwisch/Rieble* AR-Blattei SD 170.2 Rn. 109; *Preis* KollArbR Rn. 1287 f.
³⁴⁹ BAG 10.6.1980 – 1 AZR 822/79, NJW 1980, 1642 (1651).
³⁵⁰ ZLH/*Loritz* § 44 Rn. 75; *Löwisch* ZfA 1980, 437.
³⁵¹ BAG 22.9.2009 – 1 AZR 972/08, BAGE 132, 140 (161).
³⁵² BAG 22.9.2009 – 1 AZR 972/08, BAGE 132, 140 (161).
³⁵³ *Otto* Neues Arbeitskampfrecht?, 2010, S. 15 (24).
³⁵⁴ *Giesen* Neues Arbeitskampfrecht?, 2010, S. 97 (99); in diese Richtung auch: *Schwarze* ZfA 2018, 149 (162 ff.).
³⁵⁵ Vgl. *Ricken* ZfA 2008, 283 (291 ff.); aA BAG 24.4.2007 – 1 AZR 252/06, AP TVG § 1 Sozialplan Nr. 2; *Fischinger* NZA 2007, 310 (313).
³⁵⁶ BAG 19.6.2007 – 1 AZR 396/06, AP GG Art. 9 Arbeitskampf Nr. 173, NZA 2007, 1055 ff.; BAG 22.9.2009 – 1 AZR 972/08, BAGE 132, (140); zustimmend: *Hensche/Wolter* GS Zachert, 2010, S. 544 (551); eher einschränkend: Rieble/Junker/Giesen/*Bayreuther* Arbeitskampf, Verhandlung und Schlichtung, 2018, 15 (19).

Arbeitskampfmaßnahme mit den Mitteln des Verhältnismäßigkeitsprinzips davon abhängig sein soll, ob die Gewerkschaft zu der Erkenntnis hätte kommen müssen, dass ihr Kampfverhalten offensichtlich ungeeignet oder nicht erforderlich ist.[357] Hier liegt mE das Zentralproblem des Verhältnismäßigkeitsgrundsatzes bei Arbeitskämpfen, wie er von der Rechtsprechung verstanden wird, indem die Tatbestandsmerkmale, die das Verhältnismäßigkeitsprinzip ausmachen, weitestgehend der Einschätzungsprärogative der jeweiligen Kampfpartei überlassen bleiben. Diese hat einen Beurteilungsspielraum bei der Frage, ob eine Arbeitskampfmaßnahme geeignet ist, Druck auf den sozialen Gegenspieler auszuüben. Dies gilt insbesondere bei den sog. „neuen" Arbeitskampfformen.[358] Begründet wird diese weitgehende Enthaltsamkeit der Rechtsprechung bei der Prüfung der Verhältnismäßigkeit von Arbeitskampfmaßnahmen mit der durch Art. 9 Abs. 3 GG geschützten Freiheit in der Wahl der Arbeitskampfmittel.[359] Dass aber eine grundrechtliche Garantie der Arbeitskampffreiheit zwangsläufig eine Einschätzungsprärogative erfordert, ist nicht zwingend. Hier ist auf die europarechtlichen Gewährleistungen des Arbeitskampfes zu verweisen, auch wenn zuzugestehen ist, dass der EuGH die Zulässigkeit bestimmter Kampfmittel großzügiger und abweichend vom deutschen Recht zu beurteilen scheint[360] und die EuGH-Rechtsprechung sich nur auf grenzüberschreitende Sachverhalte bezieht.[361] Gleichwohl hatte der EuGH in der Rs. Viking[362] ausdrücklich hervorgehoben, dass nur solche Maßnahmen der Gewerkschaftsseite rechtmäßig sind, die dem Schutz und der Verbesserung der Arbeitsbedingungen der betroffenen Arbeitnehmer dienen. Deshalb hatte der EuGH unter Anerkennung des Rechts auf Durchführung einer kollektiven Maßnahme es dem vorlegenden Gericht ausdrücklich zur Aufgabe gemacht, zu prüfen, ob die Ziele, die die Gewerkschaften mit der von ihnen betriebenen kollektiven Maßnahme verfolgten, dem Schutz der Arbeitnehmer galten.[363] Damit war die Zwecksetzung des Arbeitskampfmittels durch die Gerichte zu prüfen und nicht einer Einschätzungsprärogative überlassen.[364] Darüber hinaus gilt auch für andere europäische Rechtsordnungen, dass trotz Garantie des Streikrechts dort die Überprüfung des Verhältnisses von Streikziel und Schaden durch die Gerichte durchaus als zulässig angesehen wird, ohne dass dadurch der Streik als Arbeitskampfmittel infrage gestellt wird.[365]

7. Arbeitskampf und Gemeinwohlbindung

Sowohl Grundrechte Dritter als auch sonstige mit Verfassungsrang ausgestattete Rechte und Gemeinwohlbelange können aus verfassungsrechtlicher Sicht Beeinträchtigungen des Art. 9 Abs. 3 GG rechtfertigen.[366] In seiner Entscheidung vom 21.4.1971 stellte der Große Senat das Erfordernis auf, dass durch Arbeitskämpfe das Gemeinwohl nicht offensichtlich verletzt werden darf.[367] Ähnlich formulierte das BVerfG: *„Selbstverständlich müssen auch die Gewerkschaften angesichts der Bedeutung ihrer Tätigkeit für die gesamte Wirtschaft und ihres (auch geistigen) Einflusses auf weite Bereiche des öffentlichen Lebens bei allen ihren Aktivitäten das gemeine Wohl berücksichtigen."*[368] Dementsprechend findet sich auch im sog. „Professorenentwurf" aus dem Jahr 1988 in § 2 Abs. 2 folgender Regelungsvorschlag: „Arbeitskämpfe

---

[357] *Otto*, Neues Arbeitskampfrecht?, 2010, S. 15 (24).
[358] *Kluth* Verfassungsfragen des Arbeitskampfes, S. 121.
[359] LAG Bln-Bbg 29.7.2015 – 26 SaGa 1059/15, BeckRS 2015, 70760.
[360] *Picker* ZfA 2011, 557 (645); *Hartmann* Negative Tarifvertragsfreiheit im deutschen und europäischen Arbeitsrecht, S. 370 („eigenständiger Arbeitskampfbegriff").
[361] *Maeßen* Auswirkungen der EuGH-Rechtsprechung auf das deutsche Arbeitskampfrecht, 2010, S. 301; *Rebhahn* ZESAR 2008, 109 (117).
[362] EuGH 11.12.2007 – C-438/05, NZA 2008, 124 – Viking Line.
[363] EuGH 11.12.2007 – C-438/05, NZA 2008, 124 (130) – Viking Line.
[364] HzA/*Ricken* Gruppe 25, Rn. 348 f.
[365] *Junker* Neues Arbeitskampfrecht?, 2010, S. 155, (176 f.).
[366] BVerfG 3.4.2001 – 1 BvL 32/BVerfGE 103, 293 (306); BVerfG, 11.7.2017 – 1 BvR 1571/15, NZA 2017, 915 (918).
[367] BAG 21.4.1971 – GS 1/68, AP GG Art. 9 Arbeitskampf Nr. 43.
[368] BVerfG 18.12.1974 – 1 BvR 430/65, 1 BvR 259/66, BVerfGE 38, 281 (307).

und Kampfmaßnahmen, die den Kampfgegner oder die Allgemeinheit unverhältnismäßig belasten, sind unzulässig."[369] Deutlich weniger einschränkend ist der im Jahr 2012 vorgelegte Entwurf, der durch verfahrensmäßige Vorgaben die Problematik des Arbeitskampfes in der Daseinsvorsorge erfassen will.[370] In der Regel wird die Gemeinwohlbindung der Arbeitskampfparteien im Zusammenhang mit dem Verhältnismäßigkeitsgrundsatz diskutiert, nämlich in Bezug auf die Frage, ob eine bestimmte Arbeitskampfmaßnahme das Gemeinwohl unverhältnismäßig beeinträchtigt.[371] Dagegen wird die Frage, ob bereits die erhobene Tarifforderung bei ihrer Realisierung gemeinwohlschädlich ist, in der Regel unter dem Hinweis, dass es keine Tarifzensur geben dürfte, als unzulässig behandelt.[372] Ob tatsächlich der Hinweis auf das Verbot der Tarifzensur geeignet ist, eine Überprüfung extremer Tarifforderungen, etwa von Betriebseliten zu verhindern, wird zu Recht in Frage gestellt.[373] In jüngerer Zeit stellte sich aber immer wieder die Frage, inwieweit einzelne Arbeitskampfmaßnahmen deshalb als rechtswidrig bewertet werden können, weil die Art und Weise der Kampfführung darauf angelegt war, in ganz erheblicher Weise in das einzugreifen, was gemeinhin als Gemeinwohl umschrieben wird. Hier sind etwa die Arbeitskämpfe im Bereich der Bahn oder die Streiks von Piloten oder Fluglotsen zu nennen.[374] Aber auch im Bereich des Gesundheitswesens wird die Frage nach der Gemeinwohlschädlichkeit von Arbeitskampfmaßnahmen häufig aktuell.[375] Darüber hinaus wurde für Streiks in Kindergärten die Frage der Gemeinwohlschädlichkeit solcher Aktionen diskutiert.[376] Gerade was den Streik von Funktionseliten betrifft,[377] haben sich die Gerichte mit der Frage der Gemeinwohlbindung bei Arbeitskämpfen beschäftigen müssen und im Ergebnis einen Verstoß gegen das Gemeinwohl verneint.[378] Dementsprechend sind etwa Streiks in der Luftfahrt gerade auch nicht von vornherein unter dem Gesichtspunkt des Verbots von Gemeinwohlschädigungen unverhältnismäßig.[379]

82 Problematisch ist hierbei zunächst der Begriff des Gemeinwohls.[380] Das Arbeitsrecht kommt an diesem Punkt schnell an die Grenzen seiner Definitionsmöglichkeiten.[381] Trotz dieser Schwierigkeiten handelt es sich bei der Gemeinwohlbindung um eine objektive Grenze für Arbeitskampfmaßnahmen, die nicht der Definitionsmacht der Kampfparteien unterfällt.[382] Angesichts ihrer definitorischen Unschärfe bleibt aber für ihre nähere Bestimmung nur ein eher typologisches Vorgehen übrig, bei dem bestimmte Lebensbereiche

---

[369] *Birk* ua. Gesetz zur Regelung kollektiver Arbeitskonflikte, 1988, S. III.
[370] *Franzen/Thüsing/Waldhoff* Arbeitskampf in der Daseinsvorsorge – Vorschläge zur gesetzlichen Regelung von Streik und Aussperrung in Unternehmen der Daseinsvorsorge, S. 71 ff.; dazu umfassend: *Bayreuther* NZA 2013, 704; *Rudkowski* ZfA 2012, 467.
[371] *Seiwerth* RdA 2017, 373 (378).
[372] ErfK/*Linsenmaier* GG Art. 9 Rn. 127; *Franzen/Thüsing/Waldhoff* Arbeitskampf in der Daseinsvorsorge – Vorschläge zur gesetzlichen Regelung von Streik und Aussperrung in Unternehmen der Daseinsvorsorge, S. 28 f.; aA *Ozimek* Streiks von Sparten- und Spezialistengewerkschaften, S: 104.
[373] *Otto* FS Konzen, 2006, S. 663 (681 ff.).
[374] Zu letzteren: LAG RhPf 14.6.2007 – 11 Sa 208/07, DB 2007, 2432 ff.; LAG BW 31.3.2009 – 2 SaGa 1/09, BeckRS 2009, 59015; sowie *Heinze* FS 50 Jahre BAG, 2004, S. 493 ff., der wegen der sonderpolizeilichen Aufgaben der Flugsicherung zu einem Arbeitskampfverbot kommt.
[375] LAG Hamm 16.1.2007 – 8 Sa 74/07, NZA-RR 2007, 250; ArbG Kiel: 30.6.2006 – 1 Ga 11b/06, BeckRS 2006 42854.
[376] Dazu zu Recht: *Kolbe* BB 2009, 1414; vgl. auch: *Treichel* RdA 2017, 379 (380).
[377] Hierzu *Kamanabrou* ZfA 2008, 241 (260 ff.); *Schmidt* Tarifpluralität im System der Arbeitsrechtsordnung, S. 513 ff.
[378] SächsLAG 2.11.2007 – 7 SaGa 19/07, NZA 2008, 59 ff.; *Sittard* ZTR 2008, 178 ff.; *Bayreuther* NZA 2008, 12 (14 f.); zustimmend: *Hanau* RdA 2008, 98 (100 f.).
[379] HessLAG 27.6.2013 – 9 Sa 1387/13; HessLAG 25.4.2013 – 9 Sa 561/12, BeckRS 2013, 72576; HessLAG 5.12.2013 – 9 Sa 592/13, BeckRS 2014, 68181.
[380] Däubler ArbeitskampfR/*Hensche* § 18 Rn. 9, *Kersten* Neues Arbeitskampfrecht, 2012, S. 54 f., *Rudkowski* Der Streik in der Daseinsvorsorge, S. 33 ff; Schaub ArbR-HdB/*Treber* § 192 Rn. 38.
[381] *Thüsing* FS 50 Jahre BAG, 2004, S. 889 (890); *Sunnus* AuR 2008, 1 (8 f.). Insofern ist es verständlich, wenn an diesem Punkt staatliche Klarstellung gefordert wird (*Buchner* BB 2008, 106 (109)).
[382] *Thüsing* FS 50 Jahre BAG, 2004, S. 889 (894); *Ozimek* Streiks von Sparten- und Spezialistengewerkschaften, S. 104.

II. Rechtmäßigkeitsvoraussetzungen des Streiks   83 § 272

als gemeinwohlrelevant eingeordnet werden. Hier wird insbesondere der Bereich der Daseinsvorsorge genannt.[383] Was allerdings genau diesem Bereich zugeordnet werden kann, wird auch eher vage als „Mindestversorgung der Bevölkerung"[384] oder „lebenswichtige Versorgungsbetriebe" umschrieben.[385] Verschiedentlich wurde versucht, den Gesetzgeber zu aktivieren, um eine Regelung für Arbeitskämpfe in der Daseinsvorsorge zu schaffen.[386] Dabei wurde auch der Versuch unternommen, die Bereiche der Daseinsvorsorge zu konkretisieren.[387] Jedoch ist das, was unter Daseinsvorsorge zu verstehen ist, kaum losgelöst von subjektiven Bedürfnissen zu bestimmen. Es mag zwar Bereiche geben, die man unstreitig der Daseinsvorsorge zuordnen kann, wobei man sich im Klaren sein muss, dass nicht alles, was in einem Bereich dann auch geleistet wird, Daseinsvorsorge ist.[388] Ob man darüber hinaus Daseinsvorsorge kataloghaft abschließend umschreiben kann, ist mE zweifelhaft. Insofern ist fraglich, ob der Begriff der Daseinsvorsorge überhaupt für eine justitiable Abgrenzung taugt.[389] Aber selbst in Betrieben, die der Daseinsvorsorge zugerechnet werden können,[390] wird nicht jede Arbeitskampfmaßnahme als rechtswidrig einzuordnen sein.[391] Auch der Bereich der Daseinsvorsorge ist kein streikfreier Raum.[392] Das Streikrecht ist auch im Bereich der Daseinsvorsorge vom Schutzbereich des Art. 9 Abs. 3 GG erfasst.[393] Insofern müssen sich Beschränkungen des Streikrechts in diesem Bereich verfassungsrechtlich durch die immanenten Schranken des Grundrechts rechtfertigen lassen. In Betracht kommen hier dann Grundrechte anderer oder sonstige mit Verfassungsrang ausgestattete Güter. Das Gemeinwohl als allgemeiner abstrakter Rechtsbegriff ist dafür nicht geeignet.[394] Erst wenn das Gemeinwohl sich durch die abstrakte Gefährdung der Grundrechte anderer oder sonstiger mit Verfassungsrang ausgestatteter Güter konkretisiert, wird man eine Schranke des Streikrechts annehmen können. Insofern wird etwa nur dort, wo die Versorgung der Bevölkerung mit lebensnotwendigen Diensten und Gütern während eines Arbeitskampfes nicht sichergestellt ist, die Gemeinwohlschranke im Arbeitskampfrecht überhaupt Bedeutung erlangen können. Aber auch in diesen Bereichen kann und wird durch Notstandsvereinbarungen dem so verstandenen Gemeinwohl Rechnung getragen.[395]

Insofern werden sich Arbeitskampfmaßnahmen allenfalls nur in wenigen Bereichen wegen Gefährdung der Daseinsvorsorge und des Gemeinwohls als rechtswidrig erweisen.[396] Sofern die Grundversorgung kranker Menschen nicht mehr gewährleistet ist, wird man den Streik von Ärzten, Pflegepersonal und sonstigen medizinberuflich Tätigen als rechtswidrig erachten müssen. Gleiches gilt für Arbeitskämpfe im Bereich der Strom-, Gas- und

83

---

[383] Zur geschichtlichen Entwicklung des Begriffs der Daseinsvorsorge; *Kersten* Verfassungsfragen des Arbeitskampfes, 2014, S. 16 ff.
[384] *Gamillscheg* KollArbR I, S. 1176.
[385] ZLH/*Loritz* § 44 Rn. 86.
[386] Vgl. *Franzen* BB 45/2015, I; *Stegmüller* NZA 2015, 723; für eine sozialpartnerschaftliche Lösung plädiert *Greiner* ZfA 2016, 451.
[387] *Franzen/Thüsing/Waldhoff* Arbeitskampf in der Daseinsvorsorge – Vorschläge zur gesetzlichen Regelung von Streik und Aussperrung in Unternehmen der Daseinsvorsorge, S. 71.
[388] *Bayreuther* NZA 2013, 704 (708).
[389] *Green* Arbeitskämpfe zulasten der Allgemeinheit, S. 49 ff.; *Schubert* AuR 2014, 176 (178, 181); Rieble/Junker/Giesen/*Bayreuther* Arbeitskampf, Verhandlung und Schlichtung, 2018, 15 (33 ff.).
[390] Zum Versuch einer näheren Bestimmung der Daseinsversorgung: *Stegmüller*, NZA 2015, 723 (724); umfassend auch: *Hänsle* Streik und Daseinsvorsorge, S. 295 ff., der den Versuch unternimmt, mit Hilfe einer ganzen Reihe von Kriterien, den Bereich der Daseinsvorsorge zu bestimmen.
[391] *Reichold* FA 2008, 98 (100).
[392] HessLAG 5.12.2013 – 9 Sa 592/13, BeckRS 2014, 68181; LAG BW 31.3.2009 – 2 SaGa 1/09, NZA 2009, 631; HessLAG 2.5.2003 – 9 SaGa 637/03, FA 2003, 211; SächsLAG 2.11.2007 – 7 SaGa 19/07, NZA 2008, 59; HessLAG 7.11.2014 – 9 SaGa 1496/14, BeckRS 2015, 68424; *Bayreuther* NZA 2008, 12 (13).
[393] *Hänsle* Streik und Daseinsvorsorge, S. 521.
[394] *Hänsle* Streik und Daseinsvorsorge, S. 660.
[395] ArbG Kiel 30.6.2006 – 1 Ga 11b/06, BeckRS 2006, 42854; *Schubert* AuR 2014, 176 (181).
[396] Zurecht kritisch: *Greiner* NZA 2007, 1023 (1028).

Wasserversorgung. Aber auch einzelne Bereiche der Entsorgungswirtschaft[397] (zB Mitarbeiter in Kläranlagen) sind im Hinblick auf das Gemeinwohl trotz möglicher Arbeitskämpfe funktionsfähig zu erhalten. Gemeinsam ist den Arbeitskämpfen in den genannten Bereichen, dass sie zu einer Gefährdung höchstpersönlicher Rechte, insbesondere des Lebens und der Gesundheit anderer führen können.[398] Darüber hinaus wird man auch solche Arbeitskampfmaßnahmen als gemeinwohlschädlich einordnen müssen, die darauf angelegt sind, die Bewegungsfreiheit anderer nicht unerheblich zu beeinträchtigen (zB Lokführer, die auf offener Strecke einen Personenzug abstellen, so dass Reisende gehindert sind, den Zug zu verlassen).

84 Nun sind aber Arbeitskampfmaßnahmen, die zu konkreten Beeinträchtigungen höchstpersönlicher Rechte anderer führen, bereits deshalb als rechtswidrig einzuordnen, weil sie schließlich in absolute Rechte anderer eingreifen. In diesen Fällen spielt der Begriff des Gemeinwohls keine Rolle. Bedeutung erlangt die Gemeinwohlgrenze des Arbeitskampfes aber dann, wenn eine Gefährdung von Leben und Gesundheit anderer durch Arbeitskampfmaßnahmen möglich erscheint.[399] Hier wird man unter Rückgriff auf das Gemeinwohl von der Rechtswidrigkeit der Arbeitskampfmaßnahme ausgehen müssen.[400] Dabei braucht derjenige, der die Rechtswidrigkeit der Kampfmaßnahme behauptet, nicht die Gefährdung einer bestimmten Personen darzulegen, sondern hier genügt es, wenn unter abstrakter Betrachtung eine Arbeitskampfmaßnahme eine Gefährdung des Lebens, der Gesundheit oder der Freiheit anderer bedeuten würde. Im Interesse des Schutzes höchstpersönlicher Rechtgüter anderer wirkt also die Gemeinwohlgrenze präventiv.

85 Im Hinblick auf die Arbeitskämpfe im Luft- und Bahnverkehr wird man eine in diesem Sinne zu verstehende Gemeinwohlgrenze für Arbeitskämpfe allerdings kaum finden können. Zwar ist es mehr als ärgerlich, wenn während eines Arbeitskampfes viele Bahn- und Flugpassagiere vergeblich auf das von ihnen gewählte Verkehrsmittel warten müssen, und es kann sogar existenzbedrohend sein, wenn Unternehmen aufgrund von Streikmaßnahmen im Verkehrssektor nicht mehr beliefert werden können. Darin aber bereits eine Gemeinwohlschädlichkeit zu sehen, die zur Rechtswidrigkeit des Arbeitskampfes führt,[401] ist nicht gerechtfertigt,[402] da die beschriebenen Auswirkungen der Kampfmaßnahmen, insbesondere auf Kunden der von Streikmaßnahmen betroffenen Unternehmen, für eine in sich vernetzte Wirtschaft geradezu arbeitskampftypisch sind.[403] Folgerichtig wird die Begrenzung des Streikrechts durch den Begriff des Gemeinwohls bisweilen so gedeutet, dass die Koalitionen zur Rücksichtnahme verpflichtet sind, wo sie in unverhältnismäßiger Weise Drittinteressen bzw. Schutzgüter der Allgemeinheit gefährden oder beeinträchtigen.[404] Dies stellt allerdings gegenüber einer stets erforderlichen Verhältnismäßigkeitsprüfung keine Besonderheit dar.

86 Die immer wieder erhobene Behauptung, es gebe für den Arbeitskampf eine Gemeinwohlbindung der Kampfparteien über die oben beschriebene, sich auf den Schutz höchstpersönlicher Rechte beziehende Gemeinwohlbindung hinaus, beruht – wie etwa bei der Diskussion um Arbeitskämpfe im Verkehrssektor – letztlich darauf, dass von den Streik-

---

[397] *Gamillscheg* KollArbR I, S. 1179.
[398] Ähnlich auch *Sunnus*, AuR 2008, 1 (9), der die Fernwirkungen von Arbeitskämpfen wohl nur dann als arbeitskampfrechtlich relevant einschätzt, sofern hierdurch zu Grundrechtspositionen verdichtete Interessen Dritter betroffen sind.
[399] HzA/*Kalb* Gruppe 18 Teilbereich 3 Rn. 1173.
[400] In diesem Sinne „Gemeinwohl in Gestalt des Rechts auf Leben und körperliche Unversehrtheit" von Krankenhauspatienten: ArbG Detmold 3.7.2015 – 3 Ga 5/15, BeckRS 2015, 71287.
[401] So ArbG Nürnberg 8.8.2007 – 13 Ga 65/07, AuR 2007, 320f. (unter Hinweis auf „immense wirtschaftliche Schäden" der Streikmaßnahme).
[402] *Greiner* NZA 2007, 1023 (1028).
[403] In diesem Sinne auch: *Kissel* AK § 27 Rn. 8; Däubler ArbeitskampfR/*Hensche* § 18 Rn. 6.
[404] ArbG Chemnitz 5.10.2007 – 7 Ga 26/07, AuR 2007, 393f.; *Otto* AK § 2 Rn. 97; ob sich allerdings hieraus zwingend eine generelle Verpflichtung zur Vorankündigung von Streikmaßnahmen ergibt, wie dies teilweise vertreten wird (*Sittard* ZTR 2008, 178 (182)) erscheint indes fraglich.

II. Rechtmäßigkeitsvoraussetzungen des Streiks

maßnahmen mehr oder weniger eine sehr große Anzahl von unbeteiligten Personen betroffen wurde, die durch die negativen Auswirkungen der Arbeitskampfmaßnahmen belastet waren.[405] Dieser Umstand rechtfertigt es aber nicht, zum Schutz der Mehrheit von der Minderheit arbeitskampfmäßige Abstinenz zu verlangen.[406] Genauso wenig wie bei der individualvertraglichen Durchsetzung eigener Positionen eine Gemeinwohlbindung der Parteien anzunehmen ist, kann dies bei der kollektivarbeitsrechtlichen Durchsetzung von Verhandlungspositionen der Fall sein, da letztere Möglichkeit schließlich nur deshalb geschaffen wurde, weil es auf der individualrechtlichen Ebene an einem Verhandlungsgleichgewicht der Partner fehlen soll. Diese Funktion der Koalitionsfreiheit und damit auch der Arbeitskampffreiheit bedarf keiner Einschränkung durch ein wie immer verstandenes abstraktes Gemeinwohl. Die Diskussion um eine Gemeinwohlbindung beim Handeln von Tarifparteien, speziell beim Arbeitskampf, übersieht, dass das antagonistische und letztlich einigende Wirken der Tarifpartner die Formulierung des Gemeinwohls bedeutet.[407] Die Tarif- und Arbeitskampfparteien treffen also nicht auf eine, wie auch immer geartete imaginäre Schranke eines nur schwer zu definierenden Gemeinwohls, sondern das Handeln der Koalitionen ist gerade Ausdruck des Gemeinwohls.[408] Daher lassen sich neben allen definitorischen Schwierigkeiten die Grenzen des Arbeitskampfes nicht durch den Rückgriff auf ein allgemeines Gemeinwohl beschreiben.[409] Vielmehr sind Arbeitskampfmaßnahmen stets darauf zu prüfen, ob durch sie in verhältnismäßiger Weise tariflich regelbare Ziele verfolgt werden, sie nicht gegen allgemeine Rechtsvorschriften verstoßen und keine konkreten Rechte anderer verletzen.[410]

Ob in diesem Zusammenhang für Betriebe der Daseinsvorsorge diese Verhältnismäßigkeitsprüfung zu schärfen ist,[411] lässt sich nicht generell beantworten, sondern ist auf der Ebene der einzelnen Voraussetzungen der Verhältnismäßigkeitsprüfung, insbesondere aber im Rahmen der Abwägung zu klären.

---

[405] *Greiner* ZfA 2016, 451.
[406] Das wäre aber die Konsequenz, wenn man den Erwägungen des BGH in der Fluglotsen-Entscheidung von 1978 folgen würde (BGH 31.1.1978 – VI ZR 32/77, AP GG Art 9 Nr. 61).
[407] *Lerche* Zentralfragen, S. 30 f.; zustimmend *Scholz* Koalitionsfreiheit, S. 221.
[408] *Scholz* Koalitionsfreiheit, S. 221; vgl. auch *Söllner* AuR 1966, 257 (263).
[409] *Green* Arbeitskämpfe zulasten der Allgemeinheit, S. 77 ff.
[410] HessLAG 7.11.2014 – 9 SaGa 1496/14, NZA-RR 2015, 441; Ähnlich: HWK/*Hergenröder* GG Art. 9 Rn. 275.
[411] *Jacobs* NZA 2008, 325 (331); *Sittard* ZTR 2008, 178 (180); *v. Steinau-Steinrück/Glanz* NZA 2009, 113 (115).

§ 273 Sonstige Kampfmittel der Arbeitnehmerseite

Übersicht
Rn.
- I. Betriebsblockade und Betriebsbesetzung 2
- II. Boykott 7
- III. Entzug der Arbeitskraft 8
- IV. Kollektive Ausnutzung individualarbeitsrechtlicher Rechte 13
- V. Flash-Mob 16

1 Der Streik als klassisches Arbeitskampfmittel der Arbeitnehmerseite ist die reine Niederlegung der Arbeit. Die Gewerkschaften sind verstärkt dazu übergegangen alternative Kampfmittel neben dem Streik zu etablieren.[1] Dies mag einerseits auf einen Rückgang in der Organisation der Arbeitnehmer zurückzuführen sein, andererseits wird dadurch vor allem das wirtschaftliche Druckpotenzial erhöht.[2] Dabei gehen die Gewerkschaften über die althergebrachten Protestformen der Betriebsblockade, Betriebsbesetzung und des Boykotts hinaus und beweisen bei der Kreation neuer Arbeitskampfmittel Phantasie. Beispielhaft sind hier die Flash-Mob-Aktionen zu nennen, die in Literatur und Rechtsprechung kontrovers erörtert werden.

I. Betriebsblockade und Betriebsbesetzung

2 Die Arbeitskampfmittel der Betriebsblockade und Betriebsbesetzung gehen regelmäßig mit einem Streik einher und dienen seiner Unterstützung. In der Intensität gehen beide Arbeitskampfmittel aber weit über die einfache Niederlegung der Arbeit hinaus. Mit ihnen soll das unmittelbare Streikziel, den betrieblichen Ablauf zu stören und die Produktion zu unterbinden, abgesichert werden.

3 Üblicherweise werden bei einem Streik Streikposten vor dem Betrieb positioniert, deren Aufgabe darin besteht, arbeitswillige Arbeitnehmer davon abzuhalten ihre Arbeit aufzunehmen. Bei der Betriebsblockade kommt es darüber hinausgehend zu einer faktischen Sperrung von Zugängen zu den Arbeitsplätzen. Dadurch soll es arbeitswilligen Arbeitnehmern unmöglich gemacht werden, den Betrieb zu betreten. Außerdem sollen auch Zulieferungen an den Betrieb und Auslieferungen des Betriebs verhindert werden.[3] Diese Blockademaßnahmen sollen die Arbeitsabläufe im blockierten Betrieb derart massiv stören, dass nicht nur der Betrieb selbst sondern darüber hinaus auch Kunden und Zulieferer davon beeinträchtigt werden.

4 Die Betriebsbesetzung entfaltet im Vergleich zur Betriebsblockade regelmäßig eine massive Wirkung. Auch die Betriebsbesetzung dient der Streikunterstützung und soll den Arbeitgeber an der Aufrechterhaltung der Produktion durch den Einsatz von arbeitswilligen Arbeitnehmern hindern. Umgekehrt kann mit einer Besetzung aber auch das Ziel verfolgt werden, den Abtransport von Produktionsmitteln zu verhindern. Anders als bei der Blockade entfernen sich bei der Betriebsbesetzung die im Arbeitskampf befindlichen Arbeitnehmer trotz entgegenstehenden Willens des Arbeitgebers[4] nicht aus dem Betrieb. Die verweilenden Arbeitnehmer stellen dann entweder die Arbeit ein und hindern durch das Verweilen am Arbeitsplatz andere Arbeitswillige an der Arbeitsaufnahme oder

---

[1] *Beckerle* NJW 2017, 439 fasst hierzu die Rspr. der letzten zehn Jahre zusammen; *Litschen* NZA-RR 2015, 57 und *Pflüger* RdA 2008, 185 sehen diese Ausweitung kritisch, weil nur Spezialistengewerkschaften profitierten.
[2] *Litschen* NZA-RR 2015, 57 (63).
[3] *Otto* AK § 1 Rn. 18; *Schulte* AuA 2006, 458.
[4] Den entgegenstehenden Willen des Arbeitgebers als Charakteristikum der Betriebsbesetzung sehend: Däubler ArbeitskampfR/*Bieback/Unterhinninghofen* § 17 Rn. 216f.; *Otto* AK § 11 Rn. 6; *Treber* Aktiv produktionsbehindernde Maßnahmen, S. 111; *Söllner* FS Molitor, 1988, S. 333 (345).

stören durch ihre bloße Anwesenheit im Betrieb die Arbeitsabläufe.[5] Für den Fall einer vom Arbeitgeber ausgesprochenen suspendierenden Aussperrung kommt auch eine Betriebsbesetzung durch aktive Fortführung der Arbeit in Betracht.[6] Auch der Aufenthalt von betriebsfremden Gewerkschaftsmitgliedern auf dem Betriebsgelände dürfte nicht dem Willen des Arbeitgebers entsprechen und stellt eine Betriebsbesetzung dar.[7]

Im Hinblick auf die Verhältnismäßigkeit dieser Arbeitskampfmittel ist zu beachten, dass durch Betriebsblockaden und Betriebsbesetzungen in das Eigentum und das Recht am eingerichteten und ausgeübten Gewerbebetrieb des Arbeitgebers eingegriffen wird. Darüber hinaus liegt aber vor allem auch ein Eingriff in das Recht der arbeitswilligen Arbeitnehmer, sich nicht an dem Arbeitskampf zu beteiligen, vor.[8] Aus diesen Gründen wird die Betriebsblockade bisher weitestgehend als rechtswidrig eingestuft.[9] Beim Streik muss sichergestellt sein, dass arbeitswillige Arbeitnehmer beim Betreten und Verlassen des Werksgeländes weder durch körperliche noch durch psychische Gewalt behindert werden und Lieferanten, Kunden und Besucher einschl. genutzter Fahrzeuge freien Zugang zum Betriebsgelände haben. Dies ist regelmäßig durch einen mindestens 3 m breiten Zugang zu gewährleisten.[10]

Auch die Betriebsbesetzung wird größtenteils für rechtswidrig gehalten.[11] Hierzu finden sich jedoch auch Stimmen, die unter besonderen Umständen eine Zulässigkeit der Betriebsbesetzung befürworten.[12] Dies ist aber letztlich abzulehnen, da ein Erfordernis für derart tiefgreifende Eingriffe in die Rechtssphäre des Arbeitgebers nicht ersichtlich ist.

II. Boykott

Der Boykott dürfte zu den ältesten Kampfmitteln in sozialen Auseinandersetzungen gehören.[13] Allgemein versteht man unter einem Boykott die organisierte Verweigerung mit bestimmten Personen oder Personenkreisen rechtsgeschäftlich in Kontakt zu treten.[14] Im Arbeitskampf kann von einem Boykott in unterschiedlichster Ausprägung Gebrauch gemacht werden, wobei der verbindende Zweck immer in der Änderung der Arbeitsbedingungen des boykottierten Unternehmens liegen wird. Einerseits können Arbeitnehmer eines Unternehmens entweder Kunden dazu aufrufen, von ihrem Arbeitgeber keine Waren mehr zu beziehen, oder Lieferanten auffordern, den Arbeitgeber nicht mehr zu beliefern („güterrechtlicher Boykott").[15] Andererseits besteht auch die Möglichkeit dazu aufzufordern, mit einem bestimmten Arbeitgeber keine Arbeitsverträge abzuschließen („Verruf").[16]

---

[5] *Gamillscheg* KollArbR I, S. 1057ff.; *Kissel* AK § 34 Rn. 26 u. § 61 Rn. 101ff.
[6] *Däubler* ArbeitskampfR/*Unterhinninghofen* § 17 Rn. 191.
[7] *Otto* AK § 11 Rn. 7; *Treber* Aktiv produktionsbehindernde Maßnahmen, S. 109; *Söllner* FS Molitor, 1988, S. 333 (346).
[8] *Kissel* AK § 61 Rn. 59ff. u. Rn. 102ff.; *Otto* AK § 11 Rn. 5f.; *Wesch* Neue Arbeitskampfmittel, S. 81ff.; aA *Wendt* Die Betriebsbesetzung, S. 146ff. u. 156f.
[9] BAG 21.6.1988 – 1 AZR 651/86, NZA 1988, 846; BAG 8.11.1988 – 1 AZR 417/86, NZA 1989, 475; LAG Köln 2.7.1984 – 9 Sa 602/84, NZA 1984, 402, wobei bei diesen Sachverhalten der Streik jeweils außer Kontrolle geraten war; LAG Bln-Bbg 15.6.2016 – 23 SaGa 968/16; grds. ebenso, lediglich kurzzeitige Zugangsbehinderungen jedoch für zulässig erachtend: HessLAG 16.10.2017 – 16 SaGa 1175/17, ArbuR 2018, 250; LAG Hmb 6.2.2013 – 5 SaGa 1/12, AiB 2013, 726.
[10] LAG Köln 2.7.1984 – 9 Sa 602/84, NZA 1984, 402.
[11] BAG 14.2.1978 – 1 AZR 103/76, NJW 1979, 239 (allerdings an versteckter, die Entscheidung nicht tragender Stelle); LAG Hamm 6.11.1975 – 8 TaBV 21/75, DB 1976, 343; *Gamillscheg* KollArbR I, S. 1059ff.; *Kissel* AK § 61 Rn. 78ff.; Rieble/Junker/Giesen/*Krause* Entgrenzter Arbeitskampf?, S. 43 (82); *Müller* Arbeitskampf und Recht, S. 141f.
[12] BKS/*Berg* S. 870f.; *Nauditt* AuR 1987, 153 (154f.); *Treber* Aktiv produktionsbehindernde Maßnahmen, S. 420ff.
[13] BAG 19.10.1976 – 1 AZR 611/75, NJW 1977, 318 der Boykott gehört zu den „geschichtlich überkommenen Arbeitskampfmaßnahmen"; ErfK/*Linsenmaier* GG Art. 9 Rn. 278.
[14] *Kissel* AK § 61 Rn. 122ff. m. zahlr. Nachw.; ferner: *Konzen* FS Molitor, 1988, 181ff.; *Otto* AK § 11 Rn. 25; evtl. BAG 19.10.1976 – 1 AZR 611/75, NJW 1977, 318.
[15] *Däubler* ArbeitskampfR/*Däubler* § 30 Rn. 28; *Otto* AK § 11 Rn. 26.
[16] *Däuber* ArbeitskampfR/*Däubler* § 28 Rn. 73.

Grundvoraussetzung des arbeitskampfrechtlichen Boykotts ist somit die Beteiligung von drei Parteien.[17] Die Rechtmäßigkeit des Boykotts hängt davon ab, wozu der Dritte aufgefordert wird. Wird dieser zu einem Vertragsbruch aufgefordert, so ist der Boykottaufruf rechtswidrig.[18] Beschränkt sich der Boykottaufruf hingegen lediglich auf die Aufforderung von einem Vertragsabschluss abzusehen, dh von der „negativen Vertragsfreiheit" Gebrauch zu machen, fehlt es an einer Verletzung arbeitsvertraglicher Pflichten. Der Boykottaufruf ist in diesem Fall dementsprechend rechtmäßig.[19] Dient der Boykottaufruf der Vorbereitung oder Durchführung eines Arbeitskampfes so ist er rechtlich zulässig. Da Unternehmen immer größeren Wert auf ein positives Image legen, versprechen Boykottaufrufe insbesondere dann Erfolg, wenn sie unter Nutzung medialen Drucks über die Öffentlichkeit verbreitet werden.[20]

III. Entzug der Arbeitskraft

8 Erfüllt der Arbeitgeber seine Pflichten aus dem Arbeitsverhältnis nicht, so steht dem Arbeitnehmer ein Zurückbehaltungsrecht an seiner Arbeitsleistung zu. Zahlt der Arbeitgeber keinen Lohn, verletzt also seine Hauptpflicht, so ergibt sich ein Zurückbehaltungsrecht aus § 320 BGB. Liegt eine Verletzung vertraglicher Nebenpflichten vor, ist § 273 BGB einschlägig. Trotz erheblicher Kritik[21] seitens der Literatur verlangt das BAG, dass Arbeitnehmer den Arbeitgeber darauf hinweisen, dass sie ihr Zurückbehaltungsrecht ausüben und nicht etwa streiken.[22]

9 Als weitere Erscheinungsformen der Arbeitsverweigerung auf Seiten der Arbeitnehmer kommen verdeckte Varianten der Leistungsbeschränkung in Betracht. Hierunter fallen sog. „Bummelstreiks" und der „Dienst nach Vorschrift".[23] Diese Kampfformen sollen den Umfang und die Intensität der Leistungsbeschränkung vor dem Arbeitgeber verbergen und somit vor allem den Wegfall oder die Kürzung des Entgelts vermeiden.

10 Kein neues, aber doch aktuelles Phänomen des Arbeitskampfes stellt die kollektive Krankmeldung von Arbeitnehmern dar („go-sick", „sick-out"). Dieses Arbeitskampfmittel ist ein weiterer Unterfall der verdeckten Leistungsbeschränkung. Dabei wird dem Arbeitgeber dadurch die Arbeitskraft seiner Arbeitnehmer entzogen, dass sich eine hohe Anzahl der Belegschaft krank meldet. Grundsätzlich gilt auch im Arbeitskampf, dass sich ein Arbeitnehmer, der sich aufgrund einer bestehenden Krankheit krank meldet, rechtmäßig verhält.[24] Andersherum stellt eine Krankmeldung ohne zugrundeliegende Arbeitsunfähigkeit eine erhebliche Pflichtverletzung des Arbeitnehmers dar. Jedenfalls ein kurzweiliger „sick-out" ist für die Arbeitnehmer leicht zu organisieren, da sie, wenn sie sich nur für drei Tage krankmelden, grundsätzlich keine ärztliche Bescheinigung vorlegen müssen. Deshalb wird den betroffenen Arbeitgebern teilweise empfohlen, zumindest für die Zukunft, gem. § 5 Abs. 1 S. 3 EFZG ab dem ersten Krankheitstag eine Arbeitsunfähigkeitsbescheinigung zu verlangen.[25] Für den Arbeitgeber stellt sich dann vor allem das prakti-

---

[17] Umfassend zur begrifflichen Einordnung: *Seiter* Arbeitskampfparität und Übermaßverbot, 27 ff.; vgl. auch: *Birk* AuR 1974, 297; *Brunner* Der Boykott, 24; HzA/*Kalb* Gruppe 18 Teilbereich 3 Rn. 1027.
[18] *Otto* AK § 11 Rn. 27; aA *Gamillscheg* KollArbR I, S. 1054.
[19] BKS/*Berg* S. 858; *Binkert*, AuR 2001, 195; *Däubler* ArbeitskampfR/*Däubler* § 30 Rn. 30; *Otto* AK § 11 Rn. 30; *Gamillscheg* KollArbR I, S. 1056.
[20] *Däubler* ArbeitskampfR/*Däubler* § 30 Rn. 2 f.; ErfK/*Linsenmaier* GG Art. 9 Rn. 278 in Anlehnung an den KiTa-Streik 2015.
[21] *Brox*/*Rüthers* AK § 17 Rn. 606; *Capodistrias* FS Nipperdey Band II, S. 121; *Hanau* JuS 1975, 639; *Moll* RdA 1976, 102; *Seiter* Streikrecht, S. 432; *Söllner* ZfA 1973, 21.
[22] BAG 20.12.1963 – 1 AZR 428/62, NJW 1964, 883; BAG 14.2.1978 – 1 AZR 76/76, NJW 1979, 236.
[23] ErfK/*Linsenmaier* GG Art. 9 Rn. 272 ff.; keinen Unterschied zwischen Bummelstreik und Dienst nach Vorschrift sehen *Kissel* AK § 61 Rn. 10 und *Otto* AK § 10 Rn. 48.
[24] *Kissel* ArbeitskampfR § 61 Rn. 11; *Däubler* ArbeitskampfR § 28 Rn. 69.
[25] *Beckerle*/*Stolzenberg* NZA 2016, 1313; *v. Steinau-Steinrück*/*Nonnaß* NJW-Spezial 2016, 754; jeden Arbeitgeber für hilflos ausgeliefert haltend: *Rieble*/*Junker*/*Giesen*/*Bayreuther* Arbeitskampf, Verhandlung und Schlichtung, 2018, 15 (29 f.).

sche Problem, dass einer vorgelegten Arbeitsunfähigkeitsbescheinigung eine so starke Beweiskraft zukommt, dass eine Widerlegung kaum möglich ist.[26]

Bereits im Jahr 1973 kam es zu einer entsprechenden Aktion der überwiegend verbeamteten Fluglotsen, bei der sich nach vorherigen Ankündigungen, die eine dementsprechende Absprache offenbarten, zu bestimmten Stichtagen auffallend viele Fluglotsen krank meldeten („go sick"). Nachdem es daraufhin zu erheblichen Störungen im zivilen Luftverkehr gekommen war, wurde die Bundesrepublik von einem Reiseunternehmen erfolgreich auf Schadensersatz verklagt.[27] Im Regressprozess der Bundesrepublik gegen den Verband Deutscher Flugleiter (VDF) hat der BGH den organisierten „sick out" als Arbeitskampfmittel eingeordnet und für sittenwidrig erklärt, da dadurch die Regeln eines fairen Arbeitskampfes verletzt werden.[28] Diese Arbeitskampfmaßnahme stellt auch kein milderes Mittel im Vergleich zum Vollstreik dar. Vielmehr findet ein verschleierter Streik statt, dem eine beabsichtigte Schädigung des Arbeitgebers innewohnt. Dem Sozialpartner fehlt durch die Verschleierung auch ein direkter Verhandlungspartner. Durch diese Verschleierung soll eine Entgeltkürzung verhindert werden und eine Verhältnismäßigkeitskontrolle umgangen werden.[29] Der organisierte „sick out" ist vom BGH richtigerweise als sittenwidrig eingestuft worden.[30] Daraus folgt dann aber auch eine Verpflichtung zum Schadensersatz gem. § 826 BGB, wobei der BGH in der Öffentlichkeitsarbeit der Gewerkschaft eine Unterstützungshandlung sah, die unter dem Gesichtspunkt der Beihilfe für die Gewerkschaft eine Mithaftung gem. § 830 Abs. 1 S. 1, Abs. 2 BGB begründete.

Nachdem bei einer Fluggesellschaft Pläne über groß angelegte Umstrukturierungsmaßnahmen im Unternehmen bekannt wurden kam es dort im Oktober 2016 zu massenhaften Krankmeldungen, wobei es jedoch im Vorfeld weder einen Streikaufruf noch eine Erklärung einer Arbeitnehmerkoalition gab.[31] Über diesen Einzelfall hinaus lassen sich, wohl insbesondere wegen der eindeutigen Rechtsprechung, nur selten weiteren Beispiele für einen „sick-out" finden.[32] Insgesamt ist daher festzuhalten, dass das organisierte Vortäuschen von Arbeitsunfähigkeit als Instrument des Arbeitskampfes klar die Grenzen des Arbeitskampfrechtes überschreitet und deshalb als rechtswidrig einzuordnen ist.[33]

IV. Kollektive Ausnutzung individualarbeitsrechtlicher Rechte

Dem Arbeitgeber kann die Arbeitskraft seiner Arbeitnehmer auch durch die kollektive Ausübung individualarbeitsrechtlicher Rechte entzogen werden. So kann beispielsweise das Zurückbehaltungsrecht auch kollektiv ausgeübt werden.[34] Auch durch abgestimmte Massenkündigungen kann Druck auf den Arbeitgeber aufgebaut werden, um letztlich eine Fortführung des Beschäftigungsverhältnisses unter verbesserten Bedingungen zu erreichen. Die Rechtmäßigkeit der Maßnahme ist allein nach dem Arbeitsvertragsrecht zu beurteilen. Nur weil ein individuelles Recht kollektiv ausgeübt worden ist, kann die Wirksamkeit der rechtsgestaltenden Erklärung nicht allein deshalb kollektivrechtlichen Beschrän-

---

[26] *Beckerle/Stolzenberg* NZA 2016, 1313; Däubler ArbeitskampfR/*Däubler* § 28 Rn. 70; *v. Steinau-Steinrück/Nonnaß* NJW-Spezial 2016, 754.
[27] BGH 16.6.1977 – III ZR 179/75, NJW 1977, 1875.
[28] BGH 31.1.1978 – VI ZR 32/77, NJW 1978, 816; aA. *Kissel* AK § 61 Rn. 112, der darin keinen rechtswidrigen Arbeitskampf sieht, sondern eine, trotz kollektiver Verabredung, Verletzung der Pflichten aus dem Arbeitsvertrag, rechtswidrige Arbeitsverweigerung und Täuschung des Arbeitgebers.
[29] ErfK/*Linsenmaier* GG Art. 9 Rn. 273.
[30] BGH 31.1.1978 – VI ZR 32/77, NJW 1978, 816; *Otto* AK § 10 Rn. 48; *Kissel* AK § 61 Rn. 8 f.; *Rehder/Deinert/Callsen* Arbeitskampfmittelfreiheit und atypische Arbeitskampfformen.
[31] *Beckerle/Stolzenberg* NZA 2016, 1313; *v. Steinau-Steinrück/Nonnaß* NJW-Spezial 2016, 754.
[32] *Rehder/Deinert/Callsen* Arbeitskampfmittelfreiheit und atypische Arbeitskampfformen, 32; so kam es etwa im Zusammenhang mit der Insolvenz der Fluggesellschaft „Air Berlin" zu massenhaften Krankmeldungen (FAZ v. 13.9.2017, S. 17); vgl. dazu *Becker* NJ 2017, 494.
[33] Rieble/Junker/Giesen/*Bayreuther* Arbeitskampf, Verhandlung und Schlichtung, 2018, 15 (27 ff.).
[34] BAG 20.12.1963 – 1 AZR 428/62, NJW 1964, 883; 14.12.1978 – 1 AZR 76/76, NJW 1979, 236; *Seiter* Streikrecht, S. 430; ErfK/*Linsenmaier* GG Art. 9 Rn. 281; HWK/*Hergenröder* GG Art. 9 Rn. 255; *Kamanabrou* ArbR § 23 Rn. 2054 f.; *Kissel* AK § 61 Rn. 13, 17; *Otto* AK § 11 Rn. 51.

kungen unterworfen werden.³⁵ Die kollektive Ausübung von Individualrechten wird von Art. 9 Abs. 3 GG jedenfalls nicht verboten.³⁶

14   Dennoch hat BAG jedenfalls in der massenhaften Änderungskündigung einen kollektiven Arbeitskampf gesehen und diesen zumindest für den Zeitraum anstehender Tarifverhandlungen als rechtswidrig eingestuft.³⁷ Den kollektiven Widerspruch gegen einen Übergang der Arbeitsverhältnisse gem. § 613a Abs. 6 BGB hat das BAG hingegen für rechtmäßig erklärt.³⁸ Hierin mag eine Relativierung der früheren Rechtsprechung zu den gemeinsamen Kündigungen gesehen werden, da Widerspruch und Kündigung eine vergleichbare Wirkung erzielen.³⁹ Das BAG sieht in dem kollektiven Widerspruch schon gar keine Arbeitskampfmaßnahme, da es lediglich zur Ausübung arbeitsvertraglicher Rechte komme. Allerdings dürfe es nicht zu einer unzulässigen Rechtsausübung kommen.⁴⁰ Diese Grenzziehung wurde in der arbeitsrechtlichen Literatur größtenteils begrüßt.⁴¹ In einer neueren Entscheidung hat der achte Senat keine Rechtsmissbräuchlichkeit in einem Widerspruch eines Arbeitnehmers gesehen, mit dem dieser das über die Verhinderung des Übergangs seines Arbeitsverhältnisses hinausgehende Ziel verfolgte, mit dem Betriebserwerber über den Abschluss eines Arbeitsvertrags zu für ihn günstigeren Bedingungen zu verhandeln und bei dem Betriebsveräußerer mit einer Abfindungszahlung auszuscheiden.⁴² Auch wenn diesem Urteil keine kollektive Ausübung des Widerspruchsrechts sondern lediglich ein einzelner Widerspruch zugrunde lag, ist wohl nicht von einer differenzierenden Betrachtung durch das BAG auszugehen, da es in der Entscheidung explizit die frühere Rechtsprechung aufgreift.⁴³

15   Fraglich bleibt letztlich die Wirksamkeit des kollektiv ausgeübten Widerspruchs als Kampfmittel. So droht bei einem solchen Widerspruch gegen den Übergang der Arbeitsverhältnisse bei einem aus wirtschaftlicher Sicht für den Arbeitgeber erforderlichen Betriebsübergang für die Arbeitnehmer im Zweifel in der Folge die betriebsbedingte Kündigung.⁴⁴ Der Erfolg dieses Kampfmittels hängt mithin maßgeblich davon ab, wie wichtig dem Arbeitgeber der Betriebsübergang ist und wie unverzichtbar die Widersprechenden für den Betriebserwerber sind.⁴⁵

V. Flash-Mob

16   Neben den altbekannten Handlungsformen wie Betriebsblockaden, -besetzungen und Boykott kommt es gerade im Bereich der Arbeitskampfmittel auf Arbeitnehmerseite auch zu kreativen neuen Ansätzen. Von aktueller Relevanz ist hier insbesondere der sog. Flash-Mob, der im Bereich des Einzelhandels zum Einsatz gekommen ist.⁴⁶ Per SMS von ver.di aufgerufen, störten Nicht-Arbeitnehmer gezielt den Betriebsablauf öffentlich zugänglicher

---

³⁵ *Däubler* ArbeitskampfR/*Däubler* § 28 Rn. 11; ErfK/*Linsenmaier* GG Art. 9 Rn. 281; *Gamillscheg* KollArbR S. 989; *Kissel* AK § 61 Rn. 13, 39; *Otto* AK § 11 Rn. 32 ff.
³⁶ ErfK/*Linsenmaier* GG Art. 9 Rn. 281; *Kissel* AK § 61 Rn. 13; *Otto* AK § 11 Rn. 36; *Seiter* Streikrecht, S. 391.
³⁷ BAG 28.4.1966 – 2 AZR 176/65, AP GG Art. 9 Arbeitskampf Nr. 37; ErfK/*Linsenmaier* GG Art. 9 Rn. 281.
³⁸ BAG 30.9.2004 – 8 AZR 462/03, NZA 2005, 43.
³⁹ *Däubler* ArbeitskampfR/*Däubler* § 28 Rn. 10; *Krause* RdA 2006, 228 (234).
⁴⁰ BAG 30.9.2004 – 8 AZR 462/03, NZA 2005, 43.
⁴¹ *Melot de Beauregard* BB 2005, 826; *C. Meyer* SAE 2005, 331; iE auch *Krause* RdA 2006, 228; das Rechtsinstitut des Rechtsmissbrauchs als Grenze kritisierend: *Däubler* ArbeitskampfR/*Däubler* § 28 Rn. 65; *Rieble* NZA 2005, 1.
⁴² BAG 19.2.2009 – 8 AZR 176/08, NZA 2009, 1095.
⁴³ BAG 19.2.2009 – 8 AZR 176/08, NZA 2009, 1095 (1097).
⁴⁴ Vgl. mit Fallbeispiel *Rieble* NZA 2005, 1.
⁴⁵ *Däubler* ArbeitskampfR/*Däubler* § 28 Rn. 67.
⁴⁶ BAG 22.9.2009 – 1 AZR 972/08, NZA 2009, 2792; LAG Bln-Bbg 29.9.2008 – 5 Sa 967/08, NZA-RR 2009, 149; ArbG Berlin 23.6.2008 – 2 Ga 9993/08; ArbG Berlin 1.4.2008 – 34 Ca 2402/08; ArbG Berlin 12.12.2007 – 34 Ga 20169/07; ausführlich zur Thematik *Zahn* Flashmob-Aktionen im Arbeitskampf.

V. Flash-Mob

Einzelhandelsgeschäfte, indem sie zur gleichen Zeit sog. Pfennig-Artikel kauften und dadurch den Kassenbereich für einen längeren Zeitraum blockierten oder Einkaufswagen befüllten und diese dann an der Kasse stehen ließen.

Wurde der Gewerkschaft zunächst noch per einstweiliger Verfügung eine Wiederholung dieser Arbeitskampfmaßnahme verboten,[47] so wurde im folgenden Hauptsacheverfahren die Flash-Mob-Aktion für rechtmäßig erklärt.[48] Das LAG wies die dagegen eingelegte Berufung zurück, da die Aktion unter die in Art. 9 Abs. 3 GG geschützte Koalitionsfreiheit und damit die Freiheit der Arbeitskampfmittelwahl falle und bei der erforderlichen Einzelfallbetrachtung keine Unverhältnismäßigkeit festgestellt werden konnte.[49] Das BAG hat sich der instanzgerichtlichen Rechtsprechung weitestgehend angeschlossen und Flash-Mob-Aktionen als streikbegleitende Arbeitskampfmaßnahmen gebilligt.[50]

Die Zulässigkeit als streikbegleitende Arbeitskampfmaßnahme hängt davon ab, ob das Verhältnismäßigkeitsprinzip gewahrt wird.[51] Dies ist der Fall, wenn sie geeignet und erforderlich sind und die Gegenseite dadurch nicht in unangemessener Weise beeinträchtigt wird. Auffälligster Unterschied zwischen den herkömmlichen Formen des Arbeitskampfes und Flash-Mob-Aktionen ist der, dass bei Letzteren eine aktive Störung des Betriebsablaufs vorliegt und diese gerade nicht zwingend durch Arbeitnehmer, sondern auch durch Dritte, vorgenommen wird.[52] Dies ist insbesondere deshalb entscheidend, weil diesen, im Gegensatz zu Arbeitnehmern des bestreikten Betriebs, im Falle einer Streikbeteiligung keine wirtschaftlichen Nachteile entstehen. Gerade die Suspendierung des Vergütungsanspruchs führte doch bisher regelmäßig dazu, dass auf Seiten der Gewerkschaften und der Arbeitnehmer eigenverantwortlich mit dem Arbeitskampfmittel des Streiks umgegangen worden ist. Insbesondere wegen dieser Diskrepanz zu den herkömmlichen Arbeitskampfmaßnahmen wurde die Flash-Mob-Rechtsprechung des BAG in der Literatur deutlich kritisiert.[53] Die Unterstützung hingegen blieb verhalten.[54] Das BAG jedenfalls betont die Einzelfallbewertung am Verhältnismäßigkeitsgrundsatz als Prüfungsmaßstab für die Bestimmung der Rechtmäßigkeit von Flash-Mob-Aktionen und sieht diese als streikbegleitenden Arbeitskampfmaßnahmen als gerechtfertigt an, wenn einerseits für den bestreikten Arbeitgeber die verantwortliche Gewerkschaft erkennbar und andererseits die Intensität und Dauer der Aktion von der Gewerkschaft beherrschbar sei. In dieser Konstellation könne sich der Arbeitgeber verschiedenster Verteidigungsmöglichkeiten bedienen und sei keinesfalls wehrlos der Aktion ausgeliefert. Beispielhaft nennt das BAG die Möglichkeit, den Betrieb vorübergehend zu schließen oder vom Hausrecht Gebrauch zu machen.

Auch das BVerfG hat, indem es eine vom Arbeitgeberverband gegen die BAG-Entscheidung angestrengte Verfassungsbeschwerde nicht angenommen hat, deutlich gemacht, dass aus seiner Sicht die vom BAG vorgenommene Beurteilung verfassungsrechtlich nicht zu beanstanden sei.[55] In dem Nichtannahmebeschluss betont das BVerfG ausdrücklich den bei der Ausgestaltung des Arbeitskampfrechts bestehenden Handlungsspielraum. Dass das BAG sich bei der Überprüfung der umstrittenen Arbeitskampfmaßnahme an dem Grund-

---

[47] ArbG Berlin 12.12.2007 – 34 GA 20169/07.
[48] ArbG Berlin 1.4.2008 – 34 Ca 2402/08.
[49] LAG Bln-Bbg 29.9.2008 – 5 Sa 967/08, NZA-RR 2009, 149.
[50] BAG 22.9.2009 – 1 AZR 972/08, NZA 2009, 2792.
[51] Der Flash-Mob als unverhältnismäßige Maßnahme: *Kersten* Neues Arbeitskampfrecht, 2012, S. 78 ff.
[52] Die Beteiligung von Nichtmitgliedern für rechtswidrig erachtend: *Jacobs* ZfA 2011, 71 (85); *Konzen* FS Reuter, 2010, 603 (609 ff.); *Thüsing/Waldhoff* ZfA 2011, 329 (349 ff.).
[53] *Jacobs* ZfA 2011, 71 (81 ff.); *Krieger/Günther* NZA 2010, 20; *Olbertz/Reinartz* ArbRB 2008, 310 (314); Rieble/Junker/Giesen/*Otto* Neues Arbeitskampfrecht?, 15 ff.; *Otto* RdA 2010, 135; *Picker* FS Bauer, 2010, 811 (823 ff.); *Richter* Grenzen aktiver Produktionsbehinderung im Arbeitskampf, 74 f.; *Richardi* FS Säcker, 2010, 285; *Rieble* NZA 2008, 796 (798); *Säcker* NJW 2010, 1115 (1116); *Schwarze* ZfA 2018, 149 (154 ff.); Rieble/Junker/Giesen/*Bayreuther* Arbeitskampf, Verhandlung und Schlichtung, 2018, 15 (24 ff.); *Stoffels* SAE 07/2008, S. III; zusammenfassend: *Zahn* Flashmob-Aktionen im Arbeitskampf, S. 149 ff.
[54] BKS/*Berg* S. 865 ff.; Däubler ArbeitskampfR/*Däubler* § 31 Rn. 6 ff.; *Fischer* RdA 2011, 50 (53 ff.).
[55] BVerfG 26.3.2014 – 1 BvR 3185/09, NZA 2014, 493; vgl. auch: *Bertke* NJW 2014, 1852; Rieble/Junker/Giesen/*Krause* Entgrenzter Arbeitskampf?, 43 (47 f.).

satz der Verhältnismäßigkeit orientiert hat, sei nicht zu beanstanden. Insbesondere habe das BAG nicht die verfassungsmäßigen Grenzen richterlicher Rechtsfortbildung überschritten. Zwar komme die Aufgabe, die Koalitionsfreiheit näher auszugestalten, grundsätzlich dem Gesetzgeber zu. Soweit es um das Verhältnis der Parteien des Arbeitskampfes als gleichgeordnete Grundrechtsträger gehe, müsse diese Ausformung allerdings nicht zwingend durch *gesetzliche* Regelungen erfolgen.[56]

20 Hierbei wurde aber unberücksichtigt gelassen, dass diese Verhaltensweisen zwar in ihrem alltäglichen Erscheinungsbild vorkommen und von den Betreibern eines Einzelhandelsgeschäfts üblicherweise hingenommen werden. Dort, wo diese Maßnahmen aber systematisch mit dem Ziel der Betriebsablaufstörung und der Schädigung ergriffen werden, wird aus einem einzelnen alltäglichen Ärgernis aufgrund der zentralen Steuerung und der Zweckbezogenheit eine Arbeitskampfmaßnahme. Ebenso wie eine Zusammenkunft mehrerer Personen vor einem Werkstor dann zu einer Blockade wird, wenn die Willensrichtung der Personen kollektiv auf das Herbeiführen von Betriebsablaufstörungen gerichtet ist, gilt dies für Blockaden an Kassen oder innerhalb von Ladengeschäften, auch wenn nach außen, bezogen auf den einzelnen Akteur, sich die Verhaltensweisen noch als gerade akzeptiertes, gewöhnliches Kundenverhalten darstellen. Entscheidend ist die kollektive Zielrichtung, die aus einer gewöhnlichen Erscheinung ein (im Fall einer Flash-Mob-Aktion rechtswidriges[57]) Arbeitskampfmittel macht. Als Mittel der Gegenwehr gegen solche Flash-Mob-Aktionen sind das Hausrecht des Arbeitgebers und die Betriebsschließung ungeeignet.[58] Die Möglichkeit, Hausverbote auszusprechen, dürfte in der konkreten Flash-Mob-Situation praktisch kaum durchsetzbar sein. Dafür müsste der Arbeitgeber in der kurzen Zeit der Aktion dazu in der Lage sein, zwischen Teilnehmern und kaufwilligen Kunden unterscheiden zu können. Die Betriebsstilllegung ist ebenfalls nicht geeignet, weil dem Arbeitgeber damit kein gleichwertiges Gegenmittel zur Verfügung gestellt wird. Vielmehr entspricht eine Betriebsstilllegung sogar gerade dem Interesse der Gewerkschaft.

---

[56] BVerfG 26.3.2014 – 1 BvR 3185/09, NZA 2014, 493, 495 Rn. 40.
[57] ArbG Berlin 12.12.2007 – 34 Ga 20169/07; *Olbertz/Reinartz* ArbRB 2008, 310 (314); *Rieble* BB 2008, 1506 (1509), *Rieble* NZA 2008, 796 (798); *Stoffels* SAE 07/2008, S. III; *Krieger/Günther* NZA 2010, 20; *Richter*, Grenzen aktiver Produktionsbehinderung im Arbeitskampf, S. 74 ff.; *Säcker* NJW 2010, 1115; *Jacobs* ZfA 2011, 71 (81 ff.); *Otto* RdA 2010, 135; *Picker* FS Bauer 2010, S. 811 (823 ff.); *Zahn* Flashmob-Aktionen im Arbeitskampf, S. 240.
[58] *Greiner* NJW 2010, 2977 (2978); *Konzen* FS Reuter, 2010, 603 (622); *Krieger/Günther* NZA 2010, 20 (21); *Otto* RdA 2010, 135 (145); *Picker* ZfA 2010, 499 (554 ff.); *Thüsing/Waldhoff* ZfA 2011, 329 (361 ff.).

§ 274 Die Aussperrung

Übersicht

	Rn.
I. Grundsätzliches	1
II. Allgemeine Voraussetzungen der Aussperrung	5
III. Abwehraussperrung gegen rechtmäßigen Streik	6
IV. Abwehraussperrung gegen rechtswidrigen Streik	9
V. Angriffsaussperrung	10

I. Grundsätzliches

Bei der Aussperrung handelt es sich um das klassische Arbeitskampfmittel auf Arbeitgeberseite. Allgemein versteht man unter Aussperrung die generelle Zurückweisung der Arbeitsleistung unter Verweigerung der Lohnzahlung als Mittel der kollektiven Druckausübung zur Erreichung eines Tarifzieles.[1] Bei dieser Form des Arbeitskampfes lassen sich grds. zwei Arten unterscheiden: Ist es der Arbeitgeber, der den Arbeitskampf mit der Aussperrung eröffnet, so handelt es sich um eine Angriffsaussperrung, deren Zulässigkeit im Schrifttum umstritten[2] und in der Rechtsprechung mangels Anwendungsfall zumeist offen gelassen worden ist.[3] Dagegen liegt eine Abwehraussperrung vor, wenn der Arbeitgeber mit der Aussperrung auf Arbeitskampfmaßnahmen seitens der Gewerkschaft reagiert. Differenziert wird also danach, ob mit der Aussperrung der Arbeitskampf begonnen wird oder lediglich mit ihr auf ein Kampfmittel der Gegenseite reagiert werden soll. Im praktischen Arbeitskampfgeschehen der Bundesrepublik Deutschland spielt allerdings schon seit geraumer Zeit die Aussperrung keine Rolle mehr. So standen im Jahr 2017 nach der Streikstatistik der Bundesagentur für Arbeit 128.997 streikbedingt ausgefallene Arbeitstage ganze 20 aussperrungsbedingt ausgefallene Arbeitstage gegenüber.[4]

Des Weiteren unterscheidet man die lösende und die suspendierende Aussperrung. Während bei der lösenden Aussperrung das Arbeitsverhältnis insgesamt beendet wird, führt die suspendierende Aussperrung, wie auch der Streik, lediglich zu einem Ruhen der Hauptpflichten während des Arbeitskampfes. Da sich aber auch die Aussperrung als solche als verhältnismäßig erweisen muss, besteht jedoch weitgehend Einigkeit darüber, dass die lösende Aussperrung allenfalls in Ausnahmefällen in Betracht kommen könnte.[5] Insbesondere im Zusammenhang mit Sparten- und Spezialistenarbeitskämpfen in tarifpluralen Betrieben wurde allerdings kritisiert, dass eine suspendierende Aussperrung keine hinreichende Reaktionsmöglichkeit für den Arbeitgeber darstelle und nur die Zulassung der lösenden Aussperrung die gewünschte Parität herbeiführen könne.[6] Jedenfalls in der Konstellation eines lang andauernden Streiks einer Spartengewerkschaft könne einzig im Wege der lösenden Aussperrung und der anschließenden Neubesetzung der freien Arbeitsplätze mit nicht oder anders organisierten Arbeitnehmern eine zu Lasten des Arbeitgebers entstandene Disparität wieder ausgeglichen werden.[7] Im Übrigen ist die lösende Aussperrung

---

[1] BeckOK ArbR/Waas GG Art. 9 Rn. 133.
[2] Ablehnend Däubler ArbeitskampfR/Rödl § 21 Rn. 71 ff.; Seiter Streikrecht, S. 330 ff.; billigend Kissel AK § 53 Rn. 52; Löwisch Schlichtung und Arbeitskampfrecht, Rn. 331 ff.; Otto AK § 10 Rn. 60 ff.
[3] Von „der (praktisch seltenen) legitimen Aggressivaussperrung" sprechend und damit die rechtliche Zulässigkeit unterstellend BAG 28.1.1955 – GS 1/54, NJW 1955, 882.
[4] Bundesagentur für Arbeit, Streikstatistik – Deutschland und Länder (Jahreszahlen und Zeitreihe) – Berichtsjahr 2017 (abrufbar unter https://statistik.arbeitsagentur.de/Navigation/Statistik/Statistik-nach-Themen/Beschaeftigung/Streik/Streik-Nav.html) – zuletzt abgerufen: 27.8.2018.
[5] Kissel AK § 52 Rn. 52 ff.; ErfK/Linsenmaier GG Art. 9 Rn. 236.
[6] Franzen RdA 2009, 193 (202 f.); Greiner NZA 2007, 1023 (1027); aA Linsenmaier RdA 2015, 369 (378 f.); vgl. auch: v. Steinau-Steinrück/Brugger NZA-Beil. 2010, 127 (131 f.).
[7] Greiner NZA 2007, 1023 (1027); Greiner NJW 2010, 2977 (2980), vgl. BAG 21.4.1971 – GS 1/68, AP GG Art. 9 Arbeitskampf Nr. 43; aA Deinert NZA 2009, 1176 (1183), der keine Disparität auszumachen vermag.

noch denkbar, wenn die Aussperrung eine Reaktion der Arbeitgeberseite auf einen rechtswidrigen Streik ist.[8] Lässt man in Ausnahmefällen eine lösende Aussperrung zu, so besteht jedoch für die von ihr betroffenen Arbeitnehmer ein Anspruch auf Wiedereinstellung.[9]

3   Abgesehen von der besonderen Problematik der Spezialistenarbeitskämpfe, deren spezifische arbeitskampfrechtliche Situation auch durch § 4a TVG nicht geregelt wurde, dürfte die Frage der lösenden Aussperrung allerdings mittlerweile nur noch von akademischer Bedeutung sein. An ihr zeigt sich letztlich, dass tatsächliche Entwicklungen rechtliche Fragestellungen überlagern können. So ist insgesamt festzustellen, dass die Aussperrung, wie die jüngsten Arbeitskämpfe zeigen, im Kalkül der Unternehmer so gut wie nicht mehr vorkommt.[10] Der Arbeitgeber, der ein grundlegendes Interesse an der Aufrechterhaltung der eigenen Produktivität hat, wird die Aussperrung als Arbeitskampfmittel vermeiden.[11] Vielmehr spielen mittlerweile ganz andere Reaktionsmöglichkeiten eine wesentlich größere Rolle. Im Vergleich zur Aussperrung dürfte insbesondere der suspendierenden Betriebsschließung, mit der der Arbeitgeber ebenfalls die Arbeitspflichten sämtlicher Arbeitnehmer suspendieren kann, größere Bedeutung zukommen.[12] Dies insbesondere deshalb, weil die Rechtsprechung die Betriebsstilllegung nicht den strengen Anforderungen einer Aussperrung unterworfen hat.[13] Daneben erscheint auch die Androhung von Unternehmensumstrukturierungen mit einer damit verbundenen Reduzierung des Personals in der Kampfpraxis eine wesentlich größere Bedeutung zu erlangen, als der Verweis auf das historische Kampfmittel der Aussperrung.

4   Trotzdem wird auch noch heute um die generelle Zulässigkeit der Aussperrung gestritten. Allerdings geht die ganz überwiegende Auffassung in Rechtsprechung und Schrifttum davon aus, dass bei Wahrung der Verhältnismäßigkeit eine suspendierende Aussperrung möglich sein muss.[14] Letztlich wird die Zulässigkeit der Aussperrung mit der Funktion des Arbeitskampfes für das Tarifsystem begründet. Ebenso wie dem Tarifvertrag als Rechtsinstitut der Gedanke zugrunde liegt, dass ihn zumindest strukturell gleich gewichtige Partner aushandeln, setzt auch das Arbeitskampfrecht eine strukturelle Parität der Kampfmittel voraus. Wenn also die Gewerkschaftsseite mit dem Arbeitskampfmittel des Streiks ein probates Mittel hat, um ihren Forderungen Nachdruck zu verleihen, muss auch der Arbeitgeberseite ein rechtlich zulässiges Kampfmittel zur Verfügung stehen. Dies wird allgemein in der Aussperrung gesehen, auch, wenn die Aussperrung angesichts moderner Produktionsformen, vielfach kein taugliches Arbeitskampfmittel mehr ist.[15]

II. Allgemeine Voraussetzungen der Aussperrung

5   Wenn die Arbeitgeberseite Arbeitnehmer mit suspendierender Wirkung aussperren will, so bedarf dies einer eindeutigen, empfangsbedürftigen Willenserklärung, in der der einzelne Arbeitgeber deutlich zum Ausdruck bringt, dass er vom Mittel der Aussperrung Ge-

---

[8] BeckOK ArbR/*Waas* GG Art. 9 Rn. 157.
[9] BAG 21.4.1971 – GS 1/68, AP GG Art. 9 Arbeitskampf Nr. 43.
[10] *Rieble* FS Wank, 2014, S. 475 (479): „Die Aussperrung ist praktisch tot."; *v. Steinau-Steinrück/Glanz* NZA 2009, 113 (115 f.).
[11] Weiterführend Waldhoff/Thüsing/*Bayreuther* Verfassungsfragen des Arbeitskampfes, S. 58 (59 f.).
[12] BAG 22.3.1994 – 1 AZR 622/93, AP GG Art. 9 Arbeitskampf Nr. 130; 31.1.1995 – 1 AZR 142/94, AP GG Art. 9 Arbeitskampf Nr. 135; ausführlicher zum Vorzug der Betriebsschließung BAG 22.9.2009 – 1 AZR 972/08, NZA 2009, 1347 (1354).
[13] Dazu die Kritik zusammenfassend *Kissel* AK § 33 Rn. 113 ff.; *Otto* AK § 11 Rn. 21.
[14] *Gamillscheg* KollArbR I, S. 1034 ff.; Brox/Rüthers/*Rüthers* § 8 Rn. 184 ff.; *Kissel* AK § 52 Rn. 70 ff.; BAG 21.4.1971 – GS 1/68, AP GG Art. 9 Arbeitskampf Nr. 43; BAG 10.6.1980 – 1 AZR 822/79, AP GG Art. 9 Arbeitskampf Nr. 64; 26.4.1988 – 1 AZR 399/86, AP GG Art. 9 Arbeitskampf Nr. 101; 19.6.2007 – 1 AZR 396/06, NZA 2007, 1055 (1056); BVerfG 26.6.1991 – 1 BvR 779/85, AP GG Art. 9 Arbeitskampf Nr. 117; aA *Däubler* ArbR I Rn. 611 ff.
[15] *Rieble* FAZ v. 19.2.2005, Nr. 42, S. 13.

II. Allgemeine Voraussetzungen der Aussperrung

brauch machen oder sich einer Verbandsaussperrung ausdrücklich anschließen will.[16] Trotz des besonderen Kündigungsschutzes für diese Personengruppen kann der Arbeitgeber auch Betriebsratsmitglieder,[17] Schwangere,[18] schwerbehinderte Menschen[19] und Erkrankte[20] aussperren.[21] Die Erklärung ist gegenüber dem einzelnen Arbeitnehmer abzugeben. Sie ist nicht formbedürftig sondern kann auch konkludent erfolgen.[22] Wird ein Arbeitskampf um einen Verbandstarifvertrag geführt und liegt ein Koalitionsbeschluss des Arbeitgeberverbandes über eine Aussperrung vor, so muss der Arbeitgeber darauf hinweisen, dass die Aussperrung vom Arbeitgeberverband getragen wird.[23] Dies ist erforderlich, weil ohne die entsprechende Aussperrungsermächtigung durch den Verband aus der Sicht des BAG eine „wilde" und somit rechtswidrige Aussperrung vorliegt.[24] Die Rechtsprechung argumentiert hier allerdings mit einem fragwürdigen Symmetrieargument: Bei einer Auseinandersetzung um einen Verbandstarifvertrag müssten Arbeitskampfmaßnahmen der Arbeitgeberseite vom Arbeitgeberverband getragen sein wie auch auf der Arbeitnehmerseite Streikmaßnahmen von der Gewerkschaft. Dies ist umso erstaunlicher, als die Rechtsprechung auch bei Vorhandensein eines Verbandstarifvertrages von der Tariffähigkeit sowie der Tarifzuständigkeit des einzelnen verbandsangehörigen Arbeitgebers ausgeht.[25] Die Abgabe der Aussperrungserklärung kann auch gegenüber einer bevollmächtigten Streikleitung erfolgen.[26] Letzteres gilt selbstredend nicht, wenn nicht nur Gewerkschaftsmitglieder, sondern auch Außenseiter, die sich nicht an den Streikmaßnahmen beteiligen, ausgesperrt werden sollen. Bei den Nicht-Organisierten muss dann die Aussperrungserklärung gegenüber diesen abgegeben werden. Dabei ist darauf hinzuweisen, dass die Rechtsprechung eine gezielte Aussperrung nur der Organisierten als unzulässig beurteilt.[27] Fraglich ist, ob dies bei einem Arbeitskampf in einem tarifpluralen Betrieb auch gilt, wenn in einem solchen Fall von dem Arbeitgeber, der zu unterschiedlichen Zeitpunkten von verschiedenen Gewerkschaften bestreikt wird, gefordert werden würde, bei jeder Aussperrung auch die Außenseiter mit auszusperren.[28] Die selektive Aussperrung nur der Organisierten würde jedoch die zuverlässige Kenntnis des Arbeitgebers über die Mitgliedschaft in der kampfführenden Gewerkschaft voraussetzen.[29] Insbesondere während laufender Tarifverhandlungen hat das BAG einem solchen Informationsanspruch eine klare Absage erteilt.[30] Dementsprechend wird eine solche Differenzierung praktisch

---

[16] BAG 27.6.1995 – 1 AZR 1016/94, AP GG Art. 9 Arbeitskampf Nr. 137; HWK/*Hergenröder* GG Art. 9 Rn. 222.
[17] BAG 25.10.1988 – 1 AZR 368/87, NZA 1989, 353.
[18] BAG 22.10.1986 – 5 AZR 550/85, NZA 1987, 494.
[19] BAG 7.6.1988 – 1 AZR 597/86, NZA 1988, 890.
[20] BAG 7.6.1988 – 1 AZR 597/86, NZA 1988, 890.
[21] ErfK/*Linsenmaier* GG Art. 9 Rn. 255 ff.; differenzierend *Otto* AK § 8 Rn. 20.
[22] Nach Brox/Rüthers/*Brox* § 9 Rn. 314 kann sich der Ausschließungswille im Schließen des Werktores zeigen; aA *Seiter* Streikrecht, S. 352.
[23] BAG 31.10.1995 – 1 AZR 217/95, NZA 1996, 389.
[24] BAG 31.10.1995 – 1 AZR 217/95, NZA 1996, 389; Däubler ArbeitskampfR/*Rödl* § 21 Rn. 101; Gamillscheg KollArbR I, S. 1096 f.; *Seiter* Streikrecht, S. 339; aA Brox/Rüthers/*Brox* § 3 Rn. 53.
[25] BAG 10.12.2002 – 1 AZR 96/02, NZA 2003, 734 (737 f.); BAG 25.9.1996 – 1 ABR 4/96, NZA 1997, 613.
[26] BAG 26.10.1971 – 1 AZR 113/68, AP GG Art. 9 Arbeitskampf Nr. 44; hierzu kritisch *Seiter* Streikrecht, S. 353.
[27] BAG 10.6.1980 – 1 AZR 331/79, AP GG Art. 9 Arbeitskampf Nr. 66; 18.11.2014 – 1 AZR 257/13, NZA 2015, 306.
[28] Dafür ErfK/*Linsenmaier* GG Art. 9 Rn. 254; dagegen *Greiner* Rechtsfragen der Koalitions-, Tarif- und Arbeitskampfpluralität, S. 476; HWK/*Hergenröder* GG Art. 9 Rn. 224; *Wietfeld* Die rechtliche Zulässigkeit von Arbeitnehmeraußenseitern im Spartenarbeitskampf, S. 222 f.; weitergehend *Henssler* RdA 2011, 65 (68 f.), der meint, der ArbGeb. dürfe die anders organisierten ArbN gar nicht aussperren; offen gelassen BAG 18.11.2014 – 1 AZR 257/13, NZA 2015, 306.
[29] Einen Informationsanspruch des ArbGeb. fordert *Greiner* Rechtsfragen der Koalitions-, Tarif- und Arbeitskampfpluralität, S. 476 (481 ff.).
[30] BAG 18.11.2014 – 1 AZR 257/13, NZA 2015, 306.

kaum vorkommen. Allerdings darf der Arbeitgeber die Aussperrung auf Streikende beschränken.[31]

III. Abwehraussperrung gegen rechtmäßigen Streik

6 Bereits begrifflich setzt die Abwehraussperrung einen bestehenden Arbeitskampf voraus, bei dem der Arbeitgeber durch das Mittel der Aussperrung auf Arbeitskampfmittel seitens der Gewerkschaft reagiert.[32] Für die Bewertung der Zulässigkeit dieser Abwehraussperrung stellt die Rechtsprechung maßgeblich auf den Grundsatz der Verhältnismäßigkeit ab. So sollen nur solche Abwehraussperrungen verhältnismäßig sein, die sich auf die Herstellung der Verhandlungsparität beschränken.[33] Dies bedeutet, dass sich die jeweilige Aussperrungsmaßnahme zur Erreichung eines Tarifabschlusses als geeignet, erforderlich und verhältnismäßig im engeren Sinne erweisen muss.

7 Daraus wurde bisher die Forderung abgeleitet, dass sich eine Aussperrung nur innerhalb des Tarifgebietes vollziehen dürfe. Soweit Kampfmaßnahmen die Außengrenze des Tarifgebietes überschreiten, seien sie regelmäßig nicht mehr als erforderlich anzusehen, um das Verhandlungsgleichgewicht zu gewährleisten.[34] Wenn aber jetzt der Sympathiearbeitskampf vom BAG ausdrücklich als zulässig angesehen wird,[35] muss dies allein schon aus Gründen der strukturellen Parität auch für die Aussperrung gelten. Insofern ist die Zulässigkeitsvoraussetzung einer Abwehraussperrung, die in der Begrenztheit der Aussperrung auf das Tarifgebiet besteht, fraglich geworden.[36]

8 Darüber hinaus hat das BAG die Verhältnismäßigkeit der Aussperrung in der Vergangenheit strikt anhand eines Quotenschemas bemessen wollen (sog. Aussperrungsarithmetik[37]): Sofern durch einen Streikbeschluss weniger als 25% der Arbeitnehmer des Tarifgebietes zur Arbeitsniederlegung aufgefordert werden (sog. enggeführter Teilstreik), so sei eine Ausdehnung um 25% der Arbeitnehmer durch Aussperrung verhältnismäßig. Wenn mehr als 25% der Betroffenen durch die Gewerkschaft zum Streik gerufen werden, so ist die Einbeziehung weiterer Arbeitnehmer bis zu einer Quote von 50% verhältnismäßig. Ist dagegen die Hälfte oder gar mehr der Arbeitnehmer des Tarifgebietes zum Streik aufgerufen, so nahm das BAG an, dass dann keine Störung der Kampfparität zu befürchten sei, mit der Folge, dass eine weitere Aussperrung unzulässig wäre.[38] Zwar hat damit das BAG für die Aussperrung ein Regelungsdefizit ausgeglichen und Regelungen geschaffen, die halbwegs rechtssicher zu überprüfen wären. Das rechtswissenschaftliche Schrifttum hat jedoch das Quotenmodell des BAG zu Recht deutlich kritisiert.[39] Vor allem in der Konstellation von Arbeitskämpfen in tarifpluralen Betrieben wurden die entwickelten Aussperrungsquoten als nicht anwendbar kritisiert, da im Sparten- und Spezialistenarbeitskampf die Parität zu Lasten des Arbeitgebers verschoben sei.[40] Insbesondere die Festsetzung fester Quoten erscheint vor dem Hintergrund des Verhältnismäßigkeitsprinzips, dass eine auf den Einzelfall abstellende Prüfung erfordert, als bedenklich. Richtigerweise wird man daher die Quoten, wie auch teilweise in der Rechtsprechung angedeu-

---

[31] BAG 11.8.1992 – 1 AZR 103/92, AP GG Art. 9 Arbeitskampf Nr. 124; LAG Hamm 14.11.2001 – 18 Sa 530/01, NZA-RR 2001, 367.
[32] Zur sog. Unterstützungsaussperrung: *Greiner* NJW 2010, 2977 (2979 f.).
[33] BAG 10.6.1980 – 1 AZR 822/79, AP GG Art. 9 Arbeitskampf Nr. 64; 12.3.1985 – 1 AZR 636/82, AP GG Art. 9 Arbeitskampf Nr. 84; 11.8.1992 – 1 AZR 103/92, AP GG Art. 9 Arbeitskampf Nr. 124.
[34] BAG 10.6.1980 – 1 AZR 822/79, AP GG Art. 9 Arbeitskampf Nr. 64.
[35] BAG 19.6.2007 – 1 AZR 396/06, AP GG Art. 9 Arbeitskampf Nr. 173.
[36] HWK/*Hergenröder* GG Art. 9 Rn. 226.
[37] *Schmidt-Preuß* BB 1986, 1093 ff.; *Lipinski/Reinhardt* BB 2008, 2234 (2239).
[38] BAG 7.6.1988 – 1 AZR 597/86, AP GG Art. 9 Arbeitskampf Nr. 107; ErfK/*Linsenmaier* GG Art. 9 Rn. 241.
[39] Brox/Rüthers/*Rüthers* § 8 Rn. 212; *Hanau* AFP 1980, 126; *Konzen* AFP 1984, 1; *Lieb* DB 1980, 2188; *Otto* RdA 1981, 285 (292); *Seiter* RdA 1981, 65; *Richardi* JZ 1985, 410.
[40] *Bayreuther* NZA 2008, 12 (15); *Franzen* RdA 2008, 193 (202); *Greiner* NZA 2007, 1023 (1027); *Löwisch* ZfA 1988, 137 (144).

tet,[41] lediglich als Indizienwerte zu verstehen haben, ohne dass daraus feste Zulässigkeitsgrenzen für die Aussperrung abgeleitet werden dürften.[42] Insofern sind die genannten Quoten allenfalls als grobes Raster zu verstehen, das allerdings noch eine Einzelfallprüfung im Hinblick auf die Kampfparität erforderlich macht.

IV. Abwehraussperrung gegen rechtswidrigen Streik

Eine Besonderheit ergibt sich dann, wenn der Streik, auf den die Arbeitgeberseite reagieren will, rechtswidrig ist. Die Rechtsprechung hält auch bei einer solchen Konstellation eine Aussperrung für zulässig.[43] Begründet wird dies ua damit, dass ein Arbeitgeber bei einem rechtswidrigen Arbeitskampf nicht schlechter gestellt werden dürfe als bei einem rechtmäßigen Arbeitskampf. Auch bei einem rechtswidrigen Arbeitskampf könne der Arbeitgeber mit Aussperrungsmaßnahmen antworten, die sich auch auf Arbeitnehmer erstrecken dürfen, welche sich nicht an den rechtswidrigen Kampfmaßnahmen beteiligt haben. Einer derartigen Aussperrungsbefugnis ist indes teilweise vom Schrifttum widersprochen worden.[44] Den Kritikern ist sicherlich zuzugestehen, dass bei einem rechtswidrigen Arbeitskampf die Erforderlichkeit der Arbeitskampfmaßnahme mehr als fragwürdig ist, da dem Arbeitgeber in dieser Situation vielfältige Möglichkeiten zur Verfügung stehen, die bis zur fristlosen Kündigung der Arbeitsverhältnisse reichen können. Insofern erscheint die Abwehraussperrung als Antwort auf einen rechtswidrigen Streik durchaus zweifelhaft. Dem wird man sich jedenfalls in den Fällen, in denen die Rechtswidrigkeit des Streiks auf der Hand liegt, nicht verschließen können. Der Regelfall dürfte aber so aussehen, dass die Frage der Rechtswidrigkeit eines Streiks im konkreten Fall keineswegs einfach zu beantworten ist. In diesem Fall erscheinen prozessuale Rechtsbehelfe und individualarbeitsrechtliche Reaktionen als wenig geeignet, um auf den rechtswidrigen Streik zu reagieren. Daher gebietet schon der Aspekt der Kampfparität, dass sich die Unklarheiten über die Rechtmäßigkeit des Streikes nicht zu Lasten desjenigen auswirken dürfen, der durch den rechtswidrigen Streik angegriffen wird. Folglich ist die Arbeitgeberseite als berechtigt anzusehen, Abwehraussperrungen vorzunehmen, wenn nicht die Rechtswidrigkeit der Streikmaßnahme geradezu evident ist.[45]

V. Angriffsaussperrung

Im Gegensatz zur von der Rechtsprechung und Literatur anerkannten suspendierenden Abwehraussperrung ist die Zulässigkeit und Erforderlichkeit der Angriffsaussperrung umstritten.[46] Einschränkend wird vielfach die Zulässigkeit unter die Prämisse gestellt, dass stark veränderte Ausgangsbedingungen, wie eine katastrophale, branchenmäßig generelle Verschlechterung der Konjunktur[47], schwere wirtschaftliche Depressionen[48], einschneidende Rezessionen[49] oder Unternehmenskrisen[50] vorliegen. Insbesondere wegen der

---

[41] BAG 7.6.1988 – 1 AZR 597/86, AP GG Art. 9 GG Arbeitskampf Nr. 107.
[42] BeckOK ArbR/*Waas* GG Art. 9 Rn. 141; *Deinert* RdA 2011, 12 (21); ErfK/*Linsenmaier* GG Art. 9 Rn. 243; *Linsenmaier* RdA 2015, 369 (379).
[43] BAG 25.1.1963 – 1 AZR 288/62, AP GG Art. 9 Arbeitskampf Nr. 24; 21.4.1971 – GS 1/86, AP GG Art. 9 Arbeitskampf Nr. 43; 14.2.1978 – 1 AZR 76/76, AP GG Art. 9 Arbeitskampf Nr. 58.
[44] *Seiter* Streikrecht, S. 372 ff.; Brox/Rüthers/*Rüthers* § 8 Rn. 217; *Kissel* AK § 53 Rn. 40 ff.
[45] Vgl. *Löwisch/Rieble* AR Blattei SD 170.2 Rn. 100 ff.; *Gamillscheg* KollArbR I, S. 1206; *Otto* AK § 10 Rn. 87; *Richardi* NJW 1979, 2057 (2063); *Scholz/Konzen* Die Aussperrung im System von Arbeitsverfassung und kollektivem Arbeitsrecht, S. 227 ff.
[46] Ablehnend Däubler ArbeitskampfR/*Rödl* § 21 Rn. 71 ff.; *Konzen* ZfA 1975, 401 (432); *Seiter* Streikrecht, S. 330 ff.; billigend Brox/Rüthers/*Rüthers* § 8 Rn. 187; *Gamillscheg* KollArbR I, S. 1038; *Rüthers* Rechtsprobleme der Aussperrung, S. 31 f.; *Kissel* AK § 53 Rn. 52; *Löwisch* Schlichtung und Arbeitskampfrecht, Rn. 331 ff.; *Otto* AK § 10 Rn. 60 ff.
[47] *Scholz/Konzen* Die Aussperrung, S. 181.
[48] *Müller* DB 1992, 269 (274).
[49] Brox/Rüthers/*Rüthers* § 8 Rn. 187.
[50] *Löwisch* AK 170.1 Rn. 52.

Möglichkeit den Tarifvertrag in solchen Ausnahmesituationen außerordentlich zu kündigen[51], sind diese Einschränkungen eher theoretischer Natur.

11 Die Gerichte für Arbeitssachen konnten die Frage der Zulässigkeit der Angriffsaussperrung bisher offen lassen, da es in der Praxis bisher noch nicht vorgekommen ist, dass ein Arbeitskampf durch eine Aussperrung seitens des Arbeitgebers eröffnet worden ist. Dennoch lassen sich teilweise Rückschlüsse aus Entscheidungen des BAG ziehen. So ist es jeweils der Große Senat des BAG, der die rechtliche Zulässigkeit grundsätzlich unterstellt, indem er schon 1955 von „der (praktisch seltenen) legitimen Aggressivaussperrung"[52] gesprochen und dann im Jahr 1971 die Möglichkeit des Arbeitgebers erwähnt hat, die Aussperrung „auch als den ersten Akt eines Arbeitskampfes"[53] zu nutzen. Ausgehend von der verfassungsrechtlich gem. Art. 9 Abs. 3 GG gewährten Arbeitskampfmittelfreiheit ist zu fragen, ob die Angriffsaussperrung im Einzelfall zu einem Verhandlungs- und Arbeitskampfungleichgewicht führen würde. Die vom BAG zur Abwehraussperrung aufgestellten Kriterien müssen dabei entsprechend gelten.

---

[51] BAG 18.2.1998 – 4 AZR 363/96, NZA 1998, 1008.
[52] BAG 28.1.1955 – GS 1/54, NJW 1955, 882 (885).
[53] BAG 21.4.1971 – GS 1/68, AP GG Art. 9 Arbeitskampf Nr. 43 (Teil III B 1).

§ 275 Sonstige Kampfmittel auf Arbeitgeberseite

Übersicht

	Rn.
I. Die Betriebsstilllegung	1
II. Massenänderungskündigung	3
III. Einsatz von Streikbrechern	4
IV. Streikbruchprämie	13

I. Die Betriebsstilllegung

Als Reaktion auf Streikmaßnahmen ist der Arbeitgeber als berechtigt anzusehen, seinen Betrieb vorübergehend stillzulegen.[1] Grundvoraussetzung einer solchen suspendierenden Betriebsstilllegung ist, dass während der Stilllegung die betriebliche Tätigkeit des Arbeitgebers weder von diesem selbst noch von einem von ihm beauftragten Drittunternehmen ausgeführt wird.[2] Der Arbeitgeber darf einem Drittunternehmen lediglich Erhaltungs- oder Notstandsarbeiten übertragen. Folge des Stilllegungsbeschlusses, der keiner Begründung bedarf, ist es, dass die beiderseitigen Hauptpflichten der Arbeitnehmer und Arbeitgeber suspendiert werden. Mit anderen Worten: Auch der arbeitswillige, sich nicht am Arbeitskampf beteiligende Arbeitnehmer verliert für die Dauer der Betriebsstilllegung seinen Lohnanspruch. Zur Begründung dieser Rechtsfolge, verweist das BAG lediglich darauf, dass der Arbeitgeber mit dem Stilllegungsbeschluss nur das vollziehe, was die kampfführende Arbeitnehmerseite anstrebe. Warum dies jedoch einen Eingriff in das Synallagma des Arbeitsverhältnisses bei dem Außenseiter rechtfertigt, wird nicht recht deutlich und ist deshalb heftig kritisiert worden.[3] Argumentiert wurde von Seiten der Kritiker etwa, dass die Möglichkeit der Betriebsstilllegung, abgesehen von den arbeitswilligen Gewerkschaftsmitgliedern insbesondere aber die Außenseiter betrifft.[4] Dies führe zu einer „Zwangssolidarisierung" und stelle mithin einen Eingriff in die negative Koalitionsfreiheit dar.[5] Die Stilllegung entspreche für die von ihr betroffenen Arbeitnehmer vielmehr einer Aussperrung, weshalb für sie der Zulässigkeitsmaßstab einer Aussperrung gelten müsse.[6] Dem ist entgegenzuhalten, dass die Stilllegung durchaus – und auch für die Arbeitnehmer – das mildere Mittel darstellt. Wenngleich die Folgen (keine Beschäftigung und kein Lohn) prima facie gleich sind, so ist die Stilllegung aufgrund ihrer strengen Begrenzung auf die Arbeitskampfmaßnahme, die durch sie erduldet wird, überschaubarer. Im Falle eines Streikes haben die Arbeitnehmer zudem grds. die Möglichkeit, auf die kampfführende Gewerkschaft einzuwirken, weshalb die Ausgestaltung der Stilllegung aufgrund ihrer Begrenzung nicht allein in Händen des Arbeitgebers liegt; vielmehr kann sie insofern von der Arbeitnehmerseite beeinflusst werden, als die Arbeitskampfmaßnahme vorzeitig beendet wird und damit auch die Stilllegung enden muss. Die Aussperrung hingegen stellt eine eigene, unabhängige Kampfmaßnahme des Arbeitgebers dar, deren Dauer für die Arbeitnehmer zumeist nicht absehbar sein wird und auf die die Arbeitnehmer auch keinen

---
[1] BAG 22.3.1994 – 1 AZR 622/93, AP GG Art. 9 Arbeitskampf Nr. 130; 31.1.1995 – 1 AZR 142/94, AP GG Art. 9 Arbeitskampf Nr. 135; 22.9.2009 – 1 AZR 972/08, NZA 2009, 1347.
[2] BAG 13.12.2011 – 1 AZR 495/10, NZA 2012, 995.
[3] *Birk* FS Wiedemann, 2002, S. 199 (208); *Göbel* Das Suspendierungsrecht zwischen Delikt und Vertrag, S. 197ff.; *Kalb* FS Stahlhacke, 1995, S. 213 (222f.); *Konzen* FS 50 Jahre BAG, 2004, S. 513 (550); *Löwisch* FS Gitter, 1995, S. 533 (539); *Oetker* AP GG Art. 9 Arbeitskampf Nr. 130; *Rieble* SAE 1996, 227 (232ff.); ZLH/*Loritz* § 43 Rn. 64; *Schultheis* Die Stilllegungsbefugnis des Arbeitgebers im Arbeitskampf, S. 286ff.; übersichtliche Darstellung der Kritik: *Kissel* AK § 33 Rn. 113ff.; *Otto* AK § 11 Rn. 21.
[4] *Kentner* Arbeitskampfmittel der Arbeitgeber, 2010, S. 183.
[5] *Konzen* Anm. zu AP GG Art. 9 Arbeitskampf Nr. 137, 138 und 139.
[6] *Kissel* AK § 33 Rn. 120f.; *Lieb* SAE 1995, 260; *Mayer* AiB 1995, 136; *Rieble* Arbeitsmarkt und Wettbewerb, Rn. 1713; *Thüsing* DB 1995, 2608.

Einfluss nehmen können. Aufgrund dieser erheblichen Unterschiede ist es gerechtfertigt, Stilllegung und Aussperrung ungleich zu behandeln – die Stilllegung ist keine Kampfmaßnahme; der Arbeitgeber beteiligt sich durch sie nicht aktiv am Arbeitskampf.[7] Letztlich hat das BAG trotz der erheblichen Kritik ausdrücklich an seiner Rechtsprechung festgehalten.[8] Zwar hat das BAG einerseits die Betriebsstilllegung explizit als mögliche effektive Reaktion auf einen Flash-Mob hervorgehoben.[9] Andererseits erscheint angesichts dessen, dass der Arbeitgeber grundsätzlich ein großes Interesse an der Fortsetzung der Arbeit hat, fraglich, ob der Betriebsstilllegung im Arbeitskampf noch größere Bedeutung zukommt. Insofern wird auch nicht ganz zu Unrecht bezweifelt, ob es sich bei der Betriebsstilllegung überhaupt um ein für Arbeitgeber taugliches Mitteln handelt, um den Auswirkungen von Streiks zu begegnen.[10]

2   Das Stilllegungsrecht besteht unabhängig davon, ob dem Arbeitgeber die teilweise Aufrechterhaltung des Betriebs oder Betriebsteils möglich und wirtschaftlich zumutbar ist. Es existiert allerdings nur im Rahmen des gewerkschaftlichen Streikbeschlusses und ist letztlich von ihm abhängig, so dass etwa die Betriebsstilllegung nicht den zeitlichen Rahmen des Streikaufrufs überschreiten darf.[11] Nach Ansicht des BAG, welches dies jedenfalls für eine rechtswidrige Betriebsblockade entschieden hat, kommt es nicht darauf an, ob die Arbeitskampfmaßnahme, der sich der Arbeitgeber beugt, rechtmäßig oder rechtswidrig ist.[12] Auch die Betriebsstilllegung bedarf, weil es sich nach Ansicht des BAG nicht um eine kollektivrechtliche sondern eine individualrechtliche Maßnahme handelt, einer eindeutigen Willensäußerung des Arbeitgebers. Hier soll aber auch schon eine konkludente Willenserklärung reichen, bei der der Arbeitgeber deutlich macht, dass er sich dem Streik beugen und den Betrieb deshalb vorläufig nicht weiterführen will.[13] Die Erklärung hat gegenüber den betroffenen Arbeitnehmern und nicht, wie etwa bei der Aussperrungserklärung, auch gegenüber der Gewerkschaft zu erfolgen.[14] Die Bekanntgabe erfordere jedoch keine individuelle Unterrichtung aller betroffenen Arbeitnehmer. Vielmehr könne der Arbeitgeber erwarten, dass sich seine Stilllegungsabsicht unter den Arbeitnehmern des Betriebs herumspricht.[15]

II. Massenänderungskündigung

3   Dagegen wird die Massenänderungskündigung nicht als Arbeitskampfmaßnahme begriffen, sondern als reguläre Individualänderungskündigung eingeordnet, die nicht unter § 25 KSchG fällt.[16] Ziel der Massenänderungskündigung ist es, eine nachteilige Veränderung der Arbeitsbedingungen der Arbeitnehmer herbeizuführen, soweit diese Arbeitsbedingungen nicht Gegenstand eines normativ wirkenden Tarifvertrags sind und daher dem Günstigkeitsprinzip unterfallen oder aus sonstigen Gründen nicht privatautonom zulasten der Arbeitnehmer geändert werden können. Dementsprechend bildet auch das MiLoG eine Grenze für entsprechende Änderungsangebote. Regelmäßig wird sich die Massenände-

---

[7] So auch BAG 27.6.1995 – 1 AZR 1016/94, AP GG Art. 9 Nr. 137 = BAGE 80, 213 ff.
[8] BAG 22.9.2009 – 1 AZR 972/08, NZA 2009, 1347; 13.12.2011 – 1 AZR 495/10, NZA 2012, 995; zustimmend: *Gamillscheg* FS Blanpain, 1998, S. 735 ff.; *Hanau* NZA 1996, 841 (846 f.); *Kalb* RdA 2015, 226 (227 f.); *Wißmann* JbArbR 35 (1998), 115 (120 ff.).
[9] BAG 22.9.2009 – 1 AZR 972/08, NZA 2009, 1347.
[10] *Kentner* Arbeitskampfmittel der Arbeitgeber, 2010, S. 183.
[11] BAG 27.6.1995 – 1 AZR 1016/94, AP GG Art. 9 Arbeitskampf Nr. 137; *Junker* GK Arbeitsrecht § 9 Rn. 629 ff.; *Otto* AK § 11 Rn. 16 f.
[12] BAG 11.7.1995 – 1 AZR 63/95, AP GG Art. 9 Arbeitskampf Nr. 138 f.
[13] BAG 11.7.1995 – 1 AZR 63/95, AP GG Art. 9 Arbeitskampf Nr. 138 f.; dazu auch *Schultheis* Die Stilllegungsbefugnis des Arbeitgebers im Arbeitskampf, S. 255 ff.
[14] BAG 11.7.1995 – 1 AZR 63/95, AP GG Art. 9 Arbeitskampf Nr. 138 f.
[15] BAG 13.12.2011 – 1 AZR 495/10, NZA 2012, 995.
[16] BAG 28.1.1955 – GS 1/54, AP GG Art. 9 Arbeitskampf Nr. 1; BeckOK ArbR/*Waas* GG Art. 9 Rn. 178; ErfK/*Kiel* KSchG § 25 Rn. 3; *Gamillscheg* KollArbR I, S. 1031; aA Brox/Rüthers/*Brox* § 15 Rn. 575; HzA/*Kalb* Gruppe 18 Teilbereich 3 Rn. 1294; *Randerath* Die Kampfkündigung des Arbeitgebers im kollektiven Arbeitskampfsystem, S. 102 ff.

rungskündigung auf die Absenkung übertariflicher Leistungen beziehen. Die Kündigung muss dementsprechend mit einem konkreten Angebot zu den neuen Arbeitsbedingungen verbunden sein.[17] Das BAG unterwirft allerdings die Änderungskündigung zur Entgeltreduzierung ganz erheblichen Zulässigkeitsschranken.[18] Zur Durchsetzung von Lohnsenkungen gilt die Änderungskündigung daher nur als zulässig, wenn bei einer Aufrechterhaltung der bisherigen Personalstruktur weitere, betrieblich nicht mehr auffangbare Verluste entstehen, die in absehbarer Zeit zu einer Reduzierung der Belegschaft oder sogar zu einer Schließung des Betriebes führen, wobei hier die Darlegung verlangt wird, dass es keine anderen milderen Mittel als die Entgeltreduzierung gibt.[19] Da insofern eine Änderungskündigung zum Zwecke der Entgeltreduzierung nur auf Extremfälle beschränkt ist, ist die Massenänderungskündigung unter rechtlichem Blickwinkel kein geeignetes Arbeitskampfmittel, auch wenn ihre psychologische Wirkung während eines Arbeitskampfes durchaus erheblich sein kann.

III. Einsatz von Streikbrechern

Dem Arbeitgeber stehen mehrere Optionen des Einsatzes arbeitswilliger Arbeitnehmer auf den bestreikten Arbeitsplätzen zur Verfügung. Er kann diese einerseits aus einem sich nicht im Streik befindlichen Betrieb in einen bestreikten Betrieb versetzen. Um die Arbeitskampfmaßnahme des Arbeitgebers nicht zu gefährden, sind die Mitbestimmungsrechte des Betriebsrats gem. § 99 BetrVG im Rahmen einer streikbedingten Versetzung von Arbeitnehmern eingeschränkt.[20] Dient die Umsetzung des Arbeitnehmers der Aufrechterhaltung des Betriebs im Arbeitskampf, so bedarf diese folglich nicht der Zustimmung des Betriebsrats. Allerdings kann der Arbeitgeber den Arbeitnehmer nicht gegen seinen Willen zur Leistung von Streikarbeit verpflichten, denn es ist dem Arbeitnehmer nicht zuzumuten einer Tätigkeit nachzugehen, die die Erfolgsaussichten des Streiks unmittelbar beeinträchtigen kann.[21]

Andererseits kann der Arbeitgeber den durch den Streik entstandenen Arbeitskräftebedarf auch durch (ggf. befristete) Neueinstellung von Arbeitnehmern decken.[22] Auch Neueinstellungen bedürfen, vergleichbar mit den Umsetzungen, keiner Beteiligung des Betriebsrats.[23] Im Gegensatz zu lediglich umgesetzten Arbeitnehmern können die neu eingestellten Arbeitnehmer nicht die Arbeit auf einem streikbedingt unbesetzten Arbeitsplatz verweigern.

Umstritten ist die Frage, inwiefern der Arbeitgeber Streikfolgen durch die Anordnung von im Grundsatz gem. § 9 Abs. 1 ArbZG verbotener Sonntagsarbeit begrenzen kann.[24] Kernfrage ist, ob der Staat trotz seiner sich aus Art. 9 Abs. 3 GG ergebenden Neutralitätspflicht im Arbeitskampf eine Ausnahmegenehmigung vom Verbot der Sonntagsarbeit nach § 13 Abs. 3 Nr. 2b ArbZG erteilen darf, wenn es zu streikbedingten Arbeitsausfällen

---

[17] Brox/Rüthers/*Brox* § 3 Rn. 70; aA *Seiter* Streikrecht, S. 387 ff.
[18] BAG 20.3.1986 – 2 AZR 294/85, NZA 1986, 824; DFL/*Kaiser* KSchG § 2 Rn. 278; *Hubert/Oberrath* NJW 2008, 3177 (3180).
[19] BAG 27.9.2001 – 2 AZR 236/00, NZA 2002, 750 (754 f.); BAG 1.3.2007 – 2 AZR 580/05, NZA 2007, 1445 (1447 f.); LAG Bln-Bbg 2.10.2015 – 9 Sa 570/15; BeckRS 2015, 73252.
[20] BAG 13.12.2011 – 1 ABR 2/10, NZA 2012, 571; BAG 20.3.2018 – 1 ABR 70/16, OB 2018, 1992. Keine Einschränkung, wenn der Arbeitgeber nur mittelbar durch einen Arbeitskampf bei einem anderen Konzernunternehmen betroffen ist: LAG Hmb 25.4.2018 – 2 TaBV 1/18, BeckRS 2018, 16136.
[21] *Gamillscheg* KollArbR I, S. 1197; *Kissel* AK § 42 Rn. 91; *Manderla* Die Rechtmäßigkeit der Verweigerung von Streikarbeit durch Arbeitnehmer; *Nicolai* Verweigerung von Streikarbeit.
[22] BAG 13.7.1993 – 1 AZR 676/92, AP GG Art. 9 Arbeitskampf Nr. 127: *Gamillscheg* KollArbR I, S. 1022; *Löwisch* ZfA 1971, 343; *Birk* GS Kahn-Freund, 1980, S. 21 (38 ff.); *Konzen* SAE 1989, 22 (23); *Stahlhacke* Zulässigkeit neuer Kampfmittel im Arbeitskampf, S. 13.
[23] BAG 10.2.1988 – 1 ABR 39/86, BAGE 57, 295 (305); zustimmend *Kissel* AK § 36 Rn. 64; Richardi BetrVG/*Thüsing* § 99 BetrVG Rn. 22.
[24] *Dommermuth-Alhäuser* NZA 2016, 522.

kommt.²⁵ Ausgangspunkt war ein Tarifkonflikt zwischen der Deutschen Post und ver.di. Im Sommer 2015 ließen die Deutsche Post und DHL die Briefe und Pakete, die während eines vierwöchigen Streiks liegen geblieben waren, auch sonntags zustellen. Diese Praxis wurde in Bayern und Hessen von den zuständigen Aufsichtsbehörden geduldet. Anders sah dies in NRW aus. Hier untersagte die zuständige Bezirksregierung die Sonntagsarbeit wegen Verstoßes gegen das ArbZG und wurde in dieser Einschätzung von den Verwaltungsgerichten bestätigt.²⁶ Zur Rechtfertigung von Sonntagsarbeit bedürfe es eines Ausnahmetatbestandes nach § 10 Abs. 1 ArbZG. Die Post habe jedoch nicht dargelegt, dass die Zustellungen der unbearbeiteten Sendungen nicht an Werktagen vorgenommen werden könnten. Ebenso wenig genügt ein bloß wirtschaftliches Umsatzinteresse eines Unternehmens oder ein alltäglich zu befriedigendes Erwerbsinteresse potenzieller Kunden, um Ausnahmen von dem verfassungsunmittelbar verankerten Schutz der Sonn- und Feiertage zu rechtfertigen.²⁷

7   Daneben kam grundsätzlich auch der Einsatz von Leiharbeitnehmern als Streikbrecher in Betracht. Dabei ist jedoch der im Zuge der AÜG-Reform zum 1.4.2017 neu gefasste § 11 Abs. 5 AÜG zu beachten. Ob eine Beschränkung des Einsatzes von Leiharbeitnehmern überhaupt verfassungsgemäß ist, wird in der Literatur kontrovers diskutiert.²⁸ Grundrechtsbeeinträchtigungen ergeben sich einmal im Hinblick auf eine Störung der Kampfparität. Aber auch Grundrechtspositionen von Leiharbeitnehmern sowie Verleihern sind betroffen. Ob sich allerdings das Beschäftigungsverbot für Leiharbeitnehmer insgesamt als rechtswidrig erweist, ist eher eine Frage des Maßes der Grundrechtsbeeinträchtigung. Hier dürfte fraglich sein, ob angesichts des bisherigen Kampfgeschehens in Arbeitskämpfen, wie es sich normalerweise darstellt, das Verbot der Beschäftigung von Leiharbeitnehmern im Arbeitskampf eine erhebliche Eingriffstiefe erlangt. Die Vorschrift regelt ein an den Entleiher gerichtetes, bußgeldbewehrtes (bis zu 500.000 EUR Bußgeld im Einzelfall – § 16 Abs. 1 Ziff. 8a, Abs. 2 AÜG) Verbot, Leiharbeitnehmer als Ersatz für Streikende in seinem bestreikten Betrieb einzusetzen.²⁹ Dabei sieht § 11 Abs. 5 S. 1 AÜG ein generelles Verbot zum Einsatz von Leiharbeitnehmern vor, wird jedoch durch eine Ausnahmeregelung in Satz 2 eingeschränkt. Danach gilt das an den Entleiher gerichtete Verbot, Leiharbeitnehmer nicht in einem unmittelbar durch einen Arbeitskampf betroffenen Betrieb tätig werden zu lassen, nicht, wenn der Leiharbeitnehmer keine Tätigkeiten übernimmt, die bisher von Arbeitnehmern erledigt wurden, die sich im Arbeitskampf befinden oder ihrerseits Tätigkeiten von Arbeitnehmern, die sich im Arbeitskampf befinden, übernommen haben. Ebenso wenig gilt das Verbot, wenn Leiharbeitnehmer schon im Betrieb beschäftigt waren und diese Arbeiten während des Arbeitskampfes schlicht fortsetzen.³⁰

8   Das Verbot, Leiharbeitnehmer als Ersatz für Streikende in einem bestreikten Betrieb tätig werden zu lassen, ist in der Literatur, teilweise schon vor Inkrafttreten des neuen § 11 Abs. 5 AÜG, heftig kritisiert worden.³¹ Angesichts der Urteile des BAG zu Unter-

---

²⁵ Eine Ausnahmebewilligung während des Streiks ablehnend *Anzinger/Koberski* § 13 ArbZG Rn. 72; ErfK/ *Linsenmaier* GG Art. 9 Rn. 153; aA soweit es um Aufgaben der Daseinsvorsorge geht und unverhältnismäßige Drittschäden drohen *Dommermuth-Alhäuser* NZA 2016, 522 (528).
²⁶ OVG Münster 10.7.2015 – 4 B 792/15, NVwZ-RR 2015, 776; 10.7.2015 – 4 B 791/15, DVBl 2015, 1266.
²⁷ VG Kassel 16.5.2017 – 3 K 2203/14.KS.
²⁸ Vgl. dazu einerseits *Bauer/Haußmann* NZA 2016, 803 ff.; *Franzen* RdA 2015, 141 (150 f.); *Henssler* RdA 2016, 18 (24); *Lembke* BB 2014, 1333 (1334); *Krois* FS Willemsen, 2018, 277 (278 ff.); *Rieble* FS Wank, 2014, 475 (477); *Thüsing* NZA 2015, 1478 (1479); *Ubber/Löw* BB 2015, 3125 (3126); *Wank* RdA 2017, 100 (114); ErfK/*Wank* AÜG § 11 Rn. 21; *Willemsen/Mehrens* NZA 2015, 897 (901); andererseits *Beckerle* Der erwachte Gesetzgeber, 2017, S. 121; *Deinert* RdA 2017, 65 (78); *Klein/Leist* SR 2017, 31 (34 ff.).
²⁹ BeckOK ArbR/*Motz* AÜG § 11 Rn. 34 ff.; ausführlich zur AÜG-Reform Henssler/Grau/Wißmann/Krämer, Arbeitnehmerüberlassung und Werkverträge, 2017.
³⁰ BeckOK ArbR/*Motz* AÜG § 11 Rn. 36.
³¹ *Boemke* ZfA 2017, 1; *Franzen* RdA 2015, 141 (150 f.); *Henssler* RdA 2016, 18 (24); *Lembke* BB 2014, 1333 (1340); *Thüsing* NZA 2014, 10 (11); *Thüsing* NZA 2015, 1478 (1479); *Ubber/Löw* BB 2015, 3125 (3126); *Willemsen/Mehrens* NZA 2015, 897 (901); aA *Deinert* RdA 2017, 65 (78); *Klein/Leist* SR 2017, 31.

stützungsstreiks und Flashmob verstoße das Verbot gegen das Gebot der Arbeitskampfparität. Während die Gewerkschaften weiterhin zunächst unbeteiligte Personen in den Arbeitskampf einbeziehen dürfen, wird dies dem Arbeitgeber jedenfalls bei Leiharbeitnehmern untersagt. Die Ersetzung des bisherigen Leistungsverweigerungsrechts gem. § 11 Abs. 5 AÜG aF durch das Beschäftigungsverbot stelle einen Eingriff in die Beschäftigungsfreiheit der Leiharbeitnehmer dar.[32] Insbesondere liege in dem Einsatzverbot ein nicht zu rechtfertigender Eingriff in die Koalitionsfreiheit des Entleihers.[33]

Da es sich bei § 11 Abs. 5 AÜG um ein betriebsbezogenes und nicht rechtsträgerbezogenes Verbot handelt, dürfte es aber zumindest nach dem Gesetzeswortlaut zulässig sein, wenn der Arbeitgeber Stammarbeitnehmer aus dem nicht umkämpften Betrieb B im Betrieb A einsetzt und im Betrieb B dementsprechend vorübergehend Leiharbeitnehmer tätig werden lässt.[34] Ebenso können Leiharbeitnehmer für Tätigkeiten eingesetzt werden, die nicht bereits zuvor von streikenden Arbeitnehmern oder von Arbeitnehmern ausgeübt wurden, die ihrerseits Tätigkeiten von Streikenden Arbeitnehmern übernommen haben. Auch die teilweise Übernahme von Tätigkeiten von Streikenden fällt grds. unter den Anwendungsbereich des Verbots.[35] Entscheidend ist hier, was mit „Tätigkeiten" gemeint ist. In den Erläuterungen des Gesetzentwurfs finden sich dazu keine Anhaltspunkte. Dem Gesetzgeber scheint es aber darum gegangen zu sein, dass Arbeitsplätze von Streikenden nicht unmittelbar oder mittelbar von Leiharbeitnehmern übernommen werden. Jedenfalls lässt sich dies daraus schließen, dass der Gesetzgeber in § 11 Abs. 5 S. 2 AÜG davon ausgeht, dass sich bestimmte Tätigkeiten bestimmten Arbeitnehmern zuordnen lassen, mithin also der Tätigkeit iSd § 11 Abs. 5 S. 2 AÜG eine arbeitsplatzbezogene Sichtweise innewohnt. Nicht die Wahrnehmung einer Aufgabe oder der bloße Gebrauch eines bestimmten Werkzeuges kennzeichnet die Tätigkeit, sondern der Einsatz des Werkzeugs zur Erfüllung der bestimmten Aufgabe in einem bestimmten Produktionskontext klassifiziert die Tätigkeit. Dann aber kommt es entscheidend darauf an, ob die Tätigkeit tatsächlich mit der von streikenden Arbeitnehmern (teil-)identisch ist, oder es sich um eine andere, ggf. neu geschaffene Tätigkeit handelt.

Darüber hinaus steht den Leiharbeitnehmern nach § 11 Abs. 5 S. 3 AÜG im Hinblick auf die Arbeitsleistung im bestreikten Betrieb auch weiterhin ein Leistungsverweigerungsrecht zu. Das Leistungsverweigerungsrecht hat einen eigenen Anwendungsbereich, weil es über die Verweigerung der Arbeit als Streikbrecher hinaus auch in den Fällen gegeben ist, wenn der Leiharbeitnehmer nicht als Streikbrecher eingesetzt werden soll.[36] Dieses Leistungsverweigerungsrecht gilt, wenn der Arbeitgeber unmittelbar vom Arbeitskampf betroffen ist. Für den Anwendungsbereich des Leistungsverweigerungsrechts hat der Gesetzgeber also an den Arbeitgeber und nicht etwa wie bei § 11 Abs. 5 S. 1 AÜG an den Betrieb angeknüpft. Von daher ist das Leistungsverweigerungsrecht, über das der Verleiher den Leiharbeitnehmer zu unterrichten hat, weiter gefasst als das Einsatzverbot in § 11 Abs. 5 S. 1 AÜG. Die Unterrichtung hat jeweils vor dem geplanten Arbeitseinsatz zu erfolgen. Beginnt ein Arbeitskampf erst nach der Überlassung, muss der Entleiher die Information des Leiharbeitnehmers unverzüglich nachholen.[37] Missachtet der Verleiher das Verbot des Leiharbeitnehmereinsatzes in bestreikten Betrieben, so kommen bei einem wissentlichen Verstoß auch erlaubnisrechtliche Konsequenzen im Rahmen der Zuverlässigkeitsprüfung (§ 3 Abs. 1 Nr. 1 AÜG) in Betracht.[38]

---

[32] *Bauer/Haußmann* NZA 2016, 803 (805); *Boemke* ZfA 2017, 1 (7); *Franke* Der erwchte Gesetzgeber, 2017, S. 143 (158 ff.); Henssler/Grau/Wißmann/Krämer Arbeitnehmerüberlassung und Werkverträge § 5 Rn. 242, 294 ff.; aA *Klein/Leist* SR 2017, 31 (37 ff.).
[33] *Boemke* ZfA 2017, 1 (3 ff.); *Henssler* RdA 2016, 18 (24); *Willemsen/Mehrens* NZA 2015, 897 (901); aA *Klein/Leist* Der erwachte Gesetzgeber, 2017 S. 165 (177 ff.).
[34] *Lembke* NZA 2017, 1 (11).
[35] BeckOK ArbR/*Motz* AÜG § 11 Rn. 35.
[36] *Deinert* RdA 2017, 65 (79); *Klein/Leist* AuR 2017, 100 (104).
[37] ErfK/*Wank* AÜG § 11 Rn. 21.
[38] Fachliche Weisungen der Bundesagentur für Arbeit zum AÜG vom 20.3.2017, Ziff. 11 Abs. 10.

11 Teilweise wurden sog. „Streikklauseln", nach denen Leiharbeitnehmer nicht in bestreikten Betrieben eingesetzt werden dürfen, explizit in Tarifverträgen vereinbart.[39] Diese Klauseln, deren Wirkung fraglich war,[40] dürften mit Inkrafttreten des neuen § 11 Abs. 5 AÜG gegenstandslos geworden sein.[41] Die Unwirksamkeit ergibt sich unabhängig davon, welche Wirkung diesen „Streikklauseln" tatsächlich zukomme. Bei normativer Wirkung fehlt es an einer Vereinbarkeit mit § 11 Abs. 5 AÜG, der eine höherrangige Norm darstellt. Wenn man richtigerweise idR von einer schuldrechtlichen Vereinbarung zwischen den Tarifvertragsparteien ausgeht, so liegt ein Verstoß gegen das differenzierte Einsatzverbot nach § 11 Abs. 5 Sätze 1, 2 AÜG vor und daraus folgt die Unwirksamkeit gem. § 134 BGB.[42]

12 Bei Arbeitskämpfen im Bereich der privatisierten Bundesunternehmen Deutsche Post und Deutsche Bahn, steht dem Arbeitgeber die denkbare Möglichkeit offen, Beamte für die streikenden Arbeitnehmer einzusetzen, um die Auswirkungen des Streiks, die in der Daseinsvorsorge immens sein können, abzumildern.[43] Das BVerfG hielt einen solchen Einsatz, mangels gesetzlicher Grundlage, für unzulässig und hob damit die billigende Entscheidung des BAG[44] wegen eines Verstoßes gegen Art. 9 Abs. 3 GG auf.[45] Eine konkrete gesetzliche Grundlage sei insbesondere deshalb erforderlich, weil Arbeitnehmer die Arbeit auf einem bestreikten Arbeitsplatz verweigern können, Beamte hingegen nicht. Dem Staat dürfe ein solches besonderes Arbeitskampfmittel aber nur zustehen, wenn es dafür eine gesetzliche Grundlage gebe. Beamte müssen demzufolge die Anweisung ihres Dienstherren, auf einem bestreikten Arbeitsplatz zu arbeiten, ablehnen können.[46] Allerdings ist der freiwillige Einsatz von Beamten auf Arbeitsplätzen bestreikter Arbeitnehmer zulässig, denn sofern der Beamte dem Einsatz nicht widerspricht, fehlt es an einem besonderen Privileg des Beamte beschäftigenden Arbeitgebers.[47]

IV. Streikbruchprämie

13 Im Gegensatz zur Betriebsstilllegung ist die Streikbruchprämie eine aktive Maßnahme des Arbeitgebers zur Streikabwehr, welche der Aufrechterhaltung des Betriebs dient. Nach der Rechtsprechung des BAG ist es grds. zulässig, wenn der Arbeitgeber vor oder während des Arbeitskampfes allein für die Nichtteilnahme am Streik Sonderzuwendungen gewährt.[48] Wenn der Arbeitgeber sogar Fremdarbeitskräfte als Streikbrecher beschäftigen darf, so soll es ihm erst Recht möglich sein, die Weiterarbeit seiner Arbeitnehmer zu honorieren. Jedenfalls wenn die Prämie unterschiedslos an alle Arbeitnehmer gezahlt und nicht ausschließlich Gewerkschaftsmitgliedern angeboten werde, um diese zu einem Streikbruch zu bewegen, liegt kein Verstoß gegen die Koalitionsfreiheit vor.[49] Dieser grds. Zulässigkeit von Streikbruchprämien sind aber nach Auffassung der Rechtsprechung Grenzen gesetzt. Entscheidende Rechtmäßigkeitsvoraussetzung für die Zahlung von

---

[39] So bspw. in § 12 MTV iGZ und § 17.1 MTV BAP.
[40] *Boemke/Sachadae* DB 2015, 1467; *Klein/Leist* AuR 2017, 100 sprechen diesen Klauseln den normativen Charakter ab.
[41] *Boemke* ZfA 2017, 1 (21).
[42] *Boemke* ZfA 2017, 1 (21 f.).
[43] Ausführlich zur Thematik *Blattner* BB 2015, 2037.
[44] BAG 10.9.1985 – 1 AZR 262/84, NZA 1985, 814.
[45] BVerfG 2.3.1993 – 1 BvR 1213/85, NJW 1993, 1379.
[46] Schaub ArbR-HdB/*Treber* § 192 Rn. 36.
[47] ArbG Bonn 26.5.2015 – 3 Ga 18/15, LAGE Art 9 GG Arbeitskampf Nr 100; zur praktischen Umsetzung des freiwilligen Einsatzes *Blattner* BB 2015, 2037 (2040).
[48] BAG 13.7.1993 – 1 AZR 676/92, AP GG Art. 9 Arbeitskampf Nr. 127; BAG 14.8.2018 – 1 AZR 287/17 (PM Nr. 39/18); ArbG Braunschweig 2.6.2016 – 6 Ca 529/15, NZA-RR 2016, 426; LAG Bln-Bbg 29.7.2016 – Sa 787/16, NZA-RR 2017, 29.
[49] BAG 13.7.1993 – 1 AZR 676/92, AP GG Art. 9 Arbeitskampf Nr. 127; offengelassen bei ausschließlicher Gewährung an Gewerkschaftsmitglieder *Hoyningen-Huene*, DB 1989, 1466 (1467); das BAG Urteil kritisiert Däubler ArbeitskampfR/*Rödl* § 21 Rn. 195 ff.; *Schweinberger* Prämien und Arbeitskampf, S. 287.

IV. Streikbruchprämie

Streikbruchprämien ist einmal mehr der Verhältnismäßigkeitsgrundsatz.[50] Streikprämien dürfen nicht dazu führen, dass das Kampfgleichgewicht derart beeinträchtigt wird, dass dem Kampfgegner die Arbeitskampfmittel praktisch genommen werden. Teilweise wird daher die Angemessenheit von Streikbruchprämien in Abhängigkeit von der jeweiligen Lohnhöhe beurteilt. Dort, wo durch die tägliche Streikprämie das Vierfache des normalen Tageslohns eines Arbeitnehmers überschritten wird, ist nach Auffassung von Teilen der Rechtsprechung. die Grenze des Zulässigen überschritten.[51] Das BAG will allerdings die Grenzen für Streikbruchprämien nicht derart eng verstanden wissen. So darf eine Streikbruchprämie deshalb durchaus den Tagesverdienst Streikender um ein Mehrfaches übersteigen.[52] Es gilt also das angemessene Maß zu finden. Dabei ist auch die freie Entscheidungsmöglichkeit der Arbeitnehmer zu berücksichtigen, wenn Sie statt von ihrem Streikrecht Gebrauch zu machen, sich dafür entscheiden, unter Zahlung einer Streikbruchprämie weiter zu arbeiten. Auch dies ist eine Entscheidung, die von der Koalitionsfreiheit geschützt ist und gleichrangig zu der Entscheidung der Arbeitnehmer steht, die sich am Arbeitskampf beteiligen. Die Unverhältnismäßigkeit einer Streikbruchprämie ist allerdings dann anzunehmen, wenn damit den Streikwilligen die Möglichkeit zum Arbeitskampf de facto genommen wird, da aufgrund der Prämienlöhne eine Entsolidarisierung der Arbeitnehmer geradezu zwangsläufig wird. Eine bloße Erschwerung der Mobilisierung von Streikwilligen führt aber nicht zur Unverhältnismäßigkeit der Streikbruchprämie, da auch die Gewerkschaften, etwa durch die Gewährung höherer Streikunterstützungen, über entsprechende Reaktionsmöglichkeiten verfügen.

Bei der Gewährung einer Streikbruchprämie kommt es im Hinblick auf das Maßregelungsverbot des § 612a BGB entscheidend auf den Zeitpunkt der Zahlung an. Es ist rechtlich zulässig die Prämie nur an die Nichtstreikenden zu zahlen, wenn dies während des Streiks erfolgt. Kommt es erst nach Beendigung des Streiks zur Gewährung einer Zulage an Arbeitnehmer, die sich nicht am Arbeitskampf beteiligt haben, stellt dies eine unzulässige Maßregelung im Sinne von § 612a BGB dar, was zur Folge hat, dass auch streikende Arbeitnehmer einen Anspruch auf die Prämie haben.[53] Diese Prämien verstoßen deshalb gegen § 612a BGB, weil sie den Lauf des bereits abgeschlossenen Arbeitskampfs nicht mehr beeinflussen können.[54] Eine nachträgliche Gewährung erfordert insofern einen sachlichen Rechtfertigungsgrund, der nach dem BAG in einer erheblich über das normale Maß der mit jeder Streikarbeit verbundenen Erschwerung hinausgehenden Belastung der Begünstigten während der Streikarbeit liegen kann.[55] Der die nachträglich gewährte Streikbruchprämie einklagende nichtbegünstigte Arbeitnehmer trägt zwar die Darlegungs- und Beweislast dafür, dass er die Prämie nur wegen seiner Streikbeteiligung nicht erhält. Wegen des regelmäßig engen zeitlichen Zusammenhangs zwischen Streikende und Prämiengewährung kommt ihm eine Beweiserleichterung durch den Anscheinsbeweis zugute.[56]

---

[50] BAG 14.8.2018 – 1 AZR 287/17 (PM Nr. 39/18); LAG Nds 18.5.2017 – 7 Sa 815/16, LAGE § 612a BGB 2002 Nr. 11.
[51] LAG Nds 18.5.2017 – 7 Sa 815/16, LAGE § 612a BGB 2002 Nr. 11, die Zusage einer Streikbruchprämie von 200,00 EUR wäre unzulässig; 100,00 EUR sei demgegenüber nicht zu beanstanden.
[52] BAG 14.8.2018 – 1 AZR 287/17 (PM Nr. 39/18).
[53] BAG 17.9.1991 – 1 AZR 26/91, AP GG Art. 9 Arbeitskampf Nr. 120.
[54] BAG 17.9.1991 – 1 AZR 26/91, AP GG Art. 9 Arbeitskampf Nr. 120; 28.7.1992 – 1 AZR 87/92, AP GG Art. 9 Arbeitskampf Nr. 123; LAG Bln-Bbg 30.9.2016 – 6 Sa 904/16; aA *Rolfs* DB 1994, 1237 (1242).
[55] BAG 11.8.1992 – 1 AZR 103/92, AP GG Art. 9 Arbeitskampf Nr. 124; kritisch dazu *Rolfs* DB 1994, 1237 (1242).
[56] BAG 11.8.1992 – 1 AZR 103/92, AP GG Art. 9 Arbeitskampf Nr. 124.

15 Darüber hinaus kommt, wenn tarifvertraglich Arbeitsausfallzeiten generell anspruchsmindernd wirken und es kein besonderes Maßregelungsverbot gibt, auch die anteilige Kürzung einer Jahressonderzahlung für die Streikteilnahme in Betracht.[57]

16 In der Praxis jedoch werden regelmäßig die durch Streikbruchprämien vorgenommenen Differenzierungen zwischen streikenden und nichtstreikenden Arbeitnehmern durch im Anschluss an den Arbeitskampf vereinbarte tarifliche Maßregelungsverbote wieder aufgehoben.[58] Dies geschieht in der Weise, dass nachträglich auch die streikenden Arbeitnehmer die entsprechende Zulage erhalten.

---

[57] BAG 13.2.2007 – 9 AZR 374/06, NZA 2007, 573; ErfK/*Preis* BGB § 612a Rn. 19f.; *Jacobs/Gast* RdA 2008, 372; Staudinger/*Rieble* BGB 612a Rn. 30.

[58] BAG 13.7.1993 – 1 AZR 676/92, AP GG Art. 9 Arbeitskampf Nr. 127; *Kissel* AK § 42 Rn. 128; kritisch dazu *Rolfs* DB 1994, 1237 (1238f.).

Vierter Titel: Rechtsfolgen von Arbeitskampfmaßnahmen
§ 276 Auswirkungen von Streiks auf das Arbeitsverhältnis

Übersicht

	Rn.
I. Rechtsfolgen des rechtmäßigen Streiks	1
1. Suspendierung der Hauptleistungspflichten	1
a) Erklärungserfordernis	2
b) Beginn und Ende der suspendierenden Wirkung	3
c) Keine Auswirkung auf Nebenpflichten	12
2. Vergütungsansprüche und Ruhen des Arbeitsverhältnisses	13
a) Entgeltfortzahlung im Krankheitsfall	14
b) Entgeltfortzahlung bei Feiertagen	19
c) Entgeltfortzahlung bei Urlaub	21
3. Kündigung während des Streiks	25
a) Arbeitgeberseitige Kündigung	25
b) Kündigung durch den Arbeitnehmer	27
II. Rechtsfolgen des rechtswidrigen Streiks	28
1. Bestehen der Hauptleistungspflichten	28
2. Unterlassungs- und Beseitigungsansprüche	29
3. Schadensersatzansprüche	31
a) Aus Vertrag	31
b) Deliktsrecht	35
c) Schaden	37
d) Gesamtschuldnerische Haftung?	43
4. Kündigung	44
III. Streik und Betriebsverfassung	48
1. Betriebsratsamt und Streik	48
2. Mitbestimmung im Arbeitskampf	50
a) § 87 BetrVG	51
b) § 99 BetrVG	54
c) § 102 BetrVG	57
d) §§ 111 ff. BetrVG	59

I. Rechtsfolgen des rechtmäßigen Streiks

1. Suspendierung der Hauptleistungspflichten

Der rechtmäßige Streik führt zur Suspendierung der Hauptleistungspflichten aus dem Arbeitsverhältnis. Während des Streiks ruhen sowohl die arbeitnehmerische Arbeitspflicht, als auch die Beschäftigungs- und Lohnzahlungspflicht des Arbeitgebers.[1] Die Suspendierungswirkung erstreckt sich auf alle streikenden Arbeitnehmergruppen, auch auf solche, die gewerkschaftlich nicht oder anders organisiert sind.[2] Diese kollektivrechtliche Betrachtungsweise ist seit dem grundlegenden Beschluss des GS des BAG v. 28.1.1955[3] anerkannt. Vorher waren die Arbeitnehmer gezwungen, ihr Arbeitsverhältnis zu beenden, um an dem Arbeitskampf teilnehmen zu können; andernfalls wurde ihre Arbeitsniederlegung als Vertragsbruch angesehen (individualrechtliche Betrachtungsweise). Dies führte wegen den unterschiedlich langen Kündigungsfristen zu Abstimmungsproblemen im Arbeitnehmerlager; darüber hinaus bestand die Gefahr des endgültigen Arbeitsplatzverlustes, denn die Arbeitgeber nutzten die Situation nicht selten dazu, sich von ungeliebten Arbeitskräften zu trennen. Der GS hat daran zu Recht kritisiert, das Kündigungserfordernis

1

---

[1] St. Rspr., vgl. nur BAG 22.3.1994 – 1 AZR 622/93, AP GG Art. 9 Arbeitskampf Nr. 130; 20.12.1995 – 10 AZR 742/94, AP GG Art. 9 Arbeitskampf Nr. 141.
[2] Brox/Rüthers/*Brox* § 9 Rn. 289.
[3] BAG 28.1.1955 – GS 1/54, AP GG Art. 9 Arbeitskampf Nr. 1.

sei mit dem Willen der Arbeitnehmer, das Arbeitsverhältnis lediglich für die Zeit des Streiks zu unterbrechen, um gegenüber der anderen Tarifpartei ein gewisses Druckpotential aufzubauen, nicht vereinbar.[4]

2 a) Erklärungserfordernis. Damit die Gegenseite über Beginn und Ende der Suspendierungswirkung informiert ist, wurde von der Rechtsprechung im Anschluss an *Seiter*[5] das Erfordernis aufgestellt, dass die jeweilige Partei ihr gegenüber den Anfang und die Beendigung von Arbeitskampfmaßnahmen erklärt[6]. Eine solche Erklärung gegenüber der Gegenseite ist konstitutiv. Ob sie als einseitiges Rechtsgeschäft anzusehen ist[7] oder ihr rechtsgeschäftsähnlicher Charakter zukommt,[8] wird kontrovers diskutiert. Da sich das Arbeitskampfrecht grds. einer formalisierenden Betrachtungsweise verschließt, ist man sich aber einig, dass zB an Form, Umfang und den Nachweis des Zugangs einer solchen Erklärung keine hohen Anforderungen zu stellen sind. Auf den Streit um die Rechtsnatur kommt es damit regelmäßig nicht an.

3 b) Beginn und Ende der suspendierenden Wirkung. Die Erklärung über die Teilnahme am Streik erfolgt von dem einzelnen Arbeitnehmer an seinen Arbeitgeber. Der von der Koalition getragene Streikbeschluss hat noch nicht den Beginn der Arbeitskampfmaßnahme zur Folge. Dieser eröffnet den einzelnen Arbeitnehmern vielmehr erst die Möglichkeit, durch individualrechtliche Erklärung gegenüber dem Arbeitgeber die Teilnahme am Streik zu erklären und damit die Hauptleistungspflichten aus dem Arbeitsverhältnis ruhen zu lassen.[9] Soweit die Rechtsprechung die Streikleitung als befugt ansieht, verbindliche Aussagen für alle Streikteilnehmer abzugeben,[10] gilt das nicht für die Erklärung der Teilnahme am Streik. Schließlich ist es gerade für die gegnerische Arbeitsvertragspartei von Interesse, warum der einzelne Arbeitnehmer nicht zur Arbeit erscheint, zumal in der Praxis nicht mehr der Vollstreik, sondern der Teil- und Schwerpunktstreik den Regelfall bildet.[11]

4 Gemeinhin erfolgt die Mitteilung über den Beginn von Streikhandlungen konkludent durch Arbeitsverweigerung/Niederlegung bzw. Nichterscheinen am Arbeitsplatz. Damit wird dem Arbeitgeber hinreichend deutlich gemacht, dass die betreffenden Arbeitnehmer sich an dem von der Gewerkschaft ausgerufenen Streik beteiligen wollen. Dagegen sind strengere Anforderungen an die Äußerung der Mitteilung zu stellen, wenn der Arbeitnehmer schon vor Beginn des Arbeitskampfes von der Arbeitsleistung befreit war, etwa weil er vorher erkrankt war oder sich im Urlaub befand. Hier ist eine ausdrückliche Erklärung über die Teilnahme am Streik erforderlich.[12] Durch den Streik wird ein angetretener Urlaub nicht unterbrochen,[13] sodass alleine das Nichterscheinen eines Arbeitnehmers an seinem Arbeitsplatz im Hinblick auf seine Streikteilnahme keinen Erklärungswert besitzt.[14]

5 Eine Streikteilnahmeerklärung durch schlüssiges Handeln ist auch dann abzulehnen, wenn sich der Arbeitnehmer aufgrund der Ausgestaltung des Arbeitsverhältnisses nicht ständig unter der (weit zu verstehenden) Aufsicht des Arbeitgebers in dessen Betrieb be-

---

[4] BAG 28.1.1955 – GS 1/54; dazu ferner *Gamillscheg* KollArbR I S. 1183.
[5] *Seiter* Streikrecht, S. 235 ff., 261.
[6] BAG 31.5.1988 – 1 AZR 589/86, AP FeiertagslohnzahlungsG § 1 Nr. 56; 1.3.1995 – 1 AZR 786/94, AP FeiertagslohnzahlungsG § 1 Nr. 68.
[7] So BAG 31.5.1988 – 1 AZR 589/86, AP FeiertagslohnzahlungsG § 1 Nr. 56.
[8] *Löwisch/Krauß* AR-Blattei SD 170.3 Rn. 5; noch anders *Gamillscheg* KollArbR I, S. 994: Tatsächliche Berufung auf Rechtfertigungsgrund.
[9] *Kissel* AK § 42 Rn. 64.
[10] So in BAG 31.5.1988 – 1 AZR 589/86, AP FeiertagslohnzahlungsG § 1 Nr. 56.
[11] *Otto* AK § 14 Rn. 4.
[12] ArbG Hamburg 16.10.2013 – 27 Ca 184/13, LAGE Art 9 GG Arbeitskampf Nr. 97.
[13] BAG 9.2.1982 – 1 AZR 567/79, AP BUrlG § 11 Nr. 16.
[14] BAG 31.5.1988 – 1 AZR 589/86, AP FeiertagslohnzahlungsG § 1 Nr. 56.

I. Rechtsfolgen des rechtmäßigen Streiks 6–9 § 276

findet. Das gilt etwa für Fernfahrer und Lokführer, aber auch für viele moderne Arbeitsformen wie etwa die Leiharbeit, die Gruppenarbeit, die Heimarbeit und die Tele-Arbeit (vor allem in Gestalt der Arbeit im Homeoffice).[15] Bei letzterer ist eine konkludente Teilnahmeerklärung aber bspw. nicht schon dann anzunehmen, wenn der Beschäftigte keine Emails mehr beantwortet oder Anrufe auf seinem Diensthandy nicht annimmt.[16] Dieses Verhalten beinhaltet keine hinreichende Aussagekraft, um daraus den Schluss ziehen zu können, dass sich der Arbeitnehmer am Streik beteiligt. Anders hingegen, wenn sich der im Homeoffice Beschäftigte zu Beginn seiner Arbeit, die stets in einer bestimmten Kernarbeitszeit zu erbringen ist, im Firmennetzwerk für den Arbeitgeber erkennbar anmelden muss und diese Anmeldung bei Beginn der Kernarbeitszeit nicht erfolgt. Diese Konstellation ist vergleichbar mit der des Arbeitnehmers, der sich täglich zu einer bestimmten Uhrzeit mittels Zeiterfassung im Betrieb anzumelden hat. Insofern zwingen die modernen Arbeitsformen zu einer differenzierenden Betrachtungsweise. Als eine Art Faustregel wird man sagen können: Je weniger der Arbeitgeber in der Lage ist, die Arbeit seines Mitarbeiters zu kontrollieren, umso höher sind die an die Deutlichkeit der arbeitnehmerseitigen Erklärung zu stellenden Anforderungen. In zeitlicher Hinsicht wird man von dem Arbeitnehmer verlangen können, die Erklärung bei Dienstbeginn bzw. bei Beginn der Streikhandlungen abzugeben.[17]

Zusammenfassend lässt sich also feststellen: Die Suspendierungswirkung beginnt zu dem **6** Zeitpunkt, in dem die Teilnahme am Arbeitskampf für die andere Vertragspartei eindeutig erkennbar wird, wobei man an die Deutlichkeit der Erklärung – je nachdem, ob sich die Arbeitskampfteilnahme für den anderen Teil schon ohne weiteres aus dem Fernbleiben/der Niederlegung der Arbeit ergibt oder nicht – unterschiedliche Anforderungen stellt.

Ebenso wie für den Eintritt, ist auch für die Beendigung der Suspendierungswirkung **7** eine gestaltende Erklärung gegenüber dem Arbeitgeber nötig. Im Gegensatz zu der Teilnahmeerklärung reicht für die Beendigung eines Streiks auch die auf Beendigung des Arbeitskampfes gerichtete kollektivrechtliche Erklärung der Streikleitung. Erklärt die Gewerkschaft das Ende des Streiks, entfällt damit auch die Wirkung des Streikbeschlusses und es fehlt an einer Rechtmäßigkeitsvoraussetzung für den Arbeitskampf. Verweigern die Arbeitnehmer von diesem Zeitpunkt an weiter die Arbeitsleistung, so liegt darin eine Verletzung der Arbeitspflicht, die nach den allgemeinen Regeln sanktioniert werden kann.

Beachtlich ist ein solcher Gewerkschaftsbeschluss jedoch nur dann, wenn mit ihm das **8** Ziel verfolgt wird, die Suspendierung der Hauptleistungspflichten aufzuheben. Dazu wird man entweder verlangen, dass der einzelne Arbeitnehmer seine Arbeitsbereitschaft gegenüber dem Arbeitgeber anzeigt oder die kampfführende Gewerkschaft die am Streik beteiligten Arbeitnehmer zur Wiederaufnahme der Arbeit anhält. Nicht erforderlich ist, dass der Gewerkschaftsbeschluss auf eine endgültige Beendigung des Arbeitskampfes gerichtet ist.[18] Es kann sich auch um eine nur zeitweilige Unterbrechung handeln; der Zweck der Mitteilung darf sich jedoch nicht allein darin erschöpfen, dem objektiv unveränderten Streikgeschehen nur einen anderen Namen zu geben, um vertragsrechtlich günstige Folgen zu erzielen. Eine solche Erklärung ist arbeitskampfrechtlich irrelevant; sie kann die Suspendierungswirkung nicht aufheben.[19] So liegt etwa Rechtsmissbrauch vor, wenn eine Gewerkschaft ihren Streik für die Dauer eines Feiertags aussetzt, um ihn am ersten Werktag nach dem Feiertag wieder aufzunehmen. Dabei ist es irrelevant ob die Gewerkschaft dies als „Unterbrechung" oder „Aussetzung" bezeichnet.[20]

Notwendig ist in jedem Fall, dass der Arbeitgeber über die Entscheidung der Gewerk- **9** schaft in Kenntnis gesetzt wird. Die Erklärung kann dem Arbeitgeber zugestellt werden;

---
[15] Zu diesem Problemkreis umfassend *Kissel* AK § 42 Rn. 67 ff.
[16] Vgl. *Kissel* AK § 42 Rn. 74.
[17] *Kissel* AK § 42 Rn. 67.
[18] BAG 1.3.1995 – 1 AZR 786/94, AP FeiertagslohnzahlungsG § 1 Nr. 68; aA wohl *Otto* AK § 14 Rn. 10.
[19] BAG 1.3.1995 – 1 AZR 786/94, AP FeiertagslohnzahlungsG § 1 Nr. 68.
[20] BeckOK ArbR/*Ricken* EFZG § 2 Rn. 18.

ausreichend ist es aber auch, wenn das Ende des Streiks durch eine öffentliche Mitteilung in den Medien verlautbart wird, soweit diese hinreichend genau darüber aufklärt, zu welchem Zeitpunkt, in welchem Gebiet und in welchem Umfang der Streik enden soll und deutlich gemacht wird, dass der Beschluss von der streikführenden Gewerkschaft getroffen worden ist.[21]

10 Spiegelbildlich zur Situation bei Beginn eines Arbeitskampfes kann der einzelne Arbeitnehmer seine Teilnahme am Streik und damit die Suspendierung der Hauptpflichten auch individualrechtlich durch die gegenüber dem Arbeitgeber geäußerte Erklärung, die Arbeit wieder aufnehmen zu wollen, beenden. Dies ist auch trotz eines fortbestehenden Streikbeschlusses möglich. In der Regel wird man hierfür ein eindeutiges konkludentes Handeln ausreichen lassen. Es genügt etwa, wenn der einzelne Arbeitnehmer nach Streikbeendigung durch Wiedererscheinen am Arbeitsplatz seine Dienste anbietet. Die Streikteilnahme kann auch beendet werden, indem sich der Arbeitnehmer gegenüber dem Arbeitgeber krank meldet bzw. diesem mitteilt, dass er den bereits bewilligten Urlaub in Anspruch nehmen möchte. Hier muss der Arbeitnehmer hinreichend deutlich zum Ausdruck bringen, dass er sich nicht länger am Arbeitskampf beteiligen möchte. Der Antrag auf Urlaubsgewährung allein reicht dazu nicht aus.[22] Höhere Anforderungen an die Beendigungserklärung sind zu stellen, sofern der Arbeitgeber hinsichtlich der Arbeitsleistung des Arbeitnehmers nur über begrenzte Kontrollmöglichkeiten verfügt.[23] Insoweit gilt für die Beendigung der Streikteilnahme das oben (→ Rn. 5) in Hinblick auf die modernen Arbeitsformen Gesagte entsprechend.

11 Die auf Beendigung der Streikteilnahme gerichtete Erklärung hat zur Folge, dass die Suspendierung der Hauptleistungspflichten erlischt. Der Arbeitnehmer schuldet von nun an wieder seine Arbeitsleistung. Nimmt der Arbeitgeber die Arbeitsleistung nicht an, so gerät er grds. – mit den Wirkungen des § 615 BGB – in Annahmeverzug. Davon ist jedoch eine Ausnahme zu machen, soweit eine vorläufige Nichtbeschäftigung auf technischen oder wirtschaftlichen Folgen des Arbeitskampfes fußt und diese Störungen nicht sofort vom Arbeitgeber behoben werden können.[24] Das ist insbesondere bei Wellenstreiks denkbar; stellt der Arbeitgeber etwa als Reaktion auf einen solchen ein Ersatzteam ein, ist ihm eine Wiedereinstellung seiner Arbeitnehmer in der Regel erst wieder zum Ende der Schicht möglich und zumutbar, auch wenn deren auf Beendigung der Streikteilnahme gerichtete Erklärung zeitlich früher erfolgt.[25]

12 **c) Keine Auswirkung auf Nebenpflichten.** Dagegen können Nebenpflichten auch während des Arbeitskampfes weiterhin bestehen. Insbesondere trifft die Vertragsparteien nach § 241 Abs. 2 BGB die Pflicht, Rücksicht auf die Rechte, Rechtsgüter und sonstigen Interessen des anderen Teils zu nehmen; darunter fällt auch die allgemeine Fürsorge- und Treuepflicht. Gerade derartige eher wenig konkretisierte Nebenpflichten sind dadurch geprägt, dass sie nicht so sehr an den Hauptleistungspflichten, sondern an dem Fortbestand des Arbeitsverhältnisses als solches anknüpfen. Nebenpflichten, die eher einen Hauptleistungsbezug haben, werden von der suspendierenden Wirkung des Arbeitskampfes erfasst. Dies gilt etwa für solche Nebenpflichten, die einen Beihilfeanspruch gewähren.[26] Solche Regelungen sind arbeitskampfrechtlich mit den Hauptleistungspflichten vergleichbar und nehmen an der suspendierenden Wirkung der Streikteilnahme teil. Nicht-

---

[21] BAG 23.10.1996 – 1 AZR 269/96, AP GG Art. 9 GG Arbeitskampf Nr. 146 = NZA 1997, 397 ff.
[22] BAG 24.9.1996 – 9 AZR 364/95, AP BurlG § 7 Nr. 22 mAnm *Rüthers/Beninca*; LAG Nürnberg 25.1.1995 – 4 Sa 1118/93, BAGE GG Art. 9 Arbeitskampf Nr. 57 = NZA 1995, 854 ff.; näher → Rn. 24.
[23] *Kissel* AK § 42 Rn. 102.
[24] BAG 26.10.1971 – 1 AZR 245/68, AP GG Art. 9 Arbeitskampf Nr. 45; HzA/*Kalb* Gruppe 18 Teilbereich 3 Rn. 1326; *Löwisch/Krauß* AR-Blattei SD 170.3.1 Rn. 87; *Otto* AK § 14 Rn. 11; *Otto* Anm. EzA GG Art. 9 Arbeitskampf Nr. 126 S. 18.
[25] HzA/*Kalb* Gruppe 18 Teilbereich 3 Rn. 1327; *Kissel* AK § 42 Rn. 104; vertiefend → § 279 Rn. 26.
[26] BAG 5.11.1992 – 6 AZR 311/91, AP BAT § 40 Nr. 7.

konkretisierte und damit ungeachtet der Streikteilnahme weiter bestehende Nebenpflichten sind – neben der bereits genannten Fürsorgepflicht des Arbeitgebers – bspw. die Schweigepflicht des Arbeitnehmers bzgl. Geschäfts- und Betriebsgeheimnissen und die Pflicht, drohende Schäden, mit denen der Arbeitgeber nicht rechnen muss, anzuzeigen – dies allerdings nur, soweit der Arbeitnehmer damit nicht die Kampfstrategie der Gewerkschaft zunichtemacht. Weiterhin bleibt dem Arbeitnehmer der Wettbewerb untersagt.[27] Insofern stellt die bloße Differenzierung zwischen Haupt- und Nebenpflichten für die Frage der suspendierenden Wirkung des Arbeitskampfes nur ein sehr grobes Raster dar. Vielmehr ist auch zu berücksichtigen, ob die jeweiligen Nebenpflichten eher dem Interesse eines Fortbestandes des Arbeitsverhältnisses dienen oder doch für die Dauer des Streiks als Ergänzung der Hauptleistungspflicht zu werten ist.

2. Vergütungsansprüche und Ruhen des Arbeitsverhältnisses

Die Teilnahme am rechtmäßigen Streik zieht ua die Suspendierung des Vergütungsanspruches des Arbeitnehmers nach sich. Probleme können sich dann ergeben, wenn der Arbeitskampf mit anderen Ruhenstatbeständen kollidiert, die grds. geeignet sind, dem Arbeitnehmer seinen Vergütungsanspruch zu erhalten.

a) Entgeltfortzahlung im Krankheitsfall. Der Arbeitnehmer hat nach § 3 EFZG Anspruch auf Entgeltfortzahlung im Krankheitsfall, wenn die Krankheit die alleinige Ursache für das Ausbleiben der Arbeitsleistung ist. Daraus folgt, dass ein Arbeitnehmer der nach Eintritt eines Arbeitskampfes – an dem er sich beteiligt hat – arbeitsunfähig erkrankt, grds. keinen Anspruch auf Entgeltfortzahlung hat.[28] Denn in diesem Fall ist die Krankheit nicht alleinige Ursache des Arbeitsausfalls. Seine Arbeitsleistung unterbleibt vielmehr bereits wegen der Streikteilnahme. Er hat allerdings die Möglichkeit deutlich zu erklären, dass er sich nicht länger am Streik beteilige, sodass dann die Krankheit wieder alleiniger Grund für das Ausbleiben der Arbeitsleistung wäre.

Anders liegt der Fall, wenn der Arbeitnehmer schon vor Streikbeginn arbeitsunfähig erkrankt und dieser Zustand während des Arbeitskampfes fortdauert. Die Arbeitspflicht entfällt dann bereits infolge der Erkrankung, sie kann deshalb auch später nicht aufgrund des Streiks suspendiert werden. Das BAG hat einprägsam formuliert, mit dem Streik verbunden sei „nur die Einstellung der geschuldeten Arbeitsleistungen".[29] Die Überlegung, dass für eine Suspendierung der Pflichten aus dem Arbeitsverhältnis kein Raum mehr ist, soweit diese schon aus anderen Gründen vor Streikbeginn ruhten, gilt über den Fall der Krankheit hinaus für sämtliche Beurlaubungstatbestände.[30]

Der Entgeltfortzahlungsanspruch entfällt aber, sobald sich der erkrankte Arbeitnehmer am Arbeitskampf beteiligt.[31] Eine solche Teilnahme wird angenommen, wenn der erkrankte Arbeitnehmer seine Beteiligungsabsicht ausdrücklich äußert, aber auch, wenn er auf sonstige Weise unterstützend tätig wird. Unter sonstige Unterstützungshandlungen fallen zB das Verteilen von Flugblättern, das Verfassen von Streikaufrufen oder die Betätigung als Streikposten.[32] Dagegen darf der Arbeitgeber die Lohnfortzahlung nicht unter Berufung auf eine hypothetische Streikbeteiligung des Mitarbeiters ablehnen. Der erste

---

[27] Hromadka/Maschmann § 14 Rn. 108; Otto AK § 14 Rn. 2; Hopfner/Heider DB 2012, 114 f.
[28] BeckOK ArbR/Ricken EFZG § 3 Rn. 24; Schmitt § 3 Rn. 87.
[29] BAG 24. 2. 1961 – 1 AZR 17/59, AP ArbKrankhG § 1 Nr. 31, DB 1961, 610.
[30] BAG 1. 10. 1991 – 1 AZR 147/91, AP GG Art. 9 Arbeitskampf Nr. 121.
[31] Nach der hM kann auch der bereits vor Streikbeginn erkrankte Arbeitnehmer am Arbeitskampf teilnehmen: BAG 15. 1. 1991 – 1 AZR 178/90, AP GG Art. 9 Arbeitskampf Nr. 114; 1. 10. 1991 – 1 AZR 147/91, AP GG Art. 9 Arbeitskampf Nr. 121; Brox/Rüthers/Brox § 19 Rn. 660: „Die grundsätzliche Zulässigkeit der Streikteilnahme wird durch die gesetzliche Regelung der Krankheitsfolgen nicht eingeschränkt"; anders noch BAG 24. 2. 1961 – 1 AZR 17/59, AP ArbKrankhG § 1 Nr. 31, unter II der Gründe.
[32] BAG 15. 1. 1991 – 1 AZR 178/90, AP GG Art. 9 Arbeitskampf Nr. 114; Brecher Anm. zu AP KrankhG § 1 Nr. 31; Brox/Rüthers/Brox § 19 Rn. 660; Seiter Streikrecht, S. 300; Däubler/Colneric AK § 19 Rn. 27 f.; Kissel AK § 46 Rn. 17.

Senat des BAG hatte sich mit der Klage einer Erzieherin zu befassen, die vor und während eines Streiks arbeitsunfähig erkrankt war, sich aber nach ihrer Genesung für die letzten Tage aktiv am Streik beteiligte. Der Arbeitgeber wollte ihr die geleistete Lohnfortzahlung von den Gehältern der Folgemonate mit der Argumentation abziehen, sie hätte ohnehin gestreikt, wäre sie nicht krank gewesen. Das BAG hat dem entgegengesetzt, dass eine die suspendierende Wirkung der Krankheit auflösende Willenserklärung von der Arbeitnehmerin während der Zeit der Arbeitsunfähigkeit nicht abgegeben worden ist und das Arbeitsverhältnis folglich nicht aufgrund des Streiks suspendiert war.[33]

17 Voraussetzung für den Entgeltfortzahlungsanspruch ist aber stets, dass der gesunde Arbeitnehmer im Betrieb hätte beschäftigt werden können. Das ist nicht der Fall, wenn der Arbeitgeber die Aussperrung erklärt, den Betrieb stilllegt oder die Grundsätze des Arbeitskampfrisikos eingreifen.[34]

18 Entgeltfortzahlung kann nach § 3 Abs. 1 S. 1 EFZG für maximal sechs Wochen beansprucht werden. Fraglich ist, ob sich die Frist um den Zeitraum verlängert, in dem das Arbeitsverhältnis infolge des rechtmäßigen Arbeitskampfes suspendiert war. Der 5. Senat des BAG hat in einer Entscheidung aus dem Jahr 1973 eine Auswirkung des Arbeitskampfes auf den Fristlauf mit der Begründung abgelehnt, der Arbeitnehmer könne während des Streiks jederzeit seine Arbeit wieder aufnehmen und müsse auch stets mit dem Abbruch des Arbeitskampfes bzw. der Heranziehung zu Erhaltungsarbeiten rechnen.[35] Ein Großteil der Literatur sieht diese Ansicht aber im Widerspruch zur Rechtsprechung des Großen Senats, wonach beim Streik oder einer Aussperrung die Hauptleistungspflichten aus dem Arbeitsverhältnis grds. ruhen.[36] Eine Andersbehandlung im Vergleich zu sonstigen Ruhenstatbeständen – bei denen eine Hemmung des Fristablaufs angenommen wird – sei deshalb nicht gerechtfertigt (→ § 81 Rn. 39).[37] Letztere Ansicht vertritt wohl auch der 1. Senat des BAG in seinen neueren Entscheidungen.[38] Allerdings muss man dem 5. Senat zugestehen, dass mit dem Arbeitskampf – im Gegensatz zu anderen Ruhenstatbeständen wie etwa der Elternzeit – keine vorher festgelegte Ruhensphase verbunden ist. Insofern ist die herrschende Auffassung mit gewissen Zweifeln behaftet.[39]

19 **b) Entgeltfortzahlung bei Feiertagen.** Wird der Arbeitskampf während eines Feiertages fortgesetzt, ist zu differenzieren. Soweit es sich um Streikteilnehmer handelt, erhalten diese kein Feiertagsentgelt, da es hier an der notwendigen Kausalität zwischen Arbeitsausfall und Feiertag fehlt.[40] Voraussetzung ist allerdings eine Erklärung des Arbeitnehmers in einer für den Arbeitgeber eindeutigen Weise, dass er sich an dem Streik beteiligen möchte.[41] Es besteht ebenfalls kein Anspruch auf Feiertagsentgelt, wenn der Arbeitgeber durch einen Streik gezwungen ist, seinen Betrieb vorübergehend zu schließen, ohne die Arbeitnehmer auszusperren, da auch in diesen Fällen die Arbeitszeit allein nicht aufgrund eines Feiertages ausfällt.[42] Dagegen behält der Arbeitnehmer den Anspruch nach § 2 EFZG, wenn nur ein Teil des Betriebes bestreikt wird und er ohne den gesetzlichen Feiertag gearbeitet hätte. Das ist etwa der Fall, wenn während eines Streiks ein Teil der Beleg-

---

[33] BAG 1.10.1991 – 1 AZR 147/91, AP GG Art. 9 Arbeitskampf Nr. 121 mwN; Schaub ArbR-HdB/*Treber* § 194 Rn. 10; aA ZLH/*Loritz* § 44 Rn. 93 ff.
[34] BeckOK ArbR/*Ricken* EFZG § 3 Rn. 24; *Schneider* Entgeltfortzahlung und Konkurrenzen, S. 311 ff.; zum Arbeitskampfrisiko → § 279 Rn. 9 ff.
[35] BAG 8.3.1973 – 5 AZR 491/72, AP LohnFG § 1 Nr. 29 mAnm *Reuss*.
[36] BAG 21.4.1971 – GS 1/68, AP GG Art 9 Arbeitskampf Nr. 43.
[37] → § 81 Rn. 39; ErfK/*Reinhard* EfzG § 3 Rn. 34; *Treber* § 115; KDHK/*Dunkl* § 3 Rn. 140; *Schmitt* EFZG § 3 Rn. 198; *Kissel* AK § 46 Rn. 20 mwN.
[38] BAG 6.9.1989 – 5 AZR 621/88, AP HGB § 63 Nr. 45 = NZA 1990, 142; BAG 22.8.2001 – 5 AZR 699/99, AP EntgeltFG § 3 Nr. 11 = NZA 2002, 610.
[39] Vgl. BeckOK ArbR/*Ricken* EFZG § 3 Rn. 51.
[40] BAG 1.3.1995 – 1 AZR 786/94, AP FeiertagslohnzahlungsG § 1 Nr. 68; *Kunz/Wedde* § 2 Rn. 84; *Feichtinger/Malkmus* § 2 Rn. 50; Reinhard/*Steurer* EFZG § 2 Rn. 18.
[41] *Kunz/Wedde* § 2 Rn. 84.
[42] *Vogelsang* Rn. 797; ErfK/*Reinhard* EFZG § 2 Rn. 12.

I. Rechtsfolgen des rechtmäßigen Streiks

schaft weitergearbeitet hat und es nur der Feiertag ist, der zum Arbeitsausfall führt.[43] Erklärt ein streikender Arbeitnehmer unmittelbar vor dem Feiertag, dass er seine Teilnahme an dem Arbeitskampf beende, so kommt es darauf an, wie sich sein Verhalten nach dem Feiertag darstellt. Nimmt der Arbeitnehmer nach dem Feiertag seine Arbeit wieder auf, so steht ihm ein Anspruch auf Feiertagsentgelt zu; setzt aber der Arbeitnehmer unmittelbar nach dem Feiertag seinen Streik fort und bleibt der Arbeit fern, so ist ihm der Anspruch auf Feiertagsentgelt zu versagen.[44] Seine Erklärung war dann mangels Arbeitsbereitschaft tatsächlich nicht auf die Beendigung der suspendierenden Wirkung gerichtet und genügte daher nicht, um eine Beendigung seiner Streikteilnahme herbeizuführen. Eine solche Erklärung ist daher „arbeitskampfrechtlich bedeutungslos".[45]

Besonderheiten bestehen, wenn eine streikführende Gewerkschaft den Arbeitskampf am Tag vor dem Feiertag beendet und ihn am darauf folgenden Werktag durch einen erneuten Streikaufruf fortsetzt.[46] Nach Auffassung des BAG verletzt die Unterbrechung des Streiks für den Feiertag nicht den Grundsatz der Verhältnismäßigkeit und sei auch nicht rechtsmissbräuchlich. Konsequenterweise würde daher ein Anspruch auf Feiertagslohnzahlung dann bestehen, wenn die Unterbrechung des Streiks tatsächlich auf die Beendigung der Suspendierungswirkung gerichtet ist, also wenn zumindest für einen Tag nach dem Feiertag gearbeitet wird.[47] Setzt dagegen die streikführende Gewerkschaft den Streik lediglich für den Feiertag aus, so ist nach Auffassung des BAG diese Erklärung nicht auf eine Unterbrechung des Streiks gerichtet, sondern es soll lediglich ein Anspruch nach § 2 EFZG ausgelöst werden. Daher soll bei einer derartigen Fallgestaltung für die betroffenen Arbeitnehmer kein Anspruch auf Feiertagslohnzahlung existieren[48]. Diese Rechtsprechung kann mE nicht überzeugen. Die Unterscheidung zwischen einem unterbrochenen Streik, bei dem sich die Unterbrechung nur auf den Feiertag bezieht und einem Streik, der lediglich ausgesetzt wird, ist mE nicht nachvollziehbar. In beiden Fällen nutzt die Gewerkschaft letztlich die Feiertagsvergütung, um sich selbst von finanziellen Belastungen aufgrund der Streikunterstützung zu entlasten und dafür die Arbeitgeberseite zu belasten. Stattdessen kann es doch nur darauf ankommen, ob die Gewerkschaft im Anschluss an den Feiertag ihre Streikmaßnahmen wieder aufnimmt oder aber zunächst die streikenden Arbeitnehmer tatsächlich an ihre Arbeitsplätze wieder zurückkehren und ihre Arbeit zumindest für einen wirtschaftlich relevanten Zeitraum wieder aufnehmen.[49] Nur im letzteren Fall kann von einer echten Unterbrechung der Streikmaßnahmen gesprochen werden, was dazu führen muss, dass dann auch den Arbeitnehmern das Feiertagsentgelt zusteht. Besteht die Unterbrechung lediglich für die Dauer des Feiertages, ist letztlich von einem Rechtsmissbrauch auszugehen, so dass im Hinblick auf § 2 EFZG die Erklärung der streikführenden Gewerkschaft, den Arbeitskampf lediglich „auszusetzen", oder zu „unterbrechen", irrelevant ist. Wird der Streik nicht am unmittelbar auf den Feiertag folgenden Arbeitstag fortgesetzt, sondern erst am darauf folgenden Tag, liegt zwar grundsätzlich ein Anspruch auf Feiertagsvergütung vor. Allerdings kann hier durch den Arbeitgeber der Rechtsmissbrauchseinwand erhoben werden. Anhaltspunkte, die für einen Rechtsmissbrauch sprechen, liegen etwa vor, wenn an dem auf den Feiertag folgenden Arbeitstag keine nennenswert wirtschaftlich relevante Arbeitsleistung möglich war, bereits vorab erkennbar war, dass das Streikgeschehen sich fortsetzen würde und auch keine plausiblen Gründe vorliegen, warum an diesem Tag nicht gestreikt wurde.

---

[43] *Schmitt* § 2 Rn. 41.
[44] BAG 1.3.1995 – 1 AZR 786/94, AP FeiertagslohnzahlungsG § 1 Nr. 68; *Knorr/Krasney* EFZG § 2 Rn. 24; *Schmitt* EFZG § 2 Rn. 42 ff.
[45] *Schmitt* EFZG § 2 Rn. 44.
[46] BAG 11.5.1993 – 1 AZR 649/92, AP FeiertagslohnzahlungsG § 1 Nr. 63; *Treber* § 2 Rn. 28.
[47] BAG 11.5.1993 – 1 AZR 649/92, AP FeiertagslohnzahlungsG § 1 Nr. 63.
[48] BAG 1.3.1995 – 1 AZR 786/94, AP FeiertagslohnzahlungsG § 1 Nr. 68.
[49] So auch *Treber* § 2 Rn. 29.

21 **c) Entgeltfortzahlung bei Urlaub.** Die Entstehung des gesetzlichen Urlaubsanspruches setzt nach § 4 BUrlG ein sechsmonatiges Bestehen des Arbeitsverhältnisses voraus (Wartezeit). Damit hat der Arbeitskampf keine Auswirkungen auf das Entstehen des Urlaubsanspruches, denn er führt nur zu einer Suspendierung der Hauptpflichten, nicht zu einer Unterbrechung des Arbeitsverhältnisses. Die aufgrund des Arbeitskampfes entfallen Arbeitstage haben nicht zur Folge, dass sich die Urlaubsdauer, die dem Arbeitnehmer nach BUrlG zusteht, vermindert;[50] auch die Höhe des Urlaubsentgelts verändert sich dadurch nicht.[51]

22 Allerdings treten bei dem Zusammentreffen von Arbeitskampf und Urlaubsgewährung einige Probleme auf. Nach mittlerweile nahezu unbestrittener Ansicht darf der Arbeitnehmer, der bei Beginn des Arbeitskampfes den ihm bewilligten Urlaub bereits angetreten hat, seinen Urlaub grds. fortsetzen; er hat ebenfalls Anspruch auf Fortzahlung des Urlaubsentgeltes.[52] Ebenso zu behandeln ist der Fall des Arbeitnehmers, der einen bereits bewilligten Urlaub noch nicht angetreten hat. Er ist hierzu trotz des Streiks berechtigt.[53] In der Verpflichtung zur Entgeltfortzahlung liegt kein Verstoß gegen das Paritätsgebot, denn der seinen Urlaub in Anspruch nehmende Arbeitnehmer ist am Arbeitskampf gar nicht beteiligt. Im Gegenteil: Die Urlaubsgewährung anstelle eines Streiks kann für den Arbeitgeber bei guter Auftragslage sogar vorteilhaft sein.[54]

23 Während auf der einen Seite der Arbeitgeber nicht berechtigt ist, den Arbeitnehmer, der seinen Urlaub bereits angetreten hat, einseitig wieder in den Betrieb zu beordern,[55] ist auf der anderen Seite umstritten, ob ein Arbeitnehmer, der trotz seines bereits angetretenen Urlaubs an einem in die Urlaubszeit fallenden Arbeitskampf teilnehmen möchte, ein Recht zum einseitigen Abbruch des Urlaubs hat. Wenn man dies bejaht stellt sich weiter die Frage, ob der Urlaub nach Auflösung des Tarifkonflikts nachbewilligt werden muss. Die Rechtsprechung hat sich mit dieser Problematik bisher nur am Rande beschäftigt.[56] Ein Recht auf Teilnahme am Arbeitskampf wird man richtigerweise auch dem im Urlaub befindlichen Arbeitnehmer nicht absprechen können,[57] allerdings nimmt er damit auch die den Streikenden treffenden Nachteile auf sich, was konkret den Verzicht auf das Urlaubsentgelt, das Urlaubsgeld und die Arbeitsbefreiung kraft Urlaubsrechts bedeutet. Eine Nachbewilligung des Urlaubs kann der Arbeitnehmer dementsprechend nicht verlangen.[58] Der Arbeitgeber ist mit Bewilligung des Urlaubs seiner Pflicht auf Gewährung des Urlaubs nachgekommen.[59] Er hat damit seine Leistungspflicht nach dem BUrlG erfüllt. Beteiligt sich der Arbeitnehmer an dem Streik ist das seine eigene Entscheidung, die nicht zu Lasten des Arbeitgebers gehen kann. Die Möglichkeit, dass die Streikteilnahme eine Erholung des Arbeitnehmers beeinträchtigt (und daher eine Nachbewilligung erfolgen muss, um dem Zweck des Urlaubs gerecht zu werden), steht der hier vertretenen Ansicht nicht entgegen: Zwar bezweckt der Urlaub die Erholung des Arbeitnehmers,[60] allerdings

---

[50] BAG 15.6.1964 – 1 AZR 303/63, AP GG Art. 9 Arbeitskampf Nr. 35.
[51] Streiktage sind unverschuldete Arbeitsausfallzeiten iSd § 11 Abs. 1 S. 3 BUrlG, vgl. HzA/*Kalb* Gruppe 18 Teilbereich 3 Rn. 1310.
[52] BAG 9.2.1982 – 1 AZR 567/79, AP BUrlG § 11 Nr. 16; HzA/*Kalb* Gruppe 18 Teilbereich 3 Rn. 1311.
[53] So auch Däubler ArbeitskampfR/*Öğüt* § 129 Rn. 42 mwN.
[54] *Seiter* Streikrecht, S. 303.
[55] *Schaub* ArbR-HdB/*Treber* § 194 Rn. 9; Däubler ArbeitskampfR/*Öğüt*, § 19 Rn. 42.
[56] Das BAG hat aber anlässlich zweier Entscheidungen zur Aussperrung (31.5.1988 – 1 AZR 200/87, AP FeiertagslohnzahlungsG § 1 Nr. 58; 15.1.1991 – 1 AZR 178/90, AP GG Art. 9 Arbeitskampf Nr. 114) zu verstehen gegeben, dass es einem arbeitnehmerseitigen Recht auf Teilnahme am Streik trotz Urlaubsgewährung verbunden mit einer Nachforderung des ausgefallenen Urlaubs skeptisch gegenübersteht.
[57] *Seiter* Streikrecht, S. 302; Brox/Rüthers/*Brox* § 9 Rn. 304; *Gamillscheg* KollArbR I, S. 1192; HzA/*Kalb* Gruppe 18 Teilbereich 3 Rn. 1311; aA ArbRBGB/*Matthes* BGB § 615 Rn. 179.
[58] *Kissel* AK § 46 Rn. 46 ff., der in dieser Argumentation auch keinen Verstoß gegen den Unabdingbarkeitsgrundsatz aus § 13 BUrlG sieht; aA *Seiter* Streikrecht, S. 302, Brox/Rüthers/*Brox* § 9 Rn. 304, die den Zeitraum der Streikbeteiligung anrechnen wollen.
[59] BAG 20.6.2000 – 9 AZR 405/99, AP BUrlG § 7 Nr. 28.
[60] EuGH 29.11.2017 – C-214/16; ErfK/*Gallner* BUrlG § 1 Rn. 4 f.

I. Rechtsfolgen des rechtmäßigen Streiks

hat der tatsächliche Eintritt bzw. das Ausbleiben des Erholungseffektes auf den Urlaubsanspruch keinen Einfluss. Die Urlaubszeit ist selbstbestimmte Freizeit des Arbeitnehmers.[61] Ob diese Freizeit tatsächlich erholsam ist, liegt in der Sphäre des Arbeitnehmers. Entscheidet er sich zur Streikteilnahme, so gibt er seinen Urlaubsanspruch einschließlich des Urlaubsentgelts auf – ebenso wie die Arbeitnehmer, die sich nicht im Urlaub befinden, bei Streikteilnahme ihren Anspruch auf Lohn aufgeben.[62]

Der Arbeitnehmer, der sich am Arbeitskampf beteiligt, kann aufgrund der bereits eingetretenen Suspendierung seines Arbeitsverhältnisses nicht die Gewährung von Urlaub verlangen. Es bleibt ihm jedoch unbenommen, seine Streikteilnahme eindeutig für beendet zu erklären. Der bloße Urlaubsantrag reicht dafür indes nicht aus.[63] Vielmehr setzt die Beendigung der Streikteilnahme die Absicht voraus, die Suspendierung der Hauptleistungspflichten aufzuheben, dh der Arbeitnehmer muss tatsächlich zur Arbeitsleistung bereit sein. Mit einem Urlaubsgesuch möchte der Arbeitnehmer allerdings gerade nicht seine Arbeitspflicht wieder aufleben, sondern sich von ihr – ungeachtet des Streiks – befreien lassen. Insoweit strebt der Arbeitnehmer nur eine einseitige Aufhebung der Suspendierung in der Form an, dass er seinen Anspruch auf Urlaubsgewährung gegen den Arbeitgeber geltend macht. Hinzu kommt, dass, wenn der Arbeitnehmer bereits mit dem Urlaubsantrag schon seine Arbeitsbereitschaft zum Ausdruck bringen würde, der Arbeitgeber den Arbeitnehmer bei Ablehnung des Urlaubsbegehrens wieder – wenn der Arbeitnehmer nicht erneut die Teilnahme am Streik erklärt – zur Arbeit verpflichten könnte.[64] Dies ist aber vom Arbeitnehmer nicht gewollt. Will der streikende Arbeitnehmer Urlaub während des Streiks nehmen, muss er eindeutig seine Teilnahme an dem Streik aufgeben. Folglich muss aus dem Urlaubsantrag neben der Arbeitsbereitschaft eindeutig hervorgehen, dass eine Teilnahme am Streik während der beantragten Urlaubsdauer nicht erfolgt.[65] Erklärt der Arbeitnehmer dementsprechend seine Streikteilnahme für beendet, kann der Arbeitgeber das Urlaubsbegehren gleichwohl gem. § 7 Abs. 1 BUrlG verweigern. Hier gelten dann regelmäßig die allgemeinen Grundsätze für die Urlaubsbewilligung, da der Arbeitnehmer sich letztlich vom Streik distanziert hat. Gerade in der Arbeitskampfsituation können dringende betriebliche Belange vorliegen, die einer Berücksichtigung von Urlaubswünschen des Arbeitnehmers entgegenstehen. Nach der hM besteht dieses Verweigerungsrecht auch deshalb, weil ansonsten eine Beeinträchtigung der Waffengleichheit vorliegen würde.[66] Schließlich gilt es zu verhindern, dass die Arbeitnehmerseite ihre Kampfkraft durch einen „kollektiven Urlaub"[67] ungerechtfertigt verstärkt.

3. Kündigung während des Streiks
a) Arbeitgeberseitige Kündigung. Auch während des Arbeitskampfes steht dem Arbeitgeber das Recht zur ordentlichen oder außerordentlichen Kündigung zu. Er darf die Kündigung aber nicht allein auf die Teilnahme an einem rechtmäßigen Arbeitskampf gründen. Die Kündigung darf keinen inneren Bezug zu der Arbeitskampfteilnahme aufweisen.[68] Ein solcher Bezug ist zu verneinen, wenn der Arbeitnehmer auch nach Streikende aus betrieblichen Gründen nicht mehr weiter beschäftigt werden kann. Mit dem Arbeitskampf ist jedoch keine erleichterte Kündigungsmöglichkeit verbunden. Das

---

[61] BAG 20.6.2000 – 9 AZR 405/99, AP BUrlG § 7 Nr. 28.
[62] *Kissel* AK § 46 Rn. 47.
[63] BAG 24.9.1996 – 9 AZR 364/95, AP BurlG § 7 Nr. 22 mAnm *Rüthers/Beninca;* LAG Nürnberg 25.1.1995 – 4 Sa 1118/93, BAGE Art. 9 GG Arbeitskampf Nr. 57 = NZA 1995, 854ff.; *Kissel* AK § 46 Rn. 45; Däubler ArbeitskampfR/*Öğüt* § 19 Rn. 42; aA *Seiter* Streikrecht, S. 303.
[64] *Kissel* AK § 46 Rn. 45.
[65] Däubler ArbeitskampfR/*Öğüt* § 19 Rn. 42.
[66] BAG 15.6.1964 – 1 AZR 303/63, AP GG Art. 9 Arbeitskampf Nr. 35; *Peterek* Anm. zu BAG 24.9.1996 – 9 AZR 364/95, EzA BUrlG § 7 Nr. 102 S. 14; *Kissel* AK § 46 Rn. 45; aA *Seiter* Streikrecht, S. 303; Brox/Rüthers/*Brox* § 9 Rn. 304f.
[67] Brox/Rüthers/*Brox* § 9 Rn. 305.
[68] *Kissel* AK § 46 Rn. 86.

KSchG bleibt anwendbar; § 25 KSchG erfasst diese Fälle nicht.[69] Die Anforderungen an Begründung und Zukunftsprognose einer betriebsbedingten ordentlichen Kündigung sowie die Beteiligungsrechte des BR nach §§ 102, 103 BetrVG bestehen grds. unverändert fort (→ Rn. 57f.). Dies gilt in Bezug auf die Beteiligungsrechte des BR aber nur, soweit die fraglichen Maßnahmen keinen Arbeitskampfbezug haben.[70] Insofern entfällt das Beteiligungsrecht des BR nur, wenn der Arbeitgeber als Reaktion auf Arbeitskampfmaßnahmen Kündigungen ausspricht.[71] Von einer solchen Kampfkündigung ist auch dann auszugehen, wenn der Arbeitgeber wegen Beteiligung an einem rechtswidrigen Arbeitskampf die außerordentliche Kündigung mitteilt.[72]

26 Gekündigt werden können auch solche Arbeitnehmer, die den Umfang der ihnen zustehenden Streikbefugnisse derart überschreiten, dass ein rechtswidriges Verhalten vorliegt.[73] Solche Streikexzesshandlungen liegen etwa bei Tätlichkeiten, Beleidigungen, Blockadehandlungen[74] und sonstigen Sabotageakten vor. Bei einer darauf gestützten Kündigung bestehen keine Besonderheiten.

27 b) Kündigung durch den Arbeitnehmer. Auch das arbeitnehmerseitige Recht zur ordentlichen und außerordentlichen Kündigung bleibt vom Arbeitskampf unberührt, wobei der rechtmäßige Arbeitskampf selbst kein Recht zur außerordentlichen Kündigung gibt. Teilweise wird dies anders gesehen und dem Arbeitnehmer in Hinblick auf finanzielle Schwierigkeiten durch einen länger andauernden Arbeitskampf ein Recht zur außerordentlichen Kündigung eingeräumt. Zudem dürfe der Arbeitnehmer (ebenfalls aus finanziellen Gründen) anstelle der Kündigung ein weiteres Arbeitsverhältnis eingehen – in einem solchen Fall könne von dem Arbeitgeber nach Treu und Glauben verlangt werden, bei (vorzeitigem) Ende der Suspendierung auf die Pflichten aus diesem weiteren Arbeitsverhältnis Rücksicht zu nehmen.[75] Richtigerweise begründet weder der (rechtmäßige) Arbeitskampf noch der Abschluss eines weiteren Arbeitsverhältnisses das Recht zur außerordentlichen Kündigung.[76] Das bisherige Arbeitsverhältnis wird auch nicht dadurch berührt, dass der Arbeitnehmer sich durch ein zusätzliches Arbeitsverhältnis zur Arbeitsleistung verpflichtet hat. Mit Ende der Suspendierung ist der Arbeitnehmer wieder gegenüber dem bisherigen Arbeitgeber zur Arbeitsleistung verpflichtet. Kann er dieser Pflicht nicht nachkommen, stellt dies eine Pflichtverletzung dar. Das für eine verhaltensbedingte Kündigung erforderliche Verschulden des Arbeitnehmers kann in diesen Fällen nicht ohne weiteres unterstellt werden. Wenn man den Arbeitnehmer als berechtigt ansieht, während des Arbeitskampfes anderweitig ein Beschäftigungsverhältnis aufzunehmen, wird man nicht verlangen können, dass dieser in der Sekunde des Arbeitskampfendes seine Tätigkeit wieder aufnimmt. Zwar wird man die Wochenfrist des § 12 KSchG hier nicht entsprechend anwenden können, da die streikbedingte Störung der Erwerbsmöglichkeiten des Arbeitnehmers aus der Arbeitnehmersphäre herrührt. Wenn man aber die suspendierende Wirkung zugunsten des Arbeitgebers über das Ende des Arbeitskampfes erstreckt (vgl. → Rn. 11), wenn streikbedingte Maßnahmen erst abgewickelt werden müssen, wird man es einem Arbeitnehmer nicht vorwerfen können, wenn er nicht schon unmittelbar mit Streikende oder am Folgetag seine Arbeit wieder antritt, weil er anderweitig in einem Arbeitsverhältnis beschäftigt war.

---

[69] Auch darüber hinaus hat § 25 KSchG seit der Entscheidung des GS vom 28.1.1955 – GS 1/54 – kaum noch Bedeutung für das Arbeitskampfrecht; vgl. zur Entstehungsgeschichte und Entwicklung der Norm: *Kissel* AK § 46 Rn. 87ff.
[70] BAG 22.12.1980 – 1 ABR 2/79, AP Art. 9 GG Arbeitskampf Nr. 70.
[71] Vgl. hierzu APS/*Koch* BetrVG § 102 Rn. 15.
[72] BAG 14.2.1978 – 1 AZR 76/76, AP GG Art. 9 Arbeitskampf Nr. 58.
[73] BAG 29.3.1957 – 1 AZR 547/55, AP GG Art. 9 Arbeitskampf Nr. 5.
[74] Dazu BAG 8.11.1988 – 1 AZR 417/86, AP GG Art. 9 Arbeitskampf Nr. 111.
[75] *Otto* AK § 14 Rn. 27.
[76] Brox/Rüthers/*Brox* § 9 Rn. 312; HzA/*Kalb* Gruppe 18 Teilbereich 3 Rn. 1323.

II. Rechtsfolgen des rechtswidrigen Streiks

1. Bestehen der Hauptleistungspflichten

Der rechtswidrige Streik führt nicht zu einer Suspendierung der Pflichten aus dem Arbeitsverhältnis. Dieses Sonderrecht kommt nur dem von Art. 9 Abs. 3 GG erfassten rechtmäßigen Streik zu.[77] Der Arbeitnehmer ist damit sowohl im Falle rechtswidrig gewerkschaftlich geführter als auch verbandsfreier Streiks weiter zur Arbeitsleistung verpflichtet.[78] Diesen Erfüllungsanspruch kann der Arbeitgeber zumindest theoretisch im Wege der Leistungsklage vor den Gerichten für Arbeitssachen geltend machen. Wegen § 888 Abs. 3 ZPO wird der Arbeitgeber aber in der Regel die Geltendmachung von Sekundäransprüchen vorziehen. Umgekehrt wird der Arbeitgeber gegenüber den die Arbeit verweigernde Arbeitnehmern gem. § 326 Abs. 1 S. 1 BGB wegen des nach der hM geltenden Fixschuldcharakters der Arbeitsleistung[79] von seiner Vergütungspflicht frei. Treten aufgrund des rechtswidrigen Streiks Störungen im Betrieb auf, aufgrund derer die arbeitswilligen Arbeitnehmer nicht beschäftigt werden können, verlieren auch diese ihre Vergütungsansprüche.[80]

28

2. Unterlassungs- und Beseitigungsansprüche

Naturgemäß hat der Arbeitgeber regelmäßig ein großes Interesse, die mit dem rechtswidrigen Streik verbundenen Störungen im Betriebsablauf möglichst schnell zu beseitigen, um den Schaden so gering wie möglich zu halten. Zur Realisierung dieses Zieles kann er den Streikenden die Fortsetzung des Streiks gerichtlich untersagen auf Grundlage des § 1004 Abs. 1 S. 2 BGB (analog). Dieser Anspruch kann gem. § 890 ZPO durch Ordnungsgeld oder Ordnungshaft vollstreckt werden. Aufgrund der regelmäßig gegebenen Eilbedürftigkeit der Sache wird der Unterlassungsanspruch regelmäßig im Wege einer einstweiligen Verfügung geltend gemacht. Bei einzelnen abgrenzbaren rechtswidrigen Streikmaßnahmen kann auch eine Unterlassungsverfügung allein gegen den/die betroffenen Arbeitnehmer ergehen.[81]

29

Einen materiell-rechtlichen Unterlassungsanspruch spricht das BAG dem Arbeitgeber gegenüber den Streikenden in ständiger Rechtsprechung zu, soweit der Arbeitskampf insgesamt oder einzelne Maßnahmen rechtswidrig sind.[82] Dieser Anspruch kann zum einen auf eine Verletzung des Arbeitsvertrags gestützt werden (§§ 280, 283 BGB), zum anderen ist als weitere Anspruchsgrundlage § 1004 iVm § 823 BGB zu nennen. Die Rechtsprechung sieht in der Teilnahme am rechtswidrigen Streik einen Eingriff in das sonstige Recht am eingerichteten und ausgeübten Gewerbebetrieb und erblickt damit in der Arbeitsverweigerung zugleich auch ein deliktisches Verhalten.[83] Ferner können die Tatbestände des § 823 Abs. 2 iVm einem Schutzgesetz und des § 826 BGB verletzt sein. Darüber hinaus kann dem Arbeitgeber ein Beseitigungsanspruch zustehen. So kann er etwa bei ehrverletzenden Meinungsäußerungen den Widerruf der Erklärung verlangen.[84]

30

---

[77] Dagegen hat sich die Auffassung von *Ramm* (AuR 1964, 129 (137)), nach der auch der rechtswidrige gewerkschaftliche Streik eine Aussetzung der Pflichten aus dem Arbeitsvertrag zur Folge haben soll, nicht durchgesetzt; siehe dazu: BAG 29.11.1983 – 1 AZR 469/82, AP BGB § 626 Nr. 78; Brox/Rüthers/*Brox* § 9 Rn. 322.
[78] Däubler ArbeitskampfR/*Öğüt* § 22 Rn. 2.
[79] Staudinger/*Richardi/Fischinger* § 611 BGB Rn. 1064; *Söllner* AcP 167 (1967), 132 (139); BGH 11.7.1953 – II ZR 126/52, BGHZ 10, 187; BAG 19.1.2006 – 6 AZR 529/04, AP InsO § 55 Nr. 13; zu Recht kritisch: HWK/*Thüsing* BGB § 611a Rn. 545.
[80] BAG 25.7.1957 – 1 AZR 194/56, DB 1958, 572; *Oberwinter* AuA 2008, 22 (25); aA *Melot der Beauregard* Tarif- und Arbeitskampfrecht für die Praxis, 2014, Rn. 553.
[81] ErfK/*Linsenmaier* GG Art. 9 Rn. 235.
[82] BAG 27.6.1989 – 1 AZR 404/88, AP GG Art. 9 Arbeitskampf Nr. 113 mwN = BAGE 62, 171.
[83] BAG 4.5.1955 – 1 AZR 493/54, AP GG Art. 9 Arbeitskampf Nr. 2; 5.3.1985 – 1 AZR 468/83, AP GG Art. 9 Arbeitskampf Nr. 85; 9.4.1991 – 1 AZR 332/90, AP GG Art. 9 Arbeitskampf Nr. 116.
[84] Brox/Rüthers/*Brox* § 9 Rn. 329; *Kissel* AK § 47 Rn. 68; BAG 29.10.2001 – 5 AZB 44/00, AP ArbGG 1979 § 2 Nr. 80.

3. Schadensersatzansprüche

31 a) Aus Vertrag. Der in der Teilnahme am rechtswidrigen Streik liegende Arbeitsvertragsbruch kann Schadensersatzansprüche des Arbeitgebers begründen. Für solche Schäden, die durch den Ausfall der Arbeitsleistung entstanden sind, ist aufgrund des von der hM vertretenen absoluten Fixschuldcharakters der Arbeitsleistung regelmäßig § 280 Abs. 1, 3 iVm § 283 BGB richtige Anspruchsgrundlage.[85] Eine Fristsetzung ist bei unmöglicher Leistung naturgemäß entbehrlich. Der Anspruch setzt weiter voraus, dass der Schuldner die Unmöglichkeit zu vertreten hat. Dabei kommt § 280 Abs. 1 S. 2 BGB dem Gläubiger grds. mit einer Beweislastumkehr entgegen. Daraus folgt, dass der Schuldner die zu seiner Exkulpation führenden Umstände darzulegen und zu beweisen hat. Teilweise wird § 619a BGB, der eine Ausnahme zu § 280 Abs. 1 S. 2 BGB enthält, zum Schutze des Arbeitnehmers herangezogen. Dies wird damit begründet, dass § 619a BGB für sämtliche Konstellationen der Arbeitnehmerhaftung gelten müsse.[86] Dem ist jedoch entgegenzuhalten, dass § 619a BGB die Beweislastumkehr nach § 280 Abs. 1 S. 2 BGB nur für die Haftung aus einer betrieblich veranlassten Tätigkeit ausschließt. Nach zutreffender Auffassung findet § 619a BGB demnach bei der Haftung aufgrund eines rechtswidrigen Streiks keine Anwendung, da es sich hier nicht um eine betrieblich veranlasste Tätigkeit handelt.[87]

32 Arbeitnehmer haben sich in der Vergangenheit wiederholt darauf berufen, sie seien in Anbetracht des gewerkschaftlichen Streikaufrufs von dessen Rechtmäßigkeit ausgegangen und unterlägen insofern einem Rechtsirrtum.[88] Ein Rechtsirrtum schließt die Zurechnung jedoch nur dann aus, wenn er für den Arbeitnehmer unvermeidbar war.[89] Das BAG ist früher davon ausgegangen, dass der von der Gewerkschaft ausgerufene Streik die Vermutung der Rechtmäßigkeit für sich in Anspruch nehmen kann.[90] Inzwischen hat es seine Auffassung aber folgendermaßen präzisiert: So gebe es zwar keine Vermutung im Rechtssinne für die Rechtmäßigkeit eines Streiks, auf die sich die Gewerkschaft oder Dritte berufen könnten. Jedoch könne die Tatsache, dass der Streik von der Gewerkschaft getragen sei, dafür sprechen, dass der sich beteiligende Arbeitnehmer die Rechtswidrigkeit des Streiks nicht habe erkennen können.[91] Eine besondere Erkundigungspflicht kann nur bei einfachen Rechtsproblemen angenommen werden. Sie wird auch dann verneint, wenn dem Arbeitnehmer die für eine qualifizierte Beratung notwendigen Tatsachen und Unterlagen, wie bereits ergangene Urteile, vorhandener Schriftwechsel und ähnliches nicht zur Verfügung stehen.[92] Erkundigt sich der Arbeitnehmer und erhält von seiner Gewerkschaft die Auskunft, dass der Streik rechtmäßig sei, ist ihm ein etwaiger Irrtum nicht vorzuhalten. Ob ihm Zweifel kommen müssen, wenn der Arbeitgeber seinerseits die Rechtsansicht der Gewerkschaft für unzutreffend erklärt, ist umstritten.[93] Hinsichtlich der Teilnahme an einem „wilden" oder politischen Streik wird vertreten, dass sich der Arbeitnehmer nicht auf einen etwaigen Irrtum berufen kann, da die Rechtswidrigkeit solcher Arbeitskämpfe als allgemein bekannt vorausgesetzt wird.[94] Das gleiche gilt auch für das abgesprochene Vortäuschen einer Arbeitsunfähigkeit („go sick").[95]

---

[85] *Henssler* RdA 2002, 129 (132).
[86] Däubler ArbeitskampfR/*Öğüt* § 22 Rn. 24 ff.
[87] ErfK/*Preis* BGB § 619a Rn. 4 mwN; *Gotthardt* Rn. 174; HWK/*Krause* BGB § 619a Rn. 44; Otto AK § 15 Rn. 36 (für Streikführer), 42 (sonstige Streikbeteiligte); *Ricken* FS Leinemann, 2006, S: 95 (101); aA wohl BAG 18.7.2006 – 1 AZR 578/05, AP ZPO § 850 Nr. 15, NZA 2007, 462 (463); ZLH/*Loritz* § 44 Rn. 31.
[88] *Wank* RdA 2009, 1 (9).
[89] Staudinger/*Caspers* BGB § 276 Rn. 55.
[90] BAG 19.6.1973 – 1 AZR 521/72, AP GG Art. 9 Arbeitskampf Nr. 47 = BAGE 25, 226.
[91] BAG 29.11.1983 – 1 AZR 469/82, AP BGB § 626 Nr. 78, NZA 1984, 34 (35 f.).
[92] BAG 29.11.1983 – 1 AZR 469/82, AP BGB § 626 Nr. 78, NZA 1984, 34.
[93] So etwa *Wank* RdA 2009, 1 (9); *Ebert* ArbRB 2015, 343 (345); aA Däubler ArbeitskampfR/*Öğüt* § 22 Rn. 19.
[94] *Zielke* BB 2005, 1274; *Bartholomä* BB 2006, 378 (381).
[95] *Beckerle/Stolzenberg* NZA 2016, 1313 (1315, 1316); *Becker* NJ 2017, 494 (499).

Wenn die Voraussetzungen für einen Anspruch des Arbeitgebers auf Schadensersatz statt 33
der Leistung vorliegen, kann es anstelle dieses Anspruchs sinnvoll sein, einen Anspruch
auf Ersatz vergeblicher Aufwendungen gem. § 284 BGB geltend zu machen.[96] Auf der
Grundlage von § 284 BGB kann der Arbeitgeber insbesondere billigerweise getätigte Aufwendungen für Produktionen oder Dienstleistungen erstattet bekommen, die aufgrund
der fehlenden Arbeitsleistung nutzlos geworden sind.[97]

Bei solchen Aktionen, die über eine bloße Arbeitsverweigerung hinausgehen, kommt 34
auch eine Haftung wegen Schutzpflichtverletzung aus §§ 280, 241 Abs. 2 BGB in Betracht.[98] Das gilt ebenso für solche Personen, die bei der Organisation und Durchführung
des Streiks Schlüsselpositionen einnehmen (Streikführer).

b) Deliktsrecht. In der Teilnahme am rechtswidrigen Streik sieht das BAG in ständiger 35
Rechtsprechung eine Verletzung des Rechts am eingerichteten und ausgeübten Gewerbebetrieb.[99] Erforderlich ist ein unmittelbarer, betriebsbezogener Eingriff. Dieser Ansatz ist
in der Literatur zum Teil auf Kritik gestoßen. Zum einen wird vertreten, eigentliches
Angriffsobjekt beim Streik sei nicht der Gewerbebetrieb, sondern die Willens- und Entschließungsfreiheit des Gegners.[100] Zum anderen richten sich Bedenken dagegen, die bloße Nichterfüllung des Vertrages mit einer deliktrechtlichen Haftung zu sanktionieren.[101]
Ersterer Kritik ist entgegenzusetzen, dass die Arbeitsverweigerung als Kampfmaßnahme
sehr wohl auf die Störung des Gewerbebetriebs abzielt. Der daraus resultierende Betriebsausfallschaden ist dann in einem zweiten Schritt Druckmittel zur Beeinflussung der Willens- und Entschließungsfreiheit des Gegners im Hinblick auf den Tarifabschluss.[102] Auch
das zweite Argument der Kritik kann nicht vollumfänglich überzeugen. Jedoch ist ihr zuzugeben, dass nicht pauschal in jeder Teilnahme an einem rechtswidrigen Streik eine Verletzung des Gewerbebetriebs gesehen werden sollte. Es kommt vielmehr auf den Beitrag
an, den der Einzelne während des Streiks geleistet hat. Dabei wird man bei solchen Teilnehmern, die an der Organisation des Streiks beteiligt sind oder in anderer Form Schlüsselpositionen einnehmen, regelmäßig von einer Verletzung des Unternehmerrechts ausgehen können.[103]

Wegen der Subsidiarität der Grundsätze über den Gewerbebetrieb ist vorrangig eine 36
Haftung der Streikteilnehmer aus § 826 BGB und § 823 Abs. 2 BGB iVm einem Schutzgesetz zu prüfen. Dabei stellt § 826 BGB im Hinblick auf das Erfordernis einer vorsätzlichen sittenwidrigen Schädigung strenge Anforderungen, die in der Regel nicht bereits
mit der schlichten Arbeitsniederlegung erfüllt sind. Ein Anspruch aus § 823 Abs. 2 BGB
erfordert die Verletzung eines Gesetzes, das dem individuellen Schutz des Arbeitgebers zu
dienen bestimmt ist. Zu den Schutzgesetzen iSd § 823 Abs. 2 BGB zählen die Arbeitskampfverbote aus § 74 Abs. 2 BetrVG und § 66 Abs. 2 BPersVG sowie die einzelnen landesrechtlichen Vorschriften, daneben vor allem strafrechtliche Normen – insbesondere
§§ 240, 253 StGB.[104] Das zeigt aber schon, dass mit den §§ 823 Abs. 2, 826 BGB nur das
Handeln einiger weniger Arbeitnehmer erfasst werden kann, die anlässlich des Streiks

---

[96] Zum Anspruch gem. § 284 BGB im Arbeitskampf: *Ricken* FS Leinemann, 2006, S. 95 (106f.).
[97] Zu § 284 BGB in diesem Zusammenhang: *Löwisch* FS Wissmann, 2005, S. 37 (42ff.).
[98] *Kissel* AK § 47 Rn. 72.
[99] BAG 4.5.1955 – 1 AZR 493/54, AP GG Art. 9 Arbeitskampf Nr. 2; 5.3.1985 – 1 AZR 468/83, AP GG Art. 9 Arbeitskampf Nr. 85 mwN; 9.4.1991 – 1 AZR 332/90, AP GG Art. 9 Arbeitskampf Nr. 116; befürwortend auch *Gamillscheg* KollArbR I, S. 1217 f.; *Löwisch/Krauß* AR-Blattei SD 170.3.3 Rn. 32; *Benecke* ZfA 2018 2 (5); s. im Verhältnis zu Dritten *Bayreuther* RdA 2016, 181 (182).
[100] ZLH/*Loritz* § 44 Rn. 35.
[101] *Buchner* Gewerbebetrieb, S. 147f. mwN; *Däubler* ArbeitskampfR/*Öğüt* § 22 Rn. 43 ff.; *Seiter* Streikrecht, S. 460 ff.; *Franke/Geraats* DB 1986, 965 (969).
[102] *Kissel* AK § 47 Rn. 36.
[103] Ähnlich: *Otto* AK § 15 Rn. 37, 41.
[104] Dagegen kann es aufgrund der vielfältigen abweichenden Meinungen nicht überzeugen, die Arbeitskampfregeln des BAG zu Schutzgesetzen kraft Gewohnheitsrechts zu erheben, so aber Erman/*Schiemann* § 823 Rn. 58.

schwere Verfehlungen oder gar strafbare Handlungen gegenüber dem Arbeitgeber begehen, nicht aber das Verhalten der Mehrheit, deren Beitrag sich auf die Arbeitsverweigerung beschränkt. Insofern erweist sich § 823 Abs. 1 BGB iVm dem Gewerbetrieb als das feingliedrigere Instrument zur haftungsrechtlichen Erfassung der Beteiligung am rechtswidrigen Streik.

37 **c) Schaden.** Insbesondere die Berechnung des infolge eines Arbeitskampfes eingetretenen Schadens kann Probleme bereiten.[105] Der Schaden kann sich grds. aus der Minderung der Güter oder aus dem Verlust eines Vorteils ergeben, wobei der erlittene Schaden in erster Linie in dem entgangenen Gewinn (§ 252 BGB) bestehen wird. Dieser errechnet sich aus der Differenz zwischen den Einnahmen, die bei Fortsetzung des Betriebs erzielt worden wären und den durch den Produktionsausfall eingesparten Kosten, wie aufgrund des Arbeitskampfes nicht zu zahlende Löhne, Reparaturkosten, Energiekosten und Reinigungskosten.[106] Bestehen von Seiten der Unternehmensführung Bedenken gegen die Offenlegung der Gewinnmarge, so kann ein lediglich die Kosten deckender Betrag als Schaden geltend gemacht werden.[107] Bei der gerichtlichen Geltendmachung kommt dem Arbeitgeber die Erleichterung des § 252 S. 2 BGB und die Regelung des § 287 ZPO zu Gute.[108] Das BAG hat in einer seiner früheren Entscheidungen auch – soweit ersichtlich einmalig – einen Anscheinsbeweis für die Entstehung eines Schadens bei einem Streik, an dem ein Großteil der Belegschaft teilgenommen hat, angenommen.[109]

38 Substanzschäden, wie die Beschädigung von Maschinen und sonstigen Anlagen oder der Verderb von Waren, die auf der Nichtdurchführung von Notstands- und Erhaltungsarbeiten oder auf Streikexzessen beruhen, sind nach den §§ 249, 251 BGB zu ersetzen.[110]

39 Der Schaden ist im Rahmen eines Rechtsstreits vom Zeitpunkt der letzten mündlichen Verhandlung aus festzustellen.[111] Ein Arbeitnehmer, dessen Arbeitsverhältnis während des Streiks aufgrund von Kündigung oder Fristablauf endet, hat nicht mehr für den Schaden einzustehen, der nach seiner Vertragsbeendigung eingetreten ist.[112]

40 Im Hinblick auf die haftungsausfüllende Kausalität zwischen dem Verhalten des einzelnen Arbeitnehmers und dem entstandenen Schaden stellt sich das Problem, dass die gängige conditio-sine-qua-non-Formel nicht brauchbar scheint. Denn regelmäßig entfällt der Schaden nicht, wenn nur das Verhalten des einzelnen Arbeitnehmers hinweggedacht wird. Das hätte zur Folge, dass das einzelne Mitglied einer Gruppe sich aufgrund des Mitwirkens vieler Akteure von seiner Haftung befreit würde, was dem Schutzzweck des Haftungsrechts widerspräche. Insofern ist die Kausalitätsformel dahingehend zu modifizieren, dass die Kausalität des Einzelverhaltens bei der gemeinsamen Verletzung gleichartiger Vertragspflichten bereits dann zu bejahen ist, falls der Gesamtschaden entfiele, wenn alle rechtmäßig gehandelt hätten.[113]

41 Den Arbeitgeber kann gem. § 254 Abs. 1 BGB ein Mitverschulden treffen, wenn er oder seine Erfüllungsgehilfen die Streikschäden mitverursacht haben.[114] Das wird angenommen, soweit die Betriebsleitung die infolge des rechtswidrigen Arbeitskampfes eintre-

---

[105] Hierzu umfassend Däubler ArbeitskampfR/*Öğüt* § 22 Rn. 30 ff.; *Kissel* AK § 47 Rn. 25 ff.; *Wendeling-Schröder* NZA 1993, 49 ff.
[106] *Krichel* NZA 1987, 297 (300).
[107] BAG 5.3.1985 – 1 AZR 468/83, NZA 1985, 504 (505).
[108] BAG 21.6.1988 – 1 AZR 651/86, AP GG Art. 9 Nr. 108; 8.11.1988 – 1 AZR 417/86, AP GG Art. 9 Nr. 111; *Otto* AK § 15 Rn. 32.
[109] BAG 20.12.1963 – 1 AZR 428/62, AP GG Art. 9 Arbeitskampf Nr. 32; s. aber zur Anwendung des prima facie-Beweises im Rahmen des § 254 BGB: Däubler ArbeitskampfR/*Öğüt* § 22 Rn. 42 mwN.
[110] *Weitnauer* DB 1970, 1687 (1687).
[111] Däubler ArbeitskampfR/*Öğüt* § 22 Rn. 34.
[112] *Seiter* Streikrecht, S. 474.
[113] Däubler ArbeitskampfR/*Öğüt* § 22 Rn. 28.
[114] BAG 20.12.1963 – 1 AZR 428/62, AP GG Art. 9 Arbeitskampf Nr. 32; LAG Hamm 16.6.1981 – 6 Sa 436/78, DB 1981, 1571 (1572 f.); *Otto* AK § 15 Rn. 31.

tenden Beschädigungen provoziert hat.[115] Dagegen führt das Nichteingehen auf die unter Streikdrohung erhobenen Forderungen der Belegschaft nicht zur Begründung eines Mitverschuldens.[116]

Den Arbeitgeber trifft auch die in § 254 Abs. 2 BGB statuierte allgemeine Schadensminderungspflicht. Dazu gehört, dass er arbeitswillige Arbeitnehmer nicht oder nicht schnell genug oder nicht in ausreichendem Umfang im Betrieb einsetzt und sich der Schaden infolgedessen ausweitet,[117] oder er es versäumt, die durch den Streik ausgefallene Arbeit in zumutbarem Umfang nachholen zu lassen.[118] Die Nachholbarkeit der Arbeitsleistung ist abzulehnen, wenn der Leistungszeitpunkt wesentlich und die spätere Erbringung der Tätigkeit deshalb für den Arbeitgeber nicht von Interesse ist.[119] Zudem kann die Nachholung von Arbeitsleistungen von der Zustimmung des Betriebsrates abhängig sein (zB wegen § 87 Abs. 1 Nr. 1, 3 BetrVG). Verweigert der Betriebsrat seine Zustimmung, ist der Arbeitgeber aber nicht aufgrund seiner Schadensminderungspflicht verpflichtet, die Einigungsstelle anzurufen, da dies über die zumutbaren Bemühungen zur Schadensabwendung hinausgeht.[120] Auch ob der Arbeitgeber im Wege einer einstweiligen Verfügung gegen die Streikenden vorgeht, steht in seinem Ermessen. Eine Entscheidung gegen ein gerichtliches Vorgehen kann insofern keine Obliegenheitsverletzung begründen.[121] Ein Verstoß gegen die Schadensminderungspflicht iSv § 254 Abs. 2 S. 1, 1. Alt. BGB liegt vor, wenn der Arbeitgeber die Streikenden schuldhaft nicht über die Gefahr eines ungewöhnlich hohen Schadens informiert, welche die Arbeitnehmer nicht kannten oder kennen mussten. Die Kosten für Maßnahmen, die der Arbeitgeber zur Minderung des Schadens für erforderlich halten durfte, sind von den Streikenden zu ersetzen.[122]

d) Gesamtschuldnerische Haftung? Streikende Arbeitnehmer, die eine unerlaubte Handlung begehen, haften nach den §§ 830, 840 BGB als Gesamtschuldner. Ob auch solche Arbeitnehmer, denen nur eine Vertragsverletzung vorzuwerfen ist, analog §§ 830, 840 BGB gesamtschuldnerisch in Anspruch genommen werden können, ist streitig.[123] Die Begründungsversuche für eine solche Analogie überzeugen jedoch nicht. Man muss sie vor dem Hintergrund sehen, dass es in der Regel ausgeschlossen ist, den von dem einzelnen Streikteilnehmer verursachten Schaden zu ermitteln. Deshalb ist vorgeschlagen worden, die Arbeitnehmer für den entstandenen Schaden zu gleichen Teilen haften zu lassen.[124] Diese Ansicht wird zwar den Interessen beider Vertragsparteien gerecht und berücksichtigt auch das „kollektive Moment"[125] des Streiks in angemessener Weise, ihr fehlt aber letztlich die dogmatische Grundlage. Zudem lässt diese Ansicht Faktoren wie unterschiedliche Lohnhöhen oder etwaige unterschiedlich lange Beteiligungszeiten am Streik außer Acht, welche aber durchaus relevant sind für die Bezifferung des jeweils durch den Arbeitnehmer entstandenen Schadens.[126]

---

[115] LAG Hamm 16.6.1981 – 6 Sa 436/78, DB 1981, 1571 (1573).
[116] *Gamillscheg* KollArbR I, S. 1228 mwN.
[117] BAG 20.12.1963 – 1 AZR 428/62, AP GG Art. 9 Arbeitskampf Nr. 32; LAG Hamm 16.6.1981 – 6 Sa 436/78, DB 1981, 1571 (1573).
[118] BAG 5.3.1985 – 1 AZR 468/83, AP Art. 9 GG Arbeitskampf Nr. 85 = BAGE 48, 160 (164); kritisch *Löwisch/Kraus* AR-Blattei SD 170.3.3 Rn. 67.
[119] *Däubler* ArbeitskampfR/*Öğüt* § 22 Rn. 39.
[120] *Zielke* BB 2005, 1274 (1276); *Krichel* NZA 1987, 297 (301).
[121] BAG 26.7.2016 – 1 AZR 160/14, NZA 2016, 1543 (1550); *Löwisch/Kraus* AR-Blattei SD 170.3.3 Rn. 67.
[122] *Däubler* ArbeitskampfR/*Öğüt* § 22 Rn. 41.
[123] Für eine Analogie: BAG 17.12.1958 – 1 AZR 349/57, AP TVG § 1 Friedenspflicht Nr. 3; *Löwisch* Deliktsschutz, S. 219 ff.; dagegen: Brox/Rüthers/*Brox* § 9 Rn. 333; Otto AK § 15 Rn. 41; *Seiter* Streikrecht, S. 470 mwN.; *Däubler* ArbeitskampfR/*Öğüt* § 22 Rn. 27.
[124] *Bydlinski* Probleme der Schadensverursachung, S. 111.
[125] *Seiter* Streikrecht, S. 473.
[126] *Däubler* ArbeitskampfR/*Öğüt* § 22 Rn. 29.

4. Kündigung

44 Die Teilnahme an einem rechtswidrigen Streik stellt einen Arbeitsvertragsbruch dar. Sie berechtigt den Arbeitgeber zur außerordentlichen Kündigung (§ 626 BGB), wie auch zur ordentlichen verhaltensbedingten Kündigung des Arbeitsverhältnisses. Nach ganz hM ist aber grundsätzlich für beide Kündigungsformen eine vorher ausgesprochene Abmahnung Voraussetzung.[127] Eine Abmahnung ist etwa gerechtfertigt, wenn sich der Streik auf nicht tariffähige Ziele bezieht oder die Friedenspflicht verletzt wird.[128] Entbehrlich ist eine Abmahnung dann, wenn der Arbeitnehmer nicht erwarten konnte, dass der Arbeitgeber sein Verhalten tolerieren wird.[129]

45 Bei der im Rahmen der Kündigung vorzunehmenden Interessenabwägung kommt es vor allem auf den Grad der Beteiligung des Arbeitnehmers an der Arbeitsniederlegung und die Erkennbarkeit der Rechtswidrigkeit des Streiks durch diesen an.[130] Auch hier können mitunter irrige Annahmen des Arbeitnehmers über die Rechtmäßigkeit des Streiks für ihn streiten.[131] Nicht überzeugend ist der Vorschlag, einen wichtigen Kündigungsgrund aufgrund der Kurzfristigkeit des Streiks zu versagen.[132] Daneben ist auch ein möglicherweise vorangegangenes rechtswidriges Verhalten des Arbeitgebers von Belang.[133] Vereinzelt wird auch mildernd berücksichtigt, dass die einzelnen Arbeitnehmer gerade in einer Ausnahmesituation, wie sie durch die Einleitung der Maßnahmen zum rechtswidrigen Streik entsteht, verstärkt zur Solidarität untereinander tendieren.[134] Die Wirksamkeit einer Kündigung aufgrund der Teilnahme an einem verbandsfreien Streik bleibt davon unberührt, dass ein „wilder Streik" von der Gewerkschaft übernommen wird.[135] Bei Betriebsratsmitgliedern ist der Ausschluss der ordentlichen Kündigung gemäß § 15 Abs. 1 KSchG zu berücksichtigen. Die bloße Teilnahme eines Betriebsratsmitgliedes an einem Streik rechtfertigt weder eine Kündigung noch eine Amtsenthebung nach § 23 Abs. 1 BetrVG.[136] Anders ist dies etwa bei der Teilnahme eines Betriebsratsmitglieds an politischen Streiks zu beurteilen, worin ein Verstoß gegen § 74 Abs. 2 BetrVG zu sehen ist.[137]

46 Auch auf die sog. „go-sick-Fälle" kann der Arbeitgeber mitunter mit verhaltensbedingten Kündigungen reagieren. Zum einen besteht die Möglichkeit, an die Teilnahme an der Arbeitsniederlegung anzuknüpfen. Zum anderen kann der Arbeitgeber – sofern ihm die Beweisführung gelingt –[138] das Vortäuschen einer Krankheit als Pflichtverletzung in Bezug nehmen. Denkbar ist außerdem der Ausspruch einer Verdachtskündigung.[139]

---

[127] BAG 17.12.1976 – 1 AZR 772/75, AP GG Art. 9 Arbeitskampf Nr. 52; 14.2.1978 – 1 AZR 76/76, AP GG Art. 9 Arbeitskampf Nr. 58; *Löwisch/Krauß* AR-Blattei SD 170.3.1 Rn. 71; Brox/Rüthers/*Brox* § 9 Rn. 338; aA *Kissel* AK § 47 Rn. 84, der die Vertragsverletzung infolge der Teilnahme am rechtswidrigen Streik als so schwerwiegend erachtet, dass der ArbGeb. offensichtlich nicht geneigt ist, diese hinzunehmen.

[128] ArbG Marburg 10.12.2010 – 2 Ca 270/10, NZA-RR 2011, 140; s. zur Abmahnung aufgrund von Teilnahme an einem rechtswidrigen Streik auch ArbG Braunschweig 25.5.2016 – 3 Ca 84/16, NZA-RR 2016, 471.

[129] *Zielke* BB 2005, 1274 (1277).

[130] BAG 14.2.1978 – 1 AZR 76/76, AP GG Art. 9 Arbeitskampf Nr. 58; 29.11.1983 – 1 AZR 469/82, AP BGB § 626 Nr. 78. Die Ausübung besonderer Funktionen, wie die Beteiligung an der Streikleitung oder als Streikposten, kann eine Kündigung nicht rechtfertigen können. Sonstige Exzesshandlungen, wie Beleidigungen oder Körperverletzungen, können relevant sein, müssen vom Arbeitgeber aber detailgenau dargelegt werden können: BAG 29.11.1983 – 1 AZR 469/82, AP BGB § 626 Nr. 78; *Kissel* AK § 47 Rn. 86.

[131] Däubler ArbeitskampfR/*Öğüt* § 22 Rn. 54ff.

[132] *Zielke* BB 2005, 1274 (1276); *Krichel* NZA 1987, 297 (301f.); so aber Brox/Rüthers/*Brox* § 9 Rn. 337.

[133] BAG 14.2.1978 – 1 AZR 76/76, AP GG Art. 9 Arbeitskampf Nr. 58; *Rüthers* Anm. zu AP GG Art. 9 Arbeitskampf Nr. 41 unter Ziff. IV 2.

[134] BAG 14.2.1978 – 1 AZR 76/76, AP GG Art. 9 Arbeitskampf Nr. 58; ablehnend *Kissel* AK § 47 Rn. 88.

[135] Däubler ArbeitskampfR/*Öğüt* § 22 Rn. 52.

[136] LAG Hamm 10.4.1996 – 3 TaBV 96/95, AiB 1996, 736.

[137] *Zielke* BB 2005, 1274 (1277 Fn. 52).

[138] S. hierzu auch *von Steinau-Steinrück/Nonnaß* NJW-Spezial 2016, 754 (755f.).

[139] *Beckerle/Stolzenberg* NZA 2016, 1313 (1315f.).

Die außerordentliche Kündigung kann in Form der Massenkündigung ausgesprochen werden. Dann wird allen an dem rechtswidrigen Streik teilnehmenden Arbeitnehmern gleichzeitig gekündigt.[140] Grundsätzlich zulässig ist aber auch, die Kündigung nur gegenüber einzelnen Arbeitnehmern oder sachlich abgrenzbaren Gruppen auszusprechen („selektive Kündigung").[141] Die Entscheidung, nur bestimmte Arbeitnehmer zu kündigen, muss aber von sachlichen Kriterien getragen sein. Ob darunter die „Rädelsführerschaft" oder die herausgehobene Kampfbeteiligung einzelner Arbeitnehmer fällt, wie es die hA in der Literatur vertritt,[142] ist jedoch zweifelhaft.[143] Denn vielfach wird es nicht nachzuweisen sein, ob es sich bei den unter die genannten Kriterien fallenden Arbeitnehmern tatsächlich um die Initiatoren der Streikbewegung handelte oder ob sie in ihrer Rolle nur die Meinung des Kollektivs zum Ausdruck gebracht haben.[144] So hat auch das BAG in einer Entscheidung vom 29.11.1983 die Mitarbeit einzelner Arbeitnehmer bei der Streikleitung oder deren Rolle als Streikposten als irrelevant eingestuft.[145] Teilweise findet sich der pragmatische Vorschlag, die Auswahl dort vorzunehmen, „wo infolge des Streiks die Arbeit stockt oder die Aufträge fehlen".[146]

III. Streik und Betriebsverfassung

1. Betriebsratsamt und Streik

§ 74 Abs. 2 BetrVG regelt, dass Maßnahmen des Arbeitskampfes zwischen Arbeitgeber und Betriebsrat unzulässig sind.[147] Arbeitskämpfe tariffähiger Parteien werden dadurch nicht betroffen. Entsprechendes regelt auch § 2 Abs. 3 BetrVG, wonach die Aufgaben der Gewerkschaften und der Vereinigungen der Arbeitgeber, insbesondere die Wahrnehmung der Interessen ihrer Mitglieder, durch das BetrVG nicht berührt werden. Diesen Regelungen ist zu entnehmen, dass das BetrVG grundsätzlich auch im Arbeitskampf anzuwenden ist und die Kompetenzen des Betriebsrates währenddessen nicht eingeschränkt sind.[148] Der Betriebsrat bleibt während des Arbeitskampfes mit allen Rechten und Pflichten im Amt und hat dieses neutral wahrzunehmen.[149]

Der aus § 74 Abs. 2 BetrVG folgenden Friedenspflicht unterliegt der Betriebsrat als Gremium. Gegenüber den Betriebsratsmitgliedern entfaltet das Arbeitskampfverbot dann keine Wirkung, wenn sie als Arbeitnehmer oder Gewerkschaftsmitglied und eben nicht in ihrer Eigenschaft als Betriebsratsmitglied auftreten.[150] Unter diesen Umständen steht ihnen die Koalitionsbetätigungsfreiheit nach § 74 Abs. 3 BetrVG zu. Verstößt der Betriebsrat gegen seine Neutralitätspflicht, so steht dem Arbeitgeber nach Ansicht der Rechtsprechung allerdings kein Unterlassungsanspruch unmittelbar aus § 74 Abs. 2 BetrVG zu.[151]

---

[140] Die Massenkündigung ist im Gegensatz zur Aussperrung eine individualrechtliche Maßnahme.
[141] BAG 21.10.1969 – 1 AZR 93/68, NJW 1970, 486.
[142] Brox/Rüthers/*Brox* § 9 Rn. 339; HzA/*Kalb* Gruppe 18 Teilbereich 3 Rn. 1357.
[143] *Zielke* BB 2005, 1274 (1277).
[144] Däubler ArbeitskampfR/*Öğüt* § 22 Rn. 63.
[145] BAG 29.11.1983 – 1 AZR 469/82, AP BGB § 626 Nr. 78.
[146] *Gamillscheg* KollArbR I, S. 1205; für die Anwendung dieser Auswahlentscheidung auf go-sick-Fälle: *Beckerle/Stolzenberg* NZA 2016, 1313 (1315).
[147] Vgl. Rieble/Junker/Giesen/*Große Vorholt* Arbeitsstrafrecht im Umbruch, S. 137 ff., der darüber hinaus noch strafrechtliche Bewertungen anstellt.
[148] BAG 5.5.1987 – 1 AZR 292/85, NZA 1987, 853.
[149] BAG 14.2.1978 – 1 AZR 54/76, NJW 1978, 2054; 6.3.1979 – 1 AZR 866/77, NJW 1979, 2635; 24.4.1979 – 1 ABR 43/77, NJW 1980, 140; 25.10.1988 – 1 AZR 368/78, NZA 1989, 353; 10.12.2002 – 1 ABR 7/02, NZA 2004, 223; 13.12.2011 – 1 ABR 2/10, NZA 2012, 571; Brox/Rüthers/*Brox* § 12 Rn. 436; Richardi BetrVG/*Maschmann/Richardi* BetrVG § 74 Rn. 23 f.; *Seiter* Streikrecht, S. 370 ff.
[150] BAG 5.12.1975 – 1 AZR 94/74, AP BetrVG 1972 § 87 Betriebsbuße Nr. 1; 21.2.1978 – 1 ABR 54/76, AP BetrVG 1972 § 74 Nr. 1; Däubler ArbeitskampfR/*Dette* § 19 Rn. 128; ErfK/*Kania* BetrVG § 74 Rn. 12.
[151] BAG 15.10.2013 – 1 ABR 31/12, NZA 2014, 319.

2. Mitbestimmung im Arbeitskampf

50 Zwar bleibt es auch im Arbeitskampf bei einer Anwendung des BetrVG. Im Arbeitskampf gilt jedoch der verfassungsrechtlich begründete Grundsatz der Kampfparität, welcher Vorrang vor dem BetrVG genießt.[152] Das BAG vertritt dementsprechend in st. Rspr. die Auffassung, dass einige Beteiligungsrechte des Betriebsrates während eines Arbeitskampfes arbeitskampfkonform einzuschränken seien.[153] Dies sei dann geboten, wenn bei einer uneingeschränkten Aufrechterhaltung der Mitbestimmungsbefugnisse die ernsthafte Gefahr besteht, dass der Betriebsrat eine dem Arbeitgeber selbst mögliche Arbeitskampfmaßnahme verhindert und dadurch zwangsläufig zu dessen Nachteil in das Kampfgeschehen und damit in die Arbeitskampffreiheit eingreift.[154] Es gilt jedoch der Grundsatz, dass eine Einschränkung nur insoweit zulässig ist, wie dieses zur Gewährleistung der Kampfparität erforderlich erscheint. Das bedeutet etwa, dass mangels Arbeitskampfrelevanz eine Einschränkung des Informationsrechts des Betriebsrates regelmäßig ausgeschlossen ist.[155]

51 **a) § 87 BetrVG.** Insbesondere die Mitbestimmungsrechte aus § 87 Abs. 1 Nr. 2 und Nr. 3 BetrVG sind einer arbeitskampfkonformen Auslegung zu unterziehen und einzuschränken.

Ordnet der bestreikte Arbeitgeber vorübergehend Überstunden für die arbeitswilligen Arbeitnehmer an, um den Betrieb während eines Streiks aufrechtzuerhalten, so bedarf es hierfür, entgegen § 87 Abs. 1 Nr. 3 BetrVG, keiner Mitbestimmung des Betriebsrates.[156] Dies sei zur Aufrechterhaltung der Kampfparität erforderlich, da die Anordnung von Überstunden eine Arbeitskampfmaßnahme darstellt, wenn sie sich zeitlich und räumlich mit einem Streik deckt. Auch die Verschiebung von Schichten stellt im Zusammenhang mit einer Streikmaßnahme eine Arbeitskampfmaßnahme des Arbeitgebers dar. Folglich ist das Mitbestimmungsrecht gem. § 87 Abs. 1 Nr. 2 BetrVG einzuschränken, da bei einer Aufrechterhaltung die Arbeitskampffreiheit des Arbeitgebers ernsthaft beeinträchtigt würde.[157] Anders liegt der Fall, wenn der Arbeitgeber nach dem Streik Überstunden anordnet, um die durch den Streik verursachten Ausfälle auszugleichen oder vorbeugend zur Abwehr eines (erwarteten) Streiks Mehrarbeit einfordert. In diesen Konstellationen droht keine Verschiebung des Verhandlungsgleichgewichts zu Lasten des Arbeitgebers.[158] Bei vorbeugender Anordnung von Mehrarbeit kann ausnahmsweise das Mitbestimmungsrecht eingeschränkt sein, sofern sich diese Anordnung als Reaktion auf einen konkreten, dh laufenden oder unmittelbar bevorstehenden Streik darstellt.[159] Allerdings gilt in einem solchen Fall nach Auffassung der Rechtsprechung und gleichsam bei der Anordnung von Mehrarbeit während eines laufenden Streiks, dass aus der Anordnung der Kampfbezug hervorgehen muss; des Weiteren darf sich die Anordnung erkennbar nur an die arbeitswilligen Arbeitnehmer richten. Diese müssen demnach in der Lage sein, sich bewusst für die Leistung von Mehrarbeit im Rahmen einer arbeitgeberseitigen Kampfmaßnahme zu entscheiden.[160]

---

[152] BAG 22.12.1980 – 1 ABR 2/79, NJW 1981, 937; 30.8.1994 – 1 ABR 10/94, NZA 1995, 183.
[153] BAG 5.5.1987 – 1 AZR 292/85, NZA 1987, 853; 13.12.2011 – 1 ABR 2/10, NZA 2012, 571; 20.3.2018 – 1 ABR 70/16, NZA 2018, 1081; vgl. allgemein zur Problematik der Einschränkung von Beteiligungsrechten *Jansen* Die betriebliche Mitbestimmung im Arbeitskampf; *Kempen* NZA 2005, 185; *Reichold* NZA 2004, 247.
[154] BAG 22.12.1980 – 1 ABR 2/79, NJW 1981, 937; 13.12.2011 – 1 ABR 2/10, NZA 2012, 571; 20.3.2018 – 1 ABR 70/16, NZA 2018, 1081.
[155] BAG 10.12.2002 – 1 ABR 7/02, NZA 2004, 223 (225); *Heinze* Personalplanung, Rz. 435; krit. *Meyer* ZTR 2013, 8 (11 f.); *Meyer* BB 2012, 2753 (2755).
[156] BAG 24.4.1979 – 1 ABR 43/77, NJW 1980, 140; 20.3.2018 – 1 ABR 70/16, NZA 2018, 1081; Brox/Rüthers/*Brox* § 12 Rn. 451; *Gamillscheg* KollArbR I, S. 1280; umfangreiche Ausführungen zur Mitbestimmung bei Verkürzung der Arbeitszeit nach § 87 Abs. 1 Nr. 3 BetrVG bei *Otto* AK § 16 Rn. 59 ff.
[157] HessLAG 21.4.2016 – 5 TaBV 196/15, BeckRS 2016, 74599.
[158] BAG 21.4.2016 – 5 TaBV 196/15.
[159] BAG 20.3.2016 – 1 ABR 70/16, NZA 2018, 1081.
[160] BAG 20.3.2018 – 1 ABR 70/16, NZA 2018, 1081.

III. Streik und Betriebsverfassung

Eine etwas differenziertere Beurteilung ist bei Betrieben vorzunehmen, die nur mittelbar aufgrund der Fernwirkung von einem Arbeitskampf betroffen sind. Muss der Arbeitgeber in diesem Fall die Arbeitszeit reduzieren, so soll der Betriebsrat über das Ob und dem Umfang nicht mitbestimmen dürfen. Lediglich über die Modalitäten der Arbeitszeitverkürzung dürfe er mitbestimmen.[161]

Will der Arbeitgeber Streikbruchprämien gewähren, so stellt dies eine Lohngestaltung dar, über die zwar grundsätzlich nach § 87 Abs. 1 Nr. 10 BetrVG der Betriebsrat mitzubestimmen hat. Bei der Leistung freiwilliger Prämien an Arbeitnehmer, die während eines Streiks gearbeitet haben, bleibt es bei der Mitbestimmungspflicht, wenn die Prämien erst nach Beendigung des Streiks zugesagt und geleistet werden.[162] Anderes gilt für echte Streikbruchprämien, die vor oder während eines Streiks gewährt werden. Das BAG erkennt diese als grundsätzlich zulässige Arbeitskampfmittel an.[163] Dementsprechend ist die Zusage echter Streikbruchprämien mitbestimmungsfrei, weil der Betriebsrat ansonsten in die Arbeitskampffreiheit des Arbeitgebers eingreifen könnte.[164]

b) § 99 BetrVG. Auch das Mitbestimmungsrecht des § 99 BetrVG schränkt das BAG während eines Arbeitskampfes teilweise arbeitskampfkonform ein. Insbesondere bei arbeitskampfbedingten Einstellungen und Versetzungen gilt der Grundsatz einer arbeitskampfkonformen Interpretation der Beteiligungsrechte des Betriebsrates unter besonderer Berücksichtigung des Prinzips der Kampfparität.[165] Vor diesem Hintergrund ist danach zu differenzieren, ob es sich um eine personelle Einzelmaßnahme handelt, mit der der Arbeitgeber arbeitskampfbezogen agieren oder reagieren will oder muss, oder ob es sich um eine Maßnahme handelt, die nicht wegen des Arbeitskampfes, sondern nur während des Arbeitskampfes durchgeführt werden soll. Bei letzteren Maßnahmen kommt eine Einschränkung des Mitbestimmungsrechts nicht in Betracht, da eine Beeinträchtigung der Kampfparität gerade nicht zu erwarten ist.[166] Entscheidend kommt es darauf an, ob der Betriebsrat bei uneingeschränktem Mitbestimmungsrecht eine dem Arbeitgeber sonst mögliche Arbeitskampfmaßnahme verhindern und dadurch zwangsläufig in das Kampfgeschehen eingreifen könnte. Dies ist bei Eingruppierung und Umgruppierung regelmäßig nicht der Fall, sodass es keiner arbeitskampfkonformen Einschränkung dieses Mitbestimmungsrechts bedarf. Bei Einstellungen und Versetzungen hingegen, kommt der Frage der Einschränkung des Mitbestimmungsrechts erhebliche praktische Bedeutung zu. Grundsätzlich kann nur bei einem Arbeitgeber, der sich selbst im Arbeitskampf befindet, das Mitbestimmungsrecht eingeschränkt sein. Werden dagegen Arbeitnehmer in den bestreikten Betrieb eines anderen Unternehmens versetzt, so soll eine Einschränkung des Mitbestimmungsrechts nicht in Betracht kommen.[167] Dies gilt allerdings nur, wenn die Kampfparität nicht beeinträchtigt ist. Sind beide Unternehmen konzernmäßig verbunden, so liegt eine Beeinträchtigung der Kampfparität nicht fern. Allerdings wird zT vertreten, dass eine solche Verbindung allein eine Einschränkung der Mitbestimmung nicht rechtfertigen kann. Vielmehr wird dann zusätzlich gefordert, dass dafür auch der abgebende Arbeitgeber derart in den Arbeitskampf einbezogen worden sein müsse, dass er nicht nur mittelbar vom Streik betroffen ist, sondern ebenfalls als im Arbeitskampf befindlich angesehen werden kann.[168] Keinesfalls steht es aber einer Einschränkung des Mitbestimmungs-

---

[161] BAG 22.12.1980 – 1 ABR 2/79, NJW 1981, 937; *Kissel* AK § 33 Rn. 198 ff.; *Otto* AK § 16 Rn. 69; *Wiese* NZA 1984, 378 (380).
[162] LAG Hamm 16.9.1997 – 13 TaBV 33/97, AiB 1998, 588; Däubler ArbeitskampfR/*Dette* § 19 Rn. 151.
[163] BAG 14.8.2018 – 1 AZR 287/17; BAG 13.7.1993 – 1 AZR 676/92, NZA 1993, 1135.
[164] ArbG Frankfurt aM 14.9.1999 – 15 BV 92/99, AiB 1999, 705; Däubler ArbeitskampfR/*Dette* § 19 Rn. 151.
[165] BAG 26.10.1971 – 1 AZR 113/68, RdA 1972, 55; 10.2.1988 – 1 ABR 39/86, NZA 1988, 549; 13.12.2011 – 1 ABR 2/10, NZA 2012, 571; vgl. auch BVerfG 7.4.1997 – 1 BvL 11/96, NZA 1997, 773.
[166] Vgl. BAG 6.3.1979 – 1 AZR 866/77, NJW 1979, 2635.
[167] LAG SchlH 29.5.2013 – 6 TaBV 30/12; 28.5.2013 – 1 TaBV 31/12.
[168] LAG Hmb 25.4.2018 – 2 TaBV 1/18, BeckRS 2018, 16136.

rechts entgegen, dass der jeweilige Betrieb des bestreikten Arbeitgebers sich nicht am Arbeitskampf beteiligt. Es genügt, wenn irgendein Betrieb des Arbeitgebers in Arbeitskampfmaßnahmen verwickelt ist und die geplante personelle Maßnahme mit dem Arbeitskampf zusammenhängt. Demzufolge hat der Betriebsrat des abgebenden Betriebs kein Mitbestimmungsrecht gem. § 99 Abs. 1 BetrVG, wenn arbeitswillige Arbeitnehmer arbeitskampfbedingt in einen bestreikten Betrieb des Arbeitgebers versetzt werden. Es ist dafür nicht erforderlich, dass der abgebende Betrieb in den Arbeitskampf einbezogen ist.[169] Wird der Arbeitgeber mit einem Unterstützungsstreik konfrontiert, so gelten für das Mitbestimmungsrecht die Grundsätze, die gelten würden, wenn sich der Arbeitskampf unmittelbar gegen den Arbeitgeber richten würde. Auch der Arbeitgeber, der durch Versetzung arbeitswilliger Arbeitnehmer einem bestreikten anderen Arbeitgeber unterstützend beistehen will, übt seine Koalitionsfreiheit aus, die es erforderlich macht, auch das Mitbestimmungsrecht des abgebenden Betriebsrates einzuschränken, soweit die Kampfparität betroffen ist.[170]

55 Im Schrifttum wird teilweise die Ansicht vertreten, wonach nach Ende des Arbeitskampfes das Beteiligungsrecht des Betriebsrates, welches während des Arbeitskampfes eingeschränkt war, wieder auflebt. Eine personelle Einzelmaßnahme, die während des Arbeitskampfes mitbestimmungsfrei war, soll demnach nach Ende dessen Ende nur wirksam bleiben, wenn das entsprechende Mitbestimmungsrecht nachgeholt wird.[171] Diese Auffassung ist abzulehnen, da sie die Kampfparität gefährdet.[172] Denn danach müsste ein Arbeitgeber arbeitskampfbezogene personelle Einzelmaßnahmen genau auf die Dauer des Arbeitskampfes terminieren, wenn er nicht Gefahr laufen will, sich nach dem Arbeitskampf mit dem Betriebsrat über die Zustimmung zu solchen Maßnahmen streiten zu müssen. Darüber hinaus gibt § 99 BetrVG dem Betriebsrat nur ein Mitbestimmungsrecht hinsichtlich geplanter Maßnahmen. Hat der Arbeitgeber aber die Maßnahmen bereits durchgeführt, so fehlt es an der Rechtsgrundlage für ein nachträgliches Mitbestimmungsrecht. Eine einmal zu Recht mitbestimmungsfrei durchgeführte personelle Einzelmaßnahme bleibt daher auch nach Beendigung des Arbeitskampfes mitbestimmungsfrei.[173]

56 Die aufgezeigten Grundsätze gelten auch bei einem rechtswidrigen Streik.[174] Eine Verpflichtung des Betriebsrates gem. § 2 BetrVG, auf die Beendigung eines rechtswidrigen Streiks hinzuwirken, bleibt hiervon unberührt.[175]

57 **c) § 102 BetrVG.** Das Beteiligungsrecht des Betriebsrates nach § 102 BetrVG wird hingegen im Arbeitskampf nur ausnahmsweise eingeschränkt. Da die Beteiligungsrechte des Betriebsrates insoweit bestehen bleiben, wie die fraglichen Maßnahmen keinen Arbeitskampfbezug aufweisen, bedarf eine während eines Streiks ausgesprochene arbeitgeberseitige Kündigung dann der vorherigen Anhörung des Betriebsrates, wenn die Kündigung aus anderen als arbeitskampfbedingten Gründen erfolgt.[176] Nur in den Fällen, in denen der Arbeitgeber die Kündigung als Reaktion auf Arbeitskampfmaßnahmen ausspricht (Kampfkündigung), entfällt das Beteiligungsrecht des Betriebsrates.[177] Von einer solchen Kampf-

---

[169] BAG 13.12.2011 – 1 ABR 2/10, NZA 2012, 571; 20.3.2018 – 1 ABR 70/16, NZA 2018, 1081.
[170] AA LAG SchlH 28.5.2013 – 1 TaBV 31/12; *Beckerle* NJW 2017, 439 (443).
[171] *Däubler* ArbeitskampfR/*Dette* § 19 Rn. 154; Richardi BetrVG/*Thüsing* BetrVG § 99 Rn. 25; *Fitting* § 99 Rn. 28.
[172] HWK/*Ricken* BetrVG § 99 Rn. 12.
[173] GK-BetrVG/*Raab* BetrVG § 99 Rn. 22; *Heinze* Personalplanung, Rn. 437; HWK/*Ricken* BetrVG § 99 Rn. 12.
[174] Richardi BetrVG/*Thüsing* BetrVG § 99 Rn. 22; GK-BetrVG/*Raab* BetrVG § 99 Rn. 23.
[175] Zu dieser Verpflichtung *Wiese* NZA 1984, 378 (383).
[176] BAG 6.3.1979 – 1 AZR 866/77, NJW 1979, 2635.
[177] APS/*Koch* BetrVG § 102 Rn. 15; *Kissel* AK § 36 Rn. 76; *Kraft* FS Müller, 1981, S. 265 (275); *Wiese* NZA 1984, 378 (381); aA Brox/Rüthers/*Brox* § 12 Rn. 446; *Däubler* ArbeitskampfR/*Dette* § 19 Rn. 157 ff.

III. Streik und Betriebsverfassung

kündigung ist aber auch dann auszugehen, wenn der Arbeitgeber wegen Beteiligung an einem rechtswidrigen Arbeitskampf eine außerordentliche Kündigung ausspricht.[178]

Auch im Arbeitskampf gelten die Kündigungsschutzvorschriften zugunsten des Betriebsrats, sodass Betriebsratsmitglieder gem. § 15 KSchG nur außerordentlich gekündigt werden können. Insoweit gilt auch § 103 BetrVG grundsätzlich fort. Allerdings bedarf es bei einer Kampfkündigung keiner Zustimmung des Betriebsrates nach § 103 Abs. 1 BetrVG.[179] Der Arbeitgeber muss jedoch beim ArbG die Ersetzung der Zustimmung beantragen, § 103 Abs. 2 BetrVG. 58

d) §§ 111 ff. BetrVG. Nach § 111 BetrVG hat der Unternehmer den Betriebsrat über geplante Betriebsänderungen zu unterrichten und diese mit dem Betriebsrat zu beraten. Eine vorübergehende Betriebsstilllegung, die als Arbeitskampfmittel vom BAG anerkannt worden ist,[180] könnte zwar eine solche Betriebsänderung darstellen. Es ist bereits fraglich, ob eine vorübergehende Betriebsstilllegung unter § 111 BetrVG zu subsumieren ist. Wird die Betriebsstilllegung als Arbeitskampfmaßnahme vorgenommen, so dürfte es sich um eine kurzfristige und nicht um eine geplante Änderung handeln.[181] Außerdem wird die Betriebsstilllegung im Arbeitskampf nur zeitlich befristet vorgenommen, was an einer Vergleichbarkeit mit einer Betriebsstilllegung im Sinne von § 111 S. 3 Nr. 1 BetrVG zweifeln lässt.[182] Selbst wenn man eine Betriebsänderung nach § 111 BetrVG annimmt, besteht jedenfalls kein Mitbestimmungsrecht.[183] Wäre in dieser Konstellation das Mitbestimmungsverfahren einzuhalten, so würde dies die Kampfparität erheblich beeinträchtigen. Zwar kann der Betriebsrat eine Betriebsstilllegung nicht verhindern. Allerdings müsste der Arbeitgeber, um einen Nachteilsausgleich an die Arbeitnehmer gem. § 113 Abs. 3 BetrVG zu vermeiden, versuchen, einen Interessenausgleich nach § 112 Abs. 1 S. 1 BetrVG zu erreichen und hierzu gegebenenfalls die Einigungsstelle anrufen. Durch die entsprechend lange Verfahrensdauer würde die Kampfmaßnahme des Arbeitgebers faktisch blockiert und das Arbeitskampfrisiko zu seinen Lasten verschoben.[184] 59

Auch eine Betriebsänderung, die mitbestimmungsfrei durchgeführt worden ist, muss nicht nach Beendigung des Arbeitskampfes durch eine nachgeholte Beteiligung des Betriebsrates bestätigt werden, sodass eine nachträgliche Aufstellung eines Sozialplans nicht verlangt werden kann.[185] 60

---

[178] BAG 14.2.1978 – 1 AZR 76/76, NJW 1979, 236.
[179] BAG 14.2.1978 – 1 AZR 54/76, NJW 1978, 2054; Kissel AK § 36 Rn. 78.
[180] BAG 22.3.1994 – 1 AZR 622/93, AP GG Art. 9 Arbeitskampf Nr. 130.
[181] Kraft FS Müller, 1981, S. 265 (278); Reuter AuR 1973, 1 (7); Richardi BetrVG/Annuß BetrVG § 111 Rn. 31; aA Kissel AK § 36 Rn. 87.
[182] BAG 21.6.2001 – 2 AZR 137/00, NZA 2002, 212; Däubler ArbeitskampfR/Dette § 19 Rn. 160.
[183] Brox/Rüthers/Brox § 12 Rn. 461 ff.; Kissel AK § 36 Rn. 87; Otto AK § 16 Rn. 76; aA Däubler ArbeitskampfR/Dette § 19 Rn. 160.
[184] Brox/Rüthers/Brox § 12 Rn. 461 ff.; Meyer BB 2012, 2753.
[185] Kissel AK § 36 Rn. 88; Richardi BetrVG/Annuß BetrVG § 111 Rn. 32.

§ 277 Auswirkungen der Aussperrung auf das Arbeitsverhältnis

Übersicht

	Rn.
I. Rechtsfolgen der rechtmäßigen Aussperrung	1
1. Arbeits- und Vergütungspflicht	1
2. Zusammentreffen mit Entgeltfortzahlungstatbeständen	5
3. Kündigung	7
II. Rechtsfolgen der rechtswidrigen Aussperrung	9
1. Arbeits- und Vergütungspflicht	9
2. Kündigungsrecht	11
3. Rechte der Gewerkschaft	12

I. Rechtsfolgen der rechtmäßigen Aussperrung

1. Arbeits- und Vergütungspflicht

1 Die rechtmäßige Aussperrung hat – abgesehen von der lösenden Aussperrung, deren Rechtmäßigkeit fragwürdig ist[1] – die Suspendierung der Hauptpflichten aus dem Arbeitsvertrag zur Folge, lässt das Arbeitsverhältnis in seinem Bestand jedoch unberührt. Diese Wirkung tritt unabhängig davon ein, ob es sich um eine Angriffs- oder eine Abwehraussperrung handelt. Die Suspendierung der arbeitsvertraglichen Pflichten hat zur Folge, dass der Arbeitgeber nicht mit der Entgegennahme der Arbeitsleistung in Annahmeverzug gerät und infolgedessen auch nicht zur Vergütung der Arbeitnehmer nach § 615 BGB verpflichtet ist. Die suspendierende Wirkung betrifft nur die vertraglichen Hauptpflichten. Arbeitsvertragliche Nebenpflichten nach § 241 Abs. 2 BGB, also vor allem die Treuepflicht des Arbeitnehmers und die Fürsorgepflicht des Arbeitgebers bestehen weiter.[2] Hinsichtlich der nicht ausgesperrten Arbeitnehmer tritt keine Suspendierungswirkung ein. Der Arbeitgeber kann aus seiner Fürsorgepflicht heraus angehalten sein, einem Arbeitnehmer, dessen Tätigkeit aufgrund der Aussperrung nicht ausgeübt werden kann, eine andere Tätigkeit zuzuweisen.[3]

2 Spiegelbildlich zur Situation beim rechtmäßigen Streik bedarf es zur Herbeiführung der Suspendierungswirkung einer individualrechtlichen Erklärung des Arbeitgebers auf die die bürgerlich-rechtlichen Regeln über Willenserklärungen Anwendung finden. Der Arbeitgeber muss sich dementsprechend auch etwaige Unklarheiten in seiner Aussperrungserklärung entgegenhalten lassen.[4] Die Erklärung ist entweder gegenüber der Gewerkschaft zu erklären oder direkt an die betroffenen Arbeitnehmer zu richten.[5] Dagegen ist der bloße Aussperrungsbeschluss eines Arbeitgeberverbandes nicht geeignet, diese Rechtsfolgen herbeizuführen. Die neuere Rechtsprechung verlangt vom Arbeitgeber die Abgabe einer hinreichend deutlichen Aussperrungserklärung.[6] Diesen Anforderungen kann auch eine konkludente Erklärung genügen; so kann der Aussperrungswille etwa in dem Verschließen des Werktores[7] hinreichend deutlich zum Ausdruck kommen. Nicht ausreichend ist es jedoch, wenn der Arbeitgeber die Belegschaft mit der Begründung, ein geordneter Arbeitsablauf sei nicht gesichert, nach Hause schickt. Aus dieser Erklärung ergibt sich nicht,

---

[1] Vgl. unter → § 265 Rn. 14; → § 271 Rn. 13; § 201 Rn. 2; detailliert *Kissel* AK § 52 Rn. 52 ff.
[2] HzA/*Kalb* Gruppe 18 Teilbereich 3 Rn. 1305, 1337.
[3] BeckOK/*Waas* GG Art. 9 Rn. 158; ErfK/*Linsenmaier* GG Art. 9 Rn. 266.
[4] BAG 27.6.1995 – 1 AZR 1016/94, AP GG Art. 9 Arbeitskampf Nr. 137; Brox/Rüthers/*Brox* § 9 Rz. 314; HzA/*Kalb* Gruppe 18 Teilbereich 3 Rn. 1331.
[5] BAG 26.10.1971 – 1 AZR 113/68, RdA 1972, 55; Däubler ArbeitskampfR/*Rödl* § 21 Rn. 102; aA *Seiter* Streikrecht, S. 353, für den eine Erklärung gegenüber der Streikleitung mangels Rechtsklarheit nicht genügt.
[6] BAG 27.6.1995 – 1 AZR 1016/94, AP GG Art. 9 Arbeitskampf Nr. 137.
[7] Brox/Rüthers/*Brox* § 9 Rn. 314; aA *Seiter* Streikrecht, S. 352.

I. Rechtsfolgen der rechtmäßigen Aussperrung

ob der Arbeitgeber selbst ein Arbeitskampfmittel ergreifen möchte oder sich nur unter Berufung auf die Grundsätze zur Arbeitskampfrisikolehre oder der suspendierenden Betriebsstilllegung dem Streikbeschluss des Gegners beugt.[8] Die Abgrenzung ist aber schon deshalb relevant, weil die Betriebsstilllegung im Rahmen der Arbeitskampfrisikolehre im Gegensatz zur Aussperrung zur Voraussetzung hat, dass die Weiterführung des Betriebs nicht möglich ist und die Betriebsstilllegung nur im Rahmen des gegnerischen Streikbeschlusses erfolgen darf.[9] Daneben sind von der gewählten Maßnahme die Reaktionsmöglichkeiten der Arbeitnehmerseite abhängig.

Auch während der Aussperrungsphase sind die Arbeitnehmer zur Verrichtung von Notstands- und Erhaltungsarbeiten verpflichtet.[10] Die suspendierende Wirkung erstreckt sich nicht auf solche Tätigkeiten, die als Notstands- und Erhaltungsarbeiten notwendig sind. Die Konkretisierung dieser Tätigkeitsfelder sollte durch eine entsprechende Vereinbarung zwischen den Kampfparteien erfolgen. In diesem Rahmen kann dann der Arbeitgeber im Wege des Weisungsrechts entsprechende Tätigkeiten anordnen.

Die suspendierende Wirkung endet mit der Aufhebung der konkreten Aussperrungsmaßnahme durch den Arbeitgeber, nicht bereits mit der Rücknahme der Aussperrungsentscheidung durch den Arbeitgeberverband. Erzielen die Arbeitskampfparteien eine tarifliche Einigung, so führt dies dazu, dass die Fortsetzung der Aussperrung unzulässig wird.[11] Die Hauptpflichten der Arbeitsvertragsparteien leben automatisch wieder auf. Bei der suspendierenden Aussperrung ist dementsprechend eine etwaige Vereinbarung oder gar der Abschluss eines neuen Arbeitsvertrages entbehrlich.[12] Nach Ansicht des BAG soll der Arbeitgeber unter Umständen allerdings für eine gewisse Übergangszeit noch nicht in Annahmeverzug geraten.[13]

2. Zusammentreffen mit Entgeltfortzahlungstatbeständen

Hinsichtlich der Entgeltfortzahlung im Krankheitsfall und der Feiertagslohnzahlung gelten prinzipiell die für den rechtmäßigen Streik gemachten Erläuterungen.[14] Abweichend davon wird der Arbeitgeber jedoch auch dann von der Entgeltfortzahlungspflicht bei Krankheit befreit, wenn ein Arbeitnehmer bereits vor Beginn der Aussperrungsmaßnahme arbeitsunfähig erkrankt. Die Aussperrung führt schließlich dazu, dass sämtliche Hauptpflichten aus dem Arbeitsverhältnis ruhen.[15] Zu den Hauptpflichten gehört nicht nur die Vergütungspflicht, sondern darunter fallen auch Lohnersatzleistungen, die an die Stelle einer aus anderweitigen Gründen entfallenden Vergütung treten.[16] Deshalb wird mit der Aussperrungserklärung auch die Pflicht zur Entgeltfortzahlung im Krankheitsfalle suspendiert.

In der Erklärung der Aussperrung kann nicht zugleich der Widerruf eines bereits angetretenen oder bewilligten Urlaubs gesehen werden.[17] Die Folge eines solchen Widerrufs wäre, sofern dieser zulässig ist, dass der Arbeitgeber den Urlaub nachgewähren müsste und dem Arbeitnehmer uU zum Aufwendungsersatz verpflichtet wäre. Will der Arbeitgeber die Aussperrung ausnahmsweise doch auf die Urlauber erstrecken, so muss dieser Wille eindeutig in der Aussperrungserklärung zum Ausdruck kommen.[18]

---

[8] BAG 27.6.1995 – 1 AZR 1016/94, AP GG Art. 9 Arbeitskampf Nr. 137.
[9] BAG 27.6.1995 – 1 AZR 1016/94, AP GG Art. 9 Arbeitskampf Nr. 137.
[10] Brox/Rüthers/*Brox* § 9 Rn. 315; *Kissel* AK § 56 Rn. 17 ff.
[11] *Gamillscheg* KollArbR I, S. 1052, spätestens, wenn das Ergebnis in Grundzügen in einem Tarifvertrag verankert ist; *Seiter* Streikrecht, S. 356.
[12] Brox/Rüthers/*Brox* § 9 Rn. 321; nur bei einer lösenden Aussperrung müsste der Arbeitgeber nach Beendigung der Aussperrung über eine Wiedereinstellung des ausgesperrten ArbN entscheiden.
[13] BAG 26.10.1971 – 1 AZR 245/68, AP GG Art. 9 Arbeitskampf Nr. 45.
[14] Vgl. → § 276 Rn. 14–20.
[15] BAG 21.4.1971 – GS 1/68, AP GG Art. 9 Arbeitskampf Nr. 43, BAGE 23, 292 (310); *Kissel* AK § 57 Rn. 14.
[16] BAG 21.4.1971 – GS 1/68, AP GG Art. 9 Arbeitskampf Nr. 43, BAGE 23, 292 (310).
[17] BAG 31.5.1988 – 1 AZR 200/87, AP FeiertagslohnzahlungsG § 1 Nr. 58, BAGE 58, 310.
[18] BAG 31.5.1988 – 1 AZR 200/87, AP FeiertagslohnzahlungsG § 1 Nr. 58, BAGE 58, 310.

3. Kündigung

7 Die Arbeitnehmer sind auch während der suspendierenden Aussperrung zur Kündigung nach den allgemeinen Regeln berechtigt. Das Arbeitsverhältnis kann einerseits unter Wahrung der Frist durch ordentliche Kündigung beendet werden. Daneben gibt die Aussperrung dem Arbeitnehmer grds. keinen Grund zur außerordentlichen Kündigung, weil es sich dabei um eine rechtmäßige Maßnahme handelt. In der Literatur werden jedoch Ausnahmen für solche Fälle diskutiert, in denen die Einhaltung der Frist für die ordentliche Kündigung etwa wegen der wahrscheinlich längeren Dauer des Arbeitskampfes unzumutbar ist,[19] oder der Arbeitnehmer aufgrund seiner finanziellen Situation gezwungen ist, zeitnah ein neues Beschäftigungsverhältnis einzugehen.[20]

8 Das vom GS des BAG kreierte individualrechtliche Abkehrrecht ist vor dem Hintergrund der heutigen Rechtslage abzulehnen. Der Arbeitgeber konnte früher jederzeit den Übergang von der suspendierenden zur lösenden Aussperrung vollziehen, was für die Arbeitnehmer den Verlust ihres Arbeitsplatzes bedeutet hätte. Dieser Unsicherheit des Arbeitsplatzverlustes sollten die Arbeitnehmer mit der Befugnis zur Abkehr vom Arbeitsverhältnis durch einseitige empfangsbedürftige Willenserklärung begegnen dürfen.[21] Da die Rechtmäßigkeit einer lösenden Aussperrung aber hier verneint wird, besteht für ein arbeitnehmerseitiges Abkehrrecht kein Bedürfnis mehr.

II. Rechtsfolgen der rechtswidrigen Aussperrung

1. Arbeits- und Vergütungspflicht

9 Die rechtswidrige Aussperrung lässt das Bestehen der arbeitsvertraglichen Hauptpflichten unberührt. Kommt der Arbeitgeber seiner Beschäftigungspflicht nicht nach, so gerät er nach den §§ 293 ff. BGB in Annahmeverzug. Ein tatsächliches oder wörtliches Angebot der Arbeitsleistung ist gem. § 296 BGB entbehrlich.[22] Zwar will die Rechtsprechung die Anwendung von § 296 BGB auf die Fälle einer rechtswidrigen Arbeitgeberkündigung begrenzen.[23] Allerdings erscheint die Situation einer rechtswidrigen Aussperrung mit einer rechtswidrigen Kündigung vergleichbar. Der Vergütungsanspruch bleibt den Arbeitnehmern während der Aussperrungsphase nach § 615 S. 1 BGB erhalten, ohne dass eine Pflicht zur Nacharbeit besteht. Dabei müssen sie sich, entgegen § 615 S. 2 BGB, auch keine seitens der Gewerkschaft gewährten Unterstützungszahlungen anrechnen lassen.[24]

10 Kommt der Arbeitgeber während der rechtswidrigen Aussperrung seiner Vergütungspflicht nicht nach, haben die betroffenen Arbeitnehmer Anspruch auf den Ersatz des Verzögerungsschadens gem. §§ 280 Abs. 1, 2, 286 BGB. Den Arbeitnehmern kann darüber hinaus auch ein Anspruch auf die Verzugspauschale nach § 288 Abs. 5 BGB zustehen, dessen Anwendbarkeit im Arbeitsrecht jedoch umstritten ist.[25] Der mit Wirkung zum 29. 7. 2014 in das BGB eingefügte § 288 Abs. 5 BGB gewährt dem Gläubiger eine Verzugspauschale in Höhe von 40 EUR, wenn sein Schuldner kein Verbraucher ist und dieser mit einer Entgeltforderung in Verzug ist. Auch gegen den für den Aussperrungsbeschluss verantwortlichen Arbeitgeberverband kann der einzelne Arbeitnehmer Schadens-

---

[19] ZLH/*Loritz* § 45 Rn. 21; Brox/Rüthers/*Brox* § 9 Rn. 320.
[20] *Otto* AK § 14 Rn. 27, *Kissel* AK § 57 Rn. 7; Brox/Rüthers/*Brox* § 9 Rn. 320.
[21] BAG 21. 4. 1971 – GS 1/68, AP GG Art. 9 Arbeitskampf Nr. 43.
[22] LAG MV 18. 7. 1996 – 1 SA 330/95, AP GG Art. 9 Arbeitskampf Nr. 148; *Kissel* AK § 58 Rn. 2.
[23] BAG 15. 5. 2013 – 5 AZR 130/12, NZA 2013, 1076; 25. 2. 2015 – 1 AZR 642/13, NZA 2015, 442; 25. 2. 2015 – 5 AZR 886/12, NZA 2015, 494.
[24] Däubler ArbeitskampfR/*Rödl* § 21 Rn. 260.
[25] Dafür LAG Köln 22. 11. 2016 – 12 Sa 524/16; LAG BW 13. 10. 2016 – 3 Sa 34/16; LAG Bln-Bbg 22. 3. 2017 – 15 Sa 1992/16; LAG Nds 20. 4. 2017 – 5 Sa 1263/16; LAG BW 9. 10. 2017 – 4 Sa 8/17; LAG Köln 7. 12. 2017 – 8 Sa 127/17; LAG Nds 27. 2. 2018 – 10 Sa 25/17, BeckRS 2018, 5427; LAG München 18. 4. 2018 – 11 Sa 42/18, BeckRS 2018, 8930; *Färber/Pipoh* DB 2017, 67; *Lembke* NZA 2016, 1501; *Weigert* NZA-RR 2017, 337; *Witschen/Röleke* NJW 2017, 1702; aA LAG Düsseldorf 13. 1. 2017 – 14 Ca 3558/16; LAG Köln 4. 10. 2017 – 5 Sa 229/17; *Diller* NZA 2015, 1095; *Diller* AuR 2017, 47.

II. Rechtsfolgen der rechtswidrigen Aussperrung

ersatz gem. §§ 280 Abs. 1, 311 Abs. 3, 241 Abs. 2 BGB geltend machen, wenn ein Verstoß gegen die Friedenspflicht vorliegt, da es sich nach hiesiger Auffassung bei dem Tarifvertrag um einen Vertrag mit Schutzwirkung zugunsten Dritter handelt.[26]

2. Kündigungsrecht

Neben dem Recht zur ordentlichen Kündigung gibt die rechtswidrige Aussperrung dem Arbeitnehmer regelmäßig einen wichtigen Grund zur außerordentlichen Kündigung nach § 626 BGB. Nur ausnahmsweise, etwa bei einer nur kurzzeitigen Aussperrung oder nur geringem Verschulden des Arbeitgebers, wird man hiervon Ausnahmen machen können.[27]

3. Rechte der Gewerkschaft

Die Gewerkschaft, deren Mitglieder von einer rechtswidrigen Aussperrung betroffen sind, kann ihr vorrangiges Interesse an einer schnellen Beendigung dieser Aussperrung in Form eines vertraglichen Unterlassungsanspruchs durchsetzen, wenn eine Verletzung der Friedenspflicht vorliegt.[28] Das BAG erkennt darüber hinaus einen deliktischen Unterlassungs- und Beseitigungsanspruch gem. Art. 9 Abs. 3 GG iVm §§ 1004, 823 Abs. 1 BGB an, da der Schutzbereich von Art. 9 Abs. 3 GG nicht nur staatliche Beeinträchtigungen, sondern auch solche des sozialen Gegenspielers umfasst.[29] Diesen Anspruch kann die Gewerkschaft sowohl gegen den einzelnen aussperrenden Arbeitgeber als auch gegen den verantwortlichen Arbeitgeberverband geltend machen.[30] Wirkung kann ein von der Gewerkschaft geltend gemachter Unterlassungsanspruch nur für die eigenen Mitglieder entfalten, da die Gewerkschaft als Vereinigung von Mitgliedern nur deren Interessen verfolgt und auch nur insoweit dem Schutz des Art. 9 Abs. 3 GG untersteht.[31]

---

[26] Brox/Rüthers/*Brox* § 10 Rn. 377; *Otto* AK § 15 Rn. 58.
[27] *Otto* AK § 15 Rn. 59.
[28] Brox/Rüthers/*Brox* § 10 Rn. 377; Däubler ArbeitskampfR/*Rödl* § 21 Rn. 253; *Kissel* AK § 59 Rn. 8; *Otto* AK § 15 Rn. 54.
[29] BAG 26.4.1988 – 1 AZR 399/86, NZA 1988, 775.
[30] *Gamillscheg* KollArbR I, S. 1235 f.; *Otto* AK § 15 Rn. 55.
[31] BAG 26.4.1988 – 1 AZR 399/86, NZA 1988, 775; aA Däubler ArbeitskampfR/*Rödl* § 21 Rn. 256; *Otto* AK § 15 Rn. 56.

§ 278 Rechtsfolgen für die beteiligten Verbände

Übersicht

Rn.
I. Bei rechtmäßigen Arbeitskämpfen 1
   1. Pflicht zur Durchführung von Erhaltungs- und Notstandsarbeiten 1
   2. Berücksichtigung der allgemeinen Kampfgrenzen 2
   3. Pflichten gegenüber Mitgliedern 3
II. Bei rechtswidrigen Arbeitskämpfen 4
   1. Ansprüche der kämpfenden Verbände untereinander 4
   2. Ansprüche der Vertragsparteien gegen die kämpfenden Verbände 5
      a) Unterlassung 5
      b) Schadensersatz 8
         aa) Anspruch aus Vertrag 9
         bb) Deliktsrechtliche Ansprüche 11

I. Bei rechtmäßigen Arbeitskämpfen

1. Pflicht zur Durchführung von Erhaltungs- und Notstandsarbeiten

1 Auch nach Ablauf des Tarifvertrages sind die kämpfenden Verbände in gewissem Umfang zur Beachtung von Schutz- und Verhaltenspflichten gegenüber dem anderen Teil verpflichtet. Nachvertragliche Schutzpflichten ergeben sich einerseits aus dem schuldrechtlichen Teil des Tarifvertrages. Daneben müssen beide Parteien während des gesamten Arbeitskampfes den Grundsatz der Verhältnismäßigkeit beachten.[1] In Anbetracht dessen ist ein Arbeitskampf nur dann rechtmäßig, wenn gewisse Notdienste sichergestellt werden.[2] Insofern besteht die Pflicht zur Durchführung notwendiger Erhaltungs- und Notstandsarbeiten.[3] Erhaltungsarbeiten sind solche Arbeiten, die zur Erhaltung der Substanz des Betriebs während des Arbeitskampfes notwendig sind. Sie sind erforderlich, um die sachlichen Betriebsmittel für die Arbeitskampfdauer so zu erhalten, wie sie bei Beginn des Arbeitskampfes vorlagen.[4] Es geht nicht darum, den Arbeitgeber vor Schäden zu schützen, sondern die Aufrechterhaltung von Arbeit, Produktion und damit von Arbeitsplätzen zu gewährleisten.[5] Klassische Beispiele für Erhaltungsarbeiten sind Hochöfen, die bei Erkalten nicht mehr zu gebrauchen sind, oder überflutungsgefährdete Bergwerke. Abwicklungsarbeiten, die dem Verderb von Waren, Rohstoffen oder Erzeugnissen vorbeugen sollen, zählen grds. nicht zu Erhaltungsarbeiten, wenn der Verderb einen dem Arbeitskampf immanenten Schaden aufgrund der Vorenthaltung von Arbeitsleistung darstellt.[6] Notstandsarbeiten sollen demgegenüber die Versorgung der Bevölkerung mit lebensnotwendigen Dienstleistungen und Gütern, wie etwa Energie- und Wasserversorgung, Verkehrsmittel, Postdienstleistungen, Kindertagesstätten[7] und Versorgung mit Nahrungsmitteln sichern. Unter Notstandsarbeiten fallen demnach insbesondere Tätigkeiten im Bereich der öffentlichen und auch privaten Daseinsvorsorge.[8] Bei der Bereitstellung von Verkehrsmitteln ist aber etwa vor der Durchführung von Notdiensten zu berücksichtigen, ob für die

---

[1] *Hromadka/Maschmann* § 14 Rn. 97; zum Verhältnismäßigkeitsgebot BAG 21.4.1971 – GS 1/68, NJW 1971, 1668.
[2] BAG 30.3.1982 – 1 AZR 265/80, AP GG Art. 9 Arbeitskampf Nr. 74; *Kraus* Erhaltungsarbeiten im Streik, S. 28 (34); s. zur dogmatischen Herleitung auch Däubler ArbeitskampfR/*Reinfelder* § 15 Rn. 39 ff.
[3] Dazu umfassend *Kissel* AK § 43; ausführlich zu Erhaltungsarbeiten *Löwisch/Mikosch* ZfA 1978, 153.
[4] BAG 30.3.1982 – 1 AZR 265/80, AP GG Art. 9 Arbeitskampf Nr. 74.
[5] Däubler ArbeitskampfR/*Reinfelder* § 15 Rn. 43.
[6] *Kissel* AK § 43 Rn. 26; Däubler ArbeitskampfR/*Reinfelder* § 15 Rn. 44; nach der Intensität der Schäden differenzierend: *Löwisch/Mikosch* ZfA 1978, 153 (162); aA Brox/Rüthers/*Brox* § 9 Rn. 292.
[7] BAG 31.1.1995 – 1 AZR 142/94, NJW 1995, 2869 (2870); *Treichel* RdA 2017, 379.
[8] *V. Steinau-Steinrück/Glanz* NZA 2009, 113 (115); *Deinert* RdA 2011, 12 (22); s. auch *Hänsle* Streik und Daseinsvorsorge; *Rudkowski* Streik und Daseinsvorsorge.

I. Bei rechtmäßigen Arbeitskämpfen

Drittbetroffenen zumutbare Ausweichmöglichkeiten bestehen.[9] Der Begriff der Erhaltungs- und Notstandsarbeiten wird von der Rechtsprechung sehr eng gefasst.[10] Zur Durchführung von Erhaltungs- und Notstandsarbeiten sind die Gewerkschaften – trotz ihrer oftmals anders lautenden Satzungsbestimmungen – auch im Falle einer Aussperrung verpflichtet.[11] Die Frage der inhaltlichen Ausgestaltung und des Umfangs von Notstands- und Erhaltungsarbeiten ist abhängig von den konkreten Einzelfallumständen. Die Maßnahmen sind zum einen an dem jeweiligen Zweck zu messen, zum anderen auf das Maß zu beschränken, welches für die Wirksamkeit der Arbeitskampffreiheit unerlässlich ist.[12] Einzelheiten können durch eine Vereinbarung bestimmt werden, die dann auch maßgeblich für die Durchführung der Notstands- und Erhaltungsarbeiten ist.[13] Abschließen können eine solche Vereinbarung etwa die Tarifvertragsparteien selbst oder die Abstimmung erfolgt zwischen der örtlichen Streikleitung und dem Arbeitgeber.[14] Maßgeblich für die Rechtmäßigkeit des Arbeitskampfes ist aber letztlich nicht die Vereinbarung über Notstandsarbeiten, sondern die tatsächliche Einrichtung von Notdiensten.[15] Ein Mitbestimmungsrecht des Betriebsrates bei der Durchführung von Erhaltungs- oder Notstandsarbeiten ist dem BetrVG idR nicht zu entnehmen.[16] Allerdings wird der Betriebsrat in der Praxis oftmals bei der Erstellung von Arbeitsplänen mitwirken.[17] Auch folgt aus Erhaltungs- und Notstandsarbeiten für den Arbeitgeber keine Beschäftigungspflicht arbeitswilliger Arbeitnehmer.[18] Arbeitnehmer, die rechtmäßig zu Notdienstarbeiten eingeteilt werden, dürfen sich nicht am Streik beteiligen.[19] Die Auswahl der Notdienst leistenden Arbeitnehmer muss sich zudem nicht auf nicht organisierte Beschäftigte beschränken.[20]

2. Berücksichtigung der allgemeinen Kampfgrenzen

Daneben müssen die Verbände die allgemeinen Kampfgrenzen beachten. Diese Pflicht besteht auch gerade gegenüber den Verbandsmitgliedern. Die Verbände haben Sorge dafür zu tragen, dass ihre Mitglieder sich im Rahmen der Kampfgrenzen halten. Sie müssen das Verhalten ihrer Mitglieder während des Arbeitskampfes beobachten und ggf. einschreiten.[21] Kommt es dennoch zu Exzessen einiger Mitglieder, ist darauf von Verbandsseite mit Verbandsstrafen bis hin zum Ausschluss zu reagieren.[22] Dritte können etwa aus verbandswidrigen Arbeitskämpfen zwar keine Rechte herleiten.[23] Allerdings können sie Leistungs-

---

[9] SächsLAG 2.11.2007 – 7 SaGa 19/07, NZA 2008, 59 (68); ArbG Frankfurt aM 25.3.2013 – 9 Ca 5558/12, BB 2013, 1204; v. *Steinau-Steinrück/Glanz* NZA 2009, 113 (115); vgl. auch LAG Bln-Bbg 24.10.2007 – 7 SaGa 2044/07, LAGE GG Art. 9 Arbeitskampf Nr. 79.
[10] LAG Bln-Bbg 24.10.2007 – 7 SaGa 2044/07, LAGE GG Art. 9 Arbeitskampf Nr. 79; ArbG Bielefeld 1.3.2006 – 3 Ca 3648/05, BeckRS 2007 45605; hierzu auch Däubler ArbeitskampfR/*Reinfelder* § 15 Rn. 45 Fn. 158.
[11] Brox/Rüthers/*Brox* § 9 Rn. 315, § 10 Rn. 355 mwN; aA *Leinemann* DB 1971, 2309 (2310ff.).
[12] LAG Hamm 13.7.2015 – 12 SaGa 21/15; Däubler ArbeitskampfR/*Reinfelder* § 15 Rn. 42, 47.
[13] BAG 31.1.1995 – 1 AZR 142/94, NJW 1995, 2869 (2870); zur Rechtsnatur solcher Vereinbarungen Däubler ArbeitskampfR/*Reinfelder* § 15 Rn. 48.
[14] BAG 31.1.1995 – 1 AZR 142/94, NJW 1995, 2869 (2870); ErfK/*Linsenmaier* GG Art. 9 Rn. 187; LAG Hamm 13.7.2015 – 12 SaGa 21/15.
[15] LAG Hamm 13.7.2015 – 12 SaGa 21/15.
[16] S. zum Verhältnis Arbeitskampf- und Betriebsverfassungsrecht ausführlich *Jansen* Die betriebliche Mitbestimmung im Arbeitskampf.
[17] Brox/Rüthers/*Brox* § 13 Rn. 467; Däubler ArbeitskampfR/*Reinfelder* § 15 Rn. 54; *Bauer/Haußmann* DB 1996, 881 (883); *Löwisch/Mikosch* ZfA 1978, 153 (174ff.).
[18] BAG 30.3.1982 – 1 AZR 265/80, AP GG Art. 9 Arbeitskampf Nr. 74; BAG 31.1.1995 – 1 AZR 142/94, NJW 1995, 2869 (2870f.); LAG RhPf 26.7.2012 – 10 Sa 137/12; s. aber auch BAG 14.12.1993 – 1 AZR 550/93, AP GG Art. 9 Arbeitskampf Nr. 129.
[19] LAG Bln-Bbg 24.10.2007 – 7 SaGa 2044/07, LAGE GG Art. 9 Arbeitskampf Nr. 79; ArbG Berlin 6.5.2008 – 59 Ga 6988/08.
[20] *Linsenmaier* RdA 2015, 369 (380).
[21] *Kissel* AK § 37 Rn. 10 mwN.
[22] Brox/Rüthers/*Brox* § 10 Rn. 357; *Hromadka/Maschmann* § 14 Rn. 100.
[23] Däubler ArbeitskampfR/*Reinfelder* § 15 Rn. 56.

klage auf Erfüllung der Einwirkungspflichten des Verbandes erheben.[24] Strafrechtlich relevante Einzelakte führen nur dann zur Rechtswidrigkeit des Arbeitskampfes, wenn der Verband diese in seine Kampftaktik einplant und nicht bloß duldet.[25]

3. Pflichten gegenüber Mitgliedern

3 Die Verbände unterstützen ihre Mitglieder während des Arbeitskampfes regelmäßig mit Unterstützungszahlungen. Die Höhe des von der Gewerkschaft gezahlten Streikgeldes hängt von der Höhe der geleisteten Beiträge und der Dauer der Mitgliedschaft ab,[26] die Zahlungen sind nicht nach § 24 Nr. 1a EStG einkommensteuerpflichtig[27] und es müssen keine Sozialversicherungsbeiträge abgeführt werden.[28] Daneben unterstützen die Gewerkschaften ihre Mitglieder häufig mit weiteren Leistungen, deren Inhalt und Umfang sich im Einzelnen aus den Satzungen ergeben.[29] Auch auf Arbeitgeberseite gibt es Hilfeleistungen. So sollen die Fachspitzenverbände Gefahrengemeinschaften bilden, die vor allem Unterstützungsfonds für von Arbeitskämpfen betroffene Arbeitgeber einrichten sollen.[30]

II. Bei rechtswidrigen Arbeitskämpfen

1. Ansprüche der kämpfenden Verbände untereinander

4 Während dem betroffenen Verband bei Bestehen der Friedenspflicht unstreitig eigene Unterlassungs- und Schadensersatzansprüche und daneben sogar ein Recht zur außerordentlichen Kündigung des Tarifvertrages zusteht,[31] ist die Rechtslage nach Ablauf der Friedenspflicht weitaus schwieriger. Früher hatte die Rechtsprechung im Hinblick auf rechtswidrige Arbeitskämpfe einen eigenen Unterlassungsanspruch der Koalition mit dem Argument abgelehnt, es gäbe kein Recht einer Koalition frei von Druck verhandeln zu dürfen. Dabei sei es unerheblich, ob diese Druckwirkungen auf einem rechtmäßigen oder rechtswidrigen Arbeitskampf beruhten.[32] Diese Auffassung ist in der Literatur kritisiert worden.[33] Seit den 80er Jahren ist das BAG von seiner ursprünglichen Meinung abgerückt und spricht auch den Verbänden selbst einen Unterlassungsanspruch zu.[34] Diesen können sie vor den Gerichten für Arbeitssachen im Klagewege oder einstweiligen Verfügungsverfahren geltend machen.[35] Als Anspruchsgrundlagen kommen § 1004 BGB analog iVm § 823 Abs. 1 BGB, Art. 9 Abs. 3 GG oder § 1004 BGB analog iVm 823 Abs. 2 BGB, Art. 9 Abs. 3 GG in Betracht.[36] Von Art. 9 Abs. 3 GG geschützt wird gerade auch die koalitionsspezifische Betätigung. Diese ist verletzt, soweit der Verband beim Aushandeln von Tarifverträgen durch einen rechtswidrigen Arbeitskampf gestört wird. Erforder-

---

[24] Hierzu Däubler ArbeitskampfR/*Nitsche* § 22 Rn. 178.
[25] *Seiter* Streikrecht, S. 525 f.; *Kissel* AK § 34 Rn. 28, § 37 Rn. 6.
[26] Die IG Metall zahlt ihren Mitgliedern wöchentlich 12 bis 14 % des monatlichen Bruttoverdienstes (§§ 5, 23 der Satzung der IG Metall – Stand 1.1.2016), vgl. *Otto* AK § 14 Rn. 31.
[27] BFH 24.10.1990 – X R 161/88, AP GG Art. 9 Arbeitskampf Nr. 115; krit. *Knobbe-Keuk* DB-Beil. 6/1992.
[28] *Benner/Niermann* BB Beilage 2008, Nr. 2, 1 (28).
[29] *Otto* AK § 14 Rn. 32 f.
[30] *Otto* AK § 14 Rn. 38.
[31] Vgl. dazu und zu weiteren Rechten des Verbandes bei Verletzung der Friedenspflicht *Hromadka/Maschmann* § 14 Rn. 142, 146 ff.
[32] BAG 12.9.1984 – 1 AZR 342/83, AP GG Art. 9 Arbeitskampf Nr. 81 m. abl. Anm. *Seiter* EzA Art. 9 GG Arbeitskampf Nr. 54.
[33] *Heinze* SAE 1983, 226; *Loritz* ZfA 1985, 185 (189); *Lieb* NZA 1985, 265 (266).
[34] BAG v. 26.4.1988 – 1 AZR 399/86, AP GG Art. 9 Arbeitskampf Nr. 101, BAGE 58, 138 (142); BAG 24.4.2007 – 1 AZR 252/06, AP TVG § 1 Sozialplan Nr. 2; BAG 22.9.2009 – 1 AZR 972/08, NZA 2009, 1347 (1349); LAG Bln-Bbg 28.9.2007 – BAGE GG Art. 9 Arbeitskampf Nr. 78a.
[35] Umfassend zu aktuellen Entwicklungen im einstweiligen Rechtsschutz im Arbeitskampf *Treber* SR 2013, 140 ff.
[36] BAG 26.4.1988 – 1 AZR 399/86, AP GG Art. 9 Arbeitskampf Nr. 101; BAG 22.9.2009 – 1 AZR 972/08, NZA 2009, 1347 (1349); nach aA ist Art. 9 Abs. 3 GG allein richtige AGL (*Gamillscheg* KollArb I, S. 1232; *Konzen* FS Kissel, 1994, S. 571 (580); *Otto* AK § 15 Rn. 15).

II. Bei rechtswidrigen Arbeitskämpfen

lich ist eine Wiederholungs- oder Erstbegehungsgefahr.[37] Wiederholungsgefahr ist dabei die objektive Gefahr der erneuten Begehung einer konkreten Verletzungshandlung und beschränkt sich nicht auf die identische Verletzungsform, sondern umfasst alle im Kern gleichartigen Verletzungsformen. Allein die abstrakte Möglichkeit, dass ein Bundesverband rechtswidrige Arbeitskampfmaßnahmen seines Landesverbands als eigene fortführt, begründet etwa nach Auffassung des BAG nicht die Annahme einer Wiederholungsgefahr.[38] Ob allerdings schon eine vorherige Entscheidung in einem einstweiligen Verfügungsverfahren präjudizielle Bedeutung für den Unterlassungsanspruch im Hinblick auf die Wiederholungsgefahr haben kann, wird zu Recht bezweifelt.[39] Daneben bestehen nach zutreffender Auffassung regelmäßig keine Unterlassungsansprüche auf vertraglicher Grundlage.[40] Den Koalitionen stehen ggf. auch Schadensersatzansprüche nach § 280 Abs. 1 BGB oder § 823 BGB zu, sofern ein Schaden entstanden ist.[41]

2. Ansprüche der Vertragsparteien gegen die kämpfenden Verbände

a) Unterlassung. Arbeitnehmer und Arbeitgeber haben nicht nur gegenüber ihren Vertragspartnern einen Anspruch auf Unterlassung rechtswidriger Arbeitskampfmaßnahmen, sondern dieser Anspruch besteht auch gegenüber den gegnerischen Verbänden. Schuldner eines vorbeugenden Unterlassungsanspruchs ist derjenige, von dem die Vornahme der zu unterlassenden Handlung demnächst zu befürchten ist.[42] Gerade für die Arbeitgeberseite hat der Unterlassungsanspruch gegen die Gewerkschaft eine herausgehobene Bedeutung.

Der Anspruch folgt für den verbandsangehörigen Arbeitnehmer/Arbeitgeber bei Verletzung der Friedenspflicht nach hM bereits aus dem Tarifvertrag, wenn man die Friedenspflicht zumindest als eine vertragliche Regelung zugunsten Dritter einordnet (→ § 272 Rn. 47).[43] Dem Arbeitgeber steht daneben ein Unterlassungsanspruch aus § 1004 BGB analog iVm dem durch § 823 Abs. 1 BGB geschützten Recht am Gewerbebetrieb zu.[44] Die Beweislast für die Rechtswidrigkeit des Streiks liegt bei dem Arbeitgeber. Im Gegensatz zu früheren Entscheidungen geht die neuere Rechtsprechung für den gewerkschaftlich organisierten Streik nicht mehr von einer Vermutung der Rechtmäßigkeit aus.[45]

Zum Teil wird dem einzelnen Arbeitnehmer spiegelbildlich zum arbeitgeberseitigen Recht am Gewerbebetrieb ein Unterlassungsanspruch wegen Verletzung des Rechts am Arbeitsplatz zugesprochen.[46]

b) Schadensersatz. Auch hinsichtlich der Frage nach Schadensersatz ist primär das Verhältnis des rechtswidrig bestreikten Arbeitgebers zu der kampfführenden Gewerkschaft von praktischer Bedeutung.[47]

aa) Anspruch aus Vertrag. Dem Arbeitgeber/Arbeitnehmer steht ein Schadensersatzanspruch nach § 280 Abs. 1 BGB zu, wenn ein Verband die tarifvertragliche Friedenspflicht

---

[37] BAG 20.11.2012 – 1 AZR 611/11, NZA 2013, 437 (446f.).
[38] BAG 20.11.2012 – 1 AZR 611/11, NZA 2013, 437 (446f.).
[39] ErfK/*Linsenmaier* GG Art. 9 Rn. 231; anders wohl: BAG 20.11.2012 – 1 AZR 611/11, NZA 2013, 437.
[40] Vgl. nur *Otto* AK § 15 Rn. 19ff.
[41] HWK/*Hergenröder* GG Art. 9 Rn. 308, 313.
[42] BAG 8.11.1988 – 1 AZR 417/86, NZA 1989, 475 (476).
[43] *Otto* AK § 15 Rn. 4; *Kissel* AK § 47 Rn. 13, 50 (Unterlassungsanspruch auch aus einer Schutzpflicht zugunsten Dritter).
[44] LAG München 15.6.2005 – 6 Sa 602/05.
[45] BAG 29.11.1983 – 1 AZR 469/82, AP BGB § 626 Nr. 78, NZA 1984, 34 (35); anders noch 19.6.1973 – 1 AZR 521/72, AP GG Art. 9 Arbeitskampf Nr. 47.
[46] Vgl. Brox/Rüthers/*Brox* § 9 Rn. 346; befürwortend: *Hueck/Nipperdey/Säcker* II/2 § 49 A II, S. 995; *Hanau/Adomeit* Rn. 323.
[47] S. zum Verzicht auf Schadensersatzansprüche in tarifvertraglichen Maßregelungsklauseln: *Loritz* ZfA 1982, 77.

verletzt. Der Tarifvertrag ist insoweit Vertrag mit Schutzwirkung zugunsten der Verbandsmitglieder.

10   Der Anspruch aus § 280 Abs. 1 BGB setzt ferner voraus, dass der Anspruchsgegner die Pflichtverletzung gem. § 276 BGB zu vertreten hat. Hierbei ist das Handeln von Erfüllungsgehilfen dem Verband über § 278 BGB zuzurechnen.[48] Das zentrale Problem in diesem Zusammenhang lautet: Wie ist es zu bewerten, wenn die Gewerkschaft und ihre Akteure bei Planung und Durchführung eines Streiks fälschlicherweise von dessen Rechtmäßigkeit ausgehen? Die Fehlvorstellung hat – wie beim strafrechtlichen Verbotsirrtum – nur dann entlastende Wirkung, soweit der Irrtum unvermeidbar war. Die Rechtsprechung vertritt in dieser Frage grds. einen strengen Maßstab.[49] Erkennbare Zweifel an der Rechtmäßigkeit des Streiks sollen den Irrtum bereits vermeidbar machen.[50] Selbst die Konsultation eines Rechtskundigen führt danach nicht stets zur Entschuldbarkeit des Irrtums.[51] Diese rigorose Linie wurde aber später jedenfalls für solche Fälle aufgeweicht, in denen die Gewerkschaft tarifliche Regelungen anstrebt, über deren rechtliche Zulässigkeit noch keine höchstrichterlichen Entscheidungen vorliegen bzw. sich in der Literatur keine eindeutig herrschende Ansicht herausgebildet hat. Nach Auffassung der Rechtsprechung wäre es für Gewerkschaften vor dem Hintergrund der ihnen von Verfassungswegen in Art. 9 Abs. 3 GG zugewiesenen Aufgabe unzumutbar, die Arbeits- und Wirtschaftsbedingungen zu fördern, wenn sie auf derartige tarifliche Gestaltungsformen von vornherein aufgrund des Haftungsrisikos verzichten müssten.[52] Damit trifft zumindest bei ungesicherter Rechtslage das Risiko den Bestreikten.[53] Er erhält selbst dann keinen Schadensersatz, wenn die Gerichte den Streik später als rechtswidrig einstufen.[54] Betreffen die Unsicherheiten das mit der Kampfmaßnahme ins Auge gefasste Ziel, so darf bei Zweifeln über die Rechtmäßigkeit einer angestrebten tariflichen Regelung von dem äußersten Mittel des Streiks nur in maßvollem Rahmen und vor allem auch nur dann Gebrauch gemacht werden, wenn für die Zulässigkeit der tariflichen Regelung sehr beachtliche Gründe sprechen und des Weiteren eine endgültige Klärung der Rechtslage anders nicht zu erreichen ist.[55]

11   **bb) Deliktsrechtliche Ansprüche.** Daneben kommen als Anspruchsgrundlage die §§ 823 Abs. 1 BGB iVm den Grundsätzen zum eingerichteten und ausgeübten Gewerbebetrieb, 823 Abs. 2 BGB, 824 BGB, 826 BGB[56] und 831 BGB in Betracht.[57] In Bezug auf den Anspruch aus § 823 Abs. 1 BGB iVm den Grundsätzen zum eingerichteten und ausgeübten Gewerbebetrieb kommt es darauf an, dass ein unmittelbarer Eingriff in den Gewerbebetrieb des Tarifpartners vorliegt. Unerheblich ist, ob es sich bei diesem um ein öffentlich beherrschtes Unternehmen der Privatwirtschaft handelt, da ein solches ebenso schutzwürdig wie ein privates Unternehmen ist.[58] Es wird hinsichtlich der Voraussetzun-

---

[48] HWK/*Hergenröder* GG Art. 9 Rn. 312.
[49] BAG 26.7.2016 – 1 AZR 160/14, NZA 2016, 1543 (1550).
[50] BAG 29.11.1983 – 1 AZR 469/82, AP BGB § 626 Nr. 78; HzA/*Kalb* Gruppe 18 Teilbereich 3 Rn. 1349.
[51] OLG Hamburg 30.3.1989 – 3 W 14/89, NJW-RR 1989, 1087.
[52] BAG 21.3.1978 – 1 AZR 11/76, AP GG Art. 9 Arbeitskampf Nr. 62; dazu umfassend *Kissel* AK § 47 Rn. 14 ff.
[53] *Melms/Reinhardt* NZA 2010, 1033 (1037), empfehlen, vorbeugende Friedenspflichtklauseln zu vereinbaren.
[54] *Kissel* AK § 47 Rn. 14 ff.
[55] BAG 21.3.1978 – 1 AZR 11/76, AP GG Art. 9 Arbeitskampf Nr. 62 m. Anm. *Seiter*; 10.12.2002 – 1 AZR 96/02, AP GG Art. 9 Arbeitskampf Nr. 162; BAG 19.6.2012 – 1 AZR 775/10, NZA 2012, 1372 (1378) Rn. 52; BAG 26.7.2016 – 1 AZR 160/14, NZA 2016, 1543 (1550) Rn. 58.
[56] ZB BGH 31.1.1978 – VI ZR 32/77, NJW 1978, 816.
[57] Vgl. *Kissel* AK § 47 Rn. 44; *Wendeling-Schröder* AuR 2017, 96 f.; s. zur historischen Entwicklung ausführlich *Seiter* Streikrecht, S. 443 ff.; einen über den vertraglichen hinausgehenden Schutz sieht *Malorny* RdA 2017, 149 (151); vgl. hierzu auch MüKo-BGB/*Wagner* § 823 BGB Rn. 357.
[58] BAG 26.7.2016 – 1 AZR 160/14, NZA 2016, 1543 (1546) Rn. 25.

II. Bei rechtswidrigen Arbeitskämpfen

gen auf die Ausführungen zur Haftung der Vertragsparteien verwiesen.[59] Die Verbände stehen für ein Verschulden ihrer satzungsgemäß berufenen *Organe* unmittelbar ein.[60] Das Verschulden ihrer satzungsgemäßen Vertreter muss sich die Gewerkschaft gemäß § 31 BGB analog zurechnen lassen.[61] Kommt es im Zusammenhang mit einem rechtmäßigen Arbeitskampf zu rechtswidrigen Aktionen Einzelner (zB Blockade der Betriebszufahrten durch einzelne Streikposten), stellt sich die Frage, inwieweit hierfür die kampfführende Gewerkschaft einzustehen hat. Handelt es sich bei den Blockierenden um einfache Streikposten, so ordnet die Rechtsprechung diese als Verrichtungsgehilfen der Gewerkschaft ein, so dass dieser die Exkulpationsmöglichkeit des § 831 Abs. 1 S. 2 BGB offen steht.[62] Demgegenüber findet auf das Handeln des Streikleiters die Regelung des § 31 BGB analoge Anwendung. Erhält dieser von rechtswidrigen Aktionen einzelner Streikposten Kenntnis, muss er auf die betreffenden Arbeitnehmer einwirken, die rechtswidrigen Handlungen augenblicklich einzustellen, und etwa eine Blockade der Werkzufahrt unverzüglich beenden.[63] Andernfalls hat die Gewerkschaft für das Handeln ihres Streikleiters einzustehen und den daraus entstandenen Schaden zu ersetzen. Hinsichtlich der Rechtsfolgenebene gelten die allgemeinen zivilrechtlichen Grundsätze. Ein Mitverschulden oder eine Verletzung der Schadensminderungspflicht ist über § 254 BGB zu berücksichtigen. Gegen seine Schadensminderungspflicht verstößt der Arbeitgeber etwa, wenn er Angebote zur Arbeitsleistung von Streikenden nicht/verspätet annimmt oder die mögliche und zumutbare Nachholung von Arbeiten nicht veranlasst.[64] Schadenspositionen sind anhand der Differenzhypothese zu ermitteln. Auf Seiten des Arbeitgebers können Schäden etwa in der Minderung seiner Güter, Kosten für Mehrarbeit oder entgangenen Gewinnen (§ 252 BGB) liegen.[65] Zu den Schadensfolgen hat das BAG in seiner Entscheidung zum Fluglotsenstreik am Frankfurter Flughafen einige wichtige Aspekte für die Praxis klargestellt.[66] Zunächst hatte sich der 1. Senat mit der Frage der Schadensminderungspflicht des Arbeitgebers gemäß § 254 Abs. 2 S. 1 Alt. 2 BGB auseinandergesetzt. Dabei ging es darum, inwiefern der Arbeitgeber sich gegen einen rechtswidrigen Streik gerichtlich wehren muss. Das BAG verneinte richtigerweise eine solche Obliegenheit des Arbeitgebers. Zum einen könne nicht verlangt werden, dass der Arbeitgeber Rechtsbehelfe einlege, deren Erfolgsaussichten unsicher seien. Zum anderen stehe es ihm jedoch vor allem frei, sich gegen einen (rechtswidrigen) Streik zu wehren oder aber in der Weise zu reagieren, den Streik „auszuhalten", um dadurch seine Verhandlungsposition zu stärken.[67] Darüber hinaus lehnte das BAG eine Pflicht oder Obliegenheit des Arbeitgebers ab, die Gewerkschaft auf die Rechtswidrigkeit des Streiks hinzuweisen, da ansonsten das legitime Mittel des Arbeitgebers, den Streik „auszuhalten", konterkariert würde.[68] Weiter hat der Senat – anders als noch die Vorinstanzen – festgestellt, dass sich die Gewerkschaft bei einem aufgrund einer Friedenspflichtverletzung rechtswidrigen Streik nicht auf den Einwand des rechtmäßigen Alternativverhaltens berufen kann.[69] Ohne die friedenspflichtverletzenden

---

[59] → § 276 Rn. 35 f.
[60] BAG 10.12.2002 – 1 AZR 96/02, NZA 2003, 734 (736).
[61] BAG 21.6.1988 – 1 AZR 653/86, AP GG Art. 9 Arbeitskampf Nr. 109.
[62] BAG 8.11.1988 – 1 AZR 417/86, AP GG Art. 9 Arbeitskampf Nr. 111; BAG 21.6.1988 – 1 AZR 651/86, AP GG Art. 9 Arbeitskampf Nr. 108; HessLAG 17.9.2008 – 9 SaGa 1443/08.
[63] HessLAG 17.9.2008 – 9 SaGa 1443/08; BAG 8.11.1988 – 1 AZR 417/86, AP GG Art. 9 Arbeitskampf Nr. 111; BeckOK BGB/*Förster* § 823 Rn. 252.
[64] *Kissel* AK § 47 Rn. 28, 29.
[65] *Kissel* AK § 47 Rn. 30–33.
[66] BAG 26.7.2016 – 1 AZR 160/14, NZA 2016, 1543.
[67] BAG 26.7.2016 – 1 AZR 160/14, NZA 2016, 1543 (1550); aA noch HessLAG 5.12.2013 – 9 Sa 592/13; zweifelnd bzgl. einer gerichtlichen Geltendmachung „mit Rückwirkung": *Däubler* AuR 2017, 232 (235).
[68] BAG 26.7.2016 – 1 AZR 160/14, Rn. 66, NZA 2016, 1543 (1550); s. zu Bedenken: *Däubler* AuR 2017, 232 (236).
[69] BAG 26.7.2016 – 1 AZR 160/14, NZA 2016, 1543 (1551); iE zustimmend *Benecke* ZfA 2018, 2 (14); kritisch zur erstinstanzlichen Entscheidung *Willemsen/Mehrens* NZA 2013, 1400; *Ebert* ArbRB 2015, 343 (345).

Forderungen hätte es sich nämlich nicht um den konkret in Rede stehenden, sondern aufgrund des anderen Streikziels um einen anderen Streik gehandelt.[70] In der Literatur wird teilweise angesichts der Schadenshöhe von ca. 5 Mio. EUR im Fall der GdF die existenzgefährdende Wirkung von Schadensersatzpflichten für Gewerkschaften problematisiert.[71]

---

[70] Zustimmend: *v. Steinau-Steinrück* NJW-Spezial 2016, 498 (499); ablehnend hingegen: *Däubler* AuR 2017, 232 (234).
[71] *Däubler* AuR 2017, 232 (236 f.); s. auch zuvor schon Däubler ArbeitskampfR/*Nitsche* § 22 Rn. 92.

§ 279 Rechtsfolgen bei Drittbetroffenen

Übersicht

	Rn.
I. Arbeitswillige Arbeitnehmer und Lohnzahlungspflicht	1
1. Einführung	1
2. Entwicklung von Rechtsprechung und Literatur	2
a) Sonderstellung des Arbeitskampfrisikos	2
b) Kombinationslehre	3
c) Ablehnende Ansicht	7
3. Fernwirkungsproblematik im Einzelnen	9
a) Paritätsrelevanz	10
b) Regelungsbetroffenheit	11
c) Kausalprinzip	12
4. Paritätsrelevanz von Fernwirkungen	13
a) Fernwirkungen in dem umkämpften Tarifgebiet	17
b) Fernwirkungen auf ein fachlich gleiches, aber räumlich anderes Tarifgebiet	18
c) Fernwirkungen auf ein fachlich fremdes Tarifgebiet	19
d) Fernwirkungen innerhalb eines inländischen Konzerns	22
e) Fernwirkungen aus dem Ausland	23
5. Risikoverteilung im unmittelbar kampfbetroffenen Betrieb	24
6. Fernwirkungen bei rechtswidrigen Kampfmaßnahmen	33
II. Vertragsbeziehungen zu Dritten	36
1. Beziehung zum Abnehmer	38
a) Primärleistungsanspruch	38
b) Schadensersatzansprüche	41
c) Einschränkungen	46
d) Fernwirkungen	47
2. Beziehung zum Zulieferer	48
3. Arbeitskampfklauseln	50
III. Ansprüche Unbeteiligter	57

I. Arbeitswillige Arbeitnehmer und Lohnzahlungspflicht

1. Einführung

Arbeitskämpfe haben nicht nur Auswirkungen auf die unmittelbar betroffenen Betriebe, **1** sondern mit ihnen sind regelmäßig auch Fernwirkungen in nicht unmittelbar beteiligten Drittbetrieben verbunden. Die unmittelbar kampfbetroffenen Betriebe sind zB nicht mehr in der Lage, Waren von Zuliefern abzunehmen bzw. sie können diese Waren nicht weiterverarbeiten und die daraus entstehenden Produkte an ihre Kunden ausliefern. Fehlt es derart mittelbar kampfbetroffenen Unternehmen aber an einer Absatzquelle oder werden sie nicht mehr mit den notwendigen Produkten beliefert, so werden auch sie ihre Produktion drosseln oder vorübergehend einstellen müssen.

Nun stellt sich hinsichtlich der Situation der Arbeitnehmer in den mittelbar kampf- **1a** betroffenen Betrieben und der arbeitswilligen Arbeitnehmer in den unmittelbar betroffenen Betrieben die Frage, wer das Risiko trägt, dass aufgrund des Arbeitskampfes dem Arbeitgeber die Annahme der angebotenen Arbeitsleistung unmöglich oder zumindest wirtschaftlich sinnlos geworden ist.

2. Entwicklung von Rechtsprechung und Literatur

a) Sonderstellung des Arbeitskampfrisikos. Schon das RG und das RAG haben bei **2** Betriebsstörungen infolge von Arbeitskämpfen ein Bedürfnis für eine abweichende Beurteilung dieser Fälle von den allgemeinen Grundsätzen des Betriebs- und Wirtschaftsrisikos erkannt. Nach dieser Ansicht, der das BAG in seinen früheren Entscheidungen gefolgt ist, sollte das Vergütungsrisiko bei Arbeitskämpfen von der Seite getragen werden, aus dessen Sphäre die Störungsursache stammt. Das Risiko von Streiks sollte wegen der zwischen den einzelnen Arbeitnehmern bestehenden Solidarität und aus Gründen der Kampfparität dem Arbeitnehmerlager zugerechnet werden, während die Folgen von Aussperrungen in die Risikosphäre des Arbeitgebers fallen sollten.[1] Anfang der 80er Jahre wurde die Sphärentheorie jedoch nicht länger von der Rechtsprechung angewandt.[2] Von nun an stand die Frage im Vordergrund, inwieweit auch die Fernwirkungen von Arbeitskämpfen dazu geeignet waren, die Kampfparität zwischen den Parteien zu beeinflussen.[3] Daneben gibt es bis heute in der Literatur eine Reihe weiterer Lösungsansätze, die die Sonderstellung des Arbeitskampfrisikos nahezu einhellig anerkennen[4] (→ Rn. 10 ff.).

3 **b) Kombinationslehre.** Von den Vertretern der sogenannten „Kombinationslehre"[5] wird die Sonderstellung des Arbeitskampfrisikos hingegen nur teilweise anerkannt: Nach dieser Ansicht sollen in den Fällen des Betriebsrisikos (dh der Unmöglichkeit) weiterhin die §§ 326 Abs. 1 S. 1, 615 S. 3 BGB Anwendung finden. Ist die Beschäftigung allerdings nicht unmöglich, sondern wirtschaftlich unzumutbar, kann auf das Arbeitskampfrisiko zurückgegriffen werden.[6]

4 Kommt es also in einem Drittbetrieb zu arbeitskampfbedingter (wirtschaftlicher) Unzumutbarkeit der Beschäftigung, bleibt es dabei, dass die Vergütungspflicht nur entfällt, wenn die Voraussetzungen für die Anwendung des Arbeitskampfrisikos (näher → Rn. 10 ff.) vorliegen. Ist die Beschäftigung in dem Drittbetrieb allerdings arbeitskampfbedingt unmöglich, soll der Entgeltanspruch nur nach Maßgabe des (individualrechtlichen) Leistungsstörungsrechts entfallen.

5 Die unterschiedliche Behandlung von Betriebs- und Wirtschaftsrisiko wird damit begründet, dass es sich dabei um nach Geltungsgrund und Ordnungsfunktion zwei völlig unterschiedliche Rechtsfiguren handele. Während für das Wirtschaftsrisiko eine neue, aus dem bürgerlichen Recht nicht herzuleitende Sonderregel geschaffen werde, würden die für das Betriebsrisiko bereits anerkannten Gefahrtragungsregeln begrenzt.[7] Dies sei jedoch nicht möglich, da individualrechtliche Gefahrtragungsregeln nicht durch ein Recht zur Nichtbeschäftigung und Arbeitsentgeltverweigerung derogiert werden könnten, das auf arbeitskampfrechtlichen Überlegungen beruht.[8] Stattdessen sei die Arbeitskampfrisikolehre als besonderer Tatbestand des Leistungsstörungsrechts anzusehen. Dabei ergäbe sich die Besonderheit allerdings nicht aus dem Einfluss auf die Kampfparität. Entscheidend sei vielmehr der in einem Arbeitskampf zu sehende Eingriff in den eingerichteten und ausgeübten Gewerbebetrieb. Kommt es zu einer Leistungsstörung, sei es nicht mehr dem Arbeitgeber zurechenbar, wenn das Arbeitssubstrat nicht gestellt werden kann, denn er könne den rechtlich institutionalisierten Eingriff nicht beeinflussen.[9]

6 Dieser Ansicht kann vor allem der erhebliche Begründungsaufwand entgegengehalten werden, der sich aus der unterschiedlichen Behandlung von Betriebs- und Wirtschaftsrisiko ergibt.[10] Es erscheint daher sinnvoll, auf eine Trennung dieser beiden Figuren zu verzichten. Zudem werden auch in der Rechtsprechung Betriebs- und Wirtschaftsrisiko trotz

---

[1] RG 6.2.1923, RGZ 106, 272 ff.; BAG 8.2.1957 – 1 AZR 338/55, AP BGB § 615 Betriebsrisiko Nr. 2; 28.9.1972 – 2 AZR 506/71, AP BGB § 615 Betriebsrisiko Nr. 28; aus der Lit.: *Biedenkopf* Betriebsrisikolehre, S. 2 ff.; *Kalb* Betriebsrisikolehre, S. 64 ff.; HzA/*Kalb* Gruppe 18 Teilbereich 3 Rn. 1385.
[2] Zur Entwicklung: *Kalb* FS Etzel, 2011, S. 214 ff.
[3] BAG 22.12.1980 – 1 ABR 2/79, AP GG Art. 9 Arbeitskampf Nr. 70, = BAGE 34, 331 ff.
[4] Vgl. nur *Otto* AK § 16 Rn. 12 ff.
[5] *Otto* AK § 16 Rn. 25.
[6] Staudinger/*Richardi*/*Fischinger* § 615 Rn. 265.
[7] Staudinger/*Richardi*/*Fischinger* § 615 Rn. 261 f.
[8] Staudinger/*Richardi*/*Fischinger* § 615 Rn. 266.
[9] Staudinger/*Richardi*/*Fischinger* § 615 Rn. 267.
[10] *Otto* AK § 16 Rn. 27.

I. Arbeitswillige Arbeitnehmer und Lohnzahlungspflicht

terminologischer Trennung im Ergebnis - allerdings ohne nähere Begründung – gleich behandelt.[11]

c) Ablehnende Ansicht. Daneben gibt es aber auch Stimmen in der Literatur, die die Sonderstellung des Arbeitskampfrisikos gänzlich ablehnen. Es sei unerheblich, aus welchem Grunde ein Arbeitgeber die angebotene Arbeitsleistung nicht annehmen kann oder will – auch die Fernwirkungen von Arbeitskämpfen wären ausschließlich individualrechtlich zu berücksichtigen. Die Vertreter dieser Meinung fassen also die Fälle der Fernwirkung von Arbeitskämpfen unter das Betriebs- und Wirtschaftsrisiko mit der Konsequenz, dass der Arbeitgeber in dem Drittbetrieb zur Zahlung der Vergütung verpflichtet bleibt.[12] Ihm bliebe nur die Möglichkeit der Einführung (mitbestimmungspflichtiger) Kurzarbeit.[13] Zum Teil wird sogar auf die (Sympathie-) Aussperrung verwiesen.[14]

Der Gesetzgeber hat jedoch schon seit langem mit § 160 SGB III eine andere Weichenstellung vorgenommen, die auch für das Verständnis von § 615 S. 3 BGB richtungsweisend ist.[15] Im Übrigen hat bereits das RG in seiner wegweisenden – wenn auch in der Begründung kritikwürdigen[16] – Entscheidung vom 6.2.1923 das Bedürfnis nach einer Sonderstellung des Arbeitskampfrisikos hervorgehoben, die in dem BGB seinerzeit nicht angelegt war: *„Das Bürgerliche Gesetzbuch steht [...], den Verhältnissen seiner Entstehungszeit entsprechend, auf einem individualistischen Standpunkt. Inzwischen hat aber der Gedanke der sozialen Arbeits- und Betriebsgemeinschaft Ausbreitung und Anerkennung gefunden, der das Verhältnis zwischen dem Arbeitgeber und den Arbeitnehmern, wenigstens bei größeren Betrieben der hier vorliegenden Art, beherrscht."*[17] Daraus wird deutlich, dass entsprechend der weit überwiegenden Ansicht die Grundsätze zum Betriebs- und Wirtschaftsrisiko eben nicht unverändert angewendet werden können, sondern aufgrund kollektivarbeitsrechtlicher Ansätze, die bei der Entstehung des BGB unberücksichtigt blieben, einer Modifizierung bedürfen, wie sie letztlich in der Lehre vom Arbeitskampfrisiko erfolgt ist. Die dazu folgenden Ausführungen gelten für den rechtmäßigen Streik und die rechtmäßige Abwehraussperrung gleichermaßen.[18]

3. Fernwirkungsproblematik im Einzelnen

Die anfänglich von der Rechtsprechung vertretene Sphärentheorie (→ Rn. 2) als Grundlage der Arbeitskampfrisikolehre wurde auf die vielfältige Kritik in der Literatur hin zu Recht aufgegeben. Gegen sie spricht, dass die Annahme einer unter allen Arbeitnehmern bestehenden Solidarität auf einer puren Fiktion beruht und „in die Nähe klassenkämpferischen Denkens" führt.[19] Die Begründung der Sonderstellung des Arbeitskampfrisikos ist jedoch nach wie vor umstritten, wenngleich der Streit für die Praxis aufgrund der eindeutigen Positionierung der Rechtsprechung an Relevanz verloren haben dürfte.

a) Paritätsrelevanz. Der erste Senat des BAG hat mit dem Kriterium der Kampfparität ein „spezifisch arbeitskampfrechtliches"[20] Kriterium eingeführt.[21] In dem Grundsatz der

---

[11] BAG 22.12.1980 – 1 ABR 2/79, AP GG Art. 9 Arbeitskampf Nr. 70, = BAGE 34, 331 ff.; BAG 22.12. 1980 – 1 ABR 76/79, AP GG Art. 9 Arbeitskampf Nr. 71, = BAGE 34, 355 ff.
[12] *Eisemann* AuR 1981, 357, (361 f.).
[13] *Däubler* ArbeitskampfR/*Öğüt* § 19 Rn. 103.
[14] *Eisemann* AuR 1981, 357 (365 ff.).
[15] MüKoBGB/*Henssler* § 615 Rn. 118 ff.
[16] *Otto* AK § 16 Rn. 6 mwN.
[17] RG 6.2.1923, RGZ 106, 272, 275.
[18] *Kissel* AK § 72 Rn. 8, 12.
[19] *Wiedemann* RdA 1969, 321 (326).
[20] HzA/*Kalb* Gruppe 18 Teilbereich 3 Rn. 1387.
[21] BAG 22.12.1980 – 1 ABR 2/79, AP GG Art. 9 Arbeitskampf Nr. 70, = BAGE 34, 331 ff., mittlerweile ständige Rspr., zuletzt bestätigt: BAG 13.12.2011 – 1 AZR 495/10, AP GG Art. 9 Arbeitskampf Nr. 175, = BAGE 140, 125 ff.

Kampfparität sieht der Senat ein Kriterium, das sich nicht nur auf die Ausgestaltung der Kampfmittel selbst, sondern auch auf das Recht der Leistungsstörungen auswirke. Nach Ansicht des Senates kann die Parität auch bei Fernwirkungen von Arbeitskämpfen in mittelbar betroffenen Betrieben wesentlich beeinflusst sein. Solche Fernwirkungen seien weitgehend vorhersehbar und beim Einsatz der beiderseitigen Kampfmittel bis zu einem gewissen Grade kalkulierbar. Soweit die Fernwirkungen dazu geeignet seien, die Verhandlungsstärke der kämpfenden Parteien zu beeinflussen, müssten sie im Arbeitskampfrecht berücksichtigt werden, denn die Rechtsordnung dürfe kein übermächtiges Kampfmittel zur Verfügung stellen. Andernfalls bliebe dem sozialen Gegenspieler keine gleichwertige Verhandlungsmöglichkeit. Wird die Kampfparität beeinflusst, werde der betroffene Arbeitgeber vom Beschäftigungs- und Lohnrisiko befreit, weil er ansonsten stärker belastet werde, als der unmittelbar bestreikte Arbeitgeber. Anderenfalls ergäbe sich ein wesentlicher kampftaktischer Vorteil für die Gewerkschaften, der insbesondere bei Teil- und Schwerpunktstreiks zu Tage trete.[22] Darin läge eine einseitige Begünstigung der Gewerkschaften dadurch, dass sie die mittelbaren Wirkungen des Streiks nicht durch die Lohneinbußen der Arbeitnehmer erkaufen müssten.[23]

10a Umstritten ist dabei, ob jede Fernwirkung eines Streikes die Kampfparität derart beeinflusst und eine Verlagerung des Lohnrisikos rechtfertigt (→ Rn. 13 ff.).

11 b) Regelungsbetroffenheit. Nach diesem Ansatz liegt die Berechtigung, auch die kampfunbeteiligten Arbeitnehmer mit dem Lohnrisiko zu belasten darin, dass auch diese potentiell am Erfolg des Arbeitskampfes teilhaben. Aber nur sofern die Arbeitnehmer von dem erkämpften Arbeitsvertrag auch rechtlich oder tatsächlich potentiell profitieren ist ihnen auch zuzumuten, die Belastungen des Arbeitskampfes zu tragen.[24] *Seiter* sieht darin den „berechtigten Kern des Solidaritätsarguments"; allerdings ist für ihn dabei nicht die Zugehörigkeit zur Arbeitnehmerschaft, sondern das Interesse an dem Kampfausgang maßgeblich.[25] Entscheidend ist in diesem Zusammenhang die Bestimmung des betroffenen Arbeitnehmerkreises. Dafür kann richtungsweisend auf die Regelungen des § 160 SGB III zurückgegriffen werden. Der Lohnanspruch solle nur dort entfallen, wo gemäß § 160 Abs. 3 SGB III auch keine Sozialleistungen gewährt werden. Aus der Pflicht zur Neutralität im Arbeitskampf (§ 160 Abs. 1 S. 1 SGB III) lässt sich der Rückschluss ziehen, dass nur dort, wo der Gesetzgeber die Leistungen entfallen lässt, die „Regelungszone der jeweiligen koalitiven Auseinandersetzung"[26] liegt. Nur in diesem Bereich sei es gerechtfertigt, den Arbeitnehmern das Lohnrisiko aufzuerlegen, denn diese profitierten, zumindest potentiell, von den Vorteilen des neuen Tarifvertrags.[27]

12 c) Kausalprinzip. Zum Teil soll der Vergütungsanspruch der arbeitswilligen Arbeitnehmer überall dort entfallen, wo der Arbeitsausfall unter rein wirtschaftlichen Gesichtspunkten unvermeidbar ist.[28] Dies kann dazu führen, dass der Entgeltanspruch sogar dann noch entfällt, wenn die Kampfparität schon nicht mehr gefährdet ist. Dabei bedürfe es keiner Berücksichtigung des Umfangs des Arbeitsausfalls, sodass auch marginale Störungen im Betriebsablauf den Lohnausfall zur Folge hätten. Im Gegenzug sei die wirtschaftliche Unvermeidbarkeit jedoch besonders streng zu prüfen. Auch wenn dies eine Haftungsentlastung zur Folge hat, die weiter reicht als die Auffassung, die auf die Paritätsrelevanz ab-

---

[22] BAG 13.12.2011 – 1 AZR 495/10, AP GG Art. 9 Arbeitskampf Nr. 175, = BAGE 140, 125 ff.
[23] BAG 12.11.1996 – 1 AZR 364/96, AP GG Art. 9 Arbeitskampf Nr. 147, = BAGE 84, 302 ff.
[24] *Kalb* Rechtsgrundlage und Reichweite der Betriebsrisikolehre, S. 131 ff.; *Seiter* Streikrecht, S. 311.
[25] *Seiter* Streikrecht, S. 311.
[26] *Kalb* Rechtsgrundlage und Reichweite der Betriebsrisikolehre, S. 139 (noch zu § 116 Abs. 3 AFG und der Neutralitäts-Anordnung der Bundesanstalt für Arbeit vom 22.3.1973).
[27] *Kalb* Rechtsgrundlage und Reichweite der Betriebsrisikolehre, S. 136 ff.
[28] *Otto* AK § 16 Rn. 15 mwN.

hebt, so ließe sich das mit dem Verweis auf das Sozialrecht und die sonstigen, vom Arbeitgeber zu tragenden Kosten rechtfertigen.[29]

4. Paritätsrelevanz von Fernwirkungen

Will man die Ansicht des BAG zum Arbeitskampfrisiko anwenden, bleibt die Frage zu klären, wann die Fernwirkungen des Arbeitskampfes einen Grad erreichen der geeignet ist, die Kampfparität erheblich zu beeinflussen und dadurch die Verlagerung des Lohnrisikos auf die Arbeitnehmer rechtfertigt.

Nach *Rieble* bedarf es keiner näheren Unterteilung. Jede Fernwirkung reiche aus, um den Arbeitnehmern das Lohnrisiko aufzuerlegen. Er begründet dies mit dem „unbegrenzten Partizipationsprinzip" und setzt insoweit den Drittbetrieb mit dem unmittelbar bekämpften Außenseiter gleich. Wenn der Außenseiterbetrieb aufgrund seiner Partizipations- und Einwirkungsmöglichkeiten in den Verbandsarbeitskampf einbezogen werden kann, könne für das Arbeitskampfrisiko in Drittbetrieben nichts anderes gelten. Auch die von Fernwirkungen betroffenen Betriebe könnten daher ihren Einfluss nutzen und auf das Kräftegleichgewicht einwirken mit der Folge, dass die Arbeitnehmer das Lohnrisiko tragen.[30]

Dem steht jedoch der schon in der Entscheidung des BAG vom 22.12.1980 formulierte Grundsatz entgegen, dass sich die Risikoverteilung nach den Ursachen und Folgen der Fernwirkung von Arbeitskämpfen richtet.[31] Ob also tatsächlich eine Verlagerung des Lohnrisikos erfolgt, hängt von dem jeweiligen Einzelfall ab. Maßgeblich ist, ob der mittelbar betroffene Arbeitgeber in der Lage ist, auf den in den Arbeitskampf verwickelten Arbeitgeber (-Verband) derart Einfluss zu nehmen, dass ein paritätsrelevanter „Binnendruck auf Arbeitgeberseite" entsteht.[32] Allerdings steht die Beantwortung dieser Frage vor der Schwierigkeit, dass es an eindeutigen Kriterien fehlt, anhand derer eine Beeinflussung des Verhandlungsgleichgewichts gemessen werden kann.[33]

Einerseits dürfte eine Beeinträchtigung der Position des sozialen Gegenspielers jedenfalls anzuerkennen sein, soweit sich die Fernwirkungen von Arbeitskämpfen auf solche Betriebe erstrecken, die in den räumlichen und fachlichen Geltungsbereich des umkämpften Tarifvertrags fallen. Die Rechtsprechung geht dabei noch weiter. Sie stellt entscheidend auf eine typisierende Betrachtung ab; dabei soll eine Beeinträchtigung bereits bei wirtschaftlicher Abhängigkeit (zB im Konzern) oder bei enger organisatorischer Verbindung zwischen dem unmittelbar kampfbeteiligten Verband und dem, den von den Fernwirkungen betroffenen Betrieb vertretenen Arbeitgeberverband, möglich sein.[34] Andererseits dürfte eine hinreichende Beeinflussungsmöglichkeit wohl nicht bestehen, wenn die Fernwirkung nur einen Teil der Betriebstätigkeit des Drittbetriebes betrifft, der vergleichsweise unbedeutend ist. Auch wenn die Zahl der von der Fernwirkung betroffenen Arbeitnehmer im Vergleich zu der Zahl der kämpfenden Arbeitnehmer verschwindend gering ist, kann eine hinreichende Möglichkeit der Einflussnahme nicht angenommen werden, da die Einflussnahme in Anbetracht der Größenunterschiede keine realistische Erfolgschance hätte. Selbst wenn der umkämpfte Betrieb und der Drittbetrieb verbunden sind, sich diese Verbundenheit aber ausschließlich aus Unterstützungsfonds, Gefahren-/Schutzgemeinschaften oder über die Bundesvereinigung der Deutschen Arbeitgeberverbände ergibt, lässt sich eine paritätsrelevante Möglichkeit der Einflussnahme durch den

---

[29] *Otto* AK § 16 Rn. 18 ff.
[30] *Rieble,* Anm. EzA GG Art. 9 Arbeitskampf Nr. 135, III 2.
[31] BAG 22.12.1980 – 1 ABR 2/79, AP GG Art. 9 Arbeitskampf Nr. 70, = BAGE 34, 331 ff., C I 2 der Gründe.
[32] *Konzen,* Anm. zu den Beschl. d. BAG v. 22.12.1980 – 1 ABR 2/79 und 1 ABR 76/79, SAE 1981, S. 209 (210).
[33] So auch Däubler ArbeitskampfR/*Öğüt* § 19 Rn. 98.
[34] BAG 22.12.1980 – 1 ABR 2/79, AP GG Art. 9 Arbeitskampf Nr. 70, = BAGE 34, 331 ff.; Däubler ArbeitskampfR/*Öğüt* § 19 Rn. 95.

Drittbetrieb wohl nicht bejahen.[35] In der Literatur haben sich zu dieser Frage einige Fallgruppen herausgebildet.[36]

17 **a) Fernwirkungen in dem umkämpften Tarifgebiet.** Treffen die Fernwirkungen eines Arbeitskampfes einen Betrieb, der, ohne selbst umkämpft zu sein, dem fachlichen und räumlichen Gebiet des umkämpften Tarifvertrags zuzuordnen ist, so entfällt nach den Grundsätzen der Kampfparität die Lohnzahlungspflicht. Dieses Ergebnis wird auch durch § 160 Abs. 1 S. 1, Abs. 3 S. 1 Nr. 1 SGB III gestützt. Aus Abs. 1 S. 1 ergibt sich die staatliche Neutralitätspflicht. Abs. 3 S. 1 Nr. 1 ordnet an, dass an die mittelbar betroffenen Arbeitnehmer eines Betriebes, der in den räumlichen und fachlichen Geltungsbereichs des umkämpften Tarifvertrags fällt, keine Leistungen zu erbringen sind, um eine Beeinflussung des Arbeitskampfes zu vermeiden. Demnach ist der Gesetzgeber der Ansicht, dass in der hiesigen Konstellation durch Sozialleistungen in den Arbeitskampf eingegriffen würde. Nichts anderes kann dann aber für die Zahlung von Lohn durch den mittelbar betroffenen Arbeitgeber gelten. Die Kampfparität wäre beeinflusst, weshalb die mittelbar betroffenen Arbeitnehmer keinen Anspruch auf Fortzahlung ihres Lohnes haben.

18 **b) Fernwirkungen auf ein fachlich gleiches, aber räumlich anderes Tarifgebiet.** Dies umfasst den Fall, dass sich der Arbeitskampf auf Verhandlungen über einen geographisch begrenzt wirksamen Tarifvertrag bezieht, die Fernwirkungen aber Unternehmen betreffen, die außerhalb dieses Gebietes liegen, aber noch in den fachlichen Anwendungsbereich fallen. Hier gilt das eingangs gesagte: für den Entfall der Entgeltzahlungspflicht muss die realistische (und nicht bloß abstrakte) Möglichkeit der Einflussnahme durch den Drittbetrieb und dadurch eine Beeinträchtigung der Kampfparität bestehen. Dies muss sich aus einer typisierenden Betrachtung ergeben.[37] Eine solche Beeinträchtigung der Kampfparität wird in der Regel anzunehmen sein, wenn bspw. der für die unmittelbar betroffene Region ausgehandelte Tarifvertrag später in anderen Regionen übernommen wird.[38]

19 **c) Fernwirkungen auf ein fachlich fremdes Tarifgebiet.** Wird ein Unternehmen bloß mittelbar von Streikfolgen betroffen, auf das der umkämpfte Tarifvertrag schon fachlich nicht anwendbar ist, wird eine Beeinträchtigung der Kampfparität in der Regel abzulehnen sein. Nicht nur wird kein paritätsrelevanter Binnendruck auf Arbeitgeberseite entstehen. Ferner wird auch hier das Ergebnis durch einen Rückgriff auf § 160 Abs. 1 S. 1 und Abs. 3 S. 1 SGB III gestützt. Die Arbeitnehmer eines mittelbar betroffenen Betriebes, der nicht in den fachlichen Geltungsbereich des umkämpften Tarifvertrags fällt, werden nicht von dem Leistungsausschluss des Abs. 3 S. 1 erfasst, sie würden also Leistungen erhalten. Daraus lässt sich der Rückschluss ziehen, dass der Gesetzgeber hier keine Beeinflussung des Arbeitskampfes durch Sozialleistungen gesehen hat. Liegt aber keine Beeinflussung des Arbeitskampfes vor, so ist es auch nicht gerechtfertigt, eine Beeinflussung der Kampfparität anzunehmen – die mittelbar betroffenen Arbeitnehmer behalten ihren Lohnanspruch. Die Grundsätze zum Arbeitskampfrisiko sind also grundsätzlich auf das Kampfgebiet beschränkt.

20 Ausnahmen sind bei koalitionspolitischen Verbindungen zu machen.[39] Etwa dort, wo der kampfbeteiligte Arbeitgeberverband satzungsgemäß mehrere Fachgebiete umfasst und der mittelbar betroffene Betrieb auch in diesem Arbeitgeber-Verband organisiert ist. Auch wenn der kampfbeteiligten Gewerkschaft mehrere verbündete Arbeitgeberverbände gegenüberstehen und der mittelbar betroffene Betrieb Mitglied in einem solchen „befreun-

---

[35] Däubler ArbeitskampfR/Öğüt § 19 Rn. 96 f. mwN.
[36] Vgl. nur Otto AK § 16 Rn. 28 ff.
[37] BAG 22.12.1980 – 1 ABR 2/77, AP GG Art. 9 Arbeitskampf Nr. 70, = BAGE 34, 331 ff.
[38] Otto AK § 16 Rn. 32 ff. mwN.
[39] BAG 22.12.1980 – 1 ABR 2/77, AP GG Art. 9 Arbeitskampf Nr. 70, = BAGE 34, 331 ff.

deten" Verband ist, kann ebenfalls eine Beeinträchtigung der Kampfparität zu bejahen sein.[40]

Eine derartige Beschränkung der Grundsätze zum Arbeitskampfrisiko auf das Kampfgebiet wird von Teilen der Literatur aber auch kritisch betrachtet und den Wirtschaftsbeziehungen zwischen den Unternehmen ein größerer Stellenwert bei der Bewertung der Paritätsrelevanz eingeräumt. Aufgrund der arbeitsteiligen Wirtschaft hinge es vom Zufall ab, ob sich ein Arbeitskampf in der gleichen oder einer fremden Branche auswirkt. Zudem würden die Gewerkschaften bei der Befürwortung einer Beschränkung in die Lage versetzt, mit Kampfmaßnahmen branchenübergreifend erheblichen Druck ohne eigenes Risiko auszuüben. Deshalb gelte auch bei Fernwirkungen außerhalb des Tarifgebietes, dass die Arbeitnehmer das Lohnrisiko zu tragen haben – wenn nach obigen Grundsätzen eine Beeinflussung der Kampfparität zu bejahen ist.[41] 21

d) Fernwirkungen innerhalb eines inländischen Konzerns. Innerhalb eines inländischen Konzerns können, wenn ein Unternehmen des Konzerns bestreikt wird, ebenfalls Fernwirkungen bei den anderen Konzernunternehmen auftreten. Fallen das bekämpfte und das mittelbar betroffene Konzernunternehmen in das gleiche räumliche oder fachliche Tarifgebiet, so wird eine Beeinträchtigung der Kampfparität problemlos zu bejahen sein.[42] Aber auch wenn der fachliche und räumliche Geltungsbereich nicht übereinstimmen, wird das Kräfteverhältnis durch die vorhandenen Konzernstrukturen, insbesondere die wirtschaftlichen Verflechtungen, beeinflusst.[43] Es ist daher in der Regel von einer Verlagerung des Lohnrisikos auf die Arbeitnehmer auszugehen. 22

e) Fernwirkungen aus dem Ausland. Treffen die Fernwirkungen eines im Ausland geführten Arbeitskampfes einen inländischen Betrieb, so ist der mittelbar betroffene Arbeitgeber weiterhin zur Lohnzahlung verpflichtet – und zwar unabhängig davon, ob inländisches oder ausländisches Recht anzuwenden ist. Wollte man ausländisches Recht anwenden, so käme auch die in § 615 S. 3 BGB enthaltene Risikoverteilung schon nicht zum Tragen. Wendet man inländisches Recht an,[44] so muss eine Beeinflussung der Kampfparität abgelehnt werden. Es fehlt häufig an einer realistischen Möglichkeit der Einflussnahme auf den ausländischen Arbeitskampf, zudem folgt das ausländische Kampfrecht anderen Regeln als das inländische.[45] 23

5. Risikoverteilung im unmittelbar kampfbetroffenen Betrieb
Sofern der Arbeitgeber den Betrieb während des Arbeitskampfes fortsetzt, ändert sich für die arbeitswilligen Arbeitnehmer des umkämpften Betriebes grds. nichts. Sie können ihrer Arbeit weiter nachgehen, wobei Versetzungen oder die Einführung von Kurz- oder Mehrarbeit in diesem Zeitraum üblich sind. Es besteht dagegen keine Pflicht zur Übernahme von Streikarbeit,[46] weil es den arbeitswilligen Arbeitnehmern nicht zugemutet werden kann, ihren „kämpfenden Kollegen in den Rücken zu fallen".[47] 24

Ist dagegen eine Fortführung des Betriebes unmöglich oder wirtschaftlich unzumutbar, geht nach den Grundsätzen zum Arbeitskampfrisiko das Vergütungsrisiko auf die Arbeitnehmer über. Wie bei der Problematik der Fernwirkungen wird dabei entscheidend auf eine Beeinträchtigung der Parität abgestellt. Würde den Arbeitgeber neben dem Risiko 25

---

[40] *Otto* AK § 16 Rn. 41.
[41] Brox/Rüthers/*Rüthers* § 8 Rn. 173.
[42] *Otto* AK § 16 Rn. 42.
[43] So als Beispiel ausdrücklich vom BAG aufgeführt in seiner Entscheidung vom 22.12.1980 – 1 ABR 2/77, AP GG Art. 9 Arbeitskampf Nr. 70 = BAGE 34, 331 ff.
[44] Dafür plädiert *Otto* AK § 16 Rn. 44.
[45] *Otto* AK § 16 Rn. 44 f.; *Löwisch/Bittner* AR-Blattei 170.3.2 Rn. 34 mwN.
[46] Zur Streikarbeit: *Nicolai* Verweigerung von Streikarbeit.
[47] ErfK/*Linsenmaier* GG Art. 9 Rn. 175.

des Produktionsausfalles auch noch das Vergütungsrisiko hinsichtlich der nicht am Arbeitskampf teilnehmenden Arbeitnehmer treffen, so wäre damit das Kräftegleichgewicht zwischen den Parteien empfindlich gestört. Da aber eine Arbeitskampfpartei direkt betroffen ist, muss nicht besonders geprüft werden, ob die mittelbaren Wirkungen des Arbeitskampfes dazu geeignet sind, das Kräfteverhältnis zu beeinflussen.[48] Es ist in der Regel von einer Beeinträchtigung der Kampfparität und damit von der Verlagerung des Lohnrisikos auf die Arbeitnehmer auszugehen.

26 Auch das Risiko eines Personalüberhangs trägt die Arbeitnehmerseite. Dem liegt die Konstellation zugrunde, dass während eines variabel geführten Streiks Aushilfskräfte zum Ersatz der Streikenden eingesetzt werden. Wollen die Streikenden an ihre Arbeitsstätte zurückkehren, müssen diese aber aufgrund eines deshalb auftretenden Personalüberhanges freigestellt werden, entfällt während der Freistellung die Vergütungspflicht.[49] Ein vergleichbar gelagerter Fall lag dem BAG im Jahre 1996 vor. Durch kurzfristige Wellenstreiks in der Nachtschicht einer Druckerei für Tageszeitungen sah sich der Arbeitgeber gezwungen, ein Notprogramm zu aktivieren und Aufträge an externe Dienstleister sowie Aushilfskräfte weiterzugeben. Als die Streikenden nach den Arbeitsniederlegungen ihre Arbeit wieder aufnehmen wollten, verweigerte der Arbeitgeber die Beschäftigung und zahlte auch entsprechend keinen Lohn. Das BAG bestätigte diese Rechtsauffassung und wies die Revision des auf Lohnzahlung klagenden Arbeitnehmers gegen das klageabweisende Urteil des LAG Düsseldorf zurück.[50]

27 Daraus folgt zunächst, dass die Arbeitnehmer das Lohnrisiko auch dann zu tragen haben, wenn das Kampfgeschehen über die eigentlichen Kampfhandlungen hinaus noch fortwirkt und daraus kampfbedingte Betriebsstörungen resultieren, die die (Weiter-)Beschäftigung nach der Arbeitsniederlegung unmöglich oder unzumutbar machen. Denn solange der Tarifkonflikt noch weiter schwelt, besteht die Möglichkeit der Beeinflussung des Kräfteverhältnisses.[51]

28 Der Lohnanspruch entfällt überdies auch dann, wenn die Unmöglichkeit oder Unzumutbarkeit der Beschäftigung nicht auf der kampfbedingten Betriebsstörung selbst, sondern auf gegen diese Störungen gerichtete Abwehrmaßnahmen des Arbeitgebers beruht. Der Arbeitgeber ist frei in der Entscheidung, ob er sich dem Streik beugt oder sich ihm widersetzt. Die Abwehrmaßnahmen dürfen jedoch keinen vorbeugenden Charakter haben. Vielmehr müssen sie sich als Versuch darstellen, die Folgen der Streikmaßnahme zu mildern. Dann erfolgen sie in dem System des Arbeitskampfes, das durch Druck und Gegendruck gekennzeichnet ist, und gelten als Streikfolge, weshalb die Grundsätze des Arbeitskampfrisikos Anwendung finden.[52]

29 Schließlich können die Grundsätze des Arbeitskampfrisikos sogar dann zur Anwendung gelangen, wenn die Gegenmaßnahmen über das Kampfgeschehen hinausgehen. Dabei unterscheidet das BAG im Ergebnis nicht, ob die Maßnahme länger andauert als das eigentliche Kampfgeschehen oder sogar schon vor einem Streik veranlasst wird, solange sie sich als Abwehrmaßnahme darstellt. Der Grund dafür liegt in der Eigenart von Teil- und Wellenstreiks. Gerade bei punktuellen und überraschenden Aktionen kann es dem Arbeitgeber nicht möglich sein, seine Gegenmaßnahmen so zu koordinieren, dass sie sich mit der Streikmaßnahme decken. Organisatorische Erfordernisse verhindern eine kurzfristige Anpassung an ein schnell wechselndes Streikgeschehen. Es hängt daher vom jeweiligen

---

[48] BAG 12.11.1996 – 1 AZR 364/96, AP GG Art. 9 Arbeitskampf Nr. 147, = BAGE 84, 302 ff., II 2 b der Gründe.
[49] ArbG Elmshorn 21.5.1984 – 2a GA 5/84, DB 1984, 1583 f.
[50] BAG 12.11.1996 – 1 AZR 364/96, AP GG Art. 9 Arbeitskampf Nr. 147, = BAGE 84, 302 ff.
[51] BAG 12.11.1996 – 1 AZR 364/96, AP GG Art. 9 Arbeitskampf Nr. 147, = BAGE 84, 302 ff. II 2 c der Gründe.
[52] BAG 12.11.1996 – 1 AZR 364/96, AP GG Art. 9 Arbeitskampf Nr. 147, = BAGE 84, 302 ff. II 3 b der Gründe; bestätigend BAG 15.12.1998 – 1 AZR 216/98, AP GG Art. 9 Arbeitskampf Nr. 155, II 1 b der Gründe.

I. Arbeitswillige Arbeitnehmer und Lohnzahlungspflicht

Einzelfall, insbesondere der Art des Streiks und der betrieblichen Tätigkeit ab, ob sich eine Abwehrmaßnahme noch als Gegenmaßnahme (mit der Folge, dass das Lohnrisiko auf die Arbeitnehmer übergeht) oder schon als eigene Kampfmaßnahme darstellt. In die Abwägung können das Schadenspotential und die zeitliche Lage der Arbeitsniederlegungen sowie die Störanfälligkeit der Produktion einfließen.[53] Außer Betracht bleiben müssen allerdings angesichts der gebotenen typisierenden Betrachtung spezielle Aspekte, wie die Wettbewerbs- und Marktsituation.[54] Darüber hinaus ist bei vorkehrenden Maßnahmen des Arbeitgebers eine strenge Prüfung geboten, ob diese „überschießende Wirkung" schon der Arbeitnehmerseite mit der Folge des Entfalls des Lohnanspruchs zuzurechnen ist. Dafür müssen sich der Streik und die Gegenmaßnahmen des Arbeitgebers zwangsläufig aufgrund des zeitlichen und organisatorischen Zusammenhanges auf die streikbetroffenen und die nur mittelbar betroffenen Arbeiten gleichsam auswirken. Andernfalls verbleibt das Lohnrisiko auf Arbeitgeberseite.[55]

Kommen nicht alle Arbeitnehmer des (teil-)bestreikten Betriebes in den Genuss der Vorteile des erkämpften Tarifvertrages, so hindert selbst das die Anwendung der Grundsätze des Arbeitskampfrisikos nicht. Eine solche Situation gleicht nämlich im Ergebnis derjenigen des Teil- bzw. Schwerpunktstreiks. Deutlich wird dies an dem Beispiel des schleswig-holsteinischen Metallarbeiter-Streiks in den Jahren 1956/1957. Kann ein Arbeitgeber seine Angestellten nicht mehr beschäftigen, da seine Arbeiter in den Arbeitskampf treten, so ist er nicht verpflichtet, an seine, dem Geltungsbereich des zu erstreikenden Tarifvertrags nicht unterfallenden, Angestellten das Entgelt zu zahlen.[56]

Hier liegt ein wesentlicher Unterschied zu der oben dargestellten Ansicht (→ Rn. 11), nach der nicht die Beeinträchtigung der Kampfparität, sondern die Regelungsbetroffenheit für die Verlagerung des Lohnrisikos maßgeblich sein soll. Nach dieser Auffassung bliebe der Entgeltanspruch der arbeitswilligen Angestellten bestehen. Dieser Unterschied dürfte durch das Gesetz zur Tarifeinheit[57] allerdings größtenteils aufgehoben worden sein. Gilt nach § 4a Abs. 2 S. 2 TVG nunmehr nur ein Tarifvertrag in dem Betrieb, so bedarf es bei der Bewertung der Beeinflussung der Kampfparität keiner Unterscheidung mehr nach Tarifgebieten. Der Arbeitgeber dürfte auch den Arbeitswilligen den Lohn verweigern, profitieren sie doch (potentiell aufgrund des Nachzeichnungsrechts) von dem einheitlich geltenden Tarifvertrag.[58]

Daneben hat der Arbeitgeber nach der neueren Rechtsprechung des BAG auch die Möglichkeit, den unmittelbar vom Arbeitskampf betroffenen Betrieb oder Betriebsteil während des Streiks stillzulegen, ohne dass es darauf ankommt, ob ihm die teilweise Aufrechterhaltung des Betriebs technisch möglich oder wirtschaftlich zumutbar wäre.[59] Die Stilllegung hat die Suspendierung der Beschäftigungs- und Vergütungspflicht aus dem Arbeitsverhältnis zur Folge. Sie muss sich allerdings im räumlichen, persönlichen und zeitlichen Rahmen des Streikbeschlusses der Gewerkschaft halten. Werden zB nur die Mitarbeiter einer bestimmten Abteilung zum Streik aufgerufen, so darf sich die Stilllegung auch nur auf die betreffende Gruppe beziehen, denn die Stilllegung ist nichts anderes als das

---

[53] BAG 12.11.1996 – 1 AZR 364/96, AP GG Art. 9 Arbeitskampf Nr. 147, = BAGE 84, 302ff., II 3 b cc der Gründe; bestätigend BAG 15.12.1998 – 1 AZR 216/98, AP GG Art. 9 Arbeitskampf Nr. 155, II 1 b der Gründe.
[54] BAG 15.12.1998 – 1 AZR 289/98, AP GG Art. 9 Arbeitskampf Nr. 154, = BAGE 90, 280ff., I 2 b bb der Gründe.
[55] BAG 15.12.1998 – 1 AZR 289/98, AP GG Art. 9 Arbeitskampf Nr. 154, = BAGE 90, 280ff., I 2 b aa der Gründe.
[56] Otto AK § 16 Rn. 29f.
[57] BGBl. I S. 1130.
[58] Dazu: MüKoBGB/*Henssler* § 615 Rn. 119a; *Linsenmaier* RdA 2015, 369 (377f.).
[59] BAG 22.3.1994 – 1 AZR 622/93, AP GG Art. 9 Arbeitskampf Nr. 130, = BAGE 76, 196, 201; 13.12.2011 – 1 AZR 495/10, AP GG. Art. 9 Arbeitskampf Nr. 175, = BAGE 140, 125ff.; vgl. oben unter → § 265 Rn. 13.

Erdulden der gegnerischen Kampfmaßnahme.[60] Sie setzt voraus, dass die Stilllegung den Arbeitnehmern gegenüber erklärt wird; dies kann auch konkludent erfolgen (bspw. indem die Arbeitnehmer nach Hause geschickt werden[61]). Es genügt nicht, kommentarlos die Beschäftigung einzustellen. Allerdings muss nicht jeder betroffene Arbeitnehmer individuell über die Stilllegung in Kenntnis gesetzt werden; eine Mitteilung in betriebsüblicher Weise ist ausreichend. Während der Stilllegung darf die betriebliche Tätigkeit nicht von Dritten, geschweige denn vom Arbeitgeber selbst ausgeführt werden. Davon ist eine Ausnahme dort zu machen, wo lediglich Erhaltungs- oder Notstandsarbeiten durchgeführt werden.[62]

6. Fernwirkungen bei rechtswidrigen Kampfmaßnahmen

33 Bei den Fernwirkungen einer rechtswidrigen Kampfmaßnahme hat das Vergütungsrisiko grds. beim Arbeitgeber zu verbleiben. Dies gilt sowohl für die rechtswidrige Abwehraussperrung als auch für den rechtswidrigen Streik.

34 Bei einer rechtswidrigen Aussperrung behalten die unmittelbar betroffenen Arbeitnehmer gem. § 615 S. 1 BGB ihren Lohnanspruch. Dies muss iE dann ebenso für die mittelbar betroffenen Arbeitnehmer gelten; die Lehre vom Arbeitskampfrisiko findet keine Anwendung.[63]

Ebenso behalten die von einem rechtswidrigen Streik mittelbar betroffenen Arbeitnehmer ihren Lohnanspruch. Zwar hatte das BAG für den Fall eines wilden Streiks 1957 entschieden, dass der Arbeitgeber, der den Ausbruch des Streiks nicht verschuldet hat, nicht verpflichtet sei, an die arbeitswilligen Arbeitnehmer, für die keine Beschäftigungsmöglichkeit besteht, das Arbeitsentgelt weiterzuzahlen.[64] Dieses erfolgte ausdrücklich unter Rückgriff auf die sog. Sphärentheorie, so dass die Grundsätze dieser Entscheidung nicht ohne weiteres auf die heutige Rechtslage übertragen werden können[65] und richtigerweise für die Vergütungspflicht zwischen der Rechtmäßigkeit und der Rechtswidrigkeit eines Streiks zu differenzieren ist. Teilweise wird eine solche Differenzierung zwischen rechtswidrigen und rechtmäßigen Streiks aber auch abgelehnt. Die Frage nach der Rechtmäßigkeit ließe sich häufig erst lange Zeit nach Beendigung des Streiks klären. Zudem dürfe die Arbeitgeberseite bei einem rechtswidrigen Streik nicht schlechter stehen als bei einem rechtmäßigen Streik.[66]

35 Dieser Auffassung ist jedoch entgegen zu halten, dass dem rechtswidrigen Streik grds. mit den Mitteln der Rechtsordnung entgegenzutreten ist. Wollte man hier von der Risikoverteilung nach der Betriebsrisikolehre abweichen, würde das letztlich wieder zu einer Zwangssolidarisierung des Arbeitnehmerlagers führen, obwohl aber dem Arbeitgeber zur Entlastung ggf. sogar Schadensersatzansprüche zu stehen.[67] Denn die rechtswidrige Kampfmaßnahme unterscheidet sich in ihrer Fernwirkung nicht von einer x-beliebigen Störung innerhalb einer Produktionskette. Allein dass diese Störung durch Arbeitnehmer herbeigeführt wurde, rechtfertigt doch nicht, dass Arbeitnehmer die Folgen zu tragen haben.

---

[60] BAG 12.11.1996 – 1 AZR 364/96, AP GG Art. 9 Arbeitskampf Nr. 147, = BAGE 84, 302.
[61] BAG 27.6.1995 – 1 AZR 1016/94, AP GG Art. 9 Nr. 137, = BAGE 80, 213 ff.
[62] BAG 13.12.2011 – 1 AZR 495/10, AP GG Art. 9 Arbeitskampf Nr. 175, = BAGE 140, 125 ff.
[63] *Otto* AK § 16 Rn. 55; *Kissel* AK § 33 Rn. 164 ff.
[64] BAG 25.7.1957 – 1 AZR 194/56, AP BGB § 615 Betriebsrisiko Nr. 3.
[65] AA MüKoBGB/*Henssler* § 615 Rn. 111.
[66] *Otto* AK § 16 Rn. 56; differenzierend *Löwisch/Bittner* AR-Blattei 170.3.2 Rn. 29 ff.; *Hromadka/Maschmann* Bd. 2 § 14 Rn. 128.
[67] *Otto* AK § 16 Rn. 56 ff. mwN; *Däubler* ArbeitskampfR/*Öğüt* § 22 Rn. 84; *Kissel* AK § 33 Rn. 163.

II. Vertragsbeziehungen zu Dritten

Vom Arbeitskampf berührt werden auch die Beziehungen mit Drittunternehmen.[68] Die 36
Geschäftsbeziehung als solche kann schweren Schaden nehmen, angefangen bei Vertrauenseinbußen bis hin zu dem Verlust eines wichtigen Abnehmers oder Zulieferers.[69] In Hinblick auf die Vertragsbeziehungen (insbesondere Liefervereinbarungen) kann der Unternehmer Lieferengpässe bei sehr kurzen Arbeitskämpfen in der Regel noch vermeiden. Ein länger andauernder Produktionsausfall hingegen führt dazu, dass er die übernommenen Vertragspflichten nicht oder nicht wie geschuldet erbringen kann. Nun gibt es allerdings keine allgemeine Regel dergestalt, dass Arbeitskämpfe Vertragsverhältnisse zu Dritten außer Kraft setzen. Vielmehr hat *Löwisch* zu Recht herausgestellt, dass die finanziellen Belastungen beim Gegner gerade den Charakter des Arbeitskampfes als Druckmittel zur Erreichung eines verbesserten Tarifvertrags ausmachen.[70] Dabei darf nicht übersehen werden, dass „jede Entlastung von den haftungsrechtlichen Konsequenzen einer Leistungsstörung sich zugunsten der Arbeitskampfführung für den Arbeitgeber auswirkt mit einer korrespondierenden Abschwächung der von den Arbeitnehmern ausgehenden Druckwirkung".[71] Deshalb kann die Frage, inwieweit der Unternehmer zur Befriedigung der Forderungen während des Arbeitskampfes verpflichtet ist, Auswirkungen auf die Parität haben.

Welche Relevanz das Problem in der Praxis hat, ist schwierig zu sagen. Die wenigen 37
ergangenen Entscheidungen deuten auf eine geringe Bedeutung hin.[72] Das hat seinen Grund aber darin, dass Leistungsstörungen infolge von Arbeitskämpfen häufig Gegenstand von Freizeichnungsklauseln sind; daneben mag in diesem Bereich auch bisweilen die Solidarität der Unternehmer untereinander eine Rolle spielen.[73]

1. Beziehung zum Abnehmer

a) Primärleistungsanspruch. Schon die Frage, ob der Unternehmer während des Ar- 38
beitskampfes zur Erfüllung der Vertragspflichten gehalten ist, ist heftig umstritten. Während die eine Richtung in der Literatur eine Rechtfertigung der Vertragsverletzung grds. ablehnt,[74] möchte die Gegenauffassung der Rolle des Unternehmers bei der Gestaltung der Lohn- und Arbeitsbedingungen den Vorrang vor der Pflicht zur Erfüllung der Lieferverpflichtung einräumen.[75]

Führt der Arbeitskampf zu einer dauerhaften Unmöglichkeit der Leistung, entfällt der 39
Primärleistungsanspruch gem. § 275 Abs. 1 BGB. In aller Regel wird der Arbeitskampf jedoch nur ein vorübergehendes Leistungshindernis darstellen. Diesbezüglich erscheint unter Berücksichtigung der Schuldrechtsreform von 2002 der Ausgangspunkt von *Löwisch/Bitterberg* zutreffend, die das Problem als eine regelmäßig von § 275 Abs. 2 BGB

---

[68] Hierzu unter rechtsvergleichendem Blickwinkel: *Schmidt-Kessel* FS Löwisch, 2007, S. 325, 335 ff.
[69] Däubler ArbeitskampfR/*Däubler*. § 25 Rn. 1.
[70] *Löwisch* AcP 174 (1974), 202 (237); ders./*Bitterberg* AR-Blattei SD 170.7 Rn. 2.
[71] *Kissel* AK § 73 Rn. 1, der sich auf *Löwisch* AcP 174 (1974) 203 (237) bezieht.
[72] Ein Überblick zu den älteren ergangenen Entscheidungen findet sich bei Löwisch AcP 174 (1974); aus jüngerer Zeit existieren nur einige Entsch. zum Reisevertragsrecht: BGH 21.8.2012 – X ZR 138/11, NJW 2008, 374; 12.6.2014 – X ZR 121/13, NJW 2014, 3303; 4.9.2018 – X ZR 111/17, PM 146/2018; LG Frankfurt 14.4.1980 – 2/24 S 258/79, NJW 1980, 1696; 12.1.1987 – 2/24 S 173/85, NJW-RR 1987, 823; AG Duisburg 8.4.2002 – 3 C 654/02, ReiseRecht aktuell 2002, 171; AG Frankfurt aM 9.5.2006 – 31 C 2820/05, NJW-RR 2006, 1559.
[73] Vgl. auch Däubler ArbeitskampfR/*Däubler*. § 25 Rn. 3, der die (berechtigte) Frage aufwirft, ob diese Solidarität unter Arbeitgebern zukünftig angesichts des Rückgangs der Mitgliederzahlen in Arbeitgeber-Verbänden abnehmen wird.
[74] *Brendel* Einfluß des Arbeitskampfes auf Abnahme und Lieferpflichten, S. 13 ff.; *Bulla* DB 1963, 755 ff. (für die Aussperrung); *Strempel* Arbeitskampfbedingte Leistungsstörungen, S. 53 ff.; *Esser* JZ 1963, 489 ff.; *Otto* AK § 16 Rn. 90 (plädiert für Lösung auf der Verschuldensebene); *Steckler* BB 1995, 469, 472.
[75] *Hueck/Nipperdey* ArbR II/2, S. 956 f.; *Löwisch* AcP 174 (1974) 202, 233 f.; *Brox/Rüthers/Schlüter* § 11 Rn. 380 ff. mwN; *Richardi* JuS 1984 825, 828 ff. (mit abw. Begr.); *Kissel* AK § 73 Rn. 5 ff.; *Löwisch/Bitterberg* AR-Blattei SD 170.7; *Kreissl* Arbeitskampf und Liefervertrag.

erfasste Konstellation begreifen und dem Schuldner insoweit eine „Einrede des Arbeitskampfes" zusprechen möchten: Die Erbringung der Leistung sei dem Schuldner für die Dauer der Kampfbetroffenheit unzumutbar, weil der Aufwand, im Arbeitskampf nachzugeben, nach Treu und Glauben nicht gefordert werden könne.[76] Der Vorrang des Rechts auf Koalitionsbetätigung wird damit begründet, dass dem Schuldvertrag bei Eintritt eines Arbeitskampfes ansonsten eine Abrede inne wohnen würde, die die Koalitionsfreiheit einschränkt und damit nach Art. 9 Abs. 2 S. 2 GG nichtig wäre.[77] Gegenüber dieser Argumentation über ein argumentum ad absurdum erscheint es vorzugswürdig, den in § 275 Abs. 2 BGB enthaltenen Hinweis auf das Gebot von Treu und Glauben als „Einfallstor" für eine Drittwirkung der Grundrechte zu begreifen und auf diesem Weg den grundrechtlich geschützten Interessen beider Seiten Einfluss auf die Abwägung zwischen Aufwand und Leistungsinteresse zukommen zu lassen. Für den Standpunkt des kampfbetroffenen Unternehmers lässt sich Art. 9 Abs. 3 GG ins Feld führen. Denn die Inanspruchnahme auf Erfüllung oder Schadensersatz berührt regelmäßig die aus der Tarifautonomie abgeleitete Verhandlungs- und Kampfparität. Wenn das BAG dagegen die Relevanz solcher Ansprüche von Drittbetroffenen gegenüber dem unmittelbar kampfbetroffenen Unternehmen ablehnt, weil die Ansprüche Folge einer Außerachtlassung der im Verkehr erforderlichen Sorgfalt und damit eines fehlerhaften Verhaltens seien,[78] kann dem nicht gefolgt werden. Nach dem herrschenden abstrakt materiellen Paritätsbegriff ist eine Beeinträchtigung anzunehmen, soweit durch einen Umstand die tatsächlichen Verhandlungschancen beeinflusst werden.[79] Dies ist aber bei Schadenersatzverpflichtungen der Fall. Mit jeder Weigerung, den Tarifforderungen nachzugeben, müsste sich der Arbeitgeber fragen, ob die möglichen Vorteile durch den Eintritt in einen Arbeitskampf oder die Fortführung desselben die möglicherweise eintretenden Schäden in den Verhältnissen zu Dritten aufzuwiegen vermögen. Er könnte daher geneigt sein, in Tarifverhandlungen erheblich schneller einzulenken. Insoweit tritt eine Verschiebung der Kampfparität zugunsten der Gewerkschaften ein.

40 Hinsichtlich der Abwägung zwischen Aufwand und Leistungsinteresse stehen sich die Tarifautonomie und die sich aus der Vertragsfreiheit ergebende Vertragstreue gegenüber. Bei dieser Abwägung wird regelmäßig der Tarifautonomie der Vorrang einzuräumen sein. Die Abwägung hat im Rahmen der „praktischen Konkordanz" zu erfolgen, bei der die widerstreitenden Positionen einen möglichst schonenden Ausgleich erfahren.[80] Ohne die Befreiung von der Leistungspflicht kann aufgrund der vielseitigen Geschäftsbeziehungen eine Vielzahl von Regressforderungen entstehen, die den Arbeitgeber in seiner Kampffähigkeit beträchtlich einschränken. Praktisch wird er sogar dazu tendieren, nahezu jeder Forderung der Gewerkschaft nachzugeben. Nimmt man hingegen eine Befreiung an, ist die Vertragstreue nicht annähernd schwer beeinträchtigt, denn der Arbeitskampf führt, von den wenigen denkbaren Fällen einer dauerhaften Unmöglichkeit abgesehen, nur zu einem vorübergehenden Leistungshindernis.[81] Zudem wird auf diese Weise ein Widerspruch zu der oben vertretenen Auffassung, dass die mittelbar betroffenen Arbeitnehmer bei Fernwirkungen eines Arbeitskampfes aufgrund der Beeinflussung der Kampfparität keinen Anspruch auf Lohn haben, vermieden. Insofern erscheint es vorzugswürdig, die Rechtsfolge der Geltendmachung einer „Einrede des Arbeitskampfes" im Falle eines rechtmäßigen Arbeitskampfes in der Suspendierung des Anspruchs auf die Primärleistung analog § 275 BGB zu sehen.

---

[76] *Löwisch/Bitterberg* AR-Blattei SD 170.7 Rn. 4f.; so unter Bezugnahme auf § 275 III BGB: Staudinger/*Caspers* § 275 BGB Rn. 109.
[77] *Löwisch/Bitterberg* AR-Blattei SD 170.7 Rn. 4f.
[78] BAG 22.12.1980 – 1 ABR 2/79, AP GG Art. 9 Arbeitskampf Nr. 70 = BAGE 34, 331.
[79] Hierauf weist zutreffend *Schulin* ZfA 1981, 577 (610) hin.
[80] So auch *Kissel* AK § 73 Rn. 9; zur praktischen Konkordanz vgl. nur BVerfG 17.12.1975 – 1 BvR 63/68, BVerfGE 41, 29 (50f.).
[81] *Kissel* AK § 73 Rn. 9.

II. Vertragsbeziehungen zu Dritten 41–44 § 279

b) Schadensersatzansprüche. Daneben kommen Schadensersatzansprüche des Gläubigers gegen den kampfbetroffenen Arbeitgeber in Betracht. Die Anspruchsgrundlage hängt davon ab, welche Leistungsstörung durch den Arbeitskampf ausgelöst wird. In Ansehung der oben vertretenen Lösung, eine „Einrede des Arbeitskampfes" analog § 275 BGB zu bejahen, kommt die größte Relevanz dem Anspruch aus §§ 280 Abs. 1, Abs. 2, 283 BGB zu. Aber auch die §§ 280 Abs. 1, Abs. 2, 286 BGB, über die ein etwaiger Verzögerungsschaden geltend zu machen ist, sind vor dem Hintergrund, dass die die Produktion behindernde Arbeitskampfmaßnahme vorübergehender Natur ist, von hoher Bedeutung. Darüber hinaus ist im Falle einer Nichtleistung auch an den Schadensersatz statt der Leistung gem. §§ 280 Abs. 1, Abs. 3, 281 Abs. 1 S. 1. Alt. 1 BGB zu denken.[82] 41

Die für die Haftung entscheidende Frage wird von der Literatur darin gesehen, ob der Unternehmer die Leistungsstörung zu vertreten hat. Hier können nach *Kissel* zwei Ansichten unterschieden werden, die er als „Trennungstheorie" und „Einheitstheorie" bezeichnet. Mit ersterem Begriff meint er die Trennung von „Arbeitskampf und allgemeinem Privatrecht". Die Folgen des Arbeitskampfes fänden nur in den arbeitsrechtlichen Verhältnissen der Arbeitskampfparteien Berücksichtigung und nicht in den Verhältnissen des betroffenen Arbeitgebers zu seinen anderen Vertragspartnern. Die durch den Arbeitskampf eintretenden Leistungsstörungen seien folglich nach dem allgemeinen Schuldrecht zu beurteilen. Demgegenüber wären nach der „Einheitstheorie" der Arbeitskampf und die Vertragsbeziehungen des betroffenen Arbeitgebers gerade nicht isoliert zu betrachten. Die Rechtmäßigkeit des Arbeitskampfes führe dazu, dass der Arbeitgeber die durch diesen eintretenden Leistungsstörungen nicht zu vertreten habe.[83] 42

Letztlich kann allerdings dahinstehen, welcher der Theorien zu folgen ist, denn selbst wenn man der Trennungstheorie folgt, muss man – wie bei der Einheitstheorie – auch nach dem allgemeinen Schuldrecht zu dem Ergebnis gelangen, dass der bestreikte Unternehmer nicht haftet.[84] Der Arbeitskampf stellt ein Risiko dar, das nicht in den Geschäftskreis des bestreikten Unternehmers fällt. Es handelt sich daher um ein atypisches Risiko, das nicht mehr dem typischen Beschaffungsrisiko unterfällt. Für solch atypische Risiken haftet der Unternehmer aber gerade nicht.[85] 43

Anknüpfungspunkt für das Vertretenmüssen kann – wie bereits dargelegt – auch nicht das Nichtvermeiden des Streiks sein, da damit eine wesentliche Beeinträchtigung der Tarifautonomie verbunden wäre. 43a

Von einer vielbeachteten Auffassung in der Literatur wird deshalb versucht, den Anknüpfungspunkt für ein Vertretenmüssen zeitlich vorzuverlagern. Die Pflichtwidrigkeit soll sich zum einen bereits daraus ergeben, dass der Unternehmer den Vertrag abgeschlossen und damit die Pflicht zur Lieferung übernommen hat, obwohl er wusste oder damit rechnen konnte, dass er auf Grund des alsbald beginnenden Arbeitskampfes nicht zur Erfüllung in der Lage ist (sog. Übernahmeverschulden). Zum anderen wird dem Arbeitgeber angelastet, dass er für den Fall des Arbeitskampfes nicht eine ihm mögliche und zumutbare Vorsorge getroffen hat („Vorsorgeverschulden").[86] Beide Ansätze sind aber bedenklich, was ihre Praxistauglichkeit anbetrifft. So wird ein Übernahmeverschulden bejaht, wenn alsbald nach Vertragsschluss ein Lohntarifvertrag ausläuft, nicht aber im Falle eines auslaufenden Mantelvertrags.[87] Man müsste aber auch noch weiter gehen und die Arbeitskampfbereitschaft in den verschiedenen Branchen in die Prognose 44

---

[82] Zu den denkbaren Anspruchsgrundlagen vgl. auch *Kissel* AK § 73 Rn. 17; *Otto* AK § 16 Rn. 92.
[83] *Kissel* AK § 73 Rn. 3 f. mwN.
[84] So auch *Bayreuther* RdA 2016, 181 (184).
[85] Palandt/*Grüneberg* § 276 Rn. 32; BeckOK BGB/*Lorenz* § 276 Rn. 42; *Bayreuther* RdA 2016, 181 (184) mwN.
[86] *Löwisch* AcP 174 (1974), 202 (240 ff.); *Löwisch/Bitterberg* AR-Blattei SD 170.7 Rn. 11, 13 ff.
[87] *Löwisch* AcP 174 (1974), 202 (240 ff.).

mit einbeziehen. Eine verlässliche Prognose ist aber auf dieser Grundlage kaum möglich.[88]

45 Im Zusammenhang mit einer mangelnden Vorsorge wird oftmals darauf abgestellt, dass der Arbeitgeber zumindest einen begrenzten Vorrat hätte anlegen sollen. Eine solche Vorratshaltung ist aber keinesfalls als verkehrsüblich anzusehen[89] – das gilt insbesondere vor dem Hintergrund der heute verbreiteten just-in-time-Produktion.[90] Ebenso wenig überzeugend ist es, den Arbeitgeber wegen eines Abwendungsverschuldens,[91] dessen Anknüpfungspunkt die Nichtdurchführung zumutbarer Schadensminderungsmaßnahmen während des Arbeitskampfes ist, haften zu lassen.[92] Auch dies wird man bei den heutigen vernetzten Produktions- und Dienstleistungsstrukturen nicht mehr als verkehrsüblich ansehen können. Zudem würde dadurch der Arbeitgeber in seiner Kampffreiheit – die ihm erlaubt, einen Arbeitskampf ungeachtet der Folgen hinzunehmen, selbst wenn dies zur Betriebsstilllegung führt – eingeschränkt.[93]

46 c) Einschränkungen. Während die hier vertretene Lösung bei einer vereinbarten Stück- oder Vorratsschuld eingreift, ist für die Haftungsbeschränkungen kein Raum, wenn der Arbeitgeber gegenüber seinem Vertragspartner eine unbeschränkte Gattungsschuld eingegangen ist. Er hat sich dann – unabhängig von seiner eigenen Produktion – zur Beschaffung der Waren auf dem Markt verpflichtet. Gleiches gilt, wenn der Arbeitgeber sich zur Zahlung einer Geldschuld verpflichtet oder ein Garantieversprechen abgegeben hat. Handelt es sich um einen rechtswidrigen Arbeitskampf, bleibt es ebenfalls bei den allgemeinen Regeln. Einem rechtswidrigen Arbeitskampf „fehlt im Verhältnis zum allgemeinen Schuldrecht die besondere Rechtsgrundlage des Art. 9 Abs. 3 GG",[94] die Überlegungen zu den Auswirkungen auf die Parität lassen sich folglich nicht auf diesen Fall übertragen.

47 d) Fernwirkungen. Kann der Gläubiger des kampfbetroffenen Unternehmers seine Lieferansprüche gegen diesen nicht realisieren, so führt ihn das unter Umständen selbst in die Lage, dass er die Forderungen seines Abnehmers nicht erfüllen kann. Nach ganz hL haftet er jedoch nach den allgemeinen Regeln, weil er selbst keinen Arbeitskampf führt und sich deshalb nicht auf eine Kollision mit seiner Funktion als Sozialpartner berufen kann.[95] Hinsichtlich der Erfüllungspflicht wird sich der Zweitlieferant, der seine Produktion infolge der Produktionsstörungen beim Erstlieferanten nicht aufrecht erhalten kann, aber regelmäßig auf den Eintritt einer vorübergehenden Unmöglichkeit berufen können; die mögliche Schadensersatzpflicht hängt dann davon ab, ob ihn im konkreten Fall ein Sorgfaltsverstoß trifft.[96] Liegen die Voraussetzungen für eine Haftung vor, lassen sich unbillige Härten dadurch vermeiden, dass sich der Gläubiger des Betroffenen an die Unternehmersolidarität gebunden fühlt, was dazu führt, dass er mit der Geltendmachung der Forderung bis zum Ende des Arbeitskampfes wartet.

2. Beziehung zum Zulieferer

48 Auf der anderen Seite kann der Arbeitskampf dazu führen, dass der Unternehmer mangels Personal oder mangels Lagerraum gelieferte Ware nicht entgegennehmen kann. In diesem Fall wird in der Literatur ganz überwiegend zwischen dem Vorliegen eines bloßen An-

---

[88] Daneben sprechen auch dogmatische Bedenken gegen ein Übernahme- und Vorsorgeverschulden, vgl. *Kreissl* Arbeitskampf und Liefervertrag, S. 120 ff.
[89] Brox/Rüthers/*Schlüter* AK § 11 Rn. 389.
[90] *Otto* AK § 16 Rn. 96.
[91] Dazu *Löwisch* AcP 174 (1974), 202 (249 ff.); *Löwisch/Bitterberg* AR-Blattei 170.7 Rn. 11, 16.
[92] Vgl. die Argumentation von *Kissel* AK § 73 Rn. 38.
[93] *Bayreuther* RdA 2016, 181 (184 f.).
[94] *Kissel* AK § 73 Rn. 27.
[95] *Löwisch/Bitterberg* AR-Blattei 170.7 Rn. 33 ff.; *Kissel* AK § 73 Rn. 43; *Gamillscheg* KollArbR I, S. 977; *Otto* AK § 16 Rn. 90.
[96] *Löwisch* AcP 174 (1974), 203 (256 f.).

II. Vertragsbeziehungen zu Dritten
49–51 § 279

nahmeverzugs und einem Abnahmeverzug – bei dem die Abnahme der Leistung eine echte Schuldnerpflicht ist – differenziert.[97] Kann der Unternehmer die angebotene Ware nicht abnehmen, gerät er nach den §§ 293 ff. BGB mit allen Konsequenzen in Annahmeverzug. An dieser Stelle ist kein Raum für eine Sonderlösung, weil die Rechtsfolgen des Annahmeverzuges unabhängig von einem Vertretenmüssen allein durch tatsächliche Nichtannahme der Leistung eintreten. Zu den Folgen zählt auch, dass der Schuldner die Sache hinterlegen oder versteigern darf (§§ 372, 383 ff. BGB; § 373 Abs. 1, Abs. 2 S. 1 Hs. 1 HGB). Er kann auch den Mehraufwand, bspw. Einlagerungskosten, vom Gläubiger ersetzt verlangen (§ 304 BGB). Zudem ist er zum Selbsthilfeverkauf berechtigt (§ 373 Abs. 2 S. 1 Hs. 2 HGB). Ferner gelten die besonderen Gefahrtragungsregeln (§§ 300, 326 Abs. 2 S. 1 Alt. 2 BGB).[98]

Besteht – wie etwa beim Kaufvertrag – eine echte Pflicht zur Abnahme, liegen mit der Nichtannahme regelmäßig die Voraussetzungen eines Schadenersatzanspruches aus §§ 280 Abs. 1, Abs. 2, 286 BGB vor. Während des Arbeitskampfes kann sich der Unternehmer jedoch auf seine Stellung als Sozialpartner berufen, er hat die Abnahmestörung dann grds. nicht zu vertreten. Zu einem anderen Ergebnis kommt man nur, wenn man ein Übernahme-, Vorsorge und Abwendungsverschulden anerkennt. 49

3. Arbeitskampfklauseln

Unter Arbeitskampfklauseln werden im Lieferverkehr solche Vereinbarungen verstanden, mit denen der Verwender das Risiko des Eintritts eines Arbeitskampfes auf seinen Vertragspartner überträgt. Sie sind typischerweise in den Allgemeinen Geschäftsbedingungen des Unternehmers enthalten. Arbeitskampfklauseln kommen über die nationalen Grenzen hinweg auch im internationalen Geschäftsverkehr eine wichtige Rolle zu. Wegen der unsicheren Rechtslage bei arbeitskampfbedingten Leistungsstörungen sollten die Klauseln so formuliert werden, dass sie alle möglichen Arbeitskampfformen abdecken. Dies lässt sich etwa durch die Verwendung des Begriffes „Arbeitskampf" erreichen, der zudem den Vorteil bietet, dass er auch neue, bisher noch unbekannte Arbeitskampfmittel einschließt.[99] Der Begriff „höhere Gewalt" erfasst indes den betriebsinternen Arbeitskampf nicht.[100] Dies folgt aus der Unbestimmtheit dieses Begriffes – und Unklarheiten gehen gem. § 305c Abs. 2 BGB zu Lasten des Verwenders. Darüber hinaus ist der betriebsinterne Arbeitskampf nicht als ein „unvorhersehbares, außergewöhnliches und unabwendbares"[101] Ereignis anzusehen.[102] Befindet sich der betroffene Betrieb in dem Geltungsbereich eines Tarifvertrages, so ist ein Arbeitskampf schon nicht außergewöhnlich. Der externe, also außerhalb des Betriebes des Verwenders geführte Arbeitskampf wird hingegen (allerdings in begrenzten Fällen) durch den Terminus „höhere Gewalt" erfasst.[103] Dafür muss aber auch der externe Arbeitskampf „unvorhersehbar, außergewöhnlich und unabwendbar" sein.[104] 50

Eine weitere begriffliche Unsicherheit liegt vor, wenn in der Klausel nur von „Streik" die Rede ist: durch diesen Begriff wird nicht deutlich, ob die Klausel auch für andere Arbeitskampfmaßnahmen gelten soll. Dies ist jedenfalls in Hinblick auf § 305c Abs. 2 BGB zu verneinen. Wenn explizit nur von „Streik" die Rede ist, können über diesen 51

---

[97] Vgl. Brox/Rüthers/Schlüter § 11 Rn. 393 f.; Löwisch/Bitterberg AR-Blattei SD 170.7 Rn. 26 ff. mwN.
[98] Otto AK § 16 Rn. 110.
[99] v. Westphalen/Thüsing AGB/Vertragsrecht Band 1 3) Arbeitskampfklauseln Rn. 7.
[100] Otto AK § 16 Rn. 113; WLP/Stoffels Teil 5 Rn. A 162; aA von Westphalen/Thüsing AGB/Vertragsrecht Band 1 3) Arbeitskampfklauseln Rn. 8.
[101] Vgl. zu den Tatbestandselementen der höheren Gewalt von Westphalen/Thüsing AGB/Vertragsrecht Band 1 3) Höhere Gewalt Rn. 2.
[102] Löwisch BB 1493 (1499); Schmid NJW 1979, 15 (18).
[103] WLP/Stoffels Klauseln A 162.
[104] v. Westphalen/Thüsing AGB/Vertragsrecht Band 1 3) Arbeitskampfklauseln Rn. 8.

eindeutigen Wortlaut hinweg andere Arbeitskampfmaßnahmen, wie die Aussperrung oder der Flashmob, nicht erfasst werden.[105]

52 Neben den begrifflichen Schwierigkeiten kommt den in der Klausel vorgesehenen Rechtsfolgen bei der Bewertung der Wirksamkeit die größte Bedeutung zu. Indes ist zu beachten, dass es sowohl im kaufmännischen Geschäftsverkehr als auch bei Geschäften mit Verbrauchern dem Unternehmer grundsätzlich zuzubilligen ist, dass er das Risiko auf seinen Vertragspartner verlagern will. Dies gilt, soweit es sich um eine sogenannte „einfache Arbeitskampfklausel" handelt, es im Falle eines Arbeitskampfes also zu einer Verschiebung der Fälligkeit oder Freizeichnung kommt.[106] Bei darüber hinausgehenden Rechtsfolgen ist hingegen stets zu vermeiden, dass die Klausel zu einer unangemessenen Benachteiligung iSd § 307 BGB führt. In Geschäften mit Verbrauchern ist auch ein Verstoß gegen §§ 308, 309 BGB möglich.

53 Unwirksam ist beispielsweise eine Arbeitskampfklausel, durch die etwaige Fristen nach hinten geschoben werden, ohne dass diese Verschiebung auf die Dauer des Arbeitskampfes begrenzt ist. Dies ist nicht nur unangemessen, sondern stellt auch einen Verstoß gegen § 308 Nr. 1 BGB dar.[107]

54 Aufgrund der Tatsache, dass der Arbeitskampf die Leistung in der Regel lediglich vorübergehend hindert, liegen eine unangemessene Benachteiligung und ein Verstoß gegen § 308 Nr. 3 BGB auch vor, wenn in der Klausel ein sofortiges Rücktrittsrecht oder die Befreiung von der Leistungspflicht vorgesehen ist. Eine Ausnahme ist zu machen, wenn der Arbeitskampf die Leistung unmöglich macht.[108]

55 Eine Regelung, dass trotz eines arbeitskampfbedingten Ausbleibens der Leistung eine bereits erhaltene Gegenleistung (etwa eine Vorauszahlung) nicht zu erstatten ist oder der Verwender berechtigt ist, eine gänzlich andere Leistung zu erbringen, ist ebenfalls unangemessen und daher unwirksam.[109]

56 Aufgrund der vernetzten Wirtschaft und langen Lieferketten können allerdings auch durch Fernwirkungen von Arbeitskämpfen in den Beziehungen nicht kampfbeteiligter Unternehmen Leistungsstörungen auftreten. Vorgenanntes gilt daher grundsätzlich auch im Hinblick auf Klauseln, die nicht nur den betriebsinternen, sondern auch den betriebsexternen Arbeitskampf erfassen sollen. Diese Erstreckung auf den betriebsexternen Arbeitskampf muss sich aus der Arbeitskampfklausel allerdings deutlich ergeben.[110] Bei diesen Klauseln ist darüber hinaus zu beachten, dass mangels unmittelbarer Betroffenheit der Verwender weniger schutzwürdig ist. Es stehen in aller Regel mehr Möglichkeiten zur Verfügung, die Leistungsstörung abzuwenden, als bei unmittelbarer Kampfbetroffenheit – so kann gegebenenfalls auf einen anderen Lieferanten zurückgegriffen werden, um erforderliche Vorprodukte zu beschaffen. Auch wenn daher ein strengerer Prüfungsmaßstab anzulegen ist, bleibt es bei der Wirksamkeit von Klauseln, die eine Leistungsbefreiung oder eine Fristverlängerung vorsehen, solange die Grenzen der §§ 307, 308 Nr. 1 bzw. Nr. 3 BGB beachtet werden.[111]

III. Ansprüche Unbeteiligter

57 Die Frage, ob Unbeteiligte gegen Streikende oder deren Gewerkschaften Schadensersatzansprüche geltend machen können, wurde lange Zeit grundsätzlich verneint.[112] Allenfalls,

---

[105] So auch UBH/*Schmidt* Teil 2 (3) Rn. 3; WLP/*Stoffels* Klauseln Rn. A 162; *Schmid* NJW 1979, 15 (18) weist darauf hin, dass eine solche Klausel eindeutig nur den Streik erfasse und es folglich mangels „objektiver Mehrdeutigkeit" keines Rückgriffs auf die Unklarheitenregel bedürfe.
[106] UHB/*Schmidt* Teil 2 (3) Rn. 4.
[107] *Otto* AK § 16 Rn. 116, UBH/*Schmidt* Teil 2 (3) Rn. 4.
[108] UBH/*Schmidt* Teil 2 (3) Rn. 5.
[109] *Otto* AK § 16 Rn. 118, UBH/*Schmidt* Teil 2 (3) Rn. 5.
[110] Hierzu *Löwisch* BB 1493 (1499); so auch WLP/*Stoffels* Klauseln Rn. A 162.
[111] UBH/*Schmidt* Teil 2 (3) Rn. 5.
[112] LAG Hessen 25. 4. 2013 – 9 Sa 561/12, BeckRS 2013, 72576.

III. Ansprüche Unbeteiligter

wenn sich der Arbeitskampf als vorsätzliche sittenwidrige Schädigung im Sinne des § 826 BGB darstellte, waren mögliche Schadensersatzansprüche denkbar. Nur vereinzelt wurde hieran Kritik geäußert.[113] Das BAG hat im Jahr 2015 in zwei grundlegenden Entscheidungen zu der Frage Stellung genommen, ob Dritte, die mittelbar infolge eines Arbeitskampfes Schäden erleiden, gegenüber der streikenden Gewerkschaft Ersatzansprüche geltend machen können.[114] Das BAG hat letztlich in diesen beiden Entscheidungen Schadensersatzansprüche unbeteiligter Dritter gegen eine streikführende Gewerkschaft ausgeschlossen, ohne dass es darauf ankam, ob die jeweiligen Streikmaßnahmen auch rechtswidrig waren. Streitgegenstand in beiden Entscheidungen waren Streikmaßnahmen des Flugsicherungspersonals, die zu massiven Störungen im Luftverkehr geführt hatten. Daraufhin hatten Fluggesellschaften, die von diesen Störungen betroffen waren, die streikführende Gewerkschaft auf Schadensersatz in Anspruch genommen. Auch wenn sich das BAG in diesen Entscheidungen nicht mit der Rechtmäßigkeit der jeweiligen Streikaktion befasst hat, wird man nur dann über etwaige Schadensersatzansprüche unbeteiligter Dritter diskutieren können, wenn der betreffende Arbeitskampf rechtswidrig war.[115] Solange sich Streikmaßnahmen im Rahmen der Gewährleistungen des Art. 9 Abs. 3 GG halten, sind damit einhergehende Belastungen für Unbeteiligte im Verhältnis zu den Streikenden bzw. der streikführenden Gewerkschaft hinzunehmen. Dies folgt letztlich daraus, dass mit Art. 9 Abs. 3 GG die Rechtsordnung den Streik, mit dem geradezu zwangsläufig auch Auswirkungen bei Unbeteiligten verbunden sind, anerkannt hat.

Ist hingegen der Streik rechtswidrig, stellt sich die Frage nach einer Anspruchsgrundlage, aufgrund derer der Unbeteiligte Ansprüche gegen die Streikenden bzw. die streikende Gewerkschaft geltend machen kann. Hierbei scheiden vertragliche Ansprüche aus. Das BAG hat sich in seiner Entscheidung ausdrücklich mit der Frage befasst, ob Unbeteiligte aus den Grundsätzen des Vertrages mit Schutzwirkung zugunsten Dritter entsprechende Ansprüche haben können. Eine Einbeziehung von Dritten in die Schutzwirkung eines Vertrages erfordert jedoch, „dass Sinn und Zweck des Vertrags und die erkennbaren Auswirkungen der vertragsmäßigen Leistungen auf den Dritten seine Einbeziehung unter Berücksichtigung von Treu und Glauben erfordern und eine Vertragspartei, für den Vertragsgegner erkennbar, redlicher Weise damit rechnen kann, dass die ihr geschuldete Obhut und Fürsorge in gleichem Maße auch dem Dritten entgegengebracht wird".[116] Aus dem Tarifvertrag und seiner Friedenspflicht lässt sich jedoch derartiges nicht ableiten. Zwar mag die Friedenspflicht Schutzwirkung zugunsten der Mitglieder der Tarifvertragsparteien entfalten. Das BAG lehnt es aber zu Recht ab, andere Dritte in den Schutzgehalt der tarifvertraglichen Friedenspflicht einzubeziehen, da die damit verbundene Erweiterung der Haftung für die jeweilige Kampfpartei weder erkennbar ist, noch die Folgen einer solchen erweiterten Haftung zumutbar sind.[117]

Allenfalls kann sich nur eine deliktische Haftung gegenüber unbeteiligten Dritten aus rechtswidrigen Streikmaßnahmen ergeben. Dies kann etwa der Fall sein, wenn durch rechtswidrige Streiks eine Eigentumsverletzung hervorgerufen wird. Dass aber Betriebsmittel in ihrer wirtschaftlichen Nutzung vorübergehend für eine überschaubare Zeit eingeschränkt werden, überschreitet nicht die Schwelle einer Eigentumsbeeinträchtigung.[118] Problematisch ist jedoch, ob nicht ein rechtswidriger Streik gegenüber Unbeteiligten einen Eingriff in das Recht des eingerichteten und ausgeübten Gewerbebetriebs beinhaltet.

---

[113] *Lambrich/Sander* NZA 2014, 337.
[114] BAG 25.8.2015 – 1 AZR 754/13, BAGE 152, 240 = NZA 2016, 47; BAG 25.8.2015 – 1 AZR 875/13, BAGE 152, 260 = NZA 2016, 179; bestätigt in BAG 26.7.2016 – 1 AZR 160/14, BAGE 155, 347 = NZA 2016, 1543.
[115] *Lambrich/Sander* NZA 2014, 337 (339); *Sprenger* BB 2013, 1146; hierzu auch *Bayreuther* RdA 2016, 181 (183f.).
[116] BAG 25.8.2015 – 1 AZR 875/13, BAGE 152, 260 (271).
[117] BAG 25.8.2015 – 1 AZR 875/13, BAGE 152, 260 (271); *Bayreuther* RdA 2016 181 (183); *Melot de Beauregard* DB 2016, 535 (536); *Benecke* ZfA 2018, 2 (6f.); aA: *Green* NZA 2016, 274 (277).
[118] BAG 25.8.2015 – 1 AZR 754/13, BAGE 152, 240 (246).

Nach ständiger Rechtsprechung ist für eine Haftung unter diesem Gesichtspunkt jedoch erforderlich, dass es sich um einen unmittelbaren Eingriff in das Recht des Betriebsinhabers am eingerichteten und ausgeübten Gewerbebetrieb handelt. Entscheidend hierfür ist die objektive Stoßrichtung des Handelns. Hierzu wird teilweise vertreten, dass es häufig gerade Ziel der Streikenden ist, Beeinträchtigungen möglichst bei Unbeteiligten hervorzurufen, um den Tarifgegner zum Einlenken zu zwingen.[119] Dieser Sichtweise ist jedoch die Rechtsprechung zu Recht nicht gefolgt.[120] Diese greift auf den Streikaufruf der Gewerkschaft zurück, um die Stoßrichtung des Streiks wertend zu bestimmen.[121] Daran ändern auch funktionale Verpflichtungen zwischen dem unbeteiligten Dritten und dem bestreikten Unternehmen nichts. Die Rechtsprechung sieht hier eine sicherlich nicht von der Hand zu weisende Gefahr, dass es bei Aufweichung des Unmittelbarkeitskriteriums zu einem unüberschaubaren Haftungsrisiko für die Streikenden und die handelnden Gewerkschaften kommen würde, was letztlich zu einer dem Deliktsrecht widersprechenden allgemeinen Unrechtshaft führen könnte. Dem unbeteiligten Dritten bleibt damit allenfalls ein Anspruch nach § 826 BGB, der jedoch eine durch die Streikenden und die streikende Gewerkschaft hervorgerufene vorsätzliche sittenwidrige Schädigung voraussetzt. Hier macht das BAG aber deutlich, dass aus der Rechtswidrigkeit eines Streiks nicht ohne weiteres auf eine vorsätzliche sittenwidrige Schädigung geschlossen werden kann.[122] Gerade dann, wenn die Streikenden und ihre Gewerkschaft der Vermeidung unverhältnismäßiger Gemeinwohlschädigungen oder unverhältnismäßiger Beeinträchtigung Dritter durch die Sicherstellung von Notdiensten Rechnung getragen haben, fehlt für eine vorsätzliche sittenwidrige Schädigung die Grundlage.[123]

---

[119] *Lambrich/Sander* NZA 2014, 337 (340); ähnlich auch *Löwisch* AP GG Art. 9 Arbeitskampf Nr. 182.
[120] S. auch BAG 26.7.2016 – 1 AZR 160/14, BAGE 155, 347 (374 ff.).
[121] Zustimmend: *Wendeling-Schröder* AuR 2017, 96 (99); *Bayreuther* RdA 2016, 181 (182).
[122] BAG 25.8.2015 – 1 AZR 754/13, BAGE 152, 240 (257).
[123] *Melot de Beauregard* DB 2016, 535 (536) weist deshalb darauf hin, dass Unternehmen sich gegen arbeitskampfbedingte Ausfälle nur über vertragliche Regelungen schützen können.

§ 280 Arbeitskampf und Sozialrecht

Übersicht
Rn.
I. Das sozialversicherungsrechtliche Beschäftigungsverhältnis 1
II. Arbeitskampf und Kranken-/Pflegeversicherung 5
III. Arbeitskampf und Unfallversicherung 9
IV. Arbeitskampf und Rentenversicherung 11
V. Arbeitsförderung und Arbeitskampf 13
   1. Anwartschaftszeit 13
   2. Vermittlung 14
   3. Anzeigepflicht 16
   4. Leistungsrecht 17
      a) Arbeitslosengeld 18
         aa) Ruhen bei unmittelbarer Beteiligung 19
         bb) Ruhen bei mittelbarer Beteiligung 23
         cc) Verfahrensrechtliches 25
         dd) Reformbestrebungen 26
      b) Kurzarbeitergeld 27

I. Das sozialversicherungsrechtliche Beschäftigungsverhältnis

Das Sozialversicherungsrecht knüpft vielfach an den Begriff des Beschäftigungsverhältnisses für die Begründung sozialversicherungsrechtlicher Leistungsansprüche an. Anknüpfungspunkt ist § 2 Abs. 2 Nr. 1 SGB IV, der die Versicherungspflicht für gegen Arbeitsentgelt Beschäftigte regelt. Definiert ist der sozialversicherungsrechtliche Begriff des Beschäftigungsverhältnisses in § 7 Abs. 1 SGB IV. Danach ist Beschäftigung die nicht selbständige Arbeit, insbesondere in einem Arbeitsverhältnis, wobei Anhaltspunkte für eine Beschäftigung etwa die Tätigkeit nach Weisung und eine Eingliederung in die Arbeitsorganisation des Weisungsgebers sind. Auch wenn § 7 Abs. 1 SGB IV damit weitgehend an das Arbeitsverhältnis anknüpft, sind für das sozialversicherungsrechtliche Beschäftigungsverhältnis vielmehr die tatsächlichen Umstände entscheidend.[1] Kommt es zu Arbeitskampfmaßnahmen (Streik, Aussperrung), so stellt sich die Frage, ob während dieser Zeit das Beschäftigungsverhältnis noch fortbesteht oder aber unterbrochen wird. Das BSG hat sich in zwei Entscheidungen aus den Jahren 1971 und 1973 sehr grundlegend mit dieser Frage beschäftigt. Obwohl das Beschäftigungsverhältnis nach traditionellem Verständnis von der Dienstbereitschaft des Arbeitnehmers und der Verfügungsbefugnis des Arbeitgebers ausgeht,[2] gelangte das BSG in den beiden Entscheidungen unter Aufgabe der bisherigen sozialrechtlichen Einschätzung[3] zu dem Schluss, dass das Beschäftigungsverhältnis nicht unterbrochen, sondern lediglich suspendiert wird.[4] Insofern hat das BSG sich in sozialversicherungsrechtlicher Hinsicht der arbeitsrechtlichen Bewertung angeschlossen.[5] Fraglich ist, ob dies auch für die Teilnahme an rechtswidrigen Arbeitskampfmaßnahmen gilt. In dieser Richtung hat sich der Große Senat des BSG in seiner Entscheidung aus dem Jahre 1973 geäußert, zumindest was die gewerkschaftlich geführten Streiks angeht. Ob also gewerkschaftlich geführte Streiks als legal oder illegal bezeichnet werden, habe

1

---
[1] *Deinert* Privatrechtsgestaltung durch Sozialrecht, S. 131.
[2] Grundlegend: *Seiter* VSSR 1976, 179, 182f.
[3] RVA Entsch. Nr. 2766 29.9.1922 AN 1922, 273; BSG 30.8.1955 – 7 RAr 40/55, BSGE 1, 115ff.; 27.1.1956 – 7 RAr 81/55, 7 RAr 126/55, BSGE 2, 171 (175); *Dersch* RdA 1950, 322; zur Rechtsprechungsentwicklung: *Gitter* FS Wannagat, 1981, S. 141 (149).
[4] BSG GS 11.12.1973 – GS 1/73, AP GG Art. 9 Arbeitskampf Nr. 48; 15.12.1971 – 3 RK 87/68, AP GG Art. 9 Arbeitskampf Nr. 46.
[5] Das BAG hat den grundsätzlichen Fortbestand des arbeitsrechtlichen Beschäftigungsverhältnisses im rechtmäßigen Arbeitskampf bereits früher angenommen: BAG 28.1.1955 – GS 1/54, NJW 1955, 882.

für die Annahme eines Beschäftigungsverhältnisses keine Bedeutung.[6] Die hA im Schrifttum hat diese Aussage generalisiert und vertritt die Ansicht, dass es für das grundsätzliche Fortbestehen des sozialversicherungsrechtlichen Beschäftigungsverhältnisses keine Rolle spiele, ob ein Arbeitskampf zulässig oder unzulässig sei.[7] Auch wenn sich das ganz überwiegende rechtswissenschaftliche Schrifttum auf die Entscheidung des Großen Senats des BSG stützt, ist darauf hinzuweisen, dass der Große Senat lediglich für gewerkschaftlich geführte Streiks auf das Erfordernis der Rechtmäßigkeit der Streikmaßnahme für die Bejahung eines Beschäftigungsverhältnisses verzichtet hat. Ob dies aber schon den Umkehrschluss rechtfertigt, dass bei nicht-gewerkschaftlich geführten Streiks etwas anderes gelten muss, erscheint allerdings fragwürdig.

2   Hier ist an den Begriff des Beschäftigungsverhältnisses zu erinnern, wie er nahezu seit Entstehen der Sozialversicherungssysteme ausgelegt wird. So ist etwa schon einem Beschluss des Reichsversicherungsamtes aus dem Jahre 1924 die Auffassung zu entnehmen, dass Beschäftigung nicht gleichbedeutend mit wirklicher Arbeitsleistung sei, sondern nur das Vorliegen eines Beschäftigungsverhältnisses voraussetze, vermöge dessen dem Arbeitgeber die Verfügungsgewalt über die Arbeitskraft des Arbeitnehmers zustehe und dass ein durch Antritt der Arbeit wirksam gewordenes Beschäftigungsverhältnis auch in Zeiten fortdauere, in denen tatsächlich keine Beschäftigung stattfindet, sofern nur nach dem Willen der Parteien die Beschäftigung nach dem Wegfall des Unterbrechungsgrundes fortgesetzt werden soll und der Arbeitnehmer auch in der Zwischenzeit der Verfügungsmacht des Arbeitgebers untersteht.[8] Der Verfügungsmacht des Arbeitgebers untersteht der Arbeitnehmer als Beschäftigter aber schon dann, wenn er anderweitig gehindert ist, seine Arbeitskraft zu verwerten. Die Hauptleistungspflicht des sich am Arbeitskampf beteiligenden Arbeitnehmers ist allerdings bei einem rechtmäßigen Streik suspendiert. Gleichwohl unterliegt er vielfältigen Nebenpflichten, da das Arbeitsverhältnis als solches schließlich fortbesteht. Insofern ist die Frage des Bestehens der Verfügungsmacht des Arbeitgebers grds. auch während eines Arbeitskampfes zu bejahen. Entscheidend ist aber der Wille der Parteien, die Beschäftigung nach dem Wegfall des Unterbrechungsgrundes fortzusetzen, um die Frage zu lösen, ob auch die Beteiligung an einem rechtswidrigen Arbeitskampf das Bestehen des Beschäftigungsverhältnisses unberührt lässt. Solange jedenfalls der Arbeitnehmer, der sich an einem Arbeitskampf beteiligt, den Willen hat, die Beschäftigung bei Beendigung des Arbeitskampfes wieder bei seinem Arbeitgeber fortzusetzen, wird man von einem Fortbestehen eines Beschäftigungsverhältnisses auszugehen haben. Ist allerdings der Arbeitskampf darauf gerichtet, die Existenz des Arbeitskampfgegners zu vernichten und ist deshalb der Arbeitskampf als rechtswidrig einzuordnen, so wird man schwerlich für derartige Fälle davon ausgehen können, dass es dem Willen der Arbeitskampfbeteiligten entspricht, nach Beendigung des Arbeitskampfes das Beschäftigungsverhältnis wieder aufzunehmen. Mit anderen Worten: Es kommt darauf an, aus welchen Gründen sich der Arbeitskampf als rechtswidrig erweist. Im Regelfall aber, bei dem etwa die streikenden Arbeitnehmer letztlich die Fortsetzung ihres Arbeitsverhältnisses unter verbesserten Bedingungen erkämpfen wollen, ist nach der traditionellen Definition des Beschäftigtenbegriffes im Sozialversicherungsrecht vom Fortbestehen des Beschäftigungsverhältnisses auszugehen. Dabei kommt es nicht darauf an, ob der jeweilige Arbeitskampf durch eine Gewerkschaft getragen wird, oder nicht. Vielmehr ist unter sozialversicherungsrechtlichem Blickwinkel der Wille der Beteiligten des Beschäftigungsverhältnisses maßgebend. Solange diese von der Fortsetzung des Beschäftigungsverhältnisses nach dem Arbeitskampf ausgehen, wird durch den Arbeitskampf weder das Beschäftigungsverhältnis beendet noch unterbrochen.

---

[6] BSG 11.12.1973 – GS 1/73, GG Art. 9 Arbeitskampf Nr. 48.
[7] *Bittner* AR-Blattei SD 170.5 Rn. 3; KK/*Seewald* SGB IV § 7 Rn. 14; HN/*Knospe* SGB IV § 7 Rn. 66; aA Krauskopf/*Baier* SGB IV § 7 Rn. 53.
[8] RVA 26.1.1924 AN 1924, 84, 85.

Auch wenn das Beschäftigungsverhältnis im sozialversicherungsrechtlichen Sinne in der 3
Regel trotz Beteiligung am Arbeitskampf fortbesteht (anders aber das Beschäftigungsverhältnis im leistungsrechtlichen Sinne für den Bereich des SGB III), bedeutet dies nicht zwangsläufig, dass dann auch das jeweilige Versicherungsverhältnis vom Arbeitskampf unberührt bleibt. Schließlich wird in den einzelnen Zweigen der Sozialversicherung und im Bereich der Arbeitsförderung das Bestehen eines Beschäftigungsverhältnisses gegen Arbeitsentgelt als Tatbestandsmerkmal für das Bestehen der Versicherungspflicht vorausgesetzt (§ 5 Abs. 1 Nr. 1 SGB V, § 1 S. 1 Nr. 1 SGB VI, § 20 Abs. 1 S. 2 Nr. 1 SGB XI, § 25 Abs. 1 S. 1 SGB III). Lediglich im Bereich der Unfallversicherung kommt es für das Bestehen einer Versicherungspflicht kraft Gesetzes bei einem Beschäftigungsverhältnis nicht auf dessen Entgeltlichkeit an.[9]

Wenn also in der Regel die Beschäftigung gegen Arbeitsentgelt das Versicherungsverhältnis begründet, so stellt sich gerade bei Arbeitskampfmaßnahmen, sofern sie die Hauptleistungspflichten suspendieren, das Problem, dass es für die Zeit des Arbeitskampfes an der Entgeltlichkeit des Beschäftigungsverhältnisses fehlt. Dieses Problem hat der Gesetzgeber auch gesehen. Sieht man einmal vom Recht der gesetzlichen Krankenversicherung ab, wo mit den § 192 Abs. 1 Nr. 1 SGB V und § 49 SGB XI Sondervorschriften gelten, sieht das Gesetz in § 7 Abs. 3 1 SGB IV eine Sonderregelung vor. Nach diesem ab dem 1. 1. 1999 geltenden Absatz 3 gilt eine Beschäftigung gegen Arbeitsentgelt für längstens einen Monat auch ohne Arbeitsleistung und Entgeltzahlung als fortbestehend, wenn und solange die persönliche Abhängigkeit des Arbeitnehmers und damit die Weisungsgebundenheit und/oder Eingliederung in den Betrieb, erhalten bleibt. Sofern also nur das Beschäftigungsverhältnis fortbesteht, fingiert § 7 Abs. 3 1 SGB IV für die Dauer von einem Monat eine Beschäftigung gegen Arbeitsentgelt, sodass grds. bis zur Dauer von einem Monat die Versicherungspflicht – vorbehaltlich besonderer Regelungen – in den einzelnen Versicherungszweigen fortwirkt. Somit kann von einem Beschäftigungsverhältnis gegen Arbeitsentgelt nur ausgegangen werden, solange der Streik oder die (rechtmäßige) Aussperrung nicht länger als einen Monat dauert. 4

II. Arbeitskampf und Kranken-/Pflegeversicherung

Eine Sondervorschrift zum Arbeitskampf findet sich im Recht der gesetzlichen Krankenversicherung. Gem. § 192 Abs. 1 Nr. 1 SGB V bleibt die Mitgliedschaft Versicherungspflichtiger erhalten, solange sie sich in einem rechtmäßigen Arbeitskampf befinden. Diese Vorschrift über das Fortbestehen der Mitgliedschaft gilt nach § 49 Abs. 1 SGB XI für das Recht der Pflegeversicherung entsprechend. Da also das Mitgliedschaftsverhältnis in der gesetzlichen Krankenversicherung aufrecht erhalten bleibt, sind gesetzlich pflichtversicherte Arbeitnehmer ohne zeitliche Begrenzung während eines rechtmäßigen Arbeitskampfes krankenversichert.[10] Auf freiwillige Mitglieder der gesetzlichen Krankenversicherung findet dagegen § 192 SGB V keine Anwendung. Für diese Personengruppe gilt dann § 191 SGB V. Da eine einmal wirksam begründete freiwillige Versicherung nicht ohne eigenes Verhalten des freiwilligen Mitglieds enden kann,[11] bleibt die Mitgliedschaft des freiwilligen Mitglieds trotz Arbeitskampfes ebenfalls erhalten. 5

Unterschiede ergeben sich allerdings in Bezug auf die Beitragszahlung. Bei den versicherungspflichtig Beschäftigten richten sich die beitragspflichtigen Einnahmen unter anderem nach dem Arbeitsentgelt. Damit ist das tatsächlich zugeflossene Arbeitsentgelt gemeint, sodass für die Zeit der Teilnahme an einem rechtmäßigen Arbeitskampf in der Regel keine Beiträge anfallen (§§ 223, 226 SGB V). Folglich kann sich auch eine seitens der Gewerkschaft gewährte Streikunterstützung nicht auf die Beitragsberechnung auswirken, da der Arbeitnehmer sie nicht von seinem Arbeitgeber erhält und die Unterstützung 6

---

[9] KK/*Lilienfeld* § 2 SGB VII Rn. 6a.
[10] *Bittner* AR-Blattei SD 170.5 Rn. 5; Krauskopf/*Baier* SGB V § 192 Rn. 11.
[11] KK/*Peters* SGB V § 192 Rn. 6.

daher kein Arbeitsentgelt im sozialversicherungsrechtlichen Sinne darstellt.[12] Für freiwillig Versicherte hingegen ist gem. § 240 SGB V die Frage der Beitragshöhe von der jeweiligen Ausgestaltung in der Satzung ihrer Krankenkasse abhängig. Allerdings ist in jedem Fall ein Mindestbeitrag zu leisten (§ 240 Abs. 4 SGB V).

7 Etwas anderes gilt dann, wenn es sich um rechtswidrige Arbeitskampfmaßnahmen handelt. Beteiligt sich ein Arbeitnehmer an einem rechtswidrigen Streik, so findet § 192 Abs. 1 Nr. 1 SGB V keine Anwendung. In diesem Fall endet die Versicherungspflicht nach der allgemeinen Regel des § 7 Abs. 3 S. 1 SGB IV nach einem Monat.[13] Wird dagegen der Arbeitnehmer rechtswidrig ausgesperrt, so bleibt die Verpflichtung des Arbeitgebers, die geschuldete Arbeitsvergütung zu zahlen, bestehen, sodass in diesem Fall ein Beschäftigungsverhältnis gegen Arbeitsentgelt weiterhin fortbesteht, und bei einer rechtswidrigen Aussperrung im Hinblick auf die Mitgliedschaft zur gesetzlichen Krankenversicherung/Pflegeversicherung keine Besonderheiten bestehen.

8 Bei Eintritt des Versicherungsfalles wird in der Krankenversicherung unter anderem Krankengeld gewährt, § 44 SGB V. Obwohl dies eine Lohnersatzleistung darstellt, sollen auch Streikende einen Anspruch auf Krankengeld haben.[14] Denn auch wenn der Zahlung von Krankengeld eine Entgeltersatzfunktion zukommt, nimmt sie keinen Einfluss auf die Kampfparität. Es liegt kein Verstoß gegen die staatliche Neutralitätspflicht vor. Da es weder einen faktischen noch einen rechtlichen Zusammenhang zwischen Streik und Krankheit gibt, stellt das durch die Krankenversicherung abgesicherte Risiko der Arbeitsunfähigkeit bereits kein typisches Risiko des Arbeitskampfes dar. Dementsprechend kommt auch keine entsprechende Anwendung von § 160 SGB III in Betracht, wonach der Arbeitslosengeldanspruch während eines Streiks ruht.[15]

III. Arbeitskampf und Unfallversicherung

9 Versichert sind in der gesetzlichen Unfallversicherung alle Beschäftigten, ohne dass es auf die Entgeltlichkeit der Beschäftigung ankommt.[16] Gleichwohl stehen Arbeitnehmer, die sich an einem Arbeitskampf beteiligen, nicht unter Unfallversicherungsschutz. Gem. § 8 Abs. 1 S. 1 SGB VII sind schließlich Arbeitsunfälle nur Unfälle von Versicherten in Folge einer den Versicherungsschutz begründenden Tätigkeit. Insofern lassen sich Unfälle, die Folge einer Streikteilnahme sind, bereits vom Begriff her schon nicht als Arbeitsunfall erfassen.[17] Folgerichtig kann im Arbeitskampf auch das Haftungsprivileg des § 105 SGB VII nicht anwendbar sein.[18] Die Beteiligung an einem Arbeitskampf liegt nicht im Interesse des Unternehmers, der dabei eintretende Schaden tritt folglich nicht im Rahmen einer betrieblich veranlassten Tätigkeit ein. Dementsprechend greift der das Haftungsprivileg tragende Gedanke der Gefahrengemeinschaft in der Situation des Arbeitskampfes nicht. Etwaige Notdienst- und Erhaltungsarbeiten hingegen stellen versicherte Tätigkeiten dar.[19] Daneben genießen auch jene Arbeitnehmer im Zusammenhang mit einer versicherten Tätigkeit Unfallversicherungsschutz, die arbeitswillig sind und weder ausgesperrt noch freigestellt sind.[20] Nimmt ein Streikender Tätigkeiten für die kämpfende Gewerkschaft wahr, die anderenfalls von deren Arbeitnehmern erledigt würden, so kann es sich bei ei-

---

[12] Brox/Rüthers/Jülicher § 27 Rn. 797; Däubler ArbeitskampfR/Walser § 20 Rn. 39; Kissel AK § 46 Rn. 59; vgl. entsprechend die Rspr. zum Elterngeld: BSG 17.2.2011 – B 10 EG 17/09 R, SozR 4–7837 § 2 Nr. 7.
[13] Küttner/Voelzke Arbeitskampf (Vergütung) Rn. 31.
[14] BSG 15.12.1971 – 3 RK 87/68, DB 1972, 1096; Kissel AK § 46 Rn. 59.
[15] Däubler ArbeitskampfR/Walser § 20 Rn. 45; Krause DB 1974, 2 (5).
[16] KK/Lilienfeld SGB VII § 2 Rn. 6a; BeckOK SozR/Wietfeld SGB VII § 2 Rn. 7.
[17] Brox/Rüthers/Jülicher § 27 Rn. 824; Eichenhofer NZA-Beil. 2/2006, 67 (72); Otto AK § 18 Rn. 5; Wannagat/Pfaff GS Kahn-Freund, 1980, S. 327 (330).
[18] Däubler ArbeitskampfR/Walser § 20 Rn. 80; nach LAG Hamm 17.2.1999 – Sa 2383/98, NZA-RR 1999, 656 sogar zu Lasten eines arbeitswilligen Schädigers.
[19] Küttner/Voelzke Arbeitskampf (Vergütung) Rn. 34; Otto AK § 18 Rn. 5.
[20] Brox/Rüthers/Jülicher § 27 Rn. 825.

nem solchen Streikhelfer um einen so genannten Wie-Beschäftigten gem. § 2 Abs. 2 S. 1 SGB VII handeln, der in der gesetzlichen Unfallversicherung versichert ist.²¹ Dagegen begründet grds. das bloße Streikposten-Stehen keinen Unfallversicherungsschutz.²² Dies gilt ebenso für Tätigkeiten von ehrenamtlichen Gewerkschaftsfunktionären, die in der Eigenschaft als Mitglied der Gewerkschaft übernommen werden.²³ Der Gesetzgeber hat allerdings zum 1.1.2005 die Möglichkeit der freiwilligen Unfallversicherung erweitert.²⁴ So können sich nunmehr auf schriftlichen Antrag sowohl gewählte oder beauftragte Ehrenamtsträger in gemeinnützigen Organisationen (§ 6 Abs. 1 Nr. 3 SGB VII) als auch Personen, die in Verbandsgremien und Kommissionen für Arbeitgeberorganisationen und Gewerkschaften sowie anderen selbstständigen Arbeitnehmervereinigungen mit sozial- oder berufspolitischer Zielsetzung ehrenamtlich tätig sind oder bei Ausbildungsveranstaltungen für diese Tätigkeit teilnehmen, versichern (§ 6 Abs. 1 Nr. 4 SGB VII). Insofern kann etwa eine ehrenamtliche Tätigkeit in einer Streikkommission oder ähnlichen Gremien eine Möglichkeit des Unfallversicherungsschutzes begründen. Darüber hinaus muss im Einzelfall geprüft werden, ob ein Versicherungstatbestand nach § 3 Abs. 1 Nr. 4 SGB VII in Verbindung der jeweiligen Satzung der zuständigen Unfallkasse zu einer Absicherung des im Rahmen eines Arbeitskampfes ehrenamtlich Tätigen in der gesetzlichen Unfallversicherung führt.²⁵

Vergleichbar mit der Krankenversicherung gilt in der Unfallversicherung ebenfalls das **10** Sachleistungsprinzip (§§ 27–34 SGB VII). Besteht ein entsprechender Anspruch auf diese Leistungen, so können diese auch im Arbeitskampf gewährt werden.²⁶ Dabei kann für das Verletztengeld (§§ 45–52 SGB VII), welchem ebenfalls eine Entgeltersatzfunktion zukommt, nichts anderes gelten als für das Krankengeld, da die Ursache für die Arbeitsunfähigkeit und den daraus folgenden Anspruch auf Verletztengeld in dem Versicherungsfall und nicht im Arbeitskampf liegt.²⁷

IV. Arbeitskampf und Rentenversicherung

Durch die Vorschrift des § 7 Abs. 3 S. 1 SGB IV bleibt für die Dauer des dort genannten **11** Monatszeitraums während eines Arbeitskampfes auch das rentenversicherungsrechtliche Versicherungsverhältnis aufrechterhalten, wenn Arbeitnehmer sich am Arbeitskampf beteiligen. Insofern kann sich eine arbeitskampfbedingte Unterbrechung der Entgeltzahlungspflicht des Arbeitgebers auf mögliche Rentenansprüche auswirken, wenn diese Unterbrechung länger als einen Monat dauert.²⁸ Dies betrifft zum einen die so genannten Beitragszeiten nach § 55 SGB VI. Dies sind solche Zeiten, für die Pflichtbeiträge oder freiwillige Beiträge gezahlt worden sind. Da Pflichtbeiträge regelmäßig vom Arbeitsentgelt erhoben werden (§ 162 SGB VI), führt eine arbeitskampfbedingte Suspendierung der

---

²¹ BSG 8.10.1981 – 2 RU 50/80, SozR 2200 § 539 Nr. 83.
²² Däubler ArbeitskampfR/*Walser* § 20 Rn. 82; *Eichenhofer* NZA-Beil. 2/2006, 67 (72); *Otto* AK § 18 Rn. 6.
²³ BSG 29.9.1992 – 2 RU 38/91, SozR 3–2200 § 539 Nr. 18.
²⁴ Vgl. hierzu: *Kreutz* ZfSH/SGB 2005, 145 ff.; *Merten* SGb 2005, 427 ff.; *Moltentin* BG 2006, 17 ff.
²⁵ Vgl. aB § 5 Satzung der Unfallkasse Nordrhein-Westfalen vom 28.11.2007 (GV. NRW. 2007, 621 iVm GV. NRW. 2008, 54): „*Gegen die Folgen von Arbeitsunfällen und Berufskrankheiten sind ehrenamtlich Tätige und bürgerschaftlich Engagierte versichert, soweit sie nicht bereits nach § 2 SGB VII gesetzlich versichert sind und soweit sie sich nicht freiwillig nach § 6 oder nach der Satzung eines anderen Unfallversicherungsträgers versichern können. Die Tätigkeit muss unentgeltlich ausgeübt werden, dem Gemeinwohl dienen und für eine Organisation erfolgen, die ohne Gewinnerzielungsabsicht Aufgaben ausführt, welche im öffentlichen Interesse liegen oder gemeinnützige bzw. mildtätige Zwecke fördern. Die Tätigkeit muss im Zuständigkeitsgebiet der Unfallkasse oder für eine Organisation, die ihren Sitz im Zuständigkeitsgebiet der Unfallkasse hat, erfolgen. Die Versicherung umfasst auch Personen, die ihren Wohnsitz oder gewöhnlichen Aufenthalt im Ausland haben.*" Hier wird man die Frage kritisch prüfen müssen, ob die konkrete Tätigkeit des Ehrenamtlichen im Rahmen eines Arbeitskampfes noch dem Gemeinwohl dient.
²⁶ Däubler ArbeitskampfR/*Walser* § 20 Rn. 85.
²⁷ Brox/Rüthers/*Jülicher* § 27 Rn. 827; Däubler ArbeitskampfR/*Walser* § 20 Rn. 85; aA *Stern* BB 1973, 201 (203).
²⁸ *Kissel* AK § 46 Rn. 57.

Entgeltzahlungspflicht grds. also dazu, dass für den Zeitraum des Arbeitskampfes keine Beiträge gezahlt werden. Allerdings ist hierbei § 122 Abs. 1 S. 1 SGB VI zu beachten, wonach ein Kalendermonat, der nur zum Teil mit rentenrechtlichen Zeiten belegt ist, als voller Monat zählt. Dies bedeutet, dass jeder Monat, für den der Arbeitgeber auch nur teilweise vergütungspflichtig bleibt, weil etwa der Arbeitskampf bereits vor Ende des Monats geendet hat, als voller Monat für die Beitragszeiten zählt.[29] Für die Erfüllung der Wartezeit von 35 Jahren gelten dagegen Besonderheiten, da gem. § 51 Abs. 3 SGB VI hierauf alle Kalendermonate mit rentenrechtlichen Zeiten angerechnet werden und zu diesen Zeiten gem. § 54 Abs. 1 Nr. 2 SGB VI auch beitragsfreie Zeiten zählen.[30] In der Gesamtbetrachtung wird also rentenversicherungsrechtlich der Arbeitskampf regelmäßig keine große Relevanz besitzen, da aus ihm rentenversicherungsrechtliche Nachteile im Hinblick auf die rentenrechtlichen Beitragszeiten nur dann folgen, wenn der Streik oder die rechtmäßige Aussperrung über einen vollen Kalendermonat hinausdauert. Selbst wenn Arbeitskampfzeiten bei der Berechnung der Rentenhöhe als Zeiten mit geminderten Beiträgen bzw. ohne Beiträge gewertet werden, sind die Auswirkungen auf die Rentenhöhe, auf ein gesamtes Versicherungsleben gerechnet, marginal.[31]

12   Einer Berücksichtigung von Arbeitskampfzeiten als Anrechnungszeiten steht die Neutralitätspflicht des Staates grds. nicht entgegen.[32] Es fehlt bereits deshalb an einer Einflussnahme auf das Arbeitskampfgeschehen, weil die Entscheidung über die Berechnung erst später erfolgt.[33] Außerdem kommt es auch angesichts der aus der Berücksichtigung resultierenden lediglich geringen Erhöhung der Rente, insbesondere im Vergleich zu der spürbaren Leistungsgewährung in anderen Sozialversicherungszweigen, nicht zu einer ernsthaften Beeinflussung des Arbeitskampfes.[34] Allerdings werden Anrechnungszeiten während eines rechtmäßigen Arbeitskampfes regelmäßig gar nicht erst entstehen. Gem. § 58 Abs. 1 Nr. 3 SGB VI sind Anrechnungszeiten etwa Zeiten, in denen Versicherte wegen Arbeitslosigkeit bei einer deutschen Agentur für Arbeit als Arbeitssuchende gemeldet waren und eine öffentlich-rechtliche Leistung bezogen oder nur wegen des zu berücksichtigenden Einkommens oder Vermögens nicht bezogen haben. Da bei einer Arbeitskampfteilnahme eine öffentlich-rechtliche Leistung etwa in Form von Arbeitslosengeld I wegen § 160 SGB III nicht beansprucht werden kann,[35] werden regelmäßig durch die Teilnahme am Arbeitskampf Anrechnungszeiten nicht begründet. Bei Vorliegen der Anrechnungstatbestände nach § 58 Abs. 1 Nr. 1 bis 3 SGB VI können aber gewerkschaftlich geführte Streiks und die Aussperrung als so genannte Überbrückungszeiten angesehen werden.[36] Derartige Überbrückungszeiten sind aber selbst keine Anrechnungszeiten, sondern sorgen lediglich dafür, dass der Zurechnungszusammenhang mit nachfolgenden rentenversicherungsrechtlichen Zeiten bestehen bleibt.[37] Jedenfalls hat der Große Senat des BSG in seiner Entscheidung aus dem Jahr 1973 ausdrücklich den Suspensiveffekt eines gewerkschaftlich geführten Streiks als Überbrückungszeit anerkannt.[38]

---

[29] *Otto* AK § 18 Rn. 8.
[30] *Bittner* AR-Blattei SD 170.5 Rn. 28.
[31] *Däubler* ArbeitskampfR/*Walser* § 20 Rn. 77.
[32] *Däubler* ArbeitskampfR/*Walser* § 20 Rn. 71; *Otto* AK § 18 Rn. 10; aA Brox/Rüthers/*Jülicher* § 27 Rn. 838 f.; *Eichenhofer* NZA-Beil. 2/2006, 67 (72).
[33] BSG 11.12.1973 – GS 1/73, AP GG Art. 9 Arbeitskampf Nr. 48; *Wannagat/Pfaff* GS Kahn-Freund, 1980, S. 327 (329).
[34] *Wertenbruch/Meier* SGb 1973, 297 (308); *Otto* AK § 18 Rn. 10; *Bittner* AR-Blattei SD 170.5 Rn. 158; *Schuh* Streik und Aussperrung, S. 158.
[35] Vgl. zum Arbeitslosengeld II: *Bittner* AR-Blattei 170.5 Rn. 37; Sozialhilfe ist aufgrund der Erwerbsfähigkeit der Arbeitnehmer im Arbeitskampf ausgeschlossen (§ 2 I SGB XII).
[36] *Küttner/Voelzke* Arbeitskampf (Vergütung) Rn. 33.
[37] BSG 11.3.2004 – B 13 RJ 16/03 R, NZS 2005, 318; KK/*Gürtner* § 58 SGB VI Rn. 75.
[38] BSG 11.12.1973 – GS 1/73, AP GG Art. 9 Arbeitskampf Nr. 48.

V. Arbeitsförderung und Arbeitskampf

1. Anwartschaftszeit

Auch die Arbeitslosenversicherung knüpft im Grundsatz an eine Beschäftigung gegen Arbeitsentgelt an. So erfüllt die Anwartschaftszeit für einen Anspruch auf Arbeitslosengeld nur derjenige, der in der Rahmenfrist mindestens 12 Monate in einem Versicherungspflichtverhältnis gestanden hat (§ 142 Abs. 1 S. 1 SGB III). In einem Versicherungspflichtverhältnis stehen ua Personen, die als Beschäftigte versicherungspflichtig sind (§ 24 Abs. 1 SGB III), wobei Personen versicherungspflichtig sind, die gegen Arbeitsentgelt beschäftigt werden (§ 25 Abs. 1 S. 1 SGB III). Demzufolge sind Beschäftigungszeiten, für die kein Arbeitsentgelt geleistet wird, grds. nicht geeignet, die Anwartschaftszeit für den Anspruch auf Arbeitslosengeld zu erfüllen. Allerdings gilt auch hier § 7 Abs. 3 S. 1 SGB IV, wonach für die Dauer von einem Monat eine Beschäftigung gegen Arbeitsentgelt fingiert wird, solange das Beschäftigungsverhältnis ohne Anspruch auf Arbeitsentgelt fortdauert. Insofern haben kurzzeitige Arbeitskämpfe keine Auswirkungen auf die Voraussetzungen für den Anspruch auf Arbeitslosengeld I. 13

2. Vermittlung

Da das Recht der Arbeitsförderung sicherlich im Verhältnis zu allen anderen Sozialleistungsbereichen die meisten Berührungspunkte mit dem Arbeitskampf aufweist, finden sich im SGB III auch diverse Regeln, die den Arbeitskampf zum Gegenstand haben. Dies betrifft etwa auch die Vermittlung von Arbeitssuchenden. Nach § 36 Abs. 3 SGB III darf die Agentur für Arbeit in einem durch einen Arbeitskampf unmittelbar betroffenen Bereich nur dann vermitteln, wenn der Arbeitssuchende und der Arbeitgeber dies trotz eines Hinweises auf den Arbeitskampf verlangen. Die Norm ist damit unter anderem Ausfluss der Neutralitätspflicht der Bundesagentur für Arbeit im Rahmen von Arbeitskämpfen.[39] Erfasst vom Vermittlungsverbot gem. § 36 Abs. 3 SGB III wird nur der unmittelbar betroffene Bereich, auf den sich der Arbeitskampf erstreckt, das heißt die unmittelbar beteiligten Arbeitnehmer und die am Arbeitskampf beteiligten Betriebe.[40] Betrifft der Arbeitskampf lediglich einen Teilbereich eines Betriebes, so beschränkt sich das Vermittlungsverbot nur auf diesen Teilbereich. Erklären dagegen ausdrücklich Arbeitssuchender und Arbeitgeber trotz eines deutlichen Hinweises der Agentur für Arbeit, dass sie für einen unmittelbar vom Arbeitskampf betroffenen Bereich die Vermittlungsleistungen der Bundesagentur für Arbeit in Anspruch nehmen wollen, so hat die Agentur für Arbeit die Vermittlungsbemühungen aufzunehmen. In der Vermittlungsleistung ist wegen des eindeutigen Hinweises auch kein Verstoß gegen die Neutralitätspflicht zu sehen.[41] Die Bundesagentur für Arbeit könnte die Einstellung von „Streikbrechern" ohnehin nicht verhindern. 14

Lehnen dagegen Arbeitssuchende oder Arbeitgeber eine Vermittlung ab, so dürfen hieraus keine negativen Folgen gezogen werden.[42] Falls aber gleichwohl die Agentur für Arbeit unter Verstoß gegen § 36 Abs. 3 SGB III dem Arbeitssuchenden eine Stelle anbietet, ist dieser berechtigt, diesen Vermittlungsvorschlag abzulehnen, ohne eine Sperrzeit gem. § 159 Abs. 1 S. 2 Nr. 2 SGB III befürchten zu müssen.[43] 15

3. Anzeigepflicht

Arbeitgeber, in deren Betrieben ein Arbeitskampf stattfindet, haben gem. § 320 Abs. 5 SGB III bei dessen Ausbruch und Beendigung der Agentur für Arbeit unverzüglich Anzeige zu erstatten. Inhaltlich beschränkt sich diese Anzeige bei Ausbruch des Arbeits- 16

---

[39] HzA/*Kalb* Gruppe 18 Teilbereich 3 Rn. 1433.
[40] Brox/Rüthers/*Jülicher* § 27 Rn. 850.
[41] Gagel/*Peters-Lange* SGB III § 36 Rn. 17.
[42] Gagel/*Peters-Lange* SGB III § 36 Rn. 20.
[43] Küttner/*Voelzke* Arbeitskampf (Vergütung) Rn. 43.

kampfes gem. § 320 Abs. 5 S. 2 SGB III auf den Namen und die Anschrift des Betriebes, das Datum des Beginns und die Zahl der betroffenen Arbeitnehmer. Dabei betrifft die Anzeigepflicht alle Formen des Arbeitskampfes und, worauf bereits der Wortlaut der Vorschrift hinweist, sie besteht nach zutreffender Auffassung unabhängig davon, ob es sich um einen rechtmäßigen oder rechtswidrigen Arbeitskampf handelt.[44] Sinn und Zweck der Anzeige ist es, die Bundesagentur für Arbeit über den Arbeitskampf in Kenntnis zu setzen und es ihr so zu ermöglichen, ihre Neutralität beispielsweise bei der Leistungsgewährung gemäß § 160 SGB III zu wahren. Zwar dient die Anzeigepflicht auch der Festlegung eines konkreten Zeitpunkts, ab dem ein Verstoß gegen die Neutralitätspflicht vorwerfbar wird, was gegebenenfalls sogar einen Amtshaftungsanspruch gegen die Bundesagentur für Arbeit gemäß § 839 BGB iVm Art. 34 GG auslösen kann.[45] Gerade § 36 Abs. 3 SGB III macht jedoch deutlich, dass die Neutralitätspflicht bereits früher in Gang gesetzt werden kann. Die Bundesagentur für Arbeit darf, wenn sie anderweitig von Arbeitskämpfen Kenntnis erlangt, dies nicht bis zum Eingang der Anzeige ignorieren.[46] Eine schriftliche Anzeige iSv § 126 BGB durch den Arbeitgeber wird vom Wortlaut des § 320 Abs. 5 SGB III zwar nicht vorgeschrieben.[47] Der Zweck der Vorschrift erfordert jedoch einen sicheren Nachweis über den Zeitpunkt der Anzeige, was zumindest das Nachreichen einer schriftlichen Information nahelegt. Da die Agentur für Arbeit unverzüglich zu unterrichten ist, erscheint eine Anzeige per Telefax oder E-Mail sinnvoll.[48] Verletzt der Arbeitgeber diese Anzeigepflicht, so stellt dieses, wenn der Arbeitgeber vorsätzlich oder fahrlässig gehandelt hat, eine Ordnungswidrigkeit gem. § 404 Abs. 2 Nr. 25 SGB III dar, die mit einer Geldbuße bis zu 2.000,00 EUR geahndet werden kann.

4. Leistungsrecht

17 Leistungsrechtlich können sich Arbeitskämpfe insbesondere bei der Gewährung von Arbeitslosengeld und Kurzarbeitergeld auswirken. Dies ist vor dem Hintergrund zu sehen, dass die Gewährung von Sozialleistungen, wie Arbeitslosengeld und Kurzarbeitergeld, während eines Arbeitskampfes durchaus als geeignet erscheint, dass damit das Kräfteverhältnis zwischen den Kampfparteien verschoben werden könnte. Insofern würde dann die Gewährung von Sozialleistungen gegen die aus Art. 9 Abs. 3 GG abzuleitende Neutralitätspflicht des Staates und damit auch der Bundesagentur für Arbeit verstoßen.[49]

18 **a) Arbeitslosengeld.** Vor diesem Hintergrund sieht § 160 SGB III bei Arbeitskämpfen einen Ruhenstatbestand für Arbeitslosengeldansprüche vor.[50] Diese Vorschrift entspricht inhaltlich dem damaligen sog. Streikparagraphen § 116 AFG, der auf das Neutralitätssicherungsgesetz vom 15.5.1986 zurückgeht.[51] Das Neutralitätssicherungsgesetz war eine Reaktion auf einen Arbeitskampf in der Metallindustrie 1984, der vor allem mit der Forderung einer 35 Stunden-Woche für alle Tarifbezirke geführt wurde. Der damalige Präsident der Bundesanstalt für Arbeit Franke wies die Arbeitsämter an, den rund 315.000 mittelbar betroffenen Arbeitnehmern, die Entgeltersatzleistung zu versagen.[52] Der prozes-

---

[44] Gagel/*Striebinger* SGB III § 320 Rn. 40; Brand/*Kühl* SGB III § 320 Rn. 11; *Bittner* AR-Blattei SD 170.5 Rn. 45.
[45] Brand/*Kühl* SGB III § 320 Rn. 12; Gagel/*Striebinger* SGB III § 320 Rn. 42.
[46] Gagel/*Striebinger* SGB III § 320 Rn. 42; Eicher/Schlegel/*Hoehl* SGB III § 320 Rn. 76; Hauck/Noftz/*Voelzke* SGB III § 320 Rn. 36; aA NK-SGB III/*Siefert* § 320 Rn. 28, die davon ausgeht, dass erst mit der Anzeige des Arbeitgebers der Beginn der Neutralitätspflicht festgelegt werde.
[47] Gagel/*Striebinger* SGB III § 320 Rn. 44; Eicher/Schlegel/*Hoehl* SGB III § 320 Rn. 80; aA: Brand/*Kühl* SGB III § 320 Rn. 12; Hauck/Noftz/*Voelzke* SGB III § 320 Rn. 39.
[48] Gagel/*Striebinger* SGB III § 320 Rn. 44.
[49] BSG 4.10.1994 – 7 KlAr 1/93, SozR 3–4100 § 116 Nr. 2.
[50] *Deinert* FS Gagel, 2011, S. 119 ff. betrachtet den „Streikparagraphen" umfassend.
[51] Gesetz zur Änderung der Neutralität der BA bei Arbeitskämpfen v. 15.5.1986, BGBl. I 740.
[52] Sog. Franke-Erlass, NZA 1984, 80.

V. Arbeitsförderung und Arbeitskampf § 280

suale Erfolg der IG Metall vor den Sozialgerichten[53] führte dazu, dass die Bundesanstalt für Arbeit ca. 200 Mio. DM KuG an mittelbar betroffene Arbeitnehmer zahlen musste.[54] In der Vergangenheit wurde eine erbitterte Kontroverse um die Verfassungsmäßigkeit von § 116 AFG geführt.[55] Das BVerfG hat jedoch die damalige Vorschrift des § 116 AFG[56] nicht als verfassungswidrig erachtet. Vielmehr sei der Gesetzgeber befugt, Maßnahmen zur Wahrung der Tarifautonomie zu treffen, wenn infolge einer Regelung strukturelle Ungleichheiten der Tarifvertragsparteien auftreten, die ein ausgewogenes Aushandeln der Arbeits- und Wirtschaftsbedingungen nicht mehr zulassen und auch durch die Rechtsprechung nicht mehr ausgeglichen werden können (fördernde Neutralität).[57] Im Gegensatz zum Staat, dem mit der fördernden oder gestaltenden Neutralität auch ein Spielraum zur Ausgestaltung der Parität im Arbeitskampf zukommt, besteht für die Bundesagentur für Arbeit eine erhöhte Neutralitätspflicht.[58]

aa) Ruhen bei unmittelbarer Beteiligung. Nach der Grundregel des § 160 Abs. 1 S. 1 **19** SGB III darf durch die Leistung von Arbeitslosengeld nicht in Arbeitskämpfe eingegriffen werden.[59] Damit konkretisiert die Regelung das verfassungsrechtliche Gebot der Neutralität des Staates bei Arbeitskämpfen; insoweit spricht man auch von passiver Neutralität.[60] Teilweise wird gefordert, den mittelbar vom Arbeitskampf betroffenen Arbeitnehmern ganz generell keine Leistung zu gewähren, da eine Lohnersatzleistung den Arbeitskampf verfälsche und somit ein Verstoß gegen das Neutralitätsgebot vorliege.[61] Es fehlt jedoch bereits an einem staatlichen Eingriff in den Arbeitskampf, wenn die Lohnersatzleistungen außerhalb des Arbeitskampfes gezahlt werden. Vielmehr entspricht es der passiven Neutralität, wenn der Rechtsstaat verhindert, dass unbeteiligte Dritte als Druckmittel verwendet werden können.[62] Kein Eingriff in den Arbeitskampf liegt allerdings dann vor, wenn Arbeitslosengeld Arbeitslosen geleistet wird, die zuletzt in einem Betrieb beschäftigt waren, der nicht dem fachlichen Geltungsbereich des umkämpften Tarifvertrags zuzuordnen ist (§ 160 Abs. 1 S. 2 SGB III). Durch diese Vorschrift wird an den normativen Geltungsbereich des Tarifvertrags angeknüpft, sodass es in der Regel auf die Branchenzugehörigkeit des Betriebes ankommt und nicht auf die fachliche Tätigkeit des jeweiligen Arbeitnehmers.[63] Die Regelung des § 160 Abs. 1 S. 2 SGB III ist jedoch unter dem Blickwinkel des Art. 9 Abs. 3 GG einzuschränken, soweit es sich um so genannte Sympathie-Arbeitskämpfe bzw. Unterstützungsstreiks handelt. Würde hier durch die Agentur für Arbeit Arbeitslosen Arbeitslosengeld geleistet, die zuletzt in einem Betrieb beschäftigt waren, dessen Arbeitnehmer sich an einem Unterstützungsstreik für einen fremden Tarifvertrag beteiligt haben, so liefe dies auf eine Förderung des Unterstützungsstreiks hinaus, die letztlich genauso wie bei einem Erzwingungsstreik eine Verletzung der Neutralitätspflicht der Bundesagentur für Arbeit bedeuten würde. Daher scheidet für Zeiten der Teilnahme an derartigen Unterstützungsstreiks eine Leistungsgewährung durch die Bundesagentur für Arbeit aus.[64]

---

[53] Vgl. HessLSG 22.6.1984 – L 10/Ar 813, 814, 815/84 (A), NZA 1984, 100; LSG Brem 22.6.1984 – L 5 BR 22, 24/84, NZA 1984, 132; SG Frankfurt 27.2.1986 – 7 AR 584/84, DB 1986, 1477.
[54] NK-SGB III/*Mutschler* SGB III § 160 Rn. 21 mwN.
[55] Dazu: *Henssler/Suckow* EzA § 116 AFG Nr. 5; *Konzen* SAE 1996, 216 ff.; *Hensche* RdA 1996, 293 ff.; *Zachert* ZRP 1995, 445; *Kreßel* NZA 1995, 1121 ff.; *Lieb* JZ 1995, 1174 ff.; *Bieback* KJ 1993, 489 ff.
[56] Zur geschichtlichen Entwicklung: *Karasch* AuR 2007, 257 ff.
[57] BVerfG 4.7.1995 – 1 BvF 2/86, 1 BvF 1/87, 1 BvF 2/87, 1 BvF 3/87, 1 BvF 4/87, 1 BvR 1421/86, AP AFG § 116 Nr. 4.
[58] BSG 9.9.1975 – 7 RAr 5/73, NJW 1976, 689; BSG 5.6.1991 – 7 RAr 26/89, NZA 1991, 982.
[59] Die Anwendbarkeit von §§ 160, 100 SGB III im Falle des Verlusts der Beschäftigung wegen neuer Arbeitskampfmaßnahmen (flash-mob) bezweifelnd *Giesen* Erweiterte Kampfbefugnisse und Ausweitung des Arbeitskampfrisikos, S. 95 (111 ff.); aA *Deinert* FS Gagel, 2011, S. 119 (128 ff.).
[60] HWK/*Peters-Lange* SGB III § 160 Rn. 6; *Lieb* JZ 1995, 1174 (1178).
[61] *Isensee* DB 1986, 429 (435); *Raiser* NZA 1984, 369 (375); *Seiter* Staatsneutralität, S. 20 f.
[62] *Gagel/Bender* SGB III § 160 Rn. 59.
[63] *Schmidt-Preuß* DB 1996, 2488 (2493).
[64] *Brand/Düe* SGB III § 160 Rn. 20; DFL/*Lauterbach* SGB III § 160 Rn. 1.

20 Den eigentlichen Leistungsausschluss regelt dann § 160 Abs. 2 SGB III. Danach ruht der Anspruch auf Arbeitslosengeld bis zur Beendigung des Arbeitskampfes, wenn der Arbeitnehmer durch Beteiligung an einem inländischen[65] Arbeitskampf (Streik, Aussperrung) arbeitslos geworden ist. Die ganz hA will hierbei auch nicht zwischen rechtmäßigen und rechtswidrigen Arbeitskampfmaßnahmen differenzieren.[66] Auch nach Ansicht des BSG soll es auf die Frage der Rechtmäßigkeit des Arbeitskampfes nicht ankommen.[67] Hiergegen wird eingewandt, dass dann im Fall einer rechtswidrigen Arbeitgeberaussperrung eine Gleichwohlgewährung von Arbeitslosengeld gem. § 157 Abs. 3 SGB III ebenfalls ausgeschlossen wäre.[68] Sofern es sich aber nicht um eine gänzlich offensichtliche Rechtswidrigkeit einer Aussperrungsmaßnahme handelt, würde eine Gleichwohlgewährung von Arbeitslosengeld zwangsläufig zu einer Einmischung der Bundesagentur für Arbeit in den Arbeitskampf führen. Hierbei geht es insbesondere nicht um die Frage, inwieweit im Fall einer rechtswidrigen Aussperrung noch eine Schutzbedürftigkeit beim Arbeitgeberlager verbleibt. Entscheidend ist, dass das Konfliktlösungsinstrument Arbeitskampf staatsfrei zu halten ist und lediglich die Rechtsordnung sicherzustellen hat, dass durch die Kampfmaßnahmen nicht die rechtlichen Interessen der Beteiligten aber auch Dritter über Gebühr beeinträchtigt werden. Wollte man also eine Gleichwohlgewährung im Fall einer rechtswidrigen Aussperrung zulassen, so würde man damit der Arbeitsverwaltung die schwierige Prüfung überlassen, ob sich eine derartige Arbeitskampfmaßnahme als rechtswidrig oder rechtmäßig darstellt. Diese nicht immer einfach zu beurteilende Frage hätte zur Folge, dass es die Arbeitsverwaltung ist, die über den Erfolg oder Nichterfolg der Aussperrungsmaßnahme entscheidet. Denn wenn sich die Agentur für Arbeit für eine Gleichwohlgewährung von Arbeitslosengeld im Fall einer Aussperrung entscheidet, dann ist damit die Durchschlagkraft dieses Kampfmittels vernichtet, auch wenn sich erst viel später bei einer Kontrolle der Arbeitskampfmaßnahme durch die Gerichte herausstellen sollte, dass die Aussperrungsmaßnahme doch rechtswidrig war.

21 Für den Fall, dass sich entgegen den Angaben des Arbeitgebers der Arbeitsausfall nicht als Folge eines Arbeitskampfes darstellen lässt, sieht § 100 Abs. 3 SGB III einen Anspruch auf Gleichwohlgewährung von Kurzarbeitergeld vor. Der Anspruch des Arbeitnehmers gegen den Arbeitgeber geht dann in Höhe des erbrachten Kurzarbeitergeldes gemäß § 115 Abs. 1 SGB X auf die Bundesagentur für Arbeit über. Allerdings setzt dies voraus, dass die Anspruchsvoraussetzungen für das Kurzarbeitergeld allein deshalb nicht vorliegen, weil der Arbeitsausfall nicht unvermeidbar war. Insofern grenzt die Bewertung des Arbeitsausfalls als vermeidbar oder unvermeidbar den Anwendungsbereich des § 100 Abs. 3 SGB III von demjenigen des § 160 SGB III ab. So ruht der Anspruch auf Kurzarbeitergeld unter den Voraussetzungen des § 160 Abs. 3 SGB III, wenn der Arbeitsausfall unvermeidbar durch den Arbeitskampf verursacht ist. War jedoch der Arbeitsausfall vermeidbar und nicht Folge eines Arbeitskampfes, so kommt § 100 Abs. 3 SGB III zur Anwendung.[69] Bei der Prüfung der Vermeidbarkeit sind allerdings gem. § 100 Abs. 3 S. 2 SGB III auch Fragen der wirtschaftlichen Vertretbarkeit zu prüfen. Vermeidbar ist also der Arbeitsausfall nur dann, wenn die Fortführung der Arbeit auch wirtschaftlich vertretbar ist.[70] So liegt gerade kein arbeitskampfbedingter Arbeitsausfall vor, wenn ein Leiharbeitnehmer wegen eines Streiks im Entleiherbetrieb nicht eingesetzt werden kann, da das Einsatzrisiko zum

---

[65] Zum historischen Hintergrund der Beschränkung auf inländische Arbeitskämpfe: *Seiter* Staatsneutralität, S. 238; zu Konstellationen mit Auslandsbezug: *Eichenhofer* NZA-Beilage 2/2006, 67 ff.
[66] Brand/*Düe* SGB III § 160 Rn. 16; ErfK/*Rolfs* SGB III § 160 Rn. 6; *Seiter* Staatsneutralität, S. 177.
[67] BSG 4. 10. 1994 – 7 KlAR 1/93, SozR 3–4100 § 116 Nr. 2 S. 57; BSG 5. 6. 1991 – 7 RAr 26/89, SozR 3–4100 § 116 Nr. 1 S. 39 f.: § 160 SGB III sei keine Norm des Arbeitskampfrechts sondern eine die Folgen des Arbeitskampfes „auffangende Sozialrechtsnorm".
[68] HWK/*Peters-Lange* SGB III § 160 Rn. 12.
[69] Geschäftsanweisungen Kurzarbeitergeld, hrsg. v. der Bundesagentur für Arbeit – Nürnberg (Zentrale – Team OS12) Stand 12/2017, S. 116.
[70] Geschäftsanweisungen Kurzarbeitergeld, hrsg. v. der Bundesagentur für Arbeit – Nürnberg (Zentrale – Team OS12) Stand 12/2017, S. 117 f.; HWK/*Peters-Lange* SGB III § 100 Rn. 4.

Wirtschaftsrisiko des Verleihers gehört. Eine hiervon abweichende vertragliche Vereinbarung verstößt gegen § 11 Abs. 4 S. 2 AÜG iVm § 615 S. 3, S. 1 BGB und ist dementsprechend unwirksam.[71] Der Verleiher schuldet dem Leiharbeitnehmer, der sich auf sein Leistungsverweigerungsrecht nach § 11 Abs. 5 S. 3 AÜG beruft, gem. §§ 611, 615 S. 1 BGB iVm § 11 Abs. 4 S. 2 AÜG weiterhin die Entrichtung des Arbeitsentgelts.[72]

Ein Anspruch auf Arbeitslosengeld ruht allerdings nur dann, wenn der Streikteilnehmer **22** oder der von der Aussperrung Betroffene dadurch arbeitslos geworden ist. Obwohl die Kampfmittel grundsätzlich nur suspendierende Wirkung entfalten, sind streikende oder ausgesperrte Arbeitnehmer nach der hA ohne weiteres als beschäftigungslos im Sinne der §§ 137, 138 SGB III und in der Folge als arbeitslos anzusehen (Beschäftigungslosigkeit im leistungsrechtlichen Sinne).[73] Jedenfalls bedarf es eines Kausalzusammenhanges zwischen der Beteiligung am Arbeitskampf und der Arbeitslosigkeit.[74] Demnach findet § 160 SGB III keine Anwendung, wenn die Arbeitslosigkeit etwa durch ein Verhalten des Betroffenen selbst herbeigeführt wurde oder es betriebsbedingte Gründe sind, die den Arbeitgeber zur Beendigung des Beschäftigungsverhältnisses veranlasst haben. Dementsprechend ruht der Anspruch auf Arbeitslosengeld selbst dann nur für die Dauer der Beteiligung am Arbeitskampf, wenn die Beteiligung des Arbeitnehmers bereits beendet ist, der Arbeitskampf jedoch fortdauert.[75] Wenn mittelbar betroffene Arbeitnehmer grundsätzlich weiterhin einen Anspruch auf Arbeitslosengeld haben, dann kann für Arbeitnehmer, in deren Betrieben die unmittelbare Beteiligung am Arbeitskampf endet, nichts anderes gelten. Eine Beteiligung am Arbeitskampf gemäß § 160 Abs. 2 SGB III wird auch im Falle der aktiven Teilnahme an einem Boykott angenommen.[76] Verweigert der Arbeitnehmer den Einsatz als Streikbrecher, so führt dies nicht zu einem Ruhen im Sinne von § 160 Abs. 2 SGB III.[77]

bb) Ruhen bei mittelbarer Beteiligung. (1) Ruhen bei räumlicher und fachlicher **23**
Anwendbarkeit des umkämpften Tarifvertrages. Der Leistungsanspruch von mittelbar vom Arbeitskampf betroffenen Arbeitnehmern ruht ebenfalls, wenn der Betrieb, in dem sie zuletzt beschäftigt waren, dem räumlichen und fachlichen Geltungsbereich des umkämpften Tarifvertrags zuzuordnen ist (§ 160 Abs. 3 S. 1 Nr. 1 SGB III). Dabei tritt das Ruhen unabhängig davon ein, ob sich die Arbeitnehmer des besagten Betriebes überhaupt an dem Arbeitskampf beteiligt haben.[78] Entscheidend für den Ruhenstatbestand nach § 160 Abs. 3 S. 1 Nr. 1 SGB III ist allerdings, dass der Arbeitslose zuletzt in einem Betrieb beschäftigt war, der dem räumlichen und fachlichen Geltungsbereich des umkämpften Tarifvertrags zuzuordnen ist. Für die Frage nach dem räumlichen und fachlichen Geltungsbereich kommt es allein darauf an, wie die Tarifparteien diesen gefasst haben. Unerheblich ist in diesem Zusammenhang, ob die Tarifparteien etwa von ihrer Tarifzuständigkeit diesen Geltungsbereich überhaupt so erfassen durften.[79] Allerdings gehören nur solche Betriebe zum Geltungsbereich, auf die der Tarifvertrag nach dessen Abschluss Anwendung finden würde. Insofern werden vom räumlichen Geltungsbereich ei-

---

[71] LSG NRW 30.8.2006 – L 12 AL 168/05, EzAÜG § 615 BGB Nr. 3; kritische Entscheidungsbesprechung: *Böhm* NZS 2007, 404.
[72] BAG 1.2.1973 – 5 AZR 382/72, NJW 1973, 1295 (1296); *Deinert* RdA 2017, 65 (78); aA Boemke/Lembke/*Boemke* AÜG § 11 Rn. 137; *Melms/Lipinski* BB 2004, 2409 (2412f.).
[73] ErfK/*Rolfs* SGB III § 160 Rn. 4; HWK/*Hergenröder* GG Art. 9 Rn. 335; *Seiter* Staatsneutralität, S. 152ff.; aA: *Säcker* Gruppenparität und Staatsneutralität als verfassungsrechtliche Grundlagen des Arbeitskampfrechts, S. 58ff.
[74] Hauck/Noftz/*Valgolio* SGB III § 160 Rn. 17.
[75] Brand/*Düe* SGB III § 160 Rn. 19; *Otto* AK § 18 Rn. 13; aA mit Verweis auf den Gesetzeswortlaut: GK-SGB III/*Mutschler* § 160 Rn. 66; *Seiter* Staatsneutralität, S. 181f.
[76] Däubler ArbeitskampfR/*Deinert* § 20 Rn. 27; Gagel/*Bender* SGB III § 160 Rn. 133.
[77] Däubler ArbeitskampfR/*Deinert* § 20 Rn. 27; Gagel/*Bender* SGB III § 160 Rn. 133.
[78] DFL/*Lauterbach* SGB III § 160 Rn. 5.
[79] HWK/*Peters-Lange* SGB III § 160 Rn. 17.

nes Flächentarifvertrages Betriebe mit einem Firmentarifvertrag nicht erfasst.[80] Ebenfalls nicht zum räumlichen Geltungsbereich zählen Außenseiterbetriebe, für die der umkämpfte Tarifvertrag nicht normativ gelten soll.[81]

24 (2) Ruhen bei nur fachlicher Anwendbarkeit des umkämpften Tarifvertrages. Wenn der Betrieb nicht zum räumlichen, aber zum fachlichen Geltungsbereich des umkämpften Tarifvertrags zählt, so ist § 160 Abs. 3 S. 1 Nr. 2 SGB III einschlägig. Danach tritt die Ruhenswirkung nur ein, wenn auch in dem Tarifgebiet des Betriebes eine Forderung erhoben ist, die einer Hauptforderung des Arbeitskampfes nach Art und Umfang gleich steht, ohne mit ihr übereinstimmen zu müssen. Erhoben ist die Forderung dann, wenn die zur Entscheidung berufene Stelle die Forderung beschlossen hat oder wenn sie aufgrund des Verhaltens der Tarifvertragsparteien im Zusammenhang mit dem angestrebten Abschluss als beschlossen anzusehen ist (§ 160 Abs. 3 S. 2 SGB III). Dahinter steht der Grundgedanke, dass auch in diesen Fällen die Arbeitnehmer, die sich nicht im räumlichen Geltungsbereich des umkämpften Tarifvertrags befinden, gegebenenfalls von dessen Pilotwirkung partizipieren könnten (sog. Partizipationsgedanke[82]). Voraussetzung für diese Partizipationsvermutung ist einmal die Erhebung gleicher oder nach Art und Umfang gleicher Hauptforderungen in den verschiedenen räumlichen Tarifgebieten und der voraussichtlichen Übernahme des erkämpften Tarifergebnisses im Geltungsbereich des nicht umkämpften Tarifvertrags.[83] Für die Frage, wann von einer Gleichheit der erhobenen Forderungen ausgegangen werden kann, ist auf diejenige Forderung der Tarifpartei abzustellen, die den Arbeitskampf begonnen hat.[84] Auch wenn im Hinblick auf die Forderungen keine Identität erforderlich ist, müssen die Forderungen allerdings so dicht beieinander liegen, dass sie fast übereinstimmen.[85] Darüber hinaus ist eine Prognose erforderlich, dass das Arbeitskampfergebnis aller Voraussicht nach in dem räumlichen Geltungsbereich des nicht umkämpften Tarifvertrags im Wesentlichen übernommen wird. Auch an diese Übernahmeprognose sind hohe Anforderungen zu stellen.[86] Es müssen also für eine positive Prognose gewichtige objektive Anzeichen für eine Übernahme des Tarifergebnisses vorhanden sein, dass sie in hohem Maße wahrscheinlich ist. Als Indiz kann hierfür die bisherige Tarifpraxis herangezogen werden.[87] Aber auch Äußerungen der Tarifparteien können als Grundlage für diese Prognose dienen. Unabhängig davon setzt ein Ruhen des Arbeitslosengeldanspruches zwingend voraus, dass die umkämpften oder geforderten Arbeitsbedingungen nach Abschluss eines entsprechenden Tarifvertrags für den Arbeitnehmer gelten oder auf ihn angewendet würden (§ 160 Abs. 3 S. 3 SGB III). Insofern ist stets in den Fällen des § 160 Abs. 3 S. 3 SGB III noch eine konkrete Partizipationsprüfung in Bezug auf den einzelnen Arbeitnehmer vorzunehmen. Stellt sich hierbei heraus, dass der einzelne Arbeitnehmer weder normativ noch durch individualvertragliche Instrumente von den erkämpften Tarifforderungen profitieren kann, ruht der Anspruch auf Arbeitslosengeld nicht.[88]

---

[80] Gagel/*Bender* SGB III § 160 Rn. 141.
[81] ErfK/*Rolfs* SGB III § 160 Rn. 13; Brand/*Düe* SGB III § 160 Rn. 30; *Otto* AK § 18 Rn. 44f., der eine analoge Anwendung von § 160 Abs. 3 S. 1 Nr. 1 SGB III für den Sonderfall vorschlägt, dass ein Außenseiterunternehmen in Form einer vertraglichen dynamischen Verweisung auf die umkämpften Tarifverträge Bezug nimmt.
[82] BVerfG 4.7.1995 – 1 BvF 2/86, 1 BvF 1/87, 1 BvF 2/87, 1 BvF 3/87, 1 BvF 4/87, 1 BvR 1421/86, AP AFG § 116 Nr. 4; *Konzen* GS Heinze, 2005, S. 515 (522); *Thüsing/Burg* LAGE GG Art 9 Arbeitskampf Nr. 77.
[83] HWK/*Peters-Lange* SGB III § 160 Rn. 19.
[84] BSG 4.10.1994 – 7 KlAr 1/93, SozR 3–4100 § 116 Nr. 2.
[85] BSG 5.6.1991 – 7 RAr 26/89, SozR 3–4100 § 116 Nr. 1.
[86] BSG 4.10.1994, – 7 KlAr 1/93, SozR 3–4100 § 116 Nr. 2; Küttner/*Voelzke* Arbeitskampf (Vergütung) Rn. 41.
[87] HWK/*Peters-Lange* SGB III § 160 Rn. 27.
[88] HWK/*Peters-Lange* SGB III § 160 Rn. 28.

cc) Verfahrensrechtliches. Ob die Voraussetzungen nach § 160 Abs. 3 S. 1 Nr. 2a und 2b SGB III erfüllt sind, entscheidend der Neutralitätsausschuss (§ 380 SGB III). Gem. § 160 Abs. 5 S. 2 SGB III hat er jedoch vor seiner Entscheidung den Fachspitzenverbänden der am Arbeitskampf beteiligten Tarifvertragsparteien Gelegenheit zur Stellungnahme zu geben. Die Entscheidung des Neutralitätsausschusses ist gegenüber diesen Fachspitzenverbänden ein Verwaltungsakt.[89] Über eine Klage gegen diese Entscheidung des Neutralitätsausschusses entscheidet das BSG im ersten und letzten Rechtszug (§ 160 Abs. 6 S. 4 SGB III). 25

dd) Reformbestrebungen. Der sogenannte Streikparagraph wurde bereits seit der Neufassung des § 116 AFG von kritischen verfassungsrechtlichen Untersuchungen begleitet.[90] Seither wird von den Gewerkschaften versucht, auf den Gesetzgeber dahingehend einzuwirken, sich zu einer Korrektur des § 160 SGB III zu entschließen.[91] Vereinzelt wird § 160 SGB III sogar für teilweise verfassungswidrig gehalten.[92] Jedenfalls sei es verfassungsrechtlich geboten, die Nutzung von Leiharbeitnehmern als Streikbrecher zu beschränken, solange § 160 SGB III unverändert fortbesteht.[93] Seit dem 1.4.2017 ist im Zuge der AÜG-Reform in § 11 Abs. 5 AÜG ein an den Entleiher gerichtetes Verbot, Leiharbeitnehmer als Ersatz für Streikende in seinem bestreikten Betrieb einzusetzen, implementiert worden. Das generelle Verbot zum Einsatz von Leiharbeitnehmern in § 11 Abs. 5 S. 1 AÜG wird jedoch durch eine Ausnahmeregelung in S. 2 eingeschränkt. 26

b) Kurzarbeitergeld. Für Ansprüche auf Kurzarbeitergeld gilt Ähnliches wie bei dem Anspruch auf Arbeitslosengeld. Gem. § 100 Abs. 1 SGB III gelten die Vorschriften über das Ruhen des Anspruchs auf Arbeitslosengeld bei Arbeitskämpfen, also der § 160 SGB III, entsprechend für den Anspruch auf Kurzarbeitergeld bei einem Arbeitnehmer, dessen Arbeitsausfall Folge eines inländischen Arbeitskampfes ist, an dem er nicht beteiligt ist. Insofern ist auf die obigen Ausführungen zu verweisen. Hat sich der Arbeitnehmer dagegen am Arbeitskampf beteiligt, beruht der Arbeitsausfall nicht auf wirtschaftlichen Gründen oder auf einem unabwendbaren Ereignis, sodass schon nach den Voraussetzungen kein Anspruch auf Kurzarbeitergeld bestehen kann.[94] Um zu vermeiden, dass Arbeitgeber, die sich nicht am Arbeitskampf beteiligen, einen Arbeitskampf lediglich behaupten, um sich so zumindest mittelbar am Arbeitskampf zu beteiligen, hat der Gesetzgeber in § 100 Abs. 2 SGB III dem Arbeitgeber die Darlegungs- und Glaubhaftmachungslast dafür auferlegt, dass der Arbeitsausfall auf einem Arbeitskampf beruht. Er muss also den Ursachenzusammenhang zwischen Arbeitskampf und Arbeitsausfall beweisen.[95] 27

---

[89] *Küttner/Voelzke* Arbeitskampf (Vergütung), Rn. 42.
[90] Vgl. die Gutachten von *Benda* Sozialrechtliche Eigentumspositionen im Arbeitskampf; *Ossenbühl/Richardi* Neutralität im Arbeitskampf; auch *Gamillscheg* KollArbR I, S. 1275, der den Auftrag formuliert, „eine vernünftige Regelung zu finden".
[91] Hierzu *Kocher/Kädtler/Voskamp/Krüger* Noch verfassungsgemäß? Fernwirkungen bei Arbeitskämpfen in der Automobilindustrie und die Verfassungsmäßigkeit des § 160 Abs. 3 SGB III; vgl. auch *Deinert* AuR 2010, 290 (298).
[92] *Kocher/Kädtler/Voskamp/Krüger* Noch verfassungsgemäß? Fernwirkungen bei Arbeitskämpfen in der Automobilindustrie und die Verfassungsmäßigkeit des § 160 Abs. 3 SGB III, S. 84f.
[93] *Kocher/Kädtler/Voskamp/Krüger* Noch verfassungsgemäß? Fernwirkungen bei Arbeitskämpfen in der Automobilindustrie und die Verfassungsmäßigkeit des § 160 Abs. 3 SGB III, S. 77ff.
[94] BSG 5.6.1991 – 7 RAr 26/89, SozR 3–4100 § 116 Nr. 1.
[95] HWK/*Peters-Lange* SGB III § 100 Rn. 2.

Zweites Kapitel: Schlichtungsrecht

§ 281 Staatliche Schlichtung

1 Eine Alternative zum Arbeitskampf kann die Schlichtung sein. Bei ihr ist es nicht die Druckausübung, die den Tarifvertrag hervorbringt, sondern vielmehr ein gegenseitiges Nachgeben unter Moderation einer hierfür berufenen Stelle, welches ebenfalls zur Beendigung von Arbeitskonflikten führen kann. Derartige Schlichtungsverfahren sind jedoch ganz unterschiedlich ausgestaltet. Bisweilen gewinnt man auch den Eindruck, dass es gerade fehlende rechtliche Vorgaben sind, die den Erfolg von Schlichtungsverfahren begünstigen. Zu unterscheiden sind jedenfalls die staatliche und die tarifliche Schlichtung. Hierbei ist die staatliche Schlichtung gegenüber der tariflichen Schlichtung subsidiär. Für erstere ist somit nur dort Raum, wo das tarifliche Schlichtungsverfahren nicht vorgesehen oder gescheitert ist.[1] Eine Schlichtung hat immer die Herbeiführung einer tariflichen Regelung zum Inhalt.[2]

2 Im Gegensatz zur Weimarer Republik[3] kennt die Rechtsordnung der Bundesrepublik Deutschland (mit Ausnahmen, dazu sogleich) keine staatliche Zwangsschlichtung. Lediglich das Kontrollratsgesetz Nr. 35 bietet eine Grundlage für ein staatliches, freiwilliges Schlichtungsverfahren.[4] Dieses Gesetz gilt gem. Art. 123 Abs. 2, 125 GG als Bundesrecht fort.[5] Ob dies dann aber in allen Bundesländern auch gilt, wird bezweifelt.[6] Einige Bundesländer haben sogar hierzu spezielle Vorschriften verabschiedet. So wurde beispielsweise in Rheinland-Pfalz am 30.3.1949 das Landesgesetz über das Ausgleichs- und Schlichtungsverfahren in Arbeitsstreitigkeiten erlassen,[7] abgelöst durch die Verwaltungsvorschrift vom 14.3.1983, die Verfahrensregeln zum Ausgleichs- und Schiedsverfahren in Arbeitsstreitigkeiten vorsieht.[8] Solche Vorschriften finden sich auch in anderen Ländern bzw. Landesteilen.[9] In den Teilen Baden-Württembergs, die früher das Land Baden darstellten, gilt grundsätzlich noch heute die Landesschlichtungsordnung[10]. Diese sieht die Besonderheiten vor, dass zum einen das Schlichtungsverfahren auch von Amts wegen eingeleitet werden kann (§ 12 Abs. 2 LSchliO Baden) und zum anderen der Schiedsspruch (unter weiteren Voraussetzungen) für verbindlich erklärt werden kann (§ 18 Abs. 1 LSchliO Baden).[11] Diesbezüglich wird zutreffend von einer „staatlichen Zwangsschlichtung" gesprochen.[12] Eine staatliche Zwangsschlichtung mit der Folge eines „staatlichen Tarifdiktats"[13]

---

[1] NK-TVG/*Ahrendt* § 1 Rn. 1301; Schaub ArbR-HdB/*Treber* § 195 Rn. 4.
[2] Brox/Rüthers/*Brox* § 20 Rn. 684; *Otto*, AK § 20 Rn. 2.
[3] Hierzu: *Bähr*, Staatliche Schlichtung in der Weimarer Republik, 1989, S. 1 ff.; *Höpfner* ZfA 2018, 254 (258 ff.).
[4] Kontrollratsgesetz Nr. 35 – Ausgleichs- und Schiedsverfahren in Arbeitsstreitigkeiten vom 20.8.1946. ABl. KR, S. 174; abgedruckt in *Kissel* AK § 70 Rn. 6.
[5] So auch *Kissel* AK § 70 Rn. 7; Däubler ArbeitskampfR/*Reinfelder* § 15 Rn. 30; dagegen Fortgeltung als Besatzungsrecht: *Höpfner* ZfA 2018, 254 (264f.).
[6] *Rieble* Verfassungsfragen der Tarifeinheit, S. 133.
[7] GVBl. RP 1949, 98; dazu ausführlich: *Isele*, Rechtsprobleme staatlicher Schlichtung.
[8] MinBl. 1983, 325.
[9] Berlin: Verfahrensregeln zum KRG 35 v. 28.6.1949 (GVBl. 213), das KRG 35 wurde dort durch das Erste Berliner Gesetz zur Aufhebung des Besatzungsrechts v. 11.9.1958 (GVBl. 866) aufgehoben; Niedersachsen: Erlass des Arbeitsministers vom 10.11.1948 (ABl. 348); Nordrhein-Westfalen: 2. DVO zum KRG 35, Vorschriften für das Verfahren vor den Schiedsausschüssen (Arbeit und Sozialpolitik 1948 Nr. 18, 15); Schleswig-Holstein: 2. DVO v. 17.7.1948 (GVBl. 200); Württemberg-Baden: VO Nr. 701 des Arbeitsministeriums, Ausführungs-VO zum KRG 35 (Schlichtungsordnung) v. 2.10.1947 (Reg.Bl. 187); Württemberg-Hohenzollern: VO des Arbeitsministeriums zur Ausführung des KRG vom 23.7.1948 (Reg.Bl. 112).
[10] Landesgesetz über das Schlichtungswesen bei Arbeitsstreitigkeiten (Landesschlichtungsordnung) v. 19.10.1949 (GVBl. 1950, 60); dazu: *Arnold* RdA 1996, 356.
[11] Ebenso war in dem rheinland-pfälzischen Schlichtungsgesetz in § 13 Abs. 2 Buchst. c) die Möglichkeit der Verbindlicherklärung vorgesehen.
[12] Däubler ArbeitskampfR/*Reinfelder* § 15 Rn. 31; *Höpfner* ZfA 2018, 254 (273).
[13] *Leinenweber*, Landesschlichtungsgesetze?, S. 31.

ist mit der durch Art. 9 Abs. 3 GG vorgesehenen Tarifautonomie jedoch unvereinbar.[14] Diskutiert wird insoweit aber, ob die staatliche Zwangsschlichtung zumindest in Notstands-/Extremsituationen ausnahmsweise zulässig sein könnte, wenngleich auch dies im Ergebnis schon deshalb abgelehnt werden muss, weil völlig unklar ist, wann eine solche Situation vorliegt, wer dies feststellt und was praktisch aus einer solchen Feststellung folgt.[15] Letztlich lässt sich dieses Problem mittels der Grenzen des Arbeitskampfes lösen, namentlich über das Verhältnismäßigkeitsprinzip.[16] Aber auch ohne eine landesgesetzliche Ausgestaltung des Schlichtungsverfahrens nach Kontrollratsgesetz Nr. 35 sind Schlichtungsverfahren möglich.[17] Dass es sich bei der staatlichen Schlichtung nicht gänzlich um ein historisches Relikt handelt, zeigt sich etwa in Nordrhein-Westfalen. Dort ist ein Landesschlichter bestellt, der auch in der Vergangenheit immer wieder schlichtend tätig wurde,[18] ohne dass das Schlichtungsergebnis aus sich heraus Verbindlichkeit hatte.[19]

Letztlich beinhaltet aber das Kontrollratsgesetz Nr. 35 Regelungen für eine freiwillige **3** Schlichtung. Um also zu einer Schichtung nach diesen Vorschriften zu kommen, müssen die beteiligten Parteien das zur Verhütung oder Schlichtung von Arbeitsstreitigkeiten einzuhaltende Verfahren vereinbaren, wobei Art. I Nr. 1 KRG Nr. 35 ausdrücklich regelt, dass dieses Verfahren auch in einem Tarifvertrag festgelegt werden kann. Vom Grundsatz her ist das Verfahren zweistufig aufgebaut.[20] Zunächst ist ein sog. „Ausgleichsverfahren" vorgesehen, bei dem der jeweilige Landesschlichter[21] einen Vermittlungsversuch macht. Bleibt dieser Versuch allerdings erfolglos, dann schließt sich hieran ein förmliches Schlichtungsverfahren vor dem sog. „Landesschlichtungsausschuss" an. Dies endet entweder durch eine Einigung der Parteien in Form eines Tarifvertrages oder andernfalls durch einen Schiedsspruch.[22] Durch diesen wird eine inhaltlich bereits vollständig ausgearbeitete Gesamtvereinbarung zur Klärung sämtlicher zwischen den Parteien streitigen Fragen vorgeschlagen. Gleichzeitig stellt sie eine Aufforderung an die Parteien dar, diesen Vorschlag anzunehmen.[23] Darin liegt dann aber auch das eigentliche Problem des Schlichtungsspruches: die Frage nach seiner Verbindlichkeit. Diese setzt nach Art. X KRG Nr. 35 voraus, dass sich grds. die Parteien dem Schlichtungsspruch im Voraus unterworfen haben bzw. sich mit dem Schlichtungsspruch einverstanden erklärt haben. Liegt danach ein derart bindender Schiedsspruch vor, hat dieser die Wirkung eines Tarifvertrages.[24]

Ein weiteres Problem liegt in der gerichtlichen Überprüfbarkeit: Wurde eine Bin- **4** dungswirkung des Schiedsspruches nicht vereinbart, so besteht in Ermangelung rechtlicher Auswirkungen auch kein Rechtsschutzbedürfnis für eine gerichtliche Überprüfung. Im Umkehrschluss ist die Feststellung der Bindungswirkung im Rahmen einer Klage möglich, soweit der Schlichtungsspruch durch Vereinbarung der Parteien Rechtsverbind-

---

[14] *Leinenweber,* Landesschlichtungsgesetze?, S. 30 f.; *Kranz,* Landesarbeitskampfgesetze?, S. 48; *Däubler* ArbeitskampfR/*Reinfelder* § 15 Rn. 31; *Kissel* AK § 70 Rn. 25 f. mwN; eingehend *Behning,* Die Schlichtung in der kollektiven Arbeitsverfassung der Bundesrepublik Deutschland, S. 131 ff.; *Joussen,* Schlichtung als Leistungsbestimmung und Vertragsgestaltung durch einen Dritten, München 2005, S. 155, erachtet daher derartige landesrechtliche Bestimmungen als nichtig.
[15] *Däubler* ArbeitskampfR/*Reinfelder* § 15 Rn. 31; eingehend *Kissel* AK § 70 Rn. 29 ff. mwN.; verneinend für den Bereich der Daseinsvorsorge *Kranz,* Landesarbeitskampfgesetze?, S. 102 f.; differenzierend *Behning,* Die Schlichtung in der kollektiven Arbeitsverfassung der Bundesrepublik Deutschland, S 155 ff., die die Zwangsschlichtung in Notsituationen nicht in jedem Falle als verfassungswidrig erachtet, aber ebenfalls das Problem in der praktischen Umsetzbarkeit sieht.
[16] Zur Vertiefung *Kissel* AK § 70 Rn. 35 mwN.
[17] *Lemke* RdA 2000, 223 (228).
[18] LAG Hamm 3.11.2009 – 14 Sa 264/09, BeckRS 2010, 67372; LAG Köln 12.6.2015 – 9 Sa 485/14, BeckRS 2015, 71941; *Pollmeyer* AuA 2008, 464 (465 f.).
[19] *Noé,* Gebändigter Klassenkampf. Tarifautonomie in der Bundesrepublik Deutschland, S. 288; *Pollmeyer* AuA 2008, 464 (465 f.).
[20] Zum Verfahren der Schlichtung nach dem Kontrollratsgesetz Nr. 35 insgesamt: *Lembke* RdA 2000, 23 ff.
[21] Hierzu: *Pollmeyer* AuA 2008, 464 ff.
[22] *Däubler* TVG/*Ahrendt* § 1 Rn. 1310 f.
[23] *Isele,* Rechtsprobleme staatlicher Schlichtung, S. 29.
[24] Art. X 3 KRG Nr. 35; Schaub ArbR-HdB/*Treber* § 195 Rn. 5; *Höpfner* ZfA 2018, 254 (263).

lichkeit erlangt hat; ebenso kann sein Inhalt klageweise überprüft werden. In beiden Fällen handelt es sich um Streitigkeiten über das Bestehen oder Nichtbestehen von Tarifverträgen iSv § 2 Abs. 1 Nr. 1 ArbGG, für die die Gerichte für Arbeitssachen zuständig sind.[25] Teilweise wird vertreten, dass eine gerichtliche Überprüfung des Schiedspruches auch über §§ 42, 43 VwGO erfolgen könne, da es sich bei dem Schiedsspruch um einen Verwaltungsakt iSv § 35 VwVfG handele.[26] Dem kann mangels einer verbindlichen, unmittelbaren Regelungswirkung des Schiedsspruchs allerdings nicht gefolgt werden, denn schließlich folgt die mögliche Bindungswirkung (die einziger Anknüpfungspunkt für den Regelungscharakter sein kann) erst aus dem Unterwerfungsakt der Parteien. Dieser wiederum ist Ausdruck derer freien, auf der Privatautonomie gründenden Entscheidung.[27]

5 Es mag auch an diesen Problemen liegen, dass im Gegensatz zur Weimarer Zeit[28] heute die Bedeutung der staatlichen Schlichtung eher gering ist. So sollen in der Zeit von 1980 bis 1987 nur 130 und in der Zeit von 1988 bis 1995 lediglich 50 staatliche Schlichtungsverfahren durchgeführt worden sein.[29] Insofern ist dieses sog. „staatliche Schlichtungsverfahren" als wenig effektiv kritisiert worden.[30] Hier wäre es allerdings auch Sache der Schlichtungsinstitutionen, durch größere Transparenz für die staatliche Schlichtung zu werben.

---

[25] NK-TVG/*Ahrendt* § 1 Rn. 1315 f.
[26] Brox/Rüthers/*Brox* Rn. 707; *Otto* AK § 22 Rn. 23 mwN; zur Einordnung als Verwaltungsakt vgl. auch *Isele*, Rechtsprobleme staatlicher Schlichtung, S. 31.
[27] So auch NK-TVG/*Ahrendt* § 1 Rn. 1317 mwN.
[28] *Lesch/Byrski* Flächentarifvertrag und Tarifpartnerschaft in Deutschland – Ein historischer Rückblick, S. 39 ff.; kritisch zur Schlichtung der Weimarer Zeit: *Höpfner* ZfA 2018, 254 (261 f.).
[29] NK-TVG/*Ahrendt* § 1 Rn. 1303; *Kissel/Schick* RdA 1991, 321 (322).
[30] *Rieble* ZAF 2005, 218 (224).

§ 282 Tarifliche Schlichtung und Mediation

Übersicht

	Rn.
I. Tarifliche Schlichtung	1
1. Das Verfahren	1
2. Der Schlichtungsspruch	6
3. Rechtliche Bewertungen	7
II. Mediation im Tarif- und Arbeitskampfrecht	9
1. Das Verfahren	9
2. Rechtliche Bewertung	13

I. Tarifliche Schlichtung

1. Das Verfahren

Im Verhältnis zu der staatlichen Schlichtung (→ § 281 Rn. 1 ff.) ist die tarifliche Schlichtung von weit größerer Bedeutung. Berühmt in diesem Zusammenhang ist das sog. „Margarethenhof-Abkommen" vom 7.9.1954 zwischen der BDA und dem DGB/DAG.[1] Nach dieser freiwilligen Übereinkunft muss im Falle des Scheiterns von Verhandlungen eine von den Tarifparteien paritätisch zusammengesetzte Schlichtungskommission angerufen werden. Voraussetzung ist aber immer, dass die Kampfparteien sich zuvor auf dieses Verfahren verständigt haben. Dies kann in Form eigenständiger Tarifverträge geschehen.[2] Liegt eine derartige Schlichtungsvereinbarung vor, so enthält sie regelmäßig (aber nicht zwingend) eine Verlängerung der tarifvertraglichen Friedenspflicht.[3] Ein Arbeitskampf, der unter Verstoß dieser Schlichtungsvereinbarung geführt wird, ist demnach als Vertragsverstoß zu werten mit der Folge, dass ggf. Schadensersatzansprüche geltend gemacht werden können.[4]

1

Die Praxis orientiert sich noch heute vielfach an dem sog. „Margarethenhof-Abkommen".[5] Kernpunkte einer jeden Schlichtungsvereinbarung sind trotz aller Variationen in der Praxis im Wesentlichen folgende:[6]

2

1. Die Tarifparteien verzichten bis zum Abschluss des Schlichtungsverfahrens auf Arbeitskampfmaßnahmen wie Streiks und Aussperrungen. Erst wenn das Schlichtungsverfahren abgeschlossen ist, endet die Friedenspflicht.
2. Das Schlichtungsverfahren wird zwischen den Tarifparteien verbindlich vereinbart. Das hat zur Folge, dass das Schlichtungsverfahren automatisch beginnt, wenn die Tarifverhandlungen von einer Partei für gescheitert erklärt werden.
3. Ein Schlichtungsverfahren kann nur Erfolg haben, wenn das jeweilige Schlichtungsorgan paritätisch besetzt wird. Insofern werden die Sitze in der jeweiligen Schlichtungskommission paritätisch zwischen Arbeitgeber und Gewerkschaften aufgeteilt.
4. Das Schlichtungsverfahren endet mit einer unverbindlichen Entscheidung. Der jeweilige Schlichtungsspruch kann von den Tarifparteien auch verworfen werden.[7]

Gerade was die Besetzung der Schlichtungsstelle angeht, finden sich aber in der Praxis durchaus unterschiedliche Regelungen. Dies betrifft gerade die Personen des Vorsitzenden derartiger Schlichtungskommissionen. Teilweise ist vorgesehen, dass ein neutraler, stimmberechtigter Vorsitzender nach bestimmten Regularien ausgewählt wird. In anderen Bran-

3

---

[1] ZTR 1988, 413.
[2] Vgl. etwa für die Druckindustrie: *Janke* Aus Erfahrung lernen: Tarifverträge ohne Streik: das Schlichtungswesen in der Druckindustrie.
[3] NK-TVG/*Ahrendt* § 1 Rn. 1282.
[4] *Hromadka/Maschmann* § 20 Rn. 17.
[5] *Höpfner* ZfA 2018, 254 (277).
[6] Vgl. eingehend zu den mindestens enthaltenen Regelungen *Kissel* AK § 69 Rn. 30 ff.
[7] Zum ganzen *N.N.* IWD 2007, Nr. 35 S. 8.

4 Auch der Verfahrensablauf eines Schlichtungsverfahrens ist der Regelung durch die Parteien vorbehalten. Sofern Regelungen fehlen, kann sich das jeweilige Schlichtungsgremium an allgemeinen prozessrechtlichen Maximen orientieren. Hierbei ist jedoch zu berücksichtigen, dass die Bereitschaft zur Akzeptanz eines Schlichtungsspruchs nur dann besteht, wenn beide Parteien hinreichend Gelegenheit hatten, mit ihren Positionen vor dem jeweiligen Schlichtungsorgan Gehör zu finden. Insofern sollte der Verweis auf die allgemeinen prozessrechtlichen Maximen nicht überbewertet werden.

chen wechselt der Vorsitz von Jahr zu Jahr oder von Schlichtung zu Schlichtung. Zwar ist es sinnvoll, dass die Parteien einen neutralen Vorsitzenden wählen. Erforderlich ist dies allerdings nicht.

5 Grundsätzlich gilt, dass die Schlichtungsvereinbarung hinsichtlich des Schlichtungsgegenstandes alles vorsehen kann, was tarifvertraglich regelbar ist, also sowohl Rechtsnormen als auch schuldrechtliche Verpflichtungen. Gleichzeitig können auch bestimmte Punkte ausdrücklich der Schlichtung entzogen werden. Eine einzelfallbezogene Schlichtung ist ebenfalls denkbar.[8]

2. Der Schlichtungsspruch

6 Ein Schlichtungsspruch kommt durch einfache Stimmenmehrheit zustande. Bei Stimmengleichheit entscheidet die Stimme des (neutralen Vorsitzenden).[9] Kommt es zu einer Einigung vor dem Schlichtungsgremium, so ist diese schriftlich niederzulegen und von den Parteien zu unterschreiben. Diese Einigung entspricht einer tarifvertraglichen Regelung, deren normative Elemente unmittelbare Wirkung entfalten. Aus dem schuldrechtlichen Teil der Einigung ergeben sich gleichermaßen Rechte und Pflichten für die Tarifvertragsparteien.[10] Die Schlichtungsvereinbarung kann entweder die vorherige Unterwerfung unter den Schlichtungsspruch oder eine nachträgliche Annahme innerhalb einer näher bestimmten Frist vorsehen. Verbindlichkeit erlangt der Schlichtungsspruch in letzterem Fall erst mit der ausdrücklichen Annahmeerklärung; ein Schweigen gilt als Ablehnung.[11] Einigen sich die Parteien nicht, dann ist es Aufgabe des Schlichtungsgremiums, zu einem Schlichtungsspruch zu kommen. Dieser ist allerdings nur verbindlich, wenn sich die Tarifparteien diesem Schlichtungsspruch unterworfen haben oder diesen nachträglich annehmen.[12] Im Schrifttum wird allerdings vereinzelt vertreten, dass die Vorabunterwerfung der Tarifvertragsparteien unter einen Schlichtungsspruch im Rahmen eines jeweiligen Tarifkonflikts eine unzulässige Delegation tariflicher Regelungsmacht darstelle, sofern das jeweilige Schlichtungsergebnis nicht nachträglich durch die Mitglieder legitimiert wird oder sichergestellt wird, dass der jeweilige Schlichtungsspruch nicht ohne oder gegen den Willen der von den Tarifvertragsparteien entsandten Schlichtungskommissionsmitgliedern gefällt werden kann.[13] Eine unzulässige Delegation tariflicher Rechtsetzungsmacht setzt allerdings voraus, dass der Tarifinhalt durch eine dritte Person bestimmt wird. Tarifliche Schlichtungsstellen können mE nur schwerlich in diesem Sinne als Dritte eingeordnet werden, da ihre Existenz auf der Übereinkunft der Tarifvertragsparteien selbst beruht und sich ihr Handeln insoweit als gemeinsame Wahrnehmung von Tarifautonomie der Tarifvertragsparteien darstellt. Darüber hinaus haben die Tarifvertragsparteien durch die Vorabunterwerfung verdeutlicht, dass sie das Ergebnis der Schlichtung als ihre Tarifentscheidung begreifen und es ihnen auch ohne weiteres möglich ist, trotz Vorabunterwerfung, jederzeit gemeinsam den Inhalt des Schlichtungsspruchs durch Tarifvertrag abzuändern. Die „Hoheit" über das Schlichtungsergebnis haben damit allein die Tarifvertragsparteien. Von daher kann nicht davon ausgegangen werden, dass sich die Tarifvertragsparteien durch

---

[8] NK-TVG/*Ahrendt* § 1 Rn. 1287.
[9] *Kissel* AK § 69 Rn. 46.
[10] NK-TVG/*Ahrendt* § 1 Rn. 1295.
[11] NK-TVG/*Ahrendt* § 1 Rn. 1298.
[12] ErfK/*Linsenmaier* GG Art. 9 Rn. 286; Schaub ArbR-HdB/*Treber* § 195 Rn. 13.
[13] *Höpfner* ZfA 2018, 254 (285 ff.).

I. Tarifliche Schlichtung

Vorabunterwerfung unter den Schlichtungsspruch, etwa eines Schlichters, ihrer tariflichen Regelungsmacht begeben haben, so dass die Vorabunterwerfung unter einen Schlichtungsspruch weiterhin als rechtmäßige Gestaltungsoption tariflicher Schlichtungsabkommen anzusehen ist. Wird der Vermittlungsvorschlag indes nicht angenommen oder abgelehnt, sind in diesem Fall die Verhandlungen endgültig gescheitert, mit der Folge, dass der Arbeitskampf die Lösung bringen muss.[14]

3. Rechtliche Bewertungen

Insgesamt haben es die Tarifvertragsparteien in der Hand, inwieweit sie sich auf ein Schlichtungsverfahren einlassen wollen. Diese Entscheidungsfreiheit, für den Fall des Scheiterns der Verhandlungen ein gesondertes Schlichtungsverfahren vorzusehen, gehört zum Kern der Tarifautonomie.[15] Daraus folgt dann auch zum einen, dass der Staat eine verbandliche Schlichtung zumindest ermöglichen muss. Zum anderen lässt sich dem entnehmen, dass die staatliche Schlichtung nur subsidiär zu einer tariflichen Schlichtung erfolgen kann.[16] Die Tarifvertragsparteien besitzen auch die Möglichkeit, die rechtlichen Vorgaben für dieses Schlichtungsverfahren selbst zu gestalten. Auf derartige Schlichtungsabkommen, in denen das Schlichtungsverfahren durchaus umfassend geregelt sein kann, können sich jedoch die Tarifparteien vielfach nicht einigen. In der Tarifpraxis kommt es deshalb immer wieder zu ad-hoc-Schlichtungsverfahren. Diese gewinnen ihre rechtliche Verbindlichkeit nur dadurch, dass es den jeweiligen Schlichtungsorganen gelingt, einen Schlichtungsspruch zu unterbreiten, dem beide Parteien zustimmen können. Gelingt dies, aus welchen Gründen auch immer, nicht, ist aufgrund der derzeitigen Rechtslage die Schlichtung gescheitert und die Lösung des Konfliktes muss dann durch den Arbeitskampf gesucht werden.

Ob in dieser Situation eine staatliche Zwangsschlichtung weiterhelfen würde, ist mehr als fraglich.[17] Zwar liegen entsprechende Vorschläge von Seiten der Rechtswissenschaft vor.[18] Gerade auch mit der Diskussion um Streiks in der Daseinsvorsorge wurde verschiedentlich das Mittel der Zwangsschlichtung als Lösungsinstrument vorgeschlagen[19] und als solches verfassungsrechtlich vor dem Hintergrund kollidierender Interessen der Allgemeinheit gerechtfertigt.[20] Ob allerdings eine staatliche Zwangsschlichtung, angesichts der Erfahrungen, die man in der Weimarer Republik gemacht hat,[21] der richtige Weg ist, muss bezweifelt werden. Schließlich konterkariert jede staatliche Zwangsschlichtung das in Art. 9 Abs. 3 GG verkörperte Modell einer tarifautonomen Regelung der Arbeits- und Wirtschaftsbedingungen (→ § 281 Rn. 2). Dieses kann nur funktionieren, wenn auch die Modalitäten eines möglichen Schlichtungsverfahrens der Tarifautonomie der Tarifpartner überlassen bleiben. Diese werden jedoch idR die rechtlichen Vorgaben für ein derartiges Schlichtungsverfahren jedoch weitgehend offenlassen. Schließlich führt die Schlichtung nur zum Erfolg, wenn auf der Grundlage der persönlichen Autorität des jeweiligen Schlichtungsorgans bei den Tarifvertragsparteien eine Bereitschaft besteht, sich auf Forderungen der anderen Seite einzulassen. Insofern handelt es sich bei der Schlichtung um ein

---

[14] *Hromadka/Maschmann* § 20 Rn. 24.
[15] HWK/*Hergenröder* GG Art. 9 Rn. 368; *Löwisch/Rieble* TVG § 1 Rn 6; NK-ArbR/*Hanau* GG Art. 9 Rn. 250.
[16] *Joussen,* Schlichtung als Leistungsbestimmung und Vertragsgestaltung durch einen Dritten, S. 97.
[17] *Heinze* FS Däubler, 1999, S. 431 (435 f.).
[18] *Birk* ua., Gesetz zur Regelung kollektiver Arbeitskonflikte – Entwurf und Begründung, §§ 13 ff.; *Rieble* ZAF 2005, 218 (224); *Heinze* FS K. Molitor, 1988, S. 159 ff.; *Heinze* FS Däubler, 1999, S. 431 (434 ff.); für eine vertraglich vereinbarte, paritätisch besetzte, verbindliche Schlichtung mit Unterwerfungszwang plädiert *Rüthers* NZA 2010, 6 (9, 13).
[19] *Franzen/Thüsing/Waldhoff,* Arbeitskampf in der Daseinsvorsorge, 2012, S. 73 ff.
[20] *Stegmüller* NZA 2015, 723 (727).
[21] Hierzu: *Bähr* Staatliche Schlichtung in der Weimarer Republik, S. 236 ff.; *v. Brauchitsch* Staatliche Zwangsschlichtung, S. 239; *Kahn-Freund* Der Funktionswandel des Arbeitsrechts, abgedr. in: Arbeitsrecht und Politik – Quellentexte 1918–1933, 1966, S. 211, 226 ff.; *Nörr* Zwischen den Mühlsteinen – Eine Privatgeschichte der Weimarer Republik, S. 198.

Instrument, das sich bereits von seiner Funktionsweise nur in geringem Maß rechtlich erfassen lässt. Dementsprechend ist einmal mehr darauf hinzuweisen, dass die Vereinbarung von Schlichtungsverfahren der Tarifautonomie der Parteien unterliegt, und sich daher jede staatliche Einflussnahme auf die Gestaltung derartiger Schichtungsverfahren verbietet, wenn man Arbeitskämpfe vermeiden will.

II. Mediation im Tarif- und Arbeitskampfrecht

1. Das Verfahren

9 Eine weitere Möglichkeit zur außergerichtlichen Beilegung von tarifrechtlichen Streitigkeiten bietet das Verfahren der Mediation. Diese Möglichkeit der Streitbeilegung ist in ihren Grundzügen gesetzlich im Mediationsgesetz[22] – das der Umsetzung der Richtlinie 2008/52/EG[23] dient – normiert. In § 1 Abs. 1 MediationsG wird die Mediation definiert als „ein vertrauliches und strukturiertes Verfahren, bei dem Parteien mithilfe eines oder mehrerer Mediatoren freiwillig und eigenverantwortlich eine einvernehmliche Beilegung ihres Konflikts anstreben". Es entspricht dem Wesen der Mediation, dass sie zwar strukturiert ist, es indes an förmlichen Vorgaben, bspw. in Bezug auf den genauen Ablauf, fehlt. Schließlich ist es nicht nur die selbstständige Erarbeitung einer Konfliktlösung durch die Parteien, sondern auch die damit einhergehende Verfahrensflexibilität, die die Mediation hervorhebt.[24] Dementsprechend zeichnet sich die Mediation auch durch ein Miteinander aus – im Gegensatz zu Tarifverhandlungen, bei denen zumeist ein Gegeneinander anzutreffen ist.[25] Bemerkenswert ist zudem der in der Definition enthaltene Grundsatz der Vertraulichkeit, der als einer der Grundprinzipien der Mediation und als eine Voraussetzung für deren Erfolg gilt.[26] In § 4 MediationsG ist diese Vertraulichkeit in Form der Verschwiegenheitspflicht gesetzlich vorgeschrieben. Aus der Definition lässt sich auch das Ziel des Mediationsverfahrens entnehmen, das in der von den Parteien eigenständig, nur unter Begleitung durch den Mediator gefundenen Problemlösung liegt. In diesem Prozess geht es auch darum, eine pragmatische Lösung zu finden und sich dabei von sonst üblichen Überlegungen, etwa höchstrichterlichen Einschätzungen, zu lösen.[27]

10 Der Mediator hat im Gegensatz zu Schlichtern oder Mitgliedern der Schlichtungsgremien keinerlei Entscheidungsbefugnisse und führt die Parteien lediglich durch den Prozess der Lösungsfindung. Er ist hierbei unparteiisch und neutral, § 1 Abs. 2. MediationsG. Von zentraler Bedeutung ist dabei seine Funktion als Mittelsmann, der die Parteien auf dem Weg zur Lösung durch das Verfahren leitet und hilft, den Konflikt von der emotionalen auf eine sachliche Ebene zu bringen.[28] Dies setzt auch eine gewisse Methodenkenntnis voraus.[29] Das Mediationsgesetz sieht daher in § 5 Abs. 1 S. 1 MediationsG vor, dass sich der Mediator eigenverantwortlich aus- und fortbildet und so die notwendigen Kenntnisse erlangt. In § 5 Abs. 1 S. 2 MediationsG ist der Rahmen für diese Kenntnisse abgesteckt. Zudem besteht gem. § 5 Abs. 2 MediationsG die Möglichkeit eine Ausbildung zu durchlaufen und so die Bezeichnung „zertifizierter Mediator" zu erlangen. Die genaue Ausgestaltung dieser Ausbildung regelt gem. § 6 MediationsG eine Rechtsverordnung.[30] Teilweise wird darüber hinaus vorgeschlagen, dass es für die Konfliktbewältigung vor dem

---

[22] Mediationsgesetz vom 21.7.2012 (BGBl. I S. 1577).
[23] RL 2008/52/EG des europäischen Parlaments und des Rates vom 21.5.2008 über bestimmte Aspekte der Mediation in Zivil- und Handelssachen (Mediationsrichtlinie).
[24] *Andrelang,* Mediation im Arbeitsrecht, S. 19.
[25] MAH ArbR/*Dendorfer-Ditges/Ponschab* § 82 Rn. 72.
[26] *Bürger,* Möglichkeiten für den Einsatz der Mediation im Arbeitsrecht unter Einbeziehung des Mediationsgesetzes, S. 53.
[27] *Schubert* FS Kempen, 2013, 401 (402).
[28] *Lembke,* Mediation im Arbeitsrecht, Rn. 52.
[29] Zu den Methoden *Lembke,* Mediation im Arbeitsrecht, Rn. 53 f.; vertiefend zu den Fähigkeiten und Techniken des Mediators nochmals *Lembke,* Mediation im Arbeitsrecht, Rn. 48 ff.
[30] Verordnung über die Aus- und Fortbildung von zertifizierten Mediatoren (Zertifizierte-Mediatoren-Ausbildungsverordnung – ZMediatAusbV) v. 21.8.2016, BGBl. I S. 1994.

II. Mediation im Tarif- und Arbeitskampfrecht

Hintergrund pragmatischer Lösungen von Vorteil sein kann, wenn der Mediator keinem juristischen Beruf angehört.[31] Dabei darf indes nicht aus den Augen verloren werden, dass sich die gefundene Lösung trotz allem Pragmatismus im Rahmen des rechtlich Möglichen und Zulässigen halten muss, weshalb juristische Fachkenntnisse des Mediators dennoch wünschenswert sind. Allerdings hat zumindest im Zusammenhang mit Schlichtungsverfahren die Vergangenheit immer wieder gezeigt, dass das Herbeiführen einer tariflichen Einigung mehr erfordert als juristische Sachkenntnis.

Eine strikte Gliederung des Verfahrens lässt die der Mediation innewohnende Flexibilität nicht zu. Es bestehen daher verschiedene Ansätze, wie eine Mediation ausgeführt werden kann.[32] Allgemein lässt sich sagen, dass sie sich in fünf Phasen gliedert:[33]

1. Einführung in das Wesen der Mediation: Zweck dieser Phase ist es, den Parteien die Mediation näher zu bringen, indem Aspekte wie Ablauf und Stellung des Mediators erläutert werden. An dieser Stelle bietet sich auch der Abschluss einer etwaigen Mediationsvereinbarung (einschließlich Verschwiegenheitsklausel) an. Hierbei ist auch klarzustellen, dass es die Verantwortung der Tarifpartner und nicht die des Mediators ist, eine gütliche Vereinbarung zu erzielen. Dass dies gelingt, setzt voraus, dass die Verhandlungspartner auch bereit sind, die gefundene Lösung gegenüber ihren Mitgliedern zu vertreten. Andernfalls kann nur auf die Schlichtung verwiesen werden.
2. Erforschung des Sachverhalts: Sodann gilt es, die bestehende Konfliktsituation aus Sicht der Parteien zu erfassen. Es ist also Sache des Mediators sich die für die Tarifforderung zugrundeliegenden Parameter von den Parteien darlegen und erläutern zu lassen. Der Mediator fasst dann die strittigen und unstrittigen Punkte abschließend zusammen.
3. Erarbeitung der Parteiinteressen: Ziel dieser Phase ist es, aus den dargelegten Streitpunkten die dahinterstehenden Interessen und Bedürfnisse als Grundlage für die nachfolgende Lösungsfindungsphase herauszuarbeiten. Ein besonderes Augenmerk liegt dabei auch auf der zukünftigen Beziehung der Parteien.[34] Dies ist eine Besonderheit der Mediation, denn gerichtliche Verfahren aber auch die Schlichtung konzentrieren sich auf den aktuellen Konflikt. So lassen sich etwa Lösungen erarbeiten, bei denen ein Zugeständnis auf der einen Seite mit einer vorgreifenden Regelung für die nächste Tarifrunde oder auch mit längeren Laufzeiten des Tarifvertrages aus Sicht der anderen Tarifpartei kompensiert werden kann.
4. Lösungsfindung: Auch in der Phase der Lösungsfindung zeigt sich ein weiterer Vorteil der Mediation, denn hier dürfen alle denkbaren Lösungsvorschläge, und seien sie noch so kreativ oder gar abwegig, im Rahmen eines „Brainstorming" unterbreitet werden. Es sollen dadurch zunächst Lösungsansätze gesammelt werden. Diese werden daraufhin bewertet, wobei sowohl die ermittelten Interessen als auch die Realisierbarkeit im Vordergrund stehen. Dabei darf allerdings nicht außer Acht gelassen werden, dass eine Lösung nur dann akzeptiert wird und so zur langfristigen Streitbeilegung dienen kann, wenn sie besser ist als das wahrscheinliche Ergebnis eines Gerichtsverfahrens oder des Einsatzes von Arbeitskampfmitteln. Diese sog. „beste Alternative zu einer ausgehandelten Vereinbarung" (= best alternative to a negotiated agreement [BATNA]) darf dabei also nicht aus den Augen verloren werden.[35] Idealerweise steht am Ende eine Lösung, von der beide Seiten in Form einer sog. „Win-Win-Situation" profitieren. Dieses Finden einer gemeinsamen Lösung verlangt aber von den Akteuren nicht nur gegenseitiges Vertrauen, sondern zudem die Bereitschaft, die Verantwortung auch für langfristige tarifvertragliche Lösungen zu übernehmen.

---

[31] *Schubert* FS Kempen, 2013, 401 (402) mwN.
[32] *Bürger*, Möglichkeiten für den Einsatz der Mediation im Arbeitsrecht unter Einbeziehung des Mediationsgesetzes, S. 92.
[33] Nachfolgend angelehnt an *Bürger*, Möglichkeiten für den Einsatz der Mediation im Arbeitsrecht unter Einbeziehung des Mediationsgesetzes, S. 93 ff.; vgl. auch *Lembke*, Mediation im Arbeitsrecht, Rn. 36 ff.
[34] Moll MAHArbR/*Dendorfer-Ditges/Ponschab* § 82 Rn. 72.
[35] *Lembke*, Mediation im Arbeitsrecht, Rn. 46.

5. **Verbindliche Lösung:** Hat die Mediation Erfolg und die Parteien können sich auf eine Lösung einigen, steht am Ende die Fixierung eben jener Lösung möglichst in schriftlicher Form. Natürlich wäre bereits in dieser Phase der Abschluss eines Tarifvertrages wünschenswert. Die Mediation ist aber auch dann erfolgreich, wenn sich die Parteien zunächst auf „Eckpunkte" verständigen, die dann Grundlage für die spätere Ausformulierung des Tarifvertrages werden, Entscheidend ist hierfür dann aber die eindeutigen Formulierung des Mediationsergebnisses. Auch hier erweisen sich juristische Fachkenntnisse des Mediators als nützlich, um eindeutige und rechtswirksame Formulierungen zu finden.[36]

12 Bisher lässt sich nicht abschätzen, ob das Verfahren der Mediation signifikante Vorteile gegenüber dem Arbeitskampf und etwaigen Schlichtungsverfahren besitzt. Teilweise wird auch von Fällen des Scheiterns tariflicher Mediation berichtet.[37] Allerdings ist zu bedenken, dass die Hinzuziehung eines Mediators bei Tarifauseinandersetzungen den Tarifparteien alle Optionen offen hält. Das ist sicher ein Vorteil, der es Wert ist, das Mediationsverfahren auch in Tarifauseinandersetzungen in Betracht zu ziehen.

2. Rechtliche Bewertung

13 Das Mediationsverfahren trägt der in Art. 9 Abs. 3 GG gewährleisteten Tarifautonomie in besonderer Weise Rechnung. Die Lösung wird ausschließlich von den betroffenen Tarifvertragsparteien erarbeitet und Dritte haben keinen Einfluss darauf. Letzteres zeigt sich vor allem durch die Neutralität des Mediators sowie dessen fehlender Entscheidungsbefugnis – im Gegensatz zu den Schlichtern, die letztlich nicht nur schlichten, sondern auch entscheiden.[38] Darüber hinaus gewährleistet § 1 Abs. 1 MediationsG die Freiwilligkeit der Mediation und bietet so den Parteien die Möglichkeit, das Verfahren jederzeit abzubrechen und doch noch in den Arbeitskampf einzutreten. Kommt es zum erfolgreichen Abschluss des Mediationsverfahrens, haben die Parteien gemeinsam und aktiv eine Lösung gefunden, die den Interessen beider Seiten gleichermaßen Rechnung trägt. Dies führt zu einer langfristigen, weitaus höheren Akzeptanz als ein von dritter Seite „aufgezwungener" Vergleich.[39]

14 Zum Teil wird allerdings die Frage aufgeworfen, ob es des Verfahrens der Mediation neben den bereits vorhandenen Mitteln zur Konfliktbeilegung, wie die staatliche oder tarifliche Schlichtung, überhaupt bedarf, da auch das Konfliktlösungsverfahren nach dem Kontrollratsgesetz Nr. 35 als Mediationsverfahren begriffen wird.[40] Diese Diskussion wird für die meisten arbeitsrechtlichen Konflikte gerade im Hinblick auf den hierfür eigentlich vorgesehenen staatlich organisierten Rechtsschutz geführt. So sieht § 54 ArbGG eine grundsätzlich obligatorische Güteverhandlung vor,[41] deren Ziel ebenfalls die gütliche Streitbeilegung ist; wobei aber auch in § 54 Abs. 6 S. 2 ArbGG die Mediation ausdrücklich Erwähnung gefunden hat. „Justizförmigen" Verfahren ist allerdings gemein, dass sie nur selten zu einer „tatsächlich einvernehmlichen Lösung" führen, da sie darauf angelegt sind, einen einzelnen Konfliktfall zu entscheiden, nicht aber die gesamte Konfliktsituation in den Blick nehmen.[42] Vor diesem Hintergrund wird deutlich, dass die Mediation im Verhältnis zur Tätigkeit der Rechtsprechung tatsächlich einen eigenen Platz neben den „bekannten" Verfahren einnimmt. Von daher konkurrieren justizförmige Verfahren und die Mediation nicht miteinander, sodass sich auch nicht die Frage stellen kann, ob es der Mediation überhaupt bedarf, weil ein anderes – justizförmiges – Konfliktlösungsinstru-

---

[36] Darauf weist auch *Lembke*, Mediation im Arbeitsrecht, Rn. 44 f., hin.
[37] *Friese* FAZ v. 19.3.2015, 22.
[38] MAHArbR/*Dendorfer-Ditges/Ponschab* § 82 Rn. 73.
[39] *Ponschab/Wiegard/Kampmann* Die Mediation 2016, 64; *Risse* NZA 2017, 1030.
[40] *Lembke* RdA 2000, 223 (230).
[41] Zu den Ausnahmen ErfK/*Koch* ArbGG § 54 Rn. 2.
[42] Vertiefend *Andrelang*, Mediation im Arbeitsrecht, S. 18 f.

II. Mediation im Tarif- und Arbeitskampfrecht

ment bereits vorhanden ist. Das dürfte auch im Verhältnis von Mediation zu Arbeitskampf und Schlichtung gelten.

Die Lösung von Tarifkonflikten mithilfe der Mediation ist eine Option, deren Inanspruchnahme allein von der Entscheidung beider Tarifpartner abhängt. Eine gesetzlich vorgeschriebene Durchführung der Mediation müsste sich vor den Gewährleistungen des Art. 9 Abs. 3 GG rechtfertigen lassen. Dabei kann dahinstehen, ob es sich hierbei um Eingriff oder Ausgestaltung handeln würde. In jedem Fall muss die Freiheit der Parteien, im Tarifkonflikt selbst über Wege und Mittel zu entscheiden, berücksichtigt werden. Durch einen Mediationszwang könnte diese Freiheit nur unter Wahrung des Verhältnismäßigkeitsgrundsatzes eingeschränkt werden.[43] Unabhängig davon stünde jedoch ein Zwang zur Mediation in einem eklatanten Gegensatz zu dem eigentlichen Wesen der Mediation (Flexibilität und Freiwilligkeit als Grundlage zielführender Verhandlungen). Es wird aber letztlich die Tarifpraxis zeigen, ob die freiwillige Mediation dazu beitragen kann, Arbeitskämpfe zu vermeiden. Dies gilt auch für etwaige Mischformen zwischen Schlichtung und Mediation, die teilweise in der Praxis entwickelt wurden.[44]

---

[43] Vertiefend *Schubert,* FS Kempen, 2013, 401 (414f.).
[44] Rieble/Junker/Giesen/*Weh* Arbeitskampf, Verhandlung und Schlichtung, 2018, 91 (97ff.).

Sechster Abschnitt: Betriebsverfassungsrecht

Erstes Kapitel: Einführung und Grundsätze der Betriebsverfassung

Schrifttum:
Annuß, Der Eingriff in den Arbeitsvertrag durch Betriebsvereinbarung, NZA 2001, 756 ff.; *Arnold*, Die Entstehung des Betriebsverfassungsgesetzes 1952, 1978; *Auffarth*, Zur Bedeutung der Beteiligungsrechte des Betriebsrats nach dem Betriebsverfassungsgesetz 1972 für eine paritätische Mitbestimmung der Arbeitnehmer auf Unternehmensebene, RdA 1976, 2 ff.; *Badura/Rittner/Rüthers*, Mitbestimmungsgesetz 1976 und Grundgesetz – Gemeinschaftsgutachten, 1977; *Bauer*, 25 Jahre Betriebsverfassungsgesetz, NZA 1997, 233 ff.; *Belling*, Das Günstigkeitsprinzip nach dm Beschluss des Großen Senats des Bundesarbeitsgerichts vom 16.9. 1986, DB 1987, 1888 ff.; *Blomeyer*, Das Günstigkeitsprinzip in der Betriebsverfassung – Die Betriebsvereinbarung zwischen Individual- und Tarifvertrag, NZA 1996, 337 ff.; *Braner*, Die Geltung von Tarifverträgen im gemeinsamen Betrieb, NZA 2007, 596 ff.; *Däubler*, Das Grundrecht auf Mitbestimmung, 3. Aufl. 1975; *Etzel*, Betriebsverfassungsrecht: Systematische Darstellung, 8. Aufl 2002 = HzA Gruppe 19 (2006), *Gast*, Arbeitsrecht und Direktion, 1978; *Gast*, Arbeitsrecht als Vertragsrecht, 1984; *Giesen*, Tarifverftragliche Rechtsgestaltung für den Betrieb, 2002; *Hanau*, Die Entwicklung der Betriebsverfassung, NZA 1993, 817 ff.; *Hanau*, Schlankere Betriebs- und Unternehmensverfassung, FS Kissel, 1994, S. 347 ff.; *v. Hoyningen-Huene*, Betriebsverfassungsrecht, 6. Aufl. 2007; *v. Hoyningen-Huene*, Der Schutz des Individualwillens in der Betriebsverfassung, ZRP 1978, 181 ff.; *v. Hoyningen-Huene*, Die Einführung und Anwendung flexibler Arbeitszeiten im Betrieb, NZA 1985, 9 ff.; *v. Hoyningen-Huene*, Das unbekannte Management-Handbuch: Das Betriebsverfassungsgesetz, FS Kissel, 1994, S. 388 ff.; *v. Hoyningen-Huene*, Grundfragen der Betriebsverfassung: Mitbestimmung – Betriebsrat – Betrieb – Betriebszugehörigkeit, FS Stahlhacke, 1995, S. 173 ff.; *v. Hoyningen-Huene/Boemke*, Die Versetzung, 1991; *v. Hoyningen-Huene/Meier-Krenz*, Mitbestimmung trotz Tarifvertrages?, NZA 1987, 793 ff.; *v. Hoyningen-Huene/Meier-Krenz*, Flexibilisierung des Arbeitsrechts durch Verlagerung tariflicher Regelungskompetenzen auf den Betrieb, ZfA 1988, 293 ff.; *Hromadka*, Die ablösende Betriebsvereinbarung ist wieder da!, NZA 2013, 1061 ff.; *Kempen*, Betriebsverfassung und Tarifvertrag, RdA 1994, 140 ff.; *Kissel*, 40 Jahre Betriebsverfassung, ArbRGeg. 30 (1993), 21 ff.; *Konzen*, Privatrechtssystem und Betriebsverfassung, ZfA 1985, 469 ff.; *Kreiling*, Die Erstreckung betrieblicher und betriebsverfassungsrechtlicher Tarifnormen auf Außenseiter, 2003; *Lerch/Weinbrenner*, Vertragliche Ausweitung von Mitbestimmungsrechten des Betriebsrats, NZA 1994, 664 ff.; *Lobinger*, Systemdenken im Betriebsverfassungsrecht, RdA 2011, 76 ff.; *Loritz*, Sinn und Aufgabe der Mitbestimmung heute, ZfA 1991, 1 ff.; *Meier-Krenz*, Die Erweiterung von Beteiligungsrechten des Betriebsrats durch Tarifvertrag, 1988; *Meier-Krenz*, Die Erweiterung von Mitbestimmungsrechten des Betriebsrats durch Tarifvertrag, DB 1988, 2149 ff.; *Meinel/Kiehn*, Kollektivvertragsoffene Allgemeine Geschäftsbedingungen – Zur Kritik an dem Urteil des 1. Senats des BAG vom 5.3.2013, NZA 2014, 509 ff.; *Mitbestimmungskommission*, Mitbestimmung im Unternehmen, 1970; *Preis/Ulber*, Die Wiederbelebung des Ablösungs- und Ordnungsprinzips? – Zwischenruf zur Entscheidung des 1. Senats des BAG vom 5.3.2013 (NZA 2013, 916), NZA 2014, 6 ff.; *Th. Raiser*, Mitbestimmung im Betrieb und im Unternehmen, FS Duden, 1977, S. 423 ff.; *Ramm*, Die Mitbestimmung als Teil der Arbeits- und Wirtschaftsverfassung der Bundesrepublik Deutschland und der Deutschen Demokratischen Republik, FS Duden, 1977, S. 439 ff.; *Reichold*, Betriebsverfassung als Sozialprivatrecht, 1995; *Reuter*, Der Einfluss der Mitbestimmung auf das Gesellschafts- und Arbeitsrecht, AcP 179 (1979), 509 ff.; *Richardi*, Der Mitbestimmungsgedanke in der Arbeitsrechtsordnung, ArbRGeg. 13 (1976), 19 ff.; *Rüthers*, Die Betriebsverfassung im Nationalsozialismus, AuR 1970, 97 ff.; *Schaub/Kreft*, Der Betriebsrat, 8. Aufl. 2006; *Schlachter*, Bewährung und Reformbedürftigkeit des Betriebsverfassungsrechts, RdA 1993, 313 ff.; *Scholz*, Paritätische Mitbestimmung und Grundgesetz, 1974; *Spilger*, Tarifvertragliches Betriebsverfassungsrecht, 1988; *Suhr*, Das Mitbestimmungsgesetz als Verwirklichung verfassungs- und privatrechtlicher Freiheit, NJW 1978, 2361 ff.; *Teuteberg*, Geschichte der industriellen Mitbestimmung in Deutschland, 1961; *Waltermann*, Rechtsetzung durch BV zwischen Privatautonomie und Tarifautonomie, 1996; *Weis*, Wirtschaftsunternehmen und Demokratie, 1970; *Weitnauer*, Zivilrechtliche Grundstrukturen im Betriebsverfassungsrecht, FS Duden, 1977, S. 705 ff.; *Wiese*, Entwicklung des Rechts der Betriebs- und Unternehmensverfassung, JuS 1994, 99 ff.; *Wiese*, Schutz und Teilhabe als Zwecke notwendiger Mitbestimmung in sozialen Angelegenheiten und deren Rangverhältnis, ZfA 2000, 117 ff.; *Wiese*, Zum Zweck des Betriebsverfassungsrechts im Rahmen der Entwicklung des Arbeitsrechts, FS Kissel, 1994, S. 1269 ff.

§ 283 Einführung

Übersicht

	Rn.
I. Grundgedanken der Betriebsverfassung	1
1. Übersicht	1
2. Grundgedanken und Legitimierung der Mitbestimmung	2

	Rn.
3. Vor- und Nachteile von Mitbestimmung	4
4. Verhältnis von Betriebs- und Unternehmensverfassung	7
a) Abgrenzung	7
b) Berührungspunkte	9
II. Geschichtliche Entwicklung	10
III. Übersicht zu den gesetzlichen Regelungen	12
1. Das BetrVG	12
2. Ergänzende gesetzliche Bestimmungen	13
a) Betriebsverfassungsrechtliche Normen	14
b) Sonstige Institutionen	15
IV. Das Betriebsverfassungsrecht im Rechtssystem	16
1. Rechtssystematischer Standort	16
2. Betriebsverfassungsrecht und Privatautonomie	17
a) Arbeitnehmer	17
b) Arbeitgeber	19
c) BetrVG als zwingendes Recht	20
3. Betriebsverfassung und Tarifautonomie	21
a) Überblick	21
b) Organisation	22
c) Mitwirkungsrechte	23

I. Grundgedanken der Betriebsverfassung

1. Übersicht

1 Die Betriebsverfassung regelt als arbeitsrechtliche Grundordnung die Zusammenarbeit zwischen Arbeitgeber und Belegschaft im Betrieb, wobei die Belegschaft durch den Betriebsrat und die weiteren Organe der Betriebsverfassung repräsentiert wird. Außerdem legt die Betriebsverfassung die Rechtsstellung der Organe und die Form ihrer Zusammenarbeit fest. Grundanliegen der Betriebsverfassung ist es, den Arbeitnehmern in den betrieblichen Entscheidungen, die ihr tägliches Dasein nachhaltig gestalten, **Mitwirkungs- und Mitbestimmungsbefugnisse** zu gewähren. Dadurch wird die Leitungsbefugnis des Arbeitgebers (Direktionsrecht, vgl. § 106 GewO) in den gesetzlich vorgesehenen Fällen des BetrVG begrenzt. Damit werden einerseits die **betriebliche Ordnung und Organisation** in gewissem Rahmen festgelegt, andererseits umfasst der Gesetzeszweck auch Schutz und Förderung des Wohles der einzelnen Arbeitnehmer. Betriebsverfassungsrecht ist also einerseits Organisationsrecht, andererseits inhaltsbestimmendes Recht betrieblicher Entscheidungstätigkeit.

2. Grundgedanken und Legitimierung der Mitbestimmung

2 Die Mitbestimmung ist zwar nicht durch das Grundgesetz zwingend vorgeschrieben.[1] Die Legitimation des Gesetzgebers zur Einführung der Mitbestimmung im Betrieb, die vom Arbeitgeber finanziert wird, leitet sich aber aus dem Demokratieprinzip ab.[2] Insoweit handelt es sich um eine rechtspolitische Entscheidung des Gesetzgebers, der die Arbeitnehmer an den jeweiligen Entscheidungen durch **Information** und **Mitwirkung** beteiligen will. Die hierdurch eintretende Einschränkung der Arbeitgeberrechte auf Grund der Beteiligungsrechte sind durch die Würde der Person und ihrer freien Entfaltung (Art. 1 und 2 GG) in Form der kollektiven Selbstbestimmung verfassungsrechtlich gerechtfertigt.[3]

---

[1] Ausführlich dazu *Ulber* RdA 2015, 288 ff.; *Schröder* JA 2017, 809 ff.
[2] BAG 10.12.2002 – 1 ABR 7/02, NZA 2004, 223 (227); *v. Hoyningen-Huene* FS Stahlhacke, 1995, S. 173 ff.
[3] ErfK/*Oetker* MitbestG Einl. Rn. 3 ff.; BVerfG 1.3.1979 – 1 BvR 532, 533/77, 419/78, 1 BvL 21/78, NJW 1979, 699 ff.; *Suhr* NJW 1978, 2361 ff.

I. Grundgedanken der Betriebsverfassung

Demgegenüber wird in der **Literatur** der Grundgedanke der Mitbestimmung zum Teil in der Kompensation einseitiger Leitungsbefugnisse des Arbeitgebers gesehen,[4] die ohne Arbeitnehmerbeteiligung gegen die Menschenwürde verstießen.[5] Dieser Ansicht ist aber nicht zu folgen, weil das Direktionsrecht des Arbeitgebers durch den privatautonomen **Abschluss des Arbeitsvertrags** hinreichend legitimiert, zugleich aber auch konkret begrenzt wird. Der Arbeitnehmer bestimmt mit dem Abschluss des Arbeitsvertrags eigenverantwortlich als mündiger Bürger, welche Dienste der Arbeitgeber von ihm verlangen kann. Insoweit aktualisiert er mit dem Vertragsschluss sein Grundrecht aus Art. 12 GG und schränkt dieses, ebenso wie andere Grundrechte, nicht ein.

3. Vor- und Nachteile von Mitbestimmung

Das Mitbestimmungsprinzip bietet erhebliche **Vorteile:** Die Argumente der Betroffenen werden miteinbezogen, es bestehen Überprüfungs- und Begründungszwänge, der soziale Frieden wird gestärkt. Das Mitbestimmungsrecht des Betriebsrats fördert Ruhe und Ordnung im Betrieb und damit die Arbeitsfreudigkeit und Arbeitswilligkeit der Belegschaft.[6] Moderner ausgedrückt: durch Mitbestimmung werden die Motivation der Arbeitnehmer sowie die Akzeptanz, Plausibilität und Transparenz der Entscheidungen des Arbeitgebers verbessert. Mitbestimmung erweist sich dadurch auch als eine Form der „Legitimation durch Verfahren".[7]

Andererseits stehen dem auch erhebliche **Nachteile** gegenüber: Mitbestimmung verlangt wegen des größeren Personalbedarfs ein aufwändiges Führungssystem und bedarf eines größeren Zeitaufwands für die Entscheidungsfindung. Mitbestimmung birgt die Gefahr, Selbstzweck des Kollektivs und seiner Organe zu werden, ohne die Sachfrage im Vordergrund zu sehen. So wird gelegentlich befürchtet, dass der Arbeitnehmer nicht Subjekt von Mitbestimmungsbefugnissen, sondern Objekt betriebsrätlicher Eigendynamik werden könne. Nicht auszuschließen ist weiterhin die Effektivitäts- oder Planungshemmung: Es können sinnvolle oder notwendige Veränderungen schon deshalb unterlassen werden, weil zu große Auseinandersetzungen mit Aufsichtsrat oder Betriebsrat befürchtet werden.

Die aufgezeigten Probleme können das **Grundprinzip** der Mitbestimmung nicht erschüttern. Sie verlangen jedoch ein ständiges Überdenken, damit der Mitbestimmungsgedanke möglichst allen Betroffenen zugutekommt. Dies ist einerseits die Aufgabe des Gesetzgebers bei der Schaffung neuer Mitbestimmungsregelungen, andererseits der Tarifpartner selbst, soweit sie durch gemeinsame Regelungen neue Mitbestimmungstatbestände schaffen. Schließlich hat auch die Rechtsprechung bei Rechtsfortbildung der Mitbestimmung auf dieses Ziel durch Ausgewogenheit ihrer Entscheidungen zu achten.[8]

4. Verhältnis von Betriebs- und Unternehmensverfassung

a) Abgrenzung. Im Gegensatz zur Betriebsverfassung gehören die Regelungen über die wirtschaftliche Mitbestimmung der Arbeitnehmer und ihre Beteiligung **im Aufsichtsrat des Unternehmens** (ausführlich → § 368 Rn. 1 ff.) zur Unternehmensverfassung. Die Unternehmensmitbestimmung ist darauf gerichtet, bei den unternehmerischen Planungen und Entscheidungen neben den Interessen der Anteilseigner auch die Interessen der Arbeitnehmer zu berücksichtigen. Dadurch wird in die an sich nur gesellschaftsrechtlich or-

---

[4] *Mitbestimmungskommission* Mitbestimmung im Unternehmen, 1970, S. 105 (109); *Gast,* Arbeitsvertrag und Direktion, 1978, S. 357 ff.; *Gast,* Arbeitsrecht als Vertragsrecht, 1984, S. 58 ff. (100 ff.); *Weis* Wirtschaftsunternehmen, 1970, S. 105 ff.
[5] *Däubler* Grundrecht auf Mitbestimmung, 1975, S. 155 ff.; *Mitbestimmungskommission* Mitbestimmung im Unternehmen, 1970, S. 99 ff.
[6] BAG 7.9.1956 – 1 AZR 646/54, AP BetrVG § 56 Nr. 2 = NJW 1957, 726 (Ls.).
[7] Hierzu *N. Luhmann* Legitimation durch Verfahren, 1975.
[8] Dazu *v. Hoyningen-Huene* BB 1986, 2133 (2133 ff.).

ganisierte Struktur des Unternehmens kraft Gesetzes eingegriffen.[9] Obgleich Betriebs- und Unternehmensverfassung einen gemeinsamen Zweck verfolgen, nämlich die Beteiligung der Arbeitnehmer an den sie betreffenden Angelegenheiten, lassen sie sich gedanklich klar voneinander trennen. Beide vollziehen sich nämlich auf verschiedenen Ebenen und haben unterschiedliche Zielrichtungen.

8   Die Betriebsverfassung knüpft an den **Betrieb** als organisatorische Einheit zur Verfolgung eines arbeitstechnischen Zwecks an. Sie betrifft das Verhältnis des Arbeitgebers zur Belegschaft. Durch die Beteiligungsrechte des Betriebsrats sollen vor allem die Entscheidungen des Arbeitgebers hinsichtlich der Organisation des Betriebs und des Arbeitsablaufs sowie der Zusammensetzung der Belegschaft beeinflusst werden. Da die Betriebsverfassung auf betriebliche Belange bezogen ist, lässt sie im Prinzip die unternehmerische Entscheidungsfreiheit unberührt.[10] Dagegen ist Bezugspunkt der Unternehmensverfassung das **Unternehmen** als organisatorische Einheit zur Verfolgung eines wirtschaftlichen (oder ideellen) Zwecks. Die Mitbestimmung der Arbeitnehmer ist hier nicht auf gesetzlich festgelegte Gegenstände beschränkt, sondern erfolgt durch Arbeitnehmerrepräsentanten im Aufsichtsrat als Unternehmensorgan. Damit wird diesen eine unmittelbare Einflussnahme auf die unternehmerischen Planungs- und Entscheidungsprozesse ermöglicht.[11]

9   **b) Berührungspunkte.** Rechtlich stehen Unternehmensmitbestimmung und Betriebsverfassung **selbstständig nebeneinander.** Die Beteiligungsrechte nach dem BetrVG und dem MitbestG berühren sich nach den geltenden gesetzlichen Regelungen nicht.[12] Dennoch bestehen vielfache funktionelle Zusammenhänge, aus denen sich auch Überschneidungen ergeben können. Dieses gilt in erster Linie für die Mitbestimmung in wirtschaftlichen Angelegenheiten (§§ 106 ff. BetrVG). Auch die Beteiligungsrechte des Betriebsrats in sozialen (§ 87 BetrVG) und personellen Angelegenheiten (§§ 90 ff. BetrVG) können Auswirkungen auf das unternehmerische Handeln und damit den Bereich der Unternehmensverfassung haben.

II. Geschichtliche Entwicklung

10 Der Gedanke einer betrieblichen Arbeitnehmervertretung steht in engem Zusammenhang mit der **Industrialisierung** und lässt sich bis in die erste Hälfte des 19. Jahrhunderts zurückverfolgen.[13] Wegen der durch das Überangebot an Arbeitskräften und dem Konkurrenzkampf der aufkommenden Fabriken verursachten sozialen Not unter den Fabrikarbeitern mehrten sich die Stimmen, die eine Repräsentation der Arbeiter zur Beschränkung der Unternehmergewalt forderten.[14] Mangels gesetzlicher Kodifizierung waren jedoch lediglich vereinzelt Unternehmer bereit, auf freiwilliger Basis Arbeitervertretungen mit eingeschränkten Funktionen zuzulassen.[15] Erst **1891** erging eine gesetzliche Regelung über die freiwillige Errichtung von Arbeiterausschüssen im sog. **Arbeiterschutzgesetz**.[16] Dieses sah neben Anhörungsrechten auch ein erstes echtes Beteiligungsrecht in den Fällen vor, in denen die Zustimmung der Arbeiterausschüsse für die Arbeitsordnung erforderlich war.[17] Infolge der Ereignisse des Ersten Weltkriegs entstand das Gesetz über den **väterli-

---

[9] *Hueck/Windbichler* Gesellschaftsrecht, 2008, § 1 Rn. 10; GK-BetrVG/*Wiese* Einl. Rn. 40 ff.
[10] Begr. zum BetrVG 1972, BT-Drs. VI/1786, 31; *Auffarth* RdA 1976, 2 (2); *Badura/Rittner/Rüthers* Gemeinschaftsgutachten, 1977, S. 104; FWW/*Wißmann* Mitbestimmungsrecht Vorb. Rn. 9 f.; *v. Hoyningen-Huene* BetrVR § 1 Rn. 13; *Raiser* MitbestG Einl. Rn. 56; *v. Hoyningen-Huene* FS Duden, 1977, S. 423 (425 f.).
[11] *Auffarth* RdA 1976, 2 (2); FWW/*Wißmann* Mitbestimmungsrecht Vorb. Rn. 9 f.; *v. Hoyningen-Huene* BetrVR § 1 Rn. 16; *Th. Raiser* FS Duden, 1977, S. 423 (426); *Richardi* ArbRGeg. 13, 1976, S. 19 (48 f.).
[12] FWW/*Wißmann* Mitbestimmungsrecht Vorb. Rn. 9 f.; *v. Hoyningen-Huene* BetrVR § 1 Rn. 17.
[13] Ausführlich *Teuteberg*, Geschichte der Mitbestimmung, 1961, S. 8 ff.; *Wiese* JuS 1994, 99 (99 f.).
[14] Einzelheiten bei *Teuteberg*, Geschichte der Mitbestimmung, 1961, S. 8 ff.; *Wiese* JuS 1994, 99 (99 f.).
[15] Ausführlich *Wiese* JuS 1994, 99 (99 f.); *Arnold* Entstehung BetrVG, 1978, S. 4 ff.
[16] Gesetz zur Änderung der Reichsgewerbeordnung vom 1. 6. 1891, RGBl. S. 261 ff.
[17] *Wiese* JuS 1994, 99 (100); *Teuteberg*, Geschichte der Mitbestimmung, 1961, S. 376 ff.

schen Hilfsdienst vom 5.12.1916. Hierdurch wurde kraft Gesetzes eine zwingende Arbeitnehmervertretung für die Betriebe, die für den väterländischen Hilfsdienst tätig waren,[18] angeordnet, soweit eine obligatorische Errichtung nicht bereits durch die früheren Regelungen in der Gewerbeordnung oder den Berggesetzen gegeben war.[19] Eine weitere Fortentwicklung der Arbeitnehmervertretung stellte das **Betriebsrätegesetz** (BRG) vom 4.2.1920[20] dar. Nunmehr waren grundsätzlich in allen Betrieben, die in der Regel mindestens 20 Arbeitnehmer beschäftigten, Betriebsräte zu errichten. Die hierin bestimmten Beteiligungsrechte des Betriebsrats waren jedoch überwiegend auf unterrichtende, vermittelnde und sonstige Mitwirkungsbefugnisse in vereinzelten Bereichen begrenzt.[21] Die Entwicklung der Arbeitnehmerbeteiligung im Betrieb wurde in der nationalsozialistischen Zeit durch das Gesetz zur Ordnung der nationalen Arbeit (AOG) vom 20.1.1934[22] unterbrochen, welches das BRG 1920 außer Kraft setzte.

Nach dem Ende des Zweiten Weltkriegs gab es regional unterschiedliche Regelungen, bis mit dem **Betriebsverfassungsgesetz vom 11.10.1952**[23] ein bundeseinheitliches Betriebsverfassungsrecht geschaffen wurde, das die Befugnisse der Betriebsräte im Unterschied zum BRG erheblich erweiterte.[24] Später wurde das **Betriebsverfassungsgesetz vom 18.1.1972**[25] erlassen, das nicht nur eine Novellierung des alten BetrVG 1952, sondern eine neue Kodifikation mit veränderter Paragraphenzählung darstellte. Heute gilt das **BetrVG** in der **Fassung der Bekanntmachung vom 25.9.2001.**[26]

III. Übersicht zu den gesetzlichen Regelungen

1. Das BetrVG

Im **ersten Abschnitt** des BetrVG werden **organisatorische Fragen** behandelt (§§ 1–73 BetrVG). Er enthält einen mit „Allgemeine Vorschriften" überschriebenen ersten Teil (§§ 1–6 BetrVG). Im zweiten Teil (§§ 7–59a BetrVG) finden sich die Vorschriften über die Institutionen Betriebsrat, Betriebsversammlung, Gesamt- und Konzernbetriebsrat. In einem dritten Teil sind die Bestimmungen über die (Gesamt-)Jugend- und Auszubildendenvertretung (§§ 60–72f. BetrVG) enthalten. Im **zweiten Hauptabschnitt** (Vierter Teil des BetrVG, §§ 74–113 BetrVG) hat der Gesetzgeber die **Mitwirkung und Mitbestimmung** der Arbeitnehmer geregelt. Er umschreibt als Kernstück des BetrVG den Aufgabenbereich des Betriebsrats, insbesondere in sozialen, personellen und wirtschaftlichen Angelegenheiten. Dabei sind die in §§ 81 bis 86 BetrVG geregelten Mitwirkungs- und Beschwerderechte des Arbeitnehmers materiell nicht Bestandteil der Betriebsverfassung, weil es sich weitgehend um individualrechtliche Befugnisse des Arbeitnehmers handelt (→ § 290 Rn. 1 ff.). Den **Schlussabschnitt** des Gesetzes bilden **Sonderregelungen** für die Seeschifffahrt, die Luftfahrt, für Tendenzbetriebe und Religionsgemeinschaften (§§ 114 bis 118 BetrVG). Das BetrVG wird abgeschlossen mit Straf- und Bußgeldvorschriften (§§ 119–121 BetrVG), Bestimmungen über die Änderung von Gesetzen (§§ 122–124 BetrVG) sowie Übergangs- und Schlussvorschriften (§§ 125–132 BetrVG).

---

[18] Die erfassten Betriebe waren in § 2 des Gesetzes legal definiert.
[19] *Wiese* JuS 1994, 99 (100); *Teuteberg*, Geschichte der Mitbestimmung, 1961, S. 410 ff.
[20] RGBl. S. 147.
[21] *Wiese* JuS 1994, 99 (101 f.); *Arnold*, Die Entstehung des Betriebsverfassungsgesetzes 1952, 1978, S. 4 ff.
[22] RGBl. I 45 ff.
[23] BGBl. I 681 ff.
[24] *Wiese* JuS 1994, 99 (102); *Arnold*, Die Entstehung des Betriebsverfassungsgesetzes 1952, 1978, S. 94 ff.
[25] BGBl. I 13 ff.
[26] BGBl. I 2518.

2. Ergänzende gesetzliche Bestimmungen

13 Darüber hinaus gibt es in verschiedenen anderen Gesetzen Regelungen, die einerseits betriebsverfassungsrechtliche Normen, andererseits sonstige Institutionen betreffen, die eine ähnliche Stellung wie Betriebsräte haben.[27]

14 **a) Betriebsverfassungsrechtliche Normen.** Zunächst finden sich zahlreiche echte betriebsverfassungsrechtliche Normen außerhalb des BetrVG. Dazu zählen ua: der Kündigungsschutz der Betriebsratsmitglieder und anderer schutzbedürftiger Personen (§ 15 KSchG); die Zuständigkeit des Betriebsrats für Leiharbeitnehmer (§ 14 AÜG);[28] die Mitwirkung des Betriebsrats bei Massenentlassungen (§ 17 Abs. 2 u. 3 KSchG), bei Unternehmensumwandlungen (§§ 5 Abs. 3, 17 Abs. 1, 126 Abs. 3, 194 Abs. 2 UmwG), bei der Bestellung und Abberufung von Betriebsärzten und Fachkräften für Arbeitssicherheit (§ 9 Abs. 3 ASiG, § 22 Abs. 1 S. 1 SGB VII) sowie von Sicherheitsbeauftragten und Beauftragten für betriebliche Notfallmaßnahmen (§ 10 Abs. 2 S. 3 ArbSchG); ferner die Mitwirkung im Rahmen der Arbeitsförderung (vgl. §§ 99 Abs. 1, 100 Abs. 2, 165 Abs. 5, 312 Abs. 2, 323 Abs. 2 SGB III), im Falle der Insolvenz (§§ 122, 125, 126 InsO), bei der Kündigung von schwerbehinderten Menschen (§§ 167, 170 Abs. 2 SGB IX) und bei der Anzeige eines Arbeitsunfalls (§ 193 Abs. 5 SGB VII). Schließlich ist der Betriebsrat bei den Aufsichtsratswahlen beteiligt (vgl. ua §§ 98 Abs. 2, 104 Abs. 1 u. 4 AktG). Auch bei § 3 KSchG, der dem gekündigten Arbeitnehmer ein Einspruchsrecht beim Betriebsrat gewährt, ist trotz dieser individualrechtlichen Regelung der betriebsverfassungsrechtliche Zusammenhang deutlich.

15 **b) Sonstige Institutionen.** Im weiteren Sinn zählen ua verschiedene Institutionen zur Betriebsverfassung, die eine ähnliche Stellung wie Betriebsräte haben und mit diesen teilweise eng zusammenarbeiten müssen: der Europäische Betriebsrat (vgl. EBRG) oder der SE-Betriebsrat (vgl. SEBG) bzw. der SCE-Betriebsrat (vgl. SCEBG), der Sprecherausschuss der leitenden Angestellten (vgl. SprAuG), die Schwerbehindertenvertretung (§§ 177 ff. SGB IX, §§ 32, 52, 80 Abs. 1 Nr. 4 BetrVG) sowie der entsprechende Inklusionsbeauftragte des Arbeitgebers (§ 181 SGB IX), der Vertrauensmann der Zivildienstleistenden (§ 37 ZDG), die Betriebsärzte und Fachkräfte für Arbeitssicherheit nach dem ASiG (vgl. auch § 89 Abs. 1 BetrVG), der Beauftragte für den Datenschutz (§§ 4f und 4g BDSG),[29] der Sicherheitsbeauftragte nach § 22 SGB VII und sonstige Arbeitsschutzbeauftragte nach § 13 Abs. 2 ArbSchG (vgl. auch § 89 Abs. 2 u. 3 BetrVG); außerhalb der eigentlichen Betriebsverfassung: der Aufsichtsrat (§§ 95 ff. AktG, § 52 GmbHG).[30]

IV. Das Betriebsverfassungsrecht im Rechtssystem

1. Rechtssystematischer Standort

16 Das Betriebsverfassungsrecht ist dem **Privatrecht** zuzuordnen.[31] Das Privatrecht regelt die Beziehung des Einzelnen zu einem anderen Gleichgeordneten.[32] Öffentlich-rechtliche Normen regeln hingegen insbesondere das Verhältnis des Einzelnen zum Staat oder zu

---

[27] Ausführlich *Pulte* Mitbestimmung außerhalb der Betriebsverfassung, 1997, S. 5; Kurzfassung in NZA 1997, 913 ff.
[28] Ausführlich zur Versetzung von Leiharbeitnehmern *v. Hoynigen-Huene/Boemke* Versetzung, 1991, S. 214 ff.
[29] Hierzu *v. Hoynigen-Huene* NZA-Beil. 1/1985, 19 ff.; *Rudolf* NZA 1996, 296 (298).
[30] Dazu *Wiese* FS Wolf, 1985, S. 685 ff.
[31] BAG 15.2.1989 – 7 ABR 9/88, AP BetrVG 1972 § 19 Nr. 17 = SAE 1990, 289 (290); *v. Hoynigen-Huene* BetrVR § 1 Rn. 13; Richardi/*Richardi* BetrVG Einl. Rn. 130 ff.; GK-BetrVG/*Wiese* Einl. Rn. 88 ff.
[32] Vgl. VG Leipzig 6.9.2005 – 5 K 1018/05, DÖV 2006, 269 Rn. 6 f.; BeckOK VwGO/*Reimer* § 40 Rn. 45; SBS/*Schmitz* VwVfG § 1 Rn. 83 ff.

anderen Trägern öffentlicher Gewalt.³³ Sie setzen voraus, dass sie Rechte oder Pflichten für den Staat oder andere Träger öffentlicher Gewalt begründen.³⁴ Betriebsverfassungsrechtlichen Vorschriften betreffen jedoch Fragen der unternehmensinternen Organisation privatrechtlicher Unternehmen und regeln, welche Einrichtungen im Betrieb/Unternehmen geschaffen werden können, die der Arbeitgeber ggf. im Rahmen der Entscheidungsfindung zu beteiligen hat. Damit werden der Arbeitgeber und der Betriebsrat verpflichtet und berechtigt. Sowohl der Arbeitgeber als privatrechtlicher Betriebsinhaber als auch der Betriebsrat als Repräsentant der Arbeitnehmer sind Privatrechtssubjekte. Sie üben als natürliche/juristische Person des Privatrechts bzw. betriebsverfassungsrechtliche Arbeitnehmervertretung keine Hoheitsfunktionen bzw. öffentliche Aufgabe aus. Die Regelungsmacht der Betriebspartner stellt keine hoheitliche Gewalt dar, weder eine öffentlichrechtliche Beleihung noch Beherrschung liegt vor.³⁵

2. Betriebsverfassungsrecht und Privatautonomie

a) Arbeitnehmer. Die Privatautonomie des einzelnen Arbeitnehmers wird durch die Mitbestimmung des Betriebsrats sowohl gefördert als auch zugleich eingeschränkt. Durch die nach dem BetrVG eröffnete Mitbestimmung werden die Arbeitnehmerinteressen bei Arbeitgeberentscheidungen berücksichtigt. Arbeitnehmer können hierdurch zumindest mittelbar durch den Betriebsrat ihre Interessen in Angelegenheiten vertreten, in denen der Arbeitgeber ohne Betriebsrat allein entscheidet.³⁶ Zudem gilt auch im Bereich des BetrVG das arbeitsrechtliche **Günstigkeitsprinzip**.³⁷ Individualvertraglich kann von einer Betriebsvereinbarung zugunsten des Arbeitnehmers grundsätzlich abgewichen werden. 17

Gleichwohl wird die Privatautonomie auch eingeschränkt, weil die Arbeitsvertragsparteien eine ungünstigere Vereinbarung (zB als Ausgleich für eine nicht im Sachzusammenhang stehenden Vorteil) nicht entgegen einer Betriebsvereinbarung schließen können. Außerdem kann nach dem von der Rspr. entwickelten **kollektiven Günstigkeitsrinzip** eine vertragliche Einheitsregelung durch kollektiv günstigere Betriebsvereinbarung überlagert werden.³⁸ Darüber hinaus können nach dem BAG kollektive Arbeitsbedingungen auch ohne ausdrückliche Vereinbarung durch Betriebsvereinbarung ersetzt werden, weil sie als betriebsvereinbarungsoffen angesehen werden.³⁹ Mittelbare Auswirkungen der betrieblichen Mitbestimmung auf die Rechtsstellung des einzelnen Arbeitnehmers gibt es im Bereich der Mitbestimmung in personellen Angelegenheiten. So bedürfen eine Einstellung und Versetzung gemäß § 99 Abs. 1 BetrVG der Zustimmung des Betriebsrats (→ §§ 340, 341 Rn. 1 ff.). 18

b) Arbeitgeber. Naturgemäß wird durch die Beteiligungsrechte des Betriebsrats die **Privatautonomie des Arbeitgebers stärker eingeschränkt** als die der Arbeitnehmer. Namentlich die Mitbestimmung in sozialen Angelegenheiten nach § 87 BetrVG führt 19

---
[33] Vgl. VG Leipzig 6.9.2005 – 5 K 1018/05, DÖV 2006, 269 Rn. 6 f.; BeckOK VwGO/*Reimer* § 40 Rn. 45; SBS/*Schmitz* VwVfG § 1 Rn. 83 ff.
[34] Vgl. VG Leipzig 6.9.2005 – 5 K 1018/05, DÖV 2006, 269 Rn. 6 f.; SBS/*Schmitz* VwVfG § 1 Rn. 83 ff.
[35] Allgemein zu Beleihung und Beherrschung Maunz/Dürig/*Schmidt-Aßmann* GG Art. 19 Rn. 56 ff.; Schoch/Schneider/Bier/Ehlers/*Schneider* VwGO § 40 Rn. 275 ff.
[36] BT-Drs. VI/334, 59; *Waltermann* Rechtsetzung durch BV, S. 4. – Vgl. auch *Wiese* ZfA 2000, 117 (121 f.); *Lobinger* RdA 2011, 76 (87).
[37] BAG 19.7.2016 – 3 AZR 134/15, NZA 2016, 1475 Rn. 44; 5.3.2013 – 1 AZR 417/12, NZA 2013, 916 Rn. 55; 5.8.2009 – 10 AZR 483/08, NZA 2009, 1105 Rn. 10; *Blomeyer* NZA 1996, 337 (337 ff.); Oberthür/Seitz/*Oberthür* Betriebsvereinbarungen A. VI. 3. Rn. 14.
[38] BAG 17.6.2003 – 3 ABR 43/02, NZA 2004, 1110 (1114); 16.9.1986 – GS 1/82, NZA 1987, 168 (173 ff.). – Ablehnend: *Annuß* NZA 2001, 756 (760 f.); *Belling* DB 1987, 1888 (1890); Richardi/*Richardi* BetrVG § 77 Rn. 154.
[39] Vgl. BAG 10.3.2015 – 3 AZR 56/14, NZA-RR 2015, 371 Rn. 31 ff.; 5.3.2013 – 1 AZR 417/12, NZA 2013, 916 Rn. 58 ff.; 16.11.2011 – 10 AZR 60/11, NZA 2012, 349 Rn. 15; vgl. auch *Meinel/Kiehn* NZA 2014, 509 (510 ff.); kritisch zur Betriebsvereinbarungsoffenheit ohne ausdrücklichen Hinweis oder zusätzliche Umstände *Hromadka* NZA 2013, 1061 (1063); *Preis/Ulber* NZA 2014, 6 (8 ff.).

dazu, dass mitbestimmungswidrige Anordnungen des Arbeitgebers gegenüber Arbeitnehmer unwirksam sind, selbst wenn diese vom Direktionsrecht des Arbeitgebers gedeckt werden oder sogar im Einverständnis mit dem Arbeitnehmer erfolgt sind (→ § 318 Rn. 5 ff.). Dem Betriebsrat kann im Rahmen des einzelnen Mitbestimmungstatbestandes sogar ein **Initiativrecht** zustehen (→ § 315 Rn. 32 ff.).[40] Auch die Beteiligung in personellen und wirtschaftlichen Angelegenheiten kann zu einer zumindest **mittelbaren Beeinträchtigung der Privatautonomie des Arbeitgebers** führen, so zB bei einer Einstellung eines Arbeitnehmers (→ Rn. 18).

20 c) BetrVG als zwingendes Recht. Die Vorschriften des BetrVG sind für Arbeitgeber und Betriebsrat zwingendes Recht, soweit das Gesetz nicht selbst den Betriebspartnern Regelungsbefugnisse einräumt (zB §§ 86, 88, 102 Abs. 6 BetrVG). Insbesondere ist es den Betriebspartnern untersagt, von der gesetzlich vorgeschriebenen Organisation der Betriebsverfassung abweichende Bestimmungen zu vereinbaren.[41] So ist eine Einschränkung der Mitbestimmung oder sonstiger Mitwirkungsrechte des Betriebsrats durch Betriebsvereinbarung unzulässig.[42] Das BetrVG stellt insoweit im Interesse der Belegschaft Mindestanforderungen an eine wirksame Interessenvertretung auf, von denen zum Nachteil der Belegschaft des Betriebs nicht abgewichen werden darf. Das Mitbestimmungsrecht muss allerdings nicht immer für jeden Einzelfall gesondert ausgeübt werden; dies kann gelegentlich durch **Rahmenregelungen** auch im Voraus geschehen.[43] Durch eine solche Rahmenvereinbarung der Betriebspartner wird die Mitbestimmung durch eine Regelung ausgeübt, die nicht nur aktuelle, sondern insbesondere zukünftige Fälle betrifft.[44] Vor dem Hintergrund des zwingenden Charakters der Mitbestimmungstatbestände sind den Betriebspartner hierbei jedoch Grenzen gesetzt. Rahmenvereinbarungen dürfen nicht einem Verzicht gleichkommen, indem zwar formal eine Mitbestimmung zB durch Abschluss einer Betriebsvereinbarung stattfinden, nach der Betriebsvereinbarung jedoch der Arbeitgeber allein nach einem in der Betriebsvereinbarung nicht näher bestimmten abstrakten Rahmen eine konkrete mitbestimmungspflichtige Entscheidung treffen kann.[45] In dem in der Praxis besonders relevanten Bereich der **Einführung von Kurzarbeit** ist es zur Wahrung des § 87 Abs. 1 Nr. 3 BetrVG deshalb erforderlich, dass die Rechte und Pflichten, die aus der Einführung der Kurzarbeit folgen, in der Betriebsvereinbarung so deutlich bestimmt werden, dass sie für den betroffenen Arbeitnehmer erkennbar sind. Hierzu muss mindestens der Beginn und Dauer der Kurzarbeit, die Lage und Verteilung der Arbeitszeit sowie die Auswahl der betroffenen Arbeitnehmer geregelt werden.[46] Möglich wäre zudem die **zusätzliche Schaffung von Mitbestimmungsrechten** durch freiwillige Betriebsvereinbarung („volenti non fit iniuria"),[47] nicht aber durch die Einigungsstelle (→ § 315 Rn. 14).[48] Für soziale Angelegenheiten folgt dies aus § 88 BetrVG. Hiernach können Betriebsvereinbarungen freiwillig in sämtlichen sozialen Angelegenheiten, die nicht bereits zwingend mitbestimmungspflichtig sind, geschlossen werden. Dabei sind die

---

[40] Ausführlich hierzu *Wiese* Das Initiativrecht des BR nach dem BetrVG, 1977, S 26 ff.
[41] Richardi/*Richardi* BetrVG Einl. Rn. 134 ff.
[42] Vgl. BAG 26.4.2005 – 1 AZR 76/04, AP BetrVG 1972 § 87 Nr. 12 = NZA 2005, 892 (894).
[43] BAG 2.3.1982 – 1 ABR 74/79, AP BetrVG 1972 § 87 Arbeitszeit Nr. 6 = SAE 1982, 304 (306); *v. Hoyningen-Huene/Boemke* Versetzung, 1991, S. 163 f.; GK-BetrVG/*Wiese* § 87 Rn. 6.
[44] Vgl. BAG 3.6.2003 – 1 AZR 349/02, NZA 2003, 1155 (1158 f.); LAG SchlH 22.3.2002 – 1 Sa 514/01, BeckRS 2002, 31055148; Oberthür/Seitz/*Oberthür* Betriebsvereinbarungen A. II. 4. Rn. 6.
[45] Vgl. BAG 3.6.2003 – 1 AZR 349/02, NZA 2003, 1155 (1158 f.); LAG SchlH 22.3.2002 – 1 Sa 514/01, BeckRS 2002, 31055148; *Joussen* RdA 2005, 31 (33).
[46] BAG 18.11.2015 – 5 AZR 491/14 Rn. 15, NZA 2016, 565; LAG Hamm 1.8.2012 – 5 Sa 27/12, NZA-RR 2013, 244 (246); Schaub ArbR HdB/*Linck* § 47 Rn. 6.
[47] *Fitting* § 1 Rn. 249; *v. Hoyningen-Huene* BetrVR § 2 Rn. 23; Richardi/*Richardi* BetrVG Einl. Rn. 139 f.; GK-BetrVG/*Wiese* § 87 Rn. 10 ff.
[48] BAG 15.5.2001 – 1 ABR 39/00, AP BetrVG 1972 § 87 Prämie Nr. 17 = NZA 2001, 1154 (1157).

IV. Das Betriebsverfassungsrecht im Rechtssystem

in § 88 BetrVG benannten Gegenstände nicht abschließend.[49] Vielmehr besteht auf freiwilliger Basis grundsätzlich eine umfassende Regelungskompetenz der Betriebspartner in sozialen Angelegenheiten.[50] Für personelle Angelegenheiten gilt dies zumindest für § 102 Abs. 4 BetrVG. Zum Teil wird dies aber auch im Übrigen für personelle Gegenstände angenommen.[51] Auch im Hinblick auf wirtschaftliche Angelegenheiten wird teilweise die Erweiterungsmöglichkeit vertreten.[52]

3. Betriebsverfassung und Tarifautonomie

a) Überblick. Das Verhältnis der betrieblichen Mitbestimmung zur Tarifautonomie hat verschiedene Aspekte: Zum einen geht es um die tatsächlichen und rechtlichen Befugnisse der Tarifpartner innerhalb der Betriebsverfassung (vgl. §§ 2 Abs. 2, 74 Abs. 3 BetrVG).[53] Zum anderen handelt es sich um die Frage, ob die Betriebsverfassung durch Tarifverträge beeinflusst oder sogar durch Erweiterung bzw. Einschränkung der Mitbestimmungsrechte umgestaltet werden kann.[54] Diese hier zu erörternde Problematik betrifft die Frage, ob die Betriebsverfassung **abschließend gestaltet oder tarifdispositiv** ist.

b) Organisation. Nach allgemeiner Auffassung sind zumindest die organisatorischen Vorschriften des BetrVG auch im Hinblick auf Tarifverträge zwingender Natur.[55] Die Organisation des Betriebsrats und der Belegschaft kann tarifvertraglich nicht abweichend vom Gesetz gestaltet werden, soweit das BetrVG es nicht selbst ausdrücklich zulässt (vgl. §§ 3, 38 Abs. 1 S. 3, 47 Abs. 4 und 5, 55 Abs. 4, 72 Abs. 4 und 5, 76 Abs. 8, 86, 117 Abs. 2 BetrVG). Besonders bedeutsam ist vor allem die **Ermächtigung der Tarifpartner in § 3 Abs. 1 BetrVG**,[56] die insbesondere die Schaffung zusätzlicher betriebsverfassungsrechtlicher Vertretungen der Arbeitnehmer betrifft (→ § 284 Rn. 8 ff.).

c) Mitwirkungsrechte. Eine **Einschränkung** der Mitwirkungsrechte des Betriebsrats durch Tarifvertrag ist nach allgemeiner Auffassung **unzulässig**.[57] Eine Begrenzung der Beteiligungsrechte des Betriebsrats durch Tarifvertrag ist jedoch rechtliche Konsequenz der gesetzlichen Bestimmungen des § 77 Abs. 3 S. 1 BetrVG sowie des Einleitungssatzes des § 87 Abs. 1 BetrVG (→ § 315 Rn. 54 ff., § 319 Rn. 9 ff.). Besteht eine tarifliche Regelung über Arbeitsentgelte und sonstige Arbeitsbedingungen oder sind solche tarifüblich so ist die Ausübung eines Mitbestimmungsrechts durch Abschluss einer Betriebsvereinbarung nach § 77 Abs. 3 S. 1 BetrVG unzulässig. Eine Tarifnorm schließt zudem das Mitbestimmungsrecht des Betriebsrats in sozialen Angelegenheiten nach § 87 BetrVG aus, wenn sie abschließend einen hiernach mitbestimmungspflichtigen Gegenstand re-

---

[49] BAG 18.8.1987 – 1 ABR 30/86, NZA 1987, 779 (780); ErfK/*Kania* BetrVG § 88 Rn. 1; *Lerch/Weinbrenner* NZA 2011, 664 (665 f.); Richardi/*Richardi* BetrVG § 88 Rn. 6.
[50] BAG 11.7.2000 – 1 AZR 551/99, NZA 2001, 462 (464); 7.11.1989 – GS 3/85, NZA 1990, 816 (818); 19.5.1978 – 6 ABR 25/75, AP BetrVG 1972 § 88 Nr. 1 = SAE 1980, 30 ff.; ErfK/*Kania* BetrVG § 88 Rn. 1; *Fitting* § 1 Rn. 250; *Lerch/Weinbrenner* NZA 2011, 664 (665 f.); Richardi/*Richardi* BetrVG § 88 Rn. 6.
[51] Vgl. BAG 7.11.1989 – GS 3/85, NZA 1990, 816 (818); 10.2.1988 – 1 ABR 70/86, NZA 1988, 699 (701); *Fitting* § 1 Rn. 250, 252; *Lerch/Weinbrenner* NZA 2011, 664 (667 ff.).
[52] Vgl. hierzu BAG 7.11.1989 – GS 3/85, NZA 1990, 816 (818); *Fitting* § 1 Rn. 250, 254; *Lerch/Weinbrenner* NZA 2011, 664 (669 f.); ablehnend TV *Löwisch/Rieble* TVG § 1 Rn. 787.
[53] Vgl. dazu → § 240 Rn. 22 ff. sowie *v. Hoyningen-Huene* BetrVR § 5 Rn. 18 ff.
[54] Vgl. hierzu rechtstatsächlich *Spilger*, Tarifvertragliches Betriebsverfassungsrecht, 1988, S. 60 ff.
[55] Amtl. Begr. BR-Drs. 715/70, 36; BAG 29.4.2015 – 7 ABR 102/12, NZA 2015, 1397 Rn. 28; 29.4.2015 – 7 ABR 102/12, NZA 2009, 1424 Rn. 15; *v. Hoyningen-Huene* BetrVR § 2 Rn. 21; GK-BetrVG/*Kraft/Franzen* § 3 Rn. 3; Richardi BetrVG/*Richardi* Einl. Rn. 134 ff., 143.
[56] Dazu ausführlich *Heither* und *Kempen* FS Schaub, 1998, S. 295 ff. (357 ff.).
[57] *v. Hoyningen-Huene* BetrVR § 2 Rn. 22; *v. Hoyningen-Huene/Meier-Krenz* ZfA 1988, 293 (307); *Meier-Krenz*, Erweiterung von Beteiligungsrechten, 1988, S. 78 ff.; Richardi BetrVG/*Richardi* Einl. Rn. 144; GK-BetrVG/*Wiese* § 87 Rn. 5.

gelt.⁵⁸ **Umstritten** ist hingegen, ob durch Tarifvertrag die **Mitbestimmungsrechte** des Betriebsrats **erweitert** werden können. Das BAG hat sich für die Zulässigkeit einer Erweiterung der Mitbestimmungsrechte des Betriebsrats durch Tarifvertrag ausgesprochen.⁵⁹ Es hat sich hierbei insbesondere auf den Wortlaut von §§ 1 Abs. 1, 3 Abs. 2 TVG gestützt, wonach im Tarifvertrag betriebsverfassungsrechtliche Fragen mit Wirkung für Außenseiter geregelt werden könnten.⁶⁰

24 Diesem Ergebnis ist zuzustimmen.⁶¹ Eine **tarifvertragliche Erweiterung** muss in den Regelungsbereichen **möglich** sein, in denen die Betriebspartner freiwillig eine besondere Einigungs- oder Mitwirkungspflicht begründen können. Eine Erweiterung der Mitwirkungsrechte durch Tarifvertrag ist von der Regelungsbefugnis der Tarifvertragsparteien erfasst und verstößt nicht gegen höherrangiges Recht. Nach §§ 1 Abs. 1, 3 Abs. 2 TVG umfasst die Regelungsbefugnis der Tarifvertragsparteien in gegenständlicher Hinsicht auch betriebsverfassungsrechtliche Fragen. Dies beinhaltet auch eine Erweiterung der Beteiligungsrechte des Betriebsrats als betriebsverfassungsrechtliche Angelegenheit.⁶² Die Regelungsbefugnis ist auch nicht durch einen abschließenden Charakter des BetrVG begrenzt.⁶³ Ein **ausdrückliches Verbot** der Erweiterung durch Tarifvertrag ist **im BetrVG nicht vorzufinden**. Zudem folgt ein solches auch nicht aus systematischen Erwägungen. Erweitert eine tarifliche Regelung die Mitbestimmungsrechte über die zwingenden gesetzlichen Vorschriften hinaus, in den Rahmen in dem auch die Betriebspartner selbst dies könnten, wird der gesetzlich vorgegebene Gestaltungsspielraum nicht überschritten. Zwar regelt das BetrVG im Hinblick auf die Tarifvertragsparteien kein originäres Erweiterungsrecht. Jedoch steht den Betriebspartnern ein solches Recht nach dem BetrVG zu (→ Rn. 20), sodass die Tarifvertragsparteien zur Ausübung dieses Rechts legitimiert werden können. Die durch das BetrVG eröffnete Autonomie der Betriebspartner ist taugliche Grundlage für eine tarifvertragliche Erweiterung der Mitbestimmungsrechte, wenn der Arbeitgeber tarifgebunden ist. Schließt der Arbeitgeber selbst den Tarifvertrag ab, der ein Mitbestimmungsrecht begründet, so übt er seine Entscheidungsautonomie aus dem BetrVG direkt durch Tarifvertragsabschluss aus. Schließt hingegen ein Arbeitgeberverband den Tarifvertrag, so hat der Arbeitgeber diesen durch seinen Verbandsbeitritt nach allgemeinen Grundsätzen zur Regelung auch betriebsverfassungsrechtlicher Fragen iSd § 1 TVG legitimiert.⁶⁴ Dies beinhaltet auch die Freiheit des Arbeitgebers, die Mitbestimmungsrechte auszuweiten.

---

⁵⁸ BAG 27.6.2006 – 3 AZR 255/05, NZA 2006, 1285 Rn. 32ff.; 17.11.1998 – 1 ABR 12/98, NZA 1999, 662 (663); 3.12.1991, NZA 1992, 749 (752); BeckOK ArbR/*Werner* BetrVG § 87 Rn. 23; ErfK/*Kania* BetrVG § 87 Rn. 16; Richardi/*Richardi* BetrVG § 87 Rn. 161.

⁵⁹ BAG 18.8.1987 – 1 ABR 30/86, AP BetrVG 1972 § 77 Nr. 23 mit abl. Anm. *v. Hoyningen-Huene* = SAE 1988, 97ff. mit abl. Anm. *Löwisch/Rieble*; 10.2.1988 – 1 ABR 79/86, AP BetrVG 1972 § 99 Nr. 53 = SAE 1991, 352 (355) mit im Ergebnis abl. Anm. *Lund*; 29.9.2004 – 5 AZR 559/03, AP BetrVG 1972 § 87 Arbeitszeit Nr. 111 = BeckRS 200442261; zust. aus der Literatur *Fitting* § 1 Rn. 255ff.; *Lerch/Weinbrenner* NZA 2011, 664 (665ff.); *Meier-Krenz* Erweiterung von Beteiligungsrechten, 1988, S. 82ff.; *Meier-Krenz* DB 1988, 2149ff.; *Wiedemann/Oetker* TVG § 2 Rn. 155ff.; GK-BetrVG/*Wiese* § 87 Rn. 11; *Kempen/Zachert/Zachert* TVG § 1 Rn. 270ff. – Im Grundsatz so auch *Löwisch/Rieble* TVG § 1 Rn. 519ff. – Einschränkend *Beuthien* ZfA 1986, 131 (136); *v. Hoyningen-Huene/Meier-Krenz* ZfA 1988, 293 (296).

⁶⁰ BAG 18.8.1987 – 1 ABR 30/86, AP BetrVG 1972 § 77 Nr. 23 unter B III 2 b mit Anm. *v. Hoyningen-Huene* = NZA 1987, 779 (783); 10.2.1988 – 1 ABR 70/86, AP BetrVG 1972 § 99 Nr. 53 unter II 2 a = SAE 1991, 352 (354).

⁶¹ Gegen eine Erweiterung der Mitbestimmungsrechte durch TV noch MHdB ArbR/*v. Hoyningen-Huene*, 3. Aufl. 2009, § 210 Rn. 24; *Buchner* TV, AR-Blattei SD 1550.4, 1999, unter A III 2 b aa; *Giesen* Tarifverträgliche Rechtsgestaltung für den Betrieb, 2002, 364ff.; *v. Hoyningen-Huene* BetrVR § 2 Rn. 25; *v. Hoyningen-Huene* NZA 1985, 9 (11); Richardi/*Richardi* BetrVG Einl. Rn. 147ff.

⁶² Vgl. BAG 18.8.1987 – 1 ABR 30/86, NZA 1987, 779 (783); BeckOK ArbR/*Waas* TVG § 1 Rn. 99f.; ErfK/*Franzen* TVG § 1 Rn. 48; *Fitting* § 1 Rn. 257; *Löwisch/Rieble* TVG § 1 Rn. 519ff.

⁶³ AA noch MHdB ArbR/*v. Hoyningen-Huene*, 3. Aufl. 2009, § 210 Rn. 24.

⁶⁴ Vgl. BAG 18.8.1987 – 1 ABR 30/86, NZA 1987, 779 (783); dazu *Boemke* FS 50 Jahre BAG, 2004, S. 613 (627ff.).

IV. Das Betriebsverfassungsrecht im Rechtssystem

Dem steht auch nicht entgegen, dass der Betriebsrat selbst nicht unmittelbar die Tarifvertragsparteien legitimiert. Soweit angenommen wird, dass § 3 Abs. 2 TVG nicht nur im Hinblick auf Arbeitnehmer, sondern auch gegenüber dem Betriebsrat gilt,[65] ist die Legitimation kraft Gesetzes getroffen worden. Die Tarifgebundenheit des Arbeitgebers genügt, damit die betriebsverfassungsrechtlichen Normen unmittelbar und zwingend nach § 3 Abs. 2 TVG wirken. Soweit im Wege einer teleologischen Reduktion des § 3 Abs. 2 TVG eine unmittelbar und zwingende Wirkung auch für den Betriebsrat abgelehnt wird, weil das für § 3 Abs. 2 TVG tragende Argument der Notwendigkeit einer betriebseinheitlichen Regelung in diesem Zusammenhang nicht greift,[66] bedarf es im Ergebnis keiner Legitimation durch den Betriebsrat. Der Arbeitgeber ist durch den Tarifvertrag lediglich einseitig verpflichtet. Durch eine solche Tarifnorm wird die Rechtsstellung des Betriebsrats in zulässiger Weise erweitert. Dieses Recht kann der Betriebsrat wahrnehmen oder hierauf verzichten. Im Ergebnis wird durch eine mitbestimmungserweiternde Tarifregelung somit nicht die aus dem BetrVG folgende gesetzliche Erweiterungsbefugnis in sachlicher oder personeller Hinsicht ausgedehnt. Vielmehr wird allein die vom BetrVG eröffnete Entscheidungsfreiheit des Arbeitgebers im Hinblick auf die erweiternde Beteiligung seines Betriebsrats durch Tarifvertrag verbindlich bestimmt. Schließlich stehen einer mitbestimmungserweiternden Tarifregelung auch keine verfassungsrechtlichen Bedenken entgegen. Weder die Rechte des Arbeitgebers noch der Arbeitnehmer werden in verfassungsrechtlich relevanter Weise verletzt. Es fehlt bereits an einem Eingriff. Die Begrenzung der Entscheidungsfreiheit des Arbeitgebers folgt aus der Tarifbindung. Letztlich verstößt ein tarifliches Mitbestimmungsrecht auch nicht gegen Arbeitnehmerrechte. Die Mitbestimmungserweiterung betrifft unmittelbar nur die Rechtsbeziehung zwischen den Betriebspartnern, nicht hingegen die zu der Belegschaft. Zwar betrifft die ausgeübte Mitbestimmungsmaßnahme mittelbar auch die Arbeitnehmer.[67] Jedoch stehen sie im Ergebnis nicht anders, als wenn der Arbeitgeber von seiner Entscheidungsbefugnis allein Gebrauch gemacht hätte bzw. unmittelbar selbst sich zur erweiterten Mitbestimmung mit dem Betriebsrat entschlossen hätte.

---

[65] Vgl. BAG 18.8.1987 – 1 ABR 30/86, AP BetrVG 1972 § 77 Nr. 23 = SAE 1988, 97 (101); *Kreiling* Erstreckung betrieblicher Tarifnormen, 2003, S. 13 ff. – Vgl. auch Hinweis BeckOK ArbR/*Giesen* TVG § 3 Rn. 16.
[66] Vgl. hierzu BAG 27.4.1988 – 7 AZR 593/87, AP BeschFG 1985 § 1 Nr. 4 = NZA 1988, 771 f.; 21.1.1987 – 4 AZR 486/86, AP GG Art. 9 Nr. 46 = BB 1987, 334 (335); ErfK/*Franzen* TVG § 3 Rn. 16.
[67] Vgl. BAG 10.2.1988 – 1 ABR 70/86, NZA 1988, 699 (701).

§ 284 Sachlicher und räumlicher Geltungsbereich des Betriebsverfassungsgesetzes

Schrifttum:
Agel-Pahlke, Der internationale Geltungsbereich des Betriebsverfassungsgesetzes, 1988; *Auffarth,* Betriebsverfassung und Auslandsbeziehungen, FS Hilger/Stumpf, 1983, S. 31 ff.; *Birk,* Auslandsbeziehungen und Betriebsverfassungsgesetz, FS Schnorr v. Carolsfeld, 1973, S. 61 ff.; *Birk,* Betriebszugehörigkeit bei Auslandstätigkeit, FS Molitor, 1988, S. 19 ff.; *Boemke,* „Ausstrahlungen" des Betriebsverfassungsgesetzes ins Ausland, NZA 1992, 112 ff.; *Boemke,* Der Betriebsbegriff von Erwin Jacobi und seine Bedeutung für das heutige Arbeitsrecht 2009 S. 203 ff.; *Boemke,* Reform des Betriebsverfassungsgesetzes, JuS 2002, 521; *Braner,* Die Geltung von Tarifverträgen im gemeinsamen Betrieb, NZA 2007, 596 ff.; *Buchner,* Betriebsverfassungs-Novelle auf dem Prüfstand, NZA 2001, 633 ff.; *Dütz,* Mitbestimmungen in kirchlichen Wirtschaftsbetrieben, FS Stahlhacke, 1995, S. 161 ff.; *Franzen,* Die Betriebsverfassung in der Seeschifffahrt, AR-Blattei, SD 1450.5 (1994); *Friese,* Die Bildung von Spartenbetriebsräten nach § 3 Abs. 1 Nr. 2 BetrVG, RdA 2003, 92 ff.; *Friese,* Tarifverträge nach § 3 BetrVG im Tarif- und Arbeitskampfrecht, ZfA 2003, 237 ff.; *Gamillscheg,* Internationales Arbeitsrecht, 1959; *Gaul/Mückl,* Vereinbarte Betriebsverfassung – Was ist möglich, was sinnvoll?, NZA 2011, 657 ff.; *Haas/Salamon,* Betrieb, Betriebsteil und Hauptbetrieb – Die Zuordnung und Reichweite des Leitungsapparates, NZA 2009, 299 ff.; *Haas/Salamon,* Der Betrieb in einer Filialstruktur als Anknüpfungspunkt für die Bildung von Betriebsräten, RdA 2008, 146 ff.; *Hickl,* Arbeitsverhältnis unter Auslandsberührung, NZA-Beil. 1/1987, S. 10 ff.; *v. Hoyningen-Huene,* Mitbestimmung, Handbuch des Wissenschaftsrechts, 2. Aufl. 1996, Nr. 62; *v. Hoyningen-Huene,* Grundfragen der Betriebsverfassung: Mitbestimmung – Betriebsrat – Betrieb – Betriebszugehörigkeit, FS Stahlhacke, 1995, S. 173 ff.; *Jaeger,* Der Auslandsbezug des Betriebsverfassungsgesetzes, 1983; *Junker,* Internationales Arbeitsrecht, Haftung, Arbeitnehmervertretung, RdA 1990, 212 ff.; *Junker,* Internationales Arbeitsrecht im Konzern, 1992; *Kania/Klemm,* Möglichkeiten und Grenzen der Schaffung anderer Arbeitnehmervertretungsstrukturen nach § 3 Abs. 1 Nr. 3 BetrVG, RdA 2006, 22 ff.; *Lipperheide,* Die Arbeitnehmervertretung und ihre Bedeutung in einem deutschen Betrieb eines Unternehmens mit Sitz im Ausland, 1980; *E. Lorenz,* Die Grundsätze des deutschen internationalen Betriebsverfassungsrechts, FS W. Lorenz, 1991, S. 441; *Löwisch,* Änderung der Betriebsverfassung durch das Betriebsverfassungs-Reformgesetz, BB 2001, 1734 ff.; *Marhold,* Tendenzbetrieb, AR-Blattei SD 1570 (1993); *Oberklus,* Die rechtlichen Beziehungen des zu einem Tochterunternehmen im Ausland entsandten Mitarbeiters zum Stammunternehmen, 1991; *Poscher,* Die Koalitionsfreiheit als ausgestaltungsbedürftiges und ausgestaltungsfähiges Grundrecht, RdA 2017, 235 ff.; *Reichold,* Die reformierte Betriebsverfassung 2001 – Ein Überblick über die neuen Regelungen des Betriebsverfassungs-ReformgesetzesNZA 2001, 857 ff.; *Richardi,* Mitbestimmung und Auslandsbeschäftigung, IPRax 1983, 217 ff.; *Richardi,* Die Betriebsverfassung der evangelischen Kirche, FS Kissel, 1994, S. 967 ff.; *Richardi,* Betriebsratswahlen nach § 3 BetrVG – nicht „Wie es Euch gefällt!", NZA 2014, 232 ff.; *Rüthers,* Tendenzschutz und Kirchenautonomie im Arbeitsrecht, NJW 1978, 2066 ff.; *Schlüpers-Oehmen,* Betriebsverfassung bei Auslandstätigkeit, 1984; *Teusch,* Organisationstarifverträge nach § 3 BetrVG, NZA 2007, 124 ff.; *Thüsing,* Vereinbarte Betriebsratsstrukturen, ZIP 2003, 693 ff.; *Wimmer,* Die Gestaltung internationaler Arbeitsverhältnisse durch kollektive Normenverträge, 1992; *Wißmann,* Die Suche nach dem Arbeitgeber in der Betriebsverfassung, NZA 2001, 409 ff.

Übersicht

	Rn.
I. Sachlicher Geltungsbereich	1
1. Betrieb als Grundsatz	1
a) Betrieb	1
b) Selbstständiger Betriebsteil	3
c) Kleinstbetriebe	7
2. Abweichende Regelungen durch Tarifvertrag, § 3 BetrVG	8
a) Allgemein	8
b) Unternehmenseinheitlicher Betriebsrat	9
c) Zusammenfassen von Betrieben	12
d) Spartenbetriebsrat	13
e) Andere Arbeitnehmervertretungsstrukturen	14
f) Arbeitsgemeinschaften	15
g) Zusätzliche betriebsverfassungsrechtliche Vertretungen der Arbeitnehmer	16
3. Ausnahmen	17
a) Öffentlicher Dienst, § 130 BetrVG	17
b) Internationale und zwischenstaatliche Organisationen	19
c) Religionsgemeinschaften, § 118 Abs. 2 BetrVG	20
4. Sonderbetriebe	22
a) Seeschifffahrt, §§ 114 bis 116 BetrVG	22

I. Sachlicher Geltungsbereich

	Rn.
b) Luftfahrt, § 117 BetrVG	23
c) Tendenzbetriebe, § 118 Abs. 1 BetrVG	24
II. Räumlicher Geltungsbereich	25
1. Realstatut	25
a) Grundsatz	25
b) Einzelfälle	27
2. Auslandstätigkeit (sog. Ausstrahlung)	30
a) Grundsatz	30
b) Vorübergehende und dauerhafte Auslandstätigkeit	31
3. Inlandstätigkeit (sog. Einstrahlung)	34

I. Sachlicher Geltungsbereich

1. Betrieb als Grundsatz

a) Betrieb. Aus §§ 118 Abs. 2, 130 BetrVG folgt im Umkehrschluss, dass das BetrVG **1** nur für die **Privatwirtschaft** gilt. In diesem Bereich sind gem. § 1 Abs. 1 BetrVG nur Betriebe mit in der Regel mindestens **fünf ständigen wahlberechtigten Arbeitnehmern,** von denen drei wählbar sind, betriebsratsfähig. Der Begriff des Betriebs wird im BetrVG nicht definiert, sondern vorausgesetzt. Es ist daher der allgemeine arbeitsrechtliche Betriebsbegriff (→ § 24 Rn. 5 ff.) zugrunde zu legen, doch müssen evtl. betriebsverfassungsrechtliche Besonderheiten beachtet werden. Unter einem **Betrieb** versteht man die organisatorische Einheit, innerhalb derer ein Unternehmer allein oder in Gemeinschaft mit seinen Mitarbeitern mit Hilfe von sachlichen und immateriellen Mitteln bestimmte arbeitstechnische Zwecke fortgesetzt verfolgt.[1] In erster Linie kommt es auf die Einheit der Organisation an, weniger auf die Einheit der arbeitstechnischen Zweckbestimmung.[2] Entscheidend ist also der Einsatz und die Steuerung der menschlichen Arbeitskraft durch eine einheitliche Leitungsmacht, die mit dem Betriebsrat die mitbestimmungspflichtigen Angelegenheiten regeln kann. Die räumliche Einheit ist kein entscheidendes Abgrenzungs- bzw. Zuordnungsmerkmal,[3] weil es auf die Einheit der Arbeitsorganisation, also den einheitlichen Leitungsapparat ankommt, der den Einsatz der Betriebsmittel steuert.

Vom Betriebsbegriff abzugrenzen ist der Begriff des **Unternehmens,** der sich auf die **2** wirtschaftliche Zweckverfolgung bezieht. Allerdings kann ein Betrieb von mehreren Unternehmen betrieben werden, vgl. § 1 Abs. 1 S. 2 BetrVG.[4] Zum Betriebsbegriff ausführlich → § 24 Rn. 1 ff.. Zur Geltung des BetrVG im **Konzern** → § 25 Rn. 39 ff. Ein **gemeinsamer Betrieb** mehrerer Unternehmen setzt voraus, dass mindestens zwei Unternehmen, die in einer Betriebsstätte verfügbaren sachlichen und immateriellen Mittel zur Verfolgung eines einheitlichen oder mehrerer arbeitstechnischer Zwecke zusammenfassen, ordnen und gezielt einsetzen. Außerdem muss auch der Einsatz der Arbeitnehmer von einem einheitlichen Leitungsapparat geführt werden.[5] Zur Vermeidung von Abgrenzungsschwierigkeiten stellt § 1 Abs. 2 BetrVG eine widerlegbare Vermutung auf, wann ein gemeinsamer Betrieb anzunehmen ist. Nach Nr. 1 wird ein gemeinsamer Betrieb vermutet, wenn zur Verfolgung arbeitstechnischer Zwecke die Betriebsmittel sowie

---

[1] BAG 23.11.2016 – 7 ABR 3/15, NZA 2017, 1003 (1005); *Boemke* FS 600 Jahre Uni Leipzig, 2009, S. 203.
[2] ErfK/*Koch* BetrVG § 1 Rn. 8; Richardi BetrVG/*Richardi* § 1 Rn. 16 ff.
[3] Richardi BetrVG/*Richardi* § 1 Rn. 32; *Fitting* § 1 Rn. 74.
[4] BT-Drs. 14/5741, 33; BAG 13.2.2013 – 7 ABR 36/11, NZA-RR 2013, 521 Rn. 25 ff.; 13.8.2008 – 7 ABR 21/07, NZA-RR 2009, 255 Rn. 19; 24.1.1996 – 7 ABR 10/95, NZA 1996, 1110 (1111); *Braner* NZA 2007, 596 ff.; ErfK/*Koch* BetrVG § 1 Rn. 13; Richardi/*Richardi* BetrVG § 1 Rn. 60.
[5] BAG 13.2.2013 – 7 ABR 36/11, NZA-RR 2013, 521 Rn. 26; 13.8.2008 – 7 ABR 21/07, NZA-RR 2009, 255 Rn. 19; 11.2.2004 – 7 ABR 27/03, NZA 2004, 618 (618); ErfK/*Koch* BetrVG § 1 Rn. 14; Richardi/*Richardi* BetrVG § 1 Rn. 66; *Wißmann* NZA 2001, 409 (410).

die Arbeitnehmer von den Unternehmen gemeinsam eingesetzt werden. Nach Nr. 2 ist dies anzunehmen, wenn die Spaltung eines Unternehmens zur Folge hat, dass von einem Betrieb ein oder mehrere Betriebsteile einem an der Spaltung beteiligten anderen Unternehmen zugeordnet werden, ohne dass sich dabei die Organisation des betroffenen Betriebs wesentlich ändert. Liegt ein gemeinsamer Betrieb vor, so ist ein einheitlicher Betriebsrat zu bilden.

3 **b) Selbstständiger Betriebsteil.** Betriebsteile sind auf den Zweck des Hauptbetriebs ausgerichtet. Sie sind in die Organisation des Hauptbetriebs eingegliedert.[6] Ein Betriebsteil führt regelmäßig Arbeiten aus, die sich von denen der übrigen Betriebsbereiche erkennbar abgrenzen. Trotz der abgrenzbaren Funktion dient ein Betriebsteil in seiner Zielsetzung dem arbeitstechnischen Zweck des Hauptbetriebs.[7] Dabei verfügt ein Betriebsteil im Ansatz über eine den Einsatz der menschlichen Arbeitskraft bestimmende Leitung, die zumindest in Teilaspekten das Weisungsrecht des Arbeitgebers ausübt.[8] Hauptbetrieb ist hierbei der Betrieb, in dem ein Leitungsapparat die wesentlichen beteiligungspflichtigen Maßnahmen sowohl in personeller als auch sozialer Hinsicht grds. auch für den Betriebsteil trifft.[9] Grds. ist für einen Hauptbetrieb und seine Betriebsteile ein einheitlicher Betriebsrat zu wählen.[10] Unter zwei Voraussetzungen gilt ein Betriebsteil jedoch nach § 4 Abs. 1 S. 1 BetrVG als selbstständig, sodass er einen eigenen Betriebsrat bilden kann. Eine eigenständige Arbeitnehmervertretung ist in diesen Fällen sinnvoll um eine arbeitnehmernahe Betreuung zu gewährleisten. Hierfür ist jedoch erstens erforderlich, dass der Betriebsteil selbst betriebsratsfähig iSd § 1 Abs. 1 S. 1 BetrVG ist. Er muss somit in der Regel mindestens fünf ständige wahlberechtigte Arbeitnehmer beschäftigen von denen drei wählbar sind. Zweitens muss der Betriebsteil entweder räumlich weit vom Hauptbetrieb entfernt sein (Nr. 1) oder durch Aufgabenbereich und Organisation eigenständig sein (Nr. 2).

4 Das Merkmal iSd Nr. 1 hängt nicht ausschließlich von der objektiven Entfernung ab. Entscheidend ist vielmehr, ob auf Grund der Distanz eine sachgerechte Wahrnehmung der Interessen der Betriebsteilbelegschaft durch den Betriebsrat des Hauptbetriebs unmöglich ist.[11] Dies ist anzunehmen, wenn der Betriebsrat wegen der räumlichen Entfernung seine Aufgaben im Hinblick auf die Arbeitnehmer des Betriebsteils nicht bzw. nicht ordnungsgemäß nachkommen kann, und es auch der Belegschaft nicht möglich ist, den Betriebsrat leicht zu kontaktieren.[12] Die Erreichbarkeit per Post, Telefon oder sonstiger moderner Kommunikationsmittel ist für die Beurteilung unerheblich.[13] Maßgebliche Aspekte für die Beurteilung der räumlich weiten Entfernung iSd § 4 Abs. 1 S. 1 Nr. 1 BetrVG sind hierbei die tatsächlichen Lebensverhältnisse und insbesondere die Verkehrsanbindung (Qualität bzw. nur sporadisches Angebot von öffentlichen Verkehrsmitteln[14]; mehrmaliges

---

[6] BAG 18.1.2012 – 7 ABR 72/10, NZA-RR 2013, 133 Rn. 26; 9.12.2009 – 7 ABR 38/08, NZA 2010, 906 Rn. 23; 25.9.1986 – 6 ABR 68/84, NZA 1987, 708 (711); *Boemke* JuS 2002, 521 (522); *Haas/Salamon* NZA 2009, 299 (300); *Haas/Salamon* RdA 2008, 146 (150); Richardi BetrVG/*Richardi* § 4 Rn. 9.
[7] ErfK/*Koch* BetrVG § 4 Rn. 2; *Haas/Salamon* RdA 2008, 146 (150); Richardi BetrVG/*Richardi* § 4 Rn. 9.
[8] BAG 7.5.2008 – 7 ABR 15/07, NZA 2009, 328 Rn. 19; 19.2.2002 – 1 ABR 26/01, NZA 2002, 1300 (1301); ErfK/*Koch* BetrVG § 4 Rn. 2; *Fitting* § 4 Rn. 7; *Haas/Salamon* NZA 2009, 299 (300).
[9] Vgl. BAG 7.5.2008 – 7 ABR 15/07, NZA 2009, 328 Rn. 19; 29.1.1992 – 7 ABR 27/91, NZA 1992, 894 (898); BeckOK ArbR/*Besgen* BetrVG § 4 Rn. 9; *Fitting* § 4 Rn. 10; *Haas/Salamon* NZA 2009, 299 (300); *Haas/Salamon* RdA 2008, 146 (152), Richardi BetrVG/*Richardi* § 4 Rn. 18.
[10] BAG 7.5.2008 – 7 ABR 15/07, NZA 2009, 328 Rn. 19; *Haas/Salamon* NZA 2009, 299 (300).
[11] Vgl. BAG 19.2.2002 – 1 ABR 26/01, NZA 2002, 1300 (1301); 24.2.1976 – 1 ABR 62/75, AP BetrVG 1972 § 4 Nr. 2 = SAE 1977, 52 (53f.); BeckOK ArbR/*Besgen* BetrVG § 4 Rn. 12; ErfK/*Koch* BetrVG § 4 Rn. 3.
[12] Vgl. BAG 19.2.2002 – 1 ABR 26/01, NZA 2002, 1300 (1301); BeckOK ArbR/*Besgen* BetrVG § 4 Rn. 12; ErfK/*Koch* BetrVG § 4 Rn. 3.
[13] BAG 17.5.2017 – 7 ABR 21/15, NZA 2017, 1282 (Os. 2).
[14] Vgl. BAG 23.9.1960 – 1 ABR 9/59, BeckRS 1960, 30700897; LAG SchlH 18.3.1987 – 6 Sa 4/87, BeckRS 1987, 30720643.

I. Sachlicher Geltungsbereich

Umsteigen[15]; Dauer der Fahrzeit[16], üblicherweise häufig Stau[17]).[18] Hierbei ist nicht auf die ungünstigste Verkehrssituation abzustellen; maßgeblich sind vielmehr die regelmäßigen Verkehrsverhältnisse.[19]

Ist der Betriebsteil nicht räumlich weit iSd Nr. 1 entfernt, so kann die Selbstständigkeit **5** aus dem Umstand folgen, dass der Betriebsteil durch seinen Aufgabenbereich und Organisation eigenständig ist (Nr. 2). Hierfür ist kein eigenständiger Leitungsapparat erforderlich der sämtliche beteiligungsrelevanten Maßnahmen trifft. Andernfalls handelt es sich nicht mehr um einen Betriebsteil, sondern einen selbstständigen Betrieb iSd § 1 Abs. 1 BetrVG. Vielmehr genügt es wenn Aufgabenbereich und Organisation relativ verselbstständigt sind. Ein relativ verselbstständigter Aufgabenbereich ist anzunehmen, wenn sich die Betriebsteilsaufgaben deutlich von denen des Hauptbetriebs unterscheiden.[20] Dies ist regelmäßig der Fall, wenn ein anderer Tarifvertrag für den Betriebsteil gilt.[21] Infolge der Eigenständigkeit der zu erbringenden Aufgaben muss eine eigene Organisation des Betriebsteils bestehen. Dies setzt eine gegenüber einem sonstigen unselbstständigen Betriebsteil qualifiziertere Leitung voraus. Maßgebend ist, dass der wesentliche Kern mitbestimmungsrelevanter Entscheidungen im Betriebsteil und nicht im Hauptbetrieb getroffen werden.[22] Indiz für die Beurteilung der Eigenständigkeit kann insbesondere sein, von wo aus das Tagesgeschäft erledigt wird und somit insbesondere die sozialen Angelegenheiten iSv § 87 BetrVG geregelt werden.[23]

Trotz der betriebsverfassungsrechtlichen Selbstständigkeit eines Betriebsteils ist die **6** Wahl eines eigenen Betriebsrats für den selbstständigen Betriebsteil nicht zwingend. Vielmehr können, soweit kein eigener Betriebsrat besteht, die Arbeitnehmer des Betriebsteils formlos beschließen Beschluss erzielen, an einer Betriebsratswahl im Hauptbetrieb teilzunehmen, vgl. § 4 Abs. 1 S. 2–5 BetrVG.

c) Kleinstbetriebe. Trotz eigenständigen Leitungsapparats werden **Kleinstbetriebe** mit **7** weniger als fünf Arbeitnehmern gemäß § 4 Abs. 2 BetrVG dem Hauptbetrieb zugeordnet. Demzufolge sind die Arbeitnehmer des Kleinstbetriebs an der Betriebsratswahl des Hauptbetriebs zu beteiligen. Ist nur ein Betrieb im Unternehmen vorhanden, so ist dieser als Hauptbetrieb anzusehen. Besteht ein Unternehmen hingegen aus mehreren Betrieben, muss eine konkrete Zuordnung zu einem der Betriebe erfolgen. Hierbei ist in drei Stufen vorzugehen. Auf der ersten Stufe ist nach der Rspr. des BAG derjenige Betrieb Hauptbetrieb, der selbst betriebsratsfähig ist und Arbeitgeberfunktionen in personellen und sozialen Angelegenheiten wahrnimmt oder zumindest den Kleinstbetrieb beratend unterstützt. Ob der Hauptbetrieb den gleichen oder zumindest einen ähnlichen arbeitstechnischen Zweck wie der Kleinstbetrieb verfolgt oder räumlich in der Nähe ist, ist grds. unerheb-

---

[15] Vgl. BAG 23.9.1960 – 1 ABR 9/59, BeckRS 1960, 30700897.
[16] BAG 7.5.2008 – 7 ABR 15/07, NZA 2009, 328 Rn. 19; LAG Köln 28.6.1988 – 2 TaBV 42/88, LAGE § 4 BetrVG 72 Nr. 4 = BB 1989, 1692 (Ls.); LAG München 21.10.1987 – 5 TaBV 9/87, LAGE § 4 BetrVG 1972 Nr. 3 = BeckRS 1987, 30463788.
[17] LAG Köln 28.6.1988 – 2 TaBV 42/88, LAGE § 4 BetrVG 72 Nr. 4 = BB 1989, 1692 (Ls.).
[18] Vgl. BAG 23.9.1960 – 1 ABR 9/59, BeckRS 1960, 30700897; ErfK/*Koch* BetrVG § 4 Rn. 3; Richardi BetrVG/*Richardi* § 4 Rn. 19 ff.
[19] BAG 17.5.2017 – 7 ABR 21/15, NZA 2017, 1282 (Os. 2).
[20] Vgl. BAG 21.7.2004 – 7 ABR 57/03, AP BetrVG 1972 § 4 Nr. 15 = BeckRS 2005, 40120; 29.1.1992 – 7 ABR 27/91, NZA 1992, 894 (898); BeckOK ArbR/*Besgen* BetrVG § 4 Rn. 14 f.; Richardi BetrVG/ *Richardi* § 4 Rn. 25 ff.
[21] LAG Berlin 30.10.2003 – 16 TaBV 677/03, AP BetrVG 1972 § 18 Nr. 12 = BeckRS 2003, 41959; BeckOK ArbR/*Besgen* BetrVG § 4 Rn. 14; *Fitting* § 4 Rn. 24; Richardi BetrVG/*Richardi* § 4 Rn. 26.
[22] Vgl. BAG 21.7.2004 – 7 ABR 57/03, AP BetrVG 1972 § 4 Nr. 15 = BeckRS 2005, 40120; 29.1.1992 – 7 ABR 27/91, NZA 1992, 894 (898); BeckOK ArbR/*Besgen* BetrVG § 4 Rn. 14 f.; Richardi BetrVG/ *Richardi* § 4 Rn. 25 ff.
[23] Vgl. LAG Berlin 28.6.1999 – 9 TaBV 479/99, NZA-RR 2000, 246 (248).

lich.[24] Etwas anderes gilt nur dann, wenn die räumliche Entfernung derart erheblich ist, dass eine sinnvolle Ausübung der Mitbestimmungsrechte des Hauptbetriebbetriebsrats für den Kleinstbetrieb nicht mehr möglich ist.[25] In diesen Fällen ist zweitens Hauptbetrieb der in räumlicher Hinsicht am nächsten gelegene betriebsratsfähige Betrieb.[26] Ist kein betriebsratsfähiger Betrieb im Unternehmen vorhanden, so können drittens die nicht betriebsratsfähigen Betriebe zusammen eine betriebsverfassungsrechtliche Organisation bilden. Soweit sie zusammen in der Regel mindestens fünf ständige wahlberechtigte Arbeitnehmer beschäftigen, können sie einen gemeinsamen Betriebsrat wählen.[27]

2. Abweichende Regelungen durch Tarifvertrag, § 3 BetrVG

8 **a) Allgemein.** Abweichend vom Gesetz können **durch Tarifvertrag** gemäß § 3 Abs. 1 Nr. 1–5 BetrVG die Bildung von einheitlichen Betriebsräten für mehrere Betriebe im Unternehmen oder Konzern, **anderweitige Arbeitnehmervertretungsstrukturen,** zusätzliche unternehmensübergreifende betriebsverfassungsrechtliche Gremien (Arbeitsgemeinschaften) und andere zusätzliche betriebsverfassungsrechtliche Vertretungen der Arbeitnehmer vorgesehen werden.[28] Dadurch können in den Fällen von § 3 Abs. 1 Nr. 1–3 BetrVG vom allgemeinen Betriebsbegriff (→ Rn. 1 und → § 24 Rn. 5 ff.) abweichende betriebsverfassungsrechtliche Organisationseinheiten entstehen, die nach § 3 Abs. 5 BetrVG als Betriebe iSd BetrVG gelten. Auf die in ihnen gebildeten Arbeitnehmervertretungen finden die Vorschriften über die Rechte und Pflichten des Betriebsrats und die Rechtsstellung seiner Mitglieder Anwendung, vgl. § 3 Abs. 5 S. 2 BetrVG.

9 **b) Unternehmenseinheitlicher Betriebsrat.** Nach § 3 Abs. 1 Nr. 1 lit. a BetrVG kann durch Tarifvertrag bestimmt werden, dass für Unternehmen mit mehreren Betrieben ein unternehmenseinheitlicher Betriebsrat gebildet wird. Anknüpfungspunkt für die Errichtung eines Betriebsrats ist das Unternehmen. Eine unternehmensübergreifende, konzernweite Arbeitnehmervertretung ist hiernach hingegen nicht möglich.[29] Voraussetzung für einen unternehmenseinheitlichen Betriebsrat nach § 3 Abs. 1 Nr. 1 lit. a BetrVG ist, dass dies die Bildung von Betriebsräten erleichtert oder einer sachgerechten Wahrnehmung der Interessen der Arbeitnehmer dient (vgl. § 3 Abs. 1 Nr. 1 BetrVG aE). Eine erleichterte Betriebsratsbildung idS kann bereits angenommen werden, wenn der Betrieb bisher betriebsratslos war oder eventuelle Zweifel an der Betriebsratsfähigkeit ausgeräumt werden.[30] Eine sachgerechte Wahrnehmung der Interessen der Arbeitnehmer liegt zB vor, wenn die nach § 3 Abs. 1 Nr. 1 lit. a BetrVG gebildete Organisationseinheit dazu führt, dass dem Betriebsrat ein kompetenter Ansprechpartner als Betriebspartner zur Verfügung gestellt wird oder betriebsbezogene Schwellenwerte erreicht werden.[31] Die Wahl eines unternehmenseinheitlichen Betriebsrats bietet sich insbesondere dann an, wenn die Ent-

---

[24] Vgl. BAG 17.1.2007 – 7 ABR 63/05, NZA 2007, 703 Rn. 22 f.; ErfK/*Koch* BetrVG § 4 Rn. 6; Richardi BetrVG/*Richardi* § 4 Rn. 24 ff.
[25] Vgl. BAG 17.1.2007 – 7 ABR 63/05, NZA 2007, 703 Rn. 23; LAG Bln-Bbg 23.9.2010 – 25 TaBV 2776/09, BeckRS 2011, 68346; ErfK/*Koch* BetrVG § 4 Rn. 6; Richardi BetrVG/*Richardi* § 4 Rn. 24.
[26] Vgl. BAG 17.1.2007 – 7 ABR 63/05, NZA 2007, 703 Rn. 23; ErfK/*Koch* BetrVG § 4 Rn. 6; vgl. auch Richardi BetrVG/*Richardi* § 4 Rn. 47.
[27] Vgl. BeckOK ArbR/*Besgen* BetrVG § 4 Rn. 22; *Boemke* JuS 2002, 521 (522); ErfK/*Koch* BetrVG § 4 Rn. 6; GK-BetrVG/*Franzen* § 4 Rn. 8; Richardi BetrVG/*Richardi* § 4 Rn. 48; *Reichold* NZA 2001, 857 (858).
[28] Vgl. dazu *Friese* ZfA 2003, 237 ff.; *Thüsing* ZIP 2003, 693 ff.
[29] BAG 13.3.2013 – 7 ABR 70/11, NZA 2013, 738 Rn. 35; 10.11.2004 – 7 ABR 17/04, NJOZ 2005, 3038 (3044); *Richardi* NZA 2014, 232 (233).
[30] Vgl. BAG 24.4.2013 – 7 ABR 71/11, AP BetrVG 1972 § 3 Nr. 11 Rn. 30 = BeckRS 2013, 7144; LAG Nds 22.8.2008 – 12 TaBV 14/08, BeckRS 2008, 57010; LAG SchlH 9.7.2008 – 3 TaBV 4/08, BeckRS 2008, 57777; ErfK/*Koch* BetrVG § 3 Rn. 4; GK-BetrVG/*Franzen* § 3 Rn. 11; Richardi BetrVG/*Richardi* § 3 Rn. 22; *Richardi* NZA 2014, 232 (233).
[31] Vgl. LAG SchlH 9.7.2008 – 3 TaBV 4/08, BeckRS 2008, 57777; ErfK/*Koch* BetrVG § 3 Rn. 4; *Gaul/Mückl* NZA 2011, 657 (660).

scheidungskompetenzen in beteiligungspflichtigen Angelegenheiten zentral auf Unternehmensebene angesiedelt sind.[32] Gegen die Errichtung eines unternehmenseinheitlichen Betriebsrats kann aber eine große räumliche Entfernung sprechen, wenn hierdurch der Kontakt zwischen den Arbeitnehmern und der sie repräsentierenden Betriebsvertretung unangemessen erschwert wird.[33]

Auch gemeinsame Betriebe mehrerer Unternehmen iSd § 1 Abs. 1 S. 2 BetrVG können mit anderen Unternehmensbetrieben einen unternehmenseinheitlichen Betriebsrat auf Grundlage eines Tarifvertrags bilden. Soweit in diesen Fällen nicht ein Arbeitgeberverband, denen sämtliche beteiligte Unternehmen des gemeinsamen Betriebs angehören, die tarifliche Regelung beschließt, muss der Tarifvertrag mit allen am gemeinsamen Betrieb beteiligten Unternehmen geschlossen werden. Andernfalls ist die für § 3 Abs. 1 Nr. 1 BetrVG erforderliche Tarifgeltung durch Tarifbindung nicht gewährleistet.[34]

Besteht weder eine tarifliche Regelung im Hinblick auf die Bildung eines unternehmenseinheitlichen Betriebsrats noch ein anderer Tarifvertrag, kann die Regelung nach § 3 Abs. 2 BetrVG auch durch Betriebsvereinbarung getroffen werden. Auf die konkreten Regelungsgegenstände des „anderen" Tarifvertrags, die im Betrieb gelten, kommt es hierbei nicht an.[35] Voraussetzung ist allerdings zumindest eine normative Bindung des Arbeitgebers an den Tarifvertrag; eine bloße Bezugnahme genügt nicht.[36] Besteht keine tarifliche Regelung und war bisher kein Betriebsrat im Unternehmen gewählt worden, können nach § 3 Abs. 3 BetrVG sogar die Arbeitnehmer die Wahl eines unternehmenseinheitlichen Betriebsrats beschließen. Die Abstimmung kann von mindestens drei wahlberechtigten Arbeitnehmern des Unternehmens oder einer im Unternehmen vertretenen Gewerkschaft veranlasst werden. Eine ähnliche basisdemokratische Regelung sieht auch § 4 Abs. 1 S. 2 BetrVG vor, wonach die Arbeitnehmer eines selbstständigen Betriebsteils iSd § 4 Abs. 1 S. 1 BetrVG durch Beschluss an der Betriebsratswahl im Hauptbetrieb teilnehmen können.

c) Zusammenfassen von Betrieben. Sind in einem Unternehmen mehrere Betriebe, selbstständige Betriebsteile iSd § 4 Abs. 1 S. 1 BetrVG oder Kleinstbetriebe nach § § 4 Abs. 2 BetrVG vorhanden, können diese nach § 3 Abs. 1 Nr. 1 lit. b BetrVG durch Tarifvertrag zusammengefasst werden.[37] Erforderlich hierfür ist jedoch wiederum, dass dies die Bildung von Betriebsräten erleichtert oder einer sachgerechten Wahrnehmung der Interessen der Arbeitnehmer dient (→ Rn. 9). § 3 Abs. 2 BetrVG ermöglicht auch in den Fällen des § 3 Abs. 1 Nr. 1 lit. b BetrVG, dass durch Betriebsvereinbarung ein Zusammenfassen der Betriebe bestimmt wird, wenn weder eine tarifliche Regelung noch ein anderer Tarifvertrag gilt.

d) Spartenbetriebsrat. Für Unternehmen und Konzerne, die nach produkt- oder projektbezogenen Geschäftsbereichen (Sparten) organisiert sind und die Leitung der Sparte auch Entscheidungen in beteiligungspflichtigen Angelegenheiten trifft, kann nach § 3 Abs. 1 Nr. 2 BetrVG durch Tarifvertrag geregelt werden, dass Betriebsräte in den Sparten (Spartenbetriebsräte) gebildet werden. Voraussetzung ist jedoch, dass dies der sachgerechten Wahrnehmung der Aufgaben des Betriebsrats dient. Dies ist anzunehmen, wenn die Mitwirkungsrechte hierdurch leichter oder besser, insbesondere wegen eines kompetenten

---

[32] BT-Drs. 14/5741, 23; BAG 24.4.2013 – 7 ABR 71/11, BeckRS 2013, 71144 Rn. 27.
[33] BAG 24.4.2013 – 7 ABR 71/11, BeckRS 2013, 71144 Rn. 28.
[34] Vgl. ErfK/*Koch* BetrVG § 3 Rn. 3; Richardi BetrVG/*Richardi* § 3 Rn. 53f.
[35] Vgl. BAG 24.4.2013 – 7 ABR 71/11, AP BetrVG 1972 § 3 Nr. 11 Rn. 40 = BeckRS 2013, 7144; ErfK/*Koch* BetrVG § 3 Rn. 9; Richardi BetrVG/*Richardi* § 3 Rn. 76.
[36] ErfK/*Koch* BetrVG § 3 Rn. 10; aA DKKW/*Trümner* BetrVG § 3 Rn. 165.
[37] Vgl. GK-BetrVG/*Franzen* § 3 Rn. 10; Richardi BetrVG/*Richardi* § 3 Rn. 20ff.; aA für Kleinstbetriebe ErfK/*Koch* BetrVG § 3 Rn. 4; wohl auch Fitting § 3 Rn. 33.

Ansprechpartners, ausgeübt werden können.[38] Spartenbetriebsräte können auf zwei verschiedenen Arten gebildet werden. Erstens kann ein Spartenbetriebsrat betriebsintern gewählt werden. Die in verschiedenen Geschäftsbereichen arbeitende Belegschaft eines Betriebs wählt jeweils den Betriebsrat für ihre Sparte. Zweitens können betriebsübergreifend im Unternehmen bzw. Konzern Spartenbetriebsräte gebildet werden. Hierbei muss in mindestens zwei Betrieben die gleiche Sparte bestehen. Die Belegschaft der gleichen Geschäftsbereiche der verschiedenen Betriebe können ihren Spartenbetriebsrat für ihren betriebsübergreifenden Geschäftsbereich wählen.[39] Nach § 3 Abs. 2 BetrVG können bei Fehlen einer tariflichen Regelung und eines anderen Tarifvertrags die Bildung von Spartenbetriebsräten auch durch Betriebsvereinbarung bestimmt werden.

14 e) Andere Arbeitnehmervertretungsstrukturen. Nach § 3 Abs. 1 Nr. 3 BetrVG können durch Tarifvertrag auch über die Nr. 1 und 2 genannten Fälle hinaus andere Arbeitnehmervertretungsstrukturen bestimmt werden. Erforderlich hierfür ist, dass dies insbesondere aufgrund der Betriebs-, Unternehmens- oder Konzernorganisation oder aufgrund anderer Formen der Zusammenarbeit von Unternehmen einer wirksamen und zweckmäßigen Interessenvertretung der Arbeitnehmer dient. Hierfür muss die tarifvertragliche Struktur besser als die gesetzliche Regelung geeignet sein, die Vertretung der Arbeitnehmerinteressen zu gewährleisten.[40] Durch diese Gestaltungsmöglichkeit können die Tarifvertragsparteien die Arbeitnehmervertretung flexibel unabhängig vom Gesetzgeber auf künftige neue Entwicklungen von Unternehmensstrukturen bzw. unternehmensspezifische Besonderheiten reagieren.[41] Die konkrete Ausgestaltung der Arbeitnehmervertretungsstruktur ist Sache der Tarifvertragsparteien.[42] ZB kann geregelt werden, dass anstelle einer dreistufigen Interessenvertretung eine einstufige bzw. zweistufige gebildet wird.[43] Daneben kommen auch andere Gestaltungen in der Organisation und Wahl der Interessenvertretung in Betracht (Amtszeit, Zahl der Betriebsratsmitglieder), soweit dies erforderlich ist, um eine wirksame und zweckmäßige Arbeitnehmervertretung zu ermöglichen.[44] Außerdem darf die tarifvertragliche Gestaltung nicht tragenden Grundsätzen des BetrVG wiedersprechen.[45] Die Möglichkeit, durch Betriebsvereinbarung eine andere Arbeitnehmervertretungsstruktur aufzustellen, ist in § 3 BetrVG nicht eingeräumt.

15 f) Arbeitsgemeinschaften. Durch Tarifvertrag können zusätzliche betriebsverfassungsrechtliche Gremien (Arbeitsgemeinschaften), die der unternehmensübergreifenden Zusammenarbeit von Arbeitnehmervertretungen dienen, geregelt werden (vgl. § 3 Abs. 1 Nr. 4 BetrVG). Dies ist insbesondere sinnvoll, wenn der Kontakt zwischen dem Betriebsrat und der Belegschaft für eine effektive und umfassende Arbeitnehmervertretung nicht ausreichend ist.[46] Nach dem ausdrücklichen Wortlaut („zusätzliche") können die Arbeitsgemeinschaften nur neben dem Betriebsrat gebildet werden. Sie ersetzen ihn jedoch

---

[38] ErfK/*Koch* BetrVG § 3 Rn. 5; *Friese* RdA 2003, 92 (100); *Gaul/Mückl* NZA 2011, 657 (662); GK-BetrVG/*Franzen* § 3 Rn. 18; vgl. auch *Teusch* NZA 2007, 124 (127).
[39] Vgl. BT-Drs. 14/5741, 34; *Buchner* NZA 2001, 633 (634); ErfK/*Koch* BetrVG § 3 Rn. 35; *Gaul/Mückl* NZA 2011, 657 (660).
[40] BAG 13.3.2013 – 7 ABR 70/11, NZA 2013, 738 Rn. 38; *Fitting* § 3 Rn. 48; *Kania/Klemm* RdA 2006, 22 (23).
[41] BT-Drs. 14/5741, 34; BAG 13.3.2013 – 7 ABR 70/11, NZA 2013, 738 Rn. 41; LAG Hamm 27.6.2003 – 10 TaBV 22/03, BeckRS 2003, 30798824; ErfK/*Koch* BetrVG § 3 Rn. 6.
[42] BT-Drs. 14/5741, 34; *Poscher* RdA 2017, 235 ff.; vgl. zu den Gestaltungsmöglickeiten *Gaul/Mückl* NZA 2011, 657 (662 f.).
[43] BT-Drs. 14/5741, 34; ErfK/*Koch* BetrVG § 3 Rn. 6; *Gaul/Mückl* NZA 2011, 657 (663).
[44] Vgl. LAG Hamm 27.6.2003 – 10 TaBV 22/03, BeckRS 2003, 30798824; *Fitting* § 3 Rn. 51; *Gaul/Mückl* NZA 2011, 657 (663 f.); im Ergebnis auch *Kania/Klemm* RdA 2006, 22 (24); aA ErfK/*Koch* BetrVG § 3 Rn. 6.
[45] *Kania/Klemm* RdA 2006, 22 (24); *Richardi* BetrVG/*Richardi* § 3 Rn. 35 ff.
[46] ErfK/*Koch* BetrVG § 3 Rn. 7; *Richardi* BetrVG/*Richardi* § 3 Rn. 44.

nicht.⁴⁷ Sie stellen somit keine Mitbestimmungsorgane dar. Vielmehr sollen sie für die Vertretungsorgane lediglich das unternehmensübergreifende Zusammenarbeiten vereinfachen.⁴⁸ Deshalb bestehen die betriebsverfassungsrechtlichen Rechte und Pflichten des Betriebsrats sowie seiner Mitglieder nicht für Arbeitsgemeinschaften.⁴⁹ Jedoch dürfen sie nach § 78 S. 1 BetrVG in der Ausübung ihrer Tätigkeit nicht gestört oder behindert werden. Zudem dürfen sie nach § 78 S. 2 BetrVG wegen ihrer Tätigkeit nicht benachteiligt oder begünstigt werden. Nach § 3 Abs. 2 BetrVG kann auch durch Betriebsvereinbarung die Bildung von Arbeitsgemeinschaften bestimmt werden.

g) Zusätzliche betriebsverfassungsrechtliche Vertretungen der Arbeitnehmer. 16
Schließlich können aufgrund Tarifvertrags nach § 3 Abs. 1 Nr. 5 BetrVG zusätzliche betriebsverfassungsrechtliche Vertretungen der Arbeitnehmer, welche die Zusammenarbeit zwischen Betriebsrat oder einer Arbeitnehmervertretung iSd § 3 Abs. 1 Nr. 1 bis 3 BetrVG⁵⁰ und den Arbeitnehmern vereinfachen, errichtet werden. Auch diese Vertretungen ersetzen den Betriebsrat nicht.⁵¹ Sie übernehmen weder Zuständigkeiten des Betriebsrats noch haben sie Vertretungsbefugnisse gegenüber dem Arbeitgeber.⁵² Sie dienen vielmehr dem besseren Kontakt zwischen der Belegschaft und dem Betriebsrat.⁵³ Deshalb können sie zwar an Beratungen mit den Betriebspartnern oder einer Betriebsratssitzung teilnehmen, soweit sie hinzugezogen werden. Sie haben jedoch kein Stimmrecht.⁵⁴ Zweck der zusätzlichen Arbeitnehmervertretung ist die erleichternde Zusammenarbeit zwischen Betriebsrat und Arbeitnehmer. Der Zweck entfällt, wenn eine entsprechende Arbeitnehmervertretung fehlt, sodass in diesen Fällen auch kein Raum für zusätzliche betriebsverfassungsrechtliche Arbeitnehmervertretungen nach Nr. 5 bleibt.⁵⁵ Als betriebsverfassungsrechtliche Arbeitnehmervertretung ist eine Organstruktur erforderlich.⁵⁶ Sie muss nach demokratischen Grundsätzen gewählt werden (vgl. insoweit auch § 119 Abs. 1 Nr. 1 Var. 5 BetrVG). Daher ist eine Ernennung durch den Betriebsrat nicht möglich.⁵⁷ Auch durch Betriebsvereinbarung können zusätzliche betriebsverfassungsrechtliche Vertretungen der Arbeitnehmer gebildet werden (vgl. § 3 Abs. 2 BetrVG).

3. Ausnahmen
a) Öffentlicher Dienst, § 130 BetrVG. Nach § 130 BetrVG findet das BetrVG im öf- 17
fentlichen Dienst (→ §§ 359ff.) keine Anwendung. Für Verwaltungen und Betriebe des Bundes, der Länder, der Gemeinden und sonstiger Körperschaften, Anstalten und Stiftungen des öffentlichen Rechts gelten stattdessen die einschlägigen **Personalvertretungsgesetze** des Bundes bzw. der Länder (→ §§ 359ff.). Für die **Abgrenzung** kommt es ausschließlich auf die **Rechtsform** des Unternehmens an.⁵⁸ Soweit der Inhaber des Betriebs

---

⁴⁷ BAG 29.4.2015 – 7 ABR 102/12, NZA 2015, 1397 Rn. 28; 29.4.2015 – 7 ABR 102/12, NZA 2015, 1424 Rn. 15; Richardi BetrVG/*Richardi* § 3 Rn. 67.
⁴⁸ BT-Drs. 14/5741, 34; ErfK/*Koch* BetrVG § 3 Rn. 7; Richardi BetrVG/*Richardi* § 3 Rn. 44; *Teusch* NZA 2007, 124 (128).
⁴⁹ *Fitting* § 3 Rn. 57; *Löwisch* BB 2001, 1734 (1735); *Teusch* NZA 2007, 124 (128).
⁵⁰ *Fitting* § 3 Rn. 60; GK-BetrVG/*Franzen* § 3 Rn. 29; Richardi BetrVG/*Richardi* § 3 Rn. 48 ff.
⁵¹ BAG 29.4.2015 – 7 ABR 102/12, NZA 2015, 1397 Rn. 28; 29.4.2015 – 7 ABR 102/12, NZA 2009, 1424 Rn. 15; Richardi BetrVG/*Richardi* § 3 Rn. 67.
⁵² Vgl. BAG 29.4.2015 – 7 ABR 102/12, NZA 2015, 1397 Rn. 29; ErfK/*Koch* BetrVG § 3 Rn. 8; *Fitting* § 3 Rn. 58; GK-BetrVG/*Franzen* § 3 Rn. 27; *Löwisch* BB 2001, 1734 (1735 f.); *Teusch* NZA 2007, 124 (128 f.).
⁵³ BT-Drs. 14/5741, 34; BAG 29.4.2015 – 7 ABR 102/12, NZA 2015, 1397 Rn. 28; *Fitting* § 3 Rn. 61; Richardi BetrVG/*Richardi* § 3 Rn. 51.
⁵⁴ ErfK/*Koch* BetrVG § 3 Rn. 8; *Fitting* § 3 Rn. 61.
⁵⁵ *Fitting* § 3 Rn. 60; GK-BetrVG/*Franzen* § 3 Rn. 29.
⁵⁶ BAG 29.4.2015 – 7 ABR 102/12, NZA 2015, 1397 Rn. 29; ErfK/*Koch* BetrVG § 3 Rn. 8.
⁵⁷ BAG 29.4.2015 – 7 ABR 102/12, NZA 2015, 1397 Rn. 29; *Fitting* § 3 Rn. 63; GK-BetrVG/*Franzen* § 3 Rn. 26; *Teusch* NZA 2007, 124 (128).
⁵⁸ BAG 7.11.1975 – 1 AZR 74/74, AP BetrVG 1972 § 130 Nr. 1 unter 1 = SAE 1977, 33 (34); 8.3.1977 – 1 ABR 18/75, AP BetrVG 1972 § 43 Nr. 1 unter II 1 = AuR 1977, 347 (347); 30.7.1987 – 6 ABR

eine Person oder eine Personengesamtheit des Privatrechts ist, findet das BetrVG Anwendung. Ist der Rechtsträger der Staat oder eine juristische Person des öffentlichen Rechts, so gilt Personalvertretungsrecht. Unerheblich ist, ob in einem Betrieb hoheitliche oder fiskalische Angelegenheiten erledigt werden.

18   Anzuwenden ist daher das BetrVG zB in **kommunalen Versorgungsbetrieben,** die in der Form einer **juristischen Person des Privatrechts** betrieben werden. In einem städtischen Gas- oder Wasserwerk, das in der Rechtsform einer AG oder GmbH geführt wird, gilt Betriebsverfassungsrecht, auch wenn sich alle Anteile in der Hand einer öffentlichen Körperschaft befinden.[59] Schließen sich ein Hoheitsträger, zB eine Gebietskörperschaft, mit einem privatrechtlichen Unternehmen zur Erreichung eines gemeinsamen Zwecks zu einer **Arbeitsgemeinschaft (ARGE)** zusammen, so bilden sie idR eine Gesellschaft des bürgerlichen Rechts. Aufgrund der privatrechtlichen Organisationsform der ARGE findet das BetrVG Anwendung. Dies gilt auch in den Fällen, in denen eine Kommune mit einer Körperschaft des öffentlichen Rechts, wie zB der Bundesagentur für Arbeit, sich zu einer privatrechtlich organisierten ARGE zusammenschließen.[60] Wird ein Betrieb von einer **öffentlich-rechtlichen Körperschaft** unmittelbar geführt, findet hingegen das BetrVG keine Anwendung. So gelten zB für die kommunalen Eigenbetriebe und Sparkassen die jeweils maßgeblichen Landespersonalvertretungsgesetze.

19   **b) Internationale und zwischenstaatliche Organisationen.** Verwaltungen und Betriebe internationaler und zwischenstaatlicher Organisationen in der Bundesrepublik unterfallen dem BetrVG, soweit sie nicht das Recht der Exterritorialität genießen oder sonst eine abweichende Bestimmung getroffen ist. Diese Organisationen sind keine juristischen Personen des deutschen öffentlichen Rechts.[61] Auf die Beschäftigten bei den in der Bundesrepublik stationierten ausländischen Truppen findet das BPersVG Anwendung (Art. 56 Abs. 9 ZA-NATO-Truppen-Statut).[62] Auf Verwaltungen und Betriebe der **Europäischen Gemeinschaft** findet weder das BetrVG noch Personalvertretungsrecht Anwendung.[63]

20   **c) Religionsgemeinschaften, § 118 Abs. 2 BetrVG.** § 118 Abs. 2 BetrVG nimmt die Religionsgemeinschaften und deren karitative und erzieherische Einrichtungen unabhängig von ihrer Rechtsform von der Anwendung des BetrVG aus. Die Bestimmung soll dem Grundrecht der freien Religionsausübung (Art. 4 Abs. 2 GG) und dem durch Art. 140 GG iVm Art. 137 Abs. 3 WRV gewährleisteten Selbstbestimmungsrecht der Religionsgemeinschaften Rechnung tragen.[64] Vor diesem verfassungsrechtlichen Hintergrund muss die Bestimmung auf Weltanschauungsgemeinschaften iSv Art. 137 Abs. 7 WRV entsprechende Anwendung finden.[65] Die katholische und evangelische Kirche haben jedoch

---

78/85, AP BetrVG 1972 § 130 Nr. 3 unter II 3 b = NJW 1988, 933 (933); *v. Hoyningen-Huene* BetrVR § 3 Rn. 34; Richardi BetrVG/*Annuß* § 130 Rn. 3.

[59] BAG 28.4.1964 – 1 ABR 1/64, AP BetrVG § 4 Nr. 3 unter I = SAE 1965, 44 (45); *v. Hoyningen-Huene* BetrVR § 3 Rn. 34.

[60] Vgl. auch BAG 9.6.2011 – 6 AZR 132/10, AP BetrVG 1972 § 102 Nr. 164 Rn. 29 = BeckRS 2011, 74719; ErfK/*Kania* BetrVG § 130 Rn. 4.

[61] *Fitting* § 130 Rn. 7; Richardi BetrVG/*Annuß* § 130 Rn. 6.

[62] Vgl. BAG 21.8.1979 – 6 ABR 77/77, AP ZA-NATO-Truppenstatut Art. 56 Nr. 4 = AuR 1980, 91 (91); 11.7.1990 – 7 ABR 23/89, AP ZA-NATO-Truppenstatut Art. 56 Nr. 9 = AuR 1990, 388 (388); 11.9.2013 – 7 ABR 18/11, AP ZA-Nato-Truppenstatut Art. 56 Nr. 28 Rn. 15 = BeckRS 2014, 65098; vgl. auch *Beitzke*, AR-Blattei, Stationierungsstreitkräfte I G, 1973.

[63] Richardi BetrVG/*Annuß* § 130 Rn. 7; ausführlich *Rogalla*, Dienstrecht der Europäischen Gemeinschaften, 1992, S. 229 ff.

[64] BVerfG 11.10.1977 – 2 BvR 209/76, AP GG Art. 140 Nr. 1 (unter 2 und 6) = NJW 1978, 581 (581); BAG 11.3.1986 – 1 ABR 26/84, AP GG Art. 140 Nr. 25 (unter 2) = NJW 1986, 2591 (2592); Richardi BetrVG/*Forst* § 118 Rn. 185.

[65] HWK/*Hohenstatt/Dzida* BetrVG § 118 Rn. 33; aA LAG Hamm 17.5.2002 – 10 TaBV 140/01, NZA-RR 2002, 625 ff.; Richardi BetrVG/*Forst* § 118 Rn. 210.

für ihren Bereich ein **Mitarbeitervertretungsrecht** geschaffen, um eine Mitwirkung und Mitbestimmung der im Kirchendienst Beschäftigten zu verwirklichen (→ § 366 f.).

Zu den Religionsgemeinschaften[66] gehören die **beiden großen christlichen Kirchen,** die aber wegen ihres öffentlich-rechtlichen Status schon nach § 130 BetrVG vom Anwendungsbereich des BetrVG ausgenommen sind.[67] Daher hat § 118 Abs. 2 BetrVG insbesondere Bedeutung für privatrechtlich organisierte Religionsgemeinschaften. Die **karitativen und erzieherischen Einrichtungen** aller Religionsgemeinschaften fallen unabhängig von der Rechtsform, in der sie geführt werden, nicht unter das BetrVG. Maßgeblich ist, dass die von den Einrichtungen wahrzunehmenden Aufgaben sich als Wesens- und Lebensäußerung der Religionsgemeinschaften darstellen.[68] Hierunter zählen ohne Weiteres die von der Religionsgemeinschaft selbst eingerichteten und unterhaltenen Kindergärten, Schulen, Krankenhäuser und Altersheime. Hingegen sind erzieherische oder karitative Einrichtungen, die lediglich im Sinne eines Bekenntnisses geführt werden, ohne mit der betroffenen Religionsgemeinschaft verbunden zu sein, keine Einrichtungen der Religionsgemeinschaft.[69]

4. Sonderbetriebe

a) Seeschifffahrt, §§ 114 bis 116 BetrVG. Auf Seeschifffahrtsunternehmen (§ 114 Abs. 2 BetrVG) und ihre Betriebe findet das BetrVG grds. Anwendung. Es gilt uneingeschränkt für die **Landbetriebe** von Seeschifffahrtsunternehmen und diejenigen Schiffe, die in der Regel binnen 24 Stunden nach dem Auslaufen an den Sitz des Landbetriebs zurückkehren (§ 114 Abs. 2 S. 2 BetrVG).[70] Für den Seebetrieb ordnen die §§ 114 bis 116 BetrVG Sonderregelungen an.

b) Luftfahrt, § 117 BetrVG. Im Bereich der Luftfahrt ist zu unterscheiden: Während auf **Landbetriebe** von Luftfahrtunternehmen das BetrVG uneingeschränkte Anwendung findet (§ 117 Abs. 1 BetrVG), gelten dessen Vorschriften wegen der besonderen, nicht ortsgebundenen Art der Tätigkeit für im **Flugbetrieb** beschäftigte Arbeitnehmer nicht. Insoweit können jedoch durch Tarifvertrag besondere Vertretungen errichtet werden (§ 117 Abs. 1 S. 1 BetrVG).

c) Tendenzbetriebe, § 118 Abs. 1 BetrVG. Nach § 118 Abs. 1 BetrVG gelten für Unternehmen und Betriebe, die unmittelbar und überwiegend politischen, koalitionspolitischen, konfessionellen, karitativen, erzieherischen, wissenschaftlichen oder künstlerischen Bestimmungen bzw. Zwecken der Berichterstattung oder Meinungsäußerung dienen (sog. **Tendenzbetriebe**), die Vorschriften des BetrVG nur mit Einschränkung (→ §§ 351 f.).

II. Räumlicher Geltungsbereich

1. Realstatut

a) Grundsatz. Das maßgebliche Betriebsverfassungsrecht richtet sich nach dem Recht des Staates, in dem der **Betrieb seinen Sitz** hat (→ § 13 Rn. 163 ff.).[71] Der Anwen-

---

[66] Vgl. hierzu allgemein Art. 140 GG iVm Art. 137 WRV.
[67] BAG 30.7.1987 – 6 ABR 78/85, NZA 1988, 402 (Ls. 1 und 2).
[68] BAG 6.12.1977 – 1 ABR 28/77, AP BetrVG 1972 § 118 Nr. 10 unter III 1 = RdA 1978, 197 (Ls.); 23.10.2002 – 7 ABR 59/01, AP BetrVG 1972 § 118 Nr. 72 = NZA 2004, 334 (335); Richardi BetrVG/ Thüsing § 118 Rn. 196 ff.
[69] Löwisch/Kaiser BetrVG § 118 Rn. 40.
[70] Franzen AR-Blattei SD 1450.5, 2000; Richardi BetrVG/Forst § 114 Rn. 40; GK-BetrVG/Wiese/Franzen § 114 Rn. 15.
[71] BAG 9.11.1977 – 5 AZR 132/76, AP Internat. Privatrecht/Arbeitsrecht Nr. 13 unter 3 = NJW 1978, 1124 (1124) mit zust. Anm. Beitzke; 7.12.1989 – 2 AZR 228/89, AP Internat. Privatrecht/Arbeitsrecht Nr. 27 unter I 1 = NZA 1990, 658 (659); v. Bar, Internationales Privatrecht II, 1991, Rn. 445; Boemke

dungsbereich des BetrVG ist danach auf die Bundesrepublik Deutschland begrenzt.[72] Rechtsprechung und herrschende Lehre berufen sich dabei auf das **Territorialitätsprinzip**.[73] Richtigerweise ist entscheidend, dass sich das BetrVG nicht an einen bestimmten Arbeitgeber oder Arbeitnehmer (Personalstatut) wendet oder an ein Arbeitsverhältnis (Arbeitsstatut) anknüpft, sondern den Betrieb zum Bezugsgegenstand (vgl. § 1 BetrVG) macht. Da insoweit auf einen tatsächlichen Zustand abgehoben wird, bestimmt sich die Anwendbarkeit des jeweiligen Rechts nach dem **Realstatut, der lex rei sitae**.[74]

26　Hinsichtlich der Anwendbarkeit des BetrVG besteht **keine Rechtswahlfreiheit**.[75] Das BetrVG steht als zwingendes Recht nicht zur Disposition der Arbeitsvertragsparteien (→ § 283 Rn. 17ff.). Auch für die Betriebspartner besteht keine Rechtswahlfreiheit,[76] weil das Betriebsverfassungsrecht an das Realstatut anknüpft, das der Parteivereinbarung entzogen ist. Demgegenüber können die Betriebspartner eines ausländischen Betriebs die Geltung des BetrVG vereinbaren, soweit nicht das ausländische Betriebsverfassungsrecht dem entgegensteht.[77]

27　**b) Einzelfälle.** Das BetrVG gilt für **alle inländischen Betriebe** unabhängig davon, ob das Unternehmen oder der Rechtsträger seinen Sitz im In- oder Ausland hat[78] und welches Arbeitsvertragsstatut mit den Arbeitnehmern vereinbart worden ist.[79] Das BetrVG gilt also auch dann für die deutschen Betriebe eines ausländischen Unternehmens, wenn in diesen Betrieben nur ausländische Arbeitnehmer unter ausländischem Arbeitsvertragsstatut arbeiten.

28　In einem ausländischen Unternehmen können für die deutschen Betriebe **alle Einrichtungen der Betriebsverfassung** gebildet werden, neben dem Betriebsrat also auch ein Gesamtbetriebsrat[80] bzw. ein (Teil-)Konzernbetriebsrat,[81] wenn in mindestens zwei inländischen Betrieben eines ausländischen Unternehmens Betriebsräte errichtet worden sind bzw. mindestens zwei inländische Gesamtbetriebsräte eines ausländischen Konzerns bestehen. Beschäftigen die im Inland befindlichen Betriebe eines ausländischen Unterneh-

---

NZA 1992, 112 (113); DKKW/*Däubler* BetrVG Einl. Rn. 201 ff.; *v. Hoyningen-Huene* BetrVR § 3 Rn. 2; *Jaeger,* Der Auslandsbezug des Betriebsverfassungsgesetzes, 1983, S. 86 ff.; *Junker* RdA 1990, 212 (217); *Richardi* IPRax 1983, 217 (218); aA *Agel-Pahlke,* Geltungsbereich des BetrVG, 1999, S. 192 ff., die auf den „Schwerpunkt" der Betriebsverfassung abstellen will; *Gamillscheg* Internat. ArbR, 1959, S. 370 ff., der auf das Arbeitsstatut abheben will.

[72] Zu Fällen mit Auslandsberührung unten → Rn. 30 ff.
[73] BAG 9.11.1977 – 5 AZR 132/76, AP Internat. Privatrecht/Arbeitsrecht Nr. 13 unter 3 a = NJW 1978, 1124 (1124) mit zust. Anm. *Beitzke;* 7.12.1989 – 2 AZR 228/89, AP Internat. Privatrecht/Arbeitsrecht Nr. 27 unter I 1 = NZA 1990, 658 (659); *v. Bar* IPR, Bd. 2, Rn. 445; *Fitting* § 1 Rn. 13; *Jaeger,* Der Auslandsbezug des Betriebsverfassungsgesetzes, 1983, S. 86 ff.
[74] Zutreffend *Boemke* NZA 1992, 112 (112); *Junker* RdA 1990, 212 (218); zum Realstatut ausführlich Staudinger/*Stoll* BGB Internationales Sachenrecht, 1996, Rn. 139 ff.
[75] *Beitzke* Anm. zu BAG 9.11.1977 – 5 AZR 132/76, AP Internat. Privatrecht/Arbeitsrecht Nr. 13 = NJW 1978, 1124 (1124 f.).
[76] *Fitting* § 1 Rn. 21; aA *Agel-Pahlke,* Geltungsbereich des BetrVG, 1999, S. 136 ff.; *Junker* RdA 1990, 212 (217).
[77] *Junker* RdA 1990, 212 (218); *Wimmer,* Gestaltung internat. Arbeitsverhältnisse, 1992, S. 114 f.
[78] BAG 9.11.1977 – 5 AZR 132/76, AP Internat. Privatrecht/Arbeitsrecht Nr. 13 unter 3 a = NJW 1978, 1124 (1124) mit zust. Anm. *Beitzke; v. Bar* Internationales Privatrecht II, 1991, Rn. 445; *Boemke* NZA 1992, 112 (112 f.); *Boemke* DB 2010, 843 (845); *Fitting* § 1 Rn. 13 f.; HSWGN/*Rose* BetrVG Einl. Rn. 48 ff.; *Hickl* NZA-Beil. 1/1987, 10 (14); *v. Hoyningen-Huene* BetrVR § 3 Rn. 2; GK-BetrVG/*Kraft/Franzen* § 1 Rn. 5; *Richardi* BetrVG/*Richardi* Einl. Rn. 68.
[79] BAG 9.11.1977 – 5 AZR 132/76, AP Internat. Privatrecht/Arbeitsrecht Nr. 13 unter 3 b = NJW 1978, 1124 (1124) mit zust. Anm. *Beitzke; Boemke* NZA 1992, 112 (112); *Fitting* § 1 Rn. 15; *Hickl* NZA-Beil. 1/1987, 10 (14); *v. Hoyningen-Huene* BetrVR § 3 Rn. 2; *Richardi* IPRax 1983, 217 (218); aA insoweit *E. Lorenz* Anm. zu BAG 25.4.1978 – 6 ABR 2/77, SAE 1979, 221 (224).
[80] *Fitting* § 1 Rn. 18 f.
[81] *Fitting* § 1 Rn. 20; *Richardi* BetrVG/*Richardi* Einl. Rn. 71.

II. Räumlicher Geltungsbereich   29–32 § 284

mens in der Regel mehr als 100 ständig beschäftigte Arbeitnehmer, dann ist auch ein Wirtschaftsausschuss (§ 106 BetrVG) zu bilden.[82]

Für **ausländische Betriebe** gilt das BetrVG **nicht,** selbst wenn sie zu einem deutschen Unternehmen gehören.[83] Auch im Übrigen bleiben der Betrieb und die hier beschäftigten Arbeitnehmer für die Regelung des BetrVG außer Betracht, zB wenn es für das Bestehen von Mitbestimmungsrechten auf eine bestimmte Mindestarbeitnehmeranzahl ankommt.[84] Das BetrVG gilt ferner nicht für die nach § 4 Abs. 1 BetrVG selbstständigen **Betriebsteile** sowie Kleinstbetriebe im Ausland.[85]   29

2. Auslandstätigkeit (sog. Ausstrahlung)
a) Grundsatz. Ausnahmsweise können auch im Ausland tätige Arbeitnehmer in den persönlichen Anwendungsbereich des Gesetzes fallen, wenn sie trotz ihrer Auslandstätigkeit einem inländischen Betrieb angehören (Ausstrahlung).[86] Das BetrVG gilt für sämtliche Arbeitnehmer des Betriebs unabhängig von ihrem Beschäftigungsort.[87] **Betriebszugehörigkeit** ist gegeben, wenn der Arbeitnehmer in die Organisation des Betriebes eingegliedert ist und dem Weisungsrecht des Betriebsinhabers unterliegt.[88]   30

b) Vorübergehende und dauerhafte Auslandstätigkeit. Nach dem oben aufgezeigten Grundsatz kann das BetrVG somit auch für einen im Ausland tätigen Arbeitnehmer Anwendung finden. Hierfür ist jedoch erforderlich, dass er trotz Auslandstätigkeit weiterhin in die Organisation des inländischen Betriebs eingegliedert ist und dem Weisungsrecht des inländischen Betriebsinhabers unterliegt. Ob der Arbeitnehmer daneben auch dem ausländischen Betrieb angehört, weil er auch dort eingegliedert ist und zumindest partiell einem Weisungsrecht des ausländischen Betriebsinhabers unterliegt, hat auf die Betriebszugehörigkeit zum Inlandsbetrieb grds. keinen Einfluss. Solange der Arbeitnehmer nicht ausschließlich zum ausländischen Betrieb zugehörig ist, fällt er in den **Anwendungsbereich** des BetrVG.   31

Die Betriebszugehörigkeit zum Auslandsbetrieb kann jedoch ein Indiz dafür sein, dass der Arbeitnehmer nicht mehr dem Inlandsbetrieb angehört. Wird der Arbeitnehmer auf Dauer im Ausland tätig oder dahin versetzt, kann je nach Ausgestaltung im Einzelfall die Betriebszugehörigkeit zum Inlandsbetrieb beendet sein. Dies ist jedoch nicht zwingend. Insbesondere wenn der Arbeitnehmer dauerhaft im Ausland auf ständig wechselnden Arbeitsplätzen tätig wird, findet das BetrVG Anwendung, wenn der Arbeitnehmer weiterhin dem inländischen Betrieb angehört. Dies ist regelmäßig bei Außendienstmitarbeiter, zB **Kraftfahrer, Monteure,**[89] **Reiseleiter,**[90] anzunehmen, weil diese Personen trotz ständiger Arbeitsstätte im Ausland regelmäßig weiterhin in **die Arbeitsorganisation des inländischen Betriebs eingegliedert sind.** Ihre Arbeitstätigkeit im Ausland wird weiterhin vom inländischen Betrieb gesteuert und geleitet. Daneben wird die Betriebszuge-   32

---

[82] BAG 1.10.1974 – 1 ABR 77/73, AP BetrVG 1972 § 106 Nr. 1 unter II 1 = NJW 1975, 1091 (1092) mit zust. Anm. *Hinz;* 31.10.1975 – 1 ABR 4/74, AP BetrVG 1972 § 106 Nr. 2 unter II 4 = AuR 1976, 119 (120); *Fitting* § 1 Rn. 19; Richardi BetrVG/*Richardi* Einl. Rn. 71, § 106 Rn. 15.
[83] BAG 25.4.1978 – 6 ABR 2/77, AP Internat. Privatrecht/Arbeitsrecht Nr. 16 unter II 2 mit zust. Anm. *Simitis* = SAE 1979, 221 (222) mit zust. Anm. *E. Lorenz; Boemke* NZA 1992, 112 (112 f.); *Fitting* § 1 Rn. 16; HSWGN/*Rose* BetrVG Einl. Rn. 51; *Hickl* NZA-Beil. 1/1987 10 (14); *v. Hoyningen-Huene* BetrVR § 3 Rn. 2; GK-BetrVG/*Kraft/Franzen* § 1 Rn. 9; Richardi BetrVG/*Richardi* Einl. Rn. 68.
[84] *Fitting* § 106 Rn. 14; *Löwisch/Kaiser* BetrVG § 106 Rn. 2 ff.; GK-BetrVG/*Oetker* § 106 Rn. 31; aA *Agel-Pahlke,* Geltungsbereich des BetrVG, 1999, S. 222 ff.
[85] GK-BetrVG/*Kraft/Franzen* § 1 Rn. 10 f.; Richardi BetrVG/*Richardi* Einl. Rn. 69.
[86] Ausführlich zur Ausstrahlung im Betriebsverfassungsrecht *Boemke* NZA 1992, 112 ff.; zum Begriff der Ausstrahlung vgl. § 4 Abs. 1 SGB IV.
[87] *Boemke* NZA 1992, 112 (113); *v. Hoyningen-Huene* BetrVR § 3 Rn. 39; *Junker* RdA 1990, 212 (217 f.).
[88] *v. Hoyningen-Huene* FS Stahlhacke, 1995, S. 182; *Boemke* NZA 1992, 112 (113).
[89] *Boemke* NZA 1992, 112 (113).
[90] BAG 7.12.1989 – 2 AZR 228/89, AP Internat. Privatrecht/Arbeitsrecht Nr. 27 = NZA 1990, 658 (658); *Boemke* NZA 1992, 112 (113).

hörigkeit zum Inlandsbetrieb auch regelmäßig fortbestehen, wenn ein Arbeitnehmer nur zeitlich befristet vorübergehend in einen Auslandsbetrieb abgeordnet bzw. versetzt wird und anschließend wieder in den Inlandsbetrieb zurückkehren soll.[91]

33   Von der generellen Geltung des BetrVG auch für im Ausland tätige betriebszugehörige Arbeitnehmer ist die Frage zu trennen, welche Vorschriften des BetrVG Anwendung finden. Gehören Arbeitnehmer trotz ihrer Auslandstätigkeit weiterhin dem Inlandsbetrieb an, dann finden grds. **sämtliche Vorschriften des BetrVG** Anwendung unabhängig davon, ob das arbeitsrechtliche Grund- oder Durchführungsverhältnis betroffen ist.[92] Diese Arbeitnehmer sind zu berücksichtigen, wenn es um die Betriebs- oder Unternehmensgröße geht (vgl. zB §§ 1, 99, 106 Abs. 1, 111 BetrVG).[93] Ihnen steht sowohl das aktive[94] als auch das passive Wahlrecht[95] zu. Auch die Mitbestimmungsrechte in personellen und wirtschaftlichen Angelegenheiten bestehen grds. in vollem Umfang.[96] Insbesondere hat der Betriebsrat bei der Versetzung des Arbeitnehmers ins Ausland[97] sowie der Versetzung im Ausland mitzubestimmen. Allerdings kann eine konkrete Mitbestimmung im Hinblick auf den im Ausland tätigen Arbeitnehmer aus tatsächlichen Gründen entfallen. Dies ist dann der Fall, wenn die mitbestimmungspflichtige Maßnahme nicht vom Inlands-, sondern vom Auslandsbetrieb gesteuert wird. Insoweit steht nicht dem inländischen Betriebsrat, sondern allenfalls dem ausländischen Betriebsrat oder der dort bestehenden Mitarbeitervertretung ein Mitbestimmungsrecht zu. Die Mitbestimmung des inländischen Betriebsrats ist insoweit auf inlandsbetriebliche mitbestimmungspflichtige Maßnahmen begrenzt.

3. Inlandstätigkeit (sog. Einstrahlung)

34   Bei einer nur **vorübergehenden** Beschäftigung eines Arbeitnehmers aus einem ausländischen Betrieb im Inland (sog. Einstrahlung) unterfällt der Arbeitnehmer grds. weiterhin dem **Betriebsverfassungsrecht des Staates, in dem der entsendende Betrieb belegen** ist. Hierdurch wird allerdings die **Anwendung inländischer betriebsverfassungsrechtlicher Vorschriften** nicht generell ausgeschlossen. Werden Arbeitnehmer eines ausländischen Betriebs vorübergehend in einem inländischen Betrieb eingestellt und eingegliedert, so kann das BetrVG anwendbar sei. Der Arbeitnehmer untersteht regelmäßig nicht nur dem Weisungsrecht des ausländischen Betriebs, sondern auch dem des inländischen. Dieser bestimmt regelmäßig die Einzelheiten des Arbeitseinsatzes, insbesondere Arbeitszeit, -ort und -inhalte. Insoweit sind auch die betriebsverfassungsrechtlichen Bestimmungen anwendbar. Einzelne Beteiligungsrechte können im Hinblick auf diese Arbeitnehmer jedoch insoweit entfallen, als neben der Betriebszugehörigkeit weitere Voraussetzungen erforderlich sind, die bzgl. des im Inland tätigen Arbeitnehmers nicht gegeben sind. Schuldet allein der ausländische Betriebsinhaber den Arbeitslohn, so finden §§ 87 Abs. 1 Nr. 4, 10 und 11 BetrVG keine Anwendung. Besteht nicht zum inländischen, sondern allein zum ausländischen Arbeitgeber ein Arbeitsverhältnis, so muss im Verhältnis zum Inlandsbetrieb nicht § 102 BetrVG beachtetet werden. Dies entspricht den

---

[91] BAG 25.4.1978 – 6 ABR 2/77, AP Internat. Privatrecht/Arbeitsrecht Nr. 16 unter II 2 c mit zust. Anm. *Simitis* = SAE 1979, 221 (222) mit zust. Anm. *E. Lorenz*; 27.5.1982 – 6 ABR 28/80, AP BetrVG 1972 § 42 Nr. 3 unter II B 1 = NJW 1983, 413 (413); *Birk* FS Molitor, 1988, S. 19 (38); *Boemke* NZA 1992, 112 (114); *Junker* RdA 1990, 212 (218 Fn. 79); Richardi BetrVG/*Richardi* Einl. Rn. 74 f.
[92] Ausführlich *Boemke* NZA 1992, 112 (115 ff.); aA noch Vorauflage MHdB ArbR/*v. Hoyningen-Huene*, 3. Aufl. 2009, § 211, wo zwischen arbeitsrechtlichem Grund- und Durchführungsverhältnis differenziert wird.
[93] *Boemke* NZA 1992, 112 (115).
[94] BAG 27.5.1982 – 6 ABR 28/80, AP BetrVG 1972 § 42 Nr. 3 unter II B 1 = NJW 1983, 413 (413); *Boemke* NZA 1992, 112 (115); *Fitting* § 1 Rn. 27; *Jaeger*, Der Auslandsbezug des Betriebsverfassungsgesetzes, 1983, S. 140; Richardi BetrVG/*Richardi* Einl. Rn. 80.
[95] *Boemke* NZA 1992, 112 (115); *Fitting* § 1 Rn. 27; *Jaeger*, Der Auslandsbezug des Betriebsverfassungsgesetzes, 1983, S. 141 ff.; Richardi BetrVG/*Richardi* Einl. Rn. 80; aA HSWG/*Hess* BetrVG vor § 1 Rn. 7 f.
[96] *Fitting* § 1 Rn. 28.
[97] Richardi BetrVG/*Thüsing* § 99 Rn. 103 ff.

II. Räumlicher Geltungsbereich 34 § 284

allgemeinen Grundsätzen im Falle der doppelten Betriebszugehörigkeit und Spaltung des Weisungsrechts, die sich auch im Zusammenhang mit der Mitbestimmung bei Leiharbeitnehmern wiederfindet (vgl. zum Leiharbeitnehmer § 285 Rn. 16 f.).[98]

---

[98] Vgl. zur Leiharbeit hierzu *Boemke/Lembke* AÜG § 14 Rn. 66 ff.

§ 285 Persönlicher Geltungsbereich des Betriebsverfassungsgesetzes

Schrifttum:
Boemke, Die Betriebszugehörigkeit, AR-Blattei SD 540; *Boemke,* Schuldvertrag und Arbeitsverhältnis, 1999; *Boemke,* Das Telearbeitsverhältnis – Vertragstypus und Vertragsgestaltung, BB 2000, 147 ff.; *Boemke,* Neue Selbständigkeit und Arbeitsverhältnis, ZfA 1998, 285 ff.; *Boemke,* Anm. zu BAG 9.6.2011 – 6 AZR 132/10, jurisPR-ArbR 39/2011 Anm. 1; *Christiansen,* Betriebszugehörigkeit – Die Zuornung von Arbeirnehmern aus betriebsverfassungsrechtlicher Sicht, 1998; *Düwell,* Erstes Gesetz zur Änderung des AÜG – Eine verpasste Chance für die integration der Leiharbeit in die Betriebsverfassung, AuR 2011, 288 ff.; *Engels/Trebinger/Löhr-Steinhaus,* Regierungsentwurf eines Gesetzes zur Reform des Betriebsverfassungsgesetzes – Überblick über die wesentlichen Änderungen, DB 2001, 532 ff.; *Franzen,* Reformbedarf beim Betriebs- und Arbeitnehmerbegriff des Betriebsverfassungsgesetzes?, ZfA 2000, 285 ff.; *Hamann,* Betriebsverfassungsrechtliche Auswirkungen der Reform der Arbeitnehmerüberlassung, NZA 2003, 526 ff.; *Hanau,* Denkschrift zu dem Regierungsentwurf eines Gesetzes zur Reform des Betriebsverfassungsgesetzes, RdA 2001, 65 ff.; *Hayen,* Erweiterung des Arbeitnehmerbegriffs im BetrVG, PersR 2009, 384 ff.; *Heise/Fedder,* Beamte und Soldaten – Einsatz im Betriebsrat, NZA 2009, 1069 ff.; *Hoffmann-Remy/Zaumseil,* Betriebsratswahl 2018 – alte und neue Fehler vermeiden!, BB 2017, 1717 ff.; *Holthausen/Steinkraus,* Die januskӧpfige Rechtsstellung des GmbH-Geschäftsführers im Arbeitsrecht, NZA-RR 2002, 281 ff.; *Hromadka,* Arbeitnehmerähnliche Personen – Rechtsgeschichtliche, dogmatische und rechtspolitische Überlegungen, NZA 1997, 1249 ff.; *Kaufmann,* Arbeitnehmerüberlassung, 1998; *Kim,* Die konzerninterne Arbeitnehmerüberlassung durch die Personalführungsgesellschaft und das Betriebsverfassungsrecht, 2011.; *Knoop,* Martina, Ehe für Alle, NJW-Spezial 2017, 580 ff.; *Köhl,* Die Einschränkung der Haftung des GmbH-Geschäftsführers nach den Grundsätzen des innerbetrieblichen Schadensausgleichs, DB 1996, 2597 ff.; *Kortmann,* Beamte als Arbeitnehmer im Sinne des BetrVG – eine Fiktion mit Folgen, öAT 2010, 201; *Löwisch/Mandler,* Beteiligungsrechte des Betriebsrats für im Betrieb tätige Angehörige des öffentlichen Dienstes, BB 2016 629; *von Maydell,* Können Rote-Kreuz-Schwestern Bedienstete im Sinne des Personalvertretungsgesetzes sein?, AuR 1967, 202 ff.; *Mestwerdt,* Arbeit in persönlicher Abhängigkeit im Rahmen vereinsrechtlicher Strukturen, NZA 2014, 281 ff.; *Otten,* Heimarbeit – ein Dauerrechtsverhältnis eigener Art, NZA 1995, 289 ff.; *Raab,* Europäische und nationale Entwicklungen im Recht der Arbeitnehmerüberlassung, ZfA 2003, 389 ff.; *Rebhahn,* Arbeitnehmerähnliche Personen – Rechtsvergleich und Regulierungsperspektive, RdA 2009, 236 ff.; *Reichold,* Betriebsverfassung ohne „Betrieb"? – Zur Strukturreform des Betriebsverfassungsgesetzes aus privatrechtsdogmatischer Sicht, NZA 1999, 561 ff.; *Rost,* Arbeitnehmer und arbeitnehmerähnliche Personen im Betriebsverfassungsrecht, NZA 1999, 113 ff.; *Schrader/Schubert,* Der Geschäftsführer als Arbeitnehmer DB 2005, 1457 ff.; *v. Steinau-Steinrück/Mosch,* Beamten als betriebsverfassungsrechtliche Arbeitnehmer, NJW-Spezial 2009, 706 ff.; *Willemsen/Müntefering,* Begriff und Rechtsstellung arbeitnehmerähnlicher Personen: Versuch einer Präzisierung, NZA 2008, 193 ff.; *Ziemann,* Anm. zu BAG 18.1.1989 – ABR 21/88 und 7 ABR, AuR 1990, 58 (64).

Übersicht

	Rn.
I. Überblick	1
II. Arbeitnehmer nach § 5 Abs. 1 S. 1 Hs. 1 BetrVG	3
1. Allgemein	3
2. Meinungsstand	4
a) Zwei-Komponenten-Lehre	4
b) Eingliederungstheorie	5
3. Rechtsfolgen und praktische Bedeutung	6
4. Konsequenzen	9
a) Grundsatz	9
b) Umfang der Arbeitszeit	10
c) Dauer der Beschäftigung	11
d) Tätigkeitsort	13
e) Höhe der Vergütung	14
f) Sozialversicherungspflicht	15
5. Einzelfälle	16
a) Leiharbeitnehmer	16
b) Weiterbeschäftigung nach Kündigung	18
c) Ruhendes Arbeitsverhältnis	20
d) Bundesfreiwilligendienst/Beschäftigte im freiwilligen sozialen oder ökologischen Jahr	21
III. Zur Berufsausbildung Beschäftigte (§ 5 Abs. 1 S. 1 Hs. 2 BetrVG)	22
1. Allgemein	22

	Rn.
2. Meinungsstand	23
a) Zwei-Komponenten-Lehre	23
b) Eingiederungstheorie	24
3. Konsequenzen	25
a) Allgemein	25
b) Umfang der betrieblichen Tätigkeit	26
c) Dauer der Berufsausbildung	27
d) Tätigkeitsort, Ausbildungsgehalt, Sozialversicherungspflicht	28
4. Einzelfälle	29
a) Auszubildende nach BBiG	29
b) Beschäftigte im freiwilligen sozialen oder ökologischen Jahr	30
c) Beschäftigte im berufsvorbereitenden sozialen Jahr	31
IV. Gleichgestellte (§ 5 Abs. 1 S. 2 und S. 3 BetrVG)	32
1. In Heimarbeit Beschäftigte	32
a) Begriff	32
b) In der Hauptsache arbeiten	33
c) Abgrenzung	34
2. Beamte, Soldaten, Arbeitnehmer des öffentlichen Dienstes	35
a) Grundsatz	35
b) Erfasster Personenkreis	36
c) Privatrechtlich organisiert	37
d) Tätigsein	38
e) Rechtsfolgen	39
V. Abgrenzung	40
1. Grundsatz	40
2. Einzelfälle	41
a) Freie Mitarbeiter	41
b) Arbeitnehmerähnliche Personen	42
c) Fremdfirmenmitarbeiter	44
VI. Nicht-Arbeitnehmer (§ 5 Abs. 2 BetrVG)	45
1. Grundsatz	45
2. Einzelfälle	46
a) Mitglieder des Vertretungsorgans einer juristischen Person (Nr. 1)	46
aa) Aktiengesellschaft	47
bb) Gesellschaft mit beschränkter Haftung	48
cc) Kommanditgesellschaft auf Aktien	49
dd) Genossenschaften	50
ee) Rechtsfähiger Verein	51
ff) Versicherungsverein auf Gegenseitigkeit	52
gg) Stiftungen	53
b) Mitglieder einer Personengesamtheit (Nr. 2)	54
aa) Offene Handelsgesellschaft	55
bb) Kommanditgesellschaft	56
cc) Partnergesellschaft	57
dd) Gesellschaft bürgerlichen Rechts	58
ee) Nichtrechtsfähiger Verein	59
ff) Reederei iSv §§ 480 ff. HGB aF	60
gg) Erbengemeinschaft	61
hh) Eheliche Gütergemeinschaft	62
c) Nichterwerbsdienliche Beschäftigung aus karitativen oder religiösen Gründen (Nr. 3)	63
d) Nichterwerbsdienliche Beschäftigung aus medizinischen oder erzieherischen Gründen (Nr. 4)	65
e) Familienangehörige des Arbeitgebers (Nr. 5)	66
VII. Leitende Angestellte	67
1. Überblick	67
2. Nach Arbeitsvertrag und Stellung (Abs. 3 S. 2 Hs. 1)	68

	Rn.
3. Berechtigung zur Einstellung und Entlassung (Abs. 3 S. 2 Nr. 1)	69
a) Allgemein	69
b) Befugnis zur Einstellung und Entlassung	70
c) Selbstständig	75
4. Generalvollmacht oder Prokura (Abs. 3 S. 2 Nr. 2)	77
a) Allgemein	77
b) Prokura zugrunde liegend	78
c) Unternehmerische Aufgaben	79
d) Nicht unbedeutende Aufgaben	82
5. Sonstige Aufgaben (Abs. 3 S. 2 Nr. 3)	84
a) Allgemein	84
b) Aufgaben mit Bedeutung für Bestand und Entwicklung	85
c) Besondere Erfahrungen und Kenntnisse	89
d) Weisungsfreie Entscheidungen oder maßgebliche Beeinflussung	90
e) Regelmäßig	95

I. Überblick

1 Der persönliche Anwendungsbereich und damit auch die Zuständigkeit des Betriebsrats in persönlicher Hinsicht richtet sich nach § 5 BetrVG. Hiernach wird bestimmt, wer Arbeitnehmer iSd Betriebsverfassung ist. Dem Begriff des betriebsverfassungsrechtlichen Arbeitnehmers kommt zentrale Bedeutung zu. Zahlreiche Vorschriften des BetrVG, wie Regelungen über die Errichtung und Zusammensetzung der betriebsverfassungsrechtlichen Einrichtungen (zB §§ 1 Abs. 1, 9, 60 Abs. 1 BetrVG), den Bestand von Mitbestimmungsrechten (zB § 95 Abs. 2, 99 Abs. 1 BetrVG) sowie Arbeitnehmerrechte (zB §§ 7, 8 BetrVG), knüpfen hieran an.[1] Systematisch regelt § 5 BetrVG in Abs. 1 zunächst allgemein, wer betriebsverfassungsrechtlicher Arbeitnehmer bzw. welcher Beschäftigte diesem gleichgestellt ist. Unabhängig davon, ob die Anforderungen des betriebsverfassungsrechtlichen Arbeitnehmers nach Abs. 1 erfüllt sind, schließt § 5 Abs. 2–Abs. 4 BetrVG die Arbeitnehmereigenschaft iSd BetrVG für die dort benannten Personengruppen generell (Abs. 2) bzw. soweit nichts anderes ausdrücklich bestimmt ist (Abs. 3) aus.

2 Die Regelung des § 5 BetrVG ist zwingend (→ § 283 Rn. 20). Wer Arbeitnehmer iSd BetrVG ist, kann durch Tarifvertrag oder Betriebsvereinbarung weder begrenzt noch erweitert werden.[2] Auch soweit in einer einzelvertraglichen Abrede vereinbart wird, dass der Dienstleistungsverpflichtete einem Arbeitnehmer gleichgestellt werden soll, führt dies nicht zur Änderung des persönlichen Anwendungsbereichs des BetrVG. Die schuldrechtliche Abrede gilt nur zwischen den Vertragsparteien, sodass sie auch allein in dieser Rechtsbeziehung Wirkungen entfaltet.[3]

II. Arbeitnehmer nach § 5 Abs. 1 S. 1 Hs. 1 BetrVG

1. Allgemein

3 § 5 Abs. 1 S. 1 BetrVG bestimmt, dass Arbeitnehmer (Arbeitnehmerinnen und Arbeitnehmer) iSd Gesetzes Arbeiter und Angestellte sind, unabhängig davon, ob sie im Betrieb, im Außendienst oder mit Telearbeit beschäftigt werden. Trotz der Formulierung enthält § 5 Abs. 1 S. 1 BetrVG keine eigenständige sachliche Definition des Arbeitnehmers iSd BetrVG, sondern benennt lediglich Personengruppen, die als betriebsverfassungsrechtliche Ar-

---

[1] Vgl. *Boemke* Schuldvertrag S. 301 f.; GK-BetrVG/*Raab* § 5 Rn. 7.; vgl. auch *Hoffmann-Remy/Zaumseil* BB 2017, 1717 (1718 f.).
[2] Vgl. BeckOK ArbR/*Besgen* § 5 Rn. 1; ErfK/*Koch* BetrVG § 5 Rn. 1; *Fitting* § 5 Rn. 13; GK-BetrVG/*Raab* § 5 Rn. 8; HWK/*Gaul* BetrVG § 5 Rn. 1; *Löwisch* FS Hromadka, 2008, 229 (231).
[3] Vgl. GK-BetrVG/*Raab* § 5 Rn. 8; *Galperin/Löwisch* BetrVG § 5 Rn. 6; *Löwisch* FS Hromadka, 2008, 229 (231); *Richardi* BetrVG/*Richardi* § 5 Rn. 39 hält eine Rechtsformwahl in einem engen Anwendungsbereich für möglich.

beitnehmer gelten. Der Verwendung der beiden klassischen Arbeitnehmergruppen Arbeiter und Angestellte kommt dabei keine eigenständige Bedeutung zu, sodass an der Unterscheidung keine betriebsverfassungsrechtlichen Konsequenzen geknüpft sind.[4] Welche konkreten Voraussetzungen erfüllt sein müssen, damit ein Beschäftigter als einem Betrieb angehörender betriebsverfassungsrechtlicher Arbeitnehmer angesehen wird, ist umstritten.

2. Meinungsstand

a) Zwei-Komponenten-Lehre. Die von der Rspr.[5] und der in der Literatur[6] vertretene Zwei-Komponenten-Lehre verlangt für den Arbeitnehmer iSd BetrVf zwei Voraussetzungen. Erstens muss ein Arbeitsverhältnis iSv § 611a BGB zum Betriebsinhaber, also kraft Gesetzes die Verpflichtung zur Erbringung weisungsgebundener, fremdbestimmter Arbeit iSv. § 611a Abs. 1 S. 1 BGB bestehen. Insoweit wird an den allgemeinen arbeitsrechtlichen Arbeitnehmerbegriff (→ § 18) angeknüpft.[7] Zweitens muss der Arbeitnehmer tatsächlich in den Betrieb eingegliedert sein.[8]

b) Eingliederungstheorie. Nach der vorzugswürdigen Eingliederungstheorie genügt für die Einordnung als Arbeitnehmer iSd BetrVf hingegen allein das Element der betrieblichen Eingliederung.[9] Die betreffende Person muss somit nur in die organisatorische Einheit des Betriebs eingegliedert sein, also unter dem Direktionsrecht des Betriebsinhabers stehen, um dort weisungsabhängige, fremdbestimmte Arbeit zu leisten.[10] Hierfür ist nicht erforderlich, dass die betreffende Person tatsächlich am Arbeitsplatz seine Arbeit aufnimmt. Vielmehr genügt es, wenn der Betriebsinhaber der betreffenden Person einen Arbeitsbereich mit deren Einverständnis zuweist.[11] Bereits durch die Unterstellung des Beschäftigten unter das Weisungsrecht des Betriebsinhabers wird ein arbeitsrechtliches

---

[4] Vgl. BT-Drs. 14/5741, 23 f., 26 f., 36; *Engels/Trebinger/Löhr-Steinhaus* DB 2001, 532 (534); *Fitting* § 5 Rn. 4; GK-BetrVG/*Raab* § 5 Rn. 11, 15; *Hanau* RdA 2001, 65 (67); Richardi BetrVG/*Richardi* § 5 Rn. 8.

[5] BAG 5.12.2012 – 7 ABR 48/11, NZA 2013, 793 (794) Rn. 17 f.; 17.2.2010 – 7 ABR 51/08; NZA 2010, 832 (833) Rn. 16; 19.6.2001 – 1 ABR 43/00, NZA 2001, 1263 (1264); 22.3.2000 – 7 ABR 34/98, NZA 2000, 1119 (1120); 25.2.1998 – 7 ABR 11/97, AP BetrVG 1972 § 8 Nr. 8.

[6] Vgl. *Rost* NZA 1999, 113 (113 ff.); ErfK/*Koch* BetrVG § 5 Rn. 2; *Fitting* § 5 Rn. 16; § 7 Rn. 6 ff., 16; GK-BetrVG/*Raab* § 5 Rn. 18 ff., § 7 Rn. 19 ff.; HWK/*Gaul* BetrVG § 5 Rn. 2 ff.; HWK/*Reichold* BetrVG § 7 Rn. 5 ff.; Schaub ArbR-HdB/*Koch* § 212 Rn. 6.

[7] BT-Drs. 14/5741, 35; BAG 5.12.2012 – 7 ABR 48/11, NZA 2013, 793 (794) Rn. 17 f.; 13.10.2004 – 7 ABR 6/04, NZA 2005, 480 (481); 25.2.1998 – 7 ABR 11/97, AP BetrVG 1972 § 8 Nr. 8; 12.2.1992 – 7 ABR 42/91, AP BetrVG 1972 § 5 Nr. 52; *Rost* NZA 1999, 113 (113); ErfK/*Koch* BetrVG § 5 Rn. 2; *Fitting* § 5 Rn. 15 ff.; GK-BetrVG/*Raab* § 5 Rn. 16 ff.; HWK/*Gaul* BetrVG § 5 Rn. 2 ff.

[8] BAG 5.12.2012 – 7 ABR 48/11, NZA 2013, 793 (794) Rn. 18; 17.2.2010 – 7 ABR 51/08, NZA 2010, 832 (833) Rn. 16; 19.6.2001 – 1 ABR 43/00, NZA 2001, 1263 (1264); 2.3.2000 – 7 ABR 34/98, NZA 2000, 1119 (1120); ErfK/*Koch* BetrVG § 5 Rn. 2; *Fitting* § 7 Rn. 16; HWK/*Reichold* BetrVG § 7 Rn. 8; *Lindemann/Simon* NZA 2002, 365 (366); vgl. auch BAG 10.3.2004 – 7 ABR 49/03, NZA 2004, 1340 (1341); 18.1.1989 – 7 ABR 21/88, NZA 1989, 724 (725); GK-BetrVG/*Raab* § 5 Rn. 26; *Rost* NZA 1999, 113 (113 ff.).

[9] *Boemke* AR-Blattei SD 540, S. 7 ff. Rn. 16 ff.; *Boemke* Schuldvertrag S. 586; *Hamann* NZA 2003, 526 (527 f.); *Hoffmann-Remy/Zaumseil* BB 2017, 1717 (1718); *Röhsler* DB 1963, 994; Richardi BetrVG/*Richardi* § 5 Rn. 73; Schüren/Hamann/*Hamann* AÜG § 14 Rn. 20 ff.; vgl. auch LAG Nds 27.11.1984 – 8 Ta BV 6/84, BB 1985, 2173; *Boemke*/Lembke AÜG § 14 Rn. 59.

[10] *Boemke* AR-Blattei SD 540, S. 7 ff. Rn. 16 ff.; *Boemke* Schuldvertrag S. 586; *Boemke*/Lembke AÜG § 14 Rn. 59; ErfK/*Koch* BetrVG § 5 Rn. 2; *Hamann* NZA 2003, 526 (526); *Hoffmann-Remy/Zaumseil* BB 2017, 1717 (1718); *Lindemann/Simon* NZA 2002, 365 (366); Richardi BetrVG/*Richardi* § 5 Rn. 73; *Röhsler* DB 1963, 994; Schüren/Hamann/*Hamann* AÜG § 14 Rn. 22 ff.; vgl. auch LAG Nds 27.11.1984 – 8 Ta BV 6/84, BB 1985, 2173; *Fitting* § 7 Rn. 16.

[11] *Boemke* AR-Blattei SD 540, S. 7 Rn. 14; *Boemke* Schuldvertrag S. 303.; *Fitting* § 7 Rn. 16; *Richardi* NZA 1987, 145 (146); Schüren/Hamann/*Hamann* AÜG § 14 Rn. 27; *Ziemann* Anm. zu BAG 18.1.1989 – 7 ABR 21/88 und 7 ABR, AuR 1990, 58 (64); vgl. hierzu auch *Fitting* § 5 Rn. 44 ff., § 7 Rn. 29; GK-BetrVG/*Raab* § 5 Rn. 26.

Erfüllungsverhältnis zu diesem begründet.¹² Hieran knüpft die Betriebszugehörigkeit als Arbeitnehmer iSd BetrVG an. Ein arbeitsrechtliches Grundverhältnis mit einer entsprechenden Leistungsverpflichtung ist hingegen für die Betriebszugehörigkeit weder hinreichende noch notwendige Bedingung. Die Regelungen des BetrVG knüpfen an den *Betrieb* an. Zu diesem muss der Arbeitnehmer zugeordnet sein, sodass auch nur die tatsächliche Beziehung zum Betrieb über die Betriebszugehörigkeit entscheiden kann. Zum Betrieb als organisatorischer Einheit kann ein Arbeitnehmer keine Leistungsverpflichtungen haben. Die durch ein arbeitsrechtliches Grundverhältnis begründete Leistungsverpflichtung ist auch nicht zwingende Voraussetzung, um weisungsgebunden für den Betriebsinhaber tätig zu sein.¹³

3. Rechtsfolgen und praktische Bedeutung

6 Trotz unterschiedlicher Ausgangspunkte gelangen beide Ansichten im Hinblick auf die Anwendbarkeit der BetrVG-Vorschriften zu vergleichbaren Ergebnissen. Vertreter der Zwei-Komponenten-Lehre wenden die betriebsverfassungsrechtlichen Bestimmungen auf Arbeitnehmer uneingeschränkt an, die in einem arbeitsrechtlichen Grundverhältnis zum Träger des Betriebs stehen und in diesen eingegliedert sind. Fehlt es an einem arbeitsrechtlichen Grundverhältnis zum Betriebsinhaber, können auch nach der **Zwei-Komponenten-Lehre** betriebsverfassungsrechtliche Beteiligungsrechte in Bezug auf ausschließlich eingegliederte Arbeitnehmer bestehen. Für den praktisch besonders bedeutsamen Einsatz von Leiharbeitnehmern im Entleiherbetrieb soll sich dies bereits daraus ergeben, dass § 14 Abs. 2 S. 2, 3, Abs. 3 AÜG keine abschließende gesetzliche Regelung¹⁴ darstellt.¹⁵ In der Sache bedarf es gleichwohl eines erheblichen Begründungsaufwands. Die Schutzfunktion der Betriebsverfassung und die Schutzbedürftigkeit des in die Betriebsorganisation des fremden Betriebs eingegliederten Arbeitnehmers rechtfertige im Einzelfall eine analoge Anwendung der im BetrVG geregelten Beteiligungsrechte. Arbeitnehmer, die in die Organisation des Betriebs eingegliedert sind und dem Weisungsrecht des Betriebsinhabers unterliegen, seien auch ohne arbeitsrechtliches Grundverhältnis partiell betriebszugehörig, was die Anwendbarkeit bestimmter betriebsverfassungsrechtlicher Normen rechtfertige.¹⁶

7 Nach den Vertretern der **Eingliederungstheorie** findet das BetrVG für in den Betrieb eingegliederte Arbeitnehmer grds. Anwendung, unabhängig davon ob ein Grundverhältnis zum Träger des Betriebs besteht. Gleichwohl führt das nicht zur uneingeschränkten Anwendung des BetrVG oder sonstiger betriebsverfassungsrechtlicher Bestimmungen. Vielmehr kommen nur die Regelungen zur Anwendung, die an die bloße Betriebszugehörigkeit anknüpfen, ohne ein daneben bestehendes arbeitsrechtliches Grundverhältnis zum Träger des Betriebs vorauszusetzen.¹⁷

8 Die Eingliederungstheorie ist dogmatisch vorzugswürdig. Die Zwei-Komponenten-Lehre verkennt schon im Ausgangspunkt, dass die Betriebszugehörigkeit als solche nicht teilbar ist: sie besteht oder sie besteht nicht – tertium non datur. Sie kann auch nicht

---

¹² Vgl. hierzu ausführlich *Boemke* Schuldvertrag S. 279ff.; HWK/*Reichold* BetrVG § 5 Rn. 9; GK-BetrVG/*Raab* § 7 Rn. 18 aE; Richardi BetrVG/*Thüsing* § 7 Rn. 13.
¹³ LAG Nds 27.11.1984 – 8 Ta BV 6/84, BB 1985, 2173; *Boemke* AR-Blattei SD 540, S. 7ff. Rn. 16ff.; *Boemke* Schuldvertrag S. 303f.; *Röhsler* DB 1963, 994; vgl. auch Schüren/Hamann/*Hamann* AÜG § 14 Rn. 23.
¹⁴ BAG 19.6.2001 – 1 ABR 43/00, NZA 2001, 1263 (1265); 15.12.1992 – 1 ABR 38/92, NZA 1993, 513 (514); *Boemke*/Lembke AÜG § 14 Rn. 2; *Sandmann/Marschall* § 14 Anm. 2; aA wohl LAG Bln-Bbg 9.10.2014 – 14 TaBV 940/14, BeckRS 2015, 65828.
¹⁵ BAG 19.6.2001 – 1 ABR 43/00, NZA 2001, 1263 (1265); 15.12.1992 – 1 ABR 38/92, NZA 1993, 513 (514).
¹⁶ Vgl. BAG 19.6.2001 – 1 ABR 43/00, NZA 2001, 1263 (1265); 15.12.1992 – 1 ABR 38/92, NZA 1993, 513 (514); GK-BetrVG/*Raab* § 5 Rn. 103ff., § 7 Rn. 20; *Raab* ZfA 2003, 389 (438f.); *Reichold* NZA 1999, 561 (569f.); *Rost* NZA 1999, 113 (118).
¹⁷ *Boemke* Schuldvertrag S. 586; *Hamann* NZA 2003, 526 (528ff.); vgl. auch *Boemke* AR-Blattei SD 540, S. 16ff. Rn. 47ff.

erklären, wieso die Tätigkeit von Personen, die keine Arbeitnehmer iSv § 5 BetrVG sind, über die gesetzlich ausdrücklich geregelten Fälle Beteiligungsrechte des Betriebsrats auslösen soll. Methodenehrlicher ist die Eingliederungstheorie, die lange Zeit überholt schien. Definiert man als Arbeitnehmer die Person, die in einem Arbeitsverhältnis steht, ist die entscheidende Frage, was ein Arbeitsverhältnis ist. Die Zwei-Komponenten-Lehre wird auf § 611a Abs. 1 BGB verweisen, der allerdings nur den Arbeitsvertrag regelt. Sie bekommt Begründungsprobleme, Streitigkeiten zwischen Entleiher und Leiharbeitnehmer nach § 2 Abs. 1 Nr. 3 lit. a) und d) ArbGG den Arbeitgebern zuzuweisen.[18] Versteht man Arbeitsverhältnis hingegen als Rechtsbeziehung, auf die arbeitsrechtliche Bestimmungen Anwendung finden, kann auch der Leiharbeitnehmer im Verhältnis zum Entleiher unproblematisch als Arbeitnehmer erfasst werden.[19]

4. Konsequenzen

a) Grundsatz. Arbeitnehmer iSd BetrVf ist somit, wer in die Organisation des Betriebes eingegliedert ist und dem Weisungsrecht des Betriebsinhabers unterliegt. Daher haben die ausschließlich das Grundverhältnis bzw. dessen Inhalt betreffenden Kriterien für die Zuordnung als betriebszugehöriger Arbeitnehmer keine Relevanz.

b) Umfang der Arbeitszeit. Unerheblich für die Beurteilung der Arbeitnehmereigenschaft ist der Arbeitszeitumfang.[20] Auch **Teilzeitbeschäftigte,** namentlich geringfügig Beschäftigte, können deshalb betriebszugehörige Arbeitnehmer sein.[21] Sie unterstehen qualitativ ebenso den Arbeitgeberweisungen wie Vollzeitkräfte. Sie sind, wenn auch in zeitlich geringerem Umfang, in die organisatorische Einheit eingebunden und dienen dem arbeitstechnischen Zweck des Betriebs.[22]

c) Dauer der Beschäftigung. Ebenso ist die Beschäftigungsdauer für die Einordnung als betriebszugehöriger Arbeitnehmer ohne Belang.[23] Deshalb sind **Aushilfen,** auch wenn sie nur vorübergehend tätig werden, während der Zeit des weisungsgebundenen Arbeitseinsatzes betriebszugehörige Arbeitnehmer. Sie sind unabhängig davon, ob sie wiederkehrend (Stammaushilfen) oder nur einmalig vorübergehend bzw. gelegentlich als Aushilfen (zB Saisonaushilfen) eingesetzt werden, während der Einsatzzeit in den Betrieb weisungsgebunden eingegliedert.[24] Erst zu dem Zeitpunkt, zu dem die Aushilfskräfte nicht mehr beschäftigt werden, kann die Eigenschaft als betriebsverfassungsrechtlicher Arbeitnehmer entfallen. Dies ist grds. bei einmaligen bzw. gelegentlichen Aushilfsbeschäftigten anzunehmen.

---

[18] Vgl. nur BAG 15. 3. 2011 – 10 AZB 49/10, BeckRS 2011, 71529.
[19] So BAG 15. 3. 2011 – 10 AZB 49/10, BeckRS 2011, 71529 Rn. 9: „Rechtliche Beziehungen mit arbeitsrechtlichem Charakter"; vgl. auch BAG 23. 9. 2010 – 8 AZR 537/09, DB 2011, 246 (247) Rn. 42; im Ansatz *Boemke/Lembke* AÜG § 14 Rn. 59; BeckOK ArbR/*Kock* AÜG § 13 Rn. 18.
[20] BAG 29. 1. 1992 – 7 ABR 27/91, AP BetrVG 1972 § 7 Nr. 1; LAG Hamm 17. 12. 2008 – 10 TaBV 137/07, BeckRS 2009, 55972; *Boemke* AR-Blattei SD 540, S. 10 Rn. 27, S. 24 Rn. 82 f.; *Boemke* ZfA 1998, 285 (313); *Fitting* § 5 Rn. 95, § 7 Rn. 24; GK-BetrVG/*Raab* § 5 Rn. 33, § 7 Rn. 32; *Kothe* BB 1992, 137 (139); *Richardi* BetrVG/*Richardi* § 7 Rn. 38; aA *Galpin/Löwisch* BetrVG § 7 Rn. 9; differenzierend *Wank* RdA 1985, 1 (11 f.).
[21] BAG 29. 1. 1992 – 7 ABR 27/91, AP BetrVG 1972 § 7 Nr. 1; LAG Hamm 17. 12. 2008 – 10 TaBV 137/07, BeckRS 2009, 55972; *Boemke* AR-Blattei SD 540, S. 10 Rn. 27, S. 24 Rn. 82 f.; *Fitting* § 5 Rn. 95, § 7 Rn. 24; *Kothe* BB 1992, 137 (139); GK-BetrVG/*Raab* § 5 Rn. 33 f., § 7 Rn. 32; *Richardi* BetrVG/*Richardi* § 5 Rn. 55, § 7 Rn. 38; aA *Galpin/Löwisch* BetrVG § 7 Rn. 9. – Differenzierend *Wank* RdA 1985, 1 (11 f.).
[22] BAG 29. 1. 1992 – 7 ABR 27/91, AP BetrVG 1972 § 7 Nr. 1; *Boemke* AR-Blattei SD 540, S. 10 Rn. 27, S. 24 Rn. 82 f. *Kothe* BB 1992, 137 (139); GK-BetrVG/*Raab* § 5 Rn. 34.
[23] LAG Düsseldorf 26. 9. 1990 – 12 TaBV 74/90, LAGE § 9 BetrVG 1972 Nr 3 (Ls. 1); GK-BetrVG/*Raab* § 5 Rn. 33, § 7 Rn. 32; vgl. auch *Richardi* BetrVG/*Richardi* § 5 Rn. 52, § 7 Rn. 31; *Fitting* § 7 Rn. 22; einschränkend bei kurzfristigem „Einspringen" *Galperin/Löwisch* BetrVG § 7 Rn. 8.
[24] Vgl. BAG 29. 1. 1992 – 7 ABR 27/91, AP BetrVG 1972 § 7 Nr. 1; LAG Hamm 17. 12. 2008 – 10 TaBV 137/07, BeckRS 2009, 55972; LAG Düsseldorf 26. 9. 1990 – 12 TaBV 74/90, BeckRS 1990 30458466; *Boemke* AR-Blattei SD 540, S. 25 Rn. 85 f.; *Fitting* § 7 Rn. 28; GK-BetrVG/*Raab* § 7 Rn. 38.

IdR sind sie mit Ende des Arbeitseinsatzes nicht mehr betriebszugehörig. Die Eingliederung ist aufgehoben und sie unterliegen keinem arbeitsrechtlichen Weisungsrecht mehr.[25] Hingegen entfällt die einmal durch Eingliederung begründete Betriebszugehörigkeit von Stammaushilfskräften auch während der einsatzfreien Zeit nicht zwingend. Bleibt die Stammaushilfe auch während der beschäftigungsfreien Zeit auf Grund einer einmal erfolgten dauerhaften Eingliederung weisungsgebunden auf den nächsten Einsatz wartend (zB Arbeit auf Abruf), besteht auch die betriebsverfassungsrechtliche Arbeitnehmereigenschaft fort. Der Arbeitnehmer ist einheitlich in Teilzeit mit kapazitätsorientierter Verteilung der Arbeitszeit beschäftigt.[26] Kann der Arbeitgeber hingegen während der einsatzfreien Zeit nicht im Wege seines Weisungsrechts entscheiden, ob und wann der Arbeitnehmer erneut beschäftigt wird, ist die Betriebszugehörigkeit nicht gegeben. Selbst wenn der Arbeitnehmer regelmäßig und häufig bei demselben Arbeitgeber als Aushilfe tätig ist, ist er mangels Weisungsgebundenheit mit Beendigung seines Einsatzes nicht mehr in die betriebliche Organisation eingegliedert. Vielmehr wird er erst mit erneutem Arbeitseinsatz neu in die Organisation des Betriebs eingebunden.[27]

12 Ebenso sind nur für eine bestimmte Dauer **befristet beschäftige Arbeitnehmer** während der Zeit der Beschäftigung betriebszugehörig. Die Befristung beeinflusst die Weisungsgebundenheit des Arbeitnehmers nicht. Für die Dauer der Beschäftigung ist der Arbeitnehmer in die betriebliche Organisation eingebunden.[28]

13 **d) Tätigkeitsort.** Die Betriebszugehörigkeit eines Arbeitnehmers hängt nicht davon ab, an welchem Ort er seine Tätigkeit ausübt. Auch soweit ein Arbeitnehmer nicht selbst am Ort der Betriebsstätte tätig wird, kann er zum Betrieb gehören. Entscheidend ist allein, woher der Arbeitnehmer die Weisungen für seine Leistung erhält.[29] Für die betriebsverfassungsrechtliche Eingliederung muss der Arbeitnehmer daher nicht räumlich in einer bestimmten Betriebsstätte als Ort der Zusammenfassung der sachlichen und persönlichen Arbeitsmittel tätig sein. Erforderlich, aber auch hinreichend, ist die Eingliederung in die organisatorische Einheit. Der Betrieb wird nämlich nicht körperlich-örtlich durch eine bestimmte Betriebsstätte bestimmt, sondern als organisatorische Einheit aus persönlichen, sachlichen und immateriellen Mitteln, mit denen der Betriebsinhaber einen arbeitstechnischen Zweck verfolgt. Ob ein Arbeitnehmer Teil dieser Einheit ist, wird nicht anhand seines Arbeitsorts bestimmt, sondern danach, ob er Weisungen des Betriebsinhabers erhält, die auf die Verfolgung der arbeitstechnischen Zwecke abzielen.[30] Demzufolge können auch **in Telearbeit**[31] und **im Außendienst** Beschäftigte einem bestimmten Betrieb angehören, auch wenn sie nicht am eigentlichen Betriebsort, von dem aus die Weisungen über ihren Einsatz erteilt werden, tätig sind (vgl. § 5 Abs. 1 S. 1 BetrVG aE).

14 **e) Höhe der Vergütung.** Ebenso spielt die Höhe der Vergütung für die Beurteilung der Betriebszugehörigkeit eines Arbeitnehmers keine Rolle. Ist ein Arbeitnehmer nur **ge-**

---

[25] *Boemke* AR-Blattei SD 540, S. 25 Rn. 85; vgl. auch BAG 29.1.1992 – 7 ABR 27/91, AP BetrVG 1972 § 7 Nr. 1; GK-BetrVG/*Raab* § 7 Rn. 38.
[26] *Boemke* AR-Blattei SD 540, S. 26 Rn. 89; vgl auch BAG 29.1.1992 – 7 ABR 27/91, AP BetrVG 1972 § 7 Nr. 1; *Fitting* § 7 Rn. 26; GK-BetrVG/*Raab* § 7 Rn. 38.
[27] *Boemke* AR-Blattei SD 540, S. 26 Rn. 87f.; im Ergebnis aber mit der Begründung des fehlenden Arbeitsverhältnisses während der einsatzfreien Zeit: BAG 29.1.1992 – 7 ABR 27/91, AP BetrVG 1972 § 7 Nr. 1; *Fitting* § 7 Rn. 28; GK-BetrVG/*Raab* § 7 Rn. 3.
[28] Vgl. *Fitting* § 5 Rn. 104; GK-BetrVG/*Raab* § 5 Rn. 33, 36; Richardi BetrVG/*Richardi* § 5 Rn. 55.
[29] BAG 10.3.2004 – 7 ABR 36/03, BeckRS 2004, 30801570; LAG BW 1.9.2010 – 13 TaBV 4/10, BeckRS 2011, 68000; BeckOK ArbR/*Besgen* BetrVG § 5 Rn. 19; *Boemke* AR-Blattei SD 540, S. 8 Rn. 19f.; *Fitting* § 5 Rn. 186 ff.; GK-BetrVG/*Raab* § 5 Rn. 55; Richardi BetrVG/*Richardi* § 5 Rn. 59; vgl. auch BAG 2.11.1993 – 1 ABR 36/93, NZA 1994, 627 (630).
[30] BAG 10.3.2004 – 7 ABR 36/03, BeckRS 2004, 30801570; LAG BW 1.9.2010 – 13 TaBV 4/10, BeckRS 2011, 68000; *Boemke* AR-Blattei SD 540, S. 8 Rn. 19f.; *Fitting* § 5 Rn. 188.
[31] Zum Begriff *Boemke* BB 2000, 147.

II. Arbeitnehmer nach § 5 Abs. 1 S. 1 Hs. 1 BetrVG   15–17 § 285

ringfügig beschäftigt,** entfällt nicht die Betriebszugehörigkeit, wenn er organisatorisch weisungsgebunden in den Betrieb eingebunden ist.[32]

f) Sozialversicherungspflicht. Schließlich ist für die Zuordnung eines betriebsverfassungsrechtlichen Arbeitnehmers ohne Bedeutung, ob die Tätigkeit sozialversicherungspflichtig ist. Die sozialversicherungsrechtliche Einordnung der Tätigkeit ist von der die betriebsverfassungsrechtliche Arbeitnehmereigenschaft begründenden weisungsgebundenen Eingliederung zu trennen.[33]   15

5. Einzelfälle
a) Leiharbeitnehmer. Leiharbeitnehmer sind im **Verleiherbetrieb** auch während der Zeit ihres Arbeitseinsatzes bei einem Entleiher betriebszugehörige Arbeitnehmer iSd BetrVG. Dies stellt § 14 Abs. 1 AÜG für die diesem Gesetz unterfallenden Leiharbeitnehmer ausdrücklich klar.[34] Dieses Ergebnis folgt jedoch bereits aus allgemeinen Grundsätzen.[35] Auch während der Einsatzzeit des Leiharbeitnehmers beim Entleiher ist der Leiharbeitnehmer weiterhin in den Betrieb seines Verleihers eingegliedert. Trotz Beschäftigung beim Entleiher bleibt nämlich die primäre Weisungszuständigkeit des Verleihers gegenüber seinem Leiharbeitnehmer bestehen.[36] Der Verleiher entscheidet darüber, bei welchem Entleiher mit welcher Art von Tätigkeiten und in welchem zeitlichen Umfang der Leiharbeitnehmer tätig werden soll.[37] Der Verleiher kann seine Leiharbeitskraft jederzeit einseitig abberufen.[38] Entsprechendes gilt für Leiharbeitnehmer, die nicht im Rahmen einer wirtschaftlichen Tätigkeit,[39] nicht vorübergehend oder nach § 1 Abs. 3 AÜG privilegiert überlassen werden.[40] Rechtliche Konsequenz hieraus ist, dass dem Leiharbeitnehmer im Verleiherbetrieb die betriebsverfassungsrechtlichen Rechte in vollem Umfang zustehen. Zudem stehen dem Betriebsrat des Verleihers bei mitbestimmungsrelevanten Maßnahmen des Verleihers auch im Hinblick auf die überlassenen Arbeitnehmer die betriebsverfassungsrechtlichen Rechte im Verleiherbetrieb zu.[41]   16

Der Leiharbeitnehmer ist daneben auch **im Entleiherbetrieb eingegliedert** und dort (voll) betriebszugehörig.[42] Eine lediglich partielle Zugehörigkeit zum Entleiherbetrieb wie   17

---

[32] BAG 29.1.1992 – 7 ABR 27/91, AP BetrVG 1972 § 7 Nr. 1; *Boemke* AR-Blattei SD 540, S. 24 Rn. 82 f.; *Boemke* ZfA 1998, 285 (314); GK-BetrVG/*Raab* § 5 Rn. 35, 38 § 7 Rn. 34; *Kothe* BB 1992, 137 (139); Richardi BetrVG/*Richardi* § 5 Rn. 56, § 7 Rn. 39; aA *Galpin/Löwisch* BetrVG § 7 Rn. 9; differenzierend *Wank* RdA 1985, 1 (11 f.).
[33] Vgl. *Fitting* § 5 Rn. 100; GK-BetrVG/*Raab* § 5 Rn. 35, 37, § 7 Rn. 34, 36; Richardi BetrVG/*Richardi* § 5 Rn. 56, § 7 Rn. 39.
[34] *Boemke* Schuldvertrag S. 556 ff.; *Boemke* AR-Blattei SD 540, S. 12 f. Rn. 34 f.; *Boemke/Lembke* AÜG § 11 Rn. 11. – So auch NK-GA/*Ulrici* AÜG § 14 Rn. 8; vgl. auch ErfK/*Koch* BetrVG § 5 Rn. 4; *Fitting* § 5 Rn. 262 f.
[35] *Boemke* AR-Blattei SD 540, S. 12 f. Rn. 34; *Boemke/Lembke* AÜG § 14 Rn. 11; NK-GA/*Ulrici* AÜG § 14 Rn. 8.
[36] *Boemke* AR-Blattei SD 540, S. 12 f. Rn. 34; *Boemke/Lembke* AÜG § 11 Rn. 21; *Kim*, S. 45.
[37] *Boemke* Schuldvertrag S. 570; *Boemke* AR-Blattei SD 540, S. 12 f. Rn. 34; *Boemke/Lembke* AÜG § 11 Rn. 21; Schüren/Hamann/*Hamann* AÜG § 11 Rn. 19 f.; zur Weisungsbefugnis des Entleihers BAG 5.5.1988 – 8 AZR 484/85, AP BGB § 831 Nr. 2 unter B II 3 b.
[38] BAG 8.7.1971 – 5 AZR 29/71, AP BGB § 611 Leiharbeitsverhältnis Nr. 2 unter 1 c; 5.5.1988 – 8 AZR 484/85, AP BGB § 831 Nr. 2 unter B II 3 b; *Boemke/Lembke* AÜG § 11 Rn. 21; *Kim*, S. 45; *Boemke* Schuldvertrag S. 570.
[39] *Boemke/Lembke* AÜG § 14 Rn. 12; NK-GA/*Ulrici* AÜG § 14 Rn. 3.
[40] *Boemke/Lembke* AÜG § 14 Rn. 12; vgl. im Ergebnis auch BAG 20.4.2005 – 7 ABR 20/04, NZA 2005, 1010 (1011).
[41] Die Zuständigkeit des Verleiherbetriebs bejahend sofern die Beteiligungsrechte des Entleihers nicht eingeschränkt werden Schüren/Hamann/*Hamann* AÜG § 14 Rn. 453 ff.; so auch *Thüsing* AÜG § 14 Rn. 21; *Boemke/Lembke* AÜG § 14 Rn. 24 ebenfalls ablehnend für Maßnahmen des Entleihers im Entleiherbetrieb.
[42] BVerwG 20.5.1992 – 6 P 4/90, BVerwGE 90, 194 (195 ff.); *Boemke* Schuldvertrag S. 565 ff.; *Boemke* AR-Blattei SD 540, S. 16 ff. Rn. 47 ff.; *Boemke/Lembke* AÜG § 14 Rn. 59; *Fitting* § 5 Rn. 238, 265 f.;

dies von Vertretern der Zwei-Komponenten-Lehre (→ Rn. 6) angenommen wird, gibt es nicht (→ Rn. 8). Der Leiharbeitnehmer unterliegt während der Überlassung nicht nur dem Weisungsrecht des Verleihers, sondern auch dem des Entleihers. Jener entscheidet über die Einzelheiten des Arbeitseinsatzes, insbesondere Arbeitszeit, -ort und -inhalte.[43] Der Umstand, dass zwischen Entleiher und Leiharbeitnehmer kein arbeitsrechtliches Grundverhältnis besteht, beschränkt die Zugehörigkeit zum Entleiherbetrieb nicht. Vielmehr kann nur die Anwendung betriebsverfassungsrechtlicher Regelungen, die an die Betriebszugehörigkeit rechtliche Folgen knüpfen, begrenzt sein.[44] Somit finden die betriebsverfassungsrechtlichen Regelungen, soweit keine Sonderregelung besteht (vgl. § 14 Abs. 2 S. 1 BetrVG), grds. Anwendung. Dem Leiharbeitnehmer stehen gegenüber dem Entleiher grds. sämtliche betriebsverfassungsrechtlichen Rechte im Hinblick auf Angelegenheiten des Entleiherbetriebs zu.[45] Ebenso greifen die betriebsverfassungsrechtlichen Beteiligungsrechte des Entleiherbetriebsrats grds. auch im Hinblick auf Leiharbeitnehmer bei mitbestimmungsrelevanten Maßnahmen des Entleihers. Allerdings können einzelne Mitwirkungstatbestände bezüglich der Leiharbeitnehmer entfallen, soweit neben der Betriebszugehörigkeit weitere Tatbestandsvoraussetzungen bestehen, die im Verhältnis des Entleihers zum Leiharbeitnehmer nicht vorliegen. (→ Rn. 6 ff.).[46]

18 **b) Weiterbeschäftigung nach Kündigung.** Die betriebsverfassungsrechtliche Arbeitnehmereigenschaft ist nicht vom Bestand eines arbeitsrechtlichen Grundverhältnisses abhängig (→ Rn. 7). Deshalb berührt die Kündigung eines Arbeitsverhältnisses als solche die Zuordnung des Arbeitnehmers zum Betrieb zunächst nicht. Maßgeblich ist allein, ob der Arbeitnehmer bis zum Ablauf der Kündigungsfrist weiterhin weisungsgebunden im Betrieb eingebunden ist. Im Fall der Weiterbeschäftigung **bis zum Ablauf der Kündigungsfrist** ist der Arbeitnehmer somit auch weiterhin betriebszugehöriger Arbeitnehmer.[47] Stellt der Arbeitgeber seinen Arbeitnehmer hingegen bis zum Ablauf der Kündigungsfrist von seiner Arbeitspflicht frei, entfällt die Betriebszugehörigkeit zum Zeitpunkt der Freistellung. Durch die Freistellung wird dem Arbeitnehmer sein Arbeitsbereich entzogen, ohne dass ihm ein neuer im Betrieb zugewiesen wird. Der Arbeitnehmer fördert den arbeitstechnischen Zweck des Betriebs nicht mehr durch seine weisungsgebundene Tätigkeit, sodass er aus dem Betrieb ausgegliedert ist.[48]

19 Wird der Arbeitnehmer auch **nach Ablauf der Kündigungsfrist** weiterbeschäftigt, ist er auch weiterhin in die organisatorische Einheit des Betriebs als weisungsabhängiger, dem Direktionsrecht des Arbeitgebers unterstehender Arbeitnehmer betrieblich eingebunden.[49] Für die weiter bestehende betriebsverfassungsrechtliche Arbeitnehmereigenschaft ist unerheblich, auf welcher Rechtsgrundlage (vertraglich, gesetzlich, vollstreckungsrechtlich)

HK-ArbR/*Lorenz* AÜG § 14 Rn. 6; *Kaufmann*, S. 81; *Kim*, S. 76 ff.; NK-GA/*Ulrici* AÜG § 14 Rn. 10; Schüren/Hamann/*Hamann* § 14 Rn. 25 ff.; *Ulrici* AÜG § 14 Rn. 18.

[43] BAG 5.5.1988 – 8 AZR 484/85, AP BGB § 831 Nr. 2 unter B II 3 b; Schüren/Hamann/*Hamann* AÜG § 14 Rn. 293; *Boemke* AR-Blattei SD 540, S. 16 f. Rn. 48 ff.; *Boemke*/Lembke AÜG § 14 Rn. 59; *Boemke* Schuldvertrag S. 570 Weisungsrecht im Rahmen des Grundverhältnisses zum Verleiher.

[44] *Boemke* Schuldvertrag S. 586; *Boemke* AR-Blattei SD 540, S. 17 Rn. 51; *Boemke*/Lembke AÜG § 14 Rn. 59.

[45] Vgl. *Boemke*/Lembke AÜG § 14 Rn. 26 ff.; ErfK/*Koch* BetrVG § 5 Rn. 4; *Hamann* NZA 2003, 526 (530 ff.).

[46] *Boemke* Schuldvertrag S. 586; *Boemke* AR-Blattei SD 540, S. 17 Rn. 51; *Boemke*/Lembke AÜG § 14 Rn. 39 ff.; vgl. auch ErfK/*Koch* BetrVG § 5 Rn. 4; *Hamann* NZA 2003, 526 (530 ff.).

[47] BAG 15.1.1991 – 1 AZR 105/90, AP BPersVG § 4 Nr. 4; LAG Berlin 2.5.1994 – 9 TaBV 1/94, DB 1994, 2556; *Boemke* AR-Blattei SD 540, S. 19 Rn. 60; ErfK/*Koch* BetrVG § 7 Rn. 1; *Fitting* § 7 Rn. 33; GK-BetrVG/*Raab* § 7 Rn. 39; Richardi BetrVG/*Thüsing* § 7 Rn. 43; Schaub ArbR-HdB/*Koch* § 217 Rn. 14.

[48] *Boemke* AR-Blattei SD 540, S. 19 Rn. 61; aA *Fitting* § 7 Rn. 33; GK-BetrVG/*Raab* § 7 Rn. 39.

[49] Vgl. BAG 15.1.1991 – 1 AZR 105/90, AP BPersVG § 4 Nr. 4; LAG München 15.5.2007 – 6 TaBV 118/06 Rn. 15 f.; LAG Berlin 2.5.1994 – 9 TaBV 1/94, DB 1994, 2556; *Boemke* AR-Blattei SD 540, S. 19 Rn. 62; ErfK/*Koch* BetrVG § 7 Rn. 1; *Fitting* § 7 Rn. 34; GK-BetrVG/*Raab* § 7 Rn. 41; Bengelsdorf DB 1989, 2020 (2023 f.) zur erzwungenen Weiterbeschäftigung; Schaub ArbR-HdB/*Koch* § 217 Rn. 14.

der Arbeitnehmer weiterbeschäftigt wird.[50] Es kommt allein darauf an, dass der Arbeitnehmer tatsächlich trotz Ablauf der Kündigungsfrist weiterhin in die Organisation des Betriebs eingegliedert ist und dem Weisungsrecht des Betriebsinhabers unterliegt. Im Unterschied hierzu entfällt die Betriebszugehörigkeit, wenn der Arbeitnehmer nach Ablauf der Kündigungsfrist nicht mehr im Betrieb beschäftigt wird. Nimmt der Arbeitgeber an, das Arbeitsverhältnis sei auf Grund der Kündigung zum Kündigungszeitpunkt beendet, und beschäftigen den Arbeitnehmer deshalb nicht mehr, ist der Arbeitnehmer nicht mehr weisungsgebunden in den Betrieb eingegliedert. Ohne Belang hierfür ist, ob das Arbeitsverhältnis wegen unwirksamer Kündigung auch über den Zeitpunkt des Kündigungstermins tatsächlich fortbesteht, weil es auf ein Grundverhältnis nicht ankommt.[51] Ebenso ist unerheblich, ob der Arbeitnehmer einen Anspruch auf Weiterbeschäftigung hat. Dies ersetzt die fehlende tatsächliche Eingliederung in den Betrieb nicht.[52]

c) Ruhendes Arbeitsverhältnis. Entfallen die arbeitsrechtlichen Hauptleistungspflichten 20 für einen bestimmten vorübergehenden Zeitraum auf Grund eines ruhenden Arbeitsverhältnisses, sind die Arbeitnehmer dennoch weiterhin betriebszugehörig.[53] Für die betriebliche Eingliederung muss die Arbeitsleistung nicht tatsächlich erbracht werden. Vielmehr genügt es, wenn der Arbeitgeber dem Arbeitnehmer einen Arbeitsbereich mit dessen Einverständnis zuweist (→ Rn. 5).[54] Solange diese Zuweisung eines Arbeitsplatzes und damit die Eingliederung nicht aufgehoben ist, besteht die Betriebszugehörigkeit unabhängig von dem Unterbrechungsgrund (zB Erkrankung, Urlaub, Elternzeit) fort.[55]

d) Bundesfreiwilligendienst/Beschäftigte im freiwilligen sozialen oder ökologischen Jahr. Nach einer weit verbreiteten Auffassung sind die Personen des **Bundesfreiwilligendienstes** keine betriebsverfassungsrechtlichen Arbeitnehmer. Sie haben zum Träger ihrer Einsatzeinrichtung kein Arbeitsverhältnis. Vielmehr stehen sie zum Bund in einem besonderen öffentlich-rechtlichen Verhältnis.[56] Dem ist jedoch entgegenzutreten. Das Bestehen eines arbeitsrechtlichen Grundverhältnisses zum Träger der Einrichtung, in dem die Dienste erfüllt werden, ist für die Frage der Betriebszugehörigkeit zur Einrichtung irrelevant. Entscheidend ist allein, dass die Bundesfreiwilligendienstleistenden trotz des öffentlich-rechtlichen Verhältnisses zum Bund in ihrer Einsatzeinrichtung betrieblich eingegliedert sind und den Weisungen des Einrichtungsleiters unterstehen. Auf Grundlage dieser Eingliederung sind sie auch betriebszugehörig.[57] Entsprechendes gilt für die **Beschäftigten im freiwilligen sozialen oder ökologischen Jahr.**[58] Auch Beschäftigte im

---

[50] *Boemke* Schuldvertrag S. 540; *Boemke* AR-Blattei SD 540, S. 20 Rn. 63; *Walker* DB 1988, 1596 (1602).
[51] *Boemke* Schuldvertrag S. 525 f.; *Boemke* AR-Blattei SD 540, S. 20 Rn. 64; vgl. auch BAG 10.11.2004 – 7 ABR 12/04, AP BetrVG 1972 § 8 Nr. 11; LAG München 15.5.2007 – 6 TaBV 118/06 Rn. 15 f.; ErfK/*Koch* BetrVG § 7 Rn. 1; GK-BetrVG/*Raab* § 7 Rn. 40 f.; Richardi BetrVG/*Thüsing* § 7 Rn. 43.
[52] *Boemke* Schuldvertrag S. 525 f.; *Boemke* AR-Blattei SD 540, S. 20 Rn. 65; GK-BetrVG/*Raab* § 7 Rn. 42; aA *Bötticher* BB 1981, 1954 (1959); *Fitting* § 7 Rn. 35; Richardi BetrVG/*Thüsing* § 7 Rn. 45.
[53] *Boemke* AR-Blattei SD 540, S. 20 Rn. 66; *Fitting* § 5 Rn. 102; GK-BetrVG/*Raab* § 7 Rn. 88; Richardi BetrVG/*Richardi* § 5 Rn. 90.
[54] *Boemke* AR-Blattei SD 540, S. 7 Rn. 14, S. 21 Rn. 67; *Boemke* Schuldvertrag S. 303; *Fitting* § 5 Rn. 102, § 7 Rn. 16; *Richardi* NZA 1987, 145 (146); *Schüren/Hamann/Hamann* AÜG § 14 Rn. 27; *Ziemann* Anm. zu BAG 18.1.1989 – ABR 21/88 und 7 ABR, AuR 1990, 58 (64); vgl. hierzu auch *Fitting* § 5 Rn. 44 ff., § 7 Rn. 29; GK-BetrVG/*Raab* § 5 Rn. 26.
[55] BAG 16.4.2003 – 7 ABR 53/02, AP BetrVG 2002 § 9 Nr. 1; *Boemke* AR-Blattei SD 540, S. 21 Rn. 67; GK-BetrVG/*Raab* § 5 Rn. 88; vgl. auch BAG 29.3.1974 – 1 ABR 27/73, AP BetrVG 1972 § 19 Nr. 2; Schaub ArbR-HdB/*Koch* § 217 Rn. 13.
[56] ArbG Magedeburg 17.12.2015 – 6 BV 77/15, BeckRS 2016, 69150; GK-BetrVG/*Raab* § 5 Rn. 93; Richardi BetrVG/*Richardi* § 5 Rn. 135; Schaub ArbR-HdB/*Koch* § 212 Rn. 8.
[57] ArbG Ulm 18.7.2012 – 7 BV 10/11 unter II 1; *Boemke* jurisPR-ArbR 35/2016 Anm. 4; *Düwell* jurisPR-ArbR 16/2016 Anm. 1 unter IV 3; so auch bereits zu Zivildienstleistenden BAG 19.6.2001 – 1 ABR 25/00, DB 2002, 1278 (Ls.); LAG Frankfurt aM 2.6.2009 – 4 TaBV 219/08 Rn. 27.
[58] AA BAG 12.2.1992 – 7 ABR 42/91, AP BetrVG 1972 § 5 Nr. 52; *Fitting* § 5 Rn. 307; GK-BetrVG/*Raab* § 5 Rn. 93; Richardi BetrVG/*Richardi* § 5 Rn. 137.

freiwilligen sozialen oder ökologischen Jahre erhalten die zur Arbeitsausführung, die dem Betriebszweck dient, notwenigen Weisungen vom Leiter ihrer Einrichtung und sind in die betriebliche Organisation eingebunden.

III. Zur Berufsausbildung Beschäftigte (§ 5 Abs. 1 S. 1 Hs. 2 BetrVG)

1. Allgemein

22 § 5 Abs. 1 S. 1 Hs. 2 BetrVG bestimmt ausdrücklich, dass die zu ihrer Berufsausbildung Beschäftigten Arbeitnehmer iSd BetrVG sind. Wer als Auszubildender iSd BetrVG anzusehen ist, definiert das BetrVG jedoch nicht selbst. Nach allgemeiner Ansicht werden hierunter grds. Personen verstanden, die im Betrieb zumindest auch berufliche Fähigkeiten und Kenntnisse erwerben sollen.[59] Welche konkreten Anforderungen jedoch erforderlich sind, damit ein solcher Auszubildender als betriebszugehörig betrachtet werden kann, wird unterschiedlich beantwortet.

2. Meinungsstand

23 a) **Zwei-Komponenten-Lehre.** Rspr. und Literatur verlangen für die Qualifizierung als zur Berufsausbildung Beschäftigter iSd BetrVG im Einklang zu der Auffassung zum betriebsverfassungsrechtlichen Arbeitnehmerbegriff (→ Rn. 4), dass neben der Eingliederung in den Betrieb[60] ein vertragliches Ausbildungsverhältnis zwischen dem Auszubildenden und dem Betriebsinhaber bestehen muss.[61] Zum Teil wird darüber hinaus verlangt, dass eine Arbeitsleistungspflicht bestehen muss, welche die weisungsgebundene Eingliederung in den Betrieb begründet.[62] Personen, welche die betrieblichen Kenntnisse und Informationen über Arbeitsabläufe lediglich erwerben sollen, indem sie die Betriebsstätte besichtigen, ohne selbst oder nur in geringem Umfang bei ausgewählten Arbeitsvorgängen praktisch tätig zu werden, stellen demnach keine Auszubildenden iSd BetrVG dar.[63]

24 b) **Eingiederungstheorie.** Die aufgezeigte Meinung der Rspr. und Literatur überzeugt aus den og Gründen (→ Rn. 5, 8) nicht. Die Betriebszugehörigkeit knüpft allein an den Betrieb an. Zum Betrieb können aber keine rechtlichen Leistungspflichten bestehen. Auch für den zur Berufsausbildung Beschäftigten kann allein die Eingliederung in den Betrieb entscheidend sein. Hierfür muss der zur Berufsausbildung Beschäftigte in die organisatorische Einheit des Betriebsinhabers als Beschäftigter, der Fähigkeiten und Kenntnisse erlangen soll, eingebunden sein. In die betriebliche Organisation ist er eingebunden, wenn die Berufsausbildung von dem betreffenden Betrieb aus gesteuert wird. Bei reinen Ausbildungsbetrieben sind die Beschäftigten nicht im oben benannten Sinne eingegliedert, sondern selbst Gegenstand des betrieblichen Zwecks.[64]

---

[59] BAG 13.6.2007 – 7 ABR 44/06, AP BetrVG 1972 § 5 Ausbildung Nr. 12 Rn. 13; 15.3.2006 – 7 ABR 39/05, BeckRS 2008, 54162 Rn. 22; 12.2.1992 – 7 ABR 42/91, NZA 1993, 334; 30.10.1991 – 7 ABR 11/91, NZA 1992, 808 (808); 10.2.1981 – 6 ABR 86/78, AP BetrVG 1972 § 5 Nr. 25; 10.2.1981 – 6 ABR 86/78, AP BetrVG 1972 § 5 Nr. 25; *Fitting* § 5 Rn. 290; GK-BetrVG/*Raab* § 5 Rn. 41.
[60] BAG 6.11.2013 – 7 ABR 76/11, NZA 2014, 678 (679) Rn. 26 ff.; 16.11.2011 – 7 ABR 48/10, BeckRS 2012, 68564 Rn. 12; 13.6.2007 – 7 ABR 44/06, AP BetrVG 1972 § 5 Ausbildung Nr. 12 Rn. 14; ErfK/*Koch* BetrVG § 5 Rn. 6; GK-BetrVG/*Raab* § 5 Rn. 44.
[61] BAG 6.11.2013 – 7 ABR 76/11, NZA 2014, 678 (679) Rn. 26 ff.; 16.11.2011 – 7 ABR 48/10, BeckRS 2012, 68564 Rn. 12; 13.6.2007 – 7 ABR 44/06, AP BetrVG 1972 § 5 Ausbildung Nr. 12 Rn. 13; 15.3.2006 – 7 ABR 39/05, BeckRS 2008, 54162 Rn. 22; ArbG Herne 15.4.2010 – 2 BVGa 4/10 Rn. 30; ErfK/*Koch* BetrVG § 5 Rn. 6; *Fitting* § 5 Rn. 291; GK-BetrVG/*Raab* § 5 Rn. 43.
[62] GK-BetrVG/*Raab* § 5 Rn. 43; offen gelassen ArbG Herne 15.4.2010 – 2 BVGa 4/10 Rn. 30.
[63] Vgl. BAG 6.11.2013 – 7 ABR 76/11, NZA 2014, 678 (679) Rn. 28 f.; 8.5.1990 – 1 ABR 7/89, AP BetrVG 1972 § 99 Nr. 80; LAG Schleswig-Holstein 25.3.2003 – 2 TaBV 39/02, NZA-RR 2004, 251 (252); *Fitting* § 5 Rn. 304a; GK-BetrVG/*Raab* § 5 Rn. 43.
[64] Vgl. BAG 6.11.2013 – 7 ABR 76/11, NZA 2014, 678 (679) Rn. 26; BAG 13.6.2007 – 7 ABR 44/06, AP BetrVG 1972 § 5 Ausbildung Nr. 12 Rn. 14; 16.11.2011 – 7 ABR 48/10., BeckRS 2012, 68564 Rn. 12 f.; *Fitting* § 5 Rn. 288 ff.; GK-BetrVG/*Raab* § 5 Rn. 42, 44; vgl. hierzu auch *Boemke* AR-Blattei SD 540, S. 26 Rn. 90 ff.

3. Konsequenzen

a) Allgemein. Da für den betriebszugehörigen zur Berufsausbildung Beschäftigten allein 25
maßgebend ist, dass seine Ausbildung in dem Betrieb erfolgt, dh durch diesen gesteuert
wird, spielen auch hier Aspekte, die das Grundverhältnis betreffen, keine Rolle.

b) Umfang der betrieblichen Tätigkeit. Der Umfang der betrieblichen Ausbildung 26
des Auszubildenden ist für die Einordnung des Beschäftigten nach § 5 Abs. 1 S. 1 Hs. 2
BetrVG unerheblich.[65] Insbesondere eine neben der betrieblichen erfolgende schulische
Ausbildung hindert die Betriebszugehörigkeit nicht. Dabei sind die Beschäftigten sowohl
während der Zeit ihres betrieblichen Einsatzes als auch während der schulischen Ausbildung betriebszugehörig. Auch während der schulischen Zeiten ist der Beschäftigte auf
Grund einer einmal erfolgten dauerhaften Eingliederung dem Weisungsrecht des Arbeitgebers unterworfen. Trotz der Unterbrechung durch die Schulzeiten wird er nicht aus
der betrieblichen Organisation ausgegliedert.[66]

c) Dauer der Berufsausbildung. Für welche konkrete Dauer die Ausbildung bestimmt 27
ist, ist für die Beurteilung des betriebszugehörigen Auszubildenden ohne Belang.[67] Die auf
eine bestimmte Dauer angelegte Ausbildung beeinflusst die Weisungsgebundenheit des
Beschäftigten nicht. Für die Dauer der Beschäftigung ist er in die betriebliche Organisation eingebunden.

d) Tätigkeitsort, Ausbildungsgehalt, Sozialversicherungspflicht. Schließlich hängt 28
im Einklang zum betriebszugehörigen Arbeitnehmer die Beurteilung des zur Berufsausbildung Beschäftigten iSd § 5 Abs. 1 S. 1 Hs. 2 BetrVG nicht vom Tätigkeitsort, Ausbildungsgehalt[68] und der Sozialversicherungspflicht ab (→ Rn. 13 ff.).

4. Einzelfälle

a) Auszubildende nach BBiG. Auszubildende nach dem BBiG, die in einem **Berufs-** 29
ausbildungsverhältnis iSd § 10 ff. BBiG stehen, gelten als Arbeitnehmer iSd § 5 Abs. 1
S. 1 BetrVG, wenn sie eine betriebliche Ausbildung nach § 2 Abs. 1 Nr. 1 BBiG absolvieren. In sonstigen Einrichtungen, insbesondere reinen Ausbildungsbetrieben nach § 2
Abs. 1 Nr. 3 BetrVG, ist die Ausbildung der Beschäftigten selbst ausschließlicher Gegenstand des Betriebszwecks. Die Auszubildenden sind keine betriebsverfassungsrechtlichen
Arbeitnehmer.[69] Ferner können auch Personen, die in einem Rechtsverhältnis iSd § 26
BBiG stehen, zur Berufsausbildung Beschäftigte iSd § 5 Abs. 1 S. 1 Hs. 2 BetrVG sein,
wenn sie Tätigkeiten ausüben, die dem arbeitstechnischen Zweck ihres Betriebs dienen.
Dies betrifft insbesondere **Volontariate** und **Praktikanten,** soweit sie nicht bereits als
Arbeitnehmer tätig sind.[70]

b) Beschäftigte im freiwilligen sozialen oder ökologischen Jahr. Beschäftigte im 30
freiwilligen sozialen oder ökologischen Jahr stellen keine betriebszugehörigen Auszubildenden iSd § 5 Abs. 1 S. 1 Hs. 2 BetrVG dar. Ihnen werden keine beruflichen Fähigkei-

---

[65] BAG 15.3.2006 – 7 ABR 39/05, BeckRS 2008, 54162 Rn. 22; 30.10.1991 – 7 ABR 11/91, NZA 1992, 808 (809); BAG 10.2.1981 – 6 ABR 86/78, AP BetrVG 1972 § 5 Nr. 25 unter III 2 a; *Fitting* § 5 Rn. 289 ff.; BeckOK ArbR/*Besgen* BetrVG § 5 Rn. 16.
[66] Vgl. hierzu *Fitting* § 5 Rn. 304; GK-BetrVG/*Raab* § 5 Rn. 43.
[67] BAG 15.3.2006 – 7 ABR 39/05, BeckRS 2008, 54162 Rn. 22; 30.10.1991 – 7 ABR 11/91, NZA 1992, 808 (809); 10.2.1981 – 6 ABR 86/78, AP BetrVG 1972 § 5 Nr. 25.
[68] Vgl. BAG 6.11.2013 – 7 ABR 76/11, NZA 2014, 678 (679) Rn. 26; *Fitting* § 5 Rn. 304; ErfK/*Koch* BetrVG § 5 Rn. 6; GK-BetrVG/*Raab* § 5 Rn. 49.
[69] Vgl. GK-BetrVG/*Raab* § 5 Rn. 41 f.; 44; Richardi BetrVG/*Richardi* § 5 Rn. 67.
[70] Vgl. BAG 15.3.2006 – 7 ABR 39/05, BeckRS 2008, 54162 Rn. 22; LAG SchlH 25.3.2003 – 2 TaBV 39/02, NZA-RR 2004, 251 (252); ArbG Herne 15.4.2010 – 2 BVGa 4/10 Rn. 30; ErfK/*Koch* BetrVG § 5 Rn. 6; GK-BetrVG/*Raab* § 5 Rn. 42; Richardi BetrVG/*Richardi* § 5 Rn. 68.

ten vermittelt, sondern soziale Erfahrungen und Verantwortungsbewusstsein für die Gesellschaft.[71] Sie können jedoch nach § 5 Abs. 1 S. 1 Hs. 1 BetrVG Arbeitnehmer sein (→ Rn. 21)

31 c) Beschäftigte im berufsvorbereitenden sozialen Jahr. Beschäftigte im berufsvorbereitenden sozialen Jahr können hingegen zur Berufsausbildung Beschäftigte sein. Im Unterschied zum freiwilligen sozialen bzw. ökologischem Jahr dient das berufsvorbereitende Jahr, berufliche Erfahrungen zu sammeln zur Vorbereitung auf einen zukünftigen Beruf, Ausbildung oder Studium.[72]

IV. Gleichgestellte (§ 5 Abs. 1 S. 2 und S. 3 BetrVG)

1. In Heimarbeit Beschäftigte

32 a) Begriff. Gemäß § 5 Abs. 1 S. 2 BetrVG gelten als Arbeitnehmer auch die in Heimarbeit Beschäftigten, die in der Hauptsache für den Betrieb arbeiten. Der Begriff der in Heimarbeit Beschäftigten knüpft an den des §§ 1, 2 HAG an.[73] Der durch das HAG geschaffene Schutz für die regelmäßig wirtschaftlich abhängigen in Heimarbeit Beschäftigten soll durch die Gleichstellung nach § 5 Abs. 1 S. 2 BetrVG auch auf betrieblicher Ebene begründet werden, sodass sich hieran auch der Anwendungsbereich des § 5 Abs. 1 S. 2 BetrVG richten muss.[74] § 1 Abs. 1 HAG definiert in Heimarbeit Beschäftigte als Heimarbeiter und Hausgewerbetreibende. Heimarbeiter sind Personen, die in selbstgewählter Arbeitsstätte (eigener Wohnung oder selbstgewählter Betriebsstätte) allein oder mit ihren Familienangehörigen iSd § 2 Abs. 5 HAG im Auftrag von Gewerbetreibenden oder Zwischenmeistern erwerbsmäßig arbeiten, jedoch die Verwertung der Arbeitsergebnisse dem unmittelbar oder mittelbar auftraggebenden Gewerbetreibenden überlassen, vgl. § 2 Abs. 1 S. 1 HAG. Hausgewerbetreibende stellen, bearbeiten oder verpacken in eigener Arbeitsstätte (eigener Wohnung oder Betriebsstätte) mit nicht mehr als zwei fremden Hilfskräften iSd § 2 Abs. 6 HAG oder Heimarbeitern im Auftrag von Gewerbetreibenden oder Zwischenmeistern Waren her, wobei sie selbst wesentlich am Stück mitarbeiten, jedoch die Verwertung der Arbeitsergebnisse dem unmittelbar oder mittelbar auftraggebenden Gewerbetreibenden überlassen, vgl. § 2 Abs. 2 S. 1 HAG. Beiden Beschäftigungsformen ist gemeinsam, dass sie nicht einem arbeitsrechtlichen Weisungsrecht unterliegen, sodass sie nicht bereits iSv § 5 Abs. 1 S. 1 BetrVG betriebszugehörige Arbeitnehmer darstellen. Vielmehr bestimmen sie selbst über Arbeitsort, -zeit sowie Art und Umfang ihrer Arbeit.[75]

33 b) In der Hauptsache arbeiten. Da eine dem § 5 Abs. 1 S. 1 BetrVG entsprechende Eingliederung von in Heimarbeit Beschäftigten mangels Weisungsgebundenheit ausscheidet, knüpft § 5 Abs. 1 S. 2 BetrVG für die betriebliche Zuordnung an ein eigenständiges Kriterium. Die in Heimarbeit Beschäftigten sind nur insoweit betriebsverfassungsrechtliche Arbeitnehmer eines Betriebs als sie **in der Hauptsache für diesen Betrieb arbeiten.** Erforderlich hierfür ist, dass der in Heimarbeit Beschäftigte überwiegend für den betreffenden Betrieb Heimarbeit leistet. Maßstab ist allein der Umfang der aufgewendeten

---

[71] Vgl. § 2 Abs. 3 S. 2 FSJG; so auch BAG 12.2.1992 – 7 ABR 42/91, NZA 1993, 334 (334f.); ArbG Herne 15.4.2010 – 2 BVGa 4/10 Rn. 31; GK-BetrVG/*Raab* § 5 Rn. 41; im Ergebnis *Fitting* § 5 Rn. 314; Richardi BetrVG/*Richiardi* § 5 Rn. 137.
[72] LAG Hamm 15.4.2010 – 2 BVGa 4/10, BeckRS 71893 unter I 3; ArbG Herne 15.4.2010 – 2 BVGa 4/10, BeckRS 2010, 71927 unter I 3; GK-BetrVG/*Raab* § 5 Rn. 42; andeutend Richardi BetrVG/*Richardi* § 5 Rn. 68.
[73] BAG 25.3.1992 – 7 ABR 52/91, AP BetrVG 1972 § 5 Nr. 48; BeckOK ArbR/*Besgen* BetrVG § 5 Rn. 21; ErfK/*Koch* BetrVG § 5 Rn. 8; *Fitting* § 5 Rn. 310; GK-BetrVG/*Raab* § 5 Rn. 95; NK-GA/*Horcher* HAG Vor § 1 Rn. 21; Richard BetrVG/*Richardi* § 5 Rn. 119; *Rost* NZA 1999, 113 (115).
[74] GK-BetrVG/*Raab* § 5 Rn. 95.
[75] NK-GA/*Horcher* HAG Vor § 1 Rn. 7; vgl. auch BAG 25.3.1992 – 7 ABR 52/91, AP BetrVG 1972 § 5 Nr. 48; GK-BetrVG/*Raab* § 5 Rn. 94; *Otten* NZA 1995, 289 (290).

IV. Gleichgestellte (§ 5 Abs. 1 S. 2 und S. 3 BetrVG) 34, 35 § 285

Arbeitszeit für einen Betrieb. Ohne Belang ist hingegen, durch welchen Betrieb der in Heimarbeit Beschäftigte eine Vergütung erhält, mit der er überwiegend seinen Lebensunterhalt bestreitet.[76] Die Betriebszugehörigkeit besteht zum Betrieb, sodass das Merkmal „in der Hauptsache für einen Betrieb arbeiten" auch an diesen Begriff anknüpfen muss. Maßgeblich kann somit nur der Leistungsumfang des in Heimarbeit Beschäftigten sein, mit der er den arbeitstechnischen Zweck des Betriebs unterstützt. Bei mehreren Heimarbeitsverhältnissen überwiegt eine Beschäftigung in einem Betrieb, wenn der in Heimarbeit Beschäftigte dafür mehr als die Hälfte seiner für die Heimarbeit insgesamt aufgewendeten Zeit arbeitet.[77]

c) Abgrenzung. Keine in Heimarbeit Beschäftigten iSd § 5 Abs. 1 S. 2 BetrVG sind die **34 Familienangehörigen** bzw. **fremden Hilfskräfte** iSd § 2 Abs. 6 HAG, welche die Heimarbeiter und Hausgewerbetreibende unterstützen.[78] Der Schutzumfang des HAG bezieht sich nicht auf Familienangehörige bzw. fremde Hilfskräfte. Da sich der Anwendungsbereich des § 5 Abs. 1 S. 2 BetrVG hieran orientiert (→ Rn. 32), gilt dies auch für das Betriebsverfassungsrecht. Ebenso fallen die nach § 1 Abs. 2 HAG den **in Heimarbeit Beschäftigten Gleichgestellten** nicht unter § 5 Abs. 1 S. 2 BetrVG.[79] Dies folgt bereits aus dem Wortlaut von § 5 Abs. 1 S. 2 BetrVG, der lediglich die in Heimarbeit Beschäftigten, nicht jedoch die diesen Gleichgestellten als betriebsverfassungsrechtliche Arbeitnehmer bestimmt. Zudem ist die Gleichstellung, soweit nicht anders bestimmt ist, sachlich begrenzt auf Vorschriften des HAG, vgl. § 1 Abs. 3 HAG.[80] Abzugrenzen sind die Heimarbeiter iSd § 5 Abs. 1 S. 2 BetrVG auch von **in Heimarbeit beschäftigten Arbeitnehmern** (zB Home-Office). Diese stellen keine Heimarbeiter nach § 5 Abs. 1 S. 2 BetrVG dar. Vielmehr sind sie bereits nach § 5 Abs. 1 S. 1 Hs. 1 BetrVG nach allgemeinen Grundsätzen demjenigen Betrieb zugehörig, von dem aus die arbeitsrechtlichen Weisungen ausgeübt werden. Nicht der Arbeitsort, sondern die organisatorische Einbindung in den Betrieb ist entscheidend.[81]

2. Beamte, Soldaten, Arbeitnehmer des öffentlichen Diensts
a) Grundsatz. Nach § 5 Abs. 1 S. 3 BetrVG gelten als Arbeitnehmer iSd BetrVG ferner **35** Beamte, Soldaten sowie Arbeitnehmer des öffentlichen Dienstes einschließlich der zu ihrer Berufsausbildung Beschäftigten, die in Betrieben privatrechtlich organisierter Unternehmen tätig sind. § 5 Abs. 1 S. 3 BetrVG stellt dabei eine allgemeine Regelung dar. Daneben gibt es eine Vielzahl von Sonderregelungen, die für verschiedene Bereiche des öffentlichen Dienstes spezieller bestimmen, dass Beamte als Arbeitnehmer iSd BetrVG gelten (zB § 19 Abs. 1 S. 1 DBGrG, § 24 Abs. 2 S. 1, Abs. 3 S. 1 PostPersRG, § 6 Abs. 1 BWKoopG, § 5 Abs. 1 BWpVerwPG).[82] Damit sind die benannten Personengruppen nicht nur in den Fällen Arbeitnehmer iSd BetrVG, in denen sie unmittelbar auf Grundlage eines arbeitsvertraglichen Arbeitsverhältnisses in privatrechtlich organisierten Betrieben weisungsgebunden tätig sind.[83] Vielmehr gelten Beamte, Soldaten, Arbeitnehmer des öf-

---

[76] BAG 27.9.1974 – 1 ABR 90/73 AP BetrVG 1972 § 6 Nr. 1; *Fitting* § 5 Rn. 311 f.; GK-BetrVG/*Raab*, § 5 Rn. 99; Richard BetrVG/*Richardi* § 5 Rn. 128; *Rost* NZA 1999, 113 (115).
[77] So zu § 29 Abs. 3 S. 1 HAG auch APS/*Linck* HAG § 29 Rn. 11.
[78] *Fitting* § 5 Rn. 313; GK-BetrVG/*Raab* § 5 Rn. 100; Richard BetrVG/*Richardi* § 5 Rn. 126; *Rost* NZA 1999, 113 (115).
[79] *Fitting* § 5 Rn. 313; GK-BetrVG/*Raab* § 5 Rn. 100; Richard BetrVG/*Richardi* § 5 Rn. 127; *Rost* NZA 1999, 113 (115).
[80] Vgl. GK-BetrVG/*Raab* § 5 Rn. 100.
[81] *Boemke* AR-Blattei SD 540, S. 19 Rn. 59; vgl. auch BAG 10.3.2004 – 7 ABR 36/03, BeckRS 2004, 30801570; LAG BW 1.9.2010 – 13 TaBV 4/10, BeckRS 2011, 68000; BeckOK ArbR/*Besgen* BetrVG § 5 Rn. 19; *Boemke* AR-Blattei SD 540, S. 8 Rn. 19f.; *Fitting* § 5 Rn. 186 ff.; GK-BetrVG/*Raab* § 5 Rn. 5; Richardi BetrVG/*Richardi* § 5 Rn. 59; vgl. auch BAG 2.11.1993 – 1 ABR 36/93, NZA 1994, 627 (630).
[82] Vgl. ErfK/*Koch* BetrVG § 5 Rn. 3a; GK-BetrVG/*Raab* § 5 Rn. 61.
[83] *Fitting* § 5 Rn. 316.

fentlichen Dienstes einschließlich der zur Berufsausbildung Beschäftigten auch als betriebsverfassungsrechtliche Arbeitnehmer, wenn sie im Rahmen ihres Beamten- bzw. Dienstverhältnisses im Wege der Abordnung, Überlassung oder Zuweisung in die Organisation von Privatrechtsbetrieben eingebunden sind.[84]

36 **b) Erfasster Personenkreis.** Im Hinblick auf die Person des Beamten, Soldaten, Arbeitnehmer des öffentlichen Dienstes und der zur Berufsausbildung Beschäftigten gelten die allgemeinen Begriffsbestimmungen. Beamte sind Personen, die zu ihrem Dienstherrn in einem öffentlich-rechtlichen Dienst- und Treueverhältnis (Beamtenverhältnis) stehen (vgl. § 4 BBG). Soldat ist, wer auf Grund der Wehrpflicht oder freiwilliger Verpflichtung in einem Wehrdienstverhältnis steht (vgl. § 1 Abs. 1 SG).[85] Arbeitnehmer des öffentlichen Dienstes stehen in einem Arbeitsverhältnis zu einer juristischen Person des öffentlichen Rechts.[86] Zur Berufsausbildung beschäftigt ist parallel zu dem Begriff in § 5 Abs. 1 S. 1 Hs. 2 BetrVG eine Person, die zumindest auch berufliche Fähigkeiten und Kenntnisse für den Beruf der benannten Personenkreise erwerben sollen.

37 **c) Privatrechtlich organisiert.** Für die Frage der privatrechtlichen Organisation eines Betriebs, kommt es allein auf die Rechtsform des Unternehmens an, das Träger des Betriebs ist. Der Inhaber des Betriebs muss eine Person oder eine Personengesamtheit des Privatrechts sein (→ § 23 Rn. 3).[87]

38 **d) Tätigsein.** Betriebszugehörige Arbeitnehmer sind die Beschäftigten nach § 5 Abs. 1 S. 3 BetrVG, wenn sie im Betrieb tätig sind. Da die Zuordnung eines Beschäftigten zu einem Betrieb erfolgen soll und daher auch an diesen Begriff angeknüpft werden muss, ist der Begriff des Tätigseins als betriebsverfassungsrechtliche Eingliederung zu verstehen. Die in § 5 Abs. 1 S. 3 BetrVG erfassten Personen müssen in die betriebliche Organisation eingebunden sein und weisungsgebunden für den Betriebsinhaber tätig werden.[88] Parallel zu der Konstellation in Bezug auf Leiharbeitnehmer (→ Rn. 17) scheitert eine solche Eingliederung nicht an dem Umstand, dass bei einer Überlassung des erfassten Personenkreises beim Dienstherrn bestimmte Entscheidungsbefugnisse verbleiben (zB im Hinblick darauf ob und in welchen zeitlichen Umfang die Abordnung, Überlassung oder Zuweisung erfolgt). Maßgeblich ist allein, dass während der Einsatzzeit auch der Inhaber des privatrechtlichen Betriebs weisungsbefugt ist und somit zB über Zeit und Ort der Tätigkeit entscheidet.[89] Hingegen ist für die Frage der Eingliederung bzw. des Tätigseins iSd § 5 Abs. 1 S. 3 BetrVG nach allgemeinen Grundsätzen die Tätigkeits- oder Überlassungsdauer (→ Rn. 10 f.) ohne Belang.[90]

---

[84] ErfK/*Koch* BetrVG § 5 Rn. 3a; *Fitting* § 5 Rn. 317 f.; GK-BetrVG/*Raab* § 5 Rn. 60; vgl. auch BAG 5.12.2012 – 7 ABR 48/11, NZA 2013, 793 (795 f.) Rn. 23 ff.
[85] Vgl. GK-BetrVG/*Raab* § 5 Rn. 62; Erbs/Kohlhaas/*Dau* WStG § 1 Rn. 7; BeckOK BGB/*Bamberger* § 9 Rn. 2. – Bzgl. der gleichermaßen Einbeziehung von Mann und Frau *Heise/Fedder* NZA 2009 1069 (1070).
[86] So wohl BAG 15.8.2001 – 7 ABR 34/11, EzA § 5 BetrVG 2001 Nr. 8 Rn. 33; *Hayen* PersR 2009, 384 (388); vgl. GK-BetrVG/*Raab* § 5 Rn. 63; vgl. auch BAG 5.12.2012 – 7 ABR 17/11, NZA 2013, 690 (692) Rn. 20.
[87] Im Ansatz wohl auch BAG vom 15.8.2001 – 7 ABR 34/11, EzA § 5 BetrVG 2001 Nr. 8 (Rn. 33); BAG 5.12.2012 – 7 ABR 17/11, NZA 2013, 690 (692) Rn. 21; GK-BetrVG/*Raab* § 5 Rn. 66; *Hayen* PersR 2009, 384 (388).
[88] BAG 5.12.2012 – 7 ABR 17/11, NZA 2013, 690 (692 f.) Rn. 23; 15.8.2012 – 7 ABR 24/11, BeckRS 2012, 75794 Rn. 31; 15.8.2012 – 7 ABR 34/11, NZA 2013, 107 (110) Rn. 35; vgl. auch GK-BetrVG/ *Raab* § 5 Rn. 68 f.; *Heise/Fedder* NZA 2009, 1069 (1070 f.).
[89] Vgl. BAG 5.12.2012 – 7 ABR 17/11, NZA 2013, 690 (692 f.) Rn. 23; 23.6.2009 – 1 ABR 30/08, NZA 2009, 1162 (1163) Rn. 21; *Fitting* § 5 Rn. 318.
[90] BAG 5.12.2012 – 7 ABR 17/11, NZA 2013, 690 (693) Rn. 28; *Düwell* AuR 2011, 288 (289); *Fitting* § 5 Rn. 318; GK-BetrVG/*Raab* § 5 Rn. 71; aA *Heise/Fedder* NZA 2009, 1069 (1070 f.).

e) **Rechtsfolgen.** Das BetrVG findet für den benannten Personenkreis Anwendung.[91] **39**
Den Beschäftigten iSd § 5 Abs. 1 S. 3 BetrVG stehen gegenüber dem Betriebsinhaber
grds. sämtliche betriebsverfassungsrechtliche Rechte im Hinblick auf Betriebsangelegenheiten zu.[92] Dies gilt auch für die betriebsverfassungsrechtlichen Mitwirkungsrechte des
Betriebsrats. Er hat grds. bei den mitbestimmungsrelevanten Maßnahmen des Betriebsinhabers im Hinblick auf den Personenkreis des § 5 Abs. 1 S. 3 BetrVG mitzuwirken.[93] Parallel zu der Konstellation von Leiharbeitnehmern können jedoch einzelne Mitwirkungstatbestände auf Grund des fehlenden arbeitsrechtlichen Grundverhältnisses entfallen
(→ Rn. 17).[94]

V. Abgrenzung

1. Grundsatz

Für die Qualifizierung eines Beschäftigten als Arbeitnehmer iSd BetrVG ist allein die Ein- **40**
gliederung in betriebliche Organisation entscheidend. Ob ein Arbeitsverhältnis iSv § 611a
Abs. 1 BGB zum Träger des Betriebs besteht, ist demgegenüber ohne Bedeutung. Fehlt es
hingegen an der für die Eingliederung erforderlichen Weisungsungebundenheit zum Betriebsinhaber, ist die Arbeitnehmereigenschaft iSd BetrVG nicht gegeben.

2. Einzelfälle

a) **Freie Mitarbeiter.** Freie Mitarbeiter sind keine betriebsverfassungsrechtlichen Arbeit- **41**
nehmer nach § 5 Abs. 1 BetrVG. Sie sind nicht weisungsgebunden wie ein Arbeitnehmer
in den Betrieb eingegliedert. Sie stehen zum Betriebsinhaber in einem freien Dienstverhältnis, sodass sie hinsichtlich Zeit, Dauer und Ort nicht dem arbeitsrechtlichen Direktionsrecht des Betriebsinhabers unterliegen.[95]

b) **Arbeitnehmerähnliche Personen.** Arbeitnehmerähnliche Personen sind keine Ar- **42**
beitnehmer, auch nicht iSd BetrVG.[96] Sie sind nicht in die Organisation des Betriebs eingegliedert und üben ihre Arbeit nicht weisungsgebunden für den Betriebsinhaber aus.[97]
Die für eine arbeitnehmerähnliche Person kennzeichnende wirtschaftliche Abhängigkeit
und soziale Schutzbedürftigkeit ersetzt das Erfordernis der betrieblichen Eingliederung
nicht.[98]

§ 5 Abs. 1 BetrVG kann auch nicht analog angewandt werden. Es liegt keine für die **43**
Analogie erforderliche planwidrige Regelungslücke vor. Hierfür sprechen der Normwortlaut und systematische Erwägungen. Nach § 5 Abs. 1 BetrVG werden die Personengrup-

---

[91] Vgl. *Fitting* § 5 Rn. 318a; GK-BetrVG/*Raab* § 5 Rn. 72 ff.; *Heise/Fedder* NZA 2009, 1069 (1071); *Löwisch/Mandler* BB 2016, 629 (629 ff.).
[92] *Fitting* § 5 Rn. 318a; GK-BetrVG/*Raab* § 5 Rn. 76 f.; *Löwisch/Mandler* BB 2016, 629 (630); *v. Steinau-Steinrück/Mosch* NJW-Spezial 2009, 706 (706); vgl. auch *Löwisch* BB 2009, 2316 (2018).
[93] Vgl. BAG 9.6.2011 – 6 AZR 132/10, AP BetrVG 1972 § 102 Nr. 164 Rn. 28 f.; OVG NRW 23.3. 2010 – 16 A 2423/08.PVL Rn. 36 ff.; *Fitting* § 5 Rn. 319; GK-BetrVG/*Raab* § 5 Rn. 78 ff.; *Löwisch* BB 2009, 2316 (2018 f.).
[94] Vgl. BAG 9.6.2011 – 6 AZR 132/10, AP BetrVG 1972 § 102 Nr. 164 Rn. 28 f.; im Ergebnis zustimmend auch *Boemke* jurisPR-ArbR 39/2011 Anm. 1; *Fitting* § 5 Rn. 319; GK-BetrVG/*Raab* § 5 Rn. 78 ff.; *Kortmann* öAT 2010, 201 (202 f.); *Löwisch* BB 2009, 2316 (2018 f.); *Löwisch/Mandler* BB 2016, 629 (632 f.); *v. Steinau-Steinrück/Mosch* NJW-Spezial 2009, 706 (706); vgl. auch OVG NRW 23.3.2010 – 16 A 2423/08.PVL Rn. 36 ff.
[95] BAG 29.5.1991 – 7 ABR 67/90, NZA 1992, 36 (36); BeckOK ArbR/*Besgen* BetrVG § 5 Rn. 10; *Boemke* AR-Blattei SD 540, S. 29 Rn. 100, Richardi BetrVG/*Richardi* § 5 Rn. 37, 146.
[96] BeckOK ArbR/*Besgen* BetrVG § 5 Rn. 23; *Fitting* § 5 Rn. 92; GK-BetrVG/*Raab* § 5 Rn. 89; Schaub ArbR-HdB/*Koch* § 212 Rn. 8.
[97] Vgl. BAG 26.1.1977 – 5 AZR 796/75, EzA § 611 BGB Arbeitnehmerbegriff Nr. 8 Rn. 40; *Fitting* § 5 Rn. 92 GK-BetrVG/*Raab* § 5 Rn. 89; *Löwisch* BetrVG § 5 Rn. 1.
[98] Vgl. BAG 30.10.1991 – 7 ABR 19/91, AP BGB § 611 Abhängigkeit Nr. 59; *Fitting* § 5 Rn. 93; *Willemsen/Müntefering* NZA 2008, 193 (196 aE) zur fehlenden betrieblichen Eingliederung arbeitnehmerähnlicher Personen; *Rebhahn* RdA 2009, 236 (242 f.) zur Privilegierung von Arbeitnehmern gegenüber arbeitnehmerähnlichen Personen bspw. aufgrund ihrer betrieblichen Eingliederung.

pen, die unter den allgemeinen betriebsverfassungsrechtlichen Arbeitnehmerbegriff fallen, konkret bestimmt. Eine generelle Gleichstellung von arbeitnehmerähnlich Beschäftigten wird jedoch nicht ausgesprochen. Vielmehr beschränkt § 5 Abs. 1 S. 2 die Gleichstellung allein auf die in Heimarbeit Beschäftigten, die mangels weisungsgebundener Tätigkeit nach allgemeinen Grundsätzen nicht betrieblich eingegliedert sind und im Einzelfall auch arbeitnehmerähnliche Personen sein können (→ Rn. 32). Der gesetzgeberische Wille, keine allgemeine Gleichstellung von arbeitnehmerähnlichen Personen zu bestimmen, kommt durch die Beschränkung der Gleichstellung auf die in Heimarbeit Beschäftigten klar zum Ausdruck. Dies wird zudem durch den Umstand unterstrichen, dass in zahlreichen anderen, an die Arbeitnehmereigenschaft knüpfenden Vorschriften (zB § 2 Abs. 2 Nr. 3 ArbSchG; § 2 S. 2 BUrlG, § 12a TVG) der Anwendungsbereich durch den Gesetzgeber ausdrücklich auch auf arbeitnehmerähnliche Personen erweitert worden ist. Im Zusammenhang mit § 5 BetrVG ist eine generelle Gleichstellung jedoch auch im Rahmen verschiedener BetrVG-Reformen nicht erfolgt. Hierdurch kommt gerade die gesetzgeberische Wertentscheidung zum Ausdruck, arbeitnehmerähnliche Personen im Allgemeinen nicht als Arbeitnehmer zu behandeln; dies muss auch bei der Anwendung des BetrVG beachtet werden.[99]

44 **c) Fremdfirmenmitarbeiter.** Fremdfirmenarbeitnehmer werden im Rahmen eines Werk-, Dienst- oder sonstigen Geschäftsbesorgungsvertrags, den ihr Arbeitgeber mit einem Dritten geschlossen hat, als Erfüllungsgehilfen (§ 278 BGB) auf dem Betriebsgelände des Dritten eingesetzt. Die Tätigkeit in der Betriebsstätte des Dritten führt entsprechend allgemeinen Grundsätzen noch nicht zur Eingliederung in den Betrieb des Dritten. Dies gilt selbst dann, wenn die von ihnen zu erbringenden Dienst- oder Werkleistungen hinsichtlich Art, Umfang, Güte, Zeit und Ort in den betrieblichen Arbeitsprozess eingeplant sind.[100] Sie unterliegen auch während ihres Einsatzes beim Besteller nur den Weisungen ihres Arbeitgebers[101], sodass Betriebszugehörigkeit allein zum Betrieb ihres Arbeitgebers besteht, nicht jedoch zum Bestellerbetrieb.[102]

VI. Nicht-Arbeitnehmer (§ 5 Abs. 2 BetrVG)

1. Grundsatz

45 Unabhängig davon, ob ein Beschäftigter nach den oben benannten Grundsätzen als Arbeitnehmer iSd § 5 Abs. 1 BetrVG qualifiziert werden kann, benennt Abs. 2 verschiedene Personengruppen, die generell kraft Gesetzes keine betriebsverfassungsrechtlichen Arbeitnehmer sind. Das BetrVG ist für diese Personengruppen nicht anwendbar. Ein Umkehrschluss, dass die nicht unter Abs. 2 fallenden Personen stets betriebsverfassungsrechtliche Arbeitnehmer sind, ist nicht zulässig. Vielmehr richtet sich dies nach den allgemeinen Grundsätzen des § 5 Abs. 1 BetrVG.[103]

2. Einzelfälle

46 **a) Mitglieder des Vertretungsorgans einer juristischen Person (Nr. 1).** Nach Nr. 1 sind in Betrieben einer juristischen Person die Mitglieder des Organs, das zur gesetzlichen Vertretung der juristischen Person berufen ist, keine Arbeitnehmer iSd BetrVG. Die Mit-

---

[99] Vg. hierzu GK-BetrVG/*Raab* § 5 Rn. 89, 94; *Franzen* ZfA 2000, 285 (322f.); *Rost* NZA 1999, 113 (120f.); vgl. auch BAG 12.2.1992 – 7 ABR 42/91, NZA 1993, 334; im Ergebnis zustimmend auch *Fitting* § 5 Rn. 92; aA *Hromadka* NZA 1997, 1249 (1255f.).
[100] BAG 8.11.2016 – 1 ABR 57/14 Os. 1 und Rn. 20; BAG 1.12.1992 – 1 ABR 30/92, BeckRS 1992, 30743366 unter II 2.
[101] BAG 9.7.1991 – 1 ABR 45/90, AP BetrVG 1972 § 99 Nr. 94; 15.6.1983 – 5 AZR 111/81, AP AÜG § 10 Nr. 5; *Boemke* AR-Blattei SD 540, S. 29f. Rn. 101 f.; *Richardi* BetrVG/*Richardi* § 5 Rn. 91 ff.
[102] *Boemke* Schuldvertrag S. 306; *Boemke* AR-Blattei SD 540, S. 30 Rn. 103, GK-BetrVG/*Raab* § 5 Rn. 112; *Richardi* BetrVG/*Richardi* § 5 Rn. 91.
[103] Vgl. hierzu zu § 5 Abs. 2 Nr. 2: *Fitting* § 5 Rn. 331; *Richardi*/*Richardi* BetrVG § 5 Rn. 165.

glieder des Vertretungsorgans nehmen die Arbeitgeberinteressen wahr und repräsentieren im Rahmen der BetrVf den Arbeitgeber, sodass sie von der Einwirkung auf den Betriebsrat als Interessenvertreter der Belegschaft ausgeschlossen sein sollen.[104] Allerdings betrifft dies nur diejenigen Organmitglieder, die **kraft Gesetzes** und in Verbindung mit der Satzung zur **regelmäßigen** Vertretung befugt sind.[105] Im Einzelnen sind hiervon erfasst:

aa) Aktiengesellschaft. Mitglieder des Vorstands (§ 78 Abs. 1 AktG), und zwar unabhängig von der internen Geschäftsverteilung. Mitglieder des Aufsichtsrats werden nicht erfasst.[106] Zwar ist der Aufsichtsrat gegenüber Vorstandsmitglieder zur Vertretung der Gesellschaft berufen (vgl. § 112 AktG), sie sind gleichwohl keine ordentlichen gesetzlichen Vertreter. Während der Abwicklung sind die Abwickler von Nr. 1 erfasst (§§ 269, 264 AktG).[107]

bb) Gesellschaft mit beschränkter Haftung. GmbH-Geschäftsführer (§ 35 Abs. 1 GmbHG). Dies gilt kraft Abs. 2 Nr. 1 auch in den Fällen, in denen nach der Rspr. des BAG[108] und der arbeitsrechtlichen Literatur[109] der GmbH-Geschäftsführer ausnahmsweise einem arbeitsrechtlichen Weisungsrecht unterliegt. Ebenso sind Liquidatoren (§ 70 GmbHG) während der Liquidation von Abs. 2 Nr. 1 erfasst.

cc) Kommanditgesellschaft auf Aktien. Komplementäre nach Maßgabe des Gesellschaftsvertrags (§ 278 AktG) sind nach Abs. 2 Nr. 1 grds. vom Anwendungsbereich des BetrVG ausgeschlossen.[110] Auf die Beschränkung der Vertretungsmacht kommt es dabei nicht an, soweit sie nicht von der Vertretung ausgeschlossen sind (vgl. § 278 Abs. 2 AktG, § 125 HGB).[111]

dd) Genossenschaften. Erfasst sind Vorstandsmitglieder (§ 24 GenG) bzw. die Liquidatoren (§ 88 GenG).[112]

ee) Rechtsfähiger Verein. Die Vorstandsmitglieder und Sondervertreter (§§ 26, 30 BGB) bzw. die Liquidatoren (§ 48 BGB) sind nach Abs. 2 Nr. 1 keine Arbeitnehmer iSd BetrVf. Dabei spielt es keine Rolle, ob es sich um einen eingetragenen oder konzessionierten Verein (§§ 21, 22 BGB) handelt.[113]

---

[104] Vgl. Richardi BetrVG/*Richardi* § 5 Rn. 155; *Galperin/Löwisch* BetrVG § 5 Rn. 17; *Fitting* § 5 Rn. 327; BeckOK ArbR/*Besgen* BetrVG § 5 Rn. 34.
[105] Vgl. *Fitting* § 5 Rn. 327; Richardi BetrVG/*Richardi* § 5 Rn. 155; DKKW/*Trümner* § 5 Rn. 154; GK-BetrVG/*Raab* § 5 Rn. 114; BeckOK ArbR/*Besgen* BetrVG § 5 Rn. 34.
[106] Vgl. Richardi BetrVG/*Richardi* § 5 Rn. 156; DKKW/*Trümner* BetrVG § 5 Rn. 154; GK-BetrVG/*Raab* § 5 Rn. 115; BeckOK ArbR/*Besgen* BetrVG § 5 Rn. 34.
[107] GK-BetrVG/*Raab* § 5 Rn. 115; Richardi BetrVG/*Richardi* § 5 Rn. 156; *Fitting* § 5 Rn. 327; BeckOK ArbR/*Besgen* BetrVG § 5 Rn. 34.
[108] BAG 26.5.1999 – 5 AZR 664/98, AP GmbHG § 35 Nr. 10; vgl. auch BAG 17.9.2014 – 10 AZB 43/14, NJW 2015 572, (574); 6.5.1999 – 5 AZB 22/98, AP ArbGG 1979 § 5 Nr. 46; 13.5.1992 – 5 AZR 344/91, BeckRS 1992, 30741275.
[109] ErfK/*Preis* BGB § 611 Rn. 138; Küttner/*Kania* Personalbuch Geschäftsführer Rn. 17; *Holthausen/Steinkraus* NZA-RR 2002, 281 (282); *Schrader/Schubert* DB 2005, 1457 (1460); *Köhl* DB 1996, 2597 (2600ff.).
[110] *Fitting* § 5 Rn. 327; DKKW/*Trümner* § 5 Rn. 163; Richardi BetrVG/*Richardi* § 5 Rn. 157; GK-BetrVG/*Raab* § 5 Rn. 115.
[111] *Fitting* § 5 Rn. 327; vgl. auch DKKW/*Trümner* BetrVG § 5 Rn. 163; GK-BetrVG/*Raab* § 5 Rn. 115; LAG Hamm 19.3.1985 – 7 Sa 2015/84, BB 1986, 391; aA Richardi BetrVG/*Richardi* § 5 Rn. 157.
[112] *Fitting* § 5 Rn. 327; BeckOK ArbR/*Besgen* BetrVG § 5 Rn. 34; Richardi BetrVG/*Richardi* § 5 Rn. 158; GK-BetrVG/*Raab* § 5 Rn. 115.
[113] Vgl.Richardi BetrVG/*Richardi* § 5 Rn. 161.

52 **ff) Versicherungsverein auf Gegenseitigkeit.** Die Vorstandsmitglieder (§ 34 VAG) bzw. die Liquidatoren (§ 47 VAG).[114]

53 **gg) Stiftungen.** Vorstandsmitglieder (§§ 85, 86 BGB).

54 **b) Mitglieder einer Personengesamtheit (Nr. 2).** § 5 Abs. 2 Nr. 2 BetrVG bestimmt, dass die Gesellschafter einer OHG oder die Mitglieder einer anderen Personengesamtheit, soweit sie durch Gesetz, Satzung oder Gesellschaftsvertrag zur Vertretung der Personengesamtheit oder zur Geschäftsführung berufen sind, in deren Betrieben keine Arbeitnehmer iSd BetrVf sind.[115] Im Einzelnen sind hiervon erfasst:

55 **aa) Offene Handelsgesellschaft.** Alle Gesellschafter, soweit sie – alternativ – zur Vertretung oder Geschäftsführung nach dem Gesellschaftsvertrag befugt sind (§§ 114, 125 HGB). Es reicht bereits das Vorliegen einer der beiden Ausschlussgründe.[116]

56 **bb) Kommanditgesellschaft.** Die persönlich haftenden Gesellschafter (Komplementäre), soweit sie nicht sowohl von der Geschäftsführung als auch der Vertretung ausgeschlossen sind (§§ 161 Abs. 2, 114, 125, 164, 170 HGB).[117] Gleiches gilt für den Fall, dass der persönlich haftende Gesellschafter eine juristische Person ist (zB **GmbH & Co. KG**). Folglich zählen auch die Mitglieder des Vertretungsorgans dieser Gesellschaft (Komplementärgesellschaft) zu den durch die Vorschrift erfassten Nicht-Arbeitnehmern.[118]

57 **cc) Partnergesellschaft.** Es sind aufgrund gesetzlicher Verweise auf die Vorschriften über die OHG (§§ 6 Abs. 3, 7 Abs. 3 PartGG) alle Partner erfasst, soweit sie nicht von Geschäftsführung und Vertretung ausgeschlossen sind.[119]

58 **dd) Gesellschaft bürgerlichen Rechts.** Nach den gesetzlichen Bestimmungen sind alle Gesellschafter Geschäftsführer und zur Vertretung berechtigt (§§ 709, 714 BGB). Demnach sind alle Gesellschafter keine Arbeitnehmer iSd BetrVf, sofern keine abweichende Vereinbarung vorliegt.[120]

59 **ee) Nichtrechtsfähiger Verein.** Es sind die satzungsmäßig zur Vertretung bestimmten Mitglieder, also für gewöhnlich der Vorstand, ausgenommen.[121]

60 **ff) Reederei iSv §§ 480ff. HGB aF.** Erfasst sind alle Reeder bzw. Korrespondentreeder.[122]

---

[114] *Fitting* § 5 Rn. 327; GK-BetrVG/*Raab* § 5 Rn. 115; BeckOK ArbR/*Besgen* BetrVG § 5 Rn. 34; GK-BetrVG/*Raab* § 5 Rn. 115.
[115] Vgl. GK-BetrVG/Raab § 5 Rn. 116; *Fitting* § 5 Rn. 330; DKKW/*Trümner* BetrVG § 5 Rn. 169; im Erg. aber auch: Richardi BetrVG/*Richardi* § 5 Rn. 164.
[116] So: GK-BetrVG/*Raab* § 5 Rn. 116; DKKW/*Trümner* BetrVG § 5 Rn. 169.
[117] Vgl. GK-BetrVG/*Raab* § 5 Rn. 116.
[118] Vgl. GK-BetrVG/*Raab* § 5 Rn. 116; *Fitting* § 5 Rn. 330; DKKW/*Trümner* BetrVG § 5 Rn. 174; BAG 20.8.2003 – 5 AZB 79/02, NZA 2003, 1108 (1108ff.).
[119] Vgl. GK-BetrVG/*Raab* § 5 Rn. 116; DKKW/*Trümner* BetrVG § 5 Rn. 173; wohl auch: Richardi BetrVG/*Richardi* § 5 Rn. 169.
[120] Vgl. *Fitting* § 5 Rn. 330; DKKW/*Trümner* BetrVG § 5 Rn. 177; Richardi BetrVG/*Richardi* § 5 Rn. 171; GK-BetrVG/*Raab* § 5 Rn. 116.
[121] Vgl. GK-BetrVG/*Raab* § 5 Rn. 116; Richardi BetrVG/*Richardi* § 5 Rn. 172; DKKW/Trümner BetrVG § 5 Rn. 176.
[122] *Fitting* § 5 Rn. 330; Richardi BetrVG/*Richardi* § 5 Rn. 170; GK-BetrVG/*Raab* § 5 Rn. 116; DKKW/*Trümner* BetrVG § 5 Rn. 175.

gg) Erbengemeinschaft. Alle Miterben (§ 2038 BGB) sind ausgenommen.[123]   61

hh) Eheliche Gütergemeinschaft. Hier ist je nach Regelung der Verwaltung (Vereinba- 62
rung oder Unterstellung nach § 1421 BGB), beide oder ein Ehegatte ausgeschlossen.[124]

c) Nichterwerbsdienliche Beschäftigung aus karitativen oder religiösen Gründen 63
(Nr. 3). Nach Nr. 3 sind Personen, deren Beschäftigung nicht **in erster Linie** ihrem Erwerb dient, sondern vorwiegend durch Beweggründe karitativer oder religiöser Art bestimmt ist, keine Arbeitnehmer iSd BetrVf. Voraussetzung hierfür ist, dass die karitativen oder religiösen Gründe nicht nur ein Beweggrund, sondern Wesensbestandteil der Tätigkeit ist. Wird hingegen eine karitative oder religiöse Tätigkeit zum Zwecke der Erwerbstätigkeit verrichtet, ist Nr. 3 nicht einschlägig.[125] Dies ist insbesondere dann der Fall, wenn die Tätigkeit auf Grundlage eines Arbeitsverhältnisses erfolgt. Danach sind Angehörige religiöser Orden und anderer religiöser Gemeinschaften, wie **Mönche, Ordensschwestern** und **Diakonissen**, grds. von Abs. 2 Nr. 3 erfasst und somit keine Arbeitnehmer iSd BetrVf.[126] Dies gilt uneingeschränkt dann, wenn sie innerhalb einer von der Gemeinschaft getragenen Einrichtung tätig werden. § 5 Abs. 2 Nr. 3 BetrVG kann aber auch Fälle erfassen, in denen die Angehörigen eines religiösen Ordens oder anderen religiösen Gemeinschaften bei einem Dritten tätig werden. Ist die Arbeit beim Dritten nach den obigen Grundsätzen in erster Linie durch karitative oder religiöse Beweggründe motiviert, so greift § 5 Abs. 2 Nr. 3 BetrVG.[127] Demgegenüber liegen die Voraussetzungen von § 5 Abs. 2 Nr. 3 BetrVG nicht vor, wenn der Einsatzbetrieb nicht auf Grundlage religiöser oder karitativer Motive betrieben wird, insbesondere wenn gewinnwirtschaftliche Interessen verfolgt werden. Dies gilt zumindest dann, wenn die „Gestellung" gegen Vergütung erfolgt, weil dann wirtschaftliche Aspekte bei der Beschäftigung im Einsatzbetrieb überwiegen.

Stark umstritten ist die Situation bei **Gesundheits- und Krankenpflegern,** die Mit- 64
glieder in einem Pflegeverband sind, etwa Caritas-Verband, Innere Mission, Deutsches Rotes Kreuz, Bund freier Schwestern oder Arbeiterwohlfahrt. Hierbei geht es insbesondere um die Frage, ob karitative Gesichtspunkte die Arbeit prägen oder ob es sich um eine echte, der eigenen Unterhaltssicherung dienenden Erwerbstätigkeit handelt. Nach der mehrheitlichen Auffassung in der Literatur überwiegt der Erwerbscharakter, sodass ein genereller Ausschluss nach § 5 Abs. 2 Nr. 3 BetrVG nicht gegeben ist.[128]

d) Nichterwerbsdienliche Beschäftigung aus medizinischen oder erzieherischen 65
Gründen (Nr. 4). Durch die Regelung des § 5 Abs. 2 Nr. 4 BetrVG sind Personen vom betriebsverfassungsrechtlichen Arbeitnehmerbegriff ausgeschlossen, deren Beschäftigung

---

[123] *Fitting* § 5 Rn. 330; Richardi BetrVG/*Richardi* § 5 Rn. 173; GK-BetrVG/*Raab* § 5 Rn. 116; DKKW/ *Trümner* BetrVG § 5 Rn. 179.
[124] *Fitting* § 5 Rn. 330; Richardi BetrVG/*Richardi* § 5 Rn. 174; GK-BetrVG/*Raab* § 5 Rn. 116; DKKW/ *Trümner* BetrVG § 5 Rn. 178.
[125] Vgl. Richardi BetrVG/*Richardi* § 5 Rn. 177; vgl. allgemein zur rechtlichen Einordnung Roter-Kreuz Schwestern BAG 18. 2. 1956 – 2 AZR 294/54, NJW 1956, 647 (648).
[126] HM vgl. Richardi BetrVG/*Richardi* § 5 Rn. 177; *Fitting* § 5 Rn. 332, GK-BetrVG/*Raab* § 5 Rn. 117; DKKW/*Trümner* BetrVG § 5 Rn. 180; ArbG Bremen 31. 5. 1956 – 1 Ca 578–9/78, AP ArbGG 1953 § 5 Nr. 4; aA *Bremeier* Die personelle Reichweite der Betriebsverfassung, S. 294 ff.
[127] GK-BetrVG/*Raab* § 5 Rn. 118; Richardi BetrVG/*Richardi* § 5 Rn. 177.
[128] Ua Richardi BetrVG/*Richardi* § 5 Rn. 178; *Fitting* § 5 Rn. 333; *GK-BetrVG/Raab* § 5 Rn. 122.
  DKKW/*Trümner* BetrVG § 5 Rn. 182; *Savaéte* AuR 1959, 5 (7); *von Maydell* AuR 1967, 202 (205); *Trieschmann* RdA 1955, 52 (53); aA BAG 3. 6. 1975 – 1 ABR 98/74, AP BetrVG 1972 § 5 Rotes Kreuz Nr. 1 der Beitritt zu einer Schwesternschaft begründe regelmäßig kein Arbeitsverhältnis; BAG 20. 2. 1986 – 6 ABR 5/85, AP BetrVG 1972 § 5 Rotes Kreuz Nr. 2 zu einer DRK-Krankenschwester auf Basis eines Gestellungsvertrages; *Christiansen* Betriebszugehörigkeit S. 140 f. die bloße Mitgliedschaft in einer Schwesternschaft begünde lediglich vereinsrechtliche Rechte und Pflichten aber keine Betriebszugehörigkeit.

nicht in erster Linie ihrem Erwerb dient und die vorwiegend zu ihrer Heilung, Wiedereingewöhnung, sittlichen Besserung oder Erziehung beschäftigt werden. Das setzt voraus, dass primäre Zielsetzung der Beschäftigung nicht **Erwerbsgründe sind,** sondern vorwiegend **medizinische** oder **erzieherische Gründe.**[129] Die Beschäftigung muss gerade den Abbau persönlicher, physischer oder psychischer Hindernisse, die medizinisch oder erzieherisch begründet sein können, für den Zugang zum Arbeitsmarkt bezwecken.[130] Insofern ist die **Integration in das Arbeitsleben** Anwendungsvoraussetzung.[131] Erfasst werden nur solche Personen, die durch die Tätigkeit grundlegend in die Lage versetzt werden sollen, überhaupt einer geregelten Arbeit nachzugehen. Bei einer Tätigkeit in einer staatlich anerkannten Werkstatt für behinderte Menschen findet das BetrVG uneingeschränkt Anwendung, wenn der behinderte Mensch auf Grund eines Arbeitsvertrags tätig wird; bei einer Tätigkeit eines sog. Werkstattvertrags (vgl. § 221 SGB IX) fehlt es von vornherein an der Arbeitnehmereigenschaft.[132] Die Voraussetzungen von § 5 Abs. 2 Nr. 4 BetrVG liegen nicht vor, wenn es vorwiegend um die **Vermittlung spezifischer beruflicher Kenntnisse und Fertigkeiten** für eine künftige Arbeit auf einem speziellen Gebiet[133] (zB Förderprogramm zum Wiedereinstieg in das Berufsleben für langjährige Hausfrauen[134]) oder um die Förderung der Erwerbschancen von Personen geht, die auf dem Arbeitsmarkt nur schwer vermittelbar sind[135] (zB berufliche Rehabilitanden iSd **§ 112 SGB III**[136]). Geht ein Strafgefangener als „Freigänger" ein Arbeitsverhältnis ein (vgl. § 39 StVollzG), liegen die Voraussetzungen von § 5 Abs. 3 Nr. 4 BetrVG nicht vor; er ist Arbeitnehmer.[137]

66 e) Familienangehörige des Arbeitgebers (Nr. 5). Nr. 5 bestimmt, dass der Ehegatte, der Lebenspartner (iSv § 1 LPartG), Verwandte und Verschwägerte ersten Grades (Kinder und Eltern nach § 1589 BGB[138], Schwiegereltern und -kinder nach § 1590 Abs. 1 BGB),[139] die in häuslicher Gemeinschaft mit dem Arbeitgeber leben, keine Arbeitnehmer iSd BetrVf sind. Ob zwischen den benannten Familienangehörigen eine häusliche Gemeinschaft vorliegt, ist nach der Wertung des § 1619 BGB zu bestimmen. Zentrale Voraussetzung ist insofern, dass ein gemeinsamer Lebensmittelpunkt besteht. Auf eine ständige gemeinsame Wohnung kommt es hingegen nicht an.[140] Leben Ehegatten getrennt, liegt keine häusliche Gemeinschaft vor.[141] Von der Vorschrift nicht erfasst werden hinge-

---

[129] *DKKW/Trümner BetrVG* § 5 Rn. 189; *Fitting* § 5 Rn. 336.
[130] Vgl. *GK-BetrVG/Raab* § 5 Rn. 123.
[131] BAG 25.10.1989 – 7 ABR 1/88, EzA BetrVG 1972 § 5 Nr. 48 = AP BetrVG 1972 § 5 Nr. 40; 13.5. 1992 – 7 ABR 72/91, EzA BetrVG 1972 § 5 Nr. 54 = AP BetrVG 1972 § 5 Ausbildung Nr. 4; 5.4. 2000 – 7 ABR 20/99, EzA BetrVG 1972 § 5 Nr. 63 = AP BetrVG 1972 § 5 Nr. 62.
[132] *Gräf* jurisPR-ArbR 45/2014 Anm. 4.
[133] Vgl. *GK-BetrVG/Raab* § 5 Rn. 124.
[134] BAG 25.10.1989 – 7 ABR 1/88, EzA BetrVG 1972 § 5 Nr. 48 = AP BetrVG 1972 § 5 Nr. 40.
[135] BAG 13.5.1992 – 7 ABR 72/91, EzA BetrVG 1972 § 5 Nr. 54 = AP BetrVG 1972 § 5 Ausbildung Nr. 4; 5.4.2000 – 7 ABR 20/99, EzA BetrVG 1972 § 5 Nr. 63 = AP BetrVG 1972 § 5 Nr. 62; 15.3. 2006, EzAÜG BetrVG Nr. 93.
[136] BAG 13.5.1992 – 7 ABR 72/91, EzA BetrVG 1972 § 5 Nr. 54 = AP BetrVG 1972 § 5 Ausbildung Nr. 4; vgl. *GK-BetrVG/Raab* § 5 Rn. 124.
[137] LAG BW 15.9.1988 – 4b Sa 41/88, NZA 1989 (886); grds. auch ErfK/*Koch* BetrVG § 5 Rn. 3; HWK/ *Gaul* BetrVG § 5 Rn. 4 die eine Ausnahme machen wollen, wenn die Beschäftigung im Rahmen einer Maßnahme der Vollzugslockerung nach § 11 StVollzG als Freigänger außerhalb der Strafvollzugsanstalt erfolgt. Hierbei wird verkannt, dass § 11 Abs. 1 Nr. 1 StVollzG nur die vollstreckungsrechtlichen Voraussetzungen dafür schafft, ein Arbeitsverhältnis zu begründen.
[138] *Fitting* Rn. 343; GK-BetrVG/*Raab* § 5 Rn. 128; Richardi BetrVG/*Richardi* § 5 Rn. 181; ErfK/*Koch* BetrVG § 5 Rn. 16.
[139] GK-BetrVG/*Raab* § 5 Rn. 128; Richardi BetrVG/*Richardi* § 5 Rn. 181; ErfK/*Koch* BetrVG § 5 Rn. 16.
[140] HM vgl. Richardi BetrVG/*Richardi* § 5 Rn. 181; *GK-BetrVG/Raab* § 5 Rn. 126; DKKW/*Trümner* BetrVG § 5 Rn. 200.
[141] Vgl. Richardi BetrVG/*Richardi* § 5 Rn. 181; *GK-BetrVG/Raab* § 5 Rn. 126; DKKW/*Trümner* BetrVG § 5 Rn. 200.

gen die mit dem Arbeitgeber in häuslicher Gemeinschaft lebende Verlobte[142] und sonstige Verwandte nicht ersten Grades, aber auch nicht Partner einer eheähnlichen Lebensgemeinschaft, unabhängig von der sexuellen Identität und der Zahl der Beteiligten.[143] Ihre Arbeitnehmereigenschaft bestimmt sich vielmehr nach den allgemeinen Grundsätzen (→ Rn. 3 ff.).[144] Ist der Arbeitgeber keine natürliche, sondern eine juristische Person, so wird Nr. 5 nach wohl überwiegender Ansicht entsprechend angewandt. Hiernach sind auch die in Nr. 5 genannte Angehörigen eines Mitglieds des zur gesetzlichen Vertretung berufenen Organs einer juristischen Person keine betriebsverfassungsrechtlichen Arbeitnehmer.[145] Ist der Arbeitgeber eine **Personengesamtheit** (→ Rn. 54 ff.), unterfallen die mit den vertretungsberechtigten Mitgliedern iSd Vorschrift verwandten Personen dem Anwendungsbereich der Nr. 5.[146]

VII. Leitende Angestellte

1. Überblick

Nach § 5 Abs. 3 S. 1 BetrVG findet das Gesetz keine Anwendung auf leitende Angestellte (zum Begriff → § 20 Rn. 12 ff.), soweit im BetrVG nicht ausdrücklich etwas Anderes bestimmt ist. Deren Interessenvertretung erfolgt grds. über den Sprecherausschuss nach dem SprAuG. Hintergrund hierfür ist, dass leitende Angestellte auf Grund ihrer Aufgaben und Funktionen häufig auch innerbetrieblich Arbeitgeberinteressen wahrnehmen. Hierdurch stehen sie zu den sonstigen Arbeitnehmer und dem Betriebsrat in einem Interessengegensatz.[147] § 5 Abs. 3 S. 2 BetrVG definiert den leitenden Angestellten anhand von drei Tatbestandsalternativen legal (näher zu den einzelnen Voraussetzungen → § 20 Rn. 26 ff.). § 5 Abs. 4 BetrVG enthält eine Zweifelsregelung, wonach ein Beschäftigter bei Vorliegen einer der vier Tatbestandsalternativen im Zweifel als leitender Angestellter nach Abs. 3 S. 2 Nr. 3 einzuordnen ist (näher zu den einzelnen Voraussetzungen → § 20 Rn. 46 ff.). Während es im Hinblick auf Abs. 4 soweit ersichtlich noch zu keinen aussagekräftigen Entscheidungen gekommen ist, hat die Rspr. die Merkmale des Abs. 3 S. 2 in zahlreichen Entscheidungen näher konkretisiert.

2. Nach Arbeitsvertrag und Stellung (Abs. 3 S. 2 Hs. 1)

Nach § 5 Abs. 3 S. 2 Hs. 1 BetrVG muss sich die besondere Funktion des leitenden Angestellten aus dem Arbeitsvertrag und der Stellung des Beschäftigten ergeben. Dafür reicht es nicht aus, dass der Arbeitnehmer im Arbeitsvertrag als „leitender Angestellter" bezeichnet wird, ohne dass ihm entsprechende Befugnisse eingeräumt werden, so zB das LAG Hessen zum **Restaurantleiter in einer Fast-Food-Kette**[148] und das BAG zu einem **Chefarzt**.[149] Es genügt auch **nicht**, dass entsprechende Aufgaben **faktisch** wahrgenommen werden.[150] Erforderlich ist vielmehr eine **arbeitsvertragliche Vereinbarung,** die nach allgemeinen Grundsätzen keiner Form bedarf und daher **auch konkludent** zustande

---

[142] Vgl. *GK-BetrVG/Raab* § 5 Rn. 127; *Fitting* § 5 Rn. 345; *Richardi BetrVG/Richardi* § 5 Rn. 183; *DKKW/Trümner* BetrVG § 5 Rn. 201.
[143] LAG Hamm 21.9.2001 – 10 TaBV 52/01.
[144] Vgl. *Fitting* § 5 Rn. 346; *Richardi BetrVG/Richardi* § 5 Rn. 184; *DKKW/Trümner* BetrVG § 5 Rn. 201.
[145] Vgl. ArbG Göttingen 7.3.2007 – 3 BV 14/06 Rn. 24; *Richardi BetrVG/Richardi* § 5 Rn. 182; *Fitting* § 5 Rn. 344; *GK-BetrVG/Raab* § 5 Rn. 129; aA LAG Nds 5.3.2009 – 5 TaBVga 19/19 Rn. 20 ff.; *DKKW/Trümner* BetrVG § 5 Rn. 200.
[146] Vgl. *Richardi BetrVG/Richardi* § 5 Rn. 182; *Fitting* § 5 Rn. 344; *GK-BetrVG/Raab* § 5 Rn. 129; sowie *DKKW/Trümner* BetrVG § 5 Rn. 203.
[147] BAG 5.3.1974 – 1 ABR 19/73, NJW 1974, 965 (968); BAG 10.2.1976 – 1 ABR 61/74, EzA BetrVG 1972 § 5 Nr. 24 Rn. 37; *GK-BetrVG/Raab* § 5 Rn. 132; *Richardi BetrVG/Richardi* § 5 Rn. 190; *Fitting* § 5 Rn. 357 f.
[148] HessLAG 7.9.2000 – 12 TaBV 64/98, NZA-RR 2001, 426 (427).
[149] BAG 5.5.2010 – 7 ABR 97/08, NZA 2010, 955 (957) Rn. 21.
[150] ErfK/*Koch* BetrVG § 5 Rn. 18.

kommen kann.¹⁵¹ Wurde mit einem **Verkaufsleiter einer Stahlblechverarbeitungsfirma** kein schriftlicher Arbeitsvertrag geschlossen, kann es genügen, wenn die Arbeitsvertragsparteien auf Grund der zwischen ihnen erfolgten mündlichen Abreden oder durch konkludente Handlungen dem Arbeitnehmer die Rechtsstellung eines leitenden Angestellten iSd § 5 Abs. 3 S. 2 Nr. 1 bis Nr. 3 BetrVG eingeräumt wird und dieser auch tatsächlich die Aufgaben eines solchen Angestellten ausübt. Ausreichend war deshalb, dass der Verkaufsleiter nach mündlicher Absprache tatsächlich die wesentlichen Funktionen der Planung und Organisation des Unternehmens, der Kooperation seiner verschiedenen Teilbereiche sowie der Absatzpolitik zu erfüllen hatte (§ 5 Abs. 3 S. 2 Nr. 3 BetrVG).¹⁵² Ebenso kann es genügen, wenn im Arbeitsvertrag einem **Chefarzt** zwar nicht § 5 Abs. 3 S. 2 Nr. 3 BetrVG entsprechende Befugnis ausdrücklich eingeräumt werden, aber nach der tatsächlichen Vertragsausübung von einer solchen Vereinbarung auszugehen ist.¹⁵³ Hingegen fehlte es an einer ausreichenden Stellung als leitender Angestellter, wenn ein **Leiter der Gesamtrevision** lediglich im Einzelfall die besondere Funktion, zB nach § 5 Abs. 3 S. 2 Nr. 1 BetrVG, wahrnimmt und deshalb nur im Einzelfall Kündigungen ohne Abstimmung des Vorstands vornehmen durfte.¹⁵⁴

3. Berechtigung zur Einstellung und Entlassung (Abs. 3 S. 2 Nr. 1)

69 **a) Allgemein.** Nach Nr. 1 ist leitender Angestellter, wer nach Arbeitsvertrag und Stellung im Unternehmen oder im Betrieb zur selbstständigen Einstellung und Entlassung von im Betrieb oder in der Betriebsabteilung beschäftigten Arbeitnehmern berechtigt ist. Damit knüpft Nr. 1 an zwei Voraussetzungen. Erstens muss eine besondere Personalkompetenz gegeben sein. Dabei muss die Berechtigung nach Nr. 1 als prägendes Merkmal für die Qualifizierung als leitenden Angestellten von nicht unerheblicher unternehmerischer Bedeutung sein.¹⁵⁵ Zweitens muss die Personalkompetenz selbstständig ausgeübt werden.

70 **b) Befugnis zur Einstellung und Entlassung.** In einer Entscheidung des LAG Hamm wird klargestellt, dass eine solche Befugnis nicht schon dann vorliegt, wenn ein **Außendienstmitarbeiter** eines **Logistikunternehmens** lediglich die Zustellung einer Tageszeitung in seinem jeweiligen Bereich organisiert, indem er Weisungen für 100 Zeitungszusteller von insgesamt 1300 Arbeitnehmern erteilt. Die bloße Weisungsbefugnis gegenüber Arbeitnehmern genügt nicht.¹⁵⁶ Ferner muss die **Befugnis zur Einstellung kumulativ zur Berechtigung zur Entlassung** gegeben sein. Ist im schriftlichen Arbeitsvertrag nichts hierzu bestimmt, so genügt es nicht, wenn der **Bereichsleiter eines Casinos** tatsächlich bisher nur Mitarbeiter eingestellt, jedoch nicht entlassen hat. Im konkreten Fall sprach insbesondere die umfassende Kompetenz des übergeordneten Spielbankleiters dagegen, dass eine derartige Befugnis auch beim Bereichsleiter vorlag.¹⁵⁷

71 Ist ein Beschäftigter sowohl zu Einstellungen als auch Entlassungen berechtigt, so kommt es für die Qualifizierung als leitenden Angestellten iSd Nr. 1 auf die unternehmerische Bedeutung der Personalkompetenz an. Eine ausreichende Personalkompetenz kann sich zunächst aus einer nicht unbedeutenden Zahl der erfassten Arbeitnehmer ergeben. Die Beurteilung der nötigen Personalkompetenz muss nach einer Entscheidung des LAG Köln nicht unternehmensbezogen, sondern kann auch betriebsbezogen betrachtet wer-

---

[151] ErfK/*Koch* BetrVG § 5 Rn. 18.
[152] BAG 23.3.1976 – 1 AZR 314/75, AP BetrVG 1972 § 5 Nr. 14; vgl. auch BAG 16.4.2002 – 1 ABR 23/01, NZA 2003, 56 (57 f.).
[153] BAG 5.5.2010 – 7 ABR 97/08, NZA 2010, 955 (957) Rn. 25.
[154] BAG 25.3.2009 – 7 ABR 2/08, NZA 2009, 1296 (1298 f.). – Vgl. auch LAG RhPf 25.9.2006 – 7 TaBV 3/06, BeckRS 2007, 45745; ebenso LAG Saarl 23.3.2005 – 1 TaBV 3/04, BeckRS 2005, 31049854.
[155] *Fitting* § 5 Rn. 367 ff.; Richardi BetrVG/*Richardi* § 5 Rn. 200 f.; GK-BetrVG/*Raab* § 5 Rn. 153 ff.; ErfK/*Koch* BetrVG § 5 Rn. 19.
[156] LAG Hamm 12.10.2007 – 10 TaBV 9/07, BeckRS 2008, 50097.
[157] BAG 16.4.2002 – 1 ABR 23/01, NZA 2003, 56 (57 f.).

den. Daher kann es genügen, wenn in einer aus ca. 30 Mitarbeitern bestehenden **Filiale für Kinderspielzeug** der Filialleiter für seine Mitarbeiter die erforderliche Personalkompetenz hat, obwohl das gesamte Unternehmen ca. 1800 Arbeitnehmer beschäftigt.[158] Nach dem LAG Rheinland-Pfalz ist ein **Storemanager** eines Textileinzelhandelsunternehmens, der sowohl im Außen- als auch im Innenverhältnis zu Einstellungen und Entlassungen von etwa 90% der Beschäftigten seiner Filiale von insgesamt 350 Filialen mit je ca. 60 Beschäftigten befugt ist, als leitender Angestellter einzuordnen. Diese Personalbefugnis sei nicht unbedeutend. Ist die Personalkompetenz quantitativ so weitreichend, sei ihre qualitative Bedeutung unerheblich.[159]

Auch wenn die Personalkompetenz lediglich eine geringe Arbeitnehmerzahl betrifft, ist die Qualifizierung als leitender Angestellter nicht generell ausgeschlossen. Das BAG hat für einen **Leiter des Zentralmarketings** die erforderliche Personalkompetenz bejaht, auch wenn diese sich auf lediglich vier Mitarbeiter beschränkte. Eine qualitativ besonders hoch zu bewertende Personalkompetenz könne eine quantitativ geringe Bedeutung der Personalbefugnis ausgleichen. Die quantitativ geringe unbedeutende Personalkompetenz kam in der Entscheidung des BAG deshalb gesteigerte Bedeutung zu, weil der Personenkreis auf die sich die Befugnis erstreckte, wiederum selbst nachgeordnete Mitarbeiter einstellen und entlassen konnte. Daher hatte der Leiter des Zentralmarketings eine besonders prägende Stellung im Unternehmen.[160]

Umfasst die Personalbefugnis hingegen eine lediglich geringe Anzahl von Arbeitnehmer ohne Kompetenzen, ist Nr. 1 nicht einschlägig. Nach einer Entscheidung des LAG Hessen genügt die Personalverantwortung eines **Chefarztes** in einer Klinik für Stimm- und Spracherkennung nicht, wenn sich diese auf nur elf von insgesamt 660 Arbeitnehmer bezieht. Im konkreten Fall lag auch keine „hochqualifizierte Tätigkeit" der Mitarbeiter vor, sodass die Personalverantwortung auch nicht in qualitativer Hinsicht aufgewertet wurde. Die Personalkompetenz erstreckte sich lediglich auf einen Arzt mit hälftiger Wochenarbeitszeit und im Übrigen nur auf sonstiges Klinikpersonal. Zudem bestand die Klinik für Stimm- und Spracherkennung lediglich aus 20 Betten, während das Krankenhaus als Betriebsstätte insgesamt 182 Betten umfasste. Damit betraf die Personalverantwortung auch keinen „herausgehobenen Geschäftsbereich".[161] Parallel hierzu genügte auch die Personalkompetenz eines **Chefarzts der geriatrischen Abteilung,** die auf einen Oberarzt und drei Assistenzärzte von insgesamt 600 Arbeitnehmern des Krankenhauses beschränkt war, nicht. Auch eine besondere Bedeutung des Arbeitnehmerkreises, der von der Einstellungs- und Entlassungsbefugnis gedeckt war, konnte nicht festgestellt werden. Das auf der geriatrischen Abteilung beschäftigte ärztliche Personal verrichtete keine hochqualifizierten Tätigkeiten mit entsprechenden Entscheidungsspielräumen. Gegenüber den insgesamt 80 beschäftigten Ärzten der Arbeitgeberin handelte es sich nicht um einen qualitativ bedeutsamen Kreis von Arbeitnehmern. Auch im Übrigen konnte keine besondere Bedeutung der vom Chefarzt verantworteten geriatrischen Station für das Krankenhaus festgestellt werden. Die geriatrische Abteilung unterschied sich weder in ihrer Größe noch in der wirtschaftlichen Bedeutung von den anderen ärztlichen Krankenhausstationen. Insbesondere betrug der auf die Geriatrie entfallende Umsatzanteil nur 10% der gesamten Erlöse aus der Krankenhausbehandlung. Damit war er im Vergleich zu den anderen Abteilungen nicht von besonderer Bedeutung für das Krankenhaus.[162]

Ebenso hat das LAG Bremen einen **„Regio Manager"**, der die **Leitung von drei Jugendherbergen** innehatte, nicht als leitenden Angestellter angesehen. Zwar hatte er

---

[158] LAG Köln 13.9.2016 – 12 TaBV 25/16, BeckRS 2016, 74339 (Rn. 57–59); vgl. auch BAG 10.10.2007 – 7 ABR 61/06, AP BetrVG 1972 § 5 Nr. 72 Rn. 12.
[159] LAG RhPf 4.4.2011 – 5 TaBV 36/10, BeckRS 2011, 74570.
[160] Entscheidung zum wortgleichen § 14 Abs. 2 KSchG: BAG 27.9.2001 – 2 AZR 176/00, NZA 2002, 1277 (1281 f.).
[161] HessLAG 31.7.2008 – 9 TaBV 267/07, BeckRS 2008, 21998.
[162] BAG 10.10.2007 – 7 ABR 61/06, AP BetrVG 1972 § 5 Nr. 72.

eine Personalbefugnis von immerhin 12% des Betriebs. Allerdings hatte sie dennoch untergeordnete Bedeutung, weil sich diese auf Arbeitnehmer mit unbedeutenden Tätigkeiten (Küchen- und Hauspersonal) bezog. Auch im Übrigen konnte nur eine geringe Bedeutung der Einstellungs- und Entlassungskompetenz festgestellt werden. Im Betrieb bestand eine hohe Personalfluktuation. Die eingestellten Arbeitnehmer waren zum großen Teil nur Saisonarbeitskräfte mit befristeten Verträgen.[163]

75 **c) Selbstständig.** Die Personalbefugnis muss schließlich auch selbstständig ausgeübt werden. Bei einem **Außendienstmitarbeiter** eines **Logistikunternehmens** lag dies nicht vor, weil der Geschäftsführer nach Korrespondenz mit dem Betriebsrat die Entscheidungen über Entlassungen selbst traf und der Außendienstmitarbeiter lediglich dessen Entscheidungen vollzog.[164] Die Selbstständigkeit verneinte das LAG Thüringen auch bei einem **Chefarzt,** dessen Personalkompetenz sich darin erschöpfte, dass er sich mit dem Krankenhausträger „ins Benehmen" zu setzen hatte. Die regelmäßige Absprache der Krankenhausleitung mit dem Chefarzt bei Personalentscheidungen sei weit entfernt von einer selbstständigen Personalbefugnis des Chefarztes. Obwohl der Krankenhausträger den Vorschlägen des Chefarztes regelmäßig nachkam, bleibe doch die letztendliche Entscheidungsbefugnis beim Krankenhausträger.[165] Ebenso mangelte es an der Selbstständigkeit bei einem **Leiter der Gesamtrevision,** der Kündigungen mit dem Vorstand abstimmen musste. Dass im Einzelfall Kündigungen ohne Abstimmung des Vorstands vorgenommen wurden, sei unschädlich.[166] Keine selbstständige Personalbefugnis nahm auch das LAG Hessen im Falle eines **Restaurantleiters in einer Fast-Food-Kette** an, der zunächst beim Regionalen-Service-Center Kündigungen anfordern musste. Es fehlte hier an der Selbständigkeit, weil die rechtliche (Über-)Prüfung der Kündigungen dem Regionalen-Service-Center vorbehalten blieb.[167] Eine selbstständige Personalverantwortung fehlte auch bei einem **(stellvertretenden) Geschäftsleiter.** Seine Befugnis zur Einstellung und Entlassung wurde dadurch entwertet, dass auch dem übergeordneten Geschäftsführer eine solche zustand und der (stellvertretende) Geschäftsleiter diesem untergeordnet war. Im Konfliktfall hatte der untergeordnete (stellvertretende) Geschäftsleiter keinen Einfluss auf die Personalentscheidungen.[168]

76 Allerdings scheitert die selbstständige Ausübung der Personalbefugnis nicht schon bei jeder Mitwirkung eines Dritten. Für die Personalbefugnis im Innenverhältnis ist zB die Tatsache, dass eine **Filialleiterin** in Einzelfällen bei der Entscheidung um Rat bei der Verkaufsleitung fragte, unerheblich. Auch eine gewisse Einbindung in die Organisations- und Arbeitsabläufe ändert hieran nichts. Eine Personalbefugnis im Sinne eines „Alleingangs" ist für § 5 Abs. 3 S. 2 Nr. 1 BetrVG nicht erforderlich. Allein die formale Stellung auf dritter Ebene in der Hierarchiestruktur (nach Geschäftsführung und Verkaufsleitung) hat für die Einordnung als leitender Angestellter keine Bedeutung. § 5 Abs. 3 S. 2 Nr. 1 BetrVG setzt nicht voraus, dass der Arbeitnehmer der Führungsspitze des Unternehmens angehört.[169] Ebenso wurde auch im Fall eines **Storemanagers** eines Textileinzelhandelsunternehmens die selbstständige Ausübung der Personalkompetenz bejaht. Hierbei war unschädlich, dass eine übergeordnete Stelle für die Einstellung von Mitarbeitern bereits eine Vorauswahl in Form von „Telefoninterviews" traf.[170]

---

[163] LAG Bremen 15.1.2008 – 1 TaBV 15/07, BeckRS 2008, 53888.
[164] LAG Hamm 12.10.2007 – 10 TaBV 9/07, BeckRS 2008, 50097.
[165] LAG Thüringen 6.7.2000 – 1 TaBV 16/99, BeckRS 2000, 16189.
[166] BAG 25.3.2009 – 7 ABR 2/08, NZA 2009, 1296 (1298f.).
[167] HessLAG 7.9.2000 – 12 TaBV 64/98, NZA-RR 2001, 426 (427).
[168] LAG Hamm 12.6.2015 – 13 TaBV 78/14, BeckRS 2015, 72078 Rn. 30.
[169] LAG Düsseldorf 26.7.2000 – 12 TaBV 35/00, NZA-RR 2001, 308 (309).
[170] LAG RhPf 4.4.2011 – 5 TaBV 36/10, BeckRS 2011, 74370.

4. Generalvollmacht oder Prokura (Abs. 3 S. 2 Nr. 2)

a) Allgemein. Nach § 5 Abs. 3 S. 2 Nr. 2 BetrVG ist leitender Angestellter, wer nach 77 Arbeitsvertrag und Stellung im Untrnehmen oder im Betrieb Generalvollmacht oder Prokura hat und die Prokura auch im Verhältnis zum Arbeitgeber nicht unbedeutend ist. Das formale Merkmal des Bestehens einer Generalvollmacht oder Prokura ist in der Praxis regelmäßig schnell festgestellt. Anders ist dies hingegen für die zweite Voraussetzung. Die Prokura ist im Verhältnis zum Arbeitgeber nicht unbedeutend, wenn die tatsächlich vom Arbeitgeber der Prokura zugrunde liegenden übertragenen unternehmerischen Aufgaben des Prokuristen nicht unbedeutend sind.[171]

b) Prokura zugrunde liegend. Diese Voraussetzung wurde abgelehnt bei dem **Leiter** 78 **der Revisionsabteilung** einer Bank, der lediglich **Stabsaufgaben** wahrnahm. Er hatte ausschließlich wichtige Beratungsfunktion für den Vorstand und für die Mitarbeiter, indem er zB die Einhaltung der Funktionsfähigkeit, Wirksamkeit, Wirtschaftlichkeit und Angemessenheit des internen Kontrollsystems verantwortete. Der Wirkungskreis seiner Aufgaben war damit auf das Innenverhältnis beschränkt. Hierfür benötigt er keine Prokura. Auch dass die Tätigkeit des Leiters in der erweiterten Geschäftsführung für das Unternehmen von gehobener Bedeutung war, blieb unbeachtet. Auch diese Tätigkeiten entfalteten keine unmittelbare Außenwirkung.[172]

c) Unternehmerische Aufgaben. Dies ist in einem Unternehmen, das Küchengeräte 79 herstellt, bei dem **Leiter der Hauptabteilung für Finanzwesen,** der der Geschäftsführung unmittelbar nachgeordnet war, anzunehmen, auch wenn die erteilte Prokura im Innenverhältnis Beschränkungen unterlag. Seine unternehmerischen Aufgaben waren im Innenverhältnis nicht unbedeutend, weil der Hauptabteilungsleiter ein hohes Investitionsvolumen (20 Mio. DM) verantwortete und auch das Devisengeschäft in eigener Verantwortung wahrnahm. Diese Verantwortung verliere auch nicht ihre Bedeutung, weil interne Kreditrichtlinien zu beachten waren. Trotz dieser Richtlinien musste der Leiter bei seinen Devisengeschäften und der Befriedigung des Kreditbedarfs finanzielles Geschick sowie erhebliche unternehmerische Initiative zeigen und entsprechende Risiken eingehen.[173]

Das Merkmal einer unternehmerischen Aufgabe lag im Fall eines **Kundendirektors** 80 einer überregional tätigen Bank hingegen nicht vor. Zwar war er ua mit dem Abschluss von Darlehensverträgen in zweistelliger Millionenhöhe betraut. Jedoch durfte er auf Grund interner Regelungen Darlehensverträge erst schließen, wenn diese zuvor durch eine interne Prüfung genehmigt wurden. Ein Vorschlagsrecht für die Vergabe von Krediten kann die Eigenschaft als leitenden Angestellten nur dann begründen, wenn auf Grund der besonderen Stellung des Arbeitnehmers im Betrieb der Arbeitgeber von den Vorschlägen faktisch nicht abweichen wird. Dies war im vorliegenden Fall nicht gegeben. Vielmehr wurden die Vorschläge intern noch umfassend geprüft.[174]

Ebenso fehlte es an einer ausreichenden unternehmerischen Tätigkeit im Falle von drei 81 angestellten **Steuerberatern.** Im Rahmen ihrer Arbeit als Steuerberater verantworteten sie – kleineren Beratungsteams vorstehend – mandatsbezogene Tätigkeiten mit einem bestimmten Umsatzvolumen. Zudem hatten sie auch Mentorenaufgaben sowie praktikanten- und investorenbezogene Verantwortlichkeiten inne. Gewichtige und bedeutsame un-

---

[171] Vgl. BAG 29.6.2011 – 7 ABR 5/10, NZA-RR 2011, 647 (648) Rn. 19f.; *Fitting* § 5 Rn. 386; GK-BetrVG/*Raab* § 5 Rn. 163; Richardi BetrVG/*Richardi* § 5 Rn. 205; gesetzgeberische Reaktion auf BAG 27.4.1988 – 7 ABR 5/87, EzA BetrVG 1972 § 5 Nr. 58 wonach dem Arbeitgeber gleichgestellte, dh deckungsgleich im Innen- und Außenverhältnis, Prokura verlangt wurde.
[172] LAG Hamm 30.4.2010 – 10 TaBV 72/09, BeckRS 2010, 71825; vgl. auch BAG 29.6.2011 – 7 ABR 5/10, NZA-RR 2011, 647 (648) Rn. 19f.; BAG 25.3.2009 – 7 ABR 2/08, NZA 2009, 1296.
[173] BAG 11.1.1995 – 7 ABR 33/94, NZA 1995, 747 (750).
[174] LAG Düsseldorf 17.11.2009 – 17 Sa 97/09, Rn. 66–68.

ternehmensstrategische Kompetenzen, etwa bei Fragen über die Art und Weise der Mandantenakquise oder bei grundsätzlichen Entscheidungen über Mindest- bzw. Höchsthonorare standen ihnen hingegen nicht zu. Somit hatten sie keine unternehmerische Leitungstätigkeit verrichtet, sodass die ihnen erteilte Prokura keine wesentliche Bedeutung für ihre Aufgaben hatte.[175]

82 **d) Nicht unbedeutende Aufgaben.** Im oben beschriebenen Fall des **Leiters der Hauptabteilung für Finanzwesen** (→ Rn. 79) hatten seine unternehmerischen Aufgaben sowohl auf Grund des hohen Investitionsvolumens (20 Mio. DM), für das er verantwortlich war, als auch wegen der verantwortlichen Devisengeschäfte nicht unerhebliche Bedeutung. Insbesondere war die nicht unerhebliche Bedeutung auch nicht deshalb abzulehnen, weil er nicht ausschließlich unternehmerische Leistungsaufgaben wahrnahm. Zwar verrichtete der Leiter auch bestandssichernde Tätigkeiten bei der Überwachung der Zahlungsein- und -ausgänge. Allerdings war dies nicht sein Schwerpunkt, sodass sie sein Aufgabengebiet nicht prägten.[176]

83 Jedoch genügt nicht jede unternehmerische Leitungstätigkeit. Deshalb wurde die Eigenschaft als leitender Angestellter bei einem **technischen Leiter und Mitglied der erweiterten Geschäftsführung in einem Zoologischen Garten** abgelehnt. Die ihm erteilte Prokura sei im Innenverhältnis unbedeutend, weil die Tätigkeiten, welche die Erteilung einer Prokura erforderten, nicht den Schwerpunkt der Tätigkeiten des technischen Leiters bildeten. Im Übrigen wurde die Vertretung maßgeblich durch den Geschäftsführer wahrgenommen. Der technische Leiter bereitete diese lediglich vor.[177] Keine ausreichend bedeutende Aufgabe nach Nr. 2 hatte auch ein **Werksleiter** in einem kleinen Betrieb mit 60 Beschäftigten. Zwar wurde dem Werksleiter Prokura erteilt. Allerdings nur zusammen mit einem weiteren Prokuristen, die außerdem Verträge betrafen, die bis 15.000,00 EUR Jahressumme liefen. Dieser Betrag war im Verhältnis zum Gesamtumsatz eines Betriebs mit 80 Arbeitnehmern unbedeutend.[178]

5. Sonstige Aufgaben (Abs. 3 S. 2 Nr. 3)

84 **a) Allgemein.** Nach Nr. 3 ist leitender Angestellter, wer nach Arbeitsvertrag und Stellung im Unternehmen oder im Betrieb regelmäßig sonstige Aufgaben wahrnimmt, die für den Bestand und die Entwicklung des Unternehmens oder eines Betriebs von Bedeutung sind und deren Erfüllung besondere Erfahrungen und Kenntnisse voraussetzt, wenn er dabei entweder die Entscheidungen im Wesentlichen frei von Weisungen trifft oder sie maßgeblich beeinflusst; dies kann auch bei Vorgaben insbesondere aufgrund von Rechtsvorschriften, Plänen oder Richtlinien sowie bei Zusammenarbeit mit anderen leitenden Angestellten gegeben sein. Damit hängt die Vorschrift von vier Merkmalen ab. **Erstens** muss es sich um sonstige **Aufgaben mit Bedeutung für Bestand und Entwicklung des Unternehmens** oder eines Betriebs handeln. **Zweitens** müssen diese Aufgaben **besondere Erfahrungen und Kenntnisse** erfordern. **Drittens** muss der Beschäftigte **selbst im Wesentlichen weisungsfreie Entscheidungen treffen oder** diese zumindest **maßgeblich beeinflussen.** Dieses Erfordernis wird von der Rspr. nicht immer präzise von der Voraussetzung der sonstigen Aufgabe iSd Nr. 3 getrennt. Vielmehr können die zwei Merkmale in Wechselwirkung zueinander stehen. Fehlt ein erheblicher Entscheidungsspielraum, ist auch keine ausreichende Aufgabe, die für den Bestand und die Entwicklung des Unternehmens oder eines Betriebs von Bedeutung ist, anzunehmen.[179] **Viertens** müssen diese Aufgaben **regelmäßig wahrgenommen** werden.

---

[175] BAG 29.6.2011 – 7 ABR 5/10, NZA-RR 2011, 647 (648).
[176] BAG 11.1.1995 – 7 ABR 33/94, NZA 1995, 747 (750).
[177] LAG Hamm 28.6.2006 – 13 TaBV 9/06, BeckRS 2006, 44432.
[178] LAG RhPf 20.2.2017 – 3 Sa 476/16, BeckRS 2017, 122435.
[179] Vgl. BAG 11.1.1995 – 7 ABR 33/94, NZA 1995, 747 (750f.); 29.1.1980 – 1 ABR 49/78, AP BetrVG 1972 § 5 Nr. 24; LAG Düsseldorf 3.2.2012 – 6 Sa 1081/11, BeckRS 2012, 66503.

b) Aufgaben mit Bedeutung für Bestand und Entwicklung. Dies ist anzunehmen, 85
wenn unternehmerische (Teil-)Aufgaben von bedeutendem Umfang übertragen und ausgeführt werden. Dies wurde bei einem **Qualitätsmanager einer Luftverkehrsgesellschaft** bejaht. Die Bedeutung für Bestand und Entwicklung für das Unternehmen folgte daraus, dass die Bestellung eines Qualitätsmanagers **rechtlich vorgeschrieben** ist. Ohne den Qualitätsmanager müsste die Luftverkehrsgesellschaft ihren Betrieb einstellen. Zudem indiziere die direkte Unterordnung unter das Leitungsorgan des Unternehmens die Stellung als leitender Angestellter.[180]

Ebenso wurde diese Voraussetzung für einen **Heimleiter in einem Alten- und Pfle-** 86
geheim bejaht, der eine zentrale Organisationskraft im Betrieb war. Ihm oblagen weitreichende Tätigkeiten wie personelle Leitung über haushalterische Konzeption bis hin zur Integration der Bewohner.[181]

Eine ausreichende Aufgabe iSd Nr. 3 wurde auch bei einem **Chefarzt** angenommen, 87
dem zugleich die **Stellung als ärztlicher Direktor** im Krankenhaus zukam. Der Dienstvertrag sah die Verantwortung für den geordneten Dienstbetrieb nicht nur für die ihm als Chefarzt unterstellte Abteilung, sondern für das gesamte Krankenhaus vor. Zudem hatte dieser unter Umständen an den Sitzungen des Verwaltungsrats teilzunehmen.[182] Ein Chefarzt ist nach der Rspr. jedoch nicht generell als leitender Angestellter einzuordnen. Dies wurde in verschiedenen Entscheidungen betont.[183] Allein seine Stellung als Vorgesetzter der von ihm geleiteten Abteilung begründe grds. keine unternehmensbedeutsame Aufgabe iSd Nr. 3. Zwar übernimmt der Chefarzt durch die Vorgesetztenfunktion die Gesamtverantwortung für die von ihm geleitete Abteilung. Diese Leitung ist aber grds. rein fachbezogen auf seine Abteilung. Hingegen übt er hierdurch nicht automatisch Aufgaben aus, die für den Bestand und die Entwicklung des Unternehmens von Bedeutung sind. Entscheidend ist vielmehr, ob ein Chefarzt maßgeblichen Einfluss auf die Unternehmensführung ausüben kann. Dazu muss er zwar nicht zwingend Mitglied der Krankenhausverwaltung sein.[184] Zu fordern ist jedoch, dass er der Leitungs- und Führungsebene der Klinik zuzurechnen ist und unternehmens- oder betriebsleitende Entscheidungen entweder selbst trifft oder maßgeblich vorbereitet. Dies kann zB angenommen werden, wenn er zur selbstständigen Verwaltung eines nicht ganz unerheblichen Budgets befugt ist oder ein zwingendes Mitspracherecht bei Investitionsentscheidungen hat.[185] Liegt derartige Verantwortung nicht vor, sondern erschöpft sich die Leitungsfunktion des Chefarztes nur auf die ihm geleitete Fachabteilung, kann sich die Bedeutung seines Aufgabengebietes nach einer Entscheidung des LAG Hessen auch aus der Bedeutung der Fachklinik im Unternehmen ergeben.[186] Hingegen genügt nicht, dass ein Chefarzt regelmäßig frei und eigenverantwortlich Entscheidungen über die ärztliche Behandlung und Behandlungsmethoden entscheiden kann. Diese Unabhängigkeit betrifft das Arzt-Patienten-Verhältnis, aber keine unternehmerischen Aspekte.[187] Unbeachtlich ist zudem ein etwaiges vertraglich eingeräumtes Recht, eine Nebentätigkeit auszuüben und diese privat abzurechnen. Die Ne-

---

[180] HessLAG 27.9.2005 – 4/18 TaBV 77/05, BeckRS 2008, 54536.
[181] LAG Thüringen 17.5.2016 – 1 Sa 327/15 Rn. 39, BeckRS 2016, 73746.
[182] BAG 5.6.2014 – 2 AZR 615/13, NZA 2015, 40 (45f.).
[183] Vgl. BAG 5.5.2010 – 7 ABR 97/08, NZA 2010, 955 (957); LAG Nürnberg 24.8.2016 – 2 Sa 201/16, BeckRS 2016, 116545 Rn. 58–66; HessLAG 31.7.2008 – 9 TaBV 267/07, BeckRS 2008, 21998; LAG Thüringen 6.7.2000 – 1 TaBV 16/99, BeckRS 2000, 16189; ArbG Hamburg 21.4.2016 – 5 BV 24/15, NZA-RR 2016, 592 (593f.).
[184] BAG 5.5.2010 – 7 ABR 97/08, NZA 2010, 955 (957); aA LAG Thüringen 6.7.2000 – 1 TaBV 16/99, BeckRS 2000, 16189.
[185] BAG 5.5.2010 – 7 ABR 97/08, NZA 2010, 955 (957); LAG Thüringen 6.7.2000 – 1 TaBV 16/99, BeckRS 2000, 16189.
[186] HessLAG 31.7.2008 – 9 TaBV 267/07, BeckRS 2008, 21998.
[187] BAG 5.5.2010 – 7 ABR 97/08, NZA 2010, 955 (957); LAG Thüringen 6.7.2000 – 1 TaBV 16/99, BeckRS 2000, 16189.

bentätigkeit wird freiberuflich ausgeübt. Demzufolge ist sie nicht geeignet, die Angestelltentätigkeit rechtlich zu qualifizieren.[188]

88 Auch bei einem **Zentraleinkäufer** lagen die Voraussetzungen der Nr. 3 nicht vor. Er hatte nur beschränkte Einkaufsentscheidungen zu treffen, weil er nur für ein beschränktes Warensortiment zuständig war. Für andere Warengruppen gab es 57 weitere Zentraleinkäufer. Eine Schlüsselposition ergab sich auch nicht aus einer besonderen Bedeutung des betreuten Einkaufsbereichs für Unternehmen oder Betrieb. Die Warengruppe des entsprechenden Zentraleinkäufers machte nur ca. 1% des Gesamtumsatzes aus.[189]

89 **c) Besondere Erfahrungen und Kenntnisse.** Das Erfordernis wurde bei einem **Qualitätsmanager einer Luftverkehrsgesellschaft** (→ Rn. 85) bejaht. Das Luftfahrt-Bundesamt legte dessen besondere Qualifikationen fest.[190]

90 **d) Weisungsfreie Entscheidungen oder maßgebliche Beeinflussung.** Der Beschäftigte nach Nr. 3 muss einen erheblichen Entscheidungsspielraum haben, indem er eigene weisungsfreie Entscheidungen trifft. Dies wurde für einen Personalleiter in einem Beförderungsunternehmen angenommen. Seine unternehmerischen Aufgaben iSd Nr. 3 wie insbesondere die Personalentwicklung (insbesondere Qualifizierung und Berufsausbildung) und die Verantwortung für das gesamten Immobilien- und Versicherungswesen übte er im Wesentlichen weisungsfrei aus. Er musste lediglich allgemeine Weisungen der Geschäftsführung und die gemeinsam abgestimmte Firmenstrategie beachten.[191]

91 Werden die weisungsfreien Entscheidungen zwar nicht selbst getroffen, so genügt es für Nr. 3, wenn der Beschäftigte eine besondere Position innehat. Er muss bei der Findung der unternehmens- oder betriebsleitenden Entscheidungen nicht unbeachtet gelassen werden können. Eine bloße Zuarbeit stellt jedoch keine solche ausreichende Beeinflussung dar. Deshalb wurde Nr. 3 für einen **Designer für einen Automobilhersteller,** der als einziger General Manager in seiner Abteilung tätig war, verneint. Er handelte weder weisungsfrei noch beeinflusste er die Entscheidungen maßgeblich iSv Nr. 3, wenn ihm hierarchisch zwei Personen übergeordnet waren, die die Verantwortung dafür trugen, welche Designvorschläge an die Geschäftsleitung weitergeleitet wurden. Der Designer entschied nicht an den übergeordneten Leitern vorbei, sondern arbeitete diesen lediglich zu.[192]

92 Im Zusammenhang mit einem **Chefarzt,** dem zugleich die **Stellung als ärztlicher Direktor** im Krankenhaus zukam (→ Rn. 87), wurde eine ausreichende maßgebliche Beeinflussung iSd Nr. 3 angenommen. Nach dem BAG sei nicht erforderlich, dass der Chefarzt die unternehmens- und betriebsleitenden Entscheidungen eigenhändig vornehmen konnte. Ausreichend sei vielmehr, dass die unternehmerische Führung des Krankenhauses ohne die maßgebliche Mitwirkung des Chefarztes nicht vorgenommen werden konnte. Laut Dienstvertrag mussten Entscheidungen, die andere Bereiche betrafen, in seinem Benehmen getroffen werden. Ebenso musste für die Erstellung des Stellenplans das Benehmen mit dem Chefarzt hergestellt werden.[193] Im Unterschied hierzu genügt es aber nicht, wenn der Chefarzt laut Arbeitsvertrag vor wichtigen Entscheidungen des Klinikums lediglich angehört werden muss.[194] Ebenso ist nicht ausreichend, dass nach dem Arbeitsvertrag das Leistungsspektrum und das Jahresbudget für die von einem Chefarzt geleitete Abteilung zwischen ihm und dem Arbeitgeber im medizinischen Zielplan gemeinsam

---

[188] LAG Thüringen 6.7.2000 – 1 TaBV 16/99, BeckRS 2000, 16189.
[189] BAG 25.10.2001 – 2 AZR 358/00, BeckRS 2002, 40362.
[190] HessLAG 27.9.2005 – 4/18 TaBV 77/05, BeckRS 2008, 54536.
[191] LAG LSA 10.2.1998 – 8 TaBV 7/97, BeckRS 1998, 30815210.
[192] HessLAG 28.7.2011 – 9 TaBV 183/10, BeckRS 2012, 70756.
[193] BAG 5.6.2014 – 2 AZR 615/13, NZA 2015, 40 (45f.).
[194] LAG Nürnberg 24.8.2016 – 2 Sa 201/16, BeckRS 2016, 116545 Rn. 58–66; s. ebenfalls verneinend die Eigenschaft als leitender Angestellter in einer aktuellen Entscheidung des ArbG Hamburg 21.4.2016 – 5 BV 24/15, NZA-RR 2016, 592 (593f.).

abzustimmen ist. Eine bloße Abstimmung ist eine schwächere Mitwirkungsform als das Einvernehmen oder die Zustimmung. Zwar erschöpft sich eine Abstimmung nicht in der bloßen Information oder Anhörung. Vielmehr sind die Belange der anderen Seite zu berücksichtigen und eine Verständigung zu versuchen. Erhebliche Einwände oder Bedenken dürfen nicht einfach übergangen werden. Dennoch ist eine Willensübereinstimmung bei einer Abstimmung gerade nicht erforderlich. Bei verbleibenden Meinungsunterschieden bleibt der Wille des Regelungsbefugten ausschlaggebend.[195]

Im Zusammenhang mit einem **Qualitätsmanager einer Luftverkehrsgesellschaft** (→ Rn. 85) hat das LAG Hessen die erforderliche Beeinflussung nach Nr. 3 bejaht. Er verfügte über Spezialfähigkeiten, wodurch er Vorschläge unterbreiten konnte, an denen die Geschäftsführung nicht vorbeikam. Kein Mitglied der Geschäftsführung hatte entsprechende Kompetenzen. Vor dem Hintergrund der luftverkehrsrechtlichen Verantwortung musste die Geschäftsführung die qualifizierten Vorschläge vom Qualitätsmanager berücksichtigen.[196]

Im Unterschied hierzu genügte dem LAG Köln die Fachkompetenz eines **EDV-Spezialisten** nicht. Allein der hohe Spezialisierungsgrad des Angestellten und seine dadurch bedingte Monopolstellung im Unternehmen rechtfertige keine maßgebliche Beeinflussung iSd Nr. 3. Die rein arbeitstechnische Durchführung unternehmerischer Entscheidungen oder eine Tätigkeit, die sich darin erschöpft, vorgegebene Ziele zu erarbeiten, ist nicht ausreichend. Dies führt lediglich zu einem rein faktischen Einfluss.[197]

e) Regelmäßig. Die Aufgaben iSd Nr. 3 müssen regelmäßig wahrgenommen werden. **Keine Regelmäßigkeit** liegt vor, wenn die Aufgabe **nur vorübergehend oder gelegentlich** wahrgenommen wird. Deshalb wurden **Teamleiter,** die in einem Selbstbedienungswarenhaus lediglich im Fall der Abwesenheit des Geschäftsführers diesen wechselnd vertraten, nicht als leitende Angestellte qualifiziert. Die unternehmensleitenden Tätigkeiten fielen lediglich krankheits- und urlaubsbedingt an. Demzufolge bildeten die nur vertretungsweise wahrgenommenen unternehmerischen Aufgaben nicht den Schwerpunkt der Tätigkeiten, sodass sie ihr nicht das „typisches Gepräge" gaben.[198]

---

[195] BAG 5.5.2010 – 7 ABR 97/08, NZA 2010, 955 (957).
[196] HessLAG 27.9.2005 – 4/18 TaBV 77/05, BeckRS 2008, 54536.
[197] LAG Köln 20.4.2001 – 11 Sa 1396/00, BeckRS 2001, 30790800.
[198] LAG RhPf 8.5.2012 – 3 TaBV 43/11, BeckRS 2012, 71409.

§ 286 Beteiligte der Betriebsverfassung

Schrifttum:
Adomeit, Gesellschaftsrechtliche Elemente im Arbeitsverhältnis, 1986; *Ankersen*, Wahrnehmung von Arbeitnehmerrechten durch Betriebsrat und Gewerkschaft, JuS 1995, 862 ff.; *Bayer/Scholz*, Haftungsbegrenzung und D&O-Versicherung im Recht der aktienrechtlichen Organhaftung NZG 2014, 926 ff.; *Belling*, Die Haftung des Betriebsrats und seiner Mitglieder für Pflichtverletzungen, 1990; *Bruder*, Die Weitergabe von Insiderinformationen durch Arbeitnehmervertreter, 2008; *Dommermuth-Alhäuser/Heup*, Haftung des Betriebsrats und seiner Mitglieder, BB 2013, 1461 ff.; *Dzida* NJW 2013, 433; *Heinze*, Inhalt und Grenzen betriebsverfassungsrechtlicher Rechte, ZfA 1988, 53 ff.; *Herschel*, Von der Freiheit des Betriebsrats und ihren Grenzen, ZfA 1984, 65 ff.; *v. Hoyningen-Huene*, Das Betriebsverhältnis, NZA 1989, 121 ff.; *v. Hoyningen-Huene*, Das „Betriebsverhältnis" als Grundbeziehung im Betriebsverfassungsrecht, FS Wiese, 1998, S. 189 ff.; *v. Hoyningen-Huene*, Drittbeziehungen in der Betriebsverfassung, RdA 1992, 355 ff.; *v. Hoyningen-Huene*, Grundfragen der Betriebsverfassung: Mitbestimmung – Betriebsrat – Betrieb – Betriebszugehörigkeit, FS Stahlhacke, 1995, S. 173 ff.; *Illes*, Das betriebsverfassungsrechtliche Verbot parteipolitischer Betätigung im Betrieb, Diss. Leipzig 2015; *Jahnke*, Kompetenzen des Betriebsrats mit vermögensrechtlichem Inhalt, RdA 1975, 343 ff.; *Jahnke*, Zwangsvollstreckung in der Betriebsverfassung, 1977; *Joost*, Die betriebsverfassungsrechtliche Vertretung und Repräsentation des Arbeitgebers, FS Zeuner, 1994, S. 67 ff.; *Koloczek*, Leistungsansprüche des einzelnen Arbeitnehmers gegen den Betriebsrat, Diss. Würzburg 1982; *Konzen*, Betriebsverfassungsrechtliche Leistungspflichten des Arbeitgebers, 1984; *Lunk*, Die Betriebsversammlung – Das Mitgliederorgan des Belegschaftsverbandes, 1991; *Lunk/Rodenbusch*, Die Haftung des Betriebsrats und seiner Mitglieder, NJW 2014, 1989 ff.; *Müller-Boruttau*, Presseerklärungen des Betriebsrates, NZA 1996, 1071 ff.; *Müller/Jahner*, Die Haftung des Betriebsrats und der Betriebsratsmitglieder, BB 2013, 440 ff.; *Nebel*, Die Normen des Betriebsverbandes am Beispiel der ablösenden Betriebsvereinbarung, 1989; *Otto*, Betriebliche Arbeitnehmervertretung im Spannungsfeld zwischen Betriebsrat und Gewerkschaft, 1999; *Pfrogner*, Unterlassungsanspruch des Arbeitgebers gegen den Betriebsrat, RdA 2016, 161 ff.; *Preussner*, Corporate Governance in öffentlichen Unternehmen, NZG 2005, 575 f.; *Reichold*, Anm. zu BAG 17. 3. 2010 – 7 ABR 95/08, RdA 2011, 58 ff.; *Rosset*, Rechtssubjektivität des Betriebsrats und Haftung seiner Mitglieder, 1985; *Seiter*, Dauerrechtsbeziehung zwischen Tarifvertragsparteien?, ZfA 1989, 283 ff.; *Stöckl*, Das rechtliche Verhältnis zwischen Betriebsrat und einzelnem Arbeitnehmer, 1988; *Weber*, Die Rechtsfolgen von Amtspflichtverletzungen des Betriebsrats und seiner Mitglieder, DB 1992, 2135 ff.; *Weißmüller*, Die rechtsdogmatische Einordnung des Betriebsrats und ihre Auswirkungen auf das Neutralitätsgebot sowie die Unabhängigkeit des Betriebsrats, Diss. Bayreuth 1989; *Wiebauer*, Unterlassungsanspruch gegen politische Betätigung des Betriebsrats, BB 2010, 3091 ff.; *Wiese*, Internet und Meinungsfreiheit des Arbeitgebers, Arbeitnehmers und Betriebsrats, NZA 2012, 1 ff.; *Wiese*, Zur Freiheit der Meinungsäußerung des Betriebsrats und seiner Mitglieder im Außenverhältnis, Festschrift 50 Jahre BAG, S. 1125 ff.; *Wißmann*, Die Suche nach dem Arbeitgeber in der Betriebsverfassung, NZA 2001, 409 ff.

Übersicht

	Rn.
I. Die betriebsverfassungsrechtlichen Rechtsverhältnisse	1
II. Der Arbeitgeber in der Betriebsverfassung	10
III. Der Betriebsrat in der Rechtsordnung	14
1. Rechtsnatur	14
a) Repräsentationsorgan	14
b) Rechtspersönlichkeit	16
c) Grundrechtsfähigkeit	21
2. Haftung	22
a) Betriebsrat	23
b) Betriebsratsmitglieder	24
IV. Die Belegschaft	28
1. Rechtsnatur	28
2. Betriebsverfassungsrechtliche Stellung	29
a) Gegenüber dem Betriebsrat	29
b) Gegenüber dem Arbeitgeber	30
V. Der einzelne Arbeitnehmer in der Betriebsverfassung	31
1. Betriebsverfassungsrechtliche Beziehung zum Arbeitgeber	31
2. Betriebsverfassungsrechtliche Beziehung zum Betriebsrat	33

I. Die betriebsverfassungsrechtlichen Rechtsverhältnisse

§ 2 Abs. 1 BetrVG nennt sechs wichtige **Beteiligte** bzw. **Anknüpfungspunkte,** die in der Betriebsverfassung in enger Beziehung stehen: Arbeitgeber, Betriebsrat, Arbeitnehmer, Betrieb, Arbeitgeberverbände und Gewerkschaften. Diese lassen sich graphisch im folgenden „**Beziehungs-Sechseck**" darstellen:

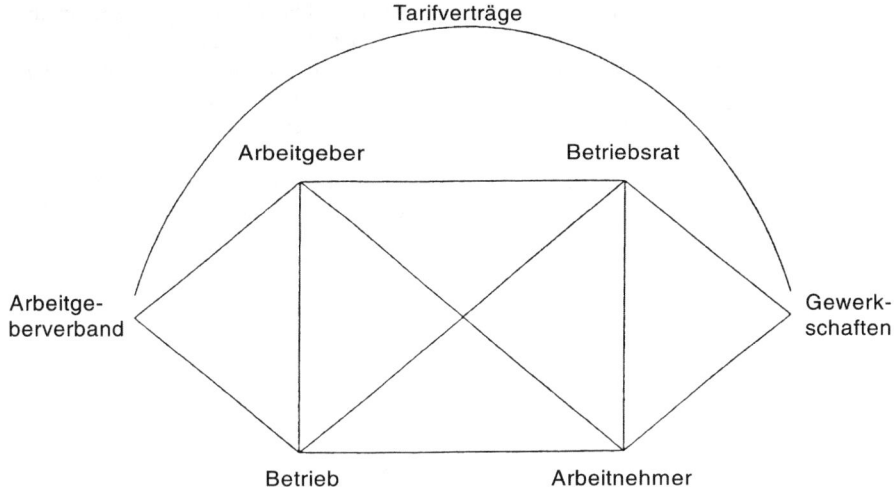

(1) Zwischen **Arbeitgeber und Betriebsrat** besteht ein gesetzliches, unabhängig vom Arbeitgeber begründetes, unkündbares, zweiseitiges, kollektivrechtliches Dauerschuldverhältnis eigener Art mit gesteigerten Verhaltenspflichten, das sog. Betriebsverhältnis (→ § 287).[1]

(2) Zwischen **Arbeitgeber und Betrieb** liegt keine Rechtsbeziehung vor, die sich schuldrechtlich oder sachenrechtlich einordnen lässt. Ein Betrieb stellt eine organisatorische Einheit dar, innerhalb derer ein Arbeitgeber allein oder in Gemeinschaft mit seinen Mitarbeitern mit Hilfe von sachlichen und immateriellen Mitteln bestimmte arbeitstechnische Zwecke fortgesetzt verfolgt dar (zum Betriebsbegriff → § 24 Rn. 5 ff.). Arbeitgeber ist hierbei derjenige, der die betriebliche Organisationsgewalt hat.[2] Insofern besteht weder eine schuldrechtliche noch eine sachenrechtliche Rechtsbeziehung des Arbeitgebers zu einem Gegenstand. Vielmehr ist der Arbeitgeber Inhaber des Betriebs; er kann zugleich die Betriebsmittel nutzen. Diese Berechtigung kann sich aus schuldrechtlichen Vereinbarungen (zB Arbeits- (§ 611a BGB), Mietverträge (§ 535 BGB), aber auch sachenrechtlichen Rechtspositionen (zB Eigentum (§ 903 BGB)) ableiten.

(3) Das Rechtsverhältnis zwischen **Arbeitgeber und Arbeitnehmer** wird zunächst auf individualrechtlicher Ebene durch das Arbeitsverhältnis geprägt, das im Allgemeinen durch den Abschluss eines Arbeitsvertrags (§ 611a BGB) begründet wird. §§ 81 ff. BetrVG normieren Individualrechte der Arbeitnehmer (→ § 290), die den Inhalt des Arbeitsverhältnisses mitbestimmen. Zwischen Arbeitgeber und Arbeitnehmer bestehen insoweit keine besonderen betriebsverfassungsrechtlichen Beziehungen (→ Rn. 34 ff.), obwohl die Betriebsverfassung maßgeblich auf die Rechtsbeziehung zwischen Arbeitgeber und Arbeitnehmer einwirken kann.

(4) Zwischen dem **Betriebsrat** und dem **einzelnen Arbeitnehmer** bestehen keine Dauerrechtsbeziehungen. Gleiches gilt für die Beziehung zwischen Betriebsrat und der

---

[1] Grundlegend *v. Hoyningen-Huene* NZA 1989, 121 ff.; zust. *Hj. Weber* DB 1992, 2135 (2140).
[2] *Fitting* § 1 Rn. 235 f.; GK-BetrVG/*Franzen* § 1 Rn. 92; *Illes* Das betriebsverfassungsrechtliche Verbot parteipolitischer Betätigung im Betrieb S. 79; Richardi BetrVG/*Richardi* Einl. Rn. 121.

Belegschaft insgesamt. Abgesehen von einzelnen, im BetrVG geregelten Ansprüchen und Antragsrechten der Arbeitnehmer bzw. der Belegschaft gegenüber oder im Hinblick auf den Betriebsrat, erschöpfen sich die Beziehungen in dem dem Betriebsrat erteilten betriebsverfassungsrechtlichen Mandat (Wahlverhältnis), aus dem heraus aber die Belegschaft vom Betriebsrat kein bestimmtes Handeln verlangen kann (→ Rn. 29, 33 ff.).

6 (5) Ebenfalls keine besonderen Rechtsbeziehungen bestehen zwischen dem **Betriebsrat** und dem **Betrieb**. Der Betrieb ist allerdings der tatsächliche Anknüpfungspunkt und Voraussetzung für die Errichtung des Betriebsrats (§ 1 BetrVG; → § 24 Rn. 1 ff.).

7 (6) Wegen des Systems der Trennung von koalitionspolitischer und betriebsverfassungsrechtlicher Betätigung bestehen zwischen **Betriebsrat und Gewerkschaft** an sich keine besonderen Rechtsbeziehungen. Der Betriebsrat ist nicht der „verlängerte Arm der Gewerkschaft" (→ § 289 Rn. 1 ff.).

8 (7) Die Rechtsbeziehung zwischen **Arbeitgeber und Arbeitgeberverband** ist verbands-, idR vereinsrechtlicher Natur. Die Arbeitgeberverbände haben die Interessen ihrer Mitglieder auf der Ebene des Tarifrechts wahrzunehmen. Betriebsverfassungsrechtlich bestehen keine besonderen Rechtsbeziehungen. Ein Arbeitgeber kann jedoch in den gesetzlich vorgesehenen Fällen Vertreter eines Arbeitgeberverbands in betriebsverfassungsrechtlichen Angelegenheiten zur Unterstützung hinzuziehen (zB §§ 29 Abs. 4, 46 Abs. 1 BetrVG).

9 (8) Zwischen **Arbeitgeberverbänden und Gewerkschaften** bestehen koalitionsrechtliche Rechtsbeziehungen, die den besonderen Schutz von Art. 9 Abs. 3 GG genießen.[3] Durch den Abschluss von Tarifverträgen können die Tarifpartner sowohl betriebsverfassungsrechtliche Fragen regeln (§§ 1, 3 TVG, § 3 BetrVG etc.) als auch im Übrigen durch tarifliche Regelungen die Mitbestimmungsrechte des Betriebsrats beeinflussen (vgl. §§ 77 Abs. 3, 87 Abs. 1 Einls. BetrVG).

II. Der Arbeitgeber in der Betriebsverfassung

10 Das BetrVG definiert den **Begriff** des Arbeitgebers nicht, sondern setzt ihn als bekannt voraus. Nach der allgemeinen arbeitsrechtlichen Definition ist Arbeitgeber jeder, der einen anderen als Arbeitnehmer beschäftigt (→ § 23 Rn. 1 ff.).[4] Der **betriebsverfassungsrechtliche Arbeitgeberbegriff** stellt dabei auf die Erbringung weisungsgebundener Arbeit iSv § 611a Abs. 1 S. 1 BGB ab. Arbeitgeber iSd BetrVG ist nicht der Vertragspartner des Arbeitnehmers, sondern vielmehr der ihn beschäftigende Arbeitgeber, also der **Inhaber des Betriebs** (Rechtsträger von Betrieb und Unternehmen), in den der Arbeitnehmer eingegliedert ist und der gleichzeitig als Partner oder Gegenspieler zu den übrigen betriebsverfassungsrechtlichen Institutionen auftritt.[5] Arbeitgeber kann sowohl eine **natürliche als auch eine juristische Person**, aber auch ein Personenverband (zB OHG oder KG) sein.[6]

11 Die dem Arbeitgeber zustehenden betriebsverfassungsrechtlichen Rechte und Pflichten braucht er nicht selbst auszuüben bzw. zu erfüllen.[7] Vielmehr kann er sich vertreten lassen. Dabei kommt sowohl eine gesetzliche als auch rechtsgeschäftliche **Vertretung** in Betracht. Mit wem der Betriebsrat direkt zusammenarbeitet hängt somit davon ab, wer im Einzelfall für die mitbestimmungspflichtige Angelegenheit zuständig bzw. entscheidungs-

---

[3] *Seiter* ZfA 1989, 283.
[4] *v. Hoyningen-Huene* BetrVR § 3 Rn. 36; GK-BetrVG/*Franzen* § 1 Rn. 89.
[5] BAG 15.1.1991 – 1 AZR 94/90, AP BetrVG 1972 § 113 Nr. 21; *Fitting* § 1 Rn. 235; *v. Hoyningen-Huene* BetrVR § 3 Rn. 36; GK-BetrVG/*Franzen* § 1 Rn. 89; Richardi BetrVG/*Richardi* Einl. Rn. 121.
[6] *V. Hoyningen-Huene* BetrVR § 3 Rn. 36; GK-BetrVG/*Franzen* § 1 Rn. 90; Richardi BetrVG/*Richardi* Einl. Rn. 122.
[7] *Fitting* § 1 Rn. 240; *v. Hoyningen-Huene* BetrVR § 3 Rn. 37; *Joost* FS Zeuner 69 ff.; GK-BetrVG/*Franzen* § 1 Rn. 91; Richardi BetrVG/*Richardi* Einl. Rn. 123 f.

befugt ist.[8] Dies richtet sich regelmäßig nach der Betriebsstruktur und der konkreten Maßnahme.[9] Bei gemeinsamen Betrieben mehrerer Unternehmen wird der Betriebsrat regelmäßig nicht direkt mit den verschiedenen Vertragsarbeitgebern zusammenarbeiten, sondern vielmehr mit derjenigen institutionellen Leitung, die die mitbestimmungsrelevanten Arbeitgeberfunktionen für den gemeinsamen Betrieb ausübt.[10] In rechtlich unselbstständigen Betrieben gilt der Werksleiter als Arbeitgeber iSd BetrVG; denn er ist Ansprechpartner des Betriebsrats im Betrieb. Als weitere Vertreter kommen die leitenden Angestellten (§ 5 Abs. 3 BetrVG) in Betracht, aber auch sonstige Angestellte mit Führungsaufgaben (**Führungskräfte**). Diese Personen haben insoweit eine Doppelfunktion, weil sie einerseits Arbeitnehmer sind und andererseits gleichzeitig Arbeitgeberaufgaben wahrnehmen.[11] Nach verschiedenen Stimmen in der Literatur soll eine **Vertretung durch betriebsfremde Personen,** zB durch Rechtsanwälte, im Betrieb grds. ausgeschlossen sein.[12] Dies wird mit dem Gebot der vertrauensvollen Zusammenarbeit der Betriebspartner begründet. Unter Wahrung dieses Gebots müsse der Arbeitgeber eine sachkundige und kompetente betriebs- oder unternehmenszugehörige Person als Vertreter einsetzen.[13] Dies ist mit den allgemeinen Grundsatz der Rechtsgeschäftslehre nicht zu vereinbaren und überzeugt schon aus diesem Grund nicht. Betriebsverfassungsrecht ist Privatrecht. Der Arbeitgeber kann sich daher in rechtsgeschäftlichen Angelegenheiten vertreten lassen, solange das Rechtsgeschäft nicht höchstpersönlicher Natur ist. Es gibt keine Anhaltspunkte dafür, dass rechtsgeschäftliches Handeln im Bereich der Betriebsverfassung höchstpersönlicher Natur derart ist, dass nur unternehmens- oder gar betriebszugehörige Personen handeln dürfen. Eine Begrenzung der rechtsgeschäftlichen Vertretung folgt auch nicht aus dem Gebot der vertrauensvollen Zusammenarbeit. Hieraus kann allein geschlossen werden, dass die Handlungen der Betriebspartner auf eine effektive Zusammenarbeit zum Wohle der Arbeitnehmer und des Betriebs gerichtet sein sollen.[14] Deshalb ist der in der Literatur vertretenen Ansicht zwar insoweit zuzustimmen, dass der Arbeitgeber unter Wahrung des Gebots einen Vertreter einsetzen muss, der die für die effektive Zusammenarbeit nötige Kompetenz und Sachkunde hat. Dies muss jedoch nicht zwingend durch eine betriebsinterne Person erfolgen. Vielmehr können diese Anforderungen im konkreten Einzelfall auch durch Betriebsfremde erfüllt werden. Ein genereller Ausschluss von betriebsfremden Vertretern ist somit abzulehnen. Die Zulässigkeit der rechtsgeschäftlichen Vertretung richtet sich vielmehr nach allgemeinen Grundsätzen.

Entsprechendes gilt, soweit es um **tatsächliches Handeln,** zB die Erfüllung von Informations- und Unterrichtungspflichten, geht. Hier stellt sich die Frage der Vertretung nicht, weil es nicht um rechtsgeschäftliches Handeln geht. Vielmehr kann der Arbeitgeber **Erfüllungsgehilfen nach § 278 BGB** einsetzen. Er ist auch hier nicht auf betriebs- bzw. unternehmenszugehörige Personen beschränkt. So kann zB die Anhörung nach § 102 Abs. 1 BetrVG zur Kündigung durch eine betriebsfremde Person im Namen des Arbeitgebers erfolgen.[15]

---

[8] *Fitting* § 1 Rn. 236; *Illes* Das betriebsverfassungsrechtliche Verbot parteipolitischer Betätigung im Betrieb S. 79; *Wißmann* NZA 2001, 409 (413).
[9] BAG 28.4.1998 – 1 ABR 63/97, NZA 1998, 1352; *Fitting* § 1 Rn. 236; *Wißmann* NZA 2001, 409 (411).
[10] BAG 29.1.1987 – 6 ABR 23/85, AP BetrVG 1972 § 1 Nr. 6 = EWiR BetrVG § 1 3/87, 953f. mAnm *v. Hoyningen-Huene*.
[11] BAG 11.12.1991 – 7 ABR 16/91, AP BetrVG 1972 § 90 Nr. 2; *v. Hoyningen-Huene* BetrVR § 3 Rn. 37.
[12] So noch Vorauflage MHdB ArbR/*v. Hoyningen-Huene*, 3. Aufl. 2009, § 212 Rn. 11; *v. Hoyningen-Huene* BetrVR § 3 Rn. 37; *Fitting* § 1 Rn. 240; MAH ArbR/*Glaesmann/Gerdel* § 59 Rn. 124.; offen gelassen *Richardi* BetrVG/*Richardi* Einl. Rn. 124.
[13] Vgl. MAH ArbR/*Glaesmann/Gerdel* § 59 Rn. 124; vgl. auch *Fitting* § 1 Rn. 240.
[14] Vgl. *Fitting* § 2 Rn. 20; *Richardi* BetrVG/*Richardi* § 2 Rn. 15; ErfK/*Koch* BetrVG § 2 Rn. 2; GK-BetrVG/*Franzen* § 2 Rn. 45.
[15] Inzidenter BAG 13.12.2012 – 6 AZR 348/11, NZA 2013, 669 Rn. 71 ff.: Zurückweisung nach § 174 BGB bei Anhörung durch RA ausgeschlossen.

13 Eine Identität zwischen der Person des Arbeitgebers und des Unternehmers kommt allenfalls in den Fällen in Betracht, in denen ein Betrieb nur von einem Unternehmer betrieben wird, nicht hingegen bei gemeinsamen Betrieben.[16]

III. Der Betriebsrat in der Rechtsordnung

1. Rechtsnatur

14 **a) Repräsentationsorgan.** Der Betriebsrat ist die **zentrale Institution** der Betriebsverfassung.[17] Seine Rechtsnatur ist umstritten,[18] weil er sich nicht ohne Weiteres in herkömmliche Kategorien des Zivilrechts einordnen lässt. Einigkeit besteht im Ergebnis nur insoweit, dass der Betriebsrat **keine juristische Person** ist.[19] Der Betriebsrat ist trotz der Formulierung in §§ 10, 35 Abs. 1 BetrVG **nicht Vertreter** der Belegschaft iSd §§ 164 ff. BGB[20] und auch kein Organ der Belegschaft oder des Betriebs.[21] Er übt die Beteiligungsrechte als eigene Rechte im eigenen Namen aus und ist nicht an die Weisungen der Belegschaft gebunden **(kein imperatives Mandat).**[22] Am besten wird der Rechtsstellung des Betriebsrats die Bezeichnung **Repräsentationsorgan der Belegschaft** gerecht.[23] Der Betriebsrat hat von der Belegschaft durch die Wahl ein betriebspolitisches Mandat erhalten, das ihn zur betriebsverfassungsrechtlichen Aufgabenwahrnehmung demokratisch legitimiert.

15 Auch wenn der Betriebsrat mit dem Arbeitgeber zum Wohl der Arbeitnehmer und des Betriebs zusammenarbeiten soll (§ 2 Abs. 1 BetrVG), nimmt er vorwiegend die Interessen der Belegschaft gegenüber dem Arbeitgeber wahr. Zum Zwecke der Interessenwahrnehmung werden ihm Beteiligungsrechte eingeräumt, auf Grund derer auch konkrete Handlungen oder Unterlassungen vom Arbeitgeber verlangen kann. **Träger dieser Beteiligungsrechte** ist nach den ausdrücklichen gesetzlichen Bestimmungen der Betriebsrat als solcher,[24] nicht etwa die Belegschaft[25] oder die einzelnen Arbeitnehmer.[26] Der Betriebsrat nimmt seine betriebsverfassungsrechtlichen Rechte als eigene Rechte im eigenen Namen wahr, wenn er auch vorwiegend im Interesse der Belegschaft tätig wird.

---

[16] Ohne Differenzierung im Fall eines gemeinsamen Betriebs Richardi BetrVG/*Richardi* Einl. Rn. 122.
[17] *V. Hoyningen-Huene* BetrVR § 4 Rn. 3.
[18] S. hierzu *Belling* Haftung des Betriebsrats S. 108 ff.; *Belling* Anm. zu BAG 27.6.1989 – 1 ABR 28/88, SAE 1990, 162 (168 ff.); GK-BetrVG/*Franzen* § 1 Rn. 61 ff.; Richardi BetrVG/*Richardi* Einl. Rn. 98 ff.
[19] *V. Hoyningen-Huene* BetrVR § 4 Rn. 3.
[20] BAG 24.8.2006 – 8 AZR 414/05, NZA 2007, 51.
[21] BAG 25.10.1988 – 1 AZR 368/87, AP GG Art. 9 Arbeitskampf Nr. 110; 27.6.1989 – 1 ABR 28/88, AP BetrVG 1972 § 42 Nr. 5 unter II 2 b aa; vgl. auch *Belling* Haftung des Betriebsrats S. 120 ff., der den BR als Amtswalter ansieht.
[22] So zum Personalvertretungsrecht BVerfG 27.3.1979 – 2 BvR 1011/78, AP GG Art. 9 Nr. 31 unter III 2 a; zum BetrVG BAG 27.6.1989 – 1 ABR 28/88, AP BetrVG 1972 § 42 Nr. 5 unter II 2 b aa: „keine Verbindlichkeit"; vgl. auch § 45 S. 2 BetrVG: „Anträge"; wie hier DKKW/*Wedde* BetrVG Einl. Rn. 113; *Fitting* § 1 Rn. 190; *Spilger* AR-Blattei SD 530.7 Rn. 33.
[23] *v. Hoyningen-Huene* FS Stahlhacke 176; *v. Hoyningen-Huene* BetrVR § 4 Rn. 3; die hM spricht von „Repräsentanten"; *Koloczek* Leistungsansprüche S. 10 ff.; GK-BetrVG/*Franzen* § 1 Rn. 64 f.; Richardi BetrVG/*Richardi* Einl. Rn. 100 f.; *Spilger* AR-Blattei SD 530.7 Rn. 32 (auch „Organ"); *Stöckl* Das rechtliche Verhältnis S. 110 f.; *Weißmüller* Rechtsdogmatische Einordnung S. 24 ff.; ebenso zur Rechtsnatur der Personalvertretung BVerfG 27.3.1979 – 2 BvR 1011/78, AP GG Art. 9 Nr. 31 unter III 2 a aE; vgl. auch BGH 25.10.2012 – III ZR 266/11 Rn. 31, der den Betriebsrat als „besonderes Organ der Betriebsverfassung" bezeichnet.
[24] DKKW/*Wedde* BetrVG Einl. Rn. 113; *Fitting* § 1 Rn. 195; *Heinze* ZfA 1988, 53 (62 f.); *v. Hoyningen-Huene* BetrVR § 4 Rn. 4; GK-BetrVG/*Franzen* § 1 Rn. 62; BeckOK ArbR/*Werner* BetrVG § 87 vor Rn. 1.
[25] So jedoch terminologisch, aber nicht der Sache nach BAG 27.6.1989 – 1 ABR 28/88, AP BetrVG 1972 § 42 Nr. 5 unter II 2 b aa; *Koloczek* Leistungsansprüche S. 11; *Lunk* Die Betriebsversammlung S. 113; *Nebel* Die Normen des Betriebsverbandes S. 82 ff.
[26] So aber *Belling* Haftung des Betriebsrats S. 109 ff.; *Belling* Anm. zu BAG 27.6.1989 – 1 ABR 28/88, SAE 1990, 162 (170).

III. Der Betriebsrat in der Rechtsordnung   16–18 § 286

b) Rechtspersönlichkeit. Als Repräsentationsorgan der Belegschaft hat der Betriebsrat **16** **keine eigene Rechtspersönlichkeit** im allgemeinen zivilrechtlichen Sinne. Er ist deshalb weder rechts- noch vermögensfähig.[27] Allerdings kann der Betriebsrat innerhalb der Betriebsverfassung Träger von Rechten und Pflichten sein. Insoweit ist der Betriebsrat auch im arbeitsgerichtlichen Beschlussverfahren parteifähig (§§ 10, 83 Abs. 3 ArbGG), in der Zwangsvollstreckung kann er Vollstreckungsgläubiger und Vollstreckungsschuldner sein (§ 85 ArbGG).[28] Der Betriebsrat hat also nur eine **betriebsverfassungsrechtliche Rechts- und Handlungsfähigkeit.**

Ob der Betriebsrat auch im Verhältnis zu außenstehenden Dritten rechtsfähig ist und **17** folglich **im eigenen Namen mit Dritten Rechtsgeschäfte** abschließen kann, ist umstritten. Der BGH[29] und ein Teil der Literatur[30] nehmen an, dass der Betriebsrat auch im Hinblick auf Rechtsgeschäfte mit Dritten rechtsfähig sei. Voraussetzung hierfür sei jedoch, dass es sich um ein Hilfsgeschäft im Zusammenhang mit betriebsverfassungsrechtlichen Aufgaben handele.[31] Daneben wird zum Teil als weitere Voraussetzung verlangt, dass das Rechtsgeschäft erforderlich iSd § 40 BetrVG sei.[32] Die Rechtsfähigkeit des Betriebsrats wird mit dem aus § 40 BetrVG folgenden Freistellungsanspruch gegen den Arbeitgeber hinsichtlich der durch Betriebsratstätigkeit entstehenden Kosten begründet.[33] Ein Anspruch auf Freistellung setze nämlich zwingend eine wirksam begründete Verbindlichkeit des Dritten gegen den Betriebsrat voraus.[34] Soweit dem Betriebsrat gegen den Arbeitgeber ein Anspruch aus § 40 BetrVG auf Erstattung der durch seine Tätigkeit entstehenden erforderlichen Kosten zustehe, sei er auch vermögensfähig. Dieser Anspruch stelle das Vermögen des Betriebsrats da.[35] Überdies würde ohne partielle Rechtsfähigkeit und ohne wirksamen Vertrag mit dem Betriebsrat der Dritte seine Leistung nicht an den Betriebsrat erbringen. Es bliebe nur ein Vertrag in Vertretung des Arbeitgebers, wobei der Dritte bei Leistung an den Betriebsrat zumindest im Zusammenhang mit § 111 S. 2 BetrVG in einen Interessenkonflikt gelangen könnte. Schließlich sei es dem Betriebsrat nicht zumutbar, ggf. erst gerichtlich durchzusetzen, dass der Arbeitgeber die erforderliche Vollmacht für einen Vertragsschluss mit einem Dritten erteilt.[36]

Dies überzeugt weder im Ansatz noch im Ergebnis.[37] Dass § 40 BetrVG einen Freistel- **18** lungsanspruch des Betriebsrats regele,[38] der somit eine Verpflichtung im Außenverhältnis

---

[27] BAG 29.9.2004 – 1 ABR 30/03, NZA 2005, 123; 24.4.1986 – 6 AZR 607/83, AP BetrVG 1972 § 87 Sozialeinrichtung Nr. 7 = AR-Blattei, Betriebsverfassung VII, Entsch. 4 mAnm *v. Hoyningen-Huene*; ArbG Frankfurt 24.3.2004 – 2 BV 690/03, BeckRS 2004, 41323 unter II 2 b; *Fitting* § 1 Rn. 194; *v. Hoyningen-Huene* BetrVR § 4 Rn. 5; *Jahnke* Zwangsvollstreckung in der Betriebsverfassung S. 48 ff.; GK-BetrVG/*Franzen* § 1 Rn. 71 ff.; *Franzen* FS v. Hoyningen-Huene, 2014, 87 (97); Staudinger/*Rieble* § 339 Rn. 253; aA BGH 25.10.2012 – III ZR 266/11 Rn. 24, NZG 2012, 1389: Vermögensfähigkeit im gesetzlich zugewiesenen Aufgabenkreis; ähnlich LAG München 16.6.2005 – 4 Sa 1391/04, BeckRS 2009, 68010 unter II 1.
[28] Vgl. *Fitting* § 1 Rn. 196; ausführlich hierzu *Jahnke* Zwangsvollstreckung in der Betriebsverfassung S. 63 ff.; GK-BetrVG/*Franzen* § 1 Rn. 71 ff.
[29] BGH 25.10.2012 – III ZR 266/11 Rn. 10 ff., NJW 2013, 464.
[30] *Belling* Haftung des Betriebsrats S. 222 f.; *Dommermuth-Alhäuser/Heup* BB 2013, 1461 (1462); *Dütz/Säcker* DB 1972, Beil. Nr. 17, S. 1, 7; ErfK/*Koch* BetrVG § 1 Rn. 18; *Fitting* § 1 Rn. 207; *Richardi* BetrVG/ *Richardi* Einl. Rn. 111 f.; *Rosset* Rechtssubjektivität des Betriebsrats S. 37 ff., 72 ff.; *Walker* FS v. Hoyningen-Huene, 2014, 535, 536 f.
[31] Vgl. BGH 25.10.2012 – III ZR 266/11, NJW 2013, 464 Rn. 10 ff.; *Fitting* § 1 Rn. 207; *Richardi* BetrVG/*Richardi* Einl. Rn. 113 ff.
[32] BGH 25.10.2012 – III ZR 266/11, NJW 2013, 464 Rn. 24 ff.; ErfK/*Koch* BetrVG § 1 Rn. 18; ohne diese ausdrückliche Einschränkung *Fitting* § 1 Rn. 207; *Richardi* BetrVG/*Richardi* Einl. Rn. 113 ff.
[33] BGH 25.10.2012 – III ZR 266/11, NJW 2013, 464 Rn. 26 ff.
[34] BGH 25.10.2012 – III ZR 266/11, NJW 2013, 464 Rn. 16; vgl. auch *Fitting* § 1 Rn. 207.
[35] BGH 25.10.2012 – III ZR 266/11, NJW 2013, 464 Rn. 27; *Fitting* § 1 Rn. 207; *Richardi* BetrVG/ *Richardi* Einl. Rn. 111 ff.
[36] BGH 25.10.2012 – III ZR 266/11 Rn., NJW 2013, 464 17 ff.
[37] GK-BetrVG/*Franzen* § 1 BetrVG Rn. 74.
[38] So insbesondere BGH 25.10.2012 – III ZR 266/11, NJW 2013, 464 Rn. 31.

voraussetze, beruht auf einer gravierenden Leseschwäche.[39] Die Bestimmung regelt in Abs. 2, dass der Arbeitgeber dem Betriebsrat bestimmte Sachmittel zur Verfügung stellen muss. Abs. 1 normiert, dass der Arbeitgeber die Kosten der Betriebsratstätigkeit trägt. Die Vorschrift bestimmt gerade nicht, dass der Arbeitgeber den Betriebsrat von Verpflichtungen, die jener eingegangen ist, befreien muss. Selbst wenn man aus der Kostentragungspflicht des Arbeitgebers gem. § 40 BetrVG einen Freistellungsanspruch herleiten will, der einen wirksame Verbindlichkeit voraussetze, zwingt dies nicht zu eigenständigen Verpflichtungen des Betriebsrats nach außen und Ansprüchen des Betriebsrats gegen den Arbeitgeber.[40] Die Kostentragungspflicht des Arbeitgebers umfasst nämlich nicht nur die Betriebsratstätigkeit als solche, sondern auch Aufwendungen einzelner Betriebsratsmitglieder. Dabei stellen gerade im eigenen Namen eingegangene vertragliche Verpflichtungen der Betriebsratsmitglieder solche ersatzfähigen Aufwendungen dar.[41] Daher ist auch in einem erweiterten Verständnis die (Teil-)rechtsfähigkeit des Betriebsrats keine zwingende Voraussetzung für § 40 BetrVG. Die Gegenmeinung vermischt zwei grundsätzlich zu trennende Fragen. Erstens geht es darum, wer Vertragspartner eines Dritten im Zusammenhang mit betriebsverfassungsrechtlichen Aufgaben sein kann. Zweitens ist zu klären, wer die hierfür entstandenen Kosten im Ergebnis zu tragen hat. Nur Letzteres regelt § 40 BetrVG. Etwas anderes folgt weder aus dem Wortlaut noch Sinn und Zweck oder systematischen Erwägungen. Vielmehr fügt sich § 40 BetrVG in das allgemeine System des BetrVG ein. Die Vorschrift begründet im Einklang mit den anderen Vorschriften des BetrVG allein kollektivrechtliche Pflichten und Rechte des Betriebsrats im Verhältnis zum Arbeitgeber. Es handelt sich um ein Innenverhältnis (→ § 287 Rn. 13).[42]

19 **Nach außen** tritt der Betriebsrat **nicht als selbständiges Rechtssubjekt** in Erscheinung, sondern als Bestandteil des Unternehmens.[43] Auch für den insoweit vergleichbaren Aufsichtsrat wird angenommen, dass dieser keine eigene Rechtsfähigkeit hat, sondern lediglich Organ mit rein innerrechtlich ausgestalteten Befugnissen ist.[44] Daher können einzelne Betriebsratsmitglieder nur als Bote bzw. Vertreter des Arbeitgebers – soweit eine entsprechende Vollmacht erteilt wurde – handeln und damit unmittelbar nur diesen verpflichten.[45] Soweit die Betriebsratsmitglieder persönlich im eigenen Namen handeln, können sie gemäß §§ 40 Abs. 1 BetrVG, 670, 683 BGB vom Arbeitgeber Aufwendungsersatz bzw. nach § 257 BGB Befreiung von der Verbindlichkeit verlangen.[46]

20 Auch die im Übrigen angeführten Gründe führen zu keinem anderen Ergebnis. Die benannten Bedenken der Gegenansicht sind bewusste Folge des im BetrVG angelegten Systems, sodass sie die im Gesetz nicht festgesetzte Rechtsfähigkeit nicht begründen können.[47] Das BetrVG sieht bewusst davon ab, dem Betriebsrat durch Gesetz Rechtsfähigkeit oder eine gesetzliche Vertretungsmacht für den Arbeitgeber zu gewähren. Vielmehr ist das BetrVG darauf ausgelegt, dass der Betriebsrat nur im Innenverhältnis zum Arbeitgeber selbstständig agieren kann. Soweit der Betriebsrat Rechtsbeziehungen zu Dritten aufnehmen will, soll dies hingegen nach der gesetzgeberischen Wertentscheidung des BetrVG-

---

[39] Grundlegend zur Leseschwäche im Rahmen juristischer Argumentationen *Düwell* jurisPR-ArbR 25/2911 Anm. 6; hieran anknüpfend *Boemke* DB 2012, 802 (803 Fn. 23); zu einem Fall der Leseschwäche iVm Rechtsunkenntnis instruktiv *Düwell* jurisPR-ArbR 23/2015 Anm. 2 unter C.

[40] So auch GK-BetrVG/*Franzen* § 1 Rn. 74.

[41] Vgl. BAG 15.6.1976 – 1 ABR 81/74, AP BetrVG 1972 § 40 Nr. 12; 29.1.1974 – 1 ABR 41/73, AP BetrVG 1972 § 40 Nr. 5; 6.11.1973 – 1 ABR 26/73, AP BetrVG 1972 § 37 Nr. 6; ErfK/*Koch* BetrVG § 40 Rn. 14; *Fitting* § 40 Rn. 93.

[42] Vgl. auch BAG 21.6.1989 – 7 ABR 92/87, AP BetrVG 1972 § 76 Nr. 35 unter B II 1 b: „betriebsbezogen".

[43] *v. Hoyningen-Huene* RdA 1992, 355 ff.; *Jahnke* RdA 1975, 343 (345 ff.).

[44] MüKo/*Spindler* AktG Vor § 95 Rn. 55.

[45] Ausführlich *v. Hoyningen-Huene* Anm. zu BAG 24.4.1986 – 6 AZR 607/83, AR-Blattei Betriebsverfassung VII Entsch. 4; s. auch *v. Hoyningen-Huene* BetrVR § 9 Rn. 35; *Jahnke* RdA 1975, 343 (345 ff.); Richardi BetrVG/*Richardi* Einl. Rn. 112.

[46] BAG 27.3.1979 – 6 ABR 15/77, AP ArbGG 1953 § 80 Nr. 7; GK-BetrVG/*Franzen* § 1 Rn. 74.

[47] Vgl. hierzu auch GK-BetrVG/*Franzen* § 1 Rn. 75.

III. Der Betriebsrat in der Rechtsordnung

Gesetzgebers unter Rückgriff auf den Arbeitgeber stattfinden. Hierdurch wird auch nicht die Effektivität der Betriebsratstätigkeit in Frage gestellt. Wie die Gegenansicht selbst zutreffend bemerkt, bleibt dem Betriebsrat bei Widerstand des Arbeitgebers eine gerichtliche Durchsetzung. Dies ist in einem verfassungsrechtlichen Rechtsstaat auch nicht unzumutbar.

c) Grundrechtsfähigkeit. Von der Rechtsfähigkeit zu trennen ist die Grundrechtsfähigkeit des Betriebsrats. Die hM in der Literatur erkennt dem Betriebsrat, soweit er in eigenen Rechten betroffen ist, auch (partiellen) **Grundrechtsschutz** mit dem Recht zu, auch Verfassungsbeschwerde erheben zu können.[48] Grundlage für den Grundrechtsschutz soll Art. 19 Abs. 3 GG sein, wonach Grundrechte auch für inländische juristische Personen gelten, soweit sie ihrem Wesen nach auf diese anwendbar sind. Erfasst würden nicht nur verselbstständigte voll-, sondern auch teilrechtsfähige Organisationen. Eine Teilrechtsfähigkeit idS bestünde, wenn Rechte zur eigenständigen Interessenwahrnehmung bestehen.[49] Der Betriebsrat erfülle diese Anforderungen, weil er als verselbstständigter und willensbildungsfähiger Zusammenschluss eigene betriebsverfassungsrechtliche Rechte und Pflichten habe, die er auch gerichtlich durchsetzen kann.[50] Dies überzeugt nicht,[51] weil der Anwendungsbereich von Art. 19 Abs. 3 GG verkannt wird. Es reicht nicht aus, dass einer verselbstständigten Organisation Rechte und Pflichten zugeordnet werden. Vielmehr ist darüber hinaus erforderlich, dass die Bildung und Betätigung der juristischen Person iSd Art. 19 Abs. 3 GG Ausdruck der freien Entfaltung natürlicher Personen ist.[52] Diese ungeschriebene Voraussetzung hat das BVerfG im Zusammenhang mit der Frage der Geltung des Art. 19 Abs. 3 GG für juristische Personen des öffentlichen Rechts zutreffend entwickelt. Grundlage des Wertsystems der Grundrechte ist die Würde und Freiheit des einzelnen Menschen als natürlicher Person. Die verfassungsrechtlichen Grundrechte dienen auch dazu, die Freiheitssphäre des Einzelnen vor staatlichen Eingriffen zu schützen und dadurch eine freie Entfaltung zu gewährleisten. Dieser zentrale Gedanke muss sich auch in Art. 19 Abs. 3 GG wiederfinden.[53] Art. 19 Abs. 3 GG hat den Zweck, den Grundrechtsschutz des Einzelnen zu ergänzen bzw. zu stärken.[54] Demzufolge können nur solche Organisationen erfasst sein, die diese Funktion auch erfüllen. Dies ist nur dann der Fall, wenn die Bildung und Betätigung der Organisation gerade Ausdruck der freien Entfaltung natürlicher Personen ist.[55] Zwangszusammenschlüsse sind nicht grundrechtsfä-

---

[48] So noch Vorauflage MHdB ArbR/*v. Hoyningen-Huene*, 3. Aufl. 2009, § 212 Rn. 15; ErfK/*Schmidt* GG Art. 5 Rn. 40; *Herschel* ZfA 1984, 65 (66); *Müller-Boruttau* NZA 1996, 1071 (1072 Fn. 4); *Wiese* FS 50 Jahre BAG 1125 (1126 ff.); *Wiese* NZA 2012, 1 (5); *Richardi* BetrVG/*Richardi* Einl. Rn. 116 f.; offen gelassen BVerfG 22. 8. 1994 – 1 BvR 1767/91, NZA 1995, 129; BAG 17. 3. 2010 – 7 ABR 95/08, NZA 2010, 1133 Rn. 39.
[49] Vgl. hierzu allgemein BeckOK GG/*Enders* Art. 19 Rn. 35; Maunz/Dürig/*Remmert* GG Art. 19 Rn. 37 f.; Dreier GG/*Dreier* Art. 19 Abs. 3 Rn. 44 ff.; *Jarass/Pieroth* Art. 19 Rn. 16.
[50] *Wiese* FS 50 Jahre BAG 1125 (1127); vgl. auch Richardi BetrVG/*Richardi* Einl. Rn. 116 f.
[51] So auch *Bauer/Willemsen* NZA 2010, 1089 (1091); *Illes* Das betriebsverfassungsrechtliche Verbot parteipolitischer Betätigung im Betrieb S. 65 ff.; *Pfrogner* RdA 2016, 161 (165); *Reichold* RdA 2011, 58 (60); *Rieble/Wiebauer* ZfA 2010, 63 (105 ff.); *Spilger* AR-Blattei SD 530.7 Rn. 30; *Ulrici* jurisPR-ArbR 37/2010 Anm. 1; *Wiebauer* BB 2010, 3091 (3093).
[52] BVerfG 18. 5. 2009 – 1 BvR 1731/05, NVwZ 2009, 1282 Rn. 16; 8. 7. 1982 – 2 BvR 1187/80, NJW 1982, 2173; 2. 5. 1967 – 1 BvR 578/63, NJW 1967, 1411 (1412); Maunz/Dürig/*Remmert* GG Art. 19 Rn. 30 ff.; vgl. auch *Illes* Das betriebsverfassungsrechtliche Verbot parteipolitischer Betätigung im Betrieb S. 65 ff.
[53] Vgl. BVerfG 2. 5. 1967 – 1 BvR 578/63, NJW 1967, 1411 (1412); 8. 7. 1982 – 2 BvR 1187/80, NJW 1982, 2173; *Illes* Das betriebsverfassungsrechtliche Verbot parteipolitischer Betätigung im Betrieb S. 65 ff.; Maunz/Dürig/*Remmert* GG Art. 19 Rn. 30 ff.
[54] Maunz/Dürig/*Remmert* GG Art. 19 Rn. 34; vgl. auch BeckOK/*Enders* GG Art. 19 Rn. 34.
[55] Vgl. BVerfG 2. 5. 1967 – 1 BvR 578/63, NJW 1967, 1411 (1412); 8. 7. 1982 – 2 BvR 1187/80, NJW 1982, 2173; *Illes* Das betriebsverfassungsrechtliche Verbot parteipolitischer Betätigung im Betrieb S. 65 ff.; Maunz/Dürig/*Remmert* GG Art. 19 Rn. 30 ff.

hig.⁵⁶ Der Betriebsrat ist nicht frei gebildet iSv Art. 19 Abs. 3 GG.⁵⁷ Der Betriebsrat wird nicht durch privatautonomen Beitritt der Arbeitnehmer als Ausdruck der freien Entfaltung gegründet. Vielmehr stellt der Betriebsrat eine durch den Gesetzgeber ausgestaltete Zwangsvertretung dar. Hieran ändert auch der Umstand nichts, dass die Arbeitnehmer des Betriebs den Betriebsrat wählen. Dies hat lediglich auf die Zusammensetzung der Arbeitnehmervertretung Einfluss. Zudem nimmt der Betriebsrat seine Aufgaben nicht nur für die an der Wahl beteiligten Arbeitnehmer wahr, sondern auch für Arbeitnehmer, die sich nicht an der Wahl beteiligen wollten bzw. konnten.⁵⁸

2. Haftung

22 Im Zusammenhang mit haftungsrechtlichen Fragen ist zwischen der Haftung des Betriebsrats und einzelner Betriebsratsmitglieder zu unterscheiden.

23 **a) Betriebsrat.** Der Betriebsrat als solcher kann weder vertraglich noch deliktisch haften.⁵⁹ Dies gilt sowohl gegenüber dem Arbeitgeber als auch gegenüber Dritten. Der Betriebsrat ist nämlich nach dem vorstehend Dargelegten weder **rechts-**, folglich auch nicht **delikts-,** noch **vermögensfähig** (→ Rn. 14 ff.).⁶⁰ Wegen fehlender Rechtspersönlichkeit kann er auch nicht als Schuldner verklagt werden. Für Fehlentscheidungen des Betriebsrats gegenüber Dritten haftet grds. auch nicht der Arbeitgeber.⁶¹ Der Arbeitgeber kann aber nach vertragsrechtlichen Grundsätzen Schuldner der vom Betriebsrat durch Betriebsratsmitglieder in seinem betriebsverfassungsrechtlichen Wirkungskreis abgeschlossenen Rechtsgeschäfte werden. Voraussetzung ist nach allgemeinen Grundsätzen eine entsprechende Vertretungsmacht des Betriebsrats, zB bei Rechtsgeschäften, die dieser für eine mit Genehmigung des Arbeitgebers in eigener Regie geführten Betriebskantine tätigt.⁶² Zudem kann der Arbeitgeber bei grober Verletzung der gesetzlichen Pflichten durch den Betriebsrat nach § 23 Abs. 1 S. 1 BetrVG die Auflösung des Betriebsrats beim Arbeitsgericht beantragen.

24 **b) Betriebsratsmitglieder.** Einzelne **Betriebsratsmitglieder** sind vertraglich verpflichtet, wenn sie im eigenen Namen im Zusammenhang mit der Betriebsratstätigkeit Rechtsgeschäfte abschließen.⁶³ Schließt ein Mitglied nicht im eigenen, sondern im Namen des Arbeitgebers ohne die erforderliche Vertretungsmacht ein Geschäft ab, so besteht eine **Haftung nach § 179 Abs. 1, 2 BGB.**⁶⁴ Dies gilt entsprechend, soweit das Mitglied

---

⁵⁶ So zur Ärztekammer BVerfG 23.1.1997 – 1 BvR 1317/86, NJW 1997, 1634; zur IHK OVG Münster 21.5.1981 – 15 A 1846/79, FHOeffR 32 Nr. 9662; KÄV: BVerfG 20.9.1995 – 1 BvR 597/95, NZS 1996, 237.
⁵⁷ Vgl. *Bruder* Die Weitergabe von Insiderinformationen S. 87; *Illes* Das betriebsverfassungsrechtliche Verbot parteipolitischer Betätigung im Betrieb S. 66 f.; *Müller-Franken* Die Befugnis zu Eingriffen S. 211 f.; *Otto* Betriebliche Arbeitnehmervertretung S. 43; *Rieble/Wiebauer* ZfA 2010, 63 (105 f.).
⁵⁸ Ausführlich hierzu *Illes* Das betriebsverfassungsrechtliche Verbot parteipolitischer Betätigung im Betrieb S. 66 f. – Vgl. auch *Rieble/Wiebauer* ZfA 2010, 63 (105 f.).
⁵⁹ *Spilger* AR-Blattei SD 530.7 Rn. 67 ff.
⁶⁰ *Belling* Haftung des Betriebsrats S. 287 f.; *Fitting* § 1 Rn. 209 f.; *Illes* Das betriebsverfassungsrechtliche Verbot parteipolitischer Betätigung im Betrieb S. 185 f.; *v. Hoyningen-Huene* BetrVR § 4 Rn. 7; *v. Hoyningen-Huene* NZA 1989, 121 (123); GK-BetrVG/*Franzen* § 1 Rn. 75; *Richardi* BetrVG/*Thüsing* Vor § 26 Rn. 8 ff.; aA *Hj. Weber* DB 1992, 2135 (2137).
⁶¹ BAG 11.11.1997 – 1 ABR 21/97, AP BDSG § 36 Nr. 1 unter B III 2 c aa; LAG Berlin 16.5.1978 – 9 Sa 141/77, BB 1978, 1671; *Richardi* BetrVG/*Thüsing* Vor § 26 Rn. 17.
⁶² BAG 24.4.1986 – 6 AZR 607/83, AP BetrVG 1972 § 87 Sozialeinrichtung Nr. 7 = AR-Blattei, Betriebsverfassung VII, Entsch. 4 mit zust. Anm. *v. Hoyningen-Huene;* DKKW/*Wedde* BetrVG Einl. Rn. 122; *Fitting* § 1 Rn. 206.
⁶³ *Fitting* § 1 Rn. 212; *Müller/Jahner* BB 2013, 440 (442); vgl. auch BGH 25.10.2012 – III ZR 266/11, NJW 2013, 464 Rn. 17; allgemeiner BAG 24.4.1986 – 6 AZR 607/83, NZA 1987, 100 (101).
⁶⁴ Vgl. GK-BetrVG/*Franzen* § 1 Rn. 74, 77 ff.; *Richardi* BetrVG/*Thüsing* Vor § 26 Rn. 16; unter Hinweis auf allgemeine Grundsätze *Fitting* § 1 Rn. 212; aA DKKW/*Wedde* Einl Rn. 131.

III. Der Betriebsrat in der Rechtsordnung 25–27 § 286

im Namen des Betriebsrats handelt.[65] § 179 BGB ist analog anzuwenden, wenn jemand im Namen eines nicht vorhandenen Rechtsträgers – hier dem nicht rechtsfähigen Betriebsrat – ein Rechtsgeschäft schließt.[66]

Verletzt ein Betriebsratsmitglied seine betriebsverfassungsrechtlichen Pflichten, kommt 25 daneben eine **analoge Anwendung von §§ 116, 93 AktG** in Betracht.[67] Nach § 116 AktG haften Mitglieder des Aufsichtsrats nach den für Vorstandsmitgliedern gemäß § 93 AktG geltenden Bestimmungen, dh diese sind bei Sorgfaltspflichtverletzungen zum Ersatz des daraus entstehenden Schadens verpflichtet. Die Vorschrift ist Ausdruck eines allgemeinen Rechtsgedankens, der außerhalb des Aktienrechts auch im Zusammenhang mit der Haftung anderer Organmitglieder analog angewandt wird.[68] Zentraler Hintergrund hierfür ist der Umstand, dass die ordentliche und pflichtgemäße Amtsausübung der unabhängigen Organmitglieder durch ein Haftungsrisiko gewährleistet werden soll.[69] Dies muss auch im Zusammenhang mit der Ausübung des Betriebsratsmandats gelten. Eine der aktiengesetzlichen Bestimmung entsprechende Regelung findet sich trotz vergleichbarer Interessenlage im BetrVG nicht. Schließlich besteht auch kein entsprechender Anspruch aus § 280 BGB iVm dem Arbeitsverhältnis. Anknüpfungspunkt sind nicht betriebsverfassungsrechtliche Pflichtverletzungen, sondern allein arbeitsvertragliche. Es liegt auch eine vergleichbare Interessenlage vor. Ähnlich wie der Aufsichtsrat obliegt es dem Betriebsrat, die Leitungsmacht des Leitungsinhabers zu überwachen und beratend in bestimmten Umfang mitzuwirken.[70] Durch den Aufsichtsrat wird die Geschäftsführung des Vorstands, durch den Betriebsrat die Leitungsmacht des Arbeitgebers als Betriebsinhaber begrenzt. Die Vergleichbarkeit entfällt auch nicht auf Grund des Umstands, dass es sich beim Betriebsratsamt im Unterschied zum Aufsichtsrat um ein Ehrenamt handelt. Sinn und Zweck der Haftungsnorm, eine ordentliche und pflichtgemäße Ausübung des Amtes zu gewährleisten, besteht gerade auch im Zusammenhang mit einer ehrenamtlichen Tätigkeit.[71]

Verletzt das Betriebsratsmitglied nicht nur ausschließlich seine betriebsverfassungsrecht- 26 lichen Pflichten, sondern gleichzeitig arbeitsvertragliche, so kommt daneben auch eine **vertragliche Haftung nach § 280 BGB iVm dem Arbeitsverhältnis** in Betracht.[72]

Einzelne Betriebsratsmitglieder können nach den allgemeinen Voraussetzungen auch 27 **deliktisch haften,** insbesondere wenn sie gegen gesetzliche Bestimmungen mit Schutzgesetzcharakter (zB §§ 20, 75, 79 BetrVG) verstoßen.[73] Bei grober Verletzung der betriebsverfassungsrechtlichen Pflichten kann zudem nach § 23 Abs. 1 BetrVG ein arbeitsgerichtlicher Antrag auf **Ausschluss des Betriebsratsmitglieds** aus dem Betriebsrat beantragt werden.

---

[65] Vgl. im Ergebnis auch BGH 25.10.2012 – III ZR 266/11, NJW 2013, 464 Rn. 35; *Fitting* § 1 Rn. 211; *Richardi* BetrVG/*Thüsing* Vor § 26 Rn. 17; aA *Lunk/Rodenbusch* NJW 2014, 1989 (1991 ff.).
[66] BGH 25.10.2012 – III ZR 266/11, NJW 2013, 464 Rn. 35; 12.11.2008 – VIII ZR 170/07, NJW 2009, 215 Rn. 10; *Dzida* NJW 2013, 433 (433f.); MüKo BGB/*Schubert* BGB § 179 Rn. 10; Staudinger/*Schilken* § 179 Rn. 22 f.
[67] Gegen eine Haftung ErfK/*Koch* BetrVG § 1 Rn. 20: schlicht abwegig.
[68] Vgl. LG Düsseldorf 27.7.2011 – 33 O 119/09, BeckRS 2015, 2796; bestätigt durch BGH 15.9.2014 – II ZR 112/13, BeckRS 2015, 2166 Rn. 6 = NJW-RR 2015, 603; OLG Düsseldorf 21.2.2013 – I-6 U 182/11, BeckRS 2015, 2793; vgl. auch LG Köln 9.11.2012 – 32 O 76/12, BeckRS 2014, 15497; *Küntzel* DB 2004, 2303; *Preussner* NZG 2005, 575 (577).
[69] Vgl. LG Düsseldorf 27.7.2011 – 33 O 119/09, BeckRS 2015, 2796; *Bayer/Scholz* NZG 2014, 926 (928); *Hüffer/Koch* AktG § 93 Rn. 1; *Küntzel* DB 2004, 2303 (2305); MüKoAktG/*Habersack* AktG § 116 Rn. 2; *Preussner* NZG 2005, 575 (577).
[70] Vgl. für das Aktienrecht insbesondere § 111 AktG.
[71] Für eine Anwendung von § 93 Abs. 1 S. 1 iVm § 116 S. 1 AktG analog auch *Spilger* AR-Blattei ES 530.7 Rn. 83; für eine Haftungsbeschränkung auf Vorsatz und grobe Fahrlässigkeit: *Richardi* BetrVG/*Thüsing* Vor § 26 Rn. 14; für analoge Anwendung der Grundsätze der eingeschränkten Arbeitnehmer-Haftung *Müller/Jahner*, BB 2013, 440 (444); *Spilger* AR-Blattei ES 530.7 Rn. 82.
[72] *V. Hoyningen-Huene* BetrVR § 4 Rn. 7.
[73] ErfK/*Koch* BetrVG § 1 Rn. 19; *Fitting* 1 Rn. 214 ff.; *Müller/Jahner* BB 2013, 440 (443); *Richardi* BetrVG/*Thüsing* Vor. § 26 Rn. 15; vgl. auch *Illes* Das betriebsverfassungsrechtliche Verbot parteipolitischer Betätigung im Betrieb S. 198 f.

IV. Die Belegschaft

1. Rechtsnatur

28 Der Begriff der Belegschaft steht für die **Arbeitnehmer eines Betriebs im Ganzen** oder eine Gruppe von Arbeitnehmern.[74] Nach zutreffender hM stellt die Belegschaft selbst **keine rechtsfähige Gemeinschaft** dar.[75] Das Gesetz knüpft zwar verschiedentlich an die Belegschaft an (§§ 23 Abs. 1, 43 Abs. 3 BetrVG für mindestens ein Viertel der wahlberechtigten Arbeitnehmer), diese erhält aber nach dem BetrVG keine Organisation, durch die sie selbst einen Willen in der Betriebsverfassung bilden kann.[76] Auch die Betriebsversammlung (§ 42 BetrVG) führt über eine tatsächliche Gemeinschaft nicht hinaus, weil ihr als solcher keine eigenständig wahrzunehmenden Rechte eingeräumt sind.[77]

2. Betriebsverfassungsrechtliche Stellung

29 **a) Gegenüber dem Betriebsrat.** Das BetrVG räumt der Belegschaft nur vereinzelt rechtliche Positionen im Hinblick auf den Betriebsrat ein. So wird der Betriebsrat durch die Belegschaft gewählt (§ 7 BetrVG) und aus Mitgliedern der Belegschaft gebildet (§ 8 BetrVG – vgl. weiter § 14 Abs. 6, 7, § 18 Abs. 1, § 19 Abs. 2 BetrVG). Bei groben Pflichtverletzungen kann ein Viertel der wahlberechtigten Arbeitnehmer beim Arbeitsgericht den Ausschluss eines Mitglieds aus dem Betriebsrat oder die Auflösung des Betriebsrats beantragen (§ 23 Abs. 1 BetrVG). Außerdem werden der Belegschaft konkrete Ansprüche gegen den Betriebsrat eingeräumt. So ist jedes Belegschaftsmitglied zur Teilnahme an Betriebsversammlungen berechtigt (§ 42 Abs. 1 S. 1 Hs. 1 BetrVG). Auf Wunsch von mindestens einem Viertel der wahlberechtigten Arbeitnehmer ist der Betriebsrat zur Einberufung einer Betriebsversammlung verpflichtet (§ 43 Abs. 3 S. 1 BetrVG). Dem BetrVG lässt sich weiterhin entnehmen, dass die Arbeitnehmer ihrem Betriebsrat ein **betriebspolitisches Mandat** gegeben haben. Dieses wird durch das Wahlrecht konkretisiert (§§ 7 ff. BetrVG). Aus der Wahl als solcher folgen aber keine weiteren Verpflichtungen, insbesondere ist der Betriebsrat nicht an bestimmte Weisungen der Belegschaft oder einzelner Arbeitnehmer gebunden **(kein imperatives Mandat).**[78] Der Betriebsrat ist nicht nur zur Interessenwahrnehmung für die Arbeitnehmer verpflichtet, sondern muss auch das Wohl des Betriebs beachten (§ 2 Abs. 1 BetrVG). Allerdings muss sich der Betriebsrat alle vier Jahre zur Wahl stellen (§ 13 Abs. 1 BetrVG). Über diese Vorschriften hinaus besteht **kein allgemeines betriebsverfassungsrechtliches Rechtsverhältnis** zwischen diesen, aus dem heraus die Belegschaft sonstige Ansprüche gegen den Betriebsrat geltend machen könnte.

30 **b) Gegenüber dem Arbeitgeber.** Rechte der Belegschaft gegenüber dem Arbeitgeber bestehen nur nach § 20 BetrVG hinsichtlich des Verbots der Wahlbehinderung und -beeinflussung (§ 20 Abs. 1 und Abs. 2 BetrVG). Außerdem bestehen Unterrichtungspflichten des Arbeitgebers nach § 110 BetrVG. Eine sog. **Betriebsgemeinschaft** zwischen der Gesamtheit der Arbeitnehmer und dem Arbeitgeber **besteht nicht.** Das Arbeitsverhältnis zwischen Arbeitgeber und Arbeitnehmer ist ein schuldrechtliches Austauschverhältnis mit unterschiedlichen Interessen.[79] Diese Austauschbeziehung wird nicht dadurch zu einer Gesamtinteressengemeinschaft, dass der Arbeitgeber mehrere Arbeitsverhältnisse als relati-

---

[74] *Koloczek* Leistungsansprüche S. 5; *Stöckl* Das rechtliche Verhältnis S. 50 f. (102).
[75] *V. Hoyningen-Huene* BetrVR § 4 Rn. 42; *Koloczek* Leistungsansprüche S. 5; GK-BetrVG/*Franzen* § 1 Rn. 87; Richardi BetrVG/*Richardi* Einl. Rn. 95 ff.; *Stöckl* Das rechtliche Verhältnis S. 103.
[76] Zutreffend *Koloczek* Leistungsansprüche S. 8; Richardi BetrVG/*Richardi* Einl. Rn. 95 ff.; aA *Lunk* Betriebsversammlung S. 62 ff., für die Fälle, in denen ein BR gewählt wurde: Belegschaftsverband, S. 73.
[77] AA *Lunk* Betriebsversammlung S. 76 ff.: Mitgliederorgan des Belgschaftsverbands.
[78] BVerfG 27.3.1979 – 2 BvR 1011/78, 1979 AP GG Art. 9 Nr. 31 = BVerfGE 51, 77 unter III 2 a aE.
[79] Vgl. dazu Boemke Schuldvertrag und Arbeitsverhältnis S. 197 ff.

ve Schuldverhältnisse in den Betrieb als organisatorische Einheit einbindet.[80] Aus der Betriebsverfassung lassen sich auch keine besonderen betriebsverfassungsrechtlichen Verhaltenspflichten oder Ansprüche ableiten.[81]

V. Der einzelne Arbeitnehmer in der Betriebsverfassung

1. Betriebsverfassungsrechtliche Beziehung zum Arbeitgeber

Das Rechtsverhältnis zwischen Arbeitgeber und dem einzelnen Arbeitnehmer wird zunächst von den individualrechtlichen Beziehungen im Rahmen des **Arbeitsverhältnisses** geprägt. Das BetrVG gewährt jedoch zahlreiche ergänzende Ansprüche des Arbeitnehmers gegen den Arbeitgeber: Freistellungs- und Lohnzahlungsansprüche (§§ 20 Abs. 3 und Abs. 2, 39 Abs. 3, 44 BetrVG), Ansprüche auf Weiterbeschäftigung (§ 102 Abs. 5 BetrVG), Anhörungsrecht (§ 82 BetrVG), Beschwerderecht (§ 84 BetrVG), Einblicksrecht in Personalakten (§ 83 BetrVG) (→ § 290 Rn. 1 ff.), Ansprüche aus Betriebsvereinbarungen und Sozialplänen (§§ 77 Abs. 4, 112 Abs. 1 BetrVG) bzw. auf Nachteilsausgleich (§ 113 BetrVG). Trotz der systematischen Stellung im BetrVG handelt es sich der Sache nach aber um **Individualrechte** des Arbeitnehmers, die dementsprechend auch im Urteilsverfahren, nicht im Beschlussverfahren geltend zu machen sind.[82]

Allerdings können sich bei Missachtung der Beteiligungsrechte des Betriebsrats **Auswirkungen auf** die **Rechtsstellung und** etwaige **Ansprüche des Arbeitnehmers** ergeben. Eine ohne Anhörung bzw. Zustimmung des Betriebsrats ausgesprochene Kündigung ist unwirksam (§§ 102 Abs. 1 S. 3, 103 Abs. 1 BetrVG). Zudem erfordern Sinn und Zweck der Mitbestimmung in sozialen Angelegenheiten nach § 87 Abs. 1 BetrVG die **Unwirksamkeit** einseitiger, vom Arbeitgeber ohne Beteiligung des Betriebsrats angeordneter Maßnahmen.[83] Demgegenüber kann der Arbeitgeber im Zusammenhang mit personellen Einzelmaßnahmen, wie zB der Einstellung, auch ohne Beteiligung des Betriebsrats einen wirksamen Arbeitsvertrag mit dem Arbeitnehmer schließen. Jedoch darf der Arbeitgeber den Arbeitnehmer ohne Zustimmung des Betriebsrats nicht im Betrieb beschäftigen.

2. Betriebsverfassungsrechtliche Beziehung zum Betriebsrat

Mit Ausnahme der in § 85 Abs. 1 BetrVG geregelten Pflicht des Betriebsrats, Beschwerden von Arbeitnehmern entgegenzunehmen, finden sich im BetrVG **nur vereinzelte Hinweise** auf mögliche Rechtsbeziehungen zwischen Arbeitnehmer und Betriebsrat. Hierbei handelt es sich lediglich um die Verschwiegenheitspflicht des Betriebsrats, soweit ihm im Rahmen seiner Aufgaben persönliche Daten bekannt werden (zB §§ 99 Abs. 1 S. 3, 102 Abs. 1 S. 5 BetrVG). Eine verstetigte Rechtsbeziehung besteht zwischen Arbeitnehmer und Betriebsrat nicht.[84]

Bei Wahrnehmung der Mitwirkungs- und Mitbestimmungsrechte wird der Betriebsrat ganz überwiegend im Interesse der Belegschaft,[85] gelegentlich aber auch im Interesse des einzelnen Arbeitnehmers tätig.[86] Daraus leiten sich aber **keine Befugnisse des Betriebsrats ab, individuelle Rechtsansprüche von Arbeitnehmern** – etwa in Form einer Prozessstandschaft – geltend zu machen oder gar **einzuklagen.**[87] Namentlich folgt aus

---

[80] AA *Adomeit* Gesellschaftsrechtliche Elemente im Arbeitsverhältnis S. 11 ff.; dagegen zutreffend oben § 3 Rn. 14 ff.
[81] *v. Hoyningen-Huene* BetrVR § 4 Rn. 43.
[82] Siehe zu den Rechten nach §§ 81 ff. BetrVG § 290 Rn. 21; zum Anspruch aus § 20 Abs. 3 BetrVG Richardi BetrVG/*Thüsing* § 20 Rn. 48.
[83] Ausführlich *v. Hoyningen-Huene* DB 1987, 1426 ff. mwN.
[84] *Spilger* AR-Blattei SD 530.7 Rn. 34; aA *Hj. Weber* DB 1992, 2135, (2140).
[85] BAG 3.7.1996 – 2 AZR 813/95, AP ArbGG 1979 § 84 Nr. 3 unter II 2.
[86] BAG 26.5.1988 – 1 ABR 18/87, AP BetrVG 1972 § 95 Nr. 13.
[87] BAG 21.3.2017 – 7 ABR 17/15, NZA 2017, 1014; 18.2.2003 – 1 ABR 17/02, AP BetrVG 1972 § 77 BV Nr. 11; 18.1.2005 – 3 ABR 21/04, AP BetrVG 1972 § 77 BV Nr. 24 mAnm *v. Hoyningen-Huene*;

der Aufgabe des Betriebsrats, über die Durchführung der in § 80 Abs. 1 S. 1 BetrVG genannten Aufgaben zu wachen, kein Anspruch, vom Arbeitgeber die zutreffende Durchführung dieser Vorschriften verlangen zu können.[88]

35   Allerdings können sich die Arbeitnehmer selbst zur Wahrnehmung ihrer Interessen **an den Betriebsrat wenden,** zB in der Sprechstunde nach § 39 BetrVG, um dort gem. § 80 Abs. 1 Nr. 3 BetrVG Anregungen bzw. nach § 85 Abs. 1 BetrVG Beschwerden vorzubringen oder Einspruch gegen eine Kündigung einzulegen (§ 3 KSchG). Außerdem kann der einzelne Arbeitnehmer den Betriebsrat zur Unterstützung gegenüber dem Arbeitgeber heranziehen (§§ 81 Abs. 3 S. 3, 82 Abs. 2 S. 2, 83 Abs. 1 S. 2, 84 Abs. 1 S. 2 BetrVG) oder zur Vermittlung bzw. Schlichtung beauftragen, zB bei der Urlaubsfestsetzung (§ 87 Abs. 1 Nr. 5 BetrVG). Dabei hat der Arbeitnehmer allerdings keinen Rechtsanspruch gegen den Betriebsrat auf ein bestimmtes Tätigwerden.[89] Der Arbeitnehmer kann zB vom Betriebsrat nicht die Einrichtung von Sprechstunden nach § 39 Abs. 1 BetrVG verlangen. Auch ein Schutz vor dem Betriebsrat besteht infolgedessen nicht. Sogar Fehler des Betriebsrats bei Ausübung der Mitbestimmung, die sich zu Lasten des Arbeitnehmers auswirken, können vom Arbeitnehmer nicht geltend gemacht werden.[90] Auch ein vom Betriebsrat beauftragter Rechtsanwalt haftet nicht gegenüber einem Arbeitnehmer.[91] Deshalb lässt sich feststellen, dass **zwischen dem Betriebsrat und dem einzelnen Arbeitnehmer** des Betriebs **keine Rechtsbeziehung** besteht. Infolgedessen hat der Arbeitnehmer auch kein Antragsrecht gegen den Betriebsrat im arbeitsgerichtlichen Beschlussverfahren, unabhängig davon, ob dieses de lege ferenda wünschenswert ist.[92]

---

v. Hoyningen-Huene RdA 1992, 355 (360f.); Ausnahme § 173 Abs. 1 SGB III (früher § 72 Abs. 1 S. 2 AFG); dazu BSG 5.6.1991 – 7 Rar 26/89, SAE 1993, 1 (10).
[88] BAG 10.6.1986 – 1 ABR 59/84, AP BetrVG 1972 § 80 Nr. 26 unter IV 2; 24.2.1987 – 1 ABR 73/84, AP BetrVG 1972 § 80 Nr. 28 unter II 2; *Ankersen* JuS 1995, 862 ff.; *v. Hoyningen-Huene* BetrVR § 4 Rn. 35.
[89] BAG 3.7.1996 – 2 AZR 813/95, AP ArbGG 1979 § 84 Nr. 3 unter II 2 a.
[90] BAG 4.8.1975 – 2 AZR 266/74, AP BetrVG 1972 § 102 Nr. 4.
[91] BAG 24.8.2006 – 8 AZR 414/05, NZA 2007, 51.
[92] *v. Hoyningen-Huene* ZRP 1978, 181 f.; *v. Hoyningen-Huene* BetrVR § 4 Rn. 37; aA *Hj. Weber* DB 1992, 2135 (2137 f.), der aber zugibt, dass der Arbeitnehmer vom Betriebsrat keine konkreten Maßnahmen verlangen kann.

§ 287 Rechtsverhältnis zwischen Arbeitgeber und Betriebsrat

Schrifttum:
Ankersen, Wahrnehmung von Arbeitnehmerrechten durch Betriebsrat und Gewerkschaften, JuS 1995, 862 ff.; *Bauer/Willemsen,* Der (partei)politische Betriebsrat, NZA 2010, 1089 ff.; *Belling,* Die Haftung des Betriebsrats und seiner Mitglieder für Pflichtverletzungen, 1990; *Bengelsdorf,* Unzulässigkeit einer Untersagungsverfügung bei Betriebsänderungen, DB 1990, 1237; *W. Blomeyer,* Der Interessenkonflikt zwischen Arbeitnehmer und Betriebsrat bei Individualmaßnahmen, GS Dietz, 1973, S. 147 ff.; *Boemke,* Das arbeitsgerichtliche Zustimmungsersetzungsverfahren nach § 99 Abs. 4 BetrVG, ZfA 1992, 473 ff.; *Buchner,* Die persönliche Verantwortlichkeit der Betriebsratsmitglieder für rechtswidrige Betriebsratsbeschlüsse, FS G. Müller, 1981, S. 93 ff.; *Burger/Rein,* Kein Unterlassungsanspruch des Arbeitgebers gegen betriebsverfassungswidriges Verhalten des Betriebsrats?, NJW 2010, 3613 ff.; *Coen,* Grundrechtsverwirklichung durch Verfahren vor den Arbeitsgerichten, DB 1984, 2459 ff.; *Däubler,* Grundstrukturen der Betriebsverfassung, AuR 1982, 6; *Derleder,* Betriebliche Mitbestimmung ohne vorbeugenden Rechtsschutz?, AuR 1983, 289 ff.; *Derleder,* Einstweiliger Rechtsschutz und Selbsthilfe im Betriebsverfassungsrecht, AuR 1985, 65 ff.; *Dütz,* Einstweiliger Rechts- und Interessenschutz in der Betriebsverfassung, ZfA 1972, 247 ff.; *Dütz,* Erzwingbare Verpflichtungen des Arbeitgebers gegenüber dem Betriebsrat, DB 1984, 115 ff.; *Grobe,* Ordnungswidrigkeitenverfahren nach dem Betriebsverfassungsrecht, 1990; *Hallenberger,* Die Pflicht des Arbeitgebers zur Förderung der freien Persönlichkeitsentfaltung nach § 75 BetrVG, 1988; *Hanau,* Probleme der Ausübung des Mitbestimmungsrechts des Betriebsrats, NZA 1985, Beil. 2, S. 3 ff.; *Hartmann,* Beschäftigungsanspruch und Zustimmungsersetzung. Zur Stellung des individualrechtlich betroffenen Arbeitnehmers im Beschlussverfahren nach § 99 Abs. 4 BetrVG, ZfA 2008, 383; *Heinze,* Die betriebsverfassungsrechtlichen Ansprüche des Betriebsrates gegenüber dem Arbeitgeber, DB-Beil. 9/1983, S. 6 ff.; *Heinze,* Verfahren und Entscheidung der Einigungsstelle, RdA 1990, 262 ff.; *v. Hoyningen-Huene,* Streitschlichtung im Betrieb, NZA 1987, 577; *v. Hoyningen-Huene,* Die fehlerhafte Beteiligung des Betriebsrats in sozialen Angelegenheiten, DB 1987, 1426 ff.; *v. Hoyningen-Huene,* Das Betriebsverhältnis, NZA 1989, 121 ff.; *v. Hoyningen-Huene,* Die Abmahnung im Arbeitsrecht, RdA 1990, 193; *v. Hoyningen-Huene,* Mit dem Betriebsrat in die 90er Jahre, NZA 1991, 7; *v. Hoyningen-Huene,* Drittbeziehungen in der Betriebsverfassung, RdA 1992, 355 ff.; *v. Hoyningen-Huene,* Das „Betriebsverhältnis" als Grundbeziehung im Betriebsverfassungsrecht, FS Wiese, 1998, S. 175 ff.; *Illes,* Das betriebsverfassungsrechtliche Verbot parteipolitischer Betätigung im Betrieb, 2015; *Konzen,* Betriebsverfassungsrechtliche Leistungspflichten des Arbeitgebers, 1984; *Konzen,* Privatrechtssystem und Betriebsverfassung, FS E. Wolf, 1985, S. 279 ff. = ZfA 1985, 469 ff.; *Konzen/Rupp,* Effektiver Grundrechtsschutz und negatorischer Rechtsschutz im BetrVG, DB 1984, 2695 ff.; *Krumm-Mauermann,* Rechtsgüterschutz durch die Straf- und Bußgeldbestimmungen des Betriebsverfassungsgesetzes, 1990; *Lobinger,* Systemdenken im Betriebsverfassungsrecht, RdA 2011, 76 ff.; *Löwisch,* Schutz und Förderung der freien Entfaltung der Persönlichkeit der im Betrieb beschäftigten Arbeitnehmer, AuR 1972, 359; *Müller/Jahner,* Die Haftung des Betriebsrats und der Betriebsratsmitglieder, BB 2013, 440 ff.; *Olderog,* Probleme des einstweiligen Rechtsschutzes im Bereich der sozialen Mitbestimmung, NZA 1985, 753 ff.; *Pfrogner,* Unterlassungsanspruch des Arbeitgebers gegen den Betriebsrat, RdA 2016, 161 ff.; *Raab,* Der Unterlassungsanspruch des Betriebsrats, ZfA 1997, 183 ff.; *Reichold,* Anm. zu BAG 17.3.2010 – 7 ABR 95/08, RdA 2011, 58 ff.; *Richardi,* Kehrtwende der BAG zum betriebsverfassungsrechtlichen Unterlassungsanspruch des Betriebsrats, NZA 1995, 8 ff.; *Trittin,* Betriebsräte ohne vorbeugenden Rechtsschutz?, BB 1984, 1169 ff.; *Ulrici,* Anm. zu BAG 17.3.2010 – 7 ABR 95/08, jurisPR-ArbR 37/2010 Anm. 1; *Wiesbauer,* Unterlassungsanspruch gegen politische Betätigung des Betriebsrats, BB 2010, 3091 ff.

Übersicht

	Rn.
I. Das Betriebsverhältnis	1
1. Problemstellung	1
2. Merkmale des Betriebsverhältnisses	3
a) Zivilrechtliches Schuldverhältnis	4
b) Dauerschuldverhältnis	5
c) Gesetzliches Schuldverhältnis	6
d) Schutzwirkung für Dritte	7
e) Unkündbarkeit	8
f) Zweiseitigkeit	9
g) Indirekte Durchsetzbarkeit	11
h) Rechtsverhältnis eigener Art	12
i) Ergebnis	14
3. Allgemeine Pflichten	16
a) Kooperationsprinzip	16
b) Gestaltungsaufgabe	17

	Rn.
c) Verhandlungsgrundsatz	18
4. Die Relativität des Betriebsverhältnisses	21
a) Grundsatz	21
b) Wirkungen für den einzelnen Arbeitnehmer	22
c) Die Koalitionen	26
d) Sonstige Dritte	27
II. Rechtsdurchsetzung und Sanktionen	29
1. Gegenseitige Sanktionen	30
a) Unterlassungsansprüche	30
b) Feststellungsantrag	32
c) Anrufung der Einigungsstelle	34
d) Keine einstweilige Verfügung	35
2. Sanktionen gegen den Betriebsrat	36
a) Erfüllungsansprüche	37
b) Betriebsverfassungsrechtliche Sanktionen	38
c) Strafrechtliche Sanktionen	40
d) Individualrechtliche Sanktionen	41
3. Sanktionen gegen den Arbeitgeber	42
a) Leistungsansprüche	43
b) Mitbestimmungsrechte	44
c) Unterlassungsansprüche	45
d) Einstweilige Verfügung	48
e) Ordnungswidrigkeiten und strafrechtliche Sanktionen	49

I. Das Betriebsverhältnis

1. Problemstellung

1 Dem BetrVG lässt sich keine ausdrückliche Aussage darüber entnehmen, ob und welches **Rechtsverhältnis zwischen Arbeitgeber und Betriebsrat** besteht. Gleichwohl erlegt das BetrVG den Betriebspartnern Arbeitgeber und Betriebsrat insbes. im vierten Teil über die Mitwirkung und Mitbestimmung der Arbeitnehmer eine Vielzahl von Rechten und Pflichten auf, nachdem in § 2 Abs. 1 BetrVG bereits das Gebot der vertrauensvollen Zusammenarbeit bestimmt ist. Aus der **Summe dieser Regeln** lässt sich für die Rechtsbeziehungen zwischen Arbeitgeber und Betriebsrat ein betriebliches Kooperationsverhältnis ableiten, das als **Betriebsverhältnis** bezeichnet werden kann.[1]

2 Der **Begriff** „Betriebsverhältnis" wurde früher im Beamtenrecht als Gegensatz zum Grundverhältnis des Beamten verwendet, um dessen Tätigkeit im sog. Dienstbetrieb zu bezeichnen.[2] Allerdings wird der Ausdruck Betriebsverhältnis heute im Beamtenrecht angesichts der gewandelten verfassungsrechtlichen Einschätzung des vormals anerkannten besonderen Gewaltverhältnisses kaum noch herangezogen.[3] Deshalb ergeben sich keine Probleme oder Überschneidungen, wenn man den Begriff Betriebsverhältnis nunmehr für das Betriebsverfassungsrecht verwendet. Als Bezeichnung für das **betriebsverfassungsrechtliche Rechtsverhältnis zwischen Arbeitgeber und Betriebsrat** mit Anknüpfungspunkt im Betrieb ist es gerade im Gegensatz zum individualrechtlichen Arbeitsverhältnis als besonders zutreffend anzusehen. Es ist auch namentlich zur Charakterisierung des betriebsverfassungsrechtlichen Kooperationsverhältnisses geeignet, weil damit die wesentliche rechtliche Binnenstruktur des Betriebs gekennzeichnet wird.

---

[1] Zuerst und grundlegend *v. Hoyningen-Huene* NZA 1989, 121 ff.; ebenso BAG 3.5.1994 – 1 ABR 24/93, AP BetrVG 1972 § 23 Nr. 23 unter B III 1; 23.7.1996 – 1 ABR 13/96, AP BetrVG 1972 § 87 Arbeitszeit Nr. 68 unter B III 1; *Ankersen* JuS 1995, 862 (864); *Löwisch/Kaiser* BetrVG § 2 Rn. 1; *Raab* ZfA 1997, 183 (198); vgl. auch Richardi BetrVG/*Richardi* Einl. Rn. 84.
[2] Grundlegend *Ule* VVDStRL 15 (1957), 152.
[3] *Maurer* Allg. Verwaltungsrecht, 16. Aufl. 2006, § 8 Rn. 26 ff.; vgl. auch BVerwG 22.5.1980 – 2 C 30/78, NJW 1981, 67.

2. Merkmale des Betriebsverhältnisses

Das Betriebsverhältnis lässt sich noch genauer **definieren:** Zwischen Arbeitgeber und Betriebsrat besteht ein gesetzliches, unabhängig vom Willen des Arbeitgebers begründetes, unkündbares, zweiseitiges, kollektivrechtliches Dauerschuldverhältnis eigener Art mit Schutzwirkung für Dritte und gesteigerten Verhaltenspflichten, die aber bei Mitbestimmungspflichten indirekt durchsetzbare, für den Betriebsrat regelmäßig nur unvollkommene Verbindlichkeiten darstellen und keine Haftung auslösen.

a) Zivilrechtliches Schuldverhältnis. Das Betriebsverhältnis ist ein zivilrechtliches Schuldverhältnis iSd § 241 BGB zwischen Arbeitgeber und Betriebsrat.[4] Durch die Mitwirkungstatbestände des BetrVG entstehen zwischen den Betriebspartnern Rechte und Pflichten. In diesem Schuldverhältnis können die Betriebspartner, Arbeitgeber und Betriebsrat, Gläubiger oder Schuldner sein.

b) Dauerschuldverhältnis. Das Betriebsverhältnis ist ein Dauerschuldverhältnis, das auf unbestimmte Zeit begründet wird, nämlich solange der Betrieb existiert und ein Betriebsrat von der Belegschaft gewählt wird.[5] Die geschuldeten Leistungen sind dadurch gekennzeichnet, dass sie in dauernden bzw. in wiederkehrenden, sich über einen längeren Zeitraum erstreckenden Einzelleistungen bestehen.

c) Gesetzliches Schuldverhältnis. Zur Begründung des Betriebsverhältnisses bedarf es keines Rechtsgeschäfts. Es entsteht kraft Gesetzes, wenn der Betrieb betriebsratsfähig (§ 1 Abs. 1 BetrVG) und ein Betriebsrat gewählt worden (§§ 14ff. BetrVG) ist. Das Betriebsverhältnis wird allein durch die Initiative der Belegschaft bzw. des entsprechenden Repräsentationsorgans begründet (§§ 16ff. BetrVG). Der Arbeitgeber darf die Wahl nicht behindern (§ 20 Abs. 1 BetrVG).

d) Schutzwirkung für Dritte. Das Betriebsverhältnis entfaltet an sich als betriebsverfassungsrechtliches Schuldverhältnis nur zwischen den Betriebspartnern Rechtswirkungen. Der Betriebsrat wirkt mit dem Arbeitgeber nach § 2 Abs. 1 BetrVG aber zum Wohl der Arbeitnehmer und des Betriebs zusammen. Das Betriebsverhältnis entfaltet insoweit eine Schutzwirkung zugunsten der Arbeitnehmer (ausführlich → Rn. 22f.).

e) Unkündbarkeit. Das Betriebsverhältnis ist durch die Betriebsverfassung auf Dauer installiert. Es kann entgegen anderen Dauerschuldverhältnissen auch nicht aus wichtigem Grund gekündigt werden. Vielmehr bewirkt erst die Unterlassung der Wahl des Betriebsrats durch die Belegschaft oder die Auflösung des Betriebsrats durch gerichtliche Gestaltungsentscheidung (§ 13 Abs. 2 Nr. 5 BetrVG), dass der Betriebsrat untergeht und damit das Betriebsverhältnis erlischt.[6] Selbst der Rücktritt des Betriebsrats (§ 13 Abs. 2 Nr. 3 BetrVG) beendet das Betriebsverhältnis nicht, weil dieser die Geschäfte gem. § 22 BetrVG weiterführt.

f) Zweiseitigkeit. Die Zweiseitigkeit des Betriebsverhältnisses ergibt sich vorwiegend aus dem beiderseitigen Gebot zur vertrauensvollen Zusammenarbeit zwischen den Betriebspartnern (§§ 2 Abs. 1, 74 Abs. 1 und Abs. 2 BetrVG). In diesem Rahmen wird zunächst der **Arbeitgeber verpflichtet,** die Kosten des Betriebsrats zu tragen (§§ 20 Abs. 3, 40 BetrVG), die Betriebsratsmitglieder zu Zwecken der Betriebsratstätigkeit gem. § 37 Abs. 2

---

[4] *Belling* Haftung des Betriebsrats S. 312ff.; *Heinze* ZfA 1988, 53 (81); *v. Hoyningen-Huene* BetrVR § 4 Rn. 15ff.; *v. Hoyningen-Huene* NZA 1989, 121 (122f.); *Konzen* ZfA 1985, 469 (473f.).
[5] *Belling* Haftung des Betriebsrats S. 313; *Heinze* DB-Beil. 9/1983, 6f.; *v. Hoyningen-Huene* BetrVR § 4 Rn. 16; *v. Hoyningen-Huene* NZA 1989, 121, (123).
[6] Vgl. aber zum Übergangs- und Restmandat nach §§ 21a, 21b BetrVG BAG 14.8.2001 – 1 ABR 52/00, AP BetrVG 1972 § 21b Nr. 1 unter B II b.

BetrVG von der Arbeit zu befreien bzw. einzelne Mitglieder völlig freizustellen (§ 38 BetrVG) und den Betriebsrat insbes. bei bestimmten Tatbeständen durch Information, Beratung, Mitwirkung oder Mitbestimmung zu beteiligen (§§ 87 bis 112a BetrVG). Aus den Verpflichtungen des Arbeitgebers leiten sich entsprechende Ansprüche des Betriebsrats iSd § 194 BGB ab. Daneben besteht für den Arbeitgeber eine Vielzahl von sonstigen Verpflichtungen, die sich als Leistungsansprüche des Betriebsrats darstellen, zB §§ 80 Abs. 2, 91, 93, 95 Abs. 2, 98 Abs. 5, 101, 104 BetrVG.[7] Schließlich kann der Betriebsrat auch bestimmte Unterlassungsansprüche geltend machen (§§ 23 Abs. 3, 74 Abs. 2 S. 2 und S. 3, 78 BetrVG).

10 Andererseits sind dem **Betriebsrat** verschiedene **allgemeine Pflichten** zugewiesen, die insbes. in § 80 Abs. 1 BetrVG als allgemeine Aufgaben des Betriebsrats bezeichnet werden. Zudem hat der Betriebsrat die besonderen Pflichten, mit dem Arbeitgeber im Interesse der Arbeitnehmer zu verhandeln (§§ 80 Abs. 1 Nr. 3, 85 Abs. 1 BetrVG), den Arbeitgeber bei bestimmten Aufgaben zu unterstützen (§ 89 Abs. 1 BetrVG), Betriebsratssitzungen auf Antrag des Arbeitgebers einzuberufen (§ 29 Abs. 3 BetrVG) oder an Sitzungen des Arbeitgebers teilzunehmen (§§ 74 Abs. 1, 89 Abs. 4 BetrVG).

11 **g) Indirekte Durchsetzbarkeit.** Im Bereich der echten Mitbestimmung (zB § 87 BetrVG) sind die beiderseitigen Verbindlichkeiten nur indirekt durchsetzbar. Zwar wird man aus den Mitwirkungsrechten des Betriebsrats auch Mitwirkungspflichten ableiten können, diese sind aber nicht auf einen bestimmten, einklagbaren Inhalt gerichtet. Das gilt in gleicher Weise für zahlreiche sonstige Aufgaben des Betriebsrats. Deshalb kann der Arbeitgeber – abgesehen von den Unterlassungsansprüchen nach §§ 74 Abs. 2 S. 2 und S. 3, 77 Abs. 1 S. 2, 79 BetrVG – nur unter den Voraussetzungen des § 23 Abs. 1 BetrVG mittelbaren Druck durch Antrag auf Absetzung des Betriebsrats oder einzelner Mitglieder ausüben. Eine erforderliche, aber fehlende Mitbestimmung des Betriebsrats kann durch die Einigungsstelle (§ 76 Abs. 5 BetrVG) oder durch das Arbeitsgericht (§§ 99 Abs. 4, 100 Abs. 2 S. 3, 103 Abs. 2 BetrVG) ersetzt werden. Daraus folgt auch, dass der **Betriebsrat** für die Unterlassung der Mitwirkung oder eventuelle Schäden als Institution **nicht haftet** (→ § 286 Rn. 23).[8]

12 **h) Rechtsverhältnis eigener Art.** Aus allem ergibt sich, dass das Betriebsverhältnis als Rechtsverhältnis eigener Art anzusehen ist. Es unterliegt als privatrechtliche Rechtsbeziehung grds. den Regeln des Zivilrechts,[9] insbes. denen des BGB über Schuldverhältnisse. Das BetrVG hat aber als lex specialis Vorrang. Die kollektivrechtlichen Besonderheiten müssen beachtet werden. So findet nicht das dem Zivilprozess angeglichene, arbeitsgerichtliche Urteilsverfahren, sondern das Beschlussverfahren für kollektivrechtliche Angelegenheiten gem. §§ 2a Abs. 1 Nr. 1 und Abs. 2, 80ff. ArbGG statt.

13 Ferner ist das Betriebsverhältnis ein **Innenverhältnis,** das am Betrieb anknüpft und sich grds. nur in diesem abspielt.[10] Als bloßes schuldrechtliches Innenverhältnis entfaltet das Betriebsverhältnis daher **grds. keine Drittwirkung.** Ein Rechtsverstoß gegen Mitbe-

---

[7] Dazu *Konzen* Betriebsverfassungsrechtliche Leistungspflichten S. 49ff.; zur Verpflichtung zur Durchführung einer Betriebsvereinbarung nach § 77 Abs. 1 BetrVG vgl. BAG 24.2.1987 – 1 ABR 18/85, AP BetrVG 1972 § 77 Nr. 21.
[8] AA *Belling* Haftung des Betriebsrats S. 355ff.
[9] Allgemeine Auffassung, vgl. *Konzen* ZfA 1985, 469 mwN.
[10] Dazu DKK/*Wedde* BetrVG Einl. Rn. 118ff.; vgl. auch BAG 15.1.1992 – 7 ABR 23/90, AP BetrVG 1972 § 40 Nr. 41; zu den Ausnahmen s. § 173 Abs. 1 SGB III: Anzeige von Kurzarbeit an die Agentur für Arbeit durch den Betriebsrat (dazu BSG 5.6.1991 – 7 RAr 26/89, SAE 1993, 1 (10)); § 17 Abs. 3 KSchG: Stellungnahme des Betriebsrats gegenüber der Agentur bei Massenentlassungen; § 170 Abs. 2 SGB IX: Stellungnahme des Betriebsrats gegenüber dem Integrationsamt im Verfahren um die Zustimmungserteilung bei der Kündigung eines Schwerbehinderten; Antrag nach § 98 Abs. 2 Nr. 4 und 5 AktG zur Aufsichtsratswahl; zur Drittwirkungsproblematik allgemein *v. Hoyningen-Huene* RdA 1992, 355ff.

stimmungspflichten kann aber Auswirkungen auf die Arbeitsverhältnisse der Arbeitnehmer haben (→ Rn. 22 ff. sowie → § 286 Rn. 32).

i) Ergebnis. Aus alledem folgt, dass es zu eng ist, nur in Bezug auf bestimmte Pflichten 14 bzw. Mitbestimmungstatbestände zwischen Arbeitgeber und Betriebsrat von einem gesetzlichen Schuldverhältnis zu sprechen, etwa im Hinblick auf die Kostentragungspflicht nach § 40 BetrVG.[11] Auch beschränkt sich das Betriebsverhältnis als gesetzliches Schuldverhältnis nicht auf den Zusammenhang mit dem Unterlassungsanspruch nach § 23 Abs. 3 BetrVG.[12] Vielmehr besteht ein **umfassendes betriebsverfassungsrechtliches Dauerrechtsverhältnis.**

Gleichwohl wird das Bestehen eines dauernden Schuldverhältnisses zwischen Arbeitgeber und Betriebsrat teilweise **abgelehnt,** weil das Beteiligungssystem des BetrVG angeblich nicht schuldrechtlich interpretiert werden dürfe.[13] Stattdessen wird ein besonderes gesetzliches Treuhandverhältnis angenommen, bei dem „einerseits der Betriebsrat in seiner Doppelfunktion als Beauftragter wie als Treuhänder fremder Interessen sowie andererseits der Arbeitgeber in seiner Doppelfunktion als Sachwalter eigener wie fremder Interessen einbezogen ist".[14] Das wirkt nicht nur gekünstelt und bringt keinen zusätzlichen Erkenntnisgewinn. Treuhandverhältnisse sind überdies selbst nicht gesetzlich geregelt, sodass Inhalt und Rechtsfolgen unbestimmt bleiben. Ferner kann, soweit die Merkmale eines Treuhandverhältnisses nach allgemeinem klassischen Verständnis zugrunde gelegt werden, das Verhältnis von Betriebsrat und Arbeitgeber nicht als gesetzliches Treuhandverhältnis eingeordnet werden. Das Treuhandverhältnis ist grds. dadurch gekennzeichnet, dass der Treuhänder seine eingeräumte Rechtsmacht im Außenverhältnis auf Grund des Treuhandverhältnisses zum Treugeber in zumindest auch dessen Interesse ausübt.[15] Der Betriebsrat nimmt seine betriebsverfassungsrechtlichen Rechte jedoch nicht im Interesse des Arbeitgebers wahr. Vielmehr haben beide Betriebspartner oft gegensätzliche Interessen. Zudem kann der Betriebsrat seine Rechte nicht nach außen gegenüber Dritten ausüben. Vielmehr agiert er gerade nur im Verhältnis zum Arbeitgeber. Das für die Treuhand typische in zwei Richtungen gerichtete Verhältnis (Außen und Innen), besteht damit gerade nicht.

3. Allgemeine Pflichten
a) Kooperationsprinzip. Das Betriebsverhältnis ist ein Dauerschuldverhältnis. Es ver- 16 pflichtet zu einer verstärkten **gegenseitigen Rücksichtnahme und Loyalität** und unterliegt in erhöhtem Maße dem Grundsatz von Treu und Glauben.[16] Das kommt besonders in § 2 Abs. 1 BetrVG zum Ausdruck, wonach Arbeitgeber und Betriebsrat vertrauensvoll zum Wohl der Arbeitnehmer und des Betriebs zusammenarbeiten müssen. Damit ist „Kooperation statt Konfrontation" gefordert (→ § 288 Rn. 3).

b) Gestaltungsaufgabe. Aus dem Betriebsverhältnis folgt eine gemeinsame Gestaltungs- 17 funktion der Betriebspartner für den Betrieb. Dadurch wird der Betriebsrat zwar nicht zum „Mitunternehmer". Er ist auch kein „Manager" mit Führungsaufgaben,[17] weil er gemäß § 77 Abs. 1 S. 2 BetrVG nicht durch einseitige Handlungen in die Leitung des Be-

---

[11] So BAG 24.10.2001 – 7 ABR 20/00, NZA 2003, 53; *Fitting* § 40 Rn. 90; Richardi BetrVG/*Thüsing* § 40 Rn. 42; GK-BetrVG/*Weber* § 40 Rn. 16.
[12] *Derleder* AuR 1983, 289 (300); *Trittin* BB 1984, 1168 (1172).
[13] *Loritz* ZfA 1996, 432; *Reichold* Betriebsverfassung als Sozialprivatrecht, 1995, S. 499.
[14] *Heinze* ZfA 1988, 53 (71 ff., 81).
[15] Erman/*K.P. Berger* BGB § 662 Rn. 17; MüKoBGB/*Schäfer* BGB § 662 Rn. 29; vgl. auch BGH 25.2. 1987 – IV a ZR 263/85, NJW 1987, 2071; BeckOK BGB/*Schäfer* BGB § 164 Rn. 7.
[16] Palandt/*Heinrichs* § 242 Rn. 4.
[17] Vgl. aber zur Führung der Kantine BAG 24.4.1986 – 6 AZR 607/83, AP BetrVG 1972 § 87 Sozialeinrichtung Nr. 7 = AR-Blattei, Betriebsverfassung VII, Entsch. 4 mit Anm. *v. Hoyningen-Huene*.

triebs eingreifen darf.[18] Die Voraussetzungen zur Betriebsführung werden aber in Form von mitbestimmten Weisungen des Arbeitgebers und Betriebsvereinbarungen, namentlich im Bereich der sozialen Angelegenheiten (§ 87 BetrVG), durch den Betriebsrat **gleichberechtigt und paritätisch** mitgestaltet. Oft steht dem Betriebsrat sogar ein Initiativrecht zu (→ § 315 Rn. 32 ff.). Der Betriebsrat hat bei Ausübung seiner Rechte und Pflichten nach § 2 Abs. 1 BetrVG nicht nur das Wohl der Arbeitnehmer, sondern auch das Wohl des Betriebs zu beachten, was ebenfalls seine Gestaltungsaufgabe deutlich macht. Der Betriebsrat ist bei der betrieblichen Normsetzung maßgeblich zu beteiligen. Grundsätzlich ist er jedoch nicht zum tatsächlichen Vollzug der Normsetzung gegenüber der Belegschaft befugt (§ 77 Abs. 1 S. 1 BetrVG). Nach § 80 Abs. 1 Nr. 1 BetrVG hat er aber die Korrektheit der Normanwendung zu überwachen (→ § 313 Rn. 6).[19]

18 **c) Verhandlungsgrundsatz.** Schließlich leitet sich aus den gesteigerten Verhaltenspflichten der Betriebspartner der Vorrang von Verhandlungen ab.[20] Es hat folglich die **„Konfliktlösung durch Dialog"** Priorität.[21] Oberste Pflicht ist das außergerichtliche Verhandeln,[22] also die innerbetriebliche Streitschlichtung, die den Betriebspartnern zur Beilegung von Meinungsverschiedenheiten in § 74 Abs. 1 S. 2 BetrVG ausdrücklich aufgegeben wird. So dient beispielsweise das Mitbestimmungsrecht nach § 102 BetrVG dazu, ungerechtfertigten Kündigungen vorzubeugen und unbegründete Prozesse zu vermeiden.[23] Das wird darüber hinaus besonders deutlich an den vielfältigen Informationspflichten des Arbeitgebers; diese dienen auch dem innerbetrieblichen Rechtsfrieden und der Prozessverhütung, weil der Betriebsrat dann uU das Bestehen von Mitbestimmungsrechten nicht vom Arbeitsgericht feststellen lassen muss.[24] Das wird auch durch die Existenz der Einigungsstelle (§ 76 BetrVG) als außerprozessualer Schlichtungseinrichtung bestätigt (→ § 308 Rn. 1 ff.), obwohl deren Anrufung als innerbetriebliches Schiedsgericht bereits eine gewisse Eskalation des Streits signalisiert.

19 Aus dem Verhandlungsprinzip folgt weiter, dass außenstehende Stellen erst angerufen werden dürfen, wenn eine innerbetriebliche Einigung nicht erzielt worden ist. Dieses **Subsidiaritätsprinzip** war zwar lediglich früher in § 49 Abs. 4 BetrVG 1952 geregelt. Es ist aber bereits in dem Gebot der vertrauensvollen Zusammenarbeit nach § 2 Abs. 1 BetrVG enthalten.[25] Das Prinzip kommt ferner darin zum Ausdruck, dass die Heranziehung von externen Sachverständigen gem. § 80 Abs. 3 BetrVG erst zulässig ist, wenn die innerbetriebliche Information ausgeschöpft worden ist.[26] Auch die Heranziehung von externen Gewerkschaftsbeauftragten ist nur zur Unterstützung des Betriebsrats zulässig (→ § 289 Rn. 7 ff.).[27] Schließlich dürfen die außenstehenden Arbeitsschutzbehörden nicht ohne Weiteres informiert werden.[28]

20 Erst recht ist die **Anrufung des Arbeitsgerichts**, also der Antrag auf Einleitung eines Beschlussverfahrens (§§ 2a Abs. 1 Nr. 1, 80 ff. ArbGG), **„ultima ratio"** für die Zusammenarbeit der Betriebspartner. Das geht mittelbar aus § 80 Abs. 1 Nr. 1 BetrVG hervor. Danach hat der Betriebsrat zwar Überwachungs- und Kontrollrechte hinsichtlich der Ein-

---

[18] *V. Hoyningen-Huene* NZA 1991, 7 (10).
[19] *V. Hoyningen-Huene* NZA 1989, 121 (125).
[20] *V. Hoyningen-Huene* NZA 1989, 121 (125).
[21] *Däubler* AuR 1982, 6 (8).
[22] *Konzen* ZfA 1985, 469 (492).
[23] BAG 7. 11. 1975 – 1 AZR 282/74, AP BetrVG 1972 § 118 Nr. 4 unter 5 mAnm *Mayer-Maly*.
[24] BAG 10. 2. 1987 – 1 ABR 43/84, AP BetrVG 1972 § 80 Nr. 27 unter B II 2 c mAnm *Kraft*; 26. 1. 1988 – 1 ABR 34/86, 8 AP BetrVG 1972 § 80 Nr. 31; *v. Hoyningen-Huene* Anm. zu 17. 5. 1983 – 1 ABR 21/80, AP BetrVG 1972 § 80 Nr. 19 unter 3.
[25] So ausdr. BT-Drs. VI/1786, 46; BAG 3. 6. 2003 – 1 ABR 19/02, AP BetrVG 1972 § 89 Nr. 1; Richardi BetrVG/*Richardi* § 74 Rn. 3.
[26] BAG 4. 6. 1987 – 6 ABR 63/85, AP BetrVG 1972 § 80 Nr. 30 unter B II 1.
[27] *V. Hoyningen-Huene* NZA 1989, 121 (125).
[28] BAG 3. 6. 2003 – 1 ABR 19/02, AP BetrVG 1972 § 89 Nr. 1.

haltung von Rechtsvorschriften; daraus folgt aber kein gerichtlich durchsetzbarer Anspruch des Betriebsrats gegen den Arbeitgeber auf Einhaltung dieser Rechtsvorschriften zugunsten der Arbeitnehmer.[29] Ebenso wenig dient der gerichtlich geltend zu machende Unterlassungsanspruch in § 23 Abs. 3 S. 1 BetrVG der Sicherung einzelvertraglicher Ansprüche der Arbeitnehmer gegenüber dem Arbeitgeber. Das zeigen schließlich auch die Tatbestandsvoraussetzungen in § 23 Abs. 1 und Abs. 3 BetrVG, wonach nicht alle Rechtsverletzungen der Betriebspartner durch Anrufung der Gerichte geahndet werden sollen, sondern nur grobe Verstöße gegen das BetrVG (→ Rn. 45 sowie → § 317 Rn. 6 ff.).[30]

4. Die Relativität des Betriebsverhältnisses
a) Grundsatz. Durch das BetrVG werden im Wesentlichen die betriebsverfassungsrechtlichen Beziehungen zwischen Arbeitgeber und Betriebsrat geregelt, das sog. Betriebsverhältnis. Alle sonstigen Personen und Stellen sind **Dritte** iSd Betriebsverfassung. Dies gilt insbes. für die Arbeitnehmer des Betriebs (→ § 286 Rn. 31 ff.) und die im Betrieb vertretenen Koalitionen (→ § 289 Rn. 1 ff.). Bei dem Betriebsverhältnis handelt es sich um ein **Dauerschuldverhältnis** eigener Art zwischen den Betriebspartnern, das nur im Innenbereich des Betriebs Wirkungen entfaltet. Die Rechtswirkungen aus einem Schuldverhältnis sind auf die hieran Beteiligten beschränkt. Die Rechtsstellung Dritter wird hierdurch grds. nicht berührt (sog. **Relativität**).[31]

21

b) Wirkungen für den einzelnen Arbeitnehmer. Der Betriebsrat soll im Interesse des Betriebs und zum Schutz der Arbeitnehmer (§ 2 Abs. 1 BetrVG) Maßnahmen des Arbeitgebers kontrollieren und mitbeeinflussen. Das Betriebsverhältnis soll insoweit eine **Schutzwirkung für die Arbeitnehmer** entfalten. Eine unmittelbare **Drittwirkung** kommt als **Ausnahme** aber nur in Betracht, wenn diese gesetzlich angeordnet wird (§§ 77 Abs. 4 S. 1, 102 Abs. 1, 103 Abs. 1, 113 BetrVG) oder Sinn und Zweck der Beteiligungsrechte eine Erstreckung auf Dritte gebieten.

22

Bisher nicht ausdiskutiert ist die Frage, ob dem Arbeitnehmer ein **Anspruch gegen die Betriebspartner auf Ausübung der Mitbestimmung** zusteht.[32] Ein solcher betriebsverfassungsrechtlicher Anspruch des Arbeitnehmers gegen die Betriebspartner aus dem Betriebsverhältnis ist abzulehnen, weil dieses nur Schutzwirkung zugunsten der Arbeitnehmer entfaltet (→ Rn. 7). Dem Arbeitnehmer stehen weder Erfüllungsansprüche[33] noch bei Verletzung von Schutzpflichten Schadensersatzansprüche aus positiver Vertragsverletzung (§ 280 Abs. 1 BGB) zu.[34] Aus dem Rechtsgedanken des § 334 BGB ergibt sich, dass die Haftung des Betriebsrats (als Schuldner) gegenüber Dritten nicht weitergehen kann als gegenüber dem Arbeitgeber (als Gläubiger).

23

Es ist umstritten, ob der Arbeitnehmer in diesen Fällen vom **Arbeitgeber** die Durchführung des Mitbestimmungsverfahrens und eines anschließenden Einigungsstellenverfah-

24

---

[29] BAG 10.6.1986 – 1 ABR 59/84, AP BetrVG 1972 § 80 Nr. 26 unter B IV 2; s. auch *Fitting* § 80 Rn. 14 f.; Richardi BetrVG/*Richardi* Einl. Rn. 118; ausführlich *Ankersen* JuS 1995, 862 ff.
[30] BAG 22.2.1983 – 1 ABR 27/81, AP BetrVG 1972 § 23 Nr. 2 mit Anm. *v. Hoyningen-Huene*.
[31] *Larenz* Allgemeines Schuldrecht Bd. 1, 14. Aufl. 1987, § 2 I; Jauernig/*Mansel* § 241 Rn. 4; MüKoBGB/*Kramer* Einl. zu §§ 241 ff. Rn. 14; Palandt/*Heinrichs* Einl. v. § 241 Rn. 3; ausführlich *Dörner* Dynamische Relativität, 1985; *Henke* Die sog. Relativität des Schuldverhältnisses, 1989; zur betriebsverfassungsrechtlichen Bedeutung *v. Hoyningen-Huene* RdA 1992, 355 ff.
[32] Vgl. hierzu BAG 27.6.1989 – 1 ABR 28/88, AP BetrVG 1972 § 42 Nr. 5; *Belling*, Haftung des Betriebsrats, S. 280 f.; *v. Hoyningen-Huene* RdA 1992, 355 ff.; *Löwisch* AuR 1972, 359 (362).
[33] Vgl. BAG 21.2.2017 – 1 AZR 367/15, NZA 2017, 740 Rn. 15 ff.: grds. kein Anspruch auf Durchführung des Zustimmungsersetzungsverfahrens nach § 99 IV BetrVG.
[34] Dazu im Ergebnis wegen fehlender Kausalität abl. BAG 9.5.1989 – 3 AZR 439/88, AP BetrVG 1972 § 87 Altersversorgung Nr. 18 mAnm *v. Hoyningen-Huene;* vgl. auch 20.8.1991 – 1 AZR 326/90, AP BetrVG 1972 § 87 Lohngestaltung Nr. 50; ausführlich *v. Hoyningen-Huene* FS Wiese 188 f. unter Aufgabe der früheren Auffassung.

rens oder arbeitsrechtlichen Beschlussverfahrens gegen den Betriebsrat verlangen kann.[35] Soweit sich der Arbeitgeber dem Arbeitnehmer gegenüber nicht vertraglich zur **Durchführung des Mitbestimmungsverfahrens** verpflichtet hat, ist ein solcher Anspruch des Arbeitnehmers abzulehnen. Der Arbeitnehmer hat nämlich gegen den Arbeitgeber nur einen Anspruch auf Erfüllung der ihm vertraglich oder auch aus sonstigem Rechtsgrund geschuldeten Leistung. Es muss dem Arbeitgeber überlassen bleiben, ob er die Entscheidung des Betriebsrats respektieren oder ob er die erforderliche Mitbestimmung über die Einigungsstelle bzw. das Arbeitsgericht erzwingen will.[36]

25 Die Relativität des Betriebsverhältnisses hat auch Konsequenzen für die **verfahrensrechtliche Stellung** des einzelnen Arbeitnehmers. Beantragt der Arbeitgeber zB die Zustimmung des Betriebsrats zu einer Einstellung oder Versetzung eines bestimmten Arbeitnehmers nach § 99 Abs. 4 BetrVG zu ersetzen, so ist der von der personellen Einzelmaßnahme betroffene **Arbeitnehmer nicht Beteiligter** iSd § 83 Abs. 1 S. 2, Abs. 3 ArbGG.[37] Durch die Entscheidung des Zustimmungsersetzungsverfahrens wird der Arbeitnehmer nicht in einer betriebsverfassungsrechtlichen, sondern in seiner individualrechtlichen Stellung berührt. Eine Ausnahme gilt aus Gründen der Rechtskrafterstreckung nach § 103 Abs. 2 S. 2 BetrVG in dem Verfahren über die Ersetzung der Zustimmung des Betriebsrats zu der außerordentlichen Kündigung eines Betriebsratsmitglieds sowie im Verfahren nach § 104 BetrVG. Außerdem kommt eine freiwillige Beteiligung des Arbeitnehmers oder Bewerbers am Zustimmungsersetzungsverfahren analog § 66 Abs. 1 ZPO in Betracht, wenn der Arbeitnehmer (Bewerber) durch die Entscheidung in seinen rechtlichen Interessen berührt werden kann.[38]

26 **c) Die Koalitionen.** Die Betriebspartner sind berechtigt, im Rahmen ihrer betriebsverfassungsrechtlichen Betätigung mit den im Betrieb vertretenen Gewerkschaften und Arbeitgebervereinigungen zusammenzuwirken (§ 2 Abs. 1 BetrVG). Hierdurch wird allerdings nur eine betriebsverfassungsrechtliche Berechtigung der Betriebspartner im Verhältnis zueinander begründet. Die Koalitionen können daraus keine eigenen Ansprüche dafür herleiten, dass sie bei der Zusammenarbeit der Betriebspartner hinzugezogen werden müssen. Wegen der Relativität des Betriebsverhältnisses steht den Koalitionen weder gegenüber dem Arbeitgeber noch gegenüber dem Betriebsrat ein Überwachungs- oder Kontrollrecht zu. Sie sind daher **nicht befugt, die Vereinbarkeit von Betriebsvereinbarungen** oder Sprüchen der Einigungsstelle mit tarifvertraglichen Regelungen **überprüfen zu lassen** (wegen der Einzelheiten → § 289 Rn. 1 ff.).[39]

---

[35] Befürwortend *Fitting* § 99 Rn. 289; GK-BetrVG/*Kraft/Raab* § 99 Rn. 176; HSWGN/*Schlochauer* BetrVG § 99 Rn. 141; ablehnend *W. Blomeyer* GS Dietz, 1973, S. 147 (169f.); *Hallenberger*, Förderung der freien Persönlichkeitsentfaltung, S. 186f.; *Meisel*, Mitwirkung und Mitbestimmung, 1984, Rn. 263.

[36] BAG 21.2.2017 – 1 AZR 367/15, NZA 2017, 740 Rn. 15ff.; 19.5.2010 – 5 AZR 162/09, NZA 2010, 1119 Rn. 32; 29.1.1997 – 2 AZR 9/96, NZA 1997, 709 (711); ausführlich hierzu *v. Hoyningen-Huene* RdA 1992, 355ff.; *Boemke* ZfA 1992, 473 (482ff.); zum Anspruch eines schwerbehinderten Menschen auf Durchführung des Mitbestimmungsverfahrens BAG 3.12.2002 – 9 AZR 481/01, AP SGB IX § 81 Nr. 2; *Hartmann* ZfA 2008, 383 (386).

[37] BAG 27.5.1982 – 6 ABR 105/79, AP ArbGG 1979 § 80 Nr. 3 unter II 3 mit abl. Anm. *V. Schmitt* = SAE 1983, 20f. mit abl. Anm. *Grunsky*; 22.3.1983 – 1 ABR 49/81, AP BetrVG 1972 § 101 Nr. 6 unter B I mit insoweit abl. Anm. *Löwisch*; 17.5.1983 – 1 ABR 5/80, AP BetrVG 1972 § 99 Nr. 18 unter B I mit insoweit abl. Anm. *Faude*; 31.5.1983 – 1 ABR 57/80, AP BetrVG 1972 § 118 Nr. 27 unter I mit insoweit zust. Anm. *Misera*; *Boemke* ZfA 1992, 473 (490); *Fitting* § 99 Rn. 235; GMP/*Matthes* ArbGG § 83 Rn. 25, 47ff.; *v. Hoyningen-Huene* BetrVR § 14 Rn. 59; GK-BetrVG/*Kraft/Raab* § 99 Rn. 176; aA BAG 6.4.1973 – 1 ABR 13/72, AP BetrVG 1972 § 99 Nr. 1 mit zust. Anm. *Wiedemann*; 18.7.1978 – 1 ABR 8/75, AP BetrVG 1972 § 99 Nr. 7; *Hartmann* ZfA 2008, 383 (408f.); *Richardi* BetrVG/*Thüsing* § 99 Rn. 278ff., 307.

[38] Vgl. *Boemke* ZfA 1992, 473 (503ff.); außerdem *v. Hoyningen-Huene* RdA 1992, 355ff.

[39] BAG 18.8.1987 – 1 ABR 65/86, AP ArbGG 1979 § 81 Nr. 6; 23.2.1988 – 1 ABR 75/86, AP ArbGG 1979 § 81 Nr. 9; aA *Däubler* BB 1990, 2256ff.; *Matthiesen* DB 1988, 285ff.

d) Sonstige Dritte. Als sonstige **innerbetriebliche Dritte** kommen insbes. der betriebliche Datenschutzbeauftragte, der Sprecherausschuss der leitenden Angestellten und der Aufsichtsrat eines Unternehmens in Betracht. Diese Personen und Stellen sind grds. an dem Betriebsverhältnis zwischen den Betriebspartnern nicht beteiligt. Sie sind regelmäßig auch nicht in den Schutzbereich des Betriebsverhältnisses einbezogen. Aus der Verletzung betriebsverfassungsrechtlicher Pflichten durch die Betriebspartner können diese daher weder Rechte herleiten noch in ihrer Rechtsstellung beeinträchtigt werden, soweit nicht durch ihre gesetzliche Regelung etwas anderes vorgeschrieben ist (vgl. zB § 2 Abs. 2 SprAuG). Eine Drittwirkung ihnen gegenüber scheidet ebenfalls aus. 27

Als **außerbetriebliche Dritte** kommen insbes. in Betracht: Vertragspartner, die Leistungen in mitbestimmungspflichtigen Angelegenheiten erbringen, zB Inhaber von selbständigen Sozialeinrichtungen iSd § 87 Abs. 1 Nr. 8 BetrVG (Unterstützungskassen), Pensionskassen, Kantinenbetreiber, nicht mit dem Arbeitgeber identische Vermieter von Werkswohnungen iSd § 87 Abs. 1 Nr. 9 BetrVG. Soweit im Rahmen mitbestimmungspflichtiger Angelegenheiten Rechtsgeschäfte mit Dritten vorgenommen werden, ist für deren **rechtliche Wirksamkeit ohne Einfluss,** ob der Betriebsrat ordnungsgemäß beteiligt wurde.[40] Die Grenzen der Betriebsautonomie würden gesprengt, wenn man Rechtsgeschäfte des Arbeitgebers mit Dritten wegen Verletzung des Mitbestimmungsrechts als unwirksam ansehen wollte. Die Annahme der Drittwirkung bei fehlerhafter Mitbestimmung würde auch die Belange des Rechtsverkehrs unzumutbar beeinträchtigen. 28

II. Rechtsdurchsetzung und Sanktionen

Das BetrVG enthält **kein umfassendes oder gar systematisches Sanktionensystem** bei Rechtsverletzungen durch die Betriebspartner. Vielmehr hat das BetrVG nur einzelne Sanktionen ausdrücklich genannt. Im Übrigen muss auf allgemeine Rechtsgrundsätze zurückgegriffen werden. 29

1. Gegenseitige Sanktionen
a) Unterlassungsansprüche. Sowohl an den Arbeitgeber als auch den Betriebsrat richten sich die Gebote des § 74 Abs. 2 BetrVG, also das Arbeitskampfverbot, die Friedenspflicht und das Verbot der parteipolitischen Betätigung (→ § 288 Rn. 9 ff.). Bei Verstößen des Arbeitgebers gegen diese Gebote kann der Betriebsrat im Beschlussverfahren (§§ 2a Abs. 1 Nr. 1, 80 ff. ArbGG) Unterlassung verlangen.[41] Es bedarf eines präzisen Antrags (§ 81 ArbGG) hinsichtlich der zukünftig zu unterlassenden Handlung. Bei Zuwiderhandlung gegen die Entscheidung des Arbeitsgerichts kann die Zwangsvollstreckung nach § 85 ArbGG betrieben werden. Dies galt nach früherer Rspr. des BAG auch für den Arbeitgeber.[42] Dies hat der Siebte Senat des BAG im Zusammenhang mit dem Verbot der parteipolitischen Betätigung durch Entscheidung vom 17. 3. 2010 jedoch ausdrücklich aufgegeben.[43] Vielmehr könne der Arbeitgeber hiernach bei einem groben Verstoß des Betriebsrats nach § 23 Abs. 1 S. 1 BetrVG die Auflösung des Betriebsrats beantragen. Im 30

---

[40] BAG 13.7.1978 – 3 ABR 108/77, AP BetrVG 1972 § 87 Altersversorgung Nr. 5; *Fitting* § 87 Rn. 377; *v. Hoyningen-Huene* DB 1987, 1426 (1430 f.); *v. Hoyningen-Huene* RdA 1992, 355 ff.; *v. Hoyningen-Huene* BetrVR § 12 Rn. 33; *Richardi* BetrVG/*Richardi* § 87 Rn. 111 ff., 129; GK-BetrVG/*Wiese* § 87 Rn. 112, 737 ff.; aA BAG 26.4.1988 – 3 AZR 168/86, AP BetrVG 1972 § 87 Altersversorgung Nr. 16 unter II 5 b.
[41] BAG 22.7.1980 – 6 ABR 5/78, AP BetrVG 1972 § 74 Nr. 3 unter 2; 12.6.1986 – 6 ABR 67/84, AP BetrVG 1972 § 74 Nr. 5; *Heinze* DB-Beil. 9/1983, 15; *R. Hofmann*, Das Verbot parteipolitischer Betätigung im Betrieb, 1984, S. 129; *v. Hoyningen-Huene* BetrVR § 4 Rn. 73; GK-BetrVG/*Kreutz* § 74 Rn. 88, 125, 139.
[42] BAG 12.6.1986 – 6 ABR 67/84, AP BetrVG 1972 § 74 Nr. 5; 22.7.1980 – 6 ABR 5/78, AP BetrVG 1972 § 74 Nr. 3.
[43] BAG 17.3.2010 – 7 ABR 95/08, NZA 2010, 1133 Rn. 25 ff.; vgl. auch BAG 28.5.2014 – 7 ABR 36/12 Rn. 18 ff., NZA 2014, 1213; 15.10.2013 – 1 ABR 31/12, NZA 2014, 319 Rn. 26; *Fitting* § 23 Rn. 1a, § 74 Rn. 74 f.; *Lobinger* RdA 2011, 76 (80 Fn. 26).

Falle von einfachen Verstößen könne der Arbeitgeber lediglich im Wege eines Feststellungsantrags nach § 256 Abs. 1 ZPO feststellen lassen, dass die Betätigung des Betriebsrats unzulässig ist. Dies könne entgegen allgemeinen Grundsätzen auch im einstweiligen Rechtsschutz mit Antrag auf Erlass einer einstweiligen Feststellungsverfügung geschehen.[44] Begründet wird dies mit vier Aspekten, die sich generell auf die Frage eines Unterlassungsanspruchs des Arbeitgebers gegen betriebsverfassungsrechtliche Pflichtverstöße des Betriebsrats übertragen lassen.[45] Erstens ist nach dem Wortlaut des § 74 Abs. 2 BetrVG kein ausdrücklicher Unterlassungsanspruch vorgesehen. Ein solcher sei zweitens nach Sinn und Zweck des § 74 BetrVG auch nicht erforderlich. Wegen Vermögenslosigkeit des Betriebsrats sei er ohnehin nicht vollstreckbar und somit zwecklos. Drittens folge aus der Systematik des § 23 BetrVG, dass dem Arbeitgeber kein Unterlassungsanspruch zustehe. Hiernach wird bei grober Pflichtverletzung nicht für den Arbeitgeber, sondern allein für den Betriebsrat oder einer im Betrieb vertretene Gewerkschaft ein Unterlassungsanspruch bestimmt. Schließlich sprechen viertens auch keine schutzwürdigen Interessen des Arbeitgebers für einen Unterlassungsanspruch. Ein hinreichender Schutz sei durch den allgemeinen Feststellungsantrag auf unzulässige Betriebsratstätigkeit als auch durch einen Antrag nach § 23 Abs. 1 BetrVG auf Auflösung des Betriebsrats oder Ausschluss eines Mitglieds gewährt.[46] Nach Ansicht des LAG Bln-Bbg ist ein Unterlassungsanspruch gegen einzelne Betriebsratsmitglieder jedoch weiterhin möglich.[47] Das BAG lässt hingegen allein im Falle einer Eigentumsstörung zumindest gegen Betriebsratsmitglieder einen Unterlassungsanspruch nach § 1004 Abs. 1 S. 2 BGB zu.[48]

31   Die neue Rspr. des BAG überzeugt nicht.[49] Auch wenn der Wortlaut nicht ausdrücklich einen Unterlassungsanspruch bestimmt, folgt ein solcher aus der Auslegung der Norm. Hierbei ist zunächst anzuführen, dass der Wortlaut der Vorschrift diesem Ergebnis nicht entgegensteht. Zwar werden nur die Unterlassungspflicht und die Verpflichteten nicht hingegen die Anspruchsberechtigten in § 74 Abs. 2 BetrVG ausdrücklich bestimmt. Zur Begründung einer Anspruchsgrundlage ist dies jedoch auch nicht erforderlich. Vielmehr genügt es, dass der Anspruchsberechtigte sich konkludent aus der Norm durch Auslegung ermitteln lässt (vgl. zB § 433 Abs. 2 BGB).[50] Diese allgemeine Regel bestätigt auch das BAG, indem es für bestimmte Mitbestimmungstatbestände ohne ausdrückliche Normregelung einen Unterlassungsanspruch des Betriebsrats gegen den Arbeitgeber bei mitbestimmungswidrigen Maßnahmen anerkennt.[51] So soll sich aus § 87 Abs. 1 BetrVG, der lediglich ein Mitbestimmungsrecht des Betriebsrats normiert, ergeben, dass der Betriebsrat vom Arbeitgeber verlangen kann, mitbestimmungswidrige Maßnahmen zu unterlassen. Dies überzeugt im Ergebnis (→ Rn. 46 f.), aber nicht gemessen an der neueren Rspr. zu § 74 Abs. 2 BetrVG. Die Norm gewährt nur ein Mitbestimmungsrecht, nicht aber einen Unterlassungsanspruch;

---

[44] BAG 28.5.2014 – 7 ABR 36/12, NZA 2014, 1213 Rn. 21.
[45] Vgl. BAG 15.10.2013 – 1 ABR 31/12, NZA 2014, 319 Rn. 26 (Verstöße gegen § 74 II 1 BetrVG Arbeitskampfmaßnahmen); LAG Bln-Bbg 8.4.2011 – 9 Ta BV 2765/10, BeckRS 2011, 69176 (Verstöße gegen Art und Weise der Durchführung einer Betriebsversammlung; LAG Düsseldorf 14.12.2010 – 17 TaBV 12/10, NZA-RR 2011, 137 Rn. 116f. (Verstöße gegen § 74 II 1, 2 BetrVG gegen die Friedenspflicht bzw. gegen das Neutralitätsgebot im Arbeitskampf).
[46] BAG 17.3.2010 – 7 ABR 95/08, NZA 2010, 1133 Rn. 25 ff.
[47] LAG Bln-Bbg 31.1.2012 – 7 TaBV 1733/11, BeckRS 2012, 69446.
[48] BAG 15.10.2013 – 1 ABR 31/12, NZA 2014, 319 Rn. 27 ff.
[49] Vgl. auch *Bauer/Willemsen* NZA 2010, 1089 (1091 f.); *Burger/Rein* NJW 2010, 3613 (3614 ff.); ErfK/*Kania* BetrVG § 74 Rn. 37; *Illes* Das betriebsverfassungsrechtliche Verbot parteipolitischer Betätigung im Betrieb S. 171 ff.; *Pfrogner* RdA 2016, 161 (162 ff.); *Reichold* RdA 2011, 58 (61 f.); Richardi BetrVG/*Richardi* § 74 Rn. 72; *Ulrici* jurisPR-ArbR 37/2010 Anm. 1; *Wiesbauer* BB 2010, 3091 (3094).
[50] So auch *Burger/Rein* NJW 2010, 3613 (3614 f.); *Illes* Das betriebsverfassungsrechtliche Verbot parteipolitischer Betätigung im Betrieb S. 171 f.; *Pfrogner* RdA 2016, 161 (162); *Reichold* RdA 2011, 58 (61); *Ulrici* jurisPR-ArbR 37/2010 Anm. 1; vgl. auch BAG 26.2.1987 – 6 ABR 46/84, AP BetrVG 1972 § 79 Nr. 2.
[51] Vgl. BAG 3.5.2006 – 1 ABR 14/05, NJOZ 2006, 3911 Rn. 14; 3.5.1994 – 1 ABR 24/93, NZA 1995, 40 (42 ff.); vgl. auch *Bauer/Willemsen*, NZA 2010, 1089 (1091); *Burger/Rein* NJW 2010, 3613 (3614 f.); *Wiesbauer* BB 2010, 3091 (3094).

wem gegenüber das Mitbestimmungsrecht besteht, wird auch nicht ausdrücklich erwähnt. Gleichwohl lässt sich dies im Wege der Auslegung entnehmen.[52] Im Zusammenhang mit § 74 Abs. 2 BetrVG ist konkludent erkennbar, dass der jeweils andere Betriebspartner Anspruchsberechtigter ist. Dies folgt bereits aus der Überschrift „Grundsätze der Zusammenarbeit", die sich auf die Betriebspartner als die betriebsverfassungsrechtlichen Akteure bezieht. Ferner führt die Vermögenslosigkeit und das hieraus resultierende Vollstreckungshindernis nicht zu einer generellen Ablehnung eines Unterlassungsanspruchs. Dies betrifft Fragen der Vollstreckung, nicht jedoch das hiervon zu trennende materielle Recht als Grundlage für das Erkenntnisverfahren. Aus § 888 Abs. 3 ZPO wird deutlich, dass ein materiell-rechtlicher Anspruch nicht zwingend auf Grund mangelnder Vollstreckbarkeit ausgeschlossen ist.[53] Darüber hinaus überzeugen auch die systematischen Überlegungen des BAG im Hinblick auf § 23 BetrVG nicht. Bei der Vorschrift handelt es sich um eine allgemeine Regelung des BetrVG. § 74 BetrVG ist demgegenüber spezieller. § 23 BetrVG kann somit nach allgemeinen Grundsätzen keine spezielleren materiell-rechtlichen Rechte ausschließen. Vielmehr kommt § 23 BetrVG eine Auffangfunktion in den Fällen zu, in denen die materiellen Betriebsverfassungsrechte selbst keine Sanktionen gegen Verstöße beinhalten,[54] wovon letztlich auch der erste Senat in seiner Rspr. zum allgemeinen Unterlassungsanspruch ausgeht. Soweit das BAG schließlich meint, dass Arbeitgeberrechte durch die Nichtgewährung eines Unterlassungsanspruchs nicht verkürzt würden, ist dies eine bloße Behauptung, deren Nachweis der siebte Senat schuldig bleibt. Der Auflösungsantrag nach § 23 Abs. 1 S. 1 BetrVG hilft nicht weiter, weil ein einfacher Verstoß gegen betriebsverfassungsrechtliche Pflichten nicht ausreicht; der Arbeitgeber müsste einfache Verstöße gegen die Betriebsverfassung durch den Betriebsrat hinnehmen. Und der Verweis auf den Feststellungsantrag geht, wie das BAG selbst erkennt, ins Leere. Überdies ist die Rspr. mit dem Verhältnismäßigkeitsgrundsatz unvereinbar, weil der Arbeitgeber ggf. angehalten würde, auf Amtsenthebung zu drängen, wo einfache Unterlassung genügt.

b) Feststellungsantrag. Besteht zwischen den Betriebspartnern Streit, ob ein Mitbestimmungsrecht des Betriebsrats besteht, können sie dies durch einen Feststellungsantrag im Beschlussverfahren (§§ 2a Abs. 1 Nr. 1, 80 ff. ArbGG) klären lassen. Dabei beantragt der Betriebsrat die Feststellung, dass ein Mitbestimmungsrecht besteht, bzw. der Arbeitgeber im Wege des negativen Feststellungsantrags, dass ein Mitbestimmungsrecht nicht besteht. Zulässigkeitsvoraussetzung ist die **Bestimmtheit des Antrags.** Die Angelegenheit, für die ein Mitbestimmungsrecht in Anspruch genommen oder geleugnet wird, muss so konkret umschrieben sein, dass mit der Sachentscheidung über den Antrag feststeht, für welchen betrieblichen Vorgang ein Mitbestimmungsrecht bejaht oder verneint worden ist.[55] Ein zu weit gefasster Antrag der auch Fallkonstellationen umfasst, in denen ein Mitbestimmungsrecht (nicht) besteht, ist allerdings nicht unzulässig, sondern unbegründet.[56] Weitere Zulässigkeitsvoraussetzung ist das **Feststellungsinteresse** über das Bestehen oder Nichtbestehen eines Rechtsverhältnisses (§§ 80 Abs. 1, 46 Abs. 2 ArbGG, § 256 ZPO).

---

[52] So ausdrücklich BAG 3.5.1994 – 1 ABR 24/93, NZA 1995, 40 (43).
[53] So auch *Bauer/Willemsen* NZA 2010, 1089 (1091 f.); *Burger/Rein* NJW 2010, 3613 (3615); *Reichold* RdA 2011, 58 (62); *Pfrogner* RdA 2016, 161 (163 f.); *Ulrici* jurisPR-ArbR 37/2010 Anm. 1; *Wiesbauer* BB 2010, 3091 (3094).
[54] So auch *Reichold* RdA 2011, 58 (61 f.); *Pfrogner* RdA 2016, 161 (162 f.); *Ulrici* jurisPR-ArbR 37/2010 Anm. 1; vgl. auch allgemein zur Funktion des § 23 BetrVG ErfK/*Koch* BetrVG § 23 Rn. 1; Richardi BetrVG/*Thüsing* § 23 Rn. 2.
[55] BAG 17.5.1983 – 1 ABR 21/80, AP BetrVG 1972 § 80 Nr. 19 unter II 2 mit zust. Anm. v. *Hoyningen-Huene*; 14.9.1984 – 1 ABR 23/82, AP BetrVG 1972 § 87 Überwachung Nr. 9 unter B I 1; 23.10.1984 – 1 ABR 2/83, AP BetrVG 1972 § 87 Ordnung des Betriebes Nr. 8 unter B I 1 mit zust. Anm. v. *Hoyningen-Huene*; GMP/*Matthes* ArbGG § 81 Rn. 9.
[56] BAG 14.9.1984 – 1 ABR 23/82, AP BetrVG 1972 § 87 Überwachung Nr. 9 unter B I 1; 23.10.1984 – 1 ABR 2/83, AP BetrVG 1972 § 87 Ordnung des Betriebes Nr. 8; 10.6.1986 – 1 ABR 61/84, AP BetrVG 1972 § 87 Arbeitszeit Nr. 18 unter B II; GMP/*Matthes* ArbGG § 81 Rn. 9; Schwab/Weth/*Weth* ArbGG § 81 Rn. 4 ff.

Das Feststellungsinteresse liegt vor, wenn das Bestehen oder das Nichtbestehen des Mitbestimmungsrechts geleugnet wird und die Angelegenheit noch nicht geregelt ist bzw. in naher Zukunft geregelt werden soll. Ist der Vorgang bereits abgeschlossen oder soll nur eine abstrakte Rechtsfrage geklärt werden, besteht kein Rechtsschutzbedürfnis.[57]

33 In Fällen der echten Mitbestimmung steht einem Feststellungsantrag des Arbeitgebers nicht entgegen, dass nach §§ 87 Abs. 2, 76 Abs. 1 BetrVG zur Beilegung von Meinungsverschiedenheiten zwischen den Betriebspartnern grds. die Einigungsstelle zu entscheiden hat. In diesem Fall ist die **Durchführung des Einigungsstellenverfahrens keine Prozessvoraussetzung** für das Beschlussverfahren.[58] Um dem Arbeitgeber angemessenen Rechtsschutz gegen ein zu Unrecht in Anspruch genommenes Mitbestimmungsrecht zu gewähren, kann er parallel zum laufenden Einigungsstellenverfahren vor dem Arbeitsgericht im Wege eines sog. „Vorabentscheidungsverfahrens" klären lassen, ob das vom Betriebsrat behauptete Mitbestimmungsrecht überhaupt besteht.[59]

34 **c) Anrufung der Einigungsstelle.** Kommt zwischen den Betriebspartnern in einer Angelegenheit der echten Mitbestimmung keine Einigung zustande, so kann jede Seite auch gegen den Willen des anderen Teils gemäß § 76 Abs. 5 S. 1 BetrVG die Einigungsstelle anrufen (→ § 308 Rn. 10 ff., 74 f.).

35 **d) Keine einstweilige Verfügung.** Sind sich die Betriebspartner über das Bestehen eines Mitbestimmungsrechts einig, kann aber zunächst keine gemeinsame Regelung gefunden werden, soll nach einer Auffassung in Eilfällen eine vorläufige Regelung der Angelegenheit durch eine einstweilige Verfügung nach §§ 85 Abs. 2 ArbGG, 935 ff. ZPO zulässig sein.[60] Diese Auffassung ist **abzulehnen.** Die Mitbestimmungsrechte beinhalten kein gerichtlich durchsetzbares Recht auf Verhandlung gegen den anderen Betriebspartner. Damit ist auch ein Verfügungsanspruch als notwendige Voraussetzung für eine einstweilige Verfügung ausgeschlossen.[61] Zwar haben die Betriebspartner im Bereich der zwingenden Mitbestimmung eine Pflicht zur Verhandlung über mitbestimmungspflichtige Angelegenheiten. Jedoch folgt hieraus gerade kein gerichtlich durchsetzbarer Anspruch auf Verhandlung oder ein bestimmtes Verhandlungsergebnis. Für den Fall, dass keine Verhandlungen stattfinden oder diese scheitern hat der Gesetzgeber die Möglichkeit der Anrufung der Einigungsstelle eröffnet. Hierdurch bringt er den gesetzgeberischen Willen zum Ausdruck, dass eine gerichtliche Durchsetzung ausgeschlossen sein soll.[62] Die **Regelungskompetenz** bei Meinungsstreitigkeiten zwischen den Betriebspartnern ist die **Einigungsstelle** und nicht den Gerichten übertragen.[63] Deswegen kommt eine einstweilige Verfügung zur vorläufigen Regelung von Mitbestimmungsrechten nicht in Betracht.[64] Le-

---

[57] BAG 29.7.1982 – 6 ABR 51/79, AP ArbGG 1979 § 83 Nr. 5 unter III 1; *Matthes* DB 1984, 453 (457).
[58] BAG 6.12.1983 – 1 ABR 43/81, AP BetrVG 1972 § 87 Überwachung Nr. 7; *Fitting* nach § 1 Rn. 12; GK-BetrVG/*Kreutz* § 76 Rn. 71; Richardi BetrVG/*Richardi* § 76 Rn. 106.
[59] BAG 6.12.1983 – 1 ABR 43/81, AP BetrVG 1972 § 87 Überwachung Nr. 7; *Fitting* Nach § 1 Rn. 12; v. Hoyningen-Huene BetrVR § 6 Rn. 59; GK-BetrVG/*Kreutz* § 76 Rn. 71; Löwisch/Kaiser BetrVG § 76 Rn. 12; Richardi BetrVG/*Richardi* § 76 Rn. 106.
[60] *Dütz* ZfA 1972, 247 (263 ff.); Richardi BetrVG/*Richardi* § 76 Rn. 34; *Stege* BetrVG § 87 Rn. 10; ebenso LAG Frankfurt aM 3.4.1978 – 5 TaBV Ga 27/78, BB 1979, 942; LAG Hamburg 13.11.1981 – TaBV 9/81, DB 1982, 1522.
[61] Berger/*Boemke* Einstweilliger Rechtsschutz im Zivilrecht S. 699 Kap. 14 Rn. 146; MüKoZPO/*Drescher* § 935 Rn. 132 f.; *Walker* Einstweilliger Rechtsschutz Rn. 832; vgl. so im Ergebnis auch *Fitting* § 76 Rn. 126; *Grunsky* ArbGG § 85 Rn. 14a; *Heinze* DB-Beil. 9/1983, 16; *Heinze* RdA 1990, 262 (279); v. Hoyningen-Huene BetrVR § 4 Rn. 78; GK-BetrVG/*Wiese* § 87 Rn. 161.
[62] Berger/*Boemke* Einstweilliger Rechtsschutz im Zivilrecht S. 699 Kap. 14 Rn. 146; vgl. auch MüKoZPO/*Drescher* § 935 Rn. 133.
[63] GMP/*Matthes* ArbGG § 85 Rn. 40; *Olderog* NZA 1985, 753 (756).
[64] ArbG Hamburg 9.4.1985 – 1 GaBV 1/85, NZA 1985, 404; ArbG Herne 24.5.1991 – 4 BVGa 4/91, DB 1991, 2296; ArbG Siegburg 3.3.1975 – 1 BV Ca 2/75, DB 1975, 555; Bengelsdorf DB 1990, 1237 (1282); *Grunsky* ArbGG § 85 Rn. 14a; HSWGN/*Worzalla* BetrVG § 87 Rn. 31 f.; v. Hoyningen-Huene BetrVR § 4 Rn. 78.

II. Rechtsdurchsetzung und Sanktionen

diglich der Betriebsrat kann unter den Voraussetzungen des § 23 Abs. 3 BetrVG seine Ansprüche auch durch einstweiligen Rechtsschutz geltend machen.

2. Sanktionen gegen den Betriebsrat

Verstößt der Betriebsrat gegen betriebsverfassungsrechtliche Pflichten aus dem Betriebsverhältnis, so kommen **spezielle betriebsverfassungsrechtliche Sanktionen,** unter Umständen sogar strafrechtliche Sanktionen, in Betracht. Daneben sind aber auch individualrechtliche Sanktionen denkbar.

a) Erfüllungsansprüche. Erfüllungsansprüchen des Arbeitgebers bestehen nicht, wenn der Betriebsrat seine Mitbestimmungsrechte nicht oder nicht in dem vom Arbeitgeber gewünschten Sinne ausübt. Die Pflichten des Betriebsrats sind nur unvollkommene, nicht unmittelbar erzwingbare Verbindlichkeiten (→ Rn. 11). Der Arbeitgeber hat daher lediglich die Möglichkeit zur Anrufung der Einigungsstelle nach § 76 Abs. 5 BetrVG oder des Arbeitsgerichts nach §§ 99 Abs. 4, 103 Abs. 2 BetrVG.

b) Betriebsverfassungsrechtliche Sanktionen. § 77 Abs. 1 S. 2 BetrVG bestimmt, dass der Betriebsrat nicht durch einseitige Handlungen in die Leitung des Betriebs eingreifen darf. Verstößt der Betriebsrat gegen diese Pflicht, so kann der Arbeitgeber einen **Unterlassungsanspruch** im arbeitsgerichtlichen Beschlussverfahren (§§ 2a Abs. 1 Nr. 1, 80ff. ArbGG) geltend machen. Zwar nennt § 77 Abs. 1 S. 2 BetrVG den Unterlassungsanspruch nicht ausdrücklich, dieser geht aber aus Sinn und Zweck der Vorschrift hervor.[65] Entsprechendes gilt für den Unterlassungsanspruch nach § 79 Abs. 1 S. 1 BetrVG bei Verletzung der Geheimhaltungspflicht.[66] Etwas anderes kann nur dann angenommen werden, soweit die nicht überzeugende neue Rspr. des BAG (→ Rn. 30f.) auch auf §§ 77 Abs. 1 S. 2, 79 Abs. 1 S. 1 BetrVG übertragen wird.

Daneben kann der Arbeitgeber nach § 23 Abs. 1 S. 1 BetrVG im arbeitsgerichtlichen Beschlussverfahren (§§ 2a Abs. 1 Nr. 1, 80ff. ArbGG) den Ausschluss eines Mitglieds aus dem Betriebsrat oder die Auflösung des Betriebsrats wegen grober Verletzung seiner gesetzlichen Pflichten beantragen **(Amtsenthebungsverfahren).**[67] Unterlassungsansprüche und Amtsenthebungsverfahren schließen sich wegen der unterschiedlichen Rechtsfolgen nicht gegenseitig aus, sondern können nebeneinander durchgeführt werden.[68]

c) Strafrechtliche Sanktionen. Verstöße gegen die Geheimhaltungspflicht nach § 79 BetrVG sind strafrechtlich in § 120 Abs. 1 BetrVG sanktioniert, werden aber nur auf Antrag des Arbeitgebers (§ 120 Abs. 5 BetrVG) verfolgt.[69]

d) Individualrechtliche Sanktionen. Abgesehen von diesen betriebsverfassungsrechtlichen Sanktionen kommen auch die allgemeinen Reaktionsmöglichkeiten wegen der Verletzung arbeitsvertraglicher Pflichten des Betriebsratsmitglieds in Betracht. Voraussetzung hierfür ist, dass der Verstoß des Betriebsratsmitglieds außer der Amtspflichtverletzung auch eine **Verletzung** der **Pflichten** aus dem **Arbeitsverhältnis** darstellt (Simultantheorie).[70]

---

[65] *V. Hoyningen-Huene* Anm. zu BAG 26.2.1987 – 6 ABR 46/84, EzA BetrVG 1972 § 79 Nr. 1.
[66] BAG 26.2.1987 – 6 ABR 46/84, EzA BetrVG 1972 § 79 Nr. 1 mit zust. Anm. *v. Hoyningen-Huene.*
[67] Für § 77 BetrVG: BeckOK ArbR/*Werner* BetrVG § 77 Rn. 5; *Fitting* § 77 Rn. 10; Richardi BetrVG/*Richardi* § 77 Rn. 10; für § 79 BetrVG: ArbG Wesel 16.10.2008 – 5 BV 34/08, NZA 2009, 21 (21f.); *Fitting* § 79 Rn. 41; Richardi BetrVG/*Richardi* § 79 Rn. 138.
[68] BAG 22.7.1980 – 6 ABR 5/78, AP BetrVG 1972 § 74 Nr. 3.
[69] Ausführlich hierzu, auch zur rechtstatsächlichen Bedeutung, *Krumm-Mauermann,* Rechtsgüterschutz durch die Straf- und Bußgeldbestimmungen des Betriebsverfassungsgesetzes, 1990, S. 105ff.
[70] BAG 16.10.1986 – 2 ABR 71/85, AP BGB § 626 Nr. 95 unter II 4; *Buchner* FS G. Müller 93 (109ff.); *v. Hoyningen-Huene* BetrVR § 4 Rn. 84; HHL/*Linck* KSchG § 15 Rn. 98f.

So ist etwa eine mitbestimmungsfreie Abmahnung[71] oder mitbestimmungspflichtige Verwarnung des Betriebsratsmitglieds denkbar, zB bei unberechtigtem Verteilen von politischen Flugblättern im Betrieb.[72] Weiterhin kommt eine **außerordentliche Kündigung** in Betracht (§ 15 KSchG, § 103 BetrVG), soweit hierfür ein wichtiger Grund vorliegt (§ 626 BGB). Andererseits kann auf Verletzungen der **allgemeinen arbeitsrechtlichen Pflichten** von Betriebsratsmitgliedern, die nicht im Zusammenhang mit der Betriebsratstätigkeit stehen, in gleicher Weise reagiert werden wie auf Pflichtverletzungen anderer Arbeitnehmer.[73] Verstöße gegen betriebsverfassungsrechtliche Verpflichtungen allein können **individualvertragliche Sanktionen** nicht rechtfertigen. Bei groben Pflichtverletzungen kommt nur die Abberufung nach § 23 Abs. 1 BetrVG in Betracht. Nach der Abberufung ist dann allerdings wegen der Verletzung arbeitsvertraglicher Pflichten eine ordentliche Kündigung möglich, weil insoweit keine Nachwirkung des Kündigungsschutzes für Betriebsratsmitglieder besteht (§ 15 Abs. 1 S. 2 Hs. 1 KSchG). Gegen ein Betriebsratsmitglied kann soweit die allgemeinen Vorschriften des § 823, 826 BGB erfüllt sind auch ein Schadensersatzanspruch in Betracht kommen.[74]

3. Sanktionen gegen den Arbeitgeber

42 Erfüllt der Arbeitgeber seine **Verpflichtungen** aus dem BetrVG nicht, kommen Leistungs-, Feststellungs- und Unterlassungsansprüche in Betracht.

43 **a) Leistungsansprüche.** Handelt es sich um Leistungsansprüche des Betriebsrats wie Informations- und Einblicksrechte (zB § 99 Abs. 1 S. 1 BetrVG), Beratungsrechte (zB § 106 Abs. 1 S. 2 BetrVG), Teilnahmerechte (§ 89 Abs. 3 BetrVG), Kostentragungsansprüche (zB § 40 Abs. 1 BetrVG), Befreiungs- und Freistellungsansprüche (§§ 37 Abs. 2 und Abs. 3, 38 Abs. 1 BetrVG), sonstige Handlungsansprüche (zB § 93 BetrVG) oder Ansprüche aus einer Betriebsvereinbarung,[75] so kann er im Beschlussverfahren (§§ 2a Abs. 1 Nr. 1, 80 ff. ArbGG) einen entsprechenden Leistungsantrag stellen. Dieser ist nach § 85 ArbGG vollstreckungsfähig.

44 **b) Mitbestimmungsrechte.** Bei Mitbestimmungsrechten hat der Betriebsrat die gleichen Möglichkeiten wie der Arbeitgeber: Diese werden auf Grund eines Feststellungsantrags gerichtlich festgestellt oder durch die Einigungsstelle geregelt (→ Rn. 32 ff.). Ein arbeitsgerichtlicher Leistungsantrag des Betriebsrats gegen den Arbeitgeber, dass die Mitbestimmung gewährt wird, kommt dagegen nicht in Betracht. Die Mitbestimmung kann nicht direkt erzwungen werden und wäre auch nicht vollstreckbar (→ Rn. 35).

45 **c) Unterlassungsansprüche.** Nach § 78 BetrVG darf der Betriebsrat bei der Ausübung seiner Tätigkeit nicht gestört oder behindert werden; außerdem ist jegliche Begünstigung oder Bevorzugung untersagt. Bei groben Verstößen des Arbeitgebers hat der Betriebsrat außerdem den Unterlassungsanspruch nach § 23 Abs. 3 BetrVG (ähnlich § 98 Abs. 5 BetrVG), dessen materiell-rechtlicher S. 1 im Beschlussverfahren geltend zu machen ist (§§ 2a Abs. 1 Nr. 1, 80 ff. ArbGG) und nach S. 2 bis 5 dieser Bestimmung als Sonderregelung zu

---

[71] BAG 13.11.1991 – 5 AZR 74/91, AP BGB § 611 Abmahnung Nr. 7 = AR-Blattei ES 20 Nr. 23 mAnm *v. Hoyningen-Huene;* 15.7.1992 – 7 AZR 466/91, AP BGB § 611 Abmahnung Nr. 9; ausführlich hierzu *v. Hoyningen-Huene* RdA 1990, 193 ff.
[72] BAG 5.12.1975 – 1 AZR 94/74, AP BetrVG 1972 § 87 Betriebsbuße Nr. 1.
[73] *V. Hoyningen-Huene* Kurzkomm. zu BAG 16.10.1986 – 2 ABR 71/85, EwiR § 626 BGB 1/87, S. 453 (454).
[74] ErfK/*Koch* BetrVG § 1 Rn. 19; *Fitting* 1 Rn. 214 ff., § 77 Rn. 10, § 79 Rn. 43; vgl. auch *Illes* Das betriebsverfassungsrechtliche Verbot parteipolitischer Betätigung im Betrieb, S. 198 f.; *Müller/Jahner* BB 2013, 440 (443).
[75] BAG 18.1.2005 – 3 ABR 21/04, AP BetrVG 1972 § 77 Betriebsvereinbarung Nr. 24 mAnm *v. Hoyningen-Huene.*

§ 85 Abs. 1 ArbGG mittels Ordnungsgeld oder Zwangsgeld vollstreckbar ist.[76] Eine Antragsbefugnis des Betriebsrats aufgrund einer Prozessstandschaft kann sich nach Auffassung des BAG auch dann ergeben, wenn der Betriebsrat keine eigene materiell-rechtliche Position geltend machen kann.[77] Ein grober Verstoß setzt kein Verschulden des Arbeitgebers voraus[78] und ist insbes. dann gegeben, wenn es zu der streitigen Angelegenheit eine feststehende Rechtsprechung gibt.[79] Ein grober Verstoß liegt hingegen nicht vor, wenn der Arbeitgeber seine Rechtsposition in einer schwierigen und ungeklärten Rechtsfrage verteidigt.[80]

Umstritten ist, ob mit dem Unterlassungsanspruch nach § 23 Abs. 3 BetrVG andere **allgemeine Unterlassungsansprüche,** konkurrieren.[81] Die **frühere Rspr. des BAG**[82] hat einen solchen allgemeinen Unterlassungsanspruch neben dem Unterlassungsanspruch aus § 23 Abs. 3 BetrVG **abgelehnt.**[83] Im Unterschied hierzu nimmt nunmehr **sowohl das BAG als auch die hM** nunmehr an, dass sich ein **allgemeiner Unterlassungsanspruch aus § 2 BetrVG iVm einem konkreten Mitbestimmungstatbestand** ableiten lässt.[84] Aus dem im § 2 BetrVG verankerten Gebot der vertrauensvollen Zusammenarbeit folge als Nebenpflicht, alles zu unterlassen, was der Wahrnehmung des konkreten Beteiligungsrechts zuwiderläuft.[85] Eine solche Nebenpflicht bestehe immer in den Fällen, in denen es keine anderweitigen Sanktionsmöglichkeiten gebe, wenn der Arbeitgeber das Beteiligungsrecht verletzt. Dies sei der Fall, wenn der Mitbestimmungstatbestand selbst keine ausreichende Sanktion bestimmt.[86] **46**

Der neuen Rspr. des BAG ist zuzustimmen.[87] Bereits aus allgemeinen Grundsätzen folgt, dass sich innerhalb einer Rechtsbeziehung jede Partei so zu verhalten hat, dass die Rechte der anderen Seite nicht beeinträchtigt werden. Insbes. beim Betriebsverhältnis besteht für den Arbeitgeber eine besondere Pflicht zur Rücksichtnahme. Dem Betriebsrat ist es nämlich nicht möglich seine Beteiligungsrechte durch einen Eingriff in die Leitung des Betriebs durchzusetzen (vgl. § 77 Abs. 1 S. 1 BetrVG). Diesem Ergebnis steht auch nicht ein abschließender Charakter des § 23 Abs. 3 BetrVG entgegen. Die Vorschrift stellt **keine abschließende Regelung** dar.[88] Hierfür sprechen Wortlaut, systematische und auch teleologische Erwägungen. § 23 Abs. 3 BetrVG bestimmt nach seinem Wortlaut gerade nicht, dass ein Unterlassungsanspruch bei groben Verstößen des Arbeitgebers „nur" bzw. „ausschließlich" nach § 23 Abs. 3 BetrVG möglich ist.[89] Die Möglichkeit eines allgemeinen Unterlassungsanspruchs auf Grund sonstiger Verstöße bleibt damit offen. Ferner steht die Systematik des § 23 Abs. 3 BetrVG einem allgemeinen Unterlassungsanspruch nicht **47**

---

[76] BAG 25.8.2004 – 1 AZB 41/03, AP BetrVG 1972 § 23 Nr. 41.
[77] BAG 16.11.2004 – 1 ABR 53/03, NZA 2005, 417.
[78] BAG 18.8.2009 – 1 ABR 47/08, NZA 2010, 222 Rn. 36; 8.8.1989 – 1 ABR 65/88, AP BetrVG 1972 § 87 Ordnung des Betriebes Nr. 15 unter B II.
[79] BAG 8.8.1989 – 1 ABR 65/88, AP BetrVG 1972 § 87 Ordnung des Betriebes Nr. 15 unter B II.
[80] BAG 18.8.2009 – 1 ABR 47/08, NZA 2010, 222 Rn. 36; 26.7.2005 – 1 ABR 29/04, AP BetrVG 1972 § 95 Nr. 43 = NZA 2005, 1372; v. Hoyningen-Huene/Boemke Versetzung S. 194 f.
[81] Befürwortend zB Coen DB 1984, 2459 ff.; Derleder AuR 1985, 65 (75 ff.); Dütz DB 1984, 115 (120); DKK/Trittin § 23 Rn. 117; GK-BetrVG/Oetker § 23 Rn. 130 ff.; Salje Quasinegatorischer Rechtsschutz im Betriebsverfassungsrecht DB 1988, 909 (911 ff.); Trittin BB 1984, 1169 ff.
[82] BAG 22.2.1983 – 1 ABR 27/81, AP BetrVG 1972 § 23 Nr. 2 mit zust. Anm. v. Hoyningen-Huene.
[83] Ebenso Hanau NZA-Beil. 2/1985, 3 (11); Heinze DB-Beil. 9/1983, 16 f.; HSWGN/Schlochauer BetrVG § 23 Rn. 81a; v. Hoyningen-Huene BetrVR § 4 Rn. 91; Konzen Betriebsverfassungsrechtliche Leistungspflichten S. 92 ff.; Konzen/Rupp DB 1984, 2695 ff.
[84] Grundlegend hierzu: BAG 3.5.1994 – 1 ABR 24/93, NZA 1995, 40 (42); vgl. auch BAG 3.5.2006 – 1 ABR 14/05 Rn. 14, NJOZ 2006, 3911; BeckOK ArbR/Besgen BetrVG § 23 Rn. 42; Fitting § 23 Rn. 101 ff.; Richardi BetrVG/Thüsing § 23 Rn. 80; Richardi NZA 1995, 8 (9 ff.).
[85] BAG 3.5.1994 – 1 ABR 24/93, NZA 1995, 40 (42).
[86] BAG 3.5.1994 – 1 ABR 24/93, NZA 1995, 40 (42 f.).
[87] AA noch Vorauflage MHdB ArbR/v. Hoyningen-Huene, 3. Aufl. 2009, § 213 Rn. 46.
[88] Vgl. BeckOK ArbR/Besgen BetrVG § 23 Rn. 42; Fitting § 23 Rn. 97; aA noch Vorauflage MHdB ArbR/v. Hoyningen-Huene, 3. Aufl. 2009, § 213 Rn. 46.
[89] Vgl. so auch Hromadka/Maschmann ArbR Bd. 2 § 16 Rn. 96.

entgegen. Die Vorschrift bestimmt bei groben Verstößen auf Rechtsfolgenseite neben dem Unterlassen gleichartig auch ein Tun und Dulden des Arbeitgebers. Im Zusammenhang mit Leistungsansprüchen wird allgemein angenommen, dass ein solcher Anspruch ebenso durch eine spezielle Regelung begründet sein kann. § 23 Abs. 3 BetrVG hat insoweit gerade keinen abschließenden Charakter. Die Bejahung der Sperrwirkung des § 23 Abs. 3 BetrVG für weitere Unterlassungsansprüche ist deshalb hierzu widersprüchlich.[90] Schließlich sind teleologische Aspekte zu berücksichtigen. Nach der Gesetzesbegründung sollte zur Wahrung des Rechtegleichgewichts nicht nur der Arbeitgeber die Möglichkeit des Ausschlusses von Betriebsratsmitgliedern als auch der Auflösung des Betriebsrats haben, sondern parallel hierzu auch ausdrücklich eine Sanktion gegen den Arbeitgeber bei grober Pflichtverletzung bestimmt werden.[91] Hierdurch sollten somit die Rechte des Betriebsrats bei Rechtsverletzungen erweitert und nicht etwa auf grobe Pflichtverstöße beschränkt werden.[92]

48 **d) Einstweilige Verfügung.** Bei den Leistungs- und Unterlassungsansprüchen kommt eine einstweilige Verfügung nach §§ 85 Abs. 2 ArbGG, 935 ff. ZPO (Sicherungs- und Regelungsverfügung) in Betracht. Bei Regelungsstreitigkeiten kann dagegen eine bisher nicht erreichte Einigung, die über die Einigungsstelle erfolgen müsste, nicht im Wege der einstweiligen Verfügung durchgesetzt werden (→ Rn. 35).[93] Allerdings kann der Betriebsrat den materiell-rechtlichen Unterlassungsanspruch aus § 23 Abs. 3 S. 1 BetrVG im einstweiligen Verfügungsverfahren geltend machen, wenn ein grober Verstoß des Arbeitgebers gegen ein Mitbestimmungsrecht vorliegt.[94] Daneben kann auch der allgemeine betriebsverfassungsrechtliche Unterlassungsanspruch aus den § 2 BetrVG iVm einem konkreten Beteiligungstatbestand (→ Rn. 46 f.) durch einstweilige Unterlassungsverfügung zur Sicherung der Mitbestimmung geltend gemacht werden.[95]

49 **e) Ordnungswidrigkeiten und strafrechtliche Sanktionen.** Schließlich kann der Betriebsrat gegen den Arbeitgeber bei Verletzung seiner Informationspflichten ein **Bußgeld** nach § 121 BetrVG beantragen und bei Behinderung der Betriebsratswahl oder -tätigkeit ein **Strafverfahren** nach § 119 BetrVG einleiten.[96]

---

[90] Vgl. BAG 3.5.1994 – 1 ABR 24/93, NZA 1995, 40 (41 f.).
[91] BT-Drs. VI/1786, 39.
[92] Vgl. BeckOK ArbR/*Besgen* BetrVG § 23 Rn. 42; *Fitting* § 23 Rn. 97 ff.; GK-BetrVG/*Oetker* § 23 Rn. 17, 145 ff.
[93] Mittlerweile auch BAG 28.8.1991 – 7 ABR 72/90, AP ArbGG 1979 § 85 Nr. 2 unter II 3.
[94] *V. Hoyningen-Huene* BetrVR § 4 Rn. 93.
[95] Berger/*Boemke* Einstweilliger Rechtsschutz im Zivilrecht S. 71 ff. Rn. 152 ff.; *Fitting* § 23 Rn. 103; GK-BetrVG/*Oetker* § 23 Rn. 182; NK-GA/*Kloppenburg* BetrVG § 23 Rn. 54.
[96] Ausführlich zu den Straf- und Bußgeldbestimmungen des BetrVG *Grobe* Ordnungswidrigkeitenverfahren nach dem Betriebsverfassungsrecht, 1990; *Krumm-Mauermann* Rechtsgüterschutz durch die Straf- und Bußgeldbestimmungen des BetrVG, 1990.

§ 288 Leitgrundsätze der Betriebsverfassung

Schrifttum:
Bauer/Willemsen, Der (partei)politische Betriebsrat, NZA 2010, 1089 ff.; *W. Blomeyer,* Die rechtliche Bewertung des Betriebsfriedens im Individualarbeits- und Betriebsverfassungsrecht, ZfA 1972, 85 ff.; *W. Blomeyer,* Die zulässige Ungleichbehandlung im Arbeitsrecht, FS G. Müller, 1981, S. 51 ff.; *Buchner,* Meinungsfreiheit im Arbeitsrecht, ZfA 1982, 49 ff.; *Däubler* (Hrsg.), Arbeitskampfrecht, 2. Aufl. 1987; *Derleder,* Die politische Meinungsäußerung des Betriebsrats, AuR 1988, 17 ff.; *Fritsch,* Gleichbehandlung als Aufgabe von Arbeitgeber und Betriebsrat nach § 75 Abs. 1 BetrVG, BB 1992, 701 ff.; *Hallenberger,* Die Pflicht des Arbeitgebers zur Förderung der freien Persönlichkeitsentfaltung nach § 75 Abs. 2 BetrVG, 1988; *Heinze,* Mitbestimmung des Betriebsrates und Arbeitskampf, DB-Beil. 23/1982; *R. Hofmann,* Das Verbot parteipolitischer Betätigung im Betrieb, 1984; *v. Hoyningen-Huene,* Die Billigkeit im Arbeitsrecht, 1978; *v. Hoyningen-Huene/Boemke,* Versetzung, 1991; *v. Hoyningen-Huene/Hofmann,* Politische Plaketten im Betrieb, BB 1984, 1050 ff.; *Illes,* Das betriebsverfassungsrechtliche Verbot parteipolitischer Betätigung im Betrieb, Diss. Leipzig 2015; *Löwisch* (Hrsg.), Arbeitskampf- und Schlichtungsrecht, 1997; *Löwisch,* Schutz und Förderung der freien Entfaltung der Persönlichkeit der im Betrieb beschäftigten Arbeitnehmer (§ 75 Abs. 2 BetrVG 1972), AuR 1972, 359 ff.; *Meisel,* Politik im Betrieb, RdA 1976, 38 ff.; *Müller-Bonttau,* Presseerklärungen des Betriebsrates, NZA 1996, 1071 ff.; *Oetker,* Die Durchführung von Not- und Erhaltungsarbeiten bei Arbeitskämpfen, 1984; *Preis/Ulber,* Die Rechtskontrolle von Betriebsvereinbarungen, RdA 2013, 211 ff.; *Rieble/Wiebauer,* Meinungskampf im Betrieb, ZfA 2010, 63 ff.; *Schönhöft/Weyhing,* Neutralitätspflicht und Koalitionsfreiheit des Betriebsrats, BB 2014, 762 ff.; *Ulrici,* Anm. zu BAG 17.3.2010 – 7 ABR 95/08, juris PR-ArbR 37/2010 Anm. 1; *R. Weber,* Die vertrauensvolle Zusammenarbeit zwischen Arbeitgeber und Betriebsrat gemäß § 2 Abs. 1 BetrVG, 1988; *R. Weber,* Der Anwendungsbereich des Grundsatzes der vertrauensvollen Zusammenarbeit gemäß § 2 Abs. 1 BetrVG, ZfA 1991, 187 ff.; *Wiebauer,* Unterlassungsanspruch gegen politische Betätigung des Betriebsrats, BB 2010, 3091 ff.; *Wiese,* Individuum und Kollektiv im Betriebsverfassungsrecht, NZA 2006, 1 ff.; *Wiese,* Stellung und Aufgaben des Betriebsrats im Arbeitskampf, NZA 1984, 378 ff.

Übersicht

	Rn.
I. Übersicht	1
II. Gebot der vertrauensvollen Zusammenarbeit (§§ 2 Abs. 1, 74 Abs. 1 BetrVG)	2
1. Prinzipien und Ziele der Zusammenarbeit	2
2. Anwendungsbereich	5
3. Konkretisierungen	6
III. Betriebsverfassungsrecht und Arbeitskampfverbot (§ 74 Abs. 2 S. 1 BetrVG)	9
1. Verbotsadressaten	10
2. Unzulässige Maßnahmen	12
3. Betriebsratstätigkeit und Arbeitskampf	15
4. Rechtsfolgen einer Verbotsverletzung	20
IV. Betriebsverfassungsrechtliche Friedenspflicht (§ 74 Abs. 2 S. 2 BetrVG)	21
1. Voraussetzungen	21
2. Rechtsfolgen	23
V. Verbot der parteipolitischen Betätigung (§ 74 Abs. 2 S. 3 BetrVG)	24
1. Verbotszweck	24
2. Voraussetzungen	25
3. Sanktionen	30
VI. Grundsätze für die Behandlung von Betriebsangehörigen (§ 75 BetrVG)	31
1. Persönlicher Anwendungsbereich	32
2. Grundsätze von Recht und Billigkeit (§ 75 Abs. 1 Hs. 1 BetrVG)	34
3. Betriebsverfassungsrechtlicher Gleichbehandlungsgrundsatz (§ 75 Abs. 1 Hs. 2 BetrVG)	36
4. Schutz und Förderung der freien Persönlichkeitsentfaltung (§ 75 Abs. 2 BetrVG)	37
5. Sanktionen	40

I. Übersicht

Im Rahmen des betriebsverfassungsrechtlichen Dauerschuldverhältnisses zwischen Arbeitgeber und Betriebsrat (Betriebsverhältnis, → § 287 Rn. 1 ff.) kommt den Betriebspartnern eine gemeinsame Gestaltungsfunktion für den Betrieb zu. Dabei bleibt im Grundsatz die

1

Planungs-, Organisations- und Leitungskompetenz des Arbeitgebers als Unternehmer unangetastet. Namentlich darf der **Betriebsrat nicht durch einseitige Handlungen in die Leitung des Betriebs eingreifen** (§ 77 Abs. 1 S. 2 BetrVG). Der Betriebsrat soll vielmehr die Vorhaben des Arbeitgebers im Hinblick auf Rechtmäßigkeit und Zweckmäßigkeit des betrieblichen Geschehens kontrollieren und mitbeeinflussen (vgl. § 75 Abs. 1 BetrVG), nicht aber den Betriebsablauf verhindern oder blockieren. Hierdurch wird zum Schutze der Belegschaft das **Direktionsrecht des Arbeitgebers eingeschränkt.** Dieser Eingriff in die Betriebsleitung und damit mittelbar in die unternehmerische Freiheit erfordert somit eine genaue Regelung über den Inhalt betrieblicher Entscheidungstätigkeit, die nach den gesetzlichen Bestimmungen und nicht nach freiem Belieben der zuständigen Organe zu erfolgen hat. Das BetrVG legt daher zur gemeinsamen Zusammenarbeit von Arbeitgeber und Betriebsrat **vier allgemeine, tragende Grundsätze** fest:
– Vertrauensvolle Zusammenarbeit (§ 2 Abs. 1 BetrVG);
– Friedenspflicht (§ 74 Abs. 2 S. 1 und S. 2 BetrVG);
– Verbot parteipolitischer Betätigung (§ 74 Abs. 2 S. 3 BetrVG);
– Diskriminierungsverbot (§ 75 Abs. 1 BetrVG).

II. Gebot der vertrauensvollen Zusammenarbeit (§§ 2 Abs. 1, 74 Abs. 1 BetrVG)

1. Prinzipien und Ziele der Zusammenarbeit

2 Nach § 2 Abs. 1 BetrVG arbeiten Arbeitgeber und Betriebsrat vertrauensvoll zum Wohl der Arbeitnehmer und des Betriebs zusammen. Durch diese **Generalklausel** wird festgelegt, wie die Betriebspartner ihre Rechte nach der Betriebsverfassung wahrzunehmen und wie sie ihre Pflichten zu erfüllen haben. § 2 Abs. 1 BetrVG ist zwar eine unmittelbar verpflichtende Rechtsnorm; sie kann aber erst iVm einzelnen, gesetzlich ausgestalteten Konkretisierungen und bei der Auslegung der wechselseitigen Rechte und Pflichten unmittelbar Wirkung entfalten.[1]

3 § 2 Abs. 1 BetrVG legt den Betriebspartnern auf, **vertrauensvoll zusammenzuarbeiten.** Hierdurch sollen nicht die natürlichen Interessengegensätze zwischen Arbeitgeber und Arbeitnehmer bzw. Betriebsrat aufgehoben, die Durchsetzung der wechselseitigen Interessen vereitelt oder die Betriebspartner zum gegenseitigen Vertrauen verpflichtet werden. Vielmehr wird die Art und Weise des gegenseitigen Umgangs iSd **Kooperationsgebots** festgeschrieben.[2] Diese Kooperation (im Gegensatz zur Konfrontation) fordert die Einhaltung eines „fair play" als Mindeststandard im Rahmen der betrieblichen Zusammenarbeit. Als Vertrauensgrundlage sind Ehrlichkeit und Offenheit unbedingte Voraussetzungen für eine vertrauensvolle Zusammenarbeit.[3] Weiterhin ist das beiderseitige Bemühen um Einigung gefordert (vgl. § 74 Abs. 1 S. 2 BetrVG).[4]

4 **Ziel der Zusammenarbeit** der Betriebspartner ist das **Wohl der Arbeitnehmer und des Betriebs.** Im Rahmen der betriebsverfassungsrechtlichen Zusammenarbeit mit dem Betriebsrat darf der Arbeitgeber nicht ausschließlich die Unternehmensinteressen berücksichtigen. Ebensowenig darf sich der Betriebsrat lediglich von den Arbeitnehmerinteressen leiten lassen. Bei dem „Wohl des Betriebs" geht es nicht nur um den geordneten effektiven arbeitstechnischen Ablauf, der sich allein im Betrieb vollzieht, sondern auch um die Berücksichtigung der **wirtschaftlichen Interessen des Arbeitgebers.** Die Realisierung der sozialen, personellen und wirtschaftlichen Angelegenheiten auf betrieblicher Ebene steht stets auch im engen Zusammenhang mit dem Wohl des Unternehmens hinsichtlich seines Erfolgs und Fortbestands (vgl. § 112 Abs. 5 Nr. 3 BetrVG).[5] Daneben umfasst das

---
[1] BAG 21.4.1983 – 6 ABR 70/82, AP BetrVG 1972 § 40 Nr. 20 = NJW 1984, 2309 (2309); Richardi BetrVG/*Richardi* § 2 Rn. 17 ff.
[2] *V. Hoyningen-Huene* BetrVR § 4 Rn. 51.
[3] BAG 22.5.1959 – 1 ABR 2/59, AP BetrVG 1952 § 23 Nr. 3 = SAE 1959, 178 (178); 22.9.1994 – 2 AZR 31/94, AP BetrVG 1972 § 102 Nr. 68 unter II 3 b = NZA 1995, 363 (365).
[4] *Weber* Vertrauensvolle Zusammenarbeit, 1988, S. 25.
[5] *V. Hoyningen-Huene* BetrVR § 4 Rn. 52.

Betriebswohl auch die Interessen der Arbeitnehmer, also der kollektiven Interessen der Belegschaft bzw. der Individualinteressen einzelner, von der geplanten Maßnahme besonders betroffener Arbeitnehmer.[6] Dagegen haben die Wünsche Dritter (zB Lieferanten, Unternehmensgläubiger) weitgehend unberücksichtigt zu bleiben.[7]

2. Anwendungsbereich
§ 2 Abs. 1 BetrVG wendet sich einerseits an den **Arbeitgeber** sowie an diejenigen 5 betrieblichen Führungskräfte, die Aufgaben des Arbeitgebers im Rahmen der Betriebsverfassung wahrnehmen,[8] andererseits an den **Betriebsrat** (bzw. Gesamtbetriebsrat, Konzernbetriebsrat, Jugend- und Auszubildendenvertretung[9]) sowie an die einzelnen Betriebsratsmitglieder, soweit sie betriebsverfassungsrechtliche Aufgaben wahrnehmen,[10] und die nachrückenden Ersatzmitglieder.[11]

3. Konkretisierungen
Die Konkretisierung des Grundsatzes der vertrauensvollen Zusammenarbeit erfolgt insbes. in **§ 74 Abs. 1 BetrVG**. Danach sollen Arbeitgeber und Betriebsrat regelmäßige monatliche Besprechungen durchführen (§ 74 Abs. 1 S. 1 BetrVG). Der Arbeitgeber hat grds. persönlich bzw. durch eine vertretungsberechtigte Person an der Besprechung teilzunehmen.[12] Ein **Teilnahmerecht Dritter** besteht nur für die Schwerbehindertenvertretung gemäß § 178 Abs. 5 SGB IX, nicht aber für andere Personen, zB externe Gewerkschaftsvertreter; es kann diesen aber freiwillig eingeräumt werden. Eine besondere **Form** für die Zusammentreffen zwischen Arbeitgeber und Betriebsrat ist nach § 74 Abs. 1 BetrVG nicht vorgesehen. Nach § 74 Abs. 1 S. 2 BetrVG ist über **strittige Fragen mit dem ernsten Willen zur Einigung** zu verhandeln und sind Vorschläge für die Beilegung von Meinungsverschiedenheiten zu unterbreiten. Die Regelung des § 74 Abs. 1 S. 1 BetrVG verpflichtet die Betriebspartner rechtlich nicht zur Kompromissbereitschaft oder gar zum Kompromiss. Zur Beilegung von Meinungsverschiedenheiten ist die Einigungsstelle (§ 76 BetrVG) heranzuziehen.[13] Die dauernde Verweigerung der Zusammenarbeit von einer Seite kann aber eine grobe Pflichtverletzung iSd § 23 BetrVG darstellen. 6

Eine weitere Konkretisierung ist die Pflicht des Arbeitgebers zur rechtzeitigen und umfassenden **Unterrichtung des Betriebsrats nach § 80 Abs. 2 BetrVG** (→ § 314 Rn. 1 ff.). Der Informationsanspruch setzt nicht das Bestehen eines Mitbestimmungsrechts voraus; vielmehr dient er ua der Feststellung, ob und in welchem Umfang ein solches Recht besteht.[14] 7

Der Grundsatz vertrauensvoller Zusammenarbeit wirkt als **Auslegungsregel**. Er bestimmt den Inhalt der gesetzlichen Rechte und Pflichten für Arbeitgeber und Betriebsrat, zB den Umfang der Auskunftspflichten des Arbeitgebers gegenüber dem Betriebsrat.[15] Lediglich in Ausnahmefällen kann der Grundsatz vertrauensvoller Zusammenarbeit auch **unmittelbar Rechte und Pflichten** für den Arbeitgeber oder den Betriebsrat **begründen.**[16] 8

---

[6] Ausf., aber zT abweichend *Weber* Vertrauensvolle Zusammenarbeit, 1988, S. 57 ff.
[7] Ausf. *Weber* Vertrauensvolle Zusammenarbeit, 1988, S. 48 ff.
[8] *Weber* ZfA 1991, 187 (205 f.); dazu BAG 11.12.1991 – 7 ABR 16/91, AP BetrVG 1972 § 90 Nr. 2 = SAE 1993, 224 (224).
[9] *V. Hoyningen-Huene* BetrVR § 4 Rn. 51.
[10] *Weber* ZfA 1991, 187 (189 ff.).
[11] *Weber* ZfA 1991, 187 (193).
[12] GK-BetrVG/*Kreutz* § 74 Rn. 15.
[13] *V. Hoyningen-Huene* BetrVR § 4 Rn. 54.
[14] BAG 26.1.1988 – 1 ABR 34/86, AP BetrVG 1972 § 80 Nr. 31 = NZA 1988, 620 (621).
[15] BAG 21.4.1983 – 6 ABR 70/82, AP BetrVG 1972 § 40 Nr. 20 = NJW 1984, 2309 (2309); Richardi BetrVG/*Richardi* BetrVG § 2 Rn. 18.
[16] So Richardi BetrVG/*Richardi* § 2 Rn. 20 mwN; zurückhaltender GK-BetrVG/*Kraft/Franzen* § 2 Rn. 13.

Allerdings dient § 2 Abs. 1 BetrVG nicht dazu, über die im Gesetz bestimmten Fälle hinaus neue Mitbestimmungsrechte zu begründen.[17]

III. Betriebsverfassungsrecht und Arbeitskampfverbot (§ 74 Abs. 2 S. 1 BetrVG)

9 Nach § 74 Abs. 2 S. 1 Hs. 1 BetrVG sind Arbeitskampfmaßnahmen zwischen Arbeitgeber und Betriebsrat unzulässig. Die Regelung ist Bestandteil der in § 74 Abs. 2 BetrVG normierten **betriebsverfassungsrechtlichen Friedensordnung**.[18]

1. Verbotsadressaten

10 Verbotsadressaten sind zunächst **Arbeitgeber** und **Betriebsrat** als Kollektivorgan. Diese müssen Meinungsverschiedenheiten in betriebsverfassungsrechtlichen Angelegenheiten auf friedlichem Wege austragen, notfalls in den gesetzlich vorgesehenen Verfahren vor der Einigungsstelle oder vor dem Arbeitsgericht im Beschlussverfahren. Das Arbeitskampfverbot richtet sich an den Arbeitgeber nur in seiner **betriebsverfassungsrechtlichen Funktion**. Er darf daher an Arbeitskampfmaßnahmen der Tarifpartner teilnehmen (§ 74 Abs. 2 S. 1 Hs. 2 BetrVG). Weil der Betriebsrat nur durch seine Mitglieder handlungsfähig ist, richtet sich das Arbeitskampfverbot auch an die einzelnen **Betriebsratsmitglieder,** soweit ihre Stellung als Amtsträger betroffen ist.[19] Diese werden jedoch durch ihr Amt in der Betätigung für ihre Gewerkschaft auch im Betrieb nicht beschränkt (§ 74 Abs. 3 BetrVG). Insoweit sind sie als Betriebsratsmitglied nicht gehindert, an einem rechtmäßigen Arbeitskampf teilzunehmen. Sie müssen jedoch während des Arbeitskampfs ihr Amt und ihre Rechtsstellung als Arbeitnehmer scharf auseinanderhalten.[20]

11 Dagegen ist der **einzelne Arbeitnehmer** nicht Adressat des betriebsverfassungsrechtlichen Arbeitskampfverbots.[21] Dieser steht weder zum Arbeitgeber noch zum Betriebsrat in einem betriebsverfassungsrechtlichen Rechtsverhältnis. Das betriebsverfassungsrechtliche Arbeitskampfverbot gilt ferner nicht für die **Tarifvertragsparteien** (§ 74 Abs. 2 S. 1 Hs. 2 BetrVG). Es gelten die allgemeinen Grundsätze zum Arbeitskampfrecht (→ §§ 272 ff.).[22]

2. Unzulässige Maßnahmen

12 § 74 Abs. 2 S. 1 BetrVG bezweckt eine betriebliche Friedensordnung herzustellen. Insoweit ist das **betriebsverfassungsrechtliche Arbeitskampfverbot** nicht abhängig von den Zielen des Arbeitskampfs oder dessen Rechtmäßigkeit. Vielmehr kann als Arbeitskampfmaßnahme iSd § 74 Abs. 2 S. 1 Hs. 1 BetrVG jede Entscheidung oder Betätigung eines Betriebspartners angesehen werden, die auf eine kollektive Störung der Arbeitsbeziehungen abzielt, um hierdurch Druck auf den anderen Teil auszuüben.[23] Unerheblich ist, ob das Regelungsziel individualvertraglicher oder betriebsverfassungsrechtlicher Natur ist[24] und ob es sich um unmittelbar, mittelbar oder überhaupt nicht von einem Arbeitskampf betroffene Betriebe handelt.[25]

13 § 74 Abs. 2 S. 1 Hs. 2 BetrVG normiert nur ein Verbot von Arbeitskampfmaßnahmen zwischen den Betriebspartnern. Es verpflichtet diese nicht, schlichtend bei Arbeitskampf-

---

[17] *Fitting* § 2 Rn. 23; *v. Hoyningen-Huene* BetrVR § 4 Rn. 56; GK-BetrVG/*Kraft/Franzen* § 2 Rn. 13; Richardi BetrVG/*Richardi* § 2 Rn. 21.
[18] *Gamillscheg* KollArbR I S. 1123 ff. (1276 ff.); GK-BetrVG/*Kreutz* § 74 Rn. 30.
[19] *Brox/Rüthers* ArbeitskampfR Rn. 406; *Fitting* § 74 Rn. 14; GK-BetrVG/*Kreutz* § 74 Rn. 38; Richardi BetrVG/*Richardi* § 74 Rn. 19; *Wiese* NZA 1984, 378 (379).
[20] *Wiese* NZA 1984, 378 (379); vgl. auch *Schönhöft/Weyhing* BB 2014, 762 (763).
[21] *Brox/Rüthers* ArbeitskampfR Rn. 406; *Fitting* § 74 Rn. 16; GK-BetrVG/*Kreutz* § 74 Rn. 40; Richardi BetrVG/*Richardi* § 74 Rn. 19, 26; aA BAG 17.12.1976 – 1 AZR 772/75, AP GG Art. 9 Arbeitskampf Nr. 52 = NJW 1977, 918 (918 f.) unter II 2.
[22] GK-BetrVG/*Kreutz* § 74 Rn. 41; Richardi BetrVG/*Richardi* § 74 Rn. 21 f.
[23] GK-BetrVG/*Kreutz* § 74 Rn. 46, 49.
[24] GK-BetrVG/*Kreutz* § 74 Rn. 51 ff.
[25] *Heinze* DB-Beil. 23/1982, 7; *Wiese* NZA 1984, 378 (379).

maßnahmen einzugreifen. Den Betriebsrat trifft insbes. keine Pflicht, auf Arbeitnehmer, die an rechtswidrigen Arbeitskämpfen teilnehmen, mäßigend einzuwirken.[26] Die Betriebspartner dürfen sich aber um eine **Streikschlichtung bemühen** und dabei in gemeinsamen Verhandlungen auch die Interessen der Streikenden zur Geltung bringen, soweit sie dabei nicht den Arbeitskampf unterstützen.[27]

Unzulässig sind danach die Organisation von Arbeitskämpfen durch die Betriebspartner,[28] der Aufruf zur Teilnahme an Arbeitskampfmaßnahmen, unabhängig von deren Rechtmäßigkeit,[29] die Vorbereitung, Teilnahme an oder Unterstützung von Arbeitskampfmaßnahmen der Tarifpartner[30] sowie Aussperrungen durch den Arbeitgeber oder der Aufruf zum Streik durch den Betriebsrat wegen Meinungsverschiedenheiten zwischen den Betriebspartnern über Mitbestimmungsrechte.[31]

3. Betriebsratstätigkeit und Arbeitskampf

Auch während eines Arbeitskampfs bleiben der Betriebsrat als Organ **funktionsfähig** und die Betriebsratsmitglieder **im Amt**.[32] Die koalitionsmäßigen und betriebsverfassungsrechtlichen Betätigungen können nämlich grds. nebeneinander bestehen (§§ 2 Abs. 3, 74 Abs. 3 BetrVG), auch wenn Betriebsratsmitglieder an Arbeitskampfmaßnahmen beteiligt sind. Ihre Streikbeteiligung oder ihre Aussperrung hat nur suspendierende Wirkung für die Hauptpflichten aus dem Arbeitsverhältnis.[33] Da der Betriebsrat als Organ und in seiner Funktion durch Arbeitskampfmaßnahmen nicht berührt wird, hat der Arbeitgeber die während eines Arbeitskampfs (zufällig) entstehenden betriebsverfassungsrechtlichen Verpflichtungen zu erfüllen. Will er während eines Arbeitskampfs eine Maßnahme vornehmen, die mit diesem in keinem sachlichen Zusammenhang steht, dann bestehen die Beteiligungsrechte des Betriebsrats uneingeschränkt.[34]

Nach Rspr. und hL sollen aber dem Betriebsrat hinsichtlich der **aus Anlass des Arbeitskampfs** vorgenommenen Maßnahmen **keine Beteiligungsrechte** zustehen.[35] Eine Beteiligung des Betriebsrats sei in diesen Fällen nicht mit dem für die Funktionsfähigkeit der Tarifautonomie maßgeblichen Prinzip der Kampfparität vereinbar.[36] Demgegenüber sollen nach einer in der **Literatur** vertretenen Auffassung die Mitbestimmungsrechte des

---

[26] LAG Hamm 6.11.1975 – 8 TaBV 21/75, BB 1976, 363; *Fitting* § 74 Rn. 14; GK-BetrVG/*Kreutz* § 74 Rn. 84f.; *Richardi* BetrVG/*Richardi* § 74 Rn. 25; *Wiese* NZA 1984, 378 (383); aA *Brox/Rüthers* ArbeitskampfR Rn. 415.
[27] *Brox/Rüthers* ArbeitskampfR Rn. 409; GK-BetrVG/*Kreutz* § 74 Rn. 84.
[28] *Brox/Rüthers* ArbeitskampfR Rn. 410.
[29] BundesdisziplinarGer 15.8.1991 PersR 1991, 434 (435); *Brox/Rüthers* ArbeitskampfR Rn. 406.
[30] BundesdisziplinarGer 15.8.1991 PersR 1991, 434 (435); *Brox/Rüthers* ArbeitskampfR Rn. 410; *Wiese* NZA 1984, 378 (379).
[31] *V. Hoyningen-Huene* BetrVR § 4 Rn. 58.
[32] BAG 14.2.1978 – 1 AZR 54/76, AP GG Art. 9 Arbeitskampf Nr. 57 unter 3 = NJW 1978, 2054 (2054f.); 6.3.1979 – 1 AZR 866/77, AP BetrVG 1972 § 102 Nr. 20 = NJW 1979, 2635 (2636); *Brox/Rüthers* ArbeitskampfR Rn. 436; *v. Hoyningen-Huene* BetrVR § 11 Rn. 20; GK-BetrVG/*Kreutz* § 74 Rn. 57; *Löwisch/Rumler* ArbeitskampfR, 1997, Rn. 747; *Richardi* BetrVG/*Richardi* § 74 Rn. 23, 32f.
[33] Grundlegend BAG 21.4.1971 – GS 1/68, AP GG Art. 9 Arbeitskampf Nr. 43 unter Teil III C = NJW 1971, 1668 (1670); bestätigt durch BVerfG 19.2.1975 – 1 BvR 418/71, AP GG Art. 9 Arbeitskampf Nr. 50 = E 38, 386 = NJW 1975, 968ff.
[34] BAG 6.3.1979 – 1 AZR 866/77, AP BetrVG 1972 § 102 Nr. 20 mAnm *Meisel* = SAE 1980, 221 (222f.) mAnm *Heinze* = AR-Blattei, Betriebsverfassung XIV C Entsch. 65 mAnm *Herschel; Fitting* § 74 Rn. 18; GK-BetrVG/*Kreutz* § 74 Rn. 76; *Richardi* BetrVG/*Richardi* § 74 Rn. 33.
[35] BAG 26.10.1971 – 1 AZR 113/68, AP GG Art. 9 Arbeitskampf Nr. 44 unter A III 1 = NJW 1972, 599 (Ls.); 6.3.1979 – 1 AZR 866/77, AP BetrVG 1972 § 102 Nr. 20 = SAE 1980, 221 (222f.); *Fitting* § 74 Rn. 20; *v. Hoyningen-Huene* BetrVR § 11 Rn. 22; GK-BetrVG/*Kraft/Raab* § 99 Rn. 15ff.; *Löwisch/Rumler* ArbeitskampfR, 1997, Rn. 762ff.; *Richardi* BetrVG/*Richardi* § 74 Rn. 33.
[36] BAG 6.3.1979 – 1 AZR 866/77, AP BetrVG 1972 § 102 Nr. 20 = SAE 1980, 221 (222f.); *v. Hoyningen-Huene* BetrVR § 11 Rn. 20; GK-BetrVG/*Kraft/Raab* § 99 Rn. 16; *Löwisch/Rumler* ArbeitskampfR, 1997, Rn. 762ff.; *Richardi* BetrVG/*Thüsing* § 99 Rn. 20ff.

Betriebsrats bei arbeitskampfbedingten Maßnahmen grds. bestehen bleiben.[37] Ein Ausschluss der Mitbestimmung sei nicht erforderlich, weil der Betriebsrat nach § 74 Abs. 2 S. 1 BetrVG durch seine Beschlüsse nicht zu Lasten des Arbeitgebers in den Arbeitskampf eingreifen dürfe. Das Prinzip der Kampfparität gebiete lediglich eine arbeitskampfkonforme Auslegung der Zustimmungsverweigerungsgründe des § 99 Abs. 2 BetrVG, zB bei Neueinstellungen und Versetzungen im Rahmen eines Arbeitskampfs.[38]

17 Die besseren Gründe sprechen gegen eine Beteiligung des Betriebsrats an arbeitskampfbedingten Maßnahmen, soweit dieser hierdurch die Durchführung arbeitskampfbedingter Maßnahmen beeinflussen könnte. Das geltende Recht basiert auf dem System der Trennung von Betriebsverfassung und Koalitionsrecht (→ § 289 Rn. 1). Leitgedanke ist dabei, dass der **Betriebsrat koalitionspolitisch neutral** zu bleiben hat. Er darf mit seinen Maßnahmen nicht in einen Arbeitskampf eingreifen, insbes. seine Beteiligungsrechte nicht zur Unterstützung einer streikführenden Gewerkschaft verwenden.[39] Wenn der Betriebsrat durch seine Beteiligungsrechte auf die Durchführung arbeitskampfbedingter Maßnahmen Einfluss nehmen könnte, würde dem Arbeitgeber die durch Art. 9 Abs. 3 GG grundrechtlich geschützte, freie Entscheidung genommen, mit welchen Mitteln er auf Arbeitskampfmaßnahmen der Gewerkschaft reagieren will. Darüber hinaus ist der Ausschluss von Beteiligungsrechten bei arbeitskampfbedingten Maßnahmen durch die **übergeordneten Arbeitskampfgrundsätze** der Staatsneutralität[40] und der Waffengleichheit[41] geboten. Das Prinzip der Staatsneutralität wäre verletzt, wenn auch in Bezug auf arbeitskampfbedingte Maßnahmen gesetzliche Beteiligungsrechte des Betriebsrats bestünden. Hierdurch wäre zugleich der Grundsatz der Waffengleichheit verletzt, weil der Arbeitgeber in seiner Entscheidung, mit welchen Mitteln er auf den Arbeitskampf reagieren will, von der Beteiligung der Arbeitnehmerseite abhängig wäre.

18 Daraus folgt, dass der Ausschluss von Beteiligungsrechten nur in dem Umfang gerechtfertigt ist, wie der Betriebsrat hierdurch Einfluss auf arbeitskampfbedingte Maßnahmen des Arbeitgebers nehmen könnte. Daher ist bei arbeitskampfbedingten Einstellungen und Versetzungen eine Zustimmung des Betriebsrats nach § 99 Abs. 1 BetrVG entbehrlich, nicht aber die Unterrichtung des Betriebsrats über diese Maßnahmen im Rahmen des § 99 Abs. 1 BetrVG.[42]

19 Die Arbeitskampfneutralität des Betriebsrats erfordert allerdings nur einen Ausschluss der Mitbestimmungsrechte **während der Dauer des Arbeitskampfs.** Nach dessen Beendigung hat der Arbeitgeber die Beteiligung des Betriebsrats nachzuholen, wenn er die von ihm während des Arbeitskampfs durchgeführten Maßnahmen weiterhin aufrechterhalten will.[43] Nach verbreiteter Auffassung soll der Arbeitgeber die einschlägigen Mitbestimmungsrechte des Betriebsrats nach den §§ 99, 87 Abs. 1 Nr. 1, 2 oder 3 BetrVG für diejenigen Arbeitnehmer zu beachten haben, die Notdienstarbeiten leisten.[44] Dies beruht auf der irrigen Annahme, dass die betreffenden Arbeitnehmer nicht am Arbeitskampf teilnehmen. Die Gestaltung des Notdiensts ist nämlich Gestaltung des Arbeitskampfes selbst, sodass eine Beteiligung des Betriebsrats auszuscheiden hat.[45]

---

[37] Däubler/*Colneric* ArbeitskampfR, 1987, Rn. 674 ff.; GK-BetrVG/*Kreutz* § 74 Rn. 72; für personelle Einzelmaßnahmen während eines Arbeitskampfs auch *Brox/Rüthers* ArbeitskampfR Rn. 449.
[38] *Brox/Rüthers* ArbeitskampfR Rn. 494; GK-BetrVG/*Kreutz* § 74 Rn. 72 ff.
[39] *V. Hoyningen-Huene/Boemke* Versetzung, 1991, S. 225 f.
[40] Vgl. hierzu *Brox/Rüthers* ArbeitskampfR Rn. 162; *Löwisch/Rieble* ArbeitskampfR, 1997, Rn. 51 ff.
[41] Hierzu *Brox/Rüthers* ArbeitskampfR Rn. 166 ff.; *Löwisch/Rieble* ArbeitskampfR, 1997, Rn. 49.
[42] Ähnlich BAG 13.12.2011 – 1 ABR 2/10, NZA 2012, 571, (574 f.).
[43] *Fitting* § 74 Rn. 23; *v. Hoyningen-Huene/Boemke* Versetzung, 1991, S. 226; *Löwisch/Rumler* ArbeitskampfR, 1997, Rn. 767; Richardi BetrVG/*Thüsing* § 99 Rn. 22; aA GK-BetrVG/*Kraft/Raab* § 99 Rn. 18.
[44] *Fitting* § 74 Rn. 25; GK-BetrVG/*Kreutz* § 74 Rn. 81; *Wiese* NZA 1984, 378 (382); *Oetker* Erhaltungsarbeiten, 1984, S. 86 ff.
[45] *Bauer/Haußmann* DB 1996, 881 (883).

4. Rechtsfolgen einer Verbotsverletzung

§ 74 Abs. 2 S. 1 BetrVG ist ein Verbotsgesetz iSd § 134 BGB. Ein verbotswidriges **Rechtsgeschäft** ist daher **nichtig**.[46] § 74 Abs. 2 S. 1 BetrVG gewährt den Verbotsadressaten gegenseitige selbstständige **Unterlassungsansprüche** (→ § 287 Rn. 30 f.), ohne dass die besonderen Voraussetzungen des § 23 Abs. 3 BetrVG vorliegen müssen.[47] Weder die neue Rspr. des BAG zum fehlenden Unterlassungsanspruch des Arbeitgebers gegen den Betriebsrat aus § 74 Abs. 2 S. 3 BetrVG noch eine Übertragung dieser Grundsätze auf § 74 Abs. 2 S. 1 BetrVG überzeugen (→ § 287 Rn. 31).[48] Hat die Verbotsverletzung zu einem andauernden rechtswidrigen Zustand geführt, kann auch analog § 1004 BGB ein Beseitigungsanspruch geltend gemacht werden.[49] Ein Verstoß gegen § 74 Abs. 2 S. 1 BetrVG bedeutet zugleich eine Verletzung gesetzlicher betriebsverfassungsrechtlicher Pflichten. Bei grober Pflichtverletzung kommen daher **Maßnahmen nach § 23 Abs. 1 bzw. Abs. 3 BetrVG** in Betracht. Der Verstoß gegen das betriebsverfassungsrechtliche Arbeitskampfverbot zieht für sich genommen **keine individualrechtlichen Rechtsfolgen** nach sich, weil es sich um ein betriebsverfassungsrechtliches Verbot handelt. Individualrechtliche Konsequenzen können sich nur ergeben, wenn zugleich auch gegen einzelvertragliche Pflichten verstoßen wird.[50]

IV. Betriebsverfassungsrechtliche Friedenspflicht (§ 74 Abs. 2 S. 2 BetrVG)

1. Voraussetzungen

Nach § 74 Abs. 2 S. 2 BetrVG sind Arbeitgeber und Betriebsrat alle Betätigungen untersagt, durch die der Arbeitsablauf oder der Friede des Betriebs beeinträchtigt werden. **Verbotsadressaten** des § 74 Abs. 2 S. 2 BetrVG sind Arbeitgeber und Betriebsrat, aber auch die einzelnen Betriebsratsmitglieder.[51] Die Vorschrift normiert lediglich eine **Unterlassungspflicht**. Die Betriebspartner sind nach dieser Vorschrift nicht verpflichtet, aktiv auf die Wahrung des Betriebsfriedens hinzuwirken;[52] eine solche Pflicht muss man aber wohl aus dem Grundsatz der vertrauensvollen Zusammenarbeit gemäß § 2 Abs. 1 BetrVG ableiten. Erforderlich ist eine **konkrete Störung** des Arbeitsablaufs oder des Friedens des Betriebs; eine bloße abstrakte Gefährdung reicht nicht aus.[53] Eine konkrete Störung liegt vor, wenn nach den konkreten Umständen des Einzelfalls eine Beeinträchtigung mit hoher Wahrscheinlichkeit eintritt.[54]

Der **Arbeitsablauf** wird **gestört**, wenn der Betriebsrat eine umfangreiche Fragebogenaktion innerhalb der Arbeitszeit durchführt[55] oder wenn er Arbeitnehmer anweist, Weisungen des Arbeitgebers nicht nachzukommen.[56] Der **Betriebsfrieden** wird **gestört**, wenn der Arbeitgeber eigenmächtig rechtmäßige Aushänge des Betriebsrats am schwarzen Brett entfernt[57] oder der Betriebsrat für den Beitritt in eine Gewerkschaft wirbt.[58]

---

[46] Ausf. *Heinze* DB 1982, Beil. 23, 9 ff.; GK-BetrVG/*Kreutz* § 74 Rn. 87.
[47] BAG 22.7.1980 – 6 ABR 5/78, AP BetrVG 1972 § 74 Nr. 3 unter 2 = NJW 1981, 1800 (Ls.); GK-BetrVG/*Kreutz* § 74 Rn. 88; *Wiese* NZA 1984, 378 (383).
[48] AA BAG 15.10.2013 – 1 ABR 31/12, NZA 2014, 319 Rn. 26; LAG Düsseldorf 14.12.2010 – 17 TaBV 12/10, BeckRS 2011, 66642 Rn. 116 f.
[49] BAG 15.10.2013 – 1 ABR 31/12, NZA 2014, 319 Rn. 27; *Brox/Rüthers* ArbeitskampfR Rn. 422; GK-BetrVG/*Kreutz* § 74 Rn. 89; *Wiese* NZA 1984, 378 (383).
[50] Dazu GK-BetrVG/*Kreutz* § 74 Rn. 93 ff.
[51] GK-BetrVG/*Kreutz* § 74 Rn. 117; Richardi BetrVG/*Richardi* § 74 Rn. 50 f.
[52] *Fitting* § 74 Rn. 28; GK-BetrVG/*Kreutz* § 74 Rn. 132; Richardi BetrVG/*Richardi* § 74 Rn. 49.
[53] *Fitting* § 74 Rn. 29; GK-BetrVG/*Kreutz* § 74 Rn. 133; Richardi BetrVG/*Richardi* § 74 Rn. 46.
[54] *Blomeyer* ZfA 1972, 85 (119); *Fitting* § 74 Rn. 29; GK-BetrVG/*Kreutz* § 74 Rn. 133; Richardi BetrVG/*Richardi* § 74 Rn. 46.
[55] BAG 8.2.1977 – 1 ABR 82/74, AP BetrVG 1972 § 80 Nr. 10 unter II 2 a = AR-Blattei Betriebsverfassung XIII Nr. 11.
[56] GK-BetrVG/*Kreutz* § 74 Rn. 135.
[57] GK-BetrVG/*Kreutz* § 74 Rn. 138.
[58] BVerwG 22.8.1991 – 6 P 10.90, PersR 1991, 417 (419).

2. Rechtsfolgen

23 § 74 Abs. 2 S. 2 BetrVG gewährt sowohl dem Betriebsrat als auch – entgegen der Rspr. des BAG (→ § 287 Rn. 31) – dem Arbeitgeber einen eigenständigen **Unterlassungsanspruch**.[59] Bei groben Verstößen können die Sanktionen nach § 23 Abs. 1 und Abs. 3 BetrVG greifen. Individualrechtliche Rechtsfolgen können sich für Arbeitgeber oder Betriebsratsmitglied ergeben, wenn zugleich gegen individualvertragliche Pflichten verstoßen wurde.

V. Verbot der parteipolitischen Betätigung (§ 74 Abs. 2 S. 3 BetrVG)

1. Verbotszweck

24 Das Verbot parteipolitischer Betätigung im Betrieb dient dem **Schutz des Betriebsfriedens** und des Arbeitsablaufs. Außerdem soll die Vorschrift nach hM zudem zur **parteipolitischen Neutralität** verpflichten, weil die Arbeitnehmer in ihrer Meinungs- und Wahlfreiheit als Staatsbürger nicht beeinflusst werden sollen.[60]

2. Voraussetzungen

25 **Verbotsadressaten** sind der **Arbeitgeber**, der **Betriebsrat**, die **Betriebsratsmitglieder** sowie die sonstigen in der Betriebsverfassung geregelten Einrichtungen der Arbeitnehmer.[61] **Gewerkschaften** sind dagegen, auch soweit sie im Rahmen der Betriebsverfassung tätig werden, nicht Verbotsadressat.[62] Gleichwohl darf sich die Gewerkschaft im Rahmen der Betriebsverfassung nicht parteipolitisch betätigen, weil der ihr im Rahmen des BetrVG zugewiesene, beschränkte Aufgabenbereich eine parteipolitische Betätigung gerade nicht umfasst. Das Verbot parteipolitischer Betätigung wendet sich auch **nicht an den Arbeitnehmer**,[63] der aber aufgrund seiner arbeitsvertraglichen Pflichten gehalten sein kann, derartige Betätigungen zu unterlassen.[64]

26 § 74 Abs. 2 S. 3 BetrVG untersagt jede parteipolitische Betätigung im Betrieb, auch wenn im Einzelfall der Betriebsfrieden nicht konkret gefährdet wird.[65] **Parteipolitisch** sind die Betätigungen für oder gegen eine politische Partei iSv Art. 21 GG und § 2 Abs. 1 ParteienG sowie für Vereinigungen, die an Kommunalwahlen teilnehmen wollen.[66] Umstritten ist, ob darüber hinaus jegliche (allgemein-)politische Betätigung von § 74 Abs. 2 S. 3 BetrVG erfasst wird.[67] Obwohl der Wortlaut nur auf die parteipolitischen Betätigungen abstellt, verstoßen entgegen der neueren Rspr. des BAG[68] auch **allgemeinpolitische Betätigungen** gegen § 74 Abs. 2 S. 3 BetrVG. Entscheidend ist, dass die Betriebspartner

---

[59] BAG 22.7.1980 – 6 ABR 5/78, AP BetrVG 1972 § 74 Nr. 3 unter 2 mwN =NJW 1981, 1800 (Ls.).
[60] BAG 13.9.1977 – 1 ABR 67/75, AP BetrVG 1972 § 42 Nr. 1 unter II B 2 a = NJW 1978, 287 (Ls.); 12.6.1986 – 6 ABR 67/84, AP BetrVG 1972 § 74 Nr. 5 unter II 2 a = AuR 1986, 216 (216f.); Richardi BetrVG/*Richardi* § 74 Rn. 58f.
[61] Ausführlich *Hofmann* Verbot parteipolitischer Betätigung, 1984, S. 83ff.
[62] *Fitting* § 74 Rn. 44; *Hofmann* Verbot parteipolitischer Betätigung, 1984, S. 117f.; GK-BetrVG/*Kreutz* § 74 Rn. 104; Richardi BetrVG/*Richardi* § 74 Rn. 70.
[63] *Fitting* § 74 Rn. 41, 43; *Hofmann* Verbot parteipolitischer Betätigung, 1984, S. 8f.; GK-BetrVG/*Kreutz* § 74 Rn. 105f.
[64] Ausf. hierzu *Buchner* ZfA 1982, 49ff.; *v. Hoyningen-Huene/Hofmann* BB 1984, 1050ff.
[65] BAG 13.9.1977 – 1 ABR 67/75, AP BetrVG 1972 § 42 Nr. 1 unter II B 2 a = NJW 1978, 287 (Ls.); *Hofmann* Verbot parteipolitischer Betätigung, 1984, S. 131ff.; GK-BetrVG/*Kreutz* § 74 Rn. 107.
[66] Ausf. GK-BetrVG/*Kreutz* § 74 Rn. 109f.; enger *Hofmann* Verbot parteipolitischer Betätigung, 1984, S. 62f., der eine Betätigung für eine Partei iSd Art. 21 GG, § 2 I ParteienG oder deren organisatorische Untergliederungen fordert.
[67] Befürwortend BAG 21.2.1978 – 1 ABR 54/76, AP BetrVG 1972 § 74 Nr. 1 unter II 2 a cc = NJW 1978, 2216 (Ls.); 12.6.1986 – 6 ABR 67/84, AP BetrVG 1972 § 74 Nr. 5 unter II 1 d = AuR 1986, 216 (216f.); *Buchner* ZfA 1982, 49 (61); *v. Hoyningen-Huene* BetrVR § 4 Rn. 63; Richardi BetrVG/*Richardi* § 74 Rn. 62; abl. *Derleder* AuR 1988, 17 (24f.); *Fitting* § 74 Rn. 50; *Hofmann* Verbot parteipolitischer Betätigung, 1984, S. 58ff.; GK-BetrVG/*Kreutz* § 74 Rn. 111.
[68] BAG 17.3.2010 – 7 ABR 95/08, NZA 2010, 1133 Rn. 37ff.; vgl. auch *Derleder* AuR 1988, 17 (24f.); ErfK/*Schmidt* GG Art. 5 Rn. 43; *Fitting* § 74 Rn. 50; *Illes* Das betriebsverfassungsrechtliche Verbot parteipolitischer Betätigung im Betrieb, 2015, S. 112f.

V. Verbot der parteipolitischen Betätigung (§ 74 Abs. 2 S. 3 BetrVG) 26 § 288

an ihren betrieblichen Aufgabenbezug gebunden sind (vgl. für den Betriebsrat § 37 Abs. 2 BetrVG). § 74 Abs. 2 S. 3 BetrVG lässt ausdrücklich nur bestimmte Politik mit unmittelbarem Betriebsbezug zu. Daraus folgt im Umkehrschluss, dass jegliche andere Politik im Betrieb unzulässig ist.[69] Dieses Auslegungsergebnis steht auch im Einklang mit Sinn und Zweck der Norm.[70] § 74 Abs. 2 S. 3 BetrVG ist darauf gerichtet, den Betriebsfrieden, einen ungestörten Arbeitsablauf und die Neutralität der Betriebspartner sicher zu stellen.[71] Diese Schutzgüter können nicht nur durch die parteipolitische, sondern auch die allgemeinpolitische Betätigung gestört werden. Auch wenn durch eine parteipolitische Betätigung unter Umständen eine höhere Gefahr zur Störung der durch § 74 Abs. 2 S. 3 BetrVG geschützten Bereiche besteht, rechtfertigt dies allein keine restriktive Anwendung der Norm.[72] Dieses weite Verständnis verstößt auch nicht gegen das Grundrecht auf freie Meinungsäußerung aus Art. 5 Abs. 1 GG.[73] Der Betriebsrat selbst ist nicht Grundrechtsträger (→ § 286 Rn. 21), sodass eine Rechtsverletzung bereits aus diesem Grund ausscheidet. Auch soweit die einzelnen Betriebsratsmitglieder und der Arbeitgeber vom Verbot erfasst sind, liegt kein Verfassungsverstoß vor. Zwar ist nach der im Zusammenhang mit Art. 5 Abs. 1 GG entwickelten Wechselwirkungslehre ein das Grundrecht einschränkendes allgemeines Gesetz im Hinblick auf den Verhältnismäßigkeitsgrundsatz verfassungskonform restriktiv auszulegen.[74] Allerdings führt ein weites Verständnis nicht zu einer unverhältnismäßigen Einschränkung. Der Eingriff in Art. 5 Abs. 1 GG ist auf einen sehr begrenzten Bereich beschränkt. Das Verbot nach § 74 Abs. 2 S. 3 BetrVG überschneidet sich nur zu einem geringen Teil mit den von Art. 5 Abs. 1 GG geschützten Personenkreis. Einzelne Betriebsratsmitglieder sind allein im Zusammenhang mit ihrer amtlichen Betätigung an § 74 Abs. 2 S. 3 BetrVG gebunden, nicht hingegen in ihrer Eigenschaft als Arbeitnehmer. Hingegen können sie sich auf Art. 5 Abs. 1 GG nur als Arbeitnehmer, jedoch grds. nicht als Betriebsratsmitglieder stützen.[75] Soweit sie sich in ihrer Eigenschaft als Betriebsratsmitglied allgemeinpolitisch betätigen, treten sie nicht als grundrechtsfähige Arbeitnehmer, sondern Amtsträger auf. Sie handeln allein auf Grund der betriebsverfassungsrechtlichen Kompetenzen und gerade nicht auf Grund grundrechtlich geschützter Freiheit.[76] Damit bleibt allenfalls eine Überschneidung von Verbotsadressat und Grundrechtsträger soweit ein Betriebsratsmitglied auch private Meinungen bei Gelegenheit seiner Betriebsratstätigkeit äußert.[77] Auch der grundrechtsfähige Arbeitgeber ist grds. allein in seiner Stellung als Organ der Betriebsverfassung von § 74 Abs. 2 S. 3 BetrVG erfasst. Somit sind Äußerungen, die nicht ausschließlich privat im Zusammenhang oder bei Gele-

---

[69] *Bauer/Willemsen* NZA 2010, 1089 (1090f.); *Buchner* ZfA 1982, 49 (61); *v. Hoyningen-Huene* BetrVR § 4 Rn. 63; Richardi BetrVG/*Richardi/Maschmann* § 74 Rn. 61 f.

[70] AA BAG 17.3.2010 – 7 ABR 95/08, NZA 2010, 1133 Rn. 40; *Illes* Das betriebsverfassungsrechtliche Verbot parteipolitischer Betätigung im Betrieb, 2015, S. 112.

[71] Vgl. BVerfG 28.4.1976 – 1 BvR 71/73, NJW 1976, 1627 (1628); BAG 13.9.1977 – 1 ABR 67/75, AP BetrVG 1972 § 42 Nr. 1 = NJW 1978, 287 (Ls.); BeckOK ArbR/*Werner* BetrVG § 74 Rn. 26; *Fitting* § 74 Rn. 37; vgl. auch BT-Drs. VI/2729, 10.

[72] AA BAG 17.3.2010 – 7 ABR 95/08, NZA 2010, 1133 Rn. 40; *Illes* Das betriebsverfassungsrechtliche Verbot parteipolitischer Betätigung im Betrieb, 2015, S. 112.

[73] Im Ergebnis auch *Illes* Das betriebsverfassungsrechtliche Verbot parteipolitischer Betätigung im Betrieb, 2015, S. 112; so aber BAG 17.3.2010 – 7 ABR 95/08, NZA 2010, 1133 Rn. 39.

[74] Vgl. Grundlegend BVerfG 15.1.1958 – 1 BvR 400/51, GRUR 1958, 254 (256); vgl. auch BVerfG 4.2.2010 – 1 BvR 369/04, NJW 2010, 2193 Rn. 24; BAG 12.6.1986 – 6 ABR 67/84, AP BetrVG 1972 § 74 Nr. 5 = AuR 1986, 216 (216f.); Maunz/Dürig/*Grabenwarter* GG Art. 5 Rn. 139.

[75] Vgl. ErfK/*Kania* BetrVG § 74 Rn. 22; *Fitting* § 74 Rn. 39; *Illes* Das betriebsverfassungsrechtliche Verbot parteipolitischer Betätigung im Betrieb, 2015, S. 92f.; *Rieble/Wiebauer* ZfA 2010, 63 (107); *Ulrici* juris PR-ArbR 37/2010 Anm. 1; *Wiebauer* BB 2010, 3091 (3093); vgl. auch BAG 12.6.1986 – 6 AZR 559/84, NZA 1987, 153 (154); anders wohl BVerfG 28.4.1976 – 1 BvR 71/73, NJW 1976, 1627 (1628).

[76] Vgl. *Illes* Das betriebsverfassungsrechtliche Verbot parteipolitischer Betätigung im Betrieb, 2015, S. 111; *Rieble/Wiebauer* ZfA 2010, 63 (107); *Ulrici* juris PR-ArbR 37/2010 Anm. 1; *Wiebauer* BB 2010, 3091 (3093); anders wohl BVerfG 28.4.1976 – 1 BvR 71/73, NJW 1976, 1627 (1628).

[77] Ausführlich hierzu *Illes* Das betriebsverfassungsrechtliche Verbot parteipolitischer Betätigung im Betrieb, 2015, S. 67 ff., 81 ff.; vgl. auch *Wiebauer* BB 2010, 3091 (3093).

genheit der Ausübung der Stellung als Betriebsinhaber getätigt werden, vom Verbot erfasst.[78] Der hieraus folgende sehr geringe Eingriffsumfang in Art. 5 Abs. 1 GG ist im Übrigen verfassungsrechtlich gerechtfertigt, insbes. ist er angemessen. Das Verbot nach § 74 Abs. 2 S. 3 BetrVG untersagt nicht generell die politische Meinungsäußerung. Vielmehr wird zur Wahrung des legitimen Zwecks des Betriebsfriedens und ungestörten Betriebsablaufs allein ein geringer Teil des grundrechtlich geschützten Bereichs der privaten Meinungsäußerung im Zusammenhang mit der Arbeit der Betriebspartner eingeschränkt.[79] Dies entspricht allgemeinen Grds. in Fällen der Zwangsrepräsentation. Der Betriebsrat repräsentiert auch die Teile der Belegschaft, die ihn nicht gewählt haben. Dementsprechend ist sein Recht, sich zu äußern, auf diese Bereiche beschränkt. Ein allgemein-politisches Mandat besteht nicht und damit auch kein Recht zu allgemeinpolitischen Äußerungen.[80]

27 Entsprechend der dogmatischen Ausgestaltung als Unterlassungstatbestand werden von § 74 Abs. 2 S. 3 BetrVG grds. nur aktive Tätigkeiten erfasst. Als **Betätigungen** kommen insbes. die Propaganda (Agitation, Werbung) in Wort, Schrift und Bild sowie das Verteilen von Informationsmaterial, das Anbringen von Plakaten und das Tragen von Ansteck-Plaketten in Betracht. Es besteht keine Pflicht der Betriebspartner, gegen parteipolitische Aktivitäten von Belegschaftsangehörigen einzuschreiten.[81]

28 Parteipolitische Betätigungen sind nur dann unzulässig, wenn sie **im Betrieb** erfolgen. Nach hM gilt dieses Verbot nicht nur auf dem gesamten Betriebsgelände, sondern auch für Betätigungen in unmittelbarer Betriebsnähe, zB vor dem Fabriktor, sofern diese objektiv in den Betrieb hineinwirken, weil bei einer engeren Betrachtung das Verbot der parteipolitischen Betätigung im Betrieb weitgehend leerlaufen würde.[82] Darüber hinaus ist aber auch jede parteipolitische Aktivität von Organen der Betriebsverfassung, die in dieser Eigenschaft und Funktion auftreten, untersagt, selbst wenn diese nicht im Betrieb oder in unmittelbarer Betriebsnähe, sondern zB in einer Zeitungsanzeige, stattfindet.[83] Entsprechend dem allgemeinen arbeitsrechtlichen Betriebsbegriff[84] ist auch in diesem Zusammenhang der Betriebsbegriff nicht räumlich-örtlich, sondern im arbeitsorganisatorischen Sinne zu verstehen. Demzufolge ist dem Betriebsrat als Kollektivorgan eine politische Betätigung nach § 74 Abs. 2 S. 3 BetrVG verboten; er darf sich als betriebsverfassungsrechtliche Einrichtung nicht parteipolitisch betätigen. Der Begriff der Betätigung ist weit zu verstehen, sodass auch keine Betriebsratsbeschlüsse zu parteipolitischen Fragen gefasst werden dürfen; setzt der Betriebsratsvorsitzende eine entsprechende Themenstellung auf die Tagesordnung, verstößt er gegen § 74 Abs. 2 S. 3 BetrVG, soweit keine Ausnahme nach Hs. 2 besteht. Dieses weite Verständnis ist insbes. vor dem Hintergrund geboten, dass der Betriebsrat ein gesetzliches Mandat hat, in dessen Rahmen er auch die Interessen der Arbeitnehmer repräsentiert, die ihn nicht gewählt haben. Gerade im Hinblick auf die negative Meinungsfreiheit der von ihm repräsentierten Arbeitnehmer sind ihm von diesem betriebspolitischen Mandat nicht gedeckte Äußerungen untersagt.[85] Im Zusammenhang

---

[78] Vgl. *Illes* Das betriebsverfassungsrechtliche Verbot parteipolitischer Betätigung im Betrieb, 2015, S. 79; *Meisel* RdA 1976, 38 (40); *Müller-Boruttau* NZA 1996, 1071 (1073); *Wiebauer* BB 2010, 3091 (3093).
[79] Vgl. *Illes* Das betriebsverfassungsrechtliche Verbot parteipolitischer Betätigung im Betrieb, 2015, S. 112.
[80] Ebenso zum AstA BVerwG 13.12.1979 – 7 C 58/78, NJW 1980, 2595 ff.; Ärztekammer: BVerwG 17.12.1981 – 5 C 56/79, NJW 1982, 1300 (); zur IHK VG Hamburg 9.10.2007 – 2 E 3338/07, BeckRS 2007, 27171.
[81] *Fitting* § 74 Rn. 45; *Hofmann* Verbot parteipolitischer Betätigung, 1997, S. 68 ff.; GK-BetrVG/*Kreutz* § 74 Rn. 114; Richardi/*Richardi* BetrVG § 74 Rn. 67.
[82] BAG 21.2.1978 – 1 ABR 54/76, AP BetrVG 1972 § 74 Nr. 1 unter II 2 a ff. mit zust. Anm. *Löwisch* = NJW 1978, 2216 (Ls.); *Fitting* § 74 Rn. 51; GK-BetrVG/*Kreutz* § 74 Rn. 115; *Hofmann*, Verbot parteipolitischer Betätigung, 1997, S. 71 f.; *Illes* Das betriebsverfassungsrechtliche Verbot parteipolitischer Betätigung im Betrieb, 2015, S. 123 f.; Richardi BetrVG/*Richardi* § 74 Rn. 65 f.
[83] GK-BetrVG/*Kreutz* § 74 Rn. 115.
[84] Ausführlich dazu *Boemke* FS 600 Jahre Uni Leipzig, S. 203.
[85] Vgl. *Ulrici* jurisPR-ArbR 37/2010 Anm. 1; ähnlich unter Rückgriff auf Art. 2 Abs. 1 GG BVerwG 12.5.1999 – 6 C 10/98, NVwZ 2000, 323 (324 f.); OVG Berlin 15.1.2004 – 8 S 133.03, NVwZ-RR 2004,

VI. Grundsätze für die Behandlung von Betriebsangehörigen (§ 75 BetrVG)

mit einzelnen Betriebsratsmitgliedern und Arbeitgeber ist zu differenzieren. Soweit das Betriebsratsmitglied nur auf seine Betriebsratstätigkeit bzw. der Arbeitgeber seine Inhaberschaft des Betriebs hinweist, aber nicht in dieser Eigenschaft und dieser Funktion sich äußert, ist der Verbotstatbestand nicht betroffen (→ Rn. 26). Vielmehr ist trotz des Hinweises ein Handeln als Privatperson gegeben. Anders ist dies hingegen im Hinblick auf die negative Meinungsfreiheit zu beurteilen, wenn ein Betriebsratsmitglied oder auch der Arbeitgeber gezielt in dieser Funktion auftritt, sodass vermittelt wird, dass dies der Willensbildung der Belegschaft entspricht.[86]

Nach § 74 Abs. 2 S. 3 Hs. 2 BetrVG lässt das Verbot parteipolitischer Betätigung die Behandlung von **Angelegenheiten tarifpolitischer, sozialpolitischer und wirtschaftlicher Art,** die den Betrieb oder seine Arbeitnehmer unmittelbar betreffen, **unberührt.** Es muss also ein konkreter betrieblicher Bezug zu einem Regelungsgegenstand bestehen, der in den betriebsverfassungsrechtlichen Zuständigkeitsbereich der Betriebspartner fällt. 29

3. Sanktionen

§ 74 Abs. 2 S. 3 BetrVG gewährt sowohl für den Betriebsrat als auch entgegen der neuen Rspr. des BAG für den Arbeitgeber (→ § 287 Rn. 31) einen eigenständigen **Unterlassungsanspruch,**[87]. Daneben können bei groben Verstößen die Rechte aus § 23 BetrVG geltend gemacht werden. Individualrechtliche Konsequenzen greifen nur, wenn zugleich eine Verletzung individualvertraglicher Pflichten vorliegt.[88] Äußern sich Betriebsratsmitglieder allgemeinpolitisch, üben sie keine Betriebsratstätigkeit iSv § 37 Abs. 2 BetrVG aus. Sie sind während dieser Zeit nicht von ihrer Pflicht zur Erbringung der Arbeitsleistung befreit, sodass die allgemeinen Sanktionen greifen können, wenn der Arbeitnehmer seine Arbeitspflicht verletzt. Neben des Verlusts des Entgeltanspruchs (§ 326 Abs. 1 BGB) kann insbes. auch eine Abmahnung, ggf. auch eine außerordentliche Kündigung, in Betracht kommen. 30

VI. Grundsätze für die Behandlung von Betriebsangehörigen (§ 75 BetrVG)

Das Gesetz weist in § 75 Abs. 1 BetrVG Arbeitgeber und Betriebsrat die gemeinsame Verpflichtung zu, darüber zu wachen, dass die im Betrieb tätigen Personen nach den **Grundsätzen von Recht und Billigkeit** behandelt werden, insbes. dass der Grundsatz der **Gleichbehandlung** berücksichtigt wird. § 75 Abs. 2 BetrVG verpflichtet Arbeitgeber und Betriebsrat, die **freie Entfaltung der Persönlichkeit** der im Betrieb beschäftigten Arbeitnehmer zu schützen und zu fördern. 31

1. Persönlicher Anwendungsbereich

Normadressaten sind gemäß § 75 BetrVG **Arbeitgeber** und **Betriebsrat** und über den Gesetzeswortlaut hinaus auch jedes einzelne Betriebsratsmitglied.[89] Der Arbeitgeber hat die Grundsätze des § 75 BetrVG in jedem betriebsratsfähigen Betrieb zu beachten, auch wenn kein Betriebsrat gebildet worden ist.[90] Normadressat ist hingegen **nicht** der einzelne im Betrieb tätige **Arbeitnehmer.**[91] Dessen Pflichten gegenüber Arbeitskollegen bestimmen sich nur nach Arbeitsvertragsrecht. Die Betriebspartner müssen aber gemäß § 75 32

---

348 (350); vgl. allgemein zur negativen Meinungsfreiheit: BVerfG 22. 1. 1997 – 2 BvR 1915/91, NJW 1997, 2871 ff.
[86] Vgl. *Illes* Das betriebsverfassungsrechtliche Verbot parteipolitischer Betätigung im Betrieb, 2015, S. 127 f.
[87] BAG 12. 6. 1986 – 6 ABR 67/84, AP BetrVG 1972 § 74 Nr. 5 = AuR 1986, 216 (216 f.).
[88] Ausf. zu den Rechtsfolgen des Verstoßes gegen das Verbot parteipolitischer Betätigung *Hofmann* Verbot parteipolitischer Betätigung, 1997, S. 125 ff.
[89] *Fritsch* BB 1992, 701 (702); GK-BetrVG/*Kreutz* § 75 Rn. 11.
[90] AA *Fritsch* BB 1992, 701 (701 f.).
[91] *Fitting* § 75 Rn. 11; GK-BetrVG/*Kreutz* § 75 Rn. 12; Richardi BetrVG/*Richardi* § 75 Rn. 11.

BetrVG dafür Sorge tragen, dass alle Arbeitnehmer sich nach den hier aufgestellten Grundsätzen verhalten, und dazu gegebenenfalls auf die Arbeitnehmer einwirken.[92]

33 Zum **geschützten Personenkreis** zählen nach dem Normwortlaut alle im Betrieb tätigen Personen. Hierzu gehören zunächst alle Arbeitnehmer des Arbeitgebers. Der Begriff des Betriebs ist dabei entsprechend allgemeinen Grundsätzen nicht im räumlich-örtlichen Sinne zu verstehen, sondern entsprechend als arbeitsorganisatorische Einheit. Erfasst werden daher auch Leiharbeitnehmer[93], nicht aber Fremdfirmenmitarbeiter, die von ihrem Arbeitgeber als Erfüllungsgehilfen eingesetzt werden.[94] Nach verbreiteter Ansicht in der Literatur sind auch die in § 5 Abs. 2 BetrVG genannten Nicht-Arbeitnehmer einzubeziehen. Dies folge aus dem Wortlaut des 75 Abs. 1 BetrVG („alle im Betrieb tätigen Personen").[95] Im Gegensatz hierzu soll sich **§ 75 Abs. 2 BetrVG** nur auf die im Betrieb beschäftigten **Arbeitnehmer,**[96] nicht aber auf Nicht-Arbeitnehmer iSd § 5 Abs. 2 BetrVG beziehen. Trotz des unterschiedlichen Wortlauts in Abs. 1 (Personen) und Abs. 2 (Arbeitnehmer) überzeugt diese Differenzierung bei näherer Betrachtung nicht.[97] Hierbei wird die Funktion des § 75 BetrVG verkannt,[98] der den in § 2 BetrVG niedergelegten Grundsatz der vertrauensvollen Zusammenarbeit zum Wohl der Arbeitnehmer konkretisiert. Hierdurch wird eine verbindliche Richtlinie für die Ausübung der betriebsverfassungsrechtlichen Rechte und Pflichte bestimmt. Die Norm dient auch als Auslegungsregel sowohl für die inhaltliche Wahrnehmung der Mitbestimmungsrechte als auch der Arbeitnehmerrechte nach §§ 81 ff. BetrVG[99] Hingegen begründet § 75 BetrVG keine unmittelbaren individuellen Ansprüche der einzelnen, in den Schutzbereich fallenden Personen.[100] Durch § 75 BetrVG wird damit den Betriebspartnern auferlegt, im Rahmen ihres Wirkungskreises die Vorgaben der Vorschrift zu beachten. Hingegen wird der Zuständigkeitsbereich der Betriebspartner hierdurch nicht erweitert. Damit kann der von § 75 BetrVG geschützte Personenkreis nicht über den betriebsverfassungsrechtlichen Wirkungskreis der Betriebspartner hinausgehen. Vielmehr hat sich der persönliche Schutzumfang des § 75 BetrVG an dem Zuständigkeitsbereich der Betriebspartner zu orientieren. Die Betriebspartner sind nicht für die in § 5 Abs. 2 BetrVG genannten Personen zuständig, sodass diese weder in den Schutzbereich von Abs. 1 noch von Abs. 2 des § 75 BetrVG fallen. Ein anderes Ergebnis wäre auch deswegen widersprüchlich, weil § 75 Abs. 1 BetrVG auf leitende Angestellte wegen § 5 Abs. 3 S. 1 BetrVG keine Anwendung findet.[101] Deren Schutz wird über den Sprecherausschuss nach § 27 SprAuG realisiert. Perso-

---

[92] *Fitting* § 75 Rn. 9; GK-BetrVG/*Kreutz* § 75 Rn. 19; Richardi BetrVG/*Richardi* § 75 Rn. 4f.
[93] BeckOK ArbR/*Werner* BetrVG § 75 Rn. 6; ErfK/*Kania* BetrVG § 75 Rn. 3; *Fitting* § 75 Rn. 12; HWK/*Reichold* BetrVG § 75 Rn. 6; Richardi BetrVG/*Richardi/Maschmann* § 75 Rn. 7; aA GK-BetrVG/*Kreutz* § 75 Rn. 13.
[94] BeckOK ArbR/*Werner* BetrVG § 75 Rn. 7; ErfK/*Kania* BetrVG § 75 Rn. 3; GK-BetrVG/*Kreutz* § 75 Rn. 16; aA *Fitting* § 75 Rn. 14; HWK/*Reichold* BetrVG § 75 Rn. 6.
[95] So noch Vorauflage MHdB ArbR/*v. Hoyningen-Huene*, 3. Aufl. 2009, § 214 Rn. 33; ErfK/*Kania* BetrVG § 75 Rn. 3; *Fitting* § 75 Rn. 13; Richardi BetrVG/*Richardi/Maschmann* § 75 Rn. 7; aA zumindest im Hinblick auf Organmitglieder einer juristischen Person, geschäftsführungs- oder vertretungsberechtigte Gesellschafter von Personengesellschaften BeckOK ArbR/*Werner* BetrVG § 75 Rn. 8; HWK/*Reichold* BetrVG § 75 Rn. 6.
[96] *Fitting* § 75 Rn. 12; aA GK-BetrVG/*Kreutz* § 75 Rn. 16 für erlaubte gewerbsmäßige Arbeitnehmerüberlassung.
[97] GK-BetrVG/*Kreutz* § 75 Rn. 13; LK/*Kaiser* BetrVG § 75 Rn. 8.
[98] Vgl. auch GK-BetrVG/*Kreutz* § 75 Rn. 13.
[99] BeckOK ArbR/*Werner* BetrVG § 75 vor Rn. 1; ErfK/*Kania* BetrVG § 75 Rn. 1; *Fitting* § 75 Rn. 4; GK-BetrVG/*Kreutz* § 75 Rn. 1 ff.; Richardi BetrVG/*Richardi/Maschmann* § 75 Rn. 4.
[100] BAG 3.12.1985 – 4 ABR 60/85, AP BAT § 74 Nr. 2 = SAE 1986, 227 (227); ErfK/*Kania* BetrVG § 75 Rn. 1; *Fitting* § 75 Rn. 4.
[101] BAG 19.2.1975 – 1 ABR 55/73, AP BetrVG 1972 § 5 Nr. 9 unter III 1 c = NJW 1975, 1941 (1941); BeckOK ArbR/*Werner* BetrVG § 75 Rn. 8; *Fitting* § 75 Rn. 15; *Fritsch* BB 1992, 701 (702); GK-BetrVG/*Kreutz* § 75 Rn. 14; HWK/*Reichold* BetrVG § 75 Rn. 6; Richardi BetrVG/*Richardi* § 75 Rn. 7.

nen außerhalb des Betriebs, zB Bewerber um einen Arbeitsplatz, sind generell ausgenommen.[102]

2. Grundsätze von Recht und Billigkeit (§ 75 Abs. 1 Hs. 1 BetrVG)
Nach § 75 Abs. 1 Hs. 1 BetrVG haben Arbeitgeber und Betriebsrat **darüber zu wachen**, 34 dass alle im Betrieb tätigen Personen nach den Grundsätzen von Recht und Billigkeit behandelt werden. Insoweit wird an sich lediglich eine Selbstverständlichkeit wiederholt, nämlich dass die allgemeinen Wertungen der Rechtsordnung in den konkreten Rechtsnormen berücksichtigt und angewendet werden müssen.[103] Der unbestimmte **Rechtsbegriff der Billigkeit** enthält das allgemeine Gebot, Gerechtigkeit im Einzelfall zu verwirklichen.[104] Ein konkreter Anspruch ergibt sich daraus aber nicht; dieser erfolgt vielmehr erst dann, wenn in ausdrücklichen Bestimmungen die Anwendung von Billigkeitsgesichtspunkten vorgeschrieben ist, zB in §§ 315 ff. BGB, 106 GewO.[105]

Ob sich aus § 75 Abs. 1 BetrVG die Zulässigkeit einer allgemeinen **Inhalts- oder Bil-** 35 **ligkeitskontrolle** ohne zusätzliche konkrete Rechtsgrundlage ableiten lässt, ist höchst umstritten. Das BAG bejahte früher diese Frage in st. Rspr.;[106] doch wird dadurch der Anwendungsbereich des § 75 Abs. 1 BetrVG verkannt. Insbes. wird dadurch nicht eine allgemeine Billigkeitskontrolle von einzelnen Arbeitsverträgen oder Betriebsvereinbarungen legitimiert. Diese Regelung hat lediglich eine Richtlinienfunktion und dient damit nur der Auslegung betriebsverfassungsrechtlicher Normen.[107] Nach neuerer Rspr. beschränkt das BAG die Kontrolle von Betriebsvereinbarungen nunmehr lediglich auf eine Rechtskontrolle.[108]

3. Betriebsverfassungsrechtlicher Gleichbehandlungsgrundsatz (§ 75 Abs. 1 Hs. 2 BetrVG)
Besonders wichtig ist die Beachtung des Grundsatzes der **Gleichbehandlung,** der freilich 36 ohnehin im gesamten Arbeitsrecht gilt[109] und für bestimmte Fälle zusätzlich im AGG verankert ist (→ § 16 Rn. 1 ff.). Die Betriebsparteien haben insbes. darauf zu achten, dass jede Benachteiligung von Personen aus Gründen ihrer Rasse oder wegen ihrer ethnischen Herkunft, ihrer Abstammung oder sonstigen Herkunft, ihrer Nationalität, ihrer Religion oder Weltanschauung, ihrer Behinderung, ihres Alters, ihrer politischen oder gewerkschaftlichen Betätigung oder Einstellung oder wegen ihres Geschlechts oder ihrer sexuellen Identität unterbleibt. Namentlich müssen Betriebsvereinbarungen diesen Anforderungen genügen.[110] Der Betriebsrat kann die Einhaltung des Gleichbehandlungsgrundsatzes nach § 80 Abs. 1 Nr. 1 BetrVG überwachen und sich die dazu erforderlichen Informationen gemäß § 80 Abs. 2 S. 1 BetrVG geben lassen.[111] Auch bei der Wahrnehmung von

---
[102] GK-BetrVG/*Kreutz* § 75 Rn. 17; HWK/*Reichold* BetrVG § 75 Rn. 6; *Löwisch/Kaiser* BetrVG § 75 Rn. 4; aA *Fitting* § 75 Rn. 16; Richardi BetrVG/*Richardi* § 75 Rn. 8.
[103] *V. Hoyningen-Huene* BetrVR § 4 Rn. 67.
[104] *Fitting* § 75 Rn. 26; *v. Hoyningen-Huene* BetrVR § 4 Rn. 68; GK-BetrVG/*Kreutz* § 75 Rn. 32; ausf. *v. Hoyningen-Huene* Billigkeit im Arbeitsrecht, 1978.
[105] *V. Hoyningen-Huene* BetrVR § 4 Rn. 69; GK-BetrVG/*Kreutz* § 75 Rn. 34.
[106] Vgl. zB BAG 11.6.1975 – 5 AZR 217/74, AP BetrVG 1972 § 77 Auslegung Nr. 1 = NJW 1976, 78 (Ls.); dagegen zweifelnd 14.2.1984 – 1 AZR 574/82, AP BetrVG 1972 § 112 Nr. 21 = SAE 1985, 321 ff.; neuerdings nur auf eine Rechtskontrolle abstellend 29.6.2004 – 1 ABR 21/03, AP BetrVG 1972 § 87 Überwachung Nr. 41 = NZA 2004, 1278 unter B I.
[107] *V. Hoyningen-Huene* BetrVR § 4 Rn. 69; GK-BetrVG/*Kreutz* § 75 Rn. 33, § 77 Rn. 300 ff.
[108] Vgl. BAG 15.1.2013 – 3 AZR 169/10 Rn. 49, NZA 2013, 1028; ErfK/*Kania* BetrVG § 75 Rn. 5; vgl. auch LAG SchlH 24.9.2014 – 6 Sa 99/14, BeckRS 2014, 74031; *Preis/Ulber* RdA 2013, 211.
[109] Vgl. dazu ausführlich *Marhold/Beckers*, AR-Blattei SD 800, 1, 1996.
[110] BAG 22.3.2005 – 1 AZR 49/04, AP BetrVG 1972 § 75 Nr. 48 = NZA 2005, 773 ff.
[111] BAG 10.10.2006 – 1 ABR 68/05, NZA 2007, 99 Rn. 33 ff.

Mitbestimmungsrechten, insbes. in sozialen Angelegenheiten, müssen sich die Betriebspartner vom Gedanken der Gleichbehandlung leiten lassen.[112]

4. Schutz und Förderung der freien Persönlichkeitsentfaltung (§ 75 Abs. 2 BetrVG)

37 § 75 Abs. 2 S. 1 BetrVG bestimmt, dass Arbeitgeber und Betriebsrat die freie Entfaltung der Persönlichkeit der im Betrieb beschäftigten Arbeitnehmer zu schützen und zu fördern haben. Diese Vorschrift **knüpft an Art. 2 GG an.** Sie dient insbes. als Auslegungs- und Wertungskriterium[113] bei Maßnahmen des Arbeitgebers, welche die Persönlichkeit der Arbeitnehmer und ihr (informationelles) Selbstbestimmungsrecht[114] betreffen können, zB bei der Ausübung des Direktionsrechts (§ 106 GewO), beim Erlass von Ordnungsvorschriften (§ 87 Abs. 1 Nr. 1 BetrVG) und bei der Einführung von technischen Kontrolleinrichtungen (§ 87 Abs. 1 Nr. 6 BetrVG).

38 § 75 Abs. 2 BetrVG normiert einerseits eine Verpflichtung für die Betriebspartner, sowohl bei eigenen Einzelmaßnahmen als auch bei gemeinsamen Maßnahmen das Persönlichkeitsrecht der Arbeitnehmer zu beachten.[115] Insoweit ist die Bestimmung eine Vorschrift zur Normenkontrolle: Betriebsvereinbarungen müssen sich in dem durch § 75 Abs. 2 BetrVG gezogenen Rahmen halten.[116] Andererseits wird den Betriebspartnern eine **positive Handlungspflicht** auferlegt.[117] Hiermit können aber keine neuen Beteiligungsrechte des Betriebsrats in Angelegenheiten begründet werden, für die das Gesetz die Mitwirkung nicht vorsieht.[118] Der Förderungspflicht kommt Bedeutung insbes. als **Auslegungsregelung** für Betriebsvereinbarungen zu. Im Zweifel ist die Auslegung vorzuziehen, die der Zielsetzung des § 75 Abs. 2 BetrVG entspricht.[119]

39 **Unzulässig** wegen einer Verletzung des Persönlichkeitsrechts ist danach die unverhältnismäßige Überwachung des Arbeitnehmers durch versteckte Videokameras, Abhörgeräte oder Tonbandaufnahmen, insbes. das Abhören dienstlicher oder privater Telefongespräche des Arbeitnehmers,[120] die Kontrolle privater E-Mails, die Einholung graphologischer Gutachten oder die Durchführung psychologischer Tests und Eignungsuntersuchungen gegen den Willen des Arbeitnehmers.[121] Unter Beachtung der Mitbestimmungsrechte des Betriebsrats **zulässig** ist hingegen die Telefondatenerfassung auf Grund einer Betriebsvereinbarung.[122]

---

[112] Vgl. BeckOK ArbR/*Werner* BetrVG § 75 vor Rn. 1; Richardi BetrVG/*Richardi/Maschmann* § 75 Rn. 1, 4.
[113] Richardi BetrVG/*Richardi* § 75 Rn. 44.
[114] Dazu Volkszählungsurteil des BVerfG 15.12.1983 – 1 BvR 209/83, NJW 1984, 419 (425).
[115] Ausf. hierzu *Hallenberger* Förderung der freien Persönlichkeitsentfaltung, 1988, S. 68 ff.; *Löwisch* AuR 1972, 359 (360).
[116] *Löwisch* AuR 1972, 359 (361 f.).
[117] Ausf. hierzu *Hallenberger* Förderung der freien Persönlichkeitsentfaltung, 1988, S. 96 ff.; *Löwisch* AuR 1972, 359 (363 ff.).
[118] *Hallenberger* Förderung der freien Persönlichkeitsentfaltung, 1988, S. 190; GK-BetrVG/*Kreutz* § 75 Rn. 93; Richardi BetrVG/*Richardi* § 75 Rn. 47.
[119] *Hallenberger* Förderung der freien Persönlichkeitsentfaltung, 1988, S. 122 f.; GK-BetrVG/*Kreutz* § 75 Rn. 122.
[120] BAG 1.3.1973 – 5 AZR 453/72, AP BGB § 611 Persönlichkeitsrecht Nr. 1 = NJW 1973, 1247 (1247); 7.10.1987 – 5 AZR 116/86, AP BGB § 611 Persönlichkeitsrecht Nr. 15 = RdA 1988, 61 (61); 15.5.1991 – 5 AZR 271/90, AP BGB § 611 Persönlichkeitsrecht Nr. 23 unter II 2 b = SAE 1992, 344 (344); vgl. auch BVerfG 19.12.1991 – 1 BvR 382/85, AP BGB § 611 Persönlichkeitsrecht Nr. 24 = NZA 1992, 307 (307 f.).
[121] Ausf. hierzu *v. Hoyningen-Huene* DB-Beil. 10/1991, 10 (2 ff.); *v. Hoyningen-Huene* Der psychologische Test im Betrieb, 1997.
[122] BAG 27.5.1986 – 1 ABR 48/84, AP BetrVG 1972 § 87 Überwachung Nr. 15 = NJW 1987, 674 ff.

5. Sanktionen

§ 75 BetrVG ist ein **Verbotsgesetz** iSd § 134 BGB. Verstoßen Betriebsvereinbarungen 40
gegen die in § 75 BetrVG niedergelegten Grundsätze, sind diese nichtig.[123] Verstoßen Arbeitgeber oder Betriebsrat grob gegen die Pflichten aus § 75 BetrVG, kommen die Sanktionen nach **§ 23 Abs. 1 und Abs. 3 BetrVG** in Betracht.[124] Zu personellen Einzelmaßnahmen, die im Widerspruch zu den Grundsätzen des § 75 BetrVG stehen, kann der Betriebsrat darüber hinaus seine Zustimmung gemäß § 99 Abs. 2 Nr. 1 BetrVG verweigern. § 75 BetrVG gewährt dem Betriebsrat bei Verstößen des Arbeitgebers keinen eigenständigen Unterlassungsanspruch. § 75 BetrVG begründet kein Beteiligungsrecht, das durch einen allgemeinen Unterlassungsanspruch zu schützen ist.[125]

Da § 75 BetrVG nur kollektivrechtlich wirkt, kann der **einzelne Arbeitnehmer** aus 41
Verstößen gegen diese Norm unmittelbar keine Rechte herleiten.[126] Dem Arbeitnehmer stehen insbes. keine Erfüllungsansprüche,[127] Leistungsverweigerungsrechte,[128] Schadensersatzansprüche,[129] Beseitigungs- oder Unterlassungsansprüche zu. Werden allerdings zugleich individualrechtliche Pflichten verletzt, wurde zB gegen den allgemeinen arbeitsrechtlichen Gleichbehandlungsgrundsatz verstoßen, kann der Arbeitnehmer Ansprüche gegen den Arbeitgeber geltend machen. Nimmt eine Betriebsvereinbarung in Widerspruch zu § 75 Abs. 1 BetrVG einzelne Arbeitnehmer oder Gruppen von Arbeitnehmern von allgemein gewährten Leistungen aus, ist die Regelung insoweit unwirksam und die ausgenommenen Arbeitnehmer können ihre Ansprüche ebenfalls auf die Betriebsvereinbarung stützen.[130]

Bei Verletzung des § 75 Abs. 1 BetrVG kann der **Betriebsrat keine Ansprüche der** 42
Arbeitnehmer geltend machen, auch nicht in Form der Prozessvertretung (vgl. § 11 ArbGG) oder der Prozessstandschaft. Er kann den Arbeitgeber auch nicht verklagen, Ansprüche von Arbeitnehmern aus dem Gleichbehandlungsgrundsatz zu erfüllen.[131]

---

[123] *Fitting* § 75 Rn. 98; *v. Hoyningen-Huene* DB-Beil. 1/1984, 3; GK-BetrVG/*Kreutz* § 75 Rn. 139.
[124] GK-BetrVG/*Kreutz* § 75 Rn. 136; Richardi BetrVG/*Richardi* § 75 Rn. 50.
[125] BAG 28.5.2002 – 1 ABR 32/01, AP BetrVG 1972 § 87 Ordnung des Betriebes Nr. 39 = NZA 2003, 166 unter B I 3; LAG Bln-Bbg 20.8.2015 – 21 TaBV 336/15 Rn. 46 ff., NZA-RR 2016, 74 (76); aA ErfK/*Kania* BetrVG § 75 Rn. 13; *Fitting* § 75 Rn. 99; GK-BetrVG/*Kreutz* § 75 Rn. 136; *Wiese* NZA 2006, 1 (4).
[126] *V. Hoyningen-Huene* BetrVR § 4 Rn. 70; GK-BetrVG/*Kreutz* § 77 Rn. 137; aA BAG 5.4.1984 – 2 AZR 513/82, AP BBiG § 17 Nr. 2 wegen Schutzgesetzverletzung (§ 823 Abs. 2 BGB) = AuR 1985, 98 (98); dazu BVerfG 19.5.1992 – 1 BvR 126/85, AP GG Art. 5 Abs. 1 Meinungsfreiheit Nr. 12 = NJW 1992, 2409 (2409).
[127] GK-BetrVG/*Kreutz* § 75 Rn. 137.
[128] GK-BetrVG/*Kreutz* § 75 Rn. 137; aA *Fitting* § 75 Rn. 98; *Löwisch* AuR 1972, 359 (360 f.).
[129] GK-BetrVG/*Kreutz* § 75 Rn. 138; Richardi BetrVG/*Richardi* § 75 Rn. 53; aA *Fitting* § 75 Rn. 98.
[130] BAG 19.2.2008 – 1 AZR 1004/06, AP BetrVG 1972 § 112 Nr. 191 = BeckRS 2008, 52769; Richardi BetrVG/*Richardi* § 75 Rn. 50 ff.
[131] Dazu *v. Hoyningen-Huene* BetrVR § 11 Rn. 93; *Hoyningen-Huene* RdA 1992, 355.

§ 289 Koalitionen im Betrieb

Schrifttum:

Ankersen, Wahrnehmung von Arbeitnehmerrechten durch Betriebsrat und Gewerkschaft, JuS 1995, 862 ff.; *Boemke,* Anm. zu BAG 28.2.2006 – 1 AZR 460/04, AR-Blattei ES 1650 Nr. 23, 15 ff.; *Breinlinger/Kittner,* Die operativen Rechte des Betriebsrates, BB 1982, 1933 ff.; *Buchner,* Der Unterlassungsanspruch der Gewerkschaft – Stabilisierung oder Ende des Verbandstarifvertrages?, NZA 1999, 897; *Bulla,* Die rechtliche Zulässigkeit von Tarifverträgen über die Begünstigung von gewerkschaftlichen Vertrauensleuten, BB 1975, 889 ff.,; *Däubler,* Betriebsräte und Gewerkschaften, FS Wlotzke, 1996, S. 257 ff.; *Däubler,* Gewerkschaftliches Klagerecht gegen tarifwidrige Betriebsvereinbarungen?, BB 1990, 2256; *Däubler,* Gewerkschaftsrechte im Betrieb, 12. Aufl. 2017;*Dieterich* Anm. zu BAG 28.2.2006 – 1 AZR 460/04, RdA 2007, 110; *Gamillscheg,* KollArbR I § 6 IV; *Gamillscheg,* Überlegungen zum Verhältnis von Gewerkschaft und Betriebsrat, FS Stahlhacke, 1995, S. 129 ff.; *Höfling/Burkiczak* Anm. zu BAG 22.6.2010 – 1 AZR 179/09, AP GG Art. 9 Nr. 142; *v. Hoyningen-Huene,* Vereinigungsfreiheit I, AR-Blattei SD 1650.1 (1993); *Mayer-Maly,* Gewerkschaftliche Zutrittsrechte, BB-Beil. 4/1979; *Muhr,* Gewerkschaften und Betriebsverfassung, AuR 1982, 1 ff.; *Reuter,* Gewerkschaftliche Präsenz im Betrieb, FS G. Müller, 1981, S. 387 ff.; *Richardi,* Anm. zu BAG 28.2. 2006 – 1 AZR 460/04, AP GG Art. 9 Nr. 127; *Richardi,* Die Rechtsstellung der Gewerkschaften im Betrieb, FS G. Müller, 1981, S. 413 ff.; *Rieble,* Anm. zu BAG 19.9.2006 – 1 ABR 53/05, RdA 2008, 35 ff., *Schönhöft/Klafki,* Mitgliederwerbung von nicht tariffähigen Arbeitnehmervereinigungen im Betrieb, NZA-RR 2012, 393 ff.; *Schönhöft/Weyhing,* Neutralitätspflicht und Koalitionsfreiheit des Betriebsrats, BB 2014, 762 ff.; *Stettes,* Betriebsratswahlen 2014 – Ein Rückblick auf Basis der IW-Betriebsratswahlbefragung, IW-Trends 1/2015, 3 ff.; *Struck,* Die rechtliche Zulässigkeit von Tarifverträgen zugunsten gewerkschaftlicher Vertrauensleute, 1981; *Zachert,* Rechtsfragen bei Tarifverträgen zum Schutz der Tätigkeit gewerkschaftlicher Vertrauensleute, BB 1976, 514 ff.

Übersicht

	Rn.
I. Überblick	1
II. Zugangsrechte der Gewerkschaften zum Betrieb (§ 2 Abs. 2 BetrVG)	7
1. Betriebsverfassungsrechtliches Zugangsrecht aus § 2 Abs. 2 BetrVG	7
a) Voraussetzungen	7
b) Weigerung des Arbeitgebers	10
2. Koalitionsrechtliches Zutrittsrecht (Art. 9 Abs. 3 GG)	12
III. Originäre Aufgaben der Koalitionen (§§ 2 Abs. 3, 74 Abs. 3 BetrVG)	14
1. Allgemeines	14
2. Gewerkschaftliche Information und Werbung im Betrieb	16
3. Gewerkschaftliche Vertrauensleute	19
IV. Gesetzlich geregelte Mitwirkungsrechte der Gewerkschaften	23
1. Antragsrechte zu Betriebsratswahlen	24
2. Sonstige Mitwirkungsrechte im Betrieb	25
a) Antragsrechte	25
b) Teilnahmerechte	28
c) Vermittlungs- und Beratungsfunktion	29

I. Überblick

1 Das BetrVG geht von der grundsätzlichen **Aufgabentrennung und Unabhängigkeit der Betriebspartner von den Koalitionen** aus.[1] Der Betriebsrat ist als ein gewerkschaftlich unabhängiges Repräsentationsorgan der Belegschaft institutionalisiert[2] und damit nicht verlängerter Arm der Gewerkschaft.[3] Das System der Trennung kommt in § 2 Abs. 3 BetrVG zum Ausdruck. Danach werden die Aufgaben der Koalitionspartner durch das Gesetz nicht berührt. Es zeigt sich aber auch im Grundsatz der gewerkschaftlichen Neutralität (§ 75 Abs. 1 BetrVG) sowie in der Unbeschränkbarkeit von Gewerkschaftsauf-

---

[1] Begr. zum Reg.-E., BT-Drs. VI/1786, 33 f.; schriftlicher Bericht des Ausschusses für Arbeit und Sozialordnung zu BT-Drs. VI/2729, 10; *Gamillscheg* KollArbR I S. 30 (238, 244); *Gamillscheg* KollArbR II S. 72; *v. Hoyningen-Huene* BetrVR § 5 Rn. 1; GK-BetrVG/*Franzen* § 2 Rn. 21, 80 f.; *Löwisch/Kaiser* BetrVG § 2 Rn. 13; *Richardi* BetrVG § 2 Rn. 37; *Stege* BetrVG § 2 Rn. 10.
[2] BAG 16.2.1973 – 1 ABR 18/72, AP BetrVG 1972 § 19 Nr. 1.
[3] Vgl. BVerfG 30.11.1965 – AP GG Art. 9 Nr. 7 = BVerfGE 19, 303, 317.

I. Überblick

gaben innerhalb des Betriebs (§ 74 Abs. BetrVG). Gleichzeitig bestimmt das BetrVG jedoch auch ein **Gebot der Kooperation von Betriebspartnern und Koalitionen** (§ 2 Abs. 1 BetrVG). Hieraus lässt sich ein eigenständiges und allgemeines Recht der Koalitionen, sich in das betriebliche Geschehen einzuschalten, allerdings nicht begründen (→ Rn. 3).[4] Vielmehr erstreckt sich dieses Kooperationsgebot nur auf die im Betrieb vertretenen Gewerkschaften (→ Rn. 5). Zudem haben die Koalitionspartner im Wesentlichen nur eine Hilfs- und Unterstützungsfunktion für die Betriebspartner.[5]

Die grundsätzliche Aufgabentrennung beruht auf den **prinzipiell unterschiedlichen Aufgaben** von Gewerkschaften und Betriebsräten:[6] Gewerkschaften verfolgen in erster Linie überbetriebliche Aufgaben, nämlich den Abschluss von Tarifverträgen für eine gesamte Branche oder ein Unternehmen sowie die entsprechende Führung von Arbeitskämpfen. Demgegenüber sind die Betriebsräte – unabhängig von der Gewerkschaftszugehörigkeit einzelner Mitglieder (2014: 63,8 % aller Betriebsratsmitglieder sind gewerkschaftlich organisiert)[7] – allein zuständig für den jeweiligen Betrieb und dessen Arbeitnehmer.[8] Der Betriebsrat nimmt die Interessen der gesamten Belegschaft wahr, während die Gewerkschaft nur die Interessen ihrer Mitglieder vertreten kann.

Da das BetrVG an diesen Prinzipien festgehalten hat, andererseits aber in bestimmten Regelungen die Kooperation vorschreibt (→ Rn. 4), lässt sich der Grundsatz der **Subsidiarität der Koalitionsbetätigung im Betrieb** feststellen. Den Koalitionen stehen also grundsätzlich keine verselbständigten Interessen im Betrieb zu. Namentlich haben die Gewerkschaften keine umfassende betriebsverfassungsrechtliche Rechtsposition. Ihnen steht insbesondere weder gegenüber dem Arbeitgeber noch gegenüber dem Betriebsrat ein allgemeines Kontrollrecht über alle betriebsverfassungsrechtlichen Aktivitäten zu.[9] Sie können die Vereinbarkeit von Betriebsvereinbarungen oder Sprüchen der Einigungsstelle mit tarifvertraglichen Regelungen nur dann überprüfen lassen, wenn sie hierdurch in eigenen Rechten berührt sind, insbesondere wenn ein Verstoß gegen tarifliche Regelungen einen unzulässigen Eingriff in die grundrechtlich gesicherte Koalitionsfreiheit beinhaltet.[10]

Gleichwohl haben die Gewerkschaften aber in dem aufgezeigten Rahmen **drei verschiedene Möglichkeiten der Einflussnahme** auf das betriebliche Geschehen: Erstens haben nach § 2 Abs. 1 BetrVG Arbeitgeber und Betriebsrat vertrauensvoll zusammenzuarbeiten und dabei mit den im Betrieb vertretenen Gewerkschaften und Arbeitgebervereinigungen **zusammenzuwirken**. Damit im Zusammenhang stehen zweitens betriebsverfassungsrechtliche Unterstützungs-, Überwachungs-, Initiativ- oder Teilnahmerechte nach dem BetrVG (→ Rn. 7, 23 ff.) sowie drittens die Wahrnehmung von Koalitionsaufgaben im Betrieb (§§ 2 Abs. 3, 74 Abs. 3 BetrVG, → Rn. 14 ff.).

Die Möglichkeit zum Zusammenwirken besteht nur für im Betrieb vertretene Gewerkschaften (zum Gewerkschaftsbegriff → § 232) und für den Arbeitgeberverband, dem der Arbeitgeber angehört. **Gewerkschaften** müssen **im Betrieb vertreten** sein. Das ist der Fall, wenn wenigstens ein Arbeitnehmer Mitglied der jeweiligen Gewerkschaft ist.[11] Der Nachweis soll auch durch notarielle Erklärung („Tatsachenbescheinigung") ohne Na-

---

[4] BAG 21.6.2006 – 7 AZR 418/05, BeckRS 2006, 134732 Rn. 16; *Gamillscheg* KollArbR II S. 75.
[5] BAG 21.4.1983 – 6 ABR 70/82, AP BetrVG 1972 § 40 Nr. 20 unter III 3 b cc; *Richardi* FS G. Müller 413 (418); *Richardi* BetrVG § 2 Rn. 35; *Stege* BetrVG § 2 Rn. 11.
[6] Kritisch dazu *Breinlinger/Kittner* BB 1982 (1933 f.); *Däubler* Gewerkschaftsrechte im Betrieb Rn. 77 ff.; *Muhr* AuR 1982, 1 (2 f.).
[7] *Stettes* Betriebsratswahlen 2014, IW-Trends 1/2015, 3 (16).
[8] Schriftlicher Bericht des Ausschusses für Arbeit und Sozialordnung zu BT-Drs. VI/2729, 10 f.
[9] BAG 30.10.1986 – 6 ABR 52/83, AP BetrVG 1972 § 47 Nr. 6; *Gamillscheg* KollArbR I S. 240.
[10] BAG 18.8.1987 – 1 ABR 65/86, AP ArbGG 1979 § 81 Nr. 6; 23.2.1988 – 1 ABR 75/86, AP ArbGG 1979 § 81 Nr. 9; 20.8.1991 – 1 ABR 85/90, AP BetrVG 1972 § 77 Tarifvorbehalt Nr. 2; *Buchner* NZA 1999, 897 ff.; *Richardi/Richardi* BetrVG § 2 Rn. 96; aA nunmehr BAG 20.4.1999 – 1 ABR 72/98, AP GG Art. 9 Nr. 89; *Däubler* BB 1990, 2256 ff.; *Fitting* § 2 Rn. 95.
[11] BAG 10.11.2004 – 7 ABR 19/04, NZA 2005, 426; *Fitting* § 2 Rn. 43; *v. Hoyningen-Huene* BetrVR § 5 Rn. 8; GK-BetrVG/*Franzen* § 2 Rn. 38; *Richardi/Richardi* BetrVG § 2 Rn. 69 ff.

mensnennung einzelner Arbeitnehmer oder die eidliche Aussage eines Sekretärs der betreffenden Gewerkschaft geführt werden können.[12] Dies sei insbesondere dann notwendig, wenn erst ein Betriebsrat gebildet werden soll (vgl. §§ 14 Abs. 5, 16 Abs. 2, 17 Abs. 3 und 18 Abs. 1 BetrVG; → Rn. 24) und ein Arbeitnehmer, der selbst die Initiative ergreift, Nachteile durch den Arbeitgeber befürchten müsste. Im Übrigen muss wegen der Zweckrichtung des § 2 Abs. 1 BetrVG die Tarifzuständigkeit der Gewerkschaft bestehen, auch wenn dies in der Vorschrift nicht ausdrücklich festgeschrieben ist.[13]

6   Wenn die Vertreter der im Betrieb vertretenen Gewerkschaften und Arbeitgebervereinigungen im Rahmen der Zusammenarbeit mit den Betriebspartnern von Betriebs- und Geschäftsgeheimnissen Kenntnis erlangen, sind sie unter den Voraussetzungen des § 79 Abs. 1 BetrVG zur **Geheimhaltung** verpflichtet, § 79 Abs. 2 aE BetrVG.

II. Zugangsrechte der Gewerkschaften zum Betrieb (§ 2 Abs. 2 BetrVG)

1. Betriebsverfassungsrechtliches Zugangsrecht aus § 2 Abs. 2 BetrVG

7   **a) Voraussetzungen.** Zur Wahrnehmung der betriebsverfassungsrechtlichen Aufgaben und Befugnisse gibt § 2 Abs. 2 BetrVG den im Betrieb vertretenen Gewerkschaften ein betriebsverfassungsrechtliches Zutrittsrecht zum Betrieb. Die Begrenzung des Zutrittsrechts auf betriebsverfassungsrechtliche Aufgaben bedeutet, dass die Gewerkschaft nach dieser Bestimmung **kein allgemeines Ermittlungs- oder Kontrollrecht** innerhalb des Betriebs oder gegenüber den Einrichtungen der Betriebsverfassung hat.[14] Die im Betrieb vertretenen Gewerkschaften haben vielmehr nur ein Unterstützungsrecht zur Realisierung der im BetrVG genannten Aufgaben. Zutritt kann danach gefordert werden:[15]
– im Zusammenhang mit der Betriebsratswahl (§ 17 Abs. 3 BetrVG),
– zur Teilnahme an Betriebsratssitzungen (§§ 31, 59, 65, 73 Abs. 2 BetrVG),
– zur Teilnahme an Betriebs- oder Abteilungsversammlungen (§ 46 BetrVG),
– zu Sitzungen von tariflichen Schlichtungsstellen (§ 76 Abs. 8 BetrVG),
– im Rahmen der Generalklausel des § 2 Abs. 1 BetrVG in allen Fällen, in denen der Betriebsrat im Rahmen der ihm durch das Gesetz zugewiesenen Aufgaben die Unterstützung der Gewerkschaften an Ort und Stelle wünscht.[16]

8   Vom Zutrittsrecht wird auch **der einzelne Arbeitsplatz** erfasst, wenn hierfür ein konkreter Anlass vorliegt,[17] zB Umorganisation des Produktionsablaufs oder Gespräche mit einzelnen Arbeitnehmern zur Aufstellung von Wahlvorschlägen nach §§ 14 Abs. 3 und Abs. 5, 14a Abs. 2 BetrVG. Ein allgemeines Gespräch mit einzelnen Arbeitnehmern am Arbeitsplatz während der Arbeitszeit, etwa über allgemeine arbeitsrechtliche Fragen, wird jedoch vom Zutrittsrecht nach § 2 Abs. 2 BetrVG nicht erfasst.[18]

9   Das Zutrittsrecht besteht nur, wenn **zuvor der Arbeitgeber** oder sein Vertreter so rechtzeitig **unterrichtet** worden ist, dass er prüfen kann, ob die Voraussetzungen für das Zugangsrecht vorliegen oder ob nicht etwa im Gesetz genannte Gründe (→ Rn. 10) entgegenstehen; in Eilfällen kann eine Unterrichtung unmittelbar vor dem Besuch genügen.

---

[12] BAG 25.3.1992 – 7 ABR 65/90, AP BetrVG 1972 § 2 Nr. 4; bestätigt von BVerfG 21.3.1994 – 1 BvR 1485/93, AP BetrVG 1972 § 2 Nr. 4a; LAG Nürnberg 18.7.1990 – 5 TaBV 41/89, AuR 1991, 220 (221ff.) mit zust. Anm. *Grunsky; Fitting* § 2 Rn. 43; *v. Hoyningen-Huene* BetrVR § 5 Rn. 8; mit Einschränkungen GK-BetrVG/*Franzen* § 2 Rn. 39ff.; Richardi/*Richardi* BetrVG § 2 Rn. 71; *Stege* BetrVG § 2 Rn. 9; aA *Prütting/Weth* DB 1989, 2273ff.; *Löwisch/Rieble* TVG § 4a Rn. 287ff.
[13] Richardi/*Richardi* BetrVG § 2 Rn. 70; vgl. auch *Rieble* RdA 2008, 35 (37f.); aA BAG 10.11.2004 – 7 ABR 19/04, AP BetrVG 1972 § 17 Nr. 7 mit abl. Anm. *Ramrath* SAE 2006, 111.
[14] BAG 26.6.1973 – 1 ABR 24/72, AP BetrVG 1972 § 2 Nr. 2 unter III; *Däubler* Gewerkschaftsrechte im Betrieb Rn. 215f.; GK-BetrVG/*Franzen* § 2 Rn. 55; Richardi/*Richardi* BetrVG § 2 Rn. 112.
[15] Ausführliche Übersicht bei *Klosterkemper* Zugangsrecht S. 13ff.
[16] Vgl. BAG 17.1.1989 – 1 AZR 805/87; AP LPVG NW § 2 Nr. 1; 21.6.2006 – 7 AZR 418/05, BeckRS 2006, 134732 Rn. 16.
[17] Zutr. *Fitting* § 2 Rn. 72; *v. Hoyningen-Huene* BetrVR § 5 Rn. 12; GK-BetrVG/*Franzen* § 2 Rn. 63ff.; Richardi/*Richardi* BetrVG § 2 Rn. 123f.
[18] BAG 26.6.1973 – 1 ABR 24/72, AP BetrVG 1972 § 2 Nr. 2.

II. Zugangsrechte der Gewerkschaften zum Betrieb (§ 2 Abs. 2 BetrVG)

b) Weigerung des Arbeitgebers. Der **Arbeitgeber kann den Zutritt verweigern,** wenn der Zugang nicht zur Wahrnehmung der betriebsverfassungsrechtlichen Aufgaben und Befugnisse verlangt wird oder wenn er nicht rechtzeitig unterrichtet worden ist. Zudem nennt § 2 Abs. 2 BetrVG ausdrücklich **drei Fälle,** die den Arbeitgeber zur Verweigerung des Zutritts berechtigen:
- unumgängliche Notwendigkeiten des Betriebsablaufs, zB die auf sachliche Erwägungen gestützte Befürchtung, der Besuch des Gewerkschaftsbeauftragten könne zu einer schwerwiegenden Störung des Arbeitsablaufs führen;
- zwingende Sicherheitsvorschriften, zB wegen des Vorliegens von Unfall-, Feuer- und Explosionsgefahr und im militärischen Bereich aus dem Gesichtspunkt der Ausspähung;
- der Schutz von Betriebsgeheimnissen, die offengelegt werden müssten; dies gilt trotz der Geheimhaltungspflicht nach §§ 79 Abs. 2, 120 Abs. 1 Nr. 1 und 2 BetrVG.[19]

Die Auswahl des zu entsendenden Beauftragten obliegt ausschließlich der Gewerkschaft. Allerdings kann der Arbeitgeber den **Zutritt eines bestimmten Gewerkschaftsvertreters** dann zurückweisen, wenn die Ausübung des Zutrittsrechts gerade durch diesen Beauftragten rechtsmissbräuchlich erscheint.[20] Dies ist etwa der Fall, wenn der Beauftragte den Betriebsfrieden bei früheren Besuchen gestört oder sich nicht an den Themenkatalog des § 45 BetrVG gehalten hat und die Gefahr von Wiederholungen besteht. Den Rechtsanspruch auf den Zutritt zum Betrieb darf die Gewerkschaft aber nicht gegen den Willen des Arbeitgebers im Wege der Selbsthilfe durchsetzen; bei unberechtigter Weigerung des Arbeitgebers muss vielmehr das Arbeitsgericht angerufen werden.[21]

2. Koalitionsrechtliches Zutrittsrecht (Art. 9 Abs. 3 GG)

Umstritten ist, ob neben dem betriebsverfassungsrechtlichen Zugangsrecht auch ein koalitionsrechtliches Zugangsrecht für **betriebsfremde Gewerkschaftsangehörige** nach Art. 9 Abs. 3 GG besteht, um im Betrieb Betreuungs-, Werbe- oder Informationstätigkeiten zu entfalten. Die kollektive Koalitionsfreiheit umfasst auch die Koalitionsbetätigungsgarantie.[22] Dazu zählt sowohl die Werbung neuer Mitglieder[23] als auch das Recht, selbst zu entscheiden, welche Personen mit der Mitgliederwerbung im Betrieb betraut werden.[24] Hierdurch wird nämlich sowohl der Bestand der Koalition gesichert[25] als auch die Verhandlungsstärke gegenüber dem Tarifpartner erhöht.[26] Vor dem Hintergrund dieses Schutzumfangs des Art. 9 Abs. 3 GG bejaht das BAG mangels gesetzlicher Regelung im Wege der richterlichen Rechtsfortbildung ein koalitionsrechtliches Zutrittsrecht zur Mitgliederwerbung, soweit diesem im konkreten Einzelfall nicht Belange des Arbeitgebers, wie zB die Wahrung des ungestörten Betriebsablaufs oder der Betriebsgeheimnisse, entgegenstehen.[27]

---

[19] *v. Hoyningen-Huene* BetrVR § 5 Rn. 13; Richardi/*Richardi* BetrVG § 2 Rn. 130.
[20] *v. Hoyningen-Huene* BetrVR § 5 Rn. 14; GK-BetrVG/*Franzen* § 2 Rn. 76; Richardi/*Richardi* BetrVG § 2 Rn. 118.
[21] *Fitting* § 2 Rn. 75; *v. Hoyningen-Huene* BetrVR § 5 Rn. 14; Richardi/*Richardi* BetrVG § 2 Rn. 126.
[22] Ausf. *v. Hoyningen-Huene* AR-Blattei SD 1650.1 unter B IV.
[23] BVerfG 17.2.1981 – 2 BvR 384/78, AP GG Art. 140 Nr. 9 unter C II 4; BAG 26.1.1982 – 1 AZR 610/80, AP GG Art. 9 Nr. 35 = AR-Blattei, Vereinigungsfreiheit, Entsch. 11 mit zust. Anm. *v. Hoyningen-Huene/Hofmann*.
[24] BAG 22.6.2010 – 1 AZR 179/09, NZA 2010, 1365 Rn. 29f.; 28.2.2006 – 1 AZR 460/04, NZA 2006, 798 (800) Rn. 31; LAG Köln 16.9.2016 – 10 Sa 328/16, BeckRS 2016, 111602 Rn. 24.
[25] BVerfG 14.11.1995 – 1 BvR 601/92, NZA 1996, 381 (382); 26.5.1970 – NJW 1970, 1635; BAG 22.5.2012 – 1 ABR 11/11, BeckRS 2012, 73557 Rn. 22; 22.6.2010 – 1 AZR 179/09, NZA 2010, 1365 Rn. 29f.; 28.2.2006 – 1 AZR 460/04, NZA 2006, 798 Rn. 40; LAG Köln 16.9.2016 – 10 Sa 328/16, BeckRS 2016, 111602 Rn. 24; *Boemke* AR-Blattei ES 1650 Nr. 23, 15 (22); *Schönhöft/Klafki* NZA-RR 2012, 393 (394).
[26] BVerfG 14.11.1995 – 1 BvR 601/92, NZA 1996, 381 (382); BAG 28.2.2006 – 1 AZR 460/04, NZA 2006, 798 Rn. 38; LAG Köln 16.9.2016 – 10 Sa 328/16, BeckRS 2016, 111602 Rn. 24.
[27] BAG 22.6.2010 – 1 AZR 179/09, NZA 2010, 1365 Rn. 28ff.; 28.2.2006 – 1 AZR 460/04, NZA 2006, 798 Rn. 31.

13 Diese Rspr. überzeugt nicht.[28] Es fehlt bereits an der tatbestandlichen Voraussetzung einer richterlichen Rechtsfortbildung. Eine hierfür erforderliche regelungsbedürftige Gesetzeslücke ist nicht gegeben, weil durch die allgemeinen Vorschriften zum Hausrecht (§§ 903, 1004, 862 BGB) der Gesetzgeber dem Hausrechtsinhaber das Recht eingeräumt hat, sich vor Störungen Dritter in seiner Nutzung zu schützen sowie andere von jeder Einwirkung auszuschließen. Er kann frei bestimmen, wem er den Zutritt gewährt. Daher können Dritte grds. nicht die Nutzung bzw. den Zutritt verlangen.[29] Auch Grundrechte gewähren keinen Anspruch ggü. Privatpersonen, gleich ob natürliche oder juristische, darauf, deren Rechtsgüter zum Zwecke der Wahrnehmung von Grundrechten nutzen zu dürfen. Angesichts der klaren gesetzlichen Regelungen ist eine Grenze allenfalls dort zu ziehen, wenn die Mitgliedswerbung im Betrieb durch externe Gewerkschaftsbeauftragte zum unerlässlichen Kernbereich der grundrechtlich geschützten Koalitionsfreiheit gehörte.[30] Die koalitionsmäßige Werbung und Information ist auch außerhalb des Betriebs möglich, ohne dass durch diese Einschränkung der Bestand der Koalition als solcher gefährdet bzw. das Zugangsrecht für den Bestand unerlässlich wäre.

III. Originäre Aufgaben der Koalitionen (§§ 2 Abs. 3, 74 Abs. 3 BetrVG)

1. Allgemeines

14 § 2 Abs. 3 BetrVG stellt klar, dass die Aufgaben der Gewerkschaften und der Arbeitgebervereinigungen durch das BetrVG **nicht berührt** werden. Ergänzend bestimmt § 74 Abs. 3 BetrVG, dass Arbeitnehmer, die im Rahmen des BetrVG Aufgaben übernehmen, hierdurch in der Betätigung für ihre Gewerkschaft auch im Betrieb nicht beschränkt werden. Die Koalitionsrechte werden durch das BetrVG also **weder eingeschränkt noch erweitert**. Vielmehr bleibt es bei dem dualistischen System der Aufgabentrennung von Betriebsrat und Koalition (→ Rn. 1 ff.). Gelegentlich kann sich freilich eine Überlagerung der gesetzlichen Bestimmungen ergeben, zB beim Zugangsrecht der Gewerkschaften zum Betrieb (→ Rn. 7 ff.).

15 Unberührt bleibt insbesondere die Aufgabe der Koalition, **Tarifverträge** abzuschließen. Diese können sogar betriebsverfassungsrechtliche Fragen regeln (vgl. §§ 3, 38 Abs. 1 S. 3, 76 Abs. 8, 77 Abs. 4 S. 4, 86 BetrVG). Im Übrigen gilt der Tarifvorrang gegenüber Betriebsvereinbarungen oder betrieblichen Regelungen (§§ 77 Abs. 3, 87 Abs. 1 BetrVG). Zu den Rechten der Gewerkschaften gehören außerdem die Information und Werbung von Mitgliedern sowie die Interessenwahrnehmung durch gewerkschaftliche Vertrauensleute. Gesetzliche Regelungen bestehen hierfür nicht. Bei der **Ausübung der Koalitionsaufgaben** sind aber die allgemeinen **Grenzen** einzuhalten, die durch die Rechte anderer sowie durch die speziellen arbeitsrechtlichen Regelungen gesetzt sind.[31] So darf ein Arbeitnehmer, der innerhalb des Betriebs gewerkschaftliche Aufgaben wahrnimmt, grds. nicht gegen seine arbeitsvertraglichen Pflichten verstoßen, also zB während der Arbeitszeit keine gewerkschaftliche Werbung vornehmen.

2. Gewerkschaftliche Information und Werbung im Betrieb

16 Zu der den Gewerkschaften verfassungsrechtlich gewährleisteten Betätigung gehört das Recht auf Mitgliederwerbung und gewerkschaftliche Information; denn unter den Schutzbereich der Koalitionsfreiheit nach Art. 9 Abs. 3 GG fallen auch die **Betätigungen**

---

[28] So bereits *Boemke* AR-Blattei ES 1650 Nr. 23, 15; *Richardi* Anm. zu BAG 28.2.2006 – 1 AZR 460/04, AP GG Art. 9 Nr. 127; Richardi/*Richardi* BetrVG Rn. 151; zust. hins. des Ergebnisses, jedoch krit. ggü. der Argumentationslinie *Höfling/Burkiczak* Anm. zu BAG 22.6.2010 – 1 AZR 179/09, AP GG Art. 9 Nr. 142; *Dieterich* Anm. zu BAG 28.2.2006 – 1 AZR 460/04, RdA 2007, 110 (112 ff.).
[29] Vgl. BGH 30.10.2009 – V ZR 253/08, NJW 2010, 534 Rn. 11; 20.1.2006 – V ZR 134/05, NJW 2006, 1054 Rn. 7; MüKoBGB/*Brückner* § 903 Rn. 53.
[30] Im Einzelnen *Boemke* AR-Blattei ES 1650 Nr. 23, 15 (22).
[31] BVerfG 14.11.1995 – 1 BvR 601/92, AP GG Art. 9 Nr. 80 = AR-Blattei ES 20 Nr. 33 mit krit. Anm. *v. Hoyningen-Huene*.

zur Erhaltung und Sicherung der Existenz der Koalition. Das gilt allerdings nur für bereits im Betrieb tätige Gewerkschaftsmitglieder (vgl. § 74 Abs. 3 BetrVG), nicht für **betriebsfremde Gewerkschaftsfunktionäre** (→ Rn. 12). Diese dürfen den Betrieb nur im Rahmen des § 2 Abs. 2 BetrVG (→ Rn. 7) betreten.

Die **Mitgliederwerbung** umfasst insbesondere die Plakatwerbung nach Absprache mit dem Arbeitgeber, zB am schwarzen Brett,[32] sowie das Verteilen einer Gewerkschaftszeitung[33] oder sonstiger Informationsschriften. Die Betätigung innerhalb des Betriebs kann daneben auch der laufenden Information von Arbeitnehmern sowie der **Wahlpropaganda** zu bevorstehenden **Betriebsratswahlen**[34] dienen. 17

Das Recht zu innerbetrieblicher Information und Werbung berechtigt die Gewerkschaften jedoch nicht, hierbei auf das Eigentum, Betriebsmittel, organisatorische Einrichtungen oder personelle **Mittel des Arbeitgebers** zuzugreifen.[35] Ferner dürfen die Maßnahmen nicht zu einer Störung des Betriebsfriedens oder -ablaufs führen, sie müssen sich in einem sachgerechten Rahmen bewegen, also den Verhältnismäßigkeitsgrundsatz beachten.[36] 18

3. Gewerkschaftliche Vertrauensleute

In vielen Betrieben gibt es gewerkschaftliche Vertrauensleute und deren Organisationen. Sie sind entsprechend den Weisungen ihrer Gewerkschaft zuständig für die **Wahrnehmung der Interessen der Gewerkschaftsmitglieder** im Betrieb, der Vermittlung von Tarifverträgen und der Tarifpolitik für die Arbeitnehmer sowie der Information der Gewerkschaft über Wünsche der Belegschaft. Praktisch dienen sie auch wegen ihrer Nähe zur Basis als Verbindung zwischen Arbeitnehmer und Betriebsrat. 19

Die Tätigkeit der Vertrauensleute ist rein gewerkschaftlich und **nicht betriebsverfassungsrechtlich**.[37] Eine solche Funktion kann ihnen weder tarifvertraglich noch durch Betriebsvereinbarung eingeräumt werden. Den gewerkschaftlichen Vertrauensleuten kommt auch **kein besonderer individualarbeitsrechtlicher Status** zu. Sie sind hinsichtlich aller Arbeitsbedingungen gleich zu behandeln (§ 75 BetrVG). Sie dürfen wegen ihrer gewerkschaftlichen Tätigkeit weder bevorzugt noch benachteiligt werden.[38] 20

In manchen **Tarifverträgen und Betriebsvereinbarungen** werden gewerkschaftlichen Vertrauensleuten bestimmte Sonderrechte hinsichtlich verstärktem Kündigungsschutz oder bezahlter Arbeitsfreistellung eingeräumt. Derartige Regelungen werden von einem Teil der Literatur für unzulässig erachtet, weil sie gegen den Grundsatz der Gleichbehandlung verstoßen, die Gegnerunabhängigkeit missachten (Finanzierung der Gewerkschaft durch den Arbeitgeber), das System der Trennung von Gewerkschaft und Betriebsrat umstoßen und somit die Regelungsmacht der Tarifpartner nach Art. 9 Abs. 3 GG überschreiten würden.[39] 21

---

[32] BAG 30.8.1983 – 1 AZR 121/81, AP GG Art. 9 Nr. 38 unter III = AR-Blattei Vereinigungsfreiheit Entsch. 13 mit Anm. *v. Hoyningen-Huene*.
[33] *V. Hoyningen-Huene* BetrVR § 5 Rn. 22; *Richardi* FS G. Müller 413 (434ff.); *Richardi* BetrVG § 2 Rn. 167; aA BAG 23.2.1979 – 1 AZR 540/77, AP GG Art. 9 Nr. 29 unter 3 mit krit. Anm. *Konzen*; GK-BetrVG//*Franzen* § 2 Rn. 93.
[34] BVerfG 30.11.1965 – 2 BvR 54/62, AP GG Art. 9 Nr. 7 unter I 2 e; GK-BetrVG/*Franzen* § 2 Rn. 83.
[35] Vgl. zu BAG 15.10.2013 – 1 ABR 31/12, NZA 2014, 319 Rn. 25ff. zur Nutzung des Intranets des Betriebs zum Streikaufruf.
[36] *V. Hoyningen-Huene* BetrVR § 5 Rn. 22; *Richardi*/*Richardi* BetrVG § 2 Rn. 170.
[37] HSWGN/*Rose* BetrVG § 2 Rn. 161; *v. Hoyningen-Huene* BetrVR § 5 Rn. 24; GK-BetrVG/*Franzen* § 2 Rn. 100; allgemein *Gamillscheg* KollArbR I S. 160ff.
[38] *Däubler* Gewerkschaftsrechte im Betrieb Rn. 513; *v. Hoyningen-Huene* BetrVR § 5 Rn. 24; GK-BetrVG/*Franzen* § 2 Rn. 100.
[39] So noch Vorauflage MHdB ArbR/*v. Hoyningen-Huene*, 3. Aufl. 2009, § 215 Rn. 21; *Bulla* BB 1975, 889; HSWGN/*Rose* BetrVG § 2 Rn. 163f.; *v. Hoyningen-Huene* BetrVR § 5 Rn. 25; *Richardi*/*Richardi* BetrVG § 2 Rn. 176; aA LAG Düsseldorf 25.8.1995 – 17 Sa 324/95, AuR 1996, 238; ArbG Kassel 5.8.1976 – 1 Ca 217/76, DB 1976, 1675; *Däubler* Gewerkschaftsrechte im Betrieb Rn. 521ff.; *Fitting* § 2 Rn. 90; GK-BetrVG/*Franzen* § 2 Rn. 103; *Löwisch*/*Rieble* TVG § 1 Rn. 2212ff.; *Zachert* BB 1976, 514 (515ff.).

22 Diese Bedenken überzeugen jedoch nicht. Sie rechtfertigen keine generelle Unzulässigkeit von kollektiven Sonderregelungen für gewerkschaftliche Vertrauensleute. Ein Verstoß gegen den Gleichbehandlungsgrundsatz liegt grds. nicht vor. Es ist bereits fraglich, ob bei gewerkschaftlichen Vertrauensleuten gegenüber sonstigen Beschäftigten von „Gleichen" gesprochen werden kann. Sie sind zwar auch Arbeitnehmer, jedoch haben sie als gewerkschaftliche Vertrauensperson über allgemeine Arbeitnehmerpflichten hinausgehende Aufgaben. Diese beinhalten regelmäßig sowohl einen besonderen Zeitaufwand als auch eine für Konflikte anfälligere Beziehung zum Arbeitgeber.[40] Soweit wegen der allgemeinen Arbeitnehmerstellung dennoch von einer Vergleichbarkeit ausgegangen wird, stellt diese besondere gewerkschaftliche Tätigkeit und die damit verbundenen Aufwendungen und Risiken einen sachlichen Grund dar, der die Ungleichbehandlung rechtfertigen kann.[41] Die gewährten Sonderrechte müssen aber den Zweck der Differenzierung beachten und geeignet sein, diesem gerecht zu werden. Zudem haben sie nach allgemeinen Grundsätzen verhältnismäßig zu sein.[42] Ebenso liegt kein Verstoß gegen den Grundsatz der Gegnerunabhängigkeit vor.[43] Trotz Sonderregelung für gewerkschaftliche Vertrauensleute sind die Gewerkschaften unabhängig genug, um die Interessen ihrer Mitglieder wirksam durchsetzen zu können. Die vom Arbeitgeber unabhängige Organisation und Willensbildung der Koalition ist hierdurch nicht gefährdet. Auch wenn die Sonderrechte der Vertrauensperson vom Arbeitgeber als Gegenspieler gewährt werden, führt dies nicht zur Abhängigkeit der Koalition insgesamt. Selbst soweit die gewerkschaftliche Vertrauensperson in einem inneren Loyalitätskonflikt im Hinblick auf den Arbeitgeber gelangt, wird hierdurch die unabhängige Willensbildung der Gewerkschaft als solche nicht beeinträchtigt. Schließlich wird auch nicht das betriebsverfassungsrechtliche System der Trennung von Gewerkschaft und Betriebsrat verletzt. Eine strikte Trennung ist im BetrVG im Unterschied zur Auffassung der Gegenansicht nicht vorgesehen. Vielmehr bestimmt § 2 Abs 1 BetrVG, dass die Betriebspartner mit den im Betrieb vertretenen Gewerkschaften und Arbeitgebervereinigungen zum Wohle der Arbeitnehmer zusammenwirken (→ Rn. 1 ff.). Ein Verstoß gegen das betriebsverfassungsrechtliche System kann allenfalls angenommen werden, wenn gewerkschaftliche Vertrauensleute bzw. die Gewährung von kollektiven Sonderrechten die betriebsverfassungsrechtliche Stellung des Betriebsrats schwächen bzw. die Unabhängigkeit des Betriebsrats gefährden könnten.[44] Die Tätigkeit der Vertrauenspersonen behindert die Betriebsratstätigkeit jedoch grds. nicht. Die Betriebsratstätigkeit bleibt von der Tätigkeit der gewerkschaftlichen Vertrauensleute bzw. der Gewerkschaft unabhängig. Die Vertrauenspersonen haben keine betriebsverfassungsrechtlichen Rechte, die mit denen des Betriebsrats kollidieren. Vielmehr kann der Betriebsrat seine betriebsverfassungsrechtlichen Rechte und Pflichten weiterhin ordnungsgemäß und ohne verpflichtende Vorgaben der Koalition wahrnehmen. Dies gilt auch soweit gewerkschaftlichen Vertrauenspersonen Sonderrechte eingeräumt werden.[45]

IV. Gesetzlich geregelte Mitwirkungsrechte der Gewerkschaften

23 Abgesehen von der Generalklausel des § 2 BetrVG (→ Rn. 1, 14), sowie den allgemeinen Koalitionsaufgaben der Gewerkschaften (→ Rn. 15 ff.), hat das BetrVG ausdrücklich bestimmte Mitwirkungsrechte festgelegt.[46]

---

[40] Vgl. *Däubler* Gewerkschaftsrechte im Betrieb Rn. 526; *Fitting* § 2 Rn. 90.
[41] Vgl. so auch *Däubler* Gewerkschaftsrechte im Betrieb Rn. 526; *Fitting* § 2 Rn. 90; GK-BetrVG/*Franzen* § 2 Rn. 103; *Zachert* BB 1976, 514 (517).
[42] Vgl. *Fitting* § 2 Rn. 90, der eine zulässige Privilegierung bei personen- und verhaltensbedingten, nicht jedoch betriebsbedingten Kündigungen annimmt; so auch *Löwisch/Rieble* TVG § 1 Rn. 2212.
[43] Vgl. so auch *Däubler* Gewerkschaftsrechte im Betrieb Rn. 523 f.; GK-BetrVG/*Franzen* § 2 Rn. 103; *Zachert* BB 1976, 514 (515 f.).
[44] Vgl. so auch Gedanke *Däubler* Gewerkschaftsrechte im Betrieb Rn. 531.
[45] Vgl. so auch *Däubler* Gewerkschaftsrechte im Betrieb Rn. 531 ff.; GK-BetrVG/*Franzen* § 2 Rn. 103.
[46] Ausführliche Übersichten bei *Fitting* § 2 Rn. 65; HSWGN/*Rose* BetrVG § 2 Rn. 157.

IV. Gesetzlich geregelte Mitwirkungsrechte der Gewerkschaften   24–27 § 289

1. Antragsrechte zu Betriebsratswahlen
Eine im Betrieb vertretene Gewerkschaft hat zahlreiche Antragsrechte zu Betriebsratswahlen, um sicherzustellen, dass in Betrieben ohne Betriebsrat (vgl. § 17 Abs. 3 und Abs. 4 BetrVG), aber auch in Betrieben mit Betriebsrat (§ 16 Abs. 2 BetrVG) eine Betriebsratswahl durchgeführt werden kann (→ § 291 Rn. 120 ff.). Zur Wahl des Betriebsrats kann eine im Betrieb vertretene Gewerkschaft **Wahlvorschläge** machen (§ 14 Abs. 3 und 5 BetrVG). Unter bestimmten Voraussetzungen können sie die Ersetzung des Wahlvorstands beim Arbeitsgericht beantragen (§ 18 Abs. 1 S. 2 BetrVG). Ist zweifelhaft, ob eine betriebsratsfähige Organisationseinheit vorliegt, so kann eine im Betrieb vertretene Gewerkschaft eine Entscheidung des Arbeitsgerichts beantragen (§ 18 Abs. 2 BetrVG). Nach Abschluss der Wahl ist den im Betrieb vertretenen Gewerkschaften eine Abschrift der **Wahlniederschrift** zu übersenden (§ 18 Abs. 3 S. 2 BetrVG). Weiterhin sind die im Betrieb vertretenen Gewerkschaften zur Wahlanfechtung berechtigt (§ 19 Abs. 2 BetrVG). 24

2. Sonstige Mitwirkungsrechte im Betrieb
a) Antragsrechte. Zunächst besteht nach § 23 Abs. 1 BetrVG das Antragsrecht einer im Betrieb vertretenen Gewerkschaft, beim Arbeitsgericht den Ausschluss eines Mitglieds aus dem Betriebsrat oder die Auflösung des Betriebsrats wegen grober Verletzung seiner Pflichten zu beantragen (→ § 297 Rn. 15 f.). Nach § 23 Abs. 3 S. 1 BetrVG kann eine im Betrieb vertretene Gewerkschaft außerdem bei groben Verstößen des Arbeitgebers gegen seine Verpflichtungen aus dem BetrVG beim Arbeitsgericht beantragen, dem Arbeitgeber aufzugeben, eine Handlung zu unterlassen, die Vornahme einer Handlung zu dulden oder eine Handlung vorzunehmen (§ 23 Abs. 3 BetrVG; → § 297 Rn. 38). 25

Dieser **Unterlassungsanspruch** setzt nach hM nicht voraus, dass die Gewerkschaft materiell in einem eigenen betriebsverfassungsrechtlichen Recht verletzt ist, weil ihr eine gesetzliche Prozessstandschaft zukommt.[47] Dies folgt sowohl aus dem Wortlaut als auch systematisch-teleologischen Erwägungen. Die Vorschrift des § 23 Abs. 3 BetrVG verlangt nach dem Wortlaut nicht, dass Verstöße gegen die jeweils „eigenen" betriebsverfassungsrechtlichen Rechte der dort benannten Antragsbefugten geltend gemacht werden können. Vielmehr wird allgemein von groben Verstößen des Arbeitgebers gegen seine Verpflichtungen aus dem BetrVG gesprochen. Zudem ist Sinn und Zweck der Vorschrift nicht die Durchsetzung eigener Rechte. Vielmehr soll durch § 23 Abs. 3 BetrVG der Schutz der betriebsverfassungsrechtlichen Ordnung sichergestellt und der Arbeitgeber dazu angehalten werden, seine betriebsverfassungsrechtlichen Pflichten zu erfüllen.[48] Soweit nach einer weit verbreiteten Ansicht auch grobe Verstöße gegen §§ 81 ff. BetrVG von § 23 Abs. 3 BetrVG erfasst sind[49] (hierzu kritisch → § 290 Rn. 23), muss § 23 Abs. 3 BetrVG notwendig als gesetzliche Prozessstandschaft verstanden werden. Der Arbeitnehmer als Gläubiger dieser Individualrechte ist nach § 23 Abs. 3 BetrVG nicht antragsberechtigt. Vielmehr kann nur der Betriebsrat oder eine im Betrieb vertretene Gewerkschaft hiergegen vorgehen. 26

Der Klageantrag der Gewerkschaft muss nach allgemeinen Grundsätzen hinreichend bestimmt sein.[50] Ein zu weit gefasster Antrag ist allerdings bestimmt und daher nicht un- 27

---

[47] BAG 16.11.2004 – 1 ABR 53/03, NZA 2005, 416 (417) unter I 2 a; *Fitting* § 23 Rn. 69; Richardi/*Thüsing* BetrVG § 23 Rn. 104; GK-BetrVG/*Oetker* § 23 Rn. 187; aA Vorauflage MHdB ArbR/v. Hoyningen-Huene, 3. Aufl. 2009, § 215 Rn. 25.
[48] Vgl. BAG 20.8.1991 – 1 ABR 85/90, NZA 1992, 317 (318); ErfK/*Koch* BetrVG § 23 Rn. 1; Richardi/*Thüsing* BetrVG § 23 Rn. 1.
[49] BeckOK ArbR/*Werner* BetrVG § 81 Rn. 17, § 82 Rn. 12; *Fitting* § 23 Rn. 60, § 81 Rn. 28, § 82 Rn. 14, § 83 Rn. 42; GK-BetrVG/*Oetker* § 23 Rn. 218; GK-BetrVG/*Franzen* Einführung vor § 81 ff. Rn. 31, § 81 Rn. 26; Henssler/Willemsen/Kalb/*Sittard* BetrVG § 81 Rn. 11; *Thüsing* BetrVG § 23 Rn. 99; *Zimmermann* AuR 2014, 262 (265); beschränkt auf das Recht der Hinzuziehung eines Betriebsratsmitglieds wohl BAG 20.4.2010 – 1 ABR 85/08, Rn. 11, NZA 2010, 1307; 16.11.2004 – 1 ABR 53/03, NZA 2005, 416 (417 f.); aA *Heinze* DB 1983, Beil. Nr. 9, S. 12, 16.
[50] BAG 19.3.2003 – 4 AZR 271/02, NZA 2003, 1221.

zulässig, sondern in der Sache unbegründet.[51] Hinsichtlich der Straftaten nach § 119 Abs. 1 BetrVG steht auch den im Betrieb vertretenen Gewerkschaften das (Straf-)Antragsrecht zu.

28 **b) Teilnahmerechte.** Die im Betrieb vertretenen Gewerkschaften können zudem an bestimmten betriebsverfassungsrechtlichen Veranstaltungen teilnehmen. So besteht unter den Voraussetzungen des § 31 BetrVG ein abgeleitetes Recht, an den Sitzungen des Betriebsrats teilzunehmen, sowie nach § 46 BetrVG ein eigenständiges Recht, an den Betriebs- oder Abteilungsversammlungen beratend teilzunehmen. Die Gewerkschaftsbeauftragten dürfen zur Sache sprechen und Fragen stellen, haben aber kein Stimm- und auch kein Antragsrecht.[52] Unter bestimmten Voraussetzungen muss auf Antrag einer der im Betrieb vertretenen Gewerkschaften der Betriebsrat eine Betriebsversammlung einberufen (§ 43 Abs. 4 BetrVG).

29 **c) Vermittlungs- und Beratungsfunktion.** Eine vermittelnde Funktion können die im Betrieb vertretenen Gewerkschaften haben, wenn ein Beschluss des Betriebsrats gemäß § 35 Abs. 1 BetrVG ausgesetzt wird. Schließlich haben die Spitzenorganisationen der Gewerkschaften eine **Beratungsfunktion** hinsichtlich der Geeignetheit von Schulungs- und Bildungsveranstaltungen nach § 37 Abs. 7 BetrVG. Im Übrigen kann der Betriebsrat bei Wahrnehmung seiner betriebsverfassungsrechtlichen Aufgaben Vertreter einer Gewerkschaft zur Unterstützung und Beratung heranziehen, wenn er dies für sachdienlich und geboten hält.[53]

---

[51] BAG 24.4.2007 – 1 AZR 252/06, NZA 2007, 987 (990); 18.11.2014 – 1 AZR 257/13, NZA 2015, 306 (308).
[52] GK-BetrVG/*Weber* § 46 Rn. 10; *Fitting* § 46 Rn. 11; Richardi/*Annuß* BetrVG § 46 Rn. 11 f.
[53] BAG 21.6.2006 – 7 AZR 418/05, BeckRS 2006, 134732 Rn. 16; *Fitting* § 2 Rn. 53; GK-BetrVG/*Franzen* § 2 Rn. 24.

§ 290 Rechte des einzelnen Arbeitnehmers auf Grund des Betriebsverfassungsgesetzes (§§ 81 ff. BetrVG)

Schrifttum:
Bächle, Unterrichtungs- und Belehrungspflichten nach dem Betriebsverfassungsgesetz 1972, DB 1973, 1400 ff.; *Bepler,* Sozialrechtliche Gestaltung des laufenden Arbeitsverhältnisses durch das neue SGB III, AuR 1999, 219 ff.; *Blomeyer,* Die Entwicklung des arbeitsrechtlichen Schrifttums im Jahre 1974, ZfA 1975, 243 ff.; *Bulla,* Die Konkurrenz von arbeitsgerichtlichem Urteils- und Beschlußverfahren, RdA 1978, 209 ff.; *Denck,* Arbeitsschutz und Anzeigerecht des Arbeitnehmers, DB 1980, 2132 ff.; *Dütz/Säcker,* Zum Umfang der Kostenerstattungs- und Kostenvorschußpflicht des Arbeitgebers gemäß § 40 BetrVG, DB-Beil. 17/1972; *Düwell,* Mitbestimmung des Betriebsrats beim Einsatz von Leiharbeitnehmern, NZA-RR 2011, 1 ff.; *Dütz,* Verfahrensrecht der Betriebsverfassung Gliederung, AuR 1973, 353 ff.; *Elert,* Gruppenarbeit. Individual- und kollektivarbeitsrechtliche Fragen moderner Arbeitsformen Diss. Hagen, 2001; *Falkenberg,* Ausgewählte Probleme aus dem Betriebsverfassungsgesetz 1972, BB 1974, 1167 ff.; *Hanau,* Unklarheiten in dem Regierungsentwurf des Betriebsverfassungsgesetzes, 485 ff.; *Heither,* Mitwirkung und Beschwerderecht des Arbeitnehmers, AR-Blattei SD 530.14.6; *Herfs-Röttgen,* Rechtsfragen rund um die Personalakte, NZA 2013, 478 ff.; *Löwisch,* Die Beschwerderechte des Arbeitnehmers nach den §§ 84 und 85 BetrVG 72, DB 1972, 2304 ff.; *Löwisch,* Novellierung des Mitbestimmungsrechts, BB 1988, 1953 ff.; *Löwisch,* Änderung der Betriebsverfassung durch das Betriebsverfassungs-Reformgesetz, BB 2001, 1734 ff.; *Mayer-Maly,* Arbeitsleben und Rechtspflege, Festschrift für Gerhard Müller, 1981; *Moll/Klunker,* Das Beschwerderecht nach dem Betriebsverfassungsgesetz 1972, RdA 1973, 361 ff.; *Nebendahl/Lunk,* NZA 1990, 676 ff.; *Rothe,* Einsicht in die Personalunterlagen des Betriebes, DB 1972, 1919 ff.; *Söllner,* Das Zurückbehaltungsrecht des Arbeitnehmers, ZfA 1973, 1 ff.; *Steffan,* Beschwerderecht und Mitbestimmung, RdA 2015, 270 ff.; *Uhl/Polloczek,* „Man kann sich ja mal beschweren" – die Beschwerdeverfahren nach den §§ 84, 85 BetrVG (§§ 84, 85 BetrVG), BB 2008, 1730 ff.; *Wendeling-Schröder,* Das Arbeitsrecht in Betrieben ohne Betriebsrat, DB 2002, 206 ff.; *Wiese,* Der personale Gehalt des Arbeitsverhältnisses, ZfA 1996, 439 ff.; *Wiese,* Das neue Vorschlagsrecht der Arbeitnehmer nach § 86a BetrVG (§ 86a BetrVG), BB 2001, 2267 ff.; *Wiese,* Individuum und Kollektiv im Betriebsverfassungsrecht, NZA 2006, 1 ff.; *Wiese,* Individualrechte in der Betriebsverfassung, RdA 1973, 1 ff.; *Worzalla,* Das Beschäftigtenschutzgesetz in der Praxis, NZA 1994, 1016 ff. Zimmermann, Zur Bedeutung des arbeitsplatzbezogenen Unterrichtungs-, Anhörungs- und Erörterungsanspruchs des einzelnen Arbeitnehmers gem. § 81 BetrVG, AuR 2014, 262 ff.

Übersicht

	Rn.
I. Überblick	1
II. Geltungsbereich	3
1. Betrieblich	3
2. Persönlich	4
III. Gläubiger, Schuldner, Form	5
IV. Unterrichtungs- und Erörterungspflicht (§ 81 BetrVG)	7
1. Unterrichtung und Belehrung nach Abs. 1	7
2. Unterrichtung und Belehrung nach Abs. 2	8
3. Anhörung der Arbeitnehmer in Betrieben ohne Betriebsrat nach Abs. 3	9
4. Unterrichtung und Erörterung nach Abs. 4	10
a) Unterrichtung	10
b) Erörterung	11
IV. Anhörungs- und Erörterungsrecht (§ 82 BetrVG)	12
V. Einsicht in Personalakte (§ 83 BetrVG)	14
VI. Beschwerderecht (§§ 84 ff. BetrVG)	15
1. Allgemein	15
2. Beschwerdegegenstand	16
3. Beschwerdeverfahren	17
a) § 84 BetrVG	17
b) § 85 BetrVG	18
VII. Vorschlagsrecht (§ 86a BetrVG)	19
VIII. Pflichtverstöße	20

I. Überblick

1 In §§ 81–86a BetrVG sind die dem Individualrecht zuzuordnenden Mitwirkungs- und Beschwerderechte der einzelnen Arbeitnehmer geregelt. Die Arbeitnehmerrechte aus §§ 81–85, 86a BetrVG konkretisieren die aus dem Arbeitsverhältnis bestehenden Nebenpflichten.[1] Die Regelungen sollen den Schutz des allgemeinen Persönlichkeitsrechts der Arbeitnehmer gewährleisten, indem dem Einzelnen in bestimmtem Umfang individualrechtliche Befugnisse in Form von Informations- und Mitspracherechten eingeräumt werden. Hierdurch soll insbesondere das betriebliche Geschehen für den Arbeitnehmer transparent werden. Dem Arbeitnehmer werden hiermit die Einarbeitung, die betriebliche Integration und das Wahrnehmen seiner Rechte erleichtert sowie die Arbeit und damit der Betrieb gefördert als auch vor von diesen ausgehenden Gefahren vorgebeugt.[2]

2 Die Vorschriften sind einseitig zwingend. Eine für den Arbeitnehmer nachteilige Abweichung durch Tarifvertrag, Betriebsvereinbarung oder individualvertragliche Abrede ist damit unzulässig.[3] Lediglich die Einzelheiten des Beschwerdeverfahrens nach §§ 84 f. BetrVG können gem. § 86 S. 1 BetrVG durch Tarifvertrag oder Betriebsvereinbarung geregelt werden.

II. Geltungsbereich

1. Betrieblich

3 Die Vorschriften des §§ 81 ff. BetrVG knüpfen mit Ausnahme der §§ 85, 86a BetrVG nicht an das Bestehen eines Betriebsrats an. Deshalb gelten § 81 BetrVG bis § 84 BetrVG nach hM für sämtliche betriebsratsfähige Betriebe unabhängig davon, ob ein Betriebsrat im Betrieb existiert. Allein das zum Teil vorgesehene Recht der Hinzuziehung eines Betriebsratsmitglieds (vgl. §§ 81 Abs. 4 S. 3, 82 Abs. 2 S. 2; 83 Abs. 1 S. 2, 84 Abs. 1 S. 2 BetrVG) entfällt in betriebsratslosen Betrieben.[4] Umstritten ist, ob die Vorschriften auch für nicht betriebsratsfähige Betriebe gelten.[5] Richtigerweise ist dies zu bejahen, weil es sich bei den Regelungen um Konkretisierungen von individualarbeitsrechtlichen Nebenpflichten handelt, die nicht an die Betriebsratsfähigkeit, sondern an ein Arbeitsverhältnis

---

[1] Vgl. hierzu BeckOK ArbR/*Werner* BetrVG § 81 vor Rn. 1, § 82 vor Rn. 1, § 83 vor Rn. 1, § 84 vor Rn. 1; ErfK/*Kania* BetrVG § 81 Rn. 1, § 82 Rn. 1, § 83 Rn. 1, § 84 Rn. 1; *Fitting* § 81 Rn. 1 f., § 82 Rn. 2, § 83 Rn. 1; GK-BetrVG/*Franzen* Einführung vor § 81 ff. Rn. 11 ff., § 81 Rn. 1; *Heither* AR-Blattei SD 530.14.56 Rn. 1; HWK/*Sittard* BetrVG § 81 Rn. 1, § 82 Rn. 1, § 83 Rn. 1; Richardi BetrVG/*Thüsing* Vorbem. § 81 ff. Rn. 1 f., § 82 Rn. 1 f., § 83 Rn. 2; § 84 Rn. 2; *Uhl/Polloczek* BB 2008, 1730 (1730); *Wendeling-Schröder* DB 2002, 206 (206); *Wiese* ZfA 1996, 439 (475); *Wiese* NZA 2006, 1 (2) wobei auf Treue- oder Fürsorgepflichten abgestellt wird.

[2] Vgl. BT-Drs. VI/1786, 47; BeckOK ArbR/*Werner* BetrVG § 81 vor Rn. 1; ErfK/*Kania* BetrVG § 81 Rn. 1; *Fitting* § 81 Rn. 1, § 86a Rn. 2; GK-BetrVG/*Franzen* Einführung vor § 81 ff. Rn. 1, 3, § 86a Rn. 4 ff.; *Heither* AR-Blattei SD 530.14.56 Rn. 4; Richardi BetrVG/*Thüsing* Vorbem. § 81 ff. Rn. 1 f., § 81 Rn. 18; *Wiese* BB 2001, 2267 (2267); *Wiese* ZfA 1996, 439 (474 f.).

[3] Vgl. BeckOK ArbR/*Werner* BetrVG § 81 vor Rn. 1; *Fitting* § 81 Rn. 2; GK-BetrVG/*Franzen* Einführung vor § 81 ff. Rn. 26, 34, § 81 Rn. 3, § 82 Rn. 2, § 83 Rn. 2, § 84 Rn. 2, § 85 Rn. 1, § 86a Rn. 2; HWK/*Sittard* § 81 Rn. 1.

[4] BeckOK ArbR/*Werner* BetrVG § 81 vor Rn. 1, § 83 vor Rn. 1; ErfK/*Kania* § 81 BetrVG Rn. 1, § 82 Rn. 1; *Fitting* § 81 Rn. 2, § 82 Rn. 1, § 83 Rn. 2; GK-BetrVG/*Franzen* Einführung vor § 81 ff. Rn. 23; HWK/*Sittard* BetrVG § 81 Rn. 1, § 82 Rn. 1; Richardi BetrVG/*Thüsing* Vorbem. § 81 ff. Rn. 5, § 83 Rn. 2, § 84 Rn. 2; *Uhl/Polloczek* BB 2008, 1730 (1730); *Wendeling-Schröder* DB 2002, 206 (206); vgl. auch LAG Hamm 3.9.2014 – 4 Sa 235/14, NZA-RR 2015, 131 (133); für § 83 BetrVG LAG SchlH 17.4.2014 – 5 Sa 385/13, NZA-RR 2014, 465 (467).

[5] Bejahend BeckOK ArbR/*Werner* BetrVG § 81 vor Rn. 1, § 83 vor Rn. 1, § 84 vor Rn. 1; ErfK/*Kania* BetrVG § 81 Rn. 1, § 82 Rn. 1, § 83 Rn. 1, § 84 Rn. 1; *Fitting* § 81 Rn. 2, § 83 Rn. 1; HWK/*Sittard* BetrVG § 81 Rn. 1, § 82 Rn. 1; *Wendeling-Schröder* DB 2002, 206 (206), wohl auch LAG Hamm 3.9.2014 – 4 Sa 235/14, NZA-RR 2015, 131 (133); ablehnend GK-BetrVG/*Franzen* Einführung vor § 81 ff. Rn. 21; Richardi BetrVG/*Thüsing* Vorbem. § 81 ff. Rn. 5, § 84 Rn. 2, anders jedoch für § 83 BetrVG § 83 Rn. 3; wohl auch ablehnend BAG 23.9.1975 – 1 AZR 60/74 Rn. 28; *Worzalla* NZA 1994, 1016 (1019).

II. Geltungsbereich 4 § 290

anknüpfen.[6] Es ist auch nicht ersichtlich, dass der Gesetzgeber Arbeitgeber in Kleinstbetrieben privilegieren wollte. Unstreitig gilt § 81 Abs. 3 BetrVG auch in nicht betriebsratsfähigen Betrieben.[7] Schon nach ihrem Wortlaut findet die Regelung in Betrieben Anwendung, „in denen kein Betriebsrat besteht". Es wird gerade nicht verlangt, dass der Betrieb auch betriebsratsfähig sein muss. Zudem verfolgt § 81 Abs. 3 BetrVG den Zweck, die fehlende Mitwirkung des Betriebsrats in Fragen des Arbeits- und Gesundheitsschutzes nach §§ 87 Abs. 1 Nr. 7, 89 BetrVG auszugleichen. Dieser Zweck greift bei allen betriebsratslosen Betrieben, unabhängig davon, ob diese betriebsratsfähig sind oder nicht.[8]

2. Persönlich
Die Mitwirkungs- und Beschwerderechte nach §§ 81 ff. BetrVG gelten nach dem ausdrücklichen Wortlaut für Arbeitnehmer. Damit richtet sich der persönliche Anwendungsbereich nach § 5 BetrVG, der den Arbeitnehmer iSd BetrVf bestimmt (→ § 285 Rn. 3 ff.).[9] Somit sind sämtliche Personen erfasst, die in die betriebliche Organisation des Betriebs eingegliedert sind und dem Weisungsrecht des Betriebsinhabers unterliegen (→ § 285 Rn. 9). Danach gelten die Bestimmungen zB für Leiharbeitnehmer sowohl im Verleiher- als auch im Entleiherbetrieb (→ § 285 Rn. 16 f.).[10] Auch Arbeitnehmern, die gleichzeitig Betriebsratsmitglied sind, stehen die Rechte aus §§ 81 ff. BetrVG zu, ohne dass die Unterrichtungs- (zB § 90 BetrVG) und Anhörungsrechte und sonstige Beteiligungsrechte (zB § 87 Abs. 1 Nr. 7 BetrVG) des Betriebsrats ersetzt oder beschränkt werden.[11] Hingegen finden §§ 81 ff. BetrVG keine Anwendung für Nicht-Arbeitnehmer nach § 5 Abs. 2 BetrVG oder leitende Angestellte nach § 5 Abs. 3, 4 BetrVG.[12] Allerdings können sich inhaltlich zu §§ 81 ff. BetrVG vergleichbare Pflichten nach allgemeinen Grundsätzen als Nebenpflicht aus dem Arbeitsverhältnis für Beschäftigte ergeben, die zwar betriebsverfassungsrechtlich keine Arbeitnehmer sind, jedoch unter den allgemeinen Arbeitnehmerbegriff fallen.[13]

4

---

[6] Vgl. BeckOK ArbR/*Werner* BetrVG § 83 vor. Rn. 1, ErfK/*Kania* BetrVG § 81 Rn. 1, § 83 Rn. 1, § 84 Rn. 1; *Fitting* § 81 Rn. 2, § 83 Rn. 1; *Wendeling-Schröder* DB 2002, 206 (206).
[7] *Fitting* § 81 Rn. 20; GK-BetrVG/*Franzen* § 81 Rn. 18; HWK/*Sittard* § 81 Rn. 8; *Zimmermann* AuR 2014, 262 (264).
[8] *Fitting* § 81 Rn. 20; GK-BetrVG/*Franzen* § 81 Rn. 18; HWK/*Sittard* BetrVG § 81 Rn. 8; BeckOK ArbR/*Werner* BetrVG § 81 Rn. 10; HK-BetrVG/*Lakies* § 81 Rn. 16.
[9] Vgl. BeckOK ArbR/*Werner* BetrVG § 81 vor Rn. 1, § 83 vor Rn. 1, 84 vor Rn. 1, § 86a Rn. 1; ErfK/*Kania* BetrVG § 83 Rn. 1, § 86a Rn. 1; *Fitting* § 86a Rn. 4; GK-BetrVG/*Franzen* Einführung vor § 81 ff. Rn. 21, § 81 Rn. 3, § 82 Rn. 2, § 83 Rn. 2, § 84 Rn. 3, § 85 Rn. 2, § 86a Rn. 2, 8; Richardi BetrVG/*Thüsing* vor. § 81 Rn. 4.
[10] Vgl. BeckOK ArbR/*Werner* BetrVG § 81 vor Rn. 1; *Düwell* NZA-RR 2011, 1 (7); *Fitting* § 82 Rn. 1, § 86a Rn. 4; GK-BetrVG/*Franzen* Einführung vor § 81 ff. Rn. 24, § 81 Rn. 3, § 82 Rn. 2, § 83 Rn. 2, § 84 Rn. 3, § 85 Rn. 2, § 86a Rn. 2; HWK/*Sittard* BetrVG § 82 Rn. 1; Richardi BetrVG/*Thüsing* vor § 81 Rn. 4.
[11] Vgl. BeckOK ArbR/*Werner* BetrVG § 81 vor Rn. 1; vgl. auch DKKW/*Buschmann* BetrVG § 81 Rn. 3; FAHdB ArbR/*Wildschütz* § 13 Rn. 1185.
[12] Vgl. BeckOK ArbR/*Werner* BetrVG § 81 vor Rn. 1; ErfK/*Kania* BetrVG § 86a Rn. 1; GK-BetrVG/ *Franzen* Einführung vor § 81 ff. Rn. 22, § 81 Rn. 3, § 82 Rn. 2, § 83 Rn. 2, § 84 Rn. 3, § 85 Rn. 2, § 86a Rn. 2; Richardi BetrVG/*Thüsing* vor § 81 Rn. 4, § 84 Rn. 2; für leitende Angestellte BAG 19. 2. 1975 – 1 ABR 55/73, AP BetrVG 1972 § 5 Nr. 9; aA *Fitting* § 81 Rn. 2.
[13] Vgl. BAG 19. 2. 1975 – 1 ABR 55/73, AP BetrVG 1972 § 5 Nr. 9; BeckOK ArbR/*Werner* BetrVG § 83 vor Rn. 1, § 84 vor Rn. 1; ErfK/*Kania* BetrVG § 83 Rn. 1; GK-BetrVG/*Franzen* Einführung vor § 81 ff. Rn. 25 ff.; Richardi BetrVG/*Thüsing* Vorbem. § 81 ff. Rn. 6, § 84 Rn. 2; vgl. auch *Blomeyer* ZfA 1975, 243 (306); *Wiese* RdA 1973, 1 (7); *Bächle* DB 1973, 1400 (1400 f.); *Hallmen*, Die Beschwerde des Arbeitnehmers als Instrument innerbetrieblicher Konfliktregelung, 1997, S. 175 ff.; *Pramann* DB 1983, 1922 (1925); für direkte Anwendung wohl *Fitting* § 81 Rn. 2.

III. Gläubiger, Schuldner, Form

5 §§ 81 ff. BetrVG BetrVG betreffen mit Ausnahme der §§ 86, 86a BetrVG das Verhältnis zwischen Arbeitgeber als Verpflichtetem (Schuldner)[14] und dem einzelnen Arbeitnehmer als Berechtigtem (Gläubiger).[15] Auch im Falle der Gruppenarbeit steht allein dem einzelnen Arbeitnehmer, nicht jedoch der Gruppe ein eigenes Recht aus den Regelungen zu.[16] Der Betriebsrat bzw. seine Mitglieder können aus den Vorschriften hingegen keine Rechte herleiten. Ihnen kommt zum Teil lediglich eine den Arbeitnehmer unterstützende Stellung ohne eigene Rechtsposition zu (vgl. §§ 81 Abs. 4 S. 3, 82 Abs. 2 S. 2, 83 Abs. 1 S. 2, 84 Abs. 1 S. 2 BetrVG).[17] Soweit der Betriebsrat oder eines seiner Mitglieder unterstützend hinzugezogen wird, kann es jedoch besondere Pflichten treffen (zB §§ 82 Abs. 2 S. 3, 83 Abs. 1 S. 2, 85 Abs. 1 BetrVG). Im Zusammenhang mit dem Beschwerdeverfahren nach § 85 Abs. 2 S. 1 BetrVG steht ausschließlich dem Betriebsrat das Recht zur Anrufung der Einigungsstelle zu.[18] Das Vorschlagsrecht aus § 86a BetrVG hat der Arbeitnehmer gegenüber dem Betriebsrat[19].

6 Die Unterrichtungs-, Belehrungs- und Erörterungspflichten des Arbeitgebers nach §§ 81 ff. BetrVG sind keine höchstpersönlichen Leistungsverpflichtungen. Er kann sich somit zu ihrer Erfüllung eines Erfüllungsgehilfen bedienen. Dies kann jede Person, insbesondere auch ein anderer sachkundiger Arbeitnehmer, sein,[20] nicht jedoch der zu informierende Arbeitnehmer selbst. Eine besondere Form der in §§ 81 ff. BetrVG geforderten Arbeitgeber-[21] bzw. Arbeitnehmererklärungen[22] ist nicht erforderlich, sodass sie auch mündlich erfolgen können.

IV. Unterrichtungs- und Erörterungspflicht (§ 81 BetrVG)

1. Unterrichtung und Belehrung nach Abs. 1

7 Nach § 81 Abs. 1 S. 1 BetrVG hat der Arbeitgeber den Arbeitnehmer über dessen Aufgabe und Verantwortung sowie über die Art seiner Tätigkeit und ihre Einordnung in den Arbeitsablauf des Betriebs zu unterrichten. Zudem hat der Arbeitgeber nach § 81 Abs. 1

---

[14] Vgl. HWK/*Sittard* BetrVG § 82 Rn. 3, § 84 Rn. 1; *Galperin/Löwisch* BetrVG vor § 81 Rn. 1; *Fitting* § 81 Rn. 2 §§ 81 ff. BetrVG als Konkretisierung arbeitsvertraglicher Pflichten des Arbeitgebers; HK-BetrVG/*Lakies* § 81 Rn. 1; vgl. auch GK-BetrVG/*Franzen* Einführung vor § 81 ff. Rn. 11 ff.

[15] Vgl. LAG Hamm 3.9.2014 – 4 Sa 235/14, NZA-RR 2015, 131 (133); GK-BetrVG/*Franzen* § 81 Rn. 1, § 82 Rn. 1; HWK/*Sittard* BetrVG § 81 Rn. 1, § 82 Rn. 5, § 84 Rn. 1, *Uhl/Polloczek* BB 2008, 1730 (1730); vgl. auch GK-BetrVG/*Franzen* Einführung vor § 81 ff. Rn. 11 ff.

[16] GK-BetrVG/*Franzen* § 81 Rn. 9, § 82 Rn. 5; BeckOK ArbR/*Werner* BetrVG § 82 Rn. 2; *Elert* Gruppenarbeit. Individual- und kollektivarbeitsrechtliche Fragen moderner Arbeitsformen, 2001, S. 139 f.; aA *Fitting* § 81 Rn. 27, § 82 Rn. 8; HK-BetrVG/*Lakies* § 82 Rn. 8; offen gelassen HWK/*Sittard* BetrVG § 82 Rn. 5.

[17] Vgl. hierzu BAG 16.11.2004 – 1 ABR 53/03, NZA 2005, 416 (418); 23.2.1984 – 6 ABR 22/81, NZA 1985, 128 (128 f.); ErfK/*Kania* BetrVG § 82 Rn. 10; *Fitting* § 82 Rn. 15; GK-BetrVG/*Franzen* § 82 Rn. 25; Richardi BetrVG/*Thüsing* § 82 Rn. 17; vgl. auch BAG 23.2.1984 – 6 ABR 22/81, AP BetrVG 1972 § 82 Nr. 2 unter III.

[18] BAG 28.6.1984 – 6 ABR 5/83, AP BetrVG 1972 § 85 Nr. 1; BeckOK ArbR/*Werner* BetrVG § 85 Rn. 8; *Fitting* § 85 Rn. 4; GK-BetrVG/*Franzen* § 85 Rn. 9; HWK/*Sittard* BetrVG § 85 Rn. 5; Richardi BetrVG/*Thüsing* § 85 Rn. 15.

[19] Vgl. BeckOK ArbR/*Werner* BetrVG § 86a Rn. 1; *Fitting* § 86a Rn. 1; GK-BetrVG/*Franzen* Einführung vor § 86a Rn. 8; Richardi BetrVG/*Thüsing* § 86a Rn. 1.

[20] Vgl. BeckOK ArbR/*Werner* BetrVG § 81 Rn. 5; ErfK/*Kania* BetrVG § 81 Rn. 5; *Fitting* § 81 Rn. 7; GK-BetrVG/*Franzen* § 81 Rn. 11, 16; *Heither* AR-Blattei SD 530.14.56 Rn. 13; HWK/*Sittard* BetrVG § 81 Rn. 3; Richardi BetrVG/*Thüsing* § 81 Rn. 16; vgl. auch LAG RhPf 24.1.2006 – 5 Sa 817/05 Rn. 34.

[21] Vgl. BeckOK ArbR/*Werner* BetrVG § 81 Rn. 3, § 84 Rn. 9; *Fitting* § 81 Rn. 8, 14, § 84 Rn. 16; GK-BetrVG/*Franzen* § 81 Rn. 9, § 84 Rn. 27; *Heither* AR-Blattei SD 530.14.56 Rn. 14; HWK/*Sittard* BetrVG § 81 Rn. 3; Richardi BetrVG/*Thüsing* § 81 Rn. 16, § 84 Rn. 21; *Uhl/Polloczek* BB 2008, 1730 (1731); *Zimmermann* AuR 2014, 262 (263).

[22] BeckOK ArbR/*Werner* BetrVG § 84 Rn. 6, § 85 Rn. 3, § 86a Rn. 3, 11; *Fitting* § 84 Rn. 13, 85 Rn. 3, § 86a Rn. 5; GK-BetrVG/*Franzen* § 84 Rn. 21, § 85 Rn. 25, § 86a Rn. 11; HWK/*Sittard* BetrVG § 84 Rn. 4, § 85 Rn. 2; Richardi BetrVG/*Thüsing* § 84 Rn. 13, § 85 Rn. 8, § 86a Rn. 4; *Uhl/Polloczek* BB 2008, 1730 (1731 f.).

IV. Unterrichtungs- und Erörterungspflicht (§ 81 BetrVG)

S. 2 BetrVG die Pflicht, den Arbeitnehmer über die mit der Tätigkeit in Zusammenhang stehenden Unfall- und Gesundheitsgefahren zu belehren. Die sonstigen Arbeitsschutzvorschriften (zB § 618 Abs. 1 BGB, § 12 ArbSchG) bleiben neben § 81 Abs. 1 S. 2 BetrVG bestehen.[23] Im Lichte des Normzwecks (→ Rn. 1 ff.) muss die Unterrichtung bzw. Belehrung präzise und speziell auf den konkreten Arbeitnehmer und seinen Arbeitsplatz zugeschnitten sein. Unkonkrete und pauschale Informationen über den Aufgaben- und Verantwortungsbereich des Arbeitnehmers sowie über bestehende Gefahren und Arbeitsschutzmaßnahmen genügen daher nicht.[24] Die Unterrichtung bzw. Belehrung muss vor Beginn der tatsächlichen erstmaligen Beschäftigung erfüllt werden.[25] Dies ergibt sich für § 81 Abs. 1 S. 2 BetrVG bereits aus dem ausdrücklichen Wortlaut. Im Hinblick auf § 81 Abs. 1 S. 1 BetrVG folgt dies aus dem Sinn und Zweck. Vor dem Hintergrund des Normzwecks genügt es allerdings auch, wenn die Unterrichtung mit der tatsächlichen Arbeitsaufnahme zeitlich zusammenfällt.[26] (Zur Form → Rn. 6).

2. Unterrichtung und Belehrung nach Abs. 2

Nach § 81 Abs. 2 BetrVG ist der Arbeitnehmer über Veränderungen in seinem Arbeitsbereich rechtzeitig zu unterrichten. § 81 Abs. 1 BetrVG gilt hierbei entsprechend. Damit besteht nicht nur bei erstmaliger Beschäftigung die besondere Unterrichtung- und Belehrungspflicht des Arbeitgebers. Vielmehr haben diese auch im laufenden Beschäftigungsverhältnis bei Arbeitsbereichsveränderungen zu erfolgen. Auf Grund des systematischen Bezugs zu § 81 Abs. 1 BetrVG knüpft der Begriff des Arbeitsbereichs an die Aufgaben, Verantwortung sowie an die Art der Tätigkeit und Einordnung in den Arbeitsablauf des Betriebs an. Der Arbeitsbereich betrifft somit den konkreten Arbeitsplatz eines Arbeitnehmers und dessen Stellung in der betrieblichen Organisation in räumlicher, technischer und organisatorischer Hinsicht.[27] Damit Veränderungen iSd Vorschrift gegeben sind, müssen nicht die Voraussetzungen einer Versetzung nach § 95 BetrVG vorliegen. Vielmehr sind alle Änderungen des Arbeitsbereichs eines Arbeitnehmers und die sich unmittelbar auf ihn auswirken erfasst.[28] Die Unterrichtungspflicht nach Abs. 2 hängt nicht davon ab, dass die Veränderungen wesentlich sind. Dies hat lediglich auf den Umfang der Unterrichtungspflicht Einfluss.[29] Rechtzeitig ist die Unterrichtung, wenn sie angemessene Zeit vor der Veränderung erfolgt, sodass der Arbeitnehmer sich hierauf einstellen kann (zur Form → Rn. 6).[30]

3. Anhörung der Arbeitnehmer in Betrieben ohne Betriebsrat nach Abs. 3

§ 81 Abs. 3 BetrVG bestimmt ein besonderes Anhörungsrecht der Arbeitnehmer zu allen Maßnahmen, die Auswirkungen auf seine Sicherheit und Gesundheit haben können. Hinreichende, aber auch notwendige Voraussetzung hierfür ist jedoch, dass in dem Be-

---

[23] GK-BetrVG/*Franzen* § 81 Rn. 12; vgl. auch *Fitting* § 81 Rn. 10 ff.; HWK/*Sittard* BetrVG § 81 Rn. 5.
[24] Vgl. BeckOK ArbR/*Werner* BetrVG § 81 Rn. 2, 6; ErfK/*Kania* BetrVG § 81 Rn. 3; *Fitting* § 81 Rn. 3, 9 ff.; GK-BetrVG/*Franzen* § 81 Rn. 5, 14; HWK/*Sittard* BetrVG § 81 Rn. 6; Richardi BetrVG/*Thüsing* § 81 Rn. 6; *Zimmermann* AuR 2014, 262 (263); vgl. auch BAG 23. 4. 1991 – 1 ABR 49/90, NZA 1991, 817 (819); 10. 2. 1988 – 1 ABR 39/86, NZA 1988, 549 (549); *Bächle* DB 1973, 1400 (1402).
[25] Vgl. BeckOK ArbR/*Werner* BetrVG § 81 Rn. 2, 7; *Fitting* § 81 Rn. 3, 9 f.; GK-BetrVG/*Franzen* § 81 Rn. 7, 15; Richardi BetrVG/*Thüsing* § 81 Rn. 14.
[26] Vgl. GK-BetrVG/*Franzen* § 81 Rn. 7; DKKW/*Buschmann* BetrVG § 81 Rn. 6; *Fitting* § 81 Rn. 3; Richardi BetrVG/*Thüsing* § 81 Rn. 14; aA *Galperin/Löwisch* BetrVG § 81 Rn. 3.
[27] BAG 27. 6. 2006 – 1 ABR 35/05, NZA 2006, 1289 (1290); BeckOK ArbR/*Werner* BetrVG § 81 Rn. 8; ErfK/*Kania* BetrVG § 81 Rn. 13; *Fitting* § 81 Rn. 17; GK-BetrVG/*Franzen* § 81 Rn. 8; HWK/*Sittard* BetrVG § 81 Rn. 7; *Zimmermann* AuR 2014, 262 (264); vgl. auch BAG 4. 5. 2011 – 7 ABR 3/10 Rn. 25, NZA 2011, 1289.
[28] Vgl. *Fitting* § 81 Rn. 17 f.; GK-BetrVG/*Franzen* § 81 Rn. 8; *Zimmermann* AuR 2014, 262 (263 f.); vgl. auch Richardi BetrVG/*Thüsing* § 81 Rn. 9.
[29] GK-BetrVG/*Franzen* § 81 Rn. 8; Richardi BetrVG/*Thüsing* § 81 Rn. 9.
[30] BeckOK ArbR/*Werner* BetrVG § 81 Rn. 9; GK-BetrVG/*Franzen* § 81 Rn. 7; Richardi BetrVG/*Thüsing* § 81 Rn. 11.

trieb, in dem die Arbeitnehmer tätig sind, kein Betriebsrat besteht. Im Unterschied zu § 81 Abs. 1, 2 BetrVG beschränkt sich das Anhörungsrecht in Abs. 3 nicht auf den konkreten Aufgaben- und Tätigkeitsbereich des anhörungsberechtigten Arbeitnehmers. Vielmehr ist der Arbeitgeber verpflichtet, seine Arbeitnehmer auch zu arbeitsschutzrechtlichen Fragen zu hören, die den Betrieb und seine Beschäftigten insgesamt betreffen.[31] Erforderlich ist lediglich, dass die Arbeitgebermaßnahme sich auf Sicherheit und Gesundheit der Arbeitnehmer auswirken kann. Dies dient dem Ausgleich der fehlenden Betriebsratsbeteiligung in betriebsratslosen Betrieben in arbeitsschutzrechtlichen Bereichen.[32] Hierdurch werden die unionsrechtlichen Vorgaben nach Art. 11 RL 89/391/EWG erfüllt.[33]

4. Unterrichtung und Erörterung nach Abs. 4

10 **a) Unterrichtung.** Der Arbeitgeber hat den Arbeitnehmer nach § 81 Abs. 4 S. 1 BetrVG über die auf Grund einer Planung von technischen Anlagen, von Arbeitsverfahren und Arbeitsabläufen oder der Arbeitsplätze vorgesehenen Maßnahmen und ihre Auswirkungen auf seinen Arbeitsplatz, die Arbeitsumgebung sowie auf Inhalt und Art seiner Tätigkeit zu unterrichten. Die geplanten Maßnahmen entsprechen denjenigen, die auch eine Beteiligung des Betriebsrats nach § 90 Abs. 1 BetrVG auslösen.[34] Gegenstand der Unterrichtung sind nicht nur die auf Grund der Planung vorgesehenen Maßnahmen, sondern auch ihre Auswirkungen auf den Arbeitsplatz, die Arbeitsumgebung sowie auf Inhalt und Art seiner Tätigkeit eines konkreten Arbeitnehmers.[35] Hierbei ist über alle Aspekte zu informieren, die für den einzelnen Arbeitnehmer bedeutsam sein können.[36] Der konkrete Zeitpunkt für die Unterrichtung wird vom Normwortlaut nicht ausdrücklich bestimmt. Allerdings knüpft das Gesetz die Unterrichtungspflicht an eine Planung und nicht an einen fertigen Plan. Der Planungsprozess darf damit noch nicht abgeschlossen sein. Eine frühere Unterrichtung ist möglich.[37]

11 **b) Erörterung.** Sobald feststeht, dass sich die Tätigkeit des Arbeitnehmers ändern wird und dessen berufliche Kenntnisse und Fähigkeiten zur Erfüllung seiner Aufgaben nicht mehr ausreichen, trifft den Arbeitgeber eine Erörterungspflicht nach § 81 Abs. 4 S. 2 BetrVG. Hierbei hat er mit dem Arbeitnehmer zu besprechen, wie dessen berufliche Kenntnisse und Fähigkeiten im Rahmen der betrieblichen Möglichkeiten den künftigen Anforderungen, zB durch Weiterbildungsmaßnahmen, angepasst werden können. Die Erörterungspflicht entsteht, „sobald" feststeht, dass sich die Tätigkeit eines Arbeitnehmers ändern wird und seine Fähigkeiten für die Ausübung der geänderten Beschäftigung jedoch nicht mehr ausreichen. Nach § 81 Abs. 4 S. 3 BetrVG kann der Arbeitnehmer bei der Erörterung ein Mitglied des Betriebsrats hinzuziehen. Auf Rechtsfolgenseite besteht nach § 81 Abs. 4 S. 2 BetrVG allein eine Erörterungspflicht. Hingegen begründet die Vorschrift für den Arbeitnehmer keinen Anspruch auf entsprechende Anpassungsmaßnahmen.[38]

---

[31] Vgl. *Fitting* § 81 Rn. 21; GK-BetrVG/*Franzen* § 81 Rn. 18; HWK/*Sittard* BetrVG § 81 Rn. 8; *Zimmermann* AuR 2014, 262 (264).
[32] *Fitting* § 81 Rn. 21; GK-BetrVG/*Franzen* § 81 Rn. 18; HWK/*Sittard* BetrVG § 81 Rn. 8; *Zimmermann* AuR 2014, 262 (264).
[33] BT-Drs. 13/3540, 22; *Fitting* § 81 Rn. 20f.; GK-BetrVG/*Franzen* § 81 Rn. 18; HWK/*Sittard* § 81 Rn. 8; Richardi BetrVG/*Thüsing* § 81 Rn. 18; *Zimmermann* AuR 2014, 262 (264).
[34] Vgl. *Fitting* § 81 Rn. 23; GK-BetrVG/*Franzen* § 81 Rn. 19.
[35] Vgl. BeckOK ArbR/*Werner* BetrVG § 81 Rn. 12; ErfK/*Kania* BetrVG § 81 Rn. 14; *Fitting* § 81 Rn. 24; GK-BetrVG/*Franzen* § 81 Rn. 19.
[36] BeckOK ArbR/*Werner* BetrVG § 81 Rn. 12; *Fitting* § 81 Rn. 24.
[37] Vgl. *Fitting* § 81 Rn. 24; GK-BetrVG/*Franzen* § 81 Rn. 20; Richardi BetrVG/*Thüsing* § 81 Rn. 21.
[38] BeckOK ArbR/*Werner* BetrVG § 81 Rn. 13; ErfK/*Kania* BetrVG § 81 Rn. 15; *Fitting* § 81 Rn. 25; GK-BetrVG/*Franzen* § 81 Rn. 21; HWK/*Sittard* BetrVG § 81 Rn. 9; vgl. auch BT-Drs. 11/2503, 35; Richardi BetrVG/*Thüsing* § 81 Rn. 22.

IV. Anhörungs- und Erörterungsrecht (§ 82 BetrVG)

Dem Arbeitnehmer steht nach § 82 Abs. 1 BetrVG das Recht zu, in allen betrieblichen, seine Person betreffenden Angelegenheiten (zB Fragen der Urlaubsplanung) von den zuständigen Stellen gehört zu werden. Er kann zu beabsichtigten Maßnahmen des Arbeitgebers, die ihn betreffen, Stellung nehmen und Vorschläge für die Gestaltung des Arbeitsplatzes und des Arbeitsablaufs machen. Voraussetzung ist, dass die Angelegenheit den einzelnen Arbeitnehmer persönlich betrifft. Soweit ausschließlich Interessen anderer Arbeitnehmer berührt sind, sind die Rechte nicht gegeben.[39]

Der Arbeitnehmer kann nach § 82 Abs. 2 BetrVG verlangen, dass der Arbeitgeber ihm die Berechnung (zB Arbeitszeit, Höhe des Stundenlohns, Akkordlohnberechnung) und Zusammensetzung (insb. Grundlohn, Lohn für Überstunden, Zulagen, Prämien) seines Arbeitsentgelts (Brutto-, Nettobezüge, freiwillige Nebenleistungen) erläutert sowie mit ihm die Beurteilung seiner Leistungen und die Möglichkeiten seiner beruflichen Entwicklung im Betrieb erörtert.[40] Er kann hierzu ein Betriebsratsmitglied hinzuziehen. Das Mitglied des Betriebsrats hat über den Inhalt dieser Verhandlungen Stillschweigen zu bewahren, soweit es vom Arbeitnehmer im Einzelfall nicht von dieser Verpflichtung entbunden wird.

V. Einsicht in Personalakte (§ 83 BetrVG)

Nach § 83 Abs. 1 BetrVG hat der Arbeitnehmer das Recht in die über ihn geführten Personalakten Einsicht zu nehmen. Personalakte ist nicht nur das, was vom Arbeitgeber so bezeichnet wurde (formeller Begriff). Vielmehr fällt hierunter jede Unterlage, die sich auf die Person des Arbeitnehmers bezieht und die mit dem Arbeitsverhältnis in innerem Zusammenhang steht (Begriff im materiellen Sinne).[41] Dies gilt unabhängig von Art und Weise der Dokumentation sowie der Stelle, an der die Sammlung geführt wird, sodass auch die in elektronischen Datenbanken gespeicherten Personaldaten erfasst werden. Beispiele: Arbeitsvertrag, Krankheitszeiten, Abrechnungen, Zeugnisse, Beurteilungen[42]. Nimmt der Arbeitnehmer während der Arbeitszeit Einsicht, ist eine Lohnkürzung unzulässig.[43] Auch sonstige Kosten entstehen dem Arbeitnehmer durch die Einsicht nicht. Will er allerdings Fotokopien fertigen, muss er diese Kosten tragen. Stattdessen kann er auch eigene Fotoaufnahmen (Smartphone) von Unterlagen machen. Der Arbeitnehmer kann ein Mitglied des Betriebsrats hinzuziehen. Das Betriebsratsmitglied hat über den Inhalt der Personalakte Stillschweigen zu bewahren, soweit es vom Arbeitnehmer im Einzelfall nicht von dieser Verpflichtung entbunden wird. Nach der Rspr. ist das Einsichtnahmerecht ein höchstpersönliches Recht, sodass eine Hinzuziehung eines Dritten (zB Prozessbevollmächtigten) auf Grundlage des § 83 Abs. 1 BetrVG ausgeschlossen ist.[44] Nach § 83 Abs. 2 BetrVG kann der Arbeitnehmer abgegebene Erklärungen zum Inhalt der Personalakte auf

---

[39] Vgl. BeckOK ArbR/*Werner* BetrVG § 82 Rn. 1; ErfK/*Kania* BetrVG § 81 Rn. 3; *Fitting* § 82 Rn. 4; GK-BetrVG/*Franzen* § 82 Rn. 5; HWK/*Sittard* BetrVG § 82 Rn. 5; Richardi BetrVG/*Thüsing* § 82 Rn. 5.
[40] Vgl. BeckOK ArbR/*Werner* BetrVG § 82 Rn. 4f.; ErfK/*Kania* BetrVG § 82 Rn. 6; *Fitting* § 82 Rn. 9; GK-BetrVG/*Franzen* § 82 Rn. 12; HWK/*Sittard* BetrVG § 82 Rn. 9; Richardi BetrVG/*Thüsing* § 82 Rn. 12; vgl. auch BAG 20.4.2010 – 1 ABR 85/08, NZA 2010, 1307 (1308) Rn. 17.
[41] ErfK/*Kania* BetrVG § 83 Rn. 2; siehe auch BAG vom 7.5.1980 – 4 AZR 214/78, BeckRS 1980, 30706869.
[42] Vgl. hierzu ausführlich *Fitting* § 83 Rn. 3ff.; GK-BetrVG/*Franzen* § 83 Rn. 4ff.; Richardi BetrVG/*Thüsing* § 83 Rn. 4ff.
[43] BeckOK ArbR/*Werner* BetrVG § 83 Rn. 8; ErfK/*Kania* BetrVG § 83 Rn. 4; *Fitting* § 83 Rn. 12; GK-BetrVG/*Franzen* § 83 Rn. 22; *Herfs-Röttgen* NZA 2013, 478 (480); Richardi BetrVG/*Thüsing* § 83 Rn. 22.
[44] BAG 12.7.2016 – 9 AZR 791/14 Rn. 9, NZA 2016, 1344 (1344); LAG Nürnberg 10.10.2014 – 8 Sa 138/14, BeckRS 2016, 69898; LAG SchlH 17.4.2014 – 5 Sa 385/13, NZA-RR 2014, 465 (466f.); vgl. auch *Gola/Hümmerich* BB 1974, 1167 (1171f.); *Pramann* DB 1983, 1922 (1925); *Rothe* DB 1972, 1919 (1921 mit FN 21); Richardi BetrVG/*Thüsing* § 83 Rn. 27; aA *Fitting* § 83 Rn. 12; *Herfs-Röttgen* NZA 2013, 478 (480); differenzierend GK-BetrVG/*Franzen* § 83 Rn. 26.

sein Verlangen dieser beifügen lassen, und zwar auch dann, wenn der Arbeitgeber die Erklärung für unwahr oder nicht in die Personalakte gehörig erachtet.[45]

VI. Beschwerderecht (§§ 84 ff. BetrVG)

1. Allgemein

15 Zur innerbetrieblichen Konfliktlösung steht dem Arbeitnehmer ein Beschwerderecht zu. Er kann sich dabei an die vom Arbeitgeber bestimmten Stellen (§ 84 Abs. 1 S. 1 BetrVG) oder an den Betriebsrat (§ 85 Abs. 1 BetrVG) wenden. Dem Arbeitnehmer steht insoweit ein Wahlrecht zu; er kann nach hM auch beide Beschwerdeverfahren parallel betreiben.[46] Für die Abhilfe ist allerdings allein der Arbeitgeber zuständig (vgl. §§ 84 Abs. 2, 85 Abs. 3 BetrVG).[47] Wegen der Erhebung einer Beschwerde dürfen dem Arbeitnehmer, unabhängig davon, ob diese berechtigt oder unberechtigt ist, keine Nachteile (zB Lohnminderung[48], Abmahnung[49]) entstehen (vgl. § 84 Abs. 3 BetrVG).[50] Die Einzelheiten des Beschwerdeverfahrens (zB Frist- und Formerfordernisse,[51] Bestimmung einer betrieblichen Beschwerdestelle) können nach § 86 BetrVG durch Tarifvertrag oder Betriebsvereinbarung geregelt werden.

2. Beschwerdegegenstand

16 Beschwerdegegenstand kann jede Maßnahme oder Handlung sein, durch die sich der Arbeitnehmer benachteiligt, ungerecht behandelt oder in sonstiger Weise beeinträchtigt fühlt.[52] Gleichgültig ist, ob diese vom Arbeitgeber (zB Nichtraucherschutz, Arbeitsüberlastungen)[53] oder anderen Arbeitnehmern des Betriebs (zB Mobbing, Beleidigungen)[54] ausgeht. Nach dem eindeutigen Wortlaut („beeinträchtigt fühlt") kommt es allein auf das subjektive Empfinden des Arbeitnehmers an,[55] wobei der Rechtsmissbrauch eine allgemeine Grenze der Rechtsausübung darstellt. Die Maßnahme muss den Arbeitnehmer selbst betreffen. Benachteiligt oder beeinträchtigt sie lediglich Andere, genügt dies nicht.[56]

---

[45] ErfK/*Kania* BetrVG § 83 Rn. 6; DKKW/*Buschmann* BetrVG § 83 Rn. 20; *Fitting* § 83 Rn. 14; *Richardi* BetrVG/*Thüsing* Rn. 38; aA GK-BetrVG/*Franzen* § 83 Rn. 34.

[46] BeckOK ArbR/*Werner* BetrVG § 85 vor Rn. 1; *Fitting* § 84 Rn. 1; GK-BetrVG/*Franzen* § 84 Rn. 31; *Richardi* BetrVG/*Thüsing* § 84 Rn. 30; *Uhl/Polloczek* BB 2008, 1730 (1732); aA HWK/*Sittard* BetrVG § 84 Rn. 1, § 85 Rn. 1; vgl. auch zum Wahlrecht BAG 11.3.1982 – 2 AZR 798/79, BeckRS 1982, 04952.

[47] GK-BetrVG/*Franzen* § 85 Rn. 27; *Richardi* BetrVG/*Thüsing* § 85 Rn. 12; *Uhl/Polloczek* BB 2008, 1730 (1732).

[48] ErfK/*Kania* BetrVG § 84 Rn. 8; *Fitting* § 84 Rn. 20.; HWK/*Sittard* BetrVG § 84 Rn. 7; vgl. auch BeckOK ArbR/*Werner* BetrVG § 84 Rn. 12; *Richardi* BetrVG/*Thüsing* § 84 Rn. 19.

[49] LAG Hamm 11.2.2004 – 18 Sa 1847/03, BeckRS 2004 30460154; HWK/*Sittard* BetrVG § 84 Rn. 7.

[50] LAG Hamm 11.2.2004 – 18 Sa 1847/03, BeckRS 2004 30460154; BeckOK ArbR/*Werner* BetrVG § 84 Rn. 12; *Fitting* § 84 Rn. 20, § 85 Rn. 11; GK-BetrVG/*Franzen* § 84 Rn. 33 f., § 85 Rn. 30; *Uhl/Polloczek* BB 2008, 1730 (1732).

[51] BeckOK ArbR/*Werner* BetrVG § 86 Rn. 3; ErfK/*Kania* BetrVG § 86 Rn. 1; *Fitting* § 86 Rn. 3; BetrVG/*Franzen* § 86 Rn. 5; HWK/*Sittard* BetrVG § 86 Rn. 1; *Richardi* BetrVG/*Thüsing* § 86 Rn. 3.

[52] BAG 22.11.2005 – 1 ABR 50/04, NZA 2006, 803 (805) Rn. 29; 11.3.1982 – 2 AZR 798/79, BeckRS 1982, 04952; LAG RhPf 11.12.2014 – 3 TaBV 8/14, BeckRS 2015, 66247; LAG SchlH 21.12.1989 – 4 TaBV 42/89, NZA 1990, 703 (703 f.); BeckOK ArbR/*Werner* BetrVG § 84 Rn. 1 ff., § 85 Rn. 1; *Fitting* § 84 Rn. 4 ff., § 85 Rn. 3; GK-BetrVG/*Franzen*, § 85 Rn. 4; HWK/*Sittard* BetrVG § 84 Rn. 2; *Moll/Klunker* RdA 1973, 361 (363); *Richardi* BetrVG/*Thüsing* § 84 Rn. 4 ff., § 85 Rn. 4; *Uhl/Polloczek* BB 2008, 1730 (1731 f.).

[53] Vgl. BAG 22.11.2005 – 1 ABR 50/04, NZA 2006, 803 (805) Rn. 44; LAG Hamm 21.8.2001 – 13 TaBV 78/01, NZA-RR 2002, 139 (140); LAG Düsseldorf 21.12.1993 – 8 (5) TaBV 92/93, NZA 1994, 767 (767); *Fitting* § 84 Rn. 6 f., § 85 Rn. 3, 6; *Uhl/Polloczek* BB 2008, 1730 (1731).

[54] *Fitting* § 84 Rn. 9, § 85 Rn. 3, 11; *Uhl/Polloczek* BB 2008, 1730 (1731).

[55] ErfK/*Kania* BetrVG § 84 Rn. 4.

[56] BAG 22.11.2005 – 1 ABR 50/04, NZA 2006, 803 (805) Rn. 30; LAG Hamm 21.8.2001 – 13 TaBV 78/01, NZA-RR 2002, 139 (140); LAG SchlH 21.12.1989 – 4 TaBV 42/89, NZA 1990, 703 (703 f.); *Fitting* § 84 Rn. 4, § 85 Rn. 3; GK-BetrVG/*Franzen* § 84 Rn. 11, § 85 Rn. 4; HWK/*Sittard* BetrVG § 84 Rn. 2; *Richardi* BetrVG/*Thüsing* § 84 Rn. 4, § 85 Rn. 4; *Uhl/Polloczek* BB 2008, 1730 (1731); *Wiese* BB 2001, 2267 (2267 f.); *Hanau* BB 1971, 485 (489).

VI. Beschwerderecht (§§ 84 ff. BetrVG)

Eine Popularbeschwerde sieht das Gesetz nicht vor. Bei allgemeinen Angelegenheiten bleibt dem Arbeitnehmer die Möglichkeiten nach § 80 Abs. 1 Nr. 3 und § 86a BetrVG.[57] Beschwerden gegen den Betriebsrat oder seine Mitglieder als Amtsträger sind hingegen keine tauglichen Beschwerdegegenstände. Der Arbeitgeber kann auf die Betriebsratstätigkeit nicht einwirken und somit auch keine Abhilfe schaffen.[58]

3. Beschwerdeverfahren

a) § 84 BetrVG. Der Arbeitnehmer kann sich bei der zuständigen Stelle (idR unmittelbare Vorgesetzte)[59] grds. form- und fristlos,[60] soweit nichts anderes durch kollektive Vereinbarung iSv § 86 S. 1 BetrVG geregelt ist,[61] beschweren. Dabei kann er ein Betriebsratsmitglied zur Unterstützung oder Vermittlung hinzuziehen. Der Arbeitnehmer muss in seiner Erklärung verdeutlichen, in welchen konkreten tatsächlichen oder rechtlichen Umständen er sich beeinträchtigt fühlt.[62] Gemäß § 84 Abs. 2 BetrVG ist der Arbeitgeber verpflichtet, den Arbeitnehmer über die Behandlung der Beschwerde mündlich oder schriftlich[63] zu bescheiden und, soweit er die Beschwerde für berechtigt erachtet, ihr abzuhelfen. Die Abhilfepflicht des Arbeitgebers ist durch allgemeine Grundsätze begrenzt, sodass sie für ihn nicht nur möglich (vgl. § 275 Abs. 1 BGB), sondern auch zumutbar (§§ 275 Abs. 2, Abs. 3 und 242 BGB) sein muss.[64] Bleibt die Beschwerde erfolglos, kann der Arbeitnehmer seine Rechte im Urteilsverfahren vor dem Arbeitsgericht geltend machen.[65] 17

b) § 85 BetrVG. Nach § 85 Abs. 1 Hs. 1 BetrVG muss auch der Betriebsrat Beschwerden von Arbeitnehmern entgegennehmen, wobei auch insoweit weder Frist noch Form besteht.[66] Der Betriebsrat hat über die Berechtigung der Beschwerde durch Beschluss zu entscheiden.[67] Hält er diese für unberechtigt, hat er dies dem Arbeitnehmer unter Angabe von Gründen mitzuteilen.[68] Erachtet er sie für berechtigt, so hat er beim Arbeitgeber auf Abhilfe hinzuwirken. Der Arbeitgeber hat den Betriebsrat gemäß § 85 Abs. 3 BetrVG über die Behandlung der Beschwerde zu informieren.[69] Bestehen Meinungsverschiedenheiten zwischen Arbeitgeber und Betriebsrat über die Berechtigung der Beschwerde, kann der Betriebsrat – 18

---

[57] *Fitting* § 84 Rn. 4; *Uhl/Polloczek* BB 2008, 1730 (1731) unter Fußnote 9.
[58] BeckOK ArbR/*Werner* BetrVG § 84 Rn. 5; ErfK/*Kania* BetrVG § 84 Rn. 5; *Fitting* § 84 Rn. 12; GK-BetrVG/*Franzen* § 84 Rn. 14, § 85 Rn. 4; HWK/*Sittard* BetrVG § 84 Rn. 3; *Moll/Klunker* RdA 1973, 361 (361); Richardi BetrVG/*Thüsing* § 84 Rn. 10; *Wiese* FS G. Müller, 1981, 625 (629 ff.); aA *Gamillscheg* KollArbR II, S. 858; *Niedaralt* Die Individualrechte des Arbeitnehmers nach dem Betriebsverfassungsgesetz 1972, S. 60 ff.; *Stege/Weinspach/Schiefer* BetrVG §§ 84–86 Rn. 4.
[59] BeckOK ArbR/*Werner* BetrVG § 84 Rn. 6; ErfK/*Kania* BetrVG § 84 Rn. 6; *Fitting* § 84 Rn. 13; GK-BetrVG/*Franzen* § 84 Rn. 16; *Uhl/Polloczek* BB 2008, 1730 (1731).
[60] BeckOK ArbR/*Werner* BetrVG § 84 Rn. 6; *Fitting* § 84 Rn. 13; GK-BetrVG/*Franzen* § 84 Rn. 21; HWK/*Sittard* BetrVG § 84 Rn. 4; Richardi BetrVG/*Thüsing* § 84 Rn. 13; *Uhl/Polloczek* BB 2008, 1730 (1731).
[61] HWK/*Sittard* BetrVG § 84 Rn. 4; Richardi BetrVG/*Thüsing* § 84 Rn. 13; *Uhl/Polloczek* BB 2008, 1730 (1731).
[62] Vgl. BAG 22. 11. 2005 – 1 ABR 50/04, NZA 2006, 803 (805) Rn. 31; LAG Hessen 6. 9. 2005 – 4 TaBV 107/05 BeckRS 2008, 54541; *Fitting* § 84 Rn. 4; HWK/*Sittard* BetrVG § 84 Rn. 5.
[63] BeckOK ArbR/*Werner* BetrVG § 84 Rn. 9; *Fitting* § 84 Rn. 16; GK-BetrVG/*Franzen* § 84 Rn. 27; Richardi BetrVG/*Thüsing* § 84 Rn. 21; *Uhl/Polloczek* BB 2008, 1730 (1731).
[64] Vgl. *Fitting* § 84 Rn. 18, § 85 Rn. 9; GK-BetrVG/*Franzen* § 84 Rn. 25.
[65] BAG 22. 11. 2005 – 1 ABR 50/04, NZA 2006, 803 (805) Rn. 38; *Fitting* § 84 Rn. 17; GK-BetrVG/*Franzen* § 84 Rn. 32; Richardi BetrVG/*Thüsing* § 84 Rn. 31; vgl. auch BT-Dr VI/1786, 48.
[66] BeckOK ArbR/*Werner* BetrVG § 85 Rn. 3; *Fitting* 85 Rn. 3; GK-BetrVG/*Franzen* § 85 Rn. 25; HWK/*Sittard* BetrVG § 85 Rn. 2; Richardi BetrVG/*Thüsing* § 85 Rn. 8; *Uhl/Polloczek* BB 2008, 1730 (1731 f.).
[67] BeckOK ArbR/*Werner* BetrVG § 84 Rn. 4; *Fitting* § 85 Rn. 3; GK-BetrVG/*Franzen* § 85 Rn. 6; HWK/*Sittard* BetrVG § 85 Rn. 2.
[68] BeckOK ArbR/*Werner* BetrVG § 85 Rn. 5; *Fitting* § 85 Rn. 3; GK-BetrVG/*Franzen* § 85 Rn. 6; Richardi BetrVG/*Thüsing* § 84 Rn. 10; *Uhl/Polloczek* BB 2008, 1730 (1732).
[69] *Fitting* § 85 Rn. 10; GK-BetrVG/*Franzen* § 84 Rn. 28; HWK/*Sittard* BetrVG § 85 Rn. 6.

nicht hingegen der Arbeitnehmer[70] – nach § 85 Abs. 2 BetrVG die Einigungsstelle anrufen, soweit Beschwerdegegenstand kein Rechtsanspruch des Arbeitnehmers ist (vgl. § 85 Abs. 2 S. 3 BetrVG). Geht es um einen Rechtsanspruch, bleibt nach hM jedoch die generelle Möglichkeit eines freiwilligen Einigungsstellenverfahrens.[71] Im Übrigen ergeben sich allgemeine Grenzen für die Anrufung der Einigungsstelle aus der Mitbestimmungssystematik des BetrVG. Mitbestimmungsrechte des Betriebsrats dürfen nicht entgegen des gesetzlichen Systems erweitert werden,[72] sodass zB bei einer Kündigung der Weg zur Einigungsstelle nicht über die Beschwerde eröffnet wird. Auch wenn der Betriebsrat nur die vom Arbeitgeber in Betracht gezogenen Abhilfemaßnahmen für nicht geeignet hält, ist der Weg zur Einigungsstelle nicht eröffnet. In diesem Falle kann der Arbeitnehmer erneute Beschwerde erheben, wenn er sich weiter beeinträchtigt fühlt. Der Arbeitnehmer kann seinen Anspruch aber auch im Urteilsverfahren geltend machen.[73]

VII. Vorschlagsrecht (§ 86a BetrVG)

19 Gemäß § 86a S. 1 BetrVG hat jeder Arbeitnehmer das Recht, dem Betriebsrat (nicht: Gesamt- oder Konzernbetriebsrat) Themen zur Beratung vorzuschlagen. Dies gilt unabhängig davon, ob sie ihn unmittelbar betreffen.[74] Der Betriebsrat hat den Vorschlag nach § 86a S. 2 BetrVG innerhalb von zwei Monaten auf die Tagesordnung einer Betriebsratssitzung zu setzen, wenn er von mindestens 5 vom Hundert der Arbeitnehmer unterstützt wird und in seine Zuständigkeit fällt. Ohne die erforderliche Unterstützung hat der Betriebsrat über die Beratung des Vorschlags allein nach pflichtgemäßem Ermessen zu entscheiden.[75]

VIII. Pflichtverstöße

20 Kommt der Arbeitgeber seinen Pflichten aus §§ 81 ff. BetrVG nicht oder nicht ordnungsgemäß nach, so kann dies unterschiedliche arbeitsrechtliche Konsequenzen haben. Der Arbeitnehmer kann auf Erfüllung klagen, soweit ihm ein Leistungsanspruch eingeräumt wird. Dies gilt im Einzelnen für die Unterrichtungs- und Erörterungspflichten nach § 81 BetrVG[76], die Anhörungs- und Erörterungspflichten sowie die Hinzuziehung eines Betriebsratsmitglieds nach § 82 BetrVG[77], die Einsicht in die Personalakten, die Hinzuziehung eines Betriebsratsmitglieds und die Beifügung von Erklärungen nach § 83 BetrVG[78]

---

[70] BAG 28.6.1984 – 6 ABR 5/83, AP BetrVG 1972 § 85 Nr. 1; BeckOK ArbR/*Werner* BetrVG § 85 Rn. 8; *Fitting* § 85 Rn. 4; GK-BetrVG/*Franzen* § 85 Rn. 9; HWK/*Sittard* BetrVG § 85 Rn. 5; *Nebendahl/Lunk* NZA 1990, 676 (676); Richardi BetrVG/*Thüsing* § 85 Rn. 15; *Uhl/Polloczek* BB 2008, 1730 (1733).
[71] BAG 28.6.1984 – 6 ABR 5/83, AP BetrVG 1972 § 85 Nr. 1; ArbG Lübeck 7.1.1974 – 1 BV 15/73 I, DB 1974, 636; *Fitting* § 85 Rn. 7; GK-BetrVG/*Franzen* § 85 Rn. 16; Richardi BetrVG/*Thüsing* § 85 Rn. 19; *Uhl/Polloczek* BB 2008, 1730 (1733); *Denck* DB 1980, 2132 (2135); *Löwisch* DB 1972, 2304 (2306); *Moll/Klunker* RdA 1973, 361 (367).
[72] Vgl. BAG 28.6.1984 – 6 ABR 5/83, AP BetrVG 1972 § 85 Nr. 1; LAG Düsseldorf 21.12.1993 – 8 (5) TaBV 92/93, NZA 1994, 767 (768); ArbG München 10.2.1999 – 12 BV 21/9 Rn. 33; *Fitting* § 85 Rn. 12; GK-BetrVG/*Franzen* § 85 Rn. 17; Richardi BetrVG/*Thüsing* § 85 Rn. 27 ff.; *Steffan* RdA 2015, 270 (271 f.); *Uhl/Polloczek* BB 2008, 1730 (1735).
[73] BAG 22.11.2005 – 1 ABR 50/04, NZA 2006, 803 (805) Rn. 38; 28.6.1984 – 6 ABR 5/83, AP BetrVG 1972 § 85 Nr. 1; BeckOK ArbR/*Werner* BetrVG § 85 Rn. 11; *Fitting* § 85 Rn. 6; GK-BetrVG/*Franzen* § 85 Rn. 10; vgl. auch BT-Drs. VI/1786, 48.
[74] *Fitting* § 86a Rn. 6; GK-BetrVG/*Franzen* § 86a Rn. 6.; HWK/*Sittard* BetrVG § 86a Rn. 1; Richardi BetrVG/*Thüsing* § 86a Rn. 3; *Wiese* BB 2001, 2267 (2267 f.); vgl. auch BeckOK ArbR/*Werner* BetrVG § 86a Rn. 2.
[75] BeckOK ArbR/*Werner* BetrVG § 86a Rn. 7; *Fitting* § 86a Rn. 8; HWK/*Sittard* BetrVG § 86a Rn. 1; *Löwisch* BB 2001, 1734 (1741); Richardi BetrVG/*Thüsing* § 86a Rn. 3.
[76] BeckOK ArbR/*Werner* BetrVG § 81 Rn. 15; ErfK/*Kania* BetrVG § 81 Rn. 17; *Fitting* § 81 Rn. 28; GK-BetrVG/*Franzen* Einführung vor § 81 ff. Rn. 35, § 81 Rn. 26.
[77] BeckOK ArbR/*Werner* BetrVG § 82 Rn. 12; *Fitting* § 82 Rn. 7; GK-BetrVG/*Franzen* Einführung vor § 81 ff. Rn. 35, § 82 Rn. 24 f. der sogar einen Anspruch gegen das Betriebsratsmitglied selbst bejahen möchte.
[78] BeckOK ArbR/*Werner* BetrVG § 83 Rn. 21; *Fitting* § 83 Rn. 42; GK-BetrVG/*Franzen* Einführung vor § 81 ff. Rn. 35, § 83 Rn. 76; *Galperin/Löwisch* BetrVG § 83 Rn. 19.

VIII. Pflichtverstöße

§ 290

sowie die Entgegennahme und Bescheidung der Beschwerde iSv § 84 BetrVG[79]. Entsteht dem Arbeitnehmer durch die Pflichtverletzung ein Schaden, kann er nach § 280 Abs. 1 BGB, ggf. iVm § 241 Abs. 2 BGB,[80] bzw. ggf. aus Delikt (§ 823 Abs. 2 BGB) Schadensersatz verlangen.[81] Insbesondere bei einem Verstoß gegen § 81 Abs. 1 S. 2 BetrVG wird häufig ein Zurückbehaltungsrecht nach § 273 BGB bestehen.[82] Hingegen wird ein außerordentliches Kündigungsrecht nach § 626 Abs. 1 BGB nur in ganz seltenen Ausnahmefällen bestehen.[83] Versäumt der Arbeitgeber die rechtzeitige Erörterung nach § 81 Abs. 4 S. 2 BetrVG, kann eine personenbedingte Kündigung durch den Arbeitgeber unzulässig sein. Die Interessenabwägung kann wegen eines längeren Anpassungszeitraums des Arbeitnehmers zum Erwerb der erforderlichen Kenntnisse auf Grund der nicht ordnungsgemäßen Erörterung zugunsten des Arbeitnehmers ausfallen.[84]

Nach allgemeiner Ansicht sind Streitigkeiten zwischen Arbeitgeber und Arbeitnehmer in Bezug auf die Pflichten nach §§ 81 ff. BetrVG vor den Arbeitsgerichten im Urteilsverfahren nach § 2 Abs. 1 Nr. 3 ArbGG geltend zu machen.[85] §§ 81 ff. BetrVG konkretisieren Nebenpflichten aus dem Arbeitsverhältnis.[86] Die systematische Stellung im BetrVG wandelt die individualarbeitsrechtliche Natur der Rechte nicht zu betriebsverfassungsrechtlichen um.[87] Dies gilt nach überwiegender Ansicht auch bei Streit über die Hinzuziehung eines Betriebsratsmitglieds nach §§ 81 Abs. 4 S. 3, 82 Abs. 2 S. 2, 3, 83 Abs. 1 S. 2, 84 Abs. 1 S. 2 BetrVG[88].

21

---

[79] BeckOK ArbR/*Werner* BetrVG § 84 Rn. 15; ErfK/*Kania* BetrVG § 84 Rn. 9; *Fitting* § 84 Rn. 22; GK-BetrVG/*Franzen* Einführung vor § 81 ff. Rn. 35, § 84 Rn. 36; *Galperin/Löwisch* BetrVG § 84 Rn. 16.

[80] Vgl. BeckOK ArbR/*Werner* BetrVG § 81 Rn. 15; ErfK/*Kania* BetrVG § 81 Rn. 17; GK-BetrVG/*Franzen* Einführung vor § 81 ff. Rn. 36, § 81 Rn. 26, § 82 Rn. 24, § 83 Rn. 76; *Zimmermann* AuR 2014, 262 (264 f.);.

[81] Vgl. BeckOK ArbR/*Werner* BetrVG § 81 Rn. 15; ErfK/*Kania* BetrVG § 81 Rn. 17; *Fitting* § 84 Rn. 21; GK-BetrVG/*Franzen* Einführung vor § 81 ff. Rn. 39, § 81 Rn. 26, § 82 Rn. 24, § 83 Rn. 76; *Bächle* DB 1973, 1400 (1402); *Uhl/Polloczek* BB 2008, 1730 (1732).

[82] Vgl. BAG 14. 2. 1978 – 1 AZR 76/76, AP GG Art. 9 Arbeitskampf Nr. 58; vgl. im Ergebnis Bejahung eines Leistungsverweigerungsrechts: BeckOK ArbR/*Werner* BetrVG § 81 Rn. 15; ErfK/*Kania* BetrVG § 81 Rn. 17; *Fitting* § 81 Rn. 28, § 84 Rn. 15; GK-BetrVG/*Franzen* Einführung vor § 81 ff. Rn. 37, § 81 Rn. 18; *Richardi* BetrVG/*Thüsing* § 81 Rn. 25; *Zimmermann* AuR 2014, 262 (264); *Bächle* DB 1973, 1400 (1402); *Otto* AR-Blattei SD 1880, Rn. 92 ff.; *Söllner* ZfA 1973, 1 (19 f.); ablehnend für § 82: *Fitting* § 82 Rn. 14; *Richardi* BetrVG/*Thüsing* § 82 Rn. 11; aA GK-BetrVG/*Franzen* Einführung vor § 81 ff. Rn. 37 iVm § 82 Rn. 24.

[83] Vgl. GK-BetrVG/*Franzen* Einführung vor § 81 ff. Rn. 38.

[84] Vgl. ErfK/*Kania* BetrVG § 81 Rn. 16; *Fitting* § 81 Rn. 25; GK-BetrVG/*Franzen* § 81 Rn. 22; DKKW/*Buschmann* BetrVG § 81 Rn. 21; *Löwisch* BB 1988, 1953 (1954); *Bepler* AuR 1999, 219 (222).

[85] Vgl. LAG Frankfurt aM 15. 12. 1976 – 10/6 Sa 190/76, AR-Blattei ES 1250 Nr 4; BeckOK ArbR/*Werner* BetrVG § 81 Rn. 16, § 82 Rn. 12, § 83 Rn. 21, § 84 Rn. 15; *Dütz* AuR 1973, 353 (370); ErfK/*Kania* BetrVG § 81 Rn. 17, § 82 Rn. 9, § 83 Rn. 14, § 84 Rn. 9; *Fitting* § 81 Rn. 28, § 82 Rn. 14, § 83 Rn. 42, § 84 Rn. 22; GK-BetrVG/*Franzen* Einführung vor § 81 ff. Rn. 41, § 81 Rn. 26, § 82 Rn. 24, § 83 Rn. 76, § 84 Rn. 36, § 85 Rn. 32; HWK/*Sittard* BetrVG § 81 Rn. 11, § 82 Rn. 18, § 83 Rn. 8, § 84 Rn. 8; *Richardi* BetrVG/*Thüsing* § 81 Rn. 26, § 82 Rn. 20, § 83 Rn. 43, § 84 Rn. 31 ff.; *Zimmermann* AuR 2014, 262 (264 f.); ArbG Berlin 6. 11. 1974 – 10 BV 10/74, BB 1975, 139; ArbG Aachen 1. 9. 1975 – 2 BV Ga 9/75, BB 1976, 1511; *Bulla* RdA 1978, 209 (213); *Dütz/Säcker* DB-Beil. Nr. 17/1972, 11; *Falkenberg* DB 1972, 774 (776); aA im Hinblick auf § 81 Abs. 3 BetrVG hingegen *Richardi* BetrVG/*Thüsing* § 81 Rn. 27.

[86] Vgl. hierzu BeckOK ArbR/*Werner* BetrVG § 81 vor Rn. 1, § 82 vor Rn. 1, § 83 vor Rn. 1, § 84 vor Rn. 1; ErfK/*Kania* BetrVG § 81 Rn. 1, § 82 Rn. 1, § 83 Rn. 1, § 84 Rn. 1; *Fitting* § 81 Rn. 1 f., § 82 Rn. 2, § 83 Rn. 1; GK-BetrVG/*Franzen* Einführung vor § 81 ff. Rn. 11 ff., § 81 Rn. 1; *Heither* AR-Blattei SD 530.14.56 Rn. 1; HWK/*Sittard* BetrVG § 81 Rn. 1, § 82 Rn. 1, § 83 Rn. 1, § 84 Rn. 1; *Richardi* BetrVG/*Thüsing* Vorbem. § 81 Rn. 1 f., § 82 Rn. 1 f., § 83 Rn. 2, § 84 Rn. 2; *Uhl/Polloczek* BB 2008, 1730 (1730); *Wendeling-Schröder* DB 2002, 206 (206); *Wiese* ZfA 1996, 439 (475); *Wiese* NZA 2006, 1 (2).

[87] Vgl. hierzu BAG 24. 4. 1979 – 6 AZR 69/77, AP BetrVG 1972 § 82 Nr. 1; GK-BetrVG/*Franzen* Einführung vor § 81 ff. Rn. 41; *Richardi* BetrVG/*Thüsing* § 81 Rn. 26.

[88] BeckOK ArbR/*Werner* BetrVG § 81 Rn. 16, § 82 Rn. 12, § 83 Rn. 21, § 84 Rn. 15; ErfK/*Kania* BetrVG § 82 Rn. 12, § 84 Rn. 9; *Fitting* § 82 Rn. 15, § 83 Rn. 42, § 84 Rn. 22; HWK/*Sittard* BetrVG § 82 Rn. 18; *Richardi* BetrVG/*Thüsing* § 82 Rn. 20, § 83 Rn. 43, § 84 Rn. 32; vgl. auch BAG 24. 4. 1979 – 6 AZR 69/77, AP BetrVG 1972 § 82 Nr. 1; Ausschluss gerichtliche Durchsetzung für § 83 Abs. 1 S. 2 BetrVG: ErfK/*Kania* BetrVG § 83 Rn. 14; für Beschlussverfahren hingegen GK-BetrVG/*Franzen* Einführung vor § 81 ff. Rn. 32, 42, § 81 Rn. 26, § 82 Rn. 25, § 83 Rn. 77, § 84 Rn. 37.

22 Der Betriebsrat kann die Rechte des Arbeitnehmers aus §§ 81 ff. BetrVG nicht an dessen Stelle geltend machen.[89] Allerdings soll der Betriebsrat oder eine im Betrieb vertretene Gewerkschaft nach verbreiteter Auffassung bei groben Verstößen gegen §§ 81 ff. BetrVG über § 23 Abs. 3 BetrVG ein pflichtgemäßes Handeln durchsetzen können.[90] Dies überzeugt deswegen nicht, weil der Wortlaut der Bestimmung zwar auf Pflichtverstöße „aus diesem Gesetz", also dem BetrVG, abstellt, nach dem Sinn und Zweck der Vorschrift aber Verstöße gegen betriebsverfassungsrechtliche Bestimmungen gemeint sind.[91] Dies sieht die hM ebenso, wenn sie unter § 23 Abs. 3 BetrVG auch solche Pflichten im Rahmen der Betriebsverfassung subsumiert, die nicht im BetrVG, sondern in einem anderen Gesetz (zB § 9 ASiG, § 28 SchwbG, § 17 Abs. 2 KSchG) normiert sind.[92] Argumentativ ist es wenig überzeugend, bei der Erweiterung des erfassten Pflichtenkreises auf den Sinn und Zweck abzustellen, hinsichtlich der §§ 81 ff. BetrVG aber am Wortlaut zu klammern. Kommt der Arbeitgeber seinen Pflichten nach §§ 81 ff. BetrVG gegenüber dem Arbeitnehmer nicht nach, wurzelt der Streitgegenstand nicht in betriebsverfassungsrechtlichen Angelegenheiten, sondern im Individualarbeitsrecht,[93] sodass § 23 Abs. 3 BetrVG nicht greift.

23 Im Beschlussverfahren nach § 2a Abs. 1 Nr. 1 ArbGG sind Streitigkeiten der Betriebspartner im Hinblick auf die Anrufung der Einigungsstelle nach § 85 Abs. 2 BetrVG oder Angelegenheiten nach § 86 BetrVG geltend zu machen.[94] Soweit aus § 86a S. 2 BetrVG ein durchsetzbarer Anspruch folgen soll, ist ebenso das Beschlussverfahren gegeben.[95] Verstößt der Betriebsrat bzw. ein Betriebsratsmitglied gegen seine Pflichten aus § 81 ff. BetrVG grob, kann ein Verfahren nach § 23 Ab. 1 BetrVG greifen.[96]

---

[89] Vgl. hierzu ArbG Aachen 1.9.1975 – 2 BV Ga 9/75, BB 1976, 1511; BeckOK ArbR/*Werner* BetrVG § 81 Rn. 17, § 82 Rn. 12; *Fitting* § 82 Rn. 14, § 85 Rn. 14; GK-BetrVG/*Franzen* § 81 Rn. 26, § 82 Rn. 24; HWK/*Sittard* BetrVG § 81 Rn. 11; Richardi BetrVG/*Thüsing* § 81 Rn. 27.

[90] Vgl. BeckOK ArbR/*Werner* BetrVG § 81 Rn. 17, § 82 Rn. 12; *Fitting* § 81 Rn. 28, § 82 Rn. 14, § 83 Rn. 42; GK-BetrVG/*Franzen* Einführung vor § 81 ff. Rn. 31, § 81 Rn. 26; HWK/*Sittard* BetrVG § 81 Rn. 11; Richardi BetrVG/*Thüsing* § 23 Rn. 99; Zimmermann AuR 2014, 262 (265); beschränkt auf das Recht der Hinzuziehung eines Betriebsratsmitglieds wohl BAG 20.4.2010 – 1 ABR 85/08, NZA 2010, 1307 (1308) Rn. 11; 16.11.2004 – 1 ABR 53/03, NZA 2005, 416 (417f.).

[91] *Fitting* § 23 Rn. 60 der individualarbeitsvertragliche Pflichten nach §§ 81 ff. BetrVG allenfalls mittelbar erfasst sieht; aA BAG 16.11.2004 – 1 ABR 53/03, AP BetrVG 1972 § 82 Nr. 3; Richardi BetrVG/*Thüsing* § 23 Rn. 99; Galperin/Löwisch BetrVG vor § 81 Rn. 10.

[92] Richardi BetrVG/*Thüsing* § 23 Rn. 99; ErfK/*Koch* BetrVG § 23 Rn. 17.

[93] *Bächle* DB 1973, 1400 (1400f.); gleichwohl einen Anspruch aus § 23 Abs. 3 BetrVG bejahend: Richardi BetrVG/*Thüsing* § 23 Rn. 99; Galperin/Löwisch BetrVG vor § 81 Rn. 10; wohl auch *Fitting* § 23 Rn. 60; aA HK-BetrVG/*Düwell* § 23 Rn. 60.

[94] Vgl. BAG 28.6.1984 – 6 ABR 5/83, AP BetrVG 1972 § 85 Nr. 1; BeckOK ArbR/*Werner* BetrVG § 85 Rn. 22, § 86 Rn. 10; *Fitting* § 85 Rn. 13, § 86 Rn. 7; GK-BetrVG/*Franzen* § 85 Rn. 31, § 86 Rn. 13; HWK/*Sittard* BetrVG § 85 Rn. 7, § 86 Rn. 3; Richardi BetrVG/*Thüsing* § 85 Rn. 41, § 86 Rn. 13; *Uhl/Polloczek* BB 2008, 1730 (1733).

[95] GK-BetrVG/*Franzen* § 86a Rn. 20; HWK/*Sittard* BetrVG § 86a Rn. 3; Richardi BetrVG/*Thüsing* § 86a Rn. 12; Ausschluss der gerichtlichen Durchsetzung für § 86a BetrVG BeckOK ArbR/*Werner* BetrVG § 86a Rn. 15; *Fitting* § 86a Rn. 11.

[96] Vgl. BeckOK ArbR/*Werner* BetrVG § 84 Rn. 15; *Fitting* § 82 Rn. 15, § 83 Rn. 43, § 84 Rn. 23, § 85 Rn. 14, § 86a Rn. 11; GK-BetrVG/*Franzen* § 85 Rn. 33; § 86a Rn. 20 iVm 14; Richardi BetrVG/*Thüsing* § 84 Rn. 32, § 85 Rn. 40.

Zweites Kapitel: Organisation der Betriebsverfassung

Erster Titel: Betriebsrat

§ 29 1 Wahl und Zusammensetzung des Betriebsrats

Schrifttum:
Bayreuther, Neutralitätspflicht des Arbeitgebers bei betrieblichen Wahlen im US-amerikanischen und deutschen Arbeitsrecht, GS Unberath, 2015, S. 35; *Benecke,* Leiharbeitnehmer in der Betriebsverfassung des Entleiherbetriebs, FS Wank, 2014, S. 27; *Blanke,* Die betriebsverfassungsrechtliche Stellung der Leiharbeit, DB 2008, 1153; *Boemke,* „Ausstrahlungen" des Betriebsverfassungsgesetzes ins Ausland, NZA 1992, 112; *Deinert,* Neuregelung des Fremdpersonaleinsatzes im Betrieb, RdA 2017, 65; *Dörner,* Der Leiharbeitnehmer in der Betriebsverfassung, FS Hellmut Wißmann, 2005, S. 286; *Engels,* Betriebsverfassungsrechtliche Einordnung von Ein-Euro-Jobbern, NZA 2007, 8; *Dzida/Hohenstatt,* Einstweilige Verfügung auf Abbruch der Betriebsratswahl, BB-Spezial 14/2005, 1; *Franzen,* Zwingende Wirkung der Betriebsverfassung, NZA 2008, 250; *Franzen,* Neuausrichtung des Drittpersonaleinsatzes – Überlegungen zu den Vorgaben des Koalitionsvertrags, RdA 2015, 141; *Gnade,* Zur Anfechtung der Betriebsratswahl, FS Wilhelm Herschel, 1982, S. 137; *Gräfl,* Die Anfechtung von Betriebsratswahlen in der jüngeren Rechtsprechung des BAG, FS Bepler, 2012, S. 185; *Greiner,* Werkvertrag und Arbeitnehmerüberlassung – Abgrenzungsfragen und aktuelle Rechtspolitik, NZA 2013, 697; *Hamann,* Die Richtlinie Leiharbeit und ihre Auswirkungen auf das nationale Recht der Arbeitnehmerüberlassung, EuZA 2009, 287; *H. Hanau,* Die Anfechtung der Betriebsratswahl, DB Beil. 4/1986, 1; *Henssler,* Fremdpersonaleinsatz durch On-Site-Werkverträge und Arbeitnehmerüberlassung, RdA 2017, 83; *Jacobs,* Die Wahlvorstände für die Wahlen des Betriebsrats, des Sprecherausschusses und des Aufsichtsrats, Diss. 1995; *Jacobs/Münder,* Vergrößerung des Betriebsrats durch Tarifvertrag, NZA 2018, 148; *Joost,* Betrieb und Unternehmen als Grundbegriffe im Arbeitsrecht, Habil. 1988; *Joussen,* Betriebsratswahl – Wahlbeeinflussung durch Arbeitgeber, ZMV 2018, 168; *Kamanabrou,* Betriebsratswahl – Geschlechterquote, RdA 2006, 186; *Kania/Klemm,* Möglichkeiten und Grenzen der Schaffung anderer Arbeitnehmervertretungsstrukturen nach § 3 Abs. 1 Nr. 3 BetrVG, RdA 2006, 22; *Kohte,* Anfechtung von Betriebsrats-/Aufsichtsratswahlen, AuA 1998, 104; *Kolbe,* Mitbestimmung und Demokratieprinzip, Habil. 2013; *Kort,* Matrix-Strukturen und Betriebsverfassungsrecht, NZA 2013, 1318; *Kraft,* Betriebsverfassungsrechtliche Probleme bei der Arbeitnehmerüberlassung, FS Konzen, 2006, S. 439; *Krause,* Arbeit in der Holzklasse – Gesetzliche und kollektivvertragliche Rahmung der Leiharbeit, KJ 2013, 119; *Krause,* Die Berücksichtigung von Leiharbeitnehmern bei den Schwellenwerten der Unternehmensmitbestimmung, ZIP 2014, 2209; *Krebber,* Unternehmensübergreifende Arbeitsabläufe im Arbeitsrecht, Habil. 2005; *Kreutz,* Die Problematik der Betriebszugehörigkeit bei der Betriebsratswahl, GS Dietrich Schultz, 1987, S. 209; *Kreutz,* Leiharbeitnehmer wählen – nur Argumente zählen, FS Hellmut Wißmann, 2005, S. 364; *Krois,* Abbruch der Betriebsratswahl – Fehler bei der Bestellung des Wahlvorstands, SAE 2012, 100; *Linsenmaier/Kiel,* Der Leiharbeitnehmer in der Betriebsverfassung – „Zwei-Komponenten-Lehre" und normzweckorientierte Gesetzesauslegung, RdA 2014, 135; *Löwisch,* Freiheit und Gleichheit der Wahl zu Betriebsrat und Personalrat, BB 2014, 117; *Lunk/Schnelle/Witten,* Betriebsratswahl 2014 – Aktuelle Rechtsprechung seit der letzten Wahl, NZA 2014, 57; *Maschmann,* Virtueller Belegschaftswahlkampf im Netz des Arbeitgebers?, NZA 2008, 613; *Maschmann,* Welchen Einfluss darf der Arbeitgeber auf die Betriebsratswahl nehmen?, NZA 2010, 245; *G. Müller,* Zur Anfechtung der Betriebsratswahl, FS Schnorr von Carolsfeld, 1973, S. 367; *Nebe/Schulze-Doll,* Arbeitnehmereigenschaft von Mitgliedern der DRK-Schwesternschaft, AuR 2010, 216; *Nicolai,* Zum Zählen und Wählen bei Betriebsratswahlen, DB 2003, 2599; *Nießen,* Fehlerhafte Betriebsratswahlen, Diss. 2006; *Oetker,* Betriebszugehörigkeit und gelockerte Betriebsbeziehung, AuR 1991, 359; *Oetker,* Arbeitnehmerüberlassung und Unternehmensmitbestimmung im entleihenden Unternehmen nach § 14 II 5 und 6 AÜG, NZA 2017, 29; *Reichold,* Betriebsverfassung ohne „Betrieb"?, NZA 1999, 561; *Reichold,* „Wählen heißt auch Zählen" – Die neue BAG-Rechtsprechung zur „Einbürgerung" von Leiharbeitnehmern, FS von Hoyningen-Huene, 2014, S. 413; *Richardi,* Vertrags- oder Eingliederungstheorie als ergänzende Gesichtspunkte für die Begründung arbeitsrechtlicher Beziehungen in der Betriebsverfassung, FS Wank, 2014, S. 465; *Richardi,* Betriebsratswahlen nach § 3 BetrVG – nicht „Wie es Euch gefällt!", NZA 2014, 232; *Ricken,* Matrixstrukturen und Fremdpersonal als Herausforderungen bei der Mitbestimmung bei personellen Einzelmaßnahmen, ZfA 2016, 535; *Rieble,* Der Schein-Gemeinschaftsbetrieb, FS Peter Kreutz, 2010, S. 387; *Rieble/Triskatis,* Vorläufiger Rechtsschutz im Betriebsratswahlverfahren, NZA 2006, 233; *Rieble/Wiebauer,* Meinungskampf im Betrieb, ZfA 2010, 63; *Säcker,* Arbeitnehmerüberlassung im Konzern und Betriebsorganisation, FS Quack, 1991, S. 421; *Säcker/Joost,* Betriebszugehörigkeit als Rechtsproblem im Betriebsverfassungs- und Mitbestimmungsrecht, 1980; *Schiefer/Korte,* Die Durchführung der Betriebsratswahlen nach neuem Recht, NZA 2002, 57 und 113; *I. Schmidt,* Fit für das neue Jahrtausend? – Zur Modernisierung der Organisationsvorschriften des Betriebsverfassungsgesetzes aus Sicht der Rechtsprechung, NZA 2000, 17; *C. Schubert,* Betriebliche Mitbestimmung in Unternehmen und Konzernen mit Matrixorganisation, 2017; *C. Schubert/Liese,* Berücksichtigung von Leiharbeitnehmern bei den Schwellenwerten der Unternehmensmitbestimmung, NZA 2016, 1297; *Spinner/Wiesenecker,* Unwirksame Vereinbarungen über die Organisation der Betriebsverfassung, FS Löwisch, 2007, S. 375; *Thüsing,* Schnellschuss ins Ungewisse: Zur Änderung des § 5 BetrVG, BB 2009, 2036; *Walker,* Grundlagen und aktuelle Entwicklungen des einstweiligen Rechtsschutzes im Arbeitsgerichts-

prozess, ZfA 2005, 45; *Wank,* Änderungen im Leiharbeitsrecht, RdA 2017, 100; *Wendeling-Schröder,* Betriebsverfassung nach Maß?, NZA 1999, 1065; *Weth,* Rechtsschutzinteresse bei Betriebsratswahlanfechtung, SAE 1990, 291; *Wiese,* Mehrere Unternehmen als gemeinsamer Betrieb im Sinne des Betriebsverfassungsrechts, FS Dieter Gaul, 1992, S. 553; *Windeln,* Die Reform des Betriebsverfassungsgesetzes im organisatorischen Bereich, 2003; *Winterfeld,* Einstweiliger Rechtsschutz bei fehlerhafter Betriebsratswahl, NZA 1990, Beil. Nr. 1, S. 20; *Witschen,* Matrixorganisationen und Betriebsverfassung, RdA 2016, 38; *Wlotzke,* Zum Wahlrecht von Leiharbeitnehmern und vergleichbaren Arbeitnehmern zur Wahl des Betriebsrats im Einsatzbetrieb, FS 50 Jahre Bundesarbeitsgericht, 2004, S. 1149; *Zwanziger,* Gerichtliche Eingriffe in laufende Betriebsratswahlen, DB 1999, 2264.

Übersicht

	Rn.
I. Allgemeines	1
II. Zeitpunkt	3
1. Zweck	4
2. Regelmäßige Betriebsratswahlen	6
a) Lage des Wahltags	7
b) Rechtsfolgen bei Abweichungen	10
c) Einleitung zeitgleich mit der Sprecherausschusswahl	13
d) Weitere Vorgaben zum zeitlichen Ablauf	22
3. Wahlen außerhalb des regelmäßigen Wahlzeitraums	25
a) Allgemeines	26
b) Wesentliche Veränderung der Belegschaftsstärke	29
c) Zu geringe Zahl an Betriebsratsmitgliedern	36
d) Rücktritt des Betriebsrats	42
e) Erfolgreiche Anfechtung der Betriebsratswahl	48
f) Auflösung durch gerichtliche Entscheidung	51
g) Nichtbestehen eines Betriebsrats	53
h) Übergangsmandat, § 21a BetrVG	57
4. Anschlusswahl nach außerordentlicher Wahl	59
5. Streitigkeiten	61
III. Aktives und passives Wahlrecht	64
1. Aktives Wahlrecht	65
a) Arbeitnehmer	66
b) Betriebszugehörigkeit (§ 7 S. 1 BetrVG)	68
aa) Allgemeine Voraussetzungen	69
bb) Wahlberechtigung nach § 7 S. 1 BetrVG	77
c) Wahlberechtigung bei fehlender Betriebszugehörigkeit (§ 7 S. 2 BetrVG)	93
aa) Überlassung zur Arbeitsleistung	94
bb) Mindesteinsatzdauer	111
d) Wahlalter	113
e) Maßgeblicher Zeitpunkt	115
f) Bedeutung der Wählerliste	116
2. Passives Wahlrecht	117
a) Wahlberechtigung	118
b) Sechsmonatige Betriebszugehörigkeit	124
aa) Zweck	125
bb) Dauer	126
cc) Neu errichtete Betriebe	133
c) Kein Verlust durch Richterspruch	135
d) Maßgeblicher Zeitpunkt	136
e) Bedeutung von Wählerliste und Wahlvorschlag	137
3. Streitigkeiten und Rechtsfolgen bei Verstößen	138
IV. Größe	141
1. Regelmäßige Mitgliederzahl	142
a) Betriebszugehörige Arbeitnehmer	143
b) Regelmäßige Betriebszugehörigkeit	148
c) Wahlberechtigung	151

	Rn.

- 2. Feststellung durch den Wahlvorstand 153
- 3. Maßgeblicher Zeitpunkt 154
- 4. Ermäßigte Mitgliederzahl 155
- 5. Streitigkeiten 157
- V. Zusammensetzung 158
  - 1. Organisationsbereiche und Beschäftigungsarten 159
  - 2. Geschlechterquote 161
  - 3. Nachrücken von Ersatzmitgliedern 166
- VI. Wahlgrundsätze 167
  - 1. Geheime und unmittelbare Wahl 168
  - 2. Allgemeine, gleiche und freie Wahl 170
  - 3. Verhältniswahl und Mehrheitswahl 171
    - a) Verhältniswahl 172
    - b) Mehrheitswahl 176
- VII. Wahlverfahren 179
  - 1. Regelwahlverfahren 180
    - a) Bestellung des Wahlvorstands 181
      - aa) Zeitpunkt 182
      - bb) Bestellungsorgan und -verfahren 185
      - cc) Mitgliederzahl und Zusammensetzung 206
      - dd) Beginn und Ende des Amtes 212
      - ee) Rechtliche Stellung der Mitglieder des Wahlvorstands 216
      - ff) Verfahrensfehler 218
    - b) Vorbereitung der Wahl 221
      - aa) Wählerliste 222
      - bb) Einleitung der Wahl 233
    - c) Durchführung der Wahl 235
      - aa) Wahlvorschläge 236
      - bb) Feststellung des Wahlergebnisses 241
  - 2. Vereinfachtes Wahlverfahren für Kleinbetriebe 246
    - a) Einstufiges Verfahren 247
    - b) Zweistufiges Verfahren 250
  - 3. Streitigkeiten im Wahlverfahren 253
    - a) Ersetzung des Wahlvorstands 254
    - b) Rechtsschutz gegen Maßnahmen des Wahlvorstands 255
    - c) Weitere Streitigkeiten 263
- VIII. Wahlschutz 264
  - 1. Verbot der Wahlbehinderung 265
  - 2. Verbot der Wahlbeeinflussung 268
  - 3. Rechtsfolgen von Verstößen 272
- IX. Wahlkosten 276
  - 1. Kosten der eigentlichen Wahl 277
  - 2. Wahlbedingte Arbeitsversäumnis 282
  - 3. Streitigkeiten 284
- X. Mängel der Betriebsratswahl 286
  - 1. Wahlanfechtung 287
    - a) Voraussetzungen der Anfechtbarkeit 288
      - aa) Verstoß gegen eine wesentliche Wahlvorschrift 289
      - bb) Keine Berichtigung 293
      - cc) Potentielle Kausalität 294
    - b) Weitere Anfechtungsvoraussetzungen 298
      - aa) Anfechtungsberechtigung 299
      - bb) Anfechtungsfrist 302
    - c) Gerichtliches Anfechtungsverfahren 304
    - d) Folgen der Anfechtung 309
  - 2. Nichtigkeit der Wahl 313

	Rn.
a) Voraussetzungen	314
b) Rechtsfolgen	317

I. Allgemeines

1 Zur Errichtung eines Betriebsrats kommt es nur, wenn die Belegschaft einer gem. §§ 1, 4 BetrVG betriebsratsfähigen Einheit (Betrieb, Betriebsteil) aus ihrer Mitte die Mitglieder des Betriebsrats wählt. Trotz der kategorischen Formulierungen in § 13 Abs. 1 und 2 BetrVG („finden statt"; „ist zu wählen"), § 1 Abs. 1 S. 1 BetrVG („werden Betriebsräte gewählt") und § 17 Abs. 2 BetrVG („wird gewählt") unterliegt die Errichtung eines Betriebsrats dem **Freiwilligkeitsprinzip**. Ein gesetzlicher Zwang zur Wahl besteht nicht (für § 17 Abs. 1 BetrVG → Rn. 196 f.).[1] Zwar ist ein bestehender Betriebsrat nach § 16 Abs. 1 S. 1 BetrVG verpflichtet, zehn Wochen vor Ablauf seiner Amtszeit den Wahlvorstand zu bestellen. In diesem Fall hat sich die Belegschaft aber zum einen in der Vergangenheit bereits für die Wahl eines Betriebsrats entschieden. Zum anderen ändert die Bestellung des Wahlvorstands nichts daran, dass die Arbeitnehmer weiterhin frei entscheiden können, ob sie einen Betriebsrat wählen oder sich zur Wahl aufstellen lassen wollen. Die Wahl des Betriebsrats durch die Belegschaft der betriebsratsfähigen Einheit ist denn auch unabdingbare Voraussetzung für seine Errichtung. Ohne sie ist eine „Betriebsratswahl" nichtig (→ Rn. 315). Hieran ändert auch die „Anerkennung" des Betriebsrats durch den Arbeitgeber nichts; insbesondere gewährt die Rechtsprechung in diesem Fall zu Recht keinen Vertrauensschutz (→ Rn. 317).[2]

2 Die Vorschriften zur Organisation der Betriebsverfassung, zu denen auch die Vorgaben zur Wahl des Betriebsrats zählen, sind **zweiseitig zwingendes Recht**. Eine abweichende Regelung durch Tarifvertrag oder Betriebsvereinbarung kommt nur in Betracht, wo das Gesetz dies ausdrücklich zulässt.[3] Dass den Tarifvertragsparteien jedenfalls hinsichtlich der Organisation der Betriebsverfassung keine umfassende Befugnis zu abweichenden Regelungen zukommen soll, verdeutlichen insbesondere die punktuellen Regelungen des BetrVG, die eine entsprechende Ermächtigung erst einräumen (vgl. etwa § 21a Abs. 1 S. 4 BetrVG, § 38 Abs. 1 S. 5 BetrVG, § 47 Abs. 4 und 9 BetrVG oder § 55 Abs. 4 S. 1 BetrVG).

II. Zeitpunkt

3 Für den Zeitpunkt der Betriebsratswahlen hat der Gesetzgeber in § 13 BetrVG zwingende Vorgaben getroffen, um durch Vereinheitlichung die Vorbereitung der Wahlen zu erleichtern. Nach § 13 Abs. 1 BetrVG finden sie alle vier Jahre im Zeitraum vom 1. 3. bis 31. 5. statt. § 13 Abs. 2 BetrVG regelt daneben Konstellationen, in denen ein Betriebsrat ausnahmsweise außerhalb des regelmäßigen Wahlzeitraums gewählt werden darf. Vorgaben für die zeitliche Eingliederung in die regelmäßigen Betriebsratswahlen trifft § 13 Abs. 3 BetrVG.

1. Zweck

4 Mit dem BetrVG 1972 hat der Gesetzgeber erstmals vorgegeben, dass die regelmäßigen Betriebsratswahlen zu einem einheitlichen Zeitpunkt stattfinden sollen, um den Gewerkschaften die organisatorische **Vorbereitung** der Wahlen zu erleichtern.[4] Praktisch umfasst die Arbeit der Gewerkschaften im Vorfeld einer Betriebsratswahl neben der Erstellung der

---

[1] Statt vieler GK-BetrVG/*Jacobs* § 13 Rn. 19.
[2] BAG 29. 9. 1988 – 2 AZR 107/88, NZA 1989, 799 (803), Anm. *Joost* NZA 1989, 799.
[3] Ebenso DKKW/*Däubler* Einl. Rn. 81; GK-BetrVG/*Franzen* § 3 Rn. 3; Schaub ArbR-HdB/*Koch* § 216 Rn. 1; *Löwisch/Rieble* TVG § 1 Rn. 510 ff.
[4] BT-Drs. 6/1786, S. 37; näher *Fitting* § 13 Rn. 5; GK-BetrVG/*Jacobs* § 13 Rn. 2.

II. Zeitpunkt   5–10 **§ 291**

erforderlichen Unterlagen insbesondere die Schulung von Mitgliedern des Wahlvorstands (zu den Kosten hierfür → Rn. 280, 282).

Vor dem Hintergrund dieser über den einzelnen Betrieb hinausreichenden Zwecksetzung wurde die Vorschrift vom Gesetzgeber **zwingend** ausgestaltet (ausführlich → Rn. 2). Sie kann weder durch Betriebsvereinbarung noch durch Tarifvertrag abgeändert werden. Auch durch Strukturtarifvertrag nach § 3 Abs. 1 Nr. 3 BetrVG kann eine abweichende Regelung der Wahlmodalitäten richtigerweise nicht erfolgen, wie (seit 2001) die begrenzte Rechtsfolgenanordnung in § 3 Abs. 5 BetrVG[5] verdeutlicht.[6]

2. Regelmäßige Betriebsratswahlen
Die Betriebsratswahlen finden nach § 13 Abs. 1 S. 1 BetrVG grundsätzlich alle vier Jahre zwischen dem 1.3. und dem 31.5. statt (→ Rn. 7 ff.). Eine Abweichung von dieser Vorgabe kann zur Nichtigkeit der Wahl führen, wenn nicht ein gesetzlich normierter Ausnahmetatbestand greift (→ Rn. 10 ff.). Daneben sind die regelmäßigen Wahlen zum Betriebsrat nach § 13 Abs. 1 S. 2 BetrVG grundsätzlich zeitgleich mit denjenigen zum Sprecherausschuss einzuleiten (→ Rn. 13 ff.). Gesetzlich nicht geregelt ist die Frage, welchen Vorgaben zur Terminierung in BetrVG und WO im Kollisionsfall der Vorrang gebührt (→ Rn. 22 ff.).

a) Lage des Wahltags. Die regelmäßigen Betriebsratswahlen finden gem. § 13 Abs. 1 S. 1 BetrVG für alle Betriebe einheitlich **alle vier Jahre** statt. Eine parallele Regelung zur Amtszeit des Betriebsrats findet sich in § 21 S. 1 BetrVG (→ § 292 Rn. 10). Da der in §§ 13, 21 BetrVG normierte Vierjahresrhythmus erstmals 1990 zur Anwendung gelangte, finden die nächsten Betriebsratswahlen 2022, 2026 usw. statt.

Das Gesetz gibt weiter vor, dass die regelmäßigen Betriebsratswahlen in der Zeit vom 1.3. bis 31.5. stattfinden. Es besteht Einigkeit, dass sich diese Vorgabe allein auf den **Wahltag**, also den Tag der Stimmabgabe, nicht auf den gesamten Zeitraum der Wahlvorbereitung bezieht.[7] Letztere nimmt deutlich mehr Zeit in Anspruch. Das kommt etwa in § 16 Abs. 1 S. 1 BetrVG zum Ausdruck, wonach der Wahlvorstand vom Betriebsrat spätestens zehn Wochen vor Ablauf seiner Amtszeit und damit häufig vor dem 1.3. zu bestellen ist.

Umstritten ist, ob es bei **mehreren Wahltagen** ausreichend ist, wenn zumindest der letzte Wahltag **nicht vor dem 1.3.** liegt (zur Terminierung nach dem 31.5. → Rn. 12).[8] Das ist zu verneinen.[9] Wenn der Gesetzgeber den Zeitpunkt der Stimmabgabe für alle Betriebe einheitlich regeln wollte, um auf diesem Weg die im Vorfeld der Stimmabgabe liegende Wahlvorbereitung zu erleichtern (→ Rn. 4), darf die Stimmabgabe für einzelne Betriebe auch nicht teilweise vor dem 1.3. erfolgen und damit die gesetzlich vorgesehene Koordination der Vorbereitung beeinträchtigen.

b) Rechtsfolgen bei Abweichungen. § 13 Abs. 1 S. 1 BetrVG ist zwingend (→ Rn. 5). Abweichungen sind nur zulässig, wenn eine der ausdrücklich und **abschließend normierten Ausnahmen**[10] nach § 13 Abs. 2 BetrVG oder eine Neuwahl im Zuge eines

---

[5] In diesem Sinne wohl auch BAG 18.11.2014 – 1 ABR 21/13, NZA 2015, 694 (696) Rn. 28.
[6] In diese Richtung BAG 13.3.2013 – 7 ABR 70/11, NZA 2013, 738 (743) Rn. 41: „Änderung der *Strukturen* der Arbeitnehmervertretung"; **aA** wohl auch LAG Hamm 27.6.2003 – 10 TaBV 22/03. Wie hier BeckOK ArbR/*Besgen* BetrVG § 13 Rn. 1; GK-BetrVG/*Franzen* § 3 Rn. 61; Richardi BetrVG/*Richardi* § 3 Rn. 64; nunmehr auch ErfK/*Koch* BetrVG § 3 Rn. 6; **aA** *Fitting* BetrVG § 13 Rn. 3; HWK/*Gaul* BetrVG § 3 Rn. 19; wohl auch *Hohenstatt/Dzida* DB 2001, 2498 (2500); *Kania/Klemm* RdA 2006, 22 (24).
[7] Statt vieler Richardi BetrVG/*Thüsing* § 13 Rn. 6 mwN.
[8] Dafür *Fitting* § 13 Rn. 6; Richardi BetrVG/*Thüsing* § 13 Rn. 6; WPK/*Wlotzke* § 13 Rn. 4; wohl auch HWGNRH/*Nicolai* § 13 Rn. 5.
[9] Ebenso BeckOK ArbR/*Besgen* BetrVG § 13 Rn. 3; GK-BetrVG/*Jacobs* BetrVG § 13 Rn. 13; ErfK/*Koch* BetrVG § 13 Rn. 1; HWK/*Reichold* BetrVG § 13 Rn. 3.
[10] Statt vieler *Fitting* § 13 Rn. 20.

Übergangsmandats nach § 21a Abs. 1 S. 2 u. 3 BetrVG (→ Rn. 57 f.) vorliegt. Ist kein Ausnahmetatbestand erfüllt, ist für die Rechtsfolgen eines Verstoßes zwischen der verfrühten und der verspäteten Wahl zu unterscheiden.

11   Nach hM in der Literatur soll die **verfrühte Wahl stets nichtig** sein.[11] Allerdings hat das BAG die Nichtigkeitsfolge bislang nur unter der Prämisse bejaht, dass die Wahl „ohne begründeten Anlass" zu früh durchgeführt wurde.[12] Darin klingen die allgemeinen Grundsätze zur Nichtigkeit an, die einen **offensichtlichen und groben** Verstoß gegen wesentliche Wahlgrundsätze voraussetzen (ausführlich → Rn. 314). Eine verfrühte Wahl ist daher ausnahmsweise nur anfechtbar, wenn für ihre Durchführung ein Anlass bestand, der nicht offensichtlich unbegründet war. Das ist insbesondere der Fall, wenn ein Ausnahmetatbestand nach § 13 Abs. 2 BetrVG ernsthaft im Raum stand.[13]

12   Die **verspätete Durchführung** der Wahl verstößt zunächst zwar auch gegen § 13 Abs. 1 S. 1 BetrVG. Da die Amtszeit des Betriebsrats gem. § 21 S. 3 BetrVG spätestens am 31. 5. endet und der Betrieb damit betriebsratslos wird, ist eine nach dem 31. 5. durchgeführte Betriebsratswahl aber gem. § 13 Abs. 2 Nr. 6 BetrVG als außerordentliche Wahl wirksam (→ Rn. 53 f.).[14]

13   **c) Einleitung zeitgleich mit der Sprecherausschusswahl.** § 13 Abs. 1 S. 2 BetrVG sieht vor, dass die regelmäßigen Wahlen zum Betriebsrat zeitgleich mit denjenigen zum **Sprecherausschuss** nach § 5 Abs. 1 S. 1 SprAuG einzuleiten sind (vgl. korrespondierend § 5 Abs. 1 S. 2 SprAuG). Gleiches gilt nach § 20 Abs. 1 S. 2 SprAuG, wenn statt betrieblicher Sprecherausschüsse ein Unternehmenssprecherausschuss gewählt wird: Auch hier besteht eine Pflicht zur zeitgleichen Einleitung der Wahl, die praktisch dazu führt, dass sämtliche Betriebsratswahlen im betroffenen Unternehmen zeitgleich einzuleiten sind.[15]

14   Die Verpflichtung zur zeitgleichen Einleitung der Wahlen ergänzt das **Zuordnungsverfahren** für leitende Angestellte nach § 18a BetrVG im Vorfeld der Einleitung der Wahl (zu diesem näher → Rn. 229 ff.). Indem § 13 Abs. 1 S. 2 BetrVG die Einleitung der Wahlen synchronisiert, laufen auch die hieran anknüpfenden Einspruchsfristen gegen die Wählerlisten parallel (vgl. § 4 Abs. 1 WO, § 4 Abs. 1 WOSprAuG). Rechtspolitisch zu kritisieren ist, dass der Gesetzgeber versäumt hat, auch die **Bestellung der Wahlvorstände** zu synchronisieren.[16] Denn bei unterschiedlichen Bestellungszeitpunkten läuft die Pflicht zur zeitgleichen Einleitung der Wahlen leer, sobald der zeitlich zuerst bestellte Wahlvorstand „seine" Wahl bereits eingeleitet hat (→ Rn. 18 u. 20).

15   § 13 Abs. 1 S. 2 BetrVG gilt ausschließlich für **regelmäßige Wahlen,** dh für den Fall, dass beide Arbeitnehmervertretungen bereits bestehen und nicht erstmals oder außerhalb des Vier-Jahres-Rhythmus gewählt werden.[17] Erfasst werden auch Wahlen nach § 13 Abs. 3 BetrVG (→ Rn. 59 f.).[18] Eine Verpflichtung zur gleichzeitigen Wahleinleitung besteht dagegen nicht, wenn mindestens eine Wahl keine regelmäßige ist, auch wenn sie

---

[11] So *Fitting* § 13 Rn. 20; DKKW/*Homburg* § 13 Rn. 7; ErfK/*Koch* BetrVG § 13 Rn. 2; HWGNRH/*Nicolai* § 13 Rn. 5; HWK/*Reichold* BetrVG § 13 Rn. 5; Richardi BetrVG/*Thüsing* § 13 Rn. 15; WPK/*Wlotzke* § 13 Rn. 7.
[12] Grundl. BAG 11. 4. 1978 – 6 ABR 22/77, AP BetrVG 1972 § 19 Nr. 8; zuletzt BAG 21. 7. 2004 – 7 ABR 57/03, NJOZ 2005, 4853 (4858). Ebenso LAG Hamm 17. 8. 2007 – 10 TaBV 37/07, BeckRS 2007, 48771; LAG Köln 2. 8. 2011 – 12 TaBV 12/11, NZA-RR 2012, 23 (24); ArbG Darmstadt 9. 7. 2009 – 7 BVGa 17/09, BeckRS 2010, 68230.
[13] Ebenso LAG RhPf 23. 4. 2015 – 2 TaBVGa 1/15, BeckRS 2015, 69378 (nicht rechtskräftige Anfechtung sowie organisatorische Änderung). Ähnlich für Fehler bei mehrtätigen Wahlen GK-BetrVG/*Jacobs* § 13 Rn. 14.
[14] Statt vieler GK-BetrVG/*Jacobs* § 13 Rn. 18; HWK/*Reichold* BetrVG § 13 Rn. 3.
[15] *Fitting* § 13 Rn. 14; GK-BetrVG/*Jacobs* § 13 Rn. 22; Richardi BetrVG/*Thüsing* § 13 Rn. 9; vgl. auch HWGNRH/*Nicolai* § 13 Rn. 8.
[16] Ebenso etwa GK-BetrVG/*Jacobs* § 13 Rn. 26; HWK/*Reichold* BetrVG § 13 Rn. 6.
[17] Ebenso *Fitting* § 13 Rn. 11; HWGNRH/*Nicolai* § 13 Rn. 6; Richardi BetrVG/*Thüsing* § 13 Rn. 10; WPK/*Wlotzke* § 13 Rn. 5; **aA** *Dänzer-Vanotti* AuR 1989, 204.
[18] Statt vieler GK-BetrVG/*Jacobs* § 13 Rn. 20 mwN.

II. Zeitpunkt

(zufällig) in den Zeitraum der regelmäßigen Wahlen fällt. Möglich bleibt aber eine freiwillige Koordination durch die jeweiligen Wahlvorstände, wie § 18a Abs. 1 S. 1 Hs. 2 BetrVG verdeutlicht (näher hierzu → Rn. 230).

Die **Einleitung** der Betriebsratswahl erfolgt durch Erlass des **Wahlausschreibens** 16 (→ Rn. 233). Ab diesem Zeitpunkt sind die Wählerlisten im Betrieb auszulegen (§ 2 Abs. 4 S. 1 WO). Außerdem wird durch den Erlass des Wahlausschreibens die zweiwöchige Frist für Einsprüche gegen die Wählerliste in Gang gesetzt (§ 4 Abs. 1 WO).

Da die Wahl nach § 18 Abs. 1 S. 1 BetrVG durch den **Wahlvorstand** eingeleitet wird, 17 trifft ihn auch die Rechtspflicht zur zeitgleichen Einleitung mit der Sprecherausschusswahl.[19] Praktisch bedeutet das, dass er sich mit dem Wahlvorstand der Sprecherausschusswahl (vgl. § 7 Abs. 4 S. 1 SprAuG ggf. iVm § 20 Abs. 1 S. 2 SprAuG) darüber einigen muss, zu welchem Termin das Wahlschreiben erlassen wird.

Für den Fall, dass sich die Wahlvorstände nicht **einigen,** kann der Tag für den Erlass 18 des Wahlausschreibens entgegen der wohl hM durch **Regelungsverfügung** gerichtlich bestimmt werden.[20] Die Wahlvorstände haben gegenseitig einen Anspruch auf eine zeitgleiche Wahleinleitung. Allerdings sind die Grenzen des Verfügungsanspruchs zu beachten: Zum einen besteht kein Anspruch auf eine Terminierung, die eine sprecherausschusslose (bzw. betriebsratslose) Zeit zur Folge hätte (→ Rn. 20). Zum anderen erlischt der Anspruch nach § 275 Abs. 1 BGB, sobald die Wahl vom anderen Wahlvorstand eingeleitet wurde; in diesem Fall kommt auch eine Wahlabbruchverfügung zur Neueinleitung (zu dieser → Rn. 261) nicht in Betracht, da der Verstoß gegen § 13 Abs. 1 S. 2 BetrVG weder zur Nichtigkeit noch zur Anfechtbarkeit der Betriebsratswahl führt (→ Rn. 21).

Für das **vereinfachte Wahlverfahren** ist zu differenzieren: Erfolgt es einstufig (§ 14a 19 Abs. 3 BetrVG), hat der Wahlvorstand auch hier die Einleitung der Wahl (§ 36 Abs. 2 S. 2 WO) abzustimmen.[21] Dagegen besteht für das vereinfachte zweistufige Wahlverfahren schon keine Pflicht zur Koordination. Das liegt daran, dass das Gesetz dieses Verfahren nur für betriebsratslose Betriebe vorsieht (→ Rn. 250) und eine Wahl nach § 13 Abs. 2 Nr. 6 BetrVG keine regelmäßige Wahl ist (→ Rn. 15).[22]

Eine **Ausnahme** besteht im Fall der Pflichtenkollision. Nach § 18 Abs. 1 S. 1 BetrVG 20 trifft den Wahlvorstand auch die Pflicht, die Betriebsratswahl **unverzüglich** einzuleiten (→ Rn. 233). Das bedeutet zwar nicht, dass den zuerst bestellten Wahlvorstand keinerlei Wartepflicht träfe.[23] Die Grenze der Wartepflicht ist aber erreicht, sobald weiteres Zuwarten dazu führen würde, dass ein betriebsratsloser Zustand eintritt, wie ihn der Gesetzgeber für regelmäßige Wahlen ersichtlich verhindern will (vgl. zu diesem Anliegen etwa § 16 Abs. 1 S. 1 BetrVG, § 18 Abs. 1 S. 2 BetrVG und § 3 Abs. 1 S. 3 WO).[24] In diesem Fall kann das Zuordnungsverfahren des § 18a BetrVG ohnehin weitergeführt werden (ausführlich → Rn. 230). Entscheidet sich der Wahlvorstand zu Unrecht für ein weiteres Zuwarten, ist ein Antrag auf Ersetzung nach § 18 Abs. 1 S. 2 BetrVG möglich (→ Rn. 215, 254).

Der Verstoß gegen § 13 Abs. 1 S. 2 BetrVG ist **kein Anfechtungsgrund** iSd § 19 21 Abs. 1 BetrVG, da er für sich genommen keinen Einfluss auf das Wahlergebnis haben kann (näher hierzu → Rn. 294 ff.).[25] Wird das Zuordnungsverfahren nach § 18a BetrVG (→ Rn. 229 ff.) nicht durchgeführt, entfällt lediglich die Beschränkung der Anfechtbarkeit

---

[19] Statt vieler *Fitting* § 13 Rn. 15 mwN.
[20] Ebenso BeckOK ArbR/*Besgen* BetrVG § 13 Rn. 4; *Fitting* § 13 Rn. 15; ErfK/*Koch* BetrVG § 13 Rn. 1; wohl auch WPK/*Wlotzke* § 13 Rn. 6; **aA** GK-BetrVG/*Jacobs* § 13 Rn. 24; HWK/*Reichold* BetrVG § 13 Rn. 6; Löwisch/Kaiser/*Wiebauer* § 13 Rn. 6; wohl auch HK-BetrVG/*Brors* § 13 Rn. 5; Richardi BetrVG/*Thüsing* § 13 Rn. 12.
[21] Statt vieler GK-BetrVG/*Kreutz* § 18a Rn. 16.
[22] Ebenso GK-BetrVG/*Jacobs* § 13 Rn. 21.
[23] Insoweit ebenso HK-BetrVG/*Brors* § 18a Rn. 4; GK-BetrVG/*Kreutz* § 18a Rn. 19.
[24] Ebenso *Fitting* § 13 Rn. 16; wohl auch HWGNRH/*Nicolai* § 13 Rn. 9; **aA** GK-BetrVG/*Jacobs* § 13 Rn. 26; GK-BetrVG/*Kreutz* § 18a Rn. 19.
[25] Statt vieler GK-BetrVG/*Jacobs* § 13 Rn. 25 mwN.

nach § 18a Abs. 5 BetrVG; ein Anfechtungsgrund kommt nur in Betracht, wenn die Zuordnung durch den Wahlvorstand falsch erfolgt ist (→ Rn. 292).

22 **d) Weitere Vorgaben zum zeitlichen Ablauf.** Zur Lage des **Wahltags** trifft der Gesetzgeber insgesamt drei Vorgaben: Nach § 13 Abs. 1 S. 1 BetrVG soll der Wahltag zwischen dem 1.3. und dem 31.5. liegen (→ Rn. 7 ff.), nach § 3 Abs. 1 S. 1 WO mindestens sechs Wochen nach Einleitung der Wahl und nach § 3 Abs. 1 S. 3 WO spätestens eine Woche vor Ablauf der Amtszeit des Betriebsrats.

23 Nicht geregelt ist das **Rangverhältnis** dieser Vorgaben. Da die Amtszeit des Betriebsrats nach § 21 S. 3 BetrVG spätestens am 31.5. des Wahljahres endet, kommt eine Kollision nur zwischen der Einhaltung der Sechs-Wochen-Frist des § 3 Abs. 1 S. 1 WO auf der einen Seite und den Vorgaben aus § 13 Abs. 1 S. 1 BetrVG und/oder § 3 Abs. 1 S. 3 WO auf der anderen Seite in Betracht. Praktisch stellt sich die Problematik nur, wenn der Wahlvorstand entgegen § 16 Abs. 1 und 2 BetrVG zu spät bestellt oder nach § 18 Abs. 1 S. 2 BetrVG vom Arbeitsgericht ersetzt wurde (→ Rn. 215, 254).

24 Aufzulösen ist eine Kollision anhand der unterschiedlichen **Rechtsfolgen:** Wird gegen § 3 Abs. 1 S. 1 WO verstoßen, macht dies die Wahl anfechtbar.[26] Dagegen ist die Soll-Vorschrift des § 3 Abs. 1 S. 3 WO schon keine wesentliche Vorschrift über das Wahlverfahren iSd § 19 Abs. 1 BetrVG (→ Rn. 289, 292). Wird die Wahl entgegen § 13 Abs. 1 S. 1 BetrVG nach dem 31.5. durchgeführt, ist das nach § 13 Abs. 2 Nr. 6 BetrVG trotzdem zulässig (→ Rn. 12). Vorrangig zu beachten ist daher **§ 3 Abs. 1 S. 1 WO.**

3. Wahlen außerhalb des regelmäßigen Wahlzeitraums

25 In § 13 Abs. 2 BetrVG und § 21a Abs. 1 BetrVG werden die Ausnahmen für Wahlen außerhalb des regelmäßigen Wahlzeitraums **enumerativ** (→ Rn. 2 u. 5) aufgeführt.

26 **a) Allgemeines.** Auch Wahlen außerhalb des regelmäßigen Wahlzeitraums sind nach **allgemeinen Grundsätzen** durchzuführen.[27] Der missverständliche Terminus „außerordentliche Betriebsratswahlen" sollte daher vermieden werden.[28]

27 Was die **Pflicht zur Wahldurchführung** anbelangt, ist zu differenzieren: Kommt dem Betriebsrat ein Übergangsmandat zu, hat er nach § 21a Abs. 1 S. 2 BetrVG unverzüglich Wahlvorstände zu bestellen (→ Rn. 58). Gleiches gilt nach allgemeiner Ansicht in den Fällen des § 13 Abs. 2 Nr. 1 bis 3 BetrVG, da der Betriebsrat in diesen Konstellationen nach § 22 BetrVG weiterhin geschäftsführungsbefugt bleibt (→ § 292 Rn. 21 u. 23). Kommt er dieser Pflicht nicht nach, kann nach § 16 Abs. 2 u. 3 BetrVG eine Ersatzbestellung durch das Arbeitsgericht bzw. durch den Gesamt- oder den Konzernbetriebsrat erfolgen (→ Rn. 190, 193). Im Fall der gerichtlichen Auflösung nach § 13 Nr. 5 BetrVG ist es das Arbeitsgericht, das nach § 23 Abs. 2 BetrVG unverzüglich einen Wahlvorstand für die Neuwahl einsetzt (näher hierzu → § 297 Rn. 38).

28 Anderes gilt hingegen für die Fälle des § 13 Abs. 2 Nr. 4 und 6 BetrVG. Entgegen dem missverständlichen Wortlaut des Einleitungssatzes („ist der Betriebsrat zu wählen") besteht hier allein das **Recht,** eine Betriebsratswahl durchzuführen. Eine Pflicht zur Bestellung von Wahlvorständen gibt es in diesen Fällen aber – mit Ausnahme der Verpflichtung des Gesamt- bzw. Konzernbetriebsrats nach § 17 Abs. 1 BetrVG (→ Rn. 49) – nicht (→ Rn. 1).

29 **b) Wesentliche Veränderung der Belegschaftsstärke.** Nach § 13 Abs. 2 Nr. 1 BetrVG ist der Betriebsrat neu zu wählen, wenn mit Ablauf von 24 Monaten seit der Wahl die

---

[26] Richardi BetrVG/*Forst* WO § 3 Rn. 2; GK-BetrVG/*Jacobs* WO § 3 Rn. 4; DKKW/*Homburg* WO § 3 Rn. 4.
[27] Zur Anwendbarkeit von § 16 BetrVG s. BAG 23.11.2016 – 7 ABR 13/15, NZA 2017, 589 (591) Rn. 34.
[28] Ebenso GK-BetrVG/*Jacobs* § 13 Rn. 28.

II. Zeitpunkt   30–34 § 291

Zahl der regelmäßig beschäftigten Arbeitnehmer **um die Hälfte, mindestens aber um fünfzig,** gestiegen oder gesunken ist. Die Vorschrift soll die Größe des Betriebsrats ggf. an die aktuelle Belegschaftsstärke anpassen und ein nach der Wahl entstandenes Legitimationsdefizit des Betriebsrats ausgleichen.[29] Aus Gründen der Rechtssicherheit hat der Gesetzgeber in typisierender Betrachtung allerdings eng umgrenzte Tatbestandsvoraussetzungen vorgegeben.

Das Gesetz sieht vor, dass die Belegschaftsstärke **„mit Ablauf von 24 Monaten"** ab dem Wahltag entscheidend sein soll. Bei mehrtägigen Wahlen ist Fristbeginn der letzte Tag der Stimmabgabe.[30] Die Frist endet gem. § 188 Abs. 2 Alt. 1 BGB mit Ablauf desjenigen Tages des 24. Monats, der durch seine Zahl dem Wahltag entspricht. Der folgende Tag („mit Ablauf von 24 Monaten") ist dann der maßgebliche Stichtag. Da es um keine Handlungsfrist geht, findet § 193 BGB keine Anwendung. Fällt der Tag der Stimmabgabe bspw. auf den 18.4.2018, endet die 24-Monats-Frist am 18.4.2020 um 24.00 Uhr; Stichtag für den Vergleich der Belegschaftsstärke ist daher der 19.4.2020 (ein Sonntag). Vorübergehende Veränderungen vor oder nach dem Stichtag sind unbeachtlich.[31] 30

Nach einer regelmäßigen Betriebsratswahl kann eine Neuwahl gem. § 13 Abs. 2 Nr. 1 BetrVG rechnerisch nur **einmal** stattfinden, bis erneut regelmäßig gewählt wird. Wurde der Betriebsrat außerhalb des regelmäßigen Wahlzeitraums gewählt, kann seine Amtszeit nach § 13 Abs. 3 S. 2 BetrVG annähernd fünf Jahre betragen (→ Rn. 60). In diesem Fall kann es bis zur nächsten regelmäßigen Wahl **mehrfach** zur Neuwahl kommen, wenn § 13 Abs. 3 S. 2 BetrVG nach der zweiten Neuwahl erneut eingreift.[32] 31

Quantitative Voraussetzung ist, dass die regelmäßige Belegschaftsstärke am Stichtag um die Hälfte, mindestens aber um 50, von derjenigen am letzten Wahltag abweicht. Beide Voraussetzungen müssen **kumulativ** vorliegen. Die Regelung ist aber nicht nur für Betriebe mit mindestens 100 Arbeitnehmern relevant.[33] Bei Veränderungen nach oben gilt sie für alle betriebsratsfähigen Betriebe (zB Anstieg von ursprünglich 5 auf 55 Arbeitnehmer); bei Veränderungen nach unten für Betriebe mit mindestens 55 Arbeitnehmern (zB Absinken von 55 auf 5 Arbeitnehmer). Fällt die regelmäßige Belegschaftsstärke auf unter fünf Arbeitnehmer, scheitert eine Neuwahl an § 1 S. 1 BetrVG; das Amt des Betriebsrats endet in diesem Fall (→ § 292 Rn. 27). 32

Das Gesetz stellt auf die **regelmäßig beschäftigten** Arbeitnehmer (ausführlich → Rn. 148 ff.) ab. Veränderungen in der Geschlechterzusammensetzung der Belegschaft (vgl. § 15 Abs. 2 BetrVG) sind dagegen unbeachtlich.[34] Ebenso wenig kommt es darauf an, ob sich durch die Änderung der Belegschaftsstärke die Größe des Betriebsrats nach § 9 BetrVG ändert; umgekehrt ist eine Neuwahl nicht entbehrlich, wenn durch Ausscheiden von Betriebsratsmitgliedern die aktuelle Größe des Betriebsrats der verminderten Belegschaftsstärke bereits entspricht.[35] Analoge Anwendung findet § 13 Abs. 2 Nr. 1 BetrVG, wenn sich im **Abgrenzungsverfahren** nach § 18 Abs. 2 BetrVG herausstellt, dass Arbeitnehmer von Betriebsteilen oder Kleinstbetrieben zu Unrecht nicht an der Wahl des Betriebsrats im Hauptbetrieb beteiligt wurden (→ Rn. 224). 33

Rechtspolitisch ist es ungeschickt, wenn der Gesetzgeber als Vergleichsdatum den Wahltag heranzieht und außerdem stets auf sämtliche Arbeitnehmer abstellt. Einfacher und stringenter wäre es gewesen, die ohnehin nach § 9 BetrVG zu ermittelnde Zahl der 34

---

[29] Statt vieler *Fitting* § 13 Rn. 21; GK-BetrVG/*Jacobs* § 13 Rn. 36.
[30] Statt vieler *Fitting* § 13 Rn. 23 mwN.
[31] Statt vieler GK-BetrVG/*Jacobs* § 13 Rn. 37 mwN.
[32] **AA** *Fitting* § 13 Rn. 31: einmal; DKKW/*Homburg* § 13 Rn. 13 und GK-BetrVG/*Jacobs* § 13 Rn. 47: zweimal.
[33] So aber HWGNRH/*Nicolai* § 13 Rn. 18; ihr folgend *Fitting* § 13 Rn. 29. Wie hier GK-BetrVG/*Jacobs* § 13 Rn. 40.
[34] Statt vieler *Fitting* § 13 Rn. 28 mwN.
[35] Statt vieler *Fitting* § 13 Rn. 30 mwN.

(wahlberechtigten) Arbeitnehmer im Zeitpunkt der **Einleitung** des Wahlverfahrens heranzuziehen (näher → Rn. 225 ff.).

35   Liegen die Voraussetzungen nach § 13 Abs. 2 Nr. 1 BetrVG vor, trifft den Betriebsrat die **Pflicht,** nach § 16 Abs. 1 BetrVG einen Wahlvorstand zu bestellen (näher → Rn. 27).

36   **c) Zu geringe Zahl an Betriebsratsmitgliedern.** Eine Neuwahl findet nach § 13 Abs. 2 Nr. 2 BetrVG auch statt, wenn die Gesamtzahl der Betriebsratsmitglieder – nach Eintreten sämtlicher Ersatzmitglieder – unter die vorgeschriebene Zahl der Betriebsratsmitglieder gesunken ist. Die Vorschrift sorgt dafür, dass die vorgeschriebene (ungerade) Mitgliederzahl eingehalten wird, um die **Arbeitsfähigkeit** des Betriebsrats zu gewährleisten.[36]

37   Maßgeblich ist nach allgemeiner Ansicht die **ursprünglich gewählte** Anzahl an Betriebsratsmitgliedern, wie sie im Wahlausschreiben (vgl. § 3 Abs. 2 Nr. 5 WO, § 31 Abs. 1 S. 3 Nr. 5 WO) und der Bekanntmachung des Wahlergebnisses (vgl. § 18 WO, § 23 Abs. 1 WO, § 34 Abs. 3 WO, § 36 Abs. 4 WO) dokumentiert ist.[37] Entspricht diese Anzahl nicht den gesetzlichen Vorgaben aus §§ 9, 11 BetrVG, kann dies nach Abschluss der Wahl ausschließlich im Anfechtungsverfahren gem. § 19 BetrVG geltend gemacht werden; nach Ablauf der Anfechtungsfrist kann über die richtige Zusammensetzung des Betriebsrats auch als Vorfrage eines Rechtsstreits und damit insbesondere für die Anwendung von § 13 Abs. 2 Nr. 2 BetrVG nicht mehr anders entschieden werden.[38]

38   Daraus folgt zugleich, dass eine nachträgliche **Veränderung der Belegschaftsstärke** für § 13 Abs. 2 Nr. 2 BetrVG unbeachtlich ist. § 13 Abs. 2 Nr. 1 BetrVG ist insoweit eine abschließende (→ Rn. 25) Sonderregelung. Umgekehrt wird eine Neuwahl nicht dadurch entbehrlich, dass dem Betriebsrat zwar weniger Mitglieder als ursprünglich gewählt angehören, diese Zahl aber der ebenfalls zurückgegangenen Belegschaftsgröße entspricht.[39]

39   Maßgeblich ist der **Zeitpunkt,** zu dem dasjenige Mitglied ausscheidet, für das erstmals kein Ersatzmitglied mehr nachrücken kann.[40] Der Rücktritt sämtlicher Betriebsrats- und Ersatzmitglieder einer Liste führt daher solange nicht zur Neuwahl, wie ein Nachrücken von einer anderen Liste gem. § 25 Abs. 2 BetrVG möglich ist (näher → § 292 Rn. 124 ff.). Erforderlich ist das **Erlöschen** der Mitgliedschaft nach § 24 BetrVG; eine zeitweilige Verhinderung ist nicht ausreichend, da sie die Mitgliedschaft im Betriebsrat nicht beendet. Daher ist es auch unbeachtlich, wenn kein Ersatzmitglied als Stellvertreter nach § 25 Abs. 1 S. 2 BetrVG zur Verfügung steht (näher → § 293 Rn. 71).[41]

40   Der Rumpfbetriebsrat hat nach § 16 Abs. 1 BetrVG, § 22 BetrVG unverzüglich einen Wahlvorstand zu bestellen (→ Rn. 27). Ist nach dem zeitgleichen Ausscheiden mehrerer Mitglieder (oder im Fall eines einköpfigen Betriebsrats) **kein Mitglied** mehr im Amt verblieben, erfolgt die Neuwahl nach § 22 Abs. 2 **Nr. 6** BetrVG, da die Amtszeit des Betriebsrats als Kollegialorgan mit Ausscheiden des letzten Mitglieds endet (→ § 292 Rn. 29).[42]

41   Da die Neuwahl nach allgemeinen Grundsätzen erfolgt (→ Rn. 26), bestimmt sich die **Größe des neu zu wählenden** Betriebsrats gem. §§ 9, 11 BetrVG (→ Rn. 141 ff.) nach der aktuellen Belegschaftsstärke zum Zeitpunkt des Erlasses des Wahlausschreibens.[43]

---

[36] Statt vieler GK-BetrVG/*Jacobs* § 13 Rn. 50.
[37] S. etwa *Fitting* § 13 Rn. 33; GK-BetrVG/*Jacobs* § 13 Rn. 51 f.; Richardi BetrVG/*Thüsing* § 13 Rn. 29.
[38] Vgl. BAG 14.1.1972 – 1 ABR 6/71, AP BetrVG § 20 Jugendvertreter Nr. 2. Aus der Lit. statt vieler *Fitting* § 9 Rn. 56 mwN.
[39] Statt vieler Richardi BetrVG/*Thüsing* § 13 Rn. 29 mwN.
[40] GK-BetrVG/*Jacobs* § 13 Rn. 53.
[41] Ebenso GK-BetrVG/*Jacobs* § 13 Rn. 58; Richardi BetrVG/*Thüsing* § 13 Rn. 31.
[42] GK-BetrVG/*Jacobs* § 13 Rn. 54; Richardi BetrVG/*Thüsing* § 13 Rn. 37.
[43] Vgl. BAG 22.11.1984 – 6 ABR 9/84, NZA 1985, 715 (zur Jugendvertretung); aus der Lit. etwa *Fitting* § 13 Rn. 37; GK-BetrVG/*Jacobs* § 13 Rn. 61; HWGNRH/*Nicolai* § 13 Rn. 25.

II. Zeitpunkt

d) Rücktritt des Betriebsrats. Der Betriebsrat ist nach § 13 Abs. 2 Nr. 3 BetrVG auch 42 neu zu wählen, wenn er wirksam seinen **Rücktritt beschlossen** hat. Abweichend vom Normalfall der Beschlussfassung (→ § 294 Rn. 78) bedarf es hierfür der **Mehrheit der Mitglieder,** so dass nicht anwesende Mitglieder ebenso wie Enthaltungen als Nein-Stimmen gewertet werden.[44] Der Mehrheitsbeschluss wirkt – wie üblich – auch gegenüber überstimmten Mitgliedern sowie Ersatzmitgliedern.[45] Auch ein **einköpfiger** Betriebsrat kann durch Rücktrittserklärung eine Neuwahl auslösen;[46] in diesem Fall ist die Erklärung des Betriebsratsmitglieds allerdings genau daraufhin auszulegen, ob ein Rücktritt oder eine Amtsniederlegung nach § 24 Nr. 2 BetrVG vorliegt (→ Rn. 45): Während persönliche Gründe (zB Krankheit) für eine Amtsniederlegung sprechen, deutet die Absicht zur Einleitung von Neuwahlen im Zweifel auf einen Rücktritt hin.[47]

Die Gründe für den Rücktrittsbeschluss sind unerheblich und gerichtlich **nicht über-** 43 **prüfbar.**[48] Die Stimmabgabe kann aber nach § 118 BGB mangels Ernstlichkeit unwirksam sein (zum Rechtscharakter → § 294 Rn. 84).[49] Fehlt aus diesem Grund die erforderliche Mehrheit (→ Rn. 42), ist in einem zweiten Schritt auch der Rücktrittsbeschluss unwirksam.[50] Auch wenn der Beschluss – wie praktisch immer – auf die Selbstauflösung des Betriebsrats abzielt, ändert sich hieran nichts.[51] Die Unwirksamkeit der Stimmabgabe kann allerdings nicht beliebig spät geltend gemacht werden. Erkennt der Abstimmende, dass seine Erklärung – entgegen seiner Intention – ernst genommen wurde, ist er nach § 242 BGB zu sofortiger Aufklärung verpflichtet; andernfalls ist die fehlende Ernstlichkeit analog § 116 S. 1 BGB unbeachtlich und die Stimmabgabe wirksam.[52]

Nach einem Rücktrittsbeschluss hat der Betriebsrat unverzüglich den Wahlvorstand zu 44 bestellen (→ Rn. 27). Umstritten ist, ob seine **Amtszeit** bis zur Bekanntgabe des Wahlergebnisses des neu gewählten Betriebsrates fortdauert, obwohl § 21 S. 5 BetrVG nicht auf § 13 Abs. 2 Nr. 3 BetrVG Bezug nimmt,[53] oder ob sie sofort endet.[54] Im Ergebnis ist der Streit allerdings ohne Relevanz, da der Betriebsrat bis zur Bekanntgabe des Wahlergebnisses jedenfalls nach § 22 BetrVG umfassend **geschäftsführungsbefugt** bleibt.[55]

Abzugrenzen ist der Rücktrittsbeschluss von der **Amtsniederlegung** nach § 24 Nr. 2 45 BetrVG. Während der Rücktritt den gesamten Betriebsrat als Kollegialorgan und damit auch überstimmte sowie Ersatzmitglieder erfasst (→ Rn. 42), beendet die Amtsniederlegung nur die Betriebsratszugehörigkeit der betroffenen Mitglieder und es rückt ein Ersatzmitglied nach (zur Neuwahl nach § 13 Abs. 2 Nr. 2 BetrVG → Rn. 39). Legen **sämtliche Betriebsrats- und Ersatzmitglieder** zeitgleich ihre Ämter nieder, fehlt es an einem Rumpfbetriebsrat und die Neuwahl erfolgt nach § 13 Abs. 2 Nr. 6 BetrVG (→ Rn. 40). Die gemeinsame Amtsniederlegung lässt sich richtigerweise nicht als Rücktrittsbeschluss auslegen oder in einen solchen umdeuten, da es hierfür eines förmlichen Beschlusses bedürfte und der Wille der Erklärenden idR nicht auf eine vorübergehende Fortführung der Geschäfte nach § 22 BetrVG gerichtet sein wird.[56]

---

[44] Statt vieler *Fitting* § 13 Rn. 39 mwN.
[45] Statt vieler Richardi BetrVG/*Thüsing* § 13 Rn. 40 mwN.
[46] Statt vieler GK-BetrVG/*Jacobs* § 13 Rn. 64 mwN.
[47] Überzeugend GK-BetrVG/*Jacobs* § 13 Rn. 64; **krit.** ErfK/*Koch* BetrVG § 13 Rn. 5.
[48] BAG 3. 4. 1979 – 6 ABR 64/76, RdA 1979, 316.
[49] *Fitting* § 13 Rn. 39; GK-BetrVG/*Jacobs* § 13 Rn. 63; Richardi BetrVG/*Thüsing* § 13 Rn. 40; einschränkend HWGNRH/*Nicolai* § 13 Rn. 29.
[50] Allgemein MüKoBGB/*Armbrüster* § 118 Rn. 4 u. § 119 Rn. 19.
[51] **AA** HWGNRH/*Nicolai* § 13 Rn. 29.
[52] Allgemein MüKoBGB/*Armbrüster* § 118 Rn. 10; BeckOK BGB/*Wendtland* § 118 Rn. 7.
[53] So etwa *Fitting* § 13 Rn. 42; ErfK/*Koch* BetrVG § 13 Rn. 5; HWK/*Reichold* BetrVG § 13 Rn. 10; Richardi BetrVG/*Thüsing* § 13 Rn. 42.
[54] So etwa GK-BetrVG/*Jacobs* § 13 Rn. 65.
[55] Vgl. GK-BetrVG/*Jacobs* § 13 Rn. 65; GK-BetrVG/*Kreutz* § 22 Rn. 10, 16.
[56] Ebenso GK-BetrVG/*Jacobs* § 13 Rn. 69; HWGNRH/*Nicolai* § 13 Rn. 30; Richardi BetrVG/*Thüsing* § 13 Rn. 42; WPK/*Wlotzke* § 13 Rn. 14; **aA** BeckOK ArbR/*Besgen* BetrVG § 13 Rn. 16; *Fitting* § 13 Rn. 41; ErfK/*Koch* BetrVG § 13 Rn. 5 („oft").

46 § 13 Abs. 2 Nr. 3 BetrVG ist nicht analog anzuwenden, wenn sämtliche Betriebsratsmitglieder (und Ersatzmitglieder) zeitgleich aus dem **Arbeitsverhältnis ausscheiden**.[57] Zum einen fehlt es an einer Lücke, da in diesem Fall § 13 Abs. 2 Nr. 6 BetrVG den Weg zur Neuwahl eröffnet. Zum anderen kann die Analogie keine Fortführung der Geschäfte nach § 22 BetrVG ermöglichen, da ein Betriebsrat ohne Mitglieder (§ 24 Nr. 3 BetrVG) nicht fortbestehen kann.[58]

47 Ist die **Wahl bereits abgeschlossen** und tritt der gem. § 21 S. 2 BetrVG noch amtierende „Alt-Betriebsrat" zurück, findet keine neuerliche Wahl statt. Vielmehr beginnt die Amtszeit des neu gewählten Betriebsrats in diesem Fall mit dem Rücktrittsbeschluss.[59]

48 **e) Erfolgreiche Anfechtung der Betriebsratswahl.** Nach § 13 Abs. 2 Nr. 4 BetrVG ist der Betriebsrat neu zu wählen, wenn die Wahl mit Erfolg **angefochten** worden ist. Erforderlich ist, dass das Arbeitsgericht die **gesamte Wahl** für unwirksam erklärt und nicht lediglich die Wahl einzelner Betriebsratsmitglieder korrigiert bzw. für unwirksam erklärt (näher → Rn. 310f.).[60] Die rechtliche Existenz des Betriebsrats endet in diesem Fall mit Rechtskraft der gerichtlichen Entscheidung (→ Rn. 312).

49 Nach erfolgreicher Anfechtung besteht grundsätzlich **keine Pflicht** zur Bestellung eines Wahlvorstands (→ Rn. 1, 28). Eine Befugnis des Betriebsrats zur Weiterführung der Geschäfte und damit insb. zur Einleitung des Wahlverfahrens sieht § 22 BetrVG nicht vor (→ § 292 Rn. 25). Eine § 23 Abs. 2 BetrVG entsprechende Vorschrift fehlt ebenso. Sofern ein Gesamt- bzw. Konzernbetriebsrat besteht, trifft diesen allerdings eine Pflicht zur Bestellung nach § 17 Abs. 1 BetrVG (→ Rn. 197).

50 Während des Anfechtungsverfahrens darf der Betriebsrat **nicht vorsorglich** einen Wahlvorstand bestellen, da eine Neuwahl nach § 13 Abs. 2 Nr. 4 BetrVG erst ab Rechtskraft zulässig ist (→ Rn. 48).[61] Die trotzdem erfolgte Bestellung ist in diesem Fall wegen Verstoßes gegen § 13 Abs. 1 BetrVG unwirksam (→ Rn. 220). Etwas anderes gilt, wenn der Betriebsrat während des Anfechtungsverfahrens seinen **Rücktritt beschließt**, § 13 Abs. 2 Nr. 3 BetrVG (→ Rn. 42ff.). Bis zu einer (stattgebenden) rechtskräftigen Entscheidung[62] ist er dann nach § 22 BetrVG weiter geschäftsführungsbefugt und muss gem. § 16 Abs. 1 BetrVG den Wahlvorstand bestellen. Richtigerweise bleibt der einmal **bestellte Wahlvorstand** auch nach erfolgreicher Anfechtung im Amt und darf die Wahl zu Ende führen.[63] Da die Anfechtung nur *ex nunc* wirkt, ist die Situation vergleichbar derjenigen, in der die Amtszeit des Betriebsrats nach § 21 S. 3 BetrVG endet, bevor das Wahlverfahren abgeschlossen ist. Auch hier wäre es unsinnig, das Wahlverfahren abzubrechen und eine neuerliche Einleitung des Wahlverfahrens nach § 17 BetrVG zu verlangen, weil Grund für die Neuwahl nunmehr § 13 Abs. 2 Nr. 6 BetrVG wäre.[64]

51 **f) Auflösung durch gerichtliche Entscheidung.** Wurde der Betriebsrat nach § 23 Abs. 1 S. 1 BetrVG durch **gerichtlichen Beschluss aufgelöst**, findet nach § 13 Abs. 2 Nr. 5 BetrVG eine Neuwahl statt. Wurden hingegen nur einzelne Betriebsratsmitglieder

---

[57] HessLAG 30.7.2001 – 16 Sa 1989/00, BeckRS 2001, 30450719; Richardi BetrVG/*Thüsing* § 13 Rn. 39.
[58] BAG 24.10.2001 – 7 ABR 20/00, NZA 2003, 53 (55).
[59] ArbG Bielefeld 18.4.1975 – 1 BVGa 1/75, AuR 1975, 284; GK-BetrVG/*Jacobs* § 13 Rn. 67.
[60] Statt vieler GK-BetrVG/*Jacobs* § 13 Rn. 71.
[61] Ebenso GK-BetrVG/*Jacobs* § 13 Rn. 74; GK-BetrVG/*Kreutz* § 19 Rn. 137; Richardi-BetrVG/*Thüsing* § 13 Rn. 44; WPK/*Wlotzke* § 19 Rn. 23; **aA** *Fitting* § 13 Rn. 45 (anders § 13 Rn. 44); zust. HK-BetrVG/*Brors* § 19 Rn. 17 aE.
[62] BAG 15.2.2012 – 7 ABN 59/11, NZA-RR 2012, 602 Rn. 4; 29.5.1991 – 7 ABR 54/90, NZA 1992, 74 (75).
[63] Ebenso ArbG Wuppertal 20.11.2003 – 4 BVGa 15/03, BeckRS 2003, 16576; iErg auch *Fitting* § 19 Rn. 45f. (anders wohl § 13 Rn. 44); HWGNRH/*Nicolai* § 19 Rn. 33; **aA** GK-BetrVG/*Jacobs* § 13 Rn. 74; GK-BetrVG/*Kreutz* § 17 Rn. 9: neues Wahlverfahren; unklar HK-BetrVG/*Brors* § 13 Rn. 10: offen gelassen LAG SchlH 7.4.2011 – 4 TaBVGa 1/11, BeckRS 2011, 73471; AR/*Maschmann* BetrVG § 13 Rn. 6.
[64] Insoweit ebenso GK-BetrVG/*Kreutz* § 17 Rn. 9: „selbstverständlich".

II. Zeitpunkt

ausgeschlossen, kommt es nicht zur Neuwahl, sondern zum Nachrücken von Ersatzmitgliedern nach § 25 Abs. 1 BetrVG, § 24 Nr. 5 Alt. 1 BetrVG (→ § 292 Rn. 108, 116).

Eine Weiterführung der Geschäfte sieht § 22 BetrVG naturgemäß nicht vor. Anders als 52 im Fall der Wahlanfechtung (→ Rn. 49) setzt das Arbeitsgericht nach § 23 Abs. 2 BetrVG unverzüglich einen Wahlvorstand ein (→ 297 Rn. 38).

g) Nichtbestehen eines Betriebsrats. Ein Betriebsrat kann nach § 13 Abs. 2 Nr. 6 53 BetrVG jederzeit gewählt werden, wenn im Betrieb ein Betriebsrat **nicht (mehr) besteht.** Im Fall der erfolgreichen Anfechtung und der Auflösung durch gerichtliche Entscheidung tritt die Vorschrift hinter den **spezielleren** Regelungen des § 13 Abs. 2 Nr. 4 u. 5 BetrVG zurück; für diese Fälle werden in § 22 BetrVG (Nr. 4) und § 23 Abs. 2 BetrVG (Nr. 5) besondere Rechtsfolgen angeordnet.[65]

Aus welchem **Grund** ein Betriebsrat nicht besteht, ist für die Anwendung von § 13 54 Abs. 2 Nr. 6 BetrVG irrelevant.[66] Praktisch ist insbesondere an folgende Konstellationen zu denken: Die Belegschaft wählt erstmals einen Betriebsrat; ein Betrieb wird betriebsratsfähig; die Betriebsratswahl war nichtig; die Amtszeit des Betriebsrats läuft ab, bevor eine Neuwahl von ihm eingeleitet worden ist; sämtliche Betriebsrats- und Ersatzmitglieder sind ausgeschieden und können nicht ersetzt werden (näher → Rn. 40).

Keine Betriebsratslosigkeit entsteht bei Umstrukturierungen, wenn es zur Eingliede- 55 rung in einen Betrieb mit Betriebsrat kommt oder der Betriebsrat ein Übergangsmandat wahrnimmt (→ Rn. 57f.).

Die Bestellung des Wahlvorstands erfolgt grundsätzlich nach **§ 17 BetrVG** (ausführlich 56 → Rn. 195ff.). Eine Pflicht zur Bestellung eines Wahlvorstands greift somit nur, wenn ein Gesamt- oder Konzernbetriebsrat besteht (→ Rn. 28).

h) Übergangsmandat, § 21a BetrVG. Bei Umstrukturierungen betrieblicher Organisa- 57 tionseinheiten sieht § 21a BetrVG ein sog. **Übergangsmandat** vor, (näher → § 292 Rn. 36ff.). Die Regelung soll nach der Vorstellung des Gesetzgebers dafür sorgen, dass in der besonders kritischen Phase der Umstrukturierung keine (vorübergehende) betriebsratslose Zeit entsteht (zur Kritik → § 292 Rn. 37ff.).[67]

Nach § 21a Abs. 1 S. 2 BetrVG hat der Betriebsrat im Rahmen seines Übergangsman- 58 dats insbesondere **unverzüglich,** also ohne schuldhaftes Zögern (§ 121 Abs. 1 S. 1 BGB), Wahlvorstände zu bestellen. Entscheidend für diese zeitliche Vorgabe sind die Umstände des Einzelfalls. Sind etwa die Voraussetzungen des Übergangsmandats in tatsächlicher Hinsicht besonders unklar, darf der Betriebsrat vor Bestellung des Wahlvorstands gerichtlich klären lassen, ob eine Aufspaltung oder eine Abspaltung (näher → § 292 Rn. 45ff.) vorliegt, ohne dass darin ein schuldhaftes Zögern läge.[68] Im Übrigen richtet sich das Verfahren der Bestellung nach § 16 BetrVG, § 17a BetrVG, wobei für die Frist zur Ersatzbestellung auf das Ende des Übergangsmandats abzustellen ist (näher → Rn. 189ff.).

4. Anschlusswahl nach außerordentlicher Wahl

Ist der Betriebsrat außerhalb des regelmäßigen Wahlzeitraums gewählt worden, soll § 13 59 Abs. 3 BetrVG für eine **Wiedereingliederung** in den Wahlzeitraum der regelmäßigen Betriebsratswahlen sorgen. Zu diesem Zweck sieht § 13 Abs. 3 S. 1 BetrVG vor, dass der Betriebsrat grundsätzlich im nächsten regelmäßigen Wahlzeitraum neu zu wählen ist, so dass die Amtszeit des Betriebsrats ggf. auch deutlich weniger als vier Jahre beträgt. Findet eine Neuwahl nicht statt, endet das Amt des Betriebsrats nach § 21 S. 3 BetrVG am 31.5. des Wahljahres (→ § 292 Rn. 16).

---

[65] GK-BetrVG/*Jacobs* § 13 Rn. 32 u. 78; ähnlich *Fitting* § 13 Rn. 47; HWGNRH/*Nicolai* § 13 Rn. 36; Richardi BetrVG/*Thüsing* § 13 Rn. 13: Generalklausel.
[66] Statt vieler *Fitting* § 13 Rn. 47 mwN.
[67] BT-Drs. 14/5741, S. 39 l. Sp.
[68] Ebenso GK-BetrVG/*Kreutz* § 21a Rn. 42.

60 Etwas anderes gilt nach § 13 Abs. 3 S. 2 BetrVG, wenn die Amtszeit des Betriebsrats zu Beginn des regelmäßigen Wahlzeitraums, also am 1.3., **noch nicht ein Jahr** betragen hat. In diesem Fall wird der Betriebsrat erst im **übernächsten** Zeitraum der regelmäßigen Betriebsratswahlen neu gewählt. Die Amtszeit des Betriebsrats beginnt in allen Fällen des § 13 Abs. 2 BetrVG mit Bekanntgabe des Wahlergebnisses, § 21 S. 2 u. 5 BetrVG (ausführlich → § 292 Rn. 3 ff.). Die Jahresfrist endet nach § 188 Abs. 2 Alt. 2 BGB an dem Tag, der nach seiner Zahl dem Tag der Bekanntgabe entspricht. Die Neuwahl findet daher im übernächsten regelmäßigen Wahlzeitraum statt, wenn das Ergebnis der nach § 13 Abs. 2 BetrVG durchgeführten Wahl nicht vor dem 1.3. des Jahres bekannt gegeben worden ist, das vor Beginn des Wahlzeitraums liegt.[69]

5. Streitigkeiten

61 Bei Streitigkeiten über die **Zulässigkeit einer Neuwahl** entscheidet auf Antrag das Arbeitsgericht im Beschlussverfahren, § 2a Abs. 1 Nr. 1, Abs. 2 ArbGG iVm §§ 80 ff. ArbGG (zum Rechtsschutz im laufenden Wahlverfahren ausführlich → Rn. 253 ff.).

62 Gleiches gilt für Streitigkeiten über den **Zeitpunkt** einer Betriebsratswahl als rechtlich selbständigem Teilakt des Wahlverfahrens.[70] Bei zu früher Terminierung (→ Rn. 11) durch den Wahlvorstand ist eine einstweilige Verfügung auf **Abbruch zur Neueinleitung** möglich (ausführlich → Rn. 261).[71] Andernfalls kommt lediglich eine **Leistungsverfügung** gegen den Wahlvorstand auf spätere Terminierung in Betracht.

63 Die Pflicht aus § 13 Abs. 1 S. 2 BetrVG zur **zeitgleichen Einleitung** mit der Sprecherausschusswahl lässt sich nach hier vertretener Auffassung durch Regelungsverfügung durchsetzen; allerdings sind die Grenzen des Verfügungsanspruchs zu beachten (näher → Rn. 18, 20).

III. Aktives und passives Wahlrecht

64 Die materiellen Voraussetzungen für das aktive Wahlrecht werden in § 7 BetrVG, für das passive Wahlrecht in § 8 BetrVG geregelt. Beide Vorschriften sind **zweiseitig zwingend;** auch eine Abweichung durch Betriebsvereinbarung oder Tarifvertrag ist nicht vorgesehen (näher → Rn. 2).

1. Aktives Wahlrecht

65 Das aktive Wahlrecht ist das Recht, bei der Wahl des Betriebsrats durch Stimmabgabe mitzuwirken; als höchstpersönliches Recht (vgl. § 14 Abs. 1 BetrVG) kann es weder abgetreten noch durch einen Stellvertreter ausgeübt werden.[72] Die materielle Wahlberechtigung hängt nach § 7 BetrVG von **drei Voraussetzungen** ab: Die betreffende Person muss Arbeitnehmer iSd BetrVG sein, entweder betriebszugehörig (§ 7 S. 1 BetrVG) sein oder im Rahmen einer Überlassung länger als drei Monate im Betrieb eingesetzt werden (§ 7 S. 2 BetrVG) und das 18. Lebensjahr vollendet haben. In formeller Hinsicht muss nach § 2 Abs. 3 WO außerdem die Eintragung in die Wählerliste hinzukommen.

66 a) Arbeitnehmer. Wahlberechtigt sind nur **Arbeitnehmer** iSd § 5 BetrVG, also Arbeiter und Angestellte einschließlich der zu ihrer Berufsausbildung Beschäftigten, unabhängig davon, ob sie im Betrieb, im Außendienst oder mit Telearbeit beschäftigt werden (→ § 285 Rn. 1 ff.). Bei den zuletzt genannten Personengruppen ist allerdings genau zu prüfen, ob sie betriebszugehörig sind (→ Rn. 68 ff.).

---

[69] Vgl. BAG 16.4.2008 – 7 ABR 4/07, NZA-RR 2008, 583 Rn. 17; aus der Lit. statt vieler *Fitting* § 13 Rn. 52 mwN.
[70] GMP/*Matthes*/*Schlewing* ArbGG § 2a Rn. 42.
[71] HessLAG 30.7.2009 – 9 TaBVGa 145/09, BeckRS 2010, 68231; ArbG Darmstadt 9.7.2009 – 7 BVGa 17/09, BeckRS 2010, 68230.
[72] Statt vieler GK-BetrVG/*Raab* § 7 Rn. 6.

III. Aktives und passives Wahlrecht

Nicht wahlberechtigt sind insbesondere **arbeitnehmerähnliche** Personen (→ § 285 67 Rn. 42 ff.) sowie **leitende Angestellte,** vgl. § 5 Abs. 3 u. 4 BetrVG. Gleiches gilt für **freie Mitarbeiter,** die zum Betriebsinhaber nur in einem (freien) Dienstverhältnis stehen und nicht seinem Direktionsrecht unterliegen.[73]

b) Betriebszugehörigkeit (§ 7 S. 1 BetrVG). Die Arbeitnehmereigenschaft allein ge- 68 nügt zur Wahlberechtigung nicht. Da die Mitbestimmung nach dem BetrVG betriebs- und nicht unternehmensbezogen ist, muss der Arbeitnehmer dem relevanten Betrieb auch zugeordnet sein (vgl. zu diesem Aspekt auch § 323 Abs. 2 UmwG).[74] Für das aktive Wahlrecht stellt der durch das BetrVG-Reformgesetz 2001[75] ergänzte Wortlaut von § 7 S. 1 BetrVG („des Betriebs") klar, dass es neben der Arbeitnehmereigenschaft auch der **Betriebszugehörigkeit** bedarf.[76] Aktiv wahlberechtigt nach § 7 S. 1 BetrVG sind daher nur eingegliederte Arbeitnehmer des Betriebsinhaber (→ Rn. 77 ff.). Arbeitnehmer eines anderen Arbeitgebers können nur nach § 7 S. 2 BetrVG wahlberechtigt sein (→ Rn. 93 ff.).

aa) Allgemeine Voraussetzungen. Umstritten ist, unter welchen Voraussetzungen ein 69 Arbeitnehmer betriebszugehörig ist.[77] In dieser Frage war lange Zeit die sog. **Zwei-Komponenten-Lehre** uneingeschränkt vorherrschend. Konstitutive Merkmale der Betriebszugehörigkeit sind danach „einerseits ein **Arbeitsverhältnis zum Betriebsinhaber,** andererseits die tatsächliche **Eingliederung** des Arbeitnehmers in dessen Betriebsorganisation."[78] Eingegliedert ist ein Arbeitnehmer, wenn er durch seine Arbeitsleistung zum arbeitstechnischen Zweck des Betriebs beiträgt, ohne notwendigerweise räumlich im Bereich der Betriebsstätte tätig zu werden (näher → Rn. 82 ff.).[79]

Die Zwei-Komponenten-Lehre erklärt stimmig, warum nicht jeder Arbeitnehmer des 70 Betriebsinhabers automatisch Arbeitnehmer „des Betriebs" iSd § 7 S. 1 BetrVG ist (→ Rn. 68). Das ist zB notwendig, wenn ein Arbeitgeber mehrere Betriebe führt oder auch privat Arbeitnehmer beschäftigt. Als problematisch wird sie dagegen für Fälle **drittbezogenen Personaleinsatzes** gesehen. Kennzeichnend für diese ist eine Aufspaltung der Arbeitgeberstellung: Der Arbeitnehmer schließt seinen Arbeitsvertrag mit einer Person (sog. Vertragsarbeitgeber) und wird zur Erbringung seiner Arbeitsleistung im Betrieb einer anderen tätig (sog. Betriebsarbeitgeber).[80] Verlangt man für die Betriebszugehörigkeit neben der tatsächlichen Eingliederung auch ein durch Arbeitsvertrag begründetes **Arbeitsverhältnis** zum Betriebsinhaber, würde der Arbeitnehmer – so der Einwand[81] (zu dessen Unbegründetheit → Rn. 92) – weder dem Betrieb des Vertrags- noch dem des Betriebsarbeitgebers angehören.

Von Teilen der Literatur wird daher die Auffassung vertreten, dass es für die Betriebs- 71 zugehörigkeit allein auf die Eingliederung in den Betrieb ankomme (sog. **Eingliede-**

---

[73] BAG 29.5.1991 – 7 ABR 67/90, NZA 1992, 36 (36); ebenso etwa *Fitting* § 7 Rn. 14; GK-BetrVG/ *Kreutz* § 7 Rn. 15.
[74] BAG 24.8.2016 – 7 ABR 2/15, NZA 2017, 269 Rn. 20.
[75] BGBl. 2001 I, S. 1852 ff.
[76] Vgl. BAG 17.2.2010 – 7 ABR 51/08, NZA 2010, 832 Rn. 16; wie hier HK-BetrVG/*Brors* § 7 Rn. 6; *Fitting* § 7 Rn. 16; ErfK/*Koch* BetrVG § 7 Rn. 2; GK-BetrVG/*Raab* § 7 Rn. 17; HWK/*Reichold* BetrVG § 7 Rn. 8; WPK/*Wlotzke* § 7 Rn. 10; **aA** DKKW/*Trümmer* § 5 Rn. 8 m. Fn. 34: Betriebszugehörigkeit als Konkretisierungsmerkmal des Arbeitnehmerbegriffs.
[77] Ausführlich zum Meinungsstreit GK-BetrVG/*Raab* § 7 Rn. 18 ff. mwN.
[78] BAG 18.1.1989 – 7 ABR 21/88, NZA 1989, 724 (725); zuletzt etwa 24.8.2016 – 7 ABR 2/15, NZA 2017, 269 Rn. 20.
[79] Vgl. BAG 22.5.2000 – 7 ABR 34/98, NZA 2000, 1119 (1120); GK-BetrVG/*Raab* § 7 Rn. 23; **krit.** *Joost* Betrieb und Unternehmen, 1988, S. 306 f.
[80] Statt vieler *Linsenmaier/Kiel* RdA 2014, 135 (137).
[81] So BAG 24.8.2016 – 7 ABR 2/15, NZA 2017, 269 Rn. 20; **aA** zu Recht GK-BetrVG/*Raab* § 7 Rn. 23: Zugehörigkeit zum Verleiherbetrieb aufgrund Eingliederung (→ Rn. 92).

rungstheorie).[82] Diese Ansicht hat vordergründig den Vorteil, dass auch in den Betrieb eingegliederte Fremdarbeitnehmer als betriebszugehörig und damit als Arbeitnehmer iSd BetrVG angesehen werden können. Allerdings stellt sich die Frage, ob die daraus resultierenden Ergebnisse, insb. die **doppelte Betriebszugehörigkeit** von Leiharbeitnehmern (vgl. für den Verleiherbetrieb § 14 Abs. 1 AÜG, außerdem näher → Rn. 92), teleologisch überzeugend sind.

72 Die Bewertung der Eingliederungstheorie wird dadurch erschwert, dass dem **Begriff der Eingliederung** ein unterschiedlicher, teils auch unklarer Bedeutungsgehalt beigemessen wird. Soweit die Eingliederung rein faktisch verstanden wird, ist ihr jedenfalls nicht zu folgen, da das System der betrieblichen Mitbestimmung ersichtlich darauf angelegt ist, die **Rechtsbeziehung** zwischen Arbeitnehmer und Betriebsinhaber zu gestalten.[83] Wer das anders sieht, müsste auch im Betrieb eingesetzte Erfüllungsgehilfen eines Werk- oder Dienstunternehmers als Arbeitnehmer „des Betriebs" ansehen.[84] Bei näherem Hinsehen verlangen die meisten Vertreter der Eingliederungstheorie als weitere Voraussetzung allerdings einschränkend, dass der Arbeitnehmer dem Organisations- und **Weisungsrecht** des Betriebsinhabers unterliegen muss.[85]

73 Entscheidend gegen die Eingliederungstheorie spricht, dass die bloße Weisungsgebundenheit gegenüber dem Betriebsinhaber nicht ausreicht, um eine **umfassende Betriebszugehörigkeit** zu begründen. Das verdeutlichen eine ganze Reihe gesetzlicher Wertungen: So ist man sich bspw. einig, dass der Betriebsrat des Entleiherbetriebs vor der Kündigung eines Leiharbeitnehmers nicht gehört werden muss, obschon in § 102 BetrVG nur vom (betriebszugehörigen) „Arbeitnehmer" die Rede ist.[86] Wäre der Eingliederungstheorie zu folgen, müsste der Gesetzgeber auch nicht die Betriebszugehörigkeit für abgeordnete Arbeitnehmer des öffentlichen Dienstes in **§ 5 Abs. 1 S. 3 BetrVG** fingieren.[87] Gegen eine umfassende Betriebszugehörigkeit spricht außerdem, dass § 7 BetrVG für die Wahlberechtigung zwischen Arbeitnehmern des Betriebs (Satz 1) und Arbeitnehmern eines anderen Arbeitgebers (Satz 2) unterscheidet. Gleiches gilt für die differenzierenden Vorgaben in § 14 Abs. 2 u. 3 AÜG: Kein passives Wahlrecht (§ 14 Abs. 2 S. 1 AÜG); ausdrückliche Geltungsanordnung (nur) für Mitwirkungs- und Beschwerderechte (§ 14 Abs. 2 S. 3 AÜG) sowie bei Übernahme (§ 14 Abs. 3 S. 1 AÜG); Berücksichtigung bei den gesetzlichen Schwellenwerten mit Ausnahme des § 112a Abs. 1 BetrVG (§ 14 Abs. 2 S. 4 AÜG).

74 Am Grundansatz der Zwei-Komponenten-Lehre ist daher festzuhalten. Für Fälle drittbezogenen Personaleinsatzes ist sie nicht pauschal, sondern **normzweckspezifisch** zu ergänzen: Sind Betriebsinhaber und Drittarbeitnehmer durch ein Rechtsverhältnis verbunden, das eine vergleichbare Schutzbedürftigkeit begründet (→ Rn. 72), ist eine analoge Anwendung der jeweiligen betriebsverfassungsrechtlichen Vorschriften angezeigt.[88] Ob das der Fall ist, hängt v. a. von der Zweckrichtung der konkreten Norm ab, wobei in systematischer Hinsicht auch die Wertungen anderer gesetzlicher Regelungen zum Dritt-

---

[82] LAG Frankfurt 30.11.1984 – 7 AZR 539/83, BB 1985, 2173 ff.; *Boemke* Schuldvertrag und Arbeitsverhältnis, 1999, S. 587 ff.; *Schüren/Hamann/Hamann* § 14 Rn. 25 ff.; *Hamann* GS Wörlen, 2013, S. 519 (522 ff.); *Richardi* FS Wank, 2014, S. 465 (467 ff.); Richardi BetrVG/*Richardi* § 5 Rn. 73, 97; *Säcker/Joost* Betriebszugehörigkeit als Rechtsproblem im Betriebsverfassungs- und Mitbestimmungsrecht, 1980, S. 39 ff.; *Säcker* FS Quack, 1991, S. 421 (423 ff.); DKKW/*Trümner* § 5 Rn. 25 ff.
[83] Überzeugend GK-BetrVG/*Raab* § 7 Rn. 24.
[84] So wohl *Blanke* DB 2008, 1153 (1157); dagegen überzeugend BAG 21.7.2004 – 7 ABR 38/03, NZA 2005, 240.
[85] Exemplarisch DKKW/*Trümner* § 5 Rn. 25 (tatsächliche Beziehung) gegenüber Rn. 26, 83 (arbeitgeberseitige Leitungsmacht); **krit.** zur Begrifflichkeit daher GK-BetrVG/*Raab* § 7 Rn. 30.
[86] So der zutreffende Einwand von *Linsenmaier/Kiel* RdA 2014, 135 (139).
[87] GK-BetrVG/*Raab* § 7 Rn. 91.
[88] So überzeugend GK-BetrVG/*Kreutz*, 8. Aufl. 2005, § 7 Rn. 38; GK-BetrVG/*Raab* § 7 Rn. 29 f. u. 85 aE.

III. Aktives und passives Wahlrecht   75–79 § 291

personaleinsatz (→ Rn. 73) zu berücksichtigen sind.[89] Diese Ansicht ließe sich als **modifizierte Zwei-Komponenten-Lehre** bezeichnen.

Das **BAG** vertritt in jüngerer Zeit eine Auffassung, die im praktischen Ergebnis der 75 modifizierten Zwei-Komponenten-Lehre entspricht. Seit 2012 befürwortet der Siebte Senat für Fälle des drittbezogenen Personaleinsatz eine **differenzierende Lösung,** die den jeweiligen betriebsverfassungsrechtlichen Zusammenhang sowie spezialgesetzliche Vorgaben zum Drittpersonaleinsatz berücksichtigt.[90] Darin liegt keine Aufgabe der auch vom BAG weiterhin grundsätzlich befürworteten Zwei-Komponenten-Lehre.[91] Der Siebte Senat hat mittlerweile nämlich klargestellt, dass aus seiner Rechtsprechungsänderung gerade keine umfassende Zuständigkeit des Entleiherbetriebsrats für Leiharbeitnehmer folgt.[92] Dogmatisch unterscheidet sich die Ansicht des BAG von der modifizierten Zwei-Komponenten-Lehre (→ Rn. 74) somit allein in der methodischen Begründung: Während Letztere einzelne Vorschriften des Betriebsverfassungsrechts auf Drittpersonal analog anwendet,[93] löst der Siebte Senat die Problematik über eine am jeweiligen Normzweck orientierte Auslegung des Arbeitnehmerbegriffs.[94]

Unabhängig davon, unter welchen Voraussetzungen man Arbeitnehmereigenschaft und 76 Betriebszugehörigkeit im Allgemeinen bejaht, ist es dem **Gesetzgeber** naturgemäß unbenommen, für bestimmte Sachfragen spezifische Vorgaben zu treffen, wie er es bspw. in § 5 Abs. 1 S. 3 BetrVG oder § 14 AÜG getan hat.[95] Für die Wahlberechtigung ist § 7 S. 2 BetrVG eine solche spezifische Vorgabe (näher → Rn. 93 ff.).

bb) Wahlberechtigung nach § 7 S. 1 BetrVG. Auf Grundlage der (modifizierten) 77 **Zwei-Komponenten-Lehre** (näher → Rn. 69 ff.) ist Arbeitnehmer des Betriebs iSd § 7 S. 1 BetrVG nur, wer in einem Arbeitsverhältnis zum Betriebsinhaber steht und in den Betrieb tatsächlich eingegliedert ist. Für Arbeitnehmer eines anderen Arbeitgebers stellt § 7 S. 2 BetrVG gesonderte Voraussetzungen auf (näher → Rn. 93 ff.).

(1) Arbeitsverhältnis zum Betriebsinhaber. Das Arbeitsverhältnis zum Betriebsinhaber 78 muss nicht notwendig durch Arbeitsvertrag begründet werden.[96] Ausreichend sind auch Arbeitsverhältnisse, die **kraft Gesetzes** entstehen, etwa nach § 10 Abs. 1 S. 1 AÜG infolge illegaler, verdeckter oder die Überlassungshöchstdauer überschreitender Arbeitnehmerüberlassung.[97] Gleiches gilt für ein sog. **fehlerhaftes Arbeitsverhältnis** (näher → § 38 Rn. 48 ff.), wenn die Fehlerhaftigkeit nicht mit Wirkung *ex nunc* vor der Stimmabgabe geltend gemacht wurde.[98]

Unerheblich ist es, ob das Arbeitsverhältnis auf Dauer oder **nur befristet bzw. aus-** 79 **hilfsweise** vereinbart wurde.[99] Wahlberechtigt sind insbesondere auch geringfügig beschäftigte Arbeitnehmer iSd § 8 Abs. 1 SGB IV („450-Euro-Kräfte"), da das Gesetz nach

---

[89] Näher GK-BetrVG/*Raab* § 7 Rn. 31 u. 71.
[90] BAG 5.12.2012 – 7 ABR 48/11, NZA 2013, 793 Rn. 25 (Teilnahme anderen Unternehmen zugewiesener Beamter an Betriebsversammlung im Stammbetrieb); 13.3.2013 – 7 ABR 69/11, NZA 2013, 789 Rn. 22ff. (Berücksichtigung von Leiharbeitnehmern bei Betriebsratsgröße); 4.11.2015 – 7 ABR 42/13, NZA 2016, 559 Rn. 29ff. (Leiharbeitnehmer und Schwellenwert nach § 9 Abs. 1 u. 2 MitbestG); 7.6.2016 – 1 ABR 25/14, NZA 2016, 1420 Rn. 10ff. (kein Mitbestimmungsrecht der Verleiherbetriebsrats für Schutzkleidung im Entleiherbetrieb); 24.8.2016 – 7 ABR 2/15, NZA 2017, 269 Rn. 19ff. (keine umfassende Zuständigkeit des Entleiherbetriebsrats für Leiharbeitnehmer).
[91] **AA** wohl *Hamann* Anm. AP BetrVG 1972 § 11 Nr. 70; DKKW/*Trümner* § 5 Rn. 14 aE; missverständlich *Linsenmaier/Kiel* RdA 2014, 135 (138); HWK/*Reichold* BetrVG § 7 Rn. 21 aE (abl. aber Rn. 8 u. 16).
[92] BAG 24.8.2016 – 7 ABR 2/15, NZA 2017, 269 Rn. 19ff.; ebenso AR/*Reineke/Beck* AÜG § 14 Rn. 10.
[93] Näher hierzu GK-BetrVG/*Raab* § 7 Rn. 85 aE.
[94] Zum methodischen Ansatz des Siebten Senats näher *Linsenmaier/Kiel* RdA 2014, 135 (139).
[95] Statt vieler GK-BetrVG/*Raab* § 7 Rn. 31.
[96] Statt vieler Richardi BetrVG/*Thüsing* § 7 Rn. 9.
[97] BAG 20.4.2005 – 7 ABR 20/04, NZA 2005, 1006 (1007).
[98] Ebenso *Fitting* § 7 Rn. 20; GK-BetrVG/*Raab* § 7 Rn. 25.
[99] Statt vieler *Fitting* § 7 Rn. 22, 24, 26, 28.

dem Umfang der Beschäftigung nicht differenziert.[100] Gleiches gilt folglich bei der Vereinbarung von Arbeit auf Abruf iSd § 12 Abs. 1 S. 1 TzBfG oder Arbeitsplatzteilung iSd § 13 Abs. 1 S. 1 TzBfG sowie bei einer vorübergehenden Beschäftigung als Aushilfskraft.[101] Ob Teilzeitbeschäftigte in der Hauptsache für den Betrieb arbeiten, spielt ebenfalls keine Rolle; nach § 5 Abs. 1 S. 2 BetrVG kommt es hierauf nur für in Heimarbeit Beschäftigte an (näher → § 285 Rn. 33). Unerheblich für die Wahlberechtigung ist es schließlich auch, wenn in Teilzeit beschäftigte Arbeitnehmer am Tag der Aufstellung der Wählerliste oder am Wahltag selbst nicht zur Arbeitsleistung verpflichtet sind.[102]

80   Bei **vorübergehender Arbeitsbefreiung** – etwa wegen Erholungsurlaubs, Arbeitsunfähigkeit infolge Erkrankung, vorübergehender Verhinderung iSd § 616 BGB, Streik, Aussperrung oder Elternzeit nach §§ 15 ff. BEEG – ist allein die Arbeitspflicht, nicht aber der Bestand des Arbeitsverhältnisses betroffen. Auch die Eingliederung in den Betrieb als zweite erforderliche Komponente wird durch eine vorübergehende Arbeitsbefreiung nicht ohne Weiteres aufgehoben (näher → Rn. 85 ff.), so dass die Betriebszugehörigkeit grundsätzlich fortbesteht. Aus praktischer Sicht kann die Stimmabgabe in diesen Fällen durch Briefwahl gem. §§ 24 ff. WO erfolgen.

81   Nach einer (wirksamen) **Kündigung** besteht das Arbeitsverhältnis bis zum Ablauf der Kündigungsfrist fort; erst zu diesem Zeitpunkt endet die Wahlberechtigung.[103] Wird der Arbeitnehmer nach Ausspruch der Kündigung unter Fortzahlung der Vergütung **freigestellt,** kommt es darauf an, ob dies widerruflich oder unwiderruflich erfolgt (näher → Rn. 88).[104] Kommt es in der Folge zum Kündigungsrechtsstreit ist zu differenzieren: Wird der Arbeitnehmer (aus welchem Grund auch immer) **weiterbeschäftigt,** bestehen Betriebszugehörigkeit und Wahlberechtigung unabhängig vom Prozessausgang für die Dauer der Weiterbeschäftigung fort, da das Weiterbeschäftigungsverhältnis eine ausreichende Rechtsbeziehung zum Betriebsinhaber ist und auch die Eingliederung des Arbeitnehmers fortbesteht;[105] wird der Arbeitnehmer dagegen nicht weiterbeschäftigt, ist umstritten, ob damit seine Eingliederung und seine Wahlberechtigung stets enden (näher → Rn. 89).

82   **(2) Eingliederung.** In den Betrieb tatsächlich **eingegliedert** ist ein Arbeitnehmer, wenn er seine Arbeitsleistung innerhalb der betrieblichen Organisation erbringen und damit zum arbeitstechnischen Zweck des Betriebs beitragen soll,[106] ohne notwendigerweise räumlich im Bereich der Betriebsstätte tätig zu werden.[107] Da der Arbeitsumfang unbeachtlich ist (→ Rn. 79), kann ein Arbeitnehmer bei Einsatz in mehreren Betrieben desselben Arbeitgebers oder – bei Bestehen mehrerer Arbeitsverhältnisse – verschiedener Arbeitgeber **mehrfach** nach § 7 S. 1 BetrVG wahlberechtigt sein.[108]

83   Der für die **Eingliederung** erforderliche Bezug der Arbeitstätigkeit zum Betriebszweck besteht ab dem Zeitpunkt, zu dem das Arbeitsverhältnis vereinbarungsgemäß **in Vollzug gesetzt** werden soll.[109] Da es auf den vereinbarten Arbeitsbeginn ankommt, be-

---

[100] BAG 29.1.1992 – 7 ABR 27/91, NZA 1992, 894 (897); vgl. auch BAG 7.5.2008 – 7 ABR 17/07, NZA 2008, 1142 Rn. 20 (für § 9 BetrVG); ebenso die hM in der Lit., vgl. nur *Fitting* § 7 Rn. 23 f. mwN; aA *P. Hanau* FS G. Müller, 1981, S. 169 (172 ff.); **diff.** nach den Mehrheitsverhältnissen *Wank* RdA 1985, 1 (12).
[101] Statt vieler *Fitting* § 7 Rn. 26 u. 28.
[102] Statt vieler GK-BetrVG/*Raab* § 7 Rn. 36 mwN.
[103] Statt vieler GK-BetrVG/*Raab* § 7 Rn. 41 mwN.
[104] Ebenso *Fitting* § 7 Rn. 33; GK-BetrVG/*Raab* § 7 Rn. 39; Richardi BetrVG/*Thüsing* § 7 Rn. 29, 43; **diff.** *Lindemann/Simon* NZA 2002, 365 (368).
[105] BAG 15.1.1991 – 1 AZR 105/90, NZA 1991, 695 (zu § 4 BPersVG); 10.11.2004 – 7 ABR 12/04, NZA 2005, 707 (707); aus der Lit. statt vieler GK-BetrVG/*Raab* § 7 Rn. 43 mwN.
[106] Vgl. BAG 22.3.2000 – 7 ABR 34/98, NZA 2000, 1119 (1120); GK-BetrVG/*Raab* § 7 Rn. 23; **krit.** *Joost* Betrieb und Unternehmen, 1988, S. 306 f.
[107] Dazu statt vieler GK-BetrVG/*Raab* § 7 Rn. 23; Richardi BetrVG/*Thüsing* § 7 Rn. 7.
[108] Statt vieler GK-BetrVG/*Raab* § 7 Rn. 40 mwN.
[109] Vgl. auch *Fitting* § 7 Rn. 21; DKKW/*Homburg* § 7 Rn. 10; GK-BetrVG/*Raab* § 7 Rn. 33.

III. Aktives und passives Wahlrecht 84–87 § 291

steht die Wahlberechtigung auch dann, wenn der Arbeitnehmer seine Arbeit – zB infolge (vorübergehender) **Erkrankung** – nicht wie vorgesehen tatsächlich aufnehmen kann;[110] andernfalls entstünde ein Wertungswiderspruch zur Behandlung vorübergehender Arbeitsverhinderung im laufenden Arbeitsverhältnis (→ Rn. 85 f.).

Mit Recht wird die **tatsächliche Beschäftigung** dagegen **nicht** als notwendige Voraussetzung der Eingliederung angesehen.[111] Ausreichend ist vielmehr das Einvernehmen zwischen Betriebsinhaber und Arbeitnehmer, dass Letzterer eine Tätigkeit ausüben soll, die zum arbeitstechnischen Zweck des Betriebs beiträgt. Bereits dadurch vermag der Betriebsrat auf die rechtliche und tatsächliche Stellung des Arbeitnehmers einzuwirken,[112] insbesondere nach § 99 BetrVG hinsichtlich seiner Einstellung[113] oder seiner Versetzung. **84**

Die **vorübergehende Arbeitsbefreiung** beendet weder das Arbeitsverhältnis (→ Rn. 80) noch die Eingliederung des betroffenen Arbeitnehmers. Auf die grundsätzliche Zuordnung des Arbeitnehmers zum Betrieb (→ Rn. 84) hat sie in der Regel (→ Rn. 88 f.) keinen Einfluss. Insbesondere ist der Arbeitnehmer weiterhin der betriebsverfassungsrechtlichen Interessenwahrnehmung durch den Betriebsrat unterworfen (insb. aus § 87 Abs. 1 Nrn. 4, 8–10 BetrVG und §§ 92 ff. BetrVG).[114] Arbeitsbefreiung infolge Krankheit, Erholungsurlaubs, Elternzeit oder Eingreifens eines Beschäftigungsverbots wirkt sich auf die Betriebszugehörigkeit daher grundsätzlich (→ Rn. 86) nicht aus. **85**

Uneinheitlich beantwortet wird allerdings die Frage, ob die Wahlberechtigung entfällt, wenn die Phase der Arbeitsbefreiung **lange Zeit** andauert. Im Personalvertretungsrecht lässt der Gesetzgeber die Wahlberechtigung nach § 13 Abs. 1 S. 2 BPersVG mangels Eingliederung[115] erst entfallen, wenn die Arbeitsbefreiung mehr als sechs Monate andauert und während dieser Zeit keine Bezüge gezahlt werden. Darin zeigt sich einerseits, dass die lange Dauer einer Arbeitsbefreiung für sich genommen die Eingliederung nicht aufhebt. Andererseits bringt der Gesetzgeber zum Ausdruck, dass bei kumulativem Wegfall der Vergütung das Band zur betrieblichen Interessenvertretung (→ Rn. 85) so stark gelockert wird, dass die Wahlberechtigung nach Ablauf von sechs Monaten entfallen soll. Diese Wertung ist entgegen der hM auf die Betriebsverfassung zu übertragen und **§ 13 Abs. 1 S. 2 BPersVG analog** anzuwenden.[116] Dass der Gesetzgeber für das BetrVG eine entsprechende Regelung bislang nicht geschaffen hat, steht einer solchen Rechtsfortbildung nicht entgegen.[117] Sie würde nach Art. 20 Abs. 3 GG nur dann ausscheiden, wenn der Gesetzgeber eine entsprechende Begrenzung für die Betriebsverfassung bewusst verworfen und dies im Wortlaut des Gesetzes auch Niederschlag gefunden hätte;[118] das ist nicht der Fall. **86**

Der hM ist somit beizupflichten, soweit sie für Fälle **bezahlter** Arbeitsbefreiung die Wahlberechtigung auch nach einem längeren Zeitraum nicht entfallen lässt.[119] Dazu zählt mit Blick auf die Zuschusspflicht des Arbeitgebers (vgl. § 20 Abs. 1 S. 2 MuSchG) auch **87**

---

[110] IErg ebenso GK-BetrVG/*Raab* § 7 Rn. 33; DKKW/*Homburg* § 7 Rn. 10 m. Fn. 30.
[111] Ebenso LAG Düsseldorf 23.3.2010 – 8 TaBVGa 4/10, BeckRS 2012, 75546; LAG Bln-Bbg 16.2.2011 – 15 TaBV 2347/10, BeckRS 2011, 70954; aus der Lit. *Fitting* § 7 Rn. 29; *Natzel* NZA 1998, 1262 (1265); GK-BetrVG/*Raab* § 7 Rn. 57; HWK/*Reichold* BetrVG § 7 Rn. 13; wohl auch DKKW/*Homburg* § 7 Rn. 13; ErfK/*Koch* BetrVG § 7 Rn. 3.
[112] Überzeugend HWK/*Reichold* BetrVG § 7 Rn. 13; zust. GK-BetrVG/*Raab* § 7 Rn. 57; aA Richardi BetrVG/*Thüsing* § 7 Rn. 49–52: Differenzierung nach Erhaltung des Arbeitsbereichs.
[113] Vgl. zur ähnlich gelagerten Problematik des Einstellungsbegriffs GK-BetrVG/*Raab* § 7 Rn. 29 u. § 99 Rn. 30 ff. mwN.
[114] Überzeugend *Natzel* NZA 1998, 1262 (1264 f.); HWK/*Reichold* BetrVG § 7 Rn. 13; im Ergebnis ebenso die Nachweise in Fn. 109.
[115] So BT-Drs. 6/3721, 28.
[116] Überzeugend GK-BetrVG/*Kreutz*, 8. Aufl. 2005, § 7 Rn. 22; aA LAG Hamm 27.4.2005 – 10 TaBV 144/04, NZA-RR 2005, 590 (592); *Natzel* NZA 1998, 1262 (1265); GK-BetrVG/*Raab* § 7 Rn. 57 aE; HWK/*Reichold* BetrVG § 7 Rn. 13; Richardi BetrVG/*Thüsing* § 7 Rn. 49–52.
[117] S. zur Planwidrigkeit *Canaris* Feststellung von Lücken im Gesetz, 1983, S. 31 ff.
[118] BVerfG 25.1.2011 – 1 BvR 918/10, BVerfGE 128, 193 (210) – Dreiteilungsmethode.
[119] Statt vieler *Fitting* § 7 Rn. 29; GK-BetrVG/*Raab* § 7 Rn. 56 f.

die Arbeitsbefreiung im Rahmen des **Mutterschutzes**. Entgegen der hM entfällt die Wahlberechtigung dagegen in allen Fällen **unbezahlter** Arbeitsbefreiung mit Ablauf von **sechs Monaten**, also bspw. bei Elternzeit ohne Erbringung von Teilzeitarbeit,[120] Arbeitsunfähigkeit infolge Krankheit nach Ablauf der Sechs-Wochen-Frist des § 3 Abs. 1 S. 1 EFZG,[121] freiwilligem Wehrdienst[122] oder unbezahltem Sonderurlaub[123] („Sabbatical").

88   In der Freistellungsphase der **Altersteilzeit** wird zwar weiterhin Vergütung gezahlt, so dass die Betriebszugehörigkeit nicht analog § 13 Abs. 1 S. 2 BPersVG entfällt (→ Rn. 86 f.). Die Eingliederung endet allerdings mit Beginn der Freistellungsphase, weil der Arbeitnehmer einvernehmlich nicht mehr auf seinen Arbeitsplatz zurückkehren soll und damit seine tatsächliche Zuordnung zum Betrieb (→ Rn. 84) aufgehoben wird.[124] Für die Freistellung unter Fortzahlung der Vergütung nach Ausspruch einer ordentlichen **Kündigung** ist entsprechend zu differenzieren: Hier will die hM die Wahlberechtigung grundsätzlich nicht entfallen lassen.[125] Richtig ist das allerdings nur für die widerrufliche Freistellung, während die Eingliederung und damit die Wahlberechtigung im Fall der unwiderruflichen Freistellung entfallen.[126]

89   Wird ein Arbeitnehmer während eines **Kündigungsrechtsstreits** nicht weiterbeschäftigt (→ Rn. 81), endet seine Eingliederung und damit auch seine Wahlberechtigung mit Ablauf der Kündigungsfrist.[127] Das liegt daran, dass in diesem Fall die einvernehmliche tatsächliche Zuordnung zum Betrieb (→ Rn. 84) aufgehoben wird.[128] Hierin liegt der relevante Unterschied zur Arbeitsbefreiung bei fortbestehendem Arbeitsverhältnis (→ Rn. 85 ff.), insbesondere zu Fällen des Annahmeverzugs aus anderen Gründen. Ob die Aufhebung der Eingliederung pflichtwidrig ist und der Arbeitgeber aus diesem Grund in Annahmeverzug gerät, spielt folglich keine Rolle. Schon deshalb kann es auf Vermutungsregeln[129] zur Wirksamkeit der Kündigung bzw. zum Ausgang des Kündigungsrechtsstreits nicht ankommen.[130] Ebenso unbeachtlich ist es, wenn dem Arbeitnehmer zwar ein Weiterbeschäftigungsanspruch zusteht, er diesen aber nicht durchsetzt; die einmal beendete Eingliederung wird durch das bloße Bestehen eines Beschäftigungsanspruchs nicht neu begründet.[131]

90   Im Fall einer **Versetzung** kommt es ebenfalls darauf an, ob die bislang bestehende Zuordnung zum Betrieb (→ Rn. 84) tatsächlich aufgehoben wird. Das ist der Fall, wenn die Versetzung nicht nur vorübergehend erfolgt und der Arbeitnehmer einer entsprechenden

---

[120] **AA** BAG 25.5.2005 – 7 ABR 45/04, NZA 2005, 1002 (1002); *Fitting* § 7 Rn. 29; GK-BetrVG/*Raab* § 7 Rn. 57; Richardi BetrVG/*Thüsing* § 7 Rn. 54.
[121] Offen gelassen LAG Düsseldorf 23.3.2010 – 8 TaBVGa 4/10, BeckRS 2012, 75546; **aA** ArbG Göttingen 7.3.2007 – 3 BV 14/06 Rn. 29; GK-BetrVG/*Raab* § 7 Rn. 56.
[122] **AA** GK-BetrVG/*Raab* § 7 Rn. 61.
[123] Wie hier wohl GK-BetrVG/*Kreutz*, 8. Aufl. 2005, § 7 Rn. 22 aE.
[124] So (für § 9 BetrVG) BAG 16.4.2003 – 7 ABR 53/02, NZA 2003, 1345 (1347); BeckOK ArbR/*Besgen* BetrVG § 7 Rn. 16; *Fitting* § 7 Rn. 32; DKKW/*Homburg* § 7 Rn. 12; ErfK/*Koch* BetrVG § 7 Rn. 2; HWGNRH/*Nicolai* § 7 Rn. 18; GK-BetrVG/*Raab* § 7 Rn. 33; Richardi BetrVG/*Thüsing* § 7 Rn. 56; für das Personalvertretungsrecht BVerwG 15.5.2002 – 6 P 8/01, NVwZ 2003, 101 (103); **aA** *Natzel* NZA 1998, 1262 (1265); für das Personalvertretungsrecht VG Schleswig 7.3.2000 – PB 19/99, PersR 2000, 212 ff.; *Weiß* PersR 2000, 197 (198).
[125] So etwa *Fitting* § 7 Rn. 33; GK-BetrVG/*Raab* § 7 Rn. 39; Richardi BetrVG/*Thüsing* § 7 Rn. 29, 43.
[126] Ebenso wohl *Lindemann/Simon* NZA 2002, 365 (368).
[127] Im Erg. ebenso BAG 14.5.1997 – 7 ABR 26/96, NZA 1997, 1245 (1246); 10.11.2004 – 7 ABR 12/04, NZA 2005, 707 (707); *Fitting* § 7 Rn. 33 f.; ErfK/*Koch* BetrVG § 7 Rn. 1; Richardi BetrVG/*Thüsing* § 7 Rn. 44; **aA** DKKW/*Homburg* § 7 Rn. 14.
[128] Ähnlich GK-BetrVG/*Raab* § 7 Rn. 42; wohl auch HWK/*Reichold* BetrVG § 7 Rn. 14 aE.
[129] Vgl. einerseits *Christiansen* Betriebszugehörigkeit, 1998, S. 89; ähnlich Löwisch/Kaiser/*Wiebauer* § 7 Rn. 7; andererseits DKKW/*Homburg* § 7 Rn. 14.
[130] Ebenso GK-BetrVG/*Raab* § 7 Rn. 42.
[131] BAG 10.11.2004 – 7 ABR 12/04, NZA 2005, 707 (707); GK-BetrVG/*Raab* § 7 Rn. 44; HWK/*Reichold* BetrVG § 7 Rn. 14; grds. auch Richardi BetrVG/*Thüsing* § 7 Rn. 46 (anders für § 102 Abs. 5 BetrVG); wohl auch ErfK/*Koch* BetrVG § 7 Rn. 1; **aA** *Christiansen* Betriebszugehörigkeit, 1998, S. 86 f.; *Fitting* § 7 Rn. 35 f. bei außerordentlicher Kündigung oder Verstoß gegen § 103 BetrVG; Löwisch/Kaiser/*Wiebauer* § 7 Rn. 7 bei „Bestehen" auf Weiterbeschäftigung.

Weisung seines Arbeitgebers tatsächlich nachkommt.[132] Ob die Versetzung individualrechtlich wirksam ist oder nicht, spielt – wie im Fall der Kündigung des Arbeitsverhältnisses (→ Rn. 89) – keine Rolle. Deshalb ist es auch irrelevant, ob eine unbillige Weisung für den Arbeitnehmer bis zu einer rechtskräftigen Entscheidung vorläufig verbindlich[133] ist oder nicht.[134]

Nach § 5 Abs. 1 S. 1 BetrVG sind auch die zu ihrer **Berufsausbildung** Beschäftigten Arbeitnehmer. In den Betrieb eingegliedert sind sie aber nur, wenn sich ihre berufspraktische Ausbildung im Rahmen des arbeitstechnischen Betriebszwecks vollzieht, sie also Kenntnisse und Fähigkeiten erlernen, die bei den Arbeitnehmern des Betriebs schon vorhanden sind und von diesen zur Verfolgung des Betriebszwecks eingesetzt werden.[135] In reinen Ausbildungsbetrieben sind daher Ausbilder, nicht aber Auszubildende wahlberechtigt.[136] Gleiches gilt, wenn die Ausbildung schulischer Natur ist, also nicht überwiegend die berufspraktische Unterweisung im Rahmen der Zwecksetzung des Betriebs beinhaltet.[137]

Unter welchen Voraussetzungen **Außendienst-Arbeitnehmer** – wie etwa Bauarbeiter, Zeitungsausträger, Vertreter, Monteure oder „entliehene" Arbeitnehmer – in einen Betrieb eingegliedert sind, ist keine Frage des weitgehend inhaltsleeren Begriffs der „Betriebsausstrahlungen",[138] sondern der personalen Grenzen des Betriebs und etwaiger Zurechnungen zu ihm (näher → § 24 Rn. 24 ff.; → § 284 Rn. 1 ff.).[139] § 5 Abs. 1 S. 1 BetrVG lässt sich zwar entnehmen, dass eine Tätigkeit im Außendienst oder Telearbeit der Betriebszugehörigkeit nicht grundsätzlich entgegensteht – die Zuordnung wird durch diese Vorschrift aber nicht geregelt. Normativer Anknüpfungspunkt für diese ist richtigerweise **§ 4 BetrVG**:[140] Betriebszugehörig sind daher Außendienst-Arbeitnehmer, die mit ihrer Tätigkeit den Betriebszweck fördern (→ Rn. 84) und nicht nach § 4 Abs. 1 BetrVG als selbständiger (Außendienst-)Betrieb gelten.[141] Für Leiharbeitnehmer hält **§ 14 Abs. 1 AÜG** dementsprechend deklaratorisch fest, dass die Betriebszugehörigkeit im Betrieb des Verleihers fortbesteht (näher → Rn. 96). Bei Außendiensttätigkeit mit Auslandsbezug geht es dagegen primär um die Anwendbarkeit des BetrVG (näher → § 284 Rn. 30 ff.).

c) Wahlberechtigung bei fehlender Betriebszugehörigkeit (§ 7 S. 2 BetrVG). Arbeitnehmer eines anderen Arbeitgebers sind im Einsatzbetrieb mangels Arbeitsverhältnis zum Betriebsinhaber **nicht betriebszugehörig** und daher nicht nach § 7 S. 1 BetrVG wahlberechtigt (näher → Rn. 69 ff.). Das schließt es aber nicht aus, die Wahlberechtigung unter bestimmten Voraussetzungen auf Drittpersonal zu erstrecken. Diese Voraussetzungen hat der Gesetzgeber in § 7 S. 2 BetrVG konkretisiert (→ Rn. 76). Vom Standpunkt der (modifizierten) Zwei-Komponenten-Lehre handelt es sich um eine **Ausdehnung der Wahlberechtigung** auf eine bestimmte Gruppe nicht betriebszugehöriger Drittarbeitneh-

---

[132] GK-BetrVG/*Raab* § 7 Rn. 46; Löwisch/Kaiser/*Wiebauer* § 7 Rn. 14.
[133] So noch BAG 22.2.2012 – 5 AZR 249/11, NZA 2012, 858 Rn. 24, aufgegeben in BAG 18.10.2017 – 10 AZR 330/16, NZA 2017, 1452 Rn. 63; ausführlich hierzu *Boemke* NZA 2013, 6 ff.
[134] Zutreffend GK-BetrVG/*Raab* § 7 Rn. 46; *Boemke* jurisPR-ArbR 23/2014 Anm. 5; **aA** LAG Köln 13.1.2014 – 2 Sa 614/13, BeckRS 2014, 68432.
[135] BAG 21.7.1993 – 7 ABR 35/92, NZA 1994, 713 (714); 16.11.2011 – 7 ABR 48/10, BeckRS 2012, 68564 Rn. 12; zuletzt 16.11.2013 – 7 ABR 76/11, NZA 2014, 678 Rn. 27; zust. GK-BetrVG/*Raab* § 7 Rn. 62; Richardi BetrVG/*Thüsing* § 7 Rn. 18.
[136] BAG 21.7.1993 – 7 ABR 35/92, NZA 1994, 713 (714); 16.11.2011 – 7 ABR 48/10, BeckRS 2012, 68564 Rn. 13; plastisch Richardi BetrVG/*Thüsing* § 7 Rn. 18: Auszubildende gleichsam „Kunden".
[137] BAG 20.3.1996 – 7 ABR 46/95, NZA 1997, 326 (327); 16.11.2013 – 7 ABR 76/11, NZA 2014, 678 Rn. 27 f.
[138] Vgl. dazu etwa *Fitting* § 1 Rn. 22 mwN. Zur Kritik *Joost* Betrieb und Unternehmen, 1988, S. 307 ff.
[139] Grundl. *Joost* Betrieb und Unternehmen, 1988, S. 305 ff. u. 311 ff.; vgl. daneben *Oetker*, AuR 1991, 366 ff.; GK-BetrVG/*Raab* § 7 Rn. 47; Richardi BetrVG/*Thüsing* § 7 Rn. 21.
[140] *Joost* Betrieb und Unternehmen, 1988, S. 311 f.; GK-BetrVG/*Raab* § 7 Rn. 41.
[141] *Fitting* § 7 Rn. 21a; GK-BetrVG/*Raab* § 7 Rn. 41.

mern, die aufgrund ihrer Einsatzdauer und arbeitsbezogenen Weisungsgebundenheit in vergleichbarer Weise der Interessenvertretung durch den Betriebsrat des Einsatzbetriebs unterworfen sind wie betriebszugehörige Arbeitnehmer.

94 aa) Überlassung zur Arbeitsleistung. Voraussetzung von § 7 S. 2 BetrVG ist zunächst, dass die betroffenen Arbeitnehmer **zur Arbeitsleistung überlassen** werden. Nach der Gesetzesbegründung ist das der Fall, wenn sie „in den Einsatzbetrieb derart eingegliedert sind, dass sie dem Weisungsrecht des Betriebsinhabers unterliegen."[142] Diese Umschreibung findet sich fast wortgleich in der zum 1.4.2017 geschaffenen Legaldefinition des § 1 Abs. 1 S. 2 AÜG wieder, mit der die bis dahin ergangene Rechtsprechung des BAG[143] kodifiziert wurde.[144] Auch für § 7 S. 2 BetrVG ist nach dem Inhalt der Weisungsgebundenheit zu differenzieren: Zur Begründung einer Arbeitnehmerüberlassung bedarf es tätigkeits- bzw. **arbeitsbezogener Weisungen** des Betriebsinhabers gegenüber dem Drittpersonal. Hiervon zu unterscheiden sind rein projekt-, gegenstands- bzw. werkbezogene Weisungen (vgl. § 645 Abs. 1 S. 1 Var. 2 BGB), wie sie auch für den Einsatz von Drittpersonal im Rahmen der Erfüllung eines Dienst- oder Werkvertrags (→ Rn. 105) typisch sind.[145] Die Übergänge sind fließend. Entscheidend ist, ob der Auftraggeber durch seine Weisungen lediglich den werkvertraglich geschuldeten Erfolg bzw. die dienstvertraglich geschuldete Leistung konkretisiert oder ob er einseitig Einfluss auf den Weg zur Erreichung dieses Erfolgs bzw. zur Erbringung der Leistung nimmt,[146] indem er über Inhalt, Durchführung, Zeit, Dauer und Ort der Tätigkeit entscheidet.[147]

95 (1) Leiharbeit. Hauptanwendungsfall von § 7 S. 2 BetrVG ist die **erlaubte Arbeitnehmerüberlassung** iSd § 1 Abs. 1 S. 1 AÜG. Leiharbeitnehmer sind somit **doppelt wahlberechtigt:** Im Betrieb des Entleihers haben sie gemäß § 7 S. 2 BetrVG ab einer Einsatzdauer von drei Monaten (→ Rn. 111 f.) das aktive Wahlrecht. Für den Betrieb des Verleihers folgt die Wahlberechtigung aus § 7 S. 1 BetrVG, da Leiharbeitnehmer auch während ihrer Überlassung dessen arbeitstechnischen Zweck – die Verschaffung von Arbeitskräften – fördern, ihre Betriebszugehörigkeit mithin fortbesteht (→ Rn. 92). § 14 Abs. 1 AÜG hält das lediglich deklaratorisch fest.[148]

96 Aktiv wahlberechtigt im **Entleiherbetrieb** sind Leiharbeitnehmer nach § 7 S. 2 BetrVG auch bei Vorliegen einer **erlaubnisfreien Arbeitnehmerüberlassung**,[149] also für den seltenen Fall, dass die Überlassung keine wirtschaftliche Tätigkeit iSd § 1 Abs. 1 S. 1 AÜG darstellt (näher → § 145 Rn. 30). Das zeigt sich schon am Wortlaut der Regelung, die nicht zwischen verschiedenen Formen der Leiharbeit differenziert. Der entsprechend weit gefasste Anwendungsbereich von § 7 S. 2 BetrVG ist auch teleologisch über-

---

[142] So die Begründung in BT-Drs. 14/5741, S. 36. Ebenso *Fitting* § 7 Rn. 38; ErfK/*Koch* BetrVG § 7 Rn. 6; GK-BetrVG/*Raab* § 7 Rn. 97; HWK/*Reichold* BetrVG § 7 Rn. 15; Richardi BetrVG/*Thüsing* § 7 Rn. 10.

[143] Grundl. BAG 18.1.1989 – 7 ABR 62/87, NZA 1989, 728 (730); zuletzt etwa 21.3.2017 – 7 AZR 207/15, MDR 2017, 1371 Rn. 10.

[144] BT-Drs. 18/10064, 14; zur Irrelevanz der geringen Formulierungsunterschiede („allein" nach Weisungen des Entleihers) etwa *Henssler* RdA 2017, 83 (87); GK-BetrVG/*Raab* § 7 Rn. 73.

[145] BAG 15.3.2006 – 7 ABR 39/05, BeckRS 2008, 54162 Rn. 19; vgl. auch BAG 18.1.2012 – 7 AZR 723/10, NZA-RR 2012, 455 Rn. 27 aE, 30 u. 33. Ebenso etwa Boemke/Lembke/*Boemke* AÜG § 1 Rn. 79 u. 85; ErfK/*Preis* BGB § 611a Rn. 39; HWK/*Reichold* BetrVG § 7 Rn. 16.

[146] So anschaulich NK-GA/*Ulrici* AÜG § 1 Rn. 39.

[147] BAG 25.9.2013 – 10 AZR 282/12, NZA 2013, 1348 Rn. 17.

[148] Vgl. BT-Drs. 9/847, 8: „deklaratorisch". Ebenso Boemke/Lembke/*Boemke* AÜG § 14 Rn. 11; GK-BetrVG/*Raab* § 7 Rn. 23, 90; wohl auch ErfK/*Wank* AÜG § 14 Rn. 4; **aA** wohl BAG 24.8.2016 – 7 ABR 2/15, NZA 2017, 269 Rn. 20 f.

[149] Boemke/Lembke/*Boemke* AÜG § 14 Rn. 70; HK-BetrVG/*Brors* § 7 Rn. 21; *Fitting* § 5 Rn. 234a; ErfK/*Koch* BetrVG § 7 Rn. 6; AR/*Maschmann* BetrVG § 7 Rn. 7; GK-BetrVG/*Raab* § 7 Rn. 125; Richardi BetrVG/*Thüsing* § 7 Rn. 12; wohl auch BeckOK ArbR/*Besgen* BetrVG § 7 Rn. 17; HWK/*Reichold* BetrVG § 7 Rn. 17; für § 1 Abs. 1 S. 1 AÜG aF (Gewerbsmäßigkeit) auch BAG 17.2.2010 – 7 ABR 51/08, NZA 2010, 832 Rn. 29.

… III. Aktives und passives Wahlrecht 97–100 § 291

zeugend: Für die betriebsverfassungsrechtliche Zugehörigkeit des Leiharbeitnehmers zum Entleiherbetrieb kommt es allein auf die Ausgestaltung des Rechtsverhältnisses zwischen Entleiher und Leiharbeitnehmer, nicht aber auf die rechtliche Einordnung des Überlassungsvertrags zwischen Verleiher und Entleiher im Übrigen an.[150] Die daneben bestehende Wahlberechtigung im **Verleiherbetrieb** folgt richtigerweise aus § 7 S. 1 BetrVG, da die Betriebszugehörigkeit schon nach allgemeinen Grundsätzen durch die Überlassung nicht unterbrochen wird (→ Rn. 92, 95);[151] zum selben Ergebnis gelangt, wer § 14 Abs. 1 AÜG für analog anwendbar erachtet.[152]

Nichts anderes gilt für die **privilegierte Arbeitnehmerüberlassung,** auf die nach § 1 97 Abs. 3 AÜG die Vorschriften des AÜG überwiegend keine Anwendung finden, insbesondere für die **Konzernleihe** nach § 1 Abs. 3 Nr. 2 AÜG: Angesichts des weiten Anwendungsbereichs von § 7 S. 2 BetrVG (→ Rn. 96) folgt aus dieser Vorschrift das aktive Wahlrecht im Entleiherbetrieb.[153] Die Wahlberechtigung im Verleiherbetrieb ergibt sich nach allgemeinen Grundsätzen aus § 7 S. 1 BetrVG (→ Rn. 92, 95 f.).[154]

Für die **unzulässige Arbeitnehmerüberlassung** ist zu differenzieren: Fehlt es an der 98 erforderlichen Erlaubnis, liegt ein Verstoß gegen die Kennzeichnungspflicht vor oder wird die Überlassungshöchstdauer überschritten, ist das Leiharbeitsverhältnis nach § 9 Abs. 1 Nr. 1–1b AÜG grundsätzlich unwirksam und es wird nach § 10 Abs. 1 S. 1 AÜG ein Arbeitsverhältnis zum Entleiher fingiert. In diesem Fall erwirbt der Leiharbeitnehmer die volle Betriebszugehörigkeit im Entleiherbetrieb und ist damit nach § 7 S. 1 BetrVG (nur) dort wahlberechtigt.[155] Problematisch ist es dagegen, wenn der Leiharbeitnehmer bis zum Ablauf eines Monats nach Eintritt der Unwirksamkeit (mit Überlassungsbeginn bzw. Überschreiten der Überlassungshöchstdauer) schriftlich erklärt, dass er am Arbeitsvertrag mit dem Verleiher festhält, vgl. § 9 Abs. 2 u. 3 AÜG (näher → § 145 Rn. 204). Misst man dieser Festhaltenserklärung Rückwirkung bei,[156] bleibt es bei der doppelten Wahlberechtigung im Entleiherbetrieb nach § 7 S. 2 BetrVG und im Verleiherbetrieb nach § 7 S. 1 BetrVG (→ Rn. 95).

(2) Gestellungsverträge. Durch einen Gestellungsvertrag verpflichtet sich ein Gestel- 99 lungsträger, seinem Vertragspartner das für seinen Betrieb erforderliche Personal zu stellen, ohne dass zwischen Vertragspartner und Gestellungskräften ein Arbeitsverhältnis begründet wird.[157] Diese Konstruktion findet sich vor allem bei **kirchlichen Organisationen,** die Pflege- oder Lehrkräfte an die Träger von Krankenhäusern oder Schulen überlassen.

Entscheidend ist das Rechtsverhältnis zum Gestellungsträger: Ist die Gestellungskraft 100 **Arbeitnehmer** des Gestellungsträgers und überträgt dieser seinem Vertragspartner das ar-

---

[150] Vgl. GK-BetrVG/*Raab* § 7 Rn. 124.
[151] Ebenso Boemke/Lembke/*Boemke* AÜG § 14 Rn. 12; diff. Richardi BetrVG/*Thüsing* § 7 Rn. 13 f.: nur bei absehbarer Rückkehr.
[152] Dafür etwa GK-BetrVG/*Raab* § 7 Rn. 124; wohl auch ErfK/*Koch* BetrVG § 7 Rn. 6; HWK/*Reichold* BetrVG § 7 Rn. 17; für § 1 Abs. 1 S. 1 AÜG aF (Gewerbsmäßigkeit) auch BAG 20.4.2005 – 7 ABR 20/04, NZA 2005, 1006 (1009); abl. Richardi BetrVG/*Thüsing* § 7 Rn. 13.
[153] Boemke/Lembke/*Boemke* AÜG § 14 Rn. 70; GK-BetrVG/*Raab* § 7 Rn. 127; Richardi BetrVG/*Thüsing* § 7 Rn. 15; wohl auch *Fitting* § 7 Rn. 43 (für konzerninterne Überlassung); ErfK/*Koch* BetrVG § 7 Rn. 6.
[154] Ebenso Boemke/Lembke/*Boemke* AÜG § 14 Rn. 12; wohl auch ErfK/*Koch* BetrVG § 7 Rn. 6; iErg ebenso HWK/*Reichold* BetrVG § 7 Rn. 17; diff. Richardi BetrVG/*Thüsing* § 7 Rn. 15: nur bei absehbarer Rückkehr; zust. AR/*Maschmann* BetrVG § 7 Rn. 7; ähnlich GK-BetrVG/*Raab* § 7 Rn. 127 (nur für Fälle des § 1 Abs. 3 Nr. 1–2a AÜG).
[155] Ebenso HWGNRH/*Nicolai* § 7 Rn. 25; GK-BetrVG/*Raab* § 7 Rn. 129; wohl auch Richardi BetrVG/ *Richardi* § 5 Rn. 111; WPK/*Wlotzke* § 7 Rn. 23; **aA** Schüren/Hamann/*Schüren* § 10 Rn. 100; HK-BetrVG/*Brors* § 7 Rn. 19: Wahlrecht auch im Verleiherbetrieb wegen fehlerhaften Arbeitsverhältnisses zum Verleiher; dagegen etwa Boemke/Lembke/*Lembke* AÜG § 9 Rn. 49 ff. mwN.
[156] So etwa *Hamann/Rudnik* NZA 2017, 22 (25); BeckOK ArbR/*Kock* AÜG § 9 Rn. 90; *Lembke* NZA 2017, 1 (10).
[157] Vgl. etwa GK-BetrVG/*Raab* § 7 Rn. 140; HWK/*Reichold* BetrVG § 7 Rn. 18.

beitsbezogene Weisungsrecht (→ Rn. 94),[158] handelt es sich um (in der Regel erlaubnispflichtige[159]) Arbeitnehmerüberlassung, so dass die Gestellungskraft beim Gestellungsträger nach § 7 S. 1 BetrVG, beim Vertragspartner nach § 7 S. 2 BetrVG ab einem Einsatz von mehr als drei Monaten wahlberechtigt ist (→ Rn. 95).[160] Eine Ausnahme vom Arbeitnehmerbegriff für Tätigkeiten aus vorwiegend karitativen oder religiösen Beweggründen (§ 5 Abs. 2 Nr. 3 BetrVG) liegt praktisch nur selten vor, da die Erwerbsabsicht idR im Vordergrund steht (näher → § 285 Rn. 64).[161]

101 Ist das Rechtsverhältnis zum Gestellungsträger hingegen **vereinsrechtlicher Natur,** ohne dass daneben ein Arbeitsverhältnis besteht, erbringt die Gestellungskraft die Dienstleistung als Vereinsbeitrag im Rahmen ihrer Mitgliedschaft.[162] Ist der Gestellungsträger nicht Arbeitgeber der Gestellungskraft, kann er seinem Vertragspartner auch nicht das arbeitsbezogene Weisungsrecht (→ Rn. 94) vermitteln, so dass eine Wahlberechtigung der Gestellungskraft nach § 7 S. 2 BetrVG ausscheidet.[163] Hieran ändert sich auch nichts durch die jüngere **Rechtsprechung des EuGH,** wonach die Überlassung eines vergleichbar sozial geschützten Vereinsmitglieds auch Arbeitnehmerüberlassung iSd RL 2008/104/EG sein soll.[164] Eine richtlinienkonforme Auslegung von § 7 S. 2 BetrVG ist nicht geboten, weil die Richtlinie keine Vorgaben zum Wahlrecht der Leiharbeitnehmer trifft.[165] Fehlt es an einem Arbeitsverhältnis zum Gestellungsträger, besteht weiterhin kein Wahlrecht nach § 7 S. 2 BetrVG. Der Gesetzgeber hat auf die Rechtsprechung des EuGH zwar zwischenzeitlich reagiert und für die Gestellung von **DRK-Schwestern** in § 2 Abs. 4 DRKG pauschal die Geltung des AÜG (mit Ausnahme der Regelungen zur Höchstüberlassungsdauer) angeordnet. Diese Geltungsanordnung ist für den Fall, dass zum Gestellungsträger kein Arbeitsverhältnis vorliegt, teleologisch um § 14 Abs. 2 S. 2–4 AÜG zu reduzieren.

102 **(3) Personalgestellung im öffentlichen Dienst.** Eine Sonderform des Gestellungsvertrags (→ Rn. 99) ist die Personalgestellung im öffentlichen Dienst. Sie ist dadurch gekennzeichnet, dass Aufgaben von einem öffentlichen Arbeitgeber auf einen (öffentlichen[166] oder) privaten Dritten verlagert werden und der Arbeitgeber in der Folge verlangt, dass seine Arbeitnehmer ihre Arbeitsleistung künftig bei diesem Dritten erbringen (vgl. § 4 Abs. 3 S. 1 TVöD).[167] Der Sache nach ist die Personalgestellung Arbeitnehmerüberlassung iSd § 1 Abs. 1 S. 1 AÜG, wird aber seit dem 1.4.2017 durch § 1 Abs. 3 Nr. 2b AÜG weitgehend vom AÜG ausgenommen, soweit sie auf Grundlage eines Tarifvertrags des öffentlichen Dienstes erfolgt. Sie ist mithin eine Erscheinungsform der **privilegierten Arbeitnehmerüberlassung** (→ Rn. 97).

---

[158] Letzteres verneint für DRK-Gast-Schwestern BAG 4.7.1979 – 5 AZR 8/78, BeckRS 9998, 180025; **aA** GK-BetrVG/*Raab* § 7 Rn. 144.

[159] § 1 Abs. 3 Nr. 2c AÜG gilt nur für juristische Personen des öffentlichen Rechts, die ohnehin unter die Bereichsausnahme des § 130 BetrVG fallen.

[160] *Fitting* § 7 Rn. 50; GK-BetrVG/*Raab* § 7 Rn. 140; WPK/*Wlotzke* § 7 Rn. 24.

[161] Für Krankenschwestern vgl. statt vieler *Fitting* § 5 Rn. 333; GK-BetrVG/*Raab* § 5 Rn. 150 jeweils mwN.

[162] BAG 6.7.1995 – 5 AZB 9/93, NZA 1996, 33 (35); wohl auch 21.2.2017 – 1 ABR 62/12, NZA 2017, 662 Rn. 40 ff.; ebenso GK-BetrVG/*Raab* § 7 Rn. 143; HWK/*Reichold* BetrVG § 7 Rn. 18; **aA** *Fitting* § 5 Rn. 334 f.; *Mestwerdt* NZA 2014, 281 (283 f.).

[163] BAG 20.2.1986 – 6 ABR 5/85, AP BetrVG 1972 § 5 Rotes Kreuz Nr. 2. Ebenso GK-BetrVG/*Raab* § 7 Rn. 143; **aA** DKKW/*Homburg* § 7 Rn. 28; HWK/*Reichold* BetrVG § 7 Rn. 18; iErg auch *Fitting* § 7 Rn. 50; Löwisch/Kaiser/*Wiebauer* § 7 Rn. 12.

[164] EuGH 17.11.2016 – C-216/15, NZA 2017, 41 Rn. 43 – Ruhrlandklinik. Umsetzung in BAG 21.2.2017 – 1 ABR 62/12, NZA 2017, 662 Rn. 30 ff.

[165] Überzeugend GK-BetrVG/*Raab* § 5 Rn. 148 u. § 7 Rn. 143; vgl. auch die Differenzierung in BAG 21.2.2017 – 1 ABR 62/12, NZA 2017, 662 Rn. 47 u. 60; **aA** *Fitting* § 7 Rn. 50; Löwisch/Kaiser/*Wiebauer* § 7 Rn. 12.

[166] Bei Verlagerung auf eine juristische Person des öffentlichen Rechts findet das BetrVG nach § 130 BetrVG keine Anwendung.

[167] Vgl. auch BT-Drs. 18/9232, S. 22.

Die betroffenen Arbeitnehmer sind im **Verleiherbetrieb** folglich nach § 7 S. 1 BetrVG 103 wahlberechtigt (→ Rn. 97). Für die betriebsverfassungsrechtliche Zuordnung im Entleiherbetrieb ist **§ 5 Abs. 1 S. 3 BetrVG** als spezialgesetzliche Regelung zur Arbeitnehmereigenschaft zu beachten (näher → § 285 Rn. 35 ff.). Im Fall der Personalgestellung sind Leiharbeitnehmer somit auch im **Entleiherbetrieb** nach § 7 S. 1 BetrVG wahlberechtigt.[168] Rechtspolitisch ist die unterschiedliche Behandlung zu Leiharbeitnehmern privater Arbeitgeber zwar bedenklich. Eine dreimonatige Mindesteinsatzdauer (→ Rn. 111 f.) analog § 7 S. 2 BetrVG scheidet trotzdem aus,[169] da der Gesetzgeber mit § 5 Abs. 1 S. 3 BetrVG eine umfassende Betriebszugehörigkeit fingieren wollte[170] und dieser Regelungsplan im Gesetz auch hinreichend erkennbar ist (→ Rn. 123).

(4) Abordnung zu einer ARGE. Eine **Arbeitsgemeinschaft (ARGE)** ist ein vertrag- 104 licher Zusammenschluss mehrerer Unternehmen zur Verfolgung eines gemeinsamen Zwecks,[171] praktisch zumeist in der Rechtsform einer GbR.[172] Eine Abordnung liegt vor, wenn ein Mitglied der ARGE eigene Arbeitnehmer zur Erfüllung seiner Verpflichtungen innerhalb der Betriebsorganisation der ARGE einsetzt.[173] Für die betriebsverfassungsrechtliche Zuordnung ist zu differenzieren: Wird im Rahmen der Abordnung das **arbeitsbezogene Weisungsrecht** (→ Rn. 94) an die ARGE übertragen, handelt es sich um eine Überlassung iSd § 7 S. 2 BetrVG.[174] Ob die Voraussetzungen der Bereichsausnahme vom AÜG nach § 1 Abs. 1a AÜG vorliegen, spielt – ebenso wie bei der privilegierten Arbeitnehmerüberlassung (→ Rn. 97) – insoweit keine Rolle.[175] Die Wahlberechtigung im Stammbetrieb richtet sich in diesem Fall nach § 7 S. 1 BetrVG (→ Rn. 92, 97). Verbleibt das arbeitsbezogene Weisungsrecht dagegen beim abordnenden Arbeitgeber, findet § 7 S. 2 BetrVG keine Anwendung; es handelt sich dann um einen Fall des Einsatzes eigener Arbeitnehmer im Außendienst (→ Rn. 92, 105).

(5) Einsatz im Rahmen von Dienst- und Werkverträgen. Werden Arbeitnehmer im 105 Rahmen eines Werk- oder Dienstvertrags als Erfüllungsgehilfen in einem Drittbetrieb eingesetzt, sind sie dort **nicht** nach § 7 S. 2 BetrVG wahlberechtigt.[176] Das arbeitsbezogene Weisungsrecht als notwendige Voraussetzung einer Überlassung (→ Rn. 94) verbleibt in diesem Fall beim Vertragsarbeitgeber,[177] der seine Arbeitnehmer im Außendienst einsetzt (→ Rn. 92).

(6) Mittelbares Arbeitsverhältnis. Ein mittelbares Arbeitsverhältnis liegt vor, wenn ein 106 Arbeitnehmer von einem Mittelsmann beschäftigt wird, der seinerseits **Arbeitnehmer eines Dritten (Hauptarbeitgeber)** ist, und die Arbeit mit Wissen des Dritten (abweichend von § 613 S. 1 BGB) unmittelbar für diesen geleistet wird.[178] In der Praxis kommt

---

[168] Implizit BAG 15.8.2012 – 7 ABR 34/11, NZA 2013, 107 Rn. 19 ff. (im Rahmen von § 8 BetrVG); aus der Lit. statt vieler *Fitting* § 5 Rn. 318a mwN; **aA** allerdings *Löwisch* BB 2009, 2316 (2317): § 7 S. 2 BetrVG.
[169] **AA** Boemke/Lembke/*Boemke* AÜG § 14 Rn. 61; iErg auch *Löwisch* BB 2009, 2316 (2317).
[170] BT-Drs. 16/11608, S. 21.
[171] Statt vieler Boemke/Lembke/*Boemke* AÜG § 1 Rn. 125.
[172] Vgl. etwa MüKoBGB/*Busche* § 631 Rn. 35.
[173] Näher Boemke/Lembke/*Boemke* AÜG § 1 Rn. 129; Schüren/Hamann/*Hamann* § 1 Rn. 482. Vgl. auch BT-Drs. 10/4211, S. 32 f.
[174] *Fitting* § 7 Rn. 49; GK-BetrVG/*Raab* § 7 Rn. 128; HWK/*Reichold* BetrVG § 7 Rn. 17; WPK/*Wlotzke* § 7 Rn. 24.
[175] GK-BetrVG/*Raab* § 7 Rn. 128.
[176] Ebenso *Brors* NZA 2002, 123 (126); *Fitting* § 7 Rn. 54; HWGNRH/*Nicolai* § 7 Rn. 36; GK-BetrVG/*Raab* § 7 Rn. 145 aE; HWK/*Reichold* BetrVG § 7 Rn. 16; WPK/*Wlotzke* § 7 Rn. 22; **aA** *Däubler* AuR 2001, 285 (286); offen gelassen in BAG 15.3.2006 – 7 ABR 39/05, BeckRS 2008, 54162 Rn. 17 (zu § 9 BetrVG).
[177] BAG 20.9.2016 – 9 AZR 735/15, NZA 2017, 49 Rn. 29 f.
[178] BAG 8.8.1958 – 4 AZR 173/55, BB 1959, 195; 24.6.2004 – 2 AZR 215/03, BeckRS 2005, 43002.

diese Gestaltung selten vor, etwa bei angestellten Hochschullehrern, die für ein Forschungsprojekt im eigenen Namen wissenschaftliche Mitarbeiter einstellen, oder bei „Scheinselbständigen",[179] die wiederum eigene Arbeitnehmer beschäftigen.

107 Anders als beim Leiharbeitsverhältnis ist der Mittelsmann nicht selbständig, so dass es an einer wirtschaftlichen Tätigkeit iSd § 1 Abs. 1 S. 1 AÜG fehlt.[180] Trägt der Mittelsmann weder **unternehmerisches Risiko** noch Verantwortung, liegt eine Gesetzesumgehung vor und es wird ein unmittelbares Arbeitsverhältnis unter Ausklammerung der Mittelsperson fingiert,[181] das zur Wahlberechtigung nach § 7 S. 1 BetrVG führt. Ist die Konstruktion des mittelbaren Arbeitsverhältnisses wirksam, kommt es darauf an, ob dem Hauptarbeitgeber das arbeitsbezogene Weisungsrecht (→ Rn. 94) zusteht.[182] In diesem Fall besteht die Wahlberechtigung mangels Arbeitsverhältnis zum Betriebsinhaber nicht nach § 7 S. 1 BetrVG,[183] sondern unter den Voraussetzungen des **§ 7 S. 2 BetrVG** (analog).

108 **(7) Gesamthafenarbeitsverhältnis.** Ein Gesamthafenbetrieb ist eine Sonderform der gemeinsamen Einrichtung iSd § 4 Abs. 2 TVG.[184] Nach § 1 Abs. 1 GHfBetrG kann er von den zuständigen Gewerkschaften und Arbeitgebern bzw. Arbeitgeberverbänden für die Betriebe eines Hafens errichtet werden (näher → § 144 Rn. 37 f.). Der Gesamthafenbetrieb fungiert als „besonderer Arbeitgeber ... zur Schaffung stetiger Arbeitsverhältnisse" (§ 1 Abs. 1 GHfBetrG) für Hafenarbeiter, die von einzelnen Betrieben andernfalls nur tageweise beschäftigt werden könnten. Einzelne Hafenbetriebe rufen vom Gesamthafen bedarfsgerecht Arbeitnehmer ab. Für deren betriebsverfassungsrechtliche Zuordnung ist zu differenzieren: Wird zum einzelnen Hafenbetrieb mit Arbeitsantritt – wie etwa beim **Gesamthafen Hamburg** – ein weiteres Arbeitsverhältnis begründet, sind sie auch dort Arbeitnehmer des Betriebs und somit nach § 7 S. 1 BetrVG sofort wahlberechtigt.[185] Wird kein zusätzliches Arbeitsverhältnis begründet, übt der Einzelhafenbetrieb aber (was regelmäßig der Fall ist) das arbeitsbezogene Weisungsrecht (→ Rn. 94) aus, handelt es sich um **(idR erlaubnispflichtige) Arbeitnehmerüberlassung**.[186] Zwar darf ein Gesamthafenbetrieb nach § 1 Abs. 1 S. 2 GHfBetrG nicht erwerbswirtschaftlich tätig werden, doch ist die Überlassung an einzelne Hafenbetriebe zumindest wirtschaftliche Tätigkeit iSd § 1 Abs. 1 S. 1 AÜG. In diesem Fall folgt die Wahlberechtigung daher bei einer Einsatzdauer von mehr als drei Monaten (→ Rn. 111 f.) aus § 7 S. 2 BetrVG (→ Rn. 95).[187]

109 **(8) Einsatz in Matrixstrukturen.** Von Matrixstrukturen in Konzernen spricht man dann, wenn die betrieblichen Abläufe – insbesondere Berichtswege und Weisungsstrukturen – nicht entsprechend der Grenzen der einzelnen Unternehmen und Betriebe, sondern funktional organisiert werden, zB anhand von Produktsparten, Geschäftsbereichen oder Regionen.[188] Die funktionale Organisationsstruktur der Matrix tritt dann neben die gesellschaftsrechtliche Struktur, so dass bspw. der Geschäftsführer einer Tochter-GmbH in seiner daneben bestehenden Funktion als „Matrixmanager" einer bestimmten Produktlinie

---

[179] Schüren/Hamann/*Hamann* § 1 Rn. 255.
[180] Dazu AR/*Beck* AÜG § 1 Rn. 33 aE; iErg auch GK-BetrVG/*Raab* § 7 Rn. 149; Schüren/Hamann/*Hamann* § 1 Rn. 256; HWK/*Thüsing* BGB § 611a Rn. 130; **aA** ErfK/*Preis* BGB § 611a Rn. 172 bei bloßer Vermittlung des Direktionsrechts.
[181] BAG 20.7.1982 – 3 AZR 446/80, NJW 1983, 645 f.; zust. HWK/*Thüsing* BGB § 611a Rn. 132; Schüren/Hamann/*Hamann* § 1 Rn. 258 f.
[182] Ebenso *Fitting* § 5 Rn. 229; Richardi BetrVG/*Richardi* § 5 Rn. 115.
[183] So aber *Fitting* § 5 Rn. 229; GK-BetrVG/*Raab* § 7 Rn. 149; Richardi BetrVG/*Richardi* § 5 Rn. 114 f.
[184] Statt vieler *Löwisch/Rieble* TVG § 4 Rn. 344 ff. mwN.
[185] Vgl. BAG 25.11.1992 – 7 ABR 7/92, NZA 1993, 955 (957 f.) zu § 9 BetrVG. Ebenso *Fitting* § 7 Rn. 47; GK-BetrVG/*Raab* § 7 Rn. 150.
[186] Schüren/Hamann/*Schüren* Einl. Rn. 22.
[187] Ebenso *Fitting* § 7 Rn. 47; GK-BetrVG/*Raab* § 7 Rn. 150 aE.
[188] Näher *Joost* Betrieb und Unternehmen, 1988, S. 121 ff.; *Kort* NZA 2013, 1318 ff.; *Müller-Bonanni/Mehrens* ZIP 2010, 2228 ff.; *C. Schubert* Betriebliche Mitbestimmung in Unternehmen und Konzernen mit Matrixorganisation, 2017; *Seibt/Wollenschläger* AG 2013, 229 ff.; *Witschen* RdA 2016, 38 ff.

III. Aktives und passives Wahlrecht

des Konzerns auch gegenüber allen anderen Gesellschaften und deren Arbeitnehmern Weisungsbefugnisse hinsichtlich dieser Produktlinie hat.[189] Das **arbeitsbezogene Weisungsrecht** (→ Rn. 94) wird dadurch zwischen dem Vertragsarbeitgeber und der steuernden Einheit der Matrixstruktur aufgeteilt.[190] Die Ausübung des Weisungsrechts beruht praktisch in der Regel auf einer Bevollmächtigung; Arbeitnehmerüberlassung iSd § 1 Abs. 1 S. 1 AÜG liegt dann nicht vor.[191]

Auch wenn ein Arbeitnehmer innerhalb einer Matrixstruktur besondere Aufgaben 110 übernimmt, bleibt er – insbesondere bei Wahrnehmung einer Vorgesetztenfunktion[192] – grundsätzlich dem **Betrieb seines Vertragsarbeitgebers** zugeordnet und ist dort nach § 7 S. 1 BetrVG wahlberechtigt, es sei denn, er wird aufgrund seiner Aufgaben innerhalb der Matrixstruktur räumlich weit von diesem entfernt ständig an verschiedenen Orten eingesetzt.[193] Handelt es sich bei einer Organisationseinheit der Matrixstruktur um einen eigenständigen Betrieb,[194] richtet sich die Wahlberechtigung – sofern kein Arbeitsverhältnis zum Betriebsinhaber dieser Einheit besteht – nach **§ 7 S. 2 BetrVG**.[195]

bb) Mindesteinsatzdauer. Voraussetzung der Wahlberechtigung nach § 7 S. 2 BetrVG 111 ist außerdem, dass der betroffene Arbeitnehmer **länger als drei Monate** eingesetzt wird, also dem arbeitsbezogenen Weisungsrecht des Betriebsinhabers unterliegt (→ Rn. 94). Der Wortlaut („eingesetzt werden") gibt keinen Aufschluss über die genaue Lage dieser Mindesteinsatzdauer.[196] Den Materialien lässt sich allerdings entnehmen, dass die Wahlberechtigung bereits „**ab dem ersten Arbeitstag** im Einsatzbetrieb" bestehen soll.[197] Der Einsatz muss also weder am Wahltag bereits drei Monate angedauert haben[198] noch ist der Wahltag ein Stichtag, ab dem der Einsatz noch drei Monate dauern muss.[199] Es genügt vielmehr, dass der Einsatz spätestens am Wahltag beginnt und insgesamt mehr als drei Monate dauert.[200] Dagegen spricht nur auf den ersten Blick, dass die Legitimationskraft der Betriebsratswahl schwächer ausfällt,[201] wenn ein (Groß-)Teil der Überlassungsdauer vor dem Wahltag liegt oder die Überlassungsdauer aufgrund einer nachträglichen Entscheidung tatsächlich weniger als drei Monate beträgt. Zum einen wird auch für Stammarbeitnehmer – etwa im Fall der Befristung – nicht danach differenziert, wie lange ihre Beschäftigung nach dem Wahltag noch fortbestehen wird (→ Rn. 79).[202] Zum anderen genügt das Abstellen auf die Prognose im Wahlzeitpunkt den Anforderungen an die rechtssichere Ausgestaltung des Wahlverfahrens.[203]

---

[189] Zur gesellschaftsrechtlichen Umsetzung näher Richardi BetrVG/*Richardi*/*Maschmann* § 1 Rn. 103; *Seibt*/*Wollenschläger* AG 2013, 229 (231 ff.).
[190] *Fitting* § 5 Rn. 226a; GK-BetrVG/*Raab* § 7 Rn. 52; Löwisch/Kaiser/*Wiebauer* § 7 Rn. 21.
[191] Richardi BetrVG/*Richardi*/*Maschmann* § 1 Rn. 103 mwN.
[192] LAG BW 28.5.2014 – 4 TaBV 7/13, BB 2014, 2298 (2302); zust. LAG Bln-Bbg 17.6.2015 – 17 TaBV 277/15, NZA-RR 2015, 529 Rn. 18.
[193] *Fitting* § 5 Rn. 226b; *Kort* NZA 2013, 1318 (1324); GK-BetrVG/*Raab* § 7 Rn. 55; *Witschen* RdA 2016, 38 (45).
[194] Vgl. dazu GK-BetrVG/*Raab* § 7 Rn. 53; *Witschen* RdA 2016, 38 (41 f.).
[195] GK-BetrVG/*Raab* § 7 Rn. 55 aE; **aA** *Fitting* § 5 Rn. 226c; *Kort* NZA 2013, 1318 (1324); *Witschen* RdA 2016, 38 (45 f.): volle Betriebszugehörigkeit und damit § 7 S. 1 BetrVG.
[196] Ebenso Schüren/Hamann/*Hamann* § 14 Rn. 66; **aA** Boemke/Lembke/*Boemke* AÜG § 14 Rn. 69; *Fitting* § 7 Rn. 60.
[197] BT-Drs. 14/5741, S. 36 l. Sp.
[198] So aber wohl *Däubler* AuR 2001, 1 (4).
[199] So aber AR/*Maschmann* BetrVG § 7 Rn. 7.
[200] LAG Hamm 18.9.2015 – 13 TaBV 20/15, BeckRS 2015, 72847 Rn. 13; BeckOK ArbR/*Besgen* BetrVG § 7 Rn. 21; Boemke/Lembke/*Boemke* AÜG § 14 Rn. 69; *Brors* NZA 2002, 123 (125); *Fitting* § 7 Rn. 60; GK-BetrVG/*Raab* § 7 Rn. 100; Richardi BetrVG/*Thüsing* § 13 Rn. 11; ErfK/*Wank* AÜG § 14 Rn. 6; WPK/*Wlotzke* § 7 Rn. 26.
[201] Vgl. dazu *Däubler* AuR 2001, 1 (5); *Maschmann* DB 2001, 2446 ff.; ErfK/*Wank* AÜG § 14 Rn. 6.
[202] Ebenso Schüren/Hamann/*Hamann* § 14 Rn. 64.
[203] Vgl. auch GK-BetrVG/*Raab* § 7 Rn. 102; ähnlich Schüren/Hamann/*Hamann* § 14 Rn. 69; zust. Boemke/Lembke/*Boemke* AÜG § 14 Rn. 69.

112 Ebenso wie bei Stammarbeitnehmern (→ Rn. 85 ff.) wird die Einsatzdauer eines überlassenen Arbeitnehmers nicht allein dadurch unterbrochen, dass er vorübergehend von der **Arbeitsleistung befreit** ist, etwa wegen Urlaubs oder Krankheit.[204] Etwas anderes gilt, wenn die **Überlassung selbst** unterbrochen wird, da hierdurch die tatsächliche Beziehung zum Einsatzbetrieb aufgehoben wird. Überwiegend wird dafür plädiert, dass kurze Unterbrechungen – etwa wenn der Verleiher den Arbeitnehmer nur wenige Tage für einen anderen Auftrag einsetzen will – unschädlich sein sollen.[205] Eine vorübergehende Unterbrechung – und keinen neuen Einsatz – wird man indes nur annehmen können, wenn im Zeitpunkt der Unterbrechung die Rückkehr des überlassenen Arbeitnehmers bereits vereinbart wurde.[206] Ist diese Voraussetzung erfüllt, liegt mit Blick auf die Wertung in **§ 1 Abs. 1b S. 2 AÜG** bei einer Dauer von bis zu **drei Monaten** eine Unterbrechung desselben Einsatzes vor; bei einer Dauer von mehr als drei Monaten ist stets von separaten Einsätzen auszugehen, für die eine Zusammenrechnung nicht erfolgt.

113 **d) Wahlalter.** Zur Erlangung der Wahlberechtigung muss nach § 7 S. 1 BetrVG das **18. Lebensjahr** vollendet worden sein. Nach § 187 Abs. 2 S. 2 BGB, § 188 Abs. 2 Alt. 2 BGB ist das der Fall, wenn der 18. Geburtstag spätestens auf den letzten Wahltag fällt.[207] Bei mehreren Wahltagen ist ein Arbeitnehmer erst ab seinem Geburtstag zur Stimmabgabe berechtigt.[208] Zur Vermeidung von Wertungswidersprüchen gilt das nur in § 7 S. 1 BetrVG ausdrücklich erwähnte Wahlalter auch für die Wahlberechtigung nach **§ 7 S. 2 BetrVG**.[209] Die Festlegung einer **Altersgrenze** für die Wahlberechtigung ist kein Verstoß gegen die Gleichbehandlungsrahmenrichtlinie,[210] der über Art. 21 Abs. 1 S. 1 GrCh für private Arbeitgeber Wirkung entfalten könnte.[211] Zum einen ist das Wahlrecht zum Betriebsrat keine Beschäftigungs- und Arbeitsbedingung iSd Art. 3 Abs. 1 lit. c 2000/78/EG; damit ist auch der Anwendungsbereich der Grundrechtecharta nach Art. 51 Abs. 1 GRCh nicht eröffnet. Zum anderen ist die Differenzierung nach dem Alter jedenfalls gem. Art. 6 Abs. 1 RL 2000/78 EG sachlich gerechtfertigt, da sie der Funktionsfähigkeit der betrieblichen Interessenvertretung als sozialpolitischem Belang[212] dient und dafür in verhältnismäßiger Weise an die altersabhängige Urteilsfähigkeit anknüpft. Insbesondere macht das Fehlen einer Altersgrenze in § 61 Abs. 1 BetrVG die Regelung nicht inkonsistent und damit unverhältnismäßig,[213] da die Mitwirkung der Jugend- und Auszubildendenvertretung – anders als diejenige des Betriebsrats – nach § 66 Abs. 1 BetrVG, § 67 Abs. 2 BetrVG auf die Belange ihrer Wähler begrenzt ist.

114 Die **volle Geschäftsfähigkeit** ist dagegen keine Voraussetzung der Wahlberechtigung.[214] Sie liegt nach § 2 BGB, § 106 BGB ab Vollendung des 18. Lebensjahrs ohnehin regelmäßig vor. Die Wahlberechtigung entfällt allein bei natürlicher Geschäftsunfähigkeit

---

[204] Ebenso Boemke/Lembke/*Boemke* AÜG § 14 Rn. 68; *Fitting* § 7 Rn. 62; iErg auch WPK/*Wlotzke* § 7 Rn. 28.
[205] So etwa *Fitting* § 7 Rn. 65 (bei Sachzusammenhang); Richardi BetrVG/*Thüsing* § 7 Rn. 11 (wenn „im Wesentlichen" ununterbrochen); WPK/*Wlotzke* § 7 Rn. 28 (bei fehlendem Vertretenmüssen); **aA** *Schiefer* NZA 2002, 57 (59): jede Unterbrechung beachtlich.
[206] Ebenso GK-BetrVG/*Raab* § 7 Rn. 103.
[207] Statt vieler GK-BetrVG/*Raab* § 7 Rn. 66.
[208] GK-BetrVG/*Raab* § 7 Rn. 66; HWK/*Reichold* BetrVG § 7 Rn. 20; **aA** wohl Richardi BetrVG/*Thüsing* § 7 Rn. 26 (aber auch Rn. 22); wohl auch *Fitting* § 7 Rn. 85.
[209] Ebenso WPK/*Wlotzke* § 7 Rn. 26.
[210] Ebenso *Fitting* § 7 Rn. 85; **aA** *Bertelsmann* NZA-RR 2017, 57 (59 ff.); offen GK-BetrVG/*Raab* § 7 Rn. 66.
[211] Dazu allgemein EuGH 19.1.2010 – C-555/07, NZA 2010, 85 Rn. 22 – Kücükdeveci; *Krois* DB 2010, 1704 ff.
[212] Vgl. EuGH 5.3.2009 – C-388/07, NZA 2009, 305 Rn. 46 – Age Concern England; näher *Krois* EuZA 2011, 351 (356 f.).
[213] **AA** *Bertelsmann* NZA-RR 2017, 57 (61).
[214] Statt vieler näher GK-BetrVG/*Raab* § 7 Rn. 67.

nach § 104 Nr. 2 BGB,²¹⁵ soweit sich diese auch auf den Akt der Stimmabgabe erstreckt.²¹⁶ Wurde für den Volljährigen nach § 1896 Abs. 1 S. 1 BGB ein Betreuer bestellt, kann nichts anderes gelten, zumal die Ausübung des Wahlrechts als neutrales Geschäft nach § 1903 Abs. 3 S. 1 BGB selbst bei Anordnung eines Einwilligungsvorbehalts wirksam ist.²¹⁷

e) Maßgeblicher Zeitpunkt. Die vorstehend geschilderten Voraussetzungen der Wahlberechtigung müssen im Zeitpunkt der **Stimmabgabe** des jeweiligen Arbeitnehmers (→ Rn. 113) schon und noch vorliegen.²¹⁸ 115

f) Bedeutung der Wählerliste. § 2 Abs. 3 WO sieht vor, dass das Wahlrecht nur bei Eintragung in die Wählerliste besteht, die nach § 4 Abs. 3 S. 2 WO nur bis zum Tag vor Beginn der Stimmabgabe berichtigt oder ergänzt werden darf. Die Eintragung wird dadurch zwar **nicht materielle Voraussetzung** der Wahlberechtigung: Weder kann die Eintragung in die Wählerliste eine materiell nicht vorhandene Wahlberechtigung begründen noch hebt die Nichteintragung die vorhandene Wahlberechtigung auf, da dies von der Verordnungsermächtigung in § 126 BetrVG nicht gedeckt wäre.²¹⁹ Sie ist allerdings eine **Verfahrensvoraussetzung** der Wahlberechtigung: Wird gegen § 2 Abs. 3 WO, § 4 Abs. 3 S. 2 WO verstoßen, indem materiell wahlberechtigte Arbeitnehmer ohne oder auf Grundlage einer zu spät erfolgten Ergänzung der Wählerliste an der Wahl teilnehmen, liegt darin ein Verstoß gegen wesentliche Wahlvorschriften iSd § 19 Abs. 1 BetrVG (→ Rn. 288 ff.), der die Anfechtung begründen kann.²²⁰ 116

2. Passives Wahlrecht

Das passive Wahlrecht steht nach § 8 Abs. 1 S. 1 BetrVG allen Arbeitnehmern zu, die nach § 7 S. 1 BetrVG wahlberechtigt sind, dem Betrieb sechs Monate angehören und ihre Wählbarkeit nicht durch Richterspruch verloren haben. Ebenso wie das aktive Wahlrecht kann es als **höchstpersönliches Recht** weder abgetreten noch durch einen Stellvertreter ausgeübt werden.²²¹ Bedeutung hat die Wählbarkeit auch für die **Unternehmensmitbestimmung,** da die Vorschriften zur Wählbarkeit von Arbeitnehmern in den Aufsichtsrat weitgehend auf § 8 BetrVG Bezug nehmen (so § 7 Abs. 4 S. 4 MitbestG; § 6 Abs. 2 S. 4 MontanMitbestErgG; § 4 Abs. 3 S. 4 DrittelbG; vgl. auch § 10 Abs. 3 MitbestG). 117

a) Wahlberechtigung. Die Wählbarkeit setzt nach § 8 Abs. 1 S. 1 BetrVG zunächst voraus, dass einem Arbeitnehmer auch das **aktive Wahlrecht** zusteht. Nach **§ 7 S. 1 BetrVG** trifft das auf alle Arbeitnehmer zu, die zum Zeitpunkt der letztmöglichen Stimmabgabe betriebszugehörig sind und das 18. Lebensjahr vollendet haben (näher → Rn. 77 ff.). Ebenso wie das aktive Wahlrecht (→ Rn. 82) kann einem Arbeitnehmer auch das passive Wahlrecht in **mehreren** Betrieben zustehen.²²² 118

Umstritten ist, ob die Formulierung „alle Wahlberechtigten" bedeutet, dass grundsätzlich auch diejenigen Arbeitnehmer wählbar sind, denen das aktive Wahlrecht nach **§ 7 S. 2 BetrVG** zusteht, weil sie zur Arbeitsleistung überlassen und länger als drei Monate im Betrieb eingesetzt werden (näher hierzu → Rn. 93 ff.). Handelt es sich um erlaubnispflichtige Arbeitnehmerüberlassung, schließt **§ 14 Abs. 2 S. 1 AÜG** das passive Wahl- 119

---

²¹⁵ *Fitting* § 7 Rn. 90; ErfK/*Koch* BetrVG § 7 Rn. 8.
²¹⁶ GK-BetrVG/*Raab* § 7 Rn. 67 aE.
²¹⁷ Statt vieler *Fitting* § 7 Rn. 89 mwN.
²¹⁸ Statt vieler GK-BetrVG/*Raab* § 7 Rn. 152 f. mwN; weiter Richardi BetrVG/*Thüsing* § 7 Rn. 26: bis zum letzten Wahltag.
²¹⁹ BAG 21.3.2017 – 7 ABR 19/15, NZA 2017, 1075 Rn. 28; *Fitting* § 7 Rn. 92 mwN.
²²⁰ BAG 21.3.2017 – 7 ABR 19/15, NZA 2017, 1075 Rn. 31.
²²¹ GK-BetrVG/*Raab* § 8 Rn. 12, auch zu einzelnen Bestandteilen der Wählbarkeit.
²²² Statt vieler *Fitting* § 8 Rn. 30 mwN.

recht explizit aus. Diese Wertung des Gesetzes ist auf die erlaubnisfreie und die privilegierte Arbeitnehmerüberlassung (→ Rn. 96 f.) richtigerweise zu übertragen.[223] Andernfalls hätte es der Entleiher hier wie dort in der Hand, das Amt einzelner Betriebsratsmitglieder nach § 24 Nr. 4 BetrVG zum Erlöschen zu bringen, indem er ihren Einsatz im Betrieb beendet.[224] Im Ergebnis verweist § 8 Abs. 1 S. 1 BetrVG damit allein auf § 7 S. 1 BetrVG.[225]

120 Die **vorübergehende Arbeitsbefreiung** eines Arbeitnehmers steht seinem aktiven Wahlrecht und damit auch seiner Wählbarkeit grundsätzlich nicht entgegen. Sie beendet weder das Arbeitsverhältnis (→ Rn. 80) noch seine Eingliederung in den Betrieb (→ Rn. 85 ff.). Wird ein idS abwesender Arbeitnehmer gewählt, ist er für die Dauer der Arbeitsbefreiung an der Ausübung des Betriebsratsamts verhindert und wird von einem **Ersatzmitglied** nach § 25 Abs. 1 S. 2 BetrVG vertreten (→ § 292 Rn. 117 ff.). Etwas anderes gilt nur, wenn die Befreiung unbezahlt erfolgt und länger als sechs Monate andauert (→ Rn. 86) oder der Arbeitnehmer einvernehmlich nicht mehr auf seinen Arbeitsplatz zurückkehren soll, zB mit Beginn der Freistellungsphase der Altersteilzeit (→ Rn. 88).

121 Wird ein Arbeitnehmer während eines **Kündigungsrechtsstreits** nicht weiterbeschäftigt, endet seine Eingliederung und damit auch sein aktives Wahlrecht mit Ablauf der Kündigungsfrist (→ Rn. 89). Nach hM soll er trotzdem wählbar bleiben, wenn er Kündigungsschutzklage erhoben hat; er „gelte" dann bis zu einer rechtskräftigen Entscheidung als betriebszugehörig.[226] Methodisch lässt sich diese Ansicht **nicht begründen.**[227] Die Annahme, ein Arbeitnehmer könne trotz fehlender Wahlberechtigung wählbar sein, widerspricht Wortlaut und Systematik des Gesetzes. Sie ist auch teleologisch nicht überzeugend, weil sie die Gefahr in sich birgt, dass ein Arbeitnehmer gewählt wird, der sein Amt nie wird ausüben können. Der vom BAG bemühte Einwand, der Arbeitgeber könne andernfalls unliebsame Wahlbewerber durch Kündigung ausschalten,[228] ist allenfalls eine rechtspolitische Erwägung, aber keine Grundlage für eine entsprechende Rechtsfortbildung, zumal der betroffene Arbeitnehmer seine tatsächliche Weiterbeschäftigung (ggf. im einstweiligen Rechtsschutz) durchsetzen kann.[229]

122 Im Fall einer **Versetzung** enden das aktive Wahlrecht und damit einhergehend auch die Wählbarkeit, wenn die Versetzung nicht nur vorübergehend erfolgt und der Arbeitnehmer einer entsprechenden Weisung seines Arbeitgebers tatsächlich nachkommt (→ Rn. 90). Ebenso wie im Fall der Kündigung (→ Rn. 121) lässt sich auch bei einer Versetzung nicht begründen, warum ein Rechtsstreit um ihre Wirksamkeit dazu führen sollte, dass die Wählbarkeit abweichend von § 8 Abs. 1 S. 1 BetrVG fortbesteht.[230]

123 Beamte, Soldaten und Arbeitnehmer des **öffentlichen Dienstes,** die aufgrund Zuweisung oder Personalgestellung (näher → Rn. 102 f.) in Betrieben privatrechtlich organisierter Unternehmen tätig sind, gelten nach **§ 5 Abs. 1 S. 3 BetrVG** als Arbeitnehmer des Betriebs (näher → § 285 Rn. 35 ff.) und sind damit nach § 7 S. 1 BetrVG wahlberechtigt

---

[223] GK-BetrVG/*Raab* § 8 Rn. 16; HWK/*Reichold* BetrVG § 8 Rn. 4; Richardi BetrVG/*Thüsing* § 8 Rn. 5; zust. GK-BetrVG/*Jacobs* WO § 2 Rn. 1 mit Hinweis zur begrenzten Bedeutung von § 2 Abs. 3 S. 2 WO; zu § 1 Abs. 1 S. 1 AÜG aF (Gewerbsmäßigkeit) auch BAG 17. 2. 2010 – 7 ABR 51/08, NZA 2010, 832 Rn. 27; 10. 10. 2012 – 7 ABR 53/11, BeckRS 2013, 65451 Rn. 13; **aA** Boemke/Lembke/*Boemke* AÜG § 14 Rn. 67; *Fitting* § 8 Rn. 26 ff. u. WO § 2 Rn. 5; Schüren/Hamann/*Hamann* § 14 Rn. 549, 581, 589; DKKW/*Homburg* § 8 Rn. 20.
[224] Überzeugend GK-BetrVG/*Raab* § 8 Rn. 17.
[225] BAG 17. 2. 2010 – 7 ABR 51/08, NZA 2010, 832 Rn. 31; GK-BetrVG/*Raab* § 8 Rn. 16; HWK/*Reichold* BetrVG § 8 Rn. 4.
[226] BAG 10. 11. 2004 – 7 ABR 12/04, NZA 2005, 707; zust. etwa ErfK/*Koch* BetrVG § 8 Rn. 2; Richardi BetrVG/*Thüsing* § 8 Rn. 15 mwN.
[227] Ausführlich und überzeugend GK-BetrVG/*Raab* § 8 Rn. 20.
[228] BAG 14. 5. 1997 – 7 ABR 26/96, NZA 1997, 1245 (1246).
[229] Näher GK-BetrVG/*Raab* § 8 Rn. 20.
[230] Ebenso GK-BetrVG/*Raab* § 8 Rn. 21; **aA** LAG Köln 10. 2. 2010 – 8 TaBV 65/09, BeckRS 2010, 67737; DKKW/*Homburg* § 8 Rn. 25.

(→ Rn. 103). Aus diesem Grund sind sie nach § 8 Abs. 1 S. 1 BetrVG auch wählbar.[231] Die passive Wahlberechtigung mag mit Blick auf die Rechtsstellung von Leiharbeitnehmern privater Arbeitgeber (→ Rn. 119) politisch fragwürdig sein. Eine Analogie zu § 14 Abs. 2 S. 1 AÜG scheitert allerdings daran, dass der Gesetzgeber mit § 5 Abs. 1 S. 3 BetrVG die Betriebszugehörigkeit umfassend fingieren wollte[232] und dieser Regelungsplan im Gesetz auch erkennbar angelegt ist.

b) Sechsmonatige Betriebszugehörigkeit. Nach § 8 Abs. 1 S. 1 BetrVG bedarf es zur Wählbarkeit außerdem der sechsmonatigen Betriebszugehörigkeit. Eine Ausnahme hiervon gilt für neu errichtete Betriebe, § 8 Abs. 2 BetrVG. 124

aa) Zweck. Die sechsmonatige Mindestdauer der Betriebszugehörigkeit hat nach der Vorstellung des Gesetzgebers den **Zweck,** einen „Überblick über die betrieblichen Verhältnisse zu erwerben, der für die Ausübung des Betriebsratsamtes erforderlich ist."[233] Nach § 8 Abs. 1 S. 2 BetrVG werden auf die Mindestdauer allerdings auch Zeiten angerechnet, in denen der Arbeitnehmer unmittelbar vorher einem anderen Betrieb desselben Unternehmens oder Konzerns angehört hat, da dies der rechtlichen bzw. wirtschaftlichen Zusammengehörigkeit dieser Einheiten Rechnung trage.[234] Die Regelung verwässert das Erfordernis der Vertrautheit mit den betrieblichen Verhältnissen und ist daher restriktiv auszulegen. Für § 8 Abs. 1 S. 1 BetrVG ist dagegen ein tendenziell **großzügiger Maßstab** anzulegen, um Wertungswidersprüche zu S. 2 der Vorschrift zu vermeiden.[235] 125

bb) Dauer. Voraussetzungen der **Betriebszugehörigkeit** sind ein Arbeitsverhältnis zum Betriebsinhaber und die tatsächliche Eingliederung in dessen Betriebsorganisation (→ Rn. 69ff.). Die Eingliederung – und damit die Betriebszugehörigkeit – beginnt mit Invollzugsetzung des Arbeitsverhältnisses (→ Rn. 83). 126

Auch Zeiträume, in denen ein Beschäftigter zu den in **§ 5 Abs. 2 und 3 BetrVG** genannten Personenkreisen gehörte, sind zu berücksichtigen. Nach Sinn und Zweck der Mindestdauer (→ Rn. 125) ist für sie die Eingliederung, nicht der durchgängige Bestand eines Arbeitsverhältnisses zum Betriebsinhaber entscheidend.[236] Aus demselben Grund sind auch Zeiten der Beschäftigung als **Leiharbeitnehmer** anzurechnen,[237] obschon diese nicht betriebszugehörig und damit nicht wahlberechtigt iSd § 7 S. 1 BetrVG sind (→ Rn. 119). Da § 8 Abs. 1 S. 1 BetrVG an das aktive Wahlrecht anknüpft, muss die volle Betriebszugehörigkeit allerdings in beiden Fällen spätestens am letzten Tag der Stimmabgabe vorliegen (→ Rn. 136). 127

Nicht anzurechnen sind dagegen Zeiten der Beschäftigung im Rahmen eines **Dienst- oder Werkvertrags** (→ Rn. 105) oder etwa die frühere **Tätigkeit als Arbeitgeber,** zB nach einem Wechsel des Betriebsinhabers und Fortsetzung der Tätigkeit als Arbeitnehmer im Betrieb.[238] In beiden Fällen fehlt es an der erforderlichen Eingliederung in den Betrieb. 128

Umstritten ist, welche Auswirkungen **Unterbrechungen** auf den Lauf der Mindestfrist haben. Anders als § 1 Abs. 1 KSchG verlangt § 8 Abs. 1 S. 1 BetrVG gerade nicht eine sechsmonatige Betriebszugehörigkeit „ohne Unterbrechung". Die hM will hier **differen-** 129

---

[231] BAG 15.8.2012 – 7 ABR 34/11, NZA 2013, 107 Rn. 20ff.; BeckOK ArbR/*Besgen* BetrVG § 8 Rn. 6; *Fitting* § 8 Rn. 28; GK-BetrVG/*Raab* § 8 Rn. 18; HWK/*Reichold* BetrVG § 8 Rn. 5; Richardi BetrVG/ *Thüsing* § 8 Rn. 6; **aA** *Löwisch* BB 2009, 2316 (2317); ErfK/*Wank* AÜG § 14 Rn. 8.
[232] BT-Drs. 16/11608, S. 21.
[233] BT-Drs. 6/1786, S. 37 l. Sp.
[234] BT-Drs. 6/1786, S. 37 l. Sp.
[235] GK-BetrVG/*Raab* § 8 Rn. 26, 43; ebenso DKKW/*Homburg* § 8 Rn. 7.
[236] Statt vieler *Fitting* § 8 Rn. 34, 36 mwN.
[237] BAG 10.10.2012 – 7 ABR 53/11, BeckRS 2013, 65451 Rn. 13; aus der Lit. statt vieler GK-BetrVG/ *Raab* § 8 Rn. 33 mwN.
[238] GK-BetrVG/*Raab* § 8 Rn. 32f.

zieren: Im Fall vorübergehender Arbeitsbefreiung bei fortbestehendem Arbeitsverhältnis führe eine Unterbrechung von mehr als zwei Monaten zur Fristhemmung, so dass der Zeitraum der Unterbrechung nicht einzurechnen sei.[239] Eine Unterbrechung des Arbeitsverhältnisses führe dagegen grundsätzlich zum Neubeginn der Frist, es sei denn, es liege ein innerer Zusammenhang dergestalt vor, dass es sich nicht um eine Neu-, sondern eine Wiedereinstellung handele.[240]

130 Diese Differenzierung **überzeugt nicht.** Nach Sinn und Zweck der sechsmonatigen Mindestfrist ist nicht der durchgängige Bestand des Arbeitsverhältnisses, sondern allein die tatsächliche **Eingliederung** in den Betrieb entscheidend (→ Rn. 125, 127). Richtigerweise wird die Sechsmonatsfrist daher – unabhängig vom Fortbestand des Arbeitsverhältnisses – grundsätzlich solange **gehemmt,** wie die tatsächliche Eingliederung aufgehoben ist.[241] Bei vorübergehender Arbeitsbefreiung ist das nur ausnahmsweise der Fall, wenn sie unbezahlt erfolgt und länger als sechs Monate andauert (→ Rn. 85 ff.). Bei vorübergehender Beendigung des Arbeitsverhältnisses wird die Eingliederung mit dem endgültigen Ausscheiden aus dem Betrieb aufgehoben (→ Rn. 88 ff.). Ein **Neubeginn** der Sechsmonatsfrist wird in beiden Fällen nur durch eine langfristige Unterbrechung ausgelöst; das ist in Anlehnung an § 13 Abs. 1 S. 2 BPersVG bei einer Dauer von **mehr als sechs Monaten**[242] anzunehmen. Im Fall vorübergehender Arbeitsbefreiung ohne Fortzahlung der Vergütung kommt es somit erst nach Ablauf eines Jahres zum Neubeginn der Sechsmonatsfrist.

131 Abweichend von diesen Grundsätzen hat der Gesetzgeber für den **freiwilligen Wehrdienst** geregelt, dass dessen Dauer auf die Betriebszugehörigkeit stets anzurechnen ist (§ 16 Abs. 7 ArbPlSchG, § 6 Abs. 2 S. 1 ArbPlSchG). Nach hM ist diese Vorgabe auch für die Wählbarkeit nach § 8 Abs. 1 BetrVG zu berücksichtigen.[243] Für den Bundesfreiwilligendienst fehlt eine vergleichbare Regelung. Eine Analogie zu § 6 Abs. 2 S. 1 ArbPlSchG scheidet angesichts des Ausnahmecharakters der Regelung und der in § 13 BFDG abschließend aufgezählten Verweisungen aus.[244]

132 Nach **§ 8 Abs. 1 S. 2 BetrVG** werden auch Zeiten angerechnet, in denen der Wahlbewerber unmittelbar vorher in einem anderen Betrieb desselben Unternehmens (näher → § 300 Rn. 3 ff.) oder Konzerns (näher → § 302 Rn. 5 ff.) beschäftigt war. Nach Sinn und Zweck der sechsmonatigen Mindestdauer muss die Unternehmens- bzw. Konzernzugehörigkeit während des gesamten anzurechnenden Zeitraums bestanden haben.[245] Der vom Gesetz geforderte **unmittelbare** Zusammenhang ist restriktiv zu verstehen (→ Rn. 125). Zeitliche Unterbrechungen sind zwar nicht *per se* schädlich,[246] zumal sie beim Wechsel zwischen Betrieben unterschiedlicher Konzernunternehmen nicht unüblich sind. Erforderlich ist aber ein enger zeitlicher und sachlicher Zusammenhang zur vorherigen Beschäftigung.[247]

133 **cc) Neu errichtete Betriebe.** In Betrieben, die weniger als sechs Monate bestehen, entfällt nach **§ 8 Abs. 2 BetrVG** das Erfordernis sechsmonatiger Betriebszugehörigkeit.

---

[239] So etwa *Fitting* § 8 Rn. 45; HWGNRH/*Nicolai* § 8 Rn. 19; Richardi BetrVG/*Thüsing* § 8 Rn. 24; WPK/*Wlotzke* § 8 Rn. 9.
[240] So etwa *Fitting* § 8 Rn. 39 ff.; DKKW/*Homburg* § 8 Rn. 15; Richardi BetrVG/*Thüsing* § 8 Rn. 24; WPK/*Wlotzke* § 8 Rn. 10; ähnlich HWGNRH/*Nicolai* § 8 Rn. 19: stets Neubeginn.
[241] Ähnlich HK-BetrVG/*Brors* § 8 Rn. 6; GK-BetrVG/*Raab* § 8 Rn. 37 f.; Löwisch/Kaiser/*Wiebauer* § 8 Rn. 10.
[242] IErg ebenso GK-BetrVG/*Raab* § 8 Rn. 38; **aA** Löwisch/Kaiser/*Wiebauer* § 8 Rn. 10: zwei Monate.
[243] Statt vieler *Fitting* § 8 Rn. 14 mwN; **aA** HWK/*Reichold* BetrVG § 8 Rn. 10 aE; Löwisch/Kaiser/*Wiebauer* § 8 Rn. 8.
[244] Ähnlich GK-BetrVG/*Raab* § 8 Rn. 41; **aA** DKKW/*Homburg* BetrVG § 8 Rn. 13.
[245] Ähnlich GK-BetrVG/*Raab* § 8 Rn. 45.
[246] **AA** HWK/*Reichold* BetrVG § 8 Rn. 9.
[247] Ebenso *Fitting* § 8 Rn. 49; Richardi BetrVG/*Thüsing* § 8 Rn. 34; großzügiger GK-BetrVG/*Raab* § 8 Rn. 47.

Maßgeblicher Zeitpunkt ist nach dem Wortlaut des Gesetzes die **Einleitung** der Betriebsratswahl, also der Tag, an dem das Wahlausschreiben erlassen wird (§ 3 Abs. 1 S. 2 WO, § 31 Abs. 1 S. 2 WO, § 36 Abs. 2 S. 2 WO).[248] Wählbar sind dann alle Arbeitnehmer, die zu diesem Zeitpunkt betriebszugehörig sind (→ Rn. 68 ff.) und die übrigen Voraussetzungen des passiven Wahlrechts erfüllen, also nach § 7 S. 1 BetrVG wahlberechtigt sind (→ Rn. 118 ff.) und ihre Wählbarkeit nicht durch Richterspruch verloren haben (→ Rn. 135).

Die Vorschrift gilt nur für **neu entstandene** betriebsratsfähige Organisationseinheiten. Darunter fällt nicht nur die Neueröffnung eines Betriebs, sondern auch die Wiedereröffnung nach einer nicht nur vorübergehenden Stilllegung.[249] Erfasst werden auch Betriebe, die durch eine Umorganisation neu geschaffen werden, etwa durch einen Zusammenschluss mehrerer Betriebe eines Unternehmens unter Aufgabe ihrer Identität.[250] Kein neuer Betrieb entsteht dagegen, wenn ein Betrieb in einen anderen dergestalt eingegliedert wird, dass Letzterer seine **Identität bewahrt** (näher mit Kritik an der hM zum Identitätsbegriff → § 292 Rn. 56 ff.). In diesem Fall ist die Betriebszugehörigkeit im „eingegliederten" Betrieb allerdings nach § 8 Abs. 1 S. 2 BetrVG anzurechnen. Die Vorschrift ist insoweit um das Erfordernis der Unternehmens- bzw. Konzernzugehörigkeit des aufnehmenden Betriebs teleologisch zu reduzieren, da die betroffenen Arbeitnehmer mit den tatsächlichen Verhältnissen des „eingegliederten" Betriebs bereits vertraut sind.[251]

c) Kein Verlust durch Richterspruch. Nach § 8 Abs. 1 S. 3 BetrVG ist ein Arbeitnehmer nicht wählbar, wenn er infolge **strafgerichtlicher Verurteilung** die Fähigkeit verloren hat, Rechte aus öffentlichen Wahlen zu erlangen. Nach § 45 Abs. 1 StGB verliert die Wählbarkeit bei öffentlichen Wahlen, wer wegen eines Verbrechens (vgl. § 12 Abs. 1 StGB) zu einer Freiheitsstrafe von mindestens einem Jahr verurteilt wird. Das Gericht kann dem Verurteilten die Wählbarkeit auch nach § 45 Abs. 2 StGB entziehen, soweit das Gesetz es besonders vorsieht (zB beim Subventionsbetrug, § 264 Abs. 6 S. 1 StGB, oder bei Straftaten im Amt, § 358 StGB).

d) Maßgeblicher Zeitpunkt. Die Voraussetzungen der Wählbarkeit müssen nach hM spätestens am **letzten Tag der Stimmabgabe** vorliegen.[252] Dass eine früher erfolgte Stimmabgabe ggf. erst mit dem letzten Wahltag wirksam wird, ist dabei unbedenklich.[253] Schließlich kann umgekehrt eine zunächst wirksam erfolgte Stimmabgabe am letzten Wahltag auch unwirksam werden, etwa wenn ein Wahlbewerber infolge Versetzung aus dem Betrieb ausscheidet oder die Wählbarkeit durch Richterspruch verliert. Entfällt eine Voraussetzung der Wählbarkeit **nach** dem letzten Wahltag, ist die Wahl nicht anfechtbar; vielmehr endet in diesem Fall die Mitgliedschaft im Betriebsrat nach § 24 Nr. 4 BetrVG (näher → § 292 Rn. 106 f.).

e) Bedeutung von Wählerliste und Wahlvorschlag. Die Aufnahme in die Wählerliste ist keine materielle Voraussetzung der Wählbarkeit, sondern eine Verfahrensvoraussetzung (→ Rn. 116). Gleiches gilt für die Aufnahme in einen **Wahlvorschlag** (vgl. § 14 Abs. 3 BetrVG, § 14a Abs. 2, Abs. 3 S. 2 BetrVG sowie § 11 Abs. 1 S. 1 WO, § 20 Abs. 1 WO).[254]

---

[248] Statt vieler GK-BetrVG/*Raab* § 8 Rn. 64 f. mit Hinweis auf die Manipulierbarkeit.
[249] Statt vieler GK-BetrVG/*Raab* § 8 Rn. 66.
[250] Statt vieler Richardi BetrVG/*Thüsing* § 8 Rn. 37 mwN.
[251] Ebenso Richardi BetrVG/*Thüsing* § 8 Rn. 32; ähnlich *Fitting* § 8 Rn. 62 unter Verweis auf § 613a BGB; **aA** GK-BetrVG/*Raab* § 8 Rn. 51 aE.
[252] Statt vieler *Fitting* § 8 Rn. 33 mwN.
[253] **AA** GK-BetrVG/*Raab* § 8 Rn. 28; HK-BetrVG/*Brors* § 8 Rn. 9.
[254] GK-BetrVG/*Raab* § 8 Rn. 13.

3. Streitigkeiten und Rechtsfolgen bei Verstößen

138 Die Entscheidung über das Wahlrecht obliegt nach § 2 Abs. 3 WO, § 4 Abs. 2 WO zunächst dem **Wahlvorstand,** der die Wählerliste aufstellt und über Einsprüche gegen sie entscheidet. Bei Untätigkeit des Wahlvorstands kommt ein Ersetzungsantrag nach § 18 Abs. 1 S. 2 BetrVG in Betracht (näher → Rn. 215, 254). Bleibt ein Einspruch erfolglos, kann im arbeitsgerichtlichen Beschlussverfahren nach § 2a Abs. 1 Nr. 1, Abs. 2 ArbGG die Änderung der Wählerliste durch Leistungsantrag oder – im einstweiligen Rechtsschutz – durch Berichtigungsverfügung begehrt werden (→ Rn. 259).[255]

139 Nach Abschluss des Wahlverfahrens können Verstöße gegen § 7 BetrVG oder § 8 BetrVG im **Wahlanfechtungsverfahren** nach § 19 BetrVG geltend gemacht werden, auch wenn zuvor kein Einspruch eingelegt wurde (→ Rn. 307).[256] Für die Zuordnung leitender Angestellter ist ggf. § 18a Abs. 5 BetrVG zu beachten (näher → Rn. 232). Hat die Anfechtung wegen der Nichtwählbarkeit einzelner Betriebsratsmitglieder Erfolg, erlischt allein deren Mitgliedschaft im Betriebsrat, während die Wahl im Übrigen gültig bleibt (näher → Rn. 310). Wie sich § 24 Nr. 6 BetrVG entnehmen lässt, führt die fehlende Wählbarkeit einzelner Betriebsratsmitglieder – abgesehen von Extremfällen wie der Wahl betriebsfremder Dritter – nicht zur **Nichtigkeit** der Wahl.[257]

140 Ist die zweiwöchige Anfechtungsfrist aus § 19 Abs. 2 S. 2 BetrVG versäumt worden, bleibt nach **§ 24 Nr. 6 BetrVG** noch die Möglichkeit, die Nichtwählbarkeit einzelner Betriebsratsmitglieder gerichtlich feststellen zu lassen. Ein erfolgreicher Antrag führt dazu, dass die Mitgliedschaft im Betriebsrat erlischt, es sei denn, der Mangel liegt nicht mehr vor, § 24 Nr. 6 Hs. 2 BetrVG (näher → § 292 Rn. 109 ff.). Da diese **Heilungsmöglichkeit** allein der Bestandskraft einer nicht rechtzeitig angefochtenen Betriebsratswahl Rechnung trägt, greift sie entgegen der wohl hM[258] nicht ein, wenn das Anfechtungsverfahren rechtzeitig eingeleitet wurde und die Voraussetzungen des passiven Wahlrechts im Laufe des Anfechtungsverfahrens erfüllt werden (→ Rn. 291).[259]

IV. Größe

141 Die Zahl der Betriebsratsmitglieder richtet sich nach § 9 BetrVG. Die Vorschrift soll die **Arbeitsfähigkeit** des Betriebsrats sichern, indem sie die Mitgliederstärke an die Zahl der regelmäßig beschäftigten Arbeitnehmer und damit an den zu vermutenden Arbeitsumfang des Betriebsrats knüpft.[260] Die Vorschrift ist nach hM zwingend (→ Rn. 2).[261] Das belegt insbesondere der Umkehrschluss zu § 47 Abs. 4 BetrVG und § 55 Abs. 4 S. 1 BetrVG, die für den Gesamt- bzw. den Konzernbetriebsrat Abweichungen durch Tarifvertrag ausdrücklich zulassen. Eine Unterschreitung der Mitgliederzahl ist (nur) nach Maßgabe von § 11 BetrVG gestattet (→ Rn. 155 f.).

1. Regelmäßige Mitgliederzahl

142 In Abhängigkeit von der **Zahl der regelmäßig beschäftigten Arbeitnehmer** sieht § 9 S. 1 BetrVG über insgesamt 18 Stufen hinweg eine degressiv ansteigende, stets ungerade Zahl von Betriebsratsmitgliedern vor. Jenseits der 18. Stufe (ab einer Betriebsgröße von

---

[255] Näher GK-BetrVG/*Kreutz* § 18 Rn. 83, 86, 96.
[256] BAG 2.8.2017 – 7 ABR 42/16, NZA 2018, 182 Rn. 26; ebenso ErfK/*Koch* BetrVG § 19 Rn. 3; GK-BetrVG/*Kreutz* § 19 Rn. 64 ff. mwN. **Diff.** nach der Einspruchsberechtigung *Fitting* § 19 Rn. 14; Richardi BetrVG/*Thüsing* § 19 Rn. 9 f. mwN.
[257] BAG 28.11.1977 – 1 ABR 36/76, NJW 1978, 1992; *Fitting* § 8 Rn. 66 mwN.
[258] *Fitting* § 19 Rn. 18; GK-BetrVG/*Kreutz* § 19 Rn. 25 mwN.
[259] Überzeugend GK-BetrVG/*Raab* § 8 Rn. 54. Offen gelassen, aber zuneigend HessLAG 30.7.2015 – 9 TaBV 230/14, BeckRS 2016, 65752 Rn. 26.
[260] BAG 18.1.2017 – 7 ABR 60/15, NZA 2017, 865 Rn. 29.
[261] BAG 7.5.2008 – 7 ABR 17/07, NZA 2008, 1142 Rn. 18; ebenso *Fitting* § 9 Rn. 7; Richardi BetrVG/*Thüsing* § 9 Rn. 18; auch noch GK-BetrVG/*Jacobs* § 9 Rn. 2; **aA** LAG Hamm 27.6.2003 – 10 TaBV 22/03, BeckRS 2003, 30798824; *Gamillscheg* KollArbR II, S. 225: Tarifdispositivität nach § 3 Abs. 1 Nr. 3 BetrVG; ähnlich *Jacobs/Münder* NZA 2018, 148 (149 ff.): Abweichung nur „nach oben".

9.001 Arbeitnehmern) erhöht sich die Zahl der Betriebsratsmitglieder nach § 9 S. 2 BetrVG für je angefangene weitere 3.000 Arbeitnehmer um zwei Mitglieder.

a) Betriebszugehörige Arbeitnehmer. Aus dem Wortlaut („in Betrieben mit ... Arbeitnehmern") und dem Zweck der Staffelung in § 9 BetrVG (→ Rn. 141) folgt, dass grundsätzlich nur **betriebszugehörige** Arbeitnehmer mitzuzählen sind.[262] Umstritten ist allein, unter welchen Voraussetzungen ein Arbeitnehmer betriebszugehörig ist (→ Rn. 69 ff.). Richtigerweise ist betriebszugehörig, wer in einem Arbeitsverhältnis zum Betriebsinhaber steht und in den Betrieb tatsächlich eingegliedert ist (zu einzelnen Streitfragen näher → Rn. 77 ff.). 143

Mangels Arbeitsverhältnisses zum Betriebsinhaber sind **Leiharbeitnehmer** im Einsatzbetrieb nicht betriebszugehörig (→ Rn. 74 f., 95 ff.). Das schließt ihre Berücksichtigung im Rahmen betriebsverfassungsrechtlicher Schwellenwerte indes nicht aus, soweit der jeweilige Normzweck des Schwellenwerts eine Einbeziehung von Leiharbeitnehmern in die Berechnung fordert und damit eine entsprechende Rechtsfortbildung legitimiert (→ Rn. 74). In eben diesem Sinne hat das BAG im Jahr 2013 unter Aufgabe seiner früheren Rechtsprechung[263] entschieden, dass regelmäßig beschäftigte Leiharbeitnehmer für die Schwellenwerte des **§ 9 BetrVG zu berücksichtigen** sind, da auch die partielle Vertretung solcher Leiharbeitnehmer den Aufgabenumfang des Betriebsrats im Einsatzbetrieb erheblich beeinflusst.[264] 144

Für den Fall erlaubnispflichtiger Arbeitnehmerüberlassung sieht **§ 14 Abs. 2 S. 4 AÜG** seit dem 1.4.2017 ausdrücklich vor, dass Leiharbeitnehmer für die Ermittlung betriebsverfassungsrechtlicher Schwellenwerte im Entleiherbetrieb zu berücksichtigen sind. Diese Vorgabe ist allerdings mit Einschränkungen versehen: Zunächst gilt sie – entgegen ihrem Wortlaut – nicht ausnahmslos.[265] Steht der Zweck des jeweiligen Schwellenwerts, der auch nach den Gesetzesmaterialien entscheidend sein soll,[266] einer Einbeziehung von Leiharbeitnehmern entgegen, ist die Norm vielmehr **teleologisch zu reduzieren**.[267] Dass der dahin gehende Wille des Gesetzgebers im Wortlaut keinen deutlichen Niederschlag gefunden hat, ist unproblematisch: Er ist Grenze, nicht aber Legitimationsgrundlage einer solchen Rechtsfortbildung. Für die **organisatorischen und wahlbezogenen Schwellenwerte** besteht allerdings Einigkeit, dass eine teleologische Reduktion nicht angezeigt ist: Sie stellen eine Relation zwischen Betriebsgröße und Arbeitsaufwand des Betriebsrats her (→ Rn. 141), die auch für Leiharbeitnehmer Gültigkeit hat (→ Rn. 144).[268] 145

§ 14 Abs. 2 S. 4 AÜG gilt seinem Wortlaut nach nur für die **erlaubnispflichtige** Arbeitnehmerüberlassung. Die Norm ist auf die erlaubnisfreie und die privilegierte Überlassung aber **analog** anzuwenden. Nach hier vertretener Auffassung kommt es ohnehin maßgeblich auf den Zweck des jeweiligen Schwellenwerts an (→ Rn. 145). Im Ergebnis sind Leiharbeitnehmer damit – unabhängig von der Ausgestaltung der Überlassung – für die Schwellenwerte des § 9 BetrVG zu berücksichtigen.[269] Das gleiche gilt für die in **§ 5 Abs. 1 S. 3 BetrVG** genannten Beschäftigten.[270] 146

---

[262] Grundl. BAG 18.1.1989 – 7 ABR 21/88, NZA 1989, 724 (726 f.); aus der Lit. statt vieler GK-BetrVG/*Jacobs* § 8 Rn. 9 mwN.
[263] BAG 16.4.2003 – 7 ABR 53/02, NZA 2003, 1345 (1346).
[264] BAG 13.3.2013 – 7 ABR 69/11, NZA 2013, 789 Rn. 21 ff.
[265] AA *Deinert* RdA 2017, 65 (81); Löwisch/Kaiser/*Wiebauer* § 7 Rn. 26; in diese Richtung auch GK-BetrVG/*Jacobs* § 9 Rn. 13 f.
[266] BT-Drs. 18/9232, S. 29.
[267] Ebenso GK-BetrVG/*Raab* § 7 Rn. 111, § 95 Rn. 28; für § 14 Abs. 2 S. 5 AÜG auch *Oetker* NZA 2017, 29 (32 f.); *C. Schubert*/*Liese* NZA 2016, 1297 (1302).
[268] Statt vieler GK-BetrVG/*Raab* § 7 Rn. 113 mwN.
[269] Ebenso GK-BetrVG/*Raab* § 7 Rn. 113, 126, 127; Löwisch/Kaiser/*Wiebauer* § 9 Rn. 2; für § 14 Abs. 2 S. 5 AÜG auch *Oetker* NZA 2017, 29 (30 f.).
[270] BAG 12.9.2012 – 7 ABR 37/11, NZA-RR 2013, 197 Rn. 16.

147 Zu beachten ist schließlich, dass § 14 Abs. 2 S. 4 AÜG ausweislich der Gesetzesmaterialien[271] und entsprechend seinem Sinn und Zweck nur die Gleichbehandlung mit Stammarbeitnehmern anordnet, nicht aber das Vorliegen etwaiger **weiterer Voraussetzungen** fingiert.[272] Für § 9 BetrVG sind daher nur die „**in der Regel**" beschäftigtem Leiharbeitnehmer zu berücksichtigen (→ Rn. 150). Für die ersten drei Stufen des § 9 S. 1 BetrVG, die auf die wahlberechtigten Arbeitnehmer abstellen, müssen Leiharbeitnehmer außerdem das **Wahlalter** erreicht haben (→ Rn. 152).

148 **b) Regelmäßige Betriebszugehörigkeit.** „In der Regel" beschäftigt iSd § 9 BetrVG sind diejenigen Arbeitnehmer, die **normalerweise** während des größten Teils des Jahres in dem Betrieb beschäftigt werden; maßgeblich ist also nicht die durchschnittliche Anzahl der Beschäftigten, sondern die für den Betrieb im Allgemeinen kennzeichnende Personalstärke.[273] Dabei ist einerseits ein Rückblick vorzunehmen, für den das BAG einen Zeitraum von sechs Monaten bis zwei Jahren für angemessen hält.[274] Andererseits ist auch die künftige Entwicklung bis zum Wahltag einzubeziehen, soweit sie nicht nur auf bloßen Befürchtungen beruht,[275] sondern aufgrund konkreter Entscheidungen des Arbeitgebers absehbar ist,[276] zB infolge einer konkret geplanten Personalaufstockung oder von Entlassungen aufgrund eines Interessenausgleichs.[277] Zu berücksichtigen sind daher auch Arbeitnehmer, deren Arbeitsverhältnis **vorübergehend ruht,** während befristet eingestellte Vertretungskräfte umgekehrt nicht mitgezählt werden (vgl. § 21 Abs. 7 BEEG, der dies nur unvollkommen zum Ausdruck bringt).[278]

149 Werden Arbeitnehmer nicht ständig, sondern **lediglich zeitweilig** beschäftigt, kommt es für die Frage der regelmäßigen Beschäftigung darauf an, ob sie normalerweise während des größten Teils eines Jahres – also für mindestens sechs Monate im Jahr – beschäftigt werden.[279] Schließt ein Arbeitgeber mit allen Aushilfen eine Rahmenvereinbarung ab, auf deren Grundlage stets aufs Neue einzelne befristete Aushilfsarbeitsverhältnisse vereinbart werden, sind nicht sämtliche Aushilfen einzuberechnen, sondern nur die normalerweise beschäftigten.[280] Nicht hierunter fallen allerdings **Teilzeitbeschäftigte,** die aufgrund ihrer durchgängigen Beschäftigung voll zu berücksichtigen sind.[281]

150 Auch bei **Leiharbeitnehmern** (→ Rn. 147) kommt es darauf an, wie viele von ihnen „in der Regel" im Entleiherbetrieb eingesetzt werden, also zum normalen Personalbestand des Betriebs gehören und nicht nur als Vertretung für vorübergehend ausgefallene Stammarbeitnehmer tätig sind (→ Rn. 148). Nach Sinn und Zweck des Schwellenwerts (→ Rn. 141) ist dabei eine **betriebsbezogene** Betrachtung angebracht, während die Einsatzdauer der einzelnen Leiharbeitnehmer nicht von Relevanz ist.[282]

151 **c) Wahlberechtigung.** Rechtspolitisch fragwürdig, im Ergebnis aber hinzunehmen ist, dass nur für die ersten drei Größen-Stufen in § 9 S. 1 BetrVG auf die Anzahl der **wahl-**

---

[271] BT-Drs. 18/9232, S. 29.
[272] Ebenso GK-BetrVG/*Kreutz* § 19 Rn. 70; GK-BetrVG/*Raab* § 7 Rn. 115.
[273] BAG 22.2.1983 – 1 AZR 260/81, NJW 1984, 323 (323); 7.5.2008 – 7 ABR 17/07, NZA 2008, 1142 Rn. 17; aus der Lit. statt vieler *Fitting* § 9 Rn. 12 mwN.
[274] BAG 18.1.2017 – 7 ABR 60/15, NZA 2017, 865 Rn. 34.
[275] LAG Hamm 6.10.1978 – 3 TaBV 64/78, DB 1979, 1563.
[276] BAG 29.6.1991 – 7 ABR 27/90, NZA 1992, 182 (183); 7.5.2008 – 7 ABR 17/07, NZA 2008, 1142 Rn. 17.
[277] LAG Hmb 26.4.2006 – 6 TaBV 6/06, NZA-RR 2006, 413 (414); *Fitting* § 9 Rn. 13.
[278] BAG 15.3.2006 – 7 ABR 39/05, BeckRS 2008, 54162 Rn. 14f.
[279] BAG 12.10.1976 – 1 ABR 1/76, NJW 1977, 647; 16.11.2004 – 1 AZR 642/03, NJOZ 2005, 4140 (4142).
[280] Vgl. BAG 12.11.2008 – 7 ABR 73/07, BeckRS 2009, 58799 Rn. 18ff.
[281] LAG Hamm 11.5.1979 – 3 TaBV 9/79, BeckRS 1979, 30810642; *obiter dicens* auch BAG 12.11.2008 – 7 ABR 73/07, BeckRS 2009, 58799 Rn. 20.
[282] BAG 18.1.2017 – 7 ABR 60/15, NZA 2017, 865 Rn. 26 (zu § 38 Abs. 1 BetrVG); ebenso *Fitting* § 9 Rn. 32; GK-BetrVG/*Jacobs* § 9 Rn. 21; GK-BetrVG/*Raab* § 7 Rn. 116.

berechtigten Arbeitnehmer abgestellt wird.[283] Das zusätzliche Erfordernis der Wahlberechtigung (näher → Rn. 65 ff.) wirkt sich ohnehin nur sehr begrenzt aus, da die Betriebszugehörigkeit bereits eigenständiges Tatbestandsmerkmal von § 9 S. 1 BetrVG ist (→ Rn. 143). Praktisch hat es zur Folge, dass nur Arbeitnehmer im Wahlalter (→ Rn. 113 f.) zu berücksichtigen sind.

Als problematisch erweist sich das Erfordernis der Wahlberechtigung für **Leiharbeit-** 152 **nehmer**. Sähe man hierin einen Verweis auf die dreimonatige Mindesteinsatzdauer nach **§ 7 S. 2 BetrVG**, hätte das zur Folge, dass kürzer eingesetzte Leiharbeitnehmer generell nicht zu berücksichtigen wären. Daran würde auch § 14 Abs. 2 S. 4 AÜG nichts ändern (→ Rn. 147). Dieses Ergebnis wäre widersinnig, weil der Aufwand für den Betriebsrat in der Regel umso größer ausfällt, je kürzer die Einsatzdauer und je höher die Fluktuation der regelmäßig eingesetzten Leiharbeitnehmer ist. Wertungswidersprüche entstünden auch im Vergleich zu regelmäßig beschäftigten Aushilfen, die nach § 7 S. 1 BetrVG unabhängig von ihrer Einsatzdauer wahlberechtigt sind (→ Rn. 79). Aus diesem Grund ist das Tatbestandsmerkmal der Wahlberechtigung in § 9 S. 1 BetrVG auch für Leiharbeitnehmer einschränkend als **bloßer Verweis auf das Wahlalter** nach § 7 S. 1 BetrVG auszulegen.[284]

2. Feststellung durch den Wahlvorstand

Aus § 3 Abs. 2 Nr. 5 WO, § 31 Abs. 1 S. 3 Nr. 5 WO ergibt sich, dass es Aufgabe des 153 **Wahlvorstands** ist, die Zahl der regelmäßig beschäftigten – und ggf. wahlberechtigten (→ Rn. 151 f.) – Arbeitnehmer zu ermitteln. Da der Wahlvorstand eine wertende Einschätzung zum normalen Personalbestand treffen muss (→ Rn. 148), steht ihm in Grenzfällen ein **Beurteilungsspielraum** zu, der nur auf die Ausübung pflichtgemäßen Ermessens überprüfbar ist.[285]

3. Maßgeblicher Zeitpunkt

Maßgebend für die Feststellung der regelmäßigen Arbeitnehmerzahl durch den Wahlvor- 154 stand und seine Prognose (→ Rn. 148, 153) sind die Verhältnisse bei Erlass des **Wahlausschreibens**,[286] was sich indirekt aus § 3 Abs. 2 Nr. 5 WO, § 31 Abs. 1 S. 3 Nr. 5 WO ergibt. Änderungen im Zeitraum bis zur Wahl sind unbeachtlich, solange nicht die Mindestgrenze des § 1 BetrVG unterschritten wird.[287] Gleiches gilt für Änderungen nach der Wahl; sie können nur unter den Voraussetzungen von § 13 Abs. 2 Nr. 1 BetrVG eine Neuwahl bedingen (→ Rn. 29 ff.).

4. Ermäßigte Mitgliederzahl

Kann die gesetzlich vorgesehene Zahl von Betriebsratsmitgliedern nicht erreicht werden, 155 weil ein Betrieb bei Erlass des Wahlausschreibens (→ Rn. 154) nicht die entsprechende Zahl wählbarer Arbeitnehmer aufweist, so ist nach **§ 11 BetrVG** die Zahl der Betriebsratsmitglieder der nächstniedrigeren Betriebsgröße zugrunde zu legen. Wird auch diese Zahl nicht erreicht, kann die Vorschrift nach hM auch **mehrfach** zur Anwendung gelangen.[288]

---

[283] Für die missverständlich formulierte dritte Stufe BAG 18.1.1989 – 7 ABR 21/88, BeckRS 9998, 150026 (II. 1. b. aE); wohl auch 13.3.2013 – 7 ABR 69/11, NZA 2013, 789 Rn. 21: Voraussetzung entfalle bei „mehr als 51 Arbeitnehmern"; ebenso GK-BetrVG/*Jacobs* § 9 Rn. 5 mwN; aA *Linsenmaier/Kiel* RdA 2014, 135 (143) m. Fn. 115.

[284] Ebenso GK-BetrVG/*Raab* § 7 Rn. 119; aA GK-BetrVG/*Kreutz* § 19 Rn. 31 (11. Bullet); *Löwisch/Wegmann* BB 2017, 373 (375).

[285] BAG 12.10.1976 – 1 ABR 1/76, NJW 1977, 647; 25.11.1992 – 7 ABR 7/92, NZA 1993, 955 (958); GK-BetrVG/*Jacobs* § 9 Rn. 18 mwN.

[286] BAG 12.10.1976 – 1 ABR 1/76, NJW 1977, 647; 7.5.2008 – 7 ABR 17/07, NZA 2008, 1142 Rn. 17; aus der Lit. statt vieler GK-BetrVG/*Jacobs,* § 9 Rn. 17 mwN.

[287] LAG Hamburg 19.4.2010, NZA-RR 2010, 585 (587 f.); aus der Lit. statt vieler *Fitting* § 9 Rn. 38 mwN.

[288] Statt vieler *Fitting* § 11 Rn. 6; **krit.** GK-BetrVG/*Jacobs* § 11 Rn. 8.

156 Entgegen der hM[289] ist § 11 BetrVG **nicht analog** anzuwenden auf Fallgestaltungen, in denen sich vor der Wahl keine ausreichende Zahl von Wahlbewerbern findet oder in denen nach erfolgter Wahl nicht ausreichend Gewählte die Wahl annehmen oder in denen bei Mehrheitswahl nicht genügend Arbeitnehmer überhaupt eine Stimme erhalten haben.[290] In all diesen Fällen ist vielmehr vor der Wahl analog § 9 Abs. 1 WO eine Nachfrist für weitere Wahlvorschläge zu setzen; nach Abschluss der Wahl findet § 13 Abs. 2 Nr. 2 BetrVG Anwendung (→ Rn. 36 ff.). Denn § 11 BetrVG lässt das Erfordernis einer arbeitsfähigen Betriebsratsgröße (→ Rn. 141) nur ganz ausnahmsweise zurückstehen, wenn andernfalls ein Betriebsrat aus rechtlichen Gründen nicht gewählt werden könnte. Scheitert die Wahl einer ausreichenden Anzahl von Betriebsratsmitgliedern dagegen am Willen der Belegschaft, ist das eine gänzlich andere Situation. Wer auf sie § 11 BetrVG analog anwenden will, setzt sich darüber hinweg, dass der Gesetzgeber die notwendige Mindestgröße des Betriebsrats in § 9 BetrVG und § 11 BetrVG bewusst zwingend, dh unabhängig vom Willen der Beteiligten, vorgegeben hat.

5. Streitigkeiten

157 Vor Abschluss des Wahlverfahrens kann durch **Leistungsantrag** oder **Berichtigungsverfügung** im Beschlussverfahren nach § 2a Abs. 1 Nr. 1, Abs. 2, §§ 80 ff. ArbGG vom Wahlvorstand begehrt werden, das Wahlverfahren durch ein neues, berichtigtes Wahlausschreiben neu einzuleiten (ausführlich → Rn. 255 ff.). Nach Durchführung der Wahl kann eine unrichtig bestimmte Betriebsratsgröße im **Anfechtungsverfahren** geltend gemacht werden (näher → Rn. 288 ff.).[291] Entgegen der Rechtsprechung[292] ist eine Wiederholung der Wahl nur bei Mehrheitswahl erforderlich, während das Arbeitsgericht im Fall der Verhältniswahl das fehlerhafte Wahlergebnis regelmäßig selbst berichtigen kann.[293] Nichtig ist die Wahl hingegen nur im Ausnahmefall, etwa bei einer willkürlich bestimmten geraden Anzahl von Mitgliedern.[294]

V. Zusammensetzung

158 Der Betriebsrat vertritt sämtliche Arbeitnehmer eines Betriebs. Aufgrund des Mehrheitsprinzips besteht dabei die Gefahr, dass die **Interessen** einzelner Gruppen von Arbeitnehmern nicht ausreichend berücksichtigt werden. In § 15 BetrVG trifft der Gesetzgeber daher Vorgaben zur Zusammensetzung des Betriebsrats nach Organisationsbereichen, Beschäftigungsarten und Geschlecht.

1. Organisationsbereiche und Beschäftigungsarten

159 Nach § 15 Abs. 1 BetrVG soll sich der Betriebsrat möglichst aus Arbeitnehmern der einzelnen Organisationsbereiche und Beschäftigungsarten zusammensetzen. **Organisationsbereiche** sind selbst nicht betriebsratsfähig, sondern Untergliederungen einer betriebsratsfähigen Organisationseinheit, die räumlich oder in ihrer sachlichen Funktion abgegrenzt sind, zB Abteilungen für Einkauf, Vertrieb, Entwicklung oder Versand.[295] Unter Beschäfti-

---

[289] BAG 11.4.1958 – 1 ABR 4/57, BeckRS 1958, 103190; 7.5.2008 – 7 ABR 17/07, NZA 2008, 1142 Rn. 18; aus der Lit. statt vieler Richardi BetrVG/*Thüsing* § 11 Rn. 6 ff. mwN.
[290] Ebenso GK-BetrVG/*Jacobs* § 9 Rn. 32; **diff.** nach dem Zeitpunkt HWGNRH/*Nicolai* § 11 Rn. 7 f.
[291] BAG 7.5.2008 – 7 ABR 17/07, NZA 2008, 1142 Rn. 23.
[292] BAG 29.6.1991 – 7 ABR 67/90, NZA 1992, 36 (37 f.); 7.5.2008 – 7 ABR 17/07, NZA 2008, 1142 Rn. 23.
[293] Überzeugend *Fitting* § 9 Rn. 53 ff.; zust. HK-BetrVG/*Brors* § 9 Rn. 13; GK-BetrVG/*Jacobs* § 9 Rn. 36; GK-BetrVG/*Kreutz* § 19 Rn. 132; Löwisch/Kaiser/*Wiebauer* § 9 Rn. 16; wohl auch Richardi BetrVG/ *Thüsing* § 9 Rn. 24; **aA** BeckOK ArbR/*Besgen* § 9 Rn. 16; DKKW/*Homburg* § 9 Rn. 26; ErfK/ *Koch* BetrVG § 9 Rn. 4; HWGNRH/*Nicolai* § 9 Rn. 23; HWK/*Reichold* BetrVG § 9 Rn. 9.
[294] Zutreffend GK-BetrVG/*Jacobs* § 9 Rn. 35; Löwisch/Kaiser/*Wiebauer* § 9 Rn. 16; **aA** *Fitting* § 9 Rn. 59: Nichtigkeit nicht denkbar.
[295] Statt vieler *Fitting* § 15 Rn. 7a.

V. Zusammensetzung

gungsarten sind die im Betrieb vertretenen **Berufsgruppen** zu verstehen, zB Facharbeiter, Hilfsarbeiter, Büroangestellte oder Reinigungskräfte.[296]

§ 15 Abs. 1 BetrVG richtet sich an Arbeitnehmer und Gewerkschaften, die nach § 14 Abs. 3 BetrVG wahlvorschlagsberechtigt sind. Es handelt sich um eine bloße **Soll-Vorschrift** („soll... möglichst"), auf deren Einhaltung im Wahlausschreiben zwar nach § 3 Abs. 3 WO hinzuweisen ist, deren Nichtbefolgung nach allgemeiner Ansicht aber folgenlos bleibt.[297] Trotzdem ist die Vorschrift in dem Sinne **zwingend** (→ Rn. 2), dass ihr nicht durch Vereinbarung Verbindlichkeit für Wahlvorschläge beigelegt werden darf.[298]

2. Geschlechterquote

Nach § 15 Abs. 2 BetrVG muss das Geschlecht, das in der Belegschaft in der Minderheit ist, mindestens entsprechend seinem zahlenmäßigen Verhältnis im Betriebsrat vertreten sein, wenn dieser aus mindestens drei Mitgliedern besteht. Diese **zwingende** Vorgabe dient der tatsächlichen Verwirklichung der Gleichberechtigung im Betrieb und ist nach Ansicht des BAG in dieser Form auch verfassungsgemäß.[299] Das BVerfG hat hierüber in der Sache bislang nicht entschieden; eine Vorlage des LAG Köln[300] hat es nach § 81a S. 1 BVerfGG als unzulässig zurückgewiesen.[301]

§ 15 Abs. 2 BetrVG setzt voraus, dass ein Geschlecht in der Minderheit ist, kommt also nicht zur Anwendung, wenn die Geschlechter in gleicher Anzahl oder nur ein Geschlecht im Betrieb vertreten ist.[302] Nach § 5 Abs. 1 WO (ggf. iVm § 32 WO) hat der Wahlvorstand daher zunächst das Geschlecht in der Minderheit zu ermitteln und anschließend den Mindestanteil der Sitze für dieses Geschlecht nach **dem d'Hondtschen Höchstzahlensystem** zu errechnen (näher mit Beispiel → Rn. 175). Dabei kann der letzte Sitz auch auf das Geschlecht in der Mehrheit entfallen, so dass der Sitzanteil des Minderheitsgeschlechts im Betriebsrat hinter dem Anteil in der Belegschaft zurückbleibt; ein durch Aufrundung zu korrigierender Verstoß gegen § 15 Abs. 2 BetrVG („entsprechend") liegt darin nicht.[303] Für die Berechnung heranzuziehen sind alle **betriebszugehörigen** Arbeitnehmer iSd § 5 BetrVG (näher → Rn. 69 ff., 77 ff.). Leiharbeitnehmer sind nach bzw. analog § 14 Abs. 2 S. 4 AÜG ebenfalls zu berücksichtigen, da der Betriebsrat auch ihre Interessen vertritt (→ Rn. 145 f.).[304] Maßgeblicher Zeitpunkt für die Berechnung ist nach § 5 Abs. 1 S. 3 WO der Erlass des Wahlausschreibens, in dem der Mindestanteil anzugeben ist (§ 3 Abs. 2 Nr. 5 WO, § 31 Abs. 1 S. 3 Nr. 4 WO).

§ 15 Abs. 2 BetrVG regelt nicht das **Wahlverhalten**. Der Grundsatz der Wahlfreiheit ist gegenüber der Berücksichtigung des Geschlechts in der Minderheit vorrangig. Reine Frauenlisten oder reine Männerlisten sind daher weiterhin zulässig.[305] Außerdem bleiben die Angehörigen des Geschlechts in der Minderheit in ihrer Entscheidung frei, ob sie sich wählen lassen. Der Mindestanteil nach § 15 Abs. 2 BetrVG spielt erst bei der Sitzverteilung eine Rolle. Für die Einzelheiten kommt es auf das Wahlverfahren an: Im Fall einer Verhältniswahl sieht § 15 Abs. 5 WO notfalls einen sog. **Listensprung** vor (näher

---

[296] Statt vieler Richardi BetrVG/*Thüsing* § 15 Rn. 8 mwN.
[297] Statt vieler Richardi BetrVG/*Thüsing* § 15 Rn. 21 mwN.
[298] GK-BetrVG/*Jacobs* § 15 Rn. 6.
[299] BAG 16.3.2005 – 7 ABR 40/04, NZA 2005, 1252 (1255 ff.); zust. GK-BetrVG/*Jacobs* § 15 Rn. 16 mwN; abl. *Kamanabrou* RdA 2006, 186 (188 ff.).
[300] LAG Köln 13.10.2003 – 2 TaBV 1/03, NZA-RR 2004, 247 ff.
[301] BVerfG 6.7.2011 – 1 BvL 9/03 – Angaben nach *Löwisch* NZA 2011, 1075 (1075).
[302] Statt vieler HWK/*Reichold* BetrVG § 15 Rn. 4 mwN.
[303] BAG 10.3.2004 – 7 ABR 49/03, NZA 2004, 1340 (1343 f.). GK-BetrVG/*Jacobs* § 15 Rn. 23; HWK/*Reichold* BetrVG § 15 Rn. 6; Richardi BetrVG/*Thüsing*, § 15 Rn. 17; Löwisch/Kaiser/*Wiebauer* § 15 Rn. 7; **aA** *Löwisch* BB 2001, 1734 (1738).
[304] Ebenso *Fitting* § 15 Rn. 16; GK-BetrVG/*Jacobs* § 15 Rn. 18; Löwisch/Kaiser/*Wiebauer* § 15 Rn. 5; **aA** HWGNRH/*Nicolai* § 15 Rn. 18.
[305] Statt vieler *Fitting* § 15 Rn. 13 mwN.

→ Rn. 173, 175), während bei einer Mehrheitswahl der Mindestanteil nach § 22 Abs. 1 WO vorab auf Angehörige des Minderheitsgeschlechts verteilt wird (näher → Rn. 177).

164 Noch ungeklärt ist, wie es sich auf § 15 Abs. 2 BetrVG (und andere Geschlechterquoten) auswirkt, dass das BVerfG im Jahr 2017 für intersexuelle Personen ein **drittes Geschlecht** „jenseits von männlich oder weiblich" anerkannt und dem Gesetzgeber deshalb eine Neuregelung des Personenstandsrechts bis zum 31.12.2018 aufgegeben hat.[306] Die Problematik stellt sich für § 15 Abs. 2 BetrVG allerdings nur, wenn im Betrieb ein drittes Geschlecht auch tatsächlich vertreten ist. Dem Sinn und Zweck von § 15 Abs. 2 BetrVG entspricht es dann, die Vorschrift sowie § 5, § 15 Abs. 5 und § 22 Abs. 1 WO auf beide in der Minderheit befindlichen Geschlechter anzuwenden.

165 Die Vorgabe in § 15 Abs. 2 BetrVG ist **zwingend** (→ Rn. 2), insbesondere können die Angehörigen des Geschlechts in der Minderheit nicht wirksam auf die ihnen zustehenden Mindestsitze verzichten. Vor Abschluss des Wahlverfahrens kann durch **Leistungsantrag** oder **Berichtigungsverfügung** im Beschlussverfahren nach § 2a Abs. 1 Nr. 1, Abs. 2, §§ 80 ff. ArbGG vom Wahlvorstand begehrt werden, das Wahlverfahren durch ein neues, berichtigtes Wahlausschreiben neu einzuleiten (ausführlich → Rn. 255 ff.). Nach Durchführung der Wahl kann ein Verstoß gegen § 15 Abs. 2 BetrVG im Anfechtungsverfahren geltend gemacht werden (→ Rn. 287 ff.).[307] Im Fall der Begründetheit kommt eine bloße Berichtigung des Wahlergebnisses durch das Arbeitsgericht – anders als bei Falschangabe der Gesamtsitze (→ Rn. 157) – auch bei der Listenwahl nicht in Betracht, da die falsche Angabe der Mindestsitze auch Auswirkungen auf die Reihenfolge der Kandidaten haben kann.[308]

3. Nachrücken von Ersatzmitgliedern

166 Die Mitglieder nach § 15 **Abs. 1** BetrVG nehmen keine Sonderstellung ein. Scheiden sie aus dem Betriebsrat aus, rückt daher das nach § 25 Abs. 2 BetrVG dafür vorgesehene Ersatzmitglied unabhängig von Organisationsbereich oder Beschäftigungsart nach.[309] Dagegen ist die Geschlechterquote aus § 15 **Abs. 2** BetrVG auch beim Nachrückverfahren zu beachten (näher → § 292 Rn. 126 f.).

VI. Wahlgrundsätze

167 Die Wahl des Betriebsrats erfolgt nach **demokratischen Grundsätzen,** die von den Beteiligten strikt zu beachten sind (→ Rn. 2). Es handelt sich um eine geheime und unmittelbare, allgemeine, gleiche und freie Wahl. Sie wird als Verhältnis- oder als Mehrheitswahl durchgeführt.

1. Geheime und unmittelbare Wahl

168 Nach § 14 Abs. 1 BetrVG wird der Betriebsrat in **geheimer Wahl** gewählt, das eigene Stimmverhalten darf also für andere nicht erkennbar sein. Ausgeschlossen ist daher insbesondere eine offene Stimmabgabe, zB durch Handzeichen oder Akklamation.[310] Die WO sichert diesen Grundsatz durch detaillierte Vorgaben zur Stimmabgabe, zum Wahlvorgang und zur Auszählung ab (§§ 11 ff. WO).

169 Die Wahl erfolgt nach § 14 Abs. 1 BetrVG außerdem **unmittelbar,** dh als Urwahl durch die Wahlberechtigten selbst. Eine Delegiertenwahl, wie sie etwa §§ 10 ff. MitbestG vorsehen, scheidet für die Betriebsratswahl aus.

---

[306] BVerfG 10.10.2017 – 1 BvR 2019/16, NJW 2017, 3643 Rn. 43 u. 50 mAnm *Rixen* JZ 2018, 317 ff. Vgl. zur geplanten Umsetzung den Entwurf eines Gesetzes zur Änderung des Personenstandsgesetzes vom 15.8.2018 (Angabe „divers"), der sich zu Folgefragen nicht verhält.
[307] BAG 13.3.2013 – 7 ABR 67/11, NZA-RR 2013, 575 Rn. 12.
[308] GK-BetrVG/*Jacobs* § 15 Rn. 32.
[309] Statt vieler *Fitting* § 15 Rn. 8 u. 10 mwN.
[310] BAG 12.10.1961 – 5 AZR 423/60, NJW 1962, 268 (269); HessLAG 27.9.2012 – 16 Sa 1741/11, BeckRS 2015, 70834.

2. Allgemeine, gleiche und freie Wahl

Im BetrVG nicht ausdrücklich erwähnt werden die Prinzipien der Allgemeinheit, Gleichheit und Freiheit der Wahl. Sie werden aber als selbstverständlich vorausgesetzt, da sie mit den anderen Wahlgrundsätzen inhaltlich eng verbunden sind und in der WO verschiedentlich zum Ausdruck kommen. **Allgemein** ist die Betriebsratswahl, weil alle wahlberechtigten Arbeitnehmer zur Wahl zugelassen sind und keiner von ihr ausgeschlossen werden darf. Jeder wahlberechtigte Arbeitnehmer hat den **gleichen** Einfluss auf das Wahlergebnis, indem jeder (nur) eine Stimme mit gleichem Wert hat.[311] Der Grundsatz der **Freiheit der Wahl** schließt Beeinflussungen der Stimmabgabe aus (näher → Rn. 268 ff.).

3. Verhältniswahl und Mehrheitswahl

Die Betriebsratswahl erfolgt nach § 14 Abs. 2 S. 1 BetrVG grundsätzlich als Verhältniswahl. Die Mehrheitswahl ist die Ausnahme, die im vereinfachten Wahlverfahren des § 14a BetrVG für Kleinbetriebe sowie dann zur Anwendung gelangt, wenn nur eine einzige Vorschlagsliste eingereicht wird (§ 14 Abs. 2 S. 2 BetrVG).

a) Verhältniswahl. Findet die Wahl nicht im vereinfachten Verfahren nach § 14a BetrVG statt und werden zwei oder mehr gültige Wahlvorschläge (**Vorschlagslisten**, § 6 WO) eingereicht, gelten nach § 14 Abs. 2 S. 1 BetrVG die Grundsätze der Verhältniswahl, die in §§ 11 bis 19 WO konkretisiert werden. Der wahlberechtigte Arbeitnehmer kann seine Stimme nach § 11 Abs. 3 WO nur für eine Vorschlagsliste als solche abgeben, ohne dass er sie durch Hinzusetzen oder Streichen von Kandidaten ändern oder auf die Reihenfolge Einfluss nehmen könnte.

Für die Verteilung der Betriebsratssitze auf die Listen sieht § 15 WO das **d'Hondtsche Höchstzahlverfahren**[312] vor: Dazu werden die den einzelnen Vorschlagslisten zugefallenen Stimmenzahlen in einer Reihe nebeneinander gestellt und sämtlich durch 1, 2, 3, 4 usw. geteilt. Die auf diese Weise ermittelten Teilzahlen werden nacheinander zeilenweise unter der ersten Zeile mit den Stimmenzahlen aufgeführt (Abs. 1). Anschließend werden die Teilzahlen ihrer Größe nach absteigend geordnet und dann so viele sog. Höchstzahlen ausgesondert, wie Betriebsratsmitglieder zu wählen sind. Jede Liste erhält so viele Sitze, wie Höchstzahlen auf sie entfallen (Abs. 2). Erhält eine Liste mehr Höchstzahlen als sie Bewerber enthält, gehen die Sitze auf die folgenden Höchstzahlen der übrigen Listen über (Abs. 3). Innerhalb der Listen richtet sich die Vergabe nach der Reihenfolge der Benennung der Wahlbewerber (Abs. 4). Eine Modifikation gilt nach § 15 Abs. 5 WO, wenn durch dieses Verfahren die nach § 15 Abs. 2 BetrVG vorgeschriebene Mindestzahl der Sitze für das Geschlecht in der Minderheit (→ Rn. 161 ff.) nicht erreicht wird: In diesem Fall kommt auf der letzten zum Zug gekommenen Liste der am höchsten platzierte Bewerber des Minderheitengeschlechts zum Zug (Nr. 1). Enthält diese Liste keine (weitere) Person des Geschlechts in der Minderheit, erfolgt ein sog. Listensprung (Nr. 2). Verfügen auch alle anderen Listen über keine (weitere) Person des Geschlechts in der Minderheit, bleibt es bei der Sitzverteilung (Nr. 5). Dasselbe Verfahren sieht § 17 Abs. 2 S. 2 WO für den Fall vor, dass ein Bewerber die Wahl ablehnt und durch unmodifiziertes Nachrücken von derselben Liste die Mindestquote nach § 15 Abs. 2 BetrVG nicht erreicht würde.[313]

Zur Veranschaulichung des Verfahrens soll folgendes **Beispiel** dienen:[314] Für einen Betrieb sind nach § 9 S. 1 BetrVG sieben Betriebsratsmitglieder zu wählen. Der Betrieb hat 154 männliche und 42 weibliche Arbeitnehmer. Es wurden zwei Vorschlagslisten eingereicht. Auf Liste 1 entfallen 128 Stimmen, für Liste 2 werden 61 Stimmen abgegeben. Die

---

[311] Näher zu Zähl- und Erfolgswert BAG 16.3.2005 – 7 ABR 40/04, NZA 2005, 1252 (1255 f.).
[312] Zur Verfassungsmäßigkeit BAG 22.11.2017 – 7 ABR 35/16, NZA 2018, 604 Rn. 20 ff.
[313] Vgl. zur „Rückgängigmachung" infolge Nichtannahme der Wahl vor Bekanntmachung LAG Nds 10.3.2011 – 5 TaBV 96/10, NZA-RR 2011, 465 ff.; zust. ErfK/*Koch* BetrVG § 15 Rn. 4; HWK/*Reichold* BetrVG § 15 Rn. 8 aE.; Richardi BetrVG/*Thüsing* § 15 Rn. 19.
[314] Nach MHdB ArbR/*Joost*, 3. Aufl. 2009, § 216 Rn. 115.

Teilung nach dem Höchstzahlverfahren ergibt für die grundsätzliche Verteilung der Sitze auf die Listen folgendes Bild, wobei die sieben Höchstzahlen durch Fettdruck hervorgehoben sind:

Liste 1	128	Liste 2	61
: 1 =	**128**	: 1 =	**61**
: 2 =	**64**	: 2 =	**30,5**
: 3 =	**42,6**	: 3 =	20,3
: 4 =	**32**	: 4 =	15,2
: 5 =	**25,6**	: 5 =	12,2
: 6 =	21,3	: 6 =	10,2

Von den sieben zu vergebenden Mandaten entfallen fünf auf Liste 1 (Höchstzahlen 128; 64; 42,6; 32 und 25,6) und zwei auf Liste 2 (Höchstzahlen 61 und 30,5).

175 Anschließend muss die nach § 15 Abs. 2 BetrVG erforderliche Mindestzahl der Sitze für das Geschlecht in der Minderheit berücksichtigt werden (→ Rn. 161 ff.), die gem. § 5 WO ebenfalls nach dem System d'Hondt zu ermitteln ist:

Männer	154	Frauen	42
: 1 =	154	: 1 =	**42**
: 2 =	77	: 2 =	21
: 3 =	51,3	: 3 =	14
: 4 =	38,5	: 4 =	10,5
: 5 =	30,8	: 5 =	8,4
: 6 =	25,6	: 6 =	7

Bei sieben zu verteilenden Mandaten steht dem Geschlecht in der Minderheit somit mindestens ein Sitz zu (Höchstzahl 42). Dass der so ermittelte Mindestanteil im Betriebsrat (14%) niedriger ist als der Anteil der Frauen in der Belegschaft (21%), verstößt nicht gegen § 15 Abs. 2 BetrVG (→ Rn. 162). Befindet sich unter den sieben verteilten Mandaten bislang keine weibliche Bewerberin, würde nach § 15 Abs. 5 Nr. 1 WO der zuletzt zum Zug gekommene Bewerber der Liste 2 durch die nächstplatzierte weibliche Bewerberin der Liste 2 ersetzt. Ist Liste 2 eine reine Männerliste (→ Rn. 163), käme nach § 15 Abs. 5 Nr. 2 WO die höchstplatzierte Bewerberin der Liste 1 zum Zug (sog. Listensprung). Ist auch Liste 1 eine reine Männerliste, bliebe es nach § 15 Abs. 5 Nr. 5 WO beim zuvor ermittelten Ergebnis.

176 **b) Mehrheitswahl.** Ist der Betriebsrat im vereinfachten Wahlverfahren für Kleinbetriebe (§ 14a BetrVG) zu wählen oder wurde nur eine einzige Vorschlagsliste eingereicht, finden nach § 14 Abs. 2 S. 2 BetrVG die Grundsätze der Mehrheitswahl Anwendung, die in §§ 20 ff. WO konkretisiert werden. Anders als die Verhältniswahl ist die Mehrheitswahl eine **Personenwahl**. Der Wähler kann seine Stimme durch Ankreuzen der entsprechenden Namen nur für solche Bewerber abgeben, die ordnungsgemäß zur Wahl vorgeschlagen wurden (§ 20 Abs. 1 WO; § 34 Abs. 1 S. 1 WO ggf. iVm § 36 Abs. 4 WO, § 37 WO). Er hat dabei so viele Stimmen, wie Sitze zu vergeben sind (§ 20 Abs. 3 WO; § 34 Abs. 1 S. 3 Hs. 2 WO ggf. iVm § 36 Abs. 4 WO, § 37 WO).

Die Sitzverteilung erfolgt sodann nach **§ 22 WO** (ggf. iVm § 34 Abs. 5 WO, § 36 Abs. 4 WO, § 37 WO). Dafür werden zunächst die Mindestsitze für das **Geschlecht** in der Minderheit an diejenigen Wahlbewerber dieses Geschlechts vergeben, auf welche die höchsten Stimmenzahlen entfallen sind (Abs. 1). Erst im Anschluss werden die übrigen Sitze unabhängig von der Geschlechtszugehörigkeit nach Stimmenzahlen vergeben (Abs. 2). Lehnt ein Bewerber die Wahl ab, rückt grundsätzlich der Bewerber mit der nächsthöheren Stimmenzahl nach; lehnt ein Bewerber des Minderheitsgeschlechts die Wahl ab, rückt allerdings zwingend eine Person desselben Geschlechts nach, wenn andernfalls die Anzahl der Mindestsitze für dieses Geschlecht nicht mehr erreicht würde, § 23 Abs. 2 WO.

Im Gegensatz zur Verhältniswahl haben die wahlberechtigten Arbeitnehmer damit einerseits mehr Einfluss auf die konkret gewählten Personen. Andererseits erweist sich die Mehrheitswahl für **Minderheiten** im Betrieb als nachteilig, weil für unterlegene Kandidaten abgegebene Stimmen keinen Erfolgswert haben.[315]

VII. Wahlverfahren

Während die wesentlichen **Grundsätze** der Betriebsratswahl im BetrVG geregelt sind, finden sich die genauen Einzelheiten des Wahlverfahrens in den Bestimmungen der WO, die auf Grundlage der Verordnungsermächtigung in § 126 BetrVG erlassen wurde. Die WO ist bewusst sehr ausführlich gehalten, um dem Wahlvorstand die Durchführung der Wahl und die Einhaltung der teils komplexen gesetzlichen Regelungen zu erleichtern. Hinsichtlich der Verfahrensvorgaben unterscheidet das Gesetz zwischen dem Regelwahlverfahren[316] (§§ 16 f. BetrVG) und dem vereinfachten Wahlverfahren für Kleinbetriebe (§§ 14a, 17a BetrVG). Diese Regelungen sind **zwingend**, abweichende Vereinbarungen durch Tarifvertrag, Betriebsvereinbarung oder Vereinbarung zwischen Arbeitgeber und Arbeitnehmer sind nicht möglich (→ Rn. 2).

1. Regelwahlverfahren

Das Regelwahlverfahren ist in §§ 16, 17 BetrVG normiert, die durch §§ 11 ff. WO konkretisiert werden. Danach ist zunächst ein Wahlvorstand zu bestellen, der nach § 18 BetrVG die Wahl vorbereitet und unverzüglich einleitet, sie durchführt und das Wahlergebnis feststellt.

a) Bestellung des Wahlvorstands. Der Wahlvorstand ist ein besonderes betriebsverfassungsrechtliches Organ und von **zentraler Bedeutung** für die Betriebsratswahlen. Ohne Bestellung eines Wahlvorstands kann eine Betriebsratswahl nicht wirksam durchgeführt werden (→ Rn. 315).[317]

aa) Zeitpunkt. Nach § 16 Abs. 1 S. 1 BetrVG ist der Wahlvorstand **spätestens zehn Wochen** vor Ablauf der regelmäßigen Amtszeit des Betriebsrats zu bestellen. Eine frühere Bestellung ist grundsätzlich zulässig. Damit der Wahlvorstand die Wahlen zeitgleich mit denen zum Sprecherausschuss einleiten kann, ohne gegen die Vorgabe aus § 18 Abs. 1 S. 1 BetrVG zu verstoßen (näher → Rn. 20), sollte sich der Bestellungszeitpunkt insbesondere an der zuerst ablaufenden Amtszeit orientieren. Das Gesetz nennt dagegen weder einen **frühestmöglichen Zeitpunkt** der Bestellung noch gibt es eine Erforderlichkeitsprüfung[318] vor. Für die Wirksamkeit einer frühzeitigen Bestellung gilt daher allein die allgemeine Grenze des Rechtsmissbrauchs, insbesondere mit Blick auf den besonderen Kün-

---

[315] Zu Recht **krit.** Richardi BetrVG/*Thüsing* § 14 Rn. 39.
[316] Zum Begriff GK-BetrVG/*Jacobs* § 14a Rn. 3 (Regel-Ausnahme-Verhältnis).
[317] Statt vieler GK-BetrVG/*Kreutz* § 16 Rn. 1, 5 mwN.
[318] **AA** *Otto/Schmidt* NZA 2014, 169 (171).

digungsschutz nach § 15 Abs. 3 KSchG.[319] Eine Verdoppelung der Mindestfrist, also eine Bestellung mehr als 20 Wochen vor Ablauf der Amtszeit, indiziert regelmäßig einen solchen Rechtsmissbrauch.[320] Eine **spätere** Bestellung bleibt solange möglich, wie eine beantragte Ersatzbestellung durch das Arbeitsgericht noch nicht rechtskräftig ist,[321] eine Ersatzbestellung durch den Gesamt- bzw. Konzernbetriebsrat noch nicht wirksam wurde und der Betriebsrat noch im Amt ist.[322]

183 Für den Regelfall der **vierjährigen Amtszeit** hat der Betriebsrat den Wahlvorstand spätestens an dem Tag zu bestellen, der in der zehnten Woche vor Ablauf seiner Amtszeit liegt und seiner Benennung nach dem Tag entspricht, an dem die Amtszeit abläuft (vgl. § 188 Abs. 2 Alt. 1 BGB). Ist dieser Tag ein Sonnabend, Sonntag oder Feiertag, soll nach hM an seine Stelle der letzte davor liegende Werktag treten.[323] Das findet indes keine Stütze im Gesetz. Insbesondere ist § 193 BGB nicht (analog) anwendbar, weil die Vorschrift nur das Ende einer Handlungsfrist regelt und den Zweck hat, die volle Ausschöpfung der Frist zu sichern.[324] Die Zehnwochenfrist ist daher auch gewahrt, wenn der Wahlvorstand – trotz praktischer Probleme – an einem Sonnabend, Sonntag oder Feiertag noch bestellt werden kann (zur Rückwirkung → Rn. 188). Endet die Amtszeit am 31. 5. des Neuwahl-Jahres (§ 21 S. 3 u. 4 BetrVG), ist der Wahlvorstand somit stets bis zum 22. 3. zu bestellen.

184 Kommt dem Betriebsrat ein Übergangsmandat zu, hat er nach § 21a Abs. 1 S. 2 BetrVG **unverzüglich** Wahlvorstände zu bestellen (→ Rn. 58). Gleiches gilt nach allgemeiner Ansicht bei einer Neuwahl in den Fällen des § 13 Abs. 2 Nr. 1 bis 3 BetrVG, in denen der Betriebsrat nach § 22 BetrVG weiterhin geschäftsführungsbefugt bleibt (→ § 292 Rn. 21 ff.). Kommt er dieser Pflicht nicht nach, kann nach § 16 Abs. 2 u. 3 BetrVG eine Ersatzbestellung durch das Arbeitsgericht[325] bzw. durch den Gesamt-[326] oder den Konzernbetriebsrat erfolgen (näher → Rn. 190, 193).

185 bb) Bestellungsorgan und -verfahren. Das zuständige Organ für die Bestellung des Wahlvorstands und das nähere Verfahren der Bestellung hängen davon ab, ob im Betrieb ein Betriebsrat besteht oder nicht.

186 (1) Betriebe mit Betriebsrat. Soweit im Betrieb ein **Betriebsrat** besteht, ist es nach § 16 Abs. 1 BetrVG primär sein Recht und seine Pflicht, den Wahlvorstand zu bestellen, während eine Ersatzbestellung durch das Arbeitsgericht oder den Gesamt- bzw. Konzernbetriebsrat nur bei Untätigkeit des Betriebsrats in Betracht kommen.

187 (a) Bestellung durch den Betriebsrat. Da die Bestellung des Wahlvorstands durch den Betriebsrat nicht zu den laufenden Geschäften iSd § 27 Abs. 2 S. 1, Abs. 3 BetrVG gehört,[327] bedarf es nach § 33 BetrVG grundsätzlich einer **Beschlussfassung** (ausführlich

---

[319] BAG 19. 4. 2012 – 2 AZR 299/11, BeckRS 2012, 72437 Rn. 15; **aA** insoweit Löwisch/Kaiser/*Wiebauer* § 16 Rn. 7: Beschränkung allein des Sonderkündigungsschutzes.
[320] Richardi BetrVG/*Thüsing* § 16 Rn. 21; zust. Grau/Schaut BB 2014, 757 (758); ähnlich Otto/Schmidt NZA 2014, 169 (171): 16 Wochen; **aA** wohl Fitting § 16 Rn. 8, wonach das Zeitmoment allein nicht genügt; ähnlich GK-BetrVG/*Kreutz* § 16 Rn. 20.
[321] BAG 19. 3. 1974 – 1 ABR 87/3, AP BetrVG 1972 § 17 Nr. 1; ebenso BeckOK ArbR/*Besgen* BetrVG § 16 Rn. 12; Fitting § 16 Rn. 12; DKKW/*Homburg* § 16 Rn. 5; GK-BetrVG/*Kreutz* § 16 Rn. 15; HWGNRH/*Nicolai* § 16 Rn. 42; Löwisch/Kaiser/*Wiebauer* § 16 Rn. 5.
[322] Statt vieler Fitting § 16 Rn. 12 mwN.
[323] HK-BetrVG/*Brors* § 16 Rn. 4; Fitting § 16 Rn. 7; ErfK/*Koch* BetrVG § 16 Rn. 2; GK-BetrVG/*Kreutz* § 16 Rn. 22; HWK/*Reichold* BetrVG § 16 Rn. 5.
[324] Vgl. für die Wahrung von Kündigungsfristen BAG 5. 3. 1970 – 2 AZR 112/69, NJW 1970, 1470 (1471); BGH 17. 2. 2005 – III ZR 172/04, NJW 2005, 1354 (1355).
[325] BAG 23. 11. 2016 – 7 ABR 13/15, NZA 2017, 589 Rn. 26; LAG Düsseldorf 15. 4. 2011 – 6 Sa 857/10, BeckRS 2011, 74967.
[326] HessLAG 8. 12. 2005 – 9 TaBV 88/05, BeckRS 2008, 54614.
[327] Fitting § 16 Rn. 24; GK-BetrVG/*Kreutz* § 16 Rn. 25.

→ § 294 Rn. 66 ff.) darüber, ob der Wahlvorstand bestellt wird, wie viele Personen ihm angehören und welche Personen das sein sollen. Nach allgemeiner Ansicht können diese Beschlüsse getrennt oder einzeln erfolgen und müssen – wie üblich – mit der Mehrheit der Stimmen der anwesenden Mitglieder gefasst werden, § 33 Abs. 1 S. 1 BetrVG.[328] Wenn im Zuge der ersten Beschlussfassung („Wahlgang") kein Kandidat die absolute Mehrheit der Stimmen erlangt, muss die Beschlussfassung wiederholt werden, sofern die Geschäftsordnung keine andere Verfahrensweise vorsieht oder eine solche vom Betriebsrat beschlossen wird; eine automatische Stichwahl zwischen den Kandidaten mit den meisten Stimmen sieht das Gesetz nicht vor.[329]

Im **Außenverhältnis** wird die Bestellung für den Betriebsrat nach § 26 Abs. 2 S. 1 BetrVG durch den Betriebsratsvorsitzenden erklärt (→ § 293 Rn. 20 ff.). Wirksam wird sie nur, wenn der Betroffene der Bestellung gegenüber dem Betriebsratsvorsitzenden, § 26 Abs. 2 S. 2 BetrVG (→ § 293 Rn. 28 f.), bereits im Vorfeld zugestimmt hat oder ihr nachträglich zustimmt, was auch konkludent durch Aufnahme des Amts erfolgen kann.[330] Wird die Zustimmung nachträglich erteilt, wirkt sie analog § 184 Abs. 1 BGB auf den Zeitpunkt der Beschlussfassung zurück (näher → § 294 Rn. 88).[331] Von Relevanz kann das für die Frage sein, ob die Bestellung noch rechtzeitig vor einer Ersatzbestellung durch Arbeitsgericht, Gesamt- oder Konzernbetriebsrat erfolgt ist (→ Rn. 194). 188

(b) Ersatzbestellung durch das Arbeitsgericht. Hat der Betriebsrat acht Wochen vor Ablauf seiner Amtszeit noch keinen Wahlvorstand eingesetzt, bestellt ihn auf Antrag das **Arbeitsgericht** mit den gleichen Wirkungen wie bei einer Bestellung durch den Betriebsrat, § 16 Abs. 2 S. 1 BetrVG. Die Acht-Wochen-Frist gilt schon nach dem Wortlaut des Gesetzes nicht für den Antrag, sondern richtigerweise für die Bestellung durch das Arbeitsgericht, ist also Begründetheitsvoraussetzung.[332] Sie wird nach denselben Grundsätzen wie die Zehn-Wochen-Frist des § 16 Abs. 1 S. 1 BetrVG berechnet (→ Rn. 183). Endet die Amtszeit des Betriebsrats am 31. 5. des Neuwahl-Jahres (§ 21 S. 3 u. 4 BetrVG), kann der Wahlvorstand vom Gericht somit ab dem 5. 4. bestellt werden.[333] 189

Bei einer Neuwahl nach **§ 13 Abs. 2 Nr. 1 bis 3 BetrVG** hat der Betriebsrat den Wahlvorstand unverzüglich zu bestellen (→ Rn. 27). Die Acht-Wochen-Frist vor Amtsende lässt sich daher nicht berechnen. Anknüpfen lässt sich allerdings an die gesetzliche Wertung, wonach die Differenz der Fristen aus § 16 Abs. 1 und 2 BetrVG zwei Wochen beträgt. Die gerichtliche Bestellung kann daher frühestens zwei Wochen nach dem Tag erfolgen, an dem der Betriebsrat den Wahlvorstand bei unverzüglichem Handeln spätestens hätte bestellen müssen.[334] 190

Der **Antrag** muss von einer im Betrieb vertretenen Gewerkschaft oder von drei Wahlberechtigten (→ Rn. 299) gestellt werden. Diese Voraussetzung muss während der gesamten Verfahrensdauer bestehen.[335] Wird der Antrag von Wahlberechtigten gestellt, greift der 191

---

[328] BAG 27.7.2011 – 7 ABR 61/10, NZA 2012, 345 Rn. 49; aus der Lit. statt vieler GK-BetrVG/*Kreutz* § 16 Rn. 26 mwN.
[329] *Fitting* § 16 Rn. 23; GK-BetrVG/*Kreutz* § 16 Rn. 26; HWGNRH/*Nicolai* § 16 Rn. 13; aA Galperin/Löwisch/*Marienhagen* § 16 Rn. 18; Richardi BetrVG/*Thüsing* § 16 Rn. 23; Löwisch/Kaiser/*Wiebauer* § 16 Rn. 8.
[330] Statt vieler Richardi BetrVG/*Thüsing* § 16 Rn. 50.
[331] GK-BetrVG/*Kreutz* § 16 Rn. 31; zust. Löwisch/Kaiser/*Wiebauer* § 16 Rn. 8.
[332] Ebenso GK-BetrVG/*Kreutz* § 16 Rn. 65; wohl auch HK-BetrVG/*Brors* § 16 Rn. 12; **aA** BeckOK ArbR/*Besgen* BetrVG § 16 Rn. 15; *Fitting* § 16 Rn. 56; DKKW/*Homburg* § 16 Rn. 27; AR/*Maschmann* BetrVG § 16 Rn. 4; Richardi BetrVG/*Thüsing* § 16 Rn. 34; Löwisch/Kaiser/*Wiebauer* § 16 Rn. 18; WPK/*Wlotzke* § 16 Rn. 11.
[333] Zutreffend GK-BetrVG/*Kreutz* § 16 Rn. 66; nicht nachvollziehbar *Fitting* § 16 Rn. 59; ErfK/*Koch* BetrVG § 16 Rn. 9: 6. April.
[334] BAG 23.11.2016 – 7 ABR 13/15, NZA 2017, 589 Rn. 34; aus der Lit. statt vieler GK-BetrVG/*Kreutz* § 16 Rn. 66 mwN.
[335] Vgl. BAG 21.11.1975 – 1 ABR 12/75, NJW 1976, 1165 (1166); LAG München 7.12.2011 – 11 TaBV 74/11, NZA-RR 202, 83 (84) jeweils zu § 17 Abs. 4 BetrVG; aus der Lit. statt vieler *Fitting* § 16 Rn. 60.

besondere Kündigungsschutz nach § 15 Abs. 3a KSchG. **Im Betrieb vertreten** ist eine Gewerkschaft, wenn zumindest ein betriebszugehöriger Arbeitnehmer bei ihr Mitglied ist; auf ihre Tarifzuständigkeit kommt es nicht an.[336]

192 Zeitlich kann der Antrag nur **vor Ablauf der Amtszeit** des Betriebsrats gestellt werden, da § 16 Abs. 2 BetrVG (in Abgrenzung zu § 17 Abs. 4 BetrVG) nur für Betriebe mit Betriebsrat gilt. Über den rechtzeitig gestellten Antrag kann das Gericht aber – was wegen der Verfahrensdauer sogar der Regelfall ist – auch nach Ablauf der Amtszeit noch entscheiden, sofern der Wahlvorstand bis dahin nicht nach § 17 Abs. 1 BetrVG durch den Gesamt- bzw. Konzernbetriebsrat oder nach § 17 Abs. 2 BetrVG in einer Betriebsversammlung bestellt worden ist.[337] Trotz der langen Verfahrensdauer scheidet eine Ersatzbestellung im Wege einstweiliger Verfügung aus, da kein (unmittelbarer) Rechtsverlust hinsichtlich der Wahldurchführung droht.[338]

193 **(c) Ersatzbestellung durch den Gesamt- oder Konzernbetriebsrat.** Hat der Betriebsrat acht Wochen vor Ablauf seiner Amtszeit noch keinen Wahlvorstand eingesetzt (→ Rn. 189), hat nach § 16 Abs. 3 BetrVG statt des Arbeitsgerichts auch der **Gesamtbetriebsrat** oder – falls ein solcher nicht besteht – der **Konzernbetriebsrat** das Recht, den Wahlvorstand durch Beschluss zu bestellen. Im Fall einer Neuwahl nach § 13 Abs. 2 Nr. 1 bis 3 BetrVG kann die Ersatzbestellung frühestens zwei Wochen nach dem Tag erfolgen, an dem der Betriebsrat den Wahlvorstand bei unverzüglichem Handeln spätestens hätte bestellen müssen (→ Rn. 190).

194 **(d) Prioritätsprinzip.** Für die Bestellung des Wahlvorstands nach § 16 BetrVG gilt das Prioritätsprinzip. Ist der Wahlvorstand acht Wochen vor Amtsende des Betriebsrats noch nicht bestellt worden, kann neben Arbeitsgericht und Gesamt- bzw. Konzernbetriebsrat auch der Betriebsrat noch tätig werden (→ Rn. 182). Da das Gesetz kein Vorrangverhältnis formuliert, ist bei Überschneidungen entscheidend, welche Bestellung **zuerst** wirksam geworden ist.[339] Im Verhältnis zwischen Betriebsrat und Gesamt- bzw. Konzernbetriebsrat kommt es folglich auf den Zeitpunkt der Beschlussfassung an (→ Rn. 188), hinsichtlich der Ersatzbestellung durch das Arbeitsgericht auf den Eintritt der Rechtskraft. Die später erfolgte Bestellung ist folglich **nichtig,**[340] was auf eine trotzdem durchgeführte Betriebsratswahl durchschlägt (→ Rn. 219).

195 **(2) Betriebe ohne Betriebsrat.** In Betrieben ohne Betriebsrat obliegt die Bestellung des Wahlvorstands nach § 17 Abs. 1 BetrVG primär dem Gesamt- bzw. Konzernbetriebsrat. Besteht weder ein Gesamt- noch ein Konzernbetriebsrat oder unterlässt er die Bestellung des Wahlvorstands, wird dieser in einer Betriebsversammlung gewählt, hilfsweise durch das Arbeitsgericht bestellt.

196 **(a) Bestellung durch den Gesamt- oder Konzernbetriebsrat.** Obschon die Wahl eines Betriebsrats in einem bislang betriebsratslosen Betrieb freiwillig ist (→ Rn. 1), hat der Gesetzgeber zumindest die Bestellung des Wahlvorstands nach § 17 Abs. 1 BetrVG in die Hände des Gesamtbetriebsrats oder – falls ein solcher nicht besteht – des Konzernbetriebs-

---

[336] BAG 10.11.2004 – 7 ABR 19/04, NZA 2005, 426 (427).
[337] BAG 23.11.2016 – 7 ABR 13/15, NZA 2017, 589 Rn. 26; aus der Lit. statt vieler *Fitting* § 16 Rn. 57 mwN.
[338] LAG Köln 29.5.2013 – 3 TaBVGa 3/13, BeckRS 2013, 71645; ebenso *Fitting* § 16 Rn. 64; GK-BetrVG/*Kreutz* § 16 Rn. 74; **aA** LAG München 20.4.2004 – 5 TaBV 18/04, BeckRS 2005, 41648.
[339] *Fitting* § 16 Rn. 76; ErfK/*Koch* BetrVG § 16 Rn. 8; GK-BetrVG/*Kreutz* § 16 Rn. 85 f.; **aA** HK-BetrVG/*Brors* § 16 Rn. 14; HWK/*Reichold* BetrVG § 16 Rn. 13: Vorrang des Betriebsrats gegenüber Gesamt- bzw. Konzernbetriebsrat; zweifelnd im Verhältnis § 16 Abs. 2 zu 3 BetrVG HWGNRH/*Nicolai* § 16 Rn. 50.
[340] Ebenso *Fitting* § 16 Rn. 76; GK-BetrVG/*Kreutz* § 16 Rn. 86; *Nießen* Fehlerhafte Betriebsratswahlen, 2006, S. 125 ff.; vgl. auch HK-BetrVG/*Brors* § 16 Rn. 14.

VII. Wahlverfahren

rats gelegt, um die Wahl auf diesem Weg zu erleichtern und die Wahlkosten zu senken.³⁴¹ Die Bestellung erfolgt nach den Vorgaben in § 16 Abs. 1 BetrVG durch Beschluss des Gremiums (→ Rn. 187f., 193, 206).

Anders als bei der Ersatzbestellung nach § 16 Abs. 2 BetrVG trifft den Gesamt- bzw. Konzernbetriebsrat nach § 17 Abs. 1 S. 1 BetrVG eine **Rechtspflicht** zur Bestellung des Wahlvorstands.³⁴² Das ergibt sich aus der parallelen Formulierung zu § 16 Abs. 1 S. 1 BetrVG, einer entsprechenden Äußerung in den Gesetzesmaterialien³⁴³ sowie dem Zweck der Vorschrift, die Wahlkosten zu senken (→ Rn. 196). Da diese Frage nach wie vor umstritten ist, wird man bei Untätigkeit einzelner Mitglieder eine grobe Pflichtverletzung verneinen müssen, so dass ein Ausschluss nach § 48 BetrVG bzw. § 56 BetrVG nicht in Betracht kommt.³⁴⁴ Einigkeit besteht darin, dass der Gesamt- bzw. Konzernbetriebsrat einen Anspruch gegen die Unternehmens- bzw. Konzernleitung auf **Auskunft** darüber hat, in welchen Betrieben bislang kein Betriebsrat besteht (§ 80 Abs. 2 S. 1 BetrVG iVm §§ 51 Abs. 5, 59 Abs. 1 BetrVG).³⁴⁵

(b) Wahl in der Betriebsversammlung. Besteht weder ein Gesamt- noch ein Konzernbetriebsrat, wird der Wahlvorstand nach § 17 Abs. 2 S. 1 BetrVG in einer Betriebsversammlung von der Mehrheit der anwesenden Arbeitnehmer **gewählt**. Da das Gesetz die Wahl in einer Betriebsversammlung auch gestattet, wenn der Gesamt- bzw. Konzernbetriebsrat die Bestellung unterlässt (§ 17 Abs. 2 S. 2 BetrVG), dabei aber keine Frist zum Tätigwerden dieser Gremien statuiert, kann eine solche Wahl richtigerweise **jederzeit** erfolgen.³⁴⁶ Eine Sperrwirkung kraft bloßer Wahlvorbereitung, die zur Nichtigkeit der trotzdem nach § 17 Abs. 2 BetrVG durchgeführten Wahl führt, findet im Wortlaut der Norm („die Bestellung ... unterlässt") keine Stütze, provoziert Rechtsunsicherheiten und ist auch durch den (ambivalenten) Zweck von § 17 Abs. 1 BetrVG (→ Rn. 196) nicht geboten.

Die Zuständigkeit des Gesamt- bzw. Konzernbetriebsrats wird durch § 17 Abs. 2 BetrVG nicht verdrängt. Kommt es zu Überschneidungen, ist die **zuerst** erfolgte Bestellung wirksam (→ Rn. 205). Gleiches gilt im Verhältnis zur Ersatzbestellung durch das Arbeitsgericht, da die Wahl des Wahlvorstands in einer Betriebsversammlung auch nach einem Antrag gem. § 17 Abs. 4 BetrVG noch möglich bleibt.³⁴⁷

Einladungsberechtigt sind nach § 17 Abs. 3 BetrVG drei wahlberechtigte Arbeitnehmer des Betriebs, denen in der Folge besonderer Kündigungsschutz nach § 15 Abs. 3a KSchG zukommt, oder eine im Betrieb vertretene (→ Rn. 191) Gewerkschaft. Da **Leiharbeitnehmer** zwar nach § 7 S. 2 BetrVG wahlberechtigt, aber richtigerweise nicht betriebszugehörig sind (→ Rn. 93 ff.), ist die Vorschrift auf sie nicht direkt anwendbar; sie ist

---

³⁴¹ BT-Drs. 14/5741, S. 27 r. Sp. („Mentorenprinzip") u. 38 l. Sp. Zust. HWK/*Reichold* BetrVG § 17 Rn. 1; *Däubler* AuR 200, 1 (2): Notwendigkeit eines betrieblichen „Unterbaus" (vgl. auch § 50 Abs. 1 S. 1 Hs. 2 BetrVG, § 58 Abs. 1 Hs. 1 BetrVG); **krit.** dagegen *Rieble* ZIP 2001, 133 (135); *Schiefer/Korte* NZA 2001, 71 (77).
³⁴² Ebenso ErfK/*Koch* BetrVG § 17 Rn. 1; GK-BetrVG/*Kreutz* § 17 Rn. 13; WPK/*Wlotzke* § 17 Rn. 5; wohl auch DKKW/*Homburg* § 17 Rn. 1; **aA** LAG Nürnberg 25.1.2007 – 1 TaBV 14/06; *Fitting* § 17 Rn. 10; AR/*Maschmann* BetrVG § 17 Rn. 1; HWGNRH/*Nicolai* § 17 Rn. 7; Richardi BetrVG/*Thüsing* § 17 Rn. 3.
³⁴³ BT-Drs. 14/5741, S. 38 l. Sp. („Verpflichtung nach Absatz 1").
³⁴⁴ Ebenso GK-BetrVG/*Kreutz* § 17 Rn. 13.
³⁴⁵ Statt vieler *Fitting* § 17 Rn. 9.
³⁴⁶ Ebenso GK-BetrVG/*Kreutz* § 17 Rn. 18; **aA** BeckOK ArbR/*Besgen* BetrVG § 17 Rn. 6; HK-BetrVG/*Brors* § 17 Rn. 6; *Fitting* § 17 Rn. 13; Richardi BetrVG/*Thüsing* § 17 Rn. 8; Löwisch/Kaiser/*Wiebauer* § 17 Rn. 2.
³⁴⁷ BAG 19.3.1974 – 1 ABR 87/73, AP BetrVG 1972 § 17 Nr. 1; LAG Hamm 2.10.2009 – 10 TaBV 27/09, NZA-RR 2010, 191 (192); LAG Köln 21.5.2013 – 3 TaBVGa 3/13, BeckRS 2013, 71645; aus der Lit. statt vieler *Fitting* § 17 Rn. 36 mwN.

allerdings analog anzuwenden, da es auch um die Verwirklichung ihres Wahlrechts geht (vgl. zur Teilnahme an der Betriebsversammlung auch § 14 Abs. 2 S. 2 AÜG).[348]

201 Einladungsberechtigt ist richtigerweise auch der **Arbeitgeber**.[349] Das deckt sich mit Sinn und Zweck der Vorschrift, die allein die zuvor umstrittene Frage klären sollte, wer auf Arbeitnehmerseite in einem betriebsratslosen Betrieb einladungsberechtigt ist, nicht aber die vorher bereits anerkannte[350] Befugnis des Arbeitgebers (vgl. § 44 Abs. 1 S. 1 BetrVG sowie § 21 S. 1 BPersVG) beschränken sollte. Die Entscheidung, einen Wahlvorstand zu wählen, verbleibt trotzdem bei den Arbeitnehmern; einer Beeinflussung durch den Arbeitgeber steht § 20 BetrVG entgegen. Aus denselben Erwägungen ist auch der **Betriebsrat** einladungsberechtigt (vgl. § 43 Abs. 1 S. 1 BetrVG), wenn er noch vor Beendigung seiner Amtszeit für einen Zeitpunkt danach einlädt.[351] Im Übrigen ist auch nach der Gegenauffassung die Wahl des Wahlvorstands nicht allein deshalb unwirksam, weil es an der Einladungsberechtigung zur Betriebsversammlung fehlte.[352]

201a Weder § 17 Abs. 3 BetrVG noch die WO sehen etwas zu Form und Frist der Einladung vor. Es gehört jedoch zu den wesentlichen Grundsätzen einer Wahl, dass sämtliche Wahlberechtigten von Zeit, Ort und Gegenstand der Betriebsversammlung **rechtzeitig** Kenntnis erlangen.[353] Die Sieben-Tage-Frist des § 28 Abs. 1 S. 2 WO kann als Anhaltspunkt für den notwendigen Vorlauf gewertet werden.[354] Bei einer ordnungswidrigen Einladung ist die Wahl des Wahlvorstands aber nur im Ausnahmefall nichtig.[355] Das wird man dann annehmen können, wenn mangels Kenntnis von der Einladung nicht einmal ein repräsentativer Teil der Belegschaft an der Betriebsversammlung teilgenommen hat.[356]

202 **Stimmberechtigt** sind alle an der Betriebsversammlung teilnehmenden betriebszugehörigen Arbeitnehmer (→ Rn. 69 ff.). **Leiharbeitnehmer**[357] sind nicht betriebszugehörig (→ Rn. 93 ff.) und fallen daher nicht direkt unter § 17 Abs. 2 S. 1 BetrVG. Daran ändert auch § 14 Abs. 2 S. 2 AÜG nichts: Die Vorschrift sieht ohnehin nur ein Teilnahme- und kein Stimmrecht vor; außerdem ist sie für Wahlversammlungen richtigerweise teleologisch auf wahlberechtigte Leiharbeitnehmer zu reduzieren.[358] Nach § 7 S. 2 BetrVG wahlberechtigte Leiharbeitnehmer sind aber analog § 17 Abs. 2 S. 1 BetrVG (→ Rn. 74, 200) stimmberechtigt.[359]

203 Nach § 44 Abs. 1 S. 1 BetrVG findet die Betriebsversammlung grundsätzlich während der Arbeitszeit statt. Die Wahl erfolgt nach § 17 Abs. 2 S. 1 Hs. 1 BetrVG durch die

---

[348] Ebenso Löwisch/Kaiser/*Wiebauer* § 17 Rn. 8; **aA** GK-BetrVG/*Kreutz* § 17 Rn. 22; unentschieden HWGNRH/*Nicolai* § 17 Rn. 15.
[349] Ebenso GK-BetrVG/*Kreutz* § 16 Rn. 27; HWGNRH/*Nicolai* § 17 Rn. 14; Richardi BetrVG/*Thüsing* § 17 Rn. 13; **aA** HK-BetrVG/*Brors* § 17 Rn. 9; *Fitting* § 17 Rn. 22; DKKW/*Homburg* § 17 Rn. 4; HWK/*Reichold* BetrVG § 17 Rn. 7; Löwisch/Kaiser/*Wiebauer* § 17 Rn. 9; WPK/*Wlotzke* § 17 Rn. 8.
[350] Zu § 17 Abs. 1 S. 1 BetrVG aF BAG 19.3.1974 – 1 ABR 87/73, AP BetrVG 1972 § 17 Nr. 1.
[351] Überzeugend GK-BetrVG/*Kreutz* § 17 Rn. 27.
[352] Statt vieler *Fitting* § 17 Rn. 22.
[353] BAG 19.11.2003 – 7 ABR 24/03, NZA 2004, 395 (396); aus der Lit. statt vieler HWK/*Reichold* BetrVG § 17 Rn. 8.
[354] LAG Hamm 13.4.2012 – 10 TaBV 109/11, BeckRS 2012, 69994; **aA** LAG BW 17.6.2009 – 5 TaBVGa 1/09, BeckRS 2009, 69644 (drei Tage ausreichend); zust. AR/*Maschmann* BetrVG § 17 Rn. 2. Näher *Fitting* § 17 Rn. 17.
[355] In diese Richtung auch BAG 19.11.2003 – 7 ABR 24/03, NZA 2004, 395 (396); 21.7.2004 – 7 ABR 57/03, NJOZ 2005, 4853 (4858); ebenso HK-BetrVG/*Brors* § 17 Rn. 7; *Fitting* § 17 Rn. 18; nunmehr auch GK-BetrVG/*Kreutz* § 17 Rn. 30 f.; wohl auch Richardi BetrVG/*Thüsing* § 17 Rn. 14; **aA** BAG 7.5.1986 – 2 AZR 349/85, NZA 1986, 753: Information aller Arbeitnehmer, potenzielle Beeinflussung ausreichend; zust. ErfK/*Koch* BetrVG § 17 Rn. 2; Löwisch/Kaiser/*Wiebauer* § 17 Rn. 11; WPK/*Wlotzke* § 17 Rn. 9.
[356] Überzeugend GK-BetrVG/*Kreutz* § 17 Rn. 31.
[357] Ebenso GK-BetrVG/*Kreutz* § 17 Rn. 42; **aA** für erlaubnisfreie Überlassung Löwisch/Kaiser/*Wiebauer* § 17 Rn. 16.
[358] Schüren/Hamann/*Hamann* § 14 Rn. 100; Löwisch/Kaiser/*Wiebauer* § 17 Rn. 25; diff. GK-BetrVG/*Kreutz* § 17 Rn. 43: Stets Teilnahmerecht, Stimmrecht nur bei Wahlberechtigung.
[359] Im Erg. auch GK-BetrVG/*Kreutz* § 17 Rn. 43; Richardi BetrVG/*Thüsing* § 17 Rn. 22; LK/*Wiebauer* § 17 Rn. 25.

Mehrheit der **anwesenden** Arbeitnehmer. Nach dem klaren Wortlaut des Gesetzes genügt die Mehrheit der abgegebenen Stimmen dagegen nicht.[360] Ein Mindestquorum für die Anwesenheit sieht das Gesetz nicht vor. Auch sonst enthält es keine weitergehenden Vorgaben zum Wahlverfahren, so dass der Abstimmungsmodus weitgehend frei gewählt werden kann, zB durch Handheben. Gibt es mehr Bewerber als zu wählende Mitglieder des Wahlvorstands, ist getrennt abzustimmen. Im Übrigen gelten die gleichen Grundsätze wie bei einer Bestellung des Wahlvorstands durch den Betriebsrat (→ Rn. 206 ff.).

(c) Ersatzbestellung durch das Arbeitsgericht. Nur wenn trotz Einladung keine Betriebsversammlung stattfindet[361] oder die Betriebsversammlung keinen Wahlvorstand wählt, bestellt ihn das Arbeitsgericht nach § 17 Abs. 4 BetrVG auf Antrag von mindestens drei wahlberechtigten Arbeitnehmern oder einer im Betrieb vertretenen (→ Rn. 191) Gewerkschaft. 204

(d) Prioritätsprinzip. Auch für die Bestellung des Wahlvorstands nach § 17 BetrVG gilt das Prioritätsprinzip (für § 16 BetrVG → Rn. 194). Hat der Gesamt- bzw. Konzernbetriebsrat noch keinen Wahlvorstand bestellt, kann jederzeit eine Wahl auf einer Betriebsversammlung erfolgen (→ Rn. 198 f.). Bis zur rechtskräftigen Entscheidung des Arbeitsgerichts können sowohl die Betriebsversammlung[362] als auch der Gesamt- bzw. Konzernbetriebsrat noch einen Wahlvorstand bestellen.[363] Da das Gesetz kein Vorrangverhältnis formuliert, ist bei Überschneidungen entscheidend, welche Bestellung **zuerst** wirksam geworden ist.[364] Die später erfolgte Bestellung ist folglich **nichtig**,[365] was auf eine trotzdem durchgeführte Betriebsratswahl durchschlägt (→ Rn. 220). 205

cc) Mitgliederzahl und Zusammensetzung. Mitgliederzahl und Zusammensetzung des Wahlvorstands regelt **§ 16 Abs. 1 BetrVG**. Die Norm gilt zwar unmittelbar nur bei einer Bestellung durch den Betriebsrat, doch sieht das Gesetz für die übrigen in Betracht kommenden Bestellungsorgane jeweils eine entsprechende Geltung der Norm vor (§ 16 Abs. 2 S. 1 Hs. 2 BetrVG; § 16 Abs. 3 S. 2 BetrVG; § 17 Abs. 1 S. 2 BetrVG; § 17 Abs. 2 S. 1 Hs. 2 BetrVG; § 17 Abs. 4 S. 2 BetrVG). 206

Nach § 16 Abs. 1 S. 1 BetrVG besteht der Wahlvorstand aus **mindestens drei Mitgliedern**. Wenn dies zur ordnungsgemäßen Durchführung der Wahl erforderlich ist, kann die Zahl der Mitglieder auf eine andere ungerade Zahl erhöht werden, § 16 Abs. 1 S. 2 u. 3 BetrVG. Das ist insbesondere Fall, wenn die Wahl in mehr als drei Wahlräumen durchgeführt werden soll, da nach § 12 Abs. 2 WO mindestens ein Mitglied des Wahlvorstands in jedem Wahlraum anwesend zu sein hat.[366] Für die Vertretung der Geschlechter trifft § 16 Abs. 1 S. 5 BetrVG lediglich eine Soll-Vorschrift, deren Nichtbeachtung nicht zur Anfechtbarkeit führt (→ Rn. 289). 207

Zum Mitglied des Wahlvorstands können nach § 16 Abs. 1 S. 1 BetrVG **alle Wahlberechtigten** bestellt werden (→ Rn. 65 ff.), dh auch Leiharbeitnehmer unter den Voraus- 208

---

[360] BAG 31.7.2014 – 2 AZR 505/13, NZA 2015, 245 Rn. 22; aus der Lit. statt vieler *Fitting* § 17 Rn. 28; **aA** ohne nachvollziehbaren Grund ArbG Hamburg 7.1.2015 – 27 BVGa 5/14, NZA-RR 2015, 137 (140).
[361] Dazu BAG 26.2.1992 – 7 ABR 37/91, NZA 1992, 942 (943).
[362] BAG 19.3.1974 – 1 ABR 87/73, AP BetrVG 1972 § 17 Nr. 1.
[363] Statt vieler GK-BetrVG/*Kreutz* § 17 Rn. 52.
[364] *Fitting* § 17 Rn. 14 u. 36; DKKW/*Homburg* § 17 Rn. 3 u. 17; GK-BetrVG/*Kreutz* § 17 Rn. 19 u. 52; HWK/*Reichold* BetrVG § 17 Rn. 6; Löwisch/Kaiser/*Wiebauer* § 17 Rn. 7, 21; vgl. auch HWGNRH/*Nicolai* § 17 Rn. 12 f.
[365] Ebenso BeckOK ArbR/*Besgen* BetrVG § 17 Rn. 7; HK-BetrVG/*Brors* § 17 Rn. 5; *Fitting* § 17 Rn. 14; GK-BetrVG/*Kreutz* § 17 Rn. 19; *Nießen* Fehlerhafte Betriebsratswahlen, 2006, S. 125 ff.; **aA** ErfK/*Koch* BetrVG § 17 Rn. 2: Anfechtbarkeit.
[366] Statt vieler DKKW/*Homburg* § 16 Rn. 15.

setzungen des § 7 S. 2 BetrVG (→ Rn. 93 ff., 147).[367] Die Wahlberechtigung muss im Zeitpunkt der Bestellung vorliegen.[368] Da das Gesetz keine weiteren Einschränkungen trifft, können insbesondere auch Mitglieder des Betriebsrats, Wahlkandidaten oder Unterzeichner von Wahlvorschlägen bestellt werden.[369] Nach § 16 Abs. 1 S. 5 BetrVG kann außerdem jede im Betrieb vertretene Gewerkschaft (→ Rn. 191) zusätzlich einen Wahlberechtigten als nicht stimmberechtigtes Mitglied in den Wahlvorstand **entsenden,** wenn ihr nicht bereits ein stimmberechtigtes Wahlvorstandsmitglied angehört. Nach dem Wortlaut des Gesetzes genügt es, wenn der Entsandte von der Gewerkschaft beauftragt wurde, eine Mitgliedschaft in der Gewerkschaft ist nicht erforderlich.[370] Die Entsendung wird analog § 26 Abs. 2 S. 2 BetrVG wirksam, sobald sie dem Vorsitzenden des Wahlvorstands zugegangen ist.[371]

209 **Betriebsfremde** Gewerkschaftsmitglieder, die mangels Betriebszugehörigkeit nicht wahlberechtigt sind (→ Rn. 208), darf nur das Arbeitsgericht nach § 16 Abs. 2 S. 3 BetrVG ggf. iVm § 17 Abs. 4 S. 2 BetrVG bestellen, wenn der Betrieb (im Zeitpunkt der Bestellung des Wahlvorstands) in der Regel mehr als zwanzig wahlberechtigte Arbeitnehmer hat (ausführlich → Rn. 142 ff.) und dies zur ordnungsgemäßen Durchführung der Wahl erforderlich ist. Das ist der Fall, wenn nicht ausreichend Wahlberechtigte zur Amtsübernehme bereit oder in der Lage sind.[372]

210 Nach § 16 Abs. 1 S. 1 BetrVG ist ein Mitglied des Wahlvorstands zum **Vorsitzenden** zu bestellen. Diese Kompetenz geht nach hM nur dann auf die Mitglieder des Wahlvorstands über, wenn das Bestellungsorgan die Bestellungsentscheidung nicht getroffen hat und sie auch nicht mehr nachholen kann, zB weil der Betriebsrat zwischenzeitlich nicht mehr besteht oder die Betriebsversammlung beendet wurde.[373] Der Vorstand beruft die Sitzungen des Wahlvorstands ein, leitet dessen Verhandlungen und vertritt den Wahlvorstand im Rahmen seiner Beschlüsse. Er unterschreibt zusammen mit mindestens einem weiteren Mitglied das Wahlausschreiben und die Niederschrift über die Feststellung des Wahlergebnisses (§ 3 Abs. 1 S. 1 WO, § 16 Abs. 2 WO).

211 Optional kann nach § 16 Abs. 1 S. 4 BetrVG für jedes Mitglied des Wahlvorstands ein **Ersatzmitglied** bestellt werden, das bei – vorübergehender oder endgültiger[374] – Verhinderung nachrückt. Sinkt die Zahl der Mitglieder des Wahlvorstands durch Ausscheiden unter drei und fehlt es an (weiteren) Ersatzmitgliedern, hat nach allgemeiner Ansicht eine unverzügliche Ergänzung zu erfolgen.[375]

212 **dd) Beginn und Ende des Amtes.** Die Bestellung der einzelnen Mitglieder des Wahlvorstands bedarf nach allgemeiner Ansicht der **Zustimmung** des jeweiligen Betroffenen (→ Rn. 188). Wird die Amtsübernahme von vornherein abgelehnt, kommt es nicht zum Nachrücken eines Ersatzmitglieds (→ Rn. 211), da kein Verhinderungsfall vorliegt. Das Bestellungsorgan hat dann vielmehr einen anderen Arbeitnehmer zum Wahlvorstandsmitglied zu bestellen.

213 Das Amt des Wahlvorstands als **Kollegialorgan endet** nach hM wegen Funktionserschöpfung, sobald der Wahlvorstand den Betriebsrat zur konstituierenden Sitzung einbe-

---

[367] Statt vieler Richardi BetrVG/*Thüsing* § 16 Rn. 11 mwN.
[368] LAG SchlH 19.3.2010 – 4 TaBVGa 5/10, BeckRS 2010, 70580; GK-BetrVG/*Kreutz* § 16 Rn. 33.
[369] Statt vieler GK-BetrVG/*Kreutz* § 16 Rn. 36 mwN, insbes. auch zur rechtspolitischen Unbedenklichkeit.
[370] Statt vieler GK-BetrVG/*Kreutz* § 16 Rn. 52 mwN.
[371] GK-BetrVG/*Kreutz* § 16 Rn. 51; zust. auch DKKW/*Homburg* § 16 Rn. 22.
[372] Richardi BetrVG/*Thüsing* § 16 Rn. 45 mwN; enger GK-BetrVG/*Kreutz* § 16 Rn. 78: nicht ausschließlich Betriebsfremde.
[373] Vgl. BAG 14.12.1965 – 1 ABR 6/65, BeckRS 9998, 149172 (zu § 17 Abs. 2 BetrVG); ebenso *Fitting* § 16 Rn. 33; GK-BetrVG/*Kreutz* § 16 Rn. 28; Richardi BetrVG/*Thüsing* § 16 Rn. 18; **aA** *Jacobs* Die Wahlvorstände, 1993, S. 140 f.: stets Bestellungskompetenz.
[374] Implizit BAG 14.12.1965 – 1 ABR 6/65, AP BetrVG § 16 Nr. 5 (unter II. 6. d.).
[375] Statt vieler *Fitting* § 16 Rn. 37 mwN.

rufen hat.³⁷⁶ Das ist allerdings ungenau. Da der Vorsitzende des Wahlvorstands nach § 29 Abs. 1 S. 2 BetrVG die konstituierende Sitzung leitet, kommt es richtigerweise auf den Zeitpunkt an, zu dem der Betriebsrat aus seiner Mitte einen Wahlleiter bestellt hat (→ § 294 Rn. 11).³⁷⁷ Nur im Fall eines Ein-Mann-Betriebsrats endet das Amt bereits mit der Annahme der Wahl.³⁷⁸

Einzelne oder alle Mitglieder des Wahlvorstands können ihren **Rücktritt** vom Amt jederzeit gegenüber dem Vorsitzenden erklären.³⁷⁹ Ein einzelnes Mitglied scheidet zudem aus, wenn die Voraussetzungen für seine Zugehörigkeit zum Wahlvorstand entfallen sind, zB die Betriebszugehörigkeit als Voraussetzung seines Wahlrechts nach § 7 S. 1 BetrVG (zum Nachrücken von Ersatzmitgliedern → Rn. 211). 214

Nach **§ 18 Abs. 1 S. 2 BetrVG** kann der Wahlvorstand als Kollegialorgan ausschließlich vom Arbeitsgericht auf Antrag und mit Wirkung *ex nunc*³⁸⁰ ersetzt werden, wenn er seinen Verpflichtungen aus § 18 Abs. 1 S. 1 BetrVG (ausführlich → Rn. 221 ff., 235 ff.) nicht nachkommt. Die Antragsberechtigung ist grundsätzlich wie im Fall des § 16 Abs. 2 S. 1 BetrVG ausgestaltet (→ Rn. 191). Antragsberechtigt ist nach § 18 Abs. 1 S. 2 BetrVG darüber hinaus auch der Betriebsrat. Die fehlende Antragsberechtigung von Gesamt- bzw. Konzernbetriebsrat ist rechtspolitisch fragwürdig, kann aber nicht durch Analogieschluss behoben werden, da diese Begrenzung nicht grob sachwidrig ist.³⁸¹ Fehlerhafte Maßnahmen des Wahlvorstands, die zu keiner Verzögerung führen, können eine Ersetzung nicht begründen.³⁸² Vor Abschluss des Wahlverfahrens können solche Maßnahmen allerdings selbständig angefochten werden (ausführlich → Rn. 255 ff.) und nach seinem Abschluss die Anfechtbarkeit der Wahl begründen (ausführlich → Rn. 288 ff.). Nach § 18 Abs. 1 S. 3 BetrVG gelten die Vorgaben in § 16 Abs. 2 BetrVG zur originären Einsetzung des Wahlvorstands durch das Arbeitsgericht (→ Rn. 206, 209) entsprechend. 215

ee) Rechtliche Stellung der Mitglieder des Wahlvorstands. Die Mitgliedschaft im Wahlvorstand ist ein besonderes betriebsverfassungsrechtliches **Ehrenamt,** das unentgeltlich geführt wird.³⁸³ Für betriebsfremde Gewerkschaftsmitglieder, die nach § 16 Abs. 2 S. 3, § 17 Abs. 4 BetrVG dem Wahlvorstand angehören, sieht das Gesetz dementsprechend keine Vergütung vor. Versäumt ein betriebszugehöriger Arbeitnehmer wegen Ausübung des Amts Arbeitszeit, hat er nach § 20 Abs. 3 S. 2 BetrVG allerdings Anspruch auf Entgeltfortzahlung (→ Rn. 282). Werden die Wahlvorstandstätigkeiten betriebsbedingt außerhalb der persönlichen Arbeitszeit geleistet, besteht analog § 37 Abs. 3 BetrVG ein Anspruch auf entsprechende Arbeitsbefreiung unter Fortzahlung der Vergütung, hilfsweise auf Abgeltung (zum Anspruchsinhalt näher → § 295 Rn. 32 ff.).³⁸⁴ Notwendige Aufwendungen im Rahmen der Amtsausübung gehören zu den Kosten der Wahl, die gem. § 20 Abs. 3 S. 1 BetrVG vom Arbeitgeber zu tragen sind (→ Rn. 277 ff.). 216

Die Mitglieder des Wahlvorstands genießen ab dem Zeitpunkt ihrer Bestellung (→ Rn. 188) nach § 15 Abs. 3 KSchG, § 103 BetrVG besonderen **Kündigungsschutz** (ausführlich → § 127 Rn. 9). Die Schutzbestimmungen des **§ 78 BetrVG** (→ § 295 217

---

³⁷⁶ BAG 14.11.1975 – 1 ABR 61/75, AP BetrVG 1972 § 18 Nr. 1; 15.10.2014 – 7 ABR 53/12, NZA 2015, 1014 Rn. 59; BeckOK ArbR/*Besgen* BetrVG § 16 Rn. 19; Fitting § 16 Rn. 83; Richardi BetrVG/*Thüsing* § 16 Rn. 59; WPK/*Wlotzke* § 16 Rn. 16.
³⁷⁷ Ebenso DKKW/*Homburg* § 16 Rn. 21; ErfK/*Koch* BetrVG § 16 Rn. 10; GK-BetrVG/*Kreutz* § 16 Rn. 90.
³⁷⁸ GK-BetrVG/*Kreutz* § 16 Rn. 90; AR/*Maschmann* BetrVG § 16 Rn. 7.
³⁷⁹ Statt vieler GK-BetrVG/*Kreutz* § 16 Rn. 97 mwN.
³⁸⁰ Statt vieler GK-BetrVG/*Kreutz* § 18 Rn. 54 mwN.
³⁸¹ Ebenso HWGNRH/*Nicolai* § 18 Rn. 33; Löwisch/Kaiser/*Wiebauer* § 18 Rn. 13; **aA** GK-BetrVG/*Kreutz* § 18 Rn. 50; zust. HWK/*Reichold* BetrVG § 18 Rn. 10; ebenso HK-BetrVG/*Brors* § 18 Rn. 7; wohl auch Fitting § 18 Rn. 46.
³⁸² Statt vieler Richardi BetrVG/*Thüsing* § 18 Rn. 10.
³⁸³ BAG 26.4.1995 – 7 AZR 874/94, NZA 1996, 160 (161).
³⁸⁴ BAG 26.4.1995 – 7 AZR 874/94, NZA 1996, 160 (160 f.).

Rn. 166 ff.) gelten für sie analog.³⁸⁵ Einer besonderen Verschwiegenheits- oder Geheimhaltungspflicht unterliegen sie nicht.³⁸⁶

218 **ff) Verfahrensfehler.** Streitigkeiten über die **Bestellung und Zusammensetzung** des Wahlvorstands entscheidet vor Abschluss des Wahlverfahrens das Arbeitsgericht im Beschlussverfahren, § 2a Abs. 1 Nr. 1, Abs. 2 ArbGG iVm §§ 80 ff. ArbGG (zum Rechtsschutz im laufenden Wahlverfahren allgemein → Rn. 253 ff.).

219 Nach Abschluss des Wahlverfahrens berechtigen Mängel bei der Bestellung des Wahlvorstands zur **Anfechtung** der Betriebsratswahl nach § 19 BetrVG, wenn es sich um einen Verstoß gegen wesentliche Wahlvorschriften handelt, durch die das Wahlergebnis beeinflusst werden konnte (zur potentiellen Kausalität in diesem Fall näher → Rn. 296).

220 **Nichtig** ist die Betriebsratswahl nur, wenn sie ohne Wahlvorstand durchgeführt wurde oder die Bestellung des Wahlvorstands ausnahmsweise nichtig ist (→ Rn. 315). Nichtig ist die Bestellung aber nur, wenn gegen allgemeine Grundsätze jeder ordnungsgemäßen Errichtung in so hohem Maße verstoßen wurde, dass auch der Anschein einer dem Gesetz entsprechenden Bestellung des Wahlvorstands nicht mehr besteht (für Einzelfälle → Rn. 194, 198, 205).³⁸⁷

221 **b) Vorbereitung der Wahl.** Die Vorbereitung der Wahl meint die Phase zwischen Bestellung des Wahlvorstands und Einleitung der Wahl. § 18 Abs. 1 S. 1 BetrVG gibt hier nur einen groben Rahmen vor, der erst durch die WO konkretisiert wird (vgl. § 126 Nr. 1 BetrVG). Die Vorbereitungsphase umfasst neben der Ermittlung der Anzahl der zu wählenden Betriebsratsmitglieder (ausführlich → Rn. 141 ff.) und der auf das Geschlecht in der Minderheit entfallenden Mindestsitze (ausführlich → Rn. 161 ff.) insbesondere die Aufstellung der Wählerliste.

222 **aa) Wählerliste.** Der Wahlvorstand hat -_ für jede Betriebsratswahl neu – eine Liste der Wahlberechtigten (Wählerliste) aufzustellen, § 2 Abs. 1 S. 1 WO. Sie muss bei Einleitung der Betriebsratswahl durch Erlass des Wahlausschreibens vorliegen (vgl. § 3 Abs. 2 Nr. 2 u. 3 WO; § 31 Abs. 1 S. 3 Nr. 2 u. 3 WO) und muss daher ebenfalls unverzüglich erstellt werden. Die Wählerliste ist für die Wahl von großer Bedeutung, da sie nach § 2 Abs. 3 WO **Verfahrensvoraussetzung** zur Ausübung des aktiven und passiven Wahlrechts ist (ausführlich → Rn. 116, 137). Ihre Erstellung darf daher nicht den Wahlhelfern übertragen werden.³⁸⁸

223 **(1) Feststellung der betriebsratsfähigen Einheit.** Die Betriebsratswahl wird stets für eine konkrete betriebsratsfähige Einheit durchgeführt. Für die Aufstellung der Wählerliste ist es daher zunächst erforderlich, dass der Wahlvorstand unter Anwendung des **Begriffs des Betriebs** iSd § 1 BetrVG (→ § 24 Rn. 5 ff.; § 284 Rn. 1 ff.) ermittelt, welche Einheit als Betrieb zu verstehen ist. Da die von der hM herangezogenen Kriterien erhebliche Wertungsspielräume beinhalten,³⁸⁹ steht dem Wahlvorstand insoweit richtigerweise ein **Beurteilungsspielraum** zu.³⁹⁰ Wird die Betriebsabgrenzung nicht offenkundig fehlerhaft vorgenommen, ist die Wahl jedenfalls nicht nichtig, sondern nur anfechtbar (→ Rn. 290).

224 Ist zweifelhaft, ob eine betriebsratsfähige Organisationseinheit vorliegt, kann nach § 18 Abs. 2 BetrVG jederzeit, dh nicht nur im Zusammenhang mit einer konkreten Wahl,³⁹¹

---

³⁸⁵ Statt vieler GK-*Kreutz* § 16 Rn. 93 u. § 78 Rn. 14 mwN.
³⁸⁶ Statt vieler *Fitting* § 16 Rn. 86.
³⁸⁷ BAG 15.10.2014 – 7 ABR 53/12, NZA 2015, 1014 Rn. 39; LAG Köln 10.3.2000 – 13 TaBV 9/00, NZA-RR 2001, 423 (425). Statt vieler *Fitting* § 16 Rn. 87 mwN.
³⁸⁸ LAB Nürnberg 20.9.2011 – 6 TaBV 9/11, BeckRS 2011, 77698.
³⁸⁹ Näher und **krit.** zu diesen *Joost* Betrieb und Unternehmen, 1988, S. 81 ff., 147 ff., 238 ff. u. 265 ff. mwN.
³⁹⁰ Ebenso *Joost* Betrieb und Unternehmen, 1988, S. 303; daneben etwa *Burger* NZA-Beil. 2017, 114 (118).
³⁹¹ BAG 23.11.2016 – 7 ABR 3/15, NZA 2017, 1003 Rn. 57.

eine Entscheidung des Arbeitsgerichts beantragt werden (sog. **Betriebsabgrenzungsverfahren**). Antragsbefugt sind der Arbeitgeber, jeder beteiligte Betriebsrat,[392] jeder beteiligte Wahlvorstand und die im Betrieb vertretenen (→ Rn. 191) Gewerkschaften. Da die Vorschrift die Eröffnung des Rechtswegs nur deklaratorisch festhält (vgl. § 2a Abs. 1 Nr. 1 ArbGG), ist darüber hinaus nach allgemeinen Grundsätzen auch antragsbefugt, wer materiell-betriebsverfassungsrechtlich betroffen ist.[393] Liegt vor der Betriebsratswahl eine rechtskräftige gerichtliche Entscheidung vor, ist sie für die Wahl verbindlich,[394] solange sich die rechtlichen und tatsächlichen strukturellen Voraussetzungen, die ihr zugrunde liegen, nicht ändern.[395] Nach Abschluss des Wahlverfahrens ist zu beachten, dass eine Verkennung des Betriebsbegriffs grundsätzlich nicht zur Nichtigkeit der Wahl führt; wurde die Wahl nicht rechtzeitig angefochten, bleibt es daher für die Dauer der Amtszeit des Betriebsrats grundsätzlich bei der Betriebsabgrenzung, die der Wahl zugrunde lag (→ Rn. 290).[396] Zu einer nachträglichen Erweiterung der Betriebsratszuständigkeit kommt es allerdings, wenn Betriebsteile oder Kleinstbetriebe, die keinen eigenständigen Betriebsrat haben, zu Unrecht nicht in die Wahl einbezogen wurden (zur Möglichkeit einer Neuwahl → Rn. 33).[397]

(2) Aufstellung der Wählerliste. Die Wählerliste hat die **wahlberechtigten Arbeitnehmer** getrennt nach den Geschlechtern aufzuführen, § 2 Abs. 1 S. 1 WO. Die Wahlberechtigten sollen dabei mit Familienname, Vorname und Geburtsdatum in alphabetischer Reihenfolge gelistet werden, § 2 Abs. 1 S. 2 WO. Die Angabe fehlender Wählbarkeit sieht § 2 Abs. 1 S. 3 WO nur für Leiharbeitnehmer im Fall erlaubnispflichtiger Überlassung (§ 14 Abs. 2 S. 1 AÜG) vor; die Vorschrift ist jedoch auf andere Formen der Arbeitnehmerüberlassung (→ Rn. 119) analog anzuwenden.[398] Ein Abdruck der Wählerliste (ohne Geburtsdaten) ist ab Einleitung der Wahl bis zum Abschluss der Stimmabgabe nach § 2 Abs. 4 WO an geeigneter Stelle im Betrieb zur Einsichtnahme auszulegen. 225

§ 2 Abs. 2 WO sieht als echte **Rechtspflicht des Arbeitgebers** vor, dass dieser dem Wahlvorstand alle für die Anfertigung der Wählerliste erforderlichen Auskünfte erteilen und die erforderlichen Unterlagen zur Verfügung stellen muss. Insbesondere hat der Arbeitgeber den Wahlvorstand bei der Feststellung des Personenkreises der leitenden Angestellten zu unterstützen. Der Wahlvorstand kann die Erfüllung dieser Mitwirkungspflicht notfalls im arbeitsgerichtlichen Beschlussverfahren durchsetzen. Eine Verletzung der Mitwirkungspflicht stellt eine Wahlbehinderung iSd § 20 Abs. 1 BetrVG dar, die nach § 119 Abs. 1 Nr. 1 BetrVG strafbar ist (→ Rn. 272). 226

Gegen die Richtigkeit der Wählerliste kann nach § 4 Abs. 1 WO innerhalb von zwei Wochen seit Erlass des Wahlausschreibens schriftlich beim Wahlvorstand **Einspruch** eingelegt werden. Die Frist endet nach § 188 Abs. 2 Alt. 1 BGB iVm § 41 WO mit Ablauf desjenigen Tages der zweiten Woche, der durch seine Benennung dem Tag des Erlasses entspricht. Entgegen der hM[399] kann die vom Gesetz zwingend vorgegebene Mindestfrist vom Wahlvorstand **nicht verkürzt** werden auf das Ende seiner Bürozeiten oder der betriebsüblichen Arbeitszeit; ein nach dem Ende der betriebsüblichen Arbeitszeit eingereichter Einspruch geht allerdings erst am Folgetag zu, sofern er nicht noch am selben Tag zur 227

---

[392] Vgl. für den Gesamtbetriebsrat BAG 22.6.2005 – 7 ABR 57/04, NZA 2005, 1248 (1249).
[393] Ebenso HK-BetrVG/*Brors* § 18 Rn. 8; ErfK/*Koch* BetrVG § 18 Rn. 6; GK-BetrVG/*Kreutz* § 18 Rn. 65; HWK/*Reichold* BetrVG § 18 Rn. 12; aA wohl BAG 18.1.2012 – 7 ABR 72/10, NZA-RR 2013, 133 Rn. 71; außerdem *Fitting* § 18 Rn. 59f.; DKKW/*Homburg* § 18 Rn. 23; HWGNRH/*Nicolai* § 18 Rn. 40; Löwisch/Kaiser/*Wiebauer* § 18 Rn. 19; wohl auch BeckOK ArbR/*Besgen* § 18 Rn. 9.
[394] Vgl. BAG 1.12.2004 – 7 ABR 27/04, NJOZ 2005, 4748 (4750).
[395] BAG 19.11.2003 – 7 ABR 25/03, BeckRS 2004, 40398; Richardi BetrVG/*Thüsing* § 18 Rn. 30 mwN.
[396] Ausführlich zu einzelnen Fallkonstellationen GK-BetrVG/*Kreutz* § 18 Rn. 72 ff.
[397] Vgl. BAG 3.12.1985 – 1 ABR 29/84, NZA 1986, 334 f.; ebenso etwa *Fitting* § 18 Rn. 64 mwN.
[398] Ebenso Richardi BetrVG/*Forst* WO § 2 Rn. 2; aA GK-BetrVG/*Jacobs* WO § 2 Rn. 3.
[399] BAG 4.10.1977 – 1 ABR 37/77, AP BetrVG 1972 § 18 Nr. 2; 15.12.2011 – 7 ABR 56/10, NZA 2012, 633 Rn. 27; aus der Lit. etwa *Fitting* WO § 3 Rn. 8; Richardi BetrVG/*Forst* WO § 3 Rn. 17.

Kenntnis genommen wird.⁴⁰⁰ Einspruchsberechtigt sind nicht nur alle Arbeitnehmer, sondern richtigerweise auch jede im Betrieb vertretene Gewerkschaft (→ Rn. 191) und der Arbeitgeber:⁴⁰¹ § 4 Abs. 1 WO enthält keine entsprechende Begrenzung, während § 4 Abs. 2 S. 5 WO nur besondere Vorgaben für den Fall trifft, dass ein Arbeitnehmer Einspruch eingelegt hat. Da der Einspruch eine effiziente, schnelle und kostengünstige Alternative zum gerichtlichen Verfahren darstellt, muss er auch sämtlichen Anfechtungsberechtigten iSd § 19 Abs. 2 S. 1 BetrVG zur Verfügung stehen. Über den Einspruch hat der Wahlvorstand unverzüglich zu entscheiden und im Fall der Begründetheit die Wählerliste zu berichtigen, § 4 Abs. 2 S. 1 u. 4 WO.

228 Da sich die Aufstellung der Wählerliste nach den Verhältnissen zum Zeitpunkt der Einleitung der Wahl richtet, sieht § 4 Abs. 3 WO vor, dass der Wahlvorstand die Wählerliste von Amts wegen **berichtigen** und ergänzen kann. Um Manipulationen auszuschließen, darf das allerdings nur bis einen Tag vor Stimmabgabe erfolgen.⁴⁰²

229 **(3) Zuordnung der leitenden Angestellten.** Da die zum Betriebsrat nicht wahlberechtigten **leitenden Angestellten** nach § 1 SprAuG eine eigene Vertretung erhalten, bedarf es bereits bei Einleitung und Vorbereitung der beiden Wahlen einer Abgrenzung und Abstimmung hinsichtlich dieses Personenkreises. Auf die nicht selten schwierige Zuordnungsproblematik hat der Gesetzgeber reagiert, indem er in § 18a BetrVG ein spezielles **Zuordnungsverfahren** geregelt hat, das die Zuordnung kostengünstig und möglichst einvernehmlich mit Wirkung für das Wahlverfahren (→ Rn. 232) klären soll.

230 Nach § 18a Abs. 1 S. 1 BetrVG findet das Zuordnungsverfahren zwingend Anwendung, wenn die Wahlen nach § 13 Abs. 1 S. 2 BetrVG und § 5 Abs. 1 S. 2 SprAuG **zeitgleich einzuleiten** sind (ausführlich → Rn. 13 ff.). Tritt die Verpflichtung zur zeitgleichen Einleitung hinter diejenige zur unverzüglichen Einleitung der Wahl zurück (→ Rn. 20), kann und muss das Zuordnungsverfahren trotzdem durchgeführt werden, zumal der Wahlvorstand die Wählerliste von Amts wegen bis zum Tag vor Beginn der Stimmabgabe noch berichtigen kann (→ Rn. 228).⁴⁰³ Daneben kann das Zuordnungsverfahren auch freiwillig vereinbart werden, wie § 18a Abs. 1 S. 1 Hs. 2 BetrVG zum Ausdruck bringt. Wird parallel zur Betriebsratswahl (noch) keine Sprecherausschusswahl vorbereitet oder durchgeführt und besteht daher (noch) kein zweiter Wahlvorstand,⁴⁰⁴ findet das Zuordnungsverfahren nach § 18a Abs. 4 BetrVG mit der Besonderheit statt, dass der Sprecherausschuss selbst Mitglieder benennt, die anstelle des Wahlvorstands am Zuordnungsverfahren teilnehmen.

231 Nach § 18a Abs. 1 S. 1 BetrVG haben sich die Wahlvorstände unverzüglich – also ohne schuldhaftes Zögern, § 121 Abs. 1 S. 1 BGB – nach Aufstellung der Wählerlisten, spätestens aber zwei Wochen vor (gleichzeitiger) Einleitung der Wahlen gegenseitig darüber zu **unterrichten,** welche Angestellten sie den leitenden Angestellten zugeordnet haben. Nur für diejenigen Angestellten, über deren Zuordnung zwischen den Wahlvorständen kein Einvernehmen über die Zuordnung besteht („soweit"), wird das Verfahren nach § 18a Abs. 1 S. 2 BetrVG fortgeführt.⁴⁰⁵ Nach § 18a Abs. 1 S. 2 u. 3 BetrVG haben die Wahlvorstände zunächst eine **Einigung** in gemeinsamer Sitzung zu versuchen, an der alle

---

⁴⁰⁰ Ebenso *Boemke* BB 2009, 2758 (2759); GK-BetrVG/*Jacobs* WO § 4 Rn. 5; vgl. für die Einreichung von Wahlvorschlägen im Personalvertretungsrecht ebenso BVerwG 17.7.1980 – 6 P 4/80, VerwRspr 1981, 165 (167 ff.); **krit.** zur hM auch HessLAG 31.8.2006 – 9 TaBV 16/06, NZA-RR 2007, 198 (199).

⁴⁰¹ GK-BetrVG/*Jacobs* WO § 4 Rn. 3; wohl auch HWGNRH/*Nicolai* § 19 Rn. 10 m. Fn. 12; **aA** *Fitting* WO § 4 Rn. 3; Richardi BetrVG/*Forst* WO § 4 Rn. 5; **diff.** DKKW/*Homburg* WO § 4 Rn. 16; Löwisch/Kaiser/*Wiebauer* WO § 4 Rn. 6: nur Gewerkschaften.

⁴⁰² BAG 21.3.2017 – 7 ABR 19/15, NZA 2017, 1075 Rn. 25 ff.

⁴⁰³ GK-BetrVG/*Kreutz* § 18a Rn. 43; Löwisch/Kaiser/*Wiebauer* § 18a Rn. 17; **aA** DKKW/*Trümner* § 18a Rn. 8, 78 f.; **diff.** *Fitting* § 18a Rn. 28 f., 58; Richardi BetrVG/*Thüsing* § 18a Rn. 28: freiwillige Fortführung möglich.

⁴⁰⁴ Zum missverständlichen Anwendungsbereich ausführlich GK-BetrVG/*Kreutz* § 18a Rn. 27 f. mwN.

⁴⁰⁵ GK-BetrVG/*Kreutz* § 18a Rn. 47.

VII. Wahlverfahren   232–234 § 291

Mitglieder des Wahlvorstands inklusive der nicht Stimmberechtigten[406] (→ Rn. 208) teilnehmen. Gelingt diese, sind die Angestellten nach Beschluss des jeweiligen Wahlvorstands[407] entsprechend dieser Zuordnung in die jeweilige Wählerliste einzutragen. Kommt es nicht zu einer Einigung, wird nach § 18a Abs. 2 u. 3 BetrVG für die verbliebenen Streitfälle („soweit") ein **Vermittler** eingeschaltet, der nach Beratung mit dem Arbeitgeber über die Zuordnung entscheidet; die betroffenen Angestellten sind sodann von den Wahlvorständen entsprechend dieser Zuordnung in die jeweilige Wählerliste einzutragen. Die Person des Vermittlers wird von den Wahlvorständen gemeinsam bestimmt; Vermittler kann nur der Arbeitgeber oder ein Beschäftigter des Betriebs oder eines anderen Betriebs des Unternehmens oder Konzerns sein.

Die Zuordnung im Verfahren nach § 18a BetrVG schließt zwar **nicht den Rechtsweg** 232 aus. Insbesondere ist weiterhin ein Beschlussverfahren zur Klärung der Frage möglich, ob ein Arbeitnehmer zum Kreis der leitenden Angestellten gehört oder nicht (sog. Statusverfahren). Für die **Durchführung der konkreten Wahlen** ist das Zuordnungsverfahren allerdings weitgehend verbindlich: Vor Abschluss des Wahlverfahrens ist ein Einspruch gegen die Wählerliste (→ Rn. 227) nach § 4 Abs. 2 S. 2 WO ausgeschlossen, wenn nicht die am Zuordnungsverfahren Beteiligten die Zuordnung übereinstimmend für offensichtlich fehlerhaft halten. Möglich bleibt allerdings die gerichtliche Überprüfung im vorgeschalteten Kontrollverfahren (ausführlich → Rn. 255 ff.). Nach Abschluss des Wahlverfahrens ist eine Anfechtung aufgrund falscher Zuordnung einzelner Wahlberechtigter ausgeschlossen, es sei denn, die Zuordnung ist offensichtlich fehlerhaft erfolgt, § 18a Abs. 5 BetrVG. **Offensichtlich** ist die Fehlerhaftigkeit, wenn sie sich geradezu aufdrängt.[408] Das ist nur selten der Fall, etwa wenn von offenkundig falschen Tatsachen ausgegangen wird oder die Zuordnung ohne Rücksicht auf § 5 Abs. 3 u. 4 BetrVG vorgenommen wurde.[409] Mit dieser Privilegierung soll den Beteiligten ein Anreiz gegeben werden, das effiziente und einvernehmliche Zuordnungsverfahren durchzuführen.[410]

bb) Einleitung der Wahl. Der Wahlvorstand hat die Wahl nach § 18 Abs. 1 S. 1 233 BetrVG unverzüglich – also ohne schuldhaftes Zögern, § 121 Abs. 1 S. 1 BGB – einzuleiten. Im Kollisionsfall hat diese Pflicht Vorrang vor derjenigen zur zeitgleichen Einleitung mit der Sprecherausschusswahl nach § 13 Abs. 1 S. 2 BetrVG (→ Rn. 20). Nach § 3 Abs. 1 S. 2 WO erfolgt die Einleitung der Wahl durch Erlass des **Wahlausschreibens** (für das vereinfachte Verfahren § 31 Abs. 1 S. 2 WO und § 36 Abs. 2 S. 2 WO). Erlassen ist das Wahlausschreiben, wenn es vom Vorsitzenden und mindestens einem weiteren stimmberechtigten Mitglied unterschrieben ist und bekannt gemacht wurde.[411]

Ein Abdruck des Wahlausschreibens ist ab seinem Erlass bis zum letzten Tag der 234 Stimmabgabe an einer oder mehreren geeigneten, den Wahlberechtigten zugänglichen Stellen im Betrieb auszuhängen, § 3 Abs. 4 WO (für das vereinfachte Verfahren § 31 Abs. 2 S. 1 WO ggf. iVm § 36 Abs. 3 S. 2 WO). Der **notwendige Inhalt** des Wahlausschreibens wird in § 3 Abs. 2 WO zwingend aufgelistet (für das vereinfachte Wahlverfahren § 31 Abs. 1 S. 3 WO ggf. iVm § 36 Abs. 3 S. 1 WO). Um die danach erforderlichen Angaben machen zu können, hat der Wahlvorstand im Vorfeld eine Reihe wichtiger Entscheidungen zu treffen, insbesondere muss er die Wählerliste aufstellen (→ Rn. 222 ff.) sowie die Zahl der zu wählenden Betriebsratsmitglieder (→ Rn. 141 ff.), die auf das Ge-

---

[406] Ebenso *Fitting* § 18a Rn. 19; ErfK/*Koch* BetrVG § 18a Rn. 2; GK-BetrVG/*Kreutz* § 18a Rn. 48; Richardi BetrVG/*Thüsing* § 18a Rn. 19; **aA** DKKW/*Trümner* § 18a Rn. 17 f.
[407] Statt vieler Richardi BetrVG/*Thüsing* § 18a Rn. 20 mwN.
[408] BT-Drs. 11/2503, S. 32 r. Sp.
[409] LAG BW 29.4.2011 – 7 TaBV 7/10, BeckRS 2011, 75263; ebenso *Fitting* § 18a Rn. 70; Richardi BetrVG/*Thüsing* § 18a Rn. 59 jeweils mwN. Strenger hingegen GK-BetrVG/*Kreutz* § 18a Rn. 103.
[410] Zutreffend GK-BetrVG/*Kreutz* § 18a Rn. 99.
[411] Statt vieler GK-BetrVG/*Jacobs* WO § 3 Rn. 3.

schlecht in der Minderheit entfallenden Mindestsitze (→ Rn. 161 ff., 175) und die für einen Wahlvorschlag erforderliche Zahl von Arbeitnehmern (→ Rn. 237) ermitteln.

235 **c) Durchführung der Wahl.** Die Durchführung der Wahl iSd § 18 Abs. 1 S. 1 BetrVG umfasst den Zeitraum vom Erlass des Wahlausschreibens bis zur Feststellung des Wahlergebnisses. In dieser Phase treffen den Wahlvorstand zahlreiche Aufgaben,[412] insbesondere hat er Wahlvorschläge – in der Diktion der WO auch „Vorschlagslisten" (vgl. § 6 Abs. 1 WO, § 20 Abs. 1 WO) – entgegenzunehmen, zu prüfen und ggf. zu beanstanden.

236 **aa) Wahlvorschläge.** Die Wahl des Betriebsrats erfolgt nach § 14 Abs. 3 bis 5 BetrVG zwingend auf der Grundlage von Wahlvorschlägen. Ein Wahlvorschlag ist die schriftliche Benennung von Personen gegenüber dem Wahlvorstand, die von den Unterstützern für die Wahl zum Betriebsrat vorgeschlagen werden.[413] Ab dem Zeitpunkt der Aufstellung des Wahlvorschlags genießen Wahlbewerber einen besonderen Kündigungsschutz nach § 15 Abs. 3 KSchG (→ § 127 Rn. 9, 21). Die Benennung in einem Wahlvorschlag ist außerdem Verfahrensvoraussetzung dafür, in den Betriebsrat gewählt zu werden (→ Rn. 137). Wird eine Wahl ohne Wahlvorschläge durchgeführt, ist sie nichtig.[414]

237 **(1) Wahlvorschläge der Arbeitnehmer.** Wahlvorschläge können nach § 14 Abs. 3 BetrVG alle wahlberechtigten Arbeitnehmer (→ Rn. 65 ff.) machen. Hierzu zählen auch Leiharbeitnehmer, soweit sie nach § 7 S. 2 BetrVG wahlberechtigt sind.[415] § 14 Abs. 4 BetrVG sieht vor, dass ein Wahlvorschlag grundsätzlich von **mindestens einem Zwanzigstel (5 %)** der Wahlberechtigten unterzeichnet sein muss, mindestens jedoch von drei Wahlberechtigten (in Betrieben mit in der Regel bis zu zwanzig Wahlberechtigten genügen zwei Wahlberechtigte). Unabhängig von der Größe des Betriebs genügt die Unterzeichnung durch fünfzig Wahlberechtigte. Ergibt sich bei der Berechnung des 5 %-Anteils keine ganze Zahl, ist stets aufzurunden, da das Gesetz einen Mindestanteil verlangt.[416] Nach § 6 Abs. 5 WO kann jeder Wahlberechtigte nur einen Wahlvorschlag unterzeichnen. Fehlt es an der erforderlichen Anzahl von Unterschriften, ist der Wahlvorschlag nach § 8 Abs. 1 Nr. 3 WO ungültig.

238 Vorgeschlagen werden kann jeder Arbeitnehmer, der **wählbar** ist (→ Rn. 117 ff.), wobei es in zeitlicher Hinsicht auf den letzten Tag der Wahl ankommt (→ Rn. 136). Die Wahlbewerber sind auf der Vorschlagsliste in erkennbarer Reihenfolge unter fortlaufender Nummer und unter Angabe der in § 6 Abs. 3 S. 1 WO vorgeschriebenen Daten aufzuführen. Die schriftliche Zustimmung des Bewerbers zur Aufnahme in die Liste ist nach § 6 Abs. 3 S. 2 WO beizufügen. Jeder Wahlbewerber kann nur auf einer Vorschlagsliste vorgeschlagen werden, § 6 Abs. 7 WO.

239 Nach § 6 Abs. 1 S. 2 WO sind Vorschlaglisten vor Ablauf von **zwei Wochen** seit Erlass des Wahlausschreibens beim Wahlvorstand einzureichen. Die Frist endet nach § 188 Abs. 2 Alt. 1 BGB iVm § 41 WO mit Ablauf desjenigen Tages der zweiten Woche, der durch seine Benennung dem Tag des Erlasses entspricht. Dieser Tag ist im Wahlausschreiben anzugeben, § 3 Abs. 2 Nr. 8 WO. Ebenso wie im Fall der Einspruchsfrist (→ Rn. 227) kann diese Frist entgegen der hM **nicht verkürzt** werden auf das Ende der betriebsüblichen Arbeitszeit oder der Dienstzeit des Wahlvorstands.[417] Die Gültigkeit der

---

[412] Für eine Auflistung s. etwa GK-BetrVG/*Kreutz* § 18 Rn. 26.
[413] LAG SchlH 9.1.2017 – 3 TaBVGa 3/16, BeckRS 2017, 104669.
[414] Statt vieler *Fitting* § 14 Rn. 43 mwN.
[415] Statt vieler GK-BetrVG/*Jacobs* § 14 Rn. 50 mwN.
[416] BAG 6.11.2013 – 7 ABR 65/11, NJOZ 2014, 1671 Rn. 20.
[417] Ebenso LAG Köln 20.5.2015 – 5 TaBV 18/15, BeckRS 2015, 71441 (für Schichtbetriebe); GK-BetrVG/*Jacobs* WO § 3 Rn. 10 u. § 4 Rn. 5; vgl. auch *Boemke* BB 2009, 2758 (2759). Im Personalvertretungsrecht BVerwG 17.7.1980 – 6 P 4/80, VerwRspr 1981, 165 (167 ff.); ähnlich nunmehr BAG 15.1.2018 – 7 ABR 11/16, NZA 2018, 797 Rn. 22 ff. (Angabe des letztmöglichen Zugangszeitpunkts); **diff.**

eingereichten Wahlvorschläge hat der Wahlvorstand nach § 7 Abs. 2 S. 2 WO unverzüglich zu prüfen und bei Ungültigkeit oder Beanstandung einer Liste den Listenvertreter (vgl. § 6 Abs. 4 WO) unverzüglich schriftlich unter Angabe der Gründe zu unterrichten. Ist nach Ablauf der Zwei-Wochen-Frist keine gültige Vorschlagsliste eingereicht worden, hat der Wahlvorstand eine **Nachfrist** von einer Woche zu setzen, § 9 Abs. 1 WO.

(2) Wahlvorschläge der Gewerkschaften. Nach § 14 Abs. 3 BetrVG können auch die im Betrieb vertretenen Gewerkschaften (→ Rn. 191) Wahlvorschläge machen. Diese müssen nach § 14 Abs. 5 BetrVG von zwei Beauftragten unterzeichnet sein, andernfalls sind sie ungültig, § 27 Abs. 2 WO. Im Übrigen gelten die Vorgaben für Inhalt, Einreichung und Prüfung von Vorschlagslisten der Arbeitnehmer (→ Rn. 238 f.) nach § 27 Abs. 1 WO entsprechend für die Wahlvorschläge der Gewerkschaften.

bb) Feststellung des Wahlergebnisses. Nach Abschluss der Wahl muss der Wahlvorstand gem. § 18 Abs. 3 S. 1 BetrVG unverzüglich – also ohne schuldhaftes Zögern, § 121 Abs. 1 S. 1 BGB – die Stimmen öffentlich auszählen, deren Ergebnis in einer Niederschrift feststellen und es den Arbeitnehmern des Betriebs bekanntgeben.

(1) Feststellung des vorläufigen Wahlergebnisses. Die Auszählung der Stimmen erfolgt unverzüglich nach Abschluss der Wahl, dh nach Ablauf der im Wahlausschreiben für die Stimmabgabe festgelegten Zeit. Die Auszählung ist Aufgabe des Wahlvorstands als Kollegialorgan und muss daher in einer Sitzung erfolgen. Die Sitzung muss nach § 18 Abs. 3 S. 1 BetrVG, § 13 WO **betriebsöffentlich** sein. Das erfordert, dass Ort und Zeit der Auszählung vorher öffentlich bekanntgemacht werden und alle Arbeitnehmer, der Arbeitgeber und die im Betrieb vertretenen Gewerkschaften ungehinderten Zugang zum Ort der Stimmauszählung erhalten.[418]

Die **Auszählung** erfolgt in der Weise, dass der Wahlvorstand nach Öffnung der Wahlurne den Wahlumschlägen die Stimmzettel entnimmt, die Gültigkeit der Stimmzettel prüft und die auf jede Vorschlagsliste – im Fall der Mehrheitswahl auf jeden Bewerber – entfallenden Stimmen zusammenzählt, § 14 Abs. 1 WO, § 21 WO. Während die Stimmabgabe nur „analog" durch Stimmzettel erfolgen kann (vgl. dazu die klaren Vorgaben in § 11 Abs. 1 WO; § 20 Abs. 2 WO; § 34 Abs. 1 S. 2 WO),[419] darf sich der Wahlvorstand zur Auszählung der Stimmen grds. **technischer Hilfsmittel** bedienen (zB Farb-Scanner und Computer). Eine ordnungsgemäße öffentliche Auszählung durch den Wahlvorstand (vgl. § 13 WO) liegt allerdings nur vor, wenn die Auszählung betriebsöffentlich erfolgt und der Wahlvorstand den technischen Vorgang überwacht, die Richtigkeit der Auszählung stichprobenartig überprüft und selbst über Zweifelsfälle – etwa über die Gültigkeit eines mit Anmerkungen versehenen Stimmzettels – entscheidet.[420] Auf der Grundlage der Auszählung erfolgt sodann die Berechnung und Verteilung der Sitze unter Beachtung der Mindestsitze für das Geschlecht in der Minderheit (ausführlich → Rn. 171 ff.). Die so ermittelten gewählten Arbeitnehmer werden nach § 13 WO, § 20 Abs. 3 S. 2 WO noch in der Sitzung bekannt gegeben. Abschließend ist das Ergebnis der Auszählung nach § 16 WO, § 23 Abs. 1 WO in einer Niederschrift festzuhalten, die vom Vorsitzenden und mindestens einem weiteren stimmberechtigten Mitglied des Wahlvorstands zu unterschreiben ist. Damit ist das **vorläufige Wahlergebnis festgestellt** und die öffentliche Sitzung beendet.

HessLAG 12.1.2012 – 9 TaBV 115/11, BeckRS 2012, 71404: nicht vor Ende der betriebsüblichen Arbeitszeit.

[418] BAG 15.11.2000 – 7 ABR 53/99, NZA 2001, 853 (853 f.); 16.4.2003 – 7 ABR 29/02, NJOZ 2003, 3346 (3348 f.); aus der Lit. statt vieler *Fitting* § 18 Rn. 23 mwN.

[419] Zur Anfechtbarkeit einer Onlinewahl vgl. etwa LAG Hmb 15.2.2018 – 8 TaBV 5/17, BeckRS 2018, 20356 Rn. 11 f. (Revision anhängig unter Az. 7 ABN 50/18).

[420] HessLAG 25.4.2018 – 16 TaBVGa 77/18, BeckRS 2018, 23972 Rn. 15 ff.

244 **(2) Feststellung des endgültigen Wahlergebnisses.** Auf Grundlage des vorläufigen Wahlergebnisses muss der Wahlvorstand die Gewählten gem. § 17 Abs. 1 S. 1 WO, § 23 Abs. 1 S. 2 WO unverzüglich schriftlich von ihrer Wahl **benachrichtigen**. Lehnt eine gewählte Person die Wahl ab, rückt nach § 17 Abs. 2 WO, § 23 Abs. 2 WO grundsätzlich ein Wahlbewerber von derselben Vorschlagsliste bzw. der Bewerber mit der nächsthöheren Stimmenzahl nach (ausführlich → Rn. 173, 177). Lehnen so viele Bewerber die Wahl ab, dass der Betriebsrat nicht mit der erforderlichen Anzahl an Mitgliedern besetzt werden kann, findet nach § 13 Abs. 2 Nr. 2 BetrVG eine Neuwahl statt (→ Rn. 36 ff.); eine Verkleinerung des Betriebsrats analog § 11 BetrVG ist entgegen der hM nicht möglich (→ Rn. 156).

245 Sobald die Namen der Betriebsratsmitglieder **endgültig** feststehen, hat der Wahlvorstand sie gem. § 18 WO, § 23 Abs. 1 S. 2 WO durch zweiwöchigen Aushang in gleicher Weise bekannt zu machen, wie er das für das Wahlausschreiben getan hat. Soweit im Betrieb ein Betriebsrat (nicht) mehr besteht, beginnt die Amtszeit des neu gewählten Betriebsrats nach § 21 S. 2 BetrVG zu diesem Zeitpunkt. Außerdem beginnt mit dem (letzten) Aushang die zweiwöchige Anfechtungsfrist nach § 19 Abs. 2 S. 2 BetrVG (→ Rn. 302).

2. Vereinfachtes Wahlverfahren für Kleinbetriebe

246 Für Kleinbetriebe mit in der Regel fünf bis fünfzig Wahlberechtigten (→ Rn. 148 ff.) schreibt § 14a BetrVG zwingend (→ Rn. 2) das vereinfachte Wahlverfahren vor. In Betrieben mit in der Regel 51 bis 100 Wahlberechtigten können der Wahlvorstand und der Arbeitgeber nach § 14a Abs. 5 BetrVG die Anwendung des vereinfachten (dann einstufigen) Wahlverfahrens auch vereinbaren. Der Gesetzgeber möchte mit dem vereinfachten Wahlverfahren die Errichtung von Betriebsräten in Kleinbetrieben erleichtern.[421] Das will er im Wesentlichen dadurch erreichen, dass die relevanten Fristen erheblich verkürzt werden, an die Stelle der Urnenwahl eine Wahlversammlung tritt und die Grundsätze der Mehrheitswahl gelten. Das Verfahren richtet sich im Einzelnen danach, ob der Wahlvorstand von einem Gremium bestellt wird (dann eine Wahlversammlung, dh „einstufig") oder von den Arbeitnehmern gewählt wird (dann zwei Wahlversammlungen, dh „zweistufig").

247 a) Einstufiges Verfahren. Nach § 14a Abs. 3 S. 1 BetrVG erfolgt die Betriebsratswahl in einer einzigen Wahlversammlung („einstufig"), wenn der Wahlvorstand vom Betriebsrat, vom Gesamtbetriebsrat oder Konzernbetriebsrat oder gem. § 17a Nr. 4 BetrVG, § 17 Abs. 4 BetrVG vom Arbeitsgericht bestellt wurde.

248 Für die **Bestellung** des Wahlvorstands sieht das Gesetz in § 17a Nr. 1 BetrVG verkürzte Fristen vor: Die Bestellung durch den Betriebsrat muss spätestens vier statt zehn Wochen (→ Rn. 182 ff.) vor Ablauf seiner Amtszeit erfolgen, eine Ersatzbestellung durch das Arbeitsgericht oder den Gesamt- bzw. Konzernbetriebsrat ist erst drei statt acht Wochen (→ Rn. 189 ff.) vor Ablauf der Amtszeit möglich. Der Wahlvorstand besteht zwingend aus drei Mitgliedern; eine Erhöhung (→ Rn. 207) ist nach § 17a Nr. 2 BetrVG ausgeschlossen.

249 Einsprüche gegen die Richtigkeit der Wählerliste können nur innerhalb von drei Tagen – statt zwei Wochen (→ Rn. 227) – ab Erlass des Wahlausschreibens erhoben werden, § 30 Abs. 2 S. 1 WO. Für die **Wahlvorschläge** gelten die allgemeinen Regeln (→ Rn. 236 ff.). Sie können jedoch bis eine Woche vor der Wahlversammlung gemacht werden, § 14a Abs. 3 S. 2 BetrVG, § 36 Abs. 5 S. 1 WO. Die Wahl selbst wird gem. § 14 Abs. 2 S. 2 BetrVG nach den Grundsätzen der Mehrheitswahl durchgeführt (→ Rn. 176 ff.). Wahlberechtigten Arbeitnehmern, die an der Wahlversammlung nicht

---

[421] BT-Drs. 14/5741, 27.

VII. Wahlverfahren   250–255 § 291

teilnehmen können, ist nach § 14a Abs. 4 BetrVG Gelegenheit zur schriftlichen Stimmabgabe zu geben.

b) Zweistufiges Verfahren. Wird der Wahlvorstand in einem bislang betriebsratslosen 250
Kleinbetrieb nicht bestellt,[422] sondern von den **Arbeitnehmern** gewählt, erfolgt die Wahl des Betriebsrats nach § 14a Abs. 1 S. 1 BetrVG in einem zweistufigen Verfahren. Auf einer ersten Wahlversammlung wird der Wahlvorstand nach § 17a Nr. 3 BetrVG von der Mehrheit der anwesenden Arbeitnehmer gewählt. Für die Einladung zur Wahlversammlung gelten die Vorgaben aus § 17 Abs. 3 BetrVG für die Betriebsversammlung entsprechend (→ Rn. 200 ff.). Findet trotz Einladung keine Wahlversammlung statt oder wird auf der Wahlversammlung kein Wahlvorstand gewählt, kann der Wahlvorstand nach § 17a Nr. 4 BetrVG auf Antrag vom Arbeitsgericht gem. § 17 Abs. 4 BetrVG (→ Rn. 204) bestellt werden.

Wahlvorschläge können nach § 14a Abs. 2 Hs. 1 BetrVG bis zum Ende der ersten 251
Wahlversammlung beim Wahlvorstand eingereicht werden. Wahlvorschläge der Arbeitnehmer bedürfen nach § 14a Abs. 2 Hs. 2 BetrVG nicht der Schriftform, so dass sie auch spontan in der Wahlversammlung erfolgen können. Im Übrigen gelten für die Wahlvorschläge die allgemeinen Regeln (→ Rn. 236 ff.).

Auf einer **zweiten Wahlversammlung**, die eine Woche nach der ersten stattfindet, 252
wird der Betriebsrat dann gewählt, § 14a Abs. 1 S. 3 u. 4 BetrVG. Die Wahl wird gem. § 14 Abs. 2 S. 2 BetrVG nach den Grundsätzen der Mehrheitswahl durchgeführt (→ Rn. 176 ff.). Wahlberechtigten Arbeitnehmern, die an der Wahlversammlung nicht teilnehmen können, ist nach § 14a Abs. 4 BetrVG Gelegenheit zur schriftlichen Stimmabgabe zu geben.

3. Streitigkeiten im Wahlverfahren
Schon im laufenden Wahlverfahren stehen verschiedene Rechtsbehelfe zur Verfügung. 253
Die Durchführung der Wahl selbst wird durch die Möglichkeit gesichert, den Wahlvorstand nach § 18 Abs. 1 S. 2 BetrVG ersetzen zu lassen. Einzelne Maßnahmen des Wahlvorstands können im Beschlussverfahren gerichtlich überprüft werden, wobei dem einstweiligen Rechtsschutz besondere Bedeutung zukommt. Gleiches gilt für weitere Streitfragen im Zusammenhang mit dem Wahlverfahren.

a) Ersetzung des Wahlvorstands. Kommt der Wahlvorstand seinen Verpflichtungen aus 254
§ 18 Abs. 1 S. 1 BetrVG (ausführlich → Rn. 221 ff., 235 ff.) nicht nach, kann er als Kollegialorgan ausschließlich vom Arbeitsgericht auf Antrag und mit Wirkung *ex nunc* gem. § 18 Abs. 1 S. 2 BetrVG ersetzt werden (→ Rn. 215).

b) Rechtsschutz gegen Maßnahmen des Wahlvorstands. Gegen einzelne Maßnah- 255
men und Entscheidungen des Wahlvorstands – zB die Aufstellung der Wählerliste, die Beanstandung eines Wahlvorschlags oder die Entscheidung über den Zeitpunkt der Betriebsratswahl – kann nach allgemeiner Meinung bereits vor Abschluss des Wahlverfahrens gerichtlich vorgegangen werden, typischerweise in Form eines Leistungsantrags gegen den Wahlvorstand. Die Zulässigkeit eines solchen **vorgeschalteten Kontrollverfahrens** folgt aus der umfassenden Zuständigkeit der Arbeitsgerichte für Angelegenheiten aus dem Betriebsverfassungsgesetz nach § 2a Abs. 1 Nr. 1 ArbGG.[423] Anders als im nachgelagerten Anfechtungsverfahren nach § 19 BetrVG (ausführlich → Rn. 287 ff.) geht es im vorge-

---
[422] Zur Primärzuständigkeit von Gesamt- bzw. Konzernbetriebsrat nach § 17a Es. BetrVG s. GK-BetrVG/*Jacobs* § 14a Rn. 21 mwN.
[423] BAG 15.12.1972 – 1 ABR 8/72, BeckRS 9998, 149504; aus der Lit. statt vieler GK-BetrVG/*Kreutz* § 18 Rn. 81 mwN.

schalteten Kontrollverfahren um die Rechtmäßigkeit der Wahl, nicht um den Fortbestand des (noch gar nicht gewählten) Betriebsrats.

256 **Antragsberechtigt** sind analog § 19 Abs. 2 S. 1 BetrVG mindestens drei Wahlberechtigte, eine im Betrieb vertretene Gewerkschaft (→ Rn. 191) oder der Arbeitgeber,[424] außerdem jeder einzelne Arbeitnehmer, der durch eine Maßnahme des Wahlvorstands in seinem aktiven oder passiven Wahlrecht betroffen wird.[425] Nach allgemeinen Grundsätzen muss insbesondere ein **Rechtsschutzinteresse** an der begehrten Entscheidung bestehen.[426] Hieran fehlt es, wenn der Antragsteller eine Berichtigung der Wählerliste begehrt, diese aber durch einen Einspruch nach § 4 WO einfacher und schneller erreichen könnte (→ Rn. 138, 227).[427] Das Rechtsschutzinteresse entfällt außerdem regelmäßig mit Abschluss des Wahlverfahrens, soweit einzelne Maßnahmen des Wahlvorstands damit ihre Bedeutung verlieren; etwas anderes gilt etwa für Statusfragen (zB die Einordnung als leitender Angestellter), die auch für die Zukunft noch Bedeutung haben.[428] Entfällt das Rechtsschutzinteresse vor rechtskräftiger Entscheidung, weil das Wahlverfahren zwischenzeitlich abgeschlossen wurde, kann der Antrag entsprechend § 264 Nr. 3 ZPO in einen Wahlanfechtungsantrag umgestellt werden.[429]

257 Da Anträge im Beschlussverfahren keine aufschiebende Wirkung haben, kommt im laufenden Wahlverfahren dem **einstweiligen Rechtsschutz** nach § 85 Abs. 2 ArbGG besondere Bedeutung zu. Voraussetzung für den Erlass einer einstweiligen Verfügung ist ein zu sichernder Verfügungsanspruch sowie ein Verfügungsgrund (→ § 393 Rn. 1 ff.). Ein Verfügungsanspruch in Form eines Abwehranspruchs besteht, wenn der Wahlvorstand durch einzelne Maßnahmen oder Entscheidungen gegen wesentliche Wahlvorschriften verstoßen hat.[430] Ein Verfügungsgrund liegt in Form der Eilbedürftigkeit regelmäßig vor, da ohne eine alsbaldige Regelung die Maßnahme des Wahlvorstands nicht mehr korrigiert werden kann (→ Rn. 256).

258 Für den zulässigen Inhalt einer einstweiligen Verfügung ist zu differenzieren: Eine **Sicherungsverfügung,** die lediglich eine vorläufige Regelung – etwa die Aussetzung der Wahl – vorsieht und die endgültige Klärung dem Ausgang des Streitverfahrens in der Hauptsache vorbehält, kommt grundsätzlich nicht in Betracht, da sie einen betriebsratslosen Zustand herbeiführen oder verlängern würde, obwohl das Gesetz diesen ersichtlich verhindern will (→ Rn. 20).[431] Möglich sind daher nur **Leistungsverfügungen,** auch soweit sie eine teilweise Vorwegnahme der Hauptsache bewirken und für die weitere Durchführung der Wahl vollendete Tatsachen schaffen.[432]

259 Für den Inhalt einer Leistungsverfügung im laufenden Wahlverfahren ist weiter zu differenzieren. Insoweit steht ein **abgestuftes System**[433] zur Verfügung: Solange die Korrektur einzelner Maßnahmen und Entscheidungen des Wahlvorstands im laufenden Wahlverfahren noch möglich ist, kann lediglich eine **Berichtigungsverfügung** (1. Stufe)

---

[424] BAG 15.12.1972 – 1 ABR 8/72, BeckRS 9998, 149504; 27.7.2011 – 7 ABR 61/10, NZA 2012, 345 Rn. 20.
[425] BAG 15.12.1972 – 1 ABR 8/72, BeckRS 9998, 149504; aus der Lit. statt vieler *Fitting* § 18 Rn. 43 mwN.
[426] Statt vieler GMP/*Spinner* § 81 Rn. 23 mwN.
[427] Ebenso GK-BetrVG/*Kreutz* § 18 Rn. 86; GK-BetrVG/*Raab* § 7 Rn. 157; WPK/*Wlotzke* § 18 Rn. 9; aA *Winterfeld* NZA-Beil. 1/1990, 20 (25).
[428] Vgl. BAG 17.8.2005 – 7 ABR 62/04, BeckRS 2005, 30361384 (B. II. 1. der Gründe).
[429] BAG 14.1.1983 – 6 ABR 39/82, BeckRS 9998, 149525.
[430] GK-BetrVG/*Kreutz* § 18 Rn. 91.
[431] Ebenso LAG Hamm 10.4.1975 – 8 TaBV 29/75, BB 1975, 838; LAG Hmb 6.5.1996 – 4 TaBV 3/96, NZA-RR 1997, 136 (137 f.); *Fitting* § 18 Rn. 37; ErfK/*Koch* BetrVG § 18 Rn. 7; GK-BetrVG/*Kreutz* § 18 Rn. 93; HWGNRH/*Nicolai* § 18 Rn. 35; HWK/*Reichold* BetrVG § 18 Rn. 16; Löwisch/Kaiser/*Wiebauer* § 18 Rn. 24; WPK/*Wlotzke* § 18 Rn. 10; **aA** BAG 15.12.1972 – 1 ABR 5/72, AP ArbGG 1953 § 80 Nr. 5(II. 5. der Gründe als *obiter dictum*); LAG Düsseldorf 24.10.1977 – 5 TaBV 68/77, DB 1978, 211 f.; LAG Nürnberg 10.4.1978 – 4 TaBV 6/78.
[432] Statt vieler Richardi BetrVG/*Thüsing* § 18 Rn. 21 mwN.
[433] GK-BetrVG/*Kreutz* § 18 Rn. 95.

beantragt werden,[434] zB auf Zulassung oder Nichtzulassung eines Wahlvorschlags, Aufnahme eines Arbeitnehmers in die Wählerliste, andere Festlegung der Größe des zu wählenden Betriebsrats oder Korrektur der festgelegten Zahl der Mindestsitze für das Geschlecht in der Minderheit.

Ist die Korrektur einer beanstandeten Maßnahme des Wahlvorstands nicht mehr möglich, weil das Wahlverfahren bereits zu weit fortgeschritten ist, kommt nur eine Wahlabbruchverfügung in Betracht. Insoweit sind allerdings zwei Formen zu unterscheiden: Am weitesten reicht die auf einen **Totalabbruch** der Wahl gerichtete Verfügung (3. Stufe), die dem Wahlvorstand jede weitere auf die Durchführung der Wahl gerichtete Handlung untersagt. Sie kommt nach insoweit einhelliger Ansicht nur dann in Betracht, wenn auch eine neu eingeleitete Wahl **mit Sicherheit nichtig** wäre.[435] Das ist insbesondere der Fall, wenn die Bestellung des Wahlvorstands ausnahmsweise unwirksam und daher jede von ihm durchgeführte Wahl nichtig wäre (→ Rn. 220, 315) oder wenn bereits ein Betriebsrat besteht.[436] Wer mit der hM die von einem nur fehlerhaft bestellten Wahlvorstand durchgeführte Betriebsratswahl stets für anfechtbar hält (ausführlich → Rn. 297), müsste konsequenterweise auch insoweit einen Totalabbruch befürworten; denn in diesem speziellen Fall wäre auch jede von *diesem* Wahlvorstand erneut durchgeführte Wahl mit Sicherheit anfechtbar.[437]

Vom Totalabbruch streng zu unterscheiden ist dagegen die **Abbruchverfügung zur Neueinleitung** der Wahl, die dem Wahlvorstand nur aufgibt, den konkreten Wahlvorgang abzubrechen und die Wahl erneut (fehlerfrei) einzuleiten und durchzuführen.[438] In einem (Hauptsache-)Verfahren, in dem es eigentlich um einen Totalabbruch der Wahl ging (→ Rn. 260, 262), hat sich das BAG im Jahr 2011 dahin gehend positioniert, dass ein Wahlabbruch stets nur in Betracht komme, wenn die Wahl **voraussichtlich nichtig** sei.[439] Das überzeugt nicht. Für eine Abbruchverfügung zur Neueinleitung ist es ausreichend, wenn der beanstandete Fehler nicht mehr korrigiert werden kann und die konkrete Wahl daher **mit Sicherheit anfechtbar** wäre.[440] Der vom BAG für seine Position bemühte Vergleich zu politischen Wahlen geht schon deshalb fehl, weil für sie – anders als bei der laufenden Betriebsratswahl (→ Rn. 255) – eine gerichtliche Kontrollmöglichkeit im laufenden Wahlverfahren überhaupt nicht vorgesehen ist.[441] Ein Wertungswiderspruch zu § 19 BetrVG droht ebenso wenig. Der Arbeitgeber erlangt durch Abbruch und Neueinleitung nicht „mehr" als im Fall der nachträglichen Anfechtung, die ihrerseits sogar mit Sicherheit zu einer betriebsratslosen Zeit führt, wenn der Fehler die gesamte Wahl erfasst (→ Rn. 312). Dem Arbeitgeber wird somit allein die Möglichkeit eröffnet, das Wahlverfahren bereits zu einem früheren Zeitpunkt (neu) einleiten zu lassen. Gegenüber der Anfechtung spart das nicht nur Kosten; die Neueinleitung der Wahl im

---

[434] LAG BW 6.3.2006 – 13 TaBV 4/06, BeckRS 2006, 42300 (B. II. 2. a. der Gründe); SächsLAG 22.4.2010 – 2 TaBVGa 2/10, BeckRS 2010, 71579; vgl. auch LAG Bln 7.2.2006 – 4 TaBV 214/06, NZA 2006, 509 (511); aus der Lit. statt vieler *Fitting* § 18 Rn. 40f. mwN.
[435] BAG 27.7.2011 – 7 ABR 61/10, NZA 2012, 345 Rn. 36. Insbes. auch GK-BetrVG/*Kreutz* § 18 Rn. 104; zust. Löwisch/Kaiser/*Wiebauer* § 18 Rn. 28.
[436] HessLAG 30.7.2009 – 9 TaBVGa 145/09, BeckRS 2010, 68231.
[437] So noch *Krois* SAE 2012, 100 (104); grds. auch GK-BetrVG/*Kreutz* § 18 Rn. 106.
[438] Grundl. GK-BetrVG/*Kreutz* § 18 Rn. 98; zust. *Krois* SAE 2012, 100 (104) m. Fn. 40; Löwisch/Kaiser/*Wiebauer* § 18 Rn. 28; grds. auch ErfK/*Koch* BetrVG § 18 Rn. 7.
[439] BAG 27.7.2011 – 6 ABR 61/10, NZA 2012, 345 Rn. 24 m. abl. Anm. *Krois* SAE 2012, 100ff.; dem BAG folgend HessLAG 20.2.2014 – 9 TaBVGa 11/14, BeckRS 2014, 68637; LAG RhPf 23.4.2015 – 2 TaBVGa 1/15, BeckRS 2014, 68637; AR/*Maschmann* BetrVG § 18 Rn. 3; HWK/*Reichold* BetrVG § 18 Rn. 18; wohl auch *Fitting* § 18 Rn. 42; HWGNRH/*Nicolai* § 18 Rn. 35; Richardi BetrVG/*Thüsing* § 18 Rn. 21a; grds. auch DKKW/*Homburg* § 19 Rn. 21; vorher bereits ErfK/*Koch*, 12. Aufl. 2012, BetrVG § 18 Rn. 7; WPK/*Wlotzke* § 18 Rn. 11; Zwanziger DB 1999, 2264 (2264).
[440] Ebenso *Bonanni/Mückl* BB 2010, 437 (439); *Dzida/Hohenstatt* BB-Special 14/2005, 1 (2ff.); *H. Hanau* DB-Beil. 4/1986, 1 (10f.); GK-BetrVG/*Kreutz* § 18 Rn. 102f.; *Rieble/Triskatis* NZA 2006, 233 (236); Löwisch/Kaiser/*Wiebauer* § 18 Rn. 28; grds. auch DKKW/*Homburg* § 19 Rn. 22 („bei sehr schwerwiegenden Fehlern").
[441] *Krois* SAE 2012, 100 (102f.); zust. GK-BetrVG/*Kreutz* § 18 Rn. 103.

laufenden Verfahren ist auch deutlich schneller und einfacher zu bewerkstelligen, da es keiner erneuten Bestellung des Wahlvorstands (nach § 17 BetrVG) bedarf.

262 Wird ein Totalabbruch beantragt, liegen aber nur die Voraussetzungen für eine Abbruchverfügung zur Neueinleitung vor, ist vom Arbeitsgericht nach hier vertretener Ansicht Letztere auszusprechen.[442] Selbst wenn man bei Stellung eines konkreten Antrags im Verfügungsverfahren § 308 Abs. 1 ZPO für entsprechend anwendbar erachtet,[443] handelt es sich jedenfalls um ein **Minus** zum beantragten Totalabbruch.

263 **c) Weitere Streitigkeiten.** Mit Blick auf § 2a Abs. 1 Nr. 1 ArbGG (→ Rn. 255) können auch andere Teilakte der Wahl noch während des laufenden Wahlverfahrens im Beschlussverfahren gerichtlich überprüft werden.[444] Das gilt etwa für die Bestellung und Zusammensetzung des Wahlvorstands oder den Mitwirkungsanspruch des Wahlvorstands gegen den Arbeitgeber aus § 2 Abs. 2 WO.

VIII. Wahlschutz

264 Das Gesetz sichert die Betriebsratswahl zum einen dadurch, dass die Mitglieder des Wahlvorstands und die Wahlbewerber einen besonderen Kündigungsschutz genießen (→ Rn. 217, 236). Zum anderen werden Wahlbehinderungen und Wahlbeeinflussungen in § 20 Abs. 1 u. 2 BetrVG untersagt.

1. Verbot der Wahlbehinderung

265 Nach § 20 Abs. 1 S. 1 BetrVG darf niemand die Wahl des Betriebsrats behindern. Das Verbot richtet sich in persönlicher Hinsicht an **jedermann,** insbesondere den Arbeitgeber, die betriebszugehörigen Arbeitnehmer, den Wahlvorstand, den Betriebsrat, die Gewerkschaften sowie alle betriebsfremden Dritten. In sachlicher Hinsicht wird nicht nur der Akt der Stimmabgabe, sondern die **gesamte Wahl** in einem umfassenden Sinn geschützt, also jede Handlung, die mit der Wahl zusammenhängt oder ihr dient.[445] Geschützt ist insbesondere auch die Wahlwerbung, soweit sie zulässig ist, also nicht gegen das Verbot der Wahlbeeinflussung verstößt (→ Rn. 270).[446]

266 Eine **Behinderung** ist jedes Tun, Dulden oder Unterlassen, das einen Wahlbeteiligten in einer die Wahl betreffenden Handlung beschränkt.[447] Ein Unterlassen ist nur tatbestandsmäßig, wenn es pflichtwidrig erfolgt, zB der Arbeitgeber die von ihm nach § 20 Abs. 3 S. 1 BetrVG zu tragenden Sachkosten der Wahl nicht übernimmt. Eine tatbestandsmäßige Wahlbehinderung kann nach allgemeiner Meinung **gerechtfertigt** sein (näher hierzu im Zusammenhang mit § 78 S. 1 BetrVG → § 295 Rn. 168), zB die außerordentliche Kündigung eines Arbeitnehmers während des Wahlverfahrens wegen grob beleidigender Äußerungen.[448]

267 Den wichtigsten Fall der Wahlbehinderung nennt § 20 Abs. 1 S. 2 BetrVG ausdrücklich: die Beschränkung in der Ausübung des aktiven und passiven **Wahlrechts.** Eine solche Beschränkung liegt etwa vor, wenn ein Arbeitnehmer nicht in die Wählerliste aufgenommen wird oder vom Arbeitgeber keine Arbeitsbefreiung zur Teilnahme am Wahlvorgang erhält, ohne dass dies durch zwingende betriebliche Erfordernisse gerechtfertigt ist. Dagegen darf der Arbeitgeber einem gekündigten Arbeitnehmer den Zugang

---

[442] AA wohl GK-BetrVG/*Kreutz* § 18 Rn. 98, 103.
[443] Näher MüKoZPO/*Drescher* § 938 ZPO Rn. 5 mwN.
[444] Statt vieler GK-BetrVG/*Kreutz* § 18 Rn. 107; Löwisch/Kaiser/*Wiebauer* § 18 Rn. 29.
[445] Statt vieler *Fitting* § 20 Rn. 7 mwN.
[446] BAG 6.12.2000 – 7 ABR 34/99, BeckRS 2000 30147895; GK-BetrVG/*Kreutz* § 20 Rn. 9 mwN.
[447] Vgl. LAG Köln 15.10.1993 – 13 TaBV 36/93, NZA 1994, 431 (432); *Fitting* § 20 Rn. 9; GK-BetrVG/*Kreutz* § 20 Rn. 11.
[448] BAG 15.12.1977 – 3 AZR 184/76, NJW 1978 1874 (1875); 25.10.2017 – 7 ABR 10/16, BeckRS 2017, 143289 Rn. 17 (rechtswidriges Verhalten); aus der Lit. statt vieler GK-BetrVG/*Kreutz* § 20 Rn. 12 mwN.

zum Betrieb untersagen, wenn er unwiderruflich freigestellt wurde oder die Kündigungsfrist abgelaufen ist und er nicht tatsächlich weiterbeschäftigt wird; denn in diesen Fällen ist der Arbeitnehmer weder aktiv noch passiv wahlberechtigt (→ Rn. 80 f., 121).[449]

2. Verbot der Wahlbeeinflussung

Während das Behinderungsverbot auf die ungestörte äußere Ausübung der Wahlbefugnisse abzielt, schützt das Verbot der Wahlbeeinflussung in § 20 Abs. 2 BetrVG die **freie Willensbildung** aller Wahlbeteiligten.[450] Verboten sind daher die Zufügung oder Androhung von Nachteilen sowie die Gewährung oder das Versprechen von Vorteilen. Geschützt ist dabei auch die Entscheidung, überhaupt einen Betriebsrat zu wählen (→ Rn. 1). Aus diesem Grund darf der Wahlvorstand Dritten während der laufenden Wahl keine Einsichtnahme in die mit Stimmabgabevermerken versehene Wählerliste gestatten.[451]

Das Verbot bezieht sich sowohl auf materielle (geldwerte) als auch immaterielle **Vor- und Nachteile.** Mögliche Nachteile sind etwa Versetzungen, der Ausspruch einer Kündigung, die Nichtberücksichtigung bei Überstunden oder die Nichtgewährung eines Arbeitgeberdarlehens. Als Vorteile kommen insbesondere Zahlungen, Beförderungen, die Versetzung auf einen bevorzugten Arbeitsplatz oder sonstige Vergünstigungen in Betracht.

Grundsätzlich zulässig ist dagegen **Wahlwerbung,** da sie die Freiheit der Willensbildung nicht beeinflusst. Das gilt richtigerweise auch für den Arbeitgeber,[452] soweit er seine Werbung nicht mit der Andeutung von Vor- oder Nachteilen für den Fall eines bestimmten Wahlverhaltens verbindet.[453] Inhaltlich findet die Wahlwerbung ihre Grenze in den Rechten anderer. Dabei spielt insbesondere die grundrechtskonforme Auslegung von § 20 Abs. 2 BetrVG eine große Rolle, mit der die Gerichte staatliche Schutzpflichten verwirklichen (sog. Ausstrahlungswirkung). Eine Gewerkschaft darf bspw. nicht die Koalitionsfreiheit einer anderen Gewerkschaft verletzen, indem sie Wahlwerbung in grob unwahrer oder hetzerischer Weise betreibt.[454]

Ebenfalls ein Problem grundrechtskonformer Auslegung und Anwendung der Vorschrift ist die Frage, wie weit sie die **Verbandsautonomie** der Gewerkschaften begrenzt, etwa wenn diese einem Mitglied den Ausschluss für den Fall androhen, dass es auf einer anderen als der Gewerkschaftsliste kandidiert. Das BVerfG hat in der hierfür erforderlichen Abwägung betont, dass dem Schutz der individuellen Koalitionsfreiheit der Gewerkschaftsmitglieder in solchen Fällen grundsätzlich nur geringes Gewicht zukommt; Verstöße gegen die Solidaritätspflicht – wie die Fremdkandidatur, auch wenn sie nicht gewerkschaftsfeindlich ist – dürfen von den Gewerkschaften daher grundsätzlich zum Anlass für verbandsinterne Sanktionen genommen werden.[455] Eine Ausnahme gilt zB, wenn die gewerkschaftseigene Liste nicht nach demokratischen Grundsätzen aufgestellt wurde.[456]

---

[449] Ähnlich GK-BetrVG/*Kreutz* § 20 Rn. 16; **aA** für Wahlbewerber LAG Hamm 6.5.2002 – 10 TaBV 53/02, NZA-RR 2003, 480 (480); *Fitting* § 20 Rn. 16; DKKW/*Homburg* § 20 Rn. 14; Richardi BetrVG/*Thüsing* § 20 Rn. 11; **diff.** HWGNRH/*Nicolai* § 20 Rn. 13.
[450] Statt vieler *Fitting* § 20 Rn. 13; GK-BetrVG/*Kreutz* § 20 Rn. 26.
[451] BAG 6.12.2000 – 7 ABR 34/99, BeckRS 2000 30147895.
[452] So nunmehr auch BAG 25.10.2017 – 7 ABR 10/16, BeckRS 2017, 143289 Rn. 16 ff.: Kein striktes Neutralitätsgebot. Ebenso *Bayreuther* GS Unberath, 2015, S. 35 (47); GK-BetrVG/*Kreutz* § 20 Rn. 35 f.; *Rieble/Triskatis* NZA 2006, 233 (239); *Rieble* ZfA 2003, 283 (301 ff.); Richardi BetrVG/*Thüsing* § 20 Rn. 20; Löwisch/Kaiser/*Wiebauer* § 20 Rn. 13; **aA** HK-BetrVG/*Brors* § 20 Rn. 5; *Fitting* § 20 Rn. 24; DKKW/*Homburg* § 20 Rn. 19; ErfK/*Koch* BetrVG § 20 Rn. 7.
[453] **AA** insoweit GK-BetrVG/*Kreutz* § 20 Rn. 36; *Rieble* ZfA 2003, 283 (307 ff.); Richardi BetrVG/*Thüsing* § 18 Rn. 20, die zwischen „Prognose" und Androhung differenzieren wollen.
[454] BAG 14.2.1967 – 1 AZR 494/65, NJW 1967, 843 (845).
[455] BVerfG 24.2.1999 – 1 BvR 12/93, NZA 1999, 713 (714); zust. *Fitting* § 20 Rn. 30 mwN.
[456] GK-BetrVG/*Kreutz* § 20 Rn. 48 mwN.

3. Rechtsfolgen von Verstößen

272 Die Beeinträchtigung der Wahlfreiheit ist nach § 119 Abs. 1 Nr. 1 BetrVG **strafbewehrt**. Nach § 15 StGB kann der Tatbestand nur vorsätzlich verwirklicht werden. Der Versuch ist nach § 23 Abs. 1 StGB nicht strafbar, da die Tat kein Verbrechen iSd § 12 Abs. 1 StGB ist. Nach § 119 Abs. 2 BetrVG wird die Tat nur auf Antrag ua des Betriebsrats, des Wahlvorstands oder einer im Betrieb vertretenen Gewerkschaft verfolgt; fehlt es an einem Antrag, liegt ein Verfahrenshindernis vor (sog. absolutes Antragsdelikt).

273 Im laufenden Wahlverfahren können Wahlbehinderungen und Wahlbeeinflussungen zum Gegenstand eines arbeitsgerichtlichen **Beschlussverfahrens** gemacht werden (→ Rn. 263). Nach Abschluss der Wahl ist eine Anfechtung nach § 19 BetrVG möglich, wenn durch den Verstoß das Wahlergebnis beeinflusst werden konnte (→ Rn. 294 ff.); bezog sich der Verstoß nur auf einzelne Arbeitnehmer, wird es an der potentiellen Kausalität allerdings häufig fehlen.[457] Nichtig ist die Wahl nur in extremen Ausnahmefällen, wenn es bereits am äußeren Anschein einer ordnungsgemäßen freien Wahl fehlt (→ Rn. 314 ff.).[458]

274 Rechtsgeschäftliche Maßnahmen, die gegen § 20 Abs. 1 u. 2 BetrVG verstoßen, sind nach **§ 134 BGB** nichtig.[459] Das gilt insbesondere für Kündigungen, so dass insoweit nicht der Anwendungsbereich des allgemeinen Kündigungsschutzes nach § 1 Abs. 1 KSchG oder des besonderen Kündigungsschutzes nach § 15 Abs. 3 u. 3a KSchG eröffnet sein muss. Unwirksam sind außerdem alle Rechtsgeschäfte, mit denen ein Vorteil unter Verstoß gegen § 20 Abs. 2 BetrVG versprochen oder gewährt wird.

275 **Schutzgesetz** iSd § 823 Abs. 2 S. 1 BGB ist ausschließlich § 20 Abs. 2 BetrVG, da er die Freiheit der Willensbildung jedes einzelnen Wahlbeteiligten schützt; dagegen lässt sich § 20 Abs. 1 BetrVG nicht entnehmen, dass er über den Schutz des Wahlverfahrens hinaus auch die Vermögensinteressen jedes einzelnen Wahlbeteiligten schützen soll.[460]

IX. Wahlkosten

276 Nach § 20 Abs. 3 BetrVG hat der Arbeitgeber die Kosten der Wahl sowie die Kosten für Löhne und Gehälter zu tragen, die trotz Versäumnis von Arbeitszeit weiter zu zahlen sind. Wird für einen Gemeinschaftsbetrieb ein Betriebsrat gewählt, tragen mehrere Arbeitgeber die Kosten analog § 421 BGB als Gesamtschuldner.[461]

1. Kosten der eigentlichen Wahl

277 Auch hinsichtlich der Kostentragungspflicht ist der Terminus „Wahl" in einem umfassenden **Sinn** zu verstehen (→ Rn. 265). Die Kostentragungspflicht betrifft daher alle Vorgänge, die mit der Vorbereitung, Durchführung und Beendigung des Wahlverfahrens zusammenhängen.

278 Analog § 40 Abs. 2 BetrVG hat der Arbeitgeber allerdings nur Kosten in einem Umfang zu tragen, der **verhältnismäßig** ist (ausführlich → § 296 Rn. 3 ff.).[462] Dem Wahlvorstand steht hinsichtlich der Frage der Erforderlichkeit und der Angemessenheit ein Beurteilungsspielraum zu; er muss sich dabei auf den Standpunkt eines vernünftigen Dritten stellen, der die Interessen des Betriebsinhabers gegen diejenigen des Betriebsrats und der Arbeitnehmerschaft abwägt.[463] Ob bspw. die Beauftragung eines Rechtsanwalts in einem

---

[457] BAG 8.3.1957 – 1 ABR 5/55, BeckRS 1957, 30700588.
[458] BAG 8.3.1957 – 1 ABR 5/55, BeckRS 1957, 30700588.
[459] BAG 13.10.1977 – 2 AZR 387/76, NJW 1978, 1872 (1873) zu § 20 Abs. 1 BetrVG; aus der Lit. statt vieler GK-BetrVG/*Kreutz* § 20 Rn. 49 mwN.
[460] Ebenso GK-BetrVG/*Kreutz* § 20 Rn. 52; **aA** für § 20 Abs. 1 BetrVG *Fitting* § 20 Rn. 34; DKKW/*Homburg* § 20 Rn. 20; AR/*Maschmann* BetrVG § 20 Rn. 1; Richardi BetrVG/*Thüsing* § 20 BetrVG Rn. 31; Löwisch/Kaiser/*Wiebauer* § 20 Rn. 17; **aA** für § 20 Abs. 2 BetrVG *Rieble* ZfA 2003, 283 (287).
[461] BAG 8.4.1992 – 7 ABR 56/91, NZA 1993, 415 (417); 11.11.2009 – 7 ABR 26/08, NZA 2010, 353 Rn. 16.
[462] BAG 3.12.1987 – 6 ABR 79/85, NZA 1988, 440 (440); aus der Lit. statt vieler GK-BetrVG/*Kreutz* § 20 Rn. 57.
[463] BAG 3.12.1987 – 6 ABR 79/85, NZA 1988, 440 (440).

mit der Durchführung der Wahl in Zusammenhang stehenden arbeitsgerichtlichen Beschlussverfahren erforderlich und angemessen ist, hängt nicht nur von der Schwierigkeit der Sach- und Rechtslage ab, sondern auch von weiteren Umständen wie dem zu erwartenden Verlauf des Verfahrens.[464] Als nicht erforderlich hat das BAG hingegen bspw. Kosten angesehen, die dadurch entstanden waren, dass der Wahlvorstand die eingereichte Wahlvorschlagsliste um die Lichtbilder der Kandidaten ergänzen ließ, obwohl das Gesetz dies nicht vorsieht.[465]

Die Pflicht zur Kostentragung bedeutet nicht allein und nicht einmal in erster Linie, 279 dass ein bereits getätigter **finanzieller** Aufwand vom Arbeitgeber nachträglich zu erstatten ist. Entsprechend § 40 Abs. 2 BetrVG hat er vielmehr auch Räume, **sachliche Mittel** und Büropersonal in erforderlichem Umfang zur Verfügung zu stellen (näher → § 296 Rn. 57).[466] Erst wenn der Arbeitgeber diese Pflicht nicht rechtzeitig erfüllt, darf der Wahlvorstand die erforderlichen Sachmittel anschaffen[467] und vom Arbeitgeber Erstattung oder nach § 257 BGB Freistellung[468] verlangen.

Der Arbeitgeber hat auch die **persönlichen Kosten** im erforderlichen Umfang zu tra- 280 gen, zB Reisekosten der Mitglieder des Wahlvorstands oder der wahlberechtigten Arbeitnehmer bei räumlich getrennten Betriebsteilen. Auch die Kosten für eine erforderliche Schulung von Mitgliedern des Wahlvorstands sind zu tragen, wenn die Teilnahme nach dem konkreten Wissensstand der jeweiligen Person erforderlich ist.[469]

Dagegen ist die **Wahlwerbung** für einzelne Bewerber oder Bewerbergruppen nicht 281 Sache des Betriebs oder des Arbeitgebers. Ihre Kosten hat der Arbeitgeber folglich nicht zu tragen.[470] Da aber andererseits die Wahlwerbung ein legitimer Bestandteil des Wahlverfahrens ist und der Arbeitgeber die Durchführung der Wahl nicht behindern darf, hat er in geeigneter Weise die Wahlwerbung zu ermöglichen, zB indem er Flächen zum Aushang von Wahlplakaten freigibt.[471]

2. Wahlbedingte Arbeitsversäumnis
Nach § 20 Abs. 3 S. 2 BetrVG ist der Arbeitgeber für Arbeitszeit, die zur Ausübung des 282 Wahlrechts, zur Betätigung im Wahlvorstand oder zur Tätigkeit als Vermittler (§ 18a BetrVG) **erforderlich** ist, zur Entgeltfortzahlung verpflichtet. Zur erforderlichen Tätigkeit im Wahlvorstand kann auch die Teilnahme an einer Schulung zählen (→ Rn. 280; zu den Voraussetzungen vgl. die für Betriebsratsmitglieder geltenden Grundsätze → § 295 Rn. 57 ff.).

Indirekt lässt sich § 20 Abs. 3 S. 2 BetrVG außerdem entnehmen, dass die Wahl des 283 Betriebsrats einschließlich der Vorbereitung grundsätzlich **während der Arbeitszeit** im Betrieb stattfinden muss, der Arbeitgeber also die dafür notwendige Arbeitsbefreiung erteilen muss (für die Betriebs- bzw. Wahlversammlung vgl. ausdrücklich § 44 Abs. 1 S. 1 BetrVG).[472] Der Arbeitgeber kann allerdings für die Stimmabgabe organisatorische Vorgaben machen oder bestimmte „Stimmzeiten" einrichten.[473]

---

[464] BAG 16.4.2003 – 7 ABR 29/02, NJOZ 2003, 3346 (3348); aus der Lit. etwa GK-BetrVG/*Kreutz* § 20 Rn. 62; Löwisch/Kaiser/*Wiebauer* § 20 Rn. 20.
[465] BAG 3.12.1987 – 6 ABR 79/85, NZA 1988, 440 (440 f.).
[466] Ebenso GK-BetrVG/*Kreutz* § 20 Rn. 58; HWGNRH/*Nicolai* § 20 Rn. 36; Richardi BetrVG/*Thüsing* § 20 Rn. 37; Löwisch/Kaiser/*Wiebauer* § 20 Rn. 19; aA ArbG Limburg AuR 13.5.1987 – 2 BV 2/87, AuR 1988, 122.
[467] GK-BetrVG/*Kreutz* § 20 Rn. 58; Richardi BetrVG/*Thüsing* § 20 Rn. 37; WPK/*Wlotzke* § 20 Rn. 17.
[468] BAG 8.4.1992 – 7 ABR 56/91, NZA 1993, 415 (415).
[469] BAG 7.6.1984 – 6 AZR 3/82, NZA 1985, 66; LAG Hamburg 14.3.2012 – H 6 Sa 116/11, BeckRS 2012, 71117; aus der Lit. statt vieler GK-BetrVG/*Kreutz* § 20 Rn. 61, 70 mwN.
[470] LAG BW 1.8.2007 – 12 TaBV 7/07, BeckRS 2008, 50103; aus der Lit. statt vieler Richardi BetrVG/*Thüsing* § 20 Rn. 35 mwN.
[471] Ebenso Fitting § 20 Rn. 8; GK-BetrVG/*Kreutz* § 20 Rn. 21.
[472] Statt vieler Fitting § 20 Rn. 44 mwN.
[473] GK-BetrVG/*Kreutz* § 20 Rn. 73; Richardi BetrVG/*Thüsing* § 20 Rn. 47.

3. Streitigkeiten

284 Über Streitigkeiten, welche die **Kostentragungspflicht** des Arbeitgebers und die Verhältnismäßigkeit des Aufwands betreffen, entscheidet auf Antrag das Arbeitsgericht nach § 2a Abs. 1 Nr. 1, Abs. 2 ArbGG im Beschlussverfahren. Da es sich um vermögensrechtliche Streitigkeiten handelt, sind Leistungsbeschlüsse nach § 85 Abs. 1 S. 2 BetrVG **vorläufig vollstreckbar**.[474]

285 Streitigkeiten über die Verpflichtung des Arbeitgebers zur **Entgeltfortzahlung** sind dagegen im gewöhnlichen Urteilsverfahren zu führen.[475] Der Arbeitnehmer muss daher ggf. Zahlungsklage erheben. Eine zuvor ergangene Entscheidung im Beschlussverfahren, zB zur Erforderlichkeit einer Schulung einzelner Wahlvorstandsmitglieder, hat für diesen Rechtsstreit **präjudizielle** Wirkung.[476]

X. Mängel der Betriebsratswahl

286 Die Wahl zum Betriebsrat kann aus den verschiedensten Gründen mit rechtlichen Fehlern behaftet sein. Auf die Gültigkeit der Wahl hat dies grundsätzlich keinen Einfluss – die gewählten Mitglieder des Betriebsrats sind trotz des Fehlers wirksam im Amt und die Handlungen des Betriebsrats wirksam. Im Interesse der **Rechtssicherheit**[477] erfolgt die Überprüfung einer abgeschlossenen Betriebsratswahl (zum Rechtsschutz im laufenden Wahlverfahren → Rn. 253 ff., insb. 260 f.) im **Anfechtungsverfahren** nach § 19 BetrVG mit Wirkung für die Zukunft. Nur bei besonders groben und offensichtlichen Rechtsverstößen ist die Wahl ausnahmsweise von vornherein **nichtig**.

1. Wahlanfechtung

287 § 19 Abs. 1 BetrVG legt die Voraussetzungen fest, unter denen eine Wahl anfechtbar ist. Anfechtungsberechtigung und Anfechtungsfrist sind in § 19 Abs. 2 BetrVG geregelt.

288 **a) Voraussetzungen der Anfechtbarkeit.** Anfechtbar ist eine Wahl nach § 19 Abs. 1 BetrVG, wenn gegen eine wesentliche Wahlvorschrift verstoßen wurde (sog. Wahlfehler), eine Berichtigung nicht erfolgt ist und durch den Verstoß das Wahlergebnis beeinflusst werden konnte.

289 **aa) Verstoß gegen eine wesentliche Wahlvorschrift.** Eine Anfechtung der Betriebsratswahl ist nur bei einem Verstoß gegen eine **wesentliche** Wahlvorschrift möglich. Wesentlich sind nach hM solche Vorschriften, die tragende Grundprinzipien der Betriebsratswahl enthalten.[478] Dazu zählen richtigerweise alle **zwingenden** Vorschriften.[479] Für **Sollvorschriften** ist hingegen zu fragen, ob sie für die Sicherstellung eines ordnungsgemäßen Wahlergebnisses wesentlich sind.[480] Das gilt etwa für die Unterrichtung ausländischer Arbeitnehmer nach § 2 Abs. 5 WO, weil sie dem Grundsatz der Gleichheit der

---

[474] GMP/*Spinner* § 85 Rn. 6.
[475] BAG 5.3.1974 – 1 AZR 50/73, AP BetrVG 1972 § 20 Nr. 5.
[476] Vgl. BAG 6.5.1975 – 1 ABR 135/73, AP BetrVG 1972 § 65 Nr. 5; ebenso HK-BetrVG/*Brors* § 20 Rn. 12; *Fitting* § 20 Rn. 50; GK-BetrVG/*Kreutz* § 20 Rn. 78; HWGNRH/*Nicolai* § 20 Rn. 48; Richardi BetrVG/*Thüsing* § 20 Rn. 49.
[477] BAG 13.11.1991 – 7 ABR 8/91, NZA 1992, 944 (945); ebenso GK-BetrVG/*Kreutz* § 19 Rn. 15; HWK/*Reichold* BetrVG § 19 Rn. 1; WPK/*Wlotzke* § 19 Rn. 1.
[478] So etwa *Fitting* § 19 Rn. 10; DKKW/*Homburg* § 19 Rn. 3; AR/*Maschmann* BetrVG § 19 Rn. 2; Richardi BetrVG/*Thüsing* § 19 Rn. 5.
[479] GK-BetrVG/*Kreutz* § 19 Rn. 19; HWGNRH/*Nicolai* § 19 Rn. 5; wohl auch HK-BetrVG/*Brors* § 19 Rn. 5; HWK/*Reichold* BetrVG § 19 Rn. 5; nur „grundsätzlich" *Fitting* § 19 Rn. 10; DKKW/*Homburg* § 19 Rn. 3; WPK/*Wlotzke* § 19 Rn. 4; wohl auch Löwisch/Kaiser/*Wiebauer* § 19 Rn. 5.
[480] GK-BetrVG/*Kreutz* § 19 Rn. 19; Löwisch/Kaiser/*Wiebauer* § 19 Rn. 5; ausführlich zu diesem Maßstab *H. Hanau* DB-Beil. 4/1986, 1 (5 ff.); ähnlich BAG 13.10.2004 – 7 ABR 5/04, BeckRS 2005, 40152; *Fitting* § 19 Rn. 10; ErfK/*Koch* BetrVG § 19 Rn. 2; Richardi BetrVG/*Thüsing* § 19 Rn. 5.

X. Mängel der Betriebsratswahl   290–293 **§ 291**

Wahl (→ Rn. 170) dient,[481] oder für die Prüfung der Wählerliste durch den Wahlvorstand nach § 4 Abs. 3 WO.[482] Keine wesentlichen Wahlvorschriften sind die Soll-Vorschriften in § 15 Abs. 1 BetrVG (Zusammensetzung nach Organisationsbereichen und Beschäftigungsarten),[483] § 2 Abs. 4 S. 2 WO[484] (Nichtangabe der Geburtsdaten der Wahlberechtigten), § 3 Abs. 1 S. 3 WO (→ Rn. 24) und § 6 Abs. 2 WO[485] (Bewerbersoll in Wahlvorschlägen), da sie nicht das ordnungsgemäße **Ergebnis** der Wahl absichern.

Das Gesetz differenziert zwar zwischen Vorschriften über das (aktive) Wahlrecht, die Wählbarkeit und das Wahlverfahren, doch ist eine trennscharfe Zuordnung zu einer dieser Kategorien entbehrlich. Ein Verstoß gegen Vorschriften über das **Wahlrecht** liegt vor, wenn § 7 BetrVG (→ Rn. 65 ff.) falsch angewandt wurde. Das ist etwa der Fall, wenn teilzeitbeschäftigte Arbeitnehmer im Außendienst (→ Rn. 79, 92) zu Unrecht von der Wahl ausgeschlossen wurden.[486] Gleiches gilt, wenn bei der Wahl der betriebsverfassungsrechtliche **Betriebsbegriff** verkannt und daher die Betriebszugehörigkeit als Voraussetzung des Wahlrechts (→ Rn. 68 ff.) falsch bestimmt wurde.[487] Ein Verstoß gegen § 7 S. 1 BetrVG liegt außerdem in der falschen Einordnung leitender Angestellter; wurde allerdings ein Zuordnungsverfahren nach § 18a BetrVG durchgeführt, ist die Anfechtbarkeit nach § 18a Abs. 5 S. 2 u. 3 BetrVG auf offensichtliche Fehlerhaftigkeit beschränkt (→ Rn. 232). 290

Ein Verstoß gegen Vorschriften über die **Wählbarkeit** liegt vor, wenn § 8 BetrVG falsch angewandt wurde (→ Rn. 117 ff.). Das ist zB der Fall, wenn ein Arbeitnehmer unter 18 Jahren oder ein leitender Angestellter gewählt wurde, wobei insoweit wiederum eine etwaige Beschränkung der Anfechtbarkeit nach § 18a Abs. 5 S. 2 u. 3 BetrVG zu beachten ist (→ Rn. 232). Der Mangel der Wählbarkeit eines Betriebsratsmitglieds kann nach § 24 Abs. 1 Nr. 6 BetrVG auch noch nach Ablauf der Anfechtungsfrist gerichtlich festgestellt werden (→ § 292 Rn. 109 ff.). Entgegen der hM ist § 24 Nr. 6 Hs. 2 BetrVG auf das Anfechtungsverfahren allerdings nicht übertragbar, so dass eine **Heilung** durch Zeitablauf nicht in Betracht kommt (ausführlich → Rn. 140). 291

Wesentliche Bestimmungen über das **Wahlverfahren** finden sich in den §§ 9 bis 18a und 20 BetrVG sowie den sie konkretisierenden Vorschriften der WO (zu den nichtwesentlichen Soll-Vorschriften → Rn. 289).[488] Nicht erfasst werden Vorgänge, die sich außerhalb des hiernach vorgesehenen Wahlverfahrens abspielen, wie etwa verbandsinterne „Vorwahlen" der Gewerkschaften zur Vorbereitung eines Wahlvorschlags.[489] Auch Mängel im Zuordnungsverfahren nach § 18a BetrVG führen nicht zur Anfechtbarkeit der Wahl; sie lassen allein die Privilegierungswirkung des § 18a Abs. 5 BetrVG entfallen.[490] 292

bb) Keine Berichtigung. Die Anfechtbarkeit setzt nach § 19 Abs. 1 BetrVG weiter voraus, dass der Wahlfehler nicht berichtigt worden ist. Eine Berichtigung kommt nicht nur für das Wahlergebnis, sondern grundsätzlich für **alle Wahlfehler** in Betracht.[491] Sie muss so rechtzeitig erfolgen, dass ein Einfluss auf das Wahlergebnis ausgeschlossen ist.[492] Wird 293

---

[481] BAG 13. 10. 2004 – 7 ABR 5/04, BeckRS 2005, 40152.
[482] GK-BetrVG/*Kreutz* § 19 Rn. 19.
[483] Statt vieler GK-BetrVG/*Jacobs* § 15 Rn. 14 mwN.
[484] GK-BetrVG/*Kreutz* § 19 Rn. 20.
[485] BAG 29. 6. 1965 – 1 ABR 2/65, BeckRS 1965, 104215.
[486] BAG 29. 1. 1992 – 7 ABR 27/91, NZA 1992, 894 (895).
[487] BAG 19. 11. 2003 – 7 ABR 25/03, BeckRS 2004, 40398; 23. 11. 2016 – 7 ABR 3/15, NZA 2017, 1003 Rn. 30; aus der Lit. statt vieler GK-BetrVG/*Kreutz* § 19 Rn. 22 mwN.
[488] Für eine ausführliche Auflistung potenzieller Verstöße und dazu ergangener Rechtsprechung etwa GK-BetrVG/*Kreutz* § 19 Rn. 31 ff.; *Nießen* Fehlerhafte Betriebsratswahlen, 2006, S. 147 ff.
[489] BAG 24. 5. 1965 – 1 ABR 1/65, BeckRS 1965, 30701403.
[490] GK-BetrVG/*Kreutz* § 18a Rn. 112; zust. HK-BetrVG/*Brors* § 18a Rn. 14.
[491] BAG 19. 9. 1985 – 6 ABR 4/85, NZA 1986, 368 (369); 20. 2. 1991 – 7 ABR 85/89, NZA 1992, 33 (34).
[492] Vgl. BAG 19. 9. 1985 – 6 ABR 4/85, NZA 1986, 368 (369). *Fitting* § 19 Rn. 23; DKKW/*Homburg* § 19 Rn. 4; GK-BetrVG/*Kreutz* § 19 Rn. 37.

der Fehler zu spät bemerkt, muss das Wahlverfahren daher ggf. neu eingeleitet werden.[493] Nach Abschluss der Stimmabgabe scheidet eine Neueinleitung wegen irreparabler Fehler allerdings aus,[494] da es sich dann nicht mehr um eine – nach der Wertung des § 19 Abs. 1 BetrVG vorzugswürdige – Berichtigung der laufenden Wahl, sondern um eine neue Wahl handeln würde.

294 **cc) Potentielle Kausalität.** Nach § 19 Abs. 1 BetrVG ist die Wahl nicht anfechtbar, wenn durch den Wahlfehler „das Wahlergebnis nicht geändert oder beeinflusst werden konnte". Das Gesetz verlangt als Voraussetzung der Anfechtbarkeit also nicht Kausalität, sondern lässt bereits **potentielle** Kausalität genügen. Entgegen der Rechtsprechung des BAG ist diese Voraussetzung nicht bereits dann erfüllt, wenn ein Kausalverlauf hypothetisch vorstellbar ist, also „nicht ausgeschlossen werden kann".[495] Auf dasselbe Ergebnis läuft es hinaus, wenn das BAG in jüngerer Zeit umgekehrt die Anfechtbarkeit nur ausschließen will, wenn die Betriebsratswahl ohne den Wahlfehler konkret feststellbar zum selben Ergebnis geführt hätte.[496] Darin läge eine ungewöhnliche Absenkung des Regelbeweismaßes (→ Rn. 295) auf ein Minimum an Wahrscheinlichkeit, wodurch die Umkehr der objektiven Beweislast in § 19 Abs. 1 BetrVG („es sei denn") für den *non-liquet*-Fall entbehrlich würde (→ Rn. 295). Konsequent angewandt, wäre diese Voraussetzung praktisch nahezu immer erfüllt und damit keine taugliche Begrenzung der Anfechtbarkeit. Außerdem stünde sie in Widerspruch zu Sinn und Zweck des Anfechtungsverfahrens, das gerade keine objektive Rechtmäßigkeitskontrolle der Wahl sein soll.[497]

295 Aus diesem Grund erfordert potentielle Kausalität iSd § 19 Abs. 1 BetrVG nicht nur die denkbare Möglichkeit, sondern vielmehr die Wahrscheinlichkeit eines Kausalverlaufs zwischen Wahlfehler und Wahlergebnis.[498] Richtigerweise wird durch diese Formulierung das Regelbeweismaß des § 84 S. 1 ArbGG – die volle richterliche Überzeugung[499] – auf das Erfordernis **überwiegender Wahrscheinlichkeit** abgesenkt.[500] Ausreichend ist es daher, wenn im konkret zu entscheidenden Fall etwas mehr für das Vorliegen von Kausalität spricht als dagegen.[501] Aufgrund der sprachlichen Formulierung des Gesetzes („es sei denn") ist die Wahl außerdem im *non-liquet*-Fall anfechtbar, wenn also aus Sicht des Gerichts die Beeinflussung des Wahlergebnisses ebenso wahrscheinlich wie unwahrscheinlich ist.[502]

296 Nach dem soeben Gesagten kommt es für das Wahrscheinlichkeitsurteil stets auf die konkreten **Umstände des Einzelfalls** an. Potentielle Kausalität ist zB zu verneinen, wenn einige wenige Arbeitnehmer fehlerhaft nicht zur Wahl zugelassen wurden, der

---

[493] BAG 19.9.1985 – 6 ABR 4/85, NZA 1986, 368 (369).
[494] Ebenso GK-BetrVG/*Kreutz* § 19 Rn. 37.
[495] BAG 14.9.1988 – 7 ABR 93/87, NZA 1989, 360 (361); zuletzt 25.5.2005 – 7 ABR 39/04, NZA 2006, 116 (117).
[496] Grundl. BAG 31.5.2000 – 7 ABR 78/98, NZA 2000, 1350 (1355); zuletzt etwa 25.10.2017 – 7 ABR 2/16, NZA 2018, 252 Rn. 43; zust. *Gräfl* FS Bepler, 2012, S. 185 (195 f.); ErfK/*Koch* BetrVG § 19 Rn. 6; HWGNRH/*Nicolai* § 19 Rn. 9; AR/*Maschmann* BetrVG § 19 Rn. 2; HWK/*Reichold* BetrVG § 19 Rn. 13; Richardi BetrVG/*Thüsing* § 19 Rn. 34; nur im Ausgangspunkt Löwisch/Kaiser/*Wiebauer* § 19 Rn. 13.
[497] Treffend GK-BetrVG/*Kreutz* § 19 Rn. 47.
[498] Grundl. *G. Müller* FS Schnorr von Carolsfeld, 1973, S. 367 (387); ebenso *Fitting* § 19 Rn. 24; DKKW/*Homburg* § 19 Rn. 4; GK-BetrVG/*Kreutz* § 19 Rn. 47; Löwisch/Kaiser/*Wiebauer* § 19 Rn. 13; wohl auch HK-BetrVG/*Brors* § 19 Rn. 14.
[499] Vgl. etwa GMP/*Prütting* § 58 Rn. 2, 59 und allgemein BAG 25.3.1992 – 7 ABR 65/90, AP BetrVG 1972 § 2 Nr. 4.
[500] **AA** zum konkreten Maßstab *Fitting* § 19 Rn. 24; DKKW/*Homburg* § 19 Rn. 4: nicht ganz unwahrscheinlich; ebenso wohl Löwisch/Kaiser/*Wiebauer* § 19 Rn. 13; GK-BetrVG/*Kreutz* § 19 Rn. 48 (vgl. aber auch die Ausführungen zum *non liquet*).
[501] Vgl. für diesen Maßstab allgemein MüKoZPO/*Prütting* § 294 Rn. 24; GMP/*Prütting* § 58 Rn. 61.
[502] Insoweit ebenso GK-BetrVG/*Kreutz* § 19 Rn. 48; **aA** *Fitting* § 19 Rn. 26: *non liquet* bei nicht zweifelsfrei auszuschließender Kausalität; ähnlich HK-BetrVG/*Brors* § 19 Rn. 14; Richardi BetrVG/*Thüsing* § 19 Rn. 34.

X. Mängel der Betriebsratswahl

Stimmenunterschied aber so groß ist, dass sich das Ergebnis selbst bei einer Abgabe der Stimmen nicht anders hätte darstellen können. Die vorzeitige Schließung eines Wahllokals kann keinen Einfluss auf das Wahlergebnis gehabt haben, wenn feststeht, dass keiner der Nichtwähler bis zum Ende der ursprünglich bekannt gemachten Wahlzeit zur Stimmabgabe erschienen ist.[503]

Beschränkt sich der Wahlfehler auf die **Bestellung des Wahlvorstands** und macht er **297** diese nicht ausnahmsweise nichtig (dazu ausführlich → Rn. 220), ist eine potentielle Kausalität für das Wahlergebnis entgegen der hM[504] ausgeschlossen, da Gesetz und WO die Durchführung der Wahl weitgehend determinieren und Ermessensentscheidungen des Wahlvorstands nicht ohne Grund nur dort zulassen, wo eine Beeinflussung des Wahlergebnisses gerade nicht in Betracht kommt.[505]

b) Weitere Anfechtungsvoraussetzungen. § 19 Abs. 2 BetrVG regelt die Anfechtungs- **298** berechtigung und die Anfechtungsfrist als weitere materiell-rechtliche Voraussetzungen der Anfechtung einer Betriebsratswahl.

aa) Anfechtungsberechtigung. Zur Anfechtung berechtigt sind nach § 19 Abs. 2 S. 1 **299** BetrVG mindestens **drei Wahlberechtigte,** ohne dass es darauf ankäme, dass sie unmittelbar vom geltend gemachten Wahlfehler betroffen wären.[506] Erfasst sind damit alle Arbeitnehmer des Betriebs, die nach § 7 S. 1 BetrVG wahlberechtigt sind, und alle zur Arbeitsleistung überlassenen Arbeitnehmer, sofern (→ Rn. 147) sie nach § 7 S. 2 BetrVG wahlberechtigt sind (→ Rn. 65 ff.). BAG und hM erachten insoweit den **Zeitpunkt** der Wahl als maßgeblich, so dass ein nachträglicher Wegfall der Wahlberechtigung grundsätzlich unbeachtlich sein soll;[507] allerdings soll das Rechtsschutzbedürfnis entfallen, wenn sämtliche Antragsteller aus ihrem Arbeitsverhältnis ausscheiden.[508] Da sich dies dem Gesetz nicht entnehmen lässt und dem Charakter der Anfechtung als Wahrnehmung eigener individueller Rechte widerspricht, liegt es näher, nach allgemeinen Grundsätzen auf den Zeitpunkt der letzten mündlichen Verhandlung in der letzten Tatsacheninstanz abzustellen.[509] Für einen aus dem Anfechtungsverfahren ausscheidenden Arbeitnehmer kann nach Ablauf der Anfechtungsfrist kein anderer Arbeitnehmer ersatzweise dem Verfahren beitreten, da dies dem Bestandsschutzzweck der von jedem Anfechtenden zu wahrenden Anfechtungsfrist zuwider liefe.[510]

Nach § 19 Abs. 2 S. 1 BetrVG ist außerdem jede im Betrieb vertretene (→ Rn. 191) **300** **Gewerkschaft** anfechtungsberechtigt. Diese Voraussetzung muss unstreitig während des Verfahrens vorliegen.[511] Ein Verfahrensbeitritt nach Ablauf der Anfechtungsfrist kommt

---

[503] BAG 19.9.1985 – 6 ABR 4/85, NZA 1986, 368 (369).
[504] BAG 14.9.1988 – 7 ABR 93/87, NZA 1989, 360 (361 f.); 31.5.2000 – 7 ABR 78/98, NZA 2000, 1350 (1355); LAG Köln 10.2.2010 – 8 TaBV 65/09, BeckRS 2010, 67737; LAG SchlH 19.3.2010 – 4 TaBVGa 5/10, BeckRS 2010, 70580; zust. AR/*Maschmann* BetrVG § 19 Rn. 3; Richardi BetrVG/ *Thüsing* § 19 Rn. 35.
[505] Überzeugend GK-BetrVG/*Kreutz* § 19 Rn. 52 f.; ebenso ArbG Frankfurt 13.3.2002 – 7 BVGa 76/02; *Fitting* § 19 Rn. 25; Löwisch/Kaiser/*Wiebauer* § 19 Rn. 14; wohl auch DKKW/*Homburg* § 19 Rn. 14 (bei falschem Bestellungsorgan); iErg auch *H. Hanau* DB-Beil. Nr. 4/1986, 1 (6).
[506] BAG 4.12.1986 – 6 ABR 48/85, NZA 1987, 166 (167).
[507] BAG 4.12.1986 – 6 ABR 48/85, NZA 1987, 166 (167); vgl. auch BAG 23.7.2014 – 7 ABR 23/12, NZA 2014, 1288 Rn. 31; zust. *Fitting* § 19 Rn. 29; ErfK/*Koch* BetrVG § 19 Rn. 10; Richardi BetrVG/ *Thüsing* § 19 Rn. 44; Löwisch/Kaiser/*Wiebauer* § 19 Rn. 17 f.
[508] BAG 15.2.1989 – 7 ABR 9/88, NZA 1990, 115 (116); vgl. auch BAG 23.7.2014 – 7 ABR 23/12, NZA 2014, 1288 Rn. 31; zust. HK-BetrVG/*Brors* § 19 Rn. 15; *Fitting* § 19 Rn. 29; DKKW/*Homburg* § 19 Rn. 25; ErfK/*Koch* BetrVG § 19 Rn. 10; Richardi BetrVG/*Thüsing* § 19 Rn. 44; Löwisch/Kaiser/ *Wiebauer* § 19 Rn. 18.
[509] So GK-BetrVG/*Kreutz* § 19 Rn. 71, 77.
[510] BAG 12.2.1985 – 1 ABR 11/84, NZA 1985, 786 (787); aus der Lit. statt vieler *Fitting* § 19 Rn. 30 mwN.
[511] Nach hM während der gesamten Verfahrensdauer, s. *Fitting* § 19 Rn. 31 mwN; **aA** allerdings GK-BetrVG/*Kreutz* § 19 Rn. 80: Ende letzte mündliche Tatsachenverhandlung.

auch für eine Gewerkschaft nicht in Betracht (→ Rn. 299).[512] Der Ortsverein einer Gewerkschaft ist nur anfechtungsbefugt, wenn er nach der Satzung der Gewerkschaft dessen selbständige Unterorganisation und damit selbst Gewerkschaft ist.[513]

301 Anfechtungsberechtigt ist schließlich auch der **Arbeitgeber** als Inhaber des Betriebs, in dem die Wahl durchgeführt wurde. Nach einem Betriebsübergang iSd § 613a Abs. 1 S. 1 BGB wird der Erwerber anfechtungsberechtigt, während der Veräußerer sein Anfechtungsrecht verliert.[514] Im Fall eines Gemeinschaftsbetriebs mehrerer Arbeitgeber sind diese nur gemeinsam anfechtungsberechtigt.[515]

302 **bb) Anfechtungsfrist.** Die Wahlanfechtung muss nach § 19 Abs. 2 S. 2 BetrVG innerhalb einer **Frist** von zwei Wochen ab dem Tag der Bekanntgabe des Wahlergebnisses (→ Rn. 245) erfolgen. Nach § 188 Abs. 2 Alt. 1 BGB endet sie mit Ablauf desjenigen Tags der zweiten Woche, der durch seine Benennung dem Tag der Bekanntgabe entspricht; handelt es sich dabei um einen Sonnabend, Sonntag oder allgemeinen Feiertag, endet die Frist nach § 193 BGB am nächsten Werktag.

303 Die Anfechtungsfrist ist nach allgemeiner Meinung eine **materiell-rechtliche Ausschlussfrist**.[516] Eine Fristverlängerung sieht das Gesetz für sie nicht vor.[517] Verstreicht sie ungenutzt, sind alle Mängel der Betriebsratswahl geheilt (sofern sie nicht zur Nichtigkeit führen).[518] Ein Anfechtungsantrag ist in diesem Fall als unbegründet abzuweisen.[519]

304 **c) Gerichtliches Anfechtungsverfahren.** Das Anfechtungsverfahren nach Abschluss des Wahlverfahrens ist vom gerichtlichen Rechtsschutz im noch laufenden Wahlverfahren (ausführlich → Rn. 255 ff.) zu unterscheiden. Die Anfechtung erfolgt nach § 19 Abs. 1 BetrVG vor dem Arbeitsgericht, wobei nach § 2a Abs. 1 Nr. 1, Abs. 2 ArbGG das **Beschlussverfahren** einschlägig ist. Aus dem Amtsermittlungsgrundsatz des § 83 Abs. 1 S. 1 ArbGG folgt, dass das Gericht – unabhängig vom Vortrag der Beteiligten – sämtlichen Anfechtungsgründen nachgehen muss, die im Laufe des Verfahrens sichtbar werden.[520]

305 Die Anfechtung erfolgt nur auf **Antrag**, der erkennen lassen muss, in welchem Umfang (→ Rn. 309 ff.) die Wahl angefochten wird. Fechten wahlberechtigte Arbeitnehmer die Wahl an, kann in der ersten Instanz jeder Arbeitnehmer seinen Antrag nach § 81 Abs. 2 ArbGG allein zurücknehmen;[521] in der Rechtsmittelinstanz bedarf es dagegen nach § 87 Abs. 2 S. 3 ArbGG der Zustimmung der anderen Beteiligten.[522]

306 **Antragsgegner** ist stets der Betriebsrat, weil es um seinen Bestand bzw. seine Zusammensetzung geht. Das gilt auch im Fall der Teilanfechtung, in dem die betroffenen Betriebsratsmitglieder zusätzlich Antragsgegner sind.[523] **Beteiligungsberechtigt**[524] ist daneben auch der Arbeitgeber, da es um das zwischen ihm und dem gewählten Betriebsrat

---

[512] BAG 14.2.1978 – 1 ABR 46/77, BeckRS 9998, 180109.
[513] BAG 19.3.1974 – 1 ABR 27/73, BeckRS 9998, 149517.
[514] GK-BetrVG/*Kreutz* § 19 Rn. 82.
[515] Offen gelassen zuletzt BAG 23.11.2016 – 7 ABR 3/15, NZA 2017, 1003 Rn. 26; wie hier etwa *Fitting* § 19 Rn. 32 mwN.
[516] BAG 26.5.1988 – 1 ABR 11/87, NZA 1989, 26 (27).
[517] Ebenso etwa *Fitting* § 19 Rn. 36; AR/*Maschmann* BetrVG § 19 Rn. 6; Löwisch/Kaiser/*Wiebauer* § 19 Rn. 26.
[518] BAG 19.9.1985 – 6 ABR 4/85, NZA 1986, 368 (368); vgl. auch BAG 20.4.2005 – 7 ABR 44/04, NZA 2005, 1426 (1427) für betriebsratsinterne Wahlen.
[519] GK-BetrVG/*Kreutz* § 19 Rn. 86; HWGNRH/*Nicolai* § 19 Rn. 27; HWK/*Reichold* BetrVG § 19 Rn. 17.
[520] BAG 18.7.2012 – 7 ABR 21/11, NJOZ 2012, 2135 Rn. 22.
[521] BAG 12.2.1985 – 1 ABR 11/84, NZA 1985, 786 (788).
[522] HessLAG 2.3.2017 – 9 TaBV 120/16, BeckRS 2017, 117418.
[523] Ebenso GK-BetrVG/*Kreutz* § 19 Rn. 107; Richardi BetrVG/*Thüsing* § 19 Rn. 60; wohl auch ErfK/*Koch* BetrVG § 19 Rn. 12; Löwisch/Kaiser/*Wiebauer* § 19 Rn. 22; **aA** *Fitting* § 19 Rn. 42; AR/*Maschmann* BetrVG § 19 Rn. 7; WPK/*Wlotzke* § 19 Rn. 18: nur Betriebsratsmitglieder.
[524] Zur Rechtsstellung im Anfechtungsverfahren näher GK-BetrVG/*Kreutz* § 19 Rn. 113 ff.

bestehende betriebsverfassungsrechtliche Rechtsverhältnis geht.[525] Nicht beteiligungsbefugt sind die im Betrieb vertretenen Gewerkschaften, wenn sie von ihrem Anfechtungsrecht keinen Gebrauch gemacht haben und dieses daher erloschen ist (→ Rn. 303).[526] Gleiches gilt für einzelne Arbeitnehmer, da sie von der Rechtkraft der gerichtlichen Entscheidung nicht unmittelbar betroffen sind.[527] Der Wahlvorstand ist als solcher niemals Beteiligter, da sein Amt nach Durchführung der Wahl endet (näher → Rn. 213).[528]

Nach allgemeinen Grundsätzen muss ein **Rechtsschutzinteresse** an der begehrten 307 Entscheidung bestehen.[529] Das ist in der Regel unproblematisch, weil die Anfechtung nur durch Gestaltungsbeschluss des Arbeitsgerichts bewirkt werden kann. Aus diesem Grund entfällt es auch nicht, wenn ein möglicher **Einspruch** gegen die Richtigkeit der Wählerliste nach § 4 WO versäumt wurde, zumal eine solche Einschränkung der Anfechtung von der begrenzten Verordnungsermächtigung des § 126 BetrVG nicht gedeckt wäre.[530] Dagegen entfällt das Rechtsschutzinteresse, wenn die begehrte Anfechtung für die Beteiligten keine rechtlichen Wirkungen mehr entfalten kann, zB infolge zwischenzeitlicher Beendigung der Amtszeit des Betriebsrats.[531] In diesem Fall kann der Antragsteller den Antrag zurücknehmen (§ 81 Abs. 2 ArbGG), einseitig[532] für erledigt erklären mit der Folge der Verfahrenseinstellung (§ 83a Abs. 2 ArbGG) oder – bei entsprechendem Feststellungsinteresse – nach § 264 Nr. 2 ZPO auf einen Feststellungsantrag umstellen.[533]

Das Anfechtungsverfahren hat **keine suspendierende** Wirkung. Der Betriebsrat bleibt 308 vielmehr bis zu einer rechtskräftigen Entscheidung wirksam im Amt (→ Rn. 286). Anders als im laufenden Wahlverfahren (→ Rn. 257 ff.) scheitert der Erlass einer **einstweiligen Verfügung** am Fehlen eines Verfügungsgrunds: Da die Anfechtung der nachträglichen Überprüfung des (nach Abschluss des Wahlverfahrens bereits feststehenden) Wahlergebnisses dient, fehlt es an der erforderlichen Eilbedürftigkeit.[534]

d) Folgen der Anfechtung. Das Gesetz regelt die Rechtsfolgen einer begründeten 309 Wahlanfechtung nicht ausdrücklich. Sie hängen zum einen vom Umfang des Anfechtungsantrags ab. Zum anderen kommt es darauf an, ob der Wahlfehler nur durch eine Neuwahl oder auch durch eine Korrektur des Wahlergebnisses behoben werden kann.

Ist der Anfechtungsantrag auf eine **Korrektur des Wahlergebnisses** gerichtet, stellt 310 das Arbeitsgericht in seinem Beschluss das korrekte Wahlergebnis[535] mit rechtsgestaltender Wirkung[536] fest. Im Fall unrichtiger Sitzverteilung nach den Grundsätzen der Verhältniswahl (→ Rn. 172 ff.) hat es also die korrekte Sitzverteilung festzustellen. Gleiches gilt nach allgemeiner Ansicht, wenn der Antrag zwar auf Ungültigerklärung der gesamten Wahl gerichtet war, eine Korrektur des Wahlergebnisses den Wahlfehler aber beheben

---

[525] BAG 4.12.1986 – 6 ABR 48/85, NZA 1987, 166 (166).
[526] BAG 19.9.1985 – 6 ABR 4/85, NZA 1986, 368 (368); aus der Lit. statt vieler GK-BetrVG/*Kreutz* § 19 Rn. 109 mwN.
[527] GK-BetrVG/*Kreutz* § 19 Rn. 110; Richardi BetrVG/*Thüsing* § 19 Rn. 60.
[528] BAG 14.1.1983 – 6 ABR 39/82, BeckRS 9998, 149525; aus der Lit. statt vieler *Fitting* § 19 Rn. 43 mwN.
[529] Statt vieler GMP/*Spinner* § 81 Rn. 23 mwN.
[530] BAG 2.8.2017 – 7 ABR 42/15, NZA 2018, 182 Rn. 20; ebenso DKKW/*Homburg* § 19 Rn. 6; ErfK/*Koch* BetrVG § 19 Rn. 3; GK-BetrVG/*Kreutz* § 19 Rn. 64f. u. 118; HWGNRH/*Nicolai* § 19 Rn. 23; Löwisch/Kaiser/*Wiebauer* § 19 Rn. 23; WPK/*Wlotzke* § 19 Rn. 5; **aA** für Arbeitnehmer LAG Nürnberg 31.5.2012 – 5 TaBV 36/11, BeckRS 2012, 71385; *Fitting* § 19 Rn. 14: Wegfall der Anfechtungsberechtigung; Richardi BetrVG/*Thüsing* § 19 Rn. 10: Rechtsmissbrauchseinwand.
[531] BAG 13.3.1991 – 7 ABR 5/90, NZA 1991, 946 (947); 9.9.2015 – 7 ABR 47/13, BeckRS 2016, 65020 Rn. 11 ff.
[532] BAG 26.4.1990 – 1 ABR 79/89, NZA 1990, 822 (822f.).
[533] Näher GK-BetrVG/*Kreutz* § 19 Rn. 121 mwN.
[534] Ebenso GK-BetrVG/*Kreutz* § 19 Rn. 123; Löwisch/Kaiser/*Wiebauer* § 19 Rn. 31; **aA** Richardi BetrVG/*Thüsing* § 19 Rn. 73 für den Ausschluss einzelner Betriebsratsmitglieder.
[535] LAG Nds 10.3.2011 – 5 TaBV 96/10, NZA-RR 2011, 465; GK-BetrVG/*Kreutz* § 19 Rn. 129 mwN.
[536] BAG 16.3.2005 – 7 ABR 40/04, NZA 2005, 1252 (1254).

kann; das folgt aus Sinn und Zweck des Anfechtungsverfahrens.[537] Wurde die Zahl der zu wählenden Betriebsratsmitglieder falsch bestimmt, kommt eine nachträgliche Korrektur des Wahlergebnisses durch das Arbeitsgericht im Fall der Mehrheitswahl nicht in Betracht; grundsätzlich möglich ist sie entgegen der hM allerdings bei Durchführung einer Verhältniswahl, da die Entscheidung für eine Liste typischerweise nicht von der Sitzzahl beeinflusst wird (ausführlich → Rn. 157).

311 Ist der Anfechtungsantrag auf **Ungültigerklärung** des Wahlergebnisses gerichtet und kommt eine Korrektur nicht in Betracht (→ Rn. 310) stellt das Arbeitsgericht in seinem Beschluss die Ungültigkeit mit rechtsgestaltender Wirkung fest. Ist die Wahl nur hinsichtlich einzelner Betriebsratsmitglieder unwirksam, zB wegen fehlender Wählbarkeit, ist das Wahlergebnis nur insoweit für ungültig zu erklären und der Antrag im Übrigen als unbegründet abzuweisen.[538]

312 Die Rechtsfolgen des Beschlusses treten mit (formeller) **Rechtskraft** ein, also mit Ablauf der Rechtsmittelfrist oder Verkündung bzw. Zustellung[539] der letztinstanzlichen Entscheidung. Im Fall der Wahlkorrektur gilt ab diesem Zeitpunkt das korrekte Wahlergebnis, wie es das Gericht rechtsgestaltend festgestellt hat, so dass die im Beschluss bezeichneten Gewählten Mitglied im Betriebsrat werden und die bislang zu Unrecht als gewählt Bekanntgemachten aus dem Betriebsrat ausscheiden (→ § 292 Rn. 108). Wurde die Betriebsratswahl insgesamt für ungültig erklärt, erlischt der Betriebsrat als Kollegialorgan mit Wirkung *ex nunc*[540] und es tritt ein betriebsratsloser Zustand ein; eine Neuwahl ist nach § 13 Abs. 2 Nr. 4 BetrVG jederzeit möglich (→ Rn. 51 f.). Für den Fall, dass nur die Wahl einzelner Betriebsratsmitglieder für ungültig erklärt wurde, erlischt deren Mitgliedschaft im Betriebsrat (vgl. die Wertung in § 24 Nr. 6 BetrVG) und ein Ersatzmitglied rückt nach.[541]

2. Nichtigkeit der Wahl

313 Im Gesetz ausdrücklich geregelt ist nur das Wahlanfechtungsverfahren, das auf die gerichtliche Korrektur oder Ungültigerklärung für die Zukunft gerichtet ist. Dagegen fehlt eine Bestimmung darüber, ob eine Wahl **von vornherein** unwirksam, also nichtig sein kann. Gleichwohl ist allgemein anerkannt, dass bestimmte Mängel zur Nichtigkeit der Wahl führen.[542]

314 **a) Voraussetzungen.** Nach Rechtsprechung und hM ist die Betriebsratswahl nichtig, wenn ein so **grober und offensichtlicher Verstoß** gegen wesentliche Grundsätze des gesetzlichen Wahlrechts vorliegt, dass nicht einmal der Anschein einer dem Gesetz entsprechenden Wahl vorliegt.[543] Nach dieser Formel muss nicht nur der grobe Wahlfehler, sondern auch die Nichtigkeit der Wahl evident sein.[544] Maßstab hierfür ist, ob der Wahlfehler und die Nichtigkeit für jeden mit den betrieblichen Verhältnissen und dem Wahlvorgang vertrauten Dritten sofort und ohne weiteres erkennbar sind.[545] Das ist zB zu ver-

---

[537] Statt vieler Löwisch/Kaiser/*Wiebauer* § 19 Rn. 29 mwN; vgl. auch BAG 29.5.1991 – 7 ABR 67/90, NZA 1992, 36 (37).
[538] Statt vieler GK-BetrVG/*Kreutz* § 19 Rn. 134.
[539] Vgl. hierzu GMP/*Schlewing* § 96 ArbGG Rn. 22 mwN.
[540] BAG 13.3.1991 – 7 ABR 5/90, NZA 1991, 946 (947); aus der Lit. statt vieler Richardi BetrVG/*Thüsing* § 19 Rn. 68 mwN.
[541] BAG 25.4.1978 – 6 ABR 2/77, BeckRS 9998, 180232; aus der Lit. statt vieler GK-BetrVG/*Kreutz* § 19 Rn. 142 mwN.
[542] Statt vieler GK-BetrVG/*Kreutz* § 19 Rn. 143 mwN.
[543] Grundl. BAG 2.3.1955 – 1 ABR 19/54, NJW 1955, 766 (766); zuletzt etwa 21.9.2011 – 7 ABR 54/10, NZA-RR 2012, 186 Rn. 26; aus der Lit. statt vieler GK-BetrVG/*Kreutz* § 19 Rn. 144 mwN.
[544] GK-BetrVG/*Kreutz* § 19 Rn. 145.
[545] BAG 19.11.2003 – 7 ABR 24/03, NZA 2004, 395 (397); ebenso etwa Fitting § 19 Rn. 4; AR/*Maschmann* BetrVG § 19 Rn. 9; GK-BetrVG/*Kreutz* § 19 Rn. 145; HWK/*Reichold* BetrVG § 19 Rn. 23; Richardi BetrVG/*Thüsing* § 19 Rn. 84.

neinen, wenn ein Wahlverstoß nur mittels einer komplizierten Beweiswürdigung auf Grundlage einer umfangreichen Beweisaufnahme festgestellt werden kann.[546]

Erforderlich ist ein besonders **grober** Wahlfehler, der dazu führt, dass die Betriebsratswahl „den Stempel der Nichtigkeit auf der Stirn" trägt.[547] Das ist nur in besonders gelagerten Ausnahmefällen anzunehmen, da ein Verstoß gegen wesentliche Vorschriften bereits Voraussetzung der Anfechtbarkeit ist. Auch eine **Anhäufung** mehrerer Anfechtungsgründe kann die Nichtigkeit der Wahl nicht begründen, da es dann einer wertenden Gesamtbetrachtung bedarf und die Nichtigkeit folglich nicht offensichtlich ist.[548] Nichtig ist die Wahl eines Betriebsrats dagegen zB, wenn das BetrVG auf den Betrieb (etwa nach § 118 Abs. 2 BetrVG) offenkundig nicht anwendbar ist,[549] wenn der Betriebsrat durch bloße Anerkennung des Arbeitgebers eingesetzt wurde[550] oder wenn ein bereits bestehender Betriebsrat „abgewählt" werden soll.[551] Nichtig ist die Betriebsratswahl nach allgemeiner Ansicht auch, wenn sie ohne Wahlvorstand durchgeführt wird; dasselbe muss richtigerweise gelten, wenn die Bestellung des Wahlvorstands ausnahmsweise nichtig ist (→ Rn. 220).[552] 315

Richtigerweise ist die die Wahl nur dann nichtig, wenn der Nichtigkeitsgrund **potentiell kausal** (näher hierzu → Rn. 294 ff.) für das Wahlergebnis ist.[553] Ebenso wie im Fall der Anfechtung müssen solche Wahlfehler unbeachtlich sein, die dem Betriebsrat die Legitimationsgrundlage für die Amtsausübung nicht entziehen. Das ist zB der Fall, wenn der Wahlvorstand bei schriftlicher Stimmabgabe durch systematisches Öffnen der Wahlumschläge den Grundsatz der geheimen Wahl grob und offensichtlich verletzt, dadurch aber das Wahlergebnis nicht beeinflusst.[554] 316

b) Rechtsfolgen. Die Nichtigkeit tritt von selbst ein, ohne dass es dazu eines rechtsgestaltenden gerichtlichen Beschlusses bedürfte, so dass die Bildung des Betriebsrats **von Anfang an unwirksam** ist.[555] Die Mitglieder des Betriebsrats sind nicht im Amt, der Betrieb ist betriebsratslos. Handlungen des Betriebsrats sind rechtlich nicht wirksam, zB die Einsetzung eines Wahlvorstands.[556] Auch der besondere Kündigungsschutz der Betriebsratsmitglieder nach § 15 Abs. 1 KSchG, § 103 BetrVG besteht nicht.[557] Die Gewährung von **Vertrauensschutz** scheidet schon deshalb aus, weil die Unwirksamkeit der Wahl offensichtlich sein muss (→ Rn. 314). Daran ändert sich auch dann nichts, wenn der Arbeitgeber in Kenntnis der Nichtigkeit den Betriebsrat längere Zeit als im Amt befind- 317

---

[546] BAG 15.11.2000 – 7 ABR 23/99, BeckRS 2000, 30788031.
[547] So BAG 19.11.2003 – 7 ABR 25/03, BeckRS 2004, 40398.
[548] BAG 19.11.2003 – 7 ABR 24/03, NZA 2004, 395 (397) unter Aufgabe von BAG 27.4.1976 – 1 AZR 482/75, NJW 1976, 2229 (2230); zust. etwa LAG Düsseldorf 21.7.2017 – 10 TaBV 3/17, BeckRS 2017, 118494; HessLAG 21.5.2015 – 9 TaBV 235/14, BeckRS 2016, 66962; *Fitting* § 19 Rn. 4; DKKW/*Homburg* § 19 Rn. 43; ErfK/*Koch* BetrVG § 19 Rn. 13; WPK/*Wlotzke* § 19 Rn. 26; wohl auch HWK/*Reichold* BetrVG § 19 Rn. 23; **aA** LAG Bln 8.4.2003 – 5 TaBV 1990/02, NZA-RR 2003, 587 (588); Richardi BetrVG/*Thüsing* § 19 Rn. 84.
[549] BAG 29.4.1998 – 7 ABR 42/97, NZA 1998, 1133 (1134).
[550] BAG 29.9.1988 – 2 AZR 107/88, NZA 1989, 799 (803).
[551] Vgl. das *obiter dictum* in BAG 21.7.2004 – 7 ABR 57/03, NJOZ 2005, 4853 (4858).
[552] Ebenso LAG Düsseldorf 9.1.2012 – 14 TaBV 69/11, BeckRS 2013, 68272; HWK/*Reichold* BetrVG § 16 Rn. 3; GK-BetrVG/*Kreutz* § 16 Rn. 6; Richardi BetrVG/*Thüsing* § 19 Rn. 83; Löwisch/Kaiser/ *Wiebauer* § 16 Rn. 5; **aA** LAG Nürnberg 29.7.1998 – 9 TaBV 12/97; *Fitting* § 19 Rn. 5 (5. Spiegelstrich); *Rieble/Triskatis* NZA 2006, 233 (238); offen gelassen in BAG 19.11.2003 – 7 ABR 25/03, BeckRS 2004, 40398.
[553] GK-BetrVG/*Kreutz* § 19 Rn. 149; zust. auch HK-BetrVG/*Brors* § 19 Rn. 2; **aA** BAG 24.1.1964 – 1 ABR 14/63, BeckRS 1964, 30701322; HessLAG 10.11.2011 – 9 TaBV 104/11, BeckRS 2011, 79049 (zur Schwerbehindertenvertretung); Richardi BetrVG/*Thüsing* § 19 Rn. 84; Löwisch/Kaiser/*Wiebauer* § 19 Rn. 35.
[554] **AA** HessLAG 10.11.2011 – 9 TaBV 104/11, BeckRS 2011, 79049 (zur Schwerbehindertenvertretung).
[555] BAG 29.5.1991 – 7 ABR 67/90 (B. I. 1. der Gründe).
[556] Vgl. BAG 29.9.1988 NZA 1989, 799 (803).
[557] BAG 27.4.1976 – 1 AZR 482/75, NJW 1976, 2229 (2230).

lich behandelt hat, da die Anerkennung durch den Arbeitgeber für das Bestehen eines Betriebsrats in jeder Hinsicht bedeutungslos ist.[558] Allein auf individualrechtlicher Ebene kann dem Arbeitgeber ggf. das Verbot widersprüchlichen Verhaltens (*venire contra factum proprium*) nach § 242 BGB entgegengehalten werden.[559]

318 Die Geltendmachung der Nichtigkeit unterliegt nicht den förmlichen Beschränkungen des Anfechtungsverfahrens, insbesondere besteht kein Fristerfordernis. Sie kann deshalb **jederzeit von jedermann** in jedem Verfahren geltend gemacht werden, für das sie Bedeutung hat. Im arbeitsgerichtlichen Beschlussverfahren nach §§ 2a Abs. 1 Nr. 1, Abs. 2, 80 ff. ArbGG kann die Nichtigkeit der Wahl auch selbständig festgestellt werden.[560] Ebenso ist im Rahmen einer Anfechtungsklage, die auf Ungültigerklärung der Wahl gerichtet ist, vom Arbeitsgericht regelmäßig die etwaige Nichtigkeit der Wahl zu prüfen und ggf. festzustellen.[561]

---

[558] Ebenso BAG 27. 4. 1976 – 1 AZR 482/75, NJW 1976, 2229 (2230); GK-BetrVG/*Kreutz* § 19 Rn. 154; HWGNRH/*Nicolai* § 19 Rn. 44; Löwisch/Kaiser/*Wiebauer* § 19 Rn. 42; wohl auch HK-BetrVG/*Brors* § 19 Rn. 2; **aA** *Fitting* § 19 Rn. 8; DKKW/*Homburg* § 19 Rn. 48: Rechtsmissbrauchseinwand.
[559] Zutreffend GK-BetrVG/*Kreutz* § 19 Rn. 154.
[560] BAG 11. 4. 1978 – 6 ABR 22/77, AP BetrVG 1972 § 19 Nr. 8 (II. 1. der Gründe); aus der Lit. statt vieler GK-BetrVG/*Kreutz* § 19 Rn. 157 mwN.
[561] BAG 10. 6. 1983 – 6 ABR 50/82, BeckRS 9998, 149511; aus der Lit. statt vieler GK-BetrVG/*Kreutz* § 19 Rn. 102 mwN.

§ 292 Amtszeit des Betriebsrats, Erlöschen der Mitgliedschaft, Ersatzmitglieder

Schrifttum:
Auktor, Die individuelle Rechtsstellung der Betriebsratsmitglieder bei Wahrnehmung eines Restmandats, NZA 2003, 950; *Biebl*, Das Restmandat des Betriebsrats nach Betriebsstillegung, Diss. 1991; *Boecken*, Übergangsmandat des Betriebsrats, SAE 2001, 102; *Däubler*, Tarifliche Betriebsverfassung und Betriebsübergang, DB 2005, 666; *Feudner*, Übergangs- und Restmandate des Betriebsrats gem. §§ 21a, 21b BetrVG, DB 2003, 882; *B. Gaul*, Das Arbeitsrecht der Betriebs- und Unternehmensspaltung, 2. Aufl. 2018; *Hauck*, Betriebsübergang und Betriebsverfassungsrecht, FS Richardi, 2007, S. 537; *Kreutz*, Betriebsverfassungsrechtliche Auswirkungen unternehmensinterner Betriebsumstrukturierungen, FS Wiese, 1998, S. 235; *Linsenmaier*, Identität und Wandel – zur Entstehung von Übergangsmandaten nach § 21a BetrVG, RdA 2017, 128; *Löwisch/Tarantino*, Betriebsübergang: Betriebliche Stellung widersprechender Arbeitnehmer, FS Bepler, 2012, S. 403; *Löwisch/Schmidt–Kessel*, Die gesetzliche Regelung von Übergangsmandat und Restmandat nach dem Betriebsverfassungsreformgesetz, BB 2001, 2162; *Lunk*, Übergangs- und Restmandat – eine Zwischenbilanz, FS Willemsen, 2018, S. 299; *Maschmann*, Betriebsrat und Betriebsvereinbarung nach einer Umstrukturierung, NZA-Beil. 1/2009, 32; *Mengel*, Umwandlungen im Arbeitsrecht, Diss. 1997; *Oetker/Busche*, Entflechtung ehemals volkseigener Wirtschaftseinheiten im Lichte des Arbeitsrechts, NZA-Beil. 1/1991, 18; *Rieble*, Kompensation der Betriebsspaltung durch den Gemeinschaftsbetrieb mehrerer Unternehmen (§ 322 UmwG), FS Wiese, 1998, S. 453; *Rieble*, Das Gemeinschaftsmandat nach § 21a BetrVG, NZA 2002, 233; *Rieble*, Betriebsverfassungsrechtliche Folgen der Betriebs- und Unternehmensumstrukturierung, NZA-Beilage 16/2003, 62; *Rieble/Gutzeit*, Übergangsmandat bei Betriebsverschmelzung: Streit zwischen Betriebsräten und Durchsetzung, ZIP 2004, 693; *Schwarze*, Anhörung des Betriebsrats, JA 2015, 70; *Stöckel*, Das Amt des Betriebsrats nach Umstrukturierungen, Diss. 2011; *Thüsing*, Folgen einer Umstrukturierung für Betriebsrat und Betriebsvereinbarung, DB 2004, 2474; *Willemsen*, Übergangsmandat des Betriebsrats, RdA 2001, 412; *Willemsen/Hohenstatt*, Erstreckung des Übergangsmandats auf betriebsratslose Einheiten?, DB 1997, 2609.

Übersicht

	Rn.
I. Allgemeines	1
II. Beginn	2
1. Ablösung eines amtierenden Betriebsrats	3
2. Betriebsratsloser Betrieb	5
3. Wirkungen des Amtsbeginns	7
III. Dauer	10
IV. Ende	11
1. Ablauf der regelmäßigen Amtszeit	12
2. Anpassung an den regelmäßigen Wahlzeitraum	14
3. Vorzeitiges Ende	18
a) Fälle des § 21 S. 5 BetrVG	19
b) Rücktritt des Betriebsrats	22
c) Anfechtung und gerichtliche Auflösung	25
d) Schaffung abweichender Organisationseinheiten	26
e) Verlust der Betriebsratsfähigkeit	27
f) Erlöschen aller Mitgliedschaften	29
g) Betriebsübergang	30
h) Untergang des Betriebs	31
4. Wirkungen des Endes der Amtszeit	33
5. Streitigkeiten	35
V. Übergangsmandat	36
1. Zweck und Grenzen	37
2. Voraussetzungen	41
a) Unternehmensinterne Betriebsspaltung	42
aa) Bestehen eines Betriebsrats	43
bb) Betriebsspaltung	44
cc) Betriebsratsfähigkeit des Betriebsteils	48
dd) Keine Eingliederung	50
b) Unternehmensinterne Zusammenfassung	54
aa) Zusammenfassung zu einem Betrieb	55
bb) Bestehen eines Betriebsrats	59

	Rn.
cc) Zuordnung des Übergangsmandats	62
c) Unternehmensübergreifende Umstrukturierungen	65
3. Inhalt, Ausübung und Dauer	70
4. Streitigkeiten	76
VI. Restmandat	77
1. Zweck	78
2. Voraussetzungen	79
a) Bestehen eines Betriebsrats	80
b) Untergang infolge Stilllegung	81
c) Untergang infolge Umstrukturierung	83
3. Inhalt, Ausübung und Dauer	88
4. Streitigkeiten	94
VII. Erlöschen der Mitgliedschaft	95
1. Tatbestände	96
a) Ablauf der Amtszeit	97
b) Niederlegung des Betriebsratsamtes	98
c) Beendigung des Arbeitsverhältnisses	102
d) Verlust der Wählbarkeit	106
e) Amtsenthebung	108
f) Gerichtliche Feststellung der Nichtwählbarkeit	109
2. Rechtsfolgen	112
VIII. Ersatzmitglieder	114
1. Nachrücken und Stellvertretung	115
a) Nachrücken	116
b) Stellvertretung	117
2. Bestimmung der Ersatzmitglieder	124
a) Verhältniswahl	125
b) Mehrheitswahl	127
c) Fehlen eines Ersatzmitglieds	128
3. Beginn und Ende des Amtes	129
4. Rechtliche Stellung	132

I. Allgemeines

1 Die Amtszeit des Betriebsrats ist in § 21 BetrVG geregelt. Die Vorschrift ist als organisationrechtliche Vorgabe **zwingend** (→ § 291 Rn. 2).[1] Es ist daher insbesondere nicht möglich, durch Tarifvertrag oder Betriebsvereinbarung ein „Übergangsmandat" des alten Betriebsrats für den Zeitraum zwischen Ende der Amtszeit des alten und Beginn der Amtszeit des neu gewählten Betriebsrats zu etablieren.[2]

II. Beginn

2 Der Beginn der Amtszeit hängt davon ab, ob der gewählte Betriebsrat einen amtierenden Betriebsrat ablöst oder nicht (zum Beginn der Beteiligungspflicht des Arbeitgebers → § 293 Rn. 5).

1. Ablösung eines amtierenden Betriebsrats

3 Im Regelfall wird der neue Betriebsrat zu einem Zeitpunkt gewählt, in dem der vorherige Betriebsrat noch im Amt ist (vgl. insbesondere § 3 Abs. 1 S. 3 WO, § 36 Abs. 2 S. 2 WO; näher → § 291 Rn. 22 ff.). Die Amtszeit des neu gewählten Betriebsrats beginnt

---

[1] HK-BetrVG/*Düwell* § 21 Rn. 5; *Fitting* § 21 Rn. 3; GK-BetrVG/*Kreutz* § 21 Rn. 7; Löwisch/Kaiser/ *Löwisch* § 21 Rn. 2.
[2] **AA** DKKW/*Homburg* § 13 Rn. 5.

II. Beginn 4–9 § 292

dann nach § 21 S. 2 Alt. 2 BetrVG **mit Ablauf der Amtszeit** des bisherigen Betriebsrats, dh am folgenden Tag um 0 Uhr.³

Zu einem **„Aufschub"** der Amtszeit des neuen Betriebsrats kommt es aber nur dann, 4 wenn sowohl der amtierende als auch der neu gewählte Betriebsrat im regelmäßigen Wahlzeitraum nach § 13 Abs. 1 BetrVG gewählt wurden. Wurde der *amtierende* Betriebsrat außerhalb des regelmäßigen Wahlzeitraums nach § 13 Abs. 2 BetrVG gewählt, endet seine Amtszeit bereits mit Bekanntgabe des Neuwahlergebnisses (näher → Rn. 17). Dasselbe gilt, wenn der *neu gewählte* Betriebsrat außerhalb des regelmäßigen Wahlzeitraums gewählt wurde und der Betriebsrat noch im Amt ist, also in den Fällen des § 13 Abs. 2 Nr. 1 und 2 BetrVG: Nach § 21 S. 5 BetrVG endet die Amtszeit des amtierenden Betriebsrats dann ebenfalls mit Bekanntgabe des Neuwahlergebnisses.

2. Betriebsratsloser Betrieb

Besteht in einem Betrieb kein Betriebsrat (mehr), beginnt die Amtszeit des neu gewählten 5 Betriebsrats nach § 21 S. 2 Alt. 1 BetrVG mit **Bekanntgabe des Wahlergebnisses.** Ein Betriebsrat besteht nicht, wenn im Betrieb erstmalig ein Betriebsrat gewählt wurde oder die Amtszeit des bestehenden Betriebsrats vor Bekanntgabe geendet hat, insbesondere in den Fällen des § 13 Abs. 2 Nr. 3–5 BetrVG (→ Rn. 22 u. 25).

Die Bekanntgabe erfolgt durch Aushang gem. § 18 S. 1 WO (→ § 291 Rn. 245). Er- 6 folgt der Aushang an mehreren Stellen, kommt es auf den Zeitpunkt des letzten Aushangs an.⁴ Die Amtszeit des Betriebsrats beginnt im Zeitpunkt der Bekanntgabe und nicht erst am folgenden Tag;⁵ insbesondere ist § 187 Abs. 1 BGB nicht anwendbar, da die Amtszeit zwar grundsätzlich auf vier Jahre befristet, ihrerseits aber keine Frist iSd § 186 BGB ist.⁶

3. Wirkungen des Amtsbeginns

Mit Beginn der Amtszeit stehen dem Betriebsrat alle im Gesetz vorgesehenen Rechte und 7 Pflichten zu. Insbesondere ist er bereits ab diesem Zeitpunkt und nicht erst ab der konstituierenden Sitzung vom Arbeitgeber zu **beteiligen** (→ § 293 Rn. 5).

Vor Beginn der Amtszeit gefasste **Beschlüsse** sind unwirksam.⁷ Etwas anderes gilt al- 8 lein für die Wahlentscheidungen auf der konstituierenden Sitzung, die nach § 29 Abs. 1 S. 1 BetrVG vor Ablauf einer Woche nach dem Wahltag und damit ggf. noch während der Amtszeit des vorherigen Betriebsrats stattfinden muss.⁸

Der besondere **Kündigungsschutz** nach § 15 Abs. 1 KSchG, § 103 Abs. 1 u. 2 9 BetrVG und der Versetzungsschutz nach § 103 Abs. 3 BetrVG stehen den gewählten Mitgliedern des Betriebsrats bereits ab Bekanntgabe des Wahlergebnisses zu, und zwar auch dann, wenn die Amtszeit des Betriebsrats erst mit Ablauf derjenigen des alten Betriebsrats (→ Rn. 3) beginnt.⁹ Die Mitgliedschaft im Betriebsrat besteht bereits ab Bekanntgabe der Wahl, nicht erst ab Amtsbeginn des Gremiums.¹⁰ Nach der Gegenansicht hinge die lückenlose Anwendbarkeit von § 103 Abs. 1 BetrVG außerdem davon ab, ob im Betrieb (noch) ein amtierender Betriebsrat besteht oder nicht. Dass der Gesetzgeber hierauf ab-

---

³ Statt vieler GK-BetrVG/*Kreutz* § 21 Rn. 17.
⁴ Statt vieler DKKW/*Buschmann* § 21 Rn. 8 mwN.
⁵ Für die ganz hM statt vieler GK-BetrVG/*Raab* § 21 Rn. 13 mwN.
⁶ **AA** allein Schaub ArbR-HdB/*Koch* § 219 Rn. 1.
⁷ ArbG Hameln 14. 2. 1991 – 1 Ca 167/90, BetrR 1991, 250 ff.; Fitting § 21 Rn. 12.
⁸ GK-BetrVG/*Kreutz* § 21 Rn. 19; WPK/*Wlotzke* § 21 Rn. 4.
⁹ Vgl. BAG 22. 9. 1983 – 6 AZR 323/81, NZA 1984, 45 (46) zur Jugendvertretung; ebenso DKKW/*Buschmann* § 21 Rn. 14; HK-BetrVG/*Düwell* § 21 Rn. 11; Fitting § 21 Rn. 12; GK-BetrVG/*Kreutz* § 21 Rn. 20; AR/*Maschmann* BetrVG § 21 Rn. 3; HWK/*Reichold* BetrVG § 21 Rn. 3; WPK/*Wlotzke* § 21 Rn. 4; im Erg. auch Richardi BetrVG/*Thüsing* § 21 Rn. 10; aA Löwisch/Kaiser/*Löwisch* § 21 Rn. 6; HWGNRH/*Worzalla* § 21 Rn. 9: nur § 15 Abs. 3 S. 2 KSchG.
¹⁰ Vgl. BAG 22. 9. 1983 – 6 AZR 323/81, NZA 1984, 45 (46) zur Jugendvertretung.

stellen und den Kündigungsschutz gewählter Betriebsratsmitglieder ggf. weniger stark ausgestalten wollte als den von Wahlbewerbern, ist nicht anzunehmen.[11]

III. Dauer

10 Die regelmäßige Amtszeit des Betriebsrats beträgt nach § 21 S. 1 BetrVG **vier Jahre**. Sie kann sich verkürzen, wenn gem. § 13 Abs. 2 Nr. 1 oder 2 BetrVG eine vorzeitige Neuwahl stattfindet, nach § 13 Abs. 3 S. 1 BetrVG eine Anschlusswahl erfolgt (→ Rn. 16) oder ein anderer Grund für eine vorzeitige Beendigung des Amtes eingreift (→ Rn. 18 ff.). Im Zuge einer Anschlusswahl kann sich die Amtszeit nach § 13 Abs. 3 S. 2 BetrVG auch verlängern, wenn sie am 1.3. des Wahljahres noch weniger als ein Jahr beträgt (→ Rn. 16).

IV. Ende

11 Für das Ende der Amtszeit ist danach zu unterscheiden, ob der Betriebsrat innerhalb oder außerhalb des regelmäßigen Wahlzeitraums gewählt wurde. Außerdem gibt es eine Reihe gesetzlich nur fragmentarisch geregelter vorzeitiger Beendigungstatbestände.

1. Ablauf der regelmäßigen Amtszeit

12 Wurde der Betriebsrat nach § 13 Abs. 1 S. 1 BetrVG im regelmäßigen Wahlzeitraum gewählt (→ § 291 Rn. 6 ff.), endet seine Amtszeit gem. § 21 S. 1 BetrVG grundsätzlich mit Ablauf von **vier Jahren**. Der genaue Zeitpunkt hängt dabei von der Art des Amtsbeginns ab: Beginnt die Amtszeit mit Bekanntgabe des Wahlergebnisses (→ Rn. 4 ff.), endet sie nach §§ 187 Abs. 1, 188 Abs. 2 Alt. 1 BGB mit Ablauf des Tages, der durch seine Benennung demjenigen der Bekanntgabe entspricht (zB Bekanntgabe und Amtsbeginn am 22.5.2018, 15.30 Uhr führt zu Amtsende am 22.5.2022, 24.00 Uhr). Beginnt die Amtszeit dagegen mit Ablauf der Amtszeit des vorherigen Betriebsrats (→ Rn. 3), läuft die Frist nach §§ 187 Abs. 2 S. 1, 188 Abs. 2 Alt. 2 BGB mit dem Tag ab, welcher dem Tag vorhergeht, der durch seine Benennung dem Tag des Amtsbeginns entspricht (zB Amtsbeginn am 22.5.2018, 0.00 Uhr führt zu Amtsende am 21.5.2022, 24.00 Uhr). Da die Amtszeit keine Handlungsfrist ist, findet § 193 BGB keine Anwendung.

13 Die Amtszeit endet nach § 21 S. 1 BetrVG richtigerweise auch dann, wenn das Ende der Vier-Jahres-Frist auf einen Zeitpunkt vor dem 31.5. fällt, zu dem ein neuer Betriebsrat **noch nicht gewählt** worden ist.[12] Dem BetrVG lässt sich kein allgemeiner Rechtsgedanke entnehmen, der Betriebsrat solle so lange wie möglich im Amt bleiben.[13] Auch die von der Gegenansicht für eine Verlängerung bis zum 31.5. angeführten Praktikabilitätserwägungen können eine entsprechende Rechtsfortbildung nicht legitimieren. Wird das Wahlergebnis erst nach dem 31.5. bekannt gegeben, ließe sich eine vorübergehende betriebsratslose Zeit ohnehin nicht verhindern. Eine Analogie zu § 22 BetrVG scheitert am entgegenstehenden Willen des Gesetzgebers, der in § 21 S. 1 u. 3 BetrVG („spätestens") deutlich zum Ausdruck kommt. Eine sachlich begrenzte Analogie ist allein für die Abwicklung offener Kostenerstattungs- und Freistellungsansprüche angezeigt (näher → Rn. 34).

---

[11] Ebenso GK-BetrVG/*Kreutz* § 21 Rn. 20.
[12] Ebenso BeckOK ArbR/*Besgen* BetrVG § 21 Rn. 5; *Fitting* § 21 Rn. 19; ErfK/*Koch* BetrVG § 21 Rn. 3; GK-BetrVG/*Kreutz* § 21 Rn. 24; Löwisch/Kaiser/*Löwisch* § 21 Rn. 7; AR/*Maschmann* BetrVG § 21 Rn. 4; HWK/*Reichold* BetrVG § 21 Rn. 6; WPK/*Wlotzke* § 21 Rn. 8; HWGNRH/*Worzalla* § 21 Rn. 13; **aA** *Berscheid* AR-Blattei SD 530.6.3 Rn. 23; HK-BetrVG/*Düwell* § 21 Rn. 16; Richardi BetrVG/*Thüsing* § 21 Rn. 13; wohl auch DKKW/*Buschmann* § 21 Rn. 20.
[13] BAG 18.9.1983 – 7 AZR 266/82, NZA 1984, 52 (53).

2. Anpassung an den regelmäßigen Wahlzeitraum

Da der Gesetzgeber in § 13 Abs. 1 BetrVG den Zeitraum für die Betriebsratswahlen vereinheitlicht hat (→ § 291 Rn. 3 ff.), musste er auch eine Regelung einführen, um die vierjährige Amtszeit an diesen Zeitraum anzupassen. Das ist in § 21 S. 3 und 4 BetrVG geschehen.

Nach § 21 S. 3 BetrVG endet die Amtszeit des Betriebsrats **spätestens am 31.5.** des Jahres, in dem nach § 13 Abs. 1 BetrVG die regelmäßigen Betriebsratswahlen stattfinden. Zur Anwendung kommt diese Regelung, wenn der Betriebsrat zwar nach § 13 Abs. 1 BetrVG zwischen dem 1.3. und dem 31.5. gewählt wurde, das Wahlergebnis aber erst nach dem 31.5. bekannt gegeben wurde. Wurde der Betriebsrat bspw. am 30.5.2018 gewählt und das Wahlergebnis am 4.6.2018 bekanntgegeben, beginnt die Amtszeit mit Bekanntgabe (→ Rn. 5 u. 13) und endet am 31.5.2022, also vor Ablauf der Vier-Jahres-Frist.

Vor allem gilt § 21 S. 3 BetrVG aber für Betriebsräte, die nach **§ 13 Abs. 2 BetrVG** außerhalb des regelmäßigen Wahlzeitraums gewählt wurden (→ § 291 Rn. 25 ff.). Da sie nach § 13 Abs. 3 S. 1 BetrVG grundsätzlich bereits im nächsten Zeitraum der regelmäßigen Betriebsratswahlen neu zu wählen sind (→ § 291 Rn. 59), verkürzt § 21 S. 3 BetrVG ihre Amtszeit entsprechend. Hat die Amtszeit am 1.3. des Wahljahrs allerdings noch nicht einmal **ein Jahr** betragen, ist der Betriebsrat nach § 13 Abs. 3 S. 2 BetrVG erst im übernächsten Zeitraum der regelmäßigen Betriebsratswahlen neu zu wählen (→ § 291 Rn. 60). In diesem Fall verlängert § 21 S. 4 BetrVG die Amtszeit entsprechend.

Wurde der Betriebsrat außerhalb des regelmäßigen Wahlzeitraums gewählt (→ Rn. 16), endet seine Amtszeit nach § 21 S. 2 Alt. 1 BetrVG bereits mit **Bekanntgabe des Wahlergebnisses.**[14] Am 31.5. des Wahljahres endet sie nach § 21 S. 3 u. 4 BetrVG nur – wie das Gesetz formuliert – „spätestens", also für den Fall, dass bis dahin (noch) kein Wahlergebnis bekannt gegeben wurde.[15] Methodisch ist § 21 S. 2 Alt. 2 BetrVG daher so auszulegen, dass allein die regelmäßige Amtszeit erfasst wird. Denn nur für sie ergibt es Sinn, wenn der Gesetzgeber zugunsten der vollen vierjährigen Dauer den Beginn der Amtszeit des neu gewählten Betriebsrats aufschiebt.[16] Für Betriebsräte, die nach § 13 Abs. 2 BetrVG gewählt wurden, gilt diese Erwägung nicht, da ihre Amtsdauer ohnehin verkürzt oder verlängert ist (→ Rn. 16).

3. Vorzeitiges Ende

Schließlich gibt es eine Reihe von Fällen, in denen die Amtszeit des Betriebsrats vorzeitig endet. Sie sind im Gesetz nur fragmentarisch geregelt.

a) Fälle des § 21 S. 5 BetrVG. Nach § 21 S. 5 BetrVG endet die Amtszeit des bisherigen Betriebsrats mit Bekanntgabe des Wahlergebnisses in den Fällen des § 13 Abs. 2 Nr. 1 und 2 BetrVG, also bei Neuwahlen außerhalb des regelmäßigen Wahlzeitraums wegen wesentlicher Veränderung der Belegschaftsstärke oder zu geringer Zahl an Betriebsratsmitgliedern (→ § 291 Rn. 29 ff.).

Kommt es zu keiner (rechtzeitigen) Neuwahl, endet die Amtszeit des Betriebsrats zum **regulären Zeitpunkt,** dh mit Ablauf der Vier-Jahres-Frist aus § 21 S. 1 BetrVG, wenn er nach § 13 Abs. 1 BetrVG gewählt wurde (→ Rn. 12 f.), oder mit Ablauf der gem. § 21 S. 3 u. 4 BetrVG angepassten Frist, wenn er nach § 13 Abs. 2 BetrVG gewählt wurde (→ Rn. 16).[17]

---

[14] BAG 18.9.1983 – 7 AZR 266/82, NZA 1984, 52 (52 f.); aus der Lit. statt vieler *Fitting* § 21 Rn. 23 mwN.
[15] BAG 6.12.2006 – 7 ABR 62/05, AP BetrVG 1972 § 21b Nr. 5 Rn. 17; 16.4.2008 – 7 ABR 4/07, NZA-RR 2008, 583 Rn. 17; aus der Lit. statt vieler NK-GA/*Stoffels/Bergwitz* § 21 Rn. 12 mwN.
[16] GK-BetrVG/*Kreutz* § 21 Rn. 29.
[17] *Fitting* § 22 Rn. 11; GK-BetrVG/*Kreutz* § 21 Rn. 31; Richardi BetrVG/*Thüsing* § 21 Rn. 20.

21 Nach **§ 22 BetrVG** bleibt der Betriebsrat in diesen Fällen geschäftsführungsbefugt (näher → Rn. 23). Da seine Amtszeit nach § 21 S. 5 BetrVG ohnehin fortbesteht (→ Rn. 19 f.), ist die Vorschrift deklaratorisch.[18] Für § 13 Abs. 2 Nr. 2 BetrVG stellt sie insbesondere klar, dass der nicht mehr voll besetzte Betriebsrat beschlussfähig bleibt, dh für § 33 Abs. 2 BetrVG auf die Zahl der noch vorhandenen Mitglieder abzustellen ist.[19] Das gilt im Extremfall sogar dann, wenn nur ein einziges Mitglied im Rumpfbetriebsrat verbleibt.[20]

22 **b) Rücktritt des Betriebsrats.** Beschließt der Betriebsrat nach § 13 Abs. 2 Nr. 3 BetrVG seinen Rücktritt (ausführlich → § 291 Rn. 42 ff.), endet seine Amtszeit zwar mit Wirksamwerden des Beschlusses (arg. e § 21 S. 5 BetrVG; näher → § 291 Rn. 44). Allerdings bleibt er nach § 22 BetrVG bis zur **Bekanntgabe des Wahlergebnisses** des neu gewählten Betriebsrats weiterhin geschäftsführungsbefugt, so dass sich der Rücktrittsbeschluss zunächst nicht auswirkt. Der Rücktritt ist daher von der gemeinschaftlichen Amtsniederlegung abzugrenzen (näher → § 291 Rn. 45), bei der eine Weiterführung der Geschäfte nach § 22 BetrVG nicht stattfindet (→ Rn. 29).

23 Die Geschäftsführungsbefugnis nach **§ 22 BetrVG** ist sachlich nicht begrenzt. Sie umfasst sämtliche Rechte und Pflichten des Betriebsrats, ist also Vollmandat (zur zusätzlichen Pflicht, unverzüglich Neuwahlen einzuleiten → § 291 Rn. 27, 184).[21] Die bisherige Geschäftsverteilung des Betriebsrats besteht daher fort, insbesondere sind der (stellvertretende) Vorsitzende, der Betriebsausschuss und sonstige Ausschüsse nicht neu zu bestellen.[22] Auch die persönliche Rechtsstellung der Betriebsratsmitglieder besteht fort, insbesondere ihr Kündigungsschutz nach § 15 Abs. 1 KSchG, § 103 Abs. 1 u. 2 BetrVG.[23]

24 Kommt es zu keiner (rechtzeitigen) Neuwahl, endet die Geschäftsführungsbefugnis des Betriebsrats aus § 22 BetrVG spätestens zu dem Zeitpunkt, zu dem die **Amtszeit regulär geendet hätte** (→ Rn. 21).[24]

25 **c) Anfechtung und gerichtliche Auflösung.** Im Fall einer erfolgreichen Anfechtung der (gesamten) Betriebsratswahl nach § 19 BetrVG oder eines erfolgreichen Auflösungsantrags nach § 23 Abs. 1 S. 1 Alt. 2 BetrVG endet die Amtszeit des Betriebsrats mit Rechtskraft des arbeitsgerichtlichen Beschlusses (→ § 291 Rn. 311 f.; § 297 Rn. 37). Eine Fortführung der Geschäfte bis zur Neuwahl sieht § 22 BetrVG nicht vor.[25]

26 **d) Schaffung abweichender Organisationseinheiten.** Sieht ein Tarifvertrag oder eine Betriebsvereinbarung über abweichende betriebsverfassungsrechtliche Organisationseinheiten (vgl. § 3 Abs. 1 Nr. 1–3, Abs. 2 BetrVG) einen vom regelmäßigen Wahlzeitraum iSd § 13 Abs. 1 BetrVG **abweichenden Wahlzeitpunkt** vor, endet die Amtszeit der bislang bestehenden Betriebsräte nach § 3 Abs. 4 S. 2 BetrVG mit Bekanntgabe des Wahlergebnisses.

27 **e) Verlust der Betriebsratsfähigkeit.** Die Amtszeit endet außerdem, wenn im Betrieb die Zahl der regelmäßig beschäftigten (→ § 291 Rn. 148 ff.) Arbeitnehmer **unter fünf**

---

[18] Insoweit ebenso HK-BetrVG/*Düwell* § 22 Rn. 2; HWK/*Reichold* BetrVG § 22 Rn. 1; weitergehend GK-BetrVG/*Kreutz* § 21 Rn. 32 u. § 22 Rn. 9: § 22 BetrVG passe nicht.
[19] Vgl. BAG 18.8.1982 – 7 AZR 437/80, NJW 1983, 2836 (2836); 16.10.1986 – 2 ABR 71/85, AP BGB § 626 Nr. 95; aus der Lit. statt vieler GK-BetrVG/*Kreutz* § 21 Rn. 31 mwN.
[20] BAG 19.11.2003 – 7 AZR 11/03, NZA 2004, 435 (437).
[21] Statt vieler GK-BetrVG/*Kreutz* § 21 Rn. 16 mwN.
[22] Statt vieler Richardi BetrVG/*Thüsing* § 22 Rn. 5 mwN.
[23] Zu Letzterem BAG 5.11.2009 – 2 AZR 487/08, NZA-RR 2010, 236 Rn. 20.
[24] BAG 5.11.2009 – 2 AZR 487/08, NZA-RR 2010, 236 Rn. 17; statt vieler GK-BetrVG/*Kreutz* § 21 Rn. 33 u. § 22 Rn. 21 mwN.
[25] BAG 29.5.1991 – 7 ABR 54/90, NZA 1992, 74 (75); aus der Lit. statt vieler GK-BetrVG/*Kreutz* § 22 Rn. 14 mwN.

fällt, da dies nach § 1 Abs. 1 BetrVG Voraussetzung für die Anwendbarkeit des BetrVG ist.[26] Die Ersetzung von Stammarbeitnehmern durch Leiharbeitnehmer spielt insoweit keine Rolle mehr, weil Letztere für den organisatorischen Schwellenwert des § 1 Abs. 1 BetrVG richtigerweise zu berücksichtigen sind (ausführlich → § 291 Rn. 145 f., 150).[27] Ob der Arbeitgeber das Unterschreiten des Schwellenwerts durch „willkürliche" Kündigungen herbeigeführt hat, ist unbeachtlich;[28] wenn eine Kündigung unwirksam ist, kann und muss die Betriebszugehörigkeit im einstweiligen Rechtsschutz gesichert werden (→ § 291 Rn. 81, 89).

Dagegen wird die Amtszeit des Betriebsrats nicht dadurch beendet, dass es nach der Wahl an mindestens **drei wählbaren Arbeitnehmern** iSd § 1 Abs. 1 BetrVG fehlt; diese Vorgabe soll bei der Wahlentscheidung eine Mindestauswahl sichern, ist aber nicht Voraussetzung für die fortgesetzte Anwendbarkeit des BetrVG oder den Bestand des einmal gewählten Betriebsrats.[29] **28**

f) Erlöschen aller Mitgliedschaften. Erlischt die Mitgliedschaft sämtlicher Betriebsratsmitglieder (vgl. § 24 BetrVG), endet das Amt des Betriebsrats mit dem Ausscheiden des letzten Betriebsratsmitglieds.[30] Eine Weiterführung der Geschäfte sieht § 22 BetrVG für diesen Fall nicht vor, zumal niemand dazu gezwungen werden kann, das Amt des Betriebsrats weiter auszuüben (vgl. § 24 Nr. 2 BetrVG).[31] Die gemeinschaftliche Amtsniederlegung gem. § 24 Nr. 2 BetrVG ist daher vom Rücktritt nach § 13 Abs. 2 Nr. 3 BetrVG abzugrenzen (→ Rn. 22; zur Abgrenzung näher → § 291 Rn. 45). **29**

g) Betriebsübergang. Nach allgemeiner Ansicht wirkt sich ein **Betriebsübergang** iSd § 613a Abs. 1 BGB auf die Amtszeit des Betriebsrats grundsätzlich **nicht** aus, da er lediglich zu einem Wechsel des Betriebsinhabers unter Wahrung der Identität des Betriebs führt.[32] Dasselbe gilt, wenn ein Betrieb im Zuge einer Umwandlung identitätswahrend übertragen wird, vgl. § 324 UmwG.[33] Ausnahmsweise endet die Amtszeit des Betriebsrats mit dem Betriebsübergang allerdings, wenn der Erwerber nicht unter den **Geltungsbereich** des BetrVG fällt, etwa nach § 118 Abs. 2 BetrVG[34] oder § 130 BetrVG[35]. **30**

---

[26] LAG SchlH 27.3.2012 – 1 TaBV 12 b/11, BeckRS 2012, 69048; vgl. auch BAG 29.3.1977 – 1 AZR 46/75, NJW 1977, 2182 (2183); ebenso HK-BetrVG/*Düwell* § 21 Rn. 23; *Fitting* § 21 Rn. 31; ErfK/*Koch* BetrVG § 21 Rn. 4; Löwisch/Kaiser/*Löwisch* § 21 Rn. 11; AR/*Maschmann* BetrVG § 21 Rn. 5; HWK/*Reichold* BetrVG § 21 Rn. 11; Richardi BetrVG/*Thüsing* § 21 Rn. 23; HWGNRH/*Worzalla* § 21 Rn. 21; grds. auch DKKW/*Buschmann* § 21 Rn. 29; aA *Däubler* FS Kreutz, 2010, S. 69 (73).
[27] Ebenso DKKW/*Buschmann* § 21 Rn. 29; *Fitting* § 1 Rn. 279; GK-BetrVG/*Raab* § 7 Rn. 113; Richardi BetrVG/*Richardi/Maschmann* § 1 Rn. 137; DKKW/*Trümner* § 1 Rn. 245; aA BeckOK ArbR/*Besgen* BetrVG § 1 Rn. 49; GK-BetrVG/*Franzen* § 1 Rn. 101.
[28] **AA** *Däubler* FS Kreutz, 2010, S. 69 (72); insoweit auch DKKW/*Buschmann* § 21 Rn. 29; NK-GA/*Stoffels/Bergwitz* BetrVG § 21 Rn. 17.
[29] Statt vieler GK-BetrVG/*Kreutz* § 21 Rn. 38; Richardi BetrVG/*Richardi/Maschmann* § 1 Rn. 144 jeweils mwN.
[30] BAG 27.8.1996 – 3 ABR 21/95, NZA 1997, 623 (624); 12.1.2000 – 7 ABR 61/98, NZA 2000, 669 (670); aus der Lit. statt vieler GK-BetrVG/*Kreutz* § 21 Rn. 36 mwN.
[31] BAG 12.1.2000 – 7 ABR 61/98, NZA 2000, 669 (670); aus der Lit. statt vieler GK-BetrVG/*Kreutz* § 21 Rn. 36 mwN.
[32] BAG 28.9.1988 – 1 ABR 37/87, NZA 1989, 188 (189); 24.5.2012 – 2 AZR 62/11, NZA 2013, 277 Rn. 49; 8.5.2014 – 2 AZR 1005/12, NZA 2015, 889 Rn. 36; aus der Lit. statt vieler GK-BetrVG/*Kreutz* § 21 Rn. 40 mwN.
[33] Statt vieler GK-BetrVG/*Kreutz* § 21 Rn. 41 jeweils mwN.
[34] BAG 9.2.1982 – 1 ABR 36/80, BeckRS 9998, 149481; ebenso HK-BetrVG/*Düwell* § 21 Rn. 31; *Fitting* § 21 Rn. 34; GK-BetrVG/*Kreutz* § 21 Rn. 44; Richardi BetrVG/*Thüsing* § 21 Rn. 30; WPK/*Wlotzke* § 21 Rn. 16; aA DKKW/*Buschmann* § 21 Rn. 37: nur bei Offenkundigkeit.
[35] Vgl. BAG 9.2.1982 – 1 ABR 36/80, BeckRS 9998, 149481 (B. II. 4. der Gründe); ebenso GK-BetrVG/*Kreutz* § 21 Rn. 44; Richardi BetrVG/*Thüsing* § 21 Rn. 29; grds. auch DKKW/*Buschmann* § 21 Rn. 38; HK-BetrVG/*Düwell* § 21 Rn. 32, die jedoch ein „Übergangsmandat" analog § 21a BetrVG annehmen.

31 h) Untergang des Betriebs. Auch der Untergang eines Betriebs durch Stilllegung, Spaltung oder Zusammenfassung führt nicht ohne Weiteres zum vorzeitigen Ende der Amtszeit. Soweit dies zur Wahrnehmung der hiermit im Zusammenhang stehenden Mitwirkungs- und Mitbestimmungsrechte erforderlich ist, hat der Betriebsrat nach § 21b BetrVG ein **Restmandat** (ausführlich → Rn. 77 ff.). Im Fall der Spaltung oder Zusammenfassung kommt daneben auch ein **Übergangsmandat** nach § 21a BetrVG in Betracht (ausführlich → Rn. 36 ff.).

32 Vorzeitig beendet wird die Amtszeit des Betriebsrats nur, wenn kein Übergangsmandat entsteht, weil der Betrieb in einen größeren dergestalt eingegliedert wird, dass dessen Betriebsrat fortan für ihn zuständig ist (→ Rn. 56 ff.),[36] **und** außerdem kein Restmandat nach § 21b BetrVG entsteht.[37]

4. Wirkungen des Endes der Amtszeit

33 Mit der Amtszeit enden auch sämtliche Rechte und Pflichten des Betriebsrats als Gremium. Ab diesem Zeitpunkt kann er insbesondere keine Betriebsvereinbarungen mehr schließen.[38] Gleichzeitig erlöschen nach § 24 Nr. 1 BetrVG alle Mitgliedschaften im Betriebsrat sowie sämtliche Funktionen, die hieran anknüpfen, zB die Mitgliedschaft im Gesamt- oder Konzernbetriebsrat. Die Rechtsstellung der Ersatzmitglieder endet ebenfalls (→ Rn. 131).

34 Eine Ausnahme gilt, wenn nach Amtsende (vorübergehend) ein betriebsratsloser Zustand eintritt und Ansprüche auf **Kostenerstattung oder Freistellung** vom Arbeitgeber noch nicht erfüllt worden sind. Das Gesetz ist insoweit unvollständig, weil es eine Geltendmachung dieser Ansprüche nicht vorsieht. Planwidrig ist diese Unvollständigkeit, weil das BetrVG die Kosten der Betriebsratstätigkeit dem Arbeitgeber zuweist und im Privatrecht auch sonst bei Wegfall eines Rechtsträgers eine geordnete Abwicklung (in Form der Liquidation) vorgesehen ist, um Gläubigerinteressen zu befriedigen. Nach hM sind daher § 22 BetrVG, § 49 Abs. 2 BGB analog anzuwenden.[39] Dem ist im Ergebnis zuzustimmen, auch wenn die Analogie zu § 21b BetrVG näher liegt,[40] weil es um eine sachlich begrenzte Weiterführung der Geschäfte geht.

5. Streitigkeiten

35 Streitigkeiten über Beginn und Ende der Amtszeit des Betriebsrats werden von den Arbeitsgerichten im Beschlussverfahren entschieden, § 2a Abs. 1 Nr. 1, Abs. 2, §§ 80 ff. ArbGG. Endet die Amtszeit des Betriebsrats während eines Beschlussverfahrens, scheidet er als Beteiligter aus. An seine Stelle tritt ggf. der Betriebsrat, der seine Funktion übernimmt, zB nach einer Neuwahl oder nach einer Eingliederung (→ Rn. 56); dies erfolgt kraft materiell-betriebsverfassungsrechtlicher Betroffenheit, ohne dass es einer Prozesshandlung bedürfte.[41]

V. Übergangsmandat

36 Nach § 21a BetrVG soll der Betriebsrat bei bestimmten betrieblichen **Organisationsänderungen** übergangsweise im Amt bleiben und unverzüglich Neuwahlen einleiten. Das gilt sowohl für unternehmensinterne (Abs. 1 u. 2) als auch unternehmensübergreifende Umstrukturierungen (Abs. 3).

---

[36] Insoweit auch BAG 21.1.2003 – 1 ABR 9/02, NZA 2003, 1097 (1098).
[37] Zutreffend GK-BetrVG/*Kreutz* § 21 Rn. 45.
[38] Vgl. HessLAG 15.5.2012 – 12 Sa 280/11, BeckRS 2012, 75087 (I. der Gründe).
[39] BAG 24.10.2001 – 7 ABR 20/00, NZA 2003, 53 (55 f.); 17.11.2010 – 7 ABR 113/09, NZA 2011, 816 Rn. 15; zust. auch *Fitting* § 22 Rn. 1 u. 11; HWGNRH/*Huke* § 22 Rn. 13; GK-BetrVG/*Kreutz* § 22 Rn. 15; HWK/*Reichold* BetrVG § 21b Rn. 16; Richardi BetrVG/*Thüsing* § 22 Rn. 7.
[40] Ähnlich DKKW/*Buschmann* § 21b Rn. 23: direkte Anwendung.
[41] BAG 25.9.1996 – 1 ABR 25/96, NZA 1997, 668 (669); 21.1.2003 – 1 ABR 9/02, NZA 2003, 1097 (1098); 23.6.2010 – 7 ABR 3/09, NZA 2010, 1361 Rn. 11.

V. Übergangsmandat

1. Zweck und Grenzen

Nach der Gesetzesbegründung soll das in § 21a BetrVG normierte Übergangsmandat die 37 Arbeitnehmer in der für sie besonders kritischen Phase im Anschluss an eine betriebliche Umstrukturierung vor dem Verlust der Beteiligungsrechte schützen.[42] Dabei geht der Gesetzgeber offenbar davon aus, dass solche Umstrukturierungen andernfalls zum **Wegfall des Betriebsratsamtes** führen würden.

Dahinter steht der Grundgedanke, dass sich die **Zuständigkeit** eines Betriebsrats allein 38 auf denjenigen Betrieb erstreckt, von dessen Belegschaft er gewählt worden ist.[43] Rechtsprechung und hM ziehen daraus den Schluss, dass das Amt des Betriebsrats endet, wenn infolge einer Organisationsänderung eine betriebsratsfähige Einheit ihre Identität (→ Rn. 46) verliert oder eine neue betriebsratsfähige Einheit entsteht.[44] Dieser Einschätzung hat sich der Gesetzgeber in § 21a BetrVG angeschlossen.

Diese Prämisse ist allerdings unzutreffend. Wie *Kreutz* überzeugend herausgearbeitet 39 hat, führten betriebliche Organisationsänderungen vor Einführung von § 21a BetrVG richtigerweise nicht zur Beendigung des Betriebsratsamtes.[45] Das zeigt insbesondere der Vergleich zur Wahl eines Betriebsrats unter Verkennung des Betriebsbegriffs.[46] Eine solche Wahl ist nicht unwirksam, sondern lediglich anfechtbar (→ § 291 Rn. 290). Wird sie nicht angefochten, bleibt der solchermaßen gewählte Betriebsrat regulär im Amt, ohne dass es fortan auf die tatsächlichen Betriebsstrukturen ankäme. Warum eine nachträgliche Umstrukturierung *ipso iure* zur Unwirksamkeit der Betriebsratswahl führen sollte, ist daher nicht nachvollziehbar.[47] In beiden Fällen ist bzw. bleibt der einmal gewählte Betriebsrat gleichermaßen legitimiert. Die tatsächlichen Betriebsstrukturen können zwar jederzeit gerichtlich geklärt werden (vgl. § 18 Abs. 2 BetrVG). Relevant würden sie allerdings erst für die nächsten (regelmäßigen) Betriebsratswahlen.

Diese Erwägungen sind nach Inkrafttreten von § 21a BetrVG nicht obsolet gewor- 40 den.[48] Sie sprechen vielmehr dafür, die Norm **restriktiv** anzuwenden.[49] Die grundsätzliche Entscheidung des Gesetzgebers, im Fall nachträglicher Organisationsänderungen nicht die nächsten (regelmäßigen) Wahlen abzuwarten, sondern eine unverzügliche Anpassung der Betriebsratsstrukturen durch Neuwahlen herbeizuführen, ist demnach zu respektieren. Sie ist aber teleologisch auf diejenigen Fallkonstellationen zu begrenzen, in denen nach den Wertungen des BetrVG – insbesondere § 13 Abs. 2 Nr. 1 BetrVG – eine solche unverzügliche Anpassung der Betriebsratsstrukturen geboten ist. Soweit das nicht der Fall ist, bleibt es beim **Regelmandat** des Betriebsrats, das § 21a BetrVG vorgeht.[50] Aus diesem Grund ist für § 21a Abs. 1 BetrVG zwischen Auf- und Abspaltung (→ Rn. 45 ff.) und für

---

[42] BT-Drs. 14/5741, 39 l. Sp.
[43] Grundl. BAG 23.11.1988 – 7 AZR 121/88, NZA 1989, 433 (433); 31.5.2000 – 7 ABR 78/98, NZA 2000, 1350 (1352 f.); 19.11.2003 – 7 AZR 11/03, NZA 2004, 435 (436 f.); HessLAG 14.3.2011 – 16 Sa 1677/10, NZA-RR 2011, 419 (420); LAG Nds 2.12.2011 – 6 TaBV 29/11, BeckRS 2012, 69450; LAG RhPf 19.1.2016 – 6 TaBV 18/15, BeckRS 2016, 67820 Rn. 40.
[44] So BAG 23.11.1988 – 7 AZR 121/88, NZA 1989, 433 (433); 31.5.2000 – 7 ABR 78/98, NZA 2000, 1350 (1352 f.); 19.11.2003 – 7 AZR 11/03, NZA 2004, 435 (436 f.); ebenso DKKW/*Buschmann* § 21a Rn.; HK-BetrVG/*Düwell* § 21a Rn. 3; *Fitting* § 21a Rn. 6; WHSS Umstrukturierung/*Hohenstatt* Teil D Rn. 74; HWK/*Reichold* BetrVG § 21a Rn. 1; *Rieble* NZA 2002, 233 (234); Richardi BetrVG/*Thüsing* § 21a Rn. 2; wohl auch AR/*Maschmann* BetrVG § 21a Rn. 1; NK-GA/*Stoffels/Bergwitz* BetrVG § 21a Rn. 1; WPK/*Wlotzke* § 21a Rn. 1.
[45] *Kreutz* FS Wiese, 1998, S. 235 (241 ff.); GK-BetrVG/*Wiese/Kreutz,* 6. Aufl. 1997, § 21 Rn. 40 ff.; GK-BetrVG/*Kreutz* § 21a Rn. 15; im Erg. auch *Konzen* Unternehmensaufspaltungen und Organisationsänderungen im Betriebsverfassungsrecht, 1986, S. 87 ff.
[46] Die fehlende Anfechtungsmöglichkeit im Fall nachträglicher Umstrukturierung ändert hieran richtigerweise nichts, zumal auch die Anfechtung die Kontinuität des Betriebsratsamtes zunächst nicht berührt, vgl. *Kreutz* FS Wiese, 1998, 235 (242); GK-BetrVG/*Wiese/Kreutz,* 6. Aufl. 1997, § 21 Rn. 43.
[47] Näher *Kreutz* FS Wiese, 1998, S. 235 (243); GK-BetrVG/*Wiese/Kreutz,* 6. Aufl. 1997, § 21 Rn. 45.
[48] Kritischer GK-BetrVG/*Kreutz* § 21a Rn. 7, 15 f. (vgl. aber auch Rn. 25)
[49] Vgl. dazu auch GK-BetrVG/*Kreutz* § 21a Rn. 25.
[50] Vgl. insoweit auch BAG 8.5.2014 – 2 AZR 1005/12, NZA 2015, 889 Rn. 40; aus der Lit. statt vieler *Fitting* § 21a Rn. 6 mwN.

§ 21a Abs. 2 BetrVG zwischen Zusammenfassung und Eingliederung (→ Rn. 56 ff.) zu unterscheiden.

2. Voraussetzungen

41 Hinsichtlich der Voraussetzungen eines Übergangsmandats differenziert das Gesetz zwischen unternehmensinterner Spaltung (§ 21a Abs. 1 BetrVG), unternehmensinterner Zusammenfassung (§ 21a Abs. 2 BetrVG) und unternehmensübergreifenden Umstrukturierungen (§ 21a Abs. 3 BetrVG) von Betrieben oder Betriebsteilen.

42 **a) Unternehmensinterne Betriebsspaltung.** Nach § 21a Abs. 1 S. 1 BetrVG entsteht ein Übergangsmandat, wenn ein Betrieb mit Betriebsrat gespalten wird, der entstehende Betriebsteil betriebsratsfähig ist und nicht in einen Betrieb mit Betriebsrat eingegliedert wird.

43 **aa) Bestehen eines Betriebsrats.** Ein Übergangsmandat kann nur entstehen, wenn zum Zeitpunkt der Betriebsspaltung ein Betriebsrat schon und noch besteht. Seine Amtszeit muss also begonnen (→ Rn. 2 ff.) und darf noch nicht geendet haben (→ Rn. 11 ff.).

44 **bb) Betriebsspaltung.** Den Begriff der Betriebsspaltung definiert das Gesetz nicht. Geht man vom herrschenden leitungsorganisatorischen betriebsverfassungsrechtlichen Betriebsbegriff aus (näher → § 24 Rn. 8 ff.), ist die Spaltung eines Betriebs dadurch gekennzeichnet, dass an die Stelle der bislang bestehenden **einheitlichen Leitung** in sozialen und personellen Angelegenheiten des Betriebs künftig (mindestens) zwei Leitungsapparate treten.[51] Dabei kann der bisherige Leitungsapparat fortbestehen und daneben ein weiterer Leitungsapparat geschaffen werden, es können aber auch zwei völlig neue Leitungsapparate entstehen.[52]

45 Nach ganz hM ist außerdem zwischen **Auf- und Abspaltung** zu differenzieren.[53] Wichtig ist zunächst, dass es sich hierbei nicht um eine Differenzierung im Tatbestand, sondern auf Rechtsfolgenseite handelt.[54] Unabhängig von der Einordnung als Auf- oder Abspaltung, handelt es sich tatbestandlich stets um eine Spaltung iSd § 21a Abs. 1 S. 1 BetrVG.[55] Allein auf Rechtsfolgenseite stellt sich die Frage, ob die Spaltung für **sämtliche** Betriebsteile ein Übergangsmandat auslöst. Im Fall der Aufspaltung ist das zu bejahen. Bei einer Abspaltung entsteht ein Übergangsmandat dagegen allein für den abgespaltenen Betriebsteil; hinsichtlich des „Ursprungsbetriebs" ist die Rechtsfolgenanordnung in § 21a Abs. 1 BetrVG teleologisch zu reduzieren, so dass der Betriebsrat dort unverändert im Amt bleibt, sein Regelmandat weiterhin ausübt und insoweit keine Neuwahl einleiten muss.

---

[51] Vgl. BAG 10.12.1996 – 1 ABR 32/96, NZA 1997, 898 (899) (zu § 111 S. 3 Nr. 3 BetrVG); 7.6.2011 – 1 ABR 110/09, NZA 2012, 110 Rn. 15 (zur Zusammenfassung); 24.5.2012 – 2 AZR 62/11, NZA 2013, 277 Rn. 20 u. 48 f.; ebenso *Fitting* § 21a Rn. 9; GK-BetrVG/*Kreutz* § 21a Rn. 20 f.; *Linsenmaier* RdA 2017, 128 (129); NK-GA/*Stoffels/Bergwitz* BetrVG § 21a Rn. 7; wohl auch HK-BetrVG/*Düwell* § 21a Rn. 67; WHSS Umstrukturierung/*Hohenstatt* Teil D Rn. 18 f.; ähnlich DKKW/*Buschmann* § 21a Rn. 24; ErfK/*Koch* BetrVG § 21a Rn. 2; Löwisch/Kaiser/*Löwisch* § 21a Rn. 7 („auch"); HWGNRH/*Worzalla* § 21a Rn. 4 („insbesondere").
[52] Vgl. nur GK-BetrVG/*Kreutz* § 21a Rn. 21 aE.
[53] BAG 18.3.2008 – 1 ABR 77/06, NZA 2008, 957 Rn. 12; 24.5.2012 – 2 AZR 62/11, NZA 2013, 277 Rn. 48; aus der Lit. statt vieler *Fitting* § 21a Rn. 9a; GK-BetrVG/*Kreutz* § 21a Rn. 24 jeweils mwN.
[54] Ebenso wohl BAG 18.3.2008 – 1 ABR 77/06, NZA 2008, 957 Rn. 12; 24.5.2012 – 2 AZR 62/11, NZA 2013, 277 Rn. 48; zutreffend GK-BetrVG/*Kreutz* § 21a Rn. 19; zumindest missverständlich DKKW/*Buschmann* § 21a Rn. 27; unklar HWK/*Reichold* BetrVG § 21a Rn. 5 u. 8 („soweit sie zum Identitätsverlust führt"); **aA** noch *Thüsing* DB 2002, 738 (738 f.); im Erg. korrigiert in Richardi BetrVG/*Thüsing* § 21a Rn. 9.
[55] **AA** HK-BetrVG/*Düwell* § 21a Rn. 72, 75.

V. Übergangsmandat

Worin sich Auf- und Abspaltung unterscheiden, ist allerdings umstritten. Die **Rechtspre-** 46 **chung**[56] und weite Teile der Literatur[57] wollen insoweit auf den Begriff der **Betriebsidentität** zurückgreifen. Eine Aufspaltung soll danach vorliegen, wenn der Ursprungsbetrieb trotz Spaltung seine Identität bewahrt; verliert er sie, soll es sich um eine Aufspaltung handeln. Das überzeugt nicht. Bei näherem Hinsehen handelt es sich um ein Konzept, das am betriebsverfassungsrechtlichen Betriebsbegriff vorbeigeht. Das zeigt sich schon daran, dass weitgehend unklar bleibt, was die „Identität" eines Betriebs ausmachen soll.[58] Das BAG will den Identitätsbegriff nicht „in einem logischen Sinne" verstehen, sondern verlangt insbesondere einen räumlichen und funktionalen Zusammenhang zum Ursprungsbetrieb.[59] Soweit auf den zu § 613a Abs. 1 BGB entwickelten Kriterienkatalog zurückgegriffen wird,[60] überzeugt das ebenfalls nicht.[61] Mit diesen Kriterien wird beurteilt, ob der zur Wertschöpfung erforderliche Funktionszusammenhang eines Betriebs(teils) nach seiner Übertragung beim Erwerber fortbesteht.[62] Die Beibehaltung dieses Funktionszusammenhangs ist aber auch sonst keine Voraussetzung für den Fortbestand von Betriebsidentität und Betriebsratsamt. Richtigerweise wird die Identität eines Betriebs iSd BetrVG durch seine **Leitungsstrukturen** bestimmt (→ Rn. 44).[63] Daraus folgt zugleich, dass jedwede Spaltung zum Verlust der Betriebsidentität führt, weil fortan mehrere Leitungsapparate nebeneinander treten.[64] Die Betriebsidentität kann daher kein taugliches Differenzierungskriterium sein. Der Sache nach räumt das auch ein, wer einen Identitätsverlust nur bei „wesentlichen" Organisationsänderungen annehmen will.[65]

Mit der ganz hM ist § 21a Abs. 1 BetrVG zwar sachgerecht zu begrenzen. Es wäre 47 wertungswidersprüchlich, würde jedwede Abspaltung eines noch so kleinen Betriebsteils umfassende Neuwahlen bedingen. Richtiger Ansatzpunkt hierfür ist aber der **systematische Wertungsabgleich mit § 13 Abs. 2 BetrVG.** Nach erfolgter Wahl des Betriebsrats lösen Betriebsänderungen (abseits von Spaltung und Zusammenfassung) grundsätzlich keine Neuwahl aus,[66] solange die Schwelle des § 13 Abs. 2 Nr. 1 BetrVG nicht erreicht wird. Es wäre widersprüchlich, wenn eine – zB durch Entlassungen bedingte – Abnahme der Belegschaft und die damit verbundene Anpassung der Leitungsstrukturen eine Neuwahl nur auslösen würden, wenn die Schwelle des § 13 Abs. 2 Nr. 1 BetrVG überschritten wird, im Fall der Spaltung aber jedwede noch so kleine Änderung beachtlich sein

---

[56] BAG 18.3.2008 – 1 ABR 77/06, NZA 2008, 957 Rn. 12; 24.5.2012 – 2 AZR 62/11, NZA 2013, 277 Rn. 48.
[57] DKKW/*Buschmann* § 21a Rn. 24; *Fitting* § 21a Rn. 9a; HK-BetrVG/*Düwell* § 21a Rn. 14f., 19, 72ff.; WHSS Umstrukturierung/*Hohenstatt* Teil D Rn. 51; Löwisch/Kaiser/*Löwisch* § 21a Rn. 9ff.; AR/*Maschmann* BetrVG § 21a Rn. 1, 3; HWK/*Reichold* BetrVG § 21a Rn. 5; *Stöckel* Amt des Betriebsrats nach Umstrukturierungen, 2011, S. 152f.; Richardi BetrVG/*Thüsing* § 21a Rn. 9; Kallmeyer/*Willemsen* Vorb. § 322 Rn. 21, 26; HWGNRH/*Worzalla* § 21a Rn. 12f.
[58] Vgl. bspw. Richardi BetrVG/*Thüsing* § 21a Rn. 6, der typologisch vorgehen will; ähnlich HK-BetrVG/*Düwell* § 21a Rn. 3 („Gesamtschau").
[59] BAG 24.5.2012 – 2 AZR 62/11, NZA 2013, 277 Rn. 49; ähnlich WHSS/*Hohenstatt* Teil D Rn. 51.
[60] So etwa *Fitting* § 21a Rn. 7; WHSS Umstrukturierung/*Hohenstatt* Teil D Rn. 70; Richardi BetrVG/*Thüsing* § 21a Rn. 5f.; WPK/*Wlotzke* § 21a Rn. 13; wohl auch AR/*Maschmann* BetrVG § 21a Rn. 1; HWK/*Reichold* BetrVG § 21a Rn. 4.
[61] Abl. auch HK-BetrVG/*Düwell* § 21a Rn. 13; GK-BetrVG/*Kreutz* § 21a Rn. 25; *Stöckel* Amt des Betriebsrats nach Umstrukturierungen, 2011, S. 56ff.
[62] Grundl. *Willemsen*, ZIP 1986, 477 (481); ebenso nunmehr BAG 13.6.2006 – 8 AZR 271/05, NZA 2006, 1105 Rn. 22; aus der Lit. etwa MüKoBGB/*Müller-Glöge* § 613a Rn. 21 mwN.
[63] Ebenso HK-BetrVG/*Düwell* § 21a Rn. 67, 86; *Fitting* § 21a Rn. 10; GK-BetrVG/*Kreutz* § 21a Rn. 20; *Linsenmaier* RdA 2017, 128 (129); HWK/*Reichold* BetrVG § 21a Rn. 5; wohl auch HWGNRH/*Worzalla* § 21a Rn. 4 („insbesondere").
[64] So zutreffend *Kreutz* FS Wiese, 1998, S. 235 (239f.); GK-BetrVG/*Kreutz* § 77 Rn. 423; als Einwand gegen den herrschenden Betriebsbegriff auch *Joost* Betrieb und Unternehmen als Grundbegriffe im Arbeitsrecht, 1988, S. 126.
[65] So bspw. DKKW/*Buschmann* § 21a Rn. 24 u. 27; *Fitting* § 21a Rn. 9a; AR/*Maschmann* BetrVG § 21a Rn. 6 (zur Zusammenfassung).
[66] Vgl. nur BeckOK ArbR/*Besgen* BetrVG § 21a Rn. 2 mwN; das spricht gegen die Kritik von WPK/*Wlotzke* § 21a Rn. 14.

sollte. Diese Wertung muss daher auch für Spaltungen gelten und ist als maßgebliches[67] Differenzierungskriterium auf § 21a Abs. 1 BetrVG zu übertragen.[68] Im „Ursprungsbetrieb" wird das Vollmandat des Betriebsrats somit nur dann durch ein Übergangsmandat mit anschließender Neuwahl abgelöst, wenn die Zahl der bis dahin regelmäßig beschäftigten Arbeitnehmer (→ § 291 Rn. 143 ff., 148 ff.) aufgrund der Spaltung um die Hälfte, mindestens aber um fünfzig sinkt **(Aufspaltung)**. Ist das nicht der Fall, entsteht ein Übergangsmandat allein für den abgespaltenen Betriebsteil, während der Betriebsrat im „Ursprungsbetrieb" regulär im Amt bleibt und § 21a Abs. 1 BetrVG insoweit auf Rechtsfolgenseite (→ Rn. 45) teleologisch zu reduzieren[69] ist **(Abspaltung)**. Entscheidend ist dabei nicht die Veränderung der regelmäßigen Beschäftigtenzahl gegenüber dem Wahltag (→ § 291 Rn. 30, 33 f.), sondern unmittelbar vor und nach Vollzug der Spaltung.[70]

48 cc) **Betriebsratsfähigkeit des Betriebsteils.** Nach § 21a Abs. 1 S. 1 BetrVG entsteht ein Übergangsmandat nur für Betriebsteile, welche die Voraussetzungen des § 1 Abs. 1 S. 1 BetrVG erfüllen. Soweit das nicht der Fall ist, wird der jeweilige Betriebsteil mit Vollzug der Spaltung grundsätzlich **betriebsratslos**.[71] Aus Sicht des Gesetzgebers ist das die Konsequenz aus der bloßen Überbrückungsfunktion des Übergangsmandats (→ Rn. 38). Rechtspolitisch erscheint das zwar fragwürdig (→ Rn. 39), ist vom Rechtsanwender aber hinzunehmen. Ein Verstoß gegen Art. 6 RL 2001/23/EG liegt hierin schon deshalb nicht, weil die Betriebsübergangsrichtlinie auf unternehmensinterne Umstrukturierungen keine Anwendung findet.[72]

49 Entsteht durch Spaltung ein nicht betriebsratsfähiger Kleinstbetrieb, ist allerdings eine Zuordnung nach **§ 4 Abs. 2 BetrVG** denkbar, wobei als Hauptbetrieb sowohl der Ursprungsbetrieb als auch ein weiterer durch die Spaltung entstandener Betrieb in Betracht kommen.[73] Sind die Voraussetzungen von § 4 Abs. 2 BetrVG nicht erfüllt, kann außerdem ein Restmandat nach **§ 21b BetrVG** entstehen (→ Rn. 85).

50 dd) **Keine Eingliederung.** Nach § 21a Abs. 1 S. 1 BetrVG entsteht für einen Betriebsteil kein Übergangsmandat, wenn er im Zuge der Spaltung in einen Betrieb mit bestehendem Betriebsrat eingegliedert wird **(Spaltung zur Eingliederung)**. Aus Sicht des Gesetzgebers ist ein Übergangsmandat in diesem Fall entbehrlich, weil sich die Zuständigkeit des bestehenden Betriebsrats infolge der Eingliederung automatisch auf den eingegliederten Betriebsteil erstreckt.[74]

---

[67] Immerhin für maßgebliche Berücksichtigung *Stöckel* Amt des Betriebsrats nach Umstrukturierungen, 2011, S. 123 ff.; NK-GA/*Stoffels/Bergwitz* BetrVG § 21a Rn. 8; HWGNRH/*Worzalla* § 21a Rn. 13; wohl auch DKKW/*Buschmann* § 21a Rn. 27; zurückhaltender *Fitting* § 21a Rn. 9a; WPK/*Wlotzke* § 21a Rn. 14; aA *Linsenmaier* RdA 2017, 128 (135): untergeordnete Bedeutung.
[68] Überzeugend GK-BetrVG/*Kreutz* § 21a Rn. 25; zust. LAG Düsseldorf 10.1.2011 – 17 Sa 828/10, BeckRS 2011, 68242 (B. I. 2. b. aa. der Gründe); 18.11.2011 – 17 Sa 1678/10, BeckRS 2011, 70520 (B. I. 1. b. aa. der Gründe); ähnlich LAG Nürnberg 4.9.2007 – 6 TaBV 31/07, BeckRS 2007, 48175 (II. 2. c. der Gründe); LAG Bln 27.7.2006 – 18 TaBV 145/06, BeckRS 2011, 66308 (II. 1. b. der Gründe); aus der Lit. Lutter/*Bayer/Vetter* § 324 Rn. 22; *Rieble/Gutzeit* NZA 2003, 233 (234); zu § 321 UmwG aF ebenso Lutter/*Joost*, 2. Aufl. 2000, § 321 Rn. 15; nicht restriktiver wohl Kallmeyer/*Willemsen* Vorb. § 322 Rn. 26 (nur bei „Atomisierung"); diesem zust. WHSS Umstrukturierung/*Hohenstatt* Teil D Rn. 51.
[69] Zur teleologischen Reduktion aufgrund der Wertung einer anderen Norm s. etwa *Canaris* Feststellung von Lücken im Gesetz, 2. Aufl. 1983, S. 87 f.; *Larenz/Canaris* Methodenlehre der Rechtswissenschaft, 3. Aufl. 1995, S. 214.
[70] GK-BetrVG/*Kreutz* § 21a Rn. 25; vgl. auch Löwisch/Kaiser/*Löwisch* § 21a Rn. 8.
[71] Statt vieler *Fitting* § 21a Rn. 14 mwN.
[72] Zutreffend GK-BetrVG/*Kreutz* § 21a Rn. 26; zust. *Fitting* § 21a Rn. 14; aA DKKW/*Buschmann* § 21a Rn. 21; bei anschließender Eingliederung auch NK-GA/*Stoffels/Bergwitz* BetrVG § 21a Rn. 11.
[73] Ebenso GK-BetrVG/*Kreutz* § 21a Rn. 26; Löwisch/Kaiser/*Löwisch* § 21a Rn. 10 u. 14; HWK/*Reichold* BetrVG § 21a Rn. 6.
[74] BAG 21.1.2003 – 1 ABR 9/02, NZA 2003, 1097 (1098 f.); ebenso *Fitting* § 21a Rn. 12; WHSS Umstrukturierung/*Hohenstatt* Teil D Rn. 79; ErfK/*Koch* BetrVG § 21a Rn. 3; Löwisch/Kaiser/*Löwisch* § 21a Rn. 15; Kallmeyer/*Willemsen* Vorb. § 322 Rn. 34; WPK/*Wlotzke* § 21a Rn. 15.

V. Übergangsmandat   51–55 § 292

Der Ausschluss des Übergangsmandats hat zur Voraussetzung, dass im Zuge der Spaltung **51**
eine **Eingliederung** erfolgt; eine Zusammenfassung iSd § 21a Abs. 2 S. 1 BetrVG
schließt die Entstehung eines Übergangsmandats nach § 21a Abs. 1 S. 1 BetrVG hingegen
nicht aus (zur umstrittenen Abgrenzung → Rn. 56 ff.).[75] Diese Differenzierung ist bereits
im unterschiedlich formulierten Wortlaut der Absätze angelegt. Außerdem wäre es widersprüchlich, eine Zusammenfassung im Zuge einer Spaltung anders zu behandeln als eine
Spaltung, an die sich mit (kurzem) zeitlichem Abstand eine Zusammenfassung iSd § 21a
Abs. 2 S. 1 BetrVG anschließt.

Damit ist wie folgt zu differenzieren: Im Fall der Eingliederung entsteht weder ein **52**
Übergangsmandat nach § 21a Abs. 1 BetrVG noch ein Übergangsmandat nach § 21a
Abs. 2 BetrVG; vielmehr bleibt der Betriebsrat des aufnehmenden Betriebs unter Erweiterung seiner Zuständigkeit regulär im Amt (näher → Rn. 50).[76] Im Fall der **Zusammenfassung ieS** entsteht dagegen nach § 21a Abs. 1 BetrVG infolge Spaltung ein Übergangsmandat des Betriebsrats im abgebenden Betrieb; durch die Zusammenfassung wird
außerdem ein zweites[77] (ablösendes bzw. beendendes) Übergangsmandat nach § 21a
Abs. 2 BetrVG begründet, das der Betriebsrat der größeren Einheit für den neu entstandenen Betrieb wahrnimmt (näher → Rn. 62 ff.).

Wird ein abgespaltener Betriebsteil mit einer **betriebsratslosen** Einheit zusammengeführt, ist zu differenzieren. In einem ersten Schritt entsteht für den abgespaltenen Betriebsteil nach § 21a Abs. 1 BetrVG stets ein Übergangsmandat des Betriebsrats aus dem **53**
abgebenden Betrieb.[78] Ob dieses in einem zweiten Schritt gem. § 21a Abs. 2 BetrVG
durch ein Übergangsmandat für den gesamten neu entstandenen Betrieb abgelöst oder
aber beendet wird, hängt von der Art der Zusammenführung ab: Wird der abgespaltene
Betriebsteil eingegliedert, erlischt das Übergangsmandat und der neue Betrieb ist betriebsratslos; wird dagegen die betriebsratslose Einheit eingegliedert oder liegt eine Zusammenfassung ieS vor, entsteht nach § 21a Abs. 2 BetrVG ein Übergangsmandat für den gesamten neuen Betrieb (→ Rn. 58, 61).

b) Unternehmensinterne Zusammenfassung. § 21a Abs. 2 S. 1 BetrVG lässt sich entnehmen, dass ein Übergangsmandat außerdem entsteht, wenn Betriebe oder Betriebsteile **54**
zu einem Betrieb zusammengefasst werden.

aa) Zusammenfassung zu einem Betrieb. Den Begriff der Zusammenfassung definiert **55**
das Gesetz ebenso wenig wie denjenigen der Spaltung (→ Rn. 44). Geht man vom herrschenden leitungsorganisatorischen betriebsverfassungsrechtlichen Betriebsbegriff aus (näher → § 24 Rn. 8 ff.; → § 284 Rn. 1), ist die Zusammenfassung eines Betriebs dadurch
gekennzeichnet, dass an die Stelle von bislang (mindestens) zwei Leitungsapparaten in sozialen und personellen Angelegenheiten künftig eine **einheitliche Leitung** tritt.[79] Dabei
kann einer der bisherigen Leitungsapparate fortbestehen, es kann aber auch ein völlig
neuer Leitungsapparat etabliert werden.[80]

---

[75] Ebenso DKKW/*Buschmann* § 21a Rn. 38; AR/*Maschmann* BetrVG § 21a Rn. 5; HWK/*Reichold* BetrVG § 21a Rn. 7, 9; NK-GA/*Stoffels/Bergwitz* BetrVG § 21a Rn. 15; Richardi BetrVG/*Thüsing* § 21a Rn. 6; HWGNRH/*Worzalla* § 21a Rn. 8; wohl auch Löwisch/Kaiser/*Löwisch* § 21a Rn. 15; **aA** wohl GK-BetrVG/*Kreutz* § 21a Rn. 30 f., 66: stets Fortbestand des Regelmandats im aufnehmenden Betrieb und Neuwahl nur nach § 13 Abs. 2 Nr. 1 BetrVG; zust. HK-BetrVG/*Düwell* § 21a Rn. 68.
[76] Insoweit ebenso HK-BetrVG/*Düwell* § 21a Rn. 68; GK-BetrVG/*Kreutz* § 21a Rn. 30 f., 66.
[77] Ebenso etwa *Linsenmaier* RdA 2017, 128 (130); *Rieble* NZA-Beil. 16/2003, 62 (64 f.).
[78] GK-BetrVG/*Kreutz* § 21a Rn. 32.
[79] Ebenso *Fitting* § 21a Rn. 9; WHSS Umstrukturierung/*Hohenstatt* Teil D Rn. 55; GK-BetrVG/*Kreutz* § 21a Rn. 59; *Linsenmaier* RdA 2017, 128 (130 f.); NK-GA/*Stoffels/Bergwitz* BetrVG § 21a Rn. 17; HWGNRH/*Worzalla* § 21a Rn. 10; wohl auch HK-BetrVG/*Düwell* § 21a Rn. 67; ähnlich ErfK/*Koch* BetrVG § 21a Rn. 2; Löwisch/Kaiser/*Löwisch* § 21a Rn. 7 (neben arbeitstechnischer Struktur); WPK/*Wlotzke* § 21a Rn. 17.
[80] Vgl. nur GK-BetrVG/*Kreutz* § 21a Rn. 59 aE; *Fitting* § 21a Rn. 11a.

56 Nach ganz hM ist von der Zusammenfassung iSd § 21a Abs. 2 S. 1 BetrVG die **Eingliederung** zu unterscheiden.[81] Ebenso wie bei der Differenzierung zwischen Auf- und Abspaltung (→ Rn. 45 ff.) geht es hierbei um eine teleologische Reduktion auf Rechtsfolgenseite.[82] Im Fall der Eingliederung entsteht kein Übergangsmandat. Vielmehr umfasst das Vollmandat des Betriebsrats im aufnehmenden Betrieb fortan auch den eingegliederten Betrieb(steil). Indirekt ist § 21a Abs. 2 S. 1 BetrVG allerdings die Rechtsfolgenanordnung zu entnehmen, dass auch bei einer Eingliederung das Mandat des Betriebsrats, der für den eingegliederten Betrieb bislang zuständig war, ausnahmsweise vorzeitig endet (→ Rn. 39, 58, 60).

57 Worin sich Zusammenfassung und Eingliederung unterscheiden, ist umstritten. Die **Rechtsprechung**[83] und weite Teile der Literatur[84] wollen – ebenso wie im Fall der Spaltung – auf den Begriff der **Betriebsidentität** zurückgreifen. Eine Eingliederung soll danach vorliegen, wenn der aufnehmende Betrieb seine Identität bewahrt; verliert er sie, soll es sich um eine Zusammenfassung handeln. Die Lehre von der Betriebsidentität überzeugt allerdings auch für diese Abgrenzungsfrage nicht (ausführlich → Rn. 46). Die Identität eines Betriebs iSd BetrVG wird durch seine Leitungsstrukturen bestimmt. Eine Zusammenfassung von Betrieb(steil)en führt stets zum Verlust der Betriebsidentität, da an die Stelle mehrerer Leitungsstrukturen ein einheitlicher Leitungsapparat tritt.[85] Die Betriebsidentität kann daher kein taugliches Differenzierungskriterium sein.

58 Mit der ganz hM ist § 21a Abs. 2 BetrVG zwar sachgerecht zu begrenzen. In der Tat kann nicht jedwede Zusammenfassung mit einem noch so kleinen Betrieb(steil) ein Übergangsmandat mit anschließender Neuwahl auslösen. Richtiger Ansatzpunkt hierfür ist aber der **systematische Wertungsabgleich mit § 13 Abs. 2 BetrVG** (ausführlich → Rn. 47). Es wäre widersprüchlich, wenn eine – zB durch Neueinstellungen bedingte – Zunahme der Belegschaft und die damit verbundene Anpassung der Leitungsstruktur eine Neuwahl nur auslösen würden, wenn die Schwelle des § 13 Abs. 2 Nr. 1 BetrVG überschritten wird, im Fall einer betriebsübergreifenden Zusammenfassung aber jedwede noch so geringe Änderung beachtlich sein sollte. Die in § 13 Abs. 2 Nr. 1 BetrVG getroffene Wertung muss auch hier gelten und ist als maßgebliches[86] Differenzierungskriterium auf § 21a Abs. 2 BetrVG zu übertragen.[87] Entscheidend ist dabei nicht die Veränderung der regelmäßigen Beschäftigtenzahl gegenüber dem Wahltag, sondern unmittelbar vor und nach Vollzug der Zusammenfassung (→ Rn. 47). Durch Zusammenfassung zweier Be-

---

[81] HessLAG 6.5.2004 – 9 TaBVGa 61/04, BeckRS 2004, 30450086; 23.10.2008 – 9 TaBV 155/08, BeckRS 2011, 71711; LAG Düsseldorf 22.10.2008 – 7 TaBV 85/08, BeckRS 2009, 55991; aus der Lit. statt vieler *Fitting* § 21a Rn. 11 f.; GK-BetrVG/*Kreutz* § 21a Rn. 24 jeweils mwN.

[82] **AA** etwa *Fitting* § 21a Rn. 12; WPK/*Wlotzke* § 21a Rn. 18; wohl auch HWGNRH/*Worzalla* § 21a Rn. 8: Lösung über § 21a Abs. 1 S. 1 BetrVG („soweit"); dagegen zutreffend GK-BetrVG/*Kreutz* § 21a Rn. 60 aE (Anwendung nur auf Spaltung zur Eingliederung), der selbst eine Reduktion auf Tatbestandsebene annimmt (Rn. 57 aE u. 60); ebenso wohl NK-GA/*Stoffels/Bergwitz* BetrVG § 21a Rn. 17.

[83] HessLAG 6.5.2004 – 9 TaBVGa 61/04, BeckRS 2004, 30450086; 23.10.2008 – 9 TaBV 155/08, BeckRS 2011, 71711; LAG Düsseldorf 22.10.2008 – 7 TaBV 85/08, BeckRS 2009, 55991.

[84] BeckOK ArbR/*Besgen* BetrVG § 21a Rn. 6; *Fitting* § 21a Rn. 11; HK-BetrVG/*Düwell* § 21a Rn. 67; WHSS Umstrukturierung/*Hohenstatt* Teil D Rn. 65, 68 ff.; Löwisch/Kaiser/*Löwisch* § 21a Rn. 31; AR/*Maschmann* BetrVG § 21a Rn. 6; HWK/*Reichold* BetrVG § 21a Rn. 9; Richardi BetrVG/*Thüsing* § 21a Rn. 13; Kallmeyer/*Willemsen* Vorb. § 322 Rn. 34; HWGNRH/*Worzalla* § 21a Rn. 8; WPK/*Wlotzke* § 21a Rn. 19; wohl auch DKKW/*Buschmann* § 21a Rn. 43.

[85] So zutreffend *Kreutz* FS Wiese, 1998, S. 235 (239 f.); GK-BetrVG/*Kreutz* § 77 Rn. 423; als Einwand gegen den herrschenden Betriebsbegriff auch *Joost* Betrieb und Unternehmen als Grundbegriffe im Arbeitsrecht, 1988, S. 126.

[86] Immerhin für maßgebliche Berücksichtigung DKKW/*Buschmann* § 21a Rn. 43; WHSS Umstrukturierung/*Hohenstatt* Teil D Rn. 70; AR/*Maschmann* BetrVG § 21a Rn. 6; *Stöckel* Amt des Betriebsrats nach Umstrukturierungen, 2011, S. 123 ff.; Kallmeyer/*Willemsen* Vorb. § 322 Rn. 34; WPK/*Wlotzke* § 21a Rn. 19; wohl auch NK-GA/*Stoffels/Bergwitz* BetrVG § 21a Rn. 17; **aA** *Linsenmaier* RdA 2017, 128 (135); HWGNRH/*Worzalla* § 21a Rn. 8: untergeordnete Bedeutung.

[87] Überzeugend GK-BetrVG/*Kreutz* § 21a Rn. 25; ähnlich LAG Nürnberg 4.9.2007 – 6 TaBV 31/07, BeckRS 2007, 48175 (II. 2. c. der Gründe); vgl. auch HK-BetrVG/*Düwell* § 21a Rn. 68.

trieb(steil)e werden die Vollmandate der betroffenen Betriebsräte daher nur dann durch ein einheitliches Übergangsmandat mit anschließender Neuwahl abgelöst, wenn die Zahl der bis dahin regelmäßig beschäftigten Arbeitnehmer (→ § 291 Rn. 143 ff., 148 ff.) aufgrund der Zusammenfassung in beiden Einheiten um die Hälfte, mindestens aber um fünfzig steigt (**Zusammenfassung ieS**). Ist diese Voraussetzung in der größeren Einheit nicht erfüllt, entsteht kein Übergangsmandat, das Vollmandat des Betriebsrats der kleineren Einheit endet und der Betriebsrat der größeren, aufnehmenden Einheit bleibt unter Erweiterung seiner Zuständigkeit regulär im Amt (**Eingliederung**); insoweit ist § 21a Abs. 2 BetrVG auf Rechtsfolgenseite (→ Rn. 56) mit Blick auf § 13 Abs. 2 Nr. 1 BetrVG[88] teleologisch zu reduzieren.

bb) Bestehen eines Betriebsrats. Umstritten ist, ob § 21a Abs. 2 BetrVG zur Voraussetzung hat, dass in den zusammengefassten Betriebs(teil)en jeweils ein Betriebsrat besteht. Richtigerweise ist das nicht der Fall. Für die Rechtsfolgen ist allerdings zwischen Eingliederung und Zusammenfassung ieS (→ Rn. 56 ff.) wie folgt zu unterscheiden. **59**

Handelt es sich um eine **Eingliederung**, entsteht auf Rechtsfolgenseite kein Übergangsmandat (→ Rn. 56). Indirekt ist § 21a Abs. 2 S. 1 BetrVG die Rechtsfolgenanordnung zu entnehmen, dass das Amt des Betriebsrats der eingegliederten Einheit (vorbehaltlich eines Restmandats nach § 21b BetrVG) vorzeitig endet, während sich das Vollmandat des Betriebsrats im aufnehmenden Betrieb fortan auf die gesamte neue Einheit erstreckt. Damit weicht der Gesetzgeber vom Grundsatz der Amtskontinuität ab (→ Rn. 39). An diesen Rechtsfolgen ändert sich richtigerweise auch dann nichts, wenn der aufnehmende Betrieb betriebsratslos ist. Dem Betriebsrat der eingegliederten Einheit steht in diesem Fall nicht ausnahmsweise doch ein Übergangsmandat zu, um auf diesem Weg Neuwahlen für die gesamte neue Einheit einzuleiten.[89] Diese wird vielmehr **insgesamt betriebsratslos**.[90] Andernfalls entstünde ein Wertungswiderspruch zu **§ 13 Abs. 2 Nr. 1 BetrVG**, wonach außerhalb einer Umstrukturierung gerade keine Neuwahl stattfindet, wenn sich die Belegschaftsstärke um weniger als die Hälfte verändert (→ Rn. 58). **60**

Handelt es sich um eine **Zusammenfassung ieS**, entsteht nach § 21a Abs. 2 S. 1 BetrVG ein Übergangsmandat, das der Betriebsrat der größten Einheit wahrnimmt. Wie im Fall der Eingliederung ist der Norm außerdem zu entnehmen, dass das Amt des Betriebsrats der kleineren Einheit(en) – vorbehaltlich eines Restmandats nach § 21b BetrVG – vorzeitig endet (→ Rn. 60). Anders als bei einer Eingliederung wird die neue Einheit allerdings nicht insgesamt betriebsratslos, wenn die größte beteiligte Einheit ihrerseits betriebsratslos ist.[91] Richtigerweise wird das Übergangsmandat in diesem Fall vom Betriebsrat der **(nächst-)kleineren Einheit** für die gesamte[92] neue Einheit wahrgenommen.[93] **61**

---

[88] Zur teleologischen Reduktion aufgrund der Wertung einer anderen Norm s. etwa *Canaris* Feststellung von Lücken im Gesetz, 2. Aufl. 1983, S. 87 f.; *Larenz/Canaris* Methodenlehre der Rechtswissenschaft, 3. Aufl. 1995, S. 214.
[89] **AA** insoweit DKKW/*Buschmann* § 21a Rn. 45; *Fitting* § 21a Rn. 11a u. 19 aE; AR/*Maschmann* BetrVG § 21a Rn. 5; NK-GA/*Stoffels/Bergwitz* BetrVG § 21a Rn. 14; WPK/*Wlotzke* § 21a Rn. 18.
[90] Im Erg. ebenso *Feudner* DB 2003, 882 (884); WHSS Umstrukturierung/*Hohenstatt* Teil D Rn. 65, 83, 86; O. *Kittner* NZA 2012, 541; GK-BetrVG/*Kreutz* § 21a Rn. 64; Löwisch/Kaiser/*Löwisch* § 21a Rn. 31; Löwisch/Schmidt-Kessel BB 2001, 2162 (2164); *Rieble* NZA 2002, 233 (237); Richardi BetrVG/*Thüsing* § 21a Rn. 13; HWGNRH/*Worzalla* § 21a Rn. 9.
[91] **AA** *Rieble* NZA 2002, 233 (237 f.); zust. HWK/*Reichold* BetrVG § 21a Rn. 9; HWGNRH/*Worzalla* § 21a Rn. 11.
[92] **AA** insoweit O. *Kittner* NZA 2012, 541 (545); NK-GA/*Stoffels/Bergwitz* BetrVG § 21a Rn. 21: nur für ursprünglichen Betrieb(steil), in dem er gewählt wurde; zu § 321 UmwG aF ebenso Lutter/*Joost*, 2. Aufl. 2000, § 321 Rn. 28.
[93] Ebenso BeckOK ArbR/*Besgen* BetrVG § 21a Rn. 7; DKKW/*Buschmann* § 21a Rn. 43, 46; HK-BetrVG/*Düwell* § 21a Rn. 71; *Fitting* § 21a Rn. 19; P. *Hanau* NJW 2001, 2513 (2515); WHSS Umstrukturierung/*Hohenstatt* Teil D Rn. 88; ErfK/*Koch* BetrVG § 21a Rn. 4; Löwisch/Kaiser/*Löwisch* § 21a Rn. 31; AR/*Maschmann* BetrVG § 21a Rn. 7; *Stöckel* Amt des Betriebsrats nach Umstrukturierungen, 2011, S. 162 ff.; Richardi BetrVG/*Thüsing* § 21a Rn. 14; Kallmeyer/*Willemsen* Vorb. § 322 Rn. 32; WPK/*Wlotzke* § 21a Rn. 20.

Der Unterschied zur Eingliederung in einen betriebsratslosen Betrieb (→ Rn. 60) lässt sich zwar nicht mit Legitimationserwägungen begründen,[94] da der Betriebsrat auch nach einer Zusammenfassung ieS von deutlich weniger als der Hälfte der Arbeitnehmer legitimiert sein kann, zB wenn drei in etwa gleich große Betriebe zusammengefasst werden, von denen die zwei größeren betriebsratslos sind. Für die hier vertretene Ansicht spricht allerdings der Wertungsabgleich mit **§ 13 Abs. 2 Nr. 1 BetrVG**. Danach löst eine Veränderung der Belegschaftsstärke um die Hälfte oder mehr – zB durch umfangreiche Einstellungen – Neuwahlen für sämtliche nunmehr betriebszugehörigen Arbeitnehmer aus. Selbst wenn der Betriebsrat aufgrund erheblicher Vergrößerung der Belegschaft nur von einem geringen Teil der Arbeitnehmer durch Wahl legitimiert wurde, hat er dann nach § 16 Abs. 1 S. 1 BetrVG unverzüglich einen Wahlvorstand zu bestellen (→ § 291 Rn. 27), der für den gesamten Betrieb Neuwahlen einleitet. Im Fall einer Zusammenfassung ieS kann nichts anderes gelten, nur weil der Großteil der Arbeitnehmer zuvor einer betriebsratslosen Einheit angehörte. § 21a Abs. 2 S. 1 BetrVG ist in diesem Fall auf den Betriebsrat der nächstkleineren Einheit analog anzuwenden, so dass diesem das Übergangsmandat zusteht.[95]

62 **cc) Zuordnung des Übergangsmandats.** Liegt eine Zusammenenfassung ieS vor (→ Rn. 58), ist Träger des Übergangsmandats nach § 21a Abs. 2 S. 1 BetrVG der Betriebsrat des nach der Zahl der wahlberechtigten Arbeitnehmer (→ § 291 Rn. 65 ff.) größten Betriebs oder Betriebsteils (sog. **Prinzip der größeren Zahl**). Dahinter steht der Gedanke, dass das Übergangsmandat von demjenigen Betriebsrat wahrgenommen werden soll, der die größte Legitimationsbasis und zugleich nach § 9 BetrVG die größte Mitgliederzahl aufweist.[96] Da **Leiharbeitnehmer** für § 9 BetrVG Berücksichtigung finden (→ § 291 Rn. 144 ff.), kann für § 21a BetrVG nichts anderes gelten.[97] Ebenso wie für die ersten drei Stufen in § 9 S. 1 BetrVG ist das Tatbestandsmerkmal der Wahlberechtigung in § 21a Abs. 2 S. 1 BetrVG für Leiharbeitnehmer einschränkend als Verweis auf das Wahlalter auszulegen (ausführlich → § 291 Rn. 152).[98] Aus dem Bezug zur Mitgliederzahl nach § 9 BetrVG folgt außerdem, dass es auf die Zahl der wahlberechtigten Arbeitnehmer im **Zeitpunkt der letzten Betriebsratswahl** ankommt.[99] Bei gleich hoher Zahl Wahlberechtigter findet nach allgemeinen Grundsätzen ein Losentscheid statt (vgl. § 5 Abs. 2 S. 3 WO, § 15 Abs. 2 S. 3 WO, § 22 Abs. 3 WO, § 34 Abs. 4 S. 2 WO).[100]

63 Die nach der Zahl der Wahlberechtigten größte Einheit kann auch ein **Betriebsteil** sein, der zuvor durch Auf- oder Abspaltung entstanden ist und für den der Betriebsrat des „Ursprungsbetriebs" unmittelbar vor der Zusammenfassung noch ein Übergangsmandat

---

[94] **AA** WHSS Umstrukturierung/*Hohenstatt* Teil D Rn. 82 ff.; GK-BetrVG/*Kreutz* § 21a Rn. 74; *Löwisch/Schmidt-Kessel* BB 2001, 2162 (2164).
[95] Für Rechtsfortbildung auch GK-BetrVG/*Kreutz* § 21a Rn. 69 (allerdings teleologische Reduktion auf Rechtsfolgenseite).
[96] GK-BetrVG/*Kreutz* § 21a Rn. 72.
[97] Ebenso GK-BetrVG/*Kreutz* § 21a Rn. 72; zurückhaltend NK-GA/*Stoffels/Bergwitz* BetrVG § 21a Rn. 18; nunmehr auch Löwisch/*Kaiser/Löwisch* § 21a Rn. 32 unter Verweis auf § 14 Abs. 2 S. 4 AÜG; **aA** noch *Löwisch/Schmidt-Kessel* BB 2001, 2162 (2164); zust. HWGNRH/*Worzalla* § 21a BetrVG Rn. 25; wohl auch HWK/*Reichold* BetrVG § 21a Rn. 16 (Wahlberechtigte nach § 7 S. 1 BetrVG).
[98] **AA** wohl GK-BetrVG/*Kreutz* § 21a Rn. 72 (Abstellen auf Wählerliste).
[99] Ebenso DKKW/*Buschmann* § 21a Rn. 46; *Fitting* § 21a Rn. 18; AR/*Maschmann* BetrVG § 21a Rn. 7; WPK/*Wlotzke* § 21a Rn. 20; **aA** BeckOK ArbR/*Besgen* BetrVG § 21a Rn. 7; WHSS Umstrukturierung/*Hohenstatt* Teil D Rn. 81; Löwisch/Kaiser/*Löwisch* § 21a Rn. 32; *Löwisch/Schmidt-Kessel* BB 2001, 2162 (2164); *Linsenmaier* RdA 2017, 128 (136); HWK/*Reichold* BetrVG § 21a Rn. 16; Richardi BetrVG/*Thüsing* § 21a Rn. 12; *Rieble* NZA 2002, 233 (237); *Rieble/Gutzeit* ZIP 2004, 693 ff.; Kallmeyer/Willemsen Vorb. § 322 Rn. 27; HWGNRH/*Worzalla* § 21a BetrVG Rn. 11, 25; wohl auch NK-GA/*Stoffels/Bergwitz* BetrVG § 21a Rn. 18: Zeitpunkt der Zusammenfassung.
[100] Ebenso GK-BetrVG/*Kreutz* § 21a Rn. 72; *Rieble* NZA 2002, 233 (237); HWGNRH/*Worzalla* § 21a Rn. 25; **aA** HK-BetrVG/*Düwell* § 21a Rn. 85: Vereinbarung möglich; offen NK-GA/*Stoffels/Bergwitz* BetrVG § 21a Rn. 18.

V. Übergangsmandat

nach § 21a Abs. 1 S. 1 BetrVG wahrnimmt (→ Rn. 45). Dieses Übergangsmandat wird dann durch ein **zweites** Übergangsmandat nach § 21a Abs. 2 BetrVG abgelöst.[101]

Ist die größte an der Zusammenfassung ieS beteiligte Einheit **betriebsratslos**, wird das Übergangsmandat vom Betriebsrat der (nächst-)kleineren Einheit wahrgenommen (ausführlich → Rn. 61).

c) Unternehmensübergreifende Umstrukturierungen. Nach § 21a Abs. 3 BetrVG gelten die Regelungen zum Übergangsmandat auch dann, wenn eine Spaltung oder Zusammenfassung im Zusammenhang mit einer Betriebsveräußerung oder einer Umwandlung stattfindet.[102] Der Terminus „Zusammenlegung" in § 21a Abs. 3 BetrVG ist **inkonsistent**,[103] bedeutet aber keine inhaltliche Modifikation gegenüber § 21a Abs. 2 BetrVG. Die Vorschrift gilt sowohl bei Veräußerungen im Wege der Einzelrechtsnachfolge, insbesondere durch Betriebs(teil)übergang iSd § 613a Abs. 1 BGB, als auch für Fälle der Universalsukzession nach dem UmwG, dh Spaltungen iSd § 123 UmwG, Vermögensteilübertragungen nach § 174 Abs. 2 Nr. 3 UmwG sowie (hinsichtlich Zusammenfassungen) Verschmelzungsvorgängen iSd § 2 UmwG.[104]

Eine unternehmensübergreifende Umstrukturierung iSd § 21a Abs. 3 BetrVG liegt nur vor, soweit die betrieblichen Leitungsstrukturen (→ Rn. 44, 55) **unmittelbar**, dh beim Übertragungsvorgang, über Unternehmensgrenzen hinweg geändert werden.[105] Das ist etwa der Fall, wenn ein Betriebsteil an einen anderen Rechtsträger veräußert und der Betrieb zum Vollzug der Veräußerung aufgespalten wird (→ Rn. 45 ff.); der Betriebsrat des „Ursprungsbetriebs" nimmt dann für jeden entstehenden Betriebsteil ein Übergangsmandat nach § 21a Abs. 3, § 21a Abs. 1 S. 1 BetrVG wahr, während sein Vollmandat endet. Wird der Betriebsteil im Zuge der Spaltung in einen Betrieb des Erwerbers mit Betriebsrat eingegliedert, entsteht für ihn nach § 21a Abs. 3 iVm 21a Abs. 1 S. 1 Hs. 2 BetrVG kein Übergangsmandat (→ Rn. 50 ff.). Wird der Betriebsteil dagegen erst **nach der Übertragung** mit einem Betrieb des Erwerbers zusammengefasst, handelt es sich insoweit um eine betriebsinterne Umstrukturierung, die direkt unter § 21a Abs. 2 BetrVG fällt.

Eine unternehmensübergreifende Betriebsspaltung löst ausnahmsweise kein Übergangsmandat nach § 21a Abs. 3, § 21a Abs. 1 S. 1 BetrVG aus, wenn die beteiligten Rechtsträger den gespaltenen Betrieb als **gemeinsamen Betrieb** iSd § 1 Abs. 1 S. 2 BetrVG (→ § 24 Rn. 35 ff.; → § 284 Rn. 2) fortführen. In diesem Fall wird die Zuordnung zu zwei Unternehmensträgern durch die Etablierung einer gemeinsamen Leitung kompensiert und der bislang bestehende Betriebsrat bleibt regulär im Amt.[106]

Wird dagegen aus zwei Betrieb(steil)en unterschiedlicher Unternehmen **ohne Übertragungsvorgang** ein **gemeinsamer Betrieb** errichtet, besteht eine Lücke im Gesetz: Da es sich um keine unternehmensinterne Zusammenfassung handelt, greift § 21a Abs. 2 S. 1 BetrVG nicht; mangels Übertragungsvorgangs (Veräußerung oder Umwandlung) ist auch § 21a Abs. 3 BetrVG tatbestandlich nicht erfüllt. Diese Unvollständigkeit ist planwidrig, weil das Gesetz bei der Bildung neuer Leitungsstrukturen durch Organisationsän-

---

[101] Ebenso etwa GK-BetrVG/*Kreutz* § 21a Rn. 28, 32, 71; *Linsenmaier* RdA 2017, 128 (130); *Rieble* NZA 2002, 233 (237).
[102] Für deklaratorisch hält diese Regelung Löwisch/Kaiser/*Löwisch* § 21a Rn. 38; **aA** GK-BetrVG/*Kreutz* § 21a Rn. 85: konstitutive Überschreitung der Bipolarität zwischen Betriebsrat und Arbeitgeber.
[103] Dazu treffend GK-BetrVG/*Kreutz* § 21a Rn. 58: „dilettantisch"; *Rieble* NZA 2002, 233 (237): „Regelungspfusch".
[104] Näher WHSS Umstrukturierung/*Hohenstatt* Teil D Rn. 15 ff. u. 55 ff.
[105] Näher GK-BetrVG/*Kreutz* § 21a Rn. 90 f., 96.
[106] DKKW/*Buschmann* § 21a Rn. 11, 29 ff.; WHSS Umstrukturierung/*Hohenstatt* Teil D Rn. 17 ff.; GK-BetrVG/*Kreutz* § 21a Rn. 93; HWK/*Reichold* BetrVG § 21a Rn. 20; *Rieble* FS Wiese, 1998, S. 453 (463 f.); NK-GA/*Stoffels/Bergwitz* BetrVG § 21a Rn. 25; Kallmeyer/*Willemsen* Vorb. § 322 Rn. 24; WPK/*Wlotzke* § 21a Rn. 21; HWGNRH/*Worzalla* § 21a Rn. 12, 20; vgl. auch HK-BetrVG/*Düwell* § 21a Rn. 56.

derungen eine unverzügliche Anpassung der Betriebsratsstrukturen unabhängig von den Verhältnissen auf Rechtsträgerebene vorsieht (→ Rn. 39f.). Daher ist § 21a Abs. 2 S. 1 BetrVG in diesem Fall analog anzuwenden.[107] Wird ein gemeinsamer Betrieb ohne Übertragungsvorgang **aufgelöst,** ist § 21a Abs. 1 S. 1 BetrVG analog anzuwenden.[108]

69 Umstritten ist schließlich, ob ein Übergangsmandat nach § 21a Abs. 3 iVm § 21a Abs. 1 S. 1 BetrVG auch dann entsteht, wenn bei der Übertragung eines Betriebs einzelne Arbeitnehmer dem Übergang ihres Arbeitsverhältnisses gem. **§ 613a Abs. 6 BGB widersprechen** (zum Restmandat → Rn. 87). Richtigerweise nimmt der Betriebsrat in diesem Fall kein Übergangsmandat für die Gruppe der beim Veräußerer verbleibenden Arbeitnehmer wahr.[109] Mangels arbeitgeberseitiger Aufteilung der Leitungsstrukturen (→ Rn. 44) fehlt es tatbestandlich bereits an einer Spaltung. Arbeitnehmer können keine Betriebe spalten.[110] Etwas anderes gilt nur, wenn so viele Arbeitnehmer widersprechen, dass der Veräußerer mit ihnen einen Betrieb iSd § 1 Abs. 1 BetrVG mit der hierfür erforderlichen Leitungsstruktur weiterführt.[111]

3. Inhalt, Ausübung und Dauer

70 Nach § 21a Abs. 1 S. 1 BetrVG bleibt der Betriebsrat im Fall eines Übergangsmandats im Amt und führt die Geschäfte weiter. Es bleibt daher bei der **personellen Zusammensetzung** und Mitgliederstärke, wie sie unmittelbar vor der Umstrukturierung bestand. Das gilt nach hM auch für den Fall der Spaltung; insbesondere scheiden Betriebsratsmitglieder eines abgespaltenen Betriebsteils für die Dauer des Übergangsmandats nicht gem. § 24 Abs. 1 Nr. 3 oder 4 BetrVG aus dem Amt, weil ihr Arbeitsverhältnis auf einen neuen Rechtsträger übergegangen ist oder sie mangels Betriebszugehörigkeit nicht mehr wählbar (→ § 291 Rn. 118) sind.[112] Das entspricht der – vom Gesetzgeber auf die Dauer des Übergangsmandats befristeten (näher → Rn. 39) – Amtskontinuität des Betriebsrats, der für neu entstehende Einheiten als solcher (übergangsweise) zuständig bleibt. Ebenso bleiben der Betriebsausschuss nach § 27 BetrVG, andere Ausschüsse nach § 28 BetrVG und Freistellungen nach § 38 BetrVG bestehen.[113]

71 Im Fall der Abspaltung (→ Rn. 45 ff.) bleibt der Betriebsrat für den „Ursprungsbetrieb" regulär im Amt. Richtigerweise ändert sich für die Dauer des Übergangsmandats auch hinsichtlich des **Regelmandats** die bisherige personelle Zusammensetzung nicht, so dass der Betriebsrat nicht in Abhängigkeit vom jeweiligen Mandat in unterschiedlicher Zusammensetzung amtiert.[114] Das folgt daraus, dass § 21a Abs. 1 S. 1 BetrVG die Amtskonti-

---

[107] GK-BetrVG/*Kreutz* § 21a Rn. 97; im Erg. auch *Rieble* NZA 2002, 233 (238), der die Norm direkt anwenden will.

[108] GK-BetrVG/*Kreutz* § 21a Rn. 97; zust. WPK/*Wlotzke* § 21a Rn. 22; wohl auch NK-GA/*Stoffels/Bergwitz* BetrVG § 21a Rn. 25; im Erg. auch *Rieble* NZA 2002, 233 (238), der die Norm direkt anwenden will.

[109] BAG 8.5.2014 – 2 AZR 1005/12, NZA 2015, 889 Rn. 39 ff.; 24.9.2015 – 2 AZR 562/14 Rn. 61, NZA 2016, 366; ebenso WHSS Umstrukturierung/*Hohenstatt* Teil D Rn. 8; GK-BetrVG/*Kreutz* § 21a Rn. 88; *Löwisch/Tarantino* FS Bepler, 2012, S. 403 (405f.); HWK/*Reichold* BetrVG § 21a Rn. 22; NK-GA/*Stoffels/Bergwitz* BetrVG § 21a Rn. 4 in Fn. 22; *Kallmeyer/Willemsen* Vorb. § 21a Rn. 21; HWGNRH/*Worzalla* § 21a Rn. 2, 4, 12; grds. auch *Fitting* § 21a Rn. 7; **aA** DKKW/*Buschmann* § 21a Rn. 25a; *Schwarze* JA 2015, 70 (72): Analogie; abw. *Fitting* § 21a Rn. 13a: Analogie, wenn sämtliche Betriebsratsmitglieder widersprechen.

[110] So zutreffend BAG 24.5.2012 – 2 AZR 62/11, NZA 2013, 277 Rn. 56 (zum Restmandat).

[111] Vgl. BAG 8.5.2014 – 2 AZR 1005/12, NZA 2015, 889 Rn. 42; wohl auch *Fitting* § 21a Rn. 7 aE.

[112] Für die hM statt vieler *Fitting* § 21a Rn. 16; GK-BetrVG/*Kreutz* § 21a Rn. 34 jeweils mwN; **aA** HK-BetrVG/*Düwell* § 21a Rn. 77 ff.; bei Abspaltung aus Praktikabilitätsgründen auch *Rieble* NZA 2002, 233 (235); bei Verlust der Betriebsratsfähigkeit oder Eingliederung auch HWGNRH/*Worzalla* § 21a Rn. 24; wohl auch GK-BetrVG/*Oetker* § 24 Rn. 48.

[113] Statt vieler GK-BetrVG/*Kreutz* § 21a Rn. 35 mwN.

[114] Ebenso DKKW/*Buschmann* § 21a Rn. 35; *Fitting* § 21a Rn. 16; WHSS Umstrukturierung/*Hohenstatt* Teil D Rn. 95; AR/*Maschmann* BetrVG § 21a Rn. 11; NK-GA/*Stoffels/Bergwitz* BetrVG § 21a Rn. 32; WPK/*Wlotzke* § 21a Rn. 27; **aA** ErfK/*Koch* BetrVG § 21a Rn. 7; GK-BetrVG/*Kreutz* § 21a Rn. 34; GK-BetrVG/*Oetker* § 24 Rn. 48; HWK/*Reichold* BetrVG § 21a Rn. 15; Richardi BetrVG/*Thüsing* § 21a

nuität des Betriebsrats zwar befristet, sie für einen Übergangszeitraum aber umfassend aufrechterhält (→ Rn. 39 f.).

Inhaltlich handelt es sich beim Übergangsmandat um ein beschränktes und zeitlich begrenztes **Vollmandat**. Es umfasst sämtliche Beteiligungsrechte und Aufgaben eines Betriebsrats, beschränkt auf diejenige betriebsratsfähige Einheit, für die es entstanden ist.[115] Insbesondere kann der Betriebsrat für die betroffene Einheit Betriebsvereinbarungen abschließen, ist vor Kündigungen nach § 102 Abs. 1 BetrVG zu hören und bei personellen Einzelmaßnahmen nach § 99 BetrVG zu beteiligen. Nach § 21a Abs. 1 S. 2 BetrVG trifft ihn außerdem die Pflicht, **unverzüglich Wahlvorstände** zu bestellen, damit die Neuwahl möglichst vor Ablauf des Übergangsmandats abgeschlossen werden kann (ausführlich → § 291 Rn. 57 f.). 72

Das Übergangsmandat beginnt mit Wirksamwerden der Umstrukturierung, also mit dem tatsächlichen Vollzug der Änderung in den Leitungsstrukturen (→ Rn. 44, 55).[116] Nach § 21a Abs. 1 S. 3 BetrVG endet es, sobald ein neuer Betriebsrat gewählt und das Wahlergebnis bekannt gegeben ist (→ Rn. 6), spätestens jedoch sechs Monate nach Wirksamwerden der Umstrukturierung. Die **Sechs-Monats-Frist** endet nach § 188 Abs. 2 Alt. 1 BGB mit Ablauf desjenigen Tags des sechsten Monats, der durch seine Zahl dem Tag entspricht, an dem die Umstrukturierung wirksam geworden ist. Eine Verlängerung nach § 193 BGB scheidet aus, da es nicht um eine Handlungsfrist geht. Richtigerweise wird die Sechs-Monats-Frist **nicht verkürzt,** wenn vor ihrem Ablauf die reguläre Amtszeit des Betriebsrats (→ Rn. 12 ff.) endet.[117] § 21a Abs. 1 S. 3 BetrVG ist insoweit *lex specialis*, da die Norm dem Betriebsrat – anders als im Fall des § 13 Abs. 2 Nr. 1 BetrVG, § 21 S. 5 BetrVG (→ Rn. 20) – ausdrücklich eine konkrete Frist gewährt, um die Neuwahl rechtzeitig herbeizuführen. 73

Nach § 21a Abs. 1 S. 4 BetrVG kann das Übergangsmandat durch **Tarifvertrag oder Betriebsvereinbarung** um (bis zu) weitere sechs Monate verlängert werden, so dass die maximale Dauer zwölf Monate beträgt.[118] Voraussetzung ist, dass die Kollektivvereinbarung vor Ablauf des Übergangsmandats vereinbart wird.[119] 74

Die **Kosten** der Betriebsratsarbeit trägt nach § 40 BetrVG der Arbeitgeber (ausführlich → § 296 Rn. 16 ff.). Im Fall einer unternehmensübergreifenden Umstrukturierung (→ Rn. 66) ist eine Zuordnung der Kosten danach vorzunehmen, für welchen Betrieb die jeweils Kosten auslösende Arbeit des Betriebsrats erfolgt; ist eine solche Zuordnung nicht möglich, was insbesondere bei unternehmensübergreifender Aufspaltung regelmäßig der Fall ist, haften die Arbeitgeber im Außenverhältnis als Gesamtschuldner, während der Ausgleich im Innenverhältnis nach der Zahl der betroffenen Arbeitnehmer erfolgt.[120] Ansprüche der **Betriebsratsmitglieder auf Freistellung** (§ 37 Abs. 2 BetrVG) sowie Freizeitausgleich (§ 37 Abs. 3 BetrVG) hat dagegen stets der jeweilige Vertragsarbeitgeber zu tragen, da das Gesetz für die Dauer des Übergangsmandats die Unternehmens- und Betriebszugehörigkeit vorbehaltlos aufrecht erhält (→ Rn. 70) und keinen Raum für Diffe- 75

Rn. 29; Kallmeyer/*Willemsen* Vorb. § 322 Rn. 39: unterschiedliche Zusammensetzung; **aA** LAG Düsseldorf 18.10.2017 – 12 TaBVGa 4/17, BeckRS 2017, 132754 Rn. 41 f.; HK-BetrVG/*Düwell* § 21a Rn. 80; *Rieble* NZA 2002, 233 (235): stets Zusammensetzung des Regelmandats.

[115] Statt vieler GK-BetrVG/*Kreutz* § 21a Rn. 37 f. mwN.
[116] Statt vieler GK-BetrVG/*Kreutz* § 21a Rn. 47 u. 82 mwN.
[117] Ebenso DKKW/*Buschmann* § 21a Rn. 50; GK-BetrVG/*Kreutz* § 21a Rn. 49 f. (mit Ausnahme bei Abspaltung); WPK/*Wlotzke* § 21a Rn. 30; **aA** Richardi BetrVG/*Thüsing* § 21a Rn. 23: ggf. (vorübergehende) Betriebsratslosigkeit.
[118] Statt vieler *Fitting* § 21a Rn. 26 mwN.
[119] Statt vieler GK-BetrVG/*Kreutz* § 21a Rn. 52 mwN.
[120] Überzeugend GK-BetrVG/*Kreutz* § 21a Rn. 103 f.; HWK/*Reichold* BetrVG § 21a Rn. 18 m. Fn. 7; wohl auch *Fitting* § 21a Rn. 27 mwN; **aA** ErfK/*Koch* BetrVG § 21a Rn. 8; AR/*Maschmann* BetrVG § 21a Rn. 12: Haftung des Arbeitgebers des „Ursprungsbetriebs"; **aA** ArbG Leipzig 5.5.2006 – 10 BV 57/05, NZA-RR 2007, 24; DKKW/*Buschmann* § 21a Rn. 60; HWGNRH/*Worzalla* § 21a Rn. 38: stets gesamtschuldnerische Haftung.

renzierungen lässt;[121] ein Ausgleichsanspruch im Innenverhältnis der Arbeitgeber muss daher vertraglich vereinbart werden,[122] da es an der für einen Ausgleich nach § 426 BGB erforderlichen Schuldnermehrheit im Außenverhältnis zum Betriebsratsmitglied fehlt. Das gilt auch für Dauerfreistellungen nach § 38 BetrVG, die aufgrund der gesetzlich vorgesehenen Typisierung im bisherigen Umfang fortbestehen.

4. Streitigkeiten

76 Streitigkeiten über Entstehen und Ausübung eines Übergangsmandats entscheiden die Arbeitsgerichte im Beschlussverfahren, § 2a Abs. 1 Nr. 1, Abs. 2, §§ 80 ff. ArbGG.[123] Findet während des Beschlussverfahrens die Neuwahl statt, folgt der neu gewählte Betriebsrat in die Beteiligtenstellung nach (→ Rn. 35).

VI. Restmandat

77 Nach § 21b BetrVG steht dem Betriebsrat ein sog. Restmandat zu, wenn der Betrieb durch Stilllegung, Spaltung oder Zusammenfassung (zur inkonsistenten Terminologie → Rn. 65) untergeht.

1. Zweck

78 Der Gesetzgeber will dem Betriebsrat durch das Restmandat ermöglichen „im Fall der Betriebsstilllegung oder einer anderen Form der Auflösung [...] die damit zusammenhängenden gesetzlichen Aufgaben zum Schutze der Arbeitnehmer, wie insbesondere die Mitwirkungs- und Mitbestimmungsrechte nach den §§ 111 ff. [BetrVG], auch über das Ende seiner Amtszeit hinaus wahrzunehmen."[124]

2. Voraussetzungen

79 Nach § 21b BetrVG entsteht ein Restmandat, wenn ein Betrieb mit Betriebsrat untergeht, und zwar entweder durch Stilllegung oder durch Umstrukturierung (Spaltung oder Zusammenlegung).

80 **a) Bestehen eines Betriebsrats.** Ein Übergangsmandat kann nur entstehen, wenn zum Zeitpunkt des Betriebsuntergangs ein Betriebsrat schon und noch **besteht**.[125] Seine Amtszeit muss also begonnen (→ Rn. 2 ff.) und darf noch nicht geendet haben (→ Rn. 11 ff.).

81 **b) Untergang infolge Stilllegung.** Umstritten ist, wodurch und zu welchem Zeitpunkt im Fall der Betriebsstilllegung das Restmandat nach § 21b BetrVG tatbestandlich ausgelöst wird. Entscheidend ist, dass die Stilllegung eines Betriebs, also die Auflösung der Betriebs- und Produktionsgemeinschaft,[126] **kein eigenständiger** Beendigungsgrund ist. Das Amt des Betriebsrats ist (außerhalb einer Umstrukturierung) nicht an den Fort-

---

[121] Ebenso BeckOK ArbR/*Besgen* BetrVG § 21a Rn. 20; DKKW/*Buschmann* § 21a Rn. 60; *Fitting* § 21a Rn. 27; *Gragert* NZA 2004, 289 (292 f.); ErfK/*Koch* BetrVG § 21a Rn. 8; GK-BetrVG/*Kreutz* § 21a Rn. 102; AR/*Maschmann* BetrVG § 21a Rn. 12; HWK/*Reichold* BetrVG § 21a Rn. 18; WPK/*Wlotzke* § 21a Rn. 36; HWGNRH/*Worzalla* § 21a Rn. 38 aE; grds. auch NK-GA/*Stoffels/Bergwitz* BetrVG § 21a Rn. 37; **aA** Richardi BetrVG/*Thüsing* § 21a Rn. 30; GK-BetrVG/*Weber* § 37 Rn. 3: unbezahlte Freistellung und Erstattung des Vergütungsausfalls nach § 40 Abs. 1 BetrVG.

[122] Zutreffend GK-BetrVG/*Kreutz* § 21a Rn. 102; HWK/*Reichold* BetrVG § 21a Rn. 18; *Rieble* NZA 2002, 233 (236); **aA** ohne Begründung *Gragert* NZA 2004, 289 (293); NK-GA/*Stoffels/Bergwitz* BetrVG § 21a Rn. 37.

[123] Zum einstweiligen Rechtsschutz näher *Rieble/Gutzeit* ZIP 2004, 693 (698 ff.).

[124] BT-Drs. 14/5741, 39 l. Sp.

[125] BAG 6. 12. 2006 – 7 ABR 62/05, AP BetrVG 1972 § 21b Nr. 5 Rn. 17; **aA** noch BAG 16. 6. 1987 – 1 AZR 528/85, NZA 1987, 858 (860) in einer Billigkeitsentscheidung (ebenso GK-BetrVG/*Kreutz* § 21b Rn. 11; WPK/*Wlotzke* § 21b Rn. 10).

[126] BAG 16. 6. 1987 – 1 AZR 528/85, NZA 1987, 858 (861); statt vieler GK-BetrVG/*Oetker* § 111 Rn. 67 f. mwN.

VI. Restmandat

bestand des Betriebs im leitungsorganisatorischen Sinn geknüpft (für Umstrukturierungen → Rn. 39 f.).[127] Deshalb kommt es für das Entstehen des Restmandats auch nicht darauf an, wann die gesamte Belegschaft in rechtlicher Hinsicht – durch Kündigungen, Auflösungsverträge oder Versetzungen – aufgelöst worden ist.[128]

Wird ein Betrieb stillgelegt, endet das Regelmandat des Betriebsrats vielmehr durch den Verlust der Betriebsratsfähigkeit iSd **§ 1 Abs. 1 BetrVG** (→ Rn. 27 f.) oder durch Ausscheiden **sämtlicher Betriebsratsmitglieder** (→ Rn. 29).[129] Sobald einer dieser Tatbestände im Zuge einer Betriebsstilllegung durch Kündigungen, Auflösungsverträge oder Versetzungen in andere Betriebe erfüllt ist, beginnt folglich das Restmandat des Betriebsrats nach § 21b BetrVG. Praktisch wird dieser Zeitpunkt häufig mit der rechtlichen Auflösung der Betriebs- und Produktionsgemeinschaft durch das Ausscheiden sämtlicher Arbeitnehmer zusammenfallen; das Restmandat kann aber auch deutlich vor diesem Zeitpunkt beginnen, zB wenn einige Arbeitnehmer für Abwicklungsarbeiten noch weiter beschäftigt werden.[130]

c) Untergang infolge Umstrukturierung. Auch im Fall einer Umstrukturierung (Spaltung oder Zusammenfassung) kommt es für den „Untergang" des Betriebs und das Entstehen eines Restmandats darauf an, ob und wann das **Regelmandat** des Betriebsrats infolge der Umstrukturierung endet. Das ist nicht bei jeder Spaltung oder Zusammenfassung der Fall. Vielmehr muss zwischen Auf- und Abspaltung bzw. Zusammenfassung ieS und Eingliederung differenziert werden (→ Rn. 85 f.).

Irrelevant ist dagegen, ob neben einem Restmandat auch ein **Übergangsmandat** (→ Rn. 36 ff.) entsteht. Das Restmandat ist richtigerweise nicht subsidiär gegenüber § 21a BetrVG.[131] Schon der Wortlaut von § 21b BetrVG enthält keine entsprechende Einschränkung, insbesondere bezieht sich der Passus „erforderlich" auf die Dauer des Restmandats. Entscheidend ist aber vor allem, dass ein Restmandat für die untergegangene Einheit gegenüber deren Arbeitgeber wahrgenommen wird, das Übergangsmandat hingegen für die neu entstehende(n) Einheit(en) gegenüber deren jeweiligem Arbeitgeber.[132]

Im Fall einer **Spaltung** ist für die Entstehung eines Restmandats zwischen Auf- und Abspaltung zu unterscheiden (ausführlich → Rn. 45 ff.). Ein Restmandat entsteht nur, wenn der Betrieb aufgespalten wird und das Regelmandat des Betriebsrats aus diesem Grund endet.[133] Das Restmandat nach § 21b BetrVG gilt dann für die gesamte untergegangene Einheit und tritt neben ein etwaiges Übergangsmandat des Betriebsrats (→ Rn. 84). Handelt es sich dagegen um eine Abspaltung, bleibt der Betriebsrat für den „Ursprungsbetrieb" regulär im Amt und es entsteht kein Restmandat, auch nicht für den

---

[127] AA offenbar BAG 14.8.2001 – 1 ABR 52/00, NZA 2002, 109 (110); dagegen zu Recht GK-BetrVG/*Kreutz* § 21b Rn. 9 aE.
[128] So aber Fitting § 21b Rn. 7; ErfK/*Koch* BetrVG § 21b Rn. 2; NK-GA/*Stoffels/Bergwitz* BetrVG § 21b Rn. 4; WPK/*Wlotzke* § 21b Rn. 3; HWGNRH/*Worzalla* BetrVG § 21b Rn. 2; wohl auch Löwisch/Kaiser/*Löwisch* § 21b Rn. 2; HWK/*Reichold* BetrVG § 21b Rn. 4.
[129] Vgl. BAG 24.10.2001 – 7 ABR 20/00, NZA 2003, 53 (56); besonders deutlich GK-BetrVG/*Kreutz* § 21a Rn. 7 ff.; ebenso DKKW/*Buschmann* § 21b Rn. 11; insoweit auch Richardi BetrVG/*Thüsing* § 21b Rn. 3.
[130] So bereits GK-BetrVG/*Kreutz/Wiese*, 6. Aufl. 1998, § 21 Rn. 48.
[131] BAG 24.5.2012 – 2 AZR 62/11, NZA 2013, 277 Rn. 48; ebenso Fitting § 21b Rn. 13; WHSS Umstrukturierung/*Hohenstatt* Teil D Rn. 67; ErfK/*Koch* BetrVG § 21b Rn. 2; GK-BetrVG/*Kreutz* § 21b Rn. 30 f.; HWK/*Reichold* BetrVG § 21b Rn. 17; NK-GA/*Stoffels/Bergwitz* BetrVG § 21b Rn. 9; WPK/*Wlotzke* § 21b Rn. 17; zurückhaltend Richardi BetrVG/*Thüsing* § 21b Rn. 7 f.; aA DKKW/*Buschmann* § 21b Rn. 16; HK-BetrVG/*Düwell* § 21b Rn. 6, 11 (anders bei Zusammenfassung Rn. 12); Löwisch/Kaiser/*Löwisch* § 21b Rn. 7; HWGNRH/*Worzalla* § 21b Rn. 4; ähnlich P. Hanau NJW 2001, 2513 (2515): Restmandat erst nach Beendigung des Übergangsmandats.
[132] Statt vieler AR/*Maschmann* BetrVG § 21b Rn. 1; HWK/*Reichold* BetrVG § 21b Rn. 17 mwN.
[133] BAG 24.5.2012 – 2 AZR 62/11, NZA 2013, 277 Rn. 48; LAG Bln-Bbg 20.4.2015 – 21 SHa 462/15, NZA-RR 2015, 324 (326); statt vieler Fitting § 21b Rn. 10 f.; GK-BetrVG/*Kreutz* § 21a Rn. 32 jeweils mwN.

abgespaltenen Betriebsteil; für Letzteren kann aber unter den Voraussetzungen des § 21a Abs. 1 S. 1 BetrVG ein Übergangsmandat entstehen (→ Rn. 42 ff.).

86 Im Fall einer **Zusammenfassung** – in § 21b BetrVG inkonsistent als „Zusammenlegung" bezeichnet (→ Rn. 65) – ist zwischen Zusammenfassung ieS und Eingliederung zu differenzieren (→ Rn. 56 ff.).[134] Da bei einer Zusammenfassung ieS die Regelmandate aller beteiligten Betriebsräte enden, nehmen diese jeweils ein Restmandat nach § 21b BetrVG wahr. Im Fall der Eingliederung endet hingegen nur das Regelmandat des für den eingegliederten Betrieb bislang zuständigen Betriebsrats, so dass nur er ein Restmandat nach § 21b BetrVG wahrnimmt.

87 Ein **Betriebsübergang** iSd § 613a Abs. 1 BGB ist tatbestandlich weder eine Spaltung noch eine Betriebsstilllegung; ein bestehender Betriebsrat bleibt daher auch nach einem Betriebsübergang regulär im Amt, ohne dass ein Restmandat nach § 21b BetrVG entsteht.[135] Ein Restmandat entsteht auch dann nicht, wenn Arbeitnehmer dem Übergang ihres Arbeitsverhältnisses nach **§ 613a Abs. 6 BGB widersprechen** und damit beim Veräußerer verbleiben.[136] Insoweit fehlt es tatbestandlich an einer Spaltung (→ Rn. 69). Da § 21b BetrVG den Vertretungsverlust infolge einer Umstrukturierung durch den Arbeitgeber auffangen, nicht aber vor den Folgen der individuellen Entscheidung über den Arbeitgeberwechsel nach § 613a Abs. 6 BGB schützen soll, scheitert eine Analogie am Fehlen einer vergleichbaren Interessenlage.[137] Im Ergebnis nimmt der Betriebsrat für die Gruppe der beim Veräußerer verbleibenden Arbeitnehmer somit weder ein Übergangs- (→ Rn. 69) noch ein Restmandat wahr.

3. Inhalt, Ausübung und Dauer

88 Anders als das Übergangsmandat nach § 21a BetrVG (→ Rn. 72) ist das Restmandat nach § 21b BetrVG kein Vollmandat, sondern auf die im Zusammenhang mit der Spaltung oder Umstrukturierung stehenden Mitwirkungs- und Mitbestimmungsrechte begrenzt (sog. **Abwicklungsmandat**).[138] Ausreichend ist, dass diese Rechte noch in der regulären Amtszeit des Betriebsrats entstanden sind, auch wenn sie erst später geltend gemacht werden.[139]

89 Der vom Gesetz geforderte Zusammenhang erfordert einen **funktionalen Bezug** zur Stilllegung, Spaltung oder Zusammenfassung.[140] Davon erfasst werden vor allem die Beteiligungsrechte nach § 111 S. 1 BetrVG und § 112 BetrVG.[141] Auch die Änderung eines bereits geltenden Sozialplans wird vom Restmandat erfasst, solange er noch nicht vollständig abgewickelt ist.[142] Werden einzelne Arbeitnehmer vorübergehend weiterbeschäftigt, zB für Abwicklungsarbeiten, erstreckt sich das Restmandat auch auf die Beteiligungsrech-

---

[134] Statt vieler *Fitting* § 21b Rn. 12 f.; GK-BetrVG/*Kreutz* § 21b Rn. 33 jeweils mwN.
[135] Statt vieler *Fitting* § 21b Rn. 6 mwN.
[136] BAG 24.5.2012 – 2 AZR 62/11, NZA 2013, 277 Rn. 56; 8.5.2014 – 2 AZR 1005/12, NZA 2015, 889 Rn. 37; ebenso *Fitting* § 21b Rn. 6, 18; WHSS Umstrukturierung/*Hohenstatt* Teil D Rn. 8; GK-BetrVG/*Kreutz* § 21a Rn. 89; AR/*Maschmann* BetrVG § 21b Rn. 2; HWK/*Reichold* BetrVG § 21b Rn. 3; Richardi BetrVG/*Thüsing* § 21b Rn. 4b; HWGNRH/*Worzalla* § 21b Rn. 2; wohl auch WPK/*Wlotzke* § 21b Rn. 4 aE; **aA** LAG RhPf 18.4.2005 – 2 TaBV 15/05, NZA-RR 2005, 529 (530); DKKW/*Buschmann* § 21b Rn. 18; *Löwisch/Tarantino* FS Bepler, 2012, S. 403 (406 f.); *M. Schubert* AuR 2003, 132 (133).
[137] Überzeugend WHSS Umstrukturierung/*Hohenstatt* Teil D Rn. 8; im Erg. auch SächsLAG 21.6.2006 – 2 Sa 677/05, BeckRS 2007, 42288; LAG Köln 17.8.2012 – 10 Sa 1347/11, BeckRS 2014, 73330; GK-BetrVG/*Kreutz* § 21a Rn. 89.
[138] BAG 24.5.2012 – 2 AZR 62/11, NZA 2013, 277 Rn. 55; aus der Lit. statt vieler Richardi BetrVG/*Thüsing* § 21b Rn. 9 mwN.
[139] Statt vieler GK-BetrVG/*Kreutz* § 21b Rn. 16 mwN.
[140] BAG 14.8.2001 – 1 ABR 52/00, NZA 2002, 109 (110); 24.5.2012 – 2 AZR 62/11, NZA 2013, 277 Rn. 55; 11.10.2016 – 1 ABR 51/14, NZA 2017, 68 Rn. 11; aus der Lit. statt vieler GK-BetrVG/*Kreutz* § 21b Rn. 11 mwN.
[141] Vgl. etwa BAG 26.5.2009 – 1 ABR 12/08, NZA-RR 2009, 588 Rn. 13; 8.12.2009 – 1 ABR 41/09, NZA 2010, 665 Rn. 26.
[142] BAG 5.10.2000 – 1 AZR 48/00, NZA 2001, 849 (851).

te in **personellen Einzelmaßnahmen,** soweit diese in der Betriebsstilllegung oder Umstrukturierung angelegt sind.[143] Das gilt etwa für die Mitwirkung nach § 102 Abs. 1 BetrVG[144] und die Mitbestimmung nach § 99 BetrVG.[145] Erfasst werden auch das Vorschlagsrecht zur Beschäftigungssicherung nach § 92a BetrVG und das Mitbestimmungsrecht über Qualifizierungsmaßnahmen nach § 97 Abs. 2 BetrVG,[146] außerdem das Konsultationsverfahren nach § 17 Abs. 2 KSchG, da es ein betriebsverfassungsrechtlich geprägtes Verfahren ist.[147]

Nicht vom Restmandat erfasst werden dagegen **unerledigt gebliebene Beteiligungsangelegenheiten,** die in keinem funktionalen Zusammenhang zur Stilllegung oder Umstrukturierung stehen.[148] Arbeitsgerichtliche Beschlussverfahren in solchen Angelegenheiten erledigen sich daher mit der Stilllegung des Betriebs.[149] 90

Für die **Größe und Zusammensetzung** des restmandatierten Betriebsrats ist auf den Zeitpunkt abzustellen, zu dem das Regelmandat endet und vom Restmandat abgelöst wird.[150] Im Fall einer Umstrukturierung (Spaltung oder Zusammenfassung) ist das der tatsächliche Vollzug durch Anpassung der Leitungsstrukturen (→ Rn. 73), im Fall einer Stilllegung kommt es auf den Zeitpunkt an, zu dem die Betriebsratsfähigkeit nach § 1 Abs. 1 BetrVG endet oder das letzte Betriebsratsmitglied aus dem Amt scheidet (→ Rn. 82). Ist die Mitgliederzahl vor diesem Zeitpunkt durch Ausscheiden von Betriebsratsmitgliedern und Fehlen nachrückender Ersatzmitglieder unter die ursprünglich gewählte Zahl gesunken (→ § 291 Rn. 37) und hat der Betriebsrat die Geschäfte nach § 21 S. 5 BetrVG, § 22 BetrVG bis dahin in **reduzierter Besetzung** fortgeführt (→ Rn. 21), ist diese reduzierte Besetzung auch für die Ausübung des Restmandats maßgeblich. Ab diesem Zeitpunkt endet die Mitgliedschaft im restmandatierten Betriebsrat allerdings nicht mehr nach § 24 Nr. 3 oder 4 BetrVG mit dem Ende des Arbeitsverhältnisses oder der Betriebszugehörigkeit, da dies Sinn und Zweck von § 21b BetrVG widerspräche; weiterhin möglich bleibt aber die Amtsniederlegung nach § 24 Nr. 2 BetrVG.[151] 91

Das Restmandat ist **nicht befristet.** Nach § 21b BetrVG dauert es so lange, wie dies zur Wahrnehmung von Beteiligungsrechten erforderlich ist, die mit der Stilllegung oder Umstrukturierung in Zusammenhang stehen (→ Rn. 89). Wird über Beteiligungsrechte des restmandatierten Betriebsrats ein Rechtsstreit geführt, endet das Restmandat ggf. erst mit rechtskräftiger Entscheidung.[152] Gleiches gilt, wenn im Zusammenhang mit einer Stilllegung oder Umstrukturierung Kündigungsschutzstreitigkeiten geführt werden, da der Betriebsrat bei stattgebender Entscheidung und Ausspruch einer Folgekündigung wieder- 92

---

[143] BAG 25.10.2007 – 8 AZR 917/06, NZA-RR 2008, 367 Rn. 49; aus der Lit. etwa *Fitting* § 21b Rn. 17.
[144] BAG 25.10.2007 – 8 AZR 917/06, NZA-RR 2008, 367 Rn. 49; LAG Nds 6.3.2006 – 17 Sa 85/06, BeckRS 2006, 43576.
[145] Ebenso Löwisch/Kaiser/*Löwisch* § 21b Rn. 14; HWK/*Reichold* BetrVG § 21b Rn. 10; HWGNRH/*Worzalla* § 21b Rn. 5; **aA** BAG 8.12.2009 – 1 ABR 41/09, NZA 2010, 665 Rn. 17, allerdings nur „nach der vollständigen Stilllegung", dazu GK-BetrVG/*Kreutz* § 21b Rn. 13; HWGNRH/*Worzalla* § 21b Rn. 5.
[146] Vgl. etwa HWK/*Reichold* BetrVG § 21b Rn. 10.
[147] BAG 22.9.2016 – 2 AZR 276/16, NZA 2017, 175 Rn. 37; zust. auch *Fitting* § 21b Rn. 17; GK-BetrVG/*Kreutz* § 21b Rn. 13.
[148] BAG 24.5.2012 – 2 AZR 62/11, NZA 2013, 277 Rn. 55; 11.10.2016 – 1 ABR 51/14, NZA 2017, 68 Rn. 11 f.; für die hM etwa *Fitting* § 21b Rn. 18; GK-BetrVG/*Kreutz* § 21b Rn. 14 jeweils mwN; **aA** DKKW/*Buschmann* § 21b Rn. 23; *Däubler* AuR 2001, 1 (3); *Konzen* RdA 2001, 76 (85).
[149] BAG 14.8.2001 – 1 ABR 52/00, NZA 2002, 109 (110).
[150] BAG 12.1.2000 – 7 ABR 61/98, NZA 2000, 669 (670); 5.5.2010 – 7 AZR 728/08, NZA 2010, 1025 Rn. 17; LAG RhPf – 2 TaBV 15/05, NZA-RR 2005, 529 (530); ebenso *Fitting* § 21b Rn. 14; GK-BetrVG/*Kreutz* § 21b Rn. 17; AR/*Maschmann* BetrVG § 21b Rn. 5; HWK/*Reichold* BetrVG § 21b Rn. 12; Richardi BetrVG/*Thüsing* § 21b Rn. 13; HWGNRH/*Worzalla* § 21b Rn. 9; **aA** LAG Bbg 7.5.1998 – 8 TaBV 10/97, BeckRS 1998, 30775012; DKKW/*Buschmann* § 21b Rn. 6: letzte Zusammensetzung in gewählter Größe.
[151] BAG 5.5.2010 – 7 AZR 728/08, NZA 2010, 1025 Rn. 18 ff.; aus der Lit. statt vieler GK-BetrVG/*Kreutz* § 21b Rn. 10, 18 f.
[152] BAG 14.11.1978 – 6 ABR 85/75, AP KO § 59 Nr. 6.

um nach § 102 Abs. 1 BetrVG angehört werden müsste.[153] Ist das Restmandat erloschen, kann es zu einem späteren Zeitpunkt nicht reaktiviert werden, zB um einen Sozialplan nachträglich zu ändern.[154] Eine Ausnahme gilt allein für Ansprüche auf Kostenerstattung oder Freistellung (→ Rn. 34).

93 Die mit der Ausübung des Restmandats verbundenen **Kosten** hat der Arbeitgeber des Ursprungsbetriebs nach § 40 BetrVG zu tragen.[155] Für **Vergütungsansprüche** der Betriebsratsmitglieder ist zwischen drei Konstellationen zu differenzieren: Ist ein Betriebsratsmitglied unternehmensintern **versetzt** worden, hat es Anspruch auf bezahlte Freistellung analog § 37 Abs. 2 BetrVG.[156] Ist ein Betriebsratsmitglied arbeitslos geworden und übt seine Tätigkeit daher während seiner **Freizeit** aus, versagen BAG und hM ihm einen Zahlungsanspruch, da das Betriebsratsamt nach § 37 Abs. 1 BetrVG unentgeltliches Ehrenamt sei und § 37 Abs. 3 S. 3 Hs. 2 BetrVG daher nicht analog angewandt werden könne;[157] das überzeugt nicht, weil § 37 Abs. 3 S. 3 Hs. 2 BetrVG im Gegenteil die (analogiefähige) Wertung beinhaltet, dass Freizeit nicht unentgeltlich geopfert werden muss, wenn ein Ausgleich nicht möglich ist.[158] Steht ein Betriebsratsmitglied in einem Arbeitsverhältnis zu einem **neuen Arbeitgeber** (außerhalb des Konzerns), hat es gegen diesen richtigerweise keinen Anspruch auf unbezahlte Freistellung und gegen den Inhaber des Ursprungsbetriebs auch keinen Ausgleichsanspruch analog § 78 S. 2 BetrVG (hinsichtlich der neuen Vergütung);[159] wird es vom neuen Arbeitgeber freiwillig unentgeltlich freigestellt und übt es die Betriebsratstätigkeit daher in seiner Freizeit aus, hat es aber – entgegen der hM – einen Anspruch analog § 37 Abs. 3 S. 3 Hs. 2 BetrVG (auf Basis der ursprünglichen Vergütung).

4. Streitigkeiten

94 Streitigkeiten über Entstehen und Ausübung eines Restmandats entscheiden die Arbeitsgerichte im Beschlussverfahren, § 2a Abs. 1 Nr. 1, Abs. 2, §§ 80 ff. ArbGG. Örtlich zuständig ist das Arbeitsgericht, in dessen Bezirk die Betriebsleitung des untergegangenen Betriebs ihren Sitz hatte.[160] Ein isolierter Feststellungsantrag hinsichtlich des Bestehens eines Restmandats ist mangels Feststellungsinteresses unzulässig, wenn weitere gerichtliche Auseinandersetzungen über das Bestehen von Beteiligungsrechten vorhersehbar sind.[161]

VII. Erlöschen der Mitgliedschaft

95 Von der Beendigung der Amtszeit des ganzen Betriebsrats als Kollegialorgan ist der Verlust der Mitgliedschaft einer oder mehrerer Personen im Betriebsrat zu unterscheiden.

---

[153] HessLAG 13.7.2015 – 16 TaBVGa 165/14, BeckRS 2016, 65758 Rn. 20; zust. auch GK-BetrVG/*Kreutz* § 21b Rn. 20; **abl.** *A. Willemsen*, DB 2016, 717f.
[154] Statt vieler GK-BetrVG/*Kreutz* § 21b Rn. 21 mwN.
[155] Statt vieler *Fitting* § 21b Rn. 20 mwN.
[156] Statt vieler GK-BetrVG/*Kreutz* § 21b Rn. 24 mwN.
[157] BAG 5.5.2010 – 7 AZR 728/08, NZA 2010, 1025 Rn. 23 ff.; zust. *Fitting* § 21b Rn. 20; ErfK/*Koch* BetrVG § 21b Rn. 5; Löwisch/Kaiser/*Löwisch* § 21b Rn. 11; AR/*Maschmann* BetrVG § 21b Rn. 5; HWK/*Reichold* BetrVG § 21b Rn. 15; NK-GA/*Stoffels/Bergwitz* BetrVG § 21b Rn. 15; HWGNRH/*Worzalla* § 21b Rn. 8.
[158] Ebenso *Auktor* NZA 2003, 950 (952); DKKW/*Buschmann* § 21b Rn. 26; KR/*Etzel/Kreft* § 15 Rn. 146; GK-BetrVG/*Kreutz* § 21b Rn. 25; im Erg. auch GK-BetrVG/*Weber* § 37 Rn. 6.
[159] Offen gelassen in BAG 5.5.2010 – 7 AZR 728/08, NZA 2010, 1025 Rn. 33; wie hier GK-BetrVG/*Kreutz* § 21b Rn. 26; Löwisch/Kaiser/*Löwisch* § 21b Rn. 11; grds. auch HWGNRH/*Worzalla* § 21b Rn. 8; **aA** DKKW/*Buschmann* § 21b Rn. 26; HK-BetrVG/*Düwell* § 21b Rn. 24; *Fitting* § 21b Rn. 20; ErfK/*Koch* BetrVG § 21b Rn. 5; HWK/*Reichold* BetrVG § 21b Rn. 15; NK-GA/*Stoffels/Bergwitz* BetrVG § 21b Rn. 15; Richardi BetrVG/*Thüsing* § 21b Rn. 18; GK-BetrVG/*Weber* § 37 Rn. 5; WPK/*Wlotzke* § 21b Rn. 16; wohl auch DKKW/*Buschmann* § 21b Rn. 26.
[160] LAG Bln-Bbg 20.4.2015 – 21 SHa 462/15, NZA-RR 2015, 324 (326).
[161] Weitergehend BAG 27.5.2015 – 7 ABR 20/13, BeckRS 2015, 72505 Rn. 22: stets unzulässig.

VII. Erlöschen der Mitgliedschaft

1. Tatbestände
§ 24 BetrVG zählt (nicht abschließend) Erlöschenstatbestände für die Mitgliedschaft im 96
Betriebsrat auf. Die Vorschrift ist zwingend und kann weder durch Tarifvertrag noch durch Betriebsvereinbarung abbedungen werden (→ § 291 Rn. 2).

a) Ablauf der Amtszeit. Die Mitgliedschaft erlischt nach § 24 Nr. 1 BetrVG durch den 97
Ablauf der Amtszeit des Betriebsrats (→ Rn. 11 ff.). Die Regelung stellt klar, dass es (derzeit) keine „persönliche" Amtszeit einzelner Mitglieder gibt, die über diejenige des Betriebsrats hinausgeht oder durch Zeitablauf gesondert endet (anders zB § 23 Abs. 1 S. 6 SEBG; § 32 Abs. 1 S. 1 EBRG).

b) Niederlegung des Betriebsratsamtes. Nach § 24 Nr. 2 BetrVG endet die Mitglied- 98
schaft durch Niederlegung. Die Niederlegung erfolgt durch einseitige empfangsbedürftige **Willenserklärung** gegenüber dem Betriebsrat,[162] für die eine besondere Form nicht vorgeschrieben ist.[163] Wirksam wird sie durch Zugang an den (stellvertretenden) Vorsitzenden gem. § 26 Abs. 2 S. 2 BetrVG, alternativ durch Zugang gegenüber dem Gremium insgesamt oder einem bevollmächtigten Betriebsratsmitglied (→ § 293 Rn. 5, 28 f.). Ab diesem Zeitpunkt kann sie nicht mehr widerrufen werden (vgl. § 130 Abs. 1 S. 2 BGB).[164] Das Vorliegen oder die Angabe eines besonderen Grundes verlangt das Gesetz nicht; auch ohne einen solchen ist die Amtsniederlegung nie pflichtwidrig.[165] Wird das Amt nicht angetreten, sondern die Wahl nach § 17 Abs. 2 WO abgelehnt, liegt hierin keine Amtsniederlegung.[166]

Im Fall eines **einköpfigen** Betriebsrats meint die hM zu Unrecht, dass es an einem 99
tauglichen Erklärungsadressaten fehle und daher die Belegschaft, hilfsweise der Arbeitgeber Adressat einer „Verlautbarung" zur Amtsniederlegung werde.[167] Richtigerweise bleibt der Betriebsrat Erklärungsadressat,[168] auch wenn Erklärender und Empfänger in diesem Fall dieselbe natürliche Person sind. Die Situation ist nicht anders zu beurteilen als die Amtsniederlegung des Alleingesellschafter-Geschäftsführers einer GmbH durch Erklärung gegenüber sich selbst.[169] Aus Gründen der Rechtssicherheit ist allerdings eine **Niederschrift** analog § 34 Abs. 1 S. 1 BetrVG zu fordern,[170] bei deren Fehlen an den Nachweis der Niederlegung erhöhte Anforderungen zu stellen sind.

Nach hM soll die Amtsniederlegung **bedingungsfeindlich** sein.[171] Das überzeugt in 100
dieser Pauschalität nicht. Da die Amtsniederlegung nur den Rechtskreis des Mitglieds selbst betrifft, nicht aber in den Rechtskreis eines Dritten eingreift,[172] ist sie kein Gestaltungsrecht.[173] Ihre vom Grundsatz des § 158 BGB abweichende Bedingungsfeindlichkeit kann daher allein mit Rücksicht auf das Vertrauen des Rechtsverkehrs begründet wer-

---

[162] BAG 12.1.2000 – 7 ABR 61/98, NZA 2000, 669 (670).
[163] LAG Hamm 30.8.2004 – 13 (8) Sa 148/04, BeckRS 2004, 30803108; LAG BW 11.10.2012 – 11 TaBV 2/12, BeckRS 2013, 65149.
[164] Statt vieler GK-BetrVG/*Oetker* § 24 Rn. 19 mwN.
[165] Statt vieler HWK/*Reichold* BetrVG § 24 Rn. 3.
[166] Statt vieler *Fitting* § 24 Rn. 9.
[167] So BAG 12.1.2000 – 7 ABR 61/98, NZA 2000, 669 (670); in der Lit. etwa DKKW/*Buschmann* § 24 Rn. 7; HK-BetrVG/*Düwell* § 24 Rn. 5; wohl auch HWGNRH/*Huke* § 24 Rn. 6; GK-BetrVG/*Oetker* § 24 Rn. 13; HWK/*Reichold* BetrVG § 24 Rn. 3.
[168] Zutreffend LAG Bbg 2.8.2001 – 3 TaBV 4/01, BeckRS 2001, 31053641.
[169] Zur Unanwendbarkeit von § 181 BGB, § 35 Abs. 3 GmbH etwa Luther/Hommelhoff/*Kleindiek* § 38 Rn. 42; Roth/*Altmeppen* § 6 Rn. 63, § 35 Rn. 99 u. § 38 Rn. 81 f. mwN; die Problematik des Rechtsmissbrauchs bei Fehlen eines wichtigen Grunds (Scholz/*Scholz* § 38 Rn. 90a mwN) stellt sich vorliegend nicht.
[170] Vgl. zur Ein-Mann-GmbH Roth/*Altmeppen* § 6 Rn. 63 mwN: § 48 Abs. 3 GmbHG analog.
[171] DKKW/*Buschmann* § 24 Rn. 9; HK-BetrVG/*Düwell* § 24 Rn. 6; *Fitting* § 24 Rn. 11; HWGNRH/*Huke* § 21a Rn. 6; NK-GA/*Kloppenburg* BetrVG § 24 Rn. 6.
[172] Grundl. zu dieser Differenzierung *Böttcher* FS Dölle, Bd. 1, 1963, S. 41 (45 ff.).
[173] **AA** AR/*Maschmann* BetrVG § 24 Rn. 3.

den.[174] Wie beim GmbH-Geschäftsführer sind daher aufschiebende Bedingungen zulässig,[175] soweit über ihren Eintritt keine Unsicherheit entstehen kann.[176]

101   Die **Anfechtung** der Amtsniederlegung ist ausgeschlossen,[177] sobald sie in Vollzug gesetzt wurde.[178] Die Amtsniederlegung ist ein organisationsändernder Akt. Ähnlich wie im Fall des fehlerhaften Austritts aus einer Gesellschaft folgt der Ausschluss der Anfechtung daher aus Gründen des Verkehrs- und Bestandsschutzes.[179] Das gilt – wie im Fall der fehlerhaften Gesellschaft[180] – auch für die Anfechtung nach § 123 BGB.[181] Aus demselben Grund ist die Niederlegungserklärung nicht nach § 118 BGB nichtig, wenn sie nicht ernstlich gemeint war.[182]

102   **c) Beendigung des Arbeitsverhältnisses.** Nach § 24 Nr. 3 BetrVG erlischt die Mitgliedschaft mit Beendigung des Arbeitsverhältnisses. Erfasst werden sämtliche Fälle **rechtlicher Beendigung** des Arbeitsverhältnisses, insbesondere Kündigung, Zeitablauf und Zweckerreichung (vgl. § 15 Abs. 1 u. 2 TzBfG), Tod des Arbeitnehmers, Anfechtung *ex nunc*, Abschluss eines Aufhebungsvertrags, gerichtliche Auflösung nach § 9 Abs. 1 S. 1 KSchG oder Erklärung nach § 16 KSchG.

103   Für arbeitgeberseitige Kündigungen sind die Einschränkungen nach § 15 Abs. 1 KSchG, § 103 Abs. 1 u. 2 BetrVG zu beachten (→ § 128 Rn. 1ff.). Erhebt das Betriebsratsmitglied **Kündigungsschutzklage,** soll die damit verbundene Unsicherheit über die Beendigung des Arbeitsverhältnisses nach hM nicht zum Ausscheiden aus dem Betriebsrat, sondern zur zeitweiligen Verhinderung iSd § 25 Abs. 1 S. 2 BetrVG führen.[183] Das überzeugt nicht. Entscheidend ist, ob das Betriebsratsmitglied weiterbeschäftigt wird bzw. einen Weiterbeschäftigungsanspruch durchsetzt. Wird es weiterbeschäftigt, ist das Weiterbeschäftigungsverhältnis eine ausreichende Rechtsbeziehung zum Betriebsinhaber (→ § 291 Rn. 81) und die Mitgliedschaft kann unverändert ausgeübt werden.[184] Wird das Mitglied nicht weiterbeschäftigt bzw. setzt es einen Weiterbeschäftigungsanspruch nicht durch, ist es nicht nur verhindert; richtigerweise endet seine Mitgliedschaft (jedenfalls) nach § 24 **Nr. 4** BetrVG, da ohne Weiterbeschäftigung die Eingliederung in den Betrieb endet, was zum Erlöschen des aktiven Wahlrechts (→ § 291 Rn. 89) und in der Folge nach § 8 Abs. 1 S. 1 BetrVG auch zum Ende der Wählbarkeit führt (→ § 291 Rn. 121).

104   Nicht erfasst werden Fälle, in denen das Arbeitsverhältnis lediglich **ruht;**[185] im Fall unbezahlter Arbeitsbefreiung ist allerdings eine Beendigung der Mitgliedschaft nach § 24

---

[174] Statt vieler Staudinger/*Bork* Vorb. §§ 158–163 Rn. 35ff.; MüKoBGB/*Westermann* § 158 Rn. 33 jeweils mwN.
[175] Zur aufschiebenden Bedingung der Handelsregistereintragung BGH 21.6.2011 – II ZB 15/10, NZG 2011, 907 Rn. 8; OLG Hamm 25.1.2013 – 27 W 12/13, BeckRS 2013, 06545; MüKoGmbHG/*Stephan/Tieves* § 38 Rn. 64 mwN.
[176] Überzeugend GK-BetrVG/*Oetker* § 24 Rn. 15.
[177] Für die hM statt vieler GK-BetrVG/*Oetker* § 24 Rn. 16 mwN.
[178] HessLAG 8.10.1992 – 12 TaBV 21/92, LAGE BetrVG 1972 § 24 Nr. 1 (ab Beschlussfassung in neuer Besetzung); zust. BeckOK-ArbR/*Besgen* BetrVG § 24 Rn. 4.
[179] Statt vieler MüKoHGB/*K. Schmidt* § 105 Rn. 232f., 249 mwN.
[180] Vgl. näher MüKoHGB/*K. Schmidt* § 105 Rn. 240 mwN.
[181] **AA** insoweit HessLAG 8.10.1992 – 12 TaBV 21/92, AuR 1993, 374; DKKW/*Buschmann* § 24 Rn. 9; HK-BetrVG/*Düwell* § 24 Rn. 6; NK-GA/*Kloppenburg* BetrVG § 24 Rn. 6; Löwisch/Kaiser/*Löwisch* § 24 Rn. 6.
[182] Ebenso GK-BetrVG/*Oetker* § 24 Rn. 17; einschränkend HWGNRH/*Huke* § 24 Rn. 7; Richardi BetrVG/*Thüsing* § 24 Rn. 10: bei Erkennbarkeit; **aA** Fitting § 24 Rn. 11; WPK/*Wlotzke* § 24 Rn. 4: unwirksam.
[183] LAG Hamm 24.9.2004 – 10 TaBV 95/04, BeckRS 2009, 54798; 15.4.2016 – 13 Sa 1364/15, BeckRS 2016, 71026 Rn. 27; LAG Köln 27.6.1997 – 11 TaBV 75/96, NZA-RR 1998, 266; LAG München 27.1.2011 – 3 TaBVGa 20/10, BeckRS 2011, 141167 Rn. 17; aus der Lit. statt vieler Fitting § 24 Rn. 16; GK-BetrVG/*Oetker* § 25 Rn. 34 jeweils mwN.
[184] Insoweit ebenso LAG Hamm 17.1.1996 – 3 TaBV 61/95, NZA-RR 1996, 414 (415); LAG München 27.1.2011 – 3 TaBVGa 20/10, BeckRS 2011, 141167 Rn. 18; GK-BetrVG/*Oetker* § 24 Rn. 35 mwN.
[185] Statt vieler GK-BetrVG/*Oetker* § 24 Rn. 42ff. mwN.

VII. Erlöschen der Mitgliedschaft   105–110 § 292

Nr. 4 BetrVG wegen Wegfalls der Betriebszugehörigkeit und damit der Wählbarkeit möglich (→ Rn. 106 f.). Teleologisch zu reduzieren ist § 24 Nr. 3 BetrVG für Beendigungen nach Beginn eines **Restmandats** (→ Rn. 91).

Geht das Arbeitsverhältnis eines Betriebsratsmitglieds im Zuge eines **Betriebsteilüber-** 105 **gangs** iSd § 613a Abs. 1 BGB auf einen Erwerber über, besteht kein Arbeitsverhältnis mehr zum Inhaber des „Ursprungsbetriebs" und die Mitgliedschaft im dortigen Betriebsrat endet nach § 24 Nr. 3 BetrVG.[186] Etwas anderes gilt nur, wenn der Erwerber mit dem Veräußerer fortan einen gemeinsamen Betrieb führt, da für § 24 Nr. 3 (und 4) BetrVG der Betriebsbezug entscheidend ist.[187] Eine vorübergehende Ausnahme von § 24 Nr. 3 (und 4) BetrVG gilt außerdem, wenn der Betriebsrat für den übertragenen Betriebsteil ein Übergangsmandat nach § 21a Abs. 1 BetrVG wahrnimmt (→ Rn. 70 f.). Entsprechendes gilt im Fall der **Zusammenfassung** iSd § 21a Abs. 2 BetrVG (→ Rn. 70 f.).

d) Verlust der Wählbarkeit. Die Mitgliedschaft im Betriebsrat erlischt nach § 24 Nr. 4 106 BetrVG außerdem, wenn nach der Wahl die Voraussetzungen für die Wählbarkeit (ausführlich → § 291 Rn. 117 ff.) entfallen. Da das Ende des Arbeitsverhältnisses bereits unter § 24 Nr. 3 BetrVG fällt, geht es insoweit v. a. um den Wegfall der **Eingliederung** in den Betrieb als Voraussetzung der Wahlberechtigung (→ § 291 Rn. 82 ff.) und damit auch der Wählbarkeit, § 8 Abs. 1 S. 1 BetrVG.

Praktisch relevant ist das Ende der Eingliederung infolge einer Kündigung ohne 107 (Durchsetzung der) Weiterbeschäftigung (→ Rn. 103). **Ruht** das Arbeitsverhältnis, besteht die Eingliederung grundsätzlich fort; etwas anderes gilt nur, wenn die Arbeitsbefreiung unentgeltlich erfolgt und länger als sechs Monate dauert (ausführlich → § 291 Rn. 85 ff.). Bei Altersteilzeit im Blockmodell endet die Eingliederung und damit die Mitgliedschaft im Betriebsrat mit Beginn der Freistellungsphase (→ § 291 Rn. 88). Im Fall einer Versetzung endet die Eingliederung, wenn die Versetzung nicht nur vorübergehend erfolgt und das Betriebsratsmitglied einer entsprechenden Weisung des Arbeitgebers auch tatsächlich nachkommt (→ § 291 Rn. 90).

e) Amtsenthebung. Die Mitgliedschaft im Betriebsrat erlischt nach § 24 Nr. 5 BetrVG 108 mit dem Ausschluss des Mitglieds aus dem Betriebsrat oder der Auflösung des gesamten Betriebsrats aufgrund einer rechtskräftigen gerichtlichen Entscheidung nach § 23 Abs. 1 BetrVG (ausführlich → § 297 Rn. 25 u. 37).

f) Gerichtliche Feststellung der Nichtwählbarkeit. Nach § 24 Nr. 6 BetrVG endet 109 die Mitgliedschaft im Betriebsrat, wenn die **Nichtwählbarkeit gerichtlich festgestellt** wird, und zwar auch nach Ablauf der Anfechtungsfrist aus § 19 Abs. 2 S. 2 BetrVG (zum Ende der Mitgliedschaft infolge Anfechtung → § 291 Rn. 310).

Antragsberechtigt ist, wer nach § 19 Abs. 2 S. 1 BetrVG anfechtungsberechtigt wäre 110 (hierzu → § 291 Rn. 299 ff.).[188] Ein Fristerfordernis statuiert das Gesetz nicht.[189] Der Antrag kann zwar bereits vor Ablauf der Anfechtungsfrist gestellt werden,[190] er wird aber unzulässig, sobald die Wahl fristgerecht angefochten wird, da er gegenüber der Wahlanfechtung subsidiär ist.[191] Das Rechtsschutzbedürfnis für einen Antrag nach § 24 Nr. 6 BetrVG hängt nicht davon ab, dass ein möglicher **Einspruch** gegen die Richtigkeit der Wählerliste nach § 4 WO eingelegt wurde (→ § 291 Rn. 307). Es entfällt aber, wenn das

---

[186] BAG 2. 10. 1974 – 5 AZR 504/73, NJW 1975, 1378 (1379); aus der Lit. statt vieler *Fitting* § 24 Rn. 26.
[187] Statt vieler GK-BetrVG/*Oetker* § 24 Rn. 47 mwN.
[188] BAG 11. 3. 1975 – 1 ABR 77/74, AP BetrVG 1972 § 24 Nr. 1.
[189] BAG 11. 3. 1975 – 1 ABR 77/74, AP BetrVG 1972 § 24 Nr. 1.
[190] BAG 29. 9. 1983 – 2 AZR 212/82, AP KSchG 1969 § 15 Nr. 15.
[191] HessLAG 30. 7. 2015 – 9 TaBV 230/14, BeckRS 2016, 65752 Rn. 26; aus der Lit. statt vieler GK-BetrVG/*Oetker* § 24 Rn. 68 mwN.

Betriebsratsmitglied zwischenzeitlich (aus anderen Gründen) aus dem Amt scheidet, da die gerichtliche Entscheidung nur *ex nunc* wirkt (→ Rn. 111).[192]

111 Nach § 24 Nr. 6 Hs. 2 BetrVG muss die Nichtwählbarkeit im Zeitpunkt der letzten mündlichen Verhandlung, im schriftlichen Verfahren zum Zeitpunkt der Verkündigung des Beschlusses in der letzten Tatsacheninstanz (noch) bestehen.[193] Der Beschluss des Arbeitsgerichts bringt die Mitgliedschaft *ex nunc* zum Erlöschen und hat daher rechtsgestaltende Wirkung.[194]

2. Rechtsfolgen

112 Das Erlöschen der Mitgliedschaft nach § 24 BetrVG tritt mit Wirkung für die **Zukunft** ein.[195] Mit der Mitgliedschaft enden auch alle sonstigen Ämter in der Betriebsverfassung, die an sie anknüpfen, zB der (stellvertretende) Vorsitz, die Mitgliedschaft im Betriebsausschuss oder die Mitgliedschaft im Gesamt- oder Konzernbetriebsrat, nicht hingen die Mitgliedschaft im Aufsichtsrat oder in der Einigungsstelle.[196]

113 Mit Ausscheiden aus dem Betriebsrat endet der besondere Kündigungs- und Versetzungsschutz nach **§ 103 BetrVG,** da dieser tatbestandlich an die Mitgliedschaft im Betriebsrat anknüpft. Gleiches gilt für den Kündigungsschutz nach § 15 Abs. 1 S. 1 KSchG, der durch den nachwirkenden Kündigungsschutz gem. § 15 Abs. 1 S. 2 KSchG abgelöst wird. Dieser gilt seiner Zielrichtung nach – entgegen des missverständlich formulierten Wortlauts – auch bei Beendigung der „persönlichen" Amtszeit (→ Rn. 97) eines einzelnen Mitglieds und nicht nur für den Fall, dass die Amtszeit des Kollegialorgans insgesamt endet.[197] Dieser nachwirkende Kündigungsschutz greift nach § 15 Abs. 1 S. 2 Hs. 2 KSchG nicht, wenn die Beendigung der Mitgliedschaft auf einer **gerichtlichen Entscheidung** beruht. Nach der Gesetzesbegründung ist diese Ausnahme für den Fall gedacht, dass das Ende der Mitgliedschaft auf einer groben Verletzung gesetzlicher Pflichten beruht (§ 24 Abs. 1 Nr. 5 BetrVG),[198] also durch eigenes Fehlverhalten verursacht wurde. Da dieser Aspekt bei gerichtlicher Beendigung der Mitgliedschaft nach § 24 Abs. 1 Nr. 6 BetrVG fehlt, ist die Ausnahme mangels vergleichbarer Interessenlage insoweit teleologisch zu reduzieren.[199]

VIII. Ersatzmitglieder

114 Scheiden Betriebsratsmitglieder aus dem Betriebsrat aus oder sind sie in der Ausübung ihres Amts zeitweilig verhindert, sieht das Gesetz vor, dass an ihrer Stelle Ersatzmitglieder in den Betriebsrat eintreten, § 25 BetrVG. Damit soll die **Arbeits- und Beschlussfähigkeit** des Betriebsrats während seiner gesamten Amtszeit gewährleistet werden.

---

[192] BAG 11.3.1975 – 1 ABR 77/74, AP BetrVG 1972 § 24 Nr. 1.
[193] Vgl. BAG 7.7.1954 – 1 ABR 6/54, AP BetrVG § 24 Nr. 1; ausführlich GK-BetrVG/*Oetker* § 24 Rn. 71; Richardi BetrVG/*Thüsing* § 24 Rn. 32.
[194] BAG 29.9.1983 – 2 AZR 212/82, AP KSchG 1969 § 15 Nr. 15; GK-BetrVG/*Oetker* § 24 Rn. 72; Richardi BetrVG/*Thüsing* § 24 Rn. 30, 34.
[195] Statt vieler GK-BetrVG/*Oetker* § 24 Rn. 73; HWK/*Reichold* BetrVG § 24 Rn. 13.
[196] Statt vieler *Fitting* § 24 Rn. 46 mwN.
[197] BAG 5.7.1979 – 2 AZR 521/77, NJW 1980, 359; 23.4.1981 – 2 AZR 1112/78, BeckRS 1981, 04433; für die heute ganz hM statt vieler *Fitting* § 24 Rn. 47 mwN; **aA** allein HWGNRH/*Huke* § 24 Rn. 38.
[198] BT-Drs. VI/1786, 59 f.
[199] Ebenso DKKW/*Buschmann* § 24 Rn. 38; HK-BetrVG/*Düwell* § 24 Rn. 27; NK-GA/*Kloppenburg* BetrVG § 24 Rn. 25; *Matthes* DB 1980, 1165 (1170); GK-BetrVG/*Oetker* § 24 Rn. 74; wohl auch Löwisch/Kaiser/*Löwisch* § 24 Rn. 24; **aA** KR/*Etzel/Kreft* § 15 Rn. 92; *Fitting* § 24 Rn. 47; ErfK/*Koch* BetrVG § 24 Rn. 8; APS/*Linck* § 15 Rn. 126; HWK/*Reichold* BetrVG § 24 Rn. 13; WPK/*Wlotzke* § 24 Rn. 17; wohl auch ErfK/*Kiel* KSchG § 15 Rn. 33.

VIII. Ersatzmitglieder

1. Nachrücken und Stellvertretung
Nach § 25 Abs. 1 S. 1 BetrVG rückt ein Ersatzmitglied nach, wenn ein Mitglied aus dem 115 Betriebsrat ausscheidet. Entsprechendes gilt für die Stellvertretung eines Mitglieds im Verhinderungsfall, § 25 Abs. 1 S. 2 BetrVG.

a) Nachrücken. Voraussetzung für ein Nachrücken gem. § 25 Abs. 1 S. 1 BetrVG ist, 116 dass ein Mitglied aus dem Betriebsrat endgültig ausscheidet (→ Rn. 96 ff.), während das Kollegialorgan (zumindest vorübergehend) fortbesteht.[200] Die Vorschrift gilt also nicht in den Fällen des § 24 Nr. 1 u. Nr. 5 Alt. 2 BetrVG sowie nach einer erfolgreichen Anfechtung, soweit nicht lediglich die Wahl einzelner Mitglieder, sondern die Betriebsratswahl insgesamt für ungültig erklärt wird (→ § 291 Rn. 311).

b) Stellvertretung. Ist ein Betriebsratsmitglied nur zeitweilig verhindert, wird es von ei- 117 nem Ersatzmitglied nach § 25 Abs. 1 S. 2 BetrVG vertreten (zu dessen Rechtsstellung → Rn. 134). Eine **zeitweilige Verhinderung** liegt vor, wenn das Mitglied aus tatsächlichen oder rechtlichen Gründen seine amtlichen Funktionen nicht ausüben kann.[201] Auf die Dauer der Verhinderung kommt es nicht an.[202]

Das **Ruhen der Arbeitspflicht** führt nur dann zu einer rechtlichen Verhinderung, 118 wenn der sie auslösende Tatbestand nach seinem Sinn und Zweck auch die Pflicht entfallen lässt, sich innerhalb der betriebsüblichen Arbeitszeit den Aufgaben eines Betriebsrats zu widmen (näher zu dieser Pflicht → § 295 Rn. 151).[203] Das ist etwa der Fall bei Gewährung von Erholungsurlaub,[204] der Vereinbarung von Sonderurlaub, bei Elternzeit (ohne Teilzeittätigkeit),[205] Arbeitsbefreiung während des Mutterschutzes,[206] Teilnahme an einer Schulung oder bei Pflegezeit. In all diesen Fällen kann das Betriebsratsmitglied zwar freiwillig Betriebsratsarbeit leisten; es muss seine Bereitschaft hierzu aber gegenüber dem Betriebsratsvorsitzenden[207] (zumindest konkludent) anzeigen, um einen Verhinderungsfall auszuschließen bzw. eine Vertretung zu beenden.[208] Dagegen erfasst die Suspendierungswirkung bei Teilnahme an einem rechtmäßigen Arbeitskampf nach ihrem Sinn und Zweck nicht die Pflicht zur Ausübung des Betriebsratsamts.[209] Gleiches gilt, wenn ein Betriebsratsmitglied allein wegen der Lage seiner Arbeitszeit einen arbeitsfreien Tag hat, da Betriebsratsarbeit grundsätzlich auch außerhalb der persönlichen Arbeitszeit wahrzunehmen ist (vgl. § 37 Abs. 3 S. 1 BetrVG).[210]

Ist ein Betriebsratsmitglied **arbeitsunfähig erkrankt**, geht damit zwar nicht zwingend 119 die Amtsunfähigkeit wegen tatsächlicher Verhinderung einher. Würde man aber stets auf

---
[200] Statt vieler *Fitting* § 25 Rn. 13.
[201] Grundl. BAG 23. 8.1984 – 2 AZR 391/83, NZA 1985, 254 (255); zuletzt etwa 24. 4.2013 – 7 ABR 82/11, NZA 2013, 857 Rn. 15; 6.11.2013 – 7 ABR 84/11, NZA-RR 2014, 196 Rn. 27; aus der Lit. statt vieler *Fitting* § 25 Rn. 17 mwN.
[202] BAG 17. 1.1979 – 5 AZR 891/77, AP KSchG 1969 § 15 Nr. 5; aus der Lit. statt vieler GK-BetrVG/*Oetker* § 25 Rn. 22 mwN.
[203] Vgl. BAG 20. 8.2002 – 9 AZR 261/01, NZA 2003, 1046 (1047); 8. 9.2011 – 2 AZR 388/10, NZA 2012, 400 Rn. 29.
[204] BAG 20. 8.2002 – 9 AZR 261/01, NZA 2003, 1046 (1047); 8. 9.2011 – 2 AZR 388/10, NZA 2012, 400 Rn. 24 ff.; 27. 9.2012 – 2 AZR 955/11, NZA 2013, 425 Rn. 19.
[205] Unklar BAG 25. 5.2005 – 7 ABR 45/04, NZA 2005, 1002 (1002); LAG Hamm 15.10.2010 – 10 TaBV 37/10, BeckRS 2011, 67992; wie hier LAG Bln 1. 3.2005 – 7 TaBV 2220/04, NZA-RR 2006, 32 (33); wohl auch Richardi BetrVG/*Thüsing* § 25 Rn. 8.
[206] ArbG Gießen 26. 2.1986 – 3 Ca 687/85, NZA 1986, 614 (615).
[207] Näher GK-BetrVG/*Oetker* § 25 Rn. 19 mwN.
[208] BAG 27. 9.2012 – 2 AZR 955/11, NZA 2013, 425 Rn. 19 (Urlaub); aus der Lit. etwa DKKW/*Buschmann* § 25 Rn. 17; *Fitting* § 25 Rn. 17; AR/*Maschmann* BetrVG § 25 Rn. 3; wohl auch ErfK/*Koch* BetrVG § 25 Rn. 4; GK-BetrVG/*Oetker* § 25 Rn. 20 f.
[209] Ebenso HWGNRH/*Huke* § 25 Rn. 8; AR/*Maschmann* BetrVG § 25 Rn. 3; GK-BetrVG/*Oetker* § 25 Rn. 17; HWK/*Reichold* BetrVG § 25 Rn. 5; Richardi BetrVG/*Thüsing* § 25 Rn. 8; ähnlich DKKW/*Buschmann* § 25 Rn. 20 (nicht zwingend).
[210] BAG 27. 9.2012 – 2 AZR 955/11, NZA 2013, 425 Rn. 31.

die konkreten Umstände des Einzelfalls abstellen, wäre das nicht nur praktisch schwer handhabbar, sondern hätte auch das Risiko zur Folge, dass in Abwesenheit des Mitglieds gefasste Beschlüsse unwirksam sind (näher → § 294 Rn. 83 ff., 90, 94).[211] Aus diesem Grund ist bei krankheitsbedingter Arbeitsunfähigkeit die Amtsunfähigkeit zu vermuten.[212] Ebenso wie beim Ruhen der Pflicht zur Betriebsratsarbeit tritt der Verhinderungsfall – nur dann[213] – nicht ein bzw. endet, wenn das Mitglied seine Bereitschaft zur Amtsführung (ggf. konkludent) anzeigt (→ Rn. 118).

120 Ist ein Betriebsratsmitglied von einer Entscheidung des Betriebsrats **individuell und unmittelbar betroffen,** muss es sich nicht nur der Abstimmung enthalten (näher → § 294 Rn. 76 f.), sondern ist aus rechtlichen Gründen zeitweilig verhindert.[214] Das ist etwa der Fall, wenn es um die Zustimmung des Betriebsrats zur außerordentlichen Kündigung (§ 103 Abs. 1 BetrVG),[215] Versetzung (§ 99, § 103 Abs. 3 BetrVG)[216] oder Umgruppierung (§ 99 BetrVG)[217] eines Betriebsratsmitglieds geht. Nur in diesen Fällen steht hinreichend sicher zu befürchten, dass Eigeninteressen des betroffenen Mitglieds für ihre Amtsführung bestimmend sein können. Dasselbe gilt bei personellen Maßnahmen gegenüber dem Ehe- oder Lebenspartner.[218] Aus Gründen der Rechtssicherheit und Funktionsfähigkeit des Betriebsrats werden dagegen die praktisch häufigen Fälle nicht erfasst, in denen ein Betriebsratsmitglied lediglich Teil einer größeren betroffenen Gruppe ist.[219] Unbeachtlich sind außerdem Fälle, in denen ein Betriebsratsmitglied bloß indirekt von einer personellen Maßnahme betroffen ist.[220]

121 Tatsächlich verhindert ist ein Betriebsratsmitglied, wenn es – etwa aufgrund einer Dienstreise – **ortsabwesend** ist und seine Teilnahme an einer Sitzung unverhältnismäßig hohe Kosten verursachen würde, die der Arbeitgeber nicht nach § 40 Abs. 1 BetrVG tragen muss (näher → § 296 Rn. 25).[221] Die Verhinderung entfällt, sobald es gegenüber dem Betriebsrat anzeigt, an der Sitzung (auf eigene Kosten) teilnehmen zu wollen (→ Rn. 118).[222]

122 Entgegen der hM ist ein Betriebsratsmitglied nicht zeitweilig verhindert, wenn es gegen eine (außerordentliche) **Kündigung** vorgeht, ohne seine Weiterbeschäftigung ggf. durch einstweilige Verfügung durchzusetzen (ausführlich → Rn. 103).

123 Die aufgeführten Verhinderungsgründe müssen **objektiv** bestehen – ihre bloße Behauptung oder die Erklärung der eigenen Verhinderung durch ein Betriebsratsmitglied ge-

---

[211] Vgl. BAG 8.9.2011 – 2 AZR 388/10, NZA 2012, 400 Rn. 32 (zum Erholungsurlaub).
[212] BAG 15.11.1984 – 2 AZR 341/83, NZA 1985, 367 (368) als *obiter dictum;* LAG Düsseldorf 6.1.2004 – 6 Sa 1387/03, BeckRS 2004, 30800401; LAG München 3.8.2006 – 3 Sa 459/06, BeckRS 2009, 68194.
[213] So zu Recht BAG 5.9.1986 – 7 AZR 175/85, BeckRS 9998, 153003; LAG Bln 1.3.2005 – 7 TaBV 2220/04, NZA-RR 2006, 32 (33).
[214] Grundl. BAG 25.3.1976 – 2 AZR 163/75, NJW 1976, 2180 (2181); zuletzt etwa 24.4.2013 – 7 ABR 82/11, NZA 2013, 857 Rn. 15; 6.11.2013 – 7 ABR 84/11, NZA-RR 2014, 196 Rn. 29; aus der Lit. statt vieler *Fitting* § 25 Rn. 18 mwN.
[215] BAG 23.8.1984 – 2 AZR 391/83, NZA 1985, 254 (255).
[216] BAG 6.11.2013 – 7 ABR 84/11, NZA-RR 2014, 196 Rn. 29.
[217] BAG 10.11.2009 – 1 ABR 64/08, NZA-RR 2010, 416 Rn. 22 f.
[218] LAG Düsseldorf 16.12.2004 – 11 TaBV 79/04, BeckRS 2005, 40320; zust. auch NK-GA/*Kloppenburg* BetrVG § 25 Rn. 7; WPK/*Wlotzke* § 25 Rn. 11.
[219] BAG 24.4.2013 – 7 ABR 82/11, NZA 2013, 857 Rn. 15; 6.11.2013 – 7 ABR 84/11, NZA-RR 2014, 196 Rn. 29.
[220] BAG 25.3.1976 – 2 AZR 163/75, NJW 1976, 2180 (2181): Kündigung bei gleichem Sachverhalt. Vgl. auch BAG 10.11.2009 – 1 ABR 64/08, NZA-RR 2010, 416 Rn. 23: Höhergruppierung einer Vergleichsperson (offen gelassen).
[221] BAG 24.6.1969 – 1 ABR 6/69, AP BetrVG § 39 Nr. 8; 23.6.2010 – 7 ABR 103/08, NZA 2010, 1298 Rn. 28 (nicht erhebliche Kinderbetreuungskosten); DKKW/*Buschmann* § 25 Rn. 18; *Fitting* § 25 Rn. 17; HWGNRH/*Huke* § 25 Rn. 10; GK-BetrVG/*Oetker* § 25 Rn. 27.
[222] Ebenso DKKW/*Buschmann* § 25 Rn. 18; wohl auch *Fitting* § 25 Rn. 17; **aA** insoweit GK-BetrVG/ *Oetker* § 25 Rn. 27.

VIII. Ersatzmitglieder

nügen nicht. Insbesondere sieht das Gesetz eine **gewillkürte** Stellvertretung gerade nicht vor.[223]

2. Bestimmung der Ersatzmitglieder
Die Reihenfolge des Eintretens der Ersatzmitglieder ist in § 25 Abs. 2 BetrVG zwingend[224] (→ § 291 Rn. 2) festgelegt und erfolgt auf Grundlage des Ergebnisses der Betriebsratswahl.

a) Verhältniswahl. Wurde die Betriebsratswahl nach den Grundsätzen der Verhältniswahl durchgeführt (ausführlich → § 291 Rn. 171 ff.), rückt für ein zu ersetzendes Mitglied nach § 25 Abs. 1 S. 1 BetrVG der nächste nichtgewählte Bewerber **derselben Liste** nach. Hat zur Wahrung der Geschlechterquote ein Listensprung nach § 15 Abs. 5 Nr. 2 WO stattgefunden (→ § 291 Rn. 175), ist dieser grundsätzlich auch für das Nachrücken beachtlich, da das Gesetz keine Möglichkeit vorsieht, ihn nachträglich zu korrigieren.[225] Etwas anderes gilt nur, wenn ein dem Minderheitengeschlecht angehörendes Mitglied ausscheidet und kein Ersatzmitglied desselben Geschlechts mehr nachrücken kann; in diesem Fall ist der letzte Bewerbertausch (und damit ggf. auch ein Listensprung) rückgängig zu machen.[226]

Ist eine Liste **erschöpft**, kommt nach § 25 Abs. 2 S. 2 BetrVG die Liste mit der nächsten Höchstzahl zum Zug (→ § 291 Rn. 173 f.). Das gilt auch, wenn die Liste des ausscheidenden bzw. verhinderten Mitglieds keinen Bewerber des Minderheitengeschlechts (mehr) aufweist, ein solcher aber zur Wahrung der Geschlechterquote aus § 15 Abs. 2 BetrVG (→ § 291 Rn. 161 ff.) nachrücken muss (vgl. § 25 Abs. 2 S. 1 BetrVG).[227]

b) Mehrheitswahl. Bei einer Mehrheitswahl (→ § 291 Rn. 176 ff.) rückt nach § 25 Abs. 2 S. 3 BetrVG der Bewerber mit der nächsthöheren Stimmenzahl nach. Würde hierdurch die Geschlechterquote nach § 15 Abs. 2 BetrVG nicht eingehalten, tritt an dessen Stelle der nichtgewählte Bewerber des Minderheitengeschlechts mit der höchsten Stimmenzahl (vgl. § 23 Abs. 2 S. 2 u. 3 WO).[228] Wahlbewerber ohne Stimmen sind nicht zu berücksichtigen, da sie nicht gewählt wurden.[229]

c) Fehlen eines Ersatzmitglieds. Ist kein Ersatzmitglied mehr vorhanden, das nachrücken könnte, ist der Betriebsrat nach § 13 Abs. 2 Nr. 2 BetrVG neu zu wählen (ausführlich → § 291 Rn. 36 ff.). Ist das einzige Betriebsratsmitglied zeitweilig verhindert und kein Ersatzmitglied vorhanden, können die Beteiligungsrechte vorübergehend nicht ausgeübt werden.[230]

3. Beginn und Ende des Amtes
Nach ganz hM rückt das Ersatzmitglied **kraft Gesetzes** unmittelbar in den Betriebsrat nach, sobald der Tatbestand des § 25 Abs. 1 S. 1 oder S. 2 BetrVG erfüllt ist, ohne dass es auf seine Kenntnis hiervon ankäme.[231] Das überzeugt nicht. Ohne oder gegen den eige-

---

[223] BAG 5.9.1986 – 7 AZR 175/85, BeckRS 9998, 153003 (zum Personalrat); LAG SchlH 1.11.2012 – 5 TaBV 13/12, BeckRS 2012, 75845; aus der Lit. statt vieler GK-BetrVG/Oetker § 25 Rn. 24 mwN.
[224] LAG SchlH 1.11.2012 – 5 TaBV 13/12, BeckRS 2012, 75845.
[225] ArbG Köln 12.11.2014 – 17 BV 296/14.
[226] LAG Nürnberg 13.5.2004 – 5 TaBV 54/03, BeckRS 2004, 41111.
[227] Statt vieler *Fitting* § 25 Rn. 26 f.; GK-BetrVG/Oetker § 25 Rn. 53 f. jeweils mwN.
[228] Statt vieler GK-BetrVG/Oetker § 25 Rn. 58 mwN.
[229] LAG Düsseldorf 15.4.2011 – 6 Sa 857/10, BeckRS 2011, 74967; ebenso *Fitting* § 25 Rn. 30 mwN.
[230] BAG 15.11.1984 – 2 AZR 341/83, NZA 1985, 367 (367 f.); aus der Lit. statt vieler GK-BetrVG/Oetker § 25 Rn. 65 mwN.
[231] Grundl. BAG 17.1.1979 – 5 AZR 891/77, AP KSchG 1969 § 15 Nr. 5; zuletzt etwa 19.4.2012 – 2 AZR 233/11, NZA 2012, 1449 Rn. 44; aus der Lit. statt vieler GK-BetrVG/Oetker § 25 Rn. 39 f., 47 mwN.

nen Willen wird niemand Mitglied des Betriebsrats. Vielmehr bedarf es – wie im Fall des originären Amtsantritts (→ § 291 Rn. 244) – der Benachrichtigung und anschließenden Annahme **analog § 17 Abs. 1 S. 2 WO** (mit Fiktionswirkung nach Ablauf von drei Tagen).[232]

130 Ist das Ersatzmitglied **selbst zeitweilig verhindert,** wird es seinerseits für die Dauer seiner Verhinderung nach § 25 Abs. 1 S. 2 BetrVG vom nächstzuständigen Mitglied vertreten.[233] Das gilt auch, wenn die zeitweilige Verhinderung bereits in dem Zeitpunkt vorliegt, zu dem die Voraussetzungen für das Nachrücken eintreten.[234] Richtigerweise ist hiervon selbst dann keine Ausnahme zu machen, wenn das Ersatzmitglied nach § 25 Abs. 1 S. 2 BetrVG nur zeitweilig nachrückt, zu diesem Zeitpunkt aber absehbar langfristig verhindert ist.[235] Das Gesetz sieht ein „Überspringen" zeitweilig verhinderter Ersatzmitglieder nicht vor. Um die Funktionsfähigkeit des Betriebsrats zu sichern, genügt es außerdem, wenn in diesem Fall auch schon vor der Erklärung des Ersatzmitglieds zu Annahme oder Ablehnung des Amtes (→ Rn. 129) das nächstzuständige Ersatzmitglied analog § 25 Abs. 1 S. 2 BetrVG vorübergehend nachrückt, bis die zeitweilige Verhinderung des „ersten" Ersatz- oder des ordentlichen Betriebsratsmitglieds endet.

131 Die Vertretung nach § 25 Abs. 1 S. 2 BetrVG **endet,** sobald das ordentliche Mitglied seine Tätigkeit wieder aufnehmen kann.[236] Bei absehbar langer Verhinderung des Ersatzmitglieds endet die Vertretung nicht; vielmehr wird das Ersatzmitglied in diesem Fall seinerseits vertreten (→ Rn. 130).[237] Rückt das Ersatzmitglied nach § 25 Abs. 1 S. 1 BetrVG endgültig in den Betriebsrat nach, greifen dieselben Erlöschensgründe wie für anfängliche Betriebsratsmitglieder (→ Rn. 95 ff.); tritt ein Erlöschensgrund bereits vor dem Nachrücken in den Betriebsrat ein, erlischt die Ersatzmitgliedschaft analog § 24 BetrVG.[238]

4. Rechtliche Stellung

132 Nichtgewählte Wahlbewerber stehen **vor dem Nachrücken** außerhalb des Betriebsrats,[239] so dass Vorschriften über Rechte und Pflichten des Betriebsrats für sie nicht gelten. Besonderen Kündigungsschutz haben sie nur nach § 15 Abs. 3 KSchG als Wahlbewerber. Sie haben keine rechtlich verfestigte, sondern nur eine tatsächliche Anwartschaft auf einen Sitz im Betriebsrat.[240]

133 Rückt ein Ersatzmitglied nach § 25 Abs. 1 S. 1 BetrVG **endgültig** in den Betriebsrat nach (→ Rn. 116, 129 f.), wird es ordentliches Mitglied mit allen damit verbundenen Rechten und Pflichten, es genießt daher insbesondere den Kündigungsschutz nach § 15 Abs. 1 KSchG, § 103 BetrVG, den Versetzungsschutz nach § 103 Abs. 3 BetrVG und den Schutz nach § 78 BetrVG.[241] Das Ersatzmitglied rückt allerdings nur in den Betriebsrat nach, es nimmt keine weitergehenden Funktionen des ausgeschiedenen Betriebsratsmit-

---

[232] Ebenso *Eich* DB 1976, 47 (49 f.); MhdB ArbR/*Joost,* 3. Aufl. 2009, § 217 Rn. 47; zumindest für Unterrichtung LAG Hmb 4.7.1977 – 5 Ca 464/76, BB 1977, 1602 f.
[233] BAG 17.1.1979 – 5 AZR 891/77, AP KSchG 1969 § 15 Nr. 5; 8.9.2011 – 2 AZR 388/10, NZA 2012, 400 Rn. 48.
[234] BAG 6.9.1979 – 2 AZR 548/77, AP KSchG § 15 Nr. 7; LAG Hamm 9.2.1994 – 3 Sa 1376/93, DB 1995, 2432; wohl auch LAG Düsseldorf 6.1.2004 – 6 Sa 1387/03, BeckRS 2004, 30800401; aus der Lit. statt vieler GK-BetrVG/*Oetker* § 25 Rn. 44 mwN.
[235] HessLAG 30.3.2006 – 9/4/TaBV 209/05, BeckRS 2006, 43477; zust. NK-GA/*Kloppenburg* BetrVG § 25 Rn. 11; GK-BetrVG/*Oetker* § 25 Rn. 45.
[236] BAG 17.1.1979 – 5 AZR 891/77, AP KSchG 1969 § 15 Nr. 5.
[237] **AA** BAG 6.9.1979 – 2 AZR 548/77, AP KSchG 1969 § 15 Nr. 7; 8.9.2011 – 2 AZR 388/10, NZA 2012, 400 Rn. 48: Ausscheiden aus dem Amt; zust. GK-BetrVG/*Oetker* § 25 Rn. 48.
[238] LAG BW 11.10.2012 – 11 TaBV 2/12, BeckRS 2013, 65149 *(obiter dictum);* aus der Lit. statt vieler *Fitting* § 24 Rn. 4 mwN.
[239] Vgl. BAG 21.2.2001 – 7 ABR 41/99, NZA 2002, 282 (283).
[240] Statt vieler GK-BetrVG/*Oetker* § 25 Rn. 66 mwN.
[241] Statt vieler DKKW/*Buschmann* § 25 Rn. 39 mwN.

VIII. Ersatzmitglieder

glieds wahr, wie zB die Funktion als (stellvertretender) Vorsitzender oder als Ausschussmitglied.[242]

Im Fall der **Stellvertretung** nach § 25 Abs. 1 S. 2 BetrVG wird das Ersatzmitglied für die Dauer der Vertretung vollwertiges Mitglied des Betriebsrats mit allen sich aus dieser Stellung ergebenden Rechten und Pflichten (zu diesen → Rn. 133).[243] Für den besonderen Kündigungsschutz nach § 15 Abs. 1 KSchG kommt es darauf an, ob das Ersatzmitglied im Zeitpunkt des Zugangs der Kündigung bereits vollwertiges Mitglied ist;[244] allerdings will das BAG für erforderliche Vorbereitungszeiten § 15 Abs. 1 S. 1 KSchG (analog) anwenden, da es sich insoweit auch schon um Betriebsratsarbeit handelt.[245] Das zeitweilig verhinderte Betriebsratsmitglied bleibt zwar ordentliches Mitglied, darf aber nicht neben dem Stellvertreter tätig werden und ist diesem gegenüber auch nicht weisungsbefugt.[246] Ebenso wie beim Nachrücken gem. § 25 Abs. 1 S. 1 BetrVG übernimmt das Ersatzmitglied keine weiteren Funktionen des originären Mitglieds (→ Rn. 133). Ist das Ersatzmitglied seinerseits vorübergehend verhindert, bleibt es vollwertiges Mitglied und wird nach § 25 Abs. 1 S. 2 BetrVG vertreten (→ Rn. 130 f.). Nach Ende der Vertretung (→ Rn. 131) kommt dem Ersatzmitglied richtigerweise der nachwirkende Kündigungsschutz aus § 15 Abs. 1 S. 2 KSchG (→ Rn. 113) zugute, wenn es während der Vertretungszeit tatsächlich Betriebsratsaufgaben wahrgenommen hat und es daher einer entsprechenden „Abkühlungsphase" bedarf.[247]

---

[242] BAG 6. 9. 1979 – 2 AZR 548/77, AP KSchG 1969 § 15 Nr. 7; aus der Lit. etwa *Fitting* § 25 Rn. 14.
[243] BAG 5. 9. 1986 – 7 AZR 175/85, BeckRS 9998, 153003; 15. 4. 2014 – 1 ABR 2/13, NZA 2014, 551 Rn. 31; aus der Lit. etwa *Fitting* § 25 Rn. 15.
[244] BAG 8. 9. 2011 – 2 AZR 388/10, NZA 2012, 400 Rn. 43; zur Vorwirkung bei intendierter Verhinderung des Nachrückens GK-BetrVG/*Oetker* § 25 Rn. 77 mwN.
[245] BAG 6. 9. 1979 – 2 AZR 548/77, AP KSchG 1969 § 15 Nr. 7; grds. zust. GK-BetrVG/*Oetker* § 25 Rn. 78 mwN.
[246] BAG 9. 7. 2013 – 1 ABR 2/13, NZA 2013, 1433 Rn. 46; 15. 4. 2014 – 1 ABR 2/13, NZA 2014, 551 Rn. 31; aus der Lit. etwa GK-BetrVG/*Oetker* § 25 Rn. 72 mwN.
[247] BAG 6. 9. 1979 – 2 AZR 548/77, AP KSchG 1969 § 15 Nr. 7; zuletzt 27. 9. 2012 – 2 AZR 955/11, NZA 2013, 425 Rn. 26; aus der Lit. etwa HK-BetrVG/*Düwell* § 25 Rn. 27; *Fitting* § 25 Rn. 10; Löwisch/Kaiser/*Löwisch* § 25 Rn. 25; AR/*Maschmann* BetrVG § 25 Rn. 5; GK-BetrVG/*Oetker* § 25 Rn. 82; HWK/*Reichold* BetrVG § 25 Rn. 13; WPK/*Wlotzke* § 25 Rn. 24; aA DKKW/*Buschmann* § 25 Rn. 41: stets Kündigungsschutz; **aA** HWGNRH/*Huke* § 25 Rn. 19: kein Kündigungsschutz.

§ 293 Organisation des Betriebsrats

Schrifttum:

Blanke, Arbeitsgruppen und Gruppenarbeit in der Betriebsverfassung, RdA 2003, 140; *Edenfeld,* Wahl weiterer Mitglieder des Gesamtbetriebsausschusses, SAE 2005, 270; *Franzen,* Die Freiheit der Arbeitnehmer zur Selbstbestimmung nach dem neuen BetrVG, ZfA 2001, 423; *Herschel,* Die Vertretungsmacht des Betriebsratsvorsitzenden, RdA 1959, 81; *Kallmeyer,* Mitbestimmung durch Sitz und Stimme in gemeinsamen Ausschüssen, DB 1978, 98; *Klein,* Die Stellung der Minderheitsgewerkschaften in der Betriebsverfassung, Diss. 2007; *Linde,* Übertragung von Aufgaben des Betriebsrats auf Arbeitsgruppen gemäß § 28a BetrVG, Diss. 2006; *Löwisch,* Monopolisierung durch Mehrheitswahl?, BB 2001, 726; *Nill,* Selbstbestimmung in der Arbeitsgruppe?, Diss. 2005; *Preis/Elert,* Erweiterung der Mitbestimmung bei Gruppenarbeit?, NZA 2001, 371; *Raab,* Die Arbeitsgruppe als neue betriebsverfassungsrechtliche Beteiligungsebene – Der neue § 28a BetrVG, NZA 2002, 474; *Reichold,* Die reformierte Betriebsverfassung 2001, NZA 2001, 857; *Sibben,* Die Anfechtungsberechtigung bei der Wahl zum Betriebsratsvorsitzenden, NZA 1995, 819; *Spinner,* Unwirksame Vereinbarungen über die Organisation der Betriebsverfassung, FS Löwisch, 2007, S. 375; *Thüsing,* Arbeitsgruppen nach § 28a BetrVG, ZTR 2002, 3; *Tüttenberg,* Die Arbeitsgruppe nach § 28a BetrVG, Diss. 2006.

Übersicht

Rn.

I. Geschäftsführungsorgane 1
II. Vorsitzender und stellvertretender Vorsitzender 2
    1. Wahl 3
        a) Allgemeines 4
        b) Ablauf 6
        c) Wahlfehler und Streitigkeiten 10
    2. Amtszeit 15
    3. Rechtsstellung des Vorsitzenden 16
    4. Rechtsstellung des stellvertretenden Vorsitzenden 17
    5. Gesetzliche Vertretung des Betriebsrats 19
        a) Aktive Stellvertretung 20
        b) Passive Stellvertretung 28
    6. Bevollmächtigung anderer Betriebsratsmitglieder 30
III. Betriebsausschuss 32
    1. Pflicht zur Bestellung 33
    2. Zusammensetzung und Wahl 35
        a) Wahl der weiteren Ausschussmitglieder 36
        b) Ersetzung von Ausschussmitgliedern 39
            aa) Vorsorgliche Regelung 40
            bb) Nachträgliche Wahl 42
            cc) Ersetzung des (stellvertretenden) Vorsitzenden 43
        c) Wahlfehler 44
    3. Rechtsstellung und Aufgaben 46
        a) Führung der laufenden Geschäfte 47
        b) Übertragung weiterer Aufgaben 48
    4. Beendigung der Amtszeit 51
    5. Streitigkeiten 52
IV. Andere Ausschüsse 53
    1. Zusammensetzung und Wahl 54
    2. Rechtsstellung und Aufgaben 56
V. Gemeinsame Ausschüsse 59
    1. Ausschüsse mit Entscheidungskompetenz 60
    2. Ausschüsse ohne Entscheidungskompetenz 62
VI. Arbeitsgruppen 63
    1. Voraussetzungen 64
    2. Wirkungen 65
    3. Beendigung 67

I. Geschäftsführungsorgane

Der Betriebsrat kann als Kollektivorgan grundsätzlich nur durch die Gesamtheit seiner Mitglieder tätig werden. Für die laufende Geschäftsführung wäre das – insbesondere bei größeren Betriebsräten – zu schwerfällig. Derartige Aufgaben werden daher weitgehend vom Betriebsausschuss und dem Vorsitzenden wahrgenommen. Der Betriebsrat kann ferner Aufgaben auf eigene Ausschüsse und Arbeitsgruppen sowie auf gemeinsam mit dem Arbeitgeber zu bildende Ausschüsse übertragen.

II. Vorsitzender und stellvertretender Vorsitzender

Dem Vorsitzenden und im Verhinderungsfall seinem Stellvertreter kommt nach dem Gesetz insbesondere die Aufgabe zu, den Betriebsrat im Rahmen der von ihm gefassten Beschlüsse nach außen zu vertreten, vgl. § 26 Abs. 2 S. 1 BetrVG.

1. Wahl

Jeder **mehrköpfige** Betriebsrat muss **zwingend** (→ § 291 Rn. 2) einen Vorsitzenden wählen.[1] Abweichende Regelungen durch Tarifvertrag oder Betriebsvereinbarung sind nur für Arbeitnehmervertretungen nach § 3 Abs. 1 Nr. 1–3 BetrVG möglich.[2]

a) **Allgemeines.** Die Wahl ist nach allgemeiner Ansicht eine **Pflicht** des Betriebsrats als Kollegialorgan, die nicht nach § 27 Abs. 2 S. 2 Hs. 1 BetrVG auf den Betriebsausschuss oder einen anderen Ausschuss übertragen werden kann (→ Rn. 48).[3] Kommt der Betriebsrat dieser Pflicht ohne triftigen Grund nicht nach, kommt eine Auflösung wegen grober Pflichtverletzung nach § 23 Abs. 1 BetrVG in Betracht (näher → § 297 Rn. 29 ff.).[4]

Entgegen der hM[5] muss der Arbeitgeber den Betriebsrat **auch dann beteiligen,** wenn dieser (noch) **keinen Vorsitzenden** gewählt hat.[6] Nach § 21 S. 2 Alt. 1 BetrVG beginnt die Amtszeit des Betriebsrats als Kollegialorgan grundsätzlich mit Bekanntgabe des Wahlergebnisses.[7] Eine hiervon abweichende „Amtsausübungsbefugnis", die erst mit der Wahl des Vorsitzenden in der ersten („konstituierenden") Sitzung beginnen soll,[8] sieht das Gesetz nicht vor (s. § 29 Abs. 1 S. 1 BetrVG). Ohne Vorsitzenden ist der Betriebsrat auch keineswegs handlungs- oder gar funktionsunfähig.[9] Vielmehr kann er jederzeit durch die Gesamtheit der Betriebsratsmitglieder (→ Rn. 1) aktiv handeln.[10] Erklärungen des Arbeitgebers an den Betriebsrat (zB nach § 102 Abs. 1 BetrVG) werden in diesem Fall durch Zugang an ein beliebiges Betriebsratsmitglied wirksam. Die Konzeption einer solchen er-

---

[1] Statt vieler *Fitting* § 26 Rn. 2 mwN.
[2] Ebenso GK-BetrVG/*Raab* § 26 Rn. 3; einschränkend *Fitting* § 26 Rn. 3; AR/*Maschmann* BetrVG § 26 Rn. 1: nur für § 3 Abs. 1 Nr. 2 u. 3 BetrVG; restriktiver Richardi BetrVG/*Thüsing* § 26 Rn. 12: nur für § 3 Abs. 1 Nr. 3 BetrVG.
[3] Statt vieler GK-BetrVG/*Raab* § 26 Rn. 5 mwN.
[4] Statt vieler Richardi BetrVG/*Thüsing* § 26 Rn. 1.
[5] BAG 23.8.1984 – 6 AZR 520/82, NZA 1985, 566 (567); LAG Hamm 20.5.1999 – 4 Sa 1989/98, ZinsO 1999, 362; LAG Düsseldorf 24.6.2009 – 12 Sa 336/09; zust. *Fitting* § 26 Rn. 7; HWGNRH/ *Glock* § 26 Rn. 3 f. (Ausnahme aber bei Rechtsmissbrauch); ErfK/*Koch* BetrVG § 29 Rn. 1; Löwisch/Kaiser/*Löwisch* § 26 Rn. 2; AR/*Maschmann* BetrVG § 26 Rn. 2; Richardi BetrVG/*Thüsing* § 26 Rn. 1.
[6] Dafür in einem *obiter dictum* BAG 28.9.1983 – 7 AZR 266/82, NZA 1984, 52 (53); ebenso GK-BetrVG/ *Kreutz* § 21 Rn. 19; GK-BetrVG/*Raab* § 26 Rn. 6; DKKW/*Wedde* § 26 Rn. 4; *Matusche* AiB 2011, 251.
[7] Gegen eine Wartepflicht vor Amtsbeginn zu Recht BAG 28.10.1992 – 10 ABR 75/91, NZA 1993, 420 (421).
[8] So BAG 23.8.1984 – 6 AZR 52/82, NZA 1985, 566 (566).
[9] **AA** HWGNRH/*Glock* § 26 Rn. 66 f. (funktionsunfähig); Richardi BetrVG/*Thüsing* § 26 Rn. 56 („nur" handlungsunfähig).
[10] *Fitting* § 26 Rn. 36; GK-BetrVG/*Raab* § 26 Rn. 71; WPK/*Kreft* § 26 Rn. 29; Löwisch/Kaiser/*Löwisch* § 26 Rn. 8; DKKW/*Wedde* § 26 Rn. 24.

satzweisen Passivvertretung ist seit langem anerkannt.[11] Sie wird seit dem 1.11.2008 durch die Wertung des § 35 Abs. 1 S. 2 GmbHG bestätigt, wonach in einer führungslosen GmbH jeder einzelne Gesellschafter passiv vertretungsbefugt wird, so dass insbesondere Zustellungen[12] möglich bleiben (vgl. auch § 78 Abs. 1 S. 2 AktG).

6 **b) Ablauf.** Nach § 29 Abs. 1 BetrVG findet die Wahl auf der ersten („konstituierenden") Sitzung des Betriebsrats statt. Wahlberechtigt und wählbar sind nur **Mitglieder des Betriebsrats** (vgl. § 26 Abs. 1 BetrVG: „aus seiner Mitte"). Da das Gesetz dies nicht ausschließt (→ Rn. 7), dürfen auch Wahlbewerber ihre Stimme abgeben.[13] Ist ein Betriebsratsmitglied verhindert, wird es nach § 25 Abs. 1 S. 2 BetrVG von einem Ersatzmitglied vertreten. Wählbar bleibt in diesem Fall das vertretene Mitglied,[14] während das Ersatzmitglied kein passives Wahlrecht hat, da es nicht endgültig in den Betriebsrat nachrückt.[15]

7 Im Übrigen ist das Wahlverfahren im Gesetz **nicht näher geregelt.** Insbesondere gelten die Vorschriften über die Beschlussfassung des Betriebsrats nicht unmittelbar, da eine Wahl keine Sachentscheidung ist.[16] § 33 Abs. 2 BetrVG ist als Ausdruck eines allgemeinen Prinzips jedoch analog anwendbar, so dass an der Wahl mindestens die Hälfte der Betriebsratsmitglieder teilnehmen muss.[17] Sofern der Betriebsrat nicht mehrheitlich bestimmte Vorgaben für die Durchführung der Wahl beschließt, findet sie formlos statt, zB durch Akklamation oder Handaufheben. Richtigerweise findet die Wahl **offen** statt, wenn nicht mehrheitlich eine geheime Wahl beschlossen wird;[18] das Verlangen einzelner Mitglieder genügt insoweit nicht, da es einen allgemeinen Grundsatz geheimer gremieninterner Wahlen nicht gibt.[19]

8 Vorsitzender und stellvertretender Vorsitzender werden **grundsätzlich gesondert** und durch Mehrheitswahl gewählt, wobei die relative Mehrheit zur Wahl genügt.[20] Der Betriebsrat kann allerdings vorab einen einzigen Wahlgang dergestalt beschließen, dass der Wahlbewerber mit den zweitmeisten Stimmen stellvertretender Vorsitzender wird.[21] Bei Stimmengleichheit kommt es analog § 22 Abs. 3 WO, § 34 Abs. 4 S. 2 WO unmittelbar zum Losentscheid, soweit der Betriebsrat nicht vorab eine andere Vorgehensweise, zB einen zweiten Wahlgang, beschlossen hat.[22]

---

[11] BAG 27.6.1985 – 2 AZR 412/84, NZA 1986, 426 (427); LAG Nds 23.10.2014 – 5 Sa 423/14, BeckRS 2015, 65066; ThürLAG 11.2.2015 – 6 Sa 260/14, BeckRS 2016, 74719; *Fitting* § 26 Rn. 40; WPK/*Kreft* § 26 Rn. 29; BeckOK ArbR/*Mauer* BetrVG § 26 Rn. 8; DKKW/*Wedde* § 26 Rn. 34; HK-BetrVG/*Wolmerath* § 26 Rn. 21; **aA** HWGNRH/*Glock* § 26 Rn. 66 f.; wohl auch Richardi BetrVG/*Thüsing* § 26 Rn. 56.
[12] Zur Intention vgl. BT-Drs. 16/6140, 42 r. Sp.
[13] Statt vieler *Fitting* § 26 Rn. 10 mwN.
[14] Richardi BetrVG/*Thüsing* § 26 Rn. 10.
[15] *Fitting* § 26 Rn. 11; *Gamillscheg* KollArbR II, S. 502; HWGNRH/*Glock* § 26 Rn. 12; WPK/*Kreft* § 26 Rn. 5; GK-BetrVG/*Kreutz* § 26 Rn. 8; **aA** DKKW/*Wedde* § 26 Rn. 9 bei längerer Vertretung und „absehbarem" Nachrücken.
[16] GK-BetrVG/*Raab* § 26 Rn. 9; Richardi BetrVG/*Thüsing* § 26 Rn. 6.
[17] Statt vieler Richardi BetrVG/*Thüsing* § 26 Rn. 6 mwN.
[18] Ebenso ArbG Bielefeld 12.8.1998 – 3 BV 23/98, BeckRS 1998, 30905641; Löwisch/Kaiser/*Löwisch* § 26 Rn. 4; GK-BetrVG/*Raab* § 26 Rn. 10; **aA** *Fitting* § 26 Rn. 9; *Gamillscheg* KollArbR II, S. 502; Richardi BetrVG/*Thüsing* § 26 Rn. 3; BeckOK ArbR/*Mauer* BetrVG § 26 Rn. 2; DKKW/*Wedde* § 26 Rn. 7; HK-BetrVG/*Wolmerath* § 26 Rn. 6; wohl auch HWK/*Reichold* BetrVG § 26 Rn. 4.
[19] Vgl. für bundestagsinterne Wahlen etwa BeckOK GG/*Brocker* Art. 42 Rn. 8 (Frage der Geschäftsordnung); zum Vereinsrecht jüngst OLG Frankfurt a.M. 6.7.2018 – 3 U 22/17, BeckRS 2018, 16609 Rn. 72.
[20] Statt vieler *Fitting* § 26 Rn. 12 mwN.
[21] Ebenso WPK/*Kreft* § 26 Rn. 7; GK-BetrVG/*Raab* § 26 Rn. 13; DKKW/*Wedde* § 26 Rn. 10; HK-BetrVG/*Wolmerath* § 26 Rn. 6; **krit.** wohl *Fitting* § 26 Rn. 12.
[22] Vgl. BAG 26.2.1987 – 6 ABR 55/85, AP BetrVG 1972 § 26 Nr. 5 (zur alten Rechtslage beim Gruppenvorschlag); ebenso *Fitting* § 26 Rn. 15; HWGNRH/*Glock* § 26 Rn. 9; DKKW/*Wedde* § 26 Rn. 10; HK-BetrVG/*Wolmerath* § 26 Rn. 6; wohl auch HWK/*Reichold* BetrVG § 26 Rn. 5; **aA** GK-BetrVG/*Raab* § 26 Rn. 12: zunächst Wahlwiederholung auf Antrag; ähnlich Löwisch/Kaiser/*Löwisch* § 26 Rn. 5; BeckOK ArbR/*Mauer* BetrVG § 26 Rn. 2; Richardi BetrVG/*Thüsing* § 26 Rn. 9.

Die Wahl bedarf der (formlosen) **Annahme** durch den Gewählten gegenüber dem Wahl- 9
leiter oder – im Fall einer Bedenkzeit – gegenüber allen Betriebsratsmitgliedern, wobei
die Einberufung einer Betriebsratssitzung als konkludente Annahme einzuordnen ist.[23]
Wird die Wahl abgelehnt,[24] ist unmittelbar eine neue Wahl durchzuführen.[25] Analog § 34
Abs. 1 S. 1 BetrVG ist über die Wahl eine Niederschrift aufzunehmen, aus der sich die
Namen der Gewählten und die auf sie entfallenden Stimmen ergeben müssen.[26]

c) **Wahlfehler und Streitigkeiten.** Zu den Rechtsfolgen von Wahlfehlern trifft das Ge- 10
setz ebenfalls keine Vorgaben. Wegen der besonderen Bedeutung des (stellvertretenden)
Vorsitzenden für die Betriebsratstätigkeit besteht hinsichtlich seiner Wahl ein vergleichbares Bedürfnis nach Rechtssicherheit wie bei der Betriebsratswahl selbst (→ § 291
Rn. 286). Aus diesem Grund ist nach allgemeiner Ansicht **§ 19 BetrVG analog** anzuwenden (zur ausnahmsweisen Nichtigkeit → Rn. 14).[27]

Die Reichweite der Analogie ist im Einzelnen umstritten. Einig ist man sich, dass die 11
Wahl nur mit Wirkung *ex nunc* vor dem Arbeitsgericht angefochten werden kann,[28] und
dass Voraussetzung der Anfechtbarkeit ein Verstoß gegen wesentliche Wahlvorschriften ist,
der für das Wahlergebnis potentiell kausal gewesen sein muss (ausführlich → 291
Rn. 287 ff.). Ein Verstoß gegen **wesentliche Wahlvorschriften** liegt etwa vor, wenn das
vom Betriebsrat beschlossene Wahlverfahren (→ Rn. 7) nicht eingehalten wurde, die Betriebsratsmitglieder nicht ordnungsgemäß geladen oder keine gesonderten Wahlgänge
durchgeführt wurden (→ Rn. 8).

Nach hM soll analog § 19 Abs. 2 S. 2 BetrVG eine **Anfechtungsfrist** von zwei Wo- 12
chen einzuhalten sein, die ab Kenntnis vom Anfechtungsgrund laufen soll, bei Betriebsratsmitgliedern also grundsätzlich ab dem Wahltag.[29] Das überzeugt nicht.[30] Die Anfechtungsfrist schützt den Bestand des Betriebsrats als Kollegialorgan, um eine zeit- und
kostenintensive Neuwahl unter vorübergehendem Wegfall der betrieblichen Interessenvertretung zu verhindern. Da sich die Anfechtung der Wahl des Vorsitzenden auf den
Bestand des Betriebsrats nicht auswirkt und eine Neuwahl deutlich einfacher durchgeführt
werden kann, fehlt es an der für eine Analogie vergleichbaren Interessenlage.

Mangels vergleichbarer Interessenlage kann auch § 19 Abs. 2 S. 1 BetrVG nicht analog 13
angewandt werden. **Anfechtungsberechtigt** ist nach allgemeiner Ansicht vielmehr jedes
einzelne Betriebsratsmitglied, da es durch eine fehlerhafte Wahl unmittelbar in seiner
Amtsführung betroffen wird und ein Mindestquorum von drei Betroffenen zur Vermeidung querulatorischer Anträge nicht erforderlich ist.[31] Nicht anfechtungsberechtigt ist der
Betriebsrat, da er Wahlfehler durch Neuwahl selbst korrigieren kann; gleiches gilt für Arbeitnehmer des Betriebs und den Arbeitgeber, da sie nach der Konzeption des Gesetzes
durch die interne Geschäftsführung des Betriebsrats weder betroffen werden noch auf sie
Einfluss nehmen können.[32] Richtigerweise trifft Letzteres auch auf die im Betrieb vertre-

---

[23] Statt vieler Richardi BetrVG/*Thüsing* § 26 Rn. 13.
[24] Zur Zulässigkeit BAG 29.1.1965 – 1 ABR 8/64, BB 1965, 584.
[25] Statt vieler *Fitting* § 26 Rn. 16 mwN.
[26] Statt vieler GK-BetrVG/*Raab* § 26 Rn. 14.
[27] BAG 13.11.1991 – 7 ABR 8/91, NZA 1992, 944 (945); 18.4.2017 – 7 ABR 30/06, NZA 2007, 1375 Rn. 41; aus der Lit. statt vieler *Fitting* § 26 Rn. 53 mwN.
[28] Vgl. BAG 15.1.1992 – 7 ABR 24/91, NZA 1992, 1091 (1092).
[29] BAG 20.4.1956 – 1 ABR 2/56, AP BetrVG § 27 Nr. 3; 21.10.1969 – 1 ABR 8/69, BeckRS 1969, 00003 Rn. 37; 13.11.1991 – 7 ABR 8/91, NZA 1992, 944 (945); vgl. auch BAG 21.7.2004 – 7 ABR 58/03, NZA 2005, 170 (171); aus der Lit. statt vieler *Fitting* § 26 Rn. 55 mwN.
[30] Ebenso *Nikisch* Band III, S. 149; Richardi BetrVG/*Thüsing* § 26 Rn. 26: Grenze der Verwirkung. Im Personalvertretungsrecht ähnlich BVerwG 4.10.2005 – 6 P 12/04, NZA-RR 2006, 165 Rn. 16 (Ablehnung der Analogie insgesamt).
[31] BAG 13.11.1991 – 7 ABR 8/91, NZA 1992, 944 (945); aus der Lit. statt vieler GK-BetrVG/*Raab* § 26 Rn. 19 mwN.
[32] Statt vieler *Fitting* § 26 Rn. 58 mwN.

tenen (→ § 291 Rn. 191) Gewerkschaften zu, die daher ebenfalls nicht antragsberechtigt sind.[33]

14 **Nichtig** ist die Wahl dagegen nur, wenn ihre Unwirksamkeit wegen eines groben und offensichtlichen Wahlfehlers offenkundig ist (→ § 291 Rn. 314). Das ist etwa der Fall, wenn ein Externer zum Vorsitzenden gewählt wird oder wenn der Betriebsrat nicht beschlussfähig ist,[34] nicht hingegen, wenn es an einer ordnungsgemäßen Ladung fehlt.[35] Die Nichtigkeit kann von jedermann jederzeit form- und fristlos geltend gemacht werden.[36]

2. Amtszeit

15 Der Vorsitzende und der stellvertretende Vorsitzende werden für die gesamte Amtszeit des Betriebsrats gewählt. Das Amt endet vorzeitig mit Erlöschen der Mitgliedschaft im Betriebsrat, wobei das nachrückende Ersatzmitglied nicht in das Amt des Vorsitzenden nachfolgt (näher → § 292 Rn. 133).[37] Daneben ist jederzeit eine vorzeitige Amtsniederlegung durch einseitige Erklärung möglich.[38] Außerdem kann der Betriebsrat den Vorsitzenden oder seinen Stellvertreter jederzeit durch Beschluss mit einfacher Stimmenmehrheit abberufen.[39] Die Möglichkeit einer Amtsenthebung durch das Arbeitsgericht ist in § 23 BetrVG dagegen nicht vorgesehen.

3. Rechtsstellung des Vorsitzenden

16 Der Vorsitzende vertritt den Betriebsrat (→ Rn. 19 ff.) und wirkt an der laufenden Geschäftsführung mit. Ihm obliegen insbesondere die Einberufung und Durchführung der Betriebsratssitzungen (→ § 294 Rn. 15 ff. u. 52 ff.) sowie die Leitung der Betriebsversammlung (→ § 299 Rn. 41 ff.). In Betriebsräten ab neun Mitgliedern wirkt er in seiner Eigenschaft als Vorsitzender des Betriebsausschusses an der Führung der laufenden Geschäfte mit (→ Rn. 35). Betriebsräte mit weniger Mitgliedern können dem Vorsitzenden nach § 27 Abs. 3 BetrVG die laufenden Geschäfte übertragen. Ohne Vorsitzenden und Stellvertreter kann der Betriebsrat nur in seiner Gesamtheit handeln, während Erklärungen ihm gegenüber durch Zugang an ein einzelnes Mitglied wirksam werden (→ Rn. 5).

4. Rechtsstellung des stellvertretenden Vorsitzenden

17 Wenn und solange der Vorsitzende **verhindert** ist (zur Verhinderung → § 292 Rn. 117 ff.),[40] nimmt seine Aufgaben der stellvertretende Vorsitzende[41] wahr (vgl. für die Stellvertretung § 26 Abs. 2 S. 1 BetrVG). Die Vertretung beschränkt sich auf die Amtsbefugnisse des Vorsitzenden, während der Vorsitzende in seiner Eigenschaft als Betriebsratsmitglied nach § 25 Abs. 1 S. 2 BetrVG durch ein Ersatzmitglied vertreten wird (→ § 292 Rn. 117 ff. u. 134).[42] Außerhalb des Verhinderungsfalls hat der stellvertretende Vorsitzende keine besonderen Befugnisse. Insbesondere kann ihm der Vorsitzende nicht Untervoll-

---

[33] Für die Konstituierung des Gesamtbetriebsrats BAG 30.10.1986 – 6 ABR 52/83, NZA 1988, 27 (28f.), insbes. gegen § 2 Abs. 1 BetrVG; ebenso WPK/*Kreft* § 26 Rn. 10; GK-BetrVG/*Raab* § 26 Rn. 19; HWK/*Reichold* BetrVG § 26 Rn. 14; Richardi BetrVG/*Thüsing* § 26 Rn. 23; jetzt auch HWGNRH/ *Glock* § 26 Rn. 23; **aA** BAG 12.10.1976 – 1 ABR 17/76, BeckRS 9998, 149555 (II. 4. der Gründe) unter Verweis auf § 2 Abs. 1 BetrVG; *Fitting* § 26 Rn. 57; Löwisch/Kaiser/*Löwisch* § 26 Rn. 21; DKKW/ *Wedde* § 26 Rn. 16; HK-BetrVG/*Wolmerath* § 26 Rn. 10.
[34] Ebenso GK-BetrVG/*Raab* § 26 Rn. 15; DKKW/*Wedde* § 26 Rn. 36; **aA** *Fitting* § 26 Rn. 54: Anfechtbarkeit.
[35] *Fitting* § 26 Rn. 54; HWGNRH/*Glock* § 26 Rn. 17; GK-BetrVG/*Raab* § 26 Rn. 15; **aA** DKKW/*Wedde* § 26 Rn. 36.
[36] BAG 13.11.1991 – 7 ABR 8/91, NZA 1992, 944 (945).
[37] Statt vieler GK-BetrVG/*Raab* § 26 Rn. 68.
[38] Statt vieler *Fitting* § 26 Rn. 19 mwN.
[39] BAG 1.6.1966 – 1 ABR 18/65, NJW 1966, 1939 (1940).
[40] Vgl. BAG 7.7.2011 – 6 AZR 248/10, NZA 2011, 1108 Rn. 15 ff.
[41] Zur ungenauen Formulierung „Stellvertreter" GK-BetrVG/*Raab* § 26 Rn. 62 mwN.
[42] LAG SchlH 22.8.1983 – 5 (2) TaBV 29/82, BeckRS 1983, 30819816; *Fitting* § 26 Rn. 47.

macht erteilen (zur Befugnis des Betriebsratsgremiums → Rn. 30 f.).[43] Er kann ihn aber als Empfangsboten einsetzen (→ Rn. 29). Sind Vorsitzender und stellvertretender Vorsitzender verhindert, kann der Betriebsrat nur als Gremium handeln, während Erklärungen durch Zugang an ein einzelnes Betriebsratsmitglied wirksam werden (→ Rn. 5).

Tatsächlich verhindert ist der Vorsitzende etwa, wenn er sich im Erholungsurlaub 18 befindet, an einer Schulungsveranstaltung teilnimmt, erkrankt oder aus einem anderen Grund ortsabwesend ist (näher → § 292 Rn. 117 ff.). Hinsichtlich der Entgegennahme von Erklärungen kommt es für die Ortsabwesenheit in der Regel auf den Betrieb an, da Informations- und Mitteilungspflichten des Arbeitgebers grundsätzlich dort zu erfüllen sind. Entgegen dem BAG[44] ist ein anderer Ort nur maßgeblich, wenn sich Betriebsrat und Arbeitgeber hierauf geeinigt haben (vgl. § 269 Abs. 1 Var. 1 BGB), während der fehlende Widerspruch des (stellvertretenden) Vorsitzenden zu einer Übermittlung an einem anderen Ort nicht genügt.[45] **Rechtlich verhindert** ist der Vorsitzende bei Maßnahmen und Regelungen, die ihn individuell und unmittelbar betreffen (näher → § 292 Rn. 120). Die Verhinderung erfasst in diesem Fall allein die Beschlussfassung, insbesondere die Leitung der Sitzung, die Beratung und die Abstimmung, nicht jedoch die anschließende Umsetzung und Vertretung des Betriebsrats gegenüber dem Arbeitgeber (→ Rn. 20).[46] Ein Verhinderungsfall liegt auch bei Ausscheiden aus dem Amt vor; der stellvertretende Vorsitzende hat dann unverzüglich eine Sitzung einzuberufen, um einen neuen Vorsitzenden zu wählen.[47]

5. Gesetzliche Vertretung des Betriebsrats

Nach § 26 Abs. 2 BetrVG wird der Betriebsrat vom Vorsitzenden und im Fall seiner Ver- 19 hinderung durch dessen Stellvertreter aktiv und passiv vertreten (zur Bevollmächtigung einzelner Mitglieder → Rn. 30 f.).

a) Aktive Stellvertretung. Nach § 26 Abs. 2 S. 1 BetrVG vertritt der Vorsitzende den 20 Betriebsrat **im Rahmen** der von ihm gefassten Beschlüsse. Das Gesetz weist dem Vorsitzenden damit zwar die Funktion eines Vertreters zu, macht den Umfang seiner **gesetzlichen**[48] Vertretungsmacht aber von den Beschlüssen des Betriebsratsgremiums abhängig. Für diese Form der Stellvertretung[49] hat sich die Bezeichnung „Vertreter in der Erklärung"[50] etabliert. Dieser Begriff betont zwar zu Recht, dass die Entscheidungskompetenz beim Betriebsratsgremium verbleibt. Aus diesem Grund bleibt der Vorsitzende gegenüber dem Arbeitgeber auch dann vertretungsbefugt, wenn es um eigene Angelegenheiten des Vorsitzenden geht (§ 181 Alt. 1 BGB).[51] Andererseits ist der Begriff aber auch missverständlich, weil der Vorsitzende als Aktiv-Vertreter eigene Willenserklärungen abgibt, um Beschlüsse des Betriebsrats umzusetzen, und nicht lediglich – wie ein Erklärungsbote – die Beschlüsse des Gremiums übermittelt.[52]

---

[43] Statt vieler *Fitting* § 26 Rn. 44 mwN.
[44] BAG 7.7.2011 – 6 AZR 248/10, NZA 2011, 1108 Rn. 17; zust. etwa *Fitting* § 26 Rn. 41a; Löwisch/Kaiser/*Löwisch* § 26 Rn. 19; **krit.** DKKW/*Wedde* § 26 Rn. 31.
[45] Überzeugend GK-BetrVG/*Raab* § 26 Rn. 66.
[46] BAG 19.3.2003 – 7 ABR 15/02, NZA 2003, 870 (872); vgl. auch BAG 6.11.2013 – 7 ABR 84/11, NZA-RR 2014, 196 Rn. 27 (für ein Betriebsratsmitglied); aus der Lit. statt vieler GK-BetrVG/*Raab* § 26 Rn. 65 mwN.
[47] Statt vieler *Fitting* § 26 Rn. 48 mwN.
[48] Vgl. BAG 10.10.2007 – 7 ABR 51/06, NZA 2008, 369 Rn. 16.
[49] Zur Einordnung als Stellvertretung näher *Flume* BGB AT II, S. 759 ff.; MüKoBGB/*C. Schubert* § 164 Rn. 66 ff. mwN.
[50] Vgl. schon BT-Drs. 1/3585, 7 l. Sp.
[51] BAG 19.3.2003 – 7 ABR 15/02, NZA 2003, 870 (872); zust. *Fitting* § 26 Rn. 24; GK-BetrVG/*Raab* § 26 Rn. 31.
[52] Nicht überzeugend daher BAG 19.3.2003 – 7 ABR 15/02, NZA 2003, 870 (872); **krit.** zum Terminus auch GK-BetrVG/*Raab* § 26 Rn. 32 mwN und allgemein *Flume* BGB AT II, S. 759 ff.

21 Aus § 26 Abs. 2 S. 1 BetrVG folgt, dass der Betriebsrat seine **Entscheidungskompetenz** weder vollständig noch teilweise auf den Vorsitzenden übertragen kann (zu § 27 Abs. 3 BetrVG → Rn. 16).[53] Das gilt auch für Aufgaben zur selbständigen Erledigung (vgl. § 27 Abs. 2 S. 2 BetrVG).[54] Zulässig ist es dagegen, wenn der Betriebsrat einen Beschluss fasst und dem Vorsitzenden hinsichtlich seines Vollzugs einen begrenzten **Spielraum** belässt, da die Entscheidungskompetenz in diesem Fall beim Gremium verbleibt. Nach hM ist es daher zulässig, wenn er dem Vorsitzenden Leitlinien für die konkrete endgültige Entscheidung vorgibt (sog. Grundsatzbeschluss), ihm je nach Verhandlungsergebnis alternative Entscheidungsmöglichkeiten eröffnet (sog. Alternativbeschluss) oder für häufig zu treffende Entscheidungen generelle Richtlinien beschließt (sog. Rahmenbeschluss).[55]

22 Handelt der Vorsitzende **ohne Vertretungsmacht,** weil es an einem (wirksamen) Beschluss des Betriebsratsgremiums fehlt oder er die Grenzen des Beschlusses überschreitet, finden §§ 177 ff. BGB Anwendung.[56] Hat der Vorsitzende im Namen des Betriebsrats einen **Vertrag** abgeschlossen, ist dieser somit nach § 177 Abs. 1 BGB schwebend unwirksam, dh seine Wirksamkeit hängt von der Genehmigung des Betriebsratsgremiums ab.[57] Das gilt insbesondere für den Fall, dass der Vorsitzende eine Betriebsvereinbarung ohne (wirksamen) Gremienbeschluss unterzeichnet hat.[58] Bis zur Genehmigung ist der andere Teil nach § 178 S. 1 BGB zum Widerruf berechtigt, es sei denn, er kannte den Mangel der Vertretungsmacht. Wird die Genehmigung verweigert, haftet der Vorsitzende nach § 179 Abs. 1 u. 2 BGB.[59]

23 Die **Genehmigung** des Betriebsratsgremiums bedarf eines ordnungsgemäßen Beschlusses, weshalb eine konkludente Genehmigung in der Regel ausscheidet.[60] Sie entfaltet nach § 184 Abs. 1 BGB grundsätzlich Rückwirkung (zur Beschlussfassung im Innenverhältnis → § 294 Rn. 88 f.). Eine rückwirkende Genehmigung kommt nach hM allerdings nicht in Betracht, wenn eine rechtsgeschäftliche oder gesetzliche Frist für das Hauptgeschäft bereits abgelaufen ist (vgl. § 184 Abs. 1 Hs. 2 BGB).[61] Ausgeschlossen ist eine rückwirkende Genehmigung außerdem, wenn die Beschlussfassung erst nach dem für die Beurteilung eines Sachverhalts maßgeblichen Zeitpunkt erfolgt. Das ist insbesondere bei Vereinbarungen der Fall, die eine Kostentragungspflicht des Arbeitgebers begründen, weil die insoweit gebotene Erforderlichkeitsprüfung im Zeitpunkt der Beschlussfassung vorzunehmen ist.[62]

24 Dagegen ist ein vom Vorsitzenden ohne Vertretungsmacht vorgenommenes **einseitiges Rechtsgeschäft,** zB die Kündigung einer Betriebsvereinbarung, nach § 180 S. 1 BGB grundsätzlich unwirksam.[63] Schwebend unwirksam (→ Rn. 22) ist es nach § 180 S. 2 BGB nur, wenn der Erklärungsempfänger die behauptete Vertretungsmacht nicht bean-

---

[53] BAG 28. 2. 1974 – 2 AZR 455/73, BeckRS 9998, 149315 (I. 4. a. der Gründe); aus der Lit. statt vieler *Fitting* § 26 Rn. 23 mwN.
[54] GK-BetrVG/*Raab* § 26 Rn. 34.
[55] Ausführlich GK-BetrVG/*Raab* § 26 Rn. 35 mwN; **aA** hinsichtlich Rahmenbeschlüssen DKKW/*Wedde* § 26 Rn. 21; HK-BetrVG/*Wolmerath* § 26 Rn. 14.
[56] BAG 10. 10. 2007 – 7 ABR 51/06, NZA 2008, 369 Rn. 16; zuletzt etwa 9. 12. 2014 – 1 ABR 19/13, NZA 2015, 368 Rn. 15; aus der Lit. statt vieler GK-BetrVG/*Raab* § 26 Rn. 39 mwN (selbst allerdings für „entsprechende" Anwendung).
[57] BAG 10. 10. 2007 – 7 ABR 51/06, NZA 2008, 369 Rn. 16.
[58] BAG 9. 12. 2014 – 1 ABR 19/13, NZA 2015, 368 Rn. 15.
[59] Statt vieler GK-BetrVG/*Raab* § 26 Rn. 42 mwN; ebenso nunmehr HWGNRH/*Glock* § 26 Rn. 52; **aA** allein DKKW/*Wedde* § 26 Rn. 25.
[60] BAG 10. 10. 2007 – 7 ABR 51/06, NZA 2008, 369 Rn. 14; aus der Lit. statt vieler GK-BetrVG/*Raab* § 26 Rn. 41 mwN.
[61] BAG 10. 10. 2007 – 7 ABR 51/06, NZA 2008, 369 Rn. 18; BGH 13. 7. 1973 – V ZR 16/73, NJW 1973, 1789 (1790); aus der Lit. etwa *Fitting* § 26 Rn. 27; BeckOK BGB/*Schäfer* § 177 Rn. 25; **aA** etwa Staudinger/*Gursky* BGB § 184 Rn. 21 mwN; **diff.** nach dem Zweck der Frist GK-BetrVG/*Raab* § 26 Rn. 9; Staudinger/*Schilken* BGB § 177 Rn. 9; MüKoBGB/*C. Schubert* § 177 Rn. 48 ff. mwN.
[62] BAG 10. 10. 2007 – 7 ABR 51/06, NZA 2008, 3 Rn. 21; aus der Lit. etwa *Fitting* § 26 Rn. 27; DKKW/*Wedde* § 26 Rn. 22.
[63] Ebenso GK-BetrVG/*Raab* § 26 Rn. 39; wohl auch *Fitting* § 26 Rn. 26 („nur bez. eines Vertrags").

standet oder mit dem Handeln ohne Vertretungsmacht einverstanden ist. In diesem Fall kann das einseitige Rechtsgeschäft rückwirkend[64] genehmigt werden (→ Rn. 23). Löst es allerdings eine Frist aus, beginnt diese nach hM erst mit Erteilung der Genehmigung und wird nicht etwa rückwirkend in Gang gesetzt.[65]

Das BAG hat vereinzelt die Auffassung vertreten, es bestehe eine **widerlegbare Vermutung** dafür, dass Erklärungen des Vorsitzenden für den Betriebsrat auf einem Beschluss des Gremiums beruhen, so dass nach § 292 ZPO der Beweis des Gegenteils zu führen sei,[66] dh der Vollbeweis zum Fehlen eines (wirksamen) Beschlusses erbracht werden muss. Das überzeugt nicht. Da das Gesetz eine solche Vermutung nicht vorgibt, kommt allenfalls eine tatsächliche Vermutung in Betracht.[67] In diesem Fall bliebe die Beweislast unverändert und der Beweisgegner müsste lediglich die richterliche Überzeugung erschüttern (sog. Gegenbeweis). Richtigerweise fehlt es allerdings an einem Erfahrungsgrundsatz,[68] wonach Erklärungen des Vorsitzenden mit hoher Wahrscheinlichkeit ein Beschluss des Betriebsrats zugrunde liegt. Beweiserleichterungen sind daher nicht anzuerkennen.[69] 25

Der gute Glaube des Arbeitgebers allein ist gesetzlich nicht geschützt.[70] In Betracht kommt aber eine **Rechtsscheinhaftung** des Betriebsrats.[71] Dass § 26 Abs. 2 S. 1 BetrVG einen (ausdrücklich) gefassten Beschluss verlangt, steht dem nicht entgegen,[72] weil es nicht um einen stillschweigenden Beschluss, sondern die Haftung für den Rechtsschein eines Beschlusses geht.[73] Nach allgemeinen Grundsätzen hat die Rechtsscheinhaftung zur Voraussetzung, dass der Betriebsrat zurechenbar einen Rechtsschein setzt, der kausal für eine Disposition des gutgläubig handelnden Arbeitgebers ist.[74] In Betracht kommt dabei nicht nur der Rechtsschein ordnungsgemäßer Beschlussfassung,[75] sondern auch der Rechtsschein einer Bevollmächtigung,[76] soweit deren spezifische Grenzen gewahrt sind (→ Rn. 30 f.), sowie der Rechtsschein einer nachträglichen Genehmigung.[77] Entgegen der zivilgerichtlichen Rechtsprechung[78] ist ein solcher Rechtsschein dem Betriebsrat nur bei wissentlichem Handeln („Dulden") zurechenbar, da fahrlässige Unkenntnis („Anschein") grundsätzlich keine Erfüllungshaftung begründen kann.[79] Die Mehrheit der Betriebsrats- 26

---

[64] BeckOK BGB/*Bub* § 185 Rn. 12.
[65] Vgl. BAG 6.9.2012 – 2 AZR 858/11, NZA 2013, 524 Rn. 28 (zu § 4 S. 1 KSchG); zust. MüKoBGB/*Bayreuther* § 184 Rn. 14; **aA** Staudinger/*Gursky* BGB § 184 Rn. 38a f.: Rückwirkung.
[66] So BAG 24.2.2000 – 8 AZR 180/99, NZA 2000, 785 (787); 21.2.2002 – 2 AZR 581/00, NJOZ 2003, 1631 (1635); 19.3.2003 – 7 ABR 15/02, NZA 2003, 870 (872).
[67] In diesem Sinne wohl GK-BetrVG/*Raab* § 26 Rn. 43; HWK/*Reichold* BetrVG § 26 Rn. 10; wohl auch *Fitting* § 26 Rn. 31; HWGNRH/*Glock* § 26 Rn. 51; ErfK/*Koch* BetrVG § 26 Rn. 2; DKKW/*Wedde* § 26 Rn. 23; HK-BetrVG/*Wolmerath* § 26 Rn. 16, die allesamt von der Möglichkeit des „Gegenbeweises" sprechen.
[68] Dazu statt vieler MüKoZPO/*Prütting* § 286 Rn. 58 f.
[69] Distanzierend nunmehr auch BAG 19.1.2005 – 7 ABR 24/04, BeckRS 2005, 30349188; 9.12.2014 – 1 ABR 19/13, NZA 2015, 368 Rn. 17; wie hier *Linsenmaier* FS Wißmann, 2005, S. 378 (385 ff.); WPK/*Kreft* § 26 Rn. 19.
[70] BAG 8.6.2004 – 1 AZR 308/03, NZA 2005, 66 (69).
[71] BAG 23.8.1984 – 2 AZR 391/83, NZA 1985, 254 (256); 21.2.2002 – 2 AZR 581/00, NJOZ 2003, 1631 (1635); *Fitting* § 26 Rn. 32; GK-BetrVG/*Raab* § 26 Rn. 45; Richardi BetrVG/*Thüsing* § 26 Rn. 51.
[72] **AA** HWGNRH/*Glock* § 26 Rn. 47; wohl auch WPK/*Kreft* § 26 Rn. 18.
[73] Vgl. zur parallelen Problematik der „Duldungsprokura" und § 48 Abs. 1 HGB („mittels ausdrücklicher Erklärung") etwa *Canaris* Handelsrecht § 14 Rn. 14.
[74] Ausführlich *Canaris* Die Vertrauenshaftung im deutschen Privatrecht, 1971, S. 491 ff.
[75] *Fitting* § 26 Rn. 33; GK-BetrVG/*Raab* § 26 Rn. 45.
[76] *Canaris* Die Vertrauenshaftung im deutschen Privatrecht, 1971, S. 264 f.; zust. Richardi BetrVG/*Thüsing* § 26 Rn. 51.
[77] GK-BetrVG/*Raab* § 26 Rn. 50; Richardi BetrVG/*Thüsing* § 26 Rn. 53.
[78] BGH 12.2.1952 – I ZR 96/51, NJW 1952, 657 (658); 5.3.1998 – III ZR 183/96, NJW 1998, 1854 (1855); im vorliegenden Zusammenhang ebenso GK-BetrVG/*Raab* § 26 Rn. 46; zweifelnd Richardi BetrVG/*Thüsing* § 26 Rn. 51; **aA** WPK/*Kreft* § 26 Rn. 18; DKKW/*Wedde* § 26 Rn. 22; wohl auch *Fitting* § 26 Rn. 33.
[79] *Canaris* Die Vertrauenshaftung im deutschen Privatrecht, 1971, S. 48 ff., 265; *Flume* BGB AT II S. 832 ff.; *Lobinger* JZ 2006, 1076 (1077 f.); Staudinger/*Schilken* § 167 Rn. 31; MüKoBGB/*C. Schubert* § 167 Rn. 95.

mitglieder[80] muss vom Rechtsscheintatbestand daher positive Kenntnis haben, zB weil der Vorsitzende eine nicht von einem Beschluss gedeckte Erklärung gegenüber dem Arbeitgeber in ihrem Beisein abgibt.[81] Eine Disposition des Arbeitgebers liegt zB vor, wenn er im Vertrauen auf die Zustimmung des Betriebsrats nach § 103 Abs. 1 BetrVG eine außerordentliche Kündigung erklärt. Gutgläubig ist der Arbeitgeber nur, wenn er vom Fehlen der Vertretungsmacht weder weiß noch wissen muss (vgl. § 173 BGB, § 122 Abs. 2 BGB).[82] Richtigerweise trifft den Arbeitgeber bei begründetem Anlass für Zweifel die Obliegenheit, sich nach dem ordnungsgemäßen Zustandekommen eines Beschlusses zu erkundigen;[83] kommt er ihr nicht nach, kann dies seine Bösgläubigkeit begründen.

27   Denkbar sind daneben Fälle, in denen der Betriebsrat zwar keinen Rechtsschein für das Bestehen von Vertretungsmacht setzt, beim Arbeitgeber aber – zB durch sein formloses Einverständnis – das berechtigte Vertrauen hervorruft, er werde den Mangel der Vertretungsmacht nicht geltend machen. In Betracht kommt dann eine **Vertrauenshaftung** nach § 242 BGB unter dem Aspekt des *venire contra factum proprium*.[84] Ihre Voraussetzungen sind nach Art eines beweglichen Systems[85] im Einzelfall festzustellen, wobei dem Grad des Verschuldens auf Seiten des Betriebsrats sowie Art und Ausmaß der Disposition auf Seiten des Arbeitgebers besonderes Gewicht zukommt.[86]

28 **b) Passive Stellvertretung.** Nach § 26 Abs. 2 S. 2 BetrVG ist der Vorsitzende umfassend passiv vertretungsbefugt. Das gilt nicht nur für Willenserklärungen, sondern auch für rechtsgeschäftsähnliche Erklärungen, insbesondere Mitteilungen des Arbeitgebers.[87] Handelt es sich um eine Erklärung unter Abwesenden, dh eine verkörperte Willenserklärung,[88] wird sie nach § 130 Abs. 1 S. 1 BGB mit **Zugang** an den Vorsitzenden wirksam. Das ist nach hM der Fall, wenn sie dergestalt in seinen Machtbereich gelangt, dass unter gewöhnlichen Verhältnissen mit ihrer Kenntnisnahme zu rechnen ist.[89] Bei Einwurf in das Postfach des Betriebsrats kommt es darauf an, wann mit der nächsten Leerung zu rechnen ist; erfolgt der Einwurf am späten Nachmittag, ist das in der Regel erst der nächste Morgen.[90] Nicht verkörperte Willenserklärungen werden dagegen nach hM wirksam, sobald der Vorsitzende sie **vernommen** hat und für den Erklärenden bei Anwendung verkehrserforderlicher Sorgfalt kein Anhaltspunkt für ein Fehlverständnis besteht.[91] Für rechtsgeschäftsähnliche Erklärungen gelten diese Grundsätze entsprechend.[92]

---

[80] Ebenso *Fitting* § 26 Rn. 33; *Richardi* BetrVG/*Thüsing* § 26 Rn. 51; **aA** GK-BetrVG/*Raab* § 26 Rn. 47; DKKW/*Wedde* § 26 Rn. 22: Gremium als solches.
[81] Vgl. den Fall LAG Hamm 25.11.2005 – 10 Sa 922/05, BeckRS 2006, 40882.
[82] BAG 23.8.1984 – 2 AZR 391/83, BeckRS 9998, 149361; zu eng BAG v. 16.1.2003 – 2 AZR 707/01, NZA 2003, 927 (929): Evidenz; **aA** für § 102 BetrVG BAG 6.10.2005 – 2 AZR 316/04, NZA 2006, 990 Rn. 21: selbst Kenntnis unschädlich; dagegen zu Recht *Richardi* BetrVG/*Thüsing* § 102 Rn. 132.
[83] Ebenso BAG 16.12.1960 – 1 AZR 429/58, DB 1961, 310; *Fitting* § 26 Rn. 30; *Oetker* BlStSozArbR 1984, 129 (133); GK-BetrVG/*Raab* § 26 Rn. 44; DKKW/*Wedde* § 26 Rn. 23; **aA** BAG 4.8.1975 – 2 AZR 266/74, BeckRS 9998, 180026.
[84] Ebenso *Canaris* Die Vertrauenshaftung im deutschen Privatrecht, 1971, S. 265; *Fitting* § 26 Rn. 36; GK-BetrVG/*Raab* § 26 Rn. 52; *Richardi* BetrVG/*Thüsing* § 26 Rn. 52.
[85] Grundl. *Wilburg* Entwicklung eines beweglichen Systems im bürgerlichen Recht, 1950.
[86] Ausführlich *Canaris* Die Vertrauenshaftung im deutschen Privatrecht, 1971, S. 528 ff.; vgl. daneben MüKoBGB/*C. Schubert* § 242 Rn. 339 f.; BeckOK BGB/*Sutschet* § 242 Rn. 119 jeweils mwN.
[87] BAG 27.8.1982 – 7 ABR 30/80, NJW 1983, 2835 (2835); aus der Lit. vieler GK-BetrVG/*Raab* § 26 Rn. 54 mwN.
[88] Näher Erman/*Arnold* § 130 Rn. 22 f.; MüKoBGB/*Einsele* § 130 Rn. 17 ff. jeweils mwN.
[89] BGH 3.11.1976 – VIII ZR 140/75, NJW 1977, 194 (194); MüKoBGB/*Einsele* § 130 Rn. 16 mwN.
[90] Vgl. BAG 8.12.1983 – 2 AZR 337/82, NZA 1984, 31 (31); BGH 5.12.2007 – XII ZR 148/05, NJW 2008, 843 Rn. 9; Erman/*Arnold* § 130 Rn. 12 mwN; **aA** GK-BetrVG/*Raab* § 26 Rn. 55: Einwurf (während der Arbeitszeit).
[91] Statt vieler MüKoBGB/*Einsele* § 130 Rn. 28 mwN.
[92] Staudinger/*Singer*/*Benedict* BGB § 130 Rn. 14 mwN.

Wird die Erklärung einem **Betriebsratsmitglied** gegenüber abgegeben, ist dieses grundsätzlich (zu Ausnahmen → Rn. 5, 31) Erklärungsbote,[93] dh die Erklärung wird erst mit Zugang an den Vorsitzenden wirksam (→ Rn. 28) und der Erklärende trägt die Gefahr der richtigen und rechtzeitigen Übermittlung.[94] Wird ein Betriebsratsmitglied dagegen vom Vorsitzenden zur Entgegennahme von Erklärungen ermächtigt, ist es Empfangsbote[95] und rechnet damit zum Machtbereich des Vorsitzenden (→ Rn. 28). Sobald eine Erklärung den Empfangsboten erreicht hat, kommt es daher nicht mehr auf den tatsächlichen, sondern den gewöhnlich zu erwartenden Geschehensablauf an.[96] Die Gefahr der richtigen und rechtzeitigen Übermittlung liegt in diesem Fall beim Betriebsrat.

6. Bevollmächtigung anderer Betriebsratsmitglieder

Der Betriebsrat kann zwar nicht außenstehenden Dritten,[97] wohl aber einzelnen Betriebsratsmitgliedern **rechtsgeschäftliche** Vertretungsmacht erteilen.[98] Praktisch relevant ist das v. a., wenn in Betriebsräten mit weniger als neun Mitgliedern die laufenden Geschäfte einem einzelnen Mitglied nach § 27 Abs. 3 BetrVG übertragen werden, oder wenn der Betriebsrat nach § 28 Abs. 1 S. 3 BetrVG einem Ausschuss Aufgaben zur selbständigen Erledigung überträgt und dem Ausschuss weder der Vorsitzende noch sein Stellvertreter angehören. Die Vollmacht tritt grundsätzlich neben die gesetzliche Vertretungsmacht des (stellvertretenden) Vorsitzenden. Da der Vorsitzende gesetzliche Vertretungsmacht allerdings nur im Rahmen der Beschlüsse des Gremiums hat (→ Rn. 20 ff.), kann der Betriebsrat in einem konkreten Beschluss für den Einzelfall auch die Ausführung des Beschlusses allein durch ein anderes Betriebsratsmitglied vorsehen.[99]

Der Betriebsrat kann einzelnen Betriebsratsmitgliedern auch **Vollmacht zur Entgegennahme** von Erklärungen erteilen.[100] Überträgt der Betriebsrat einem Ausschuss nach § 28 Abs. 1 S. 3 BetrVG Aufgaben zur selbständigen Erledigung, ist der Übertragungsbeschluss regelmäßig – wenn auch nicht zwingend – dahin gehend auszulegen, dass dem Ausschussvorsitzenden Empfangsvollmacht erteilt wird.[101] Da § 26 Abs. 2 S. 2 BetrVG zwingend ist und dem berechtigten Interesse Dritter an einer zweifelsfreien Zustellungsmöglichkeit dient, bleiben der Vorsitzende bzw. sein Stellvertreter in diesem Fall weiterhin passiv vertretungsbefugt.[102]

III. Betriebsausschuss

Der Betriebsrat wird grundsätzlich als Kollegialorgan tätig, während der Vorsitzende ihn im Rahmen der gefassten Beschlüsse lediglich nach außen vertritt (→ Rn. 20 ff.). Um die Betriebsratsarbeit zu erleichtern, sieht § 27 Abs. 1 BetrVG für größere Betriebe daher zwingend[103] die Bildung eines geschäftsführenden Ausschusses vor.

---

[93] BAG 27.6.1985 – 2 AZR 412/84, NZA 1986, 426 (427 f.); GK-BetrVG/*Raab* § 26 Rn. 56 mwN.
[94] Statt vieler MüKoBGB/*Einsele* § 130 Rn. 26 mwN.
[95] GK-BetrVG/*Raab* § 26 Rn. 56.
[96] BGH 15.3.1989 – VIII ZR 303/87, NJW-RR 1989, 757 (758).
[97] GK-BetrVG/*Raab* § 26 Rn. 72.
[98] Vgl. BAG 5.2.1965 – 1 ABR 14/64 (II. 5. der Gründe); aus der Lit. etwa *Fitting* § 26 Rn. 36 f. mwN; **aA** allein HWGNRH/*Glock* § 26 Rn. 72.
[99] *Fitting* § 26 Rn. 36; GK-BetrVG/*Raab* § 26 Rn. 73; Richardi BetrVG/*Thüsing* § 26 Rn. 39.
[100] BAG 27.6.1985 – 2 AZR 412/84, NZA 1986, 426 (427).
[101] BAG 4.8.1975 – 2 AZR 266/74, BeckRS 9998, 180026; aus der Lit. statt vieler *Fitting* § 26 Rn. 43 mwN.
[102] Ebenso Richardi BetrVG/*Thüsing* § 26 Rn. 43; **aA** *Fitting* § 26 Rn. 43; WPK/*Kreft* § 26 Rn. 25; GK-BetrVG/*Raab* § 26 Rn. 59 u. 61; DKKW/*Wedde* § 26 Rn. 28, die allerdings eine vorherige Information des Erklärenden verlangen.
[103] Statt vieler *Fitting* § 27 Rn. 5 mwN.

1. Pflicht zur Bestellung

33 Nach § 27 Abs. 1 BetrVG ist für Betriebsräte ab **neun Mitgliedern** ein Betriebsausschuss zu bestellen. Maßgeblich ist die gewählte Anzahl an Betriebsratsmitgliedern (→ § 291 Rn. 37).[104] Sinkt die tatsächliche Zahl der Betriebsratsmitglieder nach Eintreten sämtlicher Ersatzmitglieder unter neun, besteht der Betriebsausschuss daher fort,[105] bis der Betriebsrat nach § 13 Abs. 2 Nr. 2 BetrVG neu gewählt (→ § 291 Rn. 36ff.) und das Wahlergebnis bekanntgegeben wurde, § 21 S. 5 BetrVG. Da das Gesetz die Pflicht zur Bestellung zeitlich nicht begrenzt, ist der Betriebsausschuss ab **Konstituierung** des Betriebsrats in seiner ersten Sitzung zu bilden.[106]

34 Wird ein Betriebsausschuss entgegen § 27 Abs. 1 BetrVG nicht gewählt, kann darin eine grobe Verletzung gesetzlicher Pflichten iSd § 23 Abs. 1 S. 1 BetrVG liegen (näher hierzu → § 297 Rn. 2ff.).[107] Der Arbeitgeber darf in diesem Fall aber weder die Lohnfortzahlung nach § 37 Abs. 2 BetrVG auf die Zahl der zu wählenden Ausschussmitglieder beschränken[108] noch die Zusammenarbeit mit dem Betriebsrat verweigern.[109] **Kleinere Betriebsräte** können einen Betriebsausschuss nicht wählen. Sie dürfen nach § 27 Abs. 3 BetrVG (nur) die laufenden Geschäfte (→ Rn. 47) dem Vorsitzenden oder einem anderen Betriebsratsmitglied übertragen (→ Rn. 16, 30).

2. Zusammensetzung und Wahl

35 Die Ausschussgröße wird in § 27 Abs. 1 S. 2 BetrVG in Abhängigkeit von der Anzahl der gewählten Betriebsratsmitglieder (→ Rn. 33) abschließend vorgegeben. Der Vorsitzende und sein Stellvertreter gehören dem Betriebsausschuss kraft Amtes an. Die übrigen Mitglieder werden nach § 27 Abs. 1 S. 3 und 4 BetrVG in **geheimer Wahl** gewählt, also schriftlich unter Verwendung von Stimmzetteln.

36 a) **Wahl der weiteren Ausschussmitglieder.** Die Wahl der weiteren Ausschussmitglieder erfolgt nach den Grundsätzen der Verhältniswahl (zu diesen näher → § 291 Rn. 172ff.), nur im Fall eines einzigen Wahlvorschlags (Liste) nach den Grundsätzen der Mehrheitswahl (zu diesen näher → § 291 Rn. 176ff.). Wahlberechtigt und wählbar sind nur Mitglieder des Betriebsrats (vgl. § 27 Abs. 1 S. 3 BetrVG: „aus seiner Mitte").

37 Darüber hinaus trifft das Gesetz – ebenso wie hinsichtlich der Wahl des Vorsitzenden (→ Rn. 7) – keine näheren Vorgaben. Als Ausdruck eines allgemeinen Prinzips ist allerdings **§ 33 Abs. 2 BetrVG analog** anwendbar, so dass an der Wahl mindestens die Hälfte der Betriebsratsmitglieder teilnehmen muss.[110] Im Übrigen kann der Betriebsrat die nähere Ausgestaltung der Wahl durch Mehrheitsbeschluss regeln; tut er dies nicht, kommt eine analoge Anwendung der Regelungen aus der WO in Betracht, zB der in § 15 Abs. 2 S. 3 WO vorgesehene Losentscheid bei Stimmenpatt.[111]

38 Die Wahl bedarf der (formlosen) **Annahme** durch den Gewählten gegenüber dem Vorsitzenden. Zwar besteht keine Pflicht zur Amtsübernahme.[112] Erfolgt die Ablehnung allerdings willkürlich, kann darin eine grobe Verletzung gesetzlicher Pflichten iSd § 23 Abs. 1 BetrVG liegen (näher hierzu → § 297 Rn. 2ff.).[113]

---

[104] Statt vieler GK-BetrVG/*Raab* § 27 Rn. 10 mwN.
[105] Statt vieler Richardi BetrVG/*Thüsing* § 27 Rn. 5 mwN.
[106] Ebenso HWGNRH/*Glock* § 27 Rn. 9; GK-BetrVG/*Raab* § 27 Rn. 13; HWK/*Reichold* BetrVG § 27 Rn. 3; wohl auch Fitting § 27 Rn. 8; **aA** DKKW/*Wedde* § 27 Rn. 6: spätestens erste Sitzung nach Konstituierung; wohl auch Richardi BetrVG/*Thüsing* § 27 Rn. 10.
[107] Statt vieler Fitting § 27 Rn. 9 mwN.
[108] Für die heute ganz hM Fitting § 27 Rn. 9 mwN; **aA** Nikisch Band III, S. 137.
[109] Statt vieler GK-BetrVG/*Raab* § 27 Rn. 12 mwN.
[110] Statt vieler Fitting § 27 Rn. 16 mwN.
[111] GK-BetrVG/*Raab* § 27 Rn. 17 u. 21 mwN.
[112] BAG 16.3.2005 – 7 ABR 43/04, NZA 2005, 1072 Rn. 34; Fitting § 27 Rn. 44 mwN.
[113] GK-BetrVG/*Raab* § 27 Rn. 23 u. 29.

III. Betriebsausschuss

b) Ersetzung von Ausschussmitgliedern. Ist ein Ausschussmitglied verhindert oder scheidet ein gewähltes Mitglied aus dem Amt, wird es von einem Ersatzmitglied gem. § 25 Abs. 1 BetrVG nur in seiner Eigenschaft als Betriebsratsmitglied, nicht aber in seiner Funktion als Ausschussmitglied vertreten (→ § 292 Rn. 133 f.). Für das Nachrücken in den Betriebsausschuss trifft das Gesetz keine ausdrückliche Regelung.

aa) Vorsorgliche Regelung. Weitgehend einig ist man sich, dass der Betriebsrat analog § 47 Abs. 3 BetrVG, § 55 Abs. 2 BetrVG vorsorglich Ersatzmitglieder wählen darf.[114] Im Fall der **Mehrheitswahl** nach § 27 Abs. 1 S. 4 BetrVG kann der Betriebsrat unproblematisch ein Nachrückverfahren (vgl. § 25 Abs. 2 S. 3 BetrVG) oder einen gesonderten Wahlgang beschließen.[115]

Für den Regelfall der **Verhältniswahl** nach § 27 Abs. 1 S. 3 BetrVG muss der Betriebsrat dagegen den mit ihr bezweckten Minderheitenschutz[116] beachten. Er ist auch nach Aufgabe des Gruppenprinzips nicht obsolet geworden, wie etwa die Schutzvorschrift des § 27 Abs. 1 S. 5 BetrVG belegt (→ § 291 Rn. 178).[117] Richtigerweise ist ein gesonderter Wahlgang für Ersatzmitglieder daher grundsätzlich unzulässig, weil er Minderheitslisten benachteiligt.[118] Der Betriebsrat darf nur ein Nachrücken von derselben Vorschlagsliste beschließen (vgl. § 25 Abs. 2 S. 1 BetrVG) und aus Gründen des Minderheitenschutzes keinen Listensprung (vgl. § 25 Abs. 2 S. 2 BetrVG) vorsehen.[119] Ist eine Vorschlagsliste erschöpft, muss daher grundsätzlich eine Neuwahl stattfinden (→ Rn. 42). Der Betriebsrat kann **ausnahmsweise** einen Listensprung oder einen gesonderten Wahlgang beschließen, wenn dies einstimmig geschieht.[120] Ein Mehrheitsbeschluss genügt nur, wenn es allein um den Verhinderungsfall geht, da das Kräftegleichgewicht in diesem Fall nur vorübergehend verschoben wird und die Minderheit dies von vornherein durch eine ausreichende Listengröße abwenden kann.[121]

bb) Nachträgliche Wahl. Bei fehlender Regelung durch den Betriebsrat gelten nach hM **§ 25 Abs. 2 S. 1 u. 3 BetrVG analog**.[122] Wurden die Ausschussmitglieder im Wege der Verhältniswahl gewählt und ist eine Vorschlagsliste erschöpft, ist § 25 Abs. 2 S. 2 BetrVG aus Gründen des Minderheitenschutzes (→ Rn. 41) nicht analog anzuwenden.[123] Das BAG will in diesem Fall vielmehr eine punktuelle Nachwahl nach den Grundsätzen der Mehrheitswahl durchführen.[124] Das überzeugt nur teilweise. Richtigerweise müssen

---

[114] LAG Nds 5.9.2007 – 15 TaBV 3/07, BeckRS 2008, 50157; *Fitting* § 27 Rn. 28; ErfK/*Koch* BetrVG § 27 Rn. 2; GK-BetrVG/*Raab* § 27 Rn. 42; Richardi BetrVG/*Thüsing* § 27 Rn. 17; DKKW/*Wedde* § 27 Rn. 23; **aA** *Dänzer-Vanotti* AuR 989, 204 (208); HWGNRH/*Glock* § 27 Rn. 15.
[115] Statt vieler *Fitting* § 27 Rn. 31 f. mwN.
[116] Vgl. BT-Drs. 14/6352, 53 l. Sp. (Bewertung durch die Fraktion Bündnis 90/Die Grünen) und 54 r. Sp.
[117] Ebenso GK-BetrVG/*Raab* § 27 Rn. 44; **aA** Richardi BetrVG/*Thüsing* § 27 Rn. 20.
[118] Ebenso *Fitting* § 27 Rn. 37 f.; Löwisch/Kaiser/*Löwisch* § 27 Rn. 8; GK-BetrVG/*Raab* § 27 Rn. 45; **aA** Richardi BetrVG/*Thüsing* § 27 Rn. 22; DKKW/*Wedde* § 27 Rn. 24.
[119] GK-BetrVG/*Raab* § 27 Rn. 44; **aA** *Fitting* § 27 Rn. 35 f.; Richardi BetrVG/*Thüsing* § 27 Rn. 20; DKKW/*Wedde* § 27 Rn. 24.
[120] GK-BetrVG/*Raab* § 27 Rn. 44, 46; vgl. auch *Fitting* § 27 Rn. 40.
[121] Überzeugend GK-BetrVG/*Raab* § 27 Rn. 40, 46; vgl. auch BAG 16.3.2005 – 7 ABR 43/04, NZA 2005, 1072 Rn. 26 (für § 28 BetrVG).
[122] BAG 16.3.2005 – 7 ABR 43/04, NZA 2005, 1072 Rn. 19 (für § 28 BetrVG); *Fitting* § 27 Rn. 31, 34; wohl auch HWGNRH/*Glock* § 27 Rn. 12 f.; WPK/*Kreft* § 27 Rn. 12 f.; DKKW/*Wedde* § 27 Rn. 24; Richardi BetrVG/*Thüsing* § 27 Rn. 20 f. **Diff.** GK-BetrVG/*Raab* § 27 Rn. 48 f.: Analogie nur im Verhinderungsfall.
[123] Ebenso BAG 16.3.2005 – 7 ABR 43/04, NZA 2005, 1072 Rn. 22 (für § 28 BetrVG); HWGNRH/*Glock* § 27 Rn. 24; **aA** *Fitting* § 27 Rn. 35; DKKW/*Wedde* § 27 Rn. 24; wohl auch Richardi BetrVG/*Thüsing* § 27 Rn. 20; **diff.** GK-BetrVG/*Raab* § 27 Rn. 48 f.: Analogie nur im Verhinderungsfall.
[124] BAG 16.3.2005 – 7 ABR 43/04, NZA 2005, 1072 Rn. 19 (für § 28 BetrVG); insoweit ebenso Richardi BetrVG/*Thüsing* § 27 Rn. 31; WPK/*Kreft* § 27 Rn. 13; Löwisch/Kaiser/*Löwisch* § 27 Rn. 9; HWK/*Reichold* § 27 Rn. 6; DKKW/*Wedde* § 27 Rn. 24; **abl.** *Fitting* § 27 Rn. 35a.

aus Gründen des Minderheitenschutzes sämtliche Mitglieder neu gewählt werden.[125] Zum einen konnte sich die Minderheit auf die Nachwahlsituation im Vorfeld nicht einstellen (→ Rn. 41). Zum anderen wäre andernfalls eine missbräuchliche Kombination aus Abberufung und Nachwahl durch die Mehrheit möglich.[126] Zulässig ist eine punktuelle Nachwahl aber ausnahmsweise, wenn der Betriebsrat sie einstimmig beschließt.[127]

43 cc) Ersetzung des (stellvertretenden) Vorsitzenden. Scheidet der (stellvertretende) Vorsitzende aus dem Amt, folgt ihm sein Nachfolger kraft Amtes im Betriebsausschuss nach (→ Rn. 35). Im Verhinderungsfall kann der Betriebsrat eine Vertretungsregelung treffen, andernfalls rückt der nächste (nicht mehr erfolgreiche) Wahlbewerber nach.[128] Das gilt auch im Fall der ursprünglichen Verhältniswahl, da der (stellvertretende) Vorsitzende keiner Liste zuzuordnen ist und sich die Problematik des Minderheitenschutzes (→ Rn. 41 f.) somit nicht stellt.[129]

44 c) Wahlfehler. Mit Blick auf die besondere Funktion des Betriebsausschusses für die Geschäftsführung des Betriebsrats kann die Wahl der weiteren Ausschussmitglieder als betriebsratsinterner Organisationsakt – ebenso wie die Wahl des (stellvertretenden) Vorsitzenden – **analog § 19 BetrVG** nur mit Wirkung *ex nunc* vor dem Arbeitsgericht angefochten werden.[130] Erforderlich ist ein Verstoß gegen wesentliche Wahlvorschriften, der für das Wahlergebnis potentiell kausal gewesen sein muss (ausführlich → 291 Rn. 287 ff.). Entgegen der hM gilt die Zwei-Wochenfrist aus § 19 Abs. 2 S. 2 BetrVG nicht analog (→ Rn. 12). Anfechtungsberechtigt sind die einzelnen Betriebsratsmitglieder, nicht hingegen der Betriebsrat, einzelne Arbeitnehmer, im Betrieb vertretene Gewerkschaften und der Arbeitgeber (→ Rn. 13); etwas anderes gilt für den Arbeitgeber dann, wenn entgegen § 27 Abs. 1 S. 2 BetrVG eine höhere Zahl an Mitgliedern gewählt wird, da er nach § 37 Abs. 2 u. 3 BetrVG mit den Kosten der Sitzungsteilnahme belastet wird.[131]

45 **Nichtig** ist die Wahl dagegen nur, wenn ihre Unwirksamkeit wegen eines groben und offensichtlichen Wahlfehlers offenkundig ist (→ § 291 Rn. 314).[132] Das ist etwa der Fall, wenn die Mitglieder vom Vorsitzenden „ausgewählt" wurden, die Wahl außerhalb einer Betriebsratssitzung erfolgt ist oder die Voraussetzungen nach § 27 Abs. 1 BetrVG nicht vorlagen. Die Nichtigkeit kann von jedermann jederzeit form- und fristlos geltend gemacht werden.[133]

3. Rechtsstellung und Aufgaben

46 Der Betriebsausschuss nimmt als Organ des Betriebsrats[134] dessen laufende Geschäfte nach § 27 Abs. 2 S. 1 BetrVG in eigener Zuständigkeit wahr. Nach § 27 Abs. 2 S. 2 BetrVG kann ihm der Betriebsrat auch Aufgaben zur selbständigen Erledigung übertragen. Für die

---

[125] **Diff.** GK-BetrVG/*Raab* § 27 Rn. 50 f.: nur bei Ausscheiden.
[126] Vgl. LAG Hmb 7.8.2012 – 2 TaBV 2/12, BeckRS 2013, 67944 und dazu GK-BetrVG/*Raab* § 27 Rn. 36.
[127] Insoweit ebenso GK-BetrVG/*Raab* § 27 Rn. 50; DKKW/*Wedde* § 27 Rn. 24.
[128] Statt vieler *Fitting* § 27 Rn. 43 mwN.
[129] GK-BetrVG/*Raab* § 27 Rn. 41 aE.
[130] BAG 13.11.1991 – 7 ABR 18/91, NZA 1992, 989 (990). Vgl. auch BAG 16.11.2005 – 7 ABR 11/05, NZA 2006, 445 Rn. 14 (für Ausschuss iSd § 28 BetrVG). Aus der Lit. statt vieler GK-BetrVG/*Raab* § 27 Rn. 25 mwN.
[131] *Fitting* § 27 Rn. 99a; ErfK/*Koch* BetrVG § 27 Rn. 6; WPK/*Kreft* § 27 Rn. 9; GK-BetrVG/*Raab* § 27 Rn. 27.
[132] BAG 13.11.1991 – 7 ABR 18/91, NZA 1992, 989 (990); vgl. auch BAG 20.4.2005 – 7 ABR 44/04, NZA 2005, 1426 Rn. 23 (zur Freistellungswahl); aus der Lit. statt vieler GK-BetrVG/*Raab* § 27 Rn. 24 mwN.
[133] BAG 13.11.1991 – 7 ABR 8/91, NZA 1992, 944 (945).
[134] Statt vieler *Fitting* § 27 Rn. 54 mwN.

III. Betriebsausschuss　　　　　　　　　　　　　　　　　47–49 § 293

interne Geschäftsführung gelten §§ 29 Abs. 2–4, 30 ff. BetrVG grundsätzlich analog.[135] Nach außen vertritt der (stellvertretende) Vorsitzende den Betriebsausschuss analog § 26 Abs. 2 BetrVG (→ Rn. 19 ff., zur Vertretung auch des Betriebsrats → Rn. 30 f.).

a) Führung der laufenden Geschäfte. In Abgrenzung zu § 27 Abs. 2 S. 2 BetrVG 47 („Aufgaben zur selbständigen Erledigung") umfasst die Führung der laufenden Geschäfte nur **interne** organisatorische Aufgaben,[136] wie etwa die Erledigung des Schriftverkehrs, die Einholung von Auskünften, die Vorbereitung von Betriebsratssitzungen oder die Einsichtnahme in Lohn- und Gehaltslisten (vgl. deklaratorisch § 80 Abs. 2 S. 2 Hs. 2 BetrVG, § 13 Abs. 2 EntgTranspG). Nicht erfasst werden ua alle Maßnahmen, zu deren Wirksamkeit es eines Beschlusses bedarf, insbesondere die Wahrnehmung von Mitwirkungs- und Mitbestimmungsrechten (vgl. auch § 27 Abs. 2 S. 2 Hs. 2 BetrVG).[137] Insoweit bleibt aber eine Übertragung nach § 27 Abs. 2 S. 2 BetrVG möglich (→ Rn. 48). Mit Blick auf die Entlastungsfunktion von § 27 Abs. 2 S. 1 BetrVG kann der Betriebsrat nur einzelne **konkrete Angelegenheiten** durch Beschluss an sich ziehen.[138]

b) Übertragung weiterer Aufgaben. Der Betriebsrat kann dem Betriebsausschuss nach 48 § 27 Abs. 2 S. 2 BetrVG auch Aufgaben zur **selbständigen Erledigung** übertragen. Der Betriebsausschuss tritt in diesem Fall an die Stelle des Betriebsrats, handelt also im eigenen Namen.[139] Übertragen werden kann insbesondere die Ausübung von Mitwirkungs- und Mitbestimmungsrechten,[140] nach § 27 Abs. 2 S. 2 Hs. 2 BetrVG jedoch nicht der Abschluss von Betriebsvereinbarungen. Aus diesem Grund sollte das Recht zur Anrufung der Einigungsstelle nicht übertragen werden, da deren Entscheidung dann nur die Wirkung einer Regelungsabrede haben kann.[141] Wegen ihrer besonderen Bedeutung nicht übertragbar sind außerdem betriebsratsinterne Wahlentscheidungen, Entsendungen sowie alle Fälle, in denen der Betriebsrat einen qualifizierten Beschluss (mit absoluter Mehrheit der Stimmen) fassen muss (→ § 294 Rn. 79 f.).[142] Unzulässig ist schließlich eine so weitgehende Übertragung (nahezu) aller Aufgaben, dass der Betriebsrat gleichsam bedeutungslos wird.[143]

Der **Beschluss zur Aufgabenübertragung** bedarf nach § 27 Abs. 2 S. 2 BetrVG der 49 absoluten Stimmenmehrheit (→ § 294 Rn. 79) und nach § 27 Abs. 2 S. 3 BetrVG der Schriftform. Er muss also gem. § 126 Abs. 1 BGB vom Vorsitzenden eigenhändig unterzeichnet werden, wobei die Aufnahme aller Angaben in die ohnehin nach § 34 Abs. 1 BetrVG zu fertigende Sitzungsniederschrift genügt. Ein Formmangel führt nach § 125 S. 1 BGB zur Nichtigkeit.[144] Vom Betriebsausschuss im eigenen Namen (→ Rn. 48) gefasste und nach außen umgesetzte Beschlüsse sind in diesem Fall endgültig unwirksam und können nicht nach §§ 177, 180 S. 2 BGB genehmigt werden.[145] Wurde der Betriebsausschuss nach § 102 BetrVG beteiligt, muss sich der Arbeitgeber die Unwirksamkeit der

---

[135] Statt vieler GK-BetrVG/*Raab* § 27 Rn. 52, 57 f. mwN.
[136] BAG 15.8.2012 – 7 ABR 16/11, NZA 2013, 284 Rn. 19; LAG Düsseldorf 5.8.2015 – 4 TaBVGa 6/15, BeckRS 2015, 71815; *Fitting* § 27 Rn. 67; ErfK/*Koch* BetrVG § 27 Rn. 4; GK-BetrVG/*Raab* § 27 Rn. 66, 69; DKKW/*Wedde* § 27 Rn. 33 f.; jetzt auch HWGNRH/*Glock* § 27 Rn. 47; **aA** HWK/*Reichold* BetrVG § 27 Rn. 8; Richardi BetrVG/*Thüsing* § 27 Rn. 50 ff.; ähnlich Löwisch/Kaiser/*Löwisch* § 27 Rn. 14 (einschränkend Rn. 16).
[137] Vgl. dazu auch BR-Drs. 715/70, 39 (Mitbestimmung als Aufgabenübertragung).
[138] Ebenso *Fitting* § 27 Rn. 66; GK-BetrVG/*Raab* § 27 Rn. 64; DKKW/*Wedde* § 27 Rn. 32; ähnlich Richardi BetrVG/*Thüsing* § 27 Rn. 49 (kein Beschlusserfordernis); **aA** HWGNRH/*Glock* § 27 Rn. 44.
[139] Statt vieler *Fitting* § 27 Rn. 71 mwN.
[140] BAG 15.8.2012 – 7 ABR 16/11, NZA 2013, 284 Rn. 24; statt vieler *Fitting* § 27 Rn. 74 mwN.
[141] Näher GK-BetrVG/*Raab* § 27 Rn. 71, 81 mwN.
[142] Statt vieler GK-BetrVG/*Raab* § 27 Rn. 70 mwN.
[143] BAG 15.8.2012 – 7 ABR 16/11, NZA 2013, 284 Rn. 24; *Fitting* § 27 Rn. 78 mwN.
[144] *Raab* FS Konzen, 2006, S. 719 (730); Richardi BetrVG/*Thüsing* § 27 Rn. 69.
[145] Ebenso HGNRH/*Glock* § 27 Rn. 61; GK-BetrVG/*Raab* § 27 Rn. 78; **aA** *Fitting* § 27 Rn. 84; HWK/*Reichold* BetrVG § 27 Rn. 14; Richardi BetrVG/*Thüsing* § 27 Rn. 69; DKKW/*Wedde* § 27 Rn. 35.

Aufgabenübertragung nach hier vertretener Ansicht nicht entgegenhalten lassen, wenn er gutgläubig war und der Betriebsrat zurechenbar den Rechtsschein einer ordnungsgemäßen Aufgabenübertragung gesetzt hat (zum Vertrauensschutz ausführlich → Rn. 26).[146] Dasselbe muss gelten, wenn der Arbeitgeber in Unkenntnis der Aufgabenübertragung dem Betriebsratsgremium nach § 102 Abs. 1 S. 2 BetrVG die Kündigungsgründe mitgeteilt hat. Der Betriebsrat muss sich zwar an der ihm zugegangenen Mitteilung festhalten lassen, insbesondere löst diese die Stellungnahmefrist aus § 102 Abs. 2 BetrVG aus, über die Stellungnahme hat allerdings der intern hierfür zuständige Betriebsausschuss zu beschließen (zur Möglichkeit einer Betriebsratsentscheidung → Rn. 50).

50 Die Aufgabenübertragung kann jederzeit durch Beschluss **widerrufen** werden. Der Widerruf bedarf nach § 27 Abs. 2 S. 4 BetrVG der absoluten Stimmenmehrheit sowie der Schriftform (→ Rn. 49). Trifft der Betriebsrat trotz Aufgabenübertragung selbst eine Sachentscheidung und genügt sein Beschluss den Anforderungen aus § 27 Abs. 2 S. 4 BetrVG, liegt darin nach hier vertretener Ansicht ein wirksamer (partieller) Widerruf; andernfalls ist sein Beschluss unwirksam. Unter den Voraussetzungen des § 27 Abs. 2 S. 4 BetrVG darf der Betriebsrat einen Beschluss des Betriebsausschusses auch nachträglich aufheben oder ändern, solange dieser Dritten gegenüber noch nicht wirksam geworden ist.[147] Ebenso kann er dem Betriebsausschuss formelle Vorgaben, Weisungen und Richtlinien zur Entscheidungsfindung vorgeben.[148] Auch insoweit gelten für den Arbeitgeber die Grundsätze des Vertrauensschutzes (→ Rn. 49, 26).

4. Beendigung der Amtszeit

51 Der Betriebsausschuss wird für die gesamte Amtszeit des Betriebsrats gebildet. Die Mitglieder können ihr Amt jederzeit formlos **niederlegen**,[149] der (stellvertretende) Vorsitzende des Betriebsrats allerdings nur durch Niederlegung seines Amts als (stellvertretender) Vorsitzender. Eine **Abberufung** der weiteren Mitglieder durch Beschluss des Betriebsrats ist jederzeit möglich; im Fall der Verhältniswahl bedarf es allerdings aus Gründen des Minderheitenschutzes gem. § 27 Abs. 1 S. 5 BetrVG eines in geheimer Abstimmung und mit (absoluter) Drei-Viertel-Mehrheit gefassten Beschlusses.

5. Streitigkeiten

52 Über Streitigkeiten in der Anwendung von § 27 BetrVG entscheiden die Arbeitsgerichte im Beschlussverfahren, § 2a Abs. 1 Nr. 1 ArbGG, §§ 80 ff. ArbGG. Geht es um Wahlfehler, findet § 19 BetrVG analoge Anwendung (näher → Rn. 44 f.).

IV. Andere Ausschüsse

53 In Betrieben mit mehr als 100 Arbeitnehmern kann der Betriebsrat nach § 28 Abs. 1 S. 1 BetrVG freiwillig Ausschüsse bilden, um dadurch die Betriebsratsarbeit zu straffen und zu beschleunigen. Maßgeblich sind die **in der Regel** beschäftigten Arbeitnehmer (→ § 291 Rn. 148 f.) einschließlich der Leiharbeitnehmer (→ § 291 Rn. 144 ff., 150).[150] Wird der Schwellenwert nicht erreicht, darf der Betriebsrat einen Ausschuss nicht bilden; er kann aber einzelne Betriebsratsmitglieder im Einzelfall mit der Vorbereitung von Entscheidungen betrauen.[151]

---

[146] Weitergehend die sog. Sphärenabgrenzung der Rspr., dazu LAG München 14.12.2006 – 3 Sa 695/06, BeckRS 2009, 67743.
[147] Ebenso *Fitting* § 27 Rn. 71; GK-BetrVG/*Raab* § 27 Rn. 79; Richardi BetrVG/*Thüsing* § 27 Rn. 67; DKKW/*Wedde* § 27 Rn. 58.
[148] Statt vieler *Fitting* § 27 Rn. 73 f. mwN; **aA** allein HWGNRH/*Glock* § 27 Rn. 55 f.
[149] BAG 16.3.2005 – 7 ABR 43/04, NZA 2005, 1072 Rn. 34.
[150] Statt vieler *Fitting* § 28 Rn. 14 mwN.
[151] Statt vieler GK-BetrVG/*Raab* § 28 Rn. 19 mwN.

1. Zusammensetzung und Wahl

Über die Bildung von Ausschüssen entscheidet der Betriebsrat nach **pflichtgemäßem** 54
Ermessen; seine Entscheidung kann gerichtlich nicht auf ihre Zweckmäßigkeit, sondern nur auf ihre Rechtmäßigkeit hin überprüft werden.[152] Das betrifft insbesondere die Festlegung der Ausschussgröße, für die nicht § 27 Abs. 1 S. 2 BetrVG,[153] sondern allein die Grenze des Rechtsmissbrauchs gilt.[154]

Anders als beim Betriebsausschuss (→ Rn. 35) sind sämtliche Mitglieder zwingend[155] zu 55
wählen; der Vorsitzende und sein Stellvertreter sind nicht Mitglieder kraft Amtes. Die **Wahl** folgt gem. § 28 Abs. 1 S. 2 BetrVG denselben Grundsätzen wie die der Mitglieder des Betriebsausschusses (hierzu ausführlich → Rn. 36 ff.). Auch die Ausführungen zur Ersetzung von Ausschussmitgliedern (→ Rn. 39 ff.),[156] zur Geltendmachung von Wahlfehlern analog § 19 BetrVG (→ Rn. 44 f.) und zur Abberufung (→ Rn. 51) gelten entsprechend.

2. Rechtsstellung und Aufgaben

Wie der Betriebsausschuss (→ Rn. 46) sind auch Ausschüsse **Organe** des Betriebsrats.[157] 56
Dieser kann ihnen daher jede Aufgabe zuweisen, die in seine Zuständigkeit fällt. Im Umkehrschluss zu § 27 Abs. 2 S. 1, Abs. 3 BetrVG können die laufenden Geschäfte (→ Rn. 47) des Betriebsrats allerdings nicht übertragen werden.[158] Im Übrigen gelten für die Grenzen der Aufgabenübertragung die Ausführungen zum Betriebsausschuss entsprechend (→ Rn. 48).

Besteht ein Betriebsausschuss (→ Rn. 32), kann der Betriebsrat Ausschüssen nach § 28 57
Abs. 1 S. 3 BetrVG auch Aufgaben zur **selbständigen Erledigung** übertragen, insbesondere die Wahrnehmung von Beteiligungsrechten.[159] Die Ausführungen zur Aufgabenübertragung an den Betriebsausschuss gelten insofern entsprechend (→ Rn. 48 ff.).

Für die interne **Geschäftsführung** gelten §§ 29 Abs. 2–4, 30 ff. BetrVG grundsätzlich 58
analog.[160] Da der Ausschuss Organ des Betriebsrats ist, wird der (stellvertretende) Vorsitzende des Ausschusses primär vom Betriebsrat bestimmt.[161] Nach außen vertritt der (stellvertretende) Vorsitzende den Betriebsausschuss analog § 26 Abs. 2 BetrVG (→ Rn. 19 ff., zur Vertretung auch des Betriebsrats → Rn. 30 f.).

V. Gemeinsame Ausschüsse

Für die Ausübung von Beteiligungsrechten stehen sich grundsätzlich der Arbeitgeber auf 59
der einen und der Betriebsrat oder ein Ausschuss auf der anderen Seite gegenüber. Schneller und effizienter können Entscheidungen getroffen werden, wenn beide Betriebspartner einen gemeinsamen Ausschuss bilden.[162] Dieser ist nicht Organ des Betriebsrats, sondern ein **eigenes Institut** der Betriebsverfassung.[163]

---

[152] BAG 20.10.1993 – 7 ABR 26/93, NZA 1994, 567 (568).
[153] AA HWGNRH/*Glock* § 28 Rn. 8: Obergrenze.
[154] Näher GK-BetrVG/*Raab* § 28 Rn. 31 mwN.
[155] BAG 16.11.2005 – 7 ABR 11/05, NZA 2006, 445 Rn. 21.
[156] Bei Erhöhung der Mitgliederzahl hat nach BAG 16.3.2005 – 7 ABR 43/04, NZA 2005, 1072 Rn. 26 zutreffend eine Neuwahl sämtlicher Mitglieder zu erfolgen.
[157] LAG BW 10.4.2013 – 2 TaBV 6/12, NZA-RR 2013, 411 (413); GK-BetrVG/*Raab* § 27 Rn. 11.
[158] BAG 14.8.2013 – 7 ABR 66/11, NZA 2014, 161 Rn. 19 ff.; LAG Bln-Bbg 15.2.2018 – 14 TaBV 675/17, BeckRS 2018, 6474 Rn. 38; zust. *Fitting* § 28 Rn. 7, 11; GK-BetrVG/*Raab* § 28 Rn. 12; DKKW/*Wedde* § 28 Rn. 11; **diff.** Richardi BetrVG/*Thüsing* § 28 Rn. 26 f.
[159] Vgl. BAG 1.6.1976 – 1 ABR 99/74, AP BetrVG 1972 § 28 Nr. 1.
[160] Statt vieler GK-BetrVG/*Raab* § 28 Rn. 35 mwN.
[161] Ebenso *Fitting* § 28 Rn. 33; GK-BetrVG/*Raab* § 28 Rn. 36; Richardi BetrVG/*Thüsing* § 28 Rn. 23; DKKW/*Wedde* § 28 Rn. 13; aA WPK/*Kreft* § 28 Rn. 8; HWGNRH/*Glock* § 28 Rn. 15.
[162] Empirische Angaben bei *Senne* BB 1995, 305 ff.
[163] BAG 20.10.1993 – 7 ABR 26/93, NZA 1994, 567 (569).

1. Ausschüsse mit Entscheidungskompetenz

60 § 28 Abs. 2 BetrVG erkennt das indirekt an, indem er dem Betriebsrat die Befugnis gibt, den von ihm benannten Mitgliedern eines gemeinsamen Ausschusses **Aufgaben zur selbständigen Entscheidung** entsprechend § 28 Abs. 1 BetrVG zu übertragen (→ Rn. 57, 48 ff.). Erforderlich ist daher insbesondere, dass ein Betriebsausschuss besteht, § 28 Abs. 1 S. 3 BetrVG.[164] Dass ein gemeinsamer Ausschuss keine Betriebsvereinbarungen abschließen darf (§ 28 Abs. 1 S. 3 Hs. 2 BetrVG iVm § 27 Abs. 2 S. 2 Hs. 2 BetrVG), lässt sich auch durch eine Betriebsvereinbarung zu den (normativen) Befugnissen des Ausschusses richtigerweise nicht umgehen.[165]

61 Die Aufgabenübertragung erfolgt schon nach dem Wortlaut des Gesetzes nicht an den Ausschuss, sondern an die Mitglieder des Betriebsrats; eine Übertragung von Mitbestimmungsrechten an den vom Arbeitgeber mitbesetzten Ausschuss sieht das Gesetz gerade nicht vor.[166] Aus diesem Grund müssen Beschlüsse stets von **beiden** Seiten mehrheitlich getragen und das Anwesenheitsquorum analog § 33 Abs. 2 BetrVG für beide Seiten erfüllt sein.

2. Ausschüsse ohne Entscheidungskompetenz

62 Nach allgemeiner Ansicht kann der Betriebsrat auch gemeinsame Ausschüsse mit lediglich beratender Funktion bilden, ohne dass die Voraussetzungen von § 28 Abs. 2 BetrVG erfüllt sein müssten.[167] Sie können daher auch in Betrieben mit bis zu 100 Arbeitnehmern und ohne Betriebsausschuss errichtet werden.

VI. Arbeitsgruppen

63 In Betrieben mit mehr als 100 Arbeitnehmern (→ Rn. 53) kann der Betriebsrat nach § 28a Abs. 1 S. 1 BetrVG bestimmte Aufgaben auch auf Arbeitsgruppen übertragen. Dadurch soll die **Partizipation** der Arbeitnehmer gestärkt und ihr Fachwissen für die Mitbestimmung nutzbar gemacht werden (vgl. § 28a Abs. 1 S. 2 BetrVG).[168] Der Begriff der Arbeitsgruppe ist gesetzlich nicht definiert. Erfasst wird jede Zusammenfassung von Arbeitnehmern, die durch eine gemeinsame Tätigkeit derart verbunden sind, dass sich mitbestimmungspflichtige Fragen für sie einheitlich stellen und anders als für die übrige Belegschaft geregelt werden können.[169]

1. Voraussetzungen

64 Die Übertragung durch den Betriebsrat bedarf nach § 28a Abs. 1 S. 1 u. 3 BetrVG der Schriftform und eines mit absoluter Mehrheit gefassten Beschlusses. Zum Schutz der Interessen des Arbeitgebers bedarf es nach § 28a Abs. 1 S. 1 Hs. 2 BetrVG außerdem einer **Rahmenvereinbarung,** aus der sich insbesondere die erfassten Arbeitsgruppen und zu übertragenden Aufgaben ergeben müssen. Da sie die gesetzliche Kompetenzordnung mit normativer Wirkung ändert, ist sie Betriebsvereinbarung.[170] Mangels entsprechender gesetzlicher Vorgabe ist sie nicht erzwingbar. Die übertragenen Aufgaben müssen in Einklang mit der Rahmenvereinbarung stehen und nach § 28a Abs. 1 S. 2 BetrVG mit den

---

[164] Statt vieler GK-BetrVG/*Raab* § 28 Rn. 40 mwN.
[165] Ebenso WPK/*Kreft* § 28 Rn. 17; GK-BetrVG/*Raab* § 28 Rn. 46; aA *Fitting* § 28 Rn. 50.
[166] *P. Hanau* BB 1973, 1274 (1276 f.); WPK/*Kreft* § 28 Rn. 18; Richardi BetrVG/*Thüsing* § 28 Rn. 39; **aA** *Fitting* § 28 Rn. 47; HWGNRH/*Glock* § 28 Rn. 31 f.; Löwisch/Kaiser/*Löwisch* § 28 Rn. 18; GK-BetrVG/*Raab* § 28 Rn. 42, 45 f.; HWK/*Reichold* BetrVG § 28 Rn. 10; wohl auch DKKW/*Wedde* § 28 Rn. 17.
[167] Statt vieler GK-BetrVG/*Raab* § 28 Rn. 39 mwN.
[168] BT-Drs. 14/5741, 26 l. Sp.; zur Kritik etwa GK-BetrVG/*Raab* § 28a Rn. 4 mwN.
[169] *Raab* NZA 2002, 474 (476); zust. auch *Blanke* RdA 2003, 140 (141); WPK/*Kreft* § 28a Rn. 7; ähnlich HWK/*Reichold* BetrVG § 28a Rn. 3; **abw.** Richardi BetrVG/*Thüsing* § 28a Rn. 8; DKKW/*Wedde* § 28a Rn. 15: autonome/eigenverantwortliche Aufgabenerfüllung.
[170] Überzeugend GK-BetrVG/*Raab* § 28a Rn. 26 mwN.

Tätigkeiten der Arbeitsgruppe zusammenhängen, dürfen also nicht Interessen anderer Arbeitnehmer berühren.[171]

2. Wirkungen

Die Arbeitsgruppe ist **kein Organ** des Betriebsrats.[172] Im Rahmen der ihr übertragenen Aufgaben nimmt sie betriebsverfassungsrechtliche Befugnisse vielmehr selbst und ausschließlich[173] wahr. Vorschriften zur rechtlichen Stellung von Betriebsratsmitgliedern finden daher nur punktuell analoge Anwendung, soweit eine vergleichbare Interessenlage besteht. Das gilt etwa für § 78 BetrVG[174] sowie § 37 Abs. 2 u. 3 BetrVG.[175] Nicht analog gelten bspw. § 37 Abs. 6 u. 7 BetrVG zur Teilnahme an Schulungs- und Bildungsveranstaltungen,[176] da sie an die umfassendere Aufgabenzuständigkeit des Betriebsrats anknüpfen. 65

Die Arbeitsgruppe kann mit der Mehrheit der Stimmen der Gruppenmitglieder **Vereinbarungen** mit dem Arbeitgeber schließen, § 28a Abs. 2 S. 1 BetrVG. Nach § 28a Abs. 2 S. 2 BetrVG gilt für die Gruppenvereinbarung § 77 BetrVG entsprechend. Je nach ihrem Inhalt kann sie Betriebsvereinbarung oder Regelungsabrede sein.[177] Kommt es in einer bestimmten Angelegenheit zu keiner Einigung, nimmt der Betriebsrat das Beteiligungsrecht wahr, § 28a Abs. 2 S. 3 BetrVG. Daraus folgt zugleich, dass die Arbeitsgruppe nicht die Einigungsstelle anrufen kann. Endet die Aufgabenübertragung durch Widerruf oder Kündigung der Rahmenvereinbarung (→ Rn. 67), bestehen die bis dahin abgeschlossenen Gruppenvereinbarungen fort.[178] 66

3. Beendigung

Der Betriebsrat kann die Aufgabenübertragung jederzeit **widerrufen.** Der Widerruf bedarf der Schriftform und eines mit absoluter Mehrheit gefassten Beschlusses des Betriebsrats, § 28a Abs. 1 S. 4 BetrVG. Er wird mit Zugang an die Arbeitsgruppe wirksam.[179] Die Zuständigkeit der Arbeitsgruppe entfällt auch, wenn die Rahmenvereinbarung nach den allgemeinen Regeln (nachwirkungslos) **gekündigt** wird. 67

---

[171] Näher GK-BetrVG/*Raab* § 28a Rn. 32.
[172] Statt vieler HWK/*Reichold* BetrVG § 28a Rn. 2 mwN.
[173] Statt vieler GK-BetrVG/*Raab* § 28a Rn. 38 mwN.
[174] *Fitting* § 28a Rn. 39a mwN.
[175] GK-BetrVG/*Raab* § 28a Rn. 8 mwN.
[176] *Fitting* § 28a Rn. 39 mwN.
[177] Zutreffend GK-BetrVG/*Raab* § 28a Rn. 44 u. 50f. mwN.
[178] Statt vieler Richardi BetrVG/*Thüsing* § 28a Rn. 31 mwN.
[179] *Fitting* § 28a Rn. 26; WPK/*Kreft* § 28a Rn. 23; DKKW/*Wedde* § 28a Rn. 54; jetzt auch GK-BetrVG/*Raab* § 28a Rn. 39; **aA** HWK/*Reichold* BetrVG § 28a Rn. 21.

§ 294 Geschäftsführung des Betriebsrats

Schrifttum:
Brill, Für und wider Sprechstunden des Betriebsrats, BB 1979, 1247; *Heinze,* Wirksamkeitsvoraussetzungen von Betriebsratsbeschlüssen und Folgen fehlerhafter Beschlüsse, DB 1973, 2089; *Henssler,* Arbeitsrecht und Anwaltsrecht, RdA 1999, 38; *Joost,* Die betriebsverfassungsrechtliche Vertretung und Repräsentation des Arbeitgebers, FS Albrecht Zeuner, 1994, S. 67; *Jesgarzewski/Holzendorf,* Zulässigkeit virtueller Betriebsratssitzungen, NZA 2012, 1021; *Joussen,* Das Fehlen einer Tagesordnung bei der Ladung zur Betriebsratssitzung, NZA 2014, 505; *Joussen,* Kollektivrechtliche Aspekte des Arbeitnehmerdatenschutzes, ZfA 2012, 235; *F.W. Kraft,* Die konstituierende Sitzung des Betriebsrats, AuR 1968, 66; *Löwisch,* Stimmenthaltungen sind keine Nein-Stimmen, BB 1996, 1006; *Oetker,* Der nichtige Betriebsratsbeschluss, BlStSozArbR 1984, 129; *Oetker,* Interessenkollision bei der Ausübung betriebsverfassungsrechtlicher Beteiligungsrechte, ZfA 1984, 409; *Raab,* Die Schriftform in der Betriebsverfassung, FS Konzen 2006, S. 719; *Raab,* Rechtsschutz des Arbeitgebers gegen Pflichtverletzungen des Betriebsrats (Teil 1 und Teil 2), RdA 2017, 288 und 352; *Rieble,* Teilnahme von Gewerkschaftsbeauftragten an Betriebsratssitzungen, Anm. EzA § 31 BetrVG 1972 Nr. 1; *Walker,* Die Haftung des Betriebsrats und seines Vorsitzenden gegenüber externen Beratern, FS v. Hoyningen-Huene, 2014, S. 535; *Worzalla,* Heilung des Ladungsmangels bei nicht erfolgter Übersendung einer Tagesordnung, SAE 2014, 71.

Übersicht

	Rn.
I. Allgemeines	1
II. Sitzungen	2
1. Konstituierende Sitzung des Betriebsrats	3
a) Einberufung und Zeitpunkt	4
b) Teilnahmerecht	9
c) Leitung	11
2. Weitere Sitzungen des Betriebsrats	14
a) Einberufung	15
b) Ladung	19
c) Tagesordnung	22
d) Teilnehmer	29
aa) Betriebsratsmitglieder	30
bb) Schwerbehindertenvertretung	32
cc) Jugend- und Auszubildendenvertretung	35
dd) Arbeitgeber	37
ee) Vertreter der Arbeitgebervereinigung	40
ff) Gewerkschaftsbeauftragte	42
gg) Weitere Teilnahmeberechtigte	48
e) Leitung	52
f) Zeitpunkt der Sitzung	55
g) Ort der Sitzung	60
h) Nichtöffentlichkeit	61
3. Streitigkeiten	64
III. Beschlüsse	66
1. Beschlussfassung	67
a) Sitzungserfordernis	68
b) Beschlussfähigkeit	71
c) Stimmrecht	73
aa) Betriebsratsmitglieder	74
bb) Jugend- und Auszubildendenvertreter	75
cc) Behandlung eigener Angelegenheiten	76
d) Erforderliche Mehrheiten	78
d) Verfahren der Abstimmung	81
2. Beschlussmängel	83
a) Grundsätze	84
b) Einzelne Verfahrensfehler	90
3. Änderung und Aufhebung	98
4. Aussetzung	99

II. Sitzungen

	Rn.
5. Streitigkeiten	104
IV. Sitzungsniederschrift	105
1. Zweck und Bedeutung	106
2. Verfasser	108
3. Inhalt	110
4. Aushändigung von Abschriften	113
5. Einwendungen	114
6. Einsichtsrecht	115
7. Aufbewahrung	117
V. Geschäftsordnung	118
1. Zweck	119
2. Erlass	120
3. Inhalt	122
4. Wirkung	124
VI. Sprechstunden	127
1. Einrichtung	128
2. Zeit und Ort	129
3. Ausgestaltung	130
4. Teilnahme von Jugend- und Auszubildendenvertretern	132
5. Besuchsrecht der Arbeitnehmer	134
6. Haftung für Auskünfte	136

I. Allgemeines

Als Kollegialorgan bildet der Betriebsrat seinen gemeinsamen Willen und trifft Entscheidungen, indem er Beschlüsse fasst (vgl. § 33 Abs. 1 BetrVG).[1] Das geschieht im Rahmen von Sitzungen (→ Rn. 2 ff.). Die Amtstätigkeit des Betriebsrats und seiner Mitglieder erfasst daneben weitere Aufgaben, wie etwa das Abhalten von Sprechstunden (→ Rn. 127 ff.) oder das Aufsuchen von Arbeitnehmern am Arbeitsplatz. **1**

II. Sitzungen

Der Betriebsrat kann Beschlüsse nur auf Sitzungen fassen (→ Rn. 68). Hinsichtlich der Vorgaben zu Vorbereitung und Ablauf der Sitzungen unterscheidet das Gesetz zwischen der ersten (konstituierenden) Sitzung nach § 29 Abs. 1 BetrVG und weiteren Sitzungen nach § 29 Abs. 2 BetrVG. Diese Vorgaben sind jeweils **zwingend** (ausführlich → § 291 Rn. 2). **2**

1. Konstituierende Sitzung des Betriebsrats

Die erste (konstituierende) Sitzung des Betriebsrats dient nach § 29 Abs. 1 S. 1 BetrVG der **Wahl** des Vorsitzenden sowie des stellvertretenden Vorsitzenden gem. § 26 Abs. 1 BetrVG (zu dieser ausführlich → § 293 Rn. 3 ff.). Ist nach § 27 Abs. 1 S. 1 BetrVG ein Betriebsausschuss zu bilden, sind auf der konstituierenden Sitzung außerdem die weiteren Mitglieder zu wählen (→ § 293 Rn. 33). **3**

a) Einberufung und Zeitpunkt. Die konstituierende Sitzung ist nach § 29 Abs. 1 S. 1 BetrVG vom **Wahlvorstand** einzuberufen, der im Rahmen eines entsprechenden Beschlusses von seinem Vorsitzenden analog § 26 Abs. 2 S. 1 BetrVG vertreten wird (→ § 291 Rn. 210). Die Verpflichtung zur Einberufung besteht auch, wenn ein Anfechtungsverfahren nach § 19 BetrVG anhängig ist, da die Wahl des Betriebsrats erst mit dessen rechtskräftigem Abschluss ggf. unwirksam wird (→ § 291 Rn. 311 f.).[2] Ist die Wahl **4**

---

[1] BAG 9.12.2014 – 1 ABR 19/13, NZA 2015, 368 Rn. 15.
[2] Statt vieler *Fitting* § 29 Rn. 12 mwN.

hingegen **nichtig** und somit von Anfang an unwirksam (→ § 291 Rn. 317 f.), muss die Einberufung unterbleiben.[3]

5 Die Einberufung muss nach § 29 Abs. 1 S. 1 BetrVG **vor Ablauf einer Woche** nach dem Wahltag erfolgen. Da die Wochenfrist der Vorbereitung des Wahlvorstands dient, beginnt sie im Fall mehrtägiger Wahlen mit dem letzten Tag der Stimmabgabe.[4] Sie endet nach § 188 Abs. 2 Alt. 1 BGB mit Ablauf desjenigen Tags der Folgewoche, der durch seine Benennung dem letzten Wahltag entspricht. Handelt es sich um einen Sonnabend, Sonntag oder allgemeinen Feiertag, endet die Frist nach § 193 BGB am nächsten Werktag.

6 Innerhalb der Wochenfrist muss allein die **Ladung,** nicht aber die konstituierende Sitzung selbst stattfinden.[5] Dafür spricht bereits der Wortlaut, der parallel zu § 29 Abs. 2 S. 1 BetrVG formuliert ist. Der Zweck der Vorschrift steht diesem Verständnis nicht entgegen. Ohne (stellvertretenden) Vorsitzenden ist der Betriebsrat zwar nur beschränkt handlungsfähig, er ist vom Arbeitgeber allerdings ab Beginn seiner Amtszeit als Kollegialorgan zu beteiligen (→ § 293 Rn. 5). Zur zeitnahen Herstellung der vollen Handlungsfähigkeit genügt es daher, wenn die Ladung binnen Wochenfrist erfolgt. Für das Abhalten der Sitzung selbst wäre diese Frist dagegen nicht selten zu knapp bemessen, etwa wenn nach Stimmauszählung (vgl. § 13 WO) und Benachrichtigung (§ 17 Abs. 1 S. 1 WO) einzelne Mitglieder ihr Amt nicht annehmen (vgl. § 17 Abs. 1 S. 2 WO) und daher schon die Ladung erst gegen Ende der Wochenfrist erfolgen kann.

7 Wurde gegen § 29 Abs. 1 S. 1 BetrVG **verstoßen,** hat das keine Auswirkungen auf die Rechtmäßigkeit der Wahl des (stellvertretenden) Vorsitzenden in einer später einberufenen Sitzung.[6] Eine Abberufung des Wahlvorstands nach § 18 Abs. 1 S. 2 BetrVG kommt nicht in Betracht, weil die Einberufung nicht zum Pflichtenkreis nach § 18 Abs. 1 S. 1 BetrVG zählt (→ § 291 Rn. 215).[7] Entgegen der hM[8] entsteht mit Ablauf der Wochenfrist auch kein hilfsweises **Initiativrecht** dergestalt, dass einzelne oder mehrere Betriebsratsmitglieder die Sitzung anstelle des Wahlvorstands einberufen könnten.[9] Ein solches Initiativrecht sieht das Gesetz – anders als zB in § 50 Abs. 3 S. 1 GmbHG – nicht vor (vgl. § 29 Abs. 3 BetrVG). Für eine Rechtsfortbildung fehlt es an jeglichem Anknüpfungspunkt, zumal der Gesetzgeber ausdrücklich normierte Initiativrechte je nach Regelungszusammenhang von unterschiedlichen Voraussetzungen abhängig macht (vgl. etwa § 37 Abs. 2 S. 1 BGB, § 122 Abs. 3 S. 1 AktG); jedenfalls fehlt es an einer Lücke, weil die Mitglieder des Betriebsrats (stets) **einstimmig** eine Sitzung abhalten dürfen (näher → Rn. 16). Kommt der einstimmige Selbstzusammentritt nicht zustande, kann die Einberufung – wie auch sonst (→ Rn. 64) – allein im Wege der **Leistungsverfügung** durchgesetzt werden; die hierfür erforderliche Eilbedürftigkeit folgt daraus, dass der Betriebsrat

---

[3] Ebenso WPK/*Kreft* § 29 Rn. 2; GK-BetrVG/*Raab* § 29 Rn. 7; HWK/*Reichold* BetrVG § 29 Rn. 4; **aA** insoweit HK-BetrVG/*Wolmerath* § 29 Rn. 4.
[4] Ebenso *Fitting* § 29 Rn. 8; GK-BetrVG/*Raab* § 29 Rn. 7; DKKW/*Wedde* § 29 Rn. 4; HK-BetrVG/*Wolmerath* § 29 Rn. 6.
[5] Ebenso BAG 23.8.1984 – 6 AZR 520/82, NZA 1985, 566 (568); *Fitting* § 29 Rn. 11; HWGNRH/*Glock* § 29 Rn. 3; ErfK/*Koch* BetrVG § 29 Rn. 1; BeckOK ArbR/*Mauer* BetrVG § 29 Rn. 1; Richardi BetrVG/*Thüsing* § 29 Rn. 5; DKKW/*Wedde* § 29 Rn. 5; HK-BetrVG/*Wolmerath* § 29 Rn. 6; **aA** WPK/*Kreft* § 29 Rn. 2; GK-BetrVG/*Raab* § 29 Rn. 8; HWK/*Reichold* BetrVG § 29 Rn. 2.
[6] Statt vieler *Fitting* § 29 Rn. 9; GK-BetrVG/*Raab* § 29 Rn. 12 jeweils mwN.
[7] Für die ganz hM statt vieler *Fitting* § 29 Rn. 10 mwN; **aA** Löwisch/Kaiser/*Löwisch* § 29 Rn. 2; eine Analogie erwägend BAG 23.8.1984 – 6 AZR 520/82, NZA 1985, 566 (567), dagegen zu Recht HWGNRH/*Glock* § 29 Rn. 8.
[8] LAG Hamm 23.6.2014 – 13 TaBVGa 21/14, BeckRS 2014, 72579 Rn. 16; WPK/*Kreft* § 29 Rn. 3; GK-BetrVG/*Raab* § 29 Rn. 13; Richardi BetrVG/*Thüsing* § 29 Rn. 11 f.; DKKW/*Wedde* § 29 Rn. 7; grds. auch *Fitting* § 29 Rn. 9; HK-BetrVG/*Wolmerath* § 29 Rn. 6, die allerdings „geringfügige" Zeitüberschreitungen für unbeachtlich halten.
[9] Im Ergebnis ebenso BAG 23.8.1984 – 6 AZR 520/82, NZA 1985, 566 (567); HWGNRH/*Glock* § 29 Rn. 8; Löwisch/Kaiser/*Löwisch* § 29 Rn. 2.

ohne (stellvertretenden) Vorsitzenden nur eingeschränkt handlungsfähig ist (→ § 293 Rn. 5).

Dem Zweck von § 29 Abs. 1 S. 1 BetrVG (→ Rn. 6) entspricht es, dass die **konstituierende Sitzung** schon vor Beginn der Amtszeit des neu gewählten Betriebsrats stattfinden darf (→ § 292 Rn. 8); die möglichen Gegenstände der Sitzung sind in diesem Fall allerdings auf die gesetzlich vorgesehenen Wahlentscheidungen begrenzt (→ Rn. 3, 13).

b) Teilnahmerecht. Zu laden sind **sämtliche Betriebsratsmitglieder,** die ihr Amt nach § 17 Abs. 1 WO angenommen haben und daher gem. § 18 WO in der endgültigen Bekanntmachung des Wahlergebnisses aufgeführt wurden.[10] Ist ein Mitglied zeitweilig verhindert, muss analog § 29 Abs. 2 S. 6 BetrVG an seiner Stelle das gem. § 25 Abs. 1 S. 2 BetrVG vorübergehend nachrückende Ersatzmitglied (ausführlich hierzu → § 292 Rn. 117 ff.) geladen werden. Analog § 33 Abs. 2 BetrVG ist die Wahl nur gültig, wenn an ihr mindestens die Hälfte der Betriebsratsmitglieder teilnimmt (→ § 293 Rn. 7).

Die Teilnahme an der Wahl des (stellvertretenden) Vorsitzenden beschränkt § 29 Abs. 1 S. 1 BetrVG als **lex specialis** auf Betriebsratsmitglieder (für anschließende Sachentscheidungen → Rn. 13). An der konstituierenden Sitzung dürfen daher weder Arbeitgeber (§ 29 Abs. 4 BetrVG) noch Gewerkschaftsbeauftragte (§ 31 BetrVG) teilnehmen.[11] Gleiches gilt für die Schwerbehindertenvertretung (§ 29 Abs. 2 S. 4 BetrVG, § 32 BetrVG), Mitglieder der Jugend- und Auszubildendenvertretung (§ 29 Abs. 2 S. 4 BetrVG, § 67 Abs. 1 BetrVG) und den Vertrauensmann der Zivildienstleistenden (§ 3 Abs. 2 ZDVG).[12] Für den Wahlvorstand darf nach § 29 Abs. 1 S. 2 BetrVG nur dessen Vorsitzender, im Verhinderungsfall sein Stellvertreter teilnehmen, bis der Betriebsrat aus seiner Mitte einen Wahlleiter bestellt hat.[13] Nehmen weitere Personen zu Unrecht an der konstituierenden Sitzung teil, liegt darin ein Verstoß gegen die in § 30 S. 4 BetrVG vorgeschriebene **Nichtöffentlichkeit** (ausführlich → Rn. 61 ff.).

c) Leitung. Nach § 29 Abs. 1 S. 2 BetrVG leitet der **Vorsitzende des Wahlvorstands** die Sitzung, bis der Betriebsrat aus seiner Mitte einen Wahlleiter bestellt hat. Auch im Fall eines einstimmigen Selbstzusammentritts (→ Rn. 7, 16) bleibt es dabei, dass der Wahlvorstand zur Sitzungsleitung berechtigt ist.[14]

Das Verfahren der Bestellung des **Wahlleiters** ist gesetzlich nicht näher geregelt; die Ausführungen zum Ablauf der Wahl des Vorsitzenden gelten insoweit entsprechend (→ § 293 Rn. 6 ff.), dh die Wahl erfolgt grundsätzlich offen und es genügt die relative Stimmenmehrheit.[15] Mit Annahme der Bestellung obliegt die Leitung der weiteren Sitzung dem Wahlleiter. Er hat die Wahl des Vorsitzenden und des stellvertretenden Vorsitzenden durchzuführen (hierzu ausführlich → § 293 Rn. 6 ff.). Mit ihrem Abschluss endet sein Recht zur Sitzungsleitung.[16]

Die weitere Sitzung wird analog § 29 Abs. 2 S. 2 BetrVG vom neu gewählten Betriebsratsvorsitzenden geleitet. Ist ein Betriebsausschuss zu bilden, betrifft das etwa die

---

[10] Statt vieler *Fitting* § 29 Rn. 14 mwN.
[11] Ebenso *Fitting* § 29 Rn. 14; HWGNRH/*Glock* § 29 Rn. 12; WPK/*Kreft* § 29 Rn. 4; AR/*Maschmann* BetrVG § 29 Rn. 2; BeckOK ArbR/*Mauer* § 29 Rn. 1; GK-BetrVG/*Raab* § 29 Rn. 17; HWK/*Reichold* BetrVG § 29 Rn. 4; Richardi BetrVG/*Thüsing* § 29 Rn. 8; **aA** für den Arbeitgeber LAG Düsseldorf 14.6.1961 – 3 BVTa 1/61, BB 1961, 900; für Gewerkschaftsbeauftragte DKKW/*Wedde* § 29 Rn. 10; HK-BetrVG/*Wolmerath* § 29 Rn. 7.
[12] Ebenso *Fitting* § 29 Rn. 14; WPK/*Kreft* § 29 Rn. 4; GK-BetrVG/*Raab* § 29 Rn. 17; HWK/*Reichold* BetrVG § 29 Rn. 4; **aA** Richardi BetrVG/*Thüsing* § 29 Rn. 8: Teilnahmerecht, aber keine Ladungspflicht; zust. HWGNRH/*Glock* § 29 Rn. 12; so wohl auch DKKW/*Wedde* § 29 Rn. 10; HK-BetrVG/*Wolmerath* § 29 Rn. 7.
[13] Statt vieler GK-BetrVG/*Raab* § 29 Rn. 16 mwN.
[14] Ebenso GK-BetrVG/*Raab* § 29 Rn. 15.
[15] Statt vieler *Fitting* § 29 Rn. 17 mwN.
[16] Statt vieler GK-BetrVG/*Raab* § 29 Rn. 20.

Wahl der weiteren Mitglieder des Betriebsausschusses (→ § 293 Rn. 33). **Sachentscheidungen** dürfen im weiteren Sitzungsverlauf dagegen nur getroffen werden, wenn die Amtszeit des neu gewählten Betriebsrats bereits begonnen hat (→ § 292 Rn. 8). Praktisch scheitert eine wirksame Beschlussfassung allerdings regelmäßig daran, dass der Wahlvorstand Sachentscheidungen nicht auf die Tagesordnung setzen darf[17] und für die weitere Sitzung (zur Wahl selbst → Rn. 10) das Teilnahmerecht von Schwerbehindertenvertretung sowie Jugend- und Auszubildendenvertretern beachtet werden muss. Wirksam ist ein Beschluss daher nur, wenn der Betriebsrat mit der erforderlichen Mehrheit eine Ergänzung der Tagesordnung beschließt (→ Rn. 24ff.) und Schwerbehindertenvertretung sowie Jugend- und Auszubildendenvertreter für die weitere Sitzung hinzutreten.[18]

2. Weitere Sitzungen des Betriebsrats

14 Wesentliche Vorgaben zu den weiteren Sitzungen des Betriebsrats finden sich in § 29 Abs. 2 bis 4 BetrVG. Der Betriebsrat kann daneben zwar auch informelle Gespräche führen, ohne diese Vorgaben einzuhalten. Dabei handelt es sich aber nicht um Sitzungen iSd §§ 29ff. BetrVG, auf denen Beschlüsse gefasst werden dürfen; eine Beschlussfassung (→ Rn. 66ff.) ist grds. nur möglich, wenn sich die Mitglieder unter der Leitung einer den Vorsitz führenden Person nach ordnungsgemäßer Einberufung zusammenfinden, um gemeinsam zu beraten und ggf. zu beschließen.[19]

15 **a) Einberufung.** Für die Einberufung der weiteren Sitzungen ist nach § 29 Abs. 2 S. 1 BetrVG der **Vorsitzende** des Betriebsrats zuständig, im Verhinderungsfall der stellvertretende Vorsitzende (vgl. § 26 Abs. 2 S. 1 BetrVG). Ist auch er verhindert, kann die Geschäftsordnung einen weiteren Vertreter für die Einberufung bestimmen.[20] Fehlt es an einer solchen Regelung, entsteht richtigerweise **kein Initiativrecht** dergestalt, dass einzelne oder mehrere Betriebsratsmitglieder zu einer Sitzung laden dürften mit der Folge, dass das Gremium Beschlüsse fassen kann, solange nur die Hälfte der Mitglieder an der Beschlussfassung teilnimmt (zum Selbstzusammentritt in vollständiger Besetzung → Rn. 16).[21] Die Voraussetzungen einer solchen Rechtsfortbildung sind nicht gegeben (für die konstituierende Sitzung → Rn. 7), zumal § 29 Abs. 3 BetrVG die Frage der Einberufung einer Sitzung auf Initiative der Betriebsratsmitglieder für weitere Sitzungen abschließend regelt.

16 Allerdings hat der Betriebsrat als Kollegialorgan stets ein **Selbstzusammentrittsrecht,** das dadurch ausgeübt wird, dass er in **vollständiger** Besetzung zusammenkommt.[22] In diesem Fall ist der mit dem Einberufungserfordernis verfolgte Schutzzweck umfassend gewahrt.[23] Gleiches gilt, wenn einzelne Betriebsratsmitglieder zwar nicht an der Sitzung teilnehmen, im Vorfeld aber ausdrücklich ihre Einwilligung zum Selbstzusammentritt erklärt

---

[17] Ebenso GK-BetrVG/*Raab* § 29 Rn. 22; Richardi BetrVG/*Thüsing* § 29 Rn. 16; **aA** WPK/*Kreft* § 29 Rn. 6.
[18] Ebenso *Fitting* § 29 Rn. 21; HWGNRH/*Glock* § 29 Rn. 16f.; GK-BetrVG/*Raab* § 29 Rn. 22; HWK/*Reichold* BetrVG § 29 Rn. 6; Richardi BetrVG/*Thüsing* § 29 Rn. 16; im Erg. auch DKKW/*Wedde* § 29 Rn. 13f.; weitergehend WPK/*Kreft* § 29 Rn. 6.
[19] BAG 23.8.1984 – 6 AZR 520/82, NZA 1985, 566 (567).
[20] ArbG Marburg 13.11.1992 – 2 Ca 143/92, FHArbSozR 39 Nr. 4002; aus der Lit. etwa GK-BetrVG/*Raab* § 29 Rn. 23.
[21] Ebenso HWGNRH/*Glock* § 29 Rn. 19; WPK/*Kreft* § 29 Rn. 7; GK-BetrVG/*Raab* § 29 Rn. 25; Richardi BetrVG/*Thüsing* § 29 Rn. 17f.; im Erg. auch *Fitting* § 29 Rn. 23f.; HK-BetrVG/*Wolmerath* § 29 Rn. 10; unklar ErfK/*Koch* BetrVG § 29 Rn. 2; BeckOK ArbR/*Mauer* BetrVG § 29 Rn. 3; **aA** DKKW/*Wedde* § 29 Rn. 15.
[22] LAG Saarl 11.11.1964 – Sa 141/63, AP BetrVG § 29 Nr. 2; LAG Düsseldorf 7.3.1975 – 16 Sa 690/74, DB 1975, 743 (744); LAG Hamm 9.7.1975 – 2 Sa 612/75, DB 1975, 1851; aus der Lit. statt vieler HWGNRH/*Glock* § 29 Rn. 20; GK-BetrVG/*Raab* § 29 Rn. 25 jeweils mwN.
[23] Statt vieler GK-BetrVG/*Raab* § 29 Rn. 25.

haben (zum Erklärungsempfänger → § 293 Rn. 5).[24] Im Verhinderungsfall kommt eine Stellvertretung durch Ersatzmitglieder nach § 25 Abs. 1 S. 2 BetrVG (→ § 292 Rn. 117ff.) zwar grundsätzlich in Betracht;[25] die Vorschrift ist allerdings teleologisch zu reduzieren,[26] wenn die Verhinderung gerade auf dem kurzfristigen Selbstzusammentritt beruht, da andernfalls der Schutzzweck des Einberufungserfordernisses aus § 29 Abs. 2 S. 1 BetrVG unterlaufen würde.[27] Im Fall eines Selbstzusammentritts muss der Betriebsrat zunächst ein Mitglied zum Sitzungsleiter wählen (zu den Wahlgrundsätzen → Rn. 12) sowie in Ermangelung einer vorherigen Ladung mit der erforderlichen Mehrheit (zum Streitstand → Rn. 24ff.) eine Tagesordnung beschließen.[28]

Über die Einberufung hat der Vorsitzende des Betriebsrats nach pflichtgemäßem **Ermessen** zu entscheiden.[29] Eine **Verpflichtung** zur Einberufung besteht nach § 29 Abs. 3 BetrVG, wenn dies ein Viertel der Mitglieder des Betriebsrats oder der Arbeitgeber beantragt. Bei der Berechnung des Viertels der Mitglieder ist idR auf die nächste natürliche Zahl aufzurunden, da der Betriebsrat gem. § 9 BetrVG aus einer ungeraden Zahl von Mitgliedern besteht, sofern kein Fall des § 13 Abs. 2 Nr. 2 BetrVG vorliegt (→ § 292 Rn. 21). Der Antrag nach § 29 Abs. 3 BetrVG muss den zu beratenden Gegenstand bezeichnen, ist an den Vorsitzenden zu richten und kann formlos erfolgen.[30] Eine Zweckmäßigkeitskontrolle sieht das Gesetz nicht vor. Dem Antrag ist daher stattzugeben, wenn der begehrte Beratungsgegenstand zum Aufgabenbereich des Betriebsrats gehört und er nicht innerhalb angemessener Zeit auf einer regelmäßigen Sitzung behandelt wird.[31] Als Minus umfasst § 29 Abs. 3 BetrVG außerdem den Anspruch, einen Gegenstand auf die Tagesordnung einer turnusmäßigen oder bereits anberaumten Sitzung setzen zu lassen.[32] 17

Unterlässt der (stellvertretende) Vorsitzende die Einberufung einer Sitzung oder die beantragte Ergänzung der Tagesordnung pflichtwidrig, kann dies eine grobe Verletzung gesetzlicher Pflichten iSd § 23 Abs. 1 S. 1 BetrVG begründen (ausführlich → § 297 Rn. 2ff.). Ein hilfsweises Initiativrecht des Antragstellers sieht das Gesetz hingegen nicht vor.[33] Der Anspruch ist daher ggf. im Wege des einstweiligen Rechtsschutzes durchzusetzen (→ Rn. 64). 18

b) Ladung. Die Einberufung erfolgt durch eine Ladung aller Teilnahmeberechtigten (zu diesen → Rn. 29ff.). Sie muss den genauen Ort und Zeitpunkt der Sitzung benennen und nach § 29 Abs. 2 S. 3 BetrVG die Tagesordnung (→ Rn. 22ff.) mitteilen. Da das Gesetz kein Formerfordernis aufstellt, ist eine mündliche Ladung zwar zulässig,[34] wird bei größeren Betriebsräten oder umfangreicher Tagesordnung allerdings aus praktischen Gründen häufig ausscheiden. In der Regel wird sich daher eine Ladung per Brief oder E-Mail anbieten.[35] Weitergehende Vorgaben zu Form und Inhalt kann die Geschäftsordnung nach § 36 BetrVG treffen. Anders als im Fall der Einberufung einer Gesellschafterver- 19

---

[24] Ebenso GK-BetrVG/*Raab* § 29 Rn. 25; **aA** Richardi BetrVG/*Thüsing* § 29 Rn. 18; wohl auch WPK/*Kreft* § 29 Rn. 7.
[25] *Fitting* § 29 Rn. 24; GK-BetrVG/*Raab* § 29 Rn. 26; Richardi BetrVG/*Thüsing* § 29 Rn. 18.
[26] Zur teleologischen Reduktion aufgrund der Wertung einer anderen Norm s. etwa *Canaris* Feststellung von Lücken im Gesetz, 2. Aufl. 1983, S. 87f.; *Larenz/Canaris* Methodenlehre der Rechtswissenschaft, 3. Aufl. 1995, S. 214.
[27] Überzeugend GK-BetrVG/*Raab* § 29 Rn. 26.
[28] Statt vieler *Fitting* § 29 Rn. 24.
[29] Näher GK-BetrVG/*Raab* § 29 Rn. 24.
[30] Statt vieler *Fitting* § 29 Rn. 31 mwN.
[31] Statt vieler GK-BetrVG/*Raab* § 29 Rn. 28f. mwN.
[32] Statt vieler *Fitting* § 29 Rn. 29 mwN.
[33] Statt vieler GK-BetrVG/*Raab* § 29 Rn. 31f. mwN.
[34] BAG 8.2.1977 – 1 ABR 82/74, AP BetrVG § 80 Nr. 10; 28.4.1988 – 6 AZR 405/86, NZA 1989, 223 (224); aus der Lit. statt vieler *Fitting* § 29 Rn. 44 mwN.
[35] Ebenso GK-BetrVG/*Raab* § 29 Rn. 34.

sammlung nach § 51 GmbHG[36] muss die Ladung den Teilnahmeberechtigten **analog**[37] **§ 130 BGB** zugehen.[38]

20   Eine konkrete **Mindestfrist** zwischen Ladung und Sitzungstermin gibt das Gesetz nicht vor. Sie kann aber in der Geschäftsordnung verbindlich geregelt werden.[39] Fehlt es an einer solchen Vorgabe, muss die Ladung nach § 29 Abs. 2 S. 3 BetrVG „**rechtzeitig**" erfolgen. Ob die Ladung idS fristgerecht ist, lässt sich nicht pauschal beantworten,[40] sondern muss durch Abwägung im Einzelfall entschieden werden. Gegenüber zu stellen sind dabei die Eilbedürftigkeit der Angelegenheit auf der einen und der Vorbereitungsaufwand für die Sitzung auf der anderen Seite.[41] Für den Vorbereitungsaufwand ist zunächst zu berücksichtigen, dass sich die Mitglieder den nötigen Freiraum für eine Teilnahme an der Sitzung sichern und ggf. ihre Verhinderung nach § 29 Abs. 2 S. 5 BetrVG mitteilen müssen.[42] Da sie sich auf die Beratung außerdem inhaltlich vorbereiten müssen,[43] sind der Umfang und die Komplexität der zu behandelnden Themen von besonderer Bedeutung.[44] Eilbedürftig ist eine Angelegenheit demgegenüber, wenn es zur Wahrung der Rechte und Pflichten des Betriebsrats einer schnellen Entscheidung bedarf. Das ist insbesondere bei personellen Einzelmaßnahmen der Fall, für die nach § 99 Abs. 3 S. 1 BetrVG, § 102 Abs. 2 S. 1 BetrVG eine Äußerungsfrist von nur einer Woche besteht, im Fall einer außerordentlichen Kündigung gem. § 102 Abs. 2 S. 3 BetrVG sogar nur von drei Tagen. In Eilfällen können daher auch sehr kurze, zB taggleiche Ladungsfristen noch rechtzeitig sein.[45]

21   Es ist möglich, dass den Betriebsratsmitgliedern der **Sitzungszeitpunkt bereits bekannt** ist, etwa weil der Termin zuvor beschlossen wurde oder die Geschäftsordnung turnusmäßige Sitzungen vorsieht. Zum Zweck der inhaltlichen Vorbereitung (→ Rn. 20) ist den Mitgliedern in diesem Fall aber dennoch die Tagesordnung (→ Rn. 22 ff.) rechtzeitig mitzuteilen.[46] Für Ersatzmitglieder, Arbeitgeber (§ 29 Abs. 4 S. 1 BetrVG) und Vertreter der Gewerkschaften (§ 31 BetrVG) bedarf es mangels Kenntnis vom Sitzungstermin dagegen stets einer vollständigen Ladung.[47]

22   **c) Tagesordnung.** Die Tagesordnung wird nach § 29 Abs. 2 S. 2 BetrVG vom Vorsitzenden des Betriebsrats nach pflichtgemäßem **Ermessen** festgesetzt. Im Fall eines Antrags nach § 29 Abs. 3 BetrVG ist er **verpflichtet**, den begehrten Beratungsgegenstand auf die Tagesordnung zu setzen (→ Rn. 17). Daneben hat die Schwerbehindertenvertretung nach § 178 Abs. 4 S. 1 Hs. 2 SGB IX ein Antragsrecht hinsichtlich Angelegenheiten, die ein-

---

[36] Grundl. RG 11.2.1905 – I 444/04, RGZ 60, 144 (145 f.) unter Verweis auf das dortige Formerfordernis und Praktikabilitätsgründe; BGH 30.3.1987 – II ZR 180/86, NJW 1987, 2580 (2581); aus der Lit. *Roth/Altmeppen* § 51 Rn. 5 mwN.
[37] Die Einberufung ist rechtsgeschäftsähnliche Handlung, vgl. MüKoGmbHG/*Liebscher* § 51 Rn. 5 mwN.
[38] Ebenso LAG Hamm 12.2.1992 – 3 TaBV 174/91, BB 1992, 1562; im Erg. auch GK-BetrVG/*Raab* § 29 Rn. 34.
[39] HessLAG 25.3.2004 – 9 TaBV 117/03, BeckRS 2004, 30940706; aus der Lit. statt vieler GK-BetrVG/*Raab* § 29 Rn. 35 mwN.
[40] AA wohl HK-BetrVG/*Wolmerath*: drei Tage.
[41] Zutreffend *Fitting* § 29 Rn. 44a mwN; tendenziell strenger BAG 24.5.2006 – 7 AZR 201/05, NZA 2006, 1364 Rn. 21: sachgerechte Vorbereitung müsse stets möglich bleiben.
[42] Dazu LAG Köln 3.3.2008 – 14 TaBV 83/07, BeckRS 2008, 53822 (II. 2. der Gründe); aus der Lit. etwa *Fitting* § 29 Rn. 44; GK-BetrVG/*Raab* § 29 Rn. 35 jeweils mwN.
[43] Vgl. BAG 24.5.2006 – 7 AZR 201/05, NZA 2006, 1364 Rn. 20 f.; 22.11.2017 – 7 ABR 46/16, BeckRS 2017, 143410 Rn. 13.
[44] HessLAG 12.3.2015 – 5 TaBV 124/14, BeckRS 2016, 66317; zust. auch GK-BetrVG/*Raab* § 29 Rn. 35; unklar HK-BetrVG/*Wolmerath* § 29 Rn. 11 m. Fn. 34.
[45] Ebenso *Fitting* § 29 Rn. 44a; HWGNRH/*Glock* § 29 Rn. 28; GK-BetrVG/*Raab* § 29 Rn. 36; Richardi BetrVG/*Thüsing* § 29 Rn. 37; nunmehr auch DKKW/*Wedde* § 29 Rn. 18; wohl auch ErfK/*Koch* BetrVG § 29 Rn. 2; HK-BetrVG/*Wolmerath* § 29 Rn. 11; einschränkend BAG 24.5.2006 – 7 AZR 201/05, NZA 2006, 1364 Rn. 21: nur soweit sachgerechte Vorbereitung möglich.
[46] Statt vieler *Fitting* § 29 Rn. 34a; GK-BetrVG/*Raab* § 29 Rn. 37 jeweils mwN.
[47] Statt vieler GK-BetrVG/*Raab* § 29 Rn. 37 mwN.

zelne oder die schwerbehinderten Menschen als Gruppe besonders betreffen. Das gleiche Recht steht der Jugend- und Auszubildendenvertretung nach § 67 Abs. 3 S. 1 BetrVG hinsichtlich Angelegenheiten zu, die besonders jugendliche oder auszubildende Arbeitnehmer iSd § 60 Abs. 1 BetrVG betreffen und über die sie zuvor beraten hat.

Wegen ihrer **Vorbereitungsfunktion** (→ Rn. 20) muss die Tagesordnung so konkret gefasst sein, dass die Teilnehmer über den Gegenstand der Beschlussfassung hinreichend informiert werden.[48] Soll bspw. über den Abschluss einer Betriebsvereinbarung beraten werden, darf nicht lediglich deren Gegenstand als Tagesordnungspunkt aufgeführt werden, ohne dass auf die konkrete Vorlage hingewiesen und über ihren wesentlichen Inhalt informiert wird.[49] Aus demselben Grund dürfen unter dem häufig abschließend angeführten Tagesordnungspunkt „**Verschiedenes**" keine Beschlüsse mit unmittelbarer Rechtswirkung gefasst werden, sondern allenfalls Vorberatungen erfolgen;[50] eine wirksame Beschlussfassung ist auch in diesem Fall nur möglich, wenn die Tagesordnung zuvor durch (ggf. konkludenten) Beschluss ergänzt wird (→ Rn. 25ff.). 23

Vor Beginn der Sitzung kann der Vorsitzende die Tagesordnung wirksam ändern oder ergänzen, wenn dies den Teilnehmern rechtzeitig (→ Rn. 20) mitgeteilt wird.[51] Umstritten ist dagegen, unter welchen Voraussetzungen die Tagesordnung **in der Sitzung selbst** noch geändert, ergänzt oder – zB im Fall von Zustellungsmängeln oder eines Selbstzusammentritts (→ Rn. 16) – sogar erstmals aufgestellt werden darf. Einig ist man sich allein darin, dass die Betriebsratsmitglieder hierfür **rechtzeitig** geladen sein müssen (zur Ausnahme beim Selbstzusammentritt → Rn. 16).[52] Umstritten ist dagegen, welche Anforderungen an die Beschlussfassung zu stellen sind. 24

Die früher überwiegende Ansicht verlangte für Änderungen der Tagesordnung, dass der Betriebsrat **vollzählig** zusammentritt und **einstimmig** – ggf. auch nur konkludent[53] durch inhaltliche Behandlung eines neuen Tagesordnungspunkts – sein Einverständnis erklärt (zB neun von neun Mitgliedern erscheinen und stimmen allesamt zu).[54] Im Jahr 2013 hat der Erste Senat des BAG diese Voraussetzungen nach einem Anfragebeschluss gegenüber dem Siebten Senat abgeschwächt: Am Einstimmigkeitserfordernis hält das BAG zwar unverändert fest, lässt es seitdem aber genügen, wenn der Betriebsrat in **beschlussfähiger** Besetzung (§ 33 Abs. 2 BetrVG) zusammentritt (zB fünf von neun Mitgliedern erscheinen und stimmen allesamt zu).[55] Die ganz überwiegende Ansicht in der Literatur folgt dieser Rechtsprechungsänderung.[56] Demgegenüber will eine Minderheitenauffassung die Änderung der Tagesordnung auch durch **Mehrheitsbeschluss** zulassen, wobei teilweise auf die anwesenden Mitglieder (vgl. § 33 Abs. 1 S. 1 BetrVG),[57] teilweise 25

---

[48] BAG 29.4.1992 – 7 ABR 74/91, NZA 1993, 329 (330); HessLAG 25.7.2014 – 14 Sa 167/13, BeckRS 2015, 70404 Rn. 114.
[49] HessLAG 25.7.2014 – 14 Sa 167/13, BeckRS 2015, 70404 Rn. 114.
[50] BAG 28.10.1992 – 7 ABR 14/92, NZA 1993, 466 (467); aus der Lit. statt vieler GK-BetrVG/*Raab* § 29 Rn. 52 mwN.
[51] BAG 24.5.2006 – 7 AZR 201/05, NZA 2006, 1364 Rn. 21; aus der Lit. etwa *Fitting* § 29 Rn. 46.
[52] Statt vieler GK-BetrVG/*Raab* § 29 Rn. 55 mwN.
[53] BAG 29.4.1992 – 7 ABR 74/91, NZA 1993, 329 (330); die Genehmigung des Protokolls in der Folgesitzung genügt allerdings nicht, s. BAG 28.10.1992 – 7 ABR 14/92, NZA 1993, 466 (467).
[54] BAG 28.4.1988 – 6 AZR 405/86, NZA 1989, 223 (224); 28.10.1992 – 7 ABR 14/92, NZA 1993, 466 (467); 24.5.2006 – 7 AZR 201/05, NZA 2006, 1364 Rn. 19; zust. WPK/*Kreft* § 29 Rn. 13f.; so wohl immer noch HWGNRH/*Glock* § 29 Rn. 41 (unklar Rn. 42); Richardi BetrVG/*Thüsing* § 29 Rn. 40.
[55] BAG 9.7.2013 – 1 ABR 2/13 (A), NZA 2013, 1433 Rn. 14; 22.1.2014 – 7 AS 6/13, NZA 2014, 441 Rn. 4; 15.4.2014 – 2 ABR 2/13 (B), NZA 2014, 551 Rn. 30; 22.11.2017 – 7 ABR 46/16, NZA 2018, 732 Rn. 14; LAG Hamm 16.1.2015 – 13 Sa 1046/14, BeckRS 2015, 66616; LAG SchlH 14.1.2016 – 5 TaBV 45/15, NZA-RR 2016, 304 Rn. 35; HessLAG 16.1.2017 – 9 TaBV 77/16, BeckRS 2017, 104763 Rn. 21.
[56] Zust. ErfK/*Koch* BetrVG § 29 Rn. 2; Löwisch/Kaiser/*Löwisch* § 29 Rn. 18f.; AR/*Maschmann* BetrVG § 29 Rn. 4; BeckOK ArbR/*Mauer* BetrVG § 29 Rn. 7; HWK/*Reichold* BetrVG § 29 Rn. 10; HK-BetrVG/*Wolmerath* § 29 Rn. 13 u. § 33 Rn. 6; nunmehr auch *Fitting* § 29 Rn. 48b.
[57] *Joussen* NZA 2014, 505 (508); GK-BetrVG/*Raab* § 29 Rn. 53ff.; so auch noch HK-BetrVG/*Blanke*, 3. Aufl. 2010, § 29 Rn. 11.

auf die absolute Mehrheit abgestellt wird (zB sechs von neun Mitgliedern erscheinen und fünf von ihnen stimmen zu).[58]

26 Beizupflichten ist dem BAG zunächst darin, dass es für eine Änderung oder Ergänzung der Tagesordnung genügt, wenn der Betriebsrat in **beschlussfähiger** Besetzung zusammengetreten ist (für den Sonderfall fehlender Ladung → Rn. 16). Das entspricht der allgemeinen Vorgabe aus § 33 Abs. 2 BetrVG, wonach zur wirksamen Beschlussfassung mindestens die Hälfte der Mitglieder anwesend sein muss. Anders als in § 51 Abs. 4 GmbHG hat der Gesetzgeber hiervon gerade keine Ausnahme für den Fall angeordnet, dass ein Beschlussgegenstand nicht rechtzeitig angekündigt wurde.[59] Diesem Verständnis steht auch der Zweck von § 29 Abs. 2 S. 3 BetrVG nicht entgegen: Zwar sollen die Mitglieder des Betriebsrats möglichst frühzeitig über die Gegenstände der Sitzung informiert werden (näher → Rn. 20, 27). Ein einmal geladenes Betriebsratsmitglied ist zur Sitzungsteilnahme allerdings unabhängig davon verpflichtet, ob aus seiner Sicht hinreichend gewichtige Punkte auf der Tagesordnung angekündigt wurden oder nicht.[60] Nur wenn ein Mitglied objektiv verhindert ist (→ § 292 Rn. 117 ff.), wird es nach § 25 Abs. 1 S. 2 BetrVG von einem Ersatzmitglied vertreten. Die rechtzeitige Mitteilung der Tagesordnung soll dem verhinderten Mitglied auch nicht die Möglichkeit eröffnen, auf die Willensbildung des Ersatzmitglieds oder des Gremiums außerhalb der Sitzung einzuwirken.[61] Eine solche Einwirkungsmöglichkeit stünde in Widerspruch dazu, dass ein Ersatzmitglied für die Dauer der Verhinderung vollwertiges Mitglied wird und nicht an Weisungen gebunden ist (→ § 292 Rn. 134).

27 Entgegen der hM genügt zur Änderung oder Ergänzung der Tagesordnung allerdings richtigerweise ein – ggf. konkludenter (→ Rn. 25) – **Mehrheitsbeschluss**.[62] Das entspricht der allgemeinen gesetzlichen Vorgabe zur Beschlussfassung aus § 33 Abs. 1 S. 1 BetrVG.[63] Auch insoweit hat der Gesetzgeber keine anderweitige Anordnung für Änderungen der Tagesordnung getroffen. In systematischer Hinsicht wäre es außerdem wertungswidersprüchlich, für die Änderung der Tagesordnung strengere (ungeschriebene) Voraussetzungen aufzustellen, als sie bspw. § 13 Abs. 2 Nr. 3 BetrVG ausdrücklich für einen Rücktrittsbeschluss des Betriebsrats formuliert.[64] Auch der Zweck von § 29 Abs. 2 S. 3 BetrVG gebietet keine ungeschriebene Ausnahme: Zwar sollen die Betriebsratsmitglieder durch die Tagesordnung möglichst frühzeitig informiert werden (→ Rn. 20, 26). Gerade in eilbedürftigen Fällen (→ Rn. 20) ist eine Information vor der Sitzung aber oftmals nicht mehr möglich. In diesen Fällen muss der Betriebsrat eine Mehrheitsentscheidung darüber treffen, ob die Dringlichkeit des Gegenstands eine sofortige Beschlussfassung rechtfertigt oder nicht; ein ungeschriebenes Veto-Recht einzelner Betriebsratsmitglieder in dieser Frage wäre sachfremd.[65]

28 Der hM ist zwar zuzugestehen, dass eine nachträgliche Änderung oder Ergänzung der Tagesordnung nicht dazu genutzt werden darf, durch Überrumpelung oder Ausnutzung von Verhinderungsfällen die Mehrheitsverhältnisse im Gremium zu manipulieren.[66] Aus

---

[58] DKKW/*Wedde* § 29 Rn. 27; so auch noch *Fitting*, 27. Aufl. 2014, § 29 Rn. 48.
[59] Überzeugend GK-BetrVG/*Raab* § 29 Rn. 60; zust. auch *Joussen* NZA 2014, 505 (508).
[60] BAG 9.7.2013 – 1 ABR 2/13 (A), NZA 2013, 1433 Rn. 47; 15.4.2014 – 1 ABR 2/13 (B), NZA 2014, 551 Rn. 32; zust. *Joussen* NZA 2014, 505 (508); GK-BetrVG/*Raab* § 29 Rn. 59; **aA** noch BAG 28.4.1988 – 6 AZR 405/86, NZA 1989, 223 (225).
[61] BAG 9.7.2013 – 1 ABR 2/13 (A), NZA 2013, 1433 Rn. 46; 22.1.2014 – 7 AS 6/13, NZA 2014, 441 Rn. 10; 15.4.2014 – 1 ABR 2/13 (B), NZA 2014, 551 Rn. 32; **aA** noch BAG 28.4.1988 – 6 AZR 405/86, NZA 1989, 223 (225).
[62] Ebenso *Joussen* NZA 2014, 505 (508); GK-BetrVG/*Raab* § 29 Rn. 53 ff.; DKKW/*Wedde* § 29 Rn. 27; so auch noch *Fitting*, 27. Aufl. 2014, § 29 Rn. 48; HK-BetrVG/*Blanke*, 3. Aufl. 2010, § 29 Rn. 11.
[63] Ebenso *Joussen* NZA 2014, 505 (508); GK-BetrVG/*Raab* § 29 Rn. 61 aE u. 63; abweichend insoweit DKKW/*Wedde* § 29 Rn. 27: absolute Mehrheit.
[64] Überzeugend DKKW/*Wedde* § 29 Rn. 27.
[65] GK-BetrVG/*Raab* § 29 Rn. 61; ähnlich *Joussen* NZA 2014, 505 (508); DKKW/*Wedde* § 29 Rn. 26.
[66] So etwa WPK/*Kreft* § 29 Rn. 14; HK-BetrVG/*Wolmerath* § 33 Rn. 6; ähnlich Richardi BetrVG/*Thüsing* § 29 Rn. 40.

Gründen des **Minderheitenschutzes** muss der einstimmige Beschluss aber nicht zum Regelfall erklärt werden.[67] Zum einen ist das absichtliche Auslassen zur Entscheidung anstehender Beschlussgegenstände bei Versendung der Tagesordnung eine grobe Pflichtverletzung des Vorsitzenden, gegen die nach § 23 Abs. 1 BetrVG vorgegangen werden kann (ausführlich → § 297 Rn. 2 ff.).[68] Zum anderen genügt es zum Minderheitenschutz, dass eine nachträgliche Änderung der Tagesordnung im Einzelfall nach § 242 BGB unwirksam ist, soweit es an einem **sachlichen Grund** fehlt.[69] Das ist insbesondere der Fall, wenn die Angelegenheit nicht eilbedürftig ist, weil über sie auch in der nächsten Sitzung noch rechtzeitig entschieden werden könnte, oder wenn sie schon so frühzeitig bekannt war, dass sie vom Vorsitzenden noch vor der Sitzung – ggf. durch Ergänzung der bereits versandten Tagesordnung (→ Rn. 24) – hätte mitgeteilt werden können. Nur wenn ein sachlicher Grund für die Änderung der Tagesordnung fehlt, ist es angezeigt, dass ein Beschluss aus Gründen des Minderheitenschutzes einstimmig gefasst werden muss und andernfalls nach § 242 BGB nichtig ist.

d) Teilnehmer. Die Ladung zur Sitzung (→ Rn. 19 ff.) muss unter Mitteilung der Tagesordnung (→ Rn. 22 ff.) an sämtliche Teilnehmer der Betriebsratssitzung gerichtet werden. 29

aa) Betriebsratsmitglieder. Zu laden sind stets sämtliche Betriebsratsmitglieder. Ist ein 30 Betriebsratsmitglied nach § 25 Abs. 1 S. 2 BetrVG **verhindert** (→ § 292 Rn. 117 ff.), hat es dies nach § 29 Abs. 2 S. 5 BetrVG unverzüglich gegenüber dem Vorsitzenden anzuzeigen. Der Vorsitzende muss in diesem Fall nach § 29 Abs. 2 S. 6 BetrVG das Ersatzmitglied laden. Unterbleibt die Ladung des Ersatzmitglieds oder missachtet der Vorsitzende die in § 25 Abs. 2 BetrVG zwingend vorgegebene Reihenfolge (→ § 292 Rn. 124 ff.), leidet ein dennoch gefasster Beschluss an einem wesentlichen Verfahrensmangel und ist daher unwirksam (→ Rn. 90).[70] Eine Ausnahme hiervon ist nur dann zu machen, wenn ein Betriebsratsmitglied plötzlich verhindert ist und es dem Vorsitzenden daher nicht möglich ist, seiner gesetzlichen Pflicht nachzukommen und das entsprechende Ersatzmitglied (ggf. kurzfristig) zur Sitzung zu laden (vgl. § 275 Abs. 1 BGB).[71] Das ist insbesondere der Fall, wenn der Vorsitzende vom Verhinderungsfall nicht rechtzeitig Kenntnis erlangt.[72]

Kündigt ein Betriebsratsmitglied zwar sein Fernbleiben von der Sitzung an, liegt objek- 31 tiv aber **kein Verhinderungsfall** vor, darf der Vorsitzende das Ersatzmitglied grundsätzlich nicht laden.[73] Das BetrVG sieht eine gewillkürte Stellvertretung gerade nicht vor (→ § 292 Rn. 123). Ein dennoch unter Mitwirkung des Ersatzmitglieds gefasster Beschluss ist verfahrensfehlerhaft und kann aus diesem Grund unwirksam sein (näher → Rn. 94). Eine Ausnahme von der Unwirksamkeitsfolge gilt allerdings dann, wenn das Mitglied einen Verhinderungsgrund angibt und der Vorsitzende **keine Veranlassung** dazu hat, dessen Vorliegen in Frage zu stellen und näher zu überprüfen;[74] in diesem Fall liegt kein wesentlicher Verfahrensfehler vor (näher hierzu → Rn. 85), weil durch die Teilnahme des Ersatzmitglieds die Mehrheitsverhältnisse unberührt bleiben und die Beschluss-

---

[67] Ebenso GK-BetrVG/*Raab* § 29 Rn. 62; DKKW/*Wedde* § 29 Rn. 28.
[68] Statt vieler *Fitting* § 33 Rn. 25; GK-BetrVG/*Raab* § 29 Rn. 62.
[69] Überzeugend GK-BetrVG/*Raab* § 29 Rn. 62; zust. auch DKKW/*Wedde* § 29 Rn. 28.
[70] BAG 18. 1. 2006 – 7 ABR 25/05, BeckRS 2006, 30805639.
[71] BAG 23. 8. 1984 – 2 AZR 391/83, NZA 1985, 254 (255); 3. 8. 1999 – 1 ABR 30/98, NZA 2000, 440 (442); 18. 1. 2006 – 7 ABR 25/05, BeckRS 2006, 30805639; aus der Lit. statt vieler *Fitting* § 33 Rn. 23 mwN.
[72] Ebenso *Fitting* § 33 Rn. 23; GK-BetrVG/*Raab* § 29 Rn. 43 u. § 30 Rn. 54; DKKW/*Wedde* § 33 Rn. 15; ähnlich Richardi BetrVG/*Thüsing* § 29 Rn. 42; aA HWGNRH/*Glock* § 33 Rn. 22: nur bei plötzlicher Verhinderung.
[73] LAG Hamm 28. 7. 2006 – 10 TaBV 12/06, BeckRS 2006, 44423 (B. II. 3. a. bb. der Gründe); aus der Lit. statt vieler *Fitting* § 29 Rn. 39; GK-BetrVG/*Raab* § 29 Rn. 44 jeweils mwN.
[74] Vgl. dazu auch LAG Hamm 8. 12. 2017 – 13 TaBV 72/17, BeckRS 2017, 137472 Rn. 28.

unwirksamkeit in einer solchen Konstellation dem in der Betriebsverfassung angelegten Bedürfnis nach Rechtssicherheit (näher hierzu → Rn. 86) zuwider liefe.

32 **bb) Schwerbehindertenvertretung.** Stets zu laden ist nach § 29 Abs. 2 S. 4 BetrVG die Schwerbehindertenvertretung, da ihr nach § 32 BetrVG und § 178 Abs. 4 S. 1 Hs. 1 SGB IX das Recht zusteht, an sämtlichen Sitzungen des Betriebsrats beratend teilzunehmen. Entgegen der hM ist die **unterlassene Ladung** der Schwerbehindertenvertretung nicht folgenlos,[75] sondern führt zur Unwirksamkeit der in ihrer Abwesenheit gefassten Beschlüsse, da ein anderes Abstimmungsergebnis nicht ausgeschlossen werden kann (ausführlich hierzu → Rn. 85 f., 92).[76] Der Schwerbehindertenvertretung steht zwar kein Stimmrecht zu, doch hat der Gesetzgeber ihre umfassende[77] beratende Teilnahme explizit vorgesehen und ihr damit besonderes Gewicht beigemessen. Erst Recht unwirksam sind Beschlüsse daher, wenn die Übergehung bewusst rechtsmissbräuchlich erfolgte, um Einfluss auf die Beratung zu nehmen.[78] Eine wiederholte oder im Einzelfall bewusste Übergehung der Schwerbehindertenvertretung ist außerdem eine grobe Pflichtverletzung, die nach § 23 Abs. 1 BetrVG den Ausschluss aus dem Betriebsrat rechtfertigen kann (näher → § 297 Rn. 2 ff.).[79]

33 Im **Verhinderungsfall** wird die Vertrauensperson nach § 177 Abs. 1 S. 1 SGB IX vom zuständigen stellvertretenden Mitglied vertreten.[80] Da dem Teilnahmerecht keine Teilnahmepflicht korrespondiert, darf sich die Vertrauensperson von einem stellvertretenden Mitglied auch ohne Vorliegen eines Verhinderungsfalls vertreten lassen (vgl. § 178 Abs. 1 S. 4 u. 5 SGB IX); teilt sie dies dem Betriebsratsvorsitzenden mit, ist das benannte stellvertretende Mitglied zu laden.[81]

34 Die Vertrauensperson ist in ihrer Funktion als solche nicht Mitglied des Betriebsrats. Sie kann aber zugleich gewähltes Mitglied des Betriebsrats sein (sog. **Doppelmandat**).[82] Da die Funktionen beider Ämter idR nicht kollidieren,[83] wird ein Verhinderungsfall nach § 25 Abs. 1 S. 2 BetrVG hinsichtlich des Betriebsratsmandats nur selten gegeben sein.[84]

35 **cc) Jugend- und Auszubildendenvertretung.** Für die Jugend- und Auszubildendenvertretung ist zu differenzieren: Da sie nach § 67 Abs. 1 S. 1 BetrVG zu allen Sitzungen einen Vertreter entsenden darf (→ § 303 Rn. 49), ist die Ladung nach § 29 Abs. 2 S. 4 BetrVG stets an das Gremium zu Händen ihres Vorsitzenden zu richten.[85] Sollen Angelegenheiten behandelt werden, die besonders jugendliche oder auszubildende Arbeitnehmer iSd § 60 Abs. 1 BetrVG betreffen, haben zu diesen Tagesordnungspunkten sämtliche Mitglieder der Jugend- und Auszubildendenvertretung ein Teilnahmerecht (→ § 303 Rn. 50 ff.) und sind folglich insoweit auch gem. § 29 Abs. 2 S. 4 BetrVG jeweils zu laden.[86]

---

[75] So aber *Fitting* § 32 Rn. 24; ErfK/*Koch* BetrVG § 32 Rn. 1; AR/*Maschmann* BetrVG § 32 Rn. 3; BeckOK ArbR/*Mauer* BetrVG § 32 Rn. 4; Richardi BetrVG/*Thüsing* § 32 Rn. 22a; NK-GA/*Wolmerath* BetrVG § 32 Rn. 4; grds. auch HWGNRH/*Glock* § 32 Rn. 16; GK-BetrVG/*Raab* § 32 Rn. 13; DKKW/*Wedde* § 32 Rn. 8.
[76] Ebenso HK-BetrVG/*Düwell* § 32 Rn. 55; WPK/*Kreft* § 32 Rn. 8; bei Vorsatz auch HWGNRH/*Glock* § 32 Rn. 16.
[77] Statt vieler GK-BetrVG/*Raab* § 32 Rn. 16 mwN.
[78] HWGNRH/*Glock* § 32 Rn. 16; GK-BetrVG/*Raab* § 32 Rn. 13; DKKW/*Wedde* § 32 Rn. 8.
[79] Statt vieler *Fitting* § 32 Rn. 24 mwN.
[80] Statt vieler GK-BetrVG/*Raab* § 32 Rn. 15 mwN.
[81] Überzeugend HK-BetrVG/*Düwell* § 32 Rn. 48 u. 54; **aA** *Fitting* § 32 Rn. 21 aE.
[82] Vgl. nur GK-BetrVG/*Raab* § 32 Rn. 10 mwN.
[83] Weitergehend GK-BetrVG/*Raab* § 32 Rn. 10: generell keine Interessenkollision; ebenso wohl HWK/*Reichold* BetrVG § 32 Rn. 3.
[84] Ebenso HessLAG 1.11.2012 – 9 TaBV 156/12, BeckRS 2013, 67654 (unter Hinweis auf die Geheimhaltungspflicht aus § 179 Abs. 7 S. 1 Nr. 1 SGB IX); zust. auch NK-GA/*Wolmerath* BetrVG § 32 Rn. 5.
[85] Statt vieler *Fitting* § 29 Rn. 37.
[86] Statt vieler GK-BetrVG/*Raab* § 29 Rn. 42 mwN.

Im Fall einer Verhinderung ist diese nach § 29 Abs. 2 S. 5 BetrVG – wie bei Betriebsrats- **36** mitgliedern (→ Rn. 30 f.) – unverzüglich gegenüber dem Betriebsratsvorsitzenden anzuzeigen. Dieser hat gem. § 29 Abs. 2 S. 6 BetrVG das nach § 25 Abs. 1 S. 2, § 65 Abs. 1 BetrVG zuständige Ersatzmitglied zu laden.

dd) Arbeitgeber. Ein Teilnahmerecht des Arbeitgebers besteht nach **§ 29 Abs. 4 S. 1** **37** **BetrVG** nur für Sitzungen, die auf sein Verlangen anberaumt wurden oder zu denen er ausdrücklich eingeladen wurde. Ein allgemeines Teilnahmerecht steht ihm hingegen nicht zu, insbesondere lässt sich ein solches nicht aus § 74 Abs. 1 BetrVG ableiten.[87] Hat der Arbeitgeber die Einberufung einer Sitzung nach § 29 Abs. 3 BetrVG beantragt (→ Rn. 17), kann seine Teilnahme vom Vorsitzenden in der Ladung daher auf diejenigen Tagesordnungspunkte beschränkt werden, deren Beratung er beantragt hat; diese Möglichkeit besteht auch für den Fall, dass der Arbeitgeber zu einer Sitzung eingeladen wird.[88] Über die Einladung des Arbeitgebers entscheidet der Vorsitzende nach pflichtgemäßem Ermessen, soweit das Betriebsratsgremium hierzu keinen verbindlichen Beschluss gefasst hat.[89] Die Tagesordnung bzw. diejenigen Tagesordnungspunkte, an deren Beratung der Arbeitgeber teilnehmen darf, sind ihm mit der **Ladung** mitzuteilen, damit er Kenntnis von der anstehenden Beratung erlangt und sich auf sie inhaltlich vorbereiten kann (→ Rn. 23).[90]

Dem Recht zur Teilnahme korrespondiert mit Blick auf das Gebot vertrauensvoller **38** Zusammenarbeit aus § 2 Abs. 1 BetrVG eine **Teilnahmepflicht** des Arbeitgebers.[91] Diese kann er persönlich erfüllen, wobei es für juristische Personen auf die nach Gesetz oder Satzung vertretungsberechtigten Organe ankommt.[92] Daneben kann sich der Arbeitgeber aber – wie auch sonst (vgl. § 43 Abs. 2 S. 3, § 108 Abs. 2 S. 1 BetrVG) – durch eine an der Betriebsleitung verantwortlich beteiligte Person oder einen Arbeitnehmer mit der notwendigen Fachkompetenz vertreten lassen.[93] Betriebsfremde Personen, etwa einen Rechtsanwalt,[94] darf der Arbeitgeber hierfür nicht einsetzen und auch sonst ohne Zustimmung des Betriebsrats nicht hinzuziehen (vgl. § 30 S. 4 BetrVG; zu Vertretern der Arbeitgebervereinigung → Rn. 40).[95] Die Teilnahmepflicht ist zwar nicht durch Leistungsantrag im Beschlussverfahren erzwingbar,[96] da der Betriebsrat keinen klagbaren Anspruch auf Teilnahme hat.[97] Ein grober Verstoß des Arbeitgebers gegen seine Teilnahmepflicht kann aber Rechtsfolgen nach § 23 Abs. 3 BetrVG auslösen (→ § 297 Rn. 39 ff.) und eine Strafbarkeit nach § 119 Abs. 1 Nr. 2 BetrVG begründen.[98]

Das Teilnahmerecht des Arbeitgebers erstreckt sich nur auf die Erörterung derjenigen **39** Punkte, zu denen er geladen wurde (→ Rn. 37). Er darf das **Wort ergreifen,** hat aber kein Stimmrecht.[99] Entgegen der hM lässt sich dem Gesetz nicht entnehmen, dass das Teilnahmerecht des Arbeitgebers seine Anwesenheit beim eigentlichen Beschlussvorgang

---

[87] Statt vieler *Fitting* § 29 Rn. 53; GK-BetrVG/*Raab* § 29 Rn. 71.
[88] Statt vieler *Fitting* § 29 Rn. 53 mwN; im Erg. jetzt auch HWGNRH/*Glock* § 29 Rn. 45 aE.
[89] Statt vieler *Fitting* § 29 Rn. 53.
[90] Ebenso GK-BetrVG/*Raab* § 29 Rn. 72; Richardi BetrVG/*Thüsing* § 29 Rn. 47; **aA** *Fitting* § 29 Rn. 54: nur bei Einladung.
[91] Statt vieler *Fitting* § 29 Rn. 56 mwN.
[92] Statt vieler GK-BetrVG/*Raab* § 29 Rn. 73 mwN.
[93] Allgemein zur Vertretung BAG 11.12.1991 – 7 ABR 16/91, NZA 1992, 850 (852); aus der Lit. etwa *Fitting* § 29 Rn. 58; GK-BetrVG/*Raab* § 29 Rn. 73 jeweils mwN.
[94] Näher *Henssler* RdA 1999, 38 (47); ebenso etwa *Fitting* § 29 Rn. 58 mwN.
[95] Statt vieler GK-BetrVG/*Raab* § 29 Rn. 74 mwN.
[96] Ebenso GK-BetrVG/*Raab* § 29 Rn. 78; **aA** *Fitting* § 29 Rn. 57; HWGNRH/*Glock* § 29 Rn. 47; ErfK/*Koch* BetrVG § 29 Rn. 3; AR/*Maschmann* BetrVG § 29 Rn. 5; BeckOK ArbR/*Mauer* BetrVG § 29 Rn. 8; HK-BetrVG/*Wolmerath* § 29 Rn. 15; wohl auch DKKW/*Wedde* § 29 Rn. 41.
[97] Grundl. zur Begründung von Ansprüchen des Betriebsrats BAG 17.5.1983 – 1 ABR 21/80, BeckRS 9998, 149826.
[98] Statt vieler *Fitting* § 29 Rn. 57 mwN.
[99] Statt vieler GK-BetrVG/*Raab* § 29 Rn. 75 mwN.

per se nicht erfasst.[100] Zwar räumen §§ 31 f. BetrVG Gewerkschaftsbeauftragten und Schwerbehindertenvertretung ein Recht zur „beratenden" Teilnahme zu; aus dieser Formulierung lässt sich aber kein Umkehrschluss ziehen, weil auch der Arbeitgeber in der Betriebsratssitzung das Wort ergreifen und damit beratend teilnehmen darf.[101]

40 **ee) Vertreter der Arbeitgebervereinigung.** Hat der Arbeitgeber ein Teilnahmerecht (→ Rn. 37), kann er nach § 29 Abs. 4 S. 2 BetrVG einen Vertreter seiner Arbeitgebervereinigung hinzuziehen. Er darf sich durch ihn aber nicht vertreten lassen, muss also selbst an der Sitzung teilnehmen oder einen tauglichen Vertreter auswählen (→ Rn. 38). Da die Hinzuziehung ein Recht des Arbeitgebers ist, bedarf es **keiner Ladung** durch den Vorsitzenden; es entspricht aber dem Gebot der vertrauensvollen Zusammenarbeit aus § 2 Abs. 1 BetrVG, den Vorsitzenden über die Hinzuziehung rechtzeitig zu unterrichten,[102] damit der Betriebsrat zB seinerseits einen Gewerkschaftsbeauftragten (→ Rn. 42) laden kann.[103] Der Vertreter des Arbeitgeberverbands hat das Recht, in gleicher Weise wie der Arbeitgeber an der Beratung teilzunehmen (→ Rn. 39) und sich im (generellen[104]) Einverständnis mit dem Arbeitgeber selbst zu äußern.[105]

41 Verweigert der Vorsitzende die Hinzuziehung eines Vertreters, handelt er pflichtwidrig, was im Fall eines groben Verstoßes ein Vorgehen nach § 23 Abs. 1 BetrVG eröffnet (→ § 297 Rn. 2 ff.).[106] Auf die Wirksamkeit der vom Betriebsrat gefassten Beschlüsse hat die Pflichtverletzung aber keine Auswirkungen (ausführlich → Rn. 92).[107] Ebenso wenig berechtigt sie den Arbeitgeber dazu, seine Teilnahme an der Sitzung zu verweigern;[108] ein solches Verweigerungsrecht sieht das Gesetz weder ausdrücklich vor noch lässt es sich aus dem Grundsatz vertrauensvoller Zusammenarbeit nach § 2 Abs. 1 BetrVG ableiten.

42 **ff) Gewerkschaftsbeauftragte.** Anders als bei Betriebsversammlungen (vgl. § 46 Abs. 1 S. 1 BetrVG) steht den Gewerkschaften kein selbständiges Recht zur Teilnahme an Betriebsratssitzungen zu. Nach § 31 Hs. 1 BetrVG dürfen sie an einer Sitzung nur dann beratend teilnehmen, wenn ein Viertel der Mitglieder des Betriebsrats (zur Berechnung → Rn. 17) dies (formlos) **beantragt.** Auf die Gewerkschaftszugehörigkeit der antragstellenden Mitglieder kommt es nach § 31 BetrVG nicht an.[109] Alternativ kann der Betriebsrat zur Hinzuziehung von Gewerkschaftsbeauftragten auch einen **Mehrheitsbeschluss** fassen, da auch ein solcher Beschluss von mindestens einem Viertel der Mitglieder getragen sein muss (vgl. § 33 Abs. 1 S. 1 u. Abs. 2 BetrVG).[110]

43 Richtigerweise ist die Möglichkeit der Einladung von Gewerkschaftsbeauftragten auf **konkrete Sitzungen** begrenzt.[111] Entgegen einer vereinzelt gebliebenen Entscheidung

---

[100] Einschränkend GK-BetrVG/*Raab* § 29 Rn. 76 (nur bei Einberufung durch den Arbeitgeber). Offen gelassen in BAG 24.3.1977 – 2 AZR 289/76, NJW 1978, 122 (123); **aA** LAG Düsseldorf 7.3.1975 – 16 Sa 690/74, DB 1975, 743 (743); *Fitting* § 29 Rn. 59; HWGNRH/*Glock* § 29 Rn. 52; ErfK/*Koch* BetrVG § 29 Rn. 3; Richardi BetrVG/*Thüsing* § 29 Rn. 50; DKKW/*Wedde* § 29 Rn. 42.
[101] Überzeugend insoweit GK-BetrVG/*Raab* § 29 Rn. 75.
[102] Statt vieler *Fitting* § 29 Rn. 62 mwN.
[103] DKKW/*Wedde* § 29 Rn. 44.
[104] Überzeugend und praktikabel GK-BetrVG/*Raab* § 29 Rn. 83.
[105] Vgl. BAG 19.5.1978 – 6 ABR 41/75, AP BetrVG 1972 § 43 Nr. 3 (zur Betriebsversammlung); aus der Lit. GK-BetrVG/*Raab* § 29 Rn. 83; Richardi BetrVG/*Thüsing* § 29 Rn. 54.
[106] Statt vieler GK-BetrVG/*Raab* § 29 Rn. 82 mwN.
[107] Statt vieler *Fitting* § 29 Rn. 63 mwN.
[108] Ebenso HWGNRH/*Glock* § 29 Rn. 56; GK-BetrVG/*Raab* § 29 Rn. 82; **aA** *Fitting* § 29 Rn. 63; ErfK/*Koch* BetrVG § 29 Rn. 3; HK-BetrVG/*Wolmerath* § 29 Rn. 16.
[109] Statt vieler GK-BetrVG/*Raab* § 31 Rn. 8 mwN.
[110] BAG 28.2.1990 – 7 ABR 22/89, NZA 1990, 660 (663); aus der Lit. statt vieler *Fitting* § 31 Rn. 6 mwN.
[111] So auch noch BAG 25.6.1987 – 6 ABR 45/85, NZA 1988, 167 (168) zum Wirtschafsausschuss; ebenso HWGNRH/*Glock* § 31 Rn. 11; GK-BetrVG/*Raab* § 31 Rn. 19 f.; ähnlich HWK/*Reichold* BetrVG § 31 Rn. 5; Richardi BetrVG/*Thüsing* § 31 Rn. 14 f.

des BAG[112] darf weder durch Antrag noch durch Mehrheitsbeschluss oder Regelung in der Geschäftsordnung eine unbegrenzte Einladung ergehen. Der Wortlaut von § 31 BetrVG („an den Sitzungen") ist insoweit zwar offen. Da es für die Teilnahme der Gewerkschaften keinen anderen normativen Anknüpfungspunkt gibt (→ Rn. 42),[113] ist § 31 BetrVG systematisch gesehen allerdings eine Ausnahme zum Grundsatz der Nichtöffentlichkeit aus § 30 S. 4 BetrVG, der den Teilnehmerkreis der Betriebsratssitzungen zugunsten einer effektiven und sachlichen Beratung begrenzt.[114] Die Einladungsmöglichkeit nach § 31 BetrVG ist daher eng auszulegen und ihrem Sinn und Zweck nach auf konkret bestimmte Sitzungen begrenzt, zu denen eine Einladung aus Sicht mindestens eines Viertels der Mitglieder der anstehenden Beratungsgegenstände wegen sachlich geboten erscheint. Eine andere Auslegung verbietet sich auch mit Blick auf die seit 25.5.2018 geltende **DSGVO**, die dem BetrVG normenhierarchisch vorgeht (vgl. Art. 288 Abs. 2 AEUV).[115] Da auf Sitzungen regelmäßig personenbezogene Daten einzelner Arbeitnehmer Gegenstand der Erörterung sind, hätte ein generelles, von Sachgründen losgelöstes Teilnahmerecht der Gewerkschaften zur Folge, dass die damit verbundene Datenverarbeitung (vgl. Art. 4 Nr. 2 DSGVO) unverhältnismäßig und folglich nicht nach Art. 6 Abs. 1 S. 1 lit. f DSGVO, § 26 Abs. 1 S. 2 BDSG gerechtfertigt wäre.[116]

Teilnahmeberechtigt sind nach § 31 Hs. 1 BetrVG nur Beauftragte einer **im Betriebsrat vertretenen** Gewerkschaft, dh es muss jedenfalls ein Betriebsratsmitglied auch Mitglied der einzuladenden Gewerkschaft sein.[117] Dass eine Gewerkschaft im Betrieb vertreten ist (→ § 291 Rn. 191), genügt dagegen weder nach dem Wortlaut der Vorschrift noch nach ihrem Zweck, organisierten Betriebsratsmitgliedern auch in der Sitzung die Unterstützung durch ihre Gewerkschaft zu ermöglichen.[118] Sind im Betriebsrat mehrere Gewerkschaften vertreten, liegt es im Ermessen der Betriebsratsmitglieder, die Teilnahme auf Beauftragte bestimmter Gewerkschaften zu begrenzen.[119] 44

Wurde ein ordnungsgemäßer Antrag gestellt oder ein entsprechender Mehrheitsbeschluss gefasst (→ Rn. 42), ist der **Vorsitzende verpflichtet,** der betroffenen Gewerkschaft nach § 31 Hs. 2 BetrVG den Zeitpunkt der Sitzung und die Tagesordnung rechtzeitig mitzuteilen und sie um Entsendung eines Beauftragten zu ersuchen.[120] Unterlässt er die Mitteilung, kommt ein Vorgehen nach § 23 Abs. 1 BetrVG in Betracht (→ § 297 Rn. 2 ff.).[121] Ein trotzdem gefasster Beschluss des Betriebsrats ist zwar verfahrensfehlerhaft, aber nicht unwirksam (ausführlich → Rn. 92).[122] 45

Die um Entsendung ersuchte Gewerkschaft hat das Recht, nicht aber die Pflicht, diesem Ersuchen nachzukommen.[123] Sie kann hierzu nicht nur Angestellte, sondern grundsätzlich **jedes Mitglied** entsenden.[124] Die Gewerkschaft darf richtigerweise nur **einen** 46

---

[112] BAG 28.2.1990 – 7 ABR 22/89, NZA 1990, 660 (662); zust. *Fitting* § 31 Rn. 7; ErfK/*Koch* BetrVG § 31 Rn. 1; WPK/*Kreft* § 31 Rn. 3; AR/*Maschmann* BetrVG § 31 Rn. 2; BeckOK ArbR/*Mauer* BetrVG § 31 Rn. 1; DKKW/*Wedde* § 31 Rn. 5 f.; HK-BetrVG/*Wolmerath* § 31 Rn. 4; einschränkend Löwisch/Kaiser/*Löwisch* § 31 Rn. 2: nicht durch Geschäftsordnung; **aA** noch BAG 25.6.1987 – 6 ABR 45/85, NZA 1988, 167 (168) zum Wirtschaftsausschuss.
[113] Vgl. Bericht 10. Ausschuss zu BT-Drs. VI/2729, S. 22 r. Sp.
[114] Überzeugend GK-BetrVG/*Raab* § 31 Rn. 20; **aA** BAG 28.2.1990 – 7 ABR 22/89, NZA 1990, 660 (662).
[115] Dazu etwa *Grimm/Göbel* jM 2018, 278 (284); *Kort* ZD 2017, 3 (5); GK-BetrVG/*Weber* § 80 Rn. 90.
[116] Zum Recht auf informationelle Selbstbestimmung ähnlich GK-BetrVG/*Raab* § 31 Rn. 20.
[117] Statt vieler *Fitting* § 31 Rn. 15.
[118] BAG 28.2.1990 – 7 ABR 22/89, NZA 1990, 660 (661).
[119] Dazu näher GK-BetrVG/*Raab* § 31 Rn. 13 mwN.
[120] Statt vieler *Fitting* § 31 Rn. 16; GK-BetrVG/*Raab* § 31 Rn. 15 jeweils mwN.
[121] Statt vieler GK-BetrVG/*Raab* § 31 Rn.
[122] Ähnlich GK-BetrVG/*Raab* § 31 Rn. 15; **aA** wohl *Fitting* § 31 Rn. 25; ErfK/*Koch* BetrVG § 31 Rn. 1; WPK/*Kreft* § 31 Rn. 7; DKKW/*Wedde* § 31 Rn. 12; HK-BetrVG/*Wolmerath* § 31 Rn. 6.
[123] Statt vieler *Fitting* § 31 Rn. 17 mwN.
[124] Statt vieler GK-BetrVG/*Raab* § 31 Rn. 16 mwN.

Beauftragten entsenden;[125] das entspricht dem Wortlaut der Vorschrift, dem systematischen Gleichlauf zu § 29 Abs. 4 S. 2 BetrVG und dem Anliegen, die Teilnehmerzahl an Betriebsratssitzungen im Interesse einer effektiven und sachlichen Beratung zu begrenzen (vgl. § 30 S. 4 BetrVG). Wurde die Teilnahme allerdings auf einzelne Tagesordnungspunkte beschränkt,[126] kann für deren Beratung jeweils ein anderer Beauftragter entsandt werden.[127]

47 Das **Zugangsrecht** der Gewerkschaftsbeauftragten beruht richtigerweise auf § 2 Abs. 2 BetrVG, da sich § 31 BetrVG dem Wortlaut und dem systematischen Standpunkt nach zu dieser Frage nicht verhält.[128] Der Arbeitgeber darf einem entsandten Gewerkschaftsmitglied daher nur unter den in § 2 Abs. 2 BetrVG normierten Voraussetzungen den Zutritt verweigern. Gewerkschaftsmitgliedern, die bei einem Konkurrenzunternehmen beschäftigt sind, kann er den Zutritt zum Betrieb somit nicht generell, aber immerhin insoweit verweigern, als der Schutz von Geschäftsgeheimnissen entgegensteht;[129] da das Zugangsrecht nach § 2 Abs. 2 BetrVG nur zur Wahrnehmung der gesetzlichen Aufgaben besteht und daher idR auf den Sitzungsraum begrenzt ist, wird das praktisch nur selten der Fall sein. Verweigert der Arbeitgeber den Zutritt grundlos, kommen eine Strafbarkeit nach § 119 Abs. 1 Nr. 2 BetrVG wegen Störung der Betriebsratstätigkeit und ein Vorgehen nach § 23 Abs. 3 BetrVG in Betracht (zu Letzterem → § 297 Rn. 39 ff.).[130]

48 **gg) Weitere Teilnahmeberechtigte.** Nach § 3 Abs. 1 ZDVG ist der **Vertrauensmann** der Zivildienstleistenden zur beratenden Sitzungsteilnahme berechtigt, wenn Angelegenheiten behandelt werden, die im Betrieb beschäftigte Zivildienstleistende betreffen. In diesem Fall ist er analog § 29 Abs. 2 S. 4 BetrVG zu laden.[131] Im Verhinderungsfall ist sein Stellvertreter (§ 2 Abs. 1 ZDVG) teilnahmeberechtigt und damit zu laden.[132]

49 Soweit dies zur ordnungsgemäßen Aufgabenerfüllung erforderlich ist, kann der Betriebsrat nach § 80 Abs. 3 BetrVG bei der Durchführung seiner Aufgaben **Sachverständige** hinzuziehen. Das umfasst auch die – idR punktuelle – Sitzungsteilnahme, soweit diese zur sachgerechten Beratung bestimmter Tagesordnungspunkte erforderlich ist.[133] Die Hilfsfunktion der Sachverständigen bedingt jedoch, dass sie in der Sitzung nur Auskünfte erteilen, nicht aber durch eigenständige Beratungsbeiträge auf die Willensbildung des Gremiums einwirken oder während der anschließenden Beschlussfassung anwesend sein dürfen.[134]

50 Soweit dies für eine sachgerechte Beratung einzelner Tagesordnungspunkte zweckmäßig erscheint, kann der Betriebsrat außerdem **sonstige Auskunftspersonen** hinzuziehen, insbesondere sachkundige Arbeitnehmer iSd § 80 Abs. 2 S. 4 BetrVG oder einen Berater iSd § 111 S. 2 Hs. 1 BetrVG.[135] Da Letztere nach § 120 Abs. 1 Nr. 3a u. 3b BetrVG einer

---

[125] Ebenso HWGNRH/*Glock* § 31 Rn. 22; GK-BetrVG/*Raab* § 31 Rn. 16; Richardi BetrVG/*Thüsing* § 31 Rn. 18; **aA** *Fitting* § 31 Rn. 19; ErfK/*Koch* BetrVG § 31 Rn. 1; BeckOK ArbR/*Mauer* BetrVG § 31 Rn. 1; DKKW/*Wedde* § 31 Rn. 14; unklar WPK/*Kreft* § 31 Rn. 10 (mehrere TOP).
[126] Zur Zulässigkeit statt vieler *Fitting* § 31 Rn. 14 mwN.
[127] GK-BetrVG/*Raab* § 31 Rn. 21; wohl auch WPK/*Kreft* § 31 Rn. 10.
[128] Ebenso GK-BetrVG/*Franzen* § 2 Rn. 60; HWGNRH/*Glock* § 31 Rn. 23; Löwisch/Kaiser/*Löwisch* § 31 Rn. 4; AR/*Maschmann* BetrVG § 31 Rn. 3; GK-BetrVG/*Raab* § 31 Rn. 23; **aA** *Fitting* § 31 Rn. 23; ErfK/*Koch* BetrVG § 31 Rn. 1; WPK/*Kreft* § 31 Rn. 9; Richardi BetrVG/*Thüsing* § 31 Rn. 24; wohl auch DKKW/*Wedde* § 31 Rn. 18; HK-BetrVG/*Wolmerath* § 31 Rn. 5.
[129] Ebenso WPK/*Kreft* § 31 Rn. 9: Voraussetzungen des § 2 Abs. 2 BetrVG; **aA** *Fitting* § 31 Rn. 18; HWGNRH/*Glock* § 31 Rn. 19; GK-BetrVG/*Raab* § 31 Rn. 16; Richardi BetrVG/*Thüsing* § 31 Rn. 19: Zutrittsverweigerung stets möglich; **aA** LAG Hamburg 28. 11. 1986 – 8 TaBV 5/86, BeckRS 1986, 30458759; DKKW/*Wedde* § 31 Rn. 14; NK-GA/*Wolmerath* BetrVG § 31 Rn. 6: generelles Zutrittsrecht.
[130] Statt vieler GK-BetrVG/*Raab* § 31 Rn. 25 mwN.
[131] Statt vieler GK-BetrVG/*Raab* § 29 Rn. 41 mwN.
[132] Statt vieler *Fitting* § 29 Rn. 40 mwN.
[133] Statt vieler *Fitting* § 30 Rn. 17 u. 19 mwN.
[134] Statt vieler GK-BetrVG/*Raab* § 30 Rn. 20 mwN.
[135] Statt vieler *Fitting* § 30 Rn. 17 mwN.

II. Sitzungen   51–54 § 294

strafbewehrten Geheimhaltungspflicht unterliegen, dürfen sie – wie Sachverständige (→ Rn. 49) – während der Beratung eines bestimmten Tagesordnungspunkts durchgängig anwesend sein, sich aber nicht eigenständig in die Beratung einbringen. Andere Auskunftspersonen sind dagegen ausschließlich für die Dauer ihrer Befragung, nicht jedoch für die anschließende Erörterung teilnahmeberechtigt.[136]

Nach § 2 Abs. 2 S. 2 SprAuG kann der Betriebsrat den Mitgliedern des **Sprecherausschusses** durch Mehrheitsbeschluss[137] ein Teilnahmerecht einräumen. Gleiches gilt für den Unternehmenssprecherausschuss, § 20 Abs. 4 SprAuG. Die Einräumung eines Teilnahmerechts liegt grundsätzlich im Ermessen des Betriebsrats.[138] Nach § 2 Abs. 2 S. 3 SprAuG sollen Betriebsrat und Sprecherausschuss allerdings einmal im Kalenderjahr gemeinsam tagen; wird dieser Vorgabe ohne Sachgrund nicht nachgekommen, kann die darin liegende Pflichtverletzung des Vorsitzenden ggf. ein Vorgehen nach § 23 Abs. 1 BetrVG eröffnen (→ § 297 Rn. 2 ff.).[139] 51

e) Leitung. Nach § 29 Abs. 2 S. 2 BetrVG leitet der Vorsitzende des Betriebsrats die Verhandlung. Im Verhinderungsfall vertritt ihn der stellvertretende Vorsitzende (→ § 293 Rn. 17 f.). Ist auch er verhindert, muss durch Mehrheitsbeschluss ein Betriebsratsmitglied zum Sitzungsleiter bestimmt werden (zum Selbstzusammentritt → Rn. 16).[140] 52

Der Sitzungsleiter eröffnet und schließt die Sitzung, stellt die Beschlussfähigkeit fest, führt die Rednerliste, erteilt und entzieht das Wort, führt Abstimmungen durch und stellt deren Ergebnis fest. Er – und nicht etwa der Arbeitgeber – übt außerdem das **Hausrecht** im Sitzungsraum aus;[141] das folgt daraus, dass der Arbeitgeber dem Betriebsrat nach § 40 Abs. 2 BetrVG Räumlichkeiten zur Verfügung stellen muss und der Betriebsrat daher berechtigten Besitz an diesen ausübt.[142] Nicht teilnahmeberechtigte Personen hat daher der Sitzungsleiter zur Wahrung der Nichtöffentlichkeit (→ Rn. 61 ff.) des Raums zu verweisen. 53

Richtigerweise kann der Sitzungsleiter auch **störende Betriebsratsmitglieder** ausschließen.[143] Rechtliche Grundlage hierfür ist die Ausübung des Hausrechts durch den Sitzungsleiter, um einen ordnungsgemäßen Ablauf der Sitzung sicher zu stellen. Da das zugrunde liegende Recht zum Besitz allerdings dem Betriebsrat als Gremium zusteht (→ Rn. 53), darf der Vorsitzende nach hier vertretener Auffassung ein Mitglied nicht ausschließen, wenn sich die Mehrheit der anwesenden Mitglieder gegen einen Ausschluss ausspricht. Außerdem ist vor einem Ausschluss grds. eine (ggf. mehrfache) Verwarnung auszusprechen. Zwar unterliegt die Ausübung des Hausrechts im Allgemeinen keiner Verhältnismäßigkeitskontrolle,[144] doch gebietet die verbandsrechtliche Verbundenheit[145] ein 54

---

[136] Ebenso GK-BetrVG/*Raab* § 30 Rn. 21; DKKW/*Wedde* § 30 Rn. 13c; **aA** *Fitting* § 30 Rn. 19; HWGNRH/*Glock* § 30 Rn. 23; Richardi BetrVG/*Thüsing* § 30 Rn. 13: Teilnahmerecht hinsichtlich der gesamten Beratung.
[137] GK-BetrVG/*Raab* § 29 Rn. 50.
[138] ErfK/*Oetker* SprAuG § 2 Rn. 6 mwN.
[139] Ebenso GK-BetrVG/*Raab* § 29 Rn. 86; wohl auch HWK/*Annuß*/*Girlich* SprAuG § 2 Rn. 6; enger *Hromadka*/*Sieg* § 2 Rn. 23: nur bei grundsätzlicher Ablehnung; **aA** ErfK/*Oetker* SprAuG § 2 Rn. 6; NK-GA/*v. Steinau-Steinrück* SprAuG § 2 Rn. 3: sanktionslos.
[140] Statt vieler GK-BetrVG/*Raab* § 29 Rn. 65 mwN.
[141] Statt vieler *Fitting* § 29 Rn. 49; GK-BetrVG/*Raab* § 29 Rn. 67 jeweils mwN.
[142] Zur dogmatischen Verortung des Hausrechts etwa BGH 8.11.2005 – KZR 37/03, NJW 2006, 377 Rn. 24; MüKoBGB/*Baldus* § 1004 Rn. 22 f. mwN.
[143] Ebenso HWGNRH/*Glock* § 29 Rn. 60; Löwisch/Kaiser/*Löwisch* § 29 Rn. 22; GK-BetrVG/*Raab* § 29 Rn. 69; Richardi BetrVG/*Thüsing* § 29 Rn. 45; **aA** LAG Düsseldorf 7.9.2010 – 16 TaBV 57/10, BeckRS 2010, 74572; *Fitting* § 29 Rn. 50; ErfK/*Koch* BetrVG § 29 Rn. 2; AR/*Maschmann* BetrVG § 29 Rn. 4; WPK/*Kreft* § 29 Rn. 15; BeckOK ArbR/*Mauer* BetrVG § 29 Rn. 7; DKKW/*Wedde* § 29 Rn. 29; HK-BetrVG/*Wölmerath* § 29 Rn. 14; unklar hingegen BAG 27.7.2011 – 7 ABR 61/10, NZA 2012, 345 Rn. 49 („vollständiger" Ausschluss nur nach § 23 Abs. 1 BetrVG).
[144] Vgl. MüKoBGB/*Baldus* § 1004 Rn. 27, 199; MüKoBGB/*Brückner* § 903 Rn. 53 ff.
[145] Zu dieser Richardi BetrVG/*Thüsing* § 23 Rn. 9 mwN; allgemein zur Bindung im Rahmen bestehender Rechtsverhältnisse MüKoBGB/*Baldus* § 1004 Rn. 199.

abgestuftes Vorgehen. Wird ein Betriebsratsmitglied von der Sitzungsteilnahme ausgeschlossen, ist es rechtlich verhindert, so dass ein **Ersatzmitglied** hinzugezogen werden muss, wenn dies kurzfristig möglich ist (→ Rn. 30).[146] Im Übrigen ist der punktuelle Ausschluss von einer Sitzung streng zu unterscheiden vom generellen Ausschluss nach § 23 Abs. 1 BetrVG, der erst bei grober Pflichtverletzung in Betracht kommt.[147] Dieser reicht deutlich weiter, da er nach § 24 Nr. 5 Alt. 1 BetrVG zum Erlöschen der Mitgliedschaft führt. Praktisch ist er außerdem keine Alternative zur Ausübung des Hausrechts, weil er nur durch (rechtskräftige) gerichtliche Entscheidung erfolgen und damit die konkrete Störung einer Sitzung nicht verhindern kann (→ § 297 Rn. 15 ff.).

55 **f) Zeitpunkt der Sitzung.** Nach § 30 S. 1 BetrVG finden die Sitzungen idR während der Arbeitszeit statt. Dadurch wird sichergestellt, dass Betriebsratsmitglieder ihre Aufgaben grds. nicht während ihrer Freizeit wahrnehmen müssen (vgl. dazu auch § 37 Abs. 2 u. 3 BetrVG). Der Betriebsrat bzw. der Vorsitzende hat die Sitzungen daher so zu terminieren, dass sie für möglichst viele Mitglieder in ihre **persönliche Arbeitszeit** fallen.[148]

56 Allerdings hat der Betriebsrat bei der Terminierung, dh hinsichtlich Zeitpunkt und Dauer,[149] auf die **betrieblichen Notwendigkeiten** Rücksicht zu nehmen, § 30 S. 2 BetrVG. Bereits der Wortlaut der Norm zeigt, dass es auf bloße betriebliche Interessen oder Bedürfnisse nicht ankommt.[150] Dafür sprechen auch der Ausnahmecharakter der Vorgabe und der Umstand, dass betriebliche Abläufe durch Sitzungen des Betriebsrats stets in gewissem Maß beeinträchtigt werden. Betriebliche Notwendigkeiten sind daher als dringende betriebliche Gründe zu verstehen, die gegenüber Zweckmäßigkeitserwägungen des Betriebsrats zwingend Vorrang beanspruchen.[151]

57 Sitzungen müssen nicht notwendig an den **Beginn oder das Ende** der Arbeitszeit gelegt werden,[152] da hierfür idR keine dringenden betrieblichen Gründe bestehen (→ Rn. 56). Die Rücksichtnahme auf betriebliche Notwendigkeiten kann im Einzelfall zwar dazu führen, dass eine Sitzung außerhalb der Arbeitszeit anzuberaumen ist. Regelmäßige Sitzungen außerhalb der Arbeitszeit sind hingegen nur dann ausnahmsweise zulässig und geboten, wenn die betrieblichen Verhältnisse dies zwingend erfordern, zB wenn Betriebsratsmitglieder in kleineren Betrieben Schlüsselfunktionen wahrnehmen.[153] Eine freiwillige **Betriebsvereinbarung** zur Terminierung der Sitzungen ist zwar möglich.[154] Sie darf allerdings weder von der zwingenden Vorgabe des § 30 S. 1 BetrVG abweichen, wonach die Sitzungen idR während der Arbeitszeit stattfinden, noch dem Betriebsrat das Recht nehmen, außerordentliche Sitzungen aus besonderem Anlass einzuberufen.[155]

58 Wird eine Sitzung unter **Verstoß** gegen § 30 S. 1 u. 2 BetrVG terminiert, sind die Mitglieder des Betriebsrats gleichwohl zur Sitzungsteilnahme verpflichtet und haben nach § 37 Abs. 2 BetrVG Anspruch auf Entgeltfortzahlung oder nach § 37 Abs. 3 BetrVG auf Freizeitausgleich.[156] Auch die vom Gremium gefassten Beschlüsse sind wirksam,[157] zumal

---

[146] BAG 27.7.2011 – 7 ABR 61/10, NZA 2012, 345 Rn. 49.
[147] Unklar insoweit BAG 27.7.2011 – 7 ABR 61/10, NZA 2012, 345 Rn. 49.
[148] Statt vieler *Fitting* § 30 Rn. 6b mwN.
[149] Vgl. BAG 24.7.1979 – 6 ABR 96/77, AP BetrVG 1972 § 51 Nr. 1 (III. 2. b. der Gründe).
[150] **AA** wohl Richardi BetrVG/*Thüsing* § 30 Rn. 5.
[151] LAG Bln-Bbg 18.3.2010 – 2 TaBV 2694/09, BeckRS 2010, 70699; vgl. auch LAG Köln 20.9.2013 – 4 TaBV 23/13, BeckRS 2014, 66171; aus der Lit. statt vieler GK-BetrVG/*Raab* § 30 Rn. 7 mwN.
[152] Ebenso *Fitting* § 30 Rn. 7 u. 10; GK-BetrVG/*Raab* § 30 Rn. 8; HWK/*Reichold* BetrVG § 30 Rn. 3; DKKW/*Wedde* § 30 Rn. 7; HK-BetrVG/*Wolmerath* § 30 Rn. 7; wohl auch Richardi BetrVG/*Thüsing* § 30 Rn. 5; **aA** HWGNRH/*Glock* § 30 Rn. 7: Ende der Arbeitszeit.
[153] Überzeugend GK-BetrVG/*Raab* § 30 Rn. 9 mwN.
[154] Ebenso GK-BetrVG/*Raab* § 30 Rn. 12; Richardi BetrVG/*Thüsing* § 30 Rn. 7; DKKW/*Wedde* § 30 Rn. 4; **aA** *Fitting* § 30 Rn. 9; HWGNRH/*Glock* § 30 Rn. 11.
[155] Statt vieler GK-BetrVG/*Raab* § 30 Rn. 12 mwN.
[156] BAG 16.1.2008 – 7 ABR 71/06, NZA 2008, 546 Rn. 14 f. Aus der Lit. statt vieler *Fitting* § 30 Rn. 12 mwN.
[157] Statt vieler GK-BetrVG/*Raab* § 30 Rn. 10 mwN.

selbst bei einer durch die fehlerhafte Terminierung verursachten Verhinderung Ersatzmitglieder als vollwertige Vertreter nachrücken, § 25 Abs. 1 S. 2 BetrVG. Bei vorsätzlichen oder wiederholten Verstößen ist allerdings ein Vorgehen nach § 23 Abs. 1 BetrVG möglich (→ § 297 Rn. 2 ff.).[158] Außerdem kann der Arbeitgeber nach hM im Vorfeld der Sitzung gem. § 85 Abs. 2 ArbGG eine einstweilige Verfügung auf Aufhebung des Sitzungstermins erwirken.[159] Da eine solche Verfügung einen entsprechenden Verfügungsanspruch voraussetzt, muss dem Arbeitgeber folgerichtig ein Unterlassungsanspruch zustehen;[160] dieser ist richtigerweise deshalb zu bejahen, weil § 30 S. 2 BetrVG nicht die betriebsverfassungsrechtliche Kompetenzordnung[161] betrifft, sondern dem Schutz der subjektiven Rechte des Arbeitgebers dient.[162] Die nachträgliche Geltendmachung von Schadensersatzansprüchen durch den Arbeitgeber kommt hingegen nur ausnahmsweise unter den engen Voraussetzungen von § 826 BGB in Betracht.[163]

Nach § 30 S. 3 BetrVG ist der Arbeitgeber vom Zeitpunkt der Sitzung **vorher zu verständigen.** Die Information gibt ihm die Möglichkeit, auf betriebliche Notwendigkeiten hinzuweisen (→ Rn. 56 f.). Einen Anspruch auf Übersendung der Tagesordnung hat er nur unter den Voraussetzungen von § 29 Abs. 4 S. 1 BetrVG (→ Rn. 37 ff.).[164] Ein schuldhaftes Unterlassen der Information kann Schadensersatzansprüche nach § 823 Abs. 2 BGB begründen, da § 30 S. 3 BetrVG gerade dem Schutz des Arbeitgebers vor Vermögensschäden dient.[165] Auch nach Abhaltung der Sitzung hat der Arbeitgeber noch einen Informationsanspruch hinsichtlich Beginn und Ende einer Sitzung;[166] dieser ist als Minus im Anspruch nach § 30 S. 3 BetrVG enthalten und gibt ihm die Möglichkeit, Ansprüche der Mitglieder aus § 37 Abs. 2 u. 3 BetrVG zu überprüfen.

g) Ort der Sitzung. Sitzungen müssen grundsätzlich innerhalb des Betriebsgeländes stattfinden.[167] Ein anderer Tagungsort kann daher nicht durch den Vorsitzenden, sondern allein durch (vor der Ladung gefassten) **Mehrheitsbeschluss** festgelegt werden.[168] Das Gremium hat dabei zum einen auf die betrieblichen Notwendigkeiten nach § 30 S. 2 BetrVG Rücksicht zu nehmen (hierzu näher → Rn. 56 ff.). Zum anderen unterliegt der Beschluss nach hier vertretener Auffassung einer allgemeinen **Missbrauchskontrolle** nach § 242 BGB (zu dieser auch → Rn. 28). Er ist daher unwirksam, wenn es an einem sachlichen Grund für die Festlegung eines anderen Tagungsortes fehlt und es daher nahe liegt, dass durch ihn Einfluss auf die Mehrheitsverhältnisse genommen werden soll (vgl. § 25 Abs. 2 S. 2 BetrVG). Beschlüsse, die auf einer trotzdem außerhalb des Betriebsgeländes abgehaltenen Sitzung gefasst werden, können dann unwirksam sein (→ Rn. 93).

---

[158] Statt vieler *Fitting* § 30 Rn. 13 mwN.
[159] Statt vieler *Fitting* § 30 Rn. 13 mwN.
[160] Ebenso *Lukes* Der betriebsverfassungsrechtliche Unterlassungsanspruch des Arbeitgebers gegen den Betriebsrat, 2016, S. 155 ff. u. 193 ff.; GK-BetrVG/*Raab* § 30 Rn. 11; *Raab* RdA 2017, 352 (358 f.) sowie implizit die den einstweiligen Rechtsschutz bejahenden Stimmen; **aA** LAG Bln-Bbg 18.3.2010 – 2 TaBV 2694/09, BeckRS 2010, 70699; Löwisch/Kaiser/*Löwisch* § 30 Rn. 6; HWK/*Reichold* BetrVG § 30 Rn. 6; HK-BetrVG/*Wolmerath* § 31 Rn. 14.
[161] Vgl. zu dieser BAG 17.3.2010 – 7 ABR 95/08, NZA 2010, 1133 Rn. 27: generell kein Unterlassungsanspruch.
[162] Ausführlich *Raab* RdA 2017, 352 (358 f.); GK-BetrVG/*Raab* § 30 Rn. 11.
[163] Näher GK-BetrVG/*Raab* § 30 Rn. 10 mwN.
[164] LAG Hamm 8.6.1978 – 3 Sa 568/78; aus der Lit. statt vieler *Fitting* § 30 Rn. 17 mwN.
[165] Ebenso *Fitting* § 30 Rn. 15; WPK/*Kreft* § 30 Rn. 5; Löwisch/Kaiser/*Löwisch* § 30 Rn. 7; AR/*Maschmann* BetrVG § 30 Rn. 2; GK-BetrVG/*Raab* § 30 Rn. 18; **aA** HWGNRH/*Glock* § 30 Rn. 14, 18; DKKW/*Wedde* § 30 Rn. 10.
[166] WPK/*Kreft* § 30 Rn. 5; GK-BetrVG/*Raab* § 30 Rn. 18; Richardi BetrVG/*Thüsing* § 30 Rn. 8; **aA** ArbG Hamburg 8.9.1999 – 13 BV 4/99, BeckRS 1999, 30780473; *Fitting* § 30 Rn. 14; HWGNRH/*Glock* § 30 Rn. 18; Löwisch/Kaiser/*Löwisch* § 30 Rn. 7; HWK/*Reichold* BetrVG § 30 Rn. 4; DKKW/*Wedde* § 30 Rn. 10.
[167] LAG Bln 23.2.1988 – 8 Sa 124/87, DB 1988, 863; HessLAG 29.3.2007 – 9 TaBVGa 68/07, BeckRS 2011, 71720; GK-BetrVG/*Raab* § 30 Rn. 5.
[168] HessLAG 29.3.2007 – 9 TaBVGa 68/07, BeckRS 2011, 71720.

61 **h) Nichtöffentlichkeit.** Nach § 30 S. 4 BetrVG sind die Sitzungen des Betriebsrats nicht öffentlich. Das bedeutet, dass an einer Betriebsratssitzung außer den Mitgliedern des Betriebsrats nur solche Personen teilnehmen dürfen, denen die Teilnahme durch **gesetzliche Regelung** gestattet ist (dazu im Einzelnen → Rn. 29 ff.).[169] Dem Grundsatz der Nichtöffentlichkeit korrespondieren die Geheimhaltungspflichten der einzelnen Sitzungsteilnehmer, die in § 79 BetrVG, § 80 Abs. 4 BetrVG, § 99 Abs. 1 S. 3 BetrVG und § 102 Abs. 2 S. 5 BetrVG normiert sind (zur Geheimhaltungspflicht der Betriebsratsmitglieder → § 295 Rn. 202 ff.).

62 Richtigerweise steht der Grundsatz der Nichtöffentlichkeit der bloßen Sitzungsteilnahme mittels moderner **Kommunikationstechnologien** nicht entgegen, wenn sichergestellt ist, dass Dritte vom Inhalt der Sitzung keine Kenntnis nehmen können.[170] Systematisch spricht hierfür der Vergleich zu § 41a Abs. 2 Nr. 2 EBRG, der diese Option für Sitzungen des Europäischen Betriebsrats (vgl. § 27 Abs. 1 S. 5 EBRG) unter bestimmten Voraussetzungen zulässt. Auch der Zweck von § 30 S. 4 BetrVG steht bei entsprechenden Sicherungsvorkehrungen nicht entgegen, zumal eine Sitzung auch bei gleichzeitiger Anwesenheit aller Teilnehmer nicht lückenlos vor unbefugtem Mithören Dritter durch moderne Kommunikationstechnologien geschützt werden kann.[171] Arbeitgeber, Beauftragte, Sachverständige und andere nicht stimmberechtigte Mitglieder können somit per Telefon- oder Videokonferenz ohne Verstoß gegen § 30 S. 4 BetrVG zugeschaltet werden. Davon zu unterscheiden ist allerdings die Frage, ob § 33 Abs. 1 S. 1 BetrVG eine fernmündliche Beratung und Abstimmung der **stimmberechtigten Sitzungsteilnehmer** gestattet (dazu näher → Rn. 69 f.).

63 Der Grundsatz der Nichtöffentlichkeit ist zwingend und steht nicht zur Disposition des Betriebsrats.[172] Ein Verstoß stellt eine Pflichtwidrigkeit dar, die ggf. ein Vorgehen nach § 23 Abs. 1 BetrVG eröffnen kann (→ § 297 Rn. 2 ff., 29 ff.). Er kann auch zur Unwirksamkeit in der Sitzung gefasster Beschlüsse führen (näher → Rn. 95).

3. Streitigkeiten

64 Streitigkeiten im Zusammenhang mit den formalen Anforderungen an eine Sitzung entscheiden die Arbeitsgerichte im **Beschlussverfahren,** §§ 2a Abs. 1 Nr. 1, 80 ff. ArbGG. Unterlässt der Vorsitzende ihm nach dem Gesetz obliegende Handlungen, zB die Einberufung nach Antrag gem. § 29 Abs. 3 BetrVG (→ Rn. 17), können diese durch Leistungsantrag durchgesetzt werden, bei Eilbedürftigkeit auch im Wege des einstweiligen Rechtsschutzes. Wurde gegen verfahrensrechtliche Anforderungen an eine ordnungsgemäße Sitzung verstoßen, kommt eine Unwirksamkeit der auf ihr gefassten Beschlüsse in Betracht (ausführlich zu Beschlussmängeln → Rn. 83 ff.).

65 Die **Wahl** des (stellvertretenden) Betriebsratsvorsitzenden auf der konstituierenden Sitzung kann analog § 19 BetrVG angefochten werden (→ § 293 Rn. 10 ff.), etwa wenn sie unter Leitung einer nicht befugten Person durchgeführt wurde.[173]

III. Beschlüsse

66 Der Betriebsrat bildet seinen Willen als Kollegialorgan ausschließlich durch Beschluss. Andere Formen der Willensbildung sind keine wirksamen Entscheidungen des Betriebsrats.[174] Bei Beschlüssen handelt es sich um mehrseitige **Rechtsgeschäfte** (→ Rn. 84), die

---

[169] Statt vieler GK-BetrVG/*Raab* § 30 Rn. 19.
[170] Ebenso *Fündling/Sorber* NZA 2017, 552 (555); GK-BetrVG/*Raab* § 30 Rn. 19; insoweit wohl auch *Fitting* § 33 Rn. 21b; **aA** DKKW/*Wedde* § 33 Rn. 11; wohl auch HWK/*Reichold* BetrVG § 30 Rn. 5.
[171] Überzeugend GK-BetrVG/*Raab* § 30 Rn. 19.
[172] Statt vieler *Fitting* § 30 Rn. 16 mwN.
[173] BAG 28. 2. 1958 – 1 ABR 3/57, AP BetrVG § 29 Nr. 1; GK-BetrVG/*Raab* § 29 Rn. 17.
[174] LAG Nds 1. 10. 1952 – Sa 509/52, AuR 1953, 62; HessLAG 16. 10. 1984 – 4 TaBV 98/83, DB 1985, 1534; aus der Lit. statt vieler GK-BetrVG/*Raab* § 33 Rn. 7 mwN.

durch eine Vielzahl gleichgerichteter Willenserklärungen (Stimmen) zustande kommen.[175] Aus der Rechtsgeschäftsqualität von Beschlüssen folgt, dass auf sie hinsichtlich Zustandekommen und Wirksamkeit §§ 104 ff. BGB Anwendung finden, soweit das BetrVG keine spezielleren Vorgaben trifft. Von der internen Beschlussfassung zu unterscheiden ist die Umsetzung im Außenverhältnis, die grds. dem Betriebsratsvorsitzenden obliegt (→ § 293 Rn. 2, 19 ff.).

1. Beschlussfassung
Für die Beschlussfassung trifft § 33 BetrVG Regelungen hinsichtlich des Abstimmungsverfahrens, die zwingend sind (→ § 291 Rn. 2). Für Ausschüsse des Betriebsrats gelten hinsichtlich der Willensbildung dieselben Grundsätze (→ § 293 Rn. 46, 58). 67

a) Sitzungserfordernis. Aus §§ 29, 30, 33 BetrVG ergibt sich, dass Beschlüsse des Betriebsrats nur auf einer förmlichen Sitzung gefasst werden können.[176] Hierzu bedarf es einer ordnungsgemäßen Einberufung, die idR durch Ladung und Übersendung der Tagesordnung an alle Teilnahmeberechtigten erfolgt (ausführlich hierzu → Rn. 15 ff.). Verfahrensfehler können zur Unwirksamkeit von Betriebsratsbeschlüssen führen (ausführlich → Rn. 83 ff.). 68

Zur Abhaltung einer Sitzung bedarf es der **gleichzeitigen Anwesenheit** der Betriebsratsmitglieder (vgl. § 33 Abs. 1 S. 1 BetrVG) und sonstigen stimmberechtigten Teilnehmer, dh sie müssen dergestalt zusammenkommen, dass sie sich unmittelbar äußern können und die Ausführungen der anderen Teilnehmer jeweils unmittelbar wahrnehmen.[177] Eine Beschlussfassung im Umlaufverfahren genügt diesen Anforderungen nicht und ist daher unzulässig.[178] Das Anwesenheitserfordernis ist **zwingend,** so dass Abweichungen auch dann nicht gestattet sind, wenn sich sämtliche Betriebsratsmitglieder damit einverstanden erklären.[179] 69

Richtigerweise genügen auch **Video- oder Telefonkonferenzen** dem gesetzlichen Anwesenheitserfordernis als Voraussetzung der **Beschlussfassung** nach § 33 Abs. 1 S. 1 BetrVG nicht (zur Zulässigkeit bei nicht stimmberechtigten Teilnehmern → Rn. 62).[180] Das lässt sich zwar nicht auf § 30 S. 4 BetrVG stützen (→ Rn. 62). Es folgt aber insbesondere aus dem Zweck des Anwesenheitserfordernisses für die Beschlussfassung: Konferenzschaltungen bleiben hinter den – insbesondere non-verbalen – Kommunikationsmöglichkeiten bei gleichzeitiger Ortsanwesenheit zurück.[181] Das gilt – auf Grundlage des aktuell verfügbaren technischen Standards[182] – auch für Videokonferenzen.[183] Kommen einzelne Teilnehmer vor Ort zusammen und werden andere lediglich zugeschaltet, fehlt es zudem an der Gleichwertigkeit der Kommunikationsmöglichkeiten und damit an einer wesentlichen Grundlage für die gleichberechtigte Teilhabe an der Meinungsbildung des Gremiums. In systematischer Hinsicht spricht gegen die voraussetzungslose Zulässigkeit einer 70

---

[175] Vgl. allgemein Erman/*Müller* Vorb. § 104 Rn. 16; MüKoBGB/*Schäfer* § 709 Rn. 51 f., 74 ff. mwN.
[176] Statt vieler *Fitting* § 33 Rn. 20 mwN.
[177] Vgl. *Fitting* § 33 Rn. 21; GK-BetrVG/*Raab* § 33 Rn. 10 u. 12 aE.
[178] BAG 4.8.1975 – 2 AZR 266/74, BeckRS 9998, 180026; 16.1.2003 – 2 AZR 707/01, NZA 2003, 927 (929); nunmehr auch LAG Hamm 16.10.2000 – 17 Sa 822/99, BeckRS 2000, 307872.; aus der Lit. statt vieler *Fitting* § 31 Rn. 21 mwN; **aA** noch LAG Hamm 27.5.1974 – 2 Sa 282/74; LAG München 6.8.1974 – 5 Sa 395/74, DB 1975, 1228.
[179] Statt vieler GK-BetrVG/*Raab* § 33 Rn. 11 mwN.
[180] Ebenso BeckOK ArbR/*Mauer* BetrVG § 33 Rn. 3; HWGNRH/*Glock* § 33 Rn. 4 aE; ErfK/*Koch* BetrVG § 33 Rn. 3; Löwisch/Kaiser/*Löwisch* § 33 Rn. 3; GK-BetrVG/*Raab* § 33 Rn. 12; HWK/*Reichold* BetrVG § 33 Rn. 3; Richardi BetrVG/*Thüsing* § 33 Rn. 3; DKKW/*Wedde* § 33 Rn. 11; wohl auch GK-BetrVG/*Oetker* EBRG § 41a Rn. 4; **aA** *Fündling/Sorber* NZA 2017, 552 (555); einschränkend *Fitting* § 33 Rn. 21c.: bei drohender Funktionsunfähigkeit; so wohl auch AR/*Maschmann* BetrVG § 33 Rn. 2 f.; nur für Videokonferenzen HK-BetrVG/*Wolmerath* § 33 Rn. 4.
[181] Ebenso DGB 11.5.2017, Stellungnahme zu BT-Drs. 18/11926, S. 5.
[182] Zu diesem DKKW/*Wedde* § 33 Rn. 11 aE.
[183] **AA** HK-BetrVG/*Wolmerath* § 33 Rn. 4.

Konferenzschaltung außerdem die 2017 in Kraft getretene Vorschrift des § 41a Abs. 2 Nr. 2 EBRG, wonach für den Europäischen Betriebsrat die Sitzungsteilnahme mittels neuer Kommunikationstechnologien nur für Besatzungsmitglieder von Seeschiffen und nur wegen Abwesenheit auf See oder in einem ausländischen Hafen zulässig ist. Auch eine analoge Anwendung dieser Vorschrift kommt nicht in Betracht.[184] Hierfür fehlt es an der erforderlichen Planwidrigkeit, insbesondere ist die Interessenbewertung nicht vergleichbar.[185] Zum einen ist die Vorschrift sachlich auf Besatzungsmitglieder begrenzt, für die der Gesetzgeber in § 115 Abs. 3 BetrVG, § 116 Abs. 3 Nr. 1 BetrVG bereits andere Spezialvorschriften getroffen hat, um ihrer besonderen Situation Rechnung zu tragen. Anders als für den Betriebsrat ist für den Europäischen Betriebsrat die Bestellung von Ersatzmitgliedern nach § 22 Abs. 1 S. 2 EBRG außerdem ins Ermessen gestellt.[186] Eine Analogie zu § 41a Abs. 2 Nr. 2 EBRG stünde daher im Wertungswiderspruch zur zwingenden Vertretungsregelung in § 25 Abs. 1 S. 2 BetrVG.[187]

71 **b) Beschlussfähigkeit.** Nach § 33 Abs. 2 BetrVG ist der Betriebsrat nur beschlussfähig, wenn mindestens die Hälfte der Mitglieder an der Beschlussfassung teilnimmt. Maßgeblich ist die **gesetzliche Mitgliederzahl** nach §§ 9, 11 BetrVG (→ § 291 Rn. 141 ff.). Da diese grds. ungerade ist, muss idR mehr als die Hälfte der Mitglieder anwesend sein. Scheiden allerdings Mitglieder des Betriebsrats aus, ohne dass nachrückende Ersatzmitglieder zur Verfügung stehen (§ 13 Abs. 2 Nr. 2 BetrVG), ist für die Beschlussfähigkeit nach § 22 BetrVG auf die verringerte (ggf. gerade) Anzahl der Mitglieder abzustellen (→ § 292 Rn. 21). Dasselbe gilt, wenn mehr als die Hälfte der Mitglieder vorübergehend verhindert ist, ohne dass nachrückende Ersatzmitglieder zur Verfügung stehen, und die Beschlussfassung des Betriebsrats nicht aufgeschoben werden kann; in diesem Fall findet § 22 BetrVG analoge Anwendung.[188]

72 Nach dem Wortlaut des Gesetzes genügt die bloße Anwesenheit zu Beginn der Sitzung nicht. Vielmehr bedarf es einer **Teilnahme** an der Beschlussfassung, wozu auch die Stimmenthaltung rechnet.[189] Die Zahl der Stimmenthaltungen ist daher ebenfalls positiv festzustellen und darf nicht einfach unterstellt werden.[190] Das folgt schon daraus, dass bei Nicht-Teilnahme an einer konkreten Beschlussfassung die Stimme – abweichend von der Enthaltung – nicht als Gegenstimme zählt (→ Rn. 78). Eine ausdrückliche Feststellung ist zudem deshalb erforderlich, weil es an einer Sitzungsteilnahme fehlt, wenn ein Betriebsratsmitglied einschläft[191] oder zwischenzeitlich den Raum verlässt. Dementsprechend stellt § 33 Abs. 2 Hs. 1 BetrVG klar, dass die Beschlussfähigkeit für jeden einzelnen Betriebsratsbeschluss gesondert zu beurteilen ist.[192]

73 **c) Stimmrecht.** Von den Teilnehmern der Betriebsratssitzung (→ Rn. 29 ff.) sind grds. nur Betriebsratsmitglieder, Ersatzmitglieder und ggf. Mitglieder der Jugend- und Auszubildendenvertretung stimmberechtigt.

---

[184] So wohl auch GK-BetrVG/*Raab* § 33 Rn. 12 aE; DKKW/*Wedde* § 33 Rn. 11.
[185] Vgl. allgemein *Bydlinski* Juristische Methodenlehre und Rechtsbegriff, 2. Aufl. 1991, S. 473; *Canaris* Feststellung von Lücken im Gesetz, 2. Aufl. 1983, S. 16 u. 31 ff.
[186] Näher Schaub ArbR-HdB/*Koch* § 256 Rn. 17; GK-BetrVG/*Oetker* EBRG § 22 Rn. 7.
[187] Überzeugend GK-BetrVG/*Raab* § 33 Rn. 12; DKKW/*Wedde* § 33 Rn. 11a.
[188] Statt vieler GK-BetrVG/*Raab* § 33 Rn. 14 mwN.
[189] Statt vieler *Fitting* § 33 Rn. 13 mwN.
[190] Ebenso HWGNRH/*Glock* § 33 Rn. 11; GK-BetrVG/*Raab* § 33 Rn. 16; **aA** LAG BW 12.3.2014 – 21 TaBV 6/13, NZA-RR 2015, 83 (85); *Fitting* § 33 Rn. 13; ErfK/*Koch* BetrVG § 33 Rn. 3; DKKW/ *Wedde* § 33 Rn. 6; HK-BetrVG/*Wolmerath* § 33 Rn. 8; Richardi BetrVG/*Thüsing* § 33 Rn. 7; ähnlich BeckOK ArbR/*Mauer* BetrVG § 33 Rn. 2 (Zweifelsregel).
[191] Dazu statt vieler HWK/*Reichold* BetrVG § 33 Rn. 5 mwN.
[192] Statt vieler *Fitting* § 33 Rn. 15 mwN.

III. Beschlüsse 74–78 § 294

aa) Betriebsratsmitglieder. Ein Stimmrecht haben alle anwesenden Betriebsratsmitglieder. Dasselbe gilt für Ersatzmitglieder, die nach § 25 Abs. 1 BetrVG (ggf. vorübergehend) in den Betriebsrat nachrücken; sie sind vollwertige Mitglieder und daher insbesondere nicht an Weisungen des verhinderten Mitglieds gebunden (→ § 293 Rn. 133 f.). 74

bb) Jugend- und Auszubildendenvertreter. Nach § 67 Abs. 2 BetrVG haben die Jugend- und Auszubildendenvertreter ein Stimmrecht, soweit die zu fassenden Beschlüsse des Betriebsrats überwiegend jugendliche und auszubildende Arbeitnehmer iSd § 60 Abs. 1 BetrVG betreffen (näher → 303 Rn. 56). In diesem Fall sind ihre Stimmen nach § 33 Abs. 3 BetrVG zur Ermittlung der Mehrheit (mit gleichem Gewicht) mitzuzählen. Da das Gesetz hinsichtlich der Beschlussfähigkeit keine speziellen Vorgaben trifft, bleibt es dabei, dass es nach § 33 Abs. 2 BetrVG allein auf die Teilnahme der Betriebsratsmitglieder ankommt.[193] 75

cc) Behandlung eigener Angelegenheiten. Ist ein Betriebsratsmitglied von einer Entscheidung des Betriebsrats **individuell und unmittelbar** betroffen, muss es sich nicht nur der Abstimmung enthalten, sondern verliert das Anwesenheitsrecht in der Sitzung und ist daher aus rechtlichen Gründen zeitweilig verhindert (ausführlich und mit Nachweisen → § 292 Rn. 120). Das ist etwa der Fall, wenn es um die Zustimmung zur außerordentlichen Kündigung (§ 103 Abs. 1 BetrVG), Versetzung (§ 99, § 103 Abs. 3 BetrVG) oder Umgruppierung (§ 99 BetrVG) geht. Der Betriebsrat darf das Mitglied zwar – ebenso wie einen betroffenen Arbeitnehmer – anhören; ein Anspruch des Mitglieds hierauf besteht aber nicht.[194] Der Vorsitzende hat in diesem Fall ein Ersatzmitglied zu laden (ausführlich → Rn. 30), das nach § 33 Abs. 2 Hs. 2 BetrVG auch hinsichtlich der Beschlussfähigkeit des Gremiums (→ Rn. 71 f.) zu berücksichtigen ist. 76

Aus Gründen der Rechtssicherheit und zugunsten der Funktionsfähigkeit des Betriebsrats besteht kein Fall rechtlicher Verhinderung, wenn ein Betriebsratsmitglied lediglich als Teil einer größeren Gruppe betroffen ist (→ § 292 Rn. 120). Ein Verhinderungsfall liegt außerdem nicht vor, wenn es um **organisatorische Akte** des Betriebsrats geht, die ein Mitglied betreffen, zB betriebsratsinterne Wahlen (→ § 293 Rn. 6).[195] 77

c) Erforderliche Mehrheiten. Nach § 33 Abs. 1 S. 1 BetrVG kommt ein Beschluss grundsätzlich dann zustande, wenn er die Mehrheit der Stimmen der anwesenden Mitglieder erhält, wobei ggf. nach § 33 Abs. 3 BetrVG die Stimmen der Jugend- und Auszubildendenvertreter mitzählen (sog. **einfache** Stimmenmehrheit). Da das Gesetz – anders als zB in § 76 Abs. 3 S. 2 BetrVG oder § 32 Abs. 1 S. 3 BGB – seiner Formulierung nach auf die Für-Stimmen der anwesenden Mitglieder abstellt, wirken Enthaltungen wie Gegenstimmen (vgl. § 37 Abs. 1 S. 2 BPersVG).[196] Für die Ermittlung der Mehrheit nicht berücksichtigt werden allerdings Betriebsratsmitglieder, die an einer konkreten Abstimmung nicht teilnehmen und daher auch für die Beschlussfähigkeit außen vor bleiben (→ Rn. 72).[197] Zwar sind auch sie körperlich „anwesend". Systematisch wäre es aber we- 78

---

[193] Statt vieler GK-BetrVG/*Raab* § 33 Rn. 23 mwN.
[194] BAG 3.8.1999 – 1 ABR 30/98, NZA 2000, 440 (442); weitergehend HWGNRH/*Glock* § 33 Rn. 31; GK-BetrVG/*Raab* § 33 Rn. 26: Anspruch.
[195] Statt vieler *Fitting* § 33 Rn. 37b mwN.
[196] *Obiter dicens* BAG 17.9.1991 – 1 ABR 23/91, NZA 1992, 227 (228); ebenso *Fitting* § 33 Rn. 33; ErfK/*Koch* BetrVG § 33 Rn. 3; WPK/*Kreft* § 33 Rn. 16 f.; AR/*Maschmann* BetrVG § 33 Rn. 3; BeckOK ArbG/*Mauer* BetrVG § 33 Rn. 5; GK-BetrVG/*Raab* § 33 Rn. 30; HWK/*Reichold* BetrVG § 33 Rn. 10; Richardi BetrVG/*Thüsing* § 33 Rn. 18; DKKW/*Wedde* § 33 Rn. 21; HK-BetrVG/*Wolmerath* § 33 Rn. 11; **aA** HWGNRH/*Glock* § 33 Rn. 27; Löwisch/Kaiser/*Löwisch* § 33 Rn. 10.
[197] Ebenso *Gamillscheg* KollArbR II, S. 530; AR/*Maschmann* BetrVG § 33 Rn. 3; WPK/*Kreft* § 33 Rn. 15 f.; HWK/*Reichold* BetrVG § 33 Rn. 10; Richardi BetrVG/*Thüsing* § 33 Rn. 18; DKKW/*Wedde* § 33 Rn. 21; **aA** GK-BetrVG/*Raab* § 33 Rn. 31; im Erg. auch HWGNRH/*Glock* § 33 Rn. 27; Löwisch/Kaiser/*Löwisch* § 33 Rn. 10.

nig überzeugend, sie hinsichtlich der Beschlussfähigkeit unberücksichtigt zu lassen (→ Rn. 72), für die Ermittlung der Stimmenmehrheit aber mitzuzählen.[198] Teleologisch wäre es zudem formalistisch, wenn ein Mitglied die fehlende Teilnahme nicht erklären könnte, sondern den Sitzungsraum verlassen müsste, um für die Mehrheitsermittlung unberücksichtigt zu bleiben.

79 Für besonders wichtige Beschlussgegenstände verlangt das Gesetz abweichend von § 33 Abs. 1 S. 1 BetrVG die Mehrheit der Stimmen der Betriebsratsmitglieder (sog. **absolute Mehrheit**). Für ihre Berechnung gelten die zur Beschlussfähigkeit nach § 33 Abs. 2 BetrVG dargelegten Grundsätze (→ Rn. 71). Absolute Mehrheit verlangt das Gesetz im Einzelnen für den Rücktritt des Betriebsrats (§ 13 Abs. 2 Nr. 3 BetrVG), für die Übertragung von Aufgaben zur selbständigen Erledigung auf Ausschüsse (§ 27 Abs. 2 S. 2 Hs. 1, § 28 Abs. 1 S. 3 BetrVG), auf Mitglieder des Betriebsrats in gemeinsamen Ausschüssen (§ 28 Abs. 2 BetrVG) und auf Arbeitsgruppen (§ 28a Abs. 1 S. 1 BetrVG), für den Beschluss der Geschäftsordnung (§ 36 BetrVG), für die Beauftragung des Gesamtbetriebsrats (§ 50 Abs. 2 S. 1 BetrVG) und für die Aufgabenübertragung nach § 107 Abs. 3 S. 1 BetrVG. Diese Regelungen sind abschließend und können weder durch Beschluss noch Geschäftsordnung erweitert werden (vgl. § 33 Abs. 1 S. 1 BetrVG).[199]

80 Statuiert das Gesetz ein absolutes Mehrheitserfordernis und steht den Jugend- und Auszubildendenvertretern nach § 67 Abs. 2 BetrVG ein Stimmrecht zu, gilt das Erfordernis der absoluten Mehrheit im Ergebnis „**doppelt**":[200] Zum einen hinsichtlich der Gesamtzahl aller Stimmberechtigten (vgl. § 33 Abs. 3 BetrVG). Zum anderen gilt es zusätzlich für das Betriebsratsgremium, dessen Mehrheit nicht durch ein Mitwirken von Jugend- und Auszubildendenvertretern „überstimmt" werden darf.

81 **d) Verfahren der Abstimmung.** Das Abstimmungsverfahren ist im Gesetz nicht näher geregelt. Der Betriebsrat kann es daher durch Mehrheitsbeschluss oder in der Geschäftsordnung nach § 36 BetrVG festlegen, bspw. die Form der Stimmabgabe (mündlich oder schriftlich; offen oder geheim) und die Art der Feststellung des Abstimmungsergebnisses. Fehlt es an solchen Vorgaben, kann der Betriebsratsvorsitzende als Sitzungsleiter (→ Rn. 53) das Abstimmungsverfahren festlegen.

82 Richtigerweise ist der Beschluss als Rechtsgeschäft (→ Rn. 66) bereits mit **Abgabe der letzten** für die erforderliche Mehrheit benötigten Stimme zustande gekommen. Die Feststellung des Beschlussergebnisses nach der Abstimmung sieht das Gesetz als Wirksamkeitserfordernis weder vor (vgl. dagegen § 130 Abs. 2 S. 1 AktG; § 47 Abs. 1 S. 2 GenG) noch bedarf es ihrer zur Kompensation einer typischerweise unübersichtlichen Stimmabgabe.[201] Da für die Stimmabgabe als Abgabe einer empfangsbedürftigen Willenserklärung (→ Rn. 66) keine bestimmte Form vorgeschrieben ist, können Beschlüsse in einer Sitzung auch konkludent gefasst werden.[202] Eine „stillschweigende" Beschlussfassung ist dagegen nicht möglich,[203] da bloßes „Schweigen" (insbesondere außerhalb einer Sitzung) nach allgemeinen Grundsätzen keinen Erklärungswert hat. Hiervon zu unterscheiden sind gesetzliche Zustimmungsfiktionen, etwa nach § 99 Abs. 3 S. 2, § 102 Abs. 2 S. 2 BetrVG.

---

[198] So aber unter Verweis auf die Gesetzgebungsgeschichte GK-BetrVG/*Raab* § 33 Rn. 31.
[199] Statt vieler *Fitting* § 33 Rn. 7 mwN.
[200] Statt vieler *Fitting* § 33 Rn. 42; GK-BetrVG/*Raab* § 33 Rn. 34f. jeweils mwN.
[201] Allgemein hierzu MüKoBGB/*Arnold* § 32 Rn. 46f. mwN; unklar GK-BetrVG/*Raab* § 33 Rn. 38 (vgl. aber Rn. 39).
[202] Statt vieler *Fitting* § 33 Rn. 32 mwN.
[203] BAG 14.2.1996 – 7 ABR 25/95, NZA 1996, 892 (894f.); aus der Lit. statt vieler GK-BetrVG/*Raab* § 33 Rn. 39 mwN.

2. Beschlussmängel

Im BetrVG wird nicht ausdrücklich geregelt, inwiefern sich Gesetzesverstöße auf die Wirksamkeit von Betriebsratsbeschlüssen auswirken. Nach einhelliger Ansicht kommt es insoweit auf den Zweck der Norm an, gegen die verstoßen wurde. 83

a) Grundsätze. Nicht hinreichend berücksichtigt wird bislang, dass die Rechtsfolgen von Gesetzesverstößen für Betriebsratsbeschlüsse richtigerweise durchweg nach § 134 BGB und der zu dieser Norm entwickelten Dogmatik zu beurteilen sind.[204] Auch Beschlüsse sind Rechtsgeschäfte iSd § 134 BGB,[205] da sie auf gleichgerichteten Willenserklärungen beruhen,[206] nämlich den Stimmen der Mitglieder als Willensäußerungen, die unmittelbar auf die Begründung eines privaten Rechtsverhältnisses abzielen.[207] Für Beschlüsse des Betriebsrats gilt nichts anderes (→ Rn. 66), insbesondere sind sie privatrechtlicher Natur.[208] Nach den zu § 134 BGB allgemein entwickelten Grundsätzen[209] kann sich die Verbotswidrigkeit eines Beschlusses des Betriebsrats daher sowohl aus seinem **Inhalt** (zB Verstoß gegen § 75 BetrVG) als auch aus den Umständen seines Zustandekommens, dh aus Fehlern im **Verfahren** der Beschlussfassung, ergeben.[210] 84

In beiden Fällen ist die **Auslegung** der jeweils verletzten Norm entscheidend.[211] Während bei verbotswidrigem Beschlussinhalt die Nichtigkeitsfolge nahe liegt,[212] ist die Prüfung für Verfahrensfehler komplexer.[213] Das legt bereits der Wortlaut von § 134 BGB nahe, der hinsichtlich der Verbotswidrigkeit auf das Rechtsgeschäft selbst und nicht auf das Verfahren seines Zustandekommens abstellt. Für Verfahrensvorschriften ist aus diesem Grund genau zu prüfen, ob sie nur die äußeren Umstände der Beschlussfassung sanktionieren sollen oder nach ihrem Sinn und Zweck auch die Nichtigkeit des Beschlusses erfordern. Der Sache nach deckt sich das mit der hM, wonach die Nichtigkeitsfolge dann eintritt, wenn eine Verfahrensvorschrift für das ordnungsgemäße Zustandekommen des Beschlusses oder den Schutz der Betriebsratsmitglieder **wesentlich** ist.[214] 85

Mit dieser Vorgabe ist für die praktische Rechtsanwendung allerdings noch wenig gewonnen. Für die Beurteilung der Wesentlichkeit sind richtigerweise zwei Aspekte entscheidend: Zunächst ist – ebenso wie im Beschlussmängelrecht des BGB-Vereins[215] – von besonderer Bedeutung, ob sich ein Verfahrensfehler (im konkreten Fall) auf das **Ergebnis** der Beschlussfassung **potenziell** auswirken konnte (sog. Relevanz), so dass dem Beschluss ein Legitimationsdefizit anhaftet,[216] oder ob es „nur" um den Schutz der Rechte einzelner Mitglieder ohne eine solche Ergebnisrelevanz geht. In teleologischer Hinsicht ist außer- 86

---

[204] Nur für Inhaltsmängel HWGNRH/*Glock* § 33 Rn. 36; GK-BetrVG/*Raab* § 33 Rn. 51 f.
[205] BGH 9.11.1972 – II ZR 63/71, NJW 1973, 235 (235) zum Vereinsbeschluss; MüKoBGB/*Armbrüster* § 134 Rn. 23; Erman/*Arnold* § 134 Rn. 7 mwN.
[206] Zum Begriff des Rechtsgeschäfts Staudinger/*Klumpp* BGB Vorb. §§ 104 ff. Rn. 84 mwN.
[207] BGH 17.10.2000 – X ZR 97/99, NJW 2001, 289 (290); MüKoBGB/*Armbrüster* Vorb. § 116 Rn. 3; Jauernig/*Mansel* Vorb. § 116 Rn. 2; Staudinger/*Singer* BGB Vorb. § 116 Rn. 8 mwN
[208] Ausführlich zur hM GK-BetrVG/*Wiese* Einl. Rn. 89 ff. mwN.
[209] Allgemein Staudinger/*Sack/Seibl* BGB § 134 Rn. 1 ff. u. 5 ff. mwN.
[210] Statt vieler Fitting § 33 Rn. 52 f.; GK-BetrVG/*Raab* § 33 Rn. 51 f. jeweils mwN.
[211] Allgemein MüKoBGB/*Armbrüster* § 134 Rn. 41 f.; Erman/*Arnold* § 134 Rn. 13, 16; Staudinger/*Sack/Seibl* BGB § 134 Rn. 30 f., 34, 64 jeweils mwN.
[212] Allgemein hierzu Erman/*Arnold* § 134 Rn. 17; Staudinger/*Sack/Seibl* BGB § 134 Rn. 1, 68 mwN.
[213] Näher Staudinger/*Sack/Seibl* BGB § 134 Rn. 5.
[214] BAG 23.8.1984 – 2 AZR 391/83, NZA 1985, 254 (255); 18.1.2006 – 7 ABR 25/05, BeckRS 2006, 30805639 Rn. 10; 15.4.2014 – 1 ABR 2/13 (B), NZA 2014, 551 Rn. 23; aus der Lit. etwa Fitting § 33 Rn. 10a, 54; HWGNRH/*Glock* § 33 Rn. 39; AR/*Maschmann* BetrVG § 33 Rn. 1; GK-BetrVG/*Raab* § 33 Rn. 52; DKKW/*Wedde* § 33 Rn. 4.
[215] Grundl. BGH 2.7.2007 – II ZR 111/05, NZG 2007, 826 Rn. 44; ähnlich bereits BGH 18.12.1967 – II ZR 211/65, NJW 1968, 543 (544); 9.11.1972 – II ZR 63/71, NJW 1973, 235 (236); vgl. auch zur Darstellung bei MüKoBGB/*Arnold* § 32 Rn. 52; BeckOK BGB/*Schöpflin* § 32 Rn. 33 ff.; Staudinger/*Weick* BGB § 32 Rn. 25 jeweils mwN.
[216] Vgl. etwa BAG 6.12.2006 – 7 ABR 62/05, AP BetrVG 1972 § 21b Nr. 5 Rn. 19; Fitting § 33 Rn. 54, 56, GK-BetrVG/*Raab* § 33 Rn. 57, 59 f., 61, 64; DKKW/*Wedde* § 33 Rn. 32.

dem das in der Betriebsverfassung angelegte besondere Bedürfnis nach **Rechtssicherheit** zu berücksichtigen.[217] Nach hier vertretener Ansicht führt diese Besonderheit dazu, dass für verbotswidrige Beschlüsse des Betriebsrats in Zweifelsfällen gerade nicht nach § 134 BGB[218] Nichtigkeit anzunehmen ist.

87 Verstößt ein Beschluss gegen eine als Verbotsgesetz auszulegende Vorschrift, ist er *ex tunc* **nichtig** (vgl. § 134 BGB).[219] Die zeitlich begrenzte Anfechtbarkeit eines Beschlusses analog § 19 BetrVG kommt nicht in Betracht.[220] Hierfür fehlt es an der erforderlichen Planwidrigkeit, insbesondere ist die zugrunde liegende Interessenbewertung nicht übertragbar,[221] da § 19 BetrVG die Geltendmachung der Unwirksamkeit begrenzt, um eine zeit- und kostenintensive Neuwahl unter vorübergehendem Wegfall der betrieblichen Interessenvertretung zu verhindern (→ § 293 Rn. 12). Allerdings kann ein unwirksamer Beschluss, der gegenüber dem Arbeitgeber oder einem anderen Dritten umgesetzt wurde, nach den Grundsätzen des Vertrauensschutzes trotzdem **im Außenverhältnis verbindlich** sein (ausführlich → § 293 Rn. 26).

88 Nach allgemeinen Grundsätzen kann ein nichtiger Beschluss – ebenso wie andere Rechtsgeschäfte – **nicht rückwirkend „geheilt"**, sondern nur *ex nunc* neu vorgenommen werden. Das entspricht auch der hM im Beschlussmängelrecht des BGB-Vereins.[222] Soweit dennoch die „Heilung" eines Beschlussmangels im Innenverhältnis diskutiert wird,[223] geht es richtigerweise um die Zulässigkeit einer rückwirkenden Genehmigung der Vertretung des Betriebsrats im **Außenverhältnis.** Wurde der Betriebsrat (typischerweise durch seinen Vorsitzenden) ohne wirksamen Beschluss vertreten, fehlt es an der nach § 164 Abs. 1 u. 3 BGB erforderlichen Vertretungsmacht und es stellt sich die Frage, ob eine nach § 184 Abs. 1 BGB rückwirkende Genehmigung des vollmachtlosen Vertreterhandelns durch erneute Beschlussfassung möglich ist. Das ist bei Verträgen nach § 177 Abs. 1 BGB in der Regel (zu Ausnahmen → Rn. 89), bei einseitigen Rechtsgeschäften nach § 180 S. 2 BGB ausnahmsweise der Fall (ausführlich → § 293 Rn. 22 ff.). Dementsprechend kann die vollmachtlose Bestellung eines Einigungsstellenbeisitzers durch den Betriebsratsvorsitzenden durch nachträglichen Beschluss rückwirkend genehmigt werden,[224] da die Bestellung der Annahme bedarf[225] und somit ein genehmigungsfähiger Vertrag ist. Gleiches gilt für die Beauftragung eines Rechtsanwalts (zur Kostentragungspflicht → Rn. 89) sowie für dessen Prozessführung, die aus prozessualen Gründen allerdings nur bis zum Erlass eines Prozessurteils oder einer anderen den Antrag als unzulässig zurückweisenden Prozessentscheidung genehmigungsfähig ist.[226]

89 Ist das Vertretergeschäft kraft Gesetzes **fristgebunden,** ist anhand des Normzwecks zu ermitteln, ob eine rückwirkende Genehmigung ausgeschlossen ist (vgl. § 184 Abs. 1 Hs. 2 BGB).[227] Im Betriebsverfassungsrecht ist das insbesondere der Fall, wenn das Gesetz dem

---

[217] BAG 15.4.2014 – 1 ABR 2/13 (B), NZA 2014, 551 Rn. 23; GK-BetrVG/*Raab* § 33 Rn. 52.
[218] Zu diesem Verständnis von § 134 BGB s. BGH 7.5.1974 – VI ZR 7/73, NJW 1974, 1374 (1377); aus der Lit. *Canaris* Gesetzliches Verbot und Rechtsgeschäft, 1983, S. 14 ff.; Staudinger/*Sack/Seibl* BGB § 134 Rn. 57 f. mwN.
[219] GK-BetrVG/*Raab* § 33 Rn. 49; allgemein MüKoBGB/*Armbrüster* § 134 Rn. 103, 106; Erman/*Arnold* § 134 Rn. 18.
[220] BAG 21.7.2004 – 7 ABR 58/03, NZA 2005, 170 (171); aus der Lit. statt vieler *Fitting* § 33 Rn. 51 mwN.
[221] Vgl. allgemein *Bydlinski* Juristische Methodenlehre und Rechtsbegriff, 2. Aufl. 1991, S. 473; *Canaris* Feststellung von Lücken im Gesetz, 2. Aufl. 1983, S. 16 u. 31 ff.
[222] BGH 18.12.1967 – II ZR 211/65, NJW 1968, 543 (544); aus der Lit. etwa BeckOK BGB/*Schöpflin* § 32 Rn. 35; Staudinger/*Weick* BGB § 32 Rn. 31.
[223] Vgl. exemplarisch HWGNRH/*Glock* § 33 Rn. 45; DKKW/*Wedde* § 33 Rn. 28, 36.
[224] BAG 10.10.2007 – 7 ABR 51/06, NZA 2008, 369 Rn. 22 ff.
[225] BAG 19.8.1992 – 7 ABR 58/91, NZA 1993, 710 (711); aus der Lit. GK-BetrVG/*Jacobs* § 76 Rn. 46, 89 mwN.
[226] BAG 18.2.2003 – 1 ABR 17/02, NZA 2004, 336 (339); 6.12.2006 – 7 ABR 62/05, AP BetrVG 1972 § 21b Nr. 5 Rn. 20; zur Rügeobliegenheit des Gegners HessLAG 1.9.2011 – 5 TaBV 44/11, BeckRS 2012, 69433; BAG 6.11.2013 – 7 ABR 84/11, NZA-RR 2014, 196 Rn. 53.
[227] Allgemein MüKoBGB/*C. Schubert* § 177 Rn. 48 mwN.

Betriebsrat eine Stellungnahmefrist einräumt, deren ergebnisloser Ablauf zur Erklärungsfiktion führt, zB nach § 99 Abs. 3 S. 2 BetrVG, § 102 Abs. 2 S. 2 BetrVG. Mit dem Zweck dieser Fristvorgaben wäre eine unbegrenzte Rückwirkung der Genehmigung unvereinbar, so dass ein genehmigender Beschluss spätestens bis Fristablauf zugehen muss.[228] In anderem Gewand begegnet diese Problematik, wenn es um die Genehmigung von Vertreterhandeln geht, das eine **Kostentragungspflicht** des Arbeitgebers nach § 40 Abs. 1 BetrVG auslöst, zB die Beauftragung eines Sachverständigen, die Mandatierung eines Rechtsanwalts oder die Entsendung von Betriebsratsmitgliedern zu Schulungsveranstaltungen nach § 37 Abs. 6 BetrVG.[229] Die Genehmigung durch einen späteren Betriebsratsbeschluss wirkt in diesem Fall zwar nach § 184 Abs. 1 BGB zurück, bindet also den Betriebsrat an das Vertreterhandeln.[230] Sie kann aber nach Sinn und Zweck von § 40 Abs. 1 BetrVG keine Kostentragungspflicht des Arbeitgebers mehr auslösen, da der Betriebsrat nicht mehr unbefangen über die Erforderlichkeit bereits angefallener Kosten entscheiden kann.[231]

b) Einzelne Verfahrensfehler. Wird die **Ladung** nicht oder nicht an sämtliche Betriebsratsmitglieder inklusive zu ladender Ersatzmitglieder übersandt, führt dies grundsätzlich zur Unwirksamkeit dennoch gefasster Beschlüsse,[232] da sich dieser Fehler auf die meinungsbildende Beratung und damit das Abstimmungsergebnis auswirken kann (→ Rn. 86 f.). Nicht relevant ist der Fehler nur, wenn trotz (teilweise) unterbliebener Ladung sämtliche Mitglieder an der Sitzung teilnehmen (→ Rn. 16).[233] Wurde ein Ersatzmitglied nicht geladen, liegt kein Verfahrensfehler vor, wenn für den Vorsitzenden eine vorherige Ladung tatsächlich unmöglich ist, weil der Verhinderungsfall plötzlich eintritt oder er von diesem keine Kenntnis hat (→ Rn. 30; zur Ladung trotz fehlender Verhinderung → Rn. 31). **90**

Wird mit der Ladung die **Tagesordnung** nicht, nicht vollständig oder nicht rechtzeitig übersandt, hat dies grundsätzlich die Unwirksamkeit dennoch gefasster Beschlüsse zur Folge,[234] da dieser Fehler einer inhaltlichen Vorbereitung entgegensteht und damit das Abstimmungsergebnis beeinflussen kann (→ Rn. 86). Ein Verfahrensfehler liegt allerdings nicht vor, wenn die anwesenden Mitglieder die Tagesordnung durch (ggf. konkludenten) Beschluss wirksam ergänzen, weil sie einen Beratungsgegenstand für so eilbedürftig erachten, dass sie sich für eine sofortige Beschlussfassung entscheiden (ausführlich → Rn. 24 ff.). Entgegen der hM genügt hierfür richtigerweise ein Mehrheitsbeschluss, der lediglich einer Missbrauchskontrolle nach allgemeinen Grundsätzen unterliegt (→ Rn. 27 f.). **91**

Für die Ladung der übrigen Sitzungsteilnehmer (ausführlich → Rn. 29 ff.) ist zu differenzieren: Soweit die Jugend- und Auszubildendenvertreter **stimmberechtigt** sind **92**

---

[228] Im Erg. ebenso GK-BetrVG/*Raab* § 33 Rn. 67; wohl auch WPK/*Kreft* § 34 Rn. 28; vgl. auch BAG 3.8. 1999 – 1 ABR 30/98, NZA 2000, 440 (443); 10.10.2007 – 7 ABR 51/06, NZA 2008, 369 Rn. 19 ff.
[229] Zum Erfordernis der Einigung mit dem Arbeitgeber GK-BetrVG/*Weber* § 37 Rn. 169.
[230] Im Erg. auch BAG 18.3.2015 – 7 ABR 4/13, NZA 2015, 954 Rn. 12 (Rechtsmitteleinlegung).
[231] BAG 8.3.2000 – 7 ABR 11/98, NZA 2000, 838 (839); 10.10.2007 – 7 ABR 51/06, NZA 2008, 369 Rn. 21; 18.3.2015 – 7 ABR 4/13, NZA 2015, 954 Rn. 12; ebenso HWGNRH/*Glock* § 33 Rn. 45; WPK/*Kreft* § 33 Rn. 29; Löwisch/Kaiser/*Löwisch* § 33 Rn. 19; wohl auch HWK/*Reichold* BetrVG § 33 Rn. 21; HK-BetrVG/*Wolmerath* § 33 Rn. 14; BAG 28.10.1992 – 7 ABR 14/92, NZA 1993, 466 (468); **aA** DKKW/*Wedde* § 33 Rn. 36; einschränkend GK-BetrVG/*Raab* § 33 Rn. 69 bei erkennbarem Mehrheitswillen trotz unwirksamem Beschluss.
[232] BAG 23.8.1984 – 2 AZR 391/83, NZA 1985, 254 (255); zuletzt etwa BAG 15.4.2014 – 1 ABR 2/13 (B), NZA 2014, 551 Rn. 25; aus der Lit. statt vieler *Fitting* § 33 Rn. 22, 54; GK-BetrVG/*Raab* § 33 Rn. 53 f. jeweils mwN.
[233] Ebenso etwa WPK/*Kreft* § 33 Rn. 10; GK-BetrVG/*Raab* § 33 Rn. 54; Richardi BetrVG/*Thüsing* § 29 Rn. 42.
[234] BAG 28.4.1988 – 6 AZR 405/86, NZA 1989, 223 (224); 24.5.2006 – 7 AZR 201/05, NZA 2006, 1364 Rn. 19; 15.4.2014 – 1 ABR 2/13 (B), NZA 2014, 551 Rn. 25; aus der Lit. statt vieler *Fitting* § 33 Rn. 54; GK-BetrVG/*Raab* § 33 Rn. 55; DKKW/*Wedde* § 33 Rn. 15 jeweils mwN.

(→ Rn. 75), gelten die geschilderten Grundsätze für sie entsprechend.[235] Auf nicht stimmberechtigte Sitzungsteilnehmer – etwa Gewerkschaftsbeauftragte oder Vertreter der Arbeitgebervereinigung – lassen sie sich hingegen nicht übertragen, da sie stimmberechtigte Mitglieder nur **unterstützen** sollen und ihre Nicht-Teilnahme daher keine Auswirkung auf das Abstimmungsergebnis haben kann.[236] Etwas anderes gilt nach hier vertretener Ansicht allein für die **Schwerbehindertenvertretung,** da der Gesetzgeber ihr das Recht zur selbständigen beratenden Teilnahme gerade deshalb eingeräumt hat, damit sie einen weiteren sachlichen Standpunkt in die Beratung einbringen kann (→ Rn. 32).

93   Wird eine Sitzung unter Verstoß gegen § 30 S. 1 u. 2 BetrVG **terminiert,** sind die vom Gremium gefassten Beschlüsse dennoch wirksam, da sich die Terminierung auf das inhaltliche Ergebnis der Abstimmung nicht auswirken kann (ausführlich → Rn. 58). Wird an einen **Sitzungsort** außerhalb des Betriebsgeländes geladen, ohne dass der Betriebsrat hierüber einen (wirksamen) Beschluss gefasst hat (→ Rn. 60), hat dies die Unwirksamkeit auf der Sitzung gefasster Beschlüsse zur Folge, wenn nicht sämtliche Mitglieder an der Sitzung teilnehmen (→ Rn. 90).

94   Beteiligen sich nicht stimmberechtigte Sitzungsteilnehmer (zum Stimmrecht → Rn. 73 ff.) an der **Abstimmung,** führt dies zur Unwirksamkeit des Beschlusses, wenn die Stimmabgabe nicht offensichtlich ohne Einfluss auf das Abstimmungsergebnis war (zur fehlerhaften Ladung eines Ersatzmitglieds → Rn. 31).[237] Das ist grundsätzlich der Fall, wenn die Beschlussmehrheit nicht auf der unzulässig abgegebenen Stimme beruht. Etwas anderes gilt allerdings dann, wenn ein Mitglied in eigenen Angelegenheiten abgestimmt hat (→ Rn. 76 f.), da in diesem Fall nicht auszuschließen ist, dass die bloße Anwesenheit des Betroffenen das Abstimmungsverhalten der übrigen Mitglieder zu seinen Gunsten beeinflusst hat.[238] Eine solche Beeinflussung durch Anwesenheit lässt sich nur ausschließen, wenn das Abstimmungsergebnis den Betroffenen benachteiligt;[239] auch in diesem Fall kann der Beschluss allerdings unwirksam sein, wenn das eigentlich zuständige Ersatzmitglied nicht rechtzeitig geladen wurde, obwohl dies tatsächlich möglich war (→ Rn. 90).

95   Wird gegen den Grundsatz der **Nichtöffentlichkeit** verstoßen, indem (für einzelne Tagesordnungspunkte) ein nicht teilnahmeberechtigter Dritter in der Betriebsratssitzung anwesend ist (→ Rn. 61 ff.), führt dies zur Unwirksamkeit eines dennoch gefassten Beschlusses, wenn nicht ausgeschlossen werden kann, dass das Abstimmungsergebnis hierdurch beeinflusst wurde (→ Rn. 86).[240] Hat kein stimmberechtigter Teilnehmer die Anwesenheit des Dritten in der Sitzung **beanstandet,** kommt eine Beeinflussung der Abstimmung durch bloße Anwesenheit richtigerweise nicht in Betracht.[241] Der Beschluss ist aber auch ohne Rüge unwirksam, wenn der Dritte – etwa durch umfangreiche Redebeiträge – auf die Willensbildung der stimmberechtigten Teilnehmer aktiv eingewirkt hat.[242] Eine solche Beeinflussung lässt sich nur ausschließen, wenn der Dritte durch das Abstimmungsergebnis benachteiligt wird (zu dieser Erwägung → Rn. 94).

---

[235] BAG 6.5.1975 – 1 ABR 135/73, AP BetrVG 1972 § 65 Nr. 5.
[236] Statt vieler GK-BetrVG/*Raab* § 33 Rn. 58 mwN.
[237] BAG 6.12.2006 – 7 ABR 62/05, AP BetrVG 1972 § 21b Nr. 5 Rn. 19; aus der Lit. statt vieler *Fitting* § 33 Rn. 56; GK-BetrVG/*Raab* § 33 Rn. 59 jeweils mwN.
[238] Ebenso wohl BAG 3.8.1999 – 1 ABR 30/98, NZA 2000, 440 (443); 6.11.2013 – 7 ABR 82/11, NZA 2013, 857 Rn. 14; aus der Lit. HWGNRH/*Glock* § 33 Rn. 41; WPK/*Kreft* § 33 Rn. 26; GK-BetrVG/*Raab* § 33 Rn. 60; *Oetker* ZfA 1984, 409 (438 ff.); Richardi BetrVG/*Thüsing* § 33 Rn. 45; **aA** wohl *Fitting* § 33 Rn. 56.
[239] Ebenso HWGNRH/*Glock* § 33 Rn. 41; GK-BetrVG/*Raab* § 33 Rn. 60; *Oetker* ZfA 1984, 409 (438 ff.); Richardi BetrVG/*Thüsing* § 33 Rn. 45; **aA** wohl ThürLAG 17.12.1997 – 9 TaBV 6/96, BeckRS 1998, 41096.
[240] BAG 30.9.2014 – 1 ABR 32/13, NZA 2015, 370 Rn. 51 (Anwesenheit nicht herangezogener Ersatzmitglieder); aus der Lit. statt vieler *Fitting* § 30 Rn. 22 f.; GK-BetrVG/*Raab* § 33 Rn. 61; Richardi BetrVG/*Thüsing* § 30 Rn. 18 jeweils mwN; **aA** HWGNRH/*Glock* § 30 Rn. 30: nie Unwirksamkeit.
[241] BAG 30.9.2014 – 1 ABR 32/13, NZA 2015, 370 Rn. 51; zust. auch *Fitting* § 30 Rn. 22; GK-BetrVG/*Raab* § 30 Rn. 24 u. § 33 Rn. 61; weitergehend HWGNRH/*Glock* § 30 Rn. 30: nie Unwirksamkeit.
[242] Ebenso *Fitting* § 30 Rn. 22a; GK-BetrVG/*Raab* § 33 Rn. 61 jeweils mwN.

III. Beschlüsse

Ein relevanter Verfahrensfehler liegt auch vor, wenn die **Leitung** der Sitzung von einer 96
unbefugten Person wahrgenommen wird, da nicht auszuschließen ist, dass hierdurch das
Abstimmungsergebnis beeinflusst wurde (→ Rn. 86), zB durch Einflussnahme auf Reihenfolge und Umfang der Redebeiträge oder Festlegung einer geheimen statt einer offenen Abstimmung.[243] Wirksamkeitsvoraussetzung eines Beschlusses ist nach § 33 Abs. 2
BetrVG außerdem die **Beschlussfähigkeit** (→ Rn. 71 f.).

Schließlich muss ein Antrag die vom Gesetz vorgesehene **Stimmenmehrheit** errei- 97
chen, um wirksam beschlossen zu werden (→ Rn. 78 ff.). Die erforderliche Mehrheit
kann insbesondere dadurch entfallen, dass ein Mitglied seine Stimmabgabe nach §§ 119 ff.
BGB **anficht** (zur Einordnung als Willenserklärung → Rn. 66, 84).[244] Im Außenverhältnis kann die Vertretung des Betriebsrats aus Vertrauensschutzgründen trotzdem wirksam
sein (→ Rn. 87).[245] Allerdings schadet hinsichtlich der Gutgläubigkeit des Arbeitgebers
oder eines anderen Dritten nach § 142 Abs. 2 BGB auch die Kenntnis oder fahrlässige
Unkenntnis von der Anfechtbarkeit.

3. Änderung und Aufhebung

Nach allgemeinen Grundsätzen kann der Betriebsrat Beschlüsse im Innenverhältnis jeder- 98
zeit – auch konkludent, zB durch inhaltlich abweichende Beschlussfassung – aufheben
oder ändern. Ist er im **Außenverhältnis** durch wirksame Vertretung nach § 164 Abs. 1 u.
3 BGB bereits gebunden, hat die Änderung des zugrunde liegenden Beschlusses keine
Auswirkungen auf diese Bindung.[246]

4. Aussetzung

In § 35 Abs. 1 BetrVG wird der Jugend- und Auszubildenden- sowie der Schwerbehin- 99
dertenvertretung ein **suspensives Vetorecht** eingeräumt (vgl. auch § 66 BetrVG, § 178
Abs. 4 S. 2 SGB IX). Auch Erstere kann den Antrag richtigerweise bereits in der Betriebsratssitzung mit der Mehrheit der Stimmen ihrer Mitglieder stellen (vgl. § 66 Abs. 1
BetrVG), muss also nicht erst auf einer ordnungsgemäß einberufenen Sitzung einen Beschluss fassen.[247] Dafür sprechen der Wortlaut von § 35 Abs. 1 BetrVG und der Umstand,
dass die Wochenfrist für den Suspensiveffekt bereits mit der Beschlussfassung des Betriebsrats beginnt. Das Antragsrecht der Jugend- und Auszubildendenvertretung entfällt nach
§ 242 BGB jedoch, wenn ihre Mitglieder stimmberechtigt (→ Rn. 75) und die Mehrheit
der Mitglieder bei der Beschlussfassung des Betriebsrats anwesend waren, aber nicht gegen
den Beschluss gestimmt haben,[248] da das Aussetzungsrecht kein Reuerecht ist. Wurde geheim abgestimmt, lässt sich diese Voraussetzung allerdings nur dann anhand des Abstimmungsergebnisses nachweisen, wenn dieses entsprechend eindeutig ausfällt, zB der Beschluss einstimmig gefasst wurde.[249] Hatten die Mitglieder dagegen kein Stimmrecht, kann
das Antragsrecht richtigerweise nicht nach § 242 BGB ausgeschlossen sein, da die fehlende Äußerung von Bedenken in der Sitzung weder mit einer widersprüchlichen Stimmab-

---

[243] Vgl. BAG 28.2.1958 – 1 ABR 3/57, DB 1958, 603 (zu internen Wahlen); HWGNRH/*Glock* § 33 Rn. 42; GK-BetrVG/*Raab* § 33 Rn. 62; Richardi BetrVG/*Thüsing* § 33 Rn. 45.
[244] Statt vieler *Fitting* § 33 Rn. 51; GK-BetrVG/*Raab* § 33 Rn. 50 jeweils mwN.
[245] Zur Anfechtbarkeit einer betätigten Innenvollmacht näher MüKoBGB/*C. Schubert* § 167 Rn. 46 f. mwN.
[246] Im Erg. ebenso die hM, s. *Fitting* § 33 Rn. 45; HWGNRH/*Glock* § 33 Rn. 46; AR/*Maschmann* BetrVG § 33 Rn. 2; GK-BetrVG/*Raab* § 33 Rn. 43 f.; Richardi BetrVG/*Thüsing* § 33 Rn. 35; DKKW/*Wedde* § 33 Rn. 28. Vgl. auch BAG 15.12.1961 – 1 AZR 207/59, NJW 1962, 654.
[247] Ebenso WPK/*Kreft* § 35 Rn. 5; GK-BetrVG/*Raab* § 35 Rn. 10; HWK/*Reichold* BetrVG § 35 Rn. 3; Richardi BetrVG/*Thüsing* § 35 Rn. 4; **aA** Richardi BetrVG/*Annuß* § 66 Rn. 4; *Fitting* § 35 Rn. 7 u. § 66 Rn. 3; AR/*Maschmann* BetrVG § 35 Rn. 2; GK-BetrVG/*Oetker* § 66 Rn. 6; unklar DKKW/*Wedde* § 35 Rn. 5 (anwesende Mitglieder).
[248] Ebenso GK-BetrVG/*Raab* § 35 Rn. 11 f.; Richardi BetrVG/*Thüsing* § 35 Rn. 15 f.; wohl auch *Fitting* § 35 Rn. 8; AR/*Maschmann* BetrVG § 35 Rn. 2; HWK/*Reichold* BetrVG § 35 Rn. 3; DKKW/*Wedde* § 35 Rn. 5; **aA** HWGNRH/*Glock* § 35 Rn. 7; ähnlich WPK/*Kreft* § 35 Rn. 5.
[249] Ebenso GK-BetrVG/*Raab* § 35 Rn. 11 aE.

gabe vergleichbar noch rechtssicher feststellbar ist; das gilt auch für die Schwerbehindertenvertretung, da diese stets nur beratend teilnimmt.[250]

100   Eine **Frist** ist für den Antrag nicht vorgeschrieben, doch hat ein Antrag mit Ablauf der Wochenfrist ab Beschlussfassung des Betriebsrats (→ Rn. 101) praktisch keine Relevanz mehr.[251] Gleiches gilt, wenn ein Beschluss im Außenverhältnis bereits vollständig umgesetzt wurde, da die Suspendierung des Beschlusses als bloßes Vollzugshemmnis dann gegenstandslos ist (anders bei Unwirksamkeit → Rn. 87).[252] Wird der Antrag außerhalb der Betriebsratssitzung gestellt, ist er an den (stellvertretenden) Vorsitzenden zu richten, § 26 Abs. 2 S. 2 BetrVG. **Inhaltlich** muss der Antrag den zu suspendierenden Beschluss und die Aussetzung genau bezeichnen. Außerdem muss eine erhebliche Beeinträchtigung wichtiger Interessen der jeweils vertretenen Arbeitnehmer schlüssig dargelegt werden; nach dem Wortlaut von § 35 Abs. 1 BetrVG und mit Blick auf die bloße Vollzugshemmung als Rechtsfolge müssen diese Gründe hingegen nicht objektiv vorliegen.[253]

101   Durch einen Antrag, der schlüssig begründet ist (→ Rn. 100),[254] wird der in ihm bezeichnete Betriebsratsbeschluss *ipso iure* für den Zeitraum von einer Woche **ab Beschlussfassung des Betriebsrats suspendiert,** dh der Beschluss bleibt wirksam, darf aber nicht vollzogen werden.[255] Wird er trotzdem umgesetzt, handelt der (stellvertretende) Vorsitzende oder das zur Umsetzung bevollmächtigte Mitglied (→ § 293 Rn. 30) pflichtwidrig iSd § 23 Abs. 1 BetrVG (näher → § 297 Rn. 2 ff.).[256]

102   Als rein interne Ordnungsvorschrift hat § 35 Abs. 1 BetrVG nicht zur Folge, dass sich **Erklärungsfristen** des Betriebsrats im Außenverhältnis – etwa aus § 99 Abs. 3 BetrVG oder § 102 Abs. 2 S. 1 u. 3 BetrVG – verlängern,[257] da sich eine solche Verlängerung zulasten des Arbeitgebers und/oder der betroffenen Arbeitnehmer auswirken würde. Systematisch spricht hierfür auch die vergleichbare Interessenbewertung in § 178 Abs. 4 S. 3 SGB IX und § 39 Abs. 1 S. 3 BPersVG, wonach die Aussetzung keine Fristverlängerung zur Folge hat.[258] Zur Fristwahrung im Außenverhältnis darf der Betriebsratsvorsitzende weder den ursprünglichen Beschluss umsetzen noch – entgegen der Beschlussmehrheit – entsprechend der Begründung der Antragsteller handeln,[259] andernfalls verhält er sich im Innenverhältnis pflichtwidrig, weil er gegen § 35 Abs. 1 BetrVG oder § 26 Abs. 2 S. 1 BetrVG verstößt. Er kann[260] und muss vielmehr eine kurzfristige Einigung vor Ablauf der Wochenfrist versuchen, um auf diesem Weg die Erklärungsfrist im Außenverhältnis zu wahren. Richtigerweise ist der Arbeitgeber auch nicht nach § 2 Abs. 1 BetrVG verpflich-

---

[250] Zutreffend WPK/*Kreft* § 35 Rn. 5 aE; im Erg. auch HWGNRH/*Glock* § 35 Rn. 7; aA *Fitting* § 35 Rn. 9 f.; ErfK/*Koch* BetrVG § 35 Rn. 1; AR/*Maschmann* BetrVG § 35 Rn. 2; GK-BetrVG/*Raab* § 35 Rn. 13 f.; Richardi BetrVG/*Thüsing* § 35 Rn. 16; DKKW/*Wedde* § 35 Rn. 5; wohl auch HWK/*Reichold* BetrVG § 35 Rn. 3.
[251] Statt vieler GK-BetrVG/*Raab* § 35 Rn. 16 mwN.
[252] Statt vieler *Fitting* § 35 Rn. 15 mwN.
[253] Ebenso *Fitting* § 35 Rn. 16; HWGNRH/*Glock* § 35 Rn. 11; GK-BetrVG/*Oetker* § 66 Rn. 8; GK-BetrVG/*Raab* § 35 Rn. 19; DKKW/*Wedde* § 35 Rn. 9; aA Schaub ArbR-HdB/*Koch* 220 Rn. 25.
[254] **AA** insoweit DKKW/*Wedde* § 35 Rn. 10: Entfallen des Suspensiveffekts nur bei Rechtsmissbrauch; unklar HWGNRH/*Glock* § 35 Rn. 11 u. 16 (offensichtliche Unbegründetheit schade nicht).
[255] Statt vieler GK-BetrVG/*Raab* § 35 Rn. 21 mwN.
[256] Statt vieler *Fitting* § 35 Rn. 19.
[257] Ebenso HK-BetrVG/*Düwell* § 35 Rn. 14; *Fitting* § 35 Rn. 30; HWGNRH/*Glock* § 35 Rn. 23; ErfK/*Koch* BetrVG § 35 Rn. 1; WPK/*Kreft* § 35 Rn. 8; AR/*Maschmann* BetrVG § 35 Rn. 3; BeckOK ArbR/*Mauer* BetrVG § 35 Rn. 5; GK-BetrVG/*Raab* § 35 Rn. 22 f.; HWK/*Reichold* BetrVG § 35 Rn. 4; Richardi BetrVG/*Thüsing* § 35 Rn. 24; DKKW/*Wedde* § 35 Rn. 11; NK-GA/*Wolmerath* BetrVG § 35 Rn. 1; aA *Oetker* BlStSozArbR 1983, 289 (292 f.).
[258] Ebenso *Fitting* § 35 Rn. 30; HWGNRH/*Glock* § 35 Rn. 23; GK-BetrVG/*Raab* § 35 Rn. 22.
[259] Ebenso *Fitting* § 35 Rn. 31; wohl auch NK-GA/*Wolmerath* BetrVG § 35 Rn. 10; **aA** WPK/*Kreft* § 35 Rn. 8; Richardi BetrVG/*Thüsing* § 35 Rn. 25; DKKW/*Wedde* § 35 Rn. 11; wohl auch Löwisch/Kaiser/*Löwisch* § 35 Rn. 2; HWK/*Reichold* BetrVG § 35 Rn. 4: Verkürzung der Aussetzung.
[260] Zu dieser Möglichkeit etwa *Fitting* § 35 Rn. 25; GK-BetrVG/*Raab* § 35 Rn. 26.

tet, die endgültige Entscheidung des Betriebsrats abzuwarten, da die Vorgabe von Erklärungsfristen gerade seinem Schutz vor Verzögerungen dient.[261]

Innerhalb der Wochenfrist soll eine **Verständigung** versucht werden, wobei jeder Beteiligte formlos die im Betrieb vertretenen (→ § 291 Rn. 191) Gewerkschaften hinzuziehen kann.[262] Handelt es sich bei ihnen um Gewerkschaften, die nicht im Betriebsrat vertreten sind (→ Rn. 44), kann eine Verständigung mit ihrer Hilfe nur außerhalb einer formellen Sitzung versucht werden. Mit Ablauf der Wochenfrist hat der Betriebsrat über die Bestätigung des bisherigen Beschlusses (nicht über den ursprünglichen Antrag) **erneut zu beschließen** (vgl. § 35 Abs. 2 S. 2 Hs. 1 BetrVG).[263] Der Betriebsratsvorsitzende hat dafür zu sorgen, dass der Bestätigungsbeschluss unverzüglich gefasst werden kann; ist dies trotz Eilbedürftigkeit nicht möglich, darf er nach Ablauf der Wochenfrist (→ Rn. 102) den ursprünglichen Beschluss ausnahmsweise im Außenverhältnis umsetzen.[264] Ein **erneuter** Aussetzungsantrag ist nach § 35 Abs. 2 S. 2 BetrVG ausgeschlossen, wenn ein bestätigender Beschluss gefasst wird, der den ursprünglichen Beschluss allenfalls unerheblich modifiziert.

5. Streitigkeiten

Streitigkeiten im Zusammenhang mit der Beschlussfassung des Betriebsrats, insbesondere über die Wirksamkeit eines Beschlusses, entscheiden die Arbeitsgerichte im **Beschlussverfahren,** §§ 2a Abs. 1 Nr. 1, 80 ff. ArbGG. Im Urteilsverfahren kann die Wirksamkeit eines Beschlusses als relevante Vorfrage überprüft werden. Auch wenn der Arbeitgeber idR keinen Einblick in die internen Abläufe des Betriebsrats hat, kann er sich zur Einhaltung relevanter Verfahrensvorschriften (→ Rn. 85 f.) entgegen der Ansicht des BAG[265] nicht ohne Weiteres mit Nichtwissen gem. § 138 Abs. 4 ZPO erklären und dadurch eine **sekundäre Darlegungslast** des Betriebsrats auslösen;[266] vielmehr muss der Arbeitgeber – ggf. nach eigenen Nachforschungen – zunächst seinerseits alle Tatsachen zu relevanten Beschlussmängeln darlegen, deren Vortrag ihm im Einzelfall zumutbar ist.[267]

IV. Sitzungsniederschrift

Nach § 34 Abs. 1 BetrVG ist über jede „Verhandlung" des Betriebsrats eine Niederschrift aufzunehmen. Aus Systematik und Gesetzesüberschrift ergibt sich, dass damit die **Sitzungen** des Betriebsrats gemeint sind.[268] Die Vorschrift gilt für den Betriebsausschuss (§ 27 BetrVG) und andere Ausschüsse des Betriebsrats (§ 28 BetrVG) analog.[269]

1. Zweck und Bedeutung

Die Sitzungsniederschrift hat den Zweck, die Willensbildung des Betriebsrats zu **dokumentieren,** und dient als Nachweis für das ordnungsgemäße Zustandekommen von Beschlüssen. Beweisrechtlich hat sie allerdings nur eingeschränkte Bedeutung. Nach **§ 416 ZPO** begründet sie als Privaturkunde – im Gegensatz zur öffentlichen Urkunde (§§ 417 f. ZPO) – lediglich vollen Beweis dafür, dass die in der Niederschrift enthaltenen Erklärun-

---

[261] Ebenso HK-BetrVG/*Düwell* § 35 Rn. 14. Für ein Sachgrunderfordernis *Fitting* § 35 Rn. 31; HWGNRH/*Glock* § 35 Rn. 23; GK-BetrVG/*Raab* § 35 Rn. 23 aE; **aA** DKKW/*Wedde* § 35 Rn. 11: Rechtspflicht auf Zuwarten.
[262] Statt vieler *Fitting* § 35 Rn. 22 mwN.
[263] Statt vieler GK-BetrVG/*Raab* § 35 Rn. 25, 27; NK-GA/*Wolmerath* BetrVG § 35 Rn. 13 jeweils mwN.
[264] Überzeugend GK-BetrVG/*Raab* § 35 Rn. 27; ähnlich *Fitting* § 35 Rn. 24; vgl. auch HWGNRH/*Glock* § 35 Rn. 33.
[265] BAG 9.12.2003 – 1 ABR 44/02, NZA 2004, 746 (748); 19.1.2005 – 7 ABR 24/04, BeckRS 2005, 30349188; 29.7.2009 – 7 ABR 95/07, NZA 2009, 1223 Rn. 19. Zust. GK-BetrVG/*Raab* § 35 Rn. 70.
[266] Ebenso HessLAG 14.7.2011 – 9 TaBV 192/10, BeckRS 2012, 69434.
[267] Hierzu und zu den weiteren Grenzen einer sekundären Darlegungslast ausführlich *Pfeiffer* ZIP 2017, 2077 ff. mwN.
[268] Statt vieler GK-BetrVG/*Raab* § 34 Rn. 6 mwN.
[269] Statt vieler *Fitting* § 34 Rn. 2.

gen über den Ablauf der Sitzung und den Inhalt der Beschlussfassung von den Unterzeichnern der Niederschrift (→ Rn. 111) abgegeben worden sind; der Inhalt der Sitzung selbst, insbesondere der Beschlussfassung, wird durch die Niederschrift dagegen nicht bewiesen.[270] Im Rahmen der freien Beweiswürdigung nach § 286 ZPO können auch andere Beweismittel, insbesondere Zeugenvernehmungen, gewürdigt werden;[271] der ordnungsgemäßen Sitzungsniederschrift kommt wegen ihrer besonderen Form dabei aber grds. ein **hoher Beweiswert** zu.[272]

107 Die Aufnahme in die Sitzungsniederschrift und die Beachtung der sonstigen Anforderungen aus § 34 BetrVG ist **keine Wirksamkeitsvoraussetzung** für Beschlüsse des Betriebsrats, da diese Vorgaben nur dem Beweis des Beschlussinhalts dienen und sich auf das Abstimmungsergebnis nicht auswirken können (→ Rn. 86).[273] Nichtig ist ein Beschluss nur dann, wenn für ihn ein gesetzliches Schriftformerfordernis besteht (zB § 27 Abs. 2 S. 3 BetrVG, § 36 BetrVG) und er weder in der Sitzungsniederschrift noch gesondert schriftlich fixiert wurde.[274] Der Verstoß gegen § 34 BetrVG ist allerdings eine Pflichtverletzung, die ein Vorgehen nach § 23 Abs. 1 BetrVG eröffnen kann (→ § 297 Rn. 2 ff.).[275]

2. Verfasser

108 Die Pflicht zur Aufnahme einer Niederschrift trifft den **Betriebsrat** als Kollektivorgan. Intern verantwortlich ist der Betriebsratsvorsitzende, da er die Sitzung leitet (→ Rn. 52 ff.) und die Niederschrift nach § 34 Abs. 1 S. 2 BetrVG zu unterzeichnen hat.[276] Er muss das Protokoll allerdings nicht selbst fertigen, sondern kann vom Gremium einen Protokollführer bestellen lassen, der selbst Betriebsratsmitglied sein muss.[277]

109 Die Niederschrift muss nicht in der Sitzung, sondern kann auch im Anschluss an sie aufgenommen werden.[278] Da § 34 Abs. 1 S. 1 BetrVG die Protokollierung der Beschlüsse **im Wortlaut** verlangt, ist der Vorsitzende aber idR verpflichtet, bereits in der Sitzung den Wortlaut schriftlich festzuhalten, um entsprechend dem Zweck der gesetzlichen Vorgabe spätere Unklarheiten zu vermeiden.[279] Eine Tonaufnahme ist möglich, bedarf wegen der damit einhergehenden Verarbeitung personenbezogener Daten nach Art. 6 Abs. 1 S. 1 lit. a DSGVO aber der Einwilligung sämtlicher Betriebsratsmitglieder.[280]

3. Inhalt

110 Nach § 34 Abs. 1 S. 1 BetrVG muss die Niederschrift mindestens den **Wortlaut der Beschlüsse** (→ Rn. 109) und die **Stimmenmehrheit** enthalten, mit der sie gefasst wurden. Bezüglich des Abstimmungsergebnisses sind nicht nur die Ja- und Nein-Stimmen, son-

---

[270] BAG 30.9.2014 – 1 ABR 32/13, NZA 2015, 370 Rn. 40. Statt vieler *Fitting* § 34 Rn. 5; GK-BetrVG/*Raab* § 34 Rn. 13 jeweils mwN; **aA** hinsichtlich der Beschlussfassung wohl Richardi BetrVG/*Thüsing* § 34 Rn. 23 (vgl. aber Rn. 21).
[271] BAG 8.2.1977 – 1 ABR 82/74, AP BetrVG 1972 § 80 Nr. 10; 3.11.1977 – 2 AZR 277/76, AP BetrVG § 75 Nr. 1 (zu § 41 BPersVG).
[272] BAG 30.9.2014 – 1 ABR 32/13, NZA 2015, 370 Rn. 41 ff.
[273] BAG 8.2.1977 – 1 ABR 82/74, AP BetrVG 1972 § 80 Nr. 10; 30.9.2014 – 1 ABR 32/13, NZA 2015, 370 Rn. 42; aus der Lit. statt vieler GK-BetrVG/*Raab* § 34 Rn. 10 mwN; **aA** LAG Köln 25.11.1998 – 2 TaBV 38/98, NZA-RR 1999, 245 (246); LAG Düsseldorf – 16 TaBV 57/10, BeckRS 2010, 74572 (für den Sitzungsausschluss); Löwisch/Kaiser/*Löwisch* § 34 Rn. 5.
[274] BAG 30.9.2014 – 1 ABR 32/13, NZA 2015, 370 Rn. 42; aus der Lit. statt vieler *Fitting* § 34 Rn. 27 mwN.
[275] Ebenso *Fitting* § 34 Rn. 26; HWGNRH/*Glock* § 34 Rn. 8; GK-BetrVG/*Raab* § 34 Rn. 10; DKKW/*Wedde* § 34 Rn. 13.
[276] Statt vieler GK-BetrVG/*Raab* § 34 Rn. 8 mwN.
[277] Statt vieler *Fitting* § 34 Rn. 10 mwN.
[278] BAG 17.10.1990 – 7 ABR 69/89, NZA 1991, 432 (zum Wirtschaftsausschuss); aus der Lit. statt vieler GK-BetrVG/*Raab* § 34 Rn. 9 mwN.
[279] Ähnlich LAG Köln 25.11.1998 – 2 TaBV 38/98, NZA-RR 1999, 245 (246); ebenso WPK/*Kreft* § 34 Rn. 3; GK-BetrVG/*Raab* § 34 Rn. 9.
[280] Im Erg. ebenso *Fitting* § 34 Rn. 12; ErfK/*Koch* BetrVG § 34 Rn. 1; WPK/*Kreft* § 34 Rn. 3; GK-BetrVG/*Raab* § 34 Rn. 19; DKKW/*Wedde* § 34 Rn. 7.

IV. Sitzungsniederschrift 111–113 § 294

dern auch die Enthaltungen anzugeben, um die Beschlussfähigkeit nachweisen zu können (→ Rn. 72).[281] Wird offen abgestimmt, bietet sich eine namentliche Aufschlüsselung des Wahlverhaltens nur dann an, wenn ein Aussetzungsantrag nach § 35 Abs. 1 BetrVG in Betracht kommt (→ Rn. 99). Anzugeben ist außerdem das **Datum,** da es andernfalls an der Zuordnung des Protokolls zu einer konkreten Sitzung fehlt.[282] Nach Sinn und Zweck der Protokollierungspflicht (→ Rn. 106) sind außerdem alle Vorgänge aufzunehmen, die konkrete Rechtsfolgen nach sich ziehen können, insb. relevante Beschlussmängel betreffen.[283] Im Übrigen liegt der Inhalt der Niederschrift im (pflichtgemäßen) Ermessen des Vorsitzenden. Der Arbeitgeber kann nicht verlangen, dass in einer Sitzung mitgeteilte **Betriebs- und Geschäftsgeheimnisse** nicht in die Niederschrift aufgenommen werden, da sowohl die gem. § 34 Abs. 3 BetrVG zur Einsichtnahme berechtigten Betriebsratsmitglieder als auch ggf. teilnehmende Gewerkschaftsbeauftragte, die nach § 34 Abs. 2 S. 1 BetrVG Anspruch auf eine Abschrift haben, gesetzlich zur Verschwiegenheit verpflichtet sind, § 79 Abs. 1 u. 2 BetrVG (→ § 295 Rn. 202 ff.).[284]

Nach § 34 Abs. 1 S. 2 BetrVG ist die Niederschrift durch den Vorsitzenden und ein 111 weiteres Mitglied des Betriebsrats zu **unterzeichnen,** dh ihre Unterschriften müssen den Text räumlich abschließen (keine sog. Ober- oder Nebenschrift).[285] Aus dem Bestätigungszweck der Unterzeichnung folgt, dass nur Personen zeichnen dürfen, die an der Sitzung teilgenommen haben.[286] In der Bestellung eines Mitglieds zum Protokollführer liegt regelmäßig auch die Bestimmung als zweiter Unterzeichner.[287]

Nach § 34 Abs. 1 S. 3 BetrVG ist der Niederschrift außerdem eine **Anwesenheitsliste** 112 beizufügen, in die sich jeder Teilnehmer eigenhändig einzutragen hat. Da diese Vorgabe dem Nachweis der Beschlussfähigkeit dient (zu dieser → Rn. 71 f.), hat der Vorsitzende sicherzustellen, dass bei vorübergehender Teilnahme an der Sitzung auch Beginn und Ende – durch ihn oder den Protokollführer – ergänzt werden.[288]

4. Aushändigung von Abschriften

Hat der Arbeitgeber (→ Rn. 37 ff.) oder ein Gewerkschaftsbeauftragter (→ Rn. 42 ff.) an 113 der Sitzung tatsächlich teilgenommen, ist ihm der entsprechende Teil der Niederschrift nach § 34 Abs. 2 S. 1 BetrVG abschriftlich auszuhändigen. Die Unterzeichnung durch den Betriebsratsvorsitzenden ist insoweit ausreichend, da das Gesetz für die Abschrift keine weitergehenden Anforderungen aufstellt.[289] Im Umkehrschluss zu § 34 Abs. 2 S. 1 BetrVG haben andere Sitzungsteilnehmer keinen Anspruch auf eine Abschrift.[290] Das gilt auch für Betriebsratsmitglieder, zumal ihnen nach § 34 Abs. 3 BetrVG ein eigens normiertes Einsichtsrecht zusteht.[291]

---

[281] Ebenso WPK/*Kreft* § 34 Rn. 3; AR/*Maschmann* BetrVG § 34 Rn. 2; GK-BetrVG/*Raab* § 34 Rn. 15; HWK/*Reichold* BetrVG § 34 Rn. 5; **aA** DKKW/*Wedde* § 34 Rn. 3: nur zweckmäßig.
[282] *Fitting* § 34 Rn. 13; WPK/*Kreft* § 34 Rn. 3; AR/*Maschmann* BetrVG § 34 Rn. 2; GK-BetrVG/*Raab* § 34 Rn. 15; HWK/*Reichold* BetrVG § 34 Rn. 4.
[283] BAG 30.9.2014 – 1 ABR 32/13, NZA 2015, 370 Rn. 43 (Ladungsfehler und Rügen); ebenso GK-BetrVG/*Raab* § 34 Rn. 16.
[284] Ebenso *Fitting* § 34 Rn. 16; DKKW/*Wedde* § 34 Rn. 3; **aA** GK-BetrVG/*Raab* § 34 Rn. 30.
[285] BGH 21.1.1992 – XI ZR 71/91, NJW 1992, 829 (830); aus der Lit. statt vieler MüKoBGB/*Einsele* § 126 Rn. 10 mwN.
[286] LAG Köln 25.11.1998 – 2 TaBV 38/98, NZA-RR 1999, 245 (246); aus der Lit. etwa GK-BetrVG/*Raab* § 34 Rn. 20; HWK/*Reichold* BetrVG § 34 Rn. 6; Richardi BetrVG/*Thüsing* § 34 Rn. 10.
[287] Überzeugend GK-BetrVG/*Raab* § 34 Rn. 20.
[288] Statt vieler *Fitting* § 34 Rn. 21 mwN.
[289] Statt vieler *Fitting* § 34 Rn. 23; GK-BetrVG/*Raab* § 34 Rn. 25 jeweils mwN.
[290] Statt vieler *Fitting* § 34 Rn. 24 mwN.
[291] LAG Nds 24.4.2009 – 10 TaBV 55/08, NZA-RR 2009, 532 (535); ebenso GK-BetrVG/*Raab* § 34 Rn. 24, 26; Richardi BetrVG/*Thüsing* § 34 Rn. 13; wohl auch HWK/*Reichold* BetrVG § 34 Rn. 9; **aA** *Fitting* § 34 Rn. 25; HWGNRH/*Glock* § 34 Rn. 23; WPK/*Kreft* § 34 Rn. 10; AR/*Maschmann* BetrVG § 34 Rn. 2; DKKW/*Wedde* § 34 Rn. 16: einzelne Betriebsratsmitglieder bei Erforderlichkeit für ihre Tätigkeit.

5. Einwendungen

114 Nach § 34 Abs. 2 S. 2 BetrVG sind Einwendungen gegen die Niederschrift unverzüglich (vgl. § 121 Abs. 1 S. 1 BGB) schriftlich zu erheben und der Niederschrift beizufügen. Das Recht, eine Einwendung zu erheben, steht – entgegen der systematisch verfehlten Stellung der Vorschrift – allen Teilnehmern hinsichtlich derjenigen Teile der Sitzung zu, bei denen sie anwesend waren.[292] Von Relevanz sind protokollierte Einwendungen für die **Beweiskraft** (→ Rn. 106) der Sitzungsniederschrift. Wird eine Einwendung als berechtigt anerkannt, ist dies in der Niederschrift derjenigen Sitzung zu vermerken, auf der die Einwendung diskutiert wird; dadurch wird die frühere Niederschrift zugleich berichtigt.[293]

6. Einsichtsrecht

115 Nach § 34 Abs. 3 BetrVG haben die Mitglieder des Betriebsrats das Recht, sämtliche Unterlagen des Betriebsrats und seiner Ausschüsse – und damit auch die Sitzungsniederschriften – jederzeit einzusehen. Dieses Recht soll die **gleichmäßige und vollständige Information** aller Mitglieder sicherstellen.[294] Damit dient die Vorschrift auch dem Schutz von Minderheitengruppen, die nicht in allen Ausschüssen vertreten sind.[295] Zu den Unterlagen iSd § 34 Abs. 3 BetrVG zählen insbesondere auch alle elektronischen Dokumente, zB E-Mails, so dass alle Betriebsratsmitglieder gleichermaßen Zugriff auf einen E-Mail-Account des Betriebsrats haben müssen, wobei die Einräumung eines Lesezugriffs genügt.[296] Anderen Personen darf der Betriebsrat nach pflichtgemäßem Ermessen und nur insoweit Einsicht in Unterlagen gewähren, als dadurch keine Betriebs- oder Geschäftsgeheimnisse oder sonstige geheimhaltungsbedürftige Tatsachen tangiert werden.[297]

116 Das Recht auf Einsichtnahme ist **unabdingbar** und kann weder durch die Geschäftsordnung noch durch Mehrheitsbeschluss eingeschränkt werden.[298] Es findet allerdings Grenzen, soweit es um die Funktionsfähigkeit des Betriebsrats geht, so dass erforderliche Einschränkungen zum Schutz vor Verlust oder Verfälschung zulässig sind.[299] Außerdem gewährt das Gesetz nur einen unabdingbaren Anspruch auf Einsichtnahme, nicht aber auf Überlassung von Unterlagen.[300] Das gilt richtigerweise auch für die Herstellung von Fotokopien, da hierfür die (vorübergehende) Überlassung von Sachgewalt erforderlich ist.[301] Nach heutigem technischem Stand ist dagegen die Anfertigung von Fotografien – etwa durch ein Smartphone – ohne Überlassung von Sachgewalt ohne Weiteres zulässig und praktikabel.

7. Aufbewahrung

117 Die Sitzungsniederschriften sind entsprechend ihrem Zweck (→ Rn. 106) solange aufzubewahren, wie dies zu Beweis- und Informationszwecken erforderlich ist, weil ihr Inhalt (noch) von rechtlicher Bedeutung ist.[302] Das gilt jedenfalls für die Amtszeit des Betriebsrats, im Einzelfall aber auch darüber hinaus.[303]

---

[292] Statt vieler *Fitting* § 34 Rn. 29; GK-BetrVG/*Raab* § 34 Rn. 27 jeweils mwN.
[293] Statt vieler GK-BetrVG/*Raab* § 34 Rn. 29 mwN.
[294] Schriftlicher Bericht 10. Ausschuss zu BT-Drs. VI/2729, S. 23 l. Sp.
[295] LAG Nds 17.12.2007 – 12 TaBV 86/07, BeckRS 2009, 73188; zust. auch GK-BetrVG/*Raab* § 34 Rn. 31.
[296] Näher BAG 12.8.2009 – 7 ABR 15/08, NZA 2009, 1218 Rn. 15 ff.
[297] Statt vieler *Fitting* § 34 Rn. 35; GK-BetrVG/*Raab* § 34 Rn. 31 jeweils mwN.
[298] BAG 12.8.2009 – 7 ABR 15/08, NZA 2009, 1218 Rn. 23; statt vieler *Fitting* § 34 Rn. 33 mwN.
[299] Statt vieler GK-BetrVG/*Raab* § 34 Rn. 32 mwN.
[300] BAG 27.5.1982 – 6 ABR 66/79, AP BetrVG 1972 § 34 Nr. 1; aus der Lit. GK-BetrVG/*Raab* § 34 Rn. 33 mwN.
[301] BAG 27.5.1982 – 6 ABR 66/79, AP BetrVG 1972 § 34 Nr. 1; 12.8.2009 – 7 ABR 15/08, NZA 2009, 1218 Rn. 22; LAG Hamm 14.8.2009 – 10 TaBV 175/08, BeckRS 2010, 65184; HWGNRH/*Glock* § 34 Rn. 35; grds. ebenso ErfK/*Koch* BetrVG § 34 Rn. 2 (anders bei „Unerlässlichkeit"); **aA** hinsichtlich Kopien *Fitting* § 34 Rn. 34; GK-BetrVG/*Raab* § 34 Rn. 33; Richardi BetrVG/*Thüsing* § 34 Rn. 31; DKKW/*Wedde* § 34 Rn. 27; HK-BetrVG/*Wolmerath* § 34 Rn. 8.
[302] BAG 30.9.2014 – 1 ABR 32/13, NZA 2015, 370 Rn. 43 im Anschluss an DKKW/*Wedde* § 34 Rn. 12.
[303] Statt vieler GK-BetrVG/*Raab* § 34 Rn. 41 mwN.

V. Geschäftsordnung

Nach § 36 BetrVG sollen sonstige Bestimmungen über die Geschäftsführung in einer schriftlichen Geschäftsordnung getroffen werden, die der Betriebsrat mit **absoluter Mehrheit** (→ Rn. 79) beschließt.[304] Der Betriebsausschuss und andere Ausschüsse des Betriebsrats können sich ebenfalls eine Geschäftsordnung geben, soweit der Betriebsrat das Verfahren nicht mitgeregelt hat.[305]

118

1. Zweck

Das Gesetz regelt nur einige Grundlagen der Geschäftsführung. Neben diesen gibt es eine Vielzahl von Angelegenheiten der Geschäftsführung, die regelmäßig wiederkehren und im Interesse einer gleichförmigen Behandlung einer gewissen Festlegung bedürfen. Zu diesem Zweck verpflichtet das Gesetz in § 36 BetrVG jeden mehrgliedrigen Betriebsrat, eine Geschäftsordnung zu beschließen.[306] Sie ist eine autonome Regelung, mit der eine **Selbstbindung** des Betriebsrats bewirkt wird. Wird eine Geschäftsordnung nicht erlassen, hat dies allerdings auf die Wirksamkeit der Handlungen des Betriebsrats, insbesondere die Wirksamkeit gefasster Beschlüsse (zur mangelnden Relevanz → Rn. 86), keine Auswirkungen.[307] Eine grobe Pflichtverletzung iSd § 23 Abs. 1 BetrVG wird nur im Ausnahmefall vorliegen (näher hierzu → § 297 Rn. 29 ff.).[308]

119

2. Erlass

Die Geschäftsordnung wird durch Beschluss des Betriebsrats mit absoluter Stimmenmehrheit (→ Rn. 79) erlassen. Sie ist nach § 36 BetrVG **schriftlich** niederzulegen, dh ihr Text muss schriftlich fixiert und vom Betriebsratsvorsitzenden unterzeichnet werden, § 126 Abs. 1 BGB.[309] Das kann durch die Aufnahme in die Sitzungsniederschrift erfolgen, da diese nach § 34 Abs. 1 S. 1 u. 2 BetrVG die Beschlüsse im Wortlaut wiedergeben muss und vom Vorsitzenden (sowie einem weiteren Mitglied) zu unterzeichnen ist (→ Rn. 110 f.). Wird die Geschäftsordnung nicht in die Niederschrift aufgenommen (zu den Folgen → Rn. 107), muss sie zu ihrer Wirksamkeit gesondert schriftlich fixiert werden, andernfalls ist sie nach § 125 S. 1 BGB nichtig. Keine Anwendung findet das Schriftformerfordernis hingegen auf **singuläre** Geschäftsführungsbeschlüsse (zu diesen → Rn. 123).

120

Eine **Bekanntmachung** sieht das BetrVG **nicht** vor, zumal die Geschäftsordnung nur Wirkung im Innenverhältnis entfaltet. Der Arbeitgeber hat allerdings mit Blick auf das Gebot vertrauensvoller Zusammenarbeit aus § 2 Abs. 1 BetrVG einen Anspruch auf Mitteilung derjenigen Regelungen der Geschäftsordnung, die für die Zusammenarbeit relevant sind, zB die Übertragung von Aufgaben zur selbständigen Erledigung auf Ausschüsse nach § 27 Abs. 2 S. 2 u. 3, § 28 Abs. 1 S. 2 BetrVG oder Regelungen zur Vertretung des Betriebsrats.[310] Mitglieder des Betriebsrats haben aus § 34 Abs. 3 BetrVG ein Recht auf jederzeitige Einsichtnahme (ausführlich → Rn. 115 f.).

121

---

[304] Für ein Muster s. HK-BetrVG/*Wolmerath* § 36 Rn. 9.
[305] Statt vieler GK-BetrVG/*Raab* § 36 Rn. 3 mwN.
[306] Überzeugend GK-BetrVG/*Raab* § 36 Rn. 6; ähnlich *Fitting* § 36 Rn. 9 („aufgegeben"); WPK/*Kreft* § 36 Rn. 1 („nicht nur Möglichkeit"); vgl. auch Richardi BetrVG/*Thüsing* § 36 Rn. 1; **aA** DKKW/*Wedde* § 36 Rn. 1; NK-GA/*Wolmerath* BetrVG § 36 Rn. 1.
[307] Statt vieler *Fitting* § 36 Rn. 9 mwN.
[308] GK-BetrVG/*Raab* § 36 Rn. 6; **aA** HWGNRH/*Glock* § 36 Rn. 1; AR/*Maschmann* BetrVG § 36 Rn. 3: nie grobe Pflichtverletzung; wohl auch *Fitting* § 36 Rn. 9 („für sich allein"); HWK/*Reichold* BetrVG § 36 Rn. 1 (idR).
[309] Näher hierzu MüKoBGB/*Einsele* § 126 Rn. 6 ff. mwN.
[310] Ebenso HWGNRH/*Glock* § 36 Rn. 11; GK-BetrVG/*Raab* § 36 Rn. 10; hinsichtlich Aufgabenübertragung auch ErfK/*Koch* BetrVG § 36 Rn. 1; Richardi BetrVG/*Thüsing* § 36 Rn. 11; ähnlich *Fitting* § 36 Rn. 11 („geboten"); weitergehend WPK/*Kreft* § 36 Rn. 5; **aA** DKKW/*Wedde* § 36 Rn. 9; HK-BetrVG/*Wolmerath* § 36 Rn. 5: nur zweckmäßig.

3. Inhalt

122 Die Geschäftsordnung darf grundsätzlich sämtliche Fragen der Geschäftsführung regeln, dh alle Abläufe, die sich auf die Durchführung der dem Betriebsrat durch das BetrVG übertragenen Aufgaben beziehen.[311] Wie § 36 BetrVG bereits im Wortlaut klarstellt („sonstige Bestimmungen"), darf sie dabei allerdings nicht von **zwingenden gesetzlichen** Vorgaben abweichen, sondern diese allenfalls konkretisieren.[312] Insbesondere darf die Geschäftsordnung keine zusätzlichen Pflichten für den Betriebsrat oder einzelne Mitglieder begründen, sondern nur bereits bestehende Pflichten ausgestalten.[313] Durch die Geschäftsordnung kann also zB der Kreis der laufenden Geschäfte iSd § 27 Abs. 2 BetrVG konkretisiert, nicht aber konstitutiv geändert werden.[314] Eine alternative Regelung durch Betriebsvereinbarung kommt insoweit nicht in Betracht.[315]

123 § 36 BetrVG stellt besondere Vorgaben allein für den Erlass genereller Regelungen auf, die eine Vielzahl von Fällen betreffen. Dahinter steht die Erwägung, dass für solche Regelungen ein besonderes Bedürfnis nach einer entsprechend rechtssicheren Ausgestaltung der damit einhergehenden Selbstbindung des Betriebsrats besteht (→ Rn. 119). Diese Erwägung trifft auf **singuläre Geschäftsführungsbeschlüsse**, die Verfahrensvorgaben für einen konkreten Einzelfall aufstellen, nicht zu; solche Beschlüsse darf der Betriebsrat nach § 33 Abs. 1 S. 1 BetrVG richtigerweise mit einfacher Mehrheit fassen, da sie tatbestandlich nicht unter § 36 BetrVG fallen.[316] Auch spätere Änderungen singulärer Geschäftsführungsbeschlüsse fallen nicht unter § 36 BetrVG und können daher mit einfacher Mehrheit formlos beschlossen werden (zur Änderung genereller Regelungen → Rn. 125).[317]

4. Wirkung

124 Die Geschäftsordnung hat zwar keine Außenwirkung, erlangt als Konkretisierung gesetzlicher Vorgaben zur Geschäftsführung aber aufgrund der mit ihr einhergehenden Selbstbindung[318] des Betriebsrats (→ Rn. 119) **rechtliche Verbindlichkeit**.[319] Richtigerweise gelten daher für Verstöße gegen die Geschäftsordnung die Grundsätze über verfahrensfehlerhafte Beschlüsse entsprechend (zu diesen → Rn. 84 ff.).[320] Ein Verstoß gegen eine Vorgabe der Geschäftsordnung führt somit zur **Unwirksamkeit** eines Beschlusses, wenn diese Vorgabe wesentlich ist, insbesondere weil sich ihre Nichtbeachtung auf das Abstimmungsergebnis auswirken kann (→ Rn. 85 f.). Dagegen lässt sich nicht einwenden, dass die Geschäftsordnung nur „interne Vorgänge des Betriebsrats regelt".[321] Denn auch gesetzliche Vorgaben über die Geschäftsführung des Betriebsrats betreffen allein das In-

---

[311] Dazu etwa LAG München 28.5.2015 – 4 TaBV 4/15, ZBVR online 2016, Nr. 7/8, 10 ff.
[312] BAG 16.11.2005 – 7 ABR 11/05, NZA 2006, 445 Rn. 22; LAG Hmb 6.10.2006 – 6 TaBV 12/06, BeckRS 2011, 66726; LAG München 28.5.2015 – 4 TaBV 4/15, ZBVR online 2016, Nr. 7/8, 10 ff.; aus der Lit. statt vieler *Fitting* § 36 Rn. 5 mwN.
[313] LAG München 28.5.2015 – 4 TaBV 4/15, ZBVR online 2016, Nr. 7/8, 10 ff.; aus der Lit. etwa *Fitting* § 36 Rn. 5; Löwisch/Kaiser/*Löwisch* § 36 Rn. 5; GK-BetrVG/*Raab* § 36 Rn. 13; wohl auch DKKW/ *Wedde* § 36 Rn. 5.
[314] Statt vieler *Fitting* § 36 Rn. 7; Richardi BetrVG/*Thüsing* § 36 Rn. 6.
[315] Statt vieler *Fitting* 36 Rn. 8 mwN.
[316] Überzeugend GK-BetrVG/*Raab* § 36 Rn. 9 u. 15.
[317] Überzeugend GK-BetrVG/*Raab* § 36 Rn. 15.
[318] Zur ähnlich gelagerten Problematik der Verbindlichkeit ermessensbindender Verwaltungsvorschriften vgl. etwa Schoch/Schneider/Bier/*Panzer* § 47 Rn. 26 mwN.
[319] Vgl. BVerwG 7.1.1969 – VII P 3.69, BeckRS 9998, 153307 (zum Personalrat); weitergehend GK-BetrVG/*Raab* § 36 Rn. 17 u. 19: echte Rechtsnormen.
[320] HessLAG 25.3.2004 – 9 TaBV 117/03, BeckRS 2004, 30940706; ebenso MHdB ArbR/*Joost*, 3. Aufl. 2009, § 219 Rn. 82; WPK/*Kreft* § 36 Rn. 8; AR/*Maschmann* BetrVG § 36 Rn. 3; GK-BetrVG/*Raab* § 36 Rn. 19; HWK/*Reichold* BetrVG § 36 Rn. 6; Richardi BetrVG/*Thüsing* § 36 Rn. 12, 14; ähnlich BeckOK ArbR/*Mauer* BetrVG § 36 Rn. 4; Löwisch/Kaiser/*Löwisch* § 36 Rn. 3: bei schweren Verstößen; **aA** ErfK/*Koch* BetrVG § 36 Rn. 1; DKKW/*Wedde* § 36 Rn. 11; GK-BetrVG/*Wiese*, 6. Aufl. 1998, § 36 Rn. 18; HK-BetrVG/*Wolmerath* § 36 Rn. 7. Unklar *Fitting* § 36 Rn. 14; HWGNRH/*Glock* § 36 Rn. 14: Unwirksamkeit „jedenfalls" nicht bei bloßen Ordnungsvorschriften.
[321] So exemplarisch *Fitting* § 36 Rn. 14.

nenverhältnis. Entscheidend ist in beiden Fällen die rechtliche Verbindlichkeit der jeweiligen Vorgabe.

Der Betriebsrat kann im **Einzelfall** von der Geschäftsordnung durch schriftlich fixierten Beschluss mit absoluter Mehrheit abweichen, zumal dies im Ergebnis einer (konkludenten) zeitlich oder sachlich begrenzten Änderung der Geschäftsordnung gleichkommt.[322] Eine **generelle** Änderung, Ergänzung oder Aufhebung der Geschäftsordnung kann jederzeit durch **Beschluss** des Betriebsrats erfolgen (zu singulären Geschäftsführungsbeschlüssen → Rn. 123), der als *actus contrarius* zum Erlass und mit Blick auf die besondere Bedeutung der Geschäftsordnung nach § 36 BetrVG ebenfalls der absoluten Mehrheit sowie der Schriftform bedarf (→ Rn. 120 f.).[323]

Richtigerweise gilt die Geschäftsordnung nur für die Dauer der **Amtszeit** des Betriebsrats, der sie beschlossen hat.[324] Das folgt daraus, dass eine im Innenverhältnis wirkende Selbstbindung (→ Rn. 119, 124) nicht über die Amtszeit hinweg andauern kann. Der Geltungsgrund der Geschäftsordnung trägt eine Bindung auch des neu gewählten Betriebsrats nicht.

VI. Sprechstunden

Der Betriebsrat kann nach § 39 Abs. 1 BetrVG Sprechstunden während der Arbeitszeit einrichten. Das dient dem **Interesse aller Beteiligten:** Sie erleichtert dem Betriebsrat die Geschäftsführung, da nicht durchweg Mitglieder für Auskünfte bereitstehen müssen, und gibt den Arbeitnehmern die sichere Möglichkeit, den Betriebsrat zu bestimmten Zeiten zu erreichen, während aus Sicht des Arbeitgebers auf die betrieblichen Notwendigkeiten Rücksicht genommen werden kann.[325]

1. Einrichtung

Nach § 39 Abs. 1 S. 1 BetrVG („kann") steht die Einrichtung von Sprechstunden im pflichtgemäßen **Ermessen** des Betriebsrats, der in seiner Abwägung ua die Größe und Eigenart des Betriebs sowie die Nachfrage der Arbeitnehmer berücksichtigen muss. Die Entscheidung trifft der Betriebsrat durch Beschluss mit relativer Mehrheit, § 33 Abs. 1 S. 1 BetrVG. Überschreitet er sein Ermessen, indem er Sprechstunden trotz offenkundiger Notwendigkeit nicht einrichtet, liegt darin eine Pflichtverletzung, die ggf. ein Vorgehen nach § 23 Abs. 1 BetrVG eröffnen kann (→ § 297 Rn. 29 ff.).[326]

2. Zeit und Ort

Soweit Sprechstunden **während der Arbeitszeit** stattfinden (§ 39 Abs. 1 S. 1 BetrVG), sind nach § 39 Abs. 1 S. 2 BetrVG Zeit und Ort mit dem Arbeitgeber zu vereinbaren. Die Festlegung der Zeit betrifft nicht nur die Lage, sondern auch die Dauer der Sprech-

---

[322] Ebenso *Fitting* § 36 Rn. 13; HWGNRH/*Glock* § 36 Rn. 13; ErfK/*Koch* BetrVG § 36 Rn. 1; AR/*Maschmann* BetrVG § 36 Rn. 3; GK-BetrVG/*Raab* § 36 Rn. 11; HWK/*Reichold* BetrVG § 36 Rn. 6; DKKW/*Wedde* § 36 Rn. 10; HK-BetrVG/*Wolmerath* § 36 Rn. 4; unklar hinsichtlich Schriftform WPK/*Kreft* § 36 Rn. 6; **aA** Richardi BetrVG/*Thüsing* § 36 Rn. 13: Einverständnis aller Betriebsratsmitglieder.
[323] *Fitting* § 36 Rn. 13; HWGNRH/*Glock* § 36 Rn. 13; WPK/*Kreft* § 36 Rn. 6; Löwisch/Kaiser/*Löwisch* § 36 Rn. 2; AR/*Maschmann* BetrVG § 36 Rn. 3; HWK/*Reichold* BetrVG § 36 Rn. 6; Richardi BetrVG/*Thüsing* § 36 Rn. 13; DKKW/*Wedde* § 36 Rn. 10; HK-BetrVG/*Wolmerath* § 36 Rn. 4; **aA** hinsichtlich des Schriftformerfordernisses bei Aufhebung GK-BetrVG/*Raab* § 36 Rn. 11.
[324] Ebenso *Fitting* § 36 Rn. 12; HWGNRH/*Glock* § 36 Rn. 12; ErfK/*Koch* BetrVG § 36 Rn. 1; WPK/*Kreft* § 36 Rn. 7; Löwisch/Kaiser/*Löwisch* § 36 Rn. 2; AR/*Maschmann* BetrVG § 36 Rn. 3; HWK/*Reichold* BetrVG § 36 Rn. 7; DKKW/*Wedde* § 36 Rn. 12; HK-BetrVG/*Wolmerath* § 36 Rn. 6; **aA** Richardi BetrVG/*Thüsing* § 36 Rn. 15; offen gelassen in BAG 27.5.2015 – 7 ABR 24/13, BeckRS 2016, 67135 Rn. 22.
[325] BAG 23.6.1983 – 6 ABR 65/80, BeckRS 9998, 149584.
[326] Ebenso AR/*Maschmann* BetrVG § 39 Rn. 2; HWK/*Reichold* BetrVG § 39 Rn. 2; GK-BetrVG/*Weber* § 39 Rn. 11; ähnlich *Fitting* § 39 Rn. 6; **aA** HWGNRH/*Glock* § 39 Rn. 5; DKKW/*Wedde* § 39 Rn. 4; HK-BetrVG/*Wolmerath* § 39 Rn. 1: nie pflichtwidrig; wohl auch Richardi BetrVG/*Thüsing* § 39 Rn. 3.

stunden, da diese in vergleichbarer Weise betriebliche Belange beeinträchtigen kann.[327] Ort der Sprechstunde meint den Raum, in dem betriebsangehörige Arbeitnehmer den Betriebsrat aufsuchen können. Rechtstechnisch kommen für die Einigung sowohl eine Betriebsvereinbarung als auch eine Regelungsabrede in Betracht.[328] Kommt eine Einigung nicht zustande, entscheidet nach § 39 Abs. 1 S. 3 BetrVG die Einigungsstelle über Zeit und Ort der Sprechstunde nach billigem Ermessen unter angemessener Berücksichtigung der Belange des Betriebs und der betroffenen Arbeitnehmer, § 76 Abs. 5 S. 3 BetrVG.

3. Ausgestaltung

130   Die nähere Ausgestaltung der Sprechstunden obliegt allein dem Betriebsrat. Ist ein Betriebsausschuss gebildet, fällt die Sprechstunde in seine Zuständigkeit, da sie zur laufenden Geschäftsführung iSd § 27 Abs. 2 S. 1 BetrVG zählt (→ § 293 Rn. 47). Die Anzahl der Betriebsratsmitglieder richtet sich nach der zu erwartenden Anzahl Beratung suchender Arbeitnehmer. Ohne nähere Regelung ist die Sprechstunde vom Vorsitzenden des Betriebsrats, im Verhinderungsfall vom stellvertretenden Vorsitzenden durchzuführen.[329] Nach § 14 Abs. 2 S. 2 AÜG dürfen auch Leiharbeitnehmer die Sprechstunden des Betriebsrats im Entleiherbetrieb wahrnehmen.

131   **Inhaltlich** können in der Sprechstunde alle Angelegenheiten behandelt werden, die sich auf das individuelle Arbeitsverhältnis eines Arbeitnehmers beziehen, soweit sie in den Aufgabenbereich des Betriebsrats fallen.[330] Systematisch spricht für diese Begrenzung auch § 2 Abs. 3 Nr. 3 RDG, der die Erörterung von Rechtsfragen mit dem Betriebsrat nur innerhalb seines Aufgabenbereichs vom Anwendungsbereich des RDG ausnimmt. Gewerkschaftliche oder tarifpolitische Fragen dürfen daher nicht Gegenstand der Sprechstunde sein.[331]

4. Teilnahme von Jugend- und Auszubildendenvertretern

132   Nach § 39 Abs. 2 BetrVG kann an den Sprechstunden des Betriebsrats ein Mitglied der Jugend- und Auszubildendenvertretung zur Beratung der in § 60 Abs. 1 BetrVG genannten Arbeitnehmer teilnehmen, wenn die Jugend- und Auszubildendenvertretung keine eigenen Sprechstunden durchführt (vgl. § 69 BetrVG; näher → § 303 Rn. 72 ff.). Ohne nähere Regelung wird das Teilnahmerecht vom Vorsitzenden, bei Verhinderung vom stellvertretenden Vorsitzenden wahrgenommen.[332]

133   Werden vom Betriebsrat nicht separate, sondern **gemeinsame Sprechstunden** angeboten, besteht das Teilnahmerecht richtigerweise auch, soweit die Sprechstunden von sonstigen erwachsenen Arbeitnehmern aufgesucht werden; in diesem Fall hat der Vertreter den Raum nur zu verlassen, wenn der Arbeitnehmer dies – auf entsprechenden Hinweis – verlangt.[333]

---

[327] Ebenso *Fitting* § 39 Rn. 12; HWGNRH/*Glock* § 39 Rn. 8; ErfK/*Koch* BetrVG § 39 Rn. 1; Löwisch/Kaiser/*Löwisch* § 39 Rn. 2; WPK/*Kreft* § 39 Rn. 3; AR/*Maschmann* BetrVG § 39 Rn. 2; GK-BetrVG/*Weber* § 39 Rn. 15; **aA** *Richardi* BetrVG/*Thüsing* § 39 Rn. 5; DKKW/*Wedde* § 39 Rn. 11; HK-BetrVG/*Wolmerath* § 39 Rn. 4.
[328] Statt vieler GK-BetrVG/*Weber* § 39 Rn. 15 mwN.
[329] Ebenso *Fitting* § 39 Rn. 8; GK-BetrVG/*Weber* § 39 Rn. 18; DKKW/*Wedde* § 39 Rn. 6.
[330] Ebenso *Fitting* § 39 Rn. 22; HWGNRH/*Glock* § 39 Rn. 2; *Richardi* BetrVG/*Thüsing* § 39 Rn. 2; GK-BetrVG/*Weber* § 39 Rn. 8; DKKW/*Wedde* § 39 Rn. 17; **aA** WPK/*Kreft* § 39 Rn. 9.
[331] LAG Nds 1.7.1986 – 6 Sa 122/86, NZA 1987, 33 (34); ArbG Osnabrück 17.1.1995 – 3 Ca 720/94, NZA 1995, 1013 (1014).
[332] Ebenso *Fitting* § 39 Rn. 19; HWK/*Reichold* BetrVG § 39 Rn. 5; *Richardi* BetrVG/*Thüsing* § 39 Rn. 17; GK-BetrVG/*Weber* § 39 Rn. 24; DKKW/*Wedde* § 39 Rn. 21; HK-BetrVG/*Wolmerath* § 39 Rn. 10; **aA** HWGNRH/*Glock* § 39 Rn. 14: Keine Teilnahme ohne Beschluss.
[333] Ebenso WPK/*Kreft* § 39 Rn. 5; AR/*Maschmann* BetrVG § 39 Rn. 5; HWK/*Reichold* BetrVG § 39 Rn. 5; GK-BetrVG/*Weber* § 39 Rn. 26; DKKW/*Wedde* § 39 Rn. 22; wohl auch ErfK/*Koch* BetrVG § 39 Rn. 2; **aA** *Fitting* § 39 Rn. 20; HWGNRH/*Glock* § 39 Rn. 12; *Richardi* BetrVG/*Thüsing* § 39 Rn. 18: kein Teilnahmerecht.

VI. Sprechstunden

5. Besuchsrecht der Arbeitnehmer

Die Arbeitnehmer haben nach § 39 BetrVG iVm der Vereinbarung zwischen Betriebsrat 134 und Arbeitgeber (→ Rn. 129) einen Anspruch, die Sprechstunden zu besuchen. Dieser Anspruch besteht aber nur, soweit es um eine zulässige Angelegenheit geht (→ Rn. 131) und der Besuch der Sprechstunde hierfür erforderlich ist (vgl. § 39 Abs. 3 BetrVG).[334] Den Arbeitnehmer trifft jedenfalls aus § 241 Abs. 2 BGB eine Nebenpflicht, sich bei seinem Vorgesetzten abzumelden.[335] Richtigerweise bedarf er darüber hinaus auch der **Zustimmung** des Arbeitgebers, um seinen Arbeitsplatz zu verlassen.[336] Er hat kein Recht, seine Arbeitsverpflichtung selbst zu suspendieren, sondern einen Anspruch auf Arbeitsbefreiung, den der Arbeitgeber erfüllen muss, soweit der hierfür erforderliche Aufwand nicht iSd § 275 Abs. 2 BGB unzumutbar ist, etwa weil die Abwesenheit einer Schlüsselkraft die betrieblichen Abläufe erheblich beeinträchtigen würde. Fehlt es an einem solchen Grund und verweigert der Arbeitgeber auf entsprechende Anfrage hin die Arbeitsbefreiung, darf der Arbeitnehmer auch gegen den Willen des Arbeitgebers seinen Arbeitsplatz verlassen;[337] er kann sich hierzu auf ein Zurückbehaltungsrecht hinsichtlich seiner Arbeitsleistung aus § 273 Abs. 1 BGB berufen und hat in der Folge Anspruch auf Annahmeverzugslohn aus § 615 S. 1 BGB (näher hierzu → § 41 Rn. 12 ff.).

Nach § 39 Abs. 3 BetrVG darf der Arbeitgeber für die Dauer der Arbeitsbefreiung zur 135 Teilnahme an der Sprechstunde (→ Rn. 134) das Entgelt des Arbeitnehmers nicht mindern. Das Verbot der Entgeltminderung gilt außerdem für Arbeitsversäumnis, die für eine **sonstige Inanspruchnahme** des Betriebsrats erforderlich ist, zB für die Einlegung einer Beschwerde nach § 85 Abs. 1 BetrVG. Wurden Sprechstunden eingerichtet (→ Rn. 128), ist eine Inanspruchnahme des Betriebsrats außerhalb dieser Zeiten nicht erforderlich, wenn kein sachlicher Grund hierfür vorliegt, zB eine besondere Eilbedürftigkeit.[338] Dagegen dürfen die Mitglieder des Betriebsrats Arbeitnehmer **an deren Arbeitsplatz aufsuchen,** soweit dies zur ordnungsgemäßen Amtsausübung erforderlich ist; sie sind nicht verpflichtet, die Arbeitnehmer auf den Besuch der Sprechstunde zu verweisen.[339]

6. Haftung für Auskünfte

Soweit die Mitglieder des Betriebsrats Arbeitnehmern falsche Auskunft erteilen und sie 136 hierdurch schädigen, ist eine Haftung nur in seltenen Fällen gegeben (→ § 286 Rn. 24 ff.). Der Betriebsrat kann mangels Rechts- und Vermögensfähigkeit nicht zum Schadensersatz verpflichtet sein. Für die Mitglieder des Betriebsrats kommt mangels schuldrechtlicher Sonderverbindung zu den Arbeitnehmern nur eine **deliktsrechtliche Haftung** in Betracht. Erleidet der Arbeitnehmer einen reinen Vermögensschaden, kommt eine Haftung daher nur bei vorsätzlicher sittenwidriger Schädigung nach § 826 BGB (oder Verletzung eines Schutzgesetzes nach § 823 Abs. 2 BGB) in Betracht.[340]

---

[334] LAG Bln 3.11.1980 – 9 Sa 52/80, LAGE BetrVG 1972 § 39 Nr. 1; LAG Nds 1.7.1986, NZA 1987, 33 (34); aus der Lit. statt vieler *Fitting* § 39 Rn. 29 mwN.
[335] BAG 23.6.1983 – 6 ABR 65/80, BeckRS 9998, 149584.
[336] Ebenso HWGNRH/*Glock* 39 Rn. 20; Richardi BetrVG/*Thüsing* § 39 Rn. 23; GK-BetrVG/*Weber* § 39 Rn. 31; **aA** *Fitting* § 39 Rn. 28; ErfK/*Koch* BetrVG § 39 Rn. 3; WPK/*Kreft* § 39 Rn. 12; HWK/*Reichold* BetrVG § 39 Rn. 8; DKKW/*Wedde* § 39 Rn. 23; HK-BetrVG/*Wolmerath* § 39 Rn. 13.
[337] Statt vieler GK-BetrVG/*Weber* § 39 Rn. 33 mwN.
[338] Statt vieler Richardi BetrVG/*Thüsing* § 39 Rn. 25 mwN.
[339] BAG 23.6.1983 – 6 ABR 65/80, BeckRS 9998, 149584.
[340] Statt vieler *Fitting* § 39 Rn. 34; GK-BetrVG/*Weber* § 39 Rn. 39 jeweils mwN.

§ 295 Rechtsstellung der Betriebsratsmitglieder

Schrifttum:
Annuß, Das System der Betriebsratsvergütung, NZA 2018, 134; *Annuß,* Der Durchschnitt für den Betriebsrat?, NZA 2018, 976; *Bayreuther,* Die „betriebsübliche" Beförderung des freigestellten Betriebsratsmitglieds, NZA 2014, 235; *Benecke,* Der europarechtliche Schutz von Betriebsratsmitgliedern, EuZA 2016, 34; *Boemke-Albrecht,* Die Versetzung von Betriebsratsmitgliedern, BB 1991, 541; *Deinert,* Lohnausfallprinzip in § 37 BetrVG und Verbot der Diskriminierung wegen des Geschlechts, NZA 1997, 183; *Dzida/Mehrens,* Straf- und haftungsrechtliche Risiken im Umgang mit dem Betriebsrat, NZA 2013, 753; *U. Fischer,* Das Ehrenamtsprinzip der Betriebsverfassung „post Hartzem" – antiquiert oder Systemerfordernis?, NZA 2007, 484; *U. Fischer,* Das Ehrenamtsprinzip der Betriebsverfassung „post Hartzem" – revisited, NZA 2014, 71; *Franzen,* Versetzung eines Betriebsratsmitglieds – Ausbau des Versetzungsschutzes durch § 103 BetrVG nF, SAE 2001, 269; *Gutzeit,* Das arbeitsrechtliche System der Lohnfortzahlung, Diss. 2000; *Heckes,* Der Rechtsschutz gegen Behördenentscheidungen nach § 37 Abs. 7 BetrVG, Diss. 2001; *v. Hoyningen-Huene,* Arbeitsentgelt ohne Arbeit – Die Durchbrechung des Synallagma im Arbeitsrecht, FS Adomeit, 2008, S. 291; *Jacobs/Frieling,* Betriebsratsvergütung, ZfA 2015, 241; *Jacobs/Frieling,* Betriebsratsvergütung bei arbeitszeitunabhängiger Provision, NZA 2015, 513; *Jacobs/Frieling,* Die Betriebsratsvergütung nach § 78 Satz 2 BetrVG im arbeits- und im strafgerichtlichen Verfahren, FS Klebe, 2018, S. 190; *Joussen,* Erforderlichkeit einer Betriebsratsschulung zum betrieblichen Eingliederungsmanagement, ZMV 2017, 175; *Joussen,* Der Betriebsrat und die Privatnutzung eines Dienstwagens, NZA 2018, 139; *Joussen,* Die Vergütung freigestellter Betriebsratsmitglieder, RdA 2018, 193; *Latzel,* Rechtsirrtum und Betriebsratsbenachteiligung, wistra 2013, 334; *Löwisch/Rügenhagen,* Angemessene arbeitsvertragliche Vergütung von Betriebsratsmitgliedern mit Führungsfunktionen, DB 2008, 466; *Loritz,* Die Erforderlichkeit und Geeignetheit von Betriebsräte-Schulungs- und Bildungsveranstaltungen, NZA 1993, 2; *Moll/Roebers,* Pauschale Zahlungen an Betriebsräte?, NZA 2012, 57; *Natzel,* Rechtsstellung des freigestellten Betriebsratsmitglieds, NZA 2000, 77; *Oetker,* Die Reichweite des Amtsschutzes betriebsverfassungsrechtlicher Organmitglieder – am Beispiel der Versetzung von Betriebsratsmitgliedern, RdA 1990, 343; *Oetker,* Verschwiegenheitspflichten des Unternehmers als Schranke für die Unterrichtungspflichten gegenüber Wirtschaftsausschuss und Betriebsrat in wirtschaftlichen Angelegenheiten, FS Wißmann, 2005, S. 396; *Purschwitz,* Das betriebsverfassungsrechtliche Benachteiligungs- und Begünstigungsverbot nach § 78 S. 2 BetrVG, Diss. 2015; *Richardi,* Freizeitausgleich teilzeitbeschäftigter Personalratsmitglieder, PersR 1991, 397; *Rieble,* Die Betriebsratsvergütung, NZA 2008, 276; *Rieble,* Gewerkschaftswidrige Leistungen an Betriebsräte, BB 2009, 1016; *Rieble,* Betriebsratsbegünstigung und Betriebsausgabenabzug, BB 2009, 1612; *Rüthers,* Zum Arbeitsentgelt des Betriebsrates, RdA 1976, 61; *Schiefer,* Inhalt und Kosten von Betriebsratsschulungen, NZA 1995, 454; *Schiefer,* Betriebsratsschulungen – geänderte Spielregeln, DB 2008, 2649; *Schneider/Sittard,* Die Erforderlichkeit von Betriebsratsschulungen und ihre Erzwingung im Wege der einstweiligen Verfügung, ArbRB 2007, 241; *Schweibert/Buse,* Rechtliche Grenzen der Begünstigung von Betriebsratsmitgliedern, NZA 2007, 1080; *Stoffels,* Die Überlassung von Dienstwagen, FA 2009, 329; *Thüsing,* Schulung durch einen gewerkschaftsnahen gemeinnützigen Verein, SAE 1996, 288; *Uffmann,* Vergütung der Aufsichtsräte und Betriebsräte, ZfA 2018, 225; *Waas,* Betriebsrat und Arbeitszeit, Gutachten 2012; *Wank/Maties,* Die Erforderlichkeit von Schulungen der Personalvertretungen nach BetrVG und BPersVG, NZA 2005, 1033; *Weinspach,* § 37 Abs. 1 BetrVG – ist das Ehrenamtsprinzip noch zeitgemäß?, FS Kreutz, 2010, S. 485; *Wiese,* Sitzungen des Wirtschaftsausschusses und die Behandlung geheimhaltungsbedürftiger, vertraulicher sowie sonstiger Tatsachen, FS Molitor, 1988, S. 365.

Übersicht

	Rn.
I. Betriebsratsamt als Ehrenamt	1
II. Vorübergehende Arbeitsbefreiung	6
1. Arbeitsbefreiung nach § 37 Abs. 2 BetrVG	7
a) Voraussetzungen	8
aa) Geeignetheit	9
bb) Erforderlichkeit	13
cc) Angemessenheit	16
b) Rechtsfolge	18
c) Durchführung (Anspruchserfüllung)	20
2. Entgeltfortzahlung nach § 37 Abs. 2 BetrVG	23
a) Lohnfortzahlungsprinzip	24
b) Berechnung	27
c) Behandlung als Arbeitsentgelt	31
3. Freizeitausgleich nach § 37 Abs. 3 BetrVG	32
a) Voraussetzungen	33
aa) Verhältnismäßigkeit	34

	Rn.
bb) Tätigkeit außerhalb der Arbeitszeit	35
cc) Betriebsbedingte Gründe	37
b) Arbeitsbefreiung	41
c) Abgeltung	46
4. Streitigkeiten	48
III. Teilnahme an Schulungs- und Bildungsveranstaltungen	51
1. Grundlagen	52
2. Teilnahme an Veranstaltungen nach § 37 Abs. 6 BetrVG	57
a) Anspruchsvoraussetzungen	58
aa) Erforderliche Kenntnisse	58a
bb) Verhältnismäßigkeit der Teilnahme	65
cc) Für Freizeitausgleich: betriebsbedingte Gründe	75
b) Anspruchsinhalt und weitere Rechtsfolgen	77
c) Anspruchsinhaber	80
3. Teilnahme an Veranstaltungen nach § 37 Abs. 7 BetrVG	81
a) Anspruchsvoraussetzungen	82
b) Anspruchsinhalt und weitere Rechtsfolgen	86
aa) Umfang der Freistellung	87
bb) Arbeitsentgelt und Kosten	89
cc) Befristung des Anspruchs	90
c) Anspruchsinhaber	91
4. Verfahren der Anspruchsdurchsetzung	92
a) Zweck und Bedeutung des Verfahrens	93
b) Beschlussfassung des Betriebsrats	96
aa) Grundlagen	97
bb) Festlegung der zeitlichen Lage	99
cc) Zusätzliche Konkretisierung bei Kollektivanspruch	101
c) Unterrichtung des Arbeitgebers	103
d) Anrufung der Einigungsstelle	106
e) Durchsetzung gegenüber dem Arbeitgeber	107a
5. Streitigkeiten	109
a) Betriebsverfassungsrechtliche Streitigkeiten	110
b) Ansprüche einzelner Betriebsratsmitglieder	114
IV. Dauerhafte Freistellung	115
1. Zweck	116
2. Anzahl der freizustellenden Mitglieder	117
a) Gesetzlicher Regelfall	118
aa) Regelmäßig beschäftigte Arbeitnehmer	119
bb) Anzahl der Freistellungen	123
cc) Zusätzliche Freistellungen nach § 37 Abs. 2 BetrVG	125
dd) Verhinderungsfall	126
b) Abweichende Regelungen	127
3. Verfahren der Freistellung	130
a) Zweck und Bedeutung des weiteren Verfahrens	131
b) Wahl durch den Betriebsrat	134
aa) Vorherige Beratung mit dem Arbeitgeber	135
bb) Wahlgrundsätze	136
cc) Annahme der Wahl	139
dd) Wahlanfechtung	140
c) Freistellung durch den Arbeitgeber	141
d) Verfahren bei Nachwahl und zusätzlicher Freistellung	146
4. Rechtsstellung freigestellter Betriebsratsmitglieder	150
a) Arbeitsvertragliche Nebenpflichten und Betriebsratstätigkeit	151
b) Freizeitausgleich	153
c) Arbeitsentgelt	155
d) Entgelt- und Tätigkeitsschutz	156
e) Berufsbildung	158

	Rn.
5. Beendigung der Freistellung	159
6. Streitigkeiten	162
V. Schutzbestimmungen	164
1. Zweck	165
2. Behinderungsverbot	166
a) Voraussetzungen	167
b) Rechtsfolgen	171
3. Benachteiligungs- und Begünstigungsverbot	172
a) Voraussetzungen	173
b) Rechtsfolgen	177
4. Finanzieller Schutz und berufliche Sicherung	181
a) Entgeltschutz	182
aa) Höhe des Entgelts	183
bb) Dauer des Schutzes	189
cc) Streitigkeiten	190
b) Tätigkeitsschutz	191
5. Schutz der beruflichen Entwicklung	196
6. Bestandsschutz	197
a) Kündigungsschutz	198
b) Übernahme Auszubildender	199
7. Zeugnis	201
VI. Geheimhaltungspflicht	202
1. Zweck	203
2. Voraussetzungen	205
a) Betriebs- oder Geschäftsgeheimnis	206
b) Kenntniserlangung wegen der Betriebsratszugehörigkeit	209
c) Ausdrückliche Geheimhaltungserklärung	210
3. Verpflichtete Personen	211
4. Inhalt und Grenzen der Geheimhaltungspflicht	212
5. Sanktionen	216
6. Verhältnis zu weiteren Verschwiegenheitspflichten	218

I. Betriebsratsamt als Ehrenamt

1 Die Mitglieder des Betriebsrats sind nach § 37 Abs. 1 BetrVG Inhaber eines betriebsverfassungsrechtlichen Amtes, das zwar auf dem Arbeitsverhältnis beruht, von ihm jedoch zu unterscheiden ist. Da das Betriebsverfassungsrecht dem Privatrecht zuzuordnen ist,[1] handelt sich nicht um ein öffentliches, sondern um ein **privates Amt**.[2] Gegenstand dieses Amtes ist die Vertretung der Interessen der Belegschaft gegenüber dem Arbeitgeber. Aus diesem Grund ist Betriebsratstätigkeit richtigerweise **keine Arbeitszeit** iSd § 2 Abs. 1 ArbZG, zumal sie nicht dem Direktionsrecht des Arbeitgebers unterliegt.[3] Einzelne Wertungen des ArbZG können aber bei vergleichbarer Interessenlage inzident herangezogen werden. So ist einem Betriebsratsmitglied die Erbringung der Arbeitsleistung bspw. unzumutbar und eine Befreiung nach § 37 Abs. 2 BetrVG daher erforderlich, wenn andernfalls

---

[1] Ausführlich zur hM GK-BetrVG/*Wiese* Einl. Rn. 89 ff. mwN.
[2] LAG Köln 21.1.2008 – 14 TaBV 44/07, BeckRS 2008, 52737; LAG Hmb 15.7.2015 – 6 Sa 15/15, BeckRS 2015, 73150 Rn. 36; aus der Lit. statt vieler *Fitting* § 37 Rn. 6; GK-BetrVG/*Weber* § 37 Rn. 11 jeweils mwN.
[3] Ebenso LAG Hamm 20.2.2015 – 13 Sa 1386/14, BeckRS 2015, 68329; aus der Lit. ebenso HWK/*Reichold* BetrVG § 37 Rn. 6; Richardi BetrVG/*Thüsing* § 37 Rn. 13; GK-BetrVG/*Weber* § 37 Rn. 13; offen BAG 18.1.2017 – 7 AZR 224/15, NZA 2017, 791 Rn. 26; AR/*Maschmann* BetrVG § 37 Rn. 3; weitergehend wohl DKKW/*Wedde* § 37 Rn. 42; **aA** HK-BetrVG/*Wolmerath* § 37 Rn. 7.

I. Betriebsratsamt als Ehrenamt

wegen bevorstehender Betriebsratsarbeit die Ruhezeitvorgaben aus § 5 ArbZG nicht eingehalten werden könnten.[4]

Das Betriebsratsamt ist nach § 78 S. 2 BetrVG durch den Grundsatz geprägt, dass mit ihm keine **Benachteiligung oder Begünstigung** einhergehen darf (→ Rn. 172 ff.). § 37 BetrVG konkretisiert diesen Grundsatz hinsichtlich Arbeitsversäumnis, Entgelt- und Tätigkeitsschutz.[5] Insbesondere schreibt § 37 Abs. 1 BetrVG vor, dass die Mitglieder des Betriebsrats ihr Amt unentgeltlich als **Ehrenamt** führen.[6] Sie erhalten für ihre Amtstätigkeit daher keine besondere Vergütung, sondern werden mit dem Arbeitsentgelt auf der Grundlage ihres Arbeitsverhältnisses entlohnt (→ Rn. 24 ff.).

Der Grundsatz der Unentgeltlichkeit soll die **Unabhängigkeit** des Betriebsratsmitglieds von äußeren Einflüssen, aber auch von eigenen Interessen gewährleisten. Wegen der zentralen Bedeutung dieser Vorgabe ist der Begriff der Unentgeltlichkeit strikt anzuwenden und an seine Auslegung ein strenger Maßstab anzulegen.[7] **Unentgeltlichkeit** bedeutet daher, dass einem Betriebsratsmitglied wegen seiner Amtsausübung keine Vorteile versprochen oder gewährt werden dürfen, soweit dies nicht gesetzlich vorgesehen ist,[8] zB durch Gewährung eines höheren Arbeitsentgelts als vergleichbaren Arbeitnehmern,[9] durch Zahlung von Sitzungsgeldern, Gewährung vergünstigter Darlehen, Überlassung einer Werkswohnung zu einem günstigeren Mietpreis oder Freistellung ohne Prüfung der Erforderlichkeit.

Verstößt ein Rechtsgeschäft gegen § 37 Abs. 1 BetrVG ist es nach § 134 BGB **nichtig**.[10] Bereits erbrachte Leistungen können nach § 812 Abs. 1 S. 1 Alt. 1 BGB kondiziert werden, es sei denn, der Arbeitgeber wusste nach § 814 BGB um die Nichtigkeit. Auch in diesem Fall besteht allerdings ein Kondiktionsanspruch aus § 817 S. 1 BGB. Dieser wird richtigerweise nicht durch § 817 S. 2 BGB gesperrt.[11] Zwar verstößt auch der Arbeitgeber als Leistender gegen § 37 Abs. 1 BetrVG, doch erfordert der Schutzzweck von § 37 Abs. 1 BetrVG eine teleologische Reduktion der Kondiktionssperre,[12] da andernfalls die Unabhängigkeit der Amtsführung (→ Rn. 3) und das Vertrauen der Arbeitnehmer in den Betriebsrat gefährdet wären.

Die Annahme unzulässiger Vorteile kann eine grobe Verletzung von Amtspflichten darstellen und daher nach **§ 23 Abs. 1 BetrVG** zum Ausschluss aus dem Betriebsrat führen (zum Verfahren → § 297 Rn. 2 ff.); gegen den Arbeitgeber kommt ein entsprechender

---

[4] BAG 18.1.2017 – 7 AZR 224/15, NZA 2017, 791 Rn. 26; zust. etwa *Fitting* § 37 Rn. 43; Löwisch/Kaiser/*Löwisch* § 37 Rn. 28; DKKW/*Wedde* § 37 Rn. 42; **aA** HWGNRH/*Glock* § 37 Rn. 45; wohl auch Richardi BetrVG/*Thüsing* § 37 Rn. 13.
[5] BAG 3.6.1969 – 1 ABR 1/69, AP BetrVG § 37 Nr. 11 (zu § 53 BetrVG aF).
[6] Zur rechtspolitischen Diskussion und Alternativmodellen de lege ferenda etwa *Farthmann* FS Stahlhacke, 1995, S. 115 ff.; *U. Fischer* NZA 2007, 484 ff.; *U. Fischer* NZA 2014, 71 ff.; *Jacobs/Frieling* ZfA 2015, 241 (262 f.); *Weinspach* FS Kreutz, 2010, S. 485 ff.
[7] BAG 20.10.1993 – 7 AZR 581/92, NZA 1994, 278 (281); HessLAG 20.2.2017 – 7 Sa 513/16, BeckRS 2017, 115918 Rn. 32; aus der Lit. statt vieler *Fitting* § 37 Rn. 7; GK-BetrVG/*Weber* § 37 Rn. 12; DKKW/*Wedde* § 37 Rn. 3 jeweils mwN.
[8] BAG 20.10.1993 – 7 AZR 581/92, NZA 1994, 278 (279); 5.5.2010 – 7 AZR 728/08, NZA 2010, 1025 Rn. 27 f.; aus der Lit. etwa Löwisch/Kaiser/*Löwisch* § 37 Rn. 8; GK-BetrVG/*Weber* § 37 Rn. 16 mwN.
[9] Statt vieler Richardi BetrVG/*Thüsing* § 37 Rn. 8 ff.; GK-BetrVG/*Weber* § 37 Rn. 17 ff. jeweils mwN.
[10] BAG 16.2.2005 – 7 AZR 95/04, NZA-RR 2005, 556 (557) zu § 8 BPersVG; 8.11.2017 – 5 AZR 11/17, NZA 2018, 528 Rn. 31; aus der Lit. statt vieler *Fitting* § 37 Rn. 11; GK-BetrVG/*Weber* § 37 Rn. 22 jeweils mwN.
[11] BAG 8.11.2017 – 5 AZR 11/17, NZA 2018, 528 Rn. 40 ff.; ebenso HWGNRH/*Glock* § 37 Rn. 20; *Jacobs/Frieling* ZfA 2015, 241 (259; ErfK/*Koch* BetrVG § 37 Rn. 1; GK-BetrVG/*Kreutz* § 78 Rn. 103; Löwisch/Kaiser/*Löwisch* § 37 Rn. 19; AR/*Maschmann* BetrVG § 37 Rn. 2; BeckOK ArbR/*Mauer* BetrVG § 37 Rn. 1; HWK/*Reichold* BetrVG § 37 Rn. 5; *Rieble* NZA 2008, 276 (278); Richardi BetrVG/*Thüsing* § 37 Rn. 10; GK-BetrVG/*Weber* § 37 Rn. 22; **aA** *Fitting* § 37 Rn. 11 u. § 78 Rn. 23; *Henssler* BB 2002, 307; DKKW/*Wedde* § 37 Rn. 7; HK-BetrVG/*Wolmerath* § 37 Rn. 5.
[12] Zur teleologischen Reduktion von § 817 S. 2 BGB vgl. MüKoBGB/*Schwab* § 817 Rn. 22 mwN; zur teleologischen Reduktion aufgrund der Wertung einer anderen Norm allgemein etwa *Canaris* Feststellung von Lücken im Gesetz, 2. Aufl. 1983, S. 87 f.; *Larenz/Canaris* Methodenlehre der Rechtswissenschaft, 3. Aufl. 1995, S. 214.

Antrag nach § 23 Abs. 3 BetrVG in Betracht (zu diesem → § 297 Rn. 39 ff.). Die vorsätzliche Begünstigung eines Betriebsratsmitglieds ist außerdem nach § 119 Abs. 1 Nr. 3 BetrVG strafbar (→ § 297 Rn. 69).

II. Vorübergehende Arbeitsbefreiung

6 Da die Ausübung des Betriebsratsamtes auf Grundlage des Arbeitsverhältnisses erfolgt und Betriebsratsmitglieder nach § 78 S. 2 BetrVG nicht benachteiligt werden dürfen, findet Betriebsratsarbeit grds. **während der Arbeitszeit** statt (für Sitzungen → § 294 Rn. 55).[13] Betriebsratsmitglieder sind daher nach Maßgabe des § 37 Abs. 2 BetrVG ohne Minderung des Entgelts vorübergehend von der Pflicht zur Arbeitsleistung zu befreien. Außerdem besteht für außerhalb der Arbeitszeit durchgeführte Betriebsratsarbeit ein Anspruch auf Freizeitausgleich nach § 37 Abs. 3 BetrVG (zur Rechtslage bei Übergangs- und Restmandat → § 292 Rn. 75 u. 93).

1. Arbeitsbefreiung nach § 37 Abs. 2 BetrVG

7 Mitglieder des Betriebsrats sind nach § 37 Abs. 2 BetrVG von ihrer beruflichen Tätigkeit **vorübergehend** zu befreien, wenn und soweit es nach Umfang und Art des Betriebs zur ordnungsgemäßen Durchführung ihrer Aufgaben erforderlich ist. Die Arbeitsbefreiung ist also nicht pauschal mit bestimmten Zeitkontingenten vorgesehen, sondern hängt von den jeweiligen Umständen des Einzelfalls ab. Insoweit genießt die Betriebratstätigkeit Vorrang gegenüber der vertraglich geschuldeten Arbeitsleistung.

8 **a) Voraussetzungen.** Auch für die Arbeitsbefreiung nach § 37 Abs. 2 BetrVG gilt der für betriebsverfassungsrechtliche Kostentragungspflichten des Arbeitgebers prägende **Verhältnismäßigkeitsgrundsatz** (ausführlich → § 296 Rn. 3 ff.). Daher muss die konkrete Arbeitsbefreiung der Erfüllung gesetzlicher Aufgaben des Betriebsrats dienen (Geeignetheit) und im Vergleich zu anderen – gleich geeigneten – Maßnahmen das mildeste Mittel darstellen, dh die geringsten Kosten verursachen (Erforderlichkeit). Richtigerweise muss der Nutzen der Arbeitsbefreiung außerdem im Verhältnis zu den mit ihr verursachten Kosten stehen (Angemessenheit), zumal § 37 Abs. 2 BetrVG auf diese Abwägung ausdrücklich hinweist („nach Umfang und Art des Betriebs"; zum Streit ausführlich → § 296 Rn. 6 f.).[14]

9 **aa) Geeignetheit.** Die **Aufgaben** des Betriebsrats werden durch das Betriebsverfassungsgesetz, durch (zulässige) Tarifverträge und Betriebsvereinbarungen sowie durch weitere Gesetze festgelegt, welche die Kompetenzen des Betriebsrats ausgestalten.[15] In erster Linie gehört hierzu die Teilnahme an Sitzungen des Betriebsrats oder anderer Gremien, denen ein Betriebsratsmitglied angehört (zB Betriebsausschuss, Gesamtbetriebsrat oder Wirtschaftsausschuss). Auch die Teilnahme an Betriebsversammlungen (§ 42 BetrVG) und Betriebsräteversammlungen (§ 53 BetrVG) wird erfasst. Ferner sind Betriebsratstätigkeiten bspw. Verhandlungen mit dem Arbeitgeber, das Zusammenwirken mit den im Betrieb vertretenen Gewerkschaften und Arbeitgebervereinigungen (vgl. § 2 Abs. 1 BetrVG), das Abhalten von Sprechstunden für Arbeitnehmer (→ § 294 Rn. 127 ff.) oder die Mitwirkung bei der Ausübung von Anhörungs-, Erörterungs-, Einsichts- und Beschwerderechten der Arbeitnehmer (§§ 81 ff. BetrVG).

---

[13] BAG 31.10.1985 – 6 AZR 175/83, BeckRS 9998, 149588; 8.11.2017 – 5 AZR 11/17, NZA 2018, 528 Rn. 24 („Grundsatz").
[14] Ebenso HWK/*Reichold* BetrVG § 37 Rn. 11.
[15] BAG 21.6.2006 – 7 AZR 418/05, BeckRS 2006, 134732 Rn. 15.

II. Vorübergehende Arbeitsbefreiung

Die Teilnahme an **Gerichtsverhandlungen** gehört nur dann zu den Aufgaben des Betriebsrats, wenn er selbst Beteiligter in einem Beschlussverfahren ist[16] oder konkret davon ausgehen darf, dass er die in der Gerichtsverhandlung zu erwartenden Informationen aktuell oder in naher Zukunft für die gezielte Wahrnehmung konkreter gesetzlicher Aufgaben einsetzen kann.[17] Im Übrigen dient die Teilnahme keiner gesetzlichen Aufgabe des Betriebsrats, und zwar selbst dann nicht, wenn es sich um einen grundsätzlichen Rechtsstreit von allgemeiner Bedeutung für die Arbeit des Betriebsrats handelt.[18] 10

Nicht zu den Kompetenzen des Betriebsrats zählen allgemeine Informationsgespräche mit anderen Betriebsräten, wenn nicht die Voraussetzungen einer Betriebsräteversammlung nach § 53 BetrVG vorliegen.[19] Gleiches gilt für die Beteiligung an **gewerkschaftlichen Aktivitäten,** insbesondere die Mitwirkung an Tarifverhandlungen.[20] Etwas anderes gilt nur für Gespräche mit Gewerkschaften über aktuelle betriebsbezogene Fragen nach Maßgabe des § 2 Abs. 1 BetrVG.[21] Nicht erfasst wird auch die Durchführung der Betriebsratswahl, da diese zu den Aufgaben des Wahlvorstands zählt (näher hierzu → § 291 Rn. 235 ff.).[22] 11

Ob die Arbeitsbefreiung der ordnungsgemäßen Durchführung von Aufgaben des Betriebsrats dient, ist **objektiv** zu beurteilen, ohne dass dem einzelnen Betriebsratsmitglied insoweit ein Beurteilungsspielraum zustünde (näher hierzu → § 296 Rn. 4). Außerdem müssen die in Rede stehenden Aufgaben gerade von demjenigen Betriebsratsmitglied **wahrzunehmen** sein, das auch die Arbeitsbefreiung für sich beansprucht;[23] das richtet sich nach gesetzlichen Vorgaben sowie der internen Aufgabenzuweisung, über die der Betriebsrat eigenverantwortlich entscheidet. Besteht ein Betriebsausschuss, so haben dessen Mitglieder die Angelegenheiten der laufenden Geschäftsführung wahrzunehmen (→ § 293 Rn. 47). 12

bb) Erforderlichkeit. Die Arbeitsbefreiung muss außerdem erforderlich, dh unter mehreren gleich geeigneten Maßnahmen die **kostengünstigste** sein. Der Fokus der Erforderlichkeitsprüfung liegt damit auf der Frage nach gleich geeigneten Handlungsalternativen, die eine geringere (oder gar keine) Arbeitsbefreiung erfordern (ausführlich → § 296 Rn. 5). Müssen Aufgaben des Betriebsrats bspw. außerhalb des Betriebs wahrgenommen werden (zB die Teilnahme an einer Betriebsräteversammlung), ist für die **Anreise** grds. der direkte Weg und die schnellste Verbindung zu wählen, um den Umfang der Arbeitsbefreiung gering zu halten. Zählt die Teilnahme am Gerichtsverfahren eines Dritten ausnahmsweise zu den gesetzlichen Aufgaben des Betriebsrats (→ Rn. 10), ist zu fragen, ob die Durchsicht der Entscheidungsgründe nicht möglicherweise gleich geeignet ist und eine kürzere Arbeitsbefreiung erfordert.[24] Dem Betriebsrat steht hinsichtlich der Bewertung der Erforderlichkeit allerdings ein Beurteilungsspielraum zu (ausführlich → § 296 Rn. 8). 13

---

[16] BAG 19.5.1983 – 6 AZR 290/81, BeckRS 9998, 149583; aus der Lit. statt vieler Fitting § 37 Rn. 27f.; GK-BetrVG/*Weber* § 37 Rn. 35 jeweils mwN.

[17] BAG 31.5.1989 – 7 AZR 277/88, NZA 1990, 313; 31.8.1994 – 7 AZR 893/93, NZA 1995, 225 (226); einschränkend WPK/*Kreft* § 37 Rn. 12, wenn Entscheidungsgründe ebenso Aufschluss geben können.

[18] Grundl. BAG 19.5.1983 – 6 AZR 290/81, BeckRS 9998, 149583; zuletzt 31.8.1994 – 7 AZR 893/93, NZA 1995, 225 (226); ebenso HWGNRH/*Glock* § 37 Rn. 32; WPK/*Kreft* § 37 Rn. 12; AR/*Maschmann* BetrVG § 37 Rn. 4; HWK/*Reichold* BetrVG § 37 Rn. 8; Richardi BetrVG/*Thüsing* § 37 Rn. 18; GK-BetrVG/*Weber* § 37 Rn. 35 u. 37; wohl auch HK-BetrVG/*Wolmerath* § 37 Rn. 10; aA Fitting § 37 Rn. 28; DKKW/*Wedde* § 37 Rn. 22.

[19] BAG 21.6.2006 – 7 AZR 418/05, BeckRS 2006, 134732 Rn. 17.

[20] Statt vieler Fitting § 37 Rn. 31.

[21] BAG 21.6.2006 – 7 AZR 418/05, BeckRS 2006, 134732 Rn. 16; aus der Lit. etwa Fitting § 37 Rn. 31; HWGNRH/*Glock* § 37 Rn. 30; DKKW/*Wedde* § 37 Rn. 18.

[22] BAG 10.11.1954 – 1 AZR 99/54, AP BetrVG § 37 Nr. 2.

[23] ArbG Kiel 13.11.1978 – 4a BV 23/78, DB 1979, 1236; aus der Lit. etwa GK-BetrVG/*Weber* § 37 Rn. 30.

[24] Zutreffend WPK/*Kreft* § 37 Rn. 12.

14 In größeren Betrieben spielt das Verhältnis zu denjenigen Betriebsratsmitgliedern eine wesentliche Rolle, die nach § 38 BetrVG oder § 37 Abs. 2 BetrVG (dazu näher → Rn. 115 ff.) **dauerhaft freigestellt** sind: Eine vorübergehende (zusätzliche) Arbeitsbefreiung nach § 37 Abs. 2 BetrVG ist grds. erst dann erforderlich, wenn eine Aufgabe von den freigestellten Betriebsratsmitgliedern nicht erfüllt werden kann.[25] Das gilt allerdings nicht ausnahmslos. Eine Arbeitsbefreiung ist vielmehr auch dann erforderlich, wenn einem einzelnen Mitglied bestimmte Aufgaben – etwa wegen besonderer Sachkunde – zugewiesen wurden oder spontan Aufgaben zur sofortigen Erledigung anfallen.[26] Auch wenn ein Arbeitnehmer nach § 82 Abs. 2 S. 2 BetrVG ein von ihm selbst ausgewähltes Betriebsratsmitglied zur Erörterung seines Arbeitsentgelts hinzuzieht,[27] hat das zur Folge, dass die insoweit entfaltete Tätigkeit des Betriebsratsmitglieds in jedem Fall erforderlich ist.

15 Soweit Vertreter der hM unter dem Begriff der „Erforderlichkeit" darüber hinaus auch Kosten-Nutzen-Erwägungen anstellen (zur Kritik ausführlich → § 296 Rn. 7), sind diese richtigerweise Bestandteil der Angemessenheitsprüfung (→ Rn. 16 ff.).

16 cc) Angemessenheit. Der Umfang der Arbeitsbefreiung und die durch sie verursachten Kosten müssen außerdem angemessen sein, wobei es auf die Umstände des Einzelfalls, insbesondere die Größe und Leistungsfähigkeit des Betriebs, ankommt (ausführlich → § 296 Rn. 6 ff.). Der Betriebsrat und jedes einzelne Betriebsratsmitglied sind daher gehalten, ihre Arbeit so **rationell** wie möglich zu gestalten.[28] Dem Betriebsrat kommt hinsichtlich der Angemessenheit allerdings ein Beurteilungsspielraum zu, so dass eine sorgfältige, den Umständen des Einzelfalls Rechnung tragende Prüfung („Urteil eines vernünftigen Dritten") der Angemessenheit notwendig, aber auch ausreichend ist (→ § 296 Rn. 8).

17 Grundsätzlich angemessen ist die **Teilnahme an Sitzungen** des Betriebsrats (bzw. anderer Gremien), da sie zu den Hauptaufgaben der Betriebsratsmitglieder zählt.[29] Nur ganz ausnahmsweise gebührt der Erledigung dringender betrieblicher Aufgaben mit Blick auf § 2 Abs. 1 BetrVG Vorrang vor der Sitzungsteilnahme.[30] Auf den Zuschnitt und die Bedeutung der angekündigten Themen kann es richtigerweise nicht ankommen, da die Tagesordnung in der Sitzung durch Mehrheitsbeschluss geändert oder ergänzt werden kann (ausführlich → § 294 Rn. 24 ff.).[31] Aus demselben Grund ist es unbeachtlich, wenn der Vorsitzende zur Sitzung nicht ordnungsgemäß geladen hat, zumal das einzelne Betriebsratsmitglied hierauf keinen Einfluss hat. Nur wenn eine spätere Heilung von vornherein nicht in Betracht kommt, etwa bei einem Verstoß gegen § 74 Abs. 2 S. 1 BetrVG, dient

---

[25] LAG Hamm 24.8.1979 – 3 Sa 362/79, DB 1980, 694. Aus der Lit. ebenso HWGNRH/*Glock* § 37 Rn. 38; AR/*Maschmann* BetrVG § 37 Rn. 5 aE; ErfK/*Koch* BetrVG § 37 Rn. 4; Richardi BetrVG/*Thüsing* § 37 Rn. 24; GK-BetrVG/*Weber* § 37 Rn. 47.
[26] BAG 6.8.1981 – 6 AZR 1086/79, BeckRS 1981, 2027; 19.9.1985 – 6 AZR 476/83, BeckRS 9998, 153167; aus der Lit. etwa Richardi BetrVG/*Thüsing* § 37 Rn. 24; GK-BetrVG/*Weber* § 37 Rn. 47 mwN.
[27] Dazu statt vieler ErfK/*Kania* BetrVG § 82 Rn. 10 mwN.
[28] Statt vieler *Fitting* § 37 Rn. 45; GK-BetrVG/*Weber* § 37 Rn. 46 mwN.
[29] LAG Hamm 29.4.1975 – 3 TaBV 97/91, LAGE BetrVG 1972 § 37 Nr. 38; ArbG Berlin 3.4.1980 – 39 Ca 410/79, AuR 1981, 61; ArbG Hamburg 3.6.2008 – 25 Ca 52/08; aus der Lit. statt vieler *Fitting* § 37 Rn. 36; GK-BetrVG/*Weber* § 37 Rn. 51 f.
[30] Ebenso DKKW/*Wedde* § 37 Rn. 33; wohl auch *Fitting* § 37 Rn. 36; HWK/*Reichold* BetrVG § 37 Rn. 10; **aA** wohl BAG 11.6.1997 – 7 AZR 229/96, BeckRS 1997 30370105; HessLAG 4.2.2013 – 16 TaBV 261/12, BeckRS 2013, 67962; **aA** explizit HWGNRH/*Glock* § 37 Rn. 39; AR/*Maschmann* BetrVG § 37 Rn. 5.
[31] Vgl. die Argumentation in BAG 9.7.2013 – 1 ABR 2/13 (A), NZA 2013, 1433 Rn. 47; 15.4.2014 – 1 ABR 2/13 (B), NZA 2014, 551 Rn. 32; **aA** BAG 11.6.1997 – 7 AZR 229/96, BeckRS 1997 30370105; HessLAG 4.2.2013 – 16 TaBV 261/12, BeckRS 2013, 67962; Löwisch/Kaiser/*Löwisch* § 37 Rn. 26; AR/*Maschmann* BetrVG § 37 Rn. 5; GK-BetrVG/*Weber* § 37 Rn. 52.

II. Vorübergehende Arbeitsbefreiung

die Sitzungsteilnahme erkennbar nicht der Durchführung von Betriebsratsaufgaben (→ Rn. 8 ff.) und kann damit eine Arbeitsbefreiung nicht begründen.[32]

b) Rechtsfolge. Nach § 37 Abs. 2 BetrVG sind Betriebsratsmitglieder einzelfallbezogen von der Verpflichtung zur Arbeitsleistung zu entbinden (zur Einordnung als Anspruch gegen den Arbeitgeber → Rn. 20). Das muss nicht zwingend Arbeit betreffen, die parallel zur erforderlichen Betriebsratsarbeit geleistet werden müsste, sondern kann auch Tätigkeiten unmittelbar davor oder danach erfassen, insbesondere wenn es um die Einhaltung erforderlicher Ruhezeiten geht (→ Rn. 1).

Als **Minus** zur vollständigen Arbeitsbefreiung gewährt § 37 Abs. 2 BetrVG außerdem einen Anspruch auf Befreiung von einer bestimmten Art der Arbeit, soweit dies zur Wahrnehmung von Betriebsratsaufgaben erforderlich ist,[33] zB die Versetzung von der Wechsel- in die Tagesschicht oder vom Außen- in den Innendienst.[34] Darüber hinaus hat der Arbeitgeber auf die Belastung mit Betriebsratsaufgaben nach Möglichkeit bereits bei der Zuteilung des **Arbeitspensums,** jedenfalls aber nachträglich (durch entsprechende Arbeitsentlastung) Rücksicht zu nehmen, um dem Betriebsratsmitglied die Zwangslage zu ersparen, entweder seine Amts- oder seine Arbeitstätigkeit vernachlässigen zu müssen.[35]

c) Durchführung (Anspruchserfüllung). Nach hM soll bei Vorliegen der Voraussetzungen aus § 37 Abs. 2 BetrVG die Pflicht zur Arbeitsleistung **ipso iure** entfallen, ohne dass es einer Zustimmung des Arbeitgebers bedürfte.[36] Es bestehe allein die arbeitsvertragliche Nebenpflicht, sich beim Arbeitgeber zur Ausübung von Betriebsratstätigkeit abzumelden und danach wieder zurückzumelden (vgl. § 241 Abs. 2 BGB).[37] Das überzeugt nur im praktischen Ergebnis, nicht aber in der Begründung. Richtigerweise muss der Arbeitgeber der Befreiung grds. **zustimmen.**[38] Das verdeutlicht bereits der klar formulierte Wortlaut der Norm („sind ... zu befreien"), über den sich die hM hinwegsetzt. Auch in systematischer Hinsicht lässt sich ein Umkehrschluss zu § 37 Abs. 3 S. 1 BetrVG („Anspruch") nicht überzeugend begründen. Teleologisch spricht für einen Gleichlauf vielmehr, dass der Arbeitgeber in beiden Fällen der Arbeitsbefreiung ein berechtigtes Informationsinteresse hinsichtlich des Arbeitsausfalls hat. Dagegen lässt sich auch nicht einwenden, dass ein Zustimmungserfordernis des Arbeitgebers mit der Unabhängigkeit des Betriebsratsamtes unvereinbar wäre. Der Arbeitgeber ist zur Gewährung der Freistellung für den konkret erforderlichen Zeitraum kraft Gesetzes verpflichtet (anders als bei § 37 Abs. 3 BetrVG → Rn. 41). Kommt er dieser Verpflichtung nicht nach, darf sich das Betriebsratsmitglied nach hier vertretener Ansicht folglich entscheiden: Es kann die Tätigkeit außerhalb seiner individuellen Arbeitszeit verrichten und anschließend Ansprüche

---

[32] Ähnlich GK-BetrVG/*Weber* § 37 Rn. 51.
[33] BAG 27.6.1990 – 7 ABR 43/89, NZA 1991, 430 (431); ebenso *Fitting* § 37 Rn. 20; WPK/*Kreft* § 37 Rn. 9; HWK/*Reichold* BetrVG § 37 Rn. 6; Richardi BetrVG/*Thüsing* § 37 Rn. 14; GK-BetrVG/*Weber* § 37 Rn. 27; DKKW/*Wedde* § 37 Rn. 12; **aA** HWGNRH/*Glock* § 37 Rn. 25.
[34] LAG SchlH 30.8.2005 – 5 Sa 161/05, BeckRS 2005, 43079.
[35] BAG 27.6.1990 – 7 ABR 43/89, NZA 1991, 430 (431); 11.1.1995 – 7 AZR 543/94, NZA 1996, 105 (106); ArbG Wesel 2.11.2011 – 4 BV 8/11, BeckRS 2013, 67768; aus der Lit. statt vieler *Fitting* § 37 Rn. 21; GK-BetrVG/*Weber* § 37 Rn. 27 jeweils mwN.
[36] Grundl. BAG 6.8.1981 – 6 AZR 505/78, AP BetrVG 1972 § 37 Nr. 39; 13.5.1997 – 1 ABR 2/97, NZA 1997, 1062 (1063).
[37] BAG 13.5.1997 – 1 ABR 2/97, NZA 1997, 1062 (1063); 29.6.2011 – 7 ABR 135/09, NZA 2012, 47 Rn. 24ff.; 21.3.2017 – 7 ABR 17/15, NZA 2017, 1014 Rn. 20; ebenso *Fitting* § 37 Rn. 49; ErfK/*Koch* BetrVG § 37 Rn. 5; WPK/*Kreft* § 37 Rn. 16; AR/*Maschmann* BetrVG § 37 Rn. 6; HWK/*Reichold* BetrVG § 37 Rn. 12; Richardi BetrVG/*Thüsing* § 37 Rn. 27; GK-BetrVG/*Weber* § 37 Rn. 56f.; DKKW/*Wedde* § 37 Rn. 44; HK-BetrVG/*Wolmerath* § 37 Rn. 8; nunmehr auch HWGNRH/*Glock* § 37 Rn. 44ff.
[38] Ebenso LAG Berlin 16.10.1995 – 9 TaBV 5/95, NZA-RR 1996, 368 (370) für voraussehbare Arbeitsversäumnisse; aus der Lit. ebenso *Dütz* DB 1976, 1428 (1431); *Loritz* SAE 1990, 205 (207); *Schiefer/Pogge* DB 2012, 743 (743); GK-BetrVG/*Wiese*, 6. Aufl. 1997, § 37 Rn. 49; **krit.** gegen die hM auch Löwisch/Kaiser/*Löwisch* § 37 Rn. 31.

nach § 37 Abs. 3 BetrVG geltend machen (zur Betriebsbedingtheit bei Weigerung des Arbeitgebers → Rn. 37). Es kann sich aber auch **„abmelden"**, da es hinsichtlich seiner Arbeitsleistung ein Zurückbehaltungsrecht aus § 273 Abs. 1 BGB und in der Folge Anspruch auf Annahmeverzugslohn nach § 615 S. 1 BGB hat (näher hierzu → § 41 Rn. 12 ff.; vgl. zum Besuch der Sprechstunde → § 294 Rn. 134 aE),[39] was in den praktischen Ergebnissen der hM weitgehend entspricht. Nur in **Eilfällen** – und damit für einen Ausschnitt des Anwendungsbereichs von § 37 Abs. 2 BetrVG – entfällt das Zustimmungserfordernis (nach hM: das Erfordernis der Abmeldung[40]) von vornherein im Wege teleologischer Reduktion, wenn andernfalls dringende Betriebsratsarbeiten nicht erledigt werden könnten.

21   Die **Abmeldung** – mit der nach hier vertretener Ansicht der Befreiungsanspruch geltend gemacht wird (→ Rn. 20) – muss entsprechend ihrem Zweck, den Arbeitgeber über die Nichterbringung der Arbeitsleistung in Kenntnis zu setzen, so früh wie möglich und unter Angabe der voraussichtlichen Dauer erfolgen.[41] Einer Spezifizierung der beabsichtigten Tätigkeit bedarf es nicht, da dem Arbeitgeber kein anlassunabhängiges Kontrollrecht zusteht und bei Fehlen der Voraussetzungen des § 37 Abs. 2 BetrVG kein Entgeltfortzahlungsanspruch besteht.[42] Eine bestimmte Form sieht das Gesetz für die Abmeldung nicht vor, so dass sie auch mündlich oder per SMS erfolgen kann und nicht persönlich erklärt werden muss.[43]

22   Meldet sich ein Betriebsratsmitglied zu Unrecht nicht beim Arbeitgeber ab, kann dies im Einzelfall als grobe Pflichtwidrigkeit ein Vorgehen nach **§ 23 Abs. 1 BetrVG** eröffnen (→ § 297 Rn. 2 ff.). Da die Nichterbringung der Arbeitsleistung zugleich eine Verletzung der vertraglichen Hauptleistungspflicht ist, kommen daneben auch **Abmahnung und Kündigung** in Betracht, doch gilt insoweit ein besonders strenger Maßstab (ausführlich → § 297 Rn. 6).

2. Entgeltfortzahlung nach § 37 Abs. 2 BetrVG

23   Im Fall einer Arbeitsbefreiung nach § 37 Abs. 2 BetrVG darf eine Minderung des Arbeitsentgelts nicht erfolgen. Fehlt es hingegen an den Voraussetzungen des § 37 Abs. 2 BetrVG und wird der Entgeltanspruch auch nicht anderweitig aufrechterhalten, verstoßen trotzdem erbrachte Leistungen gegen § 37 Abs. 1 BetrVG (zu den Rechtsfolgen → Rn. 4).[44]

24   a) **Lohnfortzahlungsprinzip.** Für die Betriebsratstätigkeit erhält das Betriebsratsmitglied **keine gesonderte Vergütung,** weil das Betriebsratsamt nach § 37 Abs. 1 BetrVG ein unentgeltliches Ehrenamt ist (→ Rn. 2 f.). Da dem Betriebsratsmitglied aus seiner Tätigkeit aber auch keine Nachteile erwachsen dürfen (vgl. § 78 S. 2 BetrVG), ist nach § 37 Abs. 2 BetrVG das Arbeitsentgelt ohne Minderung weiterzuzahlen, wenn die Amtsausübung während der Arbeitszeit erfolgt und das Betriebsratsmitglied deshalb von seiner be-

---

[39] **Krit.** zu § 273 Abs. 1 BGB allerdings LAG Berlin 16.10.1995 – 9 TaBV 5/95, NZA-RR 1996, 368 (370).

[40] Vgl. BAG 6.8.1981 – 6 AZR 1086/79, BeckRS 1981, 2027 Rn. 25; zu weitgehend allerdings BAG 29.6.2011 – 7 ABR 135/09, NZA 2012, 47 Rn. 25: keine Abmeldung, wenn Umorganisation der Arbeit nicht in Betracht komme.

[41] BAG 13.5.1997 – 1 ABR 2/97, NZA 1997, 1062 (1063); LAG Bln-Bbg 27.11.2015 – 8 Sa 1391/15 ua, BeckRS 2016, 66764 Rn. 17; aus der Lit. statt vieler GK-BetrVG/*Weber* § 37 Rn. 59; DKKW/*Wedde* § 37 Rn. 44 f. jeweils mwN.

[42] Vgl. BAG 13.5.1997 – 1 ABR 2/97, NZA 1997, 1062 (1063 f.); 29.6.2011 – 7 ABR 135/09, NZA 2012, 47 Rn. 21; aus der Lit. statt vieler *Fitting* § 37 Rn. 50a; GK-BetrVG/*Weber* § 37 Rn. 60 jeweils mwN.

[43] BAG 13.5.1997 – 1 ABR 2/97, NZA 1997, 1062 (1063); LAG Hamm 26.11.2013 – 7 TaBV 74/13, BeckRS 2014, 67101; aus der Lit. etwa *Fitting* § 37 Rn. 50a; DKKW/*Wedde* § 37 Rn. 45 jeweils mwN; zur Frage der Mitbestimmungspflicht nach § 87 Abs. 1 Nr. 1 BetrVG bei Vorgaben des Arbeitgebers näher GK-BetrVG/*Weber* § 37 Rn. 63 mwN.

[44] Statt vieler GK-BetrVG/*Weber* § 37 Rn. 65.

ruflichen Tätigkeit zu befreien ist. Die Regelung ist zwingend und kann weder durch Arbeitsvertrag[45] noch durch Tarifvertrag[46] abgeändert werden.

Der Entgeltanspruch ist kein besonderer betriebsverfassungsrechtlicher Anspruch, sondern der **arbeitsvertragliche Vergütungsanspruch** (vgl. § 611a Abs. 2 BGB).[47] Der Anspruch unterliegt daher auch weiterhin einer tarifvertraglichen[48] oder arbeitsvertraglichen Ausschlussfrist. Der Grundsatz der Weiterzahlung des aus dem Arbeitsverhältnis geschuldeten Arbeitsentgelts wird verbreitet als Lohnausfallprinzip bezeichnet.[49] Dieser Ausdruck ist insoweit missverständlich, als der Anspruch auf den Arbeitslohn gerade nicht entfällt, sondern (abweichend von § 326 Abs. 1 S. 1 Hs. 1 BGB) aufrechterhalten wird, obwohl die als Gegenleistung geschuldete Arbeit teilweise nicht erbracht wird. Treffender ist daher der seltener genutzte Terminus **„Lohnfortzahlungsprinzip"**.[50]

Sachlich besagt das Lohnfortzahlungsprinzip, dass der vertragliche Vergütungsanspruch insoweit aufrechterhalten wird, wie er **hypothetisch** ohne die Befreiung von der Verpflichtung zur Arbeitsleistung bestünde. Wäre der Vergütungsanspruch daher aus anderen Gründen entfallen, so erhält auch das Betriebsratsmitglied keine Vergütung, wenn es Betriebsratstätigkeit ausübt. Das ist bspw. der Fall, wenn die Arbeit im Betrieb ausfällt, ohne dass der Arbeitgeber das Risiko hierfür tragen muss (vgl. § 615 S. 3 BGB).[51] Im Fall der **Aussperrung** eines Betriebsratsmitglieds bleibt es trotz Ausübung von Betriebsratsarbeit bei der damit verbundenen Suspendierung des Lohnanspruchs;[52] es entsteht allerdings ein Anspruch nach § 37 Abs. 3 S. 1 BetrVG, wenn der Arbeitgeber die (von ihrer Arbeitspflicht befreiten und damit außerhalb ihrer Arbeitszeit tätig werdenden) Betriebsratsmitglieder einschaltet, weil er in Angelegenheiten ohne Bezug zum Arbeitskampf die Beteiligungsrechte des Betriebsrats beachten muss.[53] Da ein **Streikaufruf** einer Gewerkschaft nur dann zur Suspendierung der Hauptpflichten führt, wenn der Arbeitnehmer seine Streikteilnahme erklärt, haben auch Betriebsratsmitglieder Anspruch auf Entgelt, wenn sie sich dem Streik nicht anschließen, sondern Betriebsratsarbeit verrichten.[54] Bei Einführung von **Kurzarbeit** hat das Betriebsratsmitglied ebenfalls nur Anspruch auf das der verkürzten Arbeitszeit entsprechende Entgelt sowie auf Kurzarbeitergeld.[55]

b) Berechnung. Das Arbeitsentgelt ist in der Höhe weiterzuzahlen, wie es ohne die Arbeitsbefreiung geschuldet wäre (→ Rn. 26). Bei schwankenden Bezügen ist ggf. eine Schätzung nach den Grundsätzen des § 287 Abs. 2 ZPO vorzunehmen.[56] Für leistungs- oder erfolgsbezogene Boni ist zu prüfen, ob diese zu zahlen gewesen wären, wenn das Betriebsratsmitglied nicht teilweise von der Arbeitsleistung befreit gewesen wäre.[57] Der

---

[45] BAG 23.6.2004 – 7 AZR 514/03, NZA 2004, 1287 (1289).
[46] BAG 18.9.1991 – 7 AZR 41/90, NZA 1992, 936 (937).
[47] BAG 31.7.1986 – 6 AZR 298/84, NZA 1987, 528 (528); zuletzt etwa 18.5.2016 – 7 AZR 401/14, NZA 2016, 1212 Rn. 13.
[48] BAG 8.9.2010 – 7 AZR 513/09, NZA 2011, 159 Rn. 18.
[49] BAG 23.4.1974 – 1 AZR 139/73, AP BetrVG 1972 § 37 Nr. 11; zuletzt etwa 8.11.2017 – 5 AZR 11/17, NZA 2018, 528 Rn. 24; aus der Lit. statt vieler *Fitting* § 37 Rn. 57; GK-BetrVG/*Weber* § 37 Rn. 64 jeweils mwN.
[50] So BAG 29.6.1988 – 7 AZR 651/87, AP BPersVG § 24 Nr. 1; 18.9.1991 – 7 AZR 41/90, NZA 1992, 936 (937); 5.4.2000 – 7 AZR 213/99, NZA 2000, 1174 (1174); 12.6.2003 – 8 AZR 288/02, NZA-RR 2004, 216 (217).
[51] Ebenso GK-BetrVG/*Weber* § 37 Rn. 68.
[52] BAG 25.10.1988 – 1 AZR 368/87, NZA 1989, 353 (354); ebenso *Fitting* § 37 Rn. 61; ErfK/*Koch* BetrVG § 37 Rn. 6; WPK/*Kreft* § 37 Rn. 20; Löwisch/Kaiser/*Löwisch* § 37 Rn. 45; AR/*Maschmann* BetrVG § 37 Rn. 7 aE; HWK/*Reichold* BetrVG § 37 Rn. 14; GK-BetrVG/*Weber* § 37 Rn. 69; **aA** DKKW/*Wedde* § 37 Rn. 61.
[53] Zutreffend *Fitting* § 37 Rn. 61; ErfK/*Koch* BetrVG § 37 Rn. 6.
[54] BAG 15.1.1991 – 1 AZR 178/90, NZA 1991, 604 (606); aus der Lit. etwa WPK/*Kreft* § 37 Rn. 71.
[55] BAG 12.10.1994 – 7 AZR 398/93, NZA 1995, 641 (642).
[56] BAG 29.4.2015 – 7 AZR 123/13, NZA 2015, 1328 Rn. 14.
[57] Vgl. zur Vorgehensweise BAG 29.4.2015 – 7 AZR 123/13, NZA 2015, 1328 Rn. 18ff.; aus der Lit. statt vieler GK-BetrVG/*Weber* § 37 Rn. 72 mwN auch zu Alternativvorschlägen.

Vergütungsanspruch umfasst daher im Einzelnen folgende Positionen: alle **Zulagen und Zuschläge,** zB für Mehrarbeit,[58] Sonntagsarbeit, Nachtarbeit oder Feiertagsarbeit, die das Betriebsratsmitglied ohne Arbeitsbefreiung hypothetisch (nicht durchschnittlich) verdient hätte,[59] auch wenn es (allein) aufgrund seiner Amtstätigkeit zB keine Nacht- oder Sonntagsarbeit verrichtet hat und keine Überstunden angefallen sind;[60] Urlaubsvergütungen;[61] Sonderzuwendungen[62] und Inkassoprämien.[63] Da nur die vom Arbeitgeber geschuldeten Entgeltbestandteile zu berücksichtigen sind, gehören entgangene **Trinkgelder** (vgl. § 107 Abs. 3 S. 2 GewO) dagegen nicht zum fortzuzahlenden Arbeitsentgelt.[64]

28 Bei **Akkordarbeit** hängt die Höhe davon ab, welche Leistung das Betriebsratsmitglied ohne die Arbeitsbefreiung hypothetisch erbracht hätte. Hierfür ist in erster Linie maßgeblich, welchen Lohn das Betriebsratsmitglied im letzten vergleichbaren Zeitraum erhalten hat; ist die Ermittlung danach nicht möglich, kommt es auf den Durchschnitt der von anderen vergleichbaren Arbeitnehmern erzielten Akkordlöhne in dem Zeitraum der Arbeitsbefreiung an.[65]

29 Teilzeitbeschäftigte Betriebsratsmitglieder erhalten für ausgefallene Arbeitszeit ihre gewöhnliche Vergütung; liegt die Betriebratstätigkeit aus betriebsbedingten Gründen aber ganz oder teilweise außerhalb ihrer individuellen Arbeitszeit, haben sie Anspruch auf Freizeitausgleich nach § 37 Abs. 3 BetrVG (→ Rn. 35), so dass sie vollzeitbeschäftigten Betriebsratsmitgliedern im Ergebnis gleichstehen.[66]

30 Weiterzuzahlen ist nur das Entgelt. Hat das Betriebsratsmitglied infolge der Arbeitsbefreiung **Aufwendungen** – zB Wegegelder, Auslösungen, Beköstigungszulagen – nicht getätigt, die bei Erbringung der Arbeitsleistung angefallen wären, hat es keinen Anspruch auf Aufwendungsersatz.[67] Eine Leistung ist allerdings nicht als Aufwendungsersatz einzuordnen, wenn sie nicht tatsächlichen Mehraufwand abgelten, sondern besondere Belastungen ausgleichen soll (sog. Erschwerniszulage).[68] Für die **Dienstwagennutzung** muss differenziert werden: Ist die private Nutzung gestattet, handelt es sich um zusätzliches Entgelt in Form einer Sachleistung, die auch im Rahmen der Betriebsratsarbeit gewährt werden muss; darf der Wagen hingegen nur dienstlich genutzt werden und entfällt aufgrund der Arbeitsbefreiung der Bedarf hierfür, darf der Arbeitgeber den Dienstwagen nicht weiter zur Verfügung zu stellen (zu den Rechtsfolgen eines Verstoßes → Rn. 4, 23).[69]

31 **c) Behandlung als Arbeitsentgelt.** Die Vergütung ist trotz der Arbeitsbefreiung rechtlich wie Arbeitsentgelt zu behandeln. Dies gilt insbesondere für die Abführung von

---

[58] BAG 12.12.2000 – 9 AZR 508/99, NZA 20014, 514 (516).
[59] BAG 16.8.1995 – 7 AZR 103/95, NZA 1996, 552 (553); 18.5.2016 – 7 AZR 401/14, NZA 2016, 1212 Rn. 15; aus der Lit. statt vieler *Fitting* § 37 Rn. 63; GK-BetrVG/*Weber* § 37 Rn. 73, 76 jeweils mwN.
[60] BAG 5.4.2000 – 7 AZR 213/99, NZA 2000, 1174 (1175f.); aus der Lit. etwa *Jacobs/Frieling* ZfA 2015, 241 (244); GK-BetrVG/*Weber* § 37 Rn. 73.
[61] BAG 15.3.1995 – 7 AZR 643/94, NZA 1995, 961 (964).
[62] BAG 15.3.1995 – 7 AZR 643/94, NZA 1995, 961 (964).
[63] BAG 11.1.1978 – 5 AZR 829/76, AP LohnFG § 2 Nr. 7.
[64] BAG 28.6.1995 – 7 AZR 1001/94, NZA 1996, 252 (253); aus der Lit statt vieler *Fitting* § 37 Rn. 66 mwN; **aA** allerdings DKKW/*Wedde* § 37 Rn. 51.
[65] Statt vieler *Fitting* § 37 Rn. 65; GK-BetrVG/*Weber* § 37 Rn. 72; DKKW/*Wedde* § 37 Rn. 52 jeweils mwN.
[66] Statt vieler *Fitting* § 37 Rn. 81; GK-BetrVG/*Weber* § 37 Rn. 67; DKKW/*Wedde* § 37 Rn. 62.
[67] BAG 16.8.1995 – 7 AZR 103/95, NZA 1996, 552 (553); 18.5.2016 – 7 AZR 401/14, NZA 2016, 1212 Rn. 15; aus der Lit. statt vieler *Fitting* § 37 Rn. 67; GK-BetrVG/*Weber* § 37 Rn. 77.
[68] BAG 5.4.2000 – 7 AZR 213/99, NZA 2000, 1174 (1175): Fahrentschädigung für Zugbegleiter.
[69] BAG 23.6.2004 – 7 AZR 514/03, NZA 2004, 1287 (1288); 25.2.2009 – 7 AZR 954/07, BeckRS 2010, 71852 Rn. 14; ebenso *Fitting* § 37 Rn. 67a; HWGNRH/*Glock* § 37 Rn. 63; *Jacobs/Frieling* ZfA 2015, 241 (245); ErfK/*Koch* BetrVG § 37 Rn. 6; GK-BetrVG/*Weber* § 37 Rn. 75; wohl auch HWK/ *Reichold* BetrVG § 37 Rn. 15 m. Fn. 13; **aA** DKKW/*Wedde* § 37 Rn. 57: stets weiter zu gewähren; **aA** Richardi BetrVG/*Thüsing* § 37 Rn. 33: finanzielle Abgeltung des Dienstwagens möglich.

II. Vorübergehende Arbeitsbefreiung   32–34 § 295

Lohnsteuer und von Beiträgen zur Sozialversicherung.[70] Nach § 3b Abs. 1 EStG sind Zuschläge für Sonntags-, Feiertags- oder Nachtarbeit zwar steuerfrei. Das gilt nach Wortlaut und Zweck der Vorschrift aber nur dann, wenn diese Arbeiten **tatsächlich erbracht** werden.[71] Nach der Rechtsprechung des BFH entfällt die Steuerbefreiung deshalb, wenn an Betriebsratsmitglieder Zuschläge gezahlt werden (→ Rn. 27), ohne dass die mit ihnen abgegoltenen Belastungen tatsächlich im Rahmen der Betriebsratsarbeit aufgetreten sind (zB weil die Betriebsratsarbeit gerade nicht am Sonntag, sondern am darauf folgenden Montag erfolgte).[72] Richtigerweise muss der Arbeitgeber den Wegfall des Steuervorteils auch nicht ausgleichen.[73] Darin läge eine zusätzliche Leistung an das Betriebsratsmitglied, die andere Arbeitnehmer nicht erhalten und die damit gegen § 37 Abs. 1 BetrVG verstieße; der Wegfall des staatlich gewährten Steuervorteils ist insoweit vergleichbar mit entgangenen Trinkgeldern (→ Rn. 27).

3. Freizeitausgleich nach § 37 Abs. 3 BetrVG

Der Arbeitgeber ist mit Blick auf das Gebot vertrauensvoller Zusammenarbeit aus § 2 Abs. 1 BetrVG zwar verpflichtet, durch organisatorische Vorkehrungen dafür Sorge zu tragen, dass Betriebsratsmitglieder in ihrer Amtseigenschaft regelmäßig nur während ihrer Arbeitszeit in Anspruch genommen werden (zur Rücksichtnahme hinsichtlich des Arbeitspensums → Rn. 19).[74] Dennoch können es die Verhältnisse des Betriebes objektiv erforderlich machen, dass notwendige Betriebsratsarbeit auch **außerhalb der Arbeitszeit** stattfindet. Für die Inanspruchnahme von Freizeit hat das Betriebsratsmitglied dann nach § 37 Abs. 3 BetrVG Anspruch auf Freizeitausgleich. Dieser ist primär auf Arbeitsbefreiung gerichtet, kann sich aber unter bestimmten Voraussetzungen in einen Abgeltungsanspruch wandeln.   32

a) Voraussetzungen. Ein Anspruch aus § 37 Abs. 3 BetrVG hat zur Voraussetzung, dass die Verrichtung von Betriebsratstätigkeit außerhalb der individuellen Arbeitszeit verhältnismäßig ist und auf betriebsbedingten Gründen beruht. Liegen die gesetzlichen Voraussetzungen **nicht** vor, darf der Arbeitgeber für aufgewandte Freizeit nach § 37 Abs. 1 BetrVG weder Arbeitsbefreiung noch Abgeltung gewähren (zu den Rechtsfolgen eines Verstoßes → Rn. 4).[75]   33

aa) Verhältnismäßigkeit. Da § 37 Abs. 3 BetrVG eine Kostentragungspflicht des Arbeitgebers normiert, gilt auch insoweit der **Verhältnismäßigkeitsgrundsatz** (ausführlich → Rn. 8 ff. und § 296 Rn. 3 ff.).[76] Andernfalls würde Betriebsratsarbeit außerhalb der Arbeitszeit gegenüber derjenigen innerhalb der Arbeitszeit privilegiert (zu § 37 Abs. 2 BetrVG → Rn. 8 ff.).[77] Die in der Freizeit ausgeübte Tätigkeit muss daher objektiv der   34

---

[70] Statt vieler *Fitting* § 37 Rn. 71; GK-BetrVG/*Weber* § 37 Rn. 79.
[71] Statt vieler Blümich/*Erhard*, 142. EL 2018, § 3b EStG Rn. 14 mwN.
[72] BFH 3.5.1974 – VI R 211/71, BeckRS 1974, 22002635 (zu § 34a EStG aF); HessLAG 10.3.2014 – 16 TaBV 197/13, BeckRS 2014, 70659: Zuschlag für tatsächliche Betriebsratstätigkeit zur Nachtzeit; zust. auch *Fitting* § 37 Rn. 71; GK-BetrVG/*Weber* § 37 Rn. 79; **aA** MHdB ArbR/*Joost*, 3. Aufl. 2009, § 220 Rn. 27.
[73] BAG 29.7.1980 – 6 AZR 231/78, NJW 1981, 1287; 15.1.1997 – 7 AZR 873/95, NZA 1997, 897 (897); ebenso *Fitting* § 37 Rn. 71; HWGNRH/*Glock* § 37 Rn. 71; WPK/*Kreft* § 37 Rn. 25; Löwisch/Kaiser/*Löwisch* § 37 Rn. 46; Richardi BetrVG/*Thüsing* § 37 Rn. 39; GK-BetrVG/*Weber* § 37 Rn. 79; **aA** *Schneider* NZA 1984, 21 (23); DKKW/*Wedde* § 37 Rn. 58.
[74] BAG 11.1.1995 – 7 AZR 543/94, NZA 1996, 105 (106).
[75] Vgl. BAG 15.1.1991 – 1 AZR 178/90, NZA 1991, 604 (604); 28.9.2016 – 7 AZR 248/14, NZA 2017, 335 Rn. 33, 45.
[76] LAG Hamm 8.10.1986 – 3 TaBV 97/86, LAGE BetrVG 1972 § 37 Nr. 22 (2. a. der Gründe); 5.12.2017 – 7 Sa 999/16, BeckRS 2017, 137083 Rn. 23; aus der Lit. statt vieler *Fitting* § 37 Rn. 76; DKKW/*Wedde* § 37 Rn. 63 jeweils mwN.
[77] GK-BetrVG/*Weber* § 37 Rn. 86.

Erfüllung gesetzlicher Aufgaben des Betriebsrats dienen (Geeignetheit)[78] und im Vergleich zu anderen – gleich geeigneten – Tätigkeiten das mildeste Mittel darstellen, dh die geringsten Kosten bzw. den geringsten Zeitaufwand verursachen (Erforderlichkeit). Außerdem darf der Nutzen der Betriebsratstätigkeit außerhalb der Arbeitszeit nicht außer Verhältnis zu den durch den Freizeitausgleich verursachten Kosten stehen (Angemessenheit; ausführlich hierzu → Rn. 8 ff.).

35 **bb) Tätigkeit außerhalb der Arbeitszeit.** Außerdem muss die Betriebsratstätigkeit **außerhalb der Arbeitszeit** verrichtet worden sein. Nach Sinn und Zweck der Regelung (→ Rn. 32) kommt es nicht auf die betriebsübliche Arbeitszeit, sondern auf die individuelle Arbeitszeit des Betriebsratsmitglieds an, die sich regelmäßig aus Arbeitsvertrag, Betriebsvereinbarung und Tarifvertrag ergibt.[79] Für Teilzeitbeschäftigte gelten keine Besonderheiten – maßgeblich ist also, ob sie außerhalb der für sie vereinbarten Arbeitszeit tätig geworden sind.[80] Diese Grundsätze gelten ebenso für **freigestellte** Betriebsratsmitglieder; auch sie sind gehalten, ihre Betriebsratsaufgaben während der normalen Arbeitszeit durchzuführen (→ Rn. 151).[81]

36 Besonderheiten ergeben sich, wenn Betriebsratsmitglieder Ort und Zeitpunkt ihrer Arbeit (teilweise) **selbst bestimmen** können, wie das zB für Lehrer außerhalb der Unterrichtszeiten der Fall ist. Eine klare Zuordnung der für Betriebsratstätigkeiten aufgewandten Zeit zur Arbeits- oder Freizeit ist dann idR nicht möglich. Hält sich das Betriebsratsmitglied außerhalb des Betriebs auf, ist im Zweifel eine Zuordnung zur Freizeit angezeigt, da davon ausgegangen werden kann, dass es seine geschuldete Arbeitsleistung typischerweise erbringen will.[82] Ähnliche Abgrenzungsprobleme stellen sich bei **Gleitzeitvereinbarungen.** Wird Betriebsratsarbeit außerhalb des Gleitzeitrahmens verrichtet, handelt es sich um aufgewandte Freizeit; wird sie innerhalb des Gleitzeitrahmens verrichtet, darf der Arbeitnehmer eine Überschreitung der persönlichen Arbeitszeit innerhalb des vorgegebenen Zeitrahmens ausgleichen und nur der nach Ablauf des Ausgleichszeitraums verbleibende Saldo ist der auszugleichenden Freizeit zuzuordnen.[83]

37 **cc) Betriebsbedingte Gründe.** Die Amtsausübung muss schließlich aus **betriebsbedingten Gründen** außerhalb der Arbeitszeit erfolgt sein. Das ist der Fall, wenn die Undurchführbarkeit der Betriebsratstätigkeit während der Arbeitszeit durch betriebliche Gegebenheiten und Sachzwänge bedingt ist, dh durch Gründe, die in der Sphäre des Arbeitgebers und nicht des Betriebsrats (→ Rn. 39 f.) liegen.[84] Das umfasst insbesondere den Fall, dass sich der Arbeitgeber weigert, Betriebsratstätigkeiten während der Arbeitszeit zu ermöglichen (→ Rn. 20).[85] Betriebsbedingte Gründe sind daneben auch diejenigen Zwänge und Einschränkungen, die sich aus dem vom Arbeitgeber bestimmten Betriebszweck ergeben. Das betrifft zB den Fall, dass in einem Betrieb Assistenzdienstleistungen für behinderte Schulkinder erbracht werden und während der (arbeitsfreien) Schulferien Betriebsratsarbeit verrichtet wird.[86] Gleiches gilt, wenn Zeitungszusteller ihre Arbeit in

---

[78] Für Reisezeiten vgl. BAG 27.7.2016 – 7 AZR 255/14, NZA 2016, 1418 Rn. 17; aus der Lit. statt vieler *Fitting* § 37 Rn. 77; GK-BetrVG/*Weber* § 37 Rn. 103 f. jeweils mwN.
[79] BAG 3.12.1987 – 6 AZR 569/85, NZA 1988, 437 (438); zuletzt etwa 28.5.2014 – 7 AZR 404/12, NZA 2015, 564 Rn. 22; aus der Lit. statt vieler GK-BetrVG/*Weber* § 37 Rn. 88 mwN.
[80] BAG 19.3.2014 – 7 AZR 480/12, NJOZ 2014, 1558 Rn. 21.
[81] BAG 28.9.2016 – 7 AZR 248/14, NZA 2017, 335 Rn. 37; aus der Lit. etwa *Fitting* § 37 Rn. 90; GK-BetrVG/*Weber* § 37 Rn. 85, 101 jeweils mwN.
[82] BAG 3.12.1987 – 6 AZR 569/85, NZA 1988, 437 (438); aus der Lit. etwa *Joost* ZfA 1988, 489 (542 ff.).
[83] BAG 28.9.2016 – 7 AZR 248/14, NZA 2017, 335 Rn. 32; aus der Lit. etwa *Fitting* § 37 Rn. 92a; WPK/*Kreft* § 37 Rn. 27; AR/*Maschmann* BetrVG § 37 Rn. 9; Richardi BetrVG/*Thüsing* § 37 Rn. 51a; DKKW/*Wedde* § 37 Rn. 43 aE.
[84] BAG 7.6.1989 – 7 AZR 500/88, NZA 1990, 531 (532); zuletzt etwa 19.3.2014 – 7 AZR 480/12, NJOZ 2014, 1558 Rn. 17; aus der Lit. statt vieler *Fitting* § 37 Rn. 80 mwN.
[85] BAG 3.12.1987 – 6 AZR 569/85, NZA 1988, 437 (439); aus der Lit. etwa *Fitting* § 37 Rn. 80.
[86] LAG Brem 27.11.2013 – 2 Sa 18/13, BeckRS 2013, 195994 Rn. 40.

II. Vorübergehende Arbeitsbefreiung

den frühen Morgenstunden erbringen müssen, die Betriebsratstätigkeit aber in der Normalarbeitszeit ausgeübt werden muss.[87] Nach der ausdrücklichen Regelung in § 37 Abs. 3 S. 2 BetrVG liegen betriebsbedingte Gründe außerdem vor, wenn die Betriebsratstätigkeit aufgrund der **unterschiedlichen Arbeitszeiten** der Betriebsratsmitglieder nicht innerhalb der persönlichen Arbeitszeit erfolgen kann.[88]

Es ist Aufgabe des Arbeitgebers, durch die Gestaltung oder Änderung des Betriebsablaufs die Betriebsratstätigkeit innerhalb der Arbeitszeit zu ermöglichen (→ Rn. 32). Damit er diese Entscheidung treffen kann, ist es erforderlich, dass das Betriebsratsmitglied eine geplante Amtsausübung außerhalb der Arbeitszeit dem Arbeitgeber gegenüber **rechtzeitig anzeigt**. Darin liegt zwar keine zusätzliche Voraussetzung des Freizeitausgleichs.[89] Ohne eine rechtzeitige Anzeige liegen aber idR keine betriebsbedingten Gründe vor.[90] Das ist nur dann der Fall, wenn die Verrichtung der Betriebsratstätigkeit während der Arbeitszeit objektiv unmöglich war oder der Arbeitgeber eine Befreiung von der Arbeitspflicht während der Arbeitszeit auch für zukünftige Fälle bereits ernsthaft und endgültig verweigert hat.[91] Das **bloße Einverständnis** des Arbeitgebers mit einem Tätigwerden außerhalb der Arbeitszeit genügt umgekehrt nicht, um einen Ausgleichsanspruch zu begründen, da § 37 Abs. 3 S. 1 BetrVG die objektive Erforderlichkeit verlangt und Betriebsratsmitglieder wegen ihrer Tätigkeit nicht begünstigt werden dürfen (§ 78 S. 2 BetrVG). 38

Nicht betriebsbedingt sind Gründe, die in der Person oder im Verhalten des **Betriebs-** 39 **ratsmitglieds** liegen.[92] Ein Ausgleichsanspruch besteht daher bspw. nicht, wenn der Vorsitzende aus persönlichen Gründen erst am Abend vor der Betriebsratssitzung die Akten durchsieht.[93] Ein persönlicher Grund soll nach hM außerdem vorliegen, wenn sich ein Betriebsratsmitglied während seines Urlaubs oder während einer vom Arbeitgeber gewährten Freistellung nach § 37 Abs. 3 BetrVG nicht von einem Ersatzmitglied vertreten lässt, sondern freiwillig an einer Sitzung teilnimmt (→ § 292 Rn. 118), da die Verrichtung von Betriebsratstätigkeit dann gerade auf seiner persönlichen Entscheidung beruhe.[94] Das überzeugt nicht.[95] Ist die Verrichtung von Betriebsratstätigkeit erforderlich, kann es dem Arbeitgeber nicht zugutekommen, dass das primär zuständige ordentliche Betriebsratsmitglied und nicht ein (vom Arbeitgeber freizustellendes) Ersatzmitglied sie verrichtet. Hinzu kommt, dass der Arbeitgeber die Lage der Arbeitsbefreiung gem. § 37 Abs. 3 S. 1 BetrVG nach billigem Ermessen bestimmen (→ Rn. 41) und auf die Lage des Urlaubs durch Abgabe der entsprechenden Freistellungserklärung[96] nach § 7 Abs. 1 u. 2 BUrlG zumindest Einfluss nehmen kann. Vor der Verursachung weiterer Kosten wird der Arbeitgeber durch den Verhältnismäßigkeitsgrundsatz geschützt (→ Rn. 34), da die Vertretung durch ein Ersatzmitglied idR gleich geeignet ist und damit anspruchsbegrenzend wirkt.

Nicht erfasst werden schließlich Gründe, die sich aus der Gestaltung der Betriebsratstä- 40 tigkeit durch den Betriebsrat ergeben und damit nicht in der Sphäre des Arbeitgebers lie-

---

[87] BAG 19.3.2014 – 7 AZR 480/12, NZA 2014, 1104 Rn. 17.
[88] Zum Meinungsstreit vor Einführung durch das BetrVerf-Reformgesetz etwa GK-BetrVG/*Weber* § 37 Rn. 93 mwN.
[89] Insoweit zutreffend GK-BetrVG/*Weber* § 37 Rn. 89; **aA** wohl BAG 31.10.1985 – 6 AZR 175/83, BeckRS 9998, 149588 (Mitteilung); 3.12.1987 – 6 AZR 569/85, NZA 1988, 437 (439).
[90] So wohl auch *Fitting* § 37 Rn. 89.
[91] BAG 3.12.1987 – 6 AZR 569/85, NZA 1988, 437 (439); aus der Lit. statt vieler *Fitting* § 37 Rn. 89; GK-BetrVG/*Weber* § 37 Rn. 89.
[92] BAG 21.5.1974 – 1 AZR 477/73, AP BetrVG 1972 § 37 Nr. 14; aus der Lit. statt vieler *Fitting* § 37 Rn. 87 mwN.
[93] GK-BetrVG/*Weber* § 37 Rn. 98.
[94] BAG 28.5.2014 – 7 AZR 404/12, NZA 2015, 564 Rn. 28f.; ebenso *Fitting* § 37 Rn. 87; HWGNRH/ *Glock* § 37 Rn. 82; ErfK/*Koch* BetrVG § 37 Rn. 7 aE; Löwisch/Kaiser/*Löwisch* § 37 Rn. 57; AR/*Maschmann* BetrVG § 37 Rn. 10; HWK/*Reichold* BetrVG § 37 Rn. 17; Richardi BetrVG/*Thüsing* § 37 Rn. 50; GK-BetrVG/*Weber* § 37 Rn. 98.
[95] Ebenso LAG Köln 3.2.2012 – 4 Sa 888/11, BeckRS 2012, 69618; DKKW/*Wedde* § 37 Rn. 77; ähnlich *Ochsmann* BB 1978, 562.
[96] Statt vieler ErfK/*Gallner* BUrlG § 7 Rn. 4 mwN.

gen (sog. **betriebsratsbedingte Gründe**).[97] Ein betriebsratsbedingter Grund liegt bspw. vor, wenn der Betriebsrat allein aus Gründen der eigenen Geschäftsführung eine Sitzung außerhalb der individuellen Arbeitszeiten anberaumt[98] oder wenn ein Betriebsratsmitglied eine Besprechung mit einem Gewerkschaftsbeauftragten nur deshalb außerhalb der Arbeitszeit abhält, weil Letzterer nur zu diesem Zeitpunkt zur Verfügung steht.[99] Auch die Terminierung von Sitzungen des Gesamt- oder Konzernbetriebsrats sowie einer Betriebsräteversammlung sind regelmäßig nicht betriebsbedingt.[100]

41 **b) Arbeitsbefreiung.** Das **einzelne Betriebsratsmitglied** muss als Anspruchsinhaber seinen Anspruch auf Arbeitsbefreiung aus § 37 Abs. 3 S. 1 BetrVG selbst[101] gegenüber dem Arbeitgeber geltend machen, wobei die bloße Anzeige der in der Freizeit geleisteten Arbeit regelmäßig nicht als konkludente Geltendmachung zu verstehen ist.[102] Der Arbeitgeber erfüllt seine Verpflichtung durch Abgabe einer entsprechenden Freistellungserklärung.[103] Anders als im Fall der Arbeitsbefreiung nach § 37 Abs. 2 BetrVG (→ Rn. 20) richtet sich der Anspruch des Arbeitnehmers allerdings nicht auf einen konkreten Befreiungszeitraum. Richtigerweise kann der Arbeitgeber die zeitliche Lage der Arbeitsbefreiung gemäß § 106 S. 1 GewO, § 315 Abs. 3 BGB **nach billigem Ermessen** bestimmen (zur Begrenzung in zeitlicher Hinsicht → Rn. 42) und muss dabei die Wünsche des Arbeitnehmers zwar mit einbeziehen, diese aber nicht analog § 7 Abs. 1 BUrlG vorrangig berücksichtigen, da die Interessenlage bei punktueller vergütungsähnlicher Freistellung nicht vergleichbar ist mit derjenigen bei zusammenhängend zu gewährendem Urlaub zum Zweck der Erholung.[104] Verweigert der Arbeitgeber die Erfüllung, kann das Betriebsratsmitglied daher nicht nach § 273 Abs. 1 BGB, § 615 S. 1 BGB vorgehen (→ Rn. 20),[105] sondern muss seinen Anspruch gerichtlich – notfalls im Wege einstweiliger Verfügung – durchsetzen.[106]

42 Der Arbeitgeber muss den Freistellungsanspruch des Arbeitnehmers nach § 37 Abs. 3 S. 3 Hs. 1 BetrVG innerhalb **eines Monats** erfüllen. Die Frist wird ausgelöst, sobald die in der Freizeit ausgeübte Betriebsratstätigkeit beendet ist, und endet nach §§ 187 Abs. 1, 188 Abs. 2 Alt. 1 BGB an demjenigen Tag des Folgemonats, der durch seine Zahl dem (letzten) Tag entspricht, an dem die konkrete Betriebsratstätigkeit außerhalb der individuellen Arbeitszeit verrichtet wurde.[107]

43 Erfüllt der Arbeitgeber den Befreiungsanspruch nicht binnen Monatsfrist, sind **zwei Konstellationen** zu unterscheiden: Scheitert die Erfüllung an **betriebsbedingten**

---

[97] BAG 21.5.1974 – 1 AZR 477/73, AP BetrVG 1972 § 37 Nr. 14; 19.1.1984 – 6 AZR 301/81, BeckRS 1984, 04573; LAG Köln 3.2.2012 – 4 Sa 888/11, BeckRS 2012, 69618; aus der Lit. statt vieler *Fitting* § 37 Rn. 88; GK-BetrVG/*Weber* § 37 Rn. 101 jeweils mwN.
[98] HK-BetrVG/*Wolmerath* § 37 Rn. 19.
[99] LAG Hamm 14.7.1978 – 3 Sa 368/78, BeckRS 2012, 66164.
[100] BAG 26.1.1994 – 7 AZR 593/92, NZA 1994, 765 (766) zur Betriebsräteversammlung.
[101] BAG 21.3.2017 – 7 ABR 17/15, NZA 2017, 1014 Rn. 22: kein Recht des Betriebsrats; aus der Lit. statt vieler *Fitting* § 37 Rn. 94 mwN.
[102] BAG 25.8.1999 – 7 AZR 713/97, NZA 2000, 554 (555f.).
[103] BAG 19.3.2014 – 7 AZR 480/12, NJOZ 2014, 1558 Rn. 19.
[104] BAG 15.2.2012 – 7 AZR 774/10, NZA 2012, 1112 Rn. 27ff.; 19.3.2014 – 7 AZR 480/12, NJOZ 2014, 1558 Rn. 20; ebenso HWGNRH/*Glock* § 37 Rn. 93; Löwisch/Kaiser/*Löwisch* § 37 Rn. 60; AR/*Maschmann* BetrVG § 37 Rn. 11; HWK/*Reichold* BetrVG § 37 Rn. 20; Richardi BetrVG/*Thüsing* § 37 Rn. 59; GK-BetrVG/*Weber* § 37 Rn. 112; nunmehr auch ErfK/*Koch* BetrVG § 37 Rn. 8; aA *Fitting* § 37 Rn. 95, 101; BeckOK ArbR/*Mauer* BetrVG § 37 Rn. 11; DKKW/*Wedde* § 37 Rn. 79.
[105] **AA** Löwisch/Kaiser/*Löwisch* § 37 Rn. 61 hinsichtlich eines Schadensersatzanspruchs (aus § 280 Abs. 1 BGB) – mit Blick auf § 315 Abs. 3 S. 2 BGB und die spezielle Rechtsfolgenanordnung in § 37 Abs. 3 S. 3 Hs. 2 BetrVG kommt ein Schadensersatzanspruch (der nach § 281 Abs. 1 BGB überdies eine Fristsetzung erfordern würde) nach hier vertretener Auffassung nicht in Betracht.
[106] BAG 25.8.1999 – 7 AZR 713/97, NZA 2000, 554 (555); aus der Lit. statt vieler *Däubler* SR 2017, 85 (94); *Fitting* § 37 Rn. 95; AR/*Maschmann* BetrVG § 37 Rn. 11; GK-BetrVG/*Weber* § 37 Rn. 107 jeweils mwN.
[107] *Fitting* § 37 Rn. 103; GK-BetrVG/*Weber* § 37 Rn. 110 jeweils mwN.

II. Vorübergehende Arbeitsbefreiung 44–46 § 295

Gründen iSd § 37 Abs. 3 S. 3 Hs. 2 BetrVG (näher → Rn. 46), kann der Arbeitnehmer statt Arbeitsbefreiung auch Abgeltung verlangen, da ihm ein längeres Zuwarten nicht zugemutet werden soll (vgl. den Rechtsgedanken der §§ 250 S. 2, 281 Abs. 1 S. 1 BGB). Nach Sinn und Zweck dieser Regelung ist es ihm – entgegen dem missverständlichen Wortlaut – allerdings unbenommen, auch nach Ablauf der Monatsfrist weiterhin Arbeitsbefreiung zu verlangen (vgl. den Rechtsgedanken in § 281 Abs. 4 BGB).[108]

Wird der Anspruch hingegen aus **anderen Gründen** nicht erfüllt, zB weil das Betriebsratsmitglied zwischenzeitlich erkrankt ist, der Arbeitgeber schlichtweg untätig bleibt[109] oder die Erfüllung unter Bestreiten der Anspruchsvoraussetzungen verweigert,[110] besteht der Befreiungsanspruch aus § 37 Abs. 3 S. 1 BetrVG richtigerweise unverändert fort. Dasselbe gilt nach dem Rechtsgedanken der §§ 242 BGB, 162 Abs. 2 BGB, wenn das Betriebsratsmitglied den Arbeitgeber nicht unverzüglich darüber informiert, dass es sein Amt außerhalb der Arbeitszeit ausgeübt hat (sofern das nicht vorab geschehen ist → Rn. 38).[111] Die Monatsfrist ist **keine Ausschlussfrist,** nach deren Ablauf der Anspruch verfällt.[112] Gegen ein solches Verständnis sprechen schon der Wortlaut der Norm und ihre Rechtsfolgenanordnung. Ihrem Zweck nach soll die Monatsfrist außerdem zugunsten des Betriebsratsmitglieds eine zeitnahe Erfüllung des Befreiungsanspruchs sicherstellen (→ Rn. 43). Sie soll das Betriebsratsmitglied aber nicht schlechter stellen als vergleichbare Arbeitnehmer, die für geleistete Mehrarbeit gerade nicht binnen Monatsfrist Ausgleichsansprüche geltend machen müssen. 44

Der Befreiungsanspruch verjährt nach § 195 BGB innerhalb von drei Jahren. Finden im Arbeitsverhältnis Ausschlussfristen Anwendung, gelten sie auch für den Befreiungsanspruch.[113] Für die Entgeltfortzahlung während des Zeitraums der Arbeitsbefreiung nach § 37 Abs. 3 S. 1 BetrVG gelten dieselben Grundsätze wie für § 37 Abs. 2 BetrVG (→ Rn. 23 ff.).[114] 45

c) Abgeltung. Nach § 37 Abs. 3 S. 3 Hs. 2 BetrVG kann der Arbeitnehmer Abgeltung verlangen, wenn sein Freistellungsanspruch aus **betriebsbedingten Gründen** nicht binnen Monatsfrist erfüllt wird (→ Rn. 42 f.). Richtigerweise gilt insoweit ein strengerer Maßstab als für betriebsbedingte Gründe iSd § 37 Abs. 3 S. 1 BetrVG, da es nicht darum geht, ob das Betriebsratsmitglied überhaupt einen Ausgleichsanspruch erlangt, sondern ob es statt Arbeitsbefreiung auch Abgeltung in Geld verlangen darf. Insoweit ist die Wertung des § 78 S. 2 BetrVG zu beachten, dass Betriebsratsmitglieder grds. nicht besser stehen sollen als vergleichbare Arbeitnehmer. Deren Mehrarbeit darf der Arbeitgeber aber grds. durch Freizeit ausgleichen und ist gerade nicht durch bloßen Zeitablauf verpflichtet, sie gesondert zu vergüten.[115] Betriebsbedingte Gründe iSd § 37 Abs. 3 S. 3 Hs. 2 BetrVG lie- 46

---

[108] So wohl auch BAG 25.8.1999 – 7 AZR 713/97, NZA 2000, 554 (555): keine Umwandlungsvorschrift; ebenso WPK/*Kreft* § 37 Rn. 32; **aA** GK-BetrVG/*Weber* § 37 Rn. 124: zwingend Abgeltung; Richardi BetrVG/*Thüsing* § 37 Rn. 61: Ersetzungsbefugnis *(facultas alternativa)* des Arbeitgebers.
[109] BAG 25.8.1999 – 7 AZR 713/97, NZA 2000, 554 (555).
[110] BAG 8.3.2000 – 7 AZR 136/99, BeckRS 2000, 30783544.
[111] Im Erg. ebenso BeckOK ArbR/*Mauer* BetrVG § 37 Rn. 11; Richardi BetrVG/*Thüsing* § 37 Rn. 58; GK-BetrVG/*Weber* § 37 Rn. 108, 114; DKKW/*Wedde* § 37 Rn. 78; wohl auch Fitting § 37 Rn. 94; HWK/*Reichold* BetrVG § 37 Rn. 20.
[112] BAG 19.3.2014 – 7 AZR 480/12, NJOZ 2014, 1558 Rn. 22; 18.1.2017 – 7 AZR 224/15, NZA 2017, 791 Rn. 36; ebenso Fitting § 37 Rn. 104; ErfK/*Koch* BetrVG § 37 Rn. 8; WPK/*Kreft* § 37 Rn. 32; AR/*Maschmann* BetrVG § 37 Rn. 12; BeckOK ArbR/*Mauer* BetrVG § 37 Rn. 11; HWK/*Reichold* BetrVG § 37 Rn. 20; Richardi BetrVG/*Thüsing* § 37 Rn. 58; GK-BetrVG/*Weber* § 37 Rn. 108; DKKW/*Wedde* § 37 Rn. 84; HK-BetrVG/*Wolmerath* § 37 Rn. 22; im Erg. auch Löwisch/Kaiser/*Löwisch* § 37 Rn. 61 (Schadensersatzanspruch); **aA** HWGNRH/*Glock* § 37 Rn. 96 (außer bei Treuwidrigkeit); MHdB ArbR/*Joost*, 3. Aufl. 2009, § 220 Rn. 34.
[113] BAG 18.1.2017 – 7 AZR 224/15, NZA 2017, 791 Rn. 46 f.; aus der Lit. statt vieler GK-BetrVG/*Weber* § 37 Rn. 119; DKKW/*Wedde* § 37 Rn. 84 jeweils mwN.
[114] BAG 12.8.2009 – 7 AZR 218/08, NZA 2009, 1284 Rn. 13; aus der Lit. etwa GK-BetrVG/*Weber* § 37 Rn. 118 mwN.
[115] Vgl. BAG 17.12.2014 – 5 AZR 663/13, NZA 2015, 608 Rn. 20.

gen daher nur vor, wenn die Arbeitsbefreiung aus **objektiven** Gründen unzumutbar ist, weil im Fall der Freistellung der ordnungsgemäße Betriebsablauf nicht mehr gewährleistet wäre; die bloße Weigerung des Arbeitgebers ohne Vorliegen solcher objektiven Gründe genügt insoweit nicht (anders bei § 37 Abs. 3 S. 1 BetrVG → Rn. 37).[116] Leistet der Arbeitgeber ohne Vorliegen betriebsbedingter Gründe eine Abgeltungszahlung, hat diese keine Erfüllungswirkung[117] und der Arbeitgeber verstößt gegen § 78 S. 2 BetrVG.

47 Die außerhalb der Arbeitszeit aufgewendete Zeit ist **wie Mehrarbeit** zu vergüten, da wegen des Ausbleibens der primär geschuldeten Freistellung eine zusätzliche Tätigkeit vorliegt, die bei Ausübung der beruflichen Tätigkeit als Mehrarbeit erfasst würde (zum Lohnfortzahlungsprinzip → Rn. 24 ff.).[118] Ob ein Mehrarbeitszuschlag zu zahlen ist, richtet sich nach den für das Arbeitsverhältnis des Betriebsratsmitglieds geltenden Vereinbarungen.[119] Da das Betriebsratsmitglied durch seine Amtstätigkeit keine Vorteile erhalten darf, setzt der Anspruch auf Mehrarbeitsvergütung voraus, dass die Tätigkeit, wäre sie als berufliche Tätigkeit verrichtet worden, die Voraussetzungen des Anspruchs auf Mehrarbeitsvergütung erfüllen würde. Stellt die anwendbare Überstundenregelung auf die regelmäßige oder tarifliche Arbeitszeit ab,[120] hat ein **teilzeitbeschäftigtes** Betriebsratsmitglied deshalb bis zur Grenze der Vollzeittätigkeit nur einen Anspruch auf die Vergütung für regelmäßige Arbeitszeit.[121]

4. Streitigkeiten

48 Bei Streitigkeiten zwischen dem Betriebsrat und dem Arbeitgeber im Zusammenhang mit der vorübergehenden Arbeitsbefreiung ist zwischen betriebsverfassungsrechtlichen und individualrechtlichen Streitigkeiten zu unterscheiden.

49 **Betriebsverfassungsrechtliche Streitigkeiten** liegen vor, wenn es allein um die Frage geht, ob und inwieweit eine Befreiung von der beruflichen Tätigkeit zur Durchführung der Betriebsratsaufgaben erforderlich ist (§ 37 Abs. 2 BetrVG), ob Betriebsratstätigkeit aus betriebsbedingten Gründen außerhalb der Arbeitszeit durchzuführen ist oder ob Arbeitsbefreiung aus betriebsbedingten Gründen nicht vor Ablauf eines Monats gewährt werden kann (§ 37 Abs. 3 BetrVG). In diesen Fällen findet nach §§ 2a, 80 ff. ArbGG das arbeitsgerichtliche **Beschlussverfahren** statt.[122] Antragsberechtigt sind der Betriebsrat und der Arbeitgeber. Ein einzelnes Betriebsratsmitglied kann das Beschlussverfahren ebenfalls einleiten, wenn es um seinen eigenen Anspruch auf Arbeitsbefreiung geht (§ 37 Abs. 2 BetrVG). Rechtskräftige Entscheidungen über betriebsverfassungsrechtliche Voraussetzun-

---

[116] Ähnlich BAG 11.1.1995 – 7 AZR 543/94, NZA 1996, 105 (107): „aus betrieblichen Gründen objektiv unmöglich"; LAG Köln 14.7.2016 – 8 Sa 219/16, BeckRS 2016, 73140 Rn. 17; LAG Hamm 29.11.2016 – 7 Sa 582/16, BeckRS 2016, 127426 Rn. 40; aus der Lit. *Fitting* § 37 Rn. 106; ErfK/*Koch* BetrVG § 37 Rn. 8; WPK/*Kreft* § 37 Rn. 34; AR/*Maschmann* BetrVG § 37 Rn. 12; BeckOK ArbR/ *Mauer* BetrVG § 37 Rn. 12; HWK/*Reichold* BetrVG § 37 Rn. 21; GK-BetrVG/*Weber* § 37 Rn. 122; DKKW/*Wedde* § 37 Rn. 85; **aA** HWGNRH/*Glock* § 37 Rn. 95; MHdB ArbR/*Joost*, 3. Aufl. 2009, § 220 Rn. 34; Richardi BetrVG/*Thüsing* § 37 Rn. 61: identisches Begriffsverständnis; in diese Richtung auch noch BAG 3.12.1987 – 6 AZR 569/85, NZA 1988, 437 (439).
[117] BAG 18.1.2017 – 7 AZR 224/15, NZA 2017, 791 Rn. 40.
[118] BAG 11.1.1995 – 7 AZR 543/94, NZA 1996, 105 (106); zuletzt etwa 8.11.2017 – 5 AZR 11/17, NZA 2018, 528 Rn. 24; aus der Lit. statt vieler GK-BetrVG/*Weber* § 37 Rn. 120, 125 mwN.
[119] LAG Hamm 19.7.2000 – 3 Sa 2201/99, BeckRS 2000, 30785889; aus der Lit. statt vieler *Fitting* § 37 Rn. 112; GK-BetrVG/*Weber* § 37 Rn. 125 jeweils mwN.
[120] Anderes gilt bei Anknüpfung an die individuelle Arbeitszeit. Ebenso LAG Hamm 19.7.2000 – 3 Sa 2201/99, BeckRS 2000, 30785889; zust. auch Löwisch/Kaiser/*Löwisch* § 37 Rn. 62.
[121] BAG 7.1.1985 – 6 AZR 370/82, NZA 1985, 600; LAG BW 14.10.1997 – 10 Sa 27/96, BeckRS 1997, 30866782; ebenso Däubler SR 2017, 85 (95); *Fitting* § 37 Rn. 111; HWGNRH/*Glock* § 37 Rn. 102; ErfK/*Koch* BetrVG § 37 Rn. 8; BeckOK ArbR/*Mauer* BetrVG § 37 Rn. 13; HWK/*Reichold* BetrVG § 37 Rn. 8; Richardi BetrVG/*Thüsing* § 37 Rn. 65; GK-BetrVG/*Weber* § 37 Rn. 126. **AA** DKKW/ *Wedde* § 37 Rn. 73; wohl auch HK-BetrVG/*Wolmerath* § 37 Rn. 23.
[122] BAG 21.5.1974 – 1 ABR 73/73, AP BetrVG 1972 § 37 Nr. 12; 27.6.1990 – 7 ABR 43/89, NZA 1991, 430 (430 f.); aus der Lit. statt vieler *Fitting* § 37 Rn. 257 mwN.

gen der Ansprüche des Betriebsratsmitglieds sind für ein späteres Urteilsverfahren **präjudiziell**.[123]

Eine **individualrechtliche Streitigkeit** liegt vor, wenn ein Betriebsratsmitglied ihm 50 persönlich zustehende Ansprüche geltend macht. Das gilt für Ansprüche auf Fortzahlung des Arbeitsentgelts einschließlich des Streits um deren Höhe (§ 37 Abs. 2 BetrVG), den Anspruch auf Freizeitausgleich unter Fortzahlung des Arbeitsentgelts (§ 37 Abs. 3 S. 1 BetrVG) sowie den Anspruch auf Mehrarbeitsvergütung (§ 37 Abs. 3 S. 3 Hs. 2 BetrVG). Für diese Ansprüche findet daher nach §§ 2 Abs. 1 Nr. 3 lit. a, 46ff. ArbGG das arbeitsgerichtliche **Urteilsverfahren** statt.[124] Das Betriebsratsmitglied muss zur Durchsetzung seiner Ansprüche somit (selbst) Klage gegen den Arbeitgeber erheben. Die betriebsverfassungsrechtlichen Voraussetzungen des Individualanspruchs sind im Urteilsverfahren als Vorfragen zu entscheiden,[125] die allerdings nicht in Rechtskraft erwachsen.[126] Für den Anspruch auf Entgeltfortzahlung gelten die Regeln der abgestuften **Darlegungslast** (vgl. § 138 Abs. 2 ZPO), um einerseits eine unzulässige Kontrolle der Betriebsratstätigkeit zu vermeiden, andererseits den Arbeitgeber vor ungerechtfertigten Zahlungsansprüchen zu schützen: Das Betriebsratsmitglied kann sich zunächst auf stichwortartige Angaben zu Art und Umfang der Betriebsratstätigkeit beschränken. Erst im Fall eines konkreten Gegenvorbringens des Arbeitgebers muss das Betriebsratsmitglied diese Angaben substantiieren.[127] Auch für ein Betriebsratsmitglied ist der erstinstanzliche **Kostenerstattungsanspruch** nach § 12a Abs. 1 S. 1 ArbGG ausgeschlossen.[128]

III. Teilnahme an Schulungs- und Bildungsveranstaltungen

Nach § 37 Abs. 6 und 7 BetrVG haben Betriebsratsmitglieder in bestimmtem Umfang 51 auch für die Teilnahme an Schulungs- und Bildungsveranstaltungen Anspruch auf Arbeitsbefreiung und Freizeitausgleich.

1. Grundlagen

Das Gesetz trägt mit diesen Regelungen dem Umstand Rechnung, dass die für die Be- 52 triebsratsarbeit notwendigen Kenntnisse bei den in den Betriebsrat gewählten Arbeitnehmern nicht ohne weiteres vorausgesetzt werden können. Da insbesondere das Betriebsverfassungsrecht einen Schwierigkeitsgrad aufweist, der eine rechtlich einwandfreie Amtsführung ohne beträchtliche Vorkenntnisse unmöglich macht,[129] ordnet das Gesetz die **Erlangung von Grundkenntnissen** der Amtsausübung im weiteren Sinne zu.

Dabei ist zwischen **zwei Grundtypen** von Schulungs- und Bildungsveranstaltungen zu 53 unterscheiden: Jedes Betriebsratsmitglied hat nach § 37 Abs. 7 BetrVG Anspruch auf Freistellung zur Teilnahme an Veranstaltungen, die von der obersten Arbeitsbehörde des Landes als abstrakt geeignet anerkannt sind. Daneben sind Betriebsratsmitglieder nach § 37 Abs. 6 BetrVG zur Teilnahme an Veranstaltungen freizustellen, soweit diese Kenntnisse vermitteln, die für die Arbeit des Betriebsrats konkret erforderlich sind. Während der Anspruch aus § 37 Abs. 7 BetrVG dem einzelnen Betriebsratsmitglied unmittelbar zusteht (→ Rn. 91), ist Inhaber des Anspruchs aus § 37 Abs. 6 BetrVG in erster Linie der Be-

---

[123] BAG 6.5.1975 – 1 ABR 135/73, AP BetrVG 1972 § 65 Nr. 5; näher *Fitting* § 37 Rn. 253; GK-BetrVG/*Weber* § 37 Rn. 322f.; ausführlich *Krause*, Rechtskrafterstreckung, 1996, S. 387ff.
[124] BAG 30.1.1973 – 1 ABR 22/72, NJW 1973, 1391; 31.7.1986 – 6 AZR 298/84, NZA 1987, 528 (528); 12.6.2018 – 9 AZB 9/18, BeckRS 2018, 19453 Rn. 10; aus der Lit. statt vieler *Fitting* § 37 Rn. 253 mwN.
[125] BAG 19.7.1977 – 1 AZR 302/74, AP BetrVG 1972 § 37 Nr. 31; näher *Fitting* § 37 Rn. 253; GK-BetrVG/*Weber* § 37 Rn. 322.
[126] Vgl. BAG 24.2.1981 – 6 AZR 435/78.
[127] BAG 15.3.1995 – 2 Sa 78/93, NZA 1995, 961 (963); LAG Hamm 10.2.2012 – 13 Sa 1412/11, NZA-RR 2012, 305 (305); LAG Hmb 27.2.2014 – 7 Sa 57/13, BeckRS 2014, 119150 Rn. 52; aus der Lit. etwa GK-BetrVG/*Weber* § 37 Rn. 320 mwN.
[128] BAG 30.6.1993 – 7 ABR 45/92, NZA 1994, 284 (285).
[129] Vgl. auch Bericht 10. Ausschuss zu BT-Drs. VI/2729, S. 14 r. Sp.

triebsrat (→ Rn. 80). Zur Durchsetzung von Arbeitsbefreiung und Freizeitausgleich trifft das Gesetz in § 37 Abs. 6 S. 3–6 BetrVG spezifische Vorgaben, die für beide Grundtypen gelten (→ Rn. 92 ff.).

54 Nach der Konzeption des Gesetzes handelt es sich um **gleichrangig nebeneinander** stehende Ansprüche.[130] Während § 37 Abs. 7 S. 1 BetrVG zur gleichmäßigen Fortbildung aller Mitglieder unabhängig von ihrem konkreten Wissensstand ein Art „amtsbezogenen Bildungsurlaub"[131] vorsieht, zielt § 37 Abs. 6 BetrVG auf die Schulung in Kenntnissen ab, die gerade für die konkret anfallende Betriebsratsarbeit erforderlich sind.[132] Ein Betriebsratsmitglied ist daher nicht verpflichtet, zunächst an einer als geeignet anerkannten Veranstaltung teilzunehmen.[133] Ebenso wenig wird durch die Teilnahme an einer erforderlichen Veranstaltung iSd § 37 Abs. 6 S. 1 BetrVG der Anspruch aus § 37 Abs. 7 S. 1 BetrVG aufgebraucht. Werden allerdings auf einer als geeignet anerkannten Veranstaltung erforderliche Kenntnisse vermittelt, so fehlt es an der Notwendigkeit einer weiteren Freistellung des Betriebsratsmitglieds nach § 37 Abs. 6 S. 1 BetrVG, wenn es die betreffenden Kenntnisse bereits erlangt hat (→ Rn. 63).

55 Insgesamt geht das Gesetz von einem **begrenzten Ausbildungsaufwand** für die Betriebsratstätigkeit aus.[134] Das kommt zum einen darin zum Ausdruck, dass der Freistellungsanspruch für geeignete Schulungen iSd § 37 Abs. 7 S. 1 BetrVG grds. auf drei Wochen innerhalb des Zeitraums der regelmäßigen Amtszeit begrenzt wird. Zum anderen gilt für Schulungen nach § 37 Abs. 6 BetrVG eine strikte Bindung an die Vermittlung konkret erforderlicher Kenntnisse (näher → Rn. 58 ff.).

56 Die Person des Trägers der Schulungs- und Bildungsveranstaltung ist für das Teilnahmerecht **ohne Bedeutung,** da es insoweit nur auf den Inhalt der Veranstaltung ankommt (zur Begrenzung der Kostentragungspflicht bei gewerkschaftlichem Träger → § 296 Rn. 30 ff.).[135] Es kann sich daher um Veranstaltungen von privaten Verbänden, insbesondere Arbeitgeberverbänden und Gewerkschaften, oder solche öffentlich-rechtlicher Organisationen (zB Kirchen, Hochschulen und Universitäten) handeln. Die Veranstaltung muss auch nicht ausdrücklich und ausschließlich für Betriebsratsmitglieder durchgeführt werden, sondern kann ebenso anderen Personen offen stehen.

2. Teilnahme an Veranstaltungen nach § 37 Abs. 6 BetrVG

57 Nach § 37 Abs. 6 S. 1 BetrVG können Ansprüche auf Arbeitsbefreiung nach § 37 Abs. 2 BetrVG und Freizeitausgleich nach § 37 Abs. 3 BetrVG auch für die Teilnahme an Schulungs- und Bildungsveranstaltungen entstehen, soweit diese Kenntnisse vermitteln, die für die Arbeit des Betriebsrats erforderlich sind.

58 a) **Anspruchsvoraussetzungen.** Die Bezugnahme auf § 37 Abs. 2 u. 3 BetrVG ist rechtstechnisch eine teilweise **Rechtsgrundverweisung.**[136] Für Arbeitsbefreiung und Freizeitausgleich müssen tatbestandlich daher nicht nur die besonderen Voraussetzungen aus § 37 Abs. 6 S. 1 BetrVG vorliegen, dh die Vermittlung von Kenntnissen, die konkret erforderlich sind. Vielmehr müssen zusätzlich die allgemeinen Voraussetzungen der in Bezug genommenen Anspruchsgrundlagen erfüllt sein. Für einen Anspruch auf Arbeitsbefreiung nach § 37 Abs. 2 BetrVG muss die Schulungsteilnahme als Betriebsratstätigkeit daher verhältnismäßig sein (allgemein → Rn. 7 ff.). Für einen Anspruch auf Freizeitausgleich

---

[130] BAG 5. 4. 1984 – 6 AZR 495/81, BeckRS 1984, 04576; aus der Lit. etwa *Fitting* § 37 Rn. 136.
[131] Treffend Richardi BetrVG/*Thüsing* § 37 Rn. 90.
[132] Treffend GK-BetrVG/*Weber* § 37 Rn. 159.
[133] BAG 5. 4. 1984 – 6 AZR 495/81, BeckRS 1984, 04576; 31. 1. 1985 – 6 ABR 25/82, AP ArbGG 1979 § 92 Nr. 2.
[134] BAG 8. 2. 1977 – 1 ABR 124/74, AP BetrVG 1972 § 37 Nr. 26; ebenso HWK/*Reichold* BetrVG § 33 Rn.; vgl. auch BAG 11. 8. 1993 – 7 ABR 52/92, NZA 1994, 517 (519): keine Herstellung „intellektueller Parität".
[135] Aus der Lit. statt vieler *Fitting* § 37 Rn. 169 u. 209; GK-BetrVG/*Weber* § 37 Rn. 173 f. jeweils mwN.
[136] Überzeugend GK-BetrVG/*Weber* § 37 Rn. 165 ff., 238.

III. Teilnahme an Schulungs- und Bildungsveranstaltungen

nach § 37 Abs. 3 BetrVG muss die Teilnahme darüber hinaus aus betriebsbedingten Gründen außerhalb der individuellen Arbeitszeit erfolgen (allgemein → Rn. 32 ff.), wobei § 37 Abs. 6 S. 2 BetrVG eine spezifische Vorgabe zur Berücksichtigung der betrieblichen Arbeitszeitgestaltung trifft.

aa) Erforderliche Kenntnisse. Der Inhalt der Schulungsveranstaltung[137] muss sich nach § 37 Abs. 6 S. 1 BetrVG auf die Vermittlung von Kenntnissen beziehen, die für die Ausübung der Betriebsratstätigkeit konkret erforderlich sind. Der Begriff der Erforderlichkeit ist in diesem Zusammenhang nicht als Teilgebot der Verhältnismäßigkeit zu verstehen, sondern im Sinne von „notwendig". Erforderlich iSd § 37 Abs. 6 S. 1 BetrVG sind daher Kenntnisse, die der Betriebsrat unter Berücksichtigung der konkreten Situation des einzelnen Betriebs sofort oder doch aufgrund einer typischen Fallgestaltung demnächst **benötigt**, um seine Aufgaben (zu diesen → Rn. 9 ff.) sachgemäß wahrnehmen zu können.[138] Abzustellen ist dabei auf den Zeitpunkt der Beschlussfassung des Betriebsrats (zu dieser → Rn. 96 ff.; zur rückwirkenden Beschlussfassung → § 294 Rn. 89).[139]

Das behandelte Sachgebiet muss daher zum Kompetenzbereich des Betriebsrats gehören. Da die Erforderlichkeit mit Blick auf den konkreten Betriebsrat und seine **gegenwärtigen** Aufgaben im jeweiligen Betrieb zu bestimmen ist, lassen sich verallgemeinernde Aussagen nur bedingt treffen.[140] Neben allgemein erforderlichen Grundkenntnissen (→ Rn. 60) kann es anlassbezogen ein gegenwärtiges Bedürfnis für die Erlangung weiterer Kenntnisse geben, zB durch aktuelle Gesetzesänderungen, betriebliche Maßnahmen (etwa eine Betriebsänderung) oder Initiativen des Arbeitgebers bzw. des Betriebsrats (etwa nach § 87 Abs. 1 BetrVG).[141]

Stets erforderlich sind **Grundkenntnisse des Betriebsverfassungsrechts,** da davon ausgegangen werden kann, dass diese jedenfalls alsbald benötigt werden (zur Erforderlichkeit für das einzelne Mitglied → Rn. 63).[142] Daneben ist zu beachten, dass die Kompetenzen des Betriebsrats gesetzlich weit gefasst sind, da er unter anderem nach § 80 Abs. 1 Nr. 1 BetrVG die Aufgabe hat, über die Einhaltung und Durchführung der zugunsten der Arbeitnehmer geltenden Gesetze, Verordnungen, Unfallverhütungsvorschriften, Tarifverträge und Betriebsvereinbarungen zu wachen. Darüber hinaus hat der Betriebsrat nach §§ 99 ff. BetrVG auch ein Mitbestimmungsrecht bei personellen Einzelmaßnahmen. Für die Wahrnehmung dieser Kompetenzen sind **Grundkenntnisse des allgemeinen Arbeitsrechts** erforderlich, so dass ein Anspruch auf Arbeitsbefreiung auch für Veranstaltungen besteht, die sich im Schwerpunkt nicht mit dem Betriebsverfassungsrecht, sondern mit dem allgemeinen Arbeitsrecht (insb. auch dem Individualarbeitsrecht) beschäftigen.[143]

---

[137] Zum Begriff der Schulungsveranstaltung, der bspw. Kongresse nicht erfasst, s. LAG Berlin 11.12.1989 – 9 TaBV 2/89, BeckRS 1989, 30454292; LAG Hmb 4.12.2012 – 4 TaBV 14/11, BeckRS 2013, 67945; aus der Lit. etwa GK-BetrVG/*Weber* § 37 Rn. 172 mwN.
[138] Grundl. BAG 6.11.1973 – 1 ABR 8/73, BeckRS 9998, 149586; zuletzt etwa 7.5.2008 – 7 AZR 90/07, NZA-RR 2009, 195 Rn. 13; 17.2.2010 – 7 ABR 81/09, NZA-RR 2010, 413 Rn. 28; aus der Lit. statt vieler *Fitting* § 37 Rn. 141; GK-BetrVG/*Weber* § 37 Rn. 183 jeweils mwN.
[139] BAG 27.9.1974 – 1 ABR 71/73, BeckRS 9998, 149577; 19.7.1995 – 7 ABR 49/94, NZA 1996, 442 (444); 7.5.2008 – 7 AZR 90/07, NZA-RR 2009, 195 Rn. 25; aus der Lit. etwa AR/*Maschmann* BetrVG § 37 Rn. 18; GK-BetrVG/*Weber* § 37 Rn. 183.
[140] Für eine Auswertung der Rechtsprechung zu einzelnen Materien nach Schlagworten s. etwa *Fitting* § 37 Rn. 149, 155; AR/*Maschmann* BetrVG § 37 Rn. 19; GK-BetrVG/*Weber* § 37 Rn. 185, 197; DKKW/*Wedde* § 37 Rn. 131 f.
[141] Vgl. etwa BAG 18.1.2012 – 7 ABR 73/10, NZA 2012, 813 Rn. 25; 14.1.2015 – 7 ABR 95/12, NZA 2015, 632 Rn. 20; aus der Lit. statt vieler GK-BetrVG/*Weber* § 37 Rn. 187 f. mwN.
[142] BAG 21.11.1978 – 6 ABR 10/77, AP BetrVG 1972 § 37 Nr. 35; 18.9.1991 – 7 AZR 125/90, BeckRS 1991, 30738688; aus der Lit. statt vieler *Fitting* § 37 Rn. 143; GK-BetrVG/*Weber* § 37 Rn. 191 jeweils mwN.
[143] BAG 16.10.1986 – 6 ABR 14/84, NZA 1987, 643 (644); 19.3.2008 – 7 ABR 2/07, BeckRS 2009, 68516 Rn. 13.

61 Neben rechtlichen Kenntnissen können für die Wahrnehmung der konkreten Aufgaben des Betriebsrats im Einzelfall auch **andere Kenntnisse** wissenschaftlicher und tatsächlicher Art erforderlich sein, zB betriebswirtschaftliche Kenntnisse bei Betriebsänderungen (§ 111 BetrVG), arbeitswissenschaftliche Erkenntnisse zur menschengerechten Gestaltung der Arbeit (§ 90 Abs. 2 BetrVG), EDV-Kenntnisse bei der Einführung und Benutzung von Datenverarbeitungsanlagen (zB für § 87 Abs. 1 Nr. 6 BetrVG) oder Kenntnisse über eine sinnvolle Personalplanung (§ 92 BetrVG).

62 Über die Vermittlung von Grundkenntnissen hinaus kann auch eine Schulung zum Zweck einer **weitergehenden Wissensvermittlung** erforderlich sein, wenn das für die konkrete Arbeit des Betriebsrats notwendig ist.[144] Bloße Wiederholungsveranstaltungen für bereits geschulte Betriebsratsmitglieder sind ebenfalls nur dann erforderlich, wenn hierfür konkrete Gründe sprechen, zB eine kürzlich erfolgte Gesetzesänderung oder eine konkret anstehende – zB für den Betrieb ungewöhnliche oder erstmals durchzuführende – Maßnahme.[145]

63 Die Kenntnisse müssen nicht nur für die konkrete Betriebsratstätigkeit erforderlich sein, sondern auch für das einzelne **Betriebsratsmitglied** (zur Angemessenheit der Teilnahme bei baldigem Ausscheiden → Rn. 74).[146] Was den Erwerb von **Grundkenntnissen** im Betriebsverfassungsrecht, im allgemeinen Arbeitsrecht und im Recht der Arbeitssicherheit anbelangt, ist hinsichtlich der Erforderlichkeit für das einzelne Mitglied zu differenzieren: Bei erstmals gewählten Mitgliedern ohne Erfahrungen ist die Erforderlichkeit ohne nähere Darlegung zu bejahen; ab der zweiten Amtszeit oder bei entsprechenden Vorkenntnissen ist sie dagegen konkret zu begründen.[147] Letzteres gilt auch, wenn es um Vertiefungsveranstaltungen oder Spezialkenntnisse geht. Vertritt ein **Ersatzmitglied** ein zeitweilig verhindertes Betriebsratsmitglied (dazu → § 292 Rn. 117 ff.), ist eine Schulungsteilnahme idR nicht erforderlich, sofern das Ersatzmitglied nicht häufig für zeitweilig verhinderte Mitglieder nachrückt.[148]

64 Sind die auf einer Veranstaltung vermittelten Kenntnisse **nur teilweise erforderlich**, muss differenziert werden: Ist ein teilweiser Besuch der Veranstaltung möglich, kann Arbeitsbefreiung oder Freizeitausgleich allein für den erforderlichen Teil der Schulung verlangt werden.[149] Entgegen der Rechtsprechung des BAG[150] gilt das auch, wenn die Schulung vom Veranstalter nur als Ganze zur **Buchung angeboten** wird.[151] Zwar muss der Arbeitgeber in diesem Fall ggf. die Teilnahmegebühren nach § 40 Abs. 1 BetrVG vollständig tragen; ist es aber praktisch möglich, die Veranstaltung trotz vollständiger Buchung nur teilweise zu besuchen (zB durch Auslassung des ersten bzw. letzten Themenblocks oder durch Verrichtung anderer Tätigkeiten zwischen zwei erforderlichen Themenblöcken), dürfen dem Arbeitgeber nicht entgegen der klaren Vorgabe in § 37 Abs. 6 S. 1

---

[144] Vgl. BAG 15.6.1976 – 1 ABR 81/74, AP BetrVG 1972 § 40 Nr. 12 („Aufbauseminar").
[145] LAG Hamm 16.5.2012 – 10 TaBV 11/12, BeckRS 2012, 73604; LAG Bln-Bbg 28.2.2017 – 11 TaBV 1626/16, BeckRS 2017, 106595 Rn. 32; aus der Lit. etwa *Fitting* § 37 Rn. 156 mwN.
[146] Statt vieler GK-BetrVG/*Weber* § 37 Rn. 179 mwN.
[147] BAG 21.11.1978 – 6 ABR 10/77, AP BetrVG 1972 § 37 Nr. 35; 24.7.2979 – 6 ABR 92/77, BeckRS 1979, 00274 Rn. 19: zweite Amtszeit; 20.12.1995 – 7 ABR 14/95, NZA 1996, 895 (896); 20.8.2014 – 7 ABR 64/12, NZA 2014, 1349 Rn. 15; aus der Lit. statt vieler *Fitting* § 37 Rn. 143 f.; GK-BetrVG/*Weber* § 37 Rn. 192 ff. mwN.
[148] BAG 15.5.1986 – 6 ABR 64/83, NZA 1986, 803 (803); 19.9.2001 – 7 ABR 32/00, BeckRS 2001, 30206144; LAG SchlH 26.4.2016 – 1 TaBV 63/15, BeckRS 2016, 69234 Rn. 23; aus der Lit. statt vieler *Fitting* § 37 Rn. 178 f.; GK-BetrVG/*Weber* § 37 Rn. 178 jeweils mwN.
[149] BAG 10.5.1974 – 1 ABR 60/73, AP BetrVG 1972 § 65 Nr. 4 (noch zur Geprägetheorie); 21.7.1978 – 6 AZR 561/75, AP BetrVG 1972 § 38 Nr. 4; aus der Lit. statt vieler *Fitting* § 37 Rn. 159; GK-BetrVG/*Weber* § 37 Rn. 198 jeweils mwN.
[150] BAG 28.9.2016 – 7 AZR 699/14, NZA 2017, 69 Rn. 33; ebenso *Fitting* § 37 Rn. 159; Schaub ArbR-HdB/*Koch* § 221 Rn. 37; Richardi BetrVG/*Thüsing* § 37 Rn. 112; wohl auch HK-BetrVG/*Wolmerath* § 37 Rn. 34.
[151] LAG Hamm 9.9.2014 – 7 Sa 13/14, BeckRS 2014, 72928; zust. auch GK-BetrVG/*Weber* § 37 Rn. 198; DKKW/*Wedde* § 37 Rn. 133.

III. Teilnahme an Schulungs- und Bildungsveranstaltungen 65–69 § 295

BetrVG die zusätzlichen Kosten der Arbeitsbefreiung oder gar des Freizeitausgleichs für die Erlangung von Kenntnissen aufgebürdet werden, die nicht konkret erforderlich sind. Nur wenn eine zeitweilige Teilnahme auch praktisch nicht möglich ist, weil erforderliche und nicht erforderliche Inhalte sachlich und zeitlich nicht getrennt vermittelt werden, muss die Veranstaltung einheitlich bewertet werden. Sie ist dann insgesamt erforderlich, wenn die Vermittlung erforderlicher Themen **mehr als 50%** der Schulungszeit beansprucht.[152] In diesem Fall kann jedoch die **Teilnahme** an der konkreten Schulung unverhältnismäßig sein (näher → Rn. 69, 73).

bb) Verhältnismäßigkeit der Teilnahme. Da es bei der Teilnahme an Schulungs- und 65 Bildungsveranstaltungen der Sache nach um eine Kostentragungspflicht des Arbeitgebers geht und § 37 Abs. 6 S. 1 BetrVG außerdem auf die allgemeinen Voraussetzungen für Ansprüche auf Arbeitsbefreiung und Freizeitausgleich nach § 37 Abs. 2 u. 3 BetrVG verweist (→ Rn. 58), muss die Teilnahme an einer Schulungsveranstaltung dem **Verhältnismäßigkeitsgrundsatz** genügen, dh geeignet, erforderlich und angemessen sein. Hinsichtlich der Bewertung der Erforderlichkeit und der Angemessenheit steht dem Betriebsrat ein Beurteilungsspielraum zu (ausführlich → § 296 Rn. 8).

(1) Geeignetheit. Die Teilnahme muss zunächst der Erfüllung gesetzlicher Aufgaben des 66 Betriebsrats dienen (Geeignetheit). Da nur Kenntnisse vermittelt werden dürfen, die nach § 37 Abs. 6 S. 1 BetrVG für die Betriebsratsarbeit konkret erforderlich (notwendig) sind (→ Rn. 58a ff.), ist das stets zu bejahen, so dass insoweit praktisch keine zusätzliche Anspruchsvoraussetzung besteht.

(2) Erforderlichkeit. Die Teilnahme muss außerdem erforderlich sein, dh im Vergleich 67 zu anderen – gleich geeigneten – Maßnahmen das mildeste Mittel darstellen, weil sie relativ gesehen den niedrigsten Zeitaufwand verursacht (ausführlich hierzu → Rn. 13 ff.).

Der Erwerb von Kenntnissen im **Selbststudium** ist (abgesehen von der Kenntnisauf- 68 frischung) regelmäßig nicht gleich geeignet und daher – gerade für komplexe Materien – keine günstigere Alternative.[153] Dasselbe gilt für die Unterrichtung durch andere, bereits geschulte oder informierte Betriebsratsmitglieder.[154] Die Erforderlichkeit der Schulungsteilnahme scheitert auch nicht daran, dass stattdessen die Teilnahme an einer Veranstaltung iSd § 37 Abs. 7 BetrVG möglich wäre, da diese zwar regelmäßig gleich geeignet sein wird, aber keinen niedrigeren Zeitaufwand verursacht, und weil die Ansprüche aus § 37 Abs. 6 u. 7 BetrVG nach der Konzeption des Gesetzes nebeneinander bestehen (→ Rn. 54).

Werden in einer Schulung auch Kenntnisse vermittelt, die für die konkrete Arbeit des 69 Betriebsrats nur **teilweise erforderlich** iSd § 37 Abs. 6 S. 1 BetrVG sind, und ist die Schulung zeitlich nicht teilbar (→ Rn. 64), dann ist die Teilnahme an der vollständigen Schulung nur dann erforderlich iSd § 37 Abs. 2 BetrVG, wenn keine gleich geeignete andere Schulung besucht werden kann, die auf die Vermittlung erforderlicher Kenntnisse begrenzt ist.[155] Selbst wenn das zu bejahen ist, muss die Teilnahme an einer thematisch gemischten Veranstaltung außerdem angemessen sein (→ Rn. 73).

---

[152] BAG 28.5.1976 – 1 AZR 116/74, AP BetrVG 1972 § 37 Nr. 24; zuletzt 28.9.2016 – 7 AZR 699/14, NZA 2017, 69 Rn. 32; aus der Lit. statt vieler *Fitting* § 37 Rn. 160; GK-BetrVG/*Weber* § 37 Rn. 199 jeweils mwN.
[153] BAG 15.5.1986 – 6 ABR 74/83, NZA 1987, 63 (64); 20.12.1995 – 7 ABR 14/95, NZA 1996, 895 (896); 19.3.2008 – 7 ABR 2/07, BeckRS 2009, 68516 Rn. 14; 18.1.2012 – 7 ABR 73/10, NZA 2012, 813 Rn. 30; ähnlich HWGNRH/*Glock* § 37 Rn. 154; WPK/*Kreft* § 37 Rn. 57; Richardi BetrVG/*Thüsing* § 37 Rn. 101; GK-BetrVG/*Weber* § 37 Rn. 203; weitergehend wohl *Fitting* § 37 Rn. 141; Löwisch/Kaiser/*Löwisch* § 37 Rn. 83; AR/*Maschmann* BetrVG § 37 Rn. 17; DKKW/*Wedde* § 37 Rn. 110: generell keine Alternative.
[154] BAG 15.5.1986 – 6 ABR 74/83, NZA 1987, 63 (64); 19.9.2001 – 7 ABR 32/00, BeckRS 2001, 30206144; 19.3.2008 – 7 ABR 2/07, BeckRS 2009, 68516 Rn. 14.
[155] Ebenso GK-BetrVG/*Weber* § 37 Rn. 200 mwN.

70 **(3) Angemessenheit.** Schließlich muss die Schulungsteilnahme auch angemessen sein, dh ihr Nutzen darf nicht außer Verhältnis zu dem für sie anfallenden Zeitaufwand (und den damit verbundenen Kosten) stehen. Die Angemessenheitsprüfung betrifft **Art und Ausmaß der Schulung,** wobei dem Betriebsrat insoweit ein Beurteilungsspielraum zusteht (zu Grundlagen und Streitstand → § 296 Rn. 6 ff.). Sie muss hinsichtlich ihrer örtlichen Lage, ihrer Dauer und der Anzahl der zu entsendenden Betriebsratsmitglieder mit der Größe und Leistungsfähigkeit des Betriebs zu vereinbaren sein (vgl. § 37 Abs. 2 BetrVG), so dass dem Arbeitgeber der Aufwand insgesamt zumutbar ist.[156]

71 Hinsichtlich der **angemessenen Teilnehmerzahl** kommt es auf die konkrete Situation des einzelnen Betriebs, die Größe und Geschäftsverteilung[157] des Betriebsrats sowie die Bedeutung der zu vermittelnden Kenntnisse an.[158] Zu berücksichtigen ist insbesondere, dass Grundkenntnisse im Betriebsverfassungsrecht, im allgemeinen Arbeitsrecht und im Recht der Arbeitssicherheit für alle Betriebsratsmitglieder grds. erforderlich sind (→ Rn. 60, 63). Dagegen sind Spezialkenntnisse nicht für alle Mitglieder – jedenfalls nicht in gleichem Maße – notwendig, so dass die Teilnahme mehrerer Mitglieder an einer entsprechenden Schulung nur angemessen ist, wenn hierfür konkrete Gründe vorliegen.[159] Soweit größere Betriebsräte eine interne Aufgabenverteilung beschließen müssen (→ § 293 Rn. 32 ff. u. 53 ff.), ist es regelmäßig ausreichend, diejenigen Mitglieder themenbezogen zu schulen, denen eine bestimmte Aufgabe obliegt.[160] Sind weiterführende Kenntnisse für die Arbeit in einem Ausschuss (gleichsam als spezifische Grundkenntnisse) notwendig, dürfen sämtliche Ausschussmitglieder an einer entsprechenden Schulung teilnehmen.[161]

72 Die Teilnahme muss außerdem hinsichtlich der **zeitlichen Dauer** angemessen sein. Ob das der Fall ist, hängt im Einzelfall von der Bedeutung und Komplexität der Thematik, dem Teilnehmerkreis und den betrieblichen Verhältnissen ab. In systematischer Hinsicht ist außerdem zu berücksichtigen, dass nach § 37 Abs. 7 S. 1 BetrVG für abstrakt geeignete Veranstaltungen drei Wochen während der gesamten Amtszeit genügen sollen. Die darin zum Ausdruck kommende Begrenzung des Ausbildungsaufwands (→ Rn. 55) kann als Anhaltspunkt auch für erforderliche Veranstaltungen dienen. Eine Schulung muss vor diesem Hintergrund nicht notwendig auf wenige Tage begrenzt sein, doch sind Veranstaltungen mit einer Dauer von mehr als einer Woche nur in Ausnahmefällen angemessen.[162]

73 Werden in einer Schulung Kenntnisse vermittelt, die für die konkrete Arbeit des Betriebsrats nur **teilweise erforderlich** iSd § 37 Abs. 6 S. 1 BetrVG sind, ist die Schulung aber zeitlich nicht teilbar (→ Rn. 64) und die Teilnahme trotzdem erforderlich (→ Rn. 69), muss der Schulungszweck unter Berücksichtigung der konkreten betrieblichen Situation noch in einem angemessenen Verhältnis zu den höheren Kosten und dem höheren zeitlichen Aufwand stehen.[163]

74 An der Angemessenheit der Schulungsteilnahme kann es schließlich fehlen, wenn diese erst **kurz vor dem Ende der Amtszeit** des Betriebsrats stattfindet und der Betriebsrat

---

[156] Hinsichtlich der Kostenerstattung BAG 8.2.1977 – 1 ABR 124/74, AP BetrVG 1972 § 37 Nr. 26; 28.6.1995 – 7 ABR 55/94, NZA 1995, 1216 (1217); aus der Lit. statt vieler GK-BetrVG/*Weber* § 37 Rn. 210 f. mwN.
[157] Dazu BAG 14.1.2015 – 7 ABR 95/12, NZA 2015, 632 Rn. 12.
[158] Für eine Rechtsprechungsübersicht nach Schulungsgegenständen s. etwa GK-BetrVG/*Weber* § 37 Rn. 220.
[159] HessLAG 29.6.1995 – 12 TaBV 73/94, BeckRS 1995, 30450387; LAG Hamm 17.9.2010 – 10 TaBV 26/10, BeckRS 2011, 67980; LAG München 30.10.2012 – 6 TaBV 39/12, BeckRS 2015, 67878: Diskussionsmöglichkeit erst ab zwei Mitgliedern.
[160] BAG 20.12.1995 – 7 ABR 14/95, NZA 1996, 895 (896); 18.1.2012 – 7 ABR 73/10, NZA 2012, 813 Rn. 26; aus der Lit. statt vieler *Fitting* § 37 Rn. 166; GK-BetrVG/*Weber* § 37 Rn. 218 jeweils mwN.
[161] LAG Hamm 8.7.2005 – 10 Sa 2053/04, BeckRS 2005, 43140.
[162] Für eine Rechtsprechungsübersicht s. GK-BetrVG/*Weber* § 37 Rn. 222.
[163] Vgl. die Ausführungen in BAG 28.9.2016 – 7 AZR 699/14, NZA 2017, 69 Rn. 34; ebenso etwa *Fitting* § 37 Rn. 160; GK-BetrVG/*Weber* § 37 Rn. 200.

III. Teilnahme an Schulungs- und Bildungsveranstaltungen 75–79 § 295

daher absehen kann, dass die zu erwerbenden Kenntnisse (zur Differenzierung nach deren Inhalt → Rn. 71) bis zum Ablauf der Amtszeit – zB wegen Beendigung des Arbeitsverhältnisses aufgrund einer Befristung – nicht mehr genutzt werden können.[164]

cc) Für Freizeitausgleich: betriebsbedingte Gründe. Für einen Anspruch auf Freizeitausgleich nach § 37 Abs. 3 BetrVG muss die Schulungsteilnahme außerdem aus betriebsbedingten Gründen außerhalb der individuellen Arbeitszeit erfolgen (allgemein hierzu → Rn. 32 ff.). Mangels betrieblicher Veranlassung entsteht daher bspw. kein Ausgleichsanspruch, wenn ein Schulungstag einmal länger dauert als die betriebsübliche Arbeitszeit oder wenn die Schulung ohne Veranlassung des Arbeitgebers von vornherein nachmittags nach der betriebsüblichen Arbeitszeit stattfindet.[165] Dagegen liegt ein betriebsbedingter Grund vor, wenn ein Betriebsratsmitglied gerade auf Verlangen des Arbeitgebers eine Schulung außerhalb der individuellen Arbeitszeit aufsucht. 75

Nach § 37 Abs. 6 S. 2 Hs. 1 BetrVG liegen betriebsbedingte Gründe auch dann vor, wenn wegen Besonderheiten der **betrieblichen Arbeitszeitgestaltung** die Schulung außerhalb der individuellen Arbeitszeit erfolgt. Mit dieser Regelung wollte der Gesetzgeber insbesondere die Gleichbehandlung teilzeitbeschäftigter Betriebsratsmitglieder erreichen, die für eine Schulungsteilnahme kein größeres Freizeitopfer erbringen sollen als ihre in Vollzeit beschäftigten Kollegen.[166] Um auf der anderen Seite eine Besserstellung gegenüber vollzeitbeschäftigten Kollegen zu verhindern, die bei einem über die individuelle Arbeitszeit hinausgehenden Schulungstag regelmäßig keinen ergänzenden Anspruch auf Freizeitausgleich erwerben (→ Rn. 75), begrenzt § 37 Abs. 6 S. 2 Hs. 2 BetrVG den maximalen Umfang des Freizeitausgleichs pro Schulungstag (unter Einbeziehung der Arbeitsbefreiung) auf die Arbeitszeit eines vollzeitbeschäftigten Arbeitnehmers.[167] 76

b) Anspruchsinhalt und weitere Rechtsfolgen. Sind die vorstehend dargelegten Voraussetzungen erfüllt, hat der Betriebsrat gegen den Arbeitgeber einen Anspruch aus § 37 Abs. 6 S. 1 BetrVG, der allerdings erst nach Abschluss des hierfür vorgesehenen Verfahrens fällig und durchsetzbar ist (→ Rn. 80). Erst mit dem Entsendebeschluss des Betriebsrats erwirbt auch das einzelne Betriebsratsmitglied einen Anspruch aus § 37 Abs. 6 S. 1 BetrVG iVm § 37 Abs. 2 BetrVG auf Arbeitsbefreiung unter Fortzahlung des Entgelts (allgemein hierzu → Rn. 18, 23 ff.). Findet die Teilnahme aus betriebsbedingten Gründen außerhalb der individuellen Arbeitszeit statt, hat es nach § 37 Abs. 6 S. 1 BetrVG iVm § 37 Abs. 3 BetrVG Anspruch auf Freizeitausgleich (zu diesem → Rn. 41 ff.). 77

Die **Kosten der Teilnahme** an der Schulungs- und Bildungsveranstaltung sind Kosten der Betriebsratstätigkeit und daher nach § 40 Abs. 1 BetrVG vom Arbeitgeber zu tragen, soweit sie verhältnismäßig sind (ausführlich → § 296 Rn. 26 ff.). Die Pflicht zur Kostentragung setzt einen ordnungsgemäßen Entsendebeschluss des Betriebsrats voraus (zur rückwirkenden Beschlussfassung ausführlich → § 294 Rn. 89).[168] Zu den Kosten gehören neben den Teilnahmegebühren auch Fahrt-, Unterkunfts- und Verpflegungskosten. 78

Da die Schulungsteilnahme nach § 37 Abs. 6 BetrVG Teil der Amtsausübung ist, begründet sie nicht nur einen Anspruch des Betriebsrats bzw. seiner Mitglieder, sondern ist auch Ausdruck einer entsprechenden **Amtspflicht,** sich die erforderlichen Kenntnisse für die ordnungsgemäße Ausübung des Betriebsratsamtes anzueignen.[169] Die Verletzung dieser 79

---

[164] BAG 19.3.2008 – 7 ABR 2/07, BeckRS 2009, 68516 Rn. 20; 17.11.2010 – 7 ABR 113/09, NZA 2011, 816 Rn. 28; **krit.** bei besonders kurzer Restdauer GK-BetrVG/*Weber* § 37 Rn. 180 mwN.
[165] Statt vieler *Fitting* § 37 Rn. 192; GK-BetrVG/*Weber* § 37 Rn. 240.
[166] Vgl. BT-Drs. 14/5741, S. 41 l. Sp.
[167] Vgl. BAG 10.11.2004 – 7 AZR 131/04, NZA 2005, 704 (705 f.); 16.2.2005 – 7 AZR 330/04, NZA 2005, 936 (938); näher hierzu mit Beispielsrechnung *Fitting* § 37 Rn. 193.
[168] BAG 8.3.2000 – 7 ABR 11/98, NZA 2000, 838 (839).
[169] BAG 21.4.1983 – 6 ABR 70/83, NJW 1984, 2309 (2309): Bestandteil der Amtspflichten; aus der Lit. statt vieler *Fitting* § 37 Rn. 137; GK-BetrVG/*Weber* § 37 Rn. 171; DKKW/*Wedde* § 37 Rn. 106 jeweils mwN.

Pflicht kann ggf. ein Vorgehen nach § 23 Abs. 1 BetrVG eröffnen, zB wenn sich ein Betriebsratsmitglied beharrlich weigert, an Fortbildungen teilzunehmen (dazu → § 297 Rn. 2 ff.).

80 **c) Anspruchsinhaber.** Die erforderlichen Schulungs- und Bildungsveranstaltungen sollen dem Betriebsrat die Erfüllung seiner konkreten betriebsverfassungsrechtlichen Aufgaben ermöglichen (→ Rn. 54). Der Teilnahmeanspruch steht daher primär dem **Betriebsrat** als Kollegialorgan zu, sobald seine Voraussetzungen erfüllt sind (→ Rn. 77).[170] Fällig und durchsetzbar ist dieser Anspruch aber erst, sobald der Betriebsrat ihn durch Beschluss konkretisiert hat, der Arbeitgeber entsprechend informiert wurde und mit ihm eine Einigung (oder ein Einigungssurrogat) hinsichtlich des Zeitpunkts der Teilnahme erzielt wurde (zum Verfahren ausführlich → Rn. 92 ff.). Erst mit dem Entsendebeschluss des Betriebsrats erlangt auch das einzelne Betriebsratsmitglied einen **abgeleiteten Individualanspruch**[171] auf Teilnahme an der Veranstaltung.[172]

3. Teilnahme an Veranstaltungen nach § 37 Abs. 7 BetrVG

81 Nach § 37 Abs. 7 S. 1 BetrVG hat jedes Betriebsratsmitglied während der Dauer seiner regelmäßigen Amtszeit einen individuellen Anspruch auf bezahlte Freistellung für insgesamt drei Wochen zur Teilnahme an Schulungs- und Bildungsveranstaltungen, die von der zuständigen Behörde **als geeignet anerkannt** sind.

82 **a) Anspruchsvoraussetzungen.** Für die Anerkennung zuständig ist die oberste Arbeitsbehörde desjenigen Bundeslandes, in dem der Veranstaltungsträger seinen Sitz hat;[173] auf den Veranstaltungsort kommt es nicht an.[174] Die Behörde trifft ihre Entscheidung in Form eines Verwaltungsakts auf Antrag des Veranstaltungsträgers nach Beratung mit den Spitzenorganisationen[175] der Gewerkschaften und der Arbeitgeberverbände auf Landesebene oder – wenn solche nicht bestehen – auf Bundesebene. Erfolgt die Anerkennung der Schulung trotz rechtzeitigem Antrag erst nachträglich, ist das nach Sinn und Zweck des Verfahrens zulässig und ausreichend.[176]

83 **Geeignet** ist eine Veranstaltung, wenn sie nach Inhalt und Zweck auf die ordnungsgemäße Durchführung der Aufgaben des Betriebsrats bezogen ist und diese im weiteren Sinne fördert; der Wortlaut der Norm und der Umkehrschluss zu § 37 Abs. 6 S. 1 BetrVG zeigen, dass die abstrakte Eignung genügt und es eines konkreten Bezugs zur Arbeit des Betriebsrats nicht bedarf.[177] Der für die Betriebsratstätigkeit zu erwartende Nutzen darf allerdings kein bloßer Nebeneffekt von untergeordneter Bedeutung sein,[178]

---

[170] BAG 24.5.1995 – 7 AZR 54/94, NZA 1996, 783 (784); 18.1.2012 – 7 ABR 73/10, NZA 2012, 813 Rn. 25; 20.8.2014 – 7 ABR 64/12, NZA 2014, 1349 Rn. 15.
[171] Vgl. zu § 37 Abs. 6 S. 2 BetrVG auch BT-Drs. 14/5741, 41 l. Sp. (teilzeitbeschäftigten Mitgliedern stehe ein Ausgleichsanspruch zu).
[172] BAG 6.11.1973 – 1 ABR 8/73, BeckRS 9998, 149586; 28.4.1988 – 6 AZR 405/86, NZA 1989, 223 (224); LAG Nürnberg 25.2.2003 – 2 TaBV 24/02, BeckRS 2003, 40886; LAG Hamm 9.9.2014 – 7 Sa 13/14, BeckRS 2014, 72928; aus der Lit. statt vieler *Fitting* § 37 Rn. 161; GK-BetrVG/*Weber* § 37 Rn. 169 mwN; abw. Richardi BetrVG/*Thüsing* § 37 Rn. 122 f.: Entstehung beider Ansprüche gleichermaßen mit Beschlussfassung.
[173] BAG 30.8.1989 – 7 ABR 65/87, NZA 1990, 483 (486).
[174] BAG 17.12.1981 – 6 AZR 546/78, AP BetrVG 1972 § 37 Nr. 41.
[175] Zu diesen näher NK-GA/*Krois* TVG § 2 Rn. 65 ff.
[176] BAG 11.10.1995 – 7 ABR 42/94, NZA 1996, 934 (936); zust. auch *Fitting* § 37 Rn. 215; HWK/*Reichold* BetrVG § 37 Rn. 36; Richardi BetrVG/*Thüsing* § 37 Rn. 162; DKKW/*Wedde* § 37 Rn. 179. **Krit.** GK-BetrVG/*Weber* § 37 Rn. 260 wegen mangelnder Rückabwicklungsmöglichkeit bei Antragsablehnung.
[177] BAG 6.11.1973 – 1 ABR 8/73, BeckRS 9998, 149586; 11.10.1995 – 7 ABR 42/94, NZA 1996, 934 (936); aus der Lit. statt vieler *Fitting* § 37 Rn. 197; GK-BetrVG/*Weber* § 37 Rn. 248 jeweils mwN.
[178] BAG 11.8.1993 – 7 ABR 52/92, NZA 1994, 517 (520); LAG München 20.7.1994 – 7 TaBV 36/93.

III. Teilnahme an Schulungs- und Bildungsveranstaltungen   84–88 § 295

da es sonst am notwendigen Bezug zur Betriebsratsarbeit fehlt und die Schulungsteilnahme eine unzulässige Begünstigung iSd § 78 S. 2 BetrVG wäre.

Geeignet sind danach jedenfalls Veranstaltungen, die sogar die Voraussetzungen nach **84** § 37 Abs. 6 S. 1 BetrVG erfüllen (zu diesen → Rn. 58 ff.). Weiterhin sind solche Schulungen geeignet, deren Wissensvermittlung inhaltlich die betriebsverfassungsrechtlichen Aufgaben des Betriebsrats betreffen.[179] Nicht geeignet sind dagegen **allgemeine Bildungsveranstaltungen** ohne Bezug zur Betriebsratstätigkeit, zB Veranstaltungen über rein gewerkschaftspolitische, allgemeinpolitische, parteipolitische oder kirchliche Themen.[180]

Die Anerkennung darf von der zuständigen Behörde nur für die **ganze Veranstaltung** **85** ausgesprochen werden, da das Gesetz eine teilweise Eignung nicht genügen lässt und das Anerkennungsverfahren gerade das Vorliegen der gesetzlichen Voraussetzungen (umfassend) sicherstellen soll.[181] Daher gibt es – anders als bei § 37 Abs. 6 S. 1 BetrVG (→ Rn. 64) – keine nur teilweise geeigneten Veranstaltungen. Die Anerkennung eines Veranstaltungsträgers als geeignet sieht das Gesetz ebenfalls nicht vor; es stellt allein auf die Schulung als solche ab. Es können aber neben Einzelveranstaltungen auch Veranstaltungsreihen mit im Wesentlichem gleichem Ablauf und Inhalt behördlich anerkannt werden.[182]

b) Anspruchsinhalt und weitere Rechtsfolgen. Unter den dargelegten Voraussetzungen **86** hat das einzelne Betriebsratsmitglied nach § 37 Abs. 7 S. 1 BetrVG unmittelbar einen Anspruch auf bezahlte Freistellung in Abhängigkeit von der Dauer seiner Amtszeit. Ebenso wie der Anspruch aus § 37 Abs. 6 S. 1 BetrVG ist der Anspruch aber erst nach Durchlaufen des in § 37 Abs. 7 S. 3, Abs. 6 S. 2–6 BetrVG vorgesehenen Verfahrens fällig und durchsetzbar (näher zu Zweck und Bedeutung dieses Verfahrens → Rn. 92 ff.).

aa) Umfang der Freistellung. Der Anspruch auf bezahlte Freistellung besteht nach § 37 **87** Abs. 7 S. 1 BetrVG für die Dauer von insgesamt drei Wochen. Gemeint sind **Arbeitswochen**, so dass der Anspruch bei einer Fünf-Tage-Woche insgesamt 15 Tage, bei einer Sechs-Tage-Woche insgesamt 18 Tage umfasst.[183] Für Arbeitnehmer, die erstmals das Amt eines Betriebsratsmitglieds übernehmen und zuvor nicht Jugend- und Auszubildendenvertreter[184] waren, umfasst der Anspruch nach § 37 Abs. 7 S. 2 BetrVG eine weitere Woche (sog. **Mehrwoche**). Hinsichtlich der Erfüllung des Anspruchs ist die Arbeitszeit des konkreten Betriebsratsmitglieds maßgeblich, so dass bspw. arbeitsfreie Sonnabende, Sonntage und Feiertage auf den Zeitraum der Arbeitsbefreiung nicht angerechnet werden.[185]

Das Gesetz gibt lediglich die **Gesamtdauer** der Freistellung vor. Sie muss nicht zu- **88** sammenhängend in Anspruch genommen werden; vielmehr kann das Betriebsratsmitglied innerhalb des Rahmens der Gesamtdauer mehrere Freistellungen für unterschiedliche anerkannte Veranstaltungen beanspruchen.[186] § 37 Abs. 7 S. 1 BetrVG stellt für die Gesamtdauer auf die regelmäßige Amtszeit ab, die nach § 21 S. 1 BetrVG vier Jahre beträgt (→ § 292 Rn. 10). Ist die Amtszeit für den gesamten Betriebsrat gegenüber der regelmäßigen vierjährigen Amtszeit **verkürzt oder verlängert** (→ § 292 Rn. 16, 18 ff.), ist der

---

[179] BAG 6.4.1976 – 1 ABR 96/74, AP BetrVG 1972 § 37 Nr. 23; für eine Übersicht anerkannter Themen s. etwa GK-BetrVG/*Weber* § 37 Rn. 251 mwN.
[180] BAG 11.10.1995 – 7 ABR 42/94, NZA 1996, 934 (936). Ebenso HWGNRH/*Glock* § 37 Rn. 222; ErfK/*Koch* BetrVG § 37 Rn. 22; WPK/*Kreft* § 37 Rn. 76; Löwisch/Kaiser/*Löwisch* § 37 Rn. 81; AR/ Maschmann BetrVG § 37 Rn. 25; BeckOK ArbR/*Mauer* BetrVG § 37 Rn. 32; HWK/*Reichold* BetrVG § 37 Rn. 35; Richardi BetrVG/*Thüsing* § 37 Rn. 168; GK-BetrVG/*Weber* § 37 Rn. 252; aA *Fitting* § 37 Rn. 198; DKKW/*Wedde* § 37 Rn. 173 f.
[181] BAG 11.8.1993 – 7 ABR 52/92, NZA 1994, 517 (519); grundl. *P. Hanau* FS G. Müller, 1981, S. 169 (179 ff.); vgl. im Übrigen statt vieler *Fitting* § 37 Rn. 203 mwN.
[182] Statt vieler *Fitting* § 37 Rn. 206; GK-BetrVG/*Weber* § 37 Rn. 264.
[183] Statt vieler GK-BetrVG/*Weber* § 37 Rn. 267 mwN.
[184] Die Erhöhung entfällt auch für ehemalige Personalratsmitglieder, dazu statt vieler GK-BetrVG/*Weber* § 37 Rn. 267 mwN.
[185] Statt vieler *Fitting* § 37 Rn. 220 mwN.
[186] Statt vieler GK-BetrVG/*Weber* § 37 Rn. 273 mwN.

Freistellungsanspruch daher (mit Ausnahme der gleichbleibenden Mehrwoche) ratierlich anzupassen.[187] Dasselbe gilt für endgültig nachgerückte Ersatzmitglieder: Sie haben einen anteiligen Freistellungsanspruch entsprechend der ihnen verbleibenden Amtszeit.

89 **bb) Arbeitsentgelt und Kosten.** Das Arbeitsentgelt ist für die Zeit der Freistellung nach § 37 Abs. 7 S. 1 BetrVG ungekürzt fortzuzahlen. Die für § 37 Abs. 2 BetrVG geltenden Grundsätze finden auch insoweit Anwendung (zu diesen → Rn. 23 ff.). Einen Anspruch auf Freizeitausgleich für die Schulungsteilnahme außerhalb der individuellen Arbeitszeit sieht § 37 Abs. 7 BetrVG dagegen nicht vor; dass § 37 Abs. 7 S. 3 BetrVG auf § 37 Abs. 6 S. 2 BetrVG (nicht aber Satz 1) verweist, ist ein Redaktionsversehen.[188] Richtigerweise besteht allerdings ein Anspruch auf Freizeitausgleich **analog § 37 Abs. 3 BetrVG** dann (und nur dann), wenn die Teilnahme an einer abstrakt geeigneten Schulung im Einzelfall konkret erforderlich war, da nur unter dieser Voraussetzung eine vergleichbare Interessenbewertung geboten ist.[189] In diesem Fall hat der Arbeitgeber folgerichtig auch die Kosten der Teilnahme zu tragen, während ihn im Übrigen keine Pflicht zur Kostentragung für die Teilnahme an einer nur abstrakt geeigneten Veranstaltung trifft (→ § 296 Rn. 27).

90 **cc) Befristung des Anspruchs.** Der Freistellungsanspruch ist befristet auf das **Ende der Amtszeit** des Betriebsratsmitglieds. Hat es bis zu diesem Zeitpunkt an keiner anerkannten Veranstaltung teilgenommen, verfällt der Anspruch vollständig. Das gilt auch, wenn das Betriebsratsmitglied in den neuen Betriebsrat gewählt wird, da das Gesetz eine Übertragung und die damit verbundene Ansammlung von Freistellungsansprüchen nicht vorsieht.[190] Kurz vor Ende der Amtszeit besteht der Anspruch zwar noch; allerdings verstößt es gegen § 2 Abs. 1 BetrVG, wenn der Betriebsrat ein Mitglied gegen Ende seiner persönlichen Amtszeit noch für eine Schulung auswählt, obwohl es die erlangten Kenntnisse nicht mehr wird einsetzen können.[191]

91 **c) Anspruchsinhaber.** Nach dem klaren Wortlaut von § 37 Abs. 7 S. 1 BetrVG ist Inhaber des Anspruchs das einzelne Betriebsratsmitglied.[192] Hierin liegt ein Unterschied zum Anspruch auf Teilnahme an einer erforderlichen Schulung nach § 37 Abs. 6 S. 1 BetrVG (→ Rn. 80). In den Betriebsrat nachrückende **Ersatzmitglieder** haben einen Teilnahmeanspruch erst ab dem Zeitpunkt des endgültigen Nachrückens (hierzu → § 292 Rn. 116), da sie vorher nicht Mitglieder des Betriebsrats mit einer bestimmten Amtszeit sind.[193]

---

[187] BAG 19.4.1989 – 7 AZR 128/88, NZA 1990, 317; zust. HWGNRH/*Glock* § 37 Rn. 235; ErfK/*Koch* BetrVG § 37 Rn. 21; AR/*Maschmann* BetrVG § 37 Rn. 24; GK-BetrVG/*Weber* § 37 Rn. 270 f.; ähnlich *Fitting* § 37 Rn. 221; Löwisch/Kaiser/*Löwisch* § 37 Rn. 124; Richardi BetrVG/*Thüsing* § 37 Rn. 186: Rundung auf volle Jahre (= Viertelung); so wohl auch BeckOK ArbR/*Mauer* BetrVG § 37 Rn. 31; **aA** WPK/*Kreft* § 37 Rn. 86; DKKW/*Wedde* § 37 Rn. 185: stets voller Anspruch.
[188] Zutreffend GK-BetrVG/*Weber* § 37 Rn. 278.
[189] Ebenso HWK/*Reichold* BetrVG § 37 Rn. 45; GK-BetrVG/*Weber* § 37 Rn. 278 f.; **aA** *Fitting* § 37 Rn. 226; ErfK/*Koch* BetrVG § 37 Rn. 21; WPK/*Kreft* § 37 Rn. 90; BeckOK ArbR/*Mauer* BetrVG § 37 Rn. 31; DKKW/*Wedde* § 37 Rn. 191: stets Freizeitausgleich; **aA** wohl Löwisch/Kaiser/*Löwisch* § 37 Rn. 129: kein Anspruch.
[190] LAG Düsseldorf 8.10.1991 – 13 Sa 1450/90, DB 1992, 636; ebenso *Fitting* § 37 Rn. 223; HWGNRH/*Glock* § 37 Rn. 240; WPK/*Kreft* § 37 Rn. 84; Löwisch/Kaiser/*Löwisch* § 37 Rn. 125; AR/*Maschmann* BetrVG § 37 Rn. 24; GK-BetrVG/*Weber* § 37 Rn. 274; HK-BetrVG/*Wolmerath* § 37 Rn. 53; Richardi BetrVG/*Thüsing* § 37 Rn. 189; **aA** DKKW/*Wedde* § 37 Rn. 188 bei dringenden betrieblichen oder persönlichen Gründen.
[191] BAG 9.9.1992 – 7 AZR 492/91, NZA 1993, 468 (468 f.); 28.8.1996 – 7 AZR 840/95, NZA 1997, 169.
[192] BAG 6.11.1973 – 1 ABR 8/73, BeckRS 9998, 149586; 28.8.1996 – 7 AZR 840/95, NZA 1997, 169; aus der Lit. statt vieler GK-BetrVG/*Weber* § 37 Rn. 245 mwN.
[193] BAG 14.12.1994 – 7 ABR 31/94, NZA 1995, 593 (594); aus der Lit. für die hM statt vieler GK-BetrVG/*Weber* § 37 Rn. 275 mwN.

III. Teilnahme an Schulungs- und Bildungsveranstaltungen   92–96 § 295

4. Verfahren der Anspruchsdurchsetzung
Zur Durchsetzung von Arbeitsbefreiung und Freizeitausgleich trifft das Gesetz in § 37   92
Abs. 6 S. 3–6 BetrVG (iVm § 37 Abs. 7 S. 3 BetrVG) spezifische Vorgaben, die für beide
Grundtypen der Schulungsteilnahme gleichermaßen gelten.

a) Zweck und Bedeutung des Verfahrens. Die Schulungsteilnahme dient der Erlan-   93
gung von Kenntnissen zum Zwecke der ordnungsgemäßen Verrichtung von Betriebsratsaufgaben. Sie erfolgt damit vorrangig im Interesse des Betriebsrats und nicht des einzelnen
Mitglieds. Aus diesem Grund weist das Gesetz in § 37 Abs. 6 S. 3 BetrVG dem Betriebsrat als Kollegialorgan die **Entscheidungsbefugnis** über die zeitliche Lage der Teilnahme
zu (zur Beschlussfassung → Rn. 96 ff.). Da der Anspruch aus § 37 Abs. 6 S. 1 BetrVG
dem Betriebsrat als Kollegialorgan zusteht (→ Rn. 80), hat das Gremium über den Wortlaut von § 37 Abs. 6 S. 3 BetrVG hinaus auch die Befugnis, die teilnehmenden Mitglieder
sowie die zu besuchende Veranstaltung festzulegen;[194] nach hier vertretener Ansicht liegt
in diesen Erklärungen die zulässige **Konkretisierung** des zunächst nur als **Wahlschuld**[195]
bestehenden Schulungsanspruchs gegenüber dem Arbeitgeber (vgl. §§ 262, 263 Abs. 1
BGB). Demgegenüber ist Inhaber des Anspruchs aus § 37 Abs. 7 BetrVG das einzelne
Mitglied (→ Rn. 91), so dass dem Gremium insoweit nach § 37 Abs. 7 S. 3 iVm Abs. 6
S. 3 BetrVG allein die Festlegung der zeitlichen Lage obliegt, während die konkretisierende Auswahl der Schulung grds. durch das einzelne Mitglied als Gläubiger des Schulungs-
anspruchs erfolgt.
Bei erforderlichen Schulungen nach § 37 Abs. 6 BetrVG entsteht mit der (wirksamen)   94
Beschlussfassung des Betriebsrats ein abgeleiteter individueller Anspruch des einzelnen Betriebsratsmitglieds auf Teilnahme (→ Rn. 80). Der Kollektivanspruch des Betriebsrats und
der abgeleitete Individualanspruch des Mitglieds werden allerdings erst mit Abschluss des
Verfahrens aus § 37 Abs. 6 S. 3–6 BetrVG **fällig** und durchsetzbar.[196] Insoweit sind § 37
Abs. 6 S. 3–6 BetrVG spezieller als § 263 Abs. 2 BGB, wonach die Ausübung des Wahl-
rechts grds. zur rückwirkenden Fälligkeit führt.[197] Dasselbe gilt für den Anspruch des einzelnen Betriebsratsmitglieds auf Teilnahme an einer abstrakt geeigneten Schulung aus § 37
Abs. 7 S. 1 BetrVG: Auch er wird erst mit Abschluss des Verfahrens fällig.
Die anschließende **Durchsetzung** der fälligen Ansprüche auf Arbeitsbefreiung und   95
Freistellung gegenüber dem Arbeitgeber folgt wiederum allgemeinen Grundsätzen (ausführlich → Rn. 107a f.).

b) Beschlussfassung des Betriebsrats. Nach § 37 Abs. 6 S. 3 BetrVG legt der Betriebs-   96
rat für sämtliche Schulungen die zeitliche Lage der Teilnahme unter Berücksichtigung betrieblicher Notwendigkeiten fest. Nur für den Schulungsanspruch aus § 37 Abs. 6 S. 1
BetrVG, der unmittelbar dem Betriebsrat als Kollegialorgan zusteht, darf und muss er als
primär Anspruchsberechtigter darüber hinaus auch die teilnehmenden Mitglieder sowie
die zu besuchende Schulung durch Beschluss festlegen, um den zunächst nur als **Wahlschuld** bestehenden Anspruch gegenüber dem Arbeitgeber zu konkretisieren (→ Rn. 93).

---

[194] So im Erg. auch die hM, vgl. BAG 8.3.2000 – 7 ABR 11/98, NZA 2000, 838 (839); 12.1.2011 –
7 ABR 94/09, NZA 2011, 813 Rn. 22; 27.5.2015 – 7 ABR 26/13, NZA 2015, 1141 Rn. 22; aus der
Lit. etwa GK-BetrVG/*Weber* § 37 Rn. 285 mwN.
[195] Zur Anwendbarkeit bei verschiedenen Modalitäten der Erfüllung s. MüKoBGB/*Krüger* § 262 Rn. 8;
Staudinger/*Bittner* BGB § 262 Rn. 2 jeweils mwN.
[196] Ähnlich HWGNRH/*Glock* § 37 Rn. 242: Voraussetzung der Verwirklichung; **aA** *Fitting* § 37 Rn. 231;
DKKW/*Wedde* § 37 Rn. 150: Anspruchsvoraussetzung; unklar ErfK/*Koch* BetrVG § 37 Rn. 23; HWK/
Reichold BetrVG § 37 Rn. 38; GK-BetrVG/*Weber* § 37 Rn. 282: Voraussetzung der „Berechtigung" zur
Teilnahme.
[197] Dazu etwa OLG München 2.7.1997 – 7 U 3100/97, NJW-RR 1998, 1189 (1190 f.); jurisPK-BGB/
Toussaint § 263 Rn. 6.

97 **aa) Grundlagen.** Der Betriebsrat trifft seine Entscheidung durch Mehrheitsbeschluss nach § 33 Abs. 1 BetrVG. Da der Beschluss eine organisatorische Angelegenheit des Betriebsratsgremiums und nicht eine eigene Angelegenheit des zu schulenden Betriebsratsmitglieds betrifft (→ Rn. 93),[198] darf es sich an der Beschlussfassung beteiligen (→ § 294 Rn. 77). Der Beschluss muss **zeitlich vor** der Schulungsteilnahme gefasst werden, eine rückwirkende Genehmigung kommt nicht in Betracht (ausführlich → § 294 Rn. 89).

98 Das einzelne Betriebsratsmitglied hat bei Schulungen nach § 37 Abs. 7 S. 1 BetrVG einen **Anspruch** gegen den Betriebsrat auf Festlegung der zeitlichen Lage, den es im Beschlussverfahren durchsetzen kann (→ Rn. 110). Geht es um eine erforderliche Schulung nach § 37 Abs. 6 S. 1 BetrVG besteht ein solcher Anspruch des einzelnen Mitglieds gegen den Betriebsrat dagegen nur, wenn das Auswahlermessen des Betriebsrats durch § 75 Abs. 1 BetrVG auf Null reduziert ist, oder wenn es um Grundkenntnisse geht, auf deren Erwerb jedes Betriebsratsmitglied grds. einen Anspruch hat (→ Rn. 60, 63).[199]

99 **bb) Festlegung der zeitlichen Lage.** Über die zeitliche Lage der Teilnahme, dh Beginn und Dauer, entscheidet der Betriebsrat entsprechend den Erfordernissen seiner Geschäftstätigkeit. Da er den Anspruch auf Schulungsteilnahme nur **konkretisieren** darf, ist er bei Ansprüchen aus § 37 Abs. 6 S. 1 BetrVG an die Anforderungen des Verhältnismäßigkeitsgrundsatzes gebunden, so dass insbesondere die von ihm gewählte Dauer angemessen sein muss (→ Rn. 65 ff.). Für den Anspruch aus § 37 Abs. 7 S. 1 BetrVG besteht eine entsprechende Begrenzung nicht. Auf **Wünsche** des ausgewählten Betriebsratsmitglieds kann der Betriebsrat zwar eingehen, doch sind die Erfordernisse des Betriebsrats als Organ vorrangig, wenn es um die zeitliche Lage der Schulungsteilnahme geht.

100 Bei der Festlegung der zeitlichen Lage muss der Betriebsrat nach § 37 Abs. 6 S. 3 BetrVG die **betrieblichen Notwendigkeiten** berücksichtigen. Insoweit gelten die gleichen Grundsätze wie für die zeitliche Anberaumung von Betriebsratssitzungen nach § 30 S. 2 BetrVG (ausführlich → § 294 Rn. 56 f.). Die Konkretisierungsbefugnis des Betriebsrats wird daher nicht bereits dadurch beschränkt, dass ein anderer Zeitpunkt für den Betriebsablauf zweckmäßiger wäre. Das ist vielmehr nur dann der Fall, wenn dringende betriebliche Interessen vorliegen, deren Verletzung zu ernsthaften Schwierigkeiten für den Betrieb führen würde.

101 **cc) Zusätzliche Konkretisierung bei Kollektivanspruch.** Da der Anspruch aus § 37 Abs. 6 S. 1 BetrVG dem Betriebsrat als Kollektivanspruch zusteht, hat das Gremium über den Wortlaut von § 37 Abs. 6 S. 3 BetrVG hinaus auch die Befugnis, den zunächst nur als Wahlschuld bestehenden Anspruch durch die Auswahl der teilnehmenden Mitglieder sowie der zu besuchenden Schulung zu konkretisieren (→ Rn. 93). Zu **weitergehenden Vorgaben** hinsichtlich der Schulungsteilnahme – etwa Art und Weise der Anreise – ist der Betriebsrat hingegen nicht berechtigt,[200] weil er dadurch den abgeleiteten Individualanspruch des einzelnen Mitglieds ohne gesetzliche Grundlage einschränken würde.

102 Da der Anspruch aus § 37 Abs. 6 S. 1 BetrVG durch den Betriebsratsbeschluss **nur konkretisiert** wird, ist er an die allgemeinen tatbestandlichen Voraussetzungen des Teilnahmeanspruchs gebunden (→ Rn. 93, 99). Er darf daher nur Mitglieder auswählen, für die der Erwerb bestimmter Kenntnisse konkret erforderlich ist (ausführlich → Rn. 63) und deren Teilnahme dem Verhältnismäßigkeitsgrundsatz genügt (ausführlich → Rn. 65 ff.). Dasselbe gilt für die Auswahl der konkreten Schulung. Werden in dem durch den Beschluss des Betriebsrats vorgegebenen Zeitraum mehrere gleichartige und gleichwertige Schulungen ver-

---

[198] Statt vieler Richardi BetrVG/*Thüsing* § 37 Rn. 139; GK-BetrVG/*Weber* § 37 Rn. 283 mwN.
[199] Vgl. dazu *Fitting* § 37 Rn. 235, 237; GK-BetrVG/*Weber* § 37 Rn. 288 u. 290 jeweils mwN.
[200] Zuletzt offen gelassen in BAG 27.5.2015 – 7 ABR 26/13, NZA 2015, 1141 Rn. 22.

schiedener Veranstalter angeboten, darf das Betriebsratsmitglied aber mit Blick auf § 75 Abs. 1 BetrVG unter ihnen auswählen.[201]

c) Unterrichtung des Arbeitgebers. Der Betriebsrat hat dem Arbeitgeber die Teilnahme und die zeitliche Lage der Schulungs- und Bildungsveranstaltung nach § 37 Abs. 6 S. 4 BetrVG **rechtzeitig** bekannt zu geben. Nach Sinn und Zweck dieses Erfordernisses muss dem Arbeitgeber im Einzelfall noch ausreichend Zeit verbleiben, die notwendigen betrieblichen Vorkehrungen zu treffen und ggf. die Einigungsstelle anzurufen.[202] Im Allgemeinen wird der Betriebsrat den Arbeitgeber daher unverzüglich – also ohne schuldhaftes Zögern (§ 121 Abs. 1 S. 1 BGB) – zu unterrichten haben, nachdem der entsprechende Beschluss im Betriebsrat gefasst worden ist, da grds. kein Anlass dafür besteht, die Unterrichtung hinauszuzögern. Dem Arbeitgeber sind außerdem die näheren Umstände der Schulung mitzuteilen, dh Träger, Zeit, Dauer und Ort der Veranstaltung, damit er sachgemäß über die Arbeitsbefreiung entscheiden und dabei die Erforderlichkeit der Teilnahme beurteilen kann. 103

Rechtstechnisch liegt in der Unterrichtung des Arbeitgebers eine **einseitige empfangsbedürftige Willenserklärung,** deren Zugang nach § 263 Abs. 1 BGB zur Konkretisierung der Wahlschuld des Arbeitgebers führt (→ Rn. 93). Sie kann auch konkludent durch das einzelne Mitglied als Erklärungsbote übermittelt werden, wenn es den Freistellungsanspruch gegenüber dem Arbeitgeber geltend macht.[203] 104

Unterlässt der Betriebsrat die Unterrichtung des Arbeitgebers, liegt darin eine Amtspflichtverletzung, die ggf. ein Vorgehen nach § 23 Abs. 1 BetrVG eröffnet (→ § 297 Rn. 29 ff.). Wird der Arbeitgeber nicht (zumindest konkludent) unterrichtet, steht dem einzelnen Betriebsratsmitglied richtigerweise kein Anspruch auf Freistellung zu.[204] Nach hier vertretener Ansicht fehlt es ohne Information des Arbeitgebers an der für die Fälligkeit und Durchsetzbarkeit des Teilnahmeanspruchs erforderlichen Konkretisierungserklärung (→ Rn. 104). Eine spätere Unterrichtung entfaltet abweichend von § 263 Abs. 2 BGB auch keine Rückwirkung, da § 37 Abs. 6 S. 4–6 BetrVG als *leges speciales* das Durchlaufen des dort geregelten Verfahrens vor der Freistellung des Arbeitnehmers zwingend vorsehen (→ Rn. 94). Bleibt das Betriebsratsmitglied der Arbeit trotzdem fern, entfällt sein Entgeltanspruch folglich nach § 326 Abs. 1 S. 1 Hs. 1 BGB. 105

d) Anrufung der Einigungsstelle. Hält der Arbeitgeber die **betrieblichen Notwendigkeiten** bei der Bestimmung der zeitlichen Lage der Schulungs- und Bildungsveranstaltung für nicht ausreichend berücksichtigt, kann er nach § 37 Abs. 6 S. 5 BetrVG die Einigungsstelle anrufen. Die Einigungsstelle ist auf die Klärung dieser Frage **beschränkt**.[205] Eine Frist für die Anrufung der Einigungsstelle sieht das Gesetz nicht vor und § 38 Abs. 2 S. 7 BetrVG ist mangels vergleichbarer Interessenlage bei nur vorübergehender Arbeitsbefreiung nicht analog anwendbar.[206] Aus dem Gebot der vertrauensvollen Zusammenarbeit nach § 2 Abs. 1 BetrVG ergibt sich aber, dass der Arbeitgeber dem Betriebsrat seine Bedenken unverzüglich nach der Unterrichtung mitzuteilen und das Einigungsstellenverfahren so recht- 106

---

[201] Ebenso *Dütz/Säcker* DB-Beil. 17/1972, 1 (10); Richardi BetrVG/*Thüsing* § 37 Rn. 120; GK-BetrVG/*Weber* § 37 Rn. 292.
[202] BAG 18.3.1977 – 1 ABR 54/74, BeckRS 9998, 149579.
[203] Vgl. GK-BetrVG/*Weber* § 37 Rn. 298.
[204] Im Erg. ebenso HWGNRH/*Glock* § 37 Rn. 194; Richardi BetrVG/*Thüsing* § 37 Rn. 143; **aA** LAG BW 17.12.1987 – 11 Sa 94/87, BeckRS 1987, 30724485; *Fitting* § 37 Rn. 242; ErfK/*Koch* BetrVG § 37 Rn. 23 aE; WPK/*Kreft* § 37 Rn. 66; AR/*Maschmann* BetrVG § 37 Rn. 27; HWK/*Reichold* BetrVG § 37 Rn. 40; GK-BetrVG/*Weber* § 37 Rn. 300; DKKW/*Wedde* § 37 Rn. 157.
[205] Statt vieler *Fitting* § 37 Rn. 243; GK-BetrVG/*Weber* § 37 Rn. 301 jeweils mwN.
[206] Ebenso HWGNRH/*Glock* § 37 Rn. 201; WPK/*Kreft* § 37 Rn. 67; Richardi BetrVG/*Thüsing* § 37 Rn. 146; GK-BetrVG/*Weber* § 37 Rn. 302; ähnlich HWK/*Reichold* BetrVG § 37 Rn. 41 (nur vorsichtige Anlehnung); **aA** *Fitting* § 37 Rn. 244; DKKW/*Wedde* § 37 Rn. 159; offen gelassen von BAG 18.3.1977 – 1 ABR 54/74, BeckRS 9998, 149579; ebenso ErfK/*Koch* BetrVG § 37 Rn. 24.

zeitig durchzuführen hat, dass die geplante Teilnahme tatsächlich noch erfolgen kann, wenn die Einigungsstelle die Bestimmung der zeitlichen Lage durch den Betriebsrat billigt.[207]

107 Aus § 37 Abs. 6 S. 6 BetrVG ergibt sich mittelbar, dass es zwischen Arbeitgeber und Betriebsrat einer Einigung über die Berücksichtigung der betrieblichen Notwendigkeiten bedarf.[208] Ruft der Arbeitgeber die Einigungsstelle nicht rechtzeitig an (→ Rn. 106), verwirkt er allerdings das Recht, wegen nicht ausreichender Berücksichtigung der betrieblichen Notwendigkeiten Bedenken zu erheben.[209] Ruft er die Einigungsstelle dagegen rechtzeitig an, ersetzt ihr **Spruch** nach § 37 Abs. 6 S. 6 BetrVG die Einigung zwischen Arbeitgeber und Betriebsrat, ist also für beide Teile verbindlich. Erachtet die Einigungsstelle die betrieblichen Notwendigkeiten für nicht ausreichend berücksichtigt, trifft sie eine eigene Entscheidung über die zeitliche Lage der Teilnahme. Dabei hat sie ihrerseits die betrieblichen Notwendigkeiten ausreichend zu berücksichtigen und im Übrigen die Belange des Betriebs, des Betriebsrats und des betroffenen Betriebsratsmitglieds zu beachten, vgl. § 76 Abs. 5 S. 3 BetrVG. Solange das Einigungsstellenverfahren schwebt, ist die Teilnahme an der Schulungsveranstaltung zurückzustellen,[210] da der Teilnahmeanspruch vor Ersetzung der Einigung über die zeitliche Lage nicht durchsetzbar und fällig ist.

107a **e) Durchsetzung gegenüber dem Arbeitgeber.** Im Verhältnis zum Arbeitgeber wird das ausgewählte Betriebsratsmitglied nicht bereits durch den Beschluss des Betriebsrats zur Teilnahme an der Veranstaltung und damit zum Fernbleiben von der Arbeit berechtigt, sondern erlangt – wie der Verweis auf § 37 Abs. 2 u. 3 BetrVG zeigt – mit Abschluss des Einigungsverfahrens (→ Rn. 103 ff.) einen Anspruch gegen den Arbeitgeber auf Freistellung. Entgegen der hM[211] bedarf es zur Erfüllung der Arbeitsbefreiung daher grds. der Zustimmung des Arbeitgebers (ausführlich → Rn. 20).

108 Verweigert der Arbeitgeber seine Zustimmung, ist zu differenzieren: Der Anspruch auf Arbeitsbefreiung zur **Schulungsteilnahme** aus § 37 Abs. 6 S. 1 BetrVG bzw. § 37 Abs. 7 S. 1 BetrVG iVm § 37 Abs. 2 BetrVG ist nach Beschluss des Betriebsrats und Durchführung des Einigungsverfahrens mit dem Arbeitgeber in zeitlicher Hinsicht dergestalt konkretisiert, dass der Arbeitnehmer ein Zurückbehaltungsrecht aus § 273 Abs. 1 BGB geltend machen und in der Folge Annahmeverzugslohn nach § 615 S. 1 BGB beanspruchen kann (ausführlich → Rn. 20). Dagegen kann der Arbeitgeber den Zeitpunkt für die Arbeitsbefreiung zum Zweck des **Freizeitausgleichs** aus § 37 Abs. 6 S. 1 BetrVG bzw. § 37 Abs. 7 S. 1 BetrVG iVm § 37 Abs. 3 S. 1 BetrVG nach billigem Ermessen selbst festlegen, so dass der Arbeitnehmer seinen Anspruch ggf. gerichtlich durchsetzen muss (ausführlich → Rn. 41 ff.).

5. Streitigkeiten

109 Auch bei Streitigkeiten zwischen dem Betriebsrat und dem Arbeitgeber im Zusammenhang mit der Teilnahme an Schulungsveranstaltungen ist zwischen betriebsverfassungsrechtlichen und individualrechtlichen Streitigkeiten zu unterscheiden (→ Rn. 48 ff.).

110 **a) Betriebsverfassungsrechtliche Streitigkeiten.** Meinungsverschiedenheiten über die Verhältnismäßigkeit der Teilnahme an einer **erforderlichen Veranstaltung** iSd § 37 Abs. 6 S. 1 BetrVG entscheiden die Arbeitsgerichte im arbeitsgerichtlichen Beschlussverfahren nach §§ 2a, 80 ff. ArbGG.[212] Antragsberechtigt sind der Betriebsrat und der Arbeit-

---

[207] Ebenso WPK/*Kreft* § 37 Rn. 67; Richardi BetrVG/*Thüsing* § 37 Rn. 146; GK-BetrVG/*Weber* § 37 Rn. 302.
[208] Zutreffend GK-BetrVG/*Weber* § 37 Rn. 304.
[209] Statt vieler GK-BetrVG/*Weber* § 37 Rn. 303 mwN.
[210] BAG 18.3.1977 – 1 ABR 54/74, BeckRS 9998, 149579.
[211] Allerdings für § 37 Abs. 6 S. 1 BetrVG wie hier GK-BetrVG/*Weber* § 37 Rn. 308.
[212] BAG 9.10.1973 – 1 ABR 6/73, AP BetrVG 1972 § 37 Nr. 4; 6.11.1973 – 1 ABR 8/73, BeckRS 9998, 149586.

geber. Das einzelne Betriebsratsmitglied kann das Beschlussverfahren einleiten, wenn es durch einen entsprechenden Betriebsratsbeschluss einen abgeleiteten Individualanspruch erlangt hat (→ Rn. 98) oder es selbst Meinungsverschiedenheiten mit dem Betriebsrat über seine Teilnahme klären will. Eine Gewerkschaft ist dagegen selbst dann nicht antragsbefugt, wenn sie Trägerin der Veranstaltung ist, da in § 37 Abs. 6 u. 7 BetrVG weder der Veranstaltungsträger noch die Gewerkschaft als solche angesprochen werden (anders als beim Anerkennungsverfahren → Rn. 113).[213]

Meinungsverschiedenheiten über den Umfang der Freistellung nach § 37 Abs. 7 S. 1 BetrVG für eine **geeignete Veranstaltung** oder hinsichtlich der Frage, ob eine Veranstaltung als geeignet anerkannt ist, sind ebenfalls im arbeitsgerichtlichen Beschlussverfahren zu klären; dasselbe gilt für den Anspruch des Betriebsratsmitglieds gegen den Betriebsrat auf Festlegung der zeitlichen Lage der Schulungsteilnahme (→ Rn. 98).[214]

Über die ausreichende Berücksichtigung der **betrieblichen Notwendigkeiten** bei der Festlegung der zeitlichen Lage der Schulungsteilnahme durch den Betriebsrat hat auf Antrag des Arbeitgebers die **Einigungsstelle** nach § 37 Abs. 6 S. 5 u. 6 BetrVG verbindlich zu befinden. Ihre Entscheidung ist im arbeitsgerichtlichen Beschlussverfahren überprüfbar, weil die Beurteilung der betrieblichen Notwendigkeiten eine Rechtsentscheidung unter Anwendung eines Rechtsbegriffs ist, § 76 Abs. 7 BetrVG.[215]

Auch über die **Rechtmäßigkeit der Anerkennung** einer Veranstaltung als geeignet durch die oberste Landesbehörde ist, obwohl die Anerkennung ein Verwaltungsakt ist, im arbeitsgerichtlichen Beschlussverfahren zu entscheiden, da es sich hierbei um eine betriebsverfassungsrechtliche Streitigkeit handelt, für die § 2a Abs. 1 Nr. 1 ArbGG als abdrängende Sonderzuweisung eingreift (vgl. § 40 Abs. 1 S. 1 VwGO).[216] Antragsberechtigt sind neben dem betroffenen Veranstaltungsträger (im Fall einer Verpflichtungsklage)[217] auch die Spitzenorganisationen der Gewerkschaften und der Arbeitgeberverbände, da ihr Beratungsrecht nach § 37 Abs. 1 S. 1 BetrVG betroffen ist.[218] Entgegen der Auffassung des BAG[219] ist darüber hinaus auch der Arbeitgeber antragsberechtigt, wenn die konkrete Möglichkeit besteht, dass einer seiner Arbeitnehmer an der anerkannten Veranstaltung teilnehmen wird. Das folgt daraus, dass er praktisch der einzige durch die Anerkennungsentscheidung Belastete ist und ihm aus diesem Grund gem. Art. 19 Abs. 4 GG eine Rechtswegmöglichkeit eröffnet sein muss.[220] Da die Anerkennung ein Verwaltungsakt ist, muss in der Anfechtungssituation die Aufhebung des Anerkennungsbescheids, nicht die bloße Feststellung seiner Rechtswidrigkeit[221] beantragt werden (vgl. §§ 42 Abs. 1, 113 Abs. 1 S. 1 VwGO), während in der Verpflichtungssituation ein entsprechender Antrag auf Vornahme oder Neubescheidung gestellt werden muss (vgl. §§ 42 Abs. 1, 113 Abs. 5 VwGO).[222]

---

[213] BAG 18.1.1975 – 1 ABR 92/73, AP BetrVG 1972 § 37 Nr. 20.
[214] Statt vieler *Fitting* § 37 Rn. 257; GK-BetrVG/*Weber* § 37 Rn. 333 jeweils mwN.
[215] Statt vieler *Fitting* § 37 Rn. 246, 261; GK-BetrVG/*Weber* § 37 Rn. 305, 332 jeweils mwN.
[216] BAG 18.12.1973 – 1 ABR 35/73, NJW 1974, 1016; 11.8.1993 – 7 ABR 52/92, NZA 1994, 517 (518); ebenso BVerwG 3.12.1976 – VII C 47.75, VerwRspr 1977, 765 (765 f.); ebenso etwa *Fitting* § 37 Rn. 263; HWGNRH/*Glock* § 37 Rn. 257; GK-BetrVG/*Weber* § 37 Rn. 334 f.; DKKW/*Wedde* § 37 Rn. 196.
[217] BAG 5.11.1974 – 1 ABR 146/73, AP BetrVG 1972 § 37 Nr. 19.
[218] BAG 11.8.1993 – 7 ABR 52/92, NZA 1994, 517 (518); aus der Lit. etwa GK-BetrVG/*Weber* § 37 Rn. 336 mwN.
[219] BAG 25.6.1981 – 6 ABR 92/79, NJW 1982, 68 (68 f.); zuletzt offen gelassen in BAG 30.8.1989 – 7 ABR 65/87, NZA 1990, 483 (485).
[220] Ebenso HWGNRH/*Glock* § 37 Rn. 258; ErfK/*Koch* BetrVG § 37 Rn. 25; WPK/*Kreft* § 37 Rn. 83; HWK/*Reichold* BetrVG § 37 Rn. 48; Richardi BetrVG/*Thüsing*, 15. Aufl. 2016, § 37 Rn. 179; **krit.** gegenüber der BAG-Rechtsprechung auch *Fitting* § 37 Rn. 265; GK-BetrVG/*Weber* § 37 Rn. 337.
[221] BAG 6.4.1976 – 1 ABR 96/74, BeckRS 9998, 149578.
[222] Vgl. BAG 11.10.1995 – 7 ABR 42/94, NZA 1996, 934 (936).

114 **b) Ansprüche einzelner Betriebsratsmitglieder.** Ansprüche des einzelnen Betriebsratsmitglieds auf Fortzahlung des Arbeitsentgelts sind im arbeitsgerichtlichen **Urteilsverfahren** zu entscheiden (→ Rn. 50). Das gilt auch für Zeiten der Teilnahme an einer Schulungsveranstaltung.

IV. Dauerhafte Freistellung

115 In größeren Betrieben ist nach § 38 BetrVG eine bestimmte Mindestzahl von Betriebsratsmitgliedern von der beruflichen Tätigkeit **dauerhaft freizustellen.** Die Freistellung nach § 38 BetrVG unterscheidet sich von der Arbeitsbefreiung (→ Rn. 6 ff.) dadurch, dass sie nicht anlassbezogen ist und die gesamte berufliche Tätigkeit des Betriebsratsmitglieds erfasst, während die Arbeitsbefreiung vorübergehend erfolgt und nur den Zeitraum der konkret erforderlichen Betriebsratstätigkeit abdeckt.

1. Zweck

116 Auch die Freistellung nach § 38 BetrVG dient allein der sachgerechten Wahrnehmung von **Betriebsratsaufgaben.**[223] Die dauerhafte Freistellung soll Streitigkeiten zwischen Betriebsrat und Arbeitgeber über die Erforderlichkeit der Betriebsratstätigkeit und den Umfang der konkret notwendigen Arbeitsbefreiung vermeiden.[224] Sie dient darüber hinaus der Konzentration und Rationalisierung der Betriebsratstätigkeit, indem die mit der Arbeitsbefreiung verbundenen Schwierigkeiten und Störungen des Betriebsablaufs vermieden werden und die außerhalb von Sitzungen anfallenden Aufgaben im Wesentlichen durch freigestellte Mitglieder erledigt werden können (→ Rn. 14). Insofern verringert die Freistellung auch den Kostenaufwand für den Arbeitgeber.

2. Anzahl der freizustellenden Mitglieder

117 § 38 Abs. 1 S. 1 BetrVG regelt die Anzahl der freizustellenden Betriebsratsmitglieder in Abhängigkeit von der Größe des Betriebs. Durch Tarifvertrag oder Betriebsvereinbarung können nach § 38 Abs. 1 S. 5 BetrVG auch anderweitige Regelungen vereinbart werden.

118 **a) Gesetzlicher Regelfall.** In Abhängigkeit von der Zahl der regelmäßig beschäftigten Arbeitnehmer sieht § 38 Abs. 1 S. 1 BetrVG über insgesamt **zwölf Stufen** hinweg eine steigende Zahl freizustellender Betriebsratsmitglieder vor. Jenseits der zwölften Stufe (ab einer Betriebsgröße von 10.001 Arbeitnehmern) erhöht sich die Zahl der Freistellungen nach § 38 Abs. 1 S. 2 BetrVG für je angefangene weitere 2.000 Arbeitnehmer um ein weiteres freizustellendes Mitglied. Für einen Betrieb mit bspw. 14.500 Arbeitnehmern sind daher 15 Betriebsratsmitglieder freizustellen.

119 **aa) Regelmäßig beschäftigte Arbeitnehmer.** Aus dem Wortlaut („in Betrieben mit ... Arbeitnehmern") und dem Zweck der Staffelung in § 38 Abs. 1 S. 1 BetrVG folgt, dass grundsätzlich nur **betriebszugehörige** Arbeitnehmer mitzuzählen sind.[225] Umstritten ist allein, unter welchen Voraussetzungen ein Arbeitnehmer betriebszugehörig ist (ausführlich → § 291 Rn. 69 ff.). Richtigerweise ist betriebszugehörig, wer in einem Arbeitsverhältnis zum Betriebsinhaber steht und in den Betrieb tatsächlich eingegliedert ist (zu einzelnen Streitfragen näher → § 291 Rn. 77 ff.). Der Umfang der Arbeitspflicht der einzelnen Arbeitnehmer ist nach der Konzeption des Gesetzes ohne Bedeutung, sodass **Teilzeitbeschäftigte** voll mitzählen.[226] Auch auf die Wahlberechtigung (vgl. § 7 BetrVG) kommt es nach dem Gesetz nicht an.

---

[223] BAG 28.9.2016 – 7 AZR 248/14, NZA 2017, 335 Rn. 29.
[224] BAG 19.5.1983 – 6 AZR 290/81, BeckRS 9998, 149583; vgl. auch BT-Drs. VI/1786, S. 41 l. Sp.
[225] Ebenso Löwisch/Kaiser/*Löwisch* § 38 Rn. 4.
[226] Statt vieler *Fitting* § 38 Rn. 9 mwN.

Die in **§ 5 Abs. 1 S. 3 BetrVG** genannten Beschäftigten sind wie Arbeitnehmer zu berücksichtigen.[227] Für den Fall erlaubnispflichtiger **Arbeitnehmerüberlassung** sieht § 14 Abs. 2 S. 4 AÜG seit dem 1. 4. 2017 ausdrücklich vor, dass auch Leiharbeitnehmer für die Ermittlung betriebsverfassungsrechtlicher Schwellenwerte im Entleiherbetrieb zu berücksichtigen sind. Für die organisatorischen und wahlbezogenen Schwellenwerte, zu denen § 38 Abs. 1 S. 1 BetrVG rechnet, ist man sich einig, dass eine teleologische Reduktion dieser Anordnung nicht angezeigt ist: Sie stellen eine Relation zwischen Betriebsgröße und Arbeitsaufwand des Betriebsrats her, die auch für Leiharbeitnehmer Gültigkeit hat (ausführlich → § 291 Rn. 144 f.). Das ist auch der Grund, warum die Norm auf die erlaubnisfreie und die privilegierte Überlassung analog anzuwenden ist, zumal es nach hier vertretener Auffassung ohnehin maßgeblich auf den Zweck des jeweiligen Schwellenwerts ankommt (ausführlich → § 291 Rn. 146). Im Ergebnis sind Leiharbeitnehmer damit – unabhängig von der Ausgestaltung der Überlassung – für die Schwellenwerte des § 38 S. 1 u. 2 BetrVG zu berücksichtigen.[228] Da § 14 Abs. 2 S. 4 AÜG allerdings ausweislich der Gesetzesmaterialien und entsprechend seinem Sinn und Zweck nur die Gleichbehandlung mit Stammarbeitnehmern anordnet (ausführlich → § 291 Rn. 147), sind für § 38 Abs. 1 S. 1 u. 2 BetrVG allein die „**in der Regel**" beschäftigen Leiharbeitnehmer zu berücksichtigen (→ Rn. 121). 120

„In der Regel" beschäftigt sind diejenigen Arbeitnehmer, die normalerweise während des größten Teils des Jahres in dem Betrieb beschäftigt werden; maßgeblich ist also nicht die durchschnittliche Anzahl der Beschäftigten, sondern die für den Betrieb im Allgemeinen kennzeichnende Personalstärke (ausführlich → § 291 Rn. 148 ff.). Auch bei **Leiharbeitnehmern** (→ Rn. 120) kommt es darauf an, wie viele von ihnen „in der Regel" im Entleiherbetrieb eingesetzt werden, also zum normalen Personalbestand des Betriebs gehören und nicht als Vertretung für vorübergehend ausgefallene Stammarbeitnehmer tätig sind. Nach Sinn und Zweck des Schwellenwerts ist dabei eine **arbeitsplatzbezogene** Betrachtung angezeigt, während die Einsatzdauer der einzelnen Leiharbeitnehmer nicht von Relevanz ist.[229] 121

Maßgeblich ist die Beschäftigtenzahl im **Zeitpunkt der Beschlussfassung** des Betriebsrats über die Freistellungen,[230] da diese den künftig anfallenden Arbeitsaufwand des Betriebsrats betreffen und dieser Aufwand im Zeitpunkt der Beschlussfassung am zuverlässigsten prognostiziert werden kann. **Verändert** sich die Zahl der regelmäßig beschäftigten Arbeitnehmer zu einem späteren Zeitpunkt nicht nur vorübergehend, ändert sich auch der Anspruch auf Freistellungen entsprechend.[231] Da das Gesetz nicht auf den konkreten Arbeitsaufwand abstellt, sondern diesen anhand der Belegschaftsstärke vermutet, kommt es bei einem Absinken richtigerweise nicht darauf an, dass sich auch die Aufgaben des Betriebsrats verringert haben;[232] bei unverändertem Arbeitsanfall ist aber eine ergänzende Freistellung nach § 37 Abs. 2 BetrVG denkbar (ausführlich → Rn. 125). Nach Veränderung der Belegschaftsstärke bedarf es zur Umsetzung des Freistellungsanspruchs eines Beschlusses des Betriebsrats, mit dem weitere Mitglieder freigestellt (→ Rn. 149) oder be- 122

---

[227] BAG 15.12.2011 – 7 ABR 65/10, 26, NZA 2012, 519 Rn. 24; aus der Lit. statt vieler Richardi BetrVG/*Thüsing* § 38 Rn. 9; GK-BetrVG/*Weber* § 38 Rn. 19 mwN.

[228] Ebenso GK-BetrVG/*Raab* § 7 Rn. 113, 126, 127; GK-BetrVG/*Weber* § 38 Rn. 18; für § 14 Abs. 2 S. 5 AÜG auch *Oetker* NZA 2017, 29 (30 f.).

[229] BAG 18.1.2017 – 7 ABR 60/15, NZA 2017, 865 Rn. 26; ebenso *Fitting* § 38 Rn. 9a; GK-BetrVG/*Raab* § 7 Rn. 116; GK-BetrVG/*Weber* § 38 Rn. 15 f.; für die Schwellenwerte nach § 9 BetrVG außerdem *Fitting* § 9 Rn. 32; GK-BetrVG/*Jacobs* § 9 Rn. 21.

[230] BAG 26.7.1989 – 7 ABR 64/88, NZA 1990, 621 (621); 5.12.2012 – 7 ABR 17/11, NZA 2013, 690 Rn. 31; 18.1.2017 – 7 ABR 60/15, NZA 2017, 865 Rn. 12; aus der Lit. statt vieler GK-BetrVG/*Weber* § 38 Rn. 20 mwN.

[231] BAG 26.7.1989 – 7 ABR 64/88, NZA 1990, 621 (621 f.); LAG RhPf 14.5.2013 – 6 SaGa 2/13, BeckRS 2013, 69966 (Absinken); aus der Lit. statt vieler GK-BetrVG/*Weber* § 38 Rn. 21 f. mwN.

[232] Ebenso WPK/*Kreft* § 38 Rn. 10; GK-BetrVG/*Weber* § 38 Rn. 22; wohl auch AR/*Maschmann* BetrVG § 38 Rn. 1; aA *Fitting* § 38 Rn. 15; ErfK/*Koch* BetrVG § 38 Rn. 1; HWK/*Reichold* BetrVG § 38 Rn. 5; DKKW/*Wedde* § 38 Rn. 10; wohl auch Richardi BetrVG/*Thüsing* § 38 Rn. 11.

reits freigestellte Mitglieder abberufen werden (→ Rn. 159).²³³ Wird die Abberufung vom Betriebsrat unterlassen, kann der Arbeitgeber eine Entscheidung im Beschlussverfahren herbeiführen.²³⁴

123 bb) Anzahl der Freistellungen. Die in § 38 Abs. 1 S. 1 BetrVG vorgegebene Zahl an Freistellungen bezieht sich zwar grds. auf Personen. Nach Sinn und Zweck der Norm ist allerdings das für die Betriebsratsarbeit verfügbare Arbeitszeitvolumen entscheidend,²³⁵ so dass die Kopfzahl nach § 38 Abs. 1 S. 1 u. 2 BetrVG **vollzeitbeschäftigte Mitglieder** des Betriebsrats meint.²³⁶ Das ergibt sich seit 2001 in systematischer Hinsicht auch aus § 38 Abs. 1 S. 3 BetrVG, wonach Teilfreistellungen möglich sind (→ Rn. 124). Wird ein teilzeitbeschäftigtes Betriebsratsmitglied vollständig freigestellt, wird es auf die Zahl der geschuldeten Freistellungen daher nur entsprechend dem Anteil seiner Arbeitszeit im Vergleich zu derjenigen eines vollzeitbeschäftigten Kollegen angerechnet (zB Anrechnung mit 0,5 bei individueller Arbeitszeit im Umfang von 50% der betriebsüblichen Arbeitszeit).

124 Nach § 38 Abs. 1 S. 3 BetrVG können Freistellungen auch in Form von **Teilfreistellungen** erfolgen. Entgegen der hM erfasst der mögliche Wortsinn der Regelung richtigerweise nur Fälle, in denen ein Betriebsratsmitglied dergestalt von seiner Arbeitspflicht befreit wird, dass es in bestimmtem Umfang zur Arbeitsleistung verpflichtet bleibt.²³⁷ Praktisch spielt die Streitfrage aber keine Rolle, da die vollständige Freistellung eines teilzeitbeschäftigten Betriebsratsmitglieds nach Sinn und Zweck von § 38 Abs. 1 S. 1 u. 2 BetrVG nur anteilig auf die gesetzliche Zahl der (Vollzeit-)Freistellungen anzurechnen ist (→ 123). Die vom Betriebsrat gewählte Aufteilung der Freistellungen ist nach Wortlaut und Zweck des Gesetzes (→ Rn. 116) nicht auf ihre Erforderlichkeit oder Verhältnismäßigkeit hin zu prüfen.²³⁸ Allerdings kann der Arbeitgeber nach § 38 Abs. 2 S. 4 BetrVG die Einigungsstelle anrufen, wenn er die Freistellung insgesamt für sachlich nicht vertretbar hält (ausführlich → Rn. 143).

125 cc) Zusätzliche Freistellungen nach § 37 Abs. 2 BetrVG. § 38 Abs. 1 S. 1 BetrVG regelt seinem Wortlaut nach allein die Anzahl der „**mindestens**" freizustellenden Betriebsratsmitglieder. Auch nach Systematik und Zwecksetzung ist § 38 Abs. 1 BetrVG keine abschließende Regelung, da der Norm eine pauschalierende Schätzung des für die Betriebratstätigkeit typischerweise erforderlichen Arbeitszeitvolumens zugrunde liegt, die ergänzend und entlastend gegenüber der anlassbezogenen Freistellung nach § 37 Abs. 2 BetrVG eingreift (→ Rn. 116). Aus diesem Grund sind **zusätzliche** dauerhafte Freistellungen nach § 37 Abs. 2 BetrVG möglich, wenn die tatbestandlichen Voraussetzungen hierfür vorliegen, dh soweit weitere Freistellungen zur Verrichtung von Betriebsratstätig-

---

[233] LAG RhPf 14.5.2013 – 6 SaGa 2/13, BeckRS 2013, 69966 (A. 1.2.1. c. der Gründe); WPK/*Kreft* § 38 Rn. 10; GK-BetrVG/*Weber* § 37 Rn. 23.
[234] LAG RhPf 14.5.2013 – 6 SaGa 2/13, BeckRS 2013, 69966.
[235] Vgl. BAG 26.6.1996 – 7 ABR 48/95, NZA 1997, 58 (58); aus der Lit. etwa Richardi BetrVG/*Thüsing* § 38 Rn. 14; GK-BetrVG/*Weber* § 38 Rn. 26.
[236] Ebenso *Fitting* § 38 Rn. 12b; HWGNRH/*Glock* § 38 Rn. 24 aE; ErfK/*Koch* BetrVG § 38 Rn. 4; WPK/*Kreft* § 38 Rn. 11; AR/*Maschmann* BetrVG § 38 Rn. 4; Richardi BetrVG/*Thüsing* § 38 Rn. 11 aE; DKKW/*Wedde* § 38 Rn. 16; nunmehr auch GK-BetrVG/*Weber* § 38 Rn. 26; wohl auch HWK/*Reichold* BetrVG § 38 Rn. 3; HK-BetrVG/*Wolmerath* § 37 Rn. 8; **aA** Löwisch/Kaiser/*Löwisch* § 38 Rn. 12: konkrete Arbeitszeit.
[237] Ebenso HWK/*Reichold* BetrVG § 38 Rn. 7; **aA** die hM, zu ihr statt vieler *Fitting* § 38 Rn. 12b mwN.
[238] Ebenso *Fitting* § 38 Rn. 14; Löwisch/Kaiser/*Löwisch* § 38 Rn. 11; AR/*Maschmann* BetrVG § 38 Rn. 4; GK-BetrVG/*Weber* § 38 Rn. 40; DKKW/*Wedde* § 38 Rn. 19; wohl auch WPK/*Kreft* § 38 Rn. 11 aE; ähnlich BeckOK ArbR/*Mauer* BetrVG § 38 Rn. 2; HWK/*Reichold* BetrVG § 38 Rn. 8; Richardi BetrVG/*Thüsing* § 38 Rn. 15: Grenze bei unzumutbarer „Atomisierung"; **aA** HWGNRH/*Glock* § 38 Rn. 25; ErfK/*Koch* BetrVG § 38 Rn. 4.

IV. Dauerhafte Freistellung   126–129 § 295

keiten im jeweiligen Betrieb erforderlich sind (→ Rn. 8 ff.).²³⁹ Relevant ist das insbesondere für Betriebe mit weniger als 200 regelmäßig beschäftigten Arbeitnehmern, für die § 38 Abs. 1 S. 1 BetrVG eine Mindestzahl an Freistellungen nicht vorgibt.²⁴⁰ Die anfängliche Auswahl der freizustellenden Betriebsratsmitglieder erfolgt analog § 38 Abs. 2 BetrVG (zum Verfahren bei nachträglicher zusätzlicher Freistellung → Rn. 149).²⁴¹

dd) Verhinderungsfall. Eine zeitweilige Verhinderung des freigestellten Betriebsratsmitglieds – zB wegen Urlaubs, Krankheit oder Schulungsteilnahme – lässt ihre Rechtsstellung **unberührt,** so dass kein Anspruch auf eine weitere Freistellung nach § 38 Abs. 1 BetrVG entsteht.²⁴² Das Ersatzmitglied rückt nach § 25 Abs. 1 S. 2 BetrVG nur in den Betriebsrat nach, nicht aber in die Freistellung (→ § 292 Rn. 133 f.). Es muss daher nach § 37 Abs. 2 BetrVG ggf. anlassbezogen einen Anspruch auf Arbeitsbefreiung geltend machen (→ Rn. 7 ff.), während bei langfristiger Verhinderung des freigestellten Mitglieds auf Grundlage von § 37 Abs. 2 BetrVG auch ein zusätzlicher Anspruch auf vollständige Freistellung eines weiteren Mitglieds (befristet auf die Dauer der Verhinderung) in Betracht kommt (→ Rn. 125). 126

b) Abweichende Regelungen. Nach § 38 Abs. 1 S. 5 BetrVG können durch Tarifvertrag oder Betriebsvereinbarung anderweitige Regelungen über die Freistellung vereinbart werden. Aus der systematischen Stellung der Regelung ergibt sich, dass allein die **Zahl** der Freistellungen erhöht oder verringert²⁴³ und das Verfahren der **Teilfreistellung** modifiziert²⁴⁴ werden dürfen. Das in § 38 Abs. 2 BetrVG geregelte Wahlverfahren ist dagegen nicht dispositiv.²⁴⁵ 127

Eine abweichende Betriebsvereinbarung kann nur freiwillig abgeschlossen werden und ist nicht erzwingbar, da § 38 Abs. 2 S. 5 BetrVG nur den Streit um die sachliche Vertretbarkeit einer beschlossenen Freistellung im Zuge einer bereits bestehenden Regelung betrifft (→ Rn. 143 f.).²⁴⁶ Auch ein Tarifvertrag kann richtigerweise nicht im Wege des **Arbeitskampfs** erzwungen werden,²⁴⁷ da es nach der Konzeption des Gesetzes einer freiwilligen Regelung bedarf und rein betriebsorganisatorische Vereinbarungen mangels Bezugs zum Einzelarbeitsverhältnis grds. nicht erstreikt werden dürfen. 128

Im Übrigen ist § 38 Abs. 1 BetrVG zwingend (→ § 291 Rn. 2). Der **Betriebsrat** kann die Zahl der Freistellungen daher nicht einseitig erhöhen, etwa durch Beschluss oder Regelung in der Geschäftsordnung. Ebenso wenig darf der **Arbeitgeber** einseitig zusätzliche 129

---

²³⁹ BAG 26.7.1989 – 7 ABR 64/88, NZA 1990, 621 (622); 13.11.1991 – 7 ABR 5/91, NZA 1992, 414 (415); 26.6.1996 – 7 ABR 48/95, NZA 1997, 58 (59); für die hM statt vieler *Fitting* § 38 Rn. 21 ff.; GK-BetrVG/*Weber* § 38 Rn. 27 ff. jeweils mwN; **aA** allerdings *Boemke* Anm. AP BetrVG § 37 Nr. 80; HWGNRH/*Glock* § 38 Rn. 17: abschließende Regelung.
²⁴⁰ BAG 13.11.1991 – 7 ABR 5/91, NZA 1992, 414 (415); aus der Lit. statt vieler GK-BetrVG/*Weber* § 38 Rn. 34 mwN.
²⁴¹ GK-BetrVG/*Weber* § 38 Rn. 33.
²⁴² BAG 22.5.1973 – 1 ABR 26/72, AP BetrVG 1972 § 38 Nr. 1; 9.7.1997 – 7 ABR 18/96, NZA 1998, 164; *Fitting* § 38 Rn. 26 f.; ErfK/*Koch* BetrVG § 38 Rn. 3; Löwisch/Kaiser/*Löwisch* § 38 Rn. 10; HWK/*Reichold* BetrVG § 38 Rn. 13; GK-BetrVG/*Weber* § 38 Rn. 48 ff.; DKKW/*Wedde* § 38 Rn. 23; **aA** wohl Richardi BetrVG/*Thüsing* § 38 Rn. 20 (Ausgleich des Absinkens der Zahl freigestellter Mitglieder); wohl auch WPK/*Kreft* § 38 Rn. 12 (Ersatzfreistellung).
²⁴³ BAG 11.6.1997 – 7 ABR 5/96, NZA 1997, 1301 (1302); aus der Lit. etwa *Fitting* § 38 Rn. 30; GK-BetrVG/*Weber* § 38 Rn. 43.
²⁴⁴ LAG Bbg 4.3.2003 – 2 TaBV 22/02, BeckRS 2003, 30798175; *Fitting* § 38 Rn. 28; GK-BetrVG/*Weber* § 38 Rn. 43.
²⁴⁵ LAG Nds 10.10.2011 – 9 TaBV 32/11, BeckRS 2011, 78638; aus der Lit. statt vieler *Fitting* § 38 Rn. 29; GK-BetrVG/*Weber* § 38 Rn. 42, 52 jeweils mwN.
²⁴⁶ Statt vieler GK-BetrVG/*Weber* § 38 Rn. 42 mwN.
²⁴⁷ Ebenso HWK/*Reichold* BetrVG § 38 Rn. 13; Richardi BetrVG/*Thüsing* § 38 Rn. 22; GK-BetrVG/*Weber* § 38 Rn. 42; **aA** *Fitting* § 38 Rn. 31; HWGNRH/*Glock* § 38 Rn. 27; ErfK/*Koch* BetrVG § 38 Rn. 5; WPK/*Kreft* § 38 Rn. 13; DKKW/*Wedde* § 38 Rn. 27.

Freistellungen vornehmen, zumal darin ein Verstoß gegen das allgemeine Begünstigungsverbot aus § 78 S. 2 BetrVG läge (zu diesem ausführlich → Rn. 172 ff.).

3. Verfahren der Freistellung

130 § 38 Abs. 1 BetrVG begründet unmittelbar einen Kollektivanspruch des Betriebsrats auf Freistellung einer bestimmten Zahl von Mitgliedern. Der Anspruch wird durch das in § 38 Abs. 2 S. 1 u. 2 BetrVG vorgesehene Wahlverfahren durch den Betriebsrat konkretisiert, ist aber erst nach Bekanntgabe und Einigung mit dem Arbeitgeber (oder Vorliegen eines Einigungssurrogats) fällig und durchsetzbar.

131 **a) Zweck und Bedeutung des weiteren Verfahrens.** Da die Freistellungen nach § 38 Abs. 1 BetrVG die Erfüllung der betriebsverfassungsrechtlichen Aufgaben des Betriebsrats ermöglichen soll (→ Rn. 116), steht der Freistellungsanspruch primär dem **Betriebsrat** als Kollegialorgan zu, während das einzelne Mitglied erst nach Konkretisierung durch das in § 38 Abs. 2 S. 1 u. 2 BetrVG vorgesehene Wahlverfahren einen **abgeleiteten Individualanspruch** erlangt (zur vergleichbaren Situation bei § 37 Abs. 6 S. 1 BetrVG → Rn. 80).[248]

132 Der Kollektivanspruch des Betriebsrats aus § 38 Abs. 1 BetrVG ist nicht von vornherein auf die konkrete Freistellung einzelner Betriebsratsmitglieder in einem bestimmten Umfang gerichtet. Er muss vielmehr durch das in § 38 Abs. 2 S. 1 u. 2 BetrVG vorgesehene Wahlverfahren weiter konkretisiert und das Ergebnis dem Arbeitgeber nach § 38 Abs. 2 S. 3 BetrVG mitgeteilt werden. Nach hier vertretener Ansicht liegt in dieser Erklärung die zulässige **Konkretisierung** des zunächst nur als **Wahlschuld**[249] bestehenden Freistellungsanspruchs gegenüber dem Arbeitgeber (vgl. §§ 262, 263 Abs. 1 BGB; zur vergleichbaren Situation beim Kollektivanspruch aus § 37 Abs. 6 S. 1 BetrVG ausführlich → Rn. 93). Gleichzeitig entsteht hierdurch ein abgeleiteter Individualanspruch des einzelnen Betriebsratsmitglieds (→ Rn. 131).

133 Der Kollektivanspruch des Betriebsrats und der abgeleitete Individualanspruch des Mitglieds sind allerdings nicht sofort fällig und durchsetzbar. Für die **Einigung** über die Freistellung mit dem Arbeitgeber sieht das Gesetz vielmehr das spezielle Verfahren in § 38 Abs. 2 S. 3–7 BetrVG vor. Es bedarf daher entweder der Einigung mit dem Arbeitgeber, der Fiktion der Einigung infolge Nichtanrufung der Einigungsstelle binnen zwei Wochen oder der ersetzenden Entscheidung durch die Einigungsstelle. Diese Vorschriften sind spezieller als § 263 Abs. 2 BGB, wonach die Ausübung des Wahlrechts grds. zur rückwirkenden Fälligkeit der Wahlschuld führt (zur vergleichbaren Situation beim Kollektivanspruch aus § 37 Abs. 6 S. 1 BetrVG ausführlich → Rn. 94).[250]

134 **b) Wahl durch den Betriebsrat.** Die freizustellenden Mitglieder werden nach § 38 Abs. 2 S. 1 BetrVG vom Betriebsrat nach vorheriger Beratung mit dem Arbeitgeber aus seiner Mitte gewählt.

135 **aa) Vorherige Beratung mit dem Arbeitgeber.** Vor der Wahl hat eine **Beratung** mit dem Arbeitgeber zu erfolgen, in die das gesamte Betriebsratsgremium einzubeziehen ist.[251] Dadurch soll dem Arbeitgeber Gelegenheit gegeben werden, auf etwaige Bedenken hin-

---

[248] Ebenso LAG Bln 25.11.1985 – 12 TaBV 4/85, BeckRS 1985, 30903194; LAG BW 26.10.2007 – 5 TaBV 1/07, BeckRS 2008, 51880; ArbG Wesel 2.11.2011 – 4 BV 8/11, BeckRS 2013, 67768; ArbG Koblenz 5.2.2013 – 9 Ga 3/13; aus der Lit. etwa *Fitting* § 38 Rn. 7; GK-BetrVG/*Weber* § 38 Rn. 10 jeweils mwN.

[249] Zur Anwendbarkeit bei verschiedenen Modalitäten der Erfüllung s. MüKoBGB/*Krüger* § 262 Rn. 8; Staudinger/*Bittner* BGB § 262 Rn. 2 jeweils mwN.

[250] Dazu etwa OLG München 2.7.1997 – 7 U 3100/97, NJW-RR 1998, 1189 (1190 f.); jurisPK-BGB/*Toussaint* § 263 Rn. 6.

[251] BAG 29.4.1992 – 7 ABR 74/91, NZA 1993, 329 (330); 22.11.2017 – 7 ABR 26/16, NZA 2018, 523 Rn. 17.

zuweisen. Der Sache nach handelt es sich um eine reine Ordnungsvorschrift, die das Vorfeld der eigentlichen Wahl betrifft und allein den Interessen des Arbeitgebers Rechnung trägt. Die ohne vorherige Beratung oder ohne ordnungsgemäße Beratung mit dem gesamten Betriebsratsgremium durchgeführte Wahl ist daher weder nichtig noch anfechtbar, zumal der Arbeitgeber bei Bedenken gegen den Freistellungsbeschluss nach § 38 Abs. 2 S. 4 BetrVG die Einigungsstelle anrufen kann.[252] Die Beratung mit dem Arbeitgeber ist allerdings eine Amtspflicht, so dass ihre Verletzung ggf. ein Vorgehen nach § 23 Abs. 1 BetrVG eröffnet (→ § 297 Rn. 29 ff.).

bb) Wahlgrundsätze. Die Wahl erfolgt auf der Grundlage von Wahlvorschlägen, zu denen jedes einzelne Betriebsratsmitglied berechtigt ist.[253] Sie findet als geheime Wahl statt (zu den Anforderungen → § 291 Rn. 168). Die Leitung obliegt dem Betriebsratsvorsitzenden (vgl. § 29 Abs. 2 S. 2 BetrVG). Sie ist analog § 33 Abs. 2 BetrVG nur wirksam, wenn an der Wahl mindestens die Hälfte der Betriebsratsmitglieder teilnehmen (→ § 293 Rn. 7). Auch die freizustellenden Betriebsratsmitglieder dürfen an der Abstimmung teilnehmen (→ Rn. 97). Eine Geschlechterquote, wie sie § 15 Abs. 2 BetrVG hinsichtlich der Sitzverteilung vorgibt (→ § 291 Rn. 161 ff.), sieht das Gesetz für die Freistellungsentscheidung nicht vor. Der Betriebsrat ist bei seiner Entscheidung allein an die Grundsätze des § 75 Abs. 1 BetrVG gebunden.

Werden mehrere Vorschlagslisten eingereicht, gelten nach § 38 Abs. 2 S. 1 BetrVG die Grundsätze der **Verhältniswahl**. Die gewählten Betriebsratsmitglieder sind also nach dem d'Hondtschen Höchstzahlensystem zu bestimmen (für eine Beispielrechnung näher → § 291 Rn. 174).[254] Wird vom Betriebsrat eine Aufteilung auf Voll- und Teilfreistellungen beschlossen, erfolgt die Verteilung der Höchstzahlen entsprechend dem Gesamtumfang des Freistellungsvolumens und nicht nach der Zahl der vorgeschlagenen freizustellenden Personen.[255]

Wird nur ein Wahlvorschlag in Form einer Vorschlagsliste gemacht, gelten nach § 38 Abs. 2 S. 2 Hs. 1 BetrVG die Grundsätze der **Mehrheitswahl,** so dass auf der Vorschlagsliste so viele Personen gewählt werden können, wie freizustellen sind, und die Personen mit den meisten Stimmen gewählt sind (ausführlich zu diesem Verfahren → § 291 Rn. 176 ff.). Ist nur ein **einziges Betriebsratsmitglied freizustellen,** wird dieses nach § 38 Abs. 2 S. 2 Hs. 2 BetrVG mit einfacher Stimmenmehrheit gewählt.

cc) Annahme der Wahl. Ein Betriebsratsmitglied kann nicht zur Aufgabe seiner beruflichen Tätigkeit gezwungen werden. Die Freistellung erfolgt daher zwar auf Grundlage des Betriebsratsbeschlusses. Sie bedarf aber der Annahme durch das gewählte Betriebsratsmitglied.[256] Darüber hinaus ist analog § 6 Abs. 3 S. 2 WO bereits die Zustimmung des Bewerbers zur Aufnahme in die Vorschlagsliste erforderlich.[257]

---

[252] BAG 22.11.2017 – 7 ABR 26/16, NZA 2018, 523 Rn. 18 ff.; ebenso ErfK/*Koch* BetrVG § 38 Rn. 6 f.; WPK/*Kreft* § 38 Rn. 15; GK-BetrVG/*Weber* § 38 Rn. 45; wohl auch HK-BetrVG/*Wolmerath* § 38 Rn. 11; aA *Fitting* § 38 Rn. 46; Schaub ArbR-HdB/*Koch* § 221 Rn. 27; HWK/*Reichold* BetrVG § 38 Rn. 14; DKKW/*Wedde* § 38 Rn. 40: Anfechtbarkeit; aA HWGNRH/*Glock* § 38 Rn. 34: Unwirksamkeit; ähnlich Richardi BetrVG/*Thüsing* § 38 Rn. 31 (keine „Bindung" des Arbeitgebers).
[253] Statt vieler *Fitting* § 38 Rn. 37; GK-BetrVG/*Weber* § 38 Rn. 61.
[254] BAG 11.3.1992 – 7 ABR 50/91, NZA 1992, 946 (947 f.).
[255] Näher LAG Bbg 4.3.2003 – 2 TaBV 22/02, BeckRS 2003, 30798175; LAG Nürnberg 20.3.1997 – 5 TaBV 22/96, BeckRS 1997, 30853315; LAG BW 25.4.2013 – 21 TaBV 7/12; aus der Lit. etwa GK-BetrVG/*Weber* § 38 Rn. 60 mwN.
[256] BAG 28.8.1991 – 7 ABR 46/90, NZA 1992, 72 (74); 13.6.2007 – 7 ABR 62/06, NZA 2007, 1301 (1302 f.); LAG BW 27.7.2006 – 11 TaBV 3/05, BeckRS 2011, 65838 Rn. 41; aus der Lit. statt vieler *Fitting* § 38 Rn. 38; GK-BetrVG/*Weber* § 38 Rn. 54 jeweils mwN.
[257] BAG 28.8.1991 – 7 ABR 46/90, NZA 1992, 72 (74); ebenso *Fitting* § 38 Rn. 38; AR/*Maschmann* BetrVG § 38 Rn. 5; Richardi BetrVG/*Thüsing* § 38 Rn. 33; aA GK-BetrVG/*Weber* § 38 Rn. 54; DKKW/*Wedde* § 38 Rn. 4.

140 dd) Wahlanfechtung. Im Gesetz ist nicht geregelt, auf welche Weise Mängel der Wahl geltend zu machen sind. Die Gewährleistung der Funktionsfähigkeit des Betriebsrats lässt eine längere Zeit der Ungewissheit, ob überhaupt eine rechtsgültige Wahl vorliegt, allerdings nicht zu. Wie bei der Wahl des Betriebsratsvorsitzenden ist daher **§ 19 BetrVG analog** anzuwenden, während allein grobe und offensichtliche Rechtsverstöße zur Nichtigkeit der Wahl führen (ausführlich → § 293 Rn. 10 ff.).[258] Die Zwei-Wochen-Frist zur Anfechtung aus § 19 Abs. 2 S. 2 BetrVG findet entgegen der Ansicht des BAG[259] richtigerweise keine analoge Anwendung (näher hierzu → § 293 Rn. 12).

141 c) Freistellung durch den Arbeitgeber. Die freizustellenden Betriebsratsmitglieder werden zwar vom Betriebsrat durch Wahl bestimmt. Die Freistellung von der beruflichen Tätigkeit erfolgt jedoch – wie stets – durch den Arbeitgeber (→ Rn. 20). Für die Einigung mit dem Arbeitgeber sieht das Gesetz in § 38 Abs. 2 S. 3–7 BetrVG ein **spezifisches Verfahren** vor. Bevor dieses nicht durchlaufen wurde, ist der Freistellungsanspruch nicht fällig (→ Rn. 133).

142 Nach § 38 Abs. 2 S. 3 BetrVG hat der Betriebsrat dem Arbeitgeber zunächst die Namen der auf der Grundlage der Wahl freizustellenden Betriebsratsmitglieder formlos bekannt zu geben (zur rechtlichen Bedeutung → Rn. 132). Der Arbeitgeber kann sodann sein **Einverständnis** ausdrücklich oder konkludent erklären und damit den Freistellungsanspruch erfüllen. Sein Einverständnis wird nach § 38 Abs. 2 S. 7 BetrVG fingiert, wenn er nicht innerhalb von zwei Wochen nach der Bekanntgabe der Namen die Einigungsstelle anruft. Mit dem Einverständnis ist die Freistellung **vollzogen**; einer weiteren Rechtshandlung bedarf es zur Befreiung von der beruflichen Tätigkeit nicht.[260] Vor der Erklärung des Arbeitgebers und vor Ablauf der Zwei-Wochen-Frist ist der Anspruch nicht fällig, so dass eine einstweilige Verfügung richtigerweise nicht in Betracht kommt, zumal diese möglicherweise dem Einigungsstellenverfahren vorgreifen würde.[261] Das Betriebsratsmitglied hat in diesem Zeitraum aber ggf. einen Anspruch auf Arbeitsbefreiung aus § 37 Abs. 2 BetrVG (→ Rn. 6 ff.), den es selbst durchsetzen kann (→ Rn. 20 ff.).

143 Hält der Arbeitgeber eine oder mehrere Freistellungen für sachlich nicht vertretbar, kann er nach § 38 Abs. 2 S. 4 BetrVG binnen zwei Wochen ab der Bekanntgabe die **Einigungsstelle** anrufen. Die Frist endet nach § 188 Abs. 2 Alt. 1 BGB an dem Tag zwei Wochen nach der Bekanntmachung, der durch seine Benennung dem Tag der Bekanntmachung entspricht. Die Entscheidungskompetenz der Einigungsstelle ist auf die personelle Auswahl beschränkt. Bei einem Streit über die Zahl der freizustellenden Mitglieder genügt hingegen die Weigerung des Arbeitgebers.[262] Er kann und muss die Einigungsstelle insoweit nicht anrufen.[263] Liegen die gesetzlichen Voraussetzungen der Freistellung vor und ist die Zwei-Wochen-Frist abgelaufen, steht den gewählten Mitgliedern allerdings bis zur Rechtskraft einer gerichtlichen Entscheidung ein fälliger Freistellungsanspruch zu, so dass sie nach hier vertretener Ansicht durch Erklärung gegenüber dem Arbeitgeber („Abmeldung") gem. § 273 Abs. 1 BGB ihre Arbeitsleistung zurückhalten und nach § 615 S. 1 BGB Annahmeverzugslohn geltend machen können (→ Rn. 20).

144 Der Spruch der Einigungsstelle ersetzt nach § 38 Abs. 2 S. 5 BetrVG die Einigung zwischen dem Arbeitgeber und dem Betriebsrat, so dass die Freistellung mit Erlass des Spruchs wirksam wird.[264] Die Einigungsstelle entscheidet gem. § 76 Abs. 5 S. 3 BetrVG

---

[258] BAG 11.6.1997 – 7 ABR 5/96, NZA 1997, 1301 (1302); aus der Lit. statt vieler *Fitting* § 38 Rn. 105 mwN.
[259] BAG 20.4.2005 – 7 ABR 44/04, NZA 2005, 1426 (1427).
[260] Vgl. BAG 26.6.1996 – 7 ABR 48/95, NZA 1997, 58 (58); aus der Lit. etwa Richardi BetrVG/*Thüsing* § 38 Rn. 42; GK-BetrVG/*Weber* § 38 Rn. 64, 68.
[261] **AA** *Fitting* § 38 Rn. 58; HWGNRH/*Glock* § 38 Rn. 31; WPK/*Kreft* § 38 Rn. 26; GK-BetrVG/*Weber* § 38 Rn. 65; wohl auch DKKW/*Wedde* § 38 Rn. 46.
[262] Zu deren Erforderlichkeit GK-BetrVG/*Weber* § 38 Rn. 67.
[263] BAG 26.6.1996 – 7 ABR 48/95, NZA 1997, 58 (58 f.).
[264] Richardi BetrVG/*Thüsing* § 38 Rn. 43.

IV. Dauerhafte Freistellung

nach billigem Ermessen unter angemessener Berücksichtigung der betrieblichen Belange und des Interesses des Betriebsrats an der Freistellung. Nähere **Kriterien** für die Entscheidung gibt das Gesetz nicht vor. Da die freizustellenden Personen grds. zu wählen sind und die freigestellten Betriebsratsmitglieder das Vertrauen der Mehrheit genießen sollen, kann die Entscheidung des Betriebsrats nur in engen Grenzen korrigiert werden. Die Einigungsstelle hat dafür zunächst zu prüfen, ob die betreffende Freistellung sachlich nicht vertretbar ist, weil sie betriebliche Notwendigkeiten nicht hinreichend berücksichtigt (ausführlich → § 294 Rn. 56 f.).[265] Das ist nur ausnahmsweise der Fall, weil das Betriebsratsmitglied ohnehin nach § 37 Abs. 2 BetrVG im erforderlichen Umfang Anspruch auf Arbeitsbefreiung hätte (dazu → Rn. 7 ff.). Grundsätzlich muss der Arbeitgeber den Betriebsablauf daher so organisieren, dass die vom Betriebsrat beschlossenen Freistellungen erfolgen können.

Hält die Einigungsstelle die Freistellung für sachlich nicht vertretbar, hat sie selbst ein anderes Betriebsratsmitglied auszuwählen. Dabei muss sie nach § 38 Abs. 2 S. 6 BetrVG den **Minderheitenschutz** beachten. Das bedeutet, dass sie grds. nur einen Bewerber derselben Liste auswählen darf. Der Minderheitenschutz hat hohe Bedeutung, gilt aber richtigerweise **nicht ausnahmslos**.[266] Das zeigt schon der Wortlaut des Gesetzes („auch … zu beachten"). Außerdem hat die Einigungsstelle die sachliche Vertretbarkeit umfassend zu prüfen und eine eigene Entscheidung zu treffen. Das könnte sie bspw. nicht tun, wenn die Liste des betroffenen Mitglieds keine weiteren Kandidaten aufweist. In diesem Fall muss die Einigungsstelle daher analog § 25 Abs. 2 S. 2 BetrVG vorgehen (näher → § 292 Rn. 126).[267]

d) Verfahren bei Nachwahl und zusätzlicher Freistellung. Scheidet ein Betriebsratsmitglied aus der Freistellung aus (zur Beendigung → Rn. 159 ff.), bedarf es eines nachträglichen Ausgleichs, um die in § 38 Abs. 1 S. 1 u. 2 BetrVG vorgesehene Anzahl an Freistellungen zu erreichen. Insbesondere rückt bei Ausscheiden eines freigestellten Mitglieds aus dem Betriebsrat das Ersatzmitglied nicht einfach in die Freistellung nach (→ § 292 Rn. 133). Beim Verfahren zur Bestimmung eines „Nachrückers" für die Freistellung muss sichergestellt werden, dass Minderheiten im Betriebsrat eine bislang ihnen zugeordnete Freistellung nicht automatisch an die „stärkere" Mehrheit verlieren. Diese Problematik ist vergleichbar mit der Ersetzung von Mitgliedern des Betriebsausschusses (ausführlich hierzu → § 293 Rn. 39 ff.).

Weitgehend einig ist man sich zunächst darin, dass der Betriebsrat (analog § 47 Abs. 3 BetrVG, § 55 Abs. 2 BetrVG) **vorsorglich** Ersatzmitglieder wählen darf.[268] Findet eine Mehrheitswahl statt, kann das unproblematisch in einem gesonderten vorsorglichen Wahlgang für Ersatzmitglieder erfolgen. Für den Regelfall der Verhältniswahl verbietet sich dagegen ein gesonderter Wahlgang aus Gründen des Minderheitenschutzes, da eine solche Aufteilung der Wahlgänge Minderheitenlisten bei der Sitzvergabe benachteiligen würde.[269] Ein gesonderter Wahlgang darf – ebenso wie ein vorweg beschlossener Listensprung (→ Rn. 148) – aber ausnahmsweise erfolgen, wenn er einstimmig beschlossen wird und somit Minderheitenrechte nicht verletzt (ausführlich → § 293 Rn. 40 f.).

---

[265] Statt vieler *Fitting* § 38 Rn. 61; GK-BetrVG/*Weber* § 38 Rn. 71.
[266] Ebenso *Fitting* § 38 Rn. 67; WPK/*Kreft* § 38 Rn. 30; Löwisch/Kaiser/*Löwisch* § 38 Rn. 23; HWK/*Reichold* BetrVG § 38 Rn. 18; Richardi BetrVG/*Thüsing* § 38 Rn. 40; GK-BetrVG/*Weber* § 38 Rn. 77; DKKW/*Wedde* § 38 Rn. 52 f.; **aA** HWGNRH/*Glock* § 38 Rn. 52; MHdB ArbR/*Joost*, 3. Aufl. 2009, § 220 Rn. 62; *Richardi* AuR 1986, 33 (38).
[267] Ebenso *Fitting* § 38 Rn. 68; GK-BetrVG/*Weber* § 38 Rn. 77; ähnlich DKKW/*Wedde* § 38 Rn. 53 („Grundgedanke").
[268] Ebenso *Fitting* § 38 Rn. 47; WPK/*Kreft* § 38 Rn. 21; GK-BetrVG/*Weber* § 38 Rn. 84; DKKW/*Wedde* § 38 Rn. 60; **aA** LAG Nürnberg 19.11.1997 – 4 TaBV 15/96, BeckRS 1997 30465366; Richardi BetrVG/*Thüsing* § 38 Rn. 50.
[269] Ebenso WPK/*Kreft* § 38 Rn. 21.

148 Hat der Betriebsrat im Vorfeld dagegen keine Regelung getroffen, gelten nach hM **§ 25 Abs. 1 S. 1 u. 3 BetrVG analog,** so dass es grds. nicht zur Neuwahl kommt, sondern lediglich Ersatzmitglieder unter Rückgriff auf das ursprüngliche Wahlergebnis nachrücken.[270] Zu einer **Neuwahl** muss es allerdings dann kommen, wenn die Ausschussmitglieder im Wege der Verhältniswahl gewählt wurden und die betroffene Vorschlagsliste erschöpft ist, da ein Listensprung analog § 25 Abs. 2 S. 2 BetrVG aus Gründen des Minderheitenschutzes (→ Rn. 147) ausscheidet.[271] Das BAG will in diesem Fall eine **punktuelle Nachwahl** nach den Grundsätzen der Mehrheitswahl durchführen.[272] Das überzeugt nur teilweise. Richtigerweise müssen in diesem Fall aus Gründen des Minderheitenschutzes **sämtliche** Mitglieder neu gewählt werden.[273] Denn zum einen konnte sich die Minderheit auf die Nachwahlsituation im Vorfeld nicht einstellen. Zum anderen wäre andernfalls eine missbräuchliche Kombination aus Abberufung und Nachwahl durch die Mehrheit möglich.[274] Zulässig ist eine punktuelle Nachwahl aber ausnahmsweise dann, wenn der Betriebsrat sie einstimmig beschließt.[275]

149 Die vorstehend geschilderten Grundsätze gelten im Ausgangspunkt entsprechend für den Fall, dass der Betriebsrat nachträglich einen Anspruch auf zusätzliche Freistellungen erlangt (dazu näher → Rn. 125), weil ein freigestelltes Mitglied langfristig verhindert ist oder weil sich die Zahl der regelmäßig beschäftigten Arbeitnehmer im Betrieb erhöht hat (→ Rn. 122) und nach § 38 Abs. 1 S. 1 BetrVG weitere Mitglieder freizustellen sind. Es gilt insoweit allerdings eine Modifikation: Fand ursprünglich eine Verhältniswahl statt, muss aus Gründen des Minderheitenschutzes **stets eine Neuwahl sämtlicher** freizustellender Mitglieder stattfinden, da sich die ursprünglichen Wahlvorschläge nicht auf die erhöhte Sitzzahl bezogen haben.[276]

4. Rechtsstellung freigestellter Betriebsratsmitglieder

150 Durch die Freistellung wird das Betriebsratsmitglied allein von seiner arbeitsvertraglichen **Hauptpflicht** dauerhaft befreit, an deren Stelle die Pflicht tritt, Betriebsratstätigkeiten auszuüben bzw. sich für diese bereit zu halten. Die Rechtsstellung des Betriebsratsmitglieds ist daher vergleichbar mit derjenigen im Fall der Arbeitsbefreiung, wobei das Gesetz hinsichtlich Entgelt- und Tätigkeitsschutz sowie Berufsausbildung ergänzende Schutzbestimmungen vorsieht.

---

[270] BAG 25. 4. 2001 – 7 ABR 26/00, NZA 2001, 977 (978 f.); 21. 2. 2018 – 7 ABR 54/16, NZA 2018, 951 Rn. 15; ebenso *Fitting* § 38 Rn. 49 f.; ErfK/*Koch* BetrVG § 38 Rn. 6; WPK/*Kreft* § 38 Rn. 22 f.; Löwisch/Kaiser/*Löwisch* § 38 Rn. 27; BeckOK ArbR/*Mauer* BetrVG § 38 Rn. 7; Richardi BetrVG/*Thüsing* § 38 Rn. 32 a; GK-BetrVG/*Weber* § 38 Rn. 85 f.; HK-BetrVG/*Wolmerath* § 38 Rn. 14; **aA** Richardi BetrVG/*Thüsing* § 38 Rn. 50: stets Neuwahl; bei Mehrheitswahl grds. auch DKKW/*Wedde* § 38 Rn. 60: punktuelle Neuwahl.

[271] BAG 25. 4. 2001 – 7 ABR 26/00, NZA 2001, 977 (979 f.); 21. 2. 2018 – 7 ABR 54/16, NZA 2018, 951 Rn. 15 ff.; ebenso ErfK/*Koch* BetrVG § 38 Rn. 6; ErfK/*Koch* BetrVG § 38 Rn. 6; Löwisch/Kaiser/*Löwisch* § 38 Rn. 27; BeckOK ArbR/*Mauer* BetrVG § 38 Rn. 7; GK-BetrVG/*Weber* § 38 Rn. 86; HK-BetrVG/*Wolmerath* § 38 Rn. 14; wohl auch WPK/*Kreft* § 38 Rn. 23; **aA** *Fitting* § 38 Rn. 53 f.; DKKW/ *Wedde* § 38 Rn. 61: Listensprung, Neuwahl erst bei Erschöpfung sämtlicher Listen.

[272] BAG 25. 4. 2001 – 7 ABR 26/00, NZA 2001, 977 (979); 21. 2. 2018 – 7 ABR 54/16, NZA 2018, 951 Rn. 19; ebenso ErfK/*Koch* BetrVG § 38 Rn. 6; Löwisch/Kaiser/*Löwisch* § 38 Rn. 27; BeckOK ArbR/ *Mauer* BetrVG § 38 Rn. 7; GK-BetrVG/*Weber* § 38 Rn. 86; HK-BetrVG/*Wolmerath* § 38 Rn. 14; wohl auch WPK/*Kreft* § 38 Rn. 23; insoweit (dh für punktuelle Neuwahl, aber erst nach Erschöpfung sämtlicher Listen) auch *Fitting* § 38 Rn. 54; DKKW/*Wedde* § 38 Rn. 62.

[273] Zur Nachwahl in den Betriebsausschuss ebenso GK-BetrVG/*Raab* § 27 Rn. 50 f.; weitergehend Richardi BetrVG/*Thüsing* § 38 Rn. 50: stets Neuwahl sämtlicher Mitglieder.

[274] Vgl. LAG Hmb 7. 8. 2012 – 2 TaBV 2/12, BeckRS 2013, 67944 und dazu (im Zusammenhang mit der Nachwahl beim Betriebsausschuss) GK-BetrVG/*Raab* § 27 Rn. 36.

[275] Insoweit ebenso *Fitting* § 38 Rn. 55; GK-BetrVG/*Weber* § 38 Rn. 86 aE.

[276] BAG 20. 4. 2005 – 7 ABR 47/04, NZA 2005, 1013 (1014); aus der Lit. statt vieler ErfK/*Koch* BetrVG § 38 Rn. 6; GK-BetrVG/*Weber* § 38 Rn. 87 mwN.

IV. Dauerhafte Freistellung   151–153 § 295

a) Arbeitsvertragliche Nebenpflichten und Betriebsratstätigkeit. Die Freistellung 151
betrifft allein die arbeitsvertragliche Hauptleistungspflicht, während die **Nebenpflichten**
aus dem Arbeitsverhältnis (vgl. § 241 Abs. 2 BGB) bestehen bleiben.[277] Aus diesem Grund
entfällt auch das auf die Hauptleistungspflicht bezogene Direktionsrecht des Arbeitgebers.
Da die Freistellung nach § 38 BetrVG der Verrichtung von Betriebsratstätigkeiten dienen
soll (vgl. § 37 Abs. 2 BetrVG), tritt allerdings kraft Gesetzes an die Stelle der Hauptleistungspflicht die Verpflichtung, während der arbeitsvertraglichen Arbeitszeit am Sitz des
Betriebsrats im Betrieb anwesend zu sein und sich dort **für anfallende Betriebsratsarbeit bereit** zu halten.[278] Aus diesem Grund bedarf es zur Durchsetzung des Urlaubsanspruchs weiterhin der Urlaubsgewährung durch den Arbeitgeber, da das Betriebsratsmitglied andernfalls nicht von der Pflicht zur Erfüllung von Betriebsratsaufgaben entbunden
wird.[279] Die Lage der „Arbeitszeit" ändert sich durch die Freistellung richtigerweise
nicht.[280] Da das Betriebsratsmitglied grds. am Sitz des Betriebsrats anwesend sein muss, hat
es die vertragliche Nebenpflicht, sich bei Verlassen des Betriebs abzumelden; das folgt daraus, dass der Arbeitgeber ein Interesse daran hat, zu erfahren, wenn das Mitglied als Ansprechpartner für mitbestimmungspflichtige Angelegenheiten im Betrieb vorübergehend
nicht zur Verfügung steht.[281]

Das Betriebsratsmitglied darf während seiner Freistellung keiner anderen Tätigkeit 152
nachgehen.[282] Fallen vorübergehend keine Betriebsratsaufgaben an, hat es sich ggf. durch
Eigenstudium – zB im Betriebsverfassungsrecht – weiterzubilden.[283] **Verstößt** das Betriebsratsmitglied gegen seine Pflicht, nur Betriebsratstätigkeiten auszuüben und sich ggf.
für solche bereit zu halten, verliert es seinen Anspruch auf Fortzahlung des Entgelts.[284]
Außerdem verstößt es gegen eine Amtspflicht, so dass ggf. ein Vorgehen nach § 23 Abs. 1
BetrVG eröffnet ist (zu diesem → § 297 Rn. 2 ff.).

b) Freizeitausgleich. Eine zusätzliche Arbeitsbefreiung nach § 37 Abs. 2 BetrVG kommt 153
für freigestellte Betriebsratsmitglieder nicht in Betracht, da sie von der Arbeit bereits in
vollem Umfang freigestellt sind. Dagegen besteht **analog § 37 Abs. 3 S. 1 BetrVG** ein
Anspruch auf Freizeitausgleich, wenn das freigestellte Mitglied außerhalb seiner individuellen Arbeitszeit (zu deren Fortgeltung → Rn. 151) aus betriebsbedingten Gründen erforderliche Betriebsratstätigkeiten verrichtet (→ Rn. 33 ff.); es wäre widersprüchlich und mit

---

[277] BAG 22.8.1974 – 2 ABR 17/74, BeckRS 9998, 149356 (Anwesenheitspflicht); 17.10.1990 – 7 ABR 69/89, NZA 1991, 432 (433); 10.7.2013 – 7 ABR 22/12, NZA 2013, 1221 Rn. 20; aus der Lit. statt vieler *Fitting* § 38 Rn. 77; GK-BetrVG/*Weber* § 38 Rn. 88 jeweils mwN.

[278] BAG 17.10.1990 – 7 ABR 69/89, NZA 1991, 43 (433); 13.6.2007 – 7 ABR 62/06, NZA 2007, 1301 Rn. 14; 10.7.2013 – 7 ABR 22/12, NZA 2013, 1221 Rn. 20; 28.9.2016 – 7 AZR 248/14, NZA 2017, 335 Rn. 30.

[279] BAG 20.2.2002 – 9 AZR 261/01, NZA 2003, 1046 (1047); LAG München 2.2.2012 – 3 TaBV 56/11, BeckRS 2013, 71763. Ebenso *Fitting* § 38 Rn. 89; GK-BetrVG/*Weber* § 38 Rn. 88.

[280] So wohl auch BAG 10.7.2013 – 7 ABR 22/12, NZA 2013, 1221 Rn. 20; 25.10.2017 – 7 AZR 731/15, NZA 2018, 538 Rn. 22: „während seiner arbeitsvertraglichen Arbeitszeit"; ebenso HWGNRH/*Glock* § 38 Rn. 55; HK-BetrVG/*Wolmerath* § 38 Rn. 4; wohl auch AR/*Maschmann* BetrVG § 38 Rn. 8; **aA** LAG Hamm 20.3.2009 – 10 Sa 1407/08, BeckRS 2009, 75027; *Fitting* § 38 Rn. 78; ErfK/*Koch* BetrVG § 38 Rn. 9; WPK/*Kreft* § 38 Rn. 38; Löwisch/Kaiser/*Löwisch* § 38 Rn. 29; Richardi BetrVG/*Thüsing* § 38 Rn. 52; GK-BetrVG/*Weber* § 38 Rn. 91: Lage der Arbeitszeit frei wählbar; so wohl auch DKKW/*Wedde* § 38 Rn. 66.

[281] BAG 24.2.2016 – 7 ABR 20/14, NZA 2016, 831 Rn. 14 f.; aus der Lit. statt vieler GK-BetrVG/*Weber* § 38 Rn. 94 mwN; ebenso nunmehr *Fitting* § 38 Rn. 82.

[282] BAG 17.10.1990 – 7 ABR 69/89, NZA 1991, 43 (433); 28.9.2016 – 7 AZR 248/14, NZA 2017, 335 Rn. 30.

[283] Ebenso GK-BetrVG/*Weber* § 38 Rn. 95.

[284] BAG 28.9.2016 – 7 AZR 248/14, NZA 2017, 335 Rn. 30; aus der Lit. etwa GK-BetrVG/*Weber* § 38 Rn. 92 mwN.

§ 78 S. 2 BetrVG nicht zu vereinbaren, stünde es insoweit schlechter als seine nicht freigestellten Kollegen.[285]

154 Nach hM soll das Betriebsratsmitglied den Zeitpunkt des Freizeitausgleichs selbst bestimmen dürfen.[286] Richtigerweise ist die Freistellung aber **durch den Arbeitgeber** zu gewähren. Die Hauptleistungspflicht des freigestellten Mitglieds wird durch die Freistellung lediglich ausgetauscht (→ Rn. 151). Wenn der Arbeitgeber nach einhelliger Meinung Urlaub gewähren muss, damit das freigestellte Mitglied von seiner Anwesenheitspflicht entbunden wird (→ Rn. 151), kann für den Freizeitausgleich nach § 37 Abs. 3 S. 1 BetrVG nichts anderes gelten. Da der Arbeitgeber diesem Verlangen in der Praxis unverzüglich nachkommen wird, dürfte ein Abgeltungsanspruch analog § 37 Abs. 3 S. 3 Hs. 2 BetrVG regelmäßig ausscheiden.[287]

155 c) Arbeitsentgelt. Den freigestellten Betriebsratsmitgliedern ist das Arbeitsentgelt entsprechend den Grundsätzen weiterzuzahlen, die für die vorübergehende Arbeitsbefreiung gelten (ausführlich zu diesen → Rn. 23 ff.).[288] Das folgt daraus, dass § 38 BetrVG eine spezielle Ausprägung des Anspruchs aus § 37 Abs. 2 BetrVG ist (→ Rn. 116). Steuer- und sozialversicherungsrechtlich ist die Vergütung daher wie Arbeitsentgelt zu behandeln (näher → Rn. 31).[289]

156 d) Entgelt- und Tätigkeitsschutz. Da freigestellte Betriebsratsmitglieder überhaupt keine berufliche Tätigkeit verrichten, kann die Entwicklung ihres Arbeitsentgelts nicht nach ihrer persönlichen Leistung bestimmt werden. Nach der auch für Freistellungen (als dauerhafter Arbeitsbefreiung) heranzuziehenden Vorgabe in § 37 Abs. 4 BetrVG ist vielmehr auf das Entgelt **vergleichbarer Arbeitnehmer** mit betriebsüblicher beruflicher Entwicklung abzustellen (ausführlich hierzu → Rn. 182 ff.).[290]

157 Nach § 38 Abs. 3 BetrVG erhöht sich der Entgelt- und Tätigkeitsschutz aus § 37 Abs. 4 u. 5 BetrVG für Mitglieder, die **drei volle** aufeinander folgende Amtszeiten freigestellt waren, auf zwei Jahre nach Ablauf der Amtszeit. Nach Sinn und Zweck dieser Regelung muss es genügen, wenn ein Mitglied für einen durchgängigen Zeitraum von **12 Jahren** freigestellt war, auch wenn die Amtszeiten der einzelnen Gremien ggf. verlängert oder verkürzt waren (dazu → § 292 Rn. 10).[291]

158 e) Berufsbildung. Nach § 38 Abs. 4 S. 1 BetrVG dürfen freigestellte Betriebsratsmitglieder von inner- und außerbetrieblichen Maßnahmen der Berufsbildung nicht ausgeschlossen werden. Innerhalb eines Jahres nach Beendigung der Freistellung ist dem Betriebsratsmitglied nach § 38 Abs. 2 S. 2 BetrVG im Rahmen der Möglichkeiten des Betriebs Gelegenheit zu geben, eine wegen der Freistellung unterbliebene betriebsübliche Entwicklung nachzuholen. Für Mitglieder, die drei volle aufeinander folgende Amtszeiten freigestellt waren (→ Rn. 157), erhöht sich der Zeitraum auf zwei Jahre.

---

[285] BAG 21.5.1974 – 1 AZR 477/73, AP BetrVG 1972 § 37 Nr. 14; 28.9.2016 – 7 AZR 248/14, NZA 2017, 335 Rn. 33 ff.; aus der Lit. statt vieler *Fitting* § 38 Rn. 81; GK-BetrVG/*Weber* § 38 Rn. 100 jeweils mwN.
[286] So *Fitting* § 38 Rn. 81; HWK/*Reichold* BetrVG § 38 Rn. 25; Richardi BetrVG/*Thüsing* § 38 Rn. 55; GK-BetrVG/*Weber* § 38 Rn. 101; DKKW/*Wedde* § 38 Rn. 69; ähnlich HWGNRH/*Glock* § 38 Rn. 67.
[287] Ebenso GK-BetrVG/*Weber* § 38 Rn. 102; ähnlich *Jacobs/Frieling* ZfA 2015, 241 (245 f.).
[288] BAG 18.9.1991 – 7 AZR 41/90, NZA 1992, 936 (937).
[289] BSG 25.11.1965 – 12/3 RJ 244/60, BeckRS 1965 30407172; aus der Lit. statt vieler GK-BetrVG/*Weber* § 38 Rn. 99 mwN.
[290] LAG SchlH 18.6.2009 – 3 Sa 414/08, BeckRS 2011, 66388; ebenso *Fitting* § 38 Rn. 85 f.; WPK/*Kreft* § 38 Rn. 41; HWK/*Reichold* BetrVG § 38 Rn. 24; Richardi BetrVG/*Thüsing* § 38 Rn. 56; GK-BetrVG/*Weber* § 38 Rn. 97; DKKW/*Wedde* § 38 Rn. 74. AA HWGNRH/*Glock* § 38 Rn. 65.
[291] Zum Streitstand ausführlich GK-BetrVG/*Weber* § 38 Rn. 105 ff. mwN.

V. Schutzbestimmungen

5. Beendigung der Freistellung

Die Freistellung gilt grds. für die gesamte Amtszeit des Betriebsrats. Vorzeitig enden kann sie zunächst durch **Abberufung** nach § 38 Abs. 2 S. 8 BetrVG iVm § 27 Abs. 1 S. 5 BetrVG. Wurde das freigestellte Mitglied nach den Grundsätzen der Verhältniswahl gewählt, ist der Beschluss aus Gründen des Minderheitenschutzes daher in geheimer Abstimmung zu fassen und bedarf einer Mehrheit von drei Vierteln der Stimmen der Mitglieder des Betriebsrats. 159

Außerdem kann das freigestellte Betriebsratsmitglied seine Zustimmung zur Freistellung jederzeit formlos **widerrufen** und sie damit beenden.[292] Im Fall von **Pflichtverletzungen** sieht das Gesetz eine Möglichkeit zur isolierten Beendigung der Freistellung nicht vor; in Betracht kommt nur der gänzliche Ausschluss aus dem Betriebsrat nach § 23 Abs. 1 BetrVG (→ § 297 Rn. 2 ff.), durch den die Freistellung automatisch endet, da nur Betriebsratsmitglieder freigestellt werden können. Aus demselben Grund endet die Freistellung auch in allen anderen Fällen des **Ausscheidens** aus dem Betriebsrat (zu diesen → § 292 Rn. 96 ff.). 160

Endet die Freistellung eines Betriebsratsmitglieds, ist (außer bei Verringerung der Zahl regelmäßig beschäftigter Arbeitnehmer) ein **Ausgleich** der dadurch verkürzten Anzahl von Freistellungen erforderlich. Wurde keine vorsorgliche Regelung getroffen, erfolgt dieser Ausgleich entweder durch Nachrücken eines Ersatzmitglieds oder – im Fall der Erschöpfung einer Liste – durch Nachwahl sämtlicher freigestellten Mitglieder (näher zum Streitstand → Rn. 146 ff.). 161

6. Streitigkeiten

Meinungsverschiedenheiten über die **Anzahl** der Freistellungen und die **Wahl** der freizustellenden Betriebsratsmitglieder entscheiden die Arbeitsgerichte im Beschlussverfahren, §§ 2a, 80 ff. ArbGG.[293] Antragsberechtigt sind der Betriebsrat und der Arbeitgeber. Ein einzelnes Betriebsratsmitglied kann das Verfahren einleiten, wenn es selbst unmittelbar betroffen ist. Im Betrieb vertretene Gewerkschaften haben kein Antragsrecht, da sie von der Freistellungswahl weder unmittelbar noch mittelbar betroffen sind.[294] Über die sachliche Unvertretbarkeit einer Freistellung hat zunächst die **Einigungsstelle** zu entscheiden (→ Rn. 143). Ihr Spruch kann im arbeitsgerichtlichen Beschlussverfahren nach § 76 Abs. 7 BetrVG überprüft werden, da es sich bei der Beurteilung des Rechtsbegriffs der sachlichen Unvertretbarkeit um eine Rechtsstreitigkeit handelt.[295] Wird die Wahl angefochten, gilt § 19 BetrVG analog (→ Rn. 140). 162

Die dem einzelnen Betriebsratsmitglied zustehenden Ansprüche auf Fortzahlung des Entgelts oder auf Freizeitausgleich sind im arbeitsgerichtlichen **Urteilsverfahren** geltend zu machen, weil es sich um individualrechtliche Streitigkeiten handelt (→ Rn. 50). 163

V. Schutzbestimmungen

Für Betriebsratsmitglieder gelten eine ganze Reihe von Bestimmungen, die sie in der Unabhängigkeit ihrer Amtsführung schützen sollen. Sie werden im Folgenden – teilweise im Überblick – dargestellt. 164

1. Zweck

Der Betriebsrat hat gegenüber dem Arbeitgeber die Interessen der Arbeitnehmer zu vertreten. Trotz des Gebots der vertrauensvollen Zusammenarbeit aus § 2 Abs. 1 BetrVG bleiben in der Betriebswirklichkeit Spannungen und Konflikte mit dem Arbeitgeber nicht 165

---

[292] Statt vieler *Fitting* § 38 Rn. 70; GK-BetrVG/*Weber* § 38 Rn. 80 jeweils mwN.
[293] BAG 22.5.1973 – 1 ABR 2/73, BeckRS 9998, 149614; aus der Lit. statt vieler GK-BetrVG/*Weber* § 38 Rn. 116 mwN.
[294] BAG 22.5.1973 – 1 ABR 2/73, BeckRS 9998, 149614.
[295] Ebenso etwa *Fitting* § 38 Rn. 107; GK-BetrVG/*Weber* § 38 Rn. 73, 78 jeweils mwN.

aus. Sie liegen in der Natur der Sache und können durch rechtliche Regelungen nicht verhindert werden. Damit der Betriebsrat gleichwohl **effektiv arbeiten** kann, müssen seine Mitglieder daher vor Nachteilen geschützt werden, denen sie infolge ihrer Amtstätigkeit ausgesetzt sein können.[296] Ohne einen derartigen Schutz würde die Bereitschaft von Arbeitnehmern beeinträchtigt, sich überhaupt in den Betriebsrat wählen zu lassen und die Arbeitnehmerbelange ohne Rücksicht auf die eigenen Interessen zu vertreten. Für Betriebsratsmitglieder gelten deshalb besondere, mit ihrer Amtsausübung zusammenhängende Schutzbestimmungen. Darüber hinaus wird auch die **Integrität** der Betriebsratsmitglieder besonders gesichert, damit die Amtsausübung nicht aus Eigeninteresse geschieht, sondern ausschließlich dem in § 2 Abs. 1 BetrVG formulierten Ziel dient, das Wohl der Arbeitnehmer und des Betriebs zu fördern.

2. Behinderungsverbot

166 Nach § 78 S. 1 BetrVG dürfen die Mitglieder des Betriebsrats in der Ausübung ihrer Tätigkeit nicht gestört oder behindert werden. Die rechtmäßige Amtsausübung erfährt damit einen allgemeinen, **umfassenden Rechtsschutz** vor unzulässigen Erschwerungen, Störungen oder Verhinderungen der Betriebsratsarbeit (zum ergänzenden Wahlschutz nach § 20 Abs. 1 u. 2 BetrVG → § 291 Rn. 264 ff.).[297]

167 **a) Voraussetzungen.** Entgegen dem missverständlichen Wortlaut wird auch der Betriebsrat als **Gremium** durch § 78 S. 1 BetrVG geschützt; das ergibt sich systematisch aus § 119 Abs. 1 Nr. 2 BetrVG („Tätigkeit des Betriebsrats") und entspricht der Intention des Gesetzgebers sowie dem Zweck der Vorschrift.[298] Das Behinderungsverbot verpflichtet entsprechend seiner neutralen Formulierung **jedermann**,[299] also nicht nur den Arbeitgeber, sondern auch Arbeitnehmer, leitende Angestellte, Mitglieder der verschiedenen Organe,[300] Gewerkschaften, Arbeitgeberverbände und betriebsfremde Dritte.

168 Der Begriff der Behinderung iSd § 78 S. 1 BetrVG ist umfassend zu verstehen und erfasst jede Erschwerung, Störung oder Verhinderung der Betriebsratsarbeit.[301] Das Handeln des Arbeitgebers muss außerdem **rechtswidrig** sein, da § 78 S. 1 BetrVG ein Unterlassungsgebot beinhaltet (→ Rn. 171).[302] Ein solches Gebot impliziert stets ein Verbotensein der Beeinträchtigung, dh ihre Rechtswidrigkeit, da rechtmäßige Beeinträchtigungen hingenommen werden müssen.[303] Das bloße Vorliegen einer Erschwernis der Betriebsratsarbeit indiziert die Rechtswidrigkeit richtigerweise nicht.[304] Diese ist vielmehr durch **Abwägung** der widerstreitenden Interessen positiv festzustellen, weil das Behinderungsverbot – vergleichbar den deliktsrechtlich anerkannten Rahmenrechten[305] – in seinem Schutzbereich zu wenig konturiert ist, um eine solche Indikation zu tragen. Für die Ab-

---

[296] Statt vieler GK-BetrVG/*Kreutz* § 78 Rn. 1.
[297] BAG 12.11.1997 – 7 ABR 14/97, NZA 1998, 559 (560); 4.12.2013 – 7 ABR 7/12, NZA 2014, 803 Rn. 36.
[298] BAG 4.12.2013 – 7 ABR 7/12, NZA 2014, 803 Rn. 34 f.; aus der Lit. statt vieler GK-BetrVG/*Kreutz* § 78 Rn. 3, 20 mwN.
[299] BAG 16.10.2014 – 7 ABR 74/12, NZA 2015, 560 Rn. 32 f.; vgl. auch BGH 29.1.2018 – AnwZ (Brfg) 12/17, NJW 2018, 791 Rn. 20; aus der Lit. statt vieler *Fitting* § 78 Rn. 7; GK-BetrVG/*Kreutz* § 78 Rn. 23; HWK/*Sittard* BetrVG § 78 Rn. 1.
[300] Vgl. HessLAG 19.9.2013 – 9 TaBV 225/12, BeckRS 2014, 70937 (Gremienmehrheit im Betriebsrat gegenüber der Minderheit).
[301] BAG 20.10.1999 – 7 ABR 37/98, BeckRS 2009, 56460; 4.12.2013 – 7 ABR 7/12, NZA 2014, 803 Rn. 36; aus der Lit. etwa *Fitting* § 78 Rn. 9; ähnlich GK-BetrVG/*Kreutz* § 78 Rn. 30.
[302] Überzeugend GK-BetrVG/*Kreutz* § 78 Rn. 35; zust. NK-GA/*Waskow* BetrVG § 78 Rn. 11; wohl auch HWK/*Sittard* BetrVG § 78 Rn. 6 u. 10; ähnlich BAG 12.11.1997 – 7 ABR 14/97, NZA 1998, 559 (560); zuletzt etwa 9.9.2015 – 7 ABR 69/13, NZA 2016, 57 Rn. 24; DKKW/*Buschmann* § 78 Rn. 15; *Fitting* § 78 Rn. 9; AR/*Rieble* BetrVG § 78 Rn. 3; HWGNRH/*Worzalla* § 78 Rn. 6: Erschwerung muss „unzulässig" sein; **krit.** gleichwohl WPK/*Preis* § 78 Rn. 7; Richardi BetrVG/*Thüsing* § 78 Rn. 17.
[303] Allgemein MüKoBGB/*Baldus* § 1004 Rn. 192; Erman/*Ebbing* § 1004 Rn. 32.
[304] Ebenso GK-BetrVG/*Kreutz* § 78 Rn. 39; aA *Oetker* RdA 1990, 343 (349 f.).
[305] Zu diesen statt vieler MüKoBGB/*Wagner* § 823 Rn. 7 aE, 324 f., 364.

V. Schutzbestimmungen

wägung mit arbeitsvertraglichen Pflichten ist insbesondere die in § 37 Abs. 2 BetrVG angelegte Wertung zu berücksichtigen, dass der Verrichtung erforderlicher Betriebsratsarbeiten grds. (aber nicht zwingend) Vorrang gebührt (→ Rn. 8 ff.).[306] Häufig spielt im Rahmen der Abwägung auch die grundrechtskonforme Auslegung des § 78 S. 1 BetrVG eine Rolle. Mit ihr verwirklichen die Gerichte staatliche Schutzpflichten (sog. Ausstrahlungswirkung). So ist bspw. die **Meinungsfreiheit** des Arbeitgebers zu berücksichtigen, wenn er sich kritisch zum Betriebsrat und den von ihm verursachten Kosten äußert; im Einzelfall kommt es dabei vor allem auf die Art und Weise der Äußerung an.[307]

Nach allgemeinen Grundsätzen kann eine Behinderung nicht nur durch aktives Tun, sondern auch durch **Unterlassen** erfolgen, wenn dieses pflichtwidrig ist.[308] Eine Pflicht zum Handeln kann sich explizit aus dem Gesetz ergeben. Das ist zB der Fall bei § 37 Abs. 2 BetrVG oder § 40 Abs. 2 BetrVG, nicht dagegen bei § 76 Abs. 2 S. 1 BetrVG, da die Einigungsstelle auch ohne vom Arbeitgeber benannte Beisitzer entscheiden kann, § 76 Abs. 5 S. 2 BetrVG. Die Nichtbeachtung einzelner **Beteiligungsbefugnisse** ist nur dann pflichtwidrig, wenn sie wiederholt oder systematisch erfolgt, da § 78 S. 1 BetrVG andernfalls zur (undifferenzierten) Generalklausel für Unterlassungsansprüche des Betriebsrats würde.[309]

Auf die subjektive Willensrichtung der handelnden Person kommt es nicht an, insbesondere bedarf es weder einer Behinderungsabsicht noch eines anderweitigen **Verschuldens**,[310] da ein solches Erfordernis im Wortlaut der Norm nicht angelegt ist und dem umfassenden Schutzanliegen der Vorschrift zuwider liefe.

b) Rechtsfolgen. Bei Verstößen gegen § 78 S. 1 BetrVG steht dem Betriebsrat und dem betroffenen Mitglied nach zutreffender und nahezu einhelliger Meinung ein **Unterlassungsanspruch** zu, da eine bloße Verbotsnorm ohne korrespondierendes subjektives Recht hinter dem umfassenden Schutzanliegen der Vorschrift zurückbliebe.[311] Grobe Verstöße des Arbeitgebers können außerdem ein Vorgehen nach § 23 Abs. 3 BetrVG eröffnen (dazu → § 297 Rn. 39 ff.). Die vorsätzliche Behinderung der Betriebsratstätigkeit ist nach § 119 Abs. 1 Nr. 2 BetrVG eine Straftat, die allerdings nach § 119 Abs. 2 BetrVG nur auf Antrag verfolgt wird (sog. absolutes Antragsdelikt). Rechtsgeschäfte, die gegen das Behinderungsverbot verstoßen, sind nach **§ 134 BGB** nichtig; das gilt insbesondere für Weisungen des Arbeitgebers. Richtigerweise ist § 78 S. 1 BetrVG aber **keine Schutznorm** iSd § 823 Abs. 2 BGB,[312] da die Regelung nicht dazu dienen soll, das einzelne

---

[306] GK-BetrVG/*Kreutz* § 78 Rn. 39; APS/*Künzl* BetrVG § 78 Rn. 27; Richardi BetrVG/*Thüsing* § 78 Rn. 19; zust. auch HWK/*Sittard* BetrVG § 78 Rn. 6.
[307] Zu weitgehend BAG 12.11.1997 – 7 ABR 14/97, NZA 1998, 559 (560) wegen fehlenden Hinweises auf gesetzliche Kostentragungspflichten; abl. insoweit auch GK-BetrVG/*Kreutz* § 78 Rn. 45 (mit weiteren Beispielen); AR/*Rieble* BetrVG § 78 Rn. 3.
[308] Statt vieler GK-BetrVG/*Kreutz* § 78 Rn. 32, 34, 36 ff. mwN.
[309] So zu Recht *Derleder* AuR 1983, 289 (300); *Konzen* Betriebsverfassungsrechtliche Leistungspflichten des Arbeitgebers, 1984, S. 63 f.; GK-BetrVG/*Kreutz* § 78 Rn. 37; in diese Richtung auch DKKW/*Buschmann* § 78 Rn. 17 („ständige Unterlassung"); *Fitting* § 78 Rn. 9 („ständige Unterlassung"); HK-BetrVG/*Lorenz* § 78 Rn. 7 („grundsätzliche Ablehnung"); WPK/*Preis* § 78 Rn. 8 („grundsätzliche Unterlassung"); aA *Dütz* DB 1984, 115 (118 ff.); APS/*Künzl* BetrVG § 78 Rn. 24: Nachhaltigkeit nicht erforderlich.
[310] BAG 12.11.1997 – 7 ABR 14/97, NZA 1998, 559 (560); zuletzt etwa 9.9.2015 – 7 ABR 69/13, NZA 2016, 57 Rn. 24; aus der Lit. statt vieler *Fitting* § 78 Rn. 12; GK-BetrVG/*Kreutz* § 78 Rn. 35 mwN.
[311] BAG 19.7.1995 – 7 ABR 60/94, NZA 1998, 559 (560); zuletzt etwa 15.10.2014 – 7 ABR 74/12, NZA 2015, 560 Rn. 32; aus der Lit. statt vieler GK-BetrVG/*Kreutz* § 78 Rn. 48 f. mwN.
[312] Ebenso *Konzen* ZfA 1985, 469 (491); GK-BetrVG/*Kreutz* § 78 Rn. 29; *Löwisch/Kaiser*, 6. Aufl. 2010, § 78 Rn. 12; APS/*Künzl* BetrVG § 78 Rn. 18; NK-GA/*Waskow* BetrVG § 78 Rn. 28; wohl auch WPK/*Preis* § 78 Rn. 19 („zusätzlich"); AR/*Rieble* BetrVG § 78 Rn. 5; Richardi BetrVG/*Thüsing* § 78 Rn. 36; aA *Dütz* DB 1984, 115 (118 ff.); MHdB ArbR/*Joost*, 3. Aufl. 2009, § 220 Rn. 128; HK-BetrVG/*Lorenz* § 78 Rn. 10; HWGNRH/*Worzalla* BetrVG § 78 Rn. 5; wohl auch DKKW/*Buschmann* § 78 Rn. 14; *Fitting* § 78 Rn. 4a; Schaub ArbR-HdB/*Koch* § 230 Rn. 22; wohl auch ArbG Berlin 2.8.2013 – 28 BVGa 10241/13, BeckRS 2013, 72645 (unter Bezugnahme auf LAG Bln 14.8.1987 – 13 TaBV 5/87).

Betriebsratsmitglied gegen die Verletzung eines gerade ihm zugeordneten Rechtsguts zu schützen,[313] sondern auf die ungestörte Amtsausübung und damit ein kollektives Interesse abzielt (→ Rn. 165).

3. Benachteiligungs- und Begünstigungsverbot

172 Nach § 78 S. 2 BetrVG dürfen Betriebsratsmitglieder wegen ihrer Tätigkeit nicht benachteiligt oder begünstigt werden, insbesondere hinsichtlich der beruflichen Entwicklung. Für einzelne Bereiche wird diese allgemeine Vorgabe spezifisch konkretisiert, zB für den Entgelt- und Tätigkeitsschutz in §§ 37, 38 BetrVG, für den Kündigungsschutz in § 15 Abs. 1 KSchG und § 103 BetrVG sowie für den Schutz Auszubildender in § 78a BetrVG. Diese Vorgaben sind **spezieller** und gehen § 78 S. 2 BetrVG daher vor.[314]

173 **a) Voraussetzungen.** Auch § 78 S. 2 BetrVG richtet sich an jedermann (→ Rn. 167). Anders als § 78 S. 1 BGB (→ Rn. 166 f.) schützt die Norm allerdings ausschließlich die **einzelnen** Betriebsratsmitglieder in ihrer persönlichen Rechtsstellung, nicht jedoch den Betriebsrat als Kollegialorgan.[315] Verboten ist **jede Besser- oder Schlechterstellung** eines Betriebsratsmitglieds, die auf der Amtsstellung oder Amtsausübung beruht.[316] Eine Benachteiligung oder Begünstigung liegt demnach vor, wenn das Betriebsratsmitglied eine schlechtere bzw. bessere Behandlung erfährt, als sie eine Person ohne Betriebsratsamt in einer vergleichbaren Situation erfahren würde.[317] An einer Benachteiligung fehlt es daher, wenn Maßnahmen alle Arbeitnehmer gleichermaßen betreffen, zB Verschlechterungen einer betrieblichen Ruhegeldordnung.[318] Nach allgemeinen Grundsätzen kann eine Benachteiligung oder Begünstigung nicht nur durch aktives Tun, sondern auch durch Unterlassen erfolgen, wenn dieses pflichtwidrig ist (→ Rn. 169).

174 **Kausal** für die unterschiedliche Behandlung ist die Amtstätigkeit, wenn sie nicht hinweggedacht werden kann, ohne dass die konkrete Besser- oder Schlechterstellung entfiele.[319] Im Urteilsverfahren liegt die Darlegungs- und Beweislast hierfür bei demjenigen, der eine Verletzung von § 78 S. 2 BetrVG geltend macht; eine § 22 AGG vergleichbare Vermutungsregelung besteht nicht.[320] Das BAG wendet insoweit allerdings die Grundsätze der abgestuften Darlegungslast an.[321]

175 Die Benachteiligung oder Begünstigung muss außerdem **rechtswidrig** sein, da auch § 78 S. 2 BetrVG ein Unterlassungsgebot beinhaltet und dieses stets eine Rechtswidrig-

---

[313] Allgemein hierzu BGH 22.6.2010 – VI ZR 212/09, NJW 2010, 3651 Rn. 26; MüKoBGB/*Wagner* § 823 Rn. 498 mwN.
[314] Statt vieler GK-BetrVG/*Kreutz* § 78 Rn. 5; WPK/*Preis* § 78 Rn. 4.
[315] Ebenso GK-BetrVG/*Kreutz* § 78 Rn. 22; Richardi BetrVG/*Thüsing* § 78 Rn. 20; NK-GA/*Waskow* BetrVG § 78 Rn. 6; wohl auch HWK/*Sittard* BetrVG § 78 Rn. 14; HWGNRH/*Worzalla* § 78 Rn. 23; aA BAG 25.6.2014 – 7 AZR 847/12, NZA 2014, 1209 Rn. 32 f. unter Hinweis auf die Kontinuität der Betriebsratsarbeit; zust. *Fitting* § 78 Rn. 21; wohl auch DKKW/*Buschmann* § 78 Rn. 28; ebenso Löwisch/Kaiser, 6. Aufl. 2010, § 78 Rn. 25; HK-BetrVG/*Lorenz* § 78 Rn. 10.
[316] BAG 20.1.2010 – 7 ABR 68/08, NZA 2010, 777 Rn. 11 (Benachteiligung); 21.3.2018 – 7 AZR 590/16, NZA 2018, 1019 Rn. 16 (Begünstigung).
[317] Zur unterschiedlichen Behandlung von Betriebsratsmitgliedern näher GK-BetrVG/*Kreutz* § 78 Rn. 57 mwN.
[318] Statt vieler *Fitting* § 78 Rn. 20 mwN.
[319] Zu § 37 Abs. 4 BetrVG ebenso BAG 11.12.1991 – 7 AZR 75/91, NZA 1993, 909 (910); OVG NRW 25.8.2003 – 1 A 2351/02, BeckRS 2003, 24954; ebenso GK-BetrVG/*Kreutz* § 78 Rn. 58; NK-GA/*Waskow* BetrVG § 78 Rn. 16; ausführlich zur Lehre von der *conditio sine qua non* Schönke/Schröder/*Eisele* Vorb. §§ 13 ff. Rn. 73a f. mwN.
[320] BAG 25.6.2014 – 7 AZR 847/12, NZA 2014, 1209 Rn. 37; ebenso GK-BetrVG/*Kreutz* § 78 Rn. 59, 100; aA DKKW/*Buschmann* § 78 Rn. 37 (Anscheinsbeweis); Löwisch/Kaiser, 6. Aufl. 2010, § 78 Rn. 13 aE (tatsächliche Vermutung).
[321] BAG 25.6.2014 – 7 AZR 847/12, NZA 2014, 1209 Rn. 38; zust. *Fitting* § 78 Rn. 21; GK-BetrVG/*Kreutz* § 78 Rn. 101.

keitsprüfung impliziert (näher bereits → Rn. 168).³²² Anders als im Fall des Behinderungsverbots (→ Rn. 168) indiziert das Vorliegen einer tatbestandsmäßigen Benachteiligung oder Begünstigung aber deren Rechtswidrigkeit,³²³ da in diesem Fall ein unmittelbarer Eingriff in einen klar konturierten Schutzbereich (Verbot der Ungleichbehandlung) erfolgt.³²⁴ Rechtfertigungsgründe müssen sich aus dem Gesetz ergeben.³²⁵ Gerechtfertigt ist zB die Begünstigung durch die Übernahme von Kosten aus der Betriebsratstätigkeit nach § 40 Abs. 1 BetrVG oder die Abgeltung von „Mehrarbeit" nach § 37 Abs. 3 S. 3 Hs. 2 BetrVG, wenn diese aus betriebsbedingten Gründen nicht innerhalb eines Monats durch Arbeitsbefreiung ausgeglichen werden konnte. Gerechtfertigt ist auch der Steuerabzug bei der Zahlung von Zuschlägen für Sonntags-, Feiertags- oder Nachtarbeit nach § 37 Abs. 2 BetrVG, soweit solche Arbeiten tatsächlich nicht erbracht wurden, da die unterschiedliche steuerliche Behandlung aus § 3b Abs. 1 EStG folgt (→ Rn. 31). Wird einem Betriebsratsmitglied im Zuge einer kündigungsrechtlichen Auseinandersetzung ein finanziell besonders attraktiver Aufhebungsvertrag angeboten, ist das regelmäßig durch den besonderen Kündigungsschutz des Betriebsratsmitglieds aus § 15 Abs. 1 KSchG, § 103 BetrVG sachlich gerechtfertigt.³²⁶

Auf die subjektive Willensrichtung der handelnden Person kommt es nicht an, insbesondere bedarf es weder einer Benachteiligungs- noch einer Begünstigungsabsicht oder eines anderweitigen **Verschuldens**,³²⁷ da ein solches Erfordernis im Wortlaut der Norm nicht angelegt ist und dem umfassenden Schutzanliegen der Vorschrift zuwider liefe. **176**

b) Rechtsfolgen. Rechtsgeschäfte, die gegen § 78 S. 2 BetrVG verstoßen, sind nach **177** § 134 BGB unwirksam.³²⁸ Im Falle einer begünstigenden schuldvertraglichen Abrede besteht daher kein Anspruch auf die Leistung bzw. den Vorteil. Bereits erbrachte Leistungen können nach § 812 Abs. 1 S. 1 Alt. 1 BGB kondiziert werden, es sei denn, der Arbeitgeber wusste nach § 814 BGB um die Nichtigkeit. Auch in diesem Fall besteht allerdings ein Kondiktionsanspruch aus § 817 S. 1 BGB, der richtigerweise nicht durch § 817 S. 2 BGB gesperrt wird (ausführlich → Rn. 4).

Umgekehrt kann das Benachteiligungsverbot unmittelbar **anspruchserzeugende** Kraft **178** haben.³²⁹ Das Verschuldenserfordernis wird hierdurch nicht unterlaufen, da sich dieser Anspruch allein auf die vorenthaltene Begünstigung bezieht und nicht auf die Beseitigung der infolge einer Benachteiligung eingetretenen Schäden.³³⁰ Wird bspw. der Vertrag eines befristet beschäftigten Betriebsratsmitglieds wegen seiner Amtsstellung nicht verlängert, hat das Betriebsratsmitglied aus § 78 S. 2 BetrVG einen Anspruch auf Abschluss des verweigerten Folgevertrags; dieser Anspruch ist auch nicht analog § 15 Abs. 6 AGG ausgeschlossen, da sich die Interessenlage bei der Verlängerung eines bestehenden Arbeitsver-

---

³²² Überzeugend wiederum GK-BetrVG/*Kreutz* § 78 Rn. 64; zust. BAG 28.9.2016 – 7 AZR 248/14, NZA 2017, 335 Rn. 45, wenn auch mit anderer Terminologie („unzulässig"); vgl. auch die punktuellen Ausführungen bei DKKW/*Buschmann* § 78 Rn. 33; *Löwisch/Kaiser*, 6. Aufl. 2010, § 78 Rn. 13; ErfK/*Kania* BetrVG § 78 Rn. 6; AR/*Rieble* BetrVG § 78 Rn. 4; HWK/*Sittard* BetrVG § 78 Rn. 15; HWGNRH/*Worzalla* § 78 Rn. 23.
³²³ Ebenso GK-BetrVG/*Kreutz* § 78 Rn. 64; wohl auch HWK/*Sittard* BetrVG § 78 Rn. 10.
³²⁴ Zur Differenzierung für die Indikation der Rechtswidrigkeit etwa MüKoBGB/*Wagner* § 823 Rn. 7 mwN.
³²⁵ Zu weitgehend GK-BetrVG/*Kreutz* § 78 Rn. 64: „allgemeiner Brauch" als Rechtfertigungsgrund.
³²⁶ BAG 21.3.2018 – 7 AZR 590/16, NZA 2018, 1019 Rn. 19 ff.; ähnlich GK-BetrVG/*Kreutz* § 78 Rn. 85 mit Hinweis auf die Grenze bei unplausibel hoher Gegenleistung.
³²⁷ BAG 5.12.2012 – 7 AZR 698/11, NZA 2013, 515 Rn. 47 (keine Benachteiligungsabsicht); 8.11.2017 – 5 AZR 11/17, NZA 2018, 528 Rn. 31 (keine Begünstigungsabsicht); aus der Lit. statt vieler GK-BetrVG/*Kreutz* § 78 Rn. 6; HWK/*Sittard* BetrVG § 78 Rn. 12 jeweils mwN.
³²⁸ BAG 16.2.2005 – 7 AZR 95/04, NZA-RR 2005, 556 (557) zu § 8 BPersVG; 8.11.2017 – 5 AZR 11/17, NZA 2018, 528 Rn. 31.
³²⁹ BAG 15.1.1992 – 7 AZR 194/91, AP BetrVG 1972 § 37 Nr. 84; LAG BW 17.2.2006 – 7 Sa 87/05, BeckRS 2011, 65807 Rn. 36; LAG Nds 27.3.2009 – 10 Sa 451/08 E, BeckRS 2009, 65209; LAG Köln 26.7.2010 – 5 SaGa 10/10, NZA-RR 2010, 641 (641); aus der Lit. etwa *Pallasch* RdA 2015, 108 (112).
³³⁰ **Krit.** gleichwohl GK-BetrVG/*Kreutz* § 78 Rn. 97 f.

trags wesentlich von derjenigen bei erstmaliger Begründung unterscheidet.[331] Der ggf. entgangene Verdienst ist dagegen Sekundärfolge der unmittelbaren Benachteiligung und kann daher nur im Wege des Schadensersatzes geltend gemacht werden (→ Rn. 179).

179 Das **Begünstigungsverbot** aus § 78 S. 2 BetrVG ist für nicht begünstigte Arbeitnehmer kein Schutzgesetz iSd § 823 Abs. 2 BGB, da die Regelung nicht ihre individuellen Vermögensinteressen schützen, sondern die persönliche Unabhängigkeit der Betriebsratsmitglieder sicherstellen soll.[332] Für die betroffenen Betriebsratsmitglieder ist das Benachteiligungsverbot dagegen nach einhelliger Meinung ein Schutzgesetz,[333] so dass bei schuldhaftem Handeln ein Schadensersatzanspruch aus § 823 Abs. 2 BGB in Betracht kommt. Auch ohne schuldhaftes Handeln besteht bei Verstößen gegen das Benachteiligungsverbot außerdem ein Unterlassungsanspruch.[334]

180 Bei groben Verstößen des Arbeitgebers kommt ein Vorgehen nach § 23 Abs. 3 BetrVG in Betracht (→ § 297 Rn. 39 ff.). Außerdem sind vorsätzliche Verstöße nach § 119 Abs. 1 Nr. 3 BetrVG **strafbar**,[335] werden nach § 119 Abs. 2 BetrVG aber ausschließlich auf Antrag verfolgt (sog. absolutes Antragsdelikt; → § 297 Rn. 69).

4. Finanzieller Schutz und berufliche Sicherung

181 Die Regelungen in § 37 Abs. 4 u. 5 BetrVG schützen die Betriebsratsmitglieder in finanzieller und beruflicher Hinsicht. Sie sehen vor, dass sie gegenüber vergleichbaren Arbeitnehmern mit betriebsüblicher beruflicher Entwicklung hinsichtlich **Entgelt und Tätigkeitszuweisung** nicht benachteiligt werden dürfen. Die Vorschriften sind damit spezifische Ausprägungen des allgemeinen Benachteiligungsverbots aus § 78 S. 2 BetrVG (zu diesem → Rn. 172 ff.).[336]

182 **a) Entgeltschutz.** Nach § 37 Abs. 2 BetrVG haben Mitglieder des Betriebsrats lediglich Anspruch auf Weiterzahlung **ihres** Arbeitsentgelts, wenn sie von der beruflichen Tätigkeit ganz oder teilweise befreit sind, um das Betriebsratsamt auszuüben (ausführlich → Rn. 23 ff., 155). § 37 Abs. 4 BetrVG dynamisiert diesen statischen Schutz, indem es Benachteiligungen auch hinsichtlich der **Höhe** des Arbeitsentgelts untersagt: Dieses darf einschließlich eines Zeitraums von einem Jahr nach Beendigung der Amtszeit nicht geringer bemessen werden als das Arbeitsentgelt vergleichbarer Arbeitnehmer mit betriebsüblicher beruflicher Entwicklung. Das Betriebsratsmitglied soll dadurch so gestellt werden, als hätte es während seiner Freistellung im Betrieb weitergearbeitet und keine Amtstätigkeit ausgeführt.[337]

183 **aa) Höhe des Entgelts.** Das Gesetz verpflichtet den Arbeitgeber allerdings nicht, eine Hypothese über die **individuelle** berufliche Entwicklung des Betriebsratsmitglieds anzustellen, da diese praktisch kaum durchführbar wäre. Nach § 37 Abs. 4 S. 1 BetrVG ist für die Bemessung des Arbeitsentgelts von Betriebsratsmitgliedern vielmehr das Arbeitsentgelt vergleichbarer Arbeitnehmer mit betriebsüblicher beruflicher Entwicklung heranzuziehen.

---

[331] Ebenso *Horcher* RdA 2014, 93 (100); GK-BetrVG/*Kreutz* § 78 Rn. 22; *Pallasch* RdA 2015, 108 (113 f.); nur im Erg. ebenso BAG 25.6.2014 – 7 AZR 847/12, NZA 2014, 1209 Rn. 34; DKKW/*Buschmann* § 78 Rn. 28; *Fitting* § 78 Rn. 21; ErfK/*Kania* BetrVG § 78 Rn. 8; NK-GA/*Waskow* BetrVG § 78 Rn. 31; aA HWK/*Sittard* BetrVG § 78 Rn. 14; HWGNRH/*Worzalla* § 78 Rn. 23.
[332] Statt vieler GK-BetrVG/*Kreutz* § 78 Rn. 28 mwN; zust. auch DKKW/*Buschmann* § 78 Rn. 14 m. Fn. 34.
[333] BAG 11.12.1991 – 7 AZR 75/91, NZA 1993, 909 (910); 25.6.2014 – 7 AZR 847/12, NZA 2014, 1209 Rn. 30; aus der Lit. statt vieler *Fitting* § 78 Rn. 21; GK-BetrVG/*Kreutz* § 78 Rn. 27 jeweils mwN.
[334] Statt vieler GK-BetrVG/*Kreutz* § 78 Rn. 94.
[335] Zur Strafbarkeit nach § 266 StGB näher *Jacobs/Frieling* ZfA 2015, 241 (260 f.).
[336] BAG 4.11.2015 – 7 AZR 972/13, NZA 2016, 1339 Rn. 22; 18.1.2017 – 7 AZR 205/15, NZA 2017, 935 Rn. 16; aus der Lit. statt vieler *Fitting* § 37 Rn. 114; GK-BetrVG/*Weber* § 37 Rn. 128 mwN.
[337] BAG 11.5.1988 – 5 AZR 334/87, NZA 1989, 854 (855); VG Ansbach 9.4.2008 – AN 11 K 06.01560, BeckRS 2008, 43702; LAG RhPf 28.10.2013 – 5 Sa 218/13, BeckRS 2014, 65483.

Vergleichbar sind Arbeitnehmer, die im Zeitpunkt der Amtsübernahme[338] eine im Wesentlichen gleich qualifizierte Tätigkeit wie das freigestellte Betriebsratsmitglied ausgeübt haben und dafür in gleicher Weise wie dieses fachlich und persönlich qualifiziert waren.[339] Die individuellen Eigenschaften des einzelnen Betriebsratsmitglieds sind daher zumindest insoweit zu berücksichtigen, als sie die relevante Vergleichsgruppe für seine Entgeltentwicklung bestimmen.[340] Da sich die Mitglieder des Betriebsrats in ihrer Qualifikation regelmäßig unterscheiden, würden pauschale Entgelterhöhungen für jedes Betriebsratsmitglied (zB jährlich um 2%) somit gegen § 78 S. 2 BetrVG verstoßen.[341] Nach der klaren Konzeption des Gesetzes ist die **Amtsführung** des Betriebsrats für seine Entgeltentwicklung dagegen irrelevant, so dass es keine Rolle spielt, ob das Betriebsratsmitglied innerhalb des Gremiums besondere Aufgaben übernimmt, zB den Vorsitz des Betriebsrats oder eines Ausschusses, oder ob es durch seine Tätigkeit nunmehr besondere Verantwortung für das Unternehmen trägt.[342] Dagegen sind besondere persönliche Umstände – etwa eine längere, das berufliche Fortkommen erschwerende Erkrankung – richtigerweise zu berücksichtigen;[343] der Wortlaut der Vorschrift lässt eine Einbeziehung dieser Umstände in die Vergleichsbetrachtung zu und das Begünstigungsverbot aus § 78 S. 2 BetrVG spricht für ihre Berücksichtigung, solange diese Umstände nicht gerade auf der Amtsausübung beruhen. 184

Wird der Arbeitsplatz eines freigestellten Betriebsratsmitglieds **abgebaut,** ist darauf abzustellen, welcher Arbeitsplatz ihm nach seinem Arbeitsvertrag hätte übertragen werden müssen.[344] **Fehlt** es an im Wesentlichen vergleichbaren Arbeitnehmern, muss zwangsläufig auf die „am ehesten vergleichbaren Arbeitnehmer" abgestellt werden.[345] Das entspricht dem Zweck von § 37 Abs. 4 S. 1 BetrVG, die unsichere Hypothese über die individuelle berufliche Entwicklung durch eine leichter handhabbare und besser nachvollziehbare Vergleichsbetrachtung zu ersetzen. 185

Betriebsüblich ist eine Entwicklung, die aufgrund eines gleichförmigen Verhaltens des Arbeitgebers entsteht, die so typisch ist, dass mit ihr in der überwiegenden Anzahl der Fälle gerechnet werden kann.[346] Besonders schwer fällt die Frage, wann eine üblicherweise erfolgende und damit zu berücksichtigende **Beförderung** für das Entgelt zu berücksichtigen ist. Nach hM ist das nur der Fall, wenn nach den betrieblichen Gepflogenheiten das Betriebsratsmitglied zur Beförderung angestanden hätte oder wenn wenigstens die überwiegende Mehrheit der vergleichbaren Arbeitnehmer einen derartigen Aufstieg erreicht.[347] Auf diese 186

---

[338] Zur Berücksichtigung der beruflichen Entwicklung bei Teilfreistellungen *Jacobs/Frieling* ZfA 2015, 241 (248 f.).
[339] BAG 21.4.1983 – 6 AZR 407/80, AP BetrVG 1972 § 37 Nr. 43; zuletzt etwa 18.1.2017 – 7 AZR 205/15, NZA 2017, 935 Rn. 16; 21.2.2018 – 7 AZR 496/16, NZA 2018, 1012 Rn. 17; aus der Lit. statt vieler *Fitting* § 37 Rn. 119; GK-BetrVG/*Weber* § 37 Rn. 131 jeweils mwN.
[340] Treffend GK-BetrVG/*Weber* § 37 Rn. 131.
[341] Statt vieler *Jacobs/Frieling* ZfA 2015, 241 (256); *Rieble* NZA 2008, 276 (277); GK-BetrVG/*Weber* § 37 Rn. 130.
[342] Ebenso *Bayreuther* NZA 2014, 235 (236); *Fischer* NZA 2014, 71 (72); *Fitting* § 37 Rn. 120; *Jacobs/Frieling* ZfA 2015, 241 (247); *Rieble* NZA 2008, 276 (277); *Rüthers* RdA 1976 61 (63); *Richardi* BetrVG/*Thüsing* § 37 Rn. 75; GK-BetrVG/*Weber* § 37 Rn. 133; DKKW/*Wedde* § 37 Rn. 90. Einschränkend *Schweibert/Buse* NZA 2007, 1080 (1081 f.): Indikator für die in der Person angelegten Fähigkeiten.
[343] Ebenso GK-BetrVG/*Weber* § 37 Rn. 134; **aA** *Däubler* SR 2017, 85 (102); *Fitting* § 37 Rn. 122; HWGNRH/*Glock* § 37 Rn. 121; WPK/*Kreft* § 37 Fn. 38; DKKW/*Wedde* § 37 Rn. 90.
[344] BAG 17.5.1977 – 1 AZR 458/74, AP BetrVG 1972 § 37 Nr. 28; LAG Köln 19.4.2018 – 4 Sa 401/17, BeckRS 2018, 10889 Rn. 42 ff.
[345] Statt vieler *Fitting* § 37 Rn. 118; nunmehr auch GK-BetrVG/*Weber* § 37 Rn. 132 jeweils mwN; ähnlich HWGNRH/*Glock* § 37 Rn. 112.
[346] BAG 15.1.1992 – 7 AZR 194/91, AP BetrVG 1972 § 37 Nr. 84; zuletzt etwa 18.1.2017 – 7 AZR 205/15, NZA 2017, 935 Rn. 16; aus der Lit. statt vieler *Fitting* § 37 Rn. 121; GK-BetrVG/*Weber* § 37 Rn. 136 jeweils mwN.
[347] BAG 15.1.1992 – 7 AZR 194/91, AP BetrVG 1972 § 37 Nr. 84; 14.7.2010 – 7 AZR 359/09, NJOZ 2011, 272 Rn. 32; ebenso ErfK/*Koch* BetrVG § 37 Rn. 9; AR/*Maschmann* BetrVG § 37 Rn. 15; BeckOK ArbR/*Mauer* BetrVG § 37 Rn. 15; *Richardi* BetrVG/*Thüsing* § 37 Rn. 74; GK-BetrVG/*Weber*

beiden Fälle darf die Berücksichtigung von Beförderungen aber richtigerweise nicht beschränkt werden. Das zeigt sich etwa, wenn in einer größeren Abteilung eine einzige Führungsposition zu besetzen ist, oder wenn eine Beförderung als Einzelfallentscheidung[348] deklariert wird. Würde man hinsichtlich der Betriebsüblichkeit stets auf die Mehrheit der vergleichbaren Arbeitnehmer abstellen, wäre das Entgelt langfristig freigestellter Betriebsratsmitglieder – anders als bei vergleichbaren Arbeitnehmern – zwingend auf eine bestimmte Hierarchieebene gedeckelt. Mit Blick auf das Benachteiligungsverbot aus § 78 S. 2 BetrVG muss es daher genügen, wenn die Wahrscheinlichkeit einer Beförderung plausibilisiert wird, ohne dass hieran überzogene Anforderungen gestellt werden.[349]

187 **Mehrarbeitsvergütung,** die das Betriebsratsmitglied ohne seine Betriebsratstätigkeit konkret erlangt hätte, ist ihm schon deshalb weiterzuzahlen, weil es aus § 37 Abs. 2 BetrVG einen Anspruch auf Zahlung des eigenen Arbeitsentgelts ohne jede Minderung hat (→ Rn. 27, 155). Nach § 37 Abs. 4 S. 2 BetrVG hat es außerdem Anspruch auf **allgemeine** Zuwendungen des Arbeitgebers, die vergleichbaren Arbeitnehmern gewährt werden. Dagegen hat es keinen Anspruch auf solche Zuschläge, die vergleichbaren Arbeitnehmern zur Abgeltung zusätzlicher persönlicher Leistungen gewährt werden, zB Feiertags-, Nacht- oder Mehrarbeitszuschläge, da das Betriebsratsmitglied sonst besser gestellt wäre als die vergleichbaren Arbeitnehmer, die diese persönlichen Leistungen tatsächlich erbringen müssen.[350]

188 Um seine Ansprüche durchsetzen zu können, kann das Betriebsratsmitglied vom Arbeitgeber nach § 241 Abs. 2 BGB **Auskunft** über das Entgelt vergleichbarer Arbeitnehmer verlangen, wenn es anhand konkreter Umstände – und nicht nur „ins Blaue hinein" – eine gewisse Wahrscheinlichkeit für das Bestehen eines Erhöhungsanspruchs aus § 37 Abs. 4 BetrVG darlegen kann.[351]

189 **bb) Dauer des Schutzes.** Das Verbot der geringeren Entlohnung gilt nach § 37 Abs. 4 S. 1 BetrVG ab Beginn der Mitgliedschaft im Betriebsrat bis zu einem Jahr nach der Beendigung der **(persönlichen)** Amtszeit des Betriebsrats. Für vollständig von der Arbeit freigestellte Betriebsratsmitglieder kann sich der Zeitraum für den Entgeltschutz nach § 38 Abs. 3 BetrVG auf zwei Jahre verlängern (näher → Rn. 157).

190 **cc) Streitigkeiten.** Meinungsverschiedenheiten über die Höhe des Entgelts sind individualrechtliche Streitigkeiten und daher im arbeitsgerichtlichen Urteilsverfahren auszutragen (→ Rn. 50).

191 **b) Tätigkeitsschutz.** Nach § 37 Abs. 5 BetrVG dürfen Mitglieder des Betriebsrats einschließlich eines Zeitraums von einem Jahr nach Beendigung der Amtszeit nur mit Tätigkeiten beschäftigt werden, die den Tätigkeiten vergleichbarer Arbeitnehmer mit betriebsüblicher beruflicher Entwicklung gleichwertig sind, soweit nicht zwingende betriebliche Notwendigkeiten entgegenstehen. Die Regelung dient den ideellen Interessen und dem **Persönlichkeitsschutz** des Betriebsratsmitglieds, das nicht bei gleichem Entgelt mit geringer wertigen Tätigkeiten betraut werden soll.[352]

---

§ 37 Rn. 137; DKKW/*Wedde* § 37 Rn. 91; HK-BetrVG/*Wolmerath* § 37 Rn. 26; wohl auch HWGNRH/*Glock* § 37 Rn. 117.

[348] Vgl. LAG Hamm 23. 9. 2011 – 10 Sa 427/11, BeckRS 2012, 65044.

[349] Überzeugend *Bayreuther* NZA 2014, 235 (237); zust. auch HWK/*Reichold* BetrVG § 38 Rn. 24 u. § 37 Rn. 26.

[350] BAG 17. 5. 1977 – 1 AZR 458/74, AP BetrVG 1972 § 37 Nr. 28; aus der Lit. etwa GK-BetrVG/*Weber* § 37 Rn. 144 mwN.

[351] BAG 19. 1. 2005 – 7 AZR 208/04, BeckRS 2005, 30349201; 4. 11. 2015 – 7 AZR 972/13, NZA 2016, 1339 Rn. 19; aus der Lit. statt vieler *Fitting* § 37 Rn. 128; HWK/*Reichold* BetrVG § 37 Rn. 26; GK-BetrVG/*Weber* § 37 Rn. 142 jeweils mwN.

[352] HessLAG 14. 8. 1986 – 12 Sa 1225/85, BeckRS 1986 30450947; ebenso etwa *Fitting* § 37 Rn. 130; GK-BetrVG/*Weber* § 37 Rn. 150 mwN.

V. Schutzbestimmungen

192 Grundsätzlich üben Betriebsratsmitglieder ungeachtet ihres Amtes weiterhin ihre **gewöhnliche** berufliche Tätigkeit aus. Sie sind von ihrer beruflichen Tätigkeit nach § 37 Abs. 2 BetrVG lediglich insoweit zu befreien, als die Amtsausübung dies erfordert. Nach § 38 BetrVG vollständig freigestellte Betriebsratsmitglieder üben ihre Berufstätigkeit dagegen nicht mehr aus; bei ihnen kommt ein Tätigkeitsschutz folglich erst nach Beendigung der Freistellung in Betracht.[353]

193 Können Betriebsratsmitglieder mit ihren bisherigen Tätigkeiten nicht mehr beschäftigt werden, so hat eine andere Beschäftigung zu erfolgen, die den Tätigkeiten vergleichbarer Arbeitnehmer **gleichwertig** ist. Für die Vergleichbarkeit sind die Kriterien maßgebend, die auch für den Entgeltschutz gelten (ausführlich → Rn. 184 f.). Das Betriebsratsmitglied hat aus § 37 Abs. 5 BetrVG keinen Anspruch auf eine gleiche, sondern nur auf eine gleichwertige Tätigkeit. Gleichwertig ist eine Tätigkeit, wenn sie unter Berücksichtigung der Umstände des Einzelfalls ihrer Art nach so gestaltet ist, dass sie nicht als geringer eingeschätzt wird.[354] Entscheidend ist dafür nicht die Anschauung innerhalb der gesamten Berufssparte, sondern diejenige der **im Betrieb Beschäftigten,** da § 37 Abs. 5 BetrVG den Tätigkeitsschutz gerade auf betrieblicher Ebene regelt.[355] Werden vergleichbare Arbeitnehmer im Laufe der Amtszeit mit höherwertigen Tätigkeiten betraut, so hat eine Anpassung auch der Tätigkeit des Betriebsratsmitglieds zu erfolgen.[356]

194 Der Anspruch auf eine gleichwertige Tätigkeit ist nicht gegeben, soweit der Beschäftigung **zwingende betriebliche Notwendigkeiten** entgegenstehen. Nach Wortlaut und Zweckrichtung wird damit ersichtlich eine sehr enge Ausnahme umschrieben.[357] Bloße Zweckmäßigkeitserwägungen genügen nicht. Erforderlich ist vielmehr, dass den betrieblichen Notwendigkeiten (→ § 294 Rn. 56) im Einzelfall eine überragende Bedeutung zukommt. Das ist etwa der Fall, wenn das Betriebsratsmitglied die für die gleichwertige Tätigkeit erforderliche Qualifikation nicht hat und auch durch Fortbildungsmaßnahmen nicht erwerben kann.[358] Dasselbe gilt, wenn eine gleichwertige Beschäftigung zwar möglich wäre, die Besetzung des Arbeitsplatzes aber die mit der Amtsausübung verbundenen Unterbrechungen nicht gestattet.[359] Anders ist allerdings zu entscheiden, wenn die Arbeit in Unterbrechungszeiten durch einen anderen Arbeitnehmer verrichtet werden kann. Der Tätigkeitsschutz setzt in jedem Fall eine bereits vorhandene Möglichkeit der Beschäftigung voraus. Neue Arbeitsplätze, für die ansonsten kein Bedarf bestünde, muss der Arbeitgeber nicht eigens schaffen.[360]

195 Für **Versetzungen** zum Zwecke des Tätigkeitsschutzes gilt das allgemeine Mitbestimmungsrecht aus § 99 BetrVG, wobei Versetzungen in einen anderen Betrieb des Unternehmens nach § 103 Abs. 3 BetrVG der Zustimmung des Betriebsratsmitglieds oder des Betriebsrats bedürfen. Für die **Dauer** des Tätigkeitsschutzes gelten die gleichen Grundsätze wie für den Entgeltschutz (→ Rn. 189).

---

[353] Statt vieler *Fitting* § 37 Rn. 130; Richardi BetrVG/*Thüsing* § 37 Rn. 89.
[354] HessLAG 14.8.1986 – 12 Sa 1225/85, BeckRS 1986 30450947; aus der Lit. etwa *Fitting* § 37 Rn. 132; ErfK/*Koch* BetrVG § 37 Rn. 11; Richardi BetrVG/*Thüsing* § 37 Rn. 85.
[355] Ebenso HWGNRH/*Glock* § 37 Rn. 134; HWK/*Reichold* BetrVG § 37 Rn. 29; GK-BetrVG/*Weber* § 37 Rn. 152; ähnlich Richardi BetrVG/*Thüsing* § 37 Rn. 85: jedenfalls Vorrang; insoweit offen gelassen von HessLAG 14.8.1986 – 12 Sa 1225/85, BeckRS 1986 30450947; **aA** *Fitting* § 37 Rn. 132; ErfK/*Koch* BetrVG § 37 Rn. 11; WPK/*Kreft* § 37 Rn. 43; Löwisch/Kaiser/*Löwisch* § 37 Rn. 72; AR/*Maschmann* BetrVG § 37 Rn. 16; DKKW/*Wedde* § 37 Rn. 100.
[356] LAG RhPf 3.6.1980 – 3 Sa 134/80, LAGE BetrVG 1972 § 37 Nr. 15; aus der Lit. statt vieler *Fitting* § 37 Rn. 133 mwN.
[357] Statt vieler GK-BetrVG/*Weber* § 37 Rn. 154 mwN.
[358] Statt vieler *Fitting* § 37 Rn. 134 mwN.
[359] Ebenso GK-BetrVG/*Weber* § 37 Rn. 155.
[360] Ebenso *Fitting* § 37 Rn. 134; HWGNRH/*Glock* § 38 Rn. 136; Richardi BetrVG/*Thüsing* § 37 Rn. 87; GK-BetrVG/*Weber* § 37 Rn. 155.

5. Schutz der beruflichen Entwicklung

196 Das Benachteiligungs- und Begünstigungsverbot (zu diesem → Rn. 172ff.) gilt nach § 78 S. 2 Hs. 2 BetrVG ausdrücklich auch für die berufliche Entwicklung der Betriebsratsmitglieder. Sie dürfen wegen ihrer Amtstätigkeit in der beruflichen Entwicklung nicht schlechter gestellt werden als vergleichbare Arbeitnehmer und wegen ihrer Tätigkeit nicht von betrieblichen Berufsfortbildungsmaßnahmen ausgeschlossen werden.[361] Das gilt auch für Beförderungen (zum Entgeltschutz → Rn. 186).[362] Hat das Betriebsratsmitglied an beruflichen Entwicklungen und Fortbildungen wegen seiner Tätigkeit zunächst nicht teilnehmen können, muss ihm hierzu vom Arbeitgeber nach Beendigung der Mitgliedschaft im Betriebsrat Gelegenheit gegeben werden. § 38 Abs. 4 BetrVG hält insoweit nur deklaratorisch fest, dass der Schutz der beruflichen Entwicklung auch für **freigestellte Betriebsratsmitglieder** gilt (ausführlich → Rn. 157).

6. Bestandsschutz

197 Die Interessenkonflikte, die mit der Amtsausübung verbunden sind, begründen eine besondere Schutzbedürftigkeit der Betriebsratsmitglieder, was den Bestand ihres Arbeitsverhältnisses anbelangt. Das Benachteiligungsverbot aus § 78 S. 2 BetrVG (zu diesem → Rn. 172ff.) ist insoweit nicht ausreichend, weil kaum bewiesen werden kann, dass die unausgesprochene Motivation des Arbeitgebers in der (früheren) Betriebsratstätigkeit liegt. Ein besonderes Schutzbedürfnis besteht zudem für Auszubildende, wenn es um ihre Übernahme in ein unbefristetes Arbeitsverhältnis geht.

198 **a) Kündigungsschutz.** Den Mitgliedern des Betriebsrats wird in § 15 Abs. 1 KSchG ein besonderer Kündigungsschutz gewährt (ausführlich zu diesem → § 127 Rn. 1ff.). Die ordentliche Kündigung eines Mitglieds des Betriebsrats ist nach § 15 Abs. 1 S. 1 KSchG während der Amtszeit ausgeschlossen. Innerhalb eines Jahres **nach Beendigung der Amtszeit** ist die ordentliche Kündigung gem. § 15 Abs. 1 S. 2 KSchG nur zulässig, wenn die Beendigung der Mitgliedschaft auf einer gerichtlichen Entscheidung beruht (näher hierzu → § 292 Rn. 113). Die außerordentliche Kündigung ist zwar zulässig, bedarf aber nach § 103 Abs. 1 u. 2 BetrVG der Zustimmung des Betriebsrats oder deren Ersetzung durch das Arbeitsgericht (ausführlich → § 127 Rn. 36ff.).

199 **b) Übernahme Auszubildender.** Der allgemeine Kündigungsschutz für Betriebsratsmitglieder geht ins Leere, wenn es sich um Auszubildende handelt, deren Berufsausbildungsverhältnis mit dem Ablauf der Ausbildungszeit bzw. dem Bestehen der Abschlussprüfung nach § 21 BBiG **ohne Kündigung endet.** Insoweit geht es nicht um die Beendigung eines Arbeitsverhältnisses durch den Arbeitgeber, sondern um das Unterlassen der Begründung eines unbefristeten Arbeitsverhältnisses. Sind volljährige (→ § 291 Rn. 118) Auszubildende Mitglieder des Betriebsrats, besteht daher ein Bedürfnis dafür, den Auszubildenden bei der Entscheidung des Arbeitgebers über die Übernahme in ein unbefristetes Arbeitsverhältnis vor Benachteiligungen wegen seiner Betriebsratstätigkeit zu schützen.

200 Dem trägt **§ 78a BetrVG** Rechnung (ausführlich zu dieser Regelung → § 129 Rn. 22ff.). Nach § 78a Abs. 1 BetrVG hat der Arbeitgeber, wenn er einen Auszubildenden, der Mitglied des Betriebsrats ist, nach Beendigung des Berufsausbildungsverhältnisses nicht in ein Arbeitsverhältnis auf unbestimmte Zeit übernehmen will, dies dem Auszubildenden drei Monate vor Beendigung des Berufsausbildungsverhältnisses schriftlich mitzuteilen. Verlangt der Auszubildende gem. § 78a Abs. 2 BetrVG innerhalb der letzten drei Monate vor der Beendigung des Berufsausbildungsverhältnisses vom Arbeitgeber **schriftlich seine Weiterbeschäftigung,** gilt zwischen ihnen im Anschluss an das Berufsausbil-

---

[361] Statt vieler *Fitting* § 37 Rn. 133 aE; GK-BetrVG/*Kreutz* § 78 Rn. 71; GK-BetrVG/*Weber* § 37 Rn. 153.
[362] BAG 11.12.1991 – 7 AZR 75/91, NZA 1993, 909 (910); aus der Lit. statt vieler GK-BetrVG/*Kreutz* § 78 Rn. 71.

dungsverhältnis ein Arbeitsverhältnis auf unbestimmte Zeit als begründet. Der Arbeitgeber kann aber nach § 78a Abs. 4 BetrVG innerhalb von zwei Wochen nach Beendigung des Berufsausbildungsverhältnisses beim Arbeitsgericht die Feststellung beantragen, dass ein Arbeitsverhältnis nicht begründet wird, oder die Auflösung eines bereits begründeten Arbeitsverhältnisses beantragen, wenn Tatsachen vorliegen, aufgrund deren dem Arbeitgeber unter Berücksichtigung aller Umstände die Weiterbeschäftigung **nicht zugemutet** werden kann. Unzumutbar ist die Weiterbeschäftigung insbesondere, wenn dem Arbeitgeber kein unbefristet freier Arbeitsplatz zur Verfügung steht.[363] Der künftige Wegfall eines freien Arbeitsplatzes hat dagegen unberücksichtigt zu bleiben.[364]

7. Zeugnis

Die Betriebsratstätigkeit wird in §§ 37, 38 BetrVG zwar der arbeitsvertraglich geschuldeten Leistung gleichgestellt, ist mit ihr aber nicht identisch. Erwähnt der Arbeitgeber sie im Arbeitszeugnis, verstößt er daher grds. gegen das Benachteiligungsverbot aus **§ 78 S. 2 BetrVG** (zu diesem → Rn. 172 ff.), weil sich aus der Erwähnung eine Schlechterstellung bei der Suche nach einem neuen Arbeitsplatz ergeben kann; etwas anderes gilt nur, wenn die Erwähnung auf Wunsch des Arbeitnehmers erfolgt oder deshalb gerechtfertigt ist (allgemein → Rn. 175), weil der Arbeitnehmer langjährig freigestellt war und eine Beschränkung auf Angaben zur beruflichen Tätigkeit daher nicht zumutbar ist.[365]

VI. Geheimhaltungspflicht

Die Tätigkeit des Betriebsrats bringt es mit sich, dass er in vielfältiger Weise Informationen erhält, die zwar für die Ausübung seiner Kompetenzen erforderlich sind, an deren Geheimhaltung der Arbeitgeber aber ein erhebliches Interesse hat. § 79 Abs. 1 BetrVG löst diesen **Konflikt,** indem er die Mitglieder und Ersatzmitglieder des Betriebsrats einer Geheimhaltungspflicht unterwirft.

1. Zweck

Die Geheimhaltungspflicht soll die ungestörte Ausübung der unternehmerischen Tätigkeit und die **Wettbewerbsfähigkeit** des Betriebsinhabers gewährleisten, dessen Marktchancen gegenüber seinen Konkurrenten empfindlich beeinträchtigt wären, wenn Betriebs- oder Geschäftsgeheimnisse nach außen bekannt würden.[366]

Der Betriebsrat wird durch die Geheimhaltungspflicht dagegen nicht geschützt. Allerdings profitiert er reflexartig von ihr. Den mit den Mitbestimmungskompetenzen verbundenen Informationsanspruch (insb. aus § 80 Abs. 2 S. 1 BetrVG) kann der Arbeitgeber mit Blick auf § 79 Abs. 1 BetrVG nämlich nicht mit der Begründung verkürzen, die Erteilung von Informationen gefährde die betrieblichen Interessen.[367]

---

[363] BAG 15.11.2006 – 7 ABR 15/06, NZA 2007, 1381 Rn. 20; 25.2.2009 – 7 ABR 61/07, NJOZ 2009, 3933 Rn. 18.

[364] BAG 16.8.1995 – 7 ABR 52/94, NZA 1996, 493 (494); 25.2.2009 – 7 ABR 61/07, NJOZ 2009, 3933 Rn. 18.

[365] HessLAG 2.12.1983 – 13 Sa 141/83, AuR 1984, 287; ebenso GK-BetrVG/*Kreutz* § 78 Rn. 73; Schaub ArbR-HdB/*Linck* § 146 Rn. 18; Richardi BetrVG/*Thüsing* § 78 Rn. 27; NK-GA/*Waskow* BetrVG § 78 Rn. 23; vgl. zur Regelbeurteilung und § 8 BPersVG auch BAG 19.8.1992 – 7 AZR 262/91, NZA 1993, 222 (223 f.).

[366] BAG 26.2.1987 – 6 ABR 46/84, NZA 1988, 63 (64); LAG SchlH 20.5.2015 – 3 TaBV 35/14, NZA-RR 2016, 77 Rn. 46; aus der Lit. statt vieler GK-BetrVG/*Oetker* § 79 Rn. 8; WPK/*Preis* § 79 Rn. 1 mwN.

[367] BAG 31.1.1989 – 1 ABR 72/87, NZA 1989, 932 (933); aus der Lit. statt vieler GK-BetrVG/*Oetker* § 79 Rn. 10; HWK/*Sittard* BetrVG § 79 Rn. 2; zur Rechtmäßigkeit der Offenbarung nach der bis Juni 2018 umzusetzenden Geschäftsgeheimnis-Richtlinie (EU) 2016/943 näher GK-BetrVG/*Oetker* § 79 Rn. 7 mwN.

2. Voraussetzungen

205 Geheimzuhalten sind nach § 79 Abs. 1 S. 1 BetrVG Betriebs- oder Geschäftsgeheimnisse, die vom Arbeitgeber ausdrücklich als geheimhaltungsbedürftig bezeichnet worden sind und wegen der Zugehörigkeit zum Betriebsrat bekannt geworden sind.

206 **a) Betriebs- oder Geschäftsgeheimnis.** Einen inhaltlichen Unterschied zwischen Betriebs- und Geschäftsgeheimnissen gibt es nicht. Der zusätzliche Terminus „Geschäftsgeheimnis" soll lediglich verdeutlichen, dass die Bezeichnung Betriebsgeheimnis nicht auf den Betriebsbegriff, also Tatsachen im Zusammenhang mit der arbeitstechnischen Organisation beschränkt ist, sondern das gesamte geschäftliche Unternehmen betrifft. Unter einem **Betriebs- oder Geschäftsgeheimnis** ist daher jede im Zusammenhang mit einem Betrieb oder der unternehmerischen Tätigkeit stehende Tatsache zu verstehen, die nicht offenkundig, sondern nur einem eng begrenzten Personenkreis bekannt ist und nach dem Willen des Unternehmers aufgrund eines berechtigten wirtschaftlichen Interesses geheim gehalten werden soll.[368]

207 Neben dem subjektiven Willen des Unternehmers kommt es zusätzlich auf die **objektive** Geheimhaltungsbedürftigkeit im Sinne eines berechtigten wirtschaftlichen Interesses an. Der Arbeitgeber kann daher nicht beliebige Informationen zu Geschäftsgeheimnissen erklären. Ein berechtigtes Interesse liegt nach tradiertem Verständnis dann vor, wenn die Tatsache für die Wettbewerbsfähigkeit des Unternehmens von Bedeutung ist.[369] Das kann bei **Lohn- und Gehaltsdaten** zu bejahen sein, wenn sie einen Schluss auf Umsätze und Gewinnmöglichkeiten des Unternehmens zulassen.[370] An der Geheimhaltung von **Rechtsverstößen** innerhalb des Unternehmens besteht dagegen richtigerweise kein berechtigtes Interesse.[371] Soweit das straf- und lauterkeitsrechtliche Schrifttum diese Frage anders beurteilt, erklärt sich das aus dem für dieses Gebiet vornehmend wirtschaftlich verstandenen Vermögensbegriff, der auf die Verhinderung strafrechtsfreier Räume abzielt;[372] das schließt eine abweichende, aber insbesondere mit Blick auf §§ 134, 138 BGB in sich widerspruchsfreie Bewertung für das Gebiet des Zivilrechts – und damit auch im Betriebsverfassungsrecht[373] – nicht.[374] Das Geheimhaltungsinteresse des Arbeitgebers ist richtigerweise auch dann berechtigt, wenn ein berechtigtes Informationsinteresse der **Arbeitnehmer** besteht, da eine entsprechende Ausnahme dem Zweck der Geheimhaltungspflicht zuwider liefe und § 79 Abs. 1 S. 3 u. 4 BetrVG im Interesse der effektiven Mitbestimmung bestehende Ausnahmen abschließend normieren.[375] Weitere Beispiele für mögliche Betriebs- und Geschäftsgeheimnisse sind Herstellungsverfahren, Modelle, Schnitte, Kundenlisten, Planungen, Geschäftsbriefe, Aufzeichnungen zur Auftragslage oder Rechnungen von Zulieferern.[376]

---

[368] BAG 26.2.1987 – 6 ABR 46/84, NZA 1988, 63 (63); 13.2.2007 – 1 ABR 14/06, NZA 2007, 1121 Rn. 32; LAG SchlH 20.5.2015 – 3 TaBV 35/14, NZA-RR 2016, 77 Rn. 44; aus der Lit. statt vieler *Fitting* § 79 Rn. 3; GK-BetrVG/*Oetker* § 79 Rn. 11 f. mwN.

[369] Statt vieler MüKoStGB/*Janssen/Maluga* UWG § 17 Rn. 34 mwN; zur Ausweitung auf alle Informationen von kommerziellem Wert mit Blick auf Art. 2 Nr. 1 RL (EU) 2016/943 näher GK-BetrVG/*Oetker* § 79 Rn. 18; *Oetker* ZESAR 2017, 257 (259).

[370] BAG 26.2.1987 – 6 ABR 46/84, NZA 1988, 63 (64); 13.2.2007 – 1 ABR 14/06, NZA 2007, 1121 Rn. 32; HessLAG 16.12.2010 – 9 TaBV 55/10, BeckRS 2011, 72; aus der Lit. etwa GK-BetrVG/*Oetker* § 79 Rn. 15 mwN.

[371] Ebenso DKKW/*Buschmann* § 79 Rn. 9; *Fitting* § 79 Rn. 3; ErfK/*Kania* BetrVG § 79 Rn. 6; HK-BetrVG/*Lorenz* § 79 Rn. 12; WPK/*Preis* § 79 Rn. 8; NK-GA/*Waskow* BetrVG § 79 Rn. 6; aA HWK/*Sittard* BetrVG § 79 Rn. 8: einzelfallbezogene Abwägung; nunmehr auch GK-BetrVG/*Oetker* § 79 Rn. 21: Lösung erst auf Rechtsfolgenebene mit Blick auf Art. 5 lit. b RL (EU) 2016/943.

[372] Hierzu etwa MüKoStGB/*Hefendehl* § 263 Rn. 341 ff. mwN.

[373] Ausführlich zur hM GK-BetrVG/*Wiese* Einl. Rn. 89 ff. mwN.

[374] Insoweit auch GK-BetrVG/*Oetker* § 79 Rn. 19 f.

[375] Ebenso GK-BetrVG/*Oetker* § 79 Rn. 22; AR/*Rieble* BetrVG § 79 Rn. 4; wohl auch HWGNRH/*Nicolai* § 79 Rn. 6; **aA** LAG SchlH 20.5.2015 – 3 TaBV 35/14, NZA-RR 2016, 77 Rn. 59 ff.; DKKW/*Buschmann* § 79 Rn. 8; HK-BetrVG/*Lorenz* § 79 Rn. 9; ähnlich ErfK/*Kania* BetrVG § 79 Rn. 6.

[376] Für weitere Beispiele s. etwa *Fitting* § 79 Rn. 4; GK-BetrVG/*Oetker* § 79 Rn. 13 ff.

Offenkundig und damit nicht geheim ist eine Tatsache, die einem unbegrenzten Personenkreis bekannt ist oder die unschwer von außenstehenden Dritten ermittelt werden kann (vgl. dazu § 10 Abs. 2 BPersVG sowie Art. 2 Nr. 1 lit. a RL (EU) 2016/943). Entscheidend ist nicht, ob die Tatsache lediglich einem geschlossenen Personenkreis bekannt ist, sondern ob den Umständen nach mit einer Weitergabe an beliebige Dritte zu rechnen ist.[377]

b) Kenntniserlangung wegen der Betriebsratszugehörigkeit. Die besondere betriebsverfassungsrechtliche Geheimhaltungspflicht aus § 79 Abs. 1 S. 1 BetrVG bezieht sich nur auf Geheimnisse, die den Mitgliedern und Ersatzmitgliedern **wegen ihrer Zugehörigkeit** zum Betriebsrat bekannt geworden sind. Die Pflicht ist also eine Folge der betriebsverfassungsrechtlichen Amtsstellung. Für Geheimnisse, von denen Betriebsratsmitglieder auf andere Weise Kenntnis erhalten, zB durch ein zufälliges Gespräch unter Arbeitnehmern, gelten dagegen nur die allgemeinen Geheimhaltungspflichten (zu diesen → § 54 Rn. 32 ff.).

c) Ausdrückliche Geheimhaltungserklärung. Die Beurteilung, ob ein Betriebs- oder Geschäftsgeheimnis vorliegt, kann sich für die Mitglieder des Betriebsrats schwierig gestalten, zumal es hierfür insbesondere auf den subjektiven Geheimhaltungswillen des Arbeitgebers ankommt (→ Rn. 206 f.). Aus diesem Grund sieht § 79 Abs. 1 S. 1 BetrVG vor, dass die Geheimhaltungspflicht nur solche Tatsachen erfasst, die vom Arbeitgeber **ausdrücklich als geheimhaltungsbedürftig bezeichnet** worden sind (sog. formelles Geheimnis). Der Arbeitgeber muss also die Geheimhaltungsbedürftigkeit bestimmter Tatsachen gegenüber dem Betriebsrat unzweideutig zum Ausdruck gebracht haben. Eine besondere Form ist dafür nicht vorgeschrieben. Die Erklärung muss lediglich ausdrücklich erfolgen, so dass es nicht ausreicht, wenn sich der Geheimhaltungswunsch des Arbeitgebers allein aus den Umständen ergibt.[378] Der Hinweis auf die „Vertraulichkeit" bestimmter Angaben genügt diesen Anforderungen, weil damit üblicherweise der Wunsch nach Nichtweitergabe der Information zum Ausdruck gebracht wird.[379]

3. Verpflichtete Personen

Zur Verschwiegenheit verpflichtet sind nach § 79 Abs. 1 S. 1 BetrVG die Mitglieder und Ersatzmitglieder des Betriebsrats. Die Bestimmung ist allerdings auch auf den Betriebsrat als **Kollegialorgan** anzuwenden, weil sie nach ihrem Zweck die Bekanntgabe von Geheimnissen über den Kreis des Betriebsrats hinaus verhindern soll.[380] Das ist insofern von praktischer Bedeutung, als der Arbeitgeber unmittelbar gegen den Betriebsrat einen Unterlassungsanspruch (→ Rn. 216) geltend machen kann.

4. Inhalt und Grenzen der Geheimhaltungspflicht

Die Pflicht nach § 79 Abs. 1 S. 1 BetrVG geht dahin, Betriebs- oder Geschäftsgeheimnisse nicht zu offenbaren oder zu verwerten. Unter Offenbarung ist die **Bekanntgabe** des Geheimnisses an Betriebsangehörige oder außenstehende Dritte zu verstehen. **Verwertung** meint die eigene wirtschaftliche Nutzung des Geheimnisses zum Zweck der Gewinnerzielung.[381]

---

[377] Statt vieler GK-BetrVG/*Oetker* § 79 Rn. 17 mwN.
[378] Ebenso etwa WPK/*Preis* § 79 Rn. 6 mwN.
[379] Ebenso HWGNRH/*Nicolai* § 79 Rn. 6; GK-BetrVG/*Oetker* § 79 Rn. 34; AR/*Rieble* BetrVG § 79 Rn. 4; HWK/*Sittard* BetrVG § 79 Rn. 5; Richardi BetrVG/*Thüsing* § 79 Rn. 8; NK-GA/*Waskow* BetrVG § 79 Rn. 7; wohl auch HK-BetrVG/*Lorenz* § 79 Rn. 10 („streng vertraulich"); aA WPK/*Preis* § 79 Rn. 6; wohl auch *Fitting* § 79 Rn. 5 (Hinweis auf Eigenschaft als Geschäftsgeheimnis).
[380] BAG 26. 2. 1987 – 6 ABR 46/84, NZA 1988, 63 (63); aus der Lit. statt vieler *Fitting* § 79 Rn. 10; GK-BetrVG/*Oetker* § 79 Rn. 48 mwN.
[381] Statt vieler GK-BetrVG/*Oetker* § 79 Rn. 55 mwN.

213 Das Verbot des § 79 Abs. 1 S. 1 BetrVG beginnt mit der **Amtszeit** des Betriebsrats (näher → § 292 Rn. 2 ff.). Die Geheimhaltungspflicht greift ein, sobald dem Mitglied ein vom Arbeitgeber als solches bezeichnetes Geheimnis wegen seiner Betriebsratsratszugehörigkeit bekannt wird. Sie gilt solange fort, bis das Geheimnis offenkundig wird oder der Arbeitgeber es für nicht mehr geheimhaltungsbedürftig erklärt. Insbesondere besteht sie gem. § 79 Abs. 1 S. 2 BetrVG auch nach dem Ausscheiden aus dem Betriebsrat unbeschränkt fort. Auch die Beendigung des Arbeitsverhältnisses ändert nichts am Bestehen der Geheimhaltungspflicht.[382]

214 Die Geheimhaltungspflicht entfällt, wenn und soweit eine **gesetzliche Offenbarungspflicht** eingreift. Betriebsratsmitglieder haben gegenüber Behörden und Gerichten kein besonderes Auskunfts- oder Zeugnisverweigerungsrecht, so dass sie im Rahmen gesetzlicher Auskunfts- und Aussagepflichten auch Betriebs- oder Geschäftsgeheimnisse offenbaren müssen. Dies gilt insbesondere für Aussagen im Strafverfahren (vgl. § 48 Abs. 1 S. 2 StPO). Das Fehlen eines berufsbezogenen Zeugnisverweigerungsrechts für Betriebsratsmitglieder ist mit dem Grundgesetz vereinbar.[383]

215 Die Verpflichtung zur Geheimhaltung gilt nach § 79 Abs. 1 S. 3 BetrVG nicht gegenüber **anderen Mitgliedern** des Betriebsrats und nach § 79 Abs. 1 S. 4 BetrVG nicht gegenüber dem Gesamtbetriebsrat, dem Konzernbetriebsrat, der Bordvertretung, dem Seebetriebsrat, den Arbeitnehmervertretern im Aufsichtsrat, im Verfahren vor der Einigungsstelle, der tariflichen Schlichtungsstelle oder einer betrieblichen Beschwerdestelle. Damit soll die funktionsgerechte Zusammenarbeit der verschiedenen betriebsverfassungsrechtlichen Organe gewährleistet werden. Die Mitglieder der genannten Organe unterliegen nach § 79 Abs. 2 BetrVG ihrerseits einer **gleichartigen Geheimhaltungspflicht** (zur Verschwiegenheitspflicht von Arbeitnehmervertretern im Aufsichtsrat vgl. §§ 116 S. 1 u. 2, 93 Abs. 1 S. 3 AktG). Im Ergebnis wird die Pflicht zur Verschwiegenheit damit auf die Mitglieder der anderen Organe verlagert. Das Betriebsratsmitglied ist daher bei der Weitergabe eines Betriebs- oder Geschäftsgeheimnisses verpflichtet, auf die vom Arbeitgeber erklärte Geheimhaltungsbedürftigkeit hinzuweisen.[384]

5. Sanktionen

216 Bei eingetretenen oder drohenden Verstößen kann der Arbeitgeber das betreffende Betriebsratsmitglied oder den Betriebsrat als Kollegialorgan (→ Rn. 211) auf **Unterlassung** in Anspruch nehmen und diesen Anspruch im arbeitsgerichtlichen Beschlussverfahren durchsetzen (zur Herleitung des Unterlassungsanspruchs → Rn. 171).[385] Bei schuldhaften Verstößen steht dem Arbeitgeber ein Anspruch auf **Schadensersatz** zu, da § 79 Abs. 1 S. 1 BetrVG seine Wettbewerbsfähigkeit schützen soll (→ Rn. 203) und damit Schutzgesetz iSd § 823 Abs. 2 BGB ist.[386] Liegt in der unbefugten Offenbarung eines Geheimnisses zugleich eine Verletzung einer wesentlichen Pflicht aus dem Arbeitsverhältnis, kommt eine **außerordentliche Kündigung** durch den Arbeitgeber in Betracht (zu den besonderen Anforderungen näher → § 297 Rn. 6).[387]

217 Die unbefugte Offenbarung von Betriebs- oder Geschäftsgeheimnissen ist in § 120 Abs. 1 Nr. 1 BetrVG mit **Strafe** bedroht, wird aber nach § 120 Abs. 5 S. 1 BetrVG ausschließlich auf Antrag des Arbeitgebers verfolgt (sog. absolutes Antragsdelikt). Bei groben Verstößen ist ein Ausschluss des Betriebsratsmitglieds oder eine Auflösung des Betriebsrats nach § 23 Abs. 1 BetrVG möglich (näher → § 297 Rn. 2 ff. u. 29 ff.).

---

[382] Vgl. BAG 16.3.1982 – 3 AZR 83/79, NJW 1983, 134 (135).
[383] BVerfG 19.1.1979 – 2 BvR 995/78, NJW 1979, 1286.
[384] Statt vieler GK-BetrVG/*Oetker* § 79 Rn. 70 mwN.
[385] BAG 26.2.1987 – 6 ABR 46/84, NZA 1988, 63 (63); näher zur Konsistenz mit der jüngeren Judikatur des Siebten Senats zu § 74 Abs. 2 S. 3 BetrVG etwa GK-BetrVG/*Oetker* § 79 Rn. 77 f. mwN.
[386] Statt vieler *Fitting* § 79 Rn. 43; GK-BetrVG/*Oetker* § 79 Rn. 74 mwN.
[387] BAG 23.10.2008 – 2 ABR 59/07, NZA 2009, 855 Rn. 25 f.

6. Verhältnis zu weiteren Verschwiegenheitspflichten

§ 79 Abs. 1 S. 1 BetrVG ist **keine abschließende** Regelung – und zwar weder hinsichtlich sonstiger betriebsverfassungsrechtlicher Geheimhaltungspflichten noch für Verschwiegenheitspflichten auf anderer Grundlage, die sämtliche Arbeitnehmer und damit auch die Betriebsratsmitglieder betreffen (zu Letzteren ausführlich → § 54 Rn. 32 ff.).[388] 218

Weitere **betriebsverfassungsrechtliche** Geheimhaltungspflichten bestehen für **persönliche Verhältnisse** von Arbeitnehmern. So werden in §§ 99 Abs. 1 S. 3, 102 Abs. 2 S. 5 BetrVG spezielle Verschwiegenheitspflichten für persönliche Verhältnisse und Angelegenheiten von Arbeitnehmern normiert, die den Mitgliedern des Betriebsrats im Rahmen personeller Einzelmaßnahmen bekannt geworden sind. Nach §§ 82 Abs. 2 S. 3, 83 Abs. 1 S. 3 BetrVG haben Mitglieder des Betriebsrats, die von einem Arbeitnehmer zur Erläuterung des Arbeitsentgelts oder zur Einsicht in die Personalakten hinzugezogen werden, außerdem über den Inhalt der Verhandlungen bzw. der Personalakten Stillschweigen zu bewahren, soweit sie vom Arbeitnehmer nicht im Einzelfall von dieser Verpflichtung entbunden werden. Dabei kommt es nicht darauf an, ob es sich bei dem Inhalt um ein Geheimnis handelt. Die unbefugte Offenbarung des Geheimnisses eines Arbeitnehmers ist aber in § 120 Abs. 2 BetrVG mit Strafe bedroht, wobei die Tat nach § 120 Abs. 5 S. 1 BetrVG ausschließlich auf Antrag des Arbeitnehmers verfolgt wird (sog. absolutes Antragsdelikt). 219

Eine allgemeine Schweigepflicht der Betriebsratsmitglieder über **Interna des Betriebsrats** ist im Gesetz dagegen weder ausdrücklich vorgesehen noch lässt sie sich aus allgemeinen Grundsätzen ableiten. Insbesondere ist ein Betriebsratsmitglied nicht verpflichtet, über Verlauf und Inhalt von Betriebsratssitzungen Stillschweigen zu wahren, solange dadurch nicht die Funktionsfähigkeit des Betriebsrats beeinträchtigt wird.[389] 220

---

[388] Vgl. daneben etwa den Überblick bei GK-BetrVG/*Oetker* § 79 Rn. 88 ff.
[389] BAG 5. 9. 1967 – 1 ABR 1/67, AP BetrVG § 23 Nr. 8; HessLAG 16. 12. 2010 – 9 TaBV 55/10, BeckRS 2011, 72396.

§ 296 Kosten der Betriebsverfassung

Schrifttum:
Bayreuther, Sach- und Personalausstattung des Betriebsrats, NZA 2013, 758; *Bieder,* Das ungeschriebene Verhältnismäßigkeitsprinzip als Schranke privater Rechtsausübung, Diss. 2007 (zit.: *Bieder* Verhältnismäßigkeitsprinzip); *Bieder,* Grenzen der Arbeitgeberpflicht zur Ausstattung der Betriebsverfassungsorgane mit Kommunikationsmitteln, SAE 2010, 257; *Caspers,* Betriebsverfassungsrechtliche Fragen im Insolvenzverfahren, in: Heinrich, Symposion Insolvenz- und Arbeitsrecht (2010), 2011; *U. Fischer,* Sachausstattung des Betriebsrats und Behinderungsverbot nach § 78 BetrVG, BB 1999, 1920; *Franzen,* Betriebsratskosten und Umlageverbot, FS Adomeit, 2008, S. 173; *Franzen,* Freistellung des Betriebsrats von Kosten eines Rechtsanwalts für das Führen von Interessenausgleichs- und Sozialplanverhandlungen (Anm.), RdA 2017, 386; *Hilber/Frik,* Rechtliche Aspekte der Nutzung von Netzwerken durch Arbeitnehmer und den Betriebsrat, RdA 2002, 89; *v. Hoyningen-Huene,* Die Abwicklung der Betriebsratskosten nach § 40 Abs. 1 BetrVG, GS W. Blomeyer, 2003, S. 141; *Hunold,* Die Kosten der Betriebsratsarbeit, NZA-RR 1999, 113; *Jacobs/Frieling,* Betriebsratsvergütung, ZfA 2015, 241; *Junker,* Neue Kommunikationsmittel und Rechts des Betriebsrats, Beilage Nr. 10 zu BB 2000, 14; *Klebe/Wedde,* Vom PC zum Internet: IT-Nutzung auch für Betriebsräte?, DB 1999, 1954; *Maschmann,* Virtueller Belegschaftswahlkampf im Netz des Arbeitgebers?, NZA 2008, 613; *Preis/Ulber,* Zur Beauftragung von Beratern durch den Betriebsrat bei Betriebsveränderungen (Anm.), JZ 2013, 579; *Reichold/Rein,* Neues zur Binnenverfassung des Betriebsrats: Von Fraktionen, Hilfspersonen und ziemlich besten Freunden, RdA 2016, 369; *Rieble,* Die Kosten der Betriebsratsarbeit, NZA 2008, 276; *Rieble,* Gewerkschaftsnützige Leistungen an Betriebsräte, BB 2009, 1016; *Rieble,* Stundenhonorar für den Betriebsratsanwalt, FA 2013, 130; *Schiefer/Borchard,* Kosten des Betriebsrats gem. § 40 BetrVG, DB 2016, 770; *Stoffels,* Die Überlassung von Dienstwagen, FA 2009, 329; *Thüsing,* Schulung durch einen gewerkschaftsnahen gemeinnützigen Verein, SAE 1996, 288; *Walker,* Die Haftung des Betriebsrats und seines Vorsitzenden gegenüber externen Beratern, FS v. Hoyningen-Huene, 2014, S. 535; *Wank/Maties,* Die Erforderlichkeit von Schulungen der Personalvertretungen nach BetrVG und BPersVG, NZA 2005, 1033; *Weber,* Erforderlichkeit von Computer und Internet für die Betriebsratsarbeit?, NZA 2008, 280; *Wietfeld,* Kinderbetreuungskosten eines Betriebsratsmitglieds, SAE 2012, 45; *Zimmermann,* Zur rechtlichen Problematik von Betriebsratsschulungen mit Verwöhncharakter – ein Tabuthema, NZA 2017, 162; *Zumkeller/Lüber,* Der Betriebsrat als „Arbeitgeber", BB 2008, 2067.

Übersicht

	Rn.
I. Allgemeines zur Kostentragung	1
1. Systematik	2
2. Verhältnismäßigkeitsprüfung	3
3. Anspruchsgegner	9
4. Betriebsübergang und Umwandlung	10
5. Besonderheiten in der Insolvenz	12
II. Kosten der Betriebsratstätigkeit	16
1. Allgemeines	17
2. Einzelfälle	20
a) Geschäftstätigkeit	21
b) Fahrtkosten	22
c) Reisekosten	24
d) Teilnahme an Schulungs- und Bildungsveranstaltungen	26
aa) Geeignetheit	27
bb) Erforderlichkeit	28
cc) Angemessenheit	29
dd) Begrenzung aus Art. 9 Abs. 3 GG	30
ee) Einzelne Kostenpositionen	33
e) Rechtsschutz	34
aa) Betriebsrat	35
bb) Betriebsratsmitglieder	39
f) Sachverständige	41
g) Schäden	42
3. Anspruchsinhalt	44
a) Gesetzliches Schuldverhältnis	45
b) Art der Kostentragung	47
c) Höhe der Kostentragung	50
4. Abtretung, Pfändung und Aufrechnung	51

	Rn.
5. Verjährung und Ausschluss	55
III. Sachaufwand und Büropersonal	56
1. Allgemeines	57
2. Räume	60
3. Sachliche Mittel	61
4. Informations- und Kommunikationstechnik	65
5. Büropersonal	68
6. Besitz- und Eigentumsverhältnisse	69
IV. Umlageverbot	72
1. Beiträge für den Betriebsrat	73
2. Beiträge für andere Zwecke	76
V. Streitigkeiten	77

I. Allgemeines zur Kostentragung

Der Arbeitgeber hat die Kosten der gesamten Betriebsverfassung zu tragen.[1] Sie sind daher Teil der betrieblichen Aufwendungen.[2]

1. Systematik

Den größten Kostenblock macht in der Praxis die Verpflichtung zur Fortzahlung von Entgelt bei Arbeitsversäumnis von Betriebsratsmitgliedern aus, die in § 37 BetrVG gesondert geregelt ist (ausführlich → § 295 Rn. 6 ff.). Für die Wahlkosten statuiert das Gesetz in § 20 Abs. 3 BetrVG (→ § 291 Rn. 276 ff.), für die Kosten der Einigungsstelle in § 76a Abs. 1 BetrVG eine eigenständige Pflicht zur Kostentragung (→ § 308 Rn. 172 ff.). Die übrigen Kosten der Tätigkeit des Betriebsrats hat der Arbeitgeber nach § 40 BetrVG zu tragen. Das Gesetz differenziert dabei zwischen Kosten der Betriebsratstätigkeit nach § 40 Abs. 1 BetrVG (→ Rn. 16 ff.) und Kosten für Sachmittel sowie Büropersonal nach § 40 Abs. 2 BetrVG (→ Rn. 56 ff.). Diese Kosten darf der Arbeitgeber nach § 41 BetrVG nicht auf die Arbeitnehmer umlegen (→ Rn. 72 ff.). Diese Vorgaben sind zwingend (→ § 292 Rn. 2).

2. Verhältnismäßigkeitsprüfung

Eine Kostentragungspflicht des Arbeitgebers besteht nach der Konzeption des Gesetzes nur für Kosten, die „erforderlich" sind. In § 37 Abs. 2, Abs. 6 S. 1 BetrVG und § 40 Abs. 2 BetrVG wird diese Voraussetzung im Wortlaut explizit erwähnt. Nach allgemeiner Ansicht gilt sie aber als **betriebsverfassungsrechtlicher Grundsatz**[3] für sämtliche Kostentragungspflichten des Arbeitgebers, dh auch für § 20 Abs. 3 BetrVG (Wahlkosten),[4] § 76a Abs. 1 BetrVG[5] (Kosten der Einigungsstelle) und § 40 Abs. 1 BetrVG (Kosten der Betriebsratstätigkeit).[6]

Eine Erforderlichkeitsprüfung impliziert stets, dass zunächst die **Geeignetheit** als erster Teilgrundsatz der Verhältnismäßigkeit festzustellen ist.[7] Voraussetzung einer Kostentragungspflicht des Arbeitgebers ist daher stets, dass die Kosten verursachende Maßnahme geeignet ist, den von der jeweiligen Kostentragungsnorm vorgegebenen Zweck zu för-

---

[1] Nach *Niedenhoff* IW-Analysen Nr. 7, 2004, S. 18 lagen die direkten Gesamtkosten der Anwendung des BetrVG 2004 bei ca. 650 EUR pro Mitarbeiter und Jahr.
[2] Vgl. EStR 2012 R 6.3 (Kosten der allgemeinen Verwaltung).
[3] So BAG 13.11.1991 – 7 ABR 70/90, NZA 1992, 459 (461).
[4] Statt vieler Richardi BetrVG/*Thüsing* § 20 Rn. 35 mwN.
[5] BAG 13.11.1991 – 7 ABR 70/90, NZA 1992, 459 (461); aus der Lit. statt vieler GK-BetrVG/*Jacobs* § 76a Rn. 9 f. mwN.
[6] Grundl. BAG 27.9.1974 – 1 ABR 67/73, AP BetrVG 1972 § 40 Nr. 8; 19.4.1989 – 7 ABR 87/87, NZA 1989, 936 (936); aus der Lit. statt vieler *Fitting* § 40 Rn. 9; GK-BetrVG/*Weber* § 40 Rn. 12 jeweils mwN.
[7] Ausführlich hierzu *Bieder* Verhältnismäßigkeitsprinzip, S. 144 f. u. 214 f. mwN.

dern. Sie muss also der Durchführung der Betriebsratswahl (§ 20 Abs. 3 BetrVG) oder der Erfüllung der **gesetzlichen Aufgaben** des Betriebsrats (§§ 37, 40 BetrVG) bzw. der Einigungsstelle (§ 76a Abs. 1 BetrVG) dienen.[8] Schon mangels Eignung hat der Betriebsrat daher bspw. keinen Anspruch aus § 40 Abs. 2 BetrVG auf Überlassung von Literatur zum Lohnsteuerrecht, da er weder für die Beratung der Arbeitnehmer (→ § 294 Rn. 131) noch für die Kontrolle des Arbeitgebers in Steuerfragen zuständig ist.[9] Richtigerweise ist die Eignung einer Maßnahme **objektiv** zu beurteilen, so dass auch bei unverschuldetem Irrtum keine Kostentragungspflicht entsteht.[10] Dafür spricht bereits der Wortlaut der Kostentragungsnormen, die durchweg objektiv formuliert sind und nicht auf die subjektive Sicht des Kostenverursachers abstellen (vgl. demgegenüber § 670 BGB). Außerdem wäre die Belastung des Arbeitgebers mit Kosten für ungeeignete Maßnahmen auch teleologisch nicht überzeugend, da hinsichtlich der Eignung einer Maßnahme – anders als bei der Beurteilung von Erforderlichkeit und Angemessenheit (→ Rn. 8) – kein signifikantes Prognoserisiko besteht.

5   In einem zweiten Schritt ist die **Erforderlichkeit** der Maßnahme zu prüfen. Nach allgemeinen Grundsätzen ist eine Maßnahme dann erforderlich, wenn sie im Vergleich zu anderen (gleich geeigneten) Maßnahmen das mildeste Mittel darstellt,[11] im vorliegenden Zusammenhang also die geringsten Kosten verursacht (zur inhaltlichen „Überladung" der Erforderlichkeitsprüfung durch die hM → Rn. 7).[12] Nicht erforderlich ist bspw. die Teilnahme an einer Schulung, die neben notwendigen Kenntnissen auch solche behandelt, die nicht den gesetzlichen Aufgaben des Betriebsrats dienen (→ Rn. 4), und aus diesem Grund länger dauert als eine thematisch korrekt begrenzte und damit gleich geeignete Schulung. In diesem Fall besteht weder ein Freistellungsanspruch aus § 37 Abs. 2 u. 6 BetrVG noch ein Anspruch auf (volle) Kostenerstattung nach § 40 Abs. 1 BetrVG (→ Rn. 26).

6   Umstritten ist, ob die Kosten verursachende Maßnahme auch auf ihre Verhältnismäßigkeit im engeren Sinne **(Angemessenheit)** zu überprüfen ist, ob also der Nutzen der Maßnahme im Verhältnis zu den mit ihr verursachten Kosten stehen muss. Das ist richtigerweise zu bejahen.[13] Systematisch kommt das Angemessenheitserfordernis etwa in § 37 Abs. 6 S. 3 BetrVG zum Ausdruck, wonach der Betriebsrat für Schulungsteilnahmen auch **betriebliche Belange** berücksichtigen muss.[14] Darüber hinaus entspricht es dem Gebot vertrauensvoller Zusammenarbeit aus § 2 Abs. 1 BetrVG, keine unangemessenen Kosten zu verursachen. Teleologisch ist die Angemessenheitsprüfung schließlich zwingend, weil

---

[8] BAG 10.8.1994 – 7 ABR 35/93, NZA 1995, 796 (797) zu § 40 Abs. 1 BetrVG; 31.8.1994 – 7 AZR 893/93, NZA 1995, 225 (227) zu § 37 Abs. 2 BetrVG; 21.6.2006 – 7 AZR 418/05, BeckRS 2006, 134732 Rn. 14 zu § 37 Abs. 2 BetrVG; BAG 20.4.2016 – 7 ABR 50/14, NZA 2016, 1033 Rn. 21 zu § 40 Abs. 2 BetrVG; aus der Lit. statt vieler *Bieder* Verhältnismäßigkeitsprinzip, S. 214 ff.; *Fitting* § 37 Rn. 23 ff. u. § 40 Rn. 9; GK-BetrVG/*Weber* § 37 Rn. 29 u. § 40 Rn. 11 mwN.
[9] LAG Düsseldorf 22.8.1968 – 7 BVTa 4/68, BB 1970, 79; zur Schulungsteilnahme (§ 37 Abs. 6 BetrVG) auch BAG 11.12.1973 – 1 ABR 37/73, BeckRS 9998, 149839. Aus der Lit. etwa *Fitting* § 40 Rn. 126; GK-BetrVG/*Weber* § 40 Rn. 164 mwN.
[10] BAG 10.8.1994 – 7 ABR 35/93, NZA 1995, 796 (797); 21.6.2006 – 7 AZR 418/05, BeckRS 2006, 134732 Rn. 14; ebenso HWGNRH/*Glock* § 37 Rn. 33; grds. auch GK-BetrVG/*Weber* § 37 Rn. 29 u. § 40 Rn. 11; Richardi BetrVG/*Thüsing* § 37 Rn. 16, die aber einen „Beurteilungsspielraum" einräumen wollen; so wohl auch ErfK/*Koch* BetrVG § 37 Rn. 2; **aA** *Fitting* § 37 Rn. 33; DKKW/*Wedde* § 37 Rn. 25; anders – aber zur Rechtmäßigkeit einer Abmahnung im Irrtumsfall – auch LAG Brem 28.6.1989 – 2 Sa 39/89, BeckRS 1989, 30457012; HWK/*Reichold* BetrVG § 37 Rn. 9.
[11] Statt vieler *Bieder* Verhältnismäßigkeitsprinzip, S. 2f. mwN.
[12] Vgl. bei Kostenerstattung etwa MüKoBGB/*Schäfer* § 670 Rn. 25.
[13] Ebenso BAG 28.6.1995 – 7 ABR 55/94, NZA 1995, 1216 (1217); 17.6.1998 – 7 ABR 25/97, NZA 1999, 163 (163); AR/*Maschmann* BetrVG § 37 Rn. 18 u. § 40 Rn. 2; HWK/*Reichold* BetrVG § 37 Rn. 11 u. § 40 Rn. 39; Richardi BetrVG/*Thüsing* § 37 Rn. 114ff. (u. 25f.) u. § 40 Rn. 7; **aA** *Fitting* § 37 Rn. 171 u. § 40 Rn. 10; ErfK/*Koch* BetrVG § 37 Rn. 17; GK-BetrVG/*Weber* § 37 Rn. 33; DKKW/*Wedde* § 37 Rn. 141 u. § 40 Rn. 5; HK-BetrVG/*Wolmerath* § 37 Rn. 32 u. § 40 Rn. 4; teils auch WPK/*Kreft* § 37 Rn. 60 (anders § 40 Rn. 10).
[14] Zutreffend HWK/*Reichold* BetrVG § 37 Rn. 39.

es andernfalls keinerlei Begrenzung der Kostentragungspflicht gäbe, solange eine Maßnahme nur den Aufgaben des Betriebsrats dient (→ Rn. 4) und es keine gleich geeigneten, aber kostengünstigeren Handlungsalternativen gibt (→ Rn. 5). Andernfalls hätte der Betriebsrat bspw. auch in einem kleinen finanzschwachen Betrieb mit nur fünf Arbeitnehmern stets Anspruch auf ein eigenes Büro, einen eigenen Computer und eine umfangreiche Bibliothek.

Die hier vertretene Auffassung sieht sich auch dadurch bestätigt, dass die **Vertreter der** 7 **Gegenansicht** iRd Erforderlichkeitsprüfung zuweilen doch auf die betrieblichen Verhältnisse, die konkrete Aufgabensituation des Betriebsrats oder die „Zumutbarkeit" der Kosten verursachenden Maßnahmen abstellen wollen.[15] Das mag im Ergebnis zwar überzeugen (→ Rn. 6), fügt sich inhaltlich aber nicht in die nach günstigeren Handlungsalternativen fragende Erforderlichkeitsprüfung ein (→ Rn. 5). Eine solche „Überladung" der Erforderlichkeitsprüfung ist daher abzulehnen. Die mit ihr einhergehende Nivellierung der Grenzen von Erforderlichkeit und Angemessenheit führt letztlich dazu, dass die klar strukturierte, dreistufige Verhältnismäßigkeitsprüfung mit ihren unterschiedlichen Prüfungsaspekten durch eine konturenlose Billigkeitsabwägung ersetzt wird und dadurch den entscheidenden Vorteil gegenüber einer – für alle Beteiligten deutlich weniger rechtssicheren[16] – Missbrauchskontrolle nach § 242 BGB verliert.[17]

Die hiernach vorzugswürdige Angemessenheitsprüfung erfordert eine **Kosten-** 8 **Nutzen-Abwägung** unter Berücksichtigung der konkreten betrieblichen Verhältnisse: Je gewichtiger eine Maßnahme für die Durchführung der (konkret bestehenden) Aufgaben des Betriebsrats ist, desto höher dürfen ihre Kosten ausfallen – und umgekehrt. Zu berücksichtigen sind dabei insbesondere die Größe und Finanzkraft des Betriebs sowie die betrieblichen Verhältnisse, vor allem wenn es um die Ausstattung mit Sachmitteln geht. Eine dergestalt durchgeführte Angemessenheitsprüfung führt weder zu Rechtsunsicherheit (→ Rn. 7) noch schränkt sie den Betriebsrat über Gebühr ein.[18] Das liegt insbesondere daran, dass Erforderlichkeit und Angemessenheit *ex ante* zu beurteilen sind und dem Betriebsrat insoweit ein **Beurteilungsspielraum** zusteht (zur Eignung → Rn. 4; zur objektiven Beurteilung bei § 40 Abs. 2 BetrVG → Rn. 59).[19] Das entspricht dem allgemeinen Grundsatz, dass bei der Wahrnehmung fremder Interessen das Vertrauensschutzprinzip[20] zu berücksichtigen ist, so dass hinsichtlich der Ersatzpflicht eine sorgfältige, den Umständen des Falles angemessene Prüfung erforderlich, aber auch ausreichend ist.[21] Maßgeblich ist der Zeitpunkt der Kostenverursachung oder – soweit erforderlich (→ Rn. 26, 38, 41) – der Beschlussfassung durch den Betriebsrat (zur rückwirkenden Beschlussfassung ausführlich → § 294 Rn. 89).[22]

3. Anspruchsgegner

Die Kostentragungspflicht trifft den Arbeitgeber in seiner Eigenschaft als **Betriebsinha-** 9 **ber.** Führen mehrere Arbeitgeber einen gemeinsamen Betrieb iSd § 1 Abs. 2 BetrVG, haften sie für die Kosten der Betriebsratstätigkeit nach allgemeinen Grundsätzen[23] als Ge-

---

[15] Exemplarisch *Fitting* § 40 Rn. 72; ErfK/*Koch* BetrVG § 40 Rn. 1; DKKW/*Wedde* § 40 Rn. 5, 153, 177.
[16] AA offenbar GK-BetrVG/*Weber* § 37 Rn. 213; ihm folgend *Fitting* § 40 Rn. 10; zu den überaus vagen Kriterien einer „unerträglichen Unbilligkeit" iSd § 242 BGB hinsichtlich der Kostentragung nach § 40 Abs. 1 BetrVG vgl. etwa BAG 19.4.1989 – 7 ABR 6/88, NZA 1990, 233 (234 f.).
[17] So die überzeugende Kritik von *Bieder* Verhältnismäßigkeitsprinzip, S. 216 f.
[18] So die Sorge von GK-BetrVG/*Weber* § 37 Rn. 213; zust. *Fitting* § 40 Rn. 10.
[19] BAG 12.5.1999 – 7 ABR 36/97, NZA 1999, 1290 (1292); 16.5.2007 – 7 ABR 45/06, NZA 2007, 1117 Rn. 23 f.; aus der Lit. statt vieler AR/*Maschmann* BetrVG § 40 Rn. 2; Richardi BetrVG/*Thüsing* § 37 Rn. 26.
[20] Hierzu etwa MüKoBGB/*Schäfer* § 670 Rn. 25 f. mwN.
[21] Ähnlich Richardi BetrVG/*Thüsing* § 37 Rn. 26.
[22] BAG 8.4.1992 – 7 ABR 56/91, NZA 1993, 415 (416); 27.5.2015 – 7 ABR 26/13, NZA 2015, 1141 Rn. 23; aus der Lit. statt vieler GK-BetrVG/*Weber* § 40 Rn. 13 mwN.
[23] Zu diesen statt vieler Staudinger/*Looschelders* BGB § 421 Rn. 10 ff. mwN.

samtschuldner iSd § 421 BGB,²⁴ insbesondere begründet die gemeinschaftliche Betriebsführung die hierfür erforderliche Gleichstufigkeit. Nimmt der Betriebsrat im Fall einer unternehmensübergreifenden Umstrukturierung ein **Übergangsmandat** wahr, ist eine Zuordnung der Kosten des Betriebsrats danach vorzunehmen, für welchen Betrieb die jeweils Kosten auslösende Arbeit erfolgt, andernfalls haften die Arbeitgeber im Außenverhältnis wiederum nach allgemeinen Grundsätzen als Gesamtschuldner iSd § 421 BGB (ausführlich → § 292 Rn. 75). Die mit der Ausübung eines Restmandats verbundenen Kosten hat der Arbeitgeber des Ursprungsbetriebs zu tragen (ausführlich → § 292 Rn. 93).

4. Betriebsübergang und Umwandlung

10 Bei einem **Betriebsübergang** tritt der Erwerber nach § 613a Abs. 1 S. 1 BGB nur in die Rechte und Pflichten aus den im Zeitpunkt des Übergangs bestehenden Arbeitsverhältnissen ein. Zu betriebsverfassungsrechtlichen Ansprüchen besagt die Vorschrift richtigerweise nichts.²⁵ Dass der Betriebserwerber Erstattungsansprüche des Betriebsrats und seiner Mitglieder erfüllen muss, folgt aber daraus, dass diese Ansprüche an die **Betriebsinhaberschaft** geknüpft sind (→ Rn. 9).²⁶ Dogmatisch entspricht das der für §§ 25–28 HGB entwickelten Kontinuitätstheorie, wonach Verbindlichkeiten eines (als solchen nicht rechtsfähigen) Unternehmens auch dann mit diesem verknüpft bleiben, wenn der hinter dem Unternehmen stehende Unternehmensträger im Wege der Einzelrechtsnachfolge wechselt (zur Übertragung in der Insolvenz → Rn. 14).²⁷ In der Konsequenz dieser dogmatischen Verortung liegt es, dass nach einer rechtsgeschäftlichen Übertragung des Betriebs neben dem Erwerber – entgegen der Ansicht des BAG – auch der Veräußerer weiterhin haftet.²⁸ Das lässt sich zwar nicht auf § 613a Abs. 2 BGB stützen, da diese Vorschrift nur Ansprüche aus dem Arbeitsverhältnis erfasst.²⁹ Der Veräußerer haftet aber **analog § 26 Abs. 1 HGB** akzessorisch³⁰ und auf fünf Jahre begrenzt, da nach allgemeinen Grundsätzen die durch Rechtsgeschäft bewirkte Übertragung einer Verbindlichkeit ohne Zustimmung des Gläubigers nicht zu einer vollständigen Enthaftung des bisherigen Schuldners führen darf.³¹ Der Ausgleich im Innenverhältnis zwischen Veräußerer und Erwerber erfolgt daher nicht im Wege der Schadensersatzhaftung des Veräußerers.³² Entspricht die Kostentragung nicht der Vereinbarung mit dem Veräußerer, hat der Erwerber vielmehr die Regressmöglichkeit analog § 774 Abs. 1 BGB³³ sowie (idR) einen vertraglichen **Erstattungsanspruch**.

11 Für diese Sichtweise zum Betriebsübergang spricht insbesondere der Gleichlauf zur **umwandlungsrechtlichen** Übertragung (zur Umwandlung in der Insolvenz → Rn. 15).³⁴ Bei dieser gehen zum einen die Verbindlichkeiten des übertragenden Rechtsträgers („Veräußerers") im Wege der Universalsukzession auf den übernehmenden Rechtsträger („Erwerber") über (§ 20 Abs. 1 Nr. 1 UmwG). Das gilt auch für Erstattungsansprüche des Betriebsrats

---

²⁴ BAG 19.4.1989 – 7 ABR 6/88, NZA 1990, 233 (233).
²⁵ **AA** noch BAG 13.7.1994 – 7 ABR 50/93, NZA 1994, 1144 (1145); 9.12.2009 – 7 ABR 90/07, NZA 2010, 461 Rn. 18; ebenso noch DKKW/*Wedde* § 40 Rn. 3.
²⁶ Grundl. nunmehr BAG 20.8.2014 – 7 ABR 60/12, NZA 2015, 1530 Rn. 23 ff.; aus der Lit. statt vieler *Fitting* § 40 Rn. 95; GK-BetrVG/*Weber* § 40 Rn. 6 jeweils mwN.
²⁷ Grundl. *K. Schmidt* ZHR 145 (1981), 2 ff.; ähnlich das Modell der sog. partiellen Universalsukzession von *J. Flume* ZHR 170 (2006), 727 (742 ff.); zu diesen ausführlich MüKoHGB/*Thiessen* § 25 Rn. 18 ff. mwN.
²⁸ **AA** BAG 20.8.2014 – 7 ABR 60/12, NZA 2015, 1530 Rn. 29. *Fitting* § 40 Rn. 95; Löwisch/Kaiser/*Löwisch* § 40 Rn. 5; AR/Maschmann BetrVG § 40 Rn. 5; HWK/*Reichold* BetrVG § 40 Rn. 4; GK-BetrVG/*Weber* § 40 Rn. 6; HK-BetrVG/*Wolmerath* § 40 Rn. 13.
²⁹ Insoweit zutreffend BAG 20.8.2014 – 7 ABR 60/12, NZA 2015, 1530 Rn. 29.
³⁰ Überzeugend *K. Schmidt* FS Medicus, 1999, S. 555 (568); zust. etwa MüKoHGB/*Thiessen* § 25 Rn. 22 f., 26 mwN.
³¹ Statt vieler MüKoHGB/*Thiessen* § 25 Rn. 22 u. § 26 Rn. 1 mwN.
³² **AA** BAG 20.8.2014 – 7 ABR 60/12, NZA 2015, 1530 Rn. 26; HWGNRH/*Glock* § 40 Rn. 4.
³³ Zur analogen Anwendung bei akzessorischer Haftung etwa MüKoHGB/*K. Schmidt* § 128 Rn. 31 mwN.
³⁴ Dazu näher im Zusammenhang mit §§ 25–28 HGB *J. Flume* ZHR 170 (2006), 727 (742 ff.).

I. Allgemeines zur Kostentragung

und seiner Mitglieder.³⁵ Bei partieller Rechtsnachfolge haftet außerdem der übertragende Rechtsträger („Veräußerer") neben dem übernehmenden Rechtsträger („Erwerber") akzessorisch³⁶ und auf fünf Jahre begrenzt weiter (§ 133 Abs. 1 S. 1, Abs. 3 UmwG). Ebenso wie bei der Übertragung durch Einzelrechtsnachfolge hat der Erwerber gegen den Veräußerer ggf. einen Ausgleichsanspruch im Innenverhältnis (→ Rn. 10).

5. Besonderheiten in der Insolvenz

Im Fall der Insolvenz des Arbeitgebers kommt es für die rechtliche Behandlung von Kostenerstattungsansprüchen des Betriebsrats auf den Zeitpunkt ihrer Entstehung an: **Vor Eröffnung** des Insolvenzverfahrens durch Eröffnungsbeschluss des Insolvenzgerichts (vgl. § 27 Abs. 3 InsO) begründete Kostenansprüche sind einfache Insolvenzverbindlichkeiten iSd § 38 InsO, die nach § 174 InsO zur Tabelle anzumelden sind.³⁷ 12

Nach Eröffnung des Insolvenzverfahrens entstandene Ansprüche auf Kostenerstattung sind nach § 55 Abs. 1 Nr. 1 InsO Masseverbindlichkeiten und daher nach § 53 InsO vorab zu berichtigen,³⁸ da sie entweder durch Handlungen des Insolvenzverwalters – zB die Aufnahme eines nach § 240 ZPO unterbrochenen Beschlussverfahrens³⁹ – oder durch Verwaltung der Insolvenzmasse⁴⁰ begründet werden. 13

Wird ein Betrieb vom Insolvenzverwalter rechtsgeschäftlich übertragen, haftet der **Betriebserwerber** für Kostenerstattungsansprüche nicht, soweit sie bloße Insolvenzverbindlichkeiten sind (zur Einordnung → Rn. 12 f.).⁴¹ Entgegen der Ansicht des BAG⁴² ist die Haftung des Erwerbers zwar nicht in § 613a Abs. 1 S. 1 BGB, sondern in § 25 HGB zu verorten (→ Rn. 10). Diese Vorschrift ist allerdings nach allgemeiner Ansicht – ebenso wie § 613a Abs. 1 S. 1 BGB – bei Erwerb vom Insolvenzverwalter, dh nach Eröffnung des Insolvenzverfahrens (vgl. § 27 Abs. 3 InsO), teleologisch zu reduzieren, weil andernfalls ein Verkauf aus der Insolvenzmasse praktisch unmöglich wäre (vgl. zu diesem Rechtsgedanken auch § 75 Abs. 2 AO).⁴³ 14

Nach Inkrafttreten von § 225a Abs. 3 InsO durch das ESUG im Jahr 2012 kann im Insolvenzplan auch die Fortsetzung einer aufgelösten Gesellschaft beschlossen werden, so dass insolvente Gesellschaften nunmehr an einer **Umwandlung** beteiligt sein können (vgl. § 3 Abs. 3 UmwG).⁴⁴ Eine sog. übertragende Sanierung durch partielle Gesamtrechtsnachfolge scheitert praktisch aber regelmäßig an der akzessorischen Haftung des übernehmenden Rechtsträgers für Altverbindlichkeiten nach § 133 Abs. 3 UmwG (→ Rn. 11), für die nach hM eine Haftungsbegrenzung im Insolvenzfall nicht in Betracht kommt (arg. e § 8a Abs. 8 Nr. 5 FMStFG).⁴⁵ Von der Haftung erfasst wären insbesondere auch Kostenerstattungsansprüche des Betriebsrats, die vor Wirksamwerden der Umwandlung entstanden sind. 15

---

[35] Ebenso *Fitting* § 40 Rn. 95; vgl. allgemein auch ErfK/*Oetker* UmwG § 20 Rn. 1; Semler/Stengel/*Leonard* § 20 Rn. 15.
[36] Grundl. zur heute wohl hM *Habersack* FS Bezzenberger, 2000, S. 93 (96 ff.); ebenso bereits *Rieble* ZIP 1997, 301 (312); vgl. auch die (krit.) Darstellung bei Semler/Stengel/*Seulen* § 133 Rn. 30 ff. mwN.
[37] BAG 17. 8. 2005 – 7 ABR 56/04, NZA 2006, 109 (110); 9. 12. 2009 – 7 ABR 90/07, NZA 2010, 461 Rn. 33; aus der Lit. statt vieler *Fitting* § 40 Rn. 101; GK-BetrVG/*Weber* § 40 Rn. 231 jeweils mwN.
[38] BAG 9. 12. 2009 – 7 ABR 90/07, NZA 2010, 461 Rn. 18; aus der Lit. statt vieler *Fitting* § 40 Rn. 102; GK-BetrVG/*Weber* § 40 Rn. 232 jeweils mwN.
[39] BAG 17. 8. 2005 – 7 ABR 56/04, NZA 2006, 109 (110).
[40] Für analoge Anwendung von § 55 Abs. 1 Nr. 1 InsO Richardi BetrVG/*Thüsing* § 40 Rn. 62; GK-BetrVG/*Weber* § 40 Rn. 232.
[41] BAG 9. 12. 2009 – 7 ABR 90/07, NZA 2010, 461 Rn. 17 f.; aus der Lit. statt vieler *Fitting* § 40 Rn. 101; GK-BetrVG/*Weber* § 40 Rn. 231 jeweils mwN.
[42] So wohl BAG 9. 12. 2009 – 7 ABR 90/07, NZA 2010, 461 Rn. 17 f.; ebenso wohl MüKoBGB/*Müller-Glöge* § 613a Rn. 177; ErfK/*Preis* BGB § 613a Rn. 146.
[43] Statt vieler MüKoHGB/*Thiessen* § 25 Rn. 36 f. mwN.
[44] Dazu ausführlich *Wachter* NZG 2015, 858 ff.; vgl. daneben etwa Semler/Stengel/*Stengel* § 3 Rn. 44 mwN.
[45] Näher *Simon/Merkelbach* NZG 2012, 121 (128).

II. Kosten der Betriebsratstätigkeit

16 Nach § 40 Abs. 1 BetrVG hat der Arbeitgeber die durch die Tätigkeit des Betriebsrats entstehenden Kosten zu tragen (zur Einordnung → Rn. 2).

1. Allgemeines

17 Nach allgemeinen Grundsätzen sind die durch die Tätigkeit des Betriebsrats entstehenden Kosten gem. § 40 Abs. 1 BetrVG nur zu erstatten, soweit sie **verhältnismäßig** sind (ausführlich hierzu → Rn. 3 ff.). Die Kosten verursachende Tätigkeit muss also der Erledigung der gesetzlichen Aufgaben des Betriebsrats dienen (Geeignetheit) und unter allen gleich geeigneten Maßnahmen die kostengünstigste darstellen (Erforderlichkeit). Außerdem müssen Kosten und Nutzen unter Berücksichtigung der konkreten betrieblichen Verhältnisse in einem angemessenen Verhältnis stehen (Angemessenheit).

18 Die vorherige **Zustimmung** des Arbeitgebers schreibt das Gesetz nicht vor.[46] Bei außergewöhnlichen Kosten ist zwar eine vorherige Beratung mit dem Arbeitgeber nach § 2 Abs. 1 BetrVG geboten; unterbleibt eine rechtzeitige Mitteilung, hat das allerdings keine Auswirkungen auf den Kostenerstattungsanspruch, wenn dessen Voraussetzungen vorliegen.[47]

19 Der Betriebsrat bzw. das einzelne Mitglied (→ Rn. 46) ist analog § 666 BGB verpflichtet, dem Arbeitgeber die entstandenen Kosten **nachzuweisen** und dergestalt abzurechnen, dass der Arbeitgeber seine Zahlungsverpflichtung prüfen kann.[48] Kommt er dieser Verpflichtung nicht nach, steht dem Arbeitgeber ein Zurückbehaltungsrecht aus § 273 Abs. 1 BGB[49] zu.[50] Die Vereinbarung einer **Pauschalzahlung** ohne genaue Abrechnung ist wegen des Begünstigungsverbots aus § 78 S. 2 BetrVG nur ausnahmsweise zulässig.[51] Voraussetzung ist, dass die Aufwendungen tatsächlich angefallen sind, dass Einzelabrechnungen einen Aufwand erfordern würden, der in einem groben Missverhältnis zu den Erstattungsbeträgen stünde (vgl. § 275 Abs. 2 BGB), und dass die vereinbarten Pauschalen realitätsgerecht sind, was nur möglich ist, wenn Aufwendungen typischerweise in einer bestimmten Höhe anfallen und daher einer realistischen Schätzung überhaupt zugänglich sind.[52] Ohne stichprobenartige Überprüfungen und regelmäßige Anpassungen der Pauschalbeträge lässt sich ein Verstoß gegen § 78 S. 2 BetrVG daher kaum vermeiden.[53] Angesichts dieser Hürden ist der Praxis von Pauschalzahlungen an den Betriebsrat tendenziell abzuraten.[54] Etwas anderes gilt nur für Pauschalen, die auch alle anderen Arbeitnehmer des Betriebs in eben dieser Form erhalten, zB Reisekostenpauschalen.[55]

---

[46] BAG 16.10.1986 – 6 ABR 4/84, DB 1987, 1439 (1440); vgl. auch 15.3.1995 – 7 AZR 643/94, NZA 1995, 961 (963); aus der Lit. statt vieler *Fitting* § 40 Rn. 11; GK-BetrVG/*Weber* § 40 Rn. 15 jeweils mwN.

[47] BAG 18.4.1967 – 1 ABR 11/66, NJW 1967, 2377 (2379); 10.8.1994 – 7 ABR 35/93, NZA 1995, 796 (798); aus der Lit. statt vieler *Fitting* § 40 Rn. 11; GK-BetrVG/*Weber* § 40 Rn. 17 jeweils mwN.

[48] BAG 28.6.1995 – 7 ABR 47/94, NZA 1995, 1220 (1221); 17.6.1998 – 7 ABR 20/97, NZA 1999, 220 (221); aus der Lit. statt vieler GK-BetrVG/*Weber* § 40 Rn. 32; DKKW/*Wedde* § 40 Rn. 12 jeweils mwN; allgemein zur Prüfungsmöglichkeit MüKoBGB/*Schäfer* § 666 Rn. 27.

[49] Allgemein BeckOK BGB/*Fischer* § 670 Rn. 26.

[50] BAG 16.10.1986 – 6 ABR 4/84, BeckRS 1986, 30718793; 28.6.1995 – 7 ABR 47/94, NZA 1995, 1220 (1220).

[51] BAG 9.11.1955 – 1 AZR 329/54, NJW 1956, 158 (159); ArbG Stuttgart 13.12.2012 – 24 Ca 5430/12, NZA-RR 2013, 140 ff.; vgl. zu pauschalen Stundenvergütungen auch BAG 8.11.2017 – 5 AZR 11/17, NZA 2018, 528 Rn. 31. *Fitting* § 40 Rn. 41; HWGNRH/*Glock* § 40 Rn. 105; Löwisch/Kaiser/*Löwisch* § 40 Rn. 11; AR/*Maschmann* BetrVG § 40 Rn. 11; HWK/*Reichold* BetrVG § 40 Rn. 9; GK-BetrVG/*Weber* § 40 Rn. 33; DKKW/*Wedde* § 40 Rn. 12; **aA** *Franzen* FS Adomeit, 2008, S. 173 (178); *Jacobs/Frieling* ZfA 2015, 241 (255); Richardi BetrVG/*Thüsing* § 40 Rn. 48; wohl auch *Rieble* NZA 2008, 276 (277).

[52] Überzeugend ArbG Stuttgart 13.12.2012 – 24 Ca 5430/12, NZA-RR 2013, 140 ff.

[53] Vgl. zur fehlenden Aufklärbarkeit BFH 21.8.1995 – VI R 30/95, NJW 1996, 1166 (1167) hinsichtlich der Parallelproblematik bei § 3 Nr. 50 EStG.

[54] Ebenso HK-BetrVG/*Wolmerath* § 40 Rn. 2.

[55] Vgl. BAG 28.3.2007 – 7 ABR 33/06, BeckRS 2008, 54838 Rn. 10; aus der Lit. statt vieler GK-BetrVG/*Weber* § 40 Rn. 34 mwN.

2. Einzelfälle

Kosten der Tätigkeit des Betriebsrats iSd § 40 Abs. 1 BetrVG entstehen durch dessen 20 Geschäftsführung. Damit sind alle Handlungen des Betriebsrats und seiner Mitglieder gemeint, die gerade in Bezug auf ihr Amt und die damit verbundenen Aufgaben vorgenommen werden.

a) Geschäftstätigkeit. Ein Kostenerstattungsanspruch kann zunächst daran scheitern, dass 21 die Kosten schon keinen **Bezug zu den Aufgaben** des Betriebsrats aufweisen (→ Rn. 4, 17). Das ist zB der Fall bei Kosten für die Bewirtung der Teilnehmer einer Betriebsversammlung, da diese nicht zu den Aufgaben des Betriebsrats zählt.[56] Zu den erstattungsfähigen Kosten der Betriebsratstätigkeit zählen dagegen Positionen wie etwa Telefonentgelte, Briefporto oder Kopierkosten – im jeweils **erforderlichen und angemessenen** Umfang (ausführlich → Rn. 3 ff.). Ein Rundschreiben zur Unterrichtung der Arbeitnehmer über die Betriebsratsarbeit ist bspw. geeignet, diese zu fördern. Kommt auch eine Information aller Arbeitnehmer per E-Mail in Betracht, wird sie häufig aber nicht erforderlich sein. Ist das nicht der Fall, bestimmt sich die Angemessenheit nach den konkreten Verhältnissen des Betriebs unter Abwägung mit der Dringlichkeit einer Unterrichtung vor der nächsten ordentlichen Betriebsversammlung und den Unzulänglichkeiten anderer Informationsmittel (zB Aushang am schwarzen Brett, Information im Intranet etc.).[57] Auch die Inanspruchnahme eines Dolmetschers kann im Einzelfall erforderlich und angemessen sein, zB wenn die Arbeitnehmerschaft des Betriebes einen erheblichen Ausländeranteil aufweist[58] und der Betriebsrat kein entsprechend sprachkundiges Mitglied hat.[59]

b) Fahrtkosten. Die Kosten für regelmäßige Fahrten zwischen Wohnsitz und Betrieb hat 22 der Arbeitgeber grds. nicht zu tragen, da diese zu den Kosten der **persönlichen Lebensführung** zählen, die jeder Arbeitnehmer selbst tragen muss.[60] Insoweit ist § 40 Abs. 1 BetrVG teleologisch zu reduzieren,[61] da andernfalls gegen das Begünstigungsverbot aus § 78 S. 2 BetrVG verstoßen würde.[62] Das gilt auch für nach § 38 BetrVG freigestellte Betriebsratsmitglieder, da sie sich während ihrer vertraglichen Arbeitszeit am Sitz des Betriebsrats für anfallende Betriebsratstätigkeit bereithalten müssen (näher → § 295 Rn. 151).[63]

Dagegen sind **zusätzliche Fahrtkosten** zu erstatten, wenn ein Betriebsratsmitglied zu 23 einer Sitzung fahren muss, die innerhalb der betrieblichen, aber außerhalb seiner persönlichen Arbeitszeit liegt.[64] Dabei ist es ohne Belang, ob die Sitzung aus betriebsbedingten Gründen außerhalb der persönlichen Arbeitszeit liegt.[65]

c) Reisekosten. Ist zur Durchführung von Betriebsratsaufgaben eine Reise erforderlich 24 und angemessen, sind die durch sie entstehenden Kosten vom Arbeitgeber zu tragen (zu Pauschalen → Rn. 19).[66] Dies gilt zB für die Teilnahme an Sitzungen des Gesamtbetriebs-

---

[56] LAG Nürnberg 25. 4. 2012 – 4 TaBV 58/11, NZA-RR 2012, 524 (525).
[57] BAG 21. 11. 1978 – 6 ABR 85/76, AP BetrVG 1972 § 40 Nr. 15.
[58] LAG Düsseldorf 30. 1. 1981 – 16 TaBV 21/80, DB 1981, 1093.
[59] Vgl. LAG BW 16. 1. 1998 – 5 TaBV 14/96, NZA-RR 1998, 306 (308): Fremdsprachiger Referent.
[60] BAG 28. 8. 1991 – 7 ABR 46/90, NZA 1992, 72 (73); **krit.** zu diesem Merkmal *Wietfeld* SAE 2012, 45, (46 f.).
[61] Zur teleologischen Reduktion aufgrund der Wertung einer anderen Norm s. etwa *Canaris* Feststellung von Lücken im Gesetz, 2. Aufl. 1983, S. 87 f.; *Larenz/Canaris* Methodenlehre der Rechtswissenschaft, 3. Aufl. 1995, S. 214.
[62] BAG 13. 6. 2007 – 7 ABR 62/06, NZA 2007, 1301 Rn. 16.
[63] BAG 28. 8. 1991 – 7 ABR 46/90, NZA 1992, 72 (73 f.); 16. 1. 2008 – 7 ABR 71/06, NZA 2008, 546 Rn. 13.
[64] BAG 18. 1. 1989 – 7 ABR 89/87, NZA 1989, 641 (642); 16. 1. 2008 – 7 ABR 71/06, NZA 2008, 546 Rn. 13.
[65] BAG 16. 1. 2008 – 7 ABR 71/06, NZA 2008, 546 Rn. 15.
[66] Statt vieler *Fitting* § 40 Rn. 46; GK-BetrVG/*Weber* § 40 Rn. 49 jeweils mwN.

rats,⁶⁷ des Konzernbetriebsrats oder des Wirtschaftsausschusses.⁶⁸ Betriebsratsmitglieder dürfen insoweit aber nicht entgegen **§ 78 S. 2 BetrVG begünstigt** werden. Ersparte Aufwendungen für die eigene Lebensführung (→ Rn. 22) sind daher in Abzug zu bringen, zB die sog. Haushaltsersparnis bei der Erstattung von Verpflegungsaufwendungen.⁶⁹ Ebenso verbietet sich eine gesonderte Regelung für Dienstreisen von Betriebsratsmitgliedern, die – anders als für die übrigen Arbeitnehmer – nicht an deren Verdienst oder Stellung anknüpft, sondern einheitlich Erstattungsbeträge festlegt;⁷⁰ ohne gesetzliche Sonderregelung – wie sie etwa in § 44 Abs. 1 S. 2 BPersVG geschaffen wurde – dürfen gemeinsam reisende Betriebsräte nach § 78 S. 2 BetrVG nicht besser gestellt werden als zB eine gemeinsam reisende Projektgruppe von Arbeitnehmern, für die teilweise die erste und teilweise nur die zweite Wagenklasse erstattungsfähig ist.

25 Befindet sich ein Betriebsratsmitglied im Urlaub an einem anderen Ort, kann es zwar trotzdem an einer Sitzung teilnehmen und muss sich nicht zwingend nach § 25 Abs. 1 S. 2 BetrVG vertreten lassen (ausführlich → § 292 Rn. 118); mangels Erforderlichkeit hat es dann allerdings keinen Anspruch auf Erstattung der hierdurch verursachten Reisekosten gegen den Arbeitgeber, da die Vertretung durch ein Ersatzmitglied bei gleicher Eignung die kostengünstigere Alternative darstellt (→ Rn. 5).⁷¹

26 d) Teilnahme an Schulungs- und Bildungsveranstaltungen. Auch Kosten für die Teilnahme an Schulungs- und Bildungsveranstaltungen hat der Arbeitgeber zu tragen.⁷² Voraussetzung ist, dass der Betriebsrat einen ordnungsgemäßen **Beschluss** zur Teilnahme gefasst hat (→ § 295 Rn. 80, 96 ff.) und die Kosten der Teilnahme verhältnismäßig sind (→ Rn. 27 ff.).

27 aa) Geeignetheit. Eine Kostentragungspflicht trifft den Arbeitgeber nur hinsichtlich Schulungen, deren Besuch der Durchführung der gesetzlichen **Aufgaben des Betriebsrats** iSd § 40 Abs. 1 BetrVG dient (→ Rn. 4). Das trifft grds. auf Schulungen iSd § 37 Abs. 6 S. 1 BetrVG zu, die für die Arbeit des Betriebsrats erforderliche Kenntnisse vermitteln. Nicht erfasst werden dagegen als „geeignet anerkannte" Schulungs- und Bildungsveranstaltungen iSd § 37 Abs. 7 S. 1 BetrVG, da sie lediglich der Betriebsratsarbeit förderliche Kenntnisse vermitteln; die Kosten ihrer Teilnahme muss der Arbeitgeber nur dann tragen, wenn die durch die Teilnahme vermittelten Kenntnisse (ausnahmsweise) konkret zu erledigende Aufgaben des Betriebsrats betreffen.⁷³ Geeignet ist die Schulungsteilnahme außerdem nur dann, wenn gerade das entsandte Betriebsratsmitglied die vermittelten Kenntnisse benötigt, damit der Betriebsrat seine gesetzlichen Aufgaben sachgerecht wahrnehmen kann.⁷⁴

---

⁶⁷ BAG 29.4.1998 – 7 ABR 42/97, NZA 1998, 1133 (1134 f.).
⁶⁸ BAG 28.6.1995 – 7 ABR 55/94, NZA 1995, 1216 (1218).
⁶⁹ BAG 29.4.1976 – 1 ABR 40/74, AP BetrVG 1972 § 40 Nr. 9; 28.3.2007 – 7 ABR 33/06, BeckRS 2008, 54838 Rn. 10; aus der Lit. statt vieler GK-BetrVG/*Weber* § 40 Rn. 59 f. mwN.
⁷⁰ Ebenso HWGNRH/*Glock* § 40 Rn. 66; *Schweibert/Buse* NZA 2007, 1080 (1083); in diese Richtung auch BAG 28.3.2007 – 7 ABR 33/06, BeckRS 2008, 54838 Rn. 10; **aA** *Fitting* § 40 Rn. 55; WPK/*Kreft* § 40 Rn. 26; GK-BetrVG/*Weber* § 40 Rn. 58; DKKW/*Wedde* § 40 Rn. 73; ähnlich *Dzida/Mehrens* NZA 2013, 753 (756); Richardi BetrVG/*Thüsing* § 40 Rn. 52: angemessener Mittelwert bei Erstattung.
⁷¹ BAG 24.6.1969 – 1 ABR 6/69, AP BetrVG § 39 Nr. 8; ebenso *Fitting* § 40 Rn. 52; HWGNRH/*Glock* § 40 Rn. 61; HWK/*Reichold* BetrVG § 40 Rn. 19; GK-BetrVG/*Weber* § 40 Rn. 53; **aA** DKKW/*Wedde* § 40 Rn. 10.
⁷² Grundl. BAG 31.10.1972 – 1 ABR 7/72, BeckRS 9998, 149625; zuletzt etwa 27.5.2015 – 7 ABR 26/13, NZA 2015, 1141 Rn. 15; aus der Lit. statt vieler *Fitting* § 40 Rn. 66 mwN.
⁷³ BAG 6.11.1973 – 1 ABR 26/73, BeckRS 9998, 149593; 21.7.1978 – 6 AZR 561/75, AP BetrVG 1972 § 38 Nr. 4; ebenso *Fitting* § 40 Rn. 70; HWGNRH/*Glock* § 40 Rn. 77 f.; ErfK/*Koch* BetrVG § 40 Rn. 9; WPK/*Kreft* § 40 Rn. 28; AR/*Maschmann* BetrVG § 40 Rn. 8; BeckOK ArbR/*Mauer* BetrVG § 40 Rn. 15; HWK/*Reichold* BetrVG § 40 Rn. 21; GK-BetrVG/*Weber* § 40 Rn. 89, 92; **aA** Richardi BetrVG/*Thüsing* § 40 Rn. 32 f.; DKKW/*Wedde* § 40 Rn. 84: bloßer Zusammenhang genügt.
⁷⁴ BAG 24.5.1995 – 7 ABR 54/94, NZA 1996, 783 (784); 12.1.2011 – 7 ABR 94/09, NZA 2011, 813 Rn. 20.

II. Kosten der Betriebsratstätigkeit   28–31 § 296

bb) Erforderlichkeit. Werden mehrere gleich geeignete, insbesondere qualitativ gleich- 28
wertige Schulungsmöglichkeiten angeboten, hat der Betriebsrat grds. nur Anspruch auf
Ersatz der Kosten für die **günstigste** Veranstaltung (→ Rn. 5); hinsichtlich der Auswahl
und Bewertung der Schulungsmöglichkeiten steht ihm ein Beurteilungsspielraum zu, der
gerichtlich begrenzt überprüfbar ist (→ Rn. 8).[75]

cc) Angemessenheit. Schließlich müssen die Kosten der Teilnahme an einer Schulung 29
angemessen, also mit der Größe und **Leistungsfähigkeit des Betriebs** zu vereinbaren
sein, wobei dem Betriebsrat insoweit wiederum ein Beurteilungsspielraum zusteht
(→ Rn. 6 ff.).[76] Sind die Kosten unverhältnismäßig hoch, besteht die Pflicht zur Kostentragung nur für den entsprechend geringeren Betrag (→ Rn. 50).

dd) Begrenzung aus Art. 9 Abs. 3 GG. Vom Arbeitgeber zu erstatten sind auch Teil- 30
nahmekosten für Schulungsveranstaltungen, die von Gewerkschaften angeboten werden.[77]
§ 40 Abs. 1 BetrVG ist in diesem Fall aber grundrechtskonform auszulegen mit der Folge,
dass die Gewerkschaften nur kostendeckende Teilnahmegebühren erheben und **keinen
Gewinn** aus der Kostentragungspflicht des Arbeitgebers erzielen dürfen.[78] Mit dieser Begrenzung verletzt die Kostentragungspflicht weder die Koalitionsfreiheit des Arbeitgebers
noch die der Gewerkschaften, da der Arbeitgeber nicht zur Finanzierung des sozialen Gegenspielers herangezogen wird und die Gewerkschaften durch bloße Kostenerstattung
nicht in wirtschaftliche Abhängigkeit geraten können.[79] Nicht erstattungsfähig sind insbesondere sog. Vorhalte- oder Generalunkosten, die unabhängig von der konkreten Schulung entstehen, wie zB Heizung, Strom oder Miete,[80] soweit sie nicht (anteilig) auf die
konkrete Schulung entfallen.[81] Honorare gewerkschaftlicher Referenten sind nur dann erstattungsfähig, wenn sie ausschließlich für betriebsverfassungsrechtliche Schulungen eingesetzt werden[82] oder wenn die Vortragstätigkeit nicht zu ihren haupt- oder nebenberuflichen Pflichten zählt,[83] da es andernfalls an der Abgrenzbarkeit zur sonstigen Tätigkeit
fehlt und die Gefahr der „Quersubventionierung" besteht.

Die geschilderte Begrenzung des Kostenerstattungsanspruchs greift auch dann ein, 31
wenn eine Schulung von einer **juristischen Person** durchgeführt wird, auf die eine Gewerkschaft beherrschenden Einfluss ausüben kann oder deren maßgebliche Entscheidungsträger mit einer Gewerkschaft personell eng verflochten sind.[84] Die bloße Beteili-

---

[75] BAG 28.6.1995 – 7 ABR 55/94, NZA 1995, 1216 (1217); 19.3.2008 – 7 ABR 2/07, BeckRS 2009, 68516 Rn. 24; 14.1.2015 – 7 ABR 95/12, NZA 2015, 632 Rn. 13; aus der Lit. statt vieler GK-BetrVG/ *Weber* § 40 Rn. 75 f. mwN; zu den Grenzen des Beurteilungsspielraums *Zimmermann* NZA 2017, 162 ff.
[76] BAG 28.6.1995 – 7 ABR 55/94, NZA 1995, 1216 (1217).
[77] Grundl. BAG 31.10.1972 – 1 ABR 7/72, NJW 1973, 822; zuletzt 17.6.1998 – 7 ABR 25/97, NZA 1999, 163 (163 f.).
[78] Grundl. BAG 31.10.1972 – 1 ABR 7/72, BeckRS 9998, 149625; 28.6.1995 – 7 ABR 55/94, NZA 1995, 1216 (1217); zuletzt 17.6.1998 – 7 ABR 25/97, NZA 1999, 163 (164); aus der Lit. statt vieler *Fitting* § 40 Rn. 78; GK-BetrVG/*Weber* § 40 Rn. 67 jeweils mwN.
[79] BVerfG 14.2.1978 – 1 BvR 466/75, NJW 1978, 1310.
[80] BAG 28.5.1976 – 1 ABR 44/74, BeckRS 9998, 149621; 3.4.1979 – 6 ABR 70/76, AP BetrVG 1972 § 40 Nr. 17; aus der Lit. statt vieler *Fitting* § 40 Rn. 78, 80; GK-BetrVG/*Weber* § 40 Rn. 71 f. jeweils mwN.
[81] BAG 28.6.1995 – 7 ABR 55/94, NZA 1995, 1216 (1218); aus der Lit. statt vieler *Fitting* § 40 Rn. 80 mwN.
[82] BAG 28.6.1995 – 7 ABR 55/94, NZA 1995, 1216 (1219).
[83] BAG 3.4.1979 – 6 ABR 70/76, AP BetrVG 1972 § 40 Nr. 17.
[84] BAG 30.3.1994 – 7 ABR 45/93, NZA 1995, 382 (385); 28.6.1995 – 7 ABR 55/94, NZA 1995, 1216 (1217); ebenso *Fitting* § 40 Rn. 82; HWGNRH/*Glock* § 40 Rn. 90; ErfK/*Koch* BetrVG § 40 Rn. 12; WPK/*Kreft* § 40 Rn. 32; Löwisch/Kaiser/*Löwisch* § 40 Rn. 69; AR/*Maschmann* BetrVG § 40 Rn. 9; HWK/*Reichold* BetrVG § 40 Rn. 24; Richardi BetrVG/*Thüsing* § 40 Rn. 38; GK-BetrVG/*Weber* § 40 Rn. 68; aA DKKW/*Wedde* § 40 Rn. 100 ff.

gung einer Gewerkschaft an einer juristischen Person genügt dagegen für sich genommen nicht, um eine Begrenzung des Kostenerstattungsanspruchs auszulösen.[85]

32 Der Arbeitgeber kann bei einem gewerkschaftlichen Veranstaltungsträger im Rahmen seines **Abrechnungsanspruchs** (allgemein → Rn. 19) grds.[86] auch verlangen, dass die Kosten so detailliert aufgeschlüsselt werden, dass er den Umfang seiner Zahlungsverpflichtung prüfen, insbesondere nicht erstattungsfähige Vorhaltekosten identifizieren kann.[87] Solange der Nachweis nicht erbracht wurde, hat der Arbeitgeber ein Leistungsverweigerungsrecht aus § 273 Abs. 1 BGB zu (→ Rn. 19). Die Teilnehmer der Schulung haben ihrerseits gegen den gewerkschaftlichen Veranstaltungsträger aus § 241 Abs. 2 BGB einen Anspruch auf eine entsprechende Aufschlüsselung.[88]

33 **ee) Einzelne Kostenpositionen.** Erstattungsfähig sind grds. sämtliche durch den Besuch der Veranstaltung entstehenden Kosten.[89] Dazu gehören neben den Teilnahmegebühren auch Fahrt-, Unterkunfts- und Verpflegungskosten. Aufwendungen im Rahmen der persönlichen Lebensführung hat der Arbeitgeber allerdings nicht zu tragen (→ Rn. 22, 24).

34 **e) Rechtsschutz.** § 40 Abs. 1 BetrVG erfasst auch Kosten für Rechtsschutz, da die Inanspruchnahme von Rechtsschutz in betriebsverfassungsrechtlichen Angelegenheiten zur Geschäftsführung des Betriebsrats gehört.[90] Die Kostentragungspflicht betrifft insoweit nur die außergerichtlichen Kosten, weil im arbeitsgerichtlichen Beschlussverfahren nach § 2 Abs. 2 GKG keine gerichtlichen Gebühren und Auslagen erhoben werden.

35 **aa) Betriebsrat.** Nimmt der Betriebsrat Rechtsschutz in Anspruch, müssen für eine Kostentragungspflicht des Arbeitgebers nach § 40 Abs. 1 BetrVG im Einzelfall die Voraussetzungen des **Verhältnismäßigkeitsgrundsatzes** gewahrt werden (ausführlich → Rn. 3 ff., 17): Zunächst muss der Gegenstand des Rechtsstreits daher die gesetzlichen Aufgaben des Betriebsrats betreffen und geeignet sein, das geltend gemachte Recht durchzusetzen oder eine ernsthaft streitige und nicht auf andere Weise mit dem Arbeitgeber zu klärende Meinungsverschiedenheit betriebsverfassungsrechtlichen Inhalts zu beseitigen.[91]

36 Die Beauftragung eines Rechtsanwalts und das Führen eines Rechtsstreits müssen außerdem **erforderlich** sein, dh unter allen gleich geeigneten Mitteln die kostengünstigste Maßnahme darstellen (→ Rn. 5). Für die Beauftragung eines Rechtsanwalts ist das zB problemlos der Fall, wenn die Vertretung durch einen Rechtsanwalt gesetzlich zwingend vorgesehen ist. Für die Rechtsbeschwerde ist das seit Neufassung von § 94 Abs. 1 ArbGG zum 1.7.2008 nicht mehr der Fall. Vorstellbar ist aber das Führen eines Rechtsstreits gegen einen Dritten,[92] der in die Zuständigkeit des Landgerichts fällt (§ 78 Abs. 1 S. 1 ZPO). Dagegen besteht – entgegen der Ansicht des BAG[93] – kein Anspruch auf (volle)

---

[85] BAG 17.6.1998 – 7 ABR 20/97, NZA 1999, 220 (222).
[86] Einschränkend bei gemeinnützigem Verein BAG 17.6.1998 – 7 ABR 22/97, NZA 1999, 161 (162f.): Vortrag konkreter Anhaltspunkte für unzulässige Gegnerfinanzierung erforderlich; **krit.** zu Recht Richardi BetrVG/*Thüsing* § 40 Rn. 38.
[87] BAG 17.6.1998 – 7 ABR 20/97, NZA 1999, 220 (221); aus der Lit. statt vieler GK-BetrVG/*Weber* § 40 Rn. 67 u. 85 mwN.
[88] BAG 30.3.1994 – 7 ABR 45/93, NZA 1995, 382 (384).
[89] BAG 27.5.2015 – 7 ABR 26/13, NZA 2015, 1141 Rn. 15; aus der Lit. statt vieler GK-BetrVG/*Weber* § 40 Rn. 70 mwN.
[90] BAG 3.10.1978 – 6 ABR 102/76, NJW 1980, 1486 (1487); aus der Lit. statt vieler *Fitting* § 40 Rn. 21 ff.; GK-BetrVG/*Weber* § 40 Rn. 102 ff. jeweils mwN.
[91] BAG 3.10.1978 – 6 ABR 102/76, NJW 1980, 1486 (1487); 28.8.1991 – 7 ABR 72/90, NZA 1992, 41 (41).
[92] Zum Außenverhältnis im Rechtsverkehr mit Dritten näher GK-BetrVG/*Weber* § 40 Rn. 25 f.
[93] BAG 3.10.1978 – 6 ABR 102/76, NJW 1980, 1486 (1487f.); 20.10.1999 – 7 ABR 25/98, NZA 2000, 556 (557); ebenso WPK/*Kreft* § 40 Rn. 14; AR/*Maschmann* BetrVG § 40 Rn. 6; BeckOK ArbR/*Mauer* BetrVG § 40 Rn. 7; HWK/*Reichold* BetrVG § 40 Rn. 14; Richardi BetrVG/*Thüsing* § 40 Rn. 24; DKKW/*Wedde* § 40 Rn. 36; HK-BetrVG/*Wolmerath* § 40 Rn. 6.

Kostenerstattung, wenn vor Gericht auch die Vertretung durch einen Gewerkschaftsvertreter nach § 11 Abs. 2 S. 2 Nr. 4 ArbGG möglich,[94] zur zweckentsprechenden Rechtsverfolgung gleichermaßen geeignet und mit geringeren Kosten verbunden ist.[95] Stets kommt es aber auf die Umstände des Einzelfalls an. So sind die Kosten für ein weiteres Verfahren bspw. dann nicht erforderlich, wenn ein Parallelverfahren bereits anhängig ist und der Arbeitgeber (verbindlich) erklärt hat, die gerichtliche Entscheidung auch für andere Streitfälle als maßgeblich anzuerkennen.[96]

Schließlich muss die Inanspruchnahme von Rechtsschutz auch **angemessen** sein, dh die mit ihr verbundenen Kosten dürfen nicht außer Verhältnis zum angestrebten Nutzen stehen (→ Rn. 6 ff.). Das ist zB zu verneinen, wenn der Betriebsrat bei der beabsichtigten Rechtsverfolgung unzweifelhaft ein Unterliegen zu erwarten hat, insbesondere wenn eine Rechtsfrage bereits höchstrichterlich entschieden wurde und in einem weiteren Rechtsstreit keine neuen Argumente vorgebracht werden.[97] Ob der Betriebsrat einen Rechtsstreit gewinnt oder verliert, ist für die Kostentragungspflicht des Arbeitgebers dagegen für sich genommen nicht relevant.[98] Die Hinzuziehung eines Rechtsanwalts ist außerdem nicht geboten, wenn die Rechtsstreitigkeit nach Sach- und Rechtslage keine Schwierigkeiten aufweist.[99] Gleiches gilt, wenn die Kosten eines Rechtsanwalts im Verhältnis zum Gegenstandswert des Verfahrens unverhältnismäßig hoch sind.[100] Auch die Vereinbarung einer höheren als der gesetzlichen Vergütung ist nur in besonderen Ausnahmefällen angemessen, so dass die daraus resultierenden Kosten idR nicht (voll) zu erstatten sind (→ Rn. 50).[101] 37

Zur Beauftragung eines Rechtsanwalts für den Betriebsrat bedarf es stets eines vorherigen ordnungsgemäßen **Beschlusses,** der für jede Instanz gesondert zu fassen ist (zur nachträglichen Genehmigung → § 294 Rn. 89).[102] Für die *ex-ante*-Beurteilung von Erforderlichkeit und Angemessenheit ist auf den Zeitpunkt der Beschlussfassung abzustellen (→ Rn. 8). Will der Betriebsrat **außerhalb eines gerichtlichen Verfahrens** die Beratung durch einen Rechtsanwalt ohne Bezug zu einem konkreten Rechtsstreit[103] in Anspruch nehmen, richtet sich die Kostentragung nach den für einen Sachverständigen geltenden Grundsätzen (→ Rn. 41).[104] 38

bb) Betriebsratsmitglieder. Ein einzelnes Betriebsratsmitglied kann zur Wahrnehmung seiner Rechte aus dem Betriebsratsamt ebenfalls Rechtsschutz in Anspruch nehmen. Zunächst muss der Gegenstand des Rechtsstreits daher die **gesetzlichen Aufgaben** gerade des einzelnen Betriebsratsmitglieds betreffen (zur Geeignetheit → Rn. 4). Das ist der Fall, wenn es um die Rechtsstellung des Betriebsratsmitglieds geht, zB bei Anfechtung seiner Wahl, Ausschluss aus dem Betriebsrat oder Überprüfung der Wirksamkeit eines Rück- 39

---

[94] Eine Verpflichtung der Gewerkschaft besteht nicht, vgl. BAG 3.10.1978 – 6 ABR 102/76, NJW 1980, 1486 (1487 f.); aus der Lit. statt vieler GK-BetrVG/*Weber* § 40 Rn. 130 mwN.
[95] So auch noch BAG 26.11.1974 – 1 ABR 16/74, BeckRS 9998, 149532; wie hier *Fitting* § 40 Rn. 27; HWGNRH/*Glock* § 40 Rn. 35 f.; ErfK/*Koch* BetrVG § 40 Rn. 4; Löwisch/Kaiser/*Löwisch* § 40 Rn. 46; GK-BetrVG/*Weber* § 40 Rn. 129.
[96] Dazu ausführlich GK-BetrVG/*Weber* § 40 Rn. 108 mwN.
[97] LAG Hamm 4.12.1985 – 3 Ta BV 119/85, NZA 1986, 337 (338); BAG 22.11.2017 – 7 ABR 34/16, NZA 2018, 461 Rn. 20; HessLAG 26.3.2018 – 16 TaBV 215/17, BeckRS 2018, 13791 Rn. 18 ff.
[98] BAG 19.4.1989 – 7 ABR 6/88, NZA 1990, 233 (233 f.).
[99] BAG 26.11.1974 – 1 ABR 16/74, BeckRS 9998, 149532; aus der Lit. statt vieler *Fitting* § 40 Rn. 25; GK-BetrVG/Weber § 40 Rn. 120 jeweils mwN.
[100] Zutreffend GK-BetrVG/*Weber* § 40 Rn. 127.
[101] BAG 20.10.1999 – 7 ABR 25/98, NZA 2000, 556 (558); 14.12.2016 – 7 ABR 8/15, NZA 2017, 514 Rn. 21 f.
[102] BAG 26.11.1974 – 1 ABR 16/74, BeckRS 9998, 149532; 18.3.2015 – 7 ABR 4/13, NZA 2015, 954 Rn. 12; aus der Lit. statt vieler *Fitting* § 40 Rn. 32; GK-BetrVG/*Weber* § 40 Rn. 115 f. jeweils mwN.
[103] Vgl. BAG 29.7.2009 – 7 ABR 95/07, NZA 2009, 1223 Rn. 16 ff.
[104] BAG 25.4.1978 – 6 ABR 9/75, AP BetrVG 1972 § 80 Nr. 11.

trittsbeschlusses.¹⁰⁵ Nicht zu ersetzen sind dagegen Kosten eines Rechtsstreits, in dem es um **individualrechtliche** Interessen geht. Dazu zählt zB der Streit um Lohnfortzahlungsansprüche bei betriebsratsbedingter Arbeitsversäumnis¹⁰⁶ oder die Beteiligung im Verfahren nach § 103 Abs. 2 BetrVG.¹⁰⁷

40 Im Übrigen gelten dieselben Grundsätze wie für die Inanspruchnahme von Rechtsschutz durch den Betriebsrat, dh die Führung eines Verfahrens und die Beauftragung eines Rechtsanwalts müssen im Einzelfall erforderlich und angemessen sein (→ Rn. 35 ff.). Kann eine streitige Rechtsfrage – etwa die Erforderlichkeit einer Schulung – auch im gerichtskostenfreien Beschlussverfahren geklärt werden (vgl. § 2 Abs. 2 GKG), ist die Durchführung eines Urteilsverfahrens nicht erforderlich und die Gerichtskosten sind folglich nicht nach § 40 Abs. 1 BetrVG zu erstatten.¹⁰⁸

41 **f) Sachverständige.** Auch die Kosten eines hinzugezogenen Sachverständigen hat der Arbeitgeber nach § 40 Abs. 1 BetrVG grds. zu tragen. Nach § 80 Abs. 3 BetrVG, der insofern *lex specialis* ist, müssen Arbeitgeber und Betriebsrat aber über die Hinzuziehung zuvor eine **Vereinbarung** getroffen haben oder diese muss durch eine arbeitsgerichtliche Entscheidung ersetzt worden sein.¹⁰⁹ Ebenso wie bei der Hinzuziehung eines Rechtsanwalts (→ Rn. 38) bedarf es hierfür eines Betriebsratsbeschlusses.¹¹⁰

42 **g) Schäden.** Erleidet ein Betriebsratsmitglied in Ausübung seiner Amtstätigkeit Schäden an eigenen **Sachen,** sind die dadurch verursachten Kosten zu erstatten, wenn der Einsatz eigener Sachen geeignet, erforderlich und angemessen war.¹¹¹ Die Reparaturkosten nach einem Verkehrsunfall mit dem eigenen Fahrzeug sind daher zu erstatten, wenn der Arbeitgeber kein Fahrzeug zur Verfügung gestellt hat, obwohl ein solches zur ordnungsgemäßen Erledigung von Betriebsratsaufgaben erforderlich – also zB günstiger als eine Taxifahrt – und angemessen war (allgemein → Rn. 3 ff.).¹¹²

43 Da die Tätigkeit als Betriebsratsmitglied den Tatbestand einer versicherten Beschäftigung iSd § 2 Abs. 1 Nr. 1 SGB VII erfüllt,¹¹³ ist der Unfall eines Betriebsratsmitglieds im Rahmen seiner Amtstätigkeit ein Arbeitsunfall iSd § 8 Abs. 1 SGB VII mit der Folge, dass für **Personenschäden** nur ein Anspruch auf Leistungen aus der gesetzlichen Unfallversicherung besteht, während im Übrigen das sozialversicherungsrechtliche Haftungsprivileg aus § 104 Abs. 1 SGB VII eingreift.¹¹⁴

3. Anspruchsinhalt

44 Die Pflicht des Arbeitgebers zur Kostentragung nach § 40 Abs. 1 BetrVG bedeutet, dass er wirtschaftlich für die Kosten der Betriebsratstätigkeit aufkommen muss. Anders als im Fall des § 40 Abs. 2 BetrVG (→ Rn. 57) ist er aber nicht zur Naturalleistung verpflichtet.

---

¹⁰⁵ BAG 3.4.1979 – 6 ABR 64/76, AP BetrVG 1972 § 13 Nr. 1; 19.4.1989 – 7 ABR 6/88, NZA 1990, 233 (233); aus der Lit. statt vieler *Fitting* § 40 Rn. 60; GK-BetrVG/*Weber* § 40 Rn. 109 f. jeweils mwN.
¹⁰⁶ BAG 14.10.1982 – 6 ABR 37/79, BeckRS 9998, 149624; ebenso HWGNRH/*Glock* § 40 Rn. 68; ErfK/*Koch* BetrVG § 40 Rn. 6; WPK/*Kreft* § 40 Rn. 35; Löwisch/Kaiser/*Löwisch* § 40 Rn. 60; AR/*Maschmann* BetrVG § 40 Rn. 6; BeckOK ArbR/*Mauer* BetrVG § 40 Rn. 10; Richardi BetrVG/*Thüsing* § 40 Rn. 14; GK-BetrVG/*Weber* § 40 Rn. 113; **aA** *Fitting* § 40 Rn. 65; DKKW/*Wedde* § 40 Rn. 78.
¹⁰⁷ BAG 21.1.1990 – 7 ABR 39/89, BeckRS 9998, 172051; 5.4.2000 – 7 ABR 6/99, NZA 2000, 1178 (1179).
¹⁰⁸ LAG Hamm 4.2.1977 – 3 TaBV 69/76, BB 1977, 395; ebenso *Fitting* § 40 Rn. 65; Richardi BetrVG/*Thüsing* § 40 Rn. 14; GK-BetrVG/*Weber* § 40 Rn. 113.
¹⁰⁹ BAG 25.4.1978 – 6 ABR 9/75, AP BetrVG 1972 § 80 Nr. 11; 14.2.1996 – 7 ABR 25/95, NZA 1996, 892 (894); aus der Lit. statt vieler *Fitting* § 40 Rn. 13; GK-BetrVG/*Weber* § 40 Rn. 44 jeweils mwN.
¹¹⁰ LAG Bln-Bbg 20.1.2015 – 7 TaBV 2158/14, BeckRS 2015, 67407.
¹¹¹ Statt vieler *Fitting* § 40 Rn. 44; GK-BetrVG/*Weber* § 40 Rn. 98 jeweils mwN.
¹¹² BAG 3.3.1983 – 6 ABR 4/80, NJW 1984, 198 (198 f.) zu § 20 Abs. 3 BetrVG.
¹¹³ BSG 15.5.2012 – B 2 U 8/11 R, BeckRS 2012, 74957 Rn. 60.
¹¹⁴ SG Heilbronn 28.5.2014 – S 6 U 1404/13, NZS 2014, 709; LSG BW 12.5.2016 – L 6 U 836/16, BeckRS 2016, 68919; aus der Lit. statt vieler *Fitting* § 40 Rn. 45 mwN.

II. Kosten der Betriebsratstätigkeit

a) Gesetzliches Schuldverhältnis. Die Kostentragungspflicht begründet zwischen dem 45 Arbeitgeber als Inhaber des Betriebs (→ Rn. 9 ff.) und dem Betriebsrat ein vermögensrechtliches gesetzliches Schuldverhältnis.[115] Gläubiger ist grds. der **Betriebsrat** als solcher,[116] dem daher nach hM betriebsverfassungsrechtliche Teilrechtsfähigkeit zukommt.[117] Mit der Amtszeit enden zwar grds. auch sämtliche Rechte und Pflichten des Betriebsrats als Gremium; eine Ausnahme gilt aber, wenn nach Amtsende (vorübergehend) ein betriebsratsloser Zustand eintritt und Ansprüche auf Kostenerstattung vom Arbeitgeber noch nicht erfüllt worden sind (ausführlich → § 292 Rn. 34).

Hat ein **Betriebsratsmitglied** selbst Aufwendungen gemacht und den entsprechenden 46 Betrag bereits verauslagt, so hat es einen unmittelbaren Anspruch gegen den Arbeitgeber, der sich vom Recht des Betriebsrats ableitet.[118] Umgekehrt kann auch der Betriebsrat vom Arbeitgeber die Freistellung des Betriebsratsmitglieds verlangen.[119]

b) Art der Kostentragung. Der Anspruch aus § 40 Abs. 1 BetrVG ist auf Kostentra- 47 gung durch den Arbeitgeber gerichtet. Je nach „Stadium" der Kosten verursachenden Maßnahme im Außenverhältnis hat der Anspruch einen unterschiedlichen Inhalt.[120] Soweit im Außenverhältnis die Forderung eines Dritten bereits erfüllt wurde, besteht gegen den Arbeitgeber ein Zahlungs- bzw. **Erstattungsanspruch**.[121]

Wurde im Außenverhältnis eine Verpflichtung gegenüber einem Dritten eingegangen, 48 aber noch nicht erfüllt, ist der Anspruch gegen den Arbeitgeber aus § 40 Abs. 1 BetrVG auf **Freistellung** von dieser Verbindlichkeit gerichtet (vgl. § 257 S. 1 BGB).[122] Der Arbeitgeber muss in diesem Fall an den Dritten als Gläubiger der Verbindlichkeit leisten und bringt auf diese Weise sowohl die Verbindlichkeit im Außenverhältnis (vgl. § 267 BGB) als auch seine eigene Verpflichtung aus § 40 Abs. 1 BetrVG zum Erlöschen.

Wenn der Betriebsrat oder ein Mitglied im Zusammenhang mit seiner amtlichen Tätig- 49 keit (voraussichtlich) Aufwendungen zu machen hat, kann vom Arbeitgeber außerdem ein angemessener **Vorschuss** verlangt werden.[123] Dieser Anspruch beruht auf § 669 BGB,[124] so dass der Vorschuss nach allgemeinen Grundsätzen nur für objektiv erforderliche Aufwendungen verlangt werden kann (hinsichtlich der Erstattung dagegen → Rn. 8).[125] Der Arbeitgeber kann zur Erfüllung des Vorschussanspruchs auch einen sog. Verfügungs- oder Dispositionsfonds einrichten, aus dem die laufenden Ausgaben zunächst getätigt und anschließend abgerechnet werden.[126]

c) Höhe der Kostentragung. Erweisen sich Kosten als nur teilweise erforderlich oder 50 angemessen (→ Rn. 5 ff.), hat der Arbeitgeber nur, aber immerhin denjenigen **Teil der Kosten** zu tragen, der erforderlich oder angemessen wäre.[127] Wird der fällige Freistel-

---

[115] BAG 24.10.2001 – 7 ABR 20/00, NZA 2003, 53 (54); aus der Lit. statt vieler GK-BetrVG/*Weber* § 40 Rn. 20 mwN.
[116] BAG 24.10.2001 – 7 ABR 20/00, NZA 2003, 53 (54).
[117] Dazu ausführlich GK-BetrVG/*Weber* § 40 Rn. 18 ff. mwN.
[118] BAG 27.3.1979 – 6 ABR 15/77, AP ArbGG 1953 § 80 Nr. 7; aus der Lit. statt vieler *Fitting* § 40 Rn. 93; GK-BetrVG/*Weber* § 40 Rn. 21 jeweils mwN.
[119] BAG 27.5.2015 – 7 ABR 26/13, NZA 2015, 1141 Rn. 10.
[120] Vgl. dazu etwa *Fitting* § 40 Rn. 92 mwN.
[121] BAG 27.3.1979 – 6 ABR 15/77, AP ArbGG 1953 § 80 Nr. 7; 24.9.1981 – 6 ABR 36/79, BeckRS 1981, 04552; aus der Lit. statt vieler GK-BetrVG/*Weber* § 40 Rn. 22 mwN.
[122] BAG 19.4.1989 – 7 AZR 450/88, NZA 1990, 233 (233); 28.6.1995 – 7 ABR 47/94, AP BetrVG 1972 § 40 Nr. 47.
[123] Statt vieler *Fitting* § 40 Rn. 91 mwN.
[124] *Franzen* FS Adomeit, 2008, S. 173 (177); HWK/*Reichold* BetrVG § 40 Rn. 9; *Rieble* NZA 2008, 276 (277); Richardi BetrVG/*Thüsing* § 40 Rn. 44; DKKW/*Wedde* § 40 Rn. 14; aA HWGNRH/*Glock* § 40 Rn. 95; GK-BetrVG/*Weber* § 40 Rn. 35. Zweifelnd WPK/*Kreft* § 40 Rn. 23.
[125] Näher hierzu MüKoBGB/*Schäfer* § 669 Rn. 4 mwN.
[126] Hierzu etwa HWGNRH/*Glock* § 40 Rn. 96; GK-BetrVG/*Weber* § 40 Rn. 23 jeweils mwN.
[127] Für Schulungen BAG 28.5.1976 – 1 AZR 116/74, AP BetrVG 1972 § 37 Nr. 24; ebenso HWGNRH/ *Glock* § 40 Rn. 84; wohl auch *Fitting* § 40 Rn. 69.

lungsanspruch nicht erfüllt, entstehen allein dadurch keine Verzugs- oder Prozesszinsen im Verhältnis zum Betriebsrat;[128] ein fälliger Zahlungsanspruch (→ Rn. 47) ist dagegen bei Vorliegen der sonstigen Verzugsvoraussetzungen nach § 288 Abs. 2 BGB mit neun Prozentpunkten über dem Basiszinssatz zu verzinsen.[129]

4. Abtretung, Pfändung und Aufrechnung

51 Was die Abtretung oder Pfändung von sowie die Aufrechnung gegen Kostenerstattungsansprüche anbelangt, ist zwischen den drei möglichen Anspruchsinhalten (→ Rn. 47ff.) zu differenzieren: Der **Freistellungsanspruch** ist inhaltlich an den Anspruchsinhaber gebunden. Er kann nach § 399 BGB nicht an einen Dritten abgetreten werden, weil dieser vom Arbeitgeber nur Freistellung des ursprünglichen Gläubigers verlangen könnte.[130] Er unterliegt nach § 851 Abs. 1 ZPO sowie § 850a Nr. 3 ZPO nicht der Pfändung, so dass gegen ihn nach § 394 BGB auch nicht aufgerechnet werden kann.[131] Zweck dieser Regelungen ist es, dem Betriebsrat die für seine Tätigkeit erforderlichen Mittel zu sichern.[132] Teleologisch zu reduzieren sind § 399 BGB sowie §§ 850a Nr. 3, 851 Abs. 1 ZPO,[133] wenn der Freistellungsanspruch gerade an den Gläubiger des Betriebsrats(mitglieds) abgetreten bzw. von diesem gepfändet wird, da die Abtretung bzw. Pfändung dann der Abkürzung im Dreiecksverhältnis dient und dem Betriebsrat nicht die zur Ausübung seiner Tätigkeit erforderlichen Mittel entzogen werden.[134] In diesem Fall wandelt sich der Freistellungs- in einen Zahlungsanspruch gegen den Arbeitgeber.[135]

52 Für den Anspruch auf Leistung eines **Vorschusses** (→ Rn. 49) gelten dieselben Vorgaben wie für den Freistellungsanspruch. Er ist nach § 399 BGB nicht abtretbar und unterliegt nach §§ 851 Abs. 1, 850a Nr. 3 ZPO nicht der Pfändung, so dass gegen ihn nach § 394 BGB auch nicht aufgerechnet werden kann.

53 Der **Kostenerstattungsanspruch** (Zahlungsanspruch) ist schließlich wie ein gewöhnlicher vermögensrechtlicher Anspruch ohne Weiteres abtretbar.[136] Nach § 850a Nr. 3 ZPO ist er allerdings unpfändbar, so dass gegen ihn nach § 394 BGB auch nicht aufgerechnet werden kann.

54 Zur Abtretung bedarf es im Innenverhältnis eines wirksamen **Betriebsratsbeschlusses,** der vom Vorsitzenden im Außenverhältnis durch Vereinbarung mit dem Zessionar nach § 398 S. 1 BGB umgesetzt wird (zur Differenzierung → § 293 Rn. 26, § 294 Rn. 87ff.).[137]

5. Verjährung und Ausschluss

55 Der Kostenerstattungsanspruch verjährt in der regelmäßigen Frist von drei Jahren, beginnend mit dem Schluss des Jahres der Anspruchsentstehung, §§ 195, 199 Abs. 1 BGB. Da

---

[128] GK-BetrVG/*Weber* § 40 Rn. 31; zum Verhältnis gegenüber dem Drittgläubiger Richardi BetrVG/*Thüsing* § 40 Rn. 60.
[129] BAG 18.1.1989 – 7 ABR 89/87, NZA 1989, 641 (642); statt vieler Richardi BetrVG/*Thüsing* § 40 Rn. 60 mwN.
[130] Grundl. BGH 22.1.1954 – I ZR 34/53, NJW 1954, 795.
[131] Statt vieler *Fitting* § 40 Rn. 96; GK-BetrVG/*Weber* § 40 Rn. 88 jeweils mwN; **aA** zu § 850a Nr. 3 ZPO nunmehr BGH 8.11.2017 – VII ZB 9/15, NZA 2018, 126 Rn. 10ff.
[132] Allgemein MüKoZPO/*Smid* § 850a Rn. 10 mwN.
[133] BGH 8.11.2017 – VII ZB 9/15, NZA 2018, 126 Rn. 16; MüKoZPO/*Smid* § 850a Rn. 11; **aA** offenbar *Fitting* § 40 Rn. 96.
[134] Aus der Lit. statt vieler Staudinger/*Bittner* BGB § 257 Rn. 11; MüKoZPO/*Smid* § 850a Rn. 11 jeweils mwN.
[135] BAG 13.5.1998 – 7 ABR 65/96, NZA 1998, 900 (901); 29.7.2009 – 7 ABR 95/07, NZA 2009, 1223 Rn. 20; 18.3.2015 – 7 ABR 4/13, NZA 2015, 954 Rn. 13. Zum Erfordernis vorheriger Rechnungsstellung gegenüber dem Betriebsrat s. HessLAG 7.5.2018 – 16 TaBV 64/17, BeckRS 2018, 13792 Rn. 17ff.
[136] BAG 25.4.1978 – 6 ABR 22/75, AP BetrVG 1972 § 37 Nr. 33.
[137] Nicht überzeugend die fehlende Differenzierung in BAG 13.5.1998 – 7 ABR 65/96, NZA 1998, 900 (901).

III. Sachaufwand und Büropersonal

er nicht im Arbeitsverhältnis wurzelt, sondern betriebsverfassungsrechtlicher Natur ist, unterliegt er keiner tarif- oder arbeitsvertraglichen **Ausschlussfrist**.[138]

III. Sachaufwand und Büropersonal

Nach § 40 Abs. 2 BetrVG hat der Arbeitgeber in erforderlichem Umfang Räume, sachliche Mittel, Informations- und Kommunikationstechnik sowie Büropersonal zur Verfügung zu stellen (zur Einordnung → Rn. 2).

1. Allgemeines

Abweichend von § 40 Abs. 1 BetrVG (→ Rn. 47 ff.) ist der Anspruch nicht auf bloße Kostentragung, sondern auf **Naturalleistung** gerichtet. Während der Betriebsrat bei seiner sonstigen Geschäftsführung selbständig handelt und den Arbeitgeber anschließend auf Erstattung der hierdurch verursachten Kosten in Anspruch nehmen darf, liegt die Initiative iRd § 40 Abs. 2 BetrVG beim Arbeitgeber.[139] Dementsprechend darf der Betriebsrat nicht selbst zu Lasten des Arbeitgebers Aufwendungen tätigen, indem er sich Personal- oder Sachmittel von Dritten beschafft.[140] Er hat nur einen Überlassungsanspruch gegen den Arbeitgeber, der notfalls gerichtlich durchzusetzen ist.

Auch der Anspruch aus § 40 Abs. 2 BetrVG ist durch den **Verhältnismäßigkeitsgrundsatz** begrenzt (ausführlich → Rn. 3 ff.). Der Arbeitgeber hat Räume, Sach- und Personalmittel daher nur insoweit zur Verfügung zu stellen, wie die Mittel der Erledigung von Betriebsratsaufgaben dienen (Geeignetheit), keine gleich geeigneten, aber kostengünstigeren Alternativen verfügbar sind (Erforderlichkeit) und der Nutzen der Bereitstellung nicht außer Verhältnis zu den mit ihr verursachen Kosten steht (Angemessenheit). Die Angemessenheit richtet sich – wie auch sonst – nach den Umständen des Einzelfalls, so dass es eine stets zu gewährende „**Normalausstattung**" richtigerweise nicht geben kann.[141] Statt der Überlassung zur alleinigen Verwendung genügt – gerade in kleineren Betrieben – auch die Ermöglichung der **Mitbenutzung** von Sachmitteln, soweit dies für die konkrete Tätigkeit des Betriebsrats ausreichend ist, er eine problemlose Zugriffsmöglichkeit erhält und die Vertraulichkeit der Betriebsratsarbeit (zB bei der Mitnutzung eines Computers) effektiv gewahrt ist.[142]

Das BAG will dem Betriebsrat auch im Rahmen des § 40 Abs. 2 BetrVG hinsichtlich Erforderlichkeit und Angemessenheit seiner Ausstattung einen Beurteilungsspielraum einräumen.[143] Das überzeugt nicht. Richtigerweise sind Erforderlichkeit und Angemessenheit **objektiv zu bestimmen**.[144] Systematisch spricht hierfür, dass die Initiativlast – anders als bei § 40 Abs. 1 BetrVG – beim Arbeitgeber liegt (→ Rn. 57). In teleologischer Hinsicht bedarf es eines Beurteilungsspielraums daher nicht, um – wie bei § 40 Abs. 1 BetrVG –

---

[138] BAG 30.1.1973 – 1 ABR 1/73, AP BetrVG 1972 § 40 Nr. 3; *Fitting* § 40 Rn. 98; GK-BetrVG/*Weber* § 40 Rn. 101 mwN.
[139] Treffend GK-BetrVG/*Weber* § 40 Rn. 135 mwN.
[140] BAG 21.4.1983 – 6 ABR 70/82, BeckRS 9998, 180179 (keine rechtsgeschäftliche Tätigkeit des Betriebsrats).
[141] BAG 12.5.1999 – 7 ABR 36/97, NZA 1999, 1290 (1291); 16.5.2007 – 7 ABR 45/06, NZA 2007, 1117 Rn. 25; aus der Lit. statt vieler GK-BetrVG/*Weber* § 40 Rn. 143 mwN.
[142] Ebenso *Fitting* § 40 Rn. 114, 128, 130; HWGNRH/*Glock* § 40 Rn. 116, 119 f., 132; ErfK/*Koch* BetrVG § 40 Rn. 16; WPK/*Kreft* § 40 Rn. 47 (teils anders Rn. 52); AR/*Maschmann* BetrVG § 40 Rn. 12 f.; BeckOK ArbR/*Mauer* BetrVG § 40 Rn. 25; HWK/*Reichold* BetrVG § 40 Rn. 30, 34 f.; Richardi BetrVG/*Thüsing* § 40 Rn. 70 ff., 78; GK-BetrVG/*Weber* § 40 Rn. 157; aA DKKW/*Wedde* § 40 Rn. 170, 183 (teils anders Rn. 129 f., 133); HK-BetrVG/*Wolmerath* § 40 Rn. 19.
[143] BAG 12.5.1999 – 7 ABR 36/97, NZA 1999, 1290 (1292); 20.4.2016 – 7 ABR 50/14, NZA 2016, 1033 Rn. 17; ebenso *Fitting* § 40 Rn. 106; ErfK/*Koch* BetrVG § 40 Rn. 16; WPK/*Kreft* § 40 Rn. 42; AR/*Maschmann* BetrVG § 40 Rn. 12; BeckOK ArbR/*Mauer* BetrVG § 40 Rn. 22; DKKW/*Wedde* § 40 Rn. 117; HK-BetrVG/*Wolmerath* § 40 Rn. 15.
[144] Ebenso *Kort* Anm. AP BetrVG 1972 § 40 Nr. 66 u. 75; *Richardi/Annuß* Anm. EzA § 40 BetrVG 1972 Nr. 81; GK-BetrVG/*Weber* § 40 Rn. 140 f.; *Weber* NZA 2008, 280 (282 f.); ähnlich HWGNRH/*Glock* § 40 Rn. 134.

das berechtigte Vertrauen des Betriebsrats in den Ersatz von Aufwendungen in fremdem Interesse (→ Rn. 8) oder die Unabhängigkeit der Amtsführung des Betriebsrats zu schützen. Nur unter mehreren gleichermaßen erforderlichen und angemessenen Ausstattungsoptionen hat der Betriebsrat eine freie Wahlmöglichkeit.

2. Räume

60 Der Arbeitgeber hat dem Betriebsrat geeignete Räume für seine Amtstätigkeit zu überlassen, und zwar grds. innerhalb des **Betriebsgeländes** (für Sitzungen → § 294 Rn. 60). Die Räume müssen ausreichend mit Heizung und Lichtquellen versorgt sein. Hat die Betriebsratstätigkeit nicht einen nur sehr geringen Umfang, ist die Zuweisung eines abschließbaren Raumes für eine ordnungsgemäße Betriebsratstätigkeit erforderlich und angemessen.[145] An den ihm zur alleinigen Nutzung zugewiesenen Räumen übt der Betriebsrat das **Hausrecht** aus (zum Sitzungsraum → § 294 Rn. 53 f.). Dies gilt allerdings nur im Rahmen der betriebsverfassungsrechtlichen Aufgaben des Betriebsrats, so dass er zB betriebsfremden Pressevertretern ohne Zustimmung des Arbeitgebers keinen Zugang gewähren darf.[146]

3. Sachliche Mittel

61 Umfang und Inhalt der Pflicht zur Überlassung von Sachmitteln hängen von den konkreten Aufgaben des Betriebsrats und den betrieblichen Verhältnissen ab (→ Rn. 58 f.). Zu überlassen sind idR die Gegenstände, die für eine gewöhnliche Bürotätigkeit notwendig sind. Dazu gehört die Einrichtung der dem Betriebsrat überlassenen Räume mit **Mobiliar**, zB mit Tischen, Stühlen und abschließbaren Aktenschränken. Daneben sind dem Betriebsrat ggf. auch die dem laufenden Betrieb dienenden Gegenstände zur Mitbenutzung zu überlassen (→ Rn. 58), zB Diktiergeräte, Papier, Schreibmaterial, Aktenordner oder vorhandene Kopiergeräte.

62 Dem Betriebsrat sind alle **Gesetzestexte** in aktueller Fassung zu überlassen, die für die Betriebsratstätigkeit konkret erforderlich und angemessen sind. Dazu gehören neben dem BetrVG alle arbeitsrechtlichen Gesetze, Verordnungen, Unfallverhütungsvorschriften und Tarifverträge, deren Einhaltung der Betriebsrat nach § 80 Abs. 1 Nr. 1 BetrVG zu überwachen hat. Ist eine Gesetzessammlung an sich objektiv erforderlich und angemessen, kann der Betriebsrat unter mehreren Sammlungen frei wählen (→ Rn. 59) und ein Exemplar für jedes Mitglied verlangen.[147]

63 Auch **Fachliteratur** hat der Arbeitgeber zur Verfügung zu stellen, soweit sie geeignet, erforderlich und angemessen ist. Innerhalb dieses (objektiven) Rahmens bestimmt der Betriebsrat selbst, welche Literatur er konkret nutzen möchte (→ Rn. 59).[148] Er hat idR Anspruch auf Überlassung eines Kommentars zum Betriebsverfassungsgesetz in aktueller Auflage.[149] Ferner sind dem Betriebsrat auch **Fachzeitschriften** zur Verfügung zu stellen, die geeignet sind, dem Betriebsrat die für seine konkrete Tätigkeit notwendigen Informationen zu vermitteln.[150] Eine Fachzeitschrift ist regelmäßig auch in einem kleineren Betrieb zur Verfügung zu stellen, da das Informationsbedürfnis des Betriebsrats nicht von der Größe des Betriebes abhängt und die Kosten für eine Fachzeitschrift typischerweise nicht unangemessen hoch sind.[151] Der Betriebsrat darf auch eine Zeitschrift auswählen, die von

---

[145] LAG Köln 19.1.2011 – 11 TaBV 75/00, NZA-RR 2001, 482; LAG SchlH 19.9.2007 – 6 TaBV 14/07, NZA-RR 2008, 187 (188); aus der Lit. statt vieler GK-BetrVG/*Weber* § 40 Rn. 146 mwN.
[146] BAG 18.9.1991 – 7 ABR 63/90, NZA 1992, 315 (316 f.).
[147] BAG 24.1.1996 – 7 ABR 22/95, NZA 1997, 60 (61).
[148] BAG 24.1.1996 – 7 ABR 22/95, NZA 1997, 60 (61); 26.10.1994 – 7 ABR 15/94, NZA 1995, 386 (387); aus der Lit. statt vieler GK-BetrVG/*Weber* § 40 Rn. 156 mwN.
[149] BAG 26.10.1994 – 7 ABR 15/94, NZA 1995, 386 (387).
[150] BAG 25.1.1995 – 7 ABR 37/94, NZA 1995, 591 (592).
[151] BAG 21.4.1983 – 6 ABR 70/82, BeckRS 9998, 180179.

III. Sachaufwand und Büropersonal

einem gewerkschaftseigenen Verlag herausgegeben wird.[152] Ein Anspruch darauf, dass die **Tagespresse** zugänglich gemacht wird, besteht dagegen nicht,[153] da diese idR nicht geeignet ist, die konkreten gesetzlichen Aufgaben des Betriebsrats zu fördern.

Der Arbeitgeber hat dem Betriebsrat idR an geeigneter Stelle im Betrieb ein sog. **Schwarzes Brett** zur Verfügung zu stellen, damit er die Belegschaft unterrichten kann.[154] Da der Arbeitgeber die Tätigkeit des Betriebsrats nicht zu kontrollieren hat, bestimmt der Betriebsrat allein über Art und Inhalt der Anschläge. Rechtlich unzulässige Anschläge darf der Arbeitgeber nur unter den Voraussetzungen der §§ 227 f. BGB selbst beseitigen; im Übrigen muss er vom Betriebsrat Beseitigung verlangen und diese ggf. gerichtlich durchsetzen.[155]

4. Informations- und Kommunikationstechnik

Durch das BetrVerf-Reformgesetz 2001 wurde der Wortlaut von § 40 Abs. 2 BetrVG ergänzt, um **klarzustellen**,[156] dass die Verpflichtung zur Bereitstellung von Sachmitteln auch Informations- und Kommunikationstechnik umfasst. Für sie gelten daher dieselben Grundsätze wie für Sachmittel (→ Rn. 57 ff.).

Der Betriebsrat hat – jedenfalls in größeren Betrieben – Anspruch auf einen eigenen **Telefonanschluss**. In kleineren Betrieben kann der Betriebsrat auf die Mitbenutzung eines Telefonanschlusses verwiesen werden, wenn sichergestellt ist, dass er diesen ungestört und unter Wahrung der Vertraulichkeit nutzen kann.[157] Anspruch auf einen technisch von der Telefonanlage des Arbeitgebers unabhängigen Telefonanschluss hat der Betriebsrat nur, wenn konkrete Anhaltspunkte dafür bestehen, dass der Arbeitgeber die Telekommunikation durch Erfassung der Verkehrsdaten überwacht.[158] Im Rahmen der heute üblichen Flatrate-Tarife ist auch eine auf den Umfang der Telefonnutzung begrenzte Überwachung zur Bestimmung der zu erstattenden Kosten idR nicht zulässig.[159] Ob Anspruch auf Nutzung eines **Handys** besteht, hängt davon ab, ob dies unter Berücksichtigung der konkreten betrieblichen Verhältnisse angemessen ist. Die gleichen Grundsätze gelten für die Nutzung eines **Faxgerätes**, wobei im Rahmen der Erforderlichkeit zu berücksichtigen ist, dass mittlerweile der Versand und Empfang von Faxnachrichten über diverse Anbieter via Internet elektronisch und kostenlos möglich ist.

Regelmäßig hat der Betriebsrat Anspruch auf Zurverfügungstellung eines **Computers**, da dieser mittlerweile ein allgemein gebräuchliches Arbeitsmittel darstellt, das – insbesondere bei Konfiguration als reiner Office-PC – auch kostengünstig verfügbar ist.[160] Ein eigener **Internetanschluss** ist heute ebenfalls üblich und selbst in kleineren Betrieben regelmäßig angemessen,[161] zumal durch Internetnutzung häufig andere Kostenpositionen gespart werden können (zum Faxgerät → Rn. 66). Hat der Arbeitgeber ein betriebliches **Intranet** eingerichtet, kann der Betriebsrat die Mitnutzung zur Erfüllung seiner gesetzli-

---

[152] BAG 21.4.1983 – 6 ABR 70/82, BeckRS 9998, 180179 (zur Zeitschrift AiB); aus der Lit. etwa *Fitting* § 40 Rn. 123 mwN.
[153] BAG 29.11.1989 – 7 ABR 42/89, NZA 1990, 448 f. (Handelsblatt); aus der Lit. etwa GK-BetrVG/*Weber* § 40 Rn. 164 mwN.
[154] BAG 21.11.1978 – 6 ABR 85/76, AP BetrVG 1972 § 40 Nr. 15; 17.2.1993 – 7 ABR 19/92, NZA 1993, 854 (855).
[155] Vgl. BAG 3.9.2003 – 7 ABR 12/03, NZA 2004, 278 (280); aus der Lit. etwa *Fitting* § 40 Rn. 117 mwN.
[156] BT-Drs. 14/5741, 41.
[157] LAG RhPf 9.12.1991 – 7 TaBV 38/91, NZA 1993, 426 f.; aus der Lit. statt vieler *Fitting* § 40 Rn. 128; GK-BetrVG/*Weber* § 40 Rn. 183 jeweils mwN.
[158] BAG 20.4.2016 – 7 ABR 50/14, NZA 2016, 1033 Rn. 28.
[159] Anders noch seinerzeit BAG 27.5.1986 – 1 ABR 48/84, NZA 1986, 643 (649 f.).
[160] Ebenso LAG Köln 23.1.2013 – 5 TaBV 7/12, BeckRS 2013, 67262; aus der Lit. etwa *Fitting* § 40 Rn. 131; GK-BetrVG/*Weber* § 40 Rn. 179 mwN; überholt BAG 16.5.2007 – 7 ABR 45/06, NZA 2007, 1117 Rn. 21 ff.; zu Recht weitergehend BAG 20.1.2010 – 7 ABR 79/08, NZA 2010, 709 Rn. 12 (Internetzugang).
[161] BAG 20.1.2010 – 7 ABR 79/08, NZA 2010, 709 Rn. 12.

chen Aufgaben verlangen, wenn dadurch keine besonderen Kosten entstehen und auch sonst keine überwiegenden betrieblichen Belange entgegenstehen.[162]

5. Büropersonal

68 Der Anspruch auf Büropersonal bezieht sich vornehmlich auf **Schreibkräfte**, kann aber unter Umständen auch andere Hilfskräfte erfassen.[163] Der personelle und zeitliche Umfang der Überlassung hängt von den jeweiligen betrieblichen Verhältnissen ab, insbesondere vom konkreten Umfang der Aufgaben des Betriebsrats. Die Überlassung eines Computers mit Schreibprogramm lässt den Anspruch nicht entfallen, da § 40 Abs. 2 BetrVG gerade zum Ausdruck bringt, dass die Betriebsratsmitglieder nicht sämtliche Bürotätigkeiten selbst erledigen müssen.[164] Da der Arbeitgeber Büropersonal zur Verfügung stellen muss, schließt er die hierfür notwendigen Arbeitsverträge, das Direktionsrecht steht allerdings dem Betriebsrat zu.[165] Der Betriebsrat hat zwar kein eigenes Auswahlrecht, kann die Beschäftigung einer Bürokraft aber ablehnen, wenn zu ihr nachvollziehbar kein Vertrauensverhältnis (mehr) besteht.[166]

6. Besitz- und Eigentumsverhältnisse

69 Zu Besitz und Eigentum an dem Betriebsrat zur Verfügung gestellten Sachen trifft das BetrVG keine besonderen Vorgaben. Für den **Besitz** ist daher nach § 854 Abs. 1 BGB maßgeblich, wer die tatsächliche Sachherrschaft ausübt. Die Überlassung zur alleinigen Nutzung kann unmittelbaren Alleinbesitz, die Überlassung zur Mitbenutzung unmittelbaren Mitbesitz begründen (vgl. § 866 BGB). Die bloße Mitbenutzung begründet allerdings dann keinen Besitz, wenn es – insb. bei nur flüchtiger Sachbeziehung – an einem Besitzwillen des Empfängers fehlt.[167] Eine Sachherrschaftsbeziehung begründet außerdem dann keinen Besitz, wenn sie lediglich als Besitzdiener iSd § 855 BGB oder als Organ einer juristischen Person (→ Rn. 70) ausgeübt wird.

70 Der **Betriebsrat als Gremium** kann selbst nicht Besitzer sein, da er nicht vermögensfähig ist.[168] Als Besitzer kommen daher nur einzelne Betriebsratsmitglieder in Betracht. Diese sind nicht Besitzdiener des Arbeitgebers,[169] da dies eine enge Weisungsgebundenheit erfordern würde,[170] die Betriebsratsmitglieder in ihrer Amtsausübung aber gerade unabhängig sind. Auf der anderen Seite ist aber nicht anzunehmen, dass die Überlassung an den Betriebsrat weitergehende besitzrechtliche Wirkungen hat als die innerbetriebliche Überlassung an Organe der Gesellschaft, zB den Geschäftsführer einer GmbH. Die Sachherrschaft eines Organs begründet aber – ähnlich wie bei einem Besitzdiener – keinen Besitz für das Organ, sondern ausschließlich für die juristische Person (sog. Organbesitz).[171] Da die Interessenlage insoweit vergleichbar ist, haben nach hier vertretener Ansicht auch Betriebsratsmitglieder keinen Besitz; alleiniger Besitzer ist vielmehr der Unter-

---

[162] BAG 3.9.2003 – 7 ABR 12/03, NZA 2004, 278 (279f.).
[163] BAG 19.6.2012 – 1 ABR 19/11, NZA 2012, 1237 Rn. 27; 29.4.2015 – 7 ABR 102/12, NZA 2015, 1397 Rn. 34 f. (Kommunikationsbeauftragter); aus der Lit. etwa GK-BetrVG/*Weber* § 40 Rn. 202 mwN.
[164] BAG 20.4.2005 – 7 ABR 14/04, NZA 2005, 1010 (1011 f.).
[165] HessLAG 19.2.2008 – 4 TaBV 147/07, BeckRS 2008, 54677; näher *Fitting* § 40 Rn. 137; GK-BetrVG/*Weber* § 40 Rn. 204 jeweils mwN.
[166] BAG 17.10.1990 – 7 ABR 69/89, NZA 1991, 432 (432); 5.3.1997 – 7 ABR 3/96, NZA 1997, 844.
[167] Näher MüKoBGB/*Joost* § 854 Rn. 8, 12 mwN.
[168] Ebenso HWGNRH/*Glock* § 40 Rn. 149; GK-BetrVG/*Weber* § 40 Rn. 218; **aA** Richardi BetrVG/*Thüsing* § 40 Rn. 84; DKKW/*Wedde* § 40 Rn. 124.
[169] Ebenso GK-BetrVG/*Weber* § 40 Rn. 218.
[170] Vgl. BGH 13.12.2013 – V ZR 58/13, NJW 2014, 1524 Rn. 10; näher MüKoBGB/*Joost* § 855 Rn. 4 ff. mwN.
[171] BGH 16.1.2003 – IX ZR 55/02, NJW 2004, 217 (219): allein die Gesellschaft ist Besitzerin; näher MüKoBGB/*Joost* § 854 Rn. 17 ff. mwN.

IV. Umlageverbot   71–76 § 296

nehmensträger.¹⁷² Allerdings sind etwaige besitzrechtliche Befugnisse des Arbeitgebers ggf. durch die Rechte des Betriebsrats überlagert.

Einen **Eigentumsübergang** an den überlassenen Sachen auf den Betriebsrat bzw. dessen Mitglieder sieht das BetrVG nicht vor. Der Arbeitgeber ist nach § 40 Abs. 2 BetrVG auch nicht zur Übereignung verpflichtet. Die Überlassung lässt die Eigentümerstellung des Arbeitgebers daher unberührt, sofern nicht etwas anderes vereinbart wird.¹⁷³ Die Umbildung und Verarbeitung überlassener Sachen macht den Arbeitgeber nach § 950 BGB auch zum Eigentümer der neuen Sachen.¹⁷⁴ Seine Befugnisse als Eigentümer, zB den Herausgabeanspruch aus § 985 BGB, kann der Arbeitgeber jedoch nur nach Maßgabe der betriebsverfassungsrechtlichen Kompetenzen und Rechte des Betriebsrats geltend machen. 71

IV. Umlageverbot

Nach § 41 BetrVG ist die Erhebung von Beiträgen der Arbeitnehmer für Zwecke des Betriebsrats unzulässig. 72

1. Beiträge für den Betriebsrat

Nach § 40 BetrVG hat der Arbeitgeber die gesamten Kosten der Betriebsratstätigkeit zu tragen (→ Rn. 16 ff.). Die Arbeitnehmer dürfen mit diesen Kosten weder regelmäßig noch einmalig belastet werden, § 41 BetrVG. Diese Vorgabe ist **zwingend** (→ § 291 Rn. 2). Unerheblich ist daher, ob die Arbeitnehmer freiwillig zu einer Leistung bereit sind. Vereinbarungen oder Beschlüsse über die Erhebung und Leistung von Beiträgen verstoßen gegen § 41 BetrVG und sind damit nichtig, § 134 BGB.¹⁷⁵ Verbotene Beiträge sind allerdings nur Leistungen aus dem **Vermögen der Arbeitnehmer.** Betriebliche Einnahmen, die Eigentum des Arbeitgebers werden und den Arbeitnehmern nur mittelbar zufließen, dürfen daher für Betriebsratstätigkeiten verwandt werden.¹⁷⁶ 73

Wirkt der Betriebsrat auf die Leistung von Beiträgen hin, handelt er rechtswidrig, was ggf. ein Vorgehen nach § 23 Abs. 1 BetrVG eröffnet (→ § 297 Rn. 2 ff.). Eine verbotswidrige Leistung kann der Arbeitnehmer trotz § 817 S. 2 BGB nach **§ 812 Abs. 1 S. 1 Alt. 1 BGB** zurückverlangen, da der Ausschluss des Bereicherungsanspruchs bei einem beiderseitigen Gesetzesverstoß nicht eingreift, wenn die Verbotsnorm – wie im Fall des § 41 BetrVG – die Vermögensverschiebung gerade verhindern soll.¹⁷⁷ 74

Das Umlageverbot betrifft unmittelbar nur Beiträge der Arbeitnehmer an den Betriebsrat. Allerdings ist die Bestimmung auf Leistungen **betriebsfremder Dritter** analog anzuwenden, da auch deren Leistungen die Unabhängigkeit des Betriebsrats gefährden und seine ehrenamtliche Tätigkeit in Frage stellen würden.¹⁷⁸ Der Betriebsrat darf deshalb zB keine Zuwendungen von Gewerkschaften oder politischen Parteien annehmen. 75

2. Beiträge für andere Zwecke

Auch für andere Zwecke als seine Amtstätigkeit darf der Betriebsrat die Arbeitnehmer nicht zu Beiträgen heranziehen, da er hierfür nicht zuständig ist. Er darf zB nicht Gewerkschaftsbeiträge einziehen.¹⁷⁹ Auch die Durchführung von Geldsammlungen – etwa 76

---

¹⁷² Grundl. MHdB ArbR/*Joost*, 3. Aufl. 2009, § 221 Rn. 48; aA HWK/*Reichold* BetrVG § 40 Rn. 27; GK-BetrVG/*Weber* § 40 Rn. 218 mwN.
¹⁷³ Statt vieler GK-BetrVG/*Weber* § 40 Rn. 212 mwN; **aA** für verbrauchbare Sachen *Fitting* § 40 Rn. 107.
¹⁷⁴ Zur hM GK-BetrVG/*Weber* § 40 Rn. 214 mwN.
¹⁷⁵ Statt vieler *Fitting* § 41 Rn. 7 mwN.
¹⁷⁶ BAG 24.7.1991 – 7 ABR 76/89, NZA 1991, 980f. (Tronc einer Spielbank; dazu näher GK-BetrVG/*Weber* § 41 Rn. 4 mwN).
¹⁷⁷ Ebenso HWGNRH/*Glock* § 41 Rn. 4; ErfK/*Koch* BetrVG § 41 Rn. 1; WPK/*Kreft* § 41 Rn. 5; BeckOK ArbR/*Mauer* BetrVG § 41 Rn. 1; Richardi BetrVG/*Thüsing* § 41 Rn. 1; DKKW/*Wedde* § 41 Rn. 9; nunmehr auch HK-BetrVG/*Wolmerath* § 41 Rn. 6; **aA** *Fitting* § 41 Rn. 6; DKKW/*Wedde* § 41 Rn. 2.
¹⁷⁸ Statt vieler *Fitting* § 41 Rn. 5; GK-BetrVG/*Weber* § 41 Rn. 8 jeweils mwN.
¹⁷⁹ Ebenso *Fitting* § 41 Rn. 10; HWGNRH/*Glock* § 41 Rn. 6; GK-BetrVG/*Weber* § 41 Rn. 7.

aus Anlass von Betriebsfesten oder Geburtstagen – ist richtigerweise unzulässig.[180] Der Betriebsrat darf auch keine Betriebsratskasse unterhalten.[181] Sammlungen für andere Zwecke dürfen jedoch von Betriebsratsmitgliedern durchgeführt werden, wenn sie in ihrer **Eigenschaft als Arbeitnehmer** handeln und nicht den Eindruck erwecken, sie würden als Betriebsrat tätig werden.

V. Streitigkeiten

77 Streitigkeiten über die Kostentragung entscheiden die Arbeitsgerichte im **Beschlussverfahren**, §§ 2a Abs. 1 Nr. 1, 80 ff. ArbGG. Dies gilt gleichermaßen für die Kosten der Geschäftsführung iSd § 40 Abs. 1 BetrVG wie für die Überlassung von Räumen, Sachmitteln, Informations- und Kommunikationstechnik und Büropersonal nach § 40 Abs. 2 BetrVG.[182] Hat ein Betriebsratsmitglied nach Zahlung im Außenverhältnis an einen Dritten einen Erstattungsanspruch (→ Rn. 47), ist auch dieser im Beschlussverfahren zu verfolgen, da er im Betriebsratsamt wurzelt – und zwar selbst dann, wenn das Betriebsratsmitglied bereits aus dem Betriebsrat ausgeschieden ist.[183]

78 Der Betriebsrat kann als **Gremium** auch Kostenerstattungsansprüche seiner Mitglieder im eigenen Namen geltend machen, muss in diesem Fall allerdings beantragen, das Mitglied von der Verbindlichkeit freizustellen bzw. den Erstattungsbetrag an das Mitglied zu zahlen (→ Rn. 46). Hat das Betriebsratsmitglied seinen Erstattungsanspruch abgetreten (→ Rn. 51, 53), so ist der Anspruch von dem neuen Inhaber ebenfalls im Beschlussverfahren geltend zu machen.[184]

---

[180] Ebenso GK-BetrVG/*Weber* § 41 Rn. 5; ähnlich HWGNRH/*Glock* § 41 Rn. 5; WPK/*Kreft* § 41 Rn. 2; HWK/*Reichold* BetrVG § 41 Rn. 4; **aA** *Fitting* § 41 Rn. 8; Löwisch/Kaiser/*Löwisch* § 41 Rn. 4; Richardi BetrVG/*Thüsing* § 41 Rn. 8; wohl auch DKKW/*Wedde* § 41 Rn. 5; HK-BetrVG/*Wolmerath* § 41 Rn. 7.
[181] BAG 22. 4. 1960, AP ArbGG 1953 § 2 Betriebsverfassungsstreit Nr. 1.
[182] BAG 15. 1. 1992 – 7 ABR 23/90, NZA 1993, 189 (190); aus der Lit. statt vieler GK-BetrVG/*Weber* § 40 Rn. 220 mwN.
[183] BAG 10. 10. 1969 – 1 AZR 5/69, BeckRS 9998, 160698; aus der Lit. statt vieler *Fitting* § 40 Rn. 139 mwN.
[184] BAG 15. 1. 1992 – 7 ABR 23/90, NZA 1993, 189 (190); aus der Lit. statt vieler GK-BetrVG/*Weber* § 40 Rn. 223 mwN.

§ 297 Amtsenthebung und Gesetzesverstöße des Arbeitgebers

Schrifttum:
Bayreuther, Tarifbindung und „Tarifflucht": Eine Skizze der jüngeren Rechtsprechung des BAG, DZWIR 2010, 353; *Belling*, Die Haftung des Betriebsrats und seiner Mitglieder für Pflichtverletzungen, Habil. 1990; *Besgen/Roloff*, Grobe Verstöße des Arbeitgebers gegen das AGG – Rechte des Betriebsrats und der Gewerkschaften, NZA 2007, 670; *Boemke*, Mitbestimmung bei der Einstellung von Leiharbeitnehmern, Anm. AP BetrVG 1972 § 99 Nr. 63; *Braun*, Der allgemeine betriebsverfassungsrechtliche Unterlassungsanspruch des Arbeitgebers und seine systematische Stellung, FS L. Simon, 2001, S. 53; *Franzen*, Kollektive Rechtsdurchsetzung – Länderbericht Deutschland, ZIAS 2004, 32; *Gutzeit*, Theorie der notwendigen Mitbestimmung, NZA 2008, 255; *Heinze*, Die betriebsverfassungsrechtlichen Ansprüche des Betriebsrates gegenüber dem Arbeitgeber, DB-Beil. 9/1983, 1; *v. Hoyningen-Huene*, Das „Betriebsverhältnis" als Grundbeziehung im Betriebsverfassungsrecht, FS Wiese, 1998, S. 175; *Hromadka*, Zum Unterlassungsanspruch gegen tarifwidrige Bündnisse für Arbeit, ZTR 2000, 253; *Husemann*, Zu den Rechtsschutzmöglichkeiten der Gewerkschaft bei tarifvertragswidrigen Abreden auf Betriebsebene, SAE 2012, 54; *Jacobs/Burger*, Punkteschema – allgemeiner Unterlassungsanspruch des Betriebsrats (§ 95 Abs. 1 S. 1 BetrVG), SAE 2006, 256; *Kaiser*, Voraussetzungen für Auflösung des Betriebsrats, AR-Blattei ES 530.10 Nr. 77; *Kania*, Die betriebsverfassungsrechtliche Abmahnung, DB 1996, 374; *Klumpp*, § 23 BetrVG als Diskriminierungssanktion?, NZA 2006, 904; *U. Koch*, Die Abmahnung eines Betriebsratsmitgliedes wegen Amtspflichtverletzung, Diss. 1991; *Kocher*, Tarifwidrige Standortsicherungsvereinbarung, AuR 1999, 158; *Kohte*, Der Unterlassungsanspruch der betrieblichen Arbeitnehmervertretung, FS Richardi, 2007, S. 601; *Kohte*, Der Unterlassungsanspruch des Personalrats, PersR 2009, 224; *Konzen*, Rechtsfragen bei der Sicherung der betrieblichen Mitbestimmung, NZA 1995, 865; *v. Koppenfels-Spies*, Der allgemeine Unterlassungsanspruch gegen den Betriebsrat vor dem Aus?, FS Blaurock, 2013, S. 213; *Lieb*, Skandal oder Signal? Zur Problematik tarifwidriger Betriebsvereinbarungen, FS A. Kraft, 1998, S. 343; *Lobinger*, Zur Dogmatik des allgemeinen betriebsverfassungsrechtlichen Unterlassungsanspruchs, ZfA 2004, 101; *Lobinger*, Zum Unterlassungsanspruch des Betriebsrats bei Betriebsänderungen, FS Richardi, 2007, S. 657; *Lukes*, Der betriebsverfassungsrechtliche Unterlassungsanspruch des Arbeitgebers gegen den Betriebsrat, Diss. 2016; *Matthes*, Über einen vernünftigen Umgang mit dem Unterlassungsanspruch des Betriebsrats, FS Dieterich, 1999, S. 355; *Oetker*, Abschluss tarifwidriger Betriebsvereinbarungen, SAE 1992, 158; *Prütting*, Unterlassungsanspruch und einstweilige Verfügung in der Betriebsverfassung, RdA 1995, 257; *Raab*, Negatorischer Rechtsschutz des Betriebsrats gegen mitbestimmungswidrige Maßnahmen des Arbeitgebers, Diss. 1993 (zit.: *Raab* Negatorischer Rechtsschutz); *Raab*, Der Unterlassungsanspruch des Betriebsrats, ZfA 1997, 183; *Raab*, Rechtsschutz des Arbeitgebers gegen Pflichtverletzungen des Betriebsrats (Teil 1 und 2), RdA 2017, 288 u. 352; *Reichold*, Kein Unterlassungsanspruch des Arbeitgebers bei parteipolitischer Betätigung des Betriebsrats nach § 74 Abs. 2 BetrVG (Anm.), RdA 2011, 59; *D. Reuter*, Verfahrensart für den Unterlassungsanspruch einer Gewerkschaft (Anm.), AP ArbGG 1979 § 2a Nr. 17; *Richardi*, Kehrtwende des BAG zum betriebsverfassungsrechtlichen Unterlassungsanspruch des Betriebsrats, NZA 1995, 8; *Rieble*, Die Burda-Entscheidung des BAG, ZTR 1999, 483; *Schwarze*, Voraussetzungen für Auflösung des Betriebsrats, SAE 1994, 141; *Schwegler*, Der Schutz der Vereinbarungen und Verfahrensrechte zum Interessenausgleich, Diss. 2011; *Seifert*, Verfahrensart für den Unterlassungsanspruch einer Gewerkschaft (Anm.), EzA § 2a ArbGG 1979 Nr. 4; *Walker*, Der einstweilige Rechtsschutz im Zivilprozess und im arbeitsgerichtlichen Verfahren, 1993 (zit.: *Walker* Rechtsschutz); *Walker*, Zum Unterlassungsanspruch des Betriebsrats bei Betriebsänderungen, FA 2008, 290.

Übersicht

	Rn.
I. Vorbemerkung	1
II. Ausschluss aus dem Betriebsrat	2
1. Voraussetzungen	3
a) Verletzung gesetzlicher Pflichten	4
b) Grobe Verletzung	7
c) Kein Verschuldenserfordernis	12
d) Beispiele	14
2. Verfahren	15
a) Zuständigkeit	15
b) Antrag	16
c) Antragshäufung	19
d) Rechtsschutzinteresse	21
e) Einstweiliger Rechtsschutz	23
3. Rechtsfolgen des Ausschlusses	25
III. Auflösung des Betriebsrats	29
1. Voraussetzungen	30
2. Verfahren	33

	Rn.
a) Allgemeines	33
b) Rechtsschutzinteresse	34
c) Einstweiliger Rechtsschutz	36
3. Rechtsfolgen	37
IV. Pflichtverstöße des Arbeitgebers	39
1. Zweck und Bedeutung	40
2. Voraussetzungen	43
a) Verletzung gesetzlicher Pflichten	44
b) Grobe Verletzung	48
c) Kein Verschuldenserfordernis	50
d) Wiederholungsgefahr bei Unterlassungen	51
e) Beispiele	52
3. Erkenntnisverfahren	53
a) Antragsberechtigung	54
b) Antragsinhalt	55
c) Entscheidung	57
d) Einstweiliger Rechtsschutz	58
4. Vollstreckungsverfahren	60
a) Verstoß gegen Unterlassungs- und Duldungspflichten	61
b) Nichtvornahme einer Handlung	66
V. Sonstige Ansprüche und Sanktionen	68
1. Durchsetzung von Ansprüchen des Betriebsrats nach § 85 Abs. 1 ArbGG	68
2. Straftaten und Ordnungswidrigkeiten	69

I. Vorbemerkung

1 Verbreitet wird § 23 BetrVG als besondere Regelung zu Sanktionsmöglichkeiten für grobe Verletzungen gesetzlicher Pflichten durch den Betriebsrat, seine Mitglieder oder den Arbeitgeber bezeichnet.[1] Die systematische Stellung im Abschnitt zur Amtszeit des Betriebsrats und die einzelnen Rechtsfolgenanordnungen zeigen jedoch, dass das Antragsrecht nach § 23 BetrVG – ähnlich einer Kündigung[2] – nicht Verhalten in der Vergangenheit bestrafen, sondern **zukünftiges** ordnungsgemäßes Verhalten sicherstellen soll.[3] Der Ausschluss eines Mitglieds, die Auflösung des Betriebsrats oder die auf gerichtlichen Antrag erfolgte Aufgabe einer Handlung, Duldung oder Unterlassung durch den Arbeitgeber[4] haben daher das gemeinsame Ziel, weitere Pflichtverletzungen in der Zukunft zu verhindern.

II. Ausschluss aus dem Betriebsrat

2 Nach § 23 Abs. 1 S. 1 BetrVG können einzelne Mitglieder aus dem Betriebsrat ausgeschlossen werden, um seine Funktionsfähigkeit zu sichern (→ Rn. 1).

1. Voraussetzungen

3 Der Ausschluss eines Mitglieds setzt eine grobe Verletzung gesetzlicher Pflichten voraus. Ein Verschuldenserfordernis sieht das Gesetz nicht vor.

---

[1] So etwa *Fitting* § 23 Rn. 1 (anders Rn. 14); NK-GA/*Kloppenburg* BetrVG § 23 Rn. 1; DKKW/*Trittin* § 23 Rn. 1 (anders Rn. 21f., 156); vgl. auch Schriftlicher Bericht 10. Ausschuss zu BT-Drs. VI/2729, S. 21 r. Sp. („Sanktionsregelungen gegen den Betriebsrat").
[2] Statt vieler APS/*Vossen* KSchG § 1 Rn. 73 mwN.
[3] Ausführlich GK-BetrVG/*Oetker* § 23 Rn. 14f.; zust. nunmehr auch BAG 27.7.2016 – 7 ABR 14/15, NZA 2017, 136 Rn. 28; ebenso HK-BetrVG/*Düwell* § 23 Rn. 5, 34; HWGNRH/*Huke* § 23 Rn. 16, 66; WPK/*Kreft* § 23 Rn. 4, 28; *Lobinger* ZfA 2004, 101 (131f.); HWK/*Reichold* BetrVG § 23 Rn. 1f.; Richardi BetrVG/*Thüsing* § 23 Rn. 1; der Sache nach auch *Fitting* § 23 Rn. 14, 25, 51; AR/*Maschmann* BetrVG § 23 Rn. 2a aE; DKKW/*Trittin* § 23 Rn. 19, 21f., 156.
[4] Zu § 23 Abs. 3 BetrVG wiederum ausführlich GK-BetrVG/*Oetker* § 23 Rn. 151f. mwN.

II. Ausschluss aus dem Betriebsrat   4–6 § 297

a) Verletzung gesetzlicher Pflichten. Gesetzliche Pflichten iSd § 23 Abs. 1 S. 1 4
BetrVG sind sämtliche Pflichten eines Betriebsratsmitglieds, die es aufgrund seines **Amtes**
treffen.[5] Dazu gehören alle Pflichten aus der allgemeinen Amtsstellung sowie aus der
Übernahme besonderer Aufgaben, zB als Betriebsratsvorsitzender oder Einigungsstellenbeisitzer. Verhaltensanforderungen aus anderen Gesetzen, Tarifverträgen oder Betriebsvereinbarungen fallen hierunter, soweit sie diese Pflichten weiter konkretisieren.[6] Gesetzliche
Pflichten können nach allgemeinen Grundsätzen auch dadurch verletzt werden, dass ein
Betriebsratsmitglied ihm zustehende Befugnisse ohne sachlichen Grund nicht wahrnimmt
(„**vernachlässigt**")[7] oder rechtsmissbräuchlich[8] ausübt. Ersatzmitglieder können nur
dann nach § 23 Abs. 1 BetrVG ausgeschlossen werden, wenn sie (vorübergehend) nachgerückt sind und in der Folge Amtspflichten verletzt haben.[9]

Dagegen sind Verstöße gegen **arbeitsvertragliche** Pflichten nach Wortlaut und Zweck 5
des § 23 Abs. 1 BetrVG nicht geeignet, eine Amtsenthebung zu rechtfertigen.[10] Sie können nur Grundlage individualvertraglicher Rechte – zB Abmahnung oder Kündigung –
sein; mittelbar führt eine wirksame Kündigung allerdings nach § 24 Nr. 3 BetrVG auch
zur Beendigung der Mitgliedschaft im Betriebsrat (näher → § 292 Rn. 102 ff.). Umgekehrt begründen Amtspflichtverletzungen nur ein Antragsrecht nach § 23 Abs. 1 BetrVG,
nicht aber individualvertragliche Rechte des Arbeitgebers wie Abmahnung oder Kündigung (zur betriebsverfassungsrechtlichen Abmahnung → Rn. 9).[11]

Richtigerweise kann das Verhalten eines Betriebsratsmitglieds gleichzeitig Amtspflich- 6
ten und arbeitsvertragliche Pflichten verletzen, zB wenn es unberechtigt Arbeitsbefreiung
nach § 37 Abs. 2 BetrVG beansprucht oder in Bezug auf sein Amt anvertraute Geldbeträge unterschlägt. In diesem Fall gebührt nach heute hM dem Antrag nach § 23 Abs. 1
BetrVG kein zwingender Vorrang. Vielmehr kommen auch individualvertragliche Gestaltungsrechte wie Abmahnung oder Kündigung in Betracht (sog. **Simultantheorie**), an die
allerdings im Rahmen der Interessenabwägung ein besonders **strenger Maßstab** anzulegen ist.[12] Das erklärt sich zunächst daraus, dass die Amtsenthebung gegenüber der Kündigung idR ein milderes Mittel ist, um für die Zukunft vertragskonformes Verhalten sicherzustellen. Darüber hinaus trägt ein strengerer Maßstab in systematischer Hinsicht dem
Benachteiligungsverbot aus § 78 S. 2 BetrVG Rechnung.[13] Denn Betriebsratsmitglieder
geraten ihrer exponierten Stellung wegen typischerweise leichter als andere Arbeitnehmer
in Kollision mit arbeitsvertraglichen Pflichten.[14] Systematisch ist außerdem die in § 23
Abs. 1 S. 1 BetrVG enthaltene Wertung zu beachten, wonach ein Ausschluss nur in Fällen

---

[5] BAG 5.9.1967 – 1 ABR 1/67, BeckRS 9998, 149185; LAG Düsseldorf 9.1.2013 – 12 TaBV 93/12, BeckRS 2013, 71924 („Amtspflichten").
[6] ArbG Kempten 21.8.2012 – 2 BV 16/12; LAG Bln-Bbg 1.10.2015 – 5 TaBV 876/15, BeckRS 2016, 66142; aus der Lit. statt vieler *Fitting* § 23 Rn. 15; GK-BetrVG/*Oetker* § 23 Rn. 23 jeweils mwN.
[7] Vgl. BAG 5.9.1967 – 1 ABR 1/67, BeckRS 9998, 149185 (§ 23 BetrVG 1952 sprach die grobe „Vernachlässigung" gesetzlicher Befugnisse noch explizit an); ebenso LAG Bln-Bbg 1.10.2015 – 5 TaBV 876/15, BeckRS 2016, 66142 Rn. 52; aus der Lit. statt vieler *Fitting* § 23 Rn. 36, GK-BetrVG/*Oetker* § 23 Rn. 24 jeweils mwN.
[8] HK-BetrVG/*Düwell* § 23 Rn. 8; *Fitting* § 23 Rn. 38; GK-BetrVG/*Oetker* § 23 Rn. 25.
[9] Ausführlich hierzu GK-BetrVG/*Oetker* § 23 Rn. 73 ff. mwN.
[10] Statt vieler *Fitting* § 23 Rn. 21; GK-BetrVG/*Oetker* § 23 Rn. 28 jeweils mwN.
[11] BAG 26.1.1994 – 7 AZR 649/92, BeckRS 1994, 30915379 (A. II. 2. der Gründe); 9.9.2015 – 7 ABR 69/13, NZA 2016, 57 Rn. 41; aus der Lit. statt vieler *Fitting* § 23 Rn. 21; GK-BetrVG/*Oetker* § 23 Rn. 27 jeweils mwN.
[12] BAG 22.8.1974 – 2 ABR 17/74, NJW 1975, 181 (182); zuletzt etwa 12.5.2010 – 2 AZR 587/08, NZA-RR 2011, 15 Rn. 15; aus der Lit. statt vieler *Fitting* § 23 Rn. 23; GK-BetrVG/*Oetker* § 23 Rn. 30 jeweils mwN; aA allerdings DKKW/*Trittin* § 23 Rn. 105 ff.; **diff.** HWGNRH/*Huke* § 23 Rn. 25.
[13] BAG 23.10.2008 – 2 ABR 59/07, NZA 2009, 855 Rn. 29; zust. auch *Fitting* § 23 Rn. 23; GK-BetrVG/*Oetker* § 23 Rn. 36 mwN.
[14] Zutreffend BAG 23.10.2008 – 2 ABR 59/07, BeckRS 2009, 61699 Rn. 19 („besondere Konfliktsituation"); LAG MV 24.5.2016 – 2 TaBV 22/15, BeckRS 2016, 73743 Rn. 60; ebenso etwa *Fitting* § 23 Rn. 23 mwN.

"grober" Pflichtverletzung möglich sein soll; sie muss mit Blick auf § 24 Nr. 3 BetrVG (→ Rn. 5) auch für eine außerordentliche Kündigung Berücksichtigung finden.[15]

7 **b) Grobe Verletzung.** Grob ist eine Pflichtverletzung, wenn sie **objektiv erheblich** ist, dh besonders schwerwiegend gegen den Zweck einer gesetzlichen Pflicht verstößt.[16] Das ist der Fall, wenn sie die weitere Amtsausübung durch das Betriebsratsmitglied unter Berücksichtigung aller Umstände – insbesondere der betrieblichen Gegebenheiten und des Anlasses der Pflichtverletzung – als untragbar erscheinen lässt.[17] Die Pflichtverletzung muss nicht so weit reichen, dass die Funktionsfähigkeit des Betriebsrats gänzlich aufgehoben oder ernstlich gefährdet wird;[18] nach Sinn und Zweck des Antragsrechts (→ Rn. 1) ist es vielmehr ausreichend, wenn es zu erheblichen Störungen kommt und die gesetzesmäßige Amtsausübung aus diesem Grund nicht mehr sichergestellt werden kann.[19] Die Zumutbarkeit einer weiteren Zusammenarbeit mit den anderen Betriebsratsmitgliedern ist dagegen nicht maßgeblich, weil im Betriebsrat typischerweise verschiedene Interessengruppen repräsentiert sind.[20] Auch ein einmaliger Verstoß kann bereits ausreichend sein, wenn er aufgrund der Umstände besonders schwerwiegend ist.[21] Umgekehrt kann ein für sich genommen leichter Verstoß eine grobe Pflichtverletzung darstellen, wenn er beharrlich wiederholt oder fortgesetzt wird.[22]

8 In Rechtsprechung und Literatur wird ganz überwiegend vertreten, eine grobe Pflichtverletzung müsse auch **offensichtlich** schwerwiegend sein.[23] Dabei bleibt idR unklar, ob sich diese Voraussetzung auf die tatsächliche Erkennbarkeit oder die rechtliche Bewertung beziehen soll. Richtigerweise muss eine grobe Pflichtverletzung iSd § 23 Abs. 1 S. 1 BetrVG nicht offensichtlich sein.[24] Auf die tatsächliche Erkennbarkeit kann es schon deshalb nicht ankommen, weil andernfalls ein geschicktes Verbergen von Verstößen privilegiert würde. Auch die rechtliche Bewertung muss nicht offensichtlich sein, weil sie objektiv erfolgen muss und gerade auf die Klärung von Zweifelsfragen angelegt ist.

---

[15] Überzeugend GK-BetrVG/*Oetker* § 23 Rn. 34 f.; zust. auch WPK/*Kreft* § 23 Rn. 11; ebenso Löwisch/Kaiser/*Löwisch* § 23 Rn. 22.

[16] Vgl. BAG 2.11.1955 – 1 ABR 30/54, AP BetrVG § 23 Nr. 1; 22.6.1993 – 1 ABR 62/92, NZA 1994, 184 (186); aus der Lit. etwa *Fitting* § 23 Rn. 14; GK-BetrVG/*Oetker* § 23 Rn. 43 jeweils mwN.

[17] BAG 22.6.1993 – 1 ABR 62/92, NZA 1994, 184 (186); 27.7.2016 – 7 ABR 14/15, NZA 2017, 136 Rn. 21; LAG München 17.1.2017 – 6 TaBV 97/16, BeckRS 2017, 103159 Rn. 41; HessLAG 23.2.2017 – 9 TaBV 140/16, BeckRS 2017, 114084 Rn. 29; LAG Bln-Bbg 31.5.2017 – 15 TaBV 1979/16 ua, BeckRS 2017, 127952 Rn. 24; aus der Lit. statt vieler *Fitting* § 23 Rn. 17a; GK-BetrVG/*Oetker* § 23 Rn. 45 jeweils mwN.

[18] Ebenso GK-BetrVG/*Oetker* § 23 Rn. 16; wohl auch Löwisch/Kaiser/*Löwisch* § 23 Rn. 20; **aA** BAG 5.9.1967 – 1 ABR 1/67, BeckRS 9998, 149185; ArbG Darmstadt 12.4.2007 – 12 BV 18/06, BeckRS 2008, 56287; LAG Bln-Bbg 1.10.2015 – 5 TaBV 876/15, BeckRS 2016, 66142 Rn. 34; *Fitting* § 23 Rn. 18 (s. aber auch Rn. 14); HWGNRH/*Huke* § 23 Rn. 18; ErfK/*Koch* BetrVG § 23 Rn. 4; AR/*Maschmann* BetrVG § 23 Rn. 4; HWK/*Reichold* BetrVG § 23 Rn. 7; DKKW/*Trittin* § 23 Rn. 16.

[19] BAG 27.7.2016 – 7 ABR 14/15, NZA 2017, 136 Rn. 28; LAG Düsseldorf 23.1.2015 – 6 TaBV 48/14, NZA-RR 2015, 299 (303); aus der Lit. statt vieler *Fitting* § 23 Rn. 51; GK-BetrVG/*Oetker* § 23 Rn. 15 jeweils mwN.

[20] BAG 5.9.1967 – 1 ABR 1/67, NJW 1968, 73; ArbG Halle 17.9.2013 – 3 BV 41/12, BeckRS 2014, 65469; vgl. auch ArbG Darmstadt 12.4.2007 – 12 BV 18/06, BeckRS 2008, 56287 (Unzumutbarkeit für Arbeitgeber ebenfalls unbeachtlich).

[21] BAG 22.5.1959 – 1 ABR 2/59, AP BetrVG § 23 Nr. 3; LAG Düsseldorf 9.1.2013 – 12 TaBV 93/12, BeckRS 2013, 71924; aus der Lit. statt vieler *Fitting* § 23 Rn. 17; GK-BetrVG/*Oetker* § 23 Rn. 47 jeweils mwN.

[22] LAG Bln-Bbg 1.10.2015 – 5 TaBV 876/15, BeckRS 2016, 66142 Rn. 34; vgl. auch LAG München 17.1.2017 – 6 TaBV 97/16, BeckRS 2017, 103159 Rn. 42; ErfK/*Koch* BetrVG § 23 Rn. 4; GK-BetrVG/*Oetker* § 23 Rn. 48 mwN.

[23] BAG 21.2.1978 – 1 ABR 54/76, AP BetrVG 1972 § 74 Nr. 1; zuletzt etwa 22.6.1993 – 1 ABR 62/92, NZA 1994, 184 (186); aus der Lit. statt vieler *Fitting* § 23 Rn. 14; GK-BetrVG/*Oetker* § 23 Rn. 44 (anders Rn. 226) jeweils mwN.

[24] So bereits MHdB ArbR/*Joost*, 3. Aufl. 2009, § 222 Rn. 9.

II. Ausschluss aus dem Betriebsrat 9–11 § 297

Da der Antrag nach § 23 Abs. 1 BetrVG künftige Amtspflichtverletzungen verhindern soll 9 (→ Rn. 1), kommt es maßgeblich auf die **Zukunftsprognose**,[25] also darauf an, ob eine künftige Beeinträchtigung der Amtsausübung des Betriebsrats zu besorgen ist. Wegen der erforderlichen Schwere des Pflichtverstoßes in der Vergangenheit ist eine Negativprognose für die Zukunft idR unproblematisch möglich. Geht es hingegen um wiederholte leichte Verstöße (→ Rn. 7), bedarf es hierfür regelmäßig einer vorherigen **betriebsverfassungsrechtlichen Abmahnung**.[26] Es entspricht auch dem Grundsatz vertrauensvoller Zusammenarbeit aus § 2 Abs. 1 BetrVG, der Wiederholung pflichtwidrigen Verhaltens vorzubeugen und nicht einfach so lange zuzuwarten, bis ein Antrag nach § 23 Abs. 1 S. 1 BetrVG begründet ist.[27] Anders als bei einer individualvertraglichen Abmahnung, die in diesem Fall unzulässig wäre (→ Rn. 5), wird mit der betriebsverfassungsrechtlichen Abmahnung eine Amtspflichtverletzung beanstandet und für die Zukunft die Amtsenthebung nach § 23 Abs. 1 S. 1 BetrVG – und nicht etwa die Kündigung des Arbeitsverhältnisses[28] – angedroht.

Eine Negativprognose kann mangels **Wiederholungsgefahr** zu verneinen sein. Das ist 10 bspw. der Fall, wenn der entgegen einem Gremiumsbeschluss und damit pflichtwidrig handelnde Betriebsratsvorsitzende (zu dessen Vertretungsbefugnis → § 293 Rn. 20 ff.) zwischenzeitlich abgewählt wurde und eine Wiederwahl ausgeschlossen erscheint.[29] Die nachträgliche Wiedergutmachung oder das ernsthafte Versprechen, sich in Zukunft anders zu verhalten, können eine Wiederholungsgefahr ebenfalls entfallen lassen, sofern das für die ordnungsgemäße Zusammenarbeit erforderliche Vertrauensverhältnis nicht endgültig zerstört wurde.[30]

Verstöße aus **vergangenen Amtsperioden** können für die Beurteilung, ob eine grobe 11 Pflichtverletzung vorliegt, richtigerweise nicht berücksichtigt werden.[31] Die Amtsenthebung kann sich stets nur auf eine bestimmte Amtsperiode beziehen und erledigt sich mit deren Beendigung. Auch eine Fortwirkung kann es nicht geben, weil mit der Beendi-

---

[25] LAG Nds 25.10.2004 – 5 TaBV 96/03, NZA-RR 2005, 530 (532); HessLAG 11.12.2008 – 9 TaBV 141/08, BeckRS 2011, 717 („Negativprognose"); 11.2.2016 – 9 TaBV 135/15, BeckRS 2016, 70866 Rn. 30; LAG München 17.1.2017 – 6 TaBV 97/16, BeckRS 2017, 103159 Rn. 41 f.; vgl. auch BAG 27.7.2016 – 7 ABR 14/15, NZA 2017, 136 Rn. 28; aus der Lit. HK-BetrVG/*Düwell* § 23 Rn. 12; NK-GA/*Kloppenburg* BetrVG § 23 Rn. 8; GK-BetrVG/*Oetker* § 23 Rn. 46; HWK/*Reichold* BetrVG § 23 Rn. 7; DKKW/*Trittin* § 23 Rn. 22 f.
[26] Ebenso *Kania* DB 1996, 374 (377); HWK/*Sittard* BetrVG § 78 Rn. 7; wohl auch HWK/*Reichold* § 23 Rn. 9; weitergehend (Abmahnung stets erforderlich) ArbG Berlin 10.1.2007 – 76 BV 16593/06, BeckRS 2008, 56299; LAG BW 13.3.2014 – 6 TaBV 5/13, BeckRS 2014, 69674; ArbG Solingen 18.2.2016 – 3 BV 15/15 lev, BeckRS 2016, 67558 (Abmahnung gegenüber Gremium); wohl auch LAG Brem 2.7.2013 – 1 TaBV 35/12, BeckRS 2015, 73236; vgl. für § 23 Abs. 3 BetrVG auch SächsLAG 7.12.2002 – 3 TaBV 15/12; HK-BetrVG/*Düwell* § 23 Rn. 15; NK-GA/*Kloppenburg* BetrVG § 23 Rn. 15; ErfK/*Koch* BetrVG § 23 Rn. 4; *Koch*, Die Abmahnung eines Betriebsratsmitglieds wegen Amtspflichtverletzung, 1991, S. 110 ff.; *Schleusener* NZA 2001, 640 (641 f.); DKKW/*Trittin* § 23 Rn. 21, 148 ff.; ähnlich WPK/*Kreft* § 23 Rn. 13; Löwisch/Kaiser/*Löwisch* § 23 Rn. 20; **aA** BeckOK ArbR/*Besgen* BetrVG § 23 Rn. 13; *Fitting* § 23 Rn. 17a; AR/*Maschmann* BetrVG § 23 Rn. 4; GK-BetrVG/*Oetker* § 23 Rn. 50, 61; *Richardi* BetrVG/*Thüsing* § 23 Rn. 10; wohl auch HWGNRH/*Huke* § 23 Rn. 44.
[27] Treffend HWK/*Reichold* BetrVG § 23 Rn. 7.
[28] Insoweit zutreffend BAG 9.9.2015 – 7 ABR 69/13, NZA 2016, 57 Rn. 40 f.
[29] HessLAG 23.2.2017 – 9 TaBV 140/16, BeckRS 2017, 114084 Rn. 29 ff.; zust. auch GK-BetrVG/*Oetker* § 23 Rn. 46.
[30] Vgl. BVerwG 25.6.1974 – VII P 11.72, BeckRS 1974, 31298982 (zum Ausschluss aus dem Personalrat); ähnlich NK-GA/*Kloppenburg* BetrVG § 23 Rn. 8; DKKW/*Trittin* § 23 Rn. 21; **aA** LAG MV 31.3.2005 – 1 TaBV 15/04, BeckRS 2005, 30983615; GK-BetrVG/*Oetker* § 23 Rn. 49; *Richardi* BetrVG/*Thüsing* § 23 Rn. 25.
[31] BAG 29.4.1969 – 1 ABR 19/68, NJW 1969, 2220 f.; 27.7.2016 – 7 ABR 14/15, NZA 2017, 136 Rn. 21 ff.; HessLAG 23.2.2017 – 9 TaBV 140/16, BeckRS 2017, 114084 Rn. 33; ebenso BeckOK ArbR/*Besgen* BetrVG § 23 Rn. 14; HK-BetrVG/*Düwell* § 23 Rn. 7; NK-GA/*Kloppenburg* BetrVG § 23 Rn. 6; WPK/*Kreft* § 23 Rn. 14; DKKW/*Trittin* § 23 Rn. 27 ff.; grds. auch *Fitting* § 23 Rn. 25; wohl auch Löwisch/Kaiser/*Löwisch* § 23 Rn. 20; **aA** bei Fortwirkung HWGNRH/*Huke* § 23 Rn. 19 f.; ErfK/*Koch* BetrVG § 23 Rn. 2; AR/*Maschmann* BetrVG § 23 Rn. 4, 12; GK-BetrVG/*Oetker* § 23 Rn. 59, 62; HWK/*Reichold* BetrVG § 23 Rn. 10; *Richardi* BetrVG/*Thüsing* § 23 Rn. 24.

gung der Amtszeit die Funktionsfähigkeit des Betriebsrats nicht mehr geschützt werden kann und der neu gewählte Betriebsrat mit dem früheren nicht identisch ist. Erfolgt in der aktuellen Amtsperiode eine grobe Amtspflichtverletzung, kann im Rahmen der erforderlichen Negativprognose (→ Rn. 9) allerdings eine gleichartige Pflichtverletzung aus einer vergangenen Amtsperiode als (zusätzliches) Indiz dafür dienen, dass auch künftig Störungen zu erwarten sind.[32]

12 **c) Kein Verschuldenserfordernis.** Für die Amtsenthebung ist umstritten, ob das betroffene Betriebsratsmitglied schuldhaft gehandelt haben muss. Die Rechtsprechung ist in diesem Punkt uneinheitlich.[33] Auch in der Literatur wird die Frage unterschiedlich beantwortet, teilweise wird sogar Vorsatz oder grobe Fahrlässigkeit zur Voraussetzung erklärt.[34] Richtigerweise ist ein **Verschuldenserfordernis abzulehnen**.[35] Der Wortlaut von § 23 Abs. 1 S. 1 BetrVG erwähnt es nicht. Systematisch wäre es außerdem widersprüchlich, den Ausschluss eines Mitglieds rechtlich anders zu behandeln als die Auflösung des Betriebsratsgremiums oder einen Antrag gegen den Arbeitgeber nach § 23 Abs. 3 S. 1 BetrVG, für die ein Verschuldenserfordernis einhellig abgelehnt wird (ausführlich → Rn. 32, 50). Teleologisch spricht hierfür schließlich, dass die Amtsenthebung keine Sanktion ist, sondern allein die künftige ordnungsgemäße Amtsausübung sichern soll (→ Rn. 1). Die subjektive Vorwerfbarkeit ist insoweit nicht erforderlich.[36]

13 Trifft ein Betriebsratsmitglied kein Verschuldenserfordernis, wird eine Amtsenthebung – jedenfalls bei einmaligen Verstößen – allerdings häufig daran scheitern, dass es an der **Negativprognose** für die Zukunft fehlt (zu ihr → Rn. 9).[37] Ist schuldloses Verhalten als querulatorisch oder krankhaft boshaft einzuordnen, ist ein Ausschluss wegen grober Pflichtverletzung aber möglich.[38]

14 **d) Beispiele.** Entscheidend für die Bewertung einer Pflichtverletzung sind stets die Umstände des Einzelfalls, insbesondere die betrieblichen Gegebenheiten und der Anlass für einen Verstoß (→ Rn. 7). Beispielhaft[39] wurden in der Rechtsprechung als grobe Pflichtverletzung eingeordnet: grobe Beschimpfungen oder Verunglimpfungen des Arbeitgebers;[40] die Weitergabe vertraulicher Unterlagen;[41] unzutreffende Angaben eines freigestellten Betriebsratsmitglieds über den Zweck seiner Tätigkeit während der Arbeitszeit außerhalb des Betriebs;[42] unzulässige parteipolitische Betätigung im Betrieb;[43] Ausübung

---

[32] BAG 27.7.2016 – 7 ABR 14/15, NZA 2017, 136 Rn. 29; zust. auch GK-BetrVG/*Oetker* § 23 Rn. 48 aE; Richardi BetrVG/*Thüsing* § 23 Rn. 24.
[33] Gegen ein Verschuldenserfordernis BAG 5.9.1967 – 1 ABR 1/67, AP BetrVG § 23 Nr. 8; dafür BAG 4.5.1955 – 1 ABR 4/53, AP BetrVG § 44 Nr. 1; 21.2.1978 – 1 ABR 54/76, AP BetrVG 1972 § 74 Nr. 1; offen LAG Düsseldorf 23.1.2015 – 6 TaBV 48/14, NZA-RR 2015, 299 (301).
[34] Dagegen zu Recht GK-BetrVG/*Oetker* § 23 Rn. 52 mwN.
[35] Ebenso WPK/*Kreft* § 23 Rn. 13; GK-BetrVG/*Oetker* § 23 Rn. 51; HWK/*Reichold* BetrVG § 23 Rn. 8; wohl auch HK-BetrVG/*Düwell* § 23 Rn. 13; **aA** *Fitting* § 23 Rn. 16; ErfK/*Koch* BetrVG § 23 Rn. 4; Löwisch/Kaiser/*Löwisch* § 23 Rn. 23; AR/*Maschmann* BetrVG § 23 Rn. 4: „im Regelfall" Verschulden erforderlich; so wohl auch DKKW/*Trittin* § 23 Rn. 24 ff.; **aA** HWGNRH/*Huke* § 23 Rn. 17; Richardi BetrVG/*Thüsing* § 23 Rn. 26 f.: Verschulden stets erforderlich. Unentschieden NK-GA/*Kloppenburg* BetrVG § 23 Rn. 13.
[36] Vgl. zur verhaltensbedingten Kündigung bei („nur") objektiver Pflichtverletzung ähnlich BAG 21.1.1999 – 2 AZR 665/98, NZA 1999, 863 (865); zur Abmahnung BAG 30.5.1996 – 6 AZR 537/98, NZA 1997, 145 (146); aus der Lit. statt vieler APS/*Vossen* KSchG § 1 Rn. 276 u. 400 mwN.
[37] Ähnlich GK-BetrVG/*Oetker* § 23 Rn. 55 mwN.
[38] BAG 5.9.1967 – 1 ABR 1/67, AP BetrVG § 23 Nr. 8; LAG MV 20.1.2016 – 5 TaBV 11/15, BeckRS 2016, 125347 Rn. 39.
[39] Ausführliche Rechtsprechungsauswertungen nach Schlagworten etwa bei *Fitting* § 23 Rn. 19; GK-BetrVG/*Oetker* § 23 Rn. 64 ff.; DKKW/*Trittin* § 23 Rn. 32 ff.
[40] BVerwG 22.8.1991 – 6 P 10/90, NJW 1992, 385 (396); LAG Nds 25.10.2004 – 5 TaBV 96/03, NZA-RR 2005, 530 (532 f.).
[41] BAG 22.5.1959 – 1 ABR 2/59, AP BetrVG § 23 Nr. 3.
[42] BAG 21.2.1978 – 1 ABR 54/76, NJW 1978, 2216.
[43] BAG 21.2.1978 – 1 ABR 54/76, NJW 1978, 2216.

von Druck zum Gewerkschaftsbeitritt;[44] falsche Angaben über zu vergütende Aufwendungen und Überstunden.[45]

2. Verfahren
a) Zuständigkeit. Der Ausschluss eines Betriebsratsmitglieds ist nach §§ 2a, 80 ff. ArbGG im Beschlussverfahren vor dem nach § 82 Abs. 1 ArbGG örtlich zuständigen Arbeitsgericht zu betreiben. Der Betriebsrat kann den Ausschluss eines Mitglieds nicht selbst beschließen.[46] Er kann nur nach § 13 Abs. 2 Nr. 3 BetrVG mit absoluter Mehrheit seinen Rücktritt beschließen (näher zu diesem → § 291 Rn. 42 ff.). **15**

b) Antrag. Antragsberechtigt ist nach § 23 Abs. 1 S. 1 BetrVG ua ein Viertel der **wahlberechtigten Arbeitnehmer** (→ § 291 Rn. 65 ff.; zu Leiharbeitnehmern → § 291 Rn. 95 ff.). Maßgeblich ist insoweit die Zahl der regelmäßig beschäftigten Arbeitnehmer (hierzu → § 291 Rn. 148 ff.).[47] Das Quorum muss nach allgemeinen Grundsätzen während des gesamten Verfahrens erfüllt sein.[48] Ein nachträglicher Wegfall der Wahlberechtigung soll nach der Rechtsprechung grundsätzlich unbeachtlich sein; scheiden sämtliche Antragsteller aus ihrem Arbeitsverhältnis aus, soll es jedoch am Rechtsschutzbedürfnis fehlen (zur Kritik → § 291 Rn. 299). Um das Quorum zu wahren, können für ausscheidende Arbeitnehmer andere Arbeitnehmer dem Verfahren beitreten, da das Gesetz – anders als im Anfechtungsverfahren (→ § 291 Rn. 299) – keine Ausschlussfrist statuiert.[49] **16**

Antragsberechtigt sind darüber hinaus der **Arbeitgeber**, soweit es um ihn betreffende Amtspflichtverletzungen geht,[50] jede im Betrieb vertretene **Gewerkschaft** (→ § 291 Rn. 191) und nach § 23 Abs. 1 S. 2 BetrVG auch der **Betriebsrat** selbst. Der Betriebsrat bildet seinen Willen wie üblich nach § 33 Abs. 1 BetrVG durch einfachen Mehrheitsbeschluss, wobei das auszuschließende Mitglied wegen eigener Betroffenheit nicht stimmberechtigt ist (→ § 294 Rn. 76). **17**

Haben mehrere Arbeitnehmer einen Antrag auf Amtsenthebung gestellt, kann in der ersten Instanz jeder Arbeitnehmer seinen Antrag nach § 81 Abs. 2 ArbGG gesondert **zurücknehmen;**[51] in der Rechtsmittelinstanz bedarf es dagegen nach § 87 Abs. 2 S. 3 ArbGG der Zustimmung der anderen Beteiligten.[52] **18**

c) Antragshäufung. Der Arbeitgeber kann den Antrag nach § 23 Abs. 1 S. 1 BetrVG mit einem Antrag auf Ersetzung der Zustimmung des Betriebsrats zur außerordentlichen Kündigung nach **§ 103 Abs. 2 BetrVG** verbinden. Für das prozessuale Verhältnis dieser beiden Anträge sind zwei Aspekte entscheidend: Zum einen wird der Ausschluss aus dem Betriebsrat nach § 23 Abs. 1 S. 1 BetrVG bereits mit Rechtskraft des arbeitsgerichtlichen Beschlusses wirksam, während die außerordentliche Kündigung nach Rechtskraft des Zustimmungsersetzungsbeschlusses erst noch erklärt werden und gem. § 130 Abs. 1 S. 1 **19**

---

[44] BVerwG 22.8.1991 – 6 P 10/90, NJW 1992, 385 (386); LAG Köln 15.12.2000 – 11 TaBV 63/00, NZA-RR 2001, 371 (372).
[45] BAG 22.8.1974 – 2 ABR 17/74, BeckRS 9998, 149356; LAG Hamm 23.4.2008 – 10 TaBV 117/07, BeckRS 2008, 55449 (Reisekosten).
[46] BAG 27.9.1957 – 1 AZR 493/55, AP BetrVG 1972 § 25 Nr. 7.
[47] Statt vieler *Fitting* § 23 Rn. 9; GK-BetrVG/*Oetker* § 23 Rn. 81 mwN.
[48] BAG 21.11.1975 – 1 ABR 12/75, NJW 1976, 1165 (1166); 14.2.1978 – 1 ABR 46/77, BeckRS 9998, 180109 (zu § 19 Abs. 2 BetrVG).
[49] Ebenso LAG SchlH 3.12.2013 – 1 TaBV 11/33, BeckRS 2014, 66286; BeckOK ArbR/*Besgen* BetrVG § 23 Rn. 5; HK-BetrVG/*Düwell* § 23 Rn. 23; *Fitting* § 23 Rn. 9; HWGNRH/*Huke* § 23 Rn. 9; ErfK/*Koch* BetrVG § 23 Rn. 8; wohl auch NK-GA/*Kloppenburg* BetrVG § 23 Rn. 18; **aA** GK-BetrVG/*Oetker* § 23 Rn. 83; DKKW/*Trittin* § 23 Rn. 79.
[50] Statt vieler GK-BetrVG/*Oetker* § 23 Rn. 84 mwN.
[51] Vgl. BAG 12.2.1985 – 1 ABR 11/84, NZA 1985, 786 (788); aus der Lit. statt vieler GK-BetrVG/*Oetker* § 23 Rn. 94 mwN.
[52] Vgl. HessLAG 2.3.2017 – 9 TaBV 120/16, BeckRS 2017, 117418; aus der Lit. wiederum GK-BetrVG/*Oetker* § 23 Rn. 94 mwN.

BGB zugehen muss, damit die Mitgliedschaft im Betriebsrat nach § 24 Nr. 3 BetrVG endet (→ § 292 Rn. 102 ff.). Der Antrag nach § 23 Abs. 1 S. 1 BetrVG bietet insoweit einen **zeitlichen Vorteil** gegenüber der Zustimmungsersetzung nach § 103 Abs. 2 BetrVG. Zum anderen ist zu beachten, dass das Arbeitsgericht im Fall einer objektiven Antragshäufung über keinen der beiden Anträge vorab durch einen **Teil-Beschluss** entsprechend § 301 Abs. 1 S. 1 ZPO[53] entscheiden darf, da dies die Gefahr begründen würde, dass zwei Entscheidungen ergehen, die sich (ggf. auch nur in Vorfragen) inhaltlich widersprechen.[54] Aus diesem Grund ist es richtigerweise ausgeschlossen, dass der zusätzlich gestellte Antrag nach § 103 Abs. 2 S. 1 BetrVG nachträglich unzulässig wird, weil der positiv entschiedene Antrag nach § 23 Abs. 1 S. 1 BetrVG zeitlich früher in Rechtskraft erwächst, zum Ausscheiden des Mitglieds aus dem Betriebsrat führt und damit die Zustimmung nach § 103 Abs. 1 BetrVG entbehrlich macht.[55]

19a Daraus folgt zunächst, dass beide Anträge **kumulativ** gestellt werden können.[56] Der Antrag auf Ausschluss aus dem Betriebsrat ist in diesem Fall nicht mangels Rechtsschutzbedürfnisses unzulässig, da über beide Anträge gemeinsam entschieden werden muss und § 23 Abs. 1 S. 1 BetrVG den „Vorteil" bietet, dass der Ausschlussantrag das Ausscheiden aus dem Betriebsrat zu einem früheren Zeitpunkt bewirkt (→ Rn. 19). Das gilt richtigerweise auch für die eventuelle Anspruchshäufung. Auch in dieser Konstellation darf nämlich über den Hauptantrag nicht vorab durch Teil-Beschluss entschieden werden (→ Rn. 19). Beide Anträge können daher **unecht hilfsweise**, dh für den Fall gestellt werden, dass der Hauptantrag begründet ist. Richtigerweise können sie darüber hinaus auch jeweils als **echter Hilfsantrag** gestellt werden, dh für den Fall der Unbegründetheit des Hauptantrags;[57] es ist nämlich denkbar, dass sich ein bestimmtes Verhalten – entgegen der Einschätzung des Arbeitgebers – entweder nur als Verstoß gegen gesetzliche oder nur als Verstoß gegen arbeitsvertragliche Pflichten erweist (näher hierzu → Rn. 4 ff.).

20 Der Antrag kann ferner mit einem Anfechtungsantrag nach § 19 Abs. 2 BetrVG verbunden werden, wobei die Anträge kumulativ oder hilfsweise gestellt werden können.[58] Gleiches gilt für die Verbindung mit dem Antrag auf **Auflösung** des gesamten Betriebsrats.[59] Wegen der unterschiedlichen Rechtswirkungen ist der Antrag auf Ausschluss eines Betriebsratsmitglieds nicht als Minus im Antrag auf Auflösung des Betriebsrats enthalten und darf daher nach § 308 Abs. 1 S. 1 ZPO nicht zugesprochen werden.[60]

---

[53] Hierzu allgemein etwa BAG 10.3.2009 – 1 ABR 93/07, NZA 2009, 622 Rn. 21.
[54] Grundl. RG 10.7.1936 – VII 268/1935, RGZ 151, 381 (383 f.); seitdem st. Rspr., vgl. zuletzt etwa BGH 21.11.2017 – VI ZR 436/16, NJW 2018, 623 Rn. 7. Aus der Lit. statt vieler BeckOK ZPO/*Elzer* § 301 Rn. 8 ff. mwN.
[55] Zu Unrecht kritisch daher *Fitting* § 23 Rn. 22; diesen zust. BeckOK ArbR/*Besgen* BetrVG § 23 Rn. 9; ähnlich ErfK/*Koch* BetrVG § 23 Rn. 10.
[56] LAG Hamm 9.2.2007 – 10 TaBV 54/06, BeckRS 2007, 44219; aus der Lit. etwa BeckOK ArbR/*Besgen* BetrVG § 23 Rn. 9; *Fitting* § 23 Rn. 22; HWGNRH/*Huke* § 23 Rn. 28; GK-BetrVG/*Oetker* § 23 Rn. 96 f.; Richardi BetrVG/*Thüsing* § 23 Rn. 42; wohl auch ErfK/*Koch* BetrVG § 23 Rn. 10; **aA** allerdings DKKW/*Trittin* § 23 Rn. 90.
[57] Ebenso BeckOK ArbR/*Besgen* BetrVG § 23 Rn. 9; HWGNRH/*Huke* § 23 Rn. 28; ErfK/*Koch* BetrVG § 23 Rn. 10; wohl auch AR/*Maschmann* BetrVG § 23 Rn. 2. Für die Möglichkeit jedenfalls eines hilfsweisen *Ausschluss*antrags auch BAG 21.2.1978 – 1 ABR 54/76, NJW 1978, 2216; LAG Hamm 9.2.2007 – 10 TaBV 54/06, BeckRS 2007, 44219; LAG München 28.4.2014 – 2 TaBV 44/13, LAGE BetrVG 2001 § 103 Nr. 17; LAG RhPf 15.4.2015 – 4 TaBV 24/14, BeckRS 2015, 71245 Rn. 30 f. **AA** GK-BetrVG/*Oetker* § 23 Rn. 97; WPK/*Kreft* § 23 Rn. 11; Richardi BetrVG/*Thüsing* § 23 Rn. 43; DKKW/*Trittin* § 23 Rn. 90: nur hilfsweiser Ausschlussantrag, nicht aber hilfsweiser Zustimmungsersetzungsantrag möglich; ähnlich *Fitting* § 23 Rn. 22 (idR unbegründet).
[58] Statt vieler *Fitting* § 23 Rn. 31; GK-BetrVG/*Oetker* § 23 Rn. 100 jeweils mwN.
[59] LAG SchlH 3.12.2013 – 1 TaBV 11/13, BeckRS 2014, 66286; LAG Bln-Bbg 8.9.2016 – 5 TaBV 780/15, BeckRS 2016, 111587 Rn. 26; aus der Lit. statt vieler GK-BetrVG/*Oetker* § 23 Rn. 98; HWK/*Reichold* BetrVG § 23 Rn. 14 jeweils mwN.
[60] LAG SchlH 30.11.1983 – 4 TaBV 11/83, BeckRS 1983, 30819727; aus der Lit. statt vieler GK-BetrVG/*Oetker* § 23 Rn. 99 mwN.

II. Ausschluss aus dem Betriebsrat

d) Rechtsschutzinteresse. Scheidet das Betriebsratsmitglied nach Rechtshängigkeit aus 21
dem Amt (→ § 292 Rn. 96 ff.), ist ein Ausschluss nicht mehr möglich und das Verfahren
wird wegen Wegfalls des Rechtsschutzinteresses **unzulässig**.[61] Durch die **erneute Wahl**
in den nächsten Betriebsrat ändert sich hieran richtigerweise nichts, da sich die Amtsenthebung stets nur auf eine bestimmte Amtsperiode bezieht und sich mit deren Beendigung
erledigt (→ Rn. 11).[62] Tritt der Betriebsrat zurück, besteht das Rechtsschutzinteresse dagegen weiterhin, da der Betriebsrat bis zur Neuwahl die Geschäfte weiterführt (→ § 292
Rn. 22).[63]

Entfällt das Rechtsschutzinteresse, kann der Antragsteller das Verfahren für **erledigt** er- 22
klären. Schließen sich die übrigen Beteiligten der Erledigungserklärung an, hat der Vorsitzende das Verfahren nach § 83 a Abs. 2 S. 1 ArbGG einzustellen. Stimmen die übrigen
Beteiligten nicht zu, ist das Verfahren zwar fortzuführen, die Überprüfung aber auf die
Feststellung zu beschränken, ob ein erledigendes Ereignis tatsächlich eingetreten ist, während es auf die ursprüngliche Zulässigkeit und Begründetheit – anders als im Urteilverfahren – nicht ankommt.[64]

e) Einstweiliger Rechtsschutz. Durch einstweilige Verfügung nach § 85 Abs. 2 S. 1 23
ArbGG kann einem Betriebsratsmitglied die weitere **Ausübung** seines Amts bis zur
rechtskräftigen Entscheidung über den Antrag auf Ausschluss aus dem Betriebsrat untersagt werden, wenn selbst die vorübergehende Fortführung des Amts nicht mehr zumutbar
erscheint.[65] In diesem Fall ist das Mitglied aus rechtlichen Gründen vorübergehend an der
Amtsausübung verhindert und wird daher durch ein Ersatzmitglied nach § 25 Abs. 1 S. 2
BetrVG vertreten (→ § 292 Rn. 117).

Dagegen kann der **Ausschluss** aus dem Betriebsrat nicht durch einstweilige Verfügung 24
angeordnet werden, weil dies eine unzulässige Vorwegnahme der Hauptsache wäre.[66]
Ebenso wenig kann sämtlichen Betriebsratsmitgliedern einschließlich der Ersatzmitglieder
durch eine einstweilige Verfügung die Amtsausübung untersagt werden, da dies auf eine
unzulässige Beseitigung der gesamten betriebsverfassungsrechtlichen Mitbestimmung hinauslaufen würde.

3. Rechtsfolgen des Ausschlusses

Die Amtsenthebung erfolgt rechtsgestaltend ab der Rechtskraft des arbeitsgerichtlichen 25
Beschlusses. Er wirkt **nur für die Zukunft**, so dass die betriebsverfassungsrechtliche
Rechtsstellung bis zum Zeitpunkt der Rechtskraft des Beschlusses unberührt bleibt.[67] Mit
dem Ausschluss aus dem Betriebsrat verliert das Mitglied nach § 24 Nr. 5 BetrVG seine
betriebsverfassungsrechtliche Rechtsstellung. Auch sonstige Ämter erlöschen, wenn sie auf

---

[61] BAG 18.5.2016 – 7 ABR 81/13, NZA-RR 2016, 582 Rn. 18; aus der Lit. statt vieler *Fitting* § 23 Rn. 33; GK-BetrVG/*Oetker* § 23 Rn. 102 jeweils mwN.
[62] Grundl. BAG 29.4.1969 – 1 ABR 19/68, AP BetrVG § 23 Nr. 9; zuletzt etwa 18.5.2016 – 7 ABR 81/13, NZA-RR 2016, 582 Rn. 17 f.; ebenso Löwisch/Kaiser/*Löwisch* § 23 Rn. 33; DKKW/*Trittin* § 23 Rn. 88; grds. auch *Fitting* § 23 Rn. 25; ErfK/*Koch* BetrVG § 23 Rn. 7; wohl auch BeckOK ArbR/*Besgen* BetrVG § 23 Rn. 4; HK-BetrVG/*Düwell* § 23 Rn. 19; WPK/*Kreft* § 23 Rn. 19; **aA** bei Fortwirkung HWGNRH/*Huke* § 23 Rn. 19 f.; AR/*Maschmann* BetrVG § 23 Rn. 12; GK-BetrVG/*Oetker* § 23 Rn. 104 f.; ähnlich *Richardi* BetrVG/*Thüsing* § 23 Rn. 41 (Antragsänderung); unklar HWK/*Reichold* BetrVG § 23 Rn. 2 ggü. Rn. 15.
[63] Statt vieler *Fitting* § 23 Rn. 33; GK-BetrVG/*Oetker* § 23 Rn. 102 mwN.
[64] Grundl. BAG 26.4.1990 – 1 ABR 79/89, NZA 1990, 822 (823); zuletzt etwa 8.12.2010 – 7 ABR 69/09, NZA 2011, 362 Rn. 8; 3.6.2015 – 2 AZB 116/14, NZA 2015, 894 Rn. 17.
[65] BAG 29.4.1969 – 1 ABR 19/68, AP BetrVG § 23 Nr. 9; HessLAG 3.9.2009 – 9 TaBVGa 159/09, NZA-RR 2010, 246 (247); LAG Bln-Bbg 25.9.2012 – 16 TaBVGa 1218/12; LAG Nürnberg 25.2.2016 – 7 TaBVGa 4/15, BeckRS 2016, 69603; aus der Lit. statt vieler *Fitting* § 23 Rn. 32; GK-BetrVG/*Oetker* § 23 Rn. 106 jeweils mwN.
[66] LAG Bln-Bbg 5.6.2014 – 10 TaBVGa 146/14, NZA-RR 2014, 538 Rn. 28; ArbG Wiesbaden 11.4.1984 – 6 BVGa 1/84, BeckRS 1984, 30711204; aus der Lit. etwa GK-BetrVG/*Oetker* § 23 Rn. 107 mwN.
[67] BAG 8.12.1961 – 1 ABR 8/60, NJW 1962, 654 (655).

der Zugehörigkeit zum Betriebsrat beruhen, zB die Mitgliedschaft im Betriebsausschuss, Gesamt- oder Konzernbetriebsrat,[68] nicht aber das Amt als Einigungsstellenbeisitzer nach § 76 Abs. 2 S. 1 BetrVG.[69]

26 Für das ausgeschlossene Mitglied rückt das zuständige **Ersatzmitglied** nach (→ § 292 Rn. 116). Über besondere Funktionen, die das ausgeschlossene Mitglied innehatte, muss neu befunden werden, da sie nicht auf das Ersatzmitglied übergehen (→ § 292 Rn. 133).

27 Das bisherige Mitglied verliert mit Rechtskraft des Beschlusses den besonderen **Kündigungsschutz** nach § 15 Abs. 1 KSchG iVm § 103 Abs. 1 BetrVG.[70] Die Nachwirkung des Kündigungsschutzes ist nach § 15 Abs. 1 S. 2 BetrVG für den Fall der Amtsbeendigung durch gerichtliche Entscheidung ausgeschlossen. Diese Wertung ist durch Analogie auf den Inhaltsschutz nach § 37 Abs. 4 u. 5 BetrVG, § 38 Abs. 4 BetrVG zu übertragen, da andernfalls der Inhaltsschutz nach einem Ausschluss aus dem Betriebsrat weiter reichte als der Bestandsschutz.[71]

28 Der Ausschluss aus dem Betriebsrat führt nicht zu einem Verlust der **Wählbarkeit** des Arbeitnehmers. Er kann daher bei der nächsten Wahl wieder in den Betriebsrat gewählt werden. Einen vorübergehenden Verlust der Amtsfähigkeit sieht das Gesetz im Fall des Ausschlusses aus dem Betriebsrat gerade nicht vor (arg. e § 8 Abs. 1 S. 3 BetrVG). Aus diesem Grund ist eine Wiederwahl auch dann zulässig, wenn die Neuwahl des Betriebsrats nach § 13 Abs. 2 Nr. 2 oder 3 BetrVG vorzeitig erfolgt, weil die Mehrheit der Betriebsratsmitglieder durch Rücktritt oder Amtsniederlegung gerade die Wiederwahl des ausgeschlossenen Mitglieds ermöglichen wollen.[72] Der frühere Pflichtenverstoß ist auch kein Grund für einen Ausschluss aus dem neuen Betriebsrat (→ Rn. 11).

III. Auflösung des Betriebsrats

29 Nach § 23 Abs. 1 S. 1 BetrVG ist auch die Auflösung des Betriebsrats wegen grober Verletzung seiner gesetzlichen Pflichten möglich (zum Unterlassungsanspruch des Arbeitgebers → § 287 Rn. 30 f.). Die Voraussetzungen hierfür entsprechen im Grundsatz denjenigen für den Ausschluss eines Mitglieds (ausführlich → Rn. 2 ff.), so dass im Folgenden nur auf Besonderheiten des Auflösungsverfahrens näher eingegangen wird.

1. Voraussetzungen

30 Die Auflösung des Betriebsrats setzt voraus, dass er seine gesetzlichen Pflichten (→ Rn. 4 ff.) als Kollektivorgan verletzt hat (sog. **Organhandeln**). Nicht ausreichend sind gleichzeitige Pflichtverletzungen einzelner Mitglieder, zB Verstöße gegen die Geheimhaltungspflicht aus § 79 Abs. 1 S. 1 BetrVG.[73] Ein Organhandeln liegt dagegen zum einen vor, wenn der Betriebsrat einen **Beschluss** gefasst hat. Mit Blick auf § 33 Abs. 1 u. 2 BetrVG ist nicht erforderlich, dass alle oder auch nur die meisten Betriebsratsmitglieder an der Beschlussfassung mitgewirkt haben oder von ihr wussten. Ein Organhandeln liegt zum anderen vor, wenn der Betriebsrat gesetzlich gebotene Handlungen unterlässt, zB die Wahl des Betriebsratsvorsitzenden (§ 26 Abs. 1 BetrVG), die Bildung eines Betriebsaus-

---

[68] Statt vieler *Fitting* § 23 Rn. 27; GK-BetrVG/*Oetker* § 23 Rn. 110 mwN.
[69] Statt vieler HK-BetrVG/*Düwell* § 23 Rn. 24; *Fitting* § 23 Rn. 28 mwN.
[70] Statt vieler GK-BetrVG/*Oetker* § 23 Rn. 113 mwN.
[71] Ebenso GK-BetrVG/*Oetker* § 23 Rn. 115; **aA** *Fitting* § 23 Rn. 29; ErfK/*Koch* BetrVG § 23 Rn. 11; AR/*Maschmann* BetrVG § 23 Rn. 14; DKKW/*Trittin* § 23 Rn. 97.
[72] Ebenso *Fitting* § 23 Rn. 30; ErfK/*Koch* BetrVG § 23 Rn. 11; GK-BetrVG/*Oetker* § 23 Rn. 117 f.; HWK/*Reichold* BetrVG § 23 Rn. 16; DKKW/*Trittin* § 23 Rn. 99 (einschränkend Rn. 96); **aA** HWGNRH/*Huke* § 23 Rn. 34; Richardi BetrVG/*Thüsing* § 8 Rn. 46. Ähnlich HessLAG 3.9.2009 – 9 TaBVGa 159/09, NZA-RR 2010, 246 (246 f.); AR/*Maschmann* BetrVG § 23 Rn. 14; DKKW/*Trittin* § 23 Rn. 96: Wiederwahl, aber einstweilige Verfügung zur Untersagung der Amtsausübung.
[73] LAG SchlH 3.12.2013 – 1 TaBV 11/33, BeckRS 66286; Bln-Bbg 1.10.2015 – 5 TaBV 876/15, BeckRS 2016, 66142 Rn. 52 f.; aus der Lit. statt vieler *Fitting* § 23 Rn. 39; GK-BetrVG/*Oetker* § 23 Rn. 123 jeweils mwN.

III. Auflösung des Betriebsrats

schusses (§ 27 Abs. 1 S. 1 BetrVG) oder die Entsendung von Mitgliedern in den Gesamtbetriebsrat (§ 47 Abs. 2 BetrVG).

Ebenso wie beim Ausschluss eines einzelnen Mitglieds muss die Amtspflichtverletzung des Betriebsrats darüber hinaus auch **grob,** also besonders schwerwiegend sein (→ Rn. 7 ff.). Verstöße aus **vergangenen Amtsperioden** können für die Beurteilung, ob eine grobe Pflichtverletzung vorliegt, nach ganz überwiegender Ansicht nicht berücksichtigt werden (zum Meinungsstreit beim Ausschluss → Rn. 11).[74]

Nach allgemeiner Ansicht besteht für die Auflösung des Betriebsrats daneben **kein Verschuldenserfordernis** (zum Meinungsstreit beim Ausschluss → Rn. 12).[75] Es genügt vielmehr, dass der Betriebsrat als Gremium objektiv grob pflichtwidrig gehandelt hat.

2. Verfahren
a) Allgemeines. Das Verfahren zur Auflösung des Betriebsrats entspricht grds. demjenigen bei Ausschluss eines Mitglieds aus dem Betriebsrat (ausführlich hierzu → Rn. 15 ff.).

b) Rechtsschutzinteresse. Das Rechtsschutzinteresse entfällt nicht dadurch, dass der Betriebsrat nach § 13 Abs. 2 Nr. 3 BetrVG seinen **Rücktritt** beschließt, da der Betriebsrat in diesem Fall nach § 22 BetrVG bis zur Bekanntgabe des Wahlergebnisses des neu gewählten Betriebsrats geschäftsführungsbefugt bleibt (→ § 292 Rn. 22).[76] Andernfalls könnte er insbesondere durch Nichtbestellung des Wahlvorstands die Neuwahl verzögern[77] (zur Bestellungspflicht → § 291 Rn. 27), um noch möglichst lange im Amt zu bleiben.[78]

Endet die Amtszeit des Betriebsrats während des Beschlussverfahrens, kommt eine Auflösung nicht mehr in Betracht und das Rechtsschutzinteresse für das Beschlussverfahren entfällt.[79] Das gilt insbesondere für den Fall, dass sämtliche Betriebsrats- und Ersatzmitglieder ihr Amt nach § 24 Nr. 2 BetrVG **kollektiv niederlegen** (zur Abgrenzung vom Rücktritt → § 291 Rn. 45), da mit dem Ausscheiden des letzten Mitglieds das Amt des Betriebsrats vorzeitig endet (→ § 292 Rn. 29).[80] Ob das Rechtsschutzinteresse auch dann entfällt, wenn nach einer Pflichtverletzung sämtliche Mitglieder ausgeschieden sind, ist zweifelhaft[81] und jedenfalls dann abzulehnen, wenn ein endgültig nachrückendes Ersatzmitglied zuvor nach § 25 Abs. 1 S. 2 BetrVG vorübergehend nachgerückt war. Entfällt das Rechtsschutzinteresse nach Rechtshängigkeit kann das Verfahren vom Antragsteller für erledigt erklärt werden (ausführlich → Rn. 22).

c) Einstweiliger Rechtsschutz. Anders als einem einzelnen Mitglied (→ Rn. 23 f.) kann dem Betriebsratsgremium insgesamt die Ausübung des Amtes bis zur rechtskräftigen Ent-

---

[74] Ebenso etwa *Fitting* § 23 Rn. 39a; insoweit auch GK-BetrVG/*Oetker* § 23 Rn. 125 mwN; **aA** allerdings HWGNRH/*Huke* § 23 Rn. 47.
[75] BAG 22.6.1993 – 1 ABR 62/92, NZA 1994, 184 (186); LAG Bln-Bbg 1.10.2015 – 5 TaBV 876/15, BeckRS 2016, 66142 Rn. 52; 8.9.2016 – 5 TaBV 780/15, BeckRS 2016, 111587 Rn. 30; aus der Lit. statt vieler *Fitting* § 23 Rn. 40; GK-BetrVG/*Oetker* § 23 Rn. 127 jeweils mwN.
[76] BAG 29.5.1991 – 7 ABR 54/90, NZA 1992, 74 (75); aus der Lit. statt vieler *Fitting* § 23 Rn. 44; GK-BetrVG/*Oetker* § 23 Rn. 131 jeweils mwN.
[77] Entgegen *Fitting* § 23 Rn. 44 kann die Neuwahl nicht verhindert werden.
[78] Überzeugend WPK/*Kreft* § 23 Rn. 19; GK-BetrVG/*Oetker* § 23 Rn. 131.
[79] BAG 27.7.2016 – 7 ABR 14/15, NZA 2017, 136 Rn. 26; aus der Lit. statt vieler GK-BetrVG/*Oetker* § 23 Rn. 134; HWK/*Reichold* BetrVG § 23 Rn. 20 jeweils mwN.
[80] Im Erg. ebenso GK-BetrVG/*Oetker* § 23 Rn. 131; HWK/*Reichold* BetrVG § 23 Rn. 20; Richardi BetrVG/*Thüsing* § 23 Rn. 58; **aA** HK-BetrVG/*Düwell* § 23 Rn. 29; HWGNRH/*Huke* § 23 Rn. 54; NK-GA/*Kloppenburg* BetrVG § 23 Rn. 26; DKKW/*Trittin* § 23 Rn. 185; nur im Erg. auch ErfK/*Koch* BetrVG § 23 Rn. 14; *Fitting* § 23 Rn. 44, die eine kollektive Amtsniederlegung als Rücktritt einordnen wollen; ebenso wohl BeckOK ArbR/*Besgen* BetrVG § 23 Rn. 19.
[81] Ebenso HK-BetrVG/*Düwell* § 23 Rn. 19; dafür aber LAG Köln 19.12.1990 – 7 TaBV 52/90, LAGE BetrVG 1972 § 23 Rn. 28; BeckOK ArbR/*Besgen* BetrVG § 23 Rn. 19; ErfK/*Koch* BetrVG § 23 Rn. 14; Löwisch/Kaiser/*Löwisch* § 23 Rn. 41; GK-BetrVG/*Oetker* § 23 Rn. 132; DKKW/*Trittin* § 23 Rn. 184.

scheidung über den Auflösungsantrag auch dann **nicht** untersagt werden, wenn selbst die vorübergehende Fortführung des Amts nicht mehr zumutbar erscheint.[82]

3. Rechtsfolgen

37 Die Auflösung erfolgt rechtsgestaltend mit Rechtskraft des arbeitsgerichtlichen Beschlusses für die Zukunft (→ Rn. 25). Das Amt des Betriebsrats erlischt, ohne dass eine Weiterführung der Geschäfte nach § 22 BetrVG erfolgt (→ § 292 Rn. 25). Zugleich erlöschen nach § 24 Nr. 5 BetrVG die Mitgliedschaften sämtlicher Betriebsratsmitglieder (→ § 292 Rn. 108). Auch Ersatzmitglieder rücken nicht nach.[83] Für die Mitglieder treten daher die gleichen Rechtsfolgen ein wie bei einem Ausschluss aus dem Betriebsrat (hierzu → Rn. 25 ff.).

38 Mit Auflösung des Betriebsrats wird der Betrieb betriebsratslos und es findet nach § 13 Abs. 2 Nr. 5 BetrVG eine **Neuwahl** statt (→ § 291 Rn. 51 f.). Das Arbeitsgericht hat nach § 23 Abs. 2 S. 1 BetrVG unverzüglich – also ohne schuldhaftes Zögern, § 121 Abs. 1 S. 1 BGB – einen Wahlvorstand einzusetzen, der die Neuwahl nach den allgemeinen Regeln vorzubereiten und durchzuführen hat (zu diesen → § 291 Rn. 221 ff.). Wie Wortlaut und Zweck des § 23 Abs. 2 S. 1 BetrVG verdeutlichen, kann der Beschluss erst gesondert nach Rechtskraft des Auflösungsbeschlusses ergehen.[84] Zuständig ist das Gericht erster Instanz,[85] das von Amts wegen, also ohne vorherigen Antrag entscheidet. Für das Verfahren verweist § 23 Abs. 2 S. 2 BetrVG auf die gerichtliche Ersatzbestellung nach § 16 Abs. 2 BetrVG (zu dieser → § 291 Rn. 189 ff.). Da es hinsichtlich der Bestellung keinen Antragsteller gibt, tritt an seine Stelle der Antragsteller aus dem Auflösungsverfahren,[86] so dass ggf. auch der Arbeitgeber vom Vorschlagsrecht nach § 16 Abs. 2 S. 2 BetrVG Gebrauch machen kann.[87]

IV. Pflichtverstöße des Arbeitgebers

39 Nach § 23 Abs. 3 S. 1 BetrVG können der Betriebsrat oder eine im Betrieb vertretene Gewerkschaft bei groben Verstößen des Arbeitgebers gegen seine Verpflichtungen aus dem BetrVG beim Arbeitsgericht beantragen, ihm eine Handlung, Duldung oder Unterlassung aufzugeben. Der Beschluss kann sodann zwangsweise gegen den Arbeitgeber vollstreckt werden (dazu näher → Rn. 60 ff.). Umstritten ist das Verhältnis von § 23 Abs. 3 BetrVG zur Vollstreckung titulierter Ansprüche des Betriebsrats nach § 85 Abs. 1 ArbGG (→ Rn. 41, 68).

1. Zweck und Bedeutung

40 Mit § 23 Abs. 3 BetrVG sollte im Jahr 1972 hinsichtlich des Arbeitgebers eine Regelung geschaffen werden, die der bestehenden Regelung für grobe Pflichtverstöße des Betriebsrats und seiner Mitglieder nach § 23 Abs. 1 BetrVG entspricht. Die vom Gesetzgeber angestrebte **„Gleichgewichtigkeit"**[88] wird dadurch erreicht, dass in beiden Fällen ein gro-

---

[82] ArbG Aachen 19.3.2009 – 8 BVGa 3/09; aus der Lit. statt vieler GK-BetrVG/*Oetker* § 23 Rn. 136 mwN.
[83] Statt vieler *Fitting* § 23 Rn. 41 mwN.
[84] Ebenso HWGNRH/*Huke* § 23 Rn. 61; GK-BetrVG/*Oetker* § 23 Rn. 144; HWK/*Reichold* BetrVG § 23 Rn. 22; Richardi BetrVG/*Thüsing* § 23 Rn. 67; **aA** DKKW/*Trittin* § 23 Rn. 191: Verbindung möglich; ähnlich BeckOK ArbR/*Besgen* BetrVG § 23 Rn. 24; HK-BetrVG/*Düwell* § 23 Rn. 33; *Fitting* § 23 Rn. 46; NK-GA/*Kloppenburg* BetrVG § 23 Rn. 27; ErfK/*Koch* BetrVG § 23 Rn. 16; WPK/*Kreft* § 23 Rn. 26: bedingte Tenorierung.
[85] Statt vieler GK-BetrVG/*Oetker* § 23 Rn. 146 mwN.
[86] Ebenso BT-Drs. VI/1786, S. 39 l. Sp.
[87] Ebenso HWGNRH/*Huke* § 23 Rn. 62; GK-BetrVG/*Oetker* § 23 Rn. 147; Richardi BetrVG/*Thüsing* § 23 Rn. 70; **aA** BeckOK ArbR/*Besgen* BetrVG § 23 Rn. 23; HK-BetrVG/*Düwell* § 23 Rn. 33; *Fitting* § 23 Rn. 47; NK-GA/*Kloppenburg* BetrVG § 23 Rn. 27; ErfK/*Koch* BetrVG § 23 Rn. 16; WPK/*Kreft* § 23 Rn. 25; DKKW/*Trittin* § 23 Rn. 192; wohl auch AR/*Maschmann* BetrVG § 23 Rn. 15.
[88] Schriftlicher Bericht 10. Ausschuss zu BT-Drs. VI/2729, S. 21 r. Sp.

IV. Pflichtverstöße des Arbeitgebers

ber Pflichtenverstoß vorausgesetzt und die künftige Einhaltung der gesetzlichen Pflichten angestrebt wird (→ Rn. 1).[89] Die für den Arbeitgeber angeordneten Rechtsfolgen können dagegen notwendigerweise nicht gleichartig sein, da die betriebsverfassungsrechtliche Stellung des Arbeitgebers naturgemäß nicht aufgehoben werden kann. An ihre Stelle tritt vielmehr die konkrete Anordnung des Gerichts, deren Vollstreckung sich auf die persönliche Rechtsstellung des Arbeitgebers auswirkt (→ Rn. 60ff.).

Das Grundanliegen des Gesetzgebers, gleichwertige Möglichkeiten der Rechtsdurchsetzung für beide Seiten zu schaffen, hat zwar durchaus seine Berechtigung. Die Notwendigkeit einer Sonderregelung zur Durchsetzung betriebsverfassungsrechtlicher Pflichten des Arbeitgebers begegnet allerdings gewissen Zweifeln. Nach § 85 Abs. 1 S. 1 ArbGG findet aus Beschlüssen der Arbeitsgerichte, die einem Beteiligten eine Verpflichtung auferlegen, ohnehin die Zwangsvollstreckung statt. Der Gesetzgeber hat sich zum Verhältnis dieser beiden Regelungskomplexe nicht näher geäußert. Richtigerweise stellt § 23 Abs. 3 BetrVG eine **ergänzende Sonderregelung** neben § 85 Abs. 1 ArbGG dar (näher → Rn. 68).

Entgegen der Rechtsprechung des BAG[90] und der wohl hM in der Literatur[91] begründet § 23 Abs. 3 S. 1 BetrVG unter den dort genannten Voraussetzungen indes **keinen Anspruch** des Betriebsrats auf Vornahme, Duldung oder Unterlassung einer Handlung, sondern schafft nur eine Kompetenz, Amtspflichten des Arbeitgebers (für die Zukunft) gerichtlich titulieren zu lassen.[92] Das verdeutlicht bereits der Wortlaut, der ausdrücklich ein Antragsrecht einräumt, damit das Arbeitsgericht eine entsprechende Verpflichtung aussprechen kann. Systematisch spricht für dieses Verständnis, dass die Vollstreckung nicht wie bei titulierten Ansprüchen (allein) nach § 85 Abs. 1 ArbGG stattfindet, sondern den besonderen Vorgaben aus § 23 Abs. 3 S. 2–4 BetrVG folgt. Darüber hinaus wäre es wertungswidersprüchlich, einen materiellen Anspruch des Betriebsrats auch für Amtspflichten des Arbeitgebers zu bejahen, die gegenüber anderen Beteiligten der Betriebsverfassung bestehen (→ Rn. 46, 54). Schließlich genügt ein reines Antragsrecht auch dem Zweck des § 23 Abs. 3 BetrVG, künftige Pflichtverletzungen zu verhindern (→ Rn. 1, 40). Die praktischen Konsequenzen der Streitfrage haben sich zwischenzeitlich ohnehin dadurch erledigt, dass das BAG § 23 Abs. 3 BetrVG zumindest nicht mehr als abschließende Regelung für Unterlassungsansprüche ansieht,[93] sondern daneben im Grundsatz auch **Unterlassungsansprüche** des Betriebsrats bei mitbestimmungswidrigem Verhalten des Arbeitgebers (ausführlich hierzu → § 287 Rn. 46f. sowie § 317 Rn. 1ff.)[94] sowie einen Anspruch der Gewerkschaften analog § 1004 BGB auf Unterlassung tarifwidriger Betriebsvereinbarungen (und Regelungsabreden) anerkennt (ausführlich → § 255 Rn. 7ff.).

---

[89] BAG 18.4.1985 – 6 ABR 19/84, NZA 1985, 783 (784); 27.11.1990 – 1 ABR 77/89, NZA 1991, 382 (384); statt vieler *Fitting* § 23 Rn. 51; GK-BetrVG/*Oetker* § 23 Rn. 151 mwN.

[90] Grundl. BAG 22.2.1983 – 1 ABR 27/81, NJW 1984, 196 (197); außerdem 18.4.1985 – 6 ABR 19/84, NZA 1985, 783 (784); 3.5.1994 – 1 ABR 24/93, NZA 1995, 40 (41).

[91] Für einen Anspruch aus § 23 Abs. 3 BetrVG etwa *Fitting* § 23 Rn. 49; *Heinze* DB-Beil. 9/1983, 1 (6ff.); *Raab* Negatorischer Rechtsschutz, S. 73 (92); *Raab* ZfA 1997, 183 (188); DKKW/*Trittin* § 23 Rn. 195f.; *Walker* Rechtsschutz Rn. 774; wohl auch BeckOK ArbR/*Besgen* BetrVG § 23 Rn. 42; AR/*Maschmann* BetrVG § 23 Rn. 20, 25; HWK/*Reichold* BetrVG § 23 Rn. 25 aE.

[92] LAG Hamburg 9.5.1989 – 3 TaBV 1/89, BeckRS 1989, 30459234 (offen gelassen); ebenso WPK/*Kreft* § 23 Rn. 28; GK-BetrVG/*Oetker* § 23 Rn. 158ff.; Richardi BetrVG/*Thüsing* § 23 Rn. 76; krit. wohl auch HK-BetrVG/*Düwell* § 23 Rn. 69 aE; offen gelassen bei HWGNRH/*Huke* § 23 Rn. 86.

[93] So noch BAG 22.2.1983 – 1 ABR 27/81, NJW 1984, 196 (197).

[94] Grundl. BAG 3.5.1994 – 1 ABR 24/93, NZA 1995, 40 (41); zu Recht **krit.** zur fortgesetzten Einordnung als Anspruchsgrundlage GK-BetrVG/*Oetker* § 23 Rn. 163; wohl zust. HK-BetrVG/*Düwell* § 23 Rn. 69 aE; für einen ausführlichen Überblick zu möglichen Anspruchsgrundlagen s. etwa GK-BetrVG/*Oetker* § 23 Rn. 164ff. mwN.

2. Voraussetzungen

43 Ein Antrag nach § 23 Abs. 3 S. 1 BetrVG setzt voraus, dass der Arbeitgeber seine betriebsverfassungsrechtlichen Pflichten grob verletzt. Ein Verschuldenserfordernis statuiert das Gesetz auch für den Arbeitgeber nicht.

44 **a) Verletzung gesetzlicher Pflichten.** § 23 Abs. 3 S. 1 BetrVG hat zunächst zur Voraussetzung, dass der Arbeitgeber gegen seine gesetzlichen Pflichten verstößt (hierzu → Rn. 4 ff.). Dazu gehören alle Pflichten, die sich auf die **betriebsverfassungsrechtliche Rechtsstellung** des Arbeitgebers beziehen.[95] Entgegen dem missverständlichen Wortlaut („aus diesem Gesetz") zählen hierzu auch betriebsverfassungsrechtliche Pflichten, die ihre Grundlage nicht im BetrVG haben,[96] zB die Unterrichtungspflicht nach § 17 Abs. 2 KSchG oder die Pflicht zur Beteiligung des Betriebsrats bei der Bestellung und Abberufung von Betriebsärzten aus § 9 Abs. 3 ASiG.

45 Verpflichtungen aus **Tarifverträgen** fallen hierunter nur, soweit sie betriebsverfassungsrechtliche Pflichten konkretisieren (→ Rn. 4). Dagegen werden Verpflichtungen aus **Betriebsvereinbarungen** oder von verbindlichen Sprüchen der Einigungsstelle stets erfasst,[97] da sie die betriebsverfassungsrechtliche Rechtsstellung des Arbeitgebers ausgestalten und ihn aus § 77 Abs. 1 S. 1 BetrVG die gesetzliche Pflicht trifft, sie durchzuführen. Richtigerweise liegt im Abschluss einer Betriebsvereinbarung unter Verstoß gegen § 77 Abs. 3 BetrVG ebenfalls eine Verletzung gesetzlicher Pflichten (zum darüber hinausgehenden Unterlassungsanspruch der Gewerkschaft → § 255 Rn. 7 ff.).[98]

46 Keine betriebsverfassungsrechtlichen Pflichten des Arbeitgebers sind solche aus dem **Arbeitsvertrag** oder aus anderen arbeitsrechtlichen Gesetzen.[99] Anders verhält es sich hingegen mit den Pflichten des Arbeitgebers aus **§§ 81 ff. BetrVG**; sie betreffen zwar Individualrechte der Arbeitnehmer, gestalten aber deren betriebsverfassungsrechtliche Wirkungen aus.[100]

47 Über § 17 Abs. 2 S. 1 AÜG gilt § 23 Abs. 3 S. 1 BetrVG in betriebsratsfähigen Betrieben auch hinsichtlich der Pflichten des Arbeitgebers aus **§§ 7 ff. AGG**,[101] zB der Pflicht zur diskriminierungsfreien Stellenausschreibung aus § 11 AGG.[102] Die praktische Bedeutung dieser Anordnung ist allerdings begrenzt, da durch einen Verstoß gegen §§ 7 ff. AGG idR auch § 75 Abs. 1 BetrVG verletzt wird, so dass § 23 Abs. 3 S. 1 BetrVG ohnehin unmittelbare Anwendung findet.[103] Von Relevanz ist § 17 Abs. 2 S. 1 AÜG dagegen insoweit als er in betriebsratsfähigen Betrieben ohne Betriebsrat den dort vertretenen Gewerkschaften ein Antragsrecht gewährt.[104] Außerdem besteht das Antragsrecht aus § 17

---

[95] Fitting § 23 Rn. 60; GK-BetrVG/Oetker § 23 Rn. 219.
[96] Statt vieler Fitting § 23 Rn. 60; GK-BetrVG/Oetker § 23 Rn. 219 jeweils mwN; **krit.** allerdings HWGNRH/Huke § 23 Rn. 64.
[97] BAG 29.4.2004 – 1 ABR 30/02, NZA 2004, 670 (678); 7.2.2012 – 1 ABR 77/10, NZA-RR 2012, 359 Rn. 15; aus der Lit. statt vieler GK-BetrVG/Oetker § 23 Rn. 221; DKKW/Trittin § 23 Rn. 198 jeweils mwN.
[98] BAG 20.8.1991 – 1 ABR 85/90, NZA 1992, 317 (319); 22.6.1993 – 1 ABR 62/92, NZA 1994, 184 (185); zuletzt offen gelassen BAG 20.4.1999 – 1 ABR 72/98, NZA 1999, 887 (889 f.); aus der Lit. HK-BetrVG/Düwell § 23 Rn. 27; Fitting § 23 Rn. 66; HWGNRH/Huke § 23 Rn. 69; GK-BetrVG/Oetker § 23 Rn. 245; AR/Maschmann BetrVG § 23 Rn. 18; Richardi BetrVG/Thüsing § 23 Rn. 53; DKKW/Trittin § 23 Rn. 255 f.; wohl auch HWK/Reichold BetrVG § 23 Rn. 18; **aA** Löwisch/Kaiser/Löwisch § 23 Rn. 39; Löwisch/Rieble § 4 Rn. 112 f.
[99] BAG 10.11.1987 – 1 ABR 55/86, NZA 1988, 255 (256); LAG BW 29.10.1990 – 10 TaBV 1/90, BeckRS 1990, 30452266; LAG Düsseldorf 26.6.2014 – 5 TaBV 35/14, BeckRS 2015, 65004; aus der Lit. etwa HK-BetrVG/Düwell § 23 Rn. 61; Fitting § 23 Rn. 60 mwN.
[100] BAG 16.11.2004 – 1 ABR 53/03, NZA 2005, 416 (417); aus der Lit. statt vieler Fitting § 23 Rn. 60 mwN.
[101] Näher hierzu etwa Besgen/Roloff NZA 2007, 670 ff.; Fitting § 23 Rn. 111 ff.; Klumpp NZA 2006, 904 ff.
[102] Vgl. BAG 18.8.2009 – 1 ABR 47/08, NZA 2010, 222 Rn. 25 ff.
[103] Ebenso Löwisch/Kaiser/Löwisch § 23 Rn. 18; einschränkend ErfK/Schlachter AGG § 17 Rn. 2.
[104] Ebenso DKKW/Buschmann § 23 Rn. 373; GK-BetrVG/Oetker § 23 Rn. 13; ErfK/Schlachter AGG § 17 Rn. 3; MüKoBGB/Thüsing AGG § 17 Rn. 11.

IV. Pflichtverstöße des Arbeitgebers 48–51 § 297

Abs. 2 S. 1 AGG abweichend von § 23 Abs. 3 BetrVG auch dann, wenn es um Pflichten gegenüber leitenden Angestellten oder arbeitnehmerähnlichen Personen geht (vgl. § 6 Abs. 1 S. 1 AGG gegenüber § 5 Abs. 1, 3 u. 4 BetrVG); eine teleologische Reduktion des Antragsrechts ist insoweit nicht angezeigt, da ein umfassender Kontrollauftrag dem Schutzumfang des AGG Rechnung trägt und keinen untragbaren Wertungswiderspruch zu § 23 Abs. 3 S. 1 BetrVG begründet.[105]

b) Grobe Verletzung. Der Begriff der groben Pflichtverletzung ist der gleiche wie für den Betriebsrat bzw. dessen Mitglieder (→ Rn. 7 ff.). Das Verhalten seiner Vertreter muss sich der Arbeitgeber zurechnen lassen.[106] Ein grober Verstoß liegt nicht vor, wenn der Arbeitgeber in einer schwierigen und ungeklärten Rechtsfrage einen vertretbaren, im Nachhinein aber unzutreffenden Rechtsstandpunkt einnimmt.[107] 48

Der Pflichtenverstoß muss tatsächlich **bereits begangen** bzw. vollendet sein, die bloße Gefahr eines bevorstehenden Verstoßes genügt richtigerweise nicht.[108] Das legt bereits der Wortlaut nahe („bei groben Verstößen"). Außerdem kann ohne Pflichtverletzung in der Vergangenheit eine negative Prognose für die Zukunft nicht verlässlich erfolgen (→ Rn. 51). Schließlich kann für § 23 Abs. 3 S. 1 BetrVG auch keine Parallele zu den Grundsätzen für vorbeugende Unterlassungsansprüche gezogen werden, weil die Vorschrift gerade keinen Unterlassungsanspruch normiert (→ Rn. 42). Keine Rolle spielt dagegen die zeitliche Zuordnung einer Pflichtverletzung des Arbeitgebers gerade zur aktuellen Amtszeit des Betriebsrats (anders für Ausschluss- und Auflösungsverfahren → Rn. 11, 32). 49

c) Kein Verschuldenserfordernis. Nach (nahezu) einhelliger Ansicht besteht für einen Antrag nach § 23 Abs. 3 S. 1 BetrVG kein Verschuldenserfordernis (zum Meinungsstreit beim Ausschluss → Rn. 12).[109] Es genügt vielmehr, dass der Arbeitgeber objektiv grob pflichtwidrig gehandelt hat. 50

d) Wiederholungsgefahr bei Unterlassungen. Umstritten ist, ob ein Antrag nach § 23 Abs. 3 S. 1 BetrVG das Bestehen einer **Wiederholungsgefahr** voraussetzt, sofern der durch die Pflichtverletzung des Arbeitgebers verursachte rechtswidrige Zustand nicht mehr andauert. Während der Sechste Senat des BAG ein solches Erfordernis abgelehnt hat,[110] hat der Erste Senat des BAG die Frage vereinzelt bejaht.[111] Die jüngere Instanzrechtsprechung folgt ganz überwiegend dem Ersten Senat.[112] In der Literatur wird die 51

---

[105] Ebenso DKKW/*Buschmann* § 23 Rn. 375; BeckOK ArbR/*Roloff* AGG § 17 Rn. 5; aA GK-BetrVG/ *Oetker* § 23 Rn. 13.
[106] BAG 18.4.1985 – 6 ABR 19/84, NZA 1985, 783.
[107] BAG 28.5.2002 – 1 ABR 32/01, NZA 2003, 166 (169 f.); 19.1.2010 – 1 ABR 55/08, NZA 2010, 659 Rn. 28; aus der Lit. statt vieler *Fitting* § 23 Rn. 63; GK-BetrVG/*Oetker* § 23 Rn. 232 mwN.
[108] Ebenso LAG Düsseldorf 29.7.2013 – 9 TaBV 33/13, BeckRS 2015, 65460; vgl. auch BAG 18.4.1985 – 6 ABR 19/84, NZA 1985, 783; aus der Lit. HK-BetrVG/*Düwell* § 23 Rn. 64; *Fitting* § 23 Rn. 73; NK-GA/*Kloppenburg* BetrVG § 23 Rn. 35; ErfK/*Koch* BetrVG § 23 Rn. 18; WPK/*Kreft* § 23 Rn. 58; AR/*Maschmann* BetrVG § 23 Rn. 17; HWK/*Reichold* BetrVG § 23 Rn. 28; aA *Heinze* DB-Beil. 9/1983, 1 (12); GK-BetrVG/*Oetker* § 23 Rn. 237; DKKW/*Trittin* § 23 Rn. 277; wohl auch HWGNRH/*Huke* § 23 Rn. 72.
[109] BAG 22.6.1993 – 1 ABR 62/92, NZA 1994, 184 (186); LAG Bln-Bbg 1.10.2015 – 5 TaBV 876/15, BeckRS 2016, 66142 Rn. 52; 8.9.2016 – 5 TaBV 780/15, BeckRS 2016, 111587 Rn. 30; aus der Lit. statt vieler *Fitting* § 23 Rn. 40; GK-BetrVG/*Oetker* § 23 Rn. 127 jeweils mwN.
[110] BAG 18.4.1985 – 6 ABR 19/84, NZA 1985, 783 (786).
[111] BAG 27.11.1990 – 1 ABR 77/89, NZA 1991, 382 (384 f.); wohl auch 7.2.2012 – 1 ABR 77/10, NZA-RR 2012, 359 Rn. 15 f.; 18.3.2014 – 1 ABR 77/12, NZA 2014, 987 Rn. 20; offen gelassen in BAG 29.2.2000 – 1 ABR 4/99, NZA 2000, 1066 (1068); 29.4.2004 – 1 ABR 30/02, NZA 2004, 670 (678).
[112] So etwa HessLAG 13.10.2005 – 5/9 TaBV 51/05, BeckRS 2008, 54549; LAG Bln-Bbg 17.9.2014 – 15 TaBV 706/14 ua, BeckRS 2014, 73732; LAG BW 20.7.2016 – 21 TaBV 4/16, BeckRS 2016, 73644 Rn. 48; aA LAG Brem 18.7.1986 – 4 TaBV 3/86, AP BetrVG 1972 § 23 Nr. 6; LAG Düsseldorf

Problematik unterschiedlich beurteilt.[113] Da eine Pflichtverletzung in der Vergangenheit die Wiederholungsgefahr **indiziert,** spielt der Streit praktisch nur in den seltenen Konstellationen eine Rolle, in denen eine Wiederholungsgefahr (tatsächlich) ausgeschlossen ist.[114] Dafür reicht es aber nicht schon, dass der Arbeitgeber künftiges ordnungsgemäßes Verhalten zusichert.[115] Denkbar ist allerdings der Fall, dass nach mitbestimmungswidrigem Verhalten des Arbeitgebers zwischenzeitlich eine Betriebsvereinbarung über die zuvor streitige Materie abgeschlossen wurde und vergleichbare Streitigkeiten nicht bestehen. Ein Antrag nach § 23 Abs. 3 S. 1 BetrVG ist in diesem Fall richtigerweise unbegründet, da er – spiegelbildlich zu einem Antrag nach § 23 Abs. 1 BetrVG – künftige Pflichtverstöße abwenden soll (→ Rn. 40). Wo dieses Ziel nicht erreicht werden kann, ist eine grobe Pflichtverletzung zu verneinen (zur Negativprognose → Rn. 9).

e) Beispiele.

52 Entscheidend für die Bewertung einer Pflichtverletzung sind stets die Umstände des **Einzelfalls,** insbesondere die betrieblichen Gegebenheiten und der Anlass für einen Verstoß (→ Rn. 7). Beispielhaft[116] wurden in der Rechtsprechung als grobe Pflichtverletzung in Betracht gezogen: Verstöße gegen die Pflicht zur vertrauensvollen Zusammenarbeit (§ 2 Abs. 1 BetrVG); Behinderung oder Beeinflussung von Betriebsratswahlen (§ 20 Abs. 1, 2 BetrVG); Verstöße gegen die Friedenspflicht (§ 74 Abs. 2 BetrVG); ungerechtfertigte Ungleichbehandlung von Arbeitnehmern (§ 75 Abs. 1 BetrVG);[117] Verstöße gegen das Gebot, die freie Entfaltung der Persönlichkeit der Arbeitnehmer zu schützen und zu fördern (§ 75 Abs. 2 BetrVG);[118] Unterlassen der Durchführung von Betriebsvereinbarungen[119] oder von verbindlichen Sprüchen der Einigungsstelle (§ 77 Abs. 1 BetrVG); grundlose Verweigerung von Arbeitsbefreiung trotz erforderlicher Betriebsratstätigkeit (§ 37 Abs. 2 BetrVG); Nichtbeachtung von Mitbestimmungsrechten;[120] Nichterfüllung von gesetzlichen Unterrichtungspflichten (zB aus §§ 92 Abs. 1 S. 1, 106 Abs. 2 S. 1, 111 S. 1 BetrVG).

3. Erkenntnisverfahren

53 Die Einhaltung der betriebsverfassungsrechtlichen Pflichten des Arbeitgebers wird vom Staat nicht von Amts wegen kontrolliert. Wie bei der Amtsenthebung des Betriebsrats bzw. seiner Mitglieder muss nach § 23 Abs. 3 S. 1 BetrVG vielmehr von den Beteiligten ein **arbeitsgerichtliches Beschlussverfahren** nach §§ 2a, 80ff. ArbGG eingeleitet und durchgeführt werden.

54 **a) Antragsberechtigung.** Den Antrag nach § 23 Abs. 3 S. 1 BetrVG können der Betriebsrat oder eine im Betrieb vertretene **Gewerkschaft** (→ § 291 Rn. 191) stellen. Andere Organe der Betriebsverfassung, einzelne Arbeitnehmer oder Betriebsratsmitglieder sind dagegen nicht antragsbefugt.[121] Der Betriebsrat bzw. eine im Betrieb vertretene Ge-

---

26.11.1993 – 17 TaBV 71/93, LAGE BetrVG 1972 § 23 Nr. 34; zuletzt ArbG Stralsund 14.12.2004 – 5 BV 1/04, BeckRS 2004, 30983712.
[113] Für Erfordernis einer Wiederholungsgefahr HWGNRH/*Huke* § 23 Rn. 67; WPK/*Kreft* § 23 Rn. 61; Löwisch/Kaiser/*Löwisch* § 23 Rn. 51; GK-BetrVG/*Oetker* § 23 Rn. 239ff.; wohl auch ErfK/*Koch* BetrVG § 23 Rn. 18; ähnlich *Fitting* § 23 Rn. 65; **aA** BeckOK ArbR/*Besgen* BetrVG § 23 Rn. 29; HK-BetrVG/*Düwell* § 23 Rn. 66; NK-GA/*Kloppenburg* BetrVG § 23 Rn. 36f.; AR/*Maschmann* BetrVG § 23 Rn. 17; DKKW/*Trittin* § 23 Rn. 275.
[114] Treffend HK-BetrVG/*Düwell* § 23 Rn. 66; HWK/*Reichold* BetrVG § 23 Rn. 28 aE.
[115] BAG 7.2.2012 – 1 ABR 77/10, NZA-RR 2012, 359 Rn. 15; 18.3.2014 – 1 ABR 77/12, NZA 2014, 987 Rn. 15.
[116] Ausführliche Rechtsprechungsauswertungen nach Schlagworten etwa bei *Fitting* § 23 Rn. 66; GK-BetrVG/*Oetker* § 23 Rn. 245ff.; DKKW/*Trittin* § 23 Rn. 212ff.
[117] LAG Bln-Bbg 20.8.2015 – 21 TaBV 336/15, NZA-RR 2016, 74 Rn. 57.
[118] BAG 28.5.2002 – 1 ABR 32/01, NZA 2003, 166 (169f.).
[119] BAG 29.4.2004 – 1 ABR 30/02, NZA 2004, 670 (678).
[120] BAG 23.4.1991 – 1 ABR 49/90, NZA 1991, 817 (818f.).
[121] BAG 15.8.1978 – 6 ABR 10/76, AP BetrVG 1972 § 23 Nr. 1.

IV. Pflichtverstöße des Arbeitgebers   55–58 § 297

werkschaft kann mit dem Antrag die Einhaltung **jeder** betriebsverfassungsrechtlichen Pflicht des Arbeitgebers erzwingen, auch wenn sie nicht gegenüber dem Antragsteller besteht.[122] So kann der Betriebsrat bspw. auch dann einen Antrag stellen, wenn der Arbeitgeber Pflichten gegenüber der Jugend- und Auszubildendenvertretung, dem Wirtschaftsausschuss, einzelnen Arbeitnehmern (→ Rn. 46) oder einer Gewerkschaft verletzt. Da § 23 Abs. 3 S. 1 BetrVG richtigerweise keine Anspruchsgrundlage ist (→ Rn. 42), entspricht das Verfahren hinsichtlich der Durchsetzung fremder Ansprüche funktional zwar einer gesetzlich gesondert normierten Prozessstandschaft;[123] ein besonderer Erkenntnisgewinn ist mit dieser Charakterisierung freilich nicht verbunden.

b) Antragsinhalt. Der Antrag ist auf die **künftige Einhaltung** der betriebsverfassungsrechtlichen Pflichten gerichtet (→ Rn. 40, 49). Er kann daher nicht darauf beschränkt werden, eine in der Vergangenheit liegende grobe Pflichtverletzung feststellen zu lassen. Ein solcher Antrag ist unzulässig; er kann auch nicht in einen allgemeinen Feststellungsantrag iSd § 256 Abs. 1 ZPO umgedeutet werden, weil eine Pflichtverletzung für sich genommen kein feststellungsfähiges Rechtsverhältnis ist.[124] 55

Der Antrag muss nach § 253 Abs. 2 Nr. 2 ZPO genau bezeichnen, welches Verhalten vom Arbeitgeber künftig verlangt wird. Das schließt einen sog. **Globalantrag** nicht aus, mit welchem dem Arbeitgeber aufgegeben werden soll, allgemein ein Mitbestimmungsrecht in einer Vielzahl von Fallgestaltungen zu beachten (zB es zu unterlassen, ohne Einigung mit dem Betriebsrat oder ohne Ersetzung der fehlenden Einigung durch die Einigungsstelle Arbeitnehmer für Maßnahmen der beruflichen Bildung und sonstige Bildungsmaßnahmen freizustellen).[125] Ein solcher Antrag ist allerdings nur dann begründet, wenn der Arbeitgeber in jedem einzelnen, vom Wortlaut des Antrags erfassten Fall pflichtwidrig handeln würde.[126] 56

c) Entscheidung. Liegt eine grobe Pflichtverletzung nicht vor, hat das Arbeitsgericht den Antrag als unbegründet zurückzuweisen, da es an einer materiell-rechtlichen Voraussetzung fehlt.[127] Der dem Antrag stattgebende Beschluss muss die Handlung genau bezeichnen, die der Arbeitgeber vorzunehmen, zu dulden oder zu unterlassen hat (zu Globalanträgen → Rn. 56). Bei Verpflichtungen zur Unterlassung oder Duldung der Vornahme einer Handlung kann in den Beschluss zugleich die Androhung eines Ordnungsgeldes aufgenommen werden (→ Rn. 61); dies empfiehlt sich regelmäßig, weil dadurch eine etwa erforderlich werdende Vollstreckung erleichtert wird. 57

d) Einstweiliger Rechtsschutz. Richtigerweise können auch im Verfahren nach § 23 Abs. 3 S. 1 BetrVG **einstweilige Verfügungen** ergehen.[128] In systematischer Hinsicht 58

---

[122] BAG 16.11.2004 – 1 ABR 53/03, NZA 2005, 416 (417).
[123] BAG 16.11.2004 – 1 ABR 53/03, NZA 2005, 416 (417); 18.5.2010 – 1 ABR 6/09, NZA 2010, 1433 Rn. 20; ebenso etwa *Fitting* § 23 Rn. 69; HWGNRH/*Huke* § 23 Rn. 13; GK-BetrVG/*Oetker* § 23 Rn. 260.
[124] Statt vieler WPK/*Kreft* § 23 Rn. 50; GK-BetrVG/*Oetker* § 23 Rn. 255 mwN.
[125] BAG 16.11.2004 – 1 ABR 53/03, NZA 2005, 416 (417); 18.3.2014 – 1 ABR 77/12, NZA 2014, 987 Rn. 11; aus der Lit. etwa ErfK/*Koch* BetrVG § 23 Rn. 21; WPK/*Kreft* § 23 Rn. 48; AR/*Maschmann* BetrVG § 23 Rn. 20.
[126] BAG 16.11.2004 – 1 ABR 53/03, NZA 2005, 416 (417); 18.8.2009 – 1 ABR 47/08, NZA 2010, 222 Rn. 17; LAG RhPf 11.12.2014 – 3 Ta 126/14, BeckRS 2015, 66361; **aA** noch BAG 18.4.1985 – 6 ABR 19/84, NZA 1985, 783 (784): Umschreibung anhand des erstrebten Erfolgs; dagegen zu Recht GK-BetrVG/*Oetker* § 23 Rn. 254.
[127] BAG 27.11.1973 – 1 ABR 11/73, BeckRS 9998, 149633; aus der Lit. statt vieler GK-BetrVG/*Oetker* § 23 Rn. 264 mwN.
[128] So wohl BAG 23.6.2009 – 1 ABR 23/08 Rn. 25, NZA 2009, 1430; ebenso LAG SchlH 9.8.2007 – 4 TaBVGa 2/07, NZA-RR 2007, 639 (639f.); LAG RhPf 1.7.2010 – 5 TaBV 18/10, BeckRS 2011, 68018; LAG Hmb 3.7.2013 – 6 TaBVGa 3/13, BeckRS 2014, 65030; *Fitting* § 23 Rn. 76; WPK/*Kreft* § 23 Rn. 63; GK-BetrVG/*Oetker* § 23 Rn. 262f.; *Raab* ZfA 1997, 183 (189); DKKW/*Trittin* § 23

spricht hierfür, dass § 85 Abs. 1 S. 3 ArbGG die Vollstreckung im Verfahren nach § 23 Abs. 3 BetrVG ausdrücklich begrenzt, in § 85 Abs. 2 ArbGG eine vergleichbare Beschränkung aber gerade nicht erfolgt. Zwar setzt die Vollstreckung nach § 23 Abs. 3 S. 2 u. 3 BetrVG grds. eine rechtskräftige Entscheidung nach § 23 Abs. 3 S. 1 BetrVG voraus; allerdings lässt § 85 Abs. 2 ArbGG einstweilige Verfügungen ohne Einschränkung zu, obwohl im Beschlussverfahren nach § 85 Abs. 1 S. 1 ArbGG grds. nur aus rechtskräftigen Beschlüssen vollstreckt werden darf.[129] Die Zulässigkeit einer einstweiligen Verfügung würde auch dem Zweck des Antrags nach § 23 Abs. 3 S. 1 BetrVG entsprechen, der darauf gerichtet ist, künftige Pflichtverletzungen zu verhindern (→ Rn. 40). Da nach § 23 Abs. 1 S. 1 BetrVG einstweilige Verfügungen gegen ein Betriebsratsmitglied ergehen können (→ Rn. 23), spricht für die Möglichkeit einstweiligen Rechtsschutzes im Verfahren nach § 23 Abs. 3 S. 1 BetrVG schließlich auch die vom Gesetzgeber angestrebte Gleichwertigkeit beider Verfahren (→ Rn. 40).

59 Zu beachten ist allerdings, dass eine einstweilige Verfügung inhaltlich **nicht weiter reichen** darf als die Pflicht des Arbeitgebers, die verletzt wurde. Hat der Arbeitgeber zB Beratungs- und Unterrichtungsrechte des Betriebsrats grob verletzt, steht dem Betriebsrat aber kein Mitbestimmungsrecht in dem Sinne zu, dass er die Entscheidung des Arbeitgebers verhindern kann, darf eine einstweilige Verfügung nicht auf Unterlassung der unternehmerischen Maßnahme gerichtet sein, sondern nur auf Erfüllung der Beratungs- und Unterrichtungspflichten, da eine solche Leistungsverfügung weniger belastend ist als eine Sicherungsverfügung in Form der Unterlassungsverfügung.[130]

4. Vollstreckungsverfahren

60 An einen **rechtskräftigen Beschluss** des Arbeitsgerichts ist der Arbeitgeber gebunden. Bei Zuwiderhandlungen findet aus dem Beschluss nach § 85 Abs. 1 S. 3 ArbGG die Zwangsvollstreckung entsprechend den Bestimmungen der Zivilprozessordnung statt, die durch die Sonderregelungen in § 23 Abs. 3 S. 2–5 BetrVG **modifiziert** werden.[131] Ein gerichtlicher Vergleich genügt für die Vollstreckung im Verfahren nach § 23 Abs. 3 BetrVG richtigerweise nicht,[132] da der Wortlaut des Gesetzes Vergleiche nicht erfasst und die Vollstreckung eines Vergleichs damit nach allgemeinen Regeln (§ 85 Abs. 1 ArbGG iVm § 794 Abs. 1 Nr. 1 ZPO) erfolgt.

61 **a) Verstoß gegen Unterlassungs- und Duldungspflichten.** Handelt der Arbeitgeber einer Verpflichtung zur Unterlassung oder Duldung einer Handlung zuwider, so wird er auf Antrag nach § 23 Abs. 3 S. 2 BetrVG zu einem **Ordnungsgeld** verurteilt. Die Verhängung von Ordnungshaft ist nach § 85 Abs. 1 S. 3 ArbGG nicht zulässig.

62 Die Verhängung eines Ordnungsgeldes bedarf zunächst eines **Antrags,** wird also vom Arbeitsgericht nicht von Amts wegen vorgenommen. Antragsberechtigt sind nach § 23

Rn. 279; wohl auch HWK/*Reichold* BetrVG § 23 Rn. 30; **aA** LAG Hamm 4.2.1977 – 3 TaBV 75/76, BB 1977, 1606; LAG RhPf 30.4.1986 – 2 TaBV 17/86, DB 1986, 1629; 30.3.2006 – 11 TaBV 53/05, BeckRS 2007, 45680 *(obiter dictum);* BeckOK ArbR/*Besgen* BetrVG § 23 Rn. 35; HK-BetrVG/*Düwell* § 23 Rn. 43; HWGNRH/*Huke* § 23 Rn. 75; ErfK/*Koch* BetrVG § 23 Rn. 23; AR/*Maschmann* BetrVG § 23 Rn. 20; Richardi BetrVG/*Thüsing* § 23 Rn. 105; wohl auch NK-GA/*Kloppenburg* BetrVG § 23 Rn. 54.

[129] Überzeugend WPK/*Kreft* § 23 Rn. 63; Raab ZfA 1997, 183 (189).

[130] Näher dazu *Joost* SAE 1985, 59 (61). Zust. auch GK-BetrVG/*Oetker* § 23 Rn. 263 aE.

[131] Vgl. dazu LAG BW 21.4.2006 – 7 Ta 2/06, BeckRS 2011, 65815 Rn. 9 ff.

[132] Ebenso LAG Düsseldorf 26.7.1990 – 7 Ta 139/90, NZA 1992, 188; 14.5.2002 – 7 Ta 128/02, BeckRS 2002, 40863; LAG SchlH 16.6.2000 – 5 Ta 22/00, BeckRS 2000, 30785376; GK-BetrVG/*Oetker* § 23 Rn. 278; **aA** LAG Berlin 3.11.1994 – 8 Ta 3/94, BeckRS 1994, 30928615; LAG Hmb 27.1.1992 – 5 Ta 25/91, NZA 1992, 568 (569); LAG RhPf 20.11.2009 – 7 Ta 237/09, BeckRS 2010, 66927; 11.12.2014 – 3 Ta 126/14, BeckRS 2015, 66361; HK-BetrVG/*Düwell* § 23 Rn. 56; ErfK/*Koch* BetrVG § 23 Rn. 22; NK-GA/*Kloppenburg* BetrVG § 23 Rn. 48; WPK/*Kreft* § 23 Rn. 67; Löwisch/Kaiser/*Löwisch* § 23 Rn. 52; AR/*Maschmann* BetrVG § 23 Rn. 22; DKKW/*Trittin* § 23 Rn. 285 f.

Abs. 3 S. 4 BetrVG stets der Betriebsrat oder eine im Betrieb vertretene Gewerkschaft (→ § 291 Rn. 191), und zwar auch dann, wenn das vorangegangene Beschlussverfahren von einem anderen Antragsberechtigten betrieben wurde.[133] Der Antrag kann erst nach Rechtskraft des Beschlusses und nach einer Zuwiderhandlung (→ Rn. 64) gestellt werden.

Der Verurteilung zu einem Ordnungsgeld muss eine entsprechende **Androhung** vorausgehen, die entweder in dem die Verpflichtung aussprechenden Beschluss enthalten sein kann oder auf Antrag eines Antragsberechtigten von dem Gericht des ersten Rechtszuges durch besonderen Beschluss erlassen wird (§ 890 Abs. 2 ZPO analog).[134] 63

Außerdem muss eine **Zuwiderhandlung** des Arbeitgebers nach Eintritt der Rechtskraft des arbeitsgerichtlichen Beschlusses und nach Androhung der Verhängung eines Ordnungsgeldes vorliegen. Ein früherer Verstoß genügt nicht. Da die Verhängung des Ordnungsgeldes kein bloßes Beugemittel ist (zum Zwangsgeld → Rn. 66), sondern eine staatliche Reaktion auf einen Rechtsverstoß darstellt, unterliegt sie dem **Schuldprinzip**; daher ist ein Verschulden des Arbeitgebers bei der Zuwiderhandlung erforderlich, wobei leichte Fahrlässigkeit – etwa im Rahmen eines Organisationsverschuldens – genügt.[135] 64

Für die **Festsetzung** des Ordnungsgeldes ist das Arbeitsgericht erster Instanz zuständig. Das Höchstmaß des Ordnungsgeldes beträgt 10.000,– EUR, § 23 Abs. 3 S. 5 BetrVG. Bei wiederholten Verstößen kann zwar mehrfach Ordnungsgeld verhängt werden, darf dann aber insgesamt den Höchstbetrag nicht überschreiten; bei mehrfachen Zuwiderhandlungen darf die Summe der einzelnen Ordnungsgelder den Betrag von 10.000,– EUR allerdings übersteigen.[136] Bei Zuwiderhandlungen *nach* der Beitreibung des Ordnungsgeldes[137] kann erneut ein Ordnungsgeld verhängt werden, für das in jedem Fall der Höchstbetrag erneut ausgeschöpft werden darf. 65

b) Nichtvornahme einer Handlung. Nimmt der Arbeitgeber eine Handlung nicht vor, obwohl er durch einen rechtskräftigen Beschluss entsprechend verpflichtet wurde, ist er nach § 23 Abs. 3 S. 3 BetrVG durch Verhängung von **Zwangsgeld** hierzu anzuhalten. Die Verhängung von Zwangshaft ist nach § 85 Abs. 1 S. 3 ArbGG nicht zulässig. Eine vorherige **Androhung** des Zwangsgelds sieht das Gesetz nicht vor. Sie ist auch nicht erforderlich,[138] da es sich beim Zwangsgeld nicht um eine staatliche Sanktion für einen Rechtsverstoß des Arbeitgebers handelt, sondern um eine Beugemaßnahme, um den Arbeitgeber zur Vornahme der Handlung zu zwingen (anders als das sog. Ordnungsgeld → Rn. 63 f.). Ein Verschulden des Arbeitgebers ist aus diesem Grund ebenfalls nicht erforderlich.[139] 66

Die Verhängung des Zwangsgeldes erfolgt nur auf **Antrag** (ausführlich → Rn. 62). Die **Festsetzung** des Zwangsgeldes erfolgt durch besonderen Beschluss des Arbeitsgerichts der ersten Instanz. Das Höchstmaß beträgt 10.000,– EUR, § 23 Abs. 3 S. 5 BetrVG. Das Zwangsgeld kann, solange die Handlung nicht vorgenommen wird, mehrfach verhängt werden, darf aber insgesamt den Höchstbetrag nicht überschreiten. Wird die Handlung auch *nach* Beitreibung des Zwangsgeldes nicht vorgenommen, so kann die Verhängung erneut und wiederholt unter Ausschöpfung des Höchstrahmens erfolgen.[140] 67

---

[133] Aus der Lit. statt vieler *Fitting* § 23 Rn. 86; GK-BetrVG/*Oetker* § 23 Rn. 275 jeweils mwN.
[134] Vgl. LAG Bln-Bbg 5.4.2017 – 15 Ta 1522/16.
[135] BAG 18.4.1985 – 6 ABR 19/84, NZA 1985, 783 Rn. 40 unter Verweis auf BVerfG 14.7.1981 – 1 BvR 575/80, NJW 1981, 2457; LAG BW 21.4.2006 – 7 Ta 2/06, BeckRS 2011, 65815; LAG Bln-Bbg 5.4.2017 – 15 Ta 1522/16; aus der Lit. statt vieler *Fitting* § 23 Rn. 84; GK-BetrVG/*Oetker* § 23 Rn. 288 jeweils mwN.
[136] Statt vieler GK-BetrVG/*Oetker* § 23 Rn. 293f. mwN.
[137] Zum Verfahren der Beitreibung näher GK-BetrVG/*Oetker* § 23 Rn. 306 ff. mwN.
[138] Statt vieler *Fitting* § 23 Rn. 92 mwN.
[139] Statt vieler GK-BetrVG/*Oetker* § 23 Rn. 301 mwN.
[140] Zum Verfahren der Beitreibung näher GK-BetrVG/*Oetker* § 23 Rn. 306 ff. mwN.

V. Sonstige Ansprüche und Sanktionen

1. Durchsetzung von Ansprüchen des Betriebsrats nach § 85 Abs. 1 ArbGG

68 Das Betriebsverfassungsrecht verleiht dem Betriebsrat eine Vielzahl von Befugnissen und Mitbestimmungsrechten, zu deren Beachtung und Einhaltung der Arbeitgeber verpflichtet ist (zu Unterlassungsansprüchen ausführlich → § 287 Rn. 46 f. sowie § 317 Rn. 1 ff.). Hierzu ergangene Beschlüsse der Arbeitsgerichte sind nach § 85 Abs. 1 ArbGG vollstreckbar, ohne dass dafür die engen Voraussetzungen des § 23 Abs. 3 BetrVG gegeben sein müssten. Richtigerweise kann der Betriebsrat seine Rechte **wahlweise** auch unter erleichterten Voraussetzungen im arbeitsgerichtlichen Beschlussverfahren durchsetzen (→ Rn. 41).[141] Bedeutung hat § 23 Abs. 3 BetrVG daher als **Auffangregelung** für die Geltendmachung von Pflichtverletzungen durch Nichtberechtigte (→ Rn. 54) und als Ergänzung für Fälle, in denen die gesetzlichen Ansprüche nicht ausreichen, um den Arbeitgeber zu einem betriebsverfassungsrechtlich ordnungsgemäßen Verhalten zu zwingen.[142]

2. Straftaten und Ordnungswidrigkeiten

69 Einige Verstöße gegen das Betriebsverfassungsrecht sind in **§§ 119, 120 BetrVG** mit Strafe bedroht. Nach § 119 Abs. 1 BetrVG wird mit Freiheitsstrafe bis zu einem Jahr oder mit Geldstrafe bestraft, wer eine **Wahl** des Betriebsrats bzw. bestimmter anderer Vertretungen behindert oder durch Zufügung oder Androhung von Nachteilen oder durch Gewährung oder Versprechen von Vorteilen beeinflusst (näher → § 291 Rn. 264 ff.), wer die **Tätigkeit** des Betriebsrats bzw. bestimmter anderer Vertretungen behindert oder stört oder wer ein Mitglied oder ein Ersatzmitglied des Betriebsrats bzw. bestimmte andere Vertretungen um seiner Tätigkeit Willen **benachteiligt oder begünstigt** (näher → § 295 Rn. 164 ff., 172 ff.). Die Tat wird ausschließlich auf Antrag verfolgt (sog. absolutes Antragsdelikt). Nach § 120 BetrVG ist außerdem die unbefugte Offenbarung fremder Betriebs- oder Geschäftsgeheimnisse mit Strafe bedroht (näher hierzu → § 295 Rn. 202 ff.).

70 Ordnungswidrig handelt, wer die in § 121 Abs. 1 BetrVG genannten Aufklärungs- und Auskunftspflichten nicht, wahrheitswidrig, unvollständig oder verspätet erfüllt. Die Ordnungswidrigkeit kann nach § 121 Abs. 2 BetrVG mit einer Geldbuße bis zu 10.000,– EUR geahndet werden.

---

[141] Ebenso etwa *Fitting* § 23 Rn. 107 f.; ErfK/*Koch* BetrVG § 23 Rn. 27; AR/*Maschmann* BetrVG § 23 Rn. 26; GK-BetrVG/*Oetker* § 23 Rn. 213 f.
[142] Näher hierzu GK-BetrVG/*Oetker* § 23 Rn. 210 mwN.

Zweiter Titel: Betriebsversammlung

Schrifttum:
Bauer, Teilnahme von Anwälten an Betriebsversammlungen, NJW 1988, 1130; *Bartz/Stratmann*, Zeit der Teilnahme an einer Betriebsversammlung – „Ruhezeit" im Sinne des Arbeitszeitgesetzes, NZA-RR 2013, 281; *Bischof*, Die Arten der Betriebsversammlung und ihre zeitliche Lage, BB 1993, 1937; *Boewer*, Umfaßt die Vergütungsgarantie nach § 44 I 2 BetrVG bei Teilnahme an Betriebsversammlungen Überstunden- und Mehrarbeitszuschläge?, DB 1972, 1580; *Brill*, Der Arbeitgeber in der Betriebsversammlung, BB 1983, 1860; *Brötzmann*, Probleme der Betriebsversammlung, BB 1990, 1055; *Carl/Herrfahrdt*, Zur Protokollierung von Betriebsversammlungen durch den Arbeitgeber, BlStSozArbR 1978, 241; *Dudenbostel*, Hausrecht, Leitungsmacht und Teilnahmebefugnis in der Betriebsversammlung, 1978; *Fündling/Sorber*, Arbeitswelt 4.0 – Benötigt das BetrVG ein Update in Sachen digitalisierte Arbeitsweise des Betriebsrats?, NZA 2017, 552; *D. Gaul*, Schriftliche und akustische Aufzeichnungen in Betriebsversammlungen, DB 1975, 978; *Herschel*, Schadenersatz bei Behinderung und Störung von Betriebsversammlungen, DB 1975, 690; *Hohn*, Betriebsversammlung: Führungsinstrument oder vergeudete Zeit?, DB 1979, 358; *Hohn*, Betriebsversammlung als Voll- oder Teilversammlung, DB 1985, 2195; *Hohn*, Parteipolitik und Betriebsversammlungen, BB 1975, 376; *Hohn*, Zutritt von Gewerkschaftsbeauftragten zur Betriebsversammlung, DB 1978, 1886; *Joost*, Die betriebsverfassungsrechtliche Vertretung und Repräsentation des Arbeitgebers, FS Zeuner, 1994, 67; *Klosterkemper*, Das Zugangsrecht der Gewerkschaften zum Betrieb, 1980; *Kohte*, Die Mitwirkung betriebsfremder Personen an der Betriebs- und Personalversammlung, BlStSozArbR 1980, 337; *Leuze*, Betriebsversammlung und Personalversammlung – Gemeinsamkeiten und Unterschiede, ZTR 2000, 206 u. 247; *Lopau*, Rechtsprobleme der Betriebsversammlung, BlStSozArbR 1979, 230; *Löwisch*, Betriebsauftritte von Politikern, DB 1976, 676; *Loritz*, Elektronische Aufzeichnungen von Betriebsversammlungen und Einsichtsrecht des Arbeitgebers in Betriebsversammlungsprotokolle, FS Wiese, 1998, 279; *Lunk*, Die Betriebsversammlung – Das Mitgliederorgan des Belegschaftsverbandes, 1991; *Mußler*, Betriebsversammlung und parlamentarischer Brauch, NZA 1985, 445; *Niedenhoff*, Handbuch für Betriebsversammlungen, 4. Aufl., 1991; *Rieble*, Zur Teilbarkeit von Betriebsversammlungen, AuR 1995, 245; *Rüthers*, Rechtsprobleme der Organisation und Thematik von Betriebsversammlungen, ZfA 1974, 207; *Säcker*, Informationsrechte der Betriebs- und Aufsichtsratsmitglieder und Geheimsphäre des Unternehmens, 1979; *Schlüter/Dudenbostel*, „Das Haus- und Ordnungsrecht" bei Betriebsversammlungen, DB 1974, 2450; *Schlüter/Dudenbostel*, Sanktionen des Arbeitgebers bei Störungen der Betriebsversammlung, DB 1974, 2473; *Simitis/Kreuder*, Betriebsrat und Öffentlichkeitsarbeit, NZA 1992, 1009; *Tonikidis*, Die Zeit der Teilnahme an Betriebsversammlungen als Arbeitszeit iSv § 2 I ArbZG AuR 2018, 284; *Viets*, Zur Teilnahme von Außendienstmitarbeitern an Betriebsversammlungen, RdA 1979, 272; *Vogt*, Die Betriebs- und Abteilungsversammlung, 3. Aufl., 1977; *Vogt*, Lagebericht des Arbeitgebers/Unternehmers und Vorlagepflicht von Unterlagen in der Betriebsverfassung, BlStSozArbR 1979, 193; *Wolmerath*, Die Betriebsversammlung – Rechtsfragen und praktische Tipps, ArbRAktuell 2016, 136 u. 160.

§ 298 Grundlagen

Übersicht

	Rn.
I. Funktion	1
II. Begriff	4
III. Rechtsnatur	5
IV. Ordentliche und außerordentliche Betriebsversammlung	7
1. Ordentliche Betriebsversammlung	7
a) Grundsätzliches	7
b) Pflicht des Betriebsrats	9
2. Außerordentliche Betriebsversammlung	10
a) Versammlung aus besonderen Gründen	10
b) Versammlung ohne besondere Gründe	12
aa) Einberufung durch den Betriebsrat	12
bb) Einberufung auf Wunsch des Arbeitgebers	13
cc) Einberufung auf Wunsch der Arbeitnehmer	14
dd) Verstöße	15
c) Antragsrecht der Gewerkschaften	16
d) Betriebsversammlung zur Wahl eines Wahlvorstandes	17
3. Betriebsversammlung und Arbeitskampf	18
V. Andere Belegschaftsversammlungen	19
1. Einberufung durch den Arbeitgeber	19

	Rn.
2. Versammlung durch die Arbeitnehmer	21
3. Betriebsratslose Betriebe	22

I. Funktion

1 Der Betriebsrat hat die Arbeitnehmer des Betriebs zu regelmäßigen sowie außerordentlichen Betriebsversammlungen zusammenzurufen (§§ 42 ff. BetrVG). Die im BetrVG geregelten Versammlungen dienen als **innerbetriebliches Informations- und Meinungsbildungsforum** für Belegschaft, Betriebsrat und Arbeitgeber. Kontroll- und Entscheidungsbefugnisse hat die Betriebsversammlung nicht, sieht man von den ihr zugewiesenen Aufgaben bei der Betriebsratswahl ab (§ 17 Abs. 2 und 3 BetrVG). Sie hat insbesondere keine Befugnis, den Betriebsrat abzuwählen, kann aber dem Betriebsrat Anträge unterbreiten und zu seinen Beschlüssen Stellung nehmen (→ § 299 Rn. 68 ff.).

2 Eine **Teilnahmepflicht besteht nicht,** wobei jedoch bei Nicht-Teilnahme die Pflicht zur Erbringung der Arbeitsleistung fortbesteht.[1] Ob der Arbeitgeber berechtigt ist, Nicht-Teilnehmer bei Fortzahlung der Vergütung von der Arbeitspflicht zu befreien, ist ungeklärt. In Einzelfällen spricht zwar nichts dagegen, wenn absehbar ist, dass eine sinnvolle Tätigkeit wegen der Teilnahme der übrigen Mitarbeiter nicht mehr zu erwarten ist. Sofern der Arbeitgeber auf diese Weise jedoch versucht, die Betriebsversammlung zu schwächen (generelle Erklärung: Freizeit statt Teilnahme), wäre ein solches Vorgehen zumindest nicht mit § 2 Abs. 1 BetrVG in Einklang zu bringen. Problematisch kann in diesem Zusammenhang auch das Gegenteil sein, nämlich die Erklärung des **Arbeitgebers,** den **Betrieb** ungeachtet der Anberaumung einer Versammlung **fortzuführen** und bspw. sein Ladenlokal geöffnet zu halten. Soweit daraus geschlossen wird, der Arbeitgeber übe dadurch unzulässigen Druck auf die Belegschaft aus, der Versammlung fern zu bleiben,[2] ist dies in dieser Absolutheit jedoch unzutreffend. Denn zum einen steht es mangels Teilnahmepflicht vollständig im Belieben der Arbeitnehmer, stattdessen ihrer vertraglichen Beschäftigung nachzugehen. Zum zweiten sind die Rechte der Belegschaft in der Betriebsversammlung so rudimentär ausgeprägt (→ § 299 Rn. 68 ff.), dass ein Verstoß gegen eine „betriebsverfassungsrechtliche Ordnung" oder die Disfunktionalität eines betriebsverfassungsrechtlichen Organs nicht zu befürchten ist. Letztlich bedürfte es zur Einschränkung der sich aus Art. 12, 14 GG ergebenden Rechte des Arbeitgebers einer ausreichenden Ermächtigungsgrundlage, die das BetrVG aber nicht enthält. Die Öffnung des Betriebs während der Dauer einer Betriebsversammlung ist daher grundsätzlich zulässig,[3] jedenfalls soweit der Arbeitgeber darüber hinaus keinen Druck ausübt oder Vorteile für den Fall der Nicht-Teilnahme in Aussicht stellt.

3 Die Betriebsversammlung ist das einzige Forum, welches die Betriebsverfassung der Belegschaft als Kollektiv bietet. Diese limitierte Rolle, die auf das BRG von 1920 zurückgeht, ist zwar historisch gewollt. Gleichwohl ist die Frage erlaubt, ob die beschränkten Kompetenzen der Belegschaft in der Betriebsverfassung nach 100 Jahren noch zeitgemäß sind. Denn diese passive Rolle der Belegschaft mag ein Grund dafür sein, dass die Versammlungen in der Praxis häufig nicht entsprechend den gesetzlichen Vorgaben durchgeführt werden. Der Betriebsrat muss Sanktionen kaum fürchten und die Belegschaft empfindet mangels Kompetenzen der Betriebsversammlung deren Besuch häufig als nicht sinnvoll. Ältere empirische Untersuchungen belegen, dass Betriebsversammlungen seltener als vierteljährlich stattfanden und die Beteiligung an den Versammlungen unterschiedlich war.[4] Daran dürfte sich wenig geändert haben. De lege ferenda ist über eine

---

[1] GK-BetrVG/*Weber* § 42 Rn. 15; DKKW/*Berg* § 42 Rn. 11; *Fitting* § 42 Rn. 24.
[2] *Fitting* § 44 Rn. 18; DKKW/*Berg* § 44 Rn. 13.
[3] LAG Köln 19. 4. 1988 – 11 TaBV 24/88, DB 1988, 1400; HWK/*Diller* BetrVG § 44 Rn. 16.
[4] Näher dazu *Niedenhoff* Betriebsversammlungen-HdB, S. 22 ff.

Neupositionierung der Rolle der Betriebsversammlung oder der Belegschaft allgemein innerhalb der Betriebsverfassung nachzudenken.

II. Begriff

Eine Legaldefinition der Betriebsversammlung existiert nicht. Lediglich § 42 Abs. 1 S. 1 BetrVG trifft die Aussage, sie bestehe aus den Arbeitnehmern des Betriebs. Bei der Betriebsversammlung handelt es sich also begrifflich um ein **räumliches Zusammentreffen der Arbeitnehmer** des Betriebs auf die im BetrVG geregelte Weise und zu den dort geregelten Zwecken. Sie dient vor allem der Kommunikation zwischen Betriebsrat und Belegschaft.[5] Es gilt der allgemeine Betriebsbegriff (→ § 299 Rn. 27). „**Betrieb**" meint also die betriebsratsfähige Einheit, für die ein Betriebsrat gebildet ist, so dass auch im **Gemeinschaftsbetrieb** eine einheitliche Versammlung durchzuführen ist. Der durch die Wahl verfasste Gemeinschaftsbetrieb ist mit der Maßgabe Anknüpfungspunkt für die Betriebsversammlung, dass alle am Gemeinschaftsbetrieb beteiligten Arbeitgeber getrennte Berichte iSv § 43 Abs. 2 S. 3 BetrVG erteilen müssen.[6] Es gilt zudem der **betriebsverfassungsrechtliche Arbeitnehmerbegriff** des 5 BetrVG (→ § 299 Rn. 27f.), so dass leitende Angestellte kein originäres Teilnahmerecht haben.[7] Der Arbeitgeber gehört ungeachtet seines Teilnahmerechts (→ § 299 Rn. 33ff.) der Betriebsversammlung nicht an.[8]

III. Rechtsnatur

Die Betriebsversammlung wird vielfach als ein besonderes Organ der Betriebsverfassung verstanden.[9] Das ist zwar insofern missverständlich, als sich mit dem Begriff des Organs[10] eine Entscheidungskompetenz verbindet, welche der Betriebsversammlung nach ihrer Funktion allenfalls rudimentär zusteht (→ § 299 Rn. 68ff.). Die Lehre von der Organstellung hat deshalb wenig Aussagekraft.[11] Die Betriebsversammlung ist jedoch mehr als lediglich eine Erscheinungsform der Belegschaft selbst[12] oder bloße Institution der Betriebsverfassung.[13] Die, wenn auch geringen, Kompetenzen und die verbandsähnliche Struktur der Betriebsverfassung rechtfertigen vielmehr die Einordnung als **Organ des Belegschaftsverbandes**.[14] Auswirkungen auf die Praxis hat die Frage nach der Rechtsnatur freilich kaum.

Die §§ 42 ff. BetrVG bilden zwingendes Recht; Abweichungen durch Tarifvertrag oder Betriebsvereinbarung sind nicht zulässig.[15]

IV. Ordentliche und außerordentliche Betriebsversammlung

1. Ordentliche Betriebsversammlung

a) Grundsätzliches. Der Betriebsrat hat **einmal in jedem Kalendervierteljahr** eine ordentliche Betriebsversammlung einzuberufen (§ 43 Abs. 1 S. 1 BetrVG), so dass in einem Kalenderjahr vier regelmäßige Versammlungen stattzufinden haben. Auf die Dauer der Existenz des Betriebs oder des Betriebsrats kommt es nicht an. Wird zB im Dezember

---

[5] BAG 5.12.2012 – 7 ABR 48/11, NZA 2013, 793 Rn. 29.
[6] LAG Hmb 15.12.1988 – 2 TaBV 13/88, NZA 1989, 733 (LS); GK-BetrVG/*Weber* § 43 Rn. 8; Richardi BetrVG/*Annuß* § 43 Rn. 18.
[7] Richardi BetrVG/*Annuß* § 42 Rn. 6; GK-BetrVG/*Weber* § 42 Rn. 16.
[8] Vgl. BAG 27.6.1989 – 1 ABR 28/88, NZA 1990, 113 (114).
[9] BAG 5.5.1987 – 1 AZR 666/85, NZA 1987, 714; *Fitting* § 42 Rn. 9; *Rieble* AuR 1995, 245; eingehend *Lunk* Betriebsversammlung, S. 76ff.
[10] Näher dazu *H.-J. Wolff* Organschaft und Juristische Person, Bd. II, 1934, S. 236ff.
[11] Kritisch auch BAG 27.6.1989 – 1 ABR 28/88, NZA 1990, 113 (114): „wenig Aussagekraft".
[12] So *Nikisch* Arbeitsrecht Bd. III, S. 211.
[13] So Richardi BetrVG/*Annuß* vor § 42 Rn. 2; HWGNRH/*Worzalla* § 42 Rn. 5.
[14] Näher *Lunk* Betriebsversammlung, S. 76ff.
[15] GK-BetrVG/*Weber* § 42 Rn. 11; Richardi BetrVG/*Annuß* vor § 42 Rn. 13; *Fitting* § 42 Rn. 5.

ein Betrieb errichtet und ein Betriebsrat gewählt, ist bis Ende des Jahres eine Betriebsversammlung durchzuführen.

8   Liegen die Voraussetzungen für die Durchführung von **Abteilungsversammlungen** vor (→ § 299 Rn. 6 ff.), so sind von den vier ordentlichen Versammlungen zwei als gewöhnliche Versammlungen (Voll- oder Teilversammlung → § 299 Rn. 2 ff.) und zwei als Abteilungsversammlungen durchzuführen (§ 43 Abs. 1 S. 2 BetrVG). Damit wird gewährleistet, dass ungeachtet der Abteilungsversammlung auch allgemeine Aussprachen innerhalb der gesamten Belegschaft des Betriebs stattfinden können. Die Reihenfolge der gewöhnlichen und der Abteilungsversammlungen bestimmt der Betriebsrat. Ihm steht ein Beurteilungsspielraum zu.

9   **b) Pflicht des Betriebsrats.** Der Betriebsrat ist gesetzlich **zwingend** verpflichtet, in jedem Kalendervierteljahr eine ordentliche Betriebsversammlung einzuberufen. Unterlässt er dies, kann das eine grobe Verletzung seiner Pflichten bedeuten (§ 23 Abs. 1 BetrVG).[16] Vom Arbeitgeber einberufene Mitarbeiterversammlungen sind kein Ersatz für die ordentliche Betriebsversammlung. Sie machen daher deren Einberufung selbst dann nicht entbehrlich, wenn der Betriebsrat ein weiteres Aussprachebedürfnis nicht als gegeben ansieht.

2. Außerordentliche Betriebsversammlung

10 **a) Versammlung aus besonderen Gründen.** Nach § 43 Abs. 1 S. 4 BetrVG darf der Betriebsrat in jedem **Kalenderhalbjahr eine weitere Betriebsversammlung** bzw., falls dies für die Erörterung der besonderen Belange der Arbeitnehmer erforderlich ist, einmal weitere Abteilungsversammlungen durchführen, wenn dies aus „besonderen Gründen zweckmäßig erscheint". Die Beurteilung der Zweckmäßigkeit obliegt dem Betriebsrat, der insoweit einen Beurteilungsspielraum hat.[17]

11 Alle Angelegenheiten sollen grds. bereits auf den ordentlichen kalendervierteljährlichen Versammlungen erörtert werden. Es müssen also wesentliche und dringende betriebliche Angelegenheiten vorliegen, für deren angemessene Erörterung die Durchführung einer ordentlichen Betriebsversammlung nicht ausreicht.[18] Dies kann insbesondere bei **wesentlichen aktuellen Vorgängen** der Fall sein, die nach einer bereits abgehaltenen ordentlichen Betriebsversammlung einen Aussprachebedarf entstehen lassen, wie bspw. die Ankündigung einer Personalreduzierung nach Maßgabe der § 111 BetrVG, § 17 KSchG. Bestehen für Betriebsänderungen indes nur planerische Zielvorstellungen des Arbeitgebers ohne konkrete Konzeptionen, besteht noch kein Bedarf für eine zusätzliche Betriebsversammlung.[19] Regelmäßig wiederkehrende Angelegenheiten sind ohnehin auf den ordentlichen Betriebsversammlungen zu behandeln.[20]

12 **b) Versammlung ohne besondere Gründe. aa) Einberufung durch den Betriebsrat.** Die kalenderhalbjährliche zusätzliche Betriebsversammlung ist wie erwähnt nur zulässig, wenn ihre Durchführung aus „besonderen Gründen zweckmäßig erscheint" (§ 43 Abs. 1 S. 4 BetrVG). Nach § 43 Abs. 3 BetrVG ist der Betriebsrat zudem „berechtigt", auf Wunsch des Arbeitgebers oder von mindestens einem Viertel der Arbeitnehmer „verpflichtet", eine Betriebsversammlung einzuberufen, ohne dass hierfür im Gesetz besondere Voraussetzungen genannt werden. Daher stellt sich die Frage, ob der Betriebsrat auch derartige weitere Versammlungen nur bei Vorliegen besonderer Gründe einberufen darf.[21] Zwar besteht insofern ein Unterschied, als diese weiteren Betriebsversammlungen im Ge-

---

[16] LAG BW 13.3.2014 – 6 TaBV 5/13; HessLAG 12.8.1993 – 12 TaBV 203/92.
[17] BAG 23.10.1991 – 7 AZR 249/90, NZA 1992, 557 (558): „Ermessensspielraum".
[18] BAG 23.10.1991 – 7 AZR 249/90, NZA 1992, 557 (558).
[19] BAG 23.10.1991 – 7 AZR 249/90, NZA 1992, 557 (558).
[20] Bedenklich daher LAG Bln 12.12.1978 – 3 TaBV 5/78, DB 1979, 1850: zusätzliche Betriebsversammlung zur Vorstellung der Kandidaten für die Betriebsratswahl soll zulässig sein.
[21] Richardi BetrVG/*Annuß* § 43 Rn. 26; *Fitting* § 43 Rn. 38; NK-GA/*Boden* BetrVG § 43 Rn. 4.

IV. Ordentliche und außerordentliche Betriebsversammlung

gensatz zu den zusätzlichen kalenderhalbjährlichen Versammlungen ohne Zustimmung des Arbeitgebers nicht während der Arbeitszeit stattfinden dürfen (→ § 299 Rn. 19). Gleichwohl bliebe die allgemeine Belastung mit den Raum- und etwaigen sonstigen Kosten und das nicht geklärte Risiko der arbeitszeitrechtlichen Behandlung derartiger zusätzlicher Versammlungen. Auch die Mitarbeiter werden durch Anberaumung einer solchen zusätzlichen Versammlung außerhalb der Arbeitszeit belastet. Letztlich ist systematisch nicht nachvollziehbar, warum gerade bei der „überobligatorischen" Versammlung nach § 43 Abs. 3 BetrVG keine besonderen Gründe vorliegen müssen, wie das bei den übrigen Versammlungen jenseits der zwingenden vierteljährlichen der Fall ist. Deshalb ist auch die Einberufung weiterer Versammlungen nach § 43 Abs. 3 BetrVG von dem Erfordernis der Zweckmäßigkeit und des Vorliegens besonderer Gründe abhängig.[22]

bb) Einberufung auf Wunsch des Arbeitgebers. Der Betriebsrat ist verpflichtet, eine Betriebsversammlung einzuberufen und den beantragten Beratungsgegenstand auf die Tagesordnung zu setzen, wenn der Arbeitgeber es verlangt (§ 43 Abs. 3 S. 1 BetrVG). Der Arbeitgeber muss einen Beratungsgegenstand benennen, aber keine Begründung liefern. Der Betriebsrat hat dann keinen Beurteilungsspielraum; er muss die Versammlung einberufen, sofern der benannte Beratungsgegenstand zulässiges Thema einer Betriebsversammlung ist (→ § 299 Rn. 61 ff.). Die Befugnis des Arbeitgebers, außerhalb einer formellen Betriebsversammlung selbst eine informelle Mitarbeiterversammlung einzuberufen (→ Rn. 19), bleibt unberührt.

cc) Einberufung auf Wunsch der Arbeitnehmer. Der Betriebsrat ist ferner verpflichtet, eine Betriebsversammlung einzuberufen, wenn dies von einem Viertel der im Zeitpunkt der Antragstellung wahlberechtigten Arbeitnehmer verlangt wird (§ 43 Abs. 3 S. 1 BetrVG). Die Antragsteller müssen dem Betriebsrat das notwendige Quorum nachweisen. Zu diesem Zweck ist der Betriebsrat verpflichtet, die Zahl der wahlberechtigten Arbeitnehmer mitzuteilen. Die Unterschriftensammlung darf als Vorbereitung der Betriebsversammlung analog § 44 Abs. 1 BetrVG während der Arbeitszeit erfolgen. Das zählt zu den Kosten der Betriebsverfassung, zumal die betrieblichen Interessen hierdurch nur marginal berührt werden.[23]

dd) Verstöße. Kommt der Betriebsrat seiner Pflicht zur Einberufung einer Betriebsversammlung nicht nach, kann hierin ein grober Verstoß gegen seine gesetzlichen Pflichten liegen (§ 23 Abs. 1 BetrVG).[24] Ein Selbst-Einberufungsrecht für den Arbeitgeber oder die Arbeitnehmer ist aber auch in diesem Fall gesetzlich nicht vorgesehen.

c) Antragsrecht der Gewerkschaften. Im Betrieb vertretene Gewerkschaften haben **Kontrollrechte**. Diese Rechte dürfen nicht durch Tarifvertrag (bspw. mit einer Mehrheits- gegenüber einer Minderheitsgewerkschaft) beschränkt werden.[25] Auf deren Antrag muss der Betriebsrat innerhalb von zwei Wochen nach Eingang des Antrags eine ordentliche Betriebsversammlung einberufen, wenn im vorhergegangenen Kalenderhalbjahr keine (ordentliche oder außerordentliche) Betriebsversammlung und keine Abteilungsversammlungen durchgeführt worden sind (§ 43 Abs. 4 BetrVG). Verstöße können zu Sanktionen nach § 23 Abs. 1 BetrVG führen.[26] Die Frist von zwei Wochen gilt nur für die Einberufung, also die Einladung der Teilnehmer. Die Betriebsversammlung selbst

---
[22] *Fitting* § 43 Rn. 38; Richardi BetrVG/*Annuß* § 43 Rn. 28; aA GK-BetrVG/*Weber* § 43 Rn. 45 („sachliche Gründe" sollen ausreichen).
[23] ArbG Stuttgart 13. 5. 1977 – 7 Ca 117/77, BB 1977, 1304.
[24] LAG BW 13. 3. 2014 – 6 TaBV 5/13; HessLAG 12. 8. 1993 – 12 TaBV 203/92.
[25] LAG Bln-Bbg 19. 9. 2017 – 7 TaBV 91/17, NZA-RR 2018, 147, zum Zutrittsrecht der Minderheitsgewerkschaft zu Personalversammlungen in der Luftfahrt, aber übertragbar.
[26] LAG BW 13. 3. 2014 – 6 TaBV 5/13.

kann aber nach Ablauf der zwei Wochen stattfinden.[27] Sie ist als Vollversammlung durchzuführen; aus diesem Grund muss der Betriebsrat einen Tätigkeitsbericht erstatten (→ § 299 Rn. 48 ff.). Einen Beratungsgegenstand muss die Gewerkschaft in ihrem Antrag nicht angeben. Ein eigenes Einberufungsrecht hat auch sie nicht.

17 **d) Betriebsversammlung zur Wahl eines Wahlvorstandes.** Eine Sonderrolle kommt der Betriebsversammlung bei der Betriebsratswahl zu (§ 17 BetrVG). In einem betriebsratsfähigen, aber betriebsratslosen Betrieb wird von der Mehrheit der anwesenden Arbeitnehmer ein Wahlvorstand gewählt, sofern nicht eine Bestellung durch einen Gesamt- oder Konzernbetriebsrat erfolgt. Die Betriebsversammlung ist dann kein Informations- oder Aussprachegremium, sondern erfüllt auf den ersten Blick die Aufgabe der Mitgliederversammlung im Verband. Gleichwohl ist die Rolle der Betriebsversammlung nicht mit derjenigen der Mitgliederversammlung im Verband zu vergleichen: Zum einen ist für die Wahl ein Wahlvorstand zu wählen, so dass die Betriebsversammlung alleine keine Kompetenzen hat. Zum anderen hat im vereinfachten Wahlverfahren die „Wahlversammlung" (§§ 14a, 17a BetrVG) diese Kompetenz. Die uneinheitliche Begrifflichkeit verdeutlicht, dass der Gesetzgeber offenbar gerade kein einheitliches Mitgliederorgan im Auge hatte.

3. Betriebsversammlung und Arbeitskampf

18 Eine Betriebsversammlung darf grundsätzlich auch **während eines Arbeitskampfs stattfinden**.[28] Zwar gilt das Kampfverbot aus § 74 Abs. 2 BetrVG über den Verweis auf diese Norm in § 45 BetrVG auch für die Betriebsversammlung. Das steht der Abhaltung einer Betriebsversammlung während des Arbeitskampfs jedoch zumindest dann nicht entgegen, wenn die Betriebsversammlung nicht als Kampfmittel, sondern lediglich zur Information der Belegschaft genutzt wird. Nutzt der Betriebsrat sie indessen als Kampfmittel, bspw. indem er eine Betriebsversammlung ohne nachvollziehbaren Grund auf einen Termin mit besonderem Arbeitsaufkommen legt, kann dies als unzulässige Kampfmaßnahme gewertet werden.[29] Zu berücksichtigen ist insoweit auch die vom BAG[30] postulierte Verpflichtung, Zeiten der Teilnahme an einer Betriebsversammlung seien gemäß § 44 Abs. 1 S. 2 und 3 BetrVG auch zu vergüten (→ § 299 Rn. 83 ff.), wenn die Versammlung während eines Arbeitskampfs stattfindet. Da während eines Arbeitskampfs keine Vergütung zu zahlen ist, kann diese „Ersatz-Vergütung" bei Durchführung einer Versammlung während des Streiks jedenfalls in besonderen Konstellationen (überlange Dauer, keine Themen jenseits der zulässigen Information über den Arbeitskampf etc.) einen Eingriff in die Kampfparität bedeuten.[31]

V. Andere Belegschaftsversammlungen

1. Einberufung durch den Arbeitgeber

19 Der **Arbeitgeber** ist grundsätzlich bereits aufgrund des **Direktionsrechts** berechtigt, die Arbeitnehmer für Versammlungen im Betrieb und Unternehmen zusammenzurufen.[32] Etwaige Beteiligungsrechte des Betriebsrats, etwa aus § 87 Abs. 1 Nr. 3 BetrVG, sind zu berücksichtigen. Auf diese Mitarbeiter- oder Belegschafts-Versammlungen finden die §§ 42 ff. BetrVG keine Anwendung, und zwar auch nicht analog, soweit der Arbeitgeber keine weiteren Regelungen zu einer solchen Versammlung aufstellt. Denn es fehlt an einer planwidrigen Lücke und einer Vergleichbarkeit der Sachverhalte.

---

[27] *Fitting* § 43 Rn. 56; GK-BetrVG/*Weber* § 43 Rn. 29; Richardi BetrVG/*Annuß* § 43 Rn. 58.
[28] BAG 5.5.1987 – 1 AZR 292/85, NZA 1987, 853.
[29] ArbG Kiel 27.5.2015 – 1 BV 1b/15; iE bestätigt durch LAG SchlH 16.6.2016 – 4 TaBV 44/15.
[30] BAG 5.5.1987 – 1 AZR 292/85, NZA 1987, 853.
[31] Vgl. *Lunk* Betriebsversammlung, S. 152 ff.
[32] BAG 27.6.1989 – 1 ABR 28/88, NZA 1990, 113.

V. Andere Belegschaftsversammlungen

Die Themen dürfen deckungsgleich mit den Aufgaben des Betriebsrats oder der Betriebs- 20
versammlung sein. Soweit dies in Abrede gestellt wird,[33] verkennt man die unterschiedlichen Rechtskreise (Direktionsrecht und BetrVG) sowie die grundrechtlich geschützte Unternehmerfreiheit, zu der auch das Recht zählt, Themen mit identischem Bezug wie in § 45 BetrVG zu behandeln. Der Arbeitgeber darf die Arbeitnehmer daher auch darüber unterrichten, welche Vorschläge er dem Betriebsrat in bestimmten betrieblichen Angelegenheiten gemacht hat.[34] Das Recht des Betriebsrats, derartige Angelegenheiten auch zum Thema einer von ihm einberufenen Betriebsversammlung zu machen oder gar ungeachtet der vom Arbeitgeber durchgeführten Versammlung in enger zeitlicher Nähe Versammlungen gemäß der §§ 42 ff. BetrVG abzuhalten, wird dadurch nicht berührt. Der Arbeitgeber darf seine Versammlungen aber nicht nutzen, um die betriebsverfassungsrechtliche Ordnung durch Abhaltung einer „Gegenveranstaltung" zur Betriebsversammlung zu stören; hierin läge ein Verstoß gegen das Gebot zur vertrauensvollen Zusammenarbeit aus § 2 Abs. 1 BetrVG.[35] Die Abgrenzung dürfte im Einzelfall schwierig sein; in der betrieblichen Praxis scheint dies aber kein Problem darzustellen.

2. Versammlung durch die Arbeitnehmer
Die Arbeitnehmer dürfen sich in Ausübung ihres Grundrechts auf Versammlungsfreiheit 21
(Art. 8 Abs. 1 GG) versammeln. Während der Arbeitszeit oder im Betrieb bedarf dies allerdings der Zustimmung des Arbeitgebers. Erteilt er sie nicht, sind die Arbeitnehmer darauf beschränkt, Versammlungen in ihrer Freizeit und außerhalb des Betriebs durchzuführen.

3. Betriebsratslose Betriebe
In betriebsratslosen Betrieben können keine Betriebsversammlungen im Sinne des 22
BetrVG stattfinden, unabhängig davon, ob der Betrieb nicht betriebsratsfähig ist oder aus sonstigen Gründen keinen Betriebsrat hat.[36] Die Arbeitnehmer sind auf vom Arbeitgeber oder von ihnen selbst einberufene Versammlungen beschränkt. In betriebsratsfähigen, aber bislang betriebsratslosen Betrieben besteht die Möglichkeit der Einberufung einer Betriebs- oder Wahlversammlung durch drei wahlberechtigte Arbeitnehmer (§ 17 Abs. 3 BetrVG, § 17a Nr. 3 BetrVG). Dieses Recht steht dem Gesamtbetriebsrat nicht zu.[37]

---

[33] Richardi BetrVG/*Annuß* § 42 Rn. 73: die Behandlung von Angelegenheiten aus dem Aufgabenbereich des Betriebsrats oder der Betriebsversammlung soll unzulässig sein.
[34] BAG 27.6.1989 – 1 ABR 28/88, NZA 1990, 113 (115).
[35] BAG 27.6.1989 – 1 ABR 28/88, NZA 1990, 113 (115); *Fitting* § 42 Rn. 11a.
[36] BAG 16.11.2011 – 7 ABR 28/10, NZA 2012, 404 Rn. 20.
[37] BAG 16.11.2011 – 7 ABR 28/10, NZA 2012, 404 Rn. 18 ff.

§ 299 Durchführung der Betriebsversammlung

Übersicht

	Rn.
I. Vollversammlung, Teilversammlung und Abteilungsversammlung	1
1. Vollversammlung	1
2. Teilversammlung	2
a) Grundsätze	2
aa) Eigenart des Betriebs	3
bb) Wirtschaftliche Erwägungen	4
b) Durchführung im Ausland	5
3. Abteilungsversammlung	6
a) Abgegrenzter Betriebsteil	7
b) Erforderlichkeit	8
c) Beurteilungsspielraum	9
II. Einberufung	10
III. Zeitpunkt, Ort, Dauer, arbeitszeitrechtliche Behandlung der Teilnahme	12
1. Zeitpunkt	12
a) Grundsätze	12
b) Während der Arbeitszeit	13
aa) Betriebliche Arbeitszeit	14
bb) Ausnahmen	17
c) Außerhalb der Arbeitszeit	19
2. Ort, Infrastruktur	21
3. Dauer	24
4. Arbeitszeitrechtliche Behandlung	25
IV. Teilnahmerecht	26
1. Arbeitnehmer des Betriebs	27
a) Grundsätze	27
b) Teil-/Abteilungsversammlung	31
c) Freiwilligkeit	32
2. Arbeitgeber	33
a) Teilnahmerecht	33
b) Vertretungsmöglichkeit	34
c) Freiwilligkeit	35
3. Gewerkschaftsbeauftragte	36
4. Beauftragter des Arbeitgeberverbands	37
5. Zulassung anderer Personen	38
V. Leitung und Hausrecht	41
1. Leitungsperson	41
2. Kompetenzen	42
3. Protokoll, Speicherung	44
4. Hausrecht	46
VI. Themen und Aufgabenbereich	47
1. Tätigkeitsbericht des Betriebsrats	48
2. Bericht des Arbeitgebers	54
a) Themen	55
b) Geheimnisschutz	58
c) Vertretungsmöglichkeit	59
d) Form	60
3. Betriebs- und arbeitnehmerbezogene Angelegenheiten	61
a) Grundsätze	61
b) Zulässige Themen	65
c) Beschränkungen	66
4. Stellungnahmen, Anträge und Beschlüsse	68
a) Befugnisse	69
b) Beschlüsse	70

	Rn.
5. Verstöße	71
a) Grundsätze	71
b) Rechtsfolgen	72
VII. Rederecht und Verschwiegenheitspflicht	73
1. Rederecht	73
2. Verschwiegenheitspflicht	75
VIII. Kosten	76
IX. Vergütung und Aufwendungsersatz	77
1. Versammlungen während der Arbeitszeit	79
a) Grundlagen	80
aa) Gesetzlicher Anspruch	80
bb) Besonderheiten	82
cc) Zweifelsfälle	84
dd) Risiko der Falschbehandlung	86
b) Berechnung der Vergütung	88
aa) Grundsätze	89
bb) Zuschläge etc.	90
c) Zusätzliche Wegezeiten	91
d) Fahrkosten	93
e) Fernbleibende Arbeitnehmer	95
2. Versammlungen außerhalb der Arbeitszeit	97
a) Grundsatz	97
b) Ausnahme	98
X. Streitigkeiten	100

I. Vollversammlung, Teilversammlung und Abteilungsversammlung

1. Vollversammlung

Die Betriebsversammlung findet **grds. als Vollversammlung** aller zur Teilnahme berechtigten Arbeitnehmer des Betriebs statt (§ 42 Abs. 1 S. 1 BetrVG). Diese Vorgabe ist zwingend. Der Betriebsrat darf also nicht nach seinem Dafürhalten lediglich Teile der Belegschaft zu selbstständigen Versammlungen zusammenfassen, selbst wenn er dies für sinnvoll hält.[1] Das Primat der Vollversammlung soll nämlich gewährleisten, dass alle Arbeitnehmer betriebsrelevante Angelegenheiten gemeinsam besprechen können. Auch bei **Gemeinschaftsbetrieben** (§ 1 Abs. 2 BetrVG) gilt der Grundsatz des Vorrangs der Vollversammlung.[2] Das muss grundsätzlich auch für gewillkürte **Betriebe nach § 3 BetrVG** gelten, weil der Gesetzgeber insoweit keine Besonderheiten vorgesehen hat.

2. Teilversammlung

a) Grundsätze. Ausnahmsweise sind **Teilversammlungen** durchzuführen, wenn eine Versammlung aller Arbeitnehmer zum gleichen Zeitpunkt wegen der „Eigenart des Betriebs" nicht stattfinden kann (§ 42 Abs. 1 S. 3 BetrVG).[3] Diese Ausnahme ist eng auszulegen, um den Grundsatz der Vollversammlung nicht zu unterlaufen. Dem Betriebsrat steht insoweit ein Beurteilungsspielraum zu.[4] Für Teilversammlungen ist nicht erforderlich, dass eine Vollversammlung vollständig unmöglich wäre, denn ein derartiger Fall ist kaum denkbar. Es genügt daher, wenn die Vollversammlung zu nicht vertretbaren Nachteilen für den Betrieb oder die Belegschaft führen würde.[5]

---

[1] *Fitting* § 42 Rn. 53 f.; anders *Rieble* AuR 1995, 245 (249).
[2] LAG Hmb 15.12.1988 – 2 TaBV 13/88, NZA 1989, 733 (Ls.); Richardi BetrVG/*Annuß* § 42 Rn. 59.
[3] Näher *Bischof* BB 1993, 1937 (1940 ff.).
[4] *Lunk* Betriebsversammlung, S. 160; Richardi BetrVG/*Annuß* § 42 Rn. 47; *Fitting* § 42 Rn. 54 („Bewertungsspielraum").
[5] *Rüthers* ZfA 1974, 207 (210).

3 aa) Eigenart des Betriebs. Maßgeblich für die mittels eines korrespondieren Beschlusses vorzunehmende Beurteilung durch den Betriebsrat ist die **Eigenart des Betriebs**. Da auf den Betrieb und nicht das Unternehmen abgestellt wird, spielen, ausgehend von der **herrschenden Definition von „Betrieb" und „Unternehmen"**, wirtschaftliche Gesichtspunkte für die Abgrenzung allenfalls eine untergeordnete Rolle. Maßgeblich sind insbesondere technische und organisatorische Besonderheiten des Arbeitsablaufs, welche die Durchführung von Teilversammlungen erfordern.[6] Das trifft insbesondere auf „24/7" Betriebe zu (vollkontinuierlicher Schichtbetrieb, Krankenhaus etc.). Die bloße Notwendigkeit der Einschränkung der Betriebsleistung und selbst die Schließung des Ladens wegen der Abhaltung einer Vollversammlung sind jedoch kein hinreichender Grund für die Durchführung einer Teilversammlung.[7] Die Grenzen zwischen wirtschaftlichen und betrieblichen Gründen sind aber fließend (Anmietung eines externen Raumes, wenn im Betrieb nur Räume für Teilversammlungen existieren,[8] Teilversammlungen bei weit auseinander liegenden Betriebsstätten, um so Fahrkosten und Belastungen der Reise für die Arbeitnehmer zu sparen[9]). Teilversammlungen sind daher auch geboten, wenn der Betrieb so viele Arbeitnehmer beschäftigt, dass eine Vollversammlung die Verwirklichung des Ziels einer allgemeinen betrieblichen Aussprache verhindern würde.[10] Daher können auch räumliche Umstände des Betriebs Teilversammlungen rechtfertigen. Problematisch sind insoweit **Strukturen nach § 3 BetrVG:** Einerseits haben die Parteien derartiger Vereinbarungen bewusst abweichende betriebliche Strukturen geschaffen (bspw. eine Region zu einem Betrieb zusammen gefasst), so dass ihnen auch die Konsequenzen aus dem Primat der Vollversammlung bewusst gewesen sein müssen, zumal derartige Strukturen gemäß § 3 Abs. 1 BetrVG eine Verbesserung der Wahrnehmung der Interessen der Arbeitnehmer voraussetzen.[11] Andererseits sind Konstellationen denkbar, wo zB bei weit auseinander liegenden Betriebsteilen oder nicht einheitlichen Themenstellungen bei gewillkürten Strukturen eine solche Verbesserung der Mitarbeiterrechte faktisch bei Vollversammlungen nicht eintritt. Dann müssen Teilversammlungen zulässig sein.

4 bb) Wirtschaftliche Erwägungen. Dem BAG zufolge kommt es auf **wirtschaftliche Erwägungen** – soweit es sich nicht um eine nach allgemeinen Rechtsgrundsätzen zu beachtende absolute Unzumutbarkeit[12] handelt – nicht an. Das Gericht stützt sich auf die bereits erwähnte Nennung der Eigenart des „Betriebs". Darunter sei nach allgemeinem Verständnis „die organisatorisch-technische Besonderheit des konkreten Einzelbetriebes" zu verstehen.[13] Für das BAG spricht, dass auch zum in Rede stehenden Begriff im BetrVG 1952 die hM wirtschaftliche Erwägungen außer Acht ließ, so dass der Gesetzgeber des BetrVG 1972 die Norm in Kenntnis dieser Ansicht übernahm.[14] Eindeutig ist dies freilich nicht, da der Gesetzgeber bspw. in § 30 S. 2 BetrVG ausdrücklich auf „betriebli-

---

[6] BAG 9.3.1976 – 1 ABR 74/74, AP BetrVG 1972 § 44 Nr. 3; zu Teilversammlungen bei der Post vgl. ArbG Wuppertal 9.7.1996 – 9 BVGa 12/96, AiB 1997, 347; LAG SchlH 28.10.1996 – 1 TaBV 38/96, AiB 1997, 348.
[7] BAG 9.3.1976 – 1 ABR 74/74, AP BetrVG 1972 § 44 Nr. 3.
[8] *Fitting* § 42 Rn. 46.
[9] Vgl. LAG MV 15.10.2008 – 2 TaBV 2/08; GK-BetrVG/*Weber* § 42 Rn. 60; Richardi BetrVG/*Annuß* § 42 Rn. 48.
[10] BAG 9.3.1976 – 1 ABR 74/74, AP BetrVG 1972 § 44 Nr. 3.
[11] GK-BetrVG/*Franzen* § 1 Rn. 7.
[12] Zur absoluten wirtschaftlichen Unzumutbarkeit ArbG Essen 14.4.2011 – 2 BVGa 3/11, NZA–RR 2011, 579.
[13] BAG 9.3.1976 – 1 ABR 74/74, AP BetrVG 1972 § 44 Nr. 3; GK-BetrVG/*Weber* § 44 Rn. 18f. (mit Einschränkung); *Fitting* § 44 Rn. 17f.; anders LAG Düsseldorf 10.12.1984 – 5 TaBV 134/84, NZA 1985, 368; *Lunk* Betriebsversammlung, S. 165ff.; Richardi BetrVG/*Annuß* § 44 Rn. 9f.; *Joost* ZfA 1988, 547f.; in BAG 27.11.1987 – 7 AZR 29/87, NZA 1988, 661 wird offengelassen, ob außer der absoluten wirtschaftlichen Unmöglichkeit auch sonstige wirtschaftliche Gründe anzuerkennen sind.
[14] BAG 26.10.1956 – 1 ABR 26/54, AP BetrVG § 43 Nr. 1; Hueck/Nipperdey/*Säcker* Arbeitsrecht Bd. II/2, S. 1217; *Reuter* ZfA 1981, 165 (200f.).

che Notwendigkeiten" abstellt, also offenbar ein Unterschied zwischen „Eigenart des Betriebs" und „betrieblichen Notwendigkeiten" besteht. Im Ergebnis sind daher **auch wirtschaftliche Gründe zu berücksichtigen;** zudem ist eine randscharfe Trennung ohnehin nicht möglich, was der Betriebsrat bei Ausübung des ihm zustehenden Beurteilungsspielraums zu beachten hat.

b) Durchführung im Ausland. Insbesondere bei Teilversammlungen stellt sich häufig die Frage der **Durchführung** im **Ausland.** Denn sie bietet sich an, um entsandte Arbeitnehmer bspw. auf Auslandsbaustellen über das betriebliche Geschehen im Entsendebetrieb zu unterrichten. Nach Ansicht insbesondere des **BAG** sind **Betriebs- und Teilversammlungen** im **Ausland** aber **unzulässig.** Der auf Deutschland beschränkte territoriale Anwendungsbereich des BetrVG solle die Tätigkeit betriebsverfassungsrechtlicher Institutionen im Ausland ausschließen.[15] Selbst wenn man der Betriebsversammlung wie dem Betriebsrat die Qualität eines betriebsverfassungsrechtlichen Organs zuerkennt, werden beide jedoch nicht zu Hoheitsträgern und können daher ebenso wenig wie die Abhaltung der Mitgliederversammlung eines deutschen Vereins im Ausland fremde Hoheitsinteressen beeinträchtigen.[16] Wenn und soweit bei Auslandsbeschäftigten daher eine Zugehörigkeit zum Inlandsbetrieb gegeben ist, kommt für diesen Personenkreis bei Vorliegen der übrigen Voraussetzungen grundsätzlich auch eine (Teil-)Versammlung im Ausland in Betracht. Der Betriebsrat wird aber die Kostenbelastung im Rahmen seiner Entscheidungsfindung zu berücksichtigen haben, wobei die Abhaltung einer Teilversammlung im Ausland oder die Information der Betriebsangehörigen im Ausland über betriebsübliche Kommunikationsmittel[17] verhältnismäßiger sein kann als die Teilnahme der Auslandsmitarbeiter an Versammlungen im Inland. Grundsätzlich bestehen für Betriebsangehörige aber keine Beschränkungen. Das Teilnahmerecht wird durch die Betriebszugehörigkeit vermittelt, auch wenn der aktuelle Arbeitsort im Ausland liegt.

3. Abteilungsversammlung

Insbesondere in großen Betrieben oder bei Matrixstrukturen besteht das Bedürfnis nach getrennten Versammlungen **zur Erörterung** jeweils **besonderer, nicht alle Betriebsangehörige betreffender Belange.** Dies ermöglicht die **Abteilungsversammlung.** Von den vier ordentlichen kalenderjährlichen Betriebsversammlungen dürfen jedoch lediglich zwei als Abteilungsversammlungen abgehalten werden (§ 43 Abs. 1 S. 2 BetrVG). Sie sind eine besondere Erscheinungsform der Betriebsversammlung und treten an die Stelle der Versammlung der gesamten Belegschaft. Sie können ihrerseits als Vollversammlung der Arbeitnehmer der Abteilung oder als Teilversammlungen durchgeführt werden. Ihre Einberufung ist aber nur unter **zwei Voraussetzungen** zulässig:

a) Abgegrenzter Betriebsteil. Es muss sich um **Arbeitnehmer organisatorisch oder räumlich abgegrenzter Betriebsteile** handeln. Überwiegend wird dafür auf einen besonderen arbeitstechnischen Zweck und eine relative Selbstständigkeit in der Leitung des Betriebsteils abgestellt.[18] Notwendig ist eine Abgrenzung zum Betriebsteil iSv § 4 Abs. 1 BetrVG. Maßgeblich ist dort die räumlich weite Entfernung vom Hauptbetrieb oder die Eigenständigkeit durch Aufgabenbereich und Organisation. Da § 42 Abs. 2 S. 1 BetrVG auf „organisatorisch und räumlich abgegrenzte Betriebsteile" und damit eine andere Definition abstellt, sind unterschiedliche Kriterien maßgeblich. Die Größe der Entfernung ist ohne Bedeutung, kann aber ein Indiz für das Vorliegen besonderer Belange sein. Daher

---

[15] BAG 27.5.1982 – 6 ABR 28/80, NJW 1983, 413; Schaub/*Koch* ArbR-HdB § 223 Rn. 5; offen gelassen LAG München 7.7.2010 – 5 TaBV 18/09.
[16] Richardi BetrVG/*Annuß* vor § 42 Rn. 9; GK-BetrVG/*Weber* § 42 Rn. 25. *Lunk* Betriebsversammlung, S. 211; *Boemke* NZA 1992, 112 (116).
[17] *Fitting* § 42 Rn. 55a.
[18] Richardi BetrVG/*Annuß* § 42 Rn. 60f.; *Fitting* § 42 Rn. 66; GK-BetrVG/*Weber* § 42 Rn. 71.

liegt eine **räumliche Abgrenzung** nicht nur vor, wenn der Betriebsteil örtlich von anderen Betriebsteilen entfernt liegt. Das ist bspw. bei Filialen und Niederlassungen der Fall. Eine ausreichende „räumliche Abgrenzung" kann vielmehr auch auf einem ansonsten zusammengehörenden Betriebsgelände gegeben sein. Einzelne Gebäude auf dem Betriebsgelände (zB Forschungslabor im Produktionsbetrieb) können deshalb als räumlich abgegrenzter Betriebsteil Anknüpfungspunkt für eine Abteilungsversammlung sein.[19]

8 **b) Erforderlichkeit.** Neben dem abgegrenzten Betriebsteil setzt die Durchführung einer Abteilungsversammlung voraus, dass sie **für die Erörterung** der besonderen Belange der Arbeitnehmer **erforderlich** ist (§ 42 Abs. 2 S. 1 BetrVG). Maßgeblich ist, ob für die unterschiedlichen Arbeitnehmergruppen verschiedene Angelegenheiten zu behandeln und dabei Sonderinteressen zu beachten sind.

9 **c) Beurteilungsspielraum. Beide Voraussetzungen** müssen **kumulativ** vorliegen. Dem Betriebsrat steht insoweit ein **Beurteilungsspielraum** zu.[20] Er ist jedoch zur Einberufung von Abteilungsversammlungen verpflichtet, wenn deren Voraussetzungen gegeben sind. Dies folgt bereits aus dem Wortlaut des § 42 Abs. 2 S. 1 BetrVG („sind ... zusammenzufassen"). Er hat dann keine Wahlmöglichkeit. Verfahrensrechtlich sind die Betriebsparteien bei vermeintlichen Fehlern bei der Auswahl der richtigen Versammlungsart auf einen Feststellungsantrag beschränkt; ein Unterlassungsanspruch nach § 23 Abs. 1 BetrVG besteht nicht.[21]

II. Einberufung

10 Der Betriebsrat beruft die Betriebsversammlung ein, worüber er durch **Beschluss des Gremiums**[22] ebenso zu entscheiden hat wie über die **Tagesordnung** iRd zulässigen Verhandlungsthemen. Zuständig ist nicht der Betriebsausschuss,[23] sondern das Gesamtgremium, da es nicht nur um die laufende Geschäftsführung des Betriebsrats geht, sondern um ein weiteres Organ im BetrVG. Diese Erfordernisse gelten gleichermaßen für die Abteilungsversammlung.[24] Der Vorsitzende setzt den Beschluss um. Tagesordnungspunkte sind insbesondere die Erstattung des Tätigkeitsberichts (§ 43 Abs. 1 S. 1 BetrVG) und die vom Arbeitgeber oder den Arbeitnehmern beantragten Beratungsgegenstände (§ 43 Abs. 3 BetrVG). Den Zeitpunkt des vom Arbeitgeber kalenderjährlich zu erstattenden Berichts (§ 43 Abs. 2 S. 3 BetrVG) kann der Betriebsrat nicht einseitig bestimmen. Dies obliegt vielmehr der Abstimmung zwischen den Betriebsparteien.

11 Die **Teilnahmeberechtigten** (→ Rn. 26 ff.) sind in betriebsüblicher Weise (Mail, Intranet, „Schwarzes Brett") **einzuladen.** Der Arbeitgeber muss dem Betriebsrat die Adressen nicht im Betrieb erreichbarer Arbeitnehmer (bspw. Elternzeit) zur Verfügung stellen.[25] Der Arbeitgeber ist zu den ordentlichen Betriebs- und Abteilungsversammlungen unter Mitteilung der Tagesordnung einzuladen (§ 43 Abs. 2 S. 1 BetrVG). Eine Form sieht das Gesetz nicht vor. Vom Zeitpunkt außerordentlicher Betriebsversammlungen, die auf arbeitgeberseitigen Wunsch anberaumt werden, ist er rechtzeitig zu verständigen (§ 43 Abs. 3 S. 2 BetrVG). Eine Pflicht zur Unterrichtung des Arbeitgebers über weitere, vom

---

[19] *Fitting* § 42 Rn. 67; *Richardi* BetrVG/*Annuß* § 42 Rn. 63; GK-BetrVG/*Weber* § 42 Rn. 72.
[20] LAG BW 10.5.2002 – 14 TaBV 1/02; *Richardi* BetrVG/*Annuß* § 42 Rn. 66; NK-GA/*Bodem* § 42 BetrVG Rn. 11; *Rieble* AuR 1995, 245 (246).
[21] LAG Bln-Bbg 8.4.2011 – 9 TaBV 2765/10 (auch zur Pflicht von Teilversammlungen im Flughafenbetrieb); GK-BetrVG/*Weber* § 42 Rn. 65.
[22] LAG BW 13.3.2014 – 6 TaBV 5/13: die Befugnis steht nicht dem Vorsitzenden alleine ohne korrespondieren Beschluss zu.
[23] *Fitting* § 42 Rn. 28; aA *Richardi* BetrVG/*Annuß* § 42 Rn. 10.
[24] LAG BW 13.3.2014 – 6 TaBV 5/13.
[25] ArbG Berlin 29.1.2004 – 75 BVGa 1964/04, NZA-RR 2004, 642 (außerordentliche Betriebsversammlung).

Betriebsrat oder auf Antrag der Arbeitnehmer nach § 43 Abs. 3 BetrVG einberufene, Betriebsversammlungen enthält das Gesetz zwar nicht, folgt aber aus dem Gebot der vertrauensvollen Zusammenarbeit (§ 2 Abs. 1 BetrVG). Den im Betriebsrat vertretenen Gewerkschaften sind der Zeitpunkt der Versammlung und die Tagesordnung rechtzeitig schriftlich mitzuteilen (§ 46 Abs. 2 BetrVG); Textform reicht aus.[26]

III. Zeitpunkt, Ort, Dauer, arbeitszeitrechtliche Behandlung der Teilnahme

1. Zeitpunkt

a) Grundsätze. Den **Zeitpunkt** der Betriebsversammlung legt der Betriebsrat durch Beschluss fest. Er hat einen Beurteilungsspielraum, muss aber die betrieblichen Notwendigkeiten berücksichtigen und ist gehalten, mit dem Arbeitgeber eine Verständigung über den Zeitpunkt zu versuchen. Zwar fehlt in den §§ 42 ff. BetrVG der Hinweis aus § 30 S. 2 BetrVG, wonach der Betriebsrat bei der Ansetzung der Betriebsratssitzungen auf die betrieblichen Notwendigkeiten Rücksicht zu nehmen hat. Daraus kann jedoch kein Umkehrschluss gebildet werden, weil die Grundsätze der § 2 Abs. 1 BetrVG, §§ 30, 40 BetrVG allgemeine Prinzipien der Betriebsverfassung enthalten, die den Betriebsrat als Organ binden. Er beruft die Betriebsversammlungen in seiner Eigenschaft als Organ der Betriebsverfassung ein und ist daher an diese allgemeinen Prinzipien gebunden.[27] Gelingt eine Abstimmung mit dem Arbeitgeber nicht, darf der Betriebsrat den Zeitpunkt jedoch eigenständig festlegen.[28] Dann kann der Arbeitgeber im Wege des einstweiligen Verfügungsverfahrens versuchen, die Versammlung zu untersagen oder hilfsweise auf einen anderen Termin legen zu lassen.[29] Die Frist zwischen Einladung und Termin muss so bemessen sein, dass möglichst alle Teilnehmer vom Termin erfahren und sich vorbereiten können; drei Tage werden insoweit für akzeptabel gehalten, wobei jedoch auf die Umstände des Einzelfalles abzustellen ist.[30] Die Einberufung ordentlicher Betriebsversammlungen hat einmal in jedem Kalendervierteljahr zu erfolgen (→ § 298 Rn. 5); die Durchführung der Betriebsversammlung kann später stattfinden. Abteilungsversammlungen sollen möglichst gleichzeitig stattfinden (§ 43 Abs. 1 S. 3 BetrVG), weil sie in ihrer Gesamtheit die Betriebsversammlung ersetzen. Dementsprechend sollten auch Teilversammlungen in zeitlicher Nähe durchgeführt werden. Durch einen Arbeitskampf wird die Abhaltung einer Betriebsversammlung ebenso wenig gehindert (→ § 298 Rn. 16) wie durch betriebliche Kurzarbeit.[31]

12

b) Während der Arbeitszeit. Die Betriebs- und Abteilungsversammlungen finden nach § 44 Abs. 1 S. 1 BetrVG grundsätzlich **während der Arbeitszeit** statt. Dies gilt für die ordentlichen Betriebs- oder Abteilungsversammlungen nach § 43 Abs. 1 S. 1 und 2 BetrVG (→ § 298 Rn. 5 f.), die außerordentlichen kalenderhalbjährlichen Betriebs- oder Abteilungsversammlungen nach § 43 Abs. 1 S. 4 BetrVG (→ § 298 Rn. 8), die auf Wunsch des Arbeitgebers einberufenen Versammlungen nach § 43 Abs. 3 BetrVG (→ § 298 Rn. 11) und die außerordentliche Betriebsversammlung zur Einsetzung eines Wahlvorstandes, § 14a BetrVG, § 17 Abs. 1 BetrVG. In diesen Fällen hat der Betriebsrat (bzw. haben im letztgenannten Fall die Einladenden) den Zeitpunkt der Betriebs- oder Abteilungsversammlung in die Arbeitszeit zu legen.

13

---

[26] *Fitting* § 46 Rn. 15.
[27] So bereits *Nikisch* Arbeitsrecht Bd. III, S. 220 mit Fn. 58, *Rüthers* ZfA 1974, 207 (220); *Lunk* Betriebsversammlung, S. 169 f.
[28] LAG Nds 30.8.1982 – 11 TaBV 8/81, DB 1983, 1312; *Fitting* § 44 Rn. 9 f.; *Wolmerath* ArbRAktuell 2016, 136.
[29] LAG SchlH 27.5.2015 – 1 BV 1b/15, BB 2015, 1761 (Verlegung einer Betriebsversammlung auf einen Zeitpunkt ohne Spitzenarbeitsaufkommen).
[30] LAG Düsseldorf 11.4.1989 – 12 TaBV 9/89, DB 1989, 2284; Richardi BetrVG/*Annuß* § 42 Rn. 12.
[31] BAG 5.5.1987 – 1 AZR 666/85, NZA 1987, 714.

14 **aa) Betriebliche Arbeitszeit.** Maßgeblich ist nicht die persönliche Arbeitszeit des einzelnen Arbeitnehmers, sondern die **betriebliche Arbeitszeit**.[32] Bei unterschiedlichen persönlichen Arbeitszeiten hat der Betriebsrat den Zeitpunkt für die Betriebsversammlung so festzulegen, dass möglichst viele Arbeitnehmer während ihrer persönlichen Arbeitszeit teilnehmen können.[33] Bei Gleitzeit wird daher eine Betriebsversammlung regelmäßig in der Kernarbeitszeit stattfinden müssen; im **Mehrschichtbetrieb** wird sie auf die Schnittstelle der Schichten zu legen sein,[34] sofern nicht Teilversammlungen in Betracht kommen.[35]

15 Da bei der Festlegung des Zeitpunkts wie erwähnt auch die betrieblichen Notwendigkeiten zu berücksichtigen sind, sollen **vermeidbare Umsatzeinbußen** nach Möglichkeit nicht eintreten (vgl. → Rn. 18). Dies kann es erfordern, zB in Betrieben mit Publikumsverkehr die Betriebsversammlungen außerhalb der Öffnungszeiten durchzuführen, wenn die betriebliche Arbeitszeit ohnehin länger dauert,[36] oder die Betriebsversammlung in Zeiten einer geringeren Verkaufstätigkeit stattfinden zu lassen.[37]

16 Die Betriebsversammlung hat grds. als Vollversammlung stattzufinden (→ Rn. 1), was zu Konflikten führen kann, wenn zwar eine Vollversammlung möglich wäre, sie aber für einen **Teil der Arbeitnehmer außerhalb deren persönlicher Arbeitszeit** stattfinden müsste. Das Gesetz schweigt, ob dem Prinzip der Vollversammlung (dann teilweise außerhalb der persönlichen Arbeitszeit) der Vorrang gebührt oder dem Prinzip der Versammlung möglichst während der Arbeitszeit, so dass Teilversammlungen durchzuführen sind. Der Betriebsrat hat insoweit einen Beurteilungsspielraum, welcher Grundsatz für den konkreten Betrieb überwiegt.[38] Er kann entweder eine Vollversammlung einberufen, die für einige Arbeitnehmer außerhalb der persönlichen Arbeitszeit liegt, oder Teilversammlungen abhalten, die für alle Arbeitnehmer innerhalb der Arbeitszeit liegen.

17 **bb) Ausnahmen.** Findet die gesetzliche Regelung Anwendung, wonach die Betriebsversammlung **während der Arbeitszeit** stattzufinden hat, ist dies **zwingend** und darf vom Betriebsrat auch nicht im Einvernehmen mit dem Arbeitgeber abgeändert werden. Der Arbeitgeber ist grundsätzlich nicht verpflichtet, für die Dauer der Betriebsversammlung seinen Betrieb zu schließen (→ § 298 Rn. 2).

18 Eine **gesetzliche Ausnahme** von der Pflicht, **Versammlungen während der Arbeitszeit** abzuhalten, besteht nur, sofern „die **Eigenart des Betriebs eine andere Regelung zwingend erfordert**" (§ 44 Abs. 1 S. 1 BetrVG). Es handelt sich um eine eng auszulegende Ausnahme, wie bereits die Formulierung „zwingend" verdeutlicht. Liegt sie jedoch vor, muss der Betriebsrat die Betriebsversammlung auf einen Zeitpunkt außerhalb der betrieblichen Arbeitszeit legen. Ihm steht ein Beurteilungsspielraum zu. Maßgeblich sind die tatsächlichen Verhältnisse des jeweiligen Betriebs. Dabei genügt nicht, dass die Betriebsversammlung außerhalb der Arbeitszeit praktikabler oder weniger aufwendig wäre, oder dass überhaupt eine wirtschaftliche Belastung eintritt, weil dadurch das Abweichen von dem gesetzlichen Grundsatz nicht zwingend erfordert wird. Erforderlich ist vielmehr eine „technisch-organisatorische" oder eine „wirtschaftliche Unzumutbarkeit".[39]

---

[32] BAG 27.11.1987 – 7 AZR 29/87, NZA 1988, 661 (662).
[33] BAG 27.11.1987 – 7 AZR 29/87, NZA 1988, 661 (662); *Fitting* § 44 Rn. 8.
[34] LAG SchlH 30.5.1991 – 4 TaBV 12/91, NZA 1991, 947 (Ls.); LAG Nds 30.8.1982 – 11 TaBV 8/81, DB 1983, 1312.
[35] LAG BW 10.5.2002 – 14 TaBV 1/02; *Bischof* BB 1993, 1937 (1942).
[36] AA BAG 9.3.1976 – 1 ABR 74/74, AP BetrVG 1972 § 44 Nr. 3; vgl. dazu Richardi BetrVG/*Annuß* § 44 Rn. 12; *Kappes/Rath* DB 1987, 2645; *Strömper* NZA 1984, 315.
[37] LAG Düsseldorf 10.12.1984 – 5 TaBV 134/84, NZA 1985, 368 („verkaufsstarke Zeiten", wie zB Weihnachtsgeschäft); LAG BW 12.7.1979 – 9 TaBV 3/79, BB 1980, 1267 (Ostergeschäft); ArbG Wuppertal 23.1.1975 – 1 BVGa 1/75, DB 1975, 1084 (Winterschlussverkauf); *Fitting* § 44 Rn. 18.
[38] Richardi BetrVG/*Annuß* § 44 Rn. 13; *Fitting* § 44 Rn. 19; DKKW/*Berg* § 44 Rn. 14; GK-BetrVG/*Weber* § 44 Rn. 22.
[39] HWK/*Diller* BetrVG § 44 Rn. 13; Richardi BetrVG/*Annuß* § 44 Rn. 11.

Letztere ist nicht bereits gegeben, weil sich bspw. im Einzelhandel die betriebliche mit der Ladenöffnungszeit deckt. Grundsätzlich erfordert die Eigenart des Betriebs auch bei Publikumsverkehr nicht ohne Weiteres, Betriebsversammlungen nach § 43 Abs. 1 BetrVG außerhalb der Ladenöffnungszeiten stattfinden zu lassen.[40] Die Betriebsversammlung kann aber in umsatzschwache Zeiten der betrieblichen Öffnungszeit zu legen sein (→ Rn. 15), wenn dadurch eine besondere, unzumutbare wirtschaftliche Belastung trotz der Eigenart dieser Betriebe vermeidbar ist. Zulieferer führen häufig eigene Betriebsversammlungen zeitgleich mit denen des Abnehmer-Betriebs durch, um auf diese Weise Lieferketten („Just-in-Time") nicht zu unterbrechen und entsprechende wirtschaftliche Belastungen bis hin zu Vertragsstrafen zu vermeiden.[41] Das kann je nach den Umständen ein zwingender Grund sein. Denn zur Eigenart des Betriebs können entgegen dem BAG[42] auch wirtschaftliche Aspekte gehören (→ Rn. 4). Die Gerichte werden mit vergleichbaren Fragen nur noch selten befasst; die betriebliche Praxis hat sich offenbar arrangiert.

c) Außerhalb der Arbeitszeit. Andere als die in → Rn. 13 aufgeführten Betriebs- oder Abteilungsversammlungen finden **außerhalb der Arbeitszeit** statt (§ 44 Abs. 2 S. 1 BetrVG). Dies gilt für die vom Betriebsrat oder auf Antrag eines Viertels der Arbeitnehmer einberufenen außerordentlichen Betriebsversammlungen nach § 43 Abs. 3 BetrVG. Im Einvernehmen mit dem Arbeitgeber kann der Betriebsrat die Betriebsversammlung innerhalb der Arbeitszeit durchführen (§ 44 Abs. 2 S. 2 BetrVG). Eine Pflicht zur Zustimmung des Arbeitgebers besteht nicht; sie kann weder über die Einigungsstelle noch vor dem Arbeitsgericht erzwungen werden. Das Einvernehmen kann auf eine bestimmte Dauer und Lage beschränkt werden,[43] es verpflichtet den Arbeitgeber, den Arbeitnehmern das Arbeitsentgelt während der Versammlungsteilnahme fortzuzahlen (→ Rn. 98). 19

Beraumt der Betriebsrat eine solche andere Betriebsversammlung **ohne Zustimmung des Arbeitgebers** innerhalb der Arbeitszeit an, ist dies ein Verstoß iSv § 23 Abs. 1 BetrVG. Der Arbeitgeber kann die Durchführung der Betriebsversammlung verbieten und ggf. eine **einstweilige Verfügung** erwirken. Arbeitnehmer, die an einer derartigen ohne Zustimmung des Arbeitgebers während der Arbeitszeit stattfindenden Betriebsversammlung teilnehmen, begehen allein dadurch regelmäßig keine zur Kündigung berechtigende Pflichtverletzung, jedenfalls soweit sie auf die Rechtmäßigkeit der Einberufung durch den Betriebsrat vertrauen durften.[44] 20

2. Ort, Infrastruktur

Die Betriebsversammlung findet **grundsätzlich im Betrieb** statt. Zwar schweigt das Gesetz insoweit, dies ergibt sich aber aus den Gesamtumständen, insbesondere dem eindeutigen betrieblichen Bezug der Versammlung. Erforderliche und für die Versammlungszwecke geeignete **Räume** hat der Arbeitgeber zur Verfügung zu stellen,[45] die Auswahl obliegt ihm.[46] Ist im Betrieb kein geeigneter Raum vorhanden, müssen Arbeitgeber und Betriebsrat unter Beachtung der Grundsätze des § 2 Abs. 1 BetrVG außerhalb des Betriebs einen geeigneten Versammlungsraum finden.[47] Mangels gesetzlicher Regelung steht dem Betriebsrat kein Recht zu, selbst Räume außerhalb des Betriebs anzumieten.[48] Denn ein derartiger Eingriff zulasten des Arbeitgebers in den Schutzbereich des Art. 14 GG hätte 21

---

[40] BAG 9.3.1976 – 1 ABR 74/74, AP BetrVG 1972 § 44 Nr. 3.
[41] Vgl. ArbG Darmstadt 7.5.2009 – 7 BVGa 13/09: die Gefahr einer Vertragsstrafe stellt keinen zwingenden Grund dar.
[42] BAG 26.10.1956 – 1 ABR 26/54, AP BetrVG § 43 Nr. 1.
[43] *Fitting* § 44 Rn. 21; HWK/*Diller* BetrVG § 44 Rn. 19.
[44] BAG 14.10.1960 – 1 AZR 254/58, AP GewO § 123 Nr. 24; *Fitting* § 44 Rn. 22.
[45] HessLAG 10.10.2013 – 4 BV 17/12; *Wolmerath* ArbR 2016, 136.
[46] HessLAG 10.10.2013 – 4 BV 17/12; HessLAG 10.10.2013 – 5 TaBV 323/12 Rn. 15ff.
[47] HessLAG 12.6.2012 – 16 TaBVGa 149/12; Richardi BetrVG/*Annuß* § 42 Rn. 16; anders *Fitting* § 42 Rn. 31: Festlegung durch den Betriebsrat, sofern kein Einvernehmen mit dem Arbeitgeber erzielt wird.
[48] Richardi BetrVG/*Annuß* § 42 Rn. 18; aA *Fitting* § 42 Rn. 31a; DKKW/*Berg* § 42 Rn. 20.

einer ausdrücklichen Ermächtigung bedurft. Ein Arbeitgeber, der keine geeigneten Räume für die Betriebsversammlung zur Verfügung stellt, obgleich solche vorhanden sind, handelt aber betriebsverfassungswidrig, § 23 Abs. 3 BetrVG.

22 Ungeklärt ist die Zulässigkeit **„virtueller" Betriebsversammlungen.** Insbesondere bei räumlich weit entfernten Arbeitsplätzen innerhalb eines Betriebs, bei Betrieben nach § 3 BetrVG oder zahlreichen Bildschirmarbeitsplätzen mag es im Interesse der Beteiligten sein, bspw. per „Streaming" die Versammlung insgesamt oder zumindest Teile (Bericht des Arbeitgebers) virtuell abzuhalten. Das BetrVG enthält jedoch generell keine Regelungen, die dem Betriebsrat eine digitalisierte Arbeitsweise ermöglichen. Zudem wäre der Grundsatz der Nichtöffentlichkeit der Versammlungen (§ 42 Abs. 1 S. 2 BetrVG) nicht zu wahren. Bei der erforderlichen Datenverarbeitung bedürfte es der Einwilligung der Teilnehmer (vgl. § 26 Abs. 2 BDSG, Art. 6 Abs. 1 lit. a DSGVO) und deren Persönlichkeitsrechte wären zu beachten. Solange gesetzliche Vorgaben nicht existieren, die sich mit diesen Anforderungen auseinandersetzen, sind virtuelle Betriebsversammlungen daher unzulässig.[49]

23 Nehmen an einer Betriebsversammlung zahlreiche der deutschen Sprache nicht ausreichend mächtige Betriebsangehörige teil, kann der Arbeitgeber verpflichtet sein, auf seine Kosten **Dolmetscher** bereit zu stellen,[50] nicht aber, auch seinen Tätigkeitsbericht zu übersetzen und zu kopieren.[51] Erforderlich werden können Dolmetscherkosten auch für ausländische sachkundige Referenten.[52] Es gelten jeweils die Grundsätze des § 40 Abs. 1 BetrVG. Auch insoweit steht dem Betriebsrat kein eigenes Recht der Beauftragung zu, jedenfalls sofern dies mit Kosten verbunden ist. Kosten für **Sachverständige**, sofern deren Anwesenheit erforderlich ist, trägt der Arbeitgeber nach Maßgabe des § 80 Abs. 3 BetrVG.[53] **Sachliche Mittel** (Stehtische[54], Bestuhlung etc.) übernimmt der Arbeitgeber gleichfalls nach § 40 BetrVG, nicht jedoch etwaige Bewirtungs-[55] oder Kinderbetreuungskosten.[56] Diese Dinge zählen zur privaten Lebensführung.

3. Dauer

24 Über die zulässige Dauer einer Betriebsversammlung schweigt das Gesetz. Der Betriebsrat hat bezüglich der dem Arbeitgeber mitzuteilenden voraussichtlichen Dauer einen **Beurteilungsspielraum** unter Berücksichtigung der konkreten Tagesordnung. **Kriterien** sind die Zahl der Arbeitnehmer, Schwierigkeit und Umfang der zu behandelnden Themen, Zahl der Wortmeldungen, absehbare Länge etwaiger Berichte etc. Im Allgemeinen dauern reguläre Versammlungen zwei bis vier Stunden. Aus dem Gebot des § 2 Abs. 1 BetrVG folgt zunächst die Notwendigkeit, die Tagesordnung so aufzustellen, dass die Versammlung in diesem zeitlichen Rahmen[57] durchgeführt werden kann sowie die Notwendigkeit des Versuchs der vorherigen Abstimmung mit dem Arbeitgeber. Aus dem in Rede stehenden Gebot folgt freilich auch, dass außergewöhnliche Umstände (bspw. anstehende umfangreiche Betriebsänderung) eine längere Versammlung[58] ebenso rechtfertigen können wie deren Fortsetzung an einem anderen Tag.[59] Die Fortsetzung am Folgetag dürfte je-

---

[49] So auch *Fündling/Sorber* NZA 2017, 552 (557); *Fitting* § 42 Rn. 1a.
[50] ArbG Stuttgart 27.2.1986 – 17 Ca 317/85; Richardi BetrVG/*Annuß* § 42 Rn. 37; *Fitting* § 42 Rn. 22.
[51] LAG Düsseldorf 30.1.1981 – 16 TaBV 21/80, DB 1981, 1093.
[52] LAG BW 16.1.1998 – 5 TaBV 14/96, NZA-RR 1998, 306; vgl. zu Kosten derartiger Auskunftspersonen auch BAG 13.9.1977 – 1 ABR 67/75, AP BetrVG 1972 § 42 Nr. 1.
[53] BAG 19.4.1989 – 7 ABR 87/87, NZA 1989, 936; Richardi BetrVG/*Annuß* § 42 Rn. 36.
[54] LAG RhPf 23.3.2010 – 3 TaBV 48/09.
[55] LAG Nürnberg 25.4.2012 – 4 TaBV 58/11, NZA-RR 2012, 524.
[56] *Fitting* § 44 Rn. 24.
[57] Das LAG MV 15.10.2008 – 2 TaBV 2/08 hält ausnahmsweise die Dauer eines Arbeitstages für zulässig, lehnt aber die Anberaumung für zwei Tage zu Recht ab.
[58] Das ArbG Hmb 28.6.1977 – 4 GaBV 19/77 ließ bei drohenden Massenentlassungen vier Tage unbeanstandet; im März 1988 fand in Baden-Württemberg eine vom Arbeitgeber akzeptierte dreitägige Versammlung statt, vgl. *Niedenhoff* Betriebsversammlungen-HdB, S. 57; *Lunk* Betriebsversammlung, S. 171.
[59] Vgl. LAG BW 12.12.1985 – 14 TaBV 22/85; kritisch *Lunk* Betriebsversammlung, S. 171 ff.

doch regelmäßig unzulässig sein, jedenfalls soweit sich der Arbeitgeber hierauf nicht einstellen konnte (etwa durch vorherige Abstimmung einer entsprechenden Tagesordnung).[60] Diese Grundsätze gelten entsprechend für Teil- oder Abteilungsversammlungen.

4. Arbeitszeitrechtliche Behandlung

Die Teilnahme an den Versammlungen wird überwiegend **nicht als Arbeitszeit** im **arbeitszeitrechtlichen Sinne** angesehen.[61] Die Frage hat unmittelbare Relevanz, da bspw. eine längere Versammlung oder eine Arbeitsaufnahme am Folgetag mit den Pflichten aus § 3 ArbZG, § 5 Abs. 1 ArbZG konfligieren könnten. Mit dem OVG Münster[62] ist zwar davon auszugehen, dass der unionsrechtliche Begriff der Arbeitszeit des Art. 2 Nr. 1 der RL 2003/88/EG auch insoweit maßgeblich ist; freilich sind dessen Voraussetzungen nicht gegeben. Der Arbeitnehmer müsste dafür am Arbeitsplatz seine vertraglich geschuldete Tätigkeit ausüben und dem Arbeitgeber während der fraglichen Zeit zur Verfügung stehen.[63] Daran fehlt es, weil der Ort der Versammlung regelmäßig nicht der Ort der geschuldeten Tätigkeit ist, die Teilnehmer während der Versammlung weder ihrer geschuldeten Tätigkeit nachgehen noch zur Verfügung des Arbeitgebers stehen.[64]

IV. Teilnahmerecht

Die Betriebsversammlung besteht aus „**den Arbeitnehmern des Betriebs**", § 42 Abs. 1 S. 1 BetrVG. Das Gesetz bestimmt nicht näher, wer hierzu zählt, so dass die allgemeinen gesetzlichen Bestimmungen und die jeweils von der Rechtsprechung hierzu entwickelten Grundsätze Anwendung finden.[65] Sie dient der innerbetrieblichen Aussprache, ist ein Organ des Belegschaftsverbandes (→ § 298 Rn. 4) und wird daher vom **Grundsatz der Nichtöffentlichkeit** beherrscht, § 42 Abs. 1 S. 2 BetrVG. Hieraus folgt zunächst, dass nur berechtigte Personen an der Betriebs- oder den sonstigen Versammlungen gemäß der §§ 42 ff. BetrVG teilnehmen dürfen.

1. Arbeitnehmer des Betriebs

a) Grundsätze. Teilnahmeberechtigt sind die Arbeitnehmer des Betriebs. Es gilt der betriebsverfassungsrechtliche **Betriebsbegriff** der §§ 1, 4 BetrVG. Daher sind Versammlungen auch einheitlich in Gemeinschaftsbetrieben oder Organisationseinheiten nach § 3 BetrVG durchzuführen; sie gelten als Betrieb.[66] Ferner ist der betriebsverfassungsrechtliche **Arbeitnehmerbegriff** maßgeblich. Teilnahmeberechtigt sind bspw. Heimarbeitnehmer, die überwiegend für den Betrieb arbeiten (§ 5 Abs. 1 S. 2 BetrVG). Die **Betriebszugehörigkeit** bemisst sich nach den zu § 7 BetrVG entwickelten Kriterien,[67] dh es bedarf im Regelfall, soweit keine gespaltene Arbeitgeberstellung vorliegt (→ Rn. 29), des Abschlusses eines Arbeitsvertrages mit dem Betriebsinhaber sowie einer Eingliederung in den maßgeblichen Betrieb.[68] Sie muss im Zeitpunkt der jeweiligen Versammlung vorliegen; auf ein Wahlrecht zum Betriebsrat kommt es nicht an.

Die Lage der persönlichen Arbeitszeit und der Umfang der Beschäftigung sind für die Teilnahmeberechtigung ohne Bedeutung. Durch ein **Ruhen des Arbeitsverhältnisses** wird die Betriebszugehörigkeit nicht ohne Weiteres aufgehoben, so dass ein Teilnahme-

---

[60] *Lunk* Betriebsversammlung, S. 171 ff.; aA *Fitting* § 44 Rn. 10; DKKW/*Berg* § 44 Rn. 5.
[61] *Bartz/Stratmann* NZA-RR 2013, 281; *Fitting* § 44 Rn. 32; vgl. auch BAG 14.11.2006 – 1 ABR 5/06, NZA 2007, 458 Rn. 43; aA: OVG Münster 10.5.2011 – 4 A 1403/08; DKKW/*Berg* § 44 Rn. 2; *Tonikidis* AuR 2018, 284.
[62] OVG Münster 10.5.2011 – 4 A 1403/08.
[63] EUArbR/*Gallner* RL 2003/88/EG Art. 2 Rn. 3.
[64] Zutreffend *Bartz/Stratmann* NZA-RR 2013, 281 (283); GK-BetrVG/*Weber* § 44 Rn. 31.
[65] BAG 5.12.2012 – 7 ABR 48/11, NZA 2013, 793.
[66] *Fitting* § 42 Rn. 14; DKKW/*Berg* § 42 Rn. 12.
[67] Richardi BetrVG/*Annuß* § 42 Rn. 7; *Fitting* § 42 Rn. 14a.
[68] BAG 5.12.2012 – 7 ABR 48/11, NZA 2013, 793 Rn. 18; BAG 25.10.2017 – 7 ABR 10/16, BeckRS 2017, 143289 Rn. 28.

recht auch in diesem Fall fortbestehen kann. Dies gilt etwa für Arbeitnehmer im Urlaub[69] oder in der Elternzeit[70] sowie während Kurzarbeit[71] und Streik.[72] Arbeitnehmer in Altersteilzeit sind in der Freistellungsphase jedoch nicht mehr eingegliedert und daher nicht mehr Betriebsangehörige.[73] **Gekündigte** Arbeitnehmer sind teilnahmeberechtigt, solange die Kündigungsfrist noch nicht abgelaufen ist; danach nur, soweit sie Kündigungsschutzklage erhoben und eine Weiterbeschäftigung geltend gemacht haben.[74] Soweit im Außendienst tätige Mitarbeiter betriebszugehörig sind, gelten für ihre Teilnahmeberechtigung keine Besonderheiten, da es auf den Ort der Arbeitsleistung nicht ankommt.[75]

29 Bei **gespaltener Arbeitgeberstellung** ist jeweils zu prüfen, ob gesetzliche Spezialregelungen vorhanden sind. Im Rahmen einer **Arbeitnehmerüberlassung** beschäftigte Arbeitnehmer verfügen über ein besonderes Teilnahmerecht aus § 14 Abs. 2 S. 2 AÜG. Obgleich die Norm nur auf die Teilnahme an „Betriebs- und Jugendversammlungen" abstellt, erstreckt sich das Teilnahmerecht auf Abteilungs- oder Teilversammlungen, soweit die Voraussetzungen für diesen Versammlungstyp vorliegen. Eine gesonderte Abteilungs- oder Teilversammlung ausschließlich für Leiharbeitskräfte dürfte aber regelmäßig unwirksam sein. Denn weder die „Eigenart des Betriebs" (Teilversammlung → Rn. 3) noch die räumlich-organisatorische Abgrenzung (Abteilungsversammlung → Rn. 7) dürften als gesetzliche Vorgabe für diese Versammlungstypen ausschließlich mit Bezug zu AÜG-Kräften erfüllt sein. Derartige „Sonder-Versammlungen" der Leiharbeitnehmer würden zudem dem Charakter des § 14 Abs. 1 und Abs. 2 S. 2 AÜG als einer bloßen „Annex-Regelung" nicht gerecht werden. Es fehlte bei reinen AÜG-Versammlungen nämlich der Bezug zum eigentlichen Betrieb und seinen Themen.

29a Ein Teilnahmerecht besteht in analoger Anwendung des § 14 Abs. 2 S. 2 AÜG für **Auszubildende** eines **reinen Ausbildungsbetriebs,** wenn diese zur praktischen Ausbildung dem Betrieb eines anderen Konzernunternehmens zugewiesen werden. Sie sind dann berechtigt, während ihrer Ausbildungszeit an den dort stattfindenden Betriebsversammlungen teilzunehmen.[76] **Zugewiesene Beamte** iSv § 4 Abs. 4 PostPersRG haben ein Teilnahmerecht im Einsatz-, nicht jedoch im Stammbetrieb.[77] Im Übrigen verfügen Beamte und die sonstigen in § 5 Abs. 1 S. 3 BetrVG benannten Personengruppen über Teilnahmerechte, soweit sie die dort genannten Kriterien für die Betriebszugehörigkeit erfüllen.[78] Angehörige des Bundes- oder Jugendfreiwilligendienstes dürfen teilnehmen, sofern eine Eingliederung vorliegt.[79]

30 Da **leitende Angestellte** keine Arbeitnehmer iSd § 5 Abs. 1 BetrVG sind, haben sie keine Teilnahmeberechtigung.[80] Die Betriebsversammlung besteht entgegen der weiten Formulierung in § 42 Abs. 1 S. 1 BetrVG nicht aus allen, sondern nur aus den in die Betriebsverfassung einbezogenen Arbeitnehmern des Betriebs. Zur Hinzuziehung von leitenden Angestellten durch den Arbeitgeber → Rn. 40.

---

[69] BAG 5.5.1987 – 1 AZR 665/85, NZA 1987, 712.
[70] BAG 31.5.1989 – 7 AZR 574/88, NZA 1990, 449.
[71] BAG 5.5.1987 – 1 AZR 666/85, NZA 1987, 714.
[72] BAG 5.5.1987 – 1 AZR 292/85, NZA 1987, 853.
[73] BAG 16.4.2003 – 7 ABR 53/02, NZA 2003, 1345; *Fitting* § 42 Rn. 14a; aA DKKW/*Berg* § 42 Rn. 41.
[74] LAG MV 30.1.2017 – 3 TaBVGa 1/17, ArbRAktuell 2017, 209; GK-BetrVG/*Weber* § 42 Rn. 16, die eine bloße Kündigungsschutzklage ausreichen lassen; zutreffend aber Richardi BetrVG/*Annuß* § 42 Rn. 4, wo eine Weiterbeschäftigungspflicht bspw. aus § 102 Abs. 5 BetrVG oder sonstigen Gründen als Manifestation des Zugehörigkeitswillens verlangt wird.
[75] Dazu *Viets* RdA 1979, 272 (273).
[76] BAG 24.8.2011 – 7 ABR 8/10, NZA 2012, 223.
[77] BAG 5.12.2012 – 7 ABR 48/11, NZA 2013, 793.
[78] Bezüglich der Betriebszugehörigkeit und dem folgend der Teilnahmerechte von gestellten DRK-Schwestern DKKW/*Berg* § 5 Rn. 107, 183f.
[79] *Leube* ZTR 2012, 207; *Fitting* § 42 Rn. 17.
[80] Richardi BetrVG/*Annuß* § 42 Rn. 6; *Fitting* § 42 Rn. 15.

b) Teil-/Abteilungsversammlung. Die vorstehenden Grundsätze gelten für **Teil-** und **Abteilungsversammlungen** entsprechend mit der Maßgabe, dass teilnahmeberechtigt diejenigen Arbeitnehmer sind, die dem jeweiligen Bereich zugehören. Zudem sind stets alle Betriebsratsmitglieder zur Teilnahme berechtigt, unabhängig davon, ob sie dem jeweiligen Bereich bzw. der jeweiligen Abteilung angehören.[81]

c) Freiwilligkeit. Für die Arbeitnehmer besteht **keine Verpflichtung** zur Teilnahme an der Betriebsversammlung. Bleiben sie ihr fern, sind sie im Rahmen ihrer persönlichen Arbeitszeit weiterhin zur Arbeitsleistung verpflichtet und unterliegen dem Direktionsrecht des Arbeitgebers (→ § 298 Rn. 1; → Rn. 95).

2. Arbeitgeber

a) Teilnahmerecht. Der Arbeitgeber ist **grds. berechtigt,** an den Betriebsversammlungen teilzunehmen (§ 43 Abs. 2 BetrVG). Dies gilt jedoch nicht für Betriebsversammlungen, die der Betriebsrat nach § 43 Abs. 3 BetrVG von sich aus oder auf Wunsch der Arbeitnehmer einberuft. Der Betriebsrat darf den Arbeitgeber dann aber zur Teilnahme einladen.

b) Vertretungsmöglichkeit. Das Teilnahmerecht des Arbeitgebers ist – im Gegensatz zum Teilnahmerecht des Arbeitnehmers – **kein höchstpersönliches Recht.** Der Arbeitgeber darf sich daher **vertreten** lassen, wie sich bereits aus § 43 Abs. 2 S. 3 BetrVG ergibt. Vertreter können leitende Angestellte, aber auch betriebsfremde Personen, zB Rechtsanwälte, sein.[82] Die gegenteilige Ansicht[83] findet keine Stütze im Gesetz. Denn es existieren keine Vorgaben in § 43 Abs. 2 S. 3 BetrVG, durch wen sich der Arbeitgeber vertreten lassen kann, solange bei dem Vertreter hinreichend Sachverstand gegeben ist. Insoweit ist bei Rechtsanwälten jedoch zu unterscheiden, ob sie als Vertreter des Arbeitgebers oder als Beauftragter iSv § 46 Abs. 1 BetrVG teilnehmen (→ Rn. 74). Der Betriebsrat und die Arbeitnehmer müssen sich nicht auf die Informationsvermittlung durch Personen verweisen lassen, die keine Kompetenz in betriebsverfassungsrechtlichen Angelegenheiten oder speziell bezüglich der betrieblichen Themen haben.[84] Eine besondere fachliche Qualifikation des Vertreters ist hingegen nicht erforderlich.

c) Freiwilligkeit. Der Arbeitgeber hat grds. **keine Pflicht** zur Anwesenheit in einer Betriebsversammlung. Er muss aber mindestens einmal in jedem Kalenderjahr an einer Betriebsversammlung teilnehmen, da er nach § 43 Abs. 2 S. 3 BetrVG zur Erstattung eines Berichts verpflichtet ist (→ Rn. 54 f.).

3. Gewerkschaftsbeauftragte

An den Betriebs- oder Abteilungsversammlungen dürfen Beauftragte der **im Betrieb vertretenen Gewerkschaften** beratend teilnehmen, § 46 Abs. 1 S. 1 BetrVG. Es gelten die allgemeinen Grundsätze zur Feststellung, ob eine Gewerkschaft im Betrieb vertreten ist.[85] Die jeweilige Gewerkschaft bestimmt die Person des Beauftragten. Zutrittsrechte anderer, gleichfalls im Betrieb vertretener Gewerkschaften dürfen auch durch Tarifvertrag nicht beschränkt werden.[86] Arbeitnehmerkoalitionen, die keine tariffähigen Gewerkschaften sind, haben kein Zutrittsrecht.[87] Neben Gewerkschaftsfunktionären kommen Arbeit-

---

[81] *Fitting* § 42 Rn. 62.
[82] Dazu *Bauer* NJW 1988, 1130.
[83] *Fitting* § 43 Rn. 28.
[84] Dazu *Joost* FS Zeuner, 1994, 67 (73 ff.).
[85] *Fitting* § 46 Rn. 6, § 2 Rn. 42 ff.
[86] LAG Bln-Bbg 19.9.2017 – 7 TaBV 91/17, NZA-RR 2018, 147 zum Zutrittsrecht der Minderheitsgewerkschaft zu Personalversammlungen in der Luftfahrt, auf §§ 42 ff. BetrVG übertragbar.
[87] BAG 19.9.2006 – 1 ABR 53/05, NZA 2007, 518 Rn. 25 ff.

nehmer anderer Betriebe in Betracht, die im Falle ihrer Teilnahme nach § 79 Abs. 2 BetrVG einer besonderen Geheimhaltungspflicht unterliegen. Die Gewerkschaftsbeauftragten sind kraft Gesetzes berechtigt, den Betrieb zur Teilnahme an der Betriebsversammlung zu betreten; einer **Zustimmung des Arbeitgebers** soll es nach hM nicht bedürfen, da § 46 Abs. 1 BetrVG eine Sonderregelung ggü. § 2 Abs. 2 BetrVG und dessen Zustimmungserfordernis darstelle.[88] Das ist zweifelhaft, weil die Teilnahme an einer Betriebsversammlung eine „in diesem Gesetz genannte Aufgabe" iSv § 2 Abs. 2 BetrVG ist, also die letztgenannte Norm „vor der Klammer" steht. Zudem ist Normadressat in § 46 BetrVG der Betriebsrat, während das „Grundverhältnis" zwischen Arbeitgeber und Gewerkschaft § 2 Abs. 2 BetrVG regelt. Es bleibt daher entgegen der hM bei den Grundsätzen der Zustimmungspflicht, wie sie zu § 2 Abs. 2 BetrVG entwickelt worden sind.[89] Bei Zugrundelegung der hM bedarf es jedoch zumindest der Unterrichtung des Arbeitgebers über die Person des Gewerkschaftsbeauftragten;[90] in Ausnahmefällen kann ferner die Entsendung bestimmter Personen rechtsmissbräuchlich sein,[91] so dass der Arbeitgeber dann nicht verpflichtet ist, den Zutritt zum Betrieb zu gewähren. Die Gewerkschaft darf in diesem Falle jedoch einen anderen Beauftragten entsenden.

4. Beauftragter des Arbeitgeberverbands

37 Die Arbeitgeberverbände haben im Gegensatz zu den im Betrieb vertretenen Gewerkschaften **kein eigenes Recht** zur Entsendung von Beauftragten. Der Arbeitgeber darf aber, wenn er an Betriebs- oder Abteilungsversammlungen teilnimmt und einer Vereinigung der Arbeitgeber angehört, einen Beauftragten der Arbeitgebervereinigung hinzuziehen (§ 46 Abs. 1 S. 2 BetrVG). Der Beauftragte unterstützt den Arbeitgeber (→ Rn. 74).

5. Zulassung anderer Personen

38 Gemäß dem **Grundsatz der Nichtöffentlichkeit** (§ 42 Abs. 1 S. 2 BetrVG) haben betriebsfremde Personen – unter Zugrundelegung der hM mit Ausnahme der Gewerkschaftsbeauftragten – kein eigenes Teilnahmerecht. Dies gilt auch für Arbeitnehmer anderer Betriebe des identischen Unternehmens.[92] Fraglich – wenn auch wenig praxisrelevant – ist, ob jedenfalls die **betriebsfremden Mitglieder anderer Mitbestimmungsorgane** ein eigenes Teilnahmerecht besitzen, oder ob auch sie nur auf Einladung des jeweiligen Betriebsrats an den Versammlungen teilnehmen dürfen.[93] Der **Betriebsrat darf sachkundige Personen** zwar ohne Zustimmung des Arbeitgebers einladen.[94] Verweigert jedoch der Betriebsrat dem vorgenannten Personenkreis die Einladung, muss es beim Grundsatz der Nichtöffentlichkeit bleiben. Denn der Betriebsrat hat das Hausrecht und er kann bspw. beurteilen, ob der Zweck der Betriebsversammlung, die innerbetriebliche Aussprache, durch die Anwesenheit betriebsfremder Mitglieder anderer Mitbestimmungsorgane gefährdet sein könnte. Diese abstrakte Gefahr besteht unabhängig davon, dass die Ge-

---

[88] *Fitting* § 46 Rn. 8; GK-BetrVG/*Weber* § 46 Rn. 8; DKKW/*Berg* § 46 Rn. 5; NK-GA/*Bodem* § 46 Rn. 2; Richardi BetrVG/*Annuß* § 46 Rn. 14 und Richardi BetrVG/*Richardi/Maschmann* § 2 Rn. 115.
[89] *Lunk* Betriebsversammlung, S. 196; HWGNRH/*Worzalla* § 46 Rn. 12; *Schlüter/Dudenbostel* DB 1974, 2350 (2354); *Dudenbostel* Betriebsversammlung, S. 104 ff.; *Klosterkemper* Zugangsrecht, S. 20 f.
[90] GK-BetrVG/*Weber* § 46 Rn. 8; Richardi BetrVG/*Annuß* § 46 Rn. 14; aA *Fitting* § 46 Rn. 8; DKKW/*Berg* § 46 Rn. 5; ErfK/*Koch* BetrVG § 46 Rn. 3; HWK/*Diller* BetrVG § 46 Rn. 5, die selbst dies nicht für erforderlich erachten.
[91] BAG 18.3.1964 – 1 ABR 12/63, AP BetrVG § 45 Nr. 1; 14.2.1967 – 1 ABR 7/66, NJW 1967, 1295; HWK/*Diller* BetrVG § 46 Rn. 6; Richardi BetrVG/*Annuß* § 46 Rn. 15.
[92] LAG BW 13.3.2014 – 6 TaBV 5/13.
[93] Für die Notwendigkeit einer Einladung *Fitting* § 42 Rn. 18, 23; NK-GA/*Bodem* § 42 BetrVG Rn. 7; offen gelassen für betriebsfremde Gesamtbetriebsratsmitglieder BAG 28.11.1978 – 6 ABR 101/77, AP BetrVG 1972 § 42 Nr. 2.
[94] BAG 19.4.1989 – 7 ABR 87/87, NZA 1989, 936 (937).

heimhaltungsvorschrift des § 79 BetrVG die dort erwähnten Mitbestimmungsgremien nicht als Außenstehende ansieht.[95]

Aus dem Grundsatz der Nichtöffentlichkeit ist nicht abzuleiten, andere als die im BetrVG genannten Personen dürften unter keinen Umständen an der Betriebsversammlung teilnehmen. Sinn und Zweck der Versammlungen nach dem BetrVG, eine innerbetriebliche Aussprache zu ermöglichen, werden regelmäßig nicht durch die Teilnahme von **sonstigen Dritten** beeinträchtigt, die entweder zu den Arbeitnehmern eine besondere Beziehung haben oder aus anderen sachlichen Gründen innerhalb der funktionalen Zuständigkeit der Betriebsversammlung hinzugezogen werden.[96] Diese Personen verfügen aber wie erwähnt über kein originäres Teilnahmerecht. Es bedarf einer **Einladung des Betriebsrats**; die Zustimmung des Arbeitgebers ist nicht erforderlich, soweit es sich nur um sachdienliche Referenten, nicht aber um Sachverständige iSv § 80 Abs. 3 BetrVG handelt.[97] Bei Einhaltung dieser Vorgaben dürfen Referenten, Sachverständige oder sonstige Gäste im Rahmen der Zuständigkeit der Betriebsversammlung eingeladen werden.[98] Die erforderliche „Sachdienlichkeit" wird aber insbesondere bei **Pressevertretern** oder Gästen ohne konkreten Bezug zur Tagesordnung der Versammlung kaum gegeben sei.[99] Letzteres findet in der Praxis immer wieder statt, wobei eine Abgrenzung zwischen Sachverstand und politischer Plattform bei Auftritten von Politikern schwer fällt. Der Grundsatz der Nichtöffentlichkeit steht nicht zur Disposition der Betriebsparteien. Daher muss das Merkmal der Sachdienlichkeit immer erfüllt sein. Das BetrVG ist insoweit zwingendes Recht und die Rechtsnatur der Betriebsversammlung als Mitgliederorgan der verfassten Belegschaft verlangt, elementare Grundsätze zum Schutz der Aussprache der Belegschaft nicht zur Disposition durch Arbeitgeber und Betriebsrat zu stellen.[100]

Auch der **Arbeitgeber darf,** wenn dies aus sachlichen Gründen erforderlich ist, zu seiner Unterstützung **weitere Personen hinzuziehen.** Dies gilt insbesondere für **leitende Angestellte,** deren Anwesenheit häufig für eine sachgerechte Behandlung der Themen nötig ist. Der Betriebsrat darf diesen Personen den Zutritt zu der Betriebsversammlung nicht verweigern. Sie müssen aber vom Arbeitgeber gegenüber dem Betriebsrat als Vertreter benannt worden sein. Werden leitende Angestellte nicht vom Arbeitgeber hinzugezogen, dürfen sie gleichwohl als betriebsangehörige Gäste teilnehmen, weil ihre Anwesenheit sachdienlich ist. Es bedarf dann aber der Zustimmung von Betriebsrat und Arbeitgeber.[101]

V. Leitung und Hausrecht

1. Leitungsperson

Die Betriebsversammlung leitet der **Vorsitzende des Betriebsrats** kraft seines Amtes (§ 42 Abs. 1 S. 1 BetrVG), bei dessen Verhinderung der Stellvertreter. Ist auch er verhindert, bestimmt der Betriebsrat eines seiner Mitglieder zum Leiter.[102] Das gilt auch bei gleichzeitig abgehaltenen Teilversammlungen.[103] Eine Abteilungsversammlung wird von

---

[95] Für die Sachdienlichkeit, jedoch unklar, ob es einer Einladung bedarf Richardi BetrVG/*Annuß* § 42 Rn. 35; vgl. auch *Fitting* § 42 Rn. 18, 23; grundsätzlich kritisch HWGNRH/*Worzalla* § 42 Rn. 23.
[96] BAG 28.11.1978 – 6 ABR 101/77, AP BetrVG 1972 § 42 Nr. 2.
[97] BAG 13.9.1977 – 1 ABR 67/75, AP BetrVG 1972 § 42 Nr. 1; BAG 28.11.1978 – 6 ABR 101/77, AP BetrVG 1972 § 42 Nr. 2; aA HWGNRH/*Worzalla* § 42 Rn. 23.
[98] BAG 13.9.1977 – 1 ABR 67/75, AP BetrVG 1972 § 42 Nr. 1.
[99] Weitgehend LAG BW 16.1.1998 – 5 TaBV 14/96, NZA-RR 1989, 306, die Sachdienlichkeit eines Referates des Arbeitnehmers einer französischen Schwestergesellschaft auf einer Betriebsversammlung bejahend; *Simitis/Kreuder* NZA 1992, 1009 (1011) halten zu Unrecht die Anwesenheit von Pressevertretern für sachdienlich.
[100] GK-BetrVG/*Weber* § 42 Rn. 59; NK-GA/*Bodem* § 42 BetrVG Rn. 7; abweichend *Fitting* § 42 Rn. 21; HWK/*Diller* BetrVG § 42 Rn. 26; DKKW/*Berg* § 42 Rn. 27.
[101] *Fitting* § 42 Rn. 15.
[102] BAG 19.5.1978 – 6 ABR 41/75, AP BetrVG 1972 § 43 Nr. 3.
[103] *Fitting* § 42 Rn. 61.

einem Mitglied des Betriebsrats geleitet, das möglichst der Abteilung als Arbeitnehmer angehören sollte (§ 42 Abs. 2 S. 2 BetrVG). Der Betriebsrat bestimmt das zur Leitung berufene Betriebsratsmitglied durch Beschluss.

2. Kompetenzen

42 Den Umfang der Leitungsbefugnisse regelt das BetrVG nicht, so dass im Zweifel entsprechend dem Sinn und Zweck einer Betriebsversammlung auf **parlamentarische Gebräuche**[104] zurückzugreifen ist. Zulässig ist die Verabschiedung einer **Geschäftsordnung** über Gestaltung und Ablauf der Versammlungen durch einen korrespondierenden Betriebsratsbeschluss.

43 Der **Versammlungsleiter** eröffnet und schließt die Versammlung, gewährleistet deren geordneten Ablauf, erteilt und entzieht Rednern das Wort und führt eine Rednerliste. Er sorgt für die Einhaltung und vorherige Mitteilung (§ 46 Abs. 2 BetrVG) der **Tagesordnung** und dafür, dass sich die Wortbeiträge im Rahmen der zulässigen Themen einer Betriebsversammlung halten (→ Rn. 47 ff.). Sofern es zu Abstimmungen kommt, unterstehen sie seiner Leitung und sind von ihm durchzuführen.

3. Protokoll, Speicherung

44 Aussagen über eine Protokollierung der Betriebsversammlung enthält das BetrVG nicht. Es ist jedoch zulässig und zweckmäßig, zumindest ein **Ablauf- und Ergebnisprotokoll** anzufertigen, insbesondere bei Anträgen und Stellungnahmen gemäß § 45 S. 2 BetrVG. Zudem darf sich jeder Teilnehmer schriftliche Aufzeichnungen machen. Eine Protokollierung durch den Arbeitgeber ist zulässig, soweit es sich nicht um ein mit namentlichem Bezug zu den Rednern erstelltes Wortlautprotokoll handelt. Denn eine solche Aufzeichnung gefährdet den Zweck einer freien Aussprache unter den Arbeitnehmern[105] und könnte einen unzulässigen Eingriff in die Persönlichkeitsrechte der Redner darstellen.

45 **Die elektronische Speicherung** (zB mittels Mobiltelefon) selbst einzelner Wortbeiträge ist grds. unzulässig. Die Betriebsversammlung ist nicht öffentlich und die unbefugte Aufnahme des nicht öffentlich gesprochenen Wortes auf Tonträgern ist nach § 201 StGB strafbar. Die Einzelheiten, wer die Befugnis zu einer etwaigen Speicherung erteilen darf (Versammlungsleiter, die Versammlung, einstimmig oder durch Mehrheitsbeschluss, nur jeder Redner), sind umstritten.[106] Richtigerweise bedarf es sowohl der Zustimmung des Versammlungsleiters, da die Speicherung den organisatorischen Ablauf der Versammlung betrifft, als auch der Einwilligung jeder Person, die sich zu Wort meldet. Das folgt bereits aus dem datenschutzrechtlichen Einwilligungserfordernis (§ 26 Abs. 2 BDSG, Art. 6 Abs. 1 lit. a DSGVO). Folglich muss die Speicherung zu Beginn der Versammlung bekannt gemacht werden.[107] Die heimliche Tonbandaufnahme durch einen Arbeitnehmer kann eine außerordentliche Kündigung rechtfertigen.[108] Das muss entsprechend für die technisch einfachere und wegen der ungleich größeren Verbreitungsmöglichkeiten problematischere Aufnahme per Mobiltelefon gelten.

45a Soweit der Grundsatz der Nichtöffentlichkeit gewahrt bleibt, bestehen hingegen keine Bedenken, die Versammlung ggf. per **Lautsprecher** in andere Räume zu übertragen. Bei der **bildlichen Übertragung** (bspw. per Beamer) bedarf es aber wegen der damit einhergehenden Datenverarbeitung etc. wiederum der Einwilligungen im vorgenannten Sinne.

---

[104] Vgl. LAG Bln 25.2.1961 – 5 TaBV 1/61, AuR 1961, 279; *Mußler* NZA 1985, 445.
[105] Vgl. LAG Düsseldorf 4.9.1991 – 4 TaBV 60/91, BB 1991, 2375; LAG Hamm 9.7.1986 – 3 TaBV 31/86, NZA 1986, 842; *Fitting* § 42 Rn. 47; Richardi BetrVG/*Annuß* § 42 Rn. 42; *Carl/Herrfahrdt* BlStSozArbR 1978, 241 (242f.); aA LAG BW 27.10.1978 – 9 TaBV 3/78, DB 1979, 316; *D. Gaul* DB 1975, 978 (980); HWGNRH/*Worzalla* § 42 Rn. 46; GK-BetrVG/*Weber* § 42 Rn. 55 verlangt die Zustimmung des jeweiligen Redners.
[106] Vgl. *D. Gaul* DB 1975, 978, (980f.); *Fitting* § 42 Rn. 45; GK-BetrVG/*Weber* § 42 Rn. 54.
[107] LAG München 15.11.1977 – 5 TaBV 34/77, DB 1978, 895; Richardi BetrVG/*Annuß* § 42 Rn. 40; HWGNRH/*Worzalla* § 42 Rn. 44.
[108] LAG Düsseldorf 28.3.1980 – 9 Sa 67/80, DB 1980, 2396.

4. Hausrecht

Der Betriebsrat hat das **Hausrecht** in der Betriebsversammlung, wobei die Einzelheiten umstritten sind.[109] Jedenfalls ist das Hausrecht **betriebsverfassungsrechtlicher Natur.**[110] Folglich stehen dem Betriebsrat die Kompetenzen zu, die ihm das BetrVG generell und speziell mit Bezug zu den §§ 42 ff. BetrVG zuerkennt; zu den **Kompetenzen des Versammlungsleiters** gehört daher die Aufrechterhaltung der Ordnung in der Betriebsversammlung. Er hat für den ungestörten Ablauf zu sorgen und alle erforderlichen Kompetenzen, um dieser Aufgabe gerecht zu werden. Daher darf er Teilnehmer bei Verstößen gegen die Ordnung von der Versammlung ausschließen, nicht teilnahmeberechtigten Personen den Zutritt verweigern bzw. sie aus der Versammlung entfernen. Ebenso darf er Störern die weitere Teilnahme untersagen und die Versammlung auflösen, wenn sie einen unzulässigen Verlauf nimmt. Das **Hausrecht** erstreckt sich **räumlich** auf den Versammlungsraum und die Zufahrtswege zum Versammlungsraum, nicht jedoch auf die sonstigen Räumlichkeiten.[111]

VI. Themen und Aufgabenbereich

Die Betriebsversammlung dient der Aussprache zwischen dem Betriebsrat und den Arbeitnehmern sowie der **Behandlung innerbetrieblicher Angelegenheiten** (→ § 298 Rn. 1). Sie ist ein Forum für die Erstattung von Berichten des Betriebsrats über seine Tätigkeit und des Arbeitgebers über wesentliche Angelegenheiten des Betriebs.

1. Tätigkeitsbericht des Betriebsrats

Der **Betriebsrat** hat auf jeder ordentlichen Betriebsversammlung **einmal im Kalendervierteljahr** den Arbeitnehmern einen **Tätigkeitsbericht** zu erstatten (§ 43 Abs. 1 S. 1 BetrVG). Dies ist eines der wenigen Rechte der in der Betriebsversammlung verfassten Belegschaft. Unterlässt der Betriebsrat selbst die Einhaltung dieser minimalen Anforderung, kann dies grds. eine grobe Pflichtverletzung iSv § 23 Abs. 1 BetrVG darstellen.

Zu berichten ist über **Tendenzen und wesentliche Einzelheiten** der Tätigkeit des Betriebsrats seit dem letzten Bericht bzw. seit der Konstituierung des Betriebsrats. Gegenstand der Information können alle in § 45 BetrVG genannten Themen sein, wobei besonders auf Angelegenheiten einzugehen ist, welche die **Interessen der Arbeitnehmer** unmittelbar in besonderer Weise berühren. Dazu gehören zB der Abschluss von Betriebsvereinbarungen, der Stand von Verhandlungen mit der Arbeitgeberseite, Verlauf und Ausgang von Einigungsstellen- oder Beschlussverfahren. Zu berichten ist über die Tätigkeit der Ausschüsse, insbesondere des Betriebsausschusses. Die wirtschaftliche Lage des Betriebs hat der Betriebsrat nicht darzustellen,[112] dies ist Aufgabe des Arbeitgebers (→ Rn. 56). In Abteilungsversammlungen ist die Betriebsratstätigkeit in ihrer Gesamtheit darzustellen, nicht lediglich die Tätigkeit für die jeweilige Abteilung. Denn Belange, die den gesamten Betrieb betreffen, wirken sich regelmäßig auf die Interessen der Arbeitnehmer in der Abteilung aus.

Gegenstand des Berichts sind zudem die Tätigkeiten von **Gesamt-** und **Konzernbetriebsrat,** jedenfalls soweit ein betrieblicher Bezug vorliegt, nicht hingegen die Tätigkeit des Wirtschaftsausschusses.[113] Zwar ist letzterer Hilfsorgan des Betriebsrats und hat diesem von den Beratungen über wirtschaftliche Angelegenheiten mit dem Arbeitgeber Mittei-

---

[109] BAG 13.9.1977 – 1 ABR 67/75, AP BetrVG 1972 § 42 Nr. 1 („Hausherr" der Betriebsversammlung); 28.11.1978 – 6 ABR 191/77, AP BetrVG 1972 § 42 Nr. 2 (Hausrecht des Betriebsratsvorsitzenden); Richardi BetrVG/*Annuß* § 42 Rn. 25 f.; GK-BetrVG/*Weber* § 42 Rn. 35 f.; kritisch *Dudenbostel* Betriebsversammlung, S. 64 ff.
[110] BAG 22.5.2012 – 1 ABR 11/11, NZA 2012, 1176 Rn. 24.
[111] BAG 22.5.2012 – 1 ABR 11/11, NZA 2012, 1176 Rn. 24.
[112] Er hat daher insoweit keinen Anspruch auf Hinzuziehung eines Sachverständigen, BAG 25.7.1989 – 1 ABR 41/88, NZA 1990, 33.
[113] Richardi BetrVG/*Annuß* § 43 Rn. 10; GK-BetrVG/*Weber* § 43 Rn. 6; aA *Fitting* § 43 Rn. 13a; DKKW/ *Berg,* § 43 Rn. 8; HWK/*Diller* BetrVG § 43 Rn. 9.

lung zu machen (§ 106 Abs. 1 BetrVG). Die Unterrichtung der Arbeitnehmer über die wirtschaftliche Lage und Entwicklung des Unternehmens erfolgt indessen bereits gemäß § 110 BetrVG vierteljährlich durch den Arbeitgeber. Zwar ist § 110 BetrVG unternehmens- und § 43 Abs. 2 BetrVG betriebsbezogen. Aus dieser Differenzierung folgt jedoch keine Pflicht zur getrennten Behandlung. Es ist nämlich nicht ersichtlich, warum über wirtschaftliche Sachverhalte auch der Betriebsrat berichten soll, zumal die gemäß § 110 BetrVG notwendige Unterrichtung durch den Arbeitgeber auf der Betriebsversammlung erstattet werden darf.[114] Ebenfalls nicht Gegenstand des Berichts ist die Tätigkeit von Arbeitnehmervertretern im **Aufsichtsrat** mitbestimmter Unternehmen.[115] Denn dies ist keine Amtstätigkeit des Betriebsrats, selbst wenn die Aufsichtsrats- zugleich Betriebsratsmitglieder sind.

51   Die Pflicht zur Erstattung eines Tätigkeitsberichts berührt die für Betriebsratsmitglieder bestehende **Geheimhaltungspflicht** (§ 79 BetrVG) nicht. Betriebs- oder Geschäftsgeheimnisse, die den Betriebsratsmitgliedern wegen ihrer Zugehörigkeit zum Betriebsrat bekannt geworden sind, dürfen daher selbst dann nicht auf einer Betriebsversammlung offenbart werden, wenn es sich um die Arbeitnehmer wesentlich berührende Fragen handelt.[116]

52   Die Erstattung des Tätigkeitsberichts ist eine gesetzliche Aufgabe des Betriebsrats als Kollektivorgan, also nicht nur seines Vorsitzenden. Der **gesamte Betriebsrat** hat daher durch Beschluss über den Inhalt des Berichts zu entscheiden und die Person zu bestimmen, die den Bericht in der Betriebsversammlung vorträgt. Dies wird regelmäßig der Betriebsratsvorsitzende sein. Der Bericht gehört jedoch nicht zu den ihm gesetzlich zugewiesenen Aufgaben.

53   Eine besondere **Form** für die Berichterstattung ist gesetzlich nicht vorgeschrieben. Sie erfolgt in der Regel mündlich, gestützt auf ein schriftliches Konzept. Der Betriebsrat ist jedoch nicht gehindert, einen schriftlichen Bericht auszuhändigen, wobei kein Anspruch auf Übergabe eines solchen Berichts besteht.

2. Bericht des Arbeitgebers

54   Der **Arbeitgeber** hat mindestens **einmal in jedem Kalenderjahr** in einer Betriebsversammlung über das Personal- und Sozialwesen einschließlich des Stands der Gleichstellung von Frauen und Männern im Betrieb sowie der Integration der im Betrieb beschäftigten ausländischen Arbeitnehmer, über die wirtschaftliche Lage und Entwicklung des Betriebs sowie über den betrieblichen Umweltschutz zu **berichten** (§ 43 Abs. 2 S. 3 BetrVG). Diese gesetzliche Berichtspflicht steht neben der Verpflichtung aus § 110 BetrVG, die Arbeitnehmer über die wirtschaftliche Lage und Entwicklung des Unternehmens zu informieren. Beides kann jedoch vom Arbeitgeber durch einen identischen Bericht auf einer Betriebsversammlung erfüllt werden.[117]

55   **a) Themen.** Das **Personalwesen** umfasst insbesondere Angaben zur Personalstärke und -struktur, zur Personalplanung (§ 92 BetrVG), zu Auswahlrichtlinien (§ 95 BetrVG), zu sonstigen personellen Angelegenheiten und zur betrieblichen Ausbildung. Zum **Sozialwesen** gehören alle betrieblichen Sozialleistungen, also solche nach § 87 Abs. 1 Nr. 8 BetrVG, aber auch organisatorisch unselbstständige Leistungen, die den Arbeitnehmern zusätzlich zur Vergütung gewährt werden; dazu können im Einzelfall auch Maßnahmen des Gesundheitsschutzes zählen. Zum Stand der **Gleichstellung** ist insbesondere über Maßnahmen zur Durchsetzung der tatsächlichen Gleichstellung von Frauen und Männern und zur Förderung der Vereinbarkeit von Familie und Erwerbstätigkeit gemäß § 80 Abs. 1

---

[114] *Fitting* § 110 Rn. 8; GK-BetrVG/*Weber* § 43 Rn. 19.
[115] BAG 1.3.1966 – 1 ABR 14/65, NJW 1966, 1333 (1335); GK-BetrVG/*Weber* § 43 Rn. 6; *Richardi* BetrVG/*Annuß* § 43 Rn. 10.
[116] *Richardi* BetrVG/*Annuß* § 43 Rn. 17; *Säcker* Informationsrechte, S. 23.
[117] *Fitting* § 110 Rn. 8; GK-BetrVG/*Weber* § 43 Rn. 19.

Nr. 2a und 2b BetrVG zu berichten. Dies umfasst ggf. den Bericht über die Ergebnisse betrieblicher Prüfverfahren (§ 20 Abs. 2 EntgTranspG) sowie die Erfüllung etwaiger Quoten, soweit die Ebenen unterhalb der Organe betroffen sind (§ 36 GmbHG, § 52 Abs. 2 GmbHG). Die betriebliche **Integration ausländischer Arbeitnehmer** bezieht sich insbesondere auf Maßnahmen gemäß § 80 Abs. 1 Nr. 7 BetrVG.

Gegenstand des Berichts über die **wirtschaftliche Lage und Entwicklung des Betriebs** sind unternehmerische Daten. Während sich die Unterrichtungspflicht des Unternehmers aus § 110 BetrVG wie erwähnt auf die wirtschaftliche Lage und Entwicklung des Unternehmens erstreckt, bezieht sich der Bericht des Arbeitgebers in der Betriebsversammlung auf den Betrieb. Es bedarf in Unternehmen mit mehreren Betrieben daher nicht nur der Erstattung des Berichts nach § 110 BetrVG, sondern betriebliche Spezifika sind aufzunehmen. Freilich wird häufig der auf den Betrieb bezogene Bericht nur unter Einbeziehung der Unternehmensentwicklung verständlich sein, so dass eine randscharfe Trennung kaum möglich ist.[118] Der Bericht soll den Arbeitnehmern einen Überblick geben sowohl über den aktuellen Zustand als auch die absehbare Entwicklung des Betriebs. Dazu gehören zunächst jedenfalls die Angaben, die auch ggü. dem Handelsregister zu offenbaren sind (vgl. §§ 325 ff., 264a HGB), ferner zB Aussagen zu Investitionen, Märkten, Konkurrenten und Innovationen. Betriebsänderungen iSv § 111 BetrVG und Rationalisierungsvorhaben zählen ebenso zu den wirtschaftlichen Angelegenheiten wie alle sonstigen Vorgänge und Daten, die für die Belegschaft von Bedeutung sind. Der Arbeitgeber kann sich mit einer **allgemeinen Darstellung** begnügen; konkrete Einzelheiten muss er nicht, die Betriebsratskosten darf er grds. nicht offen legen.[119]

Der Bericht hat den **betrieblichen Umweltschutz** einzubeziehen. Maßgeblich ist die Definition in § 89 Abs. 3 BetrVG. Dazu gehören insoweit relevante Veränderungen von Produkten und Produktionsmethoden sowie die Beachtung der Umweltschutzauflagen und Maßnahmen nach § 80 Abs. 1 Nr. 9 BetrVG. Der Betriebsbezug muss auch hier stets vorhanden sein.

b) Geheimnisschutz. Die Pflicht zur Berichterstattung wird ferner begrenzt, weil der Arbeitgeber **Betriebs- oder Geschäftsgeheimnisse** nicht gefährden muss (§ 43 Abs. 2 S. 3 BetrVG). Das Geheimhaltungsinteresse hat also Vorrang vor der Berichtspflicht. Es gilt der allgemeine Begriff des Betriebs- oder Geschäftsgeheimnisses.

c) Vertretungsmöglichkeit. Der Bericht ist von dem Arbeitgeber – oder in Gemeinschaftsbetrieben oder Betrieben gemäß § 3 BetrVG von allen daran beteiligten Arbeitgebern[120] – zu erstatten. Er kann sich eines **Vertreters** bedienen (§ 43 Abs. 2 S. 3 BetrVG). Die Entscheidung steht im Ermessen des Arbeitgebers, wobei als Vertreter jedoch nur Personen in Betracht kommen, die mit den zu berichtenden Sachverhalten hinreichend vertraut sind (→ Rn. 34). Der Betriebsrat ist über die Vertretung rechtzeitig in Kenntnis zu setzen.

d) Form. Eine besondere **Form** für den Bericht sieht das Gesetz nicht vor. Er wird häufig mündlich abgegeben; ein Schriftstück oder eine (ergänzende) Präsentation sind aber möglich.[121] Mangels gesetzlicher Vorgaben ist freilich auch die bloße Verteilung eines vorbereiteten Textes an die Arbeitnehmer ausreichend.

---

[118] *Fitting* § 43 Rn. 24; GK-BetrVG/*Weber* § 43 Rn. 16.
[119] BAG 19.7.1995 – 7 ABR 60/94, NZA 1996, 332 (333); *Fitting* § 43 Rn. 24.
[120] LAG Hmb 15.12.1988 – 2 TaBV 13/88, NZA 1989, 733 (Ls.); GK-BetrVG/*Weber* § 43 Rn. 8.
[121] GK-BetrVG/*Weber* § 43 Rn. 5 und 8; *Fitting* § 43 Rn. 20; Richardi BetrVG/*Annuß* § 43 Rn. 17.

3. Betriebs- und arbeitnehmerbezogene Angelegenheiten

61 a) Grundsätze. Die Betriebs- oder Abteilungsversammlungen dürfen alle **Angelegenheiten** erörtern, die den Betrieb (→ § 298 Rn. 3) oder seine Arbeitnehmer (→ Rn. 27) „**unmittelbar betreffen**" (§ 45 S. 1 BetrVG). Es bestehen zwei Beschränkungen zulässiger Themen: die Einhaltung der Friedenspflicht durch den Bezug auf § 74 Abs. 2 BetrVG in § 45 BetrVG (→ Rn. 66) sowie die gleichfalls in dieser Norm verankerte Notwendigkeit der unmittelbaren Betroffenheit. Letztere ist insbesondere gegeben bei **Diskussionen** über die **Berichte** des **Betriebsrats** und des **Arbeitgebers.** Es können ergänzende und weiterführende **Fragen** an Betriebsrat und Arbeitgeber gerichtet werden. Der Betriebsrat ist entsprechend dem Zweck der Betriebsversammlung kraft Amtes zu deren Beantwortung verpflichtet, der Arbeitgeber hingegen nur insoweit, wie die Beantwortung von seiner gesetzlichen Pflicht zur Berichterstattung umfasst wird.[122] Im Übrigen liegt die Beantwortung in seinem Ermessen. Dies folgt bereits aus seiner beschränkten Rolle innerhalb der Betriebsversammlung (→ Rn. 33 ff.).

62 Zu den Angelegenheiten, die den Betrieb oder seine Arbeitnehmer unmittelbar betreffen, gehören alle Umstände und Vorgänge, die einen **konkreten Zusammenhang mit der Tätigkeit der Arbeitnehmer** des Betriebs aufweisen. Dies wird regelmäßig der Fall sein bei Themen, welche die Arbeitsverhältnisse, die Tätigkeit und den Aufgabenbereich des Betriebsrats, andere betriebsverfassungsrechtliche Fragen oder die Stellung des Betriebs im Wettbewerb betreffen.

63 **Allgemeinpolitische Angelegenheiten** sind kein zulässiger Gegenstand von Betriebsversammlungen, auch wenn die Aufzählung der Themen in § 45 BetrVG nicht abschließend ist („einschließlich"). Denn allgemeinpolitische Themen betreffen die Teilnehmer der Betriebsversammlung nicht unmittelbar in ihrer Eigenschaft als Arbeitnehmer, sondern als Staatsbürger. Dies gilt insbesondere für außen-, verteidigungs-,[123] steuer-, und kommunalpolitische Themen.[124] Jedoch können auch diese Angelegenheiten unmittelbare Auswirkungen auf den Betrieb und seine Arbeitnehmer haben, zB bei Investitionszulagen, infrastrukturellen oder Embargo-Fragen. Dann bleibt die Erörterung trotz des allgemeinpolitischen Charakters zulässig. Es kommt auf eine Einzelfallbetrachtung an; von den Betriebspartnern wird Augenmaß verlangt.

64 **Parteipolitische Themen** sind unzulässig.[125] Das schließt allerdings nicht aus, die den Betrieb oder seine Arbeitnehmer unmittelbar betreffenden Angelegenheiten zu erörtern, selbst wenn sie im parteipolitischen Bereich eine Rolle spielen und dort ebenfalls diskutiert werden.[126] Auf der Betriebsversammlung ist dann aber nur das Sachthema zu behandeln. Die parteipolitischen Vorstellungen dürfen nicht zum Gegenstand der Erörterungen gemacht werden. Werbung für eine Partei oder die Instrumentalisierung der Betriebsversammlung durch einen Politiker im unmittelbaren zeitlichen Zusammenhang mit dessen Wahlkampf sind verboten.[127] Die Abgrenzung kann im Einzelfall schwierig sein.

65 b) Zulässige Themen. Auf Betriebs- oder Abteilungsversammlungen dürfen insbesondere Angelegenheiten **tarifpolitischer, sozialpolitischer, umweltpolitischer und wirtschaftlicher Art** sowie Fragen der Förderung der Gleichstellung von Frauen und Männern und der Vereinbarkeit von Familie und Erwerbstätigkeit sowie der Integration der im Betrieb beschäftigten ausländischen Arbeitnehmer behandelt werden (§ 45 S. 1 BetrVG). Der Grundsatz, demzufolge allgemeinpolitische Fragen nicht Gegenstand einer Betriebsversammlung sein dürfen, wird dadurch nicht durchbrochen, wenn und soweit die genannten Angelegenheiten den Betrieb oder seine Arbeitnehmer unmittelbar betreffen.

---

[122] Vgl. *Säcker* Informationsrechte, S. 23.
[123] Dazu *Berg/Bobke/Wolter* BlStSozArbR 1983, 353 (356).
[124] Umfassend GK-BetrVG/*Weber* § 45 Rn. 12 ff.; Richardi BetrVG/*Annuß* § 45 Rn. 18.
[125] BAG 13. 9. 1977 – 1 ABR 67/75, AP BetrVG 1972 § 42 Nr. 1.
[126] BAG 13. 9. 1977 – 1 ABR 67/75, AP BetrVG 1972 § 42 Nr. 1; DKKW/*Berg* § 45 Rn. 19.
[127] BAG 13. 9. 1977 – 1 ABR 67/75, AP BetrVG 1972 § 42 Nr. 1.

VI. Themen und Aufgabenbereich   66–67 § 299

Auch insoweit ist also ein konkreter betrieblicher Bezugspunkt erforderlich. Die Friedenspflicht und insbesondere das Verbot von Arbeitskampfmaßnahmen bleiben für die Erörterung der genannten Themen bestehen und sind zu beachten (→ Rn. 66). Angelegenheiten tarifpolitischer Art betreffen die für die Arbeitnehmer des Betriebs geltenden oder künftig geltenden Tarifverträge einschließlich tarifpolitischer Planungen und Entwicklungen. Zulässig ist ein Bericht über den Stand der Tarifverhandlungen, soweit der Betrieb betroffen ist.[128] Themen sozialpolitischer Art sind im weiten Sinne zu verstehen und umfassen insbesondere die staatliche Sozialpolitik (Arbeitsförderung, Weiterbildung, Sozialversicherung etc. einschließlich gesetzgeberischer Regelungsvorhaben[129]), soweit wiederum ein unmittelbarer Betriebsbezug besteht. Angelegenheiten wirtschaftlicher Art sind Umstände und Vorgänge, welche die wirtschaftliche Lage und Entwicklung des Betriebs betreffen.[130]

c) Beschränkungen. Äußerungen auf der Betriebsversammlung sind vom Schutzbereich **66** des **Grundrechts auf Meinungsfreiheit** aus Art. 5 Abs. 1 S. 1 GG erfasst. Es darf daher auch sachliche Kritik am Betriebsrat, dem Arbeitgeber oder den betrieblichen Zuständen geäußert werden.[131] Eine Meinungsäußerung ist nicht bereits unzulässig, weil durch sie der Arbeitsablauf oder der Betriebsfrieden gefährdet werden könnte. Dies setzt eine Beeinträchtigung im Sinne einer konkreten Gefährdung voraus.[132] Auch dem Arbeitgeber steht es frei, bspw. seine Sympathie mit einer bestimmten Wahlliste oder einem Kandidaten zu bekunden.[133]

Es gilt das Gebot der **Friedenspflicht**, § 45 S. 1 BetrVG iVm § 74 Abs. 2 BetrVG. **66a** Den Betrieb betreffende **Arbeitskämpfe** dürfen daher auf einer Betriebsversammlung weder geplant noch durchgeführt oder unterstützt werden. Die Vornahme von Urabstimmungen ist gleichermaßen unzulässig wie die Erörterung möglicher Kampfformen und Kampfmaßnahmen (zB Warnstreik).[134] Erlaubt ist die Behandlung von Fragen, die sich aus einem Arbeitskampf in einem Drittbetrieb ergeben, soweit diese die wirtschaftliche Situation des eigenen Betriebs betreffen. Die Erörterung der Folgen des Arbeitskampfs für den eigenen Betrieb ist zulässig,[135] soweit dies keinen Eingriff in die Kampfparität darstellt.

Die Behandlung **gewerkschaftspolitischer Themen** ist zulässig, soweit es um Fragen **67** geht, die den Betrieb oder seine Arbeitnehmer unmittelbar betreffen. Ist letzteres gegeben, dürfen gewerkschaftliche Zielsetzungen und die entsprechenden Wünsche der Belegschaft ebenso erörtert werden wie die Zusammenarbeit zwischen den im Betrieb vertretenen Gewerkschaften und dem Betriebsrat.[136] Werbung ist den Gewerkschaften vor dem Hintergrund der Wertungen aus Art. 9 Abs. 3 GG zumindest im Bereich des Vorraums der eigentlichen Betriebsversammlung gestattet.[137] Die Einzelheiten sind jedoch mit dem Arbeitgeber zu vereinbaren, da dem Betriebsrat über die Vorräume nicht das Hausrecht zusteht (→ Rn. 46).[138]

---

[128] LAG BW 25.9.1991 – 10 Sa 32/91; DKKW/*Berg* § 45 Rn. 6.
[129] ArbG Minden 2.7.1996 – 2 BVGa 2/96, AiB 1996, 555.
[130] Vgl. BAG 14.2.1967 – 1 ABR 7/66, AP BetrVG § 45 Nr. 2.
[131] Vgl. BAG 22.10.1964 – 2 AZR 479/63, AP KSchG § 1 Verhaltensbedingte Kündigung Nr. 4; *Fitting* § 45 Rn. 22; DKKW/*Berg* § 45 Rn. 18.
[132] BAG 13.9.1977 – 1 ABR 67/75, AP BetrVG 1972 § 42 Nr. 1.
[133] BAG 25.10.2017 – 7 ABR 10/16, BeckRS 2017, 143289 Rn. 17, zu § 20 Abs. 2 BetrVG, aber auf § 45 BetrVG übertragbar.
[134] LAG BW 25.9.1991 – 10 Sa 32/91; ArbG Göttingen 16.6.1981 – 1 BV 4/81, DB 1982, 334.
[135] DKKW/*Berg* § 45 Rn. 17.
[136] LAG Düsseldorf 10.3.1981 – 11 Sa 1453/80, DB 1981, 1729 und LAG Hamm 3.12.1986 – 3 Sa 1229/86, DB 1987, 2659 (Arbeit gewerkschaftlicher Vertrauensleute im Betrieb).
[137] LAG Hamm 17.3.2005 – 10 TaBV 51/05.
[138] BAG 22.5.2012 – 1 ABR 11/11, NZA 2012, 1176 Rn. 24.

4. Stellungnahmen, Anträge und Beschlüsse

68 Die Betriebsversammlung ist das mit zumindest rudimentären Rechten versehene Mitgliederorgan des Belegschaftsverbands, wenn auch ohne eigene Entscheidungskompetenz. Sie dient im Wesentlichen der Willensbildung und Meinungsäußerung der durch das BetrVG verfassten Belegschaft (→ § 298 Rn. 4).

69 **a) Befugnisse.** Die **Betriebsversammlung** darf zu den Beschlüssen des Betriebsrats **Stellung nehmen** und ihm **Anträge** unterbreiten (§ 45 S. 2 BetrVG). Der Betriebsrat hat lediglich die Pflicht, die Stellungnahmen und Anträge zur Kenntnis zu nehmen und sich mit ihnen zu befassen.[139] Im Übrigen verfügt er über einen Beurteilungsspielraum, wie er damit verfährt, und ob er zB eine Behandlung im Betriebsrat für geboten hält. Die Anträge oder Handlungen der Betriebsversammlung haben weder gegenüber dem Betriebsrat noch dem Arbeitgeber noch sonstigen Dritten eine verbindliche Wirkung, sieht man von der Wahl des Wahlvorstands nach § 17 Abs. 2 und 3 BetrVG ab.

69a Da die Betriebsversammlung somit **keine Exekutivbefugnis** hat, darf sie weder den Betriebsrat noch einzelne seiner Mitglieder abwählen. Nicht sie darf einen Antrag nach § 23 Abs. 1 BetrVG auf Auflösung des Betriebsrats oder Ausschluss eines Mitglieds stellen, sondern mindestens ein Viertel der wahlberechtigten Arbeitnehmer. Es bedarf zudem der „Vorschaltung" des Arbeitsgerichts. Ob eine derart **beschränkte Rolle der verfassten Belegschaft** 100 Jahre nach Schaffung des auf dem historisch überholten Rätegedanken fußenden Betriebsverfassungsrechts **noch sachgerecht** ist, darf **bezweifelt** werden. De lege ferenda sind Änderungen geboten (→ § 298 Rn. 2).

70 **b) Beschlüsse.** Die kollektive Meinungsäußerung der Betriebsversammlung durch Stellungnahmen oder Anträge erfolgt im Wege der **Beschlussfassung.** Hierzu bedarf es einer Abstimmung. Formvorschriften bestehen nicht, die Abstimmung kann daher offen oder geheim erfolgen. Erforderlich ist die einfache Mehrheit der abgegebenen Stimmen. Stimmberechtigt sind nur die auf der jeweiligen Versammlung Teilnahmeberechtigten des Betriebs. Der Arbeitgeber, die leitenden Angestellten und die Beauftragten der Verbände haben kein Stimmrecht. Dies gilt auch für den Beauftragten einer im Betrieb vertretenen Gewerkschaft, da er an der Betriebsversammlung nur beratend teilnimmt (§ 46 Abs. 1 S. 1 BetrVG).

5. Verstöße

71 **a) Grundsätze.** Die gesetzliche **Themenbeschränkung** für Betriebsversammlungen ist **objektives Recht** und steht nicht zur Disposition der Beteiligten. In erster Linie ist es Aufgabe des Versammlungsleiters, auf die Einhaltung der gesetzlichen Beschränkungen zu achten und sie gegebenenfalls durchzusetzen. Notfalls muss er die Versammlung auflösen. Da die Betriebsversammlung vom Betriebsrat einberufen wird, ist dieser auch als Kollektivorgan berechtigt und verpflichtet, die Gesetzmäßigkeit der Betriebsversammlung zu gewährleisten. Verstößt ein Betriebsratsmitglied als Versammlungsleiter gegen seine Pflichten, so kann dies zu seinem Ausschluss nach § 23 Abs. 1 BetrVG führen.

72 **b) Rechtsfolgen.** Die Verpflichtung des Versammlungsleiters oder der Person, die einen Verstoß begeht, zum **Schadensersatz** richtet sich nach den allgemeinen Regeln.[140] Ausnahmsweise kann eine unzulässig verlaufende Betriebsversammlung zum (teilweise) Entfallen des Entgeltanspruchs des teilnehmenden Arbeitnehmers führen (→ Rn. 86 f.),

---

[139] *Fitting* § 45 Rn. 32a; GK-BetrVG/*Weber* § 45 Rn. 33.
[140] Zur Haftung des Betriebsrats vgl. nur BGH 25.10.2012 – III ZR 266/11, NZA 2012, 1382, dazu kritisch *Lunk/Rodenbusch* NJW 2014, 1989.

VIII. Kosten   73–76 § 299

jedoch nicht unbedingt bei einer zeitlich lediglich untergeordneten Behandlung unzulässiger Themen.[141]

VII. Rederecht und Verschwiegenheitspflicht

1. Rederecht

Auf der Betriebsversammlung dürfen alle **teilnahmeberechtigten Arbeitnehmer** das 73 Wort ergreifen. Die Reihenfolge und eine etwaige Redezeitbegrenzung bestimmt der Versammlungsleiter. Der **Arbeitgeber** darf auf allen Versammlungen, bei denen er teilnahmeberechtigt ist, zu allen zulässigen Themen sprechen und dabei auch auf den Tätigkeitsbericht des Betriebsrats eingehen.[142] Für die ordentlichen und die kalenderhalbjährlichen außerordentlichen Betriebsversammlungen folgt dies aus § 43 Abs. 2 S. 2 BetrVG. Für andere Betriebsversammlungen ist das Rederecht des Arbeitgebers gesetzlich nicht ausdrücklich vorgesehen. Es folgt aber aus dem allgemeinen Zweck der Betriebsversammlung, ein Forum der Erörterung betrieblicher Angelegenheiten zu sein, sowie aus § 2 Abs. 1 BetrVG.

Der **Beauftragte** einer im Betrieb vertretenen **Gewerkschaft** nimmt an der Betriebs- 74 versammlung beratend teil (§ 46 Abs. 1 S. 1 BetrVG). Er darf zu allen zulässigen und konkret behandelten Themen das Wort ergreifen und Stellung nehmen, aber keine formellen Anträge stellen und nicht mit abstimmen. Das Gesetz räumt diese Befugnisse nicht ein.[143] Das Teilnahmerecht des Beauftragten eines **Arbeitgeberverbandes** leitet sich vom korrespondierenden Recht des Arbeitgebers ab (→ Rn. 37). Der Beauftragte hat deshalb zwar kein eigenes Rede- oder Antragsrecht.[144] Aufgrund seiner Unterstützungsfunktion für den Arbeitgeber ist der Versammlungsleiter aber dem Arbeitgeber gegenüber verpflichtet, auf dessen Verlangen dem Beauftragten des Verbandes das Wort zu erteilen.[145] Das Gesetzt geht jeweils nur von **einem Beauftragten pro teilnehmender Koalition** aus. Aufgrund des Normzwecks, insbesondere bei kleineren Betrieben dem Arbeitgeber auch eine angemessene Beratung zukommen zu lassen, reicht für das Anwesenheitsrecht die **OT-Mitgliedschaft** aus.[146] **Rechtsanwälte** kommen als Beauftragte des Arbeitgebers nur mit Zustimmung des Betriebsrats in Betracht, soweit sie wegen des Grundsatzes der Nichtöffentlichkeit zudem als Sachverständiger oder Referent tätig werden (→ Rn. 34); ein abgeleitetes Anwesenheitsrecht von Rechtsanwälten enthält das BetrVG auch für verbandsrechtlich unorganisierte Arbeitgeber nicht.[147]

2. Verschwiegenheitspflicht

Eine besondere Verpflichtung zur Verschwiegenheit über Inhalte der Betriebsversamm- 75 lung oder der dort behandelten Themen und Wortbeiträge besteht nicht. Soweit der Arbeitgeber (wozu er nicht verpflichtet ist → Rn. 58), auf der Betriebsversammlung Betriebs- oder Geschäftsgeheimnisse bekannt gibt, gelten für die Pflicht zur Verschwiegenheit die **allgemeinen Grundsätze**.

VIII. Kosten

Die Kosten einer vom Betriebsrat einberufenen, zulässigen Betriebsversammlung trägt der 76 Arbeitgeber als Kosten der Tätigkeit des Betriebsrats (§ 40 BetrVG). Muss zB ein **be-**

---

[141] LAG Düsseldorf 10.3.1981 – 11 Sa 1453/80, DB 1981, 1729.
[142] GK-BetrVG/*Weber* § 43 Rn. 50.
[143] DKKW/*Berg* § 6 Rn. 7; GK-BetrVG/*Weber* § 46 Rn. 10.
[144] GK-BetrVG/*Weber* § 46 Rn. 18f.; *Fitting* § 46 Rn. 19a.
[145] BAG 19.5.1978 – 6 ABR 41/75, AP BetrVG 1972 § 43 Nr. 3.
[146] HWK/*Diller* BetrVG § 46 Rn. 13; HWGNRH/*Worzalla* § 46 Rn. 19; aA DKKW/*Berg* § 46 Rn. 11; *Fitting* § 46 Rn. 17; Richardi BetrVG/*Annuß* § 46 Rn. 17.
[147] DKKW/*Berg* § 46 Rn. 12; GK-BetrVG/*Weber* § 46 Rn. 10; *Lunk* Betriebsversammlung, S. 204; aA *Bauer* NJW 1988, 1130 (1131); *Brötzmann* BB 1990, 1055 (1058).

triebsexterner Raum für die Durchführung der Versammlung benutzt werden, so hat der Arbeitgeber die dadurch bedingten Aufwendungen für die Miete etc. zu tragen. Wegen der Kostentragung generell und speziell in Bezug auf sachliche Mittel, Dolmetscher oder Sachverständige (→ Rn. 21 ff.).

IX. Vergütung und Aufwendungsersatz

77 Im weiteren Sinne gehören zu den Kosten der Betriebsversammlung auch die wirtschaftlichen Belastungen des Arbeitgebers aufgrund der Nichtarbeit während der Dauer der Betriebsversammlung. Die **Zeit der Teilnahme** an Versammlungen, die während der Arbeitszeit stattzufinden haben, ist den Arbeitnehmern einschließlich der zusätzlichen Wegezeiten **„wie Arbeitszeit" zu vergüten** (§ 44 Abs. 1 S. 2 BetrVG). Gleiches gilt, wenn die Versammlung wegen der Eigenart des Betriebs ausnahmsweise außerhalb der Arbeitszeit stattfindet. Dann sind den Teilnehmern auch zusätzliche Fahrkosten zu erstatten (§ 44 Abs. 1 S. 3 BetrVG). Bei sonstigen Betriebsversammlungen besteht kein Vergütungsanspruch. Werden sie jedoch im Einvernehmen mit dem Arbeitgeber während der Arbeitszeit durchgeführt, darf der Arbeitgeber das Arbeitsentgelt nicht mindern (§ 44 Abs. 2 S. 2 BetrVG).

78 Die gesetzliche Regelung differenziert nicht zwischen der betrieblichen und der persönlichen Arbeitszeit.[148] Dies führt zu **Auslegungsschwierigkeiten**. Das **BAG** hat sich jedoch **festgelegt:**[149] Es ist zu unterscheiden zwischen Versammlungen, die regelmäßig während der Arbeitszeit stattzufinden haben, und sonstigen Versammlungen.

1. Versammlungen während der Arbeitszeit

79 **Regelmäßig während der Arbeitszeit** stattzufinden haben die ordentlichen kalendervierteljährlichen Betriebs- oder Abteilungsversammlungen, die außerordentlichen kalenderhalbjährlichen Betriebs- oder Abteilungsversammlungen, die auf Wunsch des Arbeitgebers einberufenen außerordentlichen Versammlungen sowie die Betriebsversammlungen zur Konstituierung eines Wahlvorstands nach § 14a BetrVG, § 17 Abs. 2 BetrVG (→ Rn. 13 ff.). Für die **Vergütung** ist es unerheblich, ob die Versammlungen im Einzelfall **tatsächlich** während oder ausnahmsweise wegen der Eigenart des Betriebs **außerhalb der Arbeitszeit** durchgeführt werden, da in beiden Fällen die gleiche Vergütungsregelung anzuwenden ist (§ 44 Abs. 1 S. 3 BetrVG).

80 **a) Grundlagen. aa) Gesetzlicher Anspruch.** Für die Vergütung der an einer Betriebsversammlung teilnehmenden Arbeitnehmer gilt nicht das „Modell" des § 37 Abs. 2 und 3 BetrVG, den Teilnehmern ihren vertraglichen Vergütungsanspruch ohne Minderung zu erhalten.[150] Vielmehr ist die Zeit der Teilnahme an der Versammlung „wie Arbeitszeit" zu vergüten. Daraus folgert das BAG, es handele sich nicht um den vertraglichen Vergütungsanspruch, sondern den Arbeitnehmern stehe ein **eigenständiger gesetzlicher Vergütungsanspruch** zu.[151] Es handelt sich jedenfalls nicht um einen vertraglichen Vergütungsanspruch,[152] weil für Nichtarbeit vertraglich kein Entgelt zugesagt wird und weder die zusätzliche Vergütung für die Teilnahme außerhalb der persönlichen Arbeitszeit noch die Abgeltung von Wegezeit und Fahrkosten so erklärt werden kann. **Lohnsteuer-** und **sozialversicherungsrechtlich** ist die Vergütung für die Teilnahme an Versammlungen jedoch Arbeitsentgelt.

---

[148] *Kraft/Raab* Anm. zu BAG 5.5.1987 – 1 AZR 292/85, 1 AZR 665/85, 1 AZR 666/85, AP BetrVG 1972 § 44 Nr. 4–6.
[149] BAG 5.5.1987 – 1 AZR 292/85, 1 AZR 665/85, 1 AZR 666/85, AP BetrVG 1972 § 44 Nr. 4–6.
[150] So aber HWGNRH/*Worzalla* § 44 Rn. 27.
[151] BAG 5.5.1987 – 1 AZR 292/85, 1 AZR 665/85, 1 AZR 666/85, AP BetrVG 1972 § 44 Nr. 4–6; 31.5.1989 – 7 AZR 574/88, NZA 1990, 449; *Lunk* Betriebsversammlung, S. 124 ff. mwN.
[152] So *Kraft/Raab* in der Anm. zu BAG 5.5.1987 – 1 AZR 292/85, 1 AZR 665/85, 1 AZR 666/85, AP BetrVG 1972 § 44 Nr. 4–6.

IX. Vergütung und Aufwendungsersatz 81–84 § 299

Laut dem BAG haben die Vergütungsansprüche der Teilnehmer „kollektivrechtlichen 81 Charakter".[153] Gleichwohl lässt es derartige Vergütungsansprüche nicht im Beschluss-, sondern im **Urteilsverfahren** geltend machen. Das ist bei Annahme eines kollektiven Charakters des Anspruchs zwar zweifelhaft. Es bleibt jedoch ein **Individualanspruch,** auch wenn er im BetrVG verankert ist. Das Urteilsverfahren ist deshalb die richtige Verfahrensart.

bb) Besonderheiten. Folgt mit dem BAG der Vergütungsanspruch aus einer ei- 82 **genständigen Anspruchsgrundlage und ist nicht bloß Ausdruck des** Lohnausfallprinzips,[154] besteht der er unabhängig davon, ob ohne Durchführung der Betriebsversammlung ein vertraglicher Lohnanspruch bestanden hätte.[155] Dies gilt bspw. für im **Urlaub** befindliche Arbeitnehmer.[156] Nehmen sie ungeachtet des Urlaubs an der Betriebsversammlung teil, erhalten sie die Vergütung für die Zeit der Teilnahme zusätzlich zur Urlaubsvergütung. Hierin liegt keine ungerechtfertigte Besserstellung. Denn der im Urlaub befindliche Arbeitnehmer ist in einer vergleichbaren Lage wie ein Arbeitnehmer, der außerhalb seiner persönlichen Arbeitszeit an der Betriebsversammlung teilnimmt und deshalb ebenfalls eine zusätzliche Vergütung erhält (→ Rn. 92). Entsprechendes gilt für Arbeitnehmer in **Elternzeit**[157] oder in einem **ruhenden Arbeitsverhältnis.** In Bezug auf Mitglieder des **Betriebsrats** muss es grundsätzlich bei der spezielleren Regelung in § 37 Abs. 2 BetrVG bleiben. Denn anderenfalls stünde ihnen bei Versammlungsteilnahme außerhalb der persönlichen Arbeitszeit nach § 37 Abs. 3 BetrVG Arbeitsbefreiung oder Vergütung wie Mehrarbeit zusätzlich zu dem Vergütungsanspruch aus § 44 Abs. 1 S. 3 BetrVG zu, was mit dem Begünstigungsverbot aus § 78 S. 2 BetrVG nicht vereinbar wäre.[158] Denn für teilnehmende Arbeitnehmer besteht nach hM kein Anspruch auf Mehrarbeitsvergütung (→ Rn. 90).

Der eigenständige Vergütungsanspruch besteht unabhängig davon, ob der Arbeitneh- 83 mer wegen **Kurzarbeit** nicht arbeiten kann und Kurzarbeitergeld bezieht.[159] Er soll auch einem **streikenden Arbeitnehmer** zustehen, der zulässigerweise an der Betriebsversammlung teilnimmt.[160] Das ist mit Blick auf den aus Art. 9 Abs. 3 GG folgenden Grundsatz der Kampfparität problematisch. Unter Paritätsgesichtspunkten ist es dem Arbeitgeber während eines Arbeitskampfs unzumutbar, die Gegenseite finanziell zu unterstützen. Die Zahlung des Entgelts nach § 44 Abs. 1 BetrVG für die Teilnahme an einer Betriebsversammlung während eines Arbeitskampfs kann aber nach den Umständen des Einzelfalls zur Unterstützung des Gegners führen.[161] Eine Betriebsversammlung kann dann als Maßnahme des Arbeitskampfs unzulässig sein[162] (→ § 298 Rn. 16).

cc) Zweifelsfälle. Der Vergütungsanspruch kann auch entstehen, wenn die **Betriebsver-** 84 **sammlung** ausnahmsweise wegen der Eigenart des Betriebs **außerhalb der betriebli-**

---

[153] BAG 31.5.1989 – 7 AZR 574/88, NZA 1990, 449; kritisch *van Venrooy* SAE 1988, 17 (19); *Buchner* SAE 1988, 10 (12).
[154] Näher GK-BetrVG/*Weber* § 44 Rn. 33 f.; *Lunk* Betriebsversammlung, S. 124 ff.
[155] Kritisch *Buchner* SAE 1988, 10.
[156] BAG 5.5.1987 – 1 AZR 665/85, NZA 1987, 712; *Lunk* Betriebsversammlung, S. 140; GK-BetrVG/ *Weber* § 44 Rn. 35; aA *van Venrooy* SAE 1988, 17 (18).
[157] Vgl. dazu BAG 31.5.1989 – 7 AZR 574/88, NZA 1990, 449; *Lunk* Betriebsversammlung, S. 150.
[158] *Lunk* Betriebsversammlung, S. 134 ff.; differenzierend GK-BetrVG/*Weber* § 44 Rn. 47; aA offenbar das BAG, das den Anspruch auch Betriebsratsmitgliedern zusprach, ohne dies zu problematisieren: 5.5.1987 – 1 AZR 292/85, AP BetrVG 1972 § 44 Nr. 4.
[159] BAG 5.5.1987 – 1 AZR 666/85, NZA 1987, 714; ablehnend HWGNRH/*Worzalla* § 44 Rn. 27.
[160] BAG 5.5.1987 – 1 AZR 292/85, NZA 1987, 853; 5.5.1987 – 1 AZR 665/85, NZA 1987, 712; 5.5.1987 – 1 AZR 666/85, NZA 1987, 714.
[161] *Lunk*, Betriebsversammlung, S. 152 ff.
[162] ArbG Kiel 27.5.2015 – 1 BV 16/15, BB 2015, 1716, iE bestätigt durch LAG SchlH 16.6.2016 – 4 TaBV 44/15 (Verlegung Teilversammlung während des Arbeitskampfs); für ein generelles Entfallen des Vergütungsanspruchs HWGNRH/*Worzalla* § 44 Rn. 27.

chen **Arbeitszeit** stattfindet (§ 44 Abs. 1 S. 3 BetrVG). Wird die Versammlung vom Betriebsrat unzulässigerweise nicht in die Arbeitszeit gelegt, entfällt der Vergütungsanspruch. Die gleichen Grundsätze gelten, wenn eine während der betrieblichen Arbeitszeit abgehaltene Versammlung über deren Ende hinaus andauert. Zur Aufrechterhaltung des Vergütungsanspruchs muss die Versammlung in einem solchen Fall auf den Beginn der nächsten betrieblichen Arbeitszeit vertagt werden. Dadurch wird der Arbeitgeber vor vermeidbaren zusätzlichen Kosten bewahrt und der Betriebsrat mittelbar veranlasst, die Betriebsversammlungen in die betriebliche Arbeitszeit zu legen.

85 Regel und Ausnahme sind **zwingendes Recht** und dürfen von den Betriebsparteien selbst einvernehmlich nicht geändert werden. Legt der Betriebsrat eine Betriebsversammlung auf einen Zeitpunkt außerhalb der betrieblichen Arbeitszeit, so hängt der Vergütungsanspruch des Arbeitnehmers davon ab, ob der Betriebsrat die Rechtslage richtig beurteilt hat (→ Rn. 18). Das wird der einzelne Arbeitnehmer regelmäßig nicht überprüfen können. Hat der **Arbeitgeber Bedenken** gegen die Abhaltung der Betriebsversammlung außerhalb der betrieblichen Arbeitszeit, muss er Betriebsrat und **Teilnehmer** deshalb darauf **hinweisen.** Erweckt der Arbeitgeber durch ihm objektiv zurechenbare Umstände den Eindruck, er würde die Teilnahme an der Betriebsversammlung außerhalb der Arbeitszeit vergüten, bleibt der Vergütungsanspruch erhalten **(Vertrauenshaftung)** oder dem Arbeitnehmer steht ein Schadenersatzanspruch zu, weil der Arbeitgeber es schuldhaft unterlassen hat, die Belegschaft auf die Rechtswidrigkeit der vom Betriebsrat außerhalb der Arbeitszeit einberufenen Betriebsversammlung hinzuweisen.[163] Angesichts der beschränkten Rolle der Belegschaft in der Betriebsversammlung und des Primats von Betriebsrat und Arbeitgeber bei deren Durchführung dürfen sich die Arbeitnehmer im Normalfall nämlich auf die Rechtmäßigkeit des Handelns der Organe verlassen.

86 dd) Risiko der Falschbehandlung. Die Vergütungspflicht des Arbeitgebers setzt unabhängig von deren zeitlicher Anberaumung stets eine **rechtlich zulässige Betriebsversammlung** voraus. Maßgeblich ist die objektive Rechtslage. Das Risiko einer Fehleinschätzung trägt zwar der teilnehmende Arbeitnehmer.[164] Der Arbeitgeber kann jedoch auch insoweit einer Vertrauens- oder Schadensersatzhaftung unterliegen, wenn er bei der Belegschaft den Eindruck erweckt, er sei trotz der Unzulässigkeit der Betriebsversammlung zu deren Durchführung oder zur Zahlung der Vergütung bereit (→ Rn. 85).[165]

87 Die Problematik stellt sich auch, wenn eine **ursprünglich zulässige Betriebsversammlung unzulässig** wird, weil sie ihren Charakter als gesetzliche Betriebsversammlung verliert. Dies kann bspw. durch die extensive Behandlung unzulässiger Themen geschehen. Der Vergütungsanspruch der Arbeitnehmer kann dann insoweit entfallen.[166] Derart „rechtswidrige" Zeiten berechtigen jedoch nur zur Vorenthaltung der Vergütung, wenn es sich um mehr als nur geringfügige Zeiträume handelt.[167] Zudem wird man den Vergütungsanspruch ohnehin nur entfallen lassen können, wenn der Arbeitgeber in der Versammlung auf die Unzulässigkeit der Themen und die drohende Konsequenz der Nichtzahlung der Vergütung hinweist.[168] Unterlässt er dies, bleibt es wiederum aus Gründen des Vertrauensschutzes bei dem Vergütungsanspruch[169] (→ Rn. 85), sofern kein offenkundiger Fall vorliegt.

---

[163] BAG 27.11.1987 – 7 AZR 29/87, NZA 1988, 661 (662).
[164] BAG 23.10.1991 – 7 AZR 249/90, NZA 1992, 557 (559): eine einstweilige Verfügung auf Untersagung der Betriebsversammlung muss der Arbeitgeber nicht erwirken; kritisch HWGNRH/*Worzalla* § 44 Rn. 32.
[165] BAG 23.10.1991 – 7 AZR 249/90, NZA 1992, 557 (559).
[166] *Fitting* § 44 Rn. 34 mwN; offengelassen in BAG 5.5.1987 – 1 AZR 665/85, NZA 1987, 712 und 5.5.1987 – 1 AZR 666/85, NZA 1987, 714.
[167] LAG Düsseldorf 22.1.1963 – 8 Sa 444/62, AP BetrVG § 43 Nr. 7.
[168] LAG BW 17.2.1987 – 8 (14) Sa 106/86, DB 1987, 1441; GK-BetrVG/*Weber* § 44 Rn. 61.
[169] Vgl. LAG Brem 5.3.1982 – 1 Sa 374–378/81, DB 1982, 1573 (1574); LAG BW 17.2.1987 – 8 (14) Sa 106/86, DB 1987, 1441; *Schlüter/Dudenbostel* DB 1974, 2473.

b) Berechnung der Vergütung. Die Zeit der Teilnahme an einer Betriebsversammlung 88
ist „wie Arbeitszeit" zu vergüten (§ 44 Abs. 1 S. 2 BetrVG). Soweit sich betriebliche und
persönliche Arbeitszeit decken, erhält der Arbeitnehmer statt des vertraglichen Entgeltanspruchs den gesetzlichen Vergütungsanspruch in gleicher Höhe. Soweit die Betriebsversammlung außerhalb der persönlichen Arbeitszeit liegt, steht dem Arbeitnehmer der gesetzliche Vergütungsanspruch zusätzlich zu dem vertraglichen Anspruch zu.[170] Dies gilt
sowohl für Betriebsversammlungen, die gänzlich außerhalb der persönlichen Arbeitszeit
stattfinden, als auch für Versammlungen, welche die persönliche Arbeitszeit überschreiten.

aa) Grundsätze. Maßgeblich ist die **Höhe des regelmäßigen individuellen Arbeits-** 89
entgelts. Dazu gehören auch Zulagen, sofern sie gewöhnlich gezahlt werden, zB
Schmutz- und Erschwerniszulagen und sonstige vermögenswirksame Leistungen.[171] Eine
Akkordvergütung richtet sich nach dem Durchschnitt der in der letzten Zeit erzielten
Vergütung.[172]

bb) Zuschläge etc. Da der Vergütungsanspruch nach § 44 Abs. 1 S. 2 BetrVG auf einer 90
eigenständigen gesetzlichen Grundlage beruht und nicht mit dem vertraglichen Entgeltanspruch identisch ist (→ Rn. 80), muss der Arbeitgeber **von der Arbeitsleistung unab-**
hängige Zuschläge zahlen, die bei der gewöhnlichen Arbeitszeit anfallen.[173] Es besteht
aber **kein Anspruch auf zeitabhängige Zuschläge** wie Sonn- und Feiertags-[174] oder
Mehrarbeitszuschläge.[175] Dagegen soll dem BAG[176] zufolge eine Überstundenvergütung
„in Betracht" kommen, wenn bei Fortgang der Arbeit im Betrieb eine derartige Vergütung angefallen wäre. Diese Differenzierung überzeugt nicht, denn die Teilnahme an der
Betriebsversammlung ist keine Arbeit. Der Vergütungsanspruch für die Zeit der Teilnahme ist zudem ein selbstständiger Anspruch, der unabhängig davon besteht, welche Vergütung ohne die Betriebsversammlung zu zahlen gewesen wäre (→ Rn. 80). Dann aber
kann für während der Betriebsversammlung nicht geleistete Mehrarbeit keine Mehrarbeitsvergütung anfallen.[177]

c) Zusätzliche Wegezeiten. Der Anspruch auf Vergütung umfasst nach § 44 Abs. 1 S. 2 91
BetrVG zusätzlich erforderliche Wegezeiten, um die Betriebsversammlung besuchen zu
können. Sie sind ebenfalls wie Arbeitszeit zu vergüten. Zusätzlich sind nur Zeiten, welche
die an der Betriebsversammlung teilnehmenden Arbeitnehmer über die Wegezeit hinaus
aufbringen müssen, die sie ohnehin benötigen, um ihre vertraglich geschuldete Arbeit erbringen zu können.[178]

Vergütungspflichtige zusätzliche Wegezeiten kommen danach in Betracht, wenn die 92
Betriebsversammlung ganz oder teilweise **außerhalb der persönlichen Arbeitszeit** des
Arbeitnehmers stattfindet, so dass er zusätzlich den Betrieb aufsuchen oder zeitlich un-

---

[170] BAG 5.5.1987 – 1 AZR 292/85, 1 AZR 665/85, 1 AZR 666/85, NZA 1987, 853, NZA 1987, 712 und NZA 1987, 714.
[171] LAG Düsseldorf 16.1.1978 – 20 Sa 1562/77, BB 1979, 784: ist die Leistung von der Anzahl der tatsächlich geleisteten Arbeitsstunden abhängig, so ist die Zeit der Versammlung einzurechnen.
[172] BAG 23.9.1960 – 1 AZR 508/59, AP Feiertagslohnzahlungsgesetz § 1 Nr. 11; LAG Düsseldorf 11.12.1972 – 10 Sa 810/72, BB 1973, 1395; *Fitting* § 44 Rn. 31.
[173] *Fitting* § 44 Rn. 31.
[174] BAG 1.10.1974 – 1 AZR 394/73, AP BetrVG 1972 § 44 Nr. 2; aA DKKW/*Berg* § 44 Rn. 19, falls die Versammlung an einem Sonn- oder Feiertag stattfindet.
[175] BAG 5.5.1987 – 1 AZR 292/85, NZA 1987, 853; 5.5.1987 – 1 AZR 665/85, NZA 1987, 712; 5.5.1987 – 1 AZR 666/85, NZA 1987, 714; GK-BetrVG/*Weber* § 44 Rn. 45; *Fitting* § 44 Rn. 33; aA DKKW/*Berg* § 44 Rn. 20.
[176] BAG 18.9.1973 – 1 AZR 116/73, AP BetrVG 1972 § 44 Nr. 1 und 1.10.1974 – 1 AZR 394/73, AP BetrVG 1972 § 44 Nr. 2; *Fitting* § 44 Rn. 33; HWGNRH/*Worzalla* § 44 Rn. 37.
[177] Richardi BetrVG/*Annuß* § 44 Rn. 38; GK-BetrVG/*Weber* § 44 Rn. 45; aA *Fitting* § 44 Rn. 33; DKKW/*Berg* § 44 Rn. 20.
[178] BAG 5.5.1987 – 1 AZR 292/85, NZA 1987, 853 (854f.).

günstigere Verkehrsmittel in Anspruch nehmen muss. Ist der Arbeitnehmer teilnahmeberechtigt, aber zur Arbeitsleistung nicht verpflichtet (zB Urlaub, Krankheit, Arbeitskampf), so liegt die Betriebsversammlung für ihn ebenfalls außerhalb der persönlichen Arbeitszeit, so dass die Wegezeiten zu vergüten sind.[179] Gleiches gilt, wenn die Betriebsversammlung an einem von der Arbeitsstätte des Arbeitnehmers abweichenden Ort stattfindet und er deshalb zu dem Versammlungsort anreisen muss.[180] Bei längeren Wegezeiten, bspw. Anreise aus dem Ausland (Entsendung, Urlaub), bietet sich eine teleologische Reduktion des § 44 Abs. 1 S. 2 BetrVG an, jedenfalls soweit Wegezeiten zu vergüten sind. Denn das BetrVG basiert auf Inlandssachverhalten. Erstattungsfähig sind daher lediglich die hypothetischen Kosten vom inländischen Wohnsitz, sofern man nicht ohnehin aus Gründen der Verhältnismäßigkeit bei Auslandssachverhalten etc. statt einer Teilnahme mit Kostenerstattung eine andere Form der Unterrichtung wählt (Teilversammlung im Ausland, so dass nur Kosten für die anreisenden Betriebsräte entstehen, Information per E-Mail oÄ).

93 **d) Fahrkosten.** Entstehen Arbeitnehmern durch die Teilnahme an Versammlungen, die wegen der Eigenart des Betriebs **außerhalb der Arbeitszeit** stattfinden, Fahrkosten, sind sie vom Arbeitgeber zu erstatten (§ 44 Abs. 1 S. 3 BetrVG). Gemeint ist die betriebliche Arbeitszeit,[181] da es keine Versammlung geben kann, die wegen der Eigenart des Betriebs außerhalb der persönlichen Arbeitszeit stattfindet. Die Kosten fallen für die Arbeitnehmer zusätzlich an, weil sie außerhalb der betrieblichen Arbeitszeit keine Arbeitsleistung zu erbringen hätten und deshalb nicht zum Betrieb kommen müssten. Entstehen für einen Arbeitnehmer im Einzelfall keine zusätzlichen Fahrkosten, besteht kein Anspruch. Bei Auslandssachverhalten etc. gelten die vorstehenden Erwägungen zu den Wegezeiten sinngemäß (→ Rn. 92).

94 Keine Regelung enthält das Gesetz für Fälle, in denen die Versammlung **während der betrieblichen Arbeitszeit** stattfindet, jedoch gleichwohl zusätzliche Fahrkosten entstehen. Das kann der Fall sein, wenn die Arbeitsstätte des Arbeitnehmers nicht am Versammlungsort liegt, die Versammlung außerhalb der persönlichen Arbeitszeit des Arbeitnehmers durchgeführt wird oder er bspw. aus einem ruhenden Arbeitsverhältnis anreist. Da der Arbeitgeber grds. die Kosten der Betriebsversammlung zu tragen hat und dem Arbeitnehmer keine finanziellen Nachteile durch den Besuch der Versammlung entstehen sollen, ist in derartigen Fällen § 44 Abs. 1 S. 3 BetrVG entsprechend anzuwenden. Den Arbeitnehmern sind die zusätzlich aufgewendeten Fahrkosten zu erstatten.[182] Abweichendes gilt insbesondere bei Sachverhalten mit Auslandsbezug; insoweit ist eine teleologische Reduktion der Anspruchsnorm oder eine Information der betreffenden Arbeitnehmer über andere Wege (E-Mail etc.) geboten (→ Rn. 92).

95 **e) Fernbleibende Arbeitnehmer.** Den Arbeitnehmern steht es frei, ob sie an der Betriebsversammlung teilnehmen (→ § 298 Rn. 1; → Rn. 32). Tun sie das nicht, steht ihnen kein gesetzlicher Vergütungsanspruch zu. Der Anspruch auf die **arbeitsvertragliche Vergütung** richtet sich dann nach den allgemeinen Grundsätzen: Erbringt der Arbeitnehmer während der Zeit der Betriebsversammlung seine Arbeitsleistung, hat er Anspruch auf das entsprechende Arbeitsentgelt.

96 Zweifelhaft ist das Schicksal des Entgeltanspruchs, wenn der Arbeitnehmer seine Arbeitsleistung anbietet, aber wegen der Betriebsversammlung und der damit verbundenen Betriebsunterbrechung **nicht beschäftigen** werden kann. Infolge der Nichterbringung der Arbeitsleistung entfällt der Vergütungsanspruch, da der Arbeitgeber wegen der Un-

---

[179] BAG 5.5.1987 – 1 AZR 292/85, NZA 1987, 853 (854 f.).
[180] AA für Betriebe mit verstreuten Betriebsteilen *Viets* RdA 1979, 272 (274).
[181] BAG 5.5.1987 – 1 AZR 292/85, NZA 1987, 853; GK-BetrVG/*Weber* § 44 Rn. 49; aA *Fitting* § 44 Rn. 39; DKKW/*Berg* § 44 Rn. 24.
[182] BAG 5.5.1987 – 1 AZR 292/85, NZA 1987, 853 (855).

möglichkeit der Arbeitsleistung nicht in Annahmeverzug gerät.[183] Für dieses Ergebnis spricht zudem, dass die Teilnahme an der Betriebsversammlung als Organ des Belegschaftsverbandes gefördert werden soll und der drohende Verlust des Entgelts einen Anreiz zur Teilnahme ausübt.

2. Versammlungen außerhalb der Arbeitszeit
a) Grundsatz. Die vom Betriebsrat von sich aus nach § 43 Abs. 3 S. 1 BetrVG zusätzlich einberufenen Versammlungen sowie die auf Antrag von mindestens einem Viertel der Wahlberechtigten einberufenen Versammlungen finden regelmäßig außerhalb der betrieblichen Arbeitszeit statt (§ 44 Abs. 2 S. 1 BetrVG; → Rn. 19). Die Arbeitnehmer haben für die Zeit der Teilnahme keine Ansprüche gegen den Arbeitgeber wegen Vergütung, Wegezeiten oder Fahrkosten.

b) Ausnahme. Von dem vorstehenden Grundsatz kann im Einvernehmen mit dem Arbeitgeber abgewichen werden. Dann darf der Arbeitgeber das Arbeitsentgelt für die Zeit der Betriebsversammlung nicht mindern (§ 44 Abs. 2 S. 2 BetrVG). Die Arbeitnehmer behalten ihren vertraglichen Entgeltanspruch. Die Rechtslage ist also anders als bei einer Betriebsversammlung, die nach § 44 Abs. 1 S. 1 BetrVG regelmäßig während der Arbeitszeit stattzufinden hat: Im letzteren Falle besteht ein selbstständiger gesetzlicher Vergütungsanspruch (→ Rn. 80 ff.), während hier der vertragliche Vergütungsanspruch bestehen bleibt. Das Entgelt ist in gleicher Höhe zu zahlen, wie es ohne die Betriebsversammlung der Fall gewesen wäre (Lohnausfallprinzip). Ein Anspruch auf Vergütung zusätzlicher Wegezeiten und Erstattung zusätzlicher Fahrkosten besteht nicht. Nimmt der Arbeitnehmer außerhalb seiner persönlichen Arbeitszeit an der Betriebsversammlung teil, wendet er insoweit seine Freizeit auf. Ein über seinen vertraglichen Vergütungsanspruch hinausgehender Anspruch gegen den Arbeitgeber besteht nicht.

Führt der Betriebsrat von sich aus oder auf Wunsch der Arbeitnehmer eine Betriebsversammlung gemäß § 43 Abs. 3 BetrVG **ohne Einvernehmen mit dem Arbeitgeber** während der Arbeitszeit durch, handelt er rechtswidrig. Der Arbeitgeber ist nicht zur Zahlung der vertraglichen Vergütung an Arbeitnehmer verpflichtet, die wegen der Teilnahme an der Versammlung nicht arbeiten. Im Einzelfall können aber Ansprüche gegen den Arbeitgeber unter dem Gesichtspunkt der Vertrauenshaftung (→ Rn. 85) oder der Verletzung einer Fürsorgepflicht bestehen, wenn der Arbeitgeber den Eindruck erweckt, mit der Durchführung der Betriebsversammlung während der Arbeitszeit einverstanden zu sein, oder ihm die Einberufung der Versammlung während der betrieblichen Arbeitszeit bekannt ist, er die Arbeitnehmer aber nicht darauf hinweist, zur Entgeltfortzahlung nicht bereit zu sein.

X. Streitigkeiten

Über Streitigkeiten im Zusammenhang mit der Einberufung und Durchführung von Betriebs-, Teil- oder Abteilungsversammlungen ist im arbeitsgerichtlichen Beschlussverfahren zu entscheiden (§§ 2a, 80 ff. ArbGG). Gleiches gilt für die Tragung der allgemeinen Kosten der Betriebsversammlung. Dagegen findet für die Ansprüche der Arbeitnehmer auf Vergütung von Zeiten der Teilnahme an einer Betriebsversammlung und zusätzlichen Wegezeiten, auf Erstattung von Fahrkosten und auf Fortzahlung des Arbeitsentgelts das Urteilsverfahren vor den Arbeitsgerichten statt (→ Rn. 81).[184]

---

[183] GK-BetrVG/*Weber* § 44 Rn. 68; DKKW/*Berg* § 44 Rn. 26; aA *Fitting* § 44 Rn. 35; *Richardi* BetrVG/*Annuß* § 44 Rn. 53.
[184] BAG 18.9.1973 – 1 AZR 116/73, AP BetrVG 1972 § 44 Nr. 1.

Dritter Titel: Gesamtbetriebsrat und Konzernbetriebsrat
§ 300 Gesamtbetriebsrat

Schrifttum:
Auffarth, Betriebsverfassung und Auslandsbeziehungen, FS Hilger und Stumpf, 1983, S. 31; *Bachner/Rupp*, Die originäre Zuständigkeit des Konzernbetriebsrats bei der Einführung technischer Einrichtungen, NZA 2016, 207; *Bachner*, Fortsetzung von Gesamt- und Einzelbetriebsvereinbarungen nach Betriebsübergang, NJW 2003, 2861; *Behrens/Kramer*, Der beauftragte Gesamtbetriebsrat, DB 1994, 94; *Beseler/Düwell/Göttling*, Arbeitsrechtliche Probleme beim Betriebsübergang, 4. Aufl. 2011; *Birk*, Auslandsbeziehungen und Betriebsverfassungsgesetz, FS Schnorr von Carolsfeld, 1973 S. 61; *Birk*, Das Arbeitskollisionsrecht der Bundesrepublik Deutschland, RdA 1984, 129; *Brill*, Das Verhältnis zwischen Gesamtbetriebsrat und Einzelbetriebsräten, AuR 1983, 169; *Buchner*, Die Zuständigkeit des Konzernbetriebsrats, FS Zöllner, 1998, Bd. II, S. 697; *Döring*, Das Verfahren bei der Errichtung des Gesamtbetriebsrats nach § 47 V BetrVG, DB 1976, 821; *Döring*, Die Zuständigkeitsabgrenzung zwischen Gesamtbetriebsrat und Betriebsrat, DB 1980, 689; *Ehrich*, Die Zuständigkeit des Gesamtbetriebsrats nach § 50 I 1 BetrVG und ihre Bedeutung bei den betrieblichen Beteiligungsrechten, ZfA 1993, 427; *Ehrich*, Die Zuständigkeit des Gesamtbetriebsrats kraft Beauftragung nach § 50 II BetrVG, AuR 1993, 68; *Fuhlrott/Oltmanns*, Das Schicksal von Betriebsräten bei Betriebs(teil)übergängen, BB 2015, 1013; *D. Gaul*, Gesamtbetriebsrat und Wirtschaftsausschuss bei Unternehmen mit Sitz im Ausland?, AWD 1974, 471; *D. Gaul*, Die Bildung des verkleinerten Gesamtbetriebsrates nach § 47 V BetrVG, DB 1981, 214; *B. Gaul*, Betriebsbedingte Kündigung mit Namensliste nach § 1 Abs. 5 KSchG, BB 2004, 2686; *Grassmann*, Internationale Probleme der Mitbestimmung, ZGR 1973, 317; *Greve*, Die Gesamt- und Konzernbetriebsvereinbarung im Betriebsübergang und bei Umwandlung nach dem Umwandlungsgesetz, 2012; *Haase*, Betrieb, Unternehmen und Konzern im Arbeitsrecht, NZA 1988, Beil. Nr. 3, S. 11; *Halberstadt*, Die Zuständigkeit des Gesamtbetriebsrates nach § 50 I BetrVG, BB 1975, 843; *Hauck*, Auswirkungen des Betriebsübergangs auf Betriebsratsgremien, FS ARGE Arbeitsrecht im DAV, 2006, S. 621; *Hauck*, Betriebsübergang und Betriebsverfassungsrecht, FS Richardi, 2007, S. 537; *Hohenstatt/Müller-Bonanni*, Auswirkungen eines Betriebsinhaberwechsels auf Gesamtbetriebsrat und Gesamtbetriebsvereinbarungen, NZA 2003, 766; *Hoffmann/Alles*, Der „unternehmensübergreifende" Gesamtbetriebsrat, NZA 2014, 757; *Jacobs*, Gesamtbetriebsvereinbarungen und Betriebsübergang, FS Konzen, 2006, S. 345; *Jedzig*, Mitbestimmung des Betriebsrats bei der Durchführung von Betriebsvereinbarungen über Leistungsbeurteilung von Arbeitnehmern, DB 1991, 859; *Joost*, Betrieb und Unternehmen als Grundbegriffe im Arbeitsrecht, 1988; *Keim*, Die Rahmenkompetenz des Gesamtbetriebsrats, BB 1987, 962; *Kittner*, Die Zuständigkeit des Gesamtbetriebsrates, BlStSozArbR 1976, 232; *Klasen*, Betriebsvereinbarungen über die Mitgliederzahl des Gesamtbetriebsrats, DB 1993, 2180; *Klinkhammer*, Mitbestimmung im Gemeinschaftsunternehmen, 1977; *Konzen*, Unternehmensaufspaltungen und Organisationsänderungen im Betriebsverfassungsrecht, 1986; *Konzen*, Unternehmensaufspaltung und Betriebseinheit, AuR 1985, 341; *Kreft*, Normative Fortgeltung von Betriebsvereinbarungen nach einem Betriebsübergang, FS Wißmann, 2005, S. 347; *Kreutz*, Bestand und Beendigung von Gesamt- und Konzernbetriebsrat, FS Birk, 2008, S. 495; *Lange*, Die Fortgeltung von Betriebsvereinbarungen bei Umstrukturierungen, NZA 2017, 288; *Löwisch*, Verfahren und Institutionen der Kollektivverhandlungen auf der Ebene des Unternehmens und des Betriebes, RdA 1985, 209; *Löwisch*, Entsendung in den Gesamtbetriebsrat und Prinzip der Verhältniswahl, BB 2002, 1366; *Lunk*, Die originäre Zuständigkeit des Gesamtbetriebsrats gem. § 50 I 1 BetrVG – eine kritische Bestandsaufnahme der Fallgruppen, NZA 2013, 233; *Lunk/Leder*, Mitbestimmung des Betriebsrats bei freiwilligen Leistungen, NZA 2011, 249; *Mengel*, Betriebsratswahlen 2002 – Verkleinerung des Gesamtbetriebsrates erzwingen? NZA 2002, 409; *Mothes*, Die Zuständigkeit des Gesamtbetriebsrates bei Betriebsänderungen, AuR 1974, 325; *G. Müller*, Die Stellung des Gesamtbetriebsrates und des Konzernbetriebsrates nach dem neuen Betriebsverfassungsgesetz, FS Küchenhoff, 1972, 1. Halbbd., S. 283; *Mues*, Bestandsschutz und Änderbarkeit von Betriebsvereinbarungen nach Betriebsübergang und Betriebsteilübergang, DB 2003, 1273; *Neyses*, Abgrenzung der Zuständigkeit zwischen Gesamtbetriebsrat und Einzelbetriebsrat bei Versetzungen, BlStSozArbR 1976, 371; *Ohlendorf/Salamon*, Interessenausgleich mit Namensliste im Zuständigkeitsbereich des Gesamtbetriebsrates, NZA 2006, 131; *Peix*, Errichtung und Fortbestand des Gesamtbetriebsrates, 2008; *Preis*, Zur Betriebsratsfähigkeit politischer Parteien, FS Däubler, 1999, S. 261; *Reinhard*, Gesamtbetriebsrat und Gesamtbetriebsvereinbarungen nach Umstrukturierung, 2011; *Richardi*, Die Zuständigkeit des Gesamtbetriebsrats zur Mitbestimmungsausübung, FS Gitter, 1995, S. 789; *Rieble*, Delegation an den Gesamt- oder Konzernbetriebsrat, RdA 2005, 26; *Rieble/Gutzeit*, Betriebsvereinbarungen nach Umstrukturierungen, NZA 2003, 233; *Robrecht*, Die Gesamtbetriebsvereinbarung, 2008; *Röder/Gragert*, Mitbestimmungsrechte bei Untätigkeit eines zuständigen Gesamt- bzw. Konzernbetriebsrats am Beispiel von Betriebsänderungen, DB 1996, 1674 *Röder/Powietzka*, Gesamt- und Konzernbetriebsräte in internationalen Konzernunternehmen, DB 2004, 542; *Rumpff*, Die mitbestimmungsrechtliche Lage bei Verlegungen von Arbeitnehmern von einem Betrieb zu einem anderen Betrieb desselben Unternehmens, BB 1973, 707; *Rüthers*, Mitbestimmungsprobleme in Betriebsführungsaktiengesellschaften, BB 1977, 605; *Säcker*, Arbeitnehmerüberlassung und Konzern und Betriebsratsorganisation, FS Quack, 1991, S. 421; *Salamon*, Das Schicksal von Gesamtbetriebsvereinbarungen bei Betriebs- und Betriebsteilveräußerungen, 2006; *Salamon*, Die Fortgeltung von Gesamtbetriebsvereinbarungen beim Betriebsübergang, RdA 2007, 103; *Salamon*, Die Anbindung des Gesamtbetriebsrats an das Unternehmen, RdA 2008, 24; *Salamon*, Auslegung, Wegfall der Geschäftsgrundlage und Auflösung von Konkurrenzen bei Ge-

samtbetriebsvereinbarungen – Folgefragen der kollektivrechtlichen Fortgeltung beim Betriebsübergang, RdA 2009, 175; *Salamon,* Strategien im Zusammenhang mit der Zuständigkeitsverteilung zwischen Betriebs-, Gesamtbetriebs- und Konzernbetriebsrat, NZA 2013, 708; *Scharff,* Beteiligungsrechte von Arbeitnehmervertretungen bei Umstrukturierungen auf Unternehmens- und Betriebsebene, BB 2016, 437; *Schmelcher,* Auswirkungen einer unterbliebenen Errichtung des Gesamtbetriebsrats bei davon berührten personellen Einzelmaßnahmen, FS Gaul, 1992, S. 497; *Schmidt,* Gemeinschaftsbetriebe und Gesamtbetriebsrat, FS Küttner, 2006, S. 499; *Schmitt-Rolfes,* und Sozialplan in Unternehmen und Konzern, FS 50 Jahre BAG, 2004, S. 1081; *Schnitker/Grau,* Arbeitsrechtliche Aspekte von Unternehmensumstrukturierungen durch Anwachsung von Gesellschaftsanteilen, ZIP 2008, 394; *Schönhöft/Schönleber,* Zur Frage der Reduzierung von Mitbestimmungsgremien durch einen Gemeinschaftsbetrieb, BB 2013, 2485; *Schönhöft/Wertz,* Die Bildung eines Gesamtbetriebsrats bei Unternehmen, die ausschließlich Träger von Gemeinschaftsbetrieben sind, RdA 2010, 100; *Schwab,* Der Gesamtbetriebsrat – Rechtsstatus und Kompetenz, NZA-RR 2007, 505; *Siebert,* Die Zuständigkeit des Gesamtbetriebsrates, 1999; *Simitis,* Internationales Arbeitsrecht – Standort und Perspektiven, FS Kegel, 1977, S. 153; *Sowka/Weiss,* Gesamtbetriebsvereinbarung und Tarifvertrag bei Aufnahme eines neuen Betriebs in das Unternehmen, DB 1991, 1518; *Strasser,* Der Zuständigkeitsbereich des Gesamt-(Zentral-)betriebsrates nach deutschem und österreichischem Recht, FS Schnorr von Carolsfeld, 1973, S. 483; *Thüsing,* Zur Zuständigkeit des Gesamtbetriebsrats, ZfA 2010, 195; *Thüsing,* Folgen einer Umstrukturierung für Betriebsrat und Betriebsvereinbarung, DB 2004, 2474; *Thüsing,* Der Gesamt- und Konzernbetriebsrat als Dauerorgan – Zur Frage des Fortbestandes nach Neuwahl der Betriebsräte FA 2012, 322; *Trappehl/Nussbaum,* Auswirkungen einer Verschmelzung auf den Bestand von Gesamtbetriebsvereinbarungen, BB 2011, 2869; *Umnuß,* Organisation der Betriebsverfassung und Unternehmerautonomie, 1993; *Walk,* Die Mitbestimmung der im Betriebsverfassungsgesetz vorgesehenen Stellen (Gesamtbetriebsrat) bei Bestellung und Abberufung des Datenschutzbeauftragten des Unternehmens iSd. § 28 Bundesdatenschutzgesetz vom 27. Jan. 1977, Diss. Würzburg 1988; *Weiss/Raffler,* Auswirkungen von Restrukturierungen auf den Betriebsrat, FS Spiegelberger, 2009, S. 944; *Wendeling-Schröder,* Divisionalisierung, Mitbestimmung und Tarifvertrag, 1984; *Willemsen/Hohenstatt/Schweibert/Seibt,* Umstrukturierung und Übertragung von Unternehmen, 5. Aufl. 2016; *Zeuner,* Zur Bestimmung des für die Rechte nach § 102 BetrVG zuständigen Betriebsrates bei aufgespaltener Arbeitgeberstellung im Konzern, FS Hilger und Stumpf, 1983, S. 771; *Zimmer/Rupp,* Namensliste durch Gesamtbetriebsrat FA 2005, 259; *Zöllner,* Betriebs- und unternehmensverfassungsrechtliche Fragen bei konzernrechtlichen Betriebsführungsverträgen, ZfA 1983, 93.

Übersicht

	Rn.
I. Zweck	1
II. Voraussetzungen der Errichtung	2
1. Unternehmen	3
a) Unternehmensbegriff	4
b) Einheitlicher Rechtsträger	8
c) Mehrere Unternehmen eines Rechtsträgers	11
d) Gemeinsamer Betrieb	12
e) Auslandsbezug	13
2. Mehrere Betriebsräte	15
III. Bildung und Veränderungen	17
IV. Größe und Zusammensetzung	22
1. Grundsatz	22
2. Abweichungen	26
a) Gegenstand der Abweichungen	27
b) Regelungsinstrumente	28
c) Veränderung der Mitgliederzahl	30
d) Notwendige Verkleinerung des Gesamtbetriebsrats	32
V. Zuständigkeit	37
1. Allgemeine Stellung	37
2. Originäre Zuständigkeit	41
a) Grundlagen	41
b) Allgemeine Zuständigkeit	44
aa) Soziale Angelegenheiten	49
bb) Gestaltung von Arbeitsplatz, -ablauf und -umgebung	57
cc) Personelle Angelegenheiten	58
dd) Wirtschaftliche Angelegenheit	60
c) Besondere Zuständigkeit	61
3. Zuständigkeit kraft Auftrags	63

	Rn.
a) Zweck	63
b) Gegenstand	64
c) Form der Beauftragung	71
d) Ausführungspflicht des Gesamtbetriebsrats	73
e) Widerruf	74
VI. Stimmengewichtung	75
VII. Organisation und Geschäftsführung	79
1. Vorsitzender und stellvertretender Vorsitzender	80
a) Wahl	81
b) Aufgaben	83
c) Amtszeit	84
2. Gesamtbetriebsausschuss	85
a) Größe	86
b) Mitglieder	87
c) Aufgaben	88
d) Beschlussfassung	89
e) Beendigung	90
3. Weitere Ausschüsse	91
4. Sitzungen	92
5. Betriebsvereinbarungen	95
6. Beschlüsse	98
a) Freies Mandat	98
b) Beschlussfähigkeit	99
c) Stimmenmehrheit	100
d) Aussetzung von Beschlüssen	101
7. Sprechstunden	102
8. Geschäftsordnung	103
VIII. Rechtsstellung der Mitglieder	104
1. Ehrenamtliche Tätigkeit	104
2. Arbeitsbefreiung	105
3. Freistellungen	107
4. Schulungs- und Bildungsveranstaltungen	108
5. Schutzbestimmungen	109
6. Geheimhaltungspflicht	110
IX. Amtszeit	111
1. Amtszeit des Gesamtbetriebsrats	111
2. Beendigung der Mitgliedschaft	114
a) Abberufung durch den Betriebsrat	115
b) Erlöschen der Mitgliedschaft im Betriebsrat	116
c) Amtsniederlegung	117
d) Ausschluss durch gerichtliche Entscheidung	118
X. Kosten	122
XI. Streitigkeiten	124

I. Zweck

1 Ein Gesamtbetriebsrat ist in einem Unternehmen zu errichten, wenn dieses Unternehmen mehr als eine betriebsratsfähige Einheit im Inland unterhält und außerdem in mindestens zwei dieser Einheiten ein Betriebsrat existiert. Das gesetzgeberische Regelungsmodell baut auf dem in § 1 BetrVG normierten betriebsverfassungsrechtlichen Grundansatz auf, wonach erster und unmittelbarer Anknüpfungspunkt für die Bildung von Organen der Arbeitnehmerrepräsentation die Organisationseinheit des Betriebes ist. Weil jedoch „in Unternehmen mit mehreren Betrieben wichtige, die Arbeitnehmer betreffende Entscheidungen nicht auf der betrieblichen, sondern auf der Ebene der Unternehmensleitung ge-

II. Voraussetzungen der Errichtung

troffen werden"[1] können, wird die auf der betrieblichen Ebene angesiedelte betriebliche Mitbestimmung für **auf der Unternehmensebene zu treffende Entscheidungen** durch eine auf der Unternehmensebene angesiedelte betriebsverfassungsrechtliche Mitbestimmungsorganisation ergänzt. Die Unternehmensebene bildet somit die zweite betriebsverfassungsrechtliche Repräsentationsstufe. Der Gesamtbetriebsrat nimmt auf dieser Ebene die Funktion des Vertretungsorganes der Arbeitnehmer gegenüber der Unternehmensleitung in Fragen der betrieblichen Mitbestimmung wahr. Die Mitbestimmung auf dieser Stufe dient im Wesentlichen dazu, betriebsübergreifende, unternehmenseinheitliche Regelungen zu schaffen (§ 50 Abs. 1 S. 1 BetrVG), die Betriebsräte zu unterstützen (§ 50 Abs. 2 BetrVG) und für betriebsratslose Betriebe tätig zu werden (§§ 17, 50 Abs. 1 S. 1 aE BetrVG). Sein Wirkungskreis weist den Gesamtbetriebsrat als Unternehmensorgan aus

II. Voraussetzungen der Errichtung

Ein Gesamtbetriebsrat ist nach § 47 Abs. 1 BetrVG zwingend zu errichten, wenn in einem Unternehmen mehrere betriebsratsfähige Einheiten vorhanden sind und mindestens zwei Betriebsräte bestehen. Es handelt sich um **zwingendes Organisationsrecht,** so dass den Betriebsräten, die den Gesamtbetriebsrat zu errichten haben, keine Wahlfreiheit betreffend dessen Errichtung zusteht. Insbesondere kommt es auch nicht darauf an, ob alle oder einzelne Betriebsräte die Bildung eines Gesamtbetriebsrats für notwendig erachten oder objektiv ein Bedarf für dessen Errichtung vorhanden ist.[2] Die Bildung des Gesamtbetriebsrats muss in jedem Fall erfolgen, wenn die gesetzlichen Voraussetzungen gegeben sind. Hierin liegt ein wesentlicher Unterschied zum Konzernbetriebsrat, dessen Errichtung nur fakultativ vorgesehen ist. Wird die Bildung eines Gesamtbetriebsrats trotz Vorliegens der Errichtungsvoraussetzungen von einem oder mehreren Betriebsräten verhindert, so liegt hierin idR eine grobe Pflichtverletzung des entsprechenden Betriebsrats gemäß § 23 Abs. 1 BetrVG. Entsendet ein Betriebsrat keine Vertreter in einen bereits errichteten Gesamtbetriebsrat, verletzt er zumindest im Falle beharrlicher Weigerung[3] ebenfalls seine ihm obliegenden Pflichten im groben, eine Amtsenthebung nach § 23 Abs. 1 BetrVG rechtfertigendem Maße.[4] Durch Tarifvertrag oder Betriebsvereinbarung können keine vom Gesetz abweichenden Regelungen für die Errichtung oder die Zuständigkeit des Gesamtbetriebsrats geschaffen werden.[5]

1. Unternehmen

Die Bildung eines Gesamtbetriebsrats ist nur für ein einheitliches Unternehmen zulässig. Betriebe bzw. Betriebsräte eines anderen Unternehmens können an dessen Errichtung nicht beteiligt werden und keine Mitglieder in diesen Gesamtbetriebsrat entsenden.[6] Damit erlangt der Unternehmensbegriff zentrale Bedeutung für die Errichtung, Organisation und Funktion des Gesamtbetriebsrats.

a) Unternehmensbegriff. Der Begriff des Unternehmens ist im BetrVG selbst nicht definiert. Nach überkommener Begriffsbildung ist ein Unternehmen eine organisatorische Einheit, innerhalb derer der Unternehmer allein oder in Gemeinschaft mit seinen Mitarbeitern mit Hilfe von sachlichen und immateriellen Mitteln bestimmte, über den arbeitstechnischen Zweck des Betriebs hinausgehende Zwecke fortgesetzt verfolgt. Dieser Unternehmensbegriff wäre allerdings zu weit, wenn man jedweden weitergehenden Zweck

---

[1] Bericht des Ausschusses für Arbeit und Sozialordnung, BT-Drs. VI/2729, 13.
[2] BAG 23.9.1980 – 6 ABR 8/78, AP BetrVG 1972 § 47 Nr. 4.
[3] So HWK/*Hohenstatt/Dzida* BetrVG § 47 Rn. 16.
[4] Richardi BetrVG/*Annuß* § 47 Rn. 40; GK-BetrVG/*Kreutz/Franzen* § 47 Rn. 30; HWGNRH/*Glock* § 47 Rn. 24.
[5] BAG 15.8.1978 – 6 ABR 56/77, DB 1978, 2224.
[6] Zur Frage eines TV über die Bildung eines unternehmensübergreifenden Gesamtbetriebsrats s. *Bachner* NZA 1996, 400 (404f.).

für die Definition des Unternehmens als ausreichend ansehen würde. In diesem Fall müsste ein Unternehmen stets angenommen werden, wenn unter organisatorischen Gesichtspunkten eine Einheit festgestellt werden kann, die einen den oder die die unternehmensangehörigen Betriebe prägenden arbeitstechnischen Zwecke übersteigenden, entfernteren Zweck verfolgt. Folgerichtig müsste dann der Rechtsträger des Unternehmens mehrere organisatorische Einheiten und damit mehrere Unternehmen haben können. Die dreistufige Repräsentationskonzeption des Betriebsverfassungsgesetzes in Gestalt der Betriebsräte, der Gesamtbetriebsräte und des Konzernbetriebsrats würde damit unterlaufen werden. Wenn ein Rechtsträger mehrere Unternehmen haben könnte, so wären für sie jeweils verschiedene Gesamtbetriebsräte zu errichten. Eine mitbestimmungsrechtliche Vertretung auf der Leitungs- oder Entscheidungsebene des Rechtsträgers könnte dagegen nicht gebildet werden. Ein Konzernbetriebsrat wäre auf dieser Ebene nicht denkbar, weil der Rechtsträger gegenüber seinen rechtlich unselbständigen Unternehmen kein herrschendes Unternehmen ist.

5   Folgerichtig hat das BAG die überkommene Definition des Unternehmens in mehreren Entscheidungen übernommen,[7] den sich daraus ergebenden Unternehmensbegriff für die die Bildung des Gesamtbetriebsrats regelnden Bestimmungen des BetrVG aber modifiziert, indem es auf die **Eigenschaft als eigenständiger Rechtsträger** abstellt. Danach knüpft der Unternehmensbegriff des BetrVG an die Gesetze an, die für das Unternehmen die zwingenden Rechts- und Organisationsformen vorschreiben, also das AktG, das GmbHG, das HGB und das BGB.[8] Unternehmen iSd BetrVG ist danach der zivil- und handelsrechtliche Träger der Unternehmensorganisation. Zur Erfassung des betriebsverfassungsrechtlichen Unternehmensbegriffes muss mithin zu der überkommenen Unternehmensdefinition hinzukommen, dass der den oder die arbeitstechnischen Zwecke der Betriebe übersteigende weitergehende Zweck durch einen Träger mit eigenständiger Rechtspersönlichkeit wahrgenommen wird. Dies kann sowohl in der Organisationsform einer juristischen Person – AktG, GmbH, VVaG, Genossenschaft, SE oder eV – oder einer Personen(handels)gesellschaft – OHG, KG, BGB-Gesellschaft – bzw. eines nichtrechtsfähigen Vereines, wie auch durch eine natürliche Person erfolgen.

6   Diese Begriffsbestimmung steht in Übereinstimmung mit der dreistufigen betriebsverfassungsrechtlichen Konzeption für eine an der jeweiligen Entscheidungsverortung orientierten Mitbestimmungsorganisation mit der Bildung von Betriebsräten auf der Ebene der Betriebe als Mitbestimmungspartner der Betriebsleitungen, der Bildung von Gesamtbetriebsräten als Repräsentant der Arbeitnehmer gegenüber der Unternehmensleitung und der mitbestimmungsrechtlichen Repräsentation auf der den Rechtsträger überschreitenden Ebene des Konzerns durch den Konzernbetriebsrat. Die dem Gesamtbetriebsrat zugeordnete Ebene ist deshalb die **Ebene des Rechtsträgers,** auf der unternehmerische Entscheidungen fallen (können), die der Mitbestimmung unterliegen. Unternehmen im Sinne des Betriebsverfassungsrechts ist deshalb der zivil- und handelsrechtliche Unternehmensträger.[9] Das Unternehmen umfasst den gesamten Geschäftsbereich des Arbeitgebers.[10]

7   Der von dem Unternehmen verfolgte unternehmerische Zweck ist für die Definition des Unternehmensbegriffs ohne Bedeutung.[11] Der Arbeitgeber kann wirtschaftliche oder ideelle bzw. sonstige Zwecke verfolgen. Entscheidend ist, dass der Rechtsträger der Be-

---

[7] BAG 13.2.2007 – 1 AZR 184/06, NZA 2007, 825 (826 f.); BAG 23.9.1980 – 6 ABR 8/78, AP BetrVG 1972 § 47 Nr. 4.
[8] BAG 13.2.2007 – 1 AZR 184/06, NZA 2007, 825 (826 f.); abl. *Leipold* SAE 1977, 139 ff.; *Joost* S. 168 f.
[9] So zutreffend *Wiedemann*, Anm. zu BAG 11.12.1987 AP BetrVG 1972 § 47 Nr. 7 (wo jedoch für den Einzelkaufmann eine nicht begründete Ausnahme gemacht wird); zust. *Preis* FS Däubler S. 261 (269); vgl. dazu auch GK-BetrVG/*Kreutz/Franzen* § 47 Rn. 13.
[10] *Joost* S. 220.
[11] Zust. *Preis* FS Däubler S. 261 (269).

triebe bzw. betriebsratsfähigen Einheiten Arbeitgeber der dort beschäftigten Arbeitnehmer ist.[12]

b) Einheitlicher Rechtsträger. Die mitbestimmungsrechtliche Repräsentation der Arbeitnehmer auf Unternehmensebene setzt einen einheitlichen Rechtsträger des Unternehmens voraus.[13] Die **Rechtsform des Rechtsträgers ist ohne Bedeutung.** Träger eines Unternehmens können zB sein Kapitalgesellschaften (Aktiengesellschaft, GmbH, VVaG, Genossenschaft, SE), Personenhandelsgesellschaften (OHG, KG, PartG), Gesellschaften bürgerlichen Rechts, Vereine[14] oder Einzelunternehmer (Einzelkaufleute). Für Betriebe in der Trägerschaft verschiedener Rechtsträger (Unternehmen) kann kein einheitlicher Gesamtbetriebsrat gebildet werden.[15] Eine organisatorische, personelle oder wirtschaftliche Verflechtung von rechtlich selbständigen Unternehmen genügt für die Errichtung eines gemeinsamen Gesamtbetriebsrats ebenso wenig.[16] Führen daher die Gesellschafter einer Personen(handels)gesellschaft in ihrer Eigenschaft als natürliche Person ein weiteres Unternehmen, scheidet die Bildung eines Gesamtbetriebsrats mit den Betrieben des von der Gesellschaft geführten Unternehmens aus.[17] Aus dem gleichen Grund kommt auch in Franchiseunternehmen im Verhältnis von Franchisenehmer und Franchisegeber die Errichtung eines Gesamtbetriebsrats nicht in Betracht.[18] Bei einer GmbH & Co KG sind die KG und die Komplementär-GmbH jeweils eigenständige Unternehmen. Unterhält die Komplementär-GmbH einen eigenen Betrieb, kann zwischen der KG und GmbH kein Gesamtbetriebsrat gebildet werden.[19] Gleiches gilt für Mutter-, Tochter- bzw. Schwesterunternehmen selbst dann, wenn deren Gesellschafter vollständig identisch sind.[20] Stehen die rechtlich selbständigen Unternehmen in einem Konzernverhältnis, kann ein Konzernbetriebsrat gemäß § 54 BetrVG errichtet werden.

Keine Besonderheiten bestehen für sog. **Gemeinschaftsunternehmen.** Darunter ist eine rechtlich selbständige Gesellschaft – häufig in der Rechtsform einer BGB-Gesellschaft – zu verstehen, die von zwei oder mehreren rechtlich selbständigen Unternehmen (Unternehmensträgern) zur gemeinsamen Interessenverfolgung gebildet worden ist. Das Gemeinschaftsunternehmen ist ein rechtlich selbständiges Unternehmen im betriebsverfassungsrechtlichen Sinne. Unterhält das Gemeinschaftsunternehmen mehrere Betriebe bzw. betriebsratsfähige Einheiten mit mindestens zwei Betriebsräten, so wird für das Gemeinschaftsunternehmen ein Gesamtbetriebsrat gebildet. An der Bildung von Gesamtbetriebsräten im Bereich der Anteilseignergesellschaften des Gemeinschaftsunternehmens kann sich ein Betriebsrat des Gemeinschaftsunternehmens demgegenüber nicht beteiligen.

Wird ein Betrieb eines Unternehmens von einer selbständigen **Betriebsführungsgesellschaft** im Namen und für Rechnung des Unternehmens geführt, berührt dies die Zu-

---

[12] Ein Spitzenverband der freien Wohlfahrtspflege kann daher ohne weiteres ein Unternehmen sein; vgl. dazu BAG 23.9.1980 – 6 ABR 8/78, AP BetrVG 1972 § 47 Nr. 4.
[13] BAG 9.8.2000 – 7 ABR 56/98, NZA 2001, 116.
[14] Zu politischen Parteien und ihren Untergliederungen, s. BAG 9.8.2000 – 7 ABR 56/98, NZA 2001, 116; LAG Köln 9.6.1998 – 13 TaBV 97/97, NZA 1999, 102; *Preis* FS Däubler S. 261 (263 ff.).
[15] BAG 17.4.2012 – 3 AZR 400/10, BB 2013, 57; BAG 17.3.2010 – 7 AZR 706/08, DB 2010, 2812; BAG 23.1.2008 – 1 ABR 988/06, NZA 2008, 709; BAG 13.2.2007 – 1 AZR 184/06, NZA 2007, 825; BAG 9.8.2000 – 7 ABR 56/98, NZA 2001, 116, zum Verhältnis der Landesverbände der SPD zum SPD-Bundesverband; *Fitting* § 47 Rn. 10; Richardi BetrVG/*Annuß* § 47 Rn. 15; HWGNRH/*Glock* § 47 Rn. 10; ErfK/*Koch* BetrVG § 47 Rn. 3; *Hoffmann/Alles* NZS 2014, 757 (758); *Preis* FS Däubler S. 261 (270).
[16] BAG 29.11.1989 – 7 ABR 64/87, NZA 1990, 615; BAG 11.12.1987 – 7 ABR 49/87, DB 1988, 759.
[17] GK-BetrVG/*Kreutz/Franzen* § 47 Rn. 20.
[18] So auch *Fitting* § 47 Rn. 11; Richardi BetrVG/*Annuß* § 47 Rn. 12; GK-BetrVG/*Kreutz/Franzen* § 47 Rn. 25.
[19] *Fitting* § 47 Rn. 10; Richardi BetrVG/*Annuß* § 47 Rn. 13; ErfK/*Koch* BetrVG § 47 Rn. 2; GK-BetrVG/*Kreutz/Franzen* § 47 Rn. 20; HWGNRH/*Glock* § 47 Rn. 18; WPK/*Roloff* § 47 Rn. 4; DKKW/*Trittin* § 47 Rn. 25.
[20] ErfK/*Koch* BetrVG § 47 Rn. 3.

gehörigkeit des Betriebes zu dem die Betriebsführung in Auftrag gebenden Unternehmen nicht, selbst wenn die Betriebsführungsgesellschaft eigenes Führungspersonal vorhält. Es liegt lediglich eine besondere Gestaltung der Ausübung der Arbeitgeberkompetenzen vor. Der Betriebsrat ist an der Bildung des Gesamtbetriebsrats auf der Ebene des Unternehmens zu beteiligen. Führt die Betriebsführungsgesellschaft mehrere Betriebe desselben Unternehmens oder verschiedener Unternehmen, so ändert sich auch dadurch die Unternehmenszugehörigkeit der jeweiligen Betriebe nicht. Die in diesen Betrieben gebildeten Betriebsräte errichten daher auf der Ebene der Betriebsführungsgesellschaft keinen (Teil-)Gesamtbetriebsrat.[21] Anderes gilt allerdings, wenn die Betriebsführungsgesellschaft selbst Arbeitgeber der in dem von ihr geführten Betrieb beschäftigten Arbeitnehmer wird. In diesem Fall entfällt die Zuordnung des Betriebes zu dem die Betriebsführung in Auftrag gebenden Unternehmensträger mit der Folge, dass der Betriebsrat des geführten Unternehmens keine Vertreter in den bei dem Unternehmen gebildeten Gesamtbetriebsrat entsenden kann. Führt die Betriebsführungsgesellschaft mehrere derartige Betriebe, ist bei ihr ein eigener Gesamtbetriebsrat zu errichten.[22]

11 **c) Mehrere Unternehmen eines Rechtsträgers.** Zweifelhaft ist, ob ein einheitlicher Rechtsträger Träger mehrerer Unternehmen im betriebsverfassungsrechtlichen Sinne sein kann, für die verschiedene Gesamtbetriebsräte zu errichten wären. Dabei wird nach der Rechtsform des Rechtsträgers differenziert. Für Kapitalgesellschaften soll sich aus zwingenden organisatorischen Vorschriften der gesellschaftsrechtlichen Gesetze (AktG, GmbHG) ergeben, dass sie nur ein einziges Unternehmen betreiben können.[23] Gleiches wird überwiegend für Handelsgesellschaften vertreten.[24] Dagegen nimmt das Schrifttum zT an, dass ein Einzelunternehmer (Einzelkaufmann) Träger mehrerer Unternehmen im handelsrechtlichen und deshalb auch mehrerer Unternehmen im betriebsverfassungsrechtlichen Sinne sein könne, weil für Einzelunternehmer dies ausschließende organisationsrechtliche Bestimmungen fehlen würden.[25] Nach dieser Ansicht müssten für verschiedene Unternehmen desselben Einzelunternehmers verschiedene Gesamtbetriebsräte errichtet werden. Dem ist nicht zu folgen. Es ist in keiner Weise ersichtlich, woraus sich ergeben soll, dass die organisationsrechtlichen Bestimmungen handels- und gesellschaftsrechtlicher Gesetze verbindlich festlegen, auf welche Weise eine mitbestimmungsrechtliche Repräsentationsstufe festzustellen ist. Ebenso wenig ist zu erkennen, welche betriebsverfassungsrechtliche Wertung die Differenzierung zwischen einer Gesellschaft und dem Einzelunternehmer rechtfertigen soll.[26] Das Betriebsverfassungsrecht enthält keinen Anhaltspunkt dafür, dass die Erfordernisse der betriebsverfassungsrechtlichen Repräsentation von der Rechtsform des Unternehmensträgers abhängen. Entscheidend ist, dass im Betriebsverfassungsrecht mit dem Unternehmen als Mitbestimmungsebene der **gesamte Geschäftsbereich des Arbeitgebers als Rechtsträger** bezeichnet wird. Die Annahme mehrerer verschiedener Unternehmen desselben Rechtsträgers würde eine Mitbestimmung auf der

---

[21] HM, vgl. *Fitting* § 47 Rn. 14; Richardi BetrVG/*Annuß* § 47 Rn. 10; GK-BetrVG/*Kreutz/Franzen* § 47 Rn. 24; HWGNRH/*Glock* § 47 Rn. 16; DKKW/*Trittin* § 47 Rn. 28; *Rüthers* BB 1977, 605 (612); *Schwab* NZA-RR 2007, 505 (506); *Wiedemann*, Die Unternehmensgruppe im Privatrecht, 1988, S. 120 f.; aA *Säcker*, Die Wahlordnungen zum Mitbestimmungsgesetz, 1978, S. 79 ff.; *Säcker* FS Quack S. 421 (428 ff.); vgl. auch *Zöllner* ZfA 1983, 93 (97 ff.).
[22] BAG 29.11.1989 – 7 ABR 64/87, NZA 1990, 615; Richardi BetrVG/*Annuß* § 47 Rn. 10; ErfK/*Koch* BetrVG § 47 Rn. 4; GK-BetrVG/*Kreutz/Franzen* § 47 Rn. 24.
[23] BAG 9.8.2000 – 7 ABR 56/98, NZA 2001, 116; BAG 29.11.1989 – 7 ABR 64/87, NZA 1990, 615; BAG 5.12.1975 – 1 ABR 8/74, NJW 1976, 870; BAG 11.12.1987 – 7 ABR 49/87, DB 1988, 759; *Fitting* § 47 Rn. 12; Richardi BetrVG/*Annuß* § 47 Rn. 8; GK-BetrVG/*Kreutz/Franzen* § 47 Rn. 18; WPK/*Roloff* § 47 Rn. 3; DKKW/*Trittin* § 47 Rn. 24; HWK/*Hohenstatt/Dzida* BetrVG § 47 Rn. 3.
[24] BAG 29.11.1989 – 7 ABR 64/87, NZA 1990, 615; Richardi BetrVG/*Annuß* § 47 Rn. 8; aA *Jacobi*, Betrieb und Unternehmen als Rechtsbegriffe, 1926, S. 18 Anm. 46 a.
[25] DKKW/*Trittin* § 47 Rn. 26; *Nikisch* ArbR I S. 157; *Wiedemann/Strohn*, Anm. zu BAG AP BetrVG 1972 § 47 Nr. 1.
[26] Ebenso GK-BetrVG/*Kreutz/Franzen* § 47 Rn. 19; *Leipold* SAE 1977, 139 (140).

Leitungsebene des Rechtsträgers unmöglich machen und damit die dreistufige Konzeption des Betriebsverfassungsgesetzes (Betrieb, Unternehmen, Konzern) verfehlen. Auch ein Einzelunternehmer (Einzelkaufmann) kann deshalb betriebsverfassungsrechtlich nur Träger eines einzigen Unternehmens sein.[27] Für den gesamten Geschäftsbereich des Einzelunternehmers ist daher ein einheitlicher Gesamtbetriebsrat zu errichten.

d) Gemeinsamer Betrieb. Mehrere Arbeitgeber (Unternehmensträger) können einen gemeinsamen Betrieb führen, für den ein einheitlicher Betriebsrat zu bilden ist (§ 1 Abs. 1 S. 2, Abs. 2 BetrVG). Ein derartiger Gemeinschaftsbetrieb liegt allerdings nur dann vor, wenn die verschiedenen Arbeitgeber keine rechtliche Verbindung, zB in der Rechtsform einer BGB-Gesellschaft, eingehen, die einen neuen Rechtsträger entstehen lässt, der seinerseits Arbeitgeber ist. In diesem Fall läge ein gewöhnlicher Betrieb der BGB-Gesellschaft als einheitlichem Rechtsträger vor.[28] Wird ein echter Gemeinschaftsbetrieb von mehreren Arbeitgebern geführt, so bildet der Geschäftsbereich jedes Arbeitgebers ein Unternehmen im betriebsverfassungsrechtlichen Sinne, dem der Gemeinschaftsbetrieb jeweils vollumfänglich zuzuordnen ist. Die gemeinschaftliche Führung des Betriebs hat (allein) nicht zur Folge, dass ein gesondertes (gemeinsames) Unternehmen entstünde. Der Gemeinschaftsbetrieb gehört jedem dieser Unternehmen an. Der Betriebsrat des Gemeinschaftsbetriebs ist daher an der Bildung der Gesamtbetriebsräte aller den Gemeinschaftsbetrieb tragenden Unternehmen zu beteiligen[29] (vgl. § 47 Abs. 9 BetrVG). Ein gemeinsamer Gesamtbetriebsrat für die an der Trägerschaft des Gemeinschaftsbetriebs beteiligten Unternehmen kann allerdings nicht gebildet werden und zwar auch dann nicht, wenn die an dem Gemeinschaftsbetrieb beteiligten Unternehmen nicht nur Träger eines sondern Träger mehrerer Gemeinschaftsbetriebe sind.[30]

e) Auslandsbezug. Keine Besonderheiten bestehen, wenn ein in einer ausländischen Rechtsform – zB als britische Ltd. – organisiertes ausländisches Unternehmen seinen Sitz im Inland hat. Liegen die sonstigen Voraussetzungen vor, ist im Inland ein Gesamtbetriebsrat zu bilden.[31] Wenn ein Unternehmen mit inländischen Betrieben seinen **Sitz im Ausland** hat, ist das deutsche Betriebsverfassungsrecht auf das Unternehmen als solches infolge des Territorialitätsprinzips nicht anwendbar. Bei dem im Ausland ansässigen Unternehmen kann daher ein Gesamtbetriebsrat nach § 47 BetrVG nicht errichtet werden. Das Territorialitätsprinzip verhindert aber nicht die Anwendung des deutschen Betriebsverfassungsrechts auf die im Inland belegenen betriebsratsfähigen Einheiten und die dort bestehenden Betriebsräte. Im Inland muss ein ausländisches Unternehmen das deutsche Betriebsverfassungsrecht anwenden. Deshalb ist für die inländischen Betriebe ein Gesamtbetriebsrat nach § 47 BetrVG zu errichten, wenn mindestens zwei Betriebsräte im Inland bestehen.[32] Dem Gesamtbetriebsrat können nur Mitglieder der Betriebsräte der in

---

[27] *Fitting* § 47 Rn. 13; Richardi BetrVG/*Annuß* § 47 Rn. 9; GK-BetrVG/*Kreutz/Franzen* § 47 Rn. 19; *Joost* S. 218 ff.; zust. *Konzen*, Unternehmensaufspaltungen, S. 93; *Umnuß*, Betriebsverfassung und Unternehmensautonomie, S. 146; wohl auch BeckOK ArbR/*Mauer* § 47 BetrVG Rn. 4; offengelassen bei HWK/*Hohenstatt/Dzida* BetrVG § 47 Rn. 3.
[28] *Joost* S. 262; vgl. BAG 5.12.1975 – 1 ABR 8/74, NJW 1976, 870.
[29] BAG 13.2.2007 – 1 AZR 184/06, NZA 2007, 825; dazu *Fitting* § 47 Rn. 15, 80; Richardi BetrVG/*Annuß* § 47 Rn. 77; ErfK/*Koch* BetrVG § 47 Rn. 5; WPK/*Roloff* § 47 Rn. 4, 11; *Schmidt* FS Küttner S. 499 (502); *Schönhöft/Schönleber* BB 2013, 2485 (2488).
[30] BAG 17.3.2010 – 7 AZR 706/08, DB 2010, 2812; BAG 13.2.2007 – 1 AZR 184/06, NZA 2007, 825; dazu *Fitting* § 47 Rn. 80; *Peix*, Errichtung und Fortbestand Gemeinschaftsbetrieb, S. 46; aA GK-BetrVG/*Kreutz/Franzen* § 47 Rn. 22; *Windbichler*, Arbeitsrecht im Konzern, S. 294; *Schönhöft/Wertz* BB 2010, 100 (103).
[31] *Röder/Powietzka* DB 2004, 542.
[32] HM, vgl. *Fitting* § 1 Rn. 13; § 47 Rn. 23; ErfK/*Koch* BetrVG § 47 Rn. 5; GK-BetrVG/*Kreutz/Franzen* § 47 Rn. 9; DKKW/*Trittin* § 47 Rn. 33; *Birk* FS Schnorr v. Carolsfeld S. 61 (83); *Birk* RdA 1984, 127 (137); *Simitis* FS Kegel S. 153 (179); *Auffarth* FS Hilger und Stumpf S. 31 (34).

Deutschland belegenen Betriebe angehören. Entgegen einer zT vertretenen Auffassung[33] ist es nicht erforderlich, dass das ausländische Unternehmen in einer Weise organisiert ist, dass in Deutschland eine die im Inland belegenen Betriebe umfassende, gesonderte betriebsübergreifende Organisation als Ansprechpartner für den Gesamtbetriebsrat vorhanden ist. Vielmehr ist der ausländische Unternehmensträger der Ansprechpartner des Gesamtbetriebsrats; ihm obliegt es, sein Unternehmen so zu organisieren, dass dem Gesamtbetriebsrat ein für die im Inland anfallenden Mitbestimmungsangelegenheiten geeigneter Ansprechpartner zur Verfügung steht. Im Zweifel ist dies die ausländische Unternehmensleitung.

14 Auf **im Ausland befindliche Betriebe** eines inländischen Unternehmens ist das deutsche Betriebsverfassungsrecht aufgrund des Territorialitätsprinzips ebenfalls nicht anzuwenden. Arbeitnehmervertretungen ausländischer Betriebe können daher an der Bildung des inländischen Gesamtbetriebsrats nicht beteiligt werden.[34] Ein Gesamtbetriebsrat ist in diesen Fällen für die inländischen Betriebe zu bilden, wenn diese für sich genommen die sonstigen Errichtungsvoraussetzungen erfüllen, insbesondere also im Inland mehrere betriebsratsfähige Einheiten und mindestens zwei Betriebsräte vorhanden sind. Der Gesamtbetriebsrat besitzt keine Regelungskompetenzen für Angelegenheiten, die die im Ausland belegenen Betriebe des inländischen Unternehmens betreffen.

2. Mehrere Betriebsräte

15 Ein Gesamtbetriebsrat wird gemäß § 47 Abs. 1 BetrVG gebildet, wenn in dem Unternehmen mehrere Betriebsräte bestehen, also mindestens zwei. Es ist weder ausreichend noch erforderlich, dass es sich um mehrere Betriebe handelt; ausreichend ist das Vorhandensein von mindestens zwei betriebsratsfähigen Einheiten. Sind für einen Betrieb mehrere Betriebsräte gemäß § 4 Abs. 1 S. 1 BetrVG gebildet worden, so genügt dies für die Errichtung eines Gesamtbetriebsrats. Hat ein Unternehmen **mehrere Betriebe,** ist aber nur **ein Betriebsrat** gebildet worden, so ist die Errichtung eines Gesamtbetriebsrats demgegenüber nicht möglich. Nicht erforderlich ist, dass für alle betriebsratsfähigen Einheiten tatsächlich ein Betriebsrat gewählt worden ist, solange nur mindestens zwei Betriebsräte vorhanden sind. Betriebsratslose Betriebe sind allerdings im Gesamtbetriebsrat nicht vertreten.

16 Sind bei der Wahl eines Betriebsrates die Grenzen der betriebsratsfähigen Einheit falsch beurteilt worden, so wirkt sich dies auf die Errichtung des Gesamtbetriebsrats solange nicht aus, als die Wahl des Betriebsrates nicht erfolgreich angefochten worden ist oder wegen eines schweren und offensichtlichen Mangels als nichtig anzusehen ist. Die Errichtung des Gesamtbetriebsrats ist insoweit als wirksam zu behandeln. Wird die Wirksamkeit der Anfechtung einer Betriebsratswahl rechtskräftig festgestellt oder ist die Betriebsratswahl nichtig, ist der Betriebsrat nicht wirksam im Amt und kann sich an der Bildung des Gesamtbetriebsrats nicht beteiligen. Ist der Gesamtbetriebsrat von (nur) zwei Betriebsräten gebildet worden, führt die Nichtigkeit oder rechtskräftige Anfechtung einer Betriebsratswahl aufgrund des Fehlens bzw. Wegfalls der Errichtungsvoraussetzungen für die Bildung eines Gesamtbetriebsrats zur Unwirksamkeit der Errichtung des Gesamtbetriebsrats und damit zu dessen automatischem Erlöschen. Sind mehr als zwei Betriebsräte an der Errichtung des Gesamtbetriebsrats beteiligt, führt die rechtskräftige Anfechtung oder Nichtigkeit der Wahl eines Betriebsrates nur dazu, dass dieser Betriebsrat keine Vertreter in den Gesamtbetriebsrat entsenden kann. Der Wirksamkeit der Errichtung des Gesamtbetriebsrats im Übrigen steht ein solcher Mangel nicht entgegen.

---

[33] WHSS/*Hohenstatt* D 148; HWK/*Hohenstatt*/*Dzida* BetrVG § 47 Rn. 4; *Röder*/*Powietzka* DB 2004, 542 (544); Richardi BetrVG/*Annuß* § 47 Rn. 21; *Gaul* AWD 1974, 471 (473 ff.).
[34] HM, vgl. Richardi BetrVG/*Annuß* § 47 Rn. 19; GK-BetrVG/*Kreutz*/*Franzen* § 47 Rn. 8; ErfK/*Koch* BetrVG § 47 Rn. 5; HWGNRH/*Glock* § 47 Rn. 21; HWK/*Hohenstatt*/*Dzida* BetrVG § 47 Rn. 5; aA DKKW/*Trittin* § 47 Rn. 42; *Birk* FS Schnorr v. Carolsfeld S. 61 (83), die eine Beteiligung ausländischer Arbeitnehmervertretungen an einem im Inland gebildeten Gesamtbetriebsrat für möglich halten, wenn die ausländische Arbeitnehmervertretung der inländischen vergleichbar ist.

III. Bildung und Veränderungen

Die Bildung eines Gesamtbetriebsrats erfolgt, anders als die Bildung des Konzernbetriebsrats, nicht durch einen Beschluss der beteiligten Betriebsräte, sondern durch die **Entsendung von Betriebsratsmitgliedern** in den Gesamtbetriebsrat.[35] Entsendungszuständig ist der jeweilige Betriebsrat; eine Wahl der zu entsendenden Mitglieder durch die Arbeitnehmer des Betriebes, durch Wahlmänner[36], in der Betriebsversammlung oder durch den Betriebsausschuss[37] ist ebenso unzulässig, wie eine Festlegung durch den Gesamtbetriebsrat selbst.[38] Für einen durch Tarifvertrag nach § 47 Abs. 4 BetrVG verkleinerten Gesamtbetriebsrat kann die Entsendungsbefugnis durch tarifvertragliche Regelung auf die Versammlung derjenigen Betriebsräte verlagert werden, die nach der tarifvertraglichen Regelung gemeinsam Mitglieder in den Gesamtbetriebsrat zu entsenden haben.[39] Den Betriebsräten obliegt bei Vorliegen der Errichtungsvoraussetzungen eine gesetzliche Verpflichtung zur Errichtung eines Gesamtbetriebsrats, so dass ihnen insoweit kein Ermessensspielraum zusteht. Sie sind zu der Entsendung von Mitgliedern und damit der Errichtung des Gesamtbetriebsrats verpflichtet. Die Verpflichtung besteht für alle im Unternehmen im Inland bestehenden Betriebsräte einschließlich solcher, die (nur noch) aufgrund eines Übergangsmandates nach § 21a BetrVG[40] oder eines Restmandates nach § 21b BetrVG[41] tätig sind. Im letztgenannten Fall dürfen sich die das Restmandat eines Betriebsrates wahrnehmenden Vertreter allerdings nur an Entscheidungen beteiligen, die von dem Restmandat umfasst sind. Der Gesamtbetriebsrat entsteht durch die Entsendung der Betriebsratsmitglieder zur konstituierenden Sitzung, in welcher nach § 51 Abs. 2 BetrVG der Vorsitzende und der stellvertretende Vorsitzende des Gesamtbetriebsrats gewählt werden.

Zuständig für die Einladung aller Betriebsräte zur konstituierenden Sitzung ist der Betriebsrat der **Hauptverwaltung des Unternehmens** (§ 51 Abs. 2 S. 1 BetrVG). Ist für die Hauptverwaltung des Unternehmens und weitere betriebliche Bereiche (Produktionsbetrieb, Dienstleistung) ein einheitlicher Betriebsrat gebildet worden, so ist dieser Betriebsrat für die Einladung zuständig.[42] Gibt es keine Hauptverwaltung oder wird sie durch keinen Betriebsrat repräsentiert, so ist der Betriebsrat zuständig, der nach der Zahl der wahlberechtigten Arbeitnehmer der größte Betrieb des Unternehmens ist (§ 51 Abs. 2 S. 1 BetrVG). Entscheidend ist die Anzahl der Arbeitnehmer, die anlässlich der letzten Betriebsratswahlen in die Wählerlisten eingetragen waren. Da die Bildung des Gesamtbetriebsrats eine gesetzliche Pflicht der Betriebsräte ist, wird man im Falle des Unterbleibens einer Einladung die Betriebsräte für berechtigt halten müssen, selbst zu der konstituierenden Sitzung einzuladen[43] oder ohne weitere Förmlichkeiten selbst zu einer Sitzung zusammenzukommen,[44] um die Wahl des Vorsitzenden und seines Stellvertreters durchzuführen. Der Wirksamkeit der Errichtung des Gesamtbetriebsrats steht auch nicht entge-

---

[35] BAG 5.12.1975 – 1 ABR 8/74, NJW 1976, 870; BAG 21.7.2004 – 7 ABR 58/03, NZA 2005, 170; BAG 25.5.2005 – 7 ABR 10/04, NZA 2006, 215; zu der Frage, ob zwischen der Errichtung und der Konstituierung zu unterscheiden ist, vgl. einerseits bejahend Richardi BetrVG/*Annuß* § 47 Rn. 25, 41; HWGNRH/*Glock* § 47 Rn. 25; und andererseits – gleichsetzend – GK-BetrVG/*Kreutz/Franzen* § 47 Rn. 46.
[36] Dazu BAG 15.8.1978 – 6 ABR 56/77, DB 1978, 2224; BeckOK ArbR/*Mauer* BetrVG § 47 Rn. 6.
[37] *Fitting* § 47 Rn. 28; Richardi BetrVG/*Annuß* § 47 Rn. 29; WPK/*Roloff* § 47 Rn. 9; nach der Mindermeinung von GK-BetrVG/*Kreutz/Franzen* § 47 Rn. 39, ist der Betriebsausschuss berechtigt, die Betriebsratsmitglieder zu benennen, die in den Gesamtbetriebsrat entsandt werden.
[38] ErfK/*Koch* BetrVG § 47 Rn. 6.
[39] BAG 25.5.2005 – 7 ABR 10/04, NZA 2006, 215; dazu ErfK/*Koch* BetrVG § 47 Rn. 7.
[40] Richardi BetrVG/*Annuß* § 47 Rn. 25.
[41] Richardi BetrVG/*Annuß* § 47 Rn. 25; aA *Peix*, Errichtung und Fortbestand des Gesamtbetriebsrats, S. 269.
[42] *Fitting* § 51 Rn. 8; Richardi BetrVG/*Annuß* § 51 Rn. 25; GK-BetrVG/*Kreutz/Franzen* § 51 Rn. 9; WPK/*Roloff* § 51 Rn. 4; DKKW/*Trittin* § 51 Rn. 6.
[43] GK-BetrVG/*Kreutz/Franzen* § 51 Rn. 15.
[44] *Fitting* § 51 Rn. 11; Richardi BetrVG/*Annuß* § 51 Rn. 28; WPK/*Roloff* § 51 Rn. 4; ErfK/*Koch* BetrVG § 51 Rn. 1; DKKW/*Trittin* § 51 Rn. 9.

gen, wenn die Einladung zu der konstituierenden Sitzung unter Formmängeln leidet, bspw. ein entsprechender Einladungsbeschluss des einladenden Betriebsrates fehlt, oder wenn die Entsendungsbeschlüsse der beteiligten Betriebsräte bereits vor der Einladung gefasst werden.[45] War der Einladung die Tagesordnung für die konstituierende Sitzung nicht beigefügt, kann der darin liegende Mangel dadurch geheilt werden, dass die anwesenden Mitglieder zu Beginn der konstituierenden Sitzung eine Tagesordnung einstimmig festlegen.[46]

19 Bei **Mängeln der Errichtung** ist nicht wie bei einer Betriebsratswahl zwischen Anfechtbarkeit und Nichtigkeit zu unterscheiden. Wird die Errichtung nicht entsprechend den gesetzlichen Vorgaben vorgenommen, so ist die Bildung des Gesamtbetriebsrats unwirksam. Dies kann im arbeitsgerichtlichen Beschlussverfahren festgestellt werden.[47] Ein besonderes Anfechtungsverfahren gibt es nicht. Im Hinblick auf die praktischen Erfordernisse liegt es nahe, die Geltendmachung der Unwirksamkeit nur für die Zukunft zuzulassen.

20 Da der **Gesamtbetriebsrat eine Dauereinrichtung** ist, gibt es eine Amtszeit des Gesamtbetriebsrats nicht; seine Existenz ist von der Amtszeit der einzelnen Betriebsräte und der Zugehörigkeit seiner Mitglieder zum Gesamtbetriebsrat unabhängig.[48] Der Gesamtbetriebsrat besteht deshalb auch über die Wahlperiode der einzelnen Betriebsräte und über das Ausscheiden einzelner Mitglieder aus dem Gesamtbetriebsrat hinaus fort; er verändert sich lediglich in seiner Zusammensetzung. Selbst der Umstand, dass betriebsratsfähige Einheiten, die bisher im Gesamtbetriebsrat vertreten waren, wegfallen, weil sie keinen Betriebsrat mehr haben, weil ihre Betriebsratsfähigkeit erlischt oder weil sie aus dem Verbund des Unternehmens ausscheiden, berührt den Bestand des Gesamtbetriebsrats nicht, sondern hat nur Auswirkungen auf dessen Zusammensetzung, sofern nur mindestens zwei betriebsratsfähige Einheiten mit jeweils einem Betriebsrat verbleiben. Entsprechendes gilt, wenn nachträglich weitere betriebsratsfähige Einheiten hinzukommen, sei es, dass das Unternehmen Betriebe neu errichtet oder bestehende Betriebe von Dritten hinzuerwirbt. Die in diesen Betrieben gebildeten Betriebsräte sind verpflichtet, die entsprechende Anzahl von Mitgliedern in den – bestehenden – Gesamtbetriebsrat zu entsenden, der sich hierdurch zwar in seiner Zusammensetzung, nicht aber in seinem Bestand verändert. Die Existenz eines bestehenden Gesamtbetriebsrats endet erst dann, wenn seine Gründungsvoraussetzungen entfallen, sei es, dass das Unternehmen seine rechtliche Existenzfähigkeit – zB durch Liquidation, bestimmte umwandlungsrechtliche Maßnahmen oder Aufgabe der unternehmerischen Tätigkeit durch eine natürliche Person als Unternehmensträger – verliert,[49] dass sich die Anzahl der im Unternehmen vorhanden betriebsratsfähigen Einheiten auf eine reduziert oder dass nur noch in einem der im Unternehmen vorhandenen betriebsratsfähigen Einheiten ein Betriebsrat existiert.[50] Ein nur vorübergehender Wegfall der Gründungsvoraussetzungen, der zB dadurch entstehen kann, dass sich in einem von zwei Betrieben eines Unternehmens die Neuwahl des Betriebsrates verzögert hat oder eine Betriebsratswahl wirksam angefochten wird und deshalb für einen kurzfristigen Zeit-

---

[45] BAG 15.10.2014 – 7 ABR 53/12, NZA 2015, 1014.
[46] BAG 15.10.2014 – 7 ABR 53/12, NZA 2015, 1014; dazu *Fitting* § 51 Rn. 11.
[47] BAG 15.8.1978 – 6 ABR 56/77, DB 1978, 2224.
[48] BAG 15.10.2014 – 7 ABR 53/12, NZA 2015, 1014; BAG 9.2.2011 – 7 ABR 11/10, NZA 2011, 866 (mit schwerpunktmäßigen Ausführungen zum Parallelproblem beim Konzernbetriebsrat); BAG 20.6.2005 – 7 ABR 30/04, BeckRS 30804497; BAG 16.3.2005 – 7 ABR 37/04, NZA 2005, 1069; BAG 5.6.2002 – 7 ABR 17/01, NZA 2003, 336; *Fitting* § 47 Rn. 26; Richardi BetrVG/*Annuß* § 47 Rn. 26; GK-BetrVG/ *Kreutz/Franzen* § 47 Rn. 49; ErfK/*Koch* BetrVG § 47 Rn. 11; DKKW/*Trittin* § 47 Rn. 11; BeckOK ArbR/*Mauer* BetrVG § 51 Rn. 1; *Thüsing* FA 2012, 322.
[49] Dazu GK-BetrVG/*Kreutz/Franzen* § 47 Rn. 54 f.; HWK/*Hohenstatt/Dzida* BetrVG § 47 Rn. 9.
[50] BAG 15.10.2014 – 7 ABR 53/12, NZA 2015, 1014; BAG 16.3.2005 – 7 ABR 37/04, NZA 2005, 1069; BAG 5.6.2002 – 7 ABR 17/01, NZA 2003, 336; *Fitting* § 47 Rn. 26; Richardi BetrVG/*Annuß* § 47 Rn. 27; GK-BetrVG/*Kreutz/Franzen* § 47 Rn. 52; WHSS/*Hohenstatt* D 99; *Kreutz* FS Birk S. 495 (501 f.).

III. Bildung und Veränderungen

raum im Unternehmen nur ein Betriebsrat besteht, hat allerdings auf den Bestand des Gesamtbetriebsrats keine Auswirkungen.[51]

Diese Grundsätze gelten grds. in gleicher Weise auch für **Umstrukturierungen des Unternehmens,** in dem der Gesamtbetriebsrat gebildet ist. Scheiden einzelne Betriebe aus dem Unternehmen aus, weil sie stillgelegt oder – unabhängig davon, ob dies im Wege der Einzelrechtsnachfolge oder einer umwandlungsrechtlichen Abspaltung oder Ausgliederung erfolgt[52] – auf einen anderen Unternehmensträger übertragen werden, berührt dies die Existenz des bestehenden Gesamtbetriebsrats nicht, solange nur mindestens zwei betriebsratsfähige Einheiten mit Betriebsräten verbleiben.[53] Der Gesamtbetriebsrat verliert allerdings seine Zuständigkeit für den oder die übergegangenen Betriebe; ein Übergangsmandat für den Gesamtbetriebsrat besteht nicht.[54] Besteht bei dem übernehmenden Unternehmen bereits ein Gesamtbetriebsrat, entsendet der Betriebsrat des übergegangenen Betriebes nach dem Übergang entsprechende Vertreter in diesen Gesamtbetriebsrat, wenn der übergegangene Betrieb als eigenständiger Betrieb bestehen und der Betriebsrat deshalb im Amt bleibt. Liegen nach der Übernahme beim übernehmenden Rechtsträger erstmalig die Voraussetzungen für die Bildung eines Gesamtbetriebsrats vor, weil dieser Rechtsträger bisher Träger nur eines Betriebes gewesen ist oder bisher keine Betriebe hatte, aber mindestens zwei betriebsratsfähige Einheiten mit Betriebsrat übernimmt, ist beim übernehmenden Unternehmen ein eigenständiger Gesamtbetriebsrat neu zu bilden.[55] Werden sämtliche Betriebe des Unternehmens, bei dem der Gesamtbetriebsrat bisher bestanden hat, auf unterschiedliche neue Rechtsträger übertragen, endet die Existenz des Gesamtbetriebsrats. Gleiches gilt auch, wenn zwar sämtliche Betriebe auf ein übernehmendes Unternehmen übertragen werden, diese Unternehmen aber bereits eine eigenständige betriebliche Organisation mit einem oder mehreren Betrieben unterhält und sich die betrieblichen Strukturen durch die Integration der übernommenen Betriebe bei dem übernehmenden Rechtsträger entsprechend ändern.[56] Übernimmt ein Unternehmen, das bisher nicht Träger einer eigenen betrieblichen Organisation gewesen ist, sämtliche betriebsratsfähigen Einheiten des übertragenden Rechtsträgers, soll jedoch nach der Rspr. des BAG die Existenz des bisher bestehenden Gesamtbetriebsrats unberührt bleiben.[57] Die Grundsätze gelten entsprechend bei einer Verschmelzung zur Neugründung oder auf einen bereits bestehenden Rechtsträger, der nicht bereits Träger eines eigenen Betriebes ist, so dass ein bestehender Gesamtbetriebsrat weiterbestehen kann, während bei einer Verschmelzung auf einen bereits existierenden Rechtsträger, der mindestens einen Betrieb

---

[51] So BAG 15.10.2014 – 7 ABR 53/12, NZA 2015, 1014; *Fitting* § 47 Rn. 27; DKKW/*Trittin* § 47 Rn. 62; aA Richardi BetrVG/*Annuß* § 47 Rn. 27; ErfK/*Koch* BetrVG § 47 Rn. 11; GK-BetrVG/*Kreutz/Franzen* § 47 Rn. 52; *Kreutz* FS Birk S. 495 (508).
[52] *Fitting* § 47 Rn. 18; Richardi BetrVG/*Annuß* § 47 Rn. 27; GK-BetrVG/*Kreutz/Franzen* § 47 Rn. 52; dazu WHSS/*Hohenstatt* D 111, 112; HWK/*Hohenstatt/Dzida* BetrVG § 47 Rn. 9 f.
[53] BAG 18.9.2002 – 1 ABR 54/01, NZA 2003, 670; BAG 18.9.2002 – 1 ABR 17/01, NZA 2003, 336; Richardi BetrVG/*Annuß* § 47 Rn. 27; *Fitting* § 47 Rn. 17, 26; ErfK/*Koch* BetrVG § 47 Rn. 11; GK-BetrVG/*Kreutz/Franzen* § 47 Rn. 53; HWK/*Hohenstatt/Dzida* BetrVG § 47 Rn. 8; *Hohenstatt/Müller-Bonanni* NZA 2003, 766; *Jacobs* FS Konzen S. 345 ff.
[54] WHSS/*Hohenstatt* D 99; *Rieble* NZA 2002, 233 (240); *Weiss/Raffler* FS Spiegelberger S 944 (948).
[55] BAG 18.9.2002 – 1 ABR 54/01, NZA 2003, 670; BAG 5.6.2002 – 7 ABR 17/01, NZA 2003, 363; *Fitting* § 47 Rn. 17; ErfK/*Koch* BetrVG § 47 Rn. 5.
[56] BAG 18.9.2002 – 1 ABR 54/01, NZA 2003, 670; BAG 5.6.2002 – 7 ABR 17/01, NZA 2003, 336; HWK/*Hohenstatt/Dzida* BetrVG § 47 Rn. 8.
[57] So BAG 18.9.2002 – 1 ABR 54/01, NZA 2003, 670; noch offengelassen BAG 18.9.2002 – 1 ABR 54/01, NZA 2003, 670; zustimmend *Fitting* § 47 Rn. 17; ErfK/*Koch* BetrVG § 47 Rn. 5; *Fuhlrott/Oltmanns* BB 2015, 1013 (1017); *Hauck* FS ARGE ArbR S. 625; *Richardi* S. 537 (540); Beseler/Düwell/Göttling/*Düwell* S. 403; *Peix*, Errichtung und Fortbestand des Gesamtbetriebsrats, S. 294 ff.; *Salamon* RdA 2008, 24 (28); *Schnitker/Grau* ZIP 2008, 394 (399); wohl auch WHSS/*Hohenstatt* D 101; HWK/*Hohenstatt/Dzida* BetrVG § 47 Rn. 8; ablehnend Richardi BetrVG/*Annuß* § 47 Rn. 27; GK-BetrVG/*Kreutz/Franzen* § 47 Rn. 55; *Kreutz* FS Birk S. 495 (503).

unterhält, der Bestand des bisherigen Gesamtbetriebsrats endet.[58] Endet der Bestand eines Unternehmens durch Aufspaltung auf zwei oder mehrere neue Rechtsträger, verliert der Gesamtbetriebsrat seine Existenz.[59] Allerdings kommt auch in dieser Konstellation ein Weiterbestehen des Gesamtbetriebsrats in Betracht, wenn im Zuge der Aufspaltung alle Betriebe auf einen neuen Rechtsträger übergehen, während auf den anderen an der Aufspaltung beteiligten Rechtsträger nur sonstige Vermögenswerte, zB die Betriebsgrundstücke, übertragen werden.[60] Liegen bei den neuen Rechtsträgern die entsprechenden Voraussetzungen vor, sind bei diesen Unternehmen neue Gesamtbetriebsräte zu bilden. Die lediglich formwandelnde Umwandlung des Rechtsträgers berührt die Existenz eines Gesamtbetriebsrats nicht, weil der Formwechsel die Identität des Rechtsträgers unverändert lässt.[61]

IV. Größe und Zusammensetzung

1. Grundsatz

22 Jeder Betriebsrat mit bis zu drei Mitgliedern entsendet eines seiner Mitglieder, jeder größere Betriebsrat zwei Mitglieder in den Gesamtbetriebsrat (§ 47 Abs. 2 S. 1 BetrVG). Besteht ein Betriebsrat nur aus einer Person, so ist diese Person zwingend Mitglied des Gesamtbetriebsrats. Der Gesamtbetriebsrat hat also mindestens so viele Mitglieder, wie Betriebsräte vorhanden sind, und höchstens doppelt so viele.

23 Die Mitglieder des Gesamtbetriebsrats werden durch die einzelnen Betriebsräte in den Gesamtbetriebsrat entsandt. Die **Entsendung** erfolgt durch mit einfacher Mehrheit zu fassenden Geschäftsführungsbeschluss des Betriebsrates nach § 33 Abs. 1 BetrVG.[62] Sie bedarf der nicht an eine Form gebundenen Zustimmung des zu entsendenden Betriebsratsmitglieds; kein Betriebsratsmitglied kann gegen seinen Willen in den Gesamtbetriebsrat entsandt werden.[63] Sind zwei Betriebsratsmitglieder zu entsenden, sind zwei gesonderte Beschlüsse notwendig. Eine Wahl, bei der dasjenige oder diejenigen Mitglieder in den Gesamtbetriebsrat „gewählt" werden, die die höchste Stimmenzahl auf sich vereinen, dürfte angesichts der eindeutigen gesetzlichen Festlegung auf eine Entsendungsentscheidung selbst dann unzulässig sein, wenn man zusätzlich verlangt, dass die zu wählenden Mitglieder die relative Mehrheit der abgegebenen Stimmen auf sich vereinen.[64] Die Regelungen über die Wahlanfechtung nach § 19 BetrVG, insbesondere die zweiwöchige Wahlanfechtungsfrist, sind auch nicht entsprechend anwendbar, wenn die Wirksamkeit der Errichtung des Gesamtbetriebsrats insgesamt im Streit steht.[65] Demgegenüber sollen Betriebsratsbeschlüsse über die Entsendung und die Rücknahme der Entsendung in den Gesamtbetriebsrat von § 19 BetrVG erfasst werden, so dass insoweit auch die Zwei-Wo-

---

[58] HWK/*Hohenstatt*/*Dzida* BetrVG § 47 Rn. 9; zum Schicksal von Gesamtbetriebsvereinbarungen nach erfolgter Verschmelzung, vgl. *Treppahl*/*Nussbaum* BB 2011, 2869 (2871 ff.).
[59] *Fitting* § 47 Rn. 26; *Schmidt* FS Küttner S. 499 (504).
[60] WHSS/*Hohenstatt* D 110.
[61] *Fitting* § 47 Rn. 18; HWK/*Hohenstatt*/*Dzida* BetrVG § 47 Rn. 10; WHSS/*Hohenstatt* D 109; GK-BetrVG/*Kreutz*/*Franzen* § 47 Rn. 54.
[62] BAG 25.5.2005 – 7 ABR 10/04, NZA 2006, 215; 21.7.2004 – 7 ABR 58/03, NZA 2005, 170; *Fitting* § 47 Rn. 33; *Richardi* BetrVG/*Annuß* § 47 Rn. 29; GK-BetrVG/*Kreutz*/*Franzen* § 47 Rn. 38; ErfK/*Koch* BetrVG § 47 Rn. 6; HWGNRH/*Glock* § 47 Rn. 257; DKKW/*Trittin* § 47 Rn. 87.
[63] *Richardi* BetrVG/*Annuß* § 47 Rn. 34; GK-BetrVG/*Kreutz*/*Franzen* § 47 Rn. 42; HWGNRH/*Glock* § 47 Rn. 69; BeckOK ArbR/*Mauer* BetrVG § 47 Rn. 7.
[64] So auch GK-BetrVG/*Kreutz*/*Franzen* § 47 Rn. 38; HWGNRH/*Glock* § 47 Rn. 57; offengelassen BAG 21.7.2004 – 7 ABR 58/03, NZA 2005, 170 („im Regelfall nicht durch Wahl"); *Fitting* § 47 Rn. 33; aA *Richardi* BetrVG/*Annuß* § 47 BetrVG Rn. 29; WPK/*Roloff* § 47 Rn. 9; BeckOK ArbR/*Mauer* BetrVG § 47 Rn. 7; DKKW/*Trittin* § 47 Rn. 89; Löwisch/Kaiser/*Löwisch* BetrVG § 47 Rn. 17; *Löwisch* BB 2002, 1366 (1367), die dem Betriebsrat die Berechtigung zuerkennen, die Durchführung eines Wahlverfahrens zu beschließen.
[65] BAG 15.8.1978 – 6 ABR 56/77, DB 1978, 2224; dazu *Fitting* § 47 Rn. 84; *Richardi* BetrVG/*Annuß* § 47 Rn. 83; GK-BetrVG/*Kreutz*/*Franzen* § 47 Rn. 130; WPK/*Roloff* § 47 Rn. 23; ErfK/*Koch* BetrVG § 47 Rn. 6, 13; aA wohl DKKW/*Trittin* § 47 Rn. 165.

IV. Größe und Zusammensetzung

chen-Frist des § 19 Abs. 2 BetrVG zu beachten ist.[66] Eine Übertragung der Entsendungskompetenz auf einen Ausschuss des Betriebsrates, insbesondere den Betriebsausschuss[67] ist ebenso unzulässig[68] wie die Wahl durch ein anderes Organ, zB die Betriebsversammlung, oder eine von den Betriebsräten gebildete Delegiertenversammlung[69]. Auch der Gesamtbetriebsrat selbst ist nicht zur Wahl seiner Mitglieder berufen.[70]

Die zu entsendenden Personen müssen **zwingend Mitglied des sie entsendenden Betriebsrates** sein. Dementsprechend können weder sonstige Dritte noch nicht endgültig nachgerückte Ersatzmitglieder des Betriebsrates in den Gesamtbetriebsrat entsandt werden.[71] Der Vorsitzende des Betriebsrates und sein Stellvertreter können wie jedes andere Betriebsratsmitglied entsandt werden. Ein Zwang besteht insoweit nicht, jedoch entspricht in der Praxis die Entsendung des Betriebsratsvorsitzenden der Regel. Die in § 47 Abs. 2 S. 2 BetrVG enthaltene Vorgabe, die Geschlechter bei der Entsendungsentscheidung angemessen zu berücksichtigen, enthält „nur" eine Sollvorgabe, so dass ein Verstoß gegen diese Vorgabe keine rechtlichen Auswirkungen hat, insbesondere die Entsendungsbeschlüsse nicht unwirksam macht.[72] In gleicher Weise besteht auch keine dem Minderheitenschutz dienende Verpflichtung, im Betriebsrat vorhandene unterschiedliche Richtungen (zB unterschiedliche Listen) nach den Grundsätzen der Verhältniswahl in den Gesamtbetriebsrat zu entsenden.[73]

Der Betriebsrat hat nach § 47 Abs. 3 BetrVG für jedes Mitglied des Gesamtbetriebsrates mindestens ein Ersatzmitglied zu bestellen. Die **Ersatzmitgliedschaft** ist anders als bei der Ersatzmitgliedschaft im Betriebsrat personenbezogen. Werden für ein Gesamtbetriebsratsmitglied mehrere Ersatzmitglieder bestellt, ist in deren Verhältnis zwingend die Reihenfolge des Nachrückens festzulegen. Für die Bestellung von Ersatzmitgliedern gelten die gleichen Grundsätze wie für die anderen Mitglieder des Gesamtbetriebsrats. Insbesondere können als Ersatzmitglieder des Gesamtbetriebsrats nur Mitglieder, nicht aber noch nicht nachgerückte Ersatzmitglieder des Betriebsrates bestimmt werden.[74] Anderes gilt nur, wenn der Betriebsrat nur aus einer Person besteht. In diesem Fall rückt das gewählte Ersatzmitglied des Betriebsrates bei Verhinderung des Betriebsratsmitgliedes auch in der Funktion als Mitglied des Gesamtbetriebsrats nach. Bei zeitweiliger Verhinderung eines Mitgliedes des Gesamtbetriebsrats vertritt das (bei mehreren bestellten Ersatzmitgliedern, entsprechend der festgelegten Reihenfolge) Ersatzmitglied das verhinderte Mitglied im Gesamtbetriebsrat, nicht jedoch in besonderen Funktionen im Gesamtbetriebsrat, wie zB dem Vorsitz oder der Mitgliedschaft im Gesamtbetriebsausschuss. Endet die Mitgliedschaft eines Mitgliedes des Gesamtbetriebsrats, rückt das Ersatzmitglied in den Gesamtbetriebsrat nach, sofern der entsendende Betriebsrat nicht eine neue Entsendungsentscheidung trifft. Die Bedeutung der Ersatzmitgliedschaft im Gesamtbetriebsrat ist insofern geringer als die Ersatzmitgliedschaft im Betriebsrat, als in den Verhinderungs- und Vertretungsfällen das

---

[66] BAG 25.5.2005 – 7 ABR 10/04, NZA 2006, 215; BAG 16.3.2005 – 7 ABR 33/04, AP BetrVG 1972 § 47 Nr. 14; *Fitting* § 47 Rn. 83; *Richardi BetrVG/Annuß* § 47 Rn. 84; *ErfK/Koch* BetrVG § 47 Rn. 13.
[67] Die Entsendung durch den Betriebsausschuss hält GK-BetrVG/*Kreutz/Franzen* § 47 Rn. 39 für zulässig.
[68] *Fitting* § 47 Rn. 28; *Richardi BetrVG/Annuß* § 47 Rn. 29; HWGNRH/*Glock* § 47 Rn. 57; *ErfK/Koch* BetrVG § 47 Rn. 6.
[69] Dazu BAG 25.5.2005 – 7 ABR 10/04, NZA 2006, 215; BAG 15.8.1978 – 6 ABR 56/77, DB 1978, 2224.
[70] BAG 15.8.1978 – 6 ABR 56/77, DB 1978, 2224.
[71] *Fitting* § 47 Rn. 30; GK-BetrVG/*Kreutz/Franzen* § 47 Rn. 40; WPK/*Roloff* § 47 Rn. 9; HWGNRH/*Glock* § 47 Rn. 59; *ErfK/Koch* BetrVG § 47 Rn. 6; BeckOK ArbR/*Mauer* § 47 BetrVG Rn. 6.
[72] *Fitting* § 47 Rn. 34; *Richardi BetrVG/Annuß* § 47 Rn. 31, 32; GK-BetrVG/*Kreutz/Franzen* § 47 Rn. 41; BeckOK ArbR/*Mauer* § 47 BetrVG Rn. 7; HWK/*Hohenstatt/Dzida* BetrVG § 47 Rn. 15.
[73] BAG 21.7.2004 – 7 ABR 58/03 – NZA 2005, 170; *Fitting* § 47 Rn. 33; GK-BetrVG/*Kreutz/Franzen* § 47 Rn. 38.
[74] *Fitting* § 47 Rn. 43; *Richardi BetrVG/Annuß* § 47 Rn. 38; GK-BetrVG/*Kreutz/Franzen* § 47 Rn. 58; HWGNRH/*Glock* § 47 Rn. 72; *ErfK/Koch* BetrVG § 47 Rn. 6; aA DKKW/*Trittin* § 47 Rn. 96 der die Mitgliedschaft eines zeitweise in den Betriebsrat nachgerückten Ersatzmitglieds im Gesamtbetriebsrat für möglich hält.

Ersatzmitglied in den Betriebsrat zwingend nachrückt, während der Betriebsrat die Mitglieder im Gesamtbetriebsrat jederzeit abberufen und damit auch die Vertretung durch Ersatzmitglieder ändern kann.

2. Abweichungen

26 Die gesetzliche Festlegung der Mitgliederzahl eines Gesamtbetriebsrats kann insbesondere dann zu Unzuträglichkeiten führen, wenn ein Unternehmen mit vielen Arbeitnehmern nur wenige Betriebe unterhält, so dass trotz der hohen Arbeitnehmerzahl ein sehr kleiner Gesamtbetriebsrat zu bilden ist, oder ein Unternehmen mit einer geringen Anzahl von Arbeitnehmern Träger einer Vielzahl von Betrieben mit der entsprechenden Zahl von Betriebsräten ist, so dass der Gesamtbetriebsrat im Verhältnis zur Zahl der repräsentierten Arbeitnehmer übermäßig groß ist. In beiden Fällen kann die personelle Stärke des Gesamtbetriebsrats in einem Missverhältnis zur Zahl der unternehmensangehörigen Arbeitnehmer stehen.

27 **a) Gegenstand der Abweichungen.** Aus diesem Grunde besteht nach § 47 Abs. 4 BetrVG die Möglichkeit, durch Tarifvertrag oder Betriebsvereinbarung die Mitgliederstärke des Gesamtbetriebsrats abweichend zu regeln. Denkbar ist sowohl eine **Vergrößerung wie auch eine Verkleinerung des Gesamtbetriebsrats.** Denkbar ist auch, die Zahl der Mitglieder bezogen auf einzelne Betriebe abweichend von der gesetzlichen Regel höher oder niedriger festzulegen, um der Bedeutung einzelner Betriebe insbesondere in Konstellationen Rechnung zu tragen, in denen neben einem sehr großen Betrieb mit einer Vielzahl von Arbeitnehmern mehrere kleine Betriebe mit deutlich weniger Arbeitnehmern vorhanden sind.[75] Die Norm eröffnet ausschließlich eine kollektive Regelungsbefugnis hinsichtlich der Größe des Gesamtbetriebsrats einschließlich der zwingend damit verbundenen Regelungsnotwendigkeiten, wie etwa die Regelung der Entsendungsbefugnisse bei einer Verkleinerung des Gesamtbetriebsrats, die zur Folge hat, dass mehrere Betriebsräte zusammen nur ein oder zwei Mitglieder entsenden können.[76] Demgegenüber können die gesetzlichen Vorgaben für die Errichtung des Gesamtbetriebsrats oder für die Entsendung der Mitglieder ebenso wenig durch Kollektivvertrag abgeändert werden, wie die gesetzlichen Organisations- oder Zuständigkeitsregelungen oder die gesetzliche Maßgabe, dass nur Mitglieder eines Betriebsrates dem Gesamtbetriebsrat angehören können.[77]

28 **b) Regelungsinstrumente.** Den Tarifvertragsparteien oder den Betriebsparteien wird durch § 47 Abs. 4 BetrVG die Berechtigung eingeräumt, die Mitgliederzahl des Gesamtbetriebsrats durch **Tarifvertrag** oder durch **Betriebsvereinbarung** abweichend von den gesetzlichen Größenvorgaben zu regeln. Durch Tarifvertrag kann die Größe eines Gesamtbetriebsrats rechtswirksam verändert werden, wenn die erforderliche Tarifgebundenheit besteht und alle unternehmensangehörigen Betriebe unter den Geltungsbereich des Tarifvertrages fallen. Der Regelungsgegenstand eines derartigen Tarifvertrages enthält betriebsverfassungsrechtliche Tarifnormen iSv § 3 Abs. 2 TVG, so dass zur Begründung der normativen Wirkung die einseitige Tarifbindung des Arbeitgebers genügt.[78] Der Tarifvertrag kann auf Gewerkschaftsseite mit jeder im Unternehmen vertretenen Gewerkschaft abgeschlossen werden.[79] Derartige Tarifverträge werden typischerweise als Haus- bzw.

---

[75] *Fitting* § 47 Rn. 45; *Richardi* BetrVG/*Annuß* § 47 Rn. 44; GK-BetrVG/*Kreutz/Franzen* § 47 Rn. 66.
[76] BAG 25.5.2005 – 7 ABR 10/04, NZA 2006, 215; BAG 15.8.1978 – 6 ABR 56/77, DB 1978, 2224.
[77] BAG 25.5.2005 – 7 ABR 10/04, NZA 2006, 215; *Fitting* § 47 Rn. 46f.; GK-BetrVG/*Kreutz/Franzen* § 47 Rn. 79; ErfK/*Koch* BetrVG § 47 Rn. 8; HWK/*Hohenstatt/Dzida* BetrVG § 47 Rn. 19; *Thüsing* FA 2012, 322 (323).
[78] BAG 25.5.2005 – 7 ABR 10/04, NZA 2006, 215; *Fitting* § 47 Rn. 51; *Richardi* BetrVG/*Annuß* § 47 Rn. 48; GK-BetrVG/*Kreutz/Franzen* § 47 Rn. 82; HWGNRH/*Glock* § 47 Rn. 41; WPK/*Roloff* § 47 Rn. 14; ErfK/*Koch* BetrVG § 47 Rn. 10.
[79] ErfK/*Koch* BetrVG § 47 Rn. 10; einschränkend *Fitting* § 47 Rn. 51, die verlangen, dass die Gewerkschaft (wohl) in allen Betrieben vertreten und für alle Arbeitnehmer tarifzuständig sein muss.

IV. Größe und Zusammensetzung

Firmentarifverträge abgeschlossen. Möglich ist jedoch auch die tarifvertragliche Regelung durch einen Verbandstarifvertrag, sofern der Arbeitgeber Mitglied des tarifschließenden Arbeitgeberverbandes ist und alle Betriebe des Unternehmens dem fachlichen Geltungsbereich des Tarifvertrages unterfallen. Ist diese Voraussetzung nicht erfüllt, weil die Betriebe des Unternehmens unterschiedlichen Branchen angehören und deshalb den fachlichen Geltungsbereichen unterschiedlicher Tarifverträge zuzuordnen sind, ist es nicht möglich, mittels eines einzelnen Verbandstarifvertrages die Mitgliederzahl des Gesamtbetriebsrats zu verändern. Dieses Ziel lässt sich in dieser Konstellation durch den Abschluss eines sog. mehrgliedrigen Tarifvertrages erreichen, der mit den jeweils tarifzuständigen Gewerkschaften einheitlich abgeschlossen wird.[80] Demgegenüber scheidet es aus, einen nicht alle Betriebe eines Unternehmens erfassenden Tarifvertrag dadurch in Geltung zu setzen, dass die tarifliche Regelung durch Gesamtbetriebsvereinbarung auf die nicht dem fachlichen Geltungsbereich unterfallenden Betriebe erstreckt wird.[81] Stattdessen kommt aber eine umfassende Regelung durch eine Gesamtbetriebsvereinbarung in Betracht, die alle Betriebe einheitlich erfasst. Bestehen mehrere konkurrierende Tarifverträge, ist die bestehende Konkurrenz nach § 4a Abs. 2 S. 2 TVG und nicht nach § 4a Abs. 3 TVG aufzulösen.[82] Ein Tarifvertrag über die Veränderung der Mitgliederzahl eines Gesamtbetriebsrats ist nach überwiegender Ansicht mit den Mitteln des Arbeitskampfes erzwingbar.[83] Er wirkt nach seinem Ablauf nicht nach;[84] stattdessen greift in diesem Fall die gesetzliche Regelung ein.

Besteht ein Tarifvertrag iSv § 47 Abs. 3 BetrVG, geht dieser einer Betriebsvereinbarung zum gleichen Regelungsgegenstand selbst dann vor, wenn die Betriebsvereinbarung durch einen Spruch der Einigungsstelle nach § 47 Abs. 5 BetrVG zustande gekommen ist.[85] Die Veränderung der Mitgliederzahl eines Gesamtbetriebsrats durch Betriebsvereinbarung kommt daher nur in Betracht, wenn ein entsprechender Tarifvertrag nicht existiert oder ein solcher Tarifvertrag eine Öffnungsklausel für entsprechende Regelungen durch Betriebsvereinbarung enthält. Für den Abschluss der Betriebsvereinbarung ist der Gesamtbetriebsrat in seiner ursprünglichen gesetzlichen Größe zuständig und nicht die einzelnen Betriebsräte.[86] Voraussetzung für den Abschluss einer solchen Betriebsvereinbarung ist daher, dass der Gesamtbetriebsrat sich zunächst in seiner gesetzlich vorgegebenen Größe konstituiert, um alsdann die Betriebsvereinbarung abzuschließen. Nach deren Inkrafttreten ist die Zusammensetzung des Gesamtbetriebsrates an die veränderte Regelung anzupassen. Ihrem Charakter nach handelt es sich um eine **freiwillige Betriebsvereinbarung**. Sie kann nicht gegen den Willen des Arbeitgebers oder des Gesamtbetriebsrats durch einen verbindlichen Spruch der Einigungsstelle ersetzt werden. Anderes gilt nach § 47 Abs. 6 BetrVG nur in den Fällen des Abs. 5, also bei Gesamtbetriebsräten mit einer gesetzlichen Größe von mehr als 40 Mitgliedern.

---

[80] Dazu *Fitting* § 47 Rn. 49; Richardi BetrVG/*Annuß* § 47 Rn. 48; WPK/*Roloff* § 47 Rn. 14.
[81] *Fitting* § 47 Rn. 50; ErfK/*Koch* BetrVG § 47 Rn. 10; im Ergebnis auch Richardi BetrVG/*Annuß* § 47 Rn. 49; aA HWGNRH/*Glock* § 47 Rn. 40; WPK/*Roloff* § 47 Rn. 14; HWK/*Hohenstatt/Dzida* BetrVG § 47 Rn. 20.
[82] *Fitting* § 47 Rn. 51; Richardi BetrVG/*Annuß* § 47 Rn. 49; ErfK/*Koch* BetrVG § 47 Rn. 10.
[83] *Fitting* § 47 Rn. 52; Richardi BetrVG/*Annuß* § 47 Rn. 50; GK-BetrVG/*Kreutz/Franzen* § 47 Rn. 85; HWGNRH/*Glock* § 47 Rn. 43; WPK/*Roloff* § 47 Rn. 14; DKKW/*Trittin* § 47 Rn. 117; wohl auch ErfK/*Koch* BetrVG § 47 Rn. 10: aA HWK/*Hohenstatt/Dzida* BetrVG § 47 Rn. 20.
[84] Richardi BetrVG/*Annuß* § 47 Rn. 53; GK-BetrVG/*Kreutz/Franzen* § 47 Rn. 86; HWK/*Hohenstatt/Dzida* BetrVG § 47 Rn. 20; DKKW/*Trittin* § 47 Rn. 118; aA *Fitting* § 47 Rn. 54; HWGNRH/*Glock* § 47 Rn. 44.
[85] Richardi BetrVG/*Annuß* § 47 Rn. 52; GK-BetrVG/*Kreutz/Franzen* § 47 Rn. 90; ErfK/*Koch* BetrVG § 47 Rn. 10; DKKW/*Trittin* § 47 Rn. 118.
[86] BAG 15.8.1978 – 6 ABR 56/77, DB 1978, 2224; Richardi BetrVG/*Annuß* § 47 Rn. 51; *Fitting* § 47 Rn. 53; GK-BetrVG/*Kreutz/Franzen* § 47 Rn. 88; ErfK/*Koch* BetrVG § 47 Rn. 10; aA WPK/*Roloff* § 47 Rn. 15.

30 c) Veränderung der Mitgliederzahl. Durch Tarifvertrag oder Betriebsvereinbarung kann die Mitgliederzahl des Gesamtbetriebsrats vergrößert oder verkleinert werden, ohne dass dafür besondere Voraussetzungen vorliegen müssen. Es liegt im Ermessen der jeweiligen Vereinbarungspartner, ob sie die Größe des Gesamtbetriebsrats durch Kollektivvereinbarung verändern.[87] Bei einer Vergrößerung des Gesamtbetriebsrats hat die Kollektivvereinbarung die Mitgliederzahl des Gesamtbetriebsrats zu regeln und deren Verteilung auf die einzelnen Betriebsräte festzuschreiben. Eine **gesetzliche Obergrenze besteht nicht;** insbesondere folgt aus § 47 Abs. 5 S. 1 BetrVG nicht die Verpflichtung, die Zahl von 40 Mitgliedern nicht zu überschreiten.[88] Bei einer Verringerung der Mitgliederzahl müssen die Kollektivvertragsparteien neben der Größe des Gesamtbetriebsrats die Modalitäten der Verringerung bestimmen. Dies kann einerseits in der Weise erfolgen, dass lediglich die Zahl der zu entsendenden Mitglieder bei einzelnen Betriebsräten von zwei auf eins reduziert wird. In einem solchen Fall bestehen keine weiteren Regelungsnotwendigkeiten. Denkbar – und häufig naheliegend – ist es demgegenüber, dass die Verringerung dadurch erreicht wird, dass nicht mehr alle Betriebsräte Mitglieder in den Gesamtbetriebsrat entsenden. In dieser Konstellation müssen in der Kollektivvereinbarung auch die Betriebsräte festgelegt werden, die entsprechend der Verringerung gemeinsam Mitglieder in den Gesamtbetriebsrat zu entsenden haben. Es ist naheliegend, aber keineswegs zwingend, dass die Kollektivvertragsparteien dabei die in § 47 Abs. 5 BetrVG vorgegebenen Kriterien zugrunde legen, weil das dort normierte gesetzliche Erfordernis der regionalen oder interessenmäßigen Verbindung der Betriebe nur für die nach § 47 Abs. 5, 6 BetrVG erzwingbare Betriebsvereinbarung gilt. Es handelt sich dabei nicht um eine gesetzlich zwingende Wertungsentscheidung, die auch für den Kollektivvertrag nach § 47 Abs. 4 BetrVG Geltung beansprucht.[89] Möglich ist schließlich auch eine Kombination aus der Vergrößerung des Gesamtbetriebsrats einerseits mit einer Beschränkung und Zusammenfassung der Entsendungsrechte einzelner Betriebsräte andererseits. Dies geschieht, indem die Zahl der von einzelnen – insbesondere sehr großen – Betriebsräten zu entsendenden Mitglieder erhöht und andere – insbesondere sehr kleine – Betriebsräte zusammengefasst werden. Auch eine Zusammenfassung mehrerer Betriebsräte mit gleichzeitiger Erhöhung der zu entsendenden Mitglieder ist nicht ausgeschlossen. Bei einer solchen Kombination besteht wie bei einer Verkleinerung des Gesamtbetriebsrats das Bedürfnis, die hinsichtlich der Entsendungsrechte zusammenzufassenden Betriebsräte nach von den Kollektivvertragsparteien festzulegenden Kriterien zu bestimmen.

31 Erfolgt durch Kollektivvertrag eine Zusammenfassung mehrerer Betriebsräte zur gemeinsamen Entsendung von Mitgliedern in den Gesamtbetriebsrat, kann in der Vereinbarung auch geregelt werden, wie die Entsendung zu erfolgen hat.[90] Dies kann durch die beteiligten Betriebsräte in einer gemeinsamen Sitzung erfolgen, aber auch durch Delegierte der zusammengefassten Betriebsräte erfolgen.[91] Die Entscheidung in getrennten Sitzungen der beteiligten Betriebsräte dürfte demgegenüber unzulässig sein, weil ein solches Verfahren regelmäßig die Erfolgschancen der Kandidaten aus den kleineren Betrieben schmälert, wenn sie sich nicht in einer gemeinsamen Sitzung präsentieren können.[92] Unzulässig ist auch eine Regelung, die das Bestimmungsrecht auf den Gesamtbetriebsrat überträgt.[93] Festgelegt werden kann demgegenüber, dass den an der gemeinsamen Entsendungsent-

---

[87] *Klasen* DB 1993, 2180.
[88] *Fitting* § 47 Rn. 55; GK-BetrVG/*Kreutz/Franzen* § 47 Rn. 76; ErfK/*Koch* BetrVG § 47 Rn. 9; DKKW/*Trittin* § 47 Rn. 134; aA Richardi BetrVG/*Annuß* § 47 Rn. 55.
[89] BAG 25. 5. 2005 – 7 ABR 10/04, NZA 2006, 215; ebenso HWGNRH/*Glock* § 47 Rn. 32; *Fitting* § 47 Rn. 61; ErfK/*Koch* BetrVG § 47 Rn. 9; aA wohl Richardi BetrVG/*Annuß* § 47 Rn. 56; GK-BetrVG/*Kreutz/Franzen* § 47 Rn. 73.
[90] BAG 25. 5. 2005 – 7 ABR 10/04, NZA 2006, 215.
[91] AllgA, vgl. GK-BetrVG/*Kreutz/Franzen* § 47 Rn. 105; vgl. auch *Klasen* DB 1993, 2180 (2182f.).
[92] DKKW/*Trittin* § 47 Rn. 138; zweifelnd *Fitting* § 47 Rn. 64; GK-BetrVG/*Kreutz/Franzen* § 47 Rn. 105 hält auch die Festlegung eines solchen Entsendungsverfahrens für zulässig.
[93] BAG 15. 8. 1979 – 6 ABR 56/77, DB 1978, 2224; Richardi BetrVG/*Annuß* § 47 Rn. 59.

scheidung beteiligten Betriebsratsmitgliedern nicht das gleiche Stimmgewicht, sondern in Anlehnung an die Regelung in § 47 Abs. 7 BetrVG ein an der Anzahl der von ihnen repräsentierten Arbeitnehmer orientiertes Stimmgewicht zukommt.[94] Nicht notwendig ist es, dass sichergestellt wird, dass jeder beteiligte Betriebsrat mindestens einen Vertreter in den Gesamtbetriebsrat entsenden kann[95] oder dass zum Schutz von Minderheitsgruppen die Prinzipien der Verhältniswahl zugrunde gelegt werden.[96] Ist in der Kollektivvereinbarung keine Regelung über die Entsendungsmodalitäten enthalten, sind die Entsendungsbeschlüsse in einer gemeinsamen Sitzung aller beteiligten Betriebsräte mit Mehrheit zu treffen, wobei jedem Betriebsratsmitglied das gleiche Stimmgewicht zukommt.[97] Entsandt werden können nur Personen, die einem der beteiligten Betriebsräte als Mitglied angehören.

d) Notwendige Verkleinerung des Gesamtbetriebsrats. Gehören dem Gesamtbetriebsrat in Anwendung der gesetzlichen Regelung mehr als vierzig Mitglieder an und besteht keine von den gesetzlichen Vorgaben abweichende tarifliche Regelung nach § 47 Abs. 4 BetrVG, sind der Gesamtbetriebsrat und der Arbeitgeber nach § 47 Abs. 5 BetrVG verpflichtet, eine **Betriebsvereinbarung über die Mitgliederzahl des Gesamtbetriebsrats** abzuschließen. Existiert ein Tarifvertrag nach § 47 Abs. 4 BetrVG steht dieser der Anwendung des § 47 Abs. 5 BetrVG selbst dann entgegen, wenn durch den Tarifvertrag die Zahl der Mitglieder des Gesamtbetriebsrats nicht oder nicht auf höchstens 40 Mitglieder begrenzt worden ist.[98]

Kommt eine Einigung über die nach Abs. 5 abzuschließende Betriebsvereinbarung nicht zustande, entscheidet nach § 47 Abs. 6 BetrVG eine für das Unternehmen zu bildende Einigungsstelle verbindlich; es handelt sich daher um eine **erzwingbare Betriebsvereinbarung.** Die Verpflichtung stellt auf die tatsächlich vorhandene und nicht auf die sich rechnerisch ergebende Mitgliederzahl ab. Sie gilt daher nicht nur, wenn der Gesamtbetriebsrat bereits bei seiner erstmaligen Bildung die Grenze von 40 Mitgliedern überschreitet, sondern auch, wenn dieser Umstand später eintritt, weil das Unternehmen weitere Betriebe neu gegründet oder übernommen hat oder ein Betriebsrat erst verspätet seiner Entsendungsverpflichtung nachgekommen ist.[99] Die Betriebsvereinbarung ist zwischen dem Arbeitgeber und dem Gesamtbetriebsrat in seiner gesetzlich vorgesehenen Größe abzuschließen. Zu diesem Zweck muss sich der Gesamtbetriebsrat zunächst nach den gesetzlichen Vorgaben zusammengesetzt konstituieren, die Betriebsvereinbarung abschließen und alsdann nach den getroffenen Regelungen neu zusammensetzen.[100] Erst mit der Konstituierung des entsprechend den Regelungen der Betriebsvereinbarung errichteten Gesamtbetriebsrats verliert der zunächst gebildete Gesamtbetriebsrat sein Amt. Bis dahin nimmt er sämtliche gesetzlichen Aufgaben des Gesamtbetriebsrats wahr.

Mit der abzuschließenden Betriebsvereinbarung soll die Zahl der Mitglieder des Gesamtbetriebsrats verringert werden, um so die **Arbeitsfähigkeit des Gremiums** zu verbessern. Nähere Vorgaben, wie dies erreicht werden soll, enthält das Gesetz nicht. Es muss daher nicht unbedingt geregelt werden, dass die Mitgliederzahl auf vierzig oder we-

---

[94] *Fitting* § 47 Rn. 63; GK-BetrVG/*Kreutz/Franzen* § 47 Rn. 105; DKKW/*Trittin* § 47 Rn. 136.
[95] BAG 25.5.2005 – 7 ABR 10/04, NZA 2006, 339; *Fitting* § 47 Rn. 59; WPK/*Roloff* § 47 Rn. 14; ErfK/*Koch* BetrVG § 47 Rn. 6.
[96] BAG 25.5.2005 – 7 ABR 10/04, NZA 2006, 215; *Fitting* § 47 Rn. 63; GK-BetrVG/*Kreutz/Franzen* § 47 Rn. 105.
[97] BAG 25.5.2005 – 7 ABR 10/04, NZA 2006, 339; näher dazu *Fitting* § 47 Rn. 63; GK-BetrVG/*Kreutz/Franzen* § 47 Rn. 106; *Klasen* DB 1993, 2180 (2182ff.).
[98] *Fitting* § 47 Rn. 67; Richardi BetrVG/*Annuß* § 47 Rn. 61; GK-BetrVG/*Kreutz/Franzen* § 47 Rn. 96; *Mengel* NZA 2002, 409 (410).
[99] *Fitting* § 47 Rn. 66; GK-BetrVG/*Kreutz/Franzen* § 47 Rn. 95; HWGNRH/*Glock* § 47 Rn. 48.
[100] BAG 15.8.1978 – 6 ABR 56/77, DB 1978, 2224; *Fitting* § 47 Rn. 53, 71; Richardi BetrVG/*Annuß* § 47 Rn. 62; GK-BetrVG/*Kreutz/Franzen* § 47 Rn. 97; HWGNRH/*Glock* § 47 Rn. 52; WPK/*Roloff* § 47 Rn. 16 (anders aber zu § 47 Abs. 4 BetrVG); BeckOK ArbR/*Mauer* BetrVG § 47 Rn. 12.

niger gesenkt wird.[101] Vielmehr liegt es im Ermessen der Vereinbarungspartner, die Anzahl der Mitglieder des Gesamtbetriebsrats festzulegen. Dies darf allerdings aufgrund der in § 47 Abs. 5 BetrVG geregelten Verpflichtung, für Betriebsräte mehrerer Betriebe die gemeinsame Entsendung von Mitglieder in den Gesamtbetriebsrat vorzusehen, nicht dadurch geschehen, dass nur die Zahl der von den Betriebsräten zu entsendenden Mitgliedern von zwei auf eins reduziert wird.[102] Denkbar ist es allerdings, eine Betriebsvereinbarung zugleich auf § 47 Abs. 4 und Abs. 5 BetrVG zu stützen, so dass in einer solchen Betriebsvereinbarung auch Regelungen über eine Reduzierung der Anzahl der durch einen Betriebsrat zu entsenden Mitglieder enthalten sein können.[103] Eine derartige Betriebsvereinbarung kann allerdings wegen der auf Betriebsvereinbarungen nach Abs. 5 beschränkten Kompetenz der Einigungsstelle nur als freiwillige Betriebsvereinbarung geschlossen werden.

35 In der Betriebsvereinbarung ist vorzusehen, dass Betriebsräte mehrerer Betriebe eines Unternehmens, die **regional oder durch gleichartige Interessen miteinander verbunden** sind, gemeinsam Mitglieder in den Gesamtbetriebsrat entsenden. Bei der regionalen Verbundenheit geht es nicht um die räumliche Nähe iSv 4 Abs. 1 Nr. 1 BetrVG,[104] sondern um die Zugehörigkeit zu derselben Wirtschaftsregion, die auch bei Fehlen einer räumlichen Nähebeziehung bestehen kann.[105] Eine Verbindung aufgrund gleichartiger Interessen besteht bei Betrieben eines Unternehmens, wenn sie nach ihrem Betriebszweck, der Struktur ihrer Belegschaft oder ihrer Stellung in der Unternehmensorganisation ähnliche Voraussetzungen oder Handlungsbedingungen aufweisen, aus denen sich eine gleichgerichtete Interessenlage ergeben kann.[106] Den Parteien der abzuschließenden Betriebsvereinbarung und im Nichteinigungsfall der Einigungsstelle kommt bei der Anwendung dieser unbestimmten Rechtsbegriffe ein weiter, gerichtlich nur eingeschränkt überprüfbarer Beurteilungsspielraum zu.[107]

36 Eine nach § 47 Abs. 5 BetrVG zustande gekommene Betriebsvereinbarung behält ihre Wirkung solange ihre Voraussetzungen vorliegen, sofern nicht in der Betriebsvereinbarung selbst eine zeitliche Befristung geregelt ist. Die Wirksamkeit entfällt nicht, wenn weitere Betriebe zu dem Unternehmen hinzukommen, sondern nur dann, wenn ihre Anwendung sinnlos wird.[108] Dies kann bspw. der Fall sein, wenn sich die sich nach den gesetzlichen Bestimmungen ergebende Zahl der Mitglieder des Gesamtbetriebsrats auf unter einundvierzig verringert, zB weil Betriebe aus dem Unternehmen ausscheiden. Die Betriebsvereinbarung kann von jeder Partei nach § 77 Abs. 5 BetrVG mit einer Frist von drei Monaten gekündigt werden. Als erzwingbare Betriebsvereinbarung wirkt sie nach

---

[101] Offengelassen in BAG 15.8.1978 – 6 ABR 56/77, DB 1978, 2224; wie hier *Fitting* § 47 Rn. 68; GK-BetrVG/*Kreutz/Franzen* § 47 Rn. 100; DKKW/*Trittin* § 47 Rn. 134; *Klasen* DB 1993, 2180 (2181); aA Richardi BetrVG/*Annuß* § 47 Rn. 66; HWGNRH/*Glock* § 47 Rn. 49; HWK/*Hohenstatt/Dzida* BetrVG § 47 Rn. 24, die beide die Zahl von 40 Mitgliedern als Obergrenze für eine durch den Spruch der Einigungsstelle zustande gekommene Betriebsvereinbarung ansehen; WPK/*Roloff* § 47 Rn. 17, der die Zahl von 40 Mitgliedern bei einer Regelung durch Betriebsvereinbarung als zwingende Obergrenze ansieht, bei einer tariflichen Regelung aber nicht.
[102] Anders DKKW/*Trittin* § 47 Rn. 132, 139, der eine schlichte Reduzierung der zu entsendenden Vertreter so lange für zulässig erachtet, wie hierdurch die Zahl von 40 Mitgliedern unterschritten wird. Eine Stütze im Gesetz findet diese Auffassung allerdings nicht.
[103] LAG Frankfurt 5.6.2008 – 9 TaBV 44/07, BeckRS 57687; Richardi BetrVG/*Annuß* § 47 Rn. 68.
[104] So aber *Fitting* § 47 Rn. 69; wohl auch WPK/*Roloff* § 47 Rn. 18; ErfK/*Koch* BetrVG § 47 Rn. 9; HWK/*Hohenstatt/Dzida* BetrVG § 47 Rn. 23, halten wahlweise eine räumliche Nähe oder die Zugehörigkeit zur gleichen Wirtschaftsregion für ausreichend.
[105] So LAG Hessen 5.6.2008 – 9 TaBV 44/07, BeckRS 2008, 57687; Richardi BetrVG/*Annuß* § 47 Rn. 67; DKKW/*Trittin* § 47 Rn. 133; wohl auch GK-BetrVG/*Kreutz/Franzen* § 47 Rn. 102; HWGNRH/*Glock* § 47 Rn. 51.
[106] *Fitting* § 47 Rn. 69; Richardi BetrVG/*Annuß* § 47 Rn. 67; ErfK/*Koch* BetrVG § 47 Rn. 9.
[107] *Fitting* § 47 Rn. 69; Richardi BetrVG/*Annuß* § 47 Rn. 67; GK-BetrVG/*Kreutz/Franzen* § 47 Rn. 102; ErfK/*Koch* BetrVG § 47 Rn. 9; DKKW/*Trittin* § 47 Rn. 133; *Mengel* NZA 2002, 409 (412).
[108] BAG 16.3.2005 – 7 ABR 37/04, NZA 2005, 1069.

§ 77 Abs. 6 BetrVG nach, bis sie durch eine andere Regelung ersetzt wird.[109] Aus diesem Grund ist für eine Verlängerung oder den Neuabschluss einer derartigen Betriebsvereinbarung der Gesamtbetriebsrat in seiner verkleinerten Zusammensetzung und nicht in seiner gesetzlichen Größe zuständig.[110]

V. Zuständigkeit

1. Allgemeine Stellung

Der Gesamtbetriebsrat ist ein **selbständiges Organ der Betriebsverfassung** auf der Ebene des Unternehmens, das gleichberechtigt neben den einzelnen Betriebsräten in den unternehmensangehörigen Betrieben verortet ist. Er nimmt eigene, ihm durch § 50 Abs. 1 und 2 BetrVG zugewiesene Aufgaben im Rahmen der betriebsverfassungsrechtlichen Mitbestimmung wahr. Der Gesamtbetriebsrat ist den einzelnen Betriebsräten nicht untergeordnet. Obwohl er nicht durch eine Wahl der unternehmensangehörigen Arbeitnehmer, sondern durch Entsendung von Betriebsratsmitgliedern durch die einzelnen Betriebsräte gebildet wird, unterliegt er nicht den Weisungen der Betriebsräte. Dies gilt gleichfalls für die einzelnen Mitglieder des Gesamtbetriebsrats. Sie unterliegen in ihrer Amtsausübung innerhalb des Gesamtbetriebsrats nicht den Weisungen des Betriebsrats, der sie entsandt hat. Eine gewisse faktische Abhängigkeit gegenüber dem sie entsendenden Betriebsrat entsteht allerdings durch die Berechtigung des Betriebsrats, die von ihm entsandten Mitglieder jederzeit grundlos abzuberufen. Diese Abhängigkeit wird in der Praxis wiederum dadurch abgeschwächt, dass meistens der Vorsitzende des Betriebsrats (und ggf. ein weiteres Mitglied) in den Gesamtbetriebsrat entsandt werden, so dass eine Abberufung aus dem Gesamtbetriebsrat in der Praxis regelmäßig nur dann in Betracht kommt, wenn auch ein Wechsel im Vorsitz des Betriebsrats bewirkt werden soll. Durch § 50 Abs. 1 S. 2 BetrVG wird klargestellt, dass der Gesamtbetriebsrat den einzelnen Betriebsräten aber auch nicht übergeordnet ist. Er darf daher in die Tätigkeit der Betriebsräte, die diese innerhalb ihres Aufgabenbereichs entfalten, nicht eingreifen. Davon unberührt bleibt die Berechtigung des Gesamtbetriebsrats, die einheitliche Behandlung von in die Zuständigkeit der einzelnen Betriebsräte fallende Aufgaben zu koordinieren. Dies darf allerdings nur auf freiwilliger Basis erfolgen; dem Gesamtbetriebsrat steht nicht die Befugnis zu, eine solche Koordinationsfunktion durch Richtlinien oder abstrakte Anweisungen mit dem Anspruch auf Verbindlichkeit gegenüber den einzelnen Betriebsräten zu erzwingen.[111]

Für die Zuständigkeiten des Gesamtbetriebsrats und der einzelnen unternehmensangehörigen Betriebsräte gilt demnach ein **Trennungsprinzip.** Die gesetzliche Zuständigkeitsverteilung ist zwingend. Sie kann daher durch Tarifvertrag[112] oder Betriebsvereinbarung[113] nicht geändert werden. Auch eine Veränderung der gesetzlichen Zuständigkeitsordnung durch Vereinbarung zwischen dem Gesamtbetriebsrat und den örtlichen Betriebsräten[114] oder durch Vereinbarung zwischen dem Gesamtbetriebsrat und dem Arbeitgeber ist ausgeschlossen. Ist ein Gesamtbetriebsrat – gesetzeswidrig – nicht errichtet worden, macht der zuständige Gesamtbetriebsrat von seinen Befugnissen keinen Gebrauch oder verweigert er

---

[109] Fitting § 47 Rn. 73; Richardi BetrVG/*Annuß* § 47 Rn. 69; Klasen DB 1993, 2180 (2186); HWGNRH/*Glock* § 47 Rn. 55; wohl auch Mengel NZA 2002, 409 (415); aA GK-BetrVG/*Kreutz/Franzen* § 47 Rn. 108; ErfK/*Koch* BetrVG § 47 Rn. 11.
[110] So auch GK-BetrVG/*Kreutz/Franzen* § 47 Rn. 108; Klasen DB 1993, 2180 (2186); Mengel NZA 2002, 409 (415); aA DKKW/*Trittin* § 47 Rn. 122.
[111] Fitting § 50 Rn. 5; Richardi BetrVG/*Annuß* § 50 Rn. 44; GK-BetrVG/*Kreutz/Franzen* § 50 Rn. 13; HWGNRH/*Glock* § 50 Rn. 5; ErfK/*Koch* BetrVG § 50 Rn. 1.
[112] BAG 14.11.2006 – 1 ABR 4/06, NZA 2007, 399; BAG 9.12.2003 – 1 ABR 49/02, NZA 2005, 234; BAG 21.1.2003 – 3 ABR 26/02, EzA § 50 BetrVG 2001 Nr. 2; dazu Fitting § 50 Rn. 10; GK-BetrVG/*Kreutz/Franzen* § 50 Rn. 6; HWGNRH/*Glock* § 50 Rn. 3; ErfK/*Koch* BetrVG § 50 Rn. 1 Richardi FS Gitter S. 789 (790).
[113] BAG 28.4.1992 – 1 ABR 68/91, NZA 1993, 31; Fitting § 50 Rn. 10; GK-BetrVG/*Kreutz/Franzen* § 50 Rn. 6; HWK/*Hohenstatt/Dzida* BetrVG § 50 Rn. 1.
[114] BAG 26.1.1993 – 1 AZR 303/92, NZA 1993, 714.

sich der Mitwirkung, so begründet dies in Angelegenheiten, die in die Zuständigkeit des Gesamtbetriebsrats fallen, keine (Auffang-) Zuständigkeit der Einzelbetriebsräte.[115] Anders als nach § 50 Abs. 2 BetrVG im umgekehrten Verhältnis vorgesehen, ist es ausgeschlossen, dass der Gesamtbetriebsrat in seine Zuständigkeit fallende Angelegenheiten auf die einzelnen Betriebsräte delegiert.[116] Die Einzelbetriebsräte können in Angelegenheiten der erzwingbaren Mitbestimmung, für die der Gesamtbetriebsrat nach der gesetzlichen Zuständigkeitsordnung zuständig ist, auch durch freiwillige Betriebsvereinbarung nicht wirksam regelnd tätig werden.[117] Ebenso ist es ausgeschlossen, eine mit einem Betriebsrat im Zuständigkeitsbereich der Einzelbetriebsräte vereinbarte Betriebsvereinbarung durch eine mit dem Gesamtbetriebsrat geschlossene (Gesamt-) Betriebsvereinbarung aufzuheben oder abzuändern.[118]

39 Eine Ausnahme besteht allerdings im Bereich der **freiwilligen Mitbestimmung,** insbesondere bei freiwilligen Zuwendungen des Arbeitgebers, wenn der Arbeitgeber sich zum Abschluss einer Betriebsvereinbarung nur bei einer unternehmenseinheitlichen Regelung mit dem Gesamtbetriebsrat bereit erklärt. Aus der Berechtigung des Arbeitgebers, über die Gewährung der entsprechenden Leistung frei entscheiden zu können, folgt auch die Berechtigung, die freiwillige Leistung von einer unternehmensübergreifenden Regelung mit dem Gesamtbetriebsrat abhängig zu machen. In diesen Fällen kann der Arbeitgeber daher bei entsprechender Willensscheidung die Zuständigkeit des Gesamtbetriebsrats auch in Angelegenheiten begründen, die nach der gesetzlichen Zuständigkeitsverteilung an sich in die Zuständigkeit der Einzelbetriebsräte fallen.[119]

40 Als **Verhandlungspartner des Gesamtbetriebsrats** wird regelmäßig die Unternehmensleitung angesehen.[120] Im Rechtssinne ist jedoch der Verhandlungspartner eines betriebsverfassungsrechtlichen Repräsentationsorgans stets der Rechtsträger, also der Arbeitgeber. Für den Gesamtbetriebsrat gelten insoweit keine Besonderheiten. Die Bestimmung des tatsächlichen Verhandlungspartners richtet sich daher nach den vom Arbeitgeber gesetzten Vertretungs- und Organisationszuständigkeiten.[121] Der Gesamtbetriebsrat kann aber verlangen, Verhandlungen nur mit mit ausreichender Entscheidungsbefugnis ausgestatteten Vertretern des Arbeitgebers zu führen.[122] Der Arbeitgeber muss seine diesbezüglichen Organisationsentscheidungen daher so ausgestalten, dass diese Voraussetzung sichergestellt ist. Insbesondere in Angelegenheiten, in denen die Zuständigkeit des Gesamtbetriebsrats aus § 50 Abs. 2 BetrVG folgt, ist es deshalb ohne weiteres denkbar, dass der Gesamtbetriebsrat Verhandlungen mit unteren Entscheidungsebenen, zB Betriebsleitungen, führen kann.

2. Originäre Zuständigkeit

41 **a) Grundlagen.** Der Gesamtbetriebsrat hat nach § 50 Abs. 1 S. 1 BetrVG eine originäre Zuständigkeit für die Behandlung von **überbetrieblichen Angelegenheiten,** sofern

---

[115] *Fitting* § 50 Rn. 10; Richardi BetrVG/*Annuß* § 50 Rn. 46; GK-BetrVG/*Kreutz/Franzen* § 50 Rn. 17, 18; ErfK/*Koch* BetrVG § 50 Rn. 2; Schmitt-Rolfes FS 50 Jahre BAG S. 1081 (1086); *Ehrich* ZfA 1993, 427 (430); *Röder/Gragert* DB 1996, 1674 (1675 ff.).
[116] BAG 21.1.2003 – 3 ABR 26/02, EzA § 50 BetrVG 2001 Nr. 2.
[117] BAG 21.1.2003 – 3 ABR 26/02, EzA § 50 BetrVG 2001 Nr. 2; BAG 11.12.2001 – 1 ABR 193/01, NZA 2002, 688.
[118] BAG 15.1.2002 – 1 ABR 10/01, NZA 2002, 988; so auch *Fitting* § 50 Rn. 10.
[119] BAG 23.8.2016 – 1 ABR 43/14, NZA 2016, 1483; BAG 18.10.2010 – 1 ABR 96/08, NZA 2011, 171; BAG 23.3.2010 – 1 ABR 82/08, NZA 2011, 642; BAG 10.10.2006 – 1 ABR 59/05, NZA 2007, 523; BAG 26.4.2005 – 1 AZR 26/04, NZA 2005, 892; BAG 9.12.2003 – 1 ABR 49/02, NZA 2005, 234; BAG 13.3.2001 – 1 ABR 7/00, ZTR 2002, 94; *Fitting* § 50 Rn. 11, 24; Richardi BetrVG/*Annuß* § 50 Rn. 16; WPK/*Roloff* § 50 Rn. 17; ErfK/*Koch* BetrVG § 50 Rn. 9; HWGNRH/*Glock* § 50 Rn. 12; HWK/*Hohenstatt/Dzida* BetrVG § 50 Rn. 4; *Thüsing* ZfA 2010, 195; siehe auch *Lunk* NZA 2013, 232 (234).
[120] ZB *Fitting* § 50 Rn. 14; GK-BetrVG/*Kreutz/Franzen* § 50 Rn. 80; ErfK/*Koch* BetrVG § 50 Rn. 1.
[121] S. dazu näher *Joost* FS Zeuner 1994 S. 67 (69 ff.).
[122] *Fitting* § 50 Rn. 14; GK-BetrVG/*Kreutz/Franzen* § 50 Rn. 80; ErfK/*Koch* BetrVG § 50 Rn. 1.

V. Zuständigkeit

zwei Voraussetzungen – kumulativ – vorliegen.[123] Zum einen muss es sich um eine Angelegenheit handeln, die entweder das Unternehmen insgesamt oder mehrere – mindestens zwei – Betriebe betreffen. Zum anderen darf die Angelegenheit nicht durch die einzelnen Betriebsräte innerhalb ihrer Betriebe geregelt werden können. Damit werden die Zuständigkeiten des Gesamtbetriebsrats und der örtlichen Betriebsräte im ausschließlichen Sinne gegeneinander abgegrenzt. Für dieselbe Angelegenheit können deshalb ein örtlicher Betriebsrat und der Gesamtbetriebsrat nicht nebeneinander originär zuständig sein.[124] Liegen die beiden gesetzlichen Voraussetzungen vor, nimmt der Gesamtbetriebsrat die mitbestimmungsrechtlichen Aufgaben nach dem Betriebsverfassungsgesetz allein wahr. Ist ein Gesamtbetriebsrat entgegen der gesetzlichen Verpflichtung nicht gebildet worden, entfällt das originäre Mitbestimmungsrecht bei in die Zuständigkeit des Gesamtbetriebsrats fallenden Angelegenheiten; den örtlichen Betriebsräten steht insoweit keine Ersatzzuständigkeit zu.[125] Gleiches gilt auch dann, wenn der (originär zuständige) Gesamtbetriebsrat beschließt, in einer Angelegenheit nicht tätig zu werden.[126] Dem Gesamtbetriebsrat stehen insoweit aber keine besonderen Mitbestimmungsrechte zu. Vielmehr richten sich dessen Beteiligungsbefugnisse gemäß § 51 Abs. 5 BetrVG nach den allgemeinen, auch für den Betriebsrat geltenden Mitbestimmungstatbeständen. In diesem Zusammenhang kann der Gesamtbetriebsrat auch Initiativrechte wahrnehmen.[127] Der Gesamtbetriebsrat ist dabei nicht auf eine Rahmenkompetenz beschränkt.[128] Setzen einzelne Mitbestimmungstatbestände eine bestimmte Mindestzahl von Arbeitnehmern im Betrieb voraus, verbleibt es auch bei einer Zuständigkeit des Gesamtbetriebsrats bei dieser Voraussetzung; es kann nicht ersatzweise auf die Zahl der unternehmensangehörigen Arbeitnehmer zurückgegriffen werden.[129]

Im Rahmen seiner originären Zuständigkeit nimmt der Gesamtbetriebsrat seine Beteiligungsrechte gemäß § 50 Abs. 1 S. 1 aE BetrVG auch für **Betriebe ohne Betriebsrat** wahr.[130] Betriebe ohne Betriebsrat sind nur solche, die an sich nach § 1 Abs. 1 BetrVG betriebsratsfähig sind, in denen jedoch kein Betriebsrat gewählt worden ist, nicht aber Kleinstbetriebe nach § 4 Abs. 2 BetrVG, die dem Hauptbetrieb zugeordnet werden und durch den dortigen Betriebsrat vertreten werden. Auch insoweit ist der Gesamtbetriebsrat auf die Zuständigkeit in Angelegenheiten beschränkt, für die eine originäre Zuständigkeit des Gesamtbetriebsrats besteht. Die dem örtlichen Betriebsrat zustehenden Beteiligungsbefugnisse wachsen auch in betriebsratslosen Betrieben nicht dem Gesamtbetriebsrat zu.[131] Dieser ist auch nicht berechtigt, in betriebsratslosen Betrieben Informationsveranstaltungen mit dem Ziel der Bestellung eines Wahlvorstandes durchzuführen.[132]

---

[123] BAG 14.11.2006 – 1 ABR 4/06, NZA 2007, 399; BAG 3.5.2006 – 1 ABR 15/05, NZA 2007, 1245; *Lunk* NZA 2013, 233 (234).
[124] BAG 20.12.1995 – 7 ABR 8/95, NZA 1996, 945 (schwerpunktmäßig zum Konzernbetriebsrat); BAG 6.4.1976 – 1 ABR 27/74, DB 1976, 1290; *Fitting* § 50 Rn. 9; GK-BetrVG/*Kreutz/Franzen* § 50 Rn. 17; ErfK/*Koch* BetrVG § 50 Rn. 2; *Schmitt-Rolfes* FS 50 Jahre BAG S. 1081 (1084); *Ehrich* ZfA 1993, 427 (430 ff.).
[125] GK-BetrVG/*Kreutz/Franzen* § 50 Rn. 18; ErfK/*Koch* BetrVG § 50 Rn. 2; aA DKKW/*Trittin* § 50 Rn. 15.
[126] Dazu auch BAG 17.5.2011 – 1 ABR 121/09, AP BetrVG 1972 § 80 Nr. 73 zum (nicht bestehenden) Unterlassungsanspruch eines Betriebsrates in in die Zuständigkeit des Konzernbetriebsrates fallenden Angelegenheiten.
[127] BAG 9.12.2009 – 7 ABR 46/08, NZA 2010, 662; BAG 21.7.2009 – 1 ABR 42/08, NZA 2009, 1049; *Fitting* § 50 Rn. 30.
[128] BAG 18.7.2017 – 1 ABR 59/15, NZA 2017, 1615; BAG 14.11.2006 – 1 ABR 4/06, NZA 2007, 399; so auch *Fitting* § 50 Rn. 28; GK-BetrVG/*Kreutz/Franzen* § 50 Rn. 17.
[129] BAG 8.6.1999 – 1 AZR 831/98, NZA 1999, 1168; ErfK/*Koch* BetrVG § 50 Rn. 2.
[130] BAG 9.12.2009 – 7 ABR 46/08, NZA 2010, 662; zur Problematik des darin liegenden demokratischen Legitimationsdefizits s. *Joost* S. 212 ff.; *Fitting* § 50 Rn. 29; GK-BetrVG/*Kreutz/Franzen* § 50 Rn. 57.
[131] BG 23.8.2016 – 1 ABR 43/14, NZA 2016, 1483; BAG 16.11.2011 – 7 ABR 28/10, NZA 2012, 404; BAG 9.12.2009 – 7 ABR 46/08 – NZA 2010, 662; *Fitting* § 50 Rn. 9, 32; Richardi BetrVG/*Annuß* § 50 Rn. 51; GK-BetrVG/*Kreutz/Franzen* § 50 Rn. 60; ErfK/*Koch* BetrVG § 50 Rn. 2.
[132] BAG 16.11.2011 – 7 ABR 28/10, NZA 2012, 404.

43 Besonderheiten bestehen bei einem **Gemeinschaftsbetrieb** mehrerer Unternehmen im Hinblick auf die originäre Zuständigkeit des Gesamtbetriebsrats, weil aufgrund der Zuordnung des gemeinsamen Betriebes zu mehreren Unternehmen die Zuständigkeit der jeweiligen Gesamtbetriebsräte abzugrenzen ist. Für die Zuständigkeitsabgrenzung kommt es entscheidend auf den die Mitbestimmung des Gesamtbetriebsrats auslösenden Regelungsgegenstand an. Ist dieser auf der Ebene des Gemeinschaftsbetriebes regelbar, scheidet die Zuständigkeit eines Gesamtbetriebsrats bereits grundsätzlich aus. Erstreckt sich die regelungsbedürftige Angelegenheit auf mehrere Betriebe, weil er an die Arbeitgeberstellung in einem der beteiligten Unternehmen anknüpft, wie bspw. bei unternehmensweiten Bonusprogrammen oder Altersversorgungsregelungen, ist der Gesamtbetriebsrat des Unternehmens zuständig, das Arbeitgeber der in den weiteren betroffenen Betrieben beschäftigten Arbeitnehmer ist. Die Regelungswirkung einer in derartigen Angelegenheiten abgeschlossenen Gesamtbetriebsvereinbarung erstreckt sich allerdings nur auf die Arbeitnehmer des Gemeinschaftsbetriebes, die in einem Arbeitsverhältnis zu dem Träger des Unternehmens stehen, für das der Gesamtbetriebsrat gebildet worden ist. Bezieht sich der Regelungsgegenstand auf betriebsübergreifende organisatorische Angelegenheiten, bestimmt sich die Zuständigkeit nach der Zuordnung der von der organisatorischen Entscheidung erfassten Betriebe. Gehören diese einem Unternehmen an, ist der dort gebildete Gesamtbetriebsrat zuständig. Betrifft die Maßnahme sowohl Betriebe, die dem einen, wie auch dem anderen am Gemeinschaftsbetrieb beteiligten Unternehmen zugeordnet sind, ist die Zuständigkeit des Konzernbetriebsrats gegeben, wenn die am Gemeinschaftsbetrieb beteiligten Unternehmen ihrerseits konzernverbunden sind. Ist dies nicht der Fall, dürfte eine kumulative Zuständigkeit aller beteiligten Gesamtbetriebsräte gegeben sein.[133] Wegen der Notwendigkeit einer einheitlichen, die beteiligten Betriebe in gleicher Weise erfassenden Regelung dürfte es ausgeschlossen sein, dass von den beteiligten Gesamtbetriebsräten unterschiedliche Gesamtbetriebsvereinbarungen zum gleichen Regelungsgegenstand nebeneinander vereinbart werden können.[134] Kann mit den beteiligten Gesamtbetriebsräten keine Einigung auf eine einheitliche Gesamtbetriebsvereinbarung erzielt werden, kann zur Regelung eine (gemeinsame) Einigungsstelle angerufen werden, die für die beteiligten Unternehmen und Gesamtbetriebsräte eine einheitliche Entscheidung treffen muss.[135] Soweit vertreten wird, dass stattdessen der Gesamtbetriebsrat zuständig sein soll, der die größere Zahl von Arbeitnehmern repräsentiert,[136] fehlt es an der hierfür erforderlichen gesetzgeberischen Anordnung. Ebenfalls nicht überzeugend ist die Auffassung, dass in diesem Fall überhaupt kein Gesamtbetriebsrat zuständig, sondern die Zuständigkeit des örtlichen Betriebsrats begründet sei.[137] Dem steht entgegen, dass die Zuständigkeit des örtlichen Betriebsrats aufgrund der Notwendigkeit einer überbetrieblichen Regelung nach der gesetzlichen Konzeption gerade nicht gegeben ist.

44 b) Allgemeine Zuständigkeit. Der Gesamtbetriebsrat hat die originäre Zuständigkeit **für überbetriebliche Angelegenheiten,** also Angelegenheiten, die das Unternehmen oder mehrere Betriebe – mindestens zwei – betreffen.[138] Soweit ein Regelungsgegenstand nur in einem einzigen Betrieb (bzw. einer betriebsratsfähigen Einheit) regelungsbedürftig ist, ist der örtliche Betriebsrat ausschließlich zuständig. Der Gesamtbetriebsrat kann dann lediglich nach § 50 Abs. 2 BetrVG von dem Betriebsrat mit der Behandlung der Angelegenheit beauftragt werden.

---

[133] *Fitting* § 50 Rn. 34.
[134] So aber wohl GK-BetrVG/*Kreutz/Franzen* § 50 Rn. 88; *Salamon* RdA 2008, 24 (31).
[135] So auch *Fitting* § 50 Rn. 34.
[136] *Schmidt* FS Küttner S. 499 (507).
[137] *Richardi* BetrVG/*Annuß* § 50 Rn. 72.
[138] BAG 23.8.2016 – 1 ABR 43/14, NZA 2016, 1483; *Fitting* § 50 Rn. 18; *Richardi* BetrVG/*Annuß* § 50 Rn. 6; GK-BetrVG/*Kreutz/Franzen* § 50 Rn. 23; ErfK/*Koch* BetrVG § 50 Rn. 3.

Die Zuständigkeit für überbetriebliche Angelegenheiten ist subsidiär,[139] da sie nach § 50 **45** Abs. 1 S. 1 BetrVG nur insoweit gegeben ist, als die Angelegenheiten „nicht durch die einzelnen Betriebsräte innerhalb ihrer Betriebe geregelt werden können". Diese gesetzliche Umschreibung des Zuständigkeitsbereichs ist nichtssagend. Der Betriebsrat kann jede mitbestimmungspflichtige Angelegenheit mit dem Arbeitgeber regeln, so dass die Norm bei wörtlichem Verständnis keinen Sinn ergibt. Die Zuständigkeit des Betriebsrates hängt demgemäß nicht davon ab, dass eine Regelung durch die Einzelbetriebsräte objektiv und denkgesetzlich ausgeschlossen wäre.[140]

Aus der engen Formulierung der Bestimmung und dem an den Betrieb anknüpfenden **46** dreistufigen Aufbau der Betriebsverfassung ist zu entnehmen, dass dem Gesetz die Konzeption zugrunde liegt, Angelegenheiten soweit wie möglich durch die örtlichen Betriebsräte erledigen zu lassen und der originären Zuständigkeit des Gesamtbetriebsrats lediglich den verbleibenden Bereich zuzuweisen. Die **arbeitnehmernahe Repräsentation** durch den Betriebsrat hat damit den Vorrang. Hieraus ergibt sich, dass bloße Zweckmäßigkeitserwägungen die Zuständigkeit des Gesamtbetriebsrats allein nicht begründen können.[141] Die zentralistische Führung des Unternehmens ist ebenso wenig ein zuständigkeitsbegründendes Kriterium, da sie keineswegs bedeutet, dass die Einzelbetriebsräte zur Ausübung ihrer Mitbestimmungsrechte nicht in der Lage wären.[142] Auch der Wunsch des Arbeitgebers nach einer einheitlichen Regelung im Unternehmen, also sein sog. Koordinierungsinteresse genügt allein nicht.[143] Ebenfalls nicht ausreichend ist das Interesse des Arbeitgebers, unternehmensweit einheitliche Arbeitsbedingungen festzulegen,[144] das wirtschaftlich begründete Interesse an einer Unternehmenssanierung[145] oder ein auf den Gleichbehandlungsgrundsatz gestütztes Interesse an einer unternehmenseinheitlichen Regelung.[146]

Erforderlich ist, dass ein zwingender Grund für eine unternehmenseinheitliche oder zu- **47** mindest mehrere Betriebe einheitlich erfassende Regelung besteht.[147] Ob ein zwingender Grund anzunehmen ist, bestimmt sich nach Inhalt und Zweck des Mitbestimmungstatbe-

---

[139] BAG 19.6.2012 – 1 ABR 19/11, NZA 2012, 1237; BAG 14.11.2006 – 1 ABR 4/06, NZA 2007, 399; kritisch dazu GK-BetrVG/*Kreutz/Franzen* § 50 Rn. 19; *Lunk* NZA 2013, 233 (234).

[140] AllgA, vgl. BAG 23.9.1975 – 1 ABR 122/73, DB 1976, 56; *Fitting* § 50 Rn. 21; Richardi BetrVG/*Annuß* § 50 Rn. 9; GK-BetrVG/*Kreutz/Franzen* § 50 Rn. 29; WPK/*Roloff* § 50 Rn. 7; *G. Müller* FS Küchenhoff Bd. 1 S. 283 (290 f.).

[141] BAG 18.7.2017 – 1 ABR 59/15, NZA 2017, 1615; BAG 23.8.2016 – 1 ABR 43/14, NZA 2016, 1483; BAG 19.7.2012 – 2 AZR 386/11, NZA 2013, 333; BAG 19.6.2012 – 1 ABR 19/11, NZA 2012, 1237; BAG 23.3.2010 – 1 ABR 82/08, NZA 2011, 642; BAG 14.11.2006 – 1 ABR 4/06, NZA 2007, 399; BAG 3.5.2006 – 1 ABR 15/05, NZA 2007, 1245; BAG 8.6.2004 – 1 ABR 4/03, NZA 2005, 227; BAG 9.12.2003 – 1 ABR 49/02, NZA 2005, 234; *Fitting* § 50 Rn. 23; Richardi BetrVG/*Annuß* § 50 Rn. 13; GK-BetrVG/*Kreutz/Franzen* § 50 Rn. 41; ErfK/*Koch* BetrVG § 50 Rn. 3; *Lunk* NZA 2013, 233 (234); *Thüsing* ZfA 2010, 195.

[142] BAG 18.10.1994 – 1 ABR 17/94, NZA 1995, 390 = AP BetrVG 1972 § 87 Lohngestaltung Nr. 70 mAnm *Joost;* anders BAG 23.9.1975 – 1 ABR 122/73, DB 1976, 56; BAG 6.12.1988 – 1 ABR 44/87, NZA 1989, 479.

[143] BAG 18.7.2017 – 1 ABR 59/15, NZA 2017, 1615; BAG 23.8.2016 – 1 ABR 43/14, NZA 2016, 1483; BAG 19.6.2012 – 1 ABR 19/11, NZA 2012, 1237; BAG 23.3.2010 – 1 ABR 82/08, NZA 2011, 642; BAG 19.6.2007 – 1 AZR 454/06, NZA 2007, 1184 (zum Konzernbetriebsrat); BAG 14.11.2006 – 1 ABR 4/06, NZA 2007, 399; *Fitting* § 50 Rn. 23; Richardi BetrVG/*Annuß* § 50 Rn. 13; GK-BetrVG/*Kreutz/Franzen* § 50 Rn. 41; ErfK/*Koch* BetrVG § 50 Rn. 3; *Thüsing* ZfA 2010, 195.

[144] BAG 23.8.2016 – 1 ABR 43/14, NZA 2016, 1483; BAG 19.6.2012 – 1 ABR 19/11, NZA 2012, 1237.

[145] BAG 15.1.2002 – 1 ABR 10/01, NZA 2002, 988.

[146] BAG 18.5.2010 – 1 ABR 96/08, NZA 2011, 171; BAG 23.3.2010 – 1 ABR 82/08, NZA 2011, 642; BAG 3.5.2006 – 1 ABR 15/05, NZA 2007, 1245; Richardi BetrVG/*Annuß* § 50 Rn. 13; GK-BetrVG/*Kreutz/Franzen* § 50 Rn. 43; anders wohl HWK/*Hohenstatt/Dzida* BetrVG § 50 Rn. 4.

[147] BAG 19.6.2012 – 1 ABR 19/11, NZA 2012, 1237; BAG 14.11.2006 – 1 ABR 4/06, NZA 2007, 399; BAG 26.4.2005 – 1 AZR 76/04, NZA 2005, 892; BAG 15.1.2002 – 1 ABR 10/01, NZA 2002, 988; BAG 16.6.1998 – 1 ABR 68/97, NZA 1999, 42; *Fitting* § 50 Rn. 21; Richardi BetrVG/*Annuß* § 50 Rn. 9; GK-BetrVG/*Kreutz/Franzen* § 50 Rn. 42; ErfK/*Koch* BetrVG § 50 Rn. 3.

stands, der der zu regelnden Angelegenheit zugrunde liegt.[148] Ein **zwingender Grund** ist typischerweise gegeben, wenn dem örtlichen Betriebsrat die Ausübung des Mitbestimmungsrechts objektiv oder subjektiv unmöglich ist.[149] Er kann insbesondere in unternehmerischen Sachzwängen liegen,[150] zB wenn für den Arbeitgeber bei unterschiedlichen betrieblichen Einzelregelungen Nachteile von erheblichem Gewicht eintreten würden oder die auf der Ebene der örtlichen Betriebsräte zu treffenden Regelungen die zu regelnde Materie nicht vollständig erfassen würde. Der zwingende Grund kann sich auch aus technischen oder rechtlichen Gründen ergeben, die eine einheitliche Regelung objektiv erforderlich machen.[151] Gleiches gilt, wenn der mit der mehrere Betriebe erfassenden Maßnahme verfolgte Zweck ohne eine einheitliche, betriebsübergreifende Regelung nicht erreicht werden könnte oder die Umsetzung der Maßnahme in einem Betrieb zwingend Auswirkungen auf regelungsbedürftige Mitbestimmungssachverhalte in einem anderen Betrieb nach sich zieht.[152] Maßgeblich sind stets die Umstände des einzelnen Falls, wobei jeweils die besonderen Verhältnisse in dem betroffenen Unternehmen ausschlaggebend sind.[153]

48 Ein zwingender Grund für eine unternehmenseinheitliche Behandlung der Angelegenheit wird bei arbeitstechnischen Fragen nur selten gegeben sein können. Dagegen bestehen **Sachzwänge für die einheitliche Interessenrepräsentation,** wenn begrenzte Ressourcen betriebsübergreifend auf die im Unternehmen beschäftigten Arbeitnehmer verteilt werden sollen oder die finanziellen Auswirkungen einer Vereinbarung nur für das Unternehmen insgesamt beurteilt werden können.[154] Der Gesamtbetriebsrat ist desto eher zuständig, je weniger ein Regelungsgegenstand mit den Besonderheiten des einzelnen Betriebs zu tun hat. Von besonderer Bedeutung sind dabei wirtschaftliche Aspekte. Der Betrieb ist in den gesamten unternehmerischen Tätigkeitsbereich des Arbeitgebers eingebunden und damit Teil der gesamten wirtschaftlichen Planung. Die einheitliche Interessenrepräsentation ist unter diesem Gesichtspunkt dann zwingend erforderlich, wenn anders die wirtschaftliche Planung nicht umsetzbar ist. Auch (produktions-)technische Gründe können eine einheitliche Regelung erforderlich machen. Diese liegen insbesondere dann vor, wenn ohne eine einheitliche Regelung eine technisch untragbare Störung eintreten würde.[155] Ein wirtschaftlicher Zwang zur Unternehmenssanierung begründet allein allerdings keinen überbetrieblichen Regelungsbedarf.[156]

---

[148] BAG 18.7.2017 – 1 ABR 59/15, NZA 2017, 1615; BAG 19.6.2012 – 1 ABR 19/11, NZA 2012, 1237; BAG 15.1.2002 – 1 ABR 10/01, NZA 2002, 988; BAG 16.6.1998 – 1 ABR 68/97, NZA 1999, 49.
[149] BAG 19.6.2007 – 1 AZR 454/06, NZA 2007, 1184; BAG 18.10.1994 – 1 ABR 17/04, NZA 1995, 390 = AP BetrVG 1972 § 87 Lohngestaltung Nr. 70 mAnm *Joost;* ähnlich auch *Fitting* § 50 Rn. 22 f.; enger wohl GK-BetrVG/*Kreutz/Franzen* § 50 Rn. 27; zur Kritik dieser Unterscheidung Richardi BetrVG/*Annuß* § 50 Rn. 9; *Lunk* NZA 2013, 233 (234); ablehnend *Ehrich* ZfA 1993, 427 (442 ff.); *Richardi* FS Gitter S. 789 (791, 793 f.).
[150] Nach BAG 28.4.1992 – 1 ABR 68/91, NZA 1993, 31 soll der Gesamtbetriebsrat bei einer Gewerkschaft als Arbeitgeber zuständig sein, weil sie bei sich keine einheitlichen Arbeitsbedingungen durch Tarifvertrag schaffen kann.
[151] BAG 23.3.2010 – 1 ABR 82/08, NZA 2011, 642; BAG 19.6.2007 – 1 AZR 454/06, NZA 2007, 1184 (zur Parallelproblematik beim Konzernbetriebsrat); BAG 14.11.2006 – 1 ABR 4/06, NZA 2007, 399; BAG 26.4.2005 – 1 AZR 76/04, NZA 2005, 892; BAG 9.12.2003 – 1 ABR 49/02, NZA 2005, 234; *Fitting* § 50 Rn. 22; Richardi BetrVG/*Annuß* § 50 Rn. 21; ErfK/*Koch* BetrVG § 50 Rn. 3; dazu auch GK-BetrVG/*Kreutz/Franzen* § 50 Rn. 42.
[152] Richardi BetrVG/*Annuß* § 50 Rn. 13; ähnlich GK-BetrVG/*Kreutz/Franzen* § 50 Rn. 41.
[153] BAG 18.7.2017 – 1 ABR 59/15, NZA 2017, 1615; BAG 19.6.2012 – 1 ABR 19/11, NZA 2012, 1237; GK-BetrVG/*Kreutz/Franzen* § 50 Rn. 38; HWGNRH/*Glock* § 50 Rn. 14; vgl. auch die Übersicht bei *Lunk* NZA 2013, 233.
[154] BAG 23.9.1975 – 1 ABR 122/73, DB 1976, 56.
[155] BAG 9.12.2003 – 1 ABR 49/02, NZA 2005, 234; BAG 23.9.1975 – 1 ABR 122/73, DB 1976, 56; *Fitting* § 50 Rn. 22; HWK/*Hohenstatt/Dzida* BetrVG § 50 Rn. 5; ErfK/*Koch* BetrVG § 50 Rn. 3; *Thüsing* ZfA 2010, 195 (204 ff.), kritisch *Ehrich* ZfA 1993, 427 (448); *Lunk* NZA 2013, 233 (235).
[156] BAG 15.1.2002 – 1 ABR 10/01, NZA 2002, 988.

aa) Soziale Angelegenheiten. In **sozialen Angelegenheiten** (§§ 87 ff. BetrVG) 49
kommt eine originäre Zuständigkeit des Gesamtbetriebsrats nur in Ausnahmefällen in Betracht, weil eine zwingende Notwendigkeit für eine unternehmenseinheitliche oder betriebsübergreifende Regelung nur selten bestehen wird.[157] Ein solcher Ausnahmefall kann insbesondere bei Regelungen vorliegen, die wegen einer arbeitstechnischen Verbundenheit mehrerer Betriebe oder ihrer übergreifenden wirtschaftlichen Auswirkungen unternehmenseinheitlich beurteilt werden müssen.[158] Das BAG hat dies bspw. anerkannt bei einer die **betriebliche Ordnung** iSv § 87 Abs. 1 Nr. 1 BetrVG betreffenden Regelung der einheitlichen Dienstkleidung für das Bodenpersonal eines Luftverkehrsunternehmens und sich zur Begründung auf die Notwendigkeit der einheitlichen Erkennbarkeit für die Kunden berufen.[159] Auch die Einführung von unternehmensweiten Ethikrichtlinien fällt in die Zuständigkeit des Gesamtbetriebsrats.[160] Gleiches gilt auch für die Einrichtung einer überbetrieblichen Beschwerdestelle; ein hierauf gerichtetes Initiativrecht steht dem Gesamtbetriebsrat zu.[161] Demgegenüber sind die örtlichen Betriebsräte für die Einführung von Torkontrollen,[162] oder die Festlegung einer unternehmensweiten Pflicht zur Vorlage von Arbeitsunfähigkeitsbescheinigungen zuständig.[163]

Eine Regelungszuständigkeit des Gesamtbetriebsrats für die **Lage der Arbeitszeit,** insbesondere von deren Beginn und Ende nach § 87 Abs. 1 Nr. 2 BetrVG besteht, wenn im Verhältnis mehrerer Betriebe zueinander eine produktionstechnische Abhängigkeit gegeben ist und deshalb eine betriebsübergreifende Regelung erforderlich ist.[164] Nur in Ausnahmefällen kann die grundsätzlich bei den örtlichen Betriebsräten liegende Regelungskompetenz für die Einführung von Kurzarbeit auf den Gesamtbetriebsrat übergehen, wenn die Einführung von Kurzarbeit in einem Betrieb aufgrund bestehender produktionstechnischer Verflechtungen zu betrieblichen Einschränkungen in anderen Betrieben führt.[165] 50

Für die **Auszahlung des Arbeitsentgelts** betreffende Mitbestimmungsangelegenheiten nach § 87 Abs. 1 Nr. 4 BetrVG ist eine Zuständigkeit des Gesamtbetriebsrats kaum denkbar. Ausnahmsweise kann dessen Zuständigkeit bestehen, wenn ein unternehmensweit einheitliches elektronisches Abrechnungssystem eingeführt werden soll.[166] Eine Zuständigkeit des Gesamtbetriebsrats für die **Urlaubsplanung** nach § 87 Abs. 1 Nr. 5 BetrVG kann ebenfalls nur in seltenen Ausnahmefällen bestehen, wenn aufgrund bestehender überbetrieblicher Verflechtungen mehrerer oder aller Betriebe eines Unternehmens eine 51

---

[157] BAG 18.10.1994 – 1 ABR 17/94, NZA 1995, 390; BAG 23.9.1975 – 1 ABR 122/73, DB 1976, 56; *Fitting* § 50 Rn. 36; Richardi BetrVG/*Annuß* § 50 Rn. 20; ErfK/*Koch* BetrVG § 50 Rn. 4; HWK/ *Hohenstatt*/*Dzida* BetrVG § 50 Rn. 8; *Lunk* NZA 2013, 233 (235); zu diversen Einzelkonstellationen GK-BetrVG/*Kreutz*/*Franzen* § 50 Rn. 51; HWK/*Hohenstatt*/*Dzida* BetrVG § 50 Rn. 8.
[158] Einzelheiten bei *Ehrich* ZfA 1993, 427 (444 ff.); *Lunk* NZA 2013, 233 (235 f.).
[159] BAG 17.1.2012 – 1 ABR 45/10, NZA 2012, 687.
[160] BAG 22.7.2008 – 1 ABR 40/07, NZA 2008, 1248 (zum Konzernbetriebsrat); LAG Düsseldorf 14.11.2005 – 10 TaBV 46/05, NZA-RR 2006, 81; Richardi BetrVG/*Annuß* § 50 Rn. 21; HWK/*Hohenstatt*/ *Dzida* BetrVG § 50 Rn. 8.
[161] BAG 21.7.2009 – 1 ABR 42/08, NZA 2009, 1049; dazu *Lunk* NZA 2013, 233 (235).
[162] LAG Düsseldorf 14.12.1979 – 16 TaBV 41/79, LAGE § 50 BetrVG 1972 Nr. 2.
[163] BAG 23.8.2016 – 1 ABR 43/14, NZA 2016, 1483.
[164] BAG 19.6.2012 – 1 ABR 19/11, NZA 2012, 1237; BAG 23.9.1975 – 1 ABR 122/73, DB 1976, 56; vgl. auch BAG 9.12.2003 – 1 ABR 49/02, NZA 2005, 234; *Fitting* § 50 Rn. 38; Richardi BetrVG/ *Annuß* § 50 Rn. 21; GK-BetrVG/*Kreutz*/*Franzen* § 50 Rn. 42; ErfK/*Koch* BetrVG § 50 Rn. 4; HWK/ *Hohenstatt*/*Dzida* BetrVG § 50 Rn. 8; *Lunk* NZA 2013, 233 (236); vgl. auch BVerwG 5.10.2011 – 6 P 7/10, PersV 2012, 101 zur Parallelproblematik im Personalvertretungsrecht (MBG SH).
[165] Dazu BAG 29.11.1978 – 4 AZR 276/77, DB 1979, 995; *Fitting* § 50 Rn. 38; Richardi BetrVG/*Annuß* § 50 Rn. 21; GK-BetrVG/*Kreutz*/*Franzen* § 50 Rn. 42; ErfK/*Koch* BetrVG § 50 Rn. 4; HWK/*Hohenstatt*/*Dzida* BetrVG § 50 Rn. 8.
[166] BAG 15.1.2002 – 1 ABR 10/01, NZA 2002, 988 (zur Zuständigkeit des Betriebsrats für die Abschaffung einer Kontoführungspauschale); *Fitting* § 50 Rn. 39; Richardi BetrVG/*Annuß* § 50 Rn. 23; GK-BetrVG/*Kreutz*/*Franzen* § 50 Rn. 51; HWGNRH/*Glock* § 50 Rn. 27.

Abstimmung des Urlaubs überbetrieblich erforderlich ist, was insbesondere bei unternehmenseinheitlichen urlaubsbedingten Betriebsschließungen der Fall sein kann.[167]

52 Bei unter § 87 Abs. 1 Nr. 7 BetrVG fallenden **betriebsunabhängigen Arbeits- oder Sicherheitsanweisungen** an Montagearbeiter im Außendienst, die unternehmensweit eingesetzt werden, besteht die Regelungszuständigkeit des Gesamtbetriebsrats.[168] Demgegenüber sind die örtlichen Betriebsräte für unter § 87 Abs. 1 Nr. 7 BetrVG fallende Maßnahmen des Gesundheitsschutzes sowie der Erstellung von Gefährdungsanalysen nach § 5 ArbSchG und § 3 BildschirmarbeitsplatzVO sowie bei der Unterweisung für ein gefahrvermeidendes Verhalten am Arbeitsplatz nach § 12 ArbSchG zuständig, selbst wenn es sich um unternehmensweit einheitlich eingerichtete und ausgestattete Arbeitsplätze handelt.[169]

53 Die originäre Zuständigkeit des Gesamtbetriebsrats besteht regelmäßig, wenn Regelungen mit einem **wirtschaftlichen Aufwand** verbunden sind, der unternehmenseinheitlich festgesetzt werden muss. Das gilt insbesondere für Sozialeinrichtungen nach §§ 87 Abs. 1 Nr. 8, 88 Nr. 2 BetrVG, die betriebsübergreifend genutzt werden können. So ist der Gesamtbetriebsrat für die Aufstellung von Grundsätzen für die Verteilung und Nutzung von Werkmietwohnungen und deren Verteilung im Einzelfall[170] ebenso zuständig, wie für die Einführung einer unternehmenseinheitlichen Altersversorgung[171] oder für die Nutzung einer unternehmensweit zur Verfügung stehenden Betriebskindertagesstätte.[172]

54 Im Rahmen der Mitbestimmung bei der **Aufstellung von Entlohnungsgrundsätzen und Entlohnungsmethoden** nach § 87 Abs. 1 Nrn. 10 und 11 BetrVG besteht die Zuständigkeit des Gesamtbetriebsrats, wenn aus sachlichen Gründen die Notwendigkeit einer unternehmenseinheitlichen Regelung besteht. Diese folgt allerdings entgegen der früheren Rechtsprechung des BAG[173] nicht aus dem unternehmensweit geltenden Gleichbehandlungsgrundsatz.[174] Der Gleichbehandlungsgrundsatz gilt zwar unternehmensweit, ist seinerseits aber nicht zuständigkeitsbegründend; er spielt daher (nur) für die Rechtmäßigkeit der getroffenen Regelung, nicht aber für die Frage eine Rolle, welches betriebsverfassungsrechtliche Gremium zu der Regelung des Mitbestimmungstatbestandes berufen ist. Die Zuständigkeit des Gesamtbetriebsrats besteht daher in Angelegenheiten nach § 87 Abs. 1 Nrn. 10, 11 BetrVG nur, wenn die Gleichartigkeit der Betriebe in Struktur, Aufgaben und Tätigkeit eine gleichartige Lohnstruktur notwendig macht oder aus anderen zwingenden Gründen einheitliche Vergütungssysteme geschaffen werden müssen.[175] Insbesondere kann es zwingend erforderlich sein, die erfolgsabhängigen Vergü-

---

[167] *Fitting* § 50 Rn. 40; *Richardi* BetrVG/*Annuß* § 50 Rn. 24; HWGNRH/*Glock* § 50 Rn. 28; ErfK/*Koch* BetrVG § 50 Rn. 4; siehe aber auch BAG 5.2.1965 – 1 ABR 14/64, NJW 1965, 1501.
[168] BAG 16.6.1998 – 1 ABR 68/97, NZA 1999, 49; *Fitting* § 50 Rn. 42; *Richardi* BetrVG/*Annuß* § 50 Rn. 26.
[169] BAG 18.7.2017 – 1 ABR 59/15, NZA 2017, 1615; BAG 8.6.2004 – 1 ABR 4/03, NZA 2005, 227; *Fitting* § 50 Rn. 42; GK-BetrVG/*Kreutz/Franzen* § 50 Rn. 51; *Lunk* NZA 2013, 233 (236); anders bei unternehmensweit vernetzten Bildschirmarbeitsplätzen, HWK/*Hohenstatt/Dzida* BetrVG § 50 Rn. 8.
[170] *Richardi* BetrVG/*Annuß* § 50 Rn. 27; *Ehrich* ZfA 1993, 427 (454); hinsichtlich der konkreten Zuweisung und Kündigung abweichend *Fitting* § 50 Rn. 48.
[171] BAG 21.1.2003 – 3 ABR 26/02, EzA § 50 BetrVG 2001 Nr. 2; BAG 8.12.1981 – 3 ABR 53/80, DB 1982, 46; BAG 19.3.1981 – 3 ABR 38/80, DB 1981, 2181; *Fitting* § 50 Rn. 43; *Richardi* BetrVG/*Annuß* § 50 Rn. 28; GK-BetrVG/*Kreutz/Franzen* § 50 Rn. 51; ErfK/*Koch* BetrVG § 50 Rn. 4; HWK/*Hohenstatt/Dzida* BetrVG § 50 Rn. 8.
[172] BAG 10.2.2009 – 1 ABR 94/07, NZA 2009, 562; dazu GK-BetrVG/*Kreutz/Franzen* § 50 Rn. 51; *Lunk* NZA 2013, 233 (236).
[173] BAG 6.12.1988 – 1 ABR 44/87, NZA 1989, 479; BAG 17.10.1968 – 5 AZR 281/67, DB 1969, 799; dazu *Sibben* NZA 1995, 819 (821).
[174] BAG 18.5.2010 – 1 ABR 96/08, NZA 2011, 171; BAG 23.3.2010 – 1 ABR 82/08, NZA 2011, 642; dazu *Fitting* § 50 Rn. 46; GK-BetrVG/*Kreutz/Franzen* § 50 Rn. 51; ErfK/*Koch* BetrVG § 50 Rn. 4; *Lunk* NZA 2013, 233 (236); abweichend wohl HWK/*Hohenstatt/Dzida* BetrVG § 50 Rn. 5.
[175] Dazu *Fitting* § 50 Rn. 44; *Richardi* BetrVG/*Annuß* § 50 Rn. 28f.; GK-BetrVG/*Kreutz/Franzen* § 50 Rn. 51; ErfK/*Koch* BetrVG § 50 Rn. 4; HWK/*Hohenstatt/Dzida* BetrVG § 50 Rn. 8.

tungen von Außendienstmitarbeitern (Provisionen) einheitlich für den gesamten Unternehmensbereich festzulegen.[176]

Diese Grundsätze gelten zwar auch für die Abgrenzung der Zuständigkeiten bei der **Gewährung freiwilliger Leistungen** auf der Grundlage freiwilliger Betriebsvereinbarungen nach § 88 BetrVG. Macht aber der Arbeitgeber die Gewährung der Leistung von einer (einheitlichen) Regelung mit dem Gesamtbetriebsrat abhängig, so ist dessen Zuständigkeit begründet, weil die örtlichen Betriebsräte dann die Regelung selbst nicht herbeiführen können (subjektive Unmöglichkeit).[177] Ebenso liegt es, wenn eine Angelegenheit zum Teil der erzwingbaren, teils der freiwilligen Mitbestimmung unterfällt und der Arbeitgeber nur zu einer einheitlichen Regelung bereit ist.[178] Im Rahmen der erzwingbaren Mitbestimmung nach § 87 Abs. 1 BetrVG begründet dagegen allein das Verlangen des Arbeitgebers nach einer unternehmenseinheitlichen Regelung nicht die Zuständigkeit des Gesamtbetriebsrats und zwar auch dann nicht, wenn tariflich nach § 77 Abs. 3 S. 2 BetrVG eine freiwillige Betriebsvereinbarung zugelassen wird.[179]

Die Schaffung von betriebsübergreifend oder unternehmensweit eingesetzten technischen Kontrolleinrichtungen iSv § 87 Abs. 1 Nr. 6 BetrVG fällt aufgrund der technisch gebotenen einheitlichen Anwendung in die Zuständigkeit des Gesamtbetriebsrats.[180] Dies ist für die Einführung eines unternehmensweit genutzten Systems der **elektronischen Datenverarbeitung** ebenso anerkannt,[181] wie für die Einführung einer unternehmenseinheitlichen Telefonanlage[182] oder eines unternehmensweiten Reservierungssystems für Flüge[183].

bb) Gestaltung von Arbeitsplatz, -ablauf und -umgebung. Die Mitbestimmung bei der Gestaltung von **Arbeitsplatz, Arbeitsablauf und Arbeitsumgebung** nach den §§ 90, 91 BetrVG wird zumeist auf den Betrieb bezogen sein und deshalb keine originäre Zuständigkeit des Gesamtbetriebsrats begründen. Dies gilt insbesondere für die Errichtung neuer oder den Umbau oder die Erweiterung von Betriebsstätten nach § 90 Nr. 1 BetrVG. Anders kann es liegen, wenn die Planungen nach § 90 BetrVG wegen der Gleichartigkeit der Betriebe bzw. ihrer arbeitstechnischen Verflochtenheit betriebsübergreifend oder unternehmenseinheitlich durchgeführt werden, so dass eine auf die einzelnen Betriebe bezogene, getrennte Planung nicht möglich ist.[184] Eine Beteiligung des Gesamtbetriebsrats in Angelegenheiten nach § 91 BetrVG dürfte regelmäßig ausscheiden und nur ausnahmsweise in Betracht kommen, wenn die maßgebliche Änderung in mehreren Be-

---

[176] BAG 6.12.1988 – 1 ABR 44/87, NZA 1989, 479; BAG 29.3.1977 – 1 ABR 123/74, NJW 1977, 1654; *Fitting* § 50 Rn. 45; *Richardi* BetrVG/*Annuß* § 50 Rn. 29; GK-BetrVG/*Kreutz/Franzen* § 50 Rn. 51; *Sibben* NZA 1995, 819 (821).
[177] BAG 18.5.2010 – 1 ABR 96/08, NZA 2011, 171; BAG 23.3.2010 – 1 ABR 82/08, NZA 2011, 642; BAG 19.6.2007 – 1 AZR 454/06, NZA 2007, 1184; BAG 10.10.2006 – 1 ABR 59/05, NZA 2007, 523; BAG 26.4.2005 – 1 AZR 76/04, NZA 2005, 892; BAG 9.12.2003 – 1 ABR 49/02, NZA 2005, 234; BAG 13.3.2001 – 1 ABR 7/00, ZTR 2002, 94; BAG 18.10.1994 – 1 ABR 17/94, NZA 1995, 390 = AP BetrVG 1972 § 87 Lohngestaltung Nr. 70 mAnm *Joost; Fitting* § 50 Rn. 24, 44, 46; *Richardi* BetrVG/*Annuß* § 50 Rn. 14ff.; GK-BetrVG/*Kreutz/Franzen* § 50 Rn. 31ff.; vgl. dazu *Lunk/Leder* NZA 2011, 249 (251); *Hoß* NZA 1997, 1129 (1137).
[178] LAG Düsseldorf 5.9.1991 – 12 (17) TaBV 58/91, NZA 1992, 563 (564).
[179] BAG 9.12.2003 – 1 ABR 49/02, NZA 2005, 234; *Fitting* § 50 Rn. 24; GK-BetrVG/*Kreutz/Franzen* § 50 Rn. 32.
[180] BAG 14.9.1984 – 1 ABR 23/82, NZA 1985, 28; *Fitting* § 50 Rn. 41; *Richardi* BetrVG/*Annuß* § 50 Rn. 25; GK-BetrVG/*Kreutz/Franzen* § 50 Rn. 51; ErfK/*Koch* BetrVG § 50 Rn. 4; *Lunk* NZA 2013, 233 (236).
[181] BAG 25.9.2012 – 1 ABR 45/11, NZA 2013, 275 (zur Zuständigkeit des Konzernbetriebsrats); BAG 14.11.2006 – 1 ABR 4/06, NZA 2007, 399; dazu *Bachner/Rupp* NZA 2016, 207 bezogen auf die Zuständigkeit des Konzernbetriebsrats.
[182] BAG 11.11.1998 – 7 ABR 47/97, NZA 1999, 947.
[183] BAG 30.8.1995 – 1 ABR 4/95, NZA 1996, 218.
[184] *Fitting* § 50 Rn. 49; *Richardi* BetrVG/*Annuß* § 50 Rn. 30; GK-BetrVG/*Kreutz/Franzen* § 50 Rn. 52; HWGNRH/*Glock* § 50 Rn. 39; HWK/*Hohenstatt/Dzida* BetrVG § 50 Rn. 9.

trieben stattgefunden hat und deshalb die Abhilfemaßnahmen nur betriebsübergreifend stattfinden können.[185]

58 **cc) Personelle Angelegenheiten.** Die Mitbestimmung in **personellen Angelegenheiten** nach den §§ 92 ff. BetrVG findet für Einzelmaßnahmen auf betrieblicher Ebene statt, so dass eine Zuständigkeit des Gesamtbetriebsrats grds. nicht gegeben ist.[186] Dies gilt auch für Versetzungen in einen anderen Betrieb des Unternehmens und auch dann, wenn mehrere Versetzungen unter Einbeziehung mehrerer Betriebe zu einer einheitlichen Maßnahme zusammengefasst werden[187] oder die Übernahme in einen anderen Betrieb anlässlich einer Kündigung erfolgt.[188] Denkbar ist eine Zuständigkeit des Gesamtbetriebsrats daher nur bei personellen Einzelmaßnahmen, die einen Arbeitnehmer betreffen, der für mehrere Betriebe des Unternehmens gleichzeitig tätig ist und der durch den Arbeitgeber keinem der Betriebe zugeordnet worden ist.[189]

59 Anders liegt es bei allgemeinen Planungen und Maßnahmen, die unternehmenseinheitlich erfolgen, insbesondere bei einer **unternehmenseinheitlichen Personalplanung** nach § 92 BetrVG.[190] Wegen des sachlichen Zusammenhangs können dazu auch Verfahren der Leistungsbeurteilung aufgrund allgemeiner Beurteilungsgrundsätze, die Erstellung von Personalfragebögen und die Aufstellung von Auswahlrichtlinien gehören, wenn diese betriebsübergreifende Geltung beanspruchen.[191] Zu beachten ist dabei aber, dass die Zuständigkeit des Gesamtbetriebsrats nicht allein dadurch begründet wird, dass der Unternehmer eine einheitliche Planung für zweckmäßig hält. Erforderlich ist vielmehr, dass die einheitliche Repräsentation der Arbeitnehmerinteressen zwingend geboten ist. Das setzt voraus, dass nach den Gegebenheiten im Unternehmen die Personalplanung nur einheitlich für das Unternehmen bzw. mehrere Betriebe erfolgen kann. Die aus § 93 BetrVG folgende Berechtigung, eine innerbetriebliche Ausschreibung von Arbeitsplätzen zu verlangen, steht wegen des Bezugs auf einen konkreten Arbeitsplatz grds. dem örtlichen Betriebsrat zu.[192] Eine Ausnahme kann gelten, wenn die Ausschreibung eines oder mehrerer Arbeitsplätze unternehmensweit einheitlich erfolgen soll.[193] Berufsbildungsmaßnahmen können ebenfalls bei Notwendigkeit betriebsübergreifender Abstimmungen, insbesondere bei der Schaffung genereller unternehmensweiter Regelungen für derartige Maßnahmen die Zuständigkeit des Gesamtbetriebsrats begründen.[194] Demgegenüber unterfällt die Durchführung einzelner Berufsbildungsmaßnahmen der Mitbestimmung des jeweiligen örtlichen Betriebsrats.

60 **dd) Wirtschaftliche Angelegenheit.** In **wirtschaftlichen Angelegenheiten** iSd §§ 106 ff. BetrVG wird eine unternehmenseinheitliche Mitbestimmung dadurch gewährleistet, dass für das Unternehmen ein Wirtschaftsausschuss gebildet wird und zum anderen der Gesamtbetriebsrat besondere originäre Kompetenzen erhält. Für die Mitbestimmung

---

[185] Richardi BetrVG/*Annuß* § 50 BetrVG Rn. 30.
[186] BAG 21.3.1996 – 2 AZR 559/95, NZA 1996, 974, zur Anhörung vor einer Kündigung nach einem Betriebsübergang.
[187] BAG 26.1.1993 – 1 AZR 303/92, NZA 1993, 714.
[188] BAG 21.3.1996 – 2 AZR 559/95, NZA 1996, 974; *Fitting* § 50 Rn. 55; Richardi BetrVG/*Annuß* BetrVG § 50 Rn. 35; ErfK/*Koch* BetrVG § 50 Rn. 5.
[189] BAG 21.3.1996 – 2 AZR 559/95, NZA 1996, 974; *Fitting* § 50 Rn. 55; HWK/*Hohenstatt/Dzida* BetrVG § 50 Rn. 11.
[190] *Fitting* § 50 Rn. 51; Richardi BetrVG/*Annuß* § 50 BetrVG Rn. 32; GK-BetrVG/*Kreutz/Franzen* § 50 Rn. 53; HWGNRH/*Glock* § 50 Rn. 41; ErfK/*Koch* BetrVG § 50 Rn. 5; *Lunk* NZA 2013, 233 (237).
[191] BAG 17.3.2015 – 1 ABR 48/13, NZA 2015, 885; BAG 31.5.1983 – 1 ABR 6/80, NZA 1984, 49; *Fitting* § 50 Rn. 52; Richardi BetrVG/*Annuß* § 50 Rn. 33; GK-BetrVG/*Kreutz/Franzen* § 50 Rn. 53; HWGNRH/*Glock* § 50 Rn. 51 f.; *Jedzig* DB 1991, 753 (753 f.).
[192] BAG 1.2.2011 – 1 ABR 79/09, NZA 2011, 703; *Fitting* § 50 Rn. 53; ErfK/*Koch* BetrVG § 50 Rn. 5.
[193] GK-BetrVG/*Kreutz/Franzen* § 50 Rn. 53.
[194] BAG 12.11.1991 – 1 ABR 21/91, NZA 1992, 657; dazu auch *Fitting* § 50 Rn. 54; GK-BetrVG/*Kreutz/Franzen* § 50 Rn. 53; HWK/*Hohenstatt/Dzida* BetrVG § 50 Rn. 10.

bei Betriebsänderungen iSd § 111 BetrVG gelten die allgemeinen Grundsätze. Die Zuständigkeit des Gesamtbetriebsrats richtet sich danach, ob es sich um eine Maßnahme handelt, die sich auf alle oder mehrere Betriebe auswirkt und deshalb nur betriebsübergreifend geregelt werden kann.[195] Das ist der Fall, wenn die Maßnahme unteilbar mehrere oder sogar alle Betriebe des Unternehmens betrifft, zB bei Produktionsverlagerungen, Zusammenfassungen von Produktionsleistungen, Zusammenlegung mehrerer Betriebe[196] oder Stilllegungen aller Betriebe.[197] Beurteilungsgegenstand ist dabei die vom Arbeitgeber geplante Maßnahme und nicht der Inhalt des erst auszuhandelnden Interessenausgleichs. Liegt der Maßnahme ein unternehmenseinheitliches Konzept zugrunde, begründet dies die Zuständigkeit des Gesamtbetriebsrats für die Verhandlungen des Interessenausgleichs.[198] Auch die Zuständigkeit für die Vereinbarung einer Namensliste nach § 1 Abs. 5 KSchG richtet sich nach diesen Grundsätzen, so dass bei einem einheitlichen unternehmerischen Konzept der Gesamtbetriebsrat hierfür zuständig sein kann.[199] Die Zuständigkeit des Gesamtbetriebsrats für einen Interessenausgleich begründet nicht ohne weiteres seine Zuständigkeit für den korrespondierenden Sozialplan. Vielmehr ist gesondert zu prüfen, ob die gesetzlichen Voraussetzungen für die Zuständigkeit des Gesamtbetriebsrats vorliegen.[200] Dies kann sich auch aus den Regelungen eines bereits vereinbarten Interessenausgleichs ergeben, wenn dieser eine betriebsübergreifende Kompensationsregelung oder ein unternehmensweites Sanierungskonzept vorgibt.[201]

c) Besondere Zuständigkeit. Der Gesamtbetriebsrat hat einige im Gesetz ausdrücklich 61 normierte Kompetenzen, die unabhängig davon bestehen, ob die Aufgaben von einem Betriebsrat wahrgenommen werden könnten. Die Errichtung des **Konzernbetriebsrats** erfolgt nach § 54 Abs. 1 S. 1 BetrVG durch Beschlüsse der Gesamtbetriebsräte der einzelnen Konzernunternehmen. Der Gesamtbetriebsrat bestimmt nach § 107 Abs. 2 S. 2 BetrVG die Mitglieder des für das Unternehmen zu bildenden **Wirtschaftsausschusses** und beschließt über die anderweitige Wahrnehmung der Aufgaben des Wirtschaftsausschusses gemäß § 107 Abs. 3 S. 6, § 108 Abs. 2, § 109 S. 4 BetrVG. Für einen Betrieb ohne Betriebsrat hat der Gesamtbetriebsrat nach § 17 Abs. 1, § 17a BetrVG den Wahlvorstand zu bestellen.[202] Dieselbe Aufgabe obliegt dem Gesamtbetriebsrat nach § 16 Abs. 3 BetrVG auch, wenn in Betrieben mit Betriebsrat acht Wochen vor Ablauf der Amtszeit noch kein Wahlvorstand eingerichtet worden ist.

---

[195] BAG 20.9.2012 – 6 AZR 155/11, NZA 2013, 32; BAG 7.7.2011 – 6 AZR 248/10, NZA 2011, 1108; BAG 3.5.2006 – 1 ABR 15/05, NZA 2007, 1245; *Fitting* § 50 Rn. 59; Richardi BetrVG/*Annuß* § 50 Rn. 37; HWGNRH/*Glock* § 50 Rn. 48; *Schmitt-Rolfes* FS 50 Jahre BAG S. 1081 (1083).
[196] BAG 20.9.2012 – 6 AZR 155/11, NZA 2013, 32; BAG 19.7.2012 – 2 AZR 386/11, NZA 2013, 333; BAG 23.10.2002 – 7 ABR 55/01, ZIP 2003, 1514; BAG 11.12.2001 – 1 AZR 193/01, NZA 2002, 688; BAG 24.1.1996 – 1 AZR 542/95, NZA 1996, 1107; *Fitting* § 50 Rn. 59; Richardi BetrVG/*Annuß* § 50 Rn. 37; GK-BetrVG/*Kreutz/Franzen* § 50 Rn. 54.
[197] Vgl. BAG 24.1.1996 – 1 AZR 542/95, NZA 1996, 1107; HWGNRH/*Glock* § 50 Rn. 48; *Sibben* NZA 1995, 819 (821).
[198] BAG 20.9.2012 – 6 AZR 155/11, NZA 2013, 32; BAG 11.12.2001 – 1 AZR 193/01, NZA 2002, 688; GK-BetrVG/*Kreutz/Franzen* § 50 Rn. 54; ErfK/*Koch* BetrVG § 50 Rn. 6.
[199] BAG 20.9.2012 – 6 AZR 155/11, NZA 2013, 32; BAG 7.7.2011 – 6 AZR 248/10, NZA 2011, 1108; BAG 10.6.2010 – 2 AZR 420/09, NZA 2010, 1352; *Fitting* § 50 Rn. 59; Richardi BetrVG/*Annuß* § 50 Rn. 37b; GK-BetrVG/*Kreutz/Franzen* § 50 Rn. 54; ErfK/*Koch* BetrVG § 50 Rn. 6; *Ohlendorf/Salamon* NZA 2006, 131; *Zimmer/Rupp* FA 2005, 259 (260); *B. Gaul* BB 2004, 2686 (2687).
[200] BAG 3.5.2006 – 1 ABR 15/05, NZA 2007, 1245; BAG 23.10.2002 – 7 ABR 55/01, ZIP 2003, 1514; BAG 11.12.2001 – 1 AZR 193/01, NZA 2002, 688; *Fitting* § 50 Rn. 60; Richardi BetrVG/*Annuß* § 50 Rn. 37; GK-BetrVG/*Kreutz/Franzen* § 50 Rn. 54; HWGNRH/*Glock* § 50 Rn. 50; ErfK/*Koch* BetrVG § 50 Rn. 6; *Scharff* BB 2016, 437 (440); *Lunk* NZA 2013, 233 (237); aA *Schmitt-Rolfes* FS 50 Jahre BAG S. 1081 (1088f.).
[201] BAG 3.5.2006 – 1 ABR 15/05, NZA 2007, 1245; BAG 23.10.2002 – 7 ABR 55/01, ZIP 2003, 1514; BAG 11.12.2001 – 1 AZR 193/01, NZA 2002, 688; *Fitting* § 50 Rn. 60; ErfK/*Koch* BetrVG § 50 Rn. 6; HWGNRH/*Glock* § 50 Rn. 50; HWK/*Hohenstatt/Dzida* BetrVG § 50 Rn. 14.
[202] Dazu BAG 15.10.2014 – 7 ABR 53/12, NZA 2015, 1014; BAG 16.11.2011 – 7 ABR 28/10, NZA 2012, 582.

62 Darüber hinaus hat der Gesamtbetriebsrat **organisatorische Zuständigkeiten im Rahmen der Unternehmensmitbestimmung** bei der Bestellung von Wahlvorständen (§§ 4, 5 der 2. WOMitbestG, §§ 4 Abs. 4, 5 der 3. WOMitbestG, §§ 3, 4 WahlO MitbestErgG, § 26 Abs. 2 WODrittelbG), dem Widerruf der Bestellung eines Aufsichtsratsmitglieds der Arbeitnehmer (§ 39 Abs. 1 WODrittelbG, § 107 der 2. WOMitbestG, § 108 der 3. WOMitbestG, § 101 WahlO MitbestErgG) und der Anfechtung der Wahl von Aufsichtsratsmitgliedern der Arbeitnehmer (§ 22 Abs. 2 MitbestG).

3. Zuständigkeit kraft Auftrags

63 **a) Zweck.** Jeder Betriebsrat kann nach § 50 Abs. 2 S. 1 BetrVG den Gesamtbetriebsrat im Wege der Delegation beauftragen, einzelne Angelegenheit für ihn zu behandeln. Die umgekehrte Möglichkeit der Übertragung einer in die originäre Zuständigkeit des Gesamtbetriebsrats nach § 50 Abs. 1 BetrVG fallenden Angelegenheit auf die Einzelbetriebsräte besteht demgegenüber nicht. Die Möglichkeit der **Beauftragung des Gesamtbetriebsrats in einzelnen Angelegenheiten** trägt dem Umstand Rechnung, dass es in vielen Fällen zweifelhaft sein kann, ob die Ausübung der Mitbestimmung durch den örtlichen Betriebsrat oder den Gesamtbetriebsrat zweckmäßiger ist, auch wenn die originäre Zuständigkeit des Gesamtbetriebsrats nicht besteht, weil eine betriebsübergreifende Regelung nicht zwingend veranlasst ist. Die Beauftragung des Gesamtbetriebsrats räumt Abgrenzungsschwierigkeiten aus und ist im Hinblick auf die größere vom Gesamtbetriebsrat repräsentierte Arbeitnehmerzahl geeignet, die Verhandlungsposition auf Seiten der Arbeitnehmervertretung zu stärken. Die Beauftragung kann darüber hinaus in Angelegenheiten sinnvoll sein, in denen sich die größere Nähe des Gesamtbetriebsrats zur Unternehmensleitung zur Durchsetzung der Arbeitnehmerinteressen im Betrieb förderlich auswirken kann. Selbstverständlich kann der örtliche Betriebsrat aber auch unmittelbar mit der Unternehmensleitung verhandeln, weil der Betriebsrat von sich aus mit jeder Person im Unternehmen Verhandlungen führen kann, die Entscheidungskompetenzen für den Betrieb besitzt. Letztlich liegt es in der Entscheidungsmacht des jeweiligen örtlichen Betriebsrats, ob er von der ihm zustehenden Delegationsmöglichkeit Gebrauch macht. Auch bei einer Übertragung der Zuständigkeit verbleibt das Mitbestimmungsrecht selbst beim örtlichen Betriebsrat; dieser kann die Übertragung daher jederzeit rückgängig machen. Die Verhandlungen über den Mitbestimmungsgegenstand sind deshalb auch nach erfolgter Übertragung auf den Gesamtbetriebsrat auf der betrieblichen Ebene zu führen.[203]

64 **b) Gegenstand.** Ein örtlicher Betriebsrat kann den Gesamtbetriebsrat mit jeder Angelegenheit befassen, für die seine eigene Zuständigkeit begründet ist; die Übertragungsbefugnis besteht inhaltlich unbeschränkt.[204] Es ist insbesondere nicht erforderlich, dass die Angelegenheit einen überbetrieblichen Bezug aufweist. Übertragungsfähig ist neben den Wahrnehmungszuständigkeiten in materiellen Mitbestimmungsangelegenheiten auch die Befugnis zur Führung eines Rechtsstreits durch den Gesamtbetriebsrat über Rechtspositionen des Betriebsrats im Wege der gewillkürten Prozessstandschaft.[205] Die Beauftragung kann sich aber nur auf **einzelne oder mehrere bestimmte Angelegenheiten** beziehen.[206] Dies gilt auch dann, wenn die Komplexität der Angelegenheit mehrere oder unterschiedliche Entscheidungen des Gesamtbetriebsrats notwendig macht. Zulässig ist es

---

[203] BAG 17.3.2015 – 1 ABR 49/13, AP BetrVG 1972 § 58 Nr. 6 (zur Parallelsituation beim Konzernbetriebsrat).
[204] *Fitting* § 50 Rn. 66; GK-BetrVG/*Kreutz*/*Franzen* § 50 Rn. 72; aA wohl *Rieble* RdA 2005, 26 (29).
[205] BAG 27.6.2000 – 1 ABR 31/99, NZA 2001, 334; BAG 6.4.1976 – 1 ABR 27/74, DB 1976, 1290; *Fitting* § 50 Rn. 71; *Richardi* BetrVG/*Annuß* § 50 Rn. 55; GK-BetrVG/*Kreutz*/*Franzen* § 50 Rn. 66; *Rieble* RdA 2005, 26 (27); *Behrens*/*Kramer* DB 1994, 94 (96).
[206] BAG 26.1.1993 – 1 AZR 303/92, NZA 1993, 714; *Fitting* § 50 Rn. 65; GK-BetrVG/*Kreutz*/*Franzen* § 50 Rn. 75; HWGNRH/*Glock* § 50 Rn. 56; ErfK/*Koch* BetrVG § 50 Rn. 9; HWK/*Hohenstatt*/*Dzida* BetrVG § 50 Rn. 17; *Rieble* RdA 2005, 26 (29); weitergehend *Richardi* BetrVG/*Annuß* § 50 Rn. 37, der auch zumindest bestimmbare Angelegenheiten für übertragbar hält.

auch, dass der Betriebsrat die Übertragung mehrerer Angelegenheiten in einem Beschluss zusammenfasst. Die allgemeine Übertragung aller Angelegenheiten oder bestimmter Sachbereiche ist demgegenüber rechtswirksam nicht möglich, weil dadurch der vom Gesetz zwingend vorgegebene Vorrang der Zuständigkeit des Betriebsrates beseitigt werden würde und es zu einer – unzulässigen – teilweisen Selbstabdankung des Betriebsrats[207] käme.

Die Beauftragung führt zu **keiner inhaltlichen Erweiterung** des jeweiligen Mitbestimmungstatbestandes. Der Gesamtbetriebsrat kann daher nur insoweit handeln, als dies rechtlich auch dem Betriebsrat möglich wäre.[208] Hängt zB ein Mitbestimmungsrecht davon ab, dass der Betrieb eine bestimmte Mindestgröße aufweist, kommt es auch nach einer Beauftragung des Gesamtbetriebsrats auf die Anzahl der Arbeitnehmer in diesem Betrieb und nicht auf die Zahl der vom Gesamtbetriebsrat repräsentierten Arbeitnehmer an. Besteht das Mitbestimmungsrecht im Betrieb nicht, so kann es auch der Gesamtbetriebsrat nach erfolgter Aufgabenübertragung nicht ausüben. 65

Im Regelfall erfolgt die Zuständigkeitsübertragung durch den örtlichen Betriebsrat umfassend und erstreckt sich sowohl auf die Führung der Verhandlungen mit der Arbeitgeberseite wie auf die abschließende inhaltliche Entscheidung. **Im Zweifel** ist daher von einer **umfassenden Zuständigkeitsübertragung** auszugehen.[209] In diesem Fall umfasst die Aufgabenübertragung auch die Berechtigung des Gesamtbetriebsrats zur Anrufung der Einigungsstelle und zur Einleitung die Angelegenheit betreffender arbeitsgerichtlicher Beschlussverfahren. Der Betriebsrat ist an die Vereinbarungen gebunden, die der Gesamtbetriebsrat mit dem Arbeitgeber trifft oder über die die Einigungsstelle eine verbindliche Entscheidung gefällt hat. Will er sich von diesen Bindungen lösen, muss er die Wahrnehmungszuständigkeit – durch Aufhebung der Aufgabenübertragung an den Gesamtbetriebsrat – wieder an sich ziehen und die vom Gesamtbetriebsrat geschlossene oder durch Spruch der Einigungsstelle zustande gekommene Vereinbarung unter Einhaltung der jeweiligen Voraussetzungen mit Wirkung für die Zukunft kündigen. 66

Der Betriebsrat kann sich jedoch nach § 50 Abs. 2 S. 2 BetrVG bei der Beauftragung die **Entscheidungsbefugnis** selbst **vorbehalten.** Der Gesamtbetriebsrat besitzt dann nur einen Verhandlungsauftrag. Diese Konstellation liegt nur vor, wenn sich der Betriebsrat die Entscheidungsbefugnis bei der Beauftragung ausdrücklich oder zumindest deutlich erkennbar vorbehalten hat. In diesem Fall steht es im Belieben des Betriebsrats, ob er das vom Gesamtbetriebsrat erzielte Verhandlungsergebnis übernimmt und wirksam werden lässt. Hat der Gesamtbetriebsrat trotz unterbliebener Übertragung der Entscheidungszuständigkeit mit dem Arbeitgeber eine abschließende Vereinbarung getroffen, ist diese mangels Entscheidungszuständigkeit unwirksam; der Betriebsrat kann sie jedoch durch nachträgliche Genehmigung wirksam werden lassen. 67

Es ist zweifelhaft ist, ob eine derartige beschränkte Übertragung auch die **Berechtigung zur Anrufung der Einigungsstelle** umfasst.[210] Grundsätzlich kann der Betriebsrat eine entsprechende Berechtigung im Zusammenhang mit der Aufgabenübertragung auf den Gesamtbetriebsrat übertragen, diese aber auch von der Übertragung ausnehmen.[211] Deshalb sollte der Betriebsrat dies bei der Aufgabenübertragung ausdrücklich klarstellen. Unterbleibt die Klarstellung, wird man richtigerweise aufgrund der durch einen Spruch der Einigungsstelle entstehenden Bindungswirkung zwischen den Fällen der erzwingbaren und der freiwilligen Mitbestimmung unterscheiden müssen. Im erstgenannten Fall dürfte die Aufgabenübertragung ohne eine ausdrückliche Festlegung das Recht zur Anrufung 68

---

[207] So BAG 26.1.1993 – 1 AZR 303/92, NZA 1993, 714.
[208] BAG 12.11.1997 – 7 ABR 78/96, NZA 1998, 497 (zum Konzernbetriebsrat).
[209] *Fitting* § 50 Rn. 69; GK-BetrVG/*Kreutz/Franzen* § 50 Rn. 76; ErfK/*Koch* BetrVG § 50 Rn. 9; HWK/ *Hohenstatt/Dzida* BetrVG § 50 Rn. 18.
[210] Dazu – im Ergebnis allerdings abweichend – auch *Salamon* NZA 2013, 708 (712).
[211] AA LAG Düsseldorf 3.7.2002 – 12 TaBV 22/02, NZA-RR 2003, 83, der davon ausgeht, dass das Recht zur Anrufung der Einigungsstelle von der Aufgabenübertragung an den Gesamtbetriebsrat nicht getrennt werden könne, auch wenn der Betriebsrat sich die Entscheidung vorbehält.

der Einigungsstelle nicht umfassen, weil bei einem (verbindlichen) Spruch der Einigungsstelle die beim Betriebsrat verbliebene Entscheidungszuständigkeit leerlaufen würde. Die Entscheidung über die Anrufung der Einigungsstelle verbleibt in diesem Fall beim Betriebsrat, der entweder darauf gänzlich verzichten kann oder selbst die Einigungsstelle anrufen kann, die alsdann mit Vertretern des Betriebsrats zu bilden ist. Der örtliche Betriebsrat kann auch die Bildung der Einigungsstelle ausdrücklich auf den Gesamtbetriebsrat mit der Folge übertragen, dass diese alsdann mit von dieser benannten Vertretern des Gesamtbetriebsrats zu bilden ist. Entscheidet sich der Betriebsrat, die Einigungsstelle nicht anzurufen, kann – selbstverständlich – der Arbeitgeber seinerseits die Einsetzung der Einigungsstelle betreiben. Dies muss gegenüber dem zuständigen örtlichen Betriebsrat geschehen. Demgegenüber droht die Gefahr eines Leerlaufens des Entscheidungsvorbehalts des örtlichen Betriebsrats in Fällen der freiwilligen Mitbestimmung nicht, so dass in diesen Fällen im Zweifel von einer Berechtigung des Gesamtbetriebsrats zur Anrufung der Einigungsstelle auszugehen ist.

69 Umstritten ist, ob der Betriebsrat dem Gesamtbetriebsrat im Zusammenhang mit der Aufgabenübertragung **verbindliche Vorgaben** zur Regelung der Angelegenheit erteilen kann.[212] Richtigerweise ist der Betriebsrat insoweit auf den Ausspruch von – für den Gesamtbetriebsrat unverbindlichen – Empfehlungen beschränkt. Dies beruht zum einen darauf, dass die Erteilung von verbindlichen Weisungen an den Delegationsempfänger dem Institut der Delegation wesensfremd ist. Entscheidend kommt zum anderen hinzu, dass der Gesamtbetriebsrat auch bei Wahrnehmung einer übertragenen Zuständigkeit als eigenständiges Organ der Betriebsverfassung und nicht als Vertreter des örtlichen Betriebsrats handelt und seiner sich daraus ergebenden Verantwortung nur gerecht werden kann, wenn er die ihm insgesamt obliegenden Rechte und Pflichten in seine Entscheidungsfindung einbezieht. Will der Betriebsrat sein Entscheidungsrecht in der Sache nicht aufgeben, besteht für ihn nur die Möglichkeit, seine Entscheidungsbefugnis nicht auf den Gesamtbetriebsrat zu übertragen.

70 Ohne ausdrückliche Zustimmung des örtlichen Betriebsrats darf der Gesamtbetriebsrat eine ihm nach § 50 Abs. 2 S. 2 BetrVG übertragene Angelegenheit nicht nach § 58 Abs. 2 BetrVG auf den Konzernbetriebsrat weiterübertragen.[213]

71 **c) Form der Beauftragung.** Die Erteilung des Auftrags erfolgt durch Beschluss des Betriebsrats, der nach § 50 Abs. 2 S. 1 BetrVG der Mehrheit der Stimmen der Mitglieder des Betriebsrats bedarf, also einer qualifizierten Mehrheit. Maßgeblich ist die tatsächliche Zahl der Mitglieder; auf die gesetzliche Mitgliederzahl kommt es nicht an.

72 Die Aufgabendelegation muss nach § 50 Abs. 2 S. 3 iVm § 27 Abs. 2 S. 3 BetrVG **schriftlich** erfolgen. Das Formerfordernis gilt sowohl für den Beschluss des Betriebsrats als auch für dessen – kumulativ erforderliche – Mitteilung an den Gesamtbetriebsrat, so dass der Beschluss des Betriebsrats in das Sitzungsprotokoll aufzunehmen ist und dieser von dem Betriebsratsvorsitzenden dem Vorsitzenden des Gesamtbetriebsrats schriftlich mitgeteilt werden muss. Das Schriftformerfordernis bezweckt die eindeutige Klarstellung, ob eine Auftragserteilung und eine Kompetenzbegründung an den Gesamtbetriebsrat vorliegen. Anstelle der Schriftform reicht nach § 126a BGB auch die elektronische Form, nicht aber die Textform nach § 126b BGB aus.[214] Mit dem Zugang bei dem Vorsitzenden des Gesamtbetriebsrats wird die Aufgabenübertragung wirksam. Demgegenüber stellt die Mitteilung der Aufgabenübertragung an den Arbeitgeber kein Wirksamkeitserfordernis für die Übertragung da, entspricht aber dem Gebot der vertrauensvollen Zusammenarbeit.[215]

---

[212] Bejahend GK-BetrVG/*Kreutz/Franzen* § 50 Rn. 76; dagegen aber *Fitting* § 50 Rn. 69; Richardi/BetrVG/*Annuß* § 50 Rn. 58; HWGNRH/*Glock* § 50 Rn. 58; ErfK/*Koch* BetrVG § 50 Rn. 9; *Salamon* NZA 2013, 708 (712).
[213] Richardi BetrVG/*Annuß* § 50 Rn. 58.
[214] Richardi BetrVG/*Annuß* § 50 Rn. 60; GK-BetrVG/*Kreutz/Franzen* § 50 Rn. 69.
[215] *Fitting* § 50 Rn. 64; dazu auch *Rieble* RdA 2005, 26 (29).

Eine Verletzung des Formerfordernisses hat die Unwirksamkeit der Aufgabenübertragung zur Folge.[216] Weicht die Mitteilung an den Gesamtbetriebsrat inhaltlich von dem Beschluss des Betriebsrats ab, ist die Übertragung gleichfalls unwirksam. Die schriftlich dem Gesamtbetriebsrat mitgeteilte Aufgabenübertragung ist nämlich nicht durch den Beschluss des Betriebsrats gedeckt, während die vom Betriebsrat beschlossene Aufgabenübertragung dem Gesamtbetriebsrat nicht formgerecht mitgeteilt worden ist.

d) Ausführungspflicht des Gesamtbetriebsrats. Das Gesetz enthält keine Regelung darüber, ob der Gesamtbetriebsrat den ihm erteilten Auftrag ausführen muss oder ob er ein Tätigwerden nach eigenem Ermessen ablehnen kann. Da der Zweck der Beauftragung darin besteht, die Position des Betriebsrats zu verstärken, ist grds. davon auszugehen, dass der Betriebsrat über die Kompetenzeinräumung abschließend entscheidet, so dass der Gesamtbetriebsrat nach wirksam erfolgter Aufgabendelegation tätig werden muss.[217] Ihm obliegt allerdings die Verpflichtung, die Zulässigkeit und Wirksamkeit der Aufgabenübertragung zu prüfen; stellt er die Unzulässigkeit oder Unwirksamkeit fest, darf er in der Sache nicht tätig werden, sondern muss den Betriebsrat über die Wirksamkeitsmängel in Kenntnis setzen. Hat der Gesamtbetriebsrat inhaltliche Bedenken an der Aufgabenübertragung, hat er diese ebenfalls mit dem Betriebsrat zu erörtern. Über die Art und Weise, wie er tätig wird, entscheidet der Gesamtbetriebsrat ebenfalls selbst. Er ist allerdings nicht berechtigt, die ihm übertragene Aufgabe ohne – ausdrücklich oder stillschweigend erteilte – Zustimmung des die Aufgabe übertragenden örtlichen Betriebsrats an den Konzernbetriebsrat weiterzudelegieren.[218]

e) Widerruf. Der Beschluss ist jederzeit widerruflich, ohne dass hierfür ein Grund vorliegen muss.[219] Er kann allerdings rechtsmissbräuchlich und deshalb unwirksam sein, wenn er nur dazu dient, dem Arbeitgeber die Feststellung des zutreffenden Verhandlungspartners zu erschweren, um dadurch bspw. die Verhandlungen über einen Interessenausgleich zu verzögern.[220] Der Widerruf erfolgt durch Beschluss des Betriebsrats, der einer qualifizierten Mehrheit der Stimmen der Mitglieder des Betriebsrats bedarf, schriftlich zu fassen ist und dem Gesamtbetriebsrat nach den § 50 Abs. 2 S. 3 iVm § 27 Abs. 2 S. 3, 4 BetrVG schriftlich – bzw. in elektronischer Form – mitgeteilt werden muss. Eine Begründung muss nicht mitgeteilt werden. Mit Zugang der schriftlichen Mitteilung bei dem Vorsitzenden des Gesamtbetriebsrats entfällt dessen weitere Zuständigkeit für die Behandlung der Angelegenheit. Die Information des Arbeitgebers stellt kein Wirksamkeitserfordernis für den Widerruf der Aufgabenübertragung dar, entspricht aber dem Gebot der vertrauensvollen Zusammenarbeit.

---

[216] *Fitting* § 50 Rn. 64; *Richardi* BetrVG/*Annuß* § 50 Rn. 61; GK-BetrVG/*Kreutz/Franzen* § 50 Rn. 69; *Rieble* RdA 2005, 26 (29).
[217] *Fitting* § 50 Rn. 70; *Richardi* BetrVG/*Annuß* § 50 Rn. 63; GK-BetrVG/*Kreutz/Franzen* § 50 Rn. 67; WPK/*Roloff* § 50 Rn. 23; *Ehrich* AuR 1993, 68 (70); *Behrens/Kramer* DB 1994, 94; enger ErfK/*Koch* BetrVG § 50 Rn. 9, der den Gesamtbetriebsrat für berechtigt hält, die Aufgabenübertragung bei Vorliegen sachlicher Gründe abzulehnen; oder HWGNRH/*Glock* § 50 Rn. 60, die triftige Gründe als Voraussetzung für eine Ablehnung verlangen; aA Löwisch/Kaiser/*Löwisch* BetrVG § 50 Rn. 47; HWK/*Hohenstatt/Dzida* BetrVG § 50 Rn. 17, *Rieble* RdA 2005, 26 (30), die dem Gesamtbetriebsrat generell ein Ablehnungs- bzw. Rückdelegationsrecht zuerkennen.
[218] *Fitting* § 50 Rn. 25; ErfK/*Koch* BetrVG § 58 Rn. 5; DKKW/*Trittin* § 58 Rn. 109; *Rieble* RdA 2005, 26 (28); weitergehend WPK/*Roloff* § 50 Rn. 7, der eine Weiterdelegation nur für unzulässig hält, wenn der örtliche Betriebsrat dies ausdrücklich ausgeschlossen hat.
[219] *Fitting* § 50 Rn. 72; *Richardi* BetrVG/*Annuß* § 50 Rn. 62; GK-BetrVG/*Kreutz/Franzen* § 50 Rn. 71; ErfK/*Koch* BetrVG § 50 Rn. 9; aA *Behrens/Kramer* DB 1994, 94 (95) die das Vorliegen eines sachlichen Widerrufsgrundes verlangen.
[220] HWK/*Hohenstatt/Dzida* BetrVG § 50 Rn. 17, die bildhaft von einem unzulässigen „Ping-Pong-Spiel" sprechen; dazu auch Löwisch/Kaiser/*Löwisch* BetrVG § 50 Rn. 49, Verbot des missbräuchlichen „auf Zeit Spielens".

VI. Stimmengewichtung

75 Der Gesamtbetriebsrat vertritt die Interessen der Arbeitnehmer aller Betriebe des Unternehmens. Da jeder Betrieb nur durch ein oder zwei Betriebsratsmitglieder im Gesamtbetriebsrat vertreten ist, würden die **unterschiedlichen Belegschaftsstärken** unberücksichtigt bleiben, wenn jedes Mitglied des Gesamtbetriebsrats bei Beschlussfassungen nur eine Stimme hätte. Dies würde im Widerspruch zum Erfordernis der demokratischen Legitimation des Gesamtbetriebsrats stehen, da die Betriebsratsmitglieder von kleinen Betrieben auf diese Weise einen unverhältnismäßig hohen Einfluss auf die Entscheidungen des Gesamtbetriebsrats gewinnen würden. Das Gesetz sieht deshalb in § 47 Abs. 7 bis 9 BetrVG eine Stimmengewichtung vor, so dass sich die Belegschaftsstärken in den Mehrheitsverhältnissen im Gesamtbetriebsrat widerspiegeln. Das kann im Einzelfall dazu führen, dass im Gesamtbetriebsrat eines Unternehmens, das viele kleine und einen sehr großen Betrieb hat, die in den Gesamtbetriebsrat entsandten Mitglieder des Betriebsrats des sehr großen Betriebes stets die Mehrheit der Stimmen haben.

76 Grundsätzlich hat jedes Mitglied des Gesamtbetriebsrats so viele Stimmen, wie **wahlberechtigte Arbeitnehmer** von ihm **repräsentiert** werden. Dabei ist die Zahl der bei der letzten Betriebsratswahl in die Wählerliste eingetragenen Arbeitnehmer zugrunde zu legen; spätere Vergrößerungen oder Verkleinerungen der Belegschaft sind auf die Stimmengewichtung ohne Einfluss, wohl aber nachträgliche Berichtigungen der Wählerliste.[221] In die Wählerliste eingetragene Leiharbeitnehmer sind gleichfalls zu berücksichtigen.[222] Entsendet ein Betriebsrat mehrere Mitglieder in den Gesamtbetriebsrat, so stehen diesen nach § 47 Abs. 7 S. 2 BetrVG die auf ihren Betrieb entfallenden Stimmen anteilig im gleichen Umfang, bei zwei Mitgliedern also jeweils hälftig zu. Wird die Zusammensetzung des Gesamtbetriebsrats nach § 47 Abs. 4 bis 6 BetrVG durch Kollektivvertrag verkleinert oder sonst verändert und wird ein Mitglied des Gesamtbetriebsrats deshalb für mehrere Betriebe entsandt, so hat es nach § 47 Abs. 8 Hs. 1 BetrVG so viele Stimmen, wie in den Betrieben für die es entsandt ist, wahlberechtigte Arbeitnehmer in den Wählerlisten eingetragen sind. Werden für mehrere Betriebe mehrere Mitglieder in den Gesamtbetriebsrat entsandt, erfolgt nach § 47 Abs. 8 Hs. 2, Abs. 7 S. 2 eine im gleichen Umfang anteilige Aufteilung der Stimmen unter Zugrundelegung der Arbeitnehmerzahl aller repräsentierten Betriebe.

77 Werden in den Gesamtbetriebsrat Mitglieder aus **Gemeinschaftsbetrieben** mehrerer Unternehmen entsandt, ist für die Berechnung der Stimmenzahl grds. die Anzahl aller Arbeitnehmer des Gemeinschaftsbetriebes unabhängig davon zu Grunde zu legen, ob sie in einem Arbeitsverhältnis zu dem das Unternehmen tragenden Arbeitgeber stehen, bei dem der Gesamtbetriebsrat gebildet ist.[223] Nach § 47 Abs. 9 BetrVG besteht die Möglichkeit, durch Tarifvertrag oder Betriebsvereinbarung für Gemeinschaftsbetriebe abweichende Regelungen zur Stimmenzahl der aus einem Gemeinschaftsbetrieb entsandten Mitglieder des Gesamtbetriebsrats zu treffen und damit von dem Prinzip der Vollrepräsentation abzuweichen.[224] Richtigerweise dürfen in den Gesamtbetriebsrat aber nur Mitglieder entsandt werden, die in einem Arbeitsverhältnis zu dem Unternehmen stehen, bei dem der Gesamtbetriebsrat errichtet ist.[225]

---

[221] *Fitting* § 47 Rn. 75; *Richardi* BetrVG/*Annuß* § 47 Rn. 71; GK-BetrVG/*Kreutz/Franzen* § 47 Rn. 64; HWGNRH/*Glock* § 47 Rn. 77.

[222] Dazu BAG 13.3.2013 – 7 ABR 69/11, NZA 2013, 789; so auch *Richardi* BetrVG/*Annuß* § 47 Rn. 71; *Löwisch/Kaiser/Löwisch* BetrVG § 50 Rn. 47.

[223] *Fitting* § 47 Rn. 82; *Richardi* BetrVG/*Annuß* § 47 Rn. 78; GK-BetrVG/*Kreutz/Franzen* § 47 Rn. 115; ErfK/*Koch* BetrVG § 47 Rn. 13; HWGNRH/*Glock* § 47 Rn. 80; aA aber HWK/*Hohenstatt/Dzida* BetrVG § 47 Rn. 29.

[224] Siehe dazu näher *Richardi* BetrVG/*Annuß* § 47 Rn. 79f.; *Schmidt* FS Küttner S. 499 (504).

[225] So auch *Richardi* BetrVG/*Annuß* § 47 Rn. 77; HWGNRH/*Glock* § 47 Rn. 79; *Hoffmann/Alles* NZA 2014, 757 (758); aA *Fitting* § 47 Rn. 81; GK-BetrVG/*Kreutz/Franzen* § 47 Rn. 111; *Schmidt* FS Küttner, S. 499 (503 f.).

Jedes Mitglied des Gesamtbetriebsrats kann die ihm zugeordneten **Stimmen nur einheitlich abgeben**. Da die Mitglieder in ihrer Stimmabgabe nicht an Weisungen des sie entsendenden Betriebsrats gebunden sind,[226] besteht allerdings die Möglichkeit, dass mehrere aus einem (oder mehreren) Betrieben entsandte Mitglieder des Gesamtbetriebsrats die auf sie anteilig verteilten Stimmen unterschiedlich abgegeben.[227] In der Praxis dürfte dies allerdings nur selten erfolgen, weil durch die Möglichkeit der jederzeitigen grundlosen Abberufung aus dem Gesamtbetriebsrat ein mittelbarer Druck für die Mitglieder des Gesamtbetriebsrats besteht, den Vorstellungen des sie entsendenden Betriebsrats im Gesamtbetriebsrat Geltung zu verschaffen.[228]

VII. Organisation und Geschäftsführung

Die Geschäftsführung des Gesamtbetriebsrats richtet sich weitgehend nach den für die Geschäftsführung des Betriebsrats geltenden Bestimmungen, die nach § 51 Abs. 1 BetrVG entsprechend anzuwenden sind. Die Vorschriften über die Rechte und Pflichten des Betriebsrats sind nach § 51 Abs. 5 BetrVG ebenfalls entsprechend anzuwenden, soweit keine gesetzlichen Abweichungen bestehen.

1. Vorsitzender und stellvertretender Vorsitzender

Der Gesamtbetriebsrat wählt aus seiner Mitte einen Vorsitzenden und einen stellvertretenden Vorsitzenden. Die für die Wahl des Betriebsratsvorsitzenden geltenden Regelungen finden weitgehend entsprechende Anwendung.

a) Wahl. Die Wahl des Vorsitzenden und seines Stellvertreters findet in der zu diesem Zweck einberufenen **konstituierenden Sitzung** des Gesamtbetriebsrats statt. Zu der konstituierenden Sitzung hat nach § 51 Abs. 2 S. 1 BetrVG der Betriebsrat der Hauptverwaltung bzw. – bei Fehlen eines solchen – der Betriebsrat des nach der Zahl der repräsentierten Arbeitnehmer größten Betriebes einzuladen. Maßgeblich ist die Zahl der in den jeweiligen Wählerlisten eingetragenen Arbeitnehmer,[229] wobei bei Gemeinschaftsbetrieben sämtliche Arbeitnehmer des Gemeinschaftsbetriebes unabhängig von der Arbeitgeberstellung zu berücksichtigen sind. Die Einladung ist an die beteiligten Betriebsräte zu richten und muss nach § 51 Abs. 2 S. 3 BetrVG den Anforderungen des § 29 Abs. 2 S. 3 BetrVG entsprechen, also insbesondere die Tagesordnung enthalten. Wird entgegen dieser Verpflichtung durch die für die Einladung zuständigen Personen nicht zu einer konstituierenden Sitzung eingeladen, sind die von den einzelnen Betriebsräten bestimmten Mitglieder berechtigt, selbst zu der konstituierenden Sitzung einzuladen und alsdann zur Konstituierung zusammenzutreten.[230] Mängel der Einladung können in der konstituierenden Sitzung durch einstimmigen Beschluss geheilt werden.[231] An der konstituierenden Sitzung kann nach § 51 Abs. 1, § 31 BetrVG ein Vertreter der in einem der Betriebe vertretenen Gewerkschaften teilnehmen, wenn dies ein Viertel der Mitglieder des Gesamtbetriebsrats beschließt.[232] Nicht erforderlich ist, dass eines der Mitglieder des Gesamtbetriebsrats dieser Gewerkschaft angehört, weil das erforderliche Quorum von einem Viertel der Mitglieder

---

[226] Allg. Ansicht, vgl. nur *Fitting* § 47 Rn. 76; Richardi BetrVG/*Annuß* § 47 Rn. 73; GK-BetrVG/*Kreutz/Franzen* § 47 Rn. 65; HWGNRH/*Glock* § 47 Rn. 82; ErfK/*Koch* BetrVG § 47 Rn. 13.
[227] Richardi BetrVG/*Annuß* § 47 Rn. 74; GK-BetrVG/*Kreutz/Franzen* § 47 Rn. 65; nicht ganz eindeutig HWGNRH/*Glock* § 47 Rn. 81.
[228] *Fitting* § 47 Rn. 76 nehmen weitergehend sogar eine Loyalitätsverpflichtung des entsandten Mitgliedes an, die Ergebnisse der Vorberatungen im entsendenden Betriebsrat in die Beratungen des Gesamtbetriebsrats einzubringen.
[229] *Fitting* § 51 Rn. 9; Richardi BetrVG/*Annuß* § 51 Rn. 24; GK-BetrVG/*Kreutz/Franzen* § 51 Rn. 8; ErfK/*Koch* BetrVG § 51 Rn. 1; dazu auch BAG 15.10.2014 – 7 ABR 53/12, NZA 2015, 1014.
[230] *Fitting* § 51 Rn. 11; Richardi BetrVG/*Annuß* § 51 Rn. 28; GK-BetrVG/*Kreutz/Franzen* § 51 Rn. 15; ErfK/*Koch* BetrVG § 51 Rn. 1; aA HWGNRH/*Glock* § 51 Rn. 20.
[231] BAG 15.10.2014 – 7 ABR 53/12, NZA 2015, 1014.
[232] BAG 15.10.2014 – 7 ABR 53/12, NZA 2015, 1014.

des Gesamtbetriebsrats in ausreichender Weise die notwendige Verankerung der Gewerkschaft im Unternehmen sicherstellt.[233]

82   Die konstituierende Sitzung wird bis zu dem Zeitpunkt von dem Vorsitzenden des einladenden Betriebsrats geleitet, bis der Gesamtbetriebsrat aus seiner Mitte einen Wahlleiter bestellt hat (§ 51 Abs. 2 S. 2 BetrVG). Ist der Vorsitzende des einladenden Betriebsrats nicht Mitglied des Gesamtbetriebsrats, endet mit der **Bestellung des Wahlleiters** sein Recht zur Teilnahme an der Sitzung des Gesamtbetriebsrats. Der Wahlleiter hat die Wahl des Gesamtbetriebsratsvorsitzenden durchzuführen und bis dahin die weitere Sitzung zu leiten. Der Gesamtbetriebsrat wählt nach § 51 Abs. 1 S. 1, § 26 Abs. 1 S. 1 BetrVG aus seiner Mitte den Vorsitzenden und dessen Stellvertreter. Die Wahl erfolgt in nach dem Vorsitzenden und dem Stellvertreter getrennten Wahlgängen durch Beschluss des Gesamtbetriebsrats, der nach § 51 Abs. 3 BetrVG mit einfacher Mehrheit der Stimmen der anwesenden Mitglieder gefasst wird. Besondere Wahlvorschriften existieren nicht, so dass der Gesamtbetriebsrat selbst entscheidet, ob die Wahl offen oder geheim durchgeführt wird. Die Anfechtung der Wahl findet nach den allgemeinen, für betriebsratsinterne Wahlen geltenden Grundsätzen statt.[234]

83   **b) Aufgaben.** Der Vorsitzende und der stellvertretende Vorsitzende des Gesamtbetriebsrats haben nach § 51 Abs. 1 S. 1, § 26 Abs. 2 BetrVG die gleichen Aufgaben wie der Vorsitzende und der stellvertretende Vorsitzende eines Betriebsrats. Der **Vorsitzende vertritt den Gesamtbetriebsrat** im Rahmen der von ihm gefassten Beschlüsse und ist zur Entgegennahme von Erklärungen befugt, die gegenüber dem Gesamtbetriebsrat abzugeben sind. Der stellvertretende Vorsitzende übt das Amt im Falle der Verhinderung des Vorsitzenden aus. Ein Gesamtbetriebsrat mit weniger als neun Mitgliedern kann nach § 51 Abs. 1 S. 1, § 27 Abs. 3 BetrVG die laufenden Geschäfte auf seinen Vorsitzenden oder andere Gesamtbetriebsratsmitglieder übertragen.

84   **c) Amtszeit.** Die Wahl erfolgt für die Dauer der jeweiligen Amtszeit des Vorsitzenden und des Stellvertreters in dem sie entsendenden Betriebsrat. Mit deren Ende endet auch deren Mitgliedschaft im Gesamtbetriebsrat,[235] so dass eine Neuwahl erforderlich ist, selbst wenn die entsprechenden Mitglieder nach der Neuwahl des Betriebsrats wieder in den Gesamtbetriebsrat entsandt werden. Tatsächlich ist daher eine **Neuwahl des Gesamtbetriebsratsvorsitzenden** und seines Stellvertreters regelmäßig alle vier Jahre erforderlich. Das Amt endet außerdem in allen anderen Fällen des Erlöschens der Mitgliedschaft des Vorsitzenden im Gesamtbetriebsrat. Durch Beschluss des Gesamtbetriebsrats können der Vorsitzende und der Stellvertreter jederzeit abberufen werden.[236] Im Übrigen können der Vorsitzende und der Stellvertreter ihr Amt jederzeit niederlegen. Da der Gesamtbetriebsrat eine Dauereinrichtung darstellt, insbesondere seine Amtszeit nicht mit dem Ende der Amtszeit der örtlichen Betriebsräte endet, bedarf es in Fällen der Neuwahl grds. keiner erneuten Konstituierung. Im Falle des zeitgleichen Endes der Mitgliedschaft aller Mitglieder des Gesamtbetriebsrats bei regelhaften Ende der Amtszeit der Betriebsräte nach § 24 Nr. 1, § 13 Abs. 1 BetrVG ist allerdings für die Neubesetzung des Gesamtbetriebsrats § 51 Abs. 2 BetrVG entsprechend anzuwenden; der Vorsitzende und der Stellvertreter müssen auch dann neu gewählt werden, wenn die bisherigen Amtsinhaber diese Aufgaben weiterhin wahrnehmen sollen.[237]

---

[233] So auch *Fitting* § 51 Rn. 12, 37; Richardi BetrVG/*Annuß* § 51 Rn. 31; DKKW/*Trittin* § 51 Rn. 57; anders GK-BetrVG/*Kreutz/Franzen* § 51 Rn. 59; HWGNRH/*Glock* § 51 Rn. 32; HK-BetrVG/*Tautphäus* § 51 Rn. 18 (Gewerkschaft muss im Gesamtbetriebsrat vertreten sein); ErfK/*Koch* BetrVG § 51 Rn. 3; offen gelassen in: BAG 15.10.2014 – 7 ABR 53/12, NZA 2015, 1014.
[234] Zur Anfechtungsberechtigung s. *Sibben* NZA 1995, 819 (820 f.).
[235] BAG 9.2.2011 – 7 ABR 10/11, NZA 2011, 866.
[236] *Fitting* § 51 Rn. 16; Richardi BetrVG/*Annuß* § 51 Rn. 8; GK-BetrVG/*Kreutz/Franzen* § 51 Rn. 23.
[237] *Fitting* § 51 Rn. 7; Richardi BetrVG/*Annuß* § 47 Rn. 27; GK-BetrVG/*Kreutz/Franzen* § 51 Rn. 24; WPK/*Roloff* § 51 Rn. 3.

2. Gesamtbetriebsausschuss

Der Gesamtbetriebsrat hat aufgrund der in § 51 Abs. 1 S. 1 BetrVG angeordneten entsprechenden Anwendung des § 27 Abs. 3 BetrVG in gleicher Weise wie der Betriebsrat einen Ausschuss zur Führung der laufenden Geschäfte zu bilden, wenn der Gesamtbetriebsrat **neun oder mehr Mitglieder** hat. Ein Gesamtbetriebsrat mit weniger als neun Mitgliedern kann die Erledigung der laufenden Geschäfte auf seinen Vorsitzenden oder andere Mitglieder des Gesamtbetriebsrats übertragen. Der Ausschuss wird im Gesetz als Gesamtbetriebsausschuss bezeichnet. Dies ist eine sprachliche Konsequenz daraus, dass das Repräsentationsorgan der Arbeitnehmer im Unternehmen als Gesamtbetriebsrat und nicht als Unternehmensrat bezeichnet wird. Der Sache nach ist der Gesamtbetriebsausschuss nicht ein Ausschuss eines Gesamtbetriebs, sondern ein Ausschuss des Gesamtbetriebsrats, der in seiner Funktion auf das Unternehmen bezogen ist. 85

a) Größe. Die Größe des Gesamtbetriebsausschusses errechnet sich aus der Zahl der Gesamtbetriebsratsmitglieder. Nach § 51 Abs. 1 S. 2 BetrVG besteht der Gesamtbetriebsausschuss bei Gesamtbetriebsräten 86

mit 9 bis 16 Mitgliedern	aus 5 Ausschussmitgliedern,
mit 17 bis 24 Mitgliedern	aus 7 Ausschussmitgliedern,
mit 25 bis 36 Mitgliedern	aus 9 Ausschussmitgliedern und
bei mehr als 36 Mitgliedern	aus 11 Ausschussmitgliedern.

b) Mitglieder. Der Vorsitzende des Gesamtbetriebsrats und sein Stellvertreter gehören dem Gesamtbetriebsausschuss kraft Amtes an. Die **Wahl der weiteren Ausschussmitglieder** erfolgt nach § 51 Abs. 1 S. 2, § 27 Abs. 1 S. 3 BetrVG wie bei dem Betriebsausschuss geheim[238] nach den Grundsätzen der Verhältniswahl, bei nur einem Wahlvorschlag als Mehrheitswahl.[239] Erhöht sich die Zahl der Mitglieder des Gesamtbetriebsausschusses, weil sich die Größe des Gesamtbetriebsrats durch Hinzukommen weiterer Betriebe erhöht, müssen alle Mitglieder des Gesamtbetriebsausschusses von dem vergrößerten Gesamtbetriebsrat neu gewählt werden, ein Nachrücken von Ersatzmitgliedern oder eine bloße Nachwahl für die hinzugekommenen Plätze im Gesamtbetriebsausschuss scheidet aus.[240] Ist ein Mitglied des Gesamtbetriebsausschusses vorübergehend verhindert oder scheidet es aus dem Ausschuss aus, weil es das Amt niederlegt, die Mitgliedschaft im Gesamtbetriebsrat verliert oder es durch – nach § 51 Abs. 1 S. 2, § 27 Abs. 1 S. 5 BetrVG eine Dreiviertelmehrheit erfordernden – Beschluss des Gesamtbetriebsrats abberufen wird, rückt ein Ersatzmitglied nach, das – sofern nicht Ersatzmitglieder gesondert gewählt worden sind[241] – derselben Vorschlagsliste zu entnehmen ist, auf der auch das ausgeschiedene Mitglied verzeichnet war. Ist die Vorschlagsliste erschöpft erfolgt eine Nachwahl nach den Grundsätzen der Mehrheitswahl.[242] 87

c) Aufgaben. Der Gesamtbetriebsausschuss hat innerhalb der Zuständigkeit des Gesamtbetriebsrats die gleichen Aufgaben wie ein Betriebsausschuss. Er hat kraft originärer Zuständigkeit die **laufenden Geschäfte des Gesamtbetriebsrats** zu führen. Hierzu gehö- 88

---

[238] Zu der insoweit bestehenden Problematik der Identifizierbarkeit aufgrund der unterschiedlichen Stimmgewichte der einzelnen Mitglieder des Gesamtbetriebsrats, siehe *Fitting* § 51 Rn. 20; GK-BetrVG/*Kreutz*/*Franzen* § 51 Rn. 32.
[239] BAG 16.3.2005 – 7 ABR 37/04, NZA 2005, 1069; BAG 21.7.2004 – 7 ABR 62/03, NZA 2005, 173; dazu auch WPK/*Roloff* § 51 Rn. 19.
[240] *Fitting* § 51 Rn. 19; Richardi BetrVG/*Annuß* § 51 Rn. 12; GK-BetrVG/*Kreutz*/*Franzen* § 51 Rn. 28, 38; HWGNRH/*Glock* § 51 Rn. 44; ErfK/*Koch* § 51 Rn. 5.
[241] Nach der Ansicht von *Fitting* § 51 Rn. 21; HWGNRH/*Glock* § 51 Rn. 42, ist die Wahl von Ersatzmitgliedern allerdings nicht zulässig. Anders BAG 21.7.2004 – 7 ABR 62/03, NZA 2005, 173; Richardi BetrVG/*Annuß* § 51 Rn. 15; GK-BetrVG/*Kreutz*/*Franzen* § 51 Rn. 33; DKKW/*Trittin* § 51 Rn. 23.
[242] So auch *Fitting* § 51 Rn. 21; ErfK/*Koch* BetrVG § 51 Rn. 5.

ren zB die Vorbereitung von Sitzungen und die Durchführung von Entscheidungen des Gesamtbetriebsrats. Die Ausübung von Mitbestimmungsrechten ist regelmäßig dem Gesamtbetriebsrat als Gesamtorgan vorbehalten; dies gilt insbesondere für den Abschluss von Gesamtbetriebsvereinbarungen. Der Gesamtbetriebsrat kann aber in entsprechender Anwendung des § 27 Abs. 2 S. 2 BetrVG mit der Mehrheit seiner Stimmen dem Gesamtbetriebsausschuss Aufgaben zur selbständigen Erledigung übertragen.

89 **d) Beschlussfassung.** Die Beschlüsse des Gesamtbetriebsausschusses werden nach § 51 Abs. 4, § 33 Abs. 1 BetrVG mit der Mehrheit der Stimmen der anwesenden Mitglieder gefasst, wobei jedes Mitglied eine Stimme hat. Die für Beschlussfassungen im Gesamtbetriebsrat geltende Stimmengewichtung findet keine Anwendung. Damit soll verhindert werden, dass der Vertreter des Betriebs mit der stärksten Arbeitnehmerzahl den Gesamtbetriebsausschuss majorisiert, was wegen der Verkleinerung gegenüber dem Gesamtbetriebsrat leicht geschehen könnte. Auf die Ausübung der Mitbestimmungsrechte wirkt sich dies nicht aus, weil der Gesamtbetriebsausschuss insoweit keine originäre Zuständigkeit hat. Mitglieder der Gesamt- Jugend- und Auszubildendenvertretung haben, wie sich aus der fehlenden Verweisung auf § 33 Abs. 3 BetrVG ergibt, kein Stimmrecht.

90 **e) Beendigung.** Das Amt des Gesamtbetriebsausschusses wird beendet, wenn die Zahl der Mitglieder des Gesamtbetriebsrats dauerhaft auf unter neun Mitglieder sinkt.[243] Dies ist erst dann der Fall, wenn sich die Anzahl der entsendungsberechtigten Betriebsräte entsprechend verringert oder die Arbeitnehmerzahl der entsprechenden Betriebe sich entsprechend reduziert, nicht aber, wenn Sitze im Gesamtbetriebsrat vorübergehend nicht besetzt sind, weil sich die Entsendungsentscheidung eines Betriebsrats verzögert.

3. Weitere Ausschüsse

91 Der Gesamtbetriebsrat kann in Unternehmen, in denen mehr als 100 Arbeitnehmer beschäftigt werden und dem Gesamtbetriebsrat in entsprechender Anwendung des § 9 BetrVG mindestens 7 Mitglieder angehören,[244] neben dem Gesamtbetriebsausschuss nach § 51 Abs. 1 S. 1, § 28 Abs. 1 S. 1, 3 BetrVG weitere Ausschüsse bilden. Die Möglichkeit besteht auch dann, wenn kein Gesamtbetriebsausschuss zu bilden ist.[245] Den weiteren Ausschüssen können bestimmte Aufgaben übertragen werden, zB für außertarifliche Gehaltssysteme, Versorgungskassen, Berufsbildung oder verschiedene Produktionsbereiche des Unternehmens. Aus der entsprechenden Anwendung des § 28 Abs. 1 S. 3 BetrVG folgt allerdings, dass eine **Übertragung zur selbständigen Erledigung** durch den Ausschuss nur erfolgen kann, wenn ein Gesamtbetriebsausschuss gebildet worden ist. Die Wahl der Ausschussmitglieder erfolgt durch Mehrheitsbeschluss des Gesamtbetriebsrats, wie sich dem in § 51 Abs. 1 S. 1 BetrVG fehlenden Verweis auf § 28 Abs. 1 S. 2 BetrVG entnehmen lässt.[246]

4. Sitzungen

92 Da der Gesamtbetriebsrat ein **Kollegialorgan** ist, muss er für seine Entscheidungsfindung zu Sitzungen zusammentreten, die ordnungsgemäß einberufen sein müssen. Eine Beschlussfassung im Umlaufverfahren ist unzulässig. Die Einladung zu den nach der Konstituierung durchzuführenden Sitzungen erfolgt durch den Vorsitzenden des Gesamtbetriebsrats. Darüber hinaus muss auf Verlangen von einem Viertel der Mitglieder des Gesamtbetriebsrats durch den Vorsitzenden zu einer Sitzung eingeladen werden. Für das erforderliche Quorum kommt es auf das Stimmgewicht und nicht die Kopfzahl der Mit-

---

[243] BAG 16.3.2005 – 7 ABR 37/04, NZA 2005, 1069.
[244] Vgl. *Fitting* § 51 Rn. 22; Richardi BetrVG/*Annuß* § 51 Rn. 22; GK-BetrVG/*Kreutz/Franzen* § 51 Rn. 47.
[245] *Fitting* § 51 Rn. 22; GK-BetrVG/*Kreutz/Franzen* § 51 Rn. 47; ErfK/*Koch* BetrVG § 51 Rn. 5.
[246] *Fitting* § 51 Rn. 24; GK-BetrVG/*Kreutz/Franzen* § 51 Rn. 46; ErfK/*Koch* BetrVG § 51 Rn. 5.

VII. Organisation und Geschäftsführung   93 § 300

glieder an.[247] Auch der Arbeitgeber kann in entsprechender Anwendung des § 29 Abs. 4 BetrVG die Einberufung einer Sitzung des Gesamtbetriebsrats verlangen; als milderes Mittel steht ihm auch die Berechtigung zu, die Ergänzung der Tagesordnung zu einer anderweitig einberufenen Sitzung des Gesamtbetriebsrats einzufordern. Den örtlichen Betriebsräten steht demgegenüber kein Recht zu, eine Sitzung des Gesamtbetriebsrats zu verlangen; sie sind insoweit auf Anregungen beschränkt. Die für den Betriebsrat geltenden Regelungen in § 29 Abs. 2 bis 4 BetrVG sind nach § 51 Abs. 2 S. 3 BetrVG entsprechend anwendbar, so dass die Sitzungseinladung nach § 29 Abs. 2 S. 3 BetrVG rechtzeitig und unter Angabe der Tagesordnung erfolgen muss. Außerdem muss in entsprechender Anwendung des § 34 Abs. 1 S. 1 BetrVG über jede Sitzung ein Protokoll gefertigt werden.

Der Arbeitgeber hat nach § 29 Abs. 4 BetrVG das Recht, an den Sitzungen des Gesamtbetriebsrats teilzunehmen, deren Einberufung er verlangt hat oder zu denen er vom Gesamtbetriebsrat ausdrücklich eingeladen worden ist. Hat er (nur) die Ergänzung der Tagesordnung initiiert, besteht ein **Teilnahmerecht** für den Zeitraum, in dem der ergänzte Tagesordnungspunkt behandelt wird. Die Gesamt-Jugend- und Auszubildendenvertretung hat nach den §§ 73 Abs. 2, 67 Abs. 1 BetrVG das Recht, zu allen Sitzungen des Gesamtbetriebsrats einen Vertreter zu entsenden und ist deshalb generell zu den Sitzungen einzuladen. Betreffen vom Gesamtbetriebsrat zu entscheidende Angelegenheiten überwiegend jugendliche Arbeitnehmer oder bis zu 25 Jahre alte, zu ihrer Berufsausbildung Beschäftigte iSv § 60 Abs. 1 BetrVG dürfen alle Mitglieder der Gesamt-Jugend und Auszubildendenvertretung an der Sitzung des Gesamtbetriebsrats teilnehmen. Ihnen steht dann auch ein bei der Ermittlung der erforderlichen Mehrheit zu berücksichtigendes Stimmrecht zu, wobei sich das Stimmgewicht des einzelnen Vertreters gemäß § 72 Abs. 7 BetrVG nach der Anzahl der von dem jeweiligen Vertreter repräsentierten Beschäftigten iSv § 60 Abs. 1 BetrVG berechnet. Die Gesamtschwerbehindertenvertretung ist nach § 52 BetrVG zur Teilnahme an den Sitzungen des Gesamtbetriebsrats berechtigt. Ein Teilnahmerecht eines Beauftragten einer Gewerkschaft besteht nach den §§ 51 Abs. 1 S. 1, 31 BetrVG unter den gleichen Voraussetzungen wie bei Sitzungen des Betriebsrats. Nicht erforderlich ist, dass ein Mitglied des Gesamtbetriebsrats dieser Gewerkschaft angehören muss.[248] Ausreichend ist es vielmehr, wenn die Gewerkschaft in einem der Einzelbetriebsräte vertreten ist.[249] Das für die Begründung des Teilnahmerechts in entsprechender Anwendung des § 31 BetrVG erforderliche Quorum von einem Viertel der Mitglieder des Gesamtbetriebsrats – maßgeblich ist das Stimmgewicht und nicht die Kopfzahl[250] – stellt sicher, dass in der Praxis nur Gewerkschaften ein Teilnahmerecht erhalten, die mit ausreichendem Gewicht im Unternehmen verankert sind. Die abweichende Auffassung würde dazu führen, dass die örtlichen Betriebsräte mit ihrer Entsendungsentscheidung das Teilnahmerecht einer Gewerkschaft beseitigen könnten, indem sie nur Mitglieder in den Gesamtbetriebsrat entsenden, die nicht dieser Gewerkschaft angehören. Der Gesamtbetriebsrat kann schließlich – bei Vorliegen der gesetzlichen Voraussetzungen – Sachverständige iSv § 80 Abs. 3 BetrVG und sonstige unternehmensangehörige Auskunftspersonen bei der Behandlung einzelner Angelegenheiten hinzuziehen. Da die Sitzungen des Gesamtbetriebs-

---

[247] *Fitting* § 51 Rn. 34; WPK/*Roloff* § 51 Rn. 2, 8; aA Richardi BetrVG/*Annuß* § 51 Rn. 29; GK-BetrVG/*Kreutz/Franzen* § 51 Rn. 49, HWGNRH/*Glock* § 51 Rn. 28, die ein Viertel sowohl bezüglich der Kopfzahl wie auch des Stimmgewichts für erforderlich halten.
[248] So aber ErfK/*Koch* BetrVG § 51 Rn. 3; GK-BetrVG/*Kreutz/Franzen* § 51 Rn. 59; WPK/*Roloff* § 51 Rn. 10; HK-BetrVG *Tautphäus* § 51 Rn. 18.
[249] *Fitting* § 51 Rn. 37; Richardi BetrVG/*Annuß* § 51 Rn. 31; DKKW/*Trittin* § 51 Rn. 57; differenzierend Löwisch/Kaiser/*Löwisch* BetrVG § 51 Rn. 11, der dies für von einem Betriebsrat delegierte Aufgaben für ausreichend hält, bei in die originäre Zuständigkeit des Gesamtbetriebsrats fallenden Aufgaben aber eine Mitgliedschaft eines der Mitglieder des Gesamtbetriebsrats für erforderlich hält.
[250] GK-BetrVG/*Kreutz/Franzen* § 51 Rn. 59; Richardi/*Annuß* § 51 Rn. 31; HWGNRH/*Glock* § 51 Rn. 32; Löwisch/Kaiser/*Löwisch* BetrVG § 51 Rn. 11; WPK/*Roloff* § 51 Rn. 10; DKKW/*Trittin* § 51 Rn. 57; anders *Fitting* § 51 Rn. 36, wonach zusätzlich auf die Zahl der Mitglieder abgestellt werden soll.

rats nach § 51 Abs. 1 S. 1 iVm § 30 S. 4 BetrVG nicht öffentlich sind, dürfen weitere Personen an dessen Sitzungen nicht teilnehmen.[251]

94 Im Gesetz ist nicht bestimmt, an welchem Ort der Gesamtbetriebsrat tätig zu werden bzw. seine Sitzungen abzuhalten hat. In der Regel werden dessen Sitzungen schon aus Praktikabilitätsgründen am **Hauptsitz des Unternehmens** stattfinden. Da der Wirkungsbereich des Gesamtbetriebsrats das Unternehmen mit allen seinen Betrieben erfasst, ist dieser berechtigt, seine Sitzungen grds. in jedem Betrieb abzuhalten, wobei aber wie bei jeder Betriebsratstätigkeit die Prinzipien der Erforderlichkeit und Verhältnismäßigkeit, wozu auch der Grundsatz des kostenschonenden Verhaltens gehört, beachtet werden müssen.[252]

5. Betriebsvereinbarungen

95 Als eigenständiges betriebsverfassungsrechtliches Organ steht dem Gesamtbetriebsrat im Rahmen seiner originären Zuständigkeit in gleicher Weise wie dem Betriebsrat die Kompetenz zu, Betriebsvereinbarungen mit dem Arbeitgeber abzuschließen. Wird der Gesamtbetriebsrat im Rahmen seiner originären Zuständigkeit nach § 50 Abs. 1 BetrVG tätig, werden diese meist als **Gesamtbetriebsvereinbarungen** bezeichnet[253]. Bezüglich derartiger Gesamtbetriebsvereinbarungen steht nur dem Gesamtbetriebsrat, nicht aber den örtlichen Betriebsräten ein Durchführungsanspruch gegen den Arbeitgeber zu.[254] Die örtlichen Betriebsräte sind in derartigen Fällen allein auf die bei groben Verstößen des Arbeitgebers bestehenden Rechte aus § 23 Abs. 3 BetrVG beschränkt. Auch das Recht zur Kündigung oder vertraglichen Abänderung von Gesamtbetriebsvereinbarungen liegt allein beim Gesamtbetriebsrat. Er kann dieses Recht auch nicht auf die örtlichen Betriebsräte übertragen. Ungeachtet dessen behält auch eine Gesamtbetriebsvereinbarung ihren betrieblichen Charakter; es handelt sich nicht um eine das Unternehmen betreffende Regelung.[255] Dies hat zur Folge, dass bei einem Betriebsübergang, der mehrere Betriebe betrifft und bei dem diese ihre Identität wahren, die Gesamtbetriebsvereinbarung als solche weitergilt. Entsprechendes gilt auch dann, wenn nur Teile von Betrieben übergehen, nach dem Übergang vom Erwerber aber als eigenständige Betriebe weitergeführt werden.[256] Geht nur ein Betrieb identitätswahrend auf den Erwerber über, wird aus der Gesamtbetriebsvereinbarung eine (Einzel-) Betriebsvereinbarung, die gleichfalls normativ wirkend weitergilt.[257] Eine normative Weitergeltung entfällt allerdings in derartigen Fällen, wenn die Gesamtbetriebsvereinbarung inhaltlich an die Struktur des bisherigen Unternehmens und die Zugehörigkeit des Betriebes zu dieser Struktur anknüpft.[258]

96 Im Rahmen der auf einer **Delegation** eines oder mehrerer örtlicher Betriebsräte nach § 50 Abs. 2 BetrVG begründeten Zuständigkeit abgeschlossene Betriebsvereinbarungen bleiben ihrem Charakter nach örtliche (einfache) Betriebsvereinbarungen. Richtigerweise

---

[251] So auch Richardi BetrVG/*Annuß* § 51 Rn. 34.
[252] BAG 29.4.1998 – 7 ABR 42/97, NZA 1998, 1133; BAG 24.7.1979 – 6 ABR 96/77, NJW 1980, 1128; *Fitting* § 51 Rn. 35; Richardi BetrVG/*Annuß* § 51 Rn. 36; GK-BetrVG/*Kreutz/Franzen* § 51 Rn. 50.
[253] *Fitting* § 50 Rn. 73; Richardi BetrVG/*Annuß* § 50 Rn. 69; GK-BetrVG/*Kreutz/Franzen* § 50 Rn. 75; Löwisch/Kaiser/*Löwisch* BetrVG § 50 Rn. 50; WPK/*Roloff* § 50 Rn. 25; DKKW/*Trittin* § 50 Rn. 204; anders HWGNRH/*Glock* § 50 Rn. 57, der alle vom Gesamtbetriebsrat abgeschlossenen Betriebsvereinbarungen unter den Begriff der Gesamtbetriebsvereinbarung fasst.
[254] BAG 18.5.2010 – 1 ABR 6/09, NZA 2010, 1433; *Fitting* § 50 Rn. 73; Richardi BetrVG/*Annuß* § 50 Rn. 69; GK-BetrVG/*Kreutz/Franzen* § 50 Rn. 78.
[255] So ausdrücklich BAG 18.9.2002 – 1 ABR 554/01, NZA 2003, 670.
[256] BAG 18.9.2002 – 1 ABR 54/01, NZA 2003, 670; dazu *Fitting* § 50 Rn. 77, § 77 Rn. 169.
[257] BAG 24.1.2017 – 1 ABR 24/15, NZA-RR 2017, 413; BAG 5.5.2015 – 1 AZR 763/13, NZA 2015, 1331; BAG 18.9.2002 – 1 ABR 554/01, NZA 2003, 670; dazu *Fitting* § 50 Rn. 77; GK-BetrVG/ *Kreutz/Franzen* § 50 Rn. 93f.; *Lange* NZA 2017, 288 (293); *Salamon* RdA 2007, 103; *Salamon* RdA 2009, 175; *Kreft* FS Wißmann S. 347; *Thüsing* DB 2004, 2474 (2480); *Mues* DB 2003, 1273; *Bachner* NJW 2003, 2861; kritisch Hohenstatt/Müller-Bonanni NZA 2003, 766.
[258] BAG 24.1.2017 – 1 ABR 24/15, NZA-RR 2017, 413.

sollten sie deshalb auch nicht als Gesamtbetriebsvereinbarungen bezeichnet werden.[259] Aus dieser Einordnung folgt das Bestehen eines Durchführungsanspruchs des betroffenen örtlichen Betriebsrats gegenüber dem Arbeitgeber.[260] Gekündigt werden können solche Betriebsvereinbarungen nur durch und gegenüber dem jeweiligen örtlichen Betriebsrat, sofern dieser nicht auch die Kündigungsberechtigung in seiner Delegationsentscheidung nach § 50 Abs. 2 BetrVG auf den Gesamtbetriebsrat übertragen hat.[261]

Ungeachtet dieser Differenzierung ergeben sich hinsichtlich der Wirkungsweise und Geltung allerdings keine wesentlichen Unterschiede. Die (Gesamt-)Betriebsvereinbarungen gelten nach den §§ 51 Abs. 5, 77 Abs. 4 BetrVG – in den Grenzen ihres jeweiligen fachlichen und räumlichen Geltungsbereichs – unmittelbar normativ für alle Arbeitnehmer, die durch den Gesamtbetriebsrat repräsentiert werden. Wirkung entfalten können sie – ebenso wie (Einzel-)Betriebsvereinbarungen – nur in den **Grenzen der jeweiligen Mitbestimmungstatbestände und der Betriebsautonomie** insgesamt. Auch bezüglich einer möglichen Nachwirkung nach Beendigung der Laufzeit der Betriebsvereinbarung bestehen keine Besonderheiten.[262] Die vom Gesamtbetriebsrat abgeschlossenen Betriebsvereinbarungen müssen nicht notwendig zu einer unternehmenseinheitlichen Regelung führen. Einmal können in der Betriebsvereinbarung für verschiedene Betriebe unterschiedliche Regelungen vorgesehen werden, soweit dies sachlich geboten ist. Zum anderen kann der Anwendungsbereich einer Betriebsvereinbarung von vornherein auf einen Betrieb oder einzelne Betriebe beschränkt sein, wenn für die anderen Betriebe kein Regelungsbedarf besteht. Dies ist bei einer auf eine nach § 50 Abs. 2 BetrVG delegierte Zuständigkeit gestützten Betriebsvereinbarung hinsichtlich der auf die Betriebe der delegierenden Betriebsräte beschränkten Wirkung zwingend der Fall. Gleiches gilt für die Beschränkung auf Arbeitnehmergruppen. Für in die originäre Zuständigkeit des Gesamtbetriebsrats nach § 50 Abs. 1 BetrVG fallende Angelegenheiten der erzwingbaren Mitbestimmung ist nach § 76 Abs. 1 S. 1 BetrVG für das gesamte Unternehmen eine **Einigungsstelle** zu bilden. Der Gesamtbetriebsrat übt in dem Verfahren die Funktionen des Betriebsrates aus; er benennt insbesondere die Beisitzer für die Arbeitnehmerseite.

6. Beschlüsse
a) Freies Mandat. Die Mitglieder des Gesamtbetriebsrats sind trotz des Umstandes, dass sie von den Betriebsräten entsandt werden, an keine Weisungen gebunden, sondern üben ein freies Mandat aus. Jedes Mitglied hat die Interessen des Unternehmens einschließlich seiner Arbeitnehmer wahrzunehmen. Eine mittelbare Bindung an die Auffassungen des entsendenden Betriebsrats besteht allerdings insofern, als das Gesamtbetriebsratsmitglied jederzeit von dem entsendenden Betriebsrat abberufen werden kann.

b) Beschlussfähigkeit. Der Gesamtbetriebsrat ist nach § 51 Abs. 3 S. 3 BetrVG nur beschlussfähig, wenn mindestens die Hälfte seiner Mitglieder an der Beschlussfassung teilnimmt und die Teilnehmenden nach dem Grundsatz der Stimmengewichtung mindestens die Hälfte aller Stimmen vertreten. (Nur) bei Verhinderung eines Mitgliedes ist die stellvertretende Teilnahme durch Ersatzmitglieder zulässig. Stimmen der Gesamt-Jugend- und Auszubildendenvertreter sind für die Ermittlung der Beschlussfähigkeit ohne Bedeutung.

c) Stimmenmehrheit. Die Beschlüsse des Gesamtbetriebsrats werden gemäß § 51 Abs. 3 S. 1 BetrVG mit der Mehrheit der Stimmen der anwesenden Mitglieder gefasst, sofern das BetrVG nicht abweichende Mehrheitserfordernisse postuliert, wie zB das Erfordernis der

---

[259] So auch GK-BetrVG/*Kreutz/Franzen* § 50 Rn. 78.
[260] BAG 18.5.2010 – 1 ABR 6/09, NZA 2010, 1433.
[261] *Fitting* § 50 Rn. 73a; Richardi BetrVG/*Annuß* § 50 Rn. 69; GK-BetrVG/*Kreutz/Franzen* § 50 Rn. 78; ErfK/*Koch* BetrVG § 50 Rn. 11; DKKW/*Trittin* § 50 Rn. 206.
[262] Richardi BetrVG/*Annuß* § 50 Rn. 70; GK-BetrVG/*Kreutz/Franzen* § 50 Rn. 89; DKKW/*Trittin* § 50 Rn. 209.

Mehrheit aller Mitglieder des Gesamtbetriebsrats in § 51 Abs. 1 S. 1 iVm den §§ 27 Abs. 2 S. 2, 28 Abs. 1 S. 3, Abs. 2 oder § 36 BetrVG bzw. nach § 58 Abs. 2 BetrVG. Maßgeblich ist die Zahl der Stimmen, die jedem Gesamtbetriebsratsmitglied infolge der nach § 47 Abs. 7 bis 9 BetrVG erfolgenden Stimmengewichtung zusteht. Bei Stimmengleichheit ist der Antrag abgelehnt (§ 51 Abs. 3 S. 2 BetrVG). In Angelegenheiten der jugendlichen Arbeitnehmer und der zu ihrer Berufsausbildung beschäftigten Personen werden die Stimmen der Mitglieder der Gesamt-Jugend- und Auszubildendenvertretung mit ihrer jeweiligen Gewichtung mitgezählt. Sie bleiben aber unberücksichtigt für die Feststellung, ob eine gesetzlich vorgeschriebene absolute Mehrheit der Stimmen der Gesamtbetriebsratsmitglieder gegeben ist.

101 **d) Aussetzung von Beschlüssen.** Beschlüsse des Gesamtbetriebsrats unterliegen nach § 73 Abs. 2 iVm § 66 BetrVG Vetorechten der Mitglieder der Gesamt-Jugend- und Auszubildendenvertretung und nach § 180 Abs. 7 iVm § 178 Abs. 4 S. 2 SGB IX der Gesamtschwerbehindertenvertretung, wenn das jeweilige Gremium den Beschluss als eine erhebliche Beeinträchtigung wichtiger Interessen der von dem Gremium repräsentierten Beschäftigten ansieht oder der Beschluss ohne die gebotene Beteiligung des jeweiligen Gremiums gefasst worden ist. Das Vetorecht muss mit der Mehrheit der Stimmen des jeweiligen Gremiums ausgeübt werden, wobei die Anzahl der jeweils repräsentierten Beschäftigten und nicht die Kopfzahl des Gremiums maßgeblich ist.[263] Wird das Vetorecht ausgeübt, ist die Wirksamkeit des Beschlusses durch den Gesamtbetriebsrat (vorläufig) für die Dauer von einer Woche auszusetzen. In dieser Zeit soll zwischen dem Gesamtbetriebsrat und dem jeweiligen Gremium eine Verständigung gesucht werden. Bestätigt der Gesamtbetriebsrat den beanstandeten Beschluss durch erneute Beschlussfassung, scheidet nach § 73 Abs. 2 iVm § 66 Abs. 2 BetrVG bzw. nach den §§ 180 Abs. 7, 178 Abs. 4 S. 2 SGB IX iVm § 66 Abs. 2 BetrVG ein erneutes Vetorecht aus.

7. Sprechstunden

102 Die Tätigkeit des Gesamtbetriebsrats ist für die Arbeitnehmer insofern eine mittelbare, als sie auf die Betriebsräte bezogen ist. Der Gesamtbetriebsrat hat zwar nach § 51 Abs. 5 BetrVG die gleichen Rechte und Pflichten wie ein Betriebsrat. Auf die Bestimmung über das Abhalten von Sprechstunden in § 39 BetrVG wird jedoch in § 51 Abs. 1 BetrVG nicht verwiesen. Sprechstunden des Gesamtbetriebsrats sind daher gesetzlich nicht vorgesehen. Die Arbeitnehmer sind darauf beschränkt, sich an ihre Betriebsratsmitglieder zu wenden. Allerdings kann der Gesamtbetriebsrat Sprechstunden außerhalb der Arbeitszeit anbieten. Auf der Grundlage freiwilliger Vereinbarungen zwischen Arbeitgeber und Gesamtbetriebsrat ist es darüber hinaus möglich, Sprechstunden auch während der Arbeitszeit durchzuführen.[264]

8. Geschäftsordnung

103 Der Gesamtbetriebsrat soll sich nach den §§ 51 Abs. 1 S. 1, 36 BetrVG eine Geschäftsordnung geben, in der sonstige Bestimmungen über die Geschäftsführung getroffen werden. Der Beschluss über die erstmalige Errichtung und jede spätere Änderung der Geschäftsordnung bedarf der Mehrheit der Stimmen aller Mitglieder des Gesamtbetriebsrats, wobei die Stimmengewichtung nach § 47 Abs. 7 bis 9 BetrVG berücksichtigt werden muss. Die Geschäftsordnung muss **schriftlich** abgefasst werden. Sie kann nur ergänzende Bestimmungen enthalten, nicht aber die gesetzliche Regelung der Geschäftsführung verändern.

---

[263] Richardi BetrVG/*Annuß* § 51 Rn. 46; GK-BetrVG/*Kreutz/Franzen* § 51 Rn. 73; HWGNRH/*Glock* § 51 Rn. 36.
[264] *Fitting* § 51 Rn. 45; Richardi BetrVG/*Annuß* § 51 Rn. 38; GK-BetrVG/*Kreutz/Franzen* § 51 Rn. 56; HWGNRH/*Glock* § 51 Rn. 65; HWK/*Hohenstatt/Dzida* BetrVG § 51 Rn. 8; anders Löwisch/Kaiser/ *Löwisch* BetrVG § 51 Rn. 15, der den Gesamtbetriebsrat nicht für befugt hält, Sprechstunden abzuhalten.

Insbesondere können die zwingenden Regeln über die Beschlussfassung und die Stimmengewichtung nicht abgeändert werden.

VIII. Rechtsstellung der Mitglieder

1. Ehrenamtliche Tätigkeit

Die Mitglieder des Gesamtbetriebsrats führen ihr Amt nach § 51 Abs. 1 S. 1 iVm § 37 Abs. 1 BetrVG unentgeltlich als Ehrenamt. Sie dürfen aufgrund ihrer Tätigkeit im Gesamtbetriebsrat weder bevorteilt noch benachteiligt werden; insbesondere erhalten sie für die Tätigkeit als Gesamtbetriebsratsmitglied keine Vergütung, sondern lediglich die für die Wahrnehmung der Tätigkeit im Gesamtbetriebsrat notwendige Arbeitsfreistellung und – bei unvermeidbar außerhalb der Arbeitszeit wahrzunehmenden Tätigkeiten – entweder Freizeitausglich oder eine Vergütung wie Mehrarbeit. **104**

2. Arbeitsbefreiung

Die Mitglieder des Gesamtbetriebsrats sind nach den §§ 51 Abs. 1 S. 1, 37 Abs. 2 BetrVG von ihrer beruflichen Tätigkeit ohne Minderung des Arbeitsentgelts zusätzlich zu befreien, soweit es nach Umfang und Art des Unternehmens zur ordnungsgemäßen Durchführung der Aufgaben des Gesamtbetriebsrats erforderlich ist. Für Gesamtbetriebsratstätigkeit, die aus betriebsbedingten Gründen nur außerhalb der Arbeitszeit durchgeführt werden kann, haben die Mitglieder des Gesamtbetriebsrats nach den §§ 51 Abs. 1 S. 1, 37 Abs. 3 BetrVG Anspruch auf entsprechende Arbeitsbefreiung unter Fortzahlung des Arbeitsentgelts oder einen Anspruch auf Abgeltung. **105**

Der Anspruch auf Arbeitsbefreiung steht nicht einem (Einzel-)Betriebsrat zu, sondern dem Gesamtbetriebsrat selbst, in dessen Kompetenz es liegt, die dem Gesamtbetriebsrat obliegenden Aufgaben nach pflichtgemäßem Ermessen auf seine Mitglieder zu verteilen[265]. Im Rahmen der Erforderlichkeit kann es dabei auch zu einer vollständigen Befreiung von der beruflichen Tätigkeit kommen.[266] Die Auswahl der freizustellenden Mitglieder des Gesamtbetriebsrats ist in dem formellen Freistellungsverfahren nach § 38 Abs. 2 BetrVG durchzuführen, wobei die Entscheidungskompetenz beim Gesamtbetriebsrat und nicht den Einzelbetriebsräten liegt.[267] Aufgrund der allein beim Gesamtbetriebsrat verorteten Entscheidungskompetenz ist die entsprechende Anwendung dieser Vorschrift geboten. Dagegen spricht auch nicht, dass es sich nicht um eine pauschale Freistellung handelt. **106**

3. Freistellungen

Die für den Betriebsrat geltenden Regeln über Mindestfreistellungen nach § 38 Abs. 1 BetrVG sind auf den Gesamtbetriebsrat nicht entsprechend anzuwenden. Er hat daher **keinen Anspruch auf allgemeine Freistellungen** seiner Mitglieder von der beruflichen Tätigkeit unabhängig von der konkret erforderlichen Arbeitsbefreiung.[268] Infolge der nur subsidiären originären Zuständigkeit des Gesamtbetriebsrats hängt dessen Geschäftsumfang stets von den Verhältnissen des Einzelfalls ab, so dass eine Pauschalierung der erforderlichen Befreiung von der beruflichen Tätigkeit weder möglich noch erforderlich ist. Zulässig ist es jedoch, durch Vereinbarung zwischen Arbeitgeber und Gesamtbetriebsrat **107**

---

[265] LAG München 19.7.1990 – 6 TaBV 62/89, NZA 1991, 905; dazu *Fitting* § 51 Rn. 44; Richardi BetrVG/*Annuß* § 51 Rn. 51; GK-BetrVG/*Kreutz/Franzen* § 51 Rn. 55; ErfK/*Koch* BetrVG § 51 Rn. 4; HWGNRH/*Glock* § 51 Rn. 64; DKKW/*Trittin* § 51 Rn. 64.
[266] LAG München 19.7.1990 – 6 TaBV 62/89, NZA 1991, 905.
[267] Wie hier *Fitting* § 51 Rn. 44; Richardi BetrVG/*Annuß* § 51 Rn. 51; ErfK/*Koch* BetrVG § 51 Rn. 4; aA GK-BetrVG/*Kreutz/Franzen* § 51 Rn. 55; offengelassen in LAG München 19.7.1990 – 6 TaBV 62/89, NZA 1991, 905.
[268] LAG RhPf 16.7.2015 – 5 TaBV 5/15, BeckRS 2015, 72789; LAG München 19.7.1990 – 6 TaBV 62/89, NZA 1991, 905; *Fitting* § 51 Rn. 44; Richardi BetrVG/*Annuß* § 51 Rn. 51; ErfK/*Koch* BetrVG § 51 Rn. 4; GK-BetrVG/*Kreutz/Franzen* § 51 Rn. 54.

auf freiwilliger Basis pauschalierte Freistellungen für den Gesamtbetriebsrat festzulegen.[269] Ein Freistellungsanspruch des Gesamtbetriebsrats kommt darüber hinaus auf der Grundlage des auch auf die Tätigkeit des Gesamtbetriebsrats anwendbaren § 37 Abs. 2 BetrVG bei im Einzelfall zur Erfüllung der Aufgaben des Gesamtbetriebsrats bestehendem Freistellungsbedürfnis in Betracht, der vom Gesamtbetriebsrat und nicht vom entsendenden örtlichen Betriebsrat geltend zu machen ist,[270] der dabei mangels Vorliegens der Voraussetzungen einer methodengerechten Analogie nicht auf das Verfahren nach § 38 Abs. 2 BetrVG verwiesen ist, sondern durch einfachen Mehrheitsbeschluss entscheidet.[271]

4. Schulungs- und Bildungsveranstaltungen

108 Die Mitgliedschaft im Gesamtbetriebsrat begründet **keinen eigenständigen Anspruch** auf Befreiung von der beruflichen Tätigkeit zwecks Teilnahme an Schulungs- und Bildungsveranstaltungen, wie sich daraus ergibt, dass in § 51 Abs. 1 S. 1 BetrVG § 37 Abs. 4 bis 7 BetrVG nicht aufgeführt ist. Da die Mitglieder des Gesamtbetriebsrats notwendig zugleich Mitglieder von Einzelbetriebsräten sind, haben sie in dieser Eigenschaft Anspruch auf Ermöglichung der Teilnahme an Schulungs- und Bildungsveranstaltungen. Die Tätigkeit im Gesamtbetriebsrat ist bei der Feststellung der Erforderlichkeit einer Schulungs- und Bildungsveranstaltung mit zu berücksichtigen, da es sich um die Wahrnehmung von Aufgaben handelt, die mit der Betriebsratstätigkeit verbunden sind.[272] Der in § 37 Abs. 7 BetrVG festgelegte Freistellungsumfang wird durch die Tätigkeit im Gesamtbetriebsrat allerdings nicht erhöht.[273] Die Entscheidung über die Entsendung von Mitgliedern zu den Veranstaltungen trifft der Betriebsrat und nicht der Gesamtbetriebsrat,[274] weil dieser bei der Freistellungsentscheidung auch die aufgrund der sonstigen Betriebsratsarbeit erforderlichen Schulungsbedarfe für das betroffene Betriebsratsmitglied einerseits und die übrigen Betriebsratsmitglieder andererseits berücksichtigen muss.

5. Schutzbestimmungen

109 Die für die Mitglieder von Betriebsräten geltenden besonderen Bestimmungen über den Entgeltschutz in § 37 Abs. 4 BetrVG, den Tätigkeitsschutz in § 37 Abs. 5 BetrVG, den Schutz der beruflichen Entwicklung nach § 38 Abs. 4 BetrVG und den Kündigungs- und Versetzungsschutz nach § 15 KSchG, § 103 BetrVG sind auf die Mitglieder des Gesamtbetriebsrats aufgrund dieser Rechtsstellung nicht anzuwenden. Die mit diesen Bestimmungen erstrebte Schutzwirkung erhalten die Mitglieder des Gesamtbetriebsrats schon deshalb, weil sie immer auch Mitglied eines Betriebsrates sind. Mit der Übernahme der Tätigkeit im Gesamtbetriebsrat ist ein weitergehendes Schutzbedürfnis nicht verbunden.

---

[269] GK-BetrVG/*Kreutz/Franzen* § 51 Rn. 55.
[270] *Fitting* § 51 Rn. 44; Richardi BetrVG/*Annuß* § 51 Rn. 51; GK-BetrVG/*Kreutz/Franzen* § 51 Rn. 55; ErfK/*Koch* BetrVG § 51 Rn. 4; *Löwisch* BB 2002, 1366, 1368; aA LAG Bln-Bbg 2.12.2016 – 9 TaBV 577/16, BeckRS 2016, 114628, schwerpunktmäßig zum Konzernbetriebsrat; so auch HWGNRH/*Glock* § 51 Rn. 64, Entscheidungsrecht liegt beim entsendenden Betriebsrat.
[271] GK-BetrVG/*Kreutz/Franzen* § 51 Rn. 55; HWGNRH/*Glock* § 51 Rn. 64; aA *Fitting* § 51 Rn. 44; Richardi BetrVG/*Annuß* § 51 Rn. 51; ErfK/*Koch* BetrVG § 51 Rn. 4; DKKW/*Trittin* § 51 Rn. 64; *Löwisch* BB 2002, 1366 (1368); so auch LAG Frankfurt aM 20.6.2016 – 16 TaBV 101/15, BeckRS 2016, 120692, für eine freiwillige Freistellungsvereinbarung, Rechtsbeschwerde anh. unter BAG – 7 ABR 77/16.
[272] BAG 10.6.1975 – 1 ABR 140/73, DB 1975, 2234; *Fitting* § 51 Rn. 43; Richardi BetrVG/*Annuß* § 51 Rn. 50; GK-BetrVG/*Kreutz/Franzen* § 51 Rn. 54; ErfK/*Koch* BetrVG § 51 Rn. 4; WPK/*Roloff* § 51 Rn. 22.
[273] So auch Richardi BetrVG/*Annuß* § 51 Rn. 50; GK-BetrVG/*Kreutz/Franzen* § 51 Rn. 54.
[274] BAG 10.6.1975 – 1 ABR 140/73, DB 1975, 2234; *Fitting* § 51 Rn. 44; GK-BetrVG/*Kreutz/Franzen* § 51 Rn. 54; WPK/*Roloff* § 51 Rn. 22; aA Richardi BetrVG/*Annuß* § 51 Rn. 50, der die Entscheidungszuständigkeit für die zu entsendende Person beim Gesamtbetriebsrat verorten will.

6. Geheimhaltungspflicht

Die Mitglieder des Gesamtbetriebsrats unterliegen bereits als Mitglieder des Betriebsrats 110
der Geheimhaltungspflicht nach § 79 Abs. 1 BetrVG im Hinblick auf Betriebs- oder Geschäftsgeheimnisse, die ihnen wegen ihrer Zugehörigkeit zum Betriebsrat bekannt geworden sind. § 79 Abs. 2 BetrVG erstreckt die Geheimhaltungspflicht in gleicher Weise auf die Mitglieder des Gesamtbetriebsrats im Hinblick auf Betriebs- oder Geschäftsgeheimnisse, von denen sie aufgrund ihrer Zugehörigkeit zum Gesamtbetriebsrat Kenntnis erlangt haben und die vom Arbeitgeber ausdrücklich als geheimhaltungsbedürftig bezeichnet worden sind. Die für Mitglieder eines Betriebsrats geltenden Grundsätze finden insoweit entsprechende Anwendung.

IX. Amtszeit

1. Amtszeit des Gesamtbetriebsrats

Der einmal gebildete Gesamtbetriebsrat hat als betriebsverfassungsrechtliches Kollektivorgan anders als die örtlichen Betriebsräte keine feststehende Amtszeit. Er besteht nach erstmaliger Konstituierung solange, wie die gesetzlichen Voraussetzungen für seine Errichtung gegeben sind.[275] Es handelt sich um eine **Dauereinrichtung**, die durch Entsendung von Mitgliedern der zugehörigen Betriebsräte gebildet wird und bei der nur die Mitglieder wechseln können, ohne dass das Organ selbst in Wegfall gerät.[276] Insbesondere ist die regelmäßige Amtszeit der Betriebsräte ohne Einfluss auf den Bestand des Gesamtbetriebsrats. Die regelmäßigen Betriebsratswahlen führen zwar nach § 21 BetrVG zum Beginn der Amtszeit eines neuen Betriebsrats und machen deshalb die Entsendung von Mitgliedern des neuen Betriebsrats in den kontinuierlich weiter bestehenden Gesamtbetriebsrat erforderlich. Da die regelmäßigen Wahlen für sämtliche betriebsratsfähigen Einheiten alle vier Jahre in der Zeit vom 1. 3. bis 31. 5. stattfinden, bedarf es in dieser Zeit auch einer Neubestellung der Mitglieder des Gesamtbetriebsrats. Das Organ Gesamtbetriebsrat wird dadurch aber selbst bei einem Wechsel sämtlicher Mitglieder nicht berührt. 111

Ebenso wenig existieren andere Gründe für die Beendigung des Kollektivorgans Gesamtbetriebsrat. Insbesondere besteht anders als beim Betriebsrat nach § 23 Abs. 1 BetrVG nicht die Möglichkeit, den **Gesamtbetriebsrat durch gerichtliche Entscheidung aufzulösen.** Bei einem Rücktritt aller Mitglieder des Gesamtbetriebsrats treten die entsprechenden Ersatzmitglieder ein. Sind solche nicht (mehr) vorhanden, haben die beteiligten Betriebsräte neue Mitglieder zu bestellen. Dementsprechend endet das Amt eines Gesamtbetriebsrats nur, wenn die gesetzlichen Errichtungsvoraussetzungen dauerhaft wegfallen, insbesondere nicht mehr mindestens zwei betriebsratsfähige Einheiten oder Betriebsräte vorhanden sind. Ein nur vorübergehender, kurzzeitiger Wegfall von Betriebsräten, zB wegen einer erfolgreichen Wahlanfechtung oder einer verspäteten Betriebsratswahl, der dazu führt, dass nur noch einer oder überhaupt kein Betriebsrat mehr vorhanden ist, berührt die Existenz des Organs Gesamtbetriebsrat nicht, wenn zu erwarten ist, dass die Errichtungsvoraussetzungen zeitnah wieder gegeben sein werden.[277] 112

Bei einem **Betriebsübergang** auf einen anderen Rechtsträger scheiden die für den übergehenden Betrieb entsandten Mitglieder aus dem Gesamtbetriebsrat aus, weil die Un- 113

---

[275] BAG 15. 10. 2014 – 7 ABR 53/12, NZA 2015, 1014; BAG 22. 6. 2005 – 7 ABR 30/04, BeckRS 2005, 30804497; BAG 16. 3. 2005 – 7 ABR 37/04, NZA 2005, 1069; BAG 5. 6. 2002 – 7 ABR 17/01, NZA 2003, 635; *Fitting* § 47 Rn. 26; Richardi BetrVG/*Annuß* § 47 Rn. 26; GK-BetrVG/*Kreutz/Franzen* § 47 Rn. 49; § 49 Rn. 5; HWGNRH/*Glock* § 47 Rn. 83; ErfK/*Koch* BetrVG § 47 Rn. 11; *Thüsing* FA 2012, 322.

[276] BAG 15. 10. 2014 – 7 ABR 53/12, NZA 2015, 1014; BAG 22. 6. 2005 – 7 ABR 30/04, BeckRS 2005, 30804497; BAG 16. 3. 2005 – 7 ABR 37/04, NZA 2005, 1069; BAG 5. 6. 2002 – 7 ABR 17/01, NZA 2003, 635.

[277] BAG 15. 10. 2014 – 7 ABR 53/12, NZA 2015, 1014; *Fitting* § 47 Rn. 27; HWGNRH/*Glock* § 47 Rn. 85; WPK/*Roloff* § 47 Rn. 8; ErfK/*Koch* BetrVG § 47 Rn. 11; wohl auch Löwisch/Kaiser/*Löwisch* BetrVG § 47 Rn. 9; aA Richardi BetrVG/*Annuß* § 47 Rn. 27; zweifelnd GK-BetrVG/*Kreutz/Franzen* § 47 Rn. 50; *Kreutz/Franzen* FS Birk S. 495 (504).

ternehmenszugehörigkeit des Betriebes entfällt. Besteht für das erwerbende Unternehmen ein Gesamtbetriebsrat, hat der Betriebsrat des übergehenden Betriebes in ihn Mitglieder zu entsenden.[278] Überträgt ein Unternehmen mehrere, aber nicht alle Betriebe auf ein anderes Unternehmen, in dem noch kein Gesamtbetriebsrat besteht, so ist dort ein Gesamtbetriebsrat neu zu bilden.[279] Der Gesamtbetriebsrat des übertragenden Unternehmens bleibt (ohne die Mitglieder aus den übergehenden Betrieben) bestehen, wenn in dem Unternehmen mehr als ein Betriebsrat verbleibt.[280] Das Amt des Gesamtbetriebsrats erlischt jedoch, wenn sämtliche Betriebe oder alle Betriebe bis auf einen auf mehrere Rechtsträger übertragen werden. Werden alle Betriebe eines Unternehmens auf ein bisher betriebsratsloses Unternehmen übertragen und behalten dabei ihre Identität, bleibt der Gesamtbetriebsrat in gleicher Weise im Amt wie die Betriebsräte der übergehenden Betriebe.[281] Existiert bei dem Übernehmer (aller Betriebe) bereits ein Gesamtbetriebsrat, verliert der bisher bei dem übertragenden Unternehmen existierende Gesamtbetriebsrat sein Amt. Gleiches gilt auch, wenn bei dem Übernehmer zwar bisher kein Gesamtbetriebsrat bestanden hat, die übertragenen Betriebe jedoch nach der Übertragung umstrukturiert werden, so dass sie ihre Identität verlieren. In diesem Fall ist bei dem Übernehmer ein Gesamtbetriebsrat neu zu errichten. Das Amt des Gesamtbetriebsrats endet schließlich, wenn das Unternehmen selbst seine Existenz verliert, was insbesondere bei umwandlungsrechtlichen Veränderungen wie zB Verschmelzungen zur Neugründung oder zur Aufnahme, Aufspaltungen, nicht jedoch bei bloßen formwechselnden Umwandlungen, Abspaltungen oder Ausgliederungen denkbar ist.[282]

2. Beendigung der Mitgliedschaft

114 Die Mitgliedschaft einzelner Mitglieder des Gesamtbetriebsrats kann nach § 49 BetrVG erlöschen. In diesem Fall rückt das entsprechende **Ersatzmitglied** nach den §§ 51 Abs. 1 S. 1, 25 Abs. 1 S. 1 BetrVG nach. Der entsendende Betriebsrat kann aber aufgrund der jederzeitigen Abrufbarkeit ein neues Mitglied bestimmen.

115 **a) Abberufung durch den Betriebsrat.** Der Betriebsrat kann von ihm entsandte Mitglieder nach § 49 BetrVG jederzeit aus dem Gesamtbetriebsrat abberufen.[283] Ein Grund für die Abberufung ist nicht erforderlich. Es steht im freien Ermessen des Betriebsrats, durch welche Person er sich im Gesamtbetriebsrat repräsentiert sehen will. Die Abberufung erfolgt durch einen mit einfacher Mehrheit der anwesenden Mitglieder zu fassenden Beschluss des Betriebsrats, der dem Vorsitzenden des Gesamtbetriebsrats (gegebenenfalls dessen Stellvertreter) bekannt zu geben ist. Mit der Bekanntgabe an den Amtsinhaber wird die Abberufung rechtswirksam.[284]

---

[278] BAG 16.3.2005 – 7 ABR 37/04, NZA 2005, 1069.
[279] BAG 18.9.2002 – 1 ABR 54/01, NZA 2003, 670; BAG 5.6.2002 – 7 ABR 17/01, NZA 2003, 336; Fitting § 47 Rn. 17; ErfK/Koch BetrVG § 47 Rn. 5.
[280] Statt aller GK-BetrVG/Kreutz/Franzen § 47 Rn. 53.
[281] Fitting § 47 Rn. 17; WPK/Roloff § 47 Rn. 7; Löwisch/Kaiser/Löwisch BetrVG § 47 Rn. 13; ErfK/Koch BetrVG § 47 § 47 Rn. 5; Fuhlrott/Oltmanns BB 2015, 1013 (1017); Salamon RdA 2008, 24 (28); offenelassen durch BAG 5.6.2002 – 7 ABR 17/01, NZA 2003, 336; aA Richardi BetrVG/Annuß § 47 Rn. 27; GK-BetrVG/Kreutz/Franzen § 47 Rn. 55; Kreutz/Franzen FS Birk S. 495 (503).
[282] Zu den verschiedenen Konstellationen, vgl. Fitting § 47 Rn. 18; GK-BetrVG/Kreutz/Franzen § 47 Rn. 54; HWK/Hohenstatt/Dzida BetrVG § 47 Rn. 9f.
[283] Vgl. BAG 16.3.2005 – 7 ABR 33/04, AP BetrVG 1972 § 47 Nr. 14; Fitting § 49 Rn. 16; Richardi BetrVG/Annuß § 49 Rn. 9; GK-BetrVG/Kreutz/Franzen § 49 Rn. 16; WPK/Roloff § 49 Rn. 4; ErfK/Koch BetrVG § 49 Rn. 1.
[284] Fitting § 49 Rn. 18; Richardi BetrVG/Annuß § 49 Rn. 9; GK-BetrVG/Kreutz/Franzen § 49 Rn. 18; ErfK/Koch BetrVG § 49 Rn. 1; abweichend – die Abberufung wird mit dem Zugang bei dem Vorsitzenden des Gesamtbetriebsrats wirksam – HWGNRH/Glock BetrVG § 49 Rn. 13; DKKW/Trittin § 49 Rn. 10; wieder anders – Wirksamkeit bereits mit Beschlussfassung durch den abberufenden Betriebsrat – Löwisch/Kaiser/Löwisch BetrVG § 49 Rn. 1; WPK/Roloff § 49 Rn. 4; HWK/Hohenstatt/Dzida BetrVG § 49 Rn. 2.

b) Erlöschen der Mitgliedschaft im Betriebsrat. Mitglieder im Gesamtbetriebsrat 116
können nur Betriebsratsmitglieder sein. Die Mitgliedschaft im Gesamtbetriebsrat endet
deshalb automatisch mit dem Ende der Mitgliedschaft im Betriebsrat. Die Mitgliedschaft
erlischt insbesondere mit der Beendigung der Amtszeit des Betriebsrats. Bei einer nach
§ 22 BetrVG zulässigen Weiterführung der Geschäfte über die Beendigung der Amtszeit
hinaus werden auch die Funktionen im Gesamtbetriebsrat weiterhin wahrgenommen.

c) Amtsniederlegung. Mitglieder des Gesamtbetriebsrats können dieses Amt ausweislich 117
der Regelung in § 49 BetrVG jederzeit niederlegen mit der Folge, dass ihre Mitgliedschaft im Gesamtbetriebsrat erlischt;[285] die Niederlegung steht im Ermessen des Mitglieds.
Eines besonderen Grundes oder einer bestimmten Form bedarf die Erklärung nicht; sie
muss jedoch eindeutig den Niederlegungswillen und die Reichweite der Niederlegung
erkennen lassen. Sie ist gegenüber dem Vorsitzenden des Gesamtbetriebsrats zu erklären;
mit dem Zugang wird die Amtsniederlegung wirksam.[286] Die Erklärung ist weder rücknehmbar noch widerruflich oder anfechtbar.[287] Die Mitgliedschaft im Betriebsrat bleibt
durch die Amtsniederlegung unberührt, soweit nicht das Mitglied zugleich und ausdrücklich auch sein Betriebsratsamt niederlegt.

d) Ausschluss durch gerichtliche Entscheidung. Die Mitgliedschaft im Gesamtbe- 118
triebsrat erlischt nach § 48 BetrVG, wenn das Mitglied wegen einer groben Pflichtverletzung durch gerichtliche Entscheidung aus dem Gesamtbetriebsrat ausgeschlossen wird.
Das Verfahren ist ähnlich ausgestaltet wie für den Ausschluss aus dem Betriebsrat. Die
Entscheidung ergeht im arbeitsgerichtlichen Beschlussverfahren nach den §§ 2a, 80 ff.
ArbGG.

Der erforderliche Antrag kann gemäß § 48 BetrVG von einem Viertel der zum Zeit- 119
punkt der Antragstellung zu den Betriebsräten wahlberechtigten Arbeitnehmer des Unternehmens gestellt werden. Die Arbeitnehmer von nichtbetriebsratsfähigen Einheiten zählen
mit, da sie gemäß § 4 Abs. 2 BetrVG zum Hauptbetrieb wahlberechtigt sind. Antragsberechtigt sind auch der Arbeitgeber und der Gesamtbetriebsrat als Kollektivorgan, der hierüber durch Mehrheitsbeschluss entscheidet, an dem das auszuschließende Mitglied nicht
mitwirken darf. **Antragsberechtigt** ist schließlich jede im Unternehmen vertretene Gewerkschaft. Dafür ist es erforderlich, dass zumindest in einem Betrieb ein Arbeitnehmer
der Gewerkschaft angehört. Die örtlichen Betriebsräte haben kein Antragsrecht. Sie sind
darauf beschränkt, von ihnen entsandte Mitglieder selbst abzurufen.

Materielle Voraussetzung für den Ausschluss nach § 48 BetrVG ist eine **grobe Verlet-** 120
zung der gesetzlichen Pflichten des Mitglieds. Die Pflichtverletzung muss sich auf die
Tätigkeit im Gesamtbetriebsrat beziehen. Die Verletzung von Pflichten, die nicht die Tätigkeit im Gesamtbetriebsrat, sondern im örtlichen Betriebsrat betreffen, vermag daher einen unmittelbaren Ausschluss aus dem Gesamtbetriebsrat nach § 48 BetrVG nicht zu
rechtfertigen.[288] Die Pflichtverletzung muss zum einen objektiv erheblich und zum anderen von dem Mitglied schuldhaft verursacht sein.[289] Im Übrigen entspricht der Begriff der
groben Pflichtverletzung demjenigen, der nach § 23 Abs. 1 BetrVG für den Ausschluss
aus dem Betriebsrat zugrunde zu legen ist.

---

[285] BAG 4.11.2015 – 7 ABR 61/13, NZA-RR 2016, 669.
[286] Dazu *Fitting* § 49 Rn. 11; Richardi BetrVG/*Annuß* § 49 Rn. 6; GK-BetrVG/*Kreutz/Franzen* § 49 Rn. 13; HWGNRH/*Glock* § 49 Rn. 7; ErfK/*Koch* BetrVG § 49 Rn. 1.
[287] *Fitting* § 49 Rn. 11; Richardi BetrVG/*Annuß* § 49 Rn. 6; HWGNRH/*Glock* § 49 Rn. 7; ErfK/*Koch* BetrVG § 49 Rn. 1; aA GK-BetrVG/*Kreutz/Franzen* § 49 Rn. 11, anfechtbar, soweit der Gesamtbetriebsrat noch nicht unter Hinzuziehung des Ersatzmitglieds getagt hat bzw. dieses zu einer Sitzung eingeladen worden ist.
[288] *Fitting* § 48 Rn. 9; Richardi BetrVG/*Annuß* § 48 Rn. 3; GK-BetrVG/*Kreutz/Franzen* § 48 Rn. 18, 21; Löwisch/Kaiser/*Löwisch* BetrVG § 48 Rn. 2; WPK/*Roloff* § 48 Rn. 6; DKKW/*Trittin* § 48 Rn. 5; ErfK/*Koch* BetrVG § 48 Rn. 1.
[289] Richardi BetrVG/*Annuß* § 48 Rn. 4 f.; GK-BetrVG/*Kreutz/Franzen* § 48 Rn. 20.

121 Der Ausschluss wird durch eine entsprechende **rechtskräftige Entscheidung** des Arbeitsgerichts wirksam. Es rückt das Ersatzmitglied nach; der Betriebsrat kann allerdings über die Entsendung eines anderen Mitglieds beschließen. Die Mitgliedschaft des aus dem Gesamtbetriebsrat ausgeschlossenen Mitglieds im Betriebsrat bleibt von der Entscheidung unberührt. Eine nochmalige Entsendung des ausgeschlossenen Mitglieds während der Amtszeit des Betriebsrats ist mit der rechtskräftigen gerichtlichen Entscheidung unvereinbar und deshalb unzulässig.[290] Die Möglichkeit der Entsendung durch einen neu gewählten Betriebsrat bleibt davon unberührt.

X. Kosten

122 Nach § 51 Abs. 1 S. 1, § 40 BetrVG trägt der Arbeitgeber die Kosten der Tätigkeit des Gesamtbetriebsrats in gleicher Weise wie die Kosten der Tätigkeit des Betriebsrats.[291] Die Erhebung und Leistung von Beiträgen der Arbeitnehmer für Zwecke des Gesamtbetriebsrats ist nach dem entsprechend anzuwendenden § 41 BetrVG unzulässig. Die für den Betriebsrat geltenden Grundsätze über die Erforderlichkeit für die Bereitstellung von Räumen, sachlichen Mitteln und Büropersonal gelten entsprechend auch für die vom Arbeitgeber zu finanzierenden Ausstattungen des Gesamtbetriebsrats, wobei allerdings die unterschiedlichen Aufgabenstellungen von Gesamtbetriebsrat und örtlichen Betriebsräten beachtet werden müssen. Außerdem ist zu berücksichtigen, dass der Gesamtbetriebsrat häufig auf die den örtlichen Betriebsräten vom Arbeitgeber zur Verfügung gestellten Sachmittel zurückgreifen kann und deshalb insoweit keine eigenen Sachmittel benötigt.[292]

123 Von besonderer Bedeutung sind die **Reisekosten** der Mitglieder des Gesamtbetriebsrats, da sie zu den Sitzungen von ihrer Betriebsstätte anreisen müssen und der Gesamtbetriebsrat seine Sitzungen grds. in jedem Betrieb des Unternehmens stattfinden lassen kann. Diese Reisekosten trägt der Arbeitgeber als Kosten der Betriebsverfassung, soweit sie erforderlich und verhältnismäßig sind.[293] Ein eigenes an alle Arbeitnehmer des Unternehmens vertriebenes **Informationsblatt** des Gesamtbetriebsrats kann unter Berücksichtigung der Umstände des Einzelfalls erforderlich sein, weil der Gesamtbetriebsrat neben den örtlichen Betriebsräten eigene Aufgaben wahrzunehmen hat und die Arbeitnehmer hierüber von den Betriebsräten nicht ausreichend informiert werden können.[294]

XI. Streitigkeiten

124 Streitigkeiten über die Bildung und Organisation des Gesamtbetriebsrats, seine Geschäftsführung und den Ausschluss von Mitgliedern sind grds. im arbeitsgerichtlichen **Beschlussverfahren** nach den §§ 2a, 80 ff. ArbGG zu erledigen. Zuständig ist das Arbeitsgericht, in dessen Bezirk das Unternehmen seinen Sitz hat (§ 82 Abs. 1 S. 2 ArbGG). Bei Unternehmen mit Sitz im Ausland, für deren inländische Betriebe ein Gesamtbetriebsrat gebildet wird, ist das Arbeitsgericht zuständig, in dessen Bezirk der Betrieb mit der größten Bedeutung liegt.[295] Soweit es um Beschlüsse des Betriebsrats geht, die sich auf den

---

[290] *Fitting* § 48 Rn. 23; Richardi BetrVG/*Annuß* § 48 Rn. 15; GK-BetrVG/*Kreutz/Franzen* § 48 Rn. 24; Löwisch/Kaiser BetrVG/*Löwisch* § 48 Rn. 1.

[291] Dazu BAG 9.12.2009 – 7 ABR 46/08, NZA 2010, 662; *Fitting* § 51 Rn. 46; Richardi BetrVG/*Annuß* § 51 Rn. 39; GK-BetrVG/*Kreutz/Franzen* § 51 Rn. 57; HWGNRH/*Glock* § 51 Rn. 66.

[292] Hierauf weist zutreffend HWGNRH/*Glock* § 51 Rn. 69 im Hinblick auf Anschlagflächen (sog. schwarze Bretter) in den Betrieben, Büropersonal, Räume und Fachliteratur hin; siehe auch *Fitting* § 51 Rn. 48; ErfK/*Koch* BetrVG § 51 Rn. 4.

[293] BAG 24.7.1979 – 6 ABR 96/77, NJW 1980, 1128; *Fitting* § 51 Rn. 46; GK-BetrVG/*Kreutz/Franzen* § 51 Rn. 50, 57.

[294] *Fitting* § 51 Rn. 47; ErfK/*Koch* BetrVG § 51 Rn. 4; DKKW/*Trittin* § 48 Rn. 74; aA BAG 21.11.1978 – 6 ABR 55/76, DB 1979, 703; GK-BetrVG/*Kreutz/Franzen* § 51 Rn. 57; HWGNRH/*Glock* § 51 Rn. 68; Löwisch/Kaiser/*Löwisch* BetrVG § 51 Rn. 15.

[295] BAG 31.10.1975 – 1 ABR 4/74, DB 1976, 295.

XI. Streitigkeiten

Gesamtbetriebsrat auswirken (zB Beschlüsse über die Entsendung eines Mitglieds in den Gesamtbetriebsrat), ist das Arbeitsgericht zuständig, in dessen Bezirk der Betrieb liegt.

Über die gesetzlich zwingend vorgesehene Verkleinerung des Gesamtbetriebsrat durch Betriebsvereinbarung entscheidet eine für das Unternehmen zu bildende **Einigungsstelle** (§ 47 Abs. 6 BetrVG). Gleiches gilt für die erzwingbare Mitbestimmung durch den Gesamtbetriebsrat, soweit ihre Durchsetzung der Einigungsstelle zugewiesen ist.

Ansprüche auf Weiterzahlung des Arbeitsentgelts von Mitgliedern des Gesamtbetriebsrats sind im **Urteilsverfahren** zu verfolgen.

§ 301 Betriebsräteversammlung

Schrifttum:
Brill, Die Betriebsräteversammlung, AuR 1979, 138.

Übersicht

	Rn.
I. Zweck	1
II. Einberufung	2
III. Durchführung	6
1. Teilnehmer	6
a) Betriebsratsmitglieder	6
b) Arbeitgeber	9
c) Gewerkschaften	10
d) Sonstige Teilnehmer	11
2. Nichtöffentlichkeit	12
3. Versammlungsleitung	13
4. Arbeitszeit; Arbeitsvergütung	14
IV. Aufgaben	16
1. Tätigkeitsbericht des Gesamtbetriebsrats	17
2. Bericht des Unternehmers	18
3. Weitere Themen	20
V. Kosten	21
VI. Streitigkeiten	22

I. Zweck

1 Nach § 53 Abs. 1 BetrVG hat der Gesamtbetriebsrat zu einer sog. Betriebsräteversammlung einzuladen. Die **Funktion** dieser Versammlung wird zumeist mit derjenigen der Betriebsversammlung verglichen, jedoch bezogen auf die Unternehmensebene.[1] Das ist in zweifacher Hinsicht leicht missverständlich. Die Betriebsversammlung ist ein Informations- und Diskussionsforum der Arbeitnehmer des Betriebs. Demgegenüber betrifft die Betriebsräteversammlung die Arbeitnehmer des Unternehmens unmittelbar überhaupt nicht. An der Betriebsräteversammlung sind auch nicht sämtliche Mitglieder aller örtlichen Betriebsräte teilnahmeberechtigt; die Teilnahmeberechtigung ist vielmehr höhenmäßig auf eine Anzahl von Betriebsratsmitgliedern beschränkt, die der Größe der jeweiligen Betriebsausschüsse entspricht. Es handelt sich daher, anders als bei der Betriebsversammlung, nicht um eine Vollversammlung im Sinne einer Einbeziehung aller Mitglieder der Arbeitnehmerrepräsentationsorgane. Die Betriebsräteversammlung hat dementsprechend gegenüber der Betriebsversammlung nur eine eingeschränkte Funktion. Sie dient im Wesentlichen der **personellen Verbreiterung von Informationen** über die Tätigkeit des Gesamtbetriebsrats und über die Lage des Unternehmens durch einen Bericht des Unternehmens und dem wechselseitigen Informations- und Gedankenaustausch unter den Teilnehmern der Betriebsräteversammlung und mit dem Arbeitgeber.

II. Einberufung

2 Die Betriebsräteversammlung ist nach § 53 Abs. 1 BetrVG mindestens einmal in jedem Kalenderjahr **von dem Gesamtbetriebsrat einzuberufen.** Es handelt sich um eine gesetzliche Pflicht des Gesamtbetriebsrats, die auch nicht abdingbar ist. Unterlässt er die Einberufung, so kann darin eine grobe Pflichtverletzung seiner Mitglieder liegen mit der Folge eines nach § 48 BetrVG zu erfolgenden Ausschlusses aus dem Gesamtbetriebsrat.

---

[1] *Fitting* § 53 Rn. 1; Richardi BetrVG/*Annuß* § 53 Rn. 1; GK-BetrVG/*Kreutz/Franzen* § 53 Rn. 3; HWGNRH/*Glock* § 53 Rn. 1; *Brill* AuR 1979, 138 (139).

II. Einberufung

Soweit ein sachliches Erfordernis im Hinblick auf die Tätigkeit des Gesamtbetriebsrats oder mehrerer oder aller Betriebsräte besteht, kann der Gesamtbetriebsrat nach seinem pflichtgemäßen Ermessen weitere Betriebsräteversammlungen einberufen.[2] Eine Berechtigung des Arbeitgebers, einzelner oder aller Betriebsräte im Unternehmen oder der im Unternehmen bzw. den Betriebsräten vertretenen Gewerkschaften zur Einberufung einer Betriebsräteversammlung besteht nicht. Abweichend von der für die Betriebsversammlung bestehenden Regelung haben der Arbeitgeber und die Gewerkschaften auch kein den Gesamtbetriebsrat bindendes Antragsrecht auf Einberufung einer Betriebsräteversammlung.

Die Betriebsräteversammlung kann und wird in der Regel als **Vollversammlung** aller Teilnahmeberechtigten einberufen werden. Möglich ist nach § 53 Abs. 3 S. 1 BetrVG aber auch die Durchführung in Form von **Teilversammlungen.** Die Entscheidung darüber liegt bei dem einberufenden Gesamtbetriebsrat. Er ist dabei nicht an die für die Betriebsteilversammlung geltende Einschränkung nach § 42 Abs. 1 S. 3 BetrVG gebunden, wonach Teilversammlungen voraussetzen, dass eine Vollversammlung wegen der Eigenart des Betriebes nicht stattfinden kann. Dem Gesamtbetriebsrat steht bei seiner Entscheidung ein weiter Ermessensspielraum zu. Er kann nach Zweckmäßigkeit entscheiden, wird aber zu berücksichtigen haben, dass der Zweck des Informations- und Gedankenaustauschs unter den Betriebsräten bei Teilversammlungen nur unzureichend erreicht wird. Teilversammlungen werden daher regelmäßig dann in Betracht kommen, wenn Themen zu beraten sind, die nicht alle Betriebe und Betriebsräte betreffen.

Den **Zeitpunkt** und die **Tagesordnung** für die Betriebsräteversammlung legt der Gesamtbetriebsrat durch (Mehrheits-)Beschluss fest, wobei die Stimmengewichtung zu beachten ist. Er ist allerdings nicht nur aufgrund des Gebotes zur vertrauensvollen Zusammenarbeit aus § 2 Abs. 1 BetrVG, sondern auch wegen der Verpflichtung des Arbeitgebers zur Berichterstattung in der Betriebsräteversammlung verpflichtet, den Zeitpunkt der Betriebsräteversammlung mit dem Arbeitgeber abzustimmen. Zwar ist es nicht erforderlich, dass der Arbeitgeber dem vom Gesamtbetriebsrat festgelegten Termin zustimmt.[3] In der Praxis ist dies jedoch erforderlich, weil der Arbeitgeber bei eigener Verhinderung gehindert wäre, seiner Berichtspflicht nachzukommen. Damit würde ein wesentlicher Zweck der Betriebsräteversammlung verfehlt werden.

Zu der Versammlung lädt der **Vorsitzende des Gesamtbetriebsrats** die örtlichen Betriebsräte unter Mitteilung der Tagesordnung schriftlich ein. Die Einladung ist an die Vorsitzenden der einzelnen Betriebsräte zu richten und nicht an sämtliche Mitglieder der Betriebsräte oder die Mitglieder der jeweiligen Betriebsausschüsse. Es ist Sache des Betriebsratsvorsitzenden, die vom örtlichen Betriebsrat entsandten Teilnehmer entsprechend zu informieren. Der Arbeitgeber ist ebenfalls unter Mitteilung der Tagesordnung einzuladen. Den im Gesamtbetriebsrat vertretenen Gewerkschaften sind nach § 53 Abs. 3 S. 2 iVm § 46 Abs. 2 BetrVG Zeitpunkt und Tagesordnung der Betriebsräteversammlung rechtzeitig schriftlich bekannt zu geben. Eine Mitteilung an alle in einem Betrieb und damit im Unternehmen vertretenen Gewerkschaften ist aus Vereinfachungsgründen im Gesetz nicht vorgesehen und deshalb nicht geboten.[4] Es obliegt vielmehr den örtlichen Betriebsräten, die in dem jeweiligen Betrieb vertretenen Gewerkschaften von der Betriebsräteversammlung in Kenntnis zu setzen.

---

[2] *Fitting* § 53 Rn. 30; Richardi BetrVG/*Annuß* § 53 Rn. 18; GK-BetrVG/*Kreutz/Franzen* § 53 Rn. 27; *Brill* AuR 1979, 138 (140); enger HWGNRH/*Glock* § 53 Rn. 23, der im Hinblick auf die erhebliche Kostenlast „schwerwiegende Gründe" zumindest dann fordert, wenn die Betriebe räumlich weit auseinander liegen, s. auch Löwisch/Kaiser/*Löwisch* BetrVG § 53 Rn. 1, der ein „dringendes Erfordernis" für notwendig hält; ähnlich auch WPK/*Roloff* § 53 Rn. 5, der eine aus besonderen Gründen herrührende Zweckmäßigkeit verlangt.
[3] *Fitting* § 53 Rn. 32; GK-BetrVG/*Kreutz/Franzen* § 53 Rn. 29; *Brill* AuR 1979, 138 (141).
[4] *Fitting* § 53 Rn. 13; anders Richardi BetrVG/*Annuß* § 53 Rn. 29; GK-BetrVG/*Kreutz/Franzen* § 53 Rn. 36.

III. Durchführung

1. Teilnehmer

6 a) Betriebsratsmitglieder. Teilnehmer der Betriebsräteversammlung sind nach § 53 Abs. 1 S. 1 BetrVG zum einen alle Mitglieder des Gesamtbetriebsrats sowie zum anderen – in der Regel – die Vorsitzenden und die stellvertretenden Vorsitzenden aller örtlichen Betriebsräte und die weiteren Mitglieder der jeweiligen Betriebsausschüsse. Teilnahmeberechtigt sind also nicht etwa alle Betriebsratsmitglieder, so dass der Ausdruck „Betriebsräteversammlung" irreführend ist. Hat ein Betriebsrat keinen Betriebsausschuss, so entfällt die Teilnahmeberechtigung für die weiteren Mitglieder. Sie ist dann nur für den Vorsitzenden des Betriebsrats und seinen Stellvertreter gegeben. Besteht der Betriebsrat nur aus einer Person, ist diese teilnahmeberechtigt.[5]

7 Die Beschränkung des Teilnehmerkreises auf den Vorsitzenden und den stellvertretenden Vorsitzenden sowie die weiteren Mitglieder des Betriebsausschusses bewirkt nur eine zwingende Begrenzung der Personenzahl, die der Betriebsrat in die Betriebsräteversammlung entsendet, nicht aber eine bindende **Festlegung der teilnahmeberechtigten Personen** selbst. Der Betriebsrat kann vielmehr im Rahmen des ihm zustehenden Personenkontingents nach § 53 Abs. 1 S. 2 BetrVG anstelle des Vorsitzenden, des Stellvertreters oder der Mitglieder des Betriebsausschusses andere Betriebsratsmitglieder entsenden. Die Personen müssen Mitglied des Betriebsrats sein. Eine Entsendung eines Ersatzmitgliedes kommt nur in Betracht, wenn es in den Betriebsrat nachgerückt ist oder sämtliche in Betracht kommenden Mitglieder des Betriebsrats, die nicht bereits als weitere Teilnehmer der Betriebsräteversammlung festgelegt sind, an der Teilnahme verhindert sind. Die Entsendung erfolgt durch mit einfacher Mehrheit der anwesenden Betriebsratsmitglieder zu fassenden Beschluss.

8 Gehören der Vorsitzende des Betriebsrates, sein Stellvertreter oder die weiteren Mitglieder des Betriebsausschusses zugleich dem Gesamtbetriebsrat an und sind sie aus diesem Grunde ohnehin teilnahmeberechtigt, werden sie bei der Feststellung des dem Betriebsrat zustehenden Personenkontingents nicht mitgerechnet. Der Betriebsrat kann daher für jedes seiner Mitglieder, das Mitglied des Gesamtbetriebsrats ist, ein weiteres Betriebsratsmitglied in die Betriebsräteversammlung entsenden.[6]

9 b) Arbeitgeber. Der Arbeitgeber ist berechtigt, an allen Betriebsräteversammlungen teilzunehmen, also nicht nur an der einmal jährlich zwingend durchzuführenden, sondern auch an den vom Gesamtbetriebsrat zusätzlich einberufenen Versammlungen.[7] Er ist daher nach § 53 Abs. 3 S. 2 iVm § 43 Abs. 2 S. 1 BetrVG unter Mitteilung der Tagesordnung zu jeder Betriebsräteversammlung einzuladen. Eine **Teilnahmepflicht** besteht für den Arbeitgeber zumindest für die Teile der Betriebsräteversammlung, in denen er seinen Bericht erstattet und in denen dieser erörtert wird. Dem **Teilnahmerecht** des Arbeitgebers korrespondiert das Rederecht in der Versammlung, nicht aber das Recht, an Abstimmungen teilzunehmen. Der Arbeitgeber kann sich in der Betriebsräteversammlung in gleicher Weise wie bei einer Betriebsversammlung vertreten lassen. Den von ihm nach § 53 Abs. 2 Nr. 2 BetrVG zu erstattenden Bericht hat der Arbeitgeber grds. persönlich zu erstatten; bei Unternehmen in der Trägerschaft einer juristischen Person muss ein Mitglied des Vertretungsorgans – Vorstand oder Geschäftsführung – den Bericht abgeben und erörtern. Soweit der Arbeitgeber an der Versammlung teilnimmt, kann er gemäß den §§ 53 Abs. 3

---

[5] Richardi BetrVG/*Annuß* § 53 Rn. 1; GK-BetrVG/*Kreutz/Franzen* § 53 Rn. 10; Löwisch/Kaiser/*Löwisch* BetrVG § 53 Rn. 2; *Brill* AuR 1979, 138 (139).
[6] *Fitting* § 53 Rn. 8; Richardi BetrVG/*Annuß* § 53 Rn. 8; GK-BetrVG/*Kreutz/Franzen* § 53 Rn. 14; HWGNRH/*Glock* § 53 Rn. 5; *Brill* AuR 1979, 138 (140).
[7] Richardi BetrVG/*Annuß* § 53 Rn. 9; GK-BetrVG/*Kreutz/Franzen* § 53 Rn. 34; aA *Fitting* § 53 Rn. 11, die ein Teilnahmerecht nur für die einmal jährlich zwingend durchzuführende Betriebsräteversammlung anerkennen wollen.

S. 2, 46 Abs. 1 S. 2 BetrVG einen Beauftragten der Arbeitgebervereinigung. hinzuziehen, der er als Mitglied angehört.

c) Gewerkschaften. Nach § 53 Abs. 3 S. 2 iVm § 46 Abs. 1 S. 1 BetrVG sind Beauftragte aller in einem Betrieb des Unternehmens und damit im Unternehmen selbst vertretenen Gewerkschaften zur Teilnahme an einer Betriebsräteversammlung berechtigt. Auch insoweit kommt es nicht darauf an, ob es sich um die jährlich zwingend vorgesehene oder vom Gesamtbetriebsrat zusätzlich einberufene Versammlungen handelt. Führt der Gesamtbetriebsrat eine auf einzelne Betriebe begrenzte Teilversammlung nach § 53 Abs. 3 S. 1 BetrVG durch, können diejenigen Gewerkschaften Beauftragte entsenden, die in den Betrieben vertreten sind, für die die Teilversammlung durchgeführt wird. Die Pflicht zur Mitteilung von Zeitpunkt und Tagesordnung der Versammlung ist jedoch auf die im Gesamtbetriebsrat vertretenen Gewerkschaften beschränkt. Das Teilnahmerecht beinhaltet auch die Berechtigung, in der Betriebsräteversammlung nach Maßgabe der Vorgaben der Versammlungsleitung beratend das Wort zu ergreifen. Ein Stimmrecht steht den Beauftragten von Gewerkschaften nicht zu.

d) Sonstige Teilnehmer. Ein selbständiges Teilnahmerecht der Gesamt-Jugend- und Auszubildendenvertretung, der Gesamtschwerbehindertenvertretung,[8] der Mitglieder des Wirtschaftsausschusses oder des Konzernbetriebsrats ist gesetzlich nicht vorgesehen. Diese Personen können aber, sofern dafür ein sachlicher Grund besteht, von dem Vorsitzenden des Gesamtbetriebsrats zur Teilnahme eingeladen werden,[9] wobei sich die Teilnahme wegen des Erfordernisses einer sachlichen Begründung regelmäßig nur auf einzelne Tagesordnung beschränken dürfte. Liegt ein sachlicher Grund vor, steht auch der Grundsatz der Nichtöffentlichkeit der Betriebsräteversammlung der Teilnahme dieses Personenkreises nicht entgegen. Die für die Betriebsversammlung geltenden Grundsätze sind insoweit entsprechend anzuwenden.

2. Nichtöffentlichkeit
Die Betriebsräteversammlung ist nach den §§ 53 Abs. 3 S. 2, 42 Abs. 1 S. 2 BetrVG nicht öffentlich. Der Versammlungsleiter, regelmäßig also der Vorsitzende des Gesamtbetriebsrats, hat die Nichtöffentlichkeit sicherzustellen, kann aber Personen, die kein selbständiges Teilnahmerecht haben, zu der Versammlung zulassen, soweit dies aus sachlichen Gründen für die Zwecke der Betriebsräteversammlung geboten ist. Denkbar ist daher die Teilnahme von Sachverständigen oder geladenen Gästen, wenn hierfür ein sachlicher Grund vorhanden ist. Die für eine Betriebsversammlung geltenden Grundsätze sind entsprechend anzuwenden.

3. Versammlungsleitung
Die Leitung der Versammlung obliegt nach den §§ 53 Abs. 3 S. 2, 42 Abs. 1 S. 1, Hs. 2 BetrVG dem Vorsitzenden des Gesamtbetriebsrats bzw. im Falle seiner Verhinderung dem stellvertretenden Vorsitzenden. Ist auch dieser verhindert, ist der Versammlungsleiter aus der Mitte der teilnehmenden Betriebsratsmitglieder zu wählen. Auch wenn dies regelmäßig sinnvoll sein dürfte, muss es sich nicht unbedingt um ein Mitglied des Gesamtbetriebsrats handeln, weil insoweit eine gesetzliche Vorgabe fehlt.[10] Die Befugnisse des Versammlungsleiters entsprechen denen des Leiters der Betriebsversammlung. Der Versammlungsleiter übt insbesondere das Hausrecht aus, leitet durch die vom Gesamtbe-

---
[8] Richardi BetrVG/*Annuß* § 53 Rn. 11; WPK/*Roloff* § 53 Rn. 11; aA für *Fitting* § 53 Rn. 14; GK-BetrVG/*Kreutz/Franzen* § 53 Rn. 41, die ein Teilnahmerecht der Gesamtschwerbehindertenvertretung aus der Aufgabenstellung herleiten; ablehnend HWGNRH/*Glock* § 53 Rn. 10.
[9] *Fitting* § 53 Rn. 15; Richardi BetrVG/*Annuß* § 53 Rn. 11; Brill AuR 1979, 138 (143).
[10] So auch GK-BetrVG/*Kreutz/Franzen* § 53 Rn. 38; aA Richardi BetrVG/*Annuß* § 53 Rn. 31; wohl auch HWGNRH/*Glock* § 53 Rn. 34.

triebsrat beschlossene Tagesordnung, führt die Rednerliste, regelt die erforderlichen Abstimmungen und sorgt für eine ordnungsgemäße Protokollierung.

4. Arbeitszeit; Arbeitsvergütung

14 Die Betriebsräteversammlung findet, obwohl dies im Gesetz nicht ausdrücklich bestimmt ist, **während der Arbeitszeit** statt, weil die Teilnahme an der Versammlung eine Ausübung von Betriebsratstätigkeit und als solche nach § 37 Abs. 2 BetrVG während der Arbeitszeit durchzuführen ist.[11] Die teilnahmeberechtigten Betriebsratsmitglieder sind im erforderlichen Umfang von ihrer Verpflichtung zur Arbeitsleistung zu befreien und behalten ihren Anspruch auf Fortzahlung des Arbeitsentgelts ohne Minderung.

15 Eine **Versammlung außerhalb der Arbeitszeit** kommt nur in Betracht, wenn dies aus betriebsbedingten Gründen notwendig ist. In diesem Falle haben die Betriebsratsmitglieder nach § 37 Abs. 3 BetrVG den Anspruch auf entsprechende Arbeitsbefreiung oder auf Vergütung als Mehrarbeit einschließlich der Reisezeit, die aus betriebsbedingten Gründen zwecks Teilnahme an der Versammlung außerhalb der Arbeitszeit erforderlich war.[12]

IV. Aufgaben

16 Die Betriebsräteversammlung dient der **Information und Meinungsbildung** ihrer Mitglieder sowie dem Informationsaustausch mit dem Arbeitgeber. Sie ist kein Entscheidungsorgan. Sie kann im Rahmen zulässiger Themenstellungen nach den §§ 53 Abs. 3 S. 2, 45 S. 2 BetrVG dem Gesamtbetriebsrat Anträge unterbreiten und zu seinen Beschlüssen Stellung nehmen. Ihre dabei gefassten Beschlüsse sind aber weder für den Gesamtbetriebsrat noch für die örtlichen Betriebsräte verbindlich. Bei der Beschlussfassung hat jedes Betriebsratsmitglied eine Stimme. Die für den Gesamtbetriebsrat geltende Stimmengewichtung findet keine Anwendung. Beauftragte der im Betrieb vertretenen Gewerkschaften haben kein Stimmrecht, da sie nur beratend teilnehmen (vgl. §§ 53 Abs. 3 S. 2, 46 Abs. 1 S. 1 BetrVG).

1. Tätigkeitsbericht des Gesamtbetriebsrats

17 In der Betriebsräteversammlung hat der Gesamtbetriebsrat nach § 53 Abs. 2 Nr. 1 BetrVG einen Tätigkeitsbericht zu erstatten. Auf diese Weise werden die teilnahmeberechtigten Betriebsratsmitglieder, aber auch der Arbeitgeber und die Beauftragten der teilnahmeberechtigten Gewerkschaften über die Informationen hinaus, die von den in den Gesamtbetriebsrat entsandten Mitgliedern gegeben werden, über die Tätigkeit des Gesamtbetriebsrats unterrichtet. Die Berichterstattung ist eine Aufgabe des Gesamtbetriebsrats als Kollektivorgan, nicht nur seines Vorsitzenden. Der wesentliche Inhalt des Berichts, nicht aber dessen einzelnen Formulierungen wird deshalb **von dem Gesamtbetriebsrat beschlossen**.[13] Er wird von dem Vorsitzenden des Gesamtbetriebsrats, bei dessen Verhinderung durch den Stellvertreter vorgetragen, sofern nicht der Gesamtbetriebsrat durch Mehrheitsbeschluss ein anderes Mitglied mit dieser Aufgabe betraut. Die inhaltlichen Anforderungen an den Tätigkeitsbericht sind die gleichen wie für den Tätigkeitsbericht des Betriebsrats in der Betriebsversammlung.

---

[11] *Fitting* § 53 Rn. 39; GK-BetrVG/*Kreutz/Franzen* § 53 Rn. 29; HWGNRH/*Glock* § 53 Rn. 36; weitergehend DKKW/*Trittin* § 53 Rn. 29.

[12] BAG 11.7.1978 – 6 AZR 387/75, DB 1978, 2177; *Fitting* § 53 Rn. 40; GK-BetrVG/*Kreutz/Franzen* § 53 Rn. 60; *Brill* AuR 1979, 138 (142 f.).

[13] Richardi BetrVG/*Annuß* § 53 Rn. 13; GK-BetrVG/*Kreutz/Franzen* § 53 Rn. 19; HWGNRH/*Glock* § 53 Rn. 14; DKKW/*Trittin* § 53 Rn. 17; *Brill* AuR 1979, 138 (144).

2. Bericht des Unternehmers

Der Unternehmer (Arbeitgeber) hat nach § 53 Abs. 2 Nr. 2 BetrVG in der Betriebsräteversammlung einen Bericht über das **Personal- und Sozialwesen** einschließlich des Standes der Gleichstellung von Frauen und Männern im Unternehmen, der Integration der im Unternehmen beschäftigten ausländischen Arbeitnehmer, über die **wirtschaftliche Lage und Entwicklung des Unternehmens** sowie über **Fragen des Umweltschutzes** im Unternehmen, nicht nur begrenzt auf den betrieblichen Umweltschutz wie in §§ 89 Abs. 3 BetrVG, zu erstatten. Die Berichtpflicht erfordert einen mündlichen Vortrag durch den Arbeitgeber. Selbstverständlich ist es zulässig und sinnvoll, das Manuskript des Berichtes den Teilnehmern der Betriebsräteversammlung zusätzlich auszuhändigen; eine entsprechende Verpflichtung des Arbeitgebers besteht allerdings nicht. Inhaltlich entspricht dies der Pflicht zur Berichterstattung auf der Betriebsversammlung nach § 43 Abs. 2 S. 2 BetrVG. Da der Gesamtbetriebsrat funktional auf das ganze Unternehmen ausgerichtet ist, betrifft der Bericht des Unternehmers die Lage und Entwicklung des ganzen Unternehmens einschließlich aller Betriebe. Er muss daher insbesondere die unternehmensweiten, alle oder mehrere Betriebe betreffenden Informationen umfassen Die Berichtspflicht entfällt insoweit, als Betriebs- oder Geschäftsgeheimnisse gefährdet werden. Zwar nehmen an der Betriebsräteversammlung grds. nur Personen teil, denen nach § 79 Abs. 1 BetrVG eine aus ihrem Amt als Betriebsrat folgende Verschwiegenheitsverpflichtung obliegt, bzw. bei denen § 79 Abs. 2 BetrVG eine entsprechende Verschwiegenheitspflicht statuiert. Die Einhaltung dieser Verpflichtung ist wegen der Größe des Gremiums in der Praxis jedoch kaum kontrollierbar. Dies gilt erst recht, wenn zu der Betriebsräteversammlung externe Gäste oder Sachverständige eingeladen worden sind. Daher dürfte von der im Gesetz angesprochenen Gefährdung grundsätzlich auszugehen sein, wenn Informationen Betriebs- oder Geschäftsgeheimnisse enthalten. Derartige Informationen muss der Arbeitgeber daher in seinem Bericht nicht mitteilen.[14] Im Übrigen sind auf die Berichtspflicht die für den der Betriebsversammlung zu erstattenden Bericht geltenden Grundsätze entsprechend anzuwenden.

Für den der Betriebsversammlung zu erstattenden Bericht ist in § 43 Abs. 2 S. 3 BetrVG ausdrücklich bestimmt, dass sich der Arbeitgeber bei der Berichterstattung vertreten lassen kann. Für den auf der Betriebsräteversammlung zu erstattenden Bericht fehlt es an einem derartigen Hinweis im Gesetz. Hieraus folgt, dass der Bericht vom Unternehmer persönlich bzw. bei einer Gesellschaft von einem Mitglied des Leitungsorgans zu erstatten ist.[15] Die **persönliche Berichtspflicht** entspricht der Funktion der Betriebsräteversammlung, einen Informations- und Gedankenaustausch zwischen dem Arbeitgeber und den Teilnehmern der Versammlung zu bewirken. Der Arbeitgeber kann sich in Detailfragen von den zuständigen Mitarbeitern unterstützen lassen, wenn der Versammlungsleiter vorher deren Teilnahme zugelassen hat, was bei zu erörterten Detailfragen häufig sachlich gerechtfertigt sein dürfte.

3. Weitere Themen

In der Betriebsräteversammlung können nach den §§ 53 Abs. 3 S. 2, 45 BetrVG alle Angelegenheiten behandelt werden, die zulässige Themen einer Betriebsversammlung sind. Dazu gehören insbesondere **Angelegenheiten tarifpolitischer, sozialpolitischer und wirtschaftlicher Art,** die das Unternehmen, einen oder mehrere Betriebe oder die Arbeitnehmer des Unternehmens unmittelbar betreffen. Das auch für die Betriebsräteversammlung geltende Verbot der parteipolitischen Betätigung und die Friedenspflicht aus § 74 Abs. 2 BetrVG sind ebenso zu beachten wie das aus § 2 Abs. 1 BetrVG folgende

---

[14] So wohl auch Richardi BetrVG/*Annuß* § 53 Rn. 16; WPK/*Roloff* § 53 Rn. 13; enger *Fitting* § 53 Rn. 25; GK-BetrVG/*Kreutz/Franzen* § 53 Rn. 23; Brill AuR 1979, 138 (144).
[15] *Fitting* § 53 Rn. 20; GK-BetrVG/*Kreutz/Franzen* § 53 Rn. 49; Löwisch/Kaiser/*Löwisch* BetrVG § 53 Rn. 3; DKKW/*Trittin* § 53 Rn. 20; aA *Joost* FS Zeuner, 1994, S. 67 (75 f.).

Gebot der vertrauensvollen Zusammenarbeit. Die Betriebsräteversammlung ist daher weder ein Ort für allgemeinpolitische oder parteipolitische Auseinandersetzungen oder Demonstrationen noch ein Instrument des Arbeitskampfes.[16] Die für Betriebsversammlungen geltenden Grundsätze sind entsprechend anzuwenden.

V. Kosten

21 Die mit der Durchführung einer Betriebsräteversammlung verbundenen Kosten sind als Kosten der Tätigkeit des Gesamtbetriebsrats und der örtlichen Betriebsräte nach § 51 Abs. 1 S. 1, § 40 Abs. 1 BetrVG vom Arbeitgeber zu tragen. Dieser ist verpflichtet, die erforderlichen Räumlichkeiten und sonstigen Sachmittel zur Verfügung zu stellen.[17] Zu den Kosten gehören auch die Reisekosten, die den Betriebsratsmitgliedern für das Aufsuchen der an einem anderen Ort als am Betriebsort stattfindenden Betriebsräteversammlung entstehen.

VI. Streitigkeiten

22 Streitigkeiten im Zusammenhang mit einer Betriebsräteversammlung sind im arbeitsgerichtlichen Beschlussverfahren nach den §§ 2a, 80 ff. ArbGG zu erledigen. Ansprüche der Betriebsratsmitglieder auf Fortzahlung des Arbeitsentgelts sind im arbeitsgerichtlichen Urteilsverfahren durchzusetzen.

---

[16] Richardi BetrVG/*Annuß* § 53 Rn. 17; GK-BetrVG/*Kreutz/Franzen* § 53 Rn. 26; WPK/*Roloff* § 53 Rn. 14.
[17] *Fitting* § 53 Rn. 41; GK-BetrVG/*Kreutz/Franzen* § 53 Rn. 61; WPK/*Roloff* § 53 Rn. 9; HWGNRH/ *Glock* § 53 Rn. 37; *Brill* AuR 1979, 138 (143).

§ 302 Konzernbetriebsrat

Schrifttum:
Auffarth, Betriebsverfassung und Inlandbeziehungen, FS Hilger und Stumpf, 1983, S. 31; *Bachmann,* Konzernbetriebsrat bei ausländischer Konzernleitung, RdA 2008, 107; *Bachner,* Die Rechtsetzungsmacht der Betriebsparteien durch Konzernbetriebsvereinbarung, NZA 1995, 256; *Bachner/Rupp,* Die originäre Zuständigkeit des Konzernbetriebsrats bei der Einführung technischer Einrichtungen, NZA 2016, 207; *Biedenkopf,* Konzernbetriebsrat und Konzernbegriff, Liber amicorum P. Sanders, 1972 S. 1; *Birk,* Auslandsbeziehungen und Betriebsverfassungsgesetz, FS Schnorr v. Carolsfeld, 1973, S. 61; *Birk,* Das Arbeitskollisionsrecht der Bundesrepublik Deutschland, RdA 1984, S. 129; *Birk,* Unternehmenskooperation und Betriebsverfassung, FS Kraft, 1998, S. 11; *Behrens/Schaude,* Das Quorum für die Errichtung von Konzernbetriebsräten in § 54 I 2 BetrVG, DB 1991, 278; *Buchner,* Gemeinschaftsunternehmen und Konzernbetriebsrat, RdA 1975, 9; *Buchner,* Die Zuständigkeit des Konzernbetriebsrats, FS Zöllner, 1998, Bd. II S. 697; *Buchner,* Konzernbetriebsratsbildung trotz Auslandsitz der Obergesellschaft, FS Birk, 2008, 11; *Christoffer,* Die originäre Zuständigkeit des Konzernbetriebsrats, BB 2008, 951; *Dörner,* Die Errichtung des Konzernbetriebsrats in paritätisch beherrschten Unternehmen, FS Leinemann, 2006, S. 487; *Domicic,* Interessenausgleich und Sozialplan im Konzern, 1981; *Dzida,* Die Mitbestimmung des Konzernbetriebsrats bei Ethik-Richtlinien, NZA 2008, 1265; *Dzida/Hohenstatt,* Errichtung und Zusammensetzung eines Konzernbetriebsrats bei ausländischer Konzernspitze, NZA 2007, 945; *Emmerich/Habersack,* Aktien- und GmbH-Konzernrecht, 8. Aufl. 2016; *Fischer,* Betriebliche Mitbestimmung nach § 87 BetrVG im internationalen Konzern bei einheitlicher Entscheidungsvorgabe, BB 2000, 562; *Fuchs,* Der Konzernbetriebsrat – Funktion und Kompetenz, 1974; *Gaumann/Liebmann,* Errichtung eines Konzernbetriebsrats bei fehlender inländischer Konzernspitze, DB 2006, 1157; *Geßler,* Mitbestimmung im mehrstufigen Konzern, BB 1977, 1313; *Grassmann,* Internationale Probleme der Mitbestimmung, ZGR 1973, S. 317; *Güllich,* Die unmittelbare Geltung von Betriebsvereinbarungen im Konzern zu Lasten von beherrschten Gesellschaften, Diss. Erlangen 1978; *Haase,* Betrieb, Unternehmen und Konzern im Arbeitsrecht, NZA 1988, Beil. Nr. 3, S. 11; *Hanau,* Fragen der Mitbestimmung und Betriebsverfassung im Konzern, ZGR 1984, 468; *Henssler,* Mitbestimmungsrechtliche Folgen grenzüberschreitender Beherrschungsverträge, ZfA 2005, 289; *Henssler,* Das Gemeinschaftsunternehmen im Konzernarbeitsrecht, ZIAS 1995, 551; *v. Hoyningen-Huene,* Der Konzern im Konzern, ZGR 1978, 515; *Hueck,* Zwei Probleme der Konzernmitbestimmung, FS H. Westermann, 1974, S. 241; *Joost,* Betrieb und Unternehmen als Grundbegriffe im Arbeitsrecht, 1988; *Kiehn,* Konzernbetriebsrat und Konzernbetriebsvereinbarungen in der Betriebs- und Unternehmensumstrukturierung, 2012; *Klinkhammer,* Mitbestimmung im Gemeinschaftsunternehmen, 1977; *Klinkhammer,* Der „Konzern im Konzern" als mitbestimmungsrechtliches Problem, DB 1977, 553; *Konzen,* Arbeitnehmerschutz im Konzern, RdA 1984, 65; *Konzen,* Konzern im Konzern, ZIP 1984, 269; *Konzen,* Unternehmensaufspaltungen und Organisationsänderungen in der Betriebsverfassungsrecht, 1986; *Konzen,* Errichtung und Kompetenzen des Konzernbetriebsrats, FS Wiese, 1998, S. 199; *Kort,* Bildung und Stellung des Konzernbetriebsrats bei nationalen und internationalen Unternehmensverbindungen, NZA 2009, 464; *Kort,* Matrix-Strukturen und Betriebsverfassungsrecht, NZA 2013, 1318; *Kreutz,* Bestand und Beendigung von Gesamt- und Konzernbetriebsrat, FS Birk, 2008, S. 495; *Kreutz,* Die Errichtung eines Konzernbetriebsrats durch den einzigen Gesamtbetriebsrat (oder Betriebsrat) im Konzern, NZA 2008, 259; *Lerch/Weinbrenner,* Auskunftsanspruch des Wirtschaftsausschusses bei Konzernbezug, NZA 2013, 355; *Lutter/Schneider,* Mitbestimmung im mehrstufigen Konzern, BB 1977, 553; *K.-P. Martens,* Der Konzernbetriebsrat – Zuständigkeit und Funktionsweise, ZfA 1973, 297; *Mayer,* Auswirkung grenzüberschreitender Beherrschungsverträge auf Mitbestimmungstatbestände, AuR 2006, 303; *Meik,* Der Konzern im Arbeitsrecht und die Wahl des Konzernbetriebsrats im Schnittbereich zur Wahl des Aufsichtsrats, BB 1991, 2441; *Meyer,* Das Schicksal von Konzernbetriebsvereinbarungen beim Betriebsübergang, BB-Special 2005, 5; *Monjau,* Der Konzernbetriebsrat, BB 1972, 839; *G. Müller,* Die Stellung des Gesamtbetriebsrates und des Konzernbetriebsrates nach dem neuen Betriebsverfassungsgesetz, FS G. Küchenhoff, 1972, 1. Halbbd., S. 283; *Müller/Schulz,* Die Bildung zweier Konzernbetriebsräte in paritätisch beherrschten Unternehmen, BB 2010, 1923; *Nebendahl,* Zulässigkeit der Bildung eines Wirtschaftsausschusses im Konzern?, DB 1991, 38; *Neumann/Bock,* Zur rechtlichen Zuordnung von Gemeinschaftsunternehmen, BB 1977, 852; *Nicke,* Konzernbetriebsrat und Sozialplan im Konzern, 1991; *Oetker,* Konzernbetriebsrat und Unternehmensbegriff, ZfA 1986, 177; *Pflüger,* Der Teilkonzern in Betriebs- und Unternehmensverfassung, NZA 2009, 130; *Reinecke,* Zur Mitbestimmung des Betriebsrats in der betrieblichen Altersversorgung, ArbuR 2004, 328; *Richardi,* Konzern, Gemeinschaftsunternehmen und Konzernbetriebsrat, DB 1973, 1452; *Richardi,* Konzernzugehörigkeit eines Gemeinschaftsunternehmens nach dem Mitbestimmungsgesetz 1977; *Richardi,* Die Repräsentation der Arbeitnehmer im Konzern durch den Konzernbetriebsrat nach deutschem Recht, ZIAS 1995, 607; *Rieble,* Delegation an den Gesamt- oder Konzernbetriebsrat, RdA 2005, 26; *Röder/Gragert,* Mitbestimmungsrechte bei Untätigkeit eines zuständigen Gesamt- bzw. Konzernbetriebsrats am Beispiel von Betriebsänderungen, DB 1996, 1674; *Röder/Powietzka,* Gesamt- und Konzernbetriebsräte in internationalen Konzernunternehmen, DB 2004, 542; *Rügenhagen,* Die betriebliche Mitbestimmung im Konzern, 2013; *Rüthers,* Mitbestimmungsprobleme in Konzernführungsaktiengesellschaften, BB 1977, 605; *Säcker,* Arbeitnehmerüberlassung im Konzern und Betriebsratsorganisation, FS Quack, 1991, S. 421; *Säcker,* Die Wahlordnungen zum Mitbestimmungsgesetz, 1978; *Salamon,* Die Konzernbetriebsvereinbarung beim Betriebsübergang, NZA 2009, 471; *Scharff,* Beteiligungsrechte von Arbeitnehmervertretungen bei Umstrukturierungen auf Unterneh-

mens- und Betriebsebene, BB 2016, 437; *Schmidbauer,* Der Konzernbegriff im Aktien- und Betriebsverfassungsrecht, 1976; *Schwab,* Der Konzernbetriebsrat – Seine Rechtsstellung und Zuständigkeit, NZA-RR 2007, 337; *Schumacher,* Mitbestimmungsrecht des Betriebsrats in internationalen Konzernunternehmen, NZA 2015, 587; *Simitis,* Internationales Arbeitsrecht – Standort und Perspektiven, FS Gerhard Kegel, 1977, S. 153; *Trittin/Gilles,* Mitbestimmung im internationalen Konzern, ArbuR 2008, 136; *Ullrich,* Zulässigkeit der Bildung eines Konzernbetriebsrats bei im Ausland gelegener Konzernobergesellschaft?, DB 2007, 2710; *Weiss/Weyand,* Normenkollisionen insbesondere bei Konzernbetriebsvereinbarungen in doppelt konzernzugehörigen Gemeinschaftsunternehmen, AG 1993, 97; *Wendeling-Schröder,* Divisionalisierung, Mitbestimmung und Tarifvertrag, 1984; *Wetzling,* Der Konzernbetriebsrat, Geschichtliche Entwicklung und Kompetenz, 1978; *Windbichler,* Arbeitsrecht im Konzern, 1989; *Windbichler,* Arbeitsrecht und Konzernrecht, RdA 1999, 146; *Wollwert,* Zulässigkeit der Errichtung eines Konzernbetriebsrats durch den konzernweit einzigen Betriebsrat, NZA 2011, 437; *Zeuner,* Zur Bestimmung des für die Rechte nach § 102 BetrVG zuständigen Betriebsrates bei aufgespaltener Arbeitgeberstellung im Konzern, FS Hilger und Stumpf, 1983, S. 771; *Zöllner,* Betriebs- und unternehmensverfassungsrechtliche Fragen bei konzernrechtlichen Betriebsführungsverträgen, ZfA 1983, 93.

Übersicht

	Rn.
I. Zweck und geschichtliche Entwicklung	1
II. Konzernbegriff	5
1. Unternehmen unter einheitlicher Leitung	6
a) Unternehmen	7
b) Abhängigkeit	9
c) Einheitliche Leitung	10
d) Konzern im Konzern	13
2. Unterordnungskonzern und Gleichordnungskonzern	16
a) Unterordnungskonzern	17
b) Gleichordnungskonzern	20
3. Vertragskonzern, Eingliederungskonzern und faktischer Konzern	21
4. Gemeinschaftsunternehmen	25
5. Auslandssachverhalte	27
a) Ausländische Konzernspitze	28
b) Ausländisches abhängiges Unternehmen	32
c) Ausländischer Betrieb	34
III. Errichtung	35
1. Voraussetzungen	35
2. Beschlussfassung und Mehrheit	39
3. Mitgliederzahl und Zusammensetzung	44
a) Entsendung	45
b) Ersatzmitglieder	49
4. Konstituierende Sitzung	50
IV. Zuständigkeit	52
1. Allgemeine Stellung	52
2. Originäre Zuständigkeit	54
a) Zuständigkeitsvoraussetzungen	55
b) Allgemeine Zuständigkeit	57
aa) Soziale Angelegenheiten	58
bb) Personelle Angelegenheiten	60
cc) Wirtschaftliche Angelegenheiten	61
c) Besondere Zuständigkeit	63
3. Auftragszuständigkeit	64
V. Stimmengewichtung	66
VI. Organisation und Geschäftsführung	69
1. Konzernbetriebsvereinbarung	70
2. Konzernbetriebsausschuss	76
3. Teilnahme an Sitzungen	78
VII. Rechtsstellung der Mitglieder	81
VIII. Amtszeit	83
1. Amtszeit des Konzernbetriebsrats	83

	Rn.
2. Erlöschen der Mitgliedschaft	85
a) Abberufung	86
b) Erlöschen der Mitgliedschaft im Gesamtbetriebsrat	87
c) Amtsniederlegung	88
d) Ausschluss durch gerichtliche Entscheidung	89
e) Beendigung des Konzernverhältnisses	90
IX. Kosten	91
X. Streitigkeiten	92

I. Zweck und geschichtliche Entwicklung

Mit der Institution des Konzernbetriebsrats wird der konzeptionelle **dreistufige Aufbau** der betriebsverfassungsrechtlichen Arbeitnehmervertretung vollendet. Die zunehmende Verflechtung von Unternehmen und die Verlagerung von Leitungs- und Entscheidungszuständigkeiten auf die Konzernebene wird dadurch betriebsverfassungsrechtlich nachgezeichnet. Der Zweck der Institution Konzernbetriebsrat liegt darin, in konzernverbundenen Unternehmen und den von diesen getragenen Betrieben die Mitbestimmung in Angelegenheiten mit konzernweiter, zumindest unternehmensübergreifend einheitlicherer Regelungsnotwendigkeit auf der **Ebene des tatsächlichen Leitungs- und Entscheidungsorgans** stattfinden zu lassen und damit die Effektivität der betrieblichen Mitbestimmung zu gewährleisten bzw. zu verhindern, dass aufgrund der konzernbedingten Verlagerung der Entscheidungsmacht auf die Konzernspitze die betriebsverfassungsrechtlichen Beteiligungsrechte leerlaufen.[1] Die Errichtung eines Konzernbetriebsrats soll sicherstellen, dass die Repräsentation der Arbeitnehmer bei die konzernangehörigen Unternehmen bindenden Leitungsentscheidungen in sozialen, personellen und wirtschaftlichen Angelegenheiten effektiv stattfinden kann.[2] Eine inhaltliche Erweiterung der einzelnen Mitbestimmungstatbestände über das für die örtlichen Betriebsräte geltende Maß hinaus findet allerdings nicht statt.[3]

1

Die Errichtung von Konzernbetriebsräten ist – anders als bei dem Gesamtbetriebsrat – nicht zwingend vorgegeben; § 54 Abs. 1 BetrVG stellt dessen Errichtung vielmehr in das **pflichtgemäße Ermessen der Gesamtbetriebsräte** der konzernangehörigen Unternehmen bzw. – sollte in einem Unternehmen nur ein Betriebsrat bestehen – in das Ermessen des entsprechenden Betriebsrats (vgl. § 54 Abs. 2 BetrVG). Grund hierfür ist, dass der Gesichtspunkt der Verlagerung der Leitungsmacht auf die Konzernebene die gesetzliche Einrichtung eines Konzernbetriebsrats nicht in jedem Fall zwingend erforderlich erscheinen lässt. Eine mögliche Aushöhlung der Mitbestimmungsrechte[4] ist nicht in jeder Konzernkonstellation unvermeidbar vorhanden, sondern nur bei einer entsprechenden gesellschaftsrechtlichen oder faktischen Ausgestaltung der Entscheidungsstrukturen im Konzern, weil auch bei konzernangehörigen Unternehmen die Betriebsräte (bzw. Gesamtbetriebsräte) die ihnen zustehenden Beteiligungsrechte auszuüben haben. Die Mitbestimmung hängt rechtlich nicht davon ab, dass der Betriebsrat institutionell auf der Leitungsebene angesiedelt ist, auf der mitbestimmungspflichtige Entscheidungen fallen.[5] In Konzernverhältnissen ist es nicht anders. Fällt auf Konzernebene eine Leitungsentscheidung, die auf der Ebene abhängiger Unternehmen eine Mitbestimmung auslöst, so ist die Entscheidung nur unter Einhaltung des Mitbestimmungsverfahrens auf der Ebene des abhängigen Unternehmens bzw. seiner Betriebe durchsetzbar.

2

---

[1] Vgl. dazu BAG 22.11.1995 – 7 ABR 9/95, NZA 1996, 706.
[2] BAG 13.10.2004 – 7 ABR 56/03, NZA 2005, 647; BAG 22.11.1995 – 7 ABR 9/95, NZA 1996, 706; BAG 21.10.1980 – 6 ABR 41/78, DB 1981, 895; *Fitting* § 54 Rn. 3; *Richardi* BetrVG/*Annuß* § 54 Rn. 1; ErfK/*Koch* BetrVG § 54 Rn. 1.
[3] *Fitting* § 54 Rn. 3; GK-BetrVG/*Franzen* § 54 Rn. 4; ErfK/*Koch* BetrVG § 54 Rn. 1.
[4] Vgl. *Fitting* § 54 Rn. 3; GK-BetrVG/*Franzen* § 54 Rn. 4 mwN.
[5] *Joost* S. 247 f.

3 Wenn demzufolge von einem Leerlauf der Mitbestimmung rechtlich zwar nicht gesprochen werden kann, so geht es doch bei der Einrichtung von Konzernbetriebsräten um die **reale Einflussnahme auf die Leitung** durch das jeweilige zur Repräsentation der Arbeitnehmerinteressen berufene Betriebsverfassungsorgan. Sie ist für ein sinnvolles Zusammenwirken des Trägers der arbeitgeberseitigen Leitungsmacht und des Organs der Arbeitnehmerrepräsentation unerlässlich.

4 Die **praktische Bedeutung** der Mitbestimmung durch den Konzernbetriebsrat ist angesichts immer komplexerer Strukturen der Verflechtungen von Unternehmen erheblich. Dies gilt ungeachtet des Umstandes, dass die Einrichtung von Konzernbetriebsräten nicht zwingend vorgesehen ist. Wegen der tatsächlich vorhandenen bzw. relativ kurzfristig veränderbaren Leitungs- und Entscheidungsstrukturen in einem Konzern dürfte in der Praxis häufig das Erfordernis bestehen, einen Konzernbetriebsrat einzurichten, um die Mitbestimmung bei konzernweiten Angelegenheiten auf der Ebene zu verorten, auf der die Entscheidungen tatsächlich getroffen werden.

II. Konzernbegriff

5 Das Betriebsverfassungsrecht kennt keinen eigenständigen Konzernbegriff. § 54 Abs. 1 S. 1 BetrVG verweist mittels einer definitorischen Verweisung vielmehr auf den **aktienrechtlichen Konzernbegriff** in § 18 Abs. 1 AktG, der somit für das Betriebsverfassungsrecht maßgeblich ist.[6] Die dritte betriebsverfassungsrechtliche Repräsentationsstufe wird also nicht auf einer durch betriebsverfassungsrechtliche Wertungen festgelegten Organisationsebene verwirklicht,[7] sondern an die allgemeinen unternehmensrechtlichen Gegebenheiten angebunden. Aufgrund der unterschiedlichen Zielrichtungen des auf den Schutz von Gläubigern und Minderheitsgesellschaftern gerichteten gesellschaftsrechtlichen Konzernrechts des AktG und dem der Sicherung der Arbeitnehmerinteressen dienenden, an den Konzernbegriff des AktG anknüpfenden Regelungen des BetrVG ist es allerdings unvermeidbar, dass interpretatorische Unterschiede bei der Anwendung der entsprechenden Rechtsbegriffe auftreten können.[8]

1. Unternehmen unter einheitlicher Leitung

6 Nach der Legaldefinition in § 18 Abs. 1, 2 AktG bilden zwei oder mehr rechtlich selbständige Unternehmen einen Konzern, wenn sie unter einheitlicher Leitung zusammengefasst sind. Für den Konzernbegriff sind daher der **Unternehmensbegriff** und der **Begriff der einheitlichen Leitung** konstituierend. Der Abhängigkeitstatbestand ist dagegen nur für die – betriebsverfassungsrechtlich allerdings wesentliche – Unterscheidung des Unterordnungskonzerns vom Gleichordnungskonzern bedeutsam. Ein Konzernbetriebsrat kann nämlich nur in einem Unterordnungskonzern, nicht aber in einem Gleichordnungskonzern gebildet werden.

---

[6] BAG 11.2.2015 – 7 ABR 98/12, AP BetrVG 1972 § 54 Nr. 18; BAG 9.2.2011 – 7 ABR 11/10, NZA 2011, 866; BAG 27.10.2010 – 7 ABR 85/09, NZA 2011, 524; BAG 16.5.2007 – 7 ABR 63/06, AP ArbGG 1979 § 96a Nr. 3; BAG 14.2.2007 – 7 ABR 26/06, NZA 2007, 999; BAG 13.10.2004 – 7 ABR 56/03, NZA 2005, 647; dazu auch *Fitting* § 54 Rn. 8; *Richardi* BetrVG/*Annuß* § 54 Rn. 3; GK-BetrVG/*Franzen* § 54 Rn. 13; WPK/*Roloff* § 54 Rn. 2; DKKW/*Trittin* Vor § 54 Rn. 5; *Oetker* ZfA 1986, 177 (181).

[7] Zu den damit verbundenen Problemen für moderne Formen der Unternehmenskooperation außerhalb von Unterordnungskonzernen s. *Birk* FS Kraft S. 11 ff. (16 ff.).

[8] *Fitting* § 54 Rn. 8; *Kort* NZA 2009, 464 (467); anders aber BAG 16.5.2007 – 7 ABR 63/06, AP ArbGG 1979 § 96a Nr. 3; BAG 14.2.2007 – 7 ABR 26/06, NZA 2007, 999; in den Entscheidungen BAG 11.2.2015 – 7 ABR 98/12, AP BetrVG 1972 § 54 Nr. 18; BAG 9.2.2011 – 7 ABR 11/10, NZA 2011, 866 hat das BAG offen gelassen, ob auch eine anders als gesellschaftsrechtlich vermittelte Abhängigkeit für die Annahme eines Konzerns ausreichend ist, wenn diese mit der geforderten gesellschaftsrechtlich vermittelten Abhängigkeit zumindest gleichwertig ist; vgl. zur Problematik auch *Windbichler* RdA 1999, 146 (151).

II. Konzernbegriff   7, 8 § 302

a) Unternehmen. Der Unternehmensbegriff wird in den §§ 15 bis 22 AktG rechtsform- 7
neutral verwandt,⁹ aber nicht näher definiert. Die Begriffsbildung ist teleologisch an den
Zwecken des Konzernrechts auszurichten, das auf die Verlegung und Zentrierung von
Leitungsmacht und die damit verbundenen Gefährdungen reagiert. Unternehmen im
konzernrechtlichen Sinne können alle **Personenvereinigungen des Privatrechts** sein,
also die Kapitalgesellschaften (AG, KGaA, GmbH, eG, VVaG, SE), der eingetragene Verein, die Personengesellschaften (oHG, KG, Gesellschaft bürgerlichen Rechts und PartG)
und die Stiftung. Herrschendes Unternehmen eines Konzerns kann auch ein Einzelkaufmann oder eine sonstige **natürliche Person** sein.¹⁰ Die Errichtung eines Konzernbetriebsrats kommt daher auch bei einer natürlichen Person als Konzernspitze in Betracht.¹¹
Das kann zum einen ein Einzelkaufmann sein, der neben seiner einzelkaufmännischen
Betätigung als Mehrheits- oder Alleingesellschafter eines anderen, selbständigen Unternehmens kaufmännisch tätig ist.¹² Denkbar ist die Bildung eines Konzernbetriebsrats auch
bei einer nicht kaufmännisch tätigen natürlichen Person¹³. Voraussetzung ist, dass diese bei
mehreren selbständigen Unternehmen als Mehrheits- oder Alleingesellschafter unternehmerische Interessen verfolgt,¹⁴ zB durch Ausübung von Leitungsmacht in einem anderen
Unternehmen im eigenen Interesse. Die natürliche Person ist dagegen kein Unternehmen, wenn sie außerhalb der Gesellschaft lediglich privaten Beteiligungsbesitz hält, ohne
auf das andere Unternehmen einen leitenden Einfluss nehmen zu können.

Das Unternehmen braucht keinen privatrechtlich organisierten Träger zu haben. Es ist 8
anerkannt, dass auch **juristische Personen des öffentlichen Rechts,** wie die Bundesrepublik Deutschland, die Bundesländer, die Kommunen oder juristische Personen des öffentlichen Rechts ohne Gebietshoheit, wie zB die Krankenkassen, Träger von Unternehmen in Konzernverbindungen – auch als herrschende Unternehmen – sein können.¹⁵ Ein
Konzernbetriebsrat ist aufgrund der aus § 130 BetrVG folgenden Unanwendbarkeit des
BetrVG auf die in der Rechtsform einer juristischen Person des öffentlichen Rechts organisierten Konzernobergesellschaft allerdings nur zu bilden, wenn dieser Träger mindestens
ein unter den Geltungsbereich des BetrVG fallendes, insbesondere also privatrechtlich organisiertes Unternehmen beherrscht.¹⁶ Die Errichtung des und die Aufgabenwahrnehmung durch den Konzernbetriebsrat erfolgt allerdings nur für die Arbeitnehmer, die bei
einem privatrechtlich organisierten Tochterunternehmen der öffentlich-rechtlichen Kon-

---

⁹ BAG 11.2.2015 – 7 ABR 98/12, AP BetrVG 1972 § 54 Nr. 18; BAG 9.2.2011 – 7 ABR 11/10, NZA
2011, 866; BAG 27.10.2010 – 7 ABR 85/09, NZA 2011, 524; BAG 16.5.2007 – 7 ABR 63/06, AP
ArbGG 1979 § 96a Nr. 3; BAG 14.2.2007 – 7 ABR 26/06, NZA 2007, 999; BAG 23.8.2006 – 7 ABR
51/05, AP BetrVG 1972 § 54 Nr. 12; BAG 13.10.2004 – 7 ABR 56/03, NZA 2005, 647; *Fitting* § 54
Rn. 11; Richardi BetrVG/*Annuß* § 54 Rn. 5; GK-BetrVG/*Franzen* § 54 Rn. 23; HWGNRH/*Glock* § 54
Rn. 10; WPK/*Roloff* § 54 Rn. 3; ErfK/*Koch* BetrVG § 54 Rn. 2.
¹⁰ BAG 14.2.2007 – 7 ABR 26/06, NZA 2007, 999; BAG 13.10.2004 – 7 ABR 56/03, NZA 2005, 647;
BAG 22.11.1995 – 7 ABR 9/95, NZA 1996, 706; *Fitting* § 54 Rn. 11; Richardi BetrVG/*Annuß* § 54
Rn. 6; GK-BetrVG/*Franzen* § 54 Rn. 24, 27; HWGNRH/*Glock* § 54 Rn. 10; WPK/*Roloff* § 54 Rn. 3;
ErfK/*Koch* BetrVG § 54 Rn. 2; *Oetker* ZfA 1986, 177 (194 f.).
¹¹ BAG 22.11.1995 – 7 ABR 9/95, NZA 1996, 706; BAG 25.1.1995 – 7 ABN 41/94, AuR 1995, 379
mAnm *Oetker*.
¹² *Fitting* § 54 Rn. 11; GK-BetrVG/*Franzen* § 54 Rn. 27; HWGNRH/*Glock* § 54 Rn. 10.
¹³ *Oetker* ZfA 1986, 177 (194 f.).
¹⁴ *Fitting* § 54 Rn. 11; GK-BetrVG/*Franzen* § 54 Rn. 27; HWGNRH/*Glock* § 54 Rn. 10; BAG 23.8.2006
– 7 ABR 51/05, AP BetrVG 1972 § 54 Nr. 12; BAG 22.11.2005 – 7 ABR 9/95, NZA 1996, 706; BAG
8.3.1994 – 9 AZR 197/92, NZA 1994, 931; vgl. dazu auch BGH 23.9.1991 – II ZR 135/90, NJW
1991, 3142.
¹⁵ BAG 27.10.2010 – 7 ABR 85/09, NZA 2011, 524; *Fitting* § 54 Rn. 12; Richardi BetrVG/*Annuß* § 54
Rn. 7; GK-BetrVG/*Franzen* § 54 Rn. 24; Löwisch/Kaiser/*Löwisch* § 54 Rn. 4; HWGNRH/*Glock* § 54
Rn. 10; WPK/*Roloff* § 54 Rn. 3; ErfK/*Koch* BetrVG § 54 Rn. 2; vgl. auch BGH 17.3.1997 – II ZB
3/96, NJW 1997, 1855 (Land Niedersachsen/VW); BGH 13.10.1977 – II ZR 123/76, NJW 1978, 104
(VEBA/Gelsenberg).
¹⁶ BAG 27.10.2010 – 7 ABR 85/09, NZA 2011, 524; *Fitting* § 54 Rn. 12; Richardi BetrVG/*Annuß* § 54
Rn. 4; GK-BetrVG/*Franzen* § 54 Rn. 24; WPK/*Roloff* § 54 Rn. 3; ErfK/*Koch* BetrVG § 54 Rn. 2.

zernobergesellschaft, nicht aber für die öffentlich rechtlichen Untergliederungen und auch nicht für die – öffentlich-rechtliche – Konzernobergesellschaft selbst.[17]

9   **b) Abhängigkeit.** § 17 Abs. 1 AktG setzt für die Annahme eines Konzerns das Vorliegen eines Abhängigkeitsverhältnisses zwischen dem herrschenden und dem abhängigen Unternehmen voraus. Diese Voraussetzung ist erfüllt, wenn für das herrschende Unternehmen die **Möglichkeit** besteht, **unmittelbar oder mittelbar beherrschenden Einfluss** auf die Tochterunternehmen auszuüben, während die tatsächliche Ausübung des beherrschenden Einflusses nicht erforderlich ist.[18] Nicht entscheidend ist, ob der die Abhängigkeit begründende beherrschende Einfluss durch rechtliche Einwirkungsmöglichkeiten des herrschenden Unternehmens rechtlich fundiert oder in anderer Weise tatsächlich begründet ist.[19] Sie kann daher auf einer Mehrheitsgesellschafterstellung, einem Beherrschungsvertrag, einer aktienrechtlichen Eingliederung nach § 319 AktG aber auch (im faktischen Konzern) auf sonstigen Umständen beruhen. Das Abhängigkeitsverhältnis muss grundsätzlich gesellschaftsrechtlich begründet sein. Ob die erforderliche Abhängigkeit auch anderweitig hergestellt werden kann, ist zweifelhaft und im Hinblick auf die definitorische Verweisung auf den aktienrechtlichen Konzernbegriff in § 18 AktG und dessen daraus folgende Maßgeblichkeit eher zu verneinen.[20]

10 **c) Einheitliche Leitung.** Ein Konzern setzt die Zusammenfassung unter einheitlicher Leitung bei Aufrechterhaltung der rechtlichen Selbständigkeit der Unternehmen voraus. Die einheitliche Leitung muss tatsächlich ausgeübt werden; die bloße Möglichkeit dazu genügt nicht.[21] Was unter einer einheitlichen Leitung zu verstehen ist, wird im Aktiengesetz nicht näher definiert. Leitung ist ein außerordentlich vielschichtiger Vorgang; und die Einheitlichkeit der Leitung entzieht sich einer allgemeingültigen Definition.[22] Da der Konzern aus rechtlich selbständigen Unternehmen mit eigenen Leitungsorganen besteht, wird eine Leitung keineswegs nur auf der oberen, sondern auf allen Konzernebenen ausgeübt. Die Einheitlichkeit der Leitung ist daher nicht nur bei einer ausschließlich auf einer Ebene angesiedelten Leitung zu konstatieren. Eine einheitliche Leitung ist vielmehr gegeben, wenn von der leitenden Konzernobergesellschaft **wesentliche Vorgaben** für die Konzernunternehmen nach **einem einheitlichen Plan** festgelegt werden. Nicht erforderlich ist, dass tatsächlich (Einzel-)Weisungen erteilt werden.

11 Am deutlichsten tritt die einheitliche Leitung hervor, wenn die **finanziellen Rahmenbedingungen** zentral vorgegeben werden,[23] weil eine selbständige unternehmerische Betätigung ohne selbständige Entscheidung über die finanziellen Ressourcen nicht möglich ist. Eine einheitliche Leitung lässt sich indessen auch verwirklichen, wenn andere we-

---

[17] BAG 27.10.2010 – 7 ABR 85/09, NZA 2011, 524.
[18] BAG 22.11.1995 – 7 ABR 9/95, NZA 1996, 706; BAG 16.8.1995 – 7 ABR 57/94, NZA 1996, 274; *Fitting* § 54 Rn. 13; *Richardi* BetrVG/*Annuß* § 54 Rn. 8; GK-BetrVG/*Franzen* § 54 Rn. 18; Löwisch/Kaiser/*Löwisch* § 54 Rn. 5; WPK/*Roloff* § 54 Rn. 4; ErfK/*Koch* BetrVG § 54 Rn. 3.
[19] *Fitting* § 54 Rn. 19; *Richardi* BetrVG/*Annuß* § 54 Rn. 8; HWGNRH/*Glock* § 54 Rn. 14.
[20] In den Entscheidungen BAG 11.2.2015 – 7 ABR 98/12, AP BetrVG 1972 § 54 Nr. 18; BAG 9.2.2011 – 7 ABR 11/10, NZA 2011, 866 hat das BAG offengelassen, ob auch eine anders als gesellschaftsrechtlich vermittelte Abhängigkeit für die Annahme eines Konzerns ausreichend ist, jedoch betont, dass diese mit der geforderten gesellschaftsrechtlich vermittelten Abhängigkeit zumindest gleichwertig sein muss; in diese Richtung auch *Fitting* § 54 Rn. 26; wohl auch HWGNRH/*Glock* § 54 Rn. 14; DKKW/*Trittin* Vor § 54 Rn. 26, 31; ablehnend GK-BetrVG/*Franzen* § 54 Rn. 20; *Kort* NZA 2009, 464 (467); aus dem gesellschaftsrechtlichen Schrifttum bspw. Emmerich/Habersack Aktien-/GmbH-KonzernR/*Emmerich* § 17 Rn. 15.
[21] BAG 22.11.1995 – 7 ABR 9/95, NZA 1996, 706; BAG 30.3.2004 – 1 ABR 61/01, NZA 2004, 863, zum Konzernbegriff im EBRG; *Fitting* § 54 Rn. 20; GK-BetrVG/*Franzen* § 54 Rn. 28; HWGNRH/*Glock* § 54 Rn. 12; Löwisch/Kaiser/*Löwisch* § 54 Rn. 12; WPK/*Roloff* § 54 Rn. 5; ErfK/*Koch* BetrVG § 54 Rn. 3.
[22] Näher dazu *Joost* S. 112 ff.; vgl. auch *Kort* NZA 2009, 464 (467).
[23] Dazu Emmerich/Habersack Aktien-/GmbH-KonzernR/*Emmerich* § 18 Rn. 10 ff.; MüKoAktG/*Bayer* § 18 Rn. 31; Hüffer/*Koch* § 18 AktG Rn. 9; KölnKomm-AktG/*Koppensteiner* § 18 Rn. 25.

sentliche Unternehmensbereiche zentral abgestimmt sind,[24] zB Produktplanung und Produktherstellung, Personalpolitik, Vertrieb, Forschung und Entwicklung, da diese für einen selbständigen wirtschaftlichen Erfolg eines Unternehmens unverzichtbar sind.[25]

Die **tatsächliche Feststellung** der Ausübung einheitlicher Leitungsmacht ist nur **bei faktischen Konzernen** notwendig. Bei Unternehmen, zwischen denen ein Beherrschungsvertrag nach § 291 AktG besteht oder von denen das eine in das andere eingegliedert ist, was nach § 319 AktG nur bei Aktiengesellschaften möglich ist, wird nach § 18 Abs. 1 S. 2 AktG unwiderleglich vermutet, dass sie unter einheitlicher Leitung zusammengefasst sind. Andere Unternehmensverträge wie zB Gewinnabführungsverträge, Gewinngemeinschaften, Betriebsüberlassungs- oder Betriebspachtverträge iSd §§ 291, 292 AktG genügen allein nicht für die Annahme eines Konzerns. Von einem nicht von § 18 Abs. 1 S. 2 AktG erfassten abhängigen Unternehmen, also insbesondere bei einer durch die Stellung als Mehrheits- oder Alleingesellschafter gemäß § 17 Abs. 2 AktG widerleglich vermuteten Abhängigkeit, wird nach § 18 Abs. 1 S. 3 AktG wiederum widerleglich vermutet, dass es unter einheitlicher Leitung des herrschenden Unternehmens steht. Die Widerlegung der Abhängigkeitsvermutung setzt voraus, dass nachgewiesen wird, dass trotz Bestehens der das Abhängigkeitsverhältnis begründenden Möglichkeit der Ausübung eines beherrschenden Einflusses der Konzernobergesellschaft auf das abhängige Unternehmen tatsächlich keine einheitliche Leitung stattfindet.[26]

d) Konzern im Konzern. Nach einer verbreiteten und im Ergebnis zutreffenden Auffassung, der auch das BAG[27] folgt, kann in einem mindestens dreistufigen (Mutter-, Tochter- und Enkelunternehmen), vertikal gegliederten Unterordnungskonzern, in dem die Konzernobergesellschaft die vorhandene Leitungsmacht nur eingeschränkt wahrnimmt und stattdessen die insoweit in der Konzernspitze nicht wahrgenommene **einheitliche Leitungsmacht auf verschiedenen Konzernebenen** ausgeübt wird, ein Konzernbetriebsrat nicht nur bei der Konzernspitze, sondern zusätzlich auch bei Teilkonzernspitzen errichtet werden (Teilkonzernbetriebsräte).[28] Voraussetzung ist eine mindestens dreistufige Gliederung in Mutter-, Tochter- und Enkelunternehmen. Hinzukommen muss, dass die Konzernobergesellschaft die für sie bestehende Leitungsmacht (lediglich) teilweise aber doch im wesentlichen Umfang – zB durch eine sog. Richtlinienkompetenz – wahrnimmt, weil beim Fehlen jeglicher Leitungsmachtausübung durch die Obergesellschaft insoweit die Konzernvoraussetzungen im Verhältnis der konzernangehörigen Tochter- und Enkelunternehmen zur Obergesellschaft fehlen würden. Außerdem muss die Tochtergesellschaft die Möglichkeit haben, wesentliche Leitungsaufgaben gegenüber der Enkelgesellschaft eigenständig auszuüben und diese auch tatsächlich realisieren.[29] Die Existenz ei-

---

[24] Zutreffend Emmerich/Habersack Aktien-/GmbH-KonzernR/*Emmerich* § 18 Rn. 11, 13 ff.; MüKoAktG/*Bayer* § 18 Rn. 33; anders KölnKomm-AktG/*Koppensteiner* § 18 Rn. 19.
[25] So auch *Fitting* § 54 Rn. 16; DKKW/*Trittin* Vor § 54 Rn. 21; ErfK/*Koch* BetrVG § 54 Rn. 3.
[26] BAG 22.11.1995 – 7 ABR 9/95, NZA 1996, 706; vgl. auch LAG BW 6.7.2001 – 5 TaBV 2/99, BeckRS 2001, 30792276, das zutreffend darauf hinweist, dass die einheitliche Leitung in allen wesentlichen Bereichen der Unternehmenspolitik stattfinden muss und eine einheitliche Leitung in personellen und sozialen Angelegenheiten nicht ausreichend ist; dazu Richardi BetrVG/*Annuß* § 54 Rn. 27.
[27] BAG 16.5.2007 – 7 ABR 63/06, AP ArbGG 1979 § 96a Nr. 3; BAG 14.2.2007 – 7 ABR 26/06, NZA 2007, 999; BAG 21.10.1980 – 6 ABR 41/78, DB 1981, 895.
[28] *Fitting* § 54 Rn. 32 f.; GK-BetrVG/*Franzen* § 54 Rn. 34, 37; HWGNRH/*Glock* § 54 Rn. 19; WPK/*Roloff* § 54 Rn. 10; HK-BetrVG/*Tautphäus* § 54 Rn. 13; DKKW/*Trittin* § 54 Rn. 18; ErfK/*Koch* BetrVG § 54 Rn. 5; *Konzen*, Unternehmensaufspaltungen, S. 36 f.; *Konzen* FS Wiese S. 199 (209); *Schmidbauer*, Konzernbegriff, S. 255 ff., S. 259; *Kort* NZA 2009, 464 (467); *Pflüger* NZA 2009, 130; *Schwab* NZA-RR 2007, 337 (338); *Röder/Powietzka* DB 2004, 542 (543); *Klinkhammer*, Mitbestimmung im Gemeinschaftsunternehmen, S. 130 ff.; *Wendeling-Schröder*, Divisionalisierung, S. 140.
[29] Vgl. *Fitting* § 54 Rn. 32; GK-BetrVG/*Franzen* § 54 Rn. 34; *Kort* NZA 2009, 464 (468).

nes Konzerns im Konzern wird im gesellschaftsrechtlichen Schrifttum[30] weit überwiegend und von der betriebsverfassungsrechtlichen Literatur[31] teilweise abgelehnt.

14 Auszugehen ist zunächst davon, dass der Konzern eine unternehmensübergreifende Einheit darstellt, die durch eine einheitliche Leitungsmacht definiert ist, die gesellschaftsrechtlich und nicht arbeitsrechtlich geprägt ist. Durch den definitorischen Verweis auf § 18 Abs. 1 AktG nimmt § 54 Abs. 1 BetrVG eine nichtbetriebsverfassungsrechtliche Einheit zum Anknüpfungspunkt, die nicht allein und nicht vorwiegend auf arbeitsrechtlicher Leitungsmacht beruht. Es stellt sich deshalb die Frage, ob der gesellschaftsrechtlich geprägte Begriff der einheitlichen Leitungsmacht aus in dem Telos der betriebsverfassungsrechtlichen Regelungen zum Konzernbetriebsrat in § 54 Abs. 1 BetrVG liegenden Gründen modifiziert werden kann. Die Regelungen über den gesellschaftsrechtlichen und den **betriebsverfassungsrechtlichen Konzernbegriff** verfolgen unterschiedliche Zwecke. Während die gesellschaftsrechtlichen Regelungen dem Gläubigerschutz und dem Schutz der Minderheitsgesellschafter in konzernangehörigen Unternehmen dienen, will das Betriebsverfassungsrecht eine effektive Vertretung der Arbeitnehmerinteressen bei unternehmensübergreifenden Mitbestimmungsfragen durch das Repräsentationsorgan Konzernbetriebsrat sicherstellen und die Mitbestimmung daher an der Stelle verorten, an der die entsprechenden Entscheidungen getroffen werden. Wird die einheitliche Leitungsmacht in einem Konzern im Hinblick auf die Enkelgesellschaften zwischen Mutter- und Tochtergesellschaft in der Weise aufgeteilt, dass für die Enkelgesellschaften wesentliche Entscheidungen in der Mitbestimmung unterliegenden Angelegenheiten auf der Ebene der Tochtergesellschaft und nicht der Muttergesellschaft getroffen werden, würde eine bei der Muttergesellschaft angesiedelte Arbeitnehmerrepräsentation leerlaufen, weil das Repräsentationsorgan nicht bei der an anderer Stelle stattfindenden Entscheidungsfindung beteiligt werden würde. Die vom BetrVG angestrebte effektive Mitbestimmungswahrnehmung in derartigen unternehmensübergreifenden Angelegenheiten würde verfehlt werden.[32] Eine vergleichbare Problematik besteht in den den gesellschaftsrechtlichen Konzernbegriff motivierenden Fragen des Schutzes von Gläubigern und Minderheitsgesellschaftern des Enkelunternehmens nicht, weil in diesem Bereich der erstrebte Schutz im Kern nicht durch eine Partizipation an der Entscheidungsfindung der Mutter- oder Tochtergesellschaft realisiert wird, sondern durch aktienrechtliche Mitteilungspflichten und konzernhaftungsrechtliche Haftungserstreckung. Gegen die Anerkennung eines Konzerns im Konzern im betriebsverfassungsrechtlichen Konzernrecht spricht auch nicht, dass die Leitungsmacht im Konzern definitionsgemäß einheitlich ausgeübt werden muss und daher nicht teilbar wäre.[33] Die Annahme einer einheitlichen Leitungsmacht schließt die Teilbarkeit dieser Leitungsmacht nicht aus. Tatsächlich kann die Teilung der Leitungsmacht zwischen der Mutter- und der Tochtergesellschaft gegenüber der Enkelgesellschaft sowohl gegenständlich, bspw. im Hinblick auf die unternehmerischen Entscheidungsbereiche Finanzen, Produktion, Vertrieb, Forschung und Entwicklung einerseits und Personales und Soziales andererseits, erfolgen, als auch durch eine Aufteilung nach dem Maß der Intensität durch Vorgabe von abstrakten Richtlinien durch die Muttergesellschaft und in Ausfüllung der Richtlinien erfolgende Ausübung konkreter Leitungsmacht durch die Tochtergesell-

---

[30] MüKoAktG/*Bayer* § 18 Rn. 42; Emmerich/Habersack Aktien-/GmbH-KonzernR/*Emmerich* § 18 Rn. 18; *Hüffer/Koch* AktG § 18 Rn. 14; KölnKomm-AktG/*Koppensteiner* § 18 Rn. 31 ff.; GK AktG/*Windbichler* § 18 Rn. 83; *v. Hoyningen-Huene* ZGR 1978, 513 (539); *Lutter/Schneider* BB 1977, 553 (559); *Semler* DB 1977, 805 (811); aA K. Schmidt FS Lutter, 2000, S. 1167 (1189 f.).

[31] Richardi BetrVG/*Annuß* § 54 Rn. 16; HWK/*Hohenstatt/Dzida* BetrVG § 54 Rn. 8; *Meik* BB 1991, 2441; *Monjau* BB 1972, 839 (840 f.); *Fuchs*, Konzernbetriebsrat, S. 175; *Joost* S. 229 ff.; *Windbichler*, Arbeitsrecht im Konzern, S. 318 ff.; wohl auch *Bachmann* RdA 2008, 107 (109).

[32] BAG 16.5.2007 – 7 ABR 63/06, AP ArbGG 1979 § 96a Nr. 3; BAG 14.2.2007 – 7 ABR 26/06, NZA 2007, 999; BAG 21.10.1980 – 6 ABR 41/78, DB 1981, 895; *Fitting* § 54 Rn. 32; GK-BetrVG/*Franzen* § 54 Rn. 34; *Kort* NZA 2009, 464 (468).

[33] So aber MHdB ArbR/*Joost*, 3. Aufl. 2009, § 227 Rn. 13.

schaft.³⁴ Soweit schließlich gegen die Anerkennung eines Konzerns im Konzern eingewandt wird, dass dadurch das betriebsverfassungsrechtliche Organisationsrecht konturenlos werden würde,³⁵ ist auch dies nicht überzeugend. Sicherlich zutreffend ist, dass infolge der Anerkennung eines Konzerns im Konzern mehrere Konzernbetriebsräte gebildet werden könnten. Dies wird jedoch dadurch zumindest partiell ausgeglichen, dass es parallel hierzu zu einer inhaltlichen Verteilung der Mitbestimmungszuständigkeiten auf die jeweiligen Gremien entsprechend der gegenständlichen Aufteilung der Leitungsmacht zwischen Mutter- und Tochtergesellschaft kommt.³⁶

Die Rechtsprechung des BAG führt nicht dazu, dass Konzernbetriebsräte überall dort 15 gebildet werden können, wo die Beteiligten dies im Hinblick auf die Ausübung betriebsverfassungsrechtlicher Mitbestimmungskompetenzen für sinnvoll halten.³⁷ Ein Konzernbetriebsrat kann bei einem seinerseits in einer Konzernabhängigkeit zur Muttergesellschaft stehenden Tochtergesellschaft vielmehr nur gebildet werden, wenn diesem gerade in den die Mitbestimmungsrechte des Konzernbetriebsrats betreffenden unternehmensübergreifenden Angelegenheiten eigene, von der Muttergesellschaft unabhängige Entscheidungskompetenzen gegenüber den Enkelunternehmen zustehen und von dieser auch tatsächlich ausgeübt werden.³⁸ Daneben wird ein (weiterer) Konzernbetriebsrat bei der Muttergesellschaft errichtet. Demgegenüber scheidet die Errichtung von Konzernbetriebsräten bei horizontal in Sparten gegliederten Unternehmensgruppen bei der jeweiligen Spartenleitung aus.³⁹ Ebenso ausgeschlossen ist die Bildung eines Gesamtkonzernbetriebsrats.⁴⁰

2. Unterordnungskonzern und Gleichordnungskonzern
Das Konzernrecht unterscheidet in § 18 AktG zwischen dem in Abs. 1 angesprochenen 16 Unterordnungskonzern und den in Abs. 2 normierten Gleichordnungskonzern. Da § 54 Abs. 1 BetrVG lediglich auf § 18 Abs. 1 AktG verweist, ist die Errichtung eines Konzernbetriebsrats nur in einem Unterordnungskonzern möglich.⁴¹

a) **Unterordnungskonzern.** Als Unterordnungskonzern iSv § 18 Abs. 1 S. 1 AktG wird 17 die Gestaltung bezeichnet, dass ein herrschendes und ein oder mehrere abhängige Unternehmen unter der einheitlichen Leitung des herrschenden Unternehmens zusammengefasst sind. Zwischen den Unternehmen muss also ein Abhängigkeitsverhältnis vorliegen. Abhängige Unternehmen sind nach § 17 Abs. 1 AktG rechtlich selbständige Unternehmen, auf die ein anderes Unternehmen, das herrschende Unternehmen **unmittelbar oder mittelbar einen beherrschenden Einfluss** ausüben kann. Diese Möglichkeit der Einwirkung muss regelmäßig gesellschaftsrechtlich vermittelt sein. Eine nur wirtschaftliche Verknüpfung der Unternehmen durch Austauschbeziehungen (zB Lieferverträge oder Kreditverträge) genügt dafür nicht.⁴² Dies ergibt sich aus dem Schutzzweck des Konzern-

---

[34] Vgl. GK-BetrVG/*Franzen* § 54 Rn. 37.
[35] Richardi BetrVG/*Annuß* § 54 Rn. 15.
[36] GK-BetrVG/*Franzen* § 54 Rn. 39; *Kort* NZA 2009, 464 (468).
[37] So auch *Kort* NZA 2009, 464 (468).
[38] *Fitting* § 54 Rn. 33; GK-BetrVG/*Franzen* § 54 Rn. 37; HWGNRH/*Glock* § 54 Rn. 19.
[39] BAG 9.2.2011 – 7 ABR 11/10, NZA 2011, 866; Richardi BetrVG/*Annuß* § 54 Rn. 3; GK-BetrVG/ *Franzen* § 54 Rn. 39; HK-BetrVG/*Tautphäus* § 54 Rn. 16.
[40] GK-BetrVG/*Franzen* § 54 Rn. 39.
[41] AllgA, vgl. BAG 11.2.2015 – 7 ABR 98/12, AP BetrVG 1972 § 54 Nr. 18; BAG 9.2.2011 – 7 ABR 11/10, NZA 2011, 866; BAG 14.2.2007 – 7 ABR 26/06, NZA 2007, 999; BAG 23.8.2006 – 7 ABR 51/05, AP BetrVG 1972 § 54 Nr. 12; BAG 22.11.1995 – 7 ABR 9/95, NZA 1996, 706; *Fitting* § 54 Rn. 9a; Richardi BetrVG/*Annuß* § 54 Rn. 3; GK-BetrVG/*Franzen* § 54 Rn. 8; HWGNRH/*Glock* § 54 Rn. 9; DKKW/*Trittin* § 54 Rn. 15; ErfK/*Koch* BetrVG § 54 Rn. 2; HWK/*Hohenstatt/Dzida* BetrVG § 54 Rn. 3; *Martens* ZfA 1973, 297 (301).
[42] In den Entscheidungen BAG 11.2.2015 – 7 ABR 98/12, AP BetrVG 1972 § 54 Nr. 18; BAG 9.2.2011 – 7 ABR 11/10, NZA 2011, 866 hat das BAG offengelassen, ob auch eine anders als gesellschaftsrechtlich vermittelte Abhängigkeit für die Annahme eines Konzerns ausreichend ist, jedoch betont, dass diese mit der

rechts, den Gefahren entgegen zu wirken, die durch Ausübung gesellschaftsrechtlicher Befugnisse im Hinblick auf die Unternehmensführung entstehen. Die bloße Ausübung von Druck durch andere Marktteilnehmer, die eine entsprechend starke Stellung gegenüber dem Unternehmen haben, ist kein Vorgang, den das Konzernrecht erfasst.

18   Die Feststellung von Abhängigkeit und einheitlicher Leitung im Einzelfall wird gesetzlich durch ein **System von widerleglichen Vermutungen** wesentlich erleichtert. Von einem abhängigen Unternehmen wird aufgrund der Regelung in § 18 Abs. 1 S. 3 AktG widerlich vermutet, dass es mit dem herrschenden Unternehmen einen Konzern bildet. Die Abhängigkeit wird ihrerseits nach § 17 Abs. 2 AktG widerleglich vermutet, wenn an dem Unternehmen ein anderes Unternehmen mit Mehrheit beteiligt ist. Eine derartige **Mehrheitsbeteiligung** liegt nach § 16 Abs. 1 AktG vor, wenn die Mehrheit der Anteile des rechtlich selbständigen Unternehmens oder die Mehrheit der Stimmrechte einem anderen Unternehmen zustehen. Dabei gelten nach § 16 Abs. 4 AktG, als zu berücksichtigende Anteile auch diejenigen Anteile, die einem von ihm abhängigen Unternehmen oder einem anderen für Rechnung des Unternehmens oder eines von diesem abhängigen Unternehmens gehören. Eine Mehrheitsbeteiligung kann dementsprechend nicht nur vorliegen, wenn das herrschende Unternehmen selbst die Mehrheit der Gesellschaftsanteile des abhängigen Unternehmens hält, sondern auch dann, wenn sich die Mehrheitsbeteiligung erst aus einer Zusammenfassung der von dem herrschenden Unternehmen und von von diesen beherrschten Unternehmen gehaltenen Anteile ergibt, wobei auch treuhänderisch gehaltene Anteile zu berücksichtigen sind. In einer OHG führt allerdings die reine Mehrheitsbeteiligung wegen des gesetzlich in § 119 Abs. 1 HGB normierten Einstimmigkeitsprinzips nicht zur Abhängigkeit von dem Mehrheitsgesellschafter, solange das Einstimmigkeitserfordernis nicht gesellschaftsvertraglich abbedungen worden ist.[43] Anders verhält es sich bei der KG wegen des Alleinvertretungsrechts des Komplementärs. Dementsprechend kommt es für die GmbH & Co KG auf die Mehrheitsverhältnisse in der Komplementär GmbH an.[44] Trotz Mehrheitsbeteiligung kann es an einem Konzernverhältnis zur Muttergesellschaft fehlen, wenn ein Beherrschungsvertrag zu einem anderen Unternehmen besteht[45] oder der Mehrheitsgesellschafter aus anderen Gründen an der Durchsetzung seiner Mehrheit gehindert ist, zB aufgrund von entgegenstehenden Stimmbindungsverträgen mit einem Dritten oder einem sog. Entherrschungsvertrag.[46] Auch ohne eine Mehrheitsbeteiligung kann sich die Abhängigkeit gegenüber dem herrschenden Unternehmen aus anderen gesellschaftsrechtlichen Sachverhalten ergeben, so zB aus einer nicht den Anteilsverhältnissen entsprechenden Mehrheit an Stimmrechten, aus Stimmbindungsverträgen[47] oder aus Entsendungsrechten in die Organe des abhängigen Unternehmens.

19   Wenn die Gesamtbetriebsräte der Unternehmen einen Konzernbetriebsrat errichten wollen, genügt dafür aufgrund der aufeinander aufbauenden gesetzlichen Vermutungen zunächst die Feststellung, dass die beteiligten Unternehmen im **Mehrheitsbesitz** eines anderen Unternehmens stehen. Die Abhängigkeit und das Konzernverhältnis werden dann widerlegbar vermutet. Besteht ein Beherrschungsvertrag oder ist ein Unternehmen in ein anderes eingegliedert, so wird ein Unterordnungskonzern nach § 18 Abs. 1 S. 2

---

geforderten gesellschaftsrechtlich vermittelten Abhängigkeit zumindest gleichwertig sein muss; in diese Richtung auch *Fitting* § 54 Rn. 26; ablehnend GK-BetrVG/*Franzen* § 54 Rn. 20; *Kort* NZA 2009, 464 (467).

[43] BAG 22.11.1995 – 7 ABR 9/95, NZA 1996, 706; *Fitting* § 54 Rn. 26; *Röder/Powietzka* DB 2004, 542; siehe aber auch BAG 30.3.2004 – 1 ABR 61/01, NZA 2004, 863 zum Bestehen von Beherrschungsverhältnissen im Zusammenhang mit der Errichtung eines Europäischen Betriebsrats nach dem EBRG.

[44] BAG 15.12.2011 – 7 ABR 56/10, NZA 2012, 633, zu den Wahlvorschriften nach dem DrittelbG; BAG 22.11.1995 – 7 ABR 9/95, NZA 1996, 708; siehe auch *Fitting* § 54 Rn. 26.

[45] BAG 14.2.2007 – 7 ABR 26/06, NZA 2007, 999.

[46] BAG 11.2.2015 – 7 ABR 98/12, AP BetrVG 1972 § 54 Nr. 18.

[47] So BAG 11.2.2015 – 7 ABR 98/12, AP BetrVG 1972 § 54 Nr. 18; BAG 23.8.2006 – 7 ABR 51/05, AP BetrVG 1972 § 54 Nr. 12.

AktG sogar unwiderleglich vermutet, so dass es auf die Abhängigkeitsvermutung nicht mehr ankommt.

b) Gleichordnungskonzern. Als Gleichordnungskonzern iSv § 18 Abs. 2 AktG bezeichnet man rechtlich selbständige, unter einheitlicher Leitung zusammengefasste Unternehmen, wenn das eine Unternehmen von dem anderen nicht abhängig ist. Die keine Abhängigkeit begründende einheitliche Leitung kann auf vertraglicher Vereinbarung aber auch auf faktischem Verhalten der beteiligten Rechtsträger beruhen.[48] Das Aktienrecht regelt diese Konzerne nicht näher; über ihre tatsächliche Verbreitung ist wenig bekannt.[49] Ein Konzernbetriebsrat kann für sie nicht gebildet werden, so dass sie betriebsverfassungsrechtlich keine besondere Bedeutung haben.

3. Vertragskonzern, Eingliederungskonzern und faktischer Konzern

Der Unterordnungskonzern ist definiert durch die **Ausübung einheitlicher Leitungsmacht** eines Unternehmens über ein anderes abhängiges rechtlich selbständiges Unternehmen. Die Leitungsmacht kann auf verschiedenen Rechtsgrundlagen beruhen, nämlich einem Unternehmensvertrag, einer Eingliederung oder den tatsächlichen Verhältnissen. Dementsprechend unterscheidet man den Vertragskonzern, den Eingliederungskonzern und den faktischen Konzern. Betriebsverfassungsrechtlich ist diese Einteilung ohne größere Bedeutung, weil ein Konzernbetriebsrat in jedem Unterordnungskonzern gebildet werden kann, unabhängig davon, auf welcher Rechtsgrundlage die Ausübung von Leitungsmacht beruht.

Ein **Vertragskonzern** entsteht, wenn eine Gesellschaft ihre Leitung durch Abschluss eines Beherrschungsvertrages iSv § 291 Abs. 1 AktG vertraglich einem anderen Unternehmen unterstellt. Der Beherrschungsvertrag ist ein organisationsrechtlicher Vertrag, der das herrschende Unternehmen nach § 308 Abs. 1 AktG berechtigt, dem Vorstand oder die Geschäftsführung der beherrschten Gesellschaft hinsichtlich der Leitung der Gesellschaft Weisungen zu erteilen. Wenn nichts anderes vereinbart wird, können auch für die Gesellschaft nachteilige Weisungen gegeben werden, wenn sie den Belangen des herrschenden Unternehmens oder eines konzernverbundenen Unternehmens dienen. Der Vorstand der beherrschten Gesellschaft ist verpflichtet, die Weisungen des herrschenden Unternehmens zu befolgen. Besteht ein Beherrschungsvertrag, so wird nach § 18 Abs. 1 S. 2 BetrVG das Vorliegen eines Unterordnungskonzerns unwiderleglich vermutet.

Die **Eingliederung** ist ein besonderes Rechtsinstitut des Aktienrechts, das – im Gegensatz zum Beherrschungsvertrag – nur auf Aktiengesellschaften Anwendung findet. Die Eingliederung erfolgt nach § 309 Abs. 1 AktG durch Beschluss der Hauptversammlung der einzugliedernden Aktiengesellschaft unter Zustimmung der Hauptversammlung der Hauptgesellschaft. Beide Gesellschaften behalten ihre rechtliche Selbständigkeit, so dass die Bezeichnung Eingliederung leicht missverständlich ist. Voraussetzung für eine rechtlich wirksame Eingliederung ist nach § 319 Abs. 1, 320a AktG, dass die Hauptgesellschaft spätestens mit der Eingliederung notwendig alleinige Aktionärin der eingegliederten Gesellschaft ist. Sie ist nach § 323 Abs. 1 AktG berechtigt, dem Vorstand der eingegliederten Gesellschaft hinsichtlich der Leitung der Gesellschaft – auch nachteilige – Weisungen zu erteilen.

Ein **faktischer Konzern** liegt vor, wenn die Unternehmensverbindung nicht auf einem Beherrschungsvertrag oder einem Eingliederungsbeschluss beruht, sondern das herrschende Unternehmen rein tatsächlich einen beherrschenden Einfluss auf das andere Unternehmen ausübt. Für den Konzernbegriff ist es unerheblich, auf welche Weise eine

---

[48] Zu den verschiedenen Erscheinungsformen vgl. Emmerich/Habersack Aktien-/GmbH-KonzernR/*Emmerich* § 18 Rn. 29–31.

[49] Vgl. dazu *Karsten Schmidt* ZHR 155 (1991), 417 ff.; Emmerich/Habersack Aktien-/GmbH-KonzernR/ *Emmerich* § 18 Rn. 26.

einheitliche Leitung ausgeübt wird.[50] Zwar ist der Vorstand einer Aktiengesellschaft weisungsfrei, sofern kein Beherrschungsvertrag besteht oder eine Eingliederung nicht vorliegt, da er die Gesellschaft nach § 76 Abs. 1 S. 1 AktG in eigener Verantwortung zu leiten hat. Das schließt jedoch keineswegs aus, dass ein anderes Unternehmen tatsächlich in der Lage ist, auch ohne ein legalisiertes Weisungsrecht einen beherrschenden Einfluss auszuüben. Zumeist beruht dies darauf, dass ein anderes Unternehmen über die Mehrheit der Anteile verfügt und auf diese Weise seinen Einfluss durchsetzen kann, zB durch personenidentische Besetzung der Leitungsorgane der Gesellschaften oder die Entsendung leitender Angestellter des herrschenden Unternehmens in das Leitungsorgan der abhängigen Gesellschaft.[51] Die Feststellung eines faktischen Konzerns wird durch die widerlegbaren Vermutungen der Abhängigkeit und der Ausübung einheitlicher Leitung in den §§ 17 Abs. 2 und 18 Abs. 1 S. 3 AktG wesentlich erleichtert.

4. Gemeinschaftsunternehmen

25 In der Praxis gibt es vielfach Unternehmen, die von zwei oder mehreren, voneinander unabhängigen Unternehmen auf der Grundlage gemeinsamer Willensbildung gemeinsam geleitet werden, um bestimmte gemeinsame Zielsetzungen zu verfolgen, zB Forschungsvorhaben oder Absatzkoordinationen (sog. Gemeinschaftsunternehmen).[52] Häufig besteht eine je hälftige Beteiligung an dem Gemeinschaftsunternehmen. Aufgrund der gesetzlichen Vermutung in § 36 Abs. 2 S. 2 GWB gilt in dem Fall, dass mehrere Unternehmen aufgrund einer Vereinbarung oder in sonstiger Weise gemeinsam einen beherrschenden Einfluss auf ein beteiligtes Unternehmen ausüben können, jedes von ihnen als herrschendes Unternehmen (Mehrmütterklausel). Im Anschluss daran ist konzernarbeitsrechtlich anerkannt, dass ein Unternehmen in **mehrfacher Abhängigkeit** zu verschiedenen anderen herrschenden Unternehmen stehen kann.[53] Voraussetzung dafür ist, dass die Beherrschungsmöglichkeit durch vertragliche oder organisatorische Bindungen gesichert ist, zB durch Stimmrechtspoolung, Konsortialverträge, Schaffung besonderer Leitungsorgane, vertragliche Koordinierung der Willensbildung etc.[54] Ausreichend kann aber auch sein, dass die Koordinierung der Willensbildung zwischen den beteiligten Muttergesellschaften rein tatsächlich stattfindet, zB bei einer langjährig praktizierten einheitlichen Leitung durch verschiedene Unternehmen aufgrund familiärer Verbundenheit der jeweiligen (Mehrheits-)Gesellschafter.[55] Die jeweils hälftige Beteiligung von zwei Gesellschaftern reicht insoweit allerdings nicht aus; erforderlich ist das Hinzutreten weiterer Umstände, durch die das gemeinsame Vorgehen gegenüber dem Gemeinschaftsunternehmen sichergestellt ist.[56] Für die Feststellung, ob Konzernverhältnisse vorliegen, gilt bei mehrfacher Abhängigkeit von mehreren Muttergesellschaften **für jedes Abhängigkeitsverhältnis die Konzernvermutung** nach § 18 Abs. 1 S. 3 AktG, sofern eine ausreichende Siche-

---

[50] BAG 13.10.2004 – 7 ABR 56/03, NZA 2005, 647; BAG 30.10.1986 – 6 ABR 19/85, DB 1987, 1691; *Fitting* § 54 Rn. 25; Richardi BetrVG/*Annuß* § 54 Rn. 25 ff.; ErfK/*Koch* BetrVG § 54 Rn. 4; *Röder/Powietzka* DB 2004, 542 (543).
[51] LAG Düsseldorf 11.9.1987 – 10 TaBV 63/87, AuR 1988, 92.
[52] Zum Begriff und den Erscheinungsformen in der Praxis, vgl. MüKoAktG/*Bayer* § 17 Rn. 76 ff.; Emmerich/Habersack Aktien-/GmbH-KonzernR/*Emmerich* § 17 Rn. 28 ff.
[53] BAG 11.2.2015 – 7 ABR 98/12, AP BetrVG 1972 § 54 Nr. 18; BAG 14.2.2007 – 7 ABR 26/06, NZA 2007, 999; BAG 13.10.2004 – 7 ABR 56/03, NZA 2005, 647; BAG 30.10.1986 – 6 ABR 19/85, DB 1987, 1691; *Fitting* § 54 Rn. 29; GK-BetrVG/*Franzen* § 54 Rn. 41; ErfK/*Koch* BetrVG § 54 Rn. 5; siehe dazu auch MüKoAktG/*Bayer* § 17 Rn. 78 ff.; Hüffer/*Koch* AktG § 17 Rn. 13; KölnKomm-AktG/*Koppensteiner* § 17 Rn. 83 ff.; Emmerich/Habersack Aktien-/GmbH-KonzernR/*Emmerich* § 17 Rn. 32; *Säcker* NJW 1980, 801 (803 f.).
[54] BAG 14.2.2007 – 7 ABR 26/06, NZA 2007, 999.
[55] BGH 8.5.1979 – KVR 1/78, NJW 1979, 2401; BAG 13.10.2004 – 7 ABR 56/03, NZA 2005, 647; LAG München 27.2.2009 – 9 TaBV 86/08, BeckRS 2009, 63546; Emmerich/Habersack Aktien-/GmbH-KonzernR/*Emmerich* § 17 Rn. 30; KölnKomm-AktG/*Koppensteiner* § 17 Rn. 90; so auch *Müller/Schulz* BB 2010, 1923 (1925).
[56] Emmerich/Habersack Aktien-/GmbH-KonzernR/*Emmerich* § 17 Rn. 31.

rung für die Ausübung der gemeinsamen Herrschaft gegeben ist.[57] Wird die einheitliche Leitung trotz Bestehens einer mehrfachen Abhängigkeit zu den Muttergesellschaften tatsächlich nur von einem Unternehmen ausgeübt, besteht nur zu diesem ein Konzernverhältnis. Liegt trotz mehrfacher Abhängigkeit überhaupt keine einheitliche Leitung vor, scheidet die Annahme eines Konzernverhältnisses und damit die Bildung eines Konzernbetriebsrats aus.[58] Wird die einheitliche Leitungsmacht von den beteiligten Mutterunternehmen durch eine dafür gebildete Gesellschaft bürgerlichen Rechts als Leitungsorgan ausgeübt, so schließt dies die Konzernzugehörigkeit zu allen beteiligten Mutterunternehmen zumindest dann nicht aus, wenn es sich um eine reine BGB-Innengesellschaft handelt.[59]

Wird aufgrund mehrfacher Abhängigkeit von beiden Mutterunternehmen eine einheitliche Leitungsmacht über das Gemeinschaftsunternehmen tatsächlich ausgeübt, so steht das Gemeinschaftsunternehmen in **mehrfacher Konzernzugehörigkeit** zu allen Mutterunternehmen. In dieser Konstellation ist der Gesamtbetriebsrat (bzw. der einzige Betriebsrat) des Gemeinschaftsunternehmens an der Bildung der Konzernbetriebsräte aller Mutterunternehmen zu beteiligen.[60]

5. Auslandssachverhalte

In der Praxis bestehen vielfach **transnationale Unternehmensverbindungen** mit herrschenden und abhängigen Unternehmen jeweils im Inland und im Ausland. Da aufgrund des Territorialitätsprinzips das Betriebsverfassungsgesetz und seine Bestimmungen über Konzernbetriebsräte auf ausländische Betriebe und Unternehmen keine Anwendung finden, kommt die Bildung von Konzernbetriebsräten nur insoweit in Betracht, als es um im Inland belegene Sachverhalte geht.

a) **Ausländische Konzernspitze.** Übt ein Unternehmen mit Sitz im Ausland die einheitliche Leitungsmacht über ein oder mehrere abhängige Unternehmen mit Sitz im Inland vom Ausland aus aus, kann nach allgemeiner Auffassung bei dem ausländischen Unternehmen kein Konzernbetriebsrat nach § 54 BetrVG gebildet werden. Das ausländische Unternehmen ist als solches nicht an das deutsche Betriebsverfassungsrecht gebunden und wird von den Organisationsregeln des deutschen Gesetzes nicht erfasst.[61]

Damit wird aber nicht zugleich die Möglichkeit ausgeschlossen, für die **inländischen Konzernteile** einen (Teil-)Konzernbetriebsrat zu errichten. Die mit dem Territorialitätsgrundsatz ausgedrückte Wertung will nur Organisationen mit Sitz im Ausland von der Anwendung deutschen Betriebsverfassungsrechts ausnehmen. Damit ist es durchaus ver-

---

[57] BAG 13.10.2004 – 7 ABR 56/03, NZA 2005, 647; BAG 30.10.1986 – 6 ABR 19/85, DB 1987, 1691; *Fitting* § 54 Rn. 30; GK-BetrVG/*Franzen* § 54 Rn. 42; HWGNRH/*Glock* § 54 Rn. 18; ErfK/*Koch* BetrVG § 54 Rn. 5; MüKoAktG/*Bayer* § 17 Rn. 81; Emmerich/Habersack Aktien-/GmbH-KonzernR/ *Emmerich* § 18 Rn. 21; *Säcker* NJW 1980, 801 (806); aA Richardi BetrVG/*Annuß* § 54 Rn. 18ff.; *Richardi*, Konzernzugehörigkeit, S. 33f.
[58] MüKoAktG/*Bayer* § 17 Rn. 80; KölnKomm-AktG/*Koppensteiner* § 17 Rn. 83, 90; Emmerich/Habersack Aktien-/GmbH-KonzernR/*Emmerich* § 18 Rn. 21; dazu auch *Fitting* § 54 Rn. 29; GK-BetrVG/*Franzen* § 54 Rn. 42; HWGNRH/*Glock* § 54 Rn. 16.
[59] Dazu KölnKomm-AktG/*Koppensteiner* § 17 Rn. 86ff.; MüKoAktG/*Bayer* § 17 Rn. 80; GK-BetrVG/*Franzen* § 54 Rn. 43; zweifelnd *Fitting* § 54 Rn. 31; anders *Dzida/Hohenstatt* NZA 2007, 945 (949); *Klinkhammer*, Mitbestimmung in Gemeinschaftsunternehmen, S. 129ff. und *Fuchs*, Konzernbetriebsrat, S. 163ff., wonach der KBR bei der Leitungsstelle gebildet werden soll.
[60] BAG 11.2.2015 – 7 ABR 98/12, AP BetrVG 1972 § 54 Nr. 18; BAG 13.10.2004 – 7 ABR 56/03, NZA 2005, 647; BAG 30.10.1986 – 6 ABR 19/85, DB 1987, 1691; LAG München 27.2.2009 – 9 TaBV 86/08, BeckRS 2009, 63546; *Fitting* § 54 Rn. 31 (unter Hinweis auf die dadurch entstehenden Abgrenzungsprobleme); GK-BetrVG/*Franzen* § 54 Rn. 43; *Müller/Schulz* BB 2010, 1923; aA Richardi DB 1973, 1452 (1452); *Richardi*, Konzernzugehörigkeit, S. 68ff.; Richardi BetrVG/*Annuß* § 54 Rn. 18ff.; *Buchner* RdA 1975, 9 (12f.); *Klinkhammer*, Mitbestimmung in Gemeinschaftsunternehmen, S. 143f.; *Neumann/Bock* BB 1977, 852 (855).
[61] Zu Möglichkeiten der Effektuierung der betrieblichen Mitbestimmung in Matrixstrukturen organisierten internationalen Konzernen de lege lata und de lege ferenda, *Schumacher* NZA 2015, 587.

einbar, das Betriebsverfassungsgesetz auf inländische Organisationstatbestände auch dann zur Anwendung zu bringen, wenn sie in grenzüberschreitenden Unternehmensverbindungen stehen. Problematisch ist lediglich, wie der Organisationstatbestand im Inland beschaffen sein muss, damit im Hinblick auf den Zweck der konzernweiten Mitbestimmung die Errichtung eines (Teil-)Konzernbetriebsrats als zulässig anzusehen ist.

30 Die Möglichkeit der Bildung von Konzernbetriebsräten ist mit Recht weit überwiegend anerkannt, wenn das herrschende Unternehmen mit Sitz im Ausland zwar eine einheitliche Leitungsmacht hat, eine inländische Gesellschaft aber ihrerseits in Form einer Unterkonzernspitze in relevantem Ausmaß eine in betriebsverfassungsrechtlichen Angelegenheiten wirksame Leitungsmacht gegenüber den beteiligten inländischen Unternehmen ausübt.[62] Hier hat die Lehre vom Konzern im Konzern ihren Hauptanwendungsbereich. Das Anliegen des Betriebsverfassungsgesetzes, den Arbeitnehmern verschiedener Unternehmen bei einheitlicher Führung ein einheitliches Repräsentationsorgan zu verschaffen, macht es notwendig, an die von einer inländischen Gesellschaft ausgeübte betriebsverfassungsrechtlich relevante Leitungsmacht anzuknüpfen, wenn der Konzernbetriebsrat bei der – ausländischen – Konzernspitze aufgrund der territorialen Begrenztheit der nationalen Rechtsordnung nicht errichtet werden kann und die Errichtung bei der inländischen Gesellschaft wegen der dort ausgeübten Entscheidungskompetenzen als Ersatz sinnvoll erscheint. Eine **inländische Teilkonzernspitze im betriebsverfassungsrechtlichen Sinne** liegt vor, wenn für die Mitbestimmung wesentliche Fragen, wie etwa der Personalführung, der wirtschaftlichen Angelegenheiten nach § 111 BetrVG oder der sozialen Angelegenheiten nach § 87 BetrVG in einem inländischen Unternehmen auch für die im Inland belegenen Enkelgesellschaften entschieden werden.[63]

31 Die Bildung eines Konzernbetriebsrats für die inländischen Konzernteile bei **Fehlen einer relevanten Leitungsmacht** im Inland hat das BAG in der Vergangenheit für unzulässig gehalten.[64] In einer späteren Entscheidung hat der Siebte Senat des BAG diese Frage ausdrücklich offengelassen.[65] Richtigerweise muss es allerdings bei der bisherigen Rechtsprechung des BAG verbleiben. Dies ergibt sich nicht nur daraus, dass der auch für das Betriebsverfassungsrecht maßgebliche aktienrechtliche Konzernbegriff in § 54 Abs. 1 BetrVG auf Konzerne nicht anwendbar ist, die von einer im Ausland ansässigen Muttergesellschaft geleitet werden.[66] Hinzu kommt, dass einem im Inland gebildeten Konzernbetriebsrat kein inländischer Verhandlungspartner in den der Mitbestimmung unterfallenden Angelegenheiten gegenüberstehen würde, so dass die Mitbestimmungsrechte letztlich leerlaufen würden.[67] Auch in Analogie zu § 5 Abs. 3 MitbestG und § 11 Abs. 3 PublG kommt die Bildung eines derartigen Konzernbetriebsrats nicht in Betracht, weil es sich bei diesen Vorschriften um nicht analogiefähige Sonderregelungen für den Bereich der

---

[62] BAG 16.5.2007 – 7 ABR 63/06, AP ArbGG 1979 § 96a Nr. 3; BAG 14.2.2007 – 7 ABR 26/06, NZA 2007, 999; LAG Nürnberg 21.7.2016 – 5 TaBV 54/15, BB 2016, 2367 (nrkr, vgl. BAG – 7 ABR 60/16); Fitting § 54 Rn. 34, 36; Richardi BetrVG/Annuß § 54 Rn. 35; GK-BetrVG/Franzen § 54 Rn. 46; Löwisch/Kaiser/Löwisch § 54 Rn. 8; HWGNRH/Glock § 54 Rn. 6; ErfK/Koch BetrVG § 54 Rn. 7; Dzida/Hohenstatt NZA 2007, 945 (947f.); Ullrich DB 2007, 2710; Henssler ZfA 2005, 289 (310ff.); Röder/Powietzka DB 2004, 542 (545f.); Birk FS Schnorr v. Carolsfeld S. 61 (85); Fuchs, Konzernbetriebsrat, S. 184f.

[63] BAG 16.5.2007 – 7 ABR 63/06, AP ArbGG 1979 § 96a Nr. 3; BAG 14.2.2007 – 7 ABR 26/06, NZA 2007, 999.

[64] BAG 14.2.2007 – 7 ABR 26/06, NZA 2007, 999; so auch Fitting § 54 Rn. 34b; Richardi BetrVG/Annuß § 54 Rn. 35; GK-BetrVG/Franzen § 54 Rn. 45; ErfK/Koch BetrVG § 54 Rn. 7; Kort NZA 2009, 464 (469); Dzida/Hohenstatt NZA 2007, 945 (947); Ullrich DB 2007, 2710; aA Buchner FS Birk, 2008, 11 (14ff.); Trittin/Giller AuR 2008, 136.

[65] BAG 27.10.2010 – 7 ABR 85/09, NZA 2011, 524; dazu weitergehend Fitting § 54 Rn. 34a–34i; vgl. auch Gaumann/Liebermann DB 2006, 1157 (1158); Mayer AuR 2006, 303 (306).

[66] So auch Richardi BetrVG/Annuß § 54 Rn. 35; ErfK/Koch BetrVG § 54 Rn. 7; kritisch dazu Bachmann RdA 2008, 107 (110).

[67] So auch BAG 14.2.2007 – 7 ABR 26/06, NZA 2007, 999; kritisch zu diesem Argument, im Ergebnis aber wie hier GK-BetrVG/Franzen § 54 Rn. 43.

Unternehmensmitbestimmung bzw. der Konzernrechnungslegung handelt, die auf den betriebsverfassungsrechtlichen Konzernbegriff nicht übertragen werden können.[68]

b) Ausländisches abhängiges Unternehmen. Auf Unternehmen mit Sitz im Ausland findet das deutsche Betriebsverfassungsrecht keine Anwendung. Ausländische Unternehmen sind daher an der Bildung eines Konzernbetriebsrats nicht zu beteiligen, selbst wenn sie von einem inländischen Unternehmen abhängig sind.[69]

Anders liegt es, wenn ein abhängiges Unternehmen mit Sitz im Ausland einen Betrieb mit **Betriebsrat im Inland** unterhält. Nach § 54 Abs. 2 BetrVG muss die Bildung des Konzernbetriebsrats nicht unbedingt durch Gesamtbetriebsräte erfolgen. Wenn ein Gesamtbetriebsrat nicht besteht, aber ein Betriebsrat vorhanden ist, so kann dieser die Aufgaben des Gesamtbetriebsrats wahrnehmen. Diese Wertung ist auf den inländischen Betrieb eines ausländischen abhängigen Unternehmens zur Geltung zu bringen. Der Betriebsrat kann sich daher anstelle des wegen des Territorialitätsgrundsatzes bei dem ausländischen Unternehmen nicht zu bildenden Gesamtbetriebsrats an der Errichtung eines Konzernbetriebsrats bei der inländischen Konzernspitze beteiligen.

c) Ausländischer Betrieb. Im Ausland belegene Betriebe nehmen wegen des Territorialitätsgrundsatzes an der deutschen Betriebsverfassung nicht teil. Hat ein inländisches Unternehmen nur im Ausland belegene Betriebe, so kann sich das Unternehmen nicht an der Errichtung des Konzernbetriebsrats beteiligen. Besteht in dem inländischen Unternehmen ein Gesamtbetriebsrat, so wirkt dieser an der Errichtung des Konzernbetriebsrats mit. Die Kompetenzen des Konzernbetriebsrats erstrecken sich aber nicht auf den oder die ausländischen Betriebe.

III. Errichtung

1. Voraussetzungen

Die Errichtung eines Konzernbetriebsrats ist – anders als beim Gesamtbetriebsrat – nicht zwingend geboten, sondern nach der gesetzgeberischen Konzeption in das **Ermessen der beteiligten Gesamtbetriebsräte** bzw. Betriebsräte gestellt. Die Errichtung ist fakultativ möglich, wenn die Errichtungsvoraussetzungen vorliegen. Unterbleibt die Errichtung, können die auf der Konzernebene bestehenden Mitbestimmungsrechte nicht ausgeübt werden;[70] sie wachsen insbesondere nicht – ersatzweise – den beteiligten Gesamtbetriebsräten zu. Wird trotz Fehlens der Errichtungsvoraussetzungen ein Konzernbetriebsrat gebildet, ist dessen Errichtung unwirksam; ein dennoch eingerichtetes Gremium hat nicht die Rechtsstellung eines Konzernbetriebsrats.[71]

Ein Konzernbetriebsrat kann nach § 54 BetrVG errichtet werden, wenn ein Unterordnungskonzern besteht. Jedem errichtungsberechtigten Gesamtbetriebsrat steht gegen den Arbeitgeber, also dem Träger des Unternehmens, bei dem der Gesamtbetriebsrat gebildet ist, ein **Anspruch auf Auskunft** darüber zu, ob die Voraussetzungen eines Unterordnungskonzerns iSv § 18 Abs. 1 AktG gegeben sind und welche Unternehmen in den Konzernverbund einbezogen sind.[72]

Nicht erforderlich ist, dass für die Konzernunternehmen mindestens zwei Gesamtbetriebsräte gebildet worden sind. Vielmehr reicht es nach § 54 Abs. 1 S. 2 BetrVG aus, wenn **ein Gesamtbetriebsrat für ein Unternehmen** besteht, in dem mehr als die Hälf-

---

[68] Vgl. Richardi BetrVG/*Annuß* § 54 Rn. 35; *Kort* NZA 2009, 464 (466).
[69] *Fitting* § 54 Rn. 37; Richardi BetrVG/*Annuß* § 54 Rn. 34; GK-BetrVG/*Franzen* § 54 Rn. 44; HWGNRH/*Glock* § 54 Rn. 23; ErfK/*Koch* BetrVG § 54 Rn. 7; *Simitis* FS Kegel, 1977, 153 (179); aA *Birk* FS Schnorr v. Carolsfeld S. 61 (84); *Fuchs*, Konzernbetriebsrat, S. 180 ff.
[70] BAG 14.12.1993 – 3 AZR 618/93, NZA 1994, 554.
[71] *Fitting* § 54 Rn. 38; Löwisch/Kaiser/*Löwisch* § 54 Rn. 17; HWGNRH/*Glock* § 54 Rn. 32.
[72] ErfK/*Koch* BetrVG § 54 Rn. 6.

te aller konzernangehörigen Mitarbeiter beschäftigt sind.[73] Anderenfalls würde in derartigen Konstellationen eine effektive Repräsentanz der Arbeitnehmerinteressen in auf Konzernebene zu entscheidenden Mitbestimmungsangelegenheiten nicht stattfinden können. Das in § 54 Abs. 1 S. 2 BetrVG festgelegte Mindestquorum stellt sicher, dass die Repräsentation durch den gebildeten Konzernbetriebsrat auf eine ausreichende Legitimationsgrundlage zurückgreifen kann. Es wäre auch nicht erklärlich, warum die Bildung eines Konzernbetriebsrats zulässig sein soll, wenn die in § 54 Abs. 1 S. 2 BetrVG genannte Mindestanzahl von Arbeitnehmern durch zwei Gesamtbetriebsräte vermittelt wird, nicht aber bei nur einem Gesamtbetriebsrat. Der Hinweis auf die Verwendung des Plurals in § 54 Abs. 1 S. 1 BetrVG im Hinblick auf die erforderliche Beschlussfassung steht der hier vertretenen Ansicht nicht entgegen, weil in Satz 1 nur der Regelfall der Errichtung eines Konzernbetriebsrats angesprochen ist, während die Errichtungsvoraussetzung in Satz 2 normiert sind.[74] Auch der Verweis auf die in § 73a BetrVG getroffene Regelung für die Konzern-Jugend- und Auszubildendenvertretung führt nicht weiter,[75] weil der Gesetzgeber die vergleichbare Fragestellung in § 73a Abs. 1 S. 3 BetrVG in einer auf die vorliegende Konstellation nicht übertragbaren Weise durch Erweiterung der Mitbestimmungskompetenzen der Gesamt-Jugend- und Auszubildendenvertretung bewältigt hat, so dass insoweit keine vergleichbare Regelungssituation gegeben ist, die eine Übertragung des dort normierten Regelungsmodells auf den Konzernbetriebsrat gestatten würde.

38 Besteht in einem **Konzernunternehmen nur ein Betriebsrat**, tritt dieser nach § 54 Abs. 2 BetrVG an die Stelle des Gesamtbetriebsrats. Dies gilt auch dann, wenn ein Unternehmen Träger mehrerer Betriebe ist, aber nur in einem von ihnen ein Betriebsrat gebildet worden ist.[76] Dieser Betriebsrat vertritt allerdings nur die Arbeitnehmer, die in dem Betrieb beschäftigt sind, für den er gebildet worden ist, nicht aber die Beschäftigten der anderen Betriebe des Unternehmens.[77] Es ist nicht erforderlich, dass alle Konzernunternehmen oder auch nur das herrschende Unternehmen einen Gesamtbetriebsrat bzw. Betriebsrat gebildet haben. Ebenso wenig kommt es darauf an, ob das herrschende Unternehmen einen eigenen Betrieb unterhält bzw. Arbeitnehmer beschäftigt. Die Errichtung eines Konzernbetriebsrats durch die örtlichen Betriebsräte eines Unternehmens scheidet allerdings aus, wenn diese pflichtwidrig keinen Gesamtbetriebsrat gebildet haben; an der Bildung eines Konzernbetriebsrats durch andere Gesamtbetriebsräte werden diese Betriebsräte nicht beteiligt.[78]

2. Beschlussfassung und Mehrheit

39 Die Errichtung des Konzernbetriebsrats erfolgt nach § 54 Abs. 1 S. 1 BetrVG durch Beschlüsse der einzelnen Gesamtbetriebsräte der Konzernunternehmen bzw. der nach § 54 Abs. 2 BetrVG die diesbezüglichen Aufgaben eines Gesamtbetriebsrats wahrnehmenden Betriebsräte.[79] Die Zuständigkeit besteht auch dann, wenn in einem Unterkonzern ein

---

[73] *Fitting* § 54 Rn. 39; GK-BetrVG/*Franzen* § 54 Rn. 50; DKKW/*Trittin* § 54 Rn. 112; HK-BetrVG/*Tautphäus* § 54 Rn. 28; ErfK/*Koch* BetrVG § 54 Rn. 6; *Trittin/Gilles* ArbuR 2009, 253 (254); *Kreutz* NZA 2008, 259 (261); *Schwab* NZA-RR 2007, 337 (339); aA BAG 13.12.2004 – 7 ABR 56/03, NZA 2005, 647; *Richardi* BetrVG/*Annuß* § 54 Rn. 32, 41; WPK/*Roloff* § 54 Rn. 12; *Wollwert* NZA 2011, 437 (411).
[74] So auch GK-BetrVG/*Franzen* § 54 Rn. 50; *Kreutz* NZA 2008, 259 (261).
[75] Anders aber Richardi BetrVG/*Annuß* § 545 Rn. 32.
[76] *Fitting* § 54 Rn. 58; GK-BetrVG/*Franzen* § 54 Rn. 68; HWGNRH/*Glock* § 54 Rn. 41; ErfK/*Koch* BetrVG § 54 Rn. 10; *Monjau* BB 1972, 839 (841); aA Richardi BetrVG/*Annuß* § 54 Rn. 55; WPK/*Roloff* § 54 Rn. 13; HWK/*Hohenstatt*/*Dzida* BetrVG § 54 Rn. 14.
[77] *Fitting* § 54 Rn. 58; GK-BetrVG/*Franzen* § 54 Rn. 68; HK-BetrVG/*Tautphäus* § 54 Rn. 28; aA *Trittin/Gilles* AuR 2009, 253 (254).
[78] *Fitting* § 54 Rn. 59; GK-BetrVG/*Franzen* § 54 Rn. 69; Richardi BetrVG/*Annuß* § 54 Rn. 56; HWGNRH/*Glock* § 54 Rn. 40; HK-BetrVG/*Tautphäus* § 54 Rn. 29; ErfK/*Koch* BetrVG § 54 Rn. 10; *Monjau* BB 1972, 839 (841).
[79] Soweit im Folgenden im Zusammenhang mit der Errichtung eines Konzernbetriebsrats nur die Gesamtbetriebsräte angesprochen werden, sind damit – allein aus Platzgründen – zugleich auch die nach § 54 Abs. 2 BetrVG zuständigen Betriebsräte in Unternehmen mit nur einem Betriebsrat gemeint.

Konzernbetriebsrat errichtet worden ist. Sie geht im Hinblick auf die Errichtung des Konzernbetriebsrats bei der Konzernobergesellschaft nicht auf den bei der Tochtergesellschaft für den Unterkonzern gebildeten Konzernbetriebsrat über.[80] Der Konzernbetriebsrat wird bei der Konzernobergesellschaft bzw. – in den Fällen des „Konzerns im Konzern" – bei der jeweiligen Tochtergesellschaft errichtet, die die Aufgaben der Konzernspitze im Unterkonzern wahrnimmt. Da eine gesetzliche Verpflichtung zur Errichtung eines Konzernbetriebsrats nicht besteht, können die beteiligten Gesamtbetriebsräte nach ihrem jeweiligen pflichtgemäßen Ermessen die Errichtung des Konzernbetriebsrats beschließen oder dies unterlassen.

Die Gesamtbetriebsräte treten nicht zu einer einheitlichen Willensbildung zusammen. **40** Die erforderlichen Beschlüsse sind vielmehr **in jedem Gesamtbetriebsrat getrennt** zu fassen. Es ist allerdings zweckmäßig, dass sich die im Konzern gebildeten Gesamtbetriebsräte über das Verfahren abstimmen. Notwendig ist das aber nicht. Jeder Gesamtbetriebsrat kann zu jeder Zeit von sich aus den entsprechenden Beschluss fassen und den anderen Gesamtbetriebsräten mitteilen. Der Gesamtbetriebsrat des herrschenden Unternehmens hat gegenüber den Gesamtbetriebsräten der abhängigen Konzernunternehmen keine besondere Stellung, insbesondere kein vorrangiges Initiativ- oder Einladungsrecht.[81]

Die Errichtung des Konzernbetriebsrats ist nach § 54 Abs. 1 S. 2 BetrVG davon abhän- **41** gig, dass inhaltlich übereinstimmende Beschlüsse des oder der Gesamtbetriebsräte der Konzernunternehmen vorliegen, in denen insgesamt **mehr als 50 % der Arbeitnehmer der Konzernunternehmen** beschäftigt sind; ausreichend ist es, wenn nur ein Gesamtbetriebsrat einen Errichtungsbeschluss fasst, sofern die erforderliche Anzahl der Arbeitnehmer in dem Unternehmen beschäftigt sind, für das der Gesamtbetriebsrat gebildet worden ist.[82]

Für die Berechnung sowohl der **Gesamtzahl der im Konzern beschäftigten Ar-** **42** **beitnehmer** als auch der für die Ermittlung des erforderlichen Quorums im jeweiligen Unternehmen beschäftigten Arbeitnehmer, für das der beschließende Gesamtbetriebsrat gebildet ist, kommt es nicht auf die Zahl der in der Regel im Betrieb beschäftigten Arbeitnehmer iSv § 9 Abs. 1 BetrVG sondern auf die Zahl der zum Zeitpunkt der Beschlussfassung des Gesamtbetriebsrats in den unternehmensangehörigen Betrieben tatsächlich beschäftigten Arbeitnehmer an. Beteiligt sich ein Gesamtbetriebsrat nicht an der Beschlussfassung bildet der Zeitpunkt der letzten Beschlussfassung eines konzernangehörigen Gesamtbetriebsrats den maßgeblichen Stichtag für die Zahl der in diesem Unternehmen beschäftigten Arbeitnehmer.[83] Zu berücksichtigen sind allerdings nur die im Inland belegenen Betriebe.[84] Bei der Berechnung sind alle Arbeitnehmer unabhängig von der Wahlberechtigung und unabhängig davon, ob es sich um ständig oder nur vorübergehend beschäftigte Arbeitnehmer handelt, einzubeziehen. Auch in den Betrieben zum Zeitpunkt des Beschlusses beschäftigte Leiharbeitnehmer zählen mit.[85] Leitende Angestellte iSv § 5 Abs. 3 BetrVG und die in § 5 Abs. 2 BetrVG bezeichneten Personen bleiben jedoch außer Betracht. In Unternehmen mit einem Gesamtbetriebsrat sind die Arbeitnehmer betriebsratsloser Betriebe sowohl bei der Berechnung der Anzahl der konzernangehörigen Arbeitnehmer als auch der für die Ermittlung des Quorums erforderlichen unternehmens-

---

[80] *Fitting* § 54 Rn. 42; GK-BetrVG/*Franzen* § 54 Rn. 50.
[81] *Fitting* § 54 Rn. 40; GK-BetrVG/*Franzen* § 54 Rn. 51; HWGNRH/*Glock* § 54 Rn. 27; ErfK/*Koch* BetrVG § 54 Rn. 6.
[82] *Fitting* § 54 Rn. 43; GK-BetrVG/*Franzen* § 54 Rn. 54; HWGNRH/*Glock* § 54 Rn. 28; ErfK/*Koch* BetrVG § 54 Rn. 8; HWK/*Hohenstatt/Dzida* BetrVG § 54 Rn. 12; so auch Richardi BetrVG/*Annuß* § 54 Rn. 37, der aber die Möglichkeit der Errichtung eines Konzernbetriebsrats in Fällen, in denen nur ein Gesamtbetriebsrat vorhanden ist, der die entsprechende Arbeitnehmerzahl repräsentiert, ablehnt.
[83] GK-BetrVG/*Franzen* § 54 Rn. 55.
[84] Richardi BetrVG/*Annuß* § 54 Rn. 40; GK-BetrVG/*Franzen* § 54 Rn. 56.
[85] ErfK/*Koch* BetrVG § 54 Rn. 6; aA GK-BetrVG/*Franzen* § 54 Rn. 55.

angehörigen Arbeitnehmer[86] mitzurechnen, da der Gesamtbetriebsrat nach § 50 Abs. 1 S. 1 BetrVG auch für sie zuständig ist.[87] Arbeitnehmer von Konzernunternehmen, in denen weder ein Gesamtbetriebsrat noch ein Betriebsrat besteht, sind ebenfalls mitzurechnen,[88] da sich die Zuständigkeit des Konzernbetriebsrats nach § 58 Abs. 1 S. 1 BetrVG auf sie erstreckt.

43 Der Konzernbetriebsrat ist errichtet, sobald die entsprechenden Beschlüsse von Gesamtbetriebsräten vorliegen, die mehr als 50 % der Arbeitnehmer der Konzernunternehmen repräsentieren.

3. Mitgliederzahl und Zusammensetzung

44 Nach § 55 Abs. 1 BetrVG sind **alle Gesamtbetriebsräte verpflichtet,** Mitglieder in den Konzernbetriebsrat zu entsenden. Die Verpflichtung besteht unabhängig davon, ob der jeweilige Gesamtbetriebsrat der Errichtung zugestimmt, diese abgelehnt oder überhaupt dazu einen Beschluss gefasst hat.[89] Ist in einem Konzernunternehmen nur ein Betriebsrat vorhanden, so hat dieser nach § 54 Abs. 2 BetrVG die entsprechenden Mitglieder zu entsenden.

45 **a) Entsendung.** Die Anzahl der Mitglieder des Konzernbetriebsrats ergibt sich mittelbar aus § 55 Abs. 1 BetrVG. Nach § 55 Abs. 1 S. 1 BetrVG entsendet jeder Gesamtbetriebsrat durch Beschluss zwei seiner Mitglieder in den Konzernbetriebsrat. Besteht in einem Konzernunternehmen nur ein Betriebsrat, so nimmt dieser nach § 54 Abs. 2 BetrVG die entsprechenden Befugnisse des Gesamtbetriebsrats wahr und entsendet zwei seiner Mitglieder in den Konzernbetriebsrat. Diesem gehören daher grds. doppelt so viele Personen an, wie entsendungsberechtigte Gesamtbetriebsräte bzw. nach § 54 Abs. 2 BetrVG entsendungsberechtigte Betriebsräte vorhanden sind. Ist in dem Konzern ein Unternehmen einbezogen, in dem nur ein (kleiner) Betrieb mit einem einköpfigen Betriebsrat vorhanden ist, werden die Arbeitnehmer dieses Unternehmen nur durch das einzige Betriebsratsmitglied im Konzernbetriebsrat repräsentiert, das kraft Amtes Mitglied des Konzernbetriebsrats ist. Dem Konzernbetriebsrat können nur Personen angehören, die ihrerseits Mitglied des entsendungsberechtigten Organs, also des Gesamtbetriebsrats oder eines Betriebsrats nach § 54 Abs. 2 BetrVG, sind.[90] Andere Personen können daher nicht Mitglieder des Konzernbetriebsrats sein; eine Ersatzmitgliedschaft reicht solange nicht aus, solange das Mitglied nicht endgültig in das jeweilige Gremium nachgerückt ist.

46 Nach § 55 Abs. 1 S. 2 BetrVG sollen die Geschlechter im Konzernbetriebsrat angemessen berücksichtigt werden. Abgesehen davon, dass diese Vorgabe aufgrund der Entsendung der jeweiligen Mitglieder durch gesonderte Beschlüsse der entsendungsberechtigten Gesamtbetriebsräte und Betriebsräte nur schwer umsetzbar ist, weil die **geschlechterentsprechende Zusammensetzung** des Organs Konzernbetriebsrat sich nur in der Gesamtheit der Entsendungsbeschlüsse überhaupt beurteilen lässt, zieht ein Verstoß gegen diese Sollvorschrift keinerlei Rechtsfolgen nach sich;[91] es handelt sich insoweit lediglich um einen gesetzgeberischen Appell.

---

[86] BAG 11.8.1993 – 7 ABR 34/92, DB 1994, 480; Richardi BetrVG/*Annuß* § 54 Rn. 40; GK-BetrVG/ *Franzen* § 54 Rn. 56; HWGNRH/*Glock* § 54 Rn. 26; DKKW/*Trittin* § 54 Rn. 108; ErfK/*Koch* BetrVG § 54 Rn. 8; auch *Fitting* § 54 Rn. 46, aA insoweit aber unter Rn. 47 unter Hinweis darauf, dass anderenfalls die Zahl der bei der Ermittlung des Quorums zu berücksichtigenden Arbeitnehmer höher liegen würde als das Stimmgewicht des Gesamtbetriebsrats.
[87] BAG 11.8.1993 – 7 ABR 34/92, DB 1994, 480; *Fitting* § 54 Rn. 46; GK-BetrVG/*Franzen* § 56 Rn. 56; ErfK/*Koch* BetrVG § 54 Rn. 6.
[88] BAG 22.11.1995 – 7 ABR 9/95, NZA 1996, 706; BAG 11.8.1993 – 7 ABR 43/92, DB 1994, 480; *Fitting* § 54 Rn. 46; Richardi BetrVG/*Annuß* § 54 Rn. 40; ErfK/*Koch* BetrVG § 54 Rn. 8.
[89] *Fitting* § 54 Rn. 48, § 55 Rn. 4; Richardi BetrVG/*Annuß* § 54 Rn. 43, § 55 Rn. 13; GK-BetrVG/*Franzen* § 54 Rn. 58, § 55 Rn. 8; HWGNRH/*Glock* § 55 Rn. 2; Löwisch/Kaiser/*Löwisch* § 55 Rn. 1; WPK/ *Roloff* § 54 Rn. 2.
[90] *Fitting* § 55 Rn. 6; GK-BetrVG/*Franzen* § 55 Rn. 9.
[91] Richardi BetrVG/*Annuß* § 55 Rn. 5; GK-BetrVG/*Franzen* § 55 Rn. 12.

III. Errichtung   47–49 § 302

Die Entsendung in den Konzernbetriebsrat erfolgt durch Beschluss des jeweiligen Ge- 47
samtbetriebsrats bzw. nach § 54 Abs. 2 BetrVG entsendungsberechtigten Betriebsrats. Die
Beschlussfassung muss in einer Sitzung des – beschlussfähigen – Gremiums für jedes zu
entsendende Mitglied gesondert erfolgen und bedarf nach § 51 Abs. 3 BetrVG jeweils der
einfachen Mehrheit der in der Sitzung des Gesamtbetriebsrats vertretenen Stimmen, bei
einer Entsendung durch einen Betriebsrat nach § 33 Abs. 1 BetrVG der Mehrheit der anwesenden Betriebsratsmitglieder. Eine geheime Abstimmung ist nicht gefordert. Die Entsendungskompetenz kann nicht auf ein anderes Organ, zB den Gesamtbetriebsausschuss, übertragen werden.[92]

Nach § 55 Abs. 4 S. 1 BetrVG kann durch **Tarifvertrag oder Betriebsvereinbarung** 48
die Mitgliederzahl des Konzernbetriebsrat abweichend von der gesetzlichen Regel
bestimmt, also sowohl vergrößert als auch verkleinert werden. Die Voraussetzungen und
das Verfahren richten sich nach den entsprechenden Bestimmungen für den Gesamtbetriebsrat. Der Tarifvertrag bzw. die Betriebsvereinbarung sind jeweils mit dem Unternehmen abzuschließen, bei dem der Konzernbetriebsrat gebildet wird, also idR mit der Konzernobergesellschaft bzw. – im Fall eines Konzerns im Konzern – mit der die einheitliche Leitung im Unterkonzern wahrnehmenden Tochtergesellschaft.[93] Auf Seiten der Gewerkschaften kann ein entsprechender Tarifvertrag von jeder tarifzuständigen Gewerkschaft abgeschlossen werden, wobei es ausreichend sein dürfte, dass die Gewerkschaft in dem den Tarifvertrag schließenden herrschenden Unternehmen vertreten ist.[94] Mögliche Tarifkonkurrenzen sind nach § 4a Abs. 2 S. 2 TVG, mithin unter Heranziehung des Mehrheitsprinzips aufzulösen.[95] Für eine Veränderung der Mitgliederzahl des Konzernbetriebsrats durch Betriebsvereinbarung ist dieser in seiner gesetzlichen Zusammensetzung zuständig.[96] Gehören dem Konzernbetriebsrat nach der gesetzlichen Regelung mehr als 40 Mitglieder an, was das Vorhandensein von mindestens 21 konzernangehörigen Unternehmen voraussetzt, und besteht auch keine die Größe des Konzernbetriebsrats regelnde tarifliche Regelung, können der Arbeitgeber, in diesem Fall die Konzernobergesellschaft, und der Konzernbetriebsrat nach dem nach § 55 Abs. 4 S. 2 BetrVG entsprechend anwendbaren § 47 Abs. 5, 6 BetrVG das Zustandekommen einer Betriebsvereinbarung über eine Verkleinerung des Konzernbetriebsrats notfalls durch einen Spruch der beim herrschenden Unternehmen zu bildenden Einigungsstelle erzwingen. Die durch den in § 55 Abs. 4 S. 2 BetrVG enthaltenen Verweis auf § 47 Abs. 5 bis 9 BetrVG eingeräumte Regelungskompetenz beschränkt sich ebenso wie bei der Parallelproblematik betreffend den Gesamtbetriebsrat ausschließlich auf die Größe des Konzernbetriebsrats und die bei einer Größenveränderung sich ergebenden Fragestellungen hinsichtlich der gemeinsamen Entsendung der Mitglieder des Konzernbetriebsrats durch mehrere Gesamtbetriebsräte. Dies gilt auch für das in § 47 Abs. 5 BetrVG geregelte Erfordernis einer regionalen oder durch gemeinsame Interessen begründeten Verbundenheit als Voraussetzung für die Festlegung einer gemeinsamen Entsendungsberechtigung.[97]

b) Ersatzmitglieder. Jeder Gesamtbetriebsrat hat für jedes von ihm entsandte Mitglied 49
des Konzernbetriebsrats mindestens ein Ersatzmitglied zu bestellen und, soweit für ein

---
[92] Richardi BetrVG/*Annuß* § 55 Rn. 5.
[93] *Fitting* § 55 Rn. 20, 21; Richardi BetrVG/*Annuß* § 55 Rn. 16; GK-BetrVG/*Franzen* § 55 Rn. 29; HWGNRH/*Glock* § 55 Rn. 5; HK-BetrVG/*Tautphäus* § 55 Rn. 13; WPK/*Roloff* § 54 Rn. 3; DKKW/ *Trittin* § 55 Rn. 20; ErfK/*Koch* BetrVG § 55 Rn. 1.
[94] So auch Richardi BetrVG/*Annuß* § 55 Rn. 17; GK-BetrVG/*Franzen* § 55 Rn. 29; aA *Fitting* § 55 Rn. 20, die verlangen, dass die Gewerkschaft in allen Betrieben und für alle Arbeitnehmer zuständig sein muss.
[95] *Fitting* § 55 Rn. 20; GK-BetrVG/*Franzen* § 55 Rn. 30; ErfK/*Koch* BetrVG § 55 Rn. 1.
[96] *Fitting* § 55 Rn. 21; Richardi BetrVG/*Annuß* § 55 Rn. 18; GK-BetrVG/*Franzen* § 55 Rn. 31; DKKW/ *Trittin* § 54 Rn. 21; ErfK/*Koch* BetrVG § 55 Rn. 1; aA WPK/*Roloff* § 55 Rn. 4, der vor einer Konstituierung des Konzernbetriebsrats auch eine Regelung durch Betriebsvereinbarung zwischen dem herrschenden Unternehmen und den Gesamtbetriebsräten für zulässig hält.
[97] Richardi BetrVG/*Annuß* § 55 Rn. 21; GK-BetrVG/*Franzen* § 55 Rn. 34; WPK/*Roloff* § 55 Rn. 5.

Mitglied des Konzernbetriebsrats mehrere Ersatzmitglieder bestellt werden, die Reihenfolge des Nachrückens festzulegen. Zum Ersatzmitglied können nur Mitglieder des Gesamtbetriebsrats bestellt werden, nicht aber dessen Ersatzmitglieder. Denkbar ist aber, dass eine Person als Ersatzmitglied für beide vom Gesamtbetriebsrat entsandten Mitglieder festgelegt wird. Das Ersatzmitglied vertritt das Mitglied des Konzernbetriebsrats im Verhinderungsfall und rückt bei dessen endgültigen Ausscheiden in den Konzernbetriebsrat nach. Das Recht des entsendenden Gesamtbetriebsrats zur Abberufung dieses Mitgliedes und Entsendung eines anderen Mitglieds wird dadurch nicht eingeschränkt. Entsprechendes gilt für einen nach § 54 Abs. 2 BetrVG entsendungsberechtigten Betriebsrat. Besteht dieser nur aus einer Person, bedarf es der Bestellung eines Ersatzmitgliedes für den Konzernbetriebsrat nicht. Vielmehr rückt das auf der Ebene des Betriebsrats gewählte Ersatzmitglied im Verhinderungsfall automatisch in die Rechtsstellung des verhinderten Betriebsratsmitgliedes auch in seiner Funktion als – geborenes – Mitglied des Konzernbetriebsrats ein.[98]

4. Konstituierende Sitzung

50 Liegen die Voraussetzungen für die Bildung eines Konzernbetriebsrats vor, sind insbesondere die entsprechenden Beschlüsse der Gesamtbetriebsräte und der nach § 54 Abs. 2 BetrVG entsendungsberechtigten Betriebsräte gefasst, so hat der insoweit durch seinen Vorsitzenden vertretene Gesamtbetriebsrat des herrschenden Unternehmens nach § 59 Abs. 2 S. 1 BetrVG zu der konstituierenden Sitzung einzuladen. Den Gegenstand der Einladung bildet die **Wahl des Vorsitzenden** und des stellvertretenden Vorsitzenden des Konzernbetriebsrats; mit deren Wahl ist die Konstituierung des Konzernbetriebsrats vollzogen. Besteht in dem herrschenden Unternehmen nur ein einziger Betriebsrat, so ist dieser nach § 54 Abs. 2 BetrVG für die Einberufung der konstituierenden Sitzung zuständig.[99] Ist in dem herrschenden Unternehmen überhaupt kein Betriebsrat gebildet worden, so obliegt die Einladung dem Gesamtbetriebsrat des nach der Zahl der wahlberechtigten Arbeitnehmer größten Konzernunternehmens.

51 Zu der Sitzung sind alle Gesamtbetriebsräte einzuladen, auch wenn sie sich an der Beschlussfassung über die Bildung des Konzernbetriebsrats nicht beteiligt oder gegen die Errichtung gestimmt haben. Besteht in einem Konzernunternehmen nur ein Betriebsrat, so ist dieser einzuladen. Das weitere Verfahren entspricht der Regelung für die konstituierende Sitzung des Gesamtbetriebsrats. Insbesondere hat der Vorsitzende des einladenden Gesamtbetriebsrats nach § 59 Abs. 2 S. 2 BetrVG die Sitzung bis zur Bestimmung eines Wahlleiters aus der Mitte der in den Konzernbetriebsrat entsandten Mitglieder zu leiten. Sobald dieser gewählt ist, endet das Teilnahmerecht des Vorsitzenden des einladenden Gesamtbetriebsrats, wenn dieser nicht seinerseits Mitglied des Konzernbetriebsrats ist.

IV. Zuständigkeit

1. Allgemeine Stellung

52 Der Konzernbetriebsrat ist ein **selbständiges Organ der Betriebsverfassung** auf der Konzernleitungsebene.[100] Er nimmt eigene Aufgaben wahr und unterliegt nicht den Weisungen der Gesamtbetriebsräte oder Betriebsräte. Gleiches gilt für die Mitglieder des Konzernbetriebsrats. Der Konzernbetriebsrat ist nach § 58 Abs. 1 S. 2 BetrVG den Gesamtbetriebsräten (bzw. den Betriebsräten) aber auch nicht übergeordnet und diesen gegenüber nicht weisungsberechtigt. Er darf daher in die Tätigkeit der Gesamtbetriebsräte, die diese innerhalb ihres Aufgabenbereichs entfalten, nicht eingreifen.[101] Dem Konzernbetriebsrat steht auch keine irgendwie geartete Richtlinienkompetenz gegenüber den Gesamtbe-

---

[98] Vgl. *Fitting* § 55 Rn. 15; GK-BetrVG/*Franzen* § 55 Rn. 19.
[99] *Fitting* § 59 Rn. 15; Richardi BetrVG/*Annuß* § 55 Rn. 17; GK-BetrVG/*Franzen* § 59 Rn. 7.
[100] BAG 12.11.1997 – 7 ABR 78/96, NZA 1998, 497; *Fitting* § 58 Rn. 4; GK-BetrVG/*Franzen* § 58 Rn. 6; ErfK/*Koch* BetrVG § 58 Rn. 1.
[101] Vgl. eingehend dazu *Windbichler*, Arbeitsrecht im Konzern, S. 348 f.

IV. Zuständigkeit

triebsräten zu. Eine Koordination der Tätigkeit der Gesamtbetriebsräte durch den Konzernbetriebsrat ist nur auf freiwilliger Basis möglich.[102]

Beachtet werden muss, dass die Konzernobergesellschaft nicht Arbeitgeber die in den verschiedenen Konzernunternehmen beschäftigten Arbeitnehmer ist, obwohl der Gesetzgeber ersichtlich von einer derartigen Stellung eines **Konzernarbeitgebers** ausgegangen ist.[103] Der Konzernbetriebsrat ist jedoch Repräsentant der Belegschaft der konzernangehörigen Unternehmen in in die originäre Zuständigkeit des Konzernbetriebsrats fallenden Mitbestimmungszuständigkeiten. In dieser Funktion ist regelmäßig das herrschende Unternehmen bzw. dessen Leitungsorgan,[104] bzw. bei einem „Konzern im Konzern die die Leitungsmacht ausübende Tochtergesellschaft Verhandlungspartner des Konzernbetriebsrats. Soweit der Konzernbetriebsrat nach § 58 Abs. 1 S. 1 BetrVG für Angelegenheiten zuständig ist, die mehrere Konzernunternehmen betreffen, kann er insoweit auch mit den Leitungsorganen von Konzernunternehmen Verhandlungen führen. Dies gilt erst recht, wenn er nach § 58 Abs. 2 BetrVG aufgrund erfolgter Delegation die in die Zuständigkeit eines oder mehrerer Gesamtbetriebsräte fallenden Aufgaben wahrnimmt.[105]

2. Originäre Zuständigkeit

Der Konzernbetriebsrat hat nach § 58 Abs. 1 S. 1 BetrVG eine originäre Zuständigkeit[106] für die Behandlung von Angelegenheiten, die den Konzern oder mehrere Konzernunternehmen betreffen und nicht durch die einzelnen Gesamtbetriebsräte innerhalb der jeweiligen Unternehmen geregelt werden können. Es handelt sich um eine zwingende, auch nicht tarifdispositive **unternehmensübergreifende Zuständigkeit** und zugleich um eine gesetzlich vorgegebene Abgrenzung zu den originären Zuständigkeiten der Gesamtbetriebsräte und der örtlichen Betriebsräte. Die Regelung entspricht der gesetzlichen Abgrenzung der Zuständigkeiten von Betriebsräten und Gesamtbetriebsrat in § 50 Abs. 1 BetrVG, so dass die dafür entwickelten Grundsätze (→ § 300 Rn. 37) entsprechend heranzuziehen sind.[107] Der Konzernbetriebsrat unterliegt ebenso wie der Gesamtbetriebsrat im Verhältnis zu den örtlichen Betriebsräten dem Subsidiaritätsprinzip. Das Gesetz gibt der dezentralen Interessenvertretung den Vorrang. Es grenzt dadurch die Zuständigkeit des Konzernbetriebsrats randscharf von der der Gesamtbetriebsräte aber auch der örtlichen Betriebsräte ab.

a) Zuständigkeitsvoraussetzungen. Eine Zuständigkeit des Konzernbetriebsrats ist daher nur insoweit gegeben, als die zu regelnde Angelegenheit entweder den Konzern insgesamt oder mehrere, zumindest zwei konzernangehörige Unternehmen betrifft. Als zweite Voraussetzung muss hinzukommen, dass ein zwingendes Bedürfnis für eine konzernweite oder zumindest unternehmensübergreifende Regelung besteht.[108] Dieses Bedürfnis muss sich aus objektiv-sachlichen Gründen ergeben, die wiederum aufgrund einer wertenden Betrachtung der konkreten Umstände im Konzern abhängig von Inhalt und Zweck des jeweiligen Mitbestimmungstatbestandes und der geplanten Regelung zu gewichten sind. Nicht ausreichend sind das bloße Kosten- oder Koordinierungsinteresse der

---

[102] *Fitting* § 58 Rn. 5; GK-BetrVG/*Franzen* § 58 Rn. 7; DKKW/*Trittin* § 58 Rn. 3; ErfK/*Koch* BetrVG § 58 Rn. 1.
[103] So auch *Fitting* § 58 Rn. 6; Richardi BetrVG/*Annuß* § 58 Rn. 2; GK-BetrVG/*Franzen* § 58 Rn. 10; HWGNRH/*Glock* § 58 Rn. 3; ErfK/*Koch* BetrVG § 58 Rn. 1; *Wetzling*, Konzernbetriebsrat, S. 196; *Güllich*, Betriebsvereinbarungen im Konzern, S. 10.
[104] BAG 12.11.1997 – 7 ABR 78/96, NZA 1998, 497.
[105] Dazu BAG 12.11.1997 – 7 ABR 78/96, NZA 1998, 497.
[106] Zur Problematik eines Initiativrechts des Konzernbetriebsrats s. GK-BetrVG/*Franzen* § 58 Rn. 20; *Konzen* FS Wiese S. 199 (215 f.).
[107] BAG 26.1.2016 – 1 ABR 68/13, NZA 2016, 498; BAG 19.6.2007 – 1 AZR 454/06, NZA 2007, 1184; BAG 20.12.1995 – 7 ABR 8/95, NZA 1996, 945; näher dazu *Buchner* FS Zöllner S. 697 (707 ff.); GK-BetrVG/*Franzen* § 58 Rn. 8; DKKW/*Trittin* § 58 Rn. 8; ErfK/*Koch* BetrVG § 58 Rn. 2.
[108] BAG 19.6.2007 – 1 AZR 454/06, NZA 2007, 1184.

Konzernobergesellschaft, reine Zweckmäßigkeitsüberlegungen oder der auf eine einheitliche Regelung gerichtete Wunsch von Arbeitgeber- oder Arbeitnehmerseite.[109] Dass die Arbeitgeberfunktion im Konzern für die bei den Konzernunternehmen beschäftigten Arbeitnehmer nicht bei der Konzernobergesellschaft, sondern bei den jeweiligen konzernangehörigen Unternehmen angesiedelt ist, entfaltet ebenfalls keine die Zuständigkeit des Konzernbetriebsrats begründende oder ausschließende Wirkung. Auch der Umstand, dass das herrschende Unternehmen eine Angelegenheit zur Entscheidung an sich gezogen hat, ist zur Begründung der Zuständigkeit des Konzernbetriebsrats – zumindest im Bereich der erzwingbaren Mitbestimmung – nicht geeignet.[110] Anders verhält es sich jedoch im Bereich der freiwilligen Mitbestimmung. Hier kann die Konzernobergesellschaft durch die Festlegung, eine Angelegenheit nur auf Konzernebene oder unternehmensübergreifend mit dem Konzernbetriebsrat vereinbaren zu wollen, dessen Zuständigkeit begründen.[111] Der Konzernbetriebsrat ist nach § 58 Abs. 1 S. 1 Hs. 2 BetrVG auch zuständig für Konzernunternehmen, in denen kein Gesamtbetriebsrat oder Betriebsrat besteht. Die Zuständigkeit besteht auch, wenn ein Gesamtbetriebsrat unter Verstoß gegen seine betriebsverfassungsrechtlichen Pflichten keine Vertreter in den Konzernbetriebsrat entsandt hat.

56 Dem Konzernbetriebsrat stehen keine besonderen Mitbestimmungsrechte zu. Im Rahmen seiner Zuständigkeit hat er vielmehr die gleichen Rechte und Pflichten wie ein Betriebsrat.[112] Maßgeblich sind nach § 59 Abs. 1 iVm § 51 Abs. 5 BetrVG die **allgemeinen für den Gesamtbetriebsrat bzw. den örtlichen Betriebsrat geltenden Mitbestimmungstatbestände.** Soweit ein Mitbestimmungstatbestand an eine Mindestzahl von Beschäftigten in einem Betrieb oder einem Unternehmen anknüpft, gilt dies auch für den Konzernbetriebsrat. Liegt eine in die Zuständigkeit des Konzernbetriebsrats fallende Mitbestimmungsangelegenheit vor, ist aber kein Konzernbetriebsrat gebildet worden, entfällt die Mitbestimmung; das Mitbestimmungsrecht verlagert sich nicht – im Sinne einer Auffangzuständigkeit – auf die Gesamtbetriebsräte.[113]

57 **b) Allgemeine Zuständigkeit.** Da die Konzernunternehmen rechtlich selbständige Arbeitgeber sind, können sie gewöhnlich mitbestimmungspflichtige Angelegenheiten selbst behandeln, so dass die Kompetenz der Gesamtbetriebsräte (bzw. der örtlichen Betriebsräte) gegeben ist. Die Zuständigkeit des Konzernbetriebsrats ist nur begründet, wenn ein **zwingendes Bedürfnis für eine einheitliche Regelung** auf Konzernebene oder zumindest unternehmensübergreifend und damit für eine einheitliche Mitbestimmung durch den Konzernbetriebsrat besteht.

58 **aa) Soziale Angelegenheiten.** In **sozialen Angelegenheiten** wird ein solches Bedürfnis nur ganz selten gegeben sein. Das BAG nimmt zu Recht eine originäre Zuständigkeit des Konzernbetriebsrats bei der Einführung von Ethik-Richtlinien (Verhaltenskodex nach § 87 Abs. 1 Nr. 1 BetrVG) an, wenn nach einer konzerneinheitlichen Unternehmensphilosophie ein ethisch-moralisch einheitliches Erscheinungsbild und eine konzernweite

---

[109] BAG 26.1.2016 – 1 ABR 68/13, NZA 2016, 498; BAG 25.9.2012 – 1 ABR 45/11, NZA 2013, 275; BAG 19.6.2007 – 1 AZR 454/06, NZA 2007, 1184; BAG 12.11.1997 – 7 ABR 78/96, NZA 1998, 497; BAG 20.12.1995 – 7 ABR 8/95, NZA 1996, 945; *Fitting* § 58 Rn. 11; Richardi BetrVG/*Annuß* § 58 Rn. 8; WPK/*Roloff* § 58 Rn. 5; ErfK/*Koch* BetrVG § 58 Rn. 2.
[110] GK-BetrVG/*Franzen* § 58 Rn. 20, 26; Richardi BetrVG/*Annuß* § 58 Rn. 8; ErfK/*Koch* BetrVG § 58 Rn. 2; aA *Wetzling*, Konzernbetriebsrat, S. 94.
[111] *Fitting* § 58 Rn. 8; HWGNRH/*Glock* § 58 Rn. 12; Löwisch/Kaiser/*Löwisch* § 58 Rn. 10; ErfK/*Koch* BetrVG § 58 Rn. 2; *Christoffer* BB 2008, 951 (952).
[112] BAG 12.11.1997 – 7 ABR 78/96, NZA 1998, 497.
[113] *Fitting* § 58 Rn. 8; Richardi BetrVG/*Annuß* § 58 Rn. 21; GK-BetrVG/*Franzen* § 58 Rn. 8; ErfK/*Koch* BetrVG § 58 Rn. 2; *Windbichler*, Arbeitsrecht im Konzern, S. 345 f.; *Röder/Gragert* DB 1996, 1674 (1678); *Nick*, Konzernbetriebsrat, S. 151, aA wohl *Salamon* NZA 2009, 471 (473).

IV. Zuständigkeit

Identität erreicht werden sollen.[114] Anerkannt ist die Zuständigkeit des Konzernbetriebsrats bei konzerneinheitlichen Sozialeinrichtungen iSd §§ 87 Abs. 1 Nr. 8, 88 Nr. 2 BetrVG. Besteht die Sozialeinrichtung nach ihrer Satzung unternehmensübergreifend für mehrere oder alle Konzernunternehmen, so werden die Mitbestimmungsrechte durch den Konzernbetriebsrat ausgeübt.[115] Dies gilt auch für Regelungen über eine konzerneinheitlich erfolgende Zuweisung und Nutzung von Werkswohnungen.[116] Schließlich unterliegen auch Regelungen zu konzernweit wirkenden betrieblichen Altersversorgungsordnungen der Zuständigkeit des Konzernbetriebsrats, wenn die konzernweite Wirkungsweise vom Arbeitgeber im Rahmen der freiwilligen Mitbestimmung vorgegeben ist oder die Versorgungsordnung im Übrigen konzerneinheitlich organisiert ist.[117] Demgegenüber fallen zusätzliche Versorgungsregelungen, die nur für ein Unternehmen des Konzerns gelten, in die Zuständigkeit des Gesamtbetriebsrats.[118]

Die Zuständigkeit des Konzernbetriebsrats besteht weiterhin bei der Einführung und Änderung von EDV-Programmen, die nach ihrem Einsatzzweck konzerneinheitlich wirken sollen und daher nur konzerneinheitlich geregelt werden können.[119] Die Einführung und Unterhaltung von unternehmensübergreifenden **Anlagen der elektronischen Datenverarbeitung** bzw. deren Vernetzung ist häufig aus Gründen der einheitlichen Konzernführung notwendig. Der einzelne Gesamtbetriebsrat kann dabei die Interessen der von ihm repräsentierten Arbeitnehmer nicht ausreichend wahrnehmen, so dass die Mitbestimmung nach § 87 Abs. 1 Nr. 6 BetrVG vom Konzernbetriebsrat auszuüben ist. Gleiches gilt für eine Regelung über den konzernweiten Austausch von Mitarbeiterdaten.[120] Ebenfalls in die Zuständigkeit des Konzernbetriebsrats fällt die Einrichtung und Pflege einer konzernweit einheitlichen „Facebook-Seite", soweit diese mitbestimmungspflichtige Anwendungen oder Inhalte aufweist.[121]

bb) Personelle Angelegenheiten. In **personellen Angelegenheiten** ist der Konzernbetriebsrat für personelle Einzelmaßnahmen generell nicht zuständig. Entscheidungen über Einstellungen und Kündigungen müssen auf Betriebs- und Unternehmensebene fallen und durchgeführt werden, so dass die Mitbestimmung nach den §§ 99, 102 BetrVG vom örtlichen Betriebsrat auszuüben ist, auch wenn es für die Entscheidungen Vorgaben durch die Konzernleitung gibt. Daran ändert sich nichts, wenn arbeitsvertraglich der Einsatz von Arbeitnehmern in allen Unternehmen des Konzerns vorgesehen werden soll.[122] In gleicher Weise sind die örtlichen Betriebsräte für Versetzungen aus einem Konzernunternehmen in ein anderes zuständig.[123] Die Zuständigkeit des Konzernbetriebsrats kann allerdings für Fragen der Personalplanung nach § 92 BetrVG, Personalfragebögen nach § 94 Abs. 1 BetrVG, bei der Aufstellung allgemeiner Beurteilungsgrundsätze iSv § 94 Abs. 2 BetrVG und von Auswahlrichtlinien nach § 95 BetrVG gegeben sein, wenn dem

---

[114] BAG 22.7.2008 – 1 ABR 40/07, NZA 2008, 1248; dazu HWGNRH/*Glock* § 58 Rn. 14; Löwisch/Kaiser/*Löwisch* § 58 Rn. 5; *Dzida* NZA 2008, 1265 (1266).
[115] Vgl. BAG 14.12.1993 – 3 AZR 618/93, NZA 1994, 554; BAG 21.6.1979 – 3 ABR 3/78, DB 1979, 2039; BAG 17.3.1987 – 3 AZR 64/84, NZA 1987, 855; *Buchner* FS Zöllner S. 697 (712 ff.).
[116] *Fitting* § 58 Rn. 12; HWGNRH/*Glock* § 58 Rn. 14.
[117] Dazu *Reinecke* AuR 2004, 328 (336); offengelassen bei BAG 17.6.2003 – 3 ABR 43/02, NZA 2004, 1110.
[118] BAG 19.3.1981 – 3 ABR 38/80, DB 1981, 2181.
[119] BAG 26.1.2016 – 1 ABR 68/13, NZA 2016, 498; BAG 25.9.2012. – 1 ABR 45/11, NZA 2013, 275; dazu auch *Bachner/Rupp* NZA 2016, 207; *Christoffer* BB 2008, 951 (952).
[120] BAG 20.12.1995 – 7 ABR 8/95, NZA 1996, 945.
[121] BAG 13.12.2016 – 1 ABR 7/15, NZA 2017, 657, zur Möglichkeit zur Einstellung von auf einzelne Arbeitnehmer bezogenen „Besucherbeiträgen".
[122] *Fitting* § 58 Rn. 14; Richardi BetrVG/*Annuß* § 58 Rn. 13; HWGNRH/*Glock* § 58 Rn. 20; ErfK/*Koch* BetrVG § 58 Rn. 3.
[123] BAG 19.2.1991 – 1 ABR 36/90, NZA 1991, 565; BAG 30.4.1981 – 6 ABR 59/78, DB 1981, 1833, zur Parallelproblematik beim Gesamtbetriebsrat; ErfK/*Koch* BetrVG § 58 Rn. 3; *Christoffer* BB 2008, 951 (953).

jeweils konzerneinheitliche Planungen und Vorgaben zu Grunde liegen.[124] Auch für die einheitliche Ausschreibung von Arbeitsplätzen in mehreren Konzernunternehmen nach § 93 BetrVG kann die Zuständigkeit des Konzernbetriebsrats bestehen.[125]

61 cc) Wirtschaftliche Angelegenheiten. In **wirtschaftlichen Angelegenheiten** sind regelmäßig die örtlichen Betriebsräte bzw. die Gesamtbetriebsräte zuständig. Insbesondere erfolgt die Mitbestimmung bei Betriebsänderungen auch dann durch den örtlichen Betriebsrat (bzw. bei Vorliegen der notwendigen Voraussetzungen durch den Gesamtbetriebsrat), wenn es sich um die Durchführung von Entscheidungen handelt, die auf der Konzernleitungsebene gefallen sind. Diese Entscheidungen sind nur unter Wahrung der Mitbestimmungsrechte der einzelnen Betriebsräte (bzw. Gesamtbetriebsräte) durchführbar. Anders kann es liegen, wenn es sich um Entscheidungen handelt, die sich in einem abgestimmten System auf die einzelnen Konzernunternehmen in einer Weise auswirken, dass die Mitbestimmung auf Betriebs- und Unternehmensebene leerlaufen würde und deshalb ein Interessenausgleich und ein Sozialplan ebenfalls nur konzernweit abgestimmt sinnvoll sind. Denkbar ist dies insbesondere, wenn eine einheitliche Betriebsänderung mehrere Betriebe unterschiedlicher konzernangehöriger Unternehmen betrifft.[126] In diesem Falle ist der Konzernbetriebsrat zuständig. Außerdem ist zumindest eine Beratungszuständigkeit des Konzernbetriebsrats anzuerkennen, wenn es darum geht, im Hinblick auf die mangelnde Ertragskraft eines Unternehmens einen verbesserten Sozialplan durch das herrschende Unternehmen unter Berücksichtigung der Ertragskraft des Konzerns zu erreichen. Darüber hinaus hat der Konzernbetriebsrat eine Beratungszuständigkeit in wirtschaftlichen Angelegenheiten, welche die Konzernebene betreffen.[127] Der Konzernbetriebsrat kann schließlich auch bei konzernweiten Umwandlungen unter Beteiligung mehrerer konzernangehöriger Unternehmen, zB einer Verschmelzung von zwei konzernangehörigen Unternehmen, hinsichtlich der umwandlungsrechtlichen Informations- und Beteiligungsrechte zuständig sein.[128]

62   Auf Konzernebene kann ein Wirtschaftsausschuss nicht errichtet werden.[129] Dies ist gesetzgeberisch klargestellt, nachdem der in § 109a des Referentenentwurfes eines BetrVG-Reformgesetzes vorgesehene **Konzernwirtschaftsausschuss** nicht in das BetrVG aufgenommen worden ist.[130]. Konzernweite Angelegenheiten lösen aber das Antragsrecht und den Unterrichtungsanspruch des Konzernbetriebsrats aus § 80 Abs. 1 Nr. 2, Abs. 2 BetrVG aus. Es bleibt darüber hinaus ohne Weiteres zulässig, dass der Konzernbetriebsrat in Konzernen mit mehr als 100 Arbeitnehmern einen Ausschuss für wirtschaftliche Angelegenheiten einrichtet, der – mit Zustimmung der Konzernleitung – die Aufgaben eines Wirtschaftsausschusses wahrnimmt.[131] Dieser hat aber nicht die Stellung und die Befugnisse eines Wirtschaftsausschusses.[132]

---

[124] Richardi BetrVG/*Annuß* § 58 Rn. 11; Löwisch/Kaiser/*Löwisch* § 58 Rn. 12; *Fuchs*, Konzernbetriebsrat, S. 144; *Wetzling*, Konzernbetriebsrat, S. 176f.
[125] *Fitting* § 58 Rn. 13; Richardi BetrVG/*Annuß* § 58 Rn. 11; Löwisch/Kaiser/*Löwisch* § 58 Rn. 12; *Fuchs*, Konzernbetriebsrat, S. 138f.
[126] Dazu *Fitting* § 58 Rn. 15; Richardi BetrVG/*Annuß* § 58 Rn. 15; WPK/*Roloff* § 58 Rn. 9; *Christoffer* BB 2008, 951 (953); *Kort* NZA 2013, 1318 (1323) (zur Einführung einer unternehmensübergreifenden Matrixorganisation).
[127] GK-BetrVG/*Franzen* § 58 Rn. 31 mwN.
[128] Vgl. dazu *Scharff* BB 2016, 437 (438).
[129] *Fitting* § 58 Rn. 17; Richardi BetrVG/*Annuß* § 58 Rn. 14; GK-BetrVG/*Franzen* § 58 Rn. 32; HWGNRH/*Glock* § 58 Rn. 21; Löwisch/Kaiser/*Löwisch* § 58 Rn. 15WPK/*Roloff* § 58 Rn. 8; ErfK/*Koch* BetrVG § 58 Rn. 3; aA *Wetzling*, Konzernbetriebsrat, S. 182ff.; *Windbichler*, Arbeitsrecht im Konzern, S. 333; *Nebendahl* DB 1991, 384 (388); wohl auch DKKW/*Trittin* § 58 Rn. 77.
[130] Dazu *Schiefer/Korte* NZA 2001, 71 (87); der Unterzeichner gibt seine früher vertretene Auffassung (DB 1991, 384) im Hinblick auf die erkennbare gesetzgeberische Entscheidung ausdrücklich auf.
[131] Siehe dazu auch *Lerch/Weinbrenner* NZA 2013, 355 (356); Löwisch/Kaiser/*Löwisch* § 58 Rn. 15; DKKW/*Trittin* § 58 Rn. 77.
[132] GK-BetrVG/*Franzen* § 58 Rn. 32; offengelassen in BAG 30.6.1981 – 1 ABR 30/79, NJW 1982, 125.

c) Besondere Zuständigkeit. Der Konzernbetriebsrat hat in einigen Fällen kraft Gesetzes bei der Besetzung mitbestimmter Aufsichtsräte mitzuwirken. Hierzu gehören die Bestellung des Hauptwahlvorstands für die Wahl der Vertreter der Arbeitnehmer im Aufsichtsrat eines herrschenden Unternehmens eines Konzerns nach dem Drittelbeteiligungsgesetz gemäß § 26 Abs. 3 WODrittelbG und dem Mitbestimmungsgesetz nach den §§ 2, 4 der 3. WOMitbestG (zur Abberufung s. § 88 der 3. WOMitbestG und zur Anfechtung der Wahl s. § 22 Abs. 2 Nr. 2 MitbestG). Der Konzernbetriebsrat bildet außerdem nach § 1 Abs. 4 Montan-MitbestG den Wahlkörper für die Wahl der Vertreter der Arbeitnehmer im Aufsichtsrat eines herrschenden Montanunternehmens. Er bestellt nach § 3 Abs. 3 WahlO zum MitbestEG den Hauptwahlvorstand für die Wahl der Vertreter der Arbeitnehmer im Aufsichtsrat eines herrschenden Unternehmens nach dem MitbestEG (zur Abberufung s. § 79 der WahlO). Der Konzernbetriebsrat wirkt an der Bildung eines besonderen Verhandlungsgremiums zur Einführung der Mitbestimmung in der Societas Europaea mit.

3. Auftragszuständigkeit

Der Gesamtbetriebsrat kann nach § 58 Abs. 2 BetrVG mit der Mehrheit der Stimmen seiner Mitglieder unter Beachtung der sich aus der Anzahl der repräsentierten unternehmensangehörigen Arbeitnehmer ermittelten Stimmengewichtung den Konzernbetriebsrat beauftragen, eine Angelegenheit für ihn zu behandeln. Dies setzt voraus, dass die Angelegenheit in den Zuständigkeitsbereich des Gesamtbetriebsrats fällt, ihm das von ihm übertragene Mitbestimmungsrecht mithin tatsächlich zusteht.[133] Eine Erweiterung der Mitbestimmungsrechte und Wahrnehmungszuständigkeiten ergibt sich aus der Übertragungsmöglichkeit des § 58 Abs. 2 BetrVG nicht. Die für die Beauftragung des Gesamtbetriebsrats durch einen örtlichen Betriebsrat geltenden Grundsätze finden entsprechende Anwendung (→ § 300 Rn. 63 ff.). Insbesondere kann der Konzernbetriebsrat eine an ihn delegierte Mitbestimmungsangelegenheit nicht zurückweisen. Er ist allerdings gehalten, die Wirksamkeit und Zulässigkeit der Delegation zu prüfen und ggf. gegenüber dem Gesamtbetriebsrat zu beanstanden. Er kann durch den delegierenden Gesamtbetriebsrat nicht zu einem bestimmten Tätigwerden gezwungen werden.[134] Die Aufgabenübertragung kann auf ein Verhandlungsmandat beschränkt sein und die Abschlussberechtigung ausnehmen. Der Gesamtbetriebsrat kann eine einmal übertragene Aufgabe außerdem jederzeit und grundlos zurücknehmen. Besteht in einem Unternehmen nur ein Betriebsrat, so kann dieser in Anwendung des § 54 Abs. 2 BetrVG den Konzernbetriebsrat beauftragen.[135] Eine darüber hinaus gehende Beauftragung des Konzernbetriebsrats durch einen örtlichen Betriebsrat ist demgegenüber ausgeschlossen. Hat ein Betriebsrat ihm obliegende Aufgaben nach § 50 Abs. 2 BetrVG auf den Gesamtbetriebsrat delegiert, kann dieser die Aufgabenerledigung an den Konzernbetriebsrat weiterleiten. Notwendig ist allerdings, dass eine derartige Weiterleitung entweder von der ursprünglichen Delegationsentscheidung des örtlichen Betriebsrats gedeckt ist oder der örtliche Betriebsrat nachträglich der Weiterleitung an den Konzernbetriebsrat durch Betriebsratsbeschluss zustimmt.[136] Zu einer Verlagerung der Zuständigkeiten auf Arbeitgeberseite führt die Beauftragung nicht; Verhandlungs- und Abschlusspartner des Konzernbetriebsrats ist daher immer das Unternehmen, bei dem der Gesamtbetriebsrat oder der örtliche Betriebsrat errichtet ist.[137]

---

[133] BAG 12.11.1997 – 7 ABR 78/96, NZA 1998, 497.
[134] *Rieble* RdA 2005, 26.
[135] BAG 19.6.2007 – 1 AZR 454/06, NZA 2007, 1184.
[136] *Fitting* § 58 Rn. 25; Richardi BetrVG/*Annuß* § 58 Rn. 31; GK-BetrVG/*Franzen* § 58 Rn. 48; HWGNRH/*Glock* § 58 Rn. 29; ErfK/*Koch* BetrVG § 58 Rn. 5; *Rieble* RdA 2005, 26 (28); weitergehend – ohne das Erfordernis der Zustimmung des delegierenden Betriebsrats – WPK/*Roloff* § 58 Rn. 11.
[137] BAG 17.3.2015 – 1 ABR 49/13, AP § 58 BetrVG 1972 Nr. 6; BAG 12.11.1997 – 7 ABR 78/96, NZA 1998, 497; *Fitting* § 58 Rn. 27; Richardi BetrVG/*Annuß* § 58 Rn. 30; ErfK/*Koch* BetrVG § 58 Rn. 5; *Rieble* RdA 2005, 26 (28); aA GK-BetrVG/*Franzen* § 58 Rn. 49 (Konzernspitze als Verhandlungspartner);

65 Das Instrument der Beauftragung kann sich in Konzernverhältnissen als besonders sinnvoll erweisen. In vielen Fällen wird es so liegen, dass Entscheidungen auf der Konzernebene beraten und getroffen werden, ohne dass wegen des Subsidiaritätsprinzips zugleich auch eine originäre Zuständigkeit des Konzernbetriebsrats gegeben wäre. In solchen Fällen obliegt es den Gesamtbetriebsräten, darüber zu befinden, ob die Interessen der Arbeitnehmer der Konzernunternehmen vom Konzernbetriebsrat besser wahrgenommen werden können als durch die einzelnen Gesamtbetriebsräte. Diese treffen ihre Entscheidung nach pflichtgemäßem Ermessen. Eine Verpflichtung zur Aufgabendelegation auf den Konzernbetriebsrat besteht nicht.

V. Stimmengewichtung

66 Die Mitglieder des Konzernbetriebsrats haben – ebenso wie die Mitglieder eines Gesamtbetriebsrats – nicht das gleiche, sondern ein nach der Anzahl der von ihnen repräsentierten Arbeitnehmer gewichtetes Stimmgewicht. Ausgangspunkt der Berechnung ist das den Mitgliedern des **entsendenden Gesamtbetriebsrats insgesamt zustehende Stimmgewicht,** welches sich wiederum entsprechend § 47 Abs. 7 BetrVG nach der Anzahl der bei der letzten Betriebsratswahl in der Wählerliste eingetragenen Arbeitnehmer der unternehmensangehörigen Betriebe ergibt. Betriebsratslose Betriebe und solche, deren Betriebsräte – pflichtwidrig – keine Mitglieder in den Gesamtbetriebsrat entsandt haben, bleiben unberücksichtigt.[138] Besteht in einem Unternehmen nur ein Betriebsrat, so dass dieser nach § 54 Abs. 2 BetrVG Mitglieder in den Konzernbetriebsrat entsendet, kommt es für das Stimmgewicht in entsprechender Anwendung des § 47 Abs. 7 BetrVG auf die Anzahl der bei der letzten Betriebsratswahl in die Wählerliste eingetragenen Arbeitnehmer des Betriebs und – entgegen dem Wortlaut des § 55 Abs. 3 BetrVG – nicht auf die Anzahl der Betriebsratsmitglieder an.[139] Jedem Mitglied des Konzernbetriebsrats stehen nach § 55 Abs. 3 BetrVG die Stimmen der Mitglieder des entsendenden Gesamtbetriebsrats je zur Hälfte zu. Die im Gesamtbetriebsrat bestehende Stimmengewichtung setzt sich damit im Konzernbetriebsrat fort. Ungeachtet der Gewichtung kann aber das jeweilige Mitglied des Konzernbetriebsrats nur einheitlich abstimmen; die Möglichkeit einer Stimmenaufspaltung besteht nicht. Zulässig ist es aber, dass die beiden von einem Gesamtbetriebsrat entsandten Mitglieder ihre Stimmen unterschiedlich abgeben.

67 Wird die Größe des Konzernbetriebsrats durch Tarifvertrag oder Betriebsvereinbarung verändert, insbesondere verringert, erfolgt häufig die Entsendung eines Mitglieds des Konzernbetriebsrats durch mehrere Gesamtbetriebsräte. In diesem Fall berechnet sich dessen Stimmgewicht unter Berücksichtigung der Anzahl der in die Wählerliste eingetragenen Arbeitnehmer der Betriebe der gemeinsam entsendenden Unternehmen. Bei gemeinsamer Entsendung mehrerer Mitglieder durch mehrere Gesamtbetriebsräte werden die auf die Gesamtbetriebsräte auf die gemeinsam entsandten Mitglieder in gleichem Umfang anteilig verteilt.

68 Der in § 55 Abs. 4 S. 2 BetrVG enthaltene Verweis auf § 47 Abs. 9 BetrVG bestätigt in erster Linie die sich aus § 55 Abs. 3 BetrVG ergebende Rechtsfolge, dass bei Fehlen einer entgegenstehenden Vereinbarung die in einem **Gemeinschaftsbetrieb mehrerer Unternehmen** beschäftigten Arbeitnehmer auch dann für das Stimmgewicht der von dem bei dem konzernangehörigen Unternehmen gebildeten Gesamtbetriebsrat entsandten Mitglieder des Konzernbetriebsrats zu berücksichtigen sind, wenn sie nicht in einem Arbeitsverhältnis zu dem konzernangehörigen Unternehmen sondern zu dem anderen an dem Gemeinschaftsbetrieb beteiligten Unternehmen stehen. Andererseits gestattet der Verweis

---

DKKW/*Trittin* § 58 Rn. 110 (Wahlrecht des Konzernbetriebsrats zwischen Unternehmensleitung und Leitung des herrschenden Unternehmens als Verhandlungspartner); *Bachner* NZA 1995, 256 (259).
[138] GK-BetrVG/*Franzen* § 55 Rn. 21.
[139] *Fitting* § 55 Rn. 16; Richardi BetrVG/*Annuß* § 55 Rn. 23; GK-BetrVG/*Franzen* § 55 Rn. 22; HWGNRH/*Glock* § 55 Rn. 15; ErfK/*Koch* BetrVG § 55 Rn. 1.

auf § 47 Abs. 9 BetrVG die durch Tarifvertrag oder Betriebsvereinbarung erfolgende Festlegung abweichender Stimmgewichte, insbesondere von solchen, die die nicht unternehmenszugehörigen Arbeitnehmer von unternehmensangehörigen Gemeinschaftsbetrieben unberücksichtigt lassen. Denkbar ist auch, bei Gemeinschaftsbetrieben, die von Unternehmen gebildet sind, die jeweils dem gleichen Konzern angehören, die den jeweils unternehmensangehörigen Arbeitnehmern entsprechenden anteiligen Stimmgewichte den von den für das jeweilige Unternehmen gebildeten Gesamtbetriebsräten zuzuordnen.[140] Von diesen Regelungsmöglichkeiten kann auf der Ebene des Konzernbetriebsrats auch dann Gebrauch gemacht werden, wenn die entsprechende Möglichkeit auf der Ebene des betroffenen Gesamtbetriebsrats bereits genutzt worden ist.[141]

VI. Organisation und Geschäftsführung

Für die Geschäftsführung des Konzernbetriebsrats sind im Wesentlichen die **gleichen Grundsätze** anzuwenden **wie für den Gesamtbetriebsrat**. Dies gilt infolge der Verweisung in § 59 Abs. 1 BetrVG für das Nachrücken von Ersatzmitgliedern (§ 25 Abs. 1 BetrVG); die Wahl des Vorsitzenden und seines Stellvertreters (§ 26 BetrVG); den Konzernbetriebsausschuss (→ Rn. 76); die Übertragung von Aufgaben auf weitere Ausschüsse (§ 28 Abs. 1 S. 1 und 3, Abs. 2 BetrVG); die Sitzungen (§ 59 Abs. 2 S. 3, § 29 Abs. 2 bis 4, § 30 BetrVG; zum Teilnahmerecht → Rn. 78); die Sitzungsniederschrift (§ 34 BetrVG); die Beschlussfassung (§ 51 Abs. 3 BetrVG) und die Aussetzung von Beschlüssen (§ 35 BetrVG); die Geschäftsordnung (§ 36 BetrVG); die ehrenamtliche Tätigkeit und die Arbeitsversäumnis (§ 37 Abs. 1 bis 3 BetrVG); die Tragung der Kosten durch den Arbeitgeber und das Umlageverbot (§§ 40, 41 BetrVG). Folgende Besonderheiten sind zu beachten.

1. Konzernbetriebsvereinbarung

Der Konzernbetriebsrat kann nach § 59 Abs. 1 iVm § 51 Abs. 5 BetrVG ebenso wie ein Betriebsrat oder ein Gesamtbetriebsrat Betriebsvereinbarungen abschließen. Handelt der Konzernbetriebsrat im Rahmen seiner originären Zuständigkeit werden diese als Konzernbetriebsvereinbarungen bezeichnet.[142] Schließt der Konzernbetriebsrat demgegenüber auf der Grundlage einer delegierten Zuständigkeit nach § 58 Abs. 2 BetrVG eine Betriebsvereinbarung für ein oder mehrere Konzernunternehmen ab, handelt es sich im originären Aufgabenkreis der Gesamtbetriebsräte ihrer Rechtsnatur nach um Gesamtbetriebsvereinbarungen und – sofern von einem Gesamtbetriebsrat dem Konzernbetriebsrat Aufgaben übertragen werden, die ihrerseits dem Gesamtbetriebsrat nach § 50 Abs. 2 BetrVG von örtlichen Betriebsräten mit dessen Zustimmung übertragen worden sind – um Betriebsvereinbarungen. **Verhandlungs- und Abschlusspartner des Konzernbetriebsrats** ist bei Konzernbetriebsvereinbarungen das herrschende Unternehmen, bei dem der Konzernbetriebsrat gebildet worden ist, in den übrigen Fällen die Leitung des Unternehmens, bei dem der die Aufgabenübertagung aussprechende Gesamtbetriebsrat errichtet wurde. Der Konzernbetriebsrat kann im Rahmen der übertragenen Aufgaben nicht von der Konzernobergesellschaft verlangen, dass diese die Betriebsvereinbarung abschließt, selbst wenn der jeweilige Gesamtbetriebsrat dem Konzernbetriebsrat für die betreffende Angelegenheit die

---

[140] Zu den in diesem Zusammenhang bestehenden Problemen siehe Richardi BetrVG/*Annuß* § 55 Rn. 26; GK-BetrVG/*Franzen* § 55 Rn. 40; nach WPK/*Roloff* § 55 Rn. 7, soll dies bei konzerneigenen Gemeinschaftsbetrieb gesetzlich vorgegeben sein.
[141] Richardi BetrVG/*Annuß* § 55 Rn. 26; aA *Fitting* § 55 Rn. 30; GK-BetrVG/*Franzen* § 55 Rn. 41.
[142] BAG 22.1.2002 – 3 AZR 554/00, NZA 2002, 1224; BAG 12.11.1997 – 7 ABR 78/96, NZA 1998, 497; BAG 17.3.1987 – 3 AZR 64/84, NZA 1987, 855; *Fitting* § 58 Rn. 34; Richardi BetrVG/*Annuß* § 58 Rn. 45; GK-BetrVG/*Franzen* § 58 Rn. 52; Löwisch/Kaiser/*Löwisch* § 58 Rn. 20; ErfK/*Koch* BetrVG § 58 Rn. 6; *Kort* NZA 2009, 464 (470); anders HWGNRH/*Glock* § 58 Rn. 30, der für alle vom Konzernbetriebsrat abgeschlossenen Betriebsvereinbarungen diesen Begriff verwendet.

Abschlusskompetenz übertragen hat.[143] Es besteht insoweit weder ein Wahlrecht für den Konzernbetriebsrat[144] noch eine alleinige Abschlusszuständigkeit für die Konzernobergesellschaft.[145] Der Anspruch auf Durchführung liegt bei derartigen (Gesamt-)Betriebsvereinbarung bei dem jeweiligen Gesamtbetriebsrat,[146] der diese Aufgabe allerdings ebenfalls auf den Konzernbetriebsrat übertragen kann.

71 Die Konzernbetriebsvereinbarung entfaltet **normative** (unmittelbare und zwingende) **Wirkung** für alle Konzernunternehmen und deren Arbeitnehmer, soweit sich nicht aus deren fachlichen oder räumlichen Geltungsbereich Begrenzungen ergeben.[147] Die Geltung einer Konzernbetriebsvereinbarung erstreckt sich auch auf die Arbeitsverhältnisse in Unternehmen, bei denen die dort gebildeten Gesamtbetriebsräte entgegen deren gesetzlicher Verpflichtung keine Mitglieder in den Konzernbetriebsrat entsandt haben und auch auf betriebsratslose Betriebe.[148] Die Durchführung abgeschlossener Konzernbetriebsvereinbarungen kann ausschließlich der Konzernbetriebsrat verlangen und ggf. mit gerichtlicher Hilfe erzwingen, nicht aber einzelne Gesamtbetriebsräte oder örtliche Betriebsräte.[149] Diese können sich zur Durchsetzung einer Konzernbetriebsvereinbarung auch nicht auf § 80 Abs. 1 Nr. 1 BetrVG stützen; ihre Rechte aus § 23 Abs. 3 BetrVG bleiben allerdings unberührt.[150]

72 Ein seit Schaffung der Institution des Konzernbetriebsrats rechtsdogmatisch ungelöstes Problem besteht darin, ob die Konzernbetriebsvereinbarung normative Wirkungen auch für Konzernunternehmen (und deren Arbeitnehmer) entfalten kann, die an ihrem Abschluss nicht mitgewirkt haben. Das Gesetz löst dieses Problem nicht. Der Gesetzgeber hat sich darauf beschränkt, die Möglichkeit von Konzernbetriebsvereinbarungen vorzusehen, ohne die Bindungswirkung als ein besonderes Regelungsproblem zu erkennen. Die **normative Bindungswirkung der Konzernbetriebsvereinbarung** bereitet aber nur im Hinblick auf die Arbeitnehmer der Konzernunternehmen keine Schwierigkeiten. Die Betriebsräte sind aufgrund der Wahl durch die Arbeitnehmer demokratisch legitimiert; dies wirkt über die Entsendung der Betriebsratsmitglieder in den Gesamtbetriebsrat auch für den Konzernbetriebsrat fort.

73 Ganz anders liegt es jedoch auf der Arbeitgeberseite. Eine rechtliche Rückführung von Handlungen des herrschenden Unternehmens auf den privatautonomen Willen der rechtlich selbständigen Konzernunternehmen allein aufgrund der Konzernierung ist nicht begründbar. Hierin liegt ein beträchtliches rechtsdogmatisches **Konzeptionsdefizit der Konzernbetriebsratsverfassung.** Der Konzern ist, entsprechend der betriebsverfassungsrechtlichen Anknüpfung an den gesellschaftsrechtlichen Konzernbegriff, keine rechtliche, sondern nur eine tatsächliche Einheit. Sie besteht aus zwei oder mehr rechtlich selbständigen Unternehmen, so dass diese Unternehmen zugleich rechtlich selbständige Arbeitgeber der bei ihnen beschäftigten Arbeitnehmer sind. Der Konzern ist kein rechtlich eigenständiges Unternehmen und kann daher wegen Fehlens der Eigenschaft als Rechtsperson kein Arbeitgeber. sein. Schließt also zB das herrschende Unternehmen eine Konzernbetriebsvereinbarung ab, so handelt es nicht für den Konzern, sondern für sich

---

[143] BAG 17.3.2015 – 1 ABR 49/13, AP BetrVG 1972 § 58 Nr. 6; BAG 12.11.1997 – 7 ABR 78/96, NZA 1998, 497; dazu auch *Fitting* § 58 Rn. 42; Richardi BetrVG/*Annuß* § 58 Rn. 45; DKKW/*Trittin* § 58 Rn. 124; ErfK/*Koch* BetrVG § 58 Rn. 6.
[144] So aber DKKW/*Trittin* § 58 Rn. 110.
[145] So GK-BetrVG/*Franzen* § 58 Rn. 50; *Hanau* ZGR 1984, 468 (482) m. Fn. 49; *Bachner* NZA 1995, 256 (259).
[146] BAG 18.5.2010 – 1 ABR 6/09, NZA 2010, 1433.
[147] BAG 22.1.2002 – 3 AZR 554/00, NZA 2002, 1224; *Fitting* § 58 Rn. 35; GK-BetrVG/*Franzen* § 58 Rn. 53; HWGNRH/*Glock* § 58 Rn. 31; ErfK/*Koch* BetrVG § 58 Rn. 6; *Kort* NZA 2009, 464 (470).
[148] GK-BetrVG/*Franzen* § 58 Rn. 53; ErfK/*Koch* BetrVG § 58 Rn. 6, 2.
[149] BAG 18.5.2010 – 1 ABR 6/09, NZA 2010, 1433; *Fitting* § 58 Rn. 34; Richardi BetrVG/*Annuß* § 58 Rn. 45; GK-BetrVG/*Franzen* § 58 Rn. 53.
[150] BAG 18.5.2010 – 1 ABR 6/09, NZA 2010, 1433; *Fitting* § 58 Rn. 34; GK-BetrVG/*Franzen* § 58 Rn. 51.

selbst. Wenn dieses Handeln zugleich für fremde Rechtssubjekte, nämlich die anderen rechtlich selbständigen Konzernunternehmen, bindende Wirkung haben soll, so ist dies in besonderer Weise begründungsbedürftig.[151]

Im Schrifttum wird zum Teil angenommen, dass aus der gesellschaftsrechtlichen Selbständigkeit konzernangehöriger Unternehmen und dem daraus resultierenden Fehlen der Arbeitgeberstellung der Konzernobergesellschaft folgen würde, dass Konzernbetriebsvereinbarungen, die der Konzernbetriebsrat mit der Konzernobergesellschaft schließt, normativ nur für die bei der Konzernobergesellschaft beschäftigten Arbeitnehmer gelten würden und deshalb die Notwendigkeit bestehen würde, dass die jeweiligen Konzerngesellschaften an dem Abschluss der Konzernbetriebsvereinbarung beteiligt werden müssten, um deren normative Wirkung auch auf die bei Tochter- und Enkelunternehmen beschäftigten Arbeitnehmer zu erstrecken.[152] Richtigerweise ist demgegenüber davon auszugehen, dass eine auch die in den Tochter- und Enkelunternehmen eines Konzerns beschäftigten Arbeitnehmer erfassende normative Wirkung einer Konzernbetriebsvereinbarung in einer in die originäre Zuständigkeit des Konzernbetriebsrats fallenden Mitbestimmungsangelegenheit bereits dann eintritt, wenn nur die die einheitliche Leitung ausübende Konzernobergesellschaft bzw. – beim Konzern im Konzern – die mit einheitlicher Leitungsmacht ausgestattete Tochtergesellschaft mit dem bei ihnen errichteten Konzernbetriebsrat eine Konzernbetriebsvereinbarung abschließt. Der rechtsdogmatische Geltungsgrund folgt aus dem Umstand, dass der Gesetzgeber bei Schaffung des Konzernbetriebsverfassungsrechts ersichtlich von der Existenz eines Konzernarbeitgebers, nämlich der Konzernobergesellschaft, ausgegangen ist.[153] Er hat damit eine **spezielle betriebsverfassungsrechtliche Arbeitgeberfunktion** bei der Konzernobergesellschaft begründet, die insoweit mit einer partiellen betriebsverfassungsrechtlichen Rechtsfähigkeit des Konzerns verbunden ist. In dessen Ausübung kann die Konzernobergesellschaft im Rahmen der originären Zuständigkeit des Konzernbetriebsrats Konzernbetriebsvereinbarungen mit normativer Wirkung auch bezogen auf die Arbeitnehmer der konzernangehörigen Tochter- und Enkelunternehmen abschließen.[154] Nicht erforderlich ist es daher, zur Begründung der normativen Geltungswirkung auf die einen Vertragskonzern konstituierenden gesellschaftsrechtlichen Beherrschungsverträge bzw. eine gesellschaftsrechtliche Eingliederung abzustellen, und deshalb von einer normativen Bindungswirkung von in originärer Zuständigkeit des Konzernbetriebsrats mit der Konzernobergesellschaft abgeschlossenen Konzernbetriebsvereinbarungen nur in einem Vertragskonzern, nicht aber in einem faktischen Konzern auszugehen.[155] In gleicher Weise ist auch eine Differenzierung zwischen horizontalen und vertikalen Konzernregelungen nicht geboten, die danach unterscheidet, ob das Regelungsziel, das mit einer Konzernbetriebsvereinbarung angestrebt wird, auch durch Vereinbarungen mit den konzernangehörigen Unternehmen erreichbar ist oder eine einheitliche Regelung für den gesamten Konzern erfordert, und eine normative Wirkung von mit der

---

[151] Vgl. *Windbichler* RdA 1999, 146 (151).
[152] Richardi BetrVG/*Annuß* § 58 Rn. 42; *Wetzling*, Konzernbetriebsrat, S. 196f.; *Windbichler*, Arbeitsrecht im Konzern, S. 358ff.; *Windbichler* RdA 1999, 146 (151); so auch MHdB ArbR/*Joost*, 3. Aufl. 2009, § 227 Rn. 61ff., 65.
[153] *Fitting* § 58 Rn. 6; Richardi BetrVG/*Annuß* § 58 Rn. 2, 35; GK-BetrVG/*Franzen* § 58 Rn. 10; HWGNRH/*Glock* § 58 Rn. 3; ErfK/*Koch* BetrVG § 58 Rn. 1; *Biedenkopf*, Liber amicorum Sanders, S. 8; *Güllich*, Betriebsvereinbarungen im Konzern, S. 10; *Wetzling*, Konzernbetriebsrat, S. 196.
[154] So die ganz überwiegende Auffassung, BAG 22.1.2002 – 3 AZR 554/00, NZA 2002, 1224; BAG 12.11.1997 – 7 ABR 78/96, NZA 1998, 497; *Fitting* § 58 Rn. 6; GK-BetrVG/*Franzen* § 58 Rn. 11ff.; HWGNRH/*Glock* § 58 Rn. 31; DKKW/*Trittin* § 58 Rn. 119f.; WPK/*Roloff* § 58 Rn. 12; ErfK/*Koch* BetrVG § 58 Rn. 1; *Buchner* FS Zöllner, 1998, S. 697; *Hanau* ZGR 1984, 468 (483); *Monjau* BB 1972, 839 (842); *Fuchs*, Konzernbetriebsrat, S. 98f. (109); *Güllich*, Betriebsvereinbarungen im Konzern, S. 64 (76f., 111ff.); im Ergebnis auch *Bachner* NZA 1995, 256 (258f.); *Kort* NZA 2009, 464 (470), der allerdings eine betriebsverfassungsrechtliche Teilrechtsfähigkeit des Konzerns ablehnt und stattdessen das herrschende Unternehmen als fiktiven Ersatz-Konzernarbeitgeber ansieht.
[155] So aber *Konzen* RdA 1984, 65 (76); *Biedenkopf*, Liber amicorum Sanders, S. 11f.; *Wetzling*, Konzernbetriebsrat, S. 198ff.; *Domicic*, Interessenausgleich und Sozialplan im Konzern, S. 150ff.

Konzernobergesellschaft abgeschlossenen Konzernbetriebsvereinbarungen nur im letztgenannten Fall annehmen will.[156]

75 Mit der Konzernobergesellschaft abgeschlossene Konzernbetriebsvereinbarungen entfalten ihre normative Wirkung gegenüber den nicht bei der Konzernmutter, sondern den übrigen Konzernunternehmen beschäftigten Arbeitnehmern allerdings nur, wenn sie in Angelegenheiten vereinbart worden sind, die in die originäre Zuständigkeit des Konzernbetriebsrats nach § 58 Abs. 1 BetrVG fallen. (Gesamt-)Betriebsvereinbarungen, die der Konzernbetriebsrat aufgrund einer Aufgabendelegation durch einen oder mehrere Gesamtbetriebsräte nach § 58 Abs. 2 BetrVG abschließt, müssen vom Konzernbetriebsrat zwingend mit den Unternehmensleitungen der entsprechenden Konzernunternehmen vereinbart werden, wenn sie auf die Arbeitsverhältnisse der jeweils unternehmensangehörigen Arbeitnehmer normativ einwirken sollen.[157]

2. Konzernbetriebsausschuss

76 Der Konzernbetriebsrat hat nach den §§ 59 Abs. 1, 51 Abs. 1 S. 2, 27 Abs. 1 S. 1 BetrVG einen Konzernbetriebsausschuss zu bilden, wenn er aus mindestens neun Mitgliedern besteht. Auf die Zusammensetzung finden die für den Gesamtbetriebsrat geltende Regelungen entsprechende Anwendung. Maßgeblich ist daher die nach § 51 Abs. 1 S. 2 BetrVG abhängig von der Anzahl der Mitglieder des Konzernbetriebsrats zu berechnende Zahl der Mitglieder des Konzernbetriebsausschusses, die Mitglied des Konzernbetriebsrats sein müssen. Werden weitere Konzernunternehmen in einen bestehenden Konzern integriert, erhöht sich die Anzahl der Ausschussmitglieder entsprechend. In diesem Fall ist der Konzernbetriebsausschuss insgesamt neu zu wählen.[158] Der Vorsitzende des Konzernbetriebsrats und dessen Stellvertreter sind geborene Mitglieder des Konzernbetriebsausschusses. Die Regelungen zur Geschäftsführung und Beschlussfassung im Konzernbetriebsausschuss entsprechen derjenigen im Gesamtbetriebsausschuss (§§ 59 Abs. 1, 27 Abs. 2, 51 Abs. 4 BetrVG). Konzernbetriebsräte mit weniger als neun Mitgliedern können nach den §§ 59 Abs. 1, 27 Abs. 3 BetrVG die laufenden Geschäfte auf ihren Vorsitzenden oder andere Mitglieder übertragen.

77 Der Konzernbetriebsrat kann nach § 59 Abs. 1 iVm § 28 Abs. 1 S. 1 u. 3 BetrVG **weitere Ausschüsse** bilden, sofern in sämtlichen Konzernunternehmen zusammen mindestens 100 Arbeitnehmer beschäftigt werden und dem Konzernbetriebsrat mindestens 7 Mitglieder angehören.[159] Einem solchen Ausschuss können – im Einvernehmen mit der Konzernobergesellschaft – auch die Aufgaben eines Konzernwirtschaftsausschusses zugeordnet werden. Derartigen Ausschüssen können Aufgaben zur selbständigen Erledigung aufgrund des Verweises auf in § 59 Abs. 1 BetrVG § 28 Abs. 1 S. 3 BetrVG nur übertragen werden, wenn ein Konzernbetriebsausschuss gebildet worden ist. Zulässig ist nach § 59 Abs. 1 iVm § 28 Abs. 2 BetrVG auch die Bildung gemeinsamer Ausschüsse unter Beteiligung des Konzernbetriebsrats und der Leitung der Konzernobergesellschaft; auch diesem Ausschuss kann die selbständige Aufgabenerledigung nur bei Bestehen eines Konzernbetriebsausschusses gestattet werden.[160]

3. Teilnahme an Sitzungen

78 Der in § 59 Abs. 2 S. 3 BetrVG enthaltene Verweis auf § 29 Abs. 4 BetrVG bewirkt, dass der **Arbeitgeber ein Teilnahmerecht** an allen Sitzungen des Konzernbetriebsrats hat,

---

[156] So aber *Martens* ZfA 1973, 297 (316).
[157] BAG 17.3.2015 – 1 ABR 49/13, AP BetrVG 1972 § 58 Nr. 6; BAG 12.11.1997 – 7 ABR 78/96, NZA 1998, 497.
[158] BAG 16.3.2005 – 7 ABR 37/04, NZA 2005, 1069, zum Gesamtbetriebsausschuss.
[159] *Fitting* § 59 Rn. 10; Richardi BetrVG/*Annuß* § 59 Rn. 16; GK-BetrVG/*Franzen* § 58 Rn. 22; HK-BetrVG/*Tautphäus* § 59 Rn. 11; DKKW/*Trittin* § 59 Rn. 15: aA WPK/*Roloff* § 59 Rn. 16, für den es auf die Anzahl der Mitglieder des Konzernbetriebsrats nicht ankommt.
[160] *Fitting* § 59 Rn. 10; GK-BetrVG/*Franzen* § 59 Rn. 23; WPK/*Roloff* § 59 Rn. 16.

die entweder auf sein Verlangen einberufen worden sind oder zu denen er ausdrücklich eingeladen worden ist. Der personelle Bezugspunkt des Teilnahmerechts ist angesichts des Umstandes, dass die konzernangehörigen Unternehmen rechtlich selbständige Rechtsträger sind, unklar. Man wird – wie im Zusammenhang mit der Begründung der normativen Geltung einer Konzernbetriebsvereinbarung – von einem besonderen betriebsverfassungsrechtlichen Konzernarbeitgeber ausgehen können, so dass sich das Teilnahmerecht immer auf die Leitung der Konzernobergesellschaft bezieht. Diese kann sich in Angelegenheiten, die einzelne oder mehrere Unternehmen besonders oder ausschließlich betreffen, von Vertretern der Leitungen dieser Konzernunternehmen begleiten lassen, die insoweit ein abgeleitetes Teilnahmerecht haben. In Angelegenheiten, in denen der Konzernbetriebsrat nach § 58 Abs. 2 BetrVG im Auftrag von einem oder mehreren Gesamtbetriebsräten tätig wird, steht auch den Unternehmensleitungen der entsprechenden Unternehmen aufgrund ihrer originären Betroffenheit ein Teilnahmerecht nach § 29 Abs. 4 BetrVG zu.[161]

Das Teilnahmerecht der **Gewerkschaften** an den Sitzungen des Konzernbetriebsrats 79 setzt nach den §§ 59 Abs. 1, 51 Abs. 1 S. 1, 31 BetrVG wie bei Sitzungen des Gesamtbetriebsrats und des Betriebsrats nicht voraus, dass die Gewerkschaft in dem Konzernbetriebsrat selbst vertreten ist. Ausreichend ist vielmehr, dass die Gewerkschaft in einem der im Konzern gebildeten Gesamtbetriebsräte oder Betriebsräte vertreten ist und ein nach dem Stimmgewicht berechnetes Viertel der Mitglieder des Konzernbetriebsrats für die Teilnahme des entsprechenden Gewerkschaftsvertreters votiert.[162]

Ein von der Konzern-Jugend- und Auszubildendenvertretung bestimmtes Mitglied die- 80 ses Gremiums hat nach § 73b Abs. 2 iVm § 67 Abs. 1 S. 1 BetrVG ein Teilnahmerecht an allen Sitzungen des Konzernbetriebsrats. Werden vom Konzernbetriebsrat die in § 60 Abs. 1 BetrVG benannten Beschäftigten betreffende Themen behandelt, können nach § 67 Abs. 1 S. 2 BetrVG alle Mitglieder der Vertretung zu den entsprechenden Tagesordnungspunkten an der Sitzung des Konzernbetriebsrats teilnehmen. Die Konzernschwerbehindertenvertretung darf nach § 59a BetrVG an allen Sitzungen des Konzernbetriebsrats beratend teilnehmen. Weiteren Personen steht ein Teilnahmerecht an den Sitzungen des Konzernbetriebsrats nicht zu. Allerdings kann der Konzernbetriebsrat nach pflichtgemäßem Ermessen Sachverständige – unter Beachtung der Vorgaben des § 80 Abs. 3 BetrVG – und Auskunftspersonen zu einzelnen Tagesordnungspunkten einladen.

VII. Rechtsstellung der Mitglieder

Für die Rechtsstellung der Mitglieder des Konzernbetriebsrats gelten die gleichen Regeln 81 wie für die Mitglieder des Gesamtbetriebsrats (→ § 300 Rn. 104 ff.). Die Tätigkeit ist ehrenamtlich. Besondere Freistellungsansprüche über diejenigen hinaus, die den Mitgliedern in ihrer Eigenschaft als Mitglied eines Betriebsrats sowieso zustehen, bestehen nicht. Die Tätigkeit im Konzernbetriebsrat ist aber bei der Beurteilung, welche Arbeitsbefreiung einem Betriebsratsmitglied als solchem zu gewähren ist, zu berücksichtigen. Gleiches gilt für die Teilnahme an Schulungs- und Bildungsveranstaltungen. Die entsprechenden Ansprüche richten sich jeweils gegen den Arbeitgeber des einzelnen Konzernbetriebsratsmitglieds und nicht gegen die Konzernobergesellschaft.[163] Die Schutzbestimmungen des § 78 BetrVG sind auf die Mitglieder des Konzernbetriebsrats anzuwenden. Kündigungsschutz nach § 15 Abs. 1 KSchG genießen die Mitglieder des Konzernbetriebsrats bereits in ihrer Eigenschaft als Mitglieder des Betriebsrats.

---

[161] So auch GK-BetrVG/*Franzen* § 59 Rn. 25; HWGNRH/*Glock* § 59 Rn. 22 f.; anders Richardi BetrVG/ *Annuß* § 59 Rn. 22, der die Leitungen aller Konzernunternehmen für teilnahmeberechtigt hält.
[162] Fitting § 59 Rn. 19; Richardi BetrVG/*Annuß* § 59 Rn. 23; DKKW/*Trittin* § 59 Rn. 27; aA GK-BetrVG/*Franzen* § 59 Rn. 26; ErfK/*Koch* BetrVG § 59 Rn. 2; HWGNRH/*Glock* § 59 Rn. 24; WPK/ *Roloff* § 59 Rn. 9; HWK/*Hohenstatt/Dzida* BetrVG § 59 Rn. 6.
[163] Richardi BetrVG/*Annuß* § 59 Rn. 36; GK-BetrVG/*Franzen* § 59 Rn. 36; HWGNRH/*Glock* § 59 Rn. 38.

82 Die Mitglieder des Konzernbetriebsrats unterliegen als Mitglied eines Betriebsrats der **Geheimhaltungspflicht** nach § 79 Abs. 1 BetrVG im Hinblick auf Betriebs- oder Geschäftsgeheimnisse, die ihnen wegen ihrer Zugehörigkeit zum Betriebsrat bekannt geworden sind. Darüber hinaus besteht nach § 79 Abs. 2 BetrVG eine Geheimhaltungspflicht in gleicher Weise für Betriebs- oder Geschäftsgeheimnisse, die ihnen wegen ihrer Zugehörigkeit zum Konzernbetriebsrat bekannt geworden und vom Arbeitgeber ausdrücklich als geheimhaltungsbedürftig bezeichnet worden sind,. Die für Mitglieder des Betriebsrats geltenden Grundsätze finden entsprechende Anwendung.

VIII. Amtszeit

1. Amtszeit des Konzernbetriebsrats

83 Der Konzernbetriebsrat ist in gleicher Weise wie der Gesamtbetriebsrat eine auf Dauer angelegte betriebsverfassungsrechtliche Einrichtung. Es existiert für den Konzernbetriebsrat daher **keine feste Amtszeit**.[164] Er ist errichtet, sobald die dafür erforderlichen übereinstimmenden Beschlüsse der Gesamtbetriebsräte vorliegen. Er ist nach seiner Konstituierung grundsätzlich von dem Bestand seiner Mitglieder unabhängig, so dass Wechsel in der Mitgliedschaft, insbesondere der Rücktritt einzelner oder aller Mitglieder des Konzernbetriebsrats, dessen Existenz nicht beeinträchtigen, sondern nur zum Nachrücken der Ersatzmitglieder bzw. der Verpflichtung zur Entsendung neuer Mitglieder für die beteiligten Gesamtbetriebsräte führt. Der Konzernbetriebsrat findet sein Ende, wenn die Voraussetzungen für die Zulässigkeit seiner Errichtung entfallen, zB kein Konzernverhältnis mehr gegeben ist, nicht aber, wenn es lediglich zu Änderungen in der Zusammensetzung eines Konzerns kommt.[165] Letzteres führt nur zum Wegfall des Entsendungsrechts des Gesamtbetriebsrats eines aus dem Konzernverbund ausscheidenden Unternehmens bzw. zur Begründung eines Entsendungsrechts bei neu zum Konzernverbund hinzutretenden Unternehmen.

84 Da die Gesamtbetriebsräte durch das Gesetz nicht zur Bildung des Konzernbetriebsrats gezwungen werden, sondern dessen Bildung fakultativ ist, können sie bzw. die an deren Stelle nach § 54 Abs. 2 BetrVG tretenden Betriebsräte den Konzernbetriebsrat **durch Mehrheitsbeschluss auflösen**. Erforderlich ist eine Mehrheit von Gesamtbetriebsräten bzw. nach § 54 Abs. 2 BetrVG entscheidungszuständigen Betriebsräten, die zusammen mehr als 50 % der in den konzernangehörigen Unternehmen beschäftigten Arbeitnehmer repräsentieren.[166] Nicht möglich ist es demgegenüber, dass sich der Konzernbetriebsrat durch eigenen Beschluss selbst auflöst. Die Möglichkeit der Auflösung eines Konzernbetriebsrats durch einen Beschluss des Arbeitsgerichts besteht ebenso wenig wie bei einem Gesamtbetriebsrat (→ § 300 Rn. 112).

2. Erlöschen der Mitgliedschaft

85 Das einzelne Mitglied des Konzernbetriebsrats kann seine Mitgliedschaft unter den nachfolgend dargestellten Voraussetzungen verlieren. Es rückt sodann das nach § 55 Abs. 2 BetrVG bestellte Ersatzmitglied nach. Das ausscheidende Mitglied verliert mit dem Wirksamwerden der Beendigung der Mitgliedschaft auch alle auf der Zugehörigkeit zum Konzernbetriebsrat beruhenden weiteren Ämter, insbesondere die Mitgliedschaft im Konzernbetriebsausschuss und in ggf. gebildeten weiteren Ausschüssen des Konzernbetriebsrats.

---

[164] BAG 23.8.2006 – 7 ABR 51/05, AP BetrVG 1972 § 54 Nr. 12; *Fitting* § 54 Rn. 50; Richardi BetrVG/*Annuß* § 54 Rn. 45; GK-BetrVG/*Franzen* § 54 Rn. 60; WPK/*Roloff* § 54 Rn. 15; ErfK/*Koch* BetrVG § 54 Rn. 9.
[165] BAG 23.8.2006 – 7 ABR 51/05, AP BetrVG 1972 § 54 Nr. 12.
[166] *Fitting* § 54 Rn. 52; Richardi BetrVG/*Annuß* § 54 Rn. 47; GK-BetrVG/*Franzen* § 54 Rn. 63; HWGNRH/*Glock* § 54 Rn. 39; Löwisch/Kaiser/*Löwisch* § 54 Rn. 25; ErfK/*Koch* BetrVG § 54 Rn. 9.

a) Abberufung. Ein Gesamtbetriebsrat kann jedes von ihm entsandte Mitglied jederzeit 86 auch grundlos abberufen. Der Abberufungsbeschluss ist dem Konzernbetriebsrat in der Person des Vorsitzenden, bei dessen Verhinderung dessen Stellvertreter bekannt zu geben. Das Amt im Konzernbetriebsrat endet mit der Bekanntgabe der Entscheidung gegenüber dem Konzernbetriebsrat.

b) Erlöschen der Mitgliedschaft im Gesamtbetriebsrat. Mitglied des Konzernbe- 87 triebsrats kann nur sein, wer Mitglied in einem Gesamtbetriebsrat, bzw. im Falle des § 54 Abs. 2 BetrVG des einzigen Betriebsrats eines Konzernunternehmens ist. Die Mitgliedschaft im Konzernbetriebsrat erlischt deshalb nach § 57, 1. Alt. BetrVG zeitgleich mit der Beendigung der Mitgliedschaft im Gesamtbetriebsrat bzw. im nach § 54 Abs. 2 BetrVG zuständigen örtlichen Betriebsrat. Zu den möglichen Gründen für ein Erlöschen der Mitgliedschaft im Gesamtbetriebsrat s. → § 300 Rn. 114 ff.

c) Amtsniederlegung. Ein Mitglied des Konzernbetriebsrats kann sein Amt jederzeit 88 auch grundlos niederlegen, § 57, 2. Alt. BetrVG, dabei aber das Amt im Gesamtbetriebsrat beibehalten. Das Verfahren richtet sich nach den für den Gesamtbetriebsrat geltenden Grundsätzen (→ § 300 Rn. 117). Die Amtsniederlegung ist gegenüber dem Vorsitzenden des Konzernbetriebsrats, bei dessen Verhinderung seinem Stellvertreter zu erklären. Sie wird mit dem Zugang der Erklärung wirksam, berührt aber die Mitgliedschaft im Gesamtbetriebsrat und im örtlichen Betriebsrat nicht.

d) Ausschluss durch gerichtliche Entscheidung. Ein Mitglied des Konzernbetriebsrats 89 verliert nach den §§ 56, 57, 3. Alt. BetrVG seine Mitgliedschaft, wenn es durch eine gerichtliche Entscheidung aus dem Konzernbetriebsrat ausgeschlossen wird. Dies setzt eine grobe Verletzung seiner gesetzlichen Pflichten als Konzernbetriebsratsmitglied voraus. Eine Verletzung von Pflichten, die dem Mitglied in seiner Eigenschaft als Mitglied des örtlichen Betriebsrats oder des Gesamtbetriebsrats obliegen, reicht für eine Ausschlussentscheidung nach § 56 BetrVG nicht aus, kann aber mittelbar zum Ausscheiden aus dem Konzernbetriebsrat führen, wenn das Mitglied aufgrund der anderweitigen Pflichtverletzung seine Mitgliedschaft im Gesamtbetriebsrat und/oder im örtlichen Betriebsrat verliert. Der Begriff der groben Pflichtverletzung ist, abgesehen von der Ausrichtung auf den Konzernbetriebsrat, der gleiche wie bei dem Ausschluss eines Mitglieds aus dem Betriebsrat. Antragsberechtigt sind nach § 56 BetrVG ein Viertel der wahlberechtigten Arbeitnehmer der Konzernunternehmen, der Konzernbetriebsrat selbst, eine im Konzern vertretene Gewerkschaft sowie das herrschende Unternehmen als betriebsverfassungsrechtlicher Konzern-Arbeitgeber. Den Betriebsräten und den Gesamtbetriebsräten steht kein Antragsrecht zu. Der Gesamtbetriebsrat kann die gleiche Wirkung jedoch dadurch erreichen, dass er ein von ihm entsandtes Mitglied aus dem Konzernbetriebsrat abberuft. Zuständig ist nach § 82 Abs. 1 S. 2 ArbGG das Arbeitsgericht, in dessen Bezirk das herrschende Unternehmen seinen Sitz hat. Das Gericht entscheidet im Beschlussverfahren nach den §§ 2a, 80 ff. ArbGG. Auf die Mitgliedschaft im Betriebsrat bzw. im Gesamtbetriebsrat hat der Ausschluss aus dem Konzernbetriebsrat keinen unmittelbaren Einfluss.

e) Beendigung des Konzernverhältnisses. Der Gesamtbetriebsrat eines Unternehmens 90 kann in dem Konzernbetriebsrat nicht mehr vertreten sein, wenn das Unternehmen seine Konzernbindung zu dem herrschenden Unternehmen verliert. Mit diesem Zeitpunkt erlischt deshalb die Mitgliedschaft der von dem Gesamtbetriebsrat entsandten Mitglieder im Konzernbetriebsrat. Die Konzernbindung entfällt zB, wenn ein Beherrschungsvertrag sein Ende findet oder das herrschende Unternehmen seine faktische Leitungsmacht dauerhaft nicht mehr ausübt, so dass die Voraussetzungen des § 18 Abs. 1 AktG nicht mehr gegeben sind. Der Konzernbetriebsrat bleibt trotz des Ausscheidens einzelner Mitglieder wegen des Ausscheidens des entsprechenden Unternehmens aus dem Konzernverbund bestehen, solange die zwingenden Voraussetzungen für seine Errichtung erhalten bleiben, also mindestens zwei Konzernunternehmen mit mindestens einem Gesamtbetriebsrat bzw. Betriebsrat iSv § 54 Abs. 2 BetrVG in der Konzernverbindung verbleiben.

IX. Kosten

91 Die Kosten der Tätigkeit des Konzernbetriebsrats und den erforderlichen Sachaufwand hat nach § 59 Abs. 1 iVm § 40 BetrVG der Arbeitgeber zu tragen. Eine Umlage der Kosten auf die Arbeitnehmer ist nach § 41 BetrVG unzulässig. Für die Kostentragung verantwortlicher Arbeitgeber ist stets das herrschende Unternehmen des Konzerns bzw. – bei einem Konzern im Konzern – das die einheitliche Leitung in einem Unterkonzern wahrnehmende Tochterunternehmen, bei dem der Konzernbetriebsrat gebildet worden ist, selbst wenn es keine Arbeitnehmer oder keinen am Konzernbetriebsrat beteiligten Gesamtbetriebsrat oder Betriebsrat hat. Bereits entstandene Kostenfreistellungsansprüche eines Mitglieds des Konzernbetriebsrats gehen nicht dadurch unter, dass der Konzernbetriebsrat wegen Wegfalls des Konzernverhältnisses sein Ende findet.[167]

X. Streitigkeiten

92 Streitigkeiten über die Errichtung und die Geschäftsführung des Konzernbetriebsrats sind im arbeitsgerichtlichen **Beschlussverfahren** nach den §§ 2a, 80 ff. ArbGG zu erledigen. Örtlich zuständig ist nach § 82 Abs. 1 S. 2 ArbGG das Arbeitsgericht, in dessen Bezirk das herrschende Unternehmen des Konzerns, bei dem der Konzernbetriebsrat gebildet worden ist, seinen Sitz hat.

---

[167] BAG 23. 8. 2006 – 7 ABR 51/05, AP BetrVG 1972 § 54 Nr. 12.

§ 303 Betriebliche Jugend- und Auszubildendenvertretung

Schrifttum:
Brill, Die neue Jugend- und Auszubildendenvertretung, AuR 1988, 334; *Christoffer,* Die Erforderlichkeit von Schulungs- und Bildungsveranstaltungen für Jugend- und Auszubildendenvertreter, NZA-RR 2009, 572; *Eich,* Die Kommunikation des Betriebsrats mit der Belegschaft, DB 1978, 395; *Engels/Natter,* Wahl von betrieblichen Jugend und Auszubildendenvertretungen im Herbst 1988, BB 1988, 1453; *Houben,* Tarifliche Ansprüche auf Übernahme in ein Arbeitsverhältnis – Chance oder Risiko für Auszubildende, NZA 2011, 182; *Hromadka,* Mehr Rechte für die Jugendvertretung, DB 1971, 1964; *Kraft,* Der Informationsanspruch des Betriebsrats – Grundlagen, Grenzen und Übertragbarkeit, ZfA 1983, 171; *Kraft,* Überwachungsrecht der Jugendvertretung, SAE 1982, 201; *Lakies,* Ende der Ausbildung: Weiterbeschäftigungsanspruch von Jugendvertretern und Betriebsratsmitgliedern, ArbRAktuell 2012, 34; *Löwisch/Wegmann,* Zahlenmäßige Berücksichtigung von Leiharbeitnehmern in Betriebsverfassungs- und Mitbestimmungsrecht, BB 2017, 373; *Lunk,* Grundprobleme der Jugend- und Auszubildendenvertretung, NZA 1992, 534; *Oetker,* Die Konzern-Jugendund Auszubildendenvertretung, DB 2005, 1165; *Peter,* Die Rechtsstellung der Jugendvertretung im Betrieb unter besonderer Berücksichtigung der Frage eines selbständigen Betriebsbegehungsrechts, BGStSozArbR 1980, 65; *Schiefer,* Die „Unzumutbarkeit" der Weiterbeschäftigung gem. § 78a Abs. 4 BetrVG, FS Kreutz, 2010, S. 429; *Schlochauer,* Zugangsrecht von Betriebsratsmitgliedern zu den Arbeitsplätzen einzelner Arbeitnehmer, FS Müller, 1981, 459; *Schwab,* Die neuen Jugend- und Auszubildendenvertretungen in den Betrieben Neuwahlen in der Zeit vom 1.10. bis 30.11.1988, NZA 1988, 687.

Übersicht

	Rn.
I. Stellung und Funktion	1
II. Errichtung	3
1. Voraussetzungen	4
a) Mindestzahl von Arbeitnehmern	4
aa) Personenkreis	5
bb) Mindestzahl	6
b) Bestehen eines Betriebsrats	7
2. Wahl	8
a) Aktives Wahlrecht	8
aa) Altersgrenze	8
bb) Betriebszugehörigkeit	10
cc) Wählerliste	11
b) Passives Wahlrecht	12
aa) Altersgrenze	12
bb) Fehlende Wählbarkeit	13
cc) Wählerliste	15
c) Zahl der Mitglieder	16
d) Zusammensetzung	18
e) Verfahren	19
aa) Zeitpunkt	19
bb) Einsetzung des Wahlvorstands	21
cc) Durchführung	27
f) Wahlgrundsätze	28
g) Wahlschutz	29
h) Kosten	31
i) Anfechtung	32
III. Aufgaben und Kompetenzen	33
1. Allgemeine Aufgaben	34
a) Antragsrecht	34
b) Gleichstellung	36
c) Überwachung	37
d) Anregungen	38
e) Integration	40
f) Aufsuchen der Arbeitnehmer	41
2. Unterrichtung	42
3. Sitzungen des Betriebsrats	46
a) Vorberatung	47

	Rn.
b) Anträge	48
c) Teilnahme	49
aa) Allgemeines Teilnahmerecht eines Jugend- und Auszubildendenvertreters	49
bb) Teilnahmerecht aller Jugend- und Auszubildendenvertreter	50
cc) Ausschüsse	53
d) Rederecht und Stimmrecht	55
aa) Mitwirkung	55
bb) Beschlussfassung	56
4. Aussetzung von Betriebsratsbeschlüssen	59
a) Antrag	59
b) Mehrheit	60
5. Teilnahme an Besprechungen zwischen Arbeitgeber und Betriebsrat	62
IV. Organisation und Geschäftsführung	67
1. Verweisung auf das Recht des Betriebsrats	67
2. Sitzungen	68
a) Eigene Sitzungen	68
b) Formalien	69
c) Teilnehmer	70
d) Protokoll	71
3. Sprechstunden	72
a) Voraussetzung	72
b) Beschluss	73
c) Teilnehmer	75
d) Kosten	76
V. Rechtsstellung der Mitglieder	77
1. Ehrenamtliche Tätigkeit	77
2. Schulungs- und Bildungsveranstaltungen	78
3. Schutzbestimmungen	81
a) Tätigkeits- und Entgeltschutz	81
b) Benachteiligungs- und Begünstigungsverbot	82
c) Kündigungsschutz	83
d) Übernahme von Auszubildenden	84
4. Geheimhaltungspflicht	85
VI. Amtszeit	86
1. Dauer	86
2. Beginn	87
3. Ende	88
4. Beendigung der Mitgliedschaft	90
a) Erreichen der Altersgrenze	91
b) Wahl in den Betriebsrat	92
c) Ersatzmitglieder des Betriebsrats	93
VII. Streitigkeiten	94

I. Stellung und Funktion

1 Die besonderen Belange von jugendlichen Arbeitnehmern und Auszubildenden werden durch eine Jugend- und Auszubildendenvertretung wahrgenommen (§ 60 BetrVG).[1] Sie nimmt eine **eigentümliche Stellung** ein. Ihr stehen gegenüber dem Arbeitgeber keine eigenen Mitbestimmungsrechte zu, so dass sie aus dieser Sicht keine selbständige Institution neben dem Betriebsrat ist.[2] Die Interessen der jugendlichen Arbeitnehmer und der zu ihrer Berufsausbildung Beschäftigten werden vielmehr gegenüber dem Arbeitgeber allein

---

[1] Im Personalvertretungsrecht ist eine entsprechende Regelung in § 57 BPersVG enthalten.
[2] BAG 21.2.1982 – 6 ABR 17/79, AP BetrVG 1972 § 70 Nr. 1.

vom Betriebsrat vertreten.³ Insofern hat die Jugend- und Auszubildendenvertretung keine mit dem Betriebsrat gleichberechtigte Stellung,⁴ sondern ist ein bloßes **Hilfsorgan** für den Betriebsrat.⁵ Die organisatorische Trennung vom Betriebsrat bedeutet aber, dass sie kein bloßer Ausschuss des Betriebsrats ist, sondern diesem gegenüber ein **relativ selbständiges Organ der Betriebsverfassung.**

Die Organisation der Jugend- und Auszubildendenvertretung ist an die entsprechende Regelung des Betriebsrats angelehnt. Auf der Ebene der Betriebsräte werden **betriebliche Jugend- und Auszubildendenvertretungen** gebildet. Auf Unternehmensebene wird eine **Gesamt-Jugend- und Auszubildendenvertretung** errichtet, auf Konzernebene eine Konzern-Jugend- und Auszubildendenvertretung.

II. Errichtung

Die Errichtung einer Jugend- und Auszubildendenvertretung ist, sofern die notwendigen Voraussetzungen vorliegen, nicht fakultativ, sondern vielmehr gesetzlich **zwingend vorgesehen** (§ 60 Abs. 1 BetrVG). Die Vorbereitung und Durchführung der Wahl obliegen dem Betriebsrat (§ 80 Abs. 1 Nr. 5 BetrVG).

1. Voraussetzungen

a) Mindestzahl von Arbeitnehmern. Der Betrieb muss in der Regel mindestens fünf jugendliche Arbeitnehmer (Personen unter 18 Jahren) oder zu ihrer Berufsausbildung beschäftigte Arbeitnehmer, die das 25. Lebensjahr noch nicht vollendet haben, beschäftigen (§ 60 Abs. 1 BetrVG). Abzustellen ist auf die betriebsratsfähige Einheit gemäß §§ 1, 4 BetrVG, für die der Betriebsrat gebildet worden ist. Eine Mindestzahl von wählbaren Jugendlichen oder zu ihrer Berufsausbildung Beschäftigten unter 25 Jahren ist, im Gegensatz zu der für den Betriebsrat geltenden Regelung in § 1 BetrVG, nicht erforderlich. Nach dem durch das zum 1.4.2017 in Kraft getretene Gesetz zur Änderung des Arbeitnehmerüberlassungsgesetzes und anderer Gesetze eingeführten § 14 Abs. 2 S. 4 AÜG zählen Leiharbeitnehmer im Entleiherbetrieb bei der Ermittlung der betriebsverfassungsrechtlichen Schwellenwerte mit Ausnahme des § 112a BetrVG mit.⁶ Dabei gilt die Einsatzdauer von mehr als sechs Monaten nach dem ausdrücklichen Wortlaut des § 14 Abs. 2 S. 5 BetrVG nicht für das BetrVG. Soweit also jugendliche Arbeitnehmer zur Arbeitsleistung überlassen werden, sind diese ggf. zu berücksichtigen.

aa) Personenkreis. Der **Begriff der zu ihrer Berufsausbildung Beschäftigten** ist der allgemeine betriebsverfassungsrechtliche Begriff nach § 5 Abs. 1 S. 1 BetrVG und damit weiter als der des § 1 Abs. 3 BBiG. Zu den zu ihrer Berufsausbildung Beschäftigten gehören außer den Auszubildenden im Sinne der §§ 10 ff. BBiG auch Personen, denen berufliche Fähigkeiten, Kenntnisse und Erfahrungen vermittelt werden sollen, wie Praktikanten, Volontäre und Umschüler.⁷ Es kommt nicht darauf an, dass die Auszubildenden in gleicher Weise wie Arbeitnehmer einen Beitrag zum Betriebsergebnis leisten. Sie müssen aber Beschäftigte im Betrieb sein. Wenn sich in einem **reinen Ausbildungsbetrieb** bzw. einer überbetrieblichen Ausbildungsstätte die Betriebsleistung als Lehrleistung nur an die Auszubildenden richtet, sind sie keine Beschäftigten dieses Betriebes⁸. Stellt die Vermittlung einer Berufsausbildung nicht den alleinigen oder überwiegenden Betriebszweck dar, sondern verfolgt der Arbeitgeber daneben noch weitere arbeitstechnische Zwecke, sind Auszubildende auch dann keine Beschäftigte des Betriebs, wenn sie überwiegend von

---

³ BAG 10.6.1975 – 1 ABR 139/73, AP BetrVG 1972 § 65 Nr. 6.
⁴ St. Rspr., BAG 21.1.1982 – 6 ABR 17/79, AP BetrVG 1972 § 70 Nr. 1 mwN.
⁵ Richardi BetrVG/*Annuß* § 60 Rn. 13; *Lunk* NZA 1992, 534 (536) mwN.
⁶ Ausführlich dazu *Löwisch/Wegmann* BB 2017, 373.
⁷ Ausschussbericht BT-Drs. 11/2474, 11; *Schwab* NZA 1988, 687 (687 f.).
⁸ BAG 16.11.2011 – 7 ABR 48/10, AP BetrVG 1972 § 5 Ausbildung Nr. 14 Rn. 14; BAG 13.6.2007 – 7 ABR 44/06, NZA-RR 2008, 19 (20 ff.).

Mitarbeitern, die dem Betriebszweck der Vermittlung von Berufsausbildung dienen, ausgebildet werden und lediglich zeitweilig gemeinsam mit anderen Mitarbeitern im Rahmen betrieblicher Hilfstätigkeit berufspraktisch tätig werden.[9] Die vorstehenden Grundsätze sind auf Schüler und Studenten, die ein Betriebspraktikum absolvieren, anzuwenden.[10]

6 **bb) Mindestzahl.** Die Mindestzahl von fünf jugendlichen bzw. auszubildenden Arbeitnehmern muss **in der Regel** gegeben sein. Zu diesem Begriff → § 291 Rn. 143. Maßgeblich ist der dauerhafte Stand der Beschäftigten im Betrieb, wie er sich aus der Vergangenheit unter Berücksichtigung der absehbaren künftigen Entwicklung ergibt. Die Verhältnisse im Zeitpunkt der Wahl sind nicht allein entscheidend. Insbesondere ist eine Jugend- und Auszubildendenvertretung auch dann zu errichten, wenn im Zeitpunkt der Wahl zwar nur vier solcher Arbeitnehmer beschäftigt werden, in der Regel aber mindestens fünf; andererseits scheidet die Bildung einer Jugend- und Auszubildendenvertretung aus, wenn der Betrieb nur ausnahmsweise fünf oder mehr, in der Regel aber weniger als fünf jugendliche bzw. auszubildende Arbeitnehmer beschäftigt.[11] Da sich die Alterszusammensetzung laufend ändert, empfiehlt es sich, die Zahl der Arbeitnehmer zu verschiedenen hypothetischen Stichtagen festzustellen und hieraus den regelmäßigen Beschäftigungsstand zu ermitteln.

7 **b) Bestehen eines Betriebsrats.** Die Jugend- und Auszubildendenvertretung hat die Aufgabe, den Betriebsrat zu unterstützen. Besteht in einem Betrieb kein Betriebsrat, so kann eine Jugend- und Auszubildendenvertretung nicht errichtet werden.[12] In § 57 BPersVG ist insoweit ausdrücklich vorgesehen, dass nur in Dienststellen, bei denen Personalvertretungen gebildet sind, eine Jugend- und Auszubildendenvertretung errichtet werden kann. Wenn ein Betriebsrat nur kurzzeitig nicht besteht, weil zB die Neuwahl eines Betriebsrats nicht rechtzeitig durchgeführt wurde, so hat dies auf eine zulässigerweise bereits bestehende Jugend- und Auszubildendenvertretung keinen Einfluss.[13]

2. Wahl

8 **a) Aktives Wahlrecht. aa) Altersgrenze.** Wahlberechtigt sind alle Arbeitnehmer des Betriebs (bzw. der betriebsratsfähigen Einheit), die das 18. Lebensjahr noch nicht vollendet haben (jugendliche Arbeitnehmer), sowie die zu ihrer Berufsausbildung beschäftigten Arbeitnehmer, die das 25. Lebensjahr noch nicht vollendet haben (§ 61 Abs. 1 BetrVG, § 60 Abs. 1 BetrVG). Wie bei der Wahl zum Betriebsrat ist der Wahltag der maßgebliche Stichtag, bei mehreren Wahltagen der letzte Wahltag.[14] Das Wahlrecht ist ein **höchstpersönliches Recht,** so dass seine Ausübung bei den minderjährigen jugendlichen Arbeitnehmern nicht von der Zustimmung des gesetzlichen Vertreters abhängt.[15]

9 Die jugendlichen Arbeitnehmer sind zum Betriebsrat nicht wahlberechtigt (§ 7 S. 1 BetrVG). Sie wählen daher nur die Jugend- und Auszubildendenvertretung. Dagegen haben die zu ihrer Berufsausbildung beschäftigten Arbeitnehmer zwischen 18 und 25 Jahren ein **doppeltes Wahlrecht** zum Betriebsrat und zur Jugend- und Auszubildendenvertretung und können von beiden Wahlrechten kumulativ Gebrauch machen.[16]

---

[9] BAG 16.11.2011 – 7 ABR 48/10, AP BetrVG 1972 § 5 Ausbildung Nr. 14 Rn. 14.
[10] BAG 30.10.1991 – 7 ABR 11/99, AP BetrVG 1972 § 5 Ausbildung Nr. 2 = NZA 1992, 808 stellt darauf ab, ob das Praktikum trotz Vorgaben durch die Hochschule von dem Betrieb eigenverantwortlich durchgeführt wird. Vgl. ferner *Schwab* NZA 1988, 687 (688); *Engels/Natter* BB 1988, 1453 (1455); *Brill* AuR 1988, 334 (335).
[11] *Fitting* § 60 Rn. 12; GK-BetrVG/*Oetker* § 60 Rn. 37; Richardi BetrVG/*Annuß* § 60 Rn. 6.
[12] HM; GK-BetrVG/*Oetker* § 60 Rn. 38 mwN; Richardi BetrVG/*Annuß* § 60 Rn. 11.
[13] Ebenso Richardi BetrVG/*Annuß* § 60 Rn. 11 mwN.
[14] *Fitting* § 61 Rn. 5; Richardi BetrVG/*Annuß* § 61 Rn. 3.
[15] GK-BetrVG/*Oetker* § 61 Rn. 13; Richardi BetrVG/*Annuß* § 61 Rn. 3.
[16] Näher dazu *Engels/Natter* BB 1988, 1453 (1455) und DB 1988, 229 (231).

bb) Betriebszugehörigkeit. Das Wahlrecht setzt die **Betriebszugehörigkeit** voraus. Dafür gelten die gleichen Grundsätze wie für eine Betriebsratswahl (→ § 291 Rn. 143).[17] Maßgeblich ist daher die tatsächliche Beschäftigung in einem Betrieb des Arbeitgebers.[18] Wird ein Beschäftigter in **mehreren Betrieben** desselben Arbeitgebers oder verbundener Unternehmen ausgebildet, so rechnet das BAG ihn nur demjenigen Betrieb zu, in dem die für das Ausbildungsverhältnis wesentlichen Entscheidungen getroffen werden[19] (Abschluss und Beendigung des Ausbildungsvertrags, Festlegung des Ausbildungsplans, Urlaub etc.).

cc) Wählerliste. Die Ausübung des aktiven Wahlrechts setzt, wie bei der Betriebsratswahl, die **Eintragung in die Wählerliste** voraus (§ 38 S. 1 WahlO, § 38 2 Abs. 3 WahlO). Ohne Eintragung in die Wählerliste kann das Wahlrecht formell nicht ausgeübt werden.

b) Passives Wahlrecht. aa) Altersgrenze. Wählbar sind alle Arbeitnehmer des Betriebs, die das 25. Lebensjahr noch nicht vollendet haben (§ 61 Abs. 2 S. 1 BetrVG). Dazu gehören also auch Arbeitnehmer, die kein aktives Wahlrecht zur Jugend- und Auszubildendenvertretung haben, weil sie zwischen 18 und 25 Jahren alt sind und nicht zu ihrer Berufsausbildung beschäftigt werden. Maßgebender Stichtag für die Altersgrenze ist, anders als für das aktive Wahlrecht, nicht der Wahltag, sondern gemäß § 64 Abs. 3 BetrVG der Beginn der Amtszeit. Dies folgt aus § 64 Abs. 3 BetrVG, wonach ein Mitglied der Jugend- und Auszubildendenvertretung bis zum Ende der Amtszeit Mitglied der Jugend- und Auszubildendenvertretung bleibt, wenn es im Laufe der Amtszeit das 25. Lebensjahr vollendet, also bei Beginn der Amtszeit noch nicht 25 Jahre alt sein darf.[20] Minderjährige Arbeitnehmer bedürfen für ihre Kandidatur keiner besonderen Zustimmung des gesetzlichen Vertreters, da sie von der allgemeinen Ermächtigung, in Arbeit zu treten, gemäß § 113 BGB mit umfasst wird.[21] Eine Mindestdauer der Betriebszugehörigkeit ist nicht vorausgesetzt.[22] Die tatsächliche Beschäftigung im Betrieb im Zeitpunkt der Wahl ist keine Wählbarkeitsvoraussetzung.[23]

bb) Fehlende Wählbarkeit. Nicht wählbar ist, wer infolge strafgerichtlicher Verurteilung die Fähigkeit, Rechte aus öffentlichen Wahlen zu erlangen, nicht besitzt (§ 61 Abs. 2 S. 1 BetrVG, § 8 Abs. 1 S. 3 BetrVG). → dazu § 291 Rn. 135. Bei Jugendlichen iSv § 1 Abs. 2 JGG darf allerdings nach § 6 JGG auf eine Unfähigkeit, Rechte aus öffentlichen Wahlen zu erlangen, nicht erkannt werden, und der Verlust der Fähigkeit, Rechte aus öffentlichen Wahlen zu erlangen (§ 45 Abs. 1 StGB), tritt auch nicht ein. Die fehlende Wählbarkeit nach § 61 Abs. 2 S. 1 BetrVG, § 8 Abs. 1 S. 3 BetrVG kann also nur Arbeitnehmer betreffen, die das 18. Lebensjahr bereits vollendet haben.[24]

---

[17] Das in § 18 Abs. 2 BetrVG geregelte Zuordnungsverfahren ist allerdings wegen der ausdrücklichen Verweises in § 63 Abs. 2 S. 2 BetrVG lediglich auf § 18 Abs. 1 S. 1 BetrVG und § 18 Abs. 3 BetrVG nicht statthaft; vgl. dazu auch GK-BetrVG/*Oetker* § 61 Rn. 49.
[18] Die in § 60 Abs. 1 BetrVG genannten Arbeitnehmer, die zur Arbeitsleistung überlassen werden, können nach § 7 S. 2 BetrVG wahlberechtigt sein.
[19] BAG 13.3.1991 – 7 ABR 89/89, AP BetrVG 1972 § 60 Nr. 2 = NZA 1992, 223; *Lunk* NZA 1992, 534 (538).
[20] *Fitting* § 61 Rn. 11; GK-BetrVG/*Oetker* § 61 Rn. 26; Richardi BetrVG/*Annuß* § 61 Rn. 6.
[21] Nach aA folgt dies bereits aus dem Umstand, dass die Jugend- und Auszubildendenvertretung von Arbeitnehmern gewählt wird, die das 18. Lebensjahr noch nicht vollendet haben, weshalb es des Rückgriffs auf § 113 BGB nicht bedürfe, *Fitting* § 61 Rn. 9; GK-BetrVG/*Oetker* § 61 Rn. 27; Richardi BetrVG/*Annuß* § 61 Rn. 7.
[22] BAG 30.10.1991 – 7 ABR 11/91, AP BetrVG 1972 § 5 Ausbildung Nr. 2 = NZA 1992, 808; Richardi BetrVG/*Annuß* § 61 Rn. 8.
[23] BAG 30.10.1991 – 7 ABR 11/91, AP BetrVG 1972 § 5 Ausbildung Nr. 2 = NZA 1992, 808.
[24] GK-BetrVG/*Oetker* § 61 Rn. 42; Richardi BetrVG/*Annuß* § 61 Rn. 9.

14 Arbeitnehmer zwischen 18 und 25 Jahren sind zum Betriebsrat und zur Jugend- und Auszubildendenvertretung wählbar. Eine **Doppelmitgliedschaft** ist jedoch gesetzlich zwingend ausgeschlossen, so dass Mitglieder des Betriebsrats nicht zu Jugend- und Auszubildendenvertretern gewählt werden können (§ 61 Abs. 2 S. 2 BetrVG). Der Ausschluss ist notwendig, weil die Jugend- und Auszubildendenvertreter nach § 67 Abs. 2 BetrVG unter den dortigen Voraussetzungen ein Stimmrecht bei der Beschlussfassung des Betriebsrats haben.[25] Will ein Betriebsratsmitglied für die Jugend- und Auszubildendenvertretung kandidieren, so muss es vorher die Mitgliedschaft im Betriebsrat niederlegen. Umgekehrt ist jedoch ein Mitglied der Jugend- und Auszubildendenvertretung zum Betriebsrat wählbar. Mit der Annahme der Wahl verliert es die Wählbarkeit für die Jugend- und Auszubildendenvertretung und scheidet damit aus ihr aus (§ 65 Abs. 1 BetrVG, § 24 Nr. 4 BetrVG).[26] **Ersatzmitglieder** sind noch keine Mitglieder des Betriebsrats und daher zur Jugend- und Auszubildendenvertretung wählbar.[27] Mit dem Nachrücken in den Betriebsrat scheidet das Mitglied aus der Jugend- und Auszubildendenvertretung aus (→ Rn. 93).

15 cc) Wählerliste. Das passive Wahlrecht kann nur ausgeübt werden, wenn der Wahlbewerber **in die Wählerliste** eingetragen ist, § 38 S. 1 WahlO, § 2 Abs. 3 WahlO. Dies kann sinngemäß nur für Arbeitnehmer gelten, die überhaupt in die Wählerliste eintragbar sind. Das ist nicht der Fall bei Arbeitnehmern zwischen 18 und 25 Jahren, die nicht zu ihrer Berufsausbildung beschäftigt werden.[28] Sie sind daher trotz fehlender Eintragung in die Wählerliste wählbar.[29]

16 c) Zahl der Mitglieder. Gemäß § 62 Abs. 1 BetrVG besteht die Jugend- und Auszubildendenvertretung in Betrieben mit in der **Regel**

5 bis	0020	wahlberechtigten Arbeitnehmern aus einer Person
21 bis	0050	wahlberechtigten Arbeitnehmern aus 3 Mitgliedern
51 bis	0150	wahlberechtigten Arbeitnehmern aus 5 Mitgliedern
151 bis	0300	wahlberechtigten Arbeitnehmern aus 7 Mitgliedern
301 bis	0500	wahlberechtigten Arbeitnehmern aus 9 Mitgliedern
501 bis	0700	wahlberechtigten Arbeitnehmern aus 11 Mitgliedern
701 bis	1000	wahlberechtigten Arbeitnehmern aus 13 Mitgliedern
mehr als	1000	wahlberechtigten Arbeitnehmern aus 15 Mitgliedern.

17 Maßgeblich ist die betriebsratsfähige Einheit nach §§ 1, 4 BetrVG, für die ein Betriebsrat besteht. Wie bei einer Betriebsratswahl ist die Beurteilung, wie viele wahlberechtigte Arbeitnehmer in der Regel im Betrieb beschäftigt sind, aus der Sicht **am Tage des Erlasses des Wahlausschreibens** zu treffen. Bei einer vorzeitigen Neuwahl der Jugend- und Auszubildendenvertretung kommt es daher auf den Tag des Wahlausschreibens für die Neuwahl an.[30] Spätere Veränderungen der Zahl der wahlberechtigten Arbeitnehmer sind während der Amtszeit der Jugend- und Auszubildendenvertretung ohne Bedeutung für deren Größe. Arbeitnehmer nach § 60 Abs. 1 BetrVG, die zur Arbeitsleistung überlassen wurden, können nach § 7 S. 2 BetrVG wahlberechtigt sein, dazu auch → Rn. 4. Stellen sich **weniger Kandidaten** zur Wahl, als die Jugend- und Auszubildendenvertretung nach der zwingenden Staffel Mitglieder hätte, ist jeweils die nach der Staffel nächstniedrigere Anzahl der Mitglieder maßgeblich.[31]

---

[25] Richardi BetrVG/*Annuß* § 61 Rn. 10.
[26] Richardi BetrVG/*Annuß* § 61 Rn. 12.
[27] GK-BetrVG/*Oetker* § 61 Rn. 38 mwN.
[28] Vgl. dazu auch ArbG Köln 22.9.2017 – 1 BV 122/17 Rn. 39, BeckRS 2017, 127527.
[29] So zutreffend *Fitting* § 61 Rn. 8.
[30] BAG 22.11.1984 – 6 ABR 9/84, AP BetrVG 1972 § 64 Nr. 1 = NZA 1985, 715.
[31] GK-BetrVG/*Oetker* § 62 Rn. 15 mwN; Richardi BetrVG/*Annuß* § 62 Rn. 6.

d) Zusammensetzung. In Anknüpfung an die für den Betriebsrat geltende Regelung 18 (§ 15 Abs. 1 BetrVG) soll sich die Jugend- und Auszubildendenvertretung gemäß § 62 Abs. 2 BetrVG möglichst aus Vertretern der verschiedenen Beschäftigungsarten und Ausbildungsberufe der wahlberechtigten Arbeitnehmer zusammensetzen; gerichtet ist die Aufforderung an diejenigen Personen, die die Wahlvorschläge einreichen. Es handelt sich jedoch nur um eine Sollvorschrift; ein Verstoß berührt die Wirksamkeit der Wahl nicht; eine Anfechtung der Wahl kommt folglich nicht in Betracht.[32] Dagegen muss gemäß § 62 Abs. 3 BetrVG das **Geschlecht**, das unter den wahlberechtigten Arbeitnehmer in der Minderheit ist, entsprechend seinem zahlenmäßigen Verhältnis in der Jugend- und Auszubildendenvertretung vertreten sein. Ein Verstoß des Wahlvorstands gegen die Aufteilung der Sitze führt zur Anfechtbarkeit der Wahl.[33]

e) Verfahren. aa) Zeitpunkt. Die regelmäßigen Wahlen finden alle zwei Jahre in der 19 Zeit vom 1.10. bis 30.11. statt (§ 64 Abs. 1 S. 1 BetrVG). Die nächsten Wahlen haben 2018 und 2020 stattzufinden. Innerhalb des gesetzlich vorgegebenen Zeitraums vom 1.10. bis 30.11. hat der Wahltag zu liegen. Die Vorbereitung der Wahl, insbesondere die Bestellung des Wahlvorstands, hat entsprechend früher zu erfolgen (für die Betriebsratswahl → § 291 Rn. 2).

Außerhalb der regelmäßigen Zeit hat eine Wahl zur Jugend- und Auszubildenden- 20 vertretung unter den gleichen rechtlichen Voraussetzungen stattzufinden, wie sie für eine außerordentliche Betriebsratswahl gelten (§ 64 Abs. 1 S. 2 BetrVG; dazu → § 291 Rn. 29). Ausgenommen ist lediglich der Fall, dass die Arbeitnehmerzahl gestiegen oder gesunken ist (§ 13 Abs. 2 Nr. 1 BetrVG); dies wirkt sich auf die Amtszeit der Jugend- und Auszubildendenvertretung nicht aus.[34]

bb) Einsetzung des Wahlvorstands. Die Wahl wird durch einen Wahlvorstand vorbe- 21 reitet und durchgeführt (§ 38 S. 1 WahlO, § 1 Abs. 1 WahlO). Den Wahlvorstand und seinen Vorsitzenden hat der im Amt befindliche Betriebsrat zu bestellen (§ 63 Abs. 2 S. 1 BetrVG). Die Jugend- und Auszubildendenvertretung hat hierbei ein Stimmrecht im Betriebsrat gemäß § 67 Abs. 2 BetrVG. Sie selbst kann den Wahlvorstand für eine Neuwahl nicht einsetzen. Besteht kein Betriebsrat, kann folglich auch kein Wahlvorstand bestellt und eine Jugend- und Auszubildendenvertretung nicht errichtet werden (→ Rn. 7).

Die Bestellung des Wahlvorstands ist eine gesetzliche Pflicht des Betriebsrats, deren 22 Verletzung die Rechtsfolgen gemäß § 23 Abs. 1 BetrVG nach sich ziehen kann. Im Zusammenhang mit einer **regelmäßigen Wahl** hat der Betriebsrat den Wahlvorstand spätestens acht Wochen vor Ablauf der Amtszeit der Jugend- und Auszubildendenvertretung einzusetzen (§ 63 Abs. 2 S. 1 BetrVG). In Kleinbetrieben wird nach § 63 Abs. 4 S. 2 BetrVG die Frist auf vier Wochen verkürzt. Wird eine **außerordentliche Wahl** nötig, so hat die Bestellung des Wahlvorstands unverzüglich nach Eintritt der Voraussetzungen für eine Neuwahl zu erfolgen.[35]

Auf eine Regelung über die **Größe** des Wahlvorstands ist im Gesetz verzichtet wor- 23 den. Insbesondere wird, obwohl dies nahe gelegen hätte, nicht auf die für den Betriebsrat geltende Regelung in § 16 Abs. 1 S. 1 BetrVG verwiesen, wonach der Wahlvorstand aus mindestens drei und in jedem Falle aus einer ungeraden Zahl von Personen bestehen muss. Gleichwohl besteht im Ergebnis Einigkeit darüber, dass für den Wahlvorstand bei einer Wahl zur Jugend- und Auszubildendenvertretung gleiches zu gelten hat.[36] Das Erfordernis einer ungeraden Zahl von Mitgliedern ist notwendig, um klare Entscheidungsmehrheiten im Vorstand sicherzustellen. Da § 63 Abs. 2 S. 1 BetrVG außerdem die Be-

---

[32] GK-BetrVG/*Oetker* § 62 Rn. 25; Richardi BetrVG/*Annuß* § 62 Rn. 8.
[33] GK-BetrVG/*Oetker* § 62 Rn. 33.
[34] Vgl. dazu auch Richardi BetrVG/*Annuß* § 62 Rn. 7.
[35] *Fitting* § 63 Rn. 18.
[36] Richardi BetrVG/*Annuß* § 63 Rn. 6 mwN.

stellung eines Vorsitzenden vorsieht, ergibt sich daraus zwangsläufig eine Mindestzahl von drei Personen.[37] Der Betriebsrat kann mehr Personen zu Vorstandsmitgliedern bestellen, wenn er dies nach seinem Ermessen für eine ordnungsgemäße Durchführung der Wahl für erforderlich hält.

24 Zu **Mitgliedern** des Wahlvorstands können alle Arbeitnehmer des Betriebs bestellt werden, also nicht nur Arbeitnehmer, die das aktive oder passive Wahlrecht zur Jugend- und Auszubildendenvertretung haben. Dem Wahlvorstand muss aber mindestens ein zum Betriebsrat wählbarer Arbeitnehmer angehören (§ 38 S. 2 WahlO). Nach § 63 Abs. 1 S. 2 BetrVG, § 16 Abs. 1 S. 4 BetrVG kann für jedes Mitglied des Wahlvorstands für den Fall seiner Verhinderung ein Ersatzmitglied bestellt werden. Hat der Betrieb weibliche und männliche Wahlberechtigte, so sollen dem Wahlvorstand weibliche und männliche Personen angehören (§ 63 Abs. 2 S. 2 BetrVG, § 16 Abs. 1 S. 5 BetrVG). Jede im Betrieb vertretene Gewerkschaft kann zusätzlich einen dem Betrieb angehörenden Beauftragten (der nicht notwendig wahlberechtigter Arbeitnehmer sein muss) als nicht stimmberechtigtes Mitglied in den Wahlvorstand entsenden, sofern nicht bereits ein stimmberechtigtes Wahlvorstandsmitglied der Gewerkschaft angehört (§ 63 Abs. 2 S. 2 BetrVG, § 16 Abs. 1 S. 6 BetrVG). Die Gewerkschaft braucht nur im Betrieb, nicht aber unter den zur Jugend- und Auszubildendenvertretung wahlberechtigten Arbeitnehmern vertreten zu sein.

25 Bestellt der Betriebsrat den Wahlvorstand nicht oder nicht spätestens sechs Wochen vor Ablauf der Amtszeit der Jugend- und Auszubildendenvertretung, so bestellt ihn auf Antrag das **Arbeitsgericht.** Antragsberechtigt sind mindestens drei zum Betriebsrat wahlberechtigte Arbeitnehmer oder jugendliche Arbeitnehmer sowie jede im Betrieb vertretene Gewerkschaft (§ 63 Abs. 3 BetrVG, § 16 Abs. 2 S. 1 BetrVG). In dem Antrag können Vorschläge für die Zusammensetzung des Wahlvorstands gemacht werden (§ 63 Abs. 3 BetrVG, § 16 Abs. 2 S. 2 BetrVG), an die das Arbeitsgericht aber nicht gebunden ist. Die für den Betriebsrat geltende Regelung, wonach das Arbeitsgericht für Betriebe mit in der Regel mehr als zwanzig wahlberechtigten Arbeitnehmern auch Mitglieder einer im Betrieb vertretenen Gewerkschaft, die nicht Arbeitnehmer des Betriebs sind, zu Mitgliedern des Wahlvorstands bestellen kann (§ 16 Abs. 2 S. 3 BetrVG), ist nicht anzuwenden. Besteht sechs Wochen vor Ende der Amtszeit der Jugend- und Auszubildendenvertretung kein Wahlvorstand, so kann er auch vom Gesamtbetriebsrat bzw. Konzernbetriebsrat bestellt werden, § 63 Abs. 3 BetrVG, § 16 Abs. 3 S. 1 BetrVG.

26 Das Arbeitsgericht hat auf Antrag eine **Ersetzung** des Wahlvorstands vorzunehmen, wenn der Wahlvorstand die Wahl nicht unverzüglich einleitet, durchführt und das Wahlergebnis feststellt (§ 63 Abs. 3 BetrVG, § 18 Abs. 1 S. 2 BetrVG). Die für die Einsetzung des Wahlvorstands durch das Arbeitsgericht geltende Regelung ist entsprechend auf die Ersetzung anzuwenden.

27 cc) **Durchführung.** In Betrieben mit in der Regel fünf bis fünfzig wahlberechtigten Arbeitnehmern findet das **vereinfachte** Wahlverfahren für Kleinbetriebe nach § 14a BetrVG statt (§ 63 Abs. 4 BetrVG). In Betrieben mit in der Regel 51 bis 100 wahlberechtigten Arbeitnehmern können der Arbeitgeber und der Wahlvorstand dieses Verfahren vereinbaren, § 63 Abs. 5 BetrVG, § 14a Abs. 5 BetrVG. Die Durchführung der Wahl obliegt dem Wahlvorstand. Er hat sie unverzüglich einzuleiten, unter eigener Leitung durchzuführen und das Wahlergebnis festzustellen (§ 63 Abs. 2 S. 2 BetrVG, § 18 Abs. 1 S. 1 BetrVG, § 38 S. 1 WahlO). Die für eine Betriebsratswahl geltenden Bestimmungen sind im Wesentlichen entsprechend anzuwenden (§ 63 Abs. 2 S. 2 BetrVG).[38]

---

[37] Richardi BetrVG/*Annuß* § 63 Rn. 6 mwN.
[38] Zur fehlenden Verpflichtung des Wahlvorstands, eine in Elternzeit befindliche Auszubildende gesondert über die Wahl zu informieren und dieser die Wahlunterlagen zu übersenden, sowie zum ordnungsgemäßen Aushang des Wahlausschreibens vgl. ArbG Köln 22.9.2017 – 1 BV 122/17 Rn. 25 ff. bzw. 32 ff., BeckRS 2017, 127527.

f) Wahlgrundsätze. Die Jugend- und Auszubildendenvertretung wird in **geheimer und** 28
unmittelbarer Wahl gewählt, § 63 Abs. 1 BetrVG. Entsprechend der für den Betriebsrat geltenden Regelung findet die Wahl grds. als **Verhältniswahl** statt, § 63 Abs. 2 S. 2 BetrVG, § 14 Abs. 2 S. 1 BetrVG. Eine **Mehrheitswahl** erfolgt nur dann, wenn lediglich ein Wahlvorschlag eingereicht wird oder im vereinfachten Verfahren gewählt wird, § 63 Abs. 2 S. 2 BetrVG, § 14 Abs. 2 S. 2 BetrVG. Gewählt werden kann nur, wer auf einer Vorschlagsliste benannt ist, andernfalls die Wahl nicht nur anfechtbar, sondern nichtig ist.[39] Vorschlagsberechtigt sind die Arbeitnehmer nach § 60 Abs. 1 BetrVG sowie die im Betrieb vertretenen Gewerkschaften (§ 63 Abs. 2 S. 2 BetrVG, § 14 Abs. 4 und 5 BetrVG).[40]

g) Wahlschutz. Die Wahl zur Jugend- und Auszubildendenvertretung genießt den gleichen Wahlschutz wie eine Betriebsratswahl (§ 63 Abs. 2 S. 2 BetrVG, § 20 Abs. 1 und 2 29 BetrVG). Es darf niemand die Wahl der Jugend- und Auszubildendenvertretung behindern, und kein Arbeitnehmer darf in der Ausübung seines aktiven und passiven Wahlrechts beschränkt werden. Die Wahl darf nicht durch Zufügung oder Androhung von Nachteilen oder durch Gewährung oder Versprechen von Vorteilen beeinflusst werden. Zu diesen Grundsätzen → § 291 Rn. 264.

Mitglieder des Wahlvorstands und Wahlbewerber genießen **Kündigungsschutz** bei 30 ordentlichen Kündigungen nach § 15 Abs. 3 KSchG und bei außerordentlichen Kündigungen nach § 103 BetrVG. Der Kündigungsschutz beginnt für gewählte Bewerber, sobald das Ergebnis der Wahl aufgrund der öffentlichen Stimmenauszählung feststeht.[41] Die besondere Pflicht zur Übernahme Auszubildender nach Beendigung des Ausbildungsverhältnisses in ein Arbeitsverhältnis auf unbestimmte Zeit gemäß § 78a BetrVG ist auf Wahlvorstandsmitglieder und Wahlbewerber nicht anzuwenden. Diesen Schutz genießen nur Mitglieder der Jugend- und Auszubildendenvertretung.

h) Kosten. Die Kosten der Wahl einer Jugend- und Auszubildendenvertretung hat der 31 Arbeitgeber in gleicher Weise wie die Kosten einer Betriebsratswahl zu tragen (§ 63 Abs. 2 S. 2, § 20 Abs. 3 BetrVG). Versäumnis von Arbeitszeit, die zur Ausübung des Wahlrechts oder zur Betätigung im Wahlvorstand erforderlich ist, berechtigt den Arbeitgeber nicht zur Minderung des Arbeitsentgelts.

i) Anfechtung. Die Wahl unterliegt der Anfechtung beim Arbeitsgericht, wenn gegen 32 wesentliche Vorschriften über das Wahlrecht, die Wählbarkeit oder das Verfahren verstoßen worden ist (§ 63 Abs. 2 S. 2 BetrVG, § 19 BetrVG).[42] Anfechtungsberechtigt sind nur Arbeitnehmer, die zur Jugend- und Auszubildendenvertretung wahlberechtigt sind; von ihnen müssen mindestens drei die Anfechtung betreiben. Der Betriebsrat ist im arbeitsgerichtlichen Beschlussverfahren über die Anfechtung Beteiligter.[43] Wenn die Voraussetzungen für eine Wahl der Jugend- und Auszubildendenvertretung nicht vorliegen oder wenn gegen allgemeine Grundsätze einer ordnungsmäßigen Wahl in einem derart hohem Maße verstoßen wurde, dass auch der Anschein einer Wahl nicht mehr vorliegt, kann die Wahl auch nichtig sein.[44]

III. Aufgaben und Kompetenzen

Die Jugend- und Auszubildendenvertretung nimmt die besonderen Belange der zu ihr 33 wahlberechtigten Arbeitnehmer wahr (§ 60 Abs. 2 BetrVG). Ihre Tätigkeit ist auf den Be-

---

[39] Richardi BetrVG/Annuß § 63 Rn. 25.
[40] Richardi BetrVG/Annuß § 63 Rn. 26.
[41] BAG 22.9.1983 – 6 AZR 323/81, AP BetrVG 1972 § 78a Nr. 11 = NZA 1984, 45; zum Beginn des Sonderkündigungsschutzes für Wahlbewerber vgl. BAG 7.7.2011 – 2 AZR 377/10, NZA 2012, 107.
[42] Vgl. dazu ArbG Köln 22.9.2017 – 1 BV 122/17 Rn. 25 ff. bzw. 32 ff., BeckRS 2017, 127527.
[43] BAG 20.2.1986 – 6 ABR 25/85, AP BetrVG 1972 § 63 Nr. 1.
[44] Richardi BetrVG/Annuß § 63 Rn. 32.

triebsrat ausgerichtet; sie unterstützt ihn bei der Vertretung der Arbeitnehmerinteressen gegenüber dem Arbeitgeber. Sie kann selbst aus eigener Kompetenz **keine Mitbestimmungsrechte** gegenüber dem Arbeitgeber ausüben, zB keine Betriebsvereinbarung abschließen. Ihr werden aber vom Gesetz besondere Befugnisse verliehen, die sie in die Lage versetzen, ihre Aufgaben gegenüber dem Betriebsrat wahrzunehmen. Gegenüber dem Sprecherausschuss der leitenden Angestellten kann die Jugend- und Auszubildendenvertretung die besonderen Belange der zu ihr wahlberechtigten Arbeitnehmer nicht unmittelbar wahrnehmen.[45]

1. Allgemeine Aufgaben

34 **a) Antragsrecht.** Die Jugend- und Auszubildendenvertretung kann beim Betriebsrat alle Maßnahmen beantragen, die den zu ihr wahlberechtigten Arbeitnehmer dienen (§ 70 Abs. 1 Nr. 1 BetrVG). In Betracht kommen nur Maßnahmen, mit denen sich der Betriebsrat innerhalb seiner Zuständigkeit zulässigerweise befassen darf. Die Anträge können sich auf alle Fragen beziehen, für die ein Mitwirkungs- oder Mitbestimmungsrecht des Betriebsrats besteht. Es ist nicht erforderlich, dass die Angelegenheit ausschließlich oder überwiegend jugendliche Arbeitnehmer oder zu ihrer Berufsausbildung Beschäftigte unter 25 Jahren betrifft. In Betracht kommen insbesondere Fragen der Berufsbildung, also Angelegenheiten, welche die Person des Ausbilders betreffen, des Ausbildungsplans, der Fortbildungsmaßnahmen etc., ferner Fragen der Übernahme der zu ihrer Berufsausbildung Beschäftigten in ein Arbeitsverhältnis.

35 Der Betriebsrat **ist verpflichtet,** ordnungsgemäß gestellte Anträge der Jugend- und Auszubildendenvertretung entgegenzunehmen, und, falls sie berechtigt erscheinen, durch Verhandlungen mit dem Arbeitgeber auf eine Erledigung hinzuwirken (§ 80 Abs. 1 Nr. 3 BetrVG). Über die Berechtigung hat der Betriebsrat selbst nach eigenem Ermessen zu entscheiden. Er ist nicht verpflichtet, dem Antrag gegen seine eigene Überzeugung zu entsprechen oder ihn mit dem Arbeitgeber zu beraten. In jedem Falle hat er die Jugend- und Auszubildendenvertretung über den Stand und das Ergebnis von Verhandlungen mit dem Arbeitgeber zu unterrichten (§ 80 Abs. 1 Nr. 3 BetrVG) bzw. ihr mitzuteilen, mit welchem Inhalt er den Antrag erledigt hat.

36 **b) Gleichstellung.** Die Jugend- und Auszubildendenvertretung kann Maßnahmen zur Durchsetzung der tatsächlichen Gleichstellung der von ihr vertretenen Arbeitnehmer beantragen, § 70 Abs. 1a BetrVG.

37 **c) Überwachung.** Die Jugend- und Auszubildendenvertretung hat darüber zu wachen, dass die zugunsten der zu ihr wahlberechtigten Arbeitnehmer geltenden Gesetze, Verordnungen, Unfallverhütungsvorschriften, Tarifverträge und Betriebsvereinbarungen durchgeführt werden (§ 70 Abs. 1 Nr. 2 BetrVG). Die Überwachung ist nicht beschränkt auf Rechtsnormen, die gerade speziell jugendliche Arbeitnehmer und Auszubildende betreffen, sondern gilt für alle Normen, die auf diesen Personenkreis anwendbar sind.[46] Zumeist wird die Jugend- und Auszubildendenvertretung allerdings Veranlassung haben, gerade die Einhaltung spezieller Schutznormen für jugendliche Arbeitnehmer und Auszubildende zu überwachen, zB Bestimmungen des Jugendarbeitsschutzgesetzes und des Berufsbildungsgesetzes. Eines konkreten Anlasses bedarf es für die Wahrnehmung der Überwachungsaufgabe nicht.[47]

---

[45] GK-BetrVG/*Oetker* § 60 Rn. 57.
[46] *Hromadka* DB 1971, 1964 (1965); Richardi BetrVG/*Annuß* § 70 Rn. 12.
[47] BAG 21.1.1982 – 6 ABR 17/79, AP BetrVG 1972 § 70 Nr. 1; GK-BetrVG/*Oetker* § 70 Rn. 43 mwN; aA *Kraft* SAE 1982, 201 (202); *Kraft* ZfA 1983, 171 (196); *Schlochauer* FS Müller, 1981, 459 (476).

III. Aufgaben und Kompetenzen

d) Anregungen. Die Jugend- und Auszubildendenvertretung hat Anregungen der zu ihr 38 wahlberechtigten Arbeitnehmer, insbesondere in Fragen der Berufsbildung, entgegenzunehmen (§ 70 Abs. 1 Nr. 3 BetrVG). Die jugendlichen Arbeitnehmer bzw. Auszubildenden können sich in allen sie betreffenden Angelegenheiten an ihre Vertretung wenden und bei ihr auch Beschwerden vorbringen. Das Recht, sich nach § 80 Abs. 1 Nr. 3 BetrVG unmittelbar an den Betriebsrat zu wenden, bleibt davon unberührt (allgA).

Die Jugend- und Auszubildendenvertretung ist gesetzlich verpflichtet, sich mit der ihr 39 unterbreiteten Anregung zu befassen. Über die **weitere Behandlung** entscheidet sie nach ihrem Ermessen. Wenn sie die Anregung für berechtigt hält, hat sie die Anregung dem Betriebsrat zu unterbreiten und dort auf eine Erledigung hinzuwirken. Der Betriebsrat entscheidet nach eigenem Ermessen, ob er die Anregung für berechtigt hält und sie dem Arbeitgeber vorlegt. Der betroffene Arbeitnehmer ist von der Jugend- und Auszubildendenvertretung über den Stand und das Ergebnis der Verhandlungen zu informieren (§ 70 Abs. 1 Nr. 3 BetrVG). Die Unterrichtung hat ggf. auch durch den Betriebsrat zu erfolgen (§ 80 Abs. 1 Nr. 3 BetrVG).

e) Integration. Die Jugend- und Auszubildendenvertretung hat die Integration ausländi- 40 scher zu ihr wahlberechtigter Arbeitnehmer zu fördern und kann entsprechende Maßnahmen beim Betriebsrat beantragen, § 70 Abs. 1 Nr. 4 BetrVG.

f) Aufsuchen der Arbeitnehmer. Die Mitglieder der Jugend- und Auszubildendenver- 41 tretung sind nur mit Zustimmung des Betriebsrats berechtigt, jugendliche Arbeitnehmer bzw. Auszubildende an ihren Arbeitsplätzen aufzusuchen,[48] da sie keine eigenen Rechte wahrnehmen, sondern nur den Betriebsrat unterstützen. Die weitergehende Auffassung im Schrifttum, wonach selbst mit Zustimmung des Betriebsrats ein solches Recht nicht besteht,[49] lässt außer Acht, dass die Jugend- und Auszubildendenvertretung den Betriebsrat unterstützen soll und insoweit durchaus Kompetenzen im Betrieb ausübt. Auch die Durchführung einer **Fragebogenaktion** muss vom Betriebsrat mitgetragen werden.[50]

2. Unterrichtung

Zur Durchführung ihrer Aufgaben ist die Jugend- und Auszubildendenvertretung durch 42 den Betriebsrat rechtzeitig und umfassend zu unterrichten (§ 70 Abs. 2 S. 1 BetrVG). Die Unterrichtung hat sich auf alle **Angelegenheiten** zu beziehen, die in die Zuständigkeit der Jugend- und Auszubildendenvertretung fallen. Da sie beim Betriebsrat alle Maßnahmen beantragen kann, die den zu ihr wahlberechtigten Arbeitnehmern dienen und für welche der Betriebsrat eine Zuständigkeit hat, bezieht sich die Unterrichtung auf alle Angelegenheiten jugendlicher Arbeitnehmer und Auszubildender, für die ein Mitwirkungs- und Mitbestimmungsrecht besteht.

Entsprechend dem allgemeinen Verhältnis zwischen Betriebsrat und Jugend- und Auszu- 43 bildendenvertretung hat die Unterrichtung **durch den Betriebsrat** zu erfolgen. Die Unterrichtungspflichten des Arbeitgebers bestehen nur gegenüber dem Betriebsrat.[51] Ein besonderes Auskunftsverlangen der Jugend- und Auszubildendenvertretung ist nicht nötig; der Betriebsrat hat laufend von sich aus zu unterrichten.[52] Geheimhaltungsbedürftige Betriebs- oder Geschäftsgeheimnisse darf der Betriebsrat nicht an die Jugend- und Auszubildendenvertretung weitergeben, da seine Geheimhaltungspflicht ihr gegenüber in § 79 Abs. 1 S. 4 BetrVG nicht aufgehoben worden ist. Die eigene Geheimhaltungspflicht der Mitglieder der Jugend- und Auszubildendenvertretung bleibt davon unberührt (→ Rn. 85).

---

[48] BAG 21.1.1982 – 6 ABR 17/79, AP BetrVG 1972 § 70 Nr. 1.
[49] *Kraft* ZfA 1983, 171 (196); *Peter* BlStSozArbR 1980, 65 (68).
[50] Vgl. BAG 8.2.1977 – 1 ABR 82/74, AP BetrVG 1972 § 80 Nr. 10; vgl. ferner *Eich* DB 1978, 395 ff.; *Säcker*, Informationsrechte der Betriebs- und Aufsichtsratsmitglieder, 1979, S. 25.
[51] Richardi BetrVG/*Annuß* § 70 Rn. 18.
[52] *Fitting* § 70 Rn. 21; Richardi BetrVG/*Annuß* § 70 Rn. 20.

44 Die Jugend- und Auszubildendenvertretung kann verlangen, dass ihr der Betriebsrat die zur Durchführung ihrer Aufgaben erforderlichen **Unterlagen** zur Verfügung stellt (§ 70 Abs. 2 S. 2 BetrVG). Erforderlich sind diejenigen Unterlagen, welche die Jugend- und Auszubildendenvertretung für ihre Geschäftsführung im Rahmen ihrer Zuständigkeit braucht.[53] Da sie sich mit allen Maßnahmen beschäftigen kann, die den zu ihr wahlberechtigten Arbeitnehmern dienen, werden alle Unterlagen erfasst, die sich auf diesen Personenkreis beziehen. Dazu gehören zB Gesetzestexte, Unfallverhütungsvorschriften, Bestimmungen über den Gesundheitsschutz, Ausbildungspläne etc.[54]

45 Der Betriebsrat hat nur solche Unterlagen zur Verfügung zu stellen, die ihm selbst zugänglich sind bzw. deren Überlassung er vom Arbeitgeber gemäß § 80 Abs. 2 S. 2 BetrVG im Rahmen seiner Zuständigkeit verlangen kann.[55] Der Anspruch ist auf **Überlassung** der erforderlichen Unterlagen gerichtet, nicht nur auf bloße Einsichtnahme. Soweit allerdings schon der Betriebsrat auf eine Einsichtnahme beschränkt ist und vom Arbeitgeber keine Überlassung der Unterlagen verlangen kann, wie zB bei der Einsichtnahme in die Listen über die Bruttolöhne und -gehälter (§ 80 Abs. 2 S. 2 BetrVG), besteht auch kein Überlassungsanspruch der Jugend- und Auszubildendenvertretung.[56] Geheimhaltungsbedürftige Unterlagen (→ Rn. 85) dürfen der Jugend- und Auszubildendenvertretung nach allgA nicht überlassen werden. Überwiegend wird dies unter Hinweis darauf begründet, dass § 79 Abs. 1 S. 4 BetrVG die Mitglieder der Jugend- und Auszubildendenvertretung nicht in den Kreis derjenigen Arbeitnehmervertreter einbezieht, denen gegenüber die Geheimhaltungspflicht des Betriebsrats nach § 79 Abs. 1 S. 3 BetrVG aufgehoben ist.[57]

3. Sitzungen des Betriebsrats

46 Da die Jugend- und Auszubildendenvertretung eine Unterstützungsfunktion für die Tätigkeit des Betriebsrats hat und dessen Geschäftstätigkeit sich zu einem wesentlichen Teil in seinen Sitzungen realisiert, steht der Jugend- und Auszubildendenvertretung eine Reihe von Rechten bezüglich der Betriebsratssitzungen zu.

47 **a) Vorberatung.** Der Betriebsrat soll Angelegenheiten, die besonders die jugendlichen Arbeitnehmer oder die zu ihrer Berufsausbildung Beschäftigten unter 25 Jahren betreffen, der Jugend- und Auszubildendenvertretung zur Beratung zuleiten (§ 67 Abs. 3 S. 2 BetrVG). Die Vorberatung durch die Jugend- und Auszubildendenvertretung dient dem Zweck, dass ihre Vertreter sich in der Sitzung des Betriebsrats sachkundig äußern und ggf. zu dieser Sitzung Anträge stellen können. Ein Verstoß gegen die Zuleitungspflicht berührt die Zulässigkeit der Betriebsratssitzung und die Wirksamkeit der auf ihr gefassten Beschlüsse nicht, kann aber Sanktionen nach § 23 Abs. 1 BetrVG nach sich ziehen.

48 **b) Anträge.** Die Jugend- und Auszubildendenvertretung kann beim Betriebsrat beantragen, Angelegenheiten, die besonders die zu ihr wahlberechtigten Arbeitnehmer betreffen und über die sie selbst bereits beraten hat, auf die Tagesordnung der nächsten Betriebsratssitzung zu setzen (§ 67 Abs. 3 S. 1 BetrVG). Die notwendige Vorberatung ist dem Betriebsrat auf sein Verlangen nachzuweisen. Der Betriebsrat ist sodann durch seinen Vorsitzenden (§ 29 Abs. 2 S. 2 BetrVG) verpflichtet, die Angelegenheit auf die Tagesordnung zu setzen. Zum Erfordernis einer besonderen Betroffenheit der jugendlichen Arbeitnehmer bzw. der zu ihrer Berufsausbildung Beschäftigten unter 25 Jahren → Rn. 50f. Der Betriebsrat hat sich mit der auf die Tagesordnung gesetzten Angelegenheit zu befassen, ist aber nicht verpflichtet, sie in einem bestimmten Sinne zu behandeln.

---

[53] *Fitting* § 70 Rn. 23; Richardi BetrVG/*Annuß* § 70 Rn. 23.
[54] Richardi BetrVG/*Annuß* § 70 Rn. 25.
[55] *Fitting* § 70 Rn. 23; Richardi BetrVG/*Annuß* § 70 Rn. 24.
[56] *Fitting* § 70 Rn. 24; HWGNRH/*Rose* § 70 Rn. 53; Richardi BetrVG/*Annuß* § 70 Rn. 26.
[57] *Fitting* § 70 Rn. 22; HWGNRH/*Rose* § 70 Rn. 56; vgl. dazu auch Richardi BetrVG/*Annuß* § 70 Rn. 29.

III. Aufgaben und Kompetenzen

c) Teilnahme. aa) Allgemeines Teilnahmerecht eines Jugend- und Auszubildendenvertreters. Die Jugend- und Auszubildendenvertretung kann zu allen Betriebsratssitzungen einen Vertreter entsenden (§ 67 Abs. 1 S. 1 BetrVG). Dieses Teilnahmerecht ist eine zwingende Notwendigkeit, weil die Jugend- und Auszubildendenvertretung ihre Kompetenzen nicht unmittelbar gegenüber dem Arbeitgeber ausüben kann, sondern nur durch Einflussnahme auf den Betriebsrat. Der Betriebsratsvorsitzende hat die Jugend- und Auszubildendenvertretung rechtzeitig unter Mitteilung der Tagesordnung zu laden (§ 29 Abs. 2 S. 4 BetrVG). Die Jugend- und Auszubildendenvertretung kann nur **eines ihrer Mitglieder** entsenden, das von ihr in eigener Kompetenz durch Beschluss bestimmt wird.[58] Ist dies bereits im Voraus geschehen und dem Vorsitzenden des Betriebsrats mitgeteilt worden, so hat er diesen Vertreter unter Mitteilung der Tagesordnung zu der Betriebsratssitzung einzuladen.[59]

bb) Teilnahmerecht aller Jugend- und Auszubildendenvertreter. Die gesamte Jugend- und Auszubildendenvertretung hat ein Teilnahmerecht, wenn Angelegenheiten behandelt werden, die besonders die zu ihr wahlberechtigten Arbeitnehmer betreffen (§ 67 Abs. 1 S. 2 BetrVG). Insoweit sind alle Mitglieder der Jugend- und Auszubildendenvertretung zur Teilnahme berechtigt, allerdings nur zu den entsprechenden Tagesordnungspunkten. Der Begriff der „besonderen" Betroffenheit setzt nicht voraus, dass die Angelegenheit quantitativ überwiegend jugendliche Arbeitnehmer bzw. Auszubildende angeht.[60] Es genügt eine qualitativ besondere Betroffenheit in dem Sinne, dass die Angelegenheit jugendliche bzw. auszubildende Arbeitnehmer unter 25 Jahren in spezifischer Weise angeht. Das ist der Fall bei Angelegenheiten, die sich unmittelbar auf jugendliche bzw. auf auszubildende Arbeitnehmer beziehen, etwa des Berufsbildungsgesetzes, des Jugendarbeitsschutzes oder des besonderen Gesundheitsschutzes für den genannten Personenkreis. Es gehören aber auch Angelegenheiten dazu, die alle Arbeitnehmer betreffen, an denen aber infolge ihrer altersspezifischen Ausrichtung jugendliche bzw. auszubildende Arbeitnehmer ein besonderes Interesse haben (zB Betriebssport).

Bei **personellen Einzelmaßnahmen** (zB Kündigungen) gegenüber Jugendlichen oder auszubildenden Arbeitnehmern unter 25 Jahren wird das Teilnahmerecht der gesamten Jugend- und Auszubildendenvertretung teilweise ganz abgelehnt,[61] zT auf die Fälle beschränkt, dass für die Beratung besondere jugendspezifische oder ausbildungsspezifische Gesichtspunkte eine Rolle spielen oder dass die Beratung von präjudizierender Bedeutung für jugendliche bzw. auszubildende Arbeitnehmer unter 25 Jahren ist.[62] Indessen liegt bei solchen Angelegenheiten stets eine besondere Betroffenheit der jugendlichen bzw. auszubildenden Arbeitnehmer unter 25 Jahren vor, so dass die gesamte Jugend- und Auszubildendenvertretung ein Teilnahmerecht hat.[63] Bei derartigen Maßnahmen kann es notwendig sein, jugendspezifische Gesichtspunkte zu erörtern. Da sich dies nicht im Voraus normativ festlegen lässt, sondern gerade der Erörterung durch die Teilnehmer der Sitzung vorbehalten ist, kann das Teilnahmerecht davon sinnvollerweise nicht abhängig gemacht werden.

Wenn die gesamte Jugend- und Auszubildendenvertretung ein Teilnahmerecht hat, so sind alle ihre Mitglieder von dem Vorsitzenden des Betriebsrats unter Mitteilung der Tagesordnung rechtzeitig zu **laden** (§ 29 Abs. 2 S. 4 BetrVG). Der Vorsitzende des Betriebsrats muss daher bei der Vorbereitung der Sitzung selbst beurteilen, ob bestimmte Angelegenheiten der Tagesordnung die jugendlichen bzw. die auszubildenden Arbeitnehmer

---

[58] *Fitting* § 67 Rn. 8; HWGNRH/*Rose* § 67 Rn. 7; Richardi BetrVG/*Annuß* § 67 Rn. 7.
[59] AA Richardi BetrVG/*Annuß* § 67 Rn. 8, der auch in diesem Fall den Vorsitzenden der Jugend- und Auszubildendenvertretung als den richtigen Adressaten ansieht.
[60] Richardi BetrVG/*Annuß* § 67 Rn. 12.
[61] GK-BetrVG/*Oetker* § 67 Rn. 27; HWGNRH/*Rose* § 67 Rn. 24.
[62] So *Fitting* § 67 Rn. 14; ErfK/*Koch* BetrVG § 70 Rn. 4.
[63] Zutreffend Richardi BetrVG/*Annuß* § 67 Rn. 13 mwN.

unter 25 Jahren besonders betreffen. Unterbleibt die Ladung, obwohl die gesetzlichen Voraussetzungen gegeben sind, so kann dies wegen des Stimmrechts der Jugend- und Auszubildendenvertretung Einfluss auf die Wirksamkeit der Beschlüsse des Betriebsrats haben (→ Rn. 57). Das Teilnahmerecht der Jugend- und Auszubildendenvertretung wird durch das fehlerhafte Unterlassen der Ladung nicht berührt.

53 **cc) Ausschüsse.** Im Gesetz fehlt eine Harmonisierung zwischen dem Zweck der Institution der Jugend- und Auszubildendenvertretung, die besonderen Belange der zu ihr wahlberechtigten Arbeitnehmer gegenüber dem Betriebsrat wahrzunehmen, und der Möglichkeit des Betriebsrats, Aufgaben dem Betriebsausschuss oder einem anderen Ausschuss zur selbständigen Erledigung zu übertragen (§ 27 Abs. 3 S. 2 BetrVG, § 28 Abs. 1 BetrVG). Das Teilnahmerecht bezieht sich nach dem Gesetzeswortlaut nur auf Betriebsratssitzungen (§ 67 Abs. 1 S. 1 BetrVG). Werden Angelegenheiten, welche die zur Jugend- und Auszubildendenvertretung wahlberechtigten Arbeitnehmer betreffen, einem Ausschuss zur selbständigen Erledigung übertragen, so könnte die Mitwirkung der Jugend- und Auszubildendenvertretung funktionslos werden.

54 Zur Erreichung des Gesetzeszwecks ist deshalb ein **Teilnahmerecht** der Jugend- und Auszubildendenvertretung **an Ausschusssitzungen** unter den gleichen Voraussetzungen anzuerkennen wie bei einer Betriebsratssitzung. Dies gilt gleichermaßen für das allgemeine Recht, einen Vertreter zu entsenden,[64] wie für das besondere Teilnahmerecht der gesamten Jugend- und Auszubildendenvertretung.[65] Im letzteren Fall bedarf es der Aufrechterhaltung des **zahlenmäßigen Verhältnisses** zwischen Betriebsratsmitgliedern und Mitgliedern der Jugend- und Auszubildendenvertretung, so dass nur so viele Vertreter entsandt werden können, dass das Verhältnis im Ausschuss dem Verhältnis im Betriebsrat gleicht.[66] Über die zu entsendenden Vertreter entscheidet die Jugend- und Auszubildendenvertretung durch Beschluss.

55 **d) Rederecht und Stimmrecht. aa) Mitwirkung.** Das im Rahmen des allgemeinen Teilnahmerechts entsandte Mitglied der Jugend- und Auszubildendenvertretung ist berechtigt, in der Sitzung **beratend** mitzuwirken. Dies schließt das Recht ein, zu allen Tagesordnungspunkten zu sprechen. Der die Sitzung leitende Vorsitzende des Betriebsrats hat ihm auf sein Verlangen das Wort zu erteilen. Ein Stimmrecht besteht nicht.

56 **bb) Beschlussfassung.** Jugend- und Auszubildendenvertreter haben dagegen **Stimmrecht,** soweit die zu fassenden Beschlüsse des Betriebsrats überwiegend die zur Jugend- und Auszubildendenvertretung wahlberechtigten Arbeitnehmer betreffen (§ 67 Abs. 2 BetrVG). Die das besondere Teilnahmerecht der gesamten Jugend- und Auszubildendenvertretung begründende besondere Betroffenheit der zu ihr wahlberechtigten Arbeitnehmer ist weder ausreichend noch nötig. Erforderlich ist, dass der Beschluss mehr zur Jugend- und Auszubildendenvertretung wahlberechtigte Arbeitnehmer betrifft als andere Arbeitnehmer.[67] Bei personellen Einzelmaßnahmen, die zur Jugend- und Auszubildendenvertretung wahlberechtigte Arbeitnehmer betreffen, ist das Stimmrecht stets gegeben.[68]

57 Werden die Mitglieder der Jugend- und Auszubildendenvertretung von dem Vorsitzenden des Betriebsrats zu der Betriebsratssitzung nicht geladen, obwohl die gesetzlichen Voraussetzungen vorliegen, und hätten sie auf der Sitzung ein Stimmrecht gehabt, so kann dies die **Wirksamkeit von Beschlüssen** berühren, die in Angelegenheiten gefasst werden, welche überwiegend die zur Jugend- und Auszubildendenvertretung wahlberechtig-

---

[64] Richardi BetrVG/Annuß § 67 Rn. 10; GK-BetrVG/Oetker § 67 Rn. 7 ff.; Fitting § 67 Rn. 6; aA HWGNRH/Rose § 67 Rn. 5.
[65] So auch Fitting § 67 Rn. 15.
[66] GK-BetrVG/Oetker § 67 Rn. 31; Fitting § 67 Rn. 18; Richardi BetrVG/Annuß § 67 Rn. 18.
[67] HM; Richardi BetrVG/Annuß § 67 Rn. 20; GK-BetrVG/Oetker § 67 Rn. 38 mwN.
[68] Richardi BetrVG/Annuß § 67 Rn. 20; aA GK-BetrVG/Oetker § 67 Rn. 27; Fitting § 67 Rn. 21.

ten Arbeitnehmer betreffen. Derartige Beschlüsse sind entsprechend den allgemeinen Grundsätzen unwirksam, wenn nach den jeweiligen Stimmenverhältnissen die Möglichkeit besteht, dass der Beschluss bei Teilnahme der Jugend- und Auszubildendenvertreter anders ausgefallen wäre.[69] Entspricht allerdings ein Beschluss des Betriebsrats dem Antrag des einzigen Jugendvertreters, dann ist sein Einverständnis zu unterstellen, auch wenn er an dem Beschluss nicht selbst mitgewirkt hat, so dass der Beschluss wirksam ist.[70]

Die gleichen Grundsätze gelten, wenn die Jugend- und Auszubildendenvertreter ein Teilnahmerecht an Sitzungen von **Ausschüssen** des Betriebsrats haben (→ Rn. 53f.). Da das zahlenmäßige Verhältnis von Betriebsratsmitgliedern und Mitgliedern der Jugend- und Auszubildendenvertretung in den Ausschüssen aufrecht zu erhalten ist, tritt eine Veränderung der Stimmenverhältnisse nicht ein.

4. Aussetzung von Betriebsratsbeschlüssen
a) Antrag. Die Jugend- und Auszubildendenvertretung hat die Möglichkeit, beim Betriebsrat einen Antrag auf Aussetzung von Betriebsratsbeschlüssen zu stellen, wenn sie eine **erhebliche Beeinträchtigung wichtiger Interessen** der zu ihr wahlberechtigten Arbeitnehmer als gegeben erachtet, §§ 35, 66 BetrVG. Dazu näher → § 294 Rn. 99ff. Nach hM soll der Antrag nur möglich sein, wenn die Jugend- und Auszubildendenvertretung ein **Teilnahmerecht** an den Betriebsratssitzungen gemäß § 67 Abs. 1 S. 2 BetrVG bzw. ein Stimmrecht nach § 67 Abs. 2 BetrVG hat, also der Beschlussgegenstand überwiegend die von der Jugend- und Auszubildendenvertretung vertretenen Arbeitnehmer betrifft oder deren Belange besonders angeht.[71] Diese Auffassung begegnet insofern Bedenken, als in §§ 35, 66 BetrVG eine selbständige Formulierung („erhebliche Beeinträchtigung wichtiger Interessen") gewählt worden ist, die von den Voraussetzungen des Teilnahmerechts und des Stimmrechts abweicht. Die Frage ist indessen ohne praktische Bedeutung, weil es genügt, dass die Mehrheit der Jugend- und Auszubildendenvertretung die Beeinträchtigung als gegeben ansieht und diese Beurteilung keiner objektiven Prüfung unterliegt, insbesondere nicht durch den Betriebsrat. Allerdings hat die Jugend- und Auszubildendenvertretung ihren Antrag zu begründen, damit sich der Betriebsrat damit sachlich auseinandersetzen kann.

b) Mehrheit. Zweifelhaft ist, auf welche Weise die **Meinungsbildung** der Jugend- und Auszubildendenvertretung für die Antragstellung zu erfolgen hat. Nach § 35 Abs. 1 S. 1 BetrVG ist die Mehrheit der Jugend- und Auszubildendenvertretung erforderlich, während es nach § 66 Abs. 1 BetrVG auf die Mehrheit der Jugend- und Auszubildendenvertreter ankommt. Die Formulierungen sind miteinander nicht vereinbar, weil es im ersten Fall auf eine Meinungsbildung des Organs ankommt, im zweiten Fall dagegen nicht.

Der Widerspruch ist dahin aufzulösen, dass § 35 BetrVG als entscheidende Norm angesehen wird, da sie allgemein die Antragsberechtigung für die Aussetzung formuliert, während § 66 BetrVG eine unselbständige (und damit eigentlich überflüssige) Wiederholung ist, der nicht entnommen werden kann, dass damit für die Jugend- und Auszubildendenvertretung eine Änderung des § 35 BetrVG bezweckt ist. Es bedarf deshalb einer formellen **Beschlussfassung der Jugend- und Auszubildendenvertretung als Organ.**[72] In jedem Falle bedarf es aber einer Mehrheit aller Mitglieder der Jugend- und Auszubildendenvertretung, also nicht nur einer Mehrheit der bei der Beschlussfassung anwesenden Mitglieder.[73] Dies entspricht der herausgehobenen Bedeutung, die einem Aussetzungsantrag praktisch zukommt.

---

[69] BAG 6.5.1975 – 1 ABR 135/73, AP BetrVG 1972 § 65 Nr. 5; GK-BetrVG/*Oetker* § 67 Rn. 44 mwN.
[70] BAG 6.5.1975 – 1 ABR 135/73, AP BetrVG 1972 § 65 Nr. 5.
[71] Richardi BetrVG/*Annuß* § 66 Rn. 5; GK-BetrVG/*Oetker* § 66 Rn. 9 mwN; unklar *Fitting* § 66 Rn. 4, wonach dies in aller Regel eine Voraussetzung sein soll.
[72] HM; GK-BetrVG/*Oetker* § 66 Rn. 5 mwN; Richardi BetrVG/*Annuß* § 66 Rn. 4.
[73] GK-BetrVG/*Oetker* § 66 Rn. 6 mwN; Richardi BetrVG/*Annuß* § 66 Rn. 4.

5. Teilnahme an Besprechungen zwischen Arbeitgeber und Betriebsrat

62 Die Jugend- und Auszubildendenvertretung ist ein Hilfsorgan des Betriebsrats, das gegenüber dem Arbeitgeber keine eigenen Kompetenzen ausübt. Sie berät deshalb nicht unmittelbar mit dem Arbeitgeber über die Angelegenheiten der zu ihr wahlberechtigten Arbeitnehmer. Der Betriebsrat hat aber die Jugend- und Auszubildendenvertretung zu solchen Besprechungen zwischen Arbeitgeber und Betriebsrat beizuziehen, in denen Angelegenheiten behandelt werden, die besonders die von der Jugend- und Auszubildendenvertretung vertretenen Arbeitnehmer betreffen, § 68 BetrVG. Die Jugend- und Auszubildendenvertretung hat einen **gesetzlichen Anspruch** darauf, zu solchen Besprechungen hinzugezogen zu werden.

63 Dies gilt für **alle offiziellen Besprechungen** zwischen Arbeitgeber und Betriebsrat, nicht nur die regelmäßigen monatlichen Besprechungen nach § 74 Abs. 1 S. 1 BetrVG. Das Teilnahmerecht besteht nicht ohne weiteres für die ganze Besprechung, sondern nur für den Teil, in dem Angelegenheiten behandelt werden, welche die von der Jugend- und Auszubildendenvertretung vertretenen Arbeitnehmer besonders betreffen. Der Begriff der besonderen Betroffenheit ist identisch mit der besonderen Betroffenheit nach § 67 Abs. 2 BetrVG, die das Stimmrecht der Jugend- und Auszubildendenvertreter in Betriebsratssitzungen begründet (→ Rn. 50 f.).

64 Das Teilnahmerecht hat die gesamte Jugend- und Auszubildendenvertretung, also **alle ihre Mitglieder.** Sie sind von dem Betriebsratsvorsitzenden von der Besprechung und den zu besprechenden Angelegenheiten zu unterrichten und zur Teilnahme einzuladen. Dabei genügt die Einladung der Jugend- und Auszubildendenvertretung zu Händen von deren Vorsitzendem.

65 Das Gesetz regelt nur die Hinzuziehung der Jugend- und Auszubildendenvertretung zu Besprechungen zwischen Betriebsrat und Arbeitgeber. Vielfach finden solche Besprechungen zwischen **Ausschüssen** des Betriebsrats, insbesondere dem Betriebsausschuss, und dem Arbeitgeber statt. Soweit dabei Angelegenheiten behandelt werden, die besonders die von der Jugend- und Auszubildendenvertretung vertretenen Arbeitnehmer betreffen, hat sie entsprechend § 68 BetrVG ebenfalls ein Teilnahmerecht, da anderenfalls ihre Funktionsfähigkeit gefährdet wäre (→ Rn. 53 f.).

66 Das Recht zur Teilnahme schließt das **Rederecht** ein. Der Zweck der Teilnahme besteht darin, dass die Jugend- und Auszubildendenvertretung im Wege der gemeinsamen Beratung die besonderen Belange der von ihr vertretenen Arbeitnehmer zur Geltung bringen kann. Das ist nur möglich, wenn sie durch eigene Stellungnahmen ihrer Mitglieder auf die Meinungsbildung von Arbeitgeber und Betriebsrat Einfluss nehmen kann.

IV. Organisation und Geschäftsführung

1. Verweisung auf das Recht des Betriebsrats

67 Die Regeln für Organisation und Geschäftsführung der Jugend- und Auszubildendenvertretung richten sich weitgehend nach den entsprechenden, für den Betriebsrat geltenden Bestimmungen (§ 65 Abs. 1 BetrVG). Insoweit hat das BAG allerdings schon frühzeitig klargestellt, aus der Inbezugnahme dieser Bestimmungen könne nicht gefolgert werden, insoweit trete die Jugendvertretung an die Stelle des Betriebsrates; vielmehr hieße die Anordnung der entsprechenden Geltung so viel wie „unter Beachtung der in §§ 60 ff. BetrVG 1972 der Jugendvertretung im Zusammenwirken mit dem Betriebsrat zugewiesenen Aufgaben".[74]

67a Auf dieser Grundlage besteht insbesondere die Möglichkeit, wegen grober Verletzung der gesetzlichen Pflichten ein Mitglied aus der Jugend- und Auszubildendenvertretung auszuschließen oder die Auflösung der Jugend- und Auszubildendenvertretung zu beantragen (§ 65 Abs. 1 BetrVG, § 23 Abs. 1 BetrVG; der Antrag kann auch von dem Be-

---

[74] BAG 20.11.1973 – 1 AZR 331/73, NJW 1974 879 (880).

triebsrat gestellt werden,[75] weil die Jugend- und Auszubildendenvertretung ihm gegenüber eine Hilfsfunktion hat). Das Nachrücken von Ersatzmitgliedern bestimmt sich nach § 65 Abs. 1 BetrVG, § 25 BetrVG; für Wahl und Befugnisse des Vorsitzenden und seines Stellvertreters gelten § 65 Abs. 1 BetrVG, § 26 BetrVG; die Beschlussfassung regeln § 65 Abs. 1 BetrVG, § 33 Abs. 1 und 2 BetrVG, wobei ein an der Sitzung teilnehmendes Betriebsratsmitglied kein Stimmrecht hat; die Jugend- und Auszubildendenvertretung kann sich auch eine Geschäftsordnung geben, § 65 Abs. 1 BetrVG, § 36 BetrVG); die Tragung der Kosten durch den Arbeitgeber und das Umlageverbot gelten ebenfalls, § 65 Abs. 1 BetrVG, §§ 40, 41 BetrVG. Ein dem Betriebsausschuss entsprechender Ausschuss für die laufende Geschäftsführung ist gesetzlich nicht vorgesehen. In Betrieben mit mehr als 100 Arbeitnehmern können aber Ausschüsse gebildet werden, § 65 Abs. 1 BetrVG, § 28 Abs. 1 S. 1 und 2 BetrVG.

2. Sitzungen

a) Eigene Sitzungen. Die Jugend- und Auszubildendenvertretung kann zur Erfüllung ihrer gesetzlichen Aufgaben **nach eigenem Ermessen** eigene Sitzungen abhalten (§ 65 Abs. 2 S. 1 BetrVG). Einer Zustimmung des Betriebsrats bedarf es dafür nicht; er ist aber vorher von der abzuhaltenden Sitzung zu verständigen (§ 65 Abs. 2 S. 1 BetrVG), damit er sich darauf vorbereiten kann. Die vorherige Verständigung ist aber keine Voraussetzung für die Rechtmäßigkeit der Sitzung. **68**

b) Formalien. Für die **Einberufung** der Sitzung gilt die für den Betriebsrat bestimmte Regelung entsprechend (§ 65 Abs. 2 S. 1 BetrVG, § 29 BetrVG). Die Sitzungen sind von dem Vorsitzenden einzuberufen. Außer einem Viertel der Mitglieder der Jugend- und Auszubildendenvertretung und dem Arbeitgeber kann auch der Betriebsrat die Einberufung beantragen,[76] weil er gesetzlich die Kompetenz hat, auf die Beratung einer Angelegenheit durch die Jugend- und Auszubildendenvertretung hinzuwirken (§ 67 Abs. 3 S. 2 BetrVG). **69**

c) Teilnehmer. Teilnahmeberechtigt sind außer den Mitgliedern der Jugend- und Auszubildendenvertretung der Betriebsratsvorsitzende oder ein beauftragtes Betriebsratsmitglied (§ 65 Abs. 2 S. 2 BetrVG), Gewerkschaftsbeauftragte unter den gleichen Voraussetzungen, die für Betriebsratssitzungen bestehen (§ 65 Abs. 1 BetrVG, § 31 BetrVG; die Gewerkschaft braucht nicht notwendig gerade in der Jugend- und Auszubildendenvertretung vertreten zu sein[77]) und der Arbeitgeber, wenn die Sitzung auf sein Verlangen anberaumt oder er zu ihr eingeladen worden ist. Sonstige Personen, insbesondere die Schwerbehindertenvertretung, haben kein Teilnahmerecht.[78] **70**

d) Protokoll. Über die Sitzung ist eine **Niederschrift** zu fertigen; die für den Betriebsrat geltende Regelung ist entsprechend anzuwenden (§ 65 Abs. 1 BetrVG, § 34 BetrVG). **71**

3. Sprechstunden

a) Voraussetzung. Die Jugend- und Auszubildendenvertretung kann zur Durchführung ihrer gesetzlichen Aufgaben eigene Sprechstunden einrichten, wenn in dem Betrieb (bzw. der betriebsratsfähigen Einheit) in der Regel **mehr als fünfzig** zur Jugend- und Auszubildendenvertretung **wahlberechtigte Arbeitnehmer** beschäftigt werden (§ 69 S. 1 BetrVG). In kleineren Betrieben sind die betreffenden Arbeitnehmer auf den Besuch der Sprechstunde des Betriebsrats angewiesen. Sinkt die Zahl der zur Jugend- und Auszubil- **72**

---

[75] Richardi BetrVG/Annuß § 65 Rn. 5f.; Fitting § 65 Rn. 4; GK-BetrVG/Oetker § 65 Rn. 9; aA DKK/Trittin § 65 Rn. 3.
[76] Richardi BetrVG/Annuß § 65 Rn. 16; aA Fitting § 65 Rn. 29; GK-BetrVG/Oetker § 65 Rn. 71.
[77] Richardi BetrVG/Annuß § 65 Rn. 25; anders GK-BetrVG/Oetker § 65 Rn. 79; Fitting § 65 Rn. 9.
[78] Richardi BetrVG/Annuß § 65 Rn. 26.

dendenvertretung wahlberechtigten Arbeitnehmer dauerhaft auf fünfzig oder weniger Arbeitnehmer ab, so können eigene Sprechstunden weder eingerichtet noch eingerichtete Sprechstunden aufrechterhalten werden.[79]

73 **b) Beschluss.** Die **Einrichtung** erfolgt durch einen (Mehrheits-)Beschluss der Jugend- und Auszubildendenvertretung. Sie entscheidet darüber nach Ermessen; eine gesetzliche Pflicht zur Einrichtung besteht nicht. Der Beschluss bedarf weder der Zustimmung des Arbeitgebers noch des Betriebsrats. Dagegen sind Zeit und Ort der Sprechstunden nicht von der Jugend- und Auszubildendenvertretung selbst festzulegen, sondern durch Betriebsrat und Arbeitgeber zu vereinbaren (§ 69 S. 2 BetrVG). Die Jugend- und Auszubildendenvertretung ist von dem Betriebsrat zu der Besprechung beizuziehen (§ 68 BetrVG); bei der Beschlussfassung des Betriebsrats haben die Jugend- und Auszubildendenvertreter volles Stimmrecht nach § 67 Abs. 2 BetrVG. Die Sprechstunden haben während der **Arbeitszeit** stattzufinden (§ 69 S. 1 BetrVG).

74 Können sich Arbeitgeber und Betriebsrat nicht einigen, so entscheidet die **Einigungsstelle** verbindlich (§ 69 S. 3 BetrVG, § 39 Abs. 1 S. 2 und 3 BetrVG). Die Anrufung der Einigungsstelle obliegt ggf. allein dem Betriebsrat und dem Arbeitgeber; die Jugend- und Auszubildendenvertretung hat kein eigenes Anrufungsrecht. Sie ist darauf beschränkt, ihre Auffassung im Betriebsrat geltend zu machen.

75 **c) Teilnehmer.** An den Sprechstunden kann der Betriebsratsvorsitzende oder ein vom Betriebsrat beauftragtes **Betriebsratsmitglied beratend teilnehmen** (§ 69 S. 4 BetrVG). Eine gesetzliche Pflicht zur Teilnahme besteht nicht.

76 **d) Kosten.** Versäumnis von Arbeitszeit, die zum Besuch der Sprechstunden erforderlich ist, berechtigt den Arbeitgeber nicht zur Minderung des **Arbeitsentgelts des Arbeitnehmers** (§ 69 S. 3 BetrVG, § 39 Abs. 3 BetrVG).

V. Rechtsstellung der Mitglieder

1. Ehrenamtliche Tätigkeit

77 Die Mitglieder der Jugend- und Auszubildendenvertretung führen ihr Amt in gleicher Weise wie die Mitglieder des Betriebsrats unentgeltlich als Ehrenamt (§ 65 Abs. 1 BetrVG, § 37 Abs. 1 BetrVG). Die für den Betriebsrat geltenden Bestimmungen über die Arbeitsbefreiung und den Ausgleich für Amtstätigkeit, die aus betriebsbedingten Gründen außerhalb der Arbeitszeit durchzuführen ist, sind entsprechend anzuwenden (§ 65 Abs. 1 BetrVG, § 37 Abs. 2 und 3 BetrVG).[80] Allgemeine **Freistellungen** von der beruflichen Tätigkeit sind im Gegensatz zum Betriebsrat gesetzlich nicht vorgesehen.

2. Schulungs- und Bildungsveranstaltungen

78 Die Mitglieder der Jugend- und Auszubildendenvertretung haben einen Anspruch auf **Befreiung** von ihrer Arbeitstätigkeit für die Teilnahme an Schulungs- und Bildungsveranstaltungen nach denselben Grundsätzen, wie sie für die Betriebsratsmitglieder gelten (§ 65 Abs. 1 BetrVG, § 37 Abs. 6 und 7 BetrVG). Für die Arbeit der Jugend- und Auszubildendenvertretung **erforderlich** sind nur Veranstaltungen, die Kenntnisse vermitteln, die in einem Zusammenhang mit dem gegenüber dem Betriebsrat eingeschränkten Tätigkeitsbereich der Jugend- und Auszubildendenvertretung stehen.[81] Ein allgemein erhöhter Schulungsbedarf wegen der Jugend der betroffenen Arbeitnehmer ist

---

[79] Zur Frage einer Vereinbarung zwischen Arbeitgeber, Betriebsrat und Jugend- und Auszubildendenvertretung über die Unterhaltung von Sprechstunden bei Fehlen der gesetzlichen Voraussetzungen s. GK-BetrVG/*Oetker* § 69 Rn. 6 mwN.
[80] Zur Frage der Anwendbarkeit des JArbSchG vgl. Richardi BetrVG/*Annuß* § 65 Rn. 37.
[81] Vgl. dazu auch *Christoffer* NZA-RR 2009, 572 (573).

V. Rechtsstellung der Mitglieder

nicht anzuerkennen.[82] Das BAG hält eine Schulung über besondere, für jugendliche Arbeitnehmer geltende gesetzliche Regelungen (BBiG, JArbSchG) nicht für erforderlich, weil nur der Betriebsrat Träger der Mitbestimmungsrechte sei und deshalb die Jugend- und Auszubildendenvertreter nicht die gleichen Kenntnisse zu haben bräuchten.[83] Für die Tätigkeit eines Ersatzmitglieds, das noch nicht endgültig in die Jugend- und Auszubildendenvertretung nachgerückt ist, wird eine Schulungsveranstaltung nicht erforderlich sein.[84]

Die Erforderlichkeit der **Dauer** der Veranstaltungen richtet sich nach denselben Grundsätzen, die für den Betriebsrat gelten (→ § 295 Rn. 1 ff.). Für Arbeitnehmer, die erstmals das Amt eines Mitglieds der Jugend- und Auszubildendenvertretung übernehmen, erhöht sich der Anspruch auf bezahlte Freistellung für die Teilnahme an als geeignet anerkannten Schulungs- und Bildungsveranstaltungen nach § 65 Abs. 1 BetrVG, § 37 Abs. 7 S. 2 BetrVG auf vier Wochen. 79

Die **zeitliche Lage** der Teilnahme an Veranstaltungen wird nicht durch die Jugend- und Auszubildendenvertretung, sondern durch den Betriebsrat festgelegt, weil das Mitbestimmungsrecht nur dem Betriebsrat zusteht.[85] Die Jugend- und Auszubildendenvertretung hat aber bei der Beschlussfassung des Betriebsrats ein volles Stimmrecht nach § 65 Abs. 2 BetrVG. Der Entscheidung des Betriebsrats unterliegt ebenfalls, welches Mitglied der Jugend- und Auszubildendenvertretung an einer Veranstaltung teilnimmt. 80

3. Schutzbestimmungen

a) Tätigkeits- und Entgeltschutz. Die Jugend- und Auszubildendenvertreter genießen den gleichen Tätigkeits- und Entgeltschutz wie Mitglieder des Betriebsrats (§ 65 Abs. 1 BetrVG, § 37 Abs. 4 BetrVG, § 37 Abs. 5 BetrVG). Sie dürfen daher einschließlich eines Zeitraums von einem Jahr nach Beendigung der Amtszeit nur mit Tätigkeiten beschäftigt werden, die den Tätigkeiten vergleichbarer Arbeitnehmer mit betriebsüblicher beruflicher Entwicklung gleichwertig sind. Das Arbeitsentgelt darf einschließlich eines Zeitraums von einem Jahr nach Beendigung der Amtszeit nicht geringer bemessen werden als das Arbeitsentgelt vergleichbarer Arbeitnehmer mit betriebsüblicher beruflicher Entwicklung. 81

b) Benachteiligungs- und Begünstigungsverbot. Die Jugend- und Auszubildendenvertreter dürfen in gleicher Weise wie die Mitglieder des Betriebsrats in der Ausübung ihrer Tätigkeit weder gestört noch behindert und wegen ihrer Tätigkeit weder benachteiligt noch begünstigt werden, § 78 BetrVG (dazu näher → § 295 Rn. 1 ff.). Besonders wichtig ist, dass der Arbeitnehmer auch in der beruflichen Entwicklung nicht gestört oder benachteiligt werden darf (§ 78 S. 2 BetrVG). Dem Jugend- und Auszubildendenvertreter ist daher die gleiche berufliche Entwicklungschance einzuräumen wie vergleichbaren anderen Arbeitnehmern. 82

c) Kündigungsschutz. Die Jugend- und Auszubildendenvertreter genießen den gleichen Schutz vor ordentlichen und außerordentlichen Kündigungen wie die Mitglieder des Betriebsrats, § 15 Abs. 1 KSchG, § 103 BetrVG (→ § 295 Rn. 1 ff.). 83

d) Übernahme von Auszubildenden. Auszubildende, die Mitglieder einer Jugend- und Auszubildendenvertretung sind, haben im Falle der Beendigung des Berufsausbildungsverhältnisses die gleichen Rechte auf Übernahme in ein Arbeitsverhältnis auf unbestimmte Zeit wie Auszubildende, die Mitglieder des Betriebsrats sind, § 78a Abs. 1 84

---

[82] Richardi BetrVG/*Annuß* § 65 Rn. 41; anders *Fitting* § 65 Rn. 14; ErfK/*Koch* BetrVG § 70 Rn. 3.
[83] BAG 6.5.1975 – 1 ABR 135/73, AP BetrVG 1972 § 65 Nr. 5; ebenso Richardi BetrVG/*Annuß* § 65 Rn. 43; aA *Fitting* § 65 Rn. 15 mwN.
[84] BAG 10.5.1974 – 1 ABR 47/73, AP BetrVG 1972 § 65 Nr. 2.
[85] BAG 10.6.1975 – 1 ABR 140/73, AP BetrVG 1972 § 73 Nr. 1.

BetrVG (näher dazu → § 295 Rn. 1 ff.).[86] Wenn der Arbeitgeber die Übernahme ablehnt, kann der Auszubildende innerhalb der letzten drei Monate vor Beendigung des Berufsausbildungsverhältnisses schriftlich[87] vom Arbeitgeber die Weiterbeschäftigung verlangen, womit ein Arbeitsverhältnis auf unbestimmte Zeit als begründet gilt (§ 78a Abs. 2 BetrVG).[88] Ein Weiterbeschäftigungsverlangen, das früher als drei Monate vor Beendigung des Berufsausbildungsverhältnisses gestellt wird, ist unwirksam.[89] Liegen Tatsachen vor, aufgrund derer dem Arbeitgeber die Weiterbeschäftigung nicht zugemutet werden kann, kann sich der Arbeitgeber nach § 78a Abs. 4 BetrVG im Feststellungs- bzw. Auflösungsverfahren von der Übernahme befreien lassen.[90]

4. Geheimhaltungspflicht

85 Die Jugend- und Auszubildendenvertreter unterliegen der gleichen Geheimhaltungspflicht wie die Mitglieder des Betriebsrats, § 79 Abs. 2 BetrVG (näher dazu → § 295 Rn. 1 ff.). Trotz dieser selbständigen Geheimhaltungspflicht sind die Jugend- und Auszubildendenvertreter nicht in den Kreis der Arbeitnehmerrepräsentanten einbezogen, denen gegenüber die Geheimhaltungspflicht der Mitglieder des Betriebsrats nach § 79 Abs. 1 S. 3 BetrVG aufgehoben ist. Der Betriebsrat **darf daher Geheimnisse nicht weitergeben;** das Zusammenwirken beider Organe findet hierin eine Grenze. Umgekehrt besteht keine Geheimhaltungspflicht der Jugend- und Auszubildendenvertreter gegenüber den Mitgliedern des Betriebsrats (§ 79 Abs. 1 S. 3 BetrVG).

VI. Amtszeit

1. Dauer

86 Die regelmäßige Amtszeit der Jugend- und Auszubildendenvertretung beträgt **zwei Jahre** (§ 64 Abs. 2 S. 1 BetrVG), also nur die Hälfte der Amtszeit des Betriebsrats. Die Verkürzung dient dem Zweck, den zu einer Jugend- und Auszubildendenvertretung wahlberechtigten Arbeitnehmer zumindest einmal die reale Möglichkeit der Wahlrechtsausübung zu gewährleisten, bevor die Voraussetzungen für ihr Wahlrecht infolge Erreichens der Altersgrenzen entfallen.[91]

2. Beginn

87 Die Amtszeit beginnt mit der **Bekanntgabe des Wahlergebnisses** (§ 64 Abs. 2 S. 2 BetrVG). Liegt die Bekanntgabe vor dem 1. 12. des Wahljahres und ist zu diesem Zeitpunkt noch eine früher gewählte Jugend- und Auszubildendenvertretung im Amt, so beginnt die neue Amtszeit mit Ablauf der bisherigen Amtszeit (§ 64 Abs. 2 S. 2 BetrVG). Da unter regelmäßigen Umständen die Amtszeit spätestens am 30. 11. des Wahljahres endet, beginnt die neue Amtszeit spätestens am 1. 12. des Wahljahres.

---

[86] Ein vorübergehend nachgerücktes Ersatzmitglied besitzt keinen nachwirkenden Schutz gemäß § 78a Abs. 3 iVm Abs. 2 S. 1 BetrVG, wenn es während der Vertretungszeit keine konkreten Aufgaben der Jugend- und Auszubildendenvertretung wahrgenommen hat, vgl. LAG Hamm 4. 4. 2014 – 13 Sa 40/14, NZA-RR 2014, 342 (343); vgl. dazu auch *Schiefer* FS Kreutz, 2010, 429 (435); zu tariflichen Übernahmeansprüchen vgl. *Houben* NZA 2011, 182.

[87] Die Vorschrift verlangt Schriftform nach iSv § 126 Abs. 1 BGB, BAG 15. 12. 2011 – 7 ABR 40/10 Rn. 37, NZA-RR 2012, 413 (416); zu Form und Frist des Weiterbeschäftigungsverlangens auch *Lakies* ArbR-Aktuell 2012, 34 (35).

[88] Einen Beschäftigungsanspruch begründet § 78a BetrVG nicht, vgl. dazu LAG Hamm 1. 4. 2011 – 10 Sa 2315/10 Rn. 46, BeckRS 2011, 73597.

[89] BAG 5. 12. 2012 – 7 ABR 38/11, NZA-RR 2013, 241 (243).

[90] Zu den Voraussetzungen einer solchen Unzumutbarkeit vgl. *Schiefer* FS Kreutz, 2010, 429 (440 ff.); vgl. dazu auch OVG Lüneburg 29. 11. 2017 – 17 LP 4/17, BeckRS 2017, 137533.

[91] Vgl. dazu BT-Drs. VI/1786, 44.

3. Ende

Die Amtszeit endet regelmäßig zwei Jahre nach ihrem Beginn, also nach der Bekanntgabe 88
des Wahlergebnisses bzw. der Beendigung der Amtszeit der vorherigen Jugend- und Auszubildendenvertretung (zur Fristberechnung → § 292 Rn. 12 f.). Sie endet **spätestens am 30.11.** des Jahres, in dem die regelmäßigen Wahlen stattfinden (§ 64 Abs. 2 S. 3 BetrVG). Hat die Amtszeit einer Jugend- und Auszubildendenvertretung zum Beginn des für die regelmäßigen Neuwahlen festgelegten Zeitraums noch nicht ein Jahr betragen, so erfolgt die Neuwahl erst im übernächsten Zeitraum, so dass die Amtszeit spätestens am 30.11. dieses Jahres endet (§ 64 Abs. 2 S. 4 BetrVG). Ist eine Neuwahl einzuleiten, weil die Gesamtzahl der Mitglieder der Jugend- und Auszubildendenvertretung nach Eintreten sämtlicher Ersatzmitglieder unter die gesetzlich vorgeschriebene Zahl gesunken ist (§ 64 Abs. 1 S. 2 BetrVG, § 13 Abs. 2 S. Nr. 2 BetrVG), so endet die Amtszeit mit der Bekanntgabe des Wahlergebnisses der neu gewählten Jugend- und Auszubildendenvertretung (§ 64 Abs. 2 S. 5 BetrVG). Die Gesamtregelung entspricht derjenigen, die für den Betriebsrat gilt; dazu → § 292 Rn. 18 ff.

Die für den Betriebsrat geltende Regelung nach § 22 BetrVG, wonach im Falle seines 89
Rücktritts eine **Weiterführung der Geschäfte** bis zur Bekanntgabe des Wahlergebnisses der Neuwahl zu erfolgen hat, ist auf die Jugend- und Auszubildendenvertretung nicht anzuwenden.[92] Ein besonderes Bedürfnis für die Weiterführung der Geschäfte besteht nicht, weil die zur Jugend- und Auszubildendenvertretung wahlberechtigten Arbeitnehmer ohnehin von dem Betriebsrat vertreten werden.

4. Beendigung der Mitgliedschaft

Die Mitgliedschaft in einer Jugend- und Auszubildendenvertretung erlischt unter denselben 90
Voraussetzungen wie die Mitgliedschaft im Betriebsrat (§ 65 Abs. 1 BetrVG, § 24 BetrVG). Die Beendigung tritt also ein durch Ablauf der Amtszeit, Niederlegung des Amtes, Beendigung des Arbeitsverhältnisses, Verlust der Wählbarkeit, Ausschluss aus der Jugend- und Auszubildendenvertretung oder Auflösung der Jugend- und Auszubildendenvertretung aufgrund einer gerichtlichen Entscheidung und durch eine gerichtliche Entscheidung über die Feststellung der Nichtwählbarkeit nach Ablauf der Wahlanfechtungsfrist. Im Übrigen sind folgende Besonderheiten zu beachten:

a) Erreichen der Altersgrenze. Zur Jugend- und Auszubildendenvertretung sind nur 91
Arbeitnehmer wählbar, die das 25. Lebensjahr noch nicht vollendet haben (§ 61 Abs. 2 BetrVG). Mit dem Verlust der Wählbarkeit tritt grds. das Erlöschen der Mitgliedschaft im Vertretungsorgan ein (§ 65 Abs. 1 BetrVG, § 24 Nr. 4 BetrVG). Dies bedeutete, dass Mitglieder der Jugend- und Auszubildendenvertretung mit der Vollendung des 25. Lebensjahres ihre Mitgliedschaft verlören. Das erscheint nicht angemessen zu sein, weil durch den laufend drohenden Wechsel in der Mitgliedschaft die Beständigkeit der Vertretung der jugendlichen Arbeitnehmer und der Auszubildenden nicht gewährleistet wäre. Gemäß § 64 Abs. 3 BetrVG bleibt deshalb die Mitgliedschaft, wenn im Laufe der Amtszeit das 25. Lebensjahr vollendet wird, bis zum Ende der Amtszeit der Jugend- und Auszubildendenvertretung bestehen. Der Zeitraum, für den ein nicht mehr wählbarer Arbeitnehmer Mitglied der Vertretung sein kann, ist im Hinblick auf die nur zweijährige Amtszeit der Vertretung ohnehin vergleichsweise kurz. Ein Ersatzmitglied, dass bei Eintritt des Vertretungsfalls oder Ausscheiden des Mitglieds das 25. Lebensjahr bereits vollendet hat, rückt wegen des Tags des Beginns der Amtszeit als maßgeblichen Zeitpunkt für die Höchstaltersgrenze allerdings nicht nach.[93]

---

[92] GK-BetrVG/*Oetker* § 64 Rn. 21 mwN; *Fitting* § 64 Rn. 12.
[93] LAG Düsseldorf 13.10.1992 – 8 TaBV 119/92, NZA 1993, 474; vgl. dazu auch Richardi BetrVG/*Annuß* § 64 Rn. 27.

92 **b) Wahl in den Betriebsrat.** Eine Doppelmitgliedschaft im Betriebsrat und in der Jugend- und Auszubildendenvertretung ist unzulässig (§ 61 Abs. 2 S. 2 BetrVG). Wird ein Jugend- und Auszubildendenvertreter in den Betriebsrat gewählt, so verliert er mit der Annahme der Wahl die Wählbarkeit zur Jugend- und Auszubildendenvertretung und scheidet damit aus ihr aus (§ 65 Abs. 1 BetrVG, § 24 Nr. 4 BetrVG).

93 **c) Ersatzmitglieder des Betriebsrats.** Jugend- und Auszubildendenvertreter können gleichzeitig Ersatzmitglieder des Betriebsrats sein, weil Ersatzmitglieder noch nicht im Amt befindlich sind. Rückt das Ersatzmitglied in den Betriebsrat nach, so wird es damit dessen Mitglied und scheidet aus der Jugend- und Auszubildendenvertretung wegen Verlustes der Wählbarkeit aus (§ 65 Abs. 1 BetrVG, § 24 Nr. 4 BetrVG). Unerheblich ist dabei, ob das Ersatzmitglied wegen einer dauernden Verhinderung oder wegen einer nur vorübergehenden Verhinderung nachrückt und im letzteren Fall aus dem Betriebsrat nach Beendigung der Verhinderung wieder ausscheidet. Die Beendigung der Mitgliedschaft in der Jugend- und Auszubildendenvertretung ist stets endgültig.[94]

VII. Streitigkeiten

94 Streitigkeiten über die Errichtung und Wahl der Jugend- und Auszubildendenvertretung, ihre Aufgaben und Kompetenzen, die Organisation und Geschäftsführung sowie die Amtszeit sind im arbeitsgerichtlichen **Beschlussverfahren** zu erledigen (§§ 2a, 80ff. ArbGG).[95] Ggf. kommt auch der Erlass einer einstweiligen Verfügung in Betracht, beispielsweise, wenn der Betriebsrat entgegen eines Aussetzungsantrags der Jugend- und Auszubildendenvertretung den angegriffenen Beschluss nicht aussetzt.[96] Streitigkeiten über die Mitgliedschaft in der Jugend- und Auszubildendenvertretung oder die Amtszeit eines Mitglieds können darüber hinaus im Urteilsverfahren (§§ 2, 46ff. ArbGG) relevant werden, insbesondere in Kündigungsschutzverfahren wegen des besonderen Kündigungsschutzes. In Verfahren über die Freistellung zur Teilnahme an Schulungs- und Bildungsveranstaltungen sind sowohl der Betriebsrat wie der betroffene Jugend- und Auszubildendenvertreter antragsberechtigt und beteiligungsbefugt.[97] In Verfahren über Inhalt und Grenzen der Kompetenzen der Jugend- und Auszubildendenvertretung ist diese zu beteiligen.[98] Über Lohnansprüche wegen versäumter Arbeitszeit im Zusammenhang mit der Amtsausübung ist im **Urteilsverfahren** zu entscheiden.

---

[94] BAG 21.8.1979 – 6 AZR 789/77, AP BetrVG 1972 § 78a Nr. 6; *Fitting* § 61 Rn. 14; anders GK-BetrVG/*Oetker* § 61 Rn. 39 f.; Richardi BetrVG/*Annuß* § 61 Rn. 11.
[95] Zur Kostentragungspflicht des Arbeitgebers vgl. LAG Hamm 16.1.2009 – 10 TaBV 37/08.
[96] GK-BetrVG/*Oetker* § 66 Rn. 25.
[97] BAG 6.5.1975 – 135/73, AP BetrVG 1972 § 65 Nr. 5.
[98] BAG 8.2.1977 – 1 ABR 82/74, AP BetrVG 1972 § 80 Nr. 10.

§ 304 Betriebliche Jugend- und Auszubildendenversammlung

Übersicht

	Rn.
I. Allgemeines	1
II. Voraussetzungen	3
1. Einvernehmen des Betriebsrats	3
2. Zeitpunkt	4
a) Zusammenhang mit einer Betriebsversammlung	4
b) Anderer Zeitpunkt	5
III. Einberufung	6
IV. Teilnahmeberechtigung	8
V. Durchführung	11
1. Vollversammlung	12
2. Zeitliche Lage	13
3. Leitung	14
4. Themen	15
VI. Arbeitsentgelt	18
VII. Streitigkeiten	19

I. Allgemeines

Die Jugend- und Auszubildendenvertretung kann gemäß § 71 BetrVG eine betriebliche **1** Jugend- und Auszubildendenversammlung einberufen. Auf ihr haben die jugendlichen Arbeitnehmer und die Auszubildenden unter 25 Jahren Gelegenheit, sie betreffende Themen zu behandeln und auf die **Meinungsbildung** der Jugend- und Auszubildendenvertretung einzuwirken. Die Versammlung ist stets eine betriebliche Versammlung. Eine die betriebsratsfähige Einheit übergreifende Versammlung in Bezug auf die Gesamt- oder die Konzern-Jugend- und Auszubildendenvertretung gibt es nicht. Eine dem § 71 BetrVG entsprechende Vorschrift gibt es weder für die Gesamt- noch für die Konzern-Jugend- und Auszubildendenvertretung.[1]

Die **rechtliche Stellung** der Versammlung ist nicht ohne weiteres derjenigen der Be- **2** triebsversammlung vergleichbar. Die Betriebsversammlung muss vom Betriebsrat einberufen werden und ist ein innerbetriebliches Artikulationsforum für den Betriebsrat, die Arbeitnehmer und den Arbeitgeber (→ § 298 Rn. 1, 10). Dagegen ist die Jugend- und Auszubildendenversammlung nicht zwingend einzuberufen, und die Einberufung ist darüber hinaus ebenso wie die Tagesordnung von der Zustimmung des Betriebsrats abhängig (→ Rn. 3). Die Versammlung hat daher, in gleicher Weise wie die Jugend- und Auszubildendenvertretung, eine **Hilfsfunktion** für den Betriebsrat.[2] Da die Einberufung im Ermessen der Jugend- und Auszubildendenvertretung liegt, hat die Versammlung aber gleichermaßen auch ihr gegenüber eine Hilfsfunktion.[3]

II. Voraussetzungen

1. Einvernehmen des Betriebsrats

Die Abhaltung einer betrieblichen Jugend- und Auszubildendenversammlung bedarf des **3** Einvernehmens im Sinne der **Zustimmung** des Betriebsrats (§ 71 S. 1 BetrVG). Die Jugend- und Auszubildendenvertretung kann die Versammlung also nicht selbständig von sich aus einberufen. Der Grund dafür liegt darin, dass die Jugend- und Auszubildendenvertretung nur eine Hilfsfunktion für den Betriebsrat ausübt. Der Zustimmung des Be-

---

[1] Vgl. dazu auch Richardi BetrVG/*Annuß* § 71 Rn. 3.
[2] Ebenso *Lunk* NZA 1992, 534 (536).
[3] GK-BetrVG/*Oetker* § 71 Rn. 4.

triebsrats bedürfen deshalb auch die Tagesordnung für die Versammlung bzw. etwaige Änderungen der Tagesordnung.[4] Die Zustimmung des Betriebsrats erfolgt durch einfachen Mehrheitsbeschluss. Die Jugend- und Auszubildendenvertreter haben bei der Beschlussfassung ein volles Stimmrecht gemäß § 67 Abs. 2 BetrVG. Ein eigenes Einberufungsrecht hat der Betriebsrat nicht.

2. Zeitpunkt

4 **a) Zusammenhang mit einer Betriebsversammlung.** Die betriebliche Jugend- und Auszubildendenversammlung kann vor oder nach jeder Betriebsversammlung stattfinden, also im unmittelbaren zeitlichen Zusammenhang damit. Grundsätzlich hat die Jugend- und Auszubildendenversammlung an demselben Tage stattzufinden wie die Betriebsversammlung,[5] so dass besondere Behinderungen der betrieblichen Tätigkeit vermieden werden. Jede Betriebsversammlung kann den Anlass für eine Jugend- und Auszubildendenversammlung bilden unabhängig davon, ob eine ordentliche oder außerordentliche Betriebsversammlung gegeben ist.

5 **b) Anderer Zeitpunkt.** Die betriebliche Jugend- und Auszubildendenversammlung kann im Einvernehmen mit dem Betriebsrat und dem Arbeitgeber auch zu einem anderen Zeitpunkt als dem Tage einer Betriebsversammlung einberufen werden (§ 71 S. 2 BetrVG). Wenn Betriebsrat und Arbeitgeber zustimmen, kann also der sonst notwendige zeitliche und thematische Zusammenhang mit einer Betriebsversammlung vernachlässigt werden.[6] Die Erteilung der Zustimmung liegt im Ermessen des Betriebsrats bzw. des Arbeitgebers; ein Rechtsanspruch darauf besteht nicht. Sie kann durch die Einigungsstelle nicht ersetzt werden.

III. Einberufung

6 Die Einberufung der betrieblichen Jugend- und Auszubildendenversammlung erfolgt – nach Zustimmung des Betriebsrats und ggf. des Arbeitgebers – durch die Jugend- und Auszubildendenvertretung (§ 71 S. 1 BetrVG). Die Entscheidung ergeht durch einfachen Mehrheitsbeschluss.[7] Sie liegt im Ermessen der Jugend- und Auszubildendenvertretung; es besteht also, anders als für die Betriebsversammlung, **keine Rechtspflicht** zur Abhaltung der Versammlung.[8] Die Zustimmungserteilung durch den Betriebsrat erfolgt durch Beschluss, wobei sämtliche Jugend- und Auszubildendenvertreter ein Teilnahmerecht an der Betriebsratssitzung nach § 67 Abs. 1 S. 2 BetrVG und nach § 67 Abs. 2 BetrVG ein Stimmrecht haben.[9] Dabei bedarf nicht lediglich der Umstand, dass eine Versammlung durchgeführt werden soll, der Zustimmung des Betriebsrats. Vielmehr bedarf es auch des Einvernehmens mit dem Betriebsrat hinsichtlich Zeitpunkt und Inhalt der Versammlung.[10]

7 Für die **Einladung** der Teilnahmeberechtigten und die Mitteilung von Zeitpunkt und Tagesordnung gelten die für eine Betriebsversammlung anzuwendenden Regelungen entsprechend (→ § 299 Rn. 11). Die Ladung erfolgt durch den Vorsitzenden der Jugend- und Auszubildendenvertretung, und zwar rechtzeitig und unter Mitteilung der Tagesordnung. Nach § 71 Abs. 3 BetrVG, § 46 Abs. 2 BetrVG sind Zeitpunkt und Tagesordnung der Versammlung den im Betriebsrat vertretenen Gewerkschaften rechtzeitig schriftlich mitzuteilen.

---

[4] GK-BetrVG/*Oetker* § 71 Rn. 31 mwN.
[5] BAG 15.8.1978 – 6 ABR 10/76, AP BetrVG 1972 § 23 Nr. 1.
[6] Enger *Lunk* NZA 1992, 534 (537), wonach der Zusammenhang gewahrt bleiben müsse und nur ein gewisser Spielraum bestehe.
[7] Richardi BetrVG/*Annuß* § 71 Rn. 10.
[8] GK-BetrVG/*Oetker* § 71 Rn. 25; Richardi BetrVG/*Annuß* § 71 Rn. 10.
[9] *Fitting* § 71 Rn. 11; GK-BetrVG/*Oetker* § 71 Rn. 13; Richardi BetrVG/*Annuß* § 71 Rn. 11.
[10] *Fitting* § 71 Rn. 11; Richardi BetrVG/*Annuß* § 71 Rn. 11.

IV. Teilnahmeberechtigung

Die Betriebsversammlung wird gemäß § 42 Abs. 1 S. 2 BetrVG vom **Grundsatz der Nichtöffentlichkeit** beherrscht (→ § 299 Rn. 26). Für die Jugend- und Auszubildendenversammlung fehlt es an einer ausdrücklichen Verweisung auf diese Bestimmung. Der Grundsatz gilt jedoch trotzdem in gleicher Weise.[11] Die Versammlung ist eine innerbetriebliche Institution, für welche die Nichtöffentlichkeit ohnehin ein allgemeiner Rechtsgrundsatz ist.

Teilnahmeberechtigt sind alle Arbeitnehmer des Betriebs, die im Zeitpunkt der Versammlung das **aktive Wahlrecht** zur Jugend- und Auszubildendenvertretung haben. Die Jugend- und Auszubildendenvertreter sind ebenfalls teilnahmeberechtigt, auch wenn sie die Altersgrenze überschritten haben, da sie hierdurch ihre Mitgliedschaft in der Vertretung nicht verlieren (§ 64 Abs. 3 BetrVG).[12] Im Rahmen der Arbeitnehmerüberlassung Beschäftigte gehören gemäß § 14 Abs. 1 AÜG nur dem Betrieb des überlassenden Arbeitgeber an und sind nur dort wahlberechtigt. Sie können aber gleichwohl an den Jugend- und Auszubildendenversammlungen im Empfängerbetrieb teilnehmen, § 14 Abs. 2 S. 2 AÜG.[13]

Ferner sind teilnahmeberechtigt der Betriebsratsvorsitzende oder ein anderes von dem Betriebsrat beauftragtes **Betriebsratsmitglied** (§ 71 S. 3 BetrVG, § 65 Abs. 2 S. 2 BetrVG), der **Arbeitgeber** (§ 71 S. 3 BetrVG, § 43 Abs. 2 S. 1 BetrVG) sowie die Beauftragten der Gewerkschaften und Arbeitgebervereinigungen unter den gleichen Voraussetzungen wie bei einer Betriebsversammlung (§ 71 S. 3 BetrVG, § 46 BetrVG). Arbeitnehmer über 18 Jahren bzw. zu ihrer Ausbildung Beschäftigte über 25 Jahren haben im Übrigen kein Teilnahmerecht.

V. Durchführung

Die Veranstaltung einer betrieblichen Jugend- und Auszubildendenversammlung richtet sich weitgehend nach den Regelungen, die für die Abhaltung einer Betriebsversammlung gelten, § 71 S. 3 BetrVG (→ § 299 Rn. 41ff.). Im Übrigen sind die nachfolgenden Grundsätze zu beachten.

1. Vollversammlung

Die betriebliche Jugend- und Auszubildendenversammlung ist als Vollversammlung durchzuführen. Im Gegensatz zur Betriebsversammlung sind daher Abteilungsversammlungen[14] und grds. auch Teilversammlungen[15] unzulässig. Auf die entsprechenden Regelungen in §§ 42, 43 Abs. 1 BetrVG wird in § 71 S. 3 BetrVG nicht verwiesen. Darüber hinaus besteht für die Anwendung dieser Besonderheiten auf die Jugend- und Auszubildendenversammlung an sich kein praktisches Bedürfnis. Anderes kann nur gelten, wenn wegen der Eigenart des Betriebs eine Vollversammlung sämtlicher in § 60 Abs. 1 BetrVG genannter Arbeitnehmer zum selben Zeitpunkt nicht erfolgen kann. In diesem Fall kommen auch Teilversammlungen analog § 42 Abs. 1 S. 3 BetrVG in Betracht.[16] Gegen die Zulässigkeit von Abteilungsversammlungen spricht hingegen die gesetzgeberische Entscheidung für eine Zusammenfassung der in § 60 Abs. 1 BetrVG genannten Arbeitnehmer zu einer einheitlichen Interessengemeinschaft.[17]

---

[11] Richardi BetrVG/*Annuß* § 71 Rn. 19; *Lunk* NZA 1992, 534 (539).
[12] GK-BetrVG/*Oetker* § 71 Rn. 13; Richardi BetrVG/*Annuß* § 71 Rn. 5.
[13] Zum Teilnahmerecht von Auszubildenden an Betriebsversammlungen im Falle eines „aufgespaltenen Ausbildungsverhältnisses" vgl. BAG 24.8.2011 – 7 ABR 8/10, NZA 2012, 223.
[14] GK-BetrVG/*Oetker* § 71 Rn. 18; *Fitting* § 71 Rn. 8; *Lunk* NZA 1992, 534 (540); Richardi BetrVG/*Annuß* § 71 Rn. 9.
[15] HWGNRH/*Rose* § 71 Rn. 15; aA GK-BetrVG/*Oetker* § 71 Rn. 15f.; *Fitting* § 71 Rn. 8 mwN; *Lunk* NZA 1992, 534 (540).
[16] GK-BetrVG/*Oetker* § 71 Rn. 15; Richardi BetrVG/*Annuß* § 71 Rn. 8.
[17] Richardi BetrVG/*Annuß* § 71 Rn. 9.

2. Zeitliche Lage

13 Die Jugend- und Auszubildendenversammlungen, welche vor oder nach einer Betriebsversammlung stattfinden,[18] sind während der **betrieblichen Arbeitszeit** durchzuführen, soweit nicht die Eigenart des Betriebs eine andere Regelung zwingend erfordert (§ 71 S. 3 BetrVG, § 44 Abs. 1 S. 1 BetrVG). Will der Betriebsrat die Betriebsversammlung zu Beginn oder gegen Ende der betrieblichen Arbeitszeit einberufen, so muss er dies mit dem für die Jugend- und Auszubildendenversammlung zu wählenden Zeitpunkt abstimmen. Werden Jugend- und Auszubildendenversammlungen unabhängig von einem zeitlichen Zusammenhang mit einer Betriebsversammlung durchgeführt, so bedarf dies der Zustimmung des Arbeitgebers; es hängt daher von seiner Entscheidung ab, ob die Versammlung während der Arbeitszeit durchgeführt werden kann.

3. Leitung

14 Die Leitung der Jugend- und Auszubildendenversammlung wird im Gesetz nicht eigens geregelt. Sie steht dem **Vorsitzenden** der Jugend- und Auszubildendenvertretung zu,[19] da es sich um eine allgemeine Geschäftsführungsmaßnahme für die Jugend- und Auszubildendenvertretung handelt. Die Befugnisse des Versammlungsleiters sind die gleichen wie bei einer Betriebsversammlung (→ § 299 Rn. 42 f.). Insbesondere übt der Vorsitzende das Hausrecht in dem Raum aus, in dem die Jugend- und Auszubildendenversammlung abgehalten wird, und zwar auch dann, wenn der Arbeitgeber anwesend ist.[20]

4. Themen

15 Hinsichtlich der auf einer Jugend- und Auszubildendenversammlung zu behandelnden Themen verweist § 71 S. 3 BetrVG auf § 45 BetrVG, der die Themen von Betriebs- und Abteilungsversammlungen regelt. Hiernach können Betriebs- und Abteilungsversammlungen Angelegenheiten einschließlich solcher tarif-, sozial-, umweltpolitischer und wirtschaftlicher Art sowie Fragen der Förderung der Gleichstellung von Frauen und Männern und der Vereinbarkeit von Familie und Erwerbstätigkeit sowie der Integration der im Betrieb beschäftigten ausländischen Arbeitnehmer behandeln, die den Betrieb oder seine Arbeitnehmer unmittelbar betreffen. Wegen des Verweises in § 71 S. 3 BetrVG auf § 45 BetrVG ist umstritten, ob darüber hinaus erforderlich ist, dass die Themen jugendliche Arbeitnehmer oder die zu ihrer Berufsausbildung Beschäftigten unter 25 Jahren besonders oder überwiegend betreffen[21] oder zumindest einen Bezug zu Auszubildenden oder jugendlichen Arbeitnehmern des Betriebs aufweisen müssen.[22] Für die Notwendigkeit einer **unmittelbaren Betroffenheit der Auszubildenden oder jugendlichen Arbeitnehmer** spricht, dass § 45 BetrVG nach der Verweisung in § 71 S. 3 BetrVG lediglich „entsprechend" gelten soll und § 45 BetrVG eine Betroffenheit von Betrieb oder Arbeitnehmern postuliert. Infolgedessen ist auch § 45 S. 1 BetrVG an „die spezifischen Funktionen"[23] der Jugend- und Auszubildendenversammlung anzupassen, zumal es den jugendlichen Arbeitnehmern bzw. den zu ihrer Berufsausbildung Beschäftigten unter 25 Jahren selbstverständlich unbenommen ist, auch an den Betriebsversammlungen, die der Betriebsrat einberuft, teilzunehmen.[24]

---

[18] Zur Abhaltung der Versammlung vor oder nach einer als Teil- oder Abteilungsversammlung abgehaltenen Betriebsversammlung vgl. Richardi BetrVG/*Annuß* § 71 Rn. 12.
[19] HM; GK-BetrVG/*Oetker* § 71 Rn. 43 mwN; *Lunk* NZA 1992, 534 (540); anders *Hromadka* DB 1971, 1964 (1966): Gemeinsame Leitung durch die Vorsitzenden von Jugend- und Auszubildendenvertretung und Betriebsrat.
[20] Richardi BetrVG/*Annuß* § 71 Rn. 18.
[21] HWK/*Sittard* § 72 Rn3; *Lunk* NZA 1992, 534 (541).
[22] *Fitting* § 71 Rn. 21.
[23] GK-BetrVG/*Oetker* § 71 Rn. 46; aA noch MHdB ArbR/*Joost*, 3. Aufl. 2009, § 229 Rn. 15 „alle Angelegenheiten, die den Betrieb oder seine Arbeitnehmer unmittelbar betreffend".
[24] Vgl. dazu auch BAG v. 24.8.2011 – 7 ABR 8/10 Rn. 30, NZA 2012, 223.

Wegen des Verweises in § 71 S. 3 BetrVG auf § 45 BetrVG gelten insbesondere auch die **16** Grundsätze des § 74 Abs. 2 BetrVG. Hervorzuheben ist das **Verbot parteipolitischer Betätigung** (→ 299 Rn. 64).

Nach § 71 S. 3 BetrVG, § 45 S. 2 BetrVG hat die Jugend- und Auszubildenenver- **17** sammlung auch das Recht zur **Unterbreitung von Anträgen und Stellungnahmen,** wobei fraglich ist, ob ungeachtet der lediglich entsprechenden Anwendung des § 45 S. 2 BetrVG dieses Recht der Jugend- und Auszubildendenversammlung auch gegenüber dem Betriebsrat und dessen Beschlüssen zusteht.[25] Angesichts der lediglich entsprechenden Anwendung des § 45 S. 2 BetrVG ist dies abzulehnen mit der Folge, dass lediglich der Jugend- und Auszubildendenvertretung Anträge unterbreitet werden können und lediglich zu deren Beschlüssen Stellung genommen werden kann.

VI. Arbeitsentgelt

Findet die Jugend- und Auszubildendenversammlung während der individuellen Arbeits- **18** zeit statt, besteht für die in § 60 Abs. 1 BetrVG genannten Arbeitnehmer ein Anspruch auf Freistellung von der Arbeitsleistung. Die Pflicht zur Freistellung bezieht sich allerdings nur auf das Arbeitsverhältnis. Die Berufsschulpflicht bleibt unberührt.[26] Im Übrigen ist die Zeit der Teilnahme an einer Jugend- und Auszubildendenversammlung wie Arbeitszeit zu vergüten, § 71 S. 3 BetrVG, § 44 Abs. 1 S. 2 BetrVG. Die für die Betriebsversammlung geltenden Grundsätze sind entspr. anzuwenden (→ § 299 Rn. 80 ff.).

VII. Streitigkeiten

Streitigkeiten über Zulässigkeit, Einberufung und Durchführung einer Jugend- und Aus- **19** zubildendenversammlung sind im arbeitsgerichtlichen **Beschlussverfahren** zu erledigen (§§ 2a, 80 ff. ArbGG). Die Ansprüche auf Zahlung des Arbeitsentgelts bzw. auf Auslagenerstattung sind dagegen im **Urteilsverfahren** zu verfolgen.

---

[25] Verneinend GK-BetrVG/*Oetker* § 71 Rn. 50; bejahend für den Fall einer besonderen Bedeutung für die in § 60 Abs. 1 BetrVG genannten Arbeitnehmer Richardi BetrVG/*Annuß* § 71 Rn. 24.
[26] GK-BetrVG/*Oetker* § 71 Rn. 53; Richardi BetrVG/*Annuß* § 71 Rn. 25; *Lunk* NZA 1992, 534 (539) lehnt in diesem Fall bereits ein Teilnahmerecht ab.

§ 305 Gesamt-Jugend- und Auszubildendenvertretung

Übersicht
Rn.
- I. Voraussetzungen 1
- II. Errichtung 4
- III. Größe und Zusammensetzung 5
  - 1. Grundsatz 5
  - 2. Veränderung durch Tarifvertrag oder Betriebsvereinbarung 6
    - a) Freiwillige Gesamtbetriebsvereinbarung 6
    - b) Erzwingbare Gesamtbetriebsvereinbarung 7
  - 3. Ersatzmitglieder 9
- IV. Zuständigkeit 10
  - 1. Originäre Zuständigkeit 10
  - 2. Auftragszuständigkeit 12
- V. Stimmengewichtung 13
- VI. Geschäftsführung 15
  - 1. Allgemeines 15
    - a) Wahl des Vorsitzenden 16
    - b) Ausschüsse 17
    - c) Antrag auf Aussetzung eines Beschlusses 18
    - d) Entsendung eines Vertreters 19
    - e) Geschäftsordnung 20
    - f) Keine Sprechstunden 21
    - g) Versammlung 22
    - h) Weitere Rechte und Pflichten 23
  - 2. Sitzungen 24
    - a) Verständigung des Gesamtbetriebsrats 24
    - b) Einberufung 25
    - c) Zeitpunkt 26
    - d) Sitzungsniederschrift 27
    - e) Teilnahmeberechtigung 28
  - 3. Beschlüsse 29
- VII. Rechtsstellung der Mitglieder 30
  - 1. Ehrenamtliche Tätigkeit und Arbeitsbefreiung 30
  - 2. Freistellungen 31
  - 3. Schulungs- und Bildungsveranstaltungen 32
  - 4. Schutzbestimmungen 33
  - 5. Geheimhaltungspflicht 34
- VIII. Amtszeit 35
  - 1. Amtszeit der Gesamt-Jugend- und Auszubildendenvertretung 35
  - 2. Beendigung der Mitgliedschaft 36
- IX. Kosten 38
- X. Streitigkeiten 39

I. Voraussetzungen

1 Wenn in einem Unternehmen mehrere Jugend- und Auszubildendenvertretungen bestehen, so wird auf **Unternehmensebene** eine Gesamt-Jugend- und Auszubildendenvertretung errichtet (§ 72 Abs. 1 BetrVG). Die jugendlichen Arbeitnehmer bzw. die zu ihrer Berufsausbildung Beschäftigten unter 25 Jahren erhalten damit nach dem Vorbild des Gesamtbetriebsrats eine gemeinsame betriebsübergreifende Interessenvertretung.

2 Die Errichtung einer Gesamt-Jugend- und Auszubildendenvertretung setzt voraus, dass in dem Unternehmen mehrere (mindestens zwei) Jugend- und Auszubildendenvertre-

tungen bestehen.[1] Dies entspricht dem gesetzlichen Erfordernis für die Bildung eines Gesamtbetriebsrats im Unternehmen; die insoweit geltenden Grundsätze sind hier ebenfalls anzuwenden (→ § 300 Rn. 2ff.).

Im Gesetz wird die Errichtung einer Gesamt-Jugend- und Auszubildendenvertretung **3** nicht ausdrücklich davon abhängig gemacht, dass für das Unternehmen ein Gesamtbetriebsrat errichtet worden ist. Im Schrifttum wird deshalb angenommen, dass es für die Errichtung genüge, wenn in dem Unternehmen mehrere Betriebsräte bestehen, so dass ein Gesamtbetriebsrat gebildet werden muss; sei die **Bildung des Gesamtbetriebsrats gesetzwidrig unterlassen** worden, so könne die Gesamt-Jugend- und Auszubildendenvertretung zwar errichtet werden, sie habe jedoch keine praktische Wirkungsmöglichkeit.[2] Dem ist nicht zu folgen. Die Gesamt-Jugend- und Auszubildendenvertretung ist ein **Hilfsorgan des Gesamtbetriebsrats** (→ Rn. 11). Ein betriebsverfassungsrechtliches Repräsentationsorgan ohne praktische Wirkungsmöglichkeit ist sinnlos. In gleicher Weise, wie die Bildung einer Jugend- und Auszubildendenvertretung das Bestehen eines Betriebsrats voraussetzt (→ § 303 Rn. 7), ist daher die Bildung der Gesamt-Jugend- und Auszubildendenvertretung erst dann zulässig, wenn der Gesamtbetriebsrat errichtet worden ist. Ggf. können die Jugend- und Auszubildendenvertretung bei den Betriebsräten darauf hinwirken, dass diese ihrer gesetzlichen Pflicht zur Errichtung des Gesamtbetriebsrats nachkommen.

II. Errichtung

Bei Vorliegen der gesetzlichen Voraussetzungen steht die Bildung der Gesamt-Jugend- **4** und Auszubildendenvertretung nicht im Ermessen der Jugend- und Auszubildendenvertretungen. Es besteht vielmehr gemäß § 72 Abs. 1 BetrVG eine **gesetzliche Pflicht** zur Errichtung. Entsprechende Beschlussfassungen der Jugend- und Auszubildendenvertretungen sind daher entbehrlich. Die Bildung der Gesamt-Jugend- und Auszubildendenvertretung erfolgt dadurch, dass die Jugend- und Auszubildendenvertretungen ihre Mitglieder entsenden und diese zur konstituierenden Sitzung zusammentreten. Die **Konstituierung** erfolgt entsprechend den für den Gesamtbetriebsrat geltenden Regelungen, § 73 Abs. 2 BetrVG, § 51 Abs. 2 BetrVG. Es hat daher die Jugend- und Auszubildendenvertretung der Hauptverwaltung des Unternehmens oder, soweit eine solche nicht besteht, die Jugend- und Auszubildendenvertretung des nach der Zahl der zu ihr wahlberechtigten Arbeitnehmer größten Betriebs zur Wahl des Vorsitzenden der Gesamt-Jugend- und Auszubildendenvertretung einzuladen.

III. Größe und Zusammensetzung

1. Grundsatz

In die Gesamt-Jugend- und Auszubildendenvertretung entsendet grds. **jede Jugend- und** **5** **Auszubildendenvertretung ein Mitglied** (§ 72 Abs. 2 BetrVG). Die Gesamt-Jugend- und Auszubildendenvertretung hat deshalb im Regelfall so viele Mitglieder, wie in dem Unternehmen Jugend- und Auszubildendenvertretungen bestehen. Für jedes Mitglied wird von der jeweiligen Jugend- und Auszubildendenvertretung mindestens ein Ersatzmitglied bestellt unter Festlegung der Reihenfolge des Nachrückens (§ 72 Abs. 3 BetrVG). Besteht eine Jugend- und Auszubildendenvertretung nur aus einem Mitglied, so ist dieses ohne weiteres Mitglied der Gesamt-Jugend- und Auszubildendenvertretung; das Ersatzmitglied der Jugend- und Auszubildendenvertretung ist zugleich Ersatzmitglied der Gesamt-Jugend- und Auszubildendenvertretung.

---

[1] GK-BetrVG/*Oetker* § 72 Rn. 9; *Fitting* § 72 Rn. 1; Richardi BetrVG/*Annuß* § 72 Rn. 4.
[2] GK-BetrVG/*Oetker* § 72 Rn. 10f.; *Fitting* § 72 Rn. 11; Richardi BetrVG/*Annuß* § 72 Rn. 5.

2. Veränderung durch Tarifvertrag oder Betriebsvereinbarung

6 a) Freiwillige Gesamtbetriebsvereinbarung. In gleicher Weise wie bei einem Gesamtbetriebsrat (§ 47 Abs. 4 BetrVG) kann die Mitgliederzahl der Gesamt-Jugend- und Auszubildendenvertretung durch **Tarifvertrag** oder **freiwillige Gesamtbetriebsvereinbarung** abweichend von dem gesetzlichen Grundsatz der Entsendung eines Mitglieds für jede Jugend- und Auszubildendenvertretung geregelt werden, § 72 Abs. 4 BetrVG. Dies ist sinnvoll, wenn in einem Unternehmen sehr viele Jugend- und Auszubildendenvertretungen bestehen oder das Unternehmen nur wenige Großbetriebe hat. In der abzuschließenden Vereinbarung kann die Gesamtzahl der Mitglieder der Gesamt-Jugend- und Auszubildendenvertretung erhöht oder ermäßigt werden. Die Betriebsvereinbarung ist vom Gesamtbetriebsrat des Unternehmens mit dem Arbeitgeber abzuschließen. Die Gesamt-Jugend- und Auszubildendenvertretung hat für den Abschluss einer Betriebsvereinbarung keine eigene Kompetenz. Ihre Mitglieder haben aber bei der Beschlussfassung des Gesamtbetriebsrats volles Stimmrecht (§ 73 Abs. 2 BetrVG, § 67 Abs. 2 BetrVG).

7 b) Erzwingbare Gesamtbetriebsvereinbarung. Gehören der Gesamt-Jugend- und Auszubildendenvertretung in der gesetzlichen Größe **mehr als zwanzig Mitglieder** an und besteht keine tarifliche Regelung über eine abweichende Größe, so ist zwischen Gesamtbetriebsrat und Arbeitgeber eine Betriebsvereinbarung über die Mitgliederzahl der Gesamt-Jugend- und Auszubildendenvertretung abzuschließen, in der bestimmt wird, dass Jugend- und Auszubildendenvertretungen mehrerer Betriebe eines Unternehmens, die regional oder durch gleichartige Interessen miteinander verbunden sind, gemeinsam Mitglieder in die Gesamt-Jugend- und Auszubildendenvertretung entsenden (§ 72 Abs. 5 BetrVG).

8 Diese **Gesamtbetriebsvereinbarung** ist **erzwingbar.** Kommt eine Einigung zwischen dem Arbeitgeber und dem Gesamtbetriebsrat nicht zustande, so entscheidet eine für das Unternehmen zu bildende Einigungsstelle, deren Spruch die Einigung zwischen Arbeitgeber und Gesamtbetriebsrat ersetzt (§ 72 Abs. 6 BetrVG). Die gleichen Regeln gelten für die Bestellung von Ersatzmitgliedern. Die erzwingbare Verringerung der Größe der Gesamt-Jugend- und Auszubildendenvertretung ist der gleichartigen Regelung für den Gesamtbetriebsrat nachgebildet; die dazu gemachten Ausführungen sind entsprechend heranzuziehen (→ § 300 Rn. 32 ff.). Die Beisitzer der Einigungsstelle auf Arbeitnehmerseite werden vom Gesamtbetriebsrat bestellt, wobei die Gesamt-Jugend- und Auszubildendenvertretung teilnahme- und stimmberechtigt bei der hierfür erforderlichen Beschlussfassung ist, vgl. § 73 Abs. 2 BetrVG, § 67 Abs. 1 S. 2, Abs. 2 BetrVG.[3]

3. Ersatzmitglieder

9 Scheidet ein Mitglied aus oder ist es zeitweilig verhindert, so rückt das Ersatzmitglied nach (§ 73 Abs. 2 BetrVG, § 25 Abs. 1 BetrVG). Bei mehreren Ersatzmitgliedern wird die Reihenfolge des Nachrückens durch die entsendende Jugend- und Auszubildendenvertretung festgelegt (§ 72 Abs. 3 BetrVG).

IV. Zuständigkeit

1. Originäre Zuständigkeit

10 Die Gesamt-Jugend- und Auszubildendenvertretung hat ihren **Wirkungskreis auf Unternehmensebene.** Sie ist aber den einzelnen Jugend- und Auszubildendenvertretungen nicht übergeordnet. Für ihre Zuständigkeit gelten die gleichen Grundsätze wie für diejenige des Gesamtbetriebsrats, § 73 Abs. 2 BetrVG, § 50 BetrVG. Sie kann also alle Angelegenheiten iSd § 70 BetrVG behandeln, welche das Unternehmen oder mehrere Betriebe betreffen und nicht durch die einzelnen Jugend- und Auszubildendenvertretungen inner-

---

[3] GK-BetrVG/*Oetker* § 72 Rn. 42.

halb ihrer Betriebe geregelt werden können. Die Abgrenzung erfolgt nach den gleichen Grundsätzen, die für den Gesamtbetriebsrat gelten (→ § 300 Rn. 37 ff.).

Ebenso wenig wie der Jugend- und Auszubildendenvertretung stehen der Gesamt-Jugend- und Auszubildendenvertretung eigene Mitbestimmungsrechte zu. Sie hat lediglich eine **Hilfsfunktion für den Gesamtbetriebsrat,** der ihr unmittelbarer Gesprächspartner ist, und übt ihre Kompetenzen durch Einflussnahme auf die Willensbildung des Gesamtbetriebsrats aus.

2. Auftragszuständigkeit

Eine Auftragszuständigkeit ist gegeben, wenn eine Jugend- und Auszubildendenvertretung mit der Mehrheit der Stimmen ihrer Mitglieder die Gesamt-Jugend- und Auszubildendenvertretung beauftragt, eine Angelegenheit für sie zu behandeln (§ 73 Abs. 2 BetrVG, § 50 Abs. 2 BetrVG). Die Auftragszuständigkeit setzt nicht notwendig voraus, dass der Gesamtbetriebsrat von einem Betriebsrat ebenfalls **beauftragt** worden ist.[4] Es mag zwar sein, dass im Allgemeinen eine Beauftragung der Gesamt-Jugend- und Auszubildendenvertretung nur sinnvoll ist, wenn zugleich ein Auftrag für den Gesamtbetriebsrat gegeben ist und die Gesamt-Jugend- und Auszubildendenvertretung deshalb mit diesem verhandeln kann. Möglich ist jedoch auch, dass die Gesamt-Jugend- und Auszubildendenvertretung kraft ihres Auftrages mit dem einzelnen Betriebsrat verhandelt.

V. Stimmengewichtung

In gleicher Weise wie bei einem Gesamtbetriebsrat (§ 47 Abs. 7 und 8 BetrVG) erfolgt bei der Beschlussfassung der Gesamt-Jugend- und Auszubildendenvertretung eine Stimmengewichtung. Jedes Mitglied hat so viele Stimmen, wie in dem Betrieb, in dem es gewählt wurde, zur Jugend- und Auszubildendenvertretung wahlberechtigte Arbeitnehmer in der Wählerliste eingetragen sind (§ 72 Abs. 7 S. 1 BetrVG). Maßgebend ist also die letzte Wahl. Der Stand der Wahlberechtigten im Zeitpunkt der Beschlussfassung ist ohne Bedeutung. Im Übrigen gelten die gleichen Grundsätze wie für den Gesamtbetriebsrat (→ § 300 Rn. 75 ff.). Das Mitglied kann die Stimmen, die ihm infolge der Stimmengewichtung zustehen, **nur einheitlich** abgeben.

Die Stimmengewichtung ist auch zu beachten, wenn durch **Tarifvertrag** oder **Betriebsvereinbarung** die Zahl der Mitglieder der Gesamt-Jugend- und Auszubildendenvertretung verändert wurde. Ist ein Mitglied der Gesamt-Jugend- und Auszubildendenvertretung für mehrere Betriebe entsandt worden, so hat es so viele Stimmen, wie in den Betrieben, für die es entsandt ist, zur Jugend- und Auszubildendenvertretung wahlberechtigte Arbeitnehmer in den Wählerlisten eingetragen sind (§ 72 Abs. 7 S. 2 BetrVG). Sind dagegen mehrere Mitglieder einer Jugend- und Auszubildendenvertretung entsandt worden, so stehen diesen die gewichteten Stimmen anteilig zu (§ 72 Abs. 7 S. 3 BetrVG). Für Mitglieder der Gesamt-Jugend- und Auszubildendenvertretung, die aus einem **Gemeinschaftsbetrieb** entsendet wurden, können nach § 72 Abs. 8 BetrVG durch Tarifvertrag oder Betriebsvereinbarung von § 72 Abs. 7 BetrVG abweichende Regelungen getroffen werden.

VI. Geschäftsführung

1. Allgemeines

Das Geschäftsführungsrecht wird durch eine gesetzliche Verweisung auf die für den Betriebsrat und den Gesamtbetriebsrat sowie die Jugend- und Auszubildendenvertretung geltenden Bestimmungen geregelt, die jeweils teilweise anzuwenden sind (§ 73 Abs. 2 BetrVG). Dies bedeutet im Einzelnen:

---

[4] AA *Fitting* § 73 Rn. 13; HWGNRH/*Rose* § 73 Rn. 31.

16 **a) Wahl des Vorsitzenden.** Die Gesamt-Jugend- und Auszubildendenvertretung wählt aus ihrer Mitte den **Vorsitzenden** und seinen **Stellvertreter**. Der Vorsitzende vertritt die Gesamt-Jugend- und Auszubildendenvertretung im Rahmen der von ihr gefassten Beschlüsse (§ 26 Abs. 2 BetrVG).

17 **b) Ausschüsse.** Einen dem Betriebsausschuss entsprechenden **Ausschuss** für die laufende Geschäftsführung oder weitere Ausschüsse kann die Gesamt-Jugend- und Auszubildendenvertretung nicht bilden. In Unternehmen mit mehr als 100 Arbeitnehmern können aber Ausschüsse nach § 28 Abs. 1 S. 1 BetrVG gebildet werden.

18 **c) Antrag auf Aussetzung eines Beschlusses.** Die Gesamt-Jugend- und Auszubildendenvertretung kann durch Mehrheitsbeschluss **die Aussetzung eines Beschlusses** des Gesamtbetriebsrats auf die Dauer von einer Woche beantragen (§ 66 BetrVG).

19 **d) Entsendung eines Vertreters.** Die Gesamt-Jugend- und Auszubildendenvertretung kann zu allen Sitzungen des Gesamtbetriebsrats einen Vertreter entsenden (§ 67 Abs. 1 BetrVG). Sie hat in gleicher Weise Antrags- und Stimmrecht wie eine Jugend- und Auszubildendenvertretung im Verhältnis zum Betriebsrat (§ 67 Abs. 2 und 3 BetrVG).

20 **e) Geschäftsordnung.** Die Gesamt-Jugend- und Auszubildendenvertretung soll sich eine **Geschäftsordnung** geben, die mit der Mehrheit der Stimmen ihrer Mitglieder zu beschließen ist (§ 36 BetrVG).

21 **f) Keine Sprechstunden.** Die Möglichkeit, **Sprechstunden** einzurichten, besteht nicht.

22 **g) Versammlung.** Eine der Betriebsräteversammlung (§ 53 BetrVG) entsprechende **Versammlung** der Mitglieder aller Jugend- und Auszubildendenvertretungen des Unternehmens findet nicht statt.

23 **h) Weitere Rechte und Pflichten.** Im Übrigen gelten die Vorschriften über die **Rechte und Pflichten** eines Betriebsrats entsprechend für die Gesamt-Jugend- und Auszubildendenvertretung (§ 73 Abs. 2 BetrVG, § 51 Abs. 5 BetrVG).

2. Sitzungen

24 **a) Verständigung des Gesamtbetriebsrats.** Die Gesamt-Jugend- und Auszubildendenvertretung kann **nach Verständigung des Gesamtbetriebsrats** Sitzungen abhalten (§ 73 Abs. 1 S. 1 BetrVG). Eine Zustimmung des Gesamtbetriebsrats ist nicht erforderlich; es genügt die bloße Mitteilung.[5] Der Arbeitgeber ist ebenfalls vorher zu verständigen (§ 73 Abs. 2 BetrVG, § 30 S. 3 BetrVG).

25 **b) Einberufung.** Für die **Einberufung** und Ladung gelten die für den Betriebsrat vorgesehenen Regelungen (§ 73 Abs. 2 BetrVG, § 51 Abs. 2 S. 3 BetrVG, § 29 Abs. 2 und 3 BetrVG). Die Gesamtschwerbehindertenvertretung (§ 180 SGB IX) ist mangels Teilnahmerecht nicht einzuladen.

26 **c) Zeitpunkt.** Die Sitzungen finden **während der Arbeitszeit** statt, wobei auf die betrieblichen Notwendigkeiten Rücksicht zu nehmen ist; sie sind nicht öffentlich (§ 73 Abs. 2 BetrVG, § 30 BetrVG).

27 **d) Sitzungsniederschrift.** Für die **Sitzungsniederschrift** gilt die für den Betriebsrat bestehende Regelung entsprechend (§ 73 Abs. 2 BetrVG, § 34 BetrVG).

---

[5] Vgl. dazu auch GK-BetrVG/*Oetker* § 73 Rn. 24 mwN.

VII. Rechtsstellung der Mitglieder

e) Teilnahmeberechtigung. Teilnahmeberechtigt sind alle Mitglieder der Gesamt-Jugend- und Auszubildendenvertretung. Der Vorsitzende des Gesamtbetriebsrats oder ein anderes von diesem beauftragtes Mitglied kann an den Sitzungen teilnehmen (§ 73 Abs. 1 S. 2 BetrVG); eine Verpflichtung dazu besteht nicht. Das Teilnahmerecht des Arbeitgebers und der Gewerkschaftsbeauftragten besteht wie bei Betriebsratssitzungen (§ 73 Abs. 2 BetrVG, § 51 Abs. 2 S. 3 BetrVG, § 29 Abs. 4 BetrVG, § 31 BetrVG). Für das selbständige Teilnahmerecht der Gewerkschaften genügt es, dass sie in einem Betriebsrat des Unternehmens vertreten sind.[6] Da die Besetzung der Gesamt-Jugend- und Auszubildendenvertretung durch Entsendung nur eines Mitglieds der Jugend- und Auszubildendenvertretung erfolgt, wäre es anderenfalls dem Zufall überlassen, ob ein selbständiges Teilnahmerecht entsteht. Die Gesamtschwerbehindertenvertretung (§ 180 SGB IX) hat kein selbständiges Teilnahmerecht. 28

3. Beschlüsse

Die Beschlussfassung richtet sich nach den für den Gesamtbetriebsrat geltenden Grundsätzen (§ 73 Abs. 2 BetrVG, § 51 Abs. 3 BetrVG). Beschlüsse werden daher, soweit nichts anderes bestimmt ist, mit Mehrheit der Stimmen der anwesenden Mitglieder gefasst; bei Stimmengleichheit ist ein Antrag abgelehnt. Die **Beschlussfähigkeit** ist nur gegeben, wenn mindestens die Hälfte der Mitglieder an der Beschlussfassung teilnimmt und die Teilnehmenden mindestens die Hälfte aller Stimmen unter Berücksichtigung der **Stimmengewichtung** (→ Rn. 13) vertreten. Die Mitglieder sind in der Abstimmung frei; ein imperatives Mandat im Verhältnis zu den sie entsendenden Jugend- und Auszubildendenvertretungen besteht nicht. 29

VII. Rechtsstellung der Mitglieder

1. Ehrenamtliche Tätigkeit und Arbeitsbefreiung

Die Mitglieder der Gesamt-Jugend- und Auszubildendenvertretung üben ihr Amt wie die Mitglieder der anderen betriebsverfassungsrechtlichen Repräsentationsorgane unentgeltlich als Ehrenamt aus (§ 73 Abs. 2 BetrVG, § 37 Abs. 1 BetrVG). Sie sind von ihrer beruflichen Tätigkeit **ohne Minderung des Arbeitsentgelts** zu befreien, wenn und soweit es nach Umfang und Art des Unternehmens zur ordnungsgemäßen Durchführung ihrer Aufgaben erforderlich ist (§ 73 Abs. 2 BetrVG, § 37 Abs. 2 BetrVG). Zum Ausgleich für Amtstätigkeit, die aus unternehmensbedingten Gründen außerhalb der Arbeitszeit durchzuführen ist, haben sie Anspruch auf entsprechende Arbeitsbefreiung unter Fortzahlung des Arbeitsentgelts bzw. auf Vergütung wie Mehrarbeit (§ 73 Abs. 2 BetrVG, § 37 Abs. 3 BetrVG). 30

2. Freistellungen

Allgemeine Freistellungen gibt es ebenso wenig wie bei den Mitgliedern des Gesamtbetriebsrats (→ § 300 Rn. 107). 31

3. Schulungs- und Bildungsveranstaltungen

Einen selbständigen Anspruch auf Teilnahme an Schulungs- und Bildungsveranstaltungen haben die Mitglieder der Gesamt-Jugend- und Auszubildendenvertretung ebenso wenig wie die Mitglieder des Gesamtbetriebsrats (→ § 300 Rn. 108). Sie sind darauf beschränkt, diese Veranstaltungen in ihrer Eigenschaft als Mitglieder der Jugend- und Auszubildendenvertretungen zu besuchen.[7] Zur **Beschlussfassung** über die Entsendung eines Jugend- und Auszubildendenvertreters auf eine Schulungs- oder Bildungsveranstaltung ist der jeweilige Betriebsrat zuständig,[8] also weder der Gesamtbetriebsrat noch die Gesamt- 32

---

[6] Richardi BetrVG/*Annuß* § 73 Rn. 7; aA *Fitting* § 73 Rn. 11 mwN.
[7] BAG 10.6.1975 – 1 ABR 140/73, AP BetrVG 1972 § 73 Nr. 1.
[8] BAG 10.6.1975 – 1 ABR 140/73, AP BetrVG 1972 § 73 Nr. 1.

Jugend- und Auszubildendenvertretung. Die Stellung als Mitglied der Gesamt-Jugend- und Auszubildendenvertretung ist bei der Beurteilung zu berücksichtigen, welche zu vermittelnden Kenntnisse für die Amtstätigkeit erforderlich sind.[9]

4. Schutzbestimmungen

33 Die Mitglieder der Gesamt-Jugend- und Auszubildendenvertretung genießen Tätigkeits- und Entgeltschutz sowie **Kündigungsschutz** in ihrer Funktion als Mitglieder einer Jugend- und Auszubildendenvertretung; gleiches gilt für die **Übernahme von Auszubildenden** in ein Arbeitsverhältnis auf unbestimmte Zeit (→ § 303 Rn. 84). Die Mitglieder dürfen in der Ausübung ihrer Tätigkeit für die Gesamt-Jugend- und Auszubildendenvertretung nicht gestört oder behindert und wegen dieser Tätigkeit weder benachteiligt noch begünstigt werden, § 78 BetrVG.

5. Geheimhaltungspflicht

34 Die Mitglieder der Gesamt-Jugend- und Auszubildendenvertretung sind in gleicher Weise wie die Mitglieder der Jugend- und Auszubildendenvertretung zur Geheimhaltung verpflichtet, § 79 Abs. 2 BetrVG (→ § 303 Rn. 83).

VIII. Amtszeit

1. Amtszeit der Gesamt-Jugend- und Auszubildendenvertretung

35 Die Gesamt-Jugend- und Auszubildendenvertretung ist eine betriebsverfassungsrechtliche **Dauereinrichtung** und hat deshalb im engeren Sinne keine Amtszeit. Die für den Gesamtbetriebsrat geltenden Grundsätze sind entsprechend anzuwenden (→ § 300 Rn. 111 ff.). Ein Selbstauflösungsbeschluss verstieße gegen die gesetzliche Pflicht zur Errichtung einer Gesamt-Jugend- und Auszubildendenvertretung und wäre demzufolge nichtig.[10]

2. Beendigung der Mitgliedschaft

36 Die Beendigung der Mitgliedschaft in der Gesamt-Jugend- und Auszubildendenvertretung richtet sich nach den entsprechend anzuwendenden Bestimmungen für den Gesamtbetriebsrat (→ § 300 Rn. 114 ff.). Das Mitglied kann durch die entsendende Jugend- und Auszubildendenvertretung **jederzeit abberufen** werden (§ 73 Abs. 2 BetrVG, § 49 BetrVG). Ist die Größe der Gesamt-Jugend- und Auszubildendenvertretung gemäß § 72 Abs. 5 BetrVG durch eine erzwingbare Betriebsvereinbarung unter die gesetzliche Regelgröße herabgesetzt worden, so ist die Abberufung ihrer Mitglieder in der Betriebsvereinbarung zu regeln.

37 Die Mitgliedschaft endet ferner mit dem Erlöschen der Mitgliedschaft in der Jugend- und Auszubildendenvertretung, durch Amtsniederlegung oder durch **Ausschluss** aus der Gesamt-Jugend- und Auszubildendenvertretung aufgrund einer gerichtlichen Entscheidung (§ 73 Abs. 2 BetrVG, § 49 BetrVG). Den Ausschluss aus der Gesamt-Jugend- und Auszubildendenvertretung wegen grober Verletzung der gesetzlichen Pflichten können mindestens ein Viertel der zu den Jugend- und Auszubildendenvertretungen wahlberechtigten Arbeitnehmer des Unternehmens, der Gesamtbetriebsrat, der Arbeitgeber, die Gesamt-Jugend- und Auszubildendenvertretung oder eine im Unternehmen vertretene Gewerkschaft beim Arbeitsgericht beantragen (§ 73 Abs. 2 BetrVG, § 48 BetrVG). Eine gerichtliche Auflösung der Gesamt-Jugend- und Auszubildendenvertretung wegen grober Pflichtverletzung sieht das BetrVG genauso wenig vor, wie die gerichtliche Auflösung des Gesamtbetriebsrats.[11]

---

[9] BAG 10.6.1975 – 1 ABR 140/73, AP BetrVG 1972 § 73 Nr. 1.
[10] *Fitting* § 72 Rn. 13; GK-BetrVG/*Oetker* § 72 Rn. 16; Richardi BetrVG/*Annuß* § 72 Rn. 9.
[11] GK-BetrVG/*Oetker* § 72 Rn. 19.

IX. Kosten

Die durch die Tätigkeit der Gesamt-Jugend- und Auszubildendenvertretung entstehenden **38** **Kosten trägt der Arbeitgeber;** er hat für die Sitzungen und die laufende Geschäftsführung in erforderlichem Umfang Räume, sachliche Mittel und Büropersonal zur Verfügung zu stellen (§ 73 Abs. 2 BetrVG, § 40 BetrVG). Die Erhebung und Leistung von Beiträgen der Arbeitnehmer ist unzulässig (§ 73 Abs. 2 BetrVG, § 41 BetrVG).

X. Streitigkeiten

Streitigkeiten über die Errichtung, die Zuständigkeit und die Geschäftsführung sind im **39** arbeitsgerichtlichen **Beschlussverfahren** zu erledigen (§§ 2a, 80 ff. ArbGG). Für Ansprüche auf Zahlung des Entgelts und Aufwendungsersatz findet das **Urteilsverfahren** statt.

§ 306 Konzern-Jugend- und Auszubildendenvertretung

Übersicht

	Rn.
I. Voraussetzungen	1
II. Errichtung	3
III. Größe und Zusammensetzung	4
1. Grundsatz	4
2. Veränderung durch Tarifvertrag oder Betriebsvereinbarung	5
a) Freiwillige Konzernbetriebsvereinbarung	5
b) Erzwingbare Konzernbetriebsvereinbarung	6
3. Ersatzmitglieder	8
IV. Zuständigkeit	9
1. Originäre Zuständigkeit	9
2. Auftragszuständigkeit	10
V. Stimmengewichtung	11
VI. Geschäftsführung	13
1. Allgemeines	13
a) Wahl des Vorsitzenden	14
b) Ausschüsse	15
c) Aussetzung eines Beschlusses	16
d) Entsendung eines Vertreters	17
e) Geschäftsordnung	18
f) Keine Sprechstunden	19
g) Versammlung	20
h) Weitere Rechte und Pflichten	21
2. Sitzungen	22
a) Verständigung	22
b) Einberufung	23
c) Zeitpunkt	24
d) Sitzungsniederschrift	25
e) Teilnahmeberechtigung	26
3. Beschlüsse	27
VII. Rechtsstellung der Mitglieder	28
1. Ehrenamtliche Tätigkeit und Arbeitsbefreiung	28
2. Freistellungen	29
3. Schulungs- und Bildungsveranstaltungen	30
4. Schutzbestimmungen	31
5. Geheimhaltungspflicht	32
VIII. Amtszeit	33
1. Amtszeit der Konzern-Jugend- und Auszubildendenvertretung	33
2. Beendigung der Mitgliedschaft	34
IX. Kosten	36
X. Streitigkeiten	37

I. Voraussetzungen

1 In einem Unterordnungskonzern nach § 18 Abs. 1 AktG kann gemäß § 73a Abs. 1 BetrVG eine Konzern-Jugend- und Auszubildendenvertretung eingerichtet werden. In einem Gleichordnungskonzern ist dies nicht möglich.[1] Die für die Errichtung geltenden Regeln entsprechen weitgehend denjenigen für die Bildung eines Konzernbetriebsrats.[2] In dem Konzern müssen mehrere, mindestens aber zwei Gesamt-Jugend- und Auszubildendenvertretungen bestehen. Gibt es in einem Konzernunternehmen nur eine Jugend- und

---

[1] GK-BetrVG/*Oetker* § 73a Rn. 7; Richardi BetrVG/*Annuß* § 73a Rn. 4; *Oetker* DB 2005, 1165.
[2] Richardi BetrVG/*Annuß* § 73a Rn. 9.

Auszubildendenvertretung, so nimmt diese die Aufgaben einer Gesamt-Jugend- und Auszubildendenvertretung wahr, § 73a Abs. 1 S. 3 BetrVG.[3] Ist die Bildung einer Gesamt-Jugend- und Auszubildendenvertretung in einem Unternehmen **pflichtwidrig unterblieben,** steht dies der Errichtung einer Konzern-Jugend- und Auszubildendenvertretung zwar nicht entgegen; § 63 Abs. 1 S. 3 BetrVG findet auf dieses Unternehmegn jedoch keine Anwendung, mit der Folge, dass die in § 60 Abs. 1 BetrVG genannten Arbeitnehmer dieses Unternehmens in der Konzern-Jugend- und Auszubildendenvertretung nicht vertreten sind.[4]

Wie die Bildung einer Gesamt-Jugend-und Auszubildendenvertretung gesetzlich nicht von der Errichtung eines Gesamtbetriebsrats abhängig gemacht wird (→ § 305 Rn. 3), wird auch die Errichtung einer Konzern-Jugend- und Auszubildendenvertretung im Gesetz nicht ausdrücklich davon abhängig gemacht, dass für das Unternehmen ein Konzernbetriebsrat errichtet worden ist. Im Schrifttum wird deshalb ebenfalls angenommen, die Errichtung einer Konzern-Jugend- und Auszubildendenvertretung sei nicht davon abhängig, dass im Konzern ein Konzernbetriebsrat besteht. Bestünde kein Konzernbetriebsrat, werde dadurch die Bildung einer Konzern-Jugend- und Auszubildendenvertretung nicht ausgeschlossen, diese führe allerdings notwendigerweise letztlich ein Schattendasein, da sie nur über den Konzernbetriebsrat tätig werden könne.[5] Dem ist nicht zu folgen. Zwar ist die Errichtung eines Konzernbetriebsrats, anders als die Errichtung des Gesamtbetriebsrats, fakultativ und gerade nicht zwingend. Allerdings ist die Konzern-Jugend- und Auszubildendenvertretung ein **Hilfsorgan des Konzernbetriebsrats,** wie es die Gesamt-Jugend- und Auszubildendenvertretung für den Gesamtbetriebsrat ist (→ § 305 Rn. 11). Ein betriebsverfassungsrechtliches Repräsentationsorgan ohne praktische Wirkungsmöglichkeit ist sinnlos. In gleicher Weise, wie die Bildung einer Jugend- und Auszubildendenvertretung das Bestehen eines Betriebsrats (→ § 303 Rn. 7) und die Bildung einer Gesamt-Jugend- und Auszubildendenvertretung das Bestehen eines Gesamtbetriebsrats voraussetzt (→ § 305 Rn. 3), ist daher die Bildung der Konzern-Jugend- und Auszubildendenvertretung erst zulässig, wenn ein Konzernbetriebsrat errichtet worden ist.

II. Errichtung

Die Errichtung der Konzern-Jugend- und Auszubildendenvertretung ist **fakultativ.**[6] Sie erfolgt nach § 73a Abs. 1 S. 1 BetrVG durch Beschlüsse der einzelnen Gesamt- Jugend- und Auszubildendenvertretungen und erfordert die Zustimmung der Gesamt-Jugend- und Auszubildendenvertretungen der Konzernunternehmen, die insgesamt mindestens 75 vom Hundert der zu den Jugend- und Auszubildendenvertretungen wahlberechtigten Arbeitnehmer beschäftigen, § 73a Abs. 1 S. 2 BetrVG. Die Errichtung erfolgt durch die Entsendung von Mitgliedern der Gesamt-Jugend- und Auszubildendenvertretungen.[7] Die **Konstituierung** erfolgt entsprechend den für den Konzernbetriebsrat geltenden Regelungen, § 73b Abs. 2 BetrVG, § 59 Abs. 2 BetrVG. Es hat daher die Gesamt-Jugend- und Auszubildendenvertretung des herrschenden Unternehmens oder, soweit eine solche Gesamt-Jugend- und Auszubildendenvertretung nicht besteht, die Gesamt-Jugend- und Auszubildendenvertretung des nach der Zahl der zu ihr wahlberechtigten Arbeitnehmer größten Konzernunternehmens zur Wahl des Vorsitzenden der Konzern-Jugend- und Auszubildendenvertretung einzuladen.

---

[3] GK-BetrVG/*Oetker* § 73a Rn. 9; Richardi BetrVG/*Annuß* § 73a Rn. 5; *Oetker* DB 2005, 1165.
[4] *Oetker* DB 2005, 1165.
[5] GK-BetrVG/*Oetker* § 73a Rn. 16f.; Richardi BetrVG/*Annuß* § 73a Rn. 7; *Oetker* DB 2005, 1165 (1166).
[6] *Fitting* § 73a Rn. 1; GK-BetrVG/*Oetker* § 73a Rn. 2; Richardi BetrVG/*Annuß* § 73a Rn. 1.
[7] *Oetker* DB 2005, 1165.

III. Größe und Zusammensetzung

1. Grundsatz

4 In die Konzern-Jugend- und Auszubildendenvertretung entsendet jede Gesamt-Jugend- und Auszubildendenvertretung eines ihrer Mitglieder, § 73a Abs. 2 S. 1 BetrVG. Die Konzern-Jugend- und Auszubildendenvertretung hat damit in der Regel so viele Mitglieder, wie in dem Unternehmen Gesamt-Jugend- und Auszubildendenvertretungen bestehen. Es ist jeweils mindestens ein Ersatzmitglied zu bestellen und die Reihenfolge des Nachrückens festzulegen, § 73a Abs. 2 S. 2 BetrVG.

2. Veränderung durch Tarifvertrag oder Betriebsvereinbarung

5 **a) Freiwillige Konzernbetriebsvereinbarung.** Die für die Gesamt-Jugend- und Auszubildendenvertretung bestehenden Regelungen über abweichenden Tarifvertrag und Betriebsvereinbarung finden entsprechende Anwendung, § 73a Abs. 4 BetrVG, § 72 Abs. 4–8 BetrVG. Mithin kann in gleicher Weise wie bei einem Konzernbetriebsrat (§ 55 Abs. 4 BetrVG) die Mitgliederzahl der Konzern-Jugend- und Auszubildendenvertretung durch **Tarifvertrag** oder **freiwillige Konzernbetriebsvereinbarung** abweichend von dem gesetzlichen Grundsatz der Entsendung eines Mitglieds für jede Gesamt-Jugend- und Auszubildendenvertretung geregelt werden, § 73a Abs. 4 BetrVG, § 72 Abs. 4 BetrVG. Dies ist sinnvoll, wenn in einem Unternehmen sehr viele Gesamt-Jugend- und Auszubildendenvertretungen bestehen oder das Unternehmen nur wenige Großunternehmen hat. In der abzuschließenden Vereinbarung kann die Gesamtzahl der Mitglieder der Konzern-Jugend- und Auszubildendenvertretung erhöht oder ermäßigt werden. Die Betriebsvereinbarung ist vom Konzernbetriebsrat des Unternehmens mit dem Arbeitgeber abzuschließen. Die Konzern-Jugend- und Auszubildendenvertretung hat für den Abschluss einer Betriebsvereinbarung keine eigene Kompetenz. Ihre Mitglieder haben aber bei der Beschlussfassung des Konzernbetriebsrats volles Stimmrecht (§ 73b Abs. 2 BetrVG, § 67 Abs. 2 BetrVG).

6 **b) Erzwingbare Konzernbetriebsvereinbarung.** Gehören der Konzern-Jugend- und Auszubildendenvertretung in der gesetzlichen Größe **mehr als zwanzig Mitglieder** an und besteht keine tarifliche Regelung über eine abweichende Größe, so ist zwischen Konzernbetriebsrat und Arbeitgeber eine Betriebsvereinbarung über die Mitgliederzahl der Konzern-Jugend- und Auszubildendenvertretung abzuschließen, in der bestimmt wird, dass Gesamt-Jugend- und Auszubildendenvertretungen mehrerer Betriebe eines Unternehmens, die regional oder durch gleichartige Interessen miteinander verbunden sind, gemeinsam Mitglieder in die Gesamt-Jugend- und Auszubildendenvertretung entsenden (§ 73a Abs. 4 BetrVG, § 72 Abs. 5 BetrVG).

7 Diese **Konzernbetriebsvereinbarung** ist **erzwingbar.** Kommt eine Einigung zwischen dem Arbeitgeber und dem Konzernbetriebsrat nicht zustande, so entscheidet eine für das Unternehmen zu bildende Einigungsstelle, deren Spruch die Einigung zwischen Arbeitgeber und Konzernbetriebsrat ersetzt (§ 73a Abs. 4 BetrVG, § 72 Abs. 6 BetrVG). Die gleichen Regeln gelten für die Bestellung von Ersatzmitgliedern. Die erzwingbare Verringerung der Größe der Konzern-Jugend- und Auszubildendenvertretung ist der gleichartigen Regelung für den Konzernbetriebsrat nachgebildet; die dazu gemachten Ausführungen sind entsprechend heranzuziehen (→ § 302 Rn. 48). Die Beisitzer der Einigungsstelle auf Arbeitnehmerseite werden vom Konzernbetriebsrat bestellt, wobei die Konzern-Jugend- und Auszubildendenvertretung teilnahme- und stimmberechtigt bei der hierfür erforderlichen Beschlussfassung ist, vgl. § 73b Abs. 2 BetrVG, § 67 Abs. 1 S. 2, Abs. 2 BetrVG.[8]

---

[8] Vgl. dazu auch *Oetker* DB 2005, 1165 (1168).

3. Ersatzmitglieder

Scheidet ein Mitglied aus oder ist es zeitweilig verhindert, so rückt das Ersatzmitglied **8**
nach (§ 73b Abs. 2 BetrVG, § 25 Abs. 1 BetrVG). Bei mehreren Ersatzmitgliedern wird die Reihenfolge des Nachrückens durch die entsendende Jugend- und Auszubildendenvertretung festgelegt (§ 73a Abs. 2 S. 2 BetrVG).

IV. Zuständigkeit

1. Originäre Zuständigkeit

Die Konzern-Jugend- und Auszubildendenvertretung hat ihren Wirkungskreis auf Kon- **9**
zernebene. Sie ist aber den einzelnen Gesamt-Jugend- und Auszubildendenvertretung nicht übergeordnet. Für ihre Zuständigkeit gelten die gleichen Grundsätze wie für diejenige des Konzernbetriebsrats. Die Konzern-Jugend- und Auszubildendenvertretung ist zuständig für Angelegenheiten der jugendlichen Arbeitnehmer bzw. der zu ihrer Berufsausbildung Beschäftigten unter 25 Jahren, die den Konzern oder mehrere Konzernunternehmen betreffen und nicht durch die einzelnen Gesamt-Jugend- und Auszubildendenvertretungen geregelt werden können; sie kann auch von einer Gesamt-Jugend- und Auszubildendenvertretung beauftragt werden (§ 73b Abs. 2 BetrVG, § 58 BetrVG).

2. Auftragszuständigkeit

Eine Auftragszuständigkeit ist gegeben, wenn eine Gesamt-Jugend- und Auszubildenden- **10**
vertretung mit der Mehrheit der Stimmen ihrer Mitglieder die Konzern-Jugend- und Auszubildendenvertretung beauftragt, eine Angelegenheit für sie zu behandeln (§ 73b Abs. 2 BetrVG, § 58 Abs. 2 BetrVG).[9] Die Auftragszuständigkeit setzt nicht notwendig voraus, dass der Konzernbetriebsrat von einem Gesamtbetriebsrat ebenfalls **beauftragt** worden ist.[10] Es mag zwar sein, dass im Allgemeinen eine Beauftragung der Konzern-Jugend- und Auszubildendenvertretung nur sinnvoll ist, wenn zugleich ein Auftrag für den Konzernbetriebsrat gegeben ist und die Konzern-Jugend- und Auszubildendenvertretung deshalb mit diesem verhandeln kann.[11] Möglich ist jedoch auch, dass die Konzern-Jugend- und Auszubildendenvertretung kraft ihres Auftrages mit dem Gesamtbetriebsrat verhandelt.

V. Stimmengewichtung

In gleicher Weise wie bei einem Konzernbetriebsrat (§ 55 Abs. 3 BetrVG) erfolgt bei der **11**
Beschlussfassung der Konzern-Jugend- und Auszubildendenvertretung eine Stimmengewichtung. Jedes Mitglied hat so viele Stimmen, wie die Mitglieder der entsendenden Gesamt-Jugend- und Auszubildendenvertretung insgesamt Stimmen haben (§ 73a Abs. 3 BetrVG). Ein Rückgriff gemäß § 73a Abs. 4 BetrVG auf § 72 Abs. 7 S. 1 BetrVG ist insoweit ausgeschlossen.[12] Wie viele Stimmen die Mitglieder der entsendenden Gesamt-Jugend- und Auszubildendenvertretung haben, bemisst sich unterdessen nach der Zahl der in § 60 Abs. 1 BetrVG genannten Arbeitnehmer, die in dem Unternehmen, in dem das Mitglied gewählt wurde, in der Wählerliste eingetragen sind, § 72 Abs. 7 S. 1 BetrVG.[13]

Die Stimmengewichtung ist auch zu beachten, wenn durch **Tarifvertrag** oder **Be-** **12**
triebsvereinbarung die Zahl der Mitglieder der Konzern-Jugend- und Auszubildendenvertretung verändert wurde.[14] Ist ein Mitglied der Gesamt-Jugend- und Auszubildendenvertretung für mehrere Unternehmen entsandt worden, so hat es so viele Stimmen, wie in den Unternehmen, für die es entsandt ist, zur Jugend- und Auszubildendenvertretung

---

[9] Oetker DB 2005, 1165 (1170).
[10] Richardi BetrVG/Annuß § 73b Rn. 21; aA zu § 73 Fitting § 73b Rn. 13; HWGNRH/Rose § 73 Rn. 31.
[11] GK-BetrVG/Oetker § 73b Rn. 45.
[12] Richardi BetrVG/Annuß § 73a Rn. 25.
[13] GK-BetrVG/Oetker § 73a Rn. 37f.; Richardi BetrVG/Annuß § 73a Rn. 26.
[14] Richardi BetrVG/Annuß § 73a Rn. 28.

wahlberechtigte Arbeitnehmer in den Wählerlisten eingetragen sind (§ 73a Abs. 4 BetrVG, § 72 Abs. 7 S. 2 BetrVG). Sind dagegen mehrere Mitglieder einer Gesamt-Jugend- und Auszubildendenvertretung entsandt worden, so stehen diesen die gewichteten Stimmen anteilig zu (§ 73a Abs. 4 BetrVG, § 72 Abs. 7 S. 3 BetrVG). Die Möglichkeit einer abweichenden Vereinbarung nach § 72 Abs. 8 BetrVG für aus einem Gemeinschaftsbetrieb entsendete Mitglieder der Gesamt-Jugend- und Auszubildendenvertretung (→ § 305 Rn. 14) gilt für die Konzern-Jugend- und Auszubildendenvertretung entsprechend.[15] Die Entscheidung kann für die Konzern-Jugend- und Auszubildendenvertretung unabhängig von der Entscheidung auf der Ebene der am Gemeinschaftsbetrieb beteiligten Unternehmen erfolgen.[16]

VI. Geschäftsführung

1. Allgemeines

13 Das Geschäftsführungsrecht wird durch eine gesetzliche Verweisung auf die für den Betriebsrat, den Gesamtbetriebsrat, den Konzernbetriebsrat sowie die Jugend- und Auszubildendenvertretung geltenden Bestimmungen geregelt, die jeweils teilweise anzuwenden sind (§ 73b Abs. 2 BetrVG). Dies bedeutet im Einzelnen:

14 a) **Wahl des Vorsitzenden.** Die Konzern-Jugend- und Auszubildendenvertretung wählt aus ihrer Mitte den **Vorsitzenden** und seinen **Stellvertreter**. Der Vorsitzende vertritt die Konzern-Jugend- und Auszubildendenvertretung im Rahmen der von ihr gefassten Beschlüsse (§ 26 Abs. 2 BetrVG).

15 b) **Ausschüsse.** Einen dem Betriebsausschuss entsprechenden **Ausschuss** für die laufende Geschäftsführung oder weitere Ausschüsse kann die Konzern-Jugend- und Auszubildendenvertretung nicht bilden. In Unternehmen mit mehr als 100 Arbeitnehmern können aber Ausschüsse nach § 28 Abs. 1 S. 1 BetrVG gebildet werden.[17]

16 c) **Aussetzung eines Beschlusses.** Die Konzern-Jugend- und Auszubildendenvertretung kann durch Mehrheitsbeschluss **die Aussetzung eines Beschlusses** des Konzernbetriebsrats auf die Dauer von einer Woche beantragen (§ 66 BetrVG).

17 d) **Entsendung eines Vertreters.** Die Konzern-Jugend- und Auszubildendenvertretung kann zu allen Sitzungen des Konzernbetriebsrats einen Vertreter entsenden (§ 67 Abs. 1 BetrVG). Sie hat in gleicher Weise Antrags- und Stimmrecht wie eine Jugend- und Auszubildendenvertretung im Verhältnis zum Betriebsrat und eine Gesamt-Jugend- und Auszubildendenvertretung im Verhältnis zum Gesamtbetriebsrat (§ 67 Abs. 2 und 3 BetrVG).

18 e) **Geschäftsordnung.** Die Konzern-Jugend- und Auszubildendenvertretung soll sich eine **Geschäftsordnung** geben, die mit der Mehrheit der Stimmen ihrer Mitglieder zu beschließen ist (§ 36 BetrVG).

19 f) **Keine Sprechstunden.** Die Möglichkeit, **Sprechstunden** einzurichten, besteht nicht.

20 g) **Versammlung.** Eine der Betriebsräteversammlung (§ 53 BetrVG) entsprechende **Versammlung** der Mitglieder aller Konzern-Jugend- und Auszubildendenvertretungen des Unternehmens findet nicht statt.

---

[15] Richardi BetrVG/*Annuß* § 73a Rn. 29.
[16] Richardi BetrVG/*Annuß* § 73a Rn. 29; aA GK-BetrVG/*Oetker* § 73a Rn. 38.
[17] Vgl. dazu *Oetker* DB 2005, 1165 (1169).

h) Weitere Rechte und Pflichten. Im Übrigen gelten die Vorschriften über die **Rechte** 21
und Pflichten eines Betriebsrats entsprechend für die Konzern-Jugend- und Auszubildendenvertretung (§ 73b Abs. 2 BetrVG, § 51 Abs. 5 BetrVG).

2. Sitzungen
a) Verständigung. Die Konzern-Jugend- und Auszubildendenvertretung kann **nach** 22
Verständigung des Konzernbetriebsrats Sitzungen abhalten (§ 73b Abs. 1 S. 1 BetrVG). Eine Zustimmung des Gesamtbetriebsrats ist nicht erforderlich; es genügt die bloße Mitteilung.[18] Der Arbeitgeber ist ebenfalls vorher zu verständigen (§ 73b Abs. 2 BetrVG, § 30 S. 3 BetrVG).

b) Einberufung. Für die **Einberufung** und Ladung gelten die für den Betriebsrat vorge- 23
sehenen Regelungen (§ 73b Abs. 2 BetrVG, § 59 Abs. 2 S. 3 BetrVG, § 29 Abs. 2 und 3 BetrVG). Die Konzernschwerbehindertenvertretung ist mangels Teilnahmerecht nicht einzuladen.

c) Zeitpunkt. Die Sitzungen finden **während der Arbeitszeit** statt, wobei auf die be- 24
trieblichen Notwendigkeiten Rücksicht zu nehmen ist; sie sind nicht öffentlich (§ 73b Abs. 2 BetrVG, § 30 BetrVG).

d) Sitzungsniederschrift. Für die **Sitzungsniederschrift** gilt die für den Betriebsrat 25
bestehende Regelung entsprechend (§ 73b Abs. 2 BetrVG, § 34 BetrVG).

e) Teilnahmeberechtigung. Teilnahmeberechtigt sind alle Mitglieder der Konzern- 26
Jugend- und Auszubildendenvertretung. Der Vorsitzende des Konzernbetriebsrats oder ein anderes von diesem beauftragtes Mitglied kann an den Sitzungen teilnehmen (§ 73b Abs. 1 S. 2 BetrVG); eine Verpflichtung dazu besteht nicht. Das Teilnahmerecht des Arbeitgebers und der Gewerkschaftsbeauftragten besteht wie bei Betriebsratssitzungen (§ 73b Abs. 2 BetrVG, § 59 Abs. 2 S. 3 BetrVG, § 29 Abs. 4 BetrVG, § 31 BetrVG). Wie bei der Gesamt-Jugend- und Auszubildendenvertretung (→ § 305 Rn. 28) genügt es für das selbständige Teilnahmerecht der Gewerkschaften, dass sie in einem Betriebsrat des Unternehmens vertreten sind.[19] Da die Besetzung der Gesamt-Jugend- und Auszubildendenvertretung durch Entsendung nur eines Mitglieds der Jugend- und Auszubildendenvertretung erfolgt, wäre es anderenfalls dem Zufall überlassen, ob ein selbständiges Teilnahmerecht entsteht. Die Konzernschwerbehindertenvertretung (§ 180 SGB IX) hat kein selbständiges Teilnahmerecht.

3. Beschlüsse
Die Beschlussfassung richtet sich nach den für den Konzernbetriebsrat geltenden Grund- 27
sätzen (§ 73 Abs. 2 BetrVG, § 51 Abs. 3 BetrVG). Beschlüsse werden daher, soweit nichts anderes bestimmt ist, mit Mehrheit der Stimmen der anwesenden Mitglieder gefasst; bei Stimmengleichheit ist ein Antrag abgelehnt. Die **Beschlussfähigkeit** ist nur gegeben, wenn mindestens die Hälfte der Mitglieder an der Beschlussfassung teilnimmt und die Teilnehmenden mindestens die Hälfte aller Stimmen unter Berücksichtigung der **Stimmengewichtung** (→ Rn. 11) vertreten. Die Mitglieder sind in der Abstimmung frei; ein imperatives Mandat im Verhältnis zu den sie entsendenden Gesamt-Jugend- und Auszubildendenvertretungen besteht nicht.

---

[18] Richardi BetrVG/*Annuß* § 73b Rn. 7; Richardi BetrVG/*Annuß* § 73b Rn. 6.
[19] Richardi BetrVG/*Annuß* § 73b Rn. 7; aA GK-BetrVG/*Oetker* § 73b Rn. 30 mwN.

VII. Rechtsstellung der Mitglieder

1. Ehrenamtliche Tätigkeit und Arbeitsbefreiung

28 Die Mitglieder der Konzern-Jugend- und Auszubildendenvertretung üben ihr Amt wie die Mitglieder der anderen betriebsverfassungsrechtlichen Repräsentationsorgane unentgeltlich als Ehrenamt aus (§ 73 Abs. 2 BetrVG, § 37 Abs. 1 BetrVG). Sie sind von ihrer beruflichen Tätigkeit **ohne Minderung des Arbeitsentgelts** zu befreien, wenn und soweit es nach Umfang und Art des Unternehmens zur ordnungsgemäßen Durchführung ihrer Aufgaben erforderlich ist (§ 73b Abs. 2 BetrVG, § 37 Abs. 2 BetrVG). Zum Ausgleich für Amtstätigkeit, die aus unternehmensbedingten Gründen außerhalb der Arbeitszeit durchzuführen ist, haben sie Anspruch auf entsprechende Arbeitsbefreiung unter Fortzahlung des Arbeitsentgelts bzw. auf Vergütung wie Mehrarbeit (§ 73b Abs. 2 BetrVG, § 37 Abs. 3 BetrVG).

2. Freistellungen

29 Allgemeine Freistellungen gibt es ebenso wenig wie bei den Mitgliedern des Konzernbetriebsrats (→ § 302 Rn. 81).

3. Schulungs- und Bildungsveranstaltungen

30 Einen selbständigen Anspruch auf Teilnahme an Schulungs- und Bildungsveranstaltungen haben die Mitglieder der Konzern-Jugend- und Auszubildendenvertretung ebenso wenig wie die Mitglieder des Konzernbetriebsrats (→ § 302 Rn. 81). Sie sind darauf beschränkt, diese Veranstaltungen in ihrer Eigenschaft als Mitglieder der Jugend- und Auszubildendenvertretungen zu besuchen.[20] Zur **Beschlussfassung** über die Entsendung eines Jugend- und Auszubildendenvertreters auf eine Schulungs- oder Bildungsveranstaltung ist der jeweilige Betriebsrat zuständig,[21] also weder der Konzernbetriebsrat noch die Konzern-Jugend- und Auszubildendenvertretung. Die Stellung als Mitglied der Konzern-Jugend- und Auszubildendenvertretung ist bei der Beurteilung zu berücksichtigen, welche zu vermittelnden Kenntnisse für die Amtstätigkeit erforderlich sind.[22]

4. Schutzbestimmungen

31 Die Mitglieder der Konzern-Jugend- und Auszubildendenvertretung genießen Tätigkeits- und Entgeltschutz sowie **Kündigungsschutz** in ihrer Funktion als Mitglieder einer Jugend- und Auszubildendenvertretung;[23] Gleiches gilt für die **Übernahme von Auszubildenden** in ein Arbeitsverhältnis auf unbestimmte Zeit (→ § 303 Rn. 84). Die Mitglieder dürfen in der Ausübung ihrer Tätigkeit für die Konzern-Jugend- und Auszubildendenvertretung nicht gestört oder behindert und wegen dieser Tätigkeit weder benachteiligt noch begünstigt werden, § 78 BetrVG.

5. Geheimhaltungspflicht

32 Die Mitglieder der Konzern-Jugend- und Auszubildendenvertretung sind in gleicher Weise wie die Mitglieder der Gesamt-Jugend- und Auszubildendenvertretung (→ § 305 Rn. 34) und die Mitglieder der Jugend- und Auszubildendenvertretung zur Geheimhaltung verpflichtet, § 79 Abs. 2 BetrVG (→ § 303 Rn. 85).

---

[20] *Oetker* DB 2005, 1165 (1171); für die Mitglieder der Gesamt-Jugend- und Auszubildendenvertretung BAG 10.6.1975 – 1 ABR 140/73, AP BetrVG 1972 § 73 Nr. 1.
[21] Für die Mitglieder der Gesamt-Jugend- und Auszubildendenvertretung BAG 10.6.1975 – 1 ABR 140/73, AP BetrVG 1972 § 73 Nr. 1.
[22] Für die Mitglieder der Gesamt-Jugend- und Auszubildendenvertretung BAG 10.6.1975 – 1 ABR 140/73, AP BetrVG 1972 § 73 Nr. 1.
[23] *Oetker* DB 2005, 1165 (1171).

VIII. Amtszeit

1. Amtszeit der Konzern-Jugend- und Auszubildendenvertretung

Wie die Gesamt-Jugend- und Auszubildendenvertretung ist auch die Konzern-Jugend- und Auszubildendenvertretung eine betriebsverfassungsrechtliche **Dauereinrichtung** und hat deshalb im engeren Sinne keine Amtszeit.[24] Einen Selbstauflösungsbeschluss kann die Konzern-Jugend- und Auszubildendenvertretung nicht fassen; vielmehr liegt die Kompetenz zur Errichtung bzw. Auflösung einer Konzern-Jugend- und Auszubildendenvertretung bei den Gesamt-Jugend- und Auszubildendenvertretungen.[25]

2. Beendigung der Mitgliedschaft

Die Beendigung der Mitgliedschaft in der Konzern-Jugend- und Auszubildendenvertretung richtet sich nach den entsprechend anzuwendenden Bestimmungen für den Konzernbetriebsrat (→ § 302 Rn. 83 ff.). Das Mitglied kann durch die entsendende Gesamt-Jugend- und Auszubildendenvertretung **jederzeit abberufen** werden (§ 73b Abs. 2 BetrVG, § 57 BetrVG). Ist die Größe der Konzern-Jugend- und Auszubildendenvertretung gemäß § 73a Abs. 4 BetrVG, § 72 Abs. 5 BetrVG durch eine erzwingbare Betriebsvereinbarung unter die gesetzliche Regelgröße herabgesetzt worden, so ist die Abberufung ihrer Mitglieder in der Betriebsvereinbarung zu regeln.

Die Mitgliedschaft endet ferner mit dem Erlöschen der Mitgliedschaft in der Gesamt-Jugend- und Auszubildendenvertretung, durch Amtsniederlegung oder durch **Ausschluss** aus der Konzern-Jugend- und Auszubildendenvertretung aufgrund einer gerichtlichen Entscheidung (§ 73b Abs. 2 BetrVG, § 56 BetrVG). Den Ausschluss aus der Konzern-Jugend- und Auszubildendenvertretung wegen grober Verletzung der gesetzlichen Pflichten können mindestens ein Viertel der zu den Jugend- und Auszubildendenvertretungen wahlberechtigten Arbeitnehmer der Konzernunternehmen, des Konzernbetriebsrats, der Arbeitgeber, die Konzern-Jugend- und Auszubildendenvertretung oder eine im Unternehmen vertretene Gewerkschaft beim Arbeitsgericht beantragen (§ 73b Abs. 2 BetrVG, § 56 BetrVG). Eine gerichtliche Auflösung der Konzern-Jugend- und Auszubildendenvertretung wegen grober Pflichtverletzung sieht das BetrVG genauso wenig vor, wie die gerichtliche Auflösung des Konzernbetriebsrats.[26]

IX. Kosten

Die durch die Tätigkeit der Konzern-Jugend- und Auszubildendenvertretung entstehenden **Kosten trägt der Arbeitgeber;** er hat für die Sitzungen und die laufende Geschäftsführung in erforderlichem Umfang Räume, sachliche Mittel und Büropersonal zur Verfügung zu stellen (§ 73b Abs. 2 BetrVG, § 40 BetrVG). Die Erhebung und Leistung von Beiträgen der Arbeitnehmer ist unzulässig (§ 73b Abs. 2 BetrVG, § 41 BetrVG).

X. Streitigkeiten

Streitigkeiten über die Errichtung, die Zuständigkeit und die Geschäftsführung sind im arbeitsgerichtlichen **Beschlussverfahren** zu erledigen (§§ 2a, 80 ff. ArbGG). Für Ansprüche auf Zahlung des Entgelts und Aufwendungsersatz findet das **Urteilsverfahren** statt.

---

[24] Richardi BetrVG/*Annuß* § 73a Rn. 11; *Oetker* DB 2005, 1165 (1166).
[25] *Oetker* DB 2005, 1165 (1166).
[26] Richardi BetrVG/*Annuß* § 73a Rn. 13.

Fünfter Titel: Wirtschaftsausschuss
§ 307 Wirtschaftsausschuss

Schrifttum:
Anders, Die Informationsrechte des Wirtschaftsausschusses in einer Aktiengesellschaft, Diss. Köln 1979; *Becker,* Die Übertragung von Betriebsratsbefugnissen auf Ausschüsse und einzelne Betriebsratsmitglieder, Diss. Bonn 1970; *Birk,* Auslandsbeziehungen und Betriebsverfassungsgesetz, FS Schnorr v. Carolsfeld, 1972, S. 61; *Birk,* „Tendenzbetrieb" und Wirtschaftsausschuss, JZ 1973, 753; *Bitsch,* Betriebsverfassungsrechtliche Auskunftsansprüche im Konzern, NZA-RR 2015, 617; *Bösche,* Die Informationsrechte der Wirtschaftsausschussmitglieder, in Brehm/Pohl, Interessenvertretung durch Information, 1978, S. 154; *Bösche/Grimberg,* Vorlage des Wirtschaftsprüferberichtes im Wirtschaftsausschuss, AuR 1987, 133; *Bötticher,* Die Zuständigkeit der Einigungsstelle des § 70 II BetrVG in rechtsstaatlicher Sicht, FS A. Hueck, 1959, S. 149; *Boldt,* Organisation und Aufgaben des Wirtschaftsausschusses nach dem Betriebsverfassungsgesetz, AG 1972, 299; *Braun,* Die Unterrichtung der Arbeitnehmer über die wirtschaftliche Lage und Entwicklung des Unternehmens, 1982; *Brems/Croonenbrock,* Die (rechtzeitige) Unterrichtung des Wirtschaftsausschusses beim Unternehmensverkauf, DB 2017 S. 1513; *Cox/Offermann,* Wirtschaftsausschuss, 2004; *Dütz,* Die gerichtliche Überprüfung der Sprüche von betriebsverfassungsrechtlichen Einigungs- und Vermittlungsstellen, 1966; *Dütz,* Betriebsverfassungsrechtliche Auskunftspflichten im Unternehmen, FS Westermann, 1974, S. 37; *Dütz,* Arbeitsgerichtliche Überprüfung von Einigungsstellensprüchen nach § 109 BetrVG, FS Gaul, 1992, S. 41; *Edenfeld,* Der Wirtschaftsausschuss in komplexen Unternehmensstrukturen, DB 2015, 679; *Fabricius,* Vorlage und Erläuterung des Jahresabschlusses und des Prüfungsberichts nach dem Betriebsverfassungsgesetz, AuR 1989, 121; *Fangmann,* Rechtsprobleme der Kommunikation in mitbestimmten Unternehmen, AuR 1980, 129; *Fiebig,* Der Ermessensspielraum der Einigungsstelle, 1992; *Fleischer,* Reichweite und Grenze der Unterrichtungspflicht des Unternehmers gegenüber dem Wirtschaftsausschuss nach §§ 106 Abs. 2 S. 2, Abs. 3 Nr. 9a, 109a BetrVG, ZfA 2009, 787; *Frahm/Schmeisser,* Die rechtzeitige Unterrichtung des Wirtschaftsausschusses bei einer Unternehmensübernahme gem. § 106 III Nr. 9a) BetrVG, ArbRAktuell 2014, 456; *Gaul,* Beteiligungsrechte von Wirtschaftsausschuss und Betriebsrat bei Umwandlung und Betriebsübergang, DB 1995, 2265; *Gege,* Die Funktion des Wirtschaftsausschusses im Rahmen der wirtschaftlichen Mitbestimmung, Diss. Frankfurt 1977; *Göpfert/Horstkotte/Rottmeier,* Integrations-Vorbereitungen in kartellrechtlichen „Clean Teams" – arbeitsrechtliche Herausforderungen, ZIP 2015, 1269; *Gutzmann,* Die Unterrichtung des Wirtschaftsausschusses gem. §§ 106 II und 108 V BetrVG, DB 1989, 1083; *Haas/Hoppe,* Neue Spielregeln zur Berücksichtigung von Leiharbeitnehmern bei der Berechnung der Schwellenwerte im BetrVG?, NZA 2013, 294; *Hartung,* Muss der Wirtschaftsausschuss über die eingeplante Tariferhöhung unterrichtet werden?, DB 1975, 885; *Heither,* Wirtschaftsausschuss, AR-Blattei SD, Betriebsverfassung, 530.14.4 (Stand 1998); *Herschel,* Der Sachverständige des Wirtschaftsausschusses, AuR 1980, 21; *Hey/Claßmann,* Das Beteiligungsrecht des Betriebsrats in Unternehmen ohne Wirtschaftsausschuss bei Unternehmensübernahme mit Kontrollerwerb, BB 2015, 3061; *Hommelhoff,* Abschlussprüferberichte an den Wirtschaftsausschuss?, ZIP 1990, 218; *Ingenfeld,* Outsourcing innerhalb des Konzerns, (I) Die betriebsverfassungsrechtlichen Folgen, CR 1993, 288; *Ingenfeld,* Die Betriebsausgliederung aus der Sicht des Arbeitsrechts, 1992; *Joost,* Betrieb und Unternehmen als Grundbegriffe im Arbeitsrecht, 1988; *Joost,* Die Mitwirkung des Wirtschaftsausschusses bei Unternehmensübernahmen, FS Kreutz, 2010, S. 161; *Joost,* Wirtschaftliche Angelegenheiten als Kompetenzbereich des Wirtschaftsausschusses, FS Kissel, 1994, S. 433; *Joost,* Die betriebsverfassungsrechtliche Vertretung und Repräsentation des Arbeitgebers, FS Zeuner, 1994, S. 67; *Klinkhammer,* Teilnahme eines Gewerkschaftsbeauftragten an den Sitzungen des Wirtschaftsausschusses, DB 1977, 1139; *Kort,* Matrix-Strukturen und Betriebsverfassungsrecht, NZA 2013, 1318; *Lahusen,* Streitigkeiten zwischen Unternehmer und Wirtschaftsausschuss, BB 1989, 1399; *Lerch/Weinbrenner,* Auskunftsanspruch des Wirtschaftsausschusses bei Konzernbezug, NZA 2013, 355; *Lerch/Weinbrenner,* Vertragliche Ausweitung von Mitbestimmungsrechten des Betriebsrats, NZA 2011, 664; *Liebers/Erren/Weiß,* Die Unterrichtungspflichten des Risikobegrenzungsgesetzes und der Geheimnisgefährdungstatbestand im transaktionsbegleitenden Arbeitsrecht, NZA 2009, 1063; *Löwisch,* Die Erläuterung des Jahresabschlusses gem. § 108 V BetrVG bei Personenhandelsgesellschaften und Einzelkaufleuten, in: 25 Jahre BAG, 1979, S. 353; *Löwisch/Wegmann,* Zahlenmäßige Berücksichtigung von Leiharbeitnehmern in Betriebsverfassungs- und Mitbestimmungsrecht, BB 2017, 373; *Martens,* Die Vorlage des Jahresabschlusses und des Prüfungsberichts gegenüber dem Wirtschaftsausschuss, DB 1988, 1229; *Mayer,* Wirtschaftliche Informationen in Kleinunternehmen, AuR 1991, 14; *Meyer,* Neue betriebsverfassungsrechtliche Fragen zum Teil-Betriebsübergang, NZA 2018, 900; *Müller-Bonanni/Mehrens,* Arbeitsrechtliche Rahmenbedingungen funktionaler Konzernsteuerungsmodelle, ZIP 2010, 2228; *Nebendahl,* Zulässigkeit der Bildung eines Wirtschaftsausschusses im Konzern?, DB 1991, 384; *Oetker,* Übernahme von Unternehmen und Beteiligung von Wirtschaftsausschuss und Betriebsrat im Zielunternehmen, FS Bauer, 2010, S. 791; *Oetker,* Die Erläuterung des Jahresabschlusses gegenüber dem Wirtschaftsausschuss unter Beteiligung des Betriebsrats (§ 108 BetrVG), NZA 2001, 689; *Oetker/Lunk,* Der Betriebsrat – ein Ersatzorgan für den Wirtschaftsausschuss?, DB 1990, 2320; *Pramann,* Zum Begriff der Einsichtnahme in betriebsverfassungsrechtlichen Vorschriften (§§ 34, 80, 83, 108 BetrVG), DB 1983, 1922; *Richardi,* Teilnahme eines Gewerkschaftsbeauftragten an Sitzungen des Wirtschaftsausschusses, AuR 1983, 33; *Röder/Göpfert,* Unterrichtung des Wirtschaftsausschusses bei Unternehmenskauf und Umwandlung, BB 1997, 2105; *Rumpff/Boewer,* Mitbestimmung in wirtschaftlichen Angelegenheiten, 3. Aufl. 1990; *Salamon,* Der Wirtschaftsausschuss bei einem Gemein-

schaftsbetrieb im Unternehmen, NZA 2017, 891; *Schleifer/Kliemt*, Einschränkung betriebsverfassungsrechtlicher Unterrichtungspflichten durch Insiderrecht?, DB 1995, 2214; *Simitis*, Internationales Arbeitsrecht – Standort und Perspektiven, FS Kegel 1977, S. 153; *Simon/Dobel*, Das Risikobegrenzungsgesetz – neue Unterrichtungspflichten bei Unternehmensübernahmen, BB 2008, 1955; *Thüsing*, Beteiligungsrechte von Wirtschaftsausschuss und Betriebsrat bei Unternehmensübernahmen, ZIP 2008, 106; *Tschöpe*, Die Bestellung der Einigungsstelle – Rechtliche und taktische Fragen, NZA 2004, 945; *Vogt*, Zur Vorlagepflicht von Unterlagen bei der Erteilung wirtschaftlicher Informationen an Wirtschaftsausschuss und Betriebsrat, BB 1978, 1125; *Vogt*, Zu den Wechselbeziehungen von Informationsrechten und -pflichten im Unternehmens- und Betriebsverfassungsrecht, DB 1978, 1481; *Vogt*, Lagebericht des Arbeitgebers/Unternehmers und die Vorlagepflicht von Unterlagen in der Betriebsverfassung, BlStSozArbR 1979, 193; *Weber/Ehrich*, Einigungsstelle, 1999; *Weller*, Betriebsräte in Matrixstrukturen, AuA 2013, 344; *Wiese*, Sitzungen des Wirtschaftsausschusses und die Behandlung geheimhaltungsbedürftiger, vertraulicher sowie sonstiger Tatsachen, FS Molitor, 1988, S. 365; *Wisskirchen*, Der Wirtschaftsausschuss nach dem Betriebsverfassungsgesetz 1972, Das Arbeitsrecht der Gegenwart, Bd. 13, 1975, S. 73; *Zeuner*, Teilnahme von Gewerkschaftsbeauftragten an den Sitzungen des Wirtschaftsausschusses?, DB 1976, 2474.

Übersicht

	Rn.
I. Zweck	1
II. Voraussetzungen der Errichtung	3
1. Unternehmensgröße	3
2. Kleinunternehmen	6
3. Auslandsverhältnisse	8
III. Bildung	11
1. Selbständiger Wirtschaftsausschuss	11
2. Übertragung der Aufgaben auf einen Ausschuss des Betriebsrats	13
3. Aufgabenwahrnehmung durch den Gesamtbetriebsrat bzw. Betriebsrat	16
IV. Größe und Zusammensetzung	17
V. Aufgaben	21
1. Wirtschaftliche Angelegenheiten	23
a) Die wirtschaftliche und finanzielle Lage des Unternehmens (§ 106 Abs. 3 Nr. 1 BetrVG)	24
b) Die Produktions- und Absatzlage (§ 106 Abs. 3 Nr. 2 BetrVG)	25
c) Das Produktions- und Investitionsprogramm (§ 106 Abs. 3 Nr. 3 BetrVG)	26
d) Rationalisierungsvorhaben (§ 106 Abs. 3 Nr. 4 BetrVG)	27
e) Fabrikations- und Arbeitsmethoden, insbesondere Einführung neuer Arbeitsmethoden (§ 106 Abs. 3 Nr. 5 BetrVG)	28
f) Fragen des betrieblichen Umweltschutzes (§ 106 Abs. 3 Nr. 5a BetrVG)	29
g) Die Einschränkung, Stilllegung und Verlegung von Betrieben oder Betriebsteilen (§ 106 Abs. 3 Nr. 6 und 7 BetrVG)	30
h) Der Zusammenschluss oder die Spaltung von Unternehmen oder Betrieben (§ 106 Abs. 3 Nr. 8 BetrVG)	31
i) Die Änderung der Betriebsorganisation oder des Betriebszwecks (§ 106 Abs. 3 Nr. 9 BetrVG)	32
j) Die Übernahme des Unternehmens, wenn hiermit der Erwerb der Kontrolle verbunden ist (§ 106 Abs. 3 Nr. 9a BetrVG)	33
k) Vorgänge und Vorhaben, welche die Interessen der Arbeitnehmer des Unternehmens wesentlich berühren können (§ 106 Abs. 3 Nr. 10 BetrVG)	38
2. Beratung mit dem Unternehmer	39
3. Unterrichtung durch den Unternehmer	40
a) Zeitpunkt	42
b) Inhalt	44
aa) Personalplanung	45
bb) Jahresabschluss	46
c) Vorlage von Unterlagen	49
aa) Erforderlichkeit	50
bb) Einsichtnahme	53

	Rn.
d) Betriebs- und Geschäftsgeheimnisse	55
e) Ordnungswidrigkeiten	58
4. Unterrichtung des Betriebsrats	59
5. Unterrichtung der Arbeitnehmer durch den Unternehmer	64
a) Großunternehmen	65
b) Kleinunternehmen	70
VI. Geschäftsführung	72
1. Vorsitzender	73
2. Geschäftsordnung	74
3. Sitzungen	75
a) Einberufung	76
b) Zahl und Zeitpunkt	77
c) Teilnahmeberechtigung	79
aa) Unternehmer	80
bb) Sachkundige Arbeitnehmer	85
cc) Betriebsrat	86
dd) Gewerkschaftsbeauftragte	87
ee) Arbeitgebervereinigung	90
ff) Schwerbehindertenvertretung	91
gg) Jugend- und Auszubildendenvertretung	92
hh) Sachverständige	93
ii) Protokollführer	94
d) Leitung	95
e) Themen	96
f) Vorlage von Unterlagen und Einsichtsrecht	97
g) Sitzungsniederschrift	98
h) Bericht an den Betriebsrat	99
4. Beschlüsse	100
VII. Amtszeit	101
1. Amtszeit des Wirtschaftsausschusses	101
2. Beendigung der Mitgliedschaft	104
a) Abberufung	105
b) Erlöschen der Mitgliedschaft im Betriebsrat	106
c) Amtsniederlegung	108
d) Ausschluss	109
e) Ersatzmitglied und Neubestellung	110
VIII. Rechtsstellung der Mitglieder	111
1. Ehrenamtliche Tätigkeit und Arbeitsbefreiung	111
2. Schulungs- und Bildungsveranstaltungen	112
3. Schutzbestimmungen	113
a) Tätigkeits- und Entgeltschutz	113
b) Benachteiligungs- und Begünstigungsverbot	114
c) Kündigungsschutz	115
4. Geheimhaltungspflicht	116
IX. Kosten	117
X. Streitigkeiten	118
1. Arbeitsgerichtliches Beschlussverfahren	119
a) Anwendungsbereich	119
b) Antragsrecht; Beteiligungsbefugnis	120
2. Urteilsverfahren	121
3. Einigungsstelle	122
a) Zuständigkeit	123
b) Antragsrecht; Beteiligungsbefugnis	128
c) Verfahren	129
aa) Sachverständige	130
bb) Geheimnisgefährdung	131

	Rn.
d) Entscheidung	132
e) Gerichtliche Überprüfung	135

I. Zweck

In größeren Unternehmen ist nach §§ 106 ff. BetrVG neben dem Betriebsrat bzw. dem Gesamtbetriebsrat ein Wirtschaftsausschuss zu bilden. Er hat die Aufgabe, grundlegend wichtige wirtschaftliche Angelegenheiten mit dem Unternehmer zu beraten und den Betriebsrat zu informieren. Der Sinn dieser besonderen Einrichtung besteht in der Möglichkeit der **Mitwirkung sachkundiger Personen,** die nicht Mitglieder des Betriebsrats und zu ihm auch nicht wählbar sind. Die Errichtung eines Wirtschaftsausschusses wird dem Betriebsrat jedoch gesetzlich nicht aufgezwungen, da er die Aufgaben des Wirtschaftsausschusses auf einen seiner eigenen Ausschüsse übertragen kann (§ 107 Abs. 3 S. 1 BetrVG). Die Institution des Wirtschaftsausschusses hat sich in der Praxis bewährt und gewinnt zunehmend an praktischer Bedeutung. Für **Tendenzunternehmen** ist die Bildung des Wirtschaftsausschusses nach § 118 Abs. 1 S. 2 BetrVG ausgeschlossen.[1] Dem steht die Richtlinie 2002/14/EG des Europäischen Parlaments und des Rates vom 11.3.2002 zur Festlegung eines allgemeinen Rahmens für die Unterrichtung und Anhörung der Arbeitnehmer in der Europäischen Gemeinschaft nicht entgegen. Diese erlaubt vielmehr in Art. 3 Abs. 2, dass die Mitgliedstaaten spezifische Bestimmungen für Unternehmen oder Betriebe vorsehen können, die unmittelbar und überwiegend politischen, koalitionspolitischen, konfessionellen, karitativen, erzieherischen, wissenschaftlichen oder künstlerischen Bestimmungen oder Zwecken der Berichterstattung oder Meinungsäußerung dienen.[2] Der Wirtschaftsausschuss ist ein **unselbständiges Hilfsorgan** des Betriebsrats (bzw. Gesamtbetriebsrats).[3] Er ist den Ausschüssen des Betriebsrats vergleichbar.[4] Sein Wirkungsbereich liegt aber auf Unternehmensebene. 1

Die gesetzlichen Bestimmungen über den Wirtschaftsausschuss sind vielfach auf den „Unternehmer" bezogen (§ 106 Abs. 1 S. 2 BetrVG, § 106 Abs. 2 BetrVG; § 108 Abs. 2 BetrVG, § 109 S. 1 BetrVG; § 110 BetrVG). Damit ist der Rechtsträger des Unternehmens gemeint, für den im Gesetz sonst die Bezeichnung „Arbeitgeber" verwendet wird (zB § 19 Abs. 2 BetrVG; § 23 BetrVG; § 40 BetrVG; § 109 S. 2 BetrVG). Es besteht also Personenidentität.[5] Rechte und Pflichten bezüglich der Institution des Wirtschaftsausschusses treffen daher den Arbeitgeber als Rechtsperson, nicht einen davon personenverschiedenen Funktionsträger. 2

II. Voraussetzungen der Errichtung

1. Unternehmensgröße

Ein Wirtschaftsausschuss ist gemäß § 106 Abs. 1 S. 1 BetrVG zu errichten, wenn das Unternehmen in der Regel **mehr als einhundert ständig beschäftigte Arbeitnehmer** hat. Zum Unternehmensbegriff s. § 300 Rn. 3 ff. Bei der Ermittlung der notwendigen 3

---

[1] Zur Bildung eines Wirtschaftsausschusses beim DRK-Blutspendedienst vgl. BAG 22.5.2012 – 1 ABR 7/11, NZA-RR 2013, 78 und BVerfG 30.4.2015 – 1 BvR 2274/12, NZA 2015, 820; zur Bildung in einer Werkstatt für behinderte Menschen vgl. BAG 22.7.2014 – 1 ABR 93/12, NZA 2014, 1417; zur Bildung in einem Universitätsklinikum vgl. VG Sigmaringen 2.8.2017 – PL 11 K 590/16, BeckRS 2017, 121004; zum Verzicht auf den Tendenzschutz und die damit verbundene Einschränkung der §§ 106–113 BetrVG vgl. BAG 5.10.2000 – 1 ABR 14/00, NZA 2001, 1325; vgl. dazu auch *Lerch/Weinbrenner* NZA 2011, 664 (669).
[2] LAG RhPf 14.8.2013 – 8 TaBV 40/12, BeckRS 2014, 65492 unter II.2.
[3] BAG 7.4.2004 – 7 ABR 41/03, AP BetrVG 1972 § 106 Nr. 17 = NZA 2005, 311 (312); *Wiese* FS Molitor, 1988, 365 (369).
[4] Treffend *Wiese* FS Molitor, 1988, 365 (369): „Sonderausschuss" des Betriebsrats.
[5] Ebenso zur gleichliegenden Problematik bei §§ 111 ff. BetrVG BAG 15.1.1991 – 1 AZR 94/90, AP BetrVG 1972 § 113 Nr. 21 = NZA 1991, 681.

Arbeitnehmerzahl sind Auszubildende mitzurechnen,[6] nicht aber die leitenden Angestellten nach § 5 Abs. 3 BetrVG. Nach dem durch das am 1.4.2017 in Kraft getretene Gesetz zur Änderung des Arbeitnehmerüberlassungsgesetzes und anderer Gesetze eingeführten § 14 Abs. 2 S. 4 AÜG zählen **Leiharbeitnehmer** im Entleiherbetrieb bei der Ermittlung der betriebsverfassungsrechtlichen Schwellenwerte mit Ausnahme des § 112a BetrVG mit. Dabei gilt die Einsatzdauer von mehr als sechs Monaten nach dem ausdrücklichen Wortlaut des § 14 Abs. 2 S. 5 BetrVG nicht für das BetrVG. Setzt ein Schwellenwert allerdings wie § 106 Abs. 1 S. 1 BetrVG voraus, dass die Arbeitnehmer „ständig" beschäftigt sind, ist fraglich, ob und ggf. unter welchen weiteren Voraussetzungen Leiharbeitnehmer zu berücksichtigen sind. Immerhin sind diese qua definitionem nicht „ständig" beschäftigt, vgl. § 1 Abs. 1 S. 2 AÜG. Teilweise wird daher angenommen, Leiharbeitnehmer seien für Schwellenwerte, die an eine ständige Beschäftigung anknüpfen, nicht zu berücksichtigen.[7] Nach aA sind Leiharbeitnehmer demgegenüber wegen der pauschalen Bestimmung des § 14 Abs. 2 S. 4 AÜG für die Unternehmensgröße nach § 106 Abs. 1 S. 2 BetrVG mitzuzählen.[8] Eine vermittelnde Ansicht zählt Leiharbeitnehmer mit, die über längere Dauer, möglicherweise wiederholt, zur Deckung eines gleichbleibenden Bedarfs im Entleiherbetrieb eingesetzt werden. Von einer solchen längeren Dauer sei auszugehen, wenn der Zeitraum einer Wahlperiode, im Falle des Betriebsrats also von vier Jahren, erreicht oder überschritten werde.[9] Die Gesetzesbegründung verweist auf die Entscheidung des BAG zur Berücksichtigung von Leiharbeitnehmern im Rahmen von § 111 S. 1 BetrVG[10] und die Entschließung vom 13.3.2013 zur Rechtsprechungsänderung hinsichtlich der Berücksichtigung von Leiharbeitnehmern bei der Betriebsratsgröße im Entleiherbetrieb.[11] Die gesetzliche Regelung stelle nach den vom BAG aufgestellten Grundsätzen klar, bei welchen betriebsverfassungsrechtlichen Schwellenwerten Leiharbeitnehmer im Entleiherbetrieb mitzählen. Dies diene der Rechtsklarheit und erleichtere die Arbeit der Betriebsräte im Einsatzbetrieb. Die Regelung zum Mitzählen bewirke, dass Leiharbeitnehmer bei der Berechnung der betriebsverfassungsrechtlichen Schwellenwerte grundsätzlich zu berücksichtigen sind. Sie fingiere aber nicht das Vorliegen der ggf. in der jeweiligen Norm enthaltenen weiteren Voraussetzungen wie zum Beispiel die Wahlberechtigung oder eine Beschränkung auf „in der Regel" Beschäftigte. Diese Voraussetzungen müssten in jedem Einzelfall wie bei Stammarbeitnehmern auch für die Leiharbeitnehmer gegeben sein, damit sie jeweils mitzählen.[12] Damit spricht die Gesetzesbegründung für eine Berücksichtigung von Leiharbeitnehmern für den Schwellenwert des § 106 Abs. 1 S. 1 BetrVG, und jedenfalls dann, wenn Leiharbeitnehmer nicht nur kurzfristig zur Erledigung einer vorübergehenden Sonderaufgabe beschäftigt werden, ist es angebracht, diese bei der Berechnung der Größenschwelle auch als „ständig" beschäftigt anzusehen.[13] Gleichermaßen sind befristet beschäftigte Arbeitnehmer nur dann nicht zu berücksichtigen, wenn diese zur Erledigung vergleichbarer, vorübergehender Aufgaben eingestellt wurden.[14] Ob ein Arbeitnehmer betriebszugehörig oder nur unternehmenszugehörig ist (zur Problematik → § 291 Rn. 143), ist ohne Belang, da es nur auf die Arbeitnehmerzahl des Unternehmens ankommt. Es muss aber in dem Unternehmen zumindest ein Betriebsrat bestehen, weil die Bildung des Wirtschaftsausschusses nur durch den Betriebsrat (bzw. Gesamtbetriebsrat) erfolgt. Bei einem **Absinken der Arbeitnehmerzahl** auf in der Regel nicht mehr als einhundert Arbeitnehmer entfallen die Mitwirkungsrechte des Wirtschaftsaus-

---

[6] LAG Nds 27.11.1984 – 8 TaBV 6/84, NZA 1985, 332.
[7] BeckOK ArbR/*Motz* AÜG § 14 Rn. 18; vgl. dazu auch *Haas/Hoppe* NZA 2013, 294 (299).
[8] ErfK/*Wank* AÜG § 14 Rn. 35.
[9] *Löwisch/Wegmann* BB 2017, 373 (375).
[10] BAG 18.11.2011 – 1 AZR 335/10, NZA 2012, 221.
[11] BAG 13.3.2013 – 7 ABR 69/11, NZA 2013, 789.
[12] BT-Drs. 18/9232, 29.
[13] Vgl. dazu auch WHSS Umstrukturierung/*Schweibert* C Rn. 478.
[14] WHSS Umstrukturierung/*Schweibert* C Rn. 478.

schusses für die Zukunft, so dass sein Amt beendet ist.[15] Beruht das Absinken auf einer Spaltung des Rechtsträgers nach §§ 123 ff. UmwG, so kann nach § 325 Abs. 2 UmwG die Beibehaltung des Wirtschaftsausschusses vereinbart werden.[16]

Bei der Errichtung eines Wirtschaftsausschusses kann der Unternehmensbereich grds. nicht überschritten werden. Es gilt der Grundsatz: ein Wirtschaftsausschuss für ein Unternehmen. Die Arbeitnehmer eines anderen Unternehmens sind bei der Ermittlung der notwendigen Arbeitnehmerzahl selbst dann nicht mitzurechnen, wenn eine **wirtschaftliche Verflechtung** der Unternehmen oder ein **Konzernverhältnis** vorliegt.[17] Einen Wirtschaftsausschuss im gesetzlichen Sinne gibt es für den Konzern nicht, so dass ein von den Beteiligten einvernehmlich gebildetes Gremium auf Konzernebene nicht die Stellung eines gesetzlichen Wirtschaftsausschusses hat.[18] Auch die Errichtung eines Konzern-Wirtschaftsausschusses durch Tarifvertrag ist demzufolge nicht möglich.[19]

Ein **Gemeinschaftsbetrieb** (§ 1 Abs. 1 S. 2 BetrVG) ist in die betriebsverfassungsrechtliche Organisation beider Unternehmen einbezogen. Er ist daher in gleicher Weise an der Errichtung der Wirtschaftsausschüsse der verschiedenen Unternehmen zu beteiligen wie an der Errichtung der Gesamtbetriebsräte (→ § 300 Rn. 12). Die an dem Gemeinschaftsbetrieb beteiligten Rechtsträger können die Errichtung eines Wirtschaftsausschusses folglich nicht durch Bildung eines Gemeinschaftsbetriebs vermeiden.[20] Soweit es auf die Zahl der Arbeitnehmer ankommt, ist die gesamte Belegschaft des Gemeinschaftsbetriebs jedem Unternehmen zuzurechnen unabhängig davon, zu welchem Unternehmen jeweils die Arbeitsverhältnisse bestehen. Besondere Probleme bereitet die Errichtung des Wirtschaftsausschusses, wenn die Unternehmen nur den Gemeinschaftsbetrieb, aber keine weiteren Betriebe haben. Nach Auffassung des BAG ist von einer **planwidrigen Gesetzeslücke** auszugehen, wenn ein einheitlicher Betrieb mit in der Regel mehr als 100 ständig beschäftigten Arbeitnehmern mehreren rechtlich selbständigen Unternehmen zuzuordnen ist, bei denen jeweils für sich die Anforderungen an die Zahl der beschäftigten Arbeitnehmer nach § 106 Abs. 1 S. 1 BetrVG nicht erfüllt sind.[21] In diesem Fall ist die Gesamtbelegschaft jedem Unternehmen zuzurechnen mit der Folge, dass die Voraussetzungen für die Errichtung des Wirtschaftsausschusses auch dann erfüllt sind, wenn nur der Gemeinschaftsbetrieb über einhundert Arbeitnehmer hat, nicht aber die einzelnen Unternehmen nach der Zahl der zu ihnen bestehenden vertraglichen Arbeitsverhältnisse. Nach Ansicht des BAG ist aber nur ein einziger Wirtschaftsausschuss zu bilden, der die gesetzlichen Befugnisse gegenüber allen Rechtsträgern der Unternehmen wahrnimmt.[22] Dem ist zuzustimmen. Zwar bedingte die rechtliche Trennung der mehreren Unternehmensebenen eigentlich, wie hinsichtlich des Gesamtbetriebsrats (→ § 300 Rn. 12), die Bildung mehrerer Wirtschaftsausschüsse. Das erscheint jedoch hier nicht sinnvoll zu sein, weil der Wirtschaftsausschuss kein selbständiges Organ, sondern nur ein Hilfsorgan des Betriebsrats (Gesamtbetriebsrats) auf Unternehmensebene ist. Wenn nur ein (Gemeinschafts-)Betriebsrat besteht, hat die Errichtung mehrerer Wirtschaftsausschüsse keinen Sinn, da der Betriebsrat nicht gehindert wäre, sie personenidentisch zu besetzen. An einer planwidrigen Gesetzeslücke fehlt es nach Auffassung des BAG, wenn von einem herrschenden Unternehmen sowie einem in seinem alleinigen Eigentum stehenden abhängigen Unternehmen nur ein Gemeinschaftsbetrieb geführt wird und die Voraussetzungen nach § 106 Abs. 1

---

[15] BAG 7. 4. 2004 – 7 ABR 41/03, AP BetrVG 1972 § 106 Nr. 17 = NZA 2005, 311.
[16] Lutter/Joost, UmwG, 5. Aufl. 2014, § 325 Rn. 51 mwN.
[17] BAG 1. 8. 1990 – 7 ABR 91/88, AP BetrVG 1972 § 106 Nr. 8 = NZA 1991, 643.
[18] BAG 23. 8. 1989 – 7 ABR 39/88, AP BetrVG 1972 § 106 Nr. 7 = NZA 1990, 863; vgl. dazu Nebendahl DB 1991, 384 ff.; Mayer AuR 1991, 14 (19); anders Ingenfeld S. 31 ff.
[19] Richardi BetrVG/Annuß § 106 Rn. 9; aA DKKW/Däubler § 106 Rn. 19; GK-BetrVG/Oetker § 106 Rn. 30.
[20] Edenfeld DB 2015, 679 (681); vgl. dazu auch HessLAG 11. 12. 2017 – 16 TaBV 93/17, BeckRS 2017, 146811.
[21] BAG 1. 8. 1990 – 7 ABR 41/03, AP BetrVG 1972 § 106 Nr. 8 = NZA 1991, 643.
[22] BAG 1. 8. 1990 – 7 ABR 41/03, AP BetrVG 1972 § 106 Nr. 8 = NZA 1991, 643.

S. 1 BetrVG allein beim herrschenden Unternehmen vorliegen.[23] In diesem Fall ist ein Wirtschaftsausschuss beim herrschenden Unternehmen zu bilden, das aufgrund seines beherrschenden Einflusses in der Lage sei, den Wirtschaftsausschuss auch über die wirtschaftlichen Angelegenheiten des in seinem Eigentum stehenden abhängigen Unternehmens zu unterrichten.[24]

2. Kleinunternehmen

6 In Unternehmen mit bis zu einhundert ständig beschäftigten Arbeitnehmern kann ein Wirtschaftsausschuss im gesetzlichen Sinne **nicht errichtet werden.** Die den Unternehmer gemäß § 106 Abs. 2 BetrVG treffenden Unterrichtungspflichten gegenüber dem Wirtschaftsausschuss bestehen in derartigen Kleinunternehmen nicht.[25] Der Betriebsrat kann hier also die Kompetenzen des Wirtschaftsausschusses nicht selbst oder durch einen seiner Ausschüsse ausüben. Nach der gesetzlichen Wertung sind die mit der besonderen Behandlung der wirtschaftlichen Angelegenheiten verbundenen Belastungen auf größere Unternehmen beschränkt.[26] Eine Ausnahme besteht für die Beteiligungsrechte nach § 106 Abs. 3 Nr. 9a BetrVG bei der Übernahme des Unternehmens, wenn damit der Erwerb der Kontrolle verbunden ist. Insoweit ist gemäß § 109a BetrVG in Unternehmen, in denen kein Wirtschaftsausschuss besteht, der Betriebsrat entsprechend den für einen Wirtschaftsausschuss geltenden Regelungen zu beteiligen (→ Rn. 35).

7 Unberührt bleibt die in **allen Betrieben** bestehende Pflicht des Arbeitgebers nach § 80 Abs. 2 BetrVG, den Betriebsrat rechtzeitig und umfassend zur Durchführung seiner Aufgaben zu unterrichten.[27] Im Übrigen besteht in Unternehmen, die in der Regel mehr als zwanzig wahlberechtigte ständige Arbeitnehmer und bis zu einhundert Arbeitnehmer beschäftigen, eine besondere Pflicht des Unternehmers gemäß § 110 Abs. 2 BetrVG, die Arbeitnehmer zu unterrichten (→ Rn. 70 f.).

3. Auslandsverhältnisse

8 Das BetrVG findet nur auf Unternehmen mit Sitz im Inland Anwendung (Territorialitätsgrundsatz). Hat ein **Unternehmen seinen Sitz im Ausland,** so kann bei ihm ein Wirtschaftsausschuss nach deutschem Betriebsverfassungsrecht nicht errichtet werden. Das schließt jedoch nicht aus, dem Grundanliegen des Gesetzes dadurch zu entsprechen, dass die Zulässigkeit der Bildung eines Wirtschaftsausschusses für den **inländischen Bereich des Unternehmens** angenommen wird, wenn ein Betrieb oder mehrere Betriebe im Inland liegen. Dies gilt zumindest und ist insoweit von der Rechtsprechung anerkannt, wenn die inländischen Betriebe **organisatorisch unter einheitlicher Leitung** stehen.[28]

9 Aber auch **ohne einheitliche Leitung im Inland** ist die Bildung des Wirtschaftsausschusses sinnvoll und entspricht dem Zweck des BetrVG, das die Auslandsverhältnisse nicht ausreichend geregelt hat. Zwar hat das BAG für solche Fälle die Bildung eines Konzernbetriebsrats bislang abgelehnt (→ § 302 Rn. 28). Der Wirtschaftsausschuss hat aber im Gegensatz zum Konzernbetriebsrat eine den Betriebsratsausschüssen vergleichbare Stel-

---

[23] BAG 22.3.2016 – 1 ABR 10/14 Rn. 13, AP BetrVG 1972 § 106 Nr. 19 = NZA 2016, 969; vgl. dazu sowie zur Bildung von Wirtschaftsausschüssen bei abweichenden Regelungen nach § 3 Abs. 1 BetrVG auch *Edenfeld* DB 2015, 679 (681).
[24] BAG 22.3.2016 – 1 ABR 10/14, AP BetrVG 1972 § 106 Nr. 19 = NZA 2016, 969 Rn. 13; kritisch dazu *Salamon* NZA 2017, 891.
[25] BAG 5.2.1991 – 1 ABR 24/99, AP BetrVG 1972 § 106 Nr. 10 mwN = NZA 1991, 644; 5.2.1991 – 1 ABR 32/90, AP BGB § 613a Nr. 89 = NZA 1991, 639; *Oetker/Lunk* DB 1990 2320 (2320 f.) mwN; aA *Mayer* AuR 1991, 14 (17 ff.): Wahrnehmung der Aufgaben des Wirtschaftsausschusses entspr. § 27 Abs. 3 BetrVG durch den Betriebsratsvorsitzenden oder ein anderes Betriebsratsmitglied.
[26] *Rumpff/Boewer* S. 188; aA *Mayer* AuR 1991, 14 (18).
[27] BAG 5.2.1991 – 1 ABR 24/99, AP BetrVG 1972 § 106 Nr. 10 = NZA 1991, 644; 5.2.1991 – 1 ABR 32/90, AP BGB § 613a Nr. 89 = NZA 1991, 639; s. dazu *Oetker/Lunk* DB 1990, 2320, 2323 f.; *Mayer* AuR 1991, 14 (19 f.).
[28] BAG 31.10.1975 – 1 ABR 4/74, AP BetrVG 1972 § 106 Nr. 2; *Joost* S. 226.

lung, wie sich schon daran zeigt, dass der einzige Betriebsrat bzw. der Gesamtbetriebsrat die Aufgaben des Wirtschaftsausschusses gemäß § 107 Abs. 3 BetrVG auf einen ihrer Ausschüsse übertragen können. Besondere organisatorische Voraussetzungen sind daher nicht nötig.

Hat ein Unternehmen seinen Sitz im Inland und für dieses Unternehmen einen Wirtschaftsausschuss zu errichten, so nehmen **im Ausland gelegene Betriebe** des Unternehmens sowie deren Arbeitnehmer daran nicht teil (Territorialitätsgrundsatz). Die Arbeitnehmer solcher Betriebe werden bei der Feststellung der notwendigen Unternehmensgröße nicht mitgerechnet.[29]

III. Bildung

1. Selbständiger Wirtschaftsausschuss

Vorbehaltlich der Möglichkeit einer Übertragung der Aufgaben auf einen Ausschuss des Betriebsrats bzw. Gesamtbetriebsrats ist die Bildung eines Wirtschaftsausschusses, wenn die gesetzlichen Voraussetzungen vorliegen, in § 106 Abs. 1 S. 1 BetrVG **zwingend** vorgesehen. Einer besonderen Beschlussfassung darüber, dass der Wirtschaftsausschuss zu errichten ist, bedarf es nicht. Die Bildung erfolgt durch den Gesamtbetriebsrat bzw., wenn in dem Unternehmen nur ein Betriebsrat besteht, durch diesen (§ 107 Abs. 2 S. 1 und 2 BetrVG). Die Mitglieder des Wirtschaftsausschusses werden vom Gesamtbetriebsrat (bzw. dem Betriebsrat) mit einfacher Stimmenmehrheit einzeln gewählt.

Bestehen in dem Unternehmen mehrere Betriebsräte und haben diese **gesetzwidrig keinen Gesamtbetriebsrat** gebildet, so kann der Wirtschaftsausschuss nicht errichtet werden,[30] weil die Betriebsräte dazu weder einzeln noch in ihrer Gesamtheit eine Kompetenz haben. Der „Umweg" über den Gesamtbetriebsrat kann also nicht dadurch umgangen werden, dass die Betriebsräte pflichtwidrig keinen Gesamtbetriebsrat errichten.[31] Dagegen ist die Errichtung möglich, wenn ein Unternehmen **mehrere Betriebe** hat, aber nur in einem Betrieb **ein Betriebsrat** gebildet worden ist.[32] Es gibt keinen teleologischen Grund, die Errichtung des Wirtschaftsausschusses als Hilfsorgan des Betriebsrats zu versagen, wenn die Arbeitnehmer der anderen Betriebe von ihrer Befugnis, einen Betriebsrat zu wählen, keinen Gebrauch gemacht haben oder diese Befugnis nicht besitzen, weil der Betrieb nicht betriebsratsfähig ist. Der Grund dafür, dass mehrere Betriebsräte, die keinen Gesamtbetriebsrat gebildet haben, keinen Wirtschaftsausschuss errichten können, liegt darin, dass nur die Errichtung eines einzigen Wirtschaftsausschusses in Betracht kommt und die mehreren Betriebsräte dafür keine konkurrierenden Kompetenzen haben können. Besteht nur ein Betriebsrat, kann es zu einem Konkurrenzproblem nicht kommen. Da der einzige Betriebsrat im Unternehmen keinen Gesamtbetriebsrat bilden kann, ist er nach der Grundregel des § 107 Abs. 2 S. 1 BetrVG selbst für die Bildung des Wirtschaftsausschusses zuständig.

2. Übertragung der Aufgaben auf einen Ausschuss des Betriebsrats

Der Gesamtbetriebsrat bzw. der Betriebsrat können auf die Bildung eines selbständigen Wirtschaftsausschusses verzichten und dessen Aufgaben auf einen ihrer eigenen Ausschüsse übertragen (§ 107 Abs. 3 S. 1 und 6 BetrVG). Die Übertragung kann an den Gesamtbetriebsausschuss (bzw. Betriebsausschuss) oder einen weiteren Ausschuss des Gesamtbetriebsrats (bzw. Betriebsrats) erfolgen. Vorausgesetzt ist aber, dass ein Gesamtbetriebsaus-

---

[29] Richardi BetrVG/*Annuß* § 106 Rn. 13; *Fitting* § 106 Rn. 19; GK–BetrVG/*Oetker* § 106 Rn. 29; WHSS Umstrukturierung/*Schweibert* C Rn. 480; aA *Birk* FS Schnorr v. Carolsfeld, 1972, 61 (82); *Simitis* FS Kegel, 1977, 153 (179).
[30] HessLAG 7.11.1989 – 4 TaBV 18/98, E § 106 BetrVG 1972 Nr. 5 = BeckRS 1989, 30888475; *Wisskirchen* S. 75; Richardi BetrVG/*Annuß* § 107 Rn. 11; GK–BetrVG/*Oetker* § 107 Rn. 23.
[31] *Edenfeld* DB 2015, 679 (680).
[32] HessLAG 7.11.1989 – 4 TaBV 18/98, LAGE § 106 BetrVG 1972 Nr. 5 = BeckRS 1989, 30888475; Richardi BetrVG/*Annuß* § 107 Rn. 12; *Fitting* § 107 Rn. 21.

schuss (bzw. Betriebsausschuss) tatsächlich besteht, also der Gesamtbetriebsrat (bzw. Betriebsrat) **mindestens neun Mitglieder** hat, § 51 Abs. 1 S. 2 BetrVG, § 27 Abs. 1 S. 1 BetrVG. Die Entscheidung über die Aufgabenübertragung trifft der Gesamtbetriebsrat (bzw. Betriebsrat) durch Beschluss mit der Mehrheit der Stimmen seiner Mitglieder (§ 107 Abs. 3 S. 1 BetrVG).

14 Die **Größe** des Ausschusses setzt der Gesamtbetriebsrat (bzw. Betriebsrat) fest, wobei er an die Zahl der Mitglieder des Gesamtbetriebsausschusses (bzw. Betriebsausschusses) als Höchstgrenze gebunden ist (§ 107 Abs. 3 S. 2 BetrVG). Er kann jedoch mit der Mehrheit der Stimmen seiner Mitglieder die Berufung **weiterer Arbeitnehmer** einschließlich der leitenden Angestellten im Sinne des § 5 Abs. 3 BetrVG bis zur selben Zahl, wie der Ausschuss Mitglieder hat, beschließen (§ 107 Abs. 3 S. 3 BetrVG). Zum Zweck dieser Regelung → Rn. 1. Berufbar sind alle Arbeitnehmer des Unternehmens ohne Rücksicht darauf, ob sie dem Gesamtbetriebsrat oder Betriebsrat angehören oder wahlberechtigt sind. Die berufenen weiteren Arbeitnehmer unterliegen der gleichen **Verschwiegenheitspflicht** wie Betriebsratsmitglieder (§ 107 Abs. 3 S. 4 BetrVG, § 79 BetrVG).

15 Der Gesamtbetriebsrat (bzw. Betriebsrat) kann die **Beschlüsse** über die Aufgabenübertragung, die Zahl der Ausschussmitglieder und die Berufung weiterer Arbeitnehmer jederzeit **abändern** oder widerrufen, wobei die gleichen Stimmenmehrheiten wie für die Berufungsbeschlüsse erforderlich sind (§ 107 Abs. 3 S. 5 BetrVG).

3. Aufgabenwahrnehmung durch den Gesamtbetriebsrat bzw. Betriebsrat

16 Das Gesetz lässt nur die Wahl zwischen der Bildung eines selbständigen Wirtschaftsausschusses und der Übertragung der Aufgaben auf einen Ausschuss des Gesamtbetriebsrats bzw. Betriebsrats bei entsprechender Größe dieser Gremien. Haben der Gesamtbetriebsrat bzw. der Betriebsrat **weniger als neun Mitglieder,** so ist die Bildung eines Ausschusses mit Übertragung von Aufgaben zur selbstständigen Erledigung nicht möglich (§ 28 Abs. 1 S. 3 BetrVG). Hier ist daher zwingend ein selbständiger Wirtschaftsausschuss zu errichten. Die Übernahme der Aufgaben eines Wirtschaftsausschusses durch den Gesamtbetriebsrat bzw. Betriebsrat in eigener Funktion ist gesetzlich nicht vorgesehen und daher nicht möglich.[33] Die Übertragbarkeit auf den Betriebsrat ist vom Gesetzgeber erwogen, aber abgelehnt worden.[34] Ein praktisches Bedürfnis für den Verzicht auf die Bildung eines Wirtschaftsausschusses und die Übertragung der Aufgaben auf den Betriebsrat ist nicht zu erkennen. Zur Zuständigkeit des Betriebsrats bei Fehlen eines Wirtschaftsausschusses → Rn. 6.

IV. Größe und Zusammensetzung

17 Der Wirtschaftsausschuss besteht aus **mindestens drei und höchstens sieben** Mitgliedern, die dem Unternehmen angehören müssen,[35] § 107 Abs. 1 S. 1 BetrVG. Innerhalb des gesetzlich zwingend vorgegebenen Rahmens legt der Gesamtbetriebsrat (bzw. der Betriebsrat) die endgültige Größe durch Beschluss fest. Die Mitglieder werden von dem Gesamtbetriebsrat (bzw. dem Betriebsrat) durch Mehrheitsbeschluss bestimmt. Mindestens **ein** Mitglied des Wirtschaftsausschusses muss **Betriebsratsmitglied** sein, § 107 Abs. 1 S. 1 BetrVG. Dies gilt auch, wenn die Bildung des Wirtschaftsausschusses durch den Gesamtbetriebsrat erfolgt; es muss daher nicht unbedingt ein Mitglied des Gesamtbetriebsrats zum Mitglied des Wirtschaftsausschusses bestellt werden.[36]

---

[33] GK-BetrVG/*Oetker* § 107 Rn. 51; Erfk/*Kania* BetrVG § 107 Rn. 17; *Oetker/Lunk* DB 1990, 2320 (2321 ff.) mwN; aA *Fitting* § 107 Rn. 32 f.; *Kehrmann/Schneider* BlStSozArbR 1972, 60, 62; *Dütz* FS Westermann, 1974, 37 (41 f.).

[34] Vgl. BT-Drs. VI/1786, 22.

[35] Vgl. dazu HessLAG 7.2.2017 – 4 TaBV 155/16, BeckRS 2017, 109504 Rn. 20 (Rechtsbeschwerde zugelassen).

[36] *Fitting* § 107 Rn. 8; Erfk/*Kania* BetrVG § 107 Rn. 3; GK-BetrVG/*Oetker* § 107 Rn. 12.

Im Übrigen können alle Unternehmensangehörigen einschließlich der **leitenden Angestellten** iSd § 5 Abs. 3 BetrVG zu Mitgliedern des Wirtschaftsausschusses bestimmt werden (§ 107 Abs. 1 S. 1 und 2 BetrVG). Die Hinzuziehung von leitenden Angestellten empfiehlt sich, um die Sachkunde dieses Personenkreises für die Zwecke des Wirtschaftsausschusses nutzen zu können. In jedem Falle sollen nur Personen berufen werden, welche die zur Erfüllung ihrer Aufgaben erforderliche **fachliche und persönliche Eignung** besitzen (§ 107 Abs. 1 S. 3 BetrVG). Die fachliche Eignung setzt voraus, dass die zu berufenden Personen die notwendigen Kenntnisse zum Verständnis der Angelegenheiten haben, auf die sich die Kompetenzen des Wirtschaftsausschusses beziehen, also insbesondere der wirtschaftlichen und finanziellen Lage des Unternehmens sowie der technischen Produktionsabläufe. Die Personen sollen befähigt sein, den jährlich zu erläuternden Jahresabschluss zu verstehen[37] (§ 108 Abs. 5 BetrVG). 18

Die **Auswahl** ist gerichtlich nicht überprüfbar. Der Gesamtbetriebsrat (bzw. Betriebsrat) darf sich aber über das Gebot der fachlichen und persönlichen Eignung nicht bewusst hinweg setzen.[38] Die Wahl in den Wirtschaftsausschuss bedarf der **Annahme** durch die berufene Person. Ein Arbeitnehmer ist nicht verpflichtet, das Amt anzunehmen. Dies gilt auch für leitende Angestellte.[39] 19

Die Bestellung von **Ersatzmitgliedern** ist gesetzlich nicht eigens vorgesehen, aber als zulässig anzuerkennen, da hierfür ein wesentliches praktisches Bedürfnis besteht und die Institution des Ersatzmitglieds prägend für die Repräsentationsstruktur des Betriebsverfassungsrechts ist. 20

V. Aufgaben

Der Wirtschaftsausschuss ist ein betriebsverfassungsrechtliches Hilfsorgan des Betriebsrats, das in wirtschaftlichen Angelegenheiten eine **Beratungs- und Unterrichtungsfunktion** ausübt. Die gesetzliche Aufgabenzuweisung besteht dementsprechend darin, dass der Wirtschaftsausschuss wirtschaftliche Angelegenheiten mit dem Unternehmer berät, er zu diesem Zweck vom Unternehmer rechtzeitig und umfassend unterrichtet wird und seine Informationen an den Betriebsrat weitergibt. Außerdem ist der Wirtschaftsausschuss zu beteiligen, wenn der Unternehmer die Arbeitnehmer unmittelbar über die wirtschaftliche Lage und Entwicklung des Unternehmens unterrichtet. Der Wirtschaftsausschuss kann für Angelegenheiten zuständig sein, die sich nur auf einen Betrieb beziehen.[40] Er ist **kein Überwachungsorgan** zur Kontrolle der Geschäftsführung.[41] 21

Mitbestimmungsrechte im engeren Sinne übt der Wirtschaftsausschuss auch in wirtschaftlichen Angelegenheiten nicht aus. Insbesondere erfolgt die Mitbestimmung bei **Betriebsänderungen** (Interessenausgleich, Sozialplan) nicht durch den Wirtschaftsausschuss, sondern durch den Betriebsrat (§§ 111, 112 BetrVG). 22

1. Wirtschaftliche Angelegenheiten

Im Gesetz wird der **Begriff** der wirtschaftlichen Angelegenheiten nicht definiert. Es wird vielmehr in § 106 Abs. 3 BetrVG ein **Katalog** von zwölf Angelegenheiten aufgeführt, die als wirtschaftliche Angelegenheiten zu gelten haben. Er ist dadurch gekennzeichnet, dass die Kompetenzen des Wirtschaftsausschusses mit einer **doppelten Generalklausel** erfasst werden. Der Katalog ist zunächst insofern offen, als die wirtschaftlichen Angelegenheiten durch ihn nicht abschließend aufgezählt, sondern lediglich beispielhaft benannt sind;[42] dies folgt daraus, dass gemäß § 106 Abs. 3 BetrVG die im Katalog aufgeführten Angelegenhei- 23

---

[37] BAG 18.7.1978 – 1 ABR 77/73, AP BetrVG 1972 § 108 Nr. 1.
[38] BAG 18.7.1978 – 1 ABR 77/73, AP BetrVG 1972 § 108 Nr. 1.
[39] *Dütz* FS Westermann, 1974, 37 (43); *Borgwardt/Steffens* RdA 1973, 70 (74).
[40] *Joost* FS Kissel, 1994, 433 (437f.).
[41] BAG 8.8.1989 – 1 ABR 61/88, AP BetrVG 1972 § 106 Nr. 6.
[42] *Fitting* § 106 Rn. 48; *Joost* FS Kissel, 1994, 433 (435); Richardi BetrVG/*Annuß* § 106 Rn. 37 mwN.

ten „insbesondere" zu den wirtschaftlichen Angelegenheiten gehören, also noch andere denkbar sind. Die zweite Generalklausel ist in § 106 Abs. 3 Nr. 10 BetrVG enthalten, wonach alle sonstigen Vorgänge und Vorhaben, welche die Interessen der Arbeitnehmer des Unternehmens wesentlich berühren können, als wirtschaftliche Angelegenheiten anzusehen sind. Angesichts der Weite des gesetzlichen Katalogs der wirtschaftlichen Angelegenheiten wird es in der Praxis regelmäßig entbehrlich sein, die wirtschaftlichen Angelegenheiten begrifflich genau zu erfassen. Die für die Kompetenzen des Betriebsrats wesentliche Unterscheidung in soziale, personelle und wirtschaftliche Angelegenheiten ist für den Wirtschaftsausschuss unbrauchbar, weil sie in § 106 Abs. 2, Abs. 3 BetrVG nicht enthalten ist, es vielmehr zahlreiche Überschneidungen gibt.[43]

24 **a) Die wirtschaftliche und finanzielle Lage des Unternehmens (§ 106 Abs. 3 Nr. 1 BetrVG).** Den Jahresabschluss hat der Unternehmer in einer Sitzung des Wirtschaftsausschusses zu erläutern (§ 108 Abs. 5 BetrVG). Darüber hinaus ist der Wirtschaftsausschuss über die jeweilige wirtschaftliche und finanzielle Lage des Unternehmens zu unterrichten, wie sie sich aus den entsprechenden Unternehmensdaten ergibt. Dazu gehören zB die Kostensituation, Auftragsvolumen, Verlustrisiken, Kreditwürdigkeit, Konjunkturdaten, Wettbewerbssituationen, monatliche Erfolgsrechnungen,[44] Liquidität etc. Grundsätzlich können dazu auch wesentliche Faktoren der Preisgestaltung gehören.[45] Sie sind jedoch zumeist Betriebs- und Geschäftsgeheimnisse, die der Unternehmer nicht zu offenbaren braucht,[46] wenn dadurch die Geheimhaltung gefährdet wird. Die finanzielle Lage des Unternehmens ist ferner von der durch die Geschäftsleitung geplanten Stellung eines Insolvenzantrages betroffen.[47] Die Pflicht zur Unterrichtung bezieht sich nicht auf die privaten Vermögens- und Einkommensverhältnisse des Unternehmensträgers.

25 **b) Die Produktions- und Absatzlage (§ 106 Abs. 3 Nr. 2 BetrVG).** Zur Produktionslage gehören die Kapazitäten, Lagerbestände, Auslastungen, Produktgattungen etc. Die Absatzlage betrifft die Marktbeziehung des Unternehmens, also Verkaufsdaten, Umsätze, Vertriebsarten und Vertriebsbeziehungen, künftige Absatzchancen etc.

26 **c) Das Produktions- und Investitionsprogramm (§ 106 Abs. 3 Nr. 3 BetrVG).** Das Produktionsprogramm ist der Warenerzeugungsplan, also die Planung der Produktarten, Produktzahlen etc. Bei Dienstleistungsunternehmen geht es entsprechend um Art und Umfang der anzubietenden Dienstleistungen. Unter dem Investitionsprogramm ist die geplante Bereitstellung finanzieller Mittel zur Erreichung des Sachziels des Unternehmens zu verstehen. Dazu zählen die Ergänzung, Erneuerung und Neuanschaffung von Betriebsmitteln und Betriebsstätten, die Produktionsentwicklungen etc.

27 **d) Rationalisierungsvorhaben (§ 106 Abs. 3 Nr. 4 BetrVG).** Rationalisierung ist die effizientere Nutzung der betrieblichen Ressourcen. Hierzu gehören insbesondere Maßnahmen zur besseren Ausnutzung der Betriebsmittel (Material, Energieeinsatz), aber auch der Einsatz von Arbeitnehmern nach zeitlichem und personellem Umfang. In Betracht kommen zB Automation, Einführung von EDV-Anlagen, computergestützte Fertigung etc. Rationalisierungsvorhaben sind vielfach mit Rationalisierungsinvestitionen verbunden, die gleichermaßen als Investitionsprogramm oder Einführung neuer Arbeitsmethoden zu den wirtschaftlichen Angelegenheiten gehören können.

---

[43] *Joost* FS Kissel, 1994, 433 (443 ff.) mwN.
[44] BAG 17. 9. 1991 – 1 ABR 74/90, AP BetrVG 1972 § 106 Nr. 13 = NZA 1992, 418.
[45] *Rumpff/Boewer* S. 203.
[46] Richardi BetrVG/*Annuß* § 106 Rn. 40; GK-BetrVG/*Oetker* § 106 Rn. 141 und § 79 Rn. 11; anders LAG Düsseldorf 13. 3. 1978 – 21 TaBV 3/78, DB 1978, 1695 (1696).
[47] Richardi BetrVG/*Annuß* § 106 Rn. 41.

e) Fabrikations- und Arbeitsmethoden, insbesondere Einführung neuer Arbeits- 28
methoden (§ 106 Abs. 3 Nr. 5 BetrVG). Fabrikationsmethoden sind die technischen Herstellungsverfahren für die Produktion von Gütern. Arbeitsmethoden sind die Verfahren zum Einsatz menschlicher Arbeit, etwa in Form von Gruppenarbeit, Fließbandarbeit etc. Einrichtungen zur Überwachung der Arbeit gehören nicht zu den Arbeitsmethoden,[48] sondern zu den sonstigen Vorgängen, welche die Interessen der Arbeitnehmer wesentlich berühren. Die Einführung grundlegend neuer Arbeitsmethoden und Fertigungsverfahren ist zugleich eine Betriebsänderung, bei welcher der Betriebsrat ein Mitbestimmungsrecht nach § 111 BetrVG hat.

f) Fragen des betrieblichen Umweltschutzes (§ 106 Abs. 3 Nr. 5a BetrVG). Der 29
Umweltschutz ist zu einer bedeutenden Angelegenheit der Unternehmenspolitik geworden. Die Förderung von Maßnahmen des betrieblichen Umweltschutzes gehört bereits zu den allgemeinen Aufgaben des Betriebsrats nach § 80 Abs. 1 Nr. 9 BetrVG. An der Durchsetzung der entsprechenden Vorschriften ist der Betriebsrat nach § 89 BetrVG beteiligt. Der Wirtschaftsausschuss hat hierfür eine Beratungszuständigkeit. Der Umweltschutz muss konkret das Unternehmen bzw. seine Betriebe betreffen; ein allgemeines umweltpolitisches Mandat besteht nicht. Im Übrigen gilt die Definition des betrieblichen Umweltschutzes in § 89 Abs. 3 BetrVG.

g) Die Einschränkung, Stilllegung und Verlegung von Betrieben oder Betriebs- 30
teilen (§ 106 Abs. 3 Nr. 6 und 7 BetrVG). Diese Angelegenheiten sind zugleich Betriebsänderungen, bei denen dem Betriebsrat ein Mitbestimmungsrecht nach § 111 BetrVG zusteht. Zur Erläuterung der Begriffe näher → § 345 Rn. 1 ff. Im Unterschied zur Betriebsänderung ist für die Zuständigkeit des Wirtschaftsausschusses nicht erforderlich, dass die Einschränkung, Stilllegung oder Verlegung wesentliche Betriebsteile betrifft. Es gehören vielmehr alle diesbezüglichen Maßnahmen zu den wirtschaftlichen Angelegenheiten des Unternehmens. Die Zuständigkeit des Wirtschaftsausschusses wird nicht dadurch beseitigt, dass in dem betroffenen Betrieb kein Betriebsrat besteht.[49]

h) Der Zusammenschluss oder die Spaltung von Unternehmen oder Betrieben 31
(§ 106 Abs. 3 Nr. 8 BetrVG). Hierzu gehören insbesondere die Verschmelzung und die Spaltung von Rechtsträgern nach § 2 ff. UmwG, § 123 ff. UmwG.[50] Der Formwechsel nach §§ 190 ff. UmwG wird dagegen nicht erfasst. Zur Zuständigkeit des Wirtschaftsausschusses gehören auch Zusammenschlüsse und Spaltungen, die außerhalb des Umwandlungsgesetzes nach allgemeinen Grundsätzen vorgenommen werden. Der Zusammenschluss oder die Spaltung von Betrieben ist zugleich eine Betriebsänderung nach § 111 S. 3 Nr. 3 BetrVG. Zur Erläuterung der Begriffe s. näher → § 345 Rn. 1 ff.

i) Die Änderung der Betriebsorganisation oder des Betriebszwecks (§ 106 Abs. 3 32
Nr. 9 BetrVG). Grundlegende Änderungen der Betriebsorganisation und des Betriebszwecks begründen ein Mitbestimmungsrecht des Betriebsrats nach § 111 BetrVG; die Begriffe werden deshalb im dortigen Zusammenhang näher erläutert (→ § 345 Rn. 1 ff.). Im Unterschied zur Mitbestimmung des Betriebsrats ist es für die Kompetenz des Wirtschaftsausschusses ohne Bedeutung, ob es sich um eine grundlegende Änderung handelt.

---

[48] Richardi BetrVG/*Annuß* § 106 Rn. 47; anders *Fitting* § 106 Rn. 61.
[49] BAG 9.5.1995 – 1 ABR 61/94, AP BetrVG 1972 § 106 Nr. 12 = NZA 1996, 55.
[50] *Gaul* DB 1995, 2265; *Röder/Göpfert* BB 1997, 2105 (2106). Die Formulierung in § 106 Abs. 3 Nr. 8 BetrVG, die nur das Unternehmen und nicht den Rechtsträger aufführt, ist missglückt; s. *Joost* in Lutter, Verschmelzung, Spaltung, Formwechsel, 1995, 297 (308); *Joost*, ZIP 1995, 976 (977 f.).

33 **j) Die Übernahme des Unternehmens, wenn hiermit der Erwerb der Kontrolle verbunden ist (§ 106 Abs. 3 Nr. 9a BetrVG).** Nach § 10 Abs. 5 S. 2 WpÜG, § 14 Abs. 4 S. 2 WpÜG hat bei der Übernahme eines börsennotierten Unternehmens der Vorstand der Zielgesellschaft die Pflicht, dem zuständigen Betriebsrat bzw., wenn kein Betriebsrat besteht, den Arbeitnehmern die Entscheidung des Bieters über die Abgabe des Angebots mitzuteilen und die Angebotsunterlage über die beabsichtigte Übernahme zu übermitteln. Nach diesem Vorbild ist durch das Risikobegrenzungsgesetz vom 12.8.2008[51] in § 106 Abs. 3 BetrVG eine Nr. 9a eingefügt worden, wonach zu den wirtschaftlichen Angelegenheiten die Übernahme des Unternehmens gehört, wenn hiermit der Erwerb der Kontrolle verbunden ist. Der Normzweck der Bestimmung besteht darin, die nicht börsennotierten Unternehmen im Hinblick auf die Unterrichtungspflichten den börsennotierten Unternehmen gleichzustellen.[52] Die Regelung weist zahlreiche Unklarheiten auf, welche die Anwendung in der Praxis erschweren.[53]

34 Die textliche Anknüpfung in § 106 Abs. 3 Nr. 9a BetrVG an die **Übernahme eines Unternehmens** ist aus begrifflicher Sicht nicht gelungen. Im arbeitsrechtlichen Sinne bezeichnet das Unternehmen den unternehmerischen Tätigkeitsbereich des Arbeitgebers. Die Übernahme des Unternehmens eines Arbeitgebers kann durch die Übernahme der zum Unternehmen gehörenden Gegenstände materieller und immaterieller Art erfolgen (asset deal). Dies ist gleichermaßen bei einem Einzelunternehmer wie bei einer Gesellschaft möglich. Davon zu unterscheiden ist der Erwerb von Anteilen (bzw. Stimmrechten) an einer Gesellschaft (share deal). Der Erwerb einer Mehrheitsbeteiligung an einer Gesellschaft ist aber begrifflich keine Übernahme eines Unternehmens. Das Unternehmen gehört vielmehr nach wie vor ohne jeden Übergang der Gesellschaft. Nach der gesetzgeberischen Zielsetzung, nämlich der Gleichbehandlung mit den übernahmerechtlichen Vorschriften des Wertpapiererwerbs- und Übernahmegesetzes (→ Rn. 33),[54] ist das Unternehmen im subjektiven Sinne zu verstehen, also damit die Gesellschaft selbst bezeichnet.[55] Trotz der aus arbeitsrechtlicher Sicht irreführenden Bezeichnung einer Übernahme des Unternehmens geht es damit um den Anteilserwerb,[56] der nach dem Gesetzeswortlaut überdies zu einem Kontrollwechsel führen muss. Erforderlich ist also ein beherrschender Einfluss auf das Unternehmen (→ Rn. 36).[57] Damit genügen weder ein Mehrheitsanteilserwerb ohne Kontrollerwerb noch ein Kontrollerwerb ohne Erwerb der Anteilsmehrheit.[58]

35 Ist in dem Unternehmen (Einzelunternehmen oder Gesellschaft) ein Wirtschaftsausschuss errichtet, so besteht die Unterrichtungspflicht wie gewöhnlich gegenüber diesem. In Unternehmen, in denen kein Wirtschaftsausschuss besteht, ist nach dem ebenfalls durch das Risikobegrenzungsgesetz (→ Rn. 33) eingefügten **§ 109a BetrVG** der Betriebsrat zu beteiligen. Wurde ein Wirtschaftsausschuss nicht gebildet, dafür aber gemäß § 107 Abs. 3 BetrVG ein besonderer Betriebsausschuss eingesetzt, der dessen Aufgaben wahrnimmt, fin-

---

[51] BGBl. I S. 1666.
[52] BT-Drs. 16/7438, 9.
[53] Berechtigte Kritik bei *Löw* DB 2008, 758 ff.; *Simon/Dobel* BB 2008, 1955 ff.; *Thüsing* ZIP 2008, 106 ff.
[54] *Joost,* FS Kreutz, 2010, 161, (163).
[55] Nach Richardi BetrVG/*Annuß* § 106 Rn. 55a liegt eine Unternehmensübernahme nur vor, wenn die Gesellschaftermehrheit im Unternehmen wechselt, „womit jede Form eines sog. Asset Deal ausgeschlossen" sei; so auch GK-BetrVG/*Oetker* § 106 Rn. 92; HWK/*Willemsen/Lembke* § 106 Rn. 81b; *Brems/Croonenbrock* DB 2017, 1513 (1514); *Liebers/Erren/Weiß* NZA 2009, 1063 (1064); Betriebsübergänge im Rahmen eines asset deal können aber unter § 106 Abs. 3 Nr. 10 BetrVG fallen, HWK/*Willemsen/Lembke* § 106 Rn. 83; WHSS Umstrukturierung/*Schweibert* C Rn. 485; *Brems/Croonenbrock* DB 2017, 1513 (1514); vgl. dazu auch *Meyer* NZA 2018, 900 (905).
[56] Vgl. dazu auch BAG 22.3.2016 – 1 ABR 10/14, AP BetrVG 1972 § 106 Nr. 19 = NZA 2016, 969 Rn. 13, wonach die Pflicht zur Unterrichtung nach § 106 Abs. 2 S. 1 iVm 106 Abs. 3 Nr. 9a BetrVG ausschließlich demjenigen Unternehmen obliegt, dessen Unternehmen im Rahmen einer Veräußerung der Gesellschaftsanteile durch einen Erwerber übernommen werden soll.
[57] HWK/*Willemsen/Lembke* § 106 Rn. 81d.
[58] Richardi BetrVG/*Annuß* § 106 Rn. 55a; *Oetker* FS Bauer, 2010, 791 (799).

det § 109a BetrVG keine Anwendung.⁵⁹ Fraglich ist allerdings, ob bei einem Kontrollerwerb der Betriebsrat stets zu beteiligen ist, wenn kein Wirtschaftsausschuss vorhanden ist oder es insofern auch auf den Grund für das Fehlen eines Wirtschaftsausschusses ankommt. Nach teilweise vertretener Ansicht ist der Betriebsrat stets zu beteiligen, wenn kein Wirtschaftsausschuss besteht.⁶⁰ Verwiesen wird auf die Gesetzesbegründung, wonach durch die Einführung von § 109a BetrVG „dem schützenswerten Interesse der Belegschaft, über den Erwerb wesentlicher Anteile durch Investoren informiert zu werden, in allen Unternehmen – wie bereits in den börsennotierten Unternehmen der Fall – Rechnung getragen"⁶¹ werden soll. Weiter wird angenommen, der Betriebsrat sei nur dann zu beteiligen, wenn die Größenschwelle zur Errichtung eines Wirtschaftsausschusses zwar erreicht ist, Betriebsrat oder Gesamtbetriebsrat aber pflichtwidrig die Bildung eines Wirtschaftsausschusses unterlassen haben.⁶² Dass der Gesetzgeber eigens dafür eine gesetzliche Regelung geschaffen hat, dass Betriebsräte bzw. Gesamtbetriebsräte ihren gesetzlichen Pflichten nicht nachkommen, darf bezweifelt werden. Anhaltspunkte in der Gesetzesbegründung finden sich hierfür ohnehin nicht.⁶³ Nach zutreffender Ansicht ist der Betriebsrat daher nur dann zu beteiligen, wenn ausschließlich deshalb kein Wirtschaftsausschuss gebildet wurde, weil das Unternehmen nicht über die notwendige **Belegschaftsgröße** verfügt.⁶⁴ Angesichts eines vom Gesetzgeber „in den Vordergrund gerückten Informationsinteresses der Arbeitnehmer" müssten nämlich konsequenterweise die Arbeitnehmer dann selbst unterrichtet werden, wenn in dem betroffenen Unternehmen kein Betriebsrat errichtet wurde. Anders als in § 10 Abs. 5 S. 2 WpÜG, § 14 Abs. 4 S. 2 WpüG und § 27 Abs. 3 S. 2 WpüG ist derlei aber in § 109a BetrVG gerade nicht vorgesehen.⁶⁵

Die Übernahme des Unternehmens ist nur dann als wirtschaftliche Angelegenheit anzusehen, wenn mit ihr der **Erwerb der Kontrolle** verbunden ist. Im Gesetz wird nicht näher definiert, wann von einem Erwerb der Kontrolle über das Unternehmen auszugehen ist. Keine Probleme entstehen bei der Übernahme eines Einzelunternehmens, da hier der Erwerber das ganze Unternehmen erhält. Zweifelhaft ist aber, wann der Erwerb von Anteilen an einer Gesellschaft mit dem Erwerb der Kontrolle über die Gesellschaft verbunden ist. Im Regierungsentwurf heißt es hierzu, eine Kontrolle des Unternehmens liege insbesondere vor, wenn mindestens 30% der Stimmrechte an dem Unternehmen gehalten werden (§ 29 WpÜG).⁶⁶ Auf dieser Grundlage nimmt die hM an, der Schwellenwert von 30% könne nur für börsennotierte Unternehmen gelten.⁶⁷ Dem ist beizupflichten. Die Formulierung des Gesetzgebers, wonach „insbesondere" in diesem Fall von einem Kontrollerwerb auszugehen sei, ist erkennbar nicht abschließend. Darüber hinaus ist der Schwellenwert nach §§ 1, 2 WpÜG nur bei börsennotierten Unternehmen anwendbar. Diesem Schwellenwert liegt die Überlegung zu Grunde, dass angesichts der häufig geringen Präsenzen in den Hauptversammlungen der Zielgesellschaften bei Erreichen eines Schwellenwertes von 30% regelmäßig eine Hauptversammlungsmehrheit erreicht sein dürfte.⁶⁸ Außerhalb börsennotierter Unternehmen genügt der Schwellenwert von 30% folglich nicht für einen Kontrollerwerb. Vielmehr ist ein Erwerb der Stimm-

---

⁵⁹ *Fitting* § 109a Rn. 7; *Hey/Claßmann* DB 2015, 3061 (3062).
⁶⁰ DKKW/*Däubler* § 109a Rn. 1; *Fitting* § 109a Rn. 4; GK-BetrVG/*Oetker* § 109a Rn. 8; *Hey/Claßmann* DB 2015, 3061 (3062).
⁶¹ BT-Drs. 16/7438, 15.
⁶² Vgl. dazu *Löwisch* DB 2008, 2834 (2835).
⁶³ So auch *Hey/Claßmann* DB 2015, 3061 (3062).
⁶⁴ ErfK/*Kania* BetrVG § 109a Rn. 1; HWK/*Willemsen/Lembke* § 109a Rn. 2; Richardi BetrVG/*Annuß* § 109a Rn. 2.
⁶⁵ Vgl. dazu auch *Joost* FS Kreutz, 2010, 161 (167); *Fleischer* ZfA 2009, 787 (790).
⁶⁶ BT-Drs. 16/7438, 15.
⁶⁷ Vgl. dazu HWK/*Willemsen/Lembke* § 106 Rn. 81d; WHSS Umstrukturierung/*Schweibert* C Rn. 488; *Brems/Croonenbrock* DB 2017, 1513; *Frahm/Schmeisser* ArbRAktuell 2014, 456 (457); *Liebers/Erren/Weiß* NZA 2009, 1063 (1065); *Löw* DB 2008 758, 759; *Simon/Dobel* BB 2008, 1955 (1956).
⁶⁸ HWK/*Willemsen/Lembke* § 106 Rn. 81d; *Liebers/Erren/Weiß* NZA 2009, 1063 (1065); *Löw* DB 2008, 758 (759); *Simon/Dobel* BB 2008, 1955 (1956).

rechtsmehrheit erforderlich. Maßgeblich sind die Umstände des Einzelfalls.[69] Die Übernahme der Kontrolle kann auch durch mehrere Erwerber gemeinschaftlich erfolgen, wenn sie den Erwerb in abgestimmter Verhaltensweise durchführen. Nach zutreffender Ansicht muss sich die Übernahme der Kontrolle unmittelbar auf das Unternehmen beziehen, um dessen Unterrichtungspflicht es geht.[70] Gemäß § 106 Abs. 3 Nr. 9a BetrVG liegt bei einer Unternehmensübernahme eine wirtschaftliche Angelegenheit vor, wenn „hiermit" der Erwerb der Kontrolle verbunden ist. Bereits nach dem ausdrücklichen Wortlaut der Vorschrift genügt daher nicht, dass die Kontrolle über ein Unternehmen erworben wird, das als Konzernobergesellschaft das betroffene Unternehmen kontrolliert.[71] Wegen des eindeutigen Wortlauts scheidet auch eine entsprechende Anwendung von § 106 Abs. 3 Nr. 9a BetrVG aus.[72]

37 Nach dem ebenfalls durch das Risikobegrenzungsgesetz (→ Rn. 33) eingefügten § 106 Abs. 2 S. 2 BetrVG gehört zu den **erforderlichen Unterlagen** insbesondere die Angabe über den potentiellen Erwerber und dessen Absichten im Hinblick auf die künftige Geschäftstätigkeit des Unternehmens sowie die sich daraus ergebenden Auswirkungen auf die Arbeitnehmer.[73] Dabei ist zu berücksichtigen, dass es nur um die Vorlage von eigenen Unterlagen des betroffenen Unternehmens geht und auch nur um bereits bestehende oder leicht erstellbare Unterlagen (→ Rn. 49, 52).[74] Daraus werden sich unterdessen die Absichten des potentiellen Erwerbers und die Auswirkungen auf die Arbeitnehmer regelmäßig nicht ergeben. Die Unternehmensleitung wird davon vielfach nicht einmal Kenntnis haben. Der Vertrag zwischen dem Veräußerer von Gesellschaftsanteilen und dem Erwerber dieser Anteile ist ebenfalls keine Unterlage der Gesellschaft. In diesem Zusammenhang wird die Frage nach einem **„Informationsdurchgriff"** auf veräußerungswillige Anteilseigner oder potentielle Erwerber diskutiert.[75] Ganz überwiegend wird dies abgelehnt, ua unter Hinweis darauf, dass Träger der Vorlagepflicht der Unternehmer ist,[76] sowie unter Verweis auf eine „Durchgriffsresistenz" in der Rechtsprechung des BGH, die zwar ausdrücklich nur den Haftungsdurchgriff betrifft, aber „generell zu größter Vorsicht gegenüber verwandten Durchgriffserwägungen" anmahne, die sich „schlecht mit der technisch ausgereiften und auf Rechtssicherheit bedachten Figur der juristischen Person im Kapitalgesellschaftsrecht" vertrügen.[77] Das BAG konnte jüngst offenlassen, in welchem Umfang mit dem Unterrichtungs- und Beratungsrecht für wirtschaftliche Angelegenheiten nach § 106 Abs. 3 Nr. 9a BetrVG eine Pflicht zur Vorlage der Vereinbarung über die Veräußerung von Gesellschaftsanteilen einhergeht.[78] Das LAG BW als Vorinstanz hatte den Einigungsstellenspruch, der den Antrag des Betriebsrats auf Vorlage des Kaufvertrags über die Gesellschaftsanteile an den Wirtschaftsausschuss abgewiesen hatte, für wirksam

---

[69] *Simon/Dobel* BB 2008, 1955 (1956).
[70] *Liebers/Erren/Weiß* NZA 2009, 1063 (1065); *Löw* DB 2008, 758 (759); *Simon/Dobel* BB 2008, 1955 (1956).
[71] *Liebers/Erren/Weiß* NZA 2009, 1063 (1065).
[72] GK-BetrVG/*Oetker* § 106 Rn. 101; HWK/*Willemsen/Lembke* § 106 Rn. 81d; Richardi BetrVG/*Annuß* § 106 Rn. 55a; *Fleischer* ZfA 2009, 787 (797); *Liebers/Erren/Weiß* NZA 2009, 1063 (1065); aA DKKW/*Däubler* § 106 Rn. 88; nach Ansicht des LAG RhPf 28.2.2013 – 11 TaBV 42/12 unter II.4., BeckRS 2013, 71274 ist bei nur mittelbarem Kontrollerwerb die Einigungsstelle jedenfalls nicht offensichtlich unzuständig.
[73] HWK/*Willemsen/Lembke* § 106 Rn. 47b.
[74] Dazu näher *Fleischer* ZfA 2009, 787 (797).
[75] Dazu ausführlich *Fleischer* ZfA 2009, 787 (806).
[76] HWK/*Willemsen/Lembke* § 106 Rn. 47c (arg. e contrario § 17 Abs. 3a KSchG, wonach sich der Arbeitgeber nicht darauf berufen kann, dass für die Entlassung verantwortliche Unternehmen habe die notwendigen Auskünfte nicht übermittelt); Richardi BetrVG/*Annuß* § 106 Rn. 26c billigt dem Unternehmen nur dann die Berufung auf mangelnde Kenntnis der Unterlagen zu, wenn es sämtliche zumutbaren Anstrengungen unternommen hat, an die Informationen zu gelangen.
[77] *Fleischer* ZfA 2009, 787 (808).
[78] BAG 22.3.2016 AP – 1 ABR 10/14 Rn. 19, BetrVG 1972 § 106 Nr. 19 = NZA 2016, 969.

erachtet.⁷⁹ Die Pflicht zur Vorlage der Unterlagen besteht auch, wenn im Vorfeld der Übernahme des Unternehmens ein Bieterverfahren durchgeführt wird (§ 106 Abs. 2 S. 2 aE BetrVG).⁸⁰ Dabei sind nach der Gesetzesbegründung nur **potentielle Erwerber** Bieter und „in einem üblichen Bieterverfahren (Versand von Informationsmaterial, Abgabe unverbindlicher Gebote, Einsicht in Unternehmensunterlagen, Abgabe der sog. Binding Offers – verbindliche Angebote, dann Vertragsverhandlungen und anschließend Entscheidung über den Verkauf) nur diejenigen potentielle Erwerber, die ein verbindliches Angebot abgeben". Reine Interessenbekundungen im Vorfeld würden hingegen nicht erfasst.⁸¹

k) Vorgänge und Vorhaben, welche die Interessen der Arbeitnehmer des Unternehmens wesentlich berühren können (§ 106 Abs. 3 Nr. 10 BetrVG). Das sind alle mit dem Betreiben des Unternehmens zusammenhängenden Umstände, die wesentliche Auswirkungen auf die Interessen der unternehmensangehörigen Arbeitnehmer haben können. Es kann sich um unternehmensinterne Umstände handeln, die von dem Katalog der Nr. 1 bis 9a in § 106 Abs. 3 BetrVG noch nicht erfasst werden (Kontrolleinrichtungen; Änderung der Betriebsanlagen; Pilotprojekte über Produkte und Dienstleistungen mit Auswirkungen auf die Beschäftigten;⁸² Ausgliederungen von Dienstleistungen;⁸³ Einführung von Matrix-Strukturen in einem Konzern, soweit das Unternehmen davon betroffen ist⁸⁴); gemeint sind aber auch unternehmensexterne Angelegenheiten wie zB branchenspezifische Vorgänge, Rechtsstreitigkeiten oder Marktbeziehungen. Das BAG hat früher angenommen, dass auch gesellschaftsrechtliche Vorgänge wie ein vollständiger Gesellschafterwechsel sonstige Vorgänge iSd § 106 Abs. 3 Nr. 10 BetrVG seien und deshalb dem Unterrichtungsanspruch unterlägen.⁸⁵ Diese Rechtsprechung ist durch die gesetzliche Einführung der weitergehenden Bestimmung in § 106 Abs. 3 Nr. 9a BetrVG grds. überholt (→ Rn. 33). Allerdings können Änderungen auf der Gesellschafterebene, die die Voraussetzungen des § 106 Abs. 3 Nr. 9a BetrVG nicht erfüllen, sonstige Vorgänge und Vorhaben nach § 106 Abs. 3 Nr. 10 BetrVG darstellen.⁸⁶ Unter den Auffangtatbestand des § 106 Abs. 3 Nr. 10 BetrVG können weiter **Betriebsübergänge** im Rahmen eines Erwerbs der zum Unternehmen gehörenden Gegenstände materieller und immaterieller Art (asset deal) fallen.⁸⁷

2. Beratung mit dem Unternehmer
Der Wirtschaftsausschuss hat allgemein die Aufgabe, wirtschaftliche Angelegenheiten mit dem Unternehmer zu beraten (§ 106 Abs. 1 S. 2 BetrVG). Zwar sollen gemäß § 67 Abs. 1 BetrVG auch der Arbeitgeber und der Betriebsrat mindestens einmal im Monat zu einer Besprechung zusammentreten. Dies bezieht sich jedoch nur auf den gesetzlichen Wirkungskreis des Betriebsrats, der überwiegend auf die betrieblichen Interessen der Arbeitnehmer beschränkt ist. Demgegenüber steht dem Betriebsrat mit dem Wirtschaftsausschuss ein Organ zur Seite, das für die Beratung der allgemeinen, vom Unternehmer verfolgten **Unternehmenspolitik** zuständig ist. Da der Betriebsrat (bzw. der Gesamtbetriebsrat) notwendig im Wirtschaftsausschuss vertreten ist, können auf diese Weise seine

---
⁷⁹ LAG BW 9.10.2013 – 10 TaBV 2/13, BeckRS 2014, 67294; vgl. dazu auch WHSS Umstrukturierung/ *Schweibert* C Rn. 490.
⁸⁰ Dazu *Fleischer* ZfA 2009, 787 (818ff.); vgl. dazu auch Richardi BetrVG/*Annuß* § 106 Rn. 26b.
⁸¹ BT-Drs. 16/9821, 8.
⁸² BAG 11.7.2000 – 1 ABR 43/99, AP BetrVG 1972 § 109 Nr. 2.
⁸³ BAG 11.7.2000 – 1 ABR 43/99, AP BetrVG 1972 § 109 Nr. 2.
⁸⁴ *Weller* AuA 2013, 344 (346); *Kort* NZA 2013, 1318 (1325); vgl. dazu auch *Edenfeld* DB 2015, 679 (684).
⁸⁵ BAG 22.1.1991 – 1 ABR 38/89, AP BetrVG 1972 § 106 Nr. 9 = NZA 1991, 649; ablehnend *Joost* FS Kissel, 1994, 433 (439ff.); zur Neuaufnahme eines Gesellschafters s. BAG 25.7.1989 – 1 ABR 41/88, AP BetrVG 1972 § 80 Nr. 38 = NZA 1990, 33.
⁸⁶ HWK/*Willemsen/Lembke* § 106 Rn. 83; WHSS Umstrukturierung/*Schweibert* C Rn. 491.
⁸⁷ HWK/*Willemsen/Lembke* § 106 Rn. 83; WHSS Umstrukturierung/*Schweibert* C Rn. 485; *Brems/Croonenbrock* DB 2017, 1513 (1514); *Meyer* NZA 2018, 900 (905).

Vorstellungen in die Unternehmenspolitik einfließen. Die Beratung findet **in den Sitzungen** des Wirtschaftsausschusses statt, an denen der Unternehmer oder sein Vertreter teilzunehmen hat (→ Rn. 80). Dabei ist der Wirtschaftsausschuss nicht darauf beschränkt, nur die vom Unternehmer vorgegebenen Themen zu behandeln. Er kann vielmehr seinerseits alle wirtschaftlichen Angelegenheiten zur Sprache bringen.

3. Unterrichtung durch den Unternehmer

40 Der Unternehmer hat den Wirtschaftsausschuss rechtzeitig und umfassend über die wirtschaftlichen Angelegenheiten des Unternehmens unter Vorlage der erforderlichen Unterlagen zu unterrichten, § 106 Abs. 2 S. 1 BetrVG. Hierbei handelt es sich um eine **zentrale betriebsverfassungsrechtliche Pflicht** des Arbeitgebers, weil der Wirtschaftsausschuss seine Funktion, den Betriebsrat zu unterrichten, nur erfüllen kann, wenn er seinerseits die erforderlichen Informationen vom Arbeitgeber erhält.

41 Es besteht nach § 106 Abs. 2 S. 1 BetrVG ein **gesetzlicher Anspruch** auf Unterrichtung gegen den Unternehmer.[88] Vergleichbar § 80 Abs. 2 S. 1 BetrVG handelt es sich um eine Bringschuld des Unternehmers, unabhängig von einem etwaigen Verlangen des Wirtschaftsausschusses. Kommt der Unternehmer seinen diesbezüglichen Verpflichtungen nicht nach, kommt eine grobe Pflichtverletzung nach § 23 Abs. 3 BetrVG in Betracht.[89] Schuldner des Unterrichtungsanspruchs ist jeweils das Unternehmen, bei dem der Wirtschaftsausschuss errichtet ist und eine wirtschaftliche Angelegenheit nach § 106 BetrVG vorliegt. Grenze der Unterrichtungspflicht ist ebenfalls das Unternehmen, wirtschaftliche Angelegenheiten des Konzernverbunds sind damit nicht erfasst.[90] Auch ein „Informationsdurchgriff" auf ein anderes Unternehmen oder die Konzernleitung ist nicht möglich.[91] Dies gilt auch für das Unterrichtungs- und Beratungsrecht des Wirtschaftsausschusses für wirtschaftliche Angelegenheiten gemäß § 106 Abs. 3 Nr. 9a BetrVG (→ Rn. 37). Der Unterrichtungsanspruch kann nicht gerichtlich durch den Wirtschaftsausschuss geltend gemacht werden. Die Durchsetzung obliegt vielmehr gemäß § 109 BetrVG allein dem Betriebsrat bzw. dem Gesamtbetriebsrat (→ Rn. 128). Indessen zeigt sich daran nur, dass der Wirtschaftsausschuss kein vom Betriebsrat (Gesamtbetriebsrat) losgelöstes selbständiges Organ der Betriebsverfassung ist, sondern ein Hilfsorgan des Betriebsrats nach Art eines Ausschusses (→ Rn. 1). Materiell steht dem Betriebsrat (Gesamtbetriebsrat) der Anspruch zu, dass der Wirtschaftsausschuss unterrichtet wird,[92] woraus sich die alleinige Durchsetzungskompetenz des Betriebsrats (Gesamtbetriebsrats) erklärt.

42 **a) Zeitpunkt.** Die Unterrichtung durch den Unternehmer hat rechtzeitig zu erfolgen (zur Erläuterung des Jahresabschlusses → Rn. 46 ff.). Einer Aufforderung durch den Wirtschaftsausschuss bedarf es nicht; der Unternehmer hat von sich aus tätig zu werden. Bei der Beurteilung, wann eine Unterrichtung als rechtzeitig anzusehen ist, muss die Doppelfunktion des Wirtschaftsausschusses berücksichtigt werden, einmal die wirtschaftlichen Angelegenheiten mit dem Unternehmer zu beraten, zum anderen den Betriebsrat so zu unterrichten, dass dieser seine Kompetenzen sinnvoll ausüben kann.[93]

43 Soweit es um die **Beratung** geht, hat die Unterrichtung so frühzeitig zu erfolgen, dass auf die Entscheidungen des Unternehmers noch Einfluss genommen werden kann. Außerdem muss die Unterrichtung eine angemessene Zeit vor der Sitzung des Wirtschafts-

---

[88] Zweifelnd BAG 8.8.1989 – 1 ABR 61/88, AP BetrVG 1972 § 106 Nr. 6 = NZA 1990, 150.
[89] LAG Bln-Bbg 30.3.2012 – 10 TaBV 2362/11, BeckRS 2012, 69525 unter II.2.
[90] Vgl. dazu *Edenfeld* DB 2015, 679 (680), der dies angesichts zunehmender wirtschaftlicher Verflechtung als „unglücklich" beklagt; vgl. dazu auch BAG 23.8.1989 – 7 ABR 39/88, AP BetrVG 1972 § 106 Nr. 7 = NZA 1990, 863; vgl. dazu auch LAG Bln-Bbg 9.7.2018 – 21 TaBV 33, BeckRS 2018, 20905.
[91] *Kort* NZA 2013, 1318 (1326); vgl. dazu *Bitsch* NZA-RR 2015, 617 (619f.); *Müller-Bonanni/Mehrens* ZIP 2010, 2228 (2230).
[92] BAG 8.8.1989 – 1 ABR 61/88, AP BetrVG 1972 § 106 Nr. 6 Bl. 2R u. Bl. 3 = NZA 1990, 150.
[93] *Rumpff/Boewer* S. 192; *Dütz* FS Westermann, 1974, 37 (39).

ausschusses erfolgen, in der die Angelegenheit beraten werden soll. Dies gibt den Mitgliedern des Wirtschaftsausschusses Gelegenheit, sich auf die Beratung vorzubereiten. Die erforderliche Frist hängt von Umfang und Schwierigkeit der zu behandelnden Angelegenheit ab. Für die Rechtzeitigkeit im Hinblick auf die **Unterrichtung des Betriebsrats** gelten die Grundsätze entsprechend, die für den unmittelbaren Unterrichtungsanspruch des Betriebsrats gegenüber dem Arbeitgeber maßgeblich sind (→ § 314 Rn. 1 ff.). Hinzuzurechnen ist die Zeit, die der Wirtschaftsausschuss braucht, um die Information zu verarbeiten und an den Betriebsrat weiterzugeben.

b) Inhalt. Die Unterrichtung hat in allen wirtschaftlichen Angelegenheiten umfassend zu erfolgen, § 106 Abs. 2 S. 1 BetrVG. Es gehören dazu alle Informationen, die der Wirtschaftsausschuss braucht, um die Angelegenheit sachkundig mit dem Arbeitgeber beraten und den Betriebsrat über die Entwicklungen unterrichten zu können. Die für den unmittelbaren Unterrichtungsanspruch des Betriebsrats gegenüber dem Arbeitgeber geltenden Grundsätze sind entsprechend heranzuziehen (→ § 314 Rn. 1 ff.).

aa) Personalplanung. Bei der Unterrichtung sind die sich aus den wirtschaftlichen Angelegenheiten ergebenden **Auswirkungen auf die Personalplanung** vom Unternehmer darzustellen (§ 106 Abs. 2 S. 1 BetrVG). Zum Begriff der Personalplanung → § 333 Rn. 1 ff. Eine Darstellung durch den Unternehmer ist nur erforderlich, wenn die Vorhaben in wirtschaftlichen Angelegenheiten bereits konkrete Auswirkungen auf die Personalplanung erkennen lassen. Das wird umso eher der Fall sein, als die Personalplanung in dem Unternehmen zentral erfolgt. Der unmittelbare Unterrichtungsanspruch des Betriebsrats gegenüber dem Arbeitgeber über die Personalplanung nach § 92 BetrVG wird durch den Unterrichtungsanspruch des Wirtschaftsausschusses nicht berührt.

bb) Jahresabschluss. Der **Jahresabschluss** ist dem Wirtschaftsausschuss in einer seiner Sitzungen unter Beteiligung des Betriebsrats vom Unternehmer zu erläutern, § 108 Abs. 5 BetrVG. Der Jahresabschluss umfasst nach § 242 Abs. 3 HGB die Bilanz und die Gewinn- und Verlustrechnung (bei Kapitalgesellschaften auch den Anhang, § 264 Abs. 1 S. 1 HGB). Der Unternehmer hat die einzelnen Positionen zu erläutern und ihre Bedeutung und die gegebenen Zusammenhänge darzustellen, ggf. unter Hinzuziehung sachkundiger Mitarbeiter des Unternehmens, § 108 Abs. 2 S. 2 BetrVG.[94] Entsprechende Fragen der Mitglieder des Wirtschaftsausschusses und des Betriebsrats hat er zu beantworten.[95]

Die Erläuterung ist vorzunehmen, sobald der **Jahresabschluss** vorliegt, also **fertiggestellt** ist. Bei Kapitalgesellschaften bedarf der Jahresabschluss der Feststellung. Sie erfolgt für die Aktiengesellschaft durch Vorstand und Aufsichtsrat oder die Hauptversammlung (§§ 172, 173 AktG) und für die GmbH durch die Gesellschafter (§ 46 Nr. 1 GmbHG, § 42a Abs. 2 GmbHG), auch wenn sie einen fakultativen oder nach den Mitbestimmungsgesetzen notwendigen Aufsichtsrat hat (§ 52 Abs. 1 GmbHG). Die Erläuterung hat erst nach dieser Feststellung zu erfolgen,[96] weil vorher lediglich ein Entwurf vorliegt.

Die **Steuerbilanz** ist nicht gesondert Gegenstand der Pflicht zur Erläuterung.[97] Unterschiedliche Wertansätze sind aber für das Verständnis des Jahresabschlusses wichtig und in diesem Zusammenhang vom Unternehmer darzustellen.

c) Vorlage von Unterlagen. Die Unterrichtung des Wirtschaftsausschusses durch den Unternehmer hat unter Vorlage der erforderlichen Unterlagen zu erfolgen, § 106 Abs. 2 S. 1 BetrVG; dies gehört zur ordnungsgemäßen Erfüllung des Unterrichtungsanspruchs.

---

[94] BAG 18.7.1978 – 1 ABR 34/75, AP BetrVG 1972 § 108 Nr. 1.
[95] BAG 18.7.1978 – 1 ABR 34/75, AP BetrVG 1972 § 108 Nr. 1.
[96] Richardi BetrVG/*Annuß* § 108 Rn. 43; *Fitting* § 108 Rn. 32 f.
[97] Ebenso *Wisskirchen*, S. 81; *Vogt* BB 1978, 1125 (1130); GK-BetrVG/*Oetker* § 108 Rn. 68; aA Richardi BetrVG/*Annuß* § 108 Rn. 40; *Gege*, S. 181.

Eine Unterrichtung ohne die gebotene Vorlage ist daher unvollständig.[98] Im Einzelfall kann der Unternehmer verpflichtet sein, den Mitgliedern des Wirtschaftsausschusses die erforderlichen Unterlagen zur Vorbereitung zu überlassen. Allerdings sind die Mitglieder nicht berechtigt, von den überlassenen Unterlagen Abschriften anzufertigen.[99] Nach Maßgabe dieser Rechtssätze kann der Wirtschaftsausschuss auch eine Vorlage der Unterlagen in Form einer bearbeitungsfähigen, elektronischen Datei, insbesondere also im Excel-Format, nicht beanspruchen.[100] Die Pflicht zur Vorlage von Unterlagen bezieht sich nur auf **vorhandene oder jederzeit leicht erstellbare Unterlagen.**[101]

50 **aa) Erforderlichkeit.** Vorzulegen sind alle Unterlagen des Unternehmens, die für die Beurteilung der wirtschaftlichen Angelegenheiten **erforderlich** sind. Die Erforderlichkeit lässt sich nicht generalisierend und pauschalierend bestimmen. Zu weit gehend ist es daher, wenn das BAG annimmt, das Gesetz bezwecke eine vom selben Kenntnisstand bei Wirtschaftsausschuss und Unternehmer getragene Beratung.[102] Maßgeblich sind vielmehr allein die Umstände des Einzelfalls im Hinblick auf die konkrete Beratungsfunktion, der die Vorlagepflicht dient.[103] Dazu gehören zB der gemäß § 108 Abs. 5 BetrVG in einer Sitzung des Wirtschaftsausschusses zu erläuternde Jahresabschluss,[104] bestehend aus der Bilanz, der Gewinn- und Verlustrechnung und ggf. dem Anhang (§ 242 Abs. 3 HGB, § 264 Abs. 1 S. 1 HGB). Je nach den Umständen des Einzelfalls können ferner als erforderliche Unterlagen anzusehen sein: monatliche Erfolgsrechnungen von Verkaufsfilialen;[105] Analysen; Pläne (zB Organisationspläne); Berichte; Statistiken; Berechnungen.

51 Im Zusammenhang mit der Besprechung des Jahresabschlusses ist zur vom Gesetz gebotenen umfassenden Unterrichtung des Wirtschaftsausschusses auch die Vorlage des für Kapitalgesellschaften nach § 321 HGB vorgesehenen **Prüfungsberichts des Abschlussprüfers** erforderlich.[106] Zwar ist der Abschlussprüferbericht in erster Linie ein Instrument des Aufsichtsrats bzw. der Gesellschafterversammlung zur Kontrolle der Geschäftsleitung. Es handelt sich aber um ein unternehmensinternes Papier, dessen Kenntnis erforderlich ist, um die wirtschaftliche und finanzielle Lage des Unternehmens (§ 106 Abs. 3 Nr. 1 BetrVG) zuverlässig beurteilen zu können. Betriebsverfassungsrechtlich sind derartige Papiere von der Vorlagepflicht nicht ausgenommen. Den ernstzunehmenden Bedenken im Hinblick auf die zu befürchtende Offenlegung sensibler Unternehmensdaten[107] ist dadurch Rechnung zu tragen, dass einmal der Bericht nur vorgelegt, aber nicht ausgehändigt zu werden braucht (→ Rn. 53), zum anderen die Vorlagepflicht ganz oder teilweise entfällt, soweit durch die Vorlage Betriebs- und Geschäftsgeheimnisse des Unternehmens gefährdet würden (→ Rn. 55 ff.).

52 Die Pflicht zur Vorlage betrifft nur **eigene Unterlagen des Unternehmens.** Es besteht keine Verpflichtung des Unternehmens, Unterlagen anderer Personen zu beschaffen. Zwischen anderen Personen geschlossene Veräußerungsverträge über Geschäftsanteile an

---

[98] BAG 8. 8. 1989 – 1 ABR 61/88, AP BetrVG 1972 § 106 Nr. 6 = NZA 1990, 150.
[99] BAG 20. 11. 1984 – 1 ABR 64/82, NZA 1985, 432 (434).
[100] ArbG Bonn 3. 2. 2016 – 4 BV 93/15, BeckRS 2016, 123105 Rn. 11; die hiergegen gerichtete Beschwerde des Gesamtbetriebsrats hat das LAG Köln mit abweichender Begründung – Primärzuständigkeit der Einigungsstelle nach § 109 BetrVG – zurückgewiesen und die Rechtsbeschwerde wegen grds. Bedeutung zugelassen, LAG Köln 10. 3. 2017 – 9 TaBV 17/16, BeckRS 2017, 113568, Anm. *Schindele* ArbRAktuell 2017, 350.
[101] HWK/*Willemsen/Lembke* § 106 Rn. 43; Richardi BetrVG/*Annuß* § 106 Rn. 26; WHSS Umstrukturierung/*Schweibert* C Rn. 497.
[102] BAG 22. 1. 1991 – 1 ABR 38/89, AP BetrVG 1972 § 106 Nr. 9.
[103] *Joost* FS Kissel, 1994, 433 (446 f.).
[104] BAG 8. 8. 1989 – 1 ABR 61/88, AP BetrVG 1972 § 106 Nr. 6 = NZA 1990, 150.
[105] BAG 17. 9. 1991 – 1 ABR 74/90, AP BetrVG 1972 § 106 Nr. 13 = NZA 1992, 418.
[106] BAG 8. 8. 1989 – 1 ABR 61/88, AP BetrVG 1972 § 106 Nr. 6 = NZA 1990, 150; *Bösche/Grimberg* AuR 1987, 133; *Fitting* § 108 Rn. 32; *Joost* FS Kissel, 1994, 433 (447 f.); aA *Martens* DB 1988, 1229 (1233 ff.); *Gutzmann* DB 1989, 1083 (1084); *Hommelhoff* ZIP 1990, 218 ff. (220).
[107] Dazu nachdrücklich *Hommelhoff* ZIP 1990, 218 (219 f.).

einer Gesellschaft sind nicht vorlagepflichtig.[108] Dies gilt grds. auch in Fällen des Kontrollerwerbs nach § 106 Abs. 3 Nr. 9a BetrVG (→ Rn. 37).

bb) Einsichtnahme. Die Pflicht zur Vorlage der Unterlagen bedeutet, dass den Mitgliedern des Wirtschaftsausschusses die **Einsichtnahme** in die Unterlagen zu ermöglichen ist (§ 108 Abs. 3 BetrVG). Grundsätzlich braucht daher der Unternehmer die Unterlagen dem Wirtschaftsausschuss bzw. seinen Mitgliedern nicht auszuhändigen oder zu überlassen. Soweit bei Kapitalgesellschaften und großen Genossenschaften ohnehin eine Pflicht zur Veröffentlichung des **Jahresabschlusses** besteht (§§ 325, 339 HGB), kann sich eine Pflicht zur Aushändigung aus dem Gebot der vertrauensvollen Zusammenarbeit ergeben.[109] Weitergehend nimmt das BAG im Einzelfall eine Pflicht zur Aushändigung an, wenn es um schwer zu beurteilende Entwicklungen und Prognosen, umfangreiches Zahlenmaterial oder eine Vielzahl von Daten gehe, so dass die Mitglieder des Wirtschaftsausschusses eine längere Zeit benötigten, um sich damit vertraut zu machen.[110] Die Unterlagen sollen dann nach Beendigung der Sitzung zurückzugeben sein.[111] Dem ist nicht zu folgen.[112] Es ist nicht ersichtlich, weshalb die Einsichtnahme in die Unterlagen in den Räumen des Arbeitgebers für eine sinnvolle Vorbereitung der Mitglieder des Wirtschaftsausschusses auf die Beratung mit dem Unternehmer nicht ausreichend sein soll. Die vom Gesetz nicht vorgesehene Aushändigung der Unterlagen beschwört die Gefahr herauf, dass sensible Unternehmensdaten in andere Hände gelangen können, was durch die gesetzlich vorgesehene bloße Pflicht zur Vorlage gerade ausgeschlossen wird.

Die Mitglieder des Wirtschaftsausschusses können zwecks Einsichtnahme in die Unterlagen zu einer gemeinsamen Informationssitzung zusammentreten.[113] Sie können sich anhand der vorgelegten Unterlagen **Notizen** machen.[114] Sie dürfen sich dagegen keine **Ablichtungen** oder Abschriften ohne Zustimmung des Unternehmers anfertigen,[115] da dies im Ergebnis einer dauerhaften Überlassung der Unterlagen gleichkäme, wozu der Unternehmer nicht verpflichtet ist.

d) Betriebs- und Geschäftsgeheimnisse. Die Mitglieder des Wirtschaftsausschusses unterliegen der gleichen Geheimhaltungspflicht in Bezug auf Betriebs- oder Geschäftsgeheimnisse wie Mitglieder des Betriebsrats, § 79 Abs. 2 BetrVG. Zu deren Umfang und Grenzen → § 295 Rn. 1 ff. Trotz dieser Geheimhaltungspflicht wird im Gesetz anerkannt, dass die umfassende Unterrichtung des Wirtschaftsausschusses über alle wirtschaftlichen Angelegenheiten die Betriebs- und Geschäftsgeheimnisse des Unternehmens gefährden kann. Der Unternehmer ist deshalb nicht verpflichtet, eine Unterrichtung vorzunehmen und die erforderlichen Unterlagen vorzulegen, soweit dadurch die Betriebs- und Geschäftsgeheimnisse des Unternehmens gefährdet werden (§ 106 Abs. 2 S. 1 BetrVG).[116] Ungeachtet des Wortlauts „Betriebs- *und* Geschäftsgeheimnisse" reicht eine Gefährdung von Betriebs- *oder* Geschäftsgeheimnissen aus, andernfalls die Regelung weitestgehend leerlaufen dürfte.[117] Immerhin haben Betriebsgeheimnisse einerseits und Geschäftsgeheim-

---

[108] Ebenso im Ergebnis BAG 22. 1. 1991 – 1 ABR 38/89, AP BetrVG 1972 § 106 Nr. 9 = NZA 1991, 649.
[109] Richardi BetrVG/*Annuß* § 108 Rn. 42; *Fitting* § 108 Rn. 36.
[110] BAG 20. 11. 1984 – 1 ABR 64/82, AP BetrVG 1972 § 106 Nr. 3 = NZA 1985, 432; *Pramann* DB 1983, 1922 (1924); *Föhr* DB 1976, 1378 (1383).
[111] BAG 20. 11. 1984 – 1 ABR 64/82, AP BetrVG 1972 § 106 Nr. 3 = NZA 1985, 432.
[112] Ebenso Richardi BetrVG/*Annuß* § 106 Rn. 30.
[113] BAG 20. 11. 1984 – 1 ABR 64/82, AP BetrVG 1972 § 106 Nr. 3 = NZA 1985, 432.
[114] BAG 20. 11. 1984 – 1 ABR 64/82, AP BetrVG 1972 § 106 Nr. 3 = NZA 1985, 432.
[115] BAG 20. 11. 1984 – 1 ABR 64/82, AP BetrVG 1972 § 106 Nr. 3 = NZA 1985, 432.
[116] Zur Unterrichtung im Rahmen von Zusammenschlussvorhaben, die unter dem Vorbehalt einer kartellrechtlichen Freigabe stehen, vgl. *Göpfert/Horstkotte/Rottmeier* ZIP 2015, 1269 (1274); zur Frage, ob eine Unterrichtung des Wirtschaftsausschusses im Falle von Insiderinformationen verweigert werden kann, s. GK-BetrVG/*Oetker* § 106 Rn. 94 und 122; WHSS Umstrukturierung/*Schweibert* C. Rn. 500.
[117] HWK/*Willemsen/Lembke* § 106 Rn. 48.

nisse andererseits unterschiedliche Anknüpfungspunkte. Umstände, die der Unternehmer nach den handelsrechtlichen Publizitätsvorschriften ohnehin offenbaren muss (§ 325 ff. HGB, § 339 HGB: Jahresabschluss und Lagebericht bei Kapitalgesellschaften und eingetragenen Genossenschaften), sind von der Unterrichtungs- und Vorlagepflicht nicht ausgenommen.[118]

56   Eine **Gefährdung** ist nicht nur anzunehmen, wenn es sich um eine für das Unternehmen besonders bedeutsame Tatsache handelt oder in der Person eines oder mehrerer Mitglieder des Wirtschaftsausschusses besondere Gefährdungsgründe liegen.[119] Es reicht vielmehr jeder Grund für eine Gefährdung. Er kann insbesondere darin liegen, dass ganz unabhängig von der Zuverlässigkeit der informierten Personen die Gefahr der unbefugten Offenbarung objektiv mit der Zahl der Informierten steigt.[120]

57   Der Umstand, dass die wirtschaftliche Angelegenheit aus einem Betriebs- oder Geschäftsgeheimnis besteht, genügt allein nicht, um die Unterrichtungs- oder Vorlagepflicht entfallen zu lassen.[121] Die Kenntnis der zur Geheimhaltung verpflichteten Mitglieder von betriebsverfassungsrechtlichen Repräsentationsorganen wird gesetzlich noch nicht als Verletzung des Geheimnisses angesehen (§ 79 BetrVG). Der Wegfall der Unterrichtungs- oder Vorlagepflicht setzt daher voraus, dass nach den im Einzelfall gegebenen Umständen im Unternehmen eine **Offenbarung** des Geheimnisses **trotz der Geheimhaltungspflicht nicht auszuschließen** ist; die Gefährdung ist insofern als Ausnahmefall anzusehen.[122] Hierüber entscheidet zunächst der Unternehmer selbst, indem er über Angelegenheiten im Zusammenhang mit Betriebs- oder Geschäftsgeheimnissen nicht unterrichtet bzw. die erforderlichen Unterlagen nicht vorlegt. Bei Meinungsverschiedenheiten entscheiden die Einigungsstelle und ggf. das Arbeitsgericht (→ Rn. 118 ff.). Insoweit ist es gleichermaßen ausreichend wie erforderlich, dass der Unternehmer in der Einigungsstelle glaubhaft macht, dass eine Auskunft ein Geschäfts- oder Betriebsgeheimnis gefährdete.[123]

58   e) **Ordnungswidrigkeiten.** Ein Unternehmer, der seine Unterrichtungspflicht nicht, wahrheitswidrig, unvollständig oder verspätet erfüllt, handelt ordnungswidrig (§ 121 BetrVG). Die Ordnungswidrigkeit kann mit einer Geldbuße bis zu 10.000 EUR geahndet werden. Eine unvollständige Erfüllung der Unterrichtungspflicht liegt auch vor, wenn die erforderlichen Unterlagen nicht vorgelegt werden.[124]

4. Unterrichtung des Betriebsrats

59   Der Wirtschaftsausschuss hat die Aufgabe, auf der Grundlage der Unterrichtung durch den Unternehmer und der Beratungen mit ihm den Betriebsrat in allen wirtschaftlichen Angelegenheiten zu unterrichten, § 106 Abs. 1 S. 2 BetrVG. Hierin gelangt die Funktion des Wirtschaftsausschusses als **Hilfsorgan des Betriebsrats** deutlich zum Ausdruck. Die den Unternehmer unmittelbar gegenüber dem Betriebsrat treffenden Unterrichtungspflichten, zB allgemein zur Durchführung von dessen Aufgaben,[125] über die Planung von technischen Anlagen und Arbeitsverfahren (§ 90 BetrVG), die Personalplanung (§ 92 BetrVG) oder die Betriebsänderungen (§ 111 BetrVG), bleiben davon unberührt.

60   Aus der Hilfsfunktion des Wirtschaftsausschusses ergibt sich, dass **Adressat** der Unterrichtung das jeweilige betriebsverfassungsrechtliche Organ ist, um dessen mitbestim-

---

[118] *Taeger*, Die Offenbarung von Betriebs- und Geschäftsgeheimnissen, 1988, 107; *Oetker/Lunk* DB 1990, 2320 (2324 f.).
[119] So aber *Fitting* § 106 Rn. 44; ErfK/*Kania* BetrVG § 106 Rn. 6; dagegen auch Richardi BetrVG/*Annuß* § 106 Rn. 34.
[120] Vgl. *Hommelhoff* ZIP 1990, 218 (219) und zum gleichen Problem bei der Anfertigung von Abschriften BAG 20.11.1984 – 1 ABR 64/82, AP BetrVG 1972 § 106 Nr. 3 (Bl. 4R) = NZA 1985, 432.
[121] Richardi BetrVG/*Annuß* § 106 Rn. 34.
[122] BAG 11.7.2000 – 1 ABR 43/99, AP BetrVG 1972 § 109 Nr. 2.
[123] HWK/*Willemsen/Lembke* § 106 Rn. 49.
[124] BAG 8.8.1989 – 1 ABR 61/88, AP BetrVG 1972 § 106 Nr. 6 = NZA 1990, 150.
[125] BAG 5.2.1991 – 1 ABR 24/90, AP BetrVG 1972 § 106 Nr. 10 = NZA 1991, 645.

mungsrechtliche Zuständigkeit es in der betreffenden wirtschaftlichen Angelegenheit geht. Besteht in dem Unternehmen ein Gesamtbetriebsrat, so ist er von dem Wirtschaftsausschuss nur im Rahmen der gesetzlichen Zuständigkeit nach § 50 BetrVG zu unterrichten. Im Übrigen besteht die Unterrichtungspflicht gegenüber dem jeweiligen Betriebsrat, ggf. auch mehreren oder **allen Betriebsräten.**

Der Wirtschaftsausschuss hat den Betriebsrat **rechtzeitig und umfassend** über die wirtschaftlichen Angelegenheiten zu unterrichten. An der in einer Sitzung des Wirtschaftsausschusses stattfindenden Erläuterung des Jahresabschlusses durch den Unternehmer ist der Betriebsrat ohnehin zu beteiligen (§ 108 Abs. 5 BetrVG). Darüber hinaus hat der Wirtschaftsausschuss über **jede seiner Sitzungen** dem Betriebsrat unverzüglich und vollständig zu berichten, § 108 Abs. 4 BetrVG. Da die Sitzungen der Beratung mit dem Unternehmer dienen, ist insbesondere über das Ergebnis dieser Beratungen zu informieren. Die Unterrichtung kann **mündlich** erfolgen.[126] Die Überlassung einer Sitzungsniederschrift genügt grds. nicht,[127] weil die Niederschrift keine umfassende Erläuterung enthält. 61

Die Unterrichtung hat durch den Wirtschaftsausschuss als **Kollegium** zu erfolgen, nicht durch alle seine einzelnen Mitglieder.[128] Die Mitglieder haben sich daher auf einen Bericht zu einigen. Sie können eine Person aus ihrer Mitte mit der Unterrichtung des Betriebsrat beauftragen; einer Zustimmung des Betriebsrats bedarf es hierfür nicht.[129] 62

Das Verhältnis zwischen Betriebsrat, Wirtschaftsausschuss und Unternehmer ist vom **Grundsatz der vertrauensvollen Zusammenarbeit** geprägt (allgA). Im Gesetz wird dies zwar nicht eigens hervorgehoben; der Grundsatz versteht sich jedoch von selbst, da er für das Verhältnis zwischen Arbeitgeber und Betriebsrat prägend ist (§ 2 Abs. 1 BetrVG) und der Wirtschaftsausschuss den Betriebsrat wie ein Ausschuss in der Wahrnehmung seiner Aufgaben unterstützt. Bei der Erfüllung seiner Unterrichtungspflichten unterliegt der Wirtschaftsausschuss gegenüber dem Betriebsrat **keiner Geheimhaltungspflicht,** auch nicht bei Betriebs- oder Geschäftsgeheimnissen (§ 79 BetrVG). Die Mitglieder des Betriebsrats haben über ihnen bekannt gewordene Betriebs- oder Geschäftsgeheimnisse selbst Stillschweigen zu bewahren. Die Unterrichtungspflicht des Unternehmers besteht ohnehin nicht, soweit durch die Unterrichtung Betriebs- oder Geschäftsgeheimnisse des Unternehmens gefährdet würden (→ Rn. 55 ff.). 63

5. Unterrichtung der Arbeitnehmer durch den Unternehmer

Der Arbeitgeber oder sein Vertreter hat mindestens einmal in jedem Kalenderjahr in einer Betriebsversammlung über die wirtschaftliche Lage und Entwicklung des Betriebs zu berichten (§ 43 Abs. 2 S. 3 BetrVG). Dieser betriebsbezogene Bericht wird in § 110 BetrVG durch einen **unternehmensbezogenen Lagebericht** ergänzt. 64

a) Großunternehmen. In Unternehmen mit in der Regel mehr als 1000 ständig beschäftigten Arbeitnehmern hat der Unternehmer mindestens einmal in jedem Kalendervierteljahr nach vorheriger Abstimmung mit dem Wirtschaftsausschuss (bzw. dem Ausschuss, auf den die Aufgaben des Wirtschaftsausschusses übertragen worden sind) und dem Betriebsrat die Arbeitnehmer schriftlich über die wirtschaftliche Lage und Entwicklung des Unternehmens zu unterrichten, § 110 Abs. 1 BetrVG. Zur Errechnung der notwendigen Arbeitnehmerzahl → Rn. 3 ff. Einen Anspruch der Arbeitnehmervertretungen, die 65

---

[126] BAG 17.10.1990 – 7 ABR 69/89, AP BetrVG 1972 § 108 Nr. 8 = NZA 1991, 432.
[127] *Dütz* FS Westermann, 1974, 37 (46 f.); *Rumpff/Boewer* S. 236; Richardi BetrVG/*Annuß* § 108 Rn. 35 mwN.
[128] AA *Fitting* § 108 Rn. 27; Richardi BetrVG/*Annuß* § 108 Rn. 35.
[129] HessLAG 7.2.2017 – 4 TaBV 155/16, BeckRS 2017, 10950 Rn. 23 (Rechtsbeschwerde zugelassen); ebenso im Ergebnis Richardi BetrVG/*Annuß* § 108 Rn. 35; GK-BetrVG/*Oetker* § 108 Rn. 60; aA *Fitting* § 108 Rn. 27; *Rumpff/Boewer* S. 235; ErfK/*Kania* BetrVG § 108 Rn. 11; HWGNRH/*Hess* § 108 Rn. 27.

Arbeitnehmer selbst über die wirtschaftliche Lage und Entwicklung des Unternehmens zu unterrichten, gewährt § 110 Abs. 1 BetrVG nicht.[130]

66 Zu berichten ist über die wirtschaftliche Lage (zum Begriff → Rn. 24) und die Entwicklung des Unternehmens. Hierzu gehören insbesondere die Auftragssituation, die Auslastung, der Absatz und die Kostensituation. Die Entwicklung betrifft den gegenwärtigen Stand im Zusammenhang mit der jüngeren Vergangenheit und die Zukunftsperspektiven, wie sie von dem Unternehmer gesehen werden. Es genügt ein Bericht, der Lage und Entwicklung in den **Grundlinien** aufzeigt.[131] Da der Bericht nicht die Grundlage einer Beratung ist, braucht er nicht so umfassend zu sein wie bei einer Unterrichtung des Wirtschaftsausschusses. Der Unternehmer ist nicht verpflichtet, **Betriebs- und Geschäftsgeheimnisse** zu offenbaren. Darüber hinaus braucht er keine Angaben zu machen, welche die Konkurrenzfähigkeit seines Unternehmens gefährden könnten. Dies ergibt sich daraus, dass eine besondere Geheimhaltungspflicht der Arbeitnehmer als der Adressaten des Berichts fehlt.

67 Der Bericht muss **schriftlich** erfolgen.[132] Dies kann durch Vervielfältigung und Verteilung an die Arbeitnehmer oder durch Abdruck in der Werkszeitung erfolgen.[133] Ein Anschlag am Schwarzen Brett ist allenfalls geeignet, wenn es sich um einen kurzen Bericht handelt und die gesamte Belegschaft davon in zumutbarer Weise Kenntnis nehmen kann;[134] in mehrbetrieblichen Unternehmen muss der Aushang dann in sämtlichen Betrieben erfolgen.

68 Der Bericht bedarf der **Abstimmung** mit dem Wirtschaftsausschuss und (kumulativ) mit dem Betriebsrat (bzw. mit dem Gesamtbetriebsrat). Sind die Aufgaben des Wirtschaftsausschusses gemäß § 107 Abs. 3 BetrVG von dem Betriebsrat (oder dem Gesamtbetriebsrat) einem Ausschuss des Betriebsrats (bzw. Gesamtbetriebsrats) übertragen worden, so tritt dieser an die Stelle des Wirtschaftsausschusses. Der zusätzlichen Abstimmung mit dem Betriebsrat (bzw. Gesamtbetriebsrat) bedarf es auch in diesem Falle.

69 Was unter einer Abstimmung genau zu verstehen ist, wird im Gesetz nicht näher ausgeführt. Der Unternehmer hat den Wirtschaftsausschuss und den Betriebsrat vorher über den Inhalt des geplanten Berichts zu unterrichten und ihnen **Gelegenheit zur Stellungnahme** zu geben. Die Stellungnahme ist von ihm zu berücksichtigen und, sofern er sie für richtig hält, in dem Bericht zu verarbeiten. Lehnt er sie ab, so ist eine Einigung mit dem Wirtschaftsausschuss und dem Betriebsrat zu versuchen. Scheitert dies, so muss der Unternehmer den Inhalt seines Berichts endgültig selbst festlegen,[135] da er allein die Verantwortung für die Abgabe des Berichts und seinen Inhalt hat[136] (→ Rn. 58). Die abweichenden Ansichten des Wirtschaftsausschusses und des Betriebsrats braucht der Unternehmer in seinem Bericht nicht wiederzugeben.[137] Der Betriebsrat kann seine Auffassung den Arbeitnehmern in der kalendervierteljährlichen Betriebsversammlung zur Kenntnis bringen (§ 43 Abs. 1 BetrVG).

70 **b) Kleinunternehmen.** In Unternehmen, die in der Regel nicht mehr als 1000 ständig beschäftigte Arbeitnehmer haben, die aber in der Regel mehr als zwanzig wahlberechtigte ständige Arbeitnehmer beschäftigen, hat der Unternehmer inhaltlich die gleiche Berichtspflicht wie in Großunternehmen, § 110 Abs. 2 S. 1 BetrVG. Der Bericht kann aber

---

[130] BAG 14.5.2013 – 1 ABR 4/12 – Rn. 17, NZA 2013, 1223 (1224).
[131] Richardi BetrVG/*Annuß* § 110 Rn. 9 mwN.
[132] HWK/*Willemsen/Lembke* § 110 Rn. 12 fordern die Einhaltung der gesetzlichen Schriftform; dies ist im Hinblick auf deren Sinn und Zweck allerdings nicht erforderlich, vgl. dazu auch GK-BetrVG/*Oetker* § 110 Rn. 27.
[133] Richardi BetrVG/*Annuß* § 110 Rn. 6.
[134] GK-BetrVG/*Oetker* § 110 Rn. 28; vgl. dazu auch *Fitting* § 110 Rn. 5; *Dütz* FS Westermann, 1974, 37 (52); aA ErfK/*Kania* BetrVG § 110 Rn. 3; Richardi BetrVG/*Annuß* § 110 Rn. 6.
[135] *Rumpff/Boewer* S. 249; *Dütz* FS Westermann, 1974, 37 (52); Richardi BetrVG/*Annuß* § 110 Rn. 5 mwN.
[136] Vgl. BAG 1.3.1966 – 1 ABR 14/65, AP BetrVG § 69 Nr. 1.
[137] Richardi BetrVG/*Annuß* § 110 Rn. 5; GK-BetrVG/*Oetker* § 110 Rn. 24 mwN.

mündlich erfolgen, also insbesondere auf den kalendervierteljährlichen Betriebsversammlungen durch den Unternehmer erstattet werden (§ 43 BetrVG).

Der Bericht ist mit dem Wirtschaftsausschuss (bzw. dem Ausschuss, auf den seine Aufgaben übertragen worden sind) und (kumulativ) dem Betriebsrat **abzustimmen.** Wenn ein Wirtschaftsausschuss für das Unternehmen nicht zu errichten ist, weil es in der Regel nicht mehr als 100 ständige Arbeitnehmer beschäftigt, so beschränkt sich die Abstimmung auf den Betriebsrat (§ 110 Abs. 2 S. 2 BetrVG). Gleiches gilt, wenn die Bildung des Wirtschaftsausschusses trotz Vorliegens der gesetzlichen Voraussetzungen unterblieben ist.

VI. Geschäftsführung

Die gesetzliche Regelung des Wirtschaftsausschusses enthält keine spezifischen Normen über dessen Geschäftsführung, sondern beschränkt sich insoweit auf einige Bestimmungen über die Sitzungen (§ 108 BetrVG). Indessen bedarf ein Gremium, das bis zu sieben Mitglieder haben kann (§ 107 Abs. 1 S. 1 BetrVG), einiger Grundregeln über seine Organisation und Geschäftsführung. Da der Wirtschaftsausschuss nur ein unselbständiges Hilfsorgan des Betriebsrats ist (→ Rn. 1), sind sie **in entsprechender Anwendung der für den Betriebsrat** bzw. seine **Ausschüsse geltenden Bestimmungen** zu entwickeln (→ §§ 293, 294 Rn. 1 ff.).

1. Vorsitzender

Der Wirtschaftsausschuss kann sich aus seiner Mitte einen Vorsitzenden wählen (entspr. § 26 Abs. 1 BetrVG) und ihm die Vorbereitung der Sitzungen, deren Leitung sowie die Zuständigkeit zur Empfangnahme von Unterlagen, die der Unternehmer vorzulegen hat, übertragen.[138] Es besteht aber im Gegensatz zum Betriebsrat **keine gesetzliche Pflicht zur Wahl eines Vorsitzenden.**[139]

2. Geschäftsordnung

Der Wirtschaftsausschuss kann sich eine Geschäftsordnung geben (entspr. § 36 BetrVG).[140] Die Aufstellung einer formalen Geschäftsordnung wird vielfach für unzweckmäßig gehalten.[141] So allgemein lässt sich dies indessen nicht beurteilen. Eine Geschäftsordnung wird desto eher sinnvoll sein, je größer der Wirtschaftsausschuss ist und je mehr gleichartige wiederkehrende Vorgänge mit ihr geregelt werden können.

3. Sitzungen

Der Wirtschaftsausschuss übt seine Kompetenzen im Wesentlichen in Sitzungen aus. Die dafür geltenden nachfolgenden Regeln sind entsprechend anzuwenden, wenn die Aufgaben des Wirtschaftsausschusses auf einen **Ausschuss des Betriebsrats** (oder Gesamtbetriebsrats) übertragen worden sind (§ 108 Abs. 4 BetrVG).

a) Einberufung. Eine formelle Regelung über die Einberufung der Sitzungen fehlt im Gesetz. Die Sitzung ist deshalb unter den Mitgliedern des Wirtschaftsausschusses abzusprechen.[142] Zweckmäßigerweise wählen sich die Mitglieder einen Vorsitzenden, dem sie die Einberufung von Sitzungen übertragen. In jedem Falle müssen Mitglieder des Wirtschaftsausschusses und die übrigen Teilnahmeberechtigten (→ Rn. 79 ff.) rechtzeitig zu jeder Sitzung eingeladen werden.

---

[138] HWGNRH/*Hess* § 108 Rn. 1; GK-BetrVG/*Oetker* § 108 Rn. 3.
[139] AA *Wiese* FS Molitor, 1988, 365 (373) mwN.
[140] Richardi BetrVG/*Annuß* § 108 Rn. 6.
[141] *Fitting* § 108 Rn. 3; *Wisskirchen* S. 88.
[142] Nach *Wiese* FS Molitor, 1988, 365 (373) ist § 29 Abs. 2 bis 4 BetrVG entsprechend anzuwenden.

77 **b) Zahl und Zeitpunkt.** Der Wirtschaftsausschuss soll monatlich einmal zu einer Sitzung zusammentreten, § 108 Abs. 1 BetrVG. Er kann je nach Anzahl, Umfang und Schwierigkeit der zu behandelnden wirtschaftlichen Angelegenheiten auch seltener oder häufiger eine Sitzung abhalten. Es besteht insbesondere kein Zwang, eine Sitzung stattfinden zu lassen, wenn kein Unterrichts- und Beratungsbedarf besteht.

78 Die Sitzungen finden in der Regel **während der Arbeitszeit** statt (entspr. § 30 S. 1 BetrVG). Bei der Wahl des Zeitpunkts ist auf die betrieblichen Notwendigkeiten Rücksicht zu nehmen (entspr. § 30 S. 2 BetrVG). Außerhalb der Arbeitszeit sind Sitzungen nur anzuberaumen, wenn dies aus besonderen Gründen erforderlich erscheint.

79 **c) Teilnahmeberechtigung.** Die Sitzungen des Wirtschaftsausschusses sind nicht öffentlich (entspr. § 30 S. 4 BetrVG). Außer den Mitgliedern des Wirtschaftsausschusses können daher an den Sitzungen nur Personen teilnehmen, die eine besondere Teilnahmeberechtigung haben.

80 **aa) Unternehmer.** Der **Unternehmer** oder sein Vertreter hat an allen Sitzungen teilzunehmen, § 108 Abs. 2 S. 1 BetrVG. Er hat also einerseits ein Teilnahmerecht, andererseits aber ebenso eine gesetzliche zwingende Pflicht zur Teilnahme. Damit wird gewährleistet, dass der Wirtschaftsausschuss in den Sitzungen seine Funktion ausüben kann, vom Unternehmer unterrichtet zu werden und die wirtschaftlichen Angelegenheiten mit ihm zu beraten.

81 Das BAG geht davon aus, dass der Wirtschaftsausschuss auch zu **vorbereitenden Sitzungen ohne Teilnahme des Unternehmers** zusammentreten kann.[143] Das entspricht nicht dem Zweck des Gesetzes, in den Sitzungen eine gemeinsame Aussprache zwischen den Mitgliedern des Wirtschaftsausschusses und dem Unternehmer stattfinden zu lassen. Außerdem werden damit Teilnahmerecht und Teilnahmepflicht des Unternehmers zur Disposition des Wirtschaftsausschusses gestellt, indem dieser entscheidet, in welchem Umfang er vorbereitende Sitzungen abhält. Der Ansicht des BAG ist deshalb nicht zu folgen. Möglich ist dagegen eine Informationssitzung des Wirtschaftsausschusses zwecks Einsichtnahme in die vom Unternehmer vorzulegenden Unterlagen (→ Rn. 54).

82 Unternehmer im Sinne des Gesetzes ist der Einzelunternehmer, bei Personengesellschaften die zur Geschäftsführung berechtigten Gesellschafter, bei juristischen Personen (Aktiengesellschaft, GmbH) die Mitglieder des Geschäftsführungs- und Vertretungsorgans (Vorstandsmitglieder, Geschäftsführer). Bei **mehreren geschäftsführungsbefugten Personen** genügt die Teilnahme einer Person, die von den Gesellschaftern bzw. dem Geschäftsführungsorgan zu bestimmen ist. In mitbestimmten Unternehmen besteht keine Primärzuständigkeit des nach § 33 MitbestG, § 13 Montan-MitbestG bestellten Arbeitsdirektors,[144] da dieser nur ein gleichberechtigtes Mitglied des Vertretungsorgans ist. Die zur Teilnahme berechtigte und verpflichtete Person ist daher auch im mitbestimmten Unternehmen von dem Geschäftsführungsorgan zu bestimmen.

83 Der Unternehmer bzw. das Geschäftsführungsorgan kann einen **Vertreter** entsenden (→ § 294 Rn. 38). Aus der Formulierung im Gesetz, dass der Unternehmer oder „sein" Vertreter teilzunehmen hat, schließt die hM, dass nur eine Person in Betracht kommt, die den Unternehmer allgemein oder in den betreffenden wirtschaftlichen Angelegenheiten verbindlich vertritt.[145] Das ist indessen zu eng.[146] Einen Vertreter in diesem Sinne gibt es (außer dem hier nicht interessierenden gesetzlichen Vertreter) im Regelfall nicht. Die Funktionen im Unternehmen sind vielmehr auf viele Personen aufgespalten, wobei es ohnehin nicht auf den Rechtsbegriff der Stellvertretung ankommt, der auf rechtsgeschäft-

---

[143] BAG 16.3.1982 – 1 AZR 406/80, AP BetrVG 1972 § 108 Nr. 3 mwN; ebenso Richardi BetrVG/*Annuß* § 108 Rn. 13; *Fitting* § 108 Rn. 13; GK-BetrVG/*Oetker* § 108 Rn. 8.
[144] *Fitting* § 108 Rn. 16; aA *Säcker* DB 1979, 1925, 1926; GK-MitbestG/*Rumpff* § 33 Rn. 73.
[145] Richardi BetrVG/*Annuß* § 108 Rn. 15 mwN.
[146] Näher dazu *Joost* FS Zeuner, 1994, 67 (76f.).

liches Handeln beschränkt ist; in den Sitzungen des Wirtschaftsausschusses geht es um Unterrichtung und Beratung, also rein tatsächliche Handlungen. Das Betriebsverfassungsrecht nimmt dem Unternehmer nicht die Befugnis, selbst zu bestimmen, wer in seinem Unternehmen bestimmte Funktionen ausüben soll. Dazu gehört auch die Wahrnehmung der Rechte und Pflichten des Unternehmers gegenüber dem Wirtschaftsausschuss. Die Gefahr, dass der Unternehmer dem Wirtschaftsausschuss eine inkompetente Person gegenüber stellt, besteht nicht. Der Unternehmer ist nach dem auch im Verhältnis zum Wirtschaftsausschuss anwendbaren Grundsatz der vertrauensvollen Zusammenarbeit betriebsverfassungsrechtlich verpflichtet, sich nur durch eine **sachkundige Person,** die verantwortlich unterrichten und beraten kann, vertreten zu lassen;[147] ein Verstoß gegen diese Pflicht kann zu den Sanktionen nach § 23 Abs. 3 BetrVG führen. Außerdem wäre die unzureichende Unterrichtung des Wirtschaftsausschusses gemäß § 121 BetrVG als Ordnungswidrigkeit mit Geldbuße bedroht.

Die **Entscheidung** über die Entsendung eines Vertreters trifft der Unternehmer (bzw. **84** das Geschäftsführungsorgan) nach seinem Ermessen.[148] Der Wirtschaftsausschuss hat kein Recht, die Teilnahme des Unternehmers in Person oder die Entsendung eines bestimmten Vertreters zu verlangen.[149]

bb) Sachkundige Arbeitnehmer. Der Unternehmer kann **sachkundige Arbeitneh-** **85** **mer** des Unternehmens einschließlich der leitenden Angestellten im Sinne des § 5 Abs. 3 BetrVG hinzuziehen (§ 108 Abs. 2 2 BetrVG). Diese Arbeitnehmer unterstützen den Unternehmer bei der Unterrichtung des Wirtschaftsausschusses und der gemeinsamen Beratung. Eine besondere Verschwiegenheitspflicht der hinzugezogenen Arbeitnehmer ist im Gesetz nicht angeordnet. Sie ergibt sich aber aus allgemeinen arbeitsrechtlichen Grundsätzen[150] und für Betriebs- oder Geschäftsgeheimnisse, die vom Arbeitgeber ausdrücklich als geheimhaltungsbedürftig bezeichnet worden sind, aus der Strafandrohung in § 120 Abs. 1 Nr. 4 BetrVG.[151] Der Wirtschaftsausschuss kann gegen den Willen des Unternehmers keine weiteren Arbeitnehmer hinzuziehen.

cc) Betriebsrat. Der Betriebsrat hat ein Teilnahmerecht insoweit, als dem Wirtschafts- **86** ausschuss in der Sitzung der Jahresabschluss erläutert wird, § 108 Abs. 5 BetrVG. Im Übrigen haben Mitglieder des Betriebsrats (bzw. Gesamtbetriebsrats), die nicht bereits Mitglieder des Wirtschaftsausschusses sind, kein Teilnahmerecht. Der Betriebsrat wird über den Inhalt jeder Sitzung vom Wirtschaftsausschuss unterrichtet (→ Rn. 59 ff.).

dd) Gewerkschaftsbeauftragte. Gewerkschaftsbeauftragte können entsprechend **87** § 31 BetrVG vom Wirtschaftsausschuss hinzugezogen werden.[152] Ein Ausschluss der Gewerkschaftsbeauftragten wäre ungereimt, da der Betriebsrat die Aufgaben des Wirtschaftsausschusses auf einen seiner Ausschüsse übertragen könnte und Gewerkschaftsbeauftragte sodann ein Teilnahmerecht hätten.

Zweifelhaft ist, wer die **Entscheidung über die Zuziehung** zu treffen hat. Nach An- **88** sicht des BAG bedeutet die entsprechende Anwendung von § 31 BetrVG, dass auf Antrag eines Viertels der Mitglieder des Betriebsrats (bzw. des Gesamtbetriebsrats) oder auf Mehrheitsbeschluss des Betriebsrats (bzw. des Gesamtbetriebsrats) ein Beauftragter einer

---

[147] Vgl. BAG 11.12.1991 – 7 ABR 16/91, AP BetrVG 1972 § 90 Nr. 2 = NZA 1992, 850; *Joost* FS Zeuner, 1994, 67 (77).
[148] *Richardi* BetrVG/*Annuß* § 108 Rn. 16; enger GK-BetrVG/*Oetker* § 108 Rn. 19: pflichtgemäßes Ermessen; es ist aber nicht ersichtlich, welche Pflichten der Unternehmer bei der Entscheidung beachten soll.
[149] *Dütz* FS Westermann, 1974, 37 (43).
[150] *Fitting* § 108 Rn. 17; GK-BetrVG/*Oetker* § 108 Rn. 29.
[151] *Richardi* BetrVG/*Annuß* § 108 Rn. 19.
[152] BAG 25.6.1987 – 6 ABR 45/85, AP BetrVG 1972 § 108 Nr. 6 = NZA 1988, 167; *Klinkhammer* DB 1977, 1139 (1140 f.); *Richardi* AuR 1983, 33 ff.; GK-BetrVG/*Oetker* § 108 Rn. 37 ff.; aA *Zeuner* DB 1976, 2474 ff.; HWGNRH/*Hess* § 108 Rn. 11 a.

im Betriebsrat (bzw. Gesamtbetriebsrat) vertretenen Gewerkschaft an den Sitzungen teilnehmen kann; der Wirtschaftsausschuss selbst solle mit Mehrheit die Zuziehung „jedenfalls" dann beschließen können, wenn der Betriebsrat (bzw. Gesamtbetriebsrat) dem Wirtschaftsausschuss eine entsprechende Ermächtigung erteilt habe.[153] Da das Abhalten der Sitzungen eine interne Geschäftsführungsmaßnahme des Wirtschaftsausschusses ist und er eine den Betriebsratsausschüssen vergleichbare Stellung hat, ist es zweckmäßig, die dafür geltende Regelung zur Anwendung zu bringen (→ § 294 Rn. 4). Der Wirtschaftsausschuss kann daher neben dem Betriebsrat die Beiziehung von Gewerkschaftsbeauftragten beschließen.

89 Die Zuziehung kann nur für bestimmte **einzelne Sitzungen,** nicht aber generell für alle Sitzungen beschlossen werden.[154] Die Gewerkschaftsbeauftragten unterliegen der **Geheimhaltungspflicht** nach § 79 Abs. 2 BetrVG.

90 **ee) Arbeitgebervereinigung.** Der Unternehmer kann entsprechend § 29 Abs. 4 S. 2 BetrVG einen Vertreter seiner **Arbeitgebervereinigung** hinzuziehen.[155] Der Vertreter unterliegt der Geheimhaltungspflicht nach § 79 Abs. 2 BetrVG.

91 **ff) Schwerbehindertenvertretung.** Die **Schwerbehindertenvertretung** (bzw. Gesamtschwerbehindertenvertretung) kann entsprechend § 32 BetrVG an allen Sitzungen des Wirtschaftsausschusses beratend teilnehmen.[156]

92 **gg) Jugend- und Auszubildendenvertretung.** Die **Jugend- und Auszubildendenvertretung** (bzw. die Gesamt-Jugend- und Auszubildendenvertretung) kann entsprechend § 67 Abs. 1 S. 1 BetrVG zu den Sitzungen des Wirtschaftsausschusses einen Vertreter entsenden.[157] Dies ergibt sich folgerichtig daraus, dass die Teilnahmeberechtigung allgemein so ausgestaltet ist, wie sie für Sitzungen des Betriebsrats gilt.

93 **hh) Sachverständige.** Die Hinzuziehung von **Sachverständigen** ist entsprechend § 80 Abs. 3 BetrVG nach näherer Vereinbarung mit dem Arbeitgeber möglich, soweit sie zur ordnungsgemäßen Erfüllung der Aufgaben des Wirtschaftsausschusses erforderlich ist. Die Vereinbarung mit dem Unternehmer kann von dem Wirtschaftsausschuss oder dem Betriebsrat (bzw. Gesamtbetriebsrat) geschlossen werden.[158] Bei der Beurteilung der Erforderlichkeit der Zuziehung eines Sachverständigen ist maßgeblich zu berücksichtigen, dass der Betriebsrat zu Mitgliedern des Wirtschaftsausschusses nur Personen bestellen soll, welche die zur Erfüllung ihrer Aufgaben erforderliche fachliche Eignung bereits besitzen (§ 107 Abs. 1 S. 3 BetrVG). Hieraus hat das BAG mit Recht den Grundsatz entwickelt, dass die Mitglieder des Wirtschaftsausschusses normalerweise die notwendigen fachlichen Kenntnisse zur Erfüllung ihrer Aufgaben besitzen, insbesondere auch für die Erläuterung des Jahresabschlusses.[159] Die Zuziehung eines Sachverständigen ist daher nur erforderlich, wenn die zu behandelnden wirtschaftlichen Angelegenheiten ganz besondere Schwierigkeiten aufweisen. Die Sachverständigen sind zur Geheimhaltung verpflichtet (§ 108 Abs. 2 S. 3 BetrVG, § 80 Abs. 4 BetrVG, § 79 BetrVG).

---

[153] BAG 18.11.1980 – 1 ABR 31/78, AP BetrVG 1972 § 108 Nr. 2.
[154] BAG 25.6.1987 – 6 ABR 45/85, AP BetrVG 1972 § 108 Nr. 6 = NZA 1988, 167.
[155] BAG 18.11.1980 – 1 ABR 31/78, AP BetrVG 1972 § 108 Nr. 2.
[156] BAG 4.6.1987 – 6 ABR 70/85, AP SchwbG § 22 Nr. 2 = NZA 1987, 861; GK-BetrVG/*Oetker* § 108 Rn. 49.
[157] AA GK-BetrVG/*Oetker* § 108 Rn. 48.
[158] *Ehrich/Hoß* NZA 1996, 1075 (1077); vgl. auch BAG 18.7.1978 – 1 ABR 34/75, AP BetrVG 1972 § 108 Nr. 1, worunter auf Bl. 3 offenbar davon ausgegangen wird, dass die Zuziehung des Sachverständigen durch den Wirtschaftsausschuss oder den Betriebsrat erfolgen kann.
[159] BAG 18.7.1978 – 1 ABR 34/75, AP BetrVG 1972 § 108 Nr. 1; GK-BetrVG/*Oetker* § 108 Rn. 34.

ii) Protokollführer. Der Wirtschaftsausschuss hat nicht das Recht, ihm selbst nicht ange- 94
hörende Mitglieder des Betriebsrats oder des Gesamtbetriebsrats als **Protokollführer** zu
seinen Sitzungen hinzuzuziehen.[160] Soweit dem Wirtschaftsausschuss erforderliches Büropersonal vom Arbeitgeber zur Verfügung zu stellen ist (→ Rn. 117), obliegt die Auswahl
dem Arbeitgeber.

d) Leitung. Wenn sich der Wirtschaftsausschuss einen Vorsitzenden wählt (→ Rn. 73), ist 95
ihm die Sitzungsleitung zu übertragen. Im Übrigen können die Mitglieder des Wirtschaftsausschusses auch von Fall zu Fall einen Sitzungsleiter bestimmen.

e) Themen. In den Sitzungen können alle wirtschaftlichen Angelegenheiten 96
(→ Rn. 23 ff.) eingehend besprochen und mit dem Unternehmer umfassend beraten werden. Insbesondere ist dem Wirtschaftsausschuss in einer Sitzung der für das Unternehmen
aufgestellte Jahresabschluss unter Beteiligung des Betriebsrats vom Unternehmer zu erläutern, § 108 Abs. 5 BetrVG (→ Rn. 46 ff.).

f) Vorlage von Unterlagen und Einsichtsrecht. In den Sitzungen sind dem Wirt- 97
schaftsausschuss die für die Unterrichtung und die Beratung erforderlichen Unterlagen
vorzulegen (→ Rn. 49 ff.). Die Mitglieder des Wirtschaftsausschusses sind berechtigt, in
die Unterlagen Einsicht zu nehmen (§ 108 Abs. 3 BetrVG). Das versteht sich von selbst.
Soweit dies für eine ordnungsgemäße Unterrichtung erforderlich ist, müssen die Unterlagen schon vor der Sitzung zugänglich gemacht werden (→ Rn. 54). Zu einer Aushändigung bzw. Überlassung der Unterlagen zwingt das Gesetz den Unternehmer nicht
(→ Rn. 53).

g) Sitzungsniederschrift. Die Aufnahme eines Protokolls ist gesetzlich nicht zwingend 98
vorgesehen. Sie liegt daher im Ermessen des Wirtschaftsausschusses.[161] Eine Niederschrift
wird zweckmäßig sein, wenn die Beratungen mit dem Unternehmer insbesondere in
schwierigen Angelegenheiten zu einer Übereinkunft führen.

h) Bericht an den Betriebsrat. Der Wirtschaftsausschuss hat dem Betriebsrat über jede 99
Sitzung unverzüglich und vollständig zu berichten, § 108 Abs. 4 BetrVG. Es handelt sich
dabei um eine wesentliche Funktion des Wirtschaftsausschusses, der den Betriebsrat bei
der Wahrnehmung seiner Aufgaben gerade durch diese Unterrichtungstätigkeit unterstützt. Dazu im Einzelnen → Rn. 59 ff.

4. Beschlüsse
Da der Wirtschaftsausschuss keine Mitbestimmungsrechte im engeren Sinne ausübt, sind 100
Beschlüsse insoweit nicht zu fassen. Im Übrigen braucht für die Meinungsbildung etwa
im Bereich der Geschäftsführung (Bestimmung von Sitzungsterminen; Wahl eines Vorsitzenden) ein **formalisiertes Beschlussverfahren nicht eingehalten** zu werden.[162]

VII. Amtszeit

1. Amtszeit des Wirtschaftsausschusses
Während der Gesamtbetriebsrat und der Konzernbetriebsrat ständige Einrichtungen ohne 101
eine besondere Amtszeit sind, ist der Wirtschaftsausschuss entsprechend seiner Stellung **als
Hilfsorgan des Betriebsrats an dessen Amtszeit gekoppelt.** Die Mitglieder des Wirtschaftsausschusses werden vom Betriebsrat nur für die Dauer seiner eigenen Amtszeit be-

---

[160] BAG 17.10.1990 – 7 ABR 69/89, AP BetrVG 1972 § 108 Nr. 8 = NZA 1991, 432.
[161] HM; *Fitting* § 108 Rn. 8; anders *Wiese* FS Molitor, 1988, 365 (375 f.); GK-BetrVG/*Oetker* § 108 Rn. 13; offengelassen in BAG 17.10.1990 – 7 ABR 69/89, AP BetrVG 1972 § 108 Nr. 8 = NZA 1991, 432.
[162] Anders *Wiese* FS Molitor, 1988, 365 (371 ff.) mwN.

stimmt (§ 107 Abs. 2 S. 1 BetrVG). Mit der Beendigung dieser Amtszeit verlieren daher die Mitglieder des Wirtschaftsausschusses ohne weiteres ihr Amt. Zur Beendigung durch Absinken der notwendigen Arbeitnehmerzahl des Unternehmens → Rn. 3.

102 Sind die Mitglieder des Wirtschaftsausschusses **durch den Gesamtbetriebsrat bestimmt** worden, so endet die Amtszeit aller Mitglieder in dem Zeitpunkt, in dem die Amtszeit der Mehrheit der Mitglieder des Gesamtbetriebsrats, die an der Bestimmung mitzuwirken berechtigt waren, abgelaufen ist (§ 107 Abs. 2 S. 2 BetrVG). Maßgeblich für die Beendigung der Amtszeit ist hier also, wann die einfache Mehrheit aller zur Zeit der Bestellung des Wirtschaftsausschusses vorhandenen Mitglieder des Gesamtbetriebsrats aus diesem ausgeschieden ist. Es ist aber ohne Bedeutung, welche Mitglieder sich an der Bestellung des Wirtschaftsausschusses beteiligt hatten. Im Übrigen kommt es allein auf die Zahl der Mitglieder an; die für die Beschlussfassungen im Gesamtbetriebsrat geltende Stimmengewichtung bleibt unberücksichtigt. Scheidet ein Mitglied des Gesamtbetriebsrats aus diesem aus persönlichen Gründen aus, ohne dass die Amtszeit des ihn entsendenden Betriebsrats abgelaufen ist, so rückt in den Gesamtbetriebsrat das Ersatzmitglied nach; dies hat auf die Amtszeit des Wirtschaftsausschusses keine Auswirkungen.[163]

103 Nach Beendigung der Amtszeit hat der neu gewählte Betriebsrat **sämtliche Mitglieder** des Wirtschaftsausschusses **neu zu bestellen.** Bei einer Bestellung durch den Gesamtbetriebsrat ist es zweckmäßig, dass sein Vorsitzender vormerkt, zu welchem Zeitpunkt die Mehrheit der Mitglieder des Gesamtbetriebsrats infolge der Beendigung der Amtszeit der Betriebsräte aus dem Gesamtbetriebsrat ausscheidet, so dass im Anschluss daran der Gesamtbetriebsrat in seiner neuen Zusammensetzung über die Bestellung der Mitglieder des Wirtschaftsausschusses entscheiden kann.

2. Beendigung der Mitgliedschaft

104 Das einzelne Mitglied des Wirtschaftsausschusses verliert seine Mitgliedschaft außer durch die Beendigung der Amtszeit des Wirtschaftsausschusses in folgenden Fällen:

105 a) **Abberufung.** Die Mitglieder des Wirtschaftsausschusses können jederzeit durch den Betriebsrat bzw. den Gesamtbetriebsrat abberufen werden (§ 107 Abs. 2 S. 3 BetrVG). Eines besonderen Grundes bedarf es dafür nicht. Die Abberufung erfolgt durch einfachen Mehrheitsbeschluss des Betriebsrats bzw. des Gesamtbetriebsrats. Bei einer Beschlussfassung im Gesamtbetriebsrat ist dabei die Stimmengewichtung zu berücksichtigen.

106 b) **Erlöschen der Mitgliedschaft im Betriebsrat.** Dem Wirtschaftsausschuss muss gemäß § 107 Abs. 1 S. 1 BetrVG mindestens ein Betriebsratsmitglied angehören, so dass notwendig bei einer Person die Mitgliedschaft im Betriebsrat und im Wirtschaftsausschuss gekoppelt ist. Gehört dem Wirtschaftsausschuss **nur ein Betriebsratsmitglied** an und scheidet dieses aus dem Betriebsrat aus, so erlischt damit gleichzeitig seine Mitgliedschaft im Wirtschaftsausschuss.

107 Solange dagegen noch mindestens ein Betriebsratsmitglied im Wirtschaftsausschuss vorhanden ist, berührt das **Ausscheiden anderer Mitglieder** des Wirtschaftsausschusses aus dem Betriebsrat deren Stellung im Wirtschaftsausschuss nicht.[164] Das Gesetz verlangt nicht, dass bei mehr als einer Person die Mitgliedschaft im Betriebsrat und im Wirtschaftsausschuss gekoppelt ist. Der Betriebsrat (bzw. der Gesamtbetriebsrat) kann aber das Ausscheiden aus dem Betriebsrat zum Anlass für eine Abberufung aus dem Wirtschaftsausschuss nehmen.

---

[163] Fitting § 107 Rn. 22.
[164] Ebenso Richardi BetrVG/*Annuß* § 107 Rn. 23; aA Fitting § 107 Rn. 9.

c) Amtsniederlegung. Jedes Mitglied des Wirtschaftsausschusses kann seine Mitgliedschaft jederzeit ohne Angabe von Gründen niederlegen und scheidet damit aus dem Wirtschaftsausschuss aus (entspr. § 24 Abs. 1 Nr. 2 BetrVG). 108

d) Ausschluss. Ein besonderes Ausschlussverfahren wie nach § 23 Abs. 1 BetrVG für Mitglieder des Betriebsrats ist gesetzlich nicht vorgesehen. 109

e) Ersatzmitglied und Neubestellung. Scheidet ein Mitglied aus dem Wirtschaftsausschuss aus, so rückt das etwa bestellte Ersatzmitglied (→ Rn. 20) nach; anderenfalls hat der Betriebsrat (bzw. der Gesamtbetriebsrat) über eine Neubestellung zu beschließen. 110

VIII. Rechtsstellung der Mitglieder

1. Ehrenamtliche Tätigkeit und Arbeitsbefreiung

Die Mitglieder des Wirtschaftsausschusses führen ihr Amt unentgeltlich als Ehrenamt (entspr. § 37 Abs. 1 BetrVG). Sie sind von ihrer beruflichen Tätigkeit **ohne Minderung des Arbeitsentgelts** zu befreien, wenn und soweit es nach Umfang und Art des Unternehmens zur ordnungsgemäßen Durchführung ihrer Aufgaben erforderlich ist. Zum Ausgleich für Amtstätigkeit, die aus unternehmensbedingten Gründen außerhalb der Arbeitszeit durchzuführen ist, besteht ein Anspruch auf entsprechende Arbeitsbefreiung unter Fortzahlung des Arbeitsentgelts bzw. auf Abgeltung (entspr. § 37 Abs. 2 und 3 BetrVG). Diese Grundsätze gelten gleichermaßen für Mitglieder des Wirtschaftsausschusses, die zugleich Betriebsratsmitglieder sind, wie für die **sonstigen unternehmensangehörigen Mitglieder**. Allgemeine Freistellungen von der Arbeit wie bei Betriebsratsmitgliedern gibt es wegen der Tätigkeit im Wirtschaftsausschuss nicht. 111

2. Schulungs- und Bildungsveranstaltungen

Zu Mitgliedern des Wirtschaftsausschusses soll der Betriebsrat nur Personen bestellen, welche die zur Erfüllung ihrer Aufgaben erforderliche fachliche Eignung bereits besitzen, § 107 Abs. 1 S. 3 BetrVG. Eigenständige Ansprüche auf Teilnahme an Schulungs- und Bildungsveranstaltungen (§ 37 Abs. 6, Abs. 7 BetrVG) bestehen deshalb **wegen der Amtstätigkeit im Wirtschaftsausschuss** als solcher **nicht**.[165] Die zu Mitgliedern des Wirtschaftsausschusses bestellten Betriebsratsmitglieder können aber im erforderlichen Umfang an Schulungs- und Bildungsveranstaltungen in ihrer Ursprungsfunktion als Betriebsratsmitglieder teilnehmen.[166] Für die anderen unternehmensangehörigen Mitglieder des Wirtschaftsausschusses besteht also kein Anspruch auf Teilnahme an Schulungs- und Bildungsveranstaltungen.[167] 112

3. Schutzbestimmungen

a) Tätigkeits- und Entgeltschutz. Die dem Betriebsrat angehörenden Mitglieder des Wirtschaftsausschusses genießen den allgemeinen Tätigkeits- und Entgeltschutz gemäß § 37 Abs. 4 und 5 BetrVG in ihrer Ursprungsfunktion als Betriebsratsmitglieder. Für die anderen unternehmensangehörigen Mitglieder des Wirtschaftsausschusses ist dieser absolute Schutz gesetzlich nicht vorgesehen. Eine Gleichstellung mit den Betriebsratsmitgliedern ist nicht geboten.[168] Der Wirtschaftsausschuss übt im Gegensatz zum Betriebsrat keine erzwingbaren Mitbestimmungsrechte aus, deren Konfliktträchtigkeit der Grund für den absoluten Schutz ist. Der Unterrichtungs- und Beratungsfunktion des Wirtschaftsausschusses 113

---

[165] BAG 11.11.1998 – 7 AZR 491/97, AP BetrVG 1972 § 37 Nr. 129 = NZA 1999, 1119.
[166] BAG 11.11.1998 – 7 AZR 491/97, AP BetrVG 1972 § 37 Nr. 129 = NZA 1999, 1119.
[167] GK-BetrVG/*Oetker* § 107 Rn. 39; *Schlüter* SAE 1975, 158 (162); *Wisskirchen* S. 87; aA Richardi BetrVG/ *Annuß* § 107 Rn. 28 mwN; *Fitting* § 107 Rn. 25; *Däubler/Peter*, Schulung und Fortbildung von betrieblichen Interessenvertretern, 4. Aufl. 1999, Rn. 287.
[168] GK-BetrVG/*Oetker* § 107 Rn. 42.

wird angemessen dadurch Rechnung getragen, dass Benachteiligungen der Mitglieder wegen ihrer Amtstätigkeit allgemein verboten sind (§ 78 BetrVG). Sie dürfen daher wegen ihrer Amtsausübung weder während der Amtszeit noch danach zu schlechteren Arbeitsbedingungen beschäftigt werden. Veränderungen der Arbeitsbedingungen aus anderen Gründen sind aber zulässig.

114 **b) Benachteiligungs- und Begünstigungsverbot.** Die Mitglieder des Wirtschaftsausschusses dürfen in gleicher Weise wie die Mitglieder des Betriebsrats in der Ausübung ihrer Tätigkeit nicht gestört oder behindert und wegen ihrer Tätigkeit weder benachteiligt noch begünstigt werden, § 78 BetrVG (dazu → § 295 Rn. 1 ff.).

115 **c) Kündigungsschutz.** Die zu Mitgliedern des Wirtschaftsausschusses bestellten Betriebsratsmitglieder genießen den besonderen Kündigungsschutz nach § 15 KSchG, § 103 BetrVG in ihrer Ursprungsfunktion als Betriebsratsmitglieder. Für die anderen unternehmensangehörigen Mitglieder des Wirtschaftsausschusses ist ein derartiger absoluter Kündigungsschutz gesetzlich ebenso wenig vorgesehen wie ein absoluter Tätigkeits- und Entgeltschutz (→ Rn. 113). Ein besonderer Kündigungsschutz besteht daher für sie nicht.[169] Eine Kündigung darf aber nicht wegen der Tätigkeit als Mitglied des Wirtschaftsausschusses erfolgen; eine derartige Kündigung verstößt gegen das Benachteiligungsverbot gemäß § 78 BetrVG und ist deshalb unwirksam. Macht ein gekündigter Arbeitnehmer dies geltend, so hat das Gericht im Kündigungsschutzprozess besonders sorgfältig zu prüfen, ob die Kündigung im Zusammenhang mit der Amtsausübung des Arbeitnehmers steht.

4. Geheimhaltungspflicht

116 Die Mitglieder des Wirtschaftsausschusses unterliegen **in gleicher Weise wie die Betriebsratsmitglieder** der besonderen Geheimhaltungspflicht hinsichtlich der Betriebs- oder Geschäftsgeheimnisse, die ihnen wegen ihrer Zugehörigkeit zum Wirtschaftsausschuss bekannt geworden und vom Arbeitgeber ausdrücklich als geheimhaltungsbedürftig bezeichnet worden sind, § 79 Abs. 2 BetrVG (dazu näher → § 295 Rn. 1 ff.). Die Verletzung der Geheimhaltungspflicht ist gemäß § 120 BetrVG strafbar.

IX. Kosten

117 Die durch die Tätigkeit des Wirtschaftsausschusses entstehenden erforderlichen Kosten hat der **Arbeitgeber zu tragen** (entspr. § 40 Abs. 1 BetrVG). Für die Sitzungen und die etwaige sonstige Geschäftsführung hat der Arbeitgeber im erforderlichen Umfang Räume, sachliche Mittel und Büropersonal zur Verfügung zu stellen[170] (entspr. § 40 Abs. 2 BetrVG). Zu den Einzelheiten → § 296 Rn. 1 ff.

X. Streitigkeiten

118 Die Erledigung von Streitigkeiten im Zusammenhang mit der Tätigkeit des Wirtschaftsausschusses ist in nicht besonders geglückter Weise auf das arbeitsgerichtliche Beschlussverfahren und das Einigungsstellenverfahren verteilt, woraus einige schwierige **Abgrenzungsprobleme** entstehen. Grundsätzlich ist das Beschlussverfahren eröffnet. Dagegen ist die Beilegung von Meinungsverschiedenheiten über die Erteilung von Auskünften über wirtschaftliche Angelegenheiten der Einigungsstelle zugewiesen. Die Zuständigkeit der Einigungsstelle hängt allerdings davon ab, dass überhaupt eine wirtschaftliche Angelegenheit vorliegt. Dies ist eine Rechtsfrage, die wiederum von vornherein im arbeitsgerichtlichen Beschlussverfahren geklärt werden kann, ohne dass dafür eine Primärzuständigkeit

---

[169] *Fitting* § 107 Rn. 26; Richardi BetrVG/*Annuß* § 107 Rn. 29; GK-BetrVG/*Oetker* § 107 Rn. 43 mwN.
[170] BAG 17.10.1990 – 7 ABR 69/89, AP BetrVG 1972 § 108 Nr. 8 = NZA 1991, 432.

der Einigungsstelle besteht.[171] Dagegen hat über die Erfüllung der Auskunftspflicht und die Erforderlichkeit der Vorlage von Unterlagen zunächst die Einigungsstelle zu befinden,[172] deren Spruch sodann der gerichtlichen Überprüfung unterliegt.

1. Arbeitsgerichtliches Beschlussverfahren

a) Anwendungsbereich. Das arbeitsgerichtliche Beschlussverfahren (§§ 2a, 80ff. ArbGG) findet bei allen Streitigkeiten statt, welche das **Amt und die Tätigkeit** des Wirtschaftsausschusses betreffen, also zB die Zulässigkeit seiner Errichtung,[173] die Bestellung der Mitglieder und seine Zusammensetzung, die Geschäftsführung, die Hinzuziehung von Sachverständigen[174] und die Kostentragung. Das Beschlussverfahren ist auch die richtige Verfahrensart, wenn es um die inhaltliche Frage geht, ob überhaupt eine wirtschaftliche Angelegenheit vorliegt und deshalb die **Zuständigkeit des Wirtschaftsausschusses** gegeben ist.[175] Dagegen ist für Streitigkeiten über die Erfüllung der Auskunftspflicht einschließlich der Vorlage der Urkunden und der Erläuterung des Jahresabschlusses primär die Einigungsstelle zuständig. Allerdings kann der Gesamtbetriebsrat bzw. der Betriebsrat im arbeitsgerichtlichen Beschlussverfahren nach § 23 Abs. 3 BetrVG gegen den Arbeitgeber vorgehen, wenn dieser seinen Verpflichtungen nach § 106 Abs. 2 BetrVG überhaupt nicht, nicht rechtzeitig oder nicht umfassend nachkommt.[176] Im Beschlussverfahren sind ferner Streitigkeiten über die Unterrichtung der Arbeitnehmer nach § 110 BetrVG zu erledigen.

b) Antragsrecht; Beteiligungsbefugnis. Das Antragsrecht und die Beteiligungsbefugnis stehen dem Betriebsrat (bzw. dem Gesamtbetriebsrat) zu.[177] Dies ergibt sich daraus, dass der Wirtschaftsausschuss nur eine den Ausschüssen des Betriebsrats vergleichbare Stellung im Sinne eines Hilfsorgans hat, die Beteiligungsrechte aber dem Betriebsrat selbst zustehen (→ Rn. 1). Der Wirtschaftsausschuss ist dementsprechend weder antragsberechtigt noch beteiligungsbefugt.[178]

2. Urteilsverfahren

Ansprüche der Mitglieder des Wirtschaftsausschusses auf Zahlung von Lohn oder Gehalt wegen einer infolge von Amtstätigkeit versäumten Arbeitszeit sind im Urteilsverfahren zu verfolgen. Insoweit handelt es sich nicht um eine betriebsverfassungsrechtliche Streitigkeit, sondern um einen **Individualanspruch.**

3. Einigungsstelle

Die Beilegung von Meinungsverschiedenheiten über die **Erfüllung der Auskunftspflicht** ist in § 109 BetrVG der Einigungsstelle zugewiesen. Der **Zweck** der Bestimmung liegt darin, die Auseinandersetzung über sensible Unternehmensdaten möglichst innerhalb des Unternehmens zu halten. Infolge der gerichtlichen Überprüfungskompetenz kann dieser Zweck aber nur eingeschränkt erreicht werden (→ Rn. 135).

a) Zuständigkeit. Die Einigungsstelle hat zu entscheiden, wenn der Wirtschaftsausschuss von dem Unternehmer eine Auskunft über eine wirtschaftliche Angelegenheit ausdrück-

---

[171] BAG 17.9.1991 – 1 ABR 74/90, AP BetrVG 1972 § 106 Nr. 13 = NZA 1992, 418.
[172] BAG 17.9.1991 – 1 ABR 74/90, AP BetrVG 1972 § 106 Nr. 13 = NZA 1992, 418.
[173] Vgl. dazu HessLAG 1.8.2006 – 4 TaBV 111/06, NZA-RR 2007, 199 (201); vgl. dazu auch HessLAG 11.12.2017 – 16 TaBV 93/17, BeckRS 2017, 146811.
[174] BAG 18.7.1978 – 1 ABR 34/75, AP BetrVG 1972 § 108 Nr. 1.
[175] BAG 11.7.2000 – 1 ABR 43/99, AP BetrVG 1972 § 109 Nr. 2 = NZA 1992, 418; *Rumpff/Boewer*, 231; Richardi BetrVG/*Annuß* § 109 Rn. 5; *Dütz* Überprüfung S. 27; *Böttcher* FS A. Hueck, 1978, 149 (168); anders GK-BetrVG/*Oetker* § 109 Rn. 26.
[176] LAG Bln-Bbg 30.3.2012 – 10 TaBV 2362/11, BeckRS 2012, 69525 unter II.2.
[177] BAG 22.1.1991 – 1 ABR 38/89, AP BetrVG 1972 § 106 Nr. 9 = NZA 1991, 649.
[178] BAG 22.1.1991 – 1 ABR 38/89, AP BetrVG 1972 § 106 Nr. 9 = NZA 1991, 649; aA *Dütz* FS Westermann, 1974, 37, (47f.); *Herschel* AuR 1980, 21 (23f.).

lich verlangt hat, sie ihm aber nicht, nicht rechtzeitig oder nur ungenügend erteilt worden ist und hierüber eine Einigung zwischen dem Unternehmer und dem Betriebsrat (bzw. Gesamtbetriebsrat) nicht erzielt werden konnte. Voraussetzung für die Zuständigkeit der Einigungsstelle ist lediglich ein konkretes Auskunftsverlangen des Wirtschaftsausschusses. Gibt es ein solches, ist die Einigungsstelle selbst dann nicht offensichtlich unzuständig nach § 100 Abs. 1 S. 2 ArbGG, wenn auch die Existenz des Wirtschaftsausschusses in Streit steht.[179] Weitere Voraussetzung ist allerdings, dass Gesamtbetriebsrat bzw. Betriebsrat zunächst intern versucht haben, die Meinungsverschiedenheiten über das konkrete Auskunftsverlangen beizulegen, andernfalls die Einigungsstelle offensichtlich unzuständig nach § 100 Abs. 1 S. 2 ArbGG ist.[180] Konnte mit dem Unternehmer keine Einigung über die Auskunftserteilung an den Wirtschaftsausschuss erzielt werden, hat die Einigungsstelle zu entscheiden, ob, wann und mit welchem Umfang die Auskunft erteilt werden muss.

124 Der Grund für das Unterlassen einer Auskunft wird häufig darin liegen, dass der Unternehmer eine Gefährdung von Betriebs- oder Geschäftsgeheimnissen befürchtet und deshalb davon ausgeht, dass er gemäß § 106 Abs. 2 S. 1 BetrVG zur Unterrichtung nicht verpflichtet ist. Auch und gerade über die **Berechtigung einer Auskunftsverweigerung** aus diesem Grunde hat die Einigungsstelle zu entscheiden.[181] Die Zuständigkeit der Einigungsstelle ist ferner gegeben, wenn Meinungsverschiedenheiten über die **Erläuterung des Jahresabschlusses** nach § 108 Abs. 5 BetrVG bestehen.[182] Die Erläuterung ist lediglich ein besonderer Inhalt der Auskunftserteilung.

125 Meinungsverschiedenheiten über die **Vorlage von Unterlagen** werden in § 109 BetrVG nicht ausdrücklich erwähnt. Die Vorlage ist ein Teil der Unterrichtung, so dass bei einem Unterbleiben der Vorlage die Unterrichtung nicht genügend ist. Hierüber hat daher die Einigungsstelle zu entscheiden.[183] Die Auskunft ist ebenfalls ungenügend, wenn der Unternehmer den Mitgliedern des Wirtschaftsausschusses entgegen § 108 Abs. 3 BetrVG die Einsichtnahme in die Unterlagen verweigert; auch hierüber hat die Einigungsstelle zu befinden.[184] Nach teilweise vertretener Ansicht hat die Einigungsstelle auch darüber zu befinden, in welcher Form die Unterlagen dem Wirtschaftsausschuss vorzulegen sind, insbesondere, ob der Wirtschaftsausschuss eine Vorlage der Unterlagen in Form einer bearbeitungsfähigen, elektronischen Datei beanspruchen kann.[185] Für eine Zuständigkeit der Einigungsstelle spricht die gesetzgeberische Konzeption ihrer Primärzuständigkeit.

126 Die Einigungsstelle **prüft ihre Zuständigkeit selbst.** Sie hat daher in eigener Kompetenz zu beurteilen, ob sich die verlangte Auskunft überhaupt auf eine wirtschaftliche Angelegenheit bezieht und damit die Zuständigkeit des Wirtschaftsausschusses und ihre eigene Zuständigkeit gegeben sind[186] (Vorfragenkompetenz). Die Zuständigkeit des Arbeitsgerichts, das Vorliegen einer wirtschaftlichen Angelegenheit im arbeitsgerichtlichen Beschlussverfahren zu entscheiden (→ Rn. 119), bleibt davon unberührt. Zur Frage, ob

---

[179] LAG Köln 27.5.2016 – 10 TaBV 28/16 Rn. 28, BeckRS 2016, 72528; gibt es allerdings kein Auskunftsverlangen des Wirtschaftsausschusses und besteht lediglich Streit über die Wirksamkeit dessen Bestellung, ist die Einigungsstelle offensichtlich unzuständig, vgl. HessLAG 1.8.2006 – 4 TaBV 111/06, NZA-RR 2007, 199 (201).
[180] LAG Hmb 12.6.2013 – 6 TaBV 9/13 unter II. a) bb), BeckRS 2014, 65029.
[181] BAG 11.7.2000 – 1 ABR 43/99, AP BetrVG 1972 § 109 Nr. 2.
[182] LAG Düsseldorf 13.3.1978 – 21 TaBV 3/78, DB 1978, 1695f.; HessLAG 19.4.1988, DB 1988, 1807; *Dütz* FS Westermann, 1974, 37 (53); Richardi BetrVG/*Annuß* § 109 Rn. 3 mwN; aA HWGNRH/*Hess* § 109 Rn. 1; vgl. auch BAG 8.8.1989 – 1 ABR 61/88, AP BetrVG 1972 § 106 Nr. 6 = NZA 1990, 150.
[183] BAG 8.8.1989 – 1 ABR 61/88, AP BetrVG 1972 § 106 Nr. 6 = NZA 1990, 150.
[184] Richardi BetrVG/*Annuß* § 109 Rn. 4; *Dütz* FS Westermann, 1974, 37 (45); aA *Fitting* § 108 Rn. 41: Erledigung im Beschlussverfahren.
[185] LAG Köln 10.3.2017 – 9 TaBV 17/16 Rn. 19, BeckRS 2017, 113568, Anm. *Schindele* ArbRAktuell 2017, 350, Rechtsbeschwerde zugelassen.
[186] Richardi BetrVG/*Annuß* § 109 Rn. 5; vgl. dazu auch LAG RhPf 28.2.2013 – 11 TaBV 42/12 unter II.2., BeckRS 2013, 71274.

die Einigungsstelle ihr Verfahren bis zur Entscheidung des Arbeitsgerichts aussetzen kann, → § 308 Rn. 84.

Gemäß § 109a BetrVG ist in Unternehmen, in denen kein Wirtschaftsausschuss besteht, der Betriebsrat über die mit einem Erwerb der Kontrolle verbundene **Übernahme des Unternehmens** nach § 106 Abs. 3 Nr. 9a BetrVG zu unterrichten. Insoweit hat die Einigungsstelle gemäß § 109a aE BetrVG die gleiche Zuständigkeit wie bei Bestehen eines Wirtschaftsausschusses.

b) Antragsrecht; Beteiligungsbefugnis. Über die Durchsetzung des Auskunftsanspruchs hat der Wirtschaftsausschuss nicht selbst zu entscheiden. Er hat lediglich die Auskunft von dem Unternehmer zu verlangen. Kommt es daraufhin nicht zu einer Einigung mit dem Unternehmer, so kann der Betriebsrat (bzw. Gesamtbetriebsrat) die Einigungsstelle anrufen, § 76 Abs. 5 S. 1 BetrVG. Der Wirtschaftsausschuss hat kein Antragsrecht.[187] Allerdings hat der Wirtschaftsausschuss vorab über das Auskunftsverlangen ordnungsgemäß Beschluss zu fassen. Fehlt es an einer ordnungsgemäßen Beschlussfassung, ist die durch den Gesamtbetriebsrat bzw. Betriebsrat angerufene Einigungsstelle offensichtlich unzuständig.[188]

c) Verfahren. Für das Verfahren gelten die allgemeinen für eine Einigungsstelle anzuwendenden Bestimmungen (→ § 308 Rn. 71 ff.). Die Einigungsstelle wird, da es sich um wirtschaftliche Angelegenheiten des Unternehmens handelt, auf Unternehmensebene gebildet.

aa) Sachverständige. Sie kann, wenn dies für ihre Entscheidung erforderlich ist, **Sachverständige** anhören, ohne dass dies einer Vereinbarung mit dem Arbeitgeber bedarf (§ 109 S. 3 BetrVG). Der Arbeitgeber braucht aber die Kosten des Sachverständigen nur bei Vorliegen der gesetzlichen Voraussetzungen für die Hinzuziehung, also bei deren objektiver Erforderlichkeit, zu tragen.[189] Damit besteht für Einigungsstellenmitglieder, die den Sachverständigen beauftragt haben, das gänzlich inakzeptable Risiko, die Kosten ggf. selbst tragen zu müssen. Es empfiehlt sich deshalb dringend, zunächst ein Einverständnis des Arbeitgebers herbeizuführen. Ein Streit über die Erforderlichkeit der Anhörung eines Sachverständigen ist im arbeitsgerichtlichen Beschlussverfahren zu erledigen. Die Sachverständigen unterliegen der gleichen **Geheimhaltungspflicht** wie Betriebsratsmitglieder (§ 109 S. 3 BetrVG, § 80 Abs. 4 BetrVG, § 79 BetrVG).

bb) Geheimnisgefährdung. Die Einigungsstelle ist insbesondere dafür zuständig, die Berechtigung der Auskunftsverweigerung zu beurteilen und darüber zu entscheiden, wenn der Unternehmer ein **Betriebs- oder Geschäftsgeheimnis gefährdet** sieht. Das Recht des Unternehmers, Auskünfte bei der Gefährdung von Betriebs- und Geschäftsgeheimnissen zu verweigern, wäre aber obsolet, wenn er, um sich darauf zu berufen, das Geheimnis zunächst der Einigungsstelle offenbaren müsste. Dies kann deshalb von ihm nicht verlangt werden. Es genügt, wenn er der Einigungsstelle **glaubhaft** macht, dass eine Auskunft ein Betriebs- oder Geschäftsgeheimnis gefährden wird.[190] Gelingt dies, so hat die Einigungsstelle dem Antrag des Betriebsrats nicht zu entsprechen.

---

[187] Richardi BetrVG/*Annuß* § 109 Rn. 9.
[188] LAG SchlH 24.11.2016 – 4 TaBV 40/16 Rn. 14, BeckRS 2016, 74959, Anm. *Schindele* ArbRAktuell 2017, 29; LAG Düsseldorf 26.2.2016 – 4 TaBV 8/16 Rn. 15, BeckRS 2016, 67519, Anm. *Frahm* ArbRAktuell 2016, 225; LAG Hamm 2.11.2015 – 13 TaBV 70/15 Rn. 4, BeckRS 2015, 73264; vgl. dazu auch LAG Hmb 12.6.2013 – 6 TaBV 9/13 unter II. a) bb), BeckRS 2014, 65029.
[189] Richardi BetrVG/*Annuß* § 109 Rn. 16.
[190] LAG Düsseldorf 13.3.1978 – 21 TaBV 3/78, DB 1978, 1695 f.; GK-BetrVG/*Oetker* § 109 Rn. 13; *Fitting* § 109 Rn. 4.

132 d) Entscheidung. Der Spruch der Einigungsstelle ersetzt die Einigung zwischen Arbeitgeber und Betriebsrat (§ 109 S. 2 BetrVG). Gibt die Einigungsstelle dem Begehren des Betriebsrats nicht statt, so braucht der Arbeitgeber die Auskunft nicht zu erteilen. Die Unterlassung begründet daher keine Ordnungswidrigkeit nach § 121 BetrVG.[191]

133 Hat die Einigungsstelle dem Begehren des Betriebsrats entsprochen, so **hat der Unternehmer** die durch **den Spruch** der Einigungsstelle ersetzte Vereinbarung zwischen ihm und dem Betriebsrat selbst **durchzuführen,** § 77 Abs. 1 BetrVG. Unterlässt er dies, so liegt darin eine Ordnungswidrigkeit nach § 121 BetrVG. Außerdem kann darin ein grober Verstoß gegen die betriebsverfassungsrechtlichen Verpflichtungen des Arbeitgebers gemäß § 23 Abs. 3 BetrVG liegen.

134 Unmittelbar **vollstreckbar** ist der Spruch der Einigungsstelle im Übrigen nicht. Der Betriebsrat (bzw. der Gesamtbetriebsrat) kann aber das arbeitsgerichtliche **Beschlussverfahren** (§§ 2a, 80 ff. ArbGG) mit dem Ziel betreiben, den Unternehmer zu verpflichten, die verlangte Auskunft zu erteilen.[192] Der stattgebende Beschluss ist gemäß § 85 Abs. 1 ArbGG, § 888 ZPO vollstreckbar.[193] Der Wirtschaftsausschuss kann das arbeitsgerichtliche Beschlussverfahren nicht einleiten.[194]

135 e) Gerichtliche Überprüfung. Der Anspruch auf Unterrichtung und Vorlage der erforderlichen Urkunden ist gemäß § 106 Abs. 2 BetrVG ein gesetzlich begründeter Anspruch des Betriebsrats. Ob er im Einzelfall besteht und ob der Unternehmer berechtigt ist, eine Auskunft wegen der Gefährdung von Betriebs- und Geschäftsgeheimnissen zu verweigern, ist eine **Rechtsfrage.** Daran ändert sich nichts dadurch, dass über sie nach § 109 BetrVG die Einigungsstelle entscheidet, die grds. nur für Regelungsfragen zuständig ist (→ § 308 Rn. 11, 12). Die Entscheidung unterliegt deshalb entgegen § 76 Abs. 5 S. 4 BetrVG der **vollen gerichtlichen Überprüfung,** also nicht nur einer Kontrolle der Einhaltung der Grenzen des zulässigen Ermessens.[195] Die in § 76 Abs. 5 S. 4 BetrVG bestimmte Frist von zwei Wochen für die Anrufung des Arbeitsgerichts gilt nicht.

---

[191] Vgl. aber BAG 8.8.1989 – 1 ABR 61/88, AP BetrVG 1972 § 106 Nr. 6 Bl. 5 R = NZA 1990, 150.
[192] BAG 8.8.1989 – 1 ABR 61/88, AP BetrVG 1972 § 106 Nr. 6 = NZA 1990, 150.
[193] *Bötticher* FS A. Hueck, 1978, 149 (172); GK-BetrVG/*Oetker* § 109 Rn. 42 mwN.
[194] *Richardi* BetrVG/*Annuß* § 109 Rn. 21; *Fitting* § 109 Rn. 12; GK-BetrVG/*Oetker* § 109 Rn. 41; aA *Herschel* AuR 1980, 21 (23 f.).
[195] BAG 11.7.2000 – 1 ABR 43/99, AP BetrVG 1972 § 109 Nr. 2.

Sechster Titel: Einigungsstelle
§ 308 Einigungsstelle

Schrifttum:
Bader/Jörchel, Vereinheitlichung der arbeitsgerichtlichen Streitwerte, NZA 2013, 809; *Bauer*, Der Anwalt im Einigungsstellenverfahren, Anwaltsblatt 1985, 225; *Bauer*, Einigungsstellen – Ein ständiges Ärgernis!, NZA 1992, 433; *Bauer*, Schnellere Einigungsstelle – Gesetzesreform nötig!, ZIP 1996, 117; *Bauer/Diller*, Der Befangenheitsantrag gegen den Einigungsstellenvorsitzenden, DB 1996, 137; *Bauer/Röder*, Problemlose Einigungsstellenkosten?, DB 1989, 224; *Behrens*, Konkretisierung des Gegenstandes der Einigungsstelle, NZA-Beil. 2/1991, 23; *Bengelsdorf*, Rechtliche Möglichkeiten zur Beschleunigung des erzwingbaren Einigungsstellenverfahrens, BB 1991, 613; *Berger-Delhey*, Der Rechtsanwalt als Vertreter des Betriebsrats vor der Einigungsstelle, ZTR 1990, 282; *Bertelsmann*, Geltendmachung der Besorgnis der Befangenheit bei Einigungsstellenvorsitzenden, NZA 1996, 234; *Bischoff*, Die Einigungsstelle im Betriebsverfassungsrecht, 1975; *Brill*, Die Einigungsstelle nach dem neuen Betriebsverfassungsgesetz, BB 1972, 178; *Bürger*, Mediation als Form alternativer Streitbeilegung in Unternehmen, RAW 2016, 34; *Dedert*, Zuständigkeit der Einigungsstelle für Abmahnungen, BB 1986, 320; *Deeg*, Die Besorgnis der Befangenheit des Einigungsstellenvorsitzenden: Bestellungsverfahren, Einigungsstelle und gerichtliche Kontrolle, RdA 2011, 221; *Dütz*, Zwangsschlichtung im Betrieb. Kompetenz und Funktion der Einigungsstelle nach dem BetrVG 1972, DB 1972, 383; *Dütz*, Einstweiliger Rechts- und Interessenschutz in der Betriebsverfassung, ZfA 1972, 247; *Dütz*, Die Beilegung von Arbeitsstreitigkeiten im Betrieb, RdA 1978, 291; *Dütz*, Arbeitsgerichtliche Überprüfbarkeit von Einigungsstellensprüchen nach § 109 BetrVG, FS Gaul, 1992, S. 41; *Ehler*, Verhandlungen und Einigungsstellen optimieren, BB 2010, 702; *Färber/Theilenberg*, Personaldatenverarbeitung im Einigungsstellenverfahren, 2. Aufl., 1990; *Faulenbach*, Ausgewählte Fragen des Einigungsstellenverfahren, NZA 1 953; *Feudner*, Die betriebliche Einigungsstelle – ein unkalkulierbares Risiko, DB 1997, 826; *Fiebig*, Der Ermessensspielraum der Einigungsstelle, 1992; *Fiebig*, Grundprobleme der Arbeit betrieblicher Einigungsstellen, DB 1995, 1278; *Fischer*, Der Spruch der Einigungsstelle – Folgen einer Teilunwirksamkeit, NZA 1997, 1017; *Fischer*, Einigungsstellenvorsitz – Quasi richterliche oder Mediationstätigkeit sui generis?, DB 2000, 217; *Fischer*, Die Beisitzer der Einigungsstelle – Schiedsrichter, Schlichter, Parteivertreter oder Wesen der vierten Art?, AuR 2005, 391; *Francken*, Weitere Optimierung des arbeitsgerichtlichen Verfahrens, NJW 2007, 1792; *Francken*, Streitiger Einigungsstellenvorsitz als richterliche Dienstaufgabe, NZA 2008, 750; *Friedmann*, Das Verfahren der Einigungsstelle für Interessenausgleich und Sozialplan, 1997; *Ganslmayer*, Die gerichtliche Überprüfung der Sprüche von Einigungsstellen nach dem Betriebsverfassungsgesetz 1972, Diss. Augsburg 1974; *Gaul*, Die betriebliche Einigungsstelle, 2. Aufl. 1980; *Gaul*, Zur Aussetzung des Verfahrens über die Bestellung des Einigungsstellenvorsitzenden, BB 1978, 1067; *Gaul*, Die Entscheidung über die Besetzung der Einigungsstelle, ZfA 1979, 97; *Gaul*, Einigungsstelle: Aussetzung des Bestellungsverfahrens, DB 1980, 1894; *Gaul/Bartenbach*, Die Beanstandung der Ermessensüberschreitung durch die betriebliche Einigungsstelle, NZA 1985, 341; *Giese*, Einigungsstellenverfahren – Pausen bei Akkordentlohnung – Verfahrenskosten als Druckmittel, ZfA 1991, 53; *Gruber*, Die Einigungsstelle nach dem BetrVG, die Arbeitsrichter und ihre Nebentätigkeit, ZRP 2011, 178; *Göpfert/Krieger*, Wann ist die Anrufung der Einigungsstelle bei Interessenausgleichs- und Sozialplanverhandlungen zulässig?, NZA 2005, 254; *Hanau/Reitze*, Die Wirksamkeit von Sprüchen der Einigungsstelle, FS Kraft, 1998, S. 167; *Hase/v. Neumann-Cosel*, Handbuch für die Einigungsstelle, 3. Aufl. 1998; *Heinze*, Verfahren und Entscheidung der Einigungsstelle, RdA 1990, 262; *Hennige*, Das Verfahrensrecht der Einigungsstelle, 1996; *Henssler*, Die Entscheidungskompetenz der betriebsverfassungsrechtlichen Einigungsstelle in Rechtsfragen, RdA 1991, 268; *Herschel*, Bemerkungen zum Recht der Einigungsstelle, AuR 1974, 257; *Hintzen*, Bis hierher und nicht weiter – Der Unterlassungsanspruch des Betriebsrats, ArbR-Aktuell 2014, 610; *Hinrichs*, Verhinderung des Beisitzers in der Einigungsstelle wegen Teilnahme an Arbeitskampfmaßnahmen, DB 2013, 814; *v. Hoyningen-Huene*, Streitschlichtung im Betrieb, NZA 1987, 577; *v. Hoyningen-Huene*, Die Billigkeit im Arbeitsrecht, 1978; *Hunold*, Bildung und Kosten der Einigungsstelle nach dem BetrVG, DB 1978, 2362; *Hunold*, Zur Fragwürdigkeit des Einigungsstellenverfahrens über eine Mitarbeiterbeschwerde gem. § 85 II BetrVG, DB 1993, 2282; *Hunold*, Die Sorgfaltspflichten des Einigungsstellenvorsitzenden, insbesondere im Verfahren über einen Sozialplan, NZA 1999, 785; *Hunold*, Die Einigungsstelle über eine Mitarbeiterbeschwerde, NZA 2006, 1025; *Jäcker*, Die Einigungsstelle nach dem Betriebsverfassungsgesetz 1972, 1974; *Jaeger/Steinbrück*, Persönliche Haftung von Betriebsratsmitgliedern für Beraterhonorare – Konsequenzen für die Praxis aus dem Urteil des BGH vom 25.10.2012, NZA 2013, 401; *Kamphausen*, Pauschalierung oder Stundensatz-Vergütung für außerbetriebliche Beisitzer in Einigungsstellen, NZA 1992, 55; *Kamphausen*, Rechtsanwälte „vor" oder „in" der Einigungsstelle – auch eine Frage der Meistbegünstigung von Anwälten?, NZA 1994, 49; *Kempter/Merkel*, Grundzüge und Fallstricke im Einigungsstellenverfahren, DB 2014, 1807; *Knuth*, Betriebsvereinbarungen und Einigungsstellen, Ergebnisse einer empirischen Untersuchung, Veröffentlichung des Instituts für Sozialforschung und Sozialwirtschaft e.V., Saarbrücken = BArbBl. 1983, Heft 9, S. 8; *Kramer*, Mediation als Alternative zur Einigungsstelle im Arbeitsrecht?, NZA 2005, 135; *Leinemann*, Die Bestellung des Vorsitzenden und die Bestimmung der Anzahl der Beisitzer einer betriebsverfassungsrechtlichen Einigungsstelle, AuR 1975, 22; *Leipold*, Die Einigungsstellen nach dem neuen Betriebsverfassungsgesetz, FS Schnorr v. Carolsfeld, 1973, S. 273; *Lepke*, Zur Rechtsstellung der betrieblichen Einigungsstelle, insbesondere im arbeitsgerichtlichen Beschlussverfahren, BB 1977, 49; *Lerch/Weinbrenner*, Einigungsstelleneinsetzungsverfahren bei Betriebsänderungen, NZA 2015, 1228;

Löwisch, Mediation arbeitsrechtlicher Regelungsstreitigkeiten, BB 2012, 3073; *Lunk/Nebendahl,* Die Vergütung der außerbetrieblichen Einigungsstellenbeisitzer, NZA 1990, 921; *Mayer,* Ein Viertel des Hilfswertes bei Streit über die Person des Vorsitzenden einer Einigungsstelle, ArbRAktuell 2016, 227; *Meik,* Zu Problemen der Bildung und Entscheidung tariflicher Einigungsstellen bei konkurrierenden bzw. gleichlautenden Tarifverträgen, DB 1990, 2522; *G. Müller,* Rechtliche Konzeption und soziologische Problematik der Einigungsstelle nach dem BetrVG 1972, DB 1973, 76, 431; *G. Müller,* Einigungsstelle und tarifliche Schlichtungsstelle nach dem BetrVG 1972, FS Barz, 1974, S. 489; *Neft/Ocker,* Die Einigungsstelle im Betriebsverfassungsrecht, 2. Aufl. 1995; *Neumann,* Kirchliches Schlichtungswesen, ZTR 1997, 241; *Neumann,* Einigungsstelle und Schlichtung, RdA 1997, 142; *Oechsler/Schönfeld,* Die Bedeutung von Einigungsstellen im Rahmen der Betriebsverfassung – empirische Analyse, 1990; *Pfrogner,* Haftung von Einigungsstellenmitgliedern, 2015; *Platz,* Der Grundsatz der prozessualen Waffengleichheit als Grenze der Kostentragungspflicht des Arbeitgebers bei Einigungsstellen- und Beschlussverfahren, ZfA 1993, 373; *Popp,* Möglichkeiten zur Interessenkonsolidierung bei betriebsverfassungsrechtlichen Regelungssachverhalten, NZA 1993, 639; *Pünnel,* Praktische Probleme des Einigungsstellenverfahrens nach dem BetrVG 1972, AuR 1973, 257; *Pünnel,* Die Einigungsstelle des BetrVG 1972 – eine bewährte Institution – FS Stahlhacke, 1995, S. 443; *Pünnel/Isenhardt,* Die Einigungsstelle des BetrVG 1972, 4. Aufl. 1997; *Pünnel/Schönfeld,* Das Verfahren vor der Einigungsstelle, RdA 1989, 301; *Radtke,* Beauftragung eines Rechtsanwalts durch den Betriebsrat: Welche Tätigkeit ist erforderlich?, ArbRAktuell 2015, 97; *Reinhard,* Schiedsgerichte und Schlichtungsstellen im Arbeitsrecht, ArbRB 2016, 307; *Reinhard/Mückenberger,* Mediation im Arbeitsrecht, ArbRB 2010, 349; *Rieble,* Die Kontrolle des Ermessens der betriebsverfassungsrechtlichen Einigungsstelle, 1990; *Rieble,* Die Kontrolle der Einigungsstelle in Rechtsstreitigkeiten, BB 1991, 471; *Rieble,* Die tarifliche Schlichtungsstelle nach § 76 VIII BetrVG, RdA 1993, 140; *Roloff,* Der betriebsverfassungsrechtliche Erfüllungsanspruch, RdA 2015, 252; *Sasse,* Die gerichtliche Einsetzung einer Einigungsstelle, DB 2015, 2817; *Sbresny-Uebach,* Die Einigungsstelle, AR-Blattei SD Einigungsstelle 630 (Stand 1992); *Schäfer,* Zur Vergütung der außerbetrieblichen Mitglieder der Einigungsstelle nach § 76a BetrVG, NZA 1991, 836; *Schell,* „Vorfragenkompetenz" der Einigungsstelle und Funktion des Vorsitzenden des Arbeitsgerichts bei der Bestellung einer Einigungsstelle nach § 76 II BetrVG, BB 1976, 1517; *Schipp,* Die Haftung der Einigungsstelle aus fehlerhaften Einigungsstellensprüchen, NZA 2011, 271; *Schlochauer,* Die betriebliche Einigungsstelle: Ein zunehmendes Ärgernis, in: Rüthers/Hacker, Das Betriebsverfassungsrecht auf dem Prüfstand, 1983, S. 99; *Schlüter,* Tarifmacht gegenüber Außenseitern – Zur Verfassungsmäßigkeit der tariflichen Schlichtungsstellen (§ 76 VIII BetrVG), FS Rudolf Lukes, 1989, S. 559; *Schmitt-Rolfes,* Das betriebsverfassungsrechtliche Schlichtungswesen, Das Arbeitsrecht der Gegenwart Bd. 19 (1989), 69; *Schmitt-Rolfes,* Die Stellung der Verbände im Betriebsverfassungsgesetz unter besonderer Berücksichtigung des betriebsverfassungsrechtlichen Einigungsstellenverfahrens, Diss. Köln 1977; *Schneider,* Die Vergütung von Einigungsstellenmitgliedern – Rechtsgrundlagen und Rechtstatsachen, FS Stege, 1997, S. 253; *Schönfeld,* Das Verfahren vor der Einigungsstelle, 1988; *Schönfeld,* Grundsätze der Verfahrenshandhabung der Einigungsstelle, NZA-Beil. 4/1988, 3; *Schroeder-Printzen,* Zur Erforderlichkeit der schriftlichen Begründung des Spruchs der Einigungsstelle, ZIP 1983, 264; *Schulze,* Die Einigungsstelle – Voraussetzungen und Ablauf, ArbRAktuell 2013, 321; *Simitis/Weiß,* Funktion und Grenzen der Intervention des Arbeitsgerichts bei der Bestellung des Vorsitzenden der Einigungsstelle, ZfA 1974, 383; *Söllner,* „Schlichten ist kein Richten", ZfA 1982, 1; *Sowka,* Die Tätigkeit von Rechtsanwälten als Parteivertreter vor der Einigungsstelle, NZA 1990, 91; *Thiele,* Die Einigungsstelle, BlStSozArbR 1973, 353; *Sprenger,* Wofür haftet der Einigungsstellenvorsitzende?, BB 2010, 2110; *Trebeck/v. Broich,* Spruchkompetenz der Einigungsstelle bei nachwirkenden freiwilligen Betriebsvereinbarungen, NZA 2012, 1018; *Treber,* Präjudizialität rechtskräftiger Entscheidungen im arbeitsgerichtlichen Beschlussverfahren, NZA 2016, 744; *Tschöpe,* Die Bestellung der Einigungsstelle – Rechtliche und taktische Fragen, NZA 2004, 945; *Tschöpe/Geißler,* Formerfordernisse des Einigungsstellenspruchs, NZA 2011, 545; *Weber/Burmester,* Die Ermessensentscheidung der Einigungsstelle bei Sozialplänen und ihre arbeitsgerichtliche Überprüfung, BB 1995, 2268; *Weber/Ehrich,* Einigungsstelle, 1999; *Wiese,* Zur Zuständigkeit der Einigungsstelle nach § 85 II BetrVG, FS G. Müller, 1981, S. 625; *Zeppenfeld/Fries,* In dubio pro Einigungsstellenspruch? – Praktische Auswirkungen des Verfahrens nach § 76 V 4 BetrVG am Beispiel des Sozialplans, NZA 2015, 647; *Ziege,* Der Rechtsanwalt im Einigungsstellenverfahren gem. § 76 BetrVG, NZA 1990, 926.

Übersicht

	Rn.
I. Zweck und rechtliche Stellung	1
II. Zuständigkeit	10
1. Erzwingbares Einigungsverfahren	10
a) Zuständigkeit im Rahmen der Organisation der Betriebsverfassung	14
b) Zuständigkeit im Rahmen von Beteiligungsrechten des Betriebsrats	15
c) Zuständigkeit bei bestehenden Betriebsvereinbarungen	17
2. Freiwilliges Einigungsverfahren	18
III. Errichtung	20
1. Anlass	20

	Rn.
2. Zusammensetzung	24
a) Einvernehmliche Bestellung der Mitglieder der Einigungsstelle durch die Betriebsparteien	24
aa) Beisitzer	25
bb) Vorsitzender	33
b) Gerichtliche Errichtung der Einigungsstelle	34
aa) Prüfungsumfang – offensichtliche Unzuständigkeit	39
bb) Entscheidung über die Anzahl der Beisitzer	43
cc) Bestellung der Person des Vorsitzenden	44
dd) Form der gerichtlichen Entscheidung	47
ee) Rechtsschutz gegen die gerichtliche Entscheidung	48
3. Rechtsstellung der Mitglieder	50
a) Annahme des Amtes	50
b) Betriebsverfassungsrechtliches Schuldverhältnis	52
c) Rechte und Pflichten der Einigungsstellenmitglieder	53
d) Geheimhaltungspflicht	56
e) Haftung	57
aa) Pflichtverletzung	58
bb) Vertretenmüssen und Haftungsbegrenzung	59
cc) Schaden und Mitverschulden	67
f) Vergütung	69
g) Beendigung des Amtes	70
IV. Verfahrensablauf	71
1. Einleitung des Verfahrens	74
a) Antrag	74
b) Vorbereitung der Sitzungen	78
2. Entscheidung der Einigungsstelle über ihre Zuständigkeit und arbeitsgerichtliche Vorabentscheidung	80
3. Sitzungen	86
4. Verhandlungs- und Untersuchungsgrundsatz	90
5. Vorläufige Regelung	92
6. Ablehnung des Vorsitzenden wegen Befangenheit	95
V. Beendigung des Einigungsstellenverfahrens	98
1. Durch Antragsrücknahme	98
2. Durch Einigung der Betriebsparteien	101
3. Durch Spruch der Einigungsstelle	105
a) Beschlussfassung	105
aa) Teilnahme der Mitglieder	106
bb) Mündliche Beratung	108
cc) Abstimmung	109
b) Entscheidung	117
aa) Entscheidungsrahmen	117
bb) Grenzen der Entscheidung	118
cc) Form	127
dd) Wirkung	132
c) Gerichtliche Durchsetzung	141
VI. Gerichtliche Überprüfung	144
1. Grundsatz	145
2. Verfahrensart	149
3. Antragsrecht; Beteiligungsbefugnis	151
4. Frist	155
5. Umfang der Überprüfung	156
a) Rechtsfragen	158
b) Regelungsfragen	159
aa) Rechtsfehler	160
bb) Ermessensfehler	161
6. Rechtsfolge der Anfechtung	169

	Rn.
7. Neue Entscheidung der Einigungsstelle	171
VII. Kosten	172
1. Verfahrenskosten	174
a) Grundsatz	174
b) Sachverständigenkosten	176
c) Beauftragung eines Rechtsanwalts durch den Betriebsrat	177
d) Auslagen der Einigungsstellenmitglieder	180
2. Vergütung	181
a) Betriebsangehörige Beisitzer	182
b) Betriebsfremde Beisitzer und Vorsitzende	185
aa) Voraussetzung	189
bb) Höhe	192
cc) Fälligkeit	209
c) Abweichende Vereinbarungen	210
3. Insolvenz	212
VIII. Tarifliche Schlichtungsstelle	213
1. Abgrenzung zur tariflichen Schlichtung im Übrigen	214
2. Voraussetzung der Einberufung einer tariflichen Schlichtungsstelle	215
3. Zuständigkeitsbereich	217
4. Verfahrensregelungen	218
5. Der Spruch	220
IX. Abgrenzung zu anderen außergerichtlichen Schlichtungsmechanismen	221
1. Paritätische Kommission	222
2. Schiedsgerichtsverfahren	228
3. Mediationsverfahren	229
X. Streitigkeiten	230
1. Organisation und Verfahren	230
2. Zuständigkeit	233
3. Überprüfung des Spruchs	237
4. Kosten	239
5. Einstweilige Verfügung	240

I. Zweck und rechtliche Stellung

1 Betriebsverfassungsrechtliche Mitbestimmung bedeutet Teilhabe an den Entscheidungen des Arbeitgebers. Zielsetzung ist dabei die „Fremdbestimmung [der Arbeitnehmer] durch die institutionelle Beteiligung an den unternehmerischen Entscheidungen zu mildern und die ökonomische Legitimation der Unternehmensleitung durch eine soziale zu ergänzen".[1] Dass hierbei konträre und divergierende Interessen aufeinandertreffen, liegt in der Natur der Sache. Dieser Interessengegensatz soll durch eine in vertrauensvollem Zusammenwirken (§ 2 Abs. 1 BetrVG) erreichte Einigung der Betriebsparteien zu einem Ausgleich gebracht werden.

2 Soweit eine Einigung im Rahmen von Verhandlungen über zwingende Mitbestimmungstatbestände (§ 74 Abs. 1 S. 1 BetrVG) nicht gelingt, bedarf es eines **Verfahrens zur Konfliktlösung.** Das Betriebsverfassungsgesetz sieht hierfür ein besonderes, vom arbeitsgerichtlichen Verfahren abzugrenzendes Einigungsstellenverfahren vor, §§ 76, 76a BetrVG. Die Institution Einigungsstelle ist Ausprägung des Prinzips der vertrauensvollen Zusammenarbeit sowie des Verbots von Arbeitskämpfen der Betriebsparteien untereinander und des Behinderungs- und Benachteiligungsverbots.[2] Die Betriebsparteien sollen mit Hilfe von Interessenvertretern (Beisitzern) und mit der Unterstützung und im Fall eines Spruches der ausschlaggebenden Stimme des Vorsitzenden eine Einigung finden, damit Betriebsabläufe nicht blockiert und Arbeitsplätze nicht gefährdet werden. Durch die Be-

---

[1] BVerfG 1.3.1979 – 1 BvR 532, 533/77, 419/78, 1 BvL 21/78, NJW 1979, 699 (705).
[2] *Fitting* § 76 Rn. 1; GK-BetrVG/*Jacobs* § 76 Rn. 1.

I. Zweck und rechtliche Stellung

teiligung der Interessenvertreter, die vornehmlich selbst Betriebsangehörige sind, wird sichergestellt, dass betriebsspezifische und dem Einzelfall gerecht werdende Erwägungen in den Entscheidungsprozess mit einfließen. Zugleich erhöht dieser Mitwirkungsprozess die Akzeptanz der gefundenen Lösung und trägt zur Förderung der Langzeitbeziehung der Betriebsparteien bei. Die Einigungsstelle ist dabei auch nie eine nach §§ 4, 101 ArbGG unzulässige Schiedsstelle, sondern bietet eine durch das Gesetz eröffnete Möglichkeit, betriebliche Meinungsverschiedenheiten vorrangig einer innerbetrieblichen Konfliktlösung zuzuführen und erst nach deren Scheitern – in ggf. beschränkten Grenzen –ein Beschlussverfahren einzuleiten.[3]

Die Einigungsstelle ist gleichermaßen **Schlichtungs- und Entscheidungsorgan**. Ihre Schlichtungsfunktion liegt darin, dass sie in betriebsverfassungsrechtlichen Angelegenheiten immer dann tätig werden kann, wenn beide Betriebsparteien damit einverstanden sind (§ 76 Abs. 6 BetrVG). Ihre Entscheidungshoheit übt sie aus, wenn ihr Spruch die Einigung zwischen Arbeitgeber und Betriebsrat zwingend ersetzt (§ 76 Abs. 5 BetrVG). Auch in diesem Fall hat die Einigungsstelle zugleich und vorrangig eine Schlichtungsfunktion, da stets zunächst versucht werden muss, zu einer Verständigung zu gelangen (§ 76 Abs. 3 S. 3 BetrVG).

Die Einigungsstelle ist kein Gericht und übt keine richterliche Tätigkeit aus.[4] Sie ist eine besondere betriebsverfassungsrechtliche Einrichtung und in diesem Sinne ein **Organ der Betriebsverfassung**.[5] Sie hat aber lediglich eine Hilfs- und Ersatzfunktion für die Betriebsparteien[6] und nimmt keine eigenständigen Mitbestimmungsrechte bzw. Beteiligungsrechte wahr. Funktional ist sie eine innerbetriebliche Stelle, weil sie nur im Hinblick auf die Betriebsverfassung für die betriebsratsfähige Einheit tätig wird.[7] Personell gilt dies aber nicht, da die Mitglieder der Einigungsstelle nicht betriebsangehörig sein müssen und die Person ihres Vorsitzenden sogar grds. betriebsfremd sein muss, um die nötige Unparteilichkeit zu gewährleisten.[8]

Die Einigungsstelle kann auf allen Zuständigkeitsebenen der betriebsverfassungsrechtlichen Vertretungsorgane eingesetzt werden. Im Zuständigkeitsbereich des Gesamtbetriebsrat wird sie auf Unternehmensebene (vgl. §§ 47 Abs. 6 S. 1, 51 Abs. 5 BetrVG), im Zuständigkeitsbereichs des Konzernbetriebsrat auf Konzernebene gebildet (§§ 59 Abs. 1, 51 Abs. 5, 47 Abs. 6 S. 1 BetrVG). Auf Unternehmensebene ist die Einigungsstelle auch dann zu bilden, wenn Meinungsverschiedenheiten über die Erteilung von Auskünften an den Wirtschaftsausschuss bestehen (§ 109 BetrVG).[9]

Die mit der Einrichtung der Einigungsstelle verbundene Zwangsschlichtung und die Herausnahme verbindlicher Sprüche der Einigungsstelle aus dem vollen gerichtlichen Rechtsschutz durch Beschränkung auf eine Rechts- und Ermessenskontrolle (→ Rn. 156 ff.) hat bisher einer **verfassungsrechtlichen Prüfung** standgehalten.[10] Allerdings hat das BVerfG jeweils nur in einzelnen mitbestimmungsrechtlichen Angelegenheiten den verfassungsrechtlich gewährleisteten Kern der Unternehmerfreiheit (Art. 12 GG) als nicht verletzt angesehen. Eine Gesamtbetrachtung im Hinblick auf alle

---

[3] BAG 23.2.2016 – 1 ABR 5/14, NZA 2016, 972 (974).
[4] BVerfG 18.10.1986 – 1 BvR 1426/83, NZA 1988, 25 (26); BAG 18.1.1994 – 1 ABR 43/93, NZA 1994, 571 (572).
[5] BAG 18.1.1994 – 1 ABR 43/93, NZA 1994, 571; BAG 28.5.2014 – 7 ABR 36/12, NZA 2014, 1213 (1215); HessLAG 3.8.2015 – 16 TaBV 200/14, BeckRS 2016, 65659 Rn. 25; *Pünnel* FS Stahlhacke, 1995, 443.
[6] BAG 22.1.1980 – 1 ABR 28/78, NJW 1980, 2094; HessLAG 3.8.2015 – 16 TaBV 200/14, BeckRS 2016, 65659 Rn. 25.
[7] BAG 6.4.1973 – 1 ABR 20/72, BeckRS 1973, 104646.
[8] Zutreffend daher die Kritik an der pauschalen Bezeichnung als innerbetriebliche Stelle von *Rüthers* ZfA 1973, 399 (416); Richardi BetrVG/*Richardi/Maschmann* § 76 Rn. 6.
[9] Vgl. hierzu LAG Nds 19.2.2013 – 1 TaBV 155/12, BeckRS 2013, 67263.
[10] Vgl. zB BVerfG 18.12.1985 – 1 BvR 143/83, NZA 1986, 199; BVerfG 18.10.1986 – 1 BvR 1426/83, NZA 1988, 25 (26).

Auswirkungen ist, anders als zB für das Mitbestimmungsgesetz,[11] bisher noch nicht vorgenommen worden.[12]

7 Unabhängig von der verfassungsrechtlichen Rechtfertigung standen die Institution der Einigungsstelle und ihre Sinnhaftigkeit[13] in der Vergangenheit immer wieder in der – in Teilen durchaus berechtigten – **Kritik.** So sind insbesondere Zeitaufwand und Effektivität unter verschiedenen Aspekten in Frage gestellt worden: Ein Einigungsstellenspruch ist nicht endgültig und kann – begrenzt – gerichtlich angegriffen werden; ein Einigungsstellenspruch ist nicht vollstreckbar (→ Rn. 132). Das Einigungsstellenverfahren kann insbesondere im Zusammenhang mit einer gerichtlichen Einsetzung und Terminierung für deutliche Verzögerungen genutzt und damit als Druckmittel zweckentfremdet werden.[14] Zudem ist ein Einigungsstellenverfahren mit erheblichen Kosten – insbesondere durch die Vergütung betriebsfremder Einigungsstellenmitglieder – verbunden.[15]

8 Trotz dieser Kritik hat sich die Einigungsstelle als außergerichtlicher Konfliktlösungsmechanismus etabliert. Der Idee einer vertrauensvollen Zusammenarbeit trägt sie jedoch nur dann Rechnung, wenn beide Betriebsparteien bereit sind, sich der Konfliktlösung auch endgültig zu unterwerfen.[16] Und problematisch bleibt das Verfahren in den Fällen, in denen betriebliche Umstände eine schnelle Einigung bzw. einen schnellen Konfliktlösungsmechanismus erfordern, den das umständliche Einsetzungs- und Verhandlungsverfahren gar nicht leisten kann. Dies gilt insbesondere für Streitigkeiten im Umfeld von kurzfristigen mitbestimmten Arbeitszeitregelungen (Überstunden, Schichtplanänderungen).

9 Demgegenüber betrifft die Einräumung des vom Arbeitsgericht nicht zu überprüfenden Regelungsermessens gem. § 76 Abs. 5 S. 3 und S. 4 BetrVG nur einen schmalen Bereich, da die meisten Fragen als Rechtsfragen einer unbeschränkten gerichtlichen Kontrolle unterliegen (→ Rn. 158).

II. Zuständigkeit

1. Erzwingbares Einigungsverfahren

10 Die Einigungsstelle ist zunächst in allen gesetzlich bestimmten Fällen zuständig, in denen ihr Spruch die Einigung von Arbeitgeber und Betriebsrat ersetzt. Die Fälle der Ersetzungsbefugnis ergeben sich abschließend aus dem Gesetz. Im Rahmen des erzwingbaren Einigungsstellenverfahren wird die Einigungsstelle auf **Antrag von nur einer Seite** tätig (§ 76 Abs. 5 S. 1 BetrVG).[17]

11 Die Zuständigkeit der Einigungsstelle betrifft im erzwingbaren Einigungsverfahren vorrangig **Regelungsstreitigkeiten.** Darunter sind Streitigkeiten zu verstehen, bei denen es nicht (allein) um die Anwendung von Rechtsnormen auf einen Sachverhalt geht. Vielmehr sollen zukünftige betriebliche Vorgänge und Abläufe bzw. das Verhalten der Betriebsangehörigen geregelt werden, ohne dass bereits ein Rechtsanspruch auf ein bestimmtes Verhalten besteht. In den Grenzen der gesetzlichen Zuweisung entscheidet die Einigungsstelle aber auch über **Rechtsstreitigkeiten.** Zu einem Zusammenspiel von Rechts- und Regelungsfrage kommt es zB bei der Entscheidung über die Festlegung der zeitlichen Lage der Teilnahme an Schulungs- und Bildungsveranstaltungen sowie die Auswahl freizustellender Betriebsratsmitglieder.[18]

---

[11] BVerfG 1.3.1979 – 1 BvR 532, 533/77, 419/78, 1 BvL 21/78, NJW 1979, 699.
[12] Nachweise zur früheren verfassungsrechtlichen Diskussion bei GK-BetrVG/*Jacobs* § 76 Rn. 7.
[13] Bejahend *Pünnel* FS Stahlhacke, 1995, 443 (445), wonach sich die Institution in der Praxis bewährt hat; kritisch zB *Bauer* NZA 1997, 233 (236); *Bauer* NZA 1992, 433 ff.; *Feudner* DB 1997, 826 ff.
[14] Zur durchschnittlichen Dauer eines Einigungsstellenverfahrens *Knuth* S. 19.
[15] LG Hmb 18.9.2015 – 308 O 198/14, BeckRS 2016, 15898; *Fitting* § 76a Rn. 14 f.; *Ehler* BB 2010, 702.
[16] In der Praxis durchaus der Regelfall, vgl. empirische Angaben bei *Knuth* S. 20 f.
[17] Zur Frage, ob im erzwingbaren Einigungsstellenverfahren zugleich Angelegenheiten, in denen kein erzwingbares Mitbestimmungsrecht besteht, behandelt werden können, vgl. BAG 13.10.1987 – 1 ABR/86, NZA 1988, 249 (250); abl. dazu *Behrens* NZA-Beil. 2/1991, 23 (25 ff.).
[18] ErfK/*Kania* BetrVG § 76 Rn. 23; GK-BetrVG/*Jacobs* § 76 Rn. 13 mwN; vgl. dazu *Rieble* BB 1991, 471.

II. Zuständigkeit

Eine echte Ausnahme von dem Grundsatz, dass die Einigungsstelle im erzwingbaren Einigungsverfahren Regelungsstreitigkeiten entscheidet, begründet § 109 BetrVG. Danach hat die Einigungsstelle darüber zu entscheiden, ob der Unternehmer zu einer **Auskunft an den Wirtschaftsausschuss** verpflichtet ist.[19] Dies ist eine reine Rechtsfrage. Die Zuständigkeit der Einigungsstelle ist insofern nicht systemkonform und auch unzweckmäßig, weil sie lediglich zu einer Verlängerung der rechtlichen Klärung führt.

Der Anwendungsbereich des erzwingbaren Einigungsverfahrens kann **durch Tarifvertrag** in der Weise **erweitert** werden, dass im Gesetz nicht vorgesehene Mitbestimmungsrechte des Betriebsrats geschaffen werden[20] und bei Meinungsverschiedenheiten zwischen Arbeitgeber und Betriebsrat, der Spruch der Einigungsstelle deren Einigung ersetzt.[21]

a) Zuständigkeit im Rahmen der Organisation der Betriebsverfassung. Im Bereich der **Organisation der Betriebsverfassung** ist die Zuständigkeit der Einigungsstelle in folgenden Meinungsverschiedenheiten anerkannt: Teilnahme von Betriebsratsmitgliedern und Jugend- und Auszubildendenvertretern an Schulungs- und Bildungsveranstaltungen (§§ 37 Abs. 6, Abs. 7 und 65 Abs. 1 BetrVG); Auswahl der freizustellenden Betriebsratsmitglieder (§ 38 Abs. 2 BetrVG); Festlegung von Zeit und Ort der Sprechstunden des Betriebsrats und der Jugend- und Auszubildendenvertretung (§§ 39 Abs. 1, 69 BetrVG); Herabsetzung der Zahl der Mitglieder des Gesamtbetriebsrats, des Konzernbetriebsrats, der Gesamt-Jugend- und Auszubildendenvertretung und der Konzern-Jugend- und Auszubildendenvertretung (§§ 47 Abs. 5, Abs. 6, 55 Abs. 4, 72 Abs. 6, 73a Abs. 4 BetrVG); Durchführung von Sprechstunden des Seebetriebsrats und von Bordversammlungen (§ 116 Abs. 3 Nr. 8 BetrVG); Bestimmung des Arbeitsplatzes der nicht freizustellenden Mitglieder des Seebetriebsrats (§ 116 Abs. 3 Nr. 2 BetrVG); Regelung der Unterkunft der in den Seebetriebsrat gewählten Besatzungsmitglieder (§ 116 Abs. 3 Nr. 4 BetrVG).

b) Zuständigkeit im Rahmen von Beteiligungsrechten des Betriebsrats. Aus dem Bereich der **Mitwirkungs- und Mitbestimmungsrechte** entscheidet die Einigungsstelle bei folgenden Meinungsverschiedenheiten: Berechtigung von Beschwerden der Arbeitnehmer (§ 85 Abs. 2 BetrVG);[22] Mitbestimmung in sozialen Angelegenheiten (§ 87 Abs. 2 BetrVG); Abwendung, Milderung oder Ausgleich von Belastungen durch Änderung der Arbeitsplätze, des Arbeitsablaufs oder der Arbeitsumgebung (§ 91 BetrVG); Mitbestimmung bei Personalfragebögen und bei persönlichen Angaben in allgemein für den Betrieb verwendeten schriftlichen Arbeitsverträgen sowie bei der Aufstellung allgemeiner Beurteilungsgrundsätze (§ 94 BetrVG); Aufstellung von Auswahlrichtlinien für Einstellungen, Versetzungen, Umgruppierungen und Kündigungen (§ 95 Abs. 1, Abs. 2 BetrVG); Durchführung von Maßnahmen der betrieblichen Berufsbildung und Auswahl der Teilnehmer (§ 98 Abs. 1, Abs. 3 und Abs. 4 BetrVG); Unterlassen der Auskunft an den Wirtschaftsausschuss (§ 109 BetrVG); Aufstellung eines Sozialplans (§ 112 Abs. 4 BetrVG);[23] Bestellung und Abberufung von Betriebsärzten und Fachkräften für Arbeitssicherheit und die Erweiterung und Beschränkung ihrer Aufgaben (§ 9 Abs. 3 ASiG).

Eine Besonderheit gilt im Zusammenhang mit einem Interessenausgleich über Betriebsänderungen nach § 112 Abs. 2 S. 2 BetrVG. Zwar besteht auch hier ein einseitiges Antragsrecht zur Einrichtung der Einigungsstelle, welches der Arbeitgeber auch zwingend

---

[19] Vgl. hierzu auch LAG Nds 19.2.2013 – 1 TaBV 155/12, BeckRS 2013, 67263.
[20] Zuletzt BAG 23.8.2016 – 1 ABR 22/14, NZA 2017, 194.
[21] BAG 18.8.1987 – 1 ABR 30/86, NZA 1987, 779 (780); BAG 9.5.1995 – 1 ABR 56/94, NZA 1996, 156 (157); LAG BW 20.12.2012 – 1 TaBV 1/12, BeckRS 2013, 65150; DKKW/*Berg* § 76 Rn. 8; GK-BetrVG/*Jacobs* § 76 Rn. 17.
[22] Vgl. hierzu auch *Hunold* NZA 2006, 1025.
[23] Zur Möglichkeit eines vorsorglichen Einigungsstellenspruchs für den Fall einer Betriebsänderung s. BAG 1.4.1998 – 10 ABR 17/97, NZA 1998, 768; bestehen Unsicherheiten, ob eine Betriebsänderung vorliegt, ist lediglich eine freiwillige Aufstellung eines Sozialplans möglich, dieser ist jedoch nicht iSd §§ 111 BetrVG erzwingbar s. BAG 22.3.2016 – 1 ABR 12/14, NZA 2016, 894 (895) Rn. 12.

ausüben muss, um den Versuch eines Interessenausgleichs hinreichend versucht zu haben; allerdings kann der erzwingbare Spruch der Einigungsstelle nur auf ein Feststellen des Scheiterns, nicht aber einen inhaltlichen Interessenausgleich gerichtet sein.[24]

17 **c) Zuständigkeit bei bestehenden Betriebsvereinbarungen.** Es gibt **Mischfälle,** in denen erst auf der Grundlage einer Vereinbarung der Betriebsparteien ein einseitiges Antragsrecht besteht. Nach § 102 Abs. 6 BetrVG können Arbeitgeber und Betriebsrat vereinbaren, dass Kündigungen der Zustimmung des Betriebsrats bedürfen und dass bei Meinungsverschiedenheiten über die Berechtigung der Nichterteilung der Zustimmung die Einigungsstelle entscheidet. Ist für eine solche freiwillige Betriebsvereinbarung eine Nachwirkung vereinbart und wird die Betriebsvereinbarung gekündigt, so kann jede Betriebspartei die Einigungsstelle zur Erzielung einer Neuregelung anrufen.[25] Besteht nach Abschluss einer Betriebsvereinbarung (bzw. eines Sozialplans) ein Anpassungsbedarf nach den Grundsätzen über den Wegfall der Geschäftsgrundlage, kann ebenfalls jede Betriebspartei die Einigungsstelle allein anrufen.[26] Dies ändert jedoch nichts an dem Grundsatz, dass eine wirksame, ungekündigte Betriebsvereinbarung zur abschließenden Regelung einer Angelegenheit die Anrufung der Einigungsstelle sperrt.[27]

2. Freiwilliges Einigungsverfahren

18 Sofern die Einigungsstelle nicht auf Grund Gesetzes oder tarifvertraglicher Erweiterung zuständig ist, kann sie nach § 76 Abs. 6 BetrVG **einvernehmlich** eingerichtet werden. Zwingende Voraussetzung für eine freiwillige Einigungsstelle ist ein Antrag von beiden Seiten auf Einsetzung oder das beidseitige Einverständnis mit ihrem Tätigwerden.[28] Die Einigungsstelle ist sodann zur **Beilegung aller Meinungsverschiedenheiten** zwischen Arbeitgeber und Betriebsrat (bzw. Gesamtbetriebsrat oder Konzernbetriebsrat) zuständig, § 76 Abs. 1 S. 1 BetrVG.[29] Dabei wird es sich regelmäßig um sog. Regelungsstreitigkeiten handeln. Darüber hinaus können im freiwilligen Einigungsverfahren der Einigungsstelle auch **Rechtsstreitigkeiten** unterbreitet werden, für die diese außerhalb der ihr gesetzlich zugewiesenen Kompetenzen grundsätzlich keine Entscheidungsbefugnis hat.[30] Eine von den Betriebsparteien zB begründete Zuständigkeit der Einigungsstelle für die Auslegung einer Betriebsvereinbarung verpflichtet die Betriebsparteien zunächst deren Entscheidung herbeizuführen, bevor sie über diese Rechtsfrage die Gerichte zur Streitentscheidung anrufen können.[31] Arbeitgeber und Betriebsrat müssen jedoch über den Streitgegenstand verfügen können, um ein Einigungsstellenverfahren zwingend vorzuschalten.[32]

19 Der Spruch der Einigungsstelle ersetzt im freiwilligen Verfahren die Einigung zwischen Arbeitgeber und Betriebsrat nur, wenn die Parteien sich der Entscheidung im Voraus unterworfen haben oder sie nachträglich annehmen, § 76 Abs. 6 S. 2 BetrVG

---

[24] *Göpfert/Krieger* NZA 2005, 254 (255 f.); DKKW/*Berg* § 76 Rn. 11.
[25] BAG 28.4.1998 – 1 ABR 43/97, NZA 1998, 1348 (1351) mwN; BAG 9.12.2008 – 3 AZR 384/07, NZA 2009, 1341 (1347); vgl. auch *Trebeck/v. Broich* NZA 2012, 1018.
[26] BAG 10.8.1994 – 10 ABR 61/93, NZA 1995, 314; LAG Köln 23.1.2007 – 9 TaBV 66/06, BeckRS 2007, 41752; 6.9.2005 – 4 TaBV 41/05, BeckRS 2006, 40076; HessLAG 20.5.2008 – 4 TaBV 97/08, BeckRS 2008, 5597; LAG BW 18.11.2008 – 9 TaBV 6/08, BeckRS 2008, 58336.
[27] LAG Nds 29.7.2008 – 1 TaBV 47/08, BeckRS 2008, 56433; LAG BW 18.11.2008 – 9 TaBV 6/08, BeckRS 2008, 58336; LAG Köln 5.3.2009 – 13 TaBV 97/08, BeckRS 2009, 69325; aA LAG Köln 3.12.2014 – 11 TaBV 64/14, BeckRS 2015, 68851; *Kempter/Merkel* DB 2014, 1807 (1810).
[28] HWK/*Kliemt* § 76 Rn. 8.
[29] GK-BetrVG/*Jacobs* § 76 Rn. 21.
[30] BAG 11.2.2014 – 1 ABR 76/12, NZA-RR 2015, 26 (27); BAG 23.2.2016 – 1 ABR 5/14, NZA 2016, 972 (974) Rn. 21.
[31] BAG 23.2.2016 – 1 ABR 5/14, NZA 2016, 972 (974) Rn. 21; BAG 11.2.2014 – 1 ABR 76/12, NZA-RR 2015, 26; ArbG Siegburg 7.3.2017 – 5 Betriebsvereinbarung 4/17, BeckRS 2017, 112321 Rn. 14.
[32] BAG 20.11.1990 – 1 ABR 45/89, NZA 1991, 473 (476 f.) (zur Auslegung einer Betriebsvereinbarung); BAG 11.2.2014 – 1 ABR 76/12, NZA-RR 2015, 26 (27).

(→ Rn. 135 ff.). Diese Unterwerfungserklärung bzw. Annahmeerklärung kann formlos, mündlich oder durch Betriebsvereinbarung erfolgen.[33]

III. Errichtung

1. Anlass

Die Einigungsstelle ist keine Dauereinrichtung, die mit der Bildung und Wahlperiode eines Betriebsrats notwendig verbunden wäre. Sie ist vielmehr grds. **nur von Fall zu Fall** durch die Betriebsparteien zu bilden, wenn und soweit Meinungsverschiedenheiten zwischen dem Arbeitgeber und dem Betriebsrat (bzw. Gesamtbetriebsrat oder Konzernbetriebsrat) bestehen, die von den Betriebspartnern nicht allein beigelegt werden können (§ 76 Abs. 1 S. 1 BetrVG).[34] Die Errichtung der Einigungsstelle kann jede Betriebspartei allein betreiben, wenn der Spruch der Einigungsstelle die Einigung zwischen Arbeitgeber und Betriebsrat ersetzt; anderenfalls müssen sich die Betriebsparteien darauf einigen (→ Rn. 18). Die Befugnis zur Errichtung steht dem Betriebsrat auch noch im Restmandat[35] bzw. im Übergangsmandat zu.

Für die Anrufung der Einigungsstelle besteht idR **keine Frist.**[36] Eine Ausnahme gilt für Meinungsverschiedenheiten über die sachliche Vertretbarkeit der Entscheidung des Betriebsrats über Freistellungen von Betriebsratsmitgliedern. Hier muss der Arbeitgeber, wenn er gegen die Entscheidung Bedenken hat, die Einigungsstelle innerhalb einer Ausschlussfrist von zwei Wochen anrufen, § 38 Abs. 2 S. 4 BetrVG.

Hat die Einigungsstelle ihren **Regelungsauftrag** erfüllt, wird damit regelmäßig das **Amt ihrer Mitglieder** (→ Rn. 70). Bei neu auftretenden Meinungsverschiedenheiten muss eine weitere Einigungsstelle gebildet werden.

Dieses Verfahren kann unzweckmäßig sein, wenn nach Größe und Art des Betriebs laufend damit zu rechnen ist, dass eine Einigungsstelle angerufen werden muss. Durch freiwillige, wiederum nicht erzwingbare Betriebsvereinbarung kann deshalb eine **ständige Einigungsstelle** errichtet werden (§ 76 Abs. 1 S. 2 BetrVG). In der betrieblichen Praxis wird eine ständige Einigungsstelle nur selten errichtet. Sehr viel häufiger nutzen Betriebsparteien aber die Möglichkeit, sich unabhängig von einem konkreten Streitfall bereits zuvor allgemein oder für bestimmte Regelungsstreitigkeiten über die Anzahl der Beisitzer und/oder die Person des Vorsitzenden zu verständigen. So kommt es im Streitfall zu keinem Zeitverzug über ein gerichtliches Einsetzungsverfahren.

2. Zusammensetzung

a) Einvernehmliche Bestellung der Mitglieder der Einigungsstelle durch die Betriebsparteien. Die Größe der Einigungsstelle ist gesetzlich nicht vorgegeben.[37] Es obliegt daher dem **Arbeitgeber und dem Betriebsrat** sich auf eine **gleiche Anzahl** von Beisitzern und einen zusätzlichen unparteiischen Vorsitzenden zu **einigen,** § 76 Abs. 2 S. 1 BetrVG. Von dem Erfordernis der Parität der Anzahl der Beisitzer kann nicht durch Vereinbarung der Betriebsparteien abgewichen werden, da § 76 Abs. 2 S. 1 BetrVG unabdingbar ist.[38]

aa) Beisitzer. (1) Anzahl. Die Anzahl der Beisitzer orientiert sich an der Schwierigkeit des Streitstoffs, wobei die Regel wohl zwei bis drei Beisitzer sein werden.[39] Nach Festle-

---

[33] BAG 26.8.1997 – 1 ABR 12/97, NZA 1998, 216 (217).
[34] Empirische Angaben zur Häufigkeit von Einigungsstellenverfahren bei *Knuth* S. 16. Er stellt für seinen Untersuchungsbereich (1972–1979) 70 Verfahren in 55 Betrieben fest, das sind je 100 abgeschlossenen Betriebsvereinbarungen 1,1 Verfahren.
[35] BAG 1.4.1998 – 10 ABR 17/97, NZA 1998, 768 (769).
[36] *Kempter/Merkel* DB 2014, 1807 (1808).
[37] Richardi BetrVG/*Richardi/Maschmann* § 76 Rn. 44.
[38] LAG Bln-Bbg 18.3.2009 – 5 TaBV 2416/08, BeckRS 2011, 67104.
[39] Lukas/Dahl/*Lukas* Konfliktlösung im Arbeitsleben Kap. 3 Rn. 30.

gung der Größe der Einigungsstelle bestellen der Arbeitgeber und der Betriebsrat[40] jeweils getrennt ihren oder ihre Beisitzer. Bei der Bestellung der Beisitzer durch den Betriebsrat muss dieser einen Beschluss fassen, der den Voraussetzungen des § 33 BetrVG genügt.[41] Dieser kann im Zweifel jedoch auch nachgeholt werden, da die Beschlussfassung des Betriebsrats über die Bestellung der Beisitzer nicht fristgebunden ist.[42] Unterlässt eine Seite die Benennung ihrer Mitglieder, so wird hierdurch das Tätigwerden der Einigungsstelle in Fällen, in denen der Spruch der Einigungsstelle die Einigung zwischen Arbeitgeber und Betriebsrat ersetzt, nicht berührt; es entscheiden sodann der Vorsitzende und die anderen Mitglieder allein (§ 76 Abs. 5 S. 2 BetrVG). Es kommt nicht etwa zu einem gerichtlichen Bestellungsverfahren. Entsprechendes gilt, wenn bestellte Beisitzer nicht erscheinen oder in sonstiger Form ihre Mitwirkung verweigern. Auf diese Weise kann eine Betriebspartei bzw. ihre Beisitzer das Tätigwerden der Einigungsstelle nicht verhindern.

26 **(2) Personelle Auswahl.** In der **personellen Auswahl** der zu benennenden Beisitzer sind der Arbeitgeber und der Betriebsrat weitgehend frei.[43] Für die Auswahlentscheidung sollte maßgebend sein, dass die Person des Beisitzers fähig ist, die Interessen der Arbeitnehmer oder des Arbeitgebers in Verhandlungen mit der anderen Seite zu wahren und Kompromisse für eine für beide Betriebsparteien annehmbare Konfliktlösung zu erarbeiten.[44] Der Arbeitgeber kann sich selbst bzw. der Betriebsrat seine Mitglieder bestellen.[45] Zulässig ist auch die Benennung von leitenden Angestellten. Die Beisitzer müssen nicht betriebsangehörig oder unternehmensangehörig sein;[46] auf die objektive Erforderlichkeit der Bestellung eines betriebsfremden Beisitzers kommt es nicht an.[47] So können auch Vertreter der Gewerkschaften oder der Arbeitgebervereinigungen zu Mitgliedern bestellt werden.[48] Ein Rechtsanwalt, der die benennende Partei berät, kann ebenfalls Mitglied sein.[49] Auch kann der Betriebsrat mehrere honorarberechtigte Beisitzer benennen.[50] Auf Grund des regelmäßig erforderlichen rechtlichen, fachlichen sowie betrieblichen Sachverstands sind in den meisten Einigungsstellenverfahren von beiden Seiten ein betrieblicher Beisitzer, ein Verbandsvertreter und jeweils ein Fachexperte anzutreffen.[51]

27 Die jeweils andere Seite kann auf die Benennung grds. keinen Einfluss nehmen. Insbesondere besteht die Möglichkeit einer **Ablehnung wegen Befangenheit** oder fehlender Unparteilichkeit nicht.[52] Die Befangenheit der Beisitzer als Interessenvertreter der sie bestellenden Partei ist vom Gesetz eingeplant. Ihre Funktion ist gerade die vom Vertrauen der sie bestellenden Betriebsparteien getragene Interessenvertretung.[53] Daher kann auch

---

[40] Zu den Folgen einer nicht ordnungsgemäßen Beschlussfassung des Betriebsrats für die Wirksamkeit des Spruchs der Einigungsstelle s. *Hanau/Reitze* FS Kraft, 1998, 167 (168 ff.).
[41] BAG 24.4.1996 – 7 ABR 40/95, NZA 1996, 1171 (1172); LAG SchlH 14.1.2016 – 5 TaBV 45/15, NZA-RR 2016, 304 (306); DKKW/*Berg* § 76 Rn. 35.
[42] BAG 10.10.2007 – 7 ABR 51/06, NZA 2008, 369 (370); HessLAG 4.9.2008 – 9 TaBV 71/08, BeckRS 2009, 72816.
[43] Angaben über die tatsächliche Zusammensetzung der Einigungsstelle in der betrieblichen Praxis bei *Knuth* S. 19.
[44] BAG 24.4.1996 – 7 ABR 40/95, NZA 1996, 1171 (1172); BAG 20.8.2014 – 7 ABR 64/12, NZA 2014, 1349 (1351).
[45] BAG 6.5.1986 – 1 AZR 553/84, NZA 1986, 800 (801).
[46] BAG 20.8.2014 – 7 ABR 64/12, NZA 2014, 1349 (1351).
[47] BAG 24.4.1996 – 7 ABR 40/95, NZA 1996, 1171 (1172); BAG 13.5.2015 – 2 ABR 38/14, NZA 2016, 116 (120); aA GK-BetrVG/*Jacobs* § 76a Rn. 29.
[48] BAG 14.12.1988 – 7 ABR 73/87, NZA 1989, 515 (516); BAG 24.4.1996 – 7 ABR 40/95, NZA 1996, 1171 (1172); LAG SchlH 14.1.2016 – 5 TaBV 45/15, NZA-RR 2016, 304 (306) Rn. 30.
[49] Vgl. BAG 20.2.1991 – 7 ABR 6/90, NZA 1991, 651 (652); LAG Köln 29.10.2014 – 11 TaBV 30/14, BeckRS 2015, 67351; *Kamphausen* NZA 1994, 49 (50).
[50] BAG 24.4.1996 – 7 ABR 40/95, NZA 1996, 1171 (1172); LAG SchlH 14.1.2016 – 5 TaBV 45/15, NZA-RR 2016, 304 (306) Rn. 30.
[51] DKKW/*Berg* § 76 Rn. 26.
[52] Zuletzt BAG 13.5.2015 – 2 ABR 38/14, NZA 2016, 116 (120); GK-BetrVG/*Jacobs* § 76 Rn. 49 mwN.
[53] LAG BW 4.9.2001 – 8 TaBV 2/01, BeckRS 2001, 30793183.

III. Errichtung 28, 29 § 308

der Arbeitgeber als Beisitzer auftreten; dies wäre andernfalls ausgeschlossen, da der Ausgang des Verfahrens dessen persönliche Interessen berührt. Die Freiheit in der Benennung der Beisitzer entbindet jedoch nicht von der gesetzlichen Pflicht zur vertrauensvollen Zusammenarbeit (§ 2 Abs. 1 BetrVG). Aus dieser Pflicht ergibt sich, dass es den Betriebsparteien verwehrt ist, Personen als Beisitzer zu benennen, die **offensichtlich ungeeignet** sind, entsprechend der Funktion der Einigungsstelle tätig zu werden.[54] So kann eine Person bereits hinsichtlich ihrer Kenntnisse und Erfahrungen offensichtlich ungeeignet sein, über die der Einigungsstelle zugrunde liegende Regelungsmaterie zu entscheiden oder aus sonstigen ihr anhaftenden Gründen zur ordnungsgemäßen Ausübung ihrer Funktion in der Einigungsstelle nicht geeignet sein.[55] Dabei ist ein strenger Maßstab anzulegen; insbesondere geht es nicht darum, einzelne Verhaltensweisen der Person in der Vergangenheit zu sanktionieren.[56] Maßstab ist auch nicht, ob Gründe für eine außerordentliche Kündigung des Arbeitsverhältnisses oder den Ausschluss aus dem Betriebsrat vorliegen. Eine Person scheidet als Beisitzer der Einigungsstelle vielmehr nur aus, wenn unter ihrer Mitwirkung eine ordnungsgemäße Aufgabenerfüllung der Einigungsstelle nicht zu erwarten ist.[57] Dies wurde beispielsweise bei einer einmaligen Entgleisung einer ehemaligen Betriebsratsmitglieds durch persönlichkeits- und ehrverletzender Äußerungen gegenüber Führungskräften des Arbeitgebers abgelehnt.[58] Höchst fraglich sind unter dem Aspekt der vertrauensvollen Zusammenarbeit auch Besetzungspraktiken, die betriebsfremden Beisitzern, insbesondere Betriebsratsmitgliedern anderer Betriebe, in der Form eines „Besetzungskarussells" eine Einkommensquelle über Einigungsstellentätigkeiten bieten sollen. Letztlich sollten die Betriebsparteien sich aber in ihrem eigenen Verantwortungsbereich jeweils überlegen, wie hilfreich provozierende Bestellungsentscheidungen für den angestrebten Einigungsprozess sein mögen.

(3) Ersatzbeisitzer. Die Betriebsparteien haben das Recht, ihre Beisitzer jederzeit abzuberufen und zu ersetzen. Zu beachten ist, dass die Abberufung und Ersetzung auf Seiten des Betriebsrats jeweils einen entsprechenden Beschluss des Gremiums voraussetzt.[59] 28

Obwohl gesetzlich nicht vorgesehen, ist die Bestellung von **Ersatzbeisitzern**[60] zulässig[61] und wird von der Rechtsprechung[62] bisher nicht in Zweifel gezogen. Das Bedürfnis für den Ersatz eines Beisitzers kann auf Grund eines Vertrauensverlustes, terminlicher oder krankheitsbedingter Verhinderung oder anderer Gründe entstehen.[63] Der Austausch selbst bedarf keines speziellen Grundes.[64] Ein willkürlicher Austausch zur Verhinderung oder Verzögerung des Einigungsstellenverfahrens ist durch die Pflicht der vertrauensvollen Zusammenarbeit aus § 2 BetrVG Einhalt geboten.[65] Daher ist der Einsatz eines Ersatzbeisitzers stets dann ausgeschlossen, wenn der Austausch **rechtsmissbräuchlich** ist.[66] Ein sol- 29

---

[54] BAG 13.5.2015 – 2 ABR 38/14, NZA 2016, 116 (120).
[55] BAG 24.4.1996 – 7 ABR 40/95, NZA 1996, 1171 (1173); BAG 28.5.2014 – 7 ABR 36/12, NZA 2014, 1213 (1216).
[56] BAG 28.5.2014 – 7 ABR 36/12, NZA 2014, 1213 (1216).
[57] BAG 28.5.2014 – 7 ABR 36/12, NZA 2014, 1213 (1216); Richardi BetrVG/*Richardi/Maschmann* § 76 Rn. 49b.
[58] BAG 28.5.2014 – 7 ABR 36/12, NZA 2014, 1213 (1216).
[59] *Fitting* § 76 Rn. 13.
[60] Teilweise auch stellvertretende Beisitzer genannt.
[61] DKKW/*Berg* § 76 Rn. 16; GK-BetrVG/*Kreutz/Jacob* § 76 Rn. 50; NK-ArbR/*Kühnreich* BetrVG § 76 Rn. 18; Pünnel/*Isenhardt* Die Einigungsstelle Rn. 40; Hinrichs/Boltze DB 2013, 814 (816).
[62] Vgl. LAG Hmb 23.8.1994 – 6 TaBV 3/94, BeckRS 1994, 30939828; LAG Köln 26.7.2005 – 9 TaBV 5/05, NZA-RR 2006, 197.
[63] *Wenning-Morgenthaler* Die Einigungsstelle Rn. 130.
[64] *Wenning-Morgenthaler* Die Einigungsstelle Rn. 130; aA *Tschöpe* NZA 2004, 945 (948).
[65] *Wenning-Morgenthaler* Die Einigungsstelle Rn. 132.
[66] Im Ergebnis wohl auch GMP/*Künzel* Anhang I Rn. 83; Richardi BetrVG/*Maschmann/Richardi* § 76 Rn. 80; Schwab/Weth/*Kliemt* Rn. 97.

cher Austausch kann ggf. sogar eine Straftat iSd § 119 Abs. 1 Nr. 2 BetrVG darstellen.[67] Von einem solchen Rechtsmissbrauch ist etwa auszugehen, wenn eine Seite ihre Beisitzer für jeden Sitzungstag neu bestellt.[68]

30 Die Aufrechterhaltung der Funktionsfähigkeit der Einigungsstelle gebietet die Möglichkeit des Einsatzes von Ersatzbeisitzern, da die Beschlussfassung nicht unnötig verzögert werden soll.[69] Sie kann bereits im Rahmen der Errichtung rein vorsorglich[70] oder im konkreten Bedarfsfall erfolgen.[71] Der Ausfall eines Beisitzers ist unverzüglich anzuzeigen. Der Ersatzbeisitzer tritt sodann in die Position des Abberufenen ein. Eine Wiederholung der vorher erfolgten Sitzungen und gefassten Beschlüsse bedarf es nicht.[72] Es obliegt grundsätzlich der bestellenden Seite, vor Beginn der Einigungsstellensitzung den Ersatzbeisitzer in den Sachstand einzuführen, um eine Verzögerung des Verfahrens zu verhindern. Andernfalls kann dies ein Anzeichen für ein rechtsmissbräuchliches Verhalten darstellen.

31 Da Ersatzbeisitzer bis zu ihrem Nachrücken nicht Teil der Einigungsstelle sind, können sie vor ihrem Nachrücken nicht bei Verhandlungen und Beratungen zugegen sein, → Rn. 108.[73] Etwas anderes gilt nur, sofern sie zu einer der Betriebsparteien gehören und außerhalb der Beschlussfassung an den Verhandlungen teilnehmen.[74] Darüber hinaus kann durch Einverständnis aller Mitglieder der Einigungsstelle die Anwesenheit von Ersatzbeisitzern zugelassen werden.[75] Dies kann auch Gegenstand einer freiwilligen Betriebsvereinbarung nach § 76 Abs. 4 BetrVG sein.[76]

32 Dagegen ist die **gewillkürte Stellvertretung** im Rahmen einer erteilten Verfahrensvollmacht eines Beisitzers nicht möglich, da die Funktion des Beisitzers ein höchstpersönliches Amt ist.[77]

33 **bb) Vorsitzender.** Arbeitgeber und Betriebsrat haben sich über die Person eines Vorsitzenden zu **einigen**, § 76 Abs. 2 S. 1 BetrVG. Der Vorsitzende muss **unparteiisch** sein, § 76 Abs. 2 S. 1 BetrVG. Aufgrund des Einigungszwangs ist die Unparteilichkeit grds. gewährleistet. Die Betriebsparteien können jede Person zum Vorsitzenden bestellen.[78] Bei der Auswahl ist stets zu beachten, dass dem Vorsitzenden in Folge seiner ausschlaggebenden Stimme im Rahmen der Beschlussfassung eine Schlüsselposition in der Einigungsstelle zukommt.[79] Zudem ist es der Vorsitzende, der ganz maßgeblich das Verfahren, den Zeitverlauf und den Rahmen einer möglichen Einigung prägt. Daher sollte der Vorsitzende diplomatische Fähigkeiten besitzen, um den Konflikt zwischen den Parteien beizulegen und zwischen den Parteien eine Kompromisslösung zu vermitteln.[80] Darüber hinaus sind gute juristische Kenntnisse im Arbeitsrecht, vornehmlich des Betriebsverfassungsrechts, relevant.[81] Wünschenswert sind ebenfalls Kenntnisse über die einschlägigen betrieblichen Abläufe, über wirtschaftliche Zusammenhänge und Zwänge, über praktikable Abläufe

---

[67] *Wenning-Morgenthaler* Die Einigungsstelle Rn. 132.
[68] GMP/*Künzel* Anhang I Rn. 83.
[69] Schaub ArbR-Hdb/*Koch* § 232 Rn. 10.
[70] AA Schwab/Weth/*Kliemt* Rn. 97.
[71] DKKW/*Berg* § 76 Rn. 34; Ehrich/Fröhlich/*Fröhlich* Die Einigungsstelle D Rn. 35; GMP/*Künzel* Anhang I Rn. 84.
[72] *Faulenbach* NZA 2012, 953 (957).
[73] GK-BetrVG/Jacobs § 76 Rn. 50.
[74] *Wenning-Morgenthaler* Die Einigungsstelle Rn. 130.
[75] ErfK/*Kania* BetrVG § 76 Rn. 18; *Faulenbach* NZA 2012, 953 (955).
[76] ErfK/*Kania* BetrVG § 76 Rn. 18.
[77] BAG 27.6.1995 – 1 ABR 3/95, NZA 1996, 161; *Fitting* § 76 Rn. 50; NK-ArbR/*Kühnreich* BetrVG § 76 Rn. 18; *Faulenbach* NZA 2012, 953 (958).
[78] Zu den Anforderungen s. näher *Bischoff* S. 82 ff.; *Schönfeld* Verfahren vor der Einigungsstelle, S. 90 ff.; *Pünnel/Isenhardt* Die Einigungsstelle Rn. 13 ff.; *Gaul* Abschnitt, I. Rn. 2 ff.
[79] DKKW/*Berg* § 76 Rn. 16; *Kempter/Merkel* DB 2014, 1807.
[80] Lukas/Dahl/*Kliemt* Konfliktlösung im Arbeitsleben Kap. 3 Rn. 117.
[81] DKKW/*Berg* § 76 Rn. 20; Lukas/Dahl/*Kliemt* Konfliktlösung im Arbeitsleben Kap. 3 Rn. 121.

III. Errichtung   34, 35 § 308

und Notwendigkeit der Arbeitsumgebung, um ein Verständnis für den Streitgegenstand zu garantieren.[82] Die Bestellung eines Betriebsangehörigen oder Unternehmensangehörigen ist zwar rechtlich nicht ausgeschlossen,[83] wird aber im Allgemeinen dem Ziel einer unparteilichen Verhandlungsführung nicht dienlich sein. In der Praxis ist die Bestellung von (ehemaligen) Richtern der Arbeitsgerichtsbarkeit die Regel.[84] Dabei sollten die Parteien die für eine gerichtliche Bestellung nach § 100 Abs. 1 S. 5 ArbGG bestehende Einschränkung (→ Rn. 44f.) beachten. Berufsrichter bedürfen zur Übernahme des Amtes einer Genehmigung (§ 40 DRiG).

b) Gerichtliche Errichtung der Einigungsstelle. Sofern die Betriebsparteien keine 34 einvernehmliche Einigung hinsichtlich der Anzahl der Mitglieder der Einigungsstelle und/oder der Person des Vorsitzenden erreichen, ist das Arbeitsgericht anzurufen. Gem. § 100 Abs. 1 S. 3 ArbGG gelten die §§ 80–84 ArbGG im Rahmen der gerichtlichen Errichtung der Einigungsstelle entsprechend.[85] Örtlich zuständig ist das Arbeitsgericht, in dessen Bezirk der Betrieb liegt, § 82 Abs. 1 S. 1 ArbGG.[86] Zur Einleitung des gerichtlichen Bestellungsverfahrens bedarf es zunächst eines **Antrages** an das Arbeitsgericht, § 76 Abs. 2 S. 2 BetrVG. Der Antrag[87] muss die von der Einigungsstelle zu behandelnde Angelegenheit näher umreißen.[88] Der Regelungsgegenstand kann zwar weit gefasst werden, es muss jedoch eindeutig sein, über welchen Gegenstand die Einigungsstelle verhandeln und durch Spruch befinden soll. Andernfalls kann der Einigungsstelle die Spruchkompetenz fehlen.[89]

Das erforderliche **Rechtsschutzbedürfnis** besteht erst, wenn die Betriebsparteien ei- 35 nen Versuch einer gütlichen Einigung iSd § 74 Abs. 1 S. 2 BetrVG in der Sache selbst unternommen haben.[90] Daher müssen die Betriebsparteien erfolglos Verhandlungen zur Beilegung ihrer Meinungsverschiedenheit geführt[91] oder eine Betriebspartei die ihm angebotenen Verhandlungen ablehnt haben.[92] Das Bestellungsverfahren kann also nicht von vornherein bei Streitigkeiten eingeleitet werden, sondern ist lediglich subsidiäres Instrument. Jedoch obliegt es der Einschätzungsprärogative jeder Seite, ob ein Einigungsversuch hinreichend war. Entsprechend werden von der Rechtsprechung diesbezüglich keine hohen Anforderungen gestellt,[93] insbesondere auch um Verzögerungstaktiken keinen Raum zu geben.[94] Nicht ausreichend ist jedoch die bloße Behauptung, Einigungsversuche seien von vornherein aussichtslos.[95]

---

[82] DKKW/*Berg* § 76 Rn. 20; Lukas/Dahl/*Kliemt* Konfliktlösung im Arbeitsleben Kap. 3 Rn. 121.
[83] *Bischoff* Die Einigungsstelle, S. 83; DKKW/*Berg* § 76 Rn. 19; Richardi BetrVG/*Richardi/Maschmann* § 76 Rn. 52; aA *Heinze* RdA 1990, 262 (268).
[84] Nach *Pünnel* FS Stahlhacke, 1995, 443 (444) in 75% der Fälle.
[85] DKKW/*Berg* § 76 Rn. 59.
[86] DKKW/*Berg* § 76 Rn. 58.
[87] Zur ordnungsgemäßen Antragstellung s. näher *Feudner* DB 1997, 826f.
[88] LAG Hmb 10.4.1991 – 5 TaBV 3/91, BeckRS 1991, 30459101; LAG SchlH 2.8.2016 – 1 TaBV 17/16, BeckRS 2016, 74185 Rn. 20ff.; *Bengelsdorf* BB 1991, 613 (619); *Kempter/Merkel* DB 2014, 1807 (1809).
[89] BAG 28.3.2017 – 1 ABR 25/15, BeckRS 2017, 119894 Rn. 11.
[90] BAG 18.3.2015 – 7 ABR 4/13, NZA 2015, 954 (956) Rn. 17; HessLAG 30.9.2014 – 4 TaBV 157/14, BeckRS 2015, 70688 Rn. 33; LAG Bln-Bbg 23.7.2015 – 26 TaBV 857/15, BeckRS 2015, 72882 Rn. 16; LAG Hmb 14.10.2015 – 8 TaBV 12/15, BeckRS 2016, 73653 Rn. 16; LAG SchlH 2.8.2016 – 1 TaBV 17/16, BeckRS 2016, 74185 Rn. 26.
[91] LAG BW 4.10.1984 – 11 TaBV 4/84, NZA 1985, 163 (164); LAG SchlH 17.11.1988 – 6 TaBV 30/88, BeckRS 1988, 30816070; LAG Düsseldorf 25.8.2014 – 9 TaBV 39/14, NZA-RR 2014, 647 (648); *Behrens* NZA-Beil. 2/1991, 23 (24).
[92] BAG 18.3.2015 – 7 ABR 4/13, NZA 2015, 954 (956); LAG BW 16.10.1991 – 12 TaBV 10/91, NZA 1992, 186 (187); LAG Hamm 9.2.2009 – 10 TaBV 191/08, BeckRS 2009, 58800; LAG Bln-Bbg 23.7.2015 – 26 TaBV 857/15, BeckRS 2015, 72882 Rn. 16; *Sasse* DB 2015, 2817 (2818).
[93] *Kempter/Merkel* DB 2014, 1807 (1808).
[94] *Sasse* DB 2015, 2817 (2819).
[95] LAG RhPf 5.1.2006 – 6 TaBV 60/05, BeckRS 2006, 43002.

36 Sofern die Betriebsparteien nicht auf die Durchführung einer mündlichen Verhandlung verzichtet haben (§ 83 Abs. 4 S. 3 ArbGG), sind sie vor der Entscheidung über die Anzahl der Beisitzer oder die Bestellung des Vorsitzenden gem. § 83 Abs. 3 ArbGG zu hören.[96] Allerdings hat der Gesetzgeber der **Eilbedürftigkeit** der Regelungsstreitigkeiten insofern Rechnung getragen, als die Einlassungs- und Ladungsfristen auf 48 Stunden verkürzt sind, § 100 Abs. 1 S. 3 ArbGG, die Vorsitzenden des Arbeits- und Landesarbeitsgerichts eine alleinige Entscheidungsbefugnis haben, § 100 Abs. 1 S. 1 ArbGG, ein nur eingeschränkter Prüfungsmaßstab gilt, § 100 Abs. 1 S. 6 BetrVG, und Zustell- und Beschwerdefristen verkürzt sind, § 100 Abs. 2 ArbGG.[97] Insbesondere „soll" der Beschluss des Vorsitzenden den Beteiligten innerhalb von zwei Wochen nach Antragsstellung zugestellt werden. Leider hat der Gesetzgeber es aber versäumt, diese Regelfrist auch für die zweite Instanz festzuschreiben, was in der Praxis in Einzelfällen zu bemerkenswerten Verzögerungen führt.

37 Beteiligt am Verfahren zur Einsetzung einer Einigungsstelle sind immer nur die unmittelbar streitenden Betriebsparteien.[98] Dies gilt selbst dann, wenn die Zuständigkeit des die Einsetzung der Einigungsstelle beantragenden Betriebsrats zweifelhaft ist und auch der Konzernbetriebsrat zuständig sein könnte.[99]

38 Im Rahmen des arbeitsgerichtlichen Bestellungsverfahrens ist ein **Widerantrag,** mit dem zB der Gegenstand der Einigungsstelle modifiziert werden soll, grds. nicht zulässig.[100] Ein solcher ist nicht sachdienlich, da dies der besonderen Beschleunigungsfunktion des § 100 ArbGG zuwiderlaufen würde.[101]

39 **aa) Prüfungsumfang – offensichtliche Unzuständigkeit.** Das Gericht hat **nicht umfassend zu prüfen,** ob überhaupt eine Zuständigkeit der Einigungsstelle gegeben ist. Der Antrag auf Errichtung der Einigungsstelle kann vom Gericht nur zurückgewiesen werden, wenn die Einigungsstelle **offensichtlich unzuständig** ist (§ 100 Abs. 1 S. 2 ArbGG).[102] Maßgeblich ist der Zeitpunkt des letzten Anhörungstermins.[103] Offensichtliche Unzuständigkeit liegt vor, wenn bei sachkundiger Beurteilung schon auf den ersten Blick zweifelsfrei feststeht, dass eine Zuständigkeit unter keinem denkbaren rechtlichen Gesichtspunkt in Frage kommt.[104] Dies resultiert aus den Besonderheiten des Einigungsstellenbildungsverfahrens, das darauf gerichtet ist, den Betriebspartnern, im Bedarfsfalle beim Auftreten von Meinungsverschiedenheiten möglichst zeitnah eine formal funktionsfähige Einigungsstelle zur Verfügung zu stellen.[105] Diese Zielsetzung erfordert ein unkompliziertes Bestellungsverfahren ohne zeitraubende Prüfung schwieriger Rechtsfragen. Der eingeschränkte Prüfungsmaßstab korrespondiert damit, dass die Einigungsstelle die Vorfrage ihrer Zuständigkeit selbst prüft und sich, wenn sie diese nicht für gegeben hält, für unzuständig erklä-

---

[96] DKKW/*Berg* § 76 Rn. 59.
[97] Spengler/Hahn/Pfeiffer/*Pfeiffer* Einigungsstelle § 4 Rn. 92; LAG Hamm 7.7.2003 – 10 TaBV 85/03, NZA-RR 2003, 637 (638).
[98] *Dusny* ArbRAktuell 2015, 447 (448).
[99] LAG Düsseldorf 4.2.2013 – 9 TaBV 129/12, BeckRS 2013, 67335; HessLAG 27.10.2015 – 4 TaBV 177/15, BeckRS 2016, 70217 Rn. 11 ff.
[100] AA LAG Bln-Bbg 28.7.2011 – 26 TaBV 1298/11, NZA-RR 2012, 38 (40) (das den Widerantrag in diesem Fall für sachdienlich hielt); HessLAG 15.11.2016 – 4 TaBV 250/16, BeckRS 2016, 120509.
[101] SächsLAG 12.10.2001 – 3 TaBV 22/01, NZA-RR 2002, 362 (363); LAG Hamm 7.7.2003 – 10 TaBV 85/03, NZA-RR 2003, 637 (638); HessLAG 27.10.2015 – 4 TaBV 177/15, BeckRS 2016, 70217 Rn. 22; aA LAG Bln-Bbg 28.7.2011 – 26 TaBV 1298/11, NZA-RR 2012, 38 (40) (das den Widerantrag in diesem Fall für sachdienlich hielt).
[102] LAG SchlH 24.11.2016 – 4 TaBV 40/16, BeckRS 2016, 74959 Rn. 13 ff.; *Lerch/Weinbrenner* NZA 2015, 1228 f.
[103] LAG Bln-Bbg 23.7.2015 – 26 TaBV 857/15, BeckRS 2015, 72882 Rn. 19.
[104] LAG Düsseldorf 4.11.1988 – 17 (6) TaBV 114/88, NZA 1989, 146 (147); LAG Nds 30.4.2013 – 1 TaBV 142/12, BeckRS 2013, 68973; LAG Hamm 14.7.2015 – 7 TaBV 25/15, BeckRS 2015, 70665; HessLAG 3.3.2016 – 4 TaBV 250/16, BeckRS 2016, 70862 Rn. 12 f.; LAG Köln 27.10.2016 – 7 TaBV 54/16, BeckRS 2016, 115616 Rn. 15.
[105] LAG RhPf 11.12.2014 – 3 TaBV 8/14, BeckRS 2015, 66247; LAG RhPf 9.11.2016 – 7 TaBV 22/16, BeckRS 2016, 110822 Rn. 41.

ren kann.¹⁰⁶ Diese Entscheidung kann dann wiederum in einem gesonderten Beschlussverfahren vor der vollbesetzten Kammer überprüft werden.¹⁰⁷ Streitige Tatsachen sind im Verfahren nach § 100 ArbGG nur einer Schlüssigkeitsprüfung zu unterziehen. Raum für eine Beweisaufnahme besteht nicht.¹⁰⁸

Eine offensichtliche Unzuständigkeit wurde zB angenommen, wenn das von dem Betriebsrat in Anspruch genommene Mitbestimmungsrecht offensichtlich nicht besteht¹⁰⁹ oder wenn bei einem Antrag des Betriebsrats die Angelegenheit offensichtlich zur Zuständigkeit des Gesamtbetriebsrats¹¹⁰ gehört.¹¹¹ Gibt es bei einer Rechtsfrage eine gefestigte und abschließende höchstrichterliche Rechtsprechung, der zu Folge dem Betriebsrat kein Mitbestimmungsrecht zusteht, so ist eine dazu angerufene Einigungsstelle offensichtlich unzuständig.¹¹² Umgekehrt wird eine solche offensichtliche Unzuständigkeit regelmäßig abgelehnt, wenn über die Zuständigkeit einer Einigungsstelle zu einer bestimmten Angelegenheit in Literatur und Rechtsprechung Streit besteht.¹¹³ Bei Fehlen einer ordnungsgemäßen Beschlussfassung des Wirtschaftsausschusses hinsichtlich eines Auskunftsverlangens ist ebenfalls von einer offensichtlichen Unzuständigkeit auszugehen.¹¹⁴ Dasselbe gilt, wenn eine Einigungsstelle für einen Regelungsgegenstand eingesetzt werden soll, der teilweise mit demjenigen einer bereits bestehenden Einigungsstelle identisch ist¹¹⁵ oder durch eine noch wirksame, da ungekündigte Betriebsvereinbarung geregelt ist.¹¹⁶

Die gerichtliche Entscheidung über eine offensichtliche Unzuständigkeit im Rahmen der gerichtlichen Bestellungsverfahrens ist **nicht** zugleich eine die Betriebsparteien **bindende Entscheidung** über das Bestehen eines Mitbestimmungsrechts.¹¹⁷ Streitgegenstand des Bestellungsverfahrens ist allein die Errichtung der Einigungsstelle. Daher bleibt es den Betriebsparteien unbenommen, bei Abweisung ihres Antrages wegen offensichtlicher Unzuständigkeit einen Feststellungsantrag auf Bestehen eines Mitbestimmungsrechts zu stellen, um eine endgültige Entscheidung zu erwirken (→ Rn. 83).¹¹⁸

Wird neben dem Bestellungsverfahren gleichzeitig ein allgemeines Beschlussverfahren zur Klärung der Zuständigkeit der Einigungsstelle anhängig gemacht, führt dies nicht zur

Aussetzung des Bestellungsverfahrens.[119] Gleiches gilt, wenn in einem parallelen Verfahren die Frage der Zuständigkeit des Gesamt- bzw. Betriebsrats geklärt wird.[120]

43 bb) Entscheidung über die Anzahl der Beisitzer. Wird kein Einverständnis über die Anzahl der Beisitzer erzielt, entscheidet das **Arbeitsgericht** abschließend über die Größe der Einigungsstelle, § 76 Abs. 2 S. 2 BetrVG. Das Arbeitsgericht hat jedoch keine Kompetenz in Bezug auf die Auswahl der Beisitzer.[121] Diese obliegt allein den Betriebsparteien. Für die gerichtliche Beurteilung sind Größe und Art des Betriebs[122] sowie die Schwierigkeit der von der Einigungsstelle zu behandelnden Angelegenheit und die zu ihrer Beilegung notwendigen Fachkenntnisse und betriebspraktischen Erfahrungen maßgeblich.[123] Die Benennung von zwei Beisitzern ist der Regelfall.[124] Bei komplexeren Angelegenheiten werden idR drei Beisitzer für angemessen angesehen.[125]

44 cc) Bestellung der Person des Vorsitzenden. Einigen sich Arbeitgeber und Betriebsrat nicht auf die Person des Vorsitzenden,[126] so hat das Arbeitsgericht nach § 76 Abs. 2 S. 2 BetrVG den Vorsitzenden zu bestellen. Dabei hat es besonders das Gebot der Unparteilichkeit zu berücksichtigen. Es sollte zunächst Arbeitgeber und Betriebsrat zu Vorschlägen auffordern und hat ihnen zu der zu bestellenden Person rechtliches Gehör zu gewähren. Bei der Bestellung des Vorsitzenden ist das Arbeitsgericht nicht an die Anträge der Parteien gebunden.[127] Allerdings wird zum Teil vertreten, dass das Ermessen des Gerichts bei der Bestellung des Vorsitzenden eingeschränkt ist, wenn der Antragsgegner keine oder keine nachvollziehbaren Einwände erhebt,[128] sodass es faktisch zu einer Antragsbindung und dem sogenannten **„Windhundprinzip"**[129] (wer zuerst den Antrag stellt, bestellt den Vorsitzenden) kommt. Nach vorzugswürdiger Auffassung hat das Gericht im Falle der begründeten und nachvollziehbaren Ablehnung durch den Antragsgegner eine dritte Person als Vorsitzenden zu bestellen.[130] Denn die fehlende Akzeptanz des Vorsitzenden steht von

---

[119] St. Rspr.; BAG 16.8.1983 – 1 ABR 11/82, AP ArbGG 1979 § 81 Nr. 2.
[120] HessLAG 27.1.2015 – 4 TaBV 220/14, BeckRS 2016, 66316 Rn. 9.
[121] DKKW/*Berg* § 76 Rn. 85.
[122] Zum Gemeinschaftsbetrieb mehrerer Arbeitgeber s. LAG Nürnberg 22.3.1995 – 4 TaBV 33/94, NZA-RR 1996, 91 ff.
[123] LAG Bln-Bbg 22.1.2015 – 10 TaBV 1812/14 und 10 TaBV 2124/14, BeckRS 2015, 68190.
[124] HessLAG 15.10.2013 – 4 TaBV 138/13, BeckRS 2014, 70926; LAG MV 22.4.2015 – 3 TaBV 1/15, BeckRS 2015, 68339; LAG Bln-Bbg 23.7.2015 – 26 TaBV 857/15, BeckRS 2015, 72882 Rn. 33; LAG Hamm 10.8.2015 – 7 TaBV 43/15, BeckRS 2015, 71472 Rn. 27; LAG Köln 27.5.2016 – 10 TaBV 28/16, BeckRS 2016, 72528 Rn. 32; ArbG Offenbach 14.9.2015 – 2 Betriebsvereinbarung 13/15, BeckRS 2016, 67508; Für die Benennung von einem Beisitzer: LAG SchlH 15.11.1990 – 4 TaBV 35/90, DB 1991, 288.
[125] LAG Köln 3.12.2014 – 11 TaBV 64/14, BeckRS 2015, 68851; LAG Bln-Bbg 22.1.2015 – 10 TaBV 1812/14 und 10 TaBV 2124/14, BeckRS 2015, 68190; LAG Saarl 27.7.2016 – 2 TaBV 2/16, BeckRS 2016, 112645 Rn. 27; LAG Nürnberg 1.1.2017 – 2 TaBV 50/16, BeckRS 2017, 103110 Rn. 73.
[126] Nach *Knuth* S. 18 nur in ca. 20 % der Fälle.
[127] LAG Bln-Bbg 4.6.2010 – 6 TaBV 901/10, BeckRS 2010, 72017 Rn. 12; LAG BW 30.9.2010 – 15 TaBV 4/10, BeckRS 2010, 76085; LAG Düsseldorf 25.8.2014 – 9 TaBV 39/14, NZA-RR 2014, 647 (649); LAG Bln-Bbg 18.6.2015 – 21 TaBV 745/15, BeckRS 2015, 70329 Rn. 25; LAG Hamm 10.8.2015 – 7 TaBV 43/15, BeckRS 2015, 71472 Rn. 13; aA LAG Nds 22.10.2013 – 1 TaBV 53/13, BeckRS 2013, 74911.
[128] LAG BW 30.9.2010 – 15 TaBV 4/10, BeckRS 2010, 76085; LAG RhPf 8.3.2012 – 11 TaBV 12/12, BeckRS 2012, 68204; LAG Bln-Bbg 18.6.2015 – 21 TaBV 745/15, BeckRS 2015, 70329 Rn. 25; LAG Köln 24.2.2017 – 9 TaBV 11/17, BeckRS 2017, 104809 Rn. 25 ff.; *Dusny* ArbRAktuell 2015, 447 (448).
[129] Auch Müller-Prinzip genannt (vgl. LAG Bln-Bbg 3.6.2010 – 10 TaBV 1058/10, BeckRS 2011, 67200).
[130] LAG Frankfurt 5.7.1985 – 14/5 TaBV 54/85, BeckRS 1985, 30450769; LAG SchlH 4.9.2002 – 4 TaBV 8/02, AP ArbGG 1979 § 98 Nr. 1; LAG RhPf 15.5.2009 – 9 TaBV 10/09, BeckRS 2009, 69095; LAG Bln-Bbg 4.6.2010 – 6 TaBV 901/10, BeckRS 2010, 72017 Rn. 13; LAG Düsseldorf 25.8.2014 – 9 TaBV 39/14, NZA-RR 2014, 647 (650); LAG Hamm 10.8.2015 – 7 TaBV 43/15, BeckRS 2015, 71472.

III. Errichtung 45–48 § 308

vornherein dem Erfolg einer Einigungsstelle entgegen.[131] Auch die in einem Bestellungsverfahren offengelegten Bedenken gegen einen Vorsitzenden erschweren einen unbelasteten Einigungsprozess.[132]

In den meisten Fällen werden Richter zum Einigungsstellenvorsitzenden bestellt.[133] **45** Um mögliche **Interessenkollisionen** vorzubeugen, darf ein Richter nach § 100 Abs. 1 S. 5 ArbGG zum Vorsitzenden nur bestellt werden, wenn aufgrund der Geschäftsverteilung ausgeschlossen ist, dass er mit der Überprüfung, der Auslegung oder der Anwendung des Spruchs der Einigungsstelle befasst wird.[134] Betriebsangehörige, Unternehmensangehörige und Verbandsvertreter scheiden für eine gerichtliche Bestellung idR aus.[135] Zur Ablehnung wegen Befangenheit, → Rn. 95.

Unzulässig ist die vorsorgliche Bestellung von Vertretern im Fall der Verhinderung bei **46** gleichzeitiger Bestellung des Vorsitzenden durch das Arbeitsgericht.[136] Das Arbeitsgericht bestellt eine bestimmte Person zum Vorsitzenden. Eine andere als die zu benennende bzw. benannte Person kann nur dann als Einigungsstellenvorsitzender fungieren, sofern die Betriebsparteien sich auf diese einigen.[137] In der Praxis stellen die Arbeitsgerichte daher vor der Bestellung eines Vorsitzenden sicher, dass dieser auch bereit ist, die Einigungsstelle zu übernehmen, und zur Verfügung steht.

dd) Form der gerichtlichen Entscheidung. Die gerichtliche Bestellung erfolgt durch **47** Beschluss des Arbeitsgerichts. Mit der Verkündung des Beschlusses des Arbeitsgerichts ist der Vorsitzende bestellt und kann seine Tätigkeit aufnehmen.[138] Die Bestellung des Vorsitzenden durch eine **einstweilige Verfügung** ist nicht möglich.[139] Dem Bedürfnis der Praxis nach einer Beschleunigung des Bestellungsverfahrens sucht das Gesetz dadurch zu entsprechen, dass die Einlassungs- und Ladungsfristen auf 48 Stunden abgekürzt sind, § 100 Abs. 1 S. 3 ArbGG, und der Vorsitzende des Arbeits- und Landgerichts allein entscheidet (§ 100 Abs. 1 S. 1 ArbGG).[140] Der Beschluss des erstinstanzlichen Verfahrens soll innerhalb von zwei Wochen und ist innerhalb von vier Wochen nach Eingang des Antrags zuzustellen.

ee) Rechtsschutz gegen die gerichtliche Entscheidung. Gegen die Entscheidung fin- **48** det die **Beschwerde** an das LAG statt (§ 100 Abs. 2 S. 1 ArbGG). Einer solchen Beschwerde kommt **aufschiebende Wirkung** zu.[141] Zwar ist dies dem Gesetzeswortlaut nicht zu entnehmen, da § 100 Abs. 2 S. 3 ArbGG lediglich auf § 87 Abs. 2 und Abs. 3 ArbGG nicht aber auf § 87 Abs. 4 ArbGG verweist. Zu berücksichtigen ist allerdings, dass erst durch das Gesetz zur Reform des Zivilprozesses vom 27.7.2001[142] der § 87 Abs. 3 ArbGG aF, welcher die aufschiebende Wirkung anordnete, zum heutigen § 87 Abs. 4 ArbGG wurde. Den diesbezüglichen Gesetzgebungsmaterialien ist nicht zu entnehmen, dass der Gesetzgeber den Suspensionseffekt der Beschwerde gegen die Einsetzung der Einigungsstelle entfallen lassen

---

[131] LAG SchlH 4.9.2002 – 4 TaBV 8/02, AP ArbGG 1979 § 98 Nr. 13.
[132] LAG Düsseldorf 25.8.2014 – 9 TaBV 39/14, NZA-RR 2014, 647 (650); LAG RhPf 15.5.2009 – 9 TaBV 10/09, BeckRS 2009, 69095; *Sasse* DB 2015, 2817 (2820).
[133] *Fischer* DB 2000, 217 (218); *Francken* NJW 2007, 1792 (1795); *Sasse* DB 2015, 2817 (2820).
[134] Vgl. *Gruber* ZRP 2011, 178.
[135] *Sasse* DB 2015, 2817 (2820).
[136] LAG Köln 30.5.2012 – 3 TaBV 39/12.
[137] LAG Köln 30.5.2012 – 3 TaBV 39/12; *Kempter/Merkel* DB 2014, 1807 (1810).
[138] *Bengelsdorf* BB 1991, 613 (618f.).
[139] Streitig; LAG Nds 29.9.1988 – 14 TaBV 84/88, AuR 1989, 290; ArbG Ludwigshafen 20.11.1996 – 3 GaBV 3062/96, DB 1997, 1188 (LS); *Dütz* ZfA 1972, 247 (255); *Olderog* NZA 1985, 753 (756f.); *Bengelsdorf* BB 1991, 613 (614 ff.); aA LAG Düsseldorf 8.2.1991 – 15 TaBV 11/91, LAGE § 98 ArbGG 1979 Nr. 19.
[140] DKKW/*Berg* § 76 Rn. 53.
[141] Ehrich/Fröhlich/*Fröhlich* Die Einigungsstelle D Rn. 18; Lukas/Dahl/*Dahl* Mitbestimmung in sozialen Angelegenheiten S. 573; *Wenning-Morgenthaler* Die Einigungsstelle Rn. 85.
[142] BGBl. 2001 I 1887 (1916).

wollte; es ist daher vielmehr von einem Redaktionsversehen auszugehen.[143] Folglich kann der bestellte Vorsitzende sein Amt zunächst nicht ausüben, wenn die Beschwerde eingelegt wurde.[144] Über die Beschwerde entscheidet das LAG endgültig ohne die Möglichkeit eines weiteren Rechtsmittels (§ 100 Abs. 2 S. 4 ArbGG).[145]

49 Die Beschwerde ist **fristgebunden,** § 100 Abs. 2 S. 2 BetrVG. Eine Fristverlängerung soll nach der Rechtsprechung aus Gründen des rechtlichen Gehörs gem. §§ 100 Abs. 2 S. 3, 87 Abs. 2 S. 1, 66 Abs. 1 S. 5 ArbGG zulässig sein, sofern der Rechtsmittelführer erhebliche Gründe vorträgt.[146] Dies stehe dem Beschleunigungsgrundsatz des Einigungsstellenbesetzungsverfahrens nicht entgegen.[147] Problematisch dürfte in der Praxis eher sein, dass eine dem erstinstanzlichen Verfahren vergleichbare Fristbestimmung zum Entscheidungslauf fehlt.

3. Rechtsstellung der Mitglieder

50 **a) Annahme des Amtes.** Die Mitgliedschaft in der Einigungsstelle wird nicht allein durch die Bestellung durch Arbeitgeber oder Betriebsrat bzw. eine Entscheidung des Arbeitsgerichts begründet. Es bedarf dazu vielmehr der Annahme des Amtes durch die bestellte Person.[148] Dies gilt gleichermaßen für den Vorsitzenden, die betriebsangehörigen und die betriebsfremden Mitglieder der Einigungsstelle. Eine **Pflicht zur Annahme des Amtes besteht nicht,** auch nicht für betriebsangehörige Personen bzw. Mitglieder des Betriebsrats.[149] Das Amt ist höchstpersönlich auszuüben; eine Vertretung ist unzulässig.[150] Die Mitglieder sind weisungsfrei (→ Rn. 54).

51 **Berufsrichter** dürfen nur den Vorsitz in Einigungsstellen übernehmen (§ 4 Abs. 2 Nr. 5 DRiG). Sie benötigen dazu außerdem eine Nebentätigkeitsgenehmigung (§ 40 DRiG). Diese ist zu versagen, wenn der Richter nach der gerichtsinternen Geschäftsverteilung mit der Angelegenheit befasst werden kann (§ 40 Abs. 1 S. 2 DRiG), was bei Richtern der Arbeitsgerichtsbarkeit im Hinblick auf das nachgelagerte arbeitsgerichtliche Beschlussverfahren in Betracht kommt.[151]

52 **b) Betriebsverfassungsrechtliches Schuldverhältnis.** Durch die Bestellung zum Mitglied in einer Einigungsstelle und deren Annahme kommt zwischen dem Beisitzer bzw. Vorsitzenden und dem Arbeitgeber kraft Gesetzes ein **betriebsverfassungsrechtliches Schuldverhältnis** zustande.[152] Bei diesem handelt es sich um ein gesetzliches Schuldverhältnis.[153] Einer Klassifizierung als Auftrags- oder entgeltlichem Geschäftsbesorgungsverhältnis[154] bedarf es nicht, da diese dem Charakter des betriebsverfassungsrechtlichen Schuldverhältnis nicht gerecht werden und sich ohnehin alle wesentlichen Rechte und Pflichten der Einigungsstellenmitglieder aus dem Gesetz ergeben.[155] Gegen die Annahme eines vertraglichen Schuldverhältnisses sprechen zudem der Grundsatz der Privatautonomie und das vertragsrechtliche Freiwilligkeitsprinzip.[156] Dies gilt insbesondere für die vom Betriebsrat bestellten Beisitzer und für den vom Arbeitsgericht bestellten Vorsitzenden, da

---

[143] BT-Drs. 14/4722, 139.
[144] *Bengelsdorf* BB 1991, 613 (619).
[145] DKKW/*Berg* § 76 Rn. 53.
[146] LAG Nürnberg 17.6.2010 – 7 TaBV 32/10, BeckRS 2010, 71677; LAG BW 20.12.2012 – 1 TaBV 1/12, BeckRS 2013, 65150.
[147] So auch *Dusny* ArbRAktuell 2015, 447 (448 f.).
[148] BAG 19.8.1992 – 7 ABR 58/91, NZA 1993, 710 (711).
[149] BAG 24.4.1996 – 7 ABR 40/95, NZA 1996, 1171.
[150] BAG 27.6.1995 – 1 ABR 3/95, NZA 1996, 161.
[151] Richardi BetrVG/*Richardi/Maschmann* § 76 Rn. 142.
[152] BAG 27.7.1994 – 7 ABR 10/93, NZA 1995, 545 (546); *Fitting* § 76 Rn. 48.
[153] BAG 27.7.1994 – 7 ABR 10/93, NZA 1995, 545 (546); LAG Hamm 10.2.2012 – 10 TaBV 61/11, BeckRS 2012, 68571.
[154] So aber DKKW/*Berg* § 76 Rn. 41; GK-BetrVG/*Jacobs* § 76 Rn. 87.
[155] *Schipp* NZA 2011, 271.
[156] *Pfrogner* Haftung von Einigungsstellenmitgliedern, 2016, S. 19.

diese Bestellungen ohne und sogar gegen den Willen des Arbeitgebers wirksam werden. Das schließt nicht aus, dass der Arbeitgeber im Einzelfall einen Vertrag mit Mitgliedern der Einigungsstelle schließt, insbesondere über die Vergütungsregelungen. Die Weisungsfreiheit der Mitglieder der Einigungsstelle (→ Rn. 54) kann vertraglich aber nicht beeinträchtigt werden. Die Unterscheidung zwischen gesetzlichem und vertraglichem Schuldverhältnis wirkt sich insbesondere hinsichtlich der Haftung der Einigungsstellenmitglieder aus(→ Rn. 57). Zwischen dem Betriebsrat bzw. seinen Mitgliedern und den von ihm bestellten Beisitzern wird allgemein kein Schuldverhältnis angenommen (zu Honorarvereinbarungen → Rn. 211).[157]

c) Rechte und Pflichten der Einigungsstellenmitglieder. Der **Vorsitzende** übernimmt mit Annahme des Amtes die Pflicht, die Einigungsstelle zu leiten und eine Entscheidung der Einigungsstelle durch seine Anwesenheit und gegebenenfalls durch seine Abstimmung zu ermöglichen.[158] Er schuldet jedoch nicht den Erfolg der Einigungsstelle, sondern lediglich deren ordnungsgemäße Durchführung.[159] Dazu gehört insbesondere auch die Beachtung der von der Rechtsprechung entwickelten Verfahrensgrundsätzen (→ Rn. 71 ff.).[160] Er hat das Amt nach bestem Wissen und Gewissen zu bekleiden und ist nicht an Weisungen gebunden.[161] Es ist ihm unbenommen, sein Amt nach Beginn der Einigungsstelle niederzulegen, sofern dies nicht willkürlich und aus beliebigen Gründen erfolgt.[162]

Die **Beisitzer** der Einigungsstelle sollen ebenfalls nach bestem Wissen und Gewissen über die streitige Angelegenheit abstimmen.[163] Sie sind nicht an Aufträge oder Weisungen der jeweils bestellenden Betriebspartei gebunden.[164] Sie sind weder reine Interessenvertreter, noch stellen sie ein gänzlich unabhängiges Organ dar. Ihnen kommt vielmehr eine Doppelfunktion zu: Zwar sind sie Interessenvertreter ihrer Seite,[165] jedoch haben sie ihre Aufgabe mit einer gewissen Distanz zu den Betriebsparteien zu erfüllen und die Entscheidung mit einer inneren Unabhängigkeit zu treffen.[166] Letztlich haben auch sie an dem Verfahren mitzuwirken und die Pflicht, dieses nicht zu verzögern.[167]

Mitglieder der Einigungsstelle dürfen gem. § 78 BetrVG in der Ausübung ihrer Tätigkeit **nicht gestört oder behindert** und wegen ihrer Tätigkeit **nicht benachteiligt oder begünstigt** werden; dies gilt für die betriebsangehörigen Beisitzer der Einigungsstelle auch hinsichtlich ihrer berufliche Entwicklung.[168] Verstöße dagegen können eine Straftat gem. § 119 Abs. 1 Nr. 2 und Nr. 3 BetrVG begründen. Der Betriebsrat ist in einem solchen Fall in eigenen Rechten verletzt und kann auf Unterlassung klagen.[169] Zu beachten ist, dass ein diesbezüglicher Unterlassungsantrag den Voraussetzungen des § 253 ZPO genügen und insbesondere das Bestimmtheitsgebot (§ 253 Abs. 2 Nr. 2 ZPO) berücksichtigen muss, da andernfalls eine Abweisung droht.[170] Allerdings existiert kein besonderer Kündigungsschutz für die betriebsangehörigen Mitglieder. Insbesondere finden auf sie in

---

[157] *Schipp* NZA 2011, 272.
[158] GK-BetrVG/*Jacobs* § 76 Rn. 94; *Hunold* NZA 1999, 785 (786).
[159] *Schipp* NZA 2011, 271 (272).
[160] *Wenning-Morgenthaler* Die Einigungsstelle Rn. 145.
[161] ErfK/*Kania* BetrVG § 76 Rn. 11; *Fitting* § 76 Rn. 51.
[162] *Wenning-Morgenthaler* Die Einigungsstelle Rn. 147.
[163] BAG 27.6.1995 – 1 ABR 3/95, NZA 1996, 161 (162); BAG 13.5.2015 – 2 ABR 38/14, NZA 2016, 116 (121).
[164] *Fitting* § 76 Rn. 51.
[165] *Friedemann* Das Verfahren der Einigungsstelle Rn. 137; *Wenning-Morgenthaler* Die Einigungsstelle Rn. 151.
[166] BAG 27.6.1995 – 1 ABR 3/95, NZA 1996, 161 (162); BAG 13.5.2015 – 2 ABR 38/14, NZA 2016, 116 (121).
[167] *Schipp* NZA 2011, 271 (272).
[168] DKKW/*Berg* § 76 Rn. 42; GK-BetrVG/*Jacobs* § 76 Rn. 90; Richardi BetrVG/*Richardi/Maschmann* § 76 Rn. 143; Schaub ArbR-HdB/*Koch* § 232 Rn. 49.
[169] LAG Nds 27.5.2014 – 11 TaBV 104/13, BeckRS 2014, 73491.
[170] BAG 18.5.2016 – 7 ABR 41/14, BeckRS 2016, 72725 Rn. 22.

ihrer Funktion als Mitglieder der Einigungsstelle die §§ 15, 16 KschG und § 103 BetrVG keine Anwendung.[171] Eine Kündigung wegen der Tätigkeit als Mitglied der Einigungsstelle verstößt aber gegen § 78 S. 2 BetrVG und ist deshalb nach § 134 BGB nichtig.[172]

56 d) Geheimhaltungspflicht. Die Mitglieder der Einigungsstelle unterliegen der gleichen Geheimhaltungspflicht bezüglich der Betriebs- oder Geschäftsgeheimnisse wie Mitglieder des Betriebsrats. Die Verletzung der Geheimhaltungspflicht ist strafbar, § 120 Abs. 1 Nr. 1 BetrVG.[173]

57 e) Haftung. Die Haftung von Einigungsstellenmitgliedern stellt ein gerichtlich bisher nicht in Erscheinung getretenes Problem dar. Eine haftungsauslösende Konstellation ist jedoch keineswegs gänzlich ausgeschlossen. Die Einigungsstelle selbst kann nicht Anspruchsgegner sein, sondern lediglich deren Mitglieder.[174] Da es sich bei der Rechtsbeziehung zwischen den Einigungsstellenmitgliedern und dem Arbeitgeber um ein gesetzliches Schuldverhältnis handelt, finden die entsprechenden Vorschriften des BGB Anwendung. Anspruchsinhaber ist der Arbeitgeber.[175] Anspruchsgrundlage ist § 280 Abs. 1 BGB.[176]

58 aa) Pflichtverletzung. Grundsätzlich kommt eine Haftung auf Grund der Verletzung von sich aus dem betriebsverfassungsrechtlichen Schuldverhältnis ergebenden Pflichten in Betracht. Pflichtverletzungen der Einigungsstellenmitglieder können nur Handlungen sein, die ihnen selbst zurechenbar sind, bspw. die Verletzung der Verschwiegenheitspflicht.[177] Hinsichtlich des Vorsitzenden kommen zB auch eine unberechtigte Amtsniederlegung zur Unzeit oder die Verweigerung der Schlussabstimmung als Pflichtverletzung in Betracht.[178] Die Nichtabstimmung der Beisitzer stellt dagegen keine Pflichtverletzung dar, da sie nicht zur Abstimmung verpflichtet sind.[179] Da die Einigungsstelle gem. § 76 Abs. 5 S. 3 BetrVG ihre Beschlüsse nach billigem Ermessen zu fassen hat, konstituiert auch ein ermessenfehlerhafter Spruch eine Pflichtverletzung der Einigungsstellenmitglieder.[180]

59 bb) Vertretenmüssen und Haftungsbegrenzung. Die Einigungsstellenmitglieder müssen die Pflichtverletzung zu vertreten haben. Wenig Beachtung findet in diesem Zusammenhang die Beweislastumkehr des § 280 Abs. 1 S. 2 BGB, welche dem Einigungsstellenmitglied den Nachweis für die ordnungsgemäße Erfüllung seiner Pflichten auferlegt. Grundsätzlich richtet sich der Haftungsmaßstab nach § 276 BGB, wonach das Einigungsstellenmitglied Fahrlässigkeit und Vorsatz zu vertreten hat.[181]

60 Ein Vertretenmüssen kommt auch bei einem **ermessensfehlerhaften Einigungsstellenspruch** in Betracht. Dass die Einigungsstelle ihre Beschlüsse als Kollegialorgan trifft, vermag hieran nichts zu ändern. Schließlich obliegt es jedem Einigungsstellenmitglied nach bestem Wissen und Gewissen eine Entscheidung zu treffen. Haben sie ermessensfehlerhafte Erwägungen in den Spruch einfließen lassen, so haben sie eine ihnen aus dem betriebsverfassungsrechtlichen Schuldverhältnis persönlich obliegenden Pflicht verletzt. In

---

[171] Richardi BetrVG/*Richardi/Maschmann* § 76 Rn. 145.
[172] GK-BetrVG/*Jacobs* § 76 Rn. 90.
[173] *Fitting* § 76 Rn. 55.
[174] *Pfrogner* Haftung von Einigungsstellenmitgliedern, 2016, S. 45.
[175] Schwab/Weth/*Kliemt* Rn. 326.
[176] Richardi BetrVG/*Richardi/Maschmann* § 76 Rn. 144.
[177] *Friedemann* Das Verfahren der Einigungsstelle Rn. 353, 357; GK-BetrVG/*Jacobs* § 76 Rn. 94; *Wenning-Morgenthaler* Die Einigungsstelle Rn. 153.
[178] Schwab/Weth/*Kliemt* Rn. 327.
[179] *Friedemann* Das Verfahren der Einigungsstelle Rn. 357; Schwab/Weth/*Kliemt* Rn. 332.
[180] *Fitting* § 76 Rn. 52; *Pfrogner* Haftung von Einigungsstellenmitgliedern, 2016, S. 65; *Wenning-Morgenthaler* Die Einigungsstelle Rn. 158.
[181] *Friedemann* Das Verfahren der Einigungsstelle Rn. 355.

Folge der dem Vorsitzenden zukommenden Schlüsselposition im Rahmen der Abstimmung, kann insbesondere er für den fehlerhaften Einigungsstellenspruch haften.[182] Eine gleichzeitige Inanspruchnahme der einzelnen Beisitzer gebietet sich nicht zwingend, da infolge der geheimen Abstimmung nicht ersichtlich ist, welche Beisitzer für das ermessenfehlerhafte Ergebnis gestimmt oder hierauf hingewirkt haben.

Für eine – vielfach angenommene –[183] **Haftungsbegrenzung** auf Vorsatz und grobe Fahrlässigkeit besteht weder ein Bedürfnis, noch lässt sich eine solche dogmatisch begründen.[184] **61**

Ein gesetzliches **Haftungsprivileg** besteht unstreitig nicht. Teilweise wird eine analoge Anwendung des § 839 Abs. 2 BGB befürwortet.[185] Dieser Ansicht ist entgegenzuhalten, dass das Spruchrichterprivileg eine Verantwortlichkeit des Richters auf Straftaten reduziert; dieser Regelungszweck ist mit einer Haftungsbegrenzung im Schuldverhältnis nur schwer in Einklang zu bringen.[186] Darüber hinaus ist der über § 839 Abs. 2 BGB angestrebte Schutz der Rechtskraft richterlicher Entscheidungen[187] auf einen Einigungsstellenspruch nicht zu übertragen.[188] Insoweit fehlt es bereits an der vergleichbaren Interessenlage zur Bildung einer Analogie. **62**

Eine Haftungsprivilegierung ergibt sich auch nicht aus einer analogen Anwendung des § 839 Abs. 2 BGB iVm Art. 34 GG. Eine Analogie scheitert auch hier an der mangelnden vergleichbaren Interessenlage, da die Einigungsstelle keine hoheitliche Tätigkeit ausübt.[189] Die Einigungsstelle ist keine Behörde, sondern ein privatrechtliches Schlichtungs- und Entscheidungsorgan.[190] **63**

Andere beschränken die Haftung der Einigungsstellenmitglieder auf grobe Fahrlässigkeit und Vorsatz unter Bezugnahme auf die zu Schiedsgerichten entwickelten Grundsätze.[191] Die Einigungsstelle sei als betriebliche Schlichtungsstelle vergleichbarer Natur.[192] Auch bei Außerachtlassen der beträchtlichen Unterschiede zwischen einem Schieds- und einem Einigungsstellenverfahren ist der Vergleich schon insoweit schief, als die Haftung von Schiedsrichtern auf Vorsatz begrenzt ist.[193] Zudem wird diese Haftungsbegrenzung aus einer konkludenten Vertragsvereinbarung des privatrechtlichen Schiedsvertrages hergeleitet.[194] An einer vergleichbaren Rechtsgrundlage fehlt es aber im Einigungsstellenverfahren. **64**

Auch der Ansatz, eine Haftungsbeschränkung aus dem Prinzip der **Business Judgement Rule** abzuleiten,[195] überzeugt letztlich nicht. Das in § 93 Abs. 1 S. 2 AktG kodifizierte Prinzip besagt, dass eine schuldhafte Pflichtverletzung abzulehnen ist, wenn das Vorstandsmitglied bei einer unternehmerischen Entscheidung vernünftigerweise annehmen durfte, auf Grundlage angemessener Informationen zum Wohl der Gesellschaft zu handeln. Die Einigungsstelle trifft jedoch bereits keine unternehmerische Entscheidung in eigener Verantwortung, sondern fällt einen Einigungsstellenspruch, um Regelungs- und Rechtsstreitigkeiten zu einem Ausgleich zu bringen. Diesem muss eine sorgfältige Abwägung der Interessen des Betriebsrats und des Arbeitgebers zugrunde liegen. Vorstandsmit- **65**

---

[182] HWGNRH/*Worzalla* § 76 Rn. 80.
[183] BeckOK ArbR/*Werner* BetrVG § 76 Rn. 21; GMP/*Künzl* Anhang I, Rn. 427; *Schack* S. 45; Schwab/Weth/*Kliemt* Rn. 330.
[184] *Friedemann* Das Verfahren der Einigungsstelle Rn. 355 ff.; *Sprenger* BB 2010, 2110 (2112).
[185] HWK/*Kliemt* § 76 Rn. 34; Schwab/Weth/*Kliemt* Rn. 330.
[186] *Sprenger* BB 2010, 2110 (2112).
[187] HK-BGB/*Ansgar* Staudinger BGB § 839 Rn. 36.
[188] *Pfrogner* Haftung von Einigungsstellenmitgliedern, 2016, S. 9.
[189] *Pfrogner* Haftung von Einigungsstellenmitgliedern, 2016, S. 9; *Schipp* NZA 2011, 271 (273).
[190] *Pfrogner* Haftung von Einigungsstellenmitgliedern, 2016, S. 9; *Schipp* NZA 2011, 271 (273).
[191] *Fitting* § 76 Rn. 52; *Wenning-Morgenthaler* Die Einigungsstelle Rn. 154 mwN.
[192] *Fitting* § 76 Rn. 52; GMP/*Künzl* Anhang I Rn. 427.
[193] BGH 6. 10. 1954 – II ZR 149/53, NJW 1954, 1763 (1764); GK-BetrVG/*Jacobs* § 76 Rn. 94.
[194] BGH 6. 10. 1954 – II ZR 149/53, NJW 1954, 1763 (1764); *Sprenger* BB 2010, 2110 (2112).
[195] *Wenning-Morgenthaler* Die Einigungsstelle Rn. 155; *Pfrogner* Haftung von Einigungsstellenmitgliedern, 2016, S. 150 f.

glieder führen eine solche Interessenabwägung geradewegs nicht durch, sondern sollen Entscheidungen treffen, die dem **Unternehmensinteresse** am besten dienen.[196] Auch müssen die Vorstandsmitglieder sachlich unbefangen in ihrer Entscheidungsfindung sein.[197] Einigungsstellenbeisitzer sind hingegen offenkundig Interessenvertreter der sie bestellenden Betriebspartei (→ Rn. 26).

65a Ungeachtet der fraglichen dogmatischen Herleitung einer Haftungsbeschränkung, besteht jedenfalls auch kein zwingendes Erfordernis zur Annahme einer solchen.[198] Der Einwand, es schwebe ansonsten das Damoklesschwert zivilrechtlicher Haftung über dem Vorsitzenden, sodass niemand diese Stellung mehr freiwillig übernehmen würde,[199] überzeugt nicht. Der Einigungsstellenvorsitzende führt keine ehrenamtliche Tätigkeit aus. Er erhält eine angemessene Vergütung für seine Tätigkeit und hat seine geschuldete Leistung ordnungsgemäß zu erbringen bzw. bei schuldhafter Nicht- oder Schlechterfüllung hierfür genauso einzustehen wie andere Schuldner. Sein Haftungsrisiko ist auch nicht unverhältnismäßig, als schließlich ein großer Ermessensspielraum zu den Regelungsstreitigkeiten besteht. Erst Ermessensfehler können überhaupt eine Haftung auslösen. Schließlich ist auch zu berücksichtigen, dass den Vorsitzenden – vergleichbar mit den Berufsträgern anderer Rechtsberatungsberufe – die Möglichkeiten offenstehen, eine Berufshaftpflichtversicherung abzuschließen und/oder eine ausdrücklich privatrechtliche Vereinbarung mit dem Arbeitgeber über eine Haftungsbegrenzung zu schließen.

66 Im Übrigen bedarf es allerdings einer Unterscheidung zwischen **betriebsangehörigen** und **betriebsfremden** Beisitzern.[200] Betriebsangehörige Beisitzer werden für die Tätigkeit als Einigungsstellenmitglied nicht gesondert vergütet. Für die Zeit der Einigungsstelle werden sie von ihrer Verpflichtung zur Arbeitsleistung unter Lohnfortzahlung freigestellt, § 76a Abs. 2 S. 1 iVm § 37 Abs. 2, 3 BetrVG. Daher erscheint es gerechtfertigt, dass das Arbeitsverhältnis, das betriebsverfassungsrechtliche Schuldverhältnis insoweit überlagert bzw. ergänzt, als dass die zu Arbeitsverhältnissen entwickelten Grundsätze der Haftungsbegrenzung Anwendung finden. Hierfür spricht insbesondere die fehlende Äquivalenz von Vergütung und Haftungsrisiko.[201]

67 cc) **Schaden und Mitverschulden.** Abhängig von der in Streit stehenden Pflichtverletzung wird der Schaden in der Regel wohl in den Kosten für die arbeitsgerichtliche Anfechtung des Einigungsstellenspruchs oder in den Mehrkosten für die weitere Durchführung des Einigungsstellenverfahrens zu sehen sein.[202] Es kommt aber durchaus in Betracht, dass der weitere Zeitverzug zu einem erheblichen Wirtschaftsschaden für den Arbeitgeber führt. Hier wird man aber im Einzelfall trefflich über Kausalitäten streiten können.

68 Der Arbeitgeber muss sich gegebenenfalls auch ein Mitverschulden nach § 254 Abs. 1 BGB im Rahmen der Aufklärung und Verhandlungsführer oder zB für die Unterlassung einer arbeitsgerichtlichen Anfechtung des Einigungsstellenspruchs entgegenhalten lassen.[203]

69 f) Vergütung. Die Vergütungsansprüche des Vorsitzenden und der Beisitzer der Einigungsstelle sind durch § 76a Abs. 2-4 BetrVG gesetzlich geregelt, → Rn. 181 ff.

---

[196] Vgl. *Hüffer/Koch* AktG § 93 Rn. 16.
[197] *Hüffer/Koch* § 93 Rn. 25.
[198] So auch *Schipp* NZA 2011, 271 (273), wenn auch mit anderer Begründung.
[199] GMP/*Künzl* Anhang I, Rn. 427; *Schack* S. 45; Schwab/Weth/*Kliemt* Rn. 330; *Wenning-Morgenthaler* Die Einigungsstelle Rn. 157.
[200] Richardi BetrVG/*Maschmann/Richardi* § 76 Rn. 144.
[201] Vgl. Richardi BetrVG/*Maschmann/Richardi* § 76 Rn. 144, welche jedoch die Haftung auf Vorsatz begrenzen.
[202] *Friedemann* Das Verfahren der Einigungsstelle Rn. 354; GK-BetrVG/*Jacobs* § 76 Rn. 94; HWGNRH/*Worzalla* § 76 Rn. 80; Schwab/Weth/*Kliemt* Rn. 329; *Sprenger* BB 2010, 2110 (2112).
[203] ErfK/*Kania* BetrVG § 76 Rn. 12; *Fitting* § 76 Rn. 53; *Friedemann* Das Verfahren der Einigungsstelle Rn. 357; GK-BetrVG/*Jacobs* § 76 Rn. 94; Schwab/Weth/*Kliemt* Rn. 331; *Sprenger* BB 2010, 2110 (2112) *Wenning-Morgenthaler* Die Einigungsstelle Rn. 160.

g) **Beendigung des Amtes.** Die Mitglieder der Einigungsstelle können ihr Amt jeder- 70 zeit ohne Angabe von Gründen **niederlegen.** Arbeitgeber bzw. Betriebsrat haben zudem die Möglichkeit, die von ihnen benannten Mitglieder jederzeit ohne Angabe von Gründen **abzuberufen.** Den Vorsitzenden können Arbeitgeber und Betriebsrat nur gemeinsam ersetzen. Im Übrigen sind Arbeitgeber und Betriebsrat in der Lage, dem Tätigwerden der Einigungsstelle jederzeit die Grundlage zu entziehen, indem sie ihre Meinungsverschiedenheit selbst beilegen; das Amt der Mitglieder der Einigungsstelle findet damit sein Ende. Es gilt allgemein, dass das Amt der Mitglieder mit dem Abschluss des Einigungsstellenverfahrens endet (Rn. 98 ff.). Die Eröffnung des **Insolvenzverfahrens** berührt den Bestand der Einigungsstelle nicht.[204]

IV. Verfahrensablauf

Das Verfahren der Einigungsstelle ist (mit Ausnahme der Beschlussfassung, → Rn. 105 ff.) 71 gesetzlich nicht näher geregelt. Die Gestaltung des Verfahrens liegt weitgehend im **Ermessen der Einigungsstelle.**[205] Dabei ist die Einigungsstelle an die Grundregeln jeden rechtsstaatlichen Verfahrens gebunden.[206] Zu den zu beachtenden elementaren Verfahrensgrundsätzen zählt insbesondere das Vorliegen eines Antrages zur Einleitung des Einigungsstellenverfahrens (→ Rn. 74), die ordnungsgemäße Einladung der Einigungsstellenmitglieder (→ Rn. 78), die Gewährung rechtlichen Gehörs (→ Rn. 87), die Beschlussfassung im Rahmen einer nichtöffentlichen Sitzung (→ Rn. 108) und die Bescheidung von Befangenheitsanträgen (→ Rn. 95).

Das insbesondere während der Errichtung der Einigungsstelle geltende **Beschleuni-** 72 **gungsgebot** ist auch während des Verfahrens selbst zu beachten. So hat die Einigungsstelle unverzüglich nach Antragstellung tätig zu werden (§ 76 Abs. 3 S. 1 BetrVG) und auch das restliche Verfahren, soweit dies der jeweilige Fall zulässt, zügig durchzuführen und zu beenden.[207]

Arbeitgeber und Betriebsrat können Einzelheiten des Verfahrens durch eine freiwillige 73 Betriebsvereinbarung festlegen (§ 76 Abs. 4 BetrVG). Eine solche Betriebsvereinbarung darf jedoch die gesetzlichen Bestimmungen nicht aushebeln (insbesondere die Regelungen zur Beschlussfassung) und muss die elementaren Verfahrensgrundsätzen wahren.[208]

1. Einleitung des Verfahrens

a) **Antrag.** Die errichtete Einigungsstelle wird nur auf Antrag tätig (**Dispositonsmaxi-** 74 **me).**[209] Dieser ist an den **Vorsitzenden der Einigungsstelle zu richten.**[210] Er hat die Meinungsverschiedenheiten näher darzustellen und Vorschläge für ihre Beilegung zu enthalten. Der Antrag muss iSd § 253 Abs. 2 Nr. 2 ZPO hinreichend bestimmt sein. Der Regelungsgegenstand muss so genau bezeichnet sein, dass in dem Einigungsstellenverfahren und im Falle einer gerichtliche Überprüfung eindeutig ist, für welche Regelungsfragen sie eingesetzt worden ist.[211] In den Grenzen des allgemeinen Streitgegenstands kann der Antrag einer Seite im Laufe des Verfahrens auch geändert oder erweitert werden.[212] Im Falle der Bestellung der Einigungsstelle durch das Arbeitsgericht ist jedoch zu beachten, dass der im hierzu ergangenen Beschluss gesteckte Kompetenzrahmen für die Eini-

---

[204] Vgl. BAG 25.8.1983 – 6 ABR 52/80, AP KO § 59 Nr. 14.
[205] Einzelheiten dazu bei *Heinze* RdA 1990, 262 (268 ff.).
[206] BAG 18.4.1989 – 1 ABR 2/88, NZA 1989, 807 (808); HWGNRH/*Worzalla* § 76 Rn. 60.
[207] *Hinrichs/Boltze* DB 2013, 814 (815).
[208] DKKW/*Berg* § 76 Rn. 136; *Fitting* § 76 Rn. 94; Schwab/Weth/*Kliemt* Rn. 106; *Wenning-Morgenthaler* Die Einigungsstelle Rn. 165.
[209] BAG 30.1.1990 – 1 ABR 2/89, NZA 1990, 571; Schwab/Weth/*Kliemt* Rn. 277.
[210] Richardi BetrVG/*Richardi/Maschmann* § 76 Rn. 82.
[211] BAG 23.2.2016 – 1 ABR 18/14, NZA 2016, 838 (839) Rn. 17 ff.; LAG Nürnberg 1.1.2017 – 2 TaBV 50/16, BeckRS 2017, 103110 Rn. 54.
[212] BAG 28.7.1981 – 1 ABR 79/79, NJW 1982, 959.

gungsstelle bindend ist.²¹³ Eine über diesen hinausgehende Verhandlung ist nur auf Grund einer Verständigung der Betriebsparteien möglich.²¹⁴

75   Im **erzwingbaren Einigungsverfahren** genügt grds. der Antrag einer Seite, dh entweder des Arbeitgebers oder des Betriebsrats, § 76 Abs. 5 S. 1 BetrVG (**einseitiges Antragsrecht**).²¹⁵ Bei Meinungsverschiedenheiten über die Teilnahme von Betriebsratsmitgliedern an Schulungs- und Bildungsveranstaltungen (§ 37 Abs. 6 S. 5, Abs. 7 BetrVG), über die sachliche Vertretbarkeit von Freistellungen (§ 38 Abs. 2 S. 4 BetrVG), über die Teilnahme von Jugend- und Auszubildendenvertretern an Schulungs- und Bildungsveranstaltungen (§ 65 Abs. 1 BetrVG) und über RL bezüglich der personellen Auswahl bei Einstellungen, Versetzungen, Umgruppierungen und Kündigungen (§ 95 Abs. 1 S. 2 BetrVG) kann dagegen nur der **Arbeitgeber** die Einigungsstelle anrufen. Umgekehrt hat nur der **Betriebsrat** ein Antragsrecht, wenn Meinungsverschiedenheiten über die Berechtigung der Beschwerde eines Arbeitnehmers bestehen, § 85 Abs. 2 S. 1 BetrVG. Auch nur der Gesamtbetriebsrat ist antragsbefugt nach § 47 Abs. 6 BetrVG, wenn die Entsendung von Mitgliedern in den Gesamtbetriebsrat in Rede steht. Gleiches gilt für den Konzernbetriebsrat, § 55 Abs. 4 S. 2 BetrVG iVm. § 47 Abs. 6 BetrVG. Der einzelne Arbeitnehmer kann die Einigungsstelle von sich aus nicht anrufen.

76   Im **freiwilligen Einigungsverfahren** wird die Einigungsstelle nur tätig, wenn beide Seiten dies beantragen oder zumindest mit ihrem Tätigwerden einverstanden sind (§ 76 Abs. 6 S. 1 BetrVG).²¹⁶ Die Betriebsparteien können auch innerhalb einer Betriebsvereinbarung vereinbaren, dass beiden Betriebsparteien das Recht zusteht, die Einigungsstelle anzurufen.²¹⁷ Einen **Sonderfall** bildet § 112 Abs. 2 BetrVG, wonach der Interessenausgleich zwar nicht der erzwingbaren Mitbestimmung unterliegt, gleichwohl aber die Einigungsstelle von jeder Seite angerufen werden kann; dies ist im Hinblick darauf praktisch notwendig, dass ein Unterlassen des Versuchs, einen Interessenausgleich herbeizuführen, zu Sanktionen nach § 113 BetrVG für den Arbeitgeber führen kann.

77   In der Einigungsstelle formulierte Anträge können bis zur Beschlussfassung der Einigungsstelle hierüber von dem Antragsteller jederzeit **zurückgenommen** werden. Zu den Einzelheiten → Rn. 98.

78   **b) Vorbereitung der Sitzungen.** Mit Einreichung des Antrages hat die Einigungsstelle unverzüglich tätig zu werden (**Beschleunigungsgrundsatz**), § 76 Abs. 3 S. 1 BetrVG.²¹⁸ Der Vorsitzende hat die ordnungsgemäße und rechtzeitige Einladung zur Sitzung der Einigungsstelle²¹⁹ aller Einigungsstellenmitglieder²²⁰ sowie der Betriebsparteien zu besorgen.²²¹ Er hat die Konstituierung durchzuführen.²²² Er hat bei noch nicht erfolgter Benennung der Beisitzer die Betriebspartei aufzufordern, dies nachzuholen.²²³ Die Einhaltung der formalen Ladungsvorschriften der ZPO ist dabei nicht notwendig. Im Rahmen der vom Vorsitzenden zu besorgenden Einladung entscheidet dieser auch über den Tagungsort, sollten sich die Betriebsparteien auf einen solchen nicht haben einigen können.²²⁴ Die Sitzung hat zweckmäßigerweise in den Betriebsräumen stattzufinden. Letzt-

---

²¹³ HessLAG 3.6.2014 – 4 TaBV 61/14, BeckRS 2015, 70423 Rn. 22; Richardi BetrVG/*Richardi/Maschmann* § 76 Rn. 82.
²¹⁴ BAG 15.5.2001 – 1 ABR 39/00, NZA 2001, 1154 (1157); HessLAG 11.9.2012 – 4 TaBV 192/12, BeckRS 2012, 75677.
²¹⁵ *Sasse* DB 2015, 2817.
²¹⁶ BeckOK ArbR/*Werner* § 76 Rn. 7; DKKW/*Berg* § 76 Rn. 88; Richardi BetrVG/*Richardi/Maschmann* § 76 Rn. 38; *Sasse* DB 2015, 2817.
²¹⁷ LAG Hamm 14.7.2015 – 7 TaBV 25/15, BeckRS 2015, 70665 Rn. 20.
²¹⁸ *Hinrichs/Boltze* DB 2013, 814 f.
²¹⁹ BAG 29.1.2002 – 1 ABR 18/01, BeckRS 2002, 30235525; HWNRH/*Worzalla* § 76 Rn. 61.
²²⁰ BAG 27.6.1995 – 1 ABR 3/95, NZA 1996, 161.
²²¹ DKKW/*Berg* § 76 Rn. 98.
²²² DKKW/*Berg* § 76 Rn. 98.
²²³ Richardi BetrVG/*Richardi/Maschmann* § 76 Rn. 86.
²²⁴ *Wenning-Morgenthaler* Die Einigungsstelle Rn. 218.

IV. Verfahrensablauf 79–83 § 308

lich hat er die Mitglieder der Einigungsstelle auch mit den notwendigen Unterlagen zu versehen, um eine rechtzeitige Einarbeitung in den Streitgegenstand zu ermöglichen.[225]

Ist die Bestellung des Vorsitzenden durch das Arbeitsgericht erfolgt, kann der Vorsitzende auch ohne Abwarten des Ablaufs der Beschwerdefrist des § 100 Abs. 2 S. 2 ArbGG durch die sofortige Terminierung und Einladung das Einigungsstellenverfahren einleiten.[226] Jedoch muss das Einigungsstellenverfahren bei Erhebung einer Beschwerde gegen den Beschluss auf Grund deren aufschiebender Wirkung (→ Rn. 48) bis zur rechtskräftigen Beendigung des Beschwerdeverfahrens unterbrochen werden.[227] 79

2. Entscheidung der Einigungsstelle über ihre Zuständigkeit und arbeitsgerichtliche Vorabentscheidung

Da die Einigungsstelle nur im Rahmen ihrer Zuständigkeit tätig werden kann, hat sie zunächst über ihre eigene Zuständigkeit zu entscheiden.[228] Ihr kommt insoweit eine **Vorfragekompetenz** zu.[229] Die Entscheidung darüber ist jedoch nur vorläufig.[230] Eine verbindliche Entscheidung über die Zuständigkeit kann nur das Arbeitsgericht treffen **(Kompetenz-Kompetenz)** (→ Rn. 233). Die Frage ihrer Zuständigkeit muss die Einigungsstelle dabei nicht verpflichtend förmlich innerhalb eines Zwischenbeschlusses feststellen,[231] auch wenn dies von einer Betriebspartei beantragt wurde.[232] Die Betriebsparteien haben ebenso wenig einen Anspruch auf förmliche Bescheidung entsprechender Verfahrensanträge wie die Parteien im Zivilprozess.[233] Die Einigungsstelle kann die Entscheidung über ihre Zuständigkeit auch im endgültigen Einigungsstellenspruch inzident zum Ausdruck bringen.[234] 80

Kommt die Einigungsstelle zu dem Schluss, sie sei **unzuständig,** stellt sie das Verfahren durch Beschluss ein.[235] Die Förmlichkeiten des § 76 Abs. 3 S. 4 BetrVG sind zu beachten.[236] 81

Der **Zwischenbeschluss** der Einigungsstelle über ihre Zuständigkeit oder Unzuständigkeit ist – wie im Übrigen alle Zwischenbeschlüsse der Einigungsstelle[237] – **nicht isoliert anfechtbar.**[238] Für die betreffende Feststellung fehlt es an den Voraussetzungen des § 256 Abs. 1 ZPO.[239] Zwischenbeschlüsse begründen kein feststellungsfähiges Rechtsverhältnis zwischen den Betriebsparteien.[240] Als Entscheidung über eine Rechtsfrage stellen sie keine die Einigung der Betriebsparteien ersetzende und diese bindende Regelung iSd §§ 87 Abs. 2, 95 BetrVG dar.[241] 82

Der einzelnen Betriebspartei ist es jedoch unbenommen, einen **Feststellungsantrag** beim Arbeitsgericht auf Feststellung des Bestehens oder Nichtbestehens eines Mitbestimmungsrechts zu stellen, um so die Fortführung oder die Einstellung des Einigungsstellenverfahrens zu erreichen.[242] Dies ist insbesondere schon vor und während der Einleitung 83

---

[225] BAG 27.6.1995 – 1 ABR 3/95, NZA 1996, 161 (162).
[226] HWK/*Kliemt* Rn. 55.
[227] DKKW/*Berg* § 76 Rn. 99; GK-BetrVG/*Kreutz-Jacobs* § 76 Rn. 77.
[228] GK-BetrVG/*Jacobs* § 76 Rn. 123.
[229] BAG 28.5.2002 – 1 ABR 37/01, NZA 2003, 171 (174); GK-BetrVG/*Jacobs* § 76 Rn. 123.
[230] BAG 30.1.1990 – 1 ABR 2/89, NZA 1990, 571 (572).
[231] BAG 22.1.2002 – 3 ABR 28/01, BeckRS 2002, 40747.
[232] DKKW/*Berg* § 76 Rn. 112.
[233] BAG 29.1.2002 – 1 ABR 18/01, BeckRS 2002, 30235525, in welchem das BAG die unterlassene Bescheidung eines Antrags auf Sachverhaltsaufklärung als nicht verfahrensfehlerhaft beschied.
[234] BAG 28.5.2002 – 1 ABR 37/01, NZA 2003, 171 (174); DKKW/*Berg* § 76 Rn. 112.
[235] GK-BetrVG/*Jacobs* § 76 Rn. 124.
[236] GK-BetrVG/*Jacobs* § 76 Rn. 124.
[237] BAG 22.1.2002 – 3 ABR 28/01, BeckRS 2002, 40747.
[238] BAG 22.11.2005 – 1 ABR 50/04, NZA 2006, 803 (804).
[239] BAG 23.2.2016 – 1 ABR 18/14, NZA 2016, 838 (839).
[240] BAG 17.9.2013 – 1 ABR 24/12, NZA 2014, 740 (741).
[241] BAG 31.5.2005 – 1 ABR 22/04, NZA 2006, 56 (57).
[242] BAG 25.9.2012 – 1 ABR 45/11, NZA 2013, 275 (276).

eines Einigungsstellenverfahrens möglich (sog. **Vorabentscheidung**).[243] Sobald die Einigungsstelle durch Spruch in der Sache entscheidet, ist unmittelbar dieser verfahrensbeendende Spruch anzugreifen (→ Rn. 144 ff.).[244]

84 Wird besagter Feststellungsantrag während des Bestellungsverfahrens oder während des laufenden Einigungsstellenverfahrens beim Arbeitsgericht gestellt, führt dies zu einem **parallelen Beschlussverfahren** vor dem Arbeitsgericht. Beide Verfahren stehen selbständig nebeneinander; das Beschlussverfahren blockiert das Einigungsstellenverfahren nicht. Es kommt insbesondere **nicht** zu einer **Aussetzung** des Bestellungs- bzw. Einigungsstellenverfahrens.[245]

85 Stellt das Arbeitsgericht die Zuständigkeit der Einigungsstelle fest, nachdem die Einigungsstelle sich für unzuständig erklärt hat, ist der Einigungsstellenspruch unwirksam. Das Einigungsstellenverfahren ist unmittelbar fortzusetzen, einer erneuten Konstituierung der Einigungsstelle bedarf es nicht.[246] Sobald dagegen im arbeitsgerichtlichen Beschlussverfahren rechtskräftig festgestellt worden ist, dass ein Mitbestimmungsrecht nicht besteht, ist das Einigungsstellenverfahren beendet.[247]

3. Sitzungen

86 Die Einigungsstelle hat **zwingend zumindest eine Sitzung** abzuhalten,[248] da sie ihre Beschlüsse nach mündlicher Beratung fassen muss, § 76 Abs. 3 S. 2 BetrVG.[249] Dem Vorsitzenden obliegt dabei die Sitzungsleitung. Verfahrensleitende Beschlüsse haben nicht den Voraussetzungen des § 76 Abs. 3 BetrVG zu genügen. Vielmehr können diese unter sofortiger Beteiligung des Vorsitzenden mit einfacher Stimmmehrheit gefasst werden.[250] Eine Besonderheit gilt hinsichtlich der Einladung eines Vertreters der Bundesagentur für Arbeit zu den Verhandlungen über eine Betriebsänderung; ein solches Ersuchen kann unmittelbar durch den Vorsitzenden erfolgen, § 112 Abs. 2 S. 3 BetrVG.[251] Eine **Sitzungsniederschrift** ist zweckmäßig, aber nicht zwingend erforderlich. Sie ist ggf. vom Vorsitzenden aufzunehmen.

87 Eine **mündliche Verhandlung** unter Teilnahme der Betriebsparteien ist dagegen nicht zwingend erforderlich.[252] Ihre Durchführung liegt im Ermessen der Einigungsstelle. Sie ist aber in aller Regel zweckmäßig. In jedem Falle muss aber die Einigungsstelle beiden Parteien **rechtliches Gehör** gewähren (vgl. Art. 103 Abs. 1 GG).[253] Die Parteien können sich daher in jeder Lage des Verfahrens schriftlich an die Einigungsstelle wenden.[254] Der Vorsitzende hat die Schriftstücke abschriftlich der anderen Seite zu übersenden. Ggf. hat er die Parteien zu Stellungnahmen und Regelungsvorschlägen aufzufordern. Zu den Verhandlungen über einen Interessenausgleich und Sozialplan ist dies explizit in § 112 Abs. 3 S. 1 BetrVG geregelt. Danach sollen Arbeitgeber und Betriebsrat Vorschläge zur Beilegung der Meinungsverschiedenheiten der Einigungsstelle vorle-

---

[243] BAG 21.8.1990 – 1 ABR 72/89, NZA 1991, 434 (435).
[244] BAG 22.1.2002 – 3 ABR 28/01, BeckRS 2002, 40747; Hamacher/Klose Teil 2 II Einigungsstelle.
[245] BAG 22.2.1983 – 1 ABR 27/81, AP BetrVG 1972 § 23 Nr. 2; BAG 6.12.1983 – 1 ABR 43/81, AP BetrVG 1972 § 87 Überwachung Nr. 7; Richardi BetrVG/Richardi/Maschmann § 76 Rn. 162; Spengler/Hahn/Pfeiffer/Tischer/Hahn Einigungsstelle § 5 Rn. 187; aA LAG Düsseldorf 21.2.1979 – 17 TaBV 9/79, EzA § 76 BetrVG 1972 Nr. 29; GK-BetrVG/Jacobs § 76 Rn. 126.
[246] DKKW/Berg § 76 Rn. 113; ErfK/Kania BetrVG § 76 Rn. 22; GK-BetrVG/Jacobs § 76 Rn. 175.
[247] BAG 17.9.1991 – 1 ABR 74/90, NZA 1992, 418.
[248] Zust. Hanau/Reitze FS Kraft S. 167 (177).
[249] Zu Vertagungsanträgen von Beisitzern s. BAG 11.2.1992 – 1 ABR 51/91, NZA 1992, 702.
[250] LAG Köln 26.7.2005 – 9 TaBV 5/05, NZA-RR 2006, 197 (198); DKKW/Berg § 76 Rn. 103.
[251] BAG 22.9.2016 – 2 AZR 276/16, NZA 2017, 175 (182) Rn. 80.
[252] Bischoff S. 104; Dütz AuR 1973, 353 (363); GK-BetrVG/Jacobs § 76 Rn. 102; Hanau/Reitze FS Kraft S. 167 (177); HWGNRH/Worzalla § 76 Rn. 64; aA Pünnel/Isenhardt Rn. 52; Pünnel AuR 1973, 257 (261); Schönfeld S. 146 f.; Heinze RdA 1990, 262 (266).
[253] BAG 29.1.2002 – 1 ABR 18/01, BeckRS 2002, 30235525.
[254] HWGNRH/Worzalla § 76 Rn. 64.

gen. Aus dieser Regelung folgt auch, dass die Einigungsstelle diese bei ihren Beratungen zu berücksichtigen hat.²⁵⁵

Die Betriebsparteien können sich in den mündlichen Verhandlungen und bei der Abgabe schriftlicher Erklärungen durch Berater **vertreten** lassen, insbesondere auch durch **Rechtsanwälte**.²⁵⁶ Die Kosten eines vom Betriebsrat beauftragten Rechtsanwalts hat der Arbeitgeber aber nur nach dem Grundsatz der Erforderlichkeit und Verhältnismäßigkeit zu tragen (→ Rn. 177). 88

Die Sitzungen sind grundsätzlich **nichtöffentlich**.²⁵⁷ Die Einigungsstelle ist in ihrer Funktion eine innerbetriebliche Entscheidungs- und Schlichtungsstelle, aber kein staatliches Gericht, so dass der rechtsstaatliche Grundsatz der Öffentlichkeit des Gerichtsverfahrens hier keine Geltung beansprucht. Die Sitzungen sind aber **parteiöffentlich**.²⁵⁸ Die Betriebsangehörigen haben kein eigenes Teilnahmerecht.²⁵⁹ Die Beratung und Beschlussfassung der Einigungsstelle erfolgt zwingend in Abwesenheit der Betriebsparteien (→ Rn. 108).²⁶⁰ 89

4. Verhandlungs- und Untersuchungsgrundsatz

Für das Einigungsstellenverfahren **gilt nach hM der Untersuchungsgrundsatz,** so dass der Sachverhalt von der Einigungsstelle von Amts wegen aufzuklären ist.²⁶¹ Die Einigungsstelle kann Beweise erheben und Zeugen sowie Sachverständige vernehmen.²⁶² Für die Einholung eines **Sachverständigengutachtens** wird eine Zustimmung des Arbeitgebers nicht verlangt (zu den Kosten, → Rn. 176).²⁶³ Aus der Pflicht zur vertrauensvollen Zusammenarbeit folgt, dass die Betriebsparteien der Einigungsstelle die erforderlichen Unterlagen zur Verfügung zu stellen haben. Dem Betriebsrat steht ein einklagbarer Anspruch auf Information und Vorlage von Unterlagen an die Einigungsstelle aus § 80 Abs. 2 BetrVG zu.²⁶⁴ Der Arbeitgeber kann Informationsverlangen, auch eine entsprechende Aufforderung des Vorsitzenden, nur mit der substantiierten Begründung ablehnen, dies sei nicht mehr mit dem Ziel der Einigungsstelle zu vereinbaren, die Offenlegung oder Weitergabe begründe ein gesetzwidriges Verhalten oder solle einem solchen dienen oder sei aus sonstigen Gründen ermessensfehlerhaft.²⁶⁵ 90

Der Einigungsstelle stehen jedoch keine Zwangsmittel zur Verfügung, sodass sie gegen den Willen anderer Personen Ermittlungen nicht durchzusetzen vermag. Sie kann bspw. keine Zeugen vorführen lassen und keine eidesstattlichen Versicherungen entgegen nehmen.²⁶⁶ Soweit der Mangel an Zwangsmitteln gegen die Annahme des Untersuchungs- 91

---

²⁵⁵ Schwab/Weth/*Kliemt* Rn. 121.
²⁵⁶ BAG 21.6.1989 – 7 ABR 78/87, NZA 1990, 107; *Bauer/Röder* DB 1989, 224 (226); *Ziege* NZA 1990, 926 (929); *Kamphausen* NZA 1994, 49 (50f.); anders *Sowka* NZA 1990, 91ff.; *Bengelsdorf* NZA 1989, 489 (497).
²⁵⁷ AllgA, BAG 18.1.1994 – 1 ABR 43/93, NZA 1994, 571f.; HessLAG 3.8.2015 – 16 TaBV 200/14, BeckRS 2016, 65659, Rn. 25; *Heinze* RdA 1990, 262 (266 mwN).
²⁵⁸ BAG 18.1.1994 – 1 ABR 43/93, NZA 1994, 571; HessLAG 3.8.2015 – 16 TaBV 200/14, BeckRS 2016, 65659 Rn. 26; *Fitting* § 76 Rn. 73; HWGNRH/*Worzalla* § 76 Rn. 65; ablehnend *Friedemann* Das Verfahren der Einigungsstelle Rn. 208ff.; *Hanau/Reitze* FS Kraft S. 167 (179).
²⁵⁹ Schwab/Weth/*Kliemt* Rn. 116.
²⁶⁰ HessLAG 3.8.2015 – 16 TaBV 200/14, BeckRS 2016, 65659 Rn. 28; Richardi BetrVG/*Richardi/Maschmann* § 76 Rn. 88; Schwab/Weth/*Kliemt* Rn. 117.
²⁶¹ DKKW/*Berg* § 76 Rn. 110; *Fitting* § 76 Rn. 65; GK-BetrVG/*Jacobs* § 76 Rn. 104; *Pünnel/Isenhardt* Rn. 49; *Pünnel/Isenhardt* AuR 1973, 257 (261); *Brill* BB 1964, 1343 (1345); *Schönfeld* S. 147; kritisch *Feudner* DB 1997, 826 (828).
²⁶² *Wenning-Morgenthaler* Die Einigungsstelle Rn. 168.
²⁶³ BAG 13.11.1991 – 7 ABR 70/90, NZA 1992, 459 (461f.); *Fitting* § 76 Rn. 66; GK-BetrVG/*Jacobs* § 76 Rn. 104; Richardi BetrVG/*Richardi/Maschmann* § 76 Rn. 91.
²⁶⁴ ArbG Berlin 2.7.1999 – 24 Betriebsvereinbarung 13410/99, BeckRS 1999, 30899044; GK-BetrVG/*Jacobs* § 76 Rn. 104.
²⁶⁵ ArbG Berlin 2.7.1999 – 24 Betriebsvereinbarung 13410/99, BeckRS 1999, 30899044.
²⁶⁶ GK-BetrVG/*Jacobs* § 76 Rn. 104; Richardi BetrVG/*Richardi/Maschmann* § 76 Rn. 92.

grundsatzes und für den Verhandlungsgrundsatz angeführt wird,[267] ist dies nicht überzeugend. Insbesondere die besondere Nähe des Einigungsstellenverfahrens zum arbeitsgerichtlichen Beschlussverfahren und die nur eingeschränkte spätere Prüfkompetenz des Arbeitsgerichts sprechen für den Untersuchungsgrundsatz.[268]

5. Vorläufige Regelung

92 Das Einigungsstellenverfahren kann möglicherweise längere Zeit in Anspruch nehmen, so dass ein praktisches Bedürfnis für eine vorläufige Regelung bis zur endgültigen Entscheidung der Einigungsstelle besteht. Die Einigungsstelle ist nicht darauf beschränkt, eine einzige abschließende Entscheidung zu erlassen. Sie kann vielmehr im Laufe des Verfahrens durchaus auch **mehrere Beschlüsse** fassen (vgl. insoweit den Wortlaut in § 76 Abs. 3 S. 2 BetrVG). Es bestehen keine Bedenken dagegen, dass die Einigungsstelle, soweit dies erforderlich ist, eine vorläufige Regelung bis zu ihrer endgültigen Entscheidung beschließt.[269] Die Zuständigkeit der Einigungsstelle gemäß § 76 Abs. 5 BetrVG für den gesamten Streitgegenstand umfasst „erst recht" die Kompetenz zu einer Vorabentscheidung für einen bestimmten Zeitraum während der Dauer des Verfahrens.[270] Zu einer solchen Entscheidung ist die Einigungsstelle nicht nur berechtigt, sondern bei Vorliegen unabweisbarer Sicherungsbedürfnisse im Rahmen billigen Ermessens (§ 76 Abs. 2 BetrVG) auch bindend verpflichtet. Sie hat auf Antrag vorläufigen materiellen Rechtsschutz durch Vorabentscheidung zu gewährleisten.[271]

93 **Zuständig** ist für eine Vorabentscheidung ist die gesamte Einigungsstelle, nicht etwa der Vorsitzende allein.[272] Der Beschluss ist allerdings nur in gleicher Weise wirksam, wie es die Einigungsstellensprüche im Allgemeinen sind (→ Rn. 105 ff.), so dass die schnelle praktische Durchsetzbarkeit der beschlossenen vorläufigen Regelung zweifelhaft ist. Insoweit sind die Parteien darauf angewiesen, eine einstweilige Verfügung im gerichtlichen Beschlussverfahren zu erwirken, um ihren Vollzug durchsetzen zu können (→ Rn. 132 f.).[273]

94 Die von der Einigungsstelle getroffenen vorläufigen Regelungen sind gerichtlich ebenso anfechtbar wie ein abschließender Einigungsstellenspruch.

6. Ablehnung des Vorsitzenden wegen Befangenheit

95 Der Vorsitzende muss sich während des gesamten Einigungsstellenverfahrens unparteiisch verhalten. Um dies zu gewährleisten, ist die Möglichkeit einer Ablehnung wegen Befangenheit, obwohl im Gesetz nicht ausdrücklich vorgesehen, entsprechend den für Schiedsgerichte geltenden Grundsätzen (§§ 42 ff., 1036 ff. ZPO) anzuerkennen.[274] Sind sich Arbeitgeber und Betriebsrat über dessen Befangenheit – oder fehlende Eignung aus sonstigen Gründen – einig, können sie den Vorsitzenden jederzeit durch eine andere Person ersetzen.[275]

---

[267] Eingehend *Heinze* RdA 1990, 262 (265 f. mwN).
[268] Schwab/Weth/*Kliemt* Rn. 142.
[269] DKKW/*Berg* § 76 Rn. 118; *Fitting* § 76 Rn. 90; Richardi BetrVG/*Richardi/Maschmann* § 76 Rn. 33; *Olderog* NZA 1985, 753 (758 f.); *Heinze* RdA 1990, 262 (279 f.); *Bengelsdorf* BB 1991, 613 (618);.
[270] HessLAG 25.6.2009 – 5 TaBVGa 52/09, BeckRS 2011, 71481.
[271] HessLAG 25.6.2009 – 5 TaBVGa 52/09, BeckRS 2011, 71481.
[272] GK-BetrVG/*Jacobs* § 76 Rn. 116; Richardi BetrVG/*Richardi/Maschmann* § 76 Rn. 33; *Bengelsdorf* BB 1991, 613 (618).
[273] GK-BetrVG/*Jacobs* § 76 Rn. 116; Richardi BetrVG/*Richardi/Maschmann* § 76 Rn. 33.
[274] BAG 17.11.2010 – 7 ABR 100/09, NZA 2011, 940 (941); BAG 29.1.2002 – 1 ABR 18/01, BeckRS 2002, 30235525; BAG 9.5.1995 – 1 ABR 56/94, NZA 1996, 156 (159); DKKW/*Berg* § 76 Rn. 102; *Schönfeld* S. 106 ff.; *Schönfeld* DB 1988, 1996 (2000 f.); *Heinze* RdA 1990, 262 (272 f.); *Färber/Theilenberg* S. 54; *Bauer/Diller* DB 1996, 137 (138 ff.); anders LAG Hamm 2.6.1992 – 13 TaBV 70/92, BB 1992, 1929 f.; *Pünnel/Isenhardt* Rn. 101 ff.; *Lepke* BB 1977, 49 (51); Stahlhacke/*Bader*, ArbGG, 3. Aufl. 1991, § 98 Rn. 16; *Bertelsmann* NZA 1996, 234 ff.; *Deeg* lehnt in RdA 2011, 221 lediglich die Heranziehung der §§ 1036 ff. ZPO ab.
[275] *Schönfeld* DB 1988, 1996 (2000 f.); *Lepke* BB 1977, 49 (51); GK-BetrVG/*Kreutz* § 76 Rn. 74.

Hält nur eine Seite den Vorsitzenden für befangen, ist ein Ablehnungsantrag schriftlich an **96** die Einigungsstelle zu richten.[276] Antragsbefugt sind lediglich die Betriebsparteien und nicht die Beisitzer.[277] Legt der Vorsitzende mit Blick auf den Antrag sein Amt nicht nieder, entscheidet die Einigungsstelle über den Ablehnungsantrag in entsprechender Anwendung des § 1037 Abs. 2 S. 2 ZPO. Nach § 76 Abs. 3 S. 3 Hs. 1 BetrVG beschließt die Einigungsstelle ohne den abgelehnten Vorsitzenden.[278] Zu beachten ist, dass das Antragsrecht **zeitlich begrenzt** ist. Die ablehnende Partei muss den Antrag innerhalb von zwei Wochen nach Kenntniserlangung der die Ablehnung begründenden Umstände stellen, § 1037 Abs. 2 S. 2 ZPO analog.[279]

Bleibt das Ablehnungsgesuch erfolglos, kann die ablehnende Betriebspartei innerhalb **97** eines Monats das Arbeitsgericht anrufen, §§ 1037 Abs. 2 S. 2, Abs. 3 S. 1, 1062 Abs. 1 Nr. 1 Alt. 2, 1065 Abs. 1 S. 2 ZPO analog.[280] Das Arbeitsgericht entscheidet in voller Kammerbesetzung, §§ 2a, 80 ff. ArbGG. Ein Rechtsmittel ist gegen die Entscheidung nicht gegeben.[281] Während der Anhängigkeit des arbeitsgerichtlichen Verfahrens kann die Einigungsstelle einschließlich des abgelehnten Vorsitzenden entscheiden, ob das Einigungsstellenverfahren fortgesetzt oder bis zur gerichtlichen Entscheidung ausgesetzt werden soll, vgl. § 1037 Abs. 3 S. 2 ZPO.[282]

V. Beendigung des Einigungsstellenverfahrens

1. Durch Antragsrücknahme

Auf Grund der im Einigungsstellenverfahren geltenden Dispositionsmaxime können die **98** Betriebsparteien jederzeit ihren Antrag zurücknehmen und das Einigungsstellenverfahren beenden.[283] Ob die Beendigung des Verfahrens an die Zustimmung der anderen Betriebspartei geknüpft ist, richtet sich nach den folgenden Grundsätzen.

Im **freiwilligen Einigungsstellenverfahren** ist die Beendigung des Verfahrens nach **99** einseitiger Rücknahme des Antrages von einer Betriebspartei nicht von der Zustimmung der anderen abhängig. Mit der Antragsrücknahme wird dem freiwilligen Einigungsstellenverfahren seine Existenzberechtigung entzogen.[284] Das Einverständnis der Betriebsparteien mit dem Tätigwerden der Einigungsstelle muss während des gesamten Verfahrens gegeben sein.[285] Mithin ist das Verfahren einzustellen.[286] Haben sich die Betriebsparteien dem Einigungsstellenspruch jedoch im Voraus unterworfen, so sind sie an diese Erklärung gebunden.[287] Für die Beendigung des Verfahrens bedürfte es folglich der Zustimmung der anderen Betriebspartei.

Im **erzwingbaren Einigungsstellenverfahren** ist das Zustimmungserfordernis der **100** anderen Betriebspartei daran gebunden, ob ein einseitiges (→ Rn. 75) oder ein beidseitiges (→ Rn. 76) Antragsrecht zur Einsetzung einer Einigungsstelle vorliegt.[288] Besteht nur ein einseitiges Antragsrecht, kann die antragstellende Partei ohne Zustimmung der ande-

---

[276] DKKW/*Berg* § 76 Rn. 103; Richardi BetrVG/*Richardi*/*Maschmann* § 76 Rn. 89.
[277] BAG 29.1.2002 – 1 ABR 18/01, BeckRS 2002, 30235525; LAG Köln 11.7.2001 – 8 TaBV 4/01, NZA-RR 2002, 270 (272).
[278] BAG 17.11.2010 – 7 ABR 100/09, NZA 2011, 940 (941); Richardi BetrVG/*Richardi*/*Maschmann* § 76 Rn. 89.
[279] BAG 11.9.2001 – 1 ABR 5/01, NZA 2002, 572 (574); BAG 17.11.2010 – 7 ABR 100/09, NZA 2011, 940 (941).
[280] BAG 17.11.2010 – 7 ABR 100/09, NZA 2011, 940 (942); DKKW/*Berg* § 76 Rn. 103; Schwab/Weth/*Kliemt* Rn. 199.
[281] BAG 17.11.2010 – 7 ABR 100/09, NZA 2011, 940 (941); Faulenbach NZA 2012, 953 (957).
[282] BAG 17.11.2010 – 7 ABR 100/09, NZA 2011, 940 (942); Schwab/Weth/*Kliemt* Rn. 200.
[283] Schwab/Weth/*Kliemt* Rn. 259.
[284] Schwab/Weth/*Kliemt* Rn. 260.
[285] GMP/*Künzl* Rn. 250.
[286] Fitting § 76 Rn. 107; Schwab/Weth/*Kliemt* Rn. 260.
[287] GMP/*Künzl* Rn. 251; Schwab/Weth/*Kliemt* Rn. 260.
[288] Schwab/Weth/*Kliemt* Rn. 261 ff.

ren das Einigungsstellenverfahren durch Antragsrücknahme beenden.[289] Bei einem beidseitigen Antragsrecht kann das Verfahren nicht ohne Zustimmung der anderen Betriebspartei beendet werden.[290]

2. Durch Einigung der Betriebsparteien

101 Die Einigungsstelle hat **in jeder Lage des Verfahrens** auf eine **gütliche Beilegung** der Meinungsverschiedenheiten durch die Betriebsparteien hinzuwirken.[291] Sie dient also nicht schon von vornherein und in erster Linie dazu, eine bestimmte Position gegen den anderen Betriebsparteien durchzusetzen. Das Einigungsstellenverfahren ist vielmehr eine Fortsetzung der gebotenen Bemühung um eine einvernehmliche Lösung von Interessenkonflikten. Dies zeigt sich ausdrücklich in der Regelung des § 76 Abs. 3 BetrVG zur Beschlussfassung: Die Einigungsstelle hat zunächst eine **mittelbare Einigung der Betriebsparteien** durch einvernehmliche Entscheidung der Beisitzer zu versuchen.

102 Zudem kann das Einigungsstellenverfahren in jeder Lage des Verfahrens durch Einigung der Betriebsparteien beendet werden.[292] Diese ersetzt sodann einen in der streitigen Sache ergehenden Einigungsstellenspruch.[293] Soll zwischen dem Arbeitgeber und dem Betriebsrat während einer Sitzung der Einigungsstelle eine freiwillige Vereinbarung abgeschlossen werden, bedarf es jedoch stets eines entsprechenden Betriebsratsbeschlusses, § 26 Abs. 2 S. 1 BetrVG.[294] Die Beisitzer der Einigungsstelle können nicht etwa die Willensbildung des Betriebsratsgremiums ersetzen.

103 Wird die freiwillige Vereinbarung in Form einer Betriebsvereinbarung geschlossen, ist diese **schriftlich** festzuhalten. Zur Wirksamkeit bedarf es der Unterzeichnung beider Betriebsparteien (§ 77 Abs. 2 S. 2 BetrVG). Daher ist es sinnvoll und notwendig, dass auf Arbeitgeber- und auf Betriebsratsseite vertretungsberechtigte Personen an der Sitzung teilnehmen.[295] Ist dies nicht der Fall, wird es in der Regel zu einem „einvernehmlichen" Spruch über den Regelungsgegenstand kommen (hinsichtlich der zu beachtenden Formalien → Rn. 105 ff.).[296]

104 Die Einigung der Betriebsparteien kann nicht im Sinne des § 76 Abs. 5 S. 4 BetrVG angegriffen werden, wenn sie in Form einer Betriebsvereinbarung außerhalb der Einigungsstelle geschlossen wurde. Diese kann nur gemäß § 77 Abs. 5 BetrVG **gekündigt** werden.[297]

3. Durch Spruch der Einigungsstelle

105 **a) Beschlussfassung.** § 76 Abs. 3 BetrVG enthält konkrete Vorgaben zum Ablauf der Beschlussfassung, nämlich zur mündliche Beratung, Abstimmung und zum Form des Beschlusses. Die Bestimmung gilt **nur für Sachentscheidungen** der Einigungsstelle, nicht aber für verfahrensleitende Beschlüsse. Diese können unter sofortiger Beteiligung des Vorsitzenden mit einfacher Stimmenmehrheit gefasst werden.[298]

106 **aa) Teilnahme der Mitglieder.** Die Beratung und Beschlussfassung der Einigungsstelle erfolgt in einer Sitzung, an der **alle ihre Mitglieder** teilzunehmen haben. Schließt sich die mündliche Beratung an eine Sitzung an, so ist sie vom Vorsitzenden gesondert aufzu-

---

[289] *Friedemann* Rn. 308; Schwab/Weth/*Kliemt* Rn. 261.
[290] *Friedemann* Rn. 309; Richardi BetrVG/*Richardi*/*Maschmann* § 76 Rn. 95; Schwab/Weth/*Kliemt* Rn. 263 ff. mwN.
[291] *Wenning-Morgenthaler* Die Einigungsstelle Rn. 328.
[292] Schwab/Weth/*Kliemt* Rn. 267.
[293] *Wenning-Morgenthaler* Die Einigungsstelle Rn. 330.
[294] BAG 24. 2. 2000 – 8 AZR 180/99, NZA 2000, 785 (787).
[295] Lukas/Dahl/*Lukas* Konfliktlösung im Arbeitsleben Kapitel 3 Rn. 59.
[296] DKKW/*Berg* § 76 Rn. 132.
[297] *Wenning-Morgenthaler* Die Einigungsstelle Rn. 334.
[298] DKKW/*Berg* § 76 Rn. 131.

rufen und im Protokoll zu vermerken.[299] Andernfalls sind die Mitglieder dazu vom Vorsitzenden ordnungsgemäß einzuladen.[300] Bleiben die von einer Seite bestellten Mitglieder trotz rechtzeitiger Einladung der Sitzung fern, so hat im erzwingbaren Einigungsverfahren gleichwohl die Einigungsstelle ohne ihre Mitwirkung zu entscheiden, § 76 Abs. 5 S. 2 BetrVG. Dies gilt aber nur, sofern die ordnungsgemäß bestellten Einigungsstellenmitglieder nicht einen berücksichtigungsfähigen unverschuldeten **Verhinderungsgrund** geltend gemacht haben.[301]

Im freiwilligen Einigungsverfahren gilt grds. nichts anderes. Allerdings muss insoweit jede Seite mit dem Tätigwerden der Einigungsstelle einverstanden sein (§ 76 Abs. 6 S. 1 BetrVG). Zieht eine Seite ihre Mitglieder aus der Einigungsstelle zurück, so kann diese nicht weiter verhandeln und entscheiden, da es nunmehr an dem erforderlichen Einverständnis mit dem weiteren Tätigwerden fehlt.[302] Im Übrigen ist der Spruch der Einigungsstelle hier ohnehin nur verbindlich, wenn beide Seiten ihn annehmen (§ 76 Abs. 6 S. 2 BetrVG).

bb) Mündliche Beratung. Die Einigungsstelle fasst ihre Beschlüsse nach mündlicher Beratung, § 76 Abs. 3 S. 2 BetrVG. Die mündliche Beratung ist **gesetzlich zwingend vorgesehen**. Die Einigungsstelle darf hiervon nicht abweichen, auch nicht mit Einverständnis aller ihrer Mitglieder. Eine schriftliche Abstimmung auf dem Postwege oder eine Beschlussfassung im Umlaufverfahren ist unzulässig.[303] Der Zweck der mündlichen Beratung besteht darin, dass alle Teilnehmer ihre Auffassung unbefangen darlegen können. Die Beratung ist deshalb auch **geheim und nichtöffentlich**.[304] Andere Personen als die Mitglieder der Einigungsstelle dürfen nicht teilnehmen, insbesondere nicht die Betriebsparteien und deren Verfahrensbevollmächtigte oder Ersatzmitglieder.[305] Auch ein zu der mündlichen Verhandlung vor der Einigungsstelle etwa hinzugezogener Protokollführer ist von der Beratung ausgeschlossen.[306] Ein Verstoß hiergegen stellt einen schweren Verfahrensmangel dar und kann zur Unwirksamkeit des Einigungsstellenspruchs führen.[307]

cc) Abstimmung. Die Mitglieder der Einigungsstelle üben kein imperatives Mandat aus. Sie sind an Weisungen des Betriebspartners, der sie zu Mitgliedern der Einigungsstelle bestellt hat, nicht gebunden,[308] sondern entscheiden bei der Abstimmung nach ihrer **freien Überzeugung**. Der Vorsitzende hat unparteiisch zu sein. Für die Beisitzer gilt dies nicht, wie sich schon daraus ergibt, dass der Arbeitgeber sich selbst, der Betriebsrat seine Mitglieder und im Übrigen beide Betriebsparteien jeweils Personen ihres Vertrauens in die Einigungsstelle entsenden können (→ Rn. 26). Die Beisitzer können daher in der Beschlussfassung durchaus ihrer subjektiven Beurteilung auf der Grundlage ihrer Stellung im Betrieb folgen. Die Abstimmung bzw. die Beschlussfassung erfolgt in **zwei Stufen:**

(1) Erste Stufe – Abstimmung der Beisitzer. Zunächst hat sich der Vorsitzende, der an jeder mündlichen Beratung teilnimmt, bei einer ersten Beschlussfassung der Stimme zu enthalten, so dass **die Beisitzer allein abstimmen.** Mit dieser zwingenden gesetzlichen Vorgabe wird versucht, zu einer Einigung unter den von den Betriebspartnern benannten

---

[299] *Faulenbach* NZA 2012, 953 (958).
[300] BAG 27.6.1995 – 1 ABR 3/95, NZA 1996, 161 (162) (Empfangsvollmacht für Vertreter zulässig).
[301] HWK/*Kliemt* § 76 Rn. 97; *Hinrichs/Boltze* DB 2013, 814 (816).
[302] GK-BetrVG/*Jacobs* § 76 Rn. 110.
[303] *Fitting* § 76 Rn. 75; GK-BetrVG/*Jacobs* § 76 Rn. 109; *Hanau/Reitze* FS Kraft S. 167 (177); Richardi BetrVG/*Richardi/Maschmann* § 76 Rn. 96.
[304] BAG 18.1.1994 – 1 ABR 43/93, NZA 1994, 571.
[305] BAG 18.1.1994 – 1 ABR 43/93, NZA 1994, 571.
[306] AA Schwab/Weth/*Kliemt* Rn. 112; *Heinze* RdA 1990, 262 (271).
[307] BAG 18.1.1994 – 1 ABR 43/93, NZA 1994, 571 (572).
[308] BAG 18.1.1994 – 1 ABR 43/93, NZA 1994, 571; BAG 27.6.1995 – 1 ABR 3/95, NZA 1996, 161 (162); LAG Bln-Bbg 26.11.2015 – 10 Sa 1700/15, BeckRS 2016, 67032 Rn. 82.

Beisitzern der Einigungsstelle zu gelangen. Ergibt sich hierbei eine Mehrheit, so ist damit der Beschluss der Einigungsstelle zustande gekommen. Es genügt die einfache Stimmenmehrheit der an der Beratung teilnehmenden Beisitzer. Es stellt keinen Verfahrensfehler dar, wenn der Vorsitzende nicht ausdrücklich nach Nein-Stimmen fragt, da mit der positiven Stimmabgabe zu einem Vorschlag konkludent die Ablehnung des anderen verbunden ist.[309]

111 **(a) Unzulässigkeit der unterschiedlichen Gewichtung der Stimmen.** Aus § 76 Abs. 3 S. 3 BetrVG ergibt sich die Stimmberechtigung jeden Mitglieds der Einigungsstelle bei der Beschlussfassung und deren paritätischer Gewichtung.[310] Das gleiche Gewicht jeder einzelnen Stimme der Mitglieder einer Einigungsstelle ist als essentieller Verfahrensgrundsatz nicht dispositiv.[311] Daher ist eine Vereinbarung der Betriebsparteien, die bei ungleicher Anzahl der Beisitzer für den Arbeitgeber und den Betriebsrat eine Kompensation durch unterschiedliche Gewichtung der Stimmen vorsieht, grundsätzlich unzulässig.[312] Eine solche Vereinbarung ist aufgrund eines Verstoßes gegen § 76 Abs. 3 S. 3 BetrVG gem. § 134 BGB nichtig.[313]

112 **(b) Pairing-Absprachen.** Dagegen sind „**Pairing-Absprachen**" mit Zustimmung **sämtlicher** Mitglieder der Einigungsstelle zulässig.[314] Diese betreffen den Fall, dass ein Mitglied der Einigungsstelle bei der Abstimmungsteilnahme aus unvorhersehbaren Gründen verhindert ist und vereinbart wird, dass dieser entweder seine Stimme einem anderen Beisitzer seiner Seite überträgt oder der Beisitzer der anderen Seite sich seiner Stimme enthält.[315] Eine solche Vereinbarung ist allerdings unzulässig, wenn sie nur durch Vereinbarung einzelner Mitglieder der Einigungsstelle oder der Betriebsparteien, die die Einigungsstelle angerufen haben, erfolgt.[316]

113 **(c) Stimmenthaltung.** Die rechtliche Zulässigkeit einer **Stimmenthaltung durch die Beisitzer** ist umstritten.[317] Die Frage ist für das Entscheidungsverfahren ohne praktische Bedeutung. Wesentlich ist allein, wie die Stimmenthaltung, wenn sie erfolgt, rechtlich zu werten ist.[318] Da das Gesetz in dem Fall, dass die von einer Seite benannten Mitglieder der Sitzung fernbleiben, eine alleinige Entscheidung der erschienenen Mitglieder vorsieht (§ 76 Abs. 5 S. 2 BetrVG), sind Stimmenthaltungen nach Ansicht des BAG nicht als Nein-Stimmen anzusehen, sondern bei der Berechnung der Mehrheit unberücksichtigt zu lassen.[319] Für die Beschlussfassung genügt daher eine einfache Mehrheit von Ja-Stimmen der anwesenden Mitglieder.

114 In jedem Fall ist eine **Stimmenthaltung** von Beisitzern aus praktischer Sicht **unzweckmäßig**. Da die Beurteilung der rechtlichen Zulässigkeit der Stimmenthaltung und ihrer Folgen streitig ist, setzt jede Stimmenthaltung den Spruch der Einigungsstelle vermeidbaren Unsicherheiten aus. Im Übrigen ist es nicht die Aufgabe eines Beisitzers, keine

---

[309] BAG 11.11.1998 – 7 ABR 47/97, NZA 1999, 947 (948).
[310] LAG Bln-Bbg 18.3.2009 – 5 TaBV 2416/08, BeckRS 2011, 67104.
[311] LAG Bln-Bbg 18.3.2009 – 5 TaBV 2416/08, BeckRS 2011, 67104.
[312] DKKW/*Berg* BetrVG § 76 Rn. 22.
[313] LAG Bln-Bbg 18.3.2009 – 5 TaBV 2416/08, BeckRS 2011, 67104.
[314] LAG Köln 26.7.2005 – 9 TaBV 5/05, NZA-RR, 2006, 197 (199); LAG Bln-Bbg 18.3.2009 – 5 TaBV 2416/08, BeckRS 2011, 67104; LAG BW 9.11.2016 – 17 TaBV 4/16, BeckRS 2016, 110958 Rn. 33; *Wenning-Morgenthaler* Die Einigungsstelle Rn. 190; *Faulenbach* NZA 2012, 953 (958); aA Schaub ArbR-Hdb/*Koch* § 232 Rn. 10.
[315] LAG Bln-Bbg 18.3.2009 – 5 TaBV 2416/08, BeckRS 2011, 67104; *Faulenbach* NZA 2012, 953 (958).
[316] LAG Bln-Bbg 18.3.2009 – 5 TaBV 2416/08, BeckRS 2011, 67104.
[317] Bejahend BAG 11.11.1998 – 7 ABR 47/97, NZA 1999, 947 (948); *Bischoff* S. 94; *Heinze* RdA 1990, 262 (275); Fitting § 76 Rn. 86; HSWGN/*Worzalla* § 76 Rn. 47; bejahend, wenn alle Einigungsstellenmitglieder zugestimmt haben LAG Bln-Bbg 18.3.2009 – 5 TaBV 2416/08, BeckRS 2011, 67104; verneinend G. *Müller* DB 1973, 76 (77); *Pünnel/Isenhardt* Rn. 115; Richardi BetrVG/*Richardi/Maschmann* § 76 Rn. 103; *Jäcker* S. 134 f.; weit. Nachw. bei GK-BetrVG/*Jacobs* § 76 Rn. 111.
[318] Zutreffend GK-BetrVG/*Jacobs* § 76 Rn. 112.
[319] BAG 17.9.1991 – 1 ABR 23/91, NZA 1992, 227 (228); ebenso Fitting § 76 Rn. 86; HSWGN/*Worzalla* § 76 Rn. 47; *Pünnel/Isenhardt* Rn. 115; *Schulze* ArbRAktuell 2013, 321 (324); *Heinze* RdA 1990, 262 (275).

Meinung zu haben; er soll vielmehr an der Beilegung der Meinungsverschiedenheit aktiv mitwirken. Durch Stimmenthaltung ist das nicht zu erreichen.

(2) Zweite Stufe – Abstimmung der Beisitzer und des Vorsitzenden. Gelingt unter den Beisitzern keine Einigung oder Mehrheitsentscheidung, so hat zunächst eine weitere Beratung stattzufinden (§ 76 Abs. 3 S. 3 BetrVG). Sie ist entbehrlich, wenn die Mitglieder der Einigungsstelle sie einstimmig für ihre Meinungsbildung nicht für nötig halten.[320] Wird nach der ersten Abstimmung der eingebrachte Antrag auch nur in Teilen geändert, bedarf es einer erneuten ersten Abstimmung. Der Eintritt in die zweite Abstimmung ist immer nur auf der Grundlage eines Antrags möglich, über den in erster Runde befunden wurde, andernfalls führt dies zur Unwirksamkeit des Einigungsstellenspruchs.[321] An der **zweiten Beschlussfassung nimmt der Vorsitzende teil** (§ 76 Abs. 3 S. 3 BetrVG). Er darf keine Stimmenthaltung üben,[322] da seine Stimme gerade die Entscheidung ermöglicht. Enthält sich bei der zweiten Abstimmung ein Beisitzer der Stimme, so ist die Stimme des Vorsitzenden nicht mitzurechnen, sondern die Mehrheit der übrigen Beisitzer maßgeblich;[323] denn der Zweck der Stimme des Vorsitzenden einer Pattauflösung ist entfallen.

Die Stimmabgabe durch den Vorsitzenden bewirkt nicht notwendig, dass die Einigungsstelle die Meinungsverschiedenheiten von Arbeitgeber und Betriebsrat beilegen kann. Schließlich ist mit der Ablehnung des Vorschlags einer Seite ist nicht notwendig die Annahme des Gegenvorschlags der anderen Seite verbunden. Es kann zu einer **Ablehnung beider Vorschläge** kommen. In der Praxis wird der Vorsitzende deshalb darauf hinwirken, dass in der Einigungsstelle eine Lösung erarbeitet wird, die unter den Mitgliedern mit Einschluss seiner eigenen Stimme eine Mehrheit findet. Diese Lösung darf aber den Betriebspartnern nichts aufzwingen, was von keiner Seite gewollt ist. Sie muss sich im Rahmen der Anträge der Betriebsparteien halten, kann in diesen Grenzen aber auch eigene Lösungen entwickeln.

b) Entscheidung. aa) Entscheidungsrahmen. Die Einigungsstelle entscheidet aufgrund der gestellten Anträge.[324] Die Betriebsparteien geben mit ihren Anträgen rechtlich den Entscheidungsrahmen vor.[325] Innerhalb dieses Entscheidungsrahmens ist die Einigungsstelle aber **an die Anträge nicht gebunden**.[326] Sie kann daher eine von den Parteien nicht vorgeschlagene Lösung zur Abstimmung stellen und wählen, solange sie in den durch die Anträge abgesteckten Grenzen verbleibt.[327] So steht es insbesondere dem Vorsitzenden frei, Regelungsvorschläge zu erarbeiten und zur Abstimmung zu stellen. In jedem Fall hat die Einigungsstelle den gesamten Streitstoff der Meinungsverschiedenheit zu entscheiden;[328] sie darf sich nicht lediglich auf die Zurückweisung eines Antrags beschränken, für den sich keine Mehrheit findet.[329] Auch darf sie die Regelungsbefugnis nicht dem Arbeit-

---

[320] BAG 30.1.1990 – 1 ABR 2/89, NZA 1990, 571 (574).
[321] BAG 14.9.2010 – 1 ABR 30/09, NZA-RR 2011, 526 (528).
[322] *Jäcker* S. 135; *Bischoff* S. 91.
[323] AA GK-BetrVG/*Jacobs* § 76 Rn. 114: Die Stimme des Vorsitzenden soll als gewöhnliche Stimme gezählt werden, so dass unter Umständen Stimmengleichheit vorliegt; ebenso *Fitting* § 76 Rn. 86.
[324] *Heinze* RdA 1990, 262 (264).
[325] BAG 30.1.1990 – 1 ABR 2/89, NZA 1990, 571 (574); *Jäcker* S. 129 ff.; Richardi BetrVG/*Richardi/Maschmann* § 76 Rn. 104.
[326] BAG 27.10.1992 – 1 ABR 4/92, NZA 1993, 607 (609); BAG 17.9.2013 – 1 ABR 24/12, NZA 2014, 740 (741); *Dütz* AuR 1973, 353 (364) f.; *Jäcker* S. 129; *Pünnel/Isenhardt* Rn. 110; Richardi BetrVG/*Richardi/Maschmann* § 76 Rn. 104; GK-BetrVG/*Jacobs* § 76 Rn. 115 mwN; kritisch *Feudner* DB 1997, 826, (827 f.).
[327] BAG 18.1.1994 – 1 ABR 43/93, NZA 1994, 571 (574); *Faulenbach* NZA 2012, 953 (958).
[328] BAG 6.11.1990 – 1 ABR 34/89, NZA 1991, 193; BAG 11.1.2011 – 1 ABR 104/09, NZA 2011, 651; LAG Hamm 25.11.2014 – 7 TaBV 45/14, BeckRS 2015, 65687; LAG Bln-Bbg 7.7.2016 – 21 TaBV 195/16, NZA-RR 2016, 644 (646 f.).
[329] BAG 30.1.1990 – 1 ABR 2/89, NZA 1990, 571 (574).

geber übertragen³³⁰ oder den Regelungsauftrag an die Betriebsparteien zurückgeben.³³¹ Der der Einigungsstelle vorliegende Streitstand muss durch diese selbst aufgelöst werden, was jedoch nicht ausschließt, dass abstrakte Regelungen für spätere Einzelfälle auch Abstimmungs- oder Eskalationsverfahren vorsehen. Darüber hinaus kann der Einigungsstelle durch Regelungen der Tarifvertragsparteien ein Gestaltungsraum vorgegeben sein, an welchen sie gebunden ist.³³²

118 **bb) Grenzen der Entscheidung.** Die Einigungsstelle ist stets an vorrangiges zwingendes Recht gebunden.³³³ Hierzu zählen insbesondere Grundrechte, EU-Richtlinien, Arbeitnehmerschutzbestimmungen sowie Tarifverträge.³³⁴ Daher kann die Einigungsstelle bspw. dem Betriebsrat ohne dessen Zustimmung keine neuen Mitbestimmungsrechte zuweisen.³³⁵ Dies würde das durch § 88 BetrVG vorgegebene Prinzip der Freiwilligkeit missachten.³³⁶

119 Innerhalb des Entscheidungsrahmens ist die Einigungsstelle, abhängig von dem Vorliegen einer Regelungsfrage (Regelungsentscheidung) oder einer Rechtsfrage (Rechtsentscheidung), an unterschiedliche Beurteilungsspielräume gebunden. Zudem wirkt es sich aus, ob die Entscheidung im erzwingbaren oder im freiwilligen Einigungsstellenverfahren ergeht.

120 **(1) Erzwingbares Einigungsstellenverfahren. (a) Regelungsentscheidung.** Soweit die Einigungsstelle für die Betriebsparteien eine Gestaltung vorzunehmen hat, fasst sie ihre Beschlüsse stets „unter angemessener Berücksichtigung der Belange des Betriebs und der betroffenen Arbeitnehmer nach **billigem Ermessen**", § 76 Abs. 5 S. 3 BetrVG. Der **Zweck** der Regelung liegt darin, der Einigungsstelle einen gerichtlich nicht überprüfbaren Gestaltungsspielraum zu eröffnen. Der Einigungsstelle steht ein **Regelungsermessen** zu, welches durch die angemessene Berücksichtigung der betroffenen Belange bzw. die Billigkeit **begrenzt** wird.³³⁷

121 Das Regelungsermessen wird insbesondere durch den Zweck des jeweiligen Mitbestimmungsrechts bestimmt. Diesem muss die von der Einigungsstelle getroffene Regelung dienen und als dessen Wahrnehmung gelten.³³⁸

122 Außerdem hat sich die Einigungsstelle an die in § 75 Abs. 1 und Abs. 2 S. 1 BetrVG normierten Grundsätze zu halten.³³⁹ Daher hat sich ihre Entscheidung an der **Leitlinie** auszurichten, welche zweckmäßige Regelung die Betriebsparteien selbst unter Berücksichtigung des Gebots der vertrauensvollen Zusammenarbeit (§ 2 Abs. 1 BetrVG) und der allgemeinen Grundsätze für die Behandlung der Betriebsangehörigen (§ 75 BetrVG) vereinbart hätten. Es kommt im Wesentlichen auf die sachlichen Anforderungen an, wie sie durch den Gegenstand der Meinungsverschiedenheit umschrieben werden. Die **Belange der betroffenen Arbeitnehmer und des Betriebs** sind jeweils angemessen zu berücksichtigen.³⁴⁰ Unter den Belangen des Betriebs sind die auf den Betrieb bezogenen unternehmerischen Interessen des Arbeitgebers zu verstehen.³⁴¹ Die Einigungsstelle hat sich im Rahmen ihres Regelungsermessens bewegt, wenn die von ihr getroffene Regelung als

---

³³⁰ BAG 17.1.2012 – 1 ABR 45/10, NZA 2012, 687; LAG Nds 21.5.2015 – 5 TaBV 96/14, BeckRS 2015, 73317 Rn. 33.
³³¹ HessLAG 8.4.2010 – 5 TaBV 123/09, BeckRS 2010, 74802.
³³² BAG 9.11.2010 – 1 ABR 75/09, NZA-RR 2011, 354 (356) Rn. 18 ff.
³³³ BAG 29.6.2004 – 1 ABR 21/03, NZA 2004, 1278 (1279 f.).
³³⁴ DKKW/*Berg* BetrVG § 76 Rn. 138; GK-BetrVG/*Jacobs* § 76 Rn. 127; Schwab/Weth/*Kliemt* Rn. 283.
³³⁵ BAG 15.5.2001 – 1 ABR 39/00, NZA 2001, 1154 (1156 f.).
³³⁶ BAG 15.5.2001 – 1 ABR 39/00, NZA 2001, 1154 (1157).
³³⁷ Vgl. BAG 28.9.1988 – 1 ABR 23/87, NZA 1989, 186; LAG SchlH 27.7.2016 – 3 TaBV 3/16, BeckRS 2016, 74523 Rn. 31 ff.; *v. Hoyningen-Huene* S. 52 f.; GK-BetrVG/*Jacobs* § 76 Rn. 132 f.; *Fiebig* S. 106 ff.
³³⁸ BAG 17.10.1989 – 1 ABR 31/87, NZA 1990, 399 (401); LAG Bln-Bbg 1.3.2016 – 9 TaBV 1519/15, BeckRS 2016, 69494 Rn. 39.
³³⁹ BAG 13.2.2007 – 1 ABR 18/06, NZA 2007, 640 (643).
³⁴⁰ Eingehend zu diesen Kriterien *Fiebig* S. 90 ff.
³⁴¹ Näher dazu *Joost*, Betrieb und Unternehmen als Grundbegriffe im Arbeitsrecht, 1988, S. 327 ff. mwN; vgl. auch *Fiebig* S. 88 f.

solche – im Verhältnis zwischen den Betriebsparteien untereinander – einen billigen Ausgleich der Interessen von Arbeitgeber und Betriebsrat darstellt.[342]

Bei **Sozialplänen** hat die Einigungsstelle die sozialen Belange der Arbeitnehmer zu berücksichtigen sowie auf die wirtschaftliche Vertretbarkeit ihrer Entscheidung für das Unternehmen zu achten, § 112 Abs. 5 S. 1 BetrVG.[343] Darüber hinaus wird ihr Ermessen durch die Leitlinien des § 112 Abs. 5 S. 2 BetrVG beschränkt.[344] Danach muss sie im Rahmen ihres billigen Ermessens unter Berücksichtigung der Gegebenheiten des Einzelfalles Leistungen zum Ausgleich oder der Milderung wirtschaftlicher Nachteile vorsehen,[345] dabei die Aussichten der betroffenen Arbeitnehmer auf dem Arbeitsmarkt berücksichtigen und auf dieser Grundlage eine Überkompensation ausschließen und bei der Bemessung des Gesamtbetrages der Sozialplanleistungen schließlich darauf achten, dass der Fortbestand des Unternehmens nicht gefährdet wird.[346] Der Ausgleichs- und Milderungsbedarf der Arbeitnehmer bemisst sich nach den ihnen entstehenden bzw. prognostizierten Nachteilen. Der wirtschaftlichen Vertretbarkeit kommt dabei lediglich eine Korrekturfunktion zu.[347] Die Höhe des Ausgleichs oder der Milderung muss auf Grund der Regelung exakt zu bestimmen sein.[348] Die Einigungsstelle kann jedoch auch gänzlich von einem Nachteilsausgleich absehen.[349] 123

(b) Rechtsentscheidung. Die Einigungsstelle entscheidet selbst über Rechtsfragen, soweit ihre Zuständigkeit dazu reicht (→ Rn. 10 ff.).[350] Sie befindet außerdem über **rechtliche Vorfragen** (sog. Vorfragenkompetenz), zB ihre Zuständigkeit,[351] ihre ordnungsgemäße Errichtung etc. Ist die Zuständigkeit der Einigungsstelle Gegenstand eines arbeitsgerichtlichen Vorabentscheidungsverfahrens, so kann und muss die Einigungsstelle hierüber gleichwohl entscheiden (→ Rn. 39, 42). Dabei steht ihr nur ein begrenzter Beurteilungsspielraum zu, der dem Ermessensspielraum in Regelungsfragen nicht gleichzusetzen ist. § 76 Abs. 5 S. 3 BetrVG ist im Rahmen von Rechtsfragen nicht anwendbar. Bei der Auslegung von unbestimmten Rechtsbegriffen hat die Einigungsstelle lediglich einen gewissen Beurteilungsspielraum.[352] 124

(2) Freiwilliges Einigungsstellenverfahren. Nach dem Wortlaut des Gesetzes greift die Ermessensbindung des § 76 Abs. 5 S. 3 BetrVG in **Regelungsfragen** lediglich im erzwingbaren Einigungsstellenverfahren. In einem freiwilligen Einigungsstellenverfahren haben die Betriebsparteien jedoch nicht weniger Interesse an einer rechtsfehlerfreien Entscheidung.[353] Daher greifen auch hier die oben dargestellten Grundsätze zur Ermessensbindung.[354] 125

---

[342] BAG 14.1.2014 – 1 ABR 49/12, NZA-RR 2014, 356 (358 f.).
[343] LAG SchlH 27.7.2016 – 3 TaBV 3/16, BeckRS 2016, 74523 Rn. 34; SächsLAG 27.7.2016 – 8 TaBV 1/16, BeckRS 2016, 110583 Rn. 23 ff.
[344] BAG 28.9.1988 – 1 ABR 23/87, NZA 1989, 186; LAG SchlH 27.7.2016 – 3 TaBV 3/16, BeckRS 2016, 74523 Rn. 34.
[345] LAG Bln-Bbg 1.3.2016 – 9 TaBV 1519/15, BeckRS 2016, 69494 Rn. 39.
[346] BAG 6.5.2003 – 1 ABR 11/02, NZA 2004, 108 (110 f.); BAG 22.1.2013 – 1 ABR 85/11, NZA-RR 2013, 409 (410).
[347] BAG 6.5.2003 – 1 ABR 11/02, NZA 2004, 108 (110 f.); BAG 22.1.2013 – 1 ABR 85/11, NZA-RR 2013, 409 (410).
[348] BAG 26.5.2009 – 1 ABR 12/08, NZA-RR 2009, 588 (589 f.); LAG Bln-Bbg 1.3.2016 – 9 TaBV 1519/15, BeckRS 2016, 69494 Rn. 40.
[349] BAG 24.8.2004 – 1 ABR 23/03, NZA 2005, 302 (304 f.).
[350] Vgl. *Rieble* BB 1991, 471.
[351] BAG 28.5.2002 – 1 ABR 37/01, NZA 2003, 171 (174).
[352] DKKW/*Berg* BetrVG § 76 Rn. 139; GK-BetrVG/*Jacobs* § 76 Rn. 129; *v. Hoyningen-Huene* S. 50; Richardi BetrVG/*Richardi/Maschmann* § 76 Rn. 122.
[353] GK-BetrVG/*Jacobs* § 76 Rn. 130.
[354] Vgl. GK-BetrVG/*Jacobs* § 76 Rn. 130 mwN; *v. Hoyningen-Huene* S. 51; Schwab/Weth/*Kliemt* Rn. 286, welcher dies jedoch nur für den Fall bejaht, dass die Betriebsparteien sich im Voraus dem Einigungsstellenspruch unterworfen haben.

126 Hinsichtlich zu klärender Rechtsfragen ergibt sich kein Unterschied zum oben dargestellten erzwingbaren Einigungsstellenverfahren (→ Rn. 124).

127 **cc) Form.** Die Einigungsstelle entscheidet durch Beschluss. Er ist **schriftlich**[355] niederzulegen, vom Vorsitzenden eigenhändig[356] zu unterschreiben und sowohl dem Arbeitgeber als auch dem Betriebsrat zuzuleiten, § 76 Abs. 3 S. 4 BetrVG.[357] Der Spruch und die Begründung des Spruchs müssen nicht einzeln unterschrieben werden, sofern nach außen erkennbar ist, dass es sich um ein einheitliches Dokument handelt.[358] Sofern der Spruch auf Anlagen Bezug nimmt, muss er insgesamt dem Formerfordernis des § 126 BGB, § 77 Abs. 2 BetrVG genügen.[359] Das gesetzliche Schriftformerfordernis kann nach dem Rechtsgedanken des § 126 Abs. 3 BGB weder durch die elektronische Form nach § 126a BGB noch durch die Textform iSd § 126b BGB ersetzt werden, da es sich bei § 76 Abs. 3 S. 4 BetrVG um eine auf dem Normcharakter des Einigungsstellenspruchs beruhende Sonderregelung handelt.[360] Eine Zuleitung des Spruchs als PDF-Datei via Email ist daher nicht möglich.[361]

128 Maßgeblich für die Beurteilung der Formwirksamkeit ist der **Zeitpunkt,** in dem der Einigungsstellenvorsitzende den Betriebsparteien den Spruch mit der Absicht der Zuleitung iSd § 76 Abs. 3 S. 4 BetrVG übermittelt hat.[362] Fehlt es diesem Spruch an einer der Formvoraussetzungen, ist der Spruch wirkungslos und das Einigungsstellenverfahren nicht rechtswirksam beendet.[363]

129 Eine rückwirkende **Heilung** der Formvorschriften des § 76 Abs. 3 S. 4 BetrVG ist nicht möglich.[364] Daher ist die Wiederholung des Beschlussfassungsverfahrens (→ Rn. 105 ff.) notwendig. Es bedarf sodann erneut des Versuchs einer Einigung und erst bei Nichteinigung kann in die Abstimmungsphasen eingetreten werden.[365]

130 Ob eine **Berichtigung** iSd § 1058 ZPO des Einigungsstellenspruchs möglich ist, ist bisher noch nicht höchstrichterlich geklärt.[366] Wollte man § 1058 ZPO entsprechend auf das Einigungsstellenverfahren anwenden, so bedürfte es eines Berichtigungsantrages, der durch die Einigungsstelle beschieden werden müsste.[367] Eine analoge Anwendung des § 319 ZPO kommt jedenfalls in Ermangelung einer vergleichbaren Interessenlage nicht in Betracht.[368]

131 Eine **Begründung** des Spruchs ist gesetzlich nicht zwingend vorgesehen und auch nicht als verfassungsrechtlich unabdingbare Anforderung an ein rechtsstaatliches Verfahren anzusehen.[369] Auf die Wirksamkeit des Spruchs der Einigungsstelle ist es daher ohne Ein-

---

[355] LAG Hmb 15.1.2013 – 2 TaBV 13/11, BeckRS 2013, 69903; HWGNRH/*Worzalla* § 76 Rn. 75.
[356] ArbG Frankfurt/Oder 8.12.2011 – 8 Betriebsvereinbarung 39/11, BeckRS 2014, 67398.
[357] *Tschöpe/Geißler* NZA 2011, 545.
[358] BAG 29.1.2002 – 1 ABR 18/01, BeckRS 2002, 30235525.
[359] LAG Nds 1.8.2012 – 2 TaBV 52/11, NZA-RR 2013, 23 (26).
[360] LAG Bln-Bbg 16.11.2011 – 17 TaBV 1366/11, NZA-RR 2012, 134 (135); LAG Bln-Bbg 8.3.2012 – 5 TaBV 141/12, BeckRS 2012, 73142; zu den Schriftformanforderungen eines Einigungsstellenspruchs mit Anlagen siehe LAG Nds 1.8.2012 – 2 TaBV 52/11, NZA-RR 2013, 23 (25 f.).
[361] BAG 13.3.2012 – 1 ABR 78/10, NZA 2012, 748 (750); BAG 10.12.2013 – 1 ABR 45/12, NZA 2014, 862 (863); LAG Bln-Bbg 8.3.2012 – 5 TaBV 141/12, BeckRS 2012, 73142.
[362] BAG 5.10.2010 – 1 ABR 31/09, NZA 2011, 420 (422).
[363] BAG 5.10.2010 – 1 ABR 31/09, NZA 2011, 420 (422); LAG Bln-Bbg 8.3.2012 – 5 TaBV 141/12, BeckRS 2012, 73142.
[364] BAG 5.10.2010 – 1 ABR 31/09, NZA 2011, 420 (422), jedoch offenlassend, ob eine unverzügliche Unterzeichnung des Einigungsstellenspruchs nach seiner Zuleitung an die Betriebsparteien den Formmangel beseitigen kann.
[365] LAG Bln-Bbg 8.3.2012 – 5 TaBV 141/12, BeckRS 2012, 73142.
[366] BAG 10.12.2013 – 1 ABR 45/12, NZA 2014, 862 (864); BAG 18.11.2014 – 1 ABR 22/13, BeckRS 2015, 67421.
[367] BAG 10.12.2013 – 1 ABR 45/12, NZA 2014, 862 (864).
[368] BAG 10.12.2013 – 1 ABR 45/12, NZA 2014, 862 (864).
[369] BVerfG 18.10.1986 – 1 BvR 1426/83, NZA 1988, 25.

fluss, wenn ihm keine Begründung beigefügt ist.[370] Es ist aber in vielen Fällen zweckmäßig, den Spruch zu begründen, weil dadurch seine Überzeugungskraft für die Betriebsparteien erhöht und dem Gericht eine etwaige rechtliche Nachprüfung wesentlich erleichtert werden.[371] Der Zeitpunkt der Zuleitung des Einigungsstellenspruchs sollte auf Grund der Anfechtungsfrist des § 76 Abs. 5 S. 4 BetrVG festgehalten werden. Eine **Rechtsbehelfsbelehrung** braucht die Einigungsstelle nicht zu geben.

dd) Wirkung. Der Spruch der Einigungsstelle ist **kein Vollstreckungstitel**.[372] Es kann daher aus ihm nicht unmittelbar die Zwangsvollstreckung gegen den Arbeitgeber oder den Betriebsrat betrieben werden. Der Spruch kann aber nach Maßgabe der folgenden Ausführungen eine rechtlich bindende Wirkung zwischen den Betriebsparteien und zugunsten der betroffenen Arbeitnehmer entfalten, die gerichtlich durchsetzbar ist.

(1) Erzwingbares Einigungsverfahren. Im erzwingbaren Einigungsverfahren werden die Betriebsparteien dem Spruch der Einigungsstelle durch das Gesetz unterworfen, sofern der Spruch der Einigungsstelle die Einigung der Betriebsparteien beim Abschluss einer Betriebsvereinbarung ersetzt.[373] Wie sich aus der Systematik von § 77 Abs. 2 S. 1 BetrVG und § 77 Abs. 2 S. 2 BetrVG ergibt, kommt ihm qualitativ die Wirkung einer Betriebsvereinbarung zu.[374] Der Spruch der Einigungsstelle ist für die Betriebsparteien dann ohne weiteres verbindlich.[375] Die Betriebsparteien sind hieran in gleicher Weise gebunden, als hätten sie die Einigung selbst vorgenommen. Es ist Aufgabe des Arbeitgebers, den Einigungsstellenspruch durchzuführen (§ 77 Abs. 1 BetrVG).[376]

Mit der Gleichsetzung des Beschlusses mit einer Betriebsvereinbarung ist auch die weitere Folge im Fall einer Beendigung verbunden, dass auch diesem eine Nachwirkung gem. § 77 Abs. 6 BetrVG zukommen kann.[377] Dies betrifft zunächst Angelegenheiten der zwingenden Mitbestimmung.[378] Entsprechendes kann aber auch bei teilmitbestimmten Angelegenheiten gelten: Eine Betriebsvereinbarung wirkt in ihrer Gesamtheit nach, wenn sie sich nicht sinnvoll in einen nachwirkenden und einen nachwirkungslosen Teil aufspalten lässt.[379]

(2) Freiwilliges Einigungsverfahren. Sind die Betriebsparteien mit dem Tätigwerden der Einigungsstelle lediglich einverstanden gewesen, ohne sich einem Spruch von vornherein zu unterwerfen, stellt dieser nur einen **unverbindlichen Vorschlag** dar (arg. § 76 Abs. 6 S. 2 BetrVG).[380] Die Betriebsparteien können ihn akzeptieren, müssen dies aber nicht tun. Wird er auch nur von einer Partei abgelehnt, so ist das freiwillige Einigungsverfahren gescheitert.

---

[370] St. Rspr.; BAG 30.1.1990 – 1 ABR 2/89, NZA 1990, 571; *Schroeder-Printzen* ZIP 1983, 264; aA *Bischoff* S. 108 f.; anders für Entscheidungen über Rechtsfragen auch *Pünnel/Isenhardt* Rn. 117; vgl. ferner *Beuthien* FS G. Müller, 1981, S. 13 (21 ff.).
[371] BAG 30.10.1979 – 1 ABR 112/77, NJW 1980, 1542 (1543); *Schroeder-Printzen* ZIP 1983, 264 (265 ff.).
[372] LAG Köln 20.4.1999 – 13 Ta 243/98, NZA-RR 2000, 311 (312); GK-BetrVG/*Jacobs* § 76 Rn. 140; HWGNRH/*Worzalla* § 76 Rn. 79; Richardi BetrVG/*Richardi/Maschmann* § 76 Rn. 113; Schwab/Weth/*Kliemt* Rn. 292.
[373] GK-BetrVG/*Jacobs* § 76 Rn. 137, die zur Recht darauf hinweisen, dass der Spruch auch die Wirkung einer verbindlichen Betriebsabsprache (Regelungsabrede, formlose betriebliche Absprache) haben kann; Richardi BetrVG/*Richardi/Maschmann* § 76 Rn. 110.
[374] GK-BetrVG/*Jacobs* § 76 Rn. 138; HWGNRH/*Worzalla* § 76 Rn. 77.
[375] *Fitting* § 76 Rn. 133; Schwab/Weth/*Kliemt* Rn. 291.
[376] Richardi BetrVG/*Richardi/Maschmann* § 76 Rn. 110; Schwab/Weth/*Kliemt* Rn. 291.
[377] LAG Saarl 18.1.2017 – 1 TaBV 1/16, BeckRS 2017, 106049 Rn. 57.
[378] LAG BW 17.5.2017 – 4 Sa 1/17, BeckRS 2017, 114182 Rn. 30.
[379] LAG Nds 9.2.2009 – 8 TaBV 70/08, BeckRS 2009, 55591; LAG BW 17.5.2017 – 4 Sa 1/17, BeckRS 2017, 114182 Rn. 31.
[380] *Fitting* § 76 Rn. 132; GK-BetrVG/*Jacobs* § 76 Rn. 134.

136 Haben sich die Betriebsparteien dem Spruch jedoch **im Voraus unterworfen,** ersetzt der Spruch die Einigung zwischen Arbeitgeber und Betriebsrat (§ 76 Abs. 6 S. 2 BetrVG). Der Spruch hat damit die Wirkungen einer verbindlichen Betriebsvereinbarung (vgl. § 77 Abs. 1 S. 1 BetrVG), wenn er sich auf einen Gegenstand bezieht, der einer Regelung durch Betriebsvereinbarung überhaupt zugänglich ist.[381] Im Übrigen hat er die Wirkung einer sonstigen betrieblichen Einigung.

137 Der Spruch entfaltet auch dann verbindliche Wirkung, wenn ihn beide Seiten **nachträglich angenommen** haben, § 76 Abs. 6 S. 2 BetrVG. In der übereinstimmenden Annahme liegt eine Einigung der Betriebsparteien im Sinne einer Betriebsvereinbarung oder einer sonstigen betrieblichen Einigung.

138 Die Unterwerfung und Annahme des Einigungsstellenspruchs können formlos erfolgen.[382] Eine Verschriftlichung empfiehlt sich jedoch unter dem Gesichtspunkt der Rechtssicherheit.

139 **(3) Bindungswirkung.** Die Bindungswirkung setzt voraus, dass überhaupt ein wirksamer Spruch vorliegt.[383] Ist der Spruch unwirksam, so entfaltet er von vornherein keine Bindungswirkung für die Betriebsparteien. Endgültig kann dies erst im arbeitsgerichtlichen Beschlussverfahren festgestellt werden (→ Rn. 144).[384] Bis dahin ist der Einigungsstellenspruch als „schwebend wirksam" zu behandeln.[385] Der Betriebsrat darf gleichwohl nicht durch einseitige Handlungen in die Leitung des Betriebs eingreifen; es ist vielmehr **Sache des Arbeitgebers, den Spruch der Einigungsstelle durchzuführen** (§ 77 Abs. 1 BetrVG). Der Betriebsrat ist auf den Rechtsweg zur Durchsetzung seiner Ansprüche angewiesen (→ Rn. 141).

140 Soweit der Spruch der Einigungsstelle die Wirkung einer Betriebsvereinbarung hat, kann sich jede Partei unter Einhaltung einer Frist von drei Monaten durch **Kündigung** davon lösen (§ 77 Abs. 5 BetrVG).[386] Es ist außerdem zulässig, dass bereits die Einigungsstelle in ihrem Spruch die Möglichkeit einer Kündigung durch jede Betriebspartei vorsieht.[387] Auch kann der Spruch zeitlich befristet werden.[388] Zu beachten ist, dass im Rahmen erzwingbarer Mitbestimmung der Betriebsvereinbarung trotz Kündigung eine Nachwirkung zukommt, § 77 Abs. 6 BetrVG.[389]

141 **c) Gerichtliche Durchsetzung.** Da es sich bei dem Spruch der Einigungsstelle um keinen Vollstreckungstitel handelt, kann eine Durchsetzung der aus dem Spruch resultierenden Ansprüchen und Regelungen nur durch die Arbeitsgerichte erreicht werden.[390] Der gerichtliche Beschluss ist sodann ein Vollstreckungstitel (§ 85 Abs. 1 ArbGG). Führt also der Arbeitgeber den Einigungsstellenspruch nicht durch, kann der Betriebsrat im Rahmen eines **einstweiligen Rechtsschutzverfahrens** oder in einem Hauptsacheverfahren seinen aus § 77 Abs. 1 BetrVG[391] resultierenden **Durchführungsanspruch oder entsprechende Unterlassungsansprüche** geltend machen.[392] Ein Hauptsacheverfahren über die Anfechtung des Einigungsstellenspruchs hat auf die Rechtsschutzmöglichkeiten keine

---

[381] Richardi BetrVG/*Richardi/Maschmann* § 76 Rn. 40.
[382] BAG 26.8.1997 – 1 ABR 12/97, NZA 1998, 216 (218); *Fitting* § 76 Rn. 132; Richardi BetrVG/*Richardi/Maschmann* § 76 Rn. 40.
[383] Schwab/Weth/*Kliemt* Rn. 294.
[384] ArbG Oberhausen 19.9.2013 – 4 BVGA 5/13, BeckRS 2014, 70462.
[385] LAG Berlin 6.12.1984 – 4 TaBV 2/84, BB 1985, 1199; HessLAG 16.12.2004 – 5 TaBVGA 153/04, BeckRS 2015, 67941.
[386] Schwab/Weth/*Kliemt* Rn. 295.
[387] BAG 28.7.1981 – 1 ABR 79/79, NJW 1982, 959.
[388] Zur Möglichkeit einer rückwirkenden Regelung s. BAG 8.3.1977 – 1 ABR 33/75, BeckRS 9998, 149884.
[389] BAG 10.12.2013 – 1 ABR 39/12, NZA 2014, 1040 (1042) Rn. 17; Schwab/Weth/*Kliemt* Rn. 295.
[390] Richardi BetrVG/*Richardi/Maschmann* § 76 Rn. 113.
[391] Zum Begriff und Inhalt siehe *Roloff* RdA 2015, 252ff.
[392] LAG Köln 20.4.1999 – 13 Ta 243/98, NZA-RR 2000, 311 (312); *Hintzen* ArbRAktuell 2014, 610ff.

Auswirkung. Ein Einigungsstellenspruch ist auch während eines laufenden Anfechtungsverfahrens verbindlich durchzuführen.[393] Die Verpflichtung des Arbeitgebers gem. § 77 Abs. 1 S. 1 BetrVG erfährt durch die Anfechtung keine Suspendierung.[394] Eine Ausnahme hiervon gilt nur für den Fall, dass der Einigungsstellenspruch offensichtliche Rechtsverstöße aufweist.[395] Allerdings scheitern viele der im Eilrechtsschutz geführten Verfahren bereits an dem mangelnden Verfügungsgrund, an den strenge Anforderungen gestellt werden.[396]

Der Durchführungsanspruch aus § 77 Abs. 1 BetrVG bezieht sich nur auf die eigenen Rechte des Betriebsrats aus der Betriebsvereinbarung.[397] Eine durch den Betriebsrat erstrittene einstweilige Verfügung verpflichtet den Arbeitgeber nicht zur Erfüllung der aus der Betriebsvereinbarung etwaig entstehenden Ansprüche der Arbeitnehmer.[398] Unterlässt der Arbeitgeber also beispielsweise die Erfüllung von Ansprüchen betroffener Arbeitnehmer, so müssen diese ihre Ansprüche selbst geltend machen.[399]

Ist ein Verfahren über die Anfechtung des Einigungsstellenspruchs bereits anhängig, bietet es sich an, den Durchführungsanspruch in der Hauptsache **widerklagend** geltend zu machen. Die Verfolgung des Durchführungsanspruchs in einem parallelen Verfahren ist aus prozessökonomischen Gründen nicht zu empfehlen und verhilft der klagenden Betriebspartei nicht schneller zu ihrem etwaigen Recht. Die Rechtsprechung hat bisher bei zwei parallelen Hauptsacheverfahren entweder das „Durchführungsanspruchsverfahren" ausgesetzt[400] bzw. faktisch ausgesetzt[401] oder die Wirksamkeit des Einigungsstellenspruchs inzident[402] im Rahmen des Durchführungsanspruchs geprüft.

VI. Gerichtliche Überprüfung

Da der Einigungsstellenspruch gerichtlich überprüft werden kann, ist das Einigungsstellenverfahren letztlich nur ein **Vorverfahren**.[403] Eine endgültige Beilegung des Streits der Betriebsparteien wird durch das Einigungsstellenverfahren nicht zwingend erreicht. Eine abschließende Verbindlichkeit kann auch nicht vereinbart werden, da der Ausschluss der Arbeitsgerichtsbarkeit in betriebsverfassungsrechtlichen Angelegenheiten gem. § 4 ArbGG ausgeschlossen ist.[404]

1. Grundsatz

Der Einigungsstellenspruch unterliegt der uneingeschränkten **Rechtskontrolle** durch die Arbeitsgerichte.[405] Dies ergibt sich aus § 76 Abs. 7 BetrVG. Zu der Rechtskontrolle zählt die Überprüfung einzuhaltender Verfahrensregeln sowie einer Überschreitung des Ermes-

---

[393] HessLAG 16.12.2004 – 5 TaBVGA 153/04, BeckRS 2015, 67941; ArbG Oberhausen 19.9.2013 – 4 BVGA 5/13, BeckRS 2014, 70462.
[394] LAG Berlin 15.6.1977 – 4 TAbV 1/77, DB 1978, 117; 6.12.1984 – 4 TaBV 2/84, BB 1985, 1199; LAG Hamm 4.8.2015 – 7 TaBVGa 7/15, BeckRS 2015, 71655; GK-BetrVG/*Jacobs* § 76 Rn. 177 mwN; *Dütz* ZfA 1972, 247 (268f.).
[395] LAG Berlin 6.12.1984 – 4 TaBV 2/84, BB 1985, 1199; HessLAG 16.12.2004 – 5 TaBVGA 153/04, BeckRS 2015, 67941; LAG Hamm 4.8.2015 – 7 TaBVGa 7/15, BeckRS 2015, 71655; HWGNRH/*Worzalla* § 76 Rn. 94.
[396] Vgl. bspw. LAG Köln 20.4.1999 – 13 Ta 243/98, NZA-RR 2000, 311 (312); LAG Hamm 4.8.2015 – 7 TaBVGa 7/15, BeckRS 2015, 71655; *Gaul/Bartenbach* NZA 1985, 341 (343).
[397] BAG 22.1.2013 – 1 ABR 92/11, NJOZ 2013, 1056.
[398] *Zeppenfeld/Fries* NZA 2015, 647 (650).
[399] BAG 14.8.2001 – 1 AZR 619/00, NZA 2002, 276ff.
[400] LAG Hamm 22.6.1978 – 8 Ta 85/78, DB 1978, 1699f.; GK-BetrVG/*Jacobs* § 76 Rn. 140.
[401] BAG 22.1.2013 – 1 ABR 92/11, NJOZ 2013, 1056.
[402] BAG 14.8.2001 – 1 AZR 619/00, NZA 2002, 276 (280); GK-BetrVG/*Jacobs* § 76 Rn. 133.
[403] BAG 20.11.1990 – 1 ABR 45/89, NZA 1991, 473 (477); anders *Rieble* BB 1991, 471 (472f.).
[404] BAG 20.11.1990 – 1 ABR 45/89, NZA 1991, 473 (477); kritisch *Oetker* SAE 1991, 301 (304f.); *Rieble* Anm. zu BAG 20.11.1990 – 1 ABR 45/89, NZA 1991, 473.
[405] Richardi BetrVG/*Richardi/Maschmann* § 76 Rn. 114.

sens.[406] Lediglich hinsichtlich der im erzwingbaren Einigungsstellenverfahren ergangenen Einigungsstellensprüche ist eine zeitliche Begrenzung zur Geltendmachung von Ermessensfehlern vorgesehen, § 76 Abs. 5 S. 4 BetrVG (→ Rn. 161). Sprüche der Einigungsstelle, die im freiwilligen Einigungsstellenverfahren ergangen sind, unterliegen dieser zeitlichen Begrenzung nicht.[407] Dagegen sind Zwischenbeschlüsse insgesamt nicht gesondert angreifbar (→ Rn. 82).[408]

146 Ein Einigungsstellenspruch kann auch nur in Teilen der Überprüfung unterzogen werden.[409] Mit den zur Betriebsvereinbarung entwickelten Grundsätzen vergleichbar, muss sich auch die Anfechtung eines Einigungsstellenspruchs nicht notwendig auf das Rechtsverhältnis als Ganzes erstrecken. Eine **Teilanfechtung** ist dann zulässig, wenn sich diese auf ein eigenständiges Teilrechtsverhältnis bezieht.[410]

147 Die Anfechtung des Spruchs der Einigungsstelle hat **keine aufschiebende Wirkung**[411], wenn dieser im zwingenden Einigungsstellenverfahren ergangen ist. Der Spruch der Einigungsstelle ist vom Arbeitgeber daher gem. § 77 Abs. 1 S. 1, Abs. 4 S. 1 BetrVG unabhängig von einem anhängigen Beschlussverfahren durchzuführen.[412]

148 Soweit die Ansicht vertreten wird, aus dem Urteil des BAG vom 22.1.2013[413] ergebe sich die Annahme einer faktisch aufschiebenden Wirkung der Anfechtung,[414] ist dieser nicht zuzustimmen. Zum einen widerspricht dieser Annahme die ständige Rechtsprechung, welche von einer grundsätzlichen Umsetzungspflicht des Einigungsstellenspruchs während eines anhängigen Anfechtungsverfahrens ausgeht.[415] Darüber hinaus ist das BAG in der zitierten Entscheidung lediglich davon ausgegangen, dass die Frage der Wirksamkeit eines Einigungsstellenspruchs als Vorfrage zur Entscheidung über einen Durchsetzungsanspruch im Hauptsacheverfahren zu behandeln ist.[416] Dies ist und kann jedoch nicht mit der Annahme einer aufschiebenden Wirkung gleichgesetzt werden.

2. Verfahrensart

149 Der Streit über die Wirksamkeit des Spruchs der Einigungsstelle ist eine betriebsverfassungsrechtliche Angelegenheit, die im **arbeitsgerichtlichen Beschlussverfahren** zu klären ist (§§ 2a, 80 ff. ArbGG). Insofern gilt für die Überprüfung des Spruchs nichts anderes als bei einem Streit über die Wirksamkeit einer Betriebsvereinbarung oder einer sonstigen betrieblichen Einigung, die von den Betriebspartnern allein ohne Mitwirkung der Einigungsstelle erzielt worden ist.

150 Soweit aus einem Spruch der Einigungsstelle Rechte oder Ansprüche der Arbeitnehmer erwachsen, zB Zahlungsansprüche aus einem Sozialplan, sind diese im **arbeitsgerichtlichen Urteilsverfahren** durchzusetzen (§§ 2, 46 ff. ArbGG). Über die Wirksamkeit des Spruchs der Einigungsstelle ist dabei als Vorfrage zu entscheiden.[417] Da das Arbeitsgericht die Wirksamkeit oder Unwirksamkeit des Einigungsstellenspruchs hier lediglich in

---

[406] Richardi BetrVG/*Richardi/Maschmann* § 76 Rn. 114; *Wenning-Morgenthaler* Die Einigungsstelle Rn. 456.
[407] ErfK/*Kania* BetrVG § 76 Rn. 28; GK-BetrVG/*Jacobs* § 76 Rn. 156.
[408] BAG 23.2.2016 – 1 ABR 18/14, NZA 2016, 838 (839) Rn. 11 ff.
[409] BAG 22.7.2014 – 1 ABR 96/12, NZA 2014, 1151 (1152) Rn. 10; BAG 8.12.2015 – 1 ABR 2/14, BeckRS 2016, 68740 Rn. 33.
[410] BAG 22.7.2014 – 1 ABR 96/12, NZA 2014, 1151 (1152) Rn. 10; BAG 8.12.2015 – 1 ABR 2/14, BeckRS 2016, 68740 Rn. 33.
[411] BAG 5.10.2010 – 1 ABR 31/09, NZA 2011, 420 (422) Rn. 20; BAG 10.12.2013 – 1 ABR 45/12, NZA 2014, 862 (863) Rn. 17; aA *Zeppenfeld/Fries* NZA 2015, 647 (649).
[412] LAG BW 20.7.2016 – 21 TaBV 4/16, BeckRS 2016, 73644 Rn. 53.
[413] BAG 22.1.2013 – 1 ABR 92/11, NJOZ 2013, 1056.
[414] *Zeppenfeld/Fries* NZA 2015, 647 (649).
[415] Vgl. BAG 5.10.2010 – 1 ABR 31/09, NZA 2011, 420 (422) Rn. 20; BAG 10.12.2013 – 1 ABR 45/12, NZA 2014, 862 (863) Rn. 17; LAG BW 20.7.2016 – 21 TaBV 4/16, BeckRS 2016, 73644 Rn. 53; *Zeppenfeld/Fries* NZA 2015, 647 f.
[416] Vgl. auch *Roloff* RdA 2015, 252 (255).
[417] Richardi BetrVG/*Richardi/Maschmann* § 76 Rn. 119.

den Gründen festhält, erwächst dieser Teil nicht in Rechtskraft.[418] Die Feststellung wirkt nur zwischen den Parteien des Urteilsverfahrens.

3. Antragsrecht; Beteiligungsbefugnis

Die Beteiligungsbefugnis im Anfechtungsverfahren richtet sich grundsätzlich nach § 83 Abs. 3 ArbGG. Danach ist **antragsbefugt,** wer durch die begehrte Entscheidung in seiner eigenen betriebsverfassungsrechtlichen Rechtsposition betroffen sein kann.[419] Das ist regelmäßig der Fall, wenn eigene Rechte geltend gemacht werden und die Rechtsposition zumindest möglich erscheint.[420] Dies gilt für den Arbeitgeber und den Betriebsrat sowie für sonstige Parteien des Verfahrens.[421] Gewerkschaften und Arbeitgeberverbände können das Verfahren nicht betreiben, da sie betriebsverfassungsrechtlich keine Aufsichtskompetenz gegenüber Sprüchen der Einigungsstelle haben.[422] Der Einigungsstelle selbst fehlt jede Antrags- und Beteiligungsbefugnis, da sie als bloßes Hilfsorgan von Arbeitgeber und Betriebsrat durch die Entscheidung über die Wirksamkeit ihres Spruchs nicht in einer eigenen betriebsverfassungsrechtlichen Rechtsstellung betroffen sein kann.[423] Die Mitglieder der Einigungsstelle können als Zeugen zur Erläuterung ihres Spruchs vernommen werden.[424]

Dem **einzelnen Arbeitnehmer** wird die Antrags- und Beteiligungsbefugnis im allgemeinen fehlen, da er durch den Spruch der Einigungsstelle nicht in einer eigenen betriebsverfassungsrechtlichen Rechtsstellung betroffen sein wird.[425] Der Arbeitnehmer ist zur Durchsetzung sonstiger Ansprüche auf das Urteilsverfahren angewiesen (→ Rn. 150).

Der **Antrag** muss auf Feststellung der Unwirksamkeit des Einigungsstellenspruchs lauten.[426] Eine gerichtliche Entscheidung über die Wirksamkeit des Spruchs einer Einigungsstelle hat feststellende und nicht rechtsgestaltende Wirkung. Daher kann der Antrag nicht auf Aufhebung des Spruchs gerichtet sein.[427] Im Fall der falschen Antragstellung wird der Antrag jedoch von den Gerichten in der Regel in einen Feststellungsantrag ausgelegt.[428]

Die antragstellende Partei bedarf eines **Feststellungsinteresses.** Sie muss jedoch nicht selbst durch die betreffende Regelung materiell-rechtlich beschwert sein.[429] Arbeitgeber und Betriebsrat haben zweifellos immer ein rechtliches Interesse an der Feststellung, ob es sich bei dem Spruch um eine wirksame betriebliche Regelung handelt. Der Betriebsrat hat das notwendige Feststellungsinteresse für seinen Antrag auch dann, wenn er das Nichtbestehen eines Mitbestimmungsrechts geltend macht.[430]

---

[418] GK-BetrVG/*Jacobs* § 76 Rn. 145.
[419] BAG 20.5.2008 – 1 ABR 19/07, NZA-RR 2009, 102 (103) Rn. 14; BAG 23.8.2016 – 1 ABR 22/14, NZA 2017, 194 (196 f.) Rn. 16 ff.; LAG Hmb 9.4.2009 – 8 TaBV 10/08, BeckRS 2009, 73929.
[420] BAG 13.12.2005 – 1 ABR 31/03, BeckRS 2005, 30366392; BAG 23.8.2016 – 1 ABR 22/14, NZA 2017, 194 (196 f.) Rn. 16 ff.
[421] GK-BetrVG/*Jacobs* § 76 Rn. 147 ff.; HWGNRH/*Worzalla* § 76 Rn. 81; Richardi BetrVG/*Richardi*/ *Maschmann* § 76 Rn. 117.
[422] Vgl. BAG 23.2.1988 – 1 ABR 75/86, NZA 1989, 229 (230); *Grunsky* DB 1990, 526.
[423] BAG 28.7.1981 – 1 ABR 65/79, BeckRS 9998, 149858; aA *Lepke* BB 1977, 49 (54 f.).
[424] BAG 28.4.1981 – 1 ABR 53/79, BeckRS 9998, 180278.
[425] Streitig; vgl. GK-BetrVG/*Jacobs* § 76 Rn. 150 einerseits, ErfK/*Kania* BetrVG § 76 Rn. 29 und Richardi BetrVG/*Richardi*/*Maschmann* § 76 Rn. 117 andererseits.
[426] BAG 8.6.2004 – 1 ABR 4/03, NZA 2005, 227 (229); BAG 22.3.2016 – 1 ABR 12/14, NZA 2016, 894 (895) Rn. 10; SächsLAG 27.7.2016 – 8 TaBV 1/16, BeckRS 2016, 110583 Rn. 20.
[427] BAG 8.6.2004 – 1 ABR 4/03, NZA 2005, 227 (229); SächsLAG 27.7.2016 – 8 TaBV 1/16, BeckRS 2016, 110583 Rn. 20.
[428] BAG 30.10.1979 – 1 ABR 112/77, NJW 1980, 1542; BAG 28.6.1984 – 6 ABR 5/83, NZA 1985, 189; BAG 8.6.2004 – 1 ABR 4/03, NZA 2005, 227 (229); BAG 23.3.2010 – 1 ABR 82/08, BeckRS 2010, 70921 Rn. 11; SächsLAG 27.7.2016 – 8 TaBV 1/16, BeckRS 2016, 110583 Rn. 20; GK-BetrVG/*Jacobs* § 76 Rn. 146.
[429] BAG 8.6.2004 – 1 ABR 4/03, NZA 2005, 227 (229); SächsLAG 27.7.2016 – 8 TaBV 1/16, BeckRS 2016, 110583 Rn. 21.
[430] BAG 20.7.1999 – 1 ABR 66/98, NZA 2000, 495 (497); SächsLAG 27.7.2016 – 8 TaBV 1/16, BeckRS 2016, 110583 Rn. 21.

4. Frist

155 Eine **prozessuale Frist** für die Einleitung eines Beschlussverfahrens zur Überprüfung des Einigungsstellenspruchs besteht nicht.[431] Zur materiell-rechtlichen Ausschlussfrist bei Ermessensüberschreitung → Rn. 161.

5. Umfang der Überprüfung

156 Die Nachprüfung des Gerichts bezieht sich nur auf die Rechtmäßigkeit und nicht auf die Zweckmäßigkeit des Spruchs.[432] **Gegenstand der gerichtlichen Überprüfung** ist der Einigungsstellenspruch als solcher,[433] also die von der Einigungsstelle gefundene Entscheidung als Ergebnis ihrer Tätigkeit.[434] Es kommt allein darauf an, ob der Spruch sich innerhalb der rechtlichen Grenzen hält. Dagegen ist ohne Bedeutung, ob die von der Einigungsstelle angenommenen tatsächlichen und rechtlichen Umstände zutreffen, ihre weiteren Überlegungen frei von Fehlern sind und eine erschöpfende Würdigung aller Umstände zum Inhalt haben.[435] Da die Einigungsstelle ihren Spruch nicht zu begründen braucht, könnte dies ohnehin vom Arbeitsgericht nicht ohne weiteres festgestellt werden.

157 Für den Umfang der gerichtlichen Überprüfung des Spruchs der Einigungsstelle ist die Unterscheidung von Rechtsfragen und Regelungsfragen von besonderer Bedeutung,[436] da die Prüfungskompetenz des Arbeitsgerichts bei Regelungsfragen gem. § 76 Abs. 5 S. 4 BetrVG eingeschränkt ist.

158 **a) Rechtsfragen.** Hinsichtlich Rechtsfragen hat das Arbeitsgericht umfassend und zeitlich unbegrenzt[437] zu prüfen,[438] ob der Spruch der Einigungsstelle rechtswirksam ist. Diese Prüfung ist auf alle **Rechtsfehler** zu erstrecken, die den Spruch unwirksam machen. Hierzu zählen zB die fehlende Zuständigkeit infolge Nichtbestehens des in Anspruch genommenen Mitbestimmungsrechts[439], Unzuständigkeit des ein Mitbestimmungsrecht in Anspruch nehmenden Mitbestimmungsorgans[440], Verstöße gegen Gesetze[441] oder einen Tarifvertrag als höherrangiges Recht[442], Verletzung wesentlicher Bestimmungen über das Einigungsstellenverfahren[443], selbst wenn es insoweit an einer Rüge der Beteiligten

---

[431] BAG 11.7.2000 – 1 ABR 43/99, NZA 2001, 402 (404).
[432] ErfK/*Kania* BetrVG § 76 Rn. 31; *Fitting* § 76 Rn. 153; Richardi BetrVG/*Richardi/Maschmann* § 76 Rn. 120.
[433] Zur Anfechtung von Zwischenbeschlüssen s. BAG 22.1.2002 – 3 ABR 28/01, BeckRS 2002, 30233620; BAG 23.2.2016 – 1 ABR 18/14, NZA 2016, 838 (839) Rn. 11 ff.
[434] BAG 31.8.1982 – 1 ABR 27/80, NJW 1983, 953 (956); BAG 14.1.2014 – 1 ABR 49/12, NZA-RR 2014, 356 (357) Rn. 23; HessLAG 12.7.2012 – 5 TaBV 250/11, BeckRS 2012, 75681; GK-BetrVG/*Kreutz* § 76 Rn. 163 mwN; *Fitting* § 76 Rn. 154.
[435] St. Rsp., BAG 24.8.2004 – 1 ABR 23/03, NZA 2005, 302 (304); BAG 22.1.2013 – 1 ABR 85/11, NZA-RR 2013, 409 (410) Rn. 15; BAG 14.1.2014 – 1 ABR 49/12, NZA-RR 2014, 356; HessLAG 12.7.2012 – 5 TaBV 250/11, BeckRS 2012, 75681; SächsLAG 27.7.2016 – 8 TaBV 1/16, BeckRS 2016, 110583 Rn. 23; GK-BetrVG/*Kreutz* § 76 Rn. 163 mwN; aA ErfK/*Kania* BetrVG § 76 Rn. 32; *v. Hoyningen-Huene* S. 53; *Heinze* RdA 1990, 262 (277); *Rieble* S. 163 f.; *Fiebig* DB 1995, 1278 (1280).
[436] Kritisch zur Relevanz dieser Unterscheidung *Rieble* BB 1991, 471 ff.; näher dazu *Henssler* RdA 1991, 268 (269 ff.).
[437] Jedoch ist eine Verwirkung iSd § 242 BGB möglich, vgl. LAG Bln-Bbg 18.3.2009 – 5 TaBV 2416/08, BeckRS 2011, 67104.
[438] GK-BetrVG/*Jacobs* § 76 Rn. 151; HWGNRH/*Worzalla* § 76 Rn. 82.
[439] BAG 30.8.1995 – 1 ABR 4/95, NZA 1996, 218.
[440] LAG Düsseldorf 17.6.2016 – 6 TaBV 20/16, BeckRS 2016, 73600 Rn. 19 ff. (zurzeit beim BAG anhängig unter Az.: 1 ABR 61/16).
[441] BAG 4.5.1993 – 1 ABR 57/92, NZA 1993, 856 (857 f.).
[442] *Heinze* RdA 1990, 262 (275 f.).
[443] BAG 18.1.1994 – 1 ABR 43/93, NZA 1994, 571 (abschließende mündliche Beratung unter Teilnahme der Betriebsparteien); BAG 27.6.1995 – 1 ABR 3/95, NZA 1996, 161 (162 f.) (nicht ordnungsgemäße Ladung der Einigungsstellenmitglieder); LAG Köln 23.1.1997 – 6 TaBV 48/96, AP BetrVG 1972 § 76 Einigungsstelle Nr. 6 (Nichtberücksichtigung eines Befangenheitsantrages gegen den Vorsitzenden); *Heinze* RdA 1990, 262 (277 f.) m. Darstellung von wesentlichen Mängeln S. 263 ff.

fehlt.⁴⁴⁴ Überprüft werden auch die in einem Einigungsstellenspruch getroffenen Verfahrensregelungen, bspw. das Abweichen von § 87 Abs. 2 BetrVG.⁴⁴⁵

b) Regelungsfragen. Die Anfechtung von Einigungsstellensprüchen kann in Regelungsfragen sowohl auf Rechtsfehler als auch die Überschreitung des der Einigungsstelle eingeräumten Ermessens gestützt werden.

aa) Rechtsfehler. In Regelungsstreitigkeiten sind Rechtsfehler des Spruchs der Einigungsstelle grds. uneingeschränkt und ohne Bindung an eine Frist zu überprüfen.⁴⁴⁶ Die Rüge eines Rechtsfehlers liegt auch dann vor, wenn der Vorwurf lautet, die Einigungsstelle sei ihrem Regelungsauftrag nicht oder nur unvollständig⁴⁴⁷ nachgekommen. Die Frist des § 76 Abs. 5 S. 4 BetrVG greift nicht.⁴⁴⁸ Denn die Frage, ob die Einigungsstelle eine mitbestimmungspflichtige Angelegenheit entsprechend ihrem gesetzlichen Auftrag vollständig und abschließend geregelt hat, betrifft nicht das ihr nach § 76 Abs. 5 S. 3 BetrVG eingeräumte Ermessen, sondern ihre gesetzlichen Pflichten.⁴⁴⁹ Ein Einigungsstellenspruch ist demzufolge unwirksam, wenn die Einigungsstelle ihrem Regelungsauftrag nicht ausreichend nachkommt.⁴⁵⁰

bb) Ermessensfehler. (1) Materiell-rechtliche Ausschlussfrist. Die Rüge einer Ermessensüberschreitung muss binnen einer Frist von **zwei Wochen** beim Arbeitsgericht geltend gemacht werden, § 76 Abs. 5 S. 4 BetrVG. Die Frist greift jedoch nur für in erzwingbaren Einigungsstellenverfahren ergangene Sprüche. § 76 Abs. 6 BetrVG sieht eine fristgebundene Geltendmachung für im freiwilligen Einigungsstellenverfahren erfolgten Sprüchen nicht vor.⁴⁵¹ Die Ausschlussfrist stellt eine **materiell-rechtliche Ausschlussfrist** dar, nicht aber eine prozessuale Frist für das Verfahren als solches.⁴⁵² Ihre Einhaltung ist bei Regelungsstreitigkeiten keine Prozessvoraussetzung für das Beschlussverfahren.⁴⁵³

Rechtsfolge der Nichteinhaltung der Frist ist daher nicht die Unzulässigkeit des Anfechtungsantrages sondern die Heilung etwaiger Ermessensüberschreitungen.⁴⁵⁴ Der Spruch der Einigungsstelle wird dahingehend somit endgültig.

Maßgeblich für die **Berechnung der Frist** ist, für jede Betriebspartei getrennt, der Tag, an dem ihm der schriftliche abgefasste und vom Vorsitzenden unterschriebene Beschluss der Einigungsstelle wirksam zugeleitet worden ist.⁴⁵⁵ Die Frist beginnt erst mit Zuleitung eines insoweit formell vollständigen Spruchs.⁴⁵⁶ Der Tag der Zuleitung wird für die Frist nicht mitgerechnet (§ 187 Abs. 1 BGB). Die Frist endet zwei Wochen später mit Ablauf des Wochentags, der dem Tag der Zuleitung entspricht (§ 188 Abs. 2 S. 1 BGB). Ist dies ein Sonnabend, Sonntag oder gesetzlicher Feiertag, so endet die Frist mit Ablauf

---

⁴⁴⁴ BAG 18.1.1994 – 1 ABR 43/93, NZA 1994, 571.
⁴⁴⁵ BAG 8.12.2015 – 1 ABR 2/14, BeckRS 2016, 68740 Rn. 19, 28f.; LAG Hamm 15.7.2016 – 13 TaBVGa 2/16, BeckRS 2016, 71841 Rn. 25f.
⁴⁴⁶ BAG 26.5.1988 – 1 ABR 11/87, NZA 1989, 26 (27).
⁴⁴⁷ Zur Abgrenzung einer unvollständigen Regelung zu einer ermessensfehlerhaften Regelung BAG 17.1.2012 – 1 ABR 45/10, NZA 2012, 687 (688) Rn. 18ff.
⁴⁴⁸ LAG Hamm 25.11.2014 – 7 TaBV 45/14, BeckRS 2015, 65687; LAG Bln-Bbg 7.7.2016 – 21 TaBV 195/16, NZA-RR 2016, 644 (649) (zurzeit beim BAG anhängig unter Az.: 1 ABR 71/16).
⁴⁴⁹ LAG Bln-Bbg 7.7.2016 – 21 TaBV 195/16, NZA-RR 2016, 644 (649).
⁴⁵⁰ BAG 11.1.2011 – 1 ABR 104/09, NZA 2011, 651 (653f.) Rn. 20f.; BAG 11.2.2014 – 1 ABR 72/12, NZA 2014, 989 (990) Rn. 14.
⁴⁵¹ ErfK/Kania BetrVG § 76 Rn. 28.
⁴⁵² BAG 27.6.1995 – 1 ABR 3/95, NZA 1996, 161 (162); LAG Bln-Bbg 7.7.2016 – 21 TaBV 195/16, NZA-RR 2016, 644 (646f.).
⁴⁵³ BAG 26.5.1988 – 1 ABR 11/87, NZA 1989, 26.
⁴⁵⁴ LAG Bln-Bbg 7.7.2016 – 21 TaBV 195/16, NZA-RR 2016, 644 (646).
⁴⁵⁵ BAG 13.3.2013 – 7 ABR 67/11, NZA-RR 2013, 575; LAG Bln-Bbg 7.7.2016 – 21 TaBV 195/16, NZA-RR 2016, 644 (649).
⁴⁵⁶ LAG Hmb 15.1.2013 – 2 TaBV 13/11, BeckRS 2013, 69903.

des nächsten Werktags (§ 193 BGB). Für die Wahrung der Frist genügt es, wenn der Antrag innerhalb der Frist beim Arbeitsgericht eingeht und die Antragschrift der anderen Betriebspartei demnächst zugestellt wird, § 167 ZPO.[457] Eine **Verlängerung** der Frist, etwa entsprechend der prozessualen Grundsätze über eine Wiedereinsetzung in den vorigen Stand, ist nicht möglich.[458]

164 Zur Wahrung der Frist genügt es nicht, dass der Antragsteller lediglich die Feststellung der Nichtigkeit des Spruchs beantragt, ohne weitere Gründe vorzutragen. Er muss vielmehr **innerhalb der Frist die Gründe vortragen,** die geeignet sind, Zweifel an der Einhaltung der Grenzen des Ermessens durch die Einigungsstelle zu wecken.[459] Ein Nachschieben der Gründe nach Ablauf der Frist heilt den Mangel nicht und führt nicht dazu, dass das Gericht die Überschreitung der Grenzen des Ermessens nunmehr überprüfen könnte.[460]

165 **(2) Prüfung der Ermessensüberschreitung.** Im Rahmen von Regelungsentscheidungen hat die Einigungsstelle ihre Beschlüsse unter angemessener Berücksichtigung der Belange des Betriebs und der betroffenen Arbeitnehmer nach billigem Ermessen zu fassen, § 76 Abs. 5 S. 3 BetrVG. Insoweit trifft sie eine Auswahlentscheidung unter grds. mehreren möglichen Lösungen, die vom Arbeitsgericht **nicht auf ihre Zweckmäßigkeit überprüft werden** kann.[461] Insbesondere kann das Arbeitsgericht seine Vorstellungen über die Zweckmäßigkeit einer Regelung nicht an die Stelle der Erwägungen der Einigungsstelle setzen.[462] Die Überprüfung ist auf die Einhaltung der **Grenzen des Ermessens** beschränkt; dabei handelt es sich wiederum um eine Rechtsfrage.[463]

166 Bei fristgemäßer Geltendmachung überprüft das Arbeitsgericht, ob die Einigungsstelle die **rechtlichen Grenzen des Ermessens** überschritten hat, § 76 Abs. 5 S. 4 BetrVG. Insoweit gilt nichts anderes als für die gerichtliche Kontrolle von Betriebsvereinbarungen.[464] Die Grenzen des Ermessens werden rechtlich dadurch abgesteckt, dass der Spruch einmal die Belange des Betriebs und der betroffenen Arbeitnehmer angemessen zu berücksichtigen hat, zum anderen der Spruch selbst der Billigkeit entsprechen muss.[465] Zu den Besonderheiten nach § 112 Abs. 5 BetrVG.[466]

167 Die gerichtliche Beurteilung bezieht sich allein auf die von der Einigungsstelle getroffene Regelung.[467] Das Gericht hat zu prüfen, ob der Spruch die betroffenen Interessen zu einem billigen Ausgleich bringt, wobei der **Zweck des jeweiligen Mitbestimmungsrechts** in der Weise zu beachten ist, dass die von der Einigungsstelle getroffene Regelung auch denjenigen Interessen Rechnung tragen muss, um derentwillen dem Betriebsrat ein Mitbestimmungsrecht zusteht.[468] Die Grenzen sind überschritten, wenn keine sachgerechte Interessenabwägung vorliegt, etwa die Interessen einer Seite überhaupt nicht berücksichtigt werden, oder die Regelung objektiv ungeeignet ist.[469] Als Rechtsfrage ist die Einhaltung der Grenzen des Ermessens auch durch das Rechtsbeschwerdegericht (BAG)

---

[457] BAG 13.3.2013 – 7 ABR 67/11, NZA-RR 2013, 575; LAG Bln-Bbg 7.7.2016 – 21 TaBV 195/16, NZA-RR 2016, 644 (649).
[458] BAG 26.5.1988 – 1 ABR 11/87, NZA 1989, 26 (27).
[459] BAG 10.8.1993 – 1 ABR 21/93, NZA 1994, 326 (327).
[460] BAG 26.5.1988 – 1 ABR 11/87, NZA 1989, 26 (27).
[461] SächsLAG 27.7.2016 – 8 TaBV 1/16, BeckRS 2016, 110583 Rn. 23; HWGNRH/*Worzalla* § 76 Rn. 87.
[462] GK-BetrVG/*Jacobs* § 76 Rn. 155.
[463] BAG 21.9.1993 – 1 ABR 16/93, NZA 1994, 427.
[464] BAG 22.1.2013 – 1 ABR 85/11, NZA-RR 2013, 409 (410) Rn. 15.
[465] Zur Systematisierung der Ermessensfehler eingehend *Fiebig* S. 161 ff.
[466] BAG 22.1.2013 – 1 ABR 85/11, NZA-RR 2013, 409; ArbG Stuttgart 10.11.2016 – 11 Ca 3130/16, BeckRS 2016, 109812 Rn. 27 ff.
[467] LAG Nds 11.1.2017 – 13 TaBV 109/15, BeckRS 2017, 103691; aA HWGNRH/*Worzalla* § 76 Rn. 84.
[468] BAG 30.8.1995 – 1 ABR 4/95, NZA 1996, 218 (222); LAG Bln-Bbg 28.8.2012 – 20 TaBV 188/11, BeckRS 2012, 76071.
[469] BAG 21.9.1993 – 1 ABR 16/93, NZA 1994, 427 f.

uneingeschränkt überprüfbar, ohne dass insoweit ein Beurteilungsspielraum der Tatsacheninstanzen bestünde.[470]

Für die Einhaltung der Grenzen des Ermessens kommt es auf den **Zeitpunkt der Beschlussfassung** der Einigungsstelle an. Da das Arbeitsgericht die Ermessensentscheidung der Einigungsstelle nicht durch eine eigene Entscheidung ersetzt, sind spätere Entwicklungen bis zum Zeitpunkt der Entscheidung des Arbeitsgerichts ohne Bedeutung.[471] Ggf. ist wegen der geänderten Verhältnisse ein neues Einigungsstellenverfahren durchzuführen. Das Arbeitsgericht ist jedoch nicht an die Feststellungen der Einigungsstelle gebunden. Die betroffenen Belange und die tatsächlichen Umstände, die das jeweilige Gewicht dieser Belange begründen, sind vom Arbeitsgericht selbst zu ermitteln.[472]

6. Rechtsfolge der Anfechtung

Das Arbeitsgericht kann, soweit die Einigungsstelle ein Regelungsermessen hat, deren Spruch nicht aufheben und durch eine eigene Entscheidung ersetzen. Es ist darauf beschränkt, die Unwirksamkeit des Einigungsstellenspruchs festzustellen.[473] Anders liegt es, wenn die Einigungsstelle über eine **reine Rechtsfrage** entschieden hat, zB über die Auskunftserteilung des Unternehmers an den Wirtschaftsausschuss nach § 109 BetrVG. Insoweit kommt nur eine einzige richtige Entscheidung in Betracht, ohne dass die Ausübung des Ermessens der Einigungsstelle vorbehalten bleiben müsste. Das Arbeitsgericht hat daher, wenn es die Unwirksamkeit des Einigungsstellenspruchs feststellt, zugleich die Rechtsfrage abschließend selbst zu entscheiden.[474]

Hat die Einigungsstelle mit ihrem Spruch eine Gesamtregelung geschaffen und werden vom Arbeitsgericht nur einzelne Teile davon als unwirksam festgestellt, so muss dies nicht unbedingt zur Unwirksamkeit des gesamten Spruchs führen.[475] Nach dem der Vorschrift des **§ 139 BGB** zu Grunde liegenden Rechtsgedanken, ist ein Einigungsstellenspruch nur dann insgesamt unwirksam, wenn bestimmte Teile des Spruchs unwirksam sind und der verbleibende Teil ohne die unwirksamen Bestimmungen keine sinnvolle und in sich geschlossene Regelung enthält.[476] Eine **Umdeutung** des Spruchs in einen mit wirksamem Inhalt in Form einer geltungserhaltenden Reduktion ist angesichts des Normcharakters einer Betriebsvereinbarung nicht möglich.[477]

7. Neue Entscheidung der Einigungsstelle

Das Gesetz regelt nicht näher, in welcher Weise zu verfahren ist, wenn das Arbeitsgericht den Spruch der Einigungsstelle für unwirksam erklärt, aber nicht in der Sache selbst entscheidet. Außer in Fällen der fehlenden Zuständigkeit (zB Nichtbestehen des Mitbestimmungsrechts) bedarf es einer neuen Entscheidung der Einigungsstelle. Wenn eine ständige Einigungsstelle errichtet worden ist, kann diese das Verfahren unproblematisch fortsetzen. Ist die Einigungsstelle nur für die einzelne Meinungsverschiedenheit gebildet worden, so wird zT angenommen, dass es nach der arbeitsgerichtlichen Entscheidung der Bildung einer neuen Einigungsstelle bedürfe.[478] Nach anderer Auffassung sollen sowohl die Neubil-

---

[470] BAG 21.9.1993 – 1 ABR 16/93, NZA 1994, 427; BAG 22.1.2013 – 1 ABR 85/11, NZA-RR 2013, 409 (410) Rn. 15; LAG Nds 11.1.2017 – 13 TaBV 109/15, BeckRS 2017, 103691 Rn. 50 ff.
[471] BAG 31.8.1982 – 1 ABR 27/80, NJW 1983, 953 (956).
[472] BAG 31.8.1982 – 1 ABR 27/80, NJW 1983, 953 (956); BAG 17.10.1989 – 1 ABR 31/87, NZA 1990, 399 (401).
[473] BAG 24.8.2004 – 1 ABR 23/03, NZA 2005, 302 (304).
[474] BAG 15.3.2006 – 7 ABR 24/05, NZA 2006, 1422 (1423) Rn. 18; LAG Nds 19.2.2013 – 1 TaBV 155/12, BeckRS 2013, 67263; GK-BetrVG/*Jacobs* § 76 Rn. 174; *Fitting* § 76 Rn. 150.
[475] BAG 22.7.2003 – 1 ABR 28/02, NZA 2004, 507 (508 f.).
[476] BAG 9.7.2013 – 1 ABR 19/12, NZA 2014, 99 (102) Rn. 39; BAG 11.2.2014 – 1 ABR 72/12, NZA 2014, 989 (990); LAG BW 7.11.2013 – 21 TaBV 3/13, NZA-RR 2014, 133 (137); LAG RhPf 7.4.2016 – 5 TaBV 17/15, BeckRS 2016, 68967 Rn. 25 ff.; LAG Bln-Bbg 7.7.2016 – 21 TaBV 195/16, NZA-RR 2016, 644 (650); *Fischer* NZA 1997, 1017 ff.
[477] BAG 19.10.2011 – 4 ABR 116/09, NZA-RR 2012, 417 (420) Rn. 34.
[478] *Pünnel/Isenhardt* Rn. 149.

dung einer Einigungsstelle als auch die Anrufung der bestehenden Einigungsstelle möglich sein.[479] Beide Auffassungen überzeugen nicht. Da aufgrund der Unwirksamkeit des Spruchs die bestehende Einigungsstelle noch nicht ihr Ende gefunden hat, nämlich noch nicht ihre Aufgabe erfüllt hat, die Meinungsverschiedenheit zwischen Arbeitgeber und Betriebsrat beizulegen, hat sie das Verfahren weiter zu betreiben.[480] In jedem Falle können sich Arbeitgeber und Betriebsrat aber selbst einigen und dadurch der Fortsetzung des Einigungsstellenverfahrens die Grundlage entziehen.

VII. Kosten

172 Der **Arbeitgeber** hat die Kosten der Einigungsstelle zu tragen, § 76a Abs. 1 BetrVG.[481] Zu den Kosten der Einigungsstelle zählen die Verfahrenskosten (→ Rn. 174) und die Vergütung der Einigungsstellenmitglieder (→ Rn. 181). Dabei ist die Kostentragungspflicht des Arbeitgebers umfassend.[482]

173 Die Kosten hat der Arbeitgeber, soweit möglich, unmittelbar zu tragen. Werden sie von einem Beteiligten verauslagt, so entsteht ein entsprechender Erstattungsanspruch gegen den Arbeitgeber.

1. Verfahrenskosten

174 a) **Grundsatz.** Verfahrenskosten der Einigungsstelle[483] sind die Kosten ihrer **Errichtung** und ihres **Tätigwerdens.** Dazu gehören der erforderliche Sachaufwand, also Räume und sachliche Mittel, sowie ggf. Büropersonal. Die für die Tätigkeit des Betriebsrats geltenden Grundsätze sind entsprechend heranzuziehen. Daher hat der Arbeitgeber nur solche Verfahrenskosten zu tragen, die dem **Grundsatz der Erforderlichkeit und Verhältnismäßigkeit** entsprechen.[484]

175 **Erforderlich** sind die Kosten, die bei vernünftiger objektiver Würdigung im Zeitpunkt ihrer Entstehung für erforderlich gehalten werden dürfen, wobei die Einigungsstelle einen gewissen Beurteilungsspielraum hat.[485] Für nicht erforderlich gehalten werden darf die Einsetzung von einer Vielzahl von separaten Einigungsstellen durch den Betriebsrat, wenn auch eine einheitliche Einigungsstelle die Streitigkeiten klären kann.[486] Den Einwand, dass die Zahl der Beisitzer zu hoch ist, muss der Arbeitgeber bereits im Bestellungsverfahren vorbringen (→ Rn. 25); nach Tätigwerden der Einigungsstelle kann er mit dieser Begründung die Vergütungspflicht nicht ausräumen.[487]

176 b) **Sachverständigenkosten.** Die Kostentragungspflicht des Arbeitgebers hinsichtlich der Kosten eines Sachverständigengutachtens ergibt sich aus § 76a Abs. 1 BetrVG. Diese zählen zu den allgemeinen Kosten der Einigungsstelle.[488] Die Kostentragungspflicht ist unabhängig von einem Einverständnis des Arbeitgebers für die Beauftragung eines Sach-

---

[479] Richardi BetrVG/*Richardi/Maschmann* § 76 Rn. 138; *Gnade* AuR 1973, 43 (47);*Schulze* ArbRAktuell 2013, 321 (324).
[480] BAG 30.1.1990 – 1 ABR 2/89, NZA 1990, 571; LAG Düsseldorf 24.1.1978 – 5 TaBV 33/77, EzA BetrVG 1972 § 87 Vorschlagswesen Nr. 1; *Bischoff* S. 165; GK-BetrVG/*Jacobs* § 76 Rn. 175; HWGNRH/*Worzalla* § 76 Rn. 92.
[481] *Knuth* S. 21 errechnet für die von ihm untersuchten Verfahren in den Jahren 1972–1979 durchschnittliche Kosten von 5.000 DM und zusätzlich 60–70 interne Arbeitsstunden von Betriebsangehörigen.
[482] DKKW/*Berg* § 76a Rn. 9.
[483] Tatsächliche Angaben bei *Schneider* FS Stege, 253 (261 ff.).
[484] BAG 13.11.1991 – 7 ABR 70/90, NZA 1992, 459 (461); so schon vor der Neuregelung die st. Rspr. des BAG; zB BAG 14.1.1983 – 6 ABR 67/79, AP BetrVG 1972 § 76 Nr. 12.
[485] BAG 13.11.1991 – 7 ABR 70/90, NZA 1992, 459 (461f.).
[486] Vgl. HessLAG 1.3.2016 – 4 TaBV 258/15, NZA-RR 2016, 535 (537) Rn. 27.
[487] LAG RhPf 24.5.1991 – 6 TaBV 14/91, LAGE § 76a BetrVG 1972 Nr. 4; HessLAG 11.12.2008 – 9 TaBV 196/08, BeckRS 2011, 71713.
[488] Schwab/Weth/*Kliemt* Rn. 409.

verständigen durch die Einigungsstelle.[489] Der Arbeitgeber ist jedoch nur dann zur Kostentragung verpflichtet, wenn die Hinzuziehung eines Sachverständigen erforderlich war und die entstandenen Kosten verhältnismäßig sind. Grundsätzlich ist die Erforderlichkeit zu bejahen, wenn die Einigungsstelle wie ein vernünftiger Dritter bei gewissenhafter Überlegung und verständiger und ruhiger Abwägung aller Umstände zur Zeit ihres Beschlusses zu dem Ergebnis gelangen durfte, der noch zu verursachende Aufwand sei für ihre Tätigkeit erforderlich.[490] Die Grenzen der Erforderlichkeit sind jedoch überschritten, wenn die Hinzuziehung ohne hinreichenden Anlass oder mutwillig durchgeführt wird bzw. der Grundsatz der Verhältnismäßigkeit missachtet wird. Insoweit steht der Einigungsstelle ein gewisser Beurteilungsspielraum zu. Die Einigungsstelle muss die Maßstäbe einhalten, die sie auch einhalten würde, wenn sie als Gremium selbst oder ihre Mitglieder die Kosten zu tragen hätten.[491] Soweit das nicht der Fall ist, haben die Mitglieder der Einigungsstelle, die den Sachverständigen beauftragt haben, die Kosten selbst zu tragen. Es empfiehlt sich für die Einigungsstelle daher, über die Hinzuziehung eines Sachverständigen in jedem Falle eine Vereinbarung mit dem Arbeitgeber zu treffen, um das unangemessene Risiko einer eigenen Kostenbelastung der Einigungsstellenmitglieder zu vermeiden.

c) Beauftragung eines Rechtsanwalts durch den Betriebsrat. Die Kosten eines vom Betriebsrat mit seiner Vertretung beauftragten **Rechtsanwalts** sind **keine** Kosten des Verfahrens der Einigungsstelle,[492] sondern Kosten der Betriebsratstätigkeit.[493] Die Verpflichtung des Arbeitgebers zur Tragung der dadurch verursachten Kosten richtet sich daher nach § 40 Abs. 1 BetrVG, so dass es auf die **Erforderlichkeit** der Inanspruchnahme anwaltlichen Beistandes ankommt.[494]

Nach Ansicht des BAG kann die Hinzuziehung eines Rechtsanwalts **geboten** sein, wenn der Regelungsgegenstand des Einigungsstellenverfahrens schwierige, zwischen den Betriebsparteien umstrittene Rechtsfragen aufwirft und kein Betriebsratsmitglied über den zur sachgerechten Interessenwahrnehmung notwendigen Sachverstand verfügt; die Beiziehung eines Anwalts durch den Arbeitgeber soll zugleich Indiz dafür sein, dass der Schwierigkeitsgrad der Angelegenheit eine anwaltliche Vertretung geboten erscheinen lässt.[495] Da der Betriebsrat einen sachkundigen Beisitzer (ggf. mehrere) für die Einigungsstelle zu benennen hat, spricht jedoch mehr dafür, dass der Betriebsrat in solchen Fällen den Rechtsanwalt als Beisitzer bestellen muss.[496]

Die **Höhe der Vergütung** eines anwaltlichen Verfahrensbevollmächtigten ergibt sich aus § 17 Nr. 7d) iVm. VV 2403 Nr. 4 RVG.[497] Eine Begrenzung auf die Vergütung eines betriebsfremden Einigungsstellenbeisitzers besteht nicht.[498] Hinsichtlich einer **Honorarzusage** hat der Betriebsrat zu prüfen, ob diese unter Berücksichtigung aller Umstände des

---

[489] BAG 4.7.1989 – 1 ABR 40/88, NZA 1990, 29 (32); BAG 13.11.1991 – 7 ABR 70/90, NZA 1992, 459 (461); *DKKW/Berg* § 76a Rn. 12; *Fitting* § 76a Rn. 7; GK-BetrVG/*Jacobs* § 76a Rn. 14; Schwab/Weth/*Kliemt* Rn. 407; *Dütz* AuR 1973, 353 (363).
[490] BAG 13.11.1991 – 7 ABR 70/90, NZA 1992, 459 (462); LAG RhPf 7.11.2011 – 7 TaBV 29/11, BeckRS 2012, 67862; *DKKW/Berg* § 76a Rn. 12; *Fitting* § 76a Rn. 7; GK-BetrVG/*Jacobs* § 76a Rn. 14; Schwab/Weth/*Kliemt* Rn. 407.
[491] BAG 13.11.1991 – 7 ABR 70/90, NZA 1992, 459 (462).
[492] So aber *Sowka* NZA 1990, 91 (92).
[493] BAG 14.2.1996 – 7 ABR 25/95, NZA 1996, 892 (893f.); *Fitting* § 76a Rn. 8; Richardi BetrVG/*Richardi/Maschmann* § 76a Rn. 10.
[494] BAG 14.2.1996 – 7 ABR 25/95, NZA 1996, 892 (893f.); BAG 14.12.2016 – 7 ABR 8/15, NZA 2017, 514 (516) Rn. 17ff.; *Ziege* NZA 1990, 926 (929). Kamphausen NZA 1994, 49 (52f.); *Radtke* ArbRAktuell 2015, 97ff.
[495] BAG 14.2.1996 – 7 ABR 25/95, NZA 1996, 892 (893).
[496] AA BAG 14.2.1996 – 7 ABR 25/95, NZA 1996, 892 (894).
[497] Mayer/Kroiß/*Rohn*, RVG, 2. Aufl. 2006, § 17 Rn. 49; Hartung/*Römermann*/Schons, RVG, 2006, § 17 Rn. 32.
[498] BAG 14.2.1996 – 7 ABR 25/95, NZA 1996, 892 (894); aA *Kamphausen* NZA 1994, 49 (52ff.).

Einzelfalls sowie unter Abwägung der Interessen der Belegschaft an der sachgerechten Aufgabenwahrnehmung des Arbeitgebers an der Begrenzung seiner Kostentragungspflicht erforderlich ist.[499] Dabei darf der Betriebsrat eine Vereinbarung eines Stundenhonorars, die zu höheren als den gesetzlichen Gebühren führt, grds. nicht für erforderlich halten. Jedenfalls kommt eine Honorarzusage des Betriebsrats gegenüber dem Rechtsanwalt nur in Ausnahmefällen in Betracht.[500] Eine solche liegt ggf. dann vor, wenn der Arbeitgeber mit der Honorarvereinbarung einverstanden ist oder in der Vergangenheit in vergleichbaren Fällen eine Honorarvereinbarung akzeptiert hat. Ein Ausnahmefall kann auch darin liegen, dass der Rechtsanwalt über Spezialkenntnisse verfügt, die im Streitfall relevant sind und er zur Übernahme des Mandats nur bei Vereinbarung einer gewissen Vergütung gewillt ist und der Betriebsrat zum Auffinden eines vergleichbar qualifizierten Rechtsanwalts zu günstigeren Konditionen außer Stande ist.[501]

180 **d) Auslagen der Einigungsstellenmitglieder.** Auslagen (Telefon, Porto, Fahrt- und Übernachtungskosten der Mitglieder etc.) sind nach § 76a Abs. 3-4 BetrVG nicht Teil einer Honorarforderung, sondern Kosten der Einigungsstelle.[502] Der Arbeitgeber hat diese gem. § 76a Abs. 1 BetrVG zu tragen. Daher werden persönliche Aufwendungen der Einigungsstellenmitglieder ersetzt, sofern diese notwendig und verhältnismäßig sind.[503] Der Verdienstausfall betriebsfremder Beisitzer und des Vorsitzenden wird mit der Vergütung abgegolten (→ Rn. 185) und gehört deshalb nicht zu den Verfahrenskosten.

2. Vergütung

181 Hinsichtlich der Vergütung der Einigungsstellenmitglieder unterscheidet das Gesetz zwischen betriebsangehörigen Beisitzern iSd § 76a Abs. 2 BetrVG und dem Vorsitzenden und den betriebsfremden Beisitzern gem. § 76a Abs. 3 BetrVG.

182 **a) Betriebsangehörige Beisitzer.** Die **betriebsangehörigen Beisitzer** der Einigungsstelle erhalten für ihre Tätigkeit **keine Vergütung,** sondern eine Fortzahlung ihres Arbeitsentgelts wie die Betriebsratsmitglieder, § 76a Abs. 2 S. 1 BetrVG. Sie üben ein **unentgeltliches Ehrenamt** aus. Die Tätigkeit wird so behandelt wie eine Betriebsratstätigkeit, sodass auf die Rechtsprechung zu § 37 Abs. 2-3 BetrVG zurückgegriffen werden kann.[504] Die betriebsangehörigen Mitglieder der Einigungsstelle sind **von ihrer beruflichen Tätigkeit ohne Minderung des Arbeitsentgelts zu befreien,** wenn und soweit es zur ordnungsgemäßen Durchführung ihrer Aufgaben in der Einigungsstelle erforderlich ist (§§ 76a Abs. 2 S. 1, 37 Abs. 2 BetrVG). Hinsichtlich der Höhe des zu zahlenden Arbeitsentgelts gilt das Lohnausfallprinzip. Danach ist im Rahmen einer hypothetischen Betrachtung zu bestimmen, welches Arbeitsentgelt dem betriebsangehörigen Beisitzer ohne die Arbeitsbefreiung zugeflossen wäre.[505] Bei schwankenden Bezügen kann eine Schätzung nach § 287 Abs. 2 ZPO geboten sein.[506]

183 Zum Ausgleich für Einigungsstellentätigkeit, die **außerhalb der Arbeitszeit** durchzuführen ist, besteht ein Anspruch auf entsprechende Arbeitsbefreiung unter Fortzahlung des Arbeitsentgelts. Wenn dies aus betriebsbedingten Gründen vor Ablauf eines Monats nicht möglich ist, steht den Beisitzern ein Anspruch auf Abgeltung der Mehrarbeit zu (§§ 76a Abs. 2 S. 1 Hs. 2, 37 Abs. 3 S. 3 BetrVG). **Auslagen** sind den betriebsangehörigen Beisit-

---

[499] BAG 14.12.2016 – 7 ABR 8/15, NZA 2017, 514 (516) Rn. 21; vgl. *Jaeger/Steinbrück* NZA 2013, 401.
[500] BAG 14.12.2016 – 7 ABR 8/15, NZA 2017, 514 (516) Rn. 31.
[501] BAG 14.12.2016 – 7 ABR 8/15, NZA 2017, 514 (516) Rn. 30.
[502] BAG 14.2.1996 – 7 ABR 24/95, NZA 1996, 1225 (1226).
[503] Richardi BetrVG/*Richardi/Maschmann* § 76a Rn. 7.
[504] *Wenning-Morgenthaler* Die Einigungsstelle Rn. 497.
[505] *Wenning-Morgenthaler* Die Einigungsstelle Rn. 497.
[506] BAG 29.4.2015 – 7 AZR 123/13, NZA 2015, 1328 (1329) Rn. 14.

zern in gleicher Weise zu erstatten wie den betriebsfremden Mitgliedern; sie gehören zu den Verfahrenskosten (→ Rn. 180).

Gleiches gilt für unternehmensangehörige oder konzernangehörige Beisitzer in Fällen, in denen die Einigungsstelle zur Beilegung von Meinungsverschiedenheiten zwischen Arbeitgeber und Gesamtbetriebsrat bzw. Konzernbetriebsrat gebildet worden ist, § 76a Abs. 2 S. 2 BetrVG. 184

b) Betriebsfremde Beisitzer und Vorsitzende. Der **Vorsitzende** und die **betriebsfremden** (unternehmensfremden bzw. konzernfremden) **Beisitzer** der Einigungsstelle haben einen **Anspruch auf Vergütung** ihrer Tätigkeit gegen den Arbeitgeber, § 76a Abs. 3 S. 1 BetrVG. Diese üben kein Ehrenamt aus (→ Rn. 182).[507] Irrelevant ist, ob der Vorsitzende dem Betrieb angehört.[508] 185

Als **betriebsfremde Beisitzer** sind auch Beisitzer anzusehen, die Arbeitnehmer aus **anderen Betrieben des gleichen Unternehmens** oder aus anderen Unternehmen des gleichen Konzerns sind, sofern es sich um eine Einigungsstelle des lokalen Betriebsrats handelt.[509] Ihnen steht ebenfalls der Vergütungsanspruch zu.[510] Dies verstößt auch nicht gegen das Begünstigungsverbot des § 78 S. 2 BetrVG.[511] Der Arbeitgeber ist allerdings nicht verpflichtet, betriebsfremde Arbeitnehmer während der Arbeitszeit freizustellen, damit sie einer Tätigkeit in der Einigungsstelle nachgehen können. Jedoch hat der Arbeitnehmer einen Anspruch auf Genehmigung der Nebentätigkeit als betriebsfremder unternehmensangehöriger Beisitzer, sofern die betrieblichen Interessen des Arbeitgebers nicht betroffen sind.[512] 186

Für Vertreter von Arbeitgebervereinigungen und Gewerkschaften bestehen keine Besonderheiten.[513] Die Verpflichtung eines Gewerkschaftsvertreters, das Honorar ganz oder zu einem Teil einer Stiftung der Gewerkschaft zur Verfügung zu stellen, lässt den Vergütungsanspruch gegen den Arbeitgeber nicht entfallen.[514] Wurde nach Anfechtung des Einigungsstellenspruchs die Einigungsstelle mit neuem Vorsitzenden fortgesetzt, so hat der neue Vorsitzende einen eigenen Vergütungsanspruch nach § 76 Abs. 3 BetrVG.[515] Dies kann unter Umständen auch zu einer Erhöhung des Honorars für die Beisitzer führen.[516] 187

Daneben kann ein Anspruch auf **Auslagenersatz** (→ Rn. 180) bestehen. Auslagen werden durch die Vergütung nicht abgedeckt.[517] 188

aa) Voraussetzung. Der Vergütungsanspruch des Vorsitzenden und der betriebsfremden Beisitzer der Einigungsstelle besteht **kraft Gesetzes**.[518] Es handelt sich um ein gesetzliches Schuldverhältnis, das durch die Bestellung und die Annahme des Amtes durch das Einigungsstellenmitglied entsteht (→ Rn. 52).[519] Eine Honorarzusage des Arbeitgebers 189

---

[507] *Wenning-Morgenthaler* Die Einigungsstelle Rn. 506.
[508] *Fitting* § 76a Rn. 14; Schwab/Weth/*Kliemt* Rn. 338.
[509] BAG 13.5.2015 – 2 ABR 38/14, NZA 2016, 116 (120f.) Rn. 39; *Wenning-Morgenthaler* Die Einigungsstelle Rn. 504.
[510] BAG 21.6.1989 – 7 ABR 92/87, NZA 1990, 110 (111f.); HessLAG 28.8.2003 – 9 TaBV 40/03, BeckRS 2003, 30451197; *Bauer/Röder* DB 1989, 224 (225).
[511] BAG 13.5.2015 – 2 ABR 38/14, NZA 2016, 116 (120f.) Rn. 39f.
[512] BAG 13.5.2015 – 2 ABR 38/14, NZA 2016, 116 (118f.) Rn. 21f., 25.
[513] GK-BetrVG/*Jacobs* § 76a Rn. 34 mwN; kritisch *Bengelsdorf* NZA 1989, 489 (493); *Bauer/Röder* DB 1989, 224ff.
[514] BAG 14.12.1988 – 7 ABR 73/87, NZA 1989, 515 (516).
[515] LAG Nds 25.1.2005 – 1 TaBV 65, 69/04, BeckRS 2005, 41155.
[516] LAG Nds 25.1.2005 – 1 TaBV 65, 69/04, BeckRS 2005, 41155; Schwab/Weth/*Kliemt* Rn. 391.
[517] BAG 14.2.1996 – 7 ABR 24/95, NZA 1996, 1225 (1226).
[518] BAG 24.4.1996 – 7 ABR 40/95, NZA 1996, 1171f.; BAG 10.10.2007 – 7 ABR 51/06, NZA 2008, 369 (370).
[519] BAG 10.10.2007 – 7 ABR 51/06, NZA 2008, 369 (370); BAG 13.5.2015 – 2 ABR 38/14, NZA 2016, 116 (120) Rn. 37.

oder des Betriebsrats ist nicht erforderlich.[520] Auch bedarf es keiner entsprechenden Mitteilung an den Arbeitgeber durch den Betriebsrat.[521]

190 Nach st. Rspr. des BAG entsteht jedoch für den betriebsfremden Beisitzer kein Vergütungsanspruch, wenn der **Bestellungsbeschluss des Betriebsrats** an Mängeln leidet, die zu seiner Unwirksamkeit führen.[522] Es wird insoweit kein Vertrauensschutz gewährt.[523] Dies ist insofern überzeugend, als der Arbeitgeber nicht für die außerhalb seiner Verantwortungssphäre liegenden Mängel einer Betriebsratsbeschlussfassung haftbar gemacht werden sollte. Zudem ist zu berücksichtigen, dass Betriebsrat unter Umständen durch erneuten Beschluss eine Genehmigung herbeiführen kann.[524]

191 Der Vergütungsanspruch des vom Betriebsrat bestellten betriebsfremden Beisitzers ist **nicht von der Erforderlichkeit** seiner Bestellung abhängig.[525] Der Betriebsrat ist in der Entscheidung, wen er zum Beisitzer bestellt, frei (→ Rn. 26). Das Entstehen des gesetzlichen Vergütungsanspruchs nach § 76a Abs. 3 BetrVG ist eine unmittelbare Folge dieser freien Entscheidung. Im Übrigen wäre es für den betriebsfremden Beisitzer eine unzumutbare Rechtsunsicherheit, wenn sein Vergütungsanspruch von der Erforderlichkeit seiner Bestellung abhinge, die er selbst schwerlich beurteilen kann.

192 bb) Höhe. (1) Einzelvertragliche Honorarvereinbarung. Um etwaigen Streitigkeiten vorzubeugen, kann der Arbeitgeber mit einem betriebsfremden Einigungsstellenmitglied eine Vereinbarung über die Höhe und die Art der Berechnung des Honorars (Pauschalhonorar; Stunden-/Tagessatz, → Rn. 203 f.) treffen.[526]

193 Im Rahmen einer Honorarvereinbarung ist der Arbeitgeber nicht an die Bemessungskriterien des § 76a Abs. 4 S. 3-5 BetrVG (→ Rn. 197 ff.) gebunden.[527] Die Höhe der Vergütung kann daher durch Vertrag höher oder niedriger festgelegt werden, als sie sich aus den gesetzlichen Vorgaben ergeben würde. Mithin greift auch nicht das Abstandsgebot des § 76a Abs. 4 S. 4 BetrVG.[528] Das wird zwar im Gesetz nicht ausgedrückt und die ausschließliche Erwähnung der Abänderung des Vergütungsanspruchs durch Tarifvertrag oder Betriebsvereinbarung könnte sogar in die gegenteilige Richtung weisen. Der Zweck des § 76a BetrVG besteht aber darin, im öffentlichen Interesse die Ausnutzung des Verfahrens als unangemessene Verdienstquelle zu verhindern und die Kosten des Einigungsstellenverfahrens im Interesse des Arbeitgebers zu begrenzen. Eines solchen Schutzes und einer Beschränkung der Privatautonomie des Arbeitgebers bedarf es jedoch nicht, wenn dieser eigenverantwortlich vertragliche Abmachungen trifft.

194 Da das Gesetz ohnehin zu unterschiedlichen Höhen der einzelnen Vergütungsansprüche führt (→ Rn. 199), kann der Arbeitgeber sich darauf beschränken, mit einzelnen Mitgliedern eine Vergütungsvereinbarung abzuschließen.[529] Dies wirkt sich auf die gesetzlichen Ansprüche der anderen Mitglieder nicht aus. Der Arbeitgeber kann daher vertraglich

---

[520] BAG 13.5.2015 – 2 ABR 38/14, NZA 2016, 116 (120) Rn. 37.
[521] LAG SchlH 14.1.2016 – 5 TaBV 45/15, NZA-RR 2016, 304 (306) Rn. 30 (zurzeit beim BAG anhängig unter Az.: 7 ABR 46/16).
[522] BAG 10.10.2007 – 7 ABR 51/06, NZA 2008, 369 (370); LAG SchlH 14.1.2016 – 5 TaBV 45/15, NZA-RR 2016, 304 (306) Rn. 30 (zurzeit beim BAG anhängig unter Az.: 7 ABR 46/16).
[523] BAG 19.8.1992 – 7 ABR 58/91, NZA 1993, 710 (711 f.) (nicht ordnungsgemäße Ladung aller Betriebsratsmitglieder zur Sitzung).
[524] BAG 10.10.2007 – 7 ABR 51/06, NZA 2008, 369 (370) HessLAG 4.9.2008 – 9 TaBV 71/08, BeckRS 2009, 72816.
[525] BAG 24.4.1996 – 7 ABR 40/95, NZA 1996, 1171 (1172 f.); BAG 10.10.2007 – 7 ABR 51/06, NZA 2008, 369 (370); *Fitting* § 76a Rn. 15; aA GK-BetrVG/*Jacobs* § 76a Rn. 30 mwN.
[526] Schwab/Weth/*Kliemt* Rn. 340.
[527] BAG 14.2.1996 – 7 ABR 24/95, NZA 1996, 1225; LAG Hamm 20.1.2006 – 10 TaBV 131/05, NZA-RR 2006, 323 (324); Richardi BetrVG/*Richardi/Maschmann* § 76a Rn. 20; Schwab/Weth/*Kliemt* Rn. 341; *Wenning-Morgenthaler* Die Einigungsstelle Rn. 530.
[528] Richardi BetrVG/*Richardi/Maschmann* § 76a Rn. 22; wohl auch Schwab/Weth/*Kliemt* Rn. 389; aA *Wenning-Morgenthaler* Die Einigungsstelle Rn. 514.
[529] AA ErfK/*Kania* BetrVG § 76a Rn. 7; *Fitting* § 76a Rn. 32.

die Vergütung des Vorsitzenden anheben, ohne dass sich die Vergütungen der betriebsfremden Beisitzer ändern.[530] Sofern ein sachlicher Grund besteht (→ Rn. 199), kann die Vergütung der vom Arbeitgeber bestellten betriebsfremden Beisitzer höher oder geringer vereinbart werden als die Vergütung der vom Betriebsrat bestellten betriebsfremden Beisitzer.[531] Zu beachten ist jedoch, dass hierin keine verbotene Bevorzugung oder Benachteiligung gem. § 78 BetrVG liegen darf.[532]

(2) Einseitiges Bestimmungsrecht. Mangels abweichender vertraglicher Vereinbarung hat das außerbetriebliche Einigungsstellenmitglied ein **einseitiges Bestimmungsrecht** iSd §§ 315, 316 BGB.[533] Hiernach kann es den Umfang der Vergütung durch einseitige Erklärung nach billigem Ermessen und unter Beachtung der Bemessungsgrundsätze des § 76a Abs. 4 S. 3- 5 BetrVG (→ Rn. 197) selbst bestimmen.[534]

Dem Arbeitgeber steht die Möglichkeit zu, die einseitige Vergütungsfestsetzung nach § 316 BGB arbeitsgerichtlich überprüfen zu lassen.[535] Das Gericht hat die Billigkeit der Vergütungsfestsetzung unter Berücksichtigung der Besonderheiten des jeweiligen Einzelfalls zu beurteilen.[536] Kommt es zB zu dem Ergebnis, der Vorsitzende habe die Grenzen seines billigen Ermessens überschritten, obliegt es dem Gericht, die Vergütung entsprechend § 315 Abs. 3 S. 2 BetrVG festzulegen.[537]

(3) Bemessungskriterien. In § 76a Abs. 3, 4 S. 3-5 BetrVG sind Bemessungskriterien festgeschrieben, die bei der Bestimmung der Vergütungshöhe maßgebend sein sollen. Maßgeblich sind danach der erforderliche **Zeitaufwand,** die **Schwierigkeit** der Streitigkeit sowie ein etwaiger **Verdienstausfall.**[538] Ebenso ist bei der Bestimmung der Höhe des Honorars den berechtigten Interessen der Mitglieder der Einigungsstelle als auch denen des Arbeitgebers Rechnung zu tragen, § 76a Abs. 4 S. 5 BetrVG. Die Höhe der Vergütung hängt also nicht, wie in der früheren Rspr. angenommen wurde, von einem Streitwert und damit dem wirtschaftlichen Wert der Angelegenheit ab.

Zu dem erforderlichen **Zeitaufwand** zählen nicht nur die reine Sitzungszeit, sondern auch die Vor- und Nachbereitung der Einigungsstellensitzungen sowie das Abfassen des Protokolls und der etwaigen Begründung des Einigungsstellenspruchs.[539] Die **Schwierigkeit der Streitigkeit,** die sich freilich im erforderlichen Zeitaufwand niederschlägt, ist an Hand objektiver Kriterien zu bestimmen. Diese kann sich insbesondere aus dem Streitgegenstand an sich (bspw. betriebliche Altersvorsorge), aber auch aus einer verfahrenen Verhandlungssituation ergeben.[540] Jedoch sind individuelle Schwierigkeiten eines Einigungsstellenmitgliedes unbeachtlich.[541]

Der **Verdienstausfall** ist nach § 76a Abs. 4 S. 4 BetrVG im Rahmen der Vergütung und nicht gesondert geltend zu machen. Nach Ansicht des BAG soll der Umstand, dass

---

[530] GK-BetrVG/*Jacobs* § 76a Rn. 61; aA *Bauer/Röder* DB 1989, 224 (226).
[531] *Bauer/Röder* DB 1989, 224 (226); GK-BetrVG/*Jacobs* § 76a Rn. 62; aA ErfK/*Kania* BetrVG § 76a Rn. 7.
[532] LAG München 11.1.1991 – 2 TaBV 57/90, BeckRS 1991, 30463966; weitergehend LAG Frankfurt 26.9.1991 – 12 TaBV 73/91, NZA 1992, 469 (471).
[533] Schwab/Weth/*Kliemt* Rn. 342.
[534] BAG 14.2.1996 – 7 ABR 24/95, NZA 1996, 1225f.; LAG SchlH 14.1.2016 – 5 TaBV 45/15, NZA-RR 2016, 304 (308) Rn. 46 (zurzeit beim BAG anhängig unter Az.: 7 ABR 46/16); Richardi BetrVG/ *Richardi/Maschmann* § 76a Rn. 20.
[535] BAG 21.6.1989 – 7 ABR 78/87, DB 1989, 2536.
[536] BAG 28.8.1996 – 7 ABR 42/95, NZA 1997, 222 (223).
[537] BAG 12.2.1992 – 7 ABR 20/91, DB 1993, 743; *Fitting* § 76a Rn. 28; Schwab/Weth/*Kliemt* Rn. 343.
[538] LAG Köln 29.10.2014 – 11 TaBV 30/14, BeckRS 2015, 67351 Rn. 13; LAG SchlH 14.1.2016 – 5 TaBV 45/15, NZA-RR 2016, 304 (308) Rn. 46 (zurzeit beim BAG anhängig unter Az.: 7 ABR 46/16).
[539] Schwab/Weth/*Kliemt* Rn. 345; *Wenning-Morgenthaler* Die Einigungsstelle Rn. 511.
[540] Schwab/Weth/*Kliemt* Rn. 350.
[541] *Wenning-Morgenthaler* Die Einigungsstelle Rn. 512.

ein Verdienstausfall nicht entsteht, die Vergütung nicht mindern.⁵⁴² Das erscheint missverständlich. Da es keine feststehende Vergütung gibt, erfolgt in der Tat keine Minderung. Die Vergütung ist aber von vornherein unter Berücksichtigung eines möglichen Verdienstausfalls festzusetzen und insofern nur bei der Person zu berücksichtigen, für die er entstanden ist. Dies kann im Einzelfall bei den externen Beisitzern zu einer unterschiedlichen Vergütung führen.⁵⁴³ Dies widerspricht zwar dem **Grundsatz der Parität und der Gleichbehandlung**⁵⁴⁴ der Beisitzer, ist jedoch hinzunehmen.⁵⁴⁵ Andernfalls wäre eine starke Benachteiligung der Beisitzer mit Verdienstausfall und/oder eine starke Bevorteilung der Beisitzer ohne Verdienstausfall die Konsequenz. So gesehen widerspräche auch dies dem Grundsatz der Gleichbehandlung. Eine sachlich nicht gerechtfertigte unterschiedliche Vergütung kann aber ein Verstoß gegen § 78 BetrVG sein.⁵⁴⁶

200 Auch ein **Rechtsanwalt** als Vorsitzender oder betriebsfremder Beisitzer ist nach diesen Grundsätzen zu vergüten, also nicht nach den Bestimmungen, die ansonsten für die Gebühren eines Rechtsanwalts gelten.⁵⁴⁷ Der Verdienstausfall eines Rechtsanwalts ist nicht nach seinem Durchschnittsverdienst zu berechnen. Er muss vielmehr im Einzelnen konkret darlegen, welche Aufträge er wegen seiner Einigungsstellentätigkeit nicht übernommen bzw. ausgeführt hat.⁵⁴⁸

201 Nach dem in § 76a Abs. 3 S. 2, Abs. 4 S. 4 BetrVG normierten **Abstandsgebot** ist die **Vergütung der Beisitzer** niedriger zu bemessen als die des **Vorsitzenden.** In der Rspr. wird angenommen, dass dem Beisitzer eine Vergütung in Höhe von 7/10 der Vergütung des Vorsitzenden zusteht, falls nicht die Vergütung des Vorsitzenden ihrerseits unangemessen ist oder auf besonderen, nur für den Vorsitzenden gegebenen Umständen beruht.⁵⁴⁹ Die damit regelmäßig verbundene Pauschalierung steht zwar im Widerspruch dazu, dass § 76a Abs. 4 S. 3 BetrVG die Vergütung für jeden betriebsfremden Angehörigen der Einigungsstelle von dem erforderlichen Zeitaufwand sowie einem etwaigen Verdienstausfall abhängig macht. Diese Parameter müssen grds. für den einzelnen Beisitzer festgestellt werden,⁵⁵⁰ so dass eine Vergütung in Höhe eines pauschalen Bruchteils der Vergütung des Vorsitzenden nicht möglich ist. Gleichwohl bietet ein Abstellen auf den Regelsatz allen Beteiligten des Verfahrens eine gewisse Rechtssicherheit und hat sich daher in der Praxis bewährt. In der Rechtsprechung spiegelt sich das insoweit wider, als der Regelsatz von 7/10 jedenfalls dann anerkannt wird, wenn im Stundensatz im Wesentlichen die Schwierigkeit der Streitigkeit zum Ausdruck gelangt und kein unterschiedlicher Verdienstausfall vorliegt.⁵⁵¹

202 Letztlich ist bei Bestimmung der Vergütungshöhe den **berechtigten Interessen** der Einigungsstellenmitglieder als auch denen des Arbeitgebers Rechnung zu tragen, § 76a Abs. 4 S. 5 BetrVG. Dies ermöglicht eine Modifizierung und Korrektur der Vergütungshöhe auf Grund anderer als der in § 76a Abs. 4 BetrVG genannten Kriterien. Daher kann auch besondere Fachkenntnis der Einigungsstellenmitglieder, die wirtschaftliche Lage des

---

⁵⁴² BAG 28.8.1996 – 7 ABR 42/95, NZA 1997, 222 (223).
⁵⁴³ *Bauer/Röder* DB 1989, 224 (226); *Lunk/Nebendahl* NZA 1990, 921 ff.; GK-BetrVG/*Jacobs* § 76a Rn. 51; anders LAG RhPf 24.5.1991 – 6 TaBV 14/91, LAGE § 76a BetrVG 1972 Nr. 4; *Schäfer* NZA 1991, 836 (839); *Fitting* § 76a Rn. 26.
⁵⁴⁴ BAG 20.2.1991 – 7 ABR 6/90, NZA 1991, 651 (Rechtsanwalt als Beisitzer).
⁵⁴⁵ Im Ergebnis so auch *Fitting* § 76a Rn. 22; GK-BetrVG/*Jacobs* § 76a Rn. 51; Schwab/Weth/*Kliemt* Rn. 353 f.; *Wenning-Morgenthaler* Die Einigungsstelle Rn. 562; *Kamphausen* NZA 1992, 55 (62).
⁵⁴⁶ LAG München 11.1.1991 – 2 TaBV 57/90, LAGE § 76a BetrVG 1972 Nr. 1; weitergehend LAG Frankfurt 26.9.1991 – 12 TaBV 73/91, NZA 1992, 469 (471).
⁵⁴⁷ LAG München 11.1.1991 – 2 TaBV 57/90, BeckRS 1991, 30463966; vgl. bereits zum früheren Recht BAG 20.2.1991 – 7 ABR 6/90, NZA 1991, 651 f.
⁵⁴⁸ BAG 20.2.1991 – 7 ABR 6/90, NZA 1991, 651 (652).
⁵⁴⁹ BAG 14.2.1996 – 7 ABR 24/95, NZA 1996, 1225 (1226); LAG Köln 29.10.2014 – 11 TaBV 30/14, BeckRS 2015, 67351 Rn. 14; LAG SchlH 14.1.2016 – 5 TaBV 45/15, NZA-RR 2016, 304 (308) Rn. 46 (zurzeit beim BAG anhängig unter Az.: 7 ABR 46/16).
⁵⁵⁰ So im Ergebnis BAG 14.2.1996 – 7 ABR 24/95, NZA 1996, 1225.
⁵⁵¹ LAG Hamm 11.12.1990 – 13 TaBV 140/90, LAGE § 76a BetrVG 1972 Nr. 2.

Unternehmens oder die wirtschaftliche Bedeutung des Einigungsstellenspruchs in die Bestimmung der Vergütungshöhe mit einfließen.[552]

(4) Pauschalhonorar und Stunden-/Tagessatz. Dem Gesetz lässt sich nicht unmittelbar entnehmen, auf welche Weise der Geldbetrag im Hinblick auf den erforderlichen Zeitaufwand und die Schwierigkeit der Streitigkeit ermittelt werden soll. 203

Entsprechend großzügig ist die Rechtsprechung bei der Beurteilung verschiedener Berechnungsansätze. So ist auch eine Pauschalvergütung mit der Begründung anerkannt worden, dass diese dem praktischen Bedürfnis entspreche, die Kosten des Einigungsstellenverfahrens gering zu halten.[553] Abhängig vom Schwierigkeitsgrad sind Pauschalsätze von 3.000–50.000 EUR anzutreffen.[554] 204

Wird auf der Grundlage von **Stunden- bzw. Tagessätzen** abgerechnet, sind außer der mündlichen Beratung der Einigungsstelle die Zeit der etwaigen mündlichen Verhandlung vor der Einigungsstelle sowie die Vorbereitungszeit einschließlich des Studiums der Akten und die etwaige Zeit der Anfertigung einer schriftlichen Begründung des Einigungsstellenspruchs anzusetzen.[555] Die Höhe des Stundensatzes variiert in der Praxis erheblich. So werden Stundensätze von 100–300 EUR[556]; von 150–300 EUR;[557] 100–250 EUR[558]; von 50–260 EUR[559]; von 125–375 EUR[560]; eine Erhöhung der Stundensätze nach § 3 des Gesetzes über die Entschädigung von Zeugen und Sachverständigen um das 3- bzw. 5-fache (bei einem dortigen Höchstsatz von 95 EUR würde das zu Stundensätzen von 285–475 EUR führen)[561] oder bei Streitigkeiten mittleren Schwierigkeitsgrades 150 EUR[562] vorgeschlagen. Nach Ansicht des BAG gibt es jedoch keine Höchstgrenze.[563] 205

Das außerbetriebliche Einigungsstellenmitglied hat gegen den Arbeitgeber einen Anspruch auf Erstattung einer etwaig von ihm abzuführenden **Mehrwertsteuer** nach § 76a BetrVG. Einer gesonderten Vereinbarung hierzu bedarf es nicht.[564] Der Betrag der **Mehrwertsteuer** ist ein unselbständiger Teil der gesetzlichen Vergütungsforderung, der lediglich nach § 14 Abs. 1 UStG gesondert auszuweisen ist.[565]. Die Pflicht zur Abführung der Mehrwertsteuer ist bei der Bemessung der Vergütung zu berücksichtigen. Dies ist für jedes Einigungsstellenmitglied getrennt festzustellen. Ein Beisitzer hat darauf also nicht schon deshalb Anspruch, weil dem Vorsitzenden die Mehrwertsteuer gezahlt wird.[566] 206

(5) Honorarverordnung. Da die Höhe der Vergütung der Einigungsstellenmitglieder vielfacher Kritik ausgesetzt war,[567] hat der Gesetzgeber mit § 76a Abs. 4 S. 1 BetrVG die Möglichkeit des Erlasses einer Vergütungsverordnung durch das Bundesministerium für 207

---

[552] Schwab/Weth/*Kliemt* Rn. 353f.; *Wenning-Morgenthaler* Die Einigungsstelle Rn. 562.
[553] BAG 14.2.1996 – 7 ABR 24/95, NZA 1996, 1225 (1226); HessLAG 11.6.2012 – 16 TaBV 203/11, BeckRS 2012, 72134; LAG SchlH 14.1.2016 – 5 TaBV 45/15, NZA-RR 2016, 304 (309) Rn. 46.
[554] Schwab/Weth/*Kliemt* Rn. 360.
[555] Vgl. LAG Hamm 11.12.1990 – 13 TaBV 140/90, LAGE § 76a BetrVG 1972 Nr. 2; *Bauer/Röder* DB 1989, 224 (225).
[556] DKKW/*Berg* § 76a Rn. 31; Schwab/Weth/*Kliemt* Rn. 368.
[557] *Kempter/Merkel* DB 2014, 1807 (1808).
[558] Ehrich/Fröhlich/*Ehrich* Die Einigungsstelle G Rn. 24.
[559] GK-BetrVG/*Jacobs* § 76a Rn. 48.
[560] Spengler/Hahn/Pfeiffer/*Spengler/Herbert* Einigungsstelle § 10 Rn. 16; *Wenning-Morgenthaler* Die Einigungsstelle Rn. 548.
[561] *Fitting* § 76a Rn. 24b; aA BAG 28.8.1996 – 7 ABR 42/95, NZA 1997, 222 (223).
[562] BAG 28.8.1996 – 7 ABR 42/95, NZA 1997, 222 (223) (Stundensatz von 300,– DM bei einer Angelegenheit von mittlerem Schwierigkeitsgrad).
[563] BAG 28.8.1996 – 7 ABR 42/95, NZA 1997, 222 (223).
[564] BAG 14.2.1996 – 7 ABR 24/95, NZA 1996, 1225 (1226); DKKW/*Berg* § 76a Rn. 44; Schwab/Weth/*Kliemt* Rn. 375.
[565] BAG 14.2.1996 – 7 ABR 24/95, NZA 1996, 1225 (1226); LAG Hamm 20.1.2006 – 10 TaBV 131/05, NZA-RR 2006, 323 (325).
[566] AA BAG 14.2.1996 – 7 ABR 24/95, NZA 1996, 1225 (1226).
[567] *Neumann* RdA 1997, 142; *Bauer* DB 1994, 274f.; *Schneider* FS Stege, 253 (261ff.).

Arbeit und Soziales geschaffen. In dieser können insbesondere Höchstsätze an Hand der dargestellten Bemessungskriterien normiert werden, um etwaigen Missständen zu begegnen.[568]

208 Bisher ist es nur zu einem Entwurf einer entsprechenden Rechtsverordnung vom 13.6. 1990 gekommen. Dieser sah folgende Regelungen vor, die von den heute in der Praxis aufgerufenen Stundensätzen weit entfernt sind:
– Die Vergütung wird nach **Stundensätzen** bemessen.
– Der Stundensatz des **Vorsitzenden** beträgt für die Zeit der erforderlichen Beratung in der Einigungsstelle umgerechnet 50 bis 100 EUR, für die erforderliche Zeit der Vor- und Nachbereitung 35 bis 70 EUR. Für die Bemessung innerhalb des Rahmens ist die rechtliche und tatsächliche Schwierigkeit der Streitigkeit maßgebend. Weist die Streitigkeit besondere Schwierigkeiten auf, können die Höchstsätze um bis zu 25% überschritten werden.
– Entsteht dem Vorsitzenden ein **Verdienstausfall,** erhöht sich seine Vergütung für jede Stunde der versäumten Arbeitszeit um seinen regelmäßigen Bruttostundenverdienst, höchstens jedoch um 40 EUR.
– Beträgt die Dauer der Beratung oder der Vor- und Nachbereitungszeit mehr als acht Stunden, so wird der Stundensatz (gestaffelt) um 10% bis 40% vermindert.
– Der Stundensatz der **Beisitzer** beträgt 70% des Stundensatzes des Vorsitzenden.
– Die Vergütung wird mit der Beendigung des Einigungsstellenverfahrens und einer Abrechnung des Einigungsstellenmitglieds **fällig.** Vergütungsansprüche verjähren in zwei Jahren, beginnend mit dem Schluss des Jahres, in dem sie fällig geworden sind.

209 **cc) Fälligkeit.** Wenn nichts anderes vereinbart wurde, ist der Vergütungsanspruch erst **nach Beendigung der Tätigkeit** der Einigungsstelle fällig, vgl. § 614 S. 1 BGB.[569] Beendet ist das Einigungsstellenverfahren nach Abschluss einer Betriebsvereinbarung oder nach Zuleitung des Einigungsstellenspruchs.[570] Der Anspruchsinhaber muss dem Arbeitgeber eine Abrechnung erteilen, aus der sich der tatsächliche Zeitaufwand für die Beratung, die etwaige mündliche Verhandlung und die Vor- und Nachbereitung ergibt. Über einen **Vorschuss** bestimmt das Gesetz nichts. Bei Verfahren, die sich längere Zeit hinziehen, ist ein Anspruch auf Zahlung eines angemessenen Vorschusses anzuerkennen.[571] Schließlich soll die Vergütung die aufgewendete Zeit und den Verdienstausfall ausgleichen und es kann den Mitgliedern der Einigungsstelle nicht zugemutet werden, auf den Ausgleich unverhältnismäßig lange zu warten. Kommt der Arbeitgeber mit der Zahlung in **Verzug,** so hat er auch die Kosten der gerichtlichen Durchsetzung, zB Kosten eines hinzugezogenen Rechtsanwalts, zu tragen.[572]

210 **c) Abweichende Vereinbarungen.** Von dem Grundsatz, dass der Vorsitzende und die betriebsfremden Beisitzer eine Vergütung erhalten, sowie den gesetzlichen bzw. in einer Rechtsverordnung enthaltenen Vorgaben für die Höhe der Vergütung kann durch **Tarifvertrag** abgewichen werden (§ 76a Abs. 5 BetrVG). Wenn eine tarifliche Regelung nicht besteht oder ein bestehender Tarifvertrag dies zulässt, kann die Abweichung durch eine **freiwillige Betriebsvereinbarung** erfolgen (§ 76a Abs. 5 BetrVG). Die Vergütung kann ganz ausgeschlossen bzw. höher oder niedriger festgelegt und an andere Maßstäbe gebunden werden. Der Ausschluss des Vergütungsanspruchs von betriebsangehörigen Beisitzern

---

[568] Vgl. den Entwurf von Wenning-Morgenthaler zu einer Honorarordnung: *Wenning-Morgenthaler* Die Einigungsstelle Rn. 521.
[569] GK-BetrVG/*Jacobs* § 76a Rn. 57; Schwab/Weth/*Kliemt* Rn. 370.
[570] *Wenning-Morgenthaler* Die Einigungsstelle Rn. 508.
[571] *Fitting* § 76a Rn. 18; *Wenning-Morgenthaler* Die Einigungsstelle Rn. 508.
[572] BAG 27.7.1994 – 7 ABR 10/93, NZA 1995, 545 (546); LAG Hamm 10.2.2012 – 10 TaBV 67/11, BeckRS 2012, 68074; LAG Düsseldorf 26.4.2017 – 12 TaBV 110/16, BeckRS 2017, 116326 Rn. 39 (zurzeit beim BAG anhängig unter AZ.: 7 ABR 41/17).

ist dagegen im Hinblick auf das Begünstigungsverbot nach § 78 S. 2 BetrVG zwingendes Recht und kann nicht geändert werden.

Aus demselben Grund kann auch durch Einzelvertrag **keine Vergütung für die betriebsangehörigen Beisitzer** vorgesehen werden.[573] Der **Betriebsrat** kann den von ihm bestellten Beisitzern keine höhere als die gesetzliche Vergütung zu Lasten des Arbeitgebers zusagen, auch nicht in der Weise, dass sie die gleiche Vergütung erhalten sollen wie die vom Arbeitgeber bestellten Beisitzer.[574]

3. Insolvenz

Die Einigungsstelle kann auch während eines Insolvenzverfahrens angerufen werden.[575] In der Insolvenz des Arbeitgebers sind die Kosten der Einigungsstelle einschließlich der Vergütungsansprüche[576] **Masseverbindlichkeiten** gem. § 55 Abs. 1 Nr. 1 InsO, wenn das Verfahren von dem Insolvenzverwalter oder gegen ihn betrieben wird.[577] Die Gläubiger von Ansprüchen aus einem vor Eröffnung des Insolvenzverfahrens vollständig abgeschlossenen Einigungsstellenverfahren sind gem. § 38 InsO Insolvenzgläubiger.[578]

VIII. Tarifliche Schlichtungsstelle

Das Gesetz räumt den Tarifvertragsparteien in § 76 Abs. 8 BetrVG die Möglichkeit ein, an die Stelle einer Einigungsstelle eine tarifliche Schlichtungsstelle zur Lösung von betrieblichen Regelungsstreitigkeiten der Betriebsparteien zu setzen.[579]

1. Abgrenzung zur tariflichen Schlichtung im Übrigen

Abzugrenzen ist diese Art der **Schlichtungsstelle** von einer sonstigen **tariflichen Schlichtung,** die der Beilegung von Konflikten der Tarifvertragsparteien selbst dient.[580] Hierzu zählen insbesondere Streitigkeiten im Rahmen der Auslegung von Tarifverträgen und im Zusammenhang mit der Verhandlung von neuen Tarifverträgen.[581] Durch die Durchführung tariflicher Schlichtungen sollen insbesondere Arbeitskampfmaßnahmen umgangen oder beendet werden.[582] Während die Tarifvertragsparteien in der Gestaltung ihrer eigenen tariflichen Schlichtung weitgehend frei sind, sind für die tarifliche Schlichtungsstelle nach § 76 Abs. 8 BetrVG die Reglungen des § 76 Abs. 2, 3, 5, 6 BetrVG indisponibel.[583] Darüber hinaus fehlt dem Entscheidungsorgan der tariflichen Schlichtung eine eigene Regelungskompetenz, die der tariflichen Schlichtungsstelle iSd § 76 Abs. 8 BetrVG jedoch sehr wohl zusteht.[584]

2. Voraussetzung der Einberufung einer tariflichen Schlichtungsstelle

Voraussetzung für die Einberufung einer tariflichen Schlichtungsstelle ist, dass der **Tarifvertrag** die **Ersetzung** der Einigungsstelle durch die tarifliche Schlichtungsstelle bestimmt, der Arbeitgeber **tarifgebunden** ist und der Betrieb unter den **Geltungsbereich** des Tarifvertrages fällt. Einer Tarifbindung der Arbeitnehmer bedarf es hingegen nicht.[585]

---

[573] Vgl. BAG 15.12.1978 – 6 ABR 93/77, AP BetrVG 1972 § 76 Nr. 6; GK-BetrVG/*Jacobs* § 76a Rn. 63.
[574] GK-BetrVG/*Kreutz/Jacobs* § 76a Rn. 62.
[575] LAG LSA 29.7.2016 – 2 Sa 53/14; BeckRS 2016, 129541.
[576] Zu dem Vergütungsanspruch eines Konkursverwalters als Mitglied der Einigungsstelle s. ArbG Hmb 15.10.1990 – 16 C 2387/89, ZIP 1991, 181ff.
[577] BAG 25.8.1983 – 6 ABR 52/80, AP KO § 59 Nr. 14.
[578] Vgl. BAG 25.8.1983 – 6 ABR 52/80, AP KO § 59 Nr. 14.
[579] Zur Verfassungsmäßigkeit dieser Regelung s. *Schlüter* FS Lukes S. 559ff.; *Rieble* RdA 1993, 140 (141ff.).
[580] Däubler TVG/*Ahrendt* § 1 Rn. 1275; Berg/Kocher/Schumann TVG/*Schumann* Teil 3 Rn. 416.
[581] *Reinhard* ArbRB 2016, 307 (308).
[582] Däubler TVG/*Ahrendt* § 1 Rn. 1271; *Kissel* Arbeitskampfrecht 2002, § 69 Rn. 1.
[583] GK-BetrVG/*Kreutz/Jacobs* § 76 Rn. 183.
[584] *Reinhard* ArbRB 2016, 307 (308).
[585] Ganz hM; BAG 20.3.1991 – 4 AZR 455/90, NZA 1991, 736 (739); LAG Nds 9.2.2009 – 8 TaBV 70/08, BeckRS 2009, 55591; aA *Rieble* RdA 1993, 140 (143).

Die Einrichtung der Schlichtungsstelle ist eine Rechtsnorm über betriebsverfassungsrechtliche Fragen, sodass eine einseitige Tarifbindung iSd § 3 Abs. 2 TVG ausreicht.[586] Wird die tarifliche Schlichtungsstelle auf Unternehmensebene eingesetzt, so ist erforderlich, dass alle Betriebe des Unternehmens vom Geltungsbereich des Tarifvertrages erfasst sind. Gleiches gilt auf Konzernebene, sodass in einem solchen Fall alle Unternehmen des Konzerns dem Tarifvertrag unterfallen müssen.[587]

216 Die **Ersetzung** der Einigungsstelle durch die tarifliche Schlichtungsstelle muss **eindeutig** sein. Aus der Klausel muss hervorgehen, dass die Schlichtungsstelle bei Meinungsverschiedenheiten zwischen Arbeitgeber und Betriebsrat abschließend zuständig ist und eine der Betriebsparteien diese Schlichtungsstelle anrufen kann.[588] Nicht ausreichend ist, wenn aus der Regelung nicht die Einrichtung der Schlichtungsstelle selbst hervorgeht, sondern lediglich angeordnet wird, dass eine tarifliche Schlichtung zu versuchen ist.[589]

3. Zuständigkeitsbereich

217 Da die tarifliche Schlichtungsstelle anstelle der betrieblichen Einigungsstelle eingesetzt wird, ist sie grundsätzlich für alle Fragen **zuständig,** für die auch die Einigungsstelle zuständig wäre.[590] Sie verdrängt innerhalb ihres Zuständigkeitsbereichs die Einigungsstelle.[591] Daher gilt eine für die Einigungsstelle vereinbarte erweiterte Zuständigkeit – bei Ermangelung anderweitiger Regelungen – auch für die tarifliche Schlichtungsstelle.[592] Den Tarifvertragsparteien bleibt es jedoch unbenommen, die Zuständigkeit der tariflichen Schlichtungsstelle in betrieblicher oder fachlicher Hinsicht zu begrenzen.[593] Im Übrigen bleibt dann die Einigungsstelle zuständiges Konfliktlösungsorgan.[594] Bei Mischtatbeständen, bei welchen sowohl die tarifliche Schlichtungsstelle als auch die Einigungsstelle zuständig sein kann, ist an Hand einer Schwerpunktbildung die Zuständigkeitsfrage zu klären.[595]

4. Verfahrensregelungen

218 Die für die Einigungsstelle gesetzlich zwingend vorgesehenen **Verfahrensregelungen** können durch den Tarifvertrag nicht geändert werden.[596] Das gilt insbesondere für § 76 Abs. 2, 3, 5 und 6 BetrVG.[597] Daraus folgt für die **Besetzung,** dass auch die tarifliche Schlichtungsstelle aus einem unparteiischen Vorsitzenden und einer paritätischen Anzahl an Beisitzern zu bestehen hat.[598] Vor der Bestellung der Mitglieder der tariflichen Einigungsstelle bedarf es der Anhörung der Betriebsparteien, um dem Anspruch auf rechtliches Gehör Genüge zu tun.[599] Es ist eine mündliche Verhandlung durchzuführen.[600]

---

[586] Schwab/Weth/*Kliemt* Rn. 29; *Wenning-Morgenthaler* Die Einigungsstelle Rn. 475.
[587] *Fitting* § 76 Rn. 171; Schwab/Weth/*Kliemt* Rn. 29; *Rieble* RdA 1993, 140 (145).
[588] LAG Bln-Bbg 10.1.2017 – 16 TaBV 432/16 (zurzeit beim BAG anhängig unter Az.: 1 ABR 17/17).
[589] BAG 1.9.1995 – 1 ABR 56/94, NZA 1996, 156 (158f.).
[590] BAG 14.9.2010 – 1 ABR 30/09, NZA-RR 2011, 526 (527) Rn. 13; LAG Nds 9.2.2009 – 8 TaBV 70/08, BeckRS 2009, 55591.
[591] LAG Bln-Bbg 10.1.2017 – 16 TaBV 432/16 (zurzeit beim BAG anhängig unter Az.: 1 ABR 17/17).
[592] GK-BetrVG/*Kreutz*/*Jacobs* § 76 Rn. 182; Richardi BetrVG/*Richardi*/*Maschmann* § 76 Rn. 146; *Wenning-Morgenthaler* Die Einigungsstelle Rn. 476.
[593] BAG 18.8.1987 – 1 ABR 30/86, NZA 1987, 779 (780); BAG 14.9.2010 – 1 ABR 30/09, NZA-RR 2011, 526 (527) Rn. 13; *Fitting* § 76 Rn. 174.
[594] BAG 14.9.2010 – 1 ABR 30/09, NZA-RR 2011, 526 (527) Rn. 13; *Fitting* § 76 Rn. 174; Schwab/Weth/*Kliemt* Rn. 33.
[595] *Fitting* § 76 Rn. 175; Schwab/Weth/*Kliemt* Rn. 33.
[596] Ganz hM; *Richardi* § 76 Rn. 150; *Pünnel/Isenhardt* Rn. 135; *Fitting* § 76 Rn. 176; GK-BetrVG/*Kreutz*/*Jacobs* § 76 Rn. 183; Schwab/Weth/*Kliemt* Rn. 34; *Wenning-Morgenthaler* Die Einigungsstelle Rn. 478; *Rieble* RdA 1993, 140 (147).
[597] GK-BetrVG/*Kreutz*/*Jacobs* § 76 Rn. 183.
[598] *Fitting* § 76 Rn. 176; GK-BetrVG/*Jacobs* § 76 Rn. 185 mwN; *Wenning-Morgenthaler* Die Einigungsstelle Rn. 478.
[599] *Wenning-Morgenthaler* Die Einigungsstelle Rn. 479.
[600] *Fitting* § 76 Rn. 178; Schwab/Weth/*Kliemt* Rn. 34.

Wenn der Tarifvertrag die Bestellung des Vorsitzenden nicht festlegt, ist dieser nach § 76 Abs. 2 S. 2 BetrVG durch das Arbeitsgericht zu bestellen.[601] Bei Nichterscheinen der Schlichtungsstellenbeisitzer kann dem Einigungsstellenverfahren entsprechend ein Spruch ohne deren Beteiligung ergehen, § 76 Abs. 5 S. 2 BetrVG.[602]

Die Tarifvertragsparteien können sich im Rahmen des Tarifvertrages auf **ergänzende** 219 **Regelungen** zum Verfahren vor der tariflichen Schlichtungsstelle einigen. Die Grenze dieser ergänzenden Regelungen bieten die zwingend einzuhaltenden gesetzlichen Verfahrensregelungen zur Einigungsstelle.[603] Die Tarifvertragsparteien können bspw. Regelungen über den Bestellungsmodus und die Anzahl der Beisitzer – sofern diese paritätisch ist – und die Bestellung des Vorsitzenden treffen. Auch ist es ihnen anheimgestellt, vor einer etwaigen gerichtlichen Überprüfung des Spruchs eine zweite Instanz innerhalb der tariflichen Schlichtungsstelle zu schaffen.[604] Letztlich können sie abweichende Vereinbarungen hinsichtlich der Kostentragungspflicht treffen.[605] Haben die Tarifvertragsparteien von ihrer Regelungskompetenz keinen Gebrauch gemacht, so gelten umfassend die Vorschriften zum Einigungsstellenverfahren. Hierzu gehören insbesondere auch die Vorschriften zum Abstimmungsverfahren (→ Rn. 109 ff.) und die Formvorschriften (→ Rn. 127).[606] Dies gilt auch im Fall einer unbewussten Regelungslücke im Tarifvertrag.[607]

5. Der Spruch
Die tarifliche Schlichtungsstelle entscheidet anstelle der Einigungsstelle. Der Spruch der 220 tariflichen Schlichtungsstelle ist zwingend zu begründen, vom Vorsitzenden zu unterschreiben und den Betriebsparteien zuzustellen, da diese an dem Verfahren nicht bzw. nicht zwingend beteiligt sind.[608] Der Spruch unterliegt in gleicher Weise wie der Spruch einer Einigungsstelle der **gerichtlichen Überprüfung** (→ Rn. 144 ff.).[609]

IX. Abgrenzung zu anderen außergerichtlichen Schlichtungsmechanismen

Neben der betrieblichen Einigungsstelle und der tariflichen Schlichtungsstelle sind dem 221 Arbeitsrecht weitere außergerichtliche Konfliktlösungsmechanismen bekannt. Hierzu zählt insbesondere der einer gerichtlichen Entscheidung zwingend vorgeschaltete **Gütetermin** nach § 54 ArbGG. Dieser trägt dem Gedanken Rechnung, dass im Rahmen eines Dauerschuldverhältnisses eine gütliche Einigung der Parteien dienlicher ist als eine gerichtliche Entscheidung. Die Güteverhandlung ist jedoch als Baustein der gerichtlichen Auseinandersetzung nicht mit der Einigungsstelle vergleichbar. Darüber hinaus existieren in der Arbeitsrechtspraxis weitere, jeweils von der Einigungsstelle abzugrenzende Konfliktlösungsverfahren.

1. Paritätische Kommission
Von der Einigungsstelle grundsätzlich zu unterscheiden ist die **paritätische Kommissi-** 222 **on**. Sie kann durch Tarifvertrags- oder Betriebsparteien geschaffen werden, um eine Überprüfung von im Betrieb getroffenen Entscheidungen vorzunehmen oder solche erstmals aufzustellen. Ihnen kommt die Aufgabe eines Schiedsgutachters zu, § 317 BGB.[610]

---

[601] *Fitting* § 76 Rn. 176; GK-BetrVG/*Jacobs* § 76 Rn. 185 mwN; aA *Richardi* § 76 Rn. 149; vgl. auch G. *Müller* FS Barz S. 489 (497 ff., 500).
[602] BAG 16.8.2011 – 1 ABR 30/10, NZA 2012, 873 (875) Rn. 23 (zur paritätischen Kommission); *Wenning-Morgenthaler* Die Einigungsstelle Rn. 480; aA. *Fitting* § 76 Rn. 177.
[603] *Wenning-Morgenthaler* Die Einigungsstelle Rn. 481.
[604] *Fitting* § 76 Rn. 179; GK-BetrVG/*Kreutz/Jacobs* § 76 Rn. 183; *Wenning-Morgenthaler* Die Einigungsstelle Rn. 481.
[605] *Fitting* § 76 Rn. 179.
[606] BAG 14.9.2010 – 1 ABR 30/09, NZA-RR 2011, 526 (527) Rn. 15 ff.
[607] BAG 16.8.2011 – 1 ABR 30/10, NZA 2012, 873 (875) Rn. 23 (zur paritätischen Kommission).
[608] Schwab/Weth/*Kliemt* Rn. 34; *Rieble* RdA 1993, 140 (151).
[609] BAG 22.10.1981 – 6 ABR 69/79, AP BetrVG 1972 § 76 Nr. 10 mwN; *Rieble* RdA 1993, 140 (151).
[610] BAG 18.5.2016 – 10 AZR 183/15, NZA 2016, 1089 (1092) Rn. 21.

Derartige Schiedsgutachtervereinbarungen haben lediglich materiell-rechtliche Wirkung, sodass sie kein nach §§ 4, 101 ArbGG verbotenes Schiedsgericht in Arbeitssachen begründen.[611] Von einem solchen kann lediglich dann ausgegangen werden, wenn einer Kommission nicht nur die Feststellung von Tatsachen, sondern auch die Subsumtion unter einzelne Tatbestandsmerkmale übertragen wird.[612]

223 Eine paritätische Kommission kann **nicht** als Einigungsstelle im Sinne des Gesetzes qualifiziert werden. Eine Ersetzung der Einigungsstelle oder der tariflichen Schlichtungsstelle durch eine paritätische Kommission ist insbesondere bei mitbestimmungspflichtigen Angelegenheiten iSd § 87 Abs. 1 BetrVG unzulässig.[613] Dies folgt aus der nicht zwingend mit § 76 Abs. 2 BetrVG in Einklang stehenden Zusammensetzung der paritätischen Kommission. Der Vorsitzende einer paritätischen Kommission kann durchaus parteiisch sein.[614]

224 Entsendet eine Tarifvertrags-/Betriebspartei keine Vertreter zur paritätischen Kommission oder weigern sich die Vertreter, an den Beratungen teilzunehmen oder ihr Stimmrecht auszuüben, so werden im Rahmen der Abstimmung lediglich die tatsächlich abgegebenen Stimmen entsprechend den zu § 76 Abs. 5 S. 2 BetrVG entwickelten Grundsätzen gewertet.[615]

225 Die paritätische Kommission hat ihre Entscheidung zwingend zu **begründen**.[616] Die Begründung muss eine nachvollziehbare Darstellung der tatsächlichen Umstände enthalten, auf denen die getroffene Entscheidung beruht.[617] An die Begründung werden jedoch nicht die Ansprüche einer gerichtlichen Entscheidung gestellt. Das Begründungserfordernis ergibt sich aus keiner ausdrücklichen gesetzlichen Bestimmung.[618] Dieses lässt sich aber aus dem Verbot der Schiedsgerichtsvereinbarung ableiten: Aufgrund der zwingenden Öffnung des Rechtswegs muss sich einem vorgeschalteten Verfahren ableiten lassen, welche Tatsachenfeststellungen die Kommission getroffen und inwieweit sie diese ihrer Entscheidung zugrunde gelegt hat.[619] Fehlt es an einer Begründung oder ist diese lückenhaft, ist die Entscheidung der paritätischen Kommission wegen eines groben Verfahrensfehlers unverbindlich.[620]

226 Entscheidungen paritätischer Kommissionen sind in entsprechender Anwendung der §§ 317, 319 BGB nur **eingeschränkt arbeitsgerichtlich überprüfbar**. Das Schiedsgutachten ist auf grobe Unbilligkeit und auf Verstöße gegen die zu Grunde liegenden Vorschriften hin überprüfbar.[621] Die grobe Unbilligkeit kann sich aus dem Inhalt der Entscheidung und dem zugrunde liegenden Verfahren ergeben.[622] Die Entscheidung ist inhaltlich grob unbillig, wenn sich die Unrichtigkeit jedermann oder wenigstens dem sachkundigen unbefangenen Beobachter unmittelbar aufdrängt.[623]

---

[611] BAG 16.12.2014 – 9 AZR 431/13, NZA-RR 2015, 229 (231f.) Rn. 26; *Löwisch/Rieble* TVG § 1 Rn. 2382.
[612] BAG 20.1.2004 – 9 AZR 393/03, NZA 2004, 994 (997); BAG 18.5.2016 – 10 AZR 183/15, NZA 2016, 1089 (1092) Rn. 21.
[613] HessLAG 15.11.2012 – 5 TaBVGa 257/12, BeckRS 2013, 67432.
[614] Es ist durchaus gängig, dass bei einer paritätischen Kommission der Vorsitz zwischen den Betriebsparteien alterniert, vgl. BAG 8.11.2011 – 1 ABR 38/10, BeckRS 2012, 68457; HessLAG 15.11.2012 – 5 TaBVGa 257/12, BeckRS 2013, 67432.
[615] BAG 8.11.2011 – 1 ABR 38/10, BeckRS 2012, 68457 Rn. 23; LAG BW 9.11.2016 – 17 TaBV, BeckRS 2016, 110958 Rn. 27ff.
[616] BAG 18.5.2016 – 10 AZR 183/15, NZA 2016, 1089 (1093) Rn. 37.
[617] BAG 18.5.2016 – 10 AZR 183/15, NZA 2016, 1089 (1094) Rn. 38.
[618] *Löwisch/Rieble* TVG § 1 Rn. 2383.
[619] BAG 20.1.2004 – 9 AZR 393/03, NZA 2004, 994 (997); BAG 18.5.2016 – 10 AZR 183/15, NZA 2016, 1089 (1094) Rn. 38.
[620] BAG 18.5.2016 – 10 AZR 183/15, NZA 2016, 1089 (1094) Rn. 38.
[621] BAG 20.1.2004 – 9 AZR 393/03, NZA 2004, 994 (997); BAG 16.12.2014 – 9 AZR 431/13, NZA-RR 2015, 229 (231f.) Rn. 29.
[622] BAG 19.5.2015 – 9 AZR 863/13, NZA 2015, 1468 (1469).
[623] BAG 20.1.2004 – 9 AZR 393/03, NZA 2004, 994 (997); BAG 16.12.2014 – 9 AZR 431/13, NZA-RR 2015, 229 (231f.) Rn. 29.

Die **Einhaltung des Verfahrens** bleibt stets voll überprüfbar.[624] Beachtliche Verfahrensfehler liegen vor, wenn sie sich auf das Ergebnis der Kommissionsentscheidung ausgewirkt haben können. Bei Vorliegen von beachtlichen Fehlern ist die Entscheidung der Kommission unverbindlich.[625] Den Arbeitsgerichten obliegt sodann eine umfassende Beurteilung gem. § 319 Abs. 1 S. 2 BGB und deren Ausspruch tritt an die Stelle der Entscheidung der paritätischen Kommission. Eine „Zurückverweisung" an die paritätische Kommission findet nicht statt. Dem steht schon das arbeitsgerichtliche Beschleunigungsgebot des § 9 ArbGG entgegenstehen.[626] Eine erneute Befassung der paritätischen Kommission kann aber wohl tarifvertraglich vereinbart werden.[627]

2. Schiedsgerichtsverfahren

Als einen ebenfalls auf Parteivereinbarung basierten außergerichtlichen Schlichtungsmechanismus ist die Einsetzung von arbeitsrechtlichen **Schiedsgerichten** zu nennen.[628] Wurde eine wirksame Schiedsvereinbarung geschlossen, hat diese die Bedeutung einer prozesshindernden Einrede nach § 102 ArbGG. Außerhalb von Bühnenschiedsgerichten kommt diesen jedoch in der Praxis geringe Bedeutung zu. Wegen des Grundgedanken des Arbeitnehmerschutzes, finden in arbeitsrechtlichen Streitigkeiten grundsätzlich keine Schiedsverfahren statt (§ 4 ArbGG). Ausnahmen von diesem Grundsatz finden sich für bürgerliche Rechtsstreitigkeiten in § 101 Abs. 2 ArbGG und für kollektivrechtliche Streitigkeiten in § 101 Abs. 1 ArbGG. Entscheidender Unterschied zwischen Einigungsstellenverfahren und Schiedsverfahren ist insbesondere, dass durch eine Schiedsvereinbarung die Arbeitsgerichtsbarkeit ausgeschlossen wird.[629] Die Bindungswirkung eines Schiedsspruchs geht allerdings nicht so weit wie die eines arbeitsgerichtlichen Urteils, vgl. § 9 TVG.[630]

3. Mediationsverfahren

Mediation ist ein freiwilliges Verfahren zur konstruktiven Beilegung oder zur Vermeidung von Konflikten.[631] Es bedarf insoweit also eines Konsenses der Beteiligten zur Durchführung eines Mediationsverfahrens. Eines solchen bedarf es im Hinblick auf das erzwingbare Einigungsstellenverfahren in der Betriebsverfassung gerade nicht, sodass das Einigungsstellenverfahren auch in Folge des Antrages lediglich einer Partei durchgeführt wird.[632] Auch trifft der Mediator – anders als ein Vorsitzender einer Einigungsstelle – keine eigene Entscheidung und entwickelt auch keine eigenen Lösungsvorschläge.[633] Als weiterer signifikanter Unterschied zum Einigungsstellenverfahren ist die gerichtliche Überprüfbarkeit der in der Mediation gefundenen Abschlussvereinbarung zu sehen. Diese ist nur wie das Resultat autonomer Verhandlungen angreif- und überprüfbar.[634]

---

[624] LAG Hamm 14.2.2017 – 7 TaBV 91/16 (zurzeit beim BAG anhängig unter Az.: 7 ABR 25/17), BeckRS 2017, 119799.
[625] BAG 18.5.2016 – 10 AZR 183/15, NZA 2016, 1089 (1094) Rn. 40; LAG Hamm 14.2.2017 – 7 TaBV 91/16 (zurzeit beim BAG anhängig unter Az.: 7 ABR 25/17).
[626] BAG 20.1.2004 – 9 AZR 393/03, NZA 2004, 994 (997); BAG 18.5.2016 – 10 AZR 183/15, NZA 2016, 1089 (1094) Rn. 41.
[627] Vgl. BAG 18.5.2016 – 10 AZR 183/15, NZA 2016, 1089 (1094) Rn. 41.
[628] *Reinhard* ArbRB 2016, 307.
[629] Eine arbeitsgerichtliche Überprüfung des Schiedsspruchs kann jedoch unter den engen Voraussetzungen des § 110 ArbGG erfolgen.
[630] Schwab/Weth/*Zimmerling* § 101 Rn. 8.
[631] *Bürger* RAW 2016, 34 (35 f.); *Kramer* NZA 2005, 135 (139); *Reinhard/Mückenberger* ArbRB 2010, 349.
[632] MAH ArbR/*Dendorfer-Ditges/Ponschab* § 82 Rn. 81.
[633] *Kramer* NZA 2005, 135 (137); *Reinhard/Mückenberger* ArbRB 2010, 349; *Löwisch* BB 2012, 3073 (3074).
[634] MAH ArbR/*Dendorfer-Ditges/Ponschab* § 82 Rn. 86.

X. Streitigkeiten
1. Organisation und Verfahren

230 Für Streitigkeiten zwischen Arbeitgeber und Betriebsrat, die die Organisation und das Verfahren der Einigungsstelle betreffen, sind die Arbeitsgerichte im **Beschlussverfahren** zuständig (§§ 2a, 80 ff., 100 ArbGG). Hierzu zählen insbesondere Streitigkeiten über die Einberufung, die Größe und Zusammensetzung, das von der Einigungsstelle einzuhaltende Verfahren, die Feststellung der Bindungswirkung des Spruchs[635] und die Durchführung des Spruchs durch den Arbeitgeber (zum speziellen Prozedere bei Ablehnung des Vorsitzenden wegen Befangenheit → Rn. 95).[636] Betrifft die Streitigkeit die Zusammensetzung der durch das Arbeitsgericht errichteten Einigungsstelle, so ist die Beschwerde gem. § 100 Abs. 2 S. 1 ArbGG an das zuständige Landesarbeitsgericht zu richten (→ Rn. 48).

231 Antragsbefugt sind grundsätzlich die Betriebsparteien.[637] Die Einigungsstelle ist im Beschlussverfahren weder **antragsbefugt** noch beteiligungsbefugt, da sie durch die Entscheidung nicht in einer eigenen betriebsverfassungsrechtlichen Rechtsstellung betroffen sein kann.[638]. Auch die einzelnen Arbeitnehmer sind nicht antragsbefugt.[639] Die Tarifvertragsparteien sind ebenfalls nicht antragsbefugt, auch wenn sich die Unwirksamkeit des Spruchs aus einem Eingriff in tarifliche Regelungen und Rechte ergeben kann.[640] Es gilt insoweit nichts anderes, als wenn die Arbeitsvertragsparteien innerhalb ihres Arbeitsvertrages gegen zwingendes Tarifrecht verstoßen.[641]

232 Für die **Streitwertbemessung** der Errichtung einer Einigungsstelle orientieren sich die Arbeitsgerichte grundsätzlich am Streitwertkatalog.[642] Dieser sieht in seiner gültigen Fassung vom 9.2.2018[643] nach Abs. II Nr. 4.2 und 4.3 bei einem Streit über die Person des Vorsitzenden und die Anzahl der Beisitzer grundsätzlich je nur $\frac{1}{4}$ des Hilfswertes nach § 23 Abs. 3 S. 2 RVG vor.[644] Daraus folgt ein Streitwert von 1.250 EUR bei einem Streit über die Person des Vorsitzenden und weiteren 1.250 EUR für die Anzahl der Beisitzer. Dies ist im Regelfall unangemessen, wird der Bedeutung der Sache nicht gerecht und deckt in keinem Fall den hiermit verbundenen Arbeitsaufwand.[645] Hierauf hat der Anwaltsverein bereits 2014 hingewiesen.[646]

2. Zuständigkeit

233 Bei Streitigkeiten zwischen den Betriebsparteien über die Zuständigkeit der Einigungsstelle bestehen abhängig vom Verfahrensstadium verschiedene Möglichkeit diese überprüfen zu lassen. Diese Möglichkeiten werden durch die Feststellung der offensichtlichen Unzuständigkeit im Rahmen des Bestellungsverfahrens nicht beschränkt, denn der Entscheidung kommt keine bindende Wirkung zu (→ Rn. 41).

234 Den Betriebsparteien steht bereits **vor** und auch **während** der Einleitung des Einigungsstellenverfahrens die Möglichkeit zu, das Arbeitsgericht im Beschlussverfahren

---

[635] BAG 15.5.1964 – 1 ABR 15/63, AP BetrVG § 56 Akkord Nr. 5.
[636] BAG 28.11.1989 – 1 ABR 94/88, NZA 1990, 445.
[637] DKKW/*Berg* § 76a Rn. 161; ErfK/*Kania* BetrVG § 76 Rn. 29; GK-BetrVG/*Jacobs* § 76a Rn. 158.
[638] BAG 28.7.1981 – 1 ABR 65/79, AP BetrVG 1972 § 87 Arbeitssicherheit Nr. 3.
[639] ErfK/*Kania* BetrVG § 76 Rn. 29; *Fitting* § 76 Rn. 141; GMP/*Künzl* Rn. 319.
[640] BAG 18.12.1990 – 1 ABR 11/90, NZA 1991, 484 (486) (hinsichtlich der Beteiligtenfähigkeit); Spengler/Hahn/Pfeiffer/*Spengler/Herbert* Einigungsstelle § 9 Rn. 5; aA *Fitting* § 76 Rn. 141; GMP/*Künzl* Rn. 319.
[641] BAG 23.2.1988 – 1 ABR 75/86, NZA 1989, 229 (230).
[642] LAG Hamm 4.3.2015 – 13 Ta 48/15, BeckRS 2015, 66713; LAG Köln 30.12.2015 – 12 Ta 358/15, BeckRS 2016, 66153 Rn. 7 ff.; LAG Köln 20.8.2015 – 11 Ta 247/15, BeckRS 2015, 72708 Rn. 2; SächsLAG 24.2.2016 – 4 Ta 232/15 (1), BeckRS 2016, 71612 Rn. 12 ff.; LAG RhPf 8.4.2016 – 5 Ta 38/16, BeckRS 2016, 68012 Rn. 5 f.
[643] Dies bereits schon in der Fassung vom Mai 2013 vgl. *Bader/Jörchel* NZA 2013, 809 (810 ff.).
[644] Vgl. LAG Hamm 18.3.2014 – 7 Ta 73/14, NZA-RR 2014, 385.
[645] Bspw. bei Errichtung einer ständigen Einigungsstelle: LAG RhPf 8.4.2016 – 5 Ta 38/16, BeckRS 2016, 68012 Rn. 6 f.
[646] DAV Stellungnahme Nr. 9/2014, S. 4 ff.; vgl. auch *Mayer* ArbRAktuell 2016, 227.

(§§ 2a, 80 ff., 100 ArbGG) anzurufen, um die Zuständigkeit der Einigungsstelle klären zu lassen (sog. **Vorabentscheidung**) (→ Rn. 83). Dabei ist von der jeweiligen Betriebspartei – sofern Mitbestimmungsrechte in Rede stehen – ein Antrag auf Feststellung des Bestehens oder Nichtbestehens des etwaigen Mitbestimmungsrechts zu stellen. Leitet sich die Zuständigkeit der Einigungsstelle ausnahmsweise nicht aus einem Mitbestimmungsrecht ab, so ist der Antrag auf Feststellung der Zuständigkeit bzw. Unzuständigkeit zu stellen. Es gelten also die gleichen Grundsätze, wenn die Betriebsparteien darüber streiten, ob eine auskunftspflichtige wirtschaftliche Angelegenheit iSd § 106 BetrVG vorliegt[647] oder in einer wirtschaftlichen Angelegenheit eine Unterlage vorzulegen ist.[648] Jedenfalls ist die Durchführung bzw. die Beendigung des Einigungsstellenverfahrens keine Rechtsschutzvoraussetzung für das allgemeine Beschlussverfahren. Das Vorabentscheidungsverfahren wird parallel zum Einigungsstellenverfahren geführt. Eine Aussetzung erfolgt insbesondere nicht von Amts wegen (→ Rn. 84).[649]

Da der Einigungsstelle eine sog. **Vorfragekompetenz** hinsichtlich der Entscheidung 235 über ihre Zuständigkeit zukommt, kann sie im Wege eines **Zwischenbeschlusses** ihre Zuständigkeit feststellen (→ Rn. 82). Kommt die Einigungsstelle im Rahmen ihrer Vorfragekompetenz zur Feststellung ihrer Unzuständigkeit, wird dies im Rahmen des abschließenden – anfechtbaren – Einigungsstellenspruchs entschieden. Zwischenbeschlüsse der Einigungsstelle sind dagegen nicht isoliert anfechtbar (→ Rn. 82).

Die Betriebsparteien können die Zuständigkeit nach Erlass des Einigungsstellenspruchs 236 durch die Anfechtung des Einigungsstellenspruchs im **arbeitsgerichtlichen Beschlussverfahren** prüfen lassen (zu den Einzelheiten → Rn. 144 ff.).

3. Überprüfung des Spruchs

Streitigkeiten zwischen den Betriebsparteien über die sonstige Rechtmäßigkeit der Entscheidung der Einigungsstelle sind ebenfalls im arbeitsgerichtlichen **Beschlussverfahren** auszutragen (§§ 2a, 80 ff. ArbGG) (vgl. zu den Einzelheiten → Rn. 144 ff.; bzgl. der Antragsbefugnis von Arbeitnehmern → Rn. 152). Dabei unterliegt der Einigungsstellenspruch der uneingeschränkten Rechtskontrolle der Arbeitsgerichte. Werden lediglich Ermessensfehler geltend gemacht, greift jedoch eine materiell-rechtliche Ausschlussfrist (→ Rn. 161). Innerhalb der Grenzen des Ermessens darf das Arbeitsgericht aber die Zweckmäßigkeit des Spruchs nicht überprüfen und ihn nicht durch eine eigene Entscheidung ersetzen (→ Rn. 169).

Hinsichtlich der Streitwertbemessung wird zwischen der Anfechtung eines Einigungs- 238 stellenspruchs (idR Hilfswert nach § 23 Abs. 3 S. 2 RVG) und der Anfechtung einer Einigungsstellenspruchs über einen Sozialplan differenziert.[650] Im Fall einer Sozialplananfechtung wird weiter unterschieden, ob dieser wegen einer Überdotierung vom Arbeitgeber oder wegen einer Unterdotierung vom Betriebsrat angefochten wird.[651] Bei einer Anfechtung durch den Arbeitgeber berechnet sich der Streitwert nach der Differenz zwischen Volumen des angefochtenen und des vom Arbeitgeber für angemessen erachteten Sozialplans.[652] Ficht der Betriebsrat den Sozialplan an, erfolgt die Festsetzung des Streitwerts nach § 23 Abs. 3 S. 2 RVG.[653]

---

[647] BAG 22.1.1991 – 1 ABR 38/89, NZA 1991, 649 f.
[648] BAG 17.9.1991 – 1 ABR 74/90, NZA 1992, 418.
[649] BAG 17.9.1991 – 1 ABR 74/90, NZA 1992, 418.
[650] Vgl. Streitwertkatalog in der Fassung vom 5.4.2016, Abs. II Nr. 5. Und 6.
[651] BeckOK Streitwert/*Mayer* Arbeitsrecht – Anfechtung Rn. 2.
[652] BAG 9.11.2004 – 1 ABR 11/02 (A), NZA 2005, 70 (71); Küttner/*Kreitner* Personalhandbuch 2018 Einigungsstelle Rn. 38.
[653] BAG 20.7.2005 – 1 ABR 23/03, BeckRS 2005, 42514; LAG SchlH 2.3.2017 – 3 Ta 10/17, BeckRS 2017, 107596 Rn. 13.

4. Kosten

239 Streitigkeiten über die Kostentragungspflicht des Arbeitgebers sind im arbeitsgerichtlichen **Beschlussverfahren** zu erledigen (§§ 2a, 80 ff. ArbGG). Dies gilt insbesondere für die Ansprüche der betriebsfremden Mitglieder der Einigungsstelle auf Vergütung und Auslagenersatz[654] sowie auf Erstattung der Kosten, die bei der gerichtlichen Durchsetzung solcher Ansprüche entstehen[655] (→ Rn. 209). Der Betriebsrat ist hier nicht mehr zu beteiligen, da sich die Ansprüche direkt aus dem Gesetz ergeben.[656] Dagegen sind Ansprüche der betriebsangehörigen Beisitzer auf Fortzahlung des Arbeitsentgelts nach den für die Betriebsratsmitglieder geltenden Grundsätzen im **Urteilsverfahren** zu verfolgen (§§ 2, 46 ff. ArbGG).[657]

5. Einstweilige Verfügung

240 Die Einigungsstelle kann für die Zeit ihres Verfahrens eine vorläufige Regelung beschließen (→ Rn. 92). Eine einstweilige Verfügung des Arbeitsgerichts ist mit diesem Ziel **ohne vorherigen Beschluss der Einigungsstelle nicht möglich.** Zwar können auch im arbeitsgerichtlichen Beschlussverfahren einstweilige Verfügungen ergehen (§ 85 Abs. 2 ArbGG). Das Arbeitsgericht hat jedoch keine Zuständigkeit, Regelungen zu erlassen, die zur Kompetenz der Einigungsstelle gehören.[658]

241 Dagegen sind **einstweilige Verfügungen möglich, wenn die Einigungsstelle eine Regelung beschlossen hat** und es um die Durchführung der Regelung durch den Arbeitgeber geht. Der Arbeitgeber braucht sich nicht durch eine einstweilige Verfügung von seiner Pflicht zur Durchführung des Einigungsstellenspruchs entbinden zu lassen, wenn er ihn für unwirksam hält, da er einen unwirksamen Spruch überhaupt nicht durchführen muss.[659] Es ist Sache des Betriebsrats, die Durchführung mit Hilfe einer einstweiligen Verfügung zu erreichen.[660] An die Feststellung von Verfügungsanspruch und Verfügungsgrund sind jedoch strenge Anforderungen zu stellen (→ Rn. 141).[661] Zur Unzulässigkeit einer einstweiligen Verfügung im Verfahren zur Bestellung des Vorsitzenden der Einigungsstelle → Rn. 47.

---

[654] BAG 25.8.1983 – 6 ABR 31/92, AP KO § 59 Nr. 14.
[655] BAG 26.7.1989 – 7 ABR 72/88, AP ArbGG 1979 § 2a Nr. 4; BAG 27.7.1994 – 7 ABR 10/93, NZA 1995, 545.
[656] BAG 12.2.1992 – 7 ABR 20/91, DB 1993, 743; DKKW/*Berg* § 76a Rn. 51.
[657] GK-BetrVG/*Jacobs* § 76a Rn. 66; *Fitting* § 76a Rn. 35.
[658] *Heinze* RdA 1990, 262 (279).
[659] AA ArbG Berlin 17.12.1984 – 30 Betriebsvereinbarung 7/84, ARST 1985, 173; *Pünnel/Isenhardt* Rn. 152.
[660] Vgl. LAG Berlin 6.12.1984 – 4 TaBV 2/84, BB 1985, 1199.
[661] Vgl. LAG Frankfurt 24.9.1987 – 12 TaBVGa 70/87, NZA 1988, 260 (LS); LAG BW 7.11.1989 – 8 TaBV Ha 1/89, NZA 1990, 286 f.

Siebenter Titel: Sonderregelungen
§ 309 Seeschifffahrt und Luftfahrt

Schrifttum:
Zur Seeschifffahrt: *Bubenzer,* Seearbeitsgesetz, 2015; *Bubenzer/Jörgens,* Praxishandbuch Seearbeitsrecht, 2014; *Forst,* Der Richtlinienvorschlag der Kommission zur Reform des Seearbeitsrechts, EuZW 2014, 97; *Ludewig,* Kollektives Arbeitsrecht auf Schiffen des Internationalen Seeschifffahrtsregisters, Diss. 2012; *Lunk/Hinze,* Das Arbeitsrecht in der ausschließlichen Wirtschaftszone Deutschlands (AWZ), NVwZ 2014, 278; *Maul-Sartori,* Das neue Seearbeitsrecht – auch für Landratten von Interesse, NZA 2013, 821.
Zur Luftfahrt: *Bayreuther,* Betriebsratswahl für das Luftfahrtpersonal von ausländischen Fluggesellschaften – Risiken und Nebenwirkungen einer „europarechtskonformen teleologischen Reduktion" des nationalen Rechts, NZA 2010, 262; *Darányi,* Die Bordbetriebsverfassung nach § 117 Abs. 2 S. 1 BetrVG unter Berücksichtigung europa- und verfassungsrechtlicher Vorgaben, 2013; *Krause,* Die Zulässigkeit partikularer Personalvertretungen im Luftverkehr, Festschrift für Herbert Buchner zum 70. Geburtstag 2009, 493; *M. Schneider,* Die Auswirkungen von Tarifmehrheiten im Betrieb auf die Betriebsverfassung, 2014; *Wallscheid,* Über den Wolken – über dem Gesetz? Das Arbeitsverhältnis des fliegenden Luftfahrtpersonals in der deutschen Zivilluftfahrt, 2012.

Übersicht

	Rn.
I. Seeschifffahrt	1
1. Anwendungsbereich	2
2. Betriebliche Vertretung in Seebetrieben	7
a) Bordvertretung	8
b) Kapitän	17
c) Seebetriebsrat	18
d) Sprecherausschüsse und Mitbestimmung	20
3. Rolle der Gewerkschaften	23
4. Besonderheiten Europäische Betriebsräte	24
5. Streitigkeiten	26
II. Luftfahrt	30
1. Anwendungsbereich/Begriffsbestimmungen	33
a) Begriff des Luftfahrtunternehmens	34
b) Abgrenzung zwischen Landbetrieb und Flugbetrieb	38
c) Betriebsverfassungsrechtlicher Status der im Flugbetrieb beschäftigten Arbeitnehmer	42
2. Sondervertretungen gem. § 117 Abs. 2 BetrVG	45
a) Errichtung durch Tarifvertrag	46
b) Nachwirkung von Tarifverträgen iSd § 117 Abs. 2 BetrVG	49
c) Auswirkungen des Tarifeinheitsgesetzes	51
3. Streitigkeiten	52

I. Seeschifffahrt

In den §§ 114–116 BetrVG finden sich Sonderregelungen für die Anwendbarkeit des BetrVG im Bereich der Seeschifffahrt. Hierin werden die Besonderheiten der Seeschifffahrt berücksichtigt.[1] Aufgrund der langen Abwesenheiten der Beschäftigten sieht das Gesetz die Bildung einer Bordvertretung auf jedem Schiff, sowie zur Interessenvertretung aller Beschäftigten auf Schiffen eines Unternehmens die Bildung eines Seebetriebsrats vor.

---

[1] Zur großen praktischen Bedeutung der internationalen Seefahrt s. die ausführliche Kommentierung in Richardi BetrVG/*Forst* § 114 Rn. 3 ff.

1. Anwendungsbereich

2 Gemäß § 114 Abs. 1 BetrVG sind auf Seeschifffahrtsunternehmen und ihre Betriebe die Vorschriften des BetrVG nur unter Beachtung der Regelungen dieses Abschnitts anwendbar. Daneben gilt die Wahlordnung Seeschifffahrt (WOS).[2]

3 Der zentrale Begriff des **Seeschifffahrtsunternehmens** ist in § 114 Abs. 2 S. 1 BetrVG gesetzlich definiert und bezeichnet ein Unternehmen, das Handelsschifffahrt betreibt und seinen Sitz im Geltungsbereich des BetrVG hat, was den Anwendungsbereich der §§ 114–116 in Deutschland erheblich einschränkt. Innerhalb des Seeschifffahrtunternehmens wird zwischen dem Seebetrieb und dem Landbetrieb unterschieden. Die Besonderheiten der §§ 114–116 BetrVG gelten lediglich für Seebetriebe, während sich für die (inländischen) Landbetriebe eines Seeschifffahrtunternehmens keine Abweichungen von den allgemeinen Regelungen des BetrVG ergeben. Dies gilt auch, wenn der Landbetrieb zu einem Seeschifffahrtsunternehmen gehört, das seinen Sitz nicht in Deutschland hat.[3]

4 Als **Seebetrieb** gilt gem. § 114 Abs. 3, 4 BetrVG die Gesamtheit der Schiffe eines Seeschifffahrtunternehmens, die nach dem Flaggenrechtsgesetz die Bundesflagge führen und nicht binnen 24 Stunden nach dem Auslaufen an den Sitz eines Landbetriebs zurückkehren. Nicht erfasst sind unter deutscher Flagge fahrende Schiffe ausländischer Unternehmen.[4]

5 Teil des **Landbetriebs** sind hingegen neben der Verwaltung auch der Hafenbetrieb mit seinen Werkstätten, Werften und Lagerhäuser einschließlich der ausschließlich im Hafen verwendeten Schiffe.[5] Außerdem ist die gesamte Binnenschifffahrt, zu der alle Fahrzeuge gehören, die bestimmungsgemäß auf Wasserstraßen fahren, die nicht der Seewasserordnung unterfallen,[6] von den Sonderregelungen für die Seeschifffahrt ausgenommen.

6 Nach § 114 Abs. 2 S. 2 BetrVG gelten auch andere Personen als **Betreiber** von Seeschifffahrtsunternehmen, wenn sie Arbeitgeber des Kapitäns und der Besatzungsmitglieder sind oder Arbeitgeberbefugnisse ausüben. Hiervon erfasst sind insbesondere Reeder.[7]

2. Betriebliche Vertretung in Seebetrieben

7 In Seebetrieben erfolgt gemäß den §§ 114 ff. BetrVG[8] eine **Aufteilung** der Aufgaben und Befugnisse eines Betriebsrats auf die Bordvertretung und den Seebetriebsrat.[9] Die Bordvertretung ist zuständig für bordbezogene Angelegenheiten, während der Seebetriebsrat die Arbeitnehmer in denjenigen Angelegenheiten vertritt, die für eine Mehrzahl von Schiffen gelten und im Allgemeinen an Land mit dem Reeder zu regeln sind.[10]

8 a) **Bordvertretung.** Für die Wahl der Bordvertretung gelten gemäß § 115 Abs. 2 die Regelungen zur Wahl des Betriebsrats und die WOS mit einigen auf die Seefahrt ausgerichteten Änderungen. Wahlberechtigt sind nach § 115 Abs. 2 Nr. 1 BetrVG alle Besatzungsmitglieder. **Besatzungsmitglieder** iSd BetrVG sind nach § 114 Abs. 6 S. 1 BetrVG die in einem Heuer- oder Berufsausbildungsverhältnis zum Seeschifffahrtsunternehmen stehenden im Seebetrieb beschäftigten Personen mit Ausnahme der **Kapitäne**. Diese sind nach § 114 Abs. 6 S. 2 BetrVG, § 33 Abs. 3 S. 1 SprAuG leitende Angestellte iSd § 5 Abs. 3 BetrVG. Hier unterscheiden sich die Begriffe etwa von der Definition der Besat-

---

[2] Zweite Verordnung zur Durchführung des Betriebsverfassungsgesetzes vom 7.2.2002, BGBl. 2002 I S. 594, Anh. 2).
[3] Richardi BetrVG/*Forst* § 114 Rn. 20f. Unternehmen mit Sitz in Deutschland, die ihre Schiffe nicht unter deutscher Flagge fahren lassen sind jedoch umfasst; Richardi BetrVG/*Forst* § 114 Rn. 23.
[4] BAG 26.9.1978 – 1 AZR 480/76, NJW 1979, 1791.
[5] Ewer, Schuten, Werftfahrzeuge gemäß § 114 Abs. 4 S. 2 BetrVG analog, Richardi BetrVG/*Forst* § 114 Rn. 16, 47.
[6] OLG Hamburg 24.11.1959 – 2 U 148/59, MDR 1960, 316.
[7] GK-BetrVG/*Franzen* § 114 Rn. 7.
[8] Insbesondere § 115 Abs. 7 BetrVG.
[9] Richardi BetrVG/*Forst* § 114 Rn. 2, § 115 Rn. 1.
[10] Vgl. BAG 10.8.1994 – 7 ABR 48/94, NZA 1995, 284.

I. Seeschifffahrt

zungsmitglieder aus § 3 Abs. 1 S. 1 SeeArbG[11]. Dieses unterscheidet im Gegensatz zu § 3 SeemG[12] nicht mehr zwischen Kapitän, Schiffsoffizieren, sonstigen Angestellten und Schiffsleuten, mit dem Ziel die Rechtsverhältnisse der an Bord beschäftigten Personen zu vereinheitlichen.[13] Ebenfalls vom Besatzungsbegriff erfasst und somit bei den Wahlen von Betriebsverfassungsorganen in Seebetrieben zu beachten,[14] sind **Leiharbeitnehmer** nach § 14 Abs. 2 S. 4 AÜG[15]. Sie sind im Entleiherbetrieb als Arbeitnehmer mitzuzählen, soweit Bestimmungen des BetrVG oder der Wahlordnungen eine bestimmte Anzahl oder einen Anteil von Arbeitnehmern voraussetzen. Im Seearbeitsrecht sind dies § 115 Abs. 1 BetrVG, §§ 4 Abs. 1, 37 WOS.

Nicht erfasst vom Besatzungsbegriff (insoweit deckungsgleich zum Seearbeitsgesetz) ist das **Offshore-Personal,** das sich nur vorübergehend auf einem Schiff (zB Errichter-, Installations- oder Hubschiff) befindet, um von dort aus Windkraftanlagen, künstliche Inseln oder sonstige Anlagen auf See zu errichten, zu ändern oder zu betreiben.[16]   9

Passiv wahlberechtigt sind volljährige Besatzungsmitglieder, die ein Jahr Besatzungsmitglied eines unter deutscher Flagge fahrenden Schiffes waren, § 115 Abs. 2 Nr. 2 BetrVG.[17] Eine **Jugend- und Auszubildendenvertretung** wird in der Seeschifffahrt nicht gewählt.[18]   10

Die Zahl der **Bordvertretungsmitglieder** ist auf höchstens fünf begrenzt. Im Gegensatz zu § 9 BetrVG wird die Zahl der Mitglieder bei mehr als 75 Besatzungsmitgliedern wegen der räumlichen Nähe auf Seeschiffen[19] und der begrenzten Anzahl an Besatzungsmitgliedern nicht erhöht.   11

Nach § 115 Abs. 3 BetrVG endet die **Amtszeit** des gesamten Betriebsrats nach einem Jahr, die einzelner Mitglieder bei dauerhafter Beendigung des Dienstes an Bord des jeweiligen Schiffes oder nach § 13 Abs. 2 Nr. 2–5 BetrVG bei Absinken der Mitgliederzahl, Rücktritt, Anfechtung oder Auflösung durch gerichtliche Entscheidung.   12

Nach § 115 Abs. 4 S. 2 BetrVG besteht über § 40 Abs. 2 BetrVG hinaus das Recht der Bordvertretung, die besonderen **Kommunikationsmittel** an Bord für ihre Tätigkeit zu nutzen.   13

Nach § 115 Abs. 5 S. 1 BetrVG können entsprechend der Normen über die Betriebsversammlung **Bordversammlungen** stattfinden. Neben der **Informationspflicht** des Arbeitgebers nach § 43 Abs. 2 S. 2 BetrVG hat der Kapitän auf Verlangen der Bordvertretung die Besatzung über die Schiffsreise und damit zusammenhängende Angelegenheiten zu informieren.   14

Keine Anwendung finden in Seebetrieben die §§ 47–105 BetrVG über den Gesamt- und Konzernbetriebsrat.   15

Die weiteren Befugnisse der Bordvertretung bestimmen sich nach Abs. 7. Sie hat weitreichende **Informationsrechte,** § 115 Abs. 7 Nr. 5 S. 2 BetrVG, insbesondere über sicherheitsrelevante Aspekte, die Routen, Ankunfts- und Abfahrzeiten sowie die Ladung. Ihre Zuständigkeit wird einerseits durch die **Weisungsbefugnis** von Kapitän und Arbeitgeber, andererseits durch bereits bestehende Betriebsvereinbarungen zwischen Arbeitgeber und Seebetriebsrat, § 115 Abs. 7 Nr. 3 BetrVG, beschränkt.   16

---

[11] Seearbeitsgesetz vom 20.4.2013 (BGBl. I S. 868), in Kraft seit dem 1.8.2013.
[12] Außer Kraft seit dem 31.7.2013.
[13] *Maul-Sartori* NZA 2013, 821 (822).
[14] Arg. § 114 Abs. 6 BetrVG *Löwisch/Wegmann* BB 2017, 373 (374).
[15] Arbeitnehmerüberlassungsgesetz, neu durch das am 1.4.2017 in Kraft getretene Gesetz zur Änderung des Arbeitnehmerüberlassungsgesetzes und anderer Gesetze (BT-Drs. 18/10064), BGBl. 2017 I 258 (260).
[16] BeckOK ArbR/*Kock* ArbZG § 1 Rn. 11–13; vgl. hierzu auch *Lunk/Hinze* NVwZ, 2014, 278.
[17] Eine einjährige Tätigkeit auf verschiedenen Schiffen ist ebenfalls ausreichend; es soll eine hinreichende Kenntnis des deutschen See(arbeits)rechts gewährleistet sein, Richardi BetrVG/*Forst*, 15. Aufl. 2016, § 115 Rn. 18.
[18] Zur Kritik daran und dem Vorwurf der Europarechtswidrigkeit wegen Altersdiskriminierung s. *Bertelsmann* NZA-RR 2017, 57.
[19] Richardi BetrVG/*Forst* § 115 Rn. 22.

17 **b) Kapitän.** Neben der Bordvertretung spielt der Kapitän eine maßgebliche Rolle in der **Bordverfassung**. Er übernimmt an Bord der Seeschiffe die **Position des Arbeitgebers**.[20] Er ist jedoch weiterhin Arbeitnehmer (einziger leitender Angestellter an Bord) und im Verhältnis zum Reeder im Rahmen des Arbeitsverhältnisses weisungsgebunden.

18 **c) Seebetriebsrat.** Der Seebetriebsrat repräsentiert alle Arbeitnehmer auf den Schiffen eines Seeschifffahrtunternehmens. Er ist das übergeordnete **Organ der Betriebsverfassung** im Unternehmen. Er besteht nach § 116 Abs. 2 Nr. 3 BetrVG in der Regel aus einem (5–400 wahlberechtige Besatzungsmitglieder), drei (401–800) oder fünf (mehr als 800) **Mitgliedern**. Der Seebetriebsrat übernimmt für den Seebetrieb die in den §§ 47–59 BetrVG dem Betriebsrat zugewiesenen Aufgaben, Befugnisse und Pflichten wahr, § 116 Abs. 5 BetrVG. Dies verdeutlicht auch der am 10.10.2017 in Kraft getretene § 24 Abs. 5 S. 2 KSchG, der nunmehr explizit festlegt, dass der Seebetriebsrat bei anzeigepflichtigen **Entlassungen** iSd KSchG die Rolle des Betriebsrats übernimmt.[21] Grds. stehen sich Bordvertretung und Seebetriebsrat als eigenständige betriebsverfassungsrechtliche Organe mit unterschiedlichen Aufgabenbereichen gegenüber. Es gibt jedoch ein Stufenverhältnis, vgl. § 115 Abs. 7, was insoweit zu einer Unterscheidung zu dem Verhältnis von Betriebsrat, Gesamtbetriebsrat oder Konzernbetriebsrat führt.

19 Besteht ein Seebetriebsrat, so ist dieser für die Regelung von **Streitigkeiten** mit dem Arbeitgeber bzw. dem Kapitän zuständig. Der Bordvertretung und dem Kapitän sind in diesem Fall die Anrufung von Einigungsstelle (→ § 308 Rn. 1 ff.) und Arbeitsgericht verwehrt.

19a Die Regelungen über die **Freistellung** der Betriebsratsmitglieder gelten auch für Mitglieder des Seebetriebsrats. Da die Bestimmung über die Größe des Seebetriebsrats nicht an § 38 Abs. 1 BetrVG orientiert gefasst wurde, müssen diese Regelungen im Einzelfall in Einklang gebracht werden.[22]

20 **d) Sprecherausschüsse und Mitbestimmung.** Nach § 1 SprAuG werden in Betrieben mit mehr als 10 leitenden Angestellten Sprecherausschüsse gewählt. In Seeschifffahrtsunternehmen gilt dies nur in den Landbetrieben, § 33 Abs. 1 SprAuG. Die Kapitäne gelten somit in diesen Unternehmen als leitende Angestellte des Landbetriebs, § 33 Abs. 3 S. 2 SprAuG. Die Frist zur Bestellung eines Wahlvorstandes wird auf 16 Wochen verlängert.

21 Im Rahmen des MitbestG gilt die Gesamtheit der Schiffe eines Unternehmens als ein Betrieb, § 34 Abs. 1 MitbestG. Schiffe, die binnen 48 Stunden nach Auslaufen an den Sitz eines Landbetriebs zurückkehren, sind Teil dieses Landbetriebs, § 34 Abs. 2 S. 3 MitbestG. Nach § 34 Abs. 4 MitbestG sind die Besatzungsmitglieder der Schiffe bei der Wahl der Aufsichtsratsmitglieder der Arbeitnehmer nicht wahlberechtigt und zählen bei der Anzahl der notwendigen Arbeitnehmer nicht mit.

22 Gemäß § 115 Abs. 2 Nr. 5 findet § 13 Abs. 1 S. 2 BetrVG keine Anwendung, die Wahlen der Bordvertretung und der Sprecherausschüsse sollen somit nicht zeitgleich stattfinden. Nach § 11 ASiG[23] sind Arbeitsschutzausschüsse auf jedem Schiff zu bilden.[24]

3. Rolle der Gewerkschaften

23 Wegen der Aufteilung der Aufgaben der Arbeitnehmervertretung auf Bordvertretung und Seebetriebsrat knüpft auch die Beteiligung der Gewerkschaften hieran an. Die Gewerkschaften sind beteiligungsberechtigt, wenn sie im Betrieb vertreten sind, § 2 Abs. 1

---

[20] Richardi BetrVG/*Forst* § 115 Rn. 3.
[21] *Düwell* jurisPR-ArbR 28/2017 Anm. 1.
[22] Beispiele bei Richardi BetrVG/*Forst* § 116 Rn. 49f.
[23] Gesetz über Betriebsärzte, Sicherheitsingenieure und andere Fachkräfte für Arbeitssicherheit vom 12.12.1973, BGBl. I S. 1885, zuletzt geändert durch Art. 3 Abs. 5 des Gesetzes vom 20.4.2013, BGBl. I S. 868, anwendbar auf Seeschifffahrtsunternehmen gemäß § 17 Abs. 2 ASiG.
[24] Schaub ArbR-HdB/*Koch* § 211 Rn. 23.

BetrVG. Sie können mit der Bordvertretung nur zusammenarbeiten, etwa an deren Sitzungen teilnehmen, wenn sie an Bord vertreten sind, also wenigstens ein Besatzungsmitglied Mitglied der Gewerkschaft ist.[25] Entsprechendes gilt für die Beteiligung im Seebetriebsrat. § 2 Abs. 2 BetrVG ist auch im Seearbeitsrecht anwendbar und gibt den Gewerkschaften ein **Zugangsrecht** auf den Seeschiffen. Ihnen darf, sofern sie von einem Besatzungsmitglied mit an Bord genommen werden, der Zugang auch dann nicht verwehrt werden, wenn sie zur Beratung oder Mitgliederwerbung an Bord gehen. Wie im Falle der Vorbereitung von Arbeitskämpfen zu entscheiden ist, ist umstritten.[26]

4. Besonderheiten Europäische Betriebsräte
Allgemein zu den Europäischen Betriebsräten s. → § 354 ff. Rn. 1 ff. 24

Seit dem 10.10.2017 ist es nach § 41a Abs. 2 EBRG möglich, dass ein Mitglied eines 25 Europäischen Betriebsrats, das Besatzungsmitglied auf einem Seeschiff ist, an einer Sitzung des Betriebsrats mittels neuer **Informations- und Kommunikationsmedien** teilnehmen kann. Diese auf Europarecht beruhenden[27] Abweichung von der bisher geltenden strengen **Präsenzpflicht** hat ggf. Bedeutung als Vorreiter in der weiteren Entwicklung der nichtortsgebundenen Entscheidungsfindung solcher Gremien.[28]

5. Streitigkeiten
Das ArbG ist gemäß § 2a Abs. 1 Nr. 1, Abs. 2 iVm §§ 80 ff. ArbGG zuständig für be- 26 triebsverfassungsrechtliche Streitigkeiten.

Die örtliche Zuständigkeit richtet sich grundsätzlich nach § 942 Abs. 2 ZPO, § 10 27 StPO analog nach dem Heimathafen des Schiffes. Nur wenn kein Heimathafen im Geltungsbereich des BetrVG besteht, obwohl das Schiff zu einem Seeschifffahrtsunternehmen mit Sitz in Deutschland gehört, ist ausnahmsweise der Registerhafen ausschlaggebend.[29] Wird das Schiff von einem Korrespondenz- oder Vertragsreeder bzw. einem Ausrüster betrieben, richtet sie sich nach dem Sitz des Reeders bzw. Ausrüsters.[30]

Die Gerichtsstandsvereinbarung nach § 36 Manteltarifvertrag (MTV) Seeschifffahrt gilt 28 nicht für betriebsverfassungsrechtliche Streitigkeiten, sondern lediglich für Rechtsstreits zwischen Reeder und Besatzungsmitglied aus dem nach dem MTV geschlossenen Heuervertrag.

Gerichtsstandsvereinbarungen in Tarifverträgen für betriebsverfassungsrechtliche Strei- 29 tigkeiten wären darüber hinaus aufgrund des ausschließlichen Gerichtsstands im Beschlussverfahren unwirksam.[31]

II. Luftfahrt
Wegen der nicht ortsgebundenen Tätigkeit der fliegenden Arbeitnehmer, gilt das BetrVG 30 ohne Einschränkung nur für die Landbetriebe von Luftfahrtunternehmen, § 117 Abs. 1 BetrVG.[32]

Für die im Flugbetrieb beschäftigten Arbeitnehmer von Luftfahrtunternehmen kann 31 nach § 117 Abs. 2 S. 1 BetrVG eine Vertretung durch Tarifvertrag errichtet werden.

Die besondere Regelung für im Luftbetrieb Beschäftigte ist nach zutreffender hM mit 32 dem **Unionsrecht** vereinbar.[33] Insbesondere die RL 2002/14/EG schreibt nicht vor, auf

---

[25] BAG 25.3.1992 – 7 ABR 65/90, AP BetrVG 1972 § 2 Nr. 4.
[26] Richardi BetrVG/*Richardi* § 2 Rn. 62, § 114 Rn. 60 ff.: Für eine Verweigerungsbefugnis des Kapitäns: LAG BW 8.8.1973 – 4 Sa 29/73, AuR 1974, 320.
[27] Art. 4 RL (EU) 2015/1794, ABl. 2015 L 263/4.
[28] *Düwell*, juris PR-ArbR 28/2017 Anm. 1.
[29] BAG 30.5.1963 – 5 AZR 326/62, AP Internat. Privatrecht, Arbeitsrecht Nr. 7.
[30] Richardi BetrVG/*Forst* § 115 Rn. 119.
[31] Richardi BetrVG/*Forst* § 115 Rn. 119.
[32] Schaub ArbR-HdB/*Koch*, 17. Aufl. 2017, § 211, Rn. 24.
[33] BAG 17.3.2015 – 1 ABR 59/13, NZA-RR 2015, 419.

welche Weise die Mitgliedstaaten für die hinreichende Unterrichtung und Anhörung der Arbeitnehmer zu sorgen haben. Auch eine unverhältnismäßige Benachteiligung der Arbeitnehmer in der Luftfahrt ist nicht zu beobachten.[34]

1. Anwendungsbereich/Begriffsbestimmungen

33 Zunächst sind die grundlegenden Begriffe der betrieblichen Mitbestimmung in der Luftfahrt zu bestimmen sowie voneinander abzugrenzen.

34 **a) Begriff des Luftfahrtunternehmens.** Für die Anwendbarkeit der Ausnahmevorschrift des § 117 Abs. 2 BetrVG muss der Flugbetrieb eines Luftfahrtunternehmens vorliegen. Bei der Bestimmung des Begriffes **Luftfahrtunternehmen** stellt das BAG vorwiegend darauf ab, ob „auf Grund des Unternehmenszwecks ein darauf gerichteter Flugbetrieb eingerichtet ist",[35] der die Herausnahme des Betriebs aus dem Geltungsbereich des BetrVG rechtfertigt. Die Art des Unternehmens muss somit einer ortsgebundenen Arbeitnehmervertretung entgegenstehen.

35 Allein die Nutzung von mehreren Luftfahrzeugen ist hierfür nicht ausreichend. **Luftfahrzeuge** sind dabei gem. § 1 Abs. 2 S. 1 LuftVG Flugzeuge, Drehflügler, Luftschiffe, Segelflugzeuge, Motorsegler, Frei- und Fesselballone, Rettungsfallschirme, Flugmodelle, Luftsportgeräte und sonstige für die Benutzung des Luftraums bestimmte Geräte, sofern sie in Höhen von mehr als 30 Meter über Grund oder Wasser betrieben werden können. Gem. § 1 Abs. 2 S. 2 LuftVG gelten auch **Raumfahrzeuge,** Raketen und ähnliche Flugkörper als Luftfahrzeuge, solange sie sich im Luftraum befinden. Luftfahrzeuge müssen dabei nicht zwingend bemannt sein, wie sich aus § 1 Abs. 2 S. 3 LuftVG ergibt, wonach auch unbemannte Fluggeräte einschließlich ihrer Kontrollstationen als Luftfahrzeuge gelten, soweit sie nicht zu Zwecken des Sports oder der Freizeitgestaltung betrieben werden.

36 Das BAG hat das Vorliegen eines Luftfahrtunternehmens etwa für einen **Luftrettungsdienst** abgelehnt, dessen Personal auf einem Stützpunkt stationiert war und dessen Einsatzradius max. 50 km betrug.[36] Abzulehnen ist dies gleichermaßen für ein Unternehmen, dass sich unbemannter Luftfahrtobjekte **(Drohnen)** bedient, die von einem Stützpunkt aus ferngesteuert werden, sowie für ein Unternehmen, das Rundflüge oder Ballonfahrten in einem bestimmten Gebiet anbietet.[37] Diese vom BAG vorgenommene zweckorientierte Auslegung ist zutreffend. Überdies sind Flughafenbetreiber als solche keine Luftfahrtunternehmen, da sie regelmäßig keine eigene Flotte an Flugzeugen unterhalten. Betreibt eine Airline dagegen einen eigenen Flugplatz, ändert dies nichts an ihrer Eigenschaft als Luftfahrtunternehmen. Der **Flugplatz** selbst ist dann jedoch als iSd Abs. 1 einzuordnen.

37 Kein entscheidendes Merkmal ist dagegen die **Gewerbsmäßigkeit** des Flugbetriebs. Auch ein nicht gewerblich tätiges Unternehmen kann einen Flugbetrieb unterhalten, in dem Arbeitnehmer eingesetzt werden, sodass auch hier die Regelung des § 117 BetrVG zu beachten ist.[38]

38 **b) Abgrenzung zwischen Landbetrieb und Flugbetrieb.** Soweit ein Luftfahrtunternehmen vorliegt, ist weiter zwischen den Landbetrieben, auf die das BetrVG ohne weiteres Anwendung findet, und den Flugbetrieben, für die die Sonderregelung des § 117 Abs. 2 BetrVG eingreift, zu differenzieren.

39 Unter einem **Flugbetrieb** versteht man den Teil des Luftfahrtunternehmens, dessen arbeitstechnischer Zweck unmittelbar darauf gerichtet ist, die Beförderung von Personen

---

[34] Hierzu *Fitting* § 117 Rn. 5 mwN; kritisch im Bezug auf die Situation in nicht etablierten Unternehmen, etwa sog. Billigfliegern *Bayreuther* NZA 2010, 262 (263 f.); *Reichold* NZA 2003, 289 (292).
[35] BAG 20. 2. 2001 – 1 ABR 27/00, BAGE 97, 52 Rn. 19.
[36] BAG 20. 2. 2001 – 1 ABR 27/00, BAGE 97, 52.
[37] Richardi BetrVG/*Forst* § 117 Rn. 7.
[38] Richardi BetrVG/*Forst* § 117 Rn. 6, 8.

oder Gütern durch Luftfahrzeuge tatsächlich auszuführen.[39] Erfasst werden somit lediglich diejenigen Mitarbeiter, die unmittelbar die **Beförderungstätigkeit** des Luftfahrtunternehmens ausführen. Dies sind insbesondere Piloten, Copiloten, Navigatoren sowie Flugbegleiter und Flugsicherheitsbegleiter (sog. Sky Marshalls).

Arbeitnehmer, die durch die von ihnen erbrachte Dienstleistung lediglich die Beförderungstätigkeit und damit den Flugbetrieb selbst technisch, organisatorisch und kaufmännisch ermöglichen, sind dagegen nicht im Flugbetrieb beschäftigt. Sie sind dem **Landbetrieb** zuzuordnen.[40] Das gilt selbst, wenn die Tätigkeit ganz oder teilweise im Flugzeug selbst bzw. sogar während des Fluges erbracht wird, da der Flugbetrieb für die Ausübung der Tätigkeit keine zwingende Voraussetzung ist und die Arbeitsleistung auch anderenorts möglich ist. Entscheidend ist dabei nicht das zeitliche Verhältnis zwischen der Tätigkeit auf dem Boden und im Flugzeug, sondern allein welche Tätigkeit für die Arbeitsleistung prägend ist.[41] Abzustellen ist dabei auf die Besonderheiten des Einzelfalls und nicht auf die **Berufsbezeichnung,** die lediglich als Indiz dienen kann. Dementsprechend kann auch ein Pilot dem Landbetrieb zuzuordnen sein, wenn er schwerpunktmäßig administrative Aufgaben wahrnimmt und seine fliegerische Tätigkeit im Vergleich dazu deutlich geringer ausfällt (zB Trainingskapitän).[42]

Beispiele für Landbetriebe innerhalb eines Luftfahrtunternehmens sind etwa Hangars, Verwaltungs- und Vertriebsniederlassungen, Werften oder Rechenzentren. Auch Flughäfen sind als Landbetriebe einzuordnen, da ihr Zweck nicht in der Beförderung von Personen oder Sachen selbst liegt, sondern in der Bereitstellung von ortsgebundener Infrastruktur und Dienstleistungen für den Flugbetrieb.[43]

c) Betriebsverfassungsrechtlicher Status der im Flugbetrieb beschäftigten Arbeitnehmer. Die im Flugbetrieb beschäftigten Arbeitnehmer sind nicht zur Teilnahme an der Wahl des Betriebsrats der Landbetriebe berechtigt. Sie werden auch nicht von dem Betriebsrat vertreten. Sie sind nicht zur Belegschaft des Landbetriebs hinzuzurechnen und werden bei der Ermittlung der Betriebsgröße nicht mitgezählt. Allerdings sind sie dennoch Angehörige des Luftfahrtunternehmens, sodass sie vom **Wirtschaftsausschuss** gem. § 106 BetrVG mitvertreten werden und auch gem. § 107 Abs. 1 BetrVG zu Mitgliedern des Wirtschaftsausschusses bestimmt werden können.[44]

Bei einer **Versetzung** eines Arbeitnehmers vom Flugbetrieb zum Bodenpersonal ist jedoch neben dem Betriebsrat des Bodenpersonals auch die Arbeitnehmervertretung für das Flugpersonal zu beteiligen, soweit eine solche tarifvertraglich errichtet wurde und der Tarifvertrag ein entsprechendes Mitbestimmungsrecht vorsieht.

Sind betriebsverfassungsrechtliche Regelungen in einem Tarifvertrag nach § 117 Abs. 2 BetrVG getroffen wurden, so gelten diese auch für **ausländische Arbeitnehmer** in dem Betrieb, selbst wenn ihr Arbeitsvertrag nach ausländischem Recht geschlossen wurde.[45]

2. Sondervertretungen gem. § 117 Abs. 2 BetrVG
Gem. § 117 Abs. 2 BetrVG kann für die im Flugbetrieb eines Luftfahrtunternehmens beschäftigten Mitarbeiter durch Tarifvertrag eine Vertretung errichtet werden. Hiervon ist vielfach Gebrauch gemacht worden, so etwa für Lufthansa, Condor, die LTU oder Eurowings. Ebenfalls möglich ist eine Vertretung aufgrund einer schuld- oder gesellschafts-

---

[39] BAG 14.10.1986 – 1 ABR 13/85, NZA 1987, 282.
[40] GK-BetrVG/*Franzen* § 117 Rn. 5.
[41] BAG 14.10.1986 – 1 ABR 13/85, NZA 1987, 282.
[42] LAG Hamm 2.12.2011 – 10 TaBV 21/11 Rn. 50.
[43] Richardi BetrVG/*Forst* § 117 Rn. 10.
[44] BAG 5.11.1985 – 1 ABR 56/83, AP BetrVG 1972 § 117 Nr. 4.
[45] *Bayreuther* NZA 2010, 262 (265): Ausnahme vom Erfordernis der Kongruenz von Arbeits- und Tarifvertragsstatut bzgl. des Betriebsverfassungsstatuts.

rechtlichen Vereinbarung mit dem Arbeitgeber, eine solche vermittelt jedoch keine Rechte nach dem BetrVG.

46 **a) Errichtung durch Tarifvertrag.** Hinsichtlich der Gestaltung betriebsverfassungsrechtlicher Vertretungen für die Arbeitnehmer im Luftbetrieb sind die Parteien frei. Einen Mindeststandard, von dem sie nicht abweichen dürfen, ist lediglich der Richtlinie 2002/14/EG zu entnehmen. Nach Art. 7 RL 2002/14/EG muss Arbeitnehmervertretern bei der Ausübung ihres Amtes ein hinreichender Schutz zukommen, sodass sie ihren Aufgaben in angemessener Weise nachgehen können. Ein Verweis auf das BetrVG ist ebenso möglich, wie vollkommen neue Regelungen für Wahl, Beteiligung und Rechtsstellung der Arbeitnehmervertretung. Die Wahl einer Arbeitnehmervertretung muss in einem Tarifvertrag vorgesehen sein, sonst ist sie mangels Rechtsgrundlage nichtig.[46]

47 Die Tarifvertragsparteien können sich entweder darauf beschränken, auf die Vorschriften des BetrVG zu verweisen, oder eigenständig vom BetrVG abweichende Regelungen treffen. Wenn sie sich für die Vereinbarung von abweichenden Vorschriften entscheiden, haben sie eine umfassende Regelungskompetenz, was jedoch ebenfalls die Anwendbarkeit derer Bereiche des Betriebsverfassungsrechts ausschließt, zu denen keine Regelung getroffen wird.

48 Die betriebsverfassungsrechtlichen Regelungen der §§ 37, 38 BetrVG sowie der besondere Kündigungsschutz gem. § 103 BetrVG bzw. § 15 KSchG müssen ausdrücklich im Tarifvertrag vereinbart werden, damit sie für die Arbeitnehmervertreter gelten. Ist eine Arbeitnehmervertretung eingerichtet worden, gilt diese im Rahmen eines Insolvenzverfahrens (§ 125 InsO) als Betriebsrat.[47]

49 **b) Nachwirkung von Tarifverträgen iSd § 117 Abs. 2 BetrVG.** Nicht abschließend geklärt ist, ob die nach § 117 Abs. 2 BetrVG geschlossenen Tarifverträge eine Nachwirkung iSd § 4 Abs. 5 TVG entfalten. In der rechtlichen Diskussion hierzu wird vielfach ein Vergleich zu § 3 BetrVG gezogen und versucht, die insoweit entwickelten Argumente gegen eine Nachwirkung auf Tarifverträge nach § 117 Abs. 2 BetrVG zu erstrecken.

50 § 4 Abs. 5 TVG, eine nach der st. Rspr. des BAG verfassungsgemäße Norm[48], beinhaltet eine Ordnung-, Arbeitnehmerschutz- und Überbrückungsfunktion.[49] Aus dem Zusammenspiel dieser Zielrichtungen ergibt sich, dass zumindest eine ewige Nachwirkung von Tarifverträgen nicht bestehen kann.[50] Eine Nachwirkung ist jedoch auch im Bereich der Betriebsverfassung in Luftfahrtbetrieben ebenfalls zugunsten neu eintretender Arbeitnehmer geboten, da es hier nicht um Inhaltsnormen, sondern um betriebsverfassungsrechtliche Normen geht, die nur einheitlich für alle Arbeitnehmer eines Betriebs gelten können.[51] Die Annahme, § 4 Abs. 5 TVG gelte nicht für die in Luftfahrtunternehmen beschäftigten Arbeitnehmer, würde zu einer nicht vertretbaren Schutzlücke führen. Der Tarifvertrag gilt somit weiter, solange Verhandlungen zu einer neuen tariflichen Einigung stattfinden. Erst wenn keine Überbrückungssituation mehr vorliegt, etwa weil alle Beteiligten übereinstimmend erklärt haben, keine neuen betriebsverfassungsrechtlichen Regeln aufstellen zu wollen, endet die Nachwirkung nach § 4 Abs. 5 TVG; jedoch aus Gründen der Rechtssicherheit erst mit Ablauf der Amtszeit der noch amtierenden Arbeitnehmervertretung im Luftbetrieb.[52]

---

[46] LAG Bln-Bbg 30.10.2009 – 6 TaBVGa 2284/09.
[47] BAG 26.4.2007 – 8 AZR 695/05, AP InsO § 125 Nr. 4.
[48] S. etwa BAG 20.2.2001 – 1 ABR 27/00, BAGE 97, 52.
[49] *Weber/Gräf* RdA 2012, 95 (97).
[50] *Weber/Gräf* RdA 2012, 95 (97); ArbG Hamburg 8.3.2013 – 27 BV 25/12 LS 2 Rn. 53, 62.
[51] *Weber/Gräf* RdA 2012, 95 (98).
[52] So auch *Weber/Gräf* RdA 2012, 95 (101); ArbG Hamburg 8.3.2013 – 27 BV 25/12 Rn. 62.

c) Auswirkungen des Tarifeinheitsgesetzes. Das BAG gab im Jahr 2010 seine jahr- 51
zehntelange Rechtsprechung auf, dass in einem Betrieb nicht mehr als ein Tarifvertrag
gelten könne.[53] Hierauf reagierte der Gesetzgeber 2015 mit dem Tarifeinheitsgesetz
(TEG),[54] welches den § 4a in das TVG neu einfügte (Art. 1 TEG). Nach § 4a Abs. 1 sollen Tarifkollisionen vermieden werden, jedoch erkennt der Gesetzgeber in Abs. 2 S. 1 die
insbesondere in der Luftfahrtbranche verbreitete Praxis der Tarifpluralität an und schafft
eine Kollisionsnorm, die Konflikte geltender Tarifverträge zugunsten des Tarifvertrags der
Gewerkschaft die bei Vertragsschluss die meisten Mitglieder in dem Betrieb hat, auflöst.
In der Praxis ergeben sich Kollisionsprobleme in Luftfahrtbetrieben jedoch bisher nicht,
da die Berufsgruppen jeweils nur durch eine Einzelgewerkschaft vertreten werden.[55]

3. Streitigkeiten

Rechtsstreitigkeiten über Angelegenheiten einer Vertretung des fliegenden Personals, die 52
durch Tarifvertrag errichtet wurde und über die Zuordnung von Personal zum Land-
oder Flugbetrieb werden im Beschlussverfahren entschieden, §§ 2a, 80 ff. ArbGG.[56] Die
örtliche Zuständigkeit richtet sich nach dem Arbeitsgerichtsbezirk, in dem der Flughafen
liegt, von dem der streitige Flugbetrieb erfolgt.[57]

---

[53] BAG 7.7.2010 – 4 AZR 549/08, NZA 2010, 1068.
[54] Gesetz zur Tarifeinheit, BGBl. 2015 I S. 1130. → § 256 Rn. 1 ff. Das Bundesverfassungsgericht entschied am 11.7.2017, dass das Gesetz grundsätzlich mit dem Grundgesetz vereinbar ist. In Bezug auf die nicht hinreichend beachteten Belange einzelner Berufsgruppen oder Branchen wurde dem Gesetzgeber eine Frist zur Nachbesserung bis zum 31.12.2018 gesetzt, BVerfG 11.7.2017 – 1 BvR 1571/15.
[55] Richardi BetrVG/*Forst* § 117 Rn. 25 f.
[56] BAG 5.11.1985 – 1 ABR 56/83 LS 1.
[57] LAG Bln-Bbg 8.2.2011 – 7 TaBV 2744/10, IPRspr 2011, Nr. 186, 477, LS 2 Rn. 39 f.

Achter Titel: Sprecherausschuss der leitenden Angestellten

Schrifttum:
Abeln, Organrechtliche und kündigungsrechtliche Stellung des Sprecherausschussmitglieds im Vergleich zum Betriebsratsmitglied, Diss. Freiburg, 1993; *Bauer,* Sprecherausschussgesetz, 2. Aufl. 1990; *Bauer,* Rechte und Pflichten der Sprecherausschüsse und ihrer Mitglieder, NZA-Beil. 1/1989, 20; *Bauer,* Ausscheiden leitender Angestellter und Mitwirkung des Sprecherausschusses, BB 1991, 274; *Borgwardt,* Wahlen nach dem Sprecherausschussgesetz unter besonderer Berücksichtigung der Probleme bei erstmaliger Wahl, DB 1989, 2224; *Borgwardt/Fischer/Janert,* (BFJ), Sprecherausschussgesetz für leitende Angestellte, 2. Aufl. 1990; *Buchner,* Das Gesetz zur Änderung des Betriebsverfassungsgesetzes, über Sprecherausschüsse der leitenden Angestellten und zur Sicherung der Montan-Mitbestimmung, NZA-Beil. 1/1989, 2; *Dänzer-Vanotti,* Rechte und Pflichten des Sprecherausschusses, DB 1990, 41; *Deich,* Geschäftsführung des Sprecherausschusses, AR-Blattei SD Sprecherausschuss 1490.2; *Engels,* Die Wahl von Sprecherausschüssen der leitenden Angestellten, 1990; *Engels/Natter,* Die geänderte Betriebsverfassung, BB 1989, Beil. Nr. 8, S. 1; *Fischer/Janert/Goldschmidt,* (FJG), Kommentar zum Sprecherausschussgesetz, 2001; *Fröhlich,* Betriebsratswahl und leitende Angestellte, ArbRB 2014, 16; *Fuchs,* Die Entstehung des Gesetzes über Sprecherausschüsse der leitenden Angestellten, 2000; *Gentz,* Die Stellung des Sprecherausschusses in Großunternehmen, dargestellt am Beispiel Daimler-Benz, NZA-Beil. 1/1990, 17; *Goldschmidt,* Der Sprecherausschuss, 2. Aufl. 2007; *Hacker,* Mitwirkungsrechte der Sprecherausschüsse der leitenden Angestellten nach dem Gesetz vom 20.12.1988, Diss. Gießen, 1995; *Hromadka,* Das Recht der leitenden Angestellten, 1979; *Hromadka,* Sprecherausschüsse für leitende Angestellte, DB 1986, 857; *Hromadka/Sieg,* Sprecherausschussgesetz, 4. Aufl. 2018; *Jacobs,* Die Wahlvorstände für die Wahlen des Betriebsrats, des Sprecherausschusses und des Aufsichtsrats, 1995; *Joost,* Betrieb und Unternehmen als Grundbegriffe im Arbeitsrecht, 1988; *Kaiser,* Sprecherausschüsse für leitende Angestellte: Organisation, Aufgaben und Mitwirkungsrechte, 1995; *Kappes,* Heilbare Probleme? Schwierigkeiten mit dem neuen Gesetz über Sprecherausschüsse der leitenden Angestellten, DB 1989, 1188; *Kort,* Grenzen des Zugriffs des Sprecherausschusses auf Personaldaten leitender Angestellter, NZA-RR 2015, 113; *Kramer,* Rechtsfragen des Sprecherausschussgesetzes, Diss. Göttingen 1993; *Kramer,* Rechtsfragen der Bildung und Zusammensetzung eines Sprecherausschusses, BB 1993, 2153; *Kramer,* Zur Rechtsstellung von Sprecherausschussmitgliedern, DB 1993, 1138; *Kramer,* Probleme der Mitwirkungsrechte des Sprecherausschusses, NZA 1993, 1024; *Kramer,* Vereinbarungen des Arbeitgebers mit dem Sprecherausschuss, DB 1996, 1082; *Kronisch/Deich,* Organisationsformen und Wahl von Sprecherausschüssen der leitenden Angestellten, AR-Blattei SD Sprecherausschuss 1490.1 (Stand 2007); *Löwisch,* Kommentar zum Sprecherausschussgesetz, 2. Aufl. 1994; *Löwisch,* Regelung der betrieblichen Altersversorgung in RL nach § 28 SprAuG?, BB 1990, 1631; *Löwisch,* Betriebsratsamt und Sprecherausschussamt bei Betriebsübergang und Unternehmensänderung, BB 1990, 1698; *Löwisch,* Zielgrößen für den Frauenanteil auf Führungsebenen: Beteiligung von Betriebsrat und Sprecherausschuss, BB 2015, 1909 *Luczak,* Sprecherausschüsse für leitende Angestellte im Rahmen der Unternehmensverfassung, 1996; *Martens,* Das Arbeitsrecht der leitenden Angestellten, 1982; *Martens,* Die leitenden Angestellten im Spannungsfeld von unternehmerischer Organisationsautonomie und Arbeitnehmerschutz, RdA 1988, 202; *Martens,* Zum Fortbestand freiwilliger Sprecherausschüsse ohne Ablösung durch einen gesetzlichen Sprecherausschuss, NZA 1989, 409; *Nebel,* Ablösung allgemeiner Arbeitsbedingungen leitender Angestellter durch RL nach dem Sprecherausschussgesetz, DB 1990, 1512; *Oetker,* Grundprobleme bei der Anwendung des Sprecherausschussgesetzes, ZfA 1990, 43; *Oetker,* Das Arbeitsentgelt der leitenden Angestellten zwischen Individualautonomie und kollektiver Interessenvertretung, BB 1990, 2181; *Richardi,* Der Gesetzentwurf zur Verstärkung der Minderheitenrechte in den Betrieben und Verwaltungen (MindRG), AuR 1986, 33; *Romer,* Das Sprecherausschussgesetz und die analoge Anwendung des Betriebsverfassungsgesetzes, Diss. Bayreuth, 1996; *Schneider/Weber,* Die Wahlen zum Sprecherausschuss und zum Betriebsrat 1990 – Planspiel für die betriebliche Praxis, NZA-Beil. 1/1990, 29; *Sieg,* Leiten ohne zu leiden – Das Sprecherausschussgesetz in der betrieblichen Praxis, FS Richardi, 2007, S. 777; *Steffens,* Institution und Funktion der Sprecherausschüsse der leitenden Angestellten in Betrieb und Unternehmen, Diss. Berlin, 1973; *Ulmer,* Legalisierte Sprecherausschüsse, Diss. Konstanz, 1989; *Weigle,* Die leitenden Angestellten zwischen Sprecherausschuss und Betriebsrat, Diss. Kiel, 1993; *Wlotzke,* Die Änderungen des Betriebsverfassungsgesetzes und das Gesetz über Sprecherausschüsse der leitenden Angestellten, DB 1989, 111, 173; *Wlotzke,* Fortbestand freiwilliger Sprecherausschüsse nach dem 31.5.1990?, NZA 1989, 709; *Wollenberg,* Die Regelungsbefugnis von Arbeitgeber und Sprecherausschuss nach § 28 SprAuG, 1999; *Wüllner,* Die Pflicht des Arbeitgebers zur Anhörung des Sprecherausschusses vor Abschluss von Betriebsvereinbarungen und sonstigen Vereinbarungen mit dem Betriebsrat, 1993.

§ 310 Grundlagen

Übersicht

	Rn.
I. Entstehungsgeschichte des SprAuG	1
II. Zweck des Gesetzes	2

I. Entstehungsgeschichte des SprAuG

	Rn.
III. Geltungsbereich	4
1. Persönlicher Geltungsbereich	4
2. Sachlicher Geltungsbereich	8
a) Betrieb, Unternehmen und Konzern	8
b) Tendenzbetrieb und -unternehmen	15
c) Körperschaften, Stiftungen und Anstalten des öffentlichen Rechts	16
d) Religionsgemeinschaften	17
e) Sonderregelungen	18
3. Räumlicher Geltungsbereich	19
IV. Zusammenarbeit	20
1. Verhältnis Sprecherausschuss und Arbeitgeber	20
2. Verhältnis Sprecherausschuss und Betriebsrat	29
3. Verhältnis Sprecherausschuss, Betriebsrat und Arbeitgeber	32
V. Friedenspflicht	33
1. Allgemeines	33
2. Parteipolitische Betätigung	37
3. Störungen	39
VI. Stellung der Koalitionen	40
VII. Vertragliche Änderungen der Sprecherausschussverfassung	42
VIII. Andere Vertretungen der leitenden Angestellten	44

I. Entstehungsgeschichte des SprAuG

Das BetrVG findet, abgesehen von geringfügigen Ausnahmen, gem. § 5 Abs. 3 auf leitende Angestellte keine Anwendung. Der Grund für die Herausnahme der leitenden Angestellten aus dem Geltungsbereich des BetrVG und damit auch dem Zuständigkeitsbereich des Betriebsrates ist nicht, dass der Gesetzgeber von einer fehlenden Schutzbedürftigkeit der leitenden Angestellten als besonderer Arbeitnehmergruppe ausging, sondern ist in der besonderen Stellung der Gruppe und der Ausübung von unternehmerischen Funktionen begründet. Der Betriebsrat vertritt die Arbeitnehmer gegenüber dem Arbeitgeber im Hinblick auf die Ausübung unternehmerischer Entscheidungsmacht. Soweit die Entscheidungsmacht durch leitende Angestellte ausgeübt wird, können sie nicht gleichzeitig auf der einen Seite als Entscheidungsträger stehen und auf der anderen Seite in ihren Interessen von dem Betriebsrat vertreten werden.[1] Die betriebsverfassungsrechtliche Sonderstellung ist demnach bedingt und gerechtfertigt durch die Verlagerung der unternehmerischen Befugnisse und Funktionen auf den leitenden Angestellten. Die Position als „angestellter Unternehmer"[2] schafft ein Bedürfnis für eine gesonderte Vertretung der Interessen dieser Arbeitnehmergruppe gegenüber dem Arbeitgeber. In der Historie der Regelungen der betrieblichen Ordnung aber auch der sonstigen individualrechtlichen Regelungen hat sich schon früh ein Bedürfnis herausgebildet, die Gruppe der leitenden Angestellten, die sich aufgrund ihrer Tätigkeit, teilweise aufgrund ihrer Vorbildung, ihrer Verantwortung und in der Regel auch ihres Einkommens nicht nur in sozialer Hinsicht von den übrigen Arbeitnehmer unterscheidet, jedenfalls teilweise aus dem Anwendungsbereich der typischen Arbeitnehmerschutzgesetze (zB des KSchG (§ 14 Abs. 2) und des ArbZG (§ 18 Abs. 1 Nr. 1)) herauszunehmen und ihnen auch in Bezug auf die Betriebsorganisation eine Sonderstellung zuzuerkennen. Bereits 1918/1919 bildeten sich erste kollektive Interessenvertretungen von leitenden Mitarbeitern (zB Vela, Budaci später VAA und ULA) in Unternehmen zur Abwendung der Schaffung tariflicher Höchstarbeitsbedingungen.[3] In der Aufbauphase nach dem 2. Weltkrieg forderten die kollektiven Interessenvertretungen (vor allem ULA und VAA) eine gesetzliche Sonderstellung nicht nur

---
[1] BAG 23.1.1986 – 6 ABR 51/81, AP BetrVG 1972 § 5 Nr. 32 = NZA 1986, 484.
[2] *Hromadka/Sieg* SprAuG Einleitung Rn. 3.
[3] *Hromadka/Sieg* SprAuG Einleitung Rn. 7.

im Bereich der betrieblichen Ordnungen sondern auch im „gesamten Bereich des Arbeits- und Sozialversicherungsrechtes".[4] 1968 bildeten sich die ersten Sprecherausschüsse der leitenden Angestellten auf freiwilliger Basis, deren Zahl bis 1986 auf über vierhundert anwuchs.[5] Das BAG hat diese als zulässig anerkannt.[6] Nach ergebnislosen Anläufen in der achten und zehnten Legislaturperiode[7] wurde in der elften Legislaturperiode am 20.12.1988 trotz beträchtlicher parteipolitischer und koalitionspolitischer Meinungsverschiedenheiten das Gesetz über Sprecherausschüsse der leitenden Angestellten als Teil des Gesetzes zur Änderung des BetrVG, über Sprecherausschüsse der leitenden Angestellten und zur Sicherung der Montan-Mitbestimmung verabschiedet.[8] Das Gesetz ist am 1.1.1989 in Kraft getreten. Wesentliche inhaltliche Änderungen hat das Gesetz seither nicht erfahren.[9] Verschiedentlich wird angenommen, die Schaffung gesetzlicher Sprecherausschüsse verändere ein bisher im Betriebsverfassungsrecht geltendes Prinzip der einheitlichen Repräsentation.[10] Ein solches Prinzip hatte es bis zum Inkrafttreten des SprAuG indes nicht gegeben, da leitende Angestellte schon bei der Fassung des BetrVG im Jahr 1952 vom Anwendungsbereich ausgenommen waren. Zudem gab es die freiwilligen Sprecherausschüsse. Einheitlich war die Vertretung nur für den nicht zu den leitenden Angestellten gehörigen Teil der Belegschaft. Dieses Vertretungsmonopol des Betriebsrates wird durch den Sprecherausschuss in keiner Weise beseitigt.[11]

II. Zweck des Gesetzes

2   Das SprAuG ist inhaltlich materielles Betriebsverfassungsrecht. Denn die leitenden Angestellten sind, auch wenn man sie als besondere Gruppe ansieht und ihnen rechtlich eine Sonderstellung zuerkennt, Teil der Arbeitnehmerschaft des Betriebs. Im Grundsätzlichen verfolgt die kollektive Interessenrepräsentation der leitenden Angestellten in Bezug auf die Rechte ihrer Gruppe zumindest ähnliche Ziele wie diejenige der Arbeitnehmer in nicht leitender Funktion, auch wenn die herausgehobene Stellung der leitenden Angestellten und die Nähe zum verantwortlichen Vertretungsorgan das Bedürfnis nach rechtlicher Absicherung von echten Beteiligungsrechten abschwächt. Die Schaffung selbständiger, vom Betriebsrat abgesonderter Repräsentationsorgane ist eine rechtstechnische Konsequenz aus der Überlegung, dass der Betriebsrat eben nicht die kollektiven Interessen von Arbeitnehmern vertreten kann, die unternehmerische Entscheidungen treffen, welche gerade der Mitbestimmung des Betriebsrates unterliegen sollen. Während die Mitbestimmung des Betriebsrates zwar nicht in allen, aber doch in wesentlichen Bereichen eine gleichberechtigte Teilhabe an unternehmerischen Entscheidungen sicherstellen soll, gilt dies für die Mitwirkung der Sprecherausschüsse der leitenden Angestellten nicht. Die Wahl von Sprecherausschüssen folgt zwar nach ähnlich detaillierten Regelungen wie die der Betriebsräte. Der Umfang der Beteiligungsrechte des Sprecherausschusses beschränkt sich aber im Gegensatz zu denen der Betriebsräte auf Unterrichtungs-, Anhörungs- und Beratungsrechte. Eine echte Mitbestimmung, wie sie zB dem Betriebsrat in § 87 BetrVG in sozialen Angelegenheiten eingeräumt wurde, gibt es im SprAuG nicht. Nach der gesetzgeberischen Wertung wird die Mitbestimmung im engeren Sinne als gleichberechtigte Teilhabe, wie sie der Betriebsrat in bestimmten Angelegenheiten ausüben kann, mit der Funktion der leitenden Angestellten als unternehmerische Entscheidungsträger als nicht vereinbar ange-

---

[4] *Hromadka/Sieg* SprAuG Einleitung Rn. 34.
[5] *Hromadka/Sieg* SprAuG Einleitung Rn. 46.
[6] BAG 19.2.1975 – 1 ABR 55/73, AP BetrVG 1972 § 5 Nr. 9 = BeckRS 9998, 14968.
[7] BT-Drs. 8/3490 und BT-Drs. 10/3384; zur historischen Entwicklung: *Hromadka/Sieg* SprAuG Einleitung Rn. 15 ff.; *Engels/Natter* BB 1989, Beil. Nr. 8, 6 f.
[8] BGBl. 1988 I 2312 (2329).
[9] Ua durch Art. 3 Abs. des Gesetzes vom 14.8.2006, BGBl. 2006 I 1897, 1908 (Anpassung des § 27 an das AGG).
[10] *Buchner* NZA-Beil Nr. 1/1989, 2 (13); *Oetker* ZfA 1990, 43 (45 f.).
[11] *Buchner* NZA-Beil. 1/1989, 2 (14).

sehen. Unternehmerische Entscheidungen gegenüber leitenden Angestellten, die sie in ihrer Eigenschaft als Arbeitnehmer betreffen, bleiben demnach jenseits von Informations- und Beratungsrechten mitbestimmungsfrei.

Nach der Begründung des Gesetzentwurfs[12] sollte die Schaffung der Sprecherausschüsse für leitende Angestellte angemessene Arbeitsbedingungen für die leitenden Angestellten bei Regelungen, die sie gemeinsam betreffen, gewährleisten und ferner ermöglichen, dass die besonderen Kenntnisse und Einsichten der leitenden Angestellten bezüglich der organisatorischen und wirtschaftlichen Bedingungen des Unternehmens für die Entscheidungsprozesse nutzbar gemacht werden können. Diesem Anspruch wird das Gesetz indes nicht gerecht. Nach § 30 S. 1 Nr. 1 SprAuG hat der Arbeitgeber bspw. den Sprecherausschuss bei Änderungen der Gehaltsgestaltung und der sonstigen allgemeinen Arbeitsbedingungen sowie bei Einführung oder Änderung allgemeiner Beurteilungsgrundsätze zunächst zu unterrichten. Er hat die Maßnahmen sodann nur mit dem Sprecherausschuss zu beraten, § 30 S. 2 SprAuG. Über die Maßnahme selbst entscheidet der Arbeitgeber aber letztlich allein. Dies gilt auch bei beabsichtigten Einstellungen oder personellen Veränderungen, die einen leitenden Angestellten betreffen. Nach § 31 Abs. 1 SprAuG hat der Arbeitgeber die beabsichtigte Maßnahme dem Sprecherausschuss lediglich mitzuteilen. Dass der Sprecherausschuss wesentlichen Einfluss auf die Arbeitsbedingungen für die leitenden Angestellten oder die diese betreffenden Personalentscheidungen nehmen kann, ist im Gesetz demnach nicht vorgesehen. Nach § 32 SprAuG hat der Arbeitgeber den Sprecherausschuss zwar mindestens einmal halbjährlich über die wirtschaftlichen Angelegenheiten des Betriebs und des Unternehmens zu unterrichten. Jedenfalls über den Sprecherausschuss können die leitenden Angestellten allerdings nicht auf die wirtschaftlich relevanten Entscheidungen Einfluss nehmen. Der vom Gesetzgeber verfolgte Zweck hat demnach im Gesetz keine Umsetzung gefunden.

III. Geltungsbereich

1. Persönlicher Geltungsbereich

Der Sprecherausschuss wird aus der Gruppe der leitenden Angestellten des Betriebs bzw. Unternehmens heraus gebildet, §§ 1 Abs. 1, 3 Abs. 1, 20 Abs. 1 SprAuG. Maßgeblich ist der in § 5 Abs. 3 S. 2 BetrVG umschriebene Begriff des leitenden Angestellten, auf den § 1 Abs. 1 SprAuG ausdrücklich Bezug nimmt → § 20 Rn. 12 ff.

Leitender Angestellter ist danach, wer nach Arbeitsvertrag und Stellung im Unternehmen oder im Betrieb
– zur selbständigen Einstellung und Entlassung von im Betrieb oder in der Betriebsabteilung beschäftigten Arbeitnehmern berechtigt ist oder
– Generalvollmacht oder Prokura (§ 48 HGB) hat und die Prokura auch im Verhältnis zum Arbeitgeber nicht unbedeutend ist oder
– regelmäßig sonstige Aufgaben wahrnimmt, die für den Bestand und die Entwicklung des Unternehmens oder eines Betriebs von Bedeutung sind und deren Erfüllung besondere Erfahrungen und Kenntnisse voraussetzt, wenn er dabei entweder die Entscheidungen im Wesentlichen frei von Weisungen trifft oder sie maßgeblich beeinflusst; dies kann auch bei Vorgaben insbesondere auf Grund von Rechtsvorschriften, Plänen oder Richtlinien sowie bei Zusammenarbeit mit anderen leitenden Angestellten gegeben sein.

Diese Voraussetzungen müssen kumulativ erfüllt sein. Die Aufzählung in der Legaldefinition des Begriffs der leitenden Angestellten in § 5 Abs. 3 S. 2 BetrVG ist abschließend, jedenfalls für den Anwendungsbereich des BetrVG und damit über § 1 SprAuG auch für das Sprecherausschussgesetz → § 20 Rn. 20. Wenn bei Anwendung dieser Legaldefinition in § 5 Abs. 3 S. 2 BetrVG Zweifel verbleiben, bietet § 5 Abs. 4 BetrVG eine Entschei-

---
[12] BT-Drs. 11/2503, 26.

dungshilfe. Die rechtsdogmatische Einordnung dieser Norm ist umstritten → § 20 Rn. 40 ff. Die Feststellung der genannten Stellung im Betrieb oder Unternehmen kann zu Schwierigkeiten führen. Für diejenigen Fälle, in denen die Zuordnung eines Angestellten nach dem funktionalen Grundtatbestand zweifelhaft ist, wird in § 5 Abs. 4 BetrVG eine Bestimmungshilfe gegeben.[13] Nach dieser eher unklaren Bestimmung (→ § 20 Rn. 40 ff.) ist im Zweifel leitender Angestellter, wer

– aus Anlass der letzten Wahl des Betriebsrates, des Sprecherausschusses oder von Aufsichtsratsmitgliedern der Arbeitnehmer oder durch rechtskräftige gerichtliche Entscheidung den leitenden Angestellten zugeordnet worden ist oder
– einer Leitungsebene angehört, auf der in dem Unternehmen überwiegend leitende Angestellte vertreten sind, oder
– ein regelmäßiges Jahresarbeitsentgelt erhält, das für leitende Angestellte in dem Unternehmen üblich ist, oder
– falls auch bei Berücksichtigung des üblichen Jahresentgelts leitender Angestellter noch Zweifel bleiben, ein regelmäßiges Jahresentgelt erhält, welches das Dreifache der Bezugsgröße nach § 18 SGB IV überschreitet.

7 Ein Angestellter kann nur entweder zu dem von dem Betriebsrat vertretenen Personenkreis gehören oder zu demjenigen angehören, für den der Sprecherausschuss gebildet wird. Die alternative Zuordnung von Angestellten entweder zu dem vom Betriebsrat oder zu dem vom Sprecherausschuss vertretenen Personenkreis darf nicht zufällig danach erfolgen, welche der beiden Wahlen zuerst durchgeführt wird. Gesetzlich ist deshalb eine zweifache Verkoppelung der Abgrenzung der Personenkreise vorgesehen. Die regelmäßigen Betriebsratswahlen sind zeitgleich mit den regelmäßigen Wahlen zur Bildung eines Sprecherausschusses einzuleiten, § 13 Abs. 1 S. 2 BetrVG, § 5 Abs. 1 S. 2 SprAuG. Außerdem haben die beiden Wahlvorstände vor Einleitung der Wahlen eine Einigung über die Zuordnung der Angestellten zu versuchen und notfalls einen Vermittler mit Entscheidungsbefugnis einzuschalten, § 18a BetrVG → § 291 Rn. 1.

2. Sachlicher Geltungsbereich

8 **a) Betrieb, Unternehmen und Konzern.** Die Errichtung von Sprecherausschüssen der leitenden Angestellten erfolgt nach der gleichen **dreistufigen** Konzeption, wie sie für die Repräsentationsorgane der anderen Arbeitnehmer gilt. Sprecherausschüsse sind primär auf betrieblicher Ebene zu bilden, § 1 Abs. 1 SprAuG. Bestehen in einem Unternehmen mehrere Sprecherausschüsse, ist auf der Unternehmensebene ein Gesamtsprecherausschuss zu errichten, § 16 Abs. 1 SprAuG. Für einen Unterordnungskonzern iSv § 18 AktG kann durch Beschlüsse der einzelnen Gesamtsprecherausschüsse ein Konzernsprecherausschuss errichtet werden, § 21 Abs. 1 S. 1 SprAuG.

9 Die leitenden Angestellten können sich mit der Mehrheit der Stimmen für einen **zweistufigen** Aufbau entscheiden. Sie haben die Möglichkeit, in einem Unternehmen mit mehreren Betrieben die Sprecherausschüsse auf betrieblicher Ebene durch einen einzigen Unternehmenssprecherausschuss auf Unternehmensebene zu ersetzen, § 20 Abs. 1 SprAuG. Auf diese Weise können sich die leitenden Angestellten eine einheitliche Interessenrepräsentation gegenüber dem Unternehmen sichern. Der Unternehmenssprecherausschuss nimmt für die Bildung des Konzernsprecherausschusses die Aufgaben eines Gesamtsprecherausschusses wahr, § 21 Abs. 1 S. 3 SprAuG. Nach dem BetrVG gibt es auch die Möglichkeit, einen unternehmenseinheitlichen Betriebsrates zu bilden, dies aber nur auf der Grundlage einer tariflichen Regelung, § 3 Abs. 1 Nr. 1 Buchst. a BetrVG.

10 Die Begriffe des Betriebs und des Unternehmens decken sich mit den entsprechenden Begriffen des BetrVG zur Abgrenzung der Einheiten, für die ein Betriebsrat bzw. ein Gesamtbetriebsrat zu bilden ist → § 284 Rn. 1, → § 300 Rn. 1. Da es keine vorgegebenen Begriffsdefinitionen des Betriebs und des Unternehmens, die für alle arbeitsrechtlichen

---

[13] BT-Drs. 11/2503, 30.

III. Geltungsbereich

Regelungsbereiche zu gelten hätten, gibt,[14] bedarf es einer teleologischen, an der jeweiligen rechtlichen Regelung ausgerichteten Begriffsbestimmung. Sie führt für das SprAuG nicht zu einer vom BetrVG abweichenden Begriffsbildung.[15] Die leitenden Angestellten gehören der Arbeitnehmerschaft des Betriebs und des Unternehmens iSd BetrVG an und werden lediglich aus Gründen ihrer besonderen herausgehobenen Stellung und ihrer Nähe zu den vertretungsberechtigten Organen von der Repräsentation durch den Betriebsrat bzw. den Gesamtbetriebsrat ausgenommen. An der jeweiligen personellen Einheitlichkeit der Belegschaften von Betrieb und Unternehmen iSd BetrVG ändert sich dadurch nichts. Das SprAuG institutionalisiert Repräsentationsorgane der leitenden Angestellten für diejenigen Bereiche, für die ohne die Sonderregelung des § 5 Abs. 3 BetrVG die Repräsentation durch Betriebsrat und Gesamtbetriebsrat gegeben wäre. Daraus ergibt sich zwingend, dass der Betriebsbegriff und der Unternehmensbegriff für die Bildung von Betriebsrat und Sprecherausschüssen jeweils identisch sind.[16] Für den Konzernbegriff ist dieser Rückschluss schon deshalb zwingend, weil § 21 Abs. 1 S. 1 SprAuG in gleicher Weise wie § 54 Abs. 1 S. 1 BetrVG auf den in § 18 Abs. 1 AktG definierten Begriff des Unterordnungskonzern verweist.

Bei der Bildung von Betriebsräten muss der Betrieb nicht notwendig mit der betriebsratsfähigen Einheit identisch sein. Nach § 4 Abs. 1 BetrVG können auch Betriebsteile als selbständige Betriebe und damit als betriebsratsfähige Einheiten gelten, wenn sie räumlich weit vom Hauptbetrieb entfernt oder durch Aufgabenbereich und Organisation selbständig sind. Die Bestimmung ist auf die Bildung von Sprecherausschüssen nicht anzuwenden,[17] da § 1 Abs. 1 SprAuG die Errichtung von Sprecherausschüssen nur in Betrieben vorsieht, ohne auf die betriebsratsfähige Einheit iSd § 4 Abs. 1 BetrVG zu verweisen.

Betriebe, die in der Regel nicht mehr als fünf wahlberechtigte Arbeitnehmer beschäftigen und deshalb nicht betriebsratsfähig sind, werden bei der Bildung von Betriebsräten nach § 4 Abs. 2 BetrVG dem Hauptbetrieb zugeordnet. Auch diese Bestimmung ist vom SprAuG nicht übernommen worden und deshalb auf die Bildung von Sprecherausschüssen nicht anzuwenden.[18] Hier besteht auch kein Bedürfnis für eine analoge Anwendung. Das SprAuG hat die Problematik der Bildung von Repräsentationsorganen in Betrieben, die keine ausreichende Belegschaftsstärke aufweisen, anders gelöst hat als das BetrVG. Nach § 1 Abs. 2 SprAuG gelten leitende Angestellte eines Betriebs mit in der Regel weniger als zehn leitenden Angestellten als leitende Angestellte des räumlich nächstgelegen Betriebs desselben Unternehmens, der eine für die Bildung eines Sprecherausschusses ausreichende Zahl von leitenden Angestellten aufweist. Der maßgebliche Gesichtspunkt für die Zuordnung ist hier also die räumliche Nähe. Damit wird eine einfache und klare Abgrenzung erreicht. Als räumlich nächstgelegen ist folgerichtig der Betrieb zu verstehen, der am leichtesten verkehrstechnisch erreichbar ist; auf die geographische Entfernung kommt es nicht entscheidend an.[19]

Werden nach § 3 Abs. 1 BetrVG auf der Grundlage tarifvertraglicher Regelungen für die Bildung von Betriebsräten andere Anknüpfungspunkte als die Begriffe Betrieb oder Unternehmen gewählt, zB die Errichtung von Spartenbetriebsräten, folgt hieraus nicht, dass die so gebildeten betriebsverfassungsrechtlichen Organisationseinheiten auch als An-

---

[14] *Joost* S. 171 ff.
[15] *Oetker* ZfA 1990, 43 (47 mwN); ErfK/*Oetker* SprAuG § 1 Rn. 2; *Löwisch* SprAuG § 1 Rn. 38.
[16] ErfK/*Oetker* SprAuG § 1 Rn. 2; *Löwisch* SprAuG § 1 Rn. 38.
[17] *Kramer* BB 1993, 2153; *Löwisch* SprAuG § 1 Rn. 41; *Hromadka/Sieg* SprAuG § 1 Rn. 19; aA *Oetker* ZfA 1990, 43, (47 f.); ErfK/*Oetker* SprAuG § 1 Rn. 3.
[18] *Bauer* SprAuG § 1 Anm. 3; *Hromadka/Sieg* SprAuG § 1 Rn. 19; *Kramer* BB 1993, 2153; aA *Oetker* ZfA 1990, 43 (47 f.); ErfK/*Oetker* SprAuG § 1 Rn. 3.
[19] *Oetker* ZfA 1990, 43, (47); ErfK/*Oetker* SprAuG § 1 SprAuG Rn. 4; *Hromadka/Sieg* SprAuG § 1 Rn. 46; *Löwisch* SprAuG § 1 Rn. 47; aA *Röder* NZA-Beil. 4/1989, 2; *Bauer* SprAuG § 1 Anm. 4; *Bauer* NZA 1/1989, 20 (21); *Kramer* BB 1993, 2153 (2154); zum andersartigen Normzweck des § 4 Abs. 1 Nr. 1 BetrVG vgl. *Joost* S. 270 ff.

knüpfungspunkt für die Bildung von Sprecherausschüssen gelten, denn das SprAuG kennt diese Sonderformen der betriebsverfassungsrechtlichen Organisationseinheiten nicht.[20]

14 Die sprecherausschussfähige Einheit kann demnach auf drei verschiedene Arten zu bestimmen sein. Im gesetzlichen Regelfall deckt sie sich mit dem Betrieb, § 1 Abs. 1 SprAuG. Dies ist die kleinste Einheit; sie kann nicht mehr untergliedert werden. Die sprecherausschussfähige Einheit kann auch aus mehreren Betrieben bestehen, § 1 Abs. 2 SprAuG. In diesem Fall hat der Sprecherausschuss einen mehrbetrieblichen Wirkungsbereich. Die Zahl der Betriebe, die nach § 1 Abs. 2 SprAuG zusammengerechnet werden können, ist nicht absolut beschränkt, sondern hängt allein davon ab, wie viele Betriebe die Voraussetzungen nach § 1 Abs. 2 SprAuG erfüllen. Schließlich kann von den leitenden Angestellten von vornherein das ganze Unternehmen als sprecherausschussfähige Einheit bestimmt werden, § 20 Abs. 1 SprAuG → § 311 Rn. 134 ff.

15 **b) Tendenzbetrieb und -unternehmen.** Nach § 118 Abs. 1 BetrVG sind die Vorschriften dieses Gesetzes auf Unternehmen und Betriebe, die unmittelbar und überwiegend politischen, koalitionspolitischen, konfessionellen, karitativen, erzieherischen, wissenschaftlichen oder künstlerischen Bestimmungen oder Zwecken der Berichterstattung oder Meinungsäußerung iSd Art. 5 Abs. 1 S. 2 GG dienen, insoweit nicht anzuwenden, als die Eigenart des Unternehmens oder des Betriebs dem entgegensteht → § 284 Rn. 20; die Bestimmungen über den Wirtschaftsausschuss und die Unterrichtung in wirtschaftlichen Angelegenheiten sind überhaupt nicht, die Bestimmungen über Betriebsänderungen nur insoweit anzuwenden, als sie den Ausgleich oder die Milderung wirtschaftlicher Nachteile für die Arbeitnehmer infolge von Betriebsänderungen regeln. Dieser allgemeine Tendenzschutz gilt für Sprecherausschüsse nicht. Ein so weitreichender Tendenzschutz für Unternehmen, wie ihn das BetrVG vorsieht, ist unter Berücksichtigung dessen, dass sich die Rechte des Sprecherausschusses lediglich auf Unterrichtungs-, Anhörungs- und/oder Beratungsrechte beschränken, vom Gesetzgeber für nicht erforderlich gehalten worden.[21] Das SprAuG trägt dem Tendenzschutz nur in § 32 Abs. 1 S. 2 SprAuG Rechnung. gegeben, indem es die Pflicht des Unternehmers, den Sprecherausschuss halbjährlich über wirtschaftliche Angelegenheiten zu unterrichten, für Tendenzunternehmen und Tendenzbetriebe iSd § 118 Abs. 1 BetrVG ausgeschlossen hat → § 312 Rn. 107 ff.

16 **c) Körperschaften, Stiftungen und Anstalten des öffentlichen Rechts.** Keine Anwendung findet nach § 1 Abs. 3 Nr. 1 SprAuG das Gesetz auf Verwaltungen und Betriebe des Bundes und der Länder, der Gemeinden und sonstiger Körperschaften, Anstalten und Stiftungen des öffentlichen Rechts. Sprecherausschüsse werden somit nur in privatrechtlich organisierten Einheiten gebildet. Die Regelung entspricht der des § 130 BetrVG → § 284 Rn. 17. Anzuwenden ist das SprAuG aber auf privatrechtlicher organisierten Unternehmen, auch wenn sie ganz oder teilweise in der Beteiligung der öffentlichen Hand stehen.

17 **d) Religionsgemeinschaften.** Das SprAuG findet nach § 1 Abs. 3 Nr. 2 auch keine Anwendung auf Religionsgemeinschaften und ihre karitativen und erzieherischen Einrichtungen unbeschadet deren Rechtsform. Auch diese Bestimmung entspricht der des BetrVG, wo dieser Ausschluss in § 118 Abs. 2 BetrVG geregelt ist → § 284 Rn. 20. Im Gegensatz zu den Unternehmen und Betrieben der öffentlichen Hand kommt es hier nicht darauf an, in welcher Rechtsform die Einrichtungen betrieben werden. Sprecherausschüsse sind deshalb selbst dann nicht zu errichten, wenn es sich um privatrechtlich organisierte Betriebe und Unternehmen mit karitativen und erzieherischen Zwecken handelt.

---

[20] AA *Fitting* BetrVG § 3 Rn. 79; GK-BetrVG/*Franzen* § 3 Rn. 59; ErfK/*Oetker* SprAuG § 1 Rn. 2.
[21] *Hromadka* DB 1986, 857 (862).

IV. Zusammenarbeit

e) Sonderregelungen. Für Landbetriebe von Luftfahrtunternehmen gilt nach § 117 Abs. 2 BetrVG das BetrVG nicht. Eine solche Einschränkung kennt das SprAuG nicht. Es ist deshalb auch auf die in § 117 Abs. 2 BetrVG genannten Unternehmen der Luftfahrt anzuwenden. Sonderregelungen gelten nach § 33 SprAuG für Seeschifffahrtsunternehmen iSv § 114 Abs. 2 BetrVG.

3. Räumlicher Geltungsbereich

Für den räumlichen Geltungsbereich des SprAuG gelten die gleichen Grundsätze wie für das BetrVG. Auszugehen ist von dem **Territorialitätsprinzip**[22]. Das SprAuG findet also nur auf die in der Bundesrepublik Deutschland belegenen Einheiten Anwendung. Sprecherausschüsse sind daher für inländische Betriebe unabhängig davon zu bilden, ob der Arbeitgeber bzw. das Unternehmen seinen Sitz im Ausland hat. Die Staatsangehörigkeit von Betriebsinhaber und leitendem Angestellten ist ebenso bedeutungslos wie das für das Arbeitsverhältnis geltende Arbeitsstatut. Für im Ausland gelegene Betriebe eines inländischen Unternehmens gilt das SprAuG nicht. Es können daher im Ausland keine Sprecherausschüsse gebildet werden. Einzelne im Ausland beschäftigte Arbeitnehmer können einem inländischen Betrieb zuzuordnen und damit passiv und aktiv wahlberechtigt sein. Ein Unternehmen mit Sitz im Ausland wird vom SprAuG nicht erfasst. Die in den inländischen Unternehmensbereichen eines Unternehmens mit Sitz im Ausland gebildeten Sprecherausschüsse können jedoch einen Gesamtsprecherausschuss errichten → § 311 Rn. 106. Mitarbeiter ausländische Betriebe wirken an der Bildung dieser Gremien nicht mit. Die leitenden Angestellten der inländischen Betriebe können die Wahl eines Unternehmenssprecherausschusses nur für die inländischen Unternehmensteile beschließen. Die gleichen Grundsätze gelten für einen Konzernsprecherausschuss → § 311 Rn. 146.

IV. Zusammenarbeit

1. Verhältnis Sprecherausschuss und Arbeitgeber

Der Sprecherausschuss hat mit dem Arbeitgeber vertrauensvoll unter Beachtung der geltenden Tarifverträge zum Wohl der leitenden Angestellten und des Betriebs zusammenzuarbeiten, § 2 Abs. 1 S. 1 SprAuG. Die Bestimmung ist der Regelung in § 2 Abs. 1 BetrVG über das Verhältnis zwischen Arbeitgeber und Betriebsrat nachgebildet → § 288 Rn. 2 ff. Das im BetrVG bestimmte Zusammenwirken mit den im Betrieb vertretenen Gewerkschaften und Arbeitgebervereinigungen ist allerdings für den Sprecherausschuss gesetzlich nicht vorgesehen. Die Verbände haben keine besonderen Befugnisse im Hinblick auf die betriebsverfassungsrechtliche Tätigkeit des Sprecherausschusses.

Dass der Arbeitgeber seinerseits verpflichtet ist, vertrauensvoll mit dem Sprecherausschuss zusammenzuarbeiten, wird im SprAuG im Gesetz nicht eigens erwähnt aber vorausgesetzt. Das für beide Seiten geltende **Gebot der vertrauensvollen Zusammenarbeit** ergibt sich unmittelbar aus Sinn und Zweck der betriebsverfassungsrechtlichen Konzeption. Das Führen von Informations- und Beratungsgesprächen oder auch Verhandlungen unter Berücksichtigung des Grundsatzes der absoluten Friedenspflicht ist nur bei wechselseitiger vertrauensvoller Zusammenarbeit denkbar. Der Arbeitgeber ist deshalb in gleicher Weise wie gegenüber dem Betriebsrat zur vertrauensvollen Zusammenarbeit mit dem Sprecherausschuss verpflichtet.[23]

Bei der Zusammenarbeit sind der Sprecherausschuss und Arbeitgeber an die gesetzlichen sowie einschlägigen tarifvertraglichen Vorschriften und die vertraglichen Vereinbarungen gebunden. Infolge des auf die leitenden Angestellten beschränkten Zuständigkeitsbereichs des Sprecherausschusses kann es in Bezug auf tarifvertragliche Normen nur um solche Tarifverträge gehen, die nach ihrem persönlichen Geltungsbereich die leitenden

---

[22] ErfK/*Oetker* SprAuG § 1 Rn. 5; NK-GA/*v. Steinau-Steinrück* SprAuG § 1 Rn. 5.
[23] ErfK/*Oetker* SprAuG § 2 Rn. 1; *Löwisch* SprAuG § 2 Rn. 1; *Hromadka*/*Sieg* SprAuG § 2 Rn. 4; *Kronisch*/ *Deich* Rn. 1.

Angestellten einbeziehen. Sie gilt sowohl für den normativen als auch den obligatorischen Teil der Tarifverträge.[24]

23 Der Sprecherausschuss hat seine Befugnisse zum Wohl der leitenden Angestellten und des Betriebs auszuüben. Streitig ist, ob der Sprecherausschuss hierbei als Handlungsmaxime nur die Interessen der leitenden Angestellten im Auge haben muss oder auch der nicht von ihm repräsentierten übrigen Angestellten, die durchaus konträr sein können.[25] Nicht überzeugen kann die Forderung, dass der Sprecherausschuss im Zweifel die Interessen der leitenden Angestellten den übrigen Arbeitnehmer zum Wohle des Betriebs (als Ganzen) unterzuordnen hat.[26] Die vertrauensvolle Zusammenarbeit zwischen einem Repräsentationsorgan der Arbeitnehmer und dem Arbeitgeber bezieht sich nur auf die von dem Organ repräsentierten Arbeitnehmer. Der Sprecherausschuss hat die Interessen des nicht von ihm vertretenen Teils der Belegschaft weder unmittelbar noch gar vorrangig zu berücksichtigen. Für einen solchen Vorrang gibt es weder einen gesetzlichen Anhaltspunkt noch ein teleologisches Argument. Die Interessen der nicht zu den leitenden Angestellten gehörenden Arbeitnehmer können aber betriebliche Belange des Arbeitgebers sein und sind insoweit durch den Arbeitgeber in der Zusammenarbeit mit dem Sprecherausschuss zu berücksichtigen.

24 Gesetzlich hat der Inhalt der Pflicht zur vertrauensvollen Zusammenarbeit in § 2 Abs. 1 S. 2 SprAuG eine besondere Ausprägung erfahren. Danach hat der Arbeitgeber vor Abschluss einer Betriebsvereinbarung oder sonstigen Vereinbarung mit dem Betriebsrat, sofern die rechtlichen Interessen der leitenden Angestellten berührt sein könnten, den Sprecherausschuss rechtzeitig **anzuhören** und die entsprechende Stellungnahme dem Betriebsrat zuzuleiten.[27] Zuzustimmen ist der Ansicht, nach der die Regelung in § 2 Abs. 1 S. 2 SprAuG, dh die Verpflichtung zur vorherigen Anhörung des Sprecherausschusses, entsprechend anzuwenden ist bei Entscheidung der Einigungsstelle, die die Interessen der leitenden Angestellten berühren könnten.[28] Das kann der Fall sein, wenn eine betriebseinheitliche Regelung zu einem bestimmten Punkt zwingend erforderlich ist und die Verhaltensweisen von leitenden Angestellten und den übrigen Arbeitnehmern einheitlich normiert sein müssen (zB Unfallverhütung oder Urlaubsplanung)[29] oder der Arbeitgeber Leistungen gewähren will, die alle Arbeitnehmer des Betriebs betreffen, zB Ausgabe von Unternehmensbeteiligungen oder die Gewährung von Einkaufsrabatten oder Altersversorgungen.[30]

25 Auch die in § 2 Abs. 4 SprAuG normierte Friedenspflicht sowie das Verbot der parteipolitischen Betätigung ist Ausdruck der vertrauensvollen Zusammenarbeit, die das Gesetz dem Sprecherausschuss und Arbeitgeber aufgibt ebenso wie bspw. die in § 25 Abs. 2 SprAuG vorgesehene Unterrichtungspflicht des Arbeitgebers, das in § 27 SprAuG normierte Gebot der Gleichbehandlung und des Schutzes sowie der Förderung der freien Entfaltung der Persönlichkeit oder auch die in § 32 SprAuG vorgesehene Pflicht des Unternehmers zur regelmäßigen Unterrichtung des Sprecherausschusses in wirtschaftlichen Angelegenheiten.

26 Der Sprecherausschuss hat Störungen des Betriebsablaufes im Rahmen der Grundsätze der vertrauensvollen Zusammenarbeit zu vermeiden und auch die Geheimhaltungspflicht zu wahren, § 29 SprAuG.

27 Auf Arbeitgeberseite folgt aus dem Grundsatz der vertrauensvollen Zusammenarbeit, dass dieser in den gesetzlich normierten Fällen den Unterrichtungs- und Anhörungs-

---

[24] *Hromadka/Sieg* SprAuG § 2 Rn. 6; *Löwisch* SprAuG § 2 Rn. 3; ErfK/*Oetker* SprAuG § 1 Rn. 2.
[25] *Hromadka/Sieg* SprAuG § 2 Rn. 5.
[26] *Löwisch* SprAuG § 2 Rn. 4.
[27] *Hromadka/Sieg* SprAuG § 2 Rn. 18.
[28] ErfK/*Oetker* SprAuG § 2 Rn. 2; *Löwisch* SprAuG § 2 Rn. 7; *Hromadka/Sieg* SprAuG § 2 Rn. 14.
[29] ErfK/*Oetker* SprAuG § 2 Rn. 3.
[30] *Hromadka/Sieg* SprAuG § 2 Rn. 16 *Goldschmidt* Rn. 267; FJG/*Goldschmidt* SprAuG § 2 Rn. 3.

pflichten unaufgefordert, rechtzeitig und unter Vorlage aller erforderlichen Dokumente bestmöglich nachkommt.[31]

Nach § 2 Abs. 3 S. 1 SprAuG dürfen Mitglieder des Sprecherausschusses in der Ausübung ihrer Tätigkeit nicht gestört oder behindert werden. So darf der Arbeitgeber weder Druck auf ein Sprecherausschussmitglied ausüben,[32] noch darf er die Arbeit des Sprecherausschusses durch willkürliche Abordnung zu auswärtigen Terminen, die nicht sachlich gerechtfertigt sind, zur Vermeidung einer Mitwirkung des Betroffenen an Aktivitäten des Sprecherausschusses oder einer Teilnahme an Gesprächen verhindern. Die Entsendung eines Sprecherausschussmitgliedes aus dringenden betrieblichen Gründen ist allerdings dann keine Behinderung oder Störung der Arbeit des Sprecherausschusses, wenn die Amtsfunktion des Entsandten durch ein Ersatzmitglied gleichermaßen wahrgenommen werden kann.[33] Auch darf der Arbeitgeber die erforderliche Freistellung der Sprecherausschussmitglieder für die Wahrnehmung ihrer Rechte nach dem SprAuG nicht verweigern. Eine Behinderung oder Störung liegt auch vor, wenn der Arbeitgeber beharrlich die ihm nach dem SprAuG obliegenden Informations- und/oder Anhörungspflichten verletzt, insbesondere die der §§ 30–32, oder auch dem Sprecherausschuss nicht die für seine Arbeit notwendigen Betriebsmittel zur Verfügung stellt.[34] Wird der Sprecherausschuss oder eines seiner Mitglieder in seiner Arbeit behindert, kann er nach den §§ 2a Abs. 1 Nr. 2, Abs. 2, § 80 ff. ArbGG ein Unterlassungsanspruch gegen den Arbeitgeber im arbeitsgerichtlichen Beschlussverfahren durchsetzen. Ggf. hat dies auch durch einstweilige Verfügung zu erfolgen, wenn die entsprechende Eilbedürftigkeit gegeben und glaubhaft gemacht werden kann.[35] Auch die Kündigung eines Mitgliedes des Sprecherausschusses kann eine Behinderung iSv § 2 Abs. 3 SprAuG darstellen, wenn sie ihre Ursache in der zulässigen Amtsausübung hat. In diesem Fall ist die Kündigung nach § 2 Abs. 3 S. 1 SprAuG iVm § 134 BGB nichtig.[36] Verstößt der Arbeitgeber gegen das Benachteiligungsverbot, kann er sich nach § 823 Abs. 2 BGB zudem schadensersatzpflichtig machen. Dies ist bspw. denkbar, wenn ein leitender Angestellter im Hinblick die Ausübung seines Amtes als Sprecherausschuss in seiner beruflichen Weiterentwicklung gehindert wird.[37]

2. Verhältnis Sprecherausschuss und Betriebsrat

Eine gesetzlich geregelte Verpflichtung zur Zusammenarbeit mit dem Betriebsrat besteht für den Sprecherausschuss nicht. Ursprünglich sah der Gesetzentwurf des SprAuG zwar vor, dass der Sprecherausschuss auch mit dem Betriebsrat vertrauensvoll zusammenzuarbeiten hätte.[38] Diese Regelung ist aber nicht Inhalt des Gesetzes geworden, wohl weil der Gesetzgeber angenommen hat, dass es in der sachlichen Arbeit zu wenig Berührungspunkte zwischen Betriebsrat und Sprecherausschuss gäbe und deshalb kein Bedürfnis für die Normierung eines solchen Gebotes bestünde.[39] Aus den §§ 78 S. 1, 119 Abs. 1 Nr. 2 BetrVG sowie § 2 Abs. 3 S. 1 SprAuG kann zumindest hergeleitet werden, dass eine Behinderung des jeweils anderen Organs zu unterbleiben hat.

Geregelt hat der Gesetzgeber in § 2 Abs. 2 SprAuG, dass der Sprecherausschuss dem Betriebsrat oder einzelnen Mitgliedern das Recht einräumen kann, an den Sitzungen des Sprecherausschusses teilzunehmen. Umgekehrt kann auch der Betriebsrat dem Sprecherausschuss oder einzelnen Mitgliedern ein solches Recht für die Betriebsratssitzungen einräumen.

---

[31] *Hromadka/Sieg* SprAuG § 2 Rn. 10; FJG/*Fischer* SprAuG § 25 Rn. 6.
[32] *Hromadka/Sieg* SprAuG § 2 Rn. 28.
[33] ArbG Oberhausen 10.11.1953 – 1 Ca 792/53, BB 1954, 97 *Hromadka/Sieg* SprAuG § 2 Rn. 28.
[34] *Hromadka/Sieg* SprAuG § 2 Rn. 30.
[35] *Hromadka/Sieg* SprAuG § 2 Rn. 31.
[36] BAG 6.7.1955 – 1 AZR 510/54; NJW 1955, 1414; BFJ/*Fischer* SprAuG § 2 Rn. 9; *Hromadka/Sieg* SprAuG § 2 Rn. 29 ErfK/*Oetker* SprAuG § 2 Rn. 9; *Löwisch* SprAuG § 2 Rn. 21.
[37] ErfK/*Oetker* § 2 Rn. 9; HWK/*Annuß/Girlich* SprAuG § 2 Rn. 15.
[38] § 2 des Entwurfs, BT-Drs. 11/2503, 6.
[39] BT-Drs. 11/3618, 12.

31 Einmal im Kalenderjahr soll eine gemeinsame Sitzung des Sprecherausschusses und des Betriebsrates stattfinden, § 2 Abs. 2 S. 3 SprAuG. Beide Organe sollen demnach im Regelfall eine gemeinsame Sitzung abzuhalten haben, es sei denn, dass es im Einzelfall aus besonderen Gründen nicht zweckmäßig erscheint.[40] Besondere Sanktionen bei Verstößen gegen das Gebot gemeinsamer Sitzungen sieht das Gesetz nicht vor. Eine Pflicht des jeweils anderen Organs der Einladung zu folgen besteht nicht. Die Teilnahme an der Sitzung des anderen Organs begründet auch kein Stimmrecht bei den in der Sitzung anstehenden Entscheidungen. Diese gesetzlich normierte wechselseitige Teilnahmeoption an der Sitzung des jeweils anderen Organs der Betriebsverfassung indiziert, dass der Gesetzgeber auch ohne ausdrückliche Formulierung im SprAuG oder BetrVG von dem Gedanken der vertrauensvollen Zusammenarbeit zwischen allen Organen der Betriebsverfassung ausgegangen ist.

3. Verhältnis Sprecherausschuss, Betriebsrat und Arbeitgeber

32 Über die Art und Umstände des Zusammenwirkens zwischen Sprecherausschuss, Betriebsrat und Arbeitgeber trifft das SprAuG keine Bestimmungen. Daraus kann aber nicht geschlossen werden, dass ein Zusammenwirken zB durch gemeinsame Sitzungen nicht möglich wäre oder vom Gesetzgeber als unzulässig angesehen werden könnte. Das Zusammenwirken ist lediglich gesetzlich nicht institutionalisiert. Wenn die Organe der Betriebsverfassung es für zweckmäßig halten, können sie jederzeit zu gemeinsamen Besprechungen zusammentreten. Sinnvoll erscheint das insbesondere in Angelegenheiten, die nach ihrem Gegenstand alle Arbeitnehmer des Betriebs einschließlich der leitenden Angestellten betreffen wie zB Fragen der Ordnung des Betriebs, Regelungen zu datenschutzrechtlichen Bestimmungen und/oder Geheimhaltungspflichten oder auch Unfallverhütungsvorschriften. Für ein derartiges Zusammenwirken gilt das Gebot der vertrauensvollen Zusammenarbeit.

V. Friedenspflicht

1. Allgemeines

33 Nach § 2 Abs. 4 S. 1 SprAuG haben Arbeitgeber und Sprecherausschuss Betätigungen zu unterlassen, durch die der Arbeitsablauf oder der Frieden des Betriebs beeinträchtigt werden. Die Bestimmung entspricht der für den Betriebsrat nach § 74 Abs. 2 S. 2 BetrVG geltenden Regelung, → § 288 Rn. 9, 21 ff. Das Verbot richtet sich sowohl an den Sprecherausschuss als auch den Arbeitgeber. Verboten sind bereits Beeinträchtigungen, die zu einer Störung des Betriebsfriedens führen können. Eine Beeinträchtigung muss nicht eingetreten ein.[41]

34 Geschützt ist zum einen der **ungestörte Arbeitsablauf,** dh die organisatorische, räumliche und zeitliche Gestaltung des Arbeitsprozesses im Zusammenwirken von Menschen und Betriebsmitteln.[42] Der Arbeitsablauf wird gestört, wenn der Sprecherausschuss Arbeitnehmern empfiehlt oder sie gar anhält, Weisungen des Arbeitgebers nicht auszuführen. Fragebogenaktionen während der Arbeitszeit und am Arbeitsplatz werden zumeist mit einem störungsfreien Arbeitsablauf nicht zu vereinbaren sein.

35 Die **Friedenspflicht** umfasst die Gewährung des störungsfreien Zusammenlebens zwischen Arbeitgeber und Sprecherausschuss aber auch mit den Betriebsräten und Arbeitnehmern.[43] Verletzt wird die Friedenspflicht bspw., wenn der Sprecherausschuss und/oder der Arbeitgeber Aushänge des jeweils anderen Betriebspartners vom schwarzen Brett ent-

---

[40] *Hromadka/Sieg* SprAuG § 2 Rn. 23. *Löwisch* SprAuG § 2 Rn. 15 (nur ein Appell); ebenso *Goldschmidt* Rn. 119.
[41] GK-BetrVG/*Kreutz* § 74 Rn. 133; *Fitting* BetrVG § 74 Rn. 29; aA DKKW/*Berg* BetrVG § 74 Rn. 44; *Däubler* ArbR I Rn. 784.
[42] *Fitting* § 74 Rn. 30.
[43] *Rieble/Wiebauer* ZfA 2010, 63 (115).

fernt oder Korrespondenz zwischen den Beteiligten in laufenden Vertragsverhandlungen ohne Absprache veröffentlicht.⁴⁴

Aus § 2 Abs. 4 S. 1 SprAuG folgt auch die Pflicht, sich jeglicher **Arbeitskampfmaß-** 36 **nahmen** zu enthalten. § 74 Abs. 2 S. 1 BetrVG erklärt Maßnahmen des Arbeitskampfs zwischen Arbeitgeber und Betriebsrat ausdrücklich für unzulässig. Im SprAuG ist eine inhaltsgleiche Bestimmung nicht enthalten. Das Verbot des Arbeitskampfs folgt aber zweifelsfrei aus der in § 2 Abs. 4 S. 1 SprAuG normierten allgemeinen Friedenspflicht. Der Sprecherausschuss darf daher einen Arbeitskampf weder führen noch unterstützen. Das Kampfverbot gilt gleichermaßen für die Unterstützung von Arbeitskämpfen nichtleitender Angestellter.⁴⁵

2. Parteipolitische Betätigung

Nach § 2 Abs. 4 S. 2 SprAuG haben Arbeitgeber und Sprecherausschuss jede parteipoliti- 37 sche Betätigung im Betrieb zu unterlassen. Diese Konkretisierung der Friedenspflicht entspricht der für das Verhältnis von Arbeitgeber und Betriebsrat geltenden Regelung, § 74 Abs. 2 S. 3 BetrVG → § 288 Rn. 24 ff. Unzulässig sind zB Werbung für politische Parteien, die Behandlung allgemeinpolitischer Themen ohne unmittelbaren Bezug zum Betrieb, Einladungen an Parteipolitiker im Zusammenhang mit Wahlkämpfen etc.

Die Behandlung von **Angelegenheiten tarifpolitischer, sozialpolitischer und** 38 **wirtschaftlicher Art** ist nach § 2 Abs. 4 S. 2 SprAuG zulässig, soweit der Betrieb oder die leitenden Angestellten unmittelbar betroffen sind. Ein unmittelbarer Bezug zu den leitenden Angestellten wird bei tarifpolitischen Angelegenheiten regelmäßig nicht gegeben sein, weil sich der persönliche Geltungsbereich von Tarifverträgen zumeist nicht auf leitende Angestellte erstreckt. Es genügt nicht, dass die nicht zu den leitenden Angestellten gehörenden Arbeitnehmer unmittelbar betroffen sind. Die Wahrnehmung der Belange dieser Arbeitnehmer gehört nicht zu den Kompetenzen des Sprecherausschusses. Arbeitgeber und Sprecherausschuss können Angelegenheiten behandeln, die den Betrieb unmittelbar betreffen. Dadurch werden indessen die tarifpolitischen Angelegenheiten der nicht zu den leitenden Angestellten gehörenden Arbeitnehmer noch nicht ohne weiteres zu einem zulässigen Be- oder Verhandlungsgegenstand für den Sprecherausschuss. Für die nicht zu den leitenden Angestellten gehörenden Arbeitnehmer hat der Betriebsrat ein Vertretungsmonopol. Dem Sprecherausschuss stehen nur Kompetenzen zu, soweit es um die betrieblichen Auswirkungen der Tarifpolitik geht.

3. Störungen

Bei Störungen der betrieblichen Friedenspflicht kann der Sprecherausschuss jedenfalls bei 39 groben Verstößen gem. § 9 Abs. 1 SprAuG auf Antrag von mindestens einem Viertel der leitenden Angestellten oder auf Antrag des Arbeitgebers aufgelöst werden. Darüber hinaus kann der jeweils durch die andere Partei gestörte Betriebspartner beim Arbeitsgericht die Feststellung beantragen, dass die gerügte Verhaltensweise unzulässig ist. Richtig ist es, der jeweils gestörten Partei auch einen gerichtlich durchsetzbaren Unterlassungsanspruch bei Verletzung der in § 2 Abs. 4 SprAuG normierten Friedenspflicht zuzuerkennen, weil dem Gebot der betrieblichen Friedenspflicht eine besondere Bedeutung in der betriebsverfassungsrechtlichen Konzeption zukommt und allein der Weg über einen Feststellungsantrag oder auch eine Auflösung nach § 9 Abs. 1 SprAuG kein adäquates Mittel ist, um vor allem kurzfristig und effektiv auf entsprechende Störungen reagieren zu können.⁴⁶ In Eilfällen kann auch die Durchsetzung des Unterlassungsanspruches mittels einstweiliger Ver-

---

⁴⁴ LAG Düsseldorf 25.5.1976 – 15 TaBV 10/76, DB 1977, 453; *Löwisch* SprAuG § 2 Rn. 29; *Hromadka/ Sieg* SprAuG § 2 Rn. 52.
⁴⁵ *Hromadka/Sieg* SprAuG § 2 Rn. 54.
⁴⁶ *Löwisch* SprAuG § 2 Rn. 36 HWK/*Annuß/Girlich* SprAuG § 2 Rn. 18; ErfK/*Oetker* SprAuG § 2 Rn. 10; NK-GA/*v. Steinau-Steinrück* SprAuG § 2 Rn. 8; aA BAG 17.3.2010 – 7 ABR 95/08, NZA 2010, 1137 = BeckRS 2010, 67392 (zu § 74 Abs. 2 S. 3 BetrVG); *Hromadka/Sieg* SprAuG § 2 Rn. 64.

fügung erfolgreich sein, wenn ein Verfügungsgrund und -anspruch glaubhaft gemacht werden können.

VI. Stellung der Koalitionen

40 Anders als das Betriebsverfassungsgesetz gewährt das SprAuG den Verbänden der leitenden Angestellten keine besonderen gesetzlichen Befugnisse. Das SprAuG sichert weder ein besonderes Zutrittsrecht zum Betrieb noch Einflussnahmen auf die Errichtung des Sprecherausschusses. Die Verbände können, anders als die Gewerkschaften in Bezug auf die Betriebsräte, nicht die Bildung von Wahlvorständen einleiten, sie können auch nicht an der Wahl mitwirken zB durch Einreichung von Wahlvorschlägen und auch nicht die Wahl anfechten (§ 8 SprAuG). Sie haben auch kein Recht, an Versammlungen im Betrieb teilzunehmen oder zu Sitzungen bzw. Versammlungen einzuladen. Die Verbände können auch keinen Antrag auf Ausschluss von Mitgliedern aus dem Sprecherausschuss stellen oder einen Antrag auf Auflösung des Gremiums (§ 9 SprAuG).

41 Den Koalitionen und damit auch den Verbänden der leitenden Angestellten stehen jedoch alle Rechte zu, die sich unmittelbar aus der grundgesetzlich gewährleisteten Koalitionsbestandsgarantie und **Koalitionsbetätigungsgarantie** ergeben[47] (Art. 9 Abs. 3 GG). Zu der koalitionsspezifischen Betätigungsfreiheit der Verbände der leitenden Angestellten gehört es, soweit sie im Betrieb oder Unternehmen vertreten sind, Werbungs- und Informationsmaterial zu verbreiten und Betreuungsrechte wahrzunehmen.[48] Allerdings dürfen nur solche Werbe- und Informationsmaterialien ausgegeben werden, die koalitionsspezifische Inhalte haben und keine politische Aussagen. Ein solches koalitionsspezifisches Betätigungsrecht steht den den Koalitionen zugehörigen leitenden Angestellten des Betriebs bzw. Unternehmens zu. Nicht ausgeschlossen ist, dass auch betriebsfremde Beauftragte der Koalitionen der leitenden Angestellten ein Zutrittsrecht haben können.[49] Ihnen wird das Recht zugestanden, Werbeplakate aufzuhängen und/oder Informationen zu verteilen.[50] Ein Rechtsanspruch, dass betriebsinterne Intranet für die Verwaltung von Informationen zu verwenden, besteht indes nicht.[51] Für zulässig erachtet wird aber die Nutzung betrieblicher E-Mail-Adressen.[52] Im Übrigen sind die leitenden Angestellten und die Organisationen darauf verwiesen, sich außerhalb des Betriebs und außerhalb der Arbeitszeit koalitionsspezifisch zu betätigen.

VII. Vertragliche Änderungen der Sprecherausschussverfassung

42 Das SprAuG sieht nicht vor, dass die Tarifvertragsparteien oder Sprecherausschuss und Arbeitgeber durch Vereinbarung die gesetzliche Sprecherausschussverfassung vertraglich ändern können. Im Bereich des BetrVG ist anerkannt, dass die gesetzlichen Vorschriften zur Organisation der Betriebsräte zwingendes Recht enthalten, soweit nicht das BetrVG selbst (wie zB in § 3 BetrVG) Ausnahmen zulässt → § 284 Rn. 8 ff. In gleicher Weise sind auch die organisatorischen Bestimmungen über die Bildung gesetzlicher Sprecherausschüsse zwingend und nicht zur Disposition der Betriebsparteien oder Tarifvertragsparteien gestellt.[53] Zulässig sind nach dem Gesetz Vereinbarungen über die Mitgliederzahl des

---

[47] *Löwisch* SprAuG § 2 Rn. 10; *Oetker* ZfA 1990, 43 (55 f.); ErfK/*Oetker* SprAuG § 2 Rn. 5: *Hromadka/Sieg* § 2 Rn. 69 ff.
[48] ErfK/*Oetker* SprAuG § 2 Rn. 5; *Hromadka/Sieg* SprAuG § 2 Rn. 74, 75; aA *Bauer* SprAuG § 2 Rn. 2.
[49] BAG 22.6.2010 – 1 AZR 179/09, NZA 2010, 1365 = BeckRS 2010, 74448; *Hromadka/Sieg* SprAuG § 2 Rn. 75.
[50] BAG 20.1.2009 – 1 AZR 515/08, NZA 2009, 615 = BeckRS 2009, 65973; LAG Hamm 16.12.2014 – 12 Sa 1020/14, NZA-RR 2015, 249 = BeckRS 2015, 66906; *Hromadka/Sieg* SprAuG § 3 Rn. 75.
[51] BAG 23.9.1986 – AZR 597/85, NJW 1987, 2891 = BeckRS 9998, 180205 (hausinternes Postverteilungssystem).
[52] BAG 20.1.2009 – 1 AZR 515/08, NZA 2009, 615 = BeckRS 2009, 65973.
[53] *Löwisch* SprAuG vor § 1 Rn. 2; *Oetker* ZfA 1990, 43 (79); ErfK/*Oetker* SprAuG Einl. vor § 1 Rn. 2.

Gesamtsprecherausschusses bzw. des Konzernsprecherausschusses, §§ 16 Abs. 2 S. 3, 21 Abs. 2 S. 3 SprAuG.

Ob die gesetzlichen Mitwirkungsrechte des Sprecherausschusses durch Vereinbarungen, **43** insbesondere Tarifverträge erweiterbar sind, ist umstritten. Zum Betriebsverfassungsgesetz vertritt das BAG die Ansicht, dass sich aus den §§ 1 Abs. 1, 3 Abs. 2 TVG eine Befugnis der Tarifvertragsparteien zur Erweiterung der im Betriebsverfassungsgesetz normierten Mitwirkungsrechte des Betriebsrates und Regelungsmechanismen (Schlichtungsstelle statt Einigungsstelle) ergebe.[54] Die Argumente des BAG können auch für das Sprecherausschussgesetz angewandt werden. Jedenfalls den Tarifvertragsparteien wird man das Recht zugestehen, die Beteiligungsrechte des Sprecherausschusses erweitern zu können.[55] Dies gilt jedenfalls für die Bandbreite der der Mitwirkung unterliegenden Themen.[56] Der von der Gegenseite vertretenen Ansicht ist zwar zuzustimmen, dass es bedenklich erscheinen könnte, die betriebsverfassungsrechtliche Regelung bzw. die Regelungen des Sprecherausschusses, die alle leitenden Angestellten betreffen, ausschließlich durch die Tarifvertragspartner regeln zu lassen, obwohl diese im Hinblick auf Tarifaußenseiter nicht ausreichend demokratisch legitimiert sind.[57] Die Bedenken lassen sich aber jedenfalls dann ausräumen, wenn die nähere Ausgestaltung der Regelungen durch eine Vereinbarung zwischen Arbeitgeber und Sprecherausschuss im Sinne von § 28 Abs. 2 S. 1 SprAuG zur Anwendung gebracht wird. Eine solche Vereinbarung gilt dann unmittelbar und zwingend auch für die ggf. nicht tarifgebundenen leitenden Angestellten.

VIII. Andere Vertretungen der leitenden Angestellten

Bereits vor Inkrafttreten des SprAuG hatten sich zahlreiche Vertretungen der leitenden **44** Angestellten auf betrieblicher Ebene gebildet. Rechtsgrundlage dieser Sprecherausschüsse waren Vereinbarungen mit dem jeweiligen Arbeitgeber. Ihre rechtliche Zulässigkeit war in der Rechtsprechung anerkannt, weil die kollektive betriebliche Vertretung der leitenden Angestellten seinerzeit gesetzlich nicht geregelt war und aus Art. 9 GG das Recht zu einem freiwilligen Zusammenschluss hergeleitet wurde.[58] Mit dem Inkrafttreten des SprAuG hat sich die Rechtslage geändert. Die kollektive Vertretung der leitenden Angestellten ist nunmehr institutionell durch die gesetzlichen Sprecherausschüsse geregelt. Zwar fand das SprAuG gem. § 37 Abs. 2 S. 1 in der Übergangsphase keine Anwendung auf freiwillig gebildete Sprecherausschüsse, die bei Inkrafttreten des Gesetzes bereits bestanden. Diese Vertretungen blieben aber nach § 37 Abs. 2 S. 2 SprAuG nur bis spätestens 31.5.1990 im Amt, im Beitrittsgebiet endete die Amtszeit am 30.6.1991. Danach waren die freiwillig gebildeten Vertretungen kraft Gesetzes aufgelöst.

Die Bildung von Sprecherausschüssen oder anderen ähnlichen Vertretungen der leiten- **45** den Angestellten auf freiwilliger Grundlage ist nicht zulässig.[59] Das SprAuG ist wie das BetrVG ein Organisationsgesetz, dessen Regelungen zwingend sind, soweit das Gesetz nicht selbst Abänderungsmöglichkeiten vorsieht. Die Arbeitnehmer bestimmen zwar durch ihre Wahl darüber, ob sie die gesetzlich vorgesehene Vertretung in ihr Amt einsetzen wollen; wenn sie die betriebliche Mitbestimmung realisieren wollen, kann dies nur in

---

[54] BAG 10.2.1988 – 1 ABR 70/86, AP BetrVG 1972, § 99 Nr. 53 = NZA 1988, 699; 18.8.1987 – 1 ABR 30/86, AP BetrVG 1972 § 77 Nr. 23 = NZA 1987, 779 = BeckRS 9998, 180158; LAG Düsseldorf 10.1.2018 – 4 Sa 449/17, BeckRS 2018, 1761.
[55] ErfK/*Oetker* SprAuG Einl. vor § 1 Rn. 2; aA *Löwisch* SprAuG Vorb. Rn. 2; MHdB ArbR/*Joost*, 3. Aufl. 2009, § 233 Rn. 41.
[56] *Hromdka/Sieg* SprAuG Vorb. zu § 1 Rn. 35.
[57] MHdB ArbR/*Joost*, 3. Aufl. 2009, § 233 Rn. 41.
[58] BAG 19.2.1975 – 1 ABR 55/73, AP BetrVG 1972 § 5 Nr. 9 = BeckRS 99982; *Säcker* FS 25 Jahre BAG, 1979, 475 (475 ff.).
[59] HM; *Wlotzke* DB 1989, 173 (174); *Wlotzke* NZA 1989, 709 ff.; *Buchner* NZA-Beil. 1/1989, 2 (13); *Engels/Natter* BB 1989 Beil. Nr. 8, 28; *Löwisch* SprAuG § 37 Rn. 2; FJG/*Fischer* SprAuG § 1 Rn. 12; *Kramer* BB 1993, 2153 (2155); ErfK/*Oetker* Einl. vor § 1 SprAuG Rn. 2; *Hromadka/Sieg* SprAuG Vorb. Zu § 1 Rn. 16; aA *Martens* NZA 1989, 409 (411 f.).

den gesetzlich vorgegebenen Gremien erfolgen. Die Errichtung anderer Vertretungen könnte eine nach § 8 Abs. 2 S. 1 SprAuG verbotene und gem. § 34 Abs. 1 Nr. 1 SprAuG sogar strafbare Behinderung der Wahl eines gesetzlichen Sprecherausschusses darstellen.

46 Die Errichtung von Vertretungen der leitenden Angestellten außerhalb des SprAuG ist jedoch nur insoweit ausgeschlossen, als das SprAuG überhaupt eine Regelung trifft.[60] Fehlt eine gesetzliche Regelung für die zu regelnde Konstellation, so steht freiwilligen Vereinigungen nichts entgegen. Dies gilt insbesondere, wenn die gesetzlichen Voraussetzungen für die Bildung eines Sprecherausschusses fehlen, zB weil die nach § 1 Abs. 1 und Abs. 2 SprAuG erforderliche Mindestzahl von leitenden Angestellten nicht erreicht wird.[61] Unberührt bleibt ferner die Möglichkeit, Vertretungen der leitenden Angestellten zu anderen als den im SprAuG genannten Zwecken zu bilden.[62]

---

[60] BAG 19.2.1975 – 1 ABR 55/73, AP BetrVG 1972 § 5 Nr. 9 = BeckRS 9998, 149682.
[61] *Löwisch* SprAuG § 37 Rn. 2.
[62] *Wlotzke* DB 1989, 173 (174); *Wlotzke* NZA 1989, 709 (710).

§ 311 Organisation

Übersicht

	Rn.
I. Betrieblicher Sprecherausschuss	1
1. Allgemeines	1
2. Wahl	2
a) Freiwilligkeit der Errichtung	2
b) Zeitpunkt	3
c) Wahlrecht	7
aa) Aktives Wahlrecht	7
bb) Passives Wahlrecht	10
d) Zahl der Mitglieder	13
e) Zusammensetzung	15
f) Wahlgrundsätze	17
g) Wahlverfahren	18
aa) Bestellung des Wahlvorstands	18
bb) Besondere Abstimmung	24
cc) Vorbereitung der Wahl	25
dd) Durchführung der Wahl	28
ee) Feststellung des Wahlergebnisses	31
h) Wahlschutz	32
i) Wahlkosten	35
j) Wahlmängel	36
aa) Nichtigkeit	37
bb) Anfechtbarkeit	38
3. Amtszeit	41
a) Beginn	42
b) Dauer	43
c) Ende	44
d) Erlöschen der Mitgliedschaft	47
e) Ersatzmitglieder	48
4. Geschäftsführung	49
a) Vorsitzender und Stellvertreter	49
b) Ausschüsse	51
c) Sitzungen	52
d) Beschlüsse	58
e) Kontakt/Sprechstunden	60
f) Geschäftsordnung	61
5. Rechtsstellung der Mitglieder	62
a) Unentgeltliches Ehrenamt	63
b) Arbeitsbefreiung	64
c) Schulungs- und Bildungsveranstaltungen	67
d) Schutz	68
aa) Behinderungsverbot	69
bb) Benachteiligungs- und Begünstigungsverbot	70
cc) Entgeltschutz	74
dd) Tätigkeitsschutz	75
ee) Kündigungsschutz	76
e) Geheimhaltungspflicht	77
6. Kosten	79
7. Amtsenthebung und Gesetzesverstöße des Arbeitgebers	82
a) Amtsenthebung	82
b) Gesetzesverstöße des Arbeitgebers	83
II. Versammlung der leitenden Angestellten	84
1. Allgemeines	84
2. Ordentliche und außerordentliche Versammlung	87

	Rn.
a) Ordentliche Versammlung	87
b) Außerordentliche Versammlung.	89
3. Einberufung	90
4. Zeitpunkt, Ort und Dauer	91
a) Zeitpunkt	91
b) Ort	92
c) Dauer	93
5. Teilnahmerecht	94
6. Leitung	97
7. Themen	99
8. Kosten und Entgeltfortzahlung	103
a) Kosten	104
b) Entgeltfortzahlung	105
III. Gesamtsprecherausschuss	106
1. Allgemeines	106
2. Voraussetzungen der Errichtung	108
3. Bildung	109
4. Größe und Zusammensetzung	110
5. Zuständigkeit	112
a) Originäre Zuständigkeit	113
b) Zuständigkeit kraft Auftrags	115
6. Stimmengewichtung	116
7. Geschäftsführung	117
a) Vorsitzender und Stellvertreter	118
b) Sitzungen	121
c) Gesamtsprecherausschussvereinbarungen	122
d) Beschlüsse	123
e) Geschäftsordnung	124
8. Rechtsstellung der Mitglieder	125
9. Amtszeit	126
a) Amtszeit des Gesamtsprecherausschusses	126
b) Beendigung der Mitgliedschaft	127
aa) Abberufung durch den Sprecherausschuss	128
bb) Erlöschen der Mitgliedschaft im Sprecherausschuss.	129
cc) Amtsniederlegung	130
dd) Ausschluss durch gerichtliche Entscheidung	131
10. Kosten	133
IV. Unternehmenssprecherausschuss	134
1. Allgemeines	134
2. Voraussetzungen der Errichtung	135
a) Unternehmen mit mehreren Betrieben	135
b) Mindestzahl von leitenden Angestellten	136
3. Entscheidung der leitenden Angestellten	137
a) Unternehmen ohne Sprecherausschüsse	138
b) Unternehmen mit betrieblichen Sprecherausschüssen	140
c) Unternehmen mit Unternehmenssprecherausschuss	141
4. Wahl	142
5. Anwendbares Recht	143
6. Übergang zu betrieblichen Sprecherausschüssen	145
V. Konzernsprecherausschuss	146
1. Allgemeines	146
2. Voraussetzungen der Errichtung	147
3. Bildung	148
4. Größe und Zusammensetzung	151
5. Zuständigkeit	154
6. Stimmengewichtung	157
7. Geschäftsführung	160

	Rn.
a) Vorsitzender und Stellvertreter	161
b) Sitzungen	162
c) Konzernsprecherausschussvereinbarungen	163
d) Beschlüsse	164
e) Geschäftsordnung	165
8. Rechtsstellung der Mitglieder	166
9. Amtszeit	167
a) Amtszeit des Konzernsprecherausschusses	167
b) Beendigung der Mitgliedschaft.	169
aa) Abberufung	170
bb) Erlöschen der Mitgliedschaft im Gesamtsprecherausschuss	171
cc) Amtsniederlegung	172
dd) Ausschluss durch gerichtliche Entscheidung.	173
ee) Nachrücken des Ersatzmitglieds	174
10. Kosten	175
VI. Sonderregelung für die Seeschifffahrt	176
1. Beschränkung auf Landbetriebe	177
2. Begriff und Zuordnung der leitenden Angestellten	178
a) Begriff des leitenden Angestellten	178
b) Zuordnung zum Landbetrieb	179
3. Wahl	180
VII. Streitigkeiten	182
VIII. Rechte des Sprecherausschusses in anderen Gesetzen	183
1. Entsendungsrecht nach dem EBRG (Europäische Betriebsräte)	184
2. Rechte nach dem MitbestG	185
3. Beteiligung nach dem SEBG	186

I. Betrieblicher Sprecherausschuss

1. Allgemeines

Sprecherausschüsse der leitenden Angestellten werden gem. § 1 Abs. 1 SprAuG grundsätzlich in Betrieben gewählt. Im Gegensatz zur Errichtung von Betriebsräten können die leitenden Angestellten jedoch von vornherein eine unternehmenseinheitliche Vertretung wählen, wenn dies eine Mehrheit unter ihnen verlangt (Unternehmenssprecherausschuss), § 20 Abs. 1 S. 1 SprAuG. Der Unternehmenssprecherausschuss tritt an die Stelle der betrieblichen Sprecherausschüsse und wird im Wesentlichen nach den gleichen Regeln organisiert → Rn. 134 ff. **1**

2. Wahl

a) Freiwilligkeit der Errichtung. Trotz der kategorischen Formulierung in § 1 Abs. 1 SprAuG „In Betrieben…werden Sprecherausschüsse der leitenden Angestellten gewählt" ist es allein Sache der wahlberechtigten leitenden Angestellten, den Sprecherausschuss durch eine Wahl zu errichten. Die Bildung unterliegt daher dem Freiwilligkeitsprinzip. Dieses hat im SprAuG eine besondere Ausprägung. Wenn in einem Betrieb kein Sprecherausschuss besteht, ist gem. § 7 Abs. 2 SprAuG in einer Versammlung der leitenden Angestellten ein Wahlvorstand zu wählen. Dieser hat aber nicht ohne Weiteres die Wahl einzuleiten und durchzuführen. Er muss vielmehr zunächst eine **Abstimmung** darüber herbeiführen, ob ein Sprecherausschuss überhaupt gewählt werden soll, § 7 Abs. 2 S. 3 SprAuG. Die Einleitung und Durchführung der Wahl des Sprecherausschusses setzt sodann voraus, dass die Mehrheit aller leitenden Angestellten des Betriebs dies verlangt. Eine Minderheit der leitenden Angestellten kann daher, anders als bei einer Betriebsratswahl, die Errichtung der Arbeitnehmervertretung nicht durchsetzen. **2**

3 b) **Zeitpunkt.** Die **regelmäßigen Wahlen** des Sprecherausschusses finden alle vier Jahre in der Zeit vom 1.3. bis 31.5. statt, § 5 Abs. 1 S. 1 SprAuG. Es handelt sich um den gleichen Zeitraum, der gem. § 13 Abs. 1 BetrVG für die Betriebsratswahlen festgesetzt ist. Die nächsten regelmäßigen Sprecherausschusswahlen erfolgen nach 2018 dann wieder im Jahre 2022 (vgl. § 37 SprAuG).

4 Die Wahlen des Betriebsrates und des Sprecherausschusses sind zeitgleich einzuleiten, § 5 Abs. 1 S. 2 SprAuG, § 13 Abs. 1 S. 2 BetrVG. Die Einleitung erfolgt durch Erlass des jeweiligen Wahlausschreibens, § 3 Abs. 1 S. 2 WOSprAuG, § 3 Abs. 1 S. 2 WO. Die beiden Wahlvorstände haben sich über den Zeitpunkt zu verständigen, zu dem sie die Wahlausschreiben gleichzeitig erlassen. Die Einhaltung dieser Pflicht ist wichtig, weil sich die Wahlvorstände nach Aufstellung der Wählerlisten über die Zuordnung der Angestellten zu den leitenden Angestellten und den übrigen Arbeitnehmern zu einigen haben, § 18a BetrVG. Das Gesetz sieht aber keine besonderen Sanktionen bei Verstößen gegen diese Vorgabe vor. Ein Anspruch der jeweiligen Wahlvorstände auf Durchführung einer gemeinsamen Wahl wird im BetrVG oder SprAuG nicht begründet. Wird das Wahlverfahren nicht zeitgleich eingeleitet und durchgeführt, führt dies nicht zur Anfechtbarkeit der jeweiligen Wahl nach § 8 Abs. 1 SprAuG bzw. § 19 Abs. 1 BetrVG.[1] Außerhalb des Zeitraums für die regelmäßigen Wahlen haben **außerordentliche Wahlen** gem. § 5 Abs. 2 SprAuG im Wesentlichen (mit einer Ausnahme) in den gleichen Fällen stattzufinden, in denen auch eine außerordentliche Betriebsratswahl nach § 13 Abs. 2 BetrVG durchzuführen ist. Ein Sprecherausschuss ist demnach in sprecherausschusslosen Betrieben jederzeit zu wählen, § 5 Abs. 2 Nr. 1 SprAuG. Die außerordentliche Wahl hat gleichermaßen stattzufinden, wenn die Amtszeit eines Sprecherausschusses regulär beendet worden ist, ohne dass es innerhalb des regelmäßigen Wahlzeitraums zu einer Neuwahl gekommen ist. Der Sprecherausschuss ist auch dann zu einem außerordentlichen Zeitpunkt zu wählen, wenn der bisher im Amt befindliche Sprecherausschuss gem. § 9 SprAuG durch eine gerichtliche Entscheidung aufgelöst worden ist, § 5 Abs. 2 Nr. 2 SprAuG. Die Auflösung tritt erst mit der Rechtskraft der gerichtlichen Entscheidung im arbeitsgerichtlichen Beschlussverfahren ein. Wenn die Wahl des bisherigen Sprecherausschusses mit Erfolg nach § 8 Abs. 1 SprAuG angefochten worden ist, sind ebenfalls unverzüglich nach Rechtskraft der gerichtlichen Entscheidung Neuwahlen durchzuführen, § 5 Abs. 2 Nr. 3 SprAuG. Dies gilt auch, wenn der bisherige Sprecherausschuss mit der Mehrheit seiner Mitglieder seinen Rücktritt beschlossen hat. Erforderlich ist eine Mehrheit der gesetzlichen Mitgliederzahl des Sprecherausschusses, die Mehrheit der bei der Beschlussfassung anwesenden Mitglieder reicht also nicht. In diesem Fall führt der bis dahin amtierende Sprecherausschuss die Geschäfte weiter bis der neue Sprecherausschuss gewählt und das Wahlergebnis bekannt gegeben ist, § 5 Abs. 5 SprAuG.

5 Die in § 13 Abs. 2 Nr. 1 und 2 BetrVG vorgesehene Notwendigkeit zur Durchführung außerordentlicher Betriebsratswahlen bei einem Absinken der für die Gremiumsgröße bestimmenden Arbeitnehmerzahlen oder der Gesamtzahl der Betriebsratsmitglieder hat im SprAuG keine Entsprechung. Im Hinblick auf die ohnehin schon geringe Zahl der leitenden Angestellten bzw. Mitglieder des Sprecherausschusses hat der Gesetzgeber davon abgesehen, für diese Fälle Neuwahlen zu konzeptionieren.

6 Hat eine außerordentliche Wahl stattgefunden, so bedarf es einer Anpassung an den regelmäßigen Wahlzeitraum. Der Sprecherausschuss ist in dem auf die außerordentliche Wahl folgenden nächsten Zeitraum der regelmäßigen Wahlen des Sprecherausschusses neu zu wählen, § 5 Abs. 3 S. 1 SprAuG. Die Amtszeit des Sprecherausschusses ist in diesen Fällen entsprechend verkürzt. Hat sie am 1.3. des regelmäßigen Wahljahres allerdings noch nicht ein Jahr betragen, so ist der Sprecherausschuss in dem übernächsten Zeitraum der regelmäßigen Wahlen des Sprecherausschusses neu zu wählen, § 5 Abs. 3 S. 2 SprAuG. Die Amtszeit des Sprecherausschusses wird dann also entsprechend verlängert.

---

[1] *Hromadka/Sieg* SprAuG § 5 Rn. 4.

c) Wahlrecht. aa) Aktives Wahlrecht. Aktiv mitwählen können bei der Wahl des Sprecherausschusses alle leitenden Angestellten des Betriebs, § 3 Abs. 1 SprAuG. Maßgeblich ist der in § 5 Abs. 3 und 4 BetrVG umschriebene Begriff des leitenden Angestellten → § 19 Rn. 12 → § 20 Rn. 1 ff. Werden die Wahlen zum Sprecherausschuss und zum Betriebsrat nach § 5 Abs. 1 SprAuG und § 13 Abs. 1 BetrVG zeitgleich eingeleitet, was im regulären Wahlturnus der Fall sein soll, haben sich die beiden Wahlvorstände im Zuordnungsverfahren nach § 18a BetrVG auf die Feststellung des Personenkreises der leitenden Angestellten zu einigen, → § 291 Rn. 14, 229. Unterbleibt dies, so hat der Wahlvorstand für die Sprecherausschusswahl den Personenkreis der leitenden Angestellten durch Aufstellung der Wählerliste selbst festzustellen, § 2 Abs. 1 WOSprAuG. 7

Leitende Angestellte, die nach dem **AÜG** länger als drei Monate in den Betrieb des Entleihers eingegliedert worden sind, haben analog § 7 S. 2 BetrVG ebenfalls ein aktives Wahlrecht im Betrieb des Entleihers.[2] 8

Die Eintragung in die Wählerliste ist eine formale Voraussetzung für die Ausübung des Wahlrechts, § 2 Abs. 3 WOSprAuG. Ein leitender Angestellter, der darin nicht berücksichtigt ist, muss ggf. durch Einspruch auf seine Eintragung hinwirken, § 4 WOSprAuG. 9

bb) Passives Wahlrecht. In dem Sprecherausschuss wählbar sind gem. § 3 Abs. 2 S. 1 und 2 SprAuG alle leitenden Angestellten mit mindestens sechsmonatiger Betriebszugehörigkeit. Angerechnet werden Zeiten, in denen der leitende Angestellte unmittelbar vorher einem anderen Betrieb desselben Unternehmens oder Konzerns iSd § 18 Abs. 1 AktG als Beschäftigter angehört hat. Für die sechsmonatige Betriebszugehörigkeit genügt jede Beschäftigung im Betrieb bzw. Unternehmen oder Konzern als Arbeitnehmer. Die Wählbarkeit setzt also nicht voraus, dass die betreffende Person bereits sechs Monate leitender Angestellter gewesen ist. Maßgeblich ist lediglich, dass die Stellung als leitender Angestellter bei der Wahl vorliegt. Formale Voraussetzung auch für die Ausübung des passiven Wahlrechts ist die Eintragung in die Wählerliste, § 2 Abs. 3 WOSprAuG. Mitglieder des Wahlvorstands behalten ihr passives Wahlrecht. Bei Betriebsratswahlen ist gem. § 8 Abs. 2 BetrVG in Betrieben, die weniger als sechs Monate bestehen, jeder wahlberechtigte Arbeitnehmer unabhängig von der Dauer seiner Betriebszugehörigkeit wählbar. Im SprAuG fehlt eine entsprechende Regelung. Hier stellt sich die Frage der Mindestbetriebszugehörigkeit bei einer Existenz des Betriebs von weniger als sechs Monaten in der Regel auch nicht, weil gerade bei Neugründungen nicht in den ersten Monaten mehr als 10 leitende Angestellte eingestellt werden. Tritt die Frage ausnahmsweise doch auf, ist umstritten, ob ein passives Wahlrecht der leitenden Angestellten ohne die Mindestbetriebszugehörigkeit besteht. Teilweise wird eine Analogie zu § 8 Abs. 2 BetrVG gebildet.[3] Dem ist nicht zuzustimmen. § 3 Abs. 2 SprAuG definiert klar, dass eine Wählbarkeit immer erst nach sechsmonatiger Betriebszugehörigkeitszeit gegeben ist. In den Gesetzesmaterialien klingt nicht an, dass ein Bedürfnis gesehen wurde, ggf. auch eine Wahl zu einem früheren Zeitpunkt bei Neugründung des Betriebes zuzulassen.[4] 10

In welchem Betrieb ein leitender Angestellter im Betrieb passiv wahlberechtigt ist, richtet sich wie die Bestimmung des aktiven Wahlrechtes nach dem Zuordnungsverfahren gem. § 18a BetrVG. 11

Nicht wählbar ist, wer infolge strafgerichtlicher Verurteilung die Fähigkeit, Rechte aus öffentlichen Wahlen zu erlangen, nicht besitzt (§ 3 Abs. 2 S. 3 Nr. 3 SprAuG). Dies entspricht der Regelung in § 8 Abs. 1 S. 3 BetrVG. → § 291 Rn. 135. Die Wählbarkeit zum Sprecherausschuss ist über die für Betriebsratswahlen geltenden Grundsätze hinaus in zweifacher Weise eingeschränkt, um Interessenkonflikte bei leitenden Angestellten mit 12

---

[2] HWK/*Annuß/Girlich* § 8 SprAuG Rn. 4; *Hromadka/Sieg* SprAuG § 3 Rn. 5; *Goldschmidt* Rn. 639.
[3] NK-GA/*v. Steinau-Steinrück* SprAuG § 3 Rn. 3; MHdB ArbR/*Joost*, 3. Aufl. 2009, § 234 Rn. 16; *Hromadka/Sieg* SprAuG § 3 Rn. 20.
[4] *Löwisch* SprAuG § 3 Rn. 23.

besonders enger Beziehung zum Arbeitgeber. bzw. zur Ausübung unternehmerischer Funktionen auszuschließen. Das passive Wahlrecht fehlt leitenden Angestellten, die aufgrund allgemeinen Auftrags des Arbeitgebers Verhandlungspartner des Sprecherausschusses sind, § 3 Abs. 2 S. 3 Nr. 1 SprAuG. Den Verhandlungspartner des Sprecherausschusses bestimmt der Arbeitgeber. Die Entscheidung bedarf keiner Mitwirkung des Sprecherausschusses. Der Verhandlungsauftrag muss allgemein erteilt sein, also für eine unbestimmte Vielzahl von Fällen. Unbeachtlich ist, ob die Verhandlungskompetenz bereichsspezifisch eingegrenzt ist, dh wenn sie sich zB nur auf personelle oder wirtschaftliche Angelegenheiten bezieht. Auch dann entfällt die Wählbarkeit. Die Beauftragung mit Verhandlungen in einem gesonderten Einzelfall berührt dagegen die Wählbarkeit zum Sprecherausschuss nicht. Ebenfalls nicht wählbar ist nach § 3 Abs. 2 S. 3 Nr. 2 SprAuG, wer nach § 6 Abs. 1 S. 1 MitbestG, § 105 Abs. 1 AktG nicht Aufsichtsratsmitglied der Arbeitnehmer sein kann. Dem liegt der Gedanke zugrunde, dass Personen, die in besonders enger Verbindung mit dem Vertretungsorgan von Kapitalgesellschaften leitend tätig sind, nicht zugleich die Interessen der Arbeitnehmer gegenüber dem Vertretungsorgan mitbestimmungsrechtlich überzeugend und ohne Interessenkonflikte vertreten können. Nach § 105 Abs. 1 AktG können Prokuristen (§ 48 HGB) oder zum gesamten Geschäftsbetrieb ermächtigte Handlungsbevollmächtigte (Generalhandlungsvollmacht, § 54 HGB) nicht zugleich Aufsichtsratsmitglieder der Gesellschaft sein. Gem. § 6 Abs. 2 S. 1 MitbestG ist die Wählbarkeit eines Prokuristen zum Aufsichtsratsmitglied der Arbeitnehmer aber nur ausgeschlossen, wenn er dem zur gesetzlichen Vertretung des Unternehmens befugten Organ (zB Vorstand der AG; Geschäftsführer der GmbH) unmittelbar unterstellt und zur Ausübung der Prokura für den gesamten Geschäftsbereich des Organs ermächtigt ist. Ein Prokurist, dem im Innenverhältnis diese umfassende Vertretungsbefugnis fehlt, bleibt mitbestimmungsrechtlich zum Aufsichtsrat wählbar und hat deshalb ebenfalls das passive Wahlrecht zum Sprecherausschuss. Bei einer GmbH & Co. KG, deren Komplementär-GmbH nach § 4 MitbestG einen mitbestimmten Aufsichtsrat zu bilden hat, sind die Prokuristen der KG zwar zum Aufsichtsrat der GmbH allgemein wählbar;[5] an der Bildung eines Sprecherausschusses bei der GmbH können sie aber nicht teilnehmen, weil sie nicht deren Arbeitnehmer sind. In den nicht von § 6 Abs. 2 S. 1 MitbestG erfassten Unternehmen (Personengesellschaften, Einzelkaufleute) besteht keine Beschränkung des passiven Wahlrechts von Prokuristen und Handlungsbevollmächtigten. Ihre Wählbarkeit kann aber nach § 3 Abs. 2 S. 3 Nr. 1 SprAuG ausgeschlossen sein, wenn sie vom Arbeitgeber aufgrund eines allgemeinen Auftrags zum Verhandlungspartner des Sprecherausschusses bestimmt sind.

13 **d) Zahl der Mitglieder.** Der Sprecherausschuss besteht gem. § 4 Abs. 1 SprAuG in Betrieben mit in der Regel
– 10 bis 20 leitenden Angestellten aus einer Person,
– 21 bis 100 leitenden Angestellten aus drei Mitgliedern,
– 101 bis 300 leitenden Angestellten aus fünf Mitgliedern,
– über 300 leitenden Angestellten aus sieben Mitgliedern.

14 Maßgeblich ist die Zahl der **in der Regel** betriebszugehörigen leitenden Angestellten (zu dem Begriff → § 291 Rn. 143). Veränderungen in der Gesamtstärke der leitenden Angestellten während der Amtszeit eines Sprecherausschusses sind ohne Bedeutung. Anders als im Betriebsverfassungsgesetz (§ 13 Abs. 2 Nr. 1 BetrVG) erfolgt keine Neuwahl, wenn mit Ablauf von 24 Monaten seit dem Tage der Wahl die Zahl der regelmäßig beschäftigten leitenden Angestellten um die Hälfte gestiegen oder gesunken ist. Etwas anderes gilt nur, wenn die Zahl der leitenden Angestellten unter zehn sinkt, → Rn. 46. Anders als im Betriebsverfassungsgesetz (vgl. § 9 S. 2 BetrVG), ist die Zahl der Mitglieder des Sprecherausschusses begrenzt, nämlich auf max. 7 Personen.[6]

---

[5] MüKoHGB/*Krebs* § 48 Rn. 40; *Grüter* BB 1979, 243 (245 f.).
[6] Empirische Angaben bei *Luczak* S. 104 ff.

e) Zusammensetzung. Männer und Frauen sollen nach § 4 Abs. 2 SprAuG entsprechend ihrem zahlenmäßigen Verhältnis unter den leitenden Angestellten im Sprecherausschuss vertreten sein. Eine Mindestrepräsentation weiblicher leitender Angestellter ist gesetzlich nicht vorgesehen. Da der Frauenanteil unter den leitenden Angestellten im Verhältnis zu ihrem Anteil an der Arbeitnehmerschaft in vielen Betrieben nach wie vor eher unterdurchschnittlich ist, kann die Quote häufig nicht erreicht werden. Verstöße gegen das Gebot bleiben ohne besondere gesetzliche Sanktion. 15

Die für den Betriebsrat vorgesehene Berücksichtigung von Organisationsbereichen (§ 15 Abs. 1 BetrVG) ist in das SprAuG nicht übernommen worden. Soweit gem. § 1 Abs. 2 SprAuG für mehrere Betriebe ein einheitlicher Sprecherausschuss errichtet wird, besteht auch kein Minderheitsschutz für den kleineren Betrieb. 16

f) Wahlgrundsätze. Die Sprecherausschusswahl erfolgt nach den gleichen demokratischen Grundsätzen wie eine Betriebsratswahl, → § 291 Rn. 167 ff. Nach § 6 Abs. 1 SprAuG wird der Sprecherausschuss in geheimer und unmittelbarer Wahl gewählt. Die Wahl findet als Verhältniswahl oder als Mehrheitswahl statt, je nachdem, wie viele Mitglieder des Sprecherausschusses zu wählen sind und wie viele Wahlvorschläge eingereicht werden, § 6 Abs. 2 und 3 SprAuG. Auch diese die Wahlgrundsätze prägenden Regelungen sind denen des BetrVG nachgebildet → § 291 Rn. 171 ff. 17

g) Wahlverfahren. aa) Bestellung des Wahlvorstands. Die Wahl des Sprecherausschusses wird durch einen Wahlvorstand eingeleitet und durchgeführt, § 7 Abs. 4 S. 1 SprAuG. Dieser wird nach § 7 Abs. 1 SprAuG von dem amtierenden Sprecherausschuss unter Benennung eines Vorsitzenden spätestens zehn Wochen vor Ablauf seiner Amtszeit bestellt. Wird die Frist nicht eingehalten, kann die Bestellung noch bis zum Ablauf der Amtszeit des Sprecherausschusses erfolgen. Danach muss das besondere Bestellungsverfahren für sprecherausschusslose Betriebe durchgeführt werden. Die für die Betriebsratswahl in § 16 Abs. 2 BetrVG vorgesehene Möglichkeit der Bestellung eines Wahlvorstands durch das Arbeitsgericht auf Antrag von mindestens drei Wahlberechtigten oder einer im Betrieb vertretenen Gewerkschaft besteht für die Sprecherausschusswahl nicht. Grund ist, dass die Wahl des Sprecherausschusses ausschließlich durch die leitenden Angestellten auf freiwilliger Basis bestimmt werden soll. 18

Besteht in einem sprecherausschussfähigen Betrieb kein Sprecherausschuss, weil ein solcher noch nie gewählt worden ist oder weil ein amtierender Sprecherausschuss während seiner Amtszeit keinen Wahlvorstand für die Neuwahl bestellt hat, wird gem. § 7 Abs. 2 S. 1 SprAuG in einer Versammlung der leitenden Angestellten des Betriebs von der Mehrheit der Anwesenden ein Wahlvorstand gewählt. Zu der Versammlung können drei leitende Angestellte des Betriebs einladen, § 7 Abs. 2 S. 2 SprAuG. Eine Mindestzahl von Teilnehmern wird vom Gesetz nicht verlangt. Die leitenden Angestellten, welche die Einladung aussprechen, können Vorschläge für die Zusammensetzung des Wahlvorstands machen (§ 7 Abs. 2 S. 2 SprAuG) und auch selbst kandidieren. Es ist deshalb denkbar, dass drei leitende Angestellte allein die Versammlung einberufen, sich selbst zu Mitgliedern des Wahlvorstands wählen und sodann die Abstimmung über die Wahl des Sprecherausschusses durchführen.[7] Das Recht, Vorschläge für die Zusammensetzung des Wahlvorstandes zu machen, ist nicht nur auf die leitenden Angestellten beschränkt, die die Versammlung initiiert haben, sondern es steht jedem leitenden Angestellten zu, der an der Versammlung teilnimmt.[8] 19

Im Interesse einer Vereinfachung des Wahlverfahrens verknüpft § 7 Abs. 3 SprAuG die Teilnahmeberechtigung an der Versammlung im Hinblick auf die Eigenschaft als leitender Angestellter mit der bei der vorangegangenen Wahl erfolgten Zuordnung der betroffenen 20

---

[7] *Löwisch* SprAuG § 7 Rn. 4; *Bauer* SprAuG § 7 Anm. 3.
[8] *Hromadka/Sieg* SprAuG § 7 Rn. 14.

Personen, bei mehreren Zuordnungen mit der letzten Zuordnung. Hat zuletzt oder zumindest in dem für Betriebsratswahlen und Wahlen der Aufsichtsratsmitglieder der Arbeitnehmer vorgesehenen Zeitraum eine Sprecherausschusswahl stattgefunden, so ist die anlässlich dieser Wahl(en) erfolgte Zuordnung maßgeblich, § 7 Abs. 3 S. 2 SprAuG. In allen anderen Fällen kommt es auf die Zuordnung für die Betriebsratswahl bzw. die Wahl der Arbeitnehmer für den Aufsichtsrat an, je nachdem welche Wahl später stattgefunden hat (§ 7 Abs. 3 S. 1 SprAuG). Liegt eine gerichtliche Entscheidung über die Zuordnung vor, so ist diese für die Teilnahmeberechtigung an der Versammlung verbindlich, § 7 Abs. 3 S. 1 SprAuG.

21 Für die **Größe des Wahlvorstands** besteht die gleiche Regelung wie nach § 16 Abs. 1 S. 1 bis 3 BetrVG für die Größe des Wahlvorstandes, der die Betriebsratswahl vorbereitet und durchführt, → § 291 Rn. 206. Der Wahlvorstand hat aus drei oder einer höheren ungeraden Zahl von leitenden Angestellten zu bestehen, § 7 Abs. 1 SprAuG. Über die Erhöhung der Mindestzahl entscheidet der amtierende Sprecherausschuss, wenn er den Wahlvorstand einsetzt, nach Ermessen. Anderenfalls ist es Aufgabe der Versammlung der leitenden Angestellten, eine erhöhte Zahl von Wahlvorstandsmitgliedern zu wählen. Die Bestellung von **Ersatzmitgliedern** ist im Gesetz nicht vorgesehen. Es sind jedoch keine durchgreifenden Bedenken dagegen ersichtlich, dass von dem Organ, das den Wahlvorstand einsetzt, zugleich Ersatzmitglieder für den Verhinderungsfall bestellt werden.[9]

22 Mitglieder des Wahlvorstands können nur die leitenden Angestellten des Betriebs sein, § 7 Abs. 1 SprAuG. Die gleichzeitige Mitgliedschaft im amtierenden Sprecherausschuss und im neuen Wahlvorstand ist möglich. Der amtierende Sprecherausschuss kann daher seine Mitglieder zu Mitgliedern des Wahlvorstands bestellen. Der Wahlvorstand wird während der betriebsüblichen Arbeitszeit tätig. Das Arbeitsentgelt ist seinen Mitgliedern ohne Minderung weiterzuzahlen, auch wenn sie wegen einer erforderlichen Amtsausübung Arbeitszeit versäumt haben, § 8 Abs. 3 SprAuG.

23 Mitglieder des Wahlausschusses für die Sprecherausschusswahlen genießen im Gegensatz zu den Mitgliedern der Wahlvorstände bei Betriebsratswahlen (§§ 103 BetrVG, 15 Abs. 3 KSchG) **keinen** besonderen **Kündigungsschutz.** Die Kündigung kann aber gesetzwidrig und damit unwirksam sein, wenn sie sich als eine nach § 8 Abs. 2 SprAuG verbotene Behinderung der Wahl des Sprecherausschusses darstellt.

24 **bb) Besondere Abstimmung.** Ist der Wahlvorstand durch die Versammlung der leitenden Angestellten eingesetzt worden, so kommt es noch nicht zur Einleitung der Wahl. Der Wahlvorstand hat zunächst unverzüglich, nachdem er von den leitenden Angestellten gewählt worden ist, eine Abstimmung darüber herbeizuführen, ob ein Sprecherausschuss überhaupt gewählt werden soll, **§ 7 Abs. 2 S. 3 SprAuG.** Die Abstimmung kann in einer besonderen Versammlung oder auf schriftlichem Wege durchgeführt werden, § 7 Abs. 2 S. 4 SprAuG. Eine sofortige Abstimmung schließt § 27 Abs. 1 S. 2 WOSprAuG aus. Abstimmungsberechtigt sind gem. § 7 Abs. 3 1 SprAuG die leitenden Angestellten, die zur Teilnahme an der Versammlung zur Wahl des Wahlvorstands berechtigt sind, → Rn. 18 f. Die eigentliche Wahl des Sprecherausschusses wird nur eingeleitet, wenn sich die Mehrheit der leitenden Angestellten des Betriebs dafür ausspricht, § 7 Abs. 2 S. 4 SprAuG. Die Wahl muss also von der Mehrheit aller leitenden Angestellten des Betriebs verlangt werden. Eine Mehrheit nur der an der Versammlung teilnehmenden Personen oder der sich an der Abstimmung beteiligenden leitenden Angestellten ist nicht ausreichend.

25 **cc) Vorbereitung der Wahl.** Der Wahlvorstand hat gem. § 2 WOSprAuG eine Liste der leitenden Angestellten aufzustellen (**Wählerliste**). Hierzu hat ihm der Arbeitgeber die erforderlichen Auskünfte zu erteilen und die erforderlichen Unterlagen zur Verfügung zu

---

[9] AA *Löwisch* SprAuG § 7 Rn. 3 (Nachwahl erforderlich).

stellen. Zur Feststellung des Personenkreises der leitenden Angestellten ist das Zuordnungsverfahren gem. § 18a BetrVG durchzuführen, → § 291 Rn. 229. Einsprüche gegen die Wählerliste können gem. § 4 WOSprAuG nur vor Ablauf von zwei Wochen seit Erlass des Wahlausschreibens beim Wahlvorstand schriftlich eingelegt werden. Der Wahlvorstand entscheidet sodann hierüber, § 4 Abs. 2 WOSprAuG.

Spätestens sechs Wochen vor dem ersten Tag der Stimmabgabe erlässt der Wahlvorstand **26** ein **Wahlausschreiben,** mit dem die eigentlich Wahl eingeleitet wird, § 3 Abs. 1 WOSprAuG. Das Wahlausschreiben muss unter anderem angeben, an welchem Ort die Wählerliste ausliegt und dass nur solche leitende Angestellte wählen und gewählt werden können, die in die Wählerliste eingetragen sind, § 3 Abs. 2 Nr. 2 und 3 WOSprAuG. In dem Wahlausschreiben ist anzugeben, dass die Stimmabgabe an die Wahlvorschläge gebunden ist, welche Mindestzahl von leitenden Angestellten einen Wahlvorschlag unterzeichnet haben muss, dass Wahlvorschläge beim Wahlvorstand einzureichen sind und wo die Wahlvorschläge aushängen, § 3 Abs. 2 Nr. 5 bis 8 WOSprAuG. Der Wahlvorstand hat die eingereichten Wahlvorschläge bzw. Vorschlagslisten unverzüglich zu prüfen und bei Ungültigkeit oder bei Beanstandung einer Liste den Listenvertreter unverzüglich schriftlich unter Angabe der Gründe zu unterrichten, §§ 6 Abs. 2 S. 2, 22 Abs. 1 WOSprAuG.

Die Wahl erfolgt auf der Grundlage von **Wahlvorschlägen** der leitenden Angestellten, **27** § 6 Abs. 4 S. 1 SprAuG. In Betrieben mit in der Regel bis zu zwanzig leitenden Angestellten genügt die Unterzeichnung des Wahlvorschlags durch zwei leitende Angestellte. In noch größeren Betrieben mit weiteren leitenden Angestellten muss der Wahlvorschlag von mindestens einem Zwanzigstel der leitenden Angestellten, jedoch von mindestens drei leitenden Angestellten unterzeichnet sein, § 6 Abs. 4 S. 2 SprAuG. Wenn danach die Unterzeichnung durch mehr als fünfzig leitende Angestellte erforderlich wäre, ist die Unterzeichnung durch fünfzig leitende Angestellte ausreichend, § 6 Abs. 4 S. 3 SprAuG. Das jeweils erforderliche Quorum entspricht demjenigen bei einer Betriebsratswahl[10], § 14 Abs. 4 BetrVG.

dd) Durchführung der Wahl. Der Wahlvorstand hat die Wahl durchzuführen, § 7 **28** Abs. 4 S. 1 SprAuG. In Betrieben mit in der Regel zehn bis zwanzig leitenden Angestellten wird der aus einer Person bestehende Sprecherausschuss nach den Grundsätzen der Mehrheitswahl gewählt, dh mit einfacher Stimmenmehrheit, § 6 Abs. 3 S. 1 SprAuG, § 22 WOSprAuG. In einem getrennten Wahlgang ist ein Ersatzmitglied zu wählen, § 6 Abs. 3 S. 2 SprAuG.

Hat der Sprecherausschuss aus mehr als einer Person zu bestehen, so erfolgt die Wahl **29** gem. § 6 Abs. 2 SprAuG grundsätzlich als Verhältniswahl. Dabei werden die Sitze nach dem Höchstzahlenverfahren (System d'Hondt) den Vorschlagslisten zugeteilt, § 13 WOSprAuG. Die auf die einzelnen Vorschlagslisten entfallenden Stimmenzahlen werden in einer Reihe nebeneinander gestellt und sämtlich durch 1, 2, 3, 4 usw geteilt. Die so ermittelten Teilzahlen sind nacheinander reihenweise unter den Zahlen der ersten Reihe aufzulisten. Die so gefundenen Teilzahlen werden nach Höchstzahlen geordnet und davon so viele ausgesondert, wie Mitglieder des Sprecherausschusses zu wählen sind. Jede Vorschlagsliste erhält sodann so viele Sitze zugeteilt, wie Höchstzahlen auf sie entfallen.[11] Wenn die niedrigste noch in Betracht kommende Höchstzahl auf mehrere Vorschlagslisten gleichermaßen entfällt, entscheidet das Los darüber, welcher Vorschlagsliste dieser Sitz zufällt. Soweit eine Vorschlagsliste weniger Bewerber enthält als Höchstzahlen auf sie entfallen, gehen die überschüssigen Sitze auf die folgenden Höchstzahlen der anderen Vorschlagslisten über. Die Reihenfolge der gewählten Bewerber innerhalb der einzelnen Vorschlagslisten bestimmt sich nach der Reihenfolge ihrer Benennung. Die Verhältniswahl

---

[10] Zu den verfassungsrechtlichen Anforderungen an das Quorum: BVerfG 16.10.1984 – 2 BvL 20, 21/82, AP BPersVG § 19 Nr. 3; LAG LSA 5.4.2016 – 6 TaBV 19/15, BeckRS 2016, 70065.
[11] Anschauliches Berechnungsbeispiele ua bei *Fitting* WahlO 2001 § 15 Rn. 2.

setzt mehrere Wahlvorschläge (Vorschlagslisten) voraus. Wird, obwohl mehr als ein Mitglied des Sprecherausschusses zu wählen ist, nur ein Wahlvorschlag (dh nur eine Vorschlagsliste), eingereicht, so findet die Wahl nach den Grundsätzen der **Mehrheitswahl** statt, § 6 Abs. 2 SprAuG.

30 Auf den Stimmzetteln sind die Kandidaten in der Reihenfolge aufzuführen, in der sie auf der Vorschlagsliste benannt sind; der Wähler kennzeichnet die von ihm gewählten Bewerber durch Ankreuzen an der im Stimmzettel hierfür vorgesehenen Stelle. Hierbei kann er so viele Bewerber ankreuzen, wie Mitglieder des Sprecherausschusses zu wählen sind, § 18 WOSprAuG.

31 **ee) Feststellung des Wahlergebnisses.** Der Wahlvorstand hat nach Abschluss der Wahl öffentlich die Auszählung der Stimmen vorzunehmen, § 7 Abs. 4 S. 1 SprAuG, §§ 12, 18 Abs. 3, 19, 22 Abs. 3 S. 2, 25 WOSprAuG. Er stellt das Ergebnis der Wahl in einer Niederschrift fest und gibt es im Betrieb bekannt, § 7 Abs. 4 S. 1 SprAuG, §§ 14, 21, 22 Abs. 4 S. 2 WOSprAuG. Dem Arbeitgeber ist eine Abschrift der Wahlniederschrift zu übersenden, § 7 Abs. 4 S. 2 SprAuG. Die Gewählten hat der Wahlvorstand unverzüglich schriftlich zu benachrichtigen, §§ 15, 21, 22 Abs. 4 S. 2 WOSprAuG.

32 **h) Wahlschutz.** § 8 Abs. 2 SprAuG versieht die Wahl des Sprecherausschusses mit dem gleichen Schutz, den § 20 Abs. 1 und 2 Abs. 1 BetrVG der Betriebsratswahl gewährt, → § 291 Rn. 264 ff. Niemand darf die Wahl des Sprecherausschusses behindern, § 8 Abs. 2 S. 1 SprAuG. Das **Behinderungsverbot** richtet sich an jedermann, auch an den Betriebsrat und die nicht zu den leitenden Angestellten gehörenden Arbeitnehmer. Insbesondere darf kein leitender Angestellter in der Ausübung seines aktiven oder passiven Wahlrechts beschränkt werden, § 8 Abs. 2 S. 2 SprAuG. Der Arbeitgeber darf zB nicht versuchen, durch betriebliche Maßnahmen die Kandidatenaufstellung oder die Teilnahme an Abstimmungen und Wahlen zu behindern. Unzulässig sind danach auch Drohungen an einen leitenden Angestellten mit dem erkennbaren Ziel, ihn von einer Kandidatur abzuhalten oder ihn bei der Teilnahme der Wahl zu behindern.[12] Unzulässig ist auch eine Unterschriftensammlung des Arbeitgebers, mit der zum Ausdruck gebracht werden soll, dass die Wahlberechtigten keine Wahl durchführen wollen.[13]

33 Niemand darf die Wahl des Sprecherausschusses durch Zufügung oder Androhung von Nachteilen oder durch Gewährung oder Versprechen von Vorteilen beeinflussen, § 8 Abs. 2 S. 2 SprAuG. Verstöße gegen das **Beeinflussungsverbot** sind ebenfalls gem. § 34 Abs. 1 Nr. 1 SprAuG strafbar. Insbesondere der Arbeitgeber darf die Wahl nicht zum Anlass nehmen, leitenden Angestellten für ein bestimmtes Wahlverhalten Vergünstigungen zu gewähren oder sie zu benachteiligen. Das schließt betriebliche Maßnahmen, die sich als eine Begünstigung oder Benachteiligung auswirken können, nicht aus, wenn nur eine zufällige Zeitgleichheit mit der Wahl vorliegt, die Absicht einer Einflussnahme aber fehlt.

34 **Verstöße** gegen das Wahlbehinderungsverbot und das Wahlbeeinflussungsverbot sind gem. § 34 SprAuG strafbar. Rechtsgeschäfte, die hiermit in Zusammenhang stehen, sind nach § 134 BGB iVm § 8 Abs. 2 SprAuG nichtig, zB Aufgabeneinschränkungen, Versetzungen oder Kündigungen. Die Verbote sind außerdem Schutzgesetze, so dass Schadensersatzansprüche nach § 823 Abs. 2 BGB entstehen können. Entsprechende Verstöße berechtigen idR auch zur Wahlanfechtung, sie können ggf. sogar zur Nichtigkeit der Wahl führen.[14]

35 **i) Wahlkosten.** Die Kosten der Sprecherausschusswahl trägt gem. § 8 Abs. 3 S. 1 SprAuG der Arbeitgeber. Hierzu gehören alle Kosten, die für die ordnungsgemäße Durchführung

---

[12] *Hromadka/Sieg* SprAuG § 8 Rn. 45; *Fitting* § 20 Rn. 9; *Richardi* BetrVG/*Thüsing* § 20 Rn. 10.
[13] ArbG München 26.5.1987 – 15 Ca 3024/87, DB 1987, 2662 = FHArbSozR 33 Nr. 2948.
[14] *Hromadka/Sieg* SprAuG § 8 Rn. 52; *Goldschmidt* Rn. 815.

der Wahl notwendig und verhältnismäßig sind,[15] ua auch die Kosten des Vermittlers im Zuordnungsverfahren der leitenden Angestellten nach § 18a BetrVG. Versäumnisse von Arbeitszeit, die zur Ausübung des Wahlrechts, zur Betätigung im Wahlvorstand oder zur Tätigkeit als Vermittler nach § 18a BetrVG erforderlich sind, berechtigen den Arbeitgeber nicht zur Minderung des Arbeitsentgelts, § 8 Abs. 3 S. 2 SprAuG. Auch diese Regelungen sind der des BetrVG nachgebildet, (§ 20 Abs. 3 S. 2 BetrVG), so dass auf die dazu entwickelten Grundsätze verwiesen werden kann. → § 291 Rn. 276 ff. Soweit Wahlvorstandsmitgliedern ein Anspruch auf Schulung zusteht, sind sie in gleicher Weise von ihrer Arbeitspflicht zu befreien wie Mitglieder des Sprecherausschusses, → Rn. 67. Teilweise wird ein solcher Schulungsanspruch verneint unter Verweis darauf, dass von einem leitenden Angestellten erwartet werden kann, dass er sich die erforderlichen Kenntnisse außerhalb seiner Arbeitszeit aneignet.[16] Diese Ansicht kann nicht überzeugen. Die Komplexität von Wahlverfahren und Betriebsverfassungen mögen sich leitenden Angestellten mit juristischem Hintergrundwissen auch ohne Schulung erschließen können, nicht aber zwingend alle, die eine leitende Position innehaben und mit solchen Verfahrensvorschriften und dem materiellen Recht der Betriebsverfassung bisher noch nie in Berührung gekommen sind. Das Recht des Wahlvorstandes auf die Teilnahme an Schulungen ist auf die Vermittlung erforderlicher Inhalte begrenzt. Die Kosten der Teilnahme (Gebühren, Reisekosten und Entgeltkosten) trägt der Arbeitgeber.

j) Wahlmängel. Mängel bei der Wahl zum Sprecherausschuss können in gleicher Weise geltend gemacht werden wie solche, die bei einer Betriebsratswahl auftreten könnten. Zu unterscheiden ist zwischen schweren und offensichtlichen Mängeln, die zur Nichtigkeit der Wahl führen, und weniger schweren Mängeln, welche die bloße Anfechtbarkeit begründen. 36

aa) Nichtigkeit. Die Wahl eines Sprecherausschusses ist nichtig, wenn gegen die gesetzlichen Wahlvorschriften grob und offensichtlich in einer Weise verstoßen worden ist, dass selbst der Anschein einer gesetzmäßigen Wahl nicht mehr vorliegt.[17] Die Nichtigkeit der Wahl kann sich auch aus einer Gesamtwürdigung der einzelnen Verstöße gegen Wahlvorschriften der Wahlordnung oder des SprAuG ergeben, auch wenn jeder einzelne Verstoß für sich genommen nicht für eine Nichtigkeit der Wahl ausreichend ist.[18] Die Verstöße im Wahlverfahren und der -durchführung, die zu einer Nichtigkeit Wahl des Betriebsrates führen können, führen auch zur Nichtigkeit einer Wahl zum Sprecherausschuss, wenn sie sich bei Durchführung derselben ereignen, → § 291 Rn. 313 ff. Grobe Verstöße sind bspw. die Durchführung einer Wahl ohne Wahlvorstand oder geordnetes Verfahren[19] oder in einem nicht sprecherausschussfähigen Betrieb.[20] Die Nichtigkeit kann jederzeit von jedermann geltend gemacht werden.[21] Handlungen, die ein im Wege einer nichtigen Wahl eingesetzter Sprecherausschuss vorgenommen hat, sind unwirksam.[22] 37

---

[15] BAG 16. 4. 2003 – 7 ABR 29/02, AP BetrVG 1972 § 20 Nr. 21 = BeckRS 2003, 40992; 8. 4. 1992 – 7 ABR 56/91, NZA 1993, 415 = BeckRS 9998, 21898; LAG Hamm 10. 12. 2013 – 7 TaBV 85/13, BeckRS 2014, 67102.
[16] *Hromadka/Sieg* § 8 SprAuG Rn. 59, *Löwisch* SprAuG § 8 Rn. 23.
[17] Zur Nichtigkeit von Betriebsratswahlen: BAG 19. 11. 2003 – 7 ABR 24/03, AP BetrVG 1972 § 19 Nr. 54 = BeckRS 2004, 40503; LAG Düsseldorf 21. 7. 2017 – 10 TaBV 3/17 ArbRAktuell 2017, 502 = BeckRS 2017, 1118494; *Fitting* § 19 Rn. 4 f.; Richardi BetrVG/*Thüsing* § 19 Rn. 78; zum SprAuG: *Löwisch* SprAuG § 8 Rn. 12; *Hromadka/Sieg* SprAuG § 8 Rn. 30 ff.
[18] BAG 19. 11. 2003 – 7 ABR 24/03, AP BetrVG 1972 § 19 Nr. 54 = BeckRS 2004, 40503.
[19] *Fitting* § 19 Rn. 5 mwN.
[20] *Hromadka/Sieg* SprAuG § 8 Rn. 31; *Löwisch* SprAuG § 8 Rn. 12 mit weiteren Bsp.
[21] Zum BetrVG: BAG 27. 4. 1976 – 1 AZR 482/75, NJW 1976, 2229 = AP BetrVG 1972 § 19 Nr. 4; 21. 7. 2004 – 7 ABR 57/03, AP BetrVG 1972 § 4 Nr. 15 = BeckRS 2005, 40120.
[22] *Hromadka/Sieg* SprAuG § 8 Rn. 35; zum BetrVG: *Fitting* § 19 Rn. 6; Richardi BetrG/*Thüsing* § 19 Rn. 89.

38 **bb) Anfechtbarkeit.** Die Wahl des Sprecherausschusses kann nach § 8 Abs. 1 S. 1 SprAuG beim Arbeitsgericht angefochten werden, wenn gegen wesentliche Vorschriften über das Wahlrecht, die Wählbarkeit oder das Wahlverfahren verstoßen worden ist und eine Berichtigung nicht erfolgt ist, es sei denn, dass durch den Verstoß das Wahlergebnis nicht geändert oder beeinflusst werden konnte. Die Regelung entspricht wortgleich der in § 19 Abs. 1 BetrVG normierten Anfechtungsregel,[23] → § 291 Rn. 287 ff. Anfechtungsgründe sind bspw. die Wahl eines zu großen oder kleinen Sprecherausschusses[24], die Verkennung des Betriebsbegriffs[25], das Fehlen einer Wählerliste[26] oder auch die Gewährung finanzieller oder sonstiger Unterstützungen einer Wählerliste oder einzelner Kandidaten durch den Arbeitgeber.[27] Im Wahlverfahren zum Sprecherausschuss dürfte auch das Fehlen einer Abstimmung nach § 7 Abs. 2 S. 2 SprAuG einen Anfechtungsgrund darstellen.[28] Sofern im Verfahren der Zuordnung der leitenden Angestellten nach § 18a BetrVG Fehler gemacht werden, begründet dies die Anfechtbarkeit nur, wenn die Zuordnung offensichtlich fehlerhaft ist; im Übrigen ist die Anfechtung wegen eines derartigen Mangels ausgeschlossen, § 18a Abs. 5 S. 2 und 3 BetrVG. Diese Beschränkung der Anfechtbarkeit bezieht sich nur auf die Zuordnung als solche. Sofern Angestellte in das Verfahren überhaupt nicht einbezogen worden sind, liegt ein wesentlicher Verstoß gegen das Wahlrecht vor, durch den die Anfechtbarkeit in der Regel begründet wird.

39 **Anfechtungsberechtigt** sind nach § 8 Abs. 1 S. 2 SprAuG mindestens drei leitende Angestellte oder der Arbeitgeber. Im Gegensatz zur Betriebsratswahl haben die im Betrieb vertretenen Gewerkschaften oder sonstigen kollektiven Vereinigungen der Arbeitnehmer keine Anfechtungsbefugnis. Die Anfechtung muss innerhalb einer **Frist** von zwei Wochen nach Bekanntgabe des Wahlergebnisses durch Einreichung einer schriftsätzlich formulierten Anfechtungserklärung beim Arbeitsgericht erfolgen, § 8 Abs. 1 S. 3 SprAuG. Auch dieses Verfahren entspricht der Regelung im BetrVG, § 19 Abs. 2 S. 2 BetrVG.

40 Die Entscheidung über die Anfechtung der Wahl wirkt (wie bei der Anfechtung einer Betriebsratswahl) rechtsgestaltend und nur für die Zukunft,[29] → § 291 Rn. 309. Festgestellt werden kann durch das Arbeitsgericht entweder die Unwirksamkeit der Wahl als Ganzes oder einzelner Mitglieder des Sprecherausschusses. Denkbares Ergebnis einer Wahlanfechtung ist auch die Feststellung der Korrektur des Wahlergebnisses. Rechtshandlungen, die der Sprecherausschuss bis zur Rechtskraft der Entscheidung über die Anfechtung der Wahl als Ganzes vorgenommen hat, bleiben wirksam.[30] Die Wahl ist sodann neu durchzuführen und beginnt wieder mit der Bestellung eines Wahlvorstandes. Da das gesamte Wahlverfahren wiederholt wird, ist es auch konsequent, die Wiederholung der Abstimmung nach § 7 Abs. 2 S. 3 SprAuG zu verlangen.[31]

3. Amtszeit

41 Auch die Regelung der Amtszeit des Sprecherausschusses ist im Wesentlichen der des Betriebsrates nachgebildet, → 292 Rn. 10.

42 **a) Beginn.** Die regelmäßige Amtszeit des Sprecherausschusses beginnt mit der Bekanntgabe des Wahlergebnisses, § 5 Abs. 4 S. 2 1 Hs. 1 SprAuG. Ist zu diesem Zeitpunkt noch ein Sprecherausschuss im Amt, beginnt die Amtszeit des nachfolgenden Gremiums mit

---

[23] Beispiele bei *Fitting* § 19 Rn. 22.
[24] BAG 7.5.2008 – 7 ABR 17/07, AP BetrVG 1972 § 9 Nr. 12 = NZA 2008, 1142 = BeckRS 2008, 53968; LAG SchlH – 4 TaBV 23/94, BeckRS 1994 30467910.
[25] BAG 19.11.2003 – 7 ABR 25/03, AP BetrVG 1972 § 19 Nr. 55 = BeckRS 2004, 40398.
[26] *Fitting* § 19 Rn. 22.
[27] BAG 4.12.1986 – 6 ABR 48/85, NZA 1987, 166 = BeckRS 9998, 180028.
[28] *Hromadka/Sieg* SprAuG § 8 Rn. 9; *Löwisch* BetrVG § 8 Rn. 10.
[29] BAG 13.3.1991 – 7 ABR 5/90, AP BetrVG 1972 § 19 Nr. 20; 27.7.2011 – 7 ABR 61/10, NZA 2012, 345; Richardi BetrVG/*Thüsing* § 20 Rn. 68.
[30] *Hromadka/Sieg* SprAuG § 8 Rn. 26; zum BetrVG: *Fitting* § 19 Rn. 50.
[31] *Löwisch* SprAuG § 8 Rn. 10; aA *Hromadka/Sieg* SprAuG § 8 Rn. 25.

Ablauf der Amtszeit des Vorgängergremiums, § 5 Abs. 4 S. 2 Hs. 2 SprAuG. Die Bekanntgabe des Wahlergebnisses erfolgt gem. § 16 WOSprAuG sobald die Mitglieder des Sprecherausschusses endgültig feststehen durch zweiwöchigen Aushang des Wahlergebnisses und Bekanntgabe der Namen der Gewählten. Mit Beginn des Aushangs ist das Wahlergebnis bekannt gemacht.

b) Dauer. Die regelmäßige Amtszeit des Sprecherausschusses beträgt **vier Jahre**, § 5 Abs. 4 S. 1 SprAuG. Sie verkürzt sich, wenn nach § 5 Abs. 2 Nr. 2 bis 4 SprAuG der Sprecherausschuss vor Ablauf der regulären Amtszeit durch ein Gericht aufgelöst wird, das Gremium vorzeitig seinen Rücktritt erklärt hat oder Wahl angefochten worden ist, → Rn. 47. Gleiches gilt gem. § 5 Abs. 3 S. 1 SprAuG, wenn eine Sprecherausschusswahl außerhalb des für die regelmäßigen Wahlen festgelegten Zeitraums stattgefunden hat. Die Amtszeit kann sich gem. § 5 Abs. 3 S. 2 SprAuG ausnahmsweise verlängern und damit insgesamt mehr als vier Jahre betragen, wenn sie zum Beginn des für die regelmäßigen Wahlen festgelegten Zeitraums noch weniger als ein Jahr betragen hat.

c) Ende. Die Amtszeit endet grundsätzlich nach vier Jahren. Sie endet aber spätestens am 31.5. des Jahres, in dem die regelmäßigen Wahlen zum Sprecherausschuss stattfinden, auch wenn bis dahin keine Neuwahlen stattgefunden haben. Dies gilt auch dann, wenn bis dahin noch nicht vier Jahre verstrichen sind, § 5 Abs. 4 S. 3 SprAuG. Hat eine außerordentliche Sprecherausschusswahl stattgefunden, ist der Sprecherausschuss also im nächsten Zeitraum der regelmäßigen Wahlen neu zu wählen, § 5 Abs. 3 S. 1 SprAuG. Die Amtszeit des bisherigen Sprecherausschusses ist verkürzt und endet spätestens am 31.5. des Jahres der regelmäßigen Neuwahlen. Hat dagegen die Amtszeit des Sprecherausschusses am 1.3. des Jahres der regelmäßigen Neuwahlen noch nicht ein Jahr betragen, so ist der Sprecherausschuss erst in dem übernächsten Zeitraum der regelmäßigen Wahlen neu zu wählen, § 5 Abs. 3 S. 2 SprAuG. In diesem Falle endet die Amtszeit des bisherigen Sprecherausschusses mit der Bekanntgabe des Ergebnisses der Neuwahl, spätestens aber am 31.5. des Jahres dieser regelmäßigen Wahl, § 5 Abs. 4 S. 4 SprAuG. Beschließen die leitenden Angestellten zur Wahl eines Unternehmenssprecherausschusses überzugehen, so endet die Amtszeit aller auf betrieblicher Ebene gebildeten Sprecherausschüsse mit der Bekanntgabe des entsprechenden Wahlergebnisses, § 20 Abs. 2 S. 3 SprAuG. Die Amtszeit endet ferner mit der Rechtskraft einer gerichtlichen Entscheidung über die Auflösung des Sprecherausschusses oder die Feststellung der Unwirksamkeit der Wahl aufgrund einer Wahlanfechtung, § 5 Abs. 2 Nr. 2 und 3 SprAuG. Wenn der Sprecherausschuss mit der Mehrheit seiner Mitglieder seinen Rücktritt beschließt, führt dies ebenfalls zu einer Beendigung der Amtszeit, § 5 Abs. 2 Nr. 4 SprAuG. In diesem Falle führt der Sprecherausschuss die Amtsgeschäfte aber weiter, bis der neue Sprecherausschuss gewählt und das Wahlergebnis bekanntgegeben ist, § 5 Abs. 5 SprAuG. Dies entspricht der in § 22 BetrVG für den Betriebsrat geltenden Regelung → § 292 Rn. 22.

Bei **Umstrukturierungen** auf betrieblicher Ebene während der laufenden Amtszeit des Sprecherausschusses bleibt dieser im Amt, wenn der Betrieb nach § 613a BGB in seiner Gesamtheit auf einen anderen Rechtsträger übertragen wird.[32] Der Sprecherausschuss geht allerdings dann unter, wenn es in dem aufnehmenden Rechtsträger einen Unternehmenssprecherausschuss nach § 20 SprAuG gibt.[33] Bei einer Spaltung des Betriebes bleibt der Sprecherausschuss nur dann im Amt, wenn ein Teil des Ausgangsbetriebes im Wesentlichen unter Wahrung seiner Identität fortbesteht.[34] In der abgespalteten Einheit kann ein neuer Sprecherausschuss gewählt werden, wenn die entsprechende Mindestanzahl von lei-

---

[32] ErfK/*Oetker*, 17 Aufl. 2017, SprAuG § 8 Rn. 8; HWK/*Annuß/Girlich* SprAuG § 8 Rn. 16; WHSS/*Hohenstatt* S. 522.
[33] ErfK/*Oetker*, 17 Aufl. 2017, SprAuG § 8 Rn. 8; HWK/*Annuß/Girlich* SprAuG § 8 Rn. 16; WHSS/*Hohenstatt* S. 522.
[34] WHSS/*Hohenstatt* S. 522.

tenden Angestellten erreicht ist, § 1 Abs. 1 SprAuG. Wird die Zahl nicht erreicht, bleibt die abgespaltene Einheit ohne Sprecherausschuss oder werden die dort beschäftigten leitenden Angestellten nach § 1 Abs. 2 dem räumlich nächstgelegenen Betrieb zugeordnet. Ein Übergangsmandat des Sprecherausschusses (analog § 21a BetrVG) gibt es mangels gesetzlicher Regelung nicht. Zu Recht wird darauf hingewiesen, dass im Zuge der Ablösung des § 321 UmwG aF der Gesetzgeber bewusst nur ein Übergangsmandat nach § 21a BetrVG für den Betriebsrat geschaffen hat, nicht aber für andere Mitwirkungsorgane auf betrieblicher Ebene.[35] Für eine analoge Anwendung des § 21a BetrVG auf Sprecherausschüsse ist daher mangels unbewusster Regelungslücke kein Raum.

46   Die Amtszeit endet schließlich, wenn die rechtlichen Voraussetzungen für die Errichtung eines Sprecherausschusses dauerhaft entfallen sind, weil im Betrieb regelmäßig nur noch weniger als zehn leitende Angestellte beschäftigt werden. Die leitenden Angestellten gelten sodann gem. § 1 Abs. 2 SprAuG als leitende Angestellte des räumlich nächstgelegenen Betriebs mit in der Regel mindestens zehn leitenden Angestellten, so dass sie von dessen Sprecherausschuss mitvertreten werden.[36]

47   **d) Erlöschen der Mitgliedschaft.** Die persönliche Mitgliedschaft im Sprecherausschuss erlischt gem. § 9 Abs. 2 SprAuG in den gleichen Fällen wie die Mitgliedschaft im Betriebsrat nach dem BetrVG → § 292 Rn. 95 ff. Nach § 9 Abs. 2 S. 1 endet die Mitgliedschaft im Sprecherausschuss durch Ablauf der Amtszeit (Nr. 1), durch Niederlegung des Amtes (Nr. 2), Beendigung des Arbeitsverhältnisses des Mitgliedes (Nr. 3), Verlust der Wählbarkeit (Nr. 4), Ausschluss aus dem Sprecherausschuss (Nr. 5 1. Variante) oder Auflösung des Sprecherausschusses aufgrund einer gerichtlichen Entscheidung (Nr. 5 2. Variante) oder gerichtliche Entscheidung über die Feststellung der Nichtwählbarkeit, es sei denn, dass der Mangel nicht mehr vorliegt (Nr. 6). Der Verlust der Wählbarkeit tritt ein, wenn der leitende Angestellte nicht mehr die Voraussetzungen eines leitenden Angestellten iSv § 5 Abs. 3 BetrVG erfüllt, zB durch Abschluss eines Änderungsvertrages, der einen Einsatz in einer weniger bedeutenden und nicht mehr leitenden Position vorsieht.[37]

48   **e) Ersatzmitglieder.** Scheidet ein Mitglied des Sprecherausschusses aus, so rückt gem. § 10 Abs. 1 S. 1 SprAuG ein Ersatzmitglied nach; gleiches gilt gem. § 10 Abs. 1 S. 2 SprAuG für die Stellvertretung eines zeitweilig verhinderten Mitglieds. Sind die zu ersetzenden Mitglieder (bzw. das zu ersetzende Mitglied) nach den Grundsätzen der Verhältniswahl gewählt worden, so werden die Ersatzmitglieder der Reihe nach aus den nicht gewählten leitenden Angestellten derjenigen Vorschlagslisten entnommen, denen die zu ersetzenden Mitglieder angehören, § 10 Abs. 2 S. 1 SprAuG. Ist eine Vorschlagsliste erschöpft, so ist das Ersatzmitglied derjenigen Vorschlagsliste zu entnehmen, auf die nach den Grundsätzen der Verhältniswahl der nächste Sitz entfallen würde, § 10 Abs. 2 S. 2 SprAuG. Ist das zu ersetzende Mitglied nach den Grundsätzen der Mehrheitswahl gewählt worden, bestimmt sich die Reihenfolge der Ersatzmitglieder nach der Höhe der von den nicht gewählten Bewerbern erreichten Stimmenzahl, § 10 Abs. 2 S. 3 SprAuG. Besteht der Sprecherausschuss nur aus einer Person, so wird im Rahmen der Sprecherausschusswahl in einem getrennten Wahlgang zusätzlich ein Ersatzmitglied gewählt, § 6 Abs. 3 S. 2 SprAuG. Scheidet das gewählte Mitglied aus oder ist es verhindert, so rückt das gewählte Ersatzmitglied nach bzw. übernimmt bei der vorrübergehenden Abwesenheit des gewählten Mitgliedes dessen Stellvertretung, § 10 Abs. 3 SprAuG.

---

[35] WHSS/*Hohenstatt* S. 522; ErfK/*Oetker;* 17. Aufl., SprAuG, § 8 Rn. 8; *Mengel,* Umwandlung im Arbeitsrecht, S. 319; im Ergebnis zustimmend: *Rieble* NZA 2002, 233 (240); HWK/*Annuß/Girlich* SprAuG § 8 Rn. 15; aA *Hromadka/Sieg* SprAuG § 5 Rn. 33; *Goldschmidt* Rn. 362.
[36] *Hromadka/Sieg* SprAuG § 1 Rn. 46; NK-BetrVG/*v. Steinau-Steinrück* SprAuG § 1 Rn. 5; ErfK/*Oetker* SprAuG § 1 Rn. 4; aA *Löwisch* BetrVG § 1 Rn. 48; *Kramer* BB 1993, 2153 (2156).
[37] *Hromadka/Sieg* SprAuG § 9 Rn. 33; *Fitting* § 24 Rn. 31 ff.; HWGNRH/*Schlochauer* BetrVG § 24 Rn. 23 ff. Richardi BetrVG/*Thüsing* § 24 Rn. 24.

4. Geschäftsführung

a) Vorsitzender und Stellvertreter. Der Sprecherausschuss wählt gem. § 11 Abs. 1 **49** SprAuG aus seiner Mitte den Vorsitzenden und dessen Stellvertreter. Die Wahl erfolgt nach § 12 Abs. 1 SprAuG in einer konstituierenden Sitzung, die der Wahlvorstand innerhalb einer Woche nach dem Wahltag einzuberufen hat. Der Vorsitzende des Wahlvorstands leitet die konstituierende Sitzung, bis der Sprecherausschuss aus seiner Mitte einen Wahlleiter zur Wahl des Vorsitzenden und seines Stellvertreters bestellt hat. Der Wahlleiter leitet die weitere Sitzung und führt die Wahl durch. Mängel bei der Wahl des Vorsitzenden können zur Nichtigkeit, jedenfalls aber zur Anfechtbarkeit der Wahl führen. Eine Nichtigkeit wird bei groben Verstößen gegen die Wahlregeln angenommen, zB wenn nicht mehr als die Hälfte der Sprecherausschussmitglieder an der Wahl teilgenommen hat.[38] Die Wahl ist anfechtbar, wenn gegen wesentliche Regeln des Wahlverfahrens verstoßen worden ist und der Verstoß auch das Wahlergebnis beeinträchtigt hat. Die Anfechtung muss in diesen Fällen in entsprechender Anwendung des § 8 Abs. 1 S. 3 SprAuG innerhalb von zwei Wochen durch Einreichung eines entsprechenden Schriftsatzes beim Arbeitsgericht erfolgen.[39] Anfechtungsberechtigt ist jedes Mitglied des Sprecherausschusses.

Der Vorsitzende vertritt dem Sprecherausschuss im Rahmen der von diesen gefassten **50** Beschlüsse § 11 Abs. 2 S. 1 SprAuG. Er ist zur Entgegennahme von Erklärungen, die dem Sprecherausschuss gegenüber abzugeben sind, berechtigt, § 11 Abs. 2 S. 2 SprAuG. Er übernimmt demnach die aktive und passive Vertretung des Sprecherausschusses.[40] Nach § 11 Abs. 3 SprAuG kann der Sprecherausschuss das Führen der laufenden Geschäfte auf den Vorsitzenden (oder auch andere Mitglieder des Sprecherausschusses) übertragen. Zudem gehört es zu den Aufgaben des Vorsitzenden, zu den Sitzungen des Gremiums einzuladen und die Tagesordnung festzusetzen. IdR. hat er auch die Sitzungsleitung. Er unterzeichnet gem. § 13 Abs. 3 S. 2 SprAuG auch die Sitzungsniederschriften. Zudem hat der Vorsitzende im Falle der Bildung eines Gesamtsprecherausschusses und/oder Konzernsprecherausschusses die Leitung der konstituierenden Sitzung dieses Gremiums, sofern er Vorsitzende des einladenden Sprecherausschusses ist, §§ 19 Abs. 2, 24 Abs. 2 SprAuG.

b) Ausschüsse. Während Betriebsräte in größeren Betrieben Ausschüsse zum Führen der **51** laufenden Geschäfte bilden können, ist eine solche Möglichkeit im Sprecherausschussgesetz für den Sprecherausschuss nicht enthalten. Ein Recht des Sprecherausschusses, geschäftsführende Ausschüsse zu bilden, wird deshalb auch zu Recht abgelehnt.[41] Die Mitglieder des Sprecherausschusses können aber informelle Arbeitsgemeinschaften bilden und/oder auch Fachausschüsse ohne besondere Kompetenzen.[42]

c) Sitzungen. Mit Ausnahme der konstituierenden Sitzung beruft der Vorsitzende des **52** Sprecherausschusses die Sitzungen ein und setzt die **Tagesordnung** fest, § 12 Abs. 2 S. 1 und 2 SprAuG. Er hat einen Beratungsgegenstand auf die Tagesordnung zu setzen, wenn dies ein Drittel der Mitglieder des Sprecherausschusses oder der Arbeitgeber beantragen, § 12 Abs. 3 SprAuG. Die Mitglieder des Sprecherausschusses sind rechtzeitig unter Mitteilung der Tagesordnung vom Vorsitzenden zu laden, § 12 Abs. 2 S. 2 SprAuG. Eine mit § 29 Abs. 2 S. 5 BetrVG vergleichbare Regelung, wonach ein Mitglied des Betriebsrates, das an der Sitzung nicht teilnehmen kann, dies unter Angabe der Gründe unverzüglich dem Vorsitzenden mitteilen soll, enthält das SprAuG nicht. Die Norm ist aber im Verhin-

---

[38] *Hromadka/Sieg* SprAuG § 11 Rn. 18.
[39] *Hromadka/Sieg* SprAuG § 11 Rn. 20; zum BetrVG: BAG 13.11.1991 – 7 ABR 8/91, AP BetrVG 1972 § 26 Nr. 9 = BeckRS 9998, 21749; HWGNRH/*Glock* § 26 Rn. 28; Richardi BetrVG/*Thüsing* § 26 Rn. 20 ff.
[40] *Hromadka/Sieg* SprAuG § 11 Rn. 27.
[41] *Hromadka/Sieg* SprAuG § 11 Rn. 47.
[42] *Hromadka/Sieg* SprAuG § 11 Nr. 47; *Löwisch* SprAuG § 13 Rn. 12.

derungsfall entsprechend anzuwenden. Für verhinderte Mitglieder sieht § 10 Abs. 1 S. 2 SprAuG zwingend die Vertretung durch die jeweiligen Ersatzmitglieder vor.[43] Der Arbeitgeber ist über den Zeitpunkt der Sitzung vor Beginn zu verständigen, § 12 Abs. 5 S. 3 SprAuG. Die Sitzungen werden von dem Vorsitzenden (bzw. im Falle seiner Verhinderung von dem Stellvertreter) geleitet, § 12 Abs. 2 S. 2 SprAuG.

53 **Teilnahmeberechtigt** sind die Mitglieder des Sprecherausschusses, im Falle der Verhinderung die entsprechenden Ersatzmitglieder. Der Arbeitgeber hat ein Recht zur Teilnahme an den Sitzungen des Sprecherausschusses, wenn diese auf sein Verlangen anberaumt sind oder er zu der Sitzung ausdrücklich eingeladen worden ist, § 12 Abs. 4 SprAuG. Im Gegensatz zu Betriebsratssitzungen haben die Schwerbehindertenvertretung, die Jugend- und Auszubildendenvertretung bzw. deren Mitglieder und die Verbände kein Teilnahmerecht.

54 Der Sprecherausschuss kann gem. § 2 Abs. 2 S. 1 SprAuG dem Betriebsrat oder einzelnen seiner Mitglieder das Recht einräumen, an Sitzungen des Sprecherausschusses teilzunehmen, ebenso kann der Betriebsrat seinerseits den Sprecherausschuss oder einzelne Mitglieder an seinen Sitzungen teilnehmen lassen, § 2 Abs. 2 S. 2 SprAuG. Einmal im Kalenderjahr soll eine gemeinsame Sitzung von Sprecherausschuss und Betriebsrat stattfinden, § 2 Abs. 2 S. 3 SprAuG. Erzwingbar ist die gemeinsame Sitzung allerdings nicht.

55 Die Sitzungen des Sprecherausschusses sind **nicht öffentlich,** § 12 Abs. 5 S. 4 SprAuG. Unbenommen bleibt es dem Sprecherausschusses, zu einzelnen Verhandlungsgegenständen sachkundige Personen einzuladen, zB Wirtschaftsprüfer, Steuerberater, Rechtsberater oder auch Protokollkräfte.

56 Die Sitzungen des Sprecherausschusses finden in der Regel während der Arbeitszeit statt, § 12 Abs. 5 S. 1 SprAuG; Bei der Terminierung ist auf die betrieblichen Notwendigkeiten Rücksicht zu nehmen auch hinsichtlich der Dauer und Häufigkeit[44] , § 12 Abs. 5 S. 2 SprAuG. Verstößt der Sprecherausschuss gegen dieses Gebot, kann der Arbeitgeber bei Vorliegen und Glaubhaftmachung eines Verfügungsgrundes und der Anspruchsvoraussetzungen mit einem Antrag auf Erlass einer einstweiligen Verfügung reagieren mit dem Ziel, den Termin aufheben zu lassen.[45] Muss die Sitzung betriebsbedingt ausnahmsweise außerhalb der Arbeitszeit stattfinden, haben die Mitglieder des Sprecherausschusses keinen Anspruch auf Zeitausgleich.

57 Über jede Verhandlung des Sprecherausschusses ist gem. § 13 Abs. 3 SprAuG eine **Niederschrift** anzufertigen, die mindestens den Wortlaut der Beschlüsse und die Stimmenmehrheit, mit der sie gefasst sind, enthalten muss. Die Niederschrift ist von dem Vorsitzenden und einem weiteren Mitglied zu unterzeichnen. Ihr ist eine Anwesenheitsliste beizufügen, in die sich jeder Teilnehmer einzutragen hat. Analog der Regelung in § 34 Abs. 1 BetrVG sind Einwendungen gegen die Niederschrift unverzüglich schriftlich zu erheben und der Niederschrift beizufügen.[46] Nur Mitglieder des Sprecherausschusses haben ein jederzeitiges Einsichtsrecht in die Unterlagen des Sprecherausschusses und damit auch die Sitzungsniederschrift, § 13 Abs. 4 SprAuG. Dem Arbeitgeber steht das Einsichtsrecht nicht zu. Wenn der Arbeitgeber an den Sitzungen des Sprecherausschusses teilnimmt, ist ihm in entsprechender Anwendung des § 34 Abs. 1 S. 1 BetrVG ein Einsichtsrecht nur in die entsprechende Sitzungsniederschrift zu gewähren.[47]

58 **d) Beschlüsse.** Der Sprecherausschuss ist nur **beschlussfähig,** wenn mindestens die Hälfte seiner Mitglieder an der Beschlussfassung teilnimmt, § 13 Abs. 2 S. 1 SprAuG und ordnungsgemäß zu der Sitzung eingeladen wurde. Zur Errechnung der Beschlussfähigkeit sind nur Mitglieder mitzuzählen, die sich an der Willensbildung beteiligen, was auch

---

[43] *Kramer* BB 1993, 2153 (2156).
[44] *Hromadka/Sieg* SprAuG § 12 Rn. 25.
[45] *Hromadka/Sieg* SprAuG § 12 Rn. 26; *Fitting* § 30 Rn. 13.
[46] *Löwisch* SprAuG § 13 Rn. 8; *Hromadka/Sieg* SprAuG § 13 Rn. 28; *Goldschmidt* Rn. 438.
[47] *Hromadka/Sieg* SprAuG § 13 Rn. 31; *Löwisch* SprAuG § 13 Rn. 7.

durch Stimmenthaltung geschehen kann; eine bloße Anwesenheit in der Sitzung ohne Teilnahme an der Abstimmung genügt nicht. Die Beschlüsse des Sprecherausschusses werden grds. mit der Mehrheit der Stimmen der anwesenden Mitglieder gefasst, § 13 Abs. 1 S. 1 SprAuG. Soweit sich anwesende Mitglieder der Stimme enthalten, wirkt sich dies für die Errechnung der Mehrheit wie eine Ablehnung aus. Hierauf sollte der Vorsitzende in geeigneter Weise hinweisen. Bei Stimmengleichheit ist ein Antrag abgelehnt, § 13 Abs. 1 S. 2 SprAuG.

Abweichend von dem Grundsatz, dass die Mehrheit der Stimmen der in der Sitzung anwesenden Mitglieder genügt, ist die absolute Mehrheit der Stimmen aller Mitglieder des Sprecherausschusses erforderlich für Beschlüsse über die Geschäftsordnung (§ 13 Abs. 5 SprAuG), den Rücktritt des Sprecherausschusses (§ 5 Abs. 2 Nr. 4 SprAuG) und die Beauftragung des Gesamtsprecherausschusses mit der Behandlung einer Angelegenheit für den Sprecherausschuss (§ 18 Abs. 2 S. 1 SprAuG). Eine Beschlussfassung im schriftlichen Umlaufverfahren ist nicht zulässig. **59**

e) Kontakt/Sprechstunden. Anders als im Betriebsverfassungsgesetz in § 39 BetrVG wird dem Sprecherausschuss kein Recht zur Durchführung von Sprechstunden zugestanden. Der einzelne leitende Angestellte hat aber im Rahmen seiner in § 26 SprAuG normierten Rechte einen Anspruch darauf, während der Arbeitszeit jederzeit Kontakt mit dem Sprecherausschuss aufzunehmen. Unbenommen ist die Möglichkeit, dass einvernehmlich zwischen Sprecherausschuss und Arbeitgeber das Abhalten regelmäßiger Sprechstunden vereinbart wird,[48] wenn sich in dem Unternehmen ein Bedürfnis dafür zeigt. **60**

f) Geschäftsordnung. Der Sprecherausschuss kann sich mit den Stimmen der Mehrheit aller Mitglieder eine Geschäftsordnung geben, in der Bestimmungen über die Geschäftsführung getroffen werden, soweit sie sich nicht bereits aus dem Gesetz ergeben, § 13 Abs. 5 SprAuG. Die Geschäftsordnung ist schriftlich abzufassen. Ihre Regelungen dürfen nicht von den zwingenden Bestimmungen des SprAuG, insbesondere denen über die Sitzungen und die Beschlussfassungen, abweichen. **61**

5. Rechtsstellung der Mitglieder

Die Rechtsstellung der Mitglieder des Sprecherausschusses ist nicht in jeder Hinsicht mit derjenigen der Betriebsratsmitglieder vergleichbar. **62**

a) Unentgeltliches Ehrenamt. Die Mitglieder des Sprecherausschusses üben ihr Amt unentgeltlich als Ehrenamt aus.[49] Dies wird zwar im SprAuG im Unterschied zu § 37 Abs. 1 BetrVG nicht ausdrücklich geregelt; die Ausgestaltung des Amtes als Interessenvertreter einer Arbeitnehmergruppe als Ehrenamt ist aber ein die gesamte Betriebsverfassung durchziehender immanenter Grundsatz. Mitglieder des Sprecherausschusses haben – wie Betriebsratsmitglieder – einen Anspruch auf Arbeitsbefreiung ohne Minderung des Arbeitsentgeltes, sie dürfen aber auch wegen ihrer Amtsausübung keine Vorteile, also auch keine zusätzliche Vergütung, erhalten. **63**

b) Arbeitsbefreiung. Die Ausübung der Sprecherausschusstätigkeit wird grundsätzlich während der Arbeitszeit ausgeübt. Die Mitglieder des Sprecherausschusses sind von ihrer beruflichen Tätigkeit ohne Minderung des Arbeitsentgelts zu befreien, wenn und soweit es nach Umfang und Art des Betriebs zur ordnungsgemäßen Durchführung ihrer Aufgaben als Mitglied des Sprecherausschusses erforderlich ist, § 14 Abs. 1 SprAuG. Dies entspricht der gem. § 37 Abs. 2 BetrVG für die Mitglieder des Betriebsrates geltenden Regelung. Maßgebend für den Zeitpunkt und Umfang der Arbeitsbefreiung ist, ob das **64**

---

[48] *Hromadka/Sieg* SprAuG § 14 Rn. 13.
[49] *Kramer* DB 1993, 1138.

Mitglied bei vernünftiger und umfassender Würdigung aller Umstände und unter Abwägung aller betroffenen Interessen, auch denen des Betriebs, das Arbeitsversäumnis für erforderlich halten durfte, um die Aufgaben nach dem SprAuG sachgerecht wahrnehmen zu können.[50] Hierbei ist auch der im Vergleich zum Betriebsrat eingeschränkte Aufgabenbereich des Sprecherausschusses zu berücksichtigen.

65 Betriebsratsmitglieder, die aus betriebsbedingten Gründen außerhalb der Arbeitszeit Betriebsratstätigkeit durchführen, haben gem. § 37 Abs. 3 BetrVG zum Ausgleich einen Anspruch auf entsprechende Arbeitsbefreiung unter Fortzahlung des Arbeitsentgelts oder auf Abgeltung wie Mehrarbeit. Eine entsprechende Regelung fehlt im SprAuG. Nach zutreffender Ansicht gibt es deshalb in diesen Fällen **keinen Ausgleichsanspruch** des Sprecherausschussmitgliedes.[51] Auch aus § 2 Abs. 3 S. 2 SprAuG kann ein solcher Anspruch nicht hergeleitet werden, denn § 14 SprAuG ist lex specialis zu der allgemeinen Regelung in § 2 Abs. 3 S. 2 SprAuG und sieht gerade keinen Zeitausgleichsanspruch bei Sprecherausschusstätigkeiten außerhalb der Arbeitszeit vor.[52] Dies ist auch sachgerecht, denn leitende Angestellte haben idR ohnehin keine festen Arbeitszeiten oder feste Vorgaben zur Lage der Arbeitszeit; sie unterliegen auch nicht den Grenzen des Arbeitszeitgesetzes, § 18 Abs. 1 Nr. 1 ArbZG. Insofern ließe sich in den allermeisten Fällen gar nicht zweifelsfrei feststellen, wann Sitzungen außerhalb der üblichen Arbeitszeit der leitenden Angestellten stattfinden und in welchem Umfang. Die Notwendigkeit für einen zusätzlichen Freizeitausgleichsanspruch besteht nicht.

66 Die für Betriebsräte gem. § 38 BetrVG geltende Regelung über eine **pauschale Freistellungen** von der beruflichen Tätigkeit ist in das SprAuG nicht übernommen worden. Hintergrund war mutmaßlich die Überlegung, dass der Aufgabenbereich und damit auch der erforderliche Aufwand des Sprecherausschusses wesentlich geringer ist als derjenige des Betriebsrates. Die Arbeitsbefreiung richtet sich allein nach dem im Einzelfall erforderlichen Umfang der Sprecherausschusstätigkeit. Da die Sprecherausschussmitglieder wegen ihrer Amtstätigkeit keine Vorteile erhalten dürfen, darf der Arbeitgeber auch keine generelle und pauschale Freistellung gewähren.[53] Eine vollständige Befreiung von der beruflichen Tätigkeit ist aber dann nicht ausgeschlossen,[54] wenn dies im Einzelfall zur ordnungsgemäßen Amtsausübung nach Art und Umfang des Betriebs erforderlich ist.

67 **c) Schulungs- und Bildungsveranstaltungen.** Die für die Mitglieder des Betriebsrates in § 37 Abs. 6 und 7 BetrVG normierten besonderen Ansprüche zur Teilnahme an Schulungs- und Bildungsveranstaltungen unter Befreiung von Arbeitspflicht und unter Fortzahlung der Vergütung sind in das SprAuG nicht übernommen worden. Eine derartige Regelung wäre für die Mitglieder des Sprecherausschusses auch weder angemessen noch zweckmäßig. Von einem leitenden Angestellten kann davon ausgegangen werden, dass er sich grundsätzlich die für die Ausübung seiner Sprecherausschusstätigkeit erforderlichen Kenntnisse im Hinblick auf seine Vorbildung und Stellung selbst aneignen kann. Damit wird aber keineswegs ausgeschlossen, dass ein Mitglied des Sprecherausschusses im Einzelfall einen Anspruch auf Arbeitsbefreiung für die Teilnahme an einer Schulungs- und Bildungsveranstaltung haben kann.[55] Im Rahmen der erforderlichen Amtstätigkeit kann die Teilnahme an einer Schulungs- und Bildungsveranstaltung erforderlich werden, zB wenn

---

[50] *Löwisch* SprAuG § 14 Rn. 4; *Hromadka/Sieg* SprAuG § 14 Rn. 7.
[51] *Löwisch* SprAuG § 12 Rn. 10; *Hromadka/Sieg* SprAuG § 14 Rn. 9; ErfK/*Oetker* SprAuG § 14 Rn. 2; aA MHdB ArbR/*Joost,* 3. Aufl. 2009, § 234 Rn. 86.
[52] ErfK/*Oetker* SprAuG § 14 Rn. 2.
[53] *Kramer* DB 1993, 1138 (1139); *Romer* S. 92 ff.
[54] ErfK/*Oetker* SprAuG § 14 Rn. 3; aA *Löwisch* SprAuG § 14 Rn. 1; NK-GA/*v. Steinau-Steinrück* SprAuG § 14 Rn. 2.
[55] *Oetker* ZfA 1990, 43 (51 f.); ErfK/*Oetker* SprAuG § 14 Rn. 5; *Löwisch* SprAuG § 14 Rn. 17 HWK/*Annuß/Girlich* SprAuG § 15 Rn. 4; NK-GA/*v. Steinau-Steinrück* SprAuG § 15 Rn. 3; *Goldschmidt* Rn. 453; aA *Kramer* DB 1993, 1138 (1140) mwN; *Buchner* S. 15; *Abeln* S. 51 ff.; *Hromadka/Sieg* SprAuG § 15 Rn. 11.

dem Sprecherausschuss die für die Beratung mit dem Arbeitgeber notwendigen juristischen oder betriebswirtschaftlichen Kenntnisse fehlen. Da die Schulung in solchen Fällen unmittelbar mit der Amtstätigkeit zusammenhängt, besteht nach § 14 Abs. 1 SprAuG ein Anspruch auf Befreiung von der Arbeitspflicht unter Fortzahlung der Vergütung. Bei der Beurteilung der Frage, wann und in welchem Umfang eine Schulung erforderlich ist, muss berücksichtigt werden, dass der Sprecherausschuss im Verhältnis zum Betriebsrat nur einen wesentlich kleineren Aufgaben- und Wirkungsbereich hat. Ein Anspruch auf Arbeitsbefreiung wird daher nur in Ausnahmefällen bestehen. Bei der Festlegung der zeitlichen Lage der Teilnahme sind entsprechend § 37 Abs. 3 S. 3 BetrVG die betrieblichen Notwendigkeiten zu berücksichtigen. Dem Arbeitgeber sind analog der Regelung in § 37 Abs. 6 S. 4 BetrVG die Teilnahme und die zeitliche Lage der Veranstaltung rechtzeitig bekannt zu geben. Da der Arbeitgeber dann, wenn aus seiner Sicht die betrieblichen Notwendigkeiten nicht ausreichend berücksichtigt sind, nicht wie im BetrVG die Möglichkeit der Anrufung der Einigungsstelle hat, ist er darauf verwiesen, der Arbeitsbefreiung zu widersprechen und ggf. mittels einstweiligen Rechtsschutzes die Teilnahme an der Schulungsveranstaltung zu untersagen, wenn das Sprecherausschussmitglied trotz des Widerspruchs und der fehlenden Kostenübernahmeerklärung des Arbeitgebers an dem Willen zur Teilnahme festhält.

d) Schutz. In der Natur der Sache liegt es, dass es trotz des Gebots der vertrauensvollen 68 Zusammenarbeit zu erheblichen Konflikten zwischen den Mitgliedern des Sprecherausschusses und dem Arbeitgeber bzw. dem die Arbeitgeberfunktionen ausübenden Vertretungsorgan kommen kann. Um die Mitglieder des Sprecherausschusses vor Nachteilen zu schützen, die eine effektive Sprecherausschussarbeit beeinträchtigen würden, enthält das Gesetz allgemeine Schutzbestimmungen.

aa) Behinderungsverbot. Mitglieder des Sprecherausschusses dürfen gem. § 2 Abs. 3 69 S. 1 SprAuG in der Ausübung ihrer Tätigkeit nicht gestört oder behindert werden. Die rechtmäßige Amtsausübung unterliegt damit einem allgemeinen umfassenden Rechtsschutz. Die Bestimmung ist inhaltsgleich mit der Regelung in § 78 S. 1 BetrVG. Eine verbotene Behinderung oder Störung der Amtsausübung ist nach § 34 Abs. 1 Nr. 1 SprAuG strafbar.

bb) Benachteiligungs- und Begünstigungsverbot. Die Mitglieder des Sprecheraus- 70 schusses dürfen wegen ihrer Tätigkeit nicht benachteiligt oder begünstigt werden, § 2 Abs. 3 S. 2 SprAuG; dies gilt auch für ihre berufliche Entwicklung. Das Vorliegen einer Benachteiligung oder Begünstigung ist nur im Vergleich mit den anderen leitenden Angestellten des Betriebs festzustellen.[56] Anknüpfungspunkt des Benachteiligungs- oder Begünstigungsverbotes ist die Einheit, in der der Sprecherausschuss gebildet ist und agiert. Ein Vergleich auf Unternehmensebene ist nur in Bezug auf die Mitglieder des Unternehmenssprecherausschusses geboten.[57]

Eine Benachteiligung liegt zB vor, wenn den Mitgliedern des Sprecherausschusses eine 71 weniger angesehene Tätigkeit zugewiesen wird oder sie von besonderen Zuwendungen oder Prämienregelungen oder sonstigen Vergünstigungen ohne Sachgrund ausgenommen wurden. Sie dürfen auch in ihrer beruflichen Entwicklung keine Nachteile erleiden, § 2 Abs. 3 S. 2 Hs. 2 SprAuG. Deshalb darf in dem bei Beendigung eines Arbeitsverhältnisses nach § 109 GewO zu erteilenden Zeugnis die Tätigkeit in einem Sprecherausschuss grundsätzlich nicht erwähnt werden.

Eine Begünstigung liegt vor, wenn Mitglieder des Sprecherausschusses beispielsweise 72 eine über tatsächlich entstandene Kosten hinausgehende Aufwandsentschädigung erhal-

---

[56] AA *Löwisch* SprAuG § 2 Rn. 23.
[57] *Kramer* DB 1993, 1138.

ten[58] oder sie bei Reisetätigkeiten durch eine großzügigere Begrenzungen der Kostenhöhe oder höhere Spesenerstattungen besser behandelt werden als andere vergleichbare leitende Angestellte.[59]

73 Verstöße gegen das Benachteiligungs- und Begünstigungsverbot sind nach § 34 Abs. 1 Nr. 3 SprAuG strafbar.

74 **cc) Entgeltschutz.** Der für Mitglieder des Betriebsrates nach § 37 Abs. 4 BetrVG bestehende besondere Entgeltschutz, der auch bis zu einem Jahr nach Beendigung der Amtszeit nachwirkt, ist in das Sprecherausschussgesetz nicht übernommen worden. Die Sprecherausschussmitglieder sind aber jedenfalls während der Amtstätigkeit durch das allgemeine Benachteiligungsverbot des § 2 Abs. 3 S. 2 SprAuG geschützt.[60] Ihr Entgelt darf daher nicht wegen ihrer Amtstätigkeit geringer bemessen werden. Der Schutz vor Benachteiligung besteht auch noch nach der Beendigung der Amtszeit des Sprecherausschussmitglieds; indes dürfte der Nachweis dafür, dass einem leitenden Angestellten nach seinem Ausscheiden aus dem Gremium nur wegen seines Engagements im Sprecherausschuss Nachteile auch bei der Gehaltsentwicklung entstehen, eher schwierig zu führen sein.

75 **dd) Tätigkeitsschutz.** Die für die Betriebsratsmitglieder geltende Sonderregelung über den Tätigkeitsschutz (§ 37 Abs. 5 BetrVG) fehlt im SprAuG ebenfalls. Die Mitglieder des Sprecherausschusses werden aber auch in Bezug auf ihre Tätigkeit durch das allgemeine Benachteiligungsverbot geschützt.[61]

76 **ee) Kündigungsschutz.** In Bezug auf den Bestandsschutz der Mandatsträger unterscheiden sich das BetrVG einerseits und SprAuG andererseits grundlegend.[62] Den für Betriebsratsmitglieder gem. § 15 KSchG, § 103 BetrVG bestehenden besonderen Kündigungsschutz genießen Mitglieder des Sprecherausschusses und auch Wahlkandidaten sowie Wahlvorstände nicht. Weder wird gesetzlich das Kündigungsrecht des Arbeitgebers im Hinblick auf die Tätigkeit im SprAuG beschränkt, noch muss der Arbeitgeber wie bei Betriebsratsmitgliedern vor Ausspruch einer Kündigung die Zustimmung des Sprecherausschusses einholen. Das Verhältnis zwischen Sprecherausschussmitgliedern und Arbeitgeber wurde durch den Gesetzgeber im Hinblick auf den gegenüber dem Betriebsrat eingeschränkten Aufgabenbereich des Sprecherausschusses und auch der Nähe zum Arbeitgeber als weniger konfliktträchtig angesehen. Der Sprecherausschuss ist gem. § 31 Abs. 2 S. 1 SprAuG vor Ausspruch einer Kündigung eines leitenden Angestellten nur zu hören → § 312 Rn. 81. Dieses Procedere ist aber vor jeder Kündigung eines leitenden Angestellten einzuhalten, gleich ob er dem Sprecherausschuss angehört oder nicht. Die Amtsträger genießen daher keinen darüber hinausgehenden gesetzlichen Schutz. Das Kündigungsrecht des Arbeitgebers unterliegt insoweit aber der Kontrolle durch das allgemeine Benachteiligungsverbot des § 2 Abs. 3 S. 2 SprAuG.[63] Die Kündigung wegen einer rechtmäßigen Amtsausübung ist unzulässig und gem. § 134 BGB nichtig.[64] Macht der insoweit beweisbelastete leitende Angestellte geltend, dass die Kündigung gegen § 2 Abs. 3 S. 2 SprAuG verstößt, so wird das Arbeitsgericht besonders sorgfältig zu prüfen haben, ob der Beweggrund für die Kündigung eine Maßregelung des leitenden Angestellten wegen seiner Amtsausübung ist. Ein Indiz ist beispielsweise dann gegeben, wenn derselbe Kündi-

---

[58] *Löwisch* SprAuG § 2 Rn. 26; *Hromadka/Sieg* SprAuG § 2 Rn. 38.
[59] BAG 23.6.1975 – 1 ABR 104/73, AP BetrVG 1972 § 40 Nr. 10; 29.4.1975 – 1 ABR 40/75, VersR 1975, 1165 = BB 1975, 1111; *Hromadka/Sieg* SprAuG § 2 Rn. 38.
[60] *Romer* S. 89.
[61] *Romer* S. 89.
[62] *Abeln* S. 169 ff.
[63] *Oetker* ZfA 1990, 43 (55); *Löwisch* SprAuG § 2 Rn. 21, 25; *Hromadka/Sieg* SprAuG § 2 Rn. 37.
[64] *Kramer* DB 1993, 1138 (1139).

gungsgrund bei mehreren leitenden Angestellten vorliegt, der Arbeitgeber sich aber nur für eine Kündigung des Mitgliedes des Sprecherausschusses entscheidet und die übrigen leitenden Angestellten nicht entsprechend arbeitsrechtlich sanktioniert.[65]

e) Geheimhaltungspflicht. Die Mitglieder und Ersatzmitglieder des Sprecherausschusses sind nach § 29 Abs. 1 S. 1 und 2 SprAuG verpflichtet, Betriebs- oder Geschäftsgeheimnisse, die ihnen wegen ihrer Zugehörigkeit zum Sprecherausschuss bekannt und vom Arbeitgeber ausdrücklich als geheimhaltungsbedürftig bezeichnet worden sind, nicht zu offenbaren und nicht zu verwerten; diese Verpflichtung gilt auch nach dem Ausscheiden aus dem Sprecherausschuss fort. Die Regelung ist inhaltsgleich mit der nach § 79 Abs. 1 S. 1 und 2 BetrVG bestehenden Geheimhaltungspflicht der Mitglieder und Ersatzmitglieder des Betriebsrates. Die Verpflichtung zur Geheimhaltung besteht gem. § 29 Abs. 1 S. 3 SprAuG nicht gegenüber Mitgliedern des Sprecherausschusses, des Gesamtsprecherausschusses, des Unternehmenssprecherausschusses, des Konzernsprecherausschusses und den Arbeitnehmervertretern im Aufsichtsrat. Diese Befreiung soll eine effektive Zusammenarbeit der genannten Gremien gewährleisten. Die Geheimhaltungspflicht wird durch diese Ausnahmeregelung aber nicht aufgelöst, sondern nur auf einen größeren Kreis von Adressaten verlagert, denn die Mitglieder dieser Gremien ihrerseits unterliegen der gleichen besonderen Geheimhaltungspflicht, § 29 Abs. 2 SprAuG, §§ 116, 93 Abs. 1 S. 2 AktG. Im Verhältnis zu Mitgliedern des Betriebsrates bzw. den Mitgliedern der anderen betriebsverfassungsrechtlichen Repräsentationsorgane gilt die Geheimhaltungspflicht uneingeschränkt.[66] Auch wenn die Mitglieder des Betriebsrates ihrerseits gem. § 79 BetrVG zur Geheimhaltung verpflichtet sind, kann nicht unterstellt werden, dass der Gesetzgeber bei der Konzeption des Sprecherausschussgesetzes planwidrig die Befreiung der Mitglieder von der Geheimhaltungspflicht auch gegenüber Betriebsratsmitgliedern übersehen hat, was eine analoge Anwendung von § 29 Abs. 1 S. 3 SprAuG rechtfertigen könnte.[67] Die Zusammenarbeit zwischen Sprecherausschuss und Betriebsrat ist im Sprecherausschussgesetz nur schwach ausgestaltet worden. Eine Notwendigkeit, die Effektivität der Zusammenarbeit zwischen Betriebsrat und Sprecherausschuss zu stärken, besteht daher erkennbar nicht.

Die Verletzung der Geheimhaltungspflicht ist gem. § 35 SprAuG strafbar, sie wird nach § 35 Abs. 5 SprAuG nur auf Antrag des Verletzten verfolgt.

6. Kosten
Gem. § 14 Abs. 2 SprAuG trägt die Kosten der Tätigkeit des Sprecherausschusses der Arbeitgeber Für die Sitzungen und die laufende Geschäftsführung hat er in **erforderlichem Umfang** Räume, sachliche Mittel, Büropersonal und EDV-Ausstattung zur Verfügung zu stellen. Die Regelung ist im Wesentlichen inhaltsgleich mit der des § 40 BetrVG. Das in § 41 BetrVG enthaltene Verbot, Kosten des Betriebsrates auf die Mitarbeiter umzulegen, ist in das SprAuG nicht mit einer ausdrücklichen Regelung übernommen worden. Ein sachlicher Unterschied wird dadurch jedoch nicht herbeigeführt. Die Regelung in § 14 Abs. 2 SprAuG über die Kostentragungspflicht des Arbeitgebers ist zwingend und ausnahmslos formuliert, so dass die Erhebung von Beiträgen der leitenden Angestellten für die Tätigkeit des Sprecherausschusses gesetzwidrig und damit unzulässig wäre.[68]

Der Betriebsrat kann gem. § 80 Abs. 3 BetrVG nach näherer Vereinbarung mit dem Arbeitgeber **Sachverständige** für seine Tätigkeit hinzuziehen, soweit dies zur ordnungsgemäßen Erfüllung seiner Aufgaben erforderlich ist. Auch diese Regelung ist in das

---

[65] Zum vergleichbaren Fall der Kündigung eines Betriebsratsmitgliedes: BAG 22.2.1979 – 2 AZR 115/78, DB 1979, 1659 = FH ArbSozR 26 Nr. 3711.
[66] Löwisch SprAuG § 29 Rn. 8; Hromadka/Sieg SprAuG § 29 Rn. 16; Kramer DB 1993, 1138 (1140).
[67] Hromadka/Sieg SprAuG § 29 Rn. 16; Deich AR-Blattei SD 1490.2 Rn. 177 f.; ErfK/Oetker SprAuG § 29 Rn. 3; aA Oetker ZfA 1990, 43 (54).
[68] Hromadka/Sieg SprAuG § 14 Rn. 27.

SprAuG nicht ausdrücklich übernommen worden. Teilweise wird deshalb ein Recht des Sprecherausschusses auf Hinzuziehung von Sachverständigen auf Kosten des Arbeitgebers abgelehnt.[69] Dies kann nicht überzeugen. Es kann insbesondere auch nicht unterstellt werden, dass Mitglieder des Sprecherausschusses in jeder Hinsicht ausreichende Kenntnisse haben, um sicher zB Richtlinien und/oder Vereinbarungen nach § 28 SprAuG mit dem Arbeitgeber schließen zu können oder auch in wirtschaftlichen Angelegenheiten die ihnen im Rahmen von § 32 SprAuG mitgeteilten Informationen zu würdigen. Externer Sachverstand kann zB bei EDV-Fragen oder auch komplexen steuerlichen oder betriebswirtschaftlichen, vor allem aber auch bei juristischen Fragestellungen (zB bei Compliance-Themen oder solchen der Mitarbeiterbeteiligung) erforderlich sein. Insofern sind durchaus Szenarien in der Praxis denkbar, die aus Sicht des Sprecherausschusses die Einschaltung eines Sachverständigen erforderlich machen.[70]

81 Zu den vom Arbeitgeber nach § 14 Abs. 2 S. 1 SprAuG zu tragenden Kosten des Sprecherausschusses gehören auch die durch Rechtsstreitigkeiten verursachten Kosten, wenn der Sprecherausschuss Beteiligter ist, sei es im Rahmen eines Wahlanfechtungsverfahrens und/oder auch eines Verfahrens gegen den Arbeitgeber beispielsweise über die Reichweite der Beteiligungsrechte.[71] Dies gilt auch dann, wenn der Sprecherausschuss im Prozess unterliegt. Etwas anderes gilt nur, wenn der Prozess offensichtlich aussichtslos ist oder gar mutwillig erscheint.[72]

7. Amtsenthebung und Gesetzesverstöße des Arbeitgebers

82 **a) Amtsenthebung.** Mindestens **ein Viertel** der leitenden Angestellten oder der **Arbeitgeber** können gem. § 9 Abs. 1 S. 1 SprAuG beim Arbeitsgericht den Ausschluss eines Mitglieds aus dem Sprecherausschuss oder die Auflösung des Sprecherausschusses wegen grober Verletzung seiner gesetzlichen Pflichten beantragen; der Ausschluss eines Mitglieds kann auch von dem **Sprecherausschussgremium** selbst beantragt werden, § 9 Abs. 1 S. 2 SprAuG. Das Mindestquorum der Antragsberechtigung von einem Viertel der leitenden Angestellten bezieht sich auf die Zahl der wahlberechtigten leitenden Angestellten des Betriebs bei einem betrieblichen Sprecherausschuss bzw. Unternehmens bei einem Unternehmenssprecherausschuss. Da das SprAuG den Koalitionen keine besonderen Befugnisse einräumt, fehlt es im Gegensatz zu § 23 Abs. 1 BetrVG an einem Antragsrecht der im Betrieb vertretenen Gewerkschaft. Die Möglichkeit der Amtsenthebung besteht auch gegenüber Ersatzmitgliedern, die durch eine Amtsausübung eine grobe Pflichtverletzung begehen.[73]

83 **b) Gesetzesverstöße des Arbeitgebers.** Der Betriebsrat oder eine im Betrieb vertretene Gewerkschaft können gem. § 23 Abs. 3 BetrVG bei groben Verstößen des Arbeitgebers gegen seine Verpflichtungen aus dem BetrVG beim Arbeitsgericht beantragen, dem Arbeitgeber aufzugeben, eine Handlung zu unterlassen, die Vornahme einer Handlung zu dulden oder eine Handlung vorzunehmen. Diese besonderen Sanktionsmöglichkeiten sind in das SprAuG nicht übernommen worden. Aufgrund des im Vergleich zum Betriebsrat stark eingeschränkten Aufgabenbereiches des Sprecherausschusses hat der Gesetzgeber die besonderen Sanktionsmöglichkeiten für nicht erforderlich gehalten.[74] Damit müssen Gesetzesverstöße des Arbeitgebers aber keineswegs sanktionslos bleiben. Der

---

[69] Löwisch SprAuG § 25 Rn. 23; Deich AR-Blattei SD 1490.2 Rn. 85; MHdB ArbR/Joost, 3. Aufl. 2009, § 234 Rn. 103.
[70] Hromadka/Sieg SprAuG § 14 Rn. 17; Goldschmidt Rn. 449; Oetker ZfA 1990, 43 (62f.).
[71] Hromadka/Sieg SprAuG § 14 Rn. 17.
[72] BAG 18.7.2012 – 7 ABR 23/11, AP BetrVG 1972 § 40 Nr. 109 = NZA 2013, 49 = BeckRS 2012, 74489; 29.7.2009 – 7 ABR 95/07, AP BetrVG 1972 § 40 Nr. 93 = BeckRS 2009, 27883; Goldschmidt Rn. 448; Hromadka/Sieg SprAuG § 14 Rn. 17.
[73] Löwisch SprAuG § 9 Rn. 5; Hromadka/Sieg SprAuG § 9 Rn. 16; ErfK/Oetker, 17. Aufl. 2017, SprAuG § 9 Rn. 1; Fitting § 23 Rn. 34; Richardi BetrVG/Thüsing § 23 Rn. 29.
[74] Löwisch SprAuG § 9 Rn. 9.

Sprecherausschuss kann die Einhaltung der gesetzlichen Pflichten des Arbeitgebers im arbeitsgerichtlichen Beschlussverfahren einfordern. So kann der Sprecherausschuss den Arbeitgeber bspw. nach § 32 SprAuG auf Unterrichtung über die dort genannten wirtschaftlichen Angelegenheiten in Anspruch nehmen. Kommt der Arbeitgeber den Verpflichtungen nicht nach, kann der Sprecherausschuss einen solchen Titel nach den § 85 ArbGG, § 888 ZPO vollstrecken. Bei einem Verstoß gegen das Begünstigungsverbot kann der Sprecherausschuss den Arbeitgeber vor dem Arbeitsgericht auch auf Unterlassung in Anspruch nehmen.

II. Versammlung der leitenden Angestellten

1. Allgemeines

Eine Betriebsversammlung besteht gem. § 42 Abs. 1 iVm § 5 Abs. 3 BetrVG aus den Arbeitnehmern des Betriebes. Die leitenden Angestellten nehmen hieran allenfalls teil, wenn sie im Auftrag des Arbeitgebers agieren müssen oder vom Betriebsrat als Gäste eingeladen wurden und der Arbeitgeber nicht widerspricht. Für die leitenden Angestellten werden, wenn sie einen Sprecherausschuss gebildet haben, nach § 15 SprAuG gesonderte Versammlungen durchgeführt.[75] Sie sind in gleicher Weise wie die Betriebsversammlungen ein innerbetriebliches Artikulationsforum für den Sprecherausschuss, den Arbeitgeber und die leitenden Angestellten. Der Sprecherausschuss erstattet einen Tätigkeitsbericht und der Arbeitgeber informiert über Angelegenheiten der leitenden Angestellten sowie die wirtschaftliche Lage und Entwicklung des Betriebes; außerdem können betriebsrelevante Angelegenheiten erörtert werden. Die Versammlung der leitenden Angestellten nimmt keine Kontroll- und Entscheidungsbefugnisse wahr. Ihre Beschlüsse haben für den Sprecherausschuss keine verbindliche Wirkung.

Für die Versammlung der leitenden Angestellten gilt der Grundsatz der absoluten innerbetriebliche **Friedenspflicht**, §§ 15 Abs. 4 S. 2, 2 Abs. 4 S. 1 SprAuG. Die Versammlung und ihre Teilnehmer sowie der Arbeitgeber haben daher Betätigungen, durch die der Arbeitsablauf oder der Frieden des Betriebs beeinträchtigt werden, sowie jede parteipolitische Betätigung zu unterlassen. Die Behandlung von Angelegenheiten tarifpolitischer, sozialpolitischer und wirtschaftlicher Art, die den Betrieb, das Unternehmen und/ oder die leitenden Angestellten unmittelbar betreffen, wird hierdurch nicht berührt.

Das Sprecherausschussgesetz sieht anders als § 42 Abs. 1 S. 3 BetrVG nicht die Möglichkeit der Durchführung von **Teilversammlungen** vor. Der Sprecherausschuss kann deshalb einseitig nicht die Durchführung von Teilversammlungen verlangen, auch wenn die leitenden Angestellten mehrerer Betriebe nach § 1 Abs. 2 SprAuG zu einer sprecherausschussfähigen Einheit zusammengefasst sind und die Durchführung von Teilversammlungen zweckmäßig erscheint. Auch der Arbeitgeber kann seinerseits den Sprecherausschuss nicht zwingen, solche Teilversammlungen durchzuführen.[76] Zuzustimmen ist der Ansicht, dass einvernehmlich zwischen Arbeitgeber und Sprecherausschuss die Durchführung solcher Teilversammlungen vereinbart werden kann. Dies gilt auch bei Bestehen eines Unternehmenssprecherausschusses, wenn es Einvernehmen zwischen Arbeitgeber und dem Unternehmenssprecherausschuss darüber gibt, dass die leitenden Angestellten zB zur Vermeidung aufwändiger Reisen in kleineren Einheiten des Unternehmens zu einer Teilversammlung zusammengefasst werden.[77]

2. Ordentliche und außerordentliche Versammlung

a) Ordentliche Versammlung. Der Sprecherausschuss soll regelmäßig einmal im Kalenderjahr eine ordentliche reguläre Versammlung einberufen, § 15 Abs. 1 S. 1 SprAuG.

---

[75] Empirische Angaben bei *Luczak* S. 116 ff.
[76] AA *Löwisch* SprAuG § 15 Rn. 2.
[77] *Hromadka/Sieg* SprAuG § 15 Rn. 4; *Deich* AR-Blattei SD 1490.2 Rn. 188 f.; einschränkend für die Fälle, in denen es nur um Angelegenheiten eines Betriebes/Betriebsteils geht: ErfK/*Oetker* SprAuG § 15 Rn. 3.

Auch wenn die Regelung als Sollvorschrift ausgestaltet ist, gewährt sie dem Sprecherausschuss kein uneingeschränktes freies Ermessen bei der Entscheidung, ob er die Versammlung stattfinden lässt. Die regelmäßige jährliche Versammlung ist vielmehr der gesetzliche Regelfall. Der Sprecherausschuss darf nur aus besonderen objektiven Gründen davon Abstand nehmen, die ordentliche Versammlung einzuberufen. Der Umstand allein, dass die leitenden Angestellten keine Versammlung durchführen wollen, genügt nicht,[78] weil damit die ordentliche Versammlung zur Disposition der leitenden Angestellten gestellt würde. Das entspräche nicht dem Gesetzeszweck, ein Artikulationsforum für Sprecherausschuss, Arbeitgeber und leitende Angestellte zu schaffen.

88 Die Versammlung hat während der betriebsüblichen Arbeitszeit stattzufinden.[79] Die teilnehmenden leitenden Angestellten haben gegen den Arbeitgeber einen Anspruch auf Freistellung ohne Kürzung des Entgeltes und auf Übernahme der für die Teilnahme erforderlichen Reisekosten und sonstigen Aufwendungen.

89 **b) Außerordentliche Versammlung.** Der Sprecherausschuss kann neben der regulären jährlichen ordentlichen Versammlung anlassbezogen weitere außerordentliche Versammlungen einberufen. Voraussetzung ist, dass dies aus besonderen Gründen zweckmäßig erscheint.[80] Im Hinblick auf die mit der Durchführung einer Versammlung der leitenden Angestellten häufig verbundenen hohen Kosten und Aufwendungen, insbesondere Reisekosten und werthaltige Arbeitszeit, hat der Sprecherausschuss bei Einberufung einer solchen Versammlung die Voraussetzungen besonders sorgfältig zu prüfen.[81]

3. Einberufung

90 Die Versammlung der leitenden Angestellten wird von dem Sprecherausschuss einberufen. Dieser entscheidet über das „Ob" der Durchführung und auch die Aufstellung der Tagesordnung. Bei einer ordentlichen Versammlung ist idR immer die Erstattung des Tätigkeitsberichts des Sprecherausschusses und des Berichts des Arbeitgebers auf die Tagesordnung zu setzen. Auf Antrag des Arbeitgebers oder eines Viertels der leitenden Angestellten hat der Sprecherausschuss eine Versammlung einzuberufen und einen beantragten Beratungsgegenstand auf die Tagesordnung zu setzen, § 15 Abs. 1 S. 2 SprAuG. Unbenommen ist es dem Sprecherausschuss, weitere Themen auf die Tagesordnung zu setzen. Der Vorsitzende des Sprecherausschusses lädt alle Teilnahmeberechtigten unter Mitteilung der Tagesordnung so rechtzeitig wie möglich ein. Eine Einladung ist auch gegenüber dem Arbeitgeber auszusprechen mit Benennung der Tagesordnung, § 15 Abs. 3 S. 1 SprAuG.

4. Zeitpunkt, Ort und Dauer

91 **a) Zeitpunkt.** Der Zeitpunkt einer ordentlichen oder außerordentlichen Versammlung wird von dem Sprecherausschuss durch Beschluss festgelegt. Hierbei hat er mit Rücksicht auf das Gebot der vertrauensvollen Zusammenarbeit bei der Festlegung des Zeitpunktes und des Ortes die betrieblichen Belange zu berücksichtigen und ein Einvernehmen mit dem Arbeitgeber zu versuchen. Die Versammlung soll während der betriebsüblichen Arbeitszeit stattfinden, § 15 Abs. 2 S. 1 SprAuG. Die Durchführung einer Versammlung außerhalb der betriebsüblichen Arbeitszeit ist nur dann zulässig und geboten, wenn die Eigenart des Betriebs dies zwingend erfordert.[82] Diese Grundsätze sind auch bei Anberaumung einer außerordentlichen auf Antrag der leitenden Angestellten einzuberufenden

---

[78] *Löwisch* SprAuG § 15 Rn. 4; ErfK/*Oetker* SprAuG § 15 Rn. 2; *Hromadka/Sieg* SprAuG § 15 Rn. 7.
[79] ErfK/*Oetker* SprAuG § 15 Rn. 4.
[80] *Löwisch* SprAuG § 15 Rn. 3; *Oetker* ZfA 1990, 43 (57); *Hromadka/Sieg* SprAuG § 15 Rn. 8; HWK/ *Annuß/Girlich* SprAuG § 15 Rn. 2 (einschränkend).
[81] *Hromadka/Sieg* SprAuG § 15 Rn. 8; *Goldschmidt* Rn. 462.
[82] *Oetker* ZfA 1990, 43 (58); ErfK/*Oetker* SprAuG § 15 Rn. 4; *Hromadka/Sieg* § 15 Rn. 10.

Versammlungen zu berücksichtigen.[83] Anders als bei einer Betriebsversammlung, die in außerordentlichen Fällen nach § 44 Abs. 2 BetrVG außerhalb der betrieblichen Arbeit stattzufinden hat, ist bei einer ggf auch kurzfristig anberaumten außerordentlichen Versammlung der leitenden Angestellten ein „Stillstehen" des gesamten Prozessablaufes im Betrieb in der Regel nicht zu befürchten.

b) Ort. Die Versammlung hat grundsätzlich im Betrieb stattzufinden. Besteht die sprecherausschussfähige Einheit gem. § 1 Abs. 2 SprAuG aus mehr als einer räumlichen Einheit, so kann die Versammlung in jeder räumlichen Einheit stattfinden. Dies gilt auch bei einem Unternehmenssprecherausschuss in Unternehmen, mit mehreren räumlichen Betriebseinheiten. Der Sprecherausschuss hat in diesem Falle den Versammlungsort unter Berücksichtigung der betrieblichen Belange und des Gebots der Vermeidung übermäßiger Kosten festzulegen. Im Regelfall wird die Versammlung deshalb in der Einheit durchzuführen sein, in der die meisten leitenden Angestellten beschäftigt werden.

c) Dauer. Die Mindest- oder Höchstdauer der Versammlung der leitenden Angestellten wird gesetzlich ebenso wenig festgelegt wie bei einer Betriebsversammlung. Sie richtet sich einerseits danach, welcher Zeitraum für die angemessene Erörterung der zu behandelnden Themen erforderlich ist, und andererseits nach den betrieblichen Belangen, die ggf. eine Begrenzung der Diskussion erfordern können.

5. Teilnahmerecht
Die Versammlung der leitenden Angestellten ist **nicht öffentlich,** § 15 Abs. 2 S. 3 SprAuG. Teilnahmeberechtigt sind die leitenden Angestellten des Betriebs bzw. der sprecherausschussfähigen Einheit oder des Unternehmens, wenn ein Unternehmenssprecherausschuss gebildet ist. Arbeitnehmer, die nicht zu der Gruppe der leitenden gehören, haben kein Teilnahmerecht. Letzteres gilt auch für die im Betrieb vertreten Gewerkschaften.

Gem. § 15 Abs. 3 S. 1 SprAuG ist der **Arbeitgeber** zu allen Versammlungen einzuladen und deshalb stets zur Teilnahme berechtigt, auch wenn es sich um eine außerordentliche, auf Antrag der leitenden Angestellten einberufene Versammlung handelt.[84] Die nach § 43 Abs. 3 BetrVG für Betriebsräte und Arbeitnehmer bestehende Möglichkeit, zusätzliche Betriebsversammlungen außerhalb der Arbeitszeit ohne Teilnahmerecht des Arbeitgebers durchzuführen, besteht für die leitenden Angestellten nicht; sie sind insoweit auf eine informelle Zusammenkunft angewiesen. Der Arbeitgeber kann sich in der Versammlung der leitenden Angestellten vertreten lassen, ggf. auch teilweise zB bei der Erstattung des Berichtes nach § 15 Abs. 3 S. 3 SprAuG über die Angelegenheiten der leitenden Angestellten und die wirtschaftliche Lage und Entwicklung des Betriebs.[85] Auch wenn eine solche Vertretung – anders als im BetrVG – im SprAuG nicht vorgesehen ist, sprechen ua Zweckmäßigkeitserwägungen dafür, dass der Arbeitgeber die Berichtspflicht auch auf andere Personen delegieren kann. Dies kann zB aus fachlichen Gründen, bei sprachlichen Verständigungsschwierigkeiten oder bei Zeitproblemen geboten und vernünftig erscheinen. Damit die Informationspflicht des Arbeitgebers bei Versammlungen der leitenden Angestellte nicht ausgehöhlt wird,[86] ist der Arbeitgeber bei der Auswahl des Vertreters unter Berücksichtigung des Grundsatzes der vertrauensvollen Zusammenarbeit (§ 2 Abs. 1 S. 1 SprAuG) gehalten darauf zu achten, dass er nur einen sachkundigen Vertreter beauftragt.

---

[83] *Löwisch* SprAuG § 15 Rn. 4; aA *Oetker* ZfA 1990, 43 (58); ErfK/*Oetker* SprAuG § 15 Rn. 4.
[84] *Hromadka/Sieg* SprAuG § 15 Rn. 13.
[85] *Hromadka/Sieg* SprAuG § 15 Rn. 14; ErfK/*Oetker* SprAuG § 15 Rn. 5; enger: *Löwisch* SprAuG § 15 Rn. 9.
[86] *Hromadka/Sieg* SprAuG § 15 Rn. 13.

96 Dem Grundsatz der Nichtöffentlichkeit der Versammlung steht nicht entgegen, dass auch Dritte zur Teilnahme zugelassen werden können, soweit deren Anwesenheit im Einzelfall zur zweckdienlichen Beratung von Versammlungsthemen erforderlich ist. Dies gilt zB für Vertreter anderer Sprecherausschüsse, von Vertretern des Gesamtsprecherausschusses oder Konzernsprecherausschusses sowie ggf. auch für Betriebsratsmitglieder, wenn deren Informationsübermittlung sachdienlich erscheint.[87]

6. Leitung

97 Die Versammlung wird gem. § 15 Abs. 2 S. 2 SprAuG vom Vorsitzenden des Sprecherausschusses geleitet, im Falle seiner Verhinderung von dessen Stellvertreter. Die Befugnisse des Versammlungsleiters, insbesondere im Hinblick auf die Aufrechterhaltung der Ordnung, entsprechen denen des Versammlungsleiters einer Betriebsversammlung → § 299 Rn. 41.

98 Auf der Versammlung können neben den Mitgliedern des Sprecherausschusses die sonstigen leitenden Angestellten das Wort ergreifen und ggf. Fragen an den Sprecherausschuss oder den Arbeitgeber richten. Der Arbeitgeber hat ebenfalls ein Rederecht, § 15 Abs. 3 S. 2 SprAuG. Die Beauftragten der Verbände haben kein Teilnahmerecht und daher auch kein eigenständiges Rederecht. Gleiches gilt für den Betriebsrat.

7. Themen

99 Der Sprecherausschuss hat auf der ordentlichen Versammlung der leitenden Angestellten einen Tätigkeitsbericht zu erstatten, § 15 Abs. 1 S. 1 SprAuG. Der Inhalt des Berichts und die Person des Berichterstatters werden von dem Sprecherausschuss bestimmt. Der Bericht soll die leitenden Angestellten über die Tätigkeit des Sprecherausschusses informieren und bei entsandten Mitgliedern in den Gesamtsprecherausschuss und/oder Konzernsprecherausschuss auch über deren Tätigkeit.[88]

100 Der Arbeitgeber hat über Angelegenheiten der leitenden Angestellten und die wirtschaftliche Lage und Entwicklung des Betriebs bzw. Unternehmens zu berichten, soweit dadurch nicht Betriebs- oder Geschäftsgeheimnisse gefährdet werden, § 15 Abs. 3 S. 3 SprAuG. Zu den Informationen über die wirtschaftliche Lage und Entwicklung des Betriebes (bei betrieblichen Sprecherausschüssen) bzw. des Unternehmens (bei Unternehmenssprecherausschüssen) gehört ua die aktuelle und geplante Situation in Bezug auf Umsatz-/Absatz- oder Produktionsentwicklung, Marktentwicklung, die finanzielle Situation oder auch vorgesehene Programme der Investition und Rationalisierung und auch Informationen zu geplanten Betriebsänderungen sowie Grundlinien der Entwicklung.[89] Diese Berichtspflicht besteht nur für die ordentlichen kalenderjährlichen Versammlungen.[90]

101 Der Kreis der Themen, die in der Versammlung der leitenden Angestellten erörtert werden können, wird im Gesetz nicht weiter eingeschränkt. Auf der Versammlung können daher alle Angelegenheiten erörtert werden, die die leitenden Angestellten oder den Betrieb bzw. das Unternehmen betreffen, insbesondere Angelegenheiten tarifpolitischer, sozialpolitischer und wirtschaftlicher Art, § 2 Abs. 4 S. 2 SprAuG.

102 Die Versammlung hat keine eigenen Entscheidungskompetenzen. Sie kann aber dem Sprecherausschuss Anträge unterbreiten und zu seinen Beschlüssen Stellung nehmen, § 15 Abs. 4 S. 1 SprAuG. Der Sprecherausschuss ist daran jedoch nicht gebunden.

---

[87] ErfK/*Oetker* SprAuG § 15 Rn. 5; *Löwisch* SprAuG § 15 Rn. 5; *Goldschmidt* Rn. 470; *Hromadka/Sieg* SprAuG § 15 Rn. 14.
[88] *Hromadka/Sieg* SprAuG § 15 Rn. 17.
[89] *Hromadka/Sieg* SprAuG § 15 Rn. 23; *Löwisch* SprAuG § 15 Rn. 10.
[90] *Löwisch* SprAuG § 15 Rn. 10; *Hromadka/Sieg* SprAuG § 15 Rn. 20.

8. Kosten und Entgeltfortzahlung

Das SprAuG enthält keine ausdrückliche Regelung darüber, dass der Arbeitgeber die Kosten der Versammlung der leitenden Angestellten zu tragen hat und die Teilnehmer ein Recht auf Freistellung ohne Entgeltkürzungen gegenüber dem Arbeitgeber beanspruchen können. Die gesetzgeberische Konzeption der Versammlung der leitenden Angestellten ähnelt stark der einer Betriebsversammlung. Es erscheint deshalb geradezu geboten, die hierzu entwickelten Grundsätze entsprechend anzuwenden → § 299 Rn. 77 ff.

a) Kosten. Aus § 14 Abs. 2 SprAuG lässt sich unmittelbar eine Verpflichtung des Arbeitgebers zur Tragung der erforderlichen Kosten der Versammlung der leitenden Angestellten herleiten. Die Organisation und Durchführung der Versammlung ist eine Tätigkeit des Sprecherausschusses und Teil der Sprecherausschussverfassung. Der Arbeitgeber hat daher den damit zusammenhängenden erforderlichen Sach- und Personalaufwand zu tragen, zB für die Bereitstellung von Räumen, Verwaltungsmaterial oder auch Personal. Aus einer analogen Anwendung des § 44 Abs. 1 S. 3 BetrVG lässt sich auch eine Verpflichtung des Arbeitgebers zur Übernahme der den Versammlungsteilnehmern entstehenden Reisekosten herleiten[91] zB bei leitenden Angestellten, die nach § 1 Abs. 2 SprAuG einem anderen Betrieb zugeordnet sind und an der dort stattfindenden Versammlung teilnehmen. Eine analoge Anwendung des § 44 Abs. 1 S. 3 BetrVG bedeutet konsequenterweise aber auch, dass kein Anspruch auf Fahrtkostenerstattung für außerordentliche Versammlungen, die der Sprecherausschuss aus eigener Initiative oder auf Antrag der leitenden Angestellten zusätzlich gem. § 15 Abs. 1 S. 2 SprAuG einberuft, begründet wird.[92]

b) Entgeltfortzahlung. Die Versammlung der leitenden Angestellten findet gem. § 15 Abs. 2 S. 1 SprAuG grundsätzlich während der betriebsüblichen Arbeitszeit statt. Die Teilnahme an der Versammlung wird demnach gesetzlich wie eine Arbeitsverrichtung angesehen. Der Arbeitgeber ist daher verpflichtet, das Arbeitsentgelt (in gleicher Weise wie nach § 44 Abs. 1 S. 2 BetrVG) ohne Minderung fortzuzahlen.[93] Zeiten der Teilnahme an Versammlungen, die außerhalb der betrieblichen oder persönlichen Arbeitszeit stattfinden, sind indes nicht zusätzlich zu vergüten.[94] Insofern besteht ein Unterschied zu der Regelung in § 44 Abs. 1 S. 3 BetrVG für Betriebsversammlungen. Dieser rechtfertigt sich durch den Umstand, dass bei leitenden Angestellten das Gehalt üblicherweise kurzfristige Mehrarbeit/Überstunden bereits abdeckt und sie ohnehin keinen festen Arbeitszeitvorgaben und -grenzen unterliegen.[95]

III. Gesamtsprecherausschuss

1. Allgemeines

Bestehen in einem Unternehmen mehrere Betriebsräte, ist gem. § 47 BetrVG ein Gesamtbetriebsrat zu bilden. Vergleichbar ist das SprAuG konzipiert. § 16 SprAuG sieht vor, dass ein Gesamtsprecherausschuss zu errichten ist, wenn in einem Unternehmen mehrere Sprecherausschüsse gebildet worden sind. Die leitenden Angestellten erhalten damit eine weitere Repräsentation auf Unternehmensebene zur Behandlung von Angelegenheiten, die innerhalb der einzelnen Betriebe nicht allein geregelt werden können. Die zweistufige Konzeption bestehend aus Sprecherausschuss und Gesamtsprecherausschuss ist nicht die

---

[91] *Oetker* ZfA 1990, 43 (61); *ErfK/Oetker* SprAuG § 15 Rn. 6; NK-GA/*v. Steinau-Steinrück* Rn. 3; *Hromadka/Sieg* SprAuG § 15 Rn. 40 (analog zu § 670 BGB).
[92] *Oetker* ZfA 1990, 43 (61); *ErfK/Oetker* SprAuG § 15 Rn. 6; *Deich* AR-Blatei SD 1490.2 Rn. 202; NK-GA/*v. Steinau-Steinrück* SprAuG § 15 Rn. 1.
[93] *Löwisch* SprAuG § 15 Rn. 15; *Hromadka/Sieg* SprAuG § 15 Rn. 38; *Oetker* ZfA 1990, 43 (60); *ErfK/Oetker* SprAuG § 15 Rn. 6.
[94] *Löwisch* § 15 Rn. 15; *Oetker* ZfA 1990, 43 (60); *ErfK/Oetker* SprAuG § 15 Rn. 6; *Hromadka/Sieg* § 15 Rn. 39.
[95] *Hromadka/Sieg* SprAuG § 15 Rn. 39.

einzige Organisationsmöglichkeit auf der Ebene der Unternehmensleitung. Die Sprecherausschussverfassung im Unternehmen kann von vornherein einstufig ausgestaltet werden, indem auf die Bildung von Sprecherausschüssen in den Betrieben verzichtet und in dem Unternehmen nur ein einheitlicher Unternehmenssprecherausschuss gewählt wird → Rn. 134 ff. Wird von dieser Möglichkeit Gebrauch gemacht, ist für die Errichtung eines Gesamtsprecherausschusses kein Raum.

107 Nach § 53 BetrVG hat der Gesamtbetriebsrat die Vorsitzenden und die stellvertretenden Vorsitzenden der Betriebsräte sowie die weiteren Mitglieder der Betriebsausschüsse einmal jährlich zu einer Betriebsräteversammlung einzuberufen. Eine vergleichbare Regelung für Sprecherausschüsse („Sprecherausschüsseversammlung") gibt es in der Sprecherausschussverfassung nicht. Eine solche ist auch nicht notwendig, weil es keine den Betriebsausschüssen vergleichbaren Unterorganisationseinheiten der Sprecherausschüsse gibt und die im Vergleich zu den Betriebsräten wesentlich geringere Größe der Sprecherausschüsse eine ausreichende laufende Information der Sprecherausschüsse durch das in den Gesamtsprecherausschuss entsandte Mitglied in der Regel gewährleistet ist.

2. Voraussetzungen der Errichtung

108 Ein Gesamtsprecherausschuss ist gem. § 16 Abs. 1 SprAuG zu errichten, wenn in einem Unternehmen mehrere Sprecherausschüsse gewählt worden sind. Da die sprecherausschussfähige Einheit gem. § 1 Abs. 1 und 2 SprAuG nicht kleiner sein kann als der jeweilige Betrieb, müssen in dem Unternehmen mindestens zwei Betriebe mit Sprecherausschüssen vorhanden sein. Anknüpfungspunkt ist der Unternehmensbegriff, der auch für die Bildung von Gesamtbetriebsräten relevant ist, also der einheitliche Rechtsträger → § 300 Rn. 4 ff., → § 24 Rn. 20. Die Institutionalisierung des Gesamtsprecherausschusses ist gesetzlich zwingend vorgesehen. Wird sie von den Sprecherausschüssen unterlassen, kann hierin eine Pflichtverletzung iSd § 9 Abs. 1 SprAuG liegen. Das Unterlassen der Bildung von Gesamtsprecherausschüssen kann ggf. sogar zu einem Ausschluss von Mitgliedern aus dem Sprecherausschuss, die die Bildung unberechtigt blockieren, oder auch zur Auflösung des Sprecherausschusses führen.[96]

3. Bildung

109 Die Bildung des Gesamtsprecherausschusses erfolgt nicht durch eine entsprechende Beschlussfassung der Sprecherausschüsse, sondern durch die Entsendung von Mitgliedern der Sprecherausschüsse in den Gesamtsprecherausschuss. Als Organ der Sprecherausschussverfassung entsteht der Gesamtsprecherausschuss mit der konstituierenden Sitzung, in der der Vorsitzende und der stellvertretende Vorsitzende gewählt werden, § 19 Abs. 2 SprAuG. Zuständig für die Einladung zur konstituierenden Sitzung ist der Sprecherausschuss der Hauptverwaltung des Unternehmens oder, sofern ein solcher nicht besteht, der Sprecherausschuss des nach der Zahl der leitenden Angestellten größten Betriebs, § 19 Abs. 2 S. 1 SprAuG. Leitende Angestellte, die einem Betrieb gem. § 1 Abs. 2 SprAuG hinzugerechnet werden, sind bei der Feststellung der Betriebsgröße mitzuzählen. Im Übrigen sind die für die Bildung von Gesamtbetriebsräten geltenden Grundsätze entsprechend anzuwenden → § 300 Rn. 22 ff.

4. Größe und Zusammensetzung

110 In den Gesamtsprecherausschuss entsendet jeder Sprecherausschuss eines seiner Mitglieder, § 16 Abs. 2 S. 1 SprAuG. Die Größe des Gesamtsprecherausschusses entspricht also der Zahl der gem. § 1 Abs. 2 und 3 SprAuG gebildeten Sprecherausschüsse, nicht aber zwingend auch der Zahl der zum Unternehmen gehörenden Betriebe. Jeder Sprecherausschuss bestimmt durch Beschluss, welches seiner Mitglieder er entsendet. Durch eine Vereinbarung zwischen Gesamtsprecherausschuss und Arbeitgeber kann die Mitgliederzahl des Ge-

---

[96] *Hromadka/Sieg* SprAuG § 16 Rn. 7.

samtsprecherausschusses erhöht oder vermindert werden, § 16 Abs. 2 S. 2 SprAuG. Dabei darf die Mitwirkungsberechtigung jedes einzelnen Sprecherausschusses nicht beseitigt werden.[97] Wenn zB mehrere Sprecherausschüsse gemeinsam ein Mitglied entsenden sollen, ist ein Verfahren vorzusehen, in dem sich die Sprecherausschüsse auf das zu entsendende Mitglied einigen. Der Abschluss der Vereinbarung liegt in der Entscheidungsgewalt von Gesamtsprecherausschuss und Arbeitgeber. Eine erzwingbare Vereinbarung über die Gesamtsprecherausschussgröße gibt es im Gegensatz zu § 47 Abs. 6 BetrVG nicht.

Jeder Sprecherausschuss hat für das von ihm entsandte Mitglied des Gesamtsprecherausschusses (bzw. im Falle der Erhöhung der Mitgliederzahl für jedes Mitglied) mindestens ein Ersatzmitglied zu bestellen und die Reihenfolge des Nachrückens festzulegen, § 16 Abs. 3 SprAuG. Besteht der Sprecherausschuss nur aus einer Person, die demnach zwingend auch Mitglied des Gesamtsprecherausschusses ist, ist das gem. § 6 Abs. 3 S. 2 SprAuG gewählte Ersatzmitglied des Sprecherausschusses zugleich Ersatzmitglied des Gesamtsprecherausschusses, § 16 Abs. 3 SprAuG.

5. Zuständigkeit

Die Regelung der Zuständigkeit des Gesamtsprecherausschusses ist den für einen Gesamtbetriebsrat geltenden Grundsätzen nachgebildet → § 300 Rn. 37 ff. Der Gesamtsprecherausschuss ist ein selbständiges Organ der Sprecherausschussverfassung auf der Ebene des Unternehmens und nimmt eigene Aufgaben wahr. Er unterliegt ebenso wenig wie seine Mitglieder den Weisungen der betrieblichen Sprecherausschüsse. Er ist den einzelnen Sprecherausschüssen aber auch nicht übergeordnet, § 18 Abs. 1 S. 2 SprAuG.

a) Originäre Zuständigkeit. Der Gesamtsprecherausschuss ist zuständig für die Behandlung von Angelegenheiten, die das Unternehmen oder mehrere Betriebe des Unternehmens betreffen und nicht durch die einzelnen Sprecherausschüsse innerhalb ihrer Betriebe geregelt werden können, § 18 Abs. 1 S. 1 SprAuG. Es gilt wie im Verhältnis zwischen Betriebsrat und Gesamtbetriebsrat das **Subsidiaritätsprinzip**. Der Gesamtsprecherausschuss ist demnach nur zuständig, wenn eine einheitliche Regelung auf Unternehmensebene bzw. überbetrieblicher Ebene zwingend erforderlich ist. Das kann bei leitenden Angestellten insbesondere dann der Fall sein, wenn der betroffene Regelungsgegenstand im Wirkungsbereich nicht auf den einzelnen Betrieb beschränkt ist, sondern mindestens zwei Betriebe betrifft.[98] Da im Übrigen die Sprecherausschüsse eine Vereinbarung mit dem Arbeitgeber nicht erzwingen können, ist die Zuständigkeit des Gesamtsprecherausschusses stets dann begründet, wenn der Arbeitgeber zum Abschluss einer Vereinbarung nur mit ihm bereit ist. Der Unternehmer kann demnach vorgeben, ob er eine für mehrere Betriebe geltende Regelung anstrebt, und kann so beeinflussen, wer sein Verhandlungspartner auf der Ebene der Sprecherausschüsse ist.[99] Einheitliche Regelungsbedürfnisse auf Unternehmensebene können durch die konkreten Umstände des Unternehmensaufbaus entstehen bspw. bei der Gestaltung von Arbeitsbedingungen und Beurteilungsgrundsätzen für leitende Angestellte, § 30 SprAuG, oder bei der Ausgestaltung sonstiger allgemeiner Arbeitsbedingungen.[100] Vor allem bei der Einführung oder Änderungen von Bonussystemen oder Altersversorgungsregelungen für den Bereich der leitenden Angestellten ist eine Notwendigkeit zur einheitlichen Behandlung auf Unternehmensebene und damit eine Zuständigkeit des Gesamtsprecherausschusses häufig wegen der zwingend vorgegebenen Einheitlichkeit solcher Entgeltsysteme gegeben. Personelle Angelegenheiten fallen idR indes in die Zuständigkeit des betrieblichen Sprecherausschusses.

---

[97] *Löwisch* SprAuG § 16 Rn. 9.
[98] *Hromadka/Sieg* SprAuG § 18 Rn. 6; zur Zuständigkeit der Gesamtbetriebsräte: BAG 3.5.2006 – 1 ABR 15/05, AP BetrVG 1972 § 50 Nr. 29 = NZA 2007, 1245 = BeckRS 2006, 43038.
[99] *Hromadka/Sieg* SprAuG § 18 Rn. 6.
[100] *Hromadka/Sieg* SprAuG § 18 Rn. 11 f.; *Goldschmidt* Rn. 104; *Löwisch* § 18 Rn. 3 f.

114 Teilweise wird angenommen, dass der Gesamtsprecherausschuss auch zuständig sei für sprecherausschussfähige Betriebe, in denen kein Sprecherausschuss gewählt worden ist.[101] Hergeleitet wird dies aus dem Rechtsgedanken des § 50 Abs. 1 S. 1 Hs. 1 BetrVG.[102] Die Begründung von Zuständigkeiten in der Sprecherausschussverfassung außerhalb der gesetzlichen Regelungen ist indes nicht möglich. Dem Sprecherausschuss fehlt hierfür die rechtliche Legitimation.[103]

115 b) Zuständigkeit kraft Auftrags. Jeder einzelne Sprecherausschuss kann nach § 18 Abs. 2 S. 1 SprAuG den Gesamtsprecherausschuss beauftragen, eine Angelegenheit für ihn zu behandeln. In Betracht kommen alle Angelegenheiten, die zur Zuständigkeit des betrieblichen Sprecherausschusses gehören. Die Beauftragung kann sich aber nur auf einzelne Angelegenheiten beziehen; eine allgemeine Kompetenzverlagerung für alle Angelegenheiten ist unzulässig, weil damit die zwingende gesetzliche Zuständigkeitsabgrenzung zwischen Sprecherausschuss und Gesamtsprecherausschuss verschoben würde.[104] Die Erteilung des Auftrags erfolgt schriftlich auf der Grundlage eines mit der Mehrheit seiner Stimmen gefassten Beschlusses des Sprecherausschusses, § 18 Abs. 2 S. 1 SprAuG. In dem Beschluss ist genau zu bezeichnen, woraus sich der Auftrag an den Gesamtsprecherausschuss bezieht. Der Beschluss ist deshalb auch in das Sitzungsprotokoll aufzunehmen. Der Gesamtsprecherausschuss hat den Auftrag auszuführen; ein Leistungsverweigerungsrecht steht ihm nicht zu.[105] Der Sprecherausschuss kann den Auftrag jederzeit bis zur Umsetzung durch den Gesamtsprecherausschuss widerrufen.[106] Der Beschluss über den Widerruf muss ebenfalls mit der Mehrheit der Stimmen der Mitglieder des Sprecherausschusses schriftlich gefasst und dem Gesamtsprecherausschuss schriftlich mitgeteilt werden, § 18 Abs. 2 S. 3 SprAuG.

6. Stimmengewichtung

116 Da jeder Sprecherausschuss nur ein Mitglied in den Gesamtsprecherausschuss entsendet, würde die unterschiedliche Zahl der vertretenen leitenden Angestellten bei Beschlussfassungen im Gesamtsprecherausschuss unberücksichtigt bleiben, wenn jedes Mitglied dort nur eine Stimme hätte. Wie beim Gesamtbetriebsrat findet deshalb eine Stimmengewichtung im Gesamtsprecherausschuss statt. Jedes Mitglied hat gem. § 16 Abs. 4 S. 1 SprAuG so viele Stimmen, wie in dem Betrieb (bzw. in der nach § 1 Abs. 2 SprAuG sprecherausschussfähigen Einheit), in dem es gewählt wurde, leitende Angestellte in der Wählerliste der leitenden Angestellten eingetragen sind. Die Stimmengewichtung gilt auch, soweit nach § 16 Abs. 2 S. 3 SprAuG durch eine Vereinbarung zwischen Arbeitgeber und Gesamtsprecherausschuss dessen Mitgliederzahl verändert worden ist. Ist also ein Mitglied des Gesamtsprecherausschusses von mehreren Sprecherausschüssen entsandt worden, so hat es so viele Stimmen, wie in diesen Betrieben leitende Angestellte in die Wählerlisten eingetragen sind, § 16 Abs. 4 S. 2 SprAuG. Sind für einen Betrieb mehrere Mitglieder des Sprecherausschusses entsandt worden, so stehen ihnen die auf den Betrieb entfallenden Stimmen anteilig zu, § 16 Abs. 4 S. 3 SprAuG. Ein Mitglied des Gesamtsprecherausschusses kann die ihm zustehenden Stimmen nur einheitlich abgeben; ein Stimmensplitting ist

---

[101] *Hromadka/Sieg* SprAuG3 18 Rn. 16; *HWK/Annuß/Girlich* §§ 16–19 SprAuG Rn. 9 NK-GA/*v. Steinau-Steinrück* § 19 Rn. 4.
[102] *Hromadka/Sieg* SprAuG § 18 Rn. 16.
[103] ErfK/*Oetker*, 17. Aufl. 2017, SprAuG §§ 16–19 Rn. 8; *Bauer* SprAuG § 18 Anm. 2; *Löwisch* SprAuG § 18 Rn. 2; *Deich* AR-Blattei SD 1490 Rn. 165.
[104] *Hromadka/Sieg* SprAuG § 18 Rn. 26; zum BetrVG: BAG 26.1.1993 – 1 AZR 303/92, NZA 1993, 714 = BeckRS 9998, 21969; *Fitting* § 50 Rn. 65; *Richardi* BetrVG/*Annuß* § 50 Rn. 54; *Rieble* RdA 2005, 26 (29).
[105] *Hromadka/Sieg* SprAuG § 18 Rn. 25; aA *Löwisch* SprAuG § 18 Rn. 11; einschränkend: ErfK/*Oetker*, 17. Aufl. 2017, SprAuG § 19 Rn. 7.
[106] *Hromadka/Sieg* SprAuG § 18 Rn. 25.

nicht zulässig, auch wenn ein Betrieb mehrerer Mitglieder in den Sprecherausschuss entsandt hat.[107]

7. Geschäftsführung

Die Geschäftsführung des Gesamtsprecherausschusses richtet sich weitgehend nach den für die Geschäftsführung des Sprecherausschusses geltenden Bestimmungen, die entsprechend anzuwenden sind, § 19 Abs. 1 SprAuG. Dies gilt nach § 18 Abs. 3 SprAuG auch für die Vorschriften über die Rechte und Pflichten des Sprecherausschusses und die Rechtsstellung seiner Mitglieder.

a) Vorsitzender und Stellvertreter. Der Gesamtsprecherausschuss wählt sich aus seiner Mitte einen Vorsitzenden und dessen Stellvertreter. Die Wahl findet in der konstituierenden Sitzung statt. Der Vorsitzende des zur Konstituierung einladenden Sprecherausschusses hat die Sitzung zu leiten, bis der Gesamtsprecherausschuss aus seiner Mitte einen Wahlleiter zur Wahl des Vorsitzenden und seines Stellvertreters bestellt hat, § 19 Abs. 2 S. 2 SprAuG. Der Wahlleiter hat die Wahl des Vorsitzenden des Gesamtsprecherausschusses und des stellvertretenden Vorsitzenden durchzuführen und bis dahin die weitere Sitzung zu leiten. Die Wahl erfolgt durch einen Beschluss des Gesamtsprecherausschusses, der mit einfacher Mehrheit der Stimmen der anwesenden Mitglieder gefasst wird.

Der Vorsitzende und sein Stellvertreter haben die gleichen Aufgaben wie der Vorsitzende und der stellvertretende Vorsitzende eines Sprecherausschusses, §§ 19 Abs. 1, 11 Abs. 2 und 3 SprAuG. Der Vorsitzende vertritt demnach den Gesamtsprecherausschuss im Rahmen der von ihm gefassten Beschlüsse und ist zur Entgegennahme von Erklärungen befugt, die gegenüber dem Gesamtsprecherausschuss abzugeben sind. Der stellvertretende Vorsitzende übt das Amt im Falle der Verhinderung des Vorsitzenden aus.

Gewählt wird der Vorsitzende für eine unbefristete Amtsdauer. Das Amt des Vorsitzenden endet aber spätestens mit der Amtszeit des Sprecherausschusses, dessen Mitglied er ist, weil die Mitgliedschaft im Gesamtsprecherausschuss mit dem Erlöschen der Mitgliedschaft im Sprecherausschuss entfällt → Rn. 47. Der jeweils neu gewählte Sprecherausschuss hat über die Entsendung in den Gesamtsprecherausschuss neu zu befinden, so dass eine Neuwahl des Vorsitzenden des Gesamtsprecherausschusses regelmäßig alle vier Jahre erforderlich wird. Das Amt endet außerdem in allen anderen Fällen des Erlöschens der Mitgliedschaft des Vorsitzenden im betrieblichen Sprecherausschuss. Der Gesamtsprecherausschuss kann den Vorsitzenden (und seinen Stellvertreter) jederzeit abwählen und einen neuen Vorsitzenden wählen. Der Vorsitzende kann sein Amt auch jederzeit niederlegen.

b) Sitzungen. Für die Sitzungen des Gesamtsprecherausschusses sind die für den Sprecherausschuss geltenden Regelungen entsprechend anzuwenden, §§ 19 Abs. 2 S. 3, 12 Abs. 2 bis 5 SprAuG. Die Sitzungen können grundsätzlich in jedem sprecherausschussfähigen Betrieb des Unternehmens abgehalten werden. Bei der Wahl des Ortes und der Zeit sind aber wie bei jeder Sprecherausschusstätigkeit die aus dem Grundsatz der vertrauensvollen Zusammenarbeit hergeleiteten Prinzipien der Erforderlichkeit und Verhältnismäßigkeit zu beachten.

c) Gesamtsprecherausschussvereinbarungen. Als eigenständiges Organ der Sprecherausschussverfassung kann der Gesamtsprecherausschuss im Rahmen seiner Zuständigkeit in gleicher Weise wie der Sprecherausschuss Vereinbarungen mit dem Arbeitgeber (Gesamtsprecherausschussvereinbarungen) abschließen, §§ 18 Abs. 3, 28 SprAuG. Die Gesamtsprecherausschussvereinbarung muss jedoch nicht notwendig zu einer unternehmenseinheitlichen Regelung führen. Es können in ihr für verschiedene Betriebe verschiedene Regelungen vorgesehen werden, soweit dies sachlich geboten ist. Außerdem kann der

---

[107] *Hromadka/Sieg* SprAuG § 17 Rn. 17 ErfK/*Oetker*, 17. Aufl. 2017, SprAuG § 17 Rn. 3.

123 d) Beschlüsse. Die Mitglieder des Gesamtsprecherausschusses sind, auch wenn sie von den Sprecherausschüssen entsandt werden, an keine Weisungen ihres betrieblichen Gremiums gebunden, sondern üben das Mandat im Sprecherausschuss frei aus. Jedes Mitglied hat die Interessen des Unternehmens und seiner leitenden Angestellten wahrzunehmen. Der Gesamtsprecherausschuss ist nur beschlussfähig, wenn mindestens die Hälfte seiner Mitglieder an der Beschlussfassung teilnimmt und die Teilnehmenden mindestens die Hälfte aller Stimmen im Sinne der Stimmengewichtung vertreten, § 19 Abs. 3 S. 1 SprAuG. Verhinderte Mitglieder werden durch die Ersatzmitglieder vertreten, § 19 Abs. 3 S. 2 SprAuG. Die Beschlüsse werden mit der Mehrheit der Stimmen der anwesenden Mitglieder gefasst, §§ 19 Abs. 1, 13 Abs. 1 S. 1 SprAuG. Maßgeblich ist die Gesamtzahl der Stimmen, die den Mitgliedern des Gesamtsprecherausschusses infolge der Stimmengewichtung zusteht. Bei Stimmengleichheit gilt der Antrag als abgelehnt, §§ 19 Abs. 1, 13 Abs. 1 S. 2 SprAuG.

124 e) Geschäftsordnung. Der Gesamtsprecherausschuss kann sich eine Geschäftsordnung geben, in der ergänzende Bestimmungen über die Geschäftsführung getroffen werden, soweit sich diese nicht bereits aus dem SprAuG ergeben. Der Beschluss über den Erlass der Geschäftsordnung bedarf der Mehrheit der Stimmen seiner Mitglieder und ist schriftlich abzufassen, §§ 19 Abs. 1, 13 Abs. 5 SprAuG.

8. Rechtsstellung der Mitglieder

125 Die Vorschriften über die Rechte und Pflichten der Mitglieder des Sprecherausschusses gelten entsprechend für die Mitglieder des Gesamtsprecherausschusses, § 18 Abs. 3 SprAuG → Rn. 104ff. Sie sind ohne Minderung ihres Arbeitsentgelts von ihrer beruflichen Tätigkeit freizustellen, wenn und soweit es nach Umfang und Art des Unternehmens zur ordnungsgemäßen Durchführung ihrer Aufgaben im Gesamtsprecherausschuss erforderlich ist, §§ 19 Abs. 1, 14 Abs. 1 SprAuG. Gleichermaßen sind die Mitglieder verpflichtet, Betriebs- oder Geschäftsgeheimnisse, die ihnen wegen ihrer Zugehörigkeit zum Gesamtsprecherausschuss bekannt geworden und vom Arbeitgeber ausdrücklich als geheimhaltungsbedürftig bezeichnet worden sind, nicht zu offenbaren und nicht zu verwerten, § 29 Abs. 2 SprAuG. Von der Geheimhaltungsverpflichtung ausgenommen ist die Weitergabe von Informationen an die Mitglieder des Sprecherausschusses, des Unternehmenssprecherausschusses, des Konzernsprecherausschusses und die Arbeitnehmervertreter im Aufsichtsrat, § 29 Abs. 1 S. 3 SprAuG.

9. Amtszeit

126 a) Amtszeit des Gesamtsprecherausschusses. Der einmal gebildete Gesamtsprecherausschuss hat als Kollektivorgan keine limitierte Amtszeit. Es handelt sich um eine Dauereinrichtung, die durch Entsendung von Mitgliedern der Sprecherausschüsse gebildet wird und bei der unabhängig von der Existenz des Organs nur die Mitglieder wechseln. Auch die regelmäßige Amtszeit der Sprecherausschüsse ist ohne Einfluss auf das Bestehen der Institution des Gesamtsprecherausschusses. Die regelmäßigen Sprecherausschusswahlen führen allerdings gem. § 5 SprAuG zum Beginn der Amtszeit eines neuen Sprecherausschusses und machen deshalb die Entsendung von Mitgliedern des neuen Sprecherausschusses in den Gesamtsprecherausschuss nötig. Die Möglichkeit der Auflösung eines Gesamtsprecherausschusses durch gerichtliche Entscheidung gibt es nicht. Bei einem Rücktritt aller Mitglieder des Gesamtsprecherausschusses treten die entsprechenden Ersatzmitglieder ein.

b) Beendigung der Mitgliedschaft. Die Mitgliedschaft einzelner Mitglieder des Gesamtsprecherausschusses kann gem. § 17 SprAuG durch Abberufung, Amtsniederlegung oder gerichtliche Entscheidung über den Ausschluss aus dem Sprecherausschuss erlöschen. Sie endet mit dem Ausscheiden aus dem Sprecherausschuss. In diesem Fall rückt das entsprechende Ersatzmitglied nach, §§ 16 Abs. 3, 19 Abs. 1, 10 Abs. 1 SprAuG. Der entsendende Sprecherausschuss kann aber, da jedes Mitglied jederzeit abrufbar ist, auch ein anderes Mitglied bestimmen.

aa) Abberufung durch den Sprecherausschuss. Der Sprecherausschuss kann das von ihm entsandte Mitglied jederzeit aus dem Gesamtsprecherausschuss abberufen, § 17 Abs. 2 SprAuG. Ein Grund für die Abberufung ist nicht erforderlich. Es steht im freien Ermessen des Sprecherausschusses, durch welche Person er im Gesamtsprecherausschuss repräsentiert werden will. Die Abberufung erfolgt durch einen einfachen Mehrheitsbeschluss des Sprecherausschusses, der dem Vorsitzenden des Gesamtsprecherausschusses bekannt zu geben ist. Der Sprecherausschuss hat sodann über die Entsendung eines anderen Mitglieds zu beschließen.

bb) Erlöschen der Mitgliedschaft im Sprecherausschuss. Mitglieder im Gesamtsprecherausschuss können nur Mitglieder der Sprecherausschüsse sein. Die Mitgliedschaft im Gesamtsprecherausschuss erlischt deshalb automatisch, wenn die Mitgliedschaft im Sprecherausschuss beendet wird, § 17 Abs. 2 SprAuG. Dies gilt insbesondere für die Beendigung der Amtszeit des Sprecherausschusses oder auch dem Ausscheiden des leitenden Angestellten aus dem Betrieb oder Unternehmen. Führt der Sprecherausschuss nach einem Rücktritt des Gremiums die Geschäfte nach § 5 Abs. 2 Ziff. 4 SprAuG weiter, gilt dies auch für die Funktionen im Gesamtsprecherausschuss, soweit die Mitglieder entsandt sind.

cc) Amtsniederlegung. Mitglieder des Gesamtsprecherausschusses können ihr Amt jederzeit niederlegen mit der Folge, dass ihre Mitgliedschaft im Gesamtsprecherausschuss erlischt, § 17 Abs. 2 SprAuG. Die Amtsniederlegung bedarf keines besonderen Grundes und auch keiner Ankündigungsfrist. Sie ist gegenüber dem Vorsitzenden des Gesamtsprecherausschusses zu erklären. Die Mitgliedschaft im Sprecherausschuss wird durch die Niederlegung des Amtes im Gesamtsprecherausschuss nicht berührt.

dd) Ausschluss durch gerichtliche Entscheidung. Die Mitgliedschaft im Gesamtsprecherausschuss erlischt schließlich, wenn das Mitglied durch gerichtliche Entscheidung ausgeschlossen wird, § 17 Abs. 2 SprAuG. Das Verfahren ist ähnlich ausgestaltet wie für den Ausschluss aus dem Sprecherausschuss → Rn. 82.

Den Antrag auf Ausschluss können gem. § 17 Abs. 1 SprAuG ein Viertel der leitenden Angestellten des Unternehmens, der Arbeitgeber oder der Gesamtsprecherausschuss stellen. Der Antrag des Gesamtsprecherausschusses bedarf eines Mehrheitsbeschlusses. Das auszuschließende Mitglied nimmt an der Beschlussfassung wegen der persönlichen Betroffenheit nicht teil sondern wird durch das Ersatzmitglied vertreten. Die Sprecherausschüsse haben kein Antragsrecht. Ihre Rechte sind insoweit darauf beschränkt, das von ihnen entsandte Mitglied abberufen zu können. Materielle Voraussetzung für den Ausschluss durch gerichtlichen Beschluss ist eine grobe Verletzung der gesetzlichen Pflichten als Mitglied des Gesamtsprecherausschusses, § 17 Abs. 1 SprAuG. Etwaige Amtshandlungen im betrieblichen Sprecherausschuss können daher einen Ausschluss aus dem Gesamtsprecherausschuss in der Regel nicht rechtfertigen. Der Ausschluss wird durch eine entsprechende rechtskräftige Entscheidung des Arbeitsgerichts wirksam. Die Mitgliedschaft im Sprecherausschuss bleibt von der Entscheidung unberührt. Eine nochmalige Entsendung des ausgeschlossenen Mitglieds während der Amtszeit des Sprecherausschusses ist mit der rechtskräftigen gerichtlichen Entscheidung über den Ausschluss unvereinbar und deshalb nicht zulässig.

10. Kosten

133 Die Kosten der Tätigkeit des Gesamtsprecherausschusses hat der Arbeitgeber gleichermaßen zu tragen wie die Kosten des Sprecherausschusses, §§ 19 Abs. 1, 14 SprAuG. Die für den Sprecherausschuss geltenden Grundsätze über die Erforderlichkeit und die Bereitstellung von Räumen, sachlichen Mitteln und Büropersonal sind deshalb entsprechend anzuwenden → Rn. 79. Der Arbeitgeber hat insbesondere auch die Reisekosten und sonstigen erforderlichen Aufwendungen zu tragen, die den Mitgliedern des Gesamtsprecherausschusses für die Teilnahme an Sitzungen entstehen.

IV. Unternehmenssprecherausschuss

1. Allgemeines

134 Nach § 20 SprAuG kann statt der Bildung von Sprecherausschüssen auf betrieblicher Ebene ein einheitlicher Sprecherausschuss auf Unternehmensebene errichtet werden. Die leitenden Angestellten erhalten damit eine organisatorische Gestaltungsautonomie. Nach den gesetzgeberischen Vorstellungen soll die Institution des Unternehmenssprecherausschusses dazu dienen, die Repräsentation der leitenden Angestellten effektiv und funktionsfähig direkt dort anzukoppeln, wo die Entscheidungskompetenzen für ihre Angelegenheiten ganz überwiegend gebündelt sind. Diese liegen nicht selten für die Gruppe der leitenden Angestellten auf der Unternehmensebene.[108] Die in der Gesetzesbegründung niedergelegten Motive geben allerdings die Überlegungen, die die leitenden Angestellten veranlassen könnten, einen Unternehmenssprecherausschuss zu bilden, nicht abschließend wieder. Abgesehen davon, dass ein Unternehmenssprecherausschuss auch dann gebildet werden kann, wenn die Entscheidungskompetenzen nicht auf der Unternehmensebene zentriert sind, kann ohne weiteres auch jeder betriebliche Sprecherausschuss mit dem Entscheidungsträger auf Unternehmensebene verhandeln, der für die leitenden Angestellten eines Betriebs zuständig ist. Die Institution des Unternehmenssprecherausschusses schließt also nicht nur eine Lücke bei auf der Unternehmensebene zentrierten Entscheidungskompetenzen. Sie bietet vielmehr den leitenden Angestellten darüber hinaus die Möglichkeit, die repräsentationsfähigen Bereiche nach ganz anderen Kriterien abzugrenzen. Insbesondere kann ein Unternehmenssprecherausschuss gebildet werden, wenn die Entscheidungskompetenzen gegenüber den leitenden Angestellten zwar auf betrieblicher Ebene liegen, die leitenden Angestellten aber der Auffassung sind, dass sie ihre Belange durch ein unternehmenseinheitliches Repräsentationsorgan besser und stärker vertreten können. Zudem können Schwierigkeiten bei der Abgrenzung der betrieblichen Einheiten und der Zuordnung leitender Angestellter zu den Betrieben durch die Bildung eines einheitlichen Repräsentationsorgans auf Unternehmensebene von vornherein vermieden werden. Die Bildung eines Unternehmenssprecherausschusses ermöglicht auch die Errichtung eines Sprecherorgans für die leitenden Angestellten in Unternehmen, in denen auf betrieblicher Ebene keine Sprecherausschüsse gebildet werden können, weil in den Betrieben jeweils weniger als zehn leitende Angestellte beschäftigt sind. Die Idee eines einheitlichen Repräsentationsorgans auf Unternehmensebene ist durch das Betriebsverfassungsreformgesetz von 2001 auch über § 3 BetrVG in das BetrVG übernommen worden.

2. Voraussetzungen der Errichtung

135 **a) Unternehmen mit mehreren Betrieben.** Ein Unternehmenssprecherausschuss kann gem. § 20 Abs. 1 S. 1 SprAuG errichtet werden, wenn das Unternehmen mehrere Betriebe hat. Anknüpfungspunkt ist der Unternehmensbegriff, der auch für die Bildung von Gesamtbetriebsräten und Gesamtsprecherausschüssen relevant ist, mithin der einheitliche Rechtsträger → § 300 Rn. 4 ff.; → § 24 Rn. 20. Hat das Unternehmen zwar mehrere Betriebe, gibt es aber nur in einem Betrieb leitende Angestellte, so ist die Wahl eines Unter-

---
[108] BT-Drs. 11/2503, 41.

nehmenssprecherausschusses nicht möglich. Die Zuordnung von leitenden Angestellten aus kleineren Betrieben zu einem größeren Betrieb kann durch die Bildung eines Unternehmenssprecherausschusses ersetzt werden.¹⁰⁹ Führen zwei Unternehmen einen gemeinsamen Betrieb (Gemeinschaftsbetrieb → § 24 Rn. 35 ff.), können sich die leitenden Angestellten des Gemeinschaftsbetriebs, soweit die Unternehmen, denen sie angehören, jeweils mehrere Betriebe haben, an der Bildung von Unternehmenssprecherausschüssen in diesen Unternehmen beteiligen. Ist jedoch für die Unternehmen des Gemeinschaftsbetriebes kein Unternehmenssprecherausschuss gebildet, kann in dem Gemeinschaftsbetrieb ein betrieblicher Sprecherausschuss gewählt werden.¹¹⁰

b) Mindestzahl von leitenden Angestellten. Die Errichtung eines Unternehmenssprecherausschusses ist nur möglich, wenn das Unternehmen insgesamt in der Regel mindestens zehn leitende Angestellte beschäftigt, § 20 Abs. 1 SprAuG. Dabei ist es ohne Bedeutung, wie die leitenden Angestellten auf die Betriebe verteilt sind, sofern mindestens zwei Betrieben leitende Angestellte zugeordnet sind. In Unternehmen mit weniger als zehn leitenden Angestellten kann ein Repräsentationsorgan auf Unternehmensebene gebildet werden. 136

3. Entscheidung der leitenden Angestellten
Die Wahl von betrieblichen Sprecherausschüssen ist der gesetzliche Regelfall. Zur Bildung eines Unternehmenssprecherausschusses anstelle von betrieblichen Sprecherausschüssen kommt es nur dann, wenn dies die Mehrheit der leitenden Angestellten des Unternehmens verlangt, § 20 Abs. 1 S. 1 SprAuG. 137

a) Unternehmen ohne Sprecherausschüsse. Besteht in dem Unternehmen noch kein Sprecherausschuss, erfolgt die Entscheidung über die Bildung eines Unternehmenssprecherausschusses in gleicher Weise wie über die Bildung eines betrieblichen Sprecherausschusses, §§ 20 Abs. 1 S. 2, 7 Abs. 2 und 3 SprAuG. In einer Versammlung der leitenden Angestellten des Unternehmens ist ein Wahlvorstand von der Mehrheit der anwesenden leitenden Angestellten zu wählen. Zu der Versammlung können drei leitende Angestellte des Unternehmens einladen. Die Einladung ist in jedem Betrieb des Unternehmens spätestens vier Wochen vor dem Tag der Versammlung bekannt zu machen durch Aushang an einer für die leitenden Angestellten zugänglichen Stelle, §§ 35 Abs. 1 S. 3, 3 Abs. 4 WOSprAuG. Die einladenden leitenden Angestellten können Vorschläge für die Zusammensetzung des Wahlvorstands machen. Die Einladung zu der Versammlung zur Abstimmung über die Errichtung eines Unternehmenssprecherausschusses hindert die leitenden Angestellten der dazugehörigen Betriebe nicht, innerhalb ihrer Betriebe parallel das Verfahren zur Einsetzung eines betrieblichen Wahlvorstands gem. § 7 Abs. 2 SprAuG zu betreiben. Da es aber nur alternativ zur Bildung entweder betrieblicher Sprecherausschüsse oder des Unternehmenssprecherausschusses kommen kann, sieht § 35 Abs. 2 S. 1 WOSprAuG vor, dass ein Unternehmenswahlvorstand nicht mehr gewählt werden kann, wenn in der Mehrzahl der Betriebe des Unternehmens bereits jeweils die Mehrheit der leitenden Angestellten für die Wahl von betrieblichen Sprecherausschüssen votiert hat und dies einem der leitenden Angestellten, die zur Wahl des Unternehmenswahlvorstands eingeladen haben, spätestens eine Woche vor dem Tag der Versammlung von den Betriebswahlvorständen unter Beifügung der Abstimmungsniederschrift mitgeteilt wird. Diese Regelung berücksichtigt aber nicht, dass die jeweiligen Mehrheiten der leitenden Angestellten in der Mehrzahl der Betriebe zusammengerechnet eine Minderheit der leitenden Angestellten des ganzen Unternehmens sein können. Es wäre daher sinnwidrig und unlogisch, 138

---

¹⁰⁹ *Deich* AR-Blattei SD 1490.2 Rn. 134; ErfK/*Oetker*, 17. Aufl. 2017, SprAuG § 20 Rn. 2; aA *Löwisch* SprAuG § 20 Rn. 1.
¹¹⁰ *Löwisch* SprAuG § 20 Rn. 2.

wenn eine Minderheit der leitenden Angestellten entgegen § 20 Abs. 1 S. 1 SprAuG der Mehrheit der leitenden Angestellten des Unternehmens die Bildung eines Unternehmenssprecherausschusses verwehren könnte. § 35 Abs. 2 S. 1 WOSprAuG ist daher teleologisch dahin zu ergänzen, dass eine Sperre für die Wahl des Unternehmenswahlvorstands nur eintritt, wenn in den Betrieben des Unternehmens, die parallel die Wahl zu den betrieblichen Sprecherausschüssen eingeleitet haben, die absolute Mehrheit aller leitenden Angestellten des Unternehmens für die Wahl von betrieblichen Sprecherausschüssen gestimmt hat.[111]

139 Ist der Wahlvorstand für die Wahl eines Unternehmenssprecherausschusses in der Wahlversammlung eingesetzt worden, hat er unverzüglich eine geheime Abstimmung darüber herbeizuführen, ob ein Unternehmenssprecherausschuss gewählt werden soll, § 36 S. 1 WOSprAuG. Die Abstimmung kann in einer Versammlung oder durch schriftliche Stimmabgabe durchgeführt werden, §§ 36 S. 2, 26 Abs. 1 S. 2, 27 ff. WOSprAuG. Stimmt die einfache Mehrheit aller leitenden Angestellten des Unternehmens für die Wahl eines Unternehmenssprecherausschusses, so hat der Wahlvorstand die entsprechende Wahl einzuleiten, §§ 20 Abs. 1 S. 2, 7 Abs. 4 S. 1 SprAuG.

140 b) Unternehmen mit betrieblichen Sprecherausschüssen. Bestehen in dem Unternehmen bereits betriebliche Sprecherausschüsse, so können die leitenden Angestellten zur Wahl eines Unternehmenssprecherausschusses übergehen. Auf Antrag der Mehrheit der leitenden Angestellten des Unternehmens hat gem. § 20 Abs. 2 S. 1 SprAuG der Sprecherausschuss der Hauptverwaltung oder, sofern ein solcher nicht besteht, der Sprecherausschuss des nach der Zahl der leitenden Angestellten größten Betriebs einen Unternehmenswahlvorstand für die Wahl eines Unternehmenssprecherausschusses zu bestellen. Das Antragsverfahren ist für diese Fälle in § 37 WOSprAuG geregelt. Danach genügt es zunächst, dass ein Zwanzigstel der leitenden Angestellten, jedoch mindestens drei leitende Angestellte des Unternehmens bei dem Sprecherausschuss der Hauptverwaltung bzw. dem Sprecherausschuss des nach der Zahl der leitenden Angestellten größten Betriebs den Antrag auf Wahl des Unternehmenssprecherausschusses stellen. Dieser muss spätestens ein Jahr vor Beginn des für die regelmäßigen Wahlen festgelegten Zeitraums bei dem Sprecherausschuss eingehen, der sodann unverzüglich eine geheime Abstimmung unter allen leitenden Angestellten des Unternehmens darüber herbeiführen muss, ob ein Unternehmenssprecherausschuss gewählt werden soll. Er kann die Abstimmung in einer Versammlung oder durch schriftliche Stimmabgabe durchführen, §§ 37 S. 3, 26 Abs. 1 S. 2 WOSprAuG. Entscheidet sich die Mehrheit der leitenden Angestellten des Unternehmens für die Wahl des Unternehmenssprecherausschusses, so findet diese im nächsten Zeitraum der regelmäßigen Wahlen statt, § 20 Abs. 2 S. 2 SprAuG. Der Lauf der Amtszeit der bereits bestehenden Sprecherausschüsse wird also durch die Abstimmung für einen Unternehmenssprecherausschuss nicht tangiert. Nach Durchführung der Wahl des Unternehmenssprecherausschusses in dem vorgesehenen Zeitraum endet die Amtszeit aller betrieblichen Sprecherausschüsse mit der Bekanntgabe des Wahlergebnisses für den Unternehmenssprecherausschuss, § 20 Abs. 2 S. 3 SprAuG. Betriebliche Sprecherausschüsse und Unternehmenssprecherausschuss können also nicht nebeneinander bestehen.

141 c) Unternehmen mit Unternehmenssprecherausschuss. Besteht in dem Unternehmen bereits ein Unternehmenssprecherausschuss und stehen Neuwahlen an, hat der Unternehmenssprecherausschuss nach den allgemeinen Regeln einen Wahlvorstand für die Neuwahl zu bestellen, §§ 20 Abs. 1 S. 2, 5 ff. SprAuG. Einer erneuten Abstimmung über die Errichtung eines Unternehmenssprecherausschusses bedarf es nicht. Die leitenden Angestellten können aber jederzeit die Rückkehr zu betrieblichen Sprecherausschüssen beschließen → Rn. 145.

---

[111] ErfK/*Oetker*, 17. Aufl. 2017, SprAuG § 20 Rn. 3; aA *Löwisch* SprAuG § 20 Rn. 6.

IV. Unternehmenssprecherausschuss

4. Wahl

Die Wahl des Unternehmenssprecherausschusses richtet sich nach den allgemeinen Regeln für Sprecherausschusswahlen, §§ 20 Abs. 1 S. 2, 7 ff. SprAuG. Die Wahl wird von einem Unternehmenswahlvorstand geleitet. Er wird bei einer Neuwahl von dem amtierenden Unternehmenssprecherausschuss bestellt (§§ 20 Abs. 1 S. 2, 7 I SprAuG), bei einem Übergang von betrieblichen Sprecherausschüssen zum Unternehmenssprecherausschuss durch den Sprecherausschuss der Hauptverwaltung oder, sofern ein solcher nicht besteht, von dem Sprecherausschuss des nach der Zahl der leitenden Angestellten größten Betriebs (§ 20 Abs. 2 S. 1 SprAuG) und, wenn Sprecherausschüsse im Unternehmen noch überhaupt nicht bestehen, von der Versammlung der leitenden Angestellten (§§ 20 I 2, 7 II 1 SprAuG). Einige Besonderheiten des Wahlverfahrens regelt § 34 WOSprAuG. Sie sind im Wesentlichen dadurch bedingt, dass die Wahl in allen Betrieben des Unternehmens stattzufinden hat.

142

5. Anwendbares Recht

Auf den Unternehmenssprecherausschuss, seine Rechte und Pflichten und die Rechtsstellung seiner Mitglieder sind die für den betrieblichen Sprecherausschuss geltenden Bestimmungen entsprechend anzuwenden, § 20 Abs. 1 S. 2, Abs. 4 SprAuG. Der Unternehmenssprecherausschuss hat damit rechtlich die Stellung eines betrieblichen Sprecherausschusses mit einem auf den Unternehmensbereich erweiterten Aufgabengebiet. Damit nimmt er zugleich auch die Funktionen eines Gesamtsprecherausschusses wahr. Die pauschale Verweisung auf das Recht des betrieblichen Sprecherausschusses in § 20 Abs. 1 S. 2 sowie Abs. 4 SprAuG führt insofern zu Schwierigkeiten, als letzterer gem. § 4 Abs. 1 SprAuG höchstens aus sieben Mitgliedern bestehen kann. Diese Mitgliederbegrenzung wird den Verhältnissen in großen Unternehmen mit einer Vielzahl von Betrieben nicht ohne weiteres gerecht. Für den Gesamtsprecherausschuss ist in § 16 Abs. 2 S. 3 SprAuG die Möglichkeit einer Vergrößerung der Mitgliederzahl vorgesehen. Man wird darin einen erweiterungsfähigen Rechtsgedanken sehen können, so dass im Einvernehmen mit dem Arbeitgeber eine Vergrößerung des Unternehmenssprecherausschusses auf mehr als sieben Mitglieder vereinbart werden kann unter Wahrung des Erfordernisses einer ungeraden Zahl der Mitglieder.[112]

143

Auch die Amtszeit richtet sich nach den Regelungen, die für die betrieblichen Sprecherausschüsse gelten → Rn. 41 ff. Bei einer Rückkehr zur Wahl von betrieblichen Sprecherausschüssen endet die Amtszeit des amtierenden Unternehmenssprecherausschusses mit der Bekanntgabe des Wahlergebnisses einer Sprecherausschusswahl, § 20 Abs. 3 S. 4 SprAuG.

144

6. Übergang zu betrieblichen Sprecherausschüssen

Die Entscheidung der leitenden Angestellten, einen Unternehmenssprecherausschuss zu wählen, kann für den folgenden Wahlturnus wieder geändert werden, wenn die Mehrheit der leitenden Angestellten des Unternehmens die Wahl von betrieblichen Sprecherausschüssen beantragt, § 20 Abs. 3 S. 1 SprAuG. Ein Zwanzigstel der leitenden Angestellten, jedoch mindestens drei leitende Angestellte des Unternehmens, können bei dem amtierenden Unternehmenssprecherausschuss den Antrag auf Wahl von betrieblichen Sprecherausschüssen stellen, § 38 S. 1 WOSprAuG. Der Antrag muss spätestens ein Jahr vor Beginn des für die regelmäßigen nächsten Wahlen festgelegten Zeitraums bei dem Unternehmenssprecherausschuss eingehen, § 38 S. 2 WOSprAuG. Der Unternehmenssprecherausschuss hat sodann unverzüglich eine geheime Abstimmung darüber herbeizuführen, ob betriebliche Sprecherausschüsse gewählt werden sollen, § 38 S. 1 WOSprAuG. Die Abstimmung kann in einer Versammlung oder durch schriftliche Stimmabgabe herbeigeführt

145

---

[112] *Kappes* DB 1989, 1188 (1189); *Hromadka/Sieg* SprAuG § 20 Rn. 11; ErfK/*Oetker*, 17. Aufl. 2017, SprAuG § 20 Rn. 6; aA *Löwisch* SprAuG § 20 Rn. 13; *Kronisch* AR-Blattei SD 1490 Rn. 49.

werden, §§ 38 S. 3, 26 Abs. 1 S. 2 WOSprAuG. Entscheidet sich die Mehrheit für die Wahl betrieblicher Sprecherausschüsse, hat der amtierende Unternehmenssprecherausschuss für jeden sprecherausschussfähigen Betrieb einen Wahlvorstand zu bestellen, §§ 20 Abs. 3 S. 2, 7 Abs. 1 SprAuG. Die Wahl der betrieblichen Sprecherausschüsse findet sodann im nächsten Zeitraum der regelmäßigen Wahlen statt, § 20 Abs. 3 S. 3 SprAuG. Mit der Bekanntgabe des Wahlergebnisses der ersten betrieblichen Sprecherausschusswahl endet die Amtszeit des Unternehmenssprecherausschusses insgesamt, § 20 Abs. 3 S. 4 SprAuG. Bei der darauf folgenden Wahl kann wiederum ein Übergang zum Unternehmenssprecherausschuss erfolgen → Rn. 140.

V. Konzernsprecherausschuss

1. Allgemeines

146 Das SprAuG hat in den §§ 21 ff. die seit 1972 geltende Konzernbetriebsratsverfassung für die Repräsentation der leitenden Angestellten im Konzern übernommen. Die Mitbestimmung auf dieser Leitungsebene ist nicht unbedeutend, weil Maßnahmen, welche die leitenden Angestellten unmittelbar betreffen, häufig auf der Konzernleitungsebene entschieden werden, etwa bei Fragen des konzernweiten Einsatzes von leitenden Angestellten und auch der häufig gewünschten Einheit der Arbeitsbedingungen, vor allem bei Bonusrahmenregelungen und oder Beteiligungsprogrammen, im Konzern. Die gesetzliche Regelung des Konzernsprecherausschusses ist weitgehend derjenigen des Konzernbetriebsrates nachgebildet → § 302 Rn. 1 ff.

2. Voraussetzungen der Errichtung

147 Ein Konzernsprecherausschuss kann gem. § 21 Abs. 1 S. 1 SprAuG für einen Konzern iSd § 18 Abs. 1 AktG gebildet werden, also einem Unterordnungskonzern. Maßgeblich ist der auch für den Konzernbetriebsrat geltende gesellschaftsrechtliche Konzernbegriff. → § 302 Rn. 5 ff.; → § 25 Rn. 39 f. Ein Unterordnungskonzern liegt demnach bei abhängigen, aber rechtlich selbständigen Unternehmen unter der einheitlichen Leitung eines herrschenden Unternehmens vor. Die Rechtsform der Unternehmen ist ohne Bedeutung. Ein Konzern iSv § 18 Abs. 1 AktG kann deshalb auch gegeben sein, wenn keine Aktiengesellschaft hieran beteiligt ist. Herrschendes Unternehmen kann auch ein Einzelkaufmann oder eine sonstige natürliche Person sein. Voraussetzung für die Bildung eines Konzernsprecherausschusses ist, dass in mindestens zwei Konzernunternehmen Gesamtsprecherausschüsse gebildet sind. Gibt es in einem Unternehmen nur einen einzigen betrieblichen Sprecherausschuss oder ist statt betrieblicher Sprecherausschüsse ein Unternehmenssprecherausschuss gewählt worden, so tritt dieser insoweit an die Stelle des Gesamtsprecherausschusses, § 21 Abs. 1 S. 3 SprAuG.

3. Bildung

148 Der Konzernsprecherausschuss kann durch Beschlüsse der einzelnen Gesamtsprecherausschüsse der Konzernunternehmen errichtet werden, § 21 Abs. 1 S. 1 SprAuG. Im Gegensatz zur Bildung des Gesamtsprecherausschusses gibt es aber keine gesetzlich normierte Verpflichtung der Gesamtsprecherausschüsse, einen Konzernsprecherausschuss einzusetzen, wenn die Voraussetzungen des § 21 SprAuG vorliegen. Auch diese Wahlfreiheit ist der Konstellation des BetrVG nachgebildet → § 302 Rn. 35 ff. Die Einsetzung eines Konzernsprecherausschusses erfordert die Zustimmung der Gesamtsprecherausschüsse der Konzernunternehmen, in denen insgesamt mindestens 75 von Hundert der leitenden Angestellten der Konzernunternehmen beschäftigt sind, § 21 Abs. 1 S. 2 SprAuG. Besteht in einem Konzernunternehmen nur ein betrieblicher Sprecherausschuss oder ein Unternehmenssprecherausschuss, nimmt dieser insoweit die Funktionen eines Gesamtsprecherausschusses wahr, § 21 Abs. 1 S. 3 SprAuG. Entscheidend ist die Gesamtzahl der leitenden Angestellten aller Konzernunternehmen im Zeitpunkt der Beschlussfassung. Auf die Zahl

der leitenden Angestellten im Zeitpunkt der Wahlen zu den Sprecherausschüssen bzw. dem Unternehmenssprecherausschuss kommt es also nicht an. Der Konzernsprecherausschuss ist errichtet, sobald entsprechende Beschlüsse von Gesamtsprecherausschüssen vorliegen, deren Unternehmen mindestens 75 von Hundert der leitenden Angestellten aller Konzernunternehmen beschäftigen. Wird diese Zahl der leitenden Angestellten schon von einem konzernangehörigen Unternehmen allein erreicht, ist bereits der Beschluss des Gesamtsprecherausschusses dieses Unternehmens für die Errichtung des Konzernsprecherausschusses relevant.

Ist die Bildung des Konzernsprecherausschusses mit der Zustimmung einer ausreichenden Zahl von Gesamtsprecherausschüssen beschlossen worden, ist der Konzernsprecherausschuss wirksam errichtet. Der Gesamtsprecherausschuss des herrschenden Unternehmens hat die Mitglieder des Konzernsprecherausschusses zu einer konstituierenden Sitzung einzuladen, in der die Wahl des Vorsitzenden stattzufinden hat, § 24 Abs. 2 S. 1 SprAuG. Wenn Gesamtsprecherausschüsse noch keine Mitglieder entsandt haben, hat die Einladung an die Gesamtsprecherausschüsse zu ergehen mit der Aufforderung, jeweils ein Mitglied zu entsenden. An der Bildung des Konzernsprecherausschusses haben sich auch diejenigen Gesamtsprecherausschüsse zu beteiligen, die keinen oder einen ablehnenden Beschluss dazu gefasst haben. Besteht in dem herrschenden Unternehmen nur ein betrieblicher Sprecherausschuss oder ein Unternehmenssprecherausschuss, so obliegt diesem die Einladung, § 21 Abs. 1 S. 3 SprAuG. Besteht in dem herrschenden Unternehmen überhaupt kein Sprecherausschuss, so erfolgt die Einladung durch den Gesamtsprecherausschuss des nach der Zahl der leitenden Angestellten größten Konzernunternehmens, § 24 Abs. 2 S. 1 SprAuG.

Der Vorsitzende des einladenden Gesamtsprecherausschusses (bzw. des einzigen betrieblichen Sprecherausschusses oder des Unternehmenssprecherausschusses) hat die konstituierende Sitzung zu leiten, bis der Konzernsprecherausschuss aus seiner Mitte einen Wahlleiter zur Wahl des Vorsitzenden und eines Stellvertreters bestellt hat, § 24 Abs. 2 S. 2 SprAuG. Die weitere Sitzung nach der Wahl leitet sodann der gewählte Vorsitzende des Konzernsprecherausschusses.

4. Größe und Zusammensetzung

In den Konzernsprecherausschuss entsendet jeder Gesamtsprecherausschuss eines seiner Mitglieder, § 21 Abs. 2 S. 1 SprAuG. Der Konzernsprecherausschuss besteht also höchstens aus so vielen Mitgliedern, wie Unternehmen dem Konzern angehören. Durch eine freiwillige Vereinbarung zwischen dem Konzernsprecherausschuss und dem Arbeitgeber kann die Mitgliederzahl erhöht oder verringert werden, § 21 Abs. 2 S. 3 SprAuG. Als Arbeitgeber iSd § 21 Abs. 2 S. 3 SprAuG ist das herrschende Unternehmen als Rechtsperson zu verstehen. Erzwingbar ist eine solche Regelung aber (im Gegensatz zur Situation des Konzernbetriebsrates) nicht. Für eine analoge Anwendung der §§ 55 Abs. 4 iVm 47 Abs. 5 bis 9 BetrVG ist kein Raum. In einer freiwilligen Vereinbarung zwischen Arbeitgeber und Konzernsprecherausschuss über die Mitgliederzusammensetzung kann zB vorgesehen werden, dass mehrere Unternehmen gemeinsam ein Mitglied in den Konzernsprecherausschuss entsenden oder dass ein Konzernunternehmen mehrere Mitglieder entsendet. Die Vereinbarung kann sinnvoll sein, wenn die Zahl der leitenden Angestellten in den einzelnen Unternehmen stark unterschiedlich ist. Die gesetzlich vorgeschriebene Stimmengewichtung darf hierdurch aber nicht verschoben werden → Rn. 157.

Über die Entsendung entscheidet der Gesamtsprecherausschuss. Gibt es in dem Konzern nur einen Sprecherausschuss oder einen Unternehmenssprecherausschuss tritt dieser gem. § 21 Abs. 1 S. 3 SprAuG an die Stelle des Gesamtsprecherausschusses und nimmt insoweit dessen Rechte wahr.

Der Gesamtsprecherausschuss hat für jedes entsandte Mitglied mindestens ein Ersatzmitglied zu bestellen und bei Bestellung mehrerer Ersatzmitglieder die Reihenfolge des Nachrückens festzulegen, § 21 Abs. 3 SprAuG. Tritt an die Stelle des Gesamtsprecherausschusses gem. § 21 Abs. 1 S. 3 SprAuG der einzige betriebliche Sprecherausschuss oder ein Unternehmenssprecherausschuss und besteht dieser nur aus einem Mitglied, so ist dessen in einem gesonderten Wahlgang gewähltes Ersatzmitglied (§§ 6 Abs. 3 S. 2, 20 Abs. 1 S. 2 SprAuG) auch Ersatzmitglied für den Konzernsprecherausschuss, § 21 Abs. 3 SprAuG.

5. Zuständigkeit

154 Die Zuständigkeit des Konzernsprecherausschusses ist entsprechend dem auch für das Betriebsverfassungsrecht geltenden **Subsidiaritätsprinzip** nachgebildet → § 302 Rn. 54 ff. Nach § 23 SprAuG kann die Zuständigkeit des Konzernsprecherausschuss durch originäre Aufgabenzuweisung oder durch Auftrag begründet sein.

155 Der Konzernsprecherausschuss ist originär zuständig für die Behandlung von Angelegenheiten, die den Konzern oder mehrere Konzernunternehmen betreffen und nicht durch die einzelnen Gesamtsprecherausschüsse innerhalb ihrer Unternehmen geregelt werden können, § 23 Abs. 1 S. 1 SprAuG. Er ist den Gesamtsprecherausschüssen nicht übergeordnet, § 23 Abs. 1 S. 2 SprAuG. Ob im Einzelfall eine originäre Zuständigkeit des Konzernsprecherausschusses gegeben ist, hängt maßgeblich davon ab, ob das herrschende Unternehmen seine Leitungsmacht in den Angelegenheiten nach §§ 30–32 SprAuG, in denen Mitwirkungsrechte des Sprecherausschusses bestehen, über die abhängigen Unternehmen in einer Weise ausübt, dass in den einzelnen Konzernunternehmen kein ausreichender Entscheidungsspielraum verbleibt, so dass die Mitwirkungsrechte durch ein Gesamtsprecherausschuss nicht ausreichend effektiv wahrgenommen werden könnten. In Betracht kommt dies insbesondere bei konzerneinheitlicher Gehaltsgestaltung, konzerneinheitlichen Sozialeinrichtungen und wirtschaftlichen Angelegenheiten des Unternehmens, die nur im Konzernverhältnis beurteilt werden können.

156 Der Gesamtsprecherausschuss kann mit der Mehrheit der Stimmen seiner Mitglieder den Konzernsprecherausschuss schriftlich beauftragen, eine Angelegenheit für ihn zu behandeln, § 23 Abs. 2 S. 1 SprAuG. Er kann sich dabei die Entscheidungsbefugnis vorbehalten und in gleicher Weise den Auftrag widerrufen, § 23 Abs. 2 S. 2 und 3 SprAuG. Diese Auftragszuständigkeit ist ebenfalls den für den Gesamtsprecherausschuss, → Rn. 115 den Gesamtbetriebsrat → § 300 Rn. 63 und den Konzernbetriebsrat → § 302 Rn. 64 geltenden Regeln nachgebildet.

6. Stimmengewichtung

157 Für die Entscheidungen im Konzernsprecherausschuss gelten die gleichen Grundsätze der Stimmengewichtung wie für den Gesamtsprecherausschuss → Rn. 116. Jedes Mitglied hat so viele Stimmen, wie die Mitglieder des Gesamtsprecherausschusses, von dem es entsandt wurde, im Gesamtsprecherausschuss Stimmen haben, § 21 Abs. 4 S. 1 SprAuG. Da in einem Gesamtsprecherausschuss jedes Mitglied so viele Stimmen hat, wie in dem Betrieb, in dem es gewählt wurde, leitende Angestellte in der Wählerliste der leitenden Angestellten eingetragen sind (§ 16 Abs. 4 S. 1 SprAuG), hat im Regelfall jedes Mitglied eines Konzernsprecherausschusses so viele Stimmen, wie wahlberechtigte leitende Angestellte in seinem Unternehmen bei den Sprecherausschusswahlen beschäftigt waren.

158 Besteht in einem Konzernunternehmen nur ein einziger betrieblicher Sprecherausschuss oder ein Unternehmenssprecherausschuss und tritt dieser an die Stelle des Gesamtsprecherausschusses (§ 21 Abs. 1 S. 3 SprAuG), hat das von ihm entsandte Mitglied so viele Stimmen, wie in dem Betrieb oder dem Unternehmen, in dem es gewählt wurde, leitende Angestellte in der Wählerliste der leitenden Angestellten eingetragen sind, § 21 Abs. 4 S. 2 SprAuG. Besteht ein Unternehmenssprecherausschuss, so repräsentiert er notwendig alle leitenden Angestellten des Unternehmens, so dass das Mitglied des Konzernsprecherausschusses entsprechend viele Stimmen hat. Gibt es nur einen betrieblichen Sprecherausschuss, der an die Stelle des Gesamtsprecherausschusses tritt, ist eine Konstellation denkbar, in der für einen weiteren sprecherausschussfähigen Betrieb des Unternehmens kein Sprecherausschuss gebildet worden ist. Da eine Zurechnung nach § 1 Abs. 2 SprAuG bei sprecherausschussfähigen Betrieben nicht möglich ist, hat das von dem Sprecherausschuss in den Konzernsprecherausschuss entsandte Mitglied in dieser Konstellation nur so viele Stimmen, wie in seinem Betrieb leitende Angestellte in der Wählerliste eingetragen sind. Die leitenden Angestellten des sprecherausschussfähigen Betriebes, der einen Sprecherausschuss nicht gebildet hat, bleiben also bei der Stimmengewichtung unberücksichtigt.

Ist die Mitgliederzahl des Konzernsprecherausschusses durch Vereinbarung zwischen Arbeitgeber und Konzernsprecherausschuss abweichend geregelt worden, so wird die Stimmengewichtung der neuen Mitgliederzahl entsprechend angepasst. Eine Veränderung der Stimmengewichtung ist nicht zulässig. Ist ein Mitglied für mehrere Unternehmen zusammen entsandt worden, hat es so viele Stimmen, wie in den Unternehmen, für die es entsandt ist, leitende Angestellte in den Wählerlisten eingetragen sind, §§ 21 Abs. 4 S. 3, 16 Abs. 4 S. 2 SprAuG. Sind für ein Unternehmen mehrere Mitglieder des Gesamtsprecherausschusses entsandt worden, stehen ihnen die nach der Zahl der leitenden Angestellten des Unternehmens berechneten Stimmen anteilig zu, §§ 21 Abs. 4 S. 3, 16 Abs. 4 S. 3 SprAuG.

7. Geschäftsführung

Für das Recht der Geschäftsführung wird in § 24 SprAuG für den Konzernsprecherausschuss auf die Regelungen des betrieblichen Sprecherausschusses verwiesen, §§ 24 Abs. 1, 18 Abs. 3 iVm §§ 10 ff. SprAuG.

a) Vorsitzender und Stellvertreter. In der konstituierenden Sitzung werden ein Vorsitzender und ein Stellvertreter gewählt. Der Vorsitzende hat die entsprechenden Befugnisse wie der Vorsitzende eines Sprecherausschusses, §§ 24 Abs. 1, 11 Abs. 2 und 3 SprAuG.

b) Sitzungen. Auch für die Durchführung der Sitzungen des Konzernsprecherausschuss gelten die Regelungen wie für betriebliche Sprecherausschüsse, §§ 24 Abs. 2 S. 3, 12 Abs. 2 bis 5 SprAuG. Die Sitzung wird regelmäßig in der Hauptverwaltung des herrschenden Unternehmens stattfinden. Sie kann aber auch unter Beachtung der betrieblichen Erfordernisse und des Grundsatzes der Verhältnismäßigkeit in jedem anderen Unternehmen stattfinden.

c) Konzernsprecherausschussvereinbarungen. Der Konzernsprecherausschuss kann mit dem Arbeitgeber Vereinbarungen treffen, §§ 24 Abs. 1, 18 Abs. 3, 28 SprAuG. Da es einen Konzernarbeitgeber als Rechtsperson nicht gibt, kann das herrschende Unternehmen keine Vereinbarungen schließen, die für die abhängigen Unternehmen nach § 28 Abs. 2 S. 1 SprAuG unmittelbare und zwingende Wirkung haben (vgl. zur Konzernbetriebsvereinbarung → § 302 Rn. 70). Die normative Wirkung von Sprecherausschussvereinbarungen besteht zwar im Gegensatz zu Betriebsvereinbarungen nicht kraft Gesetzes, sondern nur kraft Vereinbarung, § 28 Abs. 2 S. 1 SprAuG. Das herrschende Unternehmen ist aber rechtlich nicht in der Lage, im eigenen Namen Verträge zu Lasten anderer von ihm abhängiger Unternehmen abzuschließen. Bei Bestehen eines Beherrschungsvertrags können zwar Weisungen erteilt bzw. bei faktischen Konzernverhältnissen Einflussnahmen in den Organen des abhängigen Unternehmens ausgeübt werden. Eine normative Wirkung von Konzernsprecherausschussvereinbarungen für die abhängigen Unternehmen lässt sich damit aber nicht herbeiführen. Die rechtliche Bindung der abhängigen Unternehmen an die Vereinbarung kann deshalb nur über eine Bevollmächtigung des herrschenden Unternehmens oder eine unmittelbare Beteiligung der abhängigen Unternehmen an dem Abschluss der Vereinbarung hergestellt werden. Diese müssen die Konzernsprecherausschussvereinbarung deshalb idR als Partei mitunterzeichnen, damit sie verbindlich wirken kann.

164 d) Beschlüsse. Der Konzernsprecherausschuss fasst seine Beschlüsse grds. mit einfacher Mehrheit §§ 24 Abs. 1, 13 Abs. 1 SprAuG. Bei der Errechnung der Mehrheit ist die Stimmengewichtung zu beachten → Rn. 157. Der Konzernsprecherausschuss ist nur beschlussfähig, wenn mindestens die Hälfte seiner Mitglieder an der Beschlussfassung teilnimmt und die Teilnehmenden mindestens die Hälfte aller Stimmen vertreten, §§ 24 Abs. 1, 19 Abs. 3 SprAuG.

165 e) Geschäftsordnung. Der Konzernsprecherausschuss kann sich wie der Sprecherausschuss oder Gesamtsprecherausschuss eine Geschäftsordnung geben und darin ergänzende Bestimmungen über die Geschäftsführung treffen, §§ 24 Abs. 1, 13 Abs. 5 SprAuG.

8. Rechtsstellung der Mitglieder

166 Die Vorschriften über die Rechtsstellung der Mitglieder eines betrieblichen Sprecherausschusses finden auch auf die Mitglieder des Konzernsprecherausschusses entsprechende Anwendung, §§ 24 Abs. 1, 18 Abs. 3 SprAuG. Die Mitglieder sind von ihrer beruflichen Tätigkeit ohne Minderung des Arbeitsentgelts von der Arbeitsverpflichtung freizustellen, wenn und soweit es nach Umfang und Art des Konzerns zur ordnungsgemäßen Durchführung ihrer Aufgaben erforderlich ist, §§ 24 Abs. 1, 14 Abs. 1 SprAuG. Sie dürfen in der Ausübung ihrer Tätigkeit nicht gestört oder behindert und wegen ihrer Tätigkeit im Konzernsprecherausschuss weder benachteiligt noch begünstigt werden, §§ 24 Abs. 1, 18 Abs. 3, 2 Abs. 3 S. 1 SprAuG. Sie sind in gleicher Weise wie die Mitglieder eines betrieblichen Sprecherausschusses zur Geheimhaltung verpflichtet, § 29 Abs. 2 SprAuG.

9. Amtszeit

167 a) Amtszeit des Konzernsprecherausschusses. Der Konzernsprecherausschuss ist in gleicher Weise wie der Gesamtsprecherausschuss eine Dauerinstitution der Sprecherausschussverfassung und hat deshalb als ständiges Organ keine gesetzlich begrenzte regelmäßige Amtszeit. Die Möglichkeit einer Auflösung durch gerichtliche Entscheidung besteht nicht. Der Konzernsprecherausschuss kann aber durch die Gesamtsprecherausschüsse aufgelöst werden, denn die Errichtung des Konzernsprecherausschusses ist nicht zwingend vorgeschrieben. Insoweit können die beteiligten Gesamtsprecherausschüsse die Auflösung des Konzernsprecherausschusses beschließen.[113] Für den Auflösungsbeschluss genügt das Votum der Gesamtsprecherausschüsse, die mehr als die Hälfte der leitenden Angestellten des Konzerns repräsentieren[114]. Das in § 21 Abs. 1 S. 2 SprAuG für das Errichtungsverfahren vorgesehene Erfordernis der Zustimmung der Gesamtsprecherausschüsse, die insgesamt 75 vom Hundert der leitenden Angestellten der Konzernunternehmen beschäftigen, ist für eine Auflösungsentscheidung nicht zwingend erforderlich,[115] weil die Norm nur einen Schutzmechanismus bei der Errichtung des Konzernsprecherausschusses beinhaltet und bezwecken soll, dass der Mehrheit der Gesamtsprecherausschüsse (berechnet nach der Zahl der vertretenen leitenden Angestellten) nicht gegen ihren Willen die Institution eines Konzernsprecherausschusses aufgedrängt werden soll. Eines solchen Schutzes bedarf es bei der Entscheidung über die Auflösung des Konzernsprecherausschusses nicht.

168 Der Konzernsprecherausschuss hat selbst keine Möglichkeit, sich durch einen eigenen Beschluss aufzulösen. Der Rücktritt aller seiner Mitglieder lässt die Ersatzmitglieder nachrücken. Treten auch diese zurück, haben die Gesamtsprecherausschüsse neue Mitglieder zu entsenden.

---

[113] *Hromadka/Sieg* SprAuG § 21 Rn. 34; zum Konzernbetriebsrat: *Fitting* § 54 Rn. 52; Richardi BetrVG/*Annuß* § 54 Rn. 47; HWGNRH/*Glock* § 54 Rn. 32.
[114] *Hromadka/Sieg* SprAuG § 21 Rn. 34; zum KBR: *Fitting* § 54 Rn. 52; ErfK/*Koch* BetrVG § 50 Rn. 9; Richardi BetrVG/*Annuß* § 54 Rn. 48.
[115] AA *Löwisch* SprAuG § 21 Rn. 10.

V. Konzernsprecherausschuss

b) Beendigung der Mitgliedschaft. Die Dauer der Mitgliedschaft im Konzernsprecherausschuss ist in gleicher Weise geregelt wie diejenige im Gesamtsprecherausschuss. Sie wird durch folgende Ereignisse beendet: 169

aa) Abberufung. Jeder Gesamtsprecherausschuss kann das von ihm entsandte Mitglied jederzeit abberufen, § 21 Abs. 2 S. 2 SprAuG. Der Beschluss bedarf der einfachen Stimmenmehrheit, wobei die Stimmengewichtung zu beachten ist. 170

bb) Erlöschen der Mitgliedschaft im Gesamtsprecherausschuss. Mitglied im Konzernsprecherausschuss kann nur sein, wer Mitglied in einem Gesamtsprecherausschuss ist, § 21 Abs. 2 S. 1 SprAuG. Mit dem Erlöschen der Mitgliedschaft im Gesamtsprecherausschuss endet deshalb zugleich die Mitgliedschaft im Konzernsprecherausschuss, § 22 Abs. 2 SprAuG. Da Mitglied in einem Gesamtsprecherausschuss nur sein kann, wer Mitglied in einem betrieblichen Sprecherausschuss ist (§ 16 Abs. 2 S. 1 SprAuG), enden mit dem Erlöschen der Mitgliedschaft im betrieblichen Sprecherausschuss sowohl die Mitgliedschaft im Gesamtsprecherausschuss als auch die Mitgliedschaft im Konzernsprecherausschuss. Nimmt nach § 21 Abs. 1 S. 3 SprAuG der einzige betriebliche Sprecherausschuss oder ein Unternehmenssprecherausschuss die Aufgaben eines Gesamtsprecherausschusses im Hinblick auf den Konzernsprecherausschuss wahr, gelten die dargestellten Grundsätze entsprechend. 171

cc) Amtsniederlegung. Jedes Mitglied des Konzernsprecherausschusses kann jederzeit ohne Angabe von Gründen sein Amt niederlegen mit der Folge, dass seine Mitgliedschaft im Konzernsprecherausschuss beendet wird, § 22 Abs. 2 SprAuG. Die Mitgliedschaft im Gesamtsprecherausschuss und Sprecherausschuss wird dadurch nicht berührt. 172

dd) Ausschluss durch gerichtliche Entscheidung. Die Mitgliedschaft im Konzernsprecherausschuss kann auch durch eine rechtskräftige gerichtliche Entscheidung über den Ausschluss des Mitglieds beendet werden, § 22 Abs. 2 SprAuG. Der Ausschluss setzt eine grobe Verletzung der gesetzlichen Pflichten des Mitglieds voraus, § 22 Abs. 1 SprAuG. Der Antrag beim Arbeitsgericht kann von mindestens einem Viertel der leitenden Angestellten der Konzernunternehmen, von dem Konzernsprecherausschuss oder dem Arbeitgeber gestellt werden, § 22 Abs. 1 SprAuG. Für das Verfahren gelten die für den Ausschluss eines Mitglieds aus dem betrieblichen Sprecherausschuss dargestellten Grundsätze entsprechend → Rn. 82. Zuständig ist das Arbeitsgericht, in dessen Bezirk das herrschende Unternehmen seinen Sitz hat, § 82 Abs. 1 S. 3 ArbGG. 173

ee) Nachrücken des Ersatzmitglieds. Wird die Mitgliedschaft eines Mitglieds des Konzernsprecherausschusses beendet, rückt das gem. § 21 Abs. 3 SprAuG bestellte Ersatzmitglied nach. Da der Gesamtsprecherausschuss, dem das Ersatzmitglied angehört, von ihm entsandte Mitglieder jederzeit abberufen kann, besteht die Möglichkeit, auch das Ersatzmitglied abzuberufen und die Entsendung eines neuen Mitglieds zu beschließen. 174

10. Kosten

Die durch die Tätigkeit des Konzernsprecherausschusses entstehenden notwendigen Kosten hat nach den Regelungen der §§ 24 Abs. 1, 14 Abs. 2 SprAuG der Arbeitgeber zu tragen. Haftungssubjekt ist das herrschende Unternehmen des Konzerns. Das herrschende Unternehmen hat insbesondere unter Berücksichtigung des Grundsatzes der Erforderlichkeit und Verhältnismäßigkeit erforderliche Reisekosten und Aufwendungen zu tragen, die den Mitgliedern des Konzernsprecherausschusses durch die Teilnahme an den Sitzungen entstehen. 175

VI. Sonderregelung für die Seeschifffahrt

176 Auf Seeschifffahrtsunternehmen und ihre Betriebe ist das SprAuG grundsätzlich anzuwenden, § 33 Abs. 1 SprAuG. Die Besonderheiten der Seeschifffahrt bedingen jedoch einige Abweichungen von der gesetzlichen Regelstruktur. **Seeschifffahrtsunternehmen** ist iSd § 33 SprAuG ein Unternehmen, das Handelsschifffahrt betreibt und seinen Sitz im Geltungsbereich des BetrVG hat, § 33 Abs. 1 SprAuG, § 114 Abs. 2 BetrVG.

1. Beschränkung auf Landbetriebe

177 Für die Seebetriebsverfassung ist die Unterscheidung von Landbetrieben und Seebetrieben prägend. Ein Seebetrieb ist die Gesamtheit der Schiffe eines Seeschifffahrtsunternehmens, § 114 Abs. 3 BetrVG. Für den Seebetrieb wird ein Seebetriebsrat gebildet (§ 116 BetrVG), während für die einzelnen Schiffe Bordvertretungen gewählt werden (§ 115 BetrVG). Diese Organisationsstruktur ist in die Sprecherausschussverfassung nicht übernommen worden. Sprecherausschüsse werden gem. § 33 Abs. 2 SprAuG nur in den Landbetrieben gewählt. Für das einzelne Seeschiff kommt eine Vertretung ohnehin nicht in Betracht, da nur der Kapitän als leitender Angestellter anzusehen ist (§ 114 Abs. 6 S. 2 BetrVG) und es damit an einer sprecherausschussfähigen Einheit fehlt. Der Seebetrieb hätte zwar eine Vertretung erhalten können. Der Gesetzgeber hat aber den organisatorisch einfacheren Weg vorgezogen, die Kapitäne den Landbetrieben zuzuordnen.

2. Begriff und Zuordnung der leitenden Angestellten

178 **a) Begriff des leitenden Angestellten.** Nach § 114 Abs. 6 S. 2 BetrVG sind im Rahmen der Seebetriebsverfassung nur die Kapitäne der Seeschiffe als leitende Angestellte iSd § 5 Abs. 3 BetrVG anzusehen. Alle anderen Besatzungsmitglieder werden von den Bordvertretungen und dem Seebetriebsrat repräsentiert.

179 **b) Zuordnung zum Landbetrieb.** Die Kapitäne werden für die Anwendung des SprAuG dem Landbetrieb des Seeschifffahrtsunternehmens zugeordnet, so dass sie in die dort bestehende Sprecherausschussverfassung einbezogen sind, § 33 Abs. 3 S. 2 SprAuG. Sie haben im Landbetrieb das aktive und passive Wahlrecht. Bestehen mehrere Landbetriebe, so gelten die Kapitäne als leitende Angestellte des nach der Zahl der sonstigen leitenden Angestellten größten Landbetriebs, § 33 Abs. 3 S. 3 SprAuG. In Abweichung von § 1 Abs. 2 SprAuG erfolgt also keine Zuordnung zu dem Landbetrieb am Heimathafen des Schiffes oder zum räumlich nächstgelegenen Landbetrieb. Bei der Ermittlung des größten Landbetriebs ist von der Zahl der leitenden Angestellten iSd § 5 Abs. 3 BetrVG ohne Berücksichtigung der Kapitäne auszugehen.

3. Wahl

180 Die Wahl des Sprecherausschusses in dem (einzigen oder größten) Landbetrieb findet nach den allgemeinen Regeln unter Einbeziehung der Kapitäne statt. Insbesondere haben die Kapitäne das aktive und passive Wahlrecht. Der Sprecherausschuss des Landbetriebs hat den Wahlvorstand für die regelmäßige Neuwahl spätestens sechzehn Wochen vor Ablauf seiner Amtszeit zu bestellen, § 33 Abs. 4 S. 1 Nr. 1 SprAuG. Diese Verlängerung der Frist gegenüber § 7 SprAuG ist mit Rücksicht auf die den Landbetrieben zugeordneten Kapitäne erfolgt, damit die Wahlvorbereitungen unabhängig vom Standort der Schiffe getroffen werden können und das Zuordnungsverfahren im Landbetrieb rechtzeitig vor Einleitung der Wahlen durchgeführt werden kann. Eine vergleichbare Regelung enthält § 116 Abs. 2 Nr. 6 BetrVG für die Wahl zum Seebetriebsrat.

181 Die Sprecherausschusswahl kann auch in Betrieben der Seeschifffahrt nach den allgemeinen Grundsätzen angefochten werden. Die Anfechtung muss gem. § 8 Abs. 1 S. 3 SprAuG innerhalb von zwei Wochen erfolgen. Die Wahrung dieser Frist gerechnet ab Bekanntgabe des Wahlergebnisses ist für Kapitäne häufig nicht möglich. Die Frist beginnt deshalb gem.

§ 33 Abs. 4 S. 1 Nr. 2 SprAuG für diese Personen erst, wenn das Schiff nach Bekanntgabe des Wahlergebnisses erstmalig einen Hafen im Geltungsbereich dieses Gesetzes oder einen Hafen, in dem ein Seemannsamt seinen Sitz hat, anläuft. Die Wahlanfechtung kann auch zu Protokoll des Seemannsamts erklärt werden. Die Anfechtungserklärung ist vom Seemannsamt unverzüglich an das für die Anfechtung zuständige Arbeitsgericht weiterzuleiten. Nach Ablauf von drei Monaten seit Bekanntgabe des Wahlergebnisses ist eine Wahlanfechtung nicht mehr möglich.

VII. Streitigkeiten

Streitigkeiten im Zusammenhang mit der Organisation der Sprecherausschussverfassung sind grundsätzlich im arbeitsgerichtlichen Beschlussverfahren zu führen §§ 2a Abs. 1 Nr. 2, 80 ff. ArbGG. Zuständig ist das Arbeitsgericht, in dessen Bezirk der betroffene Betrieb liegt, § 82 Abs. 1 S. 1 ArbGG. In Angelegenheiten des Gesamtsprecherausschusses und des Unternehmenssprecherausschusses ist das Arbeitsgericht zuständig, in dessen Bezirk das Unternehmen seinen Sitz hat, § 82 Abs. 1 S. 3 ArbGG. In Angelegenheiten des Konzernsprecherausschusses ist das Arbeitsgericht zuständig, in dessen Bezirk das herrschende Unternehmen seinen Sitz hat, § 82 Abs. 1 S. 3 ArbGG.

VIII. Rechte des Sprecherausschusses in anderen Gesetzen

Den Sprecherausschussgremien stehen nicht nur nach dem SprAuG sondern auch nach anderen Gesetzen, die die Beteiligung der Arbeitnehmer in der Betriebs- oder Unternehmensverfassung regeln, vereinzelt eigene Rechte zu.

1. Entsendungsrecht nach dem EBRG (Europäische Betriebsräte)

Nach § 23 Abs. 6 EBRG hat das zuständige Sprecherausschussgremium in Unternehmen, die europaweit tätig sind, oder in einer gemeinschaftsweit tätigen Unternehmensgruppe mit Sitz der zentralen Leitung im Inland das Recht, einen leitenden Angestellten zu bestimmen, der an Sitzungen zur Unterrichtung und Anhörung des Europäischen Betriebsrates teilnimmt und dort auch eine Rederecht hat, sofern mindestens fünf inländische Vertreter in den Europäischen Betriebsrat entsandt worden sind.

2. Rechte nach dem MitbestG

Leitende Angestellte sind Arbeitnehmer im Sinne des Mitbestimmungsgesetzes, § 3 Abs. 1 Nr. 2 MitbestG. Das MitbestG räumt den leitenden Angestellten und ihren Vertretungen eigene Recht bei der Wahl der Aufsichtsratsmitglieder ein. Nach § 15 Abs. 1 S. 2 MitbestG muss dem Aufsichtsrat ein leitender Angestellter angehören. Zur Anfechtung der Wahl von Aufsichtsratsmitgliedern der Arbeitnehmer ist nach § 22 Abs. 2 Nr. 3 MitbestG der Gesamt- oder Unternehmenssprecherausschuss berechtigt. Wenn nur ein betrieblicher Sprecherausschuss besteht, steht das Anfechtungsrecht diesem zu. Ist das Unternehmen, in dem ein Aufsichtsrat zu wählen ist, das herrschende Unternehmen eines Unterordnungskonzerns, kann auch der Konzernsprecherausschuss die Wahl anfechten. Dies gilt nach § 22 Abs. 2 Nr. 5 MitbestG auch für den Gesamt- oder Unternehmenssprecherausschuss eines anderen Unternehmens, dessen Arbeitnehmer nach dem MitbestG an der Wahl der Aufsichtsratsmitglieder des Unternehmens teilnehmen. Wenn in diesen Unternehmen nur ein betrieblicher Sprecherausschuss besteht, steht das Anfechtungsrecht diesem zu.

3. Beteiligung nach dem SEBG

Nach dem Gesetz über die Beteiligung der Arbeitnehmer in einer europäischen Gesellschaft (SEBG) fallen die leitenden Angestellten nach § 2 Abs. 1 S. 2 grundsätzlich unter den Begriff der Arbeitnehmer iSd SEBG. Nach § 4 Abs. 2 SEBG sind die Sprecherausschüsse in den beteiligten Gesellschaften zu informieren, wenn die Unternehmen die Gründung einer SE planen. In diesen Fällen ist ein besonderes Verhandlungsgremium zu bilden, das die Aufgabe hat, mit den Leitungen der beteiligten Unternehmen eine schriftliche Vereinbarung über die Beteiligung der Arbeitnehmer in der SE abzuschließen. Gehören diesem Verhandlungsgremium mehr als sechs Mitglieder an, muss mindestens jedes siebte Mitglied ein leitender Angestellter sein, § 6 Abs. 4 SEBG. Dieses Mitglied wird auf Vorschlag der Sprecherausschüsse gewählt, § 8 Ab. 1 S. 5 SEBG. Ist an einer SE-Gründung eine Unternehmensgruppe beteiligt, bleibt offen, welcher Sprecherausschuss das Vorschlagsrecht hat. Zuzustimmen ist der Ansicht, dass in diesen Fällen dem auf der höchsten Unternehmensebene gebildeten Sprecherausschuss das Vorschlagsrecht zusteht[116]; lässt sich dies nicht ermitteln, wäre es sachgerecht, dem jeweils größten Sprecherausschussgremium das Vorschlagsrecht zuzugestehen.

---

[116] *Hromadka/Sieg* SE-Beteiligungsgesetz Rn. 18.

§ 312 Mitwirkung der leitenden Angestellten

Übersicht

	Rn.
I. Überblick	1
II. Richtlinien und Vereinbarungen	5
1. Rechtsnatur und Terminologie	5
2. Weitere Handlungsmöglichkeiten	8
3. Gesetzes- und Tarifvorrang	9
4. Zustandekommen	13
5. Gegenstand	18
a) Arbeitsbedingungen	18
b) Inhaltliche Grenzen	22
c) Kollektiver Sachverhalt	26
6. Wirkung	27
a) Richtlinien	28
b) Vereinbarung mit normativer Wirkung	31
aa) Herstellung der normativen Wirkung	31
bb) Zulässigkeit günstigerer Regelungen	35
cc) Verzicht	36
7. Beendigung	37
a) Kündigung	37
b) Nachwirkung	40
c) Aufhebung/Ablösung	42
d) Betriebsübergang	43
III. Allgemeine Aufgaben	45
1. Allumfassende Interessenvertretung	45
2. Unterrichtung und Aushändigung von Unterlagen	51
3. Grundsätze für die Behandlung der leitenden Angestellten	54
4. Anhörungsrecht bei Betriebsvereinbarungen	56
IV. Unterstützung einzelner leitender Angestellter	60
1. Allgemeines	60
2. Allgemeine Unterstützung	61
3. Einsicht in die Personalakten	63
V. Arbeitsbedingungen und Beurteilungsgrundsätze	64
1. Allgemeines	64
2. Änderungen der Gehaltsgestaltung und sonstiger allgemeiner Arbeitsbedingungen	66
a) Gehaltsgestaltung	66
b) Sonstige allgemeine Arbeitsbedingungen	67
c) Änderung/Einführung	68
d) Prüfverfahren nach dem Entgelttransparenzgesetz	69
3. Einführung oder Änderung allgemeiner Beurteilungsgrundsätze	70
4. Unterrichtung und Beratung	71
VI. Personelle Einzelmaßnahmen	73
1. Allgemeines	73
2. Einstellungen und personelle Veränderungen	74
3. Kündigung	81
a) Anhörung	81
b) Widerspruch des Sprecherausschusses	86
c) Einspruch des leitenden Angestellten	87
4. Verschwiegenheitspflicht	88
VII. Wirtschaftliche Angelegenheiten	92
1. Allgemeines	92
2. Unterrichtung über wirtschaftliche Angelegenheiten	98
a) Wirtschaftliche Angelegenheiten	98
b) Unterrichtung	103

	Rn.
c) Ausnahmen	105
aa) Gefährdung von Betriebs- und Geschäftsgeheimnissen	105
bb) Tendenzbetrieb/-unternehmen	107
3. Betriebsänderung	110
a) Unterrichtung	110
b) Beratung	116
4. Zuständiges Organ	119
VIII. Verletzung von Mitwirkungsrechten und Streitigkeiten	121
1. Verfahrensart bei Streitigkeiten	121
2. Erreichbares Ziel	123
3. Besondere Sanktionen	124

I. Überblick

1 Im Gegensatz zu den Beteiligungsrechten des Betriebsrates sind die des Sprecherausschusses deutlich schwächer ausgestaltet. Die Sprecherausschüsse haben keine echten Mitbestimmungsrechte, sondern nur Mitwirkungsrechte, die in den §§ 25, 30–32 SprAuG normiert sind. Der Wirkungsbereich des Sprecherausschusses ist auf Unterrichtungs-, Anhörungs- und Beratungsrechte beschränkt. Die gesetzliche Konzeption der Sprecherausschussverfassung geht davon aus, dass sich eine erzwingbare (und damit materiell paritätische) Mitbestimmung, die das Letztentscheidungsrecht des Unternehmers verdrängt, mit den Erfordernissen der Unternehmensführung und der Funktion der leitenden Angestellten im Betrieb und Unternehmen nicht verträgt. Die Kompetenzen des Sprecherausschusses sind deshalb darauf angelegt, durch Unterrichtung, Anhörung und Beratung auf freiwilliger Grundlage mit dem Arbeitgeber zu einer Lösung zu gelangen, welche die Interessen beider Seiten angemessen berücksichtigt.

2 Der Sprecherausschuss hat ein allgemeines Vertretungsmandat für die Belange der leitenden Angestellten, § 25 SprAuG. Er kann mit dem Arbeitgeber Richtlinien über den Inhalt, den Abschluss oder die Beendigung von Arbeitsverhältnissen der leitenden Angestellten vereinbaren, § 28 SprAuG. Zur Durchführung seiner Aufgaben ist er rechtzeitig und umfassend vom Arbeitgeber zu unterrichten, § 25 Abs. 2 SprAuG, insbesondere bei der Änderung von Arbeitsbedingungen und Beurteilungsgrundsätzen, § 30 SprAuG, bei Einstellungen oder personellen Veränderungen der leitenden Angestellten, § 31 SprAuG, und in wirtschaftlichen Angelegenheiten, § 32 SprAuG. Vor jeder Kündigung eines leitenden Angestellten ist der Sprecherausschuss anzuhören, § 31 Abs. 2 SprAuG. Die Änderung von Arbeitsbedingungen und Beurteilungsgrundsätzen sowie der Ausgleich wirtschaftlicher Nachteile bei geplanten Betriebsänderungen sind mit dem Sprecherausschuss zu beraten, §§ 30, 32 Abs. 2 SprAuG. Während die allgemeine Vertretungskompetenz nach § 25 SprAuG darauf angelegt ist, dass der Sprecherausschuss von sich aus tätig wird (Initiativrecht), stellen die besonderen Mitwirkungsrechte nach §§ 30 ff. SprAuG nur sicher, dass der Arbeitgeber den Sprecherausschuss von vornherein in seine Entscheidungen einzubinden hat. Ein Initiativrecht begründen sie nicht.

3 Die Funktion des Sprecherausschusses liegt zum einen auf kollektivrechtlicher Ebene. Die Wahrnehmung eigener Belange durch den einzelnen leitenden Angestellten bleibt von der Tätigkeit des Sprecherausschusses unberührt, wie § 25 Abs. 1 S. 2 SprAuG ausdrücklich hervorhebt. Zum anderen hat die Tätigkeit des Sprecherausschusses auch eine individualrechtliche Ausrichtung, zB bei der Mitwirkung bei personellen Einzelmaßnahmen, insbesondere der Kündigung eines leitenden Angestellten, § 31 SprAuG. Außerdem kann der einzelne leitende Angestellte bei der Wahrnehmung seiner Belange gegenüber dem Arbeitgeber ein Mitglied des Sprecherausschusses zu seiner Unterstützung und zur Vermittlung hinzuziehen, § 26 Abs. 1 SprAuG.

Das SprAuG enthält nur Vorgaben für Vereinbarungen zwischen dem Sprecherausschuss **4**
und dem Arbeitgeber. Nicht ausgeschlossen ist, dass der Arbeitgeber, Sprecherausschuss
und Betriebsrat gemeinsam eine dreiseitige Vereinbarung abschließen, in der Sprecherausschuss und Betriebsrat (jeweils innerhalb ihrer Kompetenzen handeln) mit dem Arbeitgeber eine einheitliche Regelung für alle Arbeitnehmer herbeiführen.[1]

II. Richtlinien und Vereinbarungen

1. Rechtsnatur und Terminologie

Mit welchen rechtlichen Instrumentarien der Sprecherausschuss seine Mitwirkungsrechte **5**
ausübt und ausüben kann, kommt in der gesetzlichen Konzeption nicht klar zum Ausdruck.
§ 28 SprAuG ist überschrieben mit den Begriffen „Richtlinien" und „Vereinbarungen".
Was sich hinter diesen Begriffen verbirgt, wird nicht weiter definiert. Aus der gesetzgeberischen Konzeption in § 28 Abs. 1 und 2 SprAuG wird aber deutlich, dass der Unterschied
zwischen Richtlinien und Vereinbarungen in der Verbindlichkeit der Regelungsmechanismen liegt. Richtlinien iSv § 28 Abs. 1 SprAuG wirken nicht unmittelbar und zwingend,
sondern bedürfen der einzelvertraglichen Umsetzung.[2] Vereinbarungen iSv § 28 Abs. 2
SprAuG gelten hingegen – wie eine Betriebsvereinbarung – unmittelbar und zwingend für
die vom Geltungsbereich erfassten Arbeitsverhältnisse, ohne dass es einen Akt der Transformation bedarf.[3] Teilweise wird unter Vergleich zu den Regelungen im Betriebsverfassungsgesetz der Begriff der Richtlinie gleichgesetzt mit einer Regelungsabrede zwischen Arbeitgeber und Betriebsrat und der Begriff der Vereinbarung iSv § 28 Abs. 2 SprAuG mit einer
Betriebsvereinbarung iSv § 77 BetrVG. Der Umstand, dass der Gesetzgeber die Terminologie aus dem Betriebsverfassungsgesetz bewusst nicht in das Sprecherausschussgesetz übernommen hat, verbietet aber eine unmittelbare Gleichsetzung der Termini. Teilweise werden alle verbindlichen Vereinbarungen nach § 28 Abs. 2 S. 1 SprAuG mit dem Begriff
„Sprecherausschussvereinbarung" bezeichnet. Richtlinien und Vereinbarungen iSv § 28
SprAuG sind ebenso wie Tarifverträge und Betriebsvereinbarung ein **Kollektivvertrag**.[4]

Die erstgenannten unterscheiden sich aber dadurch von Tarifverträgen und Betriebs- **6**
vereinbarungen, dass sie nicht schon kraft Gesetzes (§§ 4 Abs. 1 TVG für Tarifverträge
und § 77 Abs. 4 BetrVG für Betriebsvereinbarungen) eine unmittelbare und zwingende
Wirkung für die Arbeitsverhältnisse entfalten, sondern nur dann, wenn dies zwischen Arbeitgeber und Sprecherausschuss vereinbart wird, § 28 Abs. 2 S. 1 SprAuG.

Die für Kollektivverträge allgemein geltenden Regelungen, insbesondere auch die **7**
Auslegungsgrundsätze, sind auf die für verbindlich erklärten Sprecherausschussvereinbarungen entsprechend anzuwenden,[5] soweit sich nicht aus den Besonderheiten der Sprecherausschussverfassung Abweichungen ergeben.

2. Weitere Handlungsmöglichkeiten

Streitig ist, ob neben den in § 28 SprAuG geregelten Mechanismen der Richtlinien und **8**
Vereinbarungen auch weitere Formen der Einigung zwischen Arbeitgeber und Sprecherausschuss denkbar sind. Teilweise wird dies abgelehnt mit der Begründung, der Sprecherausschuss sei nur teilrechtsfähig und dementsprechend gesetzlich nur zu Handlungen legitimiert im Rahmen der ihm kraft Gesetzes übertragenen Rechte und Pflichten, was die
Erweiterung der Regelungsmechanismen über die im Gesetz vorgeschriebenen Möglich-

---

[1] *Löwisch* SprAuG § 2 Rn. 18; ErfK/*Oetker* SprAuG § 2 Rn. 6; NK-GA/*v. Steinau-Steinrück* SprAuG § 2 Rn. 3.
[2] BAG 10.2.2009 – 1 AZR 767/07, AP SprAuG § 28 Nr. 1 = BeckRS 2009, 60027; ErfK/*Oetker* SprAuG § 28 Rn. 7.
[3] BAG 10.2.2009 – 1 AZR 767/07, AP SprAuG § 28 Nr. 1 = BeckRS 2009, 60027; ErfK/*Oetker* SprAuG § 28 Rn. 9.
[4] *Wollenberg* S. 81 ff.
[5] BAG 17.1.2012 – 3 AZR 135/10, AP BetrVG 1972 § 1 Auslegung Nr. 30 = BeckRS 2012, 68107; 10.2. 2009 – 1 AZR 767/07, AP SprAuG § 28 Nr. 1 = BeckRS 2009, 60027.

keiten hinaus ausschließe.[6] Dieser Argumentation kann nicht überzeugen. Aus der gesetzgeberischen Konzeption der Beteiligungsrechte des Sprecherausschusses ist erkennbar, dass auch andere Absprachen zwischen Arbeitgeber und Sprecherausschuss, zB über Verhaltensweisen des Arbeitgebers gegenüber leitenden Angestellten, möglich sind und sein sollen. Das Gesetz geht also davon aus, dass es auch andere Absprachen als Richtlinien und Vereinbarungen zwischen Arbeitgeber und Sprecherausschuss geben kann. Demnach gibt es keine rechtlich überzeugenden Argumente gegen die Annahme, dass Arbeitgeber und Sprecherausschuss auch Regelungsabreden oder sonstige andere als in § 28 SprAuG geregelte Absprachen miteinander treffen können.[7]

3. Gesetzes- und Tarifvorrang

9 Richtlinien und Vereinbarungen sowie sonstige Abreden zwischen Arbeitgeber und Sprecherausschuss sind eine gegenüber dem Gesetz niederrangigere Rechtsquelle. Zwingendes Gesetzesrecht kann durch den Kollektivvertrag nicht geändert werden. Richtlinien und Vereinbarungen, die gegen nicht dispositive gesetzliche Vorgaben verstoßen, sind nichtig. Dies gilt zB bei einer Verletzung der in § 27 SprAuG besonders hervorgehobenen Grundsätze für die Behandlung der leitenden Angestellten. Tarifverträge sind, sofern sie überhaupt für leitende Angestellte gelten, ebenfalls höherrangigeres Recht gegenüber einer Richtlinie oder Vereinbarung zwischen Arbeitgeber und Sprecherausschuss. Sie können die Betriebsparteien aber durch eine Öffnungsklausel ermächtigen, von den tarifvertraglichen Regelungen abzuweichen. Nach § 4 Abs. 3 TVG sind abweichende Vereinbarungen aber zulässig, soweit sie eine Änderung der tariflichen Regelungen zugunsten der Arbeitnehmer enthalten. Eine solche Abweichung kann auch in einer Vereinbarung oder Richtlinie zwischen Arbeitgeber und Sprecherausschuss vereinbart sein.

10 Einen **Tarifvorbehalt** oder Tarifvorrang, wie er nach § 77 Abs. 3 S. 1 BetrVG für Betriebsvereinbarungen gilt, gibt es im SprAuG nicht. Eine Analogie zu § 77 Abs. 3 S. 1 BetrVG, wie sie teilweise mit Verweis auf die Ausprägung des Verfassungsgrundsatzes gefordert wird, nach der die Tarifautonomie im Kern gewährleistet ist und nicht allgemein durch nicht gewerkschaftliche kollektive Vereinbarungsmechanismen ausgehöhlt werden darf, verbietet sich. Im SprAuG gibt es keine gesetzgeberischen Wertung oder Regelung, in der der Gedanke des Tarifvorranges zum Ausdruck kommen soll. Im Hinblick auf den geringeren Organisationsgrad der leitenden Angestellten ist es auch gerechtfertigt, dass eine mit § 77 Abs. 3 S. 1 BetrVG vergleichbare Regelung über einen Tarifvorbehalt vom Gesetzgeber nicht mit in das SprAuG übernommen wurde. Dementsprechend können Richtlinien und Sprecherausschussvereinbarungen Regelungen enthalten, die tariflich geregelt sind oder üblicherweise geregelt werden. Bei solchen Regelungen darf aber keine Verschlechterung gegen dem tariflich abgesicherten Schutz bzw. tariflich abgesicherten Ansprüche der Angestellten eintreten, § 4 Abs. 1, Abs. 3 TVG.[8]

11 Richtlinien und Sprecherausschussvereinbarungen dürfen nicht gegen die auch für leitende Angestellte geltende **Schutzgesetze** verstoßen, wie zB MuSchG, TzBfG, BUrlG, SGB IX. Auch bei einem Verstoß gegen datenschutzrechtliche Vorschriften können Richtlinien und Sprecherausschussvereinbarungen unwirksam sein. So dürfte es nach dem Inkrafttreten der DSGVO zum 25.5.2018 nicht mehr ohne weiteres, wie bisher von der Rechtsprechung angenommen, zulässig sein, wenn eine Richtlinie oder Sprecherausschussvereinbarung einen Online-Zugriff des Sprecherausschusses auf Personaldaten leitender Angestellter gewährt.[9] Veränderbar sind gesetzliche Regelungen zulasten der Arbeitnehmer nur, wenn sie gesetzesdispositiv sind, wie zB die abschließende Normierung

---

[6] ErfK/*Oetker* SprAuG § 28 Rn. 2; *Löwisch* SprAuG § 28 Rn. 1; *Oetker* ZfA 1990, 43 (83).
[7] *Hromadka/Sieg* SprAuG Rn. 18; HWK/*Annuß/Girlich* SprAuG § 28 Rn. 14.
[8] *Hromadka/Sieg* SprAuG § 28 Rn. 3, § 28 Rn. 3; *Oetker* ZfA 1990, 43 (84 f.); aA MHdB ArbR/*Joost*, 3. Aufl. 2009, § 235 Rn. 10, *Kramer* DB 1996, 1082 (1084); *Wollenberg* S. 116 ff.
[9] BAG 15.3.2011 – 1 ABR 112/09, NZA – RR 2011, 462 = BeckRS 2011, 73836; 16.8.2011 – 1 ABR 22/10, NZA 2012, 342 = BeckRS 2012, 65117 (zu Betriebsvereinbarungen); *Kort* NZA – RR 2015, 113 (114).

II. Richtlinien und Vereinbarungen

der Fälle des § 616 BGB[10]; möglich ist auch die Abweichung von Grundsätzen, die durch die Rechtsprechung zum Schutze der Arbeitnehmer entwickelt worden sind aber als dispositiv angesehen werden, zB abweichende Regelungen zur Haftung bei gefahrgeneigter Arbeit.[11]

Sprecherausschussvereinbarungen unterliegen nicht der Kontrolle der **AGB-Vorschriften**. Sie sind zwar nicht unmittelbar in § 310 Abs. 4 S. 1 BGB von der AGB-Kontrolle ausgenommen. Zumindest für unmittelbar und zwingend wirkende Vereinbarungen iSd § 28 Abs. 2 SprAuG wird eine analoge Anwendung der Bereichsausnahmeregelung in § 310 Abs. 4 S. 1 BGB nach überwiegend vertretener Ansicht bejaht.[12] Dies ist auch folgerichtig, wenn man die Sprecherausschussvereinbarung iSv § 28 Abs. 2 SprAuG als Kollektivvertrag bewertet, der eben nicht wie Allgemeine Geschäftsbedingungen im Rahmen eines Ungleichgewichtes zwischen den Verhandlungspartnern, das besondere Schutzmechanismen für eine der Vertragsparteien erfordert, zustande gekommen ist. Der Sprecherausschuss ist nicht mit einem Verbraucher iSd AGB-Regelungen der §§ 305 ff. BGB vergleichbar. Etwas anderes kann sich nur dann ergeben, wenn Richtlinien iSv § 28 Abs. 1 SprAuG durch einzelvertragliche Vereinbarungen zwischen dem leitenden Angestellten und dem Arbeitgeber in eine vertragliche Regelung transformiert werden. Jedenfalls dann, wenn diese individualvertragliche Regelung für eine Vielzahl von Verträgen mit leitenden Angestellten verwandt und nicht zur Verhandlungsdisposition gestellt worden ist, kommt eine Inhaltskontrolle nach den §§ 307 ff. BGB bezogen auf diese individuelle Regelung in Betracht.[13]

4. Zustandekommen

Der Abschluss von Richtlinien oder Sprecherausschussvereinbarungen unterliegt dem Freiwilligkeitsprinzip. § 28 SprAuG zwingt weder den Sprecherausschuss noch den Arbeitgeber zum Abschluss einer Regelung. Es gibt im SprAuG insbesondere auch keinen erzwingbaren Einigungsmechanismus, zB über eine gerichtliche Entscheidung oder eine Einigungsstelle, der die Einigung zwischen Arbeitgeber und dem Betriebspartner ersetzen kann. Die Sprecherausschussverfassung unterscheidet sich damit wesentlich insbesondere von der Mitbestimmung des Betriebsrates in sozialen Angelegenheiten gem. § 87 BetrVG. Der Arbeitgeber ist in Bezug auf die leitenden Angestellten bei seinen betrieblichen und unternehmerischen Entscheidungen, die die leitenden Angestellten betreffen, nicht darauf angewiesen, eine vom Sprecherausschuss mitbestimmte Regelung herbeizuführen.

Anders als es das Betriebsverfassungsgesetz für den Betriebsrat geregelt hat, ist im SprAuG für den Sprecherausschuss gegenüber dem Arbeitgeber kein **Initiativrecht** verankert worden, mit dem er den Abschluss einer Vereinbarung mit dem Arbeitgeber ggf. über eine Einigungsstelle erzwingen kann. Der Sprecherausschuss kann dem Arbeitgeber aber in allen Bereichen Vorschläge für den Abschluss von Vereinbarungen unterbreiten. § 25 Abs. 1 S. 1 SprAuG gibt dem Sprecherausschuss nämlich das Recht, die Belange der leitenden Angestellten des Betriebes gegenüber dem Arbeitgeber inhaltlich allumfassend zu vertreten, was die Ausübung eines Vorschlagsrechtes beinhaltet. Der Arbeitgeber ist durch das Gebot zur vertrauensvollen Zusammenarbeit auch verpflichtet, die Vorschläge des Sprecherausschusses nicht nur zur Kenntnis zu nehmen, sondern sich mit ihnen auch ernsthaft und mit Verständigungswillen zu befassen und dabei auch den Abschluss einer Vereinbarung zu erwägen, § 2 Abs. 1 S. 1 SprAuG.

Wer beim Abschluss von Sprecherausschussvereinbarungen auf Arbeitgeberseite den Rechtsträger **vertritt,** richtet sich nach den allgemeinen Grundsätzen über die Vertretung

---

[10] ErfK/*Oetker* SprAuG § 28 Rn. 6; *Hromadka/Sieg* SprAuG § 28 Rn. 16.
[11] *Hromadka/Sieg* SprAuG § 28 Rn. 16; Richardi BetrVG/*Richardi* § 77 Rn. 91.
[12] ErfK/*Oetker* SprAuG § 28 Rn. 6; *Hromadka/Sieg* SprAuG § 28 Rn. 17; Staudinger/*Krause* Anh. zu § 310 Rn. 105.
[13] ErfK/*Oetker* SprAuG § 28 Rn. 6; Hromadka/Sieg SprAuG § 28 Rn. 20.

von Rechtspersonen. Eine Vertretung des Arbeitgebers durch einen ordnungsgemäß Bevollmächtigten ist möglich.

16   Der Sprecherausschuss wird bei dem Abschluss der Vereinbarung von seinem Vorsitzenden vertreten, der zuvor einen entsprechenden Beschluss des Sprecherausschusses herbeigeführt haben muss, denn der Vorsitzende vertritt das Gremium nur im Rahmen der vom Sprecherausschuss gefassten Beschlüsse, § 11 Abs. 2 SprAuG. Unterzeichnet der Vorsitzende eine Vereinbarung ohne einen solchen, sind die für die fehlerhafte Willensbildung des Betriebsrates geltenden Grundsätze entsprechend anzuwenden. Der Mangel der Vertretungsmacht kann in diesen Fällen rückwirkend geheilt werden, wenn der ordnungsgemäße Beschluss des Sprecherausschusses nachgeholt wird.[14]

17   Die Sprecherausschussvereinbarung muss gem. § 28 Abs. 1 SprAuG **schriftlich** abgefasst werden. Dies entspricht der für die Betriebsvereinbarung geltenden Regelung, § 77 Abs. 2 S. 1 BetrVG. Ein Verstoß gegen das Schriftformerfordernis führt zur Nichtigkeit der Vereinbarung, § 125 S. 1 BGB. Zur Wahrung der Schriftform ist erforderlich, dass der schriftlich niedergelegte Text von dem Vorsitzenden des Sprecherausschusses und von dem Arbeitgeber bzw. dessen Vertreter handschriftlich in einer Urkunde unterzeichnet wird, § 126 Abs. 1 BGB.

5. Gegenstand

18   a) **Arbeitsbedingungen.** § 28 Abs. 1 SprAuG enthält eine Generalermächtigung für den Arbeitgeber und Sprecherausschuss zur Vereinbarung von Richtlinien über den Inhalt, den Abschluss oder die Beendigung von Arbeitsverhältnissen.[15] Damit eröffnet das SprAuG dem Arbeitgeber und Sprecherausschuss thematisch einen weiten Verhandlungsspielraum. Unterschieden wird bei der Reichweite der Richtlinien zwischen den in § 28 Abs. 1 SprAuG erwähnten Richtlinien, die zunächst noch in einzelvertragliches Recht transformiert werden müssen und den nach § 28 Abs. 2 S. 1 SprAuG verbindlichen Vereinbarungen. In der Beschreibung der Regelungsinhalte hat der Gesetzgeber in § 28 Abs. 1 SprAuG die Terminologie aus § 1 Abs. 1 TVG übernommen, soweit auf Arbeitsbedingungen verwiesen wird, die den Inhalt, Abschluss oder die Beendigung von Arbeitsverhältnissen regeln.

19   Als Regelung für den **Abschluss** von Arbeitsverhältnissen kommen bspw. Bestimmungen über die Form des Arbeitsvertrags, die Ausschreibung von Arbeitsplätzen, das Einstellungsgespräch oder die Festlegung von Auswahlkriterien in Betracht.

20   In der Regel befassen sich Richtlinien mit dem **Inhalt** von Arbeitsverhältnissen. Sprecherausschuss und Arbeitgeber können insoweit alle Rechten und Pflichten regeln, die üblicherweise auch in Arbeitsverträgen geregelt werden können.[16] Regelbar sind zB Grundsätze über Vergütungssysteme[17], Bonusregelungen, Beteiligungsprogramme oder sonstige Incentivregelungen, Sachleistungen, Dienstwagenregelungen, Reisekosten pp. Regelbar sind auch Nebenleistungspflichten wie bspw. Verhaltenspflichten von leitenden Angestellten (Berichtspflichten, Aufklärungs- oder Unterrichtungspflichten, Beachtung von Schutzpflichten pp.) auch im Rahmen von Compliancesystemen. Ein wichtiger Anwendungsfall ist in auch die Regelung über Altersversorgungsmodelle oder Versicherungspakete für leitende Angestellte.

21   Richtlinien über die **Beendigung** von Arbeitsverhältnissen können sich ua auf Abfindungsregelungen oder auch Kündigungsfristen und -verfahrensvorgaben beziehen. Das gesetzliche Mitwirkungsrecht des Sprecherausschusses nach § 31 SprAuG bleibt hiervon unberührt. Dies steht nicht zur Disposition der Betriebsparteien.

---

[14] Zum BetrVG: BAG 9.12.2014 – 1 ABR 19/13, NZA 2015 368 = BeckRS 2015, 66174; Richardi BetrVG/*Richardi* § 77 Rn. 30; *Fitting* § 77 Rn. 30.
[15] Empirische Angaben bei *Luczak* S. 176 ff.
[16] *Wlotzke* BB 1989, 173 (177); *Röder* NZA-Beil. 4/1989, 2 (3); *Buchner* NZA-Beil. 1/1989, 2 (17).
[17] ErfK/*Oetker* SprAuG § 28 Rn. 3.

b) Inhaltliche Grenzen. Die Tarifvertragsparteien können gem. § 1 Abs. 1 TVG betriebliche und betriebsverfassungsrechtliche Angelegenheiten mit normativer Wirkung regeln. Das SprAuG gibt den Arbeitgeber und Sprecherausschuss dagegen keine Regelungskompetenz für **betriebsverfassungsrechtliche** Themen. Die gesetzliche Sprecherausschussverfassung ist zwingendes Recht und steht nicht zur Disposition der Betriebspartner.[18] Betriebsverfassungsrechtliche Fragen können also nicht Gegenstand einer Richtlinie oder Vereinbarung iSv § 28 SprAuG sein.[19] Dies gilt auch für Regelungen über **betriebliche** Fragen idS des § 1 Abs. 1 TVG. Der Begriff meint betriebseinheitlich für alle Arbeitnehmer geltende Regelungen. Auch solche sind nicht durch den Sprecherausschuss und Arbeitgeber durch Richtlinie oder Vereinbarung iSv § 28 SprAuG regelbar.

Auch **wirtschaftliche Angelegenheiten** des Unternehmens sind einer Richtlinienvereinbarung nicht zugänglich.[20] Nicht zulässig ist es daher, wenn sich der Arbeitgeber gegenüber dem Sprecherausschuss über die im SprAuG geregelten Fallkonstellationen hinaus zur Weitergabe von Informationen in wirtschaftlichen Angelegenheiten verpflichtet.[21]

Unzulässig ist der **Eingriff in individualvertragliche Rechte** der Arbeitnehmer[22], insbesondere das Einschränken oder Aufheben eines bereits erworbenen allgemeinen oder besonderen Kündigungsschutzes. Zudem werden solche Vereinbarungen als unzulässig erachtet, die ausschließlich belastende Regelungen für die leitenden Angestellten enthalten.[23] Deshalb werden zB Vereinbarungen über einen generellen Haftungsausschluss des Arbeitgebers oder die Begrenzung seiner Haftung auf Vorsatz und grobe Fahrlässigkeit und oder über die Änderung der Grundsätze über die Haftung der Arbeitnehmer bei gefahrgeneigter Arbeit als unzulässig angesehen.[24] Ist die Regelung über den Haftungsausschluss allerdings mit der Gewährung von Rechten der Arbeitnehmer verbunden (zB Nutzungsrechte an Parkplätzen) ist die Sprecherausschussvereinbarung keine unausgewogene, nur belastende Regelung und damit an sich wirksam. Zulässig sind Regelungen über Ausschlussfristen, denn sie greifen nicht in erworbene Rechte ein, sondern beschränken nur die zeitliche Möglichkeit der Geltendmachung.[25]

Auch Regelungen, die kraft Gesetzes **tarifdispositiv** ausgestaltet worden sind, wie zB § 622 Abs. 4 BGB, sind nicht durch Vereinbarungen iSv § 28 SprAuG abänderbar.[26] Dagegen können Sprecherausschussvereinbarungen abweichende Regelungen enthalten von solchen gesetzlichen Normen, denen keine zwingende Wirkung zukommt. Unzulässig sind auch Eingriffe in die Individualsphäre des einzelnen leitenden Angestellten etwa Verhaltensregeln für die Gestaltung oder Verwendung der arbeitsfreien Zeit.[27] Nicht zulässig sind demnach bspw. Regelungen für das generelle Verbot von Nebentätigkeiten oder der Ausübung gefährlicher Freizeitaktivitäten. Zudem dürfen Sprecherausschussvereinbarungen nicht in die Rechte der einzelnen leitenden Angestellten eingreifen und dementsprechend auch nicht fällige Ansprüche beschneiden.[28]

---

[18] *Hromadka/Sieg* SprAuG § 28 Rn. 11; ErfK/*Oetker* SprAuG § 28 Rn. 4.
[19] *Oetker* ZfA 1990, 43 (79); ErfK/*Oetker* SprAuG § 28 Rn. 4; *Hromadka/Sieg* SprAuG § 28 Rn. 11.
[20] *Löwisch* § 28 Rn. 10; *Hromadka/Sieg* SprAuG § 28 Rn. 11, ErK/*Oetker* SprAuG § 28 Rn. 4.
[21] *Hromadka/Sieg* SprAuG § 28 Rn. 11; ErK/*Oetker* SprAuG § 28 Rn. 4.
[22] BAG 16.2.1962 – 1 AZR 169/61, AP TVG § 4 Günstigkeitsprinzip Nr. 11; *Hromadka/Sieg* SprAuG § 28 Rn. 15; ErfK/*Oetker* SprAuG § 28 Rn. 6; Richardi BetrVG/*Richardi* § 77 Rn. 121 f.; GK-BetrVG/*Kreutz* § 77 Rn. 348.
[23] *Hromadka/Sieg* SprAuG § 28 Rn. 15; zum BetrVG ua *Fitting* § 77 Rn. 64.
[24] BAG 5.3.1959 – 2 AZR 268/56, AP BGB § 611 Fürsorgepflicht Nr. 26; HWGNRH/*Worzalla* BetrVG § 77 BetrVG Rn. 82.
[25] BAG 9.4.1991 – 1 AZR 406/90, NZA 1991, 734; *Fitting* § 77 Rn. 64; aA GK-BetrVG/*Kreutz* § 77 BetrVG Rn. 328; Richardi BetrVG/*Richardi* § 77 Rn. 189; Bauer NZA 1987, 440.
[26] *Hromadka/Sieg* SprAuG § 28 Rn. 16; ErfK/*Oetker* SprAuG § 28 Rn. 6.
[27] *Hromadka/Sieg* SprAuG § 28 Rn. 15; zum vergleichbaren Regelungsinhalt von Betriebsvereinbarungen: BAG 19.1.1999 – AZR 499/98, NZA 1999, 576; 18.7.2006 – 1 AZR 578/05, NZA 2007, 462; *Fitting* § 77 Rn. 56; ausführlich: GK – BetrVG/*Kreuz* § 77 Rn. 93 ff.
[28] *Hromadka/Sieg* SprAuG § 28 Rn. 15.

26 **c) Kollektiver Sachverhalt.** Gegenstand einer Richtlinie können nur solche Regelungen sein, die einen generellen Charakter haben, also für eine Vielzahl von Fällen gelten und nicht für den Einzelfall. Sie müssen demnach einen kollektiven Sachverhalt regeln.[29] Für einen solchen kollektivrechtlichen Bezug ist es ausreichend, wenn sich die Richtlinie nur auf eine abgrenzbare Gruppe von leitenden Angestellten bezieht.[30] Bestimmungen, die nur für einzelne Arbeitsverhältnisse von leitenden Angestellten gelten sollen, können durch die Richtlinien oder Vereinbarungen nicht getroffen werden.[31]

6. Wirkung

27 Sprecherausschussvereinbarungen sind nicht kraft Gesetzes verbindlich, sondern nach § 28 Abs. 2 S. 1 SprAuG nur dann, wenn die Verbindlichkeit zwischen Arbeitgeber und Sprecherausschuss vereinbart wird. Die beiden Betriebsparteien können demnach selbst die Wirkung ihrer Kollektivvereinbarung bestimmen.

28 **a) Richtlinien.** Die Wirkung der Richtlinie hängt zum einen von dem in ihr definierten Geltungsbereich ab. Die Richtlinie hat keine normative Wirkung und begründet auch keine Rechte und Pflichten des Einzelnen. Sie ist demnach kein Vertrag zugunsten Dritter, aus dem Rechte durch den leitenden Angestellten eingeklagt werden können.[32] Richtlinie bedeutet vom Wortverständnis, dass sie Regelungen für den Normalfall trifft, von der die Parteien in Einzelfällen auch abweichen dürfen.[33]

29 Die **Verbindlichkeit** einer Richtlinie richtet sich nach dem Inhalt der eingegangenen Verpflichtungen. Der Arbeitgeber kann sich zB unverbindlich verpflichten, bestimmte Handlungsmaxime zu beachten; er kann sich aber auch verbindlich und ausnahmslos verpflichten, bestimmte Regelungen einzelvertraglich umzusetzen. In diesem Fall könnte der Sprecherausschuss die Umsetzung aus eigenem Recht gerichtlich einfordern.[34] Arbeitgeber und Sprecherausschuss haben damit eine flexible Möglichkeit, die Wirkungsweise der zwischen ihnen getroffenen Vereinbarung selbst festzulegen, was nach der Vorstellung des Gesetzgebers der besonderen Stellung der leitenden Angestellten gerecht wird.[35]

30 Für das Arbeitsverhältnis zwischen dem Arbeitgeber und dem einzelnen leitenden Angestellten entfaltet die Richtlinie **keine unmittelbare Wirkung.** Sie bedarf insoweit noch einer Umsetzung durch den Arbeitgeber.[36] Eine der Richtlinie widersprechende arbeitsvertragliche Vereinbarung ist wirksam. Der leitende Angestellte kann nicht die Anwendung der Richtlinie auf sein Arbeitsverhältnis erzwingen. Ein Anspruch kann sich allenfalls aus einer betrieblichen Übung ergeben, wenn der Arbeitgeber wiederholt vorbehaltlos den Inhalt der Richtlinie trotz abweichender Regelungen im Arbeitsvertrag zur Anwendung bringt und dadurch bei dem leitenden Angestellten das Vertrauen geschaffen wird, dass die Regelungen nunmehr auch im Rahmen seines Arbeitsvertrages Ansprüche begründen. Darüber hinaus kann eine Richtlinie, die von dem Arbeitgeber einheitlich angewandt wird, aufgrund des Gleichbehandlungsgrundsatzes eine verbindliche Wirkung für das Arbeitsverhältnis erhalten.[37]

---

[29] ErfK/*Oetker* SprAuG § 28 Rn. 5; *Hromadka/Sieg* SprAuG § 28 Rn. 14.
[30] *Oetker* ZfA 1990, 43 (80); ErfK/*Oetker* SprAuG § 28 Rn. 5; *Löwisch* SprAuG § 28 Rn. 9.
[31] *Hromadka* DB 1988, 2636 (2641).
[32] ErfK/*Oetker* SprAuG § 28 Rn. 7; *Hromadka/Sieg* SprAuG § 28 Rn. 22.
[33] ErfK/*Oetker* SprAuG § 28 Rn. 8; *Hromadka/Sieg* SprAuG § 28 Rn. 19; NK-GA/*v.Steinau-Steinrück* SprAuG § 28 Rn. 3; aA wohl *Löwisch* SprAuG § 20 Rn. 12.
[34] *Hromadka/Sieg* SprAuG § 28 Rn. 21; *Kronisch/Deich* AR-Blattei SD 1490.3 Rn. 75; *Löwisch* SprAuG § 28 Rn. 6; Schaub ArbR-HdB/*Koch* § 252 Rn. 5.
[35] BT-DRS 11/2503, 42.
[36] *Wollenberg* S. 50 ff.
[37] *Wollenberg* S. 65 ff.; Schaub ArbR-HdB/*Koch* § 252 Rn. 5; ErfK/*Oetker* SprAuG § 28 Rn. 7 (mittelbare Wirkung).

b) Vereinbarung mit normativer Wirkung. aa) Herstellung der normativen Wir- 31
kung. Arbeitgeber und Sprecherausschuss können gem. § 28 Abs. 2 S. 1 SprAuG vereinbaren, dass der Inhalt der Richtlinie für die Arbeitsverhältnisse unmittelbar und zwingend gilt.[38] Mit Abschluss einer solchen Vereinbarung wird die Richtlinie zu einer normativ wirkenden **Sprecherausschussvereinbarung.** Wenn die Herbeiführung einer **verbindlichen Wirkung** gem. § 28 Abs. 2 S. 1 SprAuG gewollt ist, muss dies in der Vereinbarung ausdrücklich und zweifelsfrei schriftlich normiert werden.[39]

Die Reichweite einer Vereinbarung mit normativer Wirkung iSv § 28 Abs. 2 S. 1 32
SprAuG hängt von dem in der Vereinbarung festgelegten Geltungsbereich ab. Die Vereinbarungsbefugnis ist beschränkt auf die Zuständigkeit des den Vertrag abschließenden Sprecherausschussgremiums.

Nach § 28 Abs. 2 S. 1 SprAuG entfaltet eine Sprecherausschussvereinbarung eine **un-** 33
mittelbare Wirkung, dh sie gilt entsprechend der Regelung in § 77 Abs. 4 S. 1 BetrVG unmittelbar und zwingend für die vom Geltungsbereich erfassten Arbeitsverhältnisse. Eine Ausnahme von der unmittelbaren Wirkung können Regelungen zB über die Nutzung von Sozialeinrichtungen sein wie Kantine, Parkplatz oder Fortbildungseinrichtungen. Umstritten ist, ob Richtlinien auch in die Rechtsposition von leitenden Angestellten eingreifen können, wenn diese sich bereits im Ruhestand befinden und aus dem Betrieb ausgeschieden sind. Die ganz überwiegend vertretende Auffassung im Schrifttum und auch die Rechtsprechung lehnt eine solche Regelungsbefugnis zu Recht ab.[40] Eine Regelungskompetenz ist aber zu bejahen, wenn sich die leitenden Angestellten bei der Begründung ihrer Ansprüche einer Veränderbarkeit der Regelung durch Sprecherausschussvereinbarung unterworfen haben.[41]

Eine Sprecherausschussvereinbarung gem. § 28 Abs. 2 SprAuG gilt zwingend, dh die 34
einzelvertragliche Regelung darf nicht gegen den Inhalt dieser Vereinbarung verstoßen, selbst wenn es hierfür vernünftige Sachgründe gibt und der leitende Angestellte sein Einverständnis zu einer abweichenden Regelung erklärt hat.

bb) Zulässigkeit günstigerer Regelungen. Nach § 28 Abs. 2 S. 2 SprAuG sind abwei- 35
chende Regelungen zugunsten der leitenden Angestellten indes zulässig. Insoweit sind die für Betriebsvereinbarungen entwickelten Grundsätze zum Günstigkeitsvergleich entsprechend anzuwenden, → § 1 Rn. 1; → § 8 Rn. 39. Die Beurteilung der **Günstigkeit** einer arbeitsvertraglichen Abrede gegenüber der Sprecherausschussvereinbarung ist objektiv vorzunehmen, also losgelöst von der subjektiven Einschätzung des betroffenen leitenden Angestellten. Maßstab für diese objektive Beurteilung ist das Interesse des betroffenen leitenden Angestellten. Denn das Günstigkeitsprinzip sichert der Privatautonomie einen Anwendungsbereich gegenüber der Kollektivvereinbarung. Die Privatautonomie dient gerade der Verfolgung des subjektiven Einzelinteresses.[42] Ist die vertragliche Abrede Bestandteil einer Gesamtregelung, ist sie nicht isoliert zu betrachten, vielmehr ist ein **Sachgruppenvergleich** anzustellen. Zusammenhängende Klauseln des Vertrags sind jeweils insgesamt mit den entsprechenden Regelungen der Sprecherausschussvereinbarung

---

[38] Zu Mischformen, bei denen zwischen unmittelbarer und zwingender Wirkung unterschieden wird: *Wollenberg* S. 71 ff.
[39] BAG 10. 2. 2009 – 1 AZR 767/07, AP SprAuG § 28 Nr. 1 = BeckRS 2009, 60027.
[40] BAG GS 16. 3. 1956 – GS 1/55 AP BetrVG § 57 Nr. 1 = BeckRS 9998, 120390; 13. 5. 1997 – 1 AZR 75/97, NZA 1998, 160 = BeckRS 9998, 23367; offen gelassen: BAG 28. 7. 1998 – 3 AZR 100/98, NZA 1999, 444 = BeckRS 1998 30020352; 10. 2. 2009 – 3 AZR 653/07, NZA 2009, 769 = BeckRS 2009, 61254; ErfK/*Kania* BetrVG § 77 Rn. 34.; aA Schaub ArbR-HdB/*Koch* § 231 Rn. 30a; HWGNRH/ *Worzalla* § 77 Rn. 30; *Fitting* § 77 Rn. 39.
[41] *Hromadka/Sieg* SprAuG § 28 Rn. 29 mwN.
[42] *Joost* ZfA 1984, 173 (178).

zu vergleichen.⁴³ Ist im Einzelfall die Günstigkeit bzw. Ungünstigkeit nicht eindeutig feststellbar, ist umstritten, ob, wie bei einem Vergleich zwischen Tarifvertrag und einzelvertraglicher Regelung, die tarifvertragliche Regelung Vorrang genießt.⁴⁴ Diese Wertung ist bei einem nicht feststellbaren Ergebnis des Günstigkeitsvergleiches zwischen den Regelungen in Sprecherausschussvereinbarung einerseits und Einzelarbeitsvertrag andererseits indes bei leitenden Angestellten nicht ohne weiteres übertragbar. Bei leitenden Angestellten kann unterstellt werden, dass sie die privatautonome Gestaltung ihrer Lebensverhältnisse selbst einschätzen und bewerten können. Dem Schutz durch Kollektivvereinbarung bedarf es demnach nicht. Bei einer unter dem Gesichtspunkt der Günstigkeit neutralen Regelung hat deshalb die einzelarbeitsvertragliche Regelung den Vorrang.⁴⁵

36 **cc) Verzicht.** Soweit Sprecherausschussvereinbarungen unmittelbar gelten und den leitenden Angestellten Rechte einräumen, ist ein Verzicht auf die Rechte nur mit Zustimmung des Sprecherausschusses zulässig, § 28 Abs. 2 S. 3 SprAuG. Dies entspricht der in § 77 Abs. 4 S. 2 BetrVG enthaltenen Regelung. Den Arbeitsvertragsparteien steht also nicht ohne weiteres die Disposition über Rechte zu, die sich aus der Kollektivvereinbarung ergeben. Ein Verzicht im Sinne dieser Regelung kann durch Erlassvertrag und/oder negatives Schuldanerkenntnis gem. § 397 BGB erklärt werden. Ein Verzicht kann auch in einer Ausgleichsquittung enthalten sein, → § 137 Rn. 1. Nicht der Zustimmung des Sprecherausschusses bedarf ein Tatsachenvergleich, in dem zB festgestellt wird, dass etwaig sich aus einer Sprecherausschussvereinbarung ergebenden Ansprüche erfüllt sind.

7. Beendigung

37 **a) Kündigung.** Die unmittelbar und zwingend geltenden Sprecherausschussvereinbarungen können gem. § 28 Abs. 2 S. 4 SprAuG mit einer Frist von drei Monaten gekündigt werden; es sei denn, dass in der Sprecherausschussvereinbarung ausdrücklich eine andere Frist vereinbart ist. Die Kündigungsfrist kann durch Vereinbarung verlängert oder verkürzt werden. Aus wichtigem Grund ist die Vereinbarung jederzeit ohne Einhaltung einer Frist kündbar. Zulässig ist die Vereinbarung einer Befristung, die zur automatischen Beendigung der Vereinbarung nach Erreichen des Endtermins führt.

38 Unter welchen Voraussetzungen die Kündigung von Richtlinien ohne zwingende Wirkung iSv § 28 Abs. 1 SprAuG möglich ist, ist im SprAuG nicht weiter geregelt. Richtlinien, die unbefristet für unbestimmte Zeit geschlossen sind, sind jederzeit ohne Einhaltung einer Frist kündbar, wenn in der Vereinbarung selbst nichts Abweichendes geregelt ist.⁴⁶

39 Der Ausspruch der Kündigung ist formlos möglich. Eine Kündigung durch den Sprecherausschuss bedarf einer Beschlussfassung des Gremiums.

40 **b) Nachwirkung.** Anders als bei Betriebsvereinbarungen, für die zumindest in Bereichen der erzwingbaren Mitbestimmung eine Nachwirkung vorgesehen ist (§ 77 Abs. 6 BetrVG), sieht das SprAuG eine solche Regelung bei der Beendigung von Sprecherausschussvereinbarungen nicht vor.

41 Da für Sprecherausschussvereinbarungen durchweg das Freiwilligkeitsprinzip gilt, kann ihre Wirkung jedenfalls nicht weiter gehen als die einer freiwilligen Betriebsvereinbarung.

---

⁴³ *Hromadka/Sieg* SprAuG § 28 Rn. 31 f.; ErfK/*Oetker* SprAuG § 28 Rn. 11; zum Sachgruppenvergleich: BAG 16.9.1986 – GS 1/82, NZA 1987, 168 = BeckRS 9998, 149753; 19.7.2016 – 3 AZR 134/15, NZA 2016, 1475 = BeckRS 2016, 73828.
⁴⁴ BAG 15.4.2015 – 4 AZR 587/13, NZA 2015, 1274 =BeckRS 2015, 68178; ErfK/*Franzen* TVG § 4 Rn. 40.
⁴⁵ *Joost* ZfA 1984, 173 (182 f.); *Zöllner* DB 1989, 2121 (2126); *Hromadka/Sieg* SprAuG § 28 Rn. 32; ErfK/*Oetker* SprAuG § 28 Rn. 11 f.
⁴⁶ *Löwisch* SprAuG § 28 Rn. 29; ErfK/*Oetker* SprAuG § 28 Rn. 16; *Hromadka/Sieg* SprAuG § 28 Rn. 57; aA *Oetker* ZfA 1990, 43 (80).

Bei letzterer gibt es keine gesetzlich vorgesehene Nachwirkung.[47] Auch gekündigte Sprecherausschussvereinbarungen haben deshalb keine gesetzlich vorgegebene Nachwirkungen[48], dh sie treten mit Zugang der Kündigung bzw. Ablauf der Kündigungsfrist außer Kraft. Eine Nachwirkung kann zwischen Sprecherausschuss und Arbeitgeber indes vereinbart werden.[49]

c) Aufhebung/Ablösung. Arbeitgeber und Sprecherausschuss können jederzeit einvernehmlich die Aufhebung einer Richtlinie oder eine Sprecherausschussvereinbarung vereinbaren. Gleichermaßen ist es ihnen unbenommen, eine ablösende Regelung zu treffen. In diesem Fall tritt die frühere Vereinbarung im Zeitpunkt des Inkrafttretens der Nachfolgeregelung außer Kraft. Schließen Arbeitgeber und Sprecherausschuss eine neue Vereinbarung über einen bereits geregelten Gegenstand ab, so tritt die frühere Vereinbarung damit außer Kraft.[50]

d) Betriebsübergang. Das Schicksal von Sprecherausschussvereinbarungen bei Betriebsübergängen ist in § 613a Abs. 1 BGB nicht geregelt. Für Betriebsvereinbarungen gilt, dass sie als kollektivrechtliche Vereinbarungen fortgelten bei einer Betriebsübertragung im Ganzen; anderenfalls werden sie nach § 613a Abs. 1 S. 2 BGB Inhalt der Arbeitsverhältnisse zwischen dem neuen Betriebsinhaber und sind nur nach Maßgabe der in § 613a Abs. 1 S. 2 bis 4 BGB genannten Voraussetzungen abänderbar. Berücksichtigt man, dass die Regelung in § 613a Abs. 1 auf der Richtlinie EG-RL 77/185/EWG beruht und diese in ihren Anwendungsbereich alle Kollektivverträge einschließt, ist es konsequent und richtig, § 613a Abs. 1 S. 2 bis 4 BGB auf **Sprecherausschussvereinbarungen** analog anzuwenden, soweit sie nach § 28 Abs. 2 S. 1 SprAuG verbindlich sind.[51] Bei einer Betriebsübertragung im Ganzen gilt die nach § 28 Abs. 2 S. 2 SprAuG verbindliche Sprecherausschussvereinbarung als Kollektivvereinbarung fort.

Eine **Richtlinie** nach § 28 Abs. 1 SprAuG, die eine rein schuldrechtliche Vereinbarung zwischen Arbeitgeber und Sprecherausschuss enthält, verliert ihre Wirkung nicht bei einer Betriebsübertragung im Ganzen, wohl aber bei einem Betriebsteilübergang unter Aufgabe der bei Abschluss bestehenden Betriebseinheit. Eine analoge Anwendung des § 613a Abs. 1 S. 2 bis 4 BGB ist aufgrund der fehlenden unmittelbaren Wirkung der Richtlinie auf die Arbeitsverhältnisse nicht geboten.[52] Hat der Arbeitgeber die Richtlinien bereits in einzelvertragliche Vereinbarungen umgesetzt, gilt der Inhalt der Richtlinie über die einzelvertragliche Vereinbarung auch nach einem Betriebsübergang fort.

III. Allgemeine Aufgaben

1. Allumfassende Interessenvertretung

Nach § 25 Abs. 1 S. 1 SprAuG vertritt der Sprecherausschuss die Belange der leitenden Angestellten des Betriebes. Das Gremium hat demnach eine **umfassende Vertretungskompetenz**. In den §§ 30–32 SprAuG werden dem Sprecherausschuss spezielle Aufgaben zugewiesen; die generalklauselartige Regelung in § 25 Abs. 1 S. 1 SprAuG gibt ihm

---

[47] BAG 26.10.1993 – 1 AZR 46/93, NZA 1994, 572 = BeckRS 9998, 149793; 28.4.1998 – 1 ABR 43/97, NZA 1998, 1348; LAG RhPf 8.9.2010 – 8 TaBV 19/10, BeckRS 2011, 70623; GK-BetrVG/*Kreutz* § 77 Rn. 451.
[48] ErfK/*Oetker* SprAuG § 28 SprAuG Rn. 17; *Löwisch* SprAuG § 28 Rn. 28; *Hromadka/Sieg* SprAuG § 28 Rn. 55, *Wollenberg* S. 160 f.
[49] *Oetker* ZfA 1990, 43 (82 f.); ErfK/*Oetker* SprAuG § 28 Rn. 18; *Hromadka/Sieg* SprAuG § 28 Rn. 37; *Goldschmidt* Rn. 222; *Löwisch* BB 1990, 1631.
[50] *Joost* RdA 1989, 7 (15) mwN.
[51] HWK/*Annuß*/*Girlich* SprAuG § 28 Rn. 13; *Hromadka/Sieg* SprAuG § 28 Rn. 59; ErfK/*Oetker* SprAuG § 28 Rn. 19; *Löwisch* SprAuG § 28 Rn. 32; NK-GA/*v. Steinauer-Steinrück* SprAuG § 28 Rn. 4.
[52] ErfK/*Oetker* SprAuG § 29 Rn. 19; *Hromadka/Sieg* SprAuG § 28 Rn. 61; Schaub ArbR-HdB/*Koch* § 252 Rn. 10; aA MHdB ArbR/*Joost*, 3. Aufl. 2009, § 235 Rn. 44; *Kronisch/Deich* AR-Blattei SD 1490.3 Rn. 184.

darüber hinaus eine allumfassende Zuständigkeit für die Belange der leitenden Angestellten, die durch ihn repräsentiert werden. Der Sprecherausschuss kann demnach nicht nur in den in den §§ 30–32 SprAuG sowie in § 28 Abs. 1 geregelten Bereichen tätig sein, sondern in sämtlichen Angelegenheit, die die Belange der leitenden Angestellten betreffen.

46 Die umfassende Vertretungskompetenz bezieht sich auf alle leitenden Angestellten des Betriebs sowie auf die Betriebe mit weniger als 10 leitenden Angestellten, die dem Zuständigkeitsbereich eines anderen Betriebs nach § 1 Abs. 2 zugerechnet werden. Die Alllzuständigkeit bezieht sich gleichermaßen auf den Unternehmenssprecherausschuss, § 25 Abs. 1 S. 1 iVm § 20 Abs. 4 SprAuG, sowie den Gesamtsprecherausschuss, §§ 25 Abs. 1 S. 1 iVm § 18 Abs. 3 SprAuG sowie den Konzernsprecherausschuss, §§ 25 Abs. 1 S. 1 iVm 24 Abs. 1, 18 Abs. 3 SprAuG. Für die beiden letztgenannten Gremien gilt dies nur dann, wenn unter Berücksichtigung des Subsidiaritätsprinzips nicht die örtlichen Sprecherausschüsse oder der Unternehmenssprecherausschuss zuständig sind.

47 Erfasst werden nur Belange der leitenden Angestellten mit **kollektivrechtlichem Bezug.** Ein solcher ist nur gegeben, wenn entweder alle leitenden Angestellten oder eine größere Zahl von ihnen betroffen sind, nicht aber nur ein einzelnes Anliegen, das das Vertragsverhältnis des Arbeitgebers zu einem einzelnen Arbeitnehmer betrifft. Zumindest müssen die Interessen der übrigen leitenden Angestellten durch die betroffenen Belange des einzelnen berührt sein. Nur dann ist ein „qualitativer Kollektivtatbestand" gegeben.[53]

48 **Thematisch** bezieht sich die allgemeine Interessenvertretung auf sämtliche Themen, die die Belange der leitenden Angestellten berühren könnten. In der Praxis betrifft dies vor allem alle Angelegenheiten in sozialen, technischen, organisatorischen, personellen und wirtschaftlichen Angelegenheiten. Zu dem Begriff der allgemeinen Interessenvertretung gehört ua auch die Festlegung von Zielgrößen für den Frauenanteil in Führungsebenen unterhalb des Vorstandes.[54] Zuständig ist der Sprecherausschuss auch für die Überwachung der Einhaltung der arbeitsrechtlichen Vorschriften und Grundsätze und auch beispielsweise für den Schutz und die Prüfung von Diskriminierungen der leitenden Angestellten.[55] Der kollektivrechtliche Bezug ist nicht gegeben bei der Durchsetzung individueller Ansprüche des Einzelnen.

49 Durch § 25 Abs. 1 S. 1 SprAuG wird die Wirkung der Mitwirkungsrechte des Sprecherausschusses nicht grenzenlos ausgestaltet. Lediglich der Themenkreis, mit dem sich der Sprecherausschuss befassen kann, wird weit ausgedehnt. Mitwirkungsrechte werden aber nicht neu begründet oder verstärkt.[56] In allen Angelegenheiten, die die Belange der leitenden Angestellten iSv § 25 Abs. 1 S. 1 SprAuG betreffen, hat der Sprecherausschuss ein **Initiativrecht.** Er kann seinerseits zwar keine Mitwirkung einfordern, den Arbeitgeber aber zumindest zu einer Befassung mit der Angelegenheit auffordern und ihm Vorschläge zur Regelung des Sachverhaltes unterbreiten. Der Arbeitgeber ist nicht verpflichtet, auf die Anregungen oder Vorschläge des Sprecherausschusses mit Erörterungen zu reagieren. Das Gebot der vertrauensvollen Zusammenarbeit verpflichtet ihn aber, die Vorschläge zunächst zu prüfen und hierauf zu reagieren. Eine Erörterungspflicht kann aus § 25 Abs. 1 S. 1 SprAuG nicht hergeleitet und auch nicht erzwungen werden.[57]

50 § 25 Abs. 1 S. 2 SprAuG stellt sicher, dass die leitenden Angestellten durch Maßnahmen und Initiativen des Sprecherausschusses nicht in ihren eigenen Belangen dominiert werden können. Nach dieser Norm bleibt dem einzelnen leitenden Angestellten die eigene Wahrnehmung seiner Recht unbenommen. Für die Belange einzelner leitender Angestellter darf sich der Sprecherausschuss demnach nur auf deren Wunsch hin einsetzen und nicht eigeninitiativ.

---

[53] ErfK/*Oetker* SprAuG § 25 Rn. 2.
[54] *Löwisch* BB 2015, 1909 (1911); ErfK/*Oetker* SprAuG § 25 Rn. 2.
[55] *Hromadka/Sieg* SprAuG § 25 Rn. 14.
[56] HWK/*Annuß/Girlich* SprAuG § 25 Rn. 1; *Buchner* NZA-Beil. 1/1989, 2 (11).
[57] ErfK/*Oetker* SprAuG § 25 Rn. 3; *Hromadka/Sieg* SprAuG § 25 Rn. 13; aA *Löwisch* SprAuG § 25 Rn. 11.

III. Allgemeine Aufgaben

2. Unterrichtung und Aushändigung von Unterlagen
Gem. § 25 Abs. 2 SprAuG ist der Sprecherausschuss zur Durchführung seiner Aufgaben 51
nach dem SprAuG rechtzeitig und umfassend vom Arbeitgeber zu unterrichten;[58] die erforderlichen Unterlagen sind ihm auf Verlangen jederzeit zur Verfügung zu stellen. Die Bestimmung entspricht der für den Betriebsrat gem. § 80 Abs. 2 BetrVG geltenden Regelung. Ob der in § 25 Abs. 2 SprAuG normierte Informations- und Auskunftsanspruch dem Sprecherausschusses einen Anspruch auf **Einsichtnahme** in die **Bruttolohnlisten** der leitenden Angestellten gewährt, ist streitig. In § 80 Abs. 2 S. 2 2. Hs. BetrVG ist ein solches Einsichtsrecht für den Betriebsrat ausdrücklich normiert. Eine entsprechende Regelung fehlt im SprAuG. Gerade weil die Formulierung in § 25 Abs. 2 SprAuG der Regelung in § 80 Abs. 2 BetrVG fast wortgleich nachgebildet ist, das SprAuG dann aber gerade kein ausdrückliches Einsichtsrecht in Bruttolohnlisten erwähnt, wird offenkundig, dass der Gesetzgeber dem Sprecherausschuss dieses Einsichtsrecht gerade nicht einräumen wollte.[59] Dieser Ansicht wird teilweise entgegengehalten, dass die Regelung in § 80 Abs. 2 BetrVG und damit auch die Regelung in § 25 Abs. 2 SprAuG ein Unterfall des allgemeinen Informationsrechtes ist und der Verweis auf das Einsichtsrecht des Betriebsrates in Lohn- und Gehaltslisten im SprAuG nur deshalb nicht erwähnt werde, weil es idR bei Sprecherausschüssen nicht die in § 80 Abs. 2 S. 2 HS genannten Betriebs- oder Personalausschüsse gäbe.[60] Unter Berücksichtigung von Sinn und Zweck der Regelung in § 80 Abs. 2 S. 2. Hs. BetrVG, der sich von dem des § 25 Abs. 2 SprAuG in einem wesentlichen Aspekt unterscheidet, kann diese Ansicht indes nicht überzeugen. Der Betriebsrat hat in Fragen der Gestaltung von Entlohnungsgrundsätzen ein zwingendes Mitbestimmungsrecht, ua auch bei der Gestaltung einer Zulagen-/oder Prämienregelung, § 87 Abs. 1 Nr. 10 BetrVG. Er hat zudem darüber zu wachen, dass die im Betrieb geltenden Entlohnungsgrundsätze, insbesondere tarifliche Regelungen, eingehalten werden. Dies ist idR nur möglich, wenn der Betriebsrat in die Bruttolohnlisten Einsicht nehmen kann. Der Sprecherausschuss hat keine entsprechende Regelungskompetenz in Bezug auf die von ihm repräsentierten leitenden Angestellten. Es gibt für leitende Angestellte auch eher selten tarifvertragsähnliche Gehaltsstrukturen, sondern vielmehr individuell ausgehandelte Entlohnungsmodelle. Diese können sich zwar an allgemeinen Rahmenregelungen orientieren; solche enthalten aber meist nur Vorgaben für Gehaltsmargen oder allgemeine Grundsätze für die Ausgestaltung und Parameter der Fest- und variable Vergütung. IdR ist bei leitenden Angestellten die Vergütung – ggf. in Anlehnung an allgemeine Rahmenregelungen – individuell ausgehandelt und ausgestaltet. Bei leitenden Angestellten kann auch unterstellt werden, dass ein jeder in der Lage ist zu überprüfen, ob die ihm vertraglich zugesagten Gehaltsbestandteile gezahlt werden. Die Durchsetzung von Vergütungsansprüchen gestützt auf den allgemeinen Gleichbehandlungsgrundsatz dürfte bei leitenden Angestellten ohnehin aufgrund der individuellen Ausprägung ihrer Qualifikation und Tätigkeiten nicht in Betracht kommen. Dementsprechend besteht nicht – wie bei Betriebsräten für die von ihm repräsentierten Arbeitnehmer – eine Notwendigkeit, dem Sprecherausschuss Einsicht in die Bruttogehaltslisten der leitenden Angestellten zu gewähren. Unterstützt wird diese Argumentation durch die Gestaltung des Auskunftsbegehrens in § 13 EntgTranspG. Ein Auskunftsbegehren kann danach nur der Betriebsrat für Arbeitnehmer verlangen, leitende Angestellte werden hingegen in Bezug auf ihr Auskunftsbegehren direkt an den Arbeitgeber verwiesen. Auch hier kommt die Wertung des Gesetzgebers zum Ausdruck, dass nur Betriebsräte legitimiert werden, Auskunftsrechte in Bezug auf Gehälter gegenüber dem Arbeitgeber geltend zu machen, für leitende Angestellte eine

---
[58] Empirische Angaben bei *Luczak* S. 130 ff.
[59] *Wlotzke* DB 1989, 173 (177); *Röder* NZA-Beil. 4/1989, 2 (3); *Engels/Natter* BB-Beil. Heft 8/1989, 31 f.; *Bauer* SprAuG § 25 Anm. 4; *Kramer* NZA 1993, 1024 (1025); NK-GA/v. *Steinau-Steinrück* Rn. 2.
[60] *Hromadka/Sieg* SprAuG § 25 Rn. 30; ErfK/*Oetker* SprAuG § 25 Rn. 5; *Löwisch* SprAuG Rn. 20; *Goldschmidt* Rn. 303; MHdB ArbR/*Joost*, 3. Aufl. 2009, § 235 Rn. 53.

solche Notwendigkeit durch Einräumung einer vergleichbaren Rechtsposition für den Sprecherausschuss aber nicht gesehen wird.

52 Wenn man entgegen der hier vertretenen Ansicht ein Einsichtsrecht anerkennt, kann dem Sprecherausschuss jedenfalls aber kein Recht auf Aushändigung zustehen, sondern nur analog § 80 Abs. 2 2. Hs. BetrVG auf Einsichtnahme jeweils erforderlichen Unterlagen.[61]

53 Aus dem gesetzlichen Auskunftsrecht in § 25 Abs. 2 SprAuG kann kein Anspruch des Sprecherausschusses auf einen dauerhaften **Online-Zugriff** auf die **Personaldatenbanken** der leitenden Angestellten hergeleitet werden mit der Begründung, der Sprecherausschuss müsse die Einhaltung des Gleichheitsgrundsatzes bei Personalgesprächen oder Entgeltverhandlungen kontrollieren.[62]

3. Grundsätze für die Behandlung der leitenden Angestellten

54 Nach § 27 SprAuG haben Arbeitgeber und Sprecherausschuss darüber zu wachen, dass alle leitenden Angestellten des Betriebs nach den Grundsätzen von Recht und Billigkeit behandelt werden. Insbesondere ist jede Benachteiligung von Personen aus Gründen ihrer Rasse oder wegen ihrer ethnischen Herkunft, ihrer Abstammung oder sonstigen Herkunft, ihrer Nationalität, ihrer Religion oder Weltanschauung, ihrer Behinderung, ihres Alters, ihrer politischen oder gewerkschaftlichen Betätigung oder Einstellung oder wegen ihres Geschlechts oder ihrer sexuellen Identität zu unterlassen, § 27 Abs. 1 SprAuG. Arbeitgeber und Sprecherausschuss haben die freie Entfaltung der Persönlichkeit der leitenden Angestellten zu schützen und zu fördern, § 27 Abs. 2 SprAuG. Diese generalklauselartige Aufgabenumschreibung entspricht der nach § 75 BetrVG für den Betriebsrat und den Arbeitgeber im Hinblick auf die übrigen Arbeitnehmer geltenden Regelung. Bedeutung kommt der Norm vor allem im Hinblick auf den **Gleichbehandlungsgrundsatz** zu, der es dem Arbeitgeber verbietet, vergleichbare Arbeitnehmer ohne Vorliegen eines sachlichen Grundes ungleich zu behandeln. So darf der Arbeitgeber weder sachfremde Gruppenbildungen vornehmen noch willkürlich Arbeitnehmer besser- oder schlechterstellen.[63] Sachliche Gründe für die Ungleichbehandlung können sich aus der Art der Tätigkeit, den konkreten Anforderungen des Arbeitsplatzes und/oder auch der Qualifikation des Arbeitnehmers ergeben.[64] Gerade in der Gruppe der leitenden Angestellten wird es dem Arbeitgeber häufig möglich sein, einen solchen Sachgrund darzustellen. Die Ungleichbehandlung von leitenden Angestellten zeigt sich idR in Bereichen, die auf die individuelle Leistung und Qualifikation bezogen sind. In diesen Bereichen lässt sich meist ein Sachgrund für die Ungleichbehandlung darstellen. Das Recht, eine Gleichbehandlung einzufordern, ist dispositiv, dh der leitende Angestellte kann einer Ungleichbehandlung zustimmen,[65] → § 14 Rn. 48. Benachteiligungsverbote können sich entweder aus dem Katalog in § 27 Abs. 1 SprAuG und/oder aus den zu Art. 3 GG entwickelten Kriterien sowie den aus gesetzlichen Wertungen zum Ausdruck kommenden Diskriminierungsverboten ergeben (zB AGG, SGB IX).

55 Der Sprecherausschuss kann den Arbeitgeber bei **Verstößen** gegen die Regelung mit kollektivem Bezug in § 27 SprAuG auf Unterlassung und Beseitigung dieser rechtswidrigen Maßnahmen und Zustände in Anspruch nehmen.[66] Der leitende Angestellte ist bei einer Verletzung des Gleichbehandlungsgebotes zur Durchsetzung seiner eigenen Ansprüche auf den Individualprozess verwiesen. § 27 SprAuG gibt dem Sprecherausschuss kein

---

[61] *Hromadka/Sieg* SprAuG § 26 Rn. 34.
[62] *Kort* NZA-RR 2015, 113 (114).
[63] BAG 17.12.2009 – 6 AZR 242/09, NJW 2010, 1100 = BeckRS 2010, 66136; Schaub ArbR-HdB/*Linck* § 112 Rn. 6.
[64] BAG 3.12.2008 – 5 AZR 74/08, NJW 2009, 1101 = BeckRS 2009, 51930.
[65] BAG 4.5.1962 – 1 AZR 250/61, NJW 1962, 1459 = BeckRS 9998, 114827; 17.12.2009 – 6 AZR 242/09, NZA 2010, 273; *Hromadka/Sieg* SprAuG § 27 Rn. 34.
[66] *Hromadka/Sieg* SprAuG § 27 Rn. 50.

III. Allgemeine Aufgaben

Recht, für den einzelnen leitenden Angestellten Leistungen aus dem AGG oder § 611 BGB iVm Art. 3 GG oder auch eine Unterlassung einzufordern. Die Norm ist auch kein Schutzgesetz iSv § 823 Abs. 2 BGB.[67]

4. Anhörungsrecht bei Betriebsvereinbarungen

Vor Abschluss einer Betriebsvereinbarung oder einer sonstigen Vereinbarung mit dem Betriebsrat, die die rechtlichen Interessen der leitenden Angestellten berührt, hat der Arbeitgeber den Sprecherausschuss rechtzeitig anzuhören, § 2 Abs. 1 S. 2 SprAuG. Die im Gesetzgebungsverfahren zum SprAuG geäußerten weitergehenden Vorstellungen einiger Parlamentarier, wonach dem Sprecherausschuss bei fehlender Beteiligung ein Recht eingeräumt werden sollte, die Aussetzung von Vereinbarungen mit dem Betriebsrat zu verlangen und beim Arbeitsgericht die Aufhebung einer Vereinbarung zu beantragen,[68] sind nicht umgesetzt geworden. Der Sprecherausschuss übt demzufolge keine Kontrollbefugnisse im Verhältnis zum Betriebsrat aus. Er hat lediglich die Interessen der leitenden Angestellten bei dem Abschluss von Betriebsvereinbarungen zu vertreten, wenn deren Belange betroffen sind. Es handelt sich daher nur um eine konkrete Ausprägung der allgemeinen Vertretungskompetenz des Sprecherausschusses.

Die Anhörungspflicht des Arbeitgebers bezieht sich auf alle formellen Betriebsvereinbarungen aber auch auf alle sonstigen Vereinbarungen, etwa Regelungsabreden oder Betriebsabsprachen. Wird die Vereinbarung zwischen dem Betriebsrat und dem Arbeitgeber durch den Spruch der Einigungsstelle ersetzt, so ist der Sprecherausschuss ebenfalls in entsprechender Anwendung von § 2 Abs. 1 S. 2 SprAuG anzuhören.[69] Die rechtlichen Interessen der leitenden Angestellten sind nicht nur bei einer Einigung der Betriebspartner, sondern gleichermaßen auch bei der Ersetzung der Einigung durch den Einigungsstellenspruch zu berücksichtigen.[70] Die Anhörung im Einigungsstellenverfahren hat durch den Arbeitgeber zu erfolgen, der das Ergebnis im Verfahren vortragen muss.[71]

Die Anhörungspflicht setzt voraus, dass rechtliche Interessen der leitenden Angestellten berührt sind. Da der Betriebsrat die leitenden Angestellten nicht vertritt, können die von ihm abgeschlossenen Vereinbarungen die rechtliche Stellung der leitenden Angestellten grds. nicht unmittelbar verändern. Eine Berührung der Interessen der leitenden Angestellten, die die Anhörungspflicht auslöst, kann daher nicht erst bei einem unmittelbaren Eingriff in die Rechtsposition der leitenden Angestellten angenommen werden, sondern bereits dann, wenn die Vereinbarung zwischen Betriebsrat und Arbeitgeber eine Ordnung für die betroffenen Arbeitnehmer setzt, die aus tatsächlichen Gründen Auswirkungen für die Stellung der leitenden Angestellten haben kann.[72] Die rechtlichen Interessen der leitenden Angestellten werden zB berührt, wenn die abzuschließende Vereinbarung einen Gegenstand betrifft, für den eine betriebseinheitliche Regelung notwendig ist, oder der Arbeitgeber freiwillige Leistungen für alle Arbeitnehmer einheitlich vorsieht.[73] Eine Anhörungspflicht kommt auch in Betracht bei Vereinbarungen über die Ordnung des Betriebs,[74] die Zurverfügungstellung und Nutzung von Werkswohnungen, Urlaubspläne,[75] die Lage der Arbeitszeit[76] oder betriebliche Sozialleistungen und Sozialeinrichtungen.[77] Auswirkungen können auch Interessenausgleichsvereinbarungen über Betriebsänderungen

---

[67] ErfK/Oetker SprAuG § 27 Rn. 3; Hromadka/Sieg SprAuG § 27 Rn. 53.
[68] § 33 des Entwurfs, BT-Drs. 11/2503, 13.
[69] Kramer NZA 1993, 1024 (1027).
[70] Oetker ZfA 1990, 43 (64f.); ErfK/Oetker SprAuG § 2 Rn. 2; Löwisch SprAuG § 2 Rn. 3.
[71] Hromadka/Sieg SprAuG § 2 Rn. 14; ErfK/Oetker SprAuG § 2 Rn. 2; aA Oetker ZfA 1990, 43 (65): Anhörung des Sprecherausschusses durch den Vorsitzenden der Einigungsstelle; ausführlich: Wüllner S. 1 ff.
[72] BT-Drs. 11/2503, 43.
[73] Löwisch SprAuG § 2 Rn. 7; Hromadka/Sieg SprAuG § 2 Rn. 16; ErfK/Oetker SprAuG § 2 Rn. 3.
[74] Bauer SprAuG § 2 Anm. 4.
[75] Löwisch BB 1988, 1953 (1956); Bauer SprAuG § 2 Anm. 4.
[76] Löwisch SprAuG § 2 Rn. 7.
[77] Löwisch SprAuG § 2 Rn. 7.

haben, wenn diese zB die Neustrukturierung von Abteilungen und Abteilungsgrößen zum Gegenstand haben. Letzteres wiederum kann sich auf den Status der leitenden Angestellten oder auch das häufig für Bonusprogramme oder Dienstwagenregelungen relevante Grading in der Hierarchieebene auswirken.

59 Das Gesetz bestimmt keine besonderen Rechtsfolgen für den Fall, dass die notwendige Anhörung des Sprecherausschusses unterblieben ist. Vereinbarungen zwischen Arbeitgeber und Betriebsrat sind bei einem Verstoß gegen das Anhörungsrecht des Sprecherausschusses nicht unwirksam.[78] Ein Verstoß gegen das Beteiligungsrecht ist auch keine Ordnungswidrigkeit. Eine bewusste und nachhaltige Umgehung des Sprecherausschusses kann ggf. aber eine nach § 34 Abs. 2 SprAuG strafbare Behinderung der Tätigkeit des Sprecherausschusses sein.[79]

IV. Unterstützung einzelner leitender Angestellter

1. Allgemeines

60 Die Tätigkeit des Sprecherausschusses betrifft grundsätzlich die kollektiven Interessen der leitenden Angestellten als Gruppe. Das Recht und die Möglichkeit zur Wahrnehmung eigener Belange durch den einzelnen leitenden Angestellten wird dadurch nicht berührt, wie § 25 Abs. 1 S. 2 SprAuG ausdrücklich hervorhebt. Der Sprecherausschuss kann also nicht von sich aus etwa in die Vertragsgestaltung des einzelnen leitenden Angestellten oder sonstiger individueller Belange eingreifen. Dies ist dem Sprecherausschuss auch nicht mit dem Argument möglich, dass er nach § 27 SprAuG darüber zu wachen habe, dass alle leitenden Angestellten nach Recht und Billigkeit behandelt werden, zB im Hinblick auf die Einhaltung des Gleichbehandlungsgrundsatzes. § 27 SprAuG gewährt dem Sprecherausschuss nur die generelle Kompetenz, die Einhaltung der rechtlichen Vorgaben im Hinblick auf alle leitenden Angestellten zu überwachen. Die Durchsetzung ihrer individuellen Rechtspositionen bleibt den einzelnen leitenden Angestellten überlassen. Nach § 26 Abs. 1 SprAuG kann sich der leitende Angestellte aber bei der Wahrnehmung seiner Interessen gegenüber dem Arbeitgeber durch ein Mitglied des Sprecherausschusses unterstützen lassen; nach § 26 Abs. 2 S. 2 SprAuG gilt dies auch bei der Einsichtnahme in Personalakten.

2. Allgemeine Unterstützung

61 § 26 SprAuG gewährt dem einzelnen leitenden Angestellten das Recht, sich bei der Wahrnehmung seiner Belange gegenüber dem Arbeitgeber durch ein Mitglied des Sprecherausschusses unterstützen zu lassen,[80] § 26 Abs. 1 SprAuG. Ob und wenn ja welches Mitglied des Sprecherausschusses der leitende Angestellte hinzuzieht, bestimmt er selbst. Das Sprecherausschussmitglied muss einer entsprechenden Bitte nachkommen,[81] weil die Ausübung der Unterstützungs- und Vermittlungstätigkeit zu den gesetzlichen Aufgaben des Sprecherausschusses gehört. Ohne Zustimmung des leitenden Angestellten kann der Sprecherausschuss indes nicht tätig werden.[82] Die Hinzuziehung ist unabhängig davon möglich, ob der leitende Angestellte Verhandlungen mit dem Arbeitgeber wünscht oder die Initiative vom Arbeitgeber ausgegangen ist.[83] Gegenstand von Unterstützungsmaßnahmen können alle rechtlichen und sonstigen Belange des leitenden Angestellten in seiner Eigenschaft als Arbeitnehmer sein, zB das Führen von Gesprächen über Gehaltsfragen, Aufstiegschancen, Arbeitsbedingungen oder auch Gespräche über die Beendigung des Ar-

---

[78] *Wlotzke* DB 1989, 173 (174); *Hromadka/Sieg* SprAuG § 2 Rn. 19; *Engels/Natter* BB-Beil. Heft 8/1989, 29; ErfK/*Oetker* SprAuG § 2 Rn. 4; GK-BetrVG/*Kreutz* § 77 Rn. 60f.
[79] *Oetker* ZfA 1990, 43 (68); ErfK/Oetker SprAuG § 2 Rn. 4; *Löwisch* SprAuG § 2 Rn. 8; *Hromadka/Sieg* SprAuG § 2 Rn. 19.
[80] Empirische Angaben bei *Luczak* S. 137 ff.
[81] *Löwisch* SprAuG § 26 Rn. 3.
[82] *Buchner* NZA-Beil. 1/1989, 2 (16).
[83] Zum BetrVG: BAG 24.4.1979 – 6 AZR 69/77, AP BetrVG 1972 § 82 Nr. 1.

beitsverhältnisses. Das hinzugezogene Mitglied des Sprecherausschusses kann die Verhandlungen des leitenden Angestellten mit dem Arbeitgeber unterstützen und zwischen den Parteien vermitteln. Weitergehende Befugnisse stehen dem Mitglied des Sprecherausschusses nicht zu.

Eine besondere Verpflichtung zum Stillschweigen über Tatsachen, die dem hinzugezogenen Mitglied des Sprecherausschusses bekannt werden, sieht das SprAuG (anders als § 82 Abs. 2 S. 3 BetrVG für Betriebsräte) nicht ausdrücklich vor. Da der leitende Angestellte wie andere Arbeitnehmer einen Anspruch auf Wahrung seiner Persönlichkeitssphäre hat, besteht gleichermaßen ein Schutzbedürfnis, eine Stillschweigensverpflichtung des Sprecherausschussmitgliedes, das den leitenden Angestellten unterstützt, anzunehmen. Insoweit enthält das SprAuG eine planwidrige Lücke, die durch analoge Anwendung des § 82 Abs. 2 S. 3 BetrVG auszufüllen ist.[84]

3. Einsicht in die Personalakten

Nach § 26 Abs. 2 S. 1 SprAuG hat der leitende Angestellte das Recht, in die über ihn geführten Personalakten Einsicht zu nehmen und Erklärungen zu deren Inhalt abzugeben, die auf sein Verlangen den Personalakten beizufügen sind. Er kann bei der Einsichtnahme ein Mitglied des Sprecherausschusses hinzuziehen, § 26 Abs. 2 S. 2 SprAuG. Das Mitglied des Sprecherausschusses hat über den Inhalt der Personalakten Stillschweigen zu bewahren, soweit es nicht von dem leitenden Angestellten im Einzelfall von dieser Verpflichtung entbunden wird; ein Verstoß gegen die Schweigepflicht kann nach § 35 Abs. 2 SprAuG strafbar sein. Die Regelung in § 26 Abs. 2 SprAuG entspricht der für die nicht leitenden Angestellten nach § 83 BetrVG geltenden Regelung.

V. Arbeitsbedingungen und Beurteilungsgrundsätze

1. Allgemeines

§ 30 SprAuG verpflichtet den Arbeitgeber, den Sprecherausschuss rechtzeitig in Angelegenheiten, die die Änderung der Gehaltsgestaltung und der sonstigen allgemeinen Arbeitsbedingungen sowie der Einführung oder Änderung allgemeiner Beurteilungsgrundsätze der leitenden Angestellten betreffen, zu unterrichten und die vorgesehenen Maßnahmen mit ihm zu beraten. Die Vorschrift bildet den „Kernbereich der Mitwirkung"[85] des Sprecherausschusses. Die Norm ergänzt die allgemeine Zuständigkeitsregelung in § 25 Abs. 1 SprAuG.[86]

Thematisch geht das in § 30 SprAuG normierte Mitwirkungsrecht des Sprecherausschusses weiter als das Mitbestimmungsrecht des Betriebsrates nach § 87 BetrVG. Der Betriebsrat ist nur im Rahmen der sozialen Angelegenheiten für die in § 87 BetrVG normierten Tatbestände zuständig. Der Sprecherausschuss hingegen ist allzuständig für die Änderungen der Gehaltsgestaltung und sonstiger allgemeiner Arbeitsbedingungen der leitenden Angestellten sowie für die Einführung oder Änderung allgemeiner Beurteilungsgrundsätze. Inhaltlich sind die Rechte des Sprecherausschusses aber anders als die des Betriebsrates auf eine reine Mitwirkung beschränkt. Der Sprecherausschuss hat insoweit nur ein Informations- und Beratungsrecht.[87]

2. Änderungen der Gehaltsgestaltung und sonstiger allgemeiner Arbeitsbedingungen

a) Gehaltsgestaltung. Der Sprecherausschuss hat nach § 30 S. 1 Nr. 1 SprAuG bei Änderungen der Gehaltsgestaltung der leitenden Angestellten mitzuwirken, soweit diese einen kollektiven Bezug haben. Der Begriff des **Gehaltes** umfasst wie in § 87 Abs. 1

---

[84] *Löwisch* SprAuG § 26 Rn. 5.
[85] *Hromadka/Sieg* SprAuG § 30 Rn. 1.
[86] *Löwisch* SprAuG § 30 Rn. 1.
[87] BT-Drs. 11/2503, 43.

Nr. 10 BetrVG regelmäßig und unregelmäßig gezahlte Arbeitsentgelte einschließlich aller sonstigen geldwerten Leistungen mit Entgeltcharakter, die im Zusammenhang mit der Arbeitsleistung stehen, insbesondere auch Erfolgsbeteiligung, Gratifikationen, Urlaubsgeld, verbilligte Arbeitgeberdarlehen oder Leistungen der Altersversorgung.[88] Mitwirkungsrechte des Sprecherausschusses bei Fragen der Gehaltsgestaltung sind betroffen, wenn es um die Festlegung der generellen Regelung der Gehaltsgestaltung geht, insbesondere die Entlohnungsgrundsätze und -methoden. Das Mitwirkungsrecht greift nur bei Fragen des **kollektiven Gehaltssystems**,[89] also die Kriterien, nach denen sich die Festsetzung des Gehaltes richten soll. Nicht zu den Regelungen der Gehaltsgestaltung gehört die Bestimmung der **Höhe** des Gehaltes. Deren Festsetzung ist mitbestimmungsfrei und bleibt der individuellen Verhandlung zwischen dem leitenden Angestellten und dem Arbeitgeber vorbehalten.[90] Soweit teilweise darauf verwiesen wird, dass der Begriff der „Gehaltsgestaltung" iSv § 30 S. 1 Nr. 3 SprAuG vom Wortverständnis her auch die Gehaltshöhe meint und deshalb auch Regelungen zur Entgelthöhe dem Mitwirkungsrecht unterliegen,[91] widerspricht dies der erkennbaren gesetzgeberischen Konzeption. Aus dieser lässt sich nämlich nicht schließen, dass die Mitwirkung des Sprecherausschusses thematisch in Bezug auf Gehaltsfragen weitergehend sein sollte als die des Betriebsrates. Versteht man den Begriff der „Gehaltsgestaltung" wie den der „Lohngestaltung" in § 87 Abs. 1 Nr. 10 BetrVG, ist eindeutig, dass nur die Grundsätze der Gehaltsfindung, insbesondere das Aufstellen der Entlohnungsgrundsätze und die Einführung Anwendung neuer Entlohnungsmethoden sowie deren Änderung gemeint sein können.[92] Dementsprechend ist die Dotierung nicht selbstbeteiligungspflichtig.[93] Auch der Grundgedanke, dass die Betriebspartner vertrauensvoll zusammenarbeiten und zwischen ihnen Arbeitskampfmaßnahmen gerade nicht stattzufinden dürfen, verbietet es, die Entgelthöhe als vom Mitwirkungsrecht des Sprecherausschusses erfasst anzusehen. Wenn der Gesetzgeber dem Sprecherausschuss ein solches Mitwirkungsrecht auch bei Fragen der Gehaltshöhe hätte einräumen wollen, hätte dies explizit im Gesetzestext zum Ausdruck kommen müssen.[94]

67 **b) Sonstige allgemeine Arbeitsbedingungen.** Die Mitwirkung nach § 30 S. 1 Nr. 1 SprAuG betrifft über die Gehaltsgestaltung hinaus alle sonstigen allgemeinen Arbeitsbedingungen; die kollektiven Regeln der Gehaltsgestaltung sind lediglich ein Unterfall der allgemeinen Arbeitsbedingungen. Gegenstand der Mitwirkung sind damit alle kollektiven Regelungen, die für die Arbeitsverhältnisse der leitenden Angestellten gelten. Betroffen ist der gesamte Inhalt des Arbeitsverhältnisses, soweit er kollektiv geregelt ist.[95] Dazu gehören alle sozialen Angelegenheiten zB Fragen der Ordnung des Betriebs und des Verhaltens der leitenden Angestellten, die Lage der Arbeitszeit, Urlaubsregelungen, Sozialleistungen, ferner Regelungen über die Nutzung von Dienstfahrzeugen, die Gestaltung von Wettbewerbsverboten, Verschwiegenheitspflichten oder auch zB Reisekostenregelungen.

68 **c) Änderung/Einführung.** § 30 S. 1 Nr. 1 SprAuG normiert ein Mitwirkungsrecht ausdrücklich nur bei der **Änderung** der Gehaltsgestaltung oder sonstige allgemeinen Arbeitsbedingungen, während bei allgemeinen Beurteilungsgrundsätzen nach Nr. 2 vom Wortlaut her nicht nur die Änderung, sondern auch die **Einführung** derselben dem Mitwirkungsrecht des Sprecherausschusses unterfällt. Einigkeit besteht, dass es sich insoweit

---

[88] ErfK/*Oetker* SprAuG § 30 Rn. 2.
[89] *Oetker* BB 1990, 2181 (2182).
[90] *Buchner* NZA-Beil. 1/1989, 2 (17); *Röder* NZA-Beil. 4/1989, 2 (4); *Kramer* NZA 1993, 1024 (1025); ErfK/*Oetker* SprAuG § 30 Rn. 3; *Hromadka/Sieg* SprAuG § 30 Rn. 16; AR/*Maschmann* SprAuG § 30 Rn. 2.
[91] *Löwisch* SprAuG § 30 Rn. 1; *Wlotzke* DB 1989, 173 (177).
[92] *Hromadka/Sieg* SprAuG § 30 Rn. 13.
[93] ErfK/*Oetker* SprAuG § 30 Rn. 30; AR *Maschmann* SprAuG § 30 Rn. 2 aA *Löwisch* SprAuG § 30 Rn. 1.
[94] ErfK/*Oetker* SprAuG § 30 Rn. 3; *Hromadka/Sieg* SprAuG § 30 Rn. 16; *Weigle* S. 249 ff.
[95] *Buchner* NZA-Beil. 1/1989, 2 (17); *Löwisch* SprAuG § 30 Rn. 6.

V. Arbeitsbedingungen und Beurteilungsgrundsätze

trotz des eindeutigen Wortlautes um ein Redaktionsversehen des Gesetzgebers handelt und auch bei Fragen der Gehaltsgestaltung und sonstigen allgemeinen Arbeitsbedingungen bereits die Einführung entsprechender Regelungen dem Mitwirkungsrecht des Sprecherausschusses unterliegt.[96]

d) Prüfverfahren nach dem Entgelttransparenzgesetz. Neben dem in § 30 SprAuG geregelten Mitwirkungsrecht wird dem Sprecherausschuss in § 17 Abs. 2 EntGTranspG ein Beteiligungsrecht eingeräumt, wenn ein betriebliches Verfahren zur Überprüfung und Herstellung von Entgeltgleichheit von Männern und Frauen eingeführt wird. Das Beteiligungsverfahren ist im Entgelttransparenzgesetz nicht weiter konkretisiert wohl vor dem Hintergrund, dass die Einführung eines betrieblichen Prüfverfahrens auf Freiwilligkeit beruht. Das Beteiligungsrecht des Sprecherausschusses nach § 17 EntGTranspG kann aber nicht weitergehen als die in § 30 S. 1 Nr. 1 SprAuG geregelte Mitwirkung. Insofern sind auch für die Einführung eines Verfahrens nach § 17 EntGTranspG die für § 30 SprAuG entwickelten Grundsätze entsprechend anzuwenden.

3. Einführung oder Änderung allgemeiner Beurteilungsgrundsätze

Der Mitwirkung des Sprecherausschusses unterliegt nach § 30 S. 1 Nr. 2 SprAuG auch die Einführung oder Änderung allgemeiner Beurteilungsgrundsätze für die leitenden Angestellten. Der Gegenstand der Mitwirkung ist vergleichbar mit dem der Betriebsräte nach § 94 Abs. 2 BetrVG. **Allgemeine Beurteilungsgrundsätze** sind generelle Regelungen und Kriterien, welche die Bewertung des Verhaltens oder der Leistung der Arbeitnehmer verobjektivieren und nach einheitlichen, für die Beurteilung jeweils erheblichen Kriterien ausrichten sollen.[97] Bei leitenden Angestellten geht es dabei insbesondere um die Bewertung des Führungsverhaltens im Hinblick auf die ihnen unterstellten Arbeitnehmer. Die Mitwirkung trifft sowohl die Beurteilungsgrundsätze für Arbeitnehmer, die bereits leitende Angestellte sind, als auch die Festlegung von Kriterien, nach denen die Befähigung von Bewerbern für die Position eines leitenden Angestellten zu beurteilen ist. Die konkrete Beurteilung im Einzelfall ist aber mitbestimmungsfrei. Die Frage, nach welchem Verfahren und welchen Kriterien leitende Angestellte Selbstbeurteilungen von Arbeitnehmern vornehmen oder im Rahmen von Mitarbeiterbefragungen durch andere Arbeitnehmer bewertet werden, unterliegt ebenfalls nicht der Mitwirkung des Sprecherausschusses nach § 30 SprAuG. Mitwirkungsfrei ist auch das Aufstellen von Stellenbeschreibungen, Anforderungsprofilen oder auch von Führungsgrundsätzen[98], letzteres gilt aber nur dann, wenn die Führungsgrundsätze nicht für verbindlich erklärt worden sind. Die Einführung verbindlicher Führungsgrundsätze bedarf der Mitwirkung des Sprecherausschusses nach § 30 S. 1 Nr. 1 SprAuG.

4. Unterrichtung und Beratung

Der Arbeitgeber hat den Sprecherausschuss im Rahmen des Gegenstandes der Mitwirkung **rechtzeitig** zu unterrichten und die vorgesehenen Maßnahmen mit ihm zu beraten, § 30 S. 1 und 2 SprAuG. Die Unterrichtung hat so rechtzeitig zu erfolgen, dass der Sprecherausschuss noch die Möglichkeit hat, auf die Entscheidung des Arbeitgebers Einfluss zu nehmen. Demnach setzt die Unterrichtungspflicht ein, wenn der Arbeitgeber eine konkrete Absicht zur Durchführung einer der in § 30 S. 1 SprAuG genannten Maßnahmen äußert.[99] Der Sprecherausschuss muss noch Gelegenheit haben, sich mit der Angelegenheit zu befassen, Vorschläge und Bedenken zu unterbreiten und diese mit dem Arbeitgeber zu erörtern. Hierbei muss ihm auch eine ausreichende Zeit des Überlegens

---

[96] *Hromadka/Sieg* SprAuG § 30 Rn. 18; ErfK/*Oetker* SprAuG § 30 Rn. 5; *Löwisch* SprAuG § 30 Rn. 7.
[97] BAG 23.10.1984 – 1 ABR 2/83, AP BetrVG 1972 § 87 Ordnung des Betriebes Nr. 8 = NZA 1985, 224; *Fitting* § 94 Rn. 29; GK-BetrVG/*Raab* § 94 Rn. 55.
[98] *Kronisch/Deich* AR Blattei SD 1490.3 Rn. 116; *Hromadka/Sieg* SprAuG § 30 Rn. 20 ff.
[99] *Oetker* BB 1990, 2181 (2185 ff.); ErfK/*Oetker* SprAuG § 30 Rn. 7; *Hromadka/Sieg* SprAuG § 30 Rn. 26.

und Handelns verbleiben.[100] Auf Verlangen hat der Arbeitgeber dem Sprecherausschuss auch die erforderlichen Unterlagen zur Verfügung zu stellen.

72 Verstöße gegen die Unterrichtungspflicht können nach § 36 Abs. 1 SprAuG als Ordnungswidrigkeit geahndet werden.

VI. Personelle Einzelmaßnahmen

1. Allgemeines

73 Der Arbeitgeber hat nach § 31 SprAuG dem Sprecherausschuss jede beabsichtigte Einstellung oder personelle Veränderung eines leitenden Angestellten rechtzeitig mitzuteilen und ihn vor jeder Kündigung eines leitenden Angestellten zu hören.[101] Der Schwerpunkt der Beteiligungsrechte des Sprecherausschusses liegt bei kollektiven Vorgängen. Abweichend davon normiert § 31 SprAuG ein Mitwirkungsrecht bei individuellen Maßnahmen. Damit wird einem objektiven Schutzbedürfnis des einzelnen leitenden Angestellten entsprochen. Der Gesetzgeber hatte aber auch die Schutzbedürftigkeit anderer leitender Angestellte bei personellen Einzelmaßnahmen bei der Konzeption des § 31 SprAuG im Auge, weil durch personelle Einzelmaßnahmen auch die Interessen anderer leitender Angestellter als Gruppe berührt sein können.[102]

2. Einstellungen und personelle Veränderungen

74 Auch wenn die leitenden Angestellten nicht vom Betriebsrat vertreten werden, hat der Arbeitgeber eine beabsichtigte Einstellung oder personelle Veränderung eines leitenden Angestellten dem Betriebsrat nach § 105 BetrVG rechtzeitig mitzuteilen. Der Betriebsrat soll dadurch in die Lage versetzt werden, die Interessen der sonstigen Arbeitnehmer im Hinblick auf die Maßnahme wahrzunehmen. § 31 Abs. 1 SprAuG normiert eine entsprechende Mitteilungspflicht gegenüber dem Sprecherausschuss.

75 Unter den Begriff der **Einstellung** fällt, wie bei § 99 BetrVG, der Beginn der tatsächlichen Beschäftigung auf einem konkreten Arbeitsplatz durch Zuweisung von Funktionen und Aufgaben.[103] Nicht zu folgen ist der Ansicht, dass bereits der Abschluss des Arbeitsvertrages mit dem leitenden Angestellten unter den Begriff der Einstellung iSv § 31 Abs. 1 SprAuG fällt.[104] Der Abschluss des Arbeitsvertrages berührt die betrieblichen Belange und die Organisationseinheit der leitenden Angestellten noch nicht, sondern erst die Aufnahme der tatsächlichen Beschäftigung in der Organisationseinheit. Erst hierbei können die Belange anderer leitender Angestellter berührt werden.[105] Unter den Begriff der Einstellung fällt auch die Übertragung von Aufgaben auf einen Arbeitnehmer, aufgrund derer er die Funktion eines leitenden Angestellten einnimmt.[106] Einstellung ist auch die Weiterbeschäftigung über den Ablauf einer Befristung hinaus oder auch über die arbeitsvertraglich vereinbarte Altersgrenze hinaus, die an sich zur Beendigung des Arbeitsverhältnisses geführt hatte.[107]

76 **Personelle Veränderungen** beziehen sich auf die Arbeitsaufgabe oder Stellung der leitenden Angestellten im Betrieb oder Unternehmen.[108] Erfasst wird zum einen eine Versetzung, dh die Zuweisung einer anderen Tätigkeit, ggf. auch in eine andere organisatorische Einheit. Im Hinblick auf das zum Teil weite Aufgaben- und Verantwortungsspek-

---

[100] *Hromadka/Sieg* SprAuG § 30 Rn. 27.
[101] Empirische Angaben bei *Luczak* S. 149 ff.
[102] *ErfK/Oetker* SprAuG § 31 Rn. 1; *Löwisch* SprAuG § 31 Rn. 1.
[103] BAG 8.11.2016 – 1 ABR 65/14, AP BetrVG 1972 § 99 Nr. 152; 13.4.1994 – 7 AZR 651/93, AP LPVG NW § 72 Nr. 9; 28.4.1992 – 7 AZR 651/93; AP BetrVG 1972 § 99 Nr. 98; *ErfK/Oetker* SprAuG § 31 Rn. 3; *Hromadka/Sieg* SprAuG § 31 Rn. 3.
[104] GK-BetrVG/*Raab* § 99 Rn. 28 ff.; *Fitting* § 99 Rn. 30 f.
[105] *Hromadka/Sieg* SprAuG § 31 Rn. 3; zum BetrVG *Fitting* § 99 Rn. 30, 31.
[106] *Oetker* ZfA 1990, 43 (73); *Löwisch* SprAuG § 31 Rn. 4; *Hromadka/Sieg* SprAuG § 31 Rn. 4.
[107] *ErfK/Oetker* SprAuG § 31 Rn. 3; *Hromadka/Sieg* SprAuG § 31 Rn. 4.
[108] *Kronisch/Deich* AR-Blattei SD 1490.3 Rn. 129; *ErfK/Oetker* SprAuG § 31 Rn. 4; *Goldschmidt* Rn. 312; *Löwisch* SprAuG § 31 Rn. 4.

VI. Personelle Einzelmaßnahmen

trum eines leitenden Angestellten wird sich das Vorliegen der Voraussetzungen einer Versetzung teilweise nur schwer bestimmen lassen, wenn der Arbeitgeber Teile der Aufgabe des leitenden Angestellten verändert oder Aufgaben in den dem leitenden Angestellten unterstellten Bereichen neu verteilt. Teilweise wird vertreten, dass kurzfristige Veränderungen von einer Dauer bis zu einem Monat nicht dem Beteiligungsrecht nach § 31 SprAuG unterfallen (analog § 95 Abs. 3 BetrVG).[109] Personelle Veränderungen sind wesentliche Änderung der Vorgesetztenfunktion des Betroffenen, die Beförderung zum leitenden Angestellten oder auch die Degradierung durch Entzug von Leitungsaufgaben[110], aber auch der Entzug oder die Übertragung von Prokura und sonstiger Handlungs- und Vertretungsvollmachten.[111] Auch eine Veränderung des Hierarchie-Gradings, an das zB die Größe eines Dienstwagens und/oder die Höhe von Bonuszahlungen oder die Teilnahme an Beteiligungsprogrammen anknüpft, kann eine mitwirkungspflichtige personelle Veränderung sein. Dies gilt auch für die Veränderung von Funktionen, die entweder zur Beförderung zu leitenden Angestellten oder zum Verlust der Eigenschaft als leitender Angestellter führen.[112] Von der Unterrichtungsverpflichtung des § 31 Abs. 1 SprAuG ist auch das **Ausscheiden** eines leitenden Angestellten aus dem Betrieb erfasst und zwar unabhängig davon, ob dies auf einem Aufhebungsvertrag, auf einem Ablauf der Befristung, einer Anfechtung oder auch einer Arbeitnehmer-/Arbeitgeberkündigung beruht.[113] Auch das Ausscheiden eines Arbeitnehmers durch Erreichung des gesetzlichen Rentenalters fällt unter die Informationspflicht.[114] Umstritten ist, in welchem Zeitpunkt der Sprecherausschuss bei Abschluss eines **Aufhebungsvertrages** mit leitenden Angestellten zu beteiligen ist. Teilweise wird vertreten, dass hier eine Information nach Vertragsabschluss ausreiche, weil der Sprecherausschuss in den Individualschutz nur dann eingeschaltet werde, wenn der leitende Angestellte dies wünsche. Unter Berücksichtigung des Wortlautes des § 31 Abs. 1 SprAuG kann dem nicht zugestimmt werden. Danach ist jede beabsichtigte personelle Veränderung eines leitenden Angestellten dem Sprecherausschuss rechtzeitig mitzuteilen und zwar unabhängig von dem Wunsch des leitenden Angestellten. Auch vor Abschluss eines Aufhebungsvertrages hat der Arbeitgeber deshalb den Sprecherausschuss rechtzeitig zu informieren.[115]

Der Sprecherausschuss ist **rechtzeitig** zu unterrichten, so dass ihm ausreichend Zeit zur Meinungsbildung bleibt und er noch Gelegenheit hat, auf die Entscheidung des Arbeitgebers Einfluss zu nehmen. Gerechtfertigt erscheint es, hier analog der Regelung in § 99 Abs. 3 Abs. 1 BetrVG im „Normalfall" eine Beteiligungsfrist von einer Woche einzuräumen.[116] Aber auch in Eilfällen muss der Sprecherausschuss so rechtzeitig eingebunden sein, dass er noch Gelegenheit hat, seine Anliegen und Einwände vorzubringen und ggf. auch den Betroffenen zu hören.

Der **Umfang** der Informationspflicht richtet sich nach dem Inhalt der personellen Maßnahme. Zu informieren ist über die Person des Betroffenen, die konkrete vorgesehene Änderung und ggf. die Tatsachen, die der Sprecherausschuss benötigt, um sich ein Bild von Unterstützungsmaßnahmen zu machen, die aus seiner Sicht notwendig werden könnten. Der Anspruch auf Zurverfügungstellung der für die Beurteilung der Maßnahme notwendigen Unterlagen richtet sich nach § 25 Abs. 2 S. 2 SprAuG. Bei Neueinstellungen hat der Arbeitgeber auf Aufforderung die Unterlagen des Bewerbers vorzulegen, glei-

---

[109] *Hromadka/Sieg* SprAuG § 31 Rn. 6.
[110] *Woltzke* DB 1989, 173 (177); ErfK/*Oetker* SprAuG § 31 Rn. 4; *Hromadka/Sieg* SprAuG § 31 Rn. 7.
[111] *Hromadka/Sieg* SprAuG § 31 Rn. 8; *Engels/Natter* BB-Beil. Heft 8/1989, 32.
[112] *Hromadka/Sieg* SprAuG § 31 Rn. 9.
[113] *Hromadka/Sieg* SprAuG § 31 Rn. 11; *Löwisch* SprAuG § 31 Rn. 7; Erfk/*Oetker* SprAuG § 31 Rn. 4.
[114] FJG/*Fischer* SprAuG § 31 Rn. 3, Schaub ArbR-HdB/*Koch* § 253 Rn. 4.
[115] ErfK/*Oetker* SprAuG § 31 Rn. 4 *Löwisch* SprAuG § 31. Rn. 6 aA Schaub ArbR-HdB/*Koch* § 253 Rn. 4.
[116] *Hromadka/Sieg* SprAuG § 31 Rn. 13.

ches gilt bei Beförderungsentscheidungen. Der Sprecherausschuss hat aber keinen Anspruch Vorlage des Arbeitsvertrages und/oder eines etwaigen Änderungsvertrages.[117]

79 Die Verpflichtung des Arbeitgebers nach § 31 Abs. 1 SprAuG bezieht sich nur auf eine reine **Mitteilung**. Ein Anspruch des Sprecherausschusses auf **Erörterung** der Maßnahmen besteht nicht.

80 Ein Verstoß gegen die Mitteilungspflicht nach § 31 Abs. 1 SprAuG kann als Ordnungswidrigkeit nach § 36 SprAuG geahndet werden.

3. Kündigung

81 **a) Anhörung.** Nach § 31 Abs. 2 S. 1 SprAuG hat der Arbeitgeber den Sprecherausschuss vor jeder Kündigung eines leitenden Angestellten zu hören. Hierbei hat er ihm nach § 31 Abs. 1 Abs. 2 S. 2 die Gründe für die Kündigung mitzuteilen. Hat der Sprecherausschuss gegen eine ordentliche Kündigung Bedenken, hat er diese gem. § 31 Abs. 2 S. 4 SprAuG spätestens innerhalb einer Woche nach Zugang der Mitteilung dem Arbeitgeber mitzuteilen. Bedenken gegen eine außerordentliche Kündigung hat der Sprecherausschuss unverzüglich, spätestens aber innerhalb von drei (Kalender-)Tagen dem Arbeitgeber mitzuteilen. Die Nichtäußerung des Sprecherausschusses innerhalb der Fristen gilt als Einverständnis, § 31 Abs. 2 S. 5 SprAuG. Eine ohne Anhörung des Sprecherausschusses ausgesprochene Kündigung ist unwirksam, § 31 Abs. 2 S. 3 SprAuG. Die Norm ist der Regelung in § 102 BetrVG nachgebildet. Die hierzu entwickelten Grundsätze zum Gegenstand der Unterrichtung, dem Zeitpunkt, den Inhalt, der Form, der Beschlussfassung durch den Sprecherausschuss und den Rechtsfolgen der fehlerhaften Anhörung gelten für das SprAuG gleichermaßen.[118] Der Sprecherausschuss muss über die Stellungnahme zu der Kündigung im Rahmen einer Sitzung beschließen.[119] Der Vorsitzende allein kann, wenn er vom Arbeitgeber über die beabsichtigte Kündigung informiert ist, demnach nicht unmittelbar zustimmen. Es ist es auch nicht möglich und zulässig, dass das Gremium den Vorsitzenden insoweit bevollmächtigt, allein eine Entscheidung zu treffen. Gleichermaßen unzulässig ist es, wenn ein Beschluss nur im Umlaufverfahren gefasst wird.[120]

82 Das in § 31 Abs. 2 S. 1 SprAuG vorgesehene Beteiligungsverfahren ist **nicht dispositiv,** dh der leitende Angestellte kann im Falle einer ihm gegenüber auszusprechenden Kündigung nicht auf die Beteiligung des Sprecherausschusses nach § 31 Abs. 2 SprAuG verzichten und vom Arbeitgeber auch nicht verlangen, dass die Beteiligung unterbleibt.[121]

83 Kritisch kann für den Arbeitgeber die Frage sein, ob im konkreten Fall der Sprecherausschuss oder der Betriebsrat zu hören ist, wenn unklar ist, ob der zu Kündigende als leitender Angestellter anzusehen ist. Die **Zuordnung** des leitenden Angestellten nach § 18a BetrVG ist in diesem Zusammenhang irrelevant. Sie schafft insbesondere keine Rechtsklarheit darüber, dass nicht der Betriebsrat, sondern der Sprecherausschuss nach § 31 SprAuG zu beteiligen ist.[122] Maßgebend für die Frage der Bestimmung des Status ist im Übrigen nicht der Zeitpunkt der letzten Betriebsratswahl und die in diesem Zusammenhang erfolgte Zuordnung (diese kann nach § 5 Abs. 4 Nr. 1 BetrVG nur ein Indiz für die Zuordnung sein), sondern der Status im Zeitpunkt der Ausspruches der Kündigung. Bisher war der Arbeitgeber gut beraten, sowohl den Sprecherausschuss als auch den Betriebsrat vor Ausspruch einer Kündigung eines Mitarbeiters zu hören, wenn Zweifel an dessen Zuordnung bestanden.[123] Mit Inkrafttreten der DSGVO zum 25.5.2018 und der

---

[117] *Hromadka/Sieg* SprAuG § 31 Rn. 18; *Löwisch* SprAuG § 31 Rn. 10; *ErfK/Oetker* SprAuG § 31 Rn. 5.
[118] BAG 27.9.2001 – 2 AZR 176/00, NZA 2002, 1277 = BeckRS 2001, 30208421; LAG Düsseldorf 3.2. 2012 BeckRS 2012, 66503; 1279f.; *Röder* NZA-Beil. 4/1989, 4 (8); *Buchner* NZA-Beil. 1/1989, S. 2 (18); *Dänzer/Vanotti* DB 1990, 41 (45); *ErfK/Oetker* SprAuG § 31 Rn. 6.
[119] *Hromadka/Sieg* SprAuG § 31 Rn. 35.
[120] *Hromadka/Sieg* SprAuG § 30 Rn. 35; aA *FJG/Fischer* § 13 Rn. 5, 11ff.
[121] *Hromadka/Sieg* SprAuG § 31 Rn. 25.
[122] *ErfK/Oetker* SprAuG § 31 Rn. 7; *Hromadka/Sieg* SprAuG § 31 Rn. 26; *Engels/Natter* BB-Beil. Heft 8/1989, 13.
[123] *Engels/Natter* BB-Beil. Heft 8/1989, 32; *Hromadka/Sieg* SprAuG § 31 Rn. 26.

Neuregelungen im BDSG ist insoweit allerdings Vorsicht geboten, denn jede Information des Betriebsrates oder Sprecherausschusses über eine beabsichtigte Kündigung enthält eine Vielzahl personenbezogener Daten über den betroffenen Mitarbeiter selbst (vor allem die Sozialdaten) ggf. aber auch entsprechende Daten von anderen Arbeitnehmern, vor allem dann, wenn es im Rahmen einer Kündigung aus dringenden betrieblichen Gründen um die Darlegung einer Sozialauswahl und die Darstellung der geringsten sozialen Schutzbedürftigkeit des zu Kündigenden geht. Die unvorsichtige Weitergabe an ein Gremium der Betriebsverfassung, das bei richtiger rechtlicher Bestimmung des zu kündigenden Arbeitnehmers an sich gar nicht zu beteiligen wäre, erfolgt bei einer vorsorglichen Information aller in Betracht kommenden Gremien ohne Rechtsgrund und stellt damit einen Verstoß gegen die in der DSGVO und im BDSG nF normierten strengen Datenschutzgrundsätze dar. Auch wenn die Mitglieder des Sprecherausschusses nach § 31 Abs. 3 S. 1 SprAuG zur besonderen Geheimhaltung der ihnen zur Kenntnis gelangten Daten verpflichtet sind, verbieten es die datenschutzrechtlichen Bestimmungen, leichtfertig und ohne Rechtsgrundlage ein Gremium der Betriebsverfassung sensible personenbezogene Daten mitzuteilen. Zukünftig wird der Arbeitgeber deshalb besonders gründlich zu prüfen haben, ob die Mitarbeiter der Gruppe der leitenden oder sonstigen Arbeitnehmer zuzuordnen sind.

Wie bei der Kündigung eines nicht leitenden Angestellten ist der Sprecherausschuss bei einer beabsichtigten außerordentlichen und hilfsweisen ordentlichen Kündigung zu beiden Kündigungsvarianten zu hören.[124] Gleiches gilt, wenn der Arbeitgeber eine Tat- und eine hilfsweise Verdachtskündigung aussprechen will. Wie auch bei einem nicht leitenden Angestellten kann der Arbeitgeber Kündigungsgründen im laufenden Prozess nachschieben, sofern er den Sprecherausschusses hierzu vorher anhört und die nachgeschobenen Gründe bereits im Kündigungszeitpunkt vorlagen, dem Arbeitgeber nicht bekannt waren.[125]

Die Verletzung von Beteiligungspflichten § 31 Abs. 2 SprAuG ist eine Ordnungswidrigkeit, wenn der Arbeitgeber wahrheitswidrig, unvollständig oder verspätet der Unterrichtungspflicht nachkommt. Zudem kann der betroffene leitende Angestellte im Rahmen des Kündigungsschutzprozesses die Unwirksamkeit der Kündigung wegen unterbliebener oder fehlerhafter Beteiligung des Sprecherausschusses rügen.

b) Widerspruch des Sprecherausschusses. Im Rahmen seiner Zuständigkeit kann der Betriebsrat gem. § 102 Abs. 3 BetrVG einer ordentlichen Kündigung widersprechen mit der Folge, dass der Arbeitnehmer einen Anspruch auf vorläufige Weiterbeschäftigung hat, § 102 Abs. 5 BetrVG. Das SprAuG hat diese Regelung nicht übernommen, weil der leitende Angestellte eine besondere Vertrauensstellung hat, mit der sich die Verpflichtung zur vorläufigen Weiterbeschäftigung allein wegen des Widerspruchs des Repräsentationsorgans nicht verträgt. Ein etwaiger Widerspruch des Sprecherausschusses hat demnach keine individualrechtliche Relevanz. Unbenommen ist es dem leitenden Angestellten aber, nach den von der Rechtsprechung entwickelten allgemeinen Regelungen außerhalb des § 102 Abs. 5 BetrVG eine vorläufige Weiterbeschäftigung durchzusetzen,[126] → § 32 Rn. 54. In der Regel wird man wohl aber annehmen, dass die Interessen der leitenden Angestellten auch bei einem erstinstanzlichen Obsiegen in einem Kündigungsschutzprozess aufgrund der besonderen Vertrauensstellung und Nähe zum Arbeitgeber, die leitende Angestellte haben, nicht überwiegen[127] und deshalb auch nach der Rechtsprechung des Großen Senates kein vorläufiger Weiterbeschäftigungsanspruch besteht.

---

[124] *Hromadka/Sieg* SprAuG § 31 Rn. 31, 32.
[125] BAG 11.4.1985 – 2 AZR 239/84, AP BetrVG 1972 § 102 Nr. 39 = BeckRS 9998, 149325; *Hromadka/Sieg* SprAuG § 31 Rn. 32.
[126] BAG 27.2.1985 – GS 1/84, NZA 1985, 702 = BeckRS 9998, 150642; BeckOK ArbR/*Rolfs* KSchG § 2 Rn. 117.
[127] *Bauer* NZA-Beil. 1/1989, 20 (28); *Löwisch* SprAuG § 31 Rn. 37; *Hromadka/Sieg* SprAuG § 31 Rn. 40; HWK/*Annuß/Girlich* SprAuG § 31 Rn. 5.

87 c) Einspruch des leitenden Angestellten. Ein **Einspruchsrecht** des leitenden Angestellten beim Sprecherausschuss entsprechend der Regelung, die nach § 3 KSchG dem Arbeitnehmer gegenüber dem Betriebsrat zusteht, sieht das SprAuG nicht vor. Für eine analoge Anwendung des § 3 KSchG auf leitende Angestellte ist kein Raum. Sinnwidrig wäre es, ein Einspruchsrecht des leitenden Angestellten beim Betriebsrat anzunehmen.[128] Dies hätte die unlogische Folge, dass der Betriebsrat, obwohl er vor Ausspruch der Kündigung nach § 105 BetrVG, nur zu informieren wäre – dies aber nicht so weitreichend wie in § 31 Abs. 2 SprAuG vorgesehen – systemwidrig bei einem Einspruch des leitenden Angestellten gegen seine Kündigung für die Durchsetzung der Belange des leitenden Angestellten zuständig wäre. Da es dem leitenden Angestellten jederzeit unbenommen bleibt, ein Gespräch mit dem Arbeitgeber einzufordern und ein Mitglied des Sprecherausschusses nach § 26 Abs. 1 SprAuG zur Unterstützung und Vermittlung im Rahmen einer Kündigung auch nach deren Ausspruch hinzuziehen, besteht auch keine Interessenlage, die eine analoge Anwendung des § 3 KSchG bei einer Kündigung eines leitenden Angestellten erfordert.[129]

4. Verschwiegenheitspflicht

88 Die Mitglieder des Sprecherausschusses sind nach § 31 Abs. 3 SprAuG verpflichtet, über die ihnen im Rahmen personeller Maßnahmen bekannt gewordenen persönlichen Verhältnisse und Angelegenheiten der leitenden Angestellten Stillschweigen zu wahren, soweit sie ihrer Bedeutung oder ihrem Inhalt nach einer vertraulichen Behandlung bedürfen. Sofern Mitglieder des Sprecherausschusses Kenntnis vom Inhalt der Personalakten erhalten, haben sie nach § 26 Abs. 2 S. 3 SprAuG absolutes Stillschweigen zu wahren, soweit sie nicht von dem leitenden Angestellten von dieser Verpflichtung entbunden sind. § 31 Abs. 3 SprAuG schützt alle sonstigen bekannt gewordenen, der besonderen Geheimhaltungsbedürftigkeit unterliegenden geschützten Daten, die dem Sprecherausschuss aufgrund seiner Mitwirkung bei personellen Angelegenheit bekannt geworden sind. Hierzu zählen ua Daten über die Gesundheit oder eine etwaige Behinderung des leitenden Angestellten, finanzielle Verhältnisse, familiäre Verhältnisse, Schwangerschaften, Vorstrafen oder auch den beruflichen und persönlichen Werdegang des leitenden Angestellten, sofern er nicht anderweitig bekannt gemacht worden ist, sowie auch die Vermögensverhältnisse und das bezogene Gehalt.[130] Erforderlich ist eine objektive Beurteilung, ob die persönlichen Verhältnisse und Angelegenheiten ihrer Bedeutung oder ihrem Inhalt nach vertraulich behandelt werden müssen. Maßgebliches Kriterium für die Beurteilung ist das individuelle Interesse des einzelnen leitenden Angestellten.

89 Die Verschwiegenheitspflicht besteht nicht gegenüber anderen Mitgliedern des Sprecherausschusses, des Gesamtsprecherausschusses, des Unternehmenssprecherausschusses, des Konzernsprecherausschusses und den Arbeitnehmervertretern im Aufsichtsrat, §§ 31 Abs. 3 iVm § 29 Abs. 1 S. 3 SprAuG. Für diese Mitglieder gilt zwar über § 31 Abs. 3 SprAuG nicht unmittelbar die Verpflichtung zum Stillschweigen der ihnen über andere Mitglieder des Gremiums oder anderer Sprecherausschussgremien anvertrauten Informationen; eine solche Verpflichtung kann aber aus § 35 Abs. 2 SprAuG hergeleitet werden. Die Verschwiegenheitsverpflichtung der Arbeitnehmervertreter im Aufsichtsrat folgt aus den §§ 116, 93 Abs. 1 AktG, § 52 GmbHG iVm § 93 Abs. 1 AktG. Aus der besonderen Sensibilität der Daten kann eine besondere Schutzpflicht für das Persönlichkeitsrecht des betroffenen leitenden Angestellten erwachsen, die abweichend von § 31 Abs. 3 S. 2 SprAuG eine Geheimhaltungspflicht auch gegenüber Mitgliedern der Sprecherausschussgremien und/oder der Arbeitnehmervertreter im Aufsichtsrat begründet. Eine solche besondere Sensibilität der Daten kann sich zB aus Erkenntnissen über gesundheitliche Be-

---

[128] AA *Löwisch* SprAuG § 31 Rn. 19.
[129] ErfK/*Oetker* SprAuG § 31 Rn. 9.
[130] *Hromadka/Sieg* SprAuG § 31 Rn. 45; *Löwisch* SprAuG § 31 Rn. 42.

einträchtigungen der betroffenen Person ergeben[131]; sie kann auch aus der besonderen Schutzpflicht gegenüber dem betroffenen leitenden Angestellten folgen, bspw. bei Bekanntwerden eines Ermittlungsverfahrens aufgrund des Verdachtes einer Straftat, die in keinem Zusammenhang mit der dienstlichen Tätigkeit steht.

Die Verletzung des Geheimnisses durch ein Mitglied eines Gremiums der Sprecherausschussverfassung ist nach § 35 Abs. 2 SprAuG strafbar. Die Tat wird nur auf Antrag des Verletzten verfolgt, § 35 Abs. 5 S. 1 SprAuG. Die Strafbarkeit von Mitgliedern des Aufsichtsrats richtet sich nach § 404 AktG. 90

Die in § 31 normierte Verschwiegenheitspflicht ist ein Schutzgesetz iSv § 823 Abs. 2 BGB. Bei einem Verstoß hiergegen können dem leitenden Angestellten uU Schadensersatzansprüche gegen den Handelnden zustehen. 91

VII. Wirtschaftliche Angelegenheiten

1. Allgemeines

Der Unternehmer hat den Sprecherausschuss nach § 32 SprAuG über die wirtschaftlichen Angelegenheiten des Unternehmens regelmäßig und über geplante Betriebsänderungen rechtzeitig zu unterrichten; den Ausgleich wirtschaftlicher Nachteile, die den leitenden Angestellten infolge geplanter Betriebsänderungen entstehen könnten, hat er mit dem Sprecherausschuss zu beraten.[132] 92

Die Information des Sprecherausschusses über wirtschaftliche Angelegenheiten erfolgt in Anlehnung an die Vorschriften des BetrVG, aber modifiziert. Nach § 106 BetrVG hat der Arbeitgeber in Unternehmen mit idR mit als 100 ständig Beschäftigten den Wirtschaftsausschuss, wenn er gebildet ist, rechtzeitig und umfassend über die wirtschaftliche Lage des Unternehmens unter Vorlage der entsprechenden Unterlagen zu unterrichten. Gibt es keinen Wirtschaftsausschuss, hat der Arbeitgeber in Unternehmen mit idR mehr als 20 wahlberechtigten Arbeitnehmern vierteljährlich die Arbeitnehmer zu unterrichten. Den Sprecherausschuss hat der Arbeitgeber nach § 32 SprAuG mindestens einmal im Kalenderhalbjahr über die wirtschaftlichen Angelegenheiten des Betriebes und des Unternehmens iSv § 106 Abs. 3 BetrVG zu unterrichten. In wirtschaftlichen Angelegenheiten erhält der Sprecherausschuss daher regelmäßig Einblick in die Verhältnisse des Betriebes und Unternehmens, wenn dadurch die Betriebs- oder Geschäftsgeheimnisse des Unternehmens nicht gefährdet werden. 93

Dieses Mitwirkungsrecht des Sprecherausschusses gilt ungeachtet dessen, dass leitende Angestellte häufig selbst die Entscheidungen in wirtschaftlichen Angelegenheiten mitgetragen oder -gestaltet haben und sie zugleich Mitglied des Wirtschaftsausschusses sein können. Der Unternehmer ist verpflichtet, die notwendigen Informationen dem Sprecherausschuss als Gremium zur Verfügung zu stellen, auch wenn der einzelne Arbeitnehmer aufgrund seiner Leitungsposition diese möglicherweise schon kennt. 94

Anders als bei § 106 BetrVG wird die Informationsverpflichtung des Arbeitgebers nicht erst bei einer Mindestzahl von leitenden Angestellten im Unternehmen ausgelöst. Es muss nur ein Sprecherausschuss existieren. Zuständig ist der betriebliche Sprecherausschuss, wenn ein Unternehmenssprecherausschuss gebildet ist, besteht die Informationsverpflichtung diesem gegenüber. 95

Nach § 32 Abs. 1 S. 1 1. Hs. SprAuG bezieht sich die Informationspflicht nicht nur auf das **Unternehmen,** sondern auch auf den **Betrieb.** Dies ist folgerichtig angesichts dessen, dass in der Regel der betriebliche Sprecherausschuss Adressat der Information ist. 96

Bei geplanten Betriebsänderungen muss der Unternehmer unter den in § 111 S. 1 BetrVG genannten Voraussetzungen den Betriebsrat über die geplante Betriebsänderung und die wesentlichen wirtschaftlichen Nachteile für die Belegschaft rechtzeitig unterrichten und die Maßnahme mit ihm beraten. Zudem ist das Interessenausgleichsverfahren 97

---

[131] *Hromadka/Sieg* SprAuG § 31 Rn. 47.
[132] Empirische Angaben bei *Luczak* S. 166 ff.

nach § 112 BetrVG und ggf. auch ein Sozialplanverhandlungsverfahren einzuleiten. Der Sprecherausschuss hat kein so weitreichendes Beteiligungsrecht, sondern nach § 32 Abs. 2 SprAuG lediglich einen Anspruch auf **Unterrichtung** und **Beratung,** wenn den leitenden Angestellten infolge der Betriebsänderung wirtschaftliche Nachteile entstehen könnten. Ein Anspruch auf Führung von **Interessenausgleichsverhandlungen** und/oder auch **Sozialplanverhandlungen** steht dem Sprecherausschuss indes nicht zu.

2. Unterrichtung über wirtschaftliche Angelegenheiten

98 a) **Wirtschaftliche Angelegenheiten.** Wirtschaftliche Angelegenheiten des Betriebes oder Unternehmens sind alle Vorgänge und Vorhaben, die die Interessen der Arbeitnehmer des Unternehmens oder des Betriebes wesentlich berühren könnten. Sie erfassen auch solche Informationen, die nicht unmittelbar die leitenden Angestellten treffen. Bei den in § 106 Abs. 3 Nrn. 1 bis 9a BetrVG genannten Informationen ist nicht zusätzlich zu prüfen, ob sie die Interessen der Arbeitnehmer des Unternehmens wesentlich berühren können. Zutreffend ist die Ansicht, dass dies bei allen dort genannten Informationen unterstellt werden kann.[133] Zu den in § 106 Abs. 3 BetrVG genannten wirtschaftlichen Angelegenheiten, über die auch der Sprecherausschuss zu informieren ist, gehören die Informationen über die wirtschaftliche und finanzielle Lage des Unternehmens (Nr. 1), die Produktions- und Absatzlage (Nr. 2), das Produktions- und Investitionsprogramm (Nr. 3), Rationalisierungsvorhaben (Nr. 4), Fabrikations- und Arbeitsmethoden, insbesondere die Einführung neuer Arbeitsmethoden (Nr. 5), Fragen des betrieblichen Umweltschutzes (Nr. 5a), die Einschränkung oder Stilllegung von Betrieben oder von Betriebsteilen (Nr. 6), die Verlegung von Betrieben oder Betriebsteilen (Nr. 7), der Zusammenschluss oder die Spaltung von Unternehmen oder Betrieben (Nr. 8), die Änderung der Betriebsorganisation oder des Betriebszwecks (Nr. 9) sowie die Übernahme des Unternehmens, wenn hiermit der Erwerb der Kontrolle durch den Übernehmer verbunden ist (Nr. 9a) sowie die in Nr. 10 genannten sonstigen Vorgängen und Vorhaben, die die Interessen der Arbeitnehmer des Unternehmens wesentlich berühren können. Zu den sonstigen Vorgänge und Vorhaben iSd Nr. 10 können auch Auswirkungen gehören, die für das Unternehmen von grundsätzlicher Bedeutung sind, auch für deren Existenz und die zukünftige Personalplanung. Beispielsweise sind dies Rechtsstreitigkeiten von grundsätzlicher Bedeutung und/oder mit einem hohen finanziellen Risiko für das Unternehmen oder auch vorhersehbare Entwicklungen auf dem Absatzmarkt.[134] Hierzu gehören auch zB Pilotprojekte über neue Dienstleistungen und/oder geplante Produkteinführungen oder neue Produktionsmethoden.[135] Im Bereich der leitenden Angestellten fällt hierunter auch ein geplanter Betriebsübergang oder Betriebsteilübergang, weil die Interessen der leitenden Angestellten hierdurch berührt werden können, auch wenn leitende Angestellte nicht unmittelbar von der Maßnahme betroffen sein müssen.[136]

99 Die Unterrichtungspflicht trifft das Unternehmen der operativen Einheit, in der die leitenden Angestellten beschäftigt sind. Diese muss nicht zwangsläufig mit dem Anstellungsträger der leitenden Angestellten identisch sein. Auf der Ebene des Unternehmers werden die wirtschaftlichen Ziele festgelegt und die wesentlichen unternehmerischen Entscheidungen getroffen. Vor allem in komplexeren Konzernstrukturen werden Arbeitsverhältnisse von Führungskräften teilweise auch bei Beteiligungsgesellschaften, die aber kein operatives Geschäft haben, angekoppelt. Sind die leitenden Angestellten in den Betrieb eines anderen – operativ tätigen – Unternehmens integriert, hat die Information

---

[133] Str., wie hier: *Fitting* § 106 Rn. 48; GK-BetrVG/*Oetker* § 106 Rn. 58; Richardi BetrVG/*Annuß* § 106 Rn. 38; aA HWGNRH/*Hess* BetrVG § 106 Rn. 32; wie hier: *Hromadka/Sieg* SprAuG § 32 Rn. 9.
[134] *Fitting* § 106 Rn. 131 mwN.
[135] BAG 11.7.2000 – 1 ABR 43/99, AP BetrVG 1972 § 109 Nr. 2 =BeckRS 2001, 561; weitere Beispiele: GK-BetrVG/*Oetker* § 106 Rn. 103 ff.
[136] *Hromadka/Sieg* SprAuG § 32 Rn. 26; GK-BetrVG/*Oetker* § 106 Rn. 111; ErfK/*Kania* BetrVG § 106 Rn. 17.

durch den dort verantwortlichen Unternehmer zu erfolgen. Bei Kapitalgesellschaften ist der gesetzliche Vertreter zur Übermittlung der nach § 32 SprAuG erforderten Informationen verpflichtet.

Als **Turnus** der regelmäßigen Unterrichtung sieht § 32 Abs. 1 S. 1 SprAuG eine Unterrichtung einmal im Kalenderhalbjahr vor. Die Regelung ist nicht abschließend. Ergeben sich auch zwischen den regelmäßigen Unterrichtungszeiträumen wesentliche Veränderungen in wirtschaftlichen Angelegenheiten, gebietet es der Grundsatz der vertrauensvollen Zusammenarbeit zwischen Sprecherausschuss und Arbeitgeber, dass unverzüglich eine Information an den Sprecherausschuss erfolgt.[137] **100**

Eine **gemeinsame Information** von Wirtschaftsausschuss und Sprecherausschuss ist zulässig, wenn dies aus Sicht des Unternehmers zweckmäßig erscheint.[138] **101**

Die Übermittlung der Information nach § 32 Abs. 1 S. 1 SprAuG kann grundsätzlich mündlich erfolgen. Das SprAuG sieht anders als § 106 Abs. 2 BetrVG keine ausdrückliche Verpflichtung des Unternehmers zur Vorlage der erforderlichen Unterlangen vor. Der Sprecherausschuss kann aber nach § 25 Abs. 2 S. 2 SprAuG verlangen, dass ihm der Unternehmer die **erforderlichen Dokumente** zur Verfügung stellt.[139] Selbst wenn man die Herleitung einen Rechtsanspruch auf Vorlage der erforderlichen Unterlagen aus § 25 Abs. 2 S. 2 SprAuG verneint, wird man in dem Sprecherausschuss jedenfalls analog der Regelung in § 106 Abs. 2 BetrVG einen Anspruch auf Vorlage der erforderlichen Informationen zuerkennen müssen. Es ist nicht ersichtlich, weshalb Mitglieder des Sprecherausschusses, dem leitende Angestellte mit in der Regel ausgeprägten wirtschaftlichen Kompetenzen und Mitspracherechten des Unternehmens angehören, schlechter gestellt werden sollen als Mitglieder des Wirtschaftsausschusses.[140] **102**

b) Unterrichtung. Unterrichtung bedeutet, dass der Unternehmer die Informationen übermitteln und erläutern muss, soweit dies zum Verständnis erforderlich ist. Aus § 32 Abs. 1 S. 1 SprAuG kann kein Anspruch des Sprecherausschusses auf Beratung oder Verhandlung mit dem Unternehmer über wirtschaftliche Angelegenheiten hergeleitet werden. Die dem Sprecherausschuss übermittelten Informationen kann der Sprecherausschuss aber nutzen, um nach § 25 Abs. 1 S. 1, 28 SprAuG eigeninitiativ den Unternehmer aufzufordern, Verhandlungen mit dem Sprecherausschuss zu führen. Eine Verpflichtung des Arbeitgebers, dem zu folgen, gibt es aber ebenso wenig wie einen erzwingbaren Mechanismus, zB über eine Einigungsstelle oder ein gerichtliches Verfahren, den Unternehmer zur Aufnahme von Verhandlungen zu zwingen. **103**

Ein Verstoß gegen die Unterrichtungspflicht aus § 32 Abs. 1 SprAuG kann als Ordnungswidrigkeit geahndet werden, § 36 Abs. 1 SprAuG. **104**

c) Ausnahmen. aa) Gefährdung von Betriebs- und Geschäftsgeheimnissen. Die Unterrichtungspflicht besteht nicht, wenn durch die Übermittlung der Informationen die **Betriebs- und Geschäftsgeheimnisse** des Unternehmens **gefährdet** werden, § 32 Abs. 1 S. 1 2. Hs. SprAuG. Nach § 29 Abs. 1 S. 1 SprAuG sind Mitglieder und auch Ersatzmitglieder des Sprecherausschusses ohnehin verpflichtet, Betriebs- oder Geschäftsgeheimnisse, die ihnen wegen ihrer Zugehörigkeit zum Sprecherausschuss bekannt und vom Arbeitgeber ausdrücklich als geheimhaltungsbedürftig bezeichnet worden sind, nicht zu offenbaren und nicht zu verwerten. Diese Verpflichtung gilt auch über die Amtszeit hinaus fort. In wirtschaftlichen Angelegenheiten hat der Gesetzgeber dem Arbeitgeber unter Berücksichtigung des besonderen Interesses an dem Schutz von Geschäfts- und Betriebsgeheimnissen noch einen weiteren Schutzmechanismus gegeben. Bei besonders sensiblen **105**

---

[137] *Hromadka/Sieg* SprAuG § 32 Rn. 51.
[138] *Hromadka/Sieg* SprAuG § 32 Rn. 51.
[139] ErfK/*Oetker* SprAuG 32 Rn. 7; NK-GA/*v. Steinau-Steinrück* SprAuG § 32 Rn. 1.
[140] *Hromadka/Sieg* SprAuG § 32 Rn. 52.

und vertraulichen wirtschaftlichen Daten ist der Unternehmer nicht nur darauf verwiesen, die Information als geheimhaltungsbedürftig zu bezeichnen, er muss sich von vornherein gar nicht erst offenbaren. Betriebs- und Geschäftsgeheimnisse sind zudem strafrechtlich besonders durch § 17 UWG geschützt.

106 Geschützte Geheimnisse sind beispielsweise geschützte geheimhaltungspflichtige Rezepturen in der Herstellung, Kundenlisten, Kalkulationsmethoden, Einkaufspreise, sofern sie nicht bekannt sind, nicht veröffentlichte Angaben aus den Jahresabschlüssen, Absatzplanung oder auch Produktionszeichnungen und geplante technische Entwicklungen oder auch geplante Vertragsabschlüsse.[141] Die Informationen müssen geschäftsbezogen sein. Es muss auch ein objektives Interesse an der Geheimhaltung bestehen. Zudem muss es sich um solche Tatsachen handeln, die nicht bereits offenkundig sind. Die Regelung in § 32 Abs. 1 S. 1 2. Hs. SprAuG entspricht der in § 106 Abs. 2 S. 1 2. Hs.

107 **bb) Tendenzbetrieb/-unternehmen.** Von der in § 32 Abs. 1 S. 2 SprAuG normierten Verpflichtung zur regelmäßigen Information des Sprecherausschusses über wirtschaftliche Angelegenheiten ausgenommen sind Unternehmen und Betriebe mit Tendenzschutz iSv § 118 Abs. 1 BetrVG. Darunter fallen Unternehmen und Betriebe, die unmittelbar und überwiegend politischen, koalitionsspezifischen, konfessionellen, karitativen, erzieherischen, wissenschaftlichen oder künstlerischen Bestimmungen (§ 118 Abs. 1 S. 1 Nr. 1 BetrVG) dienen oder Zwecken der Berichterstattung oder Meinungsäußerung, auf die Art. 5 Abs. 1 S. 2 GG Anwendung findet (§ 118 Abs. 1 S. 1 Nr. 2 BetrVG). Die Beschränkungen der Informationspflicht des Unternehmers gegenüber dem Sprecherausschuss und dem Wirtschaftsausschuss in Tendenzunternehmen sind insoweit identisch.[142] Unter § 118 Abs. 1 S. 1 Nr. 1 BetrVG fallen zB politische Parteien, wirtschafts- und sozialpolitische Vereinigungen[143], Gewerkschaften und Arbeitgebervereinigungen sowie deren Einrichtungen, soweit sie auch im Tendenzbereich tätig sind, sowie alle gemeinnützigen Unternehmen ohne Gewinnstreben.

108 Auf Religionsgemeinschaften und ihre karitativen und erzieherischen Einrichtungen findet das Sprecherausschussgesetz insgesamt keine Anwendung, § 1 Abs. 2 Nr. 2 SprAuG. Auch dies deckt sich mit der Regelung im BetrVG, in § 118 Abs. 2 BetrVG.

109 Unternehmen der Berichterstattung und Meinungsäußerung iSv § 118 Abs. 1 S. 1 Nr. 2 BetrVG sind Zeitungsverlage, Fernseh- und Radiostationen sowie sonstige Betriebe der Berichterstattung und Meinungsäußerung. Unternehmen, die ausschließlich Werbezwecke verfolgen, sei es durch die Produktion von Anzeigenblättern, oder auch das Produzieren von Erzeugnissen, die nicht der Meinungsäußerung dienen (zB Telefonverzeichnisse, Formularbücher pp.), fallen nicht unter die Ausnahmeregelung für Tendenzunternehmen, denn sie verfolgen keine tendenziellen Zwecke. Bei Betrieben mit Mischcharakter, zB Betriebe und Unternehmen mit einem Verlag und einer Druckerei, kommt es darauf an, ob die Tendenz überwiegt, dh der Zweck der Meinungsäußerung oder die geistig-ideale Aufgabe dem Unternehmen oder Betrieb das Gepräge gibt. Entscheidend für die Abgrenzung sind nach der überwiegend vertretenen Ansicht die quantitativen Merkmale wie zB Arbeitnehmerzahlen, Umsatz- und Investitionsbereiche.[144] Ob dies richtig ist, ist fraglich, denn das Gepräge eines Betriebs oder Unternehmens wird letztlich auch bestimmt durch das Herstellungsergebnis. Gerade in dem vorgenannten Beispiel (Zeitungsverlag mit angeschlossener Druckerei) gibt das Herstellungserzeugnis, die Zeitung, der Organisationseinheit, in der es hergestellt wird, das Gepräge. Demnach kann für Mischbetriebe nicht allein entscheidend sein, wo der Großteil der Mitarbeiter beschäftigt

---

[141] Ausführlich MüKoUWG/*Bramsen* UWG § 17 Rn. 9 ff.
[142] *Goldschmidt* Rn. 322; *Hromadka/Sieg* SprAuG § 32 Rn. 32.
[143] *Richardi* BetrVG/*Thüsing* § 118 Rn. 49.
[144] BAG 30.6.1981 – 1 ABR 30/79, NJW 1982, 125 = BeckRS 9998, 149479; *Löwisch* SprAuG § 32 Rn. 38; *Hromadka/Sieg* SprAuG § 32 Rn. 33, 49.

VII. Wirtschaftliche Angelegenheiten 110–113 § 312

ist. Es kommt vielmehr darauf an, wo der Kernbereich des unternehmerischen Produktes erstellt wird.

3. Betriebsänderung
a) Unterrichtung. Nach § 32 Abs. 2 SprAuG hat der Unternehmer den Sprecherausschuss über geplante Betriebsänderungen iSv § 111 BetrVG, die auch wesentliche Nachteile für die leitenden Angestellten zur Folge haben können, rechtzeitig und umfassend zu unterrichten. Teilweise wird aus dem uneingeschränkten Verweis in § 32 Abs. 2 S. 1 SprAuG auf § 111 BetrVG geschlossen, dass eine Unterrichtungspflicht des Sprecherausschusses nur besteht, wenn die in § 111 BetrVG vorgeschriebene Mindestgröße von 20 Arbeitnehmern in dem betroffenen Unternehmen erreicht ist.[145] Dem ist nicht zu folgen. Da die Unterrichtungspflicht des Unternehmers über Betriebsänderungen in § 32 Abs. 2 S. 1 SprAuG ausschließlich auf die Belange der leitenden Angestellten ausgerichtet und im Übrigen das Bestehen der Informationspflicht in § 32 SprAuG ausdrücklich nicht an eine Mindestgröße des Unternehmens gekoppelt ist, ist kein Grund ersichtlich, weshalb die Unterrichtungspflicht des Unternehmers gegenüber dem Sprecherausschuss bei einer Betriebsänderung nur im Unternehmen mit einer bestimmten Mindestgröße an Arbeitnehmern einsetzen soll.[146] 110

Der Begriff der **Betriebsänderung** ist in § 111 S. 3 BetrVG definiert. Danach gelten als Betriebsänderung jede Einschränkung, Stilllegung oder Verlegung des ganzen Betriebes oder von wesentlichen Betriebsteilen, der Zusammenschluss mit anderen Betrieben oder die Spaltung von Betrieben, grundlegende Änderungen der Betriebsorganisation, des Betriebszweckes oder der Betriebsanlagen sowie die Einführung grundlegend neuer Arbeitsmethoden und Fertigungsverfahren. 111

Während die Unterrichtungspflicht des Unternehmers gegenüber dem Betriebsrat bei den in § 111 S. 3 BetrVG genannten Betriebsänderungen ohne Prüfung der Frage eintritt, ob die Änderungen wesentliche Nachteile für die Belegschaft oder erhebliche Teile der Belegschaft zur Folge haben können, weil dies unwiderlegbar vermutet wird,[147] setzt die Unterrichtungspflicht des Sprecherausschusses bei Betriebsänderungen, auch solchen iSv § 111 S. 3 BetrVG, nach § 32 Abs. 2 S. 1 SprAuG nur ein, wenn die geplante Betriebsänderung wirtschaftliche Nachteile für die leitenden Angestellte zur Folge haben kann. Dies wird nicht ohne weiteres vermutet, sondern muss im Einzelfall geprüft werden.[148] Nicht erforderlich ist der Nachweis, dass die Interessen der leitenden Angestellten durch die Betriebsänderung auch berührt werden, es reicht die Möglichkeit, dass wesentliche Nachteile für die leitenden Angestellten entstehen könnten. Bei einer Personalabbaumaßnahme wird man aufgrund der Auswirkungen auf Hierarchiestrukturen idR immer annehmen, dass die Interessen der leitenden Angestellten betroffen sind, wenn sich der Abbau auf Bereiche bezieht, die der Leitung eines leitenden Angestellten unterstehen, auch wenn leitende Angestellte selbst vom Arbeitsplatzabbau nicht erfasst sind. Ausreichend für das Auslösen der Unterrichtungspflicht ist es, wenn solche Nachteile für die leitenden Angestellten zu erwarten sind.[149] 112

Die Unterrichtung hat **rechtzeitig** und **umfassend** zu erfolgen. Die Überlegungen des Unternehmers müssen sich bereits konkretisiert haben, sie dürfen aber noch nicht abgeschlossen sein. Der Sprecherausschuss muss noch Gelegenheit haben, sich mit den Planungen auseinander zu setzen, um etwaige Vorschläge unterbreiten zu können.[150] 113

---

[145] *Hromadka/Sieg* SprAuG § 32 Rn. 56; *Goldschmidt* Rn. 253.
[146] *Oetker* ZfA 1990, 43 (75); ErfK/*Oetker* SprAuG § 32 Rn. 8; *Kramer* NZA 1993, 1024 (1026).
[147] BAG 16.6.1987 – 1 ABR 41/85, AP BetrVG 1972 § 111 Nr. 19 = NZA 1987, 671.
[148] *Oetker* ZfA 1990, 43 (75); *Löwisch* SprAuG § 32 Rn. 43; *Hromadka/Sieg* SprAuG § 32 Rn. 77; ErfK/ *Oetker* SprAuG § 32 Rn. 9.
[149] HWK/*Annuß/Girlich* SprAuG § 32 Rn. 6; *Hromadka/Sieg* SprAuG § 32 Rn. 77.
[150] BAG 14.9.1976 – 1 AZR 784/75, DB 1977, 309; *Goldschmidt* Rn. 256.

114 **Wirtschaftliche Nachteile** sind zB Gehaltseinbußen und ein Herabstufen in der Hierarchieebene, wenn dieser Statusverlust bspw. Folgen für die Dienstwagengröße und/oder auch die Teilnahme an Bonusprogrammen oder Aktienprogrammen zur Folge haben kann. Zu der Begriffsdefinition kann auf die zu § 111 BetrVG entwickelten Grundsätze verwiesen werden, → § 345 Rn. 1 ff.

115 Das in § 32 Abs. 2 S. 1 SprAuG normierte Unterrichtungsrecht erstreckt sich auf alle Informationen, die mit der Betriebsänderung zusammenhängen. Es kommt nicht nur auf die Information an, die Nachteile für die leitenden Angestellten mit sich bringen. Der Unterrichtungsanspruch ist vielmehr umfassend.

116 b) Beratung. § 32 Abs. 2 S. 2 SprAuG verpflichtet den Unternehmer, mit dem Sprecherausschuss, wenn infolge der geplanten Betriebsänderung wirtschaftliche Nachteile für die leitenden Angestellten entstehen, über Maßnahmen zum Ausgleich oder zur Milderung dieser Nachteile zu beraten. **Beratung** erfordert das Führen ernsthafter konstruktiver Gespräche mit dem Sprecherausschuss. Das Beratungsrecht erstreckt sich nur auf den Ausgleich der **wirtschaftlichen Nachteile.** Eine Verpflichtung des Unternehmers zur Einigung mit dem Sprecherausschuss besteht nicht, insbesondere besteht auch keine Verpflichtung zur Verhandlung oder zum Abschluss eines **Sozialplanes.** Während ein solcher unter den in § 112a BetrVG genannten Voraussetzungen für den Betriebsrat über das Einigungsstellenverfahren erzwingbar ist, ist der Sprecherausschuss darauf verwiesen, in den Beratungen den Unternehmer davon zu überzeugen, mit ihm eine verbindliche Vereinbarung zum Ausgleich der wirtschaftlichen Nachteile für die leitenden Angestellten zu treffen. De Sprecherausschuss kann sich im Falle einer umfassenden Betriebsänderung, die die gesamte Belegschaft des Betriebes betrifft, auch nicht darauf berufen, dass mit dem Betriebsrat ein Sozialplan vereinbart wurde. Ein Anspruch auf Gleichbehandlung der leitenden Angestellten und/oder des Sprecherausschusses gibt es insoweit nicht.[151] Der Gleichbehandlungsgrundsatz gilt nur innerhalb der Gruppe der leitenden Angestellten, nicht aber zwischen den einzelnen Organen der Betriebsverfassung oder zwischen leitenden Angestellten und den übrigen Arbeitnehmern, für die über § 112a BetrVG der Abschluss eines Sozialplanes erzwingbar sein kann.[152]

117 Der Sprecherausschuss hat keinen Anspruch darauf, mit dem Unternehmer auch über die Grundentscheidung zur Durchführung der Betriebsänderung oder auch die Art und Durchführung der Betriebsänderung zu beraten,[153] er hat erst Recht keinen Anspruch auf Verhandlung eines Interessenausgleichs.

118 Freiwillige Vereinbarungen zwischen Sprecherausschuss und Arbeitgeber nach den §§ 28 Abs. 1 oder Abs. 2 SprAuG über den Ausgleich oder die Milderung der wirtschaftlichen Nachteile einer Betriebsänderung sind jederzeit möglich. Alles was Inhalt von Sozialplänen zwischen Arbeitgeber und Betriebsrat iSv § 112 BetrVG sein kann, kann auch zwischen Sprecherausschuss und Arbeitgeber in einer Sprecherausschussvereinbarung geregelt werden.[154] Häufiger Anwendungsfall einer solchen freiwilligen Sozialplanregelung zwischen Arbeitgeber und Sprecherausschuss sind Vereinbarungen über die Zahlung von Abfindungen.[155] Dem Verhandlungsgeschick des Sprecherausschusses bleibt es auch vorbehalten, ob es ihm gelingt, nach § 28 Abs. 1 SprAuG lediglich eine unverbindliche Richtlinie zu vereinbaren, oder dieser nach § 28 Abs. 2 SprAuG eine Verbindlichkeit zu verleihen.[156]

---

[151] BAG 16.7.1985 – 1 AZR 206/81, NZA 1985, 713 = BeckRS 9998, 149422; *Hromadka/Sieg* SprAuG § 32 Rn. 83.
[152] BAG 16.7.1985 – 1 AZR 206/81, NZA 1985, 713 = BeckRS 9998, 149422; *Hromadka/Sieg* SprAuG § 32 Rn. 94.
[153] *Hromadka/Sieg* SprAuG § 32 Rn. 82.
[154] ErfK/*Oetker* SprAuG § 32 Rn. 10; *Löwisch* SprAuG § 32 Rn. 62.
[155] *Löwisch* SprAuG § 32 Rn. 64.
[156] *Dänzer/Vanotti* DB 1990, 41 (46); *Bauer* NZA-Beil. 1/1989, 20 (29).

4. Zuständiges Organ

Zuständig für die Unterrichtung und Beratung nach § 32 Abs. 2 BetrVG ist der betriebliche Sprecherausschuss oder dann, wenn ein solcher gebildet ist, der Unternehmenssprecherausschuss. Der Gesamtsprecherausschuss ist ausnahmsweise nur zuständig, wenn die Betriebsänderung mehrere Betriebe betrifft (zB durch Verlagerung von Betriebsteilen) und die Angelegenheit nicht durch die einzelnen betrieblichen Sprecherausschüsse innerhalb der betroffenen Betriebe geregelt werden können und es deshalb ein zwingendes Bedürfnis nach einer einheitlichen Regelung auf der Ebene der Unternehmensleitung gibt. Denkbar ist es, dass die betrieblichen Sprecherausschüsse den Gesamtsprecherausschuss einen Verhandlungsauftrag nach § 18 Abs. 2 SprAuG erteilen, um einheitliche Regelungen für alle betreffenden Betriebe zu bewirken oder auch um Kompetenzstreitigkeiten zu vermeiden.[157]

Eine Verletzung der Unterrichtungspflicht nach § 32 Abs. 2 S. 1 SprAuG kann als Ordnungswidrigkeit nach § 36 Abs. 1 geahndet werden. Die Verletzung der Beratungspflicht nach § 32 Abs. 2 S. 2 SprAuG ist keine Ordnungswidrigkeit. Der Sprecherausschuss hat bei einer Verletzung der Pflicht auch keinen Anspruch gegen den Unternehmer auf Unterlassung der geplanten Betriebsänderung.[158]

VIII. Verletzung von Mitwirkungsrechten und Streitigkeiten

1. Verfahrensart bei Streitigkeiten

Streitigkeiten im Zusammenhang mit den Mitwirkungsrechten des Sprecherausschusses sind grundsätzlich im arbeitsgerichtlichen Beschlussverfahren auszutragen, §§ 2a Abs. 1 Nr. 2, 80 ff. ArbGG. Dies gilt insbesondere für Streitigkeiten über das Bestehen, den Umfang und die ordnungsgemäße Erfüllung der Mitwirkungsansprüche. Die Durchsetzung einer Rechtsposition mittels einer einstweiligen Verfügung setzt das Bestehen eines Verfügungsanspruches und Verfügungsgrundes voraus. Insofern gelten die allgemeinen prozessualen Grundsätze des arbeitsgerichtlichen Verfahrens, §§ 85 Abs. 2 ArbGG iVm den §§ 940 ff. ZPO. Aus einem rechtskräftigen Beschluss, der dem Arbeitgeber eine Verpflichtung auferlegt, findet die **Zwangsvollstreckung** statt, § 85 Abs. 1 S. 1 ArbGG

Individualrechtliche Ansprüche der leitenden Angestellten, insbesondere nach § 26 SprAuG, sind im arbeitsgerichtlichen Urteilsverfahren zu verfolgen, §§ 2 Abs. 1 Nr. 3a, Abs. 2, 46 ff. ArbGG). Dies gilt auch, soweit sich die Ansprüche aus Sprecherausschussvereinbarungen iSd § 28 Abs. 2 SprAuG ergeben.

2. Erreichbares Ziel

Der Sprecherausschuss hat anders als der Betriebsrat, dem ein solches Recht in bestimmten Fällen zuerkannt wird, bei unzureichender oder fehlerhafter Erfüllung der Beteiligungsverpflichtung keinen Anspruch gegen den Arbeitgeber auf **Unterlassung** der geplanten Maßnahmen bis zur Erfüllung seiner Beteiligungsrechte.[159] Er kann und muss einen Anspruch auf Unterrichtung, Anhörung oder Beratung geltend machen und nötigenfalls eine einstweilige Verfügung durchsetzen. Dabei ist allerdings darauf zu achten, dass die einstweilige Verfügung nicht weiter gehen darf, als es dem im Streit befindlichen Mitbestimmungsrecht entspricht. Da der Sprecherausschuss maximal einen Anspruch auf Beratung einer geplanten Maßnahme hat und in einigen Bereichen nur ein Informations- oder Anhörungsrecht, kann eine einstweilige Verfügung den Arbeitgeber in der Regel nur zur Unterrichtung, Anhörung oder Beratung verpflichten, nicht aber ihm die Durchfüh-

---

[157] BFJ/*Fischer* SprAuG § 32 Rn. 4.
[158] AR/*Maschmann* SprAuG § 32 Rn. 1; HWK/*Annuß/Girlich* SprAuG § 32 Rn. 9; ErfK/*Oetker* SprAuG § 32 Rn. 12; Hromadka/*Sieg* SprAuG § 32 Rn. 101.
[159] *Hromadka/Sieg* § 30 Rn. 34; *Bauer* § 30 Anm. 4; Erfk/*Oetker* SprAuG § 30 Rn. 8; NK-GA/*v. Steinau-Steinrück* SprAuG § 30 Rn. 5; *Buchner* NZA-Beil. 1/1989, 2 (18); aA wohl *Löwisch* SprAuG § 30 Rn. 16.

3. Besondere Sanktionen

124 Eine unmittelbare Auswirkung des Verstoßes gegen Mitwirkungsrechte des Sprecherausschusses ist nur in § 31 Abs. 2 S. 3 SprAuG vorgesehen, wonach **Kündigungen** ohne vorherige Anhörung des Sprecherausschusses **unwirksam** sind. Im Übrigen hat die Verletzung von Mitwirkungsrechten keine Auswirkungen auf die individualrechtliche Ebene. Die Nichterfüllung von Unterrichtungs- oder Mitteilungspflichten gem. §§ 30 S. 1, 31 Abs. 1, 32 Abs. 1 S. 1 oder Abs. 2 S. 1 SprAuG kann aber als **Ordnungswidrigkeit** gem. § 36 SprAuG zu ahnden sein. Die bewusste und beharrliche Missachtung von Mitwirkungsrechten kann außerdem den **Straftatbestand** der Behinderung der Amtsausübung gem. § 34 SprAuG erfüllen.

---

[160] *Buchner* NZA-Beil. 1/1989, 2 (18); *Hromadka/Sieg* § 30 Rn. 34; *Bauer* § 30 Anm. 4; *Oetker* ZfA 1990, 43 (77); aA wohl *Löwisch* § 30 Rn. 16.
[161] *Oetker* BB 1990, 2181 (2186).

Sachverzeichnis

Die fett gedruckten Ziffern bezeichnen die Paragrafen, die mageren Ziffern die Randnummern. Kursiv gedruckte Stichworte bezeichnen Unterstichworte zu vorangehenden Stichworten sowie Verweise auf andere Stichworte.
Erstellt von Dr. Martina Schulz.

13. Monatsgehalt, Elternzeit **192** 22; Fälligkeit **66** 1, 8
50-50-Unternehmen, Konzernbildung **25** 53f.
Abberufung, Betriebsausschussmitglieder **293** 51; Einigungsstellenmitglieder **308** 70; Gesamtbetriebsratsmitglieder **300** 115; Gesamtsprecherausschussmitglieder **311** 128; Konzern-Jugend- und Auszubildendenvertreter **306** 34; Konzernbetriebsratsmitglieder **302** 86; Konzernsprecherausschussmitglieder **311** 170; Wirtschaftsausschussmitglieder **307** 105
Abfallgesetz, Betriebsbeauftragte für Abfall **174** 73
Abfindung, Angemessenheitskontrolle **134** 31; Anspruchsentstehung **133** 13; Arbeitsentgelt **60** 6; **62** 70; Arbeitslosengeld, Ruhen **29** 102; Aufhebungsvergleich **134** 14f.; Aufhebungsvertrag **135** 17f., 22; Auflösungsantrag **132** 42ff.; Besteuerung **62** 5, 16; **132** 49; **133** 16; **134** 16; **135** 31; betriebliche Altersversorgung **202** 109; Betriebsübergang **142** 122; echte **62** 70; Entlassungsentschädigung **60** 6; Fälligkeit **133** 13, 15; Fünftelungsregelung **132** 49; **134** 16; Hinweis des Arbeitgebers **133** 7ff.; Höchstgrenze **132** 44ff.; Höhe **133** 14; Individualnormen **240** 7; Insolvenzforderung **75** 15; Kündigung, betriebsbedingte **132** 1f.; **133** 1ff.; Kündigung nach KSchG **108** 47; **111** 6f.; Kündigung, unwirksame **111** 13; Monatsverdienst **132** 45; Pfändungsschutz **74** 81; Rationalisierungsschutzabkommen **133** 17; Sozialplan **133** 17; Sozialversicherung **132** 50f.; **133** 16; **134** 17; Tarifmacht **236** 53; unechte **62** 70; Vergleich, gerichtlicher **101** 29; Verjährung **133** 15; Verzug **133** 15
Abfindungsanspruch, Arbeitsverhältnis, Auflösung durch Urteil **132** 1; Kündigung, betriebsbedingte **132** 1; Kündigungsschutz **107** 10; Kündigungsschutzprozess, anhängiger **132** 4ff.; Nachteilsausgleich **132** 1; Sozialplan **132** 1; Vererblichkeit **40** 9
Abfindungsvergleich, Vorleistung **134** 27
Abführungspflicht, Vergütung **224** 28f.
Abgeordnete, Behinderungsverbot **129** 69, 72f.; Kündigungsverbot **109** 44; **110** 56, 60; **113** 102; **129** 72f.
Abgeordnetenfreiheit, Mandatsausübung **129** 69
Ablaufdaten, Eingliederungsmanagement **113** 39
Ablöseprinzip, Tarifvertrag **256** 6; **260** 15; Tarifwerk **256** 7; Teilablösung **260** 16
Ablösungsprinzip, Betriebsvereinbarung **101** 24; Kollektivverträge **63** 3; **101** 23
Abmahnung, Abmahnungsberechtigung **114** 30; Androhung von Folgen **114** 24, 35; Anhörung des Arbeitnehmers **114** 28; antizipierte **114** 38; Ausschlussfristen **114** 40; Begriff **114** 22; **124** 20; Beschwerderecht **114** 48; Beseitigungsanspruch **114** 49ff.; Bestimmtheit **114** 23f.; Betriebsratsbeteiligung **114** 29; betriebsverfassungsrechtliche **297** 9; Beweislast **114** 63; Darlegungslast **114** 63; Datenspeicherung **96** 53; Diskriminierung durch Arbeitnehmer **16** 140; Dokumentationsfunktion **114** 21; Entbehrlichkeit **114** 34, 36; **124** 21; Entfernung aus der Personalakte **114** 26, 49ff.; Erforderlichkeit **114** 34; Feststellungsklage **114** 53; Form **108** 7; **114** 27; **124** 20; Gegendarstellung **114** 48; Gegenrechte **114** 48f.; Gleichbehandlungsgrundsatz **14** 53; Kenntnis des Arbeitnehmers **114** 39; Kündigung, personenbedingte **113** 22, 69; Kündigungsandrohung **108** 2; Kündigungsverzicht **108** 24; **114** 42; Mehrzahl von Vorwürfen **114** 26; Minderleistung **43** 67; Personalakten **95** 4, 24; **124** 20; *Streitwert* **95** 26; Pflichtenverstoß **114** 31; **124** 20ff.; *gleichartiger* **114** 43f.; Rechtsnatur **114** 39; Rücksichtnahmepflichten **56** 8; Rügefunktion **114** 21, 23, 31, 39; Sammelabmahnung **114** 49; Schlechtleistung **43** 67; Schutzpflichten **56** 8; Streikteilnahme **276** 44; Untätigkeit, pflichtwidrige **43** 67; Verhältnismäßigkeit **114** 31, 33; Verhältnismäßigkeitsprinzip **101** 32; **124** 7; Vertragspflichtverletzung **114** 33, 36f.; Verwirkung **114** 41; vorweggenommene **114** 38; Warnfunktion **114** 21, 23f., 28, 31, 39, 46; weitere Abmahnungen **114** 43f.; Widerruf enthaltener Äußerungen **114** 52; Zugang **114** 39; Zweck **114** 36
Abordnung, Arbeitnehmer **13** 136; **25** 10; Beamte **19** 59; Zuweisung, vorübergehende **40** 42
Abordnungsklausel, Arbeitsort, Wechsel **40** 57
Abrechnung, Arbeitsverhältnis, laufendes **39** 52; Textform **39** 52
Abrufarbeit, Abruffrist **44** 22f.; **45** 30ff.; *Unwirksamkeit* **45** 41ff.; *Verkürzung* **45** 32, 40; Ankündigung **45** 30ff.; *Umdeutung* **45** 32, 42; *Zugang* **45** 34; Arbeitszeit, Übertragung **45** 25; Arbeitszeitflexibilisierung **44** 19; Arbeitszeitverteilung **44** 21; **45** 5ff.; Bandbreitenregelungen **40** 98; **45** 5ff.; Berufsausbildungsverhältnis **45** 11; Betriebsvereinbarung **45** 13; Deputat, variables **45** 14ff.; *Nichtausschöpfung* **45** 25; Entgeltfortzahlung im Krankheitsfall **45** 60f.; Feiertagsvergütung **45** 58f.; **50** 207f.; Freizeitperioden **50** 167; Leiharbeit **145** 118; Leistungsbestimmungsrecht **45** 2f.; Mehrarbeit **45** 26ff., 57; Mindestarbeitszeit **40** 98; Mindestsatzdauer **45** 2, 14f., 18, 47ff.; Nebenpflichten **45** 29; Richtigkeitsgewähr **45** 5; Tariföffnungsklausel **45** 4; Tarifvertrag **45** 13; Teilzeitarbeit **40** 70, 89; **50** 298f.; Telearbeit zu Hause **201** 12; Überstunden **45** 26ff.; Urlaub **45** 64f.; Verbot eines flexiblen Deputats **44** 22; **45** 2, 4; Vereinbarung **44** 22; **45** 12; Verfügbarkeit des Arbeitnehmers **45** 36ff.; Vergütung **45** 53ff.; **50** 167; Verhinderung, persönliche **45** 62f.; Vertrauensschutz **44** 21; Vollzeitbeschäftigung **45** 9f.; Weisungsrecht des Arbeitgebers **45** 1, 24; Wochenarbeitszeit **45** 14
Absatzplanung, Unternehmensplanung **28** 9
Abschlagszahlung, Entgeltvorauszahlung **67** 19; **69** 11; Pfändungsschutz **74** 102; Rückgewähr **69** 12
Abschlussbedingungen, Tarifmacht **230** 7; Tarifwerk **225** 6
Abschlussfreiheit, Arbeitsvertrag **2** 4
Abschlussgebote, Auswahlkriterien **239** 38; Einstellungsanspruch **239** 39; Kontrahierungszwang **239** 36ff.; Vertragsschluss **239** 34
Abschlussnormen, Betriebsübergang **247** 20; Individualnormen **239** 1, 33ff.; Nachwirkung **261** 29
Abschlussverbote, arbeitsvertragliche **32** 191; Arbeitsvertragsfreiheit **239** 45; Arbeitsvertragsschluss **239**

1565

Sachverzeichnis

Magere Ziffern = Randnummern

43 ff.; Gesundheitsschutz 239 44 f.; Günstigkeitsprinzip 253 21 f.; Kinderarbeit 32 1; Nichtigkeitsfolge 239 43; Verbotsgesetzeigenschaft 32 7; Vertragsfreiheit 31 16, 28, 43 f.; Vertragsschluss 32 5
Abspaltung, Begriff 142 207; Unternehmensmitbestimmung, Fortgeltung nach Umwandlung 26 101; Unternehmensumwandlung 26 2, 8, 10
Absperrklauseln, Koalitionsfreiheit, negative 237 21
Abstammung, Benachteiligungsverbot 14 30; 15 6; Diskriminierungsschutz 15 3
Abstandsklauseln, AT-Angestellte 20 70; Tarifmacht 237 22
Abteilungsstilllegung, Funktionsträger, Kündigung 127 71 ff.
Abteilungsversammlung, Betriebsteil, abgegrenzter 299 7, 9; Betriebsversammlung 298 8; 299 6 ff.; Einberufung 299 7, 10; Erforderlichkeit 299 8 f.; Leitung 299 41 ff.; Teilnahmerecht 299 31; Teilversammlung 299 6; Vollversammlung 299 6; Zeitpunkt 299 13; Zutrittsrecht zum Betrieb 289 7
Abtretung, Entgeltanspruch 73 1; *Unpfändbarkeit* 73 3 ff.; Insolvenzgeld 73 4; Lohnforderung an Gewerkschaft 73 4
Abtretungsklauseln, Inhaltskontrolle 73 2
Abtretungsverbot, Dienstleistungsanspruch 40 13; Kollisionsrecht 13 100; Personenbezogenheit 40 13 f.
Abwasserentsorgungsbetriebe, biologische Arbeitsstoffe 179 71
Abwehraussperrung, Arbeitskampfgarantie 220 44 ff.; Arbeitskampfmittel 265 13; 266 4; 274 1; Diskriminierungsverbot 220 110; Streik, rechtmäßiger 274 6 ff.; Streik, rechtswidriger 274 9; Tarifgebiet 274 7; Verhältnismäßigkeitsprinzip 274 6 ff.
Abwehrstreik, Arbeitskampfgarantie 220 44 ff.
Abwerbeverbot, Wettbewerbseinschränkung 140 22
Abwerbevereinbarung, Unverbindlichkeit 140 109
Abwerbung von Mitarbeitern, Datenschutz 29 74; Kündigung, außerordentliche 124 41; Loyalitätspflichten 54 1, 59 f.; Unterlassungsklage 42 10
Abwicklungsvertrag, Arbeitsverhältnis, Beendigung 136 6; Ausgleichsquittung 137 1; Kündigung, arbeitgeberseitige 135 1; Schriftform 108 5; Sperrzeit 135 26
ad-hoc-Koalitionen, Streik, wilder 220 46
AEUV, Arbeitsrecht 2 50; 12 9 ff.; Aussperrungsrecht 269 1; Diskriminierungsschutz 15 11 ff.; 16 1; Diskriminierungsverbote 12 11; Sozialer Dialog 12 14; 269 2; Sozialpolitik 12 13; Streikrecht 269 1; Tarifrecht 227 1, 3
AGB-Kontrolle, Arbeitsbedingungen 5 16; Arbeitsrecht 3 36; Arbeitsvertrag 8 15; 9 7 ff.; 37 41; Blue-pencil-Test 37 43; Generalklausel 37 38; Klauselverbote ohne Wertungsmöglichkeit 37 38; tarifliche Regelungen 251 24; Tarifvertrag 8 26; Unwirksamkeit einer Klausel 37 42; Verbot der geltungserhaltenden Reduktion 37 43
Agentur für Arbeit, Arbeitsvermittlung 29 9; Ausbildungsvermittlung 29 9; Auskunftspflicht des Arbeitgebers 138 71; Einschaltung Dritter 29 12; Handeln, schlichthoheitliches 29 13
AGG-Hopper, Rechtsmissbrauch 17 70
AIDS-Erkrankung, Eignungsuntersuchung 33 186; Fragerecht des Arbeitgebers 33 54; Kündigung, personenbedingte 113 91 ff.
Aidstest, Einstellungsverfahren 33 186

Akkordarbeit, Fahrpersonal 64 24; Jugendliche 32 3, 20; 64 24; 196 62 f.; Leistungsumfang 40 46; Mutterschutz 64 24, 28; 190 1, 9, 18 ff.; Zuschläge 239 10
Akkordkolonne, Betriebsgruppe 144 6
Akkordlohn, Abschlagszahlungen 69 11; Akkordrichtsatz 64 23; Arbeitsergebnis 60 21; Arbeitsverhinderung 64 26; arbeitswissenschaftlicher 64 22; ausgehandelter 64 23; Bédaux-System 64 22; Einzelakkord 64 20; Entgelt, arbeitsabhängiges 64 2; Entgelt, flexibles 63 2; Entgeltausfallprinzip 64 25; Entgeltfortzahlung an Feiertagen 64 26; Entgeltfortzahlung im Krankheitsfall 64 25; Entgelthöhe 64 1; Entgeltminderung 60 23; Faustakkord 64 22; Flächenakkord 64 19; Geldakkord 64 21; Geldfaktor 64 23; Gewichtsakkord 64 19; Gruppenakkord 60 10; 64 20, 25, 29 f.; Gruppenarbeit 64 29 f.; Leistungsentlohnung 64 18; Maßakkord 64 19; Meisterakkord 64 22; methodisch gebundener 64 22; Methods-Time-Measurement 64 22; Mindestlohn 61 14; Pauschalakkord 64 19; REFA-System 64 22; Schätzakkord 64 22; Stückakkord 64 19; Urlaubsentgelt 64 27; Vorgabezeit 64 22; Work-Faktor-System 64 22; Zeitakkord 64 21
Aktiengesellschaft, Arbeitgebereigenschaft 23 20; 36 56; *betriebliche Altersversorgung* 202 18; Betriebsverfassungsrecht 285 47; Vorstandsmitglieder; *s. Vorstandsmitglieder (Aktiengesellschaft)*
Aktienoptionen, Aktienbereitstellung 65 53 f.; Aktienrückkauf 65 54; Arbeitsentgelt 60 4; 65 52 f., 58; Belegschaftsaktien 68 3; Betriebsübergang 65 61; Bezugsrechtszusage 65 53; Entgelt, flexibles 63 2; Erfolgsbeteiligung 65 52; Freiwilligkeitsvorbehalt 65 59; Gewährungsvertrag 13 98; *Kollisionsrecht* 13 98; *Rechtswahlfreiheit* 13 98; Gleichbehandlungsgrundsatz 65 59; Kapitalerhöhung, bedingte 65 54; Kaufvertrag über Aktienerwerb 65 54; Mitbestimmung 65 62; Optionsgewährung 65 53, 56; Optionsprogramm 65 52, 54 f.; Unternehmerrisiko, Abwälzung 65 59; Verfallklauseln 65 60 f.; Zeichnungsvertrag 65 57; Zeichnungsvertrag über Aktienerwerb 65 53, 57
Aktion, konzertierte, *s. Konzertierte Aktion*
Aktivierung, Arbeitsförderung 29 3 ff.
Aktivierungs- und Vermittlungsgutschein, Arbeitsvermittlung 29 51, 59 f.; Förderungsmaßnahmen 29 82a; Rechtsanspruch 29 82
Akzessorisches Personal, Arbeitsverhältnisse, befristete 104 6
Albany (Rs.), Kartellverbot, europäisches 221 10
Alemo-Herron (Rs.), Verweisung, dynamische 142 106, 187
Alkoholabhängigkeit, Betriebsbeeinträchtigung 113 81; Drogenscreening 55 38; Entziehungskur, Aufforderung zur 113 83 ff.; Fragerecht des Arbeitgebers 33 56, 88; Fremdgefährdung 113 81; Krankheitswert 113 76 f.; Kündigung, außerordentliche 113 76; 124 34, 76; Kündigung, krankheitsbedingte 124 50; Kündigung, personenbedingte 55 22; 113 76 f.; *Interessenabwägung* 113 87 ff.; *Verhältnismäßigkeit* 113 82 ff.; Negativprognose 113 79 f.; Offenbarungspflicht 33 135; Prognosekorrektur 113 79; Rückfall 113 79, 90; Selbstgefährdung 113 81; Therapiebereitschaft 113 79, 83; Verschweigen 113 84; Weiterbeschäftigung 113 86
Alkoholgenuss, Ordnungsverhalten 55 15, 21 f.; Schadensausgleich, innerbetrieblicher 55 22
Alkoholkonsum, Kündigung, verhaltensbedingte 113 77

Fette Ziffern = Paragrafen

Sachverzeichnis

Alkoholkontrollen, Anordnung, einseitige **55** 21; Betriebsvereinbarung **55** 22; Einwilligung **55** 22; Entlastungsbeweis **113** 90
Alkoholscreening, Einstellungsuntersuchung **180** 56; Tauglichkeitsuntersuchung **180** 60
Alkoholtest, s. *Alkoholkontrollen*
Alkoholverbot, absolutes **55** 21; Arbeitspflicht **55** 21; Kündigung, außerordentliche **124** 50; Kündigung, verhaltensbedingte **114** 7; relatives **55** 21; Rücksichtnahmepflicht **55** 21
Allgemeine Arbeitsbedingungen, Begriff **8** 45 ff.; Einbeziehung **37** 22, 26 f.; Geltungsgrund **8** 47; Inhaltskontrolle **37** 22, 31 ff.; **101** 10, 13; Ordnung, kollektive **8** 43; Widerrufsvorbehalt **101** 10
Allgemeine Erklärung der Menschenrechte, Arbeitsrecht **12** 2; Berufsvereinigungen **217** 30; Diskriminierungsschutz **15** 8; Koalitionen **228** 6; Koalitionsrecht **269** 35; Völkergewohnheitsrecht **217** 32
Allgemeine Geschäftsbedingungen, Arbeitsverträge **8** 56; **37** 23; Auslegung **37** 29 f.; Begriff **37** 25; Einbeziehung **37** 26 ff.; Inhaltskontrolle **37** 31 ff.; Rechtswahlklausel **13** 18, 22; überraschende Klauseln **37** 28
Allgemeines Gleichbehandlungsgesetz, Abmahnung diskriminierender Arbeitnehmer **16** 140; AGG-Hopper **17** 70; Altersgrenzen **16** 55; **202** 67 f.; Anbahnungsphase **16** 44; Anforderungsprofile **16** 99, 104; Anspruch auf Beschäftigungsverhältnis **32** 74; Antidiskriminierungsstelle des Bundes **17** 4, 108 ff.; Antidiskriminierungsverbände **17** 4, 102 ff.; *Abtretung von Ansprüchen* **17** 106; *Beteiligungsrechte, prozessuale* **17** 104; *Rechtsangelegenheiten, Besorgung* **17** 105; Antidiskriminierungsvereinbarungen **17** 92; Antragsrecht des Betriebsrats **12** 33; Antragsrecht einer Gewerkschaft **12** 33; Anweisung zur Benachteiligung **16** 69, 88 ff.; Anwendungsbereich, persönlicher **16** 25 ff.; Anwendungsbereich, sachlicher **16** 43 ff.; Arbeitgeberbegriff **16** 32 ff.; arbeitnehmerähnliche Personen **16** 46; Arbeitnehmerbegriff **18** 4; Arbeitnehmerüberlassung **16** 34; Arbeitsbedingungen **16** 51 ff.; Arbeitseinstellung **15** 5; **17** 3, 32, 47 ff.; *Entgeltausfallprinzip* **17** 55; *Erforderlichkeit* **17** 52; *Vergütungsanspruch* **17** 55; Arbeitsentgelt **16** 52; Arbeitsleistung **16** 34; Arbeitsverhältnis, Beendigung **16** 55; Arbeitsverhältnis, Begründung **16** 44; Aufhebungsvertrag **16** 55; Aufstieg, beruflicher **16** 36, 40 f., 48 ff.; Aufwendungsersatz **16** 45; Auslegung, unionsrechtskonforme **16** 2; Auswahlkriterien **16** 47; Befristung des Arbeitsverhältnisses **16** 55; Behinderung **198** 1; Bekanntmachungspflichten **15** 20 f.; **17** 2; Belästigung **16** 80 f.; **17** 47 ff., 124; *Umfeld, feindliches* **17** 50; Benachteiligung **16** 69; *mittelbare* **16** 69, 75 ff.; **17** 124; *neutrale Kriterien* **16** 75 f.; Rechtfertigung **16** 76; *sachlicher Grund* **16** 79; *unmittelbare* **16** 69 ff.; **17** 124; *Vergleichsbetrachtung* **16** 78; *weniger günstige Behandlung* **16** 72 f.; Benachteiligungsbegriff **15** 5; **16** 68 ff.; Benachteiligungsschutz **14** 1; Benachteiligungsverbot **16** 68; **17** 3, 30, 32; *Verbotsgesetz* **17** 91; Berufsausbildung **147** 20; Berufsbildung **16** 34, 64; Berufsvereinigungen **16** 65 f.; Beschäftigte **16** 25 ff.; Beschäftigungsbedingungen **16** 51 ff.; *nachvertragliche Pflichten* **16** 62 f.; Beschwerderecht **15** 5; **17** 3, 32 ff.; **94** 31; betriebliche Altersversorgung **202** 67; **206** 47 ff., 51 f.; Beweiserleichterungen **12** 33; Beweislast **17** 112 ff.; **32** 156 ff.; *Beweismaß* **17** 116; *Hilfstatsachen* **17** 116 f., 119 f., 122; Indizien **17** 117 f.; **29** 69; *Statistiken* **17** 121; *Streitfall* **17** 125; Beweislastumkehr **17** 114 ff.; Bewerber **16** 29 f.; **17** 70; *bestqualifizierte* **17** 64 ff.; Bewerbungsunterlagen **17** 119; customer preferences **16** 101; Darlegungslast **17** 112 ff.; Differenzierungsmerkmale **16** 1 ff.; Differenzierungsverbote **31** 42; Diskriminierung, additive **16** 132; Diskriminierung, intersektionelle **16** 132; Diskriminierung, verdeckte **16** 76 f.; diskriminierungsfreies Verhalten **55** 15, 39; Diskriminierungsverbote **7** 48; **12** 33; ehrenamtliche Tätigkeit **16** 45; Einstellungsanspruch **32** 162; Einstellungsbedingungen **16** 47; Entgeltgleichheit **7** 48; Entlassungsbedingungen **16** 50 f., 55 f.; Entlastungsbeweis **17** 67; Entschädigung **15** 5; **16** 141; **17** 3, 30, 32, 56 f., 66 ff.; **29** 69; **32** 174; **111** 11, 12; *Angemessenheit* **17** 72 ff.; *Ausschlussfrist* **17** 75 ff., 81 f.; *Benachteiligung aufgrund kollektivrechtlicher Vereinbarungen* **17** 68 f.; *Geltendmachung, schriftliche* **17** 80; *Obergrenze* **17** 73; *Entschädigungsanspruch* **16** 61; Erstverstoß **17** 30; Erwerbstätigkeit **16** 44 ff.; Erzwingungsverfahren nach 23 Abs. 3 BetrVG **17** 4, 94 ff.; Exkulpation **17** 57, 59, 67; Fragerecht des Arbeitgebers **189** 16; Gewaltenteilung **14** 1; Heimarbeit **16** 46; Hinweispflichten **17** 2; Individualrechte **16** 15; Kausalität **16** 68, 91 ff.; **17** 89, 112 f., 115; *Gremienentscheidungen* **16** 94; kirchlicher Dienst **159** 2; Kleinarbeitgeber **16** 33; Koalitionen **220** 18; Kündigungsschutz **109** 40; **110** 33, 63; **111** 11 ff.; Maßnahmen **16** 54; *positive* **15** 6; **16** 129 ff.; **32** 139; Maßregelungsverbot **15** 5; **17** 86 ff.; Mehrfachdiskriminierung **16** 132 f.; nachvertragliches Stadium **16** 31; Naturalrestitution, Ausschluss **32** 177; Nebentätigkeit **16** 44; Nichtberücksichtigung des Bewerbers **17** 63; Nichtdiskriminierung **53** 15; Nichtvermögensschaden **17** 66 ff.; Normadressat **16** 32 f.; Organisationspflichten **15** 5; **17** 15; Organmitglieder **16** 26, 38 f.; Persönlichkeitsrechtsverletzung **32** 175; Persönlichkeitsschutz des Arbeitnehmers **91** 10; **94** 25; Rechtsbehelfe **12** 33; Rechtsfolgen **16** 134 ff.; Rechtswegeröffnung **17** 111; Regress des Arbeitgebers gegen diskriminierenden Arbeitnehmer **16** 140; Richtlinienumsetzung **32** 119; Schaden, immaterieller **15** 5; Schadensersatz **12** 33; **13** 82; **15** 5; **16** 141; **17** 3, 30, 32, 56 f.; *Ausschlussfrist* **17** 75 ff.; *Geltendmachung, schriftliche* **17** 80; *immaterieller Schaden* **32** 174; *Naturalrestitution* **17** 62 f., 66; *Vertretenmüssen* **17** 59 f.; Schulungsmaßnahmen **17** 15, 17 ff.; Schutzgesetzeigenschaft **16** 141; **17** 91; Schutzpflichten des Arbeitgebers **17** 2, 12 f.; *Ermessensausübung, fehlerfreie* **17** 30; *Maßnahmen, geeignete* **17** 23 ff.; Reaktionspflichten **17** 22 ff.; Selbstständige **16** 36 f.; sexuelle Belästigung **15** 5; **16** 80; Stellenausschreibung **29** 68 ff.; Tarifmacht **237** 98; Tarifverträge **17** 92 f.; Tarifzuständigkeit **233** 39; Teilzeitarbeit **16** 44; Überwachung der betrieblichen Praxis **17** 92; Umfeld, feindliches **16** 81 ff.; Ungleichbehandlung, zulässige **16** 95 ff., 129 ff.; *Alter* **16** 95, 114 ff.; *berufliche Anforderungen* **16** 95 ff.; *Beweislast* **16** 131; *Maßnahmen, positive* **16** 129 ff.; *Religion* **16** 95, 105 ff.; *Weltanschauung* **16** 95, 105 f., 112 f.; Unterweisung der Beschäftigten **17** 16; Unwirksamkeit von Bestimmungen **16** 134 ff.; Vereinbarungen **16** 54 f.; *Unwirksamkeit bei Verstoß gegen Diskriminierungsverbot* **16** 134 ff.; Verhaltenskodizes **17** 92; Versetzungsverpflichtung **40** 43; Vertragsanbahnung **15** 5; Vertragsstatut **13** 82; Viktimisierung **17** 31; vorvertragliches Stadium **16** 29 f.; Wesentlichkeitsprüfung **16** 100, 102; Zugang zur Erwerbstätigkeit **16** 36, 40 f., 47; Zweitverstoß **17** 30

1567

Sachverzeichnis

Magere Ziffern = Randnummern

Allgemeines Persönlichkeitsrecht, *s. Persönlichkeitsrecht, allgemeines*
Allgemeines preußisches Berggesetz, Kündigungsschutz 107 2
Allgemeinverbindlicherklärung, Anhörung 248 88 ff.; Antrag 8 10; Antrag, gemeinsamer 248 79 ff.; *Ablehnung* 248 99; *Bekanntmachung* 248 86, 88 f.; Arbeitnehmerentsendegesetz 215 38; 249 1; Auslegung 248 26; Bekanntmachung 248 106 f., 127; Bekanntmachung des Tarifvertrags 235 44; Betriebsübergang 247 5; Doppelnatur 248 24; Einschränkungsklauseln 248 39, 60, 122; Entscheidung des BMAS 248 98 ff.; Ermessensspielraum 248 101; Fehlentwicklung, wirtschaftliche 248 65 ff.; Interesse, öffentliches 8 10; 248 48, 50 ff., 65 ff., 132; *Beurteilungsspielraum* 248 101; Koalitionsfreiheit, negative 219 26; Landesbehörde, oberste 248 108 f.; Mindestentgelt 60 33; 61 24; Nachwirkungsphase 248 49; Normenkontrolle 244 42; Rechtsnatur 8 10; Rechtssetzungsakt 248 23 ff., 30, 36, 116; Rechtsverordnung, Ersetzung durch 8 11; Regelungszuständigkeit, staatliche 215 35; Staatskonkurrenz gegenüber Koalitionen 218 98; Streitgegenstand 244 25; Tarifausschuss, Einvernehmen mit 248 92 ff.; Tariferstreckung 215 36, 38; 225 24; 229 14; 248 1; Tarifgeltung, normative 8 10; Tariforientierung 248 61 ff.; Tarifregister 235 35, 45; Tarifvertrag, Anwendbarkeit 5 12; Tarifvertrag, überwiegende Bedeutung 229 5; 248 5, 47, 53, 56 ff., 132; Tarifverträge, Anzahl 225 1; 248 3; Tarifvertragsfreiheit, negative 219 39; Tarifvertragsstatut 13 153, 159; Verfahren 229 7; 248 28, 77 ff.; *Kostenfreiheit* 248 78; Verfahrensende, vorzeitiges 248 87; Verfassungsbeschwerde 244 42; Verfassungsgemäßheit 222 36
Allgemeinverbindlichkeit, Arbeitnehmerschutz 248 5 f., 22; Arbeitsvertragsfreiheit 248 37; Aufhebung 248 132 ff.; Außenseiterschutz 248 22; Bedingung, aufschiebende 248 9, 47; Befristung 248 132; Beginn 248 126 ff.; Berufsfreiheit 248 33, 37; Beschlussverfahren, arbeitsgerichtliches 248 77, 145; Bestimmtheitsgebot 248 28; de lege ferenda 248 22; Demokratieprinzip 248 32, 98; Dienstleistungsfreiheit 248 42; Dritter Weg 248 41; Ende 261 68; Firmentarifvertrag 248 115; Friedenspflicht 248 118; Geltungsbereich 248 38, 121 ff.; Gemeinsame Einrichtungen 242 46, 51 ff.; 248 9 ff., 22, 44, 70 ff., 129 f., 146; *Auswahlentscheidung* 248 75; *Mischverträge* 248 73; Grundrechte 248 33 f.; Handlungsfreiheit, allgemeine 248 33; heilende 248 10; Interesse, öffentliches 248 1 f.; Inzidentkontrolle 244 2; Kenntnis 248 110; Koalitionsfreiheit, negative 248 33 f.; Koalitionsfreiheit, positive 248 33, 39; Nachwirkung 248 124 f., 134, 136; Normenkontrollverfahren 248 141; Recht, ausländisches 248 131; Rechtsschutz 248 137 ff.; Rechtsstaatsprinzip 248 28, 31, 116; Rückwirkung 248 128; Schutzweck 248 5 ff.; Tarifautonomie, Stärkung 248 17 ff.; Tarifautonomiestärkungsgesetz 248 2; Tarifkollision 248 113 f.; Tarifkonkurrenz 248 122; Tarifnormerstreckung 248 17, 110 ff.; Tarifvertrag 248 136; *Änderung nach Allgemeinverbindlicherklärung* 248 125; *Aufhebung* 248 136; 260 18; *Ende des Tarifvertrags* 248 135 f.; *Geltung, zeitliche* 248 127 f.; *Geltungsbereich* 238 13; *Teile des Tarifvertrags* 248 119; *wirksamer* 248 45 ff.; Unionsrecht 248 42; Verbandstarifvertrag 248 115; Vereinigungsfreiheit, negative 248 44; Verfahren, arbeitsgerichtliches 248 11; Verhältnismäßigkeitsprinzip 248 40, 101; Verwaltungsrechtsweg 248 137; Wettbewerbsschutz 248 12 ff.; Wirksamkeit, Verfahren über die 248 140 ff.; *Antragsbefugnis* 248 142, 145; *Zuständigkeit* 248 144; Wirkung, normative 248 1, 110 ff., 117, 121, 123

Altenheime, Ruhezeitverkürzung 183 8, 15 f.
Altenpflege, Altenpflegehelfer 169 17; Ausbildungsgesetz 169 17
Alter, Anforderungen, berufliche 32 153; Arbeitsverhältnis, Beendigung 16 122 ff.; Begriff 16 24; Benachteiligungsverbot 3 35; 12 32; 13 110; 14 34; 15 5, 6, 12; 16 24; 103 172; Diskriminierungsverbot 32 150 ff.; 103 80 ff., 94 f.; *Arbeitsvermittlung* 29 24, 26; Eingliederung, berufliche 16 116 f.; Renteneintrittsalter 16 24, 123; Sozialplanleistungen 16 126 ff.; Stellenausschreibung 17 10; 32 155; Ungleichbehandlung, zulässige 14 27, 42 f.; 16 95, 114 ff.; 32 154; Verdienstsicherungsklauseln 60 59
Altersdiskriminierung, Altersdifferenzklausel 202 94; Jugendarbeitsschutz 194 3; Kündigung 110 33; Sozialauswahl 115 280 f.; Tarifmacht 237 98 f.; Tarifvertrag 227 20; Unionsrecht; *s. dort*; Zwangspensionierung 202 68
Altersgrenzen, Altersdiskriminierung 103 80 ff.; Arbeitsverhältnis, Beendigung 105 13 ff.; Befristungsgrund 103 77 ff.; Befristungsregelungen 237 100 ff.; Berufsfreiheit 7 76; 103 84 ff.; Betriebsvereinbarung 103 93; 105 15; Diskriminierungsschutz durch AGG 16 55, 103, 122 ff.; Einstellung 237 104; flexible 103 96; Flugsicherheit 16 115; Günstigkeitsprinzip 103 97; Höchstaltersgrenzen 16 24, 119; 103 94; Höchstbefristung 103 88; Individualvertrag 103 92; Kündbarkeit, Ausschluss 237 103; Kündigungsausschluss 123 25; Leistungsfähigkeit 103 96; Mindestaltersgrenzen 16 24, 118; niedrigere 103 95, 96; Regelaltersgrenze 237 35, 101; starre 103 96; tarifliche 237 35; Tarifmacht 237 100; Tarifrecht 103 84 ff.; 105 14; Vereinbarungen 103 89 ff.; vorgezogene 103 96; vorherige 237 36; Weiterarbeit 103 83
Altersteilzeit, 55. Lebensjahr, Vollendung 51 10, 24; Altersteilzeitgesetz 51 5; Änderungskündigung 115 167; Arbeitsphase 51 30 ff.; Arbeitsverhältnis, Beendigung 104 11 f.; Arbeitszeit, bisherige wöchentliche 51 11; Arbeitszeitveränderungen 51 12 ff.; Arbeitszeitverringerung auf die Hälfte 51 11, 14; Arbeitszeitverteilung 51 13; Aufstockungsbeitrag 51 3, 7, 20; 60 2; Auslaufphase 52 4; Befristung 51 34; Begriff 51 3; betriebliche Altersversorgung 202 109; Betriebsratswahlen 291 88, 120; Betriebsübergang 122 63 ff.; 142 132; Betriebsvereinbarung 51 5; Blockmodell 41 29; 51 1, 4, 15, 30; 52 4; 75 13; Diskriminierungsverbot 51 4; Durchführungsanweisungen 51 5; Ende 51 19; Freistellungsphase 51 30; Funktion 51 1 ff.; Insolvenzeröffnung 75 13; Krankheit 51 30 ff.; Kündigung, außerordentliche 51 35 f.; Kündigung, ordentliche 51 34, 36; Lohnzuschuss 51 6; Massenentlassungen 121 25; Mehrarbeit 51 15 ff.; Mitbestimmungsrecht des Betriebsrats 52 50 f.; Nebentätigkeiten 51 18; Rente mit 63 51 26 f.; Rentenanwartschaften 51 3; Rentenbeiträge, zusätzliche 51 7; Renteneintritt 51 5; Renteneintritt, früherer 51 26 f.; Rundschreiben des GKV-Spitzenverbandes, der DRV und der BA 51 5; Schwerbehinderte 51 19, 24; Schwerbehinderung während der Altersteilzeit 51 26 f.; Sozialversicherungspflicht 51 9; Tarifvertrag 51 4; Teilzeitmodell 51 1; Überstunden 51 15 ff.; Ungleichbehandlung, mit-

1568

telbare **51** 24f.; Urlaub **51** 29; Vergütung **51** 28; Wertguthaben **51** 28
Altersteilzeitarbeitsentgelt, Pfändungsschutz **74** 82
Altersteilzeitvertrag, Abschluss **51** 21; Arbeitsvertrag **51** 8; Befristung **51** 22ff.; Teilzeitarbeitsvertrag **51** 4
Altersversorgung, betriebliche, s. *Betriebliche Altersversorgung*
Amtsenthebung, Amtspflichtverletzung **127** 41; Betriebsrat **287** 39; Betriebsratsmitglieder **292** 108; **297** 25
Amtsniederlegung, Betriebsausschuss **293** 51; Betriebsratsmitglieder **291** 45; **292** 98ff.; Einigungsstellenmitglieder **308** 70; Einigungsstellenvorsitzender **308** 53, 58; Gesamtbetriebsratsmitglieder **300** 117; Gesamtsprecherausschussmitglieder **311** 130; Jugend- und Auszubildendenvertretung **303** 90; Konzernbetriebsratsmitglieder **302** 88; Konzernsprecherausschussmitglieder **311** 172; Wirtschaftsausschussmitglieder **307** 108
Amtspflichtverletzung, Amtsenthebung **127** 41
Amtsschutz, Arbeitsbefreiung **41** 6
Amtsträger, Änderungskündigung **119** 80; Verschwiegenheitspflicht **54** 48
Anästhesiologisch-technische Assistenten, Leistungserbringung **170** 6
Andersorganisierte, Streikrecht **272** 26
Änderung, Bezugnahme **246** 26f.; Tarifvertrag **234** 57; **237** 4; **245** 69ff.
Änderungsangebot, Schriftform **108** 7
Änderungsbefugnis, Ermächtigung, tarifliche **40** 41
Änderungsklausel, Angemessenheitskontrolle **40** 39; Arbeitspflicht **40** 2; Arbeitszeit **40** 99; Inhaltskontrolle **40** 99
Änderungskündigung, Abgrenzung **117** 26ff.; Abmachung, andere **261** 38; Altersteilzeit **115** 167; Amtsträger **127** 34; Änderungsangebot **117** 1f., 4, 9ff.; *Ablehnung* **117** 44; **118** 1, 11, 48ff.; *Annahme* **118** 1; *Annahme, bedingte*; s. Vorbehaltsannahme; *Annahme, vorbehaltlose* **117** 2, 7; **118** 43ff.; **121** 195; *Erlöschen* **118** 6; *Gleichbehandlungsgrundsatz* **119** 28; *Rechtfertigung, soziale* **117** 16; *Verhältnismäßigkeit* **119** 26ff.; *Zumutbarkeit* **120** 14f.; Änderungsschutzklage **118** 18ff.; Anforderungsprofil **119** 37; Annahmeverzugslohn **118** 51f.; arbeitgeberseitige **117** 1; arbeitnehmerseitige **117** 1; Arbeitsbedingungen, Vereinheitlichung **119** 58ff.; Arbeitsbedingungen, Wiederherstellung **118** 38ff.; Arbeitsort, Änderung **119** 38; Arbeitsort, Wechsel **60**; Arbeitsverhältnis, Fortsetzung **117** 1f.; **118** 12ff., 26; Arbeitsverhältnis, Kontinuität **117** 7; Arbeitsverträge, Diskontinuität **117** 7; Arbeitszeit **44** 106, 108ff.; Arbeitszeit, Herabsetzung **119** 40; Arbeitszeitabbau **50** 272; Arbeitszeiterhöhung **119** 39; Arbeitszeitlage **119** 39; Art der Arbeit **119** 36f.; außerordentliche **117** 20f.; **118** 9f.; **120** 1ff.; *Auslauffrist* **120** 1, 4; *fristlose* **120** 1, 4; Auswahlrichtlinien **115** 301; Bedarfsanpassung **45** 23; Bedingung, auflösende **40** 60; Beendigungskündigung **117** 1; Befristung, nachträgliche **119** 64ff.; Begriff **107** 25; **108** 41; **117** 1f.; betriebsbedingte **115** 28, 83ff.; **119** 6f., 10f., 36; **133** 6; *Beschäftigungsbedarf, Wegfall* **119** 11ff.; *Sozialauswahl* **119** 18ff.; Betriebsratsbeteiligung **119** 81ff.; Betriebsübergang **143** 53; Beweislast **119** 25; Bezugnahmeklausel, Entdynamisierung **119** 49a; Darlegungslast **119** 25; Direktionsrecht **108** 42; Druckkündigung **119** 7, 68; Entgeltreduzierung **63** 4; Entgeltsenkung **119** 42ff.; **120** 9; Entlassung **119** 75; Gruppenände-

rungskündigung **127** 34f.; Herabgruppierung **119** 50ff.; Hierarchieebene **119** 37; durch Insolvenzverwalter **119** 69; **122** 3; Interessenausgleich mit Namensliste **115** 319; Kündigung **117** 5; *außerordentliche* **123** 12; *bedingte* **108** 39, 41; **117** 7f.; *betriebsbedingte* **115** 113; *Teilkündigung* **117** 5; *unbedingte* **117** 7; Kündigungserklärung **117** 4, 6; **119** 71ff.; Kündigungsgrund **119** 4ff.; Kündigungsschutz **40** 26; **110** 3; **119** 74ff.; Legaldefinition **117** 1; Leistungsminderung **120** 10; Massenänderungskündigung **117** 22f.; **120** 16; **121** 195f.; **127** 34f.; Maßregelungsverbot **119** 74; Mutterschutz **190** 11, 59; Nebenabreden, Anpassung **119** 61ff.; ordentliche **117** 17ff.; **118** 7f.; **119** 1ff.; personenbedingte **119** 6ff.; Rechtfertigung, soziale **63** 4; **117** 16; **118** 1f.; **119** 1ff.; Rechtsgeschäft, einheitliches **117** 15f.; Rechtsgeschäft, zusammengesetztes **117** 4; Schriftform **108** 7; Sonderkündigungsschutz **119** 77ff.; **127** 34; Sozialauswahl **115** 180f.; Sozialwidrigkeit **111** 3; Streitwert **130** 136; Struktur **117** 3ff.; Teilzeitbeschäftigte **50** 286ff.; überflüssige **118** 29ff.; Unterlassen anderweitigen Verdienstes, böswilliges **118** 51ff.; Unternehmensumwandlung **26** 24; Unwirksamkeitsgründe **119** 70; Verbotsgesetz **251** 21; verhaltensbedingte **119** 6f., 9; Verhältnismäßigkeitsgrundsatz **117** 42; Vertragsbedingungen **101** 3, 20ff.; **117** 2; Vorbehaltsannahme **118** 1f., 12ff., 18ff.; **121** 195; *Änderungsschutzklage* **118** 21ff.; *Arbeitsverhältnis, Fortsetzung* **118** 12ff., 26; *auflösend bedingte* **118** 2; *aufschiebend bedingte* **118** 2; *Form* **118** 4; *Frist* **118** 7ff.; *in Klageschrift* **118** 8; *Rechtfertigung, soziale* **118** 1f.; *Rechtsnatur* **118** 2f.; Vorrang vor Beendigungskündigung **117** 43; vorsorgliche **117** 24f.; Wegfall der Geschäftsgrundlage **117** 38; Weisungen **40** 26; Weiterarbeit nach Ablauf der Kündigungsfrist **118** 5f.; Weiterbeschäftigung erkrankter Arbeitnehmer **113** 25; Weiterbeschäftigung, vorläufige **118** 50, 52; Weiterbeschäftigungsanspruch **131** 29; wichtiger Grund **120** 1, 7f., 12; Zugang **119** 2; Zumutbarkeit **44** 110
Änderungsschutzklage, Abweisung **118** 42; Änderungskündigung **118** 20; *überflüssige* **118** 29ff.; Klageantrag **118** 22ff.; Klagefrist **118** 24; Stattgabe **118** 38ff., 51; Streitgegenstand **118** 25, 27, 29; Vorbehaltsannahme **118** 21ff.
Änderungsvertrag, Betriebsübergang **143** 5, 7; Inhaltskontrolle **101** 19; Vertragsbedingungen **101** 3, 19; Widerrufsrecht **9** 11f.
Änderungsvorbehalt, Inhaltskontrolle **101** 14ff.; Vertragsänderungen **101** 6, 12ff.
Andeutungstheorie, Tarifvertrag **243** 3
Anerkennungstarifvertrag, Bezugnahme **246** 21, 36; Nachwirkung **246** 36; Schriftform **234** 57; Tarifregister **235** 35
Anerkennungsverfahren, Diplome, Anerkennung **147** 3
Anfahrt zum Betrieb, Lebensführung, private **93** 42
Anfechtung, s. a. *Arbeitsvertrag*; Anfechtungserklärung **38** 41, 43f.; Anfechtungsfrist **38** 42; Arbeitsverhältnis, Beendigung **108** 4; Arbeitsvertrag **108** 37; Ausgleichsquittung **137** 36ff.; Drohung **234** 34; ex nunc-Wirkung **234** 32, 37; ex tunc-Wirkung **38** 48f.; Feststellungsklage des Arbeitnehmers **38** 44; Form **108** 7; Irrtumsanfechtung **234** 33; Kündigung, außerordentliche **123** 16; nicht bestehendes Anfechtungsrecht **38** 38ff.; Nichtigkeit ex tunc **260** 28; Schadensersatz **38** 47; Schriftform **234** 61; Tarifvertrag **234** 4, 31ff.;

Sachverzeichnis

Magere Ziffern = Randnummern

Täuschung **234** 35; Teilanfechtung **234** 38; unzulässige Rechtsausübung **38** 39 f.; Verwirkung **38** 39
Anforderungsprofil, Stellenausschreibung **28** 18; Stellenbeschreibung **28** 18; Ungleichbehandlung, zulässige **16** 99
Angelegenheiten, personelle, Berichtspflicht des Arbeitgebers **299** 55; Betriebsverfassung **283** 9, 18, 23; Konzernbetriebsrat **302** 58 f.; Mitbestimmungsrechte des Betriebsrats **283** 9, 19
Angelegenheiten, soziale, Betriebsvereinbarung **283** 20; Betriebsverfassung **283** 23; Einigungsstellenverfahren **308** 15; Konzernbetriebsrat **302** 58 f.; Mitbestimmungsrechte des Betriebsrats **283** 9, 19
Angelegenheiten, wirtschaftliche, Begriff **307** 23; **312** 98; Betriebsräteversammlung **301** 20; Betriebsverfassung **283** 23; Katalog **307** 23; Konzernbetriebsrat **302** 61 f.; Mitbestimmung **283** 9, 19 f.; Sprecherausschuss **312** 92 ff.; Unternehmensübernahme **307** 33 ff.; Wirtschaftsausschuss **307** 21 ff., 96
Angemessenheitskontrolle, Billigkeitskontrolle **14** 5 f.
Angestellte, Arbeitnehmerbegriff **18** 5; **19** 4; Arbeitsrecht **2** 10; außertarifliche; *s. AT-Angestellte*; Begriff **1** 3; **3** 7; **19** 6, 9 f.; Betriebsübergang **142** 132; Dienstverhältnis **5** 1; Gruppenschutz **19** 10; kaufmännische **19** 19; leitende; *s. Leitende Angestellte*; Zuordnung **310** 7
Angriffsaussperrung, Arbeitskampfmittel **265** 13; **266** 4; **274** 1, 10 f.
Angriffsstreik, Arbeitskampfgarantie **220** 44 ff.
Anhörung der Arbeitnehmer, Europäische Sozialcharta **12** 6; Rahmenrichtlinie **12** 50
Anhörungs- und Unterrichtungsrichtlinie, Arbeitnehmerbegriff **22** 18
Anhörungsrecht, Arbeitnehmer **286** 31; **290** 9, 12 f.
Anlagen, überwachungsbedürftige, allgemein anerkannte Regeln der Technik **178** 44; Änderung der Anlage **178** 46 f.; Arbeitsschutzrecht **178** 45; Aufzugsanlagen **127** 40; Betrieb **178** 46; Betriebssicherheitsverordnung **178** 45; Betriebsverbot **178** 46; Eigenüberwachung **178** 44, 48 f.; Erlaubnisvorbehalt **178** 47; Fremdüberwachung **178** 44; Gefahrenpotential **178** 44, 47; Inbetriebnahme **178** 46, 48; Instandhaltung **178** 46; Instandsetzungsarbeiten **178** 46; Marktüberwachung **178** 49; Prüfungen **178** 46; Prüfungspflichten **178** 48, 50; Schutzgesetze **178** 47; Stand der Technik **178** 45; Stilllegung **178** 49; technische Normen **178** 44; Überwachung, behördliche **178** 49 f.; Überwachungsbedürftigkeit **178** 44; Überwachungsstelle, zugelassene **178** 50; *Akkreditierungsverfahren* **178** 50; Wartungsarbeiten **178** 46
Anlernlinge, Mutterschutz **189** 6; Vertragsverhältnis **149** 202 ff.
Annahmeverzug, Angebot der Arbeitsleistung **76** 21 ff.; *tatsächliches* **76** 22 ff.; *wörtliches* **76** 25 ff.; *wörtliches, Entbehrlichkeit* **76** 28 f.; Arbeitsbefreiung **41** 10; Arbeitsverhältnis, Beendigung **76** 50 f.; Arbeitsverhältnis, erfüllbares **76** 15 ff., 41 ff.; Ausbildungsverhältnis **76** 16; Beendigung **76** 45 ff.; Beweislast **76** 80; Darlegungslast **76** 80; Entgeltanspruch **41** 10; Entgeltausfallprinzip **76** 52; Leistungsbereitschaft **76** 30, 36 ff.; Leistungsunfähigkeit, teilweise **76** 31; Leistungsunwilligkeit **76** 38; Leistungsvermögen **76** 30 ff.; Lohnpfändung **74** 79; Mutterschutz **190** 59; Nichtannahme der Arbeitsleistung **76** 39 ff.; Unzumutbarkeit der Annahme **76** 44; Vergütungsanspruch **76** 52 ff.

Anordnungen, betriebliche Altersversorgung **202** 131; Leistungsbestimmung, einseitige **11** 1
Anpassung nach oben, Gleichbehandlungsgrundsatz **14** 54
Anpassung nach unten, Gleichbehandlungsgrundsatz **14** 54
Anpassungsklauseln, Inhaltskontrolle **40** 40
Anrechnungsvorbehalt, Tariflohnerhöhungen **63** 3; **117** 34
Anredeselbstbestimmungsrecht, Persönlichkeitsrecht des Arbeitnehmers **94** 19
Anschlusshaustarifvertrag, Bezugnahmeklauseln **219** 31
Anschlusstarifvertrag, Schriftform **234** 57; Tarifregister **235** 35
Anschlussverbot, *s. Vorbeschäftigungsverbot*
Anstalten des öffentlichen Rechts, betriebliche Altersversorgung **202** 18; Insolvenzsicherung **202** 130 f.
Anstellung, Begriff **19** 6
Antidiskriminierungsrichtlinien, Auswahlfreiheit **31** 42; Diskriminierungsverbote **32** 114, 118
Antidiskriminierungsstelle des Bundes, *s. Allgemeines Gleichbehandlungsgesetz*
Antidiskriminierungsverbände, *s. Allgemeines Gleichbehandlungsgesetz*
Antirassismusrichtlinie, Gleichbehandlungsrecht **32** 118
Anwerbung, ausländische Arbeitnehmer **30** 1 ff.; Fachkräfte **30** 1
Anwerbungskosten, Ersatzfähigkeit **43** 40
Anzeigepflichten, Arbeitnehmer **55** 4, 8 ff.; personenbezogene **55** 12 f.
Apotheken, Ladenschlussregelungen **188** 5
Äquivalenzstörung, Tarifvertrag **260** 40
Arbeit, mobile **177** 3
Arbeit 4.0, Arbeitszeitgestaltung, flexible **40** 81; Tarifrecht **225** 28
Arbeit, abhängige, Arbeitsrecht **1** 1, 4, 11; **3** 1 f.; Industrialisierung **2** 7
Arbeiter, Arbeitnehmerbegriff **18** 5; **19** 4; Begriff **19** 5, 10; Betriebsübergang **142** 132; Dienstverhältnis **5** 1; gewerbliche **19** 5; Gruppenschutz **19** 10; Wochenlohn **60** 12
Arbeiterbewegung, Gewerkschaften **2** 17 f.
Arbeiterrecht, Begriff **1** 3
Arbeiterschutzrecht, Arbeiter, gewerbliche **1** 3; Arbeitsverfassung **2** 9 f.; Jugendliche **2** 8; Lex Berlepsch **2** 10 f.
Arbeitgeber, Annahmeverzug **76** 1 ff.; Arbeitsschutzaufgaben **174** 41 ff.; Arbeitsvertragsfreiheit **23** 7; ausländische **218** 44; *betriebliche Altersversorgung* **202** 20; Begriff **23** 1, 4 f.; **36** 15; Berufsfreiheit **23** 6 ff.; **28** 11; betriebliche Altersversorgung **202** 5, 18; Betriebsinhaber **23** 3; **286** 3, 10; Betriebsratssitzungen, Hinzuziehung eines Vertreters **294** 40 f.; Betriebsratssitzungen, Teilnahmepflicht **294** 37 ff.; Betriebsratssitzungen, Teilnahmerecht **294** 37 ff.; Betriebsverfassung **286** 10 ff.; Dienstleistungsanspruch **40** 13; Dritte als Arbeitgeber **23** 2, 13, 15 f.; Eigentumsgarantie **7** 80; **23** 6, 9; Familienangehörige **285** 66; Fürsorgepflicht **1** 12; Gleichbehandlungspflicht **14** 3 f., 12; Haftung **23** 19 ff.; Hauptleistungspflicht **91** 7; Informationspflichten **287** 49; Insolvenz **245** 47; Insolvenzverfahrensfähigkeit **27** 9; Interessenwahrnehmungspflicht gegenüber Beschäftigten **175** 10; juristische Person **144** 1; Koalitionsfreiheit **218** 28, 37 f., 44; Konzern **25** 1 f.;

1570

Mehrheit von Arbeitgebern **23** 18; Minderjährigkeit **36** 57; natürliche Person **144** 1; Organisationsgewalt **286** 3; Organisationsgewalt, betriebliche **25** 1; Organisationsmacht, betriebliche **23** 2f.; Organisationspflichten **172** 6; parteipolitische Betätigung **7** 59; parteipolitische Betätigung, Verbot **310** 37f.; Personalstatut **13** 62, 64; Pflichtverletzungen, betriebsverfassungsrechtliche **297** 1, 39ff.; *Antrag* **297** 55f.; *Antragsberechtigung* **297** 54; *Beschlussverfahren* **297** 53; *einstweiliger Rechtsschutz* **297** 58f.; *grobe* **297** 48f., 57; *Ordnungsgeld* **297** 61ff.; *Verschuldenserfordernis* **297** 50; *Vollstreckung arbeitsgerichtlicher Beschlüsse* **297** 60ff.; *Wiederholungsgefahr* **297** 51; *Zwangsgeld* **297** 66f.; Privatautonomie **283** 19; Schuldnerverzug **76** 61; Schutzpflichten **172** 6; Tariffähigkeit **8** 5; **225** 5; **232** 5, 61ff.; **260** 61; **262** 7; Tarifgebundenheit **8** 9; Tarifvertragspartei **225** 5; Tarifzuständigkeit **233** 43; Tod des Arbeitgebers **141** 3, 7f.; **232** 76; Unternehmereigenschaft **9** 2; Unternehmerfreiheit **218** 16, 24, 51; Verbandsmitgliedschaft **245** 19ff.; Vertragspartner des Arbeitnehmers **23** 1ff.; Vertretung, betriebsverfassungsrechtliche **286** 11f.; Vertretungsmacht, organschaftliche **234** 22; Vertretungsmacht, rechtsgeschäftliche **234** 24; widersprüchliches Verhalten **110** 21; Wirtschaftsrisiko **41** 11

Arbeitgeberähnliche Personen, Arbeitszeitrecht **182** 52

Arbeitgeberanteile zur Sozialversicherung, Abschlagszahlung **62** 105; Nichtabführung **62** 103f.; Steuerfreiheit **62** 17

Arbeitgeberdarlehen, Arbeitsentgelt **60** 3; **67** 15ff.; Arbeitsverhältnis, Beendigung **67** 23; Ausgleichsquittung **137** 21; Ausschlussfristen **67** 30; Begriff **9** 14; Pflichten, nachwirkende **136** 1; Prozessvergleich **67** 30; Rückzahlung **67** 24; Rückzahlungsklauseln **67** 27ff.; Steuerfreiheit **62** 20; Steuerpflichtigkeit **67** 32; Verbraucherschutzrecht **9** 14; Zinsanpassungsklauseln **67** 25f.

Arbeitgebererklärungen, Form **290** 6

Arbeitgeberhaftung, Vorsatz **71** 19a

Arbeitgeberkündigung, Beendigungsnormen **239** 46ff.; Kündigungsschutz **107** 26; während Streik **276** 25f.

Arbeitgeberorganisationen, Arbeitszeitregelungen **182** 83

Arbeitgeberverbände, Arbeits- und Wirtschaftsbedingungen **223** 19; Arbeitskampfunterstützung **224** 20, 24; Aufgaben **222** 62ff.; **289** 14f.; Aufnahmeanspruch **16** 65; Aufnahmeanspruch der Arbeitgeber **219** 11; Ausschluss **224** 42; Ausschüsse **222** 58; Austritt **257** 63f.; Beitrittsfreiheit **219** 10; Beratungstätigkeit **224** 20; Betriebsverfassung **286** 8f.; Bildungseinrichtungen **222** 63; Bundesvereinigung der Arbeitgeberverbände **222** 22f.; Dachverbände **223** 9; Diskriminierungsschutz durch AGG **16** 65; europäische **223** 4; Gastmitgliedschaft **222** 53; gemischt wirtschaftliche **223** 19; Gliederung **222** 56ff.; Idealverein **223** 3; Koalitionsbetätigung im Betrieb **289** 14ff.; Mitgliederversammlung **222** 58f.; nicht rechtsfähige **223** 41; Organisationsstruktur **222** 51ff.; OT-Mitgliedschaft **222** 25, 54; OT-Verband **223** 13; Parteipolitik **222** 55; Präsidium **222** 58ff.; Prozessvertretung **224** 21; Rechtsformen **223** 3; Rechtsschutz für Mitglieder **224** 20f.; *Haftungsmaßstab* **224** 50; Spitzenorganisationen **223** 9; Spitzenorganisationen der Verbände **222** 8f.; Tariffähigkeit **8** 5; **232** 42ff.; Tarifverband **223** 13;
Tarifvertragsparteien **225** 5; ohne Tarifzweck **222** 25; Vereine, rechtsfähige **223** 3, 13; Vertretungsmacht, organschaftliche **234** 19; Vorschlagsrechte **222** 49; Vorstand **222** 58; Wiedervereinigung Deutschlands **222** 24; Zusammenschlüsse, internationale **222** 68ff.

Arbeitgebervereinigungen, *s. Arbeitgeberverbände*

Arbeitnehmer, Abhängigkeit, persönliche **18** 16ff.; **21** 1; *Grad der persönlichen Abhängigkeit* **18** 36ff.; Angestellte **18** 5; **19** 4; Anhörungsrecht **286** 31; Arbeiter **18** 5; **19** 4; Arbeitsort **24** 15; Arbeitsrecht, Geltung **1** 9; ausgeschiedene **142** 136; *Betriebsübergang* **142** 148; ausländische; *s. Ausländische Arbeitnehmer*, Begriff **3** 6f.; **18** 1ff., 14ff.; **36** 16; **37** 2; *Abgrenzung, negative* **19** 1f.; *Abgrenzungskriterien* **18** 43ff.; *AEUV* **22** 13; *betriebsverfassungsrechtlicher* **285** 1, 3, 9ff., 40ff.; **298** 4; **299** 27ff.; *Eingliederungstheorie* **285** 5, 7f.; *Einheit des Arbeitsrechts* **19** 16; *Europäisches Arbeitsrecht* **18** 50ff.; *Feststellung, positive* **19** 1f.; *Gesamtbetrachtung* **18** 41ff.; *Gewerbeordnung* **19** 18; *Hueck'sche Formel* **18** 8; *Kodifikation* **18** 6; **36** 3; *Sozialversicherungsrecht* **8** 55; **18** 47f.; *Steuerrecht* **8** 55; **18** 47, 49; *Tarifrecht* **236** 9, 11; *unionsrechtlicher* **22** 13f.; *Zwei-Komponenten-Lehre* **285** 4, 6, 8; Berufsgruppen **18** 38f.; **19** 1f., 2f., 17, 36; Beschwerderechte **286** 31; **290** 1, 4, 15ff.; Beteiligteneigenschaft **287** 25; betriebliche Altersversorgung **202** 3, 23; Betriebsrat, Rechtsbeziehungen zum **286** 33; Betriebsverfassungsrecht **285** 3ff., 9ff.; Betriebszugehörigkeit **24** 54ff.; **285** 9ff.; Branchen **19** 2f., 36; Diskriminierungsschutz **16** 27; Eigenschaften, verkehrswesentliche **38** 28f.; Eingliederung in fremde Arbeitsorganisation **18** 20, 35; Existenzschutz **3** 32; Förderungspflichten **53** 16; **55** 2; Freizügigkeit **2** 50; Fremdbestimmung **18** 19f., 32ff.; gewerbliche **19** 18; **153** 1; Haftung **1** 12; Haftungsbeschränkung **57** 64; *Gesamtschuld, gestörte* **57** 67; Handlungspflichten **53** 16; Individualrechte **286** 31; Informationsrechte **290** 1; Insolvenz **27** 9; Koalitionsfreiheit **3** 37; **218** 28; Legaldefinition **18** 9ff.; **36** 3; Meinungsfreiheit **55** 17; Mitspracherechte **290** 1; natürliche Person **144** 1; Offenbarungspflichten **33** 131ff.; Ordnungsverhalten **55** 14f.; Personalstatut **13** 62f.; Personengruppen **18** 38; Persönlichkeitsrecht **289** 1; **290** 1; Persönlichkeitsschutz **3** 35; Privatautonomie **283** 17; Provisionsvergütung **65** 6; Qualifikation **64** 15f.; Schutzbedürftigkeit **3** 29ff.; **18** 44; Selbstbestimmung **6** 9; Statuszuordnung **19** 1; Streikrecht **272** 19; Teilzeitbeschäftigte **49** 14ff.; Tod des Arbeitnehmers **40** 9; **292** 102; Treuepflicht **55** 3; Unterlassungspflichten **53** 16; **55** 2; Verbandsmitgliedschaft **245** 19; Verbrauchereigenschaft **9** 3ff., 7; **37** 23; Verhalten, außerdienstliches **55** 1; Verhalten, innerdienstliches **55** 1; Verhaltensobliegenheiten **55** 2; Versammlungsfreiheit **298** 21; verständiger **253** 54ff.; Vertragsfreiheit **23** 7; Weisungsbindung **18** 17, 19, 21ff.

Arbeitnehmerähnliche Personen, Abgrenzung **21** 3; Abhängigkeit, wirtschaftliche **21** 1f., 4, 8ff., 18ff.; Arbeitnehmereigenschaft **21** 1f.; Arbeitnehmerstatus **21** 18ff.; Arbeitskollisionsrecht **13** 12; Arbeitsrecht, Anwendbarkeit **21** 4f.; Arbeitsschutzrecht **176** 7; Arbeitszeitrecht **182** 52; Begriff **21** 6ff.; Betriebsübergang **142** 134; Betriebsverfassung **285** 42f.; **291** 67; Diskriminierungsschutz **16** 26ff.; Entgeltfestsetzung, staatliche **60** 27; freie Mitarbeiter **21** 17; Haftungsbeschränkung **57** 65; Handelsvertreter **21** 21, 25f.; Hausgewerbetreibende **200** 2; Heimarbeiter **21** 21ff.; **200** 2; Koalitionsfreiheit **218** 29f.; Kündigungs-

Sachverzeichnis

schutz **112** 18; Legaldefinition **21** 7f.; Mutterschutz **189** 3, 9, 11; Schutzbedürftigkeit, soziale **21** 1f., 8f., 11f.; sonstige **21** 29f.; Statuszuordnung **21** 29; Streikrecht **272** 22; Tarifmacht **236** 22ff., 48; Unselbstständigkeit, wirtschaftliche **21** 14f.; Urlaubsrecht **21** 14; Verbandsmitgliedschaft **245** 19; Zeugnisanspruch **138** 2

Arbeitnehmeranteile zur Sozialversicherung, Besteuerung **62** 17; Nichtabführung **62** 110ff.; Teilzahlungen **62** 112; Vorenthalten **62** 110ff.

Arbeitnehmerdarlehen, Verbraucherschutzrecht **9** 15

Arbeitnehmerdatenschutz, Arbeitskollisionsrecht **13** 128; Verhältnismäßigkeitsprinzip **126** 26

Arbeitnehmerentsendegesetz, Allgemeinverbindlicherklärung **215** 38; **249** 1; Arbeitsbedingungen **215** 38; Lohndumping **249** 3; Mindestarbeitsbedingungen **249** 1f., 7ff.; Mindestlöhne **215** 37f.; **226** 7; **248** 7; Pflegebereich **215** 39; **249** 27; Rechtsverordnung **261** 13; *Sanktionen* **249** 26; *Tariferstreckung* **249** 1, 20ff.; *Tariftreue* **250** 9; Rechtsverordnung, tarifbasierte **249** 1ff., 19; *Antrag, gemeinsamer* **249** 11ff.; Branchenbezug **249** 5f.; *Interesse, öffentliches* **249** 16ff.; *Rechtsetzungsakt* **249** 4; *Repräsentativität des Tarifvertrags* **249** 18; *Verfahren* **249** 11ff.; Sozialdumping **215** 37; Straßentransport von Euro-Bargeld, grenzüberschreitender **215** 39; Tariferstreckung **215** 37; **249** 1; Übergangsfristen **218** 95

Arbeitnehmerentsendung, Auslandstätigkeit **262** 13f.; Ausstrahlungsfälle **262** 13f.; Dienstleistungsfreiheit **30** 17; Drittstaatenangehörige **30** 17; Mindestentgelte **61** 25; Mindestlohn **12** 39; Rechtsverordnung **244** 42; Tarifvertrag, Geltungsbereich **238** 24ff.; Tätigkeit, vorübergehende **262** 13; Überstunden **12** 39; Unionsrecht **12** 34, 38f.; Van-der-Elst-Visum **30** 17

Arbeitnehmererfindungen, Anregungserfindung **98** 9; Anteilsfaktor **98** 28, 30; Arbeitsvertragsstatut **13** 126; Auftragserfindung **98** 9; Auskunftsanspruch des Arbeitnehmers **98** 37; Auslandsverwertung **98** 44f.; Diensterfindung **98** 3; Erfahrungserfindung **98** 9f.; Erfindungswert **98** 28f.; frei gewordene Erfindungen **98** 50; freie Erfindungen, originäre **98** 47ff.; Freigabe **98** 2; Gebrauchsmusterfähigkeit **98** 1, 11; Geheimhaltungsinteresse **98** 9; Inanspruchnahme **98** 2, 15ff.; Kollisionsrecht **98** 46; Lizenzanalogie **98** 29; Meldepflicht **98** 12ff.; Mitbestimmung **98** 62; Monopoltheorie **98** 24; Obliegenheitserfindung **98** 9f.; Patentfähigkeit **98** 1, 11; Rechnungslegung **98** 37; Rechtswegzuständigkeit **98** 65, 67; Schiedsstellenverfahren **98** 64; Schöpferprinzip **98** 3; Schutzfähigkeit **98** 11, 25, 51ff.; Schutzrecht, Aufgabe **98** 41ff.; Schutzrecht, Laufzeit **98** 27; Schutzrechtsanmeldung **98** 21ff., 41ff.; Stand der Technik **98** 10; Vergütungsänderung **98** 33ff.; *Verjährung* **98** 27; Vergütungserwartung **37** 18; Vergütungsfestsetzung **98** 31f.; *Verjährung* **98** 39; *Verwirkung* **98** 40; Verwertbarkeit **98** 11

Arbeitnehmererklärungen, Form **290** 6

Arbeitnehmerfreizügigkeit, AEUV **12** 10; **32** 115f.; Anerkennungsverfahren **147** 3; Anwerbung **30** 2; Arbeitsbedingungen **12** 29; Arbeitskollisionsrecht **13** 8; Arbeitssuche **29** 71a; Arbeitsvermittlung **30** 2; Ausbildung **147** 2f.; Benachteiligungsverbot **13** 23; Brexit **30** 30; Diskriminierungsverbot **32** 121ff.; Einstellungsanspruch **147** 2f., 163; Entsprechungsverfahren **147** 3; EU-Beitrittsländer, neue **30** 29; Europäisches Niederlassungsabkommen **12** 8; Freizügigkeitsgesetz/EU **30** 26; Gemeinschaftsrecht **12** 10; öffentlicher Dienst **154**

12f.; Rechte, gewerkschaftliche **217** 20; Tätigkeitsaufnahme **12** 29; Unionsrecht **12** 29; **30** 22ff.; Weiterbildung **147** 2f.; Wirkung für Private, unmittelbare **12** 25

Arbeitnehmergruppen, Tarifschutz **237** 64ff.

Arbeitnehmerhaftung, Auftragshaftung, Fiktion **57** 71; Auskunftspflicht **57** 15; Ausschlussfristen **57** 18; Außenhaftung **57** 83; **58** 1ff.; Bereicherungsverbot des Geschädigten **57** 5; Betriebsangehörige, Schädigung **59** 1; Beweislast **57** 13f.; Beweislast für Verschulden **57** 1, 13f., 25, 36, 59f.; culpa levissima **57** 30, 41, 46; Darlegungslast **57** 13; Darlegungslast, gestufte **57** 59; Detektivkosten **57** 7; Doppelverwertungsverbot **57** 12, 55; Drittschäden **59** 1; Fahrlässigkeit **57** 9f., 35; *grobe* **57** 11, 35, 37ff., 46, 55; *leichteste* **57** 30, 41, 46; *mittlere* **57** 35, 55; Freistellungsanspruch **58** 1f., 14ff.; Gewinn, entgangener **57** 6; Haftungsausschluss **57** 43; **59** 1ff., 7; Haftungsbeschränkung **57** 19ff., 68; *de lege ferenda* **57** 43; *ehrenamtliche Tätigkeiten* **57** 61; *gefahrgeneigte Arbeit* **57** 21, 23, 26; **91** 3f.; *Gesetzentwürfe* **57** 22, 24; *Organisationsrisiko* **57** 28, 30, 36; *Schutzpflicht des Arbeitgebers* **57** 61; *summenmäßige Beschränkung* **57** 38, 43; *unerlaubte Handlung* **57** 61; *Verschulden bei Vertragsschluss* **57** 61; *Verschuldensgrade* **57** 35ff., 46; *Vertragsverletzung* **57** 61; Haftungsbeschränkungen **13** 96; Haftungsprivilegierung **3** 31; **6** 32f.; Haftungsrisiko, besonderes **57** 19; Kausalität, haftungsausfüllende **57** 3; Kausalität, haftungsbegründende **57** 3; Kollisionsrecht **13** 95; Mehrwertsteuer **57** 7; Mitveranlassung durch Arbeitgeber **57** 5, 12, 55; Nebenpflichtverletzung **57** 1f.; Organisationsrisiko **57** 55; Personenschäden **57** 1; **59** 1ff., 30; Personenschäden des Arbeitgebers **57** 1; Produktionsausfall **57** 6; Regress der Berufsgenossenschaft **57** 1; Richterrecht **6** 32; Sachschäden **57** 1; **59** 1, 30; Schaden **57** 4ff.; *immaterieller* **57** 4; *mittelbarer* **57** 7; *unmittelbarer* **57** 6; Schadensbearbeitungsaufwand **57** 7; Schadensberechnung **57** 6; Schadensersatz neben der Leistung **57** 1; Schadensersatz statt der Leistung **57** 1, 62; Schadensersatzpflicht **57** 1f.; Schadensfreiheitsrabatt, Verlust **57** 7; Schädigung des Arbeitgebers **57** 1ff.; Schädigung von Arbeitskollegen **58** 1ff.; Schädigung betriebsfremder Dritter **58** 1ff.; Schlechtleistung **57** 63; *qualitative* **57** 63; Schlüsselverlust **57** 7; Telearbeit **201** 16; Totalreparation **57** 19; unerlaubte Handlung **57** 7; Verbindlichkeiten des Arbeitgebers **57** 7; Verjährung **57** 17; Verkehrsunfall **57** 11; Vermögensfolgeschaden **57** 7; Vermögensschaden **57** 4f.; Verschulden **57** 8ff.; Versicherungsschutz **57** 39, 51ff.; Verwahrungshaftung **57** 71; Vorsatz **57** 8, 35f.

Arbeitnehmerkoalition, Gewerkschaft **232** 15; Tariffähigkeit **232** 12ff.

Arbeitnehmerkündigung, Beendigungsnormen **239** 47; Kündigungsschutz **107** 26; während Streik **276** 27

Arbeitnehmerpersönlichkeit, *s. Persönlichkeitsrecht des Arbeitnehmers*

Arbeitnehmerschutz, betriebliche Altersversorgung **202** 37, 42; einseitig zwingendes Recht **237** 93; Tarifmacht **237** 91; Verlustschutz **254** 1

Arbeitnehmerschutzrecht, Arbeitsrechtsteilgebiet **4** 11ff.; **5** 10; Individualarbeitsrecht **4** 6; Kündigungsschutz **121**; öffentliches Recht **1** 18; Schutzprinzip, soziales **3** 29ff.; Unfallverhütungsvorschriften **6** 28

Arbeitnehmersparzulage, Pfändbarkeit **68** 21; **74** 101; vermögenswirksame Leistungen **68** 16, 19f.

Arbeitnehmerüberlassung, *s. a. Leiharbeit, Zeitarbeit;* Abgrenzung **23** 15 ff.; **145** 179 ff.; Arbeitgeber **145** 32; Arbeitgebereigenschaft **23** 14; **144** 31; Arbeitnehmer, Auswechslung **145** 50; Arbeitnehmer, bestimmter **145** 51; Arbeitnehmerschutz **145** 112 ff.; Arbeitskampf **7** 54; Arbeitsleistung **145** 63 f.; Arbeitsnachweis **36** 62; Arbeitsschutz **175** 11; Arbeitsunfall **145** 102; Arbeitsverhältnis, Fiktion **31** 23; **141** 14 ff., 30 ff.; **145** 22, 203 ff.; *Befristung* **145** 213; *Dauer* **141** 20; *Kündigung* **141** 21; Arbeitsverhältnis, Übergang **141** 1; Arbeitsverhältnis, unbefristetes **145** 124; Arbeitsvermittlung, Abgrenzung zur **29** 8; Arbeitsvermittlung, private **29** 43 f.; Arbeitsvertrag zugunsten Dritter **40** 14; Arbeitsvertrag, Auftragsrückgang **115** 171; Auslandsbezug **13** 131 ff.; Baugewerbe **146** 1, 10; Begriff **29** 8; **144** 22; Bestandsschutz **145** 124 f.; betriebliche Altersversorgung **202** 20; Betriebsratsbeteiligung **145** 79 ff.; Betriebsratswahlen **291** 65, 94 ff.; Betriebsversammlung **299** 29; Definition **145** 29; Dienstleistungsfreiheit **13** 135; Dreipersonenverhältnis **145** 31; Eingliederung **145** 29, 181; Einstellungsverbote **145** 69; Entgeltfortzahlung an Feiertagen **145** 103; Entgeltfortzahlung im Krankheitsfall **145** 100; Entleiher **145** 2; *Arbeitgebereigenschaft* **112** 5; *Haftung* **145** 24; Entleihvertrag **13** 135; Equal-pay-Grundsatz **261** 21; Erlaubnis **141** 14 f.; **144** 22; **145** 61, 171 ff.; ohne Erlaubnis **145** 177, 202; erlaubnisfreie **291** 96; erlaubnispflichtige **291** 100, 119; erlaubte **291** 95; Festhaltenserklärung **145** 204; Flexibilisierung **145** 1; Gattungsschuld **145** 31; gelegentliche **145** 28; Gesamtschuldnerausgleich **145** 225; Gleichstellungsgrundsatz **103** 45; Haftung **145** 70 ff., 225 f.; Höchstüberlassungsdauer **103** 45; **112** 5; **145** 8, 20, 53; *Überschreitung* **145** 202; illegale **23** 14, 17; **145** 21 ff., 175 ff., 202 ff., 227 ff.; *Haftung* **145** 211 ff.; *Lohnrückstände* **145** 213; *Vergütung* **145** 211; Inhouse-Outsourcing **145** 178, 183; Konkretisierungspflicht **145** 23, 32; konzerninterne **25** 23; **146** 1 ff.; *Mitbestimmung des Betriebsrats* **146** 6 f.; *vorübergehende Überlassung* **146** 1, 6; legale **23** 17; **145** 1, 179; Lohnsteuerrückstände **145** 220 f.; Lohnuntergrenze **61** 26 f.; **145** 97 ff.; **284** 7; Mehrarbeit **145** 52; Meldepflichten **39** 24; Mindeststundenentgelt, Aufzeichnungspflichten **139** 22; Mischbetrieb **145** 9; Nachweispflichten **39** 49; Nebenpflichten **145** 59 f., 65 ff.; nichtwirtschaftliche **145** 28; offene Überlassung ohne Erlaubnis **145** 177; Offenlegungspflicht **145** 23, 32, 179; Ordnungswidrigkeiten **145** 227 f., 234; privilegierte **291** 97, 102; Rechtsentwicklung **145** 4 ff.; Rechtsverordnung **249** 28 ff.; Reform 2017 **145** 19 f., 22 f., 204; Scheinwerkverträge **145** 222 f.; Schlechtleistung **145** 76 f.; Schwellenwerte **145** 15, 89; Sozialversicherungsbeiträge **145** 24, 213, 215 ff.; Steuerrecht **141** 19; **145** 24, 217; Strafbarkeit **145** 24, 229 ff.; *Eigennutz, grober* **145** 233; *Gewerbsmäßigkeit* **145** 232; *Vorsatz* **145** 234; Stückschuld **145** 31; Synchronisationsverbot **145** 126 f.; Überlassungsdauer **145** 213; Überlassungspflicht **145** 58; Überlassungsvergütung **145** 62 f., 123; unentgeltliche **145** 30; Unionsrecht **12** 37; Unterrichtungspflicht **145** 85 f.; unzulässige **291** 98; verdeckte **145** 178 ff., 202; Verleiher **145** 2, 32; *Haftung* **145** 196; *Kündigungsbefugnis* **112** 5; vorübergehende **145** 16, 19; Weisungen **145** 29, 181; Werkvertrag, Missbrauch **18** 11; wirtschaftliche **145** 28 ff.; *Arbeitsort, gewöhnlicher* **13** 39; *Erlaubnisvorbehalt* **13** 132; Zwischenzeiten **145** 112

Arbeitnehmerüberlassungsgesetz, Arbeitnehmerüberlassung **145** 17 ff.; Geltungsbereich, gegenständlicher **145** 28 ff.; Geltungsbereich, räumlicher **145** 25 ff.; Tariferstreckung **215** 40

Arbeitnehmerüberlassungsvertrag, Bedingung, auflösende **145** 54; Befristung **145** 54; Benennungspflicht **145** 35; Beschaffungsrisiko **145** 48 f.; Gattungsschuld **145** 49; Haftung **145** 45 ff.; Inhaltskontrolle **145** 37 ff.; Kündigung, außerordentliche **145** 55 ff.; Leistungserfolg **145** 47; Leistungshandlung **145** 46; Leistungspflichten **145** 31, 35 f., 43 ff.; Personalleasing **145** 36; Rechtsnatur **145** 34; Schriftform **145** 35

Arbeitnehmerurheberrecht, Änderungsverbot **99** 18; Anerkennungsrecht **99** 17; Arbeitsverhältnis **99** 1 ff.; arbeitsvertraglich nicht geschuldete Werke **99** 29 f.; Benennungsrecht **99** 17; Beteiligung, weitere **99** 25; Dienstverhältnis **99** 2; Entstellungsverbot **99** 18; Nutzungsrechte des Arbeitgebers **99** 5 ff.; *Beweislast* **99** 10; *Lizenzvergabe* **99** 13; *Nutzungsarten, unbekannte* **99** 13; *Rechtsübertragung* **99** 9 f.; *Weiterübertragung* **99** 13; *Widerrufsrecht* **99** 8; *Zweckübertragungslehre* **99** 10; Offenbarungspflicht **99** 12; Rückrufsrechte **99** 19; Schöpferprinzip **99** 4; Urheberpersönlichkeitsrecht **99** 15; Vergütung **99** 21 ff., 27 f.; Veröffentlichungsrecht **99** 16; Verwertungsgesellschaft **99** 12; Vorausverfügungen **99** 7; Zugangsrecht **99** 20

Arbeitnehmerverhalten, Mitbestimmung **40** 35

Arbeitnehmervertreter, Kündigungsschutz **32** 60

Arbeitnehmervertreter im Aufsichtsrat, Arbeitnehmerbeteiligung **3** 47; Benachteiligungsverbot **110** 60; Geheimhaltungspflicht **295** 215; Verschwiegenheitspflicht **54** 48; **312** 89; Wahl **302** 63; **311** 185

Arbeitnehmervertretungen, Arbeitnehmervertretungsstrukturen, andere **284** 14; Arbeitsgemeinschaften **284** 8, 15; Kündigungsschutz, besonderer **127** 8 ff., 20; Ersatzmitglieder **127** 11, 25 ff.; *Nachwirkung* **127** 28 ff.; tarifliche Regelungen **284** 8 ff.; Überwachungsaufgabe **255** 22; Vertretung, zusätzliche **127** 8; Vertretungen der Arbeitnehmer, zusätzliche betriebsverfassungsrechtliche **284** 16

Arbeits- und Berufsförderungsfachpersonal, Fortbildungsrecht, gesetzliches **150** 7

Arbeits- und Wirtschaftsbedingungen, Betriebsverfassung **215** 32; Koalitionsvereinbarungen **264** 3; Richtigkeitsvermutung **218** 88; Tarifautonomie **215** 32; Tarifmacht **258** 47; Vereinbarungsmacht **1** f.

Arbeitsablauf, Einigungsstellenverfahren **308** 15; Gesamtbetriebsrat **300** 57; Störung **288** 21 f.; **310** 33 f.

Arbeitsanweisungen, *s. Weisungen*

Arbeitsaufgabe, Änderung **40** 36; Änderungsvorbehalt **40** 36, 39; Anpassung **40** 36; Art der Leistung **40** 16 ff.; konkludente Festlegung **40** 17; Rahmenbezeichnung **40** 16; Stellenbeschreibung **40** 16; Versetzung **40** 36 ff.

Arbeitsaufzeichnungen, Herausgabepflicht des Arbeitnehmers **139** 7

Arbeitsausfall, Betriebsrisiko **76** 81 ff.; Doppelkausalität **78** 14 f.; Erholungsurlaub **78** 15; feiertagsbedingter **78** 9 ff.; *s. a. Entgeltfortzahlung an Feiertagen*

Arbeitsbedingungen, AGB-Kontrolle **5** 16; Allgemeines Persönlichkeitsrecht **237** 47; Änderung **101** 1 f.; **117** 2 ff.; Arbeitsschutz **12** 44; Arbeitszeitlage **40** 101; Aushandeln **37** 24; Befristung **40** 100; **50** 300 f.; Betriebsvereinbarung **37** 20; Bezugnahme **246** 7; Bezugnahmeklauseln **37** 21; Digitalisierung **225** 28; Europäische Sozialcharta **12** 6; Gleichbehandlungsgrund-

Sachverzeichnis

Magere Ziffern = Randnummern

satz **12** 31; Grundrechte **237** 44; Günstigkeitsprinzip **5** 23; Inhaltsnormen **239** 2 ff.; Koalitionsverfahren **3** 40; Leistungsbestimmungsrecht **117** 27; Mitteilungspflicht **235** 22; Nachweis **12** 19; Sittenwidrigkeit **237** 90; standardisierte **37** 19 ff.; Tarifdispositivität **218** 100; tarifliche Regelung **37** 20; Tarifnormerstreckung **230** 23; Tarifnormsetzung **215** 35; Tarifvertrag **40** 90; Weisungsrecht des Arbeitgebers **11** 5; **117** 27 ff.

Arbeitsbefreiung, Amtsschutz **41** 6; Annahmeverzug **41** 9 f.; Arbeitsverhältnis, Beendigung **41** 17; Arbeitsverhältnis, ruhendes **41** 24 ff.; Betriebsratsmitglieder; s. dort; Betriebsrisiko **41** 9; bezahlte **41** 2 ff.; Entgeltfortzahlung **41** 1, 7 f.; Ermessensspielraum **41** 8; Gesundheitsschutz **41** 3 f.; Leistungsstörungen **41** 9; Persönlichkeitsschutz **41** 3 f.; aus persönlichen Gründen **41** 7 f.; Soziallohn **41** 4; unbezahlte **41** 24 ff.

Arbeitsberechtigung-EU, unbefristete, Vorlagepflicht **39** 41

Arbeitsbereich, Zuweisung, Betriebszugehörigkeit **24** 56

Arbeitsbereitschaft, Arbeitsintensität, mindere **40** 77; Arbeitsleistung, mindere **182** 29, 31; Arbeitszeit **40** 76 f.; **182** 23; Arbeitszeitverlängerung **182** 71; Begriff **182** 27 ff.; Bereitschaftsdienst **40** 78a; geistige **182** 27; Inaktivzeiten **40** 85; körperliche **182** 27; Ruhezeit **186** 21; Tarifvertrag **40** 90; Urlaubsgewährung **86** 5; Vergütung **60** 13; **182** 30

Arbeitsbeschaffungsmaßnahmen, befristetes Arbeitsverhältnis **103** 108

Arbeitsbeschaffungsvertrag, Unzulässigkeit **40** 11

Arbeitsbescheinigung, Berichtigung **70** 7; Herausgabeklage **70** 7; Verpflichtung des Arbeitgebers **138** 71 ff.; Vorlage, rechtzeitige **139** 1

Arbeitsbewertung, analytische **64** 16; Arbeitsanforderung **64** 14, 16; Arbeitsaufgabe **64** 16; Arbeitsbereich **64** 16; Aufgabenbereich **64** 17; Führungsaufgaben **64** 16; Gesamtaufgabe **64** 17; personenabhängige **64** 14 f.; summarische **64** 16

Arbeitsdirektor, Personalangelegenheiten **28** 7

Arbeitseffektivität, Arbeitsleistung **64** 11

Arbeitseinkommen, Begriff **74** 77; Pfändungsschutz **74** 71 ff.; Überweisung auf Schuldnerkonto **74** 104; Verwendung **215** 32

Arbeitseinteilung, Arbeitszeit **182** 6

Arbeitsentgelt, Abrechnung **69** 13; Abrechnungsperiode **60** 12; Abtretung **73** 1; Einwendungen **73** 15; Umfang **73** 6 ff.; Abtretungsausschluss **73** 9 ff.; arbeitsabhängiges **60** 10 f., 22; **64** 2; Auszahlung in Euro **60** 9; **69** 1; **73** 22; Auszahlungsmodalitäten **69** 9; bargeldlose Zahlung **69** 1, 3, 8 f.; Barzahlung **69** 1, 3, 8; Befristung **40** 100; Bemessungszeitraum **60** 12; Benachteiligungsverbot **60** 36 ff.; Betriebstreue **60** 10, 14; Betriebsübergang **142** 123, 142, 144; Diskriminierungsschutz durch AGG **16** 52; Diskriminierungsverbote **12** 39; einmaliges **60** 11; Einrede des nichterfüllten Vertrages **73** 20 f.; einstweiliger Rechtsschutz **70** 28; Entgeltbestandteile, befristete **63** 3, 26 ff.; Entgelthöhe, absolute **60** 25 ff.; Entgelthöhe, relative **60** 35 ff.; Entgeltumwandlung **69** 2, 25; **73** 24; erfolgsbezogenes **64** 2; **65** 1 ff.; Erfüllung des Entgeltanspruchs **69** 1 ff.; Erfüllungsort **69** 8; ergebnisabhängiges **60** 10 f., 21 f.; Erlass **71** 1; Ermessensleistungen **63** 24 f.; Europäische Sozialcharta **12** 6; Fälligkeit **69** 3 f.; Feststellungsklage **70** 22; Rechtsschutzbedürfnis **70** 23 f.; Flexibilisierung **63** 1 ff.; Fortzahlung im Krankheitsfall **1** 13; Freiwilligkeitsvorbehalt **63** 6 ff.; Gegenleistung für Arbeitsleistung **60** 1, 10; Gegenseitigkeitsverhältnis **4** 10; Geldlohn **69** 1; Günstigkeitsprinzip **5** 23; Höhe **64** 1; Individualnormen **240** 7; Inhaltsnormen **239** 7 ff.; Insolvenz des Arbeitgebers **75** 1 ff.; Jahresurlaub, bezahlter **12** 40; jährliches **60** 11; Koalitionsverfahren **3** 40; laufendes **60** 11; Leistungen Dritter **60** 4; Leistungsabhängigkeit **64** 1 f.; leistungsbezogenes **60** 10 f.; Leistungsklage **70** 15 ff.; Mindestentgelte **61** 23 ff.; Mindestlohn; s. dort; Mitbestimmung **60** 67 f.; **69** 9; Naturalvergütung **60** 4; **67** 1; Nichtleistung **60** 15; Rechtswegzuständigkeit **70** 1 f.; Rückzahlungsansprüche **239** 12; Rückzahlungsklauseln **60** 14; Sachzuwendungen **60** 9; Schuldanerkenntnis, negatives **71** 1; Schuldversprechen, abstraktes **60** 7; Sonderzuwendungen **60** 11; Stundenlohn **60** 12; Tarifnormsetzung **215** 35; Taxe **60** 103; Tod des Arbeitgebers **141** 3, 7 f.; Tod des Arbeitnehmers **40** 9; übertarifliches **60** 60; **64** 53; Überzahlung **55** 13; **72** 1 ff.; Unionsrecht **12** 39; untertarifliches **60** 61; Verjährung **71** 43 ff.; vermögenswirksame Leistungen **60** 9; Verzicht **71** 1 ff.; Verzug **60** 7; Verzug des Arbeitgebers **69** 14 ff.; Vorleistung **69** 6; Einwendungen **73** 20; Vorleistungspflicht **69** 9; Währung, ausländische **69** 1; Wechselverbindlichkeiten **60** 7; Zahlungsverzug des Arbeitgebers **41** 12; Zahlungsweise pränumerando **69** 6; Zeitentgelt **60** 12

Arbeitsentgelterhöhung, Gleichbehandlungsgrundsatz **14** 17; Kaufkraftausgleich **14** 17; Rückwirkung **14** 18

Arbeitsentgeltrisiko, Betriebsstörungen **1** 12; **3** 30; **41** 9

Arbeitsergebnis, Änderungsschutz **97** 8; Eigentumserwerb **97** 1 ff., 9; Herausgabeanspruch **97** 5; Misslingen **185** 34 ff.; 5%-Klausel **185** 35 f.; Rechte am Arbeitsergebnis **4** 9; Sonntagsarbeit/Feiertagsarbeit **185** 34 ff.; Zugangsrechte des Arbeitnehmers **97** 6 f.

Arbeitserlaubnis, Herausgabepflicht **139** 1; Kündigung, außerordentliche **124** 72

Arbeitserlaubnis-EU, Vorlagepflicht **39** 41

Arbeitsförderung, aktive **29** 2 f., 75 f.; Aktivierung **29** 81 ff.; Kostenübernahme **29** 82; Maßnahmen **29** 82 f.; Antrag **29** 76; Arbeitsvermittlung **29** 14; Auslandsvermittlung **29** 82; Beratung **29** 77 ff.; Bildungsmaßnahmen, berufsvorbereitende **148** 2; Entgeltersatzleistungen **29** 2a f., 75; Ermessensleistungen **29** 2; Erwerbstätigkeit, Aufnahme einer **29** 90 ff.; Fristen **29** 76; Leistungen **29** 1; Leistungsschemata **29** 2; Pflichtleistungen **29** 2; SGB III **29** 1; Verbleib in Beschäftigung **29** 92 ff.; Ziele **29** 1a

Arbeitsförderungsrecht, Arbeitskampf **280** 14 f.; Mitwirkung des Betriebsrats **283** 13

Arbeitsgelegenheiten, Eingliederungsmaßnahmen **157** 7

Arbeitsgemeinschaft, Abordnung von Arbeitnehmern **13** 136

Arbeitsgenehmigung, Befristung **103** 76; Beschäftigungsverbot **113** 97; Kündigung, personenbedingte **113** 97; Unterstützungspflicht **113** 98

Arbeitsgerichte, Beschlussverfahren **4** 7; Rechtswegzuständigkeit **70** 1 f.; Verfahren **4** 7; Zuständigkeit, ausschließliche **70** 1; Zuständigkeit, internationale **70** 14; Zuständigkeit, örtliche **70** 8; Arbeitsort **70** 8, 13; Erfüllungsort **70** 8, 10 ff.; Niederlassung, gewerbliche **70** 8 f.; Wahlrecht **70** 8

Arbeitsgerichtliches Verfahren, Beibringungsgrundsatz **17** 112; Rechtswegeröffnung **18** 1; Untersuchungsgrundsatz **17** 112

Arbeitsgerichtsbarkeit, Arbeitnehmerbegriff **147** 17; Arbeitsrechtsteilgebiet **4** 7; Ausschluss, tariflicher **241** 3; Berufsausbildungsverhältnis **147** 17; Bundesarbeitsgericht **6** 2; Fortbildungsverhältnisse **147** 17; Gewerbegerichtsgesetz **2** 12; Praktikanten **147** 17; Richter, ehrenamtliche **222** 48; Umschulung **147** 17; Urteilsverfahren **4** 7; Volontäre **147** 17; Weimarer Republik **2** 33

Arbeitsgerichtsverfahren, Aussetzungspflicht **232** 87; Güteverhandlung **282** 14; Parteifähigkeit **223** 42

Arbeitsgestaltung, menschengerechte **7** 41; **94** 27; **196** 65

Arbeitsgruppen, s. *Betriebsrat*

Arbeitshygiene, Arbeitsstätten **177** 15; Gesundheitsschutz **174** 13, 15; normative Standards **174** 21 f., 27

Arbeitsintensität, Arbeitsleistung **64** 11, 13; mindere **40** 76 ff.; *Vergütung* **40** 80; Ruhezeit **40** 76; Vollarbeit **40** 76

Arbeitskampf, Ankündigungspflicht **257** 59; Annahmeverzug des Arbeitgebers **76** 43; Anzeige an Agentur für Arbeit **29** 38; Anzeigepflicht **280** 16; Arbeitskampfmittel **265** 4 ff.; **266** 1; Arbeitskampfregeln **220** 60 f.; Arbeitskampfrisikolehre **4** 5; Arbeitslosengeldbezug **219** 6; Arbeitsvermittlungsverbot **29** 33 ff.; Arbeitsvertragsbruch **1** 18; Aufwendungsersatz **43** 43; Außenseiter **219** 32; Aussperrungsrecht, subjektives **219** 19; Begriff **265** 1 ff.; Belegschaft als Einheit **219** 32; Beschäftigungsverhältnis, sozialversicherungsrechtliches **280** 1 ff.; Beteiligte **266** 11; Beteiligungsrechte des Betriebsrats **276** 50 ff., 57 ff.; Betriebsratstätigkeit **288** 15 ff.; Betriebsstilllegung **224** 33; Betriebsverfassung **4** 20; Betriebsversammlung **298** 18; Bundesrecht **270** 1 f.; Burgfrieden **267** 1; Daseinsvorsorge **272** 82 f., 87; Drittbetroffene **266** 11; **279** 1; Drittunternehmen, Vertragsbeziehungen mit **279** 1; Druckausübung, kollektive **265** 3; **266** 1; Einschätzungsprärogative **269** 9, 29; **272** 68, 74, 79 f.; Entscheidungen, unternehmerische **266** 6; Erhaltungsarbeiten **278** 1; Existenzgefährdung des Gegners **272** 63; Fairnessgebot **272** 59; Fernwirkung **276** 52; **279** 1, 9 ff., 13 ff., 47; Friedenspflicht **257** 18; Gefahrengemeinschaft der Arbeitgeber **278** 3; Gegengewichtsprinzip **220** 53; Gemeinwohlbindung **272** 81 ff.; Geschichte **267** 1 ff.; Gewerbebetrieb, Recht am **224** 46; **265** 10; **273** 5; **279** 5; Gleichheitssatz **224** 39; Grundfreiheiten **221** 9; Hauptleistungspflichten **276** 1 ff.; Informationspflicht **257** 59; Kampfbeschluss **272** 35; Kampfbeteiligte **272** 15, 18 ff.; Kampfgrenzen **278** 2; Kampfkündigungen **127** 34; Kampfparität **272** 55 ff.; **276** 50 f.; **279** 10 f., 13 ff.; Kampfparteien **272** 15 f.; Kampfziele **266** 1 ff., 7; kirchlicher Dienst **160** 15 ff.; Koalitionsfreiheit **268** 3 ff.; Kollisionsrecht **269** 36 ff.; Kündigung, außerordentliche **124** 30; Landesrecht **271** 1 f., 12; Mitbestimmung **276** 50 ff.; Nebenpflichten **276** 12; Neutralitätsgebot **220** 53 f.; Notdienstarbeiten **288** 19; Notdienstvereinbarungen **264** 3; Notstandsarbeiten **278** 1; Notstandsgesetzgebung **267** 4; Öffnungsklauseln **252** 35; Parteinahme **220** 117; Proportionalität **272** 73 ff.; **279** 26; politischer **266** 10; Proportionalität **272** 73 ff.; Rechtmäßigkeit **1** 18; **272** 1; Rechtsansprüche, Durchsetzung **272** 1; Rechtsnormen, neutrale **270** 1; Richterrecht **270** 3 ff.; Rom II-VO **12** 18; Schadensersatz **278** 8 ff.; Scheitern des kampffreien Verhandelns **3** 42; Schlichtungsverfahren **272** 72; Selbsthilfe, kollektive **265** 2; Staatsneutralität **288** 17; Streik **3** 42; Streikrecht **4** 5; *subjektives* **219** 19; Tarifabschluss **237** 1; Tarifautonomie **3** 42; **216** 4; **272** 1, 78; Tarifbezogenheit **272** 1 ff., 15 f., 19, 22; Tarifbruch **220** 122; Tarifkonflikt **1** 14; Tarifvertrag, Geltungsbereich **238** 28; Tarifvertragsabschluss **266** 2; Tarifziele **220** 46, 52; **221** 19; **266** 6; Übermaßverbot **220** 47 ff.; *Mindestversorgung der Bevölkerung* **220** 51; Ultima-Ratio-Prinzip **3** 42; **216** 4; Unbeteiligte **279** 57 ff.; Unerwünschtheit **268** 1 f.; **272** 78; Unterlassungsanspruch **278** 4 ff.; Unterstützungsleistungen **278** 3; Unterstützungszahlungen **278** 3; Verbände **278** 1 ff.; Vereinbarungen, schuldrechtliche **257** 58; Verhältnismäßigkeitsprinzip **272** 76 ff.; **3** 42; **269** 21 ff., 25 f., 29; **272** 64 ff., 76 f.; Verhandlungsgleichgewicht **1** 19; **3** 42; Waffengleichheit **288** 17; Wettbewerbszwecke **221** 19; Zulieferer **279** 48 f.; Zwangsschlichtung **220** 51

Arbeitskampfgarantie, Koalitionsbetätigung **219** 19; **220** 44 ff.; Verteidigungsmittel **220** 44 ff.

Arbeitskampfklauseln, Risikoübertragung **279** 50 ff.; Streik **279** 51

Arbeitskampfmaßnahmen, Kollisionsrecht **13** 161 f.; zwischen Arbeitgeber und Betriebsrat, Unzulässigkeit **3** 43

Arbeitskampfmittel, alternative **273** 1; Typenbildung, freie **268** 10; Typenwahl, freie **268** 10

Arbeitskampfrecht, Individualarbeitsverhältnis **4** 3; kollektives Arbeitsrecht **4** 6, 9; Niederlassungsfreiheit **12** 12, 49; Richterrecht **6** 32

Arbeitskampfregelungen, Ankündigungspflicht **257** 59; Informationspflicht **257** 59

Arbeitskampfrisiko, Abwehrmaßnahmen **279** 29; Annahme der Arbeitsleistung **279** 1a; Arbeitspflicht **76** 86; Betrieb, kampfbetroffener **279** 24 f.; Betriebsrisiko **279** 3, 5 ff.; Kombinationslehre **279** 3 ff.; Personalüberhang **279** 26; Sphärentheorie **279** 2, 9; Vergütungspflicht **76** 86; Wirtschaftsrisiko **279** 5 ff.

Arbeitskampfunterstützung, Steuerfreiheit **220** 31

Arbeitskampfverbot, Betriebsverfassung **287** 30; **288** 9 ff.; Unterlassungsansprüche **288** 20; Verbotsverletzung **288** 20

Arbeitskampfwilligkeit, Koalitionen **232** 39

Arbeitskleidung, Beschaffung durch Arbeitnehmer **93** 41; einheitliche **93** 41; Reinigungskosten **182** 18

Arbeitskollisionsrecht, Auslandsbezug **6** 31

Arbeitskraft, Leistungspflicht **40** 44; Verwertung, anderweitige **55** 50

Arbeitsleben, Ordnung des Arbeitslebens **215** 35

Arbeitsleistung, aliud-Leistung **43** 26, 29 f.; **41** 24; **43** 21; Arbeitsintensität, mindere **40** 76 ff.; außerhalb des Betriebes **48** 3a, 8; Begriff **40** 67; betriebliche **40** 49; Betriebsrisiko **43** 22; Betriebsübergang **142** 142; Blaumachen **43** 7; Bummelei **43** 4; einstweilige Verfügung **42** 4 f.; Entgeltrisiko **43** 24; Erfüllungsklage **42** 1, 11; **43** 46; *Entschädigung, Verurteilung zu* **42** 11; Erfüllungsverweigerung **43** 41; faktische **54** 19; Fixschuldcharakter **76** 1; Gegenseitigkeitsverhältnis **4** 10; Gesundheitsgefahr **43** 18; Hauptleistungspflichten, Verletzung **43** 1; höchstpersönliche **141** 8; Kooperationsleistung **40** 49; Lebensgefahr **43** 18; Leistungsfähigkeit, persönliche **40** 45 f.; Leistungshindernisse, objektive **43** 25; Leistungsort **40** 49 ff.; Leistungsverweigerung **43** 30; Leistungsverweigerungsrecht **41** 7; low performance **43** 27; Minderleistung **40** 47; Nacharbeit **43** 14; Nachholbarkeit **43** 1, 9, 20, 33; Nichtleistung **43** 1 ff., 8 ff., 21; **56** 1; *Anwerbungskosten* **43** 39; *Auflösungsschaden* **43** 39, 41; *Aufwendungsersatz* **43** 42 f.; *Entschädigung* **43** 46; *Ersatzverdienst* **43** 44 f.; *Gewinn,*

Sachverzeichnis

entgangener **43** 38; *Konkurrenzschaden* **43** 40; *Nacherfüllungspflicht* **43** 33 ff.; **53** 11; *Schadensersatz* **43** 34; *Schadensersatz statt der Leistung* **43** 35 f.; *stellvertretendes commodum* **43** 44 f.; *Verfrühungsschaden* **43** 40; ohne Arbeit kein Lohn **3** 30; Personenschäden **43** 25; Pflichtenkollision **43** 18; Qualität **40** 44; Qualitätsmängel **43** 4, 25; Quantitätsmängel **43** 25; Resistenz, passive **43** 30; richtige Leistung **40** 44 f.; Sachschäden **43** 4, 25; Schlechtleistung **43** 1, 4, 25 ff., 60; **53** 12; **56** 1; *s. a. dort*; Sorgfaltspflicht, berufstypische **40** 45; Substituierung durch Dritte **40** 11 f.; Substratgefahr **43** 22; Teilleistung **43** 29, 60; Teilunmöglichkeit **43** 7; Umfang, geschuldeter **40** 45; Unmöglichkeit **43** 5 ff., 21 f., 33; *betriebsbedingte* **43** 22; *personenbedingte* **43** 23; *subjektive Unmöglichkeit* **43** 3; *vorübergehende* **43** 23; *zufallsbedingte* **43** 24; Untätigkeit, pflichtwidrige **43** 3; Unzumutbarkeit **40** 31; **41** 7, 9, 16; **43** 3, 16 f.; **114** 13; *Anzeigepflicht* **40** 31 f.; Vergütungsgefahr **76** 1 ff.; Vertragsbruch **43** 39, 47 ff.; Verzug **43** 1, 3, 8 ff., 20; Vollstreckbarkeit **42** 2 f.; Wegerisiko **43** 15, 24; Weisungsrecht des Arbeitgebers **11** 5; Zurückbehaltungsrecht **114** 10 ff.; **273** 8

Arbeitslohn, Tarifvertrag **215** 6

Arbeitslose, Gewerkschaftsmitgliedschaft **222** 32; Koalitionsfreiheit **218** 34; Mutterschutz **189** 11

Arbeitslosengeld, Arbeitsbescheinigung **138** 71 ff.; Arbeitsförderung **29** 1, 2 f., 76; Arbeitskampf **280** 17 ff.; *Beteiligung, mittelbare* **280** 23 f.; Auskunftspflicht **32** 46; Auslandsvermittlung **29** 82; Befristung **29** 102; Bemessung, fiktive **29** 102; Entgeltersatzleistung **29** 102; Erlöschen **29** 102; Gleichwohlgewährung **29** 102; Höhe **29** 102; Legalzession von Lohnansprüchen **73** 5; Neutralitätsgebot **220** 56, 58, 118; Ruhen des Anspruchs **29** 102; **132** 51; *Tarifvertrag, Geltungsbereich* **238** 14; Sperrfrist **31** 21; Sperrzeit **29** 102; Steuerfreiheit **62** 17; Teilarbeitslosengeld **29** 76, 102; Weiterbildung, berufliche **29** 76

Arbeitslosengeld II, Pflichtverletzung **29** 15; SGB II **29** 3; Steuerfreiheit **62** 17

Arbeitslosenversicherung, Anwartschaftszeit **280** 13; Arbeitskampf **280** 13 ff.; Weimarer Republik **2** 34

Arbeitslosigkeit, Begriff **29** 102; drohende **29** 89, 96; Meldung als arbeitsuchend **29** 66; Mitwirkungspflichten der Arbeitnehmer **31** 20

Arbeitslosmeldung, Aufhebungsvertrag **135** 21; Hinweispflicht **135** 8

Arbeitsmarkt, Koalitionen **221** 5; Koalitionsfreiheit **1** 14

Arbeitsmarktberatung, Arbeitsförderung **29** 2, 77, 79

Arbeitsmarktpolitik, Bestandsschutz **107** 15

Arbeitsmarktreformgesetz, Kündigungsschutz **112** 2

Arbeitsmedizin, Angebotsvorsorge **180** 30, 37, 44 ff.; *Freiwilligkeit* **180** 44; Arbeitssicherheit **180** 28 ff.; Arbeitszeit **181** 3 f.; Arztgeheimnis **180** 31, 34; Arztwahl, freie **180** 38; Aufbewahrungspflichten **139** 25; Aufklärung **180** 31; Beratung des Beschäftigten **180** 34; Bildschirmarbeit **180** 26; Dokumentation **180** 35; Eignungsuntersuchungen **180** 61; Einstellungsuntersuchungen **180** 30a, 54 ff.; Einwilligung, rechtfertigende **180** 31; Gendiagnostik **180** 29; Gesundheitsschutz **174** 13 ff.; HIV-Infektion **180** 57; Kosten **180** 41; Mitbestimmungsrecht des Betriebsrats **180** 43; Nachsorge **180** 36; Nachtarbeit **180** 26, 37; **184** 1 ff.; normative Standards **174** 21 f., 27; Pflichtvorsorge **176** 54; **180** 30, 37, 47 f., 50 ff.; Schweigepflicht **180** 31, 34; Selbstbestimmungsrecht der Beschäftigten **180** 31; Tätigkeitswechsel, Empfehlung **180** 53; Treuepflicht, arbeitsvertragliche **180** 48 f.; Untersuchungsergebnisse **180** 35; Untersuchungsrecht **180** 26; Verordnung zur Rechtsvereinfachung und Stärkung der arbeitsmedizinischen Vorsorge **174** 4; Verordnungen **180** 29; Vorsorge **180** 26; Vorsorgebescheinigung **176** 54; Vorsorgeuntersuchungen **180** 32; **184** 29 ff.; *Freiwilligkeit* **180** 32; *Kosten* **180** 32; *Untersuchungsergebnis, Mitteilung* **180** 34; Wunschvorsorge **180** 26, 30, 36 ff.

Arbeitsmenge, Arbeitszeit **40** 94 ff.; Befristung **40** 100; Öffnungsklausel **40** 40; Transparenzkontrolle **40** 88; Vereinbarung **40** 87 f.

Arbeitsmittel, Altarbeitsmittel **178** 40; Arbeitsmittelbenutzungsverordnung **178** 33 ff.; Arbeitsschutz **12** 44; Bereitstellung **178** 34 ff.; Besitzdienerschaft **97** 4; Betriebssicherheitsverordnung **178** 33 f.; *befähigte Personen* **178** 39; Ergonomie **178** 36; gebrauchte **178** 15, 37; Gefährdung, besondere **178** 38; Gefährdungsbeurteilung **178** 35, 39, 42; Herausgabepflicht des Arbeitnehmers **139** 7; Instandhaltungspflicht **127** 37; Mindestbeschaffenheit **178** 37; Prüfpflichten **178** 39; *Weisungsfreiheit* **127** 39; Schutzpflichten **178** 38, 41; Technische Regeln **178** 39, 41; Übergangsrecht **127** 40; Unterweisungen **178** 38; Verwendung, bestimmungsgemäße **176** 64

Arbeitsnachweis, Nachweisgesetz **36** 62 ff.; Vertragsbedingungen, wesentliche **13** 89; **36** 63 ff.

Arbeitsordnungen, Mitbestimmung **55** 14; Verhalten der Arbeitnehmer **55** 14

Arbeitsorganisation, Fremdbestimmung **3** 30 f.

Arbeitsort, *s. a. Leistungsort*; Arbeitnehmerentsendung **12** 34; Arbeitspflicht **40** 65; Basis **13** 38, 40, 50; Festlandsockel **13** 38; Gerichtsstand **70** 8, 13; gewöhnlicher **13** 35 ff.; *Entsendung, vorübergehende* **13** 41; Leiharbeit **12** 34; staatsfreies Gebiet **13** 37, 40; Statutenwechsel **13** 41; Tarifvertrag, Geltungsbereich **238** 19; Umsetzung **40** 55; „Umstände" **40** 51; Vereinbarung, vertragliche **40** 49 f.

Arbeitsortprinzip, Arbeitnehmerentsendung **215** 38; Arbeitnehmerüberlassung **215** 40

Arbeitspapiere, Arbeitsverhältnis, laufendes **39** 52; Aufbewahrung durch Arbeitgeber **139** 45; Aushändigung an Arbeitnehmer **39** 47 ff.; Ausstellung **35** 28; Beschädigung **39** 46; Beschäftigungsbeginn **39** 47 ff.; Herausgabe **35** 28; *einstweilige Verfügung* **139** 5; *Fälligkeit* **139** 3; *Schadensersatz* **139** 6; *verspätete* **39** 46; **139** 6; Herausgabeklage **139** 5; Herausgabepflicht **139** 1; Holschuld **39** 46; **139** 2; Nichtvorlage **39** 44; Rückgabe **39** 45; Verlust **39** 45; Zurückbehaltungsrecht **39** 46; **41** 12; **139** 4

Arbeitspausen, Mitgliederwerbung **220** 86

Arbeitspflicht, Arbeitnehmer **55** 1; Arbeitsvertrag **40** 2; Arbeitszeit **181** 14 f.; Ausführungsautonomie **40** 6, 23; Bringschuld **40** 49; Dienste, versprochene **40** 2 ff., 26, 44; Dienstpflicht **40** 1; Erfüllung, persönliche **42** 2; Erweiterung, einseitige **40** 2; fachfremde Arbeit **40** 25; Falscharbeit, vorsätzliche **43** 2; Feststellungsklage **40** 65; Fixschuld **40** 101; *absolute* **40** 65; **43** 8 f., 10; *relative* **43** 8, 10; Gläubigerverwirkung **51** 5; Hauptleistungspflicht **40** 1, 4; Inhalt **40** 2 f.; Konkretisierung **40** 5 f., 18 ff., 101; *Übung, langjährige* **40** 18; Leistungsstörungen **41** 2; management by objectives **40** 23; Nacherfüllung **43** 10; Nebenpflichtverletzung **57** 1 f.; Nebentätigkeit **55** 51; Nichtaufnahme der Arbeit **43** 2; Nichterscheinen am Arbeitsplatz **43** 2; persönliche Arbeitsverpflichtung **40** 7 f.; Pflichtverletzung

Sachverzeichnis

57 2f.; private Angelegenheiten 43 2; Rechtsnatur 40 1; Rechtsschutz 40 34; Schadensersatz statt der Leistung 57 1; Schein-Arbeit 43 2; Unmöglichkeit; *anfängliche* 43 11; *faktische* 43 17; *Leistungserschwerung* 43 12; *praktische* 43 15; *subjektiv-normative* 43 12f.; *vorübergehende* 43 14; Unterbrechen der Arbeit 43 2; Unvererblichkeit 40 9; Verhalten, außerdienstliches 55 47ff.; Verlassen der Arbeit, vorzeitiges 43 2; Vertragsstrafen 42 12; Weisungen 40 5f.

Arbeitsplatz, Baustellen 177 30; Bildschirmarbeitsplatz 177 30; *s.a. dort*; Definition 177 3; Einigungsstellenverfahren 308 15; im Freien 177 42; Lärmschutz 177 30, 34ff.; Lastenhandhabung, manuelle 177 30, 39ff.; leidensgerechter 113 12, 22, 26f.; menschengerechter 93 3; 94 20f.; 172 5, 9; Säuberung 40 24; Vibrationen 177 30, 34ff.; Zuteilung 31 38

Arbeitsplatzabbau, Kündigung, betriebsbedingte 50 278ff.; Teilzeitbeschäftigung 50 10; Zusatzschicht 50 279

Arbeitsplatzbeschreibung, Kündbarkeit, betriebliche 40 16

Arbeitsplatzdatenbank, Personalplanung 28 34

Arbeitsplatzgestaltung, Betriebsnormen 240 11; Gesamtbetriebsrat 300 57

Arbeitsplatzgrenzwert, Gefahrstoffrecht 179 52f., 61ff.

Arbeitsplatzschutzgesetz, Auszubildende 147 16; 149 153; Kündigungsschutz, besonderer 129 119ff., 125ff.; *Klagefrist* 129 135

Arbeitsplatzteilung, *s.a. Job-Sharing*; Abrechnungseinheit 45 82f.; Änderungskündigung 45 119, 122; Arbeitnehmerhaftung 45 90ff.; Arbeitsverteilung 44 43; Arbeitszeitflexibilisierung 45 66ff.; Arbeitszeitplan 44 14; 45 82f.; Arbeitszeitplanung 45 78f., 89, 90, 116; Arbeitszeitverteilung 45 84ff.; Ausscheiden eines Arbeitnehmers 45 119ff.; Beendigungskündigung 45 119; Bestandsschutz 45 117ff.; Betriebsgruppe 45 79f.; 144 7, 7f.; Deputat, variables 45 94; Entgeltfortzahlung im Krankheitsfall 45 109ff.; Feiertagsvergütung 50 207f.; Freizeitperioden 50 167; Gestaltungsform 144 4; Gestaltungsfreiheit der Arbeitnehmer 44 40; Gleichbehandlung 45 108; Haftung, gesamtschuldnerische 45 91f.; Job Pairing 45 81; Kleinbetrieb 45 123f.; Kündigung, betriebsbedingte 45 121; Kündigungsschutz 45 118ff.; Mehrarbeit, arbeitsplatzbezogene 45 105ff.; Nebenpflichten 45 89a; Tarifrecht 45 126; Tarifregelungen 45 77; Teamarbeit 45 69, 71f.; Turnusarbeit 45 76; Überschneidungszeiten 45 84; Urlaub 45 114ff.; Vereinbarung 45 77f.; Vergütung 45 108; 50 167; Verhinderung, persönliche 45 112f.; Vertretungsarbeit 45 72, 75, 93ff.; *Vorabvereinbarung* 45 98ff.; Vollzeitbeschäftigung 45 73ff.; Zeitsouveränität 45 30, 41f.; 45 69, 84; 49 10

Arbeitsplatzwahl, Berufswahlfreiheit 7 73ff.; Freiheit der 107 18

Arbeitsplatzwahlfreiheit, Beendigungsnormen 237 42; Besetzungsregelungen 237 32; Rückzahlungsregelungen 237 41; Wettbewerbsverbot 237 43

Arbeitsplatzzuweisung, Arbeitsaufgabe, konkludente Festlegung 40 17

Arbeitspsychologen, Fachkräfte für Arbeitssicherheit 176 46

Arbeitsqualität, Vereinbarung, vertragliche 40 44

Arbeitsrecht, Anwendungsbereich 18 2; Begriff 1 1ff.; Einheitlichkeit 2 10, 14; einseitig zwingendes Recht 5 10; Gesetzgebungskompetenz 1 17; 5 3; Kodifikation 2 49; 5 1f.; 6 17; kollektives Arbeitsrecht; *s. dort*; Rechtsgebiet, selbständiges 6 20f.; Rechtswissenschaft 1 4; Schutzprinzip, soziales 3 29ff.; Selbstverwaltung, soziale 3 39ff.; Sozialprivatrecht 41 2; Sozialrecht 4 16; Staatskonkurrenz gegenüber Koalitionen 218 98; Statusrecht 1 7, 9; 5 1; System, verschränktes 4 1ff.; tarifdispositives Recht 6 25; werdendes Recht 1 5f.; Zivilrechtsordnung, Verhältnis zur 1 18; 5 1ff.

Arbeitsrechtsbereinigungsgesetz, Kündigungsschutz 107 8

Arbeitsschutz, Abmahnung durch Beschäftigte 175 30; Allgemeine Verwaltungsvorschriften 174 31; Amtshaftung 175 43; anerkannte Regeln der Technik 174 14f., 17f., 31; Annahmeverzugsentgelt 175 31f.; Anordnungen 174 89, 91f., 105; *Anfechtungsklage* 174 96; *Ausführungsfrist* 174 94; *Begründung* 174 95; *Bestimmtheit* 174 92; *Durchführbarkeit, technische* 174 92; *Eilfälle* 174 95; *Erfüllbarkeit* 174 92; *Ermessen* 174 93, 96; *Grenzwerte* 174 92; *Höchsttemperaturen* 174 92; *Mindesttemperaturen* 174 92; *Schriftform* 174 95; *Untersagungsanordnung* 174 94; *Verhältnismäßigkeit* 174 93; *Vollstreckung* 174 105; *Vollziehbarkeit, sofortige* 174 96; *Widerspruch* 174 96, 105; Anpassungspflicht 176 12; Anweisungen 178 53; geeignete 176 20; Anzeigerecht 12 44; Arbeitgeber 174 41ff.; 174 44; *mehrere Arbeitgeber, Zusammenarbeit* 176 42; *Schutzpflichten* 176 10f.; *Vertragspflichten* 175 10; Arbeitgeberpflichten 175 1, 3ff.; arbeitnehmerähnliche Personen 21 16f.; Arbeitnehmervertretungen 174 109; Arbeitsaufsicht 174 79, 115ff.; Arbeitseinstellung 175 7ff., 22, 25ff., 31f.; Arbeitsmittelbenutzung 178 34ff.; Arbeitsschutzausschuss 174 64; Arbeitsschutzbeauftragte 174 45ff.; Arbeitsschutzbehörden 174 109; *s.a. dort*; Arbeitsschutzforum 174 118; Arbeitsschutzgesetz; *s. dort*; Arbeitsschutzkonferenz 174 118; Arbeitsschutzmaßnahmen 176 13ff., 41; *Arbeitseinrichtungen* 176 41; *bauliche Anlagen* 176 41; *Betriebseinrichtungen* 176 41; *Kosten* 176 41; *Messgeräte* 176 41; *Sanitärräume* 176 41; *Sanitätsräume* 176 41; *technische Arbeitsmittel* 176 41; Arbeitsschutzstrategie; *s. dort*; Arbeitssicherheitsgesetz 174 1; Arbeitsstättenrecht 177 1; *s.a. Arbeitsstätten*; Arbeitsstättenverordnung 174 4; 177 1; Arbeitsunfälle 172 4; Arbeitsvertrag, Teilnichtigkeit 175 29f.; Arbeitszeit 40 66; Aufgabenübertragung 176 29; Aufsicht 172 7, 48; Aufsichtspersonen 176 38; Auskunftsverlangen 174 87; Ausschuss Hoher Aufsichtsbeamter 173 32; 174 113; Ausschüsse 174 35f.; Auswahl geeigneter Beschäftigter 176 29; autonomer 93 3; Beauftragte 176 39; Begriff 172 1ff.; Belehrung 174 89, 105; Benachteiligungsverbot 15 2; Beratender Ausschuss für Sicherheit und Gesundheit 173 32; Beratung 174 83, 86, 89, 103, 105; Berufsausbildungsverhältnis 149 71; Berufskrankheiten 172 4; Beschäftigte 176 6ff., 40; *Handlungspflichten* 175 2; *Unterstützungspflicht* 175 44f.; *Verhalten, gesundheitsschutzgerechtes* 175 44; *Verhalten, sicherheitsgerechtes* 175 44; *Vorsorgeverantwortung* 175 44f.; Beschäftigungsverbote 32 6; Beschwerderecht 12 44; 124 44; 175 36; 176 42; *Verschwiegenheitspflicht der Aufsichtsbehörden* 176 69; Besichtigungsschreiben 174 89f., 105; Betretungsrecht 174 87; Betriebsgröße 176 36; Betriebsrat, Hinzuziehung 174 58; betriebsratsloser Betrieb 174 77f.; Betriebsstörungen 178 54; Betriebsvereinbarungen 174 65; Betriebsverfassung 174 56ff.; Beurteilungsspielraum 174 62; Brandbekämpfung 176 67; 178 60f.; Bußgeldverfahren 174 98, 107; Defekte an Schutzsystemen 176 65f.; deliktische

1577

Sachverzeichnis

Magere Ziffern = Randnummern

Pflichten **175** 39 ff.; DGUV-Regeln **174** 40, 45; DIN-Normen **174** 17, 29; Dokumentationspflicht **176** 11, 26 ff.; Doppelnatur **93** 5; Doppelwirkung **175** 1 f.; Druckbehälter **178** 4; Druckgeräte **178** 4; Durchführung im Betrieb **174** 41 ff., 83; DVGW-Regeln **174** 29; dynamische Verweisung, konkretisierende **174** 17 ff.; Einsichtsrecht in Unterlagen **174** 87; Einzelrichtlinien **173** 27 ff.; **174** 4; elektrische Betriebsmittel **178** 4; Empfehlung des Rates zur Verbesserung des Gesundheitsschutzes und der Sicherheit Selbständiger am Arbeitsplatz **173** 32; Entfernungsrecht **12** 44; **175** 9; **177** 15; **178** 57 f.; Erfüllungsanspruch **175** 17 ff.; Ermessen **174** 62, 86; Erste Hilfe **176** 67; **178** 60 ff.; Ersthelfer **178** 61 f.; Europäische Agentur für Sicherheit und Gesundheitsschutz am Arbeitsplatz **173** 32; **174** 113; Europäische Sozialcharta **12** 6; europäische technische Normung **174** 21, 29, 31 ff.; *Beteiligungsoffenheit* **174** 33; *CEN* **174** 33; **180** 8; *CENELEC* **174** 33; **180** 8; *DIN-Institut* **174** 33; *Interessenpluralität* **174** 33; *Maschinenrichtlinie* **174** 33; *Neue Konzeption für die technische Harmonisierung und Normung* **174** 32 f.; *Niederspannungsrichtlinie* **174** 33; *Transparenz* **174** 33; Evakuierung der Beschäftigten **176** 67; **178** 60 ff.; Explosionsschutz **178** 4, 35; GDA-Leitlinien **174** 10, 35, 37, 120; **176** 36; Gefahr **172** 12 f.; Gefahr, unmittelbare erhebliche **178** 54; Gefährdung **172** 12, 14 f.; Gefährdung, konkrete **174** 61; Gefährdungsbeurteilung **174** 63, 103; **175** 15; **176** 11, 22 ff.; **180** 39, 43; Gefährdungsvermeidung **176** 14; Gefährdungsverringerung **176** 14; Gefahren, besondere **178** 53; Gefahren, spezielle **196** 19; Gefahrenabwehr, eigenständige **178** 55 f.; Gefahrenmeldung **176** 65 f.; gefährliche Arbeitsbereiche **178** 53; *Kennzeichnung* **178** 53; *Zutrittsbeschränkung* **178** 53; *Zutrittsverbot* **178** 53; Gefahrstoffverordnung **179** 33; Geheimhaltungspflichten **174** 88; Gentechnikrecht **179** 87 f.; Geräte- und Produktsicherheitsgesetz **178** 3 ff.; *s. a. dort*; Gesamtschuld, gestörte **175** 37; Gesetzgebungskompetenz **172** 9, 11; Gesundheitsbegriff **172** 12, 19 ff., 38; **176** 3; Gesundheitsberichterstattung **172** 22 ff.; Gesundheitsförderung, betriebliche **172** 34 f.; Gesundheitsschutz **172** 3 f., 9; **196** 3 f.; *s. a. dort*; Gleichberechtigungsgrundsatz **176** 21; Haftungsausschluss **175** 34, 37; Handlungsspielraum **174** 62; Informationspflichten **175** 16; **180** 6; Informationsrecht **174** 53; Informationsweitergabe **174** 88; Inspektion **172** 48; **174** 108; KAN **174** 33; Kollisionsrecht **13** 121 f.; Kommission Arbeitsschutz und Normung **174** 34; Konkretisierung, duale **174** 29 ff.; Konkretisierung, kooperative **174** 35 ff.; *Förderpflichten, staatliche* **174** 39; *Organisation* **174** 38; *Transparenz* **174** 39; Kontrolle **174** 79 ff.; Konzeption, duale **93** 3; Kooperation **174** 70 ff., 110; Kündigung, außerordentliche arbeitnehmerseitige **124** 69; Kündigungsrecht des Arbeitgebers **175** 47; Kündigungsrecht des Beschäftigten **175** 47; Länderausschuss für Arbeitsschutz **174** 117; Lärmschutz; *s. dort* **178** 59; Laserstrahlung **176** 11; **179** 121; Lastenhandhabung, manuelle **177** 40; Leiharbeit **176** 6a, 41, 63; Leistungsverweigerungsrecht **175** 22 ff., 26; Mahnung **174** 89, 105; Maschinenrichtlinie **172** 27; **173** 7 f.; Maschinensicherheit; *s. dort*; medizinischer **13** 121; Meldepflichten **39** 32 f.; **176** 65 f.; Mensch-Maschine-Schnittstelle **174** 40; **172** 24; menschengerechte Gestaltung der Arbeit **172** 5, 9; **174** 25, 56, 62; Mitarbeitervertretungsrecht **174** 68 f.; Mitbestimmung **174** 59 ff.; Mitwirkungsrechte des Betriebsrats **174** 57; Nachteilsverbot **178** 56, 58; Nichtraucherschutz **177** 23; normative Standards **174** 14 ff.; *allgemein anerkannte Regeln* **174** 21 ff.; *Arbeitshygiene* **174** 21 f., 27; *Arbeitsmedizin* **174** 21 f., 27; *Arbeitswissenschaft* **174** 21; *arbeitswissenschaftliche Erkenntnisse, gesicherte* **174** 21, 24 ff.; *Gesundheitsschutz* **174** 21; *Sicherheit, erforderliche* **174** 21; *Sicherheitstechnik* **174** 21 f.; Notfälle **178** 52, 59; objektiver **176** 18; öffentlichrechtlicher **93** 2; Ordnungswidrigkeiten **174** 98; Organisation **174** 51 f., 64, 75, 85 ff.; Organisationspflichten des Arbeitgebers **172** 6; **173** 20; **176** 35 ff.; *Ablauforganisation* **176** 36; *Aufbauorganisation* **176** 36; *personelle Organisationspflichten* **176** 37; Partizipation der Beschäftigten **172** 8, 48; **173** 22 ff., 28; **174** 53 f., 77 f., 108; Pflichtverletzungen **175** 46 f.; Prävention **176** 15, 22; Prävention besonderer Gefahren **178** 53 ff.; präventivmedizinische Untersuchungen **173** 24; privatrechtlicher **175** 1 ff., 37; Probenentnahme **174** 87; Produkthaftungsrecht **175** 39 f.; *Fabrikationsfehler* **175** 40; *Konstruktionsfehler* **175** 40; *Produktsicherheitspflichten* **175** 40; Programm zu einer neuen Gemeinschaftsstrategie zu Gesundheit und Sicherheit am Arbeitsplatz **173** 32; PSA-Benutzungsverordnung **174** 4; Rahmenrichtlinie **173** 9 ff.; **174** 3 f., 108; **176** 1, 10; *Anwendungsbereich, personeller* **173** 14 ff.; *Arbeitgeberpflichten* **173** 17 f.; *Arbeitnehmerbegriff* **173** 16; *Gefährdungsbeurteilung* **173** 18; *Kontrolle und Überwachung* **174** 81; *Kooperationspflicht* **173** 25; *Stand der Technik* **173** 19; RAPEX-Informationssystem **178** 26; REACH-Verordnung **179** 14a; Rechtsvergleichung **173** 38; Regulation **172** 48; Restrisiko **175** 17; **175** 20; Revisionsschreiben **174** 89 f., 105; Richtlinien, europäische **12** 19; Risiko **172** 12, 15 ff.; Rückkehrpflicht **178** 58; Ruhepausen; *s. dort*; Schadensersatzanspruch **175** 33 ff., 38; Schmerzensgeldanspruch **175** 34 f.; Schutzausrüstungen **180** 7 ff.; Schutzgesetze **175** 41; Schutzgrundsätze, allgemeine **176** 11, 13 ff.; Schutzmaßnahmen, individuelle **176** 18; **180** 2; Schutzmaßnahmen, kollektive **180** 4 f.; Schutzpflichten des Arbeitgebers **172** 6; Schutzziele **174** 14; sektoraler sozialer Dialog **173** 33, 37; **179** 69; Selbsthilfe **178** 55 f.; Selbstregulierung **174** 16; Sicherheit der Beschäftigten **172** 3, 9; **176** 3 f.; Sicherheitskommunikation **175** 44; Sicherheitsziele **174** 14; SLIC **174** 113, 115; Sonnenstrahlung, natürliche **176** 11; sozialer **173** 31; **174** 3; sozialer Dialog **173** 33 ff.; **176** 11; *grenzüberschreitender* **174** 38; staatlichen **174** 42 ff.; Stand der Arbeitsmedizin **176** 16; Stand der Hygiene **176** 16; Stand der Technik **174** 14 f., 17 f., 21, 28, 30; **176** 16; Stand von Wissenschaft und Technik **174** 14 f.; Störfälle **178** 52, 54, 59 f.; *s. a. Störfallrecht*; Beseitigung **178** 58; Straftatbestände **174** 98; stress at work; *s. Stress, arbeitsbedingter*; Technische Regeln **174** 37; Technische Regeln des Ausschusses für Betriebssicherheit **174** 37; Technische Regeln für Gefahrstoffe **174** 37; technischer **6** 27; **13** 121; **93** 1 f., 4, 7; **174** 3, 13 ff.; Transformation öffentlich-rechtlicher Arbeitsschutzvorschriften **175** 10 ff., 44; Überprüfungspflicht **176** 12; Überwachung **174** 79 ff., 83, 86 f.; Rahmenvereinbarung **174** 103; Unabdingbarkeit **91** 15; Unfälle **178** 59 f.; Unfallversicherung Bund und Bahn **174** 101; Unfallversicherungsmodernisierungsgesetz **174** 117; Unfallversicherungsträger **172** 31; *s. a. dort*; Unionsrecht **172** 27; **173** 1 ff.; **174** 1, 16, 53 ff.; **175** 3 ff.; Unterlassungsanspruch **175** 21; Unterrichtsrecht des Betriebsrats **174** 56; Untersagungsanordnung **174** 94;

Fette Ziffern = Paragrafen **Sachverzeichnis**

Unterstützungspflicht **176** 67; Unterweisung der Beschäftigten **176** 30 ff.; **178** 53; **180** 6; *Anpassung* **176** 33; *Wiederholung* **176** 33; VDE-Regeln **174** 29; VDI **174** 29; VdTUV **174** 29; Verantwortung, verwaltungsrechtliche **174** 41 ff.; Verbotsgesetze **175** 29, 31 f.; Verordnungen **174** 4 ff.; Vertrag mit Schutzwirkung zugunsten Dritter **175** 11, 38; Vertragspflichten des Arbeitgebers **175** 10 ff.; Verwaltungsvorschriften, allgemeine **174** 85; Verweisungsnormen **174** 17 ff.; Vibrationen **177** 30, 38; violence at work; *s. Gewalt am Arbeitsplatz*; Vorschlagsrecht **176** 68; Vorsorge, arbeitsmedizinische; *s. Arbeitsmedizin* **180** 4; Vorsorgemaßnahmen **178** 52 f., 59 ff.; *Bergungsmaßnahmen* **178** 60; *Feuerwehr* **178** 60; *Katastrophenschutz* **178** 60; *Kommunikation mit außerbetrieblichen Stellen* **178** 60; *Polizei* **178** 60; *Rettungsdienste* **178** 60; Weiterbeschäftigung, arbeitsschutzkonforme **175** 29; Werksnormen **174** 29; Whistleblowing **176** 72; Wirkung, privatrechtliche **93** 5 ff.; Zentralstelle für Arbeitsschutz beim BMI **174** 101; Zuständigkeit **174** 85; Zwangsmittel **174** 89, 97, 105

Arbeitsschutzauftrag, Mitbestimmungsrecht des Betriebsrats **174** 64

Arbeitsschutzausschuss, Aufgaben **174** 76; **176** 61; Beschäftigtenzahl **174** 75; *pro-rata-Berechnung* **174** 75; *Teilzeitbeschäftigte* **174** 75; Beteiligung des Betriebsrats **174** 64; Partizipation der Beschäftigten **172** 8; Störfallbeauftragter **178** 72; Zusammensetzung **174** 75; **176** 61

Arbeitsschutzbeauftragte, Arbeitsschutzaufgaben **174** 45 ff.; Betriebsverfassung **283** 15

Arbeitsschutzbehörden, Arbeitsschutz, Vollzug **174** 89 ff.; Aufsicht **174** 83; Dienstanweisungen **174** 110; Zusammenarbeit **174** 84, 110

Arbeitsschutzeinrichtungen, Arbeitsverhältnis **55** 3

Arbeitsschutzgesetz, Anwendungsvorrang **176** 9; Arbeitgeber **176** 8; betrieblicher Arbeitsschutz **174** 1; **176** 1 ff., 62; Geltungsbereich, persönlicher **176** 6 ff.; Geltungsbereich, räumlicher **176** 5; Geltungsbereich, sachlicher **176** 5; Gesundheitsschutz **93** 2

Arbeitsschutzkleidung, Arbeitsverhältnis **55** 3

Arbeitsschutzmittel, Arbeitsverhältnis **55** 3

Arbeitsschutzstrategie, gemeinsame deutsche Arbeitsschutzstrategie **172** 26, 40; **173** 32; **174** 111, 117 ff., 120 ff.; *Arbeitsunfälle, Senkung* **174** 119; *Evaluierung* **174** 119; *GDA-Leitlinien* **174** 10, 35, 37, 120, 122; **176** 36; *Hauterkrankungen* **174** 119; *Muskelskelettbelastungen* **174** 119, 121; *Präventionskultur* **174** 123; *psychische Belastungen* **174** 121; *Stellen, landesbezogene* **174** 123; *Stress, arbeitsbedingter* **174** 119; Gemeinschaftsstrategie für Sicherheit und Gesundheit am Arbeitsplatz **174** 114; Gemeinschaftsstrategie für Sicherheit und Gesundheit am Arbeitsplatz 2007–2012 **174** 114; strategischer Rahmen für Sicherheit und Gesundheit 2014–2010 **174** 116

Arbeitssicherheit, Anordnung zur Durchführung des Arbeitssicherheitsgesetzes **174** 74; Beschwerderecht **176** 69 ff.; Betriebsbetreuung **176** 44; **180** 33; Betriebsnormen **240** 11; Europäische Sozialcharta **12** 6; Fachkräfte für Arbeitssicherheit **174** 48, 67, 71 ff.; Grundbetreuung **176** 24, 57; **180** 33; Rahmenrichtlinie **12** 44; **173** 9 ff.; Unionsrecht **12** 43 f.; **172** 27; Vorsorge, arbeitsmedizinische **180** 32 ff.

Arbeitssicherheitsbeauftragter, Benachteiligungsverbot **15** 1

Arbeitssicherheitsfachkräfte, Betriebsverfassung **283** 15; Einigungsstellenverfahren **308** 15; Mitwirkung des Betriebsrats **283** 14

Arbeitssicherheitsgesetz, Arbeitsschutz, betrieblicher **176** 43 ff.; Auslegung, unionsrechtskonforme **176** 43; Betreuungsform **176** 47; Betriebsärzte; *s. dort*; Fachkräfte für Arbeitssicherheit; *s. dort*; Geltungsbereich **176** 43; Gesundheitsschutz **93** 2; Mitbestimmung **176** 47 f.; Sicherheitsbeauftragte; *s. dort*; überbetriebliche Dienste **176** 50; Vorsorgeuntersuchungen **180** 32 ff.

Arbeitssicherheitsrecht, Arbeitssicherheit **4** 13; Unfallschutz **6** 28

Arbeitssicherstellungsgesetz, Kündigungsschutz, besonderer **129** 124

Arbeitsstätten, Abmessungen **177** 25 f.; Altarbeitsstätten **177** 27, 29; Anhang zur Arbeitsstättenverordnung **177** 7; Arbeitseinstellung **177** 15; Arbeitsplatz **177** 3; Arbeitsräume **177** 25 f.; Arbeitsschutz **12** 44; *Einzelrichtlinien* **173** 28; Arbeitsschutzrecht **177** 1; Arbeitsstättenrichtlinie **177** 1, 27, 29; Arbeitsstättenverordnung **174** 4; **177** 1; Atemluft **177** 16; Ausbildungsstätten **177** 3; Ausnahmen **177** 28; Ausschuss für Arbeitsstätten **177** 8 ff.; Barrierefreiheit **176** 19; **177** 17 ff.; Bauordnungsrecht **177** 12; Baurecht **175** 10; Begriff **177** 2 f.; Beleuchtung **177** 16; Benutzung, sicherheits- und gesundheitsgerechte **177** 5; Bereitschaftsräume **177** 25 ff.; Bergbau **177** 6; Betreiben **177** 4, 15 f.; Bildschirmarbeit **174** 37; Einrichten **177** 4, 12 ff.; Entfernung, räumlich weite **24** 29; Erste-Hilfe-Räume **177** 15, 25 f.; Felder **177** 5; Flucht- und Rettungsplan **177** 15; Fluchtplan **178** 60; im Freien **177** 42; Funktionsprüfung **177** 15; Gefährdungsbeurteilung **177** 12; Gefährdungsschutz **177** 5; Gelände eines Betriebs **177** 3; Hygiene **177** 16; Instandhaltung **177** 15; Instandhaltung, sicherheits- und gesundheitsgerechte **177** 5; Konkretisierung der Arbeitsstättenverordnung **177** 7 ff.; Konzipierung **177** 6; Luftraum **177** 25 ff.; Mängelbeseitigung **177** 15; Marktverkehr **177** 5; menschengerechte **93** 2; Minimierungsgebot **177** 15; Nähe, räumliche **24** 30; Nichtraucherschutz **177** 5, 20 ff.; *s. a. Rauchverbot*; Notausgänge **177** 12, 15, 17; **178** 60; Pausenbereiche **177** 27; Pausenräume **177** 25 ff.; Reinigung **177** 5; Reisegewerbe **177** 5; Rettungswege **178** 60; Richtlinien **177** 8 f., 11; Sanitärräume **177** 25 ff.; *Nutzbarkeit, nach Geschlechtern getrennte* **177** 25 ff.; Schutzziele **177** 12; Sozialräume **177** 25 ff.; Telearbeitsplatz **177** 3; Temperatur **177** 16; Toilettenräume **177** 26; Transportmittel, öffentliche **177** 5; Umkleideräume **177** 26; Unterkünfte **177** 25 f.; Wälder **177** 6; Waschräume **177** 26; Witterung **177** 42

Arbeitsstättenverordnung, Gesundheitsschutz **93** 2

Arbeitsstoffe, biologische **12** 44; *s. a. Biostoffe*; *Einzelrichtlinie* **173** 27; chemische **12** 44; *s. a. Chemikalienrecht*; *Gefahrstoffrecht*; Einzelrichtlinie **173** 27

Arbeitssuche, Arbeitnehmerfreizügigkeit **29** 71a; Meldepflicht **29** 14, 102

Arbeitssuchendmeldung, Sperrzeit **29** 102

Arbeitstherapie, Beschäftigungsverhältnis, öffentlich-rechtliches **236** 16

Arbeitsumgebung, Einigungsstellenverfahren **308** 15; Gesamtbetriebsrat **300** 57

Arbeitsumwelt, Arbeitswelt **172** 1; Einzelrichtlinien **173** 28; Gefahrenschutz, kollektiver **180** 1 f.; Gesundheitsschutz **173** 3; Sicherheit **173** 3; Unionsrecht, sekundäres **12** 43, 49 f.

1579

Sachverzeichnis

Magere Ziffern = Randnummern

Arbeitsunfähigkeit, betriebliche Altersversorgung **202** 74; Entgeltfortzahlung **113** 4; Kündigung, krankheitsbedingte **113** 5 f.; Nebenbeschäftigung **124** 54; Rentenbezug **113** 5

Arbeitsunfähigkeit infolge Krankheit, Arbeitsbefreiung **41** 3; Nachweis **41** 4

Arbeitsunfähigkeitsbescheinigung, im Ausland ansässiger Arzt **82** 32 ff.; Beweiskraft **273** 10; Beweiswert **82** 28 ff.; Beweiswert im Ausland ausgestellter **12** 18; Drei-Tages-Zeitraum **82** 21; Erkrankung im Urlaub **82** 37; Vorlagepflicht **82** 15 ff.

Arbeitsunfall, Anzeige, Mitwirkung des Betriebsrats **283** 14; Begriff **59** 6; Deliktsrecht **181** 20; Dokumentationspflicht **176** 26, 28; Erwerbsminderung **202** 79; Haftungsausschluss **59** 5; Mitbestimmungsrecht des Betriebsrats **174** 59 ff.; Schadensersatzansprüche **181** 20; Senkung der Arbeitsunfälle **174** 119; Unfallanzeige **174** 58; Unfalluntersuchung **174** 109

Arbeitsunterbrechung, Arbeitsleistung **43** 30

Arbeitsverbandsrecht, Berufsverbandsrecht **215** 3

Arbeitsverbot, Kündigung, personenbedingte **113** 99

Arbeitsverfassung, Begriff **4** 18; Berufsfreiheit **6** 5, 15; **7** 67; Beschäftigungspolitik **31** 4 ff.; Eigentumsgarantie **6** 6, 15; **7** 67; Institutionen **6** 22; Koalitionsfreiheit **6** 4; **7** 67; Kollektivierung der Arbeitsverhältnisse **6** 23; Marktwirtschaft **6** 22; Nachkriegszeit **2** 38 ff.; Nationalsozialismus **2** 35 ff.; paritätische **2** 20 ff., 28; **215** 13; Stinnes-Legien-Abkommen **2** 23 f.; Vertragsfreiheit **2** 3; **6** 5; Wirtschaftsordnung **31** 4; Zweigleisigkeit des kollektiven Arbeitsrechts **2** 28

Arbeitsverfassungsrecht, Koalitionsfreiheit **215** 8; kollektives Arbeitsrecht **4** 18; **215** 2

Arbeitsverhalten, Arbeitnehmer **55** 2; Nebenpflichten, selbständige **53** 15; Überwachung **94** 7 ff.; Unternehmensziele **55** 2

Arbeitsverhältnis, *s. a. Arbeitsvertrag*; Anfechtbarkeit **38** 45; Anfechtung **292** 102; Anpassung **40** 18; **101** 5; Äquivalenzinteresse **53** 11 f.; Arbeitsvertrag, Vollzug **37** 1; atypisches **225** 28; **236** 11; Auflösung durch Urteil **132** 1; Austauschverhältnis **3** 21, 27 f.; **4** 10; Bedingung **37** 45; *auflösende; s. Auflösend bedingtes Arbeitsverhältnis*; Beendigung **4** 9; **101** 1 ff., **101** 26 ff.; einseitige **101** 28 ff.; *Nachwirkungen* **35** 23; **136** 1 ff.; Unionsrecht **12** 45; befristetes; *s. Befristetes Arbeitsverhältnis; Befristung;* Befristung **37** 45, 50; Begriff **18** 2; Berufsfreiheit **237** 38; Bestandsschutz **253** 50; auf Dauer **37** 48; Dauer **37** 45; Dauerschuldverhältnis **3** 27; **40** 4, 18; **43** 6; **101** 1, 5; **108** 4; Dienstvertrag **2** 3 ff.; Eingliederungstheorie **36** 2; **40** 1; Einheitlichkeit **23** 18; Entstehung **36** 1; Erfüllungsort **70** 12; faktisches **37** 13; **38** 49; **182** 50; *Mutterschutz* **189** 6; fehlerhaftes; *s. Fehlerhaftes Arbeitsverhältnis*; Fürsorgepflichten **3** 19; Gemeinschaftsverhältnis, personenrechtliches **3** 14 ff.; **14** 11; **91** 1, 5; **92** 5; Gesellschaftsverhältnis **3** 21 f.; Gesetzesverstoß **29** 18; Gleichbehandlungsgrundsatz **14** 2 ff.; Gleichbehandlungspflicht **14** 3 f.; Grundrechte **6** 16; **7** 38 f.; Imparität der Vertragsparteien **3** 29; Individualnormen **239** 1; Inhalt **5** 5 f.; **286** 31; Integritätsinteresse **53** 11 f.; Kernbereich **237** 38 ff.; kontradiktorisches **3** 23 f.; Kündigung **3** 46; Lebenszeit einer Person **37** 48; *Arbeitnehmer* **37** 49; Leistung in Person **3** 27; Leistungspflicht **3** 19; mehrfache Arbeitsverhältnisse **55** 50; Mindestalter **36** 2; mittelbares **23** 1; **40** 12; **144** 3, 5, 23 ff.; **291** 106 f.; *Arbeitszeit* **182** 50; Gesetzesumgehung **144** 33 ff.; *Kündigungsschutz* **112** 9; **144** 3; *Mutterschutz* **189** 7; Nebentätigkeiten **55** 50 ff.;

Nichtantritt **42** 12; Normwirkung des Tarifvertrags **251** 6; Offenheit **40** 4, 36, 41; Ordnung, kollektive **8** 1 f.; Pflichten, nachvertragliche **239** 31 f.; Pflichtverletzungen **43** 1 ff.; prekäres **236** 11; Privatautonomie **5** 2; Rechtsgrund **8** 1; Rechtsnatur **3** 14 ff.; Ruhen des Arbeitsverhältnisses; *s. dort*; Tarifvertrag, Ordnungsrahmen durch **3** 40; Tarifwidrigkeit **29** 20; Tod des Arbeitgebers **141** 3, 7 f.; Tod des Arbeitnehmers **40** 9; Treuepflichten **3** 19; unbefristetes **37** 46; Unterrichtung der Arbeitnehmer **12** 30; Verbandsbezug **3** 25 f.; Vertragsbruch **42** 12; Vertragsfreiheit **2** 2; **5** 1; Vertragsprinzip **1** 10; **11** 3; Vertragstheorie **36** 2; **40** 1; Vertragstreue **3** 19; Zeitelement **3** 27; **4** 10; Zurverfügungstellen im Leistungszeitraum **43** 29, 60; **55** 50

Arbeitsverhinderung, Abdingbarkeit **77** 12 ff.; Anrechnungspflicht **77** 32 f.; Anzeigepflichten **77** 12 f.; **77** 30; Arbeitsverhältnis, bestehendes **77** 15 ff.; Arbeitsverhältnis, gekündigtes **77** 17; Arbeitszeit, flexible **77** 16; Arbeitszeitflexibilisierung **44** 84 ff.; Beweislast **77** 34; Darlegungslast **77** 34; Dauer **77** 26 ff.; Entgeltfortzahlung **77** 31 ff.; Entgeltfortzahlungsregelungen **77** 10; Fürsorgepflicht **77** 1 ff.; Gewissenskonflikt **77** 20; Leistungshindernisse, allgemeine **77** 23; *Fahrverbote, regionale* **77** 23; *Verkehrsstörungen* **77** 23; *Witterung* **77** 23; Leistungshindernisse, persönliche **77** 18 ff.; *Arztbesuch* **77** 23; *Ehrenämter, staatsbürgerliche* **77** 23; *Familienereignisse* **77** 23; *Heilbehandlung* **77** 23; *Kausalität* **77** 24; *Stellensuche* **77** 23; Lohnausfallprinzip **77** 31; mehrere Verhinderungsfälle **77** 29; Nachweispflicht **77** 30; Sozialleistungen **77** 14; Teilzeitarbeit **50** 224 ff.; Unmöglichkeit **77** 19; Unterrichtungspflicht **77** 30; Unvermeidbarkeit **77** 21; unverschuldete **77** 25; Unzumutbarkeit **77** 19; Vergütungsanspruch **77** 1, 4 ff.

Arbeitsvermittlung, Ablehnung des Arbeitsangebots **29** 13, 21, 37; Abmeldung **29** 13; Arbeitgeber **29** 67; **144** 31 ff.; Arbeitsförderung **29** 1, 2 f.; Arbeitskampfneutralität **29** 33 ff.; Aufwendungsersatz **29** 40a; Ausbildungsverhältnis **29** 4; Auslandsvermittlung **29** 41, 45; **30** 4; Beauftragung Dritter **29** 51, 56 ff.; Begriff **29** 4; Beschäftigungsverhältnis **29** 4 ff.; Datenerhebungsverbot **29** 32; Diskriminierungsverbot **29** 23 ff.; *Alter* **29** 24, 26; *Behinderung* **29** 29; *ethnische Herkunft* **29** 29; *Geschlecht* **29** 24, 26; *Gesundheitszustand* **29** 24, 27 f.; *Rasse* **29** 29; *Religion* **29** 29; *sexuelle Identität* **29** 29; *Staatsangehörigkeit* **29** 24 f., 71a f.; *Weltanschauung* **29** 29; durch Dritte **29** 42 ff., 62 ff.; Eigenbemühungen des Arbeitssuchenden **29** 7, 15; Eignungsfeststellung **29** 15; Eingliederung in Arbeit **29** 10 f.; Eingliederungsvereinbarung **29** 15; Einstellung **29** 13; Erlaubnisvorbehalt, Aufhebung **29** 42; Gesetzesumgehung **144** 33 ff.; Gesetzesverstoß **29** 17 ff., 31; *Tarifgebundenheit, beiderseitige* **29** 20; *Tarifnormen* **29** 19 ff.; Gewerkschaftszugehörigkeit **29** 23; individuelle **29** 15; Internet-Jobbörse **29** 16; Meldefristen **29** 14, 66; Potenzialanalyse **29** 15; private **29** 42 ff.; *Erfolgshonorar* **29** 51; *Gewerberecht* **29** 46; *Nebenpflichten, öffentlich-rechtliche* **29** 55; *Vergütungsvereinbarung* **29** 49 ff.; Selbstsuche **29** 7, 61 f., 73; Sittenverstoß **29** 17, 22, 31; Sperrfrist **29** 13 f.; Tendenzunternehmen **29** 30; Unentgeltlichkeit **29** 39; Vermittler **144** 31; Vermittlungsanspruch **29** 10; Vermittlungsauftrag **29** 14; Vermittlungsgebot **29** 31; Vermittlungsgebühren **29** 41, 44; **30** 4; Vermittlungsgesuch **29** 14; Vermittlungsmonopol, Aufhebung **29** 8 f., 42; Vermittlungspflicht **29** 5; Vermittlungsverfahren **29** 14 ff.; Vermittlungsvergü-

Sachverzeichnis

Fette Ziffern = Paragrafen

tung **29** 49ff.; Vermittlungsvertrag **29** 6; Vermutung **145** 28, **145**ff.; *Widerlegungsbeweis* **145** 159; Vorrang **29** 2a
Arbeitsvertrag, Abgrenzung **3** 4; Abgrenzungskriterien **18** 43ff.; *primäre* **18** 43, 45; *sekundäre* **18** 43, 45; Abschlussfreiheit **2** 4; Abschlusspflicht **31** 33; Allgemeine Geschäftsbedingungen **8** 56; Anfechtung **38** 22ff.; **107** 27; *arglistige Täuschung* **38** 22, 31ff., 42, 51f.; *Drohung* **38** 22, 31, 37, 42, 51f.; *Falschübermittlung* **38** 22; *Irrtum* **38** 22, 25ff., 42; Anfechtungsgründe **38** 1; Angaben, persönliche **308** 15; Anpassungen **40** 4; Arbeitszeitgestaltung **44** 1; Begriff **3** 1, 6; **18** 2; **37** 1; Beschäftigungsverbote **175** 29; Bezeichnung **18** 40; Dauervertrag **40** 4; Dienstvertrag **3** 6, 13; **4** 10; **37** 2; essentialia negotii **37** 3; Formfreiheit **36** 27f.; Formnichtigkeitseinwand **36** 47; Formvorschriften, konstitutive **36** 30f.; gegenseitiger Vertrag **37** 3; Gesamtbetrachtung **18** 41ff.; Gesetzesverstoß **38** 2; Gestaltungsfaktor **5** 15f.; Gestaltungsfreiheit **2** 4; Günstigkeitsprinzip **237** 29f.; **253** 2f., 6, 35, 51; Hauptleistungspflichten **18** 14; **37** 1; **36** 3f.; **40** 1, 4; Sittenwidrigkeit **38** 18; Heimarbeitsvertrag **200** 2; Individualarbeitsrecht **4** 6; Inhaltskontrolle **3** 36; Insichgeschäft **36** 52; Interessenwahrungspflicht **16** 139f.; **17** 30; Irrtum über die Vergütungspflicht **37** 9; Legaldefinition **18** 9, 12; **36** 3f.; **37** 1; Nebenabreden **36** 41; Nichtigkeit **38** 1ff., 45ff., 55ff.; **107** 27; *Teilnichtigkeit* **175** 29; Offenheit **40** 4, 36, 41; Parteien **36** 14ff.; Rechtsnatur **4** 10; **37** 1ff.; Rückabwicklung **38** 46ff.; Rücktritt **43** 6, 59; Schriftform **36** 43ff.; *Betriebsvereinbarung* **36** 42; Tarifvertrag **36** 40f.; Sittenwidrigkeit **38** 12ff.; Freiheit, wirtschaftliche **38** 16; sexuelle Handlungen **38** 15; Stellvertretung **36** 48ff.; Verbrauchervertrag **8** 56; **37** 23; **103** 157; Vereinbarungen, tarifnormersetzende schuldrechtliche **258** 14; Vergütungserwartung, fehlgeschlagene **37** 6ff.; Vergütungsvereinbarung **37** 6ff.; *Fiktion* **37** 9f.; *Nichtigkeit* **37** 11; Verpflichtung zur Arbeit **37** 4f.; Verpflichtungstatbestand **36** 1; Vertragsschluss **36** 5f., 27ff.; Vertretung, gesetzliche **36** 54ff.; Vorvertrag **36** 8, 10ff.; Werkvertrag **3** 6
Arbeitsvertragsbedingungen, Änderung **117** 2
Arbeitsvertragsfreiheit, Abschlussfreiheit **23** 7; Gestaltungsfreiheit **23** 7; Personalauswahl **23** 7
Arbeitsvertragsgesetz, Diskussionsentwurf, Haftungsbeschränkung **57** 24, 30; Kündigungsschutz **107** 12
Arbeitsvertragsparteien, Grundrechtsbindung **7** 38f.
Arbeitsvertragsrecht, Arbeitsrechtsteilgebiet **4** 8f.; Inhalt **4** 8ff.; Kodifikation **5** 1ff.; nachvertragliche Rechte/Pflichten **4** 9
Arbeitsvertragsstatut, Anknüpfung **13** 10ff., 59ff.; Festlegung durch Tarifvertrag **262** 12; Formerfordernisse **13** 65f.; Geltungsbereich **13** 61; Gleichlauf **262** 9; Rechtswahl **262** 10; Tarifvertrag, Anwendbarkeit **262** 9
Arbeitsverwaltung, Gewerkschaften, Beratungsrecht **222** 45
Arbeitsverweigerung, Beharrlichkeit **43** 59; **124** 32; Gewissenskonflikt **43** 19; Kündigung, außerordentliche **124** 31f.
Arbeitsvölkerrecht, Allgemeine Erklärung der Menschenrechte **12** 2; Arbeitsrecht **5** 7; **12** 21ff.; Auslegung, völkerrechtsfreundliche **12** 22ff.; EMRK **12** 3; Europa **12** 2; Europäische Sozialcharta **12** 6f.; Europäisches Niederlassungsabkommen **12** 8; Internationale Abkommen **6** 29; **12** 21; Ratifizierung **12** 21

Arbeitswissenschaft, Erkenntnisse, gesicherte **174** 21, 24ff.; Gesundheitsschutz **174** 13ff.; Nachtarbeit **184** 1ff., 20ff., 29; normative Standards **174** 21; Schichtarbeit **184** 20ff.
Arbeitszeit, 6-Tage-Woche **182** 61; 10-Stunden-Grenze **182** 64, 74f.; 48-Stunden-Woche **32** 32, 34, 36; **40** 64; **55** 53; **182** 61; Abschlussarbeiten **182** 89ff.; Achtstundentag **2** 29; **32** 31; Änderung **40** 94; Arbeitsbereitschaft **40** 76f.; arbeitsfreie Zeiten **181** 1; Arbeitsintensität, mindere **40** 76ff., 80; Arbeitsleistung, Dauer **40** 63; Arbeitsmenge **40** 88f., 94ff.; Arbeitsruhe **40** 64; **181** 1f., 5, 10; Arbeitsunterbrechungen **182** 7; Arbeitsvertrag **40** 63; Aufzeichnungspflichten **139** 18ff.; Ausgleichszeitraum **182** 63, 65ff., 74; *Arbeitsbefreiungen* **182** 69; *arbeitsfreie Tage* **182** 67f.; *Krankheitstage* **182** 69; *Samstag* **182** 65; *Urlaubstage* **182** 69; Auskunftspflicht des Arbeitnehmers **182** 9; außergewöhnliche Fälle **182** 85ff.; **183** 14; Beginn **182** 6; Begriff **40** 67; **182** 5ff.; Bereitschaft **40** 67; Bereitschaftsdienst **12** 35; **40** 64, 76; Berufsausübungsfreiheit **181** 7; Beschäftigungsverbote **32** 30ff.; Betriebsvereinbarung **182** 20; Dauer **40** 88f.; **181** 1f.; **182** 47; Desinfektionszeiten **40** 68; Dienstreisezeiten **60** 19; Dienstvereinbarungen **182** 70; Doppelarbeitsverhältnis **182** 9; Ende **182** 6; Erkundungsobliegenheiten des Arbeitgebers **55** 53; Ermittlungspflicht des Arbeitgebers **182** 9; essentialia negotii **40** 63; gefährliche Arbeiten **182** 95ff.; Günstigkeitsvergleich **253** 61ff.; Hintergrunddienst **40** 68, 79; Höchstarbeitszeit **12** 35; **40** 64, 76, 88; *Arbeitsbereitschaft* **182** 31f.; *Ausgleichszeitraum* **40** 71; *Verlängerung* **182** 74ff.; *Zusammenrechnung mehrerer Arbeitsverhältnisse* **55** 53f.; **181** 17; Höchstdauer **181** 16; **182** 47; Individualnormen **240** 7; Inhaltsnormen **239** 13, 14ff.; **240** 14; Kollisionsrecht **13** 115ff.; Kontrolleinrichtungen **182** 6; Lage **181** 1, 4; Leistungsbestimmungsrecht **44** 20ff.; *delegiertes* **44** 30; Mehrarbeit **40** 64, 70f.; mehrere Arbeitgeber **182** 8; menschengerechte Gestaltung **184** 18f.; Mitbestimmung **40** 66, 93, 102; **181** 15; Nacharbeiten **40** 68; Nachtzeitraum **182** 74; Nichtarbeit **40** 67; Notarbeiten **182** 85ff.; Notfälle **182** 85ff.; *Arbeitspflicht* **182** 94; öffentliches Recht **40** 64; Öffnungsklauseln **40** 92, 102; Pausen **12** 35; **40** 64; **181** 1f.; Reisezeiten **40** 68; **182** 11, 14f.; Rufbereitschaft **40** 64, 76; Ruhepausen **40** 85; **182** 7; Ruhezeiten **40** 64, 76, 79; **183** 1; Schichtzeit **182** 10; Sommerzeit **182** 2f.; Sonntagsarbeit **181** 1; tägliche **181** 1f.; tarifliche Regelungen **182** 70ff.; Tarifvertrag **40** 102; Überarbeit **40** 70f.; Überstunden **40** 64, 70f.; Umfang **40** 87, 94ff.; *Befristung* **40** 100f.; Umkleidezeiten **40** 68, 84; **60** 20; **182** 17ff.; Unionsrecht **12** 34ff., 43; Vergütung **239** 13; Verlängerung über die Wochenarbeitszeit hinaus **181** 26; Verteilung **182** 63; Vertrauensarbeitszeit **40** 87; Vollarbeit **40** 76f.; Vorarbeiten **40** 68; **182** 89ff.; Waschzeiten **40** 68, 84; **60** 20; **182** 17ff.; Wegezeiten **40** 68, 84; **60** 18; **182** 11, 13; Weisungsrecht des Arbeitgebers **11** 10; **40** 95f., 102f.; werktägliche **182** 61ff.; Wochenarbeitszeit **12** 35; **32** 31ff.; **40** 64, 71; Zeitbestimmung **182** 1ff.
Arbeitszeitabbau, Änderungskündigung **50** 7ff., 272; Betriebsänderung **48** 14; Kündigung, betriebsbedingte **50** 272
Arbeitszeitautonomie, Arbeitszeitflexibilisierung **44** 30; Vertrauensarbeitszeit **44** 44ff.

1581

Sachverzeichnis

Magere Ziffern = Randnummern

Arbeitszeitdauer, Arbeitspflicht **40** 4; Inhaltsnormen **40** 90
Arbeitszeitdeputat, Änderungskündigung **50** 7; Arbeitspflicht **40** 4, 63; Arbeitszeitflexibilisierung **44** 3; Mitbestimmung **48** 22 ff.
Arbeitszeitdokumentation, Kündigung, außerordentliche **124** 52 f.
Arbeitszeiterhöhung, s. *Arbeitszeitverlängerung*
Arbeitszeitfestlegung, Weisungen **40** 27
Arbeitszeitflexibilisierung, Abrufarbeit **44** 19; Annahmeverzug des Arbeitgebers **44** 74, 78; Arbeitnehmerstatus **44** 62 ff.; Arbeitsentgelt **44** 66 ff.; Arbeitszeit, Nichtvergütung **48** 3, 6; Arbeitszeitautonomie **44** 30; Arbeitszeiterfassung **48** 7 f.; Arbeitszeitkonto **44** 12, 15, 26; Arbeitszeitplanung durch Arbeitgeber **48** 15 ff., 29; Arbeitszeitplanung durch Arbeitnehmer **44** 30 ff.; **48** 26 ff.; s. a. *Vertrauensarbeitszeit*; Arbeitszeitplanung im Team **48** 29 f.; Arbeitszeitverteilung **44** 3; Bandbreitenregelungen **40** 98; Bedarfsanpassung **44** 2, 27; Bedarfsorientierung **44** 5 ff., 28; Bestandsschutz **44** 105 ff.; Betriebsänderung **48** 14, 40 ff.; Einigungsstelle **48** 31, 33; Einzelmaßnahmen, personelle **48** 34 ff.; Entgeltfortzahlung im Krankheitsfall **44** 74, 81; **48** 9; Erreichbarkeit, ständige **44** 19; Feiertagsvergütung **44** 74, 81; **48** 9; Flexibilisierungsklauseln **37** 44; Freistellung, bezahlte **44** 74 ff.; **62** 99 ff.; Freizeitperioden **44** 81 ff.; Gesundheitsschutz **181** 9; Interessenausgleich **44** 9 ff.; Jahresarbeitszeitvertrag **44** 19; Kommunikation außerhalb der Arbeitszeit **44** 19; Konfliktlösung **48** 31 ff.; Konsensprinzip **44** 19, 25, 27; Leistungsbestimmung **44** 75 ff.; Mediation **48** 32; Mitbestimmung **40** 104; **48** 2, 4 ff.; Regelarbeitszeit **40** 71; Selbstausbeutung **47** 27; **48** 2, 6; Sozialversicherungsbeiträge **69** 20 f.; *Störfall* **69** 21; *Wertguthaben* **69** 20 f.; Sozialversicherungsschutz **62** 99; *Beitragsfälligkeit* **69** 17 ff.; Steuerungssysteme **44** 9 ff., 29; *Mitbestimmungsrecht des Betriebsrats* **44** 13, 17 f., 29; **48** 10 ff.; Systembetreuung **44** 29; **48** 32; Teilzeitarbeit **49** 3, 7 ff.; Umfang der Arbeitszeit **49** 7; Urlaub **48** 9; *bezahlter* **44** 74; Urlaubsansprüche **44** 91 ff.; Urlaubsentgelt **44** 104; Verhinderung, persönliche **44** 84 ff.; Versetzung **48** 37 ff.; Vertragsinhaltskontrolle **44** 27; Wertguthabenvereinbarung **62** 99, 101 f.; Zeiterfassung **44** 70; Zeitsouveränität **44** 19, 30
Arbeitszeitgesetz, Arbeitsruhe **40** 64; Arbeitszeitbegriff **40** 64; Arbeitszeitlage **40** 64; Aushang **186** 28 f.; EU-Rechtsakte **174** 3; **182** 100; Feststellungsbescheide **185** 48; Geltungsbereich, persönlicher **182** 50 ff.; Geltungsbereich, räumlicher **182** 48 f.; Geltungsbereich, sachlicher **182** 57 ff.; Pausen **40** 64; Ruhezeiten **40** 64; Territorialitätsprinzip **182** 48 f.; Vereinbarungen, zwischenstaatliche **182** 100
Arbeitszeitgestaltung, Arbeitgeberweisung **44** 1; Flexibilisierung **40** 81 f.; **44** 3 ff.; s. a. *Arbeitszeitflexibilisierung*; Mitbestimmung **48** 1 f., 15 ff.; **52** 2; Zumutbarkeit **44** 110
Arbeitszeitgestaltung, betriebliche, Schulungsveranstaltungen **295** 76
Arbeitszeitguthaben, Saldo, negativer **69** 12
Arbeitszeitkonto, Arbeitsmenge **40** 87; Arbeitszeitflexibilisierung **44** 12, 15, 26; Begriff **40** 82; Betriebsvereinbarung **40** 92; Gleitzeit **40** 17; Insolvenzeröffnung **75** 12; Jahresarbeitszeitmodelle **40** 87; **44** 15; Kurzzeitkonto **40** 82; Langzeitkonto **40** 82; **41** 29; Lebensarbeitszeitkonto **40** 82; Mitbestimmung **40** 65;

Tarifvertrag **40** 90; Wertguthaben **40** 82; **44** 15 f.; Zeitguthaben **40** 82, 92; Zeitsouveränität **43** 9, 14
Arbeitszeitkorridor, Arbeitsmenge, Vereinbarung **40** 88
Arbeitszeitlage, Begriff **40** 65; Festlegung **40** 101; Mitbestimmung **40** 65; Tarifvertrag **239** 17; **240** 14; Weisungsrecht des Arbeitgebers **40** 18, 65
Arbeitszeitnachweise, Arbeitgeberpflicht **181** 18; **186** 11, 30 ff.; Negativerfassung **186** 31; Selbstaufschreibung **186** 32; Stundenzettel **186** 32; Zeiterfassungssysteme **186** 32
Arbeitszeitnormen, Tarifvertrag **40** 90
Arbeitszeitplanung, durch Arbeitgeber **44** 20 ff.; durch Arbeitnehmer **44** 30 ff.
Arbeitszeitrecht, Existenzschutz **3** 32
Arbeitszeitreduzierung, Kollisionsrecht **13** 117
Arbeitszeitrichtlinie, Mindestjahresurlaub **85** 17 ff.; Rahmenrichtlinie **174** 3; Urlaubsentgelt **87** 26
Arbeitszeitschutz, Anordnungen, gesetzeswiederholende **186** 7 f.; Arbeitnehmerschutzrecht **4** 12; **40** 103; Arbeitsbedingungen **181** 18; Arbeitszeitnachweise **181** 18; Arztwahl, freie **180** 38; Aufsichtsbehörden **186** 1 f., 4 f.; *Besichtigungsrecht* **186** 13 ff.; *Duldungsverfügung* **186** 16; *Geheimhaltungspflicht* **186** 12; *Maßnahmen* **186** 6 ff.; *Zuständigkeit, örtliche* **186** 3; Aushangpflicht **181** 18; Auskunftsanspruch des Arbeitgebers **55** 53; Auskunftspflicht **186** 10; Auskunftspflicht des Arbeitgebers **181** 18; Auskunftsverweigerungsrecht **186** 17; Ausnahmeregelungen **186** 18 ff.; *Arbeitszeit, wöchentliche* **186** 22, 25; *Interesse, öffentliches* **186** 23 ff.; Begriff **181** 1; Bußgeld **181** 25; Digitalisierung **181** 3, 34; EG-Richtlinien **173** 31; Feststellungsklage **174** 96; Fürsorgepflicht des Arbeitgebers **181** 18; Gesundheitsschutz **181** 2 ff.; häusliche Gemeinschaft mit anvertrauten Personen **182** 56; Höchstarbeitszeit **40** 64; öffentlich-rechtlicher Charakter **181** 12 f.; Ordnungswidrigkeiten **186** 33 ff.; Schadensersatzanspruch des Arbeitnehmers **181** 20; *Geldrente* **181** 20; *Schmerzensgeld* **181** 20; *Verrichtungsgehilfen, Haftung für* **181** 20; Schutzgesetze **181** 20; Straftaten **186** 33 f.; Teilnichtigkeit des Arbeitsvertrages **181** 16; Transformation öffentlich-rechtlicher Arbeitsschutzvorschriften **175** 10 ff.; Unabdingbarkeit **91** 15; **181** 13; Verstöße des Arbeitgebers, beharrliche **181** 18 f.; *Schadensersatz* **181** 19; *Unterlassungsanspruch* **181** 19; Zwangsmittel **186** 8 f., 16
Arbeitszeitverkürzung, Anspruch auf **50** 23 ff., 37 ff.; Befristung **40** 100a; **103** 158; Inhaltskontrolle **50** 13; Mitbestimmung **52** 2; Teilzeitarbeit **40** 97; vorübergehende **40** 96
Arbeitszeitverlängerung, Anspruch auf **50** 23 ff., 86 ff.; *Arbeitsplatz, entsprechender* **50** 91; *Arbeitsplatz, freier* **50** 92 f.; *Eignung, gleiche* **50** 99; *Erfordernisse, dringende betriebliche* **50** 96 ff.; *Leiharbeitnehmereinsatz* **50** 93; Befristung **40** 100a; **103** 158; Inhaltskontrolle **50** 13; Mitbestimmung **52** 2; tarifliche **182** 71; Teilzeitarbeit **40** 97 f.; vorübergehende **40** 96
Arbeitszeitverringerung, s. *Arbeitszeitverkürzung*
Arbeitszeitverteilung, Betriebsnormen **240** 15; Mitbestimmung **48** 22
Architekt, Versorgungszusage **202** 4
ARGE, Abordnung von Arbeitnehmern **146** 16 ff.; Begriff **291** 104; Betriebsverfassungsrecht **284** 18; **291** 104; Mitgliedsfähigkeit **224** 1
Arglistige Täuschung, Anfechtung des Arbeitsvertrags **38** 22, 31 f., 42, 51 f.; Anfechtung des Aufhebungs-

Fette Ziffern = Paragrafen Sachverzeichnis

vertrags **135** 35; Anfechtung des Vergleichs **134** 24; Arglist **38** 33; Ausgleichsquittung **137** 39; Offenbarungspflicht **38** 35; Täuschung **38** 33; Verschweigen von Tatsachen **38** 35; Widerrechtlichkeit **38** 34

Artisten, Arbeitsverhältnis **165** 1; Schiedsgerichtsbarkeit, tarifliche **241** 3; Vermittlungsvergütung **29** 52

Artistengruppe, Werkleistung **144** 21

Ärzte, ambulanter Sektor **169** 11; angestellte **169** 3, 6, 7, 12; **171** 1 ff.; *Arbeitszeit* **171** 15; *Aufgaben* **171** 21; *Behandlungsfehler* **171** 22; *fachgleiche Anstellung* **171** 7; *Fortbildung* **171** 5; *Vergütung* **171** 5; Angestelltensitz **169** 12; **171** 14 f.; Approbation **169** 3, 15; *Verlust* **171** 20; Arbeitgebereigenschaft **23** 5; **171** 6; Arbeitnehmereigenschaft **19** 46; Arbeitszeit **19** 47; Assistenten **171** 9 ff.; Aufklärungsformulare **169** 29; Aufklärungspflicht **169** 28 ff.; *Betreuung, rechtliche* **169** 30; *minderjährige Patienten* **169** 30; Behandlungsvertrag **169** 23 ff.; *Facharztstandard* **169** 26; **170** 67; *Leistungserbringung, persönliche* **169** 25; *Mitwirkungsobliegenheit des Patienten* **169** 32; *Selbstbestimmungsaufklärung* **169** 28; *Vergütungspflicht* **169** 31; *Vertragsparteien* **169** 24; Belegarzt **169** 14; **170** 11, 16, 19; Berufsordnungen **169** 5; Berufsrecht **169** 1 f.; **171** 4 ff.; Bestechlichkeit im Gesundheitswesen **169** 6; Bestechung im Gesundheitswesen **169** 6; Dienstrecht, ärztliches **19** 47; Dienstvertrag, freier **19** 74; Direktionsrecht des Arbeitgebers **169** 6; Dokumentationspflicht **169** 27; Entgegennahme unerlaubter Zuwendungen, Verbot **169** 6; **170** 70; Entlastungsassistenten **169** 12; **171** 11; freier Beruf **169** 6; Gemeinschaftspraxis **169** 24 f.; GKV-Leistungen **169** 31; GKV-System **169** 8 ff.; GKV-Vergütungsregelungen **169** 15; Heilkunde, Ausübung **169** 2; Job-Sharing **169** 12; **171** 13; Kassenärztliche Vereinigung, Pflichtmitgliedschaft **171** 19; Krankenhausärzte; *s. dort*; Kündigung, personenbedingte **171** 20; Leistungen, delegationsfähige **171** 24 f.; Leistungserbringung, persönliche **171** 18, 24; Leistungserbringungsrecht, sozialrechtliches **169** 1, 8 ff.; Mitarbeiter, nichtärztliche **171** 23 ff.; Musterarbeitsverträge **171** 3; Praxisführung, persönliche **171** 6; Praxisgemeinschaft **169** 24; Schweigepflicht **54** 32; **140** 3; **170** 70; Sicherstellungsassistenten **171** 10 ff.; Unabhängigkeit, ärztliche **169** 6; Vergütung **19** 47; Vertragsarztpraxis, persönliche Leitung **171** 16 f.; Weisungsfreiheit **19** 47; Weiterbildung **169** 12; Weiterbildungsassistenten **171** 10, 12; Zulassung, vertragsärztliche **171** 8 ff.; Zulassung zur Leistungserbringung **169** 9, 12

Ärzte in der Weiterbildung, Arbeitsverhältnis, befristetes **37** 51; **104** 8 ff.; **170** 61 f.; Zeitbefristung **104** 10

Ärztestreik, Arbeitskampffreiheit **272** 19

Ärztliche Bescheinigungen, Aufbewahrungspflichten **139** 21

Ärztliche Weiterbildung, Weiterbildungsordnungen **169** 4

Ärztlicher Direktor, Arbeitnehmereigenschaft **19** 48

Asklepios (Rs.), Verweisung, dynamische **142** 106, 188

Assessment Center, Personalauswahl **28** 21; Personalentwicklung **28** 23

Asset Deal, Betriebsübergang **26** 2; Wirtschaftsausschuss **307** 23

Assoziationsabkommen EG-Türkei, Arbeitnehmerfreizügigkeit **30** 32

Asylbewerber, Rechtsverhältnis, öffentlich-rechtliches **157** 7

Asylsuchende, Beschäftigungsgenehmigung **30** 18

Asylverfahren, Beschäftigungsverbot **30** 20

AT-Angestellte, Abstandsklauseln **20** 70; Begriff **19** 15; **20** 70; Tarifzuständigkeit **20** 13

AT-Beschäftigte, Tarifvertrag, Geltungsbereich **238** 41

Atomrecht, Kernenergierecht **179** 105; Strahlenschutz **179** 105; *s. a. dort*; Umweltrecht **174** 2

Au-pair-Verhältnis, Vermittlungsvergütung **29** 52

Aufenthaltserlaubnis, Aufenthaltszwecke **30** 9, 13; Erwerbstätigkeit, Aufnahme **30** 9

Aufenthaltsgestattung, Beschäftigungsaufnahme **30** 9; Leiharbeit **30** 19

Aufenthaltstitel, Abschlussverbot **32** 4; Arbeitsaufnahme **29** 72; **30** 5, 9; Arbeitsgenehmigung **103** 76; Beschäftigungsverbot **32** 4; **38** 9; Blaue Karte **30** 9 f., 14; Erlaubnis zum Daueraufenthalt-EU **30** 9, 16 f.; Erwerbstätigkeit, Aufnahme **30** 10 f.; fehlender **30** 33 f.; Fragerecht des Arbeitgebers **33** 90; Interessen, arbeitsmarktpolitische **30** 10a; Niederlassungserlaubnis **30** 9, 15; One-stop-Government **30** 10; Visum **30** 9, 12; Vorlagepflicht **39** 41

Auffanggesellschaften, Betriebsübergang **143** 9; Massenentlassungen **40** 74

Aufhebung, Bezugnahme **246** 26

Aufhebungsfreiheit, Vertragsfreiheit **31** 15

Aufhebungsvertrag, Abfindung **135** 17 f., 22, 31; Abschluss **135** 3; AGB-Kontrolle **135** 13, 14; Allgemeines Gleichbehandlungsgesetz **16** 55; Anfechtung **135** 32 ff.; Annahmeverzug des Arbeitgebers **76** 24; Anschlussbefristung **135** 7; Anzeigepflicht **135** 13; Arbeitslosmeldung **38**, 21; Arbeitsverhältnis **246** 26; *Abwicklung* **135** 18; **136** 6; *Beendigung* **101** 36; **107** 28; **108** 4; **135** 1, 17; Aufklärungspflicht des Arbeitgebers **135** 8 f.; Ausgleichsquittung **137** 1; Auslegung der Willenserklärungen **135** 3 f.; Bedingung **135** 7; *aufschiebende* **123** 1; Beendigungsnormen **239** 59; Beseitigung **135** 32 ff.; Betriebsratsbeteiligung **135** 11, 16; Betriebsübergang **135** 15; **143** 5, 7; Drohung **135** 32, 35, 37; *mit fristloser Kündigung* **135** 35 f.; *mit Schadensersatzforderung* **135** 35 f.; *mit Strafanzeige* **135** 36; Eigenschaftsirrtum **135** 34; Elternzeit **192** 41; Form **135** 3; Formularvertrag **135** 13; Freistellung **41** 17, 19; Hinweispflichten des Arbeitgebers **93** 47; Inhalt **135** 17 ff.; Inhaltsirrtum **135** 33; Kollisionsrecht **13** 140 f.; Kündigungsschutz **135** 10; Lemgoer Modell **143** 9; Massenentlassungen **135** 13; Minderjährige, Abschluss durch **135** 6; Personalabbau **135** 1, 7; Personalrat, Beteiligung **135** 12; Resturlaub **41** 17; Rücktritt **135** 39; Rückzahlungsklauseln **66** 38; Schriftform **107** 28; Schriftformgebot **260** 14; Sittenwidrigkeit **135** 37; Sozialplansprüche **135** 12; Sperrzeit **135** 23 ff.; Tarifregister **260** 14; Tarifvertrag **234** 59; **245** 68; **257** 60; **260** 2, 14; *mehrgliedriger* **260** 17; Täuschung **135** 35; Überprüfung **135** 37; Verzichtserklärungen **135** 19; Weiterbeschäftigungsanspruch **131** 26; wichtiger Grund **135** 25 f.; Widerrufsrecht **9** 11; **135** 38; Wiedereinstellungsanspruch **32** 88

Aufklärungspflichten, Arbeitgeber **93** 46 f.; Arbeitnehmer **55** 4; Arbeitskollisionsrecht **13** 82

Auflösend bedingtes Arbeitsverhältnis, Anschlussbeschäftigung, befristete **103** 52; Auslauffrist **105** 1; Bedingungseintritt **37** 54; **105** 8 f.; Bedingungskontrollklage **105** 11; **106** 1 ff.; Beendigung **101** 27; **105** 4, 7; *Rentenbescheid, Zustellung* **105** 6; Begriff **103** 16; Klagefrist **106** 1 f.; Kündigung, ordentliche **103** 189; **105** 9; Sachgrund **105** 1 ff.; Schriftform **103** 159; **105** 4 f.; Unwirksamkeit der Vereinbarung **105** 10; Vertretung

1583

103 56; Weiterbeschäftigung **105** 4; Zweckerreichung **103** 184 ff.
Auflösung, gerichtliche, Betriebsübergang **132** 23; Sperrzeit **132** 51; Zeitpunkt **132** 21 f.
Auflösungsantrag, Abfindung, angemessene **132** 10; Abfindungshöhe **132** 42 ff.; Änderungskündigung **132** 20; Antragstellung **132** 4; *Zeitpunkt* **132** 12; Arbeitgeberantrag **132** 34 ff.; Arbeitnehmerantrag **132** 31 ff.; Arbeitslosengeldanspruch, Ruhen **132** 51; Auflösungsgründe **132** 24 ff.; Auflösungszeitpunkt **132** 21 ff.; beiderseitiger **132** 40; Berufung **132** 12 f.; Betriebsratsmitglieder **132** 39; Beweislast **132** 27; Darlegungslast **132** 27; Drittverhalten **132** 28; Eventualantrag **132** 9; Hilfsantrag, unechter **132** 9; Kostenverteilung **132** 45; Kündigung, außerordentliche **132** 19; Kündigung, Sozialwidrigkeit **132** 4, 16 ff.; Kündigungsrechtsstreit **130** 124 f.; Kündigungsschutzklage **130** 26 f., 124 f., 132, 142; Kündigungsschutzprozess, anhängiger **132** 4 ff.; leitende Angestellte **132** 41; Mehrheit von Anträgen **132** 11; Mehrheit von Kündigungsschutzanträgen **132** 11; Prozessverhalten **132** 28 ff.; Rechtsnatur **132** 9; Revisionsinstanz **132** 14; Rücknahme **132** 15; Streitgegenstand **132** 9; Streitwert **132** 48; unbezifferter **132** 10; Unzumutbarkeit der Fortsetzung des Arbeitsverhältnisses **132** 31 ff.
Auflösungsklage, Unzulässigkeit **132** 5
Auflösungsschaden, Arbeitsverhältnis **43** 39, 41
Auflösungsvertrag, Schriftform **108** 5, 8
Aufrechnung, Arbeitsentgelt **69** 29; **73** 18; Beitragsforderungen **69** 29 f.; Schadensersatzansprüche mit Lohnforderungen **57** 16
Aufrechnungsverbot, Kollisionsrecht **13** 100
Aufsichtsrat, Arbeitnehmerbeteiligung; *s. Arbeitnehmervertreter im Aufsichtsrat*; Betriebsverfassung **283** 15; Dritter, innerbetrieblicher **287** 27; Gewerkschaftsmitglieder **224** 28 f.; Konzernbetriebsrat **302** 63; Organ des Unternehmens **286** 19
Aufsichtsratsmitglieder (Aktiengesellschaft), betriebliche Altersversorgung **202** 47; Haftungsbeschränkung **57** 66
Aufsichtsratswahlen, Mitwirkung des Betriebsrats **283** 14
Aufspaltung, Begriff **142** 206; Unternehmensmitbestimmung, Fortgeltung nach Umwandlung **26** 100; Unternehmensumwandlung **26** 8, 10
Aufstiegsfortbildungsförderung, Fortbildungsprüfung, berufliche **150** 58
Aufstockungsbeitrag, Arbeitsentgelt **60** 2; Pfändungsschutz **74** 82
Aufteilungsmodell, *s. Zweiverbändemodell*
Auftrag, Vertrag auf Arbeit **3** 12
Auftragsdatenverwaltung, Datenübermittlung **96** 58
Aufwandsentschädigung, Pfändungsschutz **74** 83; Vergütung **9** 37
Aufwendungen, betriebliche, Betriebsverfassung, Kosten **296** 1
Aufwendungsausgleichsgesetz, Entgeltfortzahlung im Krankheitsfall **83** 1 ff.; Mittelaufbringung **83** 15 ff.; Regressverfahren **83** 17; Teilzeitbeschäftigte, Anrechnung **49** 30 f.; Umlagesatz **83** 16
Aufwendungsersatz, Arbeitsentgelt, Abgrenzung zum **60** 5; Ersatzfähigkeit **93** 38
Ausbildende, Ausbildungspflichten **149** 49 ff.; Berufsschulbesuch, Anhalten des Auszubildenden zum **149** 60; Eignung, fachliche **147** 41, 44, 82; **149** 54; Eignung, persönliche **147** 41, 44, 82; **149** 54; Erziehungsrecht **147** 5 f.; Förderpflicht **147** 6; Fürsorgepflicht **147** 5; Tod des Ausbildenden **149** 175; Unterricht, zusätzlicher **149** 113; Weisungsrecht **149** 53
Ausbilder, Ausbildung der Ausbilder **150** 5; Durchführung der Berufsausbildung **149** 55; Eignung **147** 82; **149** 54
Ausbildung, Gemeinsame Einrichtungen **242** 4, 14
Ausbildung, assistierte, Arbeitsförderung **29** 100
Ausbildung, betriebliche, Berichtspflicht des Arbeitgebers **299** 55
Ausbildungsbefugnis, Kündigung, außerordentliche **124** 78
Ausbildungsberufe, Anerkennung, gesetzliche **147** 42, 72; Verzeichnis **147** 84
Ausbildungsbetrieb, Betriebsversammlung **299** 29a; Betriebszweck **285** 24, 29; **303** 5; Wahlberechtigung **291** 91
Ausbildungsdaten, Datenspeicherung **96** 53
Ausbildungskosten, Rückzahlungsklauseln **66** 39
Ausbildungskostenausgleich, Gemeinsame Einrichtungen **242** 2
Ausbildungsplatz, Bereitstellungsobliegenheit **147** 7; Bereitstellungspflicht **147** 7; Wahlfreiheit **147** 7
Ausbildungsstätte, Arbeitsstättenbegriff **177** 3; Berufsausbildung **147** 43, 47; Eignungsfeststellung **147** 44, 83; Ordnung **149** 68 f., 128
Ausbildungsvergütung, Angemessenheitskontrolle **60** 83; Entgeltcharakter **60** 8; Fälligkeit **69** 5; Unpfändbarkeit **60** 8
Ausbildungsverhältnis, *s. a. Auszubildende*; Berufsausbildungsverhältnis; Arbeitsvermittlung **29** 4, 9; Berufsbildung **19** 34; Entgeltfortzahlung im Krankheitsfall **80** 4; Gesetzesverstoß **29** 18; Schlichtungsausschuss **112** 8; Übernahme **29** 14
Ausbildungsvermittlung, Arbeitsförderung **29** 2 f.; private **29** 54; Vorrang **29** 2a
Ausflugsorte, Ladenschlussregelungen **188** 8
Ausgebildete, Weiterbeschäftigungsanspruch **129** 59 ff.
Ausgleichsabgabe, Anzeige des Arbeitgebers **198** 51; Beschäftigungspflicht schwerbehinderter Menschen **198** 47 ff.; Höhe **198** 48 ff.; Rückstände **198** 51; Säumniszuschläge **198** 51; Selbstveranlagung **198** 51; Staffelung **198** 48; Verwendung **198** 52, 167
Ausgleichsklauseln, Entgeltverzicht **71** 1
Ausgleichsquittung, Abgrenzung **137** 6, 22 ff.; Anfechtung **137** 36 ff.; Arbeitsverhältnis, Beendigung **136** 6; **137** 1; **139** 11; arglistige Täuschung **137** 39; Aufhebungsvertrag **137** 1; Auslegung **137** 1 f.; Begriff **137** 1; Bereicherungsrecht **137** 41; Drohung **137** 39; Empfangsquittung **137** 1, 3 ff.; Entgeltfortzahlung **137** 13; Entgeltverzicht **71** 1; Erlassvertrag **137** 1, 9 ff., 14 ff.; Inhalt **137** 1 f.; Inhaltskontrolle **137** 27 ff.; Kündigungsschutz **137** 18; Rechtsnatur **137** 3; Schriftform **137** 5; Schuldanerkenntnis, negatives **137** 1, 6, 22 ff.; *AGB-Kontrolle* **137** 27; *deklaratorisches* **137** 23 f.; *konstitutives* **137** 23, 25; Sittenwidrigkeit **137** 35; Überstundenvergütung **71** 10; Verbindung mit Entgeltverzicht **71** 9; Vergleich **137** 1 f.; Versorgungsansprüche **137** 17; Verzicht **137** 1, 6 ff.; **254** 25; Wegfall der Geschäftsgrundlage **137** 42; Wettbewerbsverbot, nachvertragliches **137** 20; Widerruf **137** 40; Wissenserklärung **137** 3; Zeugniserteilung **137** 19
Ausgleichszeitraum, Arbeitszeitkonto **40** 82; Mehrbeit **40** 71, 74; Ruhezeiten, Unterbrechung **40** 81

Ausgliederung, Begriff **142** 208; Unternehmensmitbestimmung, Fortgeltung nach Umwandlung **26** 101; Unternehmensumwandlung **26** 8, 10

Aushanggesetze, Arbeitszeitgesetz **186** 28 f.; Informationspflicht **93** 46; Jugendarbeitsschutzgesetz **197** 9; Mutterschutz **190** 68; Seearbeitsgesetz **187** 12

Aushilfen, Betriebszugehörigkeit **285** 11

Aushilfsarbeitsverhältnis, Arbeitszeit **182** 50; aufgabenbezogenes **103** 37; Bedingung, auflösende **103** 36; Befristung **102** 1; **103** 35 ff.; Daueraushilfe **103** 37, 40, 43; Kündigungsfrist **109** 29; Kündigungsschutz **112** 7; Mutterschutz **189** 6; personenbezogenes **103** 54; zweckbezogenes **103** 37

Aushilfstätigkeit, Arbeitsvermittlung **29** 5

Auskunftserteilung, Altarbeitgeber **138** 60 ff.; Datenschutz **138** 63, 65; Einwilligung **138** 66; Fürsorgepflicht, nachwirkende **138** 61, 65; Nebenpflicht, Nachwirkung **91** 14; Schadensersatz **138** 69 f.

Auskunftspflicht, Altarbeitgeber **138** 62; Arbeitgeber **93** 48; Arbeitnehmer **55** 4 ff.; Arbeitsverhältnis **55** 3, 7

Auslagenersatz, Belege, Aufbewahrungspflicht **139** 15

Auslagepflichten, Ordnungswidrigkeit **235** 18

Ausländerdiskriminierung, Diskriminierungsverbot **32** 121 ff.

Ausländische Arbeitnehmer, Anwerbung **30** 1 ff.; Arbeitsbefugnis **30** 7, 11; Arbeitserlaubnis **113** 97 f.; Aufenthaltserlaubnis **30** 9; Aufenthaltsgesetz **30** 8; Aufenthaltsrecht **30** 7; Aufenthaltstitel **30** 5, 9; **32** 4; **38** 9; **39** 41; befristetes Arbeitsverhältnis **103** 76; Beschäftigungsverbot **32** 39 ff.; Beschäftigungsverordnung **30** 8, 10; Drittstaatenangehörige **30** 1; EU-Angehörige **30** 1 ff.; EU-Austritt **30** 7; EWR-Staatenangehörige **30** 1 ff.; Flüchtlinge **30** 22 ff.; *Integration, Berichtspflicht* **299** 55; **301** 18 f.; *Integrationsförderung* **303** 40; Koalitionsfreiheit **218** 43; Kündigungsschutz **112** 10; Schweizer Staatsangehörige **30** 1 ff., 22 ff.; Vermittlung **30** 1 ff., 6; Wehrdienst **113** 124; Wehrdienst im Heimatland **113** 124; **129** 122 f.

Auslandsbezug, Tarifvertrag **262** 1

Auslandseinsatz, Arbeitskollisionsrecht **13** 35 f.; Betriebszugehörigkeit **24** 58; Tarifvertrag, Geltungsbereich **238** 26; Zustimmung **146** 23

Auslandsgesellschaft, Gesellschaftsstatut **13** 64

Auslandstarifvertrag, Arbeitsverhältnis, ausländisches **262** 15 ff.; Aussperrungsarithmetik **274** 8; Bezugnahme **262** 18 ff.; Einstrahlung **262** 15

Auslandstätigkeit, Abordnung, vorübergehende **284** 31 f.; Betriebsverfassung **284** 30 ff.; dauerhafte **284** 32

Auslandsvermittlung, Arbeitsvermittlung **29** 41, 45; Vermittlungsgebühr **30** 4; Verordnungsermächtigung **30** 6

Auslandsvertretungen, Arbeitskollisionsrecht **13** 54 f.

Auslauffrist, Änderungskündigung, außerordentliche **120** 1, 4; Arbeitsverhältnis, auflösend bedingtes **105** 1; Arbeitsverhältnis, befristetes **103** 184; Kündigung, außerordentliche **62** 98; **108** 46; **123** 9 ff., 25 f.; **124** 80, 82; **125** 2

Auslegung, Andeutungstheorie **243** 3, 8; Arbeitskollisionsrecht **13** 9; Auslegungsgrundsätze **243** 40 ff.; gemeinschaftsrechtskonforme **6** 30; gesetzesfreundliche **243** 36; Lückenfüllung **243** 47 ff.; richtlinienkonforme **12** 27; Tarifvertrag, *s. Tarifauslegung*; unionsrechtskonforme **12** 27; Vereinbarungen, schuldrechtliche **243** 45 f.; völkerrechtsfreundliche **13** 22 ff.

Auslösung, Aufwendungsersatz, pauschalierter **60** 5; Fernauslösung **60** 5; Nahauslösung **60** 5; Vergütung **93** 37

Ausschließliche Wirtschaftszone, Arbeitsort, gewöhnlicher **13** 38, 56; Arbeitsschutzrecht **176** 5; Arbeitszeitrecht **181** 30; **182** 48

Ausschlussfristen, Ansprüche aus dem Arbeitsverhältnis **71** 21; Ansprüche, beiderseitige **71** 22; Ansprüche, unabdingbare **71** 16b; Arbeitnehmerhaftung **57** 18; Arbeitsverhältnis **71** 12 ff.; Betriebsvereinbarung **71** 18; **76** 58; einseitige **71** 23 f.; Einzelvertrag **71** 19 f.; Fälligkeit **69** 7; Inhaltskontrolle **37** 44; **71** 16b; Inhaltsnormen **239** 27 ff.; Insolvenzforderungen **75** 16; Masseverbindlichkeiten **75** 16; *Geltendmachung* **75** 33 ff.; *Neumasseverbindlichkeiten* **75** 19 ff., 22 ff.; tarifliche **8** 23; **71** 16 ff.; tarifliche Rechte **239** 27; **254** 1, 38 f.; Transparenzgebot **71** 19a; unzulässige Rechtsausübung **71** 42

Ausschlussklauseln, Tarifmacht **237** 25

Ausschüsse, *s. Betriebsrat*

Ausschüsse, gemeinsame, *s. Betriebsrat*

Außen-GbR, Arbeitgebereigenschaft **23** 21; Unternehmensbegriff **24** 23

Außendienst, Arbeitnehmereigenschaft **19** 42; Arbeitsrecht **19** 41 ff.; Aufwendungsersatz **93** 38; Betriebszugehörigkeit **24** 58; Erfüllungsort **70** 12; Fahrerlaubnis **113** 101; Leistungsort **40** 51; Provisionsabrede **38** 17; Telearbeit **201** 2, 9

Außendienstmitarbeiter, Betriebsverfassungsrecht **284** 32; Betriebszugehörigkeit **285** 13; **291** 92, 290; Tarifvertrag, Geltungsbereich **238** 23; Wahlrecht, aktives **291** 65

Außenseiter, Aussperrung **272** 24; Betriebsnormen **240** 1, 3 f.; Grundrechtsschutz **7** 31 ff.; Streikrecht **272** 24 ff.; Tariferstreckung **8** 11; **215** 36 ff.; **218** 69; **226** 12; **230** 15; **236** 5 f.; Tarifgeltung **7** 31 ff.; **8** 9; Trittbrettfahren **237** 22

Außenseiterdifferenzierungsklauseln, Diskriminierungsverbot **219** 44

Aussperrung, Abkehrrecht, arbeitnehmerseitiges **277** 8; Abwehraussperrung **220** 44 ff., 110; **265** 13; **266** 4; **274** 1, 6 ff.; Angebot der Arbeitsleistung **277** 9; Angriffsaussperrung **265** 13; **266** 4; **274** 1, 10; Arbeitskampfmittel **216** 4; **265** 13 f.; **274** 1 ff.; Arbeitspflicht **277** 9; Aufhebung **277** 4; Aussperrungserklärung **274** 5; **277** 2, 5 f.; Begriff **274** 1; Beschäftigungspflicht **277** 9; Betriebsratsmitglieder **274** 5; **295** 26; EMRK **12** 4; Entgeltfortzahlung im Krankheitsfall **274** 5; Erhaltungsarbeiten **277** 3; **278** 1; Erkrankte **274** 5; Folgepflicht **224** 37; Freistellung **41** 30; Fürsorgepflicht des Arbeitgebers **277** 1; Kündigung des Arbeitsverhältnisses **277** 7; Kündigungsrecht des Arbeitnehmers **277** 11; Lohnersatzleistungen **277** 10; **265** 14; **274** 2 f.; **277** 1, 7; *Wiedereinstellungsanspruch* **274** 2; *Wiedereinstellungspflicht* **32** 75, 77 f.; Notstandsarbeiten **277** 3; **278** 1; rechtswidrige **277** 9 ff.; Schwangere **274** 5; Schwerbehinderte **274** 5; Streikende **275** 5; suspendierende **265** 14; **273** 4; **274** 2, 4 f.; Suspendierwirkung **277** 1; Sympathieaussperrung **265** 13; Treuepflicht des Arbeitgebers **277** 1; Unterlassungsanspruch **277** 12; Unterstützungszahlungen **277** 9; Urlaubswiderruf **277** 6; Vergütungspflicht **277** 5, 9 f.; Verhältnismäßigkeitsprinzip **274** 2, 4; Verzugspauschale **277** 10; Zulässigkeit **274** 4

Aussperrungsrecht, subjektives **219** 19

Aussperrungsunterstützung, Pfändungsschutz **74** 99

Sachverzeichnis

Magere Ziffern = Randnummern

Ausstrahlung, Arbeitnehmerentsendung 262 13 f.; Betriebsverfassungsrecht 284 30 ff.
Austauschkündigung, Begriff 115 172 f.; betriebsbedingte Kündigung 115 172 f.
Austrittsdruck, Koalitionsfreiheit 219 35, 40
Ausübungskontrolle, Freistellungsklausel 41 23
Auswahlrichtlinien, Änderungskündigung 115 301; Berichtspflicht des Arbeitgebers 299 55; betriebliche 115 309 ff.; Betriebsnorm 115 308, 310; 240 9; Diskriminierungsschutz durch AGG 16 47; Einigungsstellenverfahren 308 15; Einstellung 32 189 f.; Einstellungsentscheidung 33 130; Einstellungsuntersuchung 180 58; Fehlerhaftigkeit, grobe 110 69, 76; 115 313 ff.; 119 22 f.; Gesamtbetriebsrat 115 342; Interessenausgleich 115 312; Interessenausgleich mit Namensliste 115 340; Kündigung, betriebsbedingte 115 96 ff.; Mitbestimmungspflicht 96 115; Sozialauswahl 110 69, 75; 115 193, 301 f.; tarifliche 115 308; Wertungsspielraum 115 309
Auswahlvorgaben, Durchsetzung 255 5
Auswärtszulage, Vergütung 93 37
Auszubildende, *s. a. Ausbildungsverhältnis*; Abschlussprüfung 129 35 f.; Arbeitnehmereigenschaft 147 17; 285 22, 29; Arbeitnehmervertreter 129 22 ff.; *Anforderungsprofil* 129 51 f.; *Arbeitsverhältnis* 129 39 ff.; *Arbeitsverhältnis, Auflösung* 129 44 ff.; *Arbeitsverhältnis, Ausschluss* 129 44 ff.; *Bestandsschutz* 129 22 ff.; *Erkundigungspflicht des Arbeitgebers* 129 50; *Ersatzmitglieder* 129 27; *Leistungsprofil* 129 51 f.; *Mitteilungspflicht des Arbeitgebers* 129 31 f.; *Rechtswegzuweisung* 129 68; *Weiterbeschäftigungsverlangen* 129 31, 34 ff.; Arbeitsschutzrecht 176 6b; Arbeitszeit 182 51; 196 1; Aussperrung, suspendierende 272 21; betriebliche Altersversorgung 202 31; Förderung, charakterliche 147 34; 149 70; Gefährdungen, körperliche 149 71; Gefährdungen, sittliche 149 71 f.; Gewerkschaftsmitgliedschaft 222 32; Haftung 149 132 f.; Haftungsbeschränkung 57 64; Koalitionsfreiheit 218 32, 33; Kündigung des Berufsausbildungsverhältnisses 149 157; Kündigung, Klagefrist 112 8; Kündigungsschutz, besonderer 111 2; 112 8; *Eingriffsnorm* 13 146; Massenentlassungen 121 30; Minderjährige 149 3, 157; *Parteifähigkeit* 151 20; Mutterschutz 189 6; öffentlicher Dienst 157 1 ff.; Pflichtverletzungen 149 132 f.; Prüfungsteilnahme 149 124 f.; Qualifizierungsmaßnahmen 147 11; Sachleistungen 67 1; Sorgfaltspflicht 149 117, 129; Sozialversicherung 147 23; Streikrecht 272 20 f.; Tarifmacht 236 14; Teilnahmepflicht 149 118 ff., 124 f.; Tod des Auszubildenden 149 175; Übernahme 129 31; 149 199; 295 199 f.; 303 84; 305 33; 306 31; Verschwiegenheitspflicht 54 48; 149 130; Vertragsstrafenvereinbarungen 42 12; 43 52; Wahlbewerber 129 28; Wahlvorstandsmitglieder 129 28; Wehrdienst 129 133 f.; Weisungsbefolgung 149 127; Weiterbeschäftigung 32 56 ff.; Wettbewerbsverbot 54 5; 149 131; Wettbewerbsverbot, nachvertragliches 140 5, 41; Zeugnisanspruch 138 2
Bäckereien, Arbeitszeit 181 23; Jugendarbeitsschutz 196 32; Sonntagsarbeit/Feiertagsarbeit 185 41
Background Check, Stellenbesetzung 29 73
Backsourcing, Rückübereignung 142 93
Baden-Württemberg, Arbeitskampfrecht 271 1; Koalitionsfreiheit/Arbeitskampf 271 2; Kündigungsschutz für Abgeordnete 129 89; Ladenschlussregelung 188 14

BAföG, Förderung 150 57
Bahnhöfe, Ladenschlussregelungen 188 5
Bahnpersonal, Arbeitsort, gewöhnlicher 13 49 f.
Balkaya-Entscheidung, Geschäftsführer, Arbeitnehmerstatus 6 33
Bandbreitenregelungen, Abrufarbeit 40 98; 45 5 ff.; arbeitsvertragliche 45 7; Gleichbehandlungsgrundsatz 45 5; tarifliche 45 6
Banken, Zuendebedienen der Kunden 182 91
Barber-Entscheidung, betriebliche Altersversorgung 206 6, 61 ff.; 210 4
Barrierefreiheit, Arbeitsstätte 176 19; Arbeitsstätten 177 17 ff.; *Zugänglichkeit* 177 17; Begriff 177 17 f.; Inklusion 177 17; Legaldefinition 177 17
Bars, Ruhezeitverkürzung 183 9
Bauarbeiter, Leistungsort 40 51
Bauarbeiterkolonne, Eigengruppe 40 11
Baugewerbe, Arbeitnehmerentsendung 153 13 ff.; Arbeitnehmerüberlassung 13 135 f.; 146 10; 153 16 f.; *gewerbsmäßige* 13 137; *konzerninterne* 146 1; Arbeitsrecht 153 2; Bauhauptgewerbe 153 3, 19; Baunebengewerbe 153 3, 17; Kündigungsfristen 109 87; Leiharbeit 153 15; Mindestlohn 8 11; 153 15; Saison-Kurzarbeitergeld 153 18 f.; SOKA-Bau 153 4; SOKA-SiG 153 7, 12; Sozialkassen 153 4 ff.; 248 10, 76; *Berufsfreiheit* 153 12; tarifliche Regelungen 153 2; Urlaubsrecht 89 42; Wintergeld 153 20 f.
Bauordnungsrecht, Arbeitsstätten 177 12
Baustellen, Absturzunfälle 177 42; Arbeitsplätze 177 30, 42; Arbeitsschutz 12 44; 175 42; 177 46; Arbeitszeitverlängerungen 186 19; Baustellenrichtlinie 173 27 f., 30; Baustellenverordnung 174 4; Begriff 177 44; Einrichtung 177 42; Koordinierungspflichten 177 44; Planungspflichten 177 45; Schadensersatzpflichten 175 42; 177 46; Schutzvorrichtungen 177 42; SiGe-Koordinator 177 44; Unfallzahlen, Senkung 177 43; Verträge mit Schutzwirkung zugunsten Dritter 175 42
Bauwirtschaft, Arbeitnehmereigenschaft 19 37; Arbeitsplatzwechsel 19 37; Urlaub 19 37
Bayern, Arbeitskampf 271 3; Koalitionsfreiheit 217 11; 271 3
Beamte, Abordnung in Privatbetrieb 19 59; Alimentationsprinzip 218 90; Arbeitnehmereigenschaft 236 15; 285 35 ff.; Arbeitskampf 220 67 ff.; Arbeitsschutz, betrieblicher 176 7; Arbeitsvermittlung 29 5; Arbeitszeitrecht 182 53; Beamtenkoalitionen 220 67 ff., 115; Begriff 285 36; Berufsbeamtentum 154 10 f.; Betriebszugehörigkeit 285 38 f.; Deutscher Beamtenbund 222 16a, 31; *Koalitionseigenschaft* 218 24; Dienstverhältnis 154 5, 14; *öffentlich-rechtliches* 19 58 f.; Diskriminierungsschutz 16 42; Eingliederungsmanagement, betriebliches 113 32; Elternzeit 191 5; Jugendarbeitsschutz 194 5; Koalitionsfreiheit 218 31, 51, 90, 115; 219 7, 18; Loyalitätspflicht 272 29; Mutterschutz 189 11 f.; Nebenbeschäftigung 32 10; öffentlicher Dienst 154 3; Personalvertretung 4 21; Sonderurlaub 85 1; Streikrecht 272 29; Streikverbot 154 41; 218 90, 115; 272 30 f.; Tarifautonomie 220 67 ff.; Tarifverbot 218 90; 236 15; Treuepflicht 7 58; 219 18; 272 29; Vereinigungsverbot 220 10; Verfassungstreue 32 100
Beamtenanwärter, Arbeitszeitrecht 182 53
Beamtenbezüge, Pfändungsschutz 74 84
Bedarfsorientierung, Gleitzeit; *s. dort*; Jahresarbeitszeitvertrag; *s. dort*

Fette Ziffern = Paragrafen   **Sachverzeichnis**

Bedingung, Beendigungsnormen **239** 58; Tarifvertrag **234** 44
Bedingung, auflösende, Arbeitsverhältnis, Beendigung **101** 27; *s. a. Auflösend bedingtes Arbeitsverhältnis*; Tarifvertrag **257** 60; **260** 2, 10 ff.; *Nachwirkung* **260** 13; Weiterbeschäftigungsanspruch **131** 25
Bedingungskontrollklage, Beweislast **106** 12 ff.; Feststellungsklage, allgemeine **105** 11; **106** 17, 19 f.; Klageantrag **106** 18; Klagefrist **106** 1 ff.; punktuelle **106** 17; Streitgegenstand **106** 18; Weiterbeschäftigungsanspruch **106** 18
Bedürfnisgewerbeverordnungen, Arbeitszeitregelungen **181** 22; **185** 47
Beeinflussungsverbot, Sprecherausschusswahlen **311** 33 f.
Beendigungskündigung, Arbeitsverhältnis, Beendigung **108** 41; Kündigungsart **109** 1; Kündigungsschutz **110** 3
Beendigungsnormen, Arbeitsplatzwahlfreiheit **237** 42; Individualnormen **239** 1, 46 ff.; Nachwirkung **261** 32; Tarifmacht **236** 53
Beendigungsschutzklage, *s. Kündigungsschutzklage*
Befähigungsbezeichnungen, Entsprechungsverfahren **147** 3
Befähigungsnachweise, Entsprechungsverfahren **147** 3
Beförderung, konkludente **40** 18; Versetzungsverpflichtung **40** 43
Befragungen, *s. Mitarbeiterbefragung*
Befristetes Arbeitsverhältnis, *s. a. Befristung*; Abwechslungsbedürfnis **103** 60, 65; **165** 24, 26; Aktualitätsverlust **103** 59; ältere Arbeitnehmer **103** 137 f.; Altersstruktur **164** 43; Altersteilzeitvertrag **104** 11; Arbeitnehmerbegriff **103** 11, 13; Arbeitsbeschaffungsmaßnahmen **103** 108; Arbeitsentgelt **103** 173 ff.; *pro rata temporis* **103** 175, 177; Ärzte in der Weiterbildung **104** 8 ff.; Aufhebung **103** 193; Ausbildungsmaßnahmen **37** 52; **103** 202 f.; Aushilfen **103** 37, **103** 35 ff.; ausländische Arbeitnehmer **103** 76; Auslaufen **103** 118, 183; Ausfauffrist **103** 184; Befristungsrichtlinie **103** 2 ff.; Begriff **103** 14 f.; Benachteiligungsverbot **37** 52; **103** 182; *Rechtfertigung der Benachteiligung* **103** 172 f.; Bessertstellung befristet Beschäftigter **103** 179 ff.; Bestandsschutz **107** 16; betriebliche Altersversorgung **103** 176; Beweislast **106** 12 ff.; Bühnenarbeitsverhältnis **165** 24 ff.; Daueraushilfe **103** 37, 40, 43; Drittmittelfinanzierung **103** 107 f.; **104** 4 ff.; Eigenart der Arbeitsleistung **103** 58 ff., 65; **168** 41 ff.; Eignung, Wegfall **103** 77; Einarbeitungsphase **103** 56; Elternzeit **191** 5; **192** 41; *Ersatzkraft* **192** 43 ff.; Entgeltfortzahlung im Krankheitsfall **80** 1; Erprobung **103** 67; **165** 26; EU-Dispositivität **103** 2 f.; EU-gerechte Begriffsbildung **103** 2 f.; EU-gerechte Umsetzung **103** 2 f.; EU-konforme Auslegung **103** 2 f.; EU-Rahmenvereinbarung **103** 2, 13, 34; Fortbildungsmaßnahmen **103** 202 f.; Fortsetzung **103** 118, 183, 191 f., 194; *befristete* **103** 119; Frauendiskriminierung, mittelbare **103** 181; Fristverlängerung **103** 166; Gesetzesumgehung **102** 6 f.; Gesundheitsschutz **173** 26; Haushaltsrecht **103** 99 ff.; Inanspruchnahme von Rechten **103** 182; Informationspflichten des Arbeitgebers **103** 200 f.; Inhaltskontrolle **102** 6, 8; Klagefrist **106** 1 ff.; Klauselkontrolle **103** 23; Kündigung **101** 34; *außerordentliche* **103** 189; ordentliche **37** 53; **103** 20 f., 183, 189; Kündigungsschutz **112** 14; Lebenszeit des Arbeitnehmers; *Kündigungsfrist* **110** 87; Massenentlassungen **121** 22, 33 f.; Mitbestimmung **103** 165;

Beendigung des Arbeitsverhältnisses **103** 183; *bei Einstellung* **103** 165; Nichtverlängerungsmitteilung **103** 64, 183; Person des Arbeitnehmers **103** 74 ff.; Prozessbeschäftigung **103** 162; Rückzahlungsklauseln **66** 38; Rundfunkanstalten **103** 58, 62; Schriftform **37** 52; Sozialauswahl **115** 195; Streitgegenstand **106** 18; Studenten **103** 111; Stufenlaufzeiten **103** 178; Tarifverträge für den öffentlichen Dienst **103** 20; Tarifverträge für die Privatwirtschaft **103** 20; Teilzeit- und Befristungsgesetz **102** 10; **103** 1 ff.; Tendenzbetriebe **103** 61 ff.; Übergangsregelung aus sozialen Gründen **103** 75; Unwirksamkeit **103** 195 ff.; Urlaub **50** 235; Vergleich, außergerichtlicher **103** 106 f., 109 f.; Vergleich, gerichtlicher **103** 103 ff.; Verlängerungen **103** 118 f.; *Vertragsänderungen* **103** 120; Vertrag über mehr als fünf Jahre **103** 190; Vertretung **103** 1; **103** 54 ff.; Vertretung, mittelbare **103** 55; Wahlrecht **103** 24; Weiterbeschäftigungsanspruch **103** 194, 199; **106** 18; Weiterbildungsmaßnahmen **37** 52; Willkürverbot **103** 29; wissenschaftliche Mitarbeiter an Hochschulen **102** 1; Zeitablauf **103** 191
Befristung, Allgemeines Gleichbehandlungsgesetz **16** 55; Altersteilzeit **51** 34; Altersteilzeitvertrag **51** 22 ff.; Anschlussbefristung **103** 118 f.; Anschlussverbot **103** 121 ff.; **106** 16; Arbeitnehmer, ältere **37** 50; Arbeitsbedingungen **50** 300 f.; Arbeitsverhältnis **37** 50; **101** 2; *s. a. Befristetes Arbeitsverhältnis*; Arbeitsvertragsbedingungen **117** 35; Arbeitszeiterhöhung **103** 158; Arbeitszeitverringerung **103** 158; Bedarf, vorübergehender **103** 35 ff.; Beendigungsnormen **239** 46 ff., 55 ff.; Benachteiligungsverbot **12** 46; **13** 110; **14** 41; Betriebsnotstand **103** 39; Betriebsratstätigkeit **103** 112; Betriebszugehörigkeit der Arbeitnehmer **285** 12; Beweislast **103** 188; **106** 12 ff.; Dienstverhältnis, freies **37** 47; Diskriminierungsverbot **16** 4; **103** 17, 167 ff.; *Arbeitsaufgaben, Vergleich* **103** 169; *Arbeitsbedingungen, Vergleich* **103** 170; Drittinteressen **103** 114; einmalige **103** 140; erleichterte **103** 23, 115 ff.; *ältere Arbeitnehmer* **103** 137 f.; *Existenzgründung* **103** 132 f.; zur Erprobung **37** 56, 58; erstmalige **12** 46; **103** 140; Formverstoß **106** 4; Höchstbefristung **103** 20, 88, 139; kalendermäßige **37** 53; **103** 15, 183; Kettenbefristung **103** 57, 140; **165** 52; Kündigung, außerordentliche **123** 31; Kurzbefristungen **50** 222, 234, 298 f.; Mehrfachbefristungen **12** 46; mehrfache **103** 140 ff.; **168** 45; Missbrauchskontrolle **12** 46; **103** 57, 141, 146 ff.; **168** 45; nachträgliche **103** 30; *Änderungskündigung* **119** 64 ff.; Personalbedarf, sinkender **103** 7, 23, 25 ff.; **165** 26; Sachgrund **3** 33; **12** 46; **37** 50; **102** 8; **103** 7, 23, 25 ff.; **165** 26; *Befristungsdauer* **103** 139; *Befristungsgrund* **103** 139; Beweislast **106** 14; Elternzeitvertretung **192** 43 ff.; Prognose **103** 32, 35, 38; *Wegfall* **103** 31; Zeitpunkt **103** 31; Sachgrundbefristung **239** 56; sachgrundlose **103** 115 ff.; **115** 72; Höchstdauer **103** 130, 131a, 136, 150; *Tarifdispositivität* **103** 130 f.; *Unternehmensgründung* **103** 132 ff.; *Verlängerungen, Anzahl* **103** 118 ff., 130, 131a; *Vorbeschäftigungsverbot* **103** 121 ff.; Schriftform **36** 31, 39; **103** 15, 159 ff.; **260** 6; Sondergesetze **104** 1 ff.; Sozialer Dialog **12** 14; Tarifvertrag **234** 42; **245** 66; **260** 2, 6 ff.; *Nachwirkung* **260** 9; Teilzeitarbeit **12** 14; **50** 5, 296 ff.; Unionsrecht **12** 46; Unverbindlichkeit **38** 1; Vereinbarung **37** 45; Vertragsbedingungen, einzelne **103** 156 f.; Weiterbeschäftigungsanspruch **131** 25; Wiedereinstellungsanspruch **32** 88; Wunsch des Arbeitnehmers **103** 110 f., 140; Zeitbefristung **101** 27; **102** 2 ff.; **103** 24, 159, 189; **239** 55, 57; Zweckbefris-

1587

tung **37** 53; **101** 27; **103** 15, 24, 159, 184, 189; Zweckerreichung **103** 184 ff., 191 f.; Unterrichtung, schriftliche **103** 185 ff.
Befristungsabrede, Einigung **103** 12
Befristungsklauseln, Arbeitsentgelt **63** 26 ff.; Schriftform **103** 158 f.
Befristungskontrollklage, Beweislast **106** 12 ff.; Feststellungsklage, allgemeine **106** 17, 19 f.; Klageantrag **106** 18; Klagefrist **106** 1 ff.; **107** 10; punktuelle **106** 17; Streitgegenstand **106** 18; Weiterbeschäftigungsanspruch **106** 18
Befristungsrecht, Tarifmacht **237** 94
Begleitpflichten, Arbeitsverhältnis, beendetes **35** 23
Begünstigungsverbot, Betriebsratsamt **295** 2, 172 ff.; **296** 19, 22; **297** 69; Betriebsverfassung **240** 33; Einigungsstellenmitglieder **308** 55; Jugend- und Auszubildendenvertretung **303** 82; Sprecherausschuss **311** 70, 72 f.; Wirtschaftsausschussmitglieder **307** 114
Behandlungsvertrag, *s. Ärzte*
Behinderte, Arbeitshilfen **29** 83; Arbeitsschutzrecht **176** 7; Berufsausbildung **149** 200 f.; Berufsausbildungsvertrag **149** 201; Berufsbildungsverträge **147** 55; Eingliederungszuschuss **29** 90a; Probebeschäftigung **29** 83; Rücksichtnahmepflicht des Arbeitgebers **198** 64; SGB IX **198** 6 ff.; Teilhabe am Arbeitsleben **29** 99; Vermittlungsgutschein **29** 51; Werkstätten für behinderte Menschen **60** 29; **61** 6
Behindertenverbände, Prozessstandschaft, gesetzliche **17** 107
Behinderung, Anfechtung des Arbeitsvertrags **38** 30; Begriff **16** 18 ff.; **32** 119; **198** 1, 9 f.; *Krankheit* **16** 21; Süchte **16** 21; Benachteiligung, unmittelbare **16** 71; Benachteiligungsverbot **3** 35; **7** 50; **12** 32; **13** 110; **14** 33; **15** 5; **16** 18 ff.; **103** 172; *Berufsleben* **16** 20; *Leben in der Gesellschaft* **16** 20; Dauer **16** 22; Diskriminierungsschutz durch AGG **32** 142; Diskriminierungsverbot **32** 140 ff.; **113** 8; **198** 1 f.; *Arbeitsvermittlung* **29** 29; Feststellungsverfahren **198** 16 ff.; Fragerecht des Arbeitgebers **33** 24, 40 ff.; ILO-Übereinkommen Nr. 159 **15** 9; Krankheit **113** 8; Krankheit, chronische **33** 43; Legaldefinition **16** 18, 23; Offenbarungspflicht **33** 133
Behinderungsverbot, Betriebsverfassung **308** 2; Einigungsstellenmitglieder **308** 55; Sprecherausschuss **310** 28; **311** 69; Sprecherausschusswahlen **311** 32, 34
Behörden, Bereitschaftsdienst **185** 18; Eildienst **185** 18
Beifahrer, Arbeitszeit **187** 2; Sonn- und Feiertagsruhe **185** 12
Beitrittsdruck, *s. Eintrittsdruck*
Beitrittsfreiheit, Koalitionsfreiheit **219** 6 ff.
Bekleidungsvorschriften, Arbeitspflicht **40** 24; Ordnungsverhalten **55** 29; Weisungsrecht des Arbeitgebers **40** 23
Beladezeiten, Arbeitszeitrecht **40** 85
Belästigung, *s. a. Sexuelle Belästigung*; Benachteiligung **16** 80; Benachteiligung, Gleichstellung mit **16** 80 f.; Persönlichkeitsschutz des Arbeitnehmers **3** 35; Umfeld, feindliches **17** 50; Würdeverletzung **16** 81
Belästigung am Arbeitsplatz, Rahmenvereinbarung **173** 33, 36
Belegschaft, Arbeitgeber, Rechtsverhältnis zum **286** 30; Begriff **286** 28; Betriebsnormen **240** 1 f.; Betriebsrat, Rechtsverhältnis zum **286** 29; Betriebsverfassung **14** 11; Betriebszugehörigkeit **286** 28; Rechtsnatur **286** 28
Belegschaftsaktien, Übertragbarkeit **68** 11; Vermögensbeteiligung, gesellschaftsrechtliche **68** 3

Belegschaftsversammlung, Einberufung **298** 19; Themen **298** 20
Belehrungspflicht, Arbeitgeber **290** 6 ff.
Beleidigungen, Auflösungsgrund **132** 36; Kündigung, außerordentliche **124** 64 f.; *arbeitnehmerseitige* **124** 69
Belgien, Nachtarbeitsverbot **184** 6
BEM, *s. Eingliederungsmanagement, betriebliches*
Benachteiligungsverbot, Betriebsratsamt **295** 2, 172 ff.; **297** 69; Betriebsverfassung **240** 33; **308** 2; Einigungsstellenmitglieder **308** 55; Europäische Menschenrechtskonvention **218** 108; Jugend- und Auszubildendenvertretung **303** 82; Sprecherausschuss **310** 28; **311** 70 f., 73; Wirtschaftsausschussmitglieder **307** 114
Beratungshilfe, Staatskonkurrenz gegenüber Koalitionen **218** 98
Beratungspflichten, Arbeitskollisionsrecht **13** 82
Bereitschaftsdienst, Anrechnung auf Höchstarbeitszeit **181** 26; Anwesenheit am Arbeitsort **40** 78a; Arbeitsbereitschaft **40** 78a; Arbeitsbereitschaft, Gleichsetzung mit **182** 23 ff., 36, 38; Arbeitszeit **12** 35; **40** 64, 67, 76, 78 f.; **182** 21 ff., 36; Arbeitszeitverlängerung **182** 24, 71; Aufenthaltsbeschränkung **182** 35; Begriff **182** 34 ff.; Drei-Stufen-Modell **40** 78a; Höchstumfang **40** 78a; Inaktivzeiten **40** 67, 78, 85; Krankenhaus **170** 41; Krankenhausärzte **170** 74, 76 f.; Menschenwürde **7** 41; Mindestlohn **182** 37; Mitbestimmungsrecht des Betriebsrats **182** 46; Nachtarbeit **40** 78a; Ruhepausen **40** 78; **182** 36; Ruhezeit **182** 21 f.; **186** 21; Tarifvertrag **40** 90; Untätigkeit **182** 37; Vergütung **40** 73, 80; **182** 37 f.; *Pauschalabgeltung* **182** 38; Vergütungserwartung **60** 13
Bereitschaftsraum, Arbeitsstätten **177** 25 ff.; Bereitschaftszeiten **177** 27
Bergarbeitsrecht, Sonderregelungen **19** 20
Bergbau, Arbeitgeberpflichten **152** 21 ff.; Arbeitnehmerpflichten **152** 25 f.; Arbeitsschutz **152** 20 ff.; Arbeitsstätten **177** 5; Arbeitszeit **182** 97; Arbeitszeitregelungen **152** 27; Aufbereitungsbetrieb **152** 22; Aufsuchungsbetrieb **152** 22; Bergmannsprämien **152** 19; Bergmannsversorgungsschein **152** 29; betriebliche Altersversorgung **207** 56; Betriebsplan **152** 22; Betriebssicherheit **152** 20 ff.; Eignungsuntersuchungen **180** 61; Gesundheitsschutz **152** 19; Gewinnungsbetrieb **152** 22; Höchstarbeitszeit **152** 27; Jugendarbeitsschutz **196** 6; Jugendliche, Beschäftigungsverbot **152** 28; Mutterschutz **190** 6; Ruhepausen **152** 27; **182** 97; Ruhezeiten **182** 97; Schichtzeit **152** 27; Sonderarbeitsschutz **152** 19; Umweltrecht **174** 2
Bergmannsprämien, Vermögensbildung der Arbeitnehmer **68** 16
Bergmannsversorgungsschein, Arbeitskampfrecht **271** 1; Beschäftigungspflicht **32** 64, 73; Fragerecht des Arbeitgebers **32** 29; Gleichstellung Versorgungsscheininhaber mit Schwerbehinderten **152** 29; Kündigung von Versorgungsscheininhabern **109** 55 f.; **152** 29
Berlin, Kündigungsschutz für Abgeordnete **129** 90; Ladenschlussregelung **188** 14; Streikrecht **217** 13; **271** 4
Beruf, Anerkennung ausländischer Abschlüsse **12** 29; Vereinbarkeit von Beruf und Familie **225** 28
Berufsausbildung, Abschlussprüfung **147** 101 ff.; **149** 124 f., 135 f.; **196** 20; *Bewertung von Prüfungsleistungen* **147** 103; *gestreckte* **147** 101; *Kosten* **147** 110; Nichtbestehen **149** 75, 91, 144; *Prüfungsergebnis, Bekanntgabe* **149** 143; *Rechtsmittelbelehrung* **147** 105; Wiederholung **147** 105; **149** 144 ff.; Zulassung **147** 90; Zulassung, vorzeitige **149** 90; Abschlussverbot **32** 5; Arbeitskollisi-

onsrecht **13** 12; Ausbildende **147** 70; Ausbilder **147** 70; Ausbildungsberater **147** 44; Ausbildungsberufe **147** 42, 72; Ausbildungsberufsbild **147** 73; **149** 16, 50; Ausbildungsdauer **147** 73; **149** 18 f.; Ausbildungsmittel **149** 57 f.; Ausbildungsnachweise **149** 61 f., 114 ff.; Ausbildungsordnungen **147** 42, 44, 72 f.; **149** 50; Ausbildungsplan, betrieblicher **149** 16, 50; Ausbildungsrahmenplan **147** 73 f.; **149** 16, 50; Ausbildungsverbund **147** 57; **149** 2; Ausbildungszeit, tägliche **149** 29; Ausbildungsziel **149** 49, 112; Ausbildungszweck **149** 70; im Ausland **147** 67; **149** 40, 111; außerhalb der Ausbildungsstätte **149** 40; Auszubildende **147** 70; Begriff **147** 66; Berufsausbildungsvorbereitung, vorangegangene **148** 7; betriebliche **147** 58; Betriebsratswahlen **291** 91; Betriebsverfassungsrecht **285** 22 ff.; duales System **147** 58; elterlicher Betrieb **149** 3; Erziehungsurlaub **147** 99; Förderung **149** 215; Förderungsfähigkeit **29** 88; Förderungsmaßnahmen **29** 84 ff.; Gewerbezentralregister **147** 13, 44; Jugendarbeitsschutz **194** 12; Kosten **149** 57; *betriebliche* **149** 9; *schulische* **149** 9; Monoausbildung **149** 15; Nachlehre **149** 26; Ordnung **147** 71 ff.; Prüfungen **149** 124 f.; Prüfungsanforderungen **147** 42, 73, 75; **149** 16; Prüfungsordnung **147** 102; Prüfungsunterlagen, Aufbewahrungsfristen **147** 106; Prüfungsunterlagen, Einsichtsrecht **147** 106; Prüfungszeugnis **147** 107 f.; Schadensersatzansprüche, Abtretung **149** 40; Schadensersatzansprüche, Pauschalbetrag **149** 12; Schadensersatzansprüche, Vereinbarungen **149** 11; studienintegrierte **149** 213; Stufenausbildung **147** 101, 111 f., 115; **149** 15, 21, 44, 164; Zeugnisanspruch **149** 180; Unfallverhütung **149** 128; Unterbrechung **149** 45; Versetzungsplan **149** 50; Vertragsstrafenabrede **149** 10; Wehrdienst **147** 99; Wehrübung **147** 99; Weisungsrecht **149** 53, 69; *weisungsberechtigte Personen* **149** 56; Zwischenprüfung **147** 111 ff.; **149** 124 f.; Teilnahmepflicht **147** 111; *Wiederholung* **147** 115; Zeugnis **147** 114

Berufsausbildungsbeihilfe, Berufsschulunterricht **29** 88; Erstausbildung **149** 215; Förderungsmaßnahmen **29** 88; Wohnen außerhalb des Haushalts der Eltern **29** 88

Berufsausbildungsverhältnis, *s. a. Ausbildungsverhältnis*; Abmahnung **149** 170; Abschlussprüfung; *Arbeitnehmervertreter* **129** 35 f., 52; *Nichtbestehen* **149** 26; Anschlussbeschäftigung, befristete **103** 47 ff., 113, 125; Arbeitnehmereigenschaft der Auszubildenden **147** 17; **285** 22, 29; Arbeitnehmervertretungen **147** 18; Arbeitsgerichte, Rechtswegzuständigkeit **151** 1, 8, 20; arbeitsgerichtliches Verfahren **151** 16 f.; *Gerichtsstandsvereinbarungen* **151** 20; *Güteverhandlung* **151** 21; *Klageerhebung* **151** 19; *Klagefrist* **151** 19; *Schlichtungsausschuss, vorherige Anrufung* **151** 16 f.; Arbeitskampf **147** 49; Arbeitsnachweis **36** 62; Arbeitsschutz **149** 71; Arbeitsverhältnis, vorangegangenes **149** 43; Arbeitszeit **147** 15; **196** 1; ärztliche Untersuchung **149** 41; Aufhebung, einvernehmliche **149** 151; Auflösung, vorzeitige **147** 52; Ausbildungsvergütung **147** 46, 50, 109; **149** 32 ff., 79 ff.; *Abschlagszahlungen* **149** 98; *Angemessenheit* **149** 86 ff.; *besondere* **149** 94 f.; *Branchenüblichkeit* **149** 87; *Fälligkeit* **149** 98; *Fortzahlung trotz Nichtleistung* **149** 102 ff.; *Freizeitausgleich* **149** 94 ff.; *Funktionen* **149** 86; *Gratifikationen* **149** 99; *Höhe* **149** 86 ff.; *Insolvenzgeld* **149** 85; *Lebensalter des Auszubildenden* **147** 87; *Monate* **149** 97; *Pfändbarkeit* **149** 84; *Sachleistungen* **149** 36, 93, 98, 109; *Teilzahlungen* **149** 98; *Überzahlung* **149** 40;

Verjährung **149** 85; Verzicht **149** 34, 82; Ausbildungszeitverkürzung **147** 91 ff.; **149** 22 ff., 90, 137, 142; *Anhörungsverfahren* **147** 93; Ausbildungszeitverlängerung **147** 96 ff.; **149** 22 ff., 137, 139, 142; Ausbildungsziel **129** 6; Ausbildungszweck **147** 33, 35 ff.; Beendigung, Verschulden **129** 13, 18 ff.; Befristung **103** 13; Berufsschulunterricht; *s. dort*; Bestandsschutz **127** 8 ff.; **129** 22 ff.; Beschlussverfahren **129** 53 ff.; Beweislast **129** 58; einstweiliger Rechtsschutz **129** 57; Feststellung des Arbeitsverhältnisses **129** 56; betriebliches **147** 10; Betriebsübergang **142** 132; Betriebsvereinbarungen **147** 25; Bindung nach Beendigung **147** 7; Einwilligung des gesetzlichen Vertreters **129** 38; Elternzeit **149** 138; Ende **149** 135 ff.; Entgeltfortzahlung **147** 16; Entgeltfortzahlung an Feiertagen **149** 108; Entgeltfortzahlung im Krankheitsfall **149** 104; Feststellungsklage **151** 22 f.; Förderung **147** 61 f.; Fortsetzungsverlangen **149** 146 ff.; Freistellungspflicht des Ausbildenden **147** 36; Fristablauf **149** 135; Gerichtsstand **149** 40; Geschäftsfähigkeit **36** 25; Grundrechte **147** 5; Handlungsfähigkeit, berufliche **147** 49, 67; **149** 17, 49 ff., 112; Hilfstätigkeiten **149** 73, 134; Kinder **36** 26; Kündigung **108** 5, 21; **109** 50; **110** 58; **147** 39; **149** 152 ff.; **151** 3; *Abfindungsanspruch* **149** 190; *Ausbildungsbeendigung* **129** 4; *Ausbildungsmittel, Rückgabe* **149** 177; *Ausbildungswechsel* **129** 4; *Auslauffrist* **149** 155; *Ausschlussfrist* **129** 5; *außerordentliche* **123** 5; **129** 2; **149** 165 ff., 174; *durch Auszubildenden* **129** 1, 3; *Begründungszwang* **149** 158 f.; *Beschäftigungspapiere, Aushändigung* **149** 178; *Darlegungs- und Beweislast* **129** 21; **149** 171; *Frist* **149** 161 ff.; **151** 3; *Güteverfahren* **149** 163; *Insolvenz des Ausbildungsbetriebs* **149** 173; *Kündigungsfristen* **109** 89; **129** 1; *Kündigungsgründe* **129** 4, 6 ff.; *Schadensersatzpflicht* **149** 187 ff.; *Schriftform* **129** 4; **149** 153, 158; *Stellensuche* **149** 179; *vorzeitige* **149** 187 ff.; *während der Probezeit* **129** 1; *wichtiger Grund* **129** 2, 4, 6 ff.; Kündigungsschutzklage **129** 16 f.; **149** 172; Klagefrist **129** 17; Kurzarbeit **147** 51; Lohnsteuer **149** 100; Mehrarbeit **147** 51; Minderjährige **129** 38; Mitteilungspflicht über nicht erfolgende Weiterbeschäftigung **149** 197; Nebenarbeiten **149** 73; öffentliche Hand **147** 8; Pflichtverletzungen **149** 74 ff.; Probezeit **37** 56; **109** 89; **110** 58; **129** 1; **149** 30 ff., 42 ff., 153, 161; *Verlängerung* **149** 45; Prozesskostenvorschuss der Eltern **151** 23; Rückzahlungsverbot **147** 7; Schadensersatz **151** 8; Schadensersatzpflicht **129** 18 ff.; Schlichtungsverfahren **129** 14 f.; **151** 2 ff.; *Anerkennung des Spruchs* **151** 14; *Antragsrücknahme* **151** 11; *einstweiliger Rechtsschutz* **151** 15; *Fristen* **151** 3; *Gebührenfreiheit* **151** 4; *Negativattest* **151** 18; *Spruch* **151** 11, 13 f.; *Verfahrensordnung* **151** 10; *Vergleich* **151** 11, 13; *Vergleich mit Widerrufsmöglichkeit* **151** 11; *Versäumnisschiedsspruch* **151** 12; *Zuständigkeit* **151** 9; *Zuständigkeit, örtliches* **151** 7; Sozialversicherungspflicht **149** 101; Strafvollzug **151** 1; Streitigkeiten **151** 1 f.; tarifliche Regelungen **147** 24; Tarifverträge **147** 24; Teilzeitberufsausbildung **147** 92 ff.; unerlaubte Handlungen **151** 6; Urlaub **147** 16; **149** 37; Verdachtskündigung **126** 2, 7; Verhalten, außerbetriebliches **129** 6; Vertragsstrafenverbot **147** 7; Vertragsverhältnis, vorangegangenes **149** 31a; Wartezeitregelungen, Anrechnung **149** 198; Weiterbeschäftigung nach Ende der Ausbildungszeit **149** 140 f., 195 ff.; Weiterbeschäftigungsanspruch **149** 160; Wettbewerbsverbot **147** 19; Zeugnisanspruch **149** 180 ff.; *Auskunftserteilung* **149** 186; *qualifiziertes Zeugnis* **149** 182, 184; *Wahrheit* **149** 183; *Wohlwollen* **149** 183;

1589

Sachverzeichnis

Magere Ziffern = Randnummern

Zweitausbildungsverhältnis **149** 43; Zwischenzeugnis **149** 180

Berufsausbildungsvertrag, Anfechtung **149** 13, 192; Arbeitsbedingungen, Nachweis **36** 36; Art der Ausbildung **149** 15; Attest, ärztliches **149** 40; Aushändigung **39** 48; Befristung **147** 40; Charakter **147** 31 ff., 56; **149** 1; Eignung des Arbeitgebers **32** 24; Entschädigungszahlung **149** 8; Form **149** 14 f.; Genehmigung, familiengerichtliche **36** 58; Gruppenabwägung **149** 5; Inhalte, wesentliche **149** 15 ff.; Kollektivvereinbarungen **149** 39; Kündigung **149** 38; Nichtigkeitsgründe **149** 6; Niederschrift **149** 14 f.; Parteien **147** 56; **149** 2; Privatautonomie **149** 4; Rechtsgrundlagen **147** 21 ff.; Registrierung **147** 44, 84 f.; Strafvollzug **149** 1; Unabdingbarkeitsgrundsatz **149** 5, 82, 194; Vertragsschluss **36** 52; Vertragsstrafe **42** 12; **43** 51; Vorbehaltsklauseln **149** 40; Weiterarbeitsklausel **149** 7; Wirksamkeitskontrolle **149** 6

Berufsausbildungsvorbereitung, Anbieter **148** 8; Ausbildungseignung **148** 8; Ausschließlichkeitsgrundsatz **147** 9; **148** 1; Begriff **147** 65; Berufsausbildungsvorbereitungs-Bescheinigungsverordnung **147** 30; Betriebe **148** 8; Bildungsträger **148** 8; Entgeltfortzahlung im Krankheitsfall **80** 4; Erwerb beruflicher Handlungsfähigkeit **147** 27; **148** 1, 3; Hauptschulabschluss, Nachholung **147** 27 f.; **148** 3, 6; Kommunikationsfähigkeit **147** 27; **148** 3; Kürzung einer anschließenden Berufsausbildung **148** 7; Qualifizierungsbausteine **147** 28; **148** 5 ff.; Qualifizierungsverhältnis sui generis **147** 29; **148** 9; Teamfähigkeit **147** 27; **148** 3

Berufsausbildungsvorbereitungsvertrag, Qualifizierungsvertrag **147** 29; Vertragsverhältnis **149** 211; Ziel der Berufsausbildung **149** 12

Berufsausübungserlaubnis, Kündigung, personenbedingte **113** 100

Berufsausübungsfreiheit, Wettbewerbsverbot, nachvertragliches **140** 17

Berufsberatung, Arbeitsförderung **29** 2, 77 f.

Berufsberatungsanwärter, Ausbildung **147** 10

Berufsbildung, Anpassungsfortbildung **147** 53; Arbeitsgerichte, Rechtswegzuständigkeit **151** 1; Arbeitsschutzrecht **176** 6b; Arbeitszeitrecht **182** 51; Aufstiegsfortbildung **147** 53; Ausbildungsverhältnis **19** 34; im Ausland **147** 67; **149** 111; Ausschließlichkeitsgrundsatz **147** 9; außerschulische **147** 8; Begriff **147** 62 ff.; **150** 1; Behinderte **147** 55; Berufsausbildungsvorbereitung **147** 53, 62, 65; **148** 1; Berufsbildungsausschuss **147** 80; Berufsfreiheit **147** 7; betriebliche **147** 8, 10; Betriebsratsmitglieder, freigestellte **295** 158; Bildung, außerschulische **147** 64; Bußgeldverfahren **151** 26; Diskriminierungsschutz **16** 27 f., 34, 64; Einigungsstellenverfahren **308** 15; Elternzeit **191** 5; Förderung **150** 55 ff.; Fortbildung, berufliche **147** 62; **150** 2, 5; Gesetzgebungszuständigkeit **147** 4; Koalitionsvereinbarungen **264** 3; Lernortkooperation **147** 67; staatlich anerkannte Berufe **147** 9; Stelle, zuständige **147** 76 ff.; Umschulung **147** 53, 62; **150** 2; Verwaltungsrechtsweg **151** 25; Widerspruchsverfahren **151** 25

Berufsbildungsverträge, Umschulung **150** 20

Berufseinstiegsbegleitung, Förderungsmaßnahmen **29** 85

Berufsfachschulzeit, Berufsausbildungsverhältnis, Beginn **149** 47

Berufsfortbildung, Bestandsschutz **129** 30

Berufsfreiheit, Abschlussgebote **32** 51; Allgemeinverbindlichkeit **248** 33, 37; Altersgrenzen **7** 76; **103** 84 ff.; Arbeitgeber **23** 6 ff.; **31** 3; **110** 4, 7; Arbeitnehmer **31** 2; **55** 52; **110** 4, 7; **115** 1; Arbeitsbeziehungen **5** 8; Arbeitsplatzwahl **110** 10 ff.; Arbeitsrecht **1** 15; Arbeitsverfassung **7** 67; Arbeitsverhältnis **237** 38; Arbeitsverhältnis, Beendigung **110** 5; Ausbildungsplatz **147** 7; Ausbildungsstätte **147** 7; Berufsausübung **31** 2, 11, 34, 43; Berufsbegriff **23** 8; Berufsbildung **147** 7; Berufswahl **7** 73 ff.; **31** 2, 11; Beschäftigungsverbote **32** 1 ff.; Betätigung, wirtschaftliche **216** 8; Drei-Stufen-Theorie **31** 11; Entgeltumwandlung, Anspruch auf **204** 3; Grundrecht **6** 5; **7** 73 ff.; Grundrechte, Idealkonkurrenz **23** 9; Konkordanz, praktische **31** 13; Konkurrenztätigkeit **55** 52; Marktwirtschaft **6** 15; Nebentätigkeit **7** 78; **55** 50, 52, 58; Privatautonomie **6** 5; Tarifmacht **237** 28 ff.; Tariftreue **237** 28 ff.; Vertragsfreiheit **1** 15; **5** 1

Berufsfußballspieler, s. Lizenzfußballspieler

Berufsgenossenschaften, gewerbliche **174** 8; Insolvenzsicherung **202** 130; Regress **57** 1; Seearbeitsgesetz **163** 17; Unfallverhütungsvorschriften **6** 28

Berufsgewerkschaften, Organisationsform **222** 17; Organisationsgrad **222** 19a; **232** 26; Rechtsform **223** 5

Berufsgruppengewerkschaften, Tarifvertrag, Geltungsbereich **238** 32

Berufshaftpflichtversicherung, Arbeitnehmer **57** 51

Berufskleidung, Steuerfreiheit **62** 14

Berufskraftfahrer, Arbeitsbereitschaft **40** 77; Arbeitszeit **13** 115; **19** 40; Beladezeiten **40** 85; Betriebsverfassungsrecht **284** 32; Entladezeiten **40** 85; Entlohnungsarten **19** 40; Lenkzeiten **19** 40; Lenkzeitunterbrechung **40** 85; Ruhepausen **40** 85; Ruhezeiten **40** 85; Ruhezeiten **19** 40; Sonn- und Feiertagsruhe **185** 12

Berufskrankheiten, Haftungsausschluss **59** 5; Hautkrebs, heller **179** 126; Mitbestimmungsrecht des Betriebsrats **174** 59 ff.; Schadensersatzanspruch, privatrechtlicher **175** 33 ff.

Berufsorientierung, Förderungsmaßnahmen **29** 84a; Pflichtaufgabe **29** 80

Berufsschulbesuch, Anhalten zum **149** 60; Überwachungspflicht **149** 60

Berufsschule, Abmeldung **149** 60; Abschlussprüfung **196** 20; Anmeldung **149** 60; Anrechnung des Berufsschulunterrichts **196** 13 ff.; Arbeitsbefreiung **41** 5; Attest, ärztliches **149** 40; Ausbildungsmaßnahmen, außerbetriebliche **196** 19, 21; Ausbildungsbeihilfe **29** 88; Berufsschulferien **196** 41; Berufsschulpflicht **196** 7; Beschäftigungsverbote **196** 8 ff.; Blockunterricht **149** 46; **196** 9, 14; Entgeltausfall **196** 17 f., 22; Freistellungspflicht des Arbeitgebers **196** 7, 9; Prüfungsteilnahme **196** 19 f.; Freistellungspflicht des Ausbildenden **149** 63 ff.; Prüfungsteilnahme **149** 65; Schülermitverwaltung **149** 67; Kündigung, außerordentliche **129** 7; Leistungen, mangelhafte **129** 7; Nachweise **149** 40; Teilnahmepflicht **149** 118 ff.; Prüfungen **149** 124 f.; Unterrichtszeit **196** 7; Wegezeiten **196** 7

Berufsschulzeugnis, Vorlage **149** 40, 123

Berufssportler, s. Sportler

Berufsunfähigkeit, Begriff **202** 70; betriebliche Altersversorgung **202** 69, 75

Berufsverbandsprinzip, Koalitionen **220** 16

Berufsvereinigungen, Diskriminierungsschutz durch AGG **16** 65 ff.; Aufnahmeanspruch **16** 67; Mitgliedschaft **16** 66; Mitwirkung **16** 66

Fette Ziffern = Paragrafen **Sachverzeichnis**

Berufsvorbereitendes soziales Jahr, zur Berufsausbildung Beschäftigte **285** 31
Berufsvorbereitung, Bildungsmaßnahmen, berufsvorbereitende **29** 86
Berufswahl, Förderungsmaßnahmen **29** 84 ff.
Besatzungsmitglieder, s. a. *Schiffsbesatzung*; Begriff **163** 24; **187** 6; **309** 8; jugendliche **163** 24; Leiharbeitnehmer **309** 8; Luftverkehr; s. dort; Mindestalter **163** 26; Schiffsoffiziere **163** 24; Seebetriebsverfassung **311** 178; Tod des Besatzungsmitglieds **163** 79; Wahlberechtigung **309** 8 ff.
Besatzungszonen, Kündigungsschutz **107** 6
Beschäftigte, außertarifliche; s. *AT-Beschäftigte*; zu ihrer Berufsbildung Beschäftigte; s. *Berufsbildung*
Beschäftigtendatenschutz, Adressat **96** 122; Beschäftigungsverhältnis, Anbahnung **33** 16; Bundesdatenschutzgesetz 2018 **96** 9, 119 ff.; Datenschutz **96** 8, 29; Datenverarbeitung **96** 121; Öffnungsklausel **96** 134; Persönlichkeitsrecht des Arbeitnehmers **33** 15a; Recht am eigenen Bild **94** 21
Beschäftigung, nichterwerbsdienliche, Betriebsverfassungsrecht **285** 65
Beschäftigungs- und Qualifizierungsgesellschaften, Betriebsübergang **143** 9; Massenentlassungen **40** 74; **121** 60 ff.
Beschäftigungsanspruch, Abnahmepflicht des Arbeitgebers **92** 7 f.; allgemeiner **91** 3 f.; **92** 1; **131** 20 f.; *Nebenpflicht* **92** 1; Arbeitnehmerinteressen **92** 12; Arbeitsbefreiung **41** 4; Arbeitsverhältnis, laufendes **92** 1, 9; Arbeitsverhältnis, ungekündigtes **131** 11; Begriff **92** 1; betriebsverfassungsrechtlicher **92** 1; Fürsorgepflicht **91** 3 f.; gesetzlicher **92** 3; Handlungspflicht **92** 19; Kündigung des Arbeitsverhältnisses **92** 9; Mitwirkungshandlungen des Arbeitgebers **92** 2; Vereinbarung **92** 3; Verhältnismäßigkeitsgrundsatz **92** 11; vertragsimmanenter **92** 4, 7 ff.; Verzichtbarkeit **92** 10
Beschäftigungsarten, Betriebsrat **291** 158 ff.
Beschäftigungsbeschränkungen, Verbotsgesetze **38** 5, 10
Beschäftigungsdaten, Datenschutzrecht **96** 19; Eingliederungsmanagement **113** 39
Beschäftigungsklage, Leistung, künftige **92** 13; Weiterbeschäftigung, vorläufige **131** 10
Beschäftigungslosigkeit, Begriff **29** 102
Beschäftigungspflicht, Nebenpflicht **92** 8, 16; Schadensersatzpflicht **92** 16 f.; Zurückbehaltungsrecht **92** 15
Beschäftigungspolitik, Arbeitsverfassung **31** 4 ff.
Beschäftigungssicherung, Tarifvertrag **129** 59 ff.; Weiterbeschäftigungsanspruch zugunsten Ausgebildeter **129** 59 ff.
Beschäftigungstherapie, Massenentlassungen **121** 31
Beschäftigungsverbote, Allgemeinwohl **32** 38; Arbeitsverhältnis, Beendigung **109** 93; Arbeitsverhältnis, Fortsetzung **108** 3; Begriff **239** 43; Drittschutz **32** 2, 38; Frauen **32** 1, 3; Infektionsschutz **109** 93; Krankheiten, ansteckende **32** 2; Nichtigkeitsfolge **38** 59; Sachkunde **109** 93; Schutz des Arbeitsplatzbewerbers **32** 13 ff.; Schwangerschaft **38** 5, 10 f.; Vertragsfreiheit **31** 28; **32** 6; Zuverlässigkeit **109** 93
Beschäftigungsverhältnis, Arbeitsvermittlung **29** 4 ff.
Beschäftigungsverordnung, Beschäftigungsaufnahme **30** 8, 10
Beschlussverfahren, Antragsrecht, Arbeitnehmer gegen den Betriebsrat **286** 35; Betriebsverhältnis **287** 12; Normenkontrolle, tarifliche **244** 4; Verfahrensart **4** 7

Beschwerdegrund, Tarifvertragsverletzung **251** 25
Beschwerden der Arbeitnehmer, Betriebsratsbeteiligung **286** 35; Einigungsstellenverfahren **308** 15
Beschwerderecht, nach AGG **15** 5; **17** 3, 32 ff.; *arbeitnehmerähnliche Personen* **17** 36; *Beschäftigte* **17** 36; *Beschwerdebefugnis* **17** 36 ff.; *Form der Beschwerde* **17** 38; *Fristwahrung* **17** 39; *leitende Angestellte* **17** 35; *Stelle, zuständige* **15** 20; **17** 33, 41 ff.; Arbeitnehmer **110** 63; **286** 31; **290** 1, 4, 15 ff.; Betriebsverfassungsrecht **17** 35
Beschwerdestelle, Geheimhaltungspflicht **295** 215
Beschwerdeverfahren, Arbeitnehmerbeschwerden **290** 17 f.; Betriebsratsmitglied, Hinzuziehung **290** 17
Besetzungsregelungen, Abschlussgebote **239** 35; Arbeitsplatzwahlfreiheit **237** 32; Betriebsnormen **240** 9, 11, 13; qualifizierte **237** 32; **240** 12; qualitative **240** 11; quantitative **237** 33; **240** 9; Unternehmerfreiheit **237** 57
Besprechungen Betriebsrat/Arbeitgeber, Interessen der Arbeitnehmer, betriebliche **307** 39; Jugend- und Auszubildendenvertretung, Teilnahmerecht **303** 62 ff.; Schwerbehindertenvertretung, Teilnahmerecht **286** 8
Bestandsschutz, Arbeitsmarktpolitik **107** 15; Arbeitsverhältnis **253** 50; Kündigung, betriebsbedingte **107** 12; Kündigungsschutz **107** 14, 18; **110** 28 ff.
Bestandsschutzstreit, Entgeltfortzahlung im Krankheitsfall **80** 10; Klagehäufung, subjektive **130** 135; Streitwert **130** 134 f.; Weiterbeschäftigungsverhältnis **131** 38
Bestätigung, Tarifvertrag **234** 39
Bestechlichkeit, s. *Korruptionsverbot*
Bestechung, s. *Korruptionsverbot*
Bestimmtheitsgrundsatz, Tarifvertrag **237** 73 f.
Betätigung, gewerkschaftliche, s. *Gewerkschaftliche Betätigung*
Betätigungsfreiheit, unternehmerische, Grundrechtsschutz **7** 53
Beten, Grundrechtskonflikt **7** 53
Betreuung, rechtliche, Arbeitgeber **36** 61; Arbeitsverhältnis, Ermächtigung zu **36** 22 ff.; Dienstverhältnis, Ermächtigung zu **36** 22 ff.; Einwilligungsvorbehalt **36** 21, 61; Geschäftsfähigkeit des Betreuten **36** 21; Teilgeschäftsfähigkeit **36** 23
Betrieb, Arbeitszeitrecht **182** 57; Begriff **24** 1 ff.; **256** 29 ff.; **283** 8; **284** 1; **286** 3; Betriebsverfassungsrecht **24** 17; **286** 1; Einheit, räumliche **284** 1; Einheit, wirtschaftliche **24** 15; einheitlicher **24** 9; gemeinsamer **24** 8; **26** 84 f.; **284** 2, 10; s. a. *Gemeinschaftsbetrieb*; Kleinstbetriebe **284** 7; Kündigungsschutz **112** 22 f.; Leitungsapparat **24** 8 ff.; mehrere Betriebe **24** 9; Organisationseinheit **24** 7; Spaltung **26** 2; Tarifkollision **256** 29 ff.; Unternehmen, Abgrenzung **24** 11 ff.; Verlegung **26** 2; Zuordnung zum Arbeitgeber **24** 35; Zusammenfassung mehrerer Betriebe **284** 12; Zusammenlegung **26** 2
Betrieb, betriebsratsloser, Anhörungsrecht der Arbeitnehmer **290** 9; Betriebsversammlung **298** 22
Betriebliche Altersversorgung, 1 %-Anpassung **211** 49; Abfindung **202** 111; **208** 1; **212** 155 ff.; **213** 37 ff.; *Ausweisung, gesonderte* **208** 39; *Besteuerung* **208** 37 f.; *Einmalzahlung* **208** 40; *Insolvenzverfahren* **208** 34 f.; *Rentenversicherungsbeiträge, Erstattung* **208** 31 ff.; Abfindungsverbot **208** 4, 5 ff., 41 f.; *Bagatellansprüche* **208** 7, 28 ff., 36; Abgrenzung **202** 9; Allgemeines Gleichbehandlungsgesetz **202** 67 f.; **206** 47 ff., 51 f.; Altersgrenzen **202** 65a, 66 f.; **206** 51 f.; **207** 128 ff.; *Erreichen der*

Sachverzeichnis

Altersgrenze **202** 60; *feste* **202** 67; *Höchstaltersgrenze* **202** 65a; *Regelaltersgrenze* **202** 66 ff.; **207** 128 ff.; **210** 6 f.; *untere* **202** 66; Altersleistung, vorzeitige **202** 66, 110; **210** 1 ff.; *Altersrente, Wegfall* **210** 51 ff.; *Anwartschaft, unverfallbare* **210** 39 ff.; *Höhe* **210** 23 ff.; *Insolvenz* **210** 49 f.; *Kürzung* **210** 24 ff.; *Kürzung, ratierliche* **210** 24 ff., 25; *Quotierung, doppelte* **210** 39; *Versorgungsträger, mittelbare* **210** 44 ff.; *Vollrente, Inanspruchnahme* **210** 16 ff.; *Zahlungsverlangen* **210** 21 f.; Altersrente, erreichbare **207** 133 ff.; Altersrente, vorgezogene **207** 112; Altersversorgung **202** 2, 9, 11, 65, 66; **207** 95, 97; Altzusagen **207** 3 f., 8a; Änderung **213** 7 ff.; Änderungsbedarf **206** 35a f.; Anordnung 54 **202** 131; Anpassung **202** 8, 101, 111; *Ermessensentscheidung* **211** 71 ff.; *Haftung* **211** 84; *Konditionenkartelle* **211** 102; *Konzern* **211** 103 ff.; *Nachholung* **211** 68 ff.; *nachträgliche* **211** 66 ff.; *Non-profit-Organisationen* **211** 85 ff.; *Überschussverwendung* **211** 125 ff.; *unterbliebene* **211** 68 ff.; Anpassungsbedarf **211** 49 ff., 71 f.; *Erhöhungsfaktor* **211** 57 ff.; *Lebenshaltungskostenindex* **211** 52 ff.; *Nettolohnentwicklung* **211** 60 ff.; Anpassungsentscheidungen **211** 49, 66; Anpassungsprüfungspflicht **211** 7 ff.; **213** 165; *Arbeitgeber* **211** 34 ff.; *Leistungen, laufende* **211** 24 ff.; Anpassungsüberprüfung **211** 7 ff.; *Ersatzverfahren* **211** 49, 114 f.; *Prüfungszeitraum* **211** 42 ff.; Anrechnungsklauseln **209** 1; Anrechnungssysteme **207** 139; Anrechnungsverbot **202** 111; **209** 2 f., 17 ff., 32; Anwartschaft **207** 19 ff.; Anwartschaft, unverfallbare **202** 66; *Höhe* **202** 111; Äquivalenzstörung **213** 104 ff.; Arbeitgeberbegriff **202** 5, 16a f., 18; **204** 13; Arbeitnehmer, versorgungsberechtigte **206** 106; Arbeitnehmerbegriff **204** 10; Arbeitnehmerbeiträge **203** 5; Arbeitnehmereigenschaft **202** 3, 18, 23, 26 ff.; *Berufsausbildung* **202** 31; *Dienstverhältnis, öffentlich-rechtliches* **202** 29; *Entwicklungshelfer* **202** 29; *Handelsvertreter* **202** 30; *Heimarbeiter* **202** 30; *Statuswechsel* **202** 55 f., 58; *Strafgefangene* **202** 29; *Zivildienstleistende* **202** 29; Arbeitnehmerschutz **202** 37, 42; Arbeitsentgelt **60** 2; Arbeitsunfähigkeit **202** 74; Arbeitsverhältnis **202** 26 f., 29, 33; **207** 62; Arbeitsvertragsrecht **4** 9; Aufenthaltswechsel **207** 18; Ausfallgarantie **209** 32; Aushilfskräfte **50** 184; Auskunft **208** 140 ff.; *Form* **208** 150; *Frist* **208** 150; *Rechtsnatur* **208** 151; *Schadensersatz* **208** 151; Auskunftsanspruch **202** 112; **208** 109 ff., 140 ff.; *Leistungsklage* **208** 139; Auskunftsberechtigte **208** 123 f.; Auskunftspflicht **208** 126 ff.; *Arbeitgeber* **208** 126 ff.; *Versorgungsträger* **208** 130 ff.; Auslegung **206** 16 ff.; Ausscheiden des Arbeitnehmers **202** 60, 77, 86; Ausscheiden, vorzeitiges **207** 86 ff.; Auszahlungspläne **211** 136 ff.; *Vererbbarkeit einzelner Auszahlungsraten* **202** 9, 61; Auszehrungsverbot **202** 111; **209** 2 ff., 9 ff., 32; befristet Beschäftigte **103** 176; Begriff **202** 1 ff., 110; Beitragsfinanzierung aus Arbeitsentgelt des Arbeitnehmers **202** 1; Beitragsrückstände **208** 147; Beitragszahlungen des Arbeitgebers **202** 7; Beitragszusage mit Mindestleistung **202** 1; **203** 2 f., 19 ff.; **204** 23; **206** 108; **207** 181; *Anlagerisiko* **203** 20, 29; *Anpassung* **203** 30; **211** 134 ff.; *Anwartschaft, unverfallbare* **207** 186 ff.; *Insolvenzschutz* **203** 30; *Kapitaldeckung* **203** 21; *Rentenleistung* **203** 29; *Risikoausgleich, biometrischer* **203** 21; *Unverfallbarkeit* **203** 30; *Versorgungskapital* **203** 26; *Verwaltungskosten* **203** 28; Beitragszusage, reine **202** 10, 11a, 16, 17a, 61; **203** 32 ff.; **205** 2; **209** 12a; **211** 2, 138 f.; *BVV* **214** 78; Einstandspflicht **205** 32, 36; Erlaubnis **214** 41 f., 118; Erträge **203** 37; Lebensversicherungsunternehmen **205** 83 f., 118 f.; MetallRente **214** 66; Pensionsfonds **205**

83 f., 113; *Pensionskassen* **205** 73, 77 f., 83 f., 118 f.; *Prämienzahlung* **205** 59; *Sicherungsbeitrag* **203** 38; *Unverfallbarkeit* **203** 36; **207** 194 ff.; *Versicherungsaufsicht* **205** 41, 83, 118; *ZVK Bau* **214** 52; Berechnung, ratierliche **207** 107 ff., 118 ff.; Berechnungsbeispiele **207** 135; Berechnungsdurchgriff **25** 36 f.; Berufsausbildungsverhältnis **207** 121; Berufsunfähigkeit **202** 69 f., 72, 75, 76b; Beschäftigungsgrad **206** 54 ff.; **207** 134; Besteuerung **205** 19 f.; betriebliche Übung **10** 25; **202** 13; **205** 9; **206** 27 ff.; **207** 15, 36; *Ablösung* **206** 37; *Änderungsbedarf* **206** 35b; *Besteuerung* **206** 36; *Weihnachtsgeld* **206** 32, 37; *Zahlungsübung* **206** 30; *Zusageübung* **206** 30; Betriebsrente, Zuschlag auf **202** 109; Betriebsspaltung **26** 31; Betriebstreue **50** 184; **202** 59; **203** 1; **207** 107; *Teilbetriebstreue* **207** 108; Betriebsübergang **23** 28; **142** 147 ff., 170; **206** 52 ff.; **207** 33, 92; **213** 152 ff.; *Versorgungsverpflichtungen, Bewertung* **213** 173 ff.; Betriebsvereinbarung **206** 79 ff., 96; *abändernde* **213** 76 ff.; *Ablösungsprinzip* **213** 51; *Arbeitnehmer, ausgeschiedene* **206** 86; *Betriebsrentner* **206** 86; *Kündigung* **206** 87; **213** 85 ff.; Betriebsvereinbarung, Vorrang **206** 10; Betriebsvereinbarungsoffenheit **213** 92 ff.; Betriebszugehörigkeit **24** 61; **207** 121 ff., 128 ff.; Bezugnahme auf Tarifvertrag **202** 114; biologisches Ereignis **202** 60 f., 65, 105 f.; biometrisches Ereignis **202** 60; Blankettzusage **206** 20; **207** 41; Bühnenkünstler **165** 5; BVV **214** 67 ff.; Contractual Trust Arrangement **205** 21; **206** 124; **212** 222 ff.; defined benefit-Zusagen **203** 1; defined contribution-Zusagen **203** 1; Deputate **202** 105, 109; Dienstunfähigkeit **202** 69, 73; Dienstverhältnis **202** 4, 26; Differenzierungsverbote **206** 67 ff.; Direktversicherung **202** 17 f., 23, 108; **203** 72; **205** 24 ff., 57 f.; **207** 12; *Begriff* **204** 24 ff.; *Beiträge* **205** 27; *Berechnungsverfahren* **207** 154; *Besteuerung* **205** 44 ff.; *Einstandspflicht* **205** 32, 36; *Einzelversicherung* **205** 29; *Geringverdiener* **205** 55; *Gruppenversicherung* **205** 29; *Hinterbliebenenversorgung* **202** 84; *Insolvenzschutz* **205** 61 f.; *Invaliditätsbegriff* **202** 81; *Pauschalsteuer* **205** 52, 55; *Prämienzahlung* **205** 31, 59 ff.; *Rückkaufswert* **207** 166; *Sozialversicherungspflicht* **205** 51; *Steuerfreiheit* **205** 54 f.; *Überschussanteile* **207** 103, 165a; *Verfügungsbeschränkungen* **207** 165 f.; *Versicherungsaufsicht* **205** 34; *Versicherungsvertrag* **205** 34 f.; *versicherungsvertragliche Lösung* **207** 154 ff.; *Widerrufsverbot* **207** 13; *Zusagezeitpunkt* **207** 63 ff., 72 ff.; Direktzusage **69** 25; **203** 1; **205** 2, 8 ff.; Hinterbliebenenversorgung **202** 84; Diskriminierungsschutz **16** 31, 63; Dotierung **206** 105, 109 ff.; Drei-Jahres-Frist **207** 127, 170; **206** 52 ff.; Drei-Stufen-Theorie **206** 87; **213** 88; Durchführungswege **26** 59 ff.; **202** 107; **206** 106; *Kombinationen* **205** 3; *Numerus clausus* **202** 7; **205** 1; *Wechsel* **206** 107; **213** 1, 16 ff.; Dynamisierung **206** 86a f.; **207** 1a, 197; **209** 13; Ehegatte des Unternehmers **202** 33; Eigenbeiträge **203** 82 ff.; **206** 129; Eigenbeitragszusage **73** 24; **207** 175; Einführung **206** 104; Einheit der Versorgungszusage **203** 41; **207** 31; **209** 13; Einheitsregelung, vertragliche **206** 22 f., 26; **207** 43; Einkommenshöhe **206** 53; Einzelkaufleute **202** 42; Einzelperson, Zusage an **202** 6; Einzelzusage **206** 18a ff.; **207** 28 ff., 51; Energieschüsse **202** 106; Entgeltpunkte **207** 144; Entgeltumwandlung **69** 25 ff.; **73** 24; **202** 1, 8, 23, 59, 64, 108; **203** 2 f., 5, 8, 16, 39 ff.; **205** 12; *Abtretungsverbot* **204** 8; *Altumwandlungen* **202** 115; **206** 11; *Anpassung* **202** 203 39 f.; **204** 8; **211** 129 ff.; *Anspruchsausschluss* **204** 42 ff.; *Antragsberechtigung* **204** 11; *Anwartschaft, unverfallbare* **207** 176 ff.; *Arbeitgeber, verpflichtete* **204** 13; *Ar-*

beitgeberzuschuss **204** 43a, 59 ff.; *Arbeitsverhältnis, ruhendes* **204** 7, 51 f., 89; *Ausscheiden, vorzeitiges* **203** 77; *automatische* **204** 45; *Beleihungsverbot* **204** 8; *Beratungspflichten* **204** 85 ff.; *Beschäftigung, geringfügige* **204** 33; *bestehende Entgeltumwandlung* **204** 42 ff.; *Bezugsrecht, widerrufliches* **204** 8; *Billigkeitskontrolle* **203** 69; *Bindungswirkung* **204** 18, 26; *Bruttoentgelt* **204** 78 f., 85; *Direktversicherung* **205** 51, 53; *Durchführungswege* **203** 46, 53 f.; **204** 29 ff., 83; *Eigenbeiträge* **204** 8; *Entgeltansprüche, künftige* **203** 56 ff.; **204** 16; *Förderung, steuerliche* **203** 53, 66; **204** 4, 6, 23, 43a, 70 ff.; **205** 53; *Fortsetzungsrecht* **204** 51 ff.; *Fürsorgepflicht des Arbeitgebers* **203** 81; *Geltendmachung* **204** 24 ff.; *Geltendmachung, Dauer* **204** 18; *Geschlechtsneutralität* **203** 65 f.; *Günstigkeitsprinzip* **204** 41; *Günstigkeitsvergleich* **204** 85; *Hinterbliebenenversorgung* **202** 84; *Höchstgrenze* **204** 20; *Höhe* **204** 17, 20 f.; *Informationspflichten* **203** 77 ff.; **204** 85 ff.; *Insolvenzschutz* **203** 39 f.; **204** 8; *Kleinbetrieb* **204** 14; *Kombination mit Entgeltumwandlung* **203** 16; *Kündigung* **204** 26; *mehrere Beschäftigungsverhältnisse* **204** 15; *Mindestgrenze* **204** 19 f.; *Mitbestimmung* **204** 50; **206** 133 ff.; *Mitnahmeanspruch* **208** 7; *Nebenpflichten* **203** 78, 81; *Nettolösung* **204** 85; *Neuzusagen* **203** 40 f.; **204** 41; *Nicht-Arbeitnehmer* **204** 12; *Obligatorium* **204** 2; *Öffnungsklausel* **204** 34 ff., 41; **206** 11; *Optionssystem* **203** 45; **204** 2, 27a f., 39a, 45; *Pflichtversicherung in der gesetzlichen Rentenversicherung* **204** 5, 9 f., 13; *Rechtsanspruch* **203** 42 ff., 79 f.; **204** 1 ff., 19; *Riester-Förderung* **204** 43a, 70 ff., 84; *Schadensersatzpflicht* **204** 87; *Tarifentgelt* **206** 71, 77; *Tarifvertrag* **203** 45; *Tarifvorbehalt* **204** 34 ff.; *Tarifvorrang* **202** 115; **206** 11, 79, 94; *Überschussanteile* **204** 85; *Umwandlungsbeträge, Höhe* **203** 51 f.; *Umwandlungsvereinbarung* **203** 48 ff.; **204** 44 ff., 85; *Unisex-Tarife* **203** 66; *Unverfallbarkeit* **202** 8; **203** 39 f.; **204** 8; **207** 10, 38, 99 ff., 173 f.; *Verpfändungsverbot* **204** 8; *versicherungsmathematischer Maßstab* **203** 62 f.; *Vertragsfreiheit* **203** 67 f.; **204** 44; *Wahlrecht* **206** 134; *Wertgleichheitsgebot* **203** 14, 60 ff.; **204** 22, 32, 40; *Zertifizierung* **203** 66; **206** 9; *Zillmerung* **203** 72 ff.; *Erwerbsminderung* **202** 69, 76, 77 ff., 104; *Erwerbsunfähigkeit* **202** 69 f., 72, 76, 76b; *EU-Mobilitätsrichtlinie* **206** 7a; *Familie, Schutz der* **206** 8 f.; *Familienangehörige, mitarbeitende* **202** 41; *Familienstandsveränderung* **207** 96; *Fehlentwicklung* **213** 65 f.; *Fehlverhalten des Arbeitnehmers* **202** 59; *Finanzierung durch Arbeitgeber* **202** 108; **203** 2 f.; *Finanzierung durch Arbeitnehmer* **202** 108; **203** 1 ff.; *Firmentarifvertrag* **206** 72; *Freiberufler* **202** 42; *Freizügigkeitsgebot* **207** 3; *Frühpensionierung* **202** 68; *Gemeinsame Einrichtungen* **242** 2, 14; *Gemeinschaftsrecht* **207** 3, 4; *geringfügig Beschäftigte* **206** 55 f.; *Gesamtversorgung* **202** 76a; *Gesamtversorgungsmodell* **202** 124; **203** 6; *Gesamtversorgungszusage* **207** 138 ff.; *Gesamtzusage* **206** 25 f., 35a; **207** 44; **209** 1; *Gesellschafter* **202** 45, 48; *50 %-Gesellschafter* **202** 50 f.; *Alleingesellschafter* **202** 48; *Beteiligungen, mittelbare* **202** 53; *Familienangehörige* **202** 52; *Kinder, minderjährige* **202** 52; *Mehrheitsgesellschafter* **202** 49; *Minderheitsgesellschafter* **202** 50 ff.; *persönlich haftende* **202** 43; *Prokurist* **202** 54; *Statuswechsel* **202** 55, 57 f.; *Zurechnungsprinzip* **202** 51; *Gesetzesvorrang* **202** 116; *Gewerbetreibende* **202** 42; *Gewinnbeteiligung* **202** 109; *Gleichbehandlungsgrundsatz* **14** 16; **202** 13; **206** 38 ff., 106; **207** 15, 37; *Gleichberechtigungsgrundsatz* **206** 8, 58 ff.; *Gleichheitssatz, allgemeiner* **206** 8; *Gnadenquartale* **202** 109; *Gruppenbildung* **206** 54 b f.; *Günstigkeitsausnahme* **202** 117 f.; *Günstigkeitsprinzip*

206 10 f.; *Günstigkeitsvergleich* **213** 15; *kollektiver* **213** 95 ff.; *Haftung des Arbeitgebers* **205** 5; *Haushaltsbeschäftigung* **202** 3; *Hierarchiegruppen* **206** 53; *Hinterbliebenenversorgung* **202** 2, 9, 11, 65, 82 ff.; **207** 95; *Aktiventod* **202** 85 f.; *Altersdifferenzklauseln* **202** 94 f.; *Altersrente* **203** 36; *Angemessenheitskontrolle* **202** 91; *Anwartschaft, unverfallbare* **207** 151 ff.; *Ausscheiden, vorzeitiges* **202** 86; *Doppelversorgung* **202** 87; *Ehegatten* **202** 82, 85, 91 f.; **207** 96; *Ehepartner, gleichgeschlechtliche* **202** 82, 99a; *Eheschließung* **202** 92a; *Endgehaltsanspruch* **202** 88; *Geschiedenenrente* **202** 91 f.; *Getrenntlebensklauseln* **202** 96; *Gleichbehandlungsgrundsatz* **202** 82 f.; *Härteklausel* **202** 96; *Intersexuelle* **202** 82, 99a; *Kinder* **202** 82 f.; **207** 96; *Lebensgefährten* **202** 82, 98, 100; *Lebenspartner* **202** 82, 99; **206** 6a, 70 f.; *Leistungsausschlussklauseln* **202** 89; *Mindestehedauer* **202** 92; *Näheverhältnis* **202** 82; *Rentnertod* **202** 85; *Selbstmord* **202** 88; *Sittenwidrigkeit* **202** 98; *Spätehenklauseln* **202** 93; *Transsexuelle* **202** 82, 99a; *Vertrag zugunsten Dritter* **202** 85; *Waisen* **202** 83, 104; *Wegfall der Geschäftsgrundlage* **202** 94; *Widerruf* **202** 97; *Wiederaufleben* **202** 95; *Wiederverheiratung* **202** 91, 92a, 95, 97; *Witwen* **202** 83, 90 ff.; *Witwer* **202** 83, 90 ff.; **206** 66; *Höchstaufnahmealter* **206** 51 f.; *Höchstbegrenzungsklausel* **207** 138; *Höchstbegrenzungsklauseln* **209** 1; *Informationspflicht des Arbeitgebers* **93** 47; *Inhaltskontrolle* **206** 12 ff.; *Insolvenzplan* **212** 107, 173 ff., 191; *Insolvenzschutz* **202** 8, 12, 51; **205** 7, 94; *Insolvenzsicherung* **13** 103; **202** 110, 123, 128; **212** 1 ff.; *Abweisung mangels Masse* **212** 18 f.; *Abwicklung* **212** 141 ff.; *Anzeigepflichten* **212** 136 ff.; *Ausfallrisiken* **212** 32 ff.; *Beitragsbemessung* **212** 176 ff., 207 ff.; *Beitragsbescheid* **212** 193; *Beitragserhebung* **212** 192 ff.; *Beitragsfälligkeit* **212** 195; *Beitragspflicht* **212** 187 ff.; *Betriebstätigkeit, Beendigung* **212** 26 ff.; *Contractual Trust Arrangement*; *s. dort*; *Finanzierung* **212** 187 ff.; *Forderungsübergang* **212** 158 ff.; *Höchstgrenzen* **212** 99 ff.; *Insolvenz des Arbeitgebers* **212** 15 ff.; *Katastrophenfall* **212** 135; *Leistungsbescheid* **212** 139; *luxemburgische Unternehmen* **212** 10; *Meldepflichten* **212** 136 ff.; *Missbrauch* **212** 112 ff.; *öffentliche Arbeitgeber* **202** 123, 128 ff.; *privatrechtliche* **212** 218 ff.; *PSVaG* **202** 66, 117; **212** 2 ff., 32 f., 61 ff.; *Säumniszuschlag* **212** 195; *Sicherungsfälle* **212** 11 ff.; *Sicherungsrechte, akzessorische* **212** 237; *Vergleich, außergerichtlicher* **212** 20 ff., 39, 108; *Verjährung* **212** 197; *Vermögensschadensversicherung* **212** 3; *Vermögensübergang* **212** 163 ff.; *Versicherungsanspruch* **212** 61 ff.; *Verzugszinsen* **212** 196; *Invalidität, Eintritt* **202** 60, 69 f., 72; *Invaliditätsversorgung* **202** 2, 9, 11, 65, 69, 77; **207** 95, 98; *Anwartschaft, unverfallbare* **207** 151 ff.; *Feststellungszeitpunkt des Sozialversicherungsträgers* **202** 78; *Jeweiligkeitsklausel* **202** 75; **206** 86b; **213** 34; *Jubiläumsgelder* **202** 109; *Kapitalisierungsoption* **202** 103; *Kapitalleistungen* **202** 9; *Kapitalwahlrecht* **202** 9, 103; *Kapitalzahlungen* **202** 101 f.; **206** 106; *Raten* **202** 101; *Verjährung* **202** 134 f.; *Kaufpreisrenten* **202** 109; *Kausalzusammenhang* **202** 4, 33; *Kinderzuschüsse* **209** 23; *Kirchliche Zusatzversorgungskasse des Verbandes der Diözesen Deutschlands AöR* **205** 68; *Koalitionsfreiheit* **206** 6, 68; *Kommanditisten* **202** 43; *Komplementär, angestellter* **202** 43; *Konditionenkartelle* **214** 2; *Konzern* **206** 116 ff.; *Konzernverbundenheit* **25** 35 ff.; *Krankenversicherungsbeihilfen* **202** 109; *Kündigung* **206** 87; *Lebenshaltungskosten* **211** 1 f.; *Lebensstandard* **202** 108; *Lebensversicherungen* **202** 107; **203** 2; *Legaldefinition* **202** 1, 10, 110; *Leistungen,*

Sachverzeichnis

mittelbare **202** 17; Leistungen, zweckgebundene **202** 106; Leistungsgarantie **203** 4; Leistungsprüfung **202** 111; Leistungszusage **203** 2 ff.; **206** 108; *Festbetrag* **203** 6; *gehaltsdynamische* **203** 1; *gehaltsorientierte* **203** 6; *Karrieredurchschnittsgehalt* **203** 6; Leistungszusage, beitragsorientierte **202** 1; **203** 2 f., 10 ff., 21; **204** 23; **206** 108; *Anwartschaft, unverfallbare* **207** 180 f., 182 ff.; *Überschussanteile* **203** 12 f.; *Wertgleichheitsgebot* **203** 14; Liquidationsvergleich **212** 22; Liquiditätsabfluss **213** 2 f.; Lohngleichheitsgebot **202** 67; Loyalitätsklauseln **211** 5; m/n-tel-Verfahren **207** 107 f., 119, 151; MetallRente **214** 52, 54 ff.; Mietzuschüsse **202** 106; Mindestalter **207** 83 ff.; Mindestausscheidealter **207** 3a, 8a; Mindestzusagebestand **207** 22 ff.; Mitbestimmung **203** 9, 18; **206** 79 ff., 91 ff., 110 ff., 131 ff.; mittelbare Versorgung **202** 81; Näherungsverfahren **207** 142; **208** 146; neue Bundesländer **202** 131 ff.; **207** 6; Neuzusagen **202** 76b; **207** 3a; Nicht-Arbeitnehmer **202** 4, 22, 24, 34 ff.; *Ausscheiden, vorzeitiges* **207** 62; Notfallleistungen **202** 109; Nutzungsleistungen **202** 105, 109; öffentlicher Dienst **155** 42; **202** 3, 18, 25, 32, 116, 119 ff.; *Altersrente, vorgezogene* **202** 125; *Anpassung* **202** 127; *Unverfallbarkeit von Ansprüchen* **202** 123 ff.; *Witwenversorgung* **202** 126; *Witwerversorgung* **202** 126; *Zusatzrente* **202** 125; *Zusatzrente, statische* **202** 124; Organ des Unternehmens **202** 33; Organmitglieder **202** 46 ff.; Passivierung **205** 17 f.; Pensionsalter **210** 8; Pensionsfonds **202** 17 f., 23, 107 f.; **203** 2; **205** 101 ff., 129 ff.; **206** 116 ff.; **207** 12; *Anwartschaft, unverfallbare* **207** 169 ff.; *Begriff* **205** 65, 101; *Beitragszusage* **205** 109; *Berechnung, ratierliche* **207** 169; *Besteuerung* **205** 126 ff.; *Einstandspflicht* **205** 112; *Entgeltumwandlung* **205** 109; **207** 179; *Hinterbliebenenversorgung* **202** 84; *Insolvenzsicherung* **205** 120 ff.; *Invaliditätsbegriff* **202** 81; *marktorientierte* **205** 105; *Mitgliedschaft* **205** 111; *Pensionsplan* **207** 179, 185; *Rechtsformen* **205** 104; *Subrogationsklausel* **205** 122; *Überschussanteile* **207** 104; *Unternehmens-Pensionsfonds* **205** 105; *Verfügungsbeschränkungen* **207** 171; *Vermögensanlage* **205** 106; *Versicherung* **205** 111; *Zusagezeitpunkt* **207** 78 f.; Pensionsfondsrichtlinie **206** 7a; Pensionskasse **202** 17 f., 23, 107 f.; **203** 2; **205** 65 ff., 76 ff., 99 ff.; **206** 116 ff.; *Anlagegrundsätze* **205** 82; *Begriff* **205** 65; *Berechnungsverfahren* **207** 154; *Besteuerung* **205** 86 ff.; *deregulierte* **205** 72; *Eigenbeiträge* **203** 85; *Eintrittsgarantie* **205** 73; *Einwilligung des Arbeitnehmers* **205** 79; *Entgeltgleichheit* **206** 65; *Entgeltumwandlung* **205** 74, 95; *Geringverdiener* **205** 75, 97; *Hinterbliebenenversorgung* **202** 84; *Insolvenzsicherungspflicht* **202** 130; *Invaliditätsbegriff* **202** 81; *Mitgliedschaft* **205** 76; *Pauschalsteuer* **205** 94; *Rechtsform* **205** 71; *regulierte* **205** 72; *Rückkaufswert* **207** 166; *Sanierungsklausel* **205** 100; *Überschussanteile* **207** 104, 165a; *Verfügungsbeschränkungen* **207** 165 f.; *Versicherungsaufsicht* **205** 69; *versicherungsvertragliche Lösung* **207** 154 ff.; *Vervielfältigungsregel* **205** 94; *Zusagezeitpunkt* **207** 78 f.; Pensionsrückstellungen **205** 21; Portabilität **208** 1, 46, 66, 75, 81, 110, 119; **212** 8, 134; **213** 122; *Anspruch* **208** 7; *Besteuerung, nachgelagerte* **208** 49; *Vereinbarung* **208** 55; Portabilitätsrichtlinie **206** 7a; Punktemodell **202** 59; Quotenvergleich **212** 22, 24; Quotierungsverfahren **207** 107; **208** 145; Ratenzahlungen **202** 9, 61; Renten **202** 101; **206** 106; Rentenauskunft **207** 145; Rentenbescheid, Vorlage **202** 77a; Rentenformel, gespaltene **206** 57a ff.; Rentenzahlungen, Verjährung **202** 134 f.; Rentnergesellschaft **26** 71; **211** 36, 111 ff.; **213** 186 ff.; Restrukturierungsmaßnahmen **213** 1; Riester-Förderung **204** 43a, 70 ff.; Risikoversicherungen **202** 109; Rückdeckungsversicherung **202** 109; **203** 5, 15; **205** 30, 147; **207** 184; **212** 35, 147 ff., 220 f.; Sachgruppenvergleich **202** 118; Sachleistungen **202** 105; Soka-Bau; *s. Zusatzversorgungskasse des Baugewerbes AG*; Sozialeinrichtungen **206** 81, 116 ff.; Spannungsklauseln **211** 5; Spätehenklauseln **7** 63; Stammrecht; *Verjährung* **202** 111, 134 f.; Status des Arbeitnehmers im Unternehmen **207** 61; Statuswechsel **207** 61, 112; Sterbegeld **202** 109; Steuerrecht **202** 101 ff., 108; Stichtagsregelungen **206** 48 ff.; Störung der Geschäftsgrundlage **213** 98 ff.; Stundungsvergleich **212** 22; Tantiemen **202** 109; Tarifdispositivität **202** 111; **237** 109; Tarifkonkurrenz **206** 75; Tarifvertrag **206** 71 ff.; *abändernder* **213** 113 ff.; *Verweisung, dynamische* **206** 78a; Tarifvorrang **202** 110 ff.; **206** 10; *Nachwirkung* **202** 113; Teilrechtswahl **13** 16; Teilzeitbeschäftigte **49** 87, 93, 95; **50** 181 ff.; **206** 54 ff.; Tod; *s. Hinterbliebenenversorgung*; Todesfall **202** 60; Treueprämien **202** 109; Treuhandmodelle **206** 124; *s. a. Contractual Trust Arangement*; Übergangsgelder **202** 109; Überkreuzablösung **213** 13; Übertragung **208** 61 ff.; *Anspruch auf Übertragung* **208** 73 ff.; *Betriebseinstellung* **208** 89 ff.; *Liquidation* **208** 89 ff.; *Vertrag, dreiseitiger* **208** 63, 66; *Übertragungsverbot* **208** 43 ff.; Übertragungswert **208** 45, 93 ff.; Überversorgung **213** 100 ff.; Umfassungszusage **203** 7, 17, 82 ff.; **207** 102, 175; Anspruchsausschluss **204** 43; *Wertgleichheitsgebot* **203** 84; Umrechnungstabellen **203** 10; Unabdingbarkeit **202** 110; Unfallversicherungen **202** 109; Ungleichbehandlung, zulässige **16** 120 f.; Unionsrecht **206** 3 ff.; Unklarheitengrundsatz **202** 63; Unklarheitenregelung **206** 17; Unternehmensliquidation **213** 119 ff.; *Sicherungsfall* **213** 149 ff.; Überschussverwendung vor Rentenbeginn **213** 141 ff.; Unternehmensumwandlung **26** 56 ff.; *Rechtsträger, aufnehmender* **26** 63 ff.; Unternehmer **202** 42; Unterstützungskassen **69** 25; **202** 17; **203** 2, 4; **205** 132 ff., 151 ff.; **206** 116 ff.; **207** 12; *Anwartschaft, unverfallbare* **207** 172; *Auftragsverhältnis* **205** 139; *Ausfinanzierung* **205** 147; *Begriff* **205** 132; *Besteuerung* **205** 146 ff.; *Besteuerung, nachgelagerte* **205** 150; *betriebliche* **202** 107; *Dotierung* **205** 138, 154; *Einstandspflicht* **205** 135; *Gruppen-Unterstützungskassen* **205** 132, 138; **206** 118; *Hinterbliebenenversorgung* **202** 84; *Insolvenzschutz* **205** 141 ff.; *Konzern-Unterstützungskassen* **205** 132; **206** 119; *nicht lebenslänglich laufende Leistungen* **205** 148; *Rechtsform* **205** 133; *Sondervermögen* **205** 134; *überbetriebliche* **202** 107; *Versorgungsanspruch* **205** 136 ff.; *Widerrufsrecht* **205** 136 f.; *Zusagezeitpunkt* **207** 80 ff.; Unterstützungsleistungen **202** 109; Unvererblichkeit **202** 9; Unverfallbarkeit **202** 8, 110; **207** 1 ff., 8 ff., 93 ff.; *Arbeitsverhältnis, vorzeitige Beendigung* **207** 86 ff.; *Altersgrenzen* **207** 83 ff.; *Arbeitsverhältnis, ruhendes* **207** 29; *Arbeitsverhältnis, Unterbrechung* **207** 28; *Veränderung der Zusage* **207** 30 f.; *Wartezeiten* **207** 16; Unverfallbarkeitsfaktor **207** 119, 151; Unverfallbarkeitsfristen **24** 61; **207** 1a, 4, 34; VBL **205** 68; **214** 2 ff.; Veränderungsmöglichkeiten **202** 59; Veränderungssperre **207** 197; Verbandstarifvertrag **206** 72; Verbesserungen **213** 8 ff.; Vererblichkeit **202** 9; Verfallklausel **207** 1; Verhandlungsklauseln **211** 5; Verjährung **202** 90, 111, 134 f.; *Verkürzung* **202** 135; Vermögensanlage **206** 130; Verpflichtungsübertragung **202** 111; Verschlechterung **206** 113; **213** 8, 42 ff., 52; Versorgungsanspruch **202** 9, 61, 104; *Bedingung, auflösende* **202** 104; *Befristung* **202** 104; *Höchstpersönlichkeit* **202**

1594

9; *Unvererblichkeit* **202** 9, 61; Versorgungsanwartschaften, Eingriff in **213** 42 ff.; Versorgungsausgleich **207** 112, 167; Versorgungsberechtigung **206** 106; Versorgungsform **206** 106; Versorgungsplan **206** 110a ff.; Versorgungsrisiko **206** 106; Versorgungsträger **203** 1 f.; *Entgeltumwandlung* **204** 29 ff.; *Wechsel* **206** 107; Versorgungsträger, selbständiger **207** 9, 11; Versorgungsvereinbarungen **202** 12 f.; Versorgungsverpflichtung, betriebliche **202** 13; Versorgungsversprechen **202** 11 ff.; *s. a. Zusage des Arbeitgebers*; Versorgungsvertrag **206** 19 ff.; **207** 39 ff.; Versorgungswerk, Schließung **213** 21 ff.; Versorgungswerk, Veränderung **213** 67 ff.; Versorgungszusage **202** 16; **207** 94; *Änderung* **207** 30 f.; *Form* **206** 21; *Mustervorbehalte* **213** 24; *Träger* **202** 5; *Übernahme* **207** 32; *Widerruf* **213** 24 ff.; Versorgungszusage, mittelbare **202** 107; **204** 29; **205** 1, 3; Versorgungszusage, unmittelbare **202** 12, 107; **204** 29, 48; **205** 1 f., 6 ff., 21 ff.; **207** 9; *Begriff* **205** 6; *betriebliche Übung* **205** 9; *Gleichbehandlungsgrundsatz* **205** 9; *Haftung des Arbeitgebers* **205** 7; *Insolvenzsicherung* **205** 13 ff.; *Rechtsanspruch* **205** 11; *Risikoträger* **205** 6; *Versorgungsträger* **205** 6; Versorgungszweck **202** 11 f., 59 ff., 108; *Entgeltumwandlung* **202** 64; Verteuerungsausgleich **25** 36; Vertragsfreiheit **206** 1 f.; **207** 55; Verzicht **213** 37, 41; Verzichtsverbot **202** 56; Vordienstzeiten **207** 121; Vorruhestandsleistungen **202** 109; Vorschaltzeiten **207** 35, 46, 58, 60; Wartezeiten **207** 16, 57; **210** 19; Weihnachtszahlungen **202** 106, 109; Wettbewerbstätigkeit **140** 101; Zeitgutschriften **202** 109; Zusage des Arbeitgebers **202** 11 ff.; *Valutageschäft* **202** 13; Zusage einer Zusage **207** 46, 60; Zusage, mittelbare **203** 1; Zusageempfänger **202** 23; Zusagegeber **202** 16 ff.; Zusagezeitpunkt **207** 35 ff.; *Betriebsvereinbarung* **207** 47 f.; *Rückdatierung* **207** 48, 55, 57; *Tarifvertrag* **207** 52 ff.; *Tätigkeitsaufnahme* **207** 42, 46, 49; *Vereinbarung* **207** 55; Zusatzversorgungskasse des Baugewerbes AG **205** 68; **214** 47 f.; Zusatzversorgungskasse des Kommunalen Versorgungsverbands Baden-Württemberg **205** 68; Zusatzversorgungskassen **214** 2, 24 ff.; *Kirchenarbeitsrecht* **214** 29; *Privatwirtschaft* **214** 53; Zusatzversorgungskassen des Öffentlichen Dienstes **205** 68; **214** 3 ff.; Zwangspensionierung **202** 68; Zweckbindung **202** 9; Zwei-Stämme-Lösung **26** 65

Betriebliche Übung, Ablösung durch Betriebsvereinbarung **10** 35; Änderungskündigung **10** 32; Anfechtung **10** 36 f.; Arbeitsentgelt **60** 73 f.; Begriff **10** 1 ff.; **14** 4; betriebliche Altersversorgung **205** 9; **206** 27 ff.; **207** 15, 36; Betriebsübergang **142** 142; Betriebsvereinbarung, unwirksame **10** 31; Bezugnahme **246** 23 ff.; *Änderung* **246** 27; Bindungswirkung **10** 3 f., 8, 13 ff.; **206** 28 f.; Beendigung **10** 32 ff.; *Willenserklärung des Arbeitgebers* **10** 17; Freiwilligkeitsvorbehalt **10** 19 f.; Fürsorgepflicht **10** 7; gegenläufige **10** 33 f.; Gehaltserhöhung **60** 74; Gesamtzusage **10** 10; Gewohnheitsrecht, betriebliche **10** 6; Gleichbehandlung **14** 4; Gleichförmigkeit **10** 13, 16; Günstigkeitsvergleich, kollektiver **10** 35; Individualübung, Abgrenzung zur **10** 2; irrtümliche **10** 22; Kollektivübung **10** 2, 17; Leistungsgewährung **10** 3; nachteilige **10** 28 f.; Neueinstellungen **10** 23 f.; Rechtsfolgenirrtum **10** 37; Rechtsirrtum **10** 22; Rechtsquelle **5** 5, 17 ff.; Ruhestandsverhältnis **10** 25; Schriftform **10** 21; Schriftform vertraglicher Absprachen **10** 21; Schriftformklausel, doppelte **10** 21; Selbstbindung des Arbeitgebers **10** 8 f.; Tarifbindung **10** 3, 30; Verhaltensweise, bestimmte **10** 13 f.; Versorgungsverpflichtung **10** 25; Vertrags-

bindung **10** 32; Vertragstheorie **10** 12; Vertrauenshaftung **10** 11; Vorbehaltslosigkeit **10** 13, 18; Weisungsrecht des Arbeitgebers **10** 28; Widerrufsvorbehalt **10** 32; **206** 35; Wirkung, normative **10** 4 ff.; Zeitraum **10** 13, 15

Betriebsabgrenzungsverfahren, Antragsbefugnis **291** 224

Betriebsabteilung, Begriff **127** 66 f.

Betriebsänderung, Arbeitsausfall, dauerhafter **29** 97; Arbeitskampf **276** 59 f.; Arbeitslosigkeit, drohende **29** 96; Arbeitszeitflexibilisierung **48** 40 ff.; Begriff **312** 111; Beratungsrecht des Betriebsrats **3** 45; Beteiligungsrecht des Betriebsrats **4** 4; Betriebsaufspaltung **142** 36; Betriebsratsbeteiligung **26** 89; Betriebsübergang **142** 127; Betriebsverfassungsrecht **26** 2; Gesamtbetriebsrat **300** 60; Gesamtsprecherausschuss **312** 119; Interessenausgleich **4** 4; **48** 41 f.; **308** 16; **312** 97; Kündigung, betriebsbedingte **115** 26, 322 ff., 337; Massenentlassungen **12** 48; **115** 26; **121** 20; Mitbestimmung **142** 127 ff.; **302** 61; **307** 22, 30 f.; **312** 98; Mitbestimmungsrechte, Weitergeltung **26** 92; Nachteile, wirtschaftliche **312** 114, 116 ff.; Sozialplanverhandlungen **312** 97; Sprecherausschuss **312** 97, 110 ff.; Transfermaßnahmen **29** 96; Unternehmenssprecherausschuss **312** 119; Unterrichtungsrecht des Betriebsrats **276** 59

Betriebsangehörige, Behandlung von Betriebsangehörigen **288** 31 ff., 40 ff.

Betriebsärzte, Approbation **176** 45; Arbeitgeberpflichten **176** 58 f.; Arbeitsschutz **174** 48, 71 ff.; **176** 40, 43 ff.; Aufgaben **176** 51 f.; Beratungsaufgabe **179** 47; Beschäftigte **176** 47 f.; Bestellung **176** 48 f.; Beteiligungsrechte des Betriebsrats **174** 74; Betriebsbetreuung **176** 45; Betriebsverfassung **283** 15; Eingliederungsmanagement, betriebliches **113** 48; **176** 52; Einigungsstellenverfahren **308** 15; Einsichtsrecht des Arbeitnehmers in arbeitsmedizinische Unterlagen **95** 20; Fachkunde, arbeitsmedizinische **176** 45, 52, 54; Fortbildungen **176** 58 f.; Fortbildungsverpflichtung **150** 7; freiberufliche Kräfte **176** 49; Gefahrenbeurteilung **180** 3; Grundbetreuung **176** 45; Kooperation **176** 57; Mitwirkung des Betriebsrats **283** 14; Personalvertretung **174** 67; Schutzmaßnahmen, kollektive **180** 3; Schweigepflicht **113** 48; **176** 54; Überwachung durch Arbeitgeber **176** 58 f.; Untersuchung, betriebsärztliche **55** 36 f.; Vorschlagsrecht **176** 56; Vorsorge, arbeitsmedizinische **180** 4, 32 ff.; *s. a. Arbeitsmedizin*; Vorsorgebescheinigung **176** 54

Betriebsaufspaltung, Betriebsänderung **142** 36; Betriebsteilsübergang **142** 35; Betriebsverfassung **142** 36; echte **142** 33; Haftungsbeschränkung **142** 34; Kündigungsschutz **142** 36; Publizitätsanforderungen **142** 34; Steuererleichterungen **142** 34; Übergangsmandat des Betriebsrats **206** 98; Umwandlungsvertrag **142** 34 f.; unechte **142** 34, 35; Unternehmenskontinuität **142** 34; Unternehmensumstrukturierung **142** 33

Betriebsausfall, Weisungsrecht des Arbeitgebers **40** 26

Betriebsausschuss, Abberufung der Mitglieder **293** 51; Amtsniederlegung **293** 51; Amtszeit **293** 51; Aufgaben **293** 46 ff.; Aufgabenübertragung **293** 48 ff.; *Widerruf* **293** 50; Ausschussmitglieder, Ersetzung **293** 39 ff.; Bestellung **293** 33 f.; Betriebsratsvorsitzender **293** 35, 43; Ersatzmitglieder **293** 39 ff.; Geschäftsführung **293** 1, 32, 46 f.; **295** 12; Jugend- und Auszubildendenvertretung **303** 65; Nachwahl **293** 42; Rechtsstellung **293** 46; Sprechstunden **294** 130;

Streitigkeiten **293** 52; Wahl **293** 35 ff.; **294** 13; *Nichtigkeit* **293** 45; Wahlfehler **293** 44; Zusammensetzung **293** 35
Betriebsbeamte, Begriff **19** 5, 7 f.
Betriebsbesetzung, Arbeitskampf **220** 49; Arbeitskampfmittel **265** 10; **273** 1 ff., 4; Aussperrung, suspendierende **273** 4; Hausfriedensbruch **265** 10; Rechtswidrigkeit **273** 6; Streikunterstützung **273** 2, 4
Betriebsblockade, Arbeitskampf **220** 49; Arbeitskampfmittel **265** 10; **273** 1 ff.; Rechtswidrigkeit **273** 5; Streikunterstützung **273** 5
Betriebsbuße, Bußordnung **42** 13; Geldbuße **42** 13; Kündigung **108** 3; Personalakten **95** 4; Pflichtverletzungen **56** 7
Betriebseinstellung, Wettbewerbsverbot, nachvertragliches **140** 67
Betriebsfrieden, Beeinträchtigung **310** 33; Haftungsausschluss **59** 2; Kündigung, außerordentliche **124** 49a f.; Meinungsäußerungen im Betrieb **55** 18 ff.; parteipolitische Betätigung, Verbot **288** 24, 26; politische Betätigung **288** 26; Störung **288** 21 f.; **310** 33
Betriebsführungsgesellschaft, Gesamtbetriebsrat **300** 10; Versetzungen **142** 32
Betriebsführungsvertrag, Betriebsüberlassung **25** 11, 15 ff.; echter **25** 16; Gleichbehandlungsgrundsatz **25** 29; Konzernobergesellschaft als Betriebsführungsgesellschaft **25** 18; Kündigung, betriebsbedingte **25** 34; unechter **25** 17; Weiterbeschäftigung in Konzernunternehmen **25** 34
Betriebsgeheimnisse, Arbeitskampf **276** 12; Betriebsratsmitglieder **295** 205 ff.; Betriebsratssitzungen **294** 110; Betriebsversammlung **299** 58; Offenbarung, unbefugte **297** 69; Sicherheitsbedenken **33** 113 ff.; Unterlassungsklage **42** 7 f.; Verschwiegenheitspflicht **54** 32 ff.; **140** 2 ff.; Wirtschaftsausschuss **307** 55 ff.
Betriebsgemeinschaft, Belegschaft **286** 30
Betriebsgesellschaft, Betriebsaufspaltung **142** 36
Betriebsgrößenberechnung, Betriebsverfassungsrecht **52** 4 f.; Entgeltfortzahlung im Krankheitsfall **50** 223; Kleinbetriebe **49** 29; Teilzeitarbeit **49** 29 f.
Betriebsgruppe, Annahmeverzug des Arbeitgebers **144** 12; Arbeitsplatzteilung **45** 79 f.; Arbeitsverhältnis **144** 13; Arbeitszeitplanung **144** 7; Bestandsschutz **144** 15; Entgeltzahlung **64** 30; Gruppenakkord **64** 30; Haftung **144** 15; Kündigungsschutz **112** 6; Leistungsverweigerungsrecht **144** 11; Organisationsbefugnis **144** 6; Organisationsfehler **144** 6; Personenmehrheit **144** 5; Risikogemeinschaft **144** 7 ff., 19; Weisungsrecht des Arbeitgebers **144** 9; Zusammensetzung **144** 7, 10
Betriebsinhaber, Arbeitgeber **23** 3
Betriebsinhaberwechsel, Arbeitsverhältnis, Inhaltsschutz **12** 42, 49; Arbeitsverhältnis, Übergang **32** 63; Bezugnahmeklausel **8** 14; Gesellschafterwechsel **142** 30 f.; Kündigungsverbot **12** 47; Rechtswahl **13** 148
Betriebskindergarten, Betriebsnormen **240** 12
Betriebsleiter, Kündigungsschutz **112** 17; leitende Angestellte **20** 64 f., 67
Betriebsnormen, Adressaten **251** 15; Arbeitssicherheit **240** 11; Außenseiterbindung **245** 37 ff.; Außenseiterwirkung **240** 1, 3 f.; Auswahlrichtlinien **115** 308, 310; Begriff **240** 5; Belegschaftsbezug **240** 15, 16 f.; Betriebsbelegschaft **240** 1 f.; Betriebsbezogenheit **240** 16 ff.; Betriebsübergang **240** 8; Definition **240** 1; Doppelnormen **240** 6; Durchsetzung **255** 5; Geltung, einheitliche **240** 5 ff., 11; Gemeinsame Einrichtungen **242** 17 f.; Gesundheitsschutz **240** 11; Grundrechts-

kontrolle **226** 12; Günstigkeitsprinzip **253** 25 ff.; Inhaltskontrolle **7** 33; Nachbindung **245** 60; Nachwirkung **261** 33; Öffnungsklauseln **252** 22; Ordnungsnormen **240** 2; Rauchverbot **240** 2, 11; Regelungswille, betrieblicher **240** 20 f.; Solidarnormen **240** 2; Tarifbindung **245** 37 ff.; Tarifvertragsfreiheit, negative **219** 39; Verbandsmitgliedschaft **245** 37 ff.; Wirkung, normative **240** 1
Betriebsnotstand, befristetes Arbeitsverhältnis **103** 39; Leiharbeit **103** 45
Betriebsordnungen, Ordnungsverhalten **55** 14 f.
Betriebsorganisatorisch eigenständige Einheit, Transfergesellschaft **29** 98; Transferkurzarbeitergeld **29** 98
Betriebspachtvertrag, Betriebsüberlassung **25** 11 ff.; Arbeitsverhältnisse **25** 13
Betriebsrat, Ablösung **292** 3 f.; Aktivitäten, gewerkschaftliche **295** 11; Amtsenthebungsverfahren **287** 39; Amtspflichtverletzungen **297** 4 ff., 31; Amtszeit **291** 183; **292** 1 ff.; Aufschub **292** 4; Beginn **292** 2 ff.; *betriebsratsloser Betrieb* **292** 5; *Betriebsstilllegung* **292** 31; *Betriebsübergang* **292** 30; *Betriebsuntergang* **292** 31; *Dauer* **292** 10; *Eingliederung* **292** 32; *Ende* **292** 11 ff., 33 f., 96; *Ende, vorzeitiges* **292** 18 ff.; *regelmäßige* **292** 12 f.; *Streitigkeiten* **292** 35; Anhörungsrechte vor Kündigung **3** 45; **109** 54; Anspruchsdurchsetzung **297** 68; Arbeitnehmerrepräsentation **3** 44; Arbeitsablauf, Störung **288** 21 f.; Arbeitsfähigkeit **291** 141; **292** 114; Arbeitsgruppen **293** 1, 63 ff.; *Aufgabenübertragung* **293** 64 f., 67; *Gruppenvereinbarung* **293** 66; *Rahmenvereinbarung* **293** 64, 67; Arbeitskampf **288** 15 ff.; Arbeitsneutralität **288** 17, 19; Arbeitsschutz **174** 103; Aufgaben, allgemeine **287** 10; Auflösung **287** 39; **292** 25; **297** 1, 29 ff., 37 f.; *Antrag* **297** 20; *Antragsrecht der Gewerkschaften* **289** 25; *einstweiliger Rechtsschutz* **297** 36; *Entscheidung, gerichtliche* **297** 51 f.; *Rechtsschutzinteresse* **297** 34 f.; *Verfahren* **297** 33 ff.; *Verschuldenserfordernis* **297** 32; Auflösungsantrag des Arbeitgebers **286** 23, 29; **287** 8, 30; Aufsuchen von Arbeitnehmern am Arbeitsplatz **294** 1, 135; Auskunftshaftung **294** 136; Ausschüsse **293** 1, 53 f.; **294** 1 f.; **240** 36 f.; *Beteiligungsrechte* **293** 57; *Betriebsausschuss; s. dort; Größe* **293** 54; *Jugend- und Auszubildendenvertretung* **303** 53 f., 58; *Wahl der Mitglieder* **293** 55; Ausschüsse, gemeinsame **293** 59 ff.; *Beratungsfunktion* **293** 62; *Entscheidungskompetenz* **293** 60 f.; *Auszubildende* **129** 24 ff.; Belegschaftsverband **218** 96; Berufsgruppen **291** 159; Beschäftigungsarten **291** 158 ff.; Beschlüsse **294** 66; Beschlussfähigkeit **292** 114; **294** 25 f., 71 f.; Beschlussfassung **294** 1 f., 67 ff., 104; Beschwerden der Arbeitnehmer **286** 35; Besitzverhältnisse **296** 69 f.; Beteiligungsrechte **3** 45; **4** 4; **5** 14; **240** 36 ff.; Betrieb, gemeinsamer **284** 2; betriebliche Altersversorgung **206** 97; Betriebsänderung, Beratungsrecht bei **3** 45; Betriebsbegriff **24** 18; Betriebsfrieden, Störung **288** 21 f.; Betriebsratskasse **296** 76; Betriebsstilllegung **142** 211; Bildungsveranstaltung **41** 6; Büropersonal **296** 2, 56 ff.; Datenschutz **312** 83; Deliktsfähigkeit **286** 23; Eigentumsverhältnisse **296** 69, 71; einköpfiger **291** 42; **292** 99; Einstellung, Zustimmungsverweigerungsrecht bei **3** 45; Entgeltminderung, Verbot **294** 135; Erklärungsfrist **294** 102; Errichtung **291** 1; Europäischer Betriebsrat **12** 51; Freistellung **41** 6; Freistellungsanspruch **292** 34; Friedenspflicht **276** 49; Geheimhaltungspflicht **287** 38, 40; **295** 211; Geldsammlungen **296** 76; Gerichtsverhandlungen,

Teilnahme an **295** 10, 13; Gesamtbetriebsrat **4** 20; Geschäftsführung **293** 1; **294** 119, 122f.; *Begriff* **296** 20; Geschäftsführungsbefugnis **291** 44, 184; **292** 21, 23f.; Geschäftsordnung **294** 19f., 118ff.; Geschlechterquote **291** 158, 161ff., 177; Größe **291** 41, 141ff., 157; Grundrechtsfähigkeit **286** 21; **288** 26; Grundrechtsschutz **286** 21; Haftung **286** 22f.; **287** 11, 23; Handlungsfähigkeit **286** 16; Hausrecht **296** 60; Informationsanspruch **288** 7; Initiativrecht **3** 45; **283** 19; Interessenvertretung **295** 165; Interessenwahrnehmung **286** 15, 29, 34, 35; Koalitionsfreiheit **219** 4; Kostenerstattungsansprüche **292** 34; Kostentragung; *s. Kostentragung (Betriebsrat)*; Leistungsansprüche **287** 9, 43, 48; Mandat **4** 20; **286** 14, 29; Mehrheitsprinzip **291** 158; Minderheitenschutz **294** 28; Mitbestimmungsrechte **2** 46; **3** 45; **4** 20; **5** 14; *s.a. Mitbestimmungsrechte des Betriebsrats*; Mitgliederzahl **291** 141ff.; *Arbeitnehmerüberlassung, erlaubnispflichtige* **291** 145f.; *Betriebszugehörigkeit* **291** 143, 148ff.; *ermäßigte* **291** 155f.; *Leiharbeitnehmer* **291** 144ff., 150, 152; *regelmäßige* **291** 141ff., 153; *Staffelung* **291** 142; *Wahlberechtigung* **291** 151ff.; Mitwirkungspflichten **287** 11; Mitwirkungsrechte **2** 46; **3** 45; **4** 20; **5** 14; *s.a. Mitwirkungsrechte des Betriebsrats*; Neutralitätspflicht **276** 49; Neuwahlen **26** 75; Nichtbestehen **291** 53f.; Organbesitz **296** 70; Organe **293** 1, 46, 56, 58; Organhandeln **297** 30; Organisationsbereiche **291** 158ff.; Parteifähigkeit **286** 16; parteipolitische Betätigung **7** 59; Pflichten, allgemeine **287** 10; Pflichtverletzungen **286** 23; **297** 1, 30; politische Betätigung **14** 35; Prozessstandschaft **286** 34; Räume **296** 2, 56ff.; Rechtsfähigkeit **286** 16ff.; Rechtsgeschäfte mit Dritten **286** 17f.; Rechtsnatur **286** 14; Rechtsscheinhaftung **293** 26f.; Rechtsschutz, einstweiliger **287** 48; Regelmandat **292** 40, 71; Repräsentationsorgan der Belegschaft **286** 14, 16; Restmandat **26** 75, 81; **206** 98; **292** 31 f., 77ff.; Rücktritt **291** 42ff.; **292** 22ff.; Sachmittel **296** 2, 56ff.; Schulungen **41** 6; Sitzungen; *s. Betriebsratssitzungen*; Sitzungen des Arbeitgebers **287** 10; soziale Angelegenheiten, Mitbestimmungsrecht **3** 45; Spartenbetriebsrat **284** 13; Sprechstunden **286** 35; **294** 1, 127f.; **308** 14; Stimmrecht **294** 73f.; Streik **276** 48f.; Tätigkeitsbericht **298** 16; **299** 48ff., 61; Übergangsmandat **26** 76ff.; **206** 98; **291** 10, 27, 57f., 184; **292** 1, 31f., 36ff.; Unabhängigkeit **3** 34; Unterlassungsanspruch des Arbeitgebers **287** 30f.; Unterlassungsansprüche **287** 9, 45ff.; **297** 42; *allgemeiner Unterlassungsanspruch* **287** 46f.; Unternehmen, Abgrenzung **284** 2; Unternehmensbestandteil **286** 19; unternehmenseinheitlicher **284** 9, 11; Unternehmensumwandlung **26** 74ff.; **142** 211; Unterstützung des Arbeitgebers **287** 10; Unterstützung von Arbeitnehmern **286** 35; Vermittlung **286** 35; Vermögensfähigkeit **286** 16f., 23; Verschwiegenheitspflicht **286** 33; Vertretungsmacht **286** 23; Wahlschutz **110** 63; Willensbildung **294** 66; Zusammensetzung **52** 8; **291** 158ff.; Zustimmungsrecht **3** 45; **110** 77; Zustimmungsverweigerungsrecht **3** 45; Zwangsvollstreckung **286** 16

Betriebsräteversammlung, Angelegenheiten, wirtschaftliche **301** 20; Arbeitszeit **301** 14f.; Aufgaben **301** 16ff.; Beschlussfassung **301** 16; Einberufung **301** 2; Einladung **301** 1, 5; Funktion **301** 1; Kostentragung **301** 21; Leitung **301** 13; Nichtöffentlichkeit **301** 12; Rederecht **301** 9; Sozialpolitik **301** 20; Streitigkeiten **301** 22; Tagesordnung **301** 4; Tarifpolitik **301** 20; Tätigkeitsbericht des Gesamtbetriebsrats **301** 17; Teilnahmepflicht **301** 9; Teilnahmerecht **301** 1, 6ff.; *Arbeitgeber* **301** 9; *Gewerkschaftsbeauftragte* **301** 10, 16; Teilversammlung **301** 3; Unternehmensentwicklung **301** 18f.; Vollversammlung **301** 3; Zeitpunkt **301** 4

Betriebsratsamt, *s.a. Betriebsratsmitglieder*; Begünstigungsverbot **295** 2, 172ff.; **296** 19, 22; **297** 69; Benachteiligungsverbot **295** 2, 172ff.; **297** 69; Ehrenamt **286** 25; **292** 93; **295** 1ff., 24; Grundkenntnisse der Amtsausübung **295** 52, 58a ff.; privates Amt **295** 1; Schulungsteilnahme **295** 79; Unabhängigkeit **295** 3f., 164; Unentgeltlichkeit **295** 3f., 24

Betriebsratsanhörung, Determination, subjektive **115** 296; **121** 200; Insolvenz des Arbeitgebers **122** 12

Betriebsratsbeschluss, Änderung **294** 98; Aufhebung **294** 98; Aussetzung **294** 99ff.; **303** 59f.; Beschlussfassung; *s. Betriebsratssitzungen*; Beschlussmängel; *s. Betriebsratssitzungen*; Neuvornahme **294** 88; Rechtsnatur **294** 66, 82; Verbotsgesetz **294** 87; Wortlaut **294** 110

Betriebsratsfähigkeit, Betriebsgröße **284** 1; **292** 27; Übergangsmandat **292** 48f.; Verlust **292** 27

Betriebsratslosigkeit, Betriebsratswahlen **291** 53ff.; Wahlvorstand, Bestellung **291** 195

Betriebsratsmitglieder, Abmeldung **295** 20ff.; Abmeldung bei Abwesenheit **295** 151; Akkordarbeit **295** 28; Amt, betriebsverfassungsrechtliches **295** 1; *s.a. Betriebsratsamt*; Amtsenthebung **292** 108; **297** 25; Amtsniederlegung **291** 45; **292** 98ff.; *Anfechtungsausschluss* **292** 101; *Bedingungsfeindlichkeit* **292** 100; Amtspflichtverletzungen **287** 41; **297** 44f.; Angelegenheiten, eigene **292** 120; **294** 76f.; Anzahl **291** 141ff.; Arbeitsbefreiung **287** 9; **295** 6ff., 57ff.; **302** 81; *Angemessenheit* **295** 16ff.; *Anreise* **295** 13; *Aufgaben, bestimmte* **295** 19; *Erforderlichkeit* **295** 13ff.; *Geeignetheit* **295** 8ff.; *Geltendmachung* **295** 48ff.; *Monatsfrist* **295** 42ff.; *Streitigkeiten* **295** 48ff.; *Verhältnismäßigkeitsgrundsatz* **295** 8ff.; *Verjährung* **295** 45; Zustimmung des Arbeitgebers **295** 20; Arbeitsentgelt **295** 23ff., 31f., 181ff.; Arbeitspensum **295** 19, 32; Arbeitsplatzabbau **295** 185; Arbeitsunfähigkeit infolge Krankheit **292** 119; Arbeitsverhältnis **295** 1; Beendigung **291** 46; **292** 102f.; *ruhendes* **292** 104; Arbeitsversäumnis **295** 2; Arbeitsvertragsverletzung **287** 41; Auflösungsantrag **132** 39; Aufwendungsersatz **286** 18f.; **295** 30; Auskunftsanspruch **295** 188; Ausschluss aus Betriebsrat **286** 27; **287** 39; **297** 1ff., 25ff.; *Antragshäufung* **297** 19ff.; *Antragsrecht des Arbeitgebers* **297** 17; *Antragsrecht der Arbeitnehmer* **297** 16, 18; *Antragsrecht des Betriebsrats* **297** 17; *Antragsrecht der Gewerkschaften* **289** 25; **297** 17; *Antragsrücknahme* **297** 18; *einstweilige Verfügung* **297** 23f.; *Quorum* **297** 16; *Rechtsschutzinteresse* **297** 15ff.; *Verfahren* **297** 15ff.; Aussperrung **274** 5; **295** 26; Auszubildende, Übernahme **295** 199f.; Beförderung **295** 186; Begünstigung, vorsätzliche **295** 5; Bestandsschutz **295** 197ff.; Betriebsteilübergang **292** 105; Betriebsübergang **142** 130; Betroffenheit von Entscheidungen **292** 120; **297** 44; Bevollmächtigung **293** 30f.; *Erklärungen, Entgegennahme* **293** 31; Bildungsveranstaltungen **295** 51ff.; **308** 14; *s.a. Schulungsveranstaltungen*; *Kosten* **295** 78; Boni **295** 27; Dienstreise **292** 121; Dienstwagennutzung **295** 30; Doppelmandat **294** 34; Ehrenamt **286** 25; **292** 93; **295** 1f., 24; Einsichtsrecht **294** 115f.; Empfangsbote **293** 29; Entgeltfortzahlung **295** 23ff.; **296** 2; *Ausschlussfristen* **295** 25; *Berechnung* **295** 27; Entgeltschutz **295** 2, 156f., 181ff.; Entwicklung, berufliche

Sachverzeichnis

Magere Ziffern = Randnummern

295 196; *Erklärungsbote* 293 29; *Erkrankung* 292 119; 295 44; *Erlöschen der Mitgliedschaft* 292 95 ff., 112 f.; 300 116; *alle Mitgliedschaften* 292 29, 33; Ersatzmitglieder 291 44; 292 33, 114 ff.; 294 54; 303 14; *Amtsbeendigung* 292 131; *Amtsbeginn* 292 129; *Fehlen* 292 128; *Jugend- und Auszubildendenvertreter* 303 93; *Kündigungsschutz* 292 133 f.; *Nachrücken* 291 166; 292 115 f., 129, 133; 297 26; *Reihenfolge* 292 124 ff.; *Schulungsteilnahme* 295 63, 88, 91; *Stellvertretung* 292 115, 117 ff., 123, 134; *Verhinderung, zeitweilige* 292 130 f.; *Versetzungsschutz* 292 133; Erschwerniszulage 295 30; Feiertagsarbeit 295 27, 31; Freistellung 52 19 ff.; 295 14, 115 ff., 141 ff.; 308 14; *Anzahl der Freistellungen* 295 123 ff., 127, 129, 146, 161, 162; *Arbeitsentgelt* 295 155; *Beendigung* 295 159 ff.; *Beratung mit Arbeitgeber* 295 135; *Bereithaltung für Betriebsratsarbeit* 295 151 f.; *Berufsbildung* 295 158; *Einigungsstellenverfahren* 295 143 ff.; *Freizeitausgleich* 295 153 f.; *Hauptpflichten* 295 150 f.; *Individualanspruch* 295 131, 133; *Kollektivanspruch* 295 130, 132 f.; *Mehrheitswahl* 295 138, 147; *Minderheitenschutz* 295 145 ff.; *Nachwahl* 295 146 f.; *Nebenpflichten* 295 151; *Rechtsstellung* 295 150 f.; *Streitigkeiten* 295 162 f.; *Teilfreistellungen* 295 124, 127; *Verfahren* 295 130 ff.; *Verhältniswahl* 295 137, 147; *Verhinderung* 295 126; *Wahl, Annahme* 295 139; *Wahlanfechtung* 295 140; *Wahlgrundsätze* 295 136 f.; *Wahlverfahren* 295 130 ff., 162; *zusätzliche Freistellungen* 295 125, 149; *Freistellungsanspruch* 287 9; *Abgeltung* 295 46 f.; *Erfüllung* 295 42 ff.; Freizeitausgleich 292 75; 295 6, 32 f., 57 f.; *Arbeitszeitgestaltung, betriebliche* 295 76; *Gründe, betriebsbedingte* 295 75 f.; Geheimhaltungspflicht 295 202 ff.; 299 51; *Betriebsratszugehörigkeit* 295 209; *Geheimnis, formelles* 295 209; Haftung 286 22, 24 ff.; *deliktische* 286 27; Handeln im eigenen Namen 286 17 ff.; Heimarbeit 292 10; Inkassoprämien 295 27; Kampfkündigung 276 58; Koalitionsbetätigungsfreiheit 276 49; Kündigung 292 102 f., 122; Kündigung, außerordentliche 124 27, 106; 125 33 f.; 127 2, 33, 37 f., 42 ff.; 287 41; 292 120, 122; 294 76; *wichtiger Grund* 127 39 ff.; Kündigungsschutz 276 45, 58; 283 14; 292 9, 113; 295 198; *Nachwirkung* 297 27; Kündigungsschutz, besonderer 110 60; 127 1, 3 f., 7, 10; *Nachwirkung* 109 48; 127 28 f., 32; Kündigungsschutzklage 292 103; Kündigungsverbot 109 48; 110 55; 127 33 ff.; Kurzarbeit 295 26; Lohnausfallprinzip 295 25; Lohnfortzahlungsprinzip 295 25 f.; Lohnsteuer 295 31; Mehrarbeit 295 27; Mehrarbeitsvergütung 295 187; Mehrarbeitszuschlag 295 47; Nachtarbeit 295 27, 31; Nichtwählbarkeit, gerichtliche Feststellung 292 109 ff.; Ortsabwesenheit 292 121 f.; Pflichtverletzungen 286 25 f.; 297 1; *Abmahnung* 297 9; *arbeitsvertragliche Pflichten* 297 5 f.; *gesetzliche Pflichten* 297 3 f., 6; *grobe* 297 7 ff.; *Negativprognose* 297 9 f., 13; *Simultantheorie* 297 6; *Verhinderung künftiger* 297 1, 9; *Verschuldenserfordernis* 297 12; *Wiederholungsgefahr* 297 10; *Zukunftsprognose* 297 9; Rechtsschutz 296 39 f.; Ruhezeit 295 1; Sammlungen 296 76; Schadensersatzpflicht, deliktische 287 41; Schätzung der Bezüge 295 27; Schulungsveranstaltungen; *s. dort*; Schweigepflicht, allgemeine 295 220; Sitzungsteilnahme 292 121; 295 17; Sonderkündigungsschutz 111 2; Sonderzuwendungen 295 27; Sonntagsarbeit 295 2, 27, 31; Sozialversicherungsbeiträge 295 31; Steuervorteile 295 31; Streik 295 26; Streikteilnahme 276 45; Tätigkeitsschutz 295 2, 156 f., 181, 191 ff.; Teilzeitbeschäftigte 52 2, 9 f.; Teilzeitbeschäftigung 295

29, 47; *Trinkgelder* 295 27; *Umgruppierung* 295 120; *Urlaubsgewährung* 295 151; *Urlaubsvergütung* 295 27; *Vergütung*; *s. Arbeitsentgelt*; Verhinderung 292 115, 117 ff., 120; 294 76 f.; Verschwiegenheitspflicht 54 48; Versetzung 127 14 ff.; 292 120; Versetzungsschutz 292 113; 295 195; Vorteilsannahme 295 5; Wählbarkeit, Verlust 292 106 f.; Zeugnis 295 201; Zulagen 295 27; Zuschläge 295 27, 31

Betriebsratsschulung, Abgrenzung 90 23

Betriebsratssitzungen, Ablauf 294 2; Abstimmungen 294 53, 62, 67, 81 ff.; *Verfahrensfehler* 294 91 ff.; Anwesenheitserfordernis 294 69 f.; Anwesenheitsliste 294 112; Arbeitszeit 294 55, 57; Beschluss; *s. Betriebsratsbeschluss*; Beschlussergebnis, Feststellung 294 82; Beschlussfähigkeit 294 52 f., 71 f., 96; Feststellung 294 53; Beschlussfassung 294 1 f., 67 ff., 104; *Darlegungslast, sekundäre* 294 104; *Mehrheitsbeschluss* 294 27; Beschlussmängel 294 64, 83 ff.; Betriebsgeheimnisse 294 110; Betriebsratsmitglieder, Ausschluss 294 54; Betriebsvereinbarung 294 57; Dauer 294 56; Durchführung 16; Einberufung 293 16; 294 14 ff.; *Antrag des Arbeitgebers* 287 10; *Unterlassung* 294 18; *Verpflichtung zur* 294 17; Einzelmaßnahmen, personelle 303 51; Eröffnung 294 53; Ersatzmitglieder 294 54; gemeinsame Sitzung mit Sprecherausschuss 310 31; Geschäftsgeheimnisse 294 110; Hausrecht 294 53 f.; Initiativrecht 294 7, 15; Jugend- und Auszubildendenvertretung 294 35 f.; 303 46 ff.; Kommunikationstechnologien, moderne 294 62, 70; konstituierende Sitzung 294 2 ff., 65; *Einberufung* 294 4; *Ladung* 294 6, 9; *Leistungsverfügung* 294 7; *Leitung* 294 11; *Teilnahmerecht* 294 9 f.; *Wahlleiter* 294 11 f.; *Wochenfrist* 294 5 f.; Ladung 294 19, 90 ff.; *Ersatzmitglieder* 294 30 f.; *Mindestfrist bis Sitzungstermin* 294 20; *Rechtzeitigkeit* 294 20, 24; *Zugang* 294 19; Leitung 294 13, 52 ff., 96; Mehrheit; *s. Stimmenmehrheit*; Nichtöffentlichkeit 294 53, 61 f., 95; Notwendigkeiten, betriebliche 294 56 f., 59; Ort 294 19, 60, 93; Rednerliste 294 53; Schließung 294 53; Schwerbehindertenvertretung 294 32 ff.; Selbstzusammentritt 294 7, 11, 16; Sitzungsniederschrift 294 105 ff.; *Aufbewahren* 294 113; *Aufbewahrung* 294 117; *Einsichtsrecht* 294 115 f.; *Einwendungen* 294 114; *Unterzeichnung* 294 111; Stimmenmehrheit 294 78, 97, 110; *absolute* 294 79 f.; *einfache* 294 78; Stimmrecht 294 73 ff.; Störungen 294 54; Streitigkeiten 294 64 f.; Tagesordnung 294 19, 21 ff., 91; *Änderung* 294 24 ff.; *Antrag* 294 22; *Aufstellung in der Sitzung* 294 24; *Ergänzung* 294 24, 26 ff.; *Verschiedenes* 294 23; *Vorbereitungsfunktion* 294 23; Teilnahmepflicht 294 38; Teilnahmerecht 294 36; *Arbeitgeber* 294 37 ff.; *Auskunftspersonen* 294 50; *Gewerkschaftsbeauftragte* 294 42 ff.; *Jugend- und Auszubildendenvertretung* 294 13, 35 f.; 303 49 ff., 59; *Jugend- und Auszubildendenvertretung, gesamte* 303 50 ff.; *Sachverständige* 294 49; *Schwerbehindertenvertretung* 294 13, 32 f.; *Sprecherausschuss* 294 51; 310 30; *Vertrauensmann der Zivildienstleistenden* 294 48; *Telefonkonferenz* 294 62, 70; *Termin*; *s. Zeitpunkt*; *turnusmäßige* 294 21; *Verhinderung* 294 30; *Videokonferenz* 294 62, 70; Vorbereitung 294 2, 20 f., 23; weitere 294 14 ff.; Worterteilung/-entziehung 294 53; Zeitpunkt 294 19, 21, 55 f., 93; *Information des Arbeitgebers* 294 59; Zutrittsrecht zum Betrieb 289 7

Betriebsratstätigkeit, Arbeitszeit 295 6; außerhalb der Arbeitszeit 295 5, 21, 26, 29, 33 ff.; *Anzeige* 295 38; *Gründe, betriebsbedingte* 295 37 ff., 43, 46; *Gründe, be-*

Fette Ziffern = Paragrafen   **Sachverzeichnis**

triebsratsbedingte **295** 40; Behinderung **287** 49; **297** 69; *Unterlassungsanspruch* **295** 171; Behinderungsverbot **295** 166 ff.; Büropersonal **296** 2, 56 ff.; Folgevertrag **103** 194; Freizeitausgleich **295** 6; innerhalb der Arbeitszeit **295** 32, 38; Interessenvertretung **295** 1; Kenntnisse, Erforderlichkeit **295** 58a ff.; Kontinuität **103** 112; Sachmittel **296** 2, 56, 61 ff.

Betriebsratsvorsitzender, Amtszeit **293** 15; Aufgaben **293** 16; Betriebsausschuss **293** 35, 43; Geschäftsführung **293** 1, 16; Rechtsgeschäfte, einseitige **293** 24; Rechtsstellung **293** 16; Sitzungsleitung **294** 13; Stellvertreter **293** 2, 17, 35, 43; Wahl **293** 8, 10; **294** 12; *Wahlanfechtung* **294** 65; Verhinderung **293** 17 f.; Vertretung des Betriebsausschusses **293** 46; Vertretung des Betriebsrats **293** 2, 16, 19 ff.; *Aktivvertretung* **293** 20 ff.; *Beweislast* **293** 25; *Handeln ohne Vertretungsmacht* **293** 22 ff.; *Passivvertretung* **293** 28 f.; *Rechtsscheinhaftung* **293** 26 f.; *Wahl* **293** 3 ff.; **294** 12; *Anfechtung* **293** 10 ff.; **294** 65; *Annahme* **293** 9; *Nichtigkeit* **293** 14; *Niederschrift* **293** 9; Wahlfehler **293** 10

Betriebsratswahlen, Abbruchverfügung **291** 261 f.; allgemeine Wahl **291** 167, 170; Anfechtbarkeit **291** 287 f.; *Kausalität, potentielle* **291** 294 ff.; Anfechtung **291** 48 ff., 309; **292** 25; Anfechtungsantrag **291** 309 ff.; **297** 20; Anfechtungsberechtigung **291** 298 ff.; Anfechtungsfrist **291** 298, 302 f.; Anfechtungsgrund **291** 21; Anfechtungsklage **291** 318; Anfechtungsverfahren, gerichtliches **291** 255, 304 ff.; *Antrag* **291** 305; *Antragsgegner* **291** 305; *Beschlussverfahren* **291** 304; *Beteiligungsberechtigung* **291** 306; *Rechtsschutzinteresse* **291** 307; Anschlusswahl **291** 59 f.; Antragsrecht der Gewerkschaften **289** 24; Arbeitsversäumnis **291** 282 f.; außerhalb des regelmäßigen Wahlzeitraums **291** 25 ff.; **292** 11, 16 f.; außerordentliche **291** 26; Auszählung **291** 168, 241, 243; *Betriebsöffentlichkeit* **291** 242 f.; *Hilfsmittel, technische* **291** 243; Behinderung **287** 49; Belegschaftsstärke, wesentliche Veränderung **291** 29 ff.; **292** 19; Benachrichtigung der Gewählten **291** 244; Berichtigungsverfügung **291** 165, 259; Betriebsabgrenzungsverfahren **291** 224; Betriebsratslosigkeit **291** 53 ff.; Betriebsratsmitglieder, zu geringe Zahl **291** 36 ff.; Betriebsversammlung **291** 198 ff.; **298** 17; Betriebszugehörigkeit **52** 3; Delegiertenwahl **291** 169; d'Hondtsches Höchstzahlverfahren **291** 162, 173 ff.; Einheit, betriebsratsfähige **291** 223 f.; einstweilige Verfügung **291** 18, 20, 62, 257 ff.; Entgeltfortzahlung **291** 285; freie Wahl **291** 167, 170; Freiwilligkeitsprinzip **291** 1; Fremdkandidatur **291** 271; geheime Wahl **291** 167 f.; Geschäftsfähigkeit **291** 114; gleiche Wahl **291** 167, 170; Kontrollverfahren, vorgeschaltetes **291** 255 f.; *Antragsberechtigung* **291** 256; *Rechtsschutzinteresse* **291** 256; Loyalität **224** 41; Mängel **291** 286 ff., 313 ff.; Mehrheitswahl **291** 157, 163, 167, 171 ff., 176; **292** 127; Neueinleitung **291** 293; Neuwahlen **291** 42 ff., 48 ff., 61, 309, 312; **292** 19 f., 128; *Betriebsratsauflösung* **297** 38; Nichtigkeit **291** 220, 313 ff.; Geltendmachung **291** 318; *Kausalität, potentielle* **291** 316; *Vertrauensschutz* **291** 317; Personenwahl **291** 176; regelmäßige **291** 3 f., 6 ff., 15; **292** 11 ff.; Sechs-Wochen-Frist **291** 22 f.; Stimmabgabe **291** 8 f.; *offene* **291** 168; Stimmzeiten **291** 283; Stimmzettel **291** 243; Straftaten **291** 272; **297** 69; Streitigkeiten **291** 61 ff., 157, 263, 284 f.; Totalabbruch **291** 260, 262; unmittelbare Wahl **291** 167, 169; Urwahl **291** 169; Verbandsautonomie **291** 271; verfrühte **291** 9, 11; Verhältniswahl **291** 157, 167, 171 ff.; **292** 125 f.; *Listensprung* **291** 163; verspäte-

te **291** 12, 24; Vier-Jahres-Frist **291** 7, 15; **292** 12 f., 15, 20; Wahlalter **291** 65, 113 ff., 147, 152; Wahlanfechtung **291** 139 f., 165; *Anfechtungsfrist* **291** 140; Wahlausschreiben **291** 16, 18, 154 f.; *Wählbarkeit; s. Wahlrecht, passives*; Wahlbeeinflussung **291** 268 ff., 273; *Schutz vor* **224** 40; Wahlbehinderung **291** 265 ff., 273; Wahlberechtigung; *s. Wahlrecht, aktives*; Wahldurchführung **291** 27, 235; Wahleinleitung **291** 13 ff., 133, 233 f.; *unverzügliche* **291** 20; Wahlergebnis **291** 241 ff.; *Bekanntmachung* **291** 241, 245; *endgültiges* **291** 244 f.; *Feststellung* **291** 241 ff.; *Korrektur* **291** 309 f.; *Niederschrift* **291** 241; *Ungültigerklärung* **291** 311; *vorläufiges* **291** 242 f.; Wählerliste **291** 65, 116, 137, 222 ff.; *Einspruch* **291** 227, 232, 249, 256, 307; Wahlfehler **291** 288, 297, 309; *Berichtigung* **291** 293; *grobe* **291** 315; Wahlgrundsätze **291** 167; *Verstoß, grober und offensichtlicher* **291** 314, 317; Wahlkosten **291** 276 ff.; Wahlordnung **291** 179; Wahlrecht, aktives **291** 64 ff., 118; *Altersteilzeit* **291** 88; *Arbeitnehmer* **291** 65 f., 77 ff.; *Arbeitnehmerüberlassung* **291** 65, 94 ff.; *Arbeitsbefreiung, bezahlte* **291** 87; *Arbeitsbefreiung, unbezahlte* **291** 87, 120; *Arbeitsbefreiung, vorübergehende* **291** 80, 85 ff.; *Arbeitsverhältnis, befristetes* **291** 79; *Arbeitsverhältnis, fehlerhaftes* **291** 78; *Arbeitsverhältnis, gekündigtes* **291** 81; *Arbeitsverhältnis, mittelbares* **291** 106 f.; *ARGE, Abordnung zu einer* **291** 104; *Aushilfsarbeitsverhältnis* **291** 79; *Außendienst* **291** 65, 92, 290; *Berufsausbildung* **291** 91; *Beschäftigung, geringfügige* **291** 79; *Beschränkung* **291** 267; *Betriebe, mehrere* **291** 82; *Betriebszugehörigkeit* **291** 65 f., 68 ff., 290; *Dienstvertrag* **291** 105; *Drittpersonal* **291** 93; *Eingliederung in den Betrieb* **291** 82 ff.; *Gesamthafenarbeitsverhältnis* **291** 108; *Gestellungsvertrag* **291** 99 ff.; *Konzernleihe* **291** 97; *Kündigungsrechtsstreit* **291** 89, 121; *Leiharbeitnehmer* **291** 92, 95 ff.; *Matrixstrukturen* **291** 109 f.; *Mindesteinsatzdauer* **291** 111 f.; *Mutterschutz* **291** 87; *Personalgestellung* **291** 102 f., 123; *Telearbeit* **291** 65; *Versetzung* **291** 90, 122; *Weiterbeschäftigung* **291** 81; *Werkvertrag* **291** 105; Wahlrecht, passives **291** 64, 117 ff., 291; *Altersteilzeit* **291** 120; *Arbeitnehmerüberlassung* **291** 119; *Arbeitsbefreiung, unbezahlte* **291** 120; *Arbeitsbefreiung, vorübergehende* **291** 120; *Ausschluss aus Betriebsrat* **291** 28; *Beschränkung* **291** 267; *Betriebe, mehrere* **291** 118; *Betriebe, neu errichtete* **291** 133 f.; *Betriebszugehörigkeit, sechsmonatige* **291** 124 ff.; *Kündigungsrechtsstreit* **291** 121; *Personalgestellung* **291** 123; *Streitigkeiten* **291** 138 ff.; *Versetzung* **291** 122; *Verurteilung, strafgerichtliche* **291** 135; *Zeitpunkt, maßgeblicher* **291** 136; Wahlschutz **291** 264 ff.; Wahltag **291** 7, 22; *mehrere Wahltage* **291** 9; Wahlverfahren **291** 179 ff., 253 f.; *Regelwahlverfahren* **291** 179 ff.; *Streitigkeiten* **291** 253 f.; Wahlverfahren, vereinfachtes **291** 19, 176, 179, 246 ff.; *einstufiges* **291** 19, 246 ff.; *Vereinbarung* **291** 246; *Wahlversammlung* **291** 246; *zweistufiges* **291** 19, 246, 250 ff.; Wahlverhalten **291** 163; Wahlvorbereitung **291** 4, 221 ff.; Wahlvorgang **291** 168; Wahlvorschläge **291** 137, 236 ff.; *der Arbeitnehmer* **291** 237 ff.; *der Gewerkschaften* **291** 240, 292; Wahlvorschriften, wesentliche **291** 289 ff.; Wahlvorstand **291** 1; *s. a. dort*; Wahlwerbung **291** 270, 281; Wahlzeitraum **291** 6 ff., 22; **292** 14 ff.; Zeitpunkt **292** 3 ff., 62; Zutrittsrecht zum Betrieb **289** 7

Betriebsrente, Entgeltanspruch **91** 7; Fürsorgeleistung **91** 7

Betriebsrentenanwartschaften, Bescheinigung, Herausgabepflicht **139** 1

Sachverzeichnis

Betriebsrisiko, Abdingbarkeit der Risikoverteilung 76 89; Arbeitgeber 4 10; **41** 11; Arbeitsausfall 76 81 ff.; Begriff **76** 83; Betriebsstilllegung **76** 87; Existenzgefährdung des Betriebs **76** 87; Sittenwidrigkeit des Arbeitsvertrags **38** 17; Vergütungsgefahr **43** 22
Betriebsschließung, Betriebsnormen **240** 14
Betriebsschutz, Arbeitnehmerschutzrecht **4** 12
Betriebssicherheit, *s. a. Anlagen, überwachungsbedürftige*; Ausschuss für Betriebssicherheit **178** 42 f., 51; Betriebssicherheitsverordnung **178** 33 f., 39; *befähigte Personen* **178** 43; Konkretisierung **178** 41 ff., 51; Technische Regeln **127** 42 f.
Betriebsspaltung, Abspaltung **292** 45 ff., 70 f.; Aufspaltung **292** 45 ff., 70; Begriff **292** 44; Betriebsidentität **292** 46 ff.; zur Eingliederung **292** 50 ff.; Haftung, gesamtschuldnerische **26** 31; Übergangsmandat **292** 36, 41 ff.
Betriebsstilllegung, Abteilungsstilllegung **127** 71 ff.; Arbeitskampfmittel **216** 4; **265** 15; **275** 1 f.; **276** 59; befristetes Arbeitsverhältnis **103** 38; Begriff **127** 53 f.; **142** 22; Betriebsänderung **26** 2; *mitbestimmungspflichtige* **142** 8; Betriebsrat, Amtszeit **292** 31; Betriebsratsfähigkeit **26** 81; Betriebsübergang, Abgrenzung **142** 21 ff.; Freistellung **41** 21; Funktionsträger, ordentliche Kündigung **127** 6, 50 ff.; *Betriebsratsmitwirkung* **127** 63 f.; *Freikündigung* **127** 58 ff.; *Personalratsmitwirkung* **127** 65; Weiterbeschäftigungsmöglichkeit **127** 5; Kündigung **142** 24; *außerordentliche* **124** 86; *betriebsbedingte* **115** 174; **142** 24; **143** 38 ff.; Massenentlassungen **121** 19, 131, 172; Restmandat des Betriebsrats **206** 98; **292** 77, 79, 81 f.; Stilllegungsabsicht **142** 23 ff.; Streikbeschluss **277** 2; Teilstilllegung **127** 6; vorläufige **143** 43
Betriebsstilllegung, streikbedingte, Freistellung **41** 30
Betriebsstockung, Kündigung, außerordentliche **124** 87
Betriebsstörung, Arbeitsentgeltrisiko **1** 12; **3** 30; **41** 9; Arbeitsverhältnis, Beendigung **76** 88; Aufenthaltsverbot **178** 73; Beschäftigungsverbot **178** 73; höhere Gewalt **41** 11
Betriebsstörungen, Arbeitskampfrisiko **279** 2 f.; Betriebsrisiko **279** 3
Betriebteil, im Ausland **284** 29; Begriff **24** 27 f.; **284** 3 f.; Betriebsratsfähigkeit **284** 3; Betriebsratswahlen **24** 31 f.; Betriebsübergang **142** 16, 20, 47 f., 50 ff.; Betriebsverfassung **24** 27 f.; **284** 3 f., 29; Massenentlassungen **121** 10, 87, 130; Selbstständigkeit **284** 3 f.; Untergang **26** 81
Betriebsteilübergang, Betriebsratsmitglieder **292** 105
Betriebstreue, Gratifikationen **14** 45 f.
Betriebsübergang, Ablösung durch Tarifvertrag **247** 31 ff.; *Überkreuzablösung* **247** 37; Allgemeinverbindlicherklärung **247** 5; Altersteilzeit **122** 63 ff.; Änderungskündigung **143** 3, 53; Änderungsvertrag **143** 5, 7; Arbeitgeberwechsel **23** 27; Arbeitnehmerbegriff **103** 13; *unionsrechtlicher* **22** 18; **142** 133; Arbeitnehmerschutz **12** 19; **49**; **13** 148; Arbeitsbedingungen **143** 53; Arbeitskollisionsrecht **13** 130; Arbeitsverhältnis, Übergang **141** 23, 29; **142** 1 ff., 132 ff., 142 ff., 155 ff.; *Arbeitnehmer, ausgeschiedene* **142** 136, 148; *gekündigtes Arbeitsverhältnis* **142** 135; *Unternehmensumwandlung* **142** 214; Arbeitsverhältnisse **247** 18; Arbeitsvertragsaufhebung **143** 5, 7; Auffanggesellschaften **142** 37 f.; Auflösungszeitpunkt **132** 23; Auftragsneuvergabe **142** 50, 60, 71 f.; Ausgliederung durch Landesgesetz **142** 63 f.; ausländischer Erwerber **143** 61; Auslandsbezug **13** 148; **142** 16; Begriff **103** 13; Bestandsschutz **142** 163 ff.; **143** 1; Betrieb **142** 16, 20, 47 ff.; *betriebsmittelarmer* **142** 54, 58 ff.; *betriebsmittelgeprägter* **142** 54 f., 62; betriebliche Altersversorgung **23** 28; **142** 147 ff.; **206** 52 ff.; **207** 33, 92; **213** 152 ff.; Betriebsänderung **122** 24; **142** 127; Betriebserwerber, nicht tarifgebundener **247** 6; Betriebsfortführung **142** 42; Betriebsmittelerwerb **142** 50, 52; Betriebsnormen **240** 8; Betriebsrat **292** 87; Amtszeit **292** 30; Kostenerstattungsanspruch **296** 10; Betriebsratsmitgliedschaft **142** 130; Betriebsrenten **143** 6; Betriebsstilllegung **142** 21 ff., 83; *durch Veräußerer* **142** 46; Betriebsteil **142** 16, 20, 47 f., 50 ff.; **292** 105; Betriebsübergangsrichtlinie **12** 19; **22** 18; **142** 2 ff., 133; Betriebsveräußerer **247** 12; Betriebsveräußerung **142** 88; Betriebsvereinbarung **142** 143, 191 ff.; Betriebsverlagerung ins Ausland **143** 61; Beweislast **142** 125; Bezugnahme **247** 39; *dynamische* **227** 9; Bezugnahmeklausel **8** 15; Dienstleistungsbetriebe **142** 56 ff., 67; dreiseitige Vereinbarungen **143** 9; Eigenkündigung des Arbeitnehmers **143** 5, 7; Einheit, wirtschaftliche **142** 18, 45 ff., 53 ff., 66 ff.; Einzelhandelsbetrieb **142** 55a; Entgeltverzicht **71** 8; Erbfolge **142** 76; Erwerberhaftung **142** 158; Firmentarifvertrag **142** 176; Funktionsnachfolge, bloße **142** 35, 60; Gaststatten **142** 55a; Gemeinschaftsbetrieb **142** 36; **143** 49; Gemeinschaftskonzept **143** 49; Geprägetheorie **247** 12; Gesamtbetriebsrat **300** 113; Gesamtbetriebsvereinbarung **300** 95; *Fortgeltung, kollektivrechtliche* **142** 196; Gesellschafterwechsel **142** 30 f., 88; Großhandelsbetrieb **142** 55a; Günstigkeitsprinzip **247** 33; **253** 13; Haftung **23** 27; **142** 163, 166 ff.; Handelsbetriebe **142** 56 ff.; Handlungsvollmacht **142** 146; Haustarifvertrag **247** 7 ff.; Identitätswahrung **142** 18, 41 ff., 49; Inhaberwechsel **142** 17 f., 29 ff., 36; Inhaltsschutz **247** 1, 4, 15; Insolvenz des Arbeitgebers **142** 77, 199; **143** 60; Insolvenzeröffnung vor Betriebsübergang **23** 28; **122** 63 ff.; Klagehäufung, subjektive **130** 135; Konzernbetriebsvereinbarung; *Fortgeltung, kollektivrechtliche* **142** 196; Kündigung, außerordentliche **143** 52; Kündigung, betriebsbedingte **115** 174; **142** 129; **143** 38 ff.; Kündigung des Tarifvertrags **260** 24 f.; Kündigung, krankheitsbedingte **143** 51; Kündigung, personenbedingte **143** 51; Kündigung, verhaltensbedingte **143** 51; Kündigungen **143** 33 ff.; Kündigungsgrund **142** 8; Kündigungsrecht des Erwerbers **142** 156; Kündigungsschutz **142** 10; **143** 2 ff., 10 ff.; *Beweislast* **143** 24 ff.; *sachlicher Grund der Kündigung* **143** 30 f.; Kündigungsschutzklage **143** 54; *Klagefrist* **143** 55; *Streitgenossenschaft* **143** 57; *Vergleich* **143** 57; *Verwirkung* **143** 56; Kündigungsverbot **109** 52; **110** 62; **122** 12; **143** 10; Legaldefinition **142** 18; Lemgoer Modell **143** 44; Loyalitätspflichten **142** 154; Massenwidersprüche **272** 52; **273** 14 f.; Mehrheitsverhältnisse, Änderung **26** 49, 53 ff.; Mitbestimmung **142** 211 f.; Nachbindungszeitraum **247** 19; Nachwirkung **247** 19, 38; **261** 48, 70; Nießbrauch **142** 90; Privatisierung **142** 63 ff.; Produktionsbetrieb **142** 55, 67; Prokura **142** 146; Prozessfortführung **142** 124; Prüfkriterien **142** 19, 53; Rationalisierungskonzept **143** 44 ff.; Rechtsgeschäft **142** 7, 17 f., 38 ff., 74 ff., 87, 94; *mit Dritten* **142** 85 f.; *mehrere Rechtsgeschäfte* **142** 84; *Verfügungsgeschäft* **142** 81, 83; *Verpflichtungsgeschäft* **142** 81 ff.; Wirksamkeit **142** 95; Rechtskrafterstreckung **142** 124; Rechtswahl **13** 148; Richtlinien, europäische **12** 19; **22** 18; **142** 2 ff.; Rückkehrklausel **142** 28; Rückübertragung **142** 92; Sozialplanpflicht **142** 157; Sprecherausschussvereinba-

rung 312 43f.; Stichtagsregelungen 142 40; Tarifbindung 8 17; 247 4; Tarifentwicklung 247 21; Tarifkollision 142 114; Tarifnormen, Weitergeltung 247 1, 3ff.; 254 10; *Individualnormen* 247 20; Tarifverträge, Fortgeltung 142 106, 171ff.; *Bezugnahme* 142 185; *Günstigkeitsprinzip* 142 182; *individualrechtliche Fortgeltung* 142 177; *Jahresfrist* 142 189f.; *Tarifbindung, einseitige* 142 177; *Tarifbindung, inkongruente* 142 184; *Tarifbindung, kongruente* 142 184; *Verbandstarif* 142 171; Tarifvertragsfreiheit, negative 219 39; Tarifwechselklausel 246 56; Teilbetriebsübergang 127 70; 142 52; 247 12; Testamentsvollstreckung 142 77; Transformation tariflicher Regelungen 238 14, 53, 62; 247 13ff.; 256 13, 38; 260 5; *kollektivrechtliche* 247 14f.; treuhänderische Übertragung 142 89; Übergang 142 17ff., 20ff.; Umwandlungsvorgänge 142 76; Unterlassungsanspruch des Betriebsrats 142 126; Unternehmensübergang 142 47f.; Unternehmensumwandlung 142 200ff.; Unterrichtspflicht 142 96ff.; 143 56; *Auskunft* 142 101ff.; *Schadensersatz* 142 111; *Textform* 142 99*;* Veränderungssperre 8 17; 247 1, 11, 25f.; Verbandstarifvertrag 247 7, 10; Vereinbarungen 142 15; Verlustschutz 254 10; Vermächtnis 142 76; Verpachtung 142 82, 90; *Zweitverpachtung* 142 85, 91; Vertragsübernahme 247 1; Verwirkung der Arbeitnehmerrechte 142 137; Verzichtsverbot 254 2; Vorratsgesellschaft 143 49; Weiterbeschäftigungsanspruch 143 38, 54, 58f.; Wettbewerbsabreden 142 151ff.; Wettbewerbsverbot, nachvertragliches 140 69ff., Widerspruch der Arbeitnehmer 292 9; Widerspruch des Arbeitnehmers 124 84; 142 15, 17, 100f., 112ff., 137, 210; *Abfindungsansprüche* 142 122; *Betriebsratsmitglied* 142 120f.; *Erklärung* 142 113; *ex-tunc-Wirkung* 142 114; *Frist* 142 111; *Kettenwiderspruch* 142 114; *kollektiver* 142 115; *Kündigung* 143 20; *Kündigung, betriebsbedingte* 142 116, 118; *Nachteilsausgleichsanspruch* 142 122; *Sozialauswahl* 142 118; *Sozialplanansprüche* 142 122; Widerspruch, kollektiver 272 52; 273 14f.; Widerspruchsrecht des Arbeitnehmers 31 22; 40 14; *Ausschluss* 142 115; *Rechtsmissbrauch* 142 115; *Verwirkung* 142 111, 115; Wirtschaftsausschuss 307 38; Zeitpunkt 142 39f.; Zuordnungsentscheidung 142 117, 119, 138ff.; Zwangsversteigerung 142 79; Zwangsverwaltung 142 80; Zwangsvollstreckung 142 78

Betriebsübergangsrichtlinie, Ablösungsprinzip 247 33; Grundrechtecharta 227 9; 247 33

Betriebsüberlassungsvertrag, Betriebsüberlassung 25 11; *Arbeitsverhältnisse* 25 16f.

Betriebsübung, s. *Betriebliche Übung*

Betriebsveräußerung, Betriebsveräußerung 122 1; Kündigung, außerordentliche 124 88

Betriebsvereinbarung, abändernde 213 76ff.; Besitzstandswahrung 213 83; Billigkeitskontrolle 213 80, 82; *Härteklausel* 213 81; *Übergangsregelung* 213 82; Ablauf 8 35; ablösende 8 55; 63 34; 115 340; 117 39f.; 213 50f.; ablösende verschlechternde 101 25; Ablösungsprinzip 101 24; Abmachung, andere 261 54ff.; Altersgrenzen 103 93; 105 15; Änderungskündigung 63 33; Angelegenheiten, soziale 283 20; Ansprüche, entstandene 215 33; *Vertrauensschutz* 215 33; Anspruchsverzicht 71 4, 6f.; 215 33; 254 9; Anwendungsvorrang 215 23; Arbeitnehmer, ausgeschiedene 101 24f.; 283 18; Arbeitsentgelt 60 62f.; 63 32ff.; *Vertrauensschutz* 63 34f.; Arbeitskollisionsrecht 13 163f.; Arbeitsverhältnis, Inhalt 5 5, 13; 8 43;

Arbeitszeit 40 92f., 104; 182 70; Arbeitszeit, flexible 44 107; Arbeitszeitflexibilisierung 44 17f.; Arbeitszeitgestaltung 44 1; Ausschlussfristen 8 38; Beschlussfassung durch Betriebsrat 10 4; betriebliche Altersversorgung 206 79ff., 96; Betriebsübergang 142 143, 191ff.; Betriebsvereinbarungsautonomie des Betriebsrats 7 36f.; 8 31f.; Bezugnahme 246 73f.; Diskriminierungsschutz durch AGG 16 54, 137; Dispositivität 237 107; Drei-Stufen-Theorie 213 88; Einigungsstellenverfahren 308 17; *Sperrwirkung der Betriebsvereinbarung* 308 17; Einzelarbeitsverhältnis 4 2; Entgeltumwandlung 69 2; erzwingbare 8 35, 38; Form 8 35; freiwillige 8 35, 38; 50 11; 110 79; 283 20; Geltungsbereich, personeller 8 36f.; Gesamtbetriebsrat 300 95ff.; Gesamtvereinbarung 8 27f.; Gesetzesregelungen, Verhältnis zu 8 42; Grundrechtsschutz 7 35ff.; Günstigkeitsprinzip 8 39ff.; 215 25; 252 3; 253 7ff.; Höchstarbeitsbedingungen 215 25; Individualrechte 286 31; im Insolvenzverfahren 27 63f.; Konzernbetriebsrat 302 70; Konzernbetriebsvereinbarung 302 70ff.; Kündbarkeit 60 64; Kündigung 63 34; 213 85ff.; 293 24, 25; Kündigung aus wichtigem Grund 27 64; Kündigungsausschluss 115 207; Kündigungsfristen 109 36; 110 78; Kündigungsschutzregelungen 110 75ff.; leitende Angestellte 8 36; Mitbestimmung, freiwillige 8 32; Mitbestimmungsrechte 283 20; Nachwirkung 8 38; 60 64f.; Normenvertrag 8 27; Normwirkung 215 11; Öffnungsklauseln 71 7; 252 23ff.; Rechtsgeschäft 215 23; Rechtskontrolle 101 24; Rechtsquelle 215 19; Rechtswirkungen 8 35, 38; Regelungsbereiche 5 13; 8 31ff.; Schriftform 10 4; 36 42; 206 84; Sperrwirkung eines Tarifvertrags 8 29f.; Tarifvorbehalt 8 19; teilmitbestimmte 60 62; Umdeutung in Gesamtzusage 8 50; 10 31; umstrukturierende 8 39; 60 65; Unionsrecht, Anwendungsvorrang 12 26; Unwirksamkeit 10 31; verbessernde 60 65; Verjährungsverkürzung 8 38; verschlechternde 8 39; 60 66; Verzichtbarkeit eingeräumter Rechte 8 38; 137 12; Vorrangtheorie 60 62; Weitergeltung 8 35; Wirkung, normative 215 18; 252 24; Zuständigkeit des Betriebsrats 8 31ff.

Betriebsverfassung, Angelegenheiten, personelle 283 9, 18, 23; Angelegenheiten, soziale 283 9, 23; Angelegenheiten, wirtschaftliche 283 19f., 23; Anwendungsbereich, personeller 13 165; Arbeiterschutzgesetz 283 10; Arbeitgeber 286 1ff., 10ff.; *betriebsfremde Personen* 286 11f.; *Erfüllungsgehilfen* 286 12; *Führungskräfte* 286 11; *leitende Angestellte* 286 11; *Pflichtverstöße* 286 20ff.; *Vertretung* 286 11f.; Arbeitnehmer 286 1, 4f., 31ff.; *Anhörungsrecht* 286 31; *Beschwerderecht* 286 31; 290 1, 4, 15f.; *Betriebsvereinbarungen* 286 31; *Einblicksrecht in Personalakten* 286 31; *Freistellungsanspruch* 286 31; *Lohnzahlungsanspruch* 286 31; *Mitwirkungsrechte* 290 1, 4; *Nachteilsausgleich* 286 31; *Sozialpläne* 286 31; *Weiterbeschäftigungsanspruch* 286 31; Arbeitnehmerbegriff 285 1, 3, 9ff., 40ff.; 298 4; 299 27ff.; Arbeitnehmerbeteiligung 3 43; Arbeits- und Wirtschaftsbedingungen 215 32; 216 13; Arbeitskampf 4 20; Arbeitskampfverbot 287 30; 288 9ff.; Arbeitsschutzbeauftragte 283 15; Arbeitssicherheitsfachkräfte 283 15; Aufgabentrennung 289 1f.; Aufsichtsrat 289 15; Ausstrahlungssachverhalte 13 163, 165ff.; Begünstigungsverbot 240 10; Benachteiligungsverbot 240 33; Beschlussverfahren 4 7; Betriebsärzte 283 15; Betriebsbegriff 24 17, 60; 256 29ff.; 283 8; 284 1; 286

Sachverzeichnis

Magere Ziffern = Randnummern

1, 3; Betriebsinhaber **23** 3; Betriebsrat **286** 1 f., 5 ff.; Betriebsrätegesetz **283** 10; Betriebsteil **24** 27 ff.; Betriebsvereinbarung **8** 28; Betriebsverfassungsgesetz **283** 12; *Auslandstätigkeit* **284** 30 ff.; *Ausstrahlung* **284** 30 ff.; *Betriebe, ausländische* **284** 27 f.; *Betriebe, inländische* **284** 29; *Betriebsteile* **284** 3 ff.; *Einstrahlung* **284** 34; *Europäische Gemeinschaft* **284** 19; *Geltungsbereich, persönlicher* **285** 1 ff.; *Geltungsbereich, räumlicher* **285** 25 ff.; *Geltungsbereich, sachlicher* **284** 1 ff.; *internationale Organisationen* **284** 19; *Kleinstbetriebe* **284** 7; *öffentlicher Dienst* **284** 17 f.; *Privatwirtschaft* **284** 1; *Religionsgemeinschaften* **284** 20; *Truppen, ausländische* **284** 19; *Versorgungsbetriebe, kommunale* **284** 18; Betriebsverfassungsgesetz 1952 **2** 44 f.; **283** 11; *Diskriminierungsschutz* **15** 3; *Subsidiaritätsprinzip* **287** 19; Betriebsverfassungsgesetz 1972 **2** 46; **283** 11; Betriebszugehörigkeit **24** 60; Billigkeitskontrolle **288** 34 f.; Datenschutzbeauftragte **283** 15; Direktionsrecht des Arbeitgebers **288** 1; Diskriminierungsschutz **15** 3 f.; **16** 1; Diskriminierungsverbot **288** 1; Dritte **287** 21, 27; Einigungsstellenverfahren **308** 14; Einzelarbeitsverhältnis **4** 2; Erfüllungsansprüche **287** 37; Europäischer Betriebsrat **283** 15; Friedenspflicht **287** 30; **288** 1, 21 ff.; Gewerkschaften **286** 7, 9; Initiativvorrang **216** 14; *Mitwirkungsrechte* **222** 46; Gewerkschaftsbeauftragte **287** 19; Gleichbehandlungsgrundsatz **240** 33; **288** 31, 36, 42; Günstigkeitsprinzip **283** 17 f.; Individualrechte **290** 1 ff.; Inhalt **283** 12; Interessenwahrnehmung **215** 9; Kleinbetriebe **24** 34; Koalitionsbetätigung im Betrieb **289** 3; Kollisionsrecht **13** 92; Konzern **25** 2, 40 ff.; Kosten **296** 1; Kündigungsschutz **3** 34; Luftfahrt **284** 23; Mitbestimmungsordnung **5** 13 f.; Mitbestimmungsrechte **283** 1; Mitwirkungsrechte **283** 1; Mitwirkungsrechte der Verbände **310** 40; Nebenbetrieb **24** 25; Neutralität, gewerkschaftliche **289** 1; Ordnung, betriebliche **283** 1; Ordnungswidrigkeiten **287** 49; **297** 70; Organisation **240** 31 ff.; **308** 14; *arbeitsteilige* **8** 4; Organisationseinheiten, abweichende **292** 26; Organmitglieder, besonderer Kündigungsschutz **13** 147; Ortskräfte **13** 167; parteipolitische Betätigung, Verbot **287** 30; **288** 1, 24 ff.; Persönlichkeitsentfaltung, freie **288** 31, 37 f.; Pflichtverletzungen **297** 1; Privatautonomie der Arbeitgeber **283** 19; Rahmenregelungen **283** 20; Realstatut **284** 25; Sachverständige, Hinzuziehung **287** 19; Sanktionen **287** 29 ff.; SCE-Betriebsrat **283** 15; Schwellenwerte **52** 1; Schwerbehindertenvertretung **283** 15; SE-Betriebsrat **283** 15; Seeschifffahrt **284** 22; Sprecherausschuss **283** 15; Strafantragsrecht **222** 46; Straftaten **287** 40, 49; Tarifautonomie **283** 21 ff.; Tarifdispositivität **283** 21 ff.; Tarifmacht **240** 22 ff.; Tarifnormen **251** 16; Tarifvorrang **283** 23; Tarifzuständigkeit **240** 25; Tendenzbetriebe **284** 2; Territorialitätsprinzip **13** 163 ff.; **284** 25; **302** 27 ff.; **307** 8; Unabdingbarkeitsgrundsatz **215** 15; Unabhängigkeit der Betriebspartner **289** 1; Unterlassungsanspruch des Arbeitgebers **287** 38; Unterlassungsansprüche **287** 38; Unternehmensebene **300** 1; Unternehmensverbindung **25** 39; Unternehmensverfassung, Abgrenzung **283** 7 ff.; Vertrauensmann der Zivildienstleistenden **283** 15; Wählbarkeit **52** 5 ff.; Wahlrecht **52** 3; Zusammenarbeit, vertrauensvolle **288** 1 f.; **294** 38; **295** 165; **299** 11; **310** 31 f.; zwingendes Recht **283** 20; **284** 26; **291** 2; **292** 1

Betriebsverfassungsgesetz, *s. Betriebsverfassung*
Betriebsverfassungsgesetz 1952, *s. Betriebsverfassung*
Betriebsverfassungsgesetz 1972, *s. Betriebsverfassung*

Betriebsverfassungsrecht, Arbeiterausschüsse **2** 20 f.; Beschäftigtenbeteiligung **1** 14; kollektives Arbeitsrecht **4** 6; Nachkriegszeit **2** 44 ff.; Privatautonomie der Arbeitnehmer **283** 17; Privatrecht **283** 16; **295** 1; Schutzbedürftigkeit der Arbeitnehmer **3** 37; Territorialitätsprinzip **300** 14; Weimarer Republik **2** 31

Betriebsverfassungsrechtliche Normen, Nachwirkung **261** 34; Tarifkollision **256** 31

Betriebsverhältnis, Anrufung des Arbeitsgerichts **287** 20; Begriff **287** 3 ff.; Beschlussverfahren **287** 12; Besprechungen, monatliche **288** 6; *Teilnahmerecht Dritter* **288** 6; Betriebsverfassung **287** 2; Dauerrechtsverhältnis, betriebsverfassungsrechtliches **287** 14; Dauerschuldverhältnis eigener Art **286** 2; **287** 3, 5, 8, 21; Drittwirkung **287** 13, 21 ff.; *Arbeitnehmer* **287** 22 ff.; *außerbetriebliche Dritte* **287** 28; *innerbetriebliche Dritte* **287** 27; *Koalitionen* **287** 26; Durchführung der Mitbestimmung, Anspruch des Arbeitnehmers **287** 24; Erfüllungsansprüche **287** 23; Gestaltungsaufgabe **287** 17; Innenverhältnis **287** 13; Kooperation **287** 1; Kooperationsgebot **287** 16, 26; **288** 3; **289** 1, 3; Loyalität **287** 16; Relativität **287** 21 ff.; Rücksichtnahme **287** 16; Schadensersatzansprüche **287** 23; Schuldverhältnis **287** 4, 12; *gesetzliches* **287** 6, 14 f.; Schutzwirkung für Dritte **287** 3, 7, 22 f.; Subsidiaritätsprinzip **287** 19; Treuhandverhältnis **287** 15; Unkündbarkeit **287** 8; Unterrichtungspflicht des Arbeitgebers **288** 7; Verhaltenspflichten, gesteigerte **286** 2; **287** 3; Verhandlungsprinzip **287** 18 f.; Zusammenarbeit, vertrauensvolle **287** 9, 16; **288** 2 ff.; Zweiseitigkeit **287** 9

Betriebsverlagerung, Arbeitskampfmittel **265** 24; Nachwirkung **238** 60

Betriebsverlagerung, weiträumige, Betriebsübergang **127** 53

Betriebsverlegung, Beteiligung des Betriebsrats **40** 61 f.; Sozialplan **40** 62; Verlegungskompetenz **40** 61

Betriebsversammlung, Abteilungsversammlung **298** 8; **299** 6 ff.; Angelegenheiten, allgemeinpolitische **299** 63; Angelegenheiten, arbeitnehmerbezogene **299** 61 f.; Angelegenheiten, betriebsbezogene **299** 61 f.; Angelegenheiten, innerbetriebliche **299** 47; Angelegenheiten, parteipolitische **299** 64; Anträge **299** 69 f.; Antragsrecht der Gewerkschaften **298** 16; Arbeitnehmerbegriff **298** 4; Arbeitskampf **298** 18; Arbeitskampfmittel **265** 12; außerhalb der Arbeitszeit **299** 18 ff., 97 ff.; außerordentliche **299** 13 ff., 77 ff.; *betriebliche Arbeitszeit* **299** 14, 78; *persönliche Arbeitszeit* **299** 14, 16, 78; Arbeitszeitrecht **299** 25; im Ausland **299** 5; außerordentliche **298** 1, 10 ff.; **299** 13, 19; *Gründe, besondere* **298** 10 f.; Befugnisse **298** 1, 3; **299** 69 f.; Begriff **298** 4; Berichtspflicht des Arbeitgebers **299** 54 ff., 61; *Form* **299** 60; *Vertretung* **299** 59; Beschlussfassung **299** 70; Betrieb **298** 4; *betriebsratsloser* **298** 22; Betriebsratswahlen **291** 198 ff.; **298** 17; Bewirtungskosten **299** 23; Dauer **299** 24; Dolmetscher **299** 23; Einberufung **299** 10, 100; *Antragsrecht* **222** 46; Einberufungspflicht **299** 9, 15; *Wunsch des Arbeitgebers* **298** 13; *Wunsch der Arbeitnehmer* **298** 14; Einberufungsrecht **298** 12; Einladung **299** 11; Fortsetzung am Folgetag **299** 24; Freiwilligkeit **299** 32, 35, 95; Friedenspflicht **299** 66a; Geheimnisschutz **299** 58; Gemeinschaftsbetrieb **299** 21; Geschäftsordnung **299** 42; Gewerkschaftspolitik **299** 67; Gleitzeit **299** 14; Hausrecht **299** 46; Informationsforum **298** 1; **301** 1; Kinderbetreuungskosten **299** 23; Kostentragung **299** 76, 100; Kündigungsschutz, besonderer **127** 5; Lage,

wirtschaftliche **299** 56; Leitung **293** 16; **299** 41 ff.; Mehrschichtbetrieb **299** 14; Meinungsbildung **298** 1; **299** 68; **301** 1; Meinungsfreiheit **299** 66; Nicht-Teilnahme **298** 2; **299** 95 f.; Nichtöffentlichkeit **299** 38 f., 45 f.; Öffnung des Betriebs **298** 2; **299** 15, 17; ordentliche **298** 1, 7 ff.; **299** 6, 13; Ort **299** 21; Protokoll **299** 44; Rechtsnatur **286** 28; **298** 5 f.; Rederecht **299** 73 f.; Rednerliste **299** 43; Sachmittel **299** 23; Sachverständige **299** 23; Schadensersatz **299** 72; Sozialpolitik **299** 65; Speicherung, elektronische **299** 45; Stellungnahmen **299** 69; Streitigkeiten **299** 100; Tagesordnung **299** 10 f., 24, 43; Tarifpolitik **299** 65; Tätigkeitsbericht des Betriebsrats **298** 16; **299** 48 ff., 61; Teilnahmepflicht **298** 2; Teilnahmerecht **222** 46; **299** 11, 26 ff.; *Altersteilzeit* **299** 28; *Arbeitgeber* **298** 4; **299** 33 ff.; *Arbeitgebervereinigung, Beauftragte* **299** 37; *Arbeitnehmer* **299** 27 ff.; *Arbeitnehmer, gekündigte* **299** 28; *Arbeitnehmerüberlassung* **299** 29; *Arbeitsverhältnis, ruhendes* **299** 28; *Auszubildende* **299** 29a; *Beamte, zugewiesene* **299** 29a; *Betriebsfremde* **299** 38 f.; *Elternzeit* **299** 28; *Gewerkschaftsbeauftragte* **299** 36; *Kurzarbeit* **299** 28; *leitende Angestellte* **299** 30, 40; *Streik* **299** 28; *Urlaub* **299** 28; Teilversammlung **298** 8; **299** 2 ff., 16, 41; *im Ausland* **299** 5; *Teilnahmerecht* **299** 31; Teilzeitbeschäftigte **52** 22 ff.; Themen **299** 47, 61, 65, 71; Übertragung in andere Räume **299** 45a; Umsatzeinbußen, vermeidbare **299** 15; Umweltpolitik **299** 65; Unternehmensentwicklung **299** 56; Unterrichtung des Arbeitgebers **299** 11; Vergütung **299** 19, 77 ff., 100; Berechnung **299** 88 ff.; Fahrkosten **299** 93 f., 100; *Wegezeiten* **299** 91 f., 100; *Zuschläge* **299** 90; Versammlungsraum **299** 21; Verschwiegenheitspflicht **299** 75; virtuelle **299** 22; Vollversammlung **298** 8, 16; **299** 1, 16; Willensbildung **299** 68; Wirtschaft **299** 65; Zeitpunkt **299** 11, 12 ff.; Zutrittsrecht zum Betrieb **289** 7
Betriebsvertretung, Organisation **2** 46
Betriebszugehörigkeit, Arbeitnehmer **24** 54 ff., 61, 63; **285** 9 ff.; Arbeitsverhältnis, ruhendes **285** 20; Ausbildungsgehalt **285** 28; Aushilfen **285** 11; Auslandstätigkeit **13** 165; befristet Beschäftigte **285** 12; Begriff **24** 55 f.; zur Berufsausbildung Beschäftigte **285** 22 ff.; Betriebsratswahlen **291** 68 f., 68 ff.; Betriebsübergang **142** 145; Betriebsverfassung **24** 60; Bundesfreiwilligendienst **285** 21; doppelte **291** 71; Eingliederungstheorie **291** 71 ff.; Einstellung **36** 5; freiwilliges ökologisches Jahr **285** 21, 30; freiwilliges soziales Jahr **285** 21, 30; geringfügig Beschäftigte **285** 12; Gleichgestellte **285** 32 ff.; Heimarbeiter **285** 33; Kündigungsausschluss **123** 25; Leiharbeit **24** 62; Leiharbeitnehmer **285** 16 f.; **291** 71; mehrfache **24** 57; Sozialversicherungspflicht **285** 15, 28; Tätigkeit außerhalb der Betriebsstätte **24** 58; Tätigkeitsort **285** 13; Teilzeitbeschäftigte **285** 10; Ungleichbehandlung **14** 43; Vergütungshöhe **285** 14; Weiterbeschäftigung nach Kündigung **285** 18 f.; Zwei-Komponenten-Lehre **291** 69 ff., 74 f.
Betriebszusammenfassung, Begriff **292** 55; Eingliederung, Abgrenzung **292** 56 ff.; im engeren Sinne **292** 58 f., 61; Restmandat **206** 98; Übergangsmandat **292** 36, 41, 54 ff., 61 ff.
Beurlaubung, Arbeitspflicht, Wegfall **41** 2
Beurteilungen, Datenspeicherung **96** 53; Eignungsuntersuchung **288** 39; Gutachten, graphologische **288** 39; Testverfahren, psychologische **288** 39
Beurteilungsgrundsätze, Einigungsstellenverfahren **308** 15; Mitbestimmungsrecht des Betriebsrats **3** 45

Beurteilungsrichtlinien, Mitbestimmungspflicht **96** 115
Bevollmächtigung, Tarifvertrag **234** 23 ff., 56
Bewachungsgewerbe, Sonntagsarbeit/Feiertagsarbeit **185** 29
Bewerber, bestqualifizierte **17** 64 ff.; Diskriminierungsschutz **16** 29 f.; *Auskunft* **17** 119; Nichtberücksichtigung **17** 63, 70
Bewerberverfahrensanspruch, Konkurrentenklage **154** 71, 73
Bewerbungskosten, Arbeitsförderung **29** 81a; Erstattung **236** 52
Bewerbungstraining, Transfermaßnahmen **29** 96
Bewerbungsunterlagen, Datenschutz **35** 12; Rückgabepflicht bei Beendigung des Arbeitsverhältnisses **139** 1; Üblichkeit **17** 119
Bewerbungsverfahren, Beweislastverteilung **32** 158
Bewirtungsbetriebe, Ruhezeitverkürzung **183** 9
Bezüge, Arbeitsentgelt **60** 10
Bezugnahme, *s. a. Verweisungen*; AGB-Kontrolle **246** 32 ff.; **258** 16; Allgemeine Arbeitsbedingungen **246** 7, 45; Änderung **246** 26 f.; Anerkennungstarifvertrag **246** 26 f.; Arbeitsbedingungen, Gleichstellung **246** 4; Aufhebung **246** 26; Auslegung **246** 15, 42; Beschränkungen **246** 28; betriebliche Übung **246** 23 ff., 27; Betriebsübergang **247** 39; Betriebsvereinbarung **246** 73 ff.; Bezugnahmeobjekt **246** 21, 35, 37 ff.; Bezugnahmevereinbarung **246** 15; deklaratorische **246** 22; Dynamik **246** 48 ff.; Entgeltregelungen **246** 38; Firmentarifvertrag **246** 42; Form **246** 16 f.; Gemeinsame Einrichtungen **242** 46; **246** 31, 37; Gesamtvergleich **253** 46 ff.; Günstigkeitsprinzip **246** 11; **253** 11; **256** 10; Haussanierungstarifvertrag **246** 42; Informationspflicht **246** 17; Jeweiligkeitsklausel **246** 51; Kontrollprivileg **246** 44 ff.; **262** 19; Minderheitenvertrag **246** 40; **256** 66; Nachweispflicht **246** 16; **261** 27; Rosinenpicken **237** 114; schuldrechtliche **225** 3; **232** 11; **246** 2; Tarifauslegung **243** 12; Tarifdispositivität **246** 6; Tarifentwicklung **246** 48 ff., 52; Tarifvertrag **225** 3; **232** 11; **234** 52, 64; **246** 1 f., 37; **251** 19; **256** 38; *Abweichung vom* **246** 1; *ausländischer* **262** 18 ff.; *beendeter* **246** 39; *Geltungsbereich* **238** 15; *Geltungserhaltung* **246** 5; *nichtiger* **246** 41; *Tarifauslegung* **246** 46; *Teil eines Tarifvertrags* **246** 38; *unwirksamer* **246** 41; Trittbrettfahren **246** 4, 28; Umfang **246** 19 ff.; Urlaubsregelungen **246** 38; Verbandstarifvertrag **246** 2; Verweisung, statische **246** 8; Wirkung, schuldrechtliche **246** 9 ff.
Bezugnahmeklausel, Änderungskündigung **119** 49a; Arbeitsbedingungen **37** 21; Arbeitsvertragsfreiheit **219** 45; Auslegung **243** 12; Betriebsinhaberwechsel **8** 14; Betriebsübergang **8** 15; dynamische **26** 38; **142** 182; Einzelverweisung **8** 14, 26; Gewerkschaftsmitgliedschaft **219** 46; Gleichstellungsabrede **8** 15 f.; Globalverweisung **8** 14, 26; große dynamische **8** 14; **26** 38; **142** 185; **246** 8, 17, 52 ff.; kleine dynamische **8** 14, 16; **142** 185; **246** 8, 42, 49 ff.; Neuverträge **8** 15; Rechtsprechungsänderung **6** 37; Tarifgeltung, dynamische **219** 31; **246** 8; Tarifsukzession **246** 57; Tarifvertrag, Anwendbarkeit **5** 12; **8** 13 ff.; Teilverweisung **8** 14, 25 f.; Transparenzgebot **246** 35, 45; unbedingte zeitdynamische **142** 185; Verweisung, dynamische **8** 14, 16; **142** 185; Verweisung, konstitutive **8** 15; Verweisung, statische **8** 14; **142** 185 ff.
Bibliotheken, Sonntagsarbeit/Feiertagsarbeit **185** 23
Bilanzgewinn, Arbeitsentgelt **60** 10

Bildschirmarbeit, Gefährdungsbeurteilung **174** 63; **177** 31; mobile Arbeit **177** 3, 31
Bildschirmarbeitsplatz, Anforderungen **177** 30, 32; Arbeitsmedizin **180** 26; Arbeitsmittel, sonstige **177** 32; Arbeitsorganisation **177** 33; Arbeitsschutz **173** 27f.; **177** 31ff.; Arbeitsstättenverordnung **177** 31; Arbeitsumgebung **177** 32; Arztwahl, freie **180** 38; Augenuntersuchungen **177** 33; Benutzerfreundlichkeit **177** 32; Bildschirmgeräte **177** 31f.; Einzelrichtlinien **173** 27f.; Laptops **177** 31; Pausen **177** 33; **183** 20; Rechenmaschinen **177** 31; Registrierkassen **177** 31; Tastatur **177** 32
Bildschirmarbeitsverordnung, Integration in Arbeitsstättenverordnung **177** 1, 31
Bildschirmgeräte, Arbeitsschutz **12** 44; Einzelrichtlinie **173** 27; Legaldefinition **177** 31
Bildung, berufliche, Arbeitsförderung **29** 1
Bildungsgutschein, Weiterbildung, berufliche **29** 89
Bildungsmaßnahmen, berufsvorbereitende, Förderungsmaßnahmen **29** 86
Bildungsscheine, Weiterbildung, berufliche **150** 53
Bildungsurlaub, Arbeitsbefreiung **41** 3; **85** 1; Dauer **90** 10; Eingriffsnormen **13** 119; Freistellungsanspruch **90** 12; Freistellungsbegehren **90** 19; Gesetzgebungskompetenz **90** 1, 3; **226** 2; ILO-Übereinkommen Nr. 140 **90** 2; Landesgesetze **5** 9; Landesrecht **90** 1, 3ff.
Bildungsveranstaltung, Eignung **90** 24
Bildungsveranstaltungen, *s. a. Schulungsveranstaltungen*; allgemeine **295** 84; Betriebsratsmitglieder **308** 14; Kostentragung **296** 26
Billigkeitskontrolle, Arbeitsvertrag **14** 7; **37** 24; Koalitionssatzungen **220** 23
Binnenmarkt, Schutzniveau **173** 4f.
Binnenschifffahrt, Arbeitsrecht **19** 25; **164** 19ff.; Arbeitszeit **164** 24; **181** 32f.; Arbeitsrecht **182** 60; Arbeitszeitrecht **187** 13ff.; Betriebsformen **187** 14, 15; Entgeltanspruch, Fälligkeit **69** 5; Jugendarbeitsschutz **194** 5; Ruhezeiten **181** 28
Biologische Arbeitsstoffe, *s. Biostoffe*
Biologische Sicherheit, *s. Gentechnische Anlagen*
Biostoffe, Anlagen, abwassertechnische **179** 71; Begriff **179** 71; Beseitigung **179** 81; Betriebsanweisung **176** 33; **179** 82f.; Betriebsunterweisung **176** 33; Biostoffverordnung **179** 70ff.; *Anwendungsbereich, personeller* **179** 73; Arbeitsschutz **174** 4; Deponien **179** 71; Dokumentation **179** 78; Endoparasiten, human-pathogene **179** 71; Gefährdungsbeurteilung **175** 21; **179** 71, 77f.; Gefahrstoffverordnung **179** 38, 70; Gentechnikrecht **179** 70; Herstellung **179** 72; Informationsbeschaffung **179** 76; Informationspflichten **179** 84; Informationsrechte **175** 18; Kompostieranlagen **179** 71; Lagerung **179** 81; Landwirtschaft **179** 71; Mikroorganismen **179** 71; *gentechnisch veränderte* **179** 71; Minimierungsgebot **179** 81; Mutterschutz **190** 6; Ordnungswidrigkeiten **179** 86; Risikobekämpfung **179** 82; Risikogruppen **179** 69, 74f.; Schutzmaßnahmen **179** 71, 77, 79ff.; Substitutionsgebot **179** 80; Tätigkeiten **179** 72; *im Gefahrenbereich biologischer Arbeitsstoffe* **179** 72; *gezielte* **179** 77; *nicht gezielte* **179** 71, 77; Textilindustrie **179** 71; Textilreinigung **179** 71; Training **179** 82a; Transport **179** 81; Überwachung **179** 86; Umgang, beruflicher **179** 72; Unionsrecht **179** 68f.; Unterweisung **179** 82a; Unterweisungsrechte **175** 18; Verwendung **179** 72; Werkstoffsortieranlagen **179** 71; Zellkulturen **179** 71
Biostoffrecht, *s. Biologische Arbeitsstoffe*

Blaue Karte, Aufenthaltstitel **30** 9f., 14
Blaumachen, Arbeitsleistung **43** 7
Blitzaustritt, Tarifbindung **245** 10, 48f., 77
Blitzwechsel, Tarifbindung **245** 48, 77
Blue-pencil-Test, AGB-Kontrolle **37** 43; Vertragsstrafenvereinbarung **43** 53
Blutentnahmen, Alkoholkontrollen **55** 22
Blutspende, Entgeltfortzahlung **79** 4; **84** 1, 5; *Erstattungsanspruch des Arbeitgebers* **84** 11ff.; Folgeerkrankungen **84** 10
Bollacke (Rs.), Urlaubsabgeltungsanspruch, Vererblichkeit **40** 10
bona fides, Kündigung **107** 2
Bonus, Arbeitsleistung **40** 48
Bonussysteme, Vorteilsherausgabe **66** 1
Bordversammlung, Informationspflicht des Arbeitgebers **309** 14; Informationspflicht des Kapitäns **309** 14; Kündigungsschutz, besonderer **127** 5; Sprechstunden **309** 14
Bordvertretung, Amtszeit **309** 12; Anhörung **129** 146; Arbeitnehmervertretung **164** 2; Auszubildende **129** 24ff.; Geheimhaltungspflicht **295** 215; Geschäftsführung **164** 3; Informationsrechte **309** 16; Jugendliche **32** 56ff.; Kommunikationsmittel **309** 13; Kündigung, außerordentliche **124** 106; **127** 2, 33, 37f., 42ff.; *wichtiger Grund* **127** 39ff.; Kündigungsschutz, besonderer **127** 1, 3f., 8, 33ff.; *Nachwirkung* **127** 28f., 32; Mitbestimmungsrechte **164** 3; Mitgliederzahl **309** 11; Schiffe, einzelne **311** 177; Seebetriebsverfassung **311** 178; Versetzung von Mitgliedern **127** 14ff.; Vertretung, betriebliche **309** 1, 7ff.; Wahl **164** 3f.; **309** 8
Bossing, Begriff **55** 41
Botschaftspersonal, Arbeitskollisionsrecht **13** 54f.
Boykott, Arbeitskampfmittel **265** 11, 16f.; **273** 1, 7; arbeitsrechtlicher **265** 11; Boykottaufrufe **224** 46; **273** 7; *Schadensersatz* **224** 46; güterrechtlicher **265** 11; **273** 7; Seeschifffahrt **164** 19; Verruf **273** 7; Zuzugssperre **265** 11
BQG, *s. Beschäftigungs- und Qualifizierungsgesellschaften*
Branchentarifvertrag, Tarifbindung **225** 4
Brandbekämpfung, Vorsorgemaßnahmen **178** 60ff.
Brandenburg, Koalitionsfreiheit **217** 11f.; Kündigungsschutz für Abgeordnete **129** 84, 91f.; Ladenschlussregelung **188** 14; Streikrecht **217** 13; **271** 5; Tarifvertragsrecht **217** 14
Bremen, betriebliche Altersversorgung **202** 119; Kammern auf Arbeitnehmerseite **218** 25; *Staatskonkurrenz gegenüber Koalitionen* **218** 97, 104; Koalitionsfreiheit **217** 11; Kündigungsschutz für Abgeordnete **129** 86, 93f.; Ladenschlussregelung **188** 14; Schlichtungswesen **217** 12; Streikrecht **217** 13; **271** 6; Tarifvertragsrecht **217** 14
Brexit, Arbeitnehmerfreizügigkeit **30** 30
Brüssel Ia-VO, Zuständigkeit, internationale **12** 18; **13** 173f.
Bruttolohnvereinbarung, Entgeltklage **70** 26; Lohnabzüge, erlaubte **62** 48f.; Lohnsteuer, pauschale **62** 42, 56; Vergütungsvereinbarung **62** 42, 44
Buchungsbelege, Aufbewahrungspflicht **139** 15
Bühnenangehörige, Leistungsschutzrechte **99** 33
Bühnenarbeitsverhältnis, Abfindung **165** 56; Altersgrenze **165** 53, 58; Änderungsmitteilung **165** 53; Arbeitsbefreiung **165** 37; Arbeitszeit **165** 41f.; Aufführungen **165** 41f.; Aushilfstätigkeit an anderer Bühne **165** 37; Aushilfsverträge **165** 27; Bedingung, auflösende **165** 33; Beendigung **165** 51ff.; Befristung

Fette Ziffern = Paragrafen **Sachverzeichnis**

103 60; **165** 24 ff., 28, 33, 51, 57; Berufsunfähigkeit **156** 57; Beschäftigungspflicht **165** 2, 48; Bestandsschutz **165** 55; betriebliche Altersversorgung **165** 5; Bühnenbrauch **165** 2, 15; Bühnenkleidung **165** 35; Bühnenschiedsgerichtsbarkeit **165** 2, 10, 63 ff.; Einstellungsuntersuchung **165** 31; Erwerbsminderung **165** 60; Feiertagsarbeit **165** 5, 42; Formularverträge **165** 14; Gage **165** 44 ff.; Gastierurlaub **165** 37; Gastspielverträge **165** 17 f., 27; Hausordnung **165** 62; Höchstbefristung **165** 60; Intendantenwechsel **165** 54, 56; Kettenbefristung **165** 52; Kunstfach **165** 34; Kunstfreiheit **156** 58 f.; **165** 1, 5, 22, 25; Kunstgattung **165** 34; Mindestinhalt des Arbeitsvertrags **165** 34; Mitbestimmung **165** 61 f.; Mutterschutz **165** 5; Nachweispflicht **165** 32; Nebenbeschäftigung **165** 43; Nichtverlängerungsmitteilung **103** 64, 183; **108** 4; **165** 2, 51 ff.; *Anhörung* **165** 54 f.; Normalvertrag Bühne **165** 2, 7 ff.; *Geltungsbereich, persönlicher* **165** 8; Offenbarungspflichten des Arbeitnehmers **165** 31; öffentlicher Dienst **165** 6; Ordnungsausschuss **165** 62; Pausen **165** 42; Personalvertretungsrecht **165** 5; Probearbeitsverträge **165** 28 f.; Proben **165** 41 f.; Regisseure **165** 18; Ruhezeit **165** 42; Schriftform **165** 32; Sonntagsarbeit **165** 5, 42; Sozialbezüge **165** 46; Sozialversicherungsrecht **165** 17; Spielzeitverträge **165** 17, 24; Stückdauerverträge **165** 27; Tarifvertrag **154** 27; **165** 2, 6 ff.; Teilspielzeitvertrag **165** 28, 51; Tendenzschutz **165** 61; Übergangsgeld **165** 56; Urheberrecht **165** 5, 49; Urlaub **165** 47; Vertragsanbahnung **165** 30; Vorproben **165** 30; Weiterbeschäftigung **165** 52
Bühnenengagementsvertrag, *s. a. Bühnenarbeitsverhältnis*; Änderungskündigung **165** 57, 59; Befristung **165** 1 f., 51, 57; Kündigung, außerordentliche **156** 59; Kündigung, ordentliche **165** 57; Leistungserbringung **165** 1; Zeitvertrag **165** 24
Bühnenkünstler, Arbeitnehmer **165** 1, 16 ff.; Arbeitseinteilung **165** 41; Arbeitszeitdauer **165** 39; ausübende Künstler **165** 49; Beihilfen **165** 46; Beschäftigungsinteresse **92** 12; Beschäftigungspflicht **165** 48; Engagement-Wechsel **165** 24; Gage **165** 44; Jubiläumszuwendungen **165** 46; Kleidung **165** 43; Krankenbezüge **165** 46; Krankengeldzuschuss **165** 46; Leistungen, vermögenswirksame **165** 44; Mitwirkungspflicht **165** 35 ff., 50; Namensnennung **165** 2, 15; Rechteübertragung **165** 50; Regisseure **165** 34; Schiedsgerichtsbarkeit, tarifliche **241** 3; Solomitglieder **165** 8 f., 24 f., 33, 34, 36, 48; *Arbeitszeitdauer* **165** 39; *Gage* **165** 44; *Teilzeitarbeit* **165** 40; Sterbegeld **165** 46; Tendenzträger **165** 16
Bühnenschiedsgerichtsbarkeit, Aufhebungsverfahren **165** 66; Bühnenarbeitsrecht **165** 2, 10; Bühnenschiedsgerichtsordnungen **165** 63 ff.; Rahmentarifvertrag **19** 28; Tarifvertrag **165** 10; Vergütungsansprüche **99** 56
Bühnenschiedstarifvertrag, Bezugnahme **246** 18
Bühnentechniker, Arbeitnehmereigenschaft **165** 16; Arbeitsrecht **19** 27; **165** 8 f.; Arbeitsvertrag **165** 34; Arbeitszeit **165** 32, 39; Befristung **165** 24 f.; Beschäftigungspflicht **165** 48; Gage **165** 44; Mitwirkungspflichten **165** 36; Nachweispflicht **165** 32; Teilzeitarbeit **165** 40
Bummelei, Abmahnung **40** 47; Schlechtleistung **43** 4, 30
Bund, Insolvenzsicherung **202** 130
Bundesarbeitsgericht, Arbeitsgerichtsbarkeit **6** 2
Bundesbank, Stellungnahmen **221** 21

Bundesfreiwilligendienst, Betriebsratswahlen **291** 131; Betriebszugehörigkeit **285** 21; Mutterschutz **189** 9; Rechtsverhältnis **19** 64; **157** 7; Urlaubsanspruch **89** 30; Zivildienst, Ersetzung **31** 19
Bundesimmissionsschutzgesetz, Gesundheitsschutz **93** 2
Bundesknappschaft, Insolvenzsicherung **202** 130
Bundeslotsenkammer, Tariffähigkeit **232** 79
Bundesrecht, Arbeitskampf **270** 1 f.
Bundestagsabgeordnete, Änderungskündigung **129** 81; Behinderungsverbot **41** 6; **129** 69, 74; Beurlaubungsanspruch **41** 6; Diätenanspruch **41** 6; Ersatzkandidat **129** 75; Kündigung, außerordentliche **129** 80, 82; Kündigung, ordentliche **129** 80 f.; Kündigungsschutz, besonderer **129** 70, 76 ff.; *Klagefrist* **129** 83; Wahlbewerber **129** 74
Bundesvereinigung der Arbeitgeberverbände, Koalitionseigenschaft **220** 4
Bundeswehr, Arbeitszeitschutz **181** 29; **186** 27; Sonntagsarbeit/Feiertagsarbeit **185** 18
Bündnisgespräche, Unverbindlichkeit **221** 23
Bündnisse für Arbeit, betriebliche, Beschäftigungspolitik **221** 23; Günstigkeitsvergleich **253** 48 ff.; Koalitionsvereinbarungseigenschaft **264** 7; Öffnungsklauseln **252** 1; Tarifpflichten, Geltendmachung **255** 7
Büropersonal, Betriebsratstätigkeit **296** 2, 56 ff., 68
Busfahrer, Nebentätigkeitsverbot **55** 59
Bußgelder, vom Arbeitnehmer gezahlte **93** 42
Cafés, Ruhezeitverkürzung **183** 9
Caritas **116** 21, *s. a. Kirchliche Einrichtungen*; Arbeitsrecht **158** 39; Arbeitsrechtsregelungsverfahren **161** 12, 16 f.; Einrichtung, verselbständigte **158** 38 ff.; Grundordnung des kirchlichen Dienstes **158** 63; Kirchenautonomie **158** 33 ff.; Schlichtungsstelle, kirchliche **162** 2; Ungleichbehandlung **116** 21, 33
CE-Kennzeichnung, Maschinensicherheit **178** 12, 12b, 17, 19, 24, 32; Schutzausrüstung, persönliche **180** 12, 16
CEN, europäische technische Normung **174** 33; **180** 8
CENELEC, europäische technische Normung **174** 33; **180** 8
Charakterbild, Recht am, Persönlichkeitsrecht des Arbeitnehmers **94** 13 f.
Charta der Grundrechte der Europäischen Union, *s. Grundrechtecharta*
Chefarzt, Anstellungsvertrag **170** 33 ff.; Arbeitnehmereigenschaft **19** 48; **170** 32; Arbeitspflicht **40** 7; Arbeitszeitgesetz **182** 54; Bereitschaftsdienst **170** 41; Delegation **170** 37; Dienstaufgaben **170** 34 ff.; Gesamtverantwortung, medizinische **170** 31; Kündigung, außerordentliche **170** 51; Kündigung, ordentliche **170** 51; Kündigungsschutz **170** 32, 50; Leistungserbringung, persönliche **170** 39 f.; Leitungsfunktion **170** 2; Personaleinsatzplanung **170** 36; Privatliquidationsbefugnis **170** 9, 38, 43; Rufbereitschaft **170** 41; Vergütung **170** 42 ff.; Weisungsfreiheit **170** 67
Chefarztvertrag, Änderungsvorbehalt **40** 40; Ausübungskontrolle **170** 49; Befristung **170** 51; Entwicklungsklauseln **170** 47 ff.; Inhaltskontrolle **170** 47 f.
Chemikaliengesetz, Gesundheitsschutz **93** 2; Umweltrecht **174** 2
Chemikalienrecht, *s. a. Gefahrstoffrecht*; Anmeldeverfahren **179** 2, 22 f.; Anordnungsbefugnisse **179** 65 f.; Arbeitsschutz **179** 64; Beschränkungen **179** 28; Beschränkungsrichtlinie **185** 18; Bewertungsstelle für

1605

Sachverzeichnis

Magere Ziffern = Randnummern

Arbeitsschutz und Arbeitsmedizin 179 14; Bewertungsstelle Gesundheit und Verbraucherschutz 179 14; Bewertungsstelle Umwelt 179 14; Biozidprodukte 179 25, 38; Biozidverordnung 179 16, 18; Bundesstelle für Chemikalien 179 14, 16; Chemikalien-Sanktionsverordnung 179 44; Chemikaliengesetz 179 16 ff.; Chemikalienrichtlinie 179 2; CLP-Verordnung 179 15, 27; Einstufung 179 15; Gefahrenabwehr 179 17; Gefahrenvorsorge 179 17; Gefahrstoffinformation 179 27, 35, 39 ff.; Herstellungsbeschränkungen 179 13; Kandidatenliste 179 13; Kennzeichnung 179 15, 35, 39 f.; krebserzeugende Stoffe 179 6, 26; Mitteilungspflichten 179 24; Ordnungswidrigkeiten 179 67; Rahmenrichtlinie 179 5; REACH-Anpassungsgesetz 179 14 f.; REACH-Verordnung 179 8 ff., 14a, 22, 26, 41 f.; Registrierung 179 8 ff., 22 ff.; Richtlinien, marktbezogene 179 1 ff.; Richtlinien, umgangsbezogene 179 1, 4 ff.; Sicherheitsdatenblatt 179 23; Stoffe, besonders besorgniserregende 179 13; Stoffinformationen 179 23; Stoffsicherheitsbericht 179 9, 23; Straftatbestände 179 67; Überwachung 179 64 ff.; Umweltinformationsgesetz 179 23; Unionsrecht 179 1; Verbote 179 28; Verpackung 179 15, 35, 39 f.; Verwendungsbeschränkungen 179 13; Zubereitungsrichtlinie 179 2; Zulassungsverfahren 179 13, 25 f.

Chirurgisch-technische Assistenten, Leistungserbringung 170 6

Christel-Schmidt-Entscheidung, Richterrecht 6 33

Christlicher Gewerkschaftsbund, Berufsverbandsprinzip 222 16; Organisationsgrad 222 19a; Organisationsstruktur 222 30

closed shop, Europäische Menschenrechtskonvention 12 3; 219 33; Koalitionsfreiheit 218 59; 220 13; *negative* 219 33; 237 22; Kontrahierungszwang 239 37

CLP-Verordnung, Chemikalienrecht 179 15, 27; Mutterschutz 190 4

Codex Iuris Canonici, Arbeitsrecht 158 50; Dienstrecht 158 49 f.

Compliance, Auskunftspflicht 55 7; Gesetzestreue 54 50; Korruptionsverbote 54 50; Risikomanagement 55 7

Computerprogramme, Änderungsverbot 99 49; Anerkennungsrecht 99 48; Arbeitnehmererfindungen, Abgrenzung 99 52 ff.; Benennungsrecht 99 48; Entstellungsverbot 99 49; freie Werke 99 51; Lizenz 99 43; Sondervergütung 99 45; Urheberpersönlichkeitsrecht 99 46; Urheberschutz 99 39 ff.; Verbesserungsvorschläge, technische 99 54; Veröffentlichungsrecht 99 47; Zugangsrecht 99 50

Contractual Trust Arrangement, betriebliche Altersversorgung 205 21; 206 124; 212 222 ff.; Doppeltreuhand-Modell 212 228, 232, 235 f.; Insolvenzanfechtung 212 236; Insolvenzfestigkeit 212 234 f.; Sicherungstreuhand 212 233; Treuhand, doppelseitige 212 228, 232; Treuhand, einseitige 212 228, 231; Trustvertrag 212 228; Verpfändungsmodell 212 228, 231, 235 f.

Copiloten, Flugbetrieb 309 39

corporate identity, Arbeitskleidung, einheitliche 55 29

Crowdwork, Beschäftigungsform 21 30

Crowdworker, Statuszuordnung 21 30

CTA, *s. Contractual Trust Arrangements*

D&O-Versicherung, Führungskräfte 57 51; Organmitglieder 57 51

Dachverbände, Gründung 223 11; Kampffonds 223 25

Danosa-Entscheidung, Geschäftsführer, Arbeitnehmerstatus 6 33; 143 2

Daouidi-Entscheidung, Behinderungsbegriff 16 22

Daseinsvorsorge, Arbeitskampf 272 82 f.; *Notstandsarbeiten* 278 1; *Verhältnismäßigkeitsprinzip* 272 87; Betriebsübergang 142 13

Dateien, Zugriff, unbefugter 124 68

Daten, Ablaufdaten 113 39; Beschäftigungsdaten 113 39; biometrische 113 39; genetische 113 39; Gesundheitsdaten 113 39; Krankheitsdaten 113 39; Personaldaten 113 39; personenbezogene 113 39; sensible 113 39 f.; Tätigkeitsdaten 113 39

Datenabfrage, Kündigung, außerordentliche 124 57

Datenerhebung, Begriff 33 18; Datenschutz 96 3, 29 f., 39, 45 ff.; Direkterhebung 33 171, 210; Einwilligung 33 182, 190 ff.; Haftung 33 175; Unzulässigkeit 33 172; Verhältnismäßigkeit 33 19

Datengeheimnis, Verpflichtete 54 48

Datennetze, Funktionsfähigkeit, Aufrechterhaltung 185 32

Datennutzung, Datenschutz 96 29 f., 39, 45 ff.

Datenschutz, Arbeitskollisionsrecht 13 128; Arbeitsverhältnis 96 18 ff.; Arbeitsvermittlung 29 32; *private* 29 55; Arztgeheimnis 180 31; Auskünfte des Arbeitgebers 35 33 ff.; Auskunftsanspruch 96 71 ff.; Begriff 96 1; Benachrichtigungsanspruch 96 70; Berichtigungsanspruch 96 77 f.; Beschäftigtenbegriff 33 18; 96 23 f.; Beschäftigtendatenschutz 96 8; Beschäftigtenverhältnis, Anbahnung 33 16; besondere Daten 96 83; besondere personenbezogene Daten 96 7, 130 f.; Beweislastumkehr 96 89; Bewerbungsunterlagen 35 12; Bundesdatenschutzgesetz 96 6 ff., 18, 29; *Subsidiarität* 96 31, 38; Bundesdatenschutzgesetz 2018 96 9, 119 ff.; Datei, nicht-automatisierte 96 25 f.; Datenerhebung 96 3, 29 f., 39, 45 ff.; Datenlöschung 96 39, 66; Datennutzung 96 29 f., 45 ff., 59 ff.; Datensparsamkeit 96 7; Datenspeicherung 96 45 ff., 52 f.; *unzulässige* 96 81; *Zweckbestimmung, Wegfall* 96 82, 84; Datentransfer, grenzüberschreitender 96 65; Datenübermittlung 96 45 ff., 56 ff., 60 ff.; Datenveränderung 96 45 ff., 54 f.; Datenverarbeitung 96 3, 7, 29 f., 39 ff., 133; Datenvermeidung 96 7; Direkterhebung 96 39; Einwilligung des Betroffenen 96 7, 30, 35 ff., 126 ff.; *AGB-Kontrolle* 96 37; *Schriftform* 96 36; Erfüllung eigener Zwecke 96 28; Erlaubnistatbestand 33 16 f.; fremde Zwecke 96 28; harmlose Daten 96 62; Hinweispflicht des Arbeitgebers 96 36; Individualrecht 96 68 f.; Kontextverlust 96 1, 77; Krankheitsdaten 113 39; Kündigung 312 83; Landesdatenschutzgesetze 96 10; Löschungsanspruch 96 79 ff.; Meldepflicht für private Stellen 96 7; Meldepflichten 96 67; Mitbestimmung 96 110 ff.; Mitbestimmungsanspruch 96 116; non-liquet-Fall 96 77, 85; Personalfragebogen 96 51; personenbezogene Daten 96 1, 18 f., 21 f.; *Bestimmbarkeit* 96 21 f.; *Pseudonymisierung* 96 21; *Übermittlung in Ausland* 96 7; Persönlichkeitsrecht 3 35; Persönlichkeitsrecht, allgemeines 113 40; Recht auf informationelle Selbstbestimmung 96 1, 4, 29; safe harbour principles 96 65; Schadensersatz 96 89; Schmerzensgeld 96 90; Selbstsuche 29 73; sensible Daten 96 83; Speicherungsverbot, mittelbares 96 82; Sperrungsanspruch 96 85 f., 88; Sprecherausschussvereinbarung 312 11, 53; Stellen, nichtöffentliche 96 6, 18 f.; Straftaten, Aufdeckung 96 50, 125; Tätigkeiten, familiäre 96 28; Tätigkeiten, persönliche 96 28; Telearbeit 201 17; Telefondatenerfassungsanlage 96 21;

Fette Ziffern = Paragrafen **Sachverzeichnis**

Telekommunikationsgesetz **96** 6; Unterlassungsanspruch, negatorischer **96** 91f.; Verarbeitung, automatisierte **96** 25; Verbot mit Erlaubnisvorbehalt **96** 30, 119; Verwendungsverbot **96** 43; Vorabkontrolle **96** 67; Widerspruchsrecht **96** 87
Datenschutzbeauftragte, Abberufung **96** 108; Amtsführung **96** 100; Arbeitsverhältnis, Beendigung **96** 109; Aufgaben **96** 11, 103ff.; Benachteiligungsverbot **15** 1; Berichterstattung **96** 102; Bestellungspflicht **96** 94ff.; Bestellungsverfahren **96** 99; betriebliche **96** 93; Betriebsverfassung **283** 15; Datenschutzkontrolle **96** 93; Dritte, innerbetriebliche **287** 27; Fachkunde **96** 98; Informationspflicht des Arbeitgebers **96** 106f.; Kontrollkompetenz **96** 103; Nebenamtlichkeit **96** 98; Überwachungsbefugnis **96** 103ff.; Unterstützung durch Arbeitgeber **96** 102; Verschwiegenheit **96** 101; Zuverlässigkeit **96** 98
Datenschutzgrundverordnung, Anwendungsvorrang **96** 13; Arbeitnehmerdatenschutz **33** 16; **96** 9, 14; Arbeitsverhältnis **12** 18; Beschäftigtenbegriff **96** 16, 24; Beschäftigtenkontext **55** 33; **96** 9, 14ff., 134f.; Daten, personenbezogene **96** 16; Datenschutzrecht **96** 13f.; Individualrechte **96** 69; Mindeststandard **96** 15; Öffnungsklauseln **96** 13f.; Recht auf Vergessenwerden **96** 69; Vollharmonisierung **96** 15
Datenschutzkontrolle, Aufsicht, staatliche **96** 118; Datenschutzbeauftragte **96** 93
Datenschutzrichtlinie, Datenschutzrecht **96** 12
Datenübermittlung, Einwilligung **33** 182
Datenverarbeitung, automatisierte **96** 44; *Haftung, verschuldensunabhängige* **96** 89; Betriebsvereinbarung **96** 31f., 132; Datenschutz **96** 3, 7, 29f., 39ff.; Einigungsstellenspruch **96** 31f.; Erforderlichkeit **96** 135; Kollektivvereinbarungen **96** 132; Rechtmäßigkeit **96** 133; Tarifvertrag **96** 31ff.; Transparenz **96** 133; Verhältnismäßigkeit **96** 133; Zweckbindung **96** 133
Datenverarbeitungsanlagen, Datenschutzrecht **96** 25
Daueranstellung, Unkündbarkeit **37** 48
DDR, Arbeitsgesetzbuch **2** 47; Arbeitsrecht **2** 47; Freier Deutscher Gewerkschaftsbund **222** 20; Koalitionsfreiheit **217** 5f.; Streikrecht **267** 5
Demokratieprinzip, Allgemeinverbindlichkeit **248** 32, 98; Koalitionsfreiheit **218** 11, 25; Mitbestimmung **283** 2; Pressefreiheit **167** 1ff.; Tarifvertragssystem **226** 13; Verweisungen, dynamische **219** 28, 30f.
Denunziation, Mitarbeiterbefragung **55** 7; Whistleblowing-Klausel **55** 11
Deputate, betriebliche Altersversorgung **202** 105, 109
Derivatehandel, Feiertagsarbeit **181** 24; **185** 42f., 49
Design, eingetragenes, Arbeitgeberrechte **100** 3f.
Desinfektionszeiten, Arbeitszeit **40** 68
Detektiveinsatz, Interesse, berechtigtes **94** 7; Zulässigkeit **130** 102
Determination, subjektive, Betriebsratsanhörung **115** 296; **121** 200; Massenentlassungen **121** 107, 149
Deutsche Bahn AG, Beamte **19** 59; Urlaubsrecht **89** 43
Deutsche Feuerwehr-Gewerkschaft, Tariffähigkeit **222** 17
Deutsche gesetzliche Unfallversicherung, Unfallversicherung, gesetzliche **172** 31
Deutsche Rentenversicherung Knappschaft-Bahn-See, Einzugsstelle **39** 12
Deutsche Rentenversicherung Knappschaft-Bahn-See/Verwaltungsstelle Cottbus, Einzugsstelle **39** 12, 20

Deutscher Beamtenbund, Dachverband **222** 31; Gründung **222** 16a; Koalitionseigenschaft **218** 24; Organisationsgrad **222** 19
DEUV, Meldeverfahren zur Sozialversicherung **39** 4ff.
Devisenhandel, Feiertagsarbeit **181** 24; **185** 42f., 49
DGB, Aufgaben **222** 39f.; DGB-Rechtsschutz-GmbH **223** 40; Gründung **222** 4, 12; Industrieverbandsprinzip **222** 15, 26ff.; Koalitionseigenschaft **220** 4; Organisationsgrad **222** 19a; Organisationsstruktur **222** 35f.; Tarifzuständigkeit **222** 41
DGB-Gewerkschaften, EVG **222** 14; GdP **222** 14; GEW **222** 14, 17; IG BAU **222** 14; IG BCE **222** 14; IGM **222** 14, 19a; **223** 6; NGG **222** 14; Rechtsform **223** 5; ver.di **222** 14, 17; **223** 6, 14
DGB-Schiedsgericht, Tarifzuständigkeit **233** 59ff.; *Änderung* **223** 30
d'Hondtsches Höchstzahlverfahren, Betriebsratsmitglieder, dauerhafte Freistellung **291** 137; Betriebswahlen **291** 173ff.; *Geschlechterquote* **291** 162; Sprecherausschusswahlen **311** 29
Diakonie, *s.a. Kirchliche Einrichtungen*; Arbeitsrecht **158** 39; Arbeitsrechtsregelungsverfahren **161** 7f.; Einrichtung, verselbständigte **158** 38ff.; Kirchenautonomie **158** 33ff.; Schlichtungsstelle, kirchliche **162** 2; Ungleichbehandlung **116** 21, 33
Diakonissen, Betriebsverfassungsrecht **285** 63; Mutterschutz **189** 9; Personalgestellung **159** 7; Rechtsverhältnis **19** 66f.; **159** 4
Dialekt, Diskriminierungsverbot **16** 9
Dialog, sozialer, *s. Sozialer Dialog*
Diebstahl, Anzeigepflicht **55** 10; Kündigungsgrund; *Konzernbindung des Arbeitgebers* **25** 31; Schutzmaßnahmen **93** 19
Dienst nach Vorschrift, Arbeitskampfmittel **265** 8; **273** 9; Schlechtleistung **43** 30
Dienstboten, Gehorsamspflicht **5** 1; Treuepflicht **5** 1
Dienste höherer Art, Weisungsbindung, fachliche **18** 27
Diensterfindung, Begriff **98** 4ff.
Dienstjubiläum, Sozialauswahl **115** 207
Dienstleister, Versorgungszusage **202** 39
Dienstleistung, Nachholung **4** 10; Vertrag **1** 8f.
Dienstleistung auf Lebenszeit, Kündigungsrecht **38** 16
Dienstleistungen, höherwertige, Vergütungsvereinbarung **37** 17f.
Dienstleistungsanspruch des Arbeitgebers, Unübertragbarkeit **40** 13ff.; Gesamtrechtsnachfolge **40** 15
Dienstleistungsbetriebe mit Publikumsverkehr, Zuendebedienen der Kunden **182** 91
Dienstleistungsfreiheit, Allgemeinverbindlichkeit **248** 42; Arbeitnehmerentsendung **30** 17; Arbeitnehmerüberlassung **13** 135; **145** 10; Arbeitsbeziehungen **5** 6; Arbeitskampf **269** 23; Arbeitsrecht **12** 12; Eingriffsnormen **13** 8; Tariftreue **250** 7
Dienstleistungspflicht, Berufsfreiheit **31** 19
Dienstmiete, Arbeitsmittel, Bereitstellung **2** 7
Dienstordnungsangestellte, Kündigung, außerordentliche **123** 4; Mutterschutz **189** 6; öffentlicher Dienst **156** 13
Dienstreisen, Arbeitsort **40** 52; Arbeitszeit **60** 19; Inhaltsnormen **239** 13; Vergütung **40** 68; **93** 38
Dienststelle, Sozialauswahl **115** 182, 189
Dienstunfähigkeit, betriebliche Altersversorgung **202** 69, 73

1607

Sachverzeichnis

Magere Ziffern = Randnummern

Dienstvereinbarung, Arbeitsverhältnis, Inhalt 5 5, 13; Arbeitszeit 40 104; 182 70; Schriftform 36 42
Dienstverhältnis, Befristung 37 47; dauerndes 37 47; Kündigung, außerordentliche 123 7
Dienstvertrag, Abgrenzung 3 4 ff., 8 ff., 12 f.; Arbeit als solche 3 9; Arbeitsverhältnis 3 2 ff.; Dienstleistung 3 5; Diensttreue 53 3; Entgeltgestaltung 3 11; Entgeltlichkeit 3 5; Entgeltrisiko 3 9; freier 19 73 ff.; *Betriebsübergang* 142 132; *Fortsetzung befristeter Verträge* 103 191; *Vertrag über mehr als fünf Jahre* 103 190; Schwarzarbeit 32 44; unabhängiger 3 2, 4; Werkvertrag, Verhältnis zum 3 4 ff.
Dienstvertragsrecht, Beschäftigungsanspruch 92 4
Dienstvorschriften, Gleichbehandlungsgrundsatz 14 22
Dienstwagen, Annahmeverzug des Arbeitgebers 76 55; Überlassung zur privaten Nutzung 62 18; 67 2; *Arbeitsentgelt* 67 6 ff.; *Arbeitsverhältnis, Beendigung* 67 10; *Betriebsrente, Anrechnung auf* 67 11; *Herausgabe* 67 8; *Leasingraten nach Beendigung des Arbeitsverhältnisses* 67 2; *Nutzungsentschädigung* 67 9; *Sozialversicherung* 67 32
Differenzierungsklauseln, Bezugnahme, schuldrechtliche 246 3; einfache 237 22 f.; *Gewerkschaftszugehörigkeit* 219 46; *Koalitionsfreiheit, negative* 219 46; *Nachzeichnungstarifvertrag* 256 75
Differenzierungsverbote, absolute 14 26, 28 ff.; Arbeitsverhältnis 32 111 ff.; Einstellung 32 111; Gleichheitssatz, allgemeiner 32 112; Grundrechte 14 26; relative 14 27, 42 ff.
Digitalisierung der Arbeit, Arbeitszeit 172 25; 181 3, 34 f.; Beschäftigungsformen, neue 21 30; Kündigungsrecht 107 13; Tarifrecht 225 28; Weisungsbindung 18 31
Direktionsrecht des Arbeitgebers, s. *Weisungsrecht des Arbeitgebers*
Direktionsrechtsklauseln, echte 18 31; unechte 18 31
Direktzusage, betriebliche Altersversorgung 26 59 f.
Dirigent, Selbständigkeit 165 21
Diskriminierung, additive 16 132; Entschädigungsanspruch 12 33; intersektionelle 16 132; Mediation 17 25; Mehrfachdiskriminierung 16 132 f.; mittelbare 32 123; Persönlichkeitsrechtsschutz 32 175; Rechtsfolgen 32 160 ff.; Schadensersatz 12 33; Streitbeilegung, friedliche 17 25; Täter-Opfer-Ausgleich 17 25; verdeckte 16 76 f.; 32 123; *Benachteiligung, geschlechtsneutrale* 14 37
Diskriminierungsverbote, absolute 103 173; AEUV 12 11; allgemeines Diskriminierungsverbot 12 5; Arbeitgeber, Bindung 32 111 ff.; Arbeitsrecht 7 49; Arbeitsvertragsrecht 4 9; Beweislast 32 156 ff., 170; Differenzierungsverbot 32 111; Einstellungsanspruch 32 161 f.; EMRK 12 5; Kündigungsverbot 12 47; relative 103 172; Schadensersatz 32 160, 166 f.; *immaterieller Schaden* 32 173 f.; Stellenausschreibung 17 2, 5 ff.; Unionsrecht 12 32
Diskriminierungsverhalten, Schadensausgleich, innerbetrieblicher 57 34
Dissens, Tarifvertrag 234 42
Dokumentationspflicht, Arbeitsverhältnis 12 30; Beweisvereitelung 12 30
Doppelarbeitsverhältnis, Arbeitszeit 182 9
Dozenten, Arbeitnehmereigenschaft 19 44; Erfindungen 98 61; Statuszuordnung 21 29
Drittbeteiligungsgesetz, Arbeitsdirektor 26 12; Aufsichtsratsbesetzung 26 12
Drittelmitbestimmung, Aufsichtsratswahlen 25 49
Dritter Weg, s. *Kirchen*

Drittschuldnererklärung, s. *Lohnpfändung*
Drittschuldnerklage, s. *Lohnpfändung*
Drittstaatenangehörige, Beschäftigungsmöglichkeit 30 1
DRK-Schwestern, s. *Rot-Kreuz-Schwestern*
Drogenabhängigkeit, Betriebsbeeinträchtigung 113 81; Entziehungskur, Aufforderung zur 113 83 ff.; Fragerecht des Arbeitgebers 33 56, 88; Fremdgefährdung 113 81; Krankheitswert 113 76 f.; Kündigung, außerordentliche 113 76; Kündigung, personenbedingte 113 76 ff.; *Interessenabwägung* 113 87 ff.; *Verhältnismäßigkeit* 113 82 ff.; Negativprognose 113 79; Offenbarungspflicht 33 135; Prognosekorrektur 113 79; Rückfall 113 79; Selbstgefährdung 113 81; Therapiebereitschaft 113 79, 83; Verschweigen 113 84; Weiterbeschäftigung 113 86
Drogenkonsum, Kündigung, außerordentliche 124 50; Kündigung, verhaltensbedingte 113 77
Drogenscreening, Duldungspflicht 55 38; Einstellungsuntersuchung 180 56; Tauglichkeitsuntersuchung 180 60
Drohnen, Mitbestimmung, betriebliche 309 36
Drohung, Anfechtung des Arbeitsvertrags 38 22, 31, 37, 42, 51 f.; Anfechtung des Aufhebungsvertrags 135 32, 35, 37; Anfechtung des Vergleichs 134 25; Ausgleichsquittung 137 39
Druckkündigung, Änderungskündigung 119 7, 68; außerordentliche Kündigung 124 91; betriebsbedingte Kündigung 115 175; 124 90 f.; Betriebsübergang 143 14; echte 119 7, 68; 124 90 f.; HIV-Infektion 113 96; Kündigungsart 108 48; unechte 119 7; Wiedereinstellungsanspruch 32 83
Druckluftverordnung, Arbeitsschutz 174 4; 182 99
Duldung, Beschäftigungsaufnahme 30 9, 18; Beschäftigungsverbot 30 21; Leiharbeit 30 19
Dumpinglohn, Sittenwidrigkeit 29 22
Durchführungspflicht, Beginn 257 48; Bekanntgabe des Tarifvertrags 235 17; Berechtigte 257 40 f.; Beschränkung 250 50; Einwirkungspflicht 257 35, 39, 43 f.; 259 2; Ende 257 48; Erfüllung 259 1 ff.; Erweiterung 257 49; Inhalt 257 42 ff.; Leistungsklage 257 51; Nachwirkung 261 28; pacta sunt servanda 257 36; Pflichtverletzungen 259 17; Schadensersatz 259 26; tarifliche Rechte 255 1; Tarifpflicht 230 21, 24; Tarifvertrag 257 1; Tarifverwirklichung 257 35 ff., 42; Verhalten, tarifwidriges 251 5; Verpflichtete 257 39 f.; Vollstreckung 257 52
Durchschnittsarbeitszeit, Mitbestimmung 40 104; Transparenzkontrolle 40 88
Durchsuchung, körperliche, Menschenwürde 7 41
Duzen, Persönlichkeitsrecht des Arbeitnehmers 94 19
Dynamik, Bezugnahme 248 ff.; Entdynamisierung 246 69 ff.; Gleichstellungsabrede 246 51, 54 f., 59 ff.; große 246 52 ff.; Jeweiligkeitsklausel 246 51; kleine 246 49 ff.; Stufendynamik 247 21
Effektivgarantieklauseln, begrenzte 237 72; Gleichheitssatz 237 72; negative 237 72
EGMR-Rechtsprechung, Arbeitsrecht 12 22
Ehe, Grundrechtsschutz 7 60 ff.
Ehegatten, Kündigung, personenbedingte 113 103 f.; Zusammenveranlagung 62 4
Ehegattenmitarbeit, Rechtsverhältnis 19 65
Ehegattenverträge, Kündigungsschutz 112 6
Eheschließung, Beihilfen, Pfändungsschutz 74 86

Fette Ziffern = Paragrafen **Sachverzeichnis**

Eheschutz, Differenzierungsverbot **14** 40; Persönlichkeitsrecht des Arbeitnehmers **94** 24
Ehrenamt, Benachteiligungsverbot **113** 102; Betriebsratsamt **286** 25; **292** 93; **295** 1 ff., 24; Einigungsstellenmitglieder **308** 182; Gesamt-Jugend- und Auszubildendenvertreter **305** 30; Gesamtbetriebsratsmitglieder **300** 194; Jugend- und Auszubildendenvertretung **303** 77; Konzern-Jugend- und Auszubildendenvertreter **306** 28; Konzernbetriebsratsmitglieder **302** 69, 81; Kündigung, personenbedingte **113** 102; Maßregelungsverbot **113** 102; Richter **222** 48; Sprecherausschussmitglieder **311** 63; Wahlvorstandsmitglieder **291** 216; Wirtschaftsausschussmitglieder **307** 111
Ehrenmitglieder, Verbandsmitgliedschaft **245** 26
Eigenbetriebe, kommunale, Betriebsübergang **142** 13; Betriebsverfassungsrecht **284** 18
Eigengruppe, Arbeitsverhältnis **144** 2, 5, 16 ff., 17; Bindung der Gruppe als solcher **64** 30; Bindung, gesamtschuldnerische **40** 11; Elternzeit **144** 18; Entlohnung **64** 30; Job Pairing **45** 81; Kündigung **45** 125; Kündigungsschutz **112** 6; Rechtsform **36** 17; Sonderkündigungsschutz **144** 18; Sozialauswahl **144** 18
Eigenkündigung, Ausschluss durch Einzelarbeitsvertrag **110** 82; Ausschluss, tariftraglicher **110** 69; Betriebsstilllegung **115** 123; Betriebsübergang **143** 5, 7; Klagefrist **130** 36; Kündigungsschutz **107** 26; Massenentlassungen **12** 48; Sperrzeit **135** 24 f.; Weiterbeschäftigungsanspruch **131** 27; wichtiger Grund **135** 25 f.
Eigenschaftsirrtum, Anfechtung des Arbeitsvertrags **38** 28 f.; Anfechtung des Aufhebungsvertrags **135** 34
Eigentum des Arbeitgebers, Herausgabepflicht des Arbeitnehmers **139** 7 ff.; Schadensersatz **139** 9; Zurückbehaltungsrecht **139** 8
Eigentum des Arbeitnehmers, Schutzpflichten **91** 9
Eigentumsfreiheit, Arbeitsbeziehungen **5** 8; Tarifmacht **237** 52, 59
Eigentumsgarantie, Arbeitgeber **23** 6, 9; **115** 1; Arbeitnehmer **115** 1; Arbeitsverfassung **6** 6; **7** 67, 80; Betätigung, wirtschaftliche **216** 8; Marktwirtschaft **6** 15; Sozialbindung **115** 1
Eignung, gesundheitliche, Einstellungsverfahren **33** 183 ff.
Eignungsmangel, fachlicher **113** 106; **114** 16; Kündigung, außerordentliche **124** 73; Kündigung, personenbedingte **113** 105 ff.; persönlicher **113** 107; Straftaten **113** 107
Eignungsübung, Kündigung, außerordentliche **110** 57; Kündigungsverbot **109** 49
Eignungsuntersuchung, Einwilligung **94** 14; Persönlichkeitsrecht des Arbeitnehmers **288** 39; Tätigkeitsausübung **180** 61
Eignungsvorbehalt, Unfallverhütungsvorschriften **180** 61
Eilzahlungsverkehr, Feiertagsarbeit **181** 24; **185** 42 f., 49
Ein-Euro-Job, Beschäftigungsverhältnis **19** 61; Mehraufwandsentschädigung, Steuerfreiheit **62** 17; Rechtsverhältnis, öffentlich-rechtliches **157** 7; Streikrecht **272** 23
Ein-Firmenvertreter, Koalitionsfreiheit **218** 29
Einberufung, Wehrdienst; *s. dort*
Einfirmenvertreter, Arbeitnehmerähnlichkeit **21** 21, 25 f.; betriebliche Altersversorgung **202** 30

Einfühlungsverhältnis, Arbeitsentgelt **60** 98; Arbeitsverhältnis **37** 55
Eingliederung, Abgrenzung **292** 56 ff.; berufliche **29** 81 ff.; *Kostenübernahme* **29** 82; *Maßnahmen* **29** 82 f.; *Vermittlungshemmnisse* **29** 82a; Betriebsidentität **292** 57 f.; Betriebsrat **26** 79; Betriebsratsmandat **292** 58 ff.
Eingliederungsmanagement, betriebliches, Ablaufdaten **113** 39; Ablehnung des Arbeitnehmers **113** 43; **198** 87; Abschlussgespräch **113** 36, 57; Arbeitnehmer **113** 32; Arbeitsschutz **172** 26, 36; Arbeitsunfähigkeit **113** 34; *sechswöchige* **113** 33; Beamte **113** 32; Belehrung **113** 38 f.; **198** 86; BEM-Akte **113** 55; BEM-Gespräch **113** 51 f.; BEM-Initiative **113** 33, 35, 37; Beschäftigungsdaten **113** 39; Beteiligte **113** 46 ff.; *externe* **113** 49; Betriebsarzt **113** 48; **176** 52; Betriebsrat **113** 47; Beweislast **113** 59 ff.; Darlegungslast **113** 59 ff.; Datenschutzhinweis **113** 39 f.; Durchführungsphase **113** 36, 56; Einladungsschreiben **113** 37, 39; Einleitungsphase **113** 36 ff.; **198** 84 ff.; Entbehrlichkeit **113** 50; Fehlerhaftigkeit **113** 66 ff.; Fehlzeiten **113** 39; Freiwilligkeit **113** 38; Geheimnisschutz **113** 40; Gesundheitsdaten **113** 39; Gesundheitsmanagement, betriebliches **113** 54; Informationspflicht **113** 39 f.; Interessenvertretung **113** 46; Klärungsprozess **113** 36, 45 ff.; Krankheitsdaten **113** 39; Kündigung, krankheitsbedingte **113** 30 ff.; Kündigungsabwendung **113** 31; Kündigungsschutzprozess **198** 90; Kurzerkrankungen, häufige **113** 33; Langzeiterkrankung **113** 33; Lastenhandhabung, manuelle **177** 40; Lebenskrise **113** 103; Maßnahmen, geeignete **113** 53 f.; Nutzlosigkeit, objektive **113** 65; Obliegenheit **113** 58; Personaldaten **113** 39; Persönlichkeitsrecht, allgemeines **113** 40; Pflichtverletzungen des Arbeitnehmers **113** 44; Phasen **113** 36 ff.; Schwerbehinderte **113** 32; **198** 83 ff.; Schwerbehindertenvertretung **113** 46; Tätigkeitsdaten **113** 39; Unterlassung **113** 58; Verzicht **113** 30, 32; Vorsorgeuntersuchungen, arbeitsmedizinische **180** 44; Weiterbeschäftigung des Arbeitnehmers **113** 26; Zusammenhang mit Kündigung, zeitlicher **113** 35; Zustimmung **113** 39, 42; **198** 87; *Einschränkungen* **113** 42; *Widerruf* **113** 43
Eingliederungsmaßnahmen, Tarifmacht **236** 16
Eingliederungstheorie, Arbeitnehmerbegriff **285** 5, 7 f.; Arbeitnehmereigenschaft, betriebsverfassungsrechtliche **285** 4; zur Berufsausbildung Beschäftigte **285** 24; zur Berufsausbildung Beschäftigte **285** 24; Betriebszugehörigkeit **291** 71 ff.; Leiharbeitnehmer **285** 7 f.
Eingliederungsvereinbarung, Arbeitsvermittlung **29** 15; Pflichtverletzung **29** 15
Eingliederungszuschuss, Erwerbstätigkeit, Aufnahme einer **29** 90a
Eingriffsnormen, *s. Internationales Arbeitsrecht*
Eingruppierung, Änderungskündigung **119** 50 ff.; Betriebszugehörigkeit **60** 59; Entgelttarifvertrag **60** 55, 57 ff.; Mitbestimmungsrechte, Weitergeltung **26** 92; Verdienstsicherungsklauseln **60** 59; Zustimmungsverweigerungsgrund **255** 24
Eingruppierungsfeststellungsklage, Rechtsschutzbedürfnis **70** 23
Einheitsbedingungen, arbeitsvertragliche, Einbeziehung **37** 22
Einheitsgewerkschaft, Unvereinbarkeitsregelung **223** 26
Einheitsregelung, arbeitsvertragliche, Begriff **8** 53 ff.; Erkennbarkeit der kollektiven Ausgestaltung **8** 41

1609

Sachverzeichnis

Magere Ziffern = Randnummern

Einheitstarifvertrag, Auslegung 243 10
Einigungsstelle, Anrufungsfrist 308 21; Antragsrecht, einseitiges 287 34; 308 16; Arbeitszeitflexibilisierung 48 31, 33; Auslagenersatz 308 180, 183, 188, 239; Beendigung des Amtes 308 22; Beisitzer 308 2, 24 ff., 43, 54; *s. a. Einigungsstellenmitglieder*, Abstimmung 308 110 ff.; *Arbeitnehmerseite* 300 97; Bestellung 308 52; *betriebsangehörige* 308 66, 181 ff.; *betriebsfremde* 306 66; 308 181, 185 ff.; *Ersatzbeisitzer* 308 28 ff.; *konzernangehörige* 308 184; *Nichtabstimmung* 308 58; *unternehmensangehörige* 308 184; *Vergütung* 308 69, 181 ff.; *Vergütungsabführung* 224 28; *Weisungsfreiheit* 308 54; Bestellung 308 52; Betriebsverfassungsorgan 308 4; einstweilige Verfügung 308 240 f.; Entscheidungsorgan 308 3; Errichtung 308 20 ff.; Beteiligte 308 37; *gerichtliche* 308 34 f.; Ersetzung durch Schlichtungsstelle 308 213 ff.; Gesamtbetriebsrat 300 97, 125; Größe 308 24, 43; Insolvenzverfahren 308 70, 212; Kollegialorgan 308 60; Kompetenz-Kompetenz 308 80; Konfliktlösung 308 2, 8; Konzernebene 308 5; Kostentragung 308 7, 172 ff.; *Masseverbindlichkeiten* 308 212; *Sachverständigenkosten* 308 176; *Streitigkeiten* 308 239; *Verfahrenskosten* 308 174 f.; leitende Angestellte 310 24; Leitung 308 53; Mitglieder; *s. Einigungsstellenmitglieder*, Organisation 308 230; Schlichtungsfunktion 308 3; Schlichtungsorgan 308 3; ständige 308 23; Streitigkeiten 308 230 ff.; Unternehmensebene 308 5; Unzuständigkeit, offensichtliche 308 39 f.; Verfassungsrecht 308 6; Vorfragekompetenz 308 80, 235; Vorsitzender 308 33, 44 ff.; *s. a. Einigungsstellenvorsitzender*, Widerantrag 308 38; Zusammenarbeit, vertrauensvolle 308 2, 8; Zusammensetzung 308 24 ff.; Zuständigkeit; *s. Einigungsstellenverfahren*; Zwangsschlichtung 308 6

Einigungsstellenmitglieder, Aberufung 308 70; Amtsannahme 308 50; Amtsniederlegung 308 70; Begünstigungsverbot 308 55; Behinderungsverbot 308 55; Beisitzer; *s. Einigungsstelle*; Benachteiligungsverbot 308 55; Business Judgment Rule 308 65; Ehrenamt 308 182; Einigungsstellenvorsitzender; *s. dort*; Einladung 308 70; Geheimhaltungspflicht 308 59; Haftung 308 52, 57 ff.; *Beweislastumkehr* 308 59; *Haftungsbegrenzung* 308 61 ff.; *Haftungsmaßstab* 308 59; *Mitverschulden* 308 68; *Schaden* 308 67; *Vertretenmüssen* 308 59 f.; Honorarvereinbarung 308 192 ff.; Kündigung 308 55; Schuldverhältnis, betriebsverfassungsrechtliches 308 52, 58, 60; Vergütung 308 181 ff., 239; *Abstandsgebot* 308 201; *Bestimmungsrecht* 308 195 f.; *Fälligkeit* 308 209; *Höhe* 308 192 ff., 197 ff.; *Interessen, berechtigte* 308 202; *Masseverbindlichkeiten* 308 212; *Mehrwertsteuer* 308 206; *Pauschalvergütung* 308 204; *Rechtsanwalt* 308 200; *Schwierigkeit der Streitigkeit* 308 205; *Stundensätze* 308 205; *Tagessätze* 308 205; *Verdienstausfall* 308 197, 199, 200; *Vereinbarungen, abweichende* 308 210 f.; *Verzug* 308 209; *Zeitaufwand* 308 197 f.; Vergütungsverordnung 308 207 ff.; Verhinderung 308 106; Weisungsfreiheit 308 50, 53 f.

Einigungsstellenspruch, Abmachung, andere 261 38; Anfechtung 308 169 f., 236, 238; *Wirkung, aufschiebende* 308 148; Annahme, nachträgliche 308 137 f.; Annahmeerklärung 308 19; Befristung 308 140; Begründung 308 131; Berichtigung 308 130; Beschlussfassung 308 105 ff.; Beschlussverfahren, arbeitsgerichtliches 308 237 f.; Betriebsvereinbarung 234 69; *Nachwirkung* 308 140; Betriebsvereinbarung, erzwingbare 8 35; Bindungswirkung 308 132 ff., 139 f.; Durchführungsanspruch 308 141 ff.; Durchsetzung, gerichtliche 308 141 ff.; Einigungsstellenverfahren, erzwingbares 308 133 f.; Einigungsstellenverfahren, freiwilliges 308 19, 135; einstweiliger Rechtsschutz 308 141; Ermessensfehler 308 58, 60, 65a, 161 ff.; Ermessensüberschreitung 308 165 ff.; Form 308 105, 127 ff.; Kündigung 308 140; Rechtmäßigkeit 308 156; Rechtsfehler 308 158 ff.; Rechtskontrolle 308 145; Regelungsstreitigkeiten 308 159; Sachentscheidungen 308 105; Streitwert 308 238; Teilanfechtung 308 146; Überprüfung, gerichtliche 308 144 ff., 156 f., 237 f.; Unterlassungsanspruch 308 141; Unterwerfungserklärung 308 19, 136, 138; Verfahrensbeendigung 308 105 ff.; verfahrensleitende 308 105; Vollstreckbarkeit, fehlende 308 7, 132, 141; Vollstreckungstitel 308 141; Widerklage 308 143

Einigungsstellenverfahren, Abstimmung 308 105, 109 ff.; Antrag 308 71 f., 74 ff., 117; Antragsrecht, einseitiges 308 10, 75, 229; Antragsrücknahme 308 75, 98; Beendigung 308 98 ff.; Befangenheitsanträge 308 71, 95 ff., 106 f., 108, 115; Beschleunigungsgebot 308 47, 72, 78; Beschlussfassung 308 89, 92; Beschlussverfahren, arbeitsgerichtliches 308 149 ff., 230 ff.; *Antragsbefugnis* 308 231; *Antragsrecht* 308 151 ff.; *Beteiligungsbefugnis* 308 151 ff.; *Feststellungsinteresse* 308 154; *Frist* 308 155, 161 ff.; *Streitwert* 308 232; Betriebsvereinbarung 308 103 ff.; *freiwillige* 308 73; Betriebsverfassung 308 14; Dispositionsmaxime 308 74; Einigung der Betriebsparteien 308 101 ff.; Einladung 308 71; Entscheidung 308 117 ff.; *s. a. Einigungsstellenspruch*; neue Entscheidung 308 171; Ermessensbindung 308 120 f., 125; erzwingbares 308 10 ff., 100, 106, 120 ff., 133 f.; Feststellungsantrag 308 83 ff.; freiwilliges 308 18 ff., 99, 107, 125 f., 135; Gehör, rechtliches 308 71; Kontrolle, gerichtliche 308 9; Nichtöffentlichkeit 308 71, 89, 108; Pairing-Absprachen 308 112; Parteiöffentlichkeit 308 89; Rechtsanwaltskosten 308 88, 177 ff.; Rechtsentschuldung 308 124; Rechtsstreitigkeiten 308 11 f., 18; Regelungen, vorläufige 308 92 ff.; Regelungsstreitigkeiten 308 11 f., 18, 36; Regelungsentscheidung 308 120 ff.; Sachverständigengutachten 308 90; Sitzungen 308 86 f., 106; Sitzungsniederschrift 308 86; Sitzungsvorbereitung 308 78; Sozialplan 308 123; Stimmenthaltung 308 113 ff.; Stimmrecht 308 111; Unterlagenvorlage 308 90; Untersuchungsgrundsatz 308 90; Urteilsverfahren 308 150; Verfahrenseinleitung 308 71, 74 ff.; Verfahrensgrundsätze 308 53, 71 ff., 73; Verhandlung, mündliche 308 87 f.; Verhandlungsgrundsatz 308 91; Vertretung 308 88; Vorabentscheidung 308 83, 92, 234; Vorverfahren 308 144; Zusammenarbeit, vertrauensvolle 308 90; Zuständigkeit 287 35; 308 10 ff., 39, 80 f., 233; Zwischenbeschluss 308 80, 82; Zwangsmittel, Fehlen 308 91; Zwischenbeschluss 308 82, 235

Einigungsstellenvorsitzender, *s. a. Einigungsstellenmitglieder*, Abstimmung 308 115 f.; Amtsannahme 53; Amtsniederlegung 308 53, 58; Aufgaben 308 53, 78 f.; Befangenheit, Ablehnung wegen 308 78 f.; Berufshaftpflichtversicherung 308 65a; Bestellung 308 44 ff., 52; *Beschwerde* 308 48 f.; *Eilbedürftigkeit* 308 47; *Form* 308 47; *Richter* 308 45, 51; *Windhundprinzip* 44; Haftung 308 65a; Interessenkollision 308 45; Schlussabstimmung, Verweigerung 308 58; Vergütung 308 69, 181, 185 ff.; Weisungsfreiheit 308 53

Sachverzeichnis

Fette Ziffern = Paragrafen

Einigungsvertrag, Anordnung 54 **202** 131; Arbeitsrecht **2** 49; Arbeitsvertragsrecht **5** 4; **103** 9; Sonderkündigungstatbestände **110** 22, 35
Einkommensteuer, Abfindungen **62** 5; Arbeitnehmer-Pauschbetrag **62** 10; Dienstverhältnis **62** 9; Einkommensbegriff **62** 6; Einkommensteuertarif **62** 23; Einkünfte, außerordentliche **62** 5; Einnahmen aus nichtselbständiger Arbeit **62** 6 ff.; Entgeltabtretung **73** 17; Freibeträge **62** 13; Freigrenzen **62** 13; Fünftelprinzip **62** 5, 16; Grundfreibetrag **62** 11; Individualbesteuerung **62** 4; Jahressteuerprinzip **62** 5; mehrjährige Tätigkeit **62** 5; Nettoprinzip, objektives **62** 10; Nettoprinzip, subjektives **62** 11; Pauschalierungen **62** 13; Sachbezüge **62** 18; Sonderausgaben **62** 11; Steuerbefreiungen **62** 13; Werbungskosten **62** 10
Einkommensteuerpflicht, Arbeitnehmer **62** 2
Einrichtungen, außertarifliche, Tarifparteien, Gründung durch **242** 5
Einrichtungen, gemeinnützige, Arbeitszeitrecht **182** 57
Einrichtungen, gemeinsame, s. *Gemeinsame Einrichtungen*
Einsatzort, wechselnder, kollektiver Wechsel **40** 61; Weisungsrecht des Arbeitgebers **40** 52, 54
Einschreiben mit Rückschein, Kündigungserklärung, Zugang **108** 32
Einsichtsrecht, Persönlichkeitsrecht des Arbeitnehmers **3** 35
Einstellung, Arbeitsbereich, Zuweisung **36** 6; arbeitskampfbedingte **276** 54; **288** 18; Arbeitsschutz, Unterweisung **176** 33; Auswahlfreiheit **31** 41; **32** 111; Auswahlrichtlinien **32** 189 f.; **308** 15; befristetes Arbeitsverhältnis **103** 73; Betriebsratsbeteiligung **13** 92; Betriebszugehörigkeit **24** 56; **36** 5; Diskriminierung wegen des Geschlechts **16** 3; Höchstalter **103** 95; Höchstaltersgrenze **237** 104; Meldepflichten **39** 1; Mitbestimmungsrecht des Betriebsrats **32** 188; **36** 7; **76** 20; Mitbestimmungsrechte, Weitergeltung **26** 92; Sprecherausschuss, Mitwirkung **312** 73 ff.; Vertragsfreiheit **31** 32; Zustimmung des Betriebsrats **283** 18 f.; *Entbehrlichkeit* **288** 18; Zustimmungsverweigerung **76** 20; Zustimmungsverweigerungsrecht **255** 24, 25
Einstellungsanspruch, Abschlussgebote **239** 39; de lege ferenda **31** 82
Einstellungsentscheidung, Auswahlrichtlinien **33** 130; Informationserhebung **33** 3 ff.; Motive **33** 1; Rechtfertigung **33** 1 f., 4, 129; Schadensersatz **32** 168 ff.; soziale Gesichtspunkte **33** 129 ff.
Einstellungsfragebogen, s. *Personalfragebogen*
Einstellungsfreiheit, Beschränkungen **32** 178
Einstellungsgebote, Abschlussnormen **32** 184; tarifliche **32** 182 ff.; Wiedereinstellung nach Arbeitskampf **32** 186
Einstellungspflicht, Rückkehrzusage **32** 192; Vorvertrag **32** 192
Einstellungsregelungen, tarifliche **32** 178
Einstellungsuntersuchung, Alkoholscreening **180** 56; Arbeitsschutz **180** 56; Arbeitsvertragsabschluss **180** 54 ff.; Auswahlrichtlinie **180** 58; berechtigtes Interesse des Arbeitgebers **180** 55; Diskriminierungsverbot wegen Behinderung **180** 56; Drogenscreening **180** 56; Gendiagnostik **180** 63; HIV-Test **180** 57; Krankheiten, chronische **180** 56; Personalauswahl **180** 30a, 55; Schwangerschaft **189** 17; Tarifmacht **236** 52; Tarifnormen **180** 59; Verhältnismäßigkeit **180** 56; Vorsorge, arbeitsmedizinische **180** 30a; Zustimmung des Betriebsrats **180** 58
Einstellungsverbote, Abschlussnormen **32** 179 f.; Betriebsnormen **32** 179, 181; tarifliche **32** 179 ff.
Einstiegsqualifizierung, Förderungsmaßnahmen **29** 87
Einstrahlung, Auslandstarifvertrag **262** 15; Betriebsverfassungsrecht **284** 34
Einstweilige Verfügung, Abbruchverfügung **291** 261 f.; Ansprüche des Betriebsrats **287** 48; Berichtigungsverfügung **291** 165, 259; Betriebsratswahlen **291** 18, 20, 62, 257 ff.; Einigungsstelle **308** 240 f.; Leistungsverfügung **291** 258 f.; Sicherungsverfügung **291** 258; Streik, Unterlassungsanspruch **276** 29
Einstweiliger Rechtsschutz, Friedenspflicht **259** 12; Mitbestimmungsrechte **287** 35; Weiterbeschäftigungsanspruch **131** 32
Eintrittsalter, Arbeitsplatzwahlfreiheit **237** 34
Eintrittsdruck, Allgemeinverbindlicherklärung **219** 26; closed shop **219** 25, 33; Differenzierungsklauseln **219** 46; Koalitionsfreiheit **219** 25, 34, 39, 40, 46; **245** 15
Einverbandsmodell, OT-Mitglieder **245** 28 ff.; Tarifvertrag, Geltungsbereich **238** 48
Einwirkungen, physikalische, Arbeitsschutz **179** 124
Einwirkungsklage, Bekanntgabe des Tarifvertrags **235** 17; Feststellungsinteresse **259** 10; Feststellungsklage **259** 7; Klagantrag **259** 8; Leistungsklage **259** 8; Tarifpflichten **255** 7; **259** 11; Zuständigkeit, örtliche **259** 13
Einwirkungsleistungsurteil, Erfüllung **259** 8; Vollstreckbarkeit **259** 9
Einwirkungspflicht, Durchführungspflicht **257** 35, 39, 43 ff.; **259** 2; Friedenspflicht **257** 13
Einzelarbeitsvertrag, s. *Arbeitsvertrag*
Einzelfallregelungen, Tarifvertrag **251** 10
Einzelhafenbetrieb, Arbeitnehmerüberlassung **291** 108
Einzelhandel, Betriebsübergang **142** 55a; Zuendebedienen der Kunden **182** 91
Einzelmaßnahmen, personelle, Arbeitszeitflexibilisierung **48** 34; Betriebsratssitzungen **303** 51; Mitbestimmungsrecht des Betriebsrats **52** 33 ff.; Restmandat **292** 89
Einzelrechtsnachfolge, Arbeitsverhältnis, Übergang **141** 1
Einzelweisung, Gehorsamspflicht **40** 23
Eisdielen, Ruhezeitverkürzung **183** 9
Eisen- und Stahlindustrie, Feiertagsarbeitsverbot **181** 22; Sonntagsarbeitsverbot **181** 22
Elektromagnetische Felder, Arbeitsschutz **179** 123 ff.; Einzelrichtlinien **173** 27; **179** 124; Gefährdungsbeurteilung **179** 124 f.; Strahlenschutzrecht **179** 121, 123 f.; Verordnung zum Schutz der Beschäftigten **179** 125
ELStAM, Lohnsteuererhebung **39** 36
Elterngeld, Bezugszeitraum **191** 3; Elternzeit **191** 6; Entgeltersatzleistung **191** 1; Steuerfreiheit **191** 3; Teilzeitarbeit **50** 230 f.
Elternurlaub, Arbeitszeit **12** 36; Begriff **85** 1; Sozialer Dialog **12** 14; Zweck **85** 26
Elternvertretung, befristetes Arbeitsverhältnis **103** 54
Elternzeit, Adoptionspflege **191** 5; Anfechtung **192** 41; Anspruchsberechtigung **191** 5 f.; Anspruchsdauer **191** 3; Anspruchsverfahren **191** 6; Antrittszeitpunkt **191** 11; Arbeitsentgelt **192** 21 ff.; Arbeitsplatzgarantie **192** 1; Arbeitsunfähigkeit vor Antritt **191** 14; Arbeitsverhältnis, befristetes **191** 5; **192** 41; Arbeitsverhältnis, bestehendes **191** 5; Arbeitsverhältnis, ruhendes **41** 25;

Sachverzeichnis

Magere Ziffern = Randnummern

192 1, 14, 24; Arbeitszeitverringerung 192 3 ff.; *Darlegungslast* 192 8; *dringende betriebliche Gründe, entgegenstehende* 192 7 ff.; *einstweilige Verfügung* 192 13; *Präklusion von Gründen* 192 8; *Rechtswegzuständigkeit* 192 12; Arbeitszeitverteilung 192 10; Aufhebungsvertrag 192 41; Beendigung 192 1, 5; *vorzeitige* 191 16, 20 ff.; Beginn 191 14; zur Berufsbildung Beschäftigte 191 5; Berufsbildungszeiten 149 138; Betreuungsverhältnis 191 6; betriebliche Altersversorgung 192 25; Betriebsverfassung 192 29; Betriebszugehörigkeit 115 236; Dauer 191 15; Einigungsverfahren 192 4 f.; Einverständnis des Arbeitgebers 191 7; Elterngeld 41 25; 191 3, 6; Elternteilzeit 192 1, 4 ff.; Entgeltfortzahlung im Krankheitsfall 192 25; Entgeltumwandlung, Fortsetzungsrecht 204 52; Erholungsurlaub, Kürzung 192 26; Ersatzkraft 192 9, 43 ff.; Erwerbstätigkeit während der Elternzeit 192 3 ff., 17 ff.; Erziehungsurlaub 85 1; Erziehungsverhältnis 191 6; Existenzschutz 3 32; Haushalt, gemeinsamer 191 6; Heimarbeit 191 5; Höchstfrist, gesetzliche 191 15; Inanspruchnahmeerklärung 191 7 ff., 14; *Fristen* 191 11 ff.; *Rückgängigmachung* 191 7; *Schriftform* 191 7; *Stellvertretung* 191 10; Kollisionsrecht 13 120; Kündigung, Zulässigkeitserklärung 110 52; 124 107; 192 38 ff.; Kündigungsschutz 110 59; 124 107; 128 3; Kündigungsverbot 3 34; 109 47; *Eingriffsnorm* 13 147; leitende Angestellte 20 63; Massenentlassungen 121 25; Mitbestimmung 192 15; Näheverhältnis zum Kind 191 6; Nebenpflichten 192 2; Personensorgerecht 191 6; Rechtsnatur 191 3; Resturlaub 190 47; Rückkehrrecht 192 14; Sachbezüge 192 25; Schutzzweck 14 40; Schwellenwert 192 6; Selbstbeurlaubungsrecht 191 1; Sonderkündigungsrecht des Arbeitnehmers 192 42; Sonderkündigungsschutz 192 30 ff.; *Auszubildende* 149 153; Sonderleistungen, jährliche 192 21 ff.; Sonderurlaub 191 1; Sonderzahlungen 66 10, 25; Sonderzahlungen, Kürzung 41 25; Sozialauswahl 115 200; Teilzeitarbeit, Anspruch auf 49 24; Teilzeitarbeit während der Elternzeit 192 33 f.; Teilzeitarbeitsverhältnis 191 5; *anderer Arbeitgeber* 192 17 ff.; *Selbständigkeit* 192 20; Teilzeitverlangen 192 11, 16; Tod des Kindes 191 20; Übergangsrecht 191 4; Übertragbarkeit 192 3; Übertragung 191 9, 17 f.; Unabdingbarkeitsgebot 191 2; Urlaubsabgeltung 89 17; 192 26, 28; Urlaubsanspruch 89 9 ff.; 192 26; *Befristung auf Urlaubsjahr* 89 14 ff.; Urlaubsübertragung 192 27; Verlängerung 191 15, 19; vermögenswirksame Leistungen 192 25; Verzicht 192 41; Vollzeitpflege 191 6; Wartezeit 192 6; Wegfall der Voraussetzungen 191 16; Zeitraum, Festlegung 191 8 f.; Ziele 191 1
EMRK, s. *Europäische Menschenrechtskonvention*
Energieversorgungsbetriebe, Sonntagsarbeit/Feiertagsarbeit 185 27
Ensemblemitglieder, Eignungsmangel 113 108 f.
Entbindung, s. *Mutterschutz*
Entbindungspfleger, Belegverhältnis 170 23; Selbständigkeit 170 83
Entfaltungsfreiheit, Arbeitnehmer 31 44
Entfernungsrecht, Arbeitnehmer 41 15; 175 9; 177 15; 178 57 f.
Entgeltabrechnung, Aufbewahrungspflicht 139 13, 15
Entgeltabreden, Sittenwidrigkeitskontrolle 60 32
Entgeltanspruch, Arbeitsvertrag 36 4; 92 14
Entgeltausfallprinzip, Entgeltfortzahlung im Krankheitsfall 64 25; Provision 65 34 f.

Entgeltbescheinigung, Abrechnung des Arbeitsentgelts 39 52
Entgeltbücher, Heimarbeit 39 50
Entgelterhöhung, stufenweise 238 54
Entgeltersatzleistungen, Arbeitsförderung 29 2a f., 75, 101 ff.
Entgeltfortzahlung 50 210 ff., Arbeitskollisionsrecht 13 104 ff.; Ausgleichsquittung 137 13; Ausgleichsverfahren 49 101; Betriebsratsmitglieder 295 23 ff.; 296 2; Kollisionsrecht 13 104; Verhinderung, persönliche 50 224; Verlustschutz 254 14
Entgeltfortzahlung an Feiertagen, Arbeitnehmer 78 7; Arbeitskampf 78 17; 276 19 f.; Arbeitszeitfestlegung 40 101; Auslandsberührung 78 6; zur Berufsbildung Beschäftigte 78 8; Beweislast 78 30; Entgeltausfallprinzip 78 19 ff., 24; Feiertage, gesetzliche 78 3 ff.; *Arbeitsort* 78 5; Heimarbeiter 78 8; Höhe 78 19 ff.; Kausalität 78 9 ff.; Kurzarbeit 78 18, 23; Mehrarbeit 78 20; religiöse Feiertage 41 15; Schichtarbeit 78 20 f.; Unabdingbarkeit 78 25 f.; Vergütungsanspruch 78 1 ff., 23 ff.; Witterungsverhältnisse 78 16
Entgeltfortzahlung im Krankheitsfall, Abrufarbeit 81 21; Absenkung 79 4; AIDS-Erkrankung 80 54; Alkoholismus 80 15; Änderungskündigung 81 47; Anlasskündigung 81 43 ff.; Annahmeverzug des Arbeitgebers 80 32; Anspruch 79 2; Antrittsprämien 81 12; Anzeigepflichten 82 1 ff., 5 ff., 38 ff.; Arbeitgeberregress 83 1 ff.; Arbeitnehmer 80 1; Arbeitserlaubnis, fehlende 80 45; Arbeitskampf 80 42 f.; 276 14 ff.; Arbeitsleistung 80 23 ff.; Arbeitsunfähigkeit 80 69 ff.; *Ansteckungsgefahr* 80 21; *im Ausland* 82 10 ff., 27, 32 ff.; *an Feiertagen* 81 24 f., 28; *Medizinischer Dienst, Stellungnahme* 82 31; *Verschlimmerungsgefahr* 80 21, 53; *Zweifel, begründeter* 82 29 f.; Arbeitsunfähigkeit, bestehende 80 7; Arbeitsunfähigkeit infolge Krankheit 80 12 ff.; Arbeitsunfähigkeit, wiederholte 80 69 ff.; *Fortsetzungszusammenhang* 80 69; Arbeitsunfall 80 59; Arbeitsverhältnis 80 7 ff.; *Beendigung* 81 41 ff.; *fehlerhaftes* 80 8; *gekündigtes* 80 9; Arbeitsverweigerung, grundlose 80 32; Arbeitszeit, bemessungsrelevante 81 19; Arbeitszeitfestlegung 40 101; Aufwendungsersatz 80 5; 81 14 ff.; Aussperrung 277 5; Bedienungsgeld 81 11; Behandlungen, medizinische 80 57; Betriebsferien 80 36; Betriebsgrößenberechnung 50 223; Betriebsratsmitglieder, freigestellte 80 35; Bezugsdauer 50 217 f.; 79 2; 80 38; 81 31 ff.; Bildungsurlaub 80 36; Dritthaftung 83 22 ff.; Eigenerkrankung des Arbeitnehmers 80 12; Eigenkündigung des Arbeitnehmers, veranlasste 81 48 f.; Eigenverschulden 80 53 ff.; Elternzeit 80 37 f.; Entgelthöhe 64 1; Erstattungsanspruch 83 18 ff.; Existenzsicherung 3 32; 79 5; Fehlen, unentschuldigtes 80 32; Feiertage 80 44; Forderungsübergang, gesetzlicher 83 22 ff.; *Jahressonderzahlungen* 83 42 f.; *Mitwirkungspflicht des Arbeitnehmers* 83 47; *Rechtswegzuständigkeit* 83 59 f.; *Urlaubsentgelt* 83 44; *Zeitpunkt* 83 45; Fortsetzungserkrankung; *Arbeitgeberwechsel* 80 75; *Beweislast* 80 81; *dieselbe Krankheit* 80 69 ff.; *Einheit des Versicherungsfalls* 80 68, 72 ff.; *Grundleiden, einheitliches* 80 71; Freistellung 80 36, 38; Freistellungsvereinbarung 80 33; Freizeitperioden 50 218; Gratifikationen 81 13; Gruppenakkord 81 10; Heilungsverzögerung 80 54; HIV-Infektion 80 54; Infektionsschutzrecht 80 41; Inhaltsnormen 239 21 ff.; Karenzzeit 79 4; Kausalität Arbeitsunfähigkeit/Krankheit 80 31 ff.; Krankheitsbegriff 80 12 ff.; *Heilbehandlung* 80 14; *Mitverursachung* 80 16 f.; *Regelwidrigkeit* 80

1612

Fette Ziffern = Paragrafen   **Sachverzeichnis**

12 ff.; Krankheitsverdacht **80** 41; Kurzarbeit **80** 34; **81** 26 ff.; Leistungsminderung, krankheitsbedingte **80** 30; Leistungsverweigerungsrecht des Arbeitgebers **82** 38 ff.; **83** 48 ff.; Lohnausfallprinzip **50** 213; **51** 31; Mehrfachbeschäftigung **50** 221; Mehrfacherkrankung **80** 68 ff.; Mindestlohn **81** 5; Mitteilungspflicht **82** 5 ff., 39; Mutterschaft **80** 39 f.; Nachleistung **79** 2; Nachweispflichten **82** 1 ff., 15 ff., 38 ff.; Nikotinabhängigkeit **80** 15; öffentlicher Dienst **155** 41; Rechtsmissbrauch **82** 48; Rehabilitationsmaßnahmen, Anrechnung **79** 4; Saisonbetriebe **81** 19; Schichtarbeit **81** 22; Schlägereien **80** 62; Schönheitsoperation **80** 15 f., 57; Schwangerschaft **80** 15, 39 f.; Schwangerschaftsabbruch **80** 63 f.; Sechs-Wochen-Frist **79** 2, 7; **80** 38; **81** 32 ff.; Sonderurlaub **80** 36, 38; Sondervergütungen, Kürzung **81** 29 f.; Sportarten, gefährliche **168** 32; Sportler **168** 29 ff.; Sportunfall **80** 60; Staatskonkurrenz gegenüber Koalitionen **218** 98; Sterilisation **80** 63 f.; Straßenverkehrsunfall **80** 61; Streikbrecher **80** 42; Streikteilnahme **80** 42 f.; Suchterkrankungen **80** 55 f.; Suizidversuch **80** 58; tarifliche Regelungen **81** 2 f.; Tarifmacht **237** 94; Teilarbeitsunfähigkeit **80** 27 ff.; Transsexualität **80** 15; Trinkgeld **81** 11; U1-Verfahren **83** 1, 7 f., 11, 14, 18; U2-Verfahren **83** 7, 12 f., 19; Überstunden, unechte **81** 23; Überstundenvergütung **81** 14, 17 f.; Unfruchtbarkeit **80** 15; Unverzichtbarkeit **71** 2 a; Vergütung, erfolgsabhängige **81** 8 f.; Verhalten, genesungswidriges **55** 46; Verhalten, gesundheitsförderndes **55** 46; Verschulden des Arbeitgebers **80** 50; Verschulden Dritter **80** 49; Verschulden, fehlendes **80** 46 ff.; *Beweislast* **80** 51; Vorsorgemaßnahmen, Anrechnung **79** 4; Wartezeit **50** 222; **80** 65 ff.; Wegeunfähigkeit **80** 22; Wiederaufleben **80** 76 ff.; Zeugungsunfähigkeit **80** 15
Entgeltfortzahlung bei Urlaub, Arbeitskampf **276** 21 ff.
Entgeltfortzahlungsanspruch, Ausschlussfristen **82** 44; Eingriffsnorm **80** 5; Entgeltausfallprinzip **81** 1, 5 f.; Fälligkeit **82** 43; Gläubiger **80** 6; Höhe **81** 1, 4 ff.; Rechtsnatur **79** 11 f.; Schuldner **80** 6; Sechs-Wochen-Zeitraum **79** 2; Verjährung **82** 43; Verwirkung **82** 45; Verzicht **82** 45 ff.
Entgeltfortzahlungsgesetz, Anwendungsbereich, persönlicher **80** 1 ff.; Anwendungsbereich, räumlicher **80** 5; Entgeltfortzahlung im Krankheitsfall **79** 1 f.
Entgeltfortzahlungskosten, Teilzeitbeschäftigte, Anrechnung **49** 30 f.
Entgeltgleichheit, AEUV **5** 6; **7** 48; **12** 10, 25; **32** 115, 129; Diskriminierungsverbot **32** 130; **60** 36 ff.; ILO-Übereinkommen Nr. 100 **15** 9; Sprecherausschuss, Mitwirkungsrechte **312** 69; Tarifmacht **237** 71; Tarifvertrag **227** 18; Unionsrecht **12** 31
Entgelthöhe, Angemessenheitskontrolle **60** 80 ff.; Billigkeitskontrolle **60** 79; Rechtskontrolle **60** 78; Sittenwidrigkeitskontrolle **60** 85 ff.; Untergrenze, absolute **60** 94 f.
Entgeltklage, Abgabenangelegenheiten **70** 3 ff.; Bruttoklage **70** 26; Feststellungsklage **70** 22 ff.; Klageantrag **70** 26; *Arbeitslosengeld* **70** 26; *Arbeitslosengeld II* **70** 26; Kündigungsschutzprozess **70** 19 f.; künftig fällige Vergütung **70** 16 ff., 25; *Besorgnis der nicht rechtzeitigen Erfüllung* **70** 21; Leistungsklage **70** 15 f.; Sozialversicherungsangelegenheiten **70** 3 ff.; Streitwert **70** 27; Stufenklage **70** 15; Zuständigkeit, internationale **70** 14
Entgeltlücke, bereinigte **60** 44; unbereinigte **60** 44

Entgeltnachweis, elektronischer, Meldeverfahren **39** 7
Entgeltrahmentarifvertrag, Bezugnahme **246** 18
Entgeltrecht, tätigkeitsbezogenes, Tarifmacht **237** 69
Entgeltregelungen, arbeitsvertragliche **60** 69 ff.; Bezugnahme **246** 38; Nachwirkungszeitraum **261** 30 f.
Entgeltschutz, Kollisionsrecht **13** 99
Entgelttarifvertrag, Arbeitsentgelt **60** 55 ff.; **239** 7 ff.; Auslegung **243** 23; Befristung **260** 7; Bezugnahme **246** 18; Eingruppierung **60** 55, 57 ff.; Grundentgelt **239** 8, 10; Laufzeit **225** 6
Entgelttransparenzgesetz, Angemessenheitsvermutung **60** 49; Auskunftsanspruch **60** 47 ff.; Textform **60** 52; Benachteiligung wegen des Geschlechts **16** 53; **60** 45; Benachteiligungsschutz **16** 4; **60** 37; Entgeltbegriff **16** 53; Entgeltgleichheit **60** 44 ff.; Privilegierungswirkung **60** 49 f.; Prüfverfahren, betriebliches **60** 54
Entgeltumwandlung, betriebliche Altersversorgung **69** 2, 25 f.; **73** 24
Entgeltunterlagen, Aufbewahrungspflicht **139** 17
Entgeltverwendungsabreden, Zulässigkeit **73** 24
Entgeltverzicht, Inhaltskontrolle **71** 9; isolierte Verzichtserklärung **71** 9; Transparenzgebot **71** 9; Verbindung mit Ausgleichsquittung **71** 9
Entgeltvorschuss, Inhaltsnormen **239** 12
Entgeltzahlungspflicht, Arbeitgeber **91** 9; Hauptleistungspflicht **40** 1
Entladezeiten, Arbeitszeitrecht **40** 85
Entlassungsbedingungen, Gleichbehandlungsgrundsatz **12** 31
Entlassungsentschädigung, Arbeitsentgelt **60** 6; Arbeitslosengeld, Ruhen **29** 102
Entleiher, *s. Arbeitnehmerüberlassung*
Entleihvertrag, *s. a. Arbeitnehmerüberlassung*; Anknüpfung **13** 135, 137; Nichtigkeit **13** 137
Entscheidung, gerichtliche, Bindungswirkung **6** 38 ff.
Entscheidung, unternehmerische, Androhung **265** 24; Arbeitskampfmittel **265** 24; Koalitionsvereinbarungen **264** 3; Streikziel **272** 40; Ungleichbehandlung, zulässige **16** 99; Willkürverbot **16** 99, 102
Entsendung, Arbeitnehmerentsendung; *s. dort*; Einsatzort, wechselnder **40** 52, 54; Entgeltumwandlung, Fortsetzungsrecht **204** 52; Konzern **25** 10
Entsprechungsverfahren, Berufsqualifikationen **147** 3
Entwicklungsdienstvertrag, Rechtsverhältnis sui generis **19** 63
Entwicklungshelfer, Arbeitszeitrecht **182** 53; Beschäftigungsverhältnis **19** 63; **157** 7; Mutterschutz **189** 9; Vorbereitungsrecht **150** 6
Entwicklungsklauseln, Inhaltskontrolle **40** 40
Equal-pay-Grundsatz, Dienstleistungsfreiheit **262** 21; Entgeltanspruch, Verzichtbarkeit **71** 2; Leiharbeit **60** 42
Erbengemeinschaft, Arbeitgebereigenschaft **236** 21; Betriebsverfassungsrecht **285** 61
Erfindervergütung, Pfändungsschutz **74** 85
Erfindungen, *s. Arbeitnehmererfindungen*
Erfolgsabhängigkeit, Vergütung **40** 46
Erfolgsbeteiligung, Begriff **65** 44
Erfolgsprämie, Arbeitsleistung **40** 48
Erfüllungsanspruch, Tarifvertrag **259** 1 ff.; verbandsrechtlicher **259** 4 ff.
Erfüllungsklage, Arbeitsleistung **42** 1, 11; **43** 46; Entschädigung **43** 46
Ergebnisbeteiligung, Begriff **65** 44

1613

Sachverzeichnis

Magere Ziffern = Randnummern

Ergotherapeuten, Ausbildung, qualifizierende **169** 19; Gesundheitsdienstleistungen **169** 16; Heilmittelerbringer **169** 1, 16
Erhaltungsarbeiten, Arbeitskampf **278** 1; Aussperrung **277** 3; **278** 1; Begriff **278** 1; Notdienstvereinbarungen **272** 61; Streik **272** 59
Erholungseinrichtungen, Sonntagsarbeit/Feiertagsarbeit **185** 23
Erholungsorte, Ladenschlussregelungen **188** 5, 6
Erholungsurlaub, Arbeitgeberpflicht **1** 13; Arbeitnehmer **85** 7; arbeitnehmerähnliche Personen **85** 7; Arbeitsbefreiung **41** 3; **85** 1, 1 ff.; Arbeitskollisionsrecht **13** 118; Arbeitsverhältnis, Beendigung **86** 84; zu ihrer Berufsbildung Beschäftigte **85** 7; bezahlter **87** 1 f.; Elternzeit **192** 26; Existenzschutz **3** 32; Heimarbeiter **85** 7; Jugendliche **196** 39 ff.; Jugendurlaub **89** 1 ff.; Nebentätigkeit **55** 55; öffentlicher Dienst **155** 43, 45 f.; Urlaubsanspruch **86** 4
Erklärungsirrtum, Anfechtung des Arbeitsvertrags **38** 27; Anfechtung des Vergleichs **134** 22; Ausgleichsquittung **137** 37
Erlass, Arbeitsentgelt **71** 1
Erörterungspflicht, Arbeitgeber **290** 6, 11 ff.; Betriebsratsmitglied, Hinzuziehung **290** 11, 13; Erfüllungsanspruch **290** 20
Erprobung, Befristungsgrund **37** 56, 58; Erforderlichkeit **37** 58
Erreichbarkeit, ständige, *s. a. Kommunikationsmittel, moderne*; Arbeitsabruf **44** 23; Arbeitszeitflexibilisierung **44** 19; Arbeitszeitrecht **40** 81; **44** 4, 53 ff.; Digitalisierung **225** 28; Jugendarbeitsschutz **196** 30; Rufbereitschaft **40** 81; Urlaubsanschrift **86** 69
Ersatzdienst, Fragerecht des Arbeitgebers **33** 10; Kündigung, außerordentliche **110** 57
Ersatzkraft, Pflichtverletzung **40** 8
Ersatztätigkeit, Zumutbarkeit **40** 26
Erschwerniszulagen, öffentlicher Dienst **155** 38; Unpfändbarkeit **74** 87, 95a
Erstausbildung, Förderungsfähigkeit **29** 88
Erste Hilfe, Erste-Hilfe-Räume **177** 15, 15 f.; Ersthelfer **178** 61 f.; Vorsorgemaßnahmen **178** 60 ff.
Erstuntersuchung, Bescheinigung, Vorlagepflicht **39** 41
Erwerbsminderung, Arbeitsunfall **202** 79; betriebliche Altersversorgung **202** 69, 71, 104; teilweise **202** 71, 75 f.; volle **202** 71, 75 f., 77
Erwerbsminderungsrente, Ausscheiden des Arbeitnehmers **202** 77; Rentenbeginn **202** 78; Rentenbescheid, Vorlage **202** 77a; auf Zeit **202** 77, 80
Erwerbstätigkeit, anderweitige, Unterlassungsklage **42** 6; Unzulässigkeit **42** 6
Erwerbsunfähigkeit, Begriff **202** 70; betriebliche Altersversorgung **202** 69
Erziehungsbeihilfen, Tarifvertrag, drittbegünstigender **236** 25
Erziehungsurlaub, Berufsausbildungszeiten **147** 99; Elternzeit **85** 1; Schwangerschaft, erneute **189** 13; Teilzeitbeschäftigte, Kündigungsschutz **50** 294 f.
Erzwingungsverfahren nach 23 III BetrVG, Allgemeines Gleichbehandlungsgesetz **17** 4, 94 ff.
Ethikrichtlinien, Anzeigepflichten **55** 11; Korruptionsverbote **54** 50; Nebentätigkeitsverbot **55** 59; Persönlichkeitsrecht des Arbeitnehmers **44** 23; Verhalten, außerdienstliches **55** 45; Weisungen **40** 27
Ethnische Herkunft, Benachteiligungsverbot **3** 35; **12** 32; **14** 30; **15** 5; **16** 5, 7 ff.; **103** 172; Diskriminierung, mittelbare **16** 3, 8; Diskriminierungsverbot **32**

143 f.; *Arbeitsvermittlung* **29** 29; Minderheitenschutz **16** 10
EU-Richtlinien, Tarifverträge **227** 23 ff.
EU-Verordnungen, Tarifverträge **227** 22
EuGGVO, Zuständigkeit, internationale **13** 173 f.; Zuständigkeitsvereinbarung **13** 176
Europaabgeordnete, Kündigungsschutz **129** 118
Europäische Agentur für Sicherheit und Gesundheitsschutz am Arbeitsplatz, Arbeitsschutz **173** 32; **174** 39, 113; Informationsnetzwerk **174** 113
Europäische Genossenschaft, Arbeitnehmerbeteiligung **12** 53; Betriebsrat **283** 15
Europäische Gesellschaft, Arbeitgeberfunktionen **23** 10; Betriebsrat **283** 15; Mitbestimmung, unternehmensbezogene **12** 52; Verhandlungsgremium, besonderes **302** 63; **311** 186; *leitende Angestellte* **311** 186; Verhandlungsverfahren **12** 52
Europäische Insolvenzverordnung, Arbeitsrecht, anwendbares **27** 6; Insolvenzverfahren **27** 3 f.; Internationales Insolvenzrecht **13** 101 f.
Europäische Menschenrechtskonvention, Arbeitskampf **269** 12; Arbeitsrecht **12** 2 f.; Arbeitsschutz **172** 51; Asbestimmissionen **172** 51 f.; Auslegung, konventionsfreundliche **12** 22 ff.; Beamte, Streikverbot **218** 115; Beitrittspflicht **217** 21; Benachteiligungsverbot **218** 108; Diskriminierungsschutz **15** 10; Diskriminierungsverbot **217** 22; **218** 109; Folgepflicht **217** 23; Gesundheitsschutz **172** 52; ILO-Übereinkommen **218** 109; Individualbeschwerde **12** 22; Koalitionsbetätigung, kollektive **12** 4; Koalitionsfreiheit **217** 22; **218** 105, 109 f., 114; *negative* **218** 106; *positive* **218** 106; Lärmschutz **172** 52; Privat- und Familienleben, Recht auf Achtung **12** 5; Religionsfreiheit **12** 5; **158** 11 ff.; Streikrecht **218** 107; **227** 13; **269** 12 f.; Sympathiestreik **218** 107; Tarifrecht **227** 1; Tarifverhandlungen **218** 107; *Recht auf* **269** 13; Tarifvertragsrecht **227** 12; **244** 44; Umweltschutz **172** 52; Vereinigungsfreiheit **12** 3 f.; **227** 12; **269** 12; Versammlungsfreiheit **269** 12
Europäische Sozialcharta, Arbeitsbedingungen, sichere und gesunde **172** 45 ff.; **174** 80; Arbeitskampf **218** 105; **269** 10 f.; Arbeitsrecht **5** 7; **12** 2; Arbeitsschutz **174** 80; Arbeitsvölkerrecht **12** 6 f.; **172** 45; Diskriminierungsschutz **15** 10; Gesamtarbeitsverträge **218** 105; **227** 14; Koalitionsfreiheit **217** 19, 23; **218** 105, 110, 114; *positive* **218** 106; Kollektivverhandlungen **227** 14; Mindestvergütung **60** 31, 96; Streikrecht **272** 38; Tarifrecht **227** 1, 15; **263** 6; Zustimmungsgesetz **172** 50
Europäische Union, *s. a. AEUV*; Arbeitskampfrecht **269** 17; Arbeitsschutzpolitik **174** 112 ff.; Gewerkschaften **222** 47; Koalitionsfreiheit **217** 16 ff.; öffentlicher Dienst **154** 6; *Rechtsweg* **154** 6; Unionsrecht; *s. dort*
Europäische Wirtschaftliche Interessenvereinigung, Arbeitgeberverbände, europäische **223** 4; Gründung **223** 11
Europäischer Betriebsrat, Betriebsverfassung **283** 15; Kündigungsschutz, besonderer **127** 8; Massenentlassungen **121** 95; Seeschifffahrt **309** 24 f.; Sprecherausschuss, Entsendungsrecht **311** 184; Unternehmensgruppe **25** 4; Verhandlungsverfahren **12** 51 f.
Europäischer Gerichtshof, Arbeitskampf **269** 14 ff.; Arbeitsrecht **6** 33; Entscheidungen, Bindungswirkung **6** 39 f.
Europäischer Sozialpartnerdialog, Tarifrecht **227** 6
Europäisches Arbeitsrecht, Begriff **12** 1

Fette Ziffern = Paragrafen **Sachverzeichnis**

Europäisches Mitbestimmungssystem, Verhandlungslösung 240 29
Europäisches Niederlassungsabkommen, Arbeitnehmerfreizügigkeit 12 8; Gleichbehandlung 12 8
Europäisches Übereinkommen über die Arbeit des im internationalen Straßenverkehr beschäftigten Fahrpersonals, Anwendungsbereich 187 4
Europarat, Arbeitsrecht 12 2; Diskriminierungsschutz 15 10
Europarecht, Kündigungsschutz 107 19 f.
Evakuierung der Beschäftigten, Vorsorgemaßnahmen 178 60 ff.
Evangelische Kirche, *s. a. Kirchen*; Arbeitsrecht 158 49, 67 f.; Arbeitsrechtliche Kommission 161 4 f.; Arbeitsrechts-Regelungsverfahren 161 3 ff.; Arbeitsschutzrecht 174 68; Beamtenverhältnisse, kirchliche 158 23; Dienstverfassung 158 20; Dienstverhältnisse 158 23 f.; Dritter Weg 161 4 ff.; Individualarbeitsrecht 158 68; Kirchengerichtsbarkeit 162 6 ff.; *Inkompatibilität* 162 8; *Verfahren* 162 9 ff.; kirchlicher Dienst 159 12 f.; *s. a. dort*; Koalitionsbetätigung 160 21; Koalitionsfreiheit 160 10; kollektives Arbeitsrecht 158 67; Kündigungsgrund 159 30; Landeskirchen 158 36, 53, 66; 159 13; *Arbeitsrechtliche Kommissionen* 158 67; Loyalitätsobliegenheiten 159 22; Loyalitätspflichten 116 44; Loyalitätsrichtlinie 158 68; 159 12 f.; MVG.EKD 162 8; Pfarrerdienstverhältnis 158 22; Schlichtung 161 6
EWIV, *s. Europäische Wirtschaftliche Interessenvereinigung*
EWR-Staaten, Arbeitsuche 29 71a; Vermittlungsbudget, Förderung aus 29 81b
Existenzgründung, Arbeitsverhältnisse, befristete 103 132 ff.; 106 16; Gründungszuschuss 29 91
Existenzminimum, Pfändungsfreigrenze 61 3
Existenzsicherung, Arbeitnehmer 3 32; Entgeltfortzahlung im Krankheitsfall 3 32; Schadensausgleich, innerbetrieblicher 57 40
Explosionsschutz, Explosionsschutzdokument 178 35
Fabrik, Betriebsbegriff, Ablösung durch 24 3
Fabrikarbeiter, Begriff 19 5; Industrialisierung 2 7
Fabrikgesetzgebung, Preußen 1 3
Fachkräfte für Arbeitssicherheit, Arbeitgeberpflichten 176 58 f.; Arbeitspsychologen 176 46; Arbeitsschutz 174 48; 176 40, 43 f.; Aufgaben 176 51, 53; Beratungsaufgabe 174 103 f.; 179 47; Beschäftigte 176 47 f.; Bestellung 176 48 f.; Betriebsbetreuung 176 45; Fachkunde 176 54; Fortbildungen 176 58 f.; freiberufliche Kräfte 176 49; Grundbetreuung 176 45; Kooperation 174 71 f.; 176 57; Mitbestimmungsrecht des Betriebsrats 174 74; Personalvertretung 174 67; Sicherheitsingenieure 176 46; Sicherheitsmeister 176 46; Sicherheitstechniker 176 46; Überwachung durch Arbeitgeber 176 58 f.; Vorschlagsrecht 176 56
Fachoberschüler, Schülerstatus 149 212
Fahrerlaubnis, Kündigung, außerordentliche 124 48, 50, 73; Kündigung, personenbedingte 113 101
Fährhäfen, Ladenschlussregelungen 188 5
Fahrpersonal, Arbeitszeit, Aufzeichnung 181 27; Auskunftsrecht des Arbeitgebers 181 27; Höchstarbeitszeit, wöchentliche 181 27; Pausen 12 36; Ruhezeiten 12 36; Vorlegungspflicht des Arbeitnehmers 181 27
Fahrtenbuch, Aufbewahrungspflicht 139 15
Fahrtkosten, Ersatzfähigkeit 93 38
Fahrtkostenbeihilfe, Arbeitsförderung 29 81a
Fahrzeuge, Sicherungsmaßnahmen 93 19, 22; Unterbringungsmöglichkeit 93 17

Fairnessgebot, Arbeitskampf 272 59, 63
Fälligkeitsvereinbarung, AGB-Kontrolle 69 6 f.; Arbeitsentgelt 69 6 f.
falsa demonstratio non nocet, Tarifvertrag 243 5, 9
Falschaussagen, Kündigungsgrund 124 45
falsus procurator, Tarifvertragsschluss 234 29 f.
Familie, Grundrechtsschutz 7 60 ff.; Vereinbarkeit von Beruf und Familie 225 28
Familie, Schutz der, betriebliche Altersversorgung 206 8
Familienangehörige, Arbeitnehmereigenschaft 182 58; 285 66; Gemeinschaft, häusliche 285 66; Kündigungsschutz 112 18; Mutterschutz 189 11
Familienpflegezeit, *s. a. Pflegezeit*; Angehörige, nahe 193 22; *Minderjährige* 193 31; Ankündigung 193 27; Arbeitszeitverringerung 41 7; 193 25 f.; Arbeitszeitverteilung 193 27; Beendigung, vorzeitige 193 30; Darlehen 193 23; Freistellung 193 23; Freistellungsvereinbarung 193 26; Inanspruchnahmeerklärung 193 27; Kombination mit Pflegezeit 193 1; Nachweispflicht 193 29; Pflegeteilzeit 193 1; Sozialauswahl 115 200; Unabdingbarkeit 193 23 f.; Verlängerung 193 30
Familienrecht, Dienstleistungen 19 65
Familienschutz, Differenzierungsverbot 14 40; Persönlichkeitsrecht des Arbeitnehmers 94 24
Familienstand, Fragerecht des Arbeitgebers 33 15
Fehlbetragshaftung, Sittenwidrigkeit 38 17
Fehlen, unentschuldigtes, Kündigung, außerordentliche 124 34, 59
Fehlerhaftes Arbeitsverhältnis, Arbeitsgerichte, Zuständigkeit 70 2; Arbeitskollisionsrecht 13 93; Betriebsübergang 142 134; Einigung 38 49; Entgeltfortzahlung im Krankheitsfall 80 8; Kündigungsschutz 112 18; Lohnpfändung 74 79; Mutterschutz 189 6; Nichtigkeit ex tunc 38 50; Tarifmacht 236 12; Wettbewerbsverbot 54 19
Fehlzeiten, Datenspeicherung 96 53; Kündigung, krankheitsbedingte 113 4
Feiertage, Arbeitskampf 276 19 f.
Feiertage, gesetzliche, Arbeitsort 185 6; Landesrecht 185 5 f.
Feiertage, kirchliche, Begriff 185 7
Feiertagsarbeit, Ausgleichsregelungen 185 56, 58; Beschäftigungsverbot 32 37; 185 8 ff.; *Ausnahmeregelungen* 185 13 ff.; Bühnenarbeitsrecht 165 5, 42; Marktprivileg 185 25; Rechtsverordnungen 185 44 f.; Saldotheorie 185 40; tarifliche Regelungen 185 59 ff.; Vergütungsanspruch 78 1; Verwaltungsakte 185 48 ff.; Weisungsrecht des Arbeitgebers 40 18; Zuschläge 62 15; 239 10
Feiertagsruhe, Arbeitsbefreiung 41 3; Arbeitszeitschutz 181 10; Jugendliche 196 36 f.; Kernbestand 185 2; Verfassungsrecht 185 1 ff.
Feiertagsvergütung, Arbeitsversäumnis 78 27 f.; *Teilarbeitsversäumnis* 78 28; Ausschluss 78 27 f.; Beschäftigungsort 185 6; Beweislast 78 30; Fernbleiben, unentschuldigtes 78 29; Höhe 78 19 ff.; Mindestlohn 78 24
Felder, Arbeitsstätten 177 5; elektromagnetische; *s. Elektromagnetische Felder*
Fernfahrer, Arbeitsort, gewöhnlicher 13 49 f.
Fernsehanstalten, Arbeitgebereigenschaft 166 26; Auftragsproduktionen 166 2, 19; Berichterstattung 166 3; Eigenproduktionen 166 2, 19; Fernsehbeschäftigte 166 3, 4; Gemeinschaftsproduktionen 166 19; Perso-

1615

Sachverzeichnis

Magere Ziffern = Randnummern

nalvertretung **166** 5, 26; Rundfunkfreiheit **166** 4, 21; Tarifverträge **166** 3
Fernsehbeschäftigte, Arbeitnehmerähnlichkeit **166** 3, 21, 25, 44; Arbeitnehmereigenschaft **19** 50 f.; **166** 3, 16, 21 ff.; Arbeitsentgelt **166** 34; Arbeitsverhältnisse, befristete **166** 3, 41; Arbeitsverträge **166** 27 ff.; *Nachweispflicht* **166** 27; *Schriftform* **166** 27; Beschäftigungspflicht **166** 37; Entgeltfortzahlung **166** 35; freie Mitarbeiter **166** 21 f., 25; *feste freie Mitarbeiter* **166** 25; *Tarifverträge* **166** 25; Kündigung **166** 43; Loyalitätsobliegenheiten **166** 33; Nebentätigkeiten **166** 32 f.; Programmgestaltung **166** 22, 24; Sozialbezüge **166** 35; Sozialversicherungsrecht **166** 24; Tarifverträge **166** 7; Tendenzförderungspflicht **166** 33; Tendenzschutz **166** 26; Urheberrecht **166** 38; Urlaubsanspruch **166** 36
Fernsehen, Arbeitszeit **166** 30 f.; Beendigungsmitteilung **166** 44; Berichterstattung **166** 11 ff., 21 ff.; Haustarifverträge **166** 12 f.; Jugendarbeitsschutz **166** 5; Manteltarifverträge **166** 12 f., 39; Mitbestimmung **166** 26; öffentlich-rechtliche Rundfunk- und Fernsehanstalten **166** 13, 26; private Rundfunkunternehmen **166** 12, 26; Produktionsdauerbeschäftigte **166** 16; Rundfunkfreiheit **166** 40 f.; Tarifverträge **166** 12 f.; Tendenzunternehmen **166** 26; Verbandstarifverträge **166** 12
Fernsehschaffende, s. *Fernsehbeschäftigte*
Fernwirkung, Arbeitskampf **276** 52; **279** 1, 9 ff., 13 ff.; *ausländischer* **279** 23; Drittunternehmen **279** 47; Kampfmaßnahmen, rechtswidrige **279** 33 ff.; Konzern, inländischer **279** 22; Tarifgebiet, fachlich fremdes **279** 19 f.; Tarifgebiet, fachlich gleiches **279** 18; Tarifgebiet, umkämpftes **279** 17
Fertigungstiefe, Verringerung, Personalplanung **28** 19
Festlandsockel, Arbeitsort, gewöhnlicher **13** 38, 56
Feststellungsklage, Kündigung des Tarifvertrags **260** 56
Feuerwehr, Betriebsübergang **142** 13; Deutsche Feuerwehr-Gewerkschaft **222** 17; Freistellungsanspruch **5** 9; Rahmenrichtlinie **173** 15; Sonntagsarbeit/Feiertagsarbeit **185** 17
Filmarbeitsrecht, Anschlussverträge **166** 42; Arbeitgeber **166** 18; Arbeitnehmer **166** 15; Arbeitspflicht **166** 29; Arbeitsverhältnisse, befristete **166** 28, 40; Arbeitsverträge **166** 1, 18 ff., 27 ff.; *Nachweispflicht* **166** 27; *Schriftform* **166** 27; Arbeitszeit **166** 30 f.; Fernsehauftragsproduktionen **166** 19; Filmbeschäftigte **166** 4; Filmförderungsgesetz **166** 19; Filmhersteller **166** 38 f.; Filmproduktionen **166** 2, 6 f., 15, 40, 42; Filmstar **166** 15; Filmtechnik **166** 2, 6, 9, 15, 31; Filmtheater **166** 2, 6, 10, 15, 31; Filmverleih **166** 2, 18; Filmvertrieb **166** 2; Gagen-Tabelle **166** 34; Gagen-Tarifvertrag **166** 7, 34; Gemeinschaftsproduktionen **166** 19; Jugendarbeitsschutz **166** 5; Kleindarsteller **166** 7, 34; Kündigung **166** 42; Kunstfreiheit **166** 1, 4, 40; Manteltarifvertrag **166** 7; Meinungsfreiheit **166** 4; Produktionsdauerbeschäftigte **166** 8, 13, 16, 29, 32, 34, 39 f.; Regisseure **166** 15 f.; schauspielerische Tätigkeit **166** 7; Tagesgagen **166** 34; Tarifverträge **166** 1, 6 ff.; *Schriftformklauseln* **166** 27; technische Betriebe **166** 18, 20; Urheberrecht **166** 5, 38; *ausübende Künstler* **166** 38 f.; *Drehbuchautor* **166** 38; *Entstellungsverbot* **166** 38; *Filmhersteller* **166** 38 f.; *Filmregisseur* **166** 38; *Namensnennungsrecht* **166** 38; *Rechtseinräumung* **166** 39; *Schöpferprinzip* **166** 38; *Vorausverfügungen* **166** 39; Wochengagen **166** 34
Filmbeschäftigte, Arbeitnehmerähnlichkeit **166** 8; *Bestandsschutz* **166** 44; *Tarifverträge* **166** 14, 44; Arbeitnehmereigenschaft **19** 50; **166** 15 ff.; Arbeitsentgelt

166 34; Arbeitspflicht **166** 29; Beschäftigungspflicht **166** 37; Entgeltfortzahlung **166** 35; Filmrolle **166** 29; freie Mitarbeiter **166** 34; Loyalitätsobliegenheiten **166** 33; Nachaufnahmen **166** 29; Nebentätigkeiten **166** 32 f.; Neuaufnahmen **166** 29; Schiedsgerichtsbarkeit, tarifliche **241** 3; Sozialbezüge **166** 35; Sozialversicherungsrecht **166** 17; Synchronisation **166** 29; Tendenzförderungspflicht **166** 33; Urlaubsabgeltung **166** 36; Urlaubsanspruch **166** 36; Vorarbeiten **166** 29
Filmbestellvertrag, Filmauswertung **166** 18
Filmlizenzvertrag, Filmauswertung **166** 18
Filmproduzenten, Arbeitgebereigenschaft **166** 18; Tendenzunternehmen **166** 20
Filmschaffende, s. *Filmbeschäftigte*
Filmvorführung, Sonntagsarbeit/Feiertagsarbeit **185** 21
Finanzbranche, Vergütungsbestandteile **65** 63; Vergütungssysteme **65** 63 ff.; *feste Vergütung* **65** 64 f.; *variable Vergütung* **65** 64 f.
Finanzplanung, Unternehmensplanung **28** 9
Firmenkleidung, Umkleidezeiten; *s. dort*
Firmentarifvertrag, Allgemeinverbindlichkeit **248** 115; Anzahl **225** 1; Arbeitskampf **272** 31 f.; Bezugnahme **246** 42; Tarifvertragsparteien **225** 5; Unternehmensumstrukturierungen **26** 43 ff.; Versorgungsleistungen **206** 71 f.
Fischerei, Arbeitszeitrecht **182** 58
Fischereifahrzeuge, Arbeitsschutz **12** 44; Gesundheitsschutz **173** 27; Heuervertrag **163** 33
Flächentarifvertrag, Ablöseprinzip **256** 7; Flexibilisierung **225** 27; Öffnungsklauseln **252** 4; Tarifvertragsparteien **225** 5
Flashmob, Arbeitskampfmittel **32** 76; **265** 12; **266** 11; **268** 10; **273** 1, 16 ff.; *Kampfgegner* **272** 17; *streikbegleitende* **273** 17 f.; Friedenspflicht **257** 18; Koalitionsbetätigungsfreiheit **266** 5; Proportionalität **272** 79; Verhältnismäßigkeitsprinzip **273** 18 f.; Verteidigungsmöglichkeiten **273** 18
Flexibilisierung, Arbeitsschutz **172** 25
Flexibilisierungsklauseln, Inhaltskontrolle **37** 44
flexicurity, Arbeitsverhältnis **101** 1; Arbeitszeitflexibilisierung **40** 98; *s. a. dort*
Fließbandarbeit, Mutterschutz **190** 1, 9, 18 f.; Nachleistung, Abbedingung **43** 9
Flößerei, Arbeitszeitrecht **182** 60
Flowtime, Gleitzeitmodelle ohne Kernarbeitszeit **47** 3
Flucht in die Öffentlichkeit, Rücksichtnahmepflicht **55** 20
Flüchtlinge, anerkannte **30** 18; Arbeitsmarktprüfung **30** 18; Beschäftigung **30** 18; Vorrangprüfung **30** 18
Flugbegleiter, Flugbetrieb **309** 38
Flugbetrieb, Betriebsverfassung **284** 23
Flugbetriebsführer, Fortbildung, berufliche **150** 5
Flughäfen, Ladenschlussregelungen **188** 5
Fluglotsen, Altersgrenze **103** 96; Gewerkschaft der Fluglotsen **222** 17; *Rechtsform* **223** 5
Flugpersonal, Arbeitsort, gewöhnlicher **13** 49 f.
Flugsicherheitsbegleiter, Flugbetrieb **309** 38
Flugzeugführer, Ausbildung **147** 10
Folgepflicht, Pflichtverletzung **259** 25
Förderprogramme, Befristung **103** 13
Formgebote, Abschlussnormen **239** 33, 42; Beendigungsnormen **239** 48; Tarifnormen **251** 2
Formulararbeitsverträge, Mitbestimmungsrecht des Betriebsrats **96** 11
Formverstoß, Nichtigkeitswirkung **251** 21

Formwechsel, betriebliche Altersversorgung **26** 69; Identitätswahrung des Rechtsträgers **26** 12; Mitbestimmung **26** 73; Tarifgeltung **247** 44; Unternehmensmitbestimmung, Fortgeltung nach Umwandlung **26** 107; Unternehmensumwandlung **26** 8, 12; Unterrichtung des Betriebsrats **26** 88

Forschung, Arbeitszeit **182** 89

Forschungsarbeiten, Sonntagsarbeit/Feiertagsarbeit **185** 37

Forstwirtschaft, Arbeitnehmer **19** 21; Arbeitnehmerschutzrecht **152** 30; Arbeitsschutz **152** 34; Begriff **152** 31; Gewerbebetriebe **152** 32f.; Jugendarbeitsschutz **152** 35; Kaufmannseigenschaft **152** 32

Fortbildung, berufliche, Anpassungsfortbildung **147** 53, 68; **150** 5; Arbeitsgerichte, Rechtswegzuständigkeit **151** 24; Aufstiegsfortbildung **147** 53, 68; **150** 5; Befristung **150** 12; Befristungsgrund **103** 66; Begriff **147** 68; **150** 5; Berufsbildung **150** 2; Bindungsfrist **150** 40ff.; *geltungserhaltende Reduktion, Verbot* **150** 45; Bindungsklauseln **150** 17; Förderung **150** 51f.; Fortbildungsverpflichtung **150** 10f.; Fortbildungsvertrag **150** 8f.; *Kündigungsrecht* **150** 14; Freistellung des Arbeitnehmers **150** 44; Kosten **150** 16; Kostenbeteiligung **150** 49f.; Kündigung **150** 13; öffentlicher Dienst **155** 57f., 72f.; Rückzahlungsklauseln **147** 53; **150** 15, 17, 40, 46f.; **155** 73; *AGB-Kontrolle* **150** 45; *Transparenzkontrolle* **150** 41, 47; *Vereinbarung, nachträgliche* **150** 48; Ultima-ratio-Grundsatz **150** 7; unterlassene Fortbildung **150** 11; Vergütung **150** 15

Fortbildungsmaßnahmen, Weiterbeschäftigung des Arbeitnehmers **113** 24f.

Fortgeltungsvereinbarung, Betriebsvereinbarung **26** 91, 95, 98f.; Tarifvertrag **26** 91, 96ff.; Unternehmensumwandlung **26** 91, 94

Fortkommen, berufliches, Fürsorgepflicht, nachwirkende **138** 61, 64

Fotomodelle, Vermittlungsvergütung **29** 52

Frachtführer, Rechtsverhältnis **19** 75; Statuszuordnung **21** 29

Frachtvertrag, Vertrag auf Arbeit **3** 12

Fragebogenaktionen, Sprecherausschuss **310** 34

Fragerecht des Arbeitgebers, Alkoholabhängigkeit **33** 56, 88; Alkoholkonsum **33** 88; Antwort, wahrheitswidrige **189** 20; Arbeitgeberinteresse, überwiegendes **33** 26a; Arbeitsaufgabe, zu übernehmende **33** 38; Arbeitsverhältnis, Anfechtbarkeit **33** 144; **35** 14; **189** 20; Arbeitsverhältnis, Kündigung **33** 145; **189** 20; Arbeitsvertragsrecht **4** 9; Arbeitswilligkeit **33** 30; arglistige Täuschung **33** 154f.; **35** 14; Aufenthaltstitel **33** 90; Auskünfte Dritter **35** 29ff.; Behinderung **33** 40ff.; Benachteiligung **33** 163; Berufsausbildung **33** 28; Datenschutz **33** 15a, 20; Diskriminierungsmerkmale **33** 24, 25a, 162; Diskriminierungsverbote **33** 8ff., 20f.; bei Dritten **33** 208; Drogenabhängigkeit **33** 56, 88; Drogenkonsum **33** 88; Eigenschaften, persönliche **33** 26a; Eignung, fachliche **33** 27ff.; Eignung, gesundheitliche **33** 37, 46; Eignung, körperliche **33** 37; Eignung, persönliche **33** 80f., 94; Einstellungsentscheidung **33** 3ff.; Einstellungsfragebogen **33** 3; Entgelt, früheres **33** 36; Ermittlungsverfahren **33** 20, 121ff.; *eingestellte* **33** 124; Ersatzdienst **33** 89; Familienverhältnisse **33** 15, 82; Gehalt, früheres **33** 36; Gewerkschaftszugehörigkeit **7** 71; **33** 13, 99ff.; **219** 9; Hochschulort **33** 28; Individualsphäre **33** 36; Informationserhebung; *Anfragen bei Behörden* **33** 3; *Anfragen bei früherem Arbeitgeber* **33** 3; *Anfragen bei Kollegen* **33** 3;

Detektive **33** 3; Informationsinteresse **33** 6; Intelligenztest **33** 20; Intimsphäre **33** 20; Korrektheit **33** 95; Krankheiten **33** 20, 43f., 49ff.; *akute* **33** 50; *chronische* **33** 43; *gefährdende* **33** 51; Kündigung im früheren Arbeitsverhältnis **33** 96; Lebenslauf **33** 32ff.; Leistungsfähigkeit **33** 30, 47ff., 85; Lohnpfändung **33** 128; Loyalitätspflichten **33** 105; Mobilität **33** 81; Nichtrauchereigenschaft **33** 85; Offenbarungspflicht des Arbeitnehmers **33** 139ff.; Parteizugehörigkeit **33** 13; Persönlichkeitsrecht des Arbeitnehmers **33** 9, 15a, 26, 160; Persönlichkeitssphäre **33** 20; Privatsphäre **33** 20; Prüfungen **33** 28; Pünktlichkeit **33** 95; Qualifikation, fachliche **33** 26a ff.; Recht zur Lüge **33** 25a, 142ff., 158f.; Religion **33** 25; Religionszugehörigkeit **7** 55; **33** 99; Schadensersatz **33** 149ff.; Schichtdienst **33** 83; Schwangerschaft **33** 21ff., 59f.; **189** 15ff.; Schwangerschaftsabbruch, Bereitschaft zur Durchführung **33** 98; Schwerbehinderung **33** 21, 24, 57f.; sexuelle Orientierung **33** 15; Sicherheitsbedenken **33** 108ff.; Sprachkenntnisse **33** 28; Strafhaft **33** 125f.; Strafverfahren, anhängige **33** 121ff.; Studiengang **33** 28; Tätigkeit, bisherige berufliche **33** 28, 34f., 92a; Tätigkeit, konkurrenzmäßige **33** 92; Tendenzträger **33** 102f.; Tests, psychologische **33** 20; Übertretungen **33** 84; Umstände, persönliche **33** 97; Unrichtigkeit der Antwort **33** 142ff.; unzulässige Frage **33** 142, 154, 156f.; Veranlagung, genetische **33** 52; Verfassung, gesundheitliche **33** 26a; Verfassung, körperliche **33** 26a, 39; Verhaltensweisen, persönliche **33** 97; Vermögensverhältnisse **33** 127; Versetzungsbereitschaft **33** 81f.; Verweigerung der Antwort **33** 142, 156; Verwertungsverbot **33** 164; Vorstrafen **33** 20, 33, 116ff.; Wehrdienst **33** 89; Weltanschauung **33** 25, 98; Wettbewerbsverbot **33** 91; Wohnort des Arbeitnehmers **33** 93; zulässige Frage **33** 141; Zuverlässigkeit **33** 94f., 114ff.

Franchise-Vertrag, Abgrenzung Arbeitsvertrag **19** 78; Dauerschuldverhältnis **19** 77; Entgelt **19** 77; koordinativ strukturierter **19** 78; subordinativ strukturierter **19** 78

Franchisenehmer, Statuszuordnung **21** 29

Frankreich, Nachtarbeitsverbot **184** 6

Frauen, Beschäftigungsverbote **32** 1; Diskriminierungsschutz durch AGG **16** 74; Teilzeitbeschäftigung **49** 13

Frauenarbeitsschutz, Arbeitnehmerschutzrecht **4** 12

Frauenförderplan, Personalentwicklungsplanung **28** 24

Frauenförderung, Auswahlrichtlinien **32** 139; öffentlicher Dienst **154** 68; Quotenregelungen **32** 139

Frauengewerkschaft, AGG-Kontrolle **220** 18

Frauenhäuser, Ruhezeitverkürzung **183** 8, 15f.

Frauenquote, Vereinssatzung **223** 20

Freie Berufe, Arbeitgebereigenschaft **23** 5; *betriebliche Altersversorgung* **202** 18; Arbeitszeitregelungen **182** 83; Dienstvertrag, freier **19** 74; Partnerschaftsgesellschaft **23** 26; Pflichtkammern, Staatskonkurrenz gegenüber Koalitionen **218** 97; Standards, professionelle **40** 45

Freie Entfaltung der Persönlichkeit, s. *Persönlichkeitsentfaltung*

Freie Mitarbeiter, arbeitnehmerähnliche Personen **21** 21, 27f.; Betriebsverfassung **291** 67; Dienstverhältnis **285** 41; Haftungsbeschränkung **57** 65; Koalitionsfreiheit **218** 9; Kündigungsschutz **112** 18; Rechtsverhältnis **19** 76; Telearbeit **201** 4, 14; Wettbewerbsverbot, nachvertragliches **140** 6

Freigänger, Arbeitnehmereigenschaft **285** 65

Freiheitsstrafe, s. *Strafhaft*

Sachverzeichnis

Magere Ziffern = Randnummern

Freikündigung, Arbeitsplatz, leidensgerechter **113** 27; Kündigung, betriebsbedingte **115** 73
Freistellung, Arbeitslosengeld **29** 100; Ausübungskontrolle **41** 23; Betriebsratsmitglieder; *s. dort*; einseitige **41** 21 f.; einvernehmliche **41** 19; Entgeltfortzahlung **41** 1; Gesamtbetriebsratsmitglieder **300** 107; Inhaltskontrolle **41** 23; Nebenpflichten **41** 19, 22
Freistellungsanspruch, Arbeitnehmer **286** 31
Freistellungsbescheinigung, Aufbewahrungspflicht **139** 15
Freiwilliges ökologisches Jahr, Arbeitnehmereigenschaft **285** 30; Betriebszugehörigkeit **285** 21, 30; Rechtsverhältnis **19** 64
Freiwilliges soziales Jahr, Arbeitnehmereigenschaft **285** 30; Betriebszugehörigkeit **285** 21, 30; Rechtsverhältnis **19** 64
Freiwilligkeitsvorbehalt, Arbeitsentgelt **63** 6 ff.; Arbeitsverhältnis, Änderungen **101** 6; **117** 32; Betriebsübung **10** 19 f.; Flexibilität, zeitliche **63** 3; Inhaltskontrolle **37** 44; **101** 16; **117** 32; Rechtsmissbrauch **63** 13; Sondervergütung **63** 9; Sonderzuwendungen **101** 7; **117** 32; Zielvereinbarungen **64** 44
Freizeiteinrichtungen, Sonntagsarbeit/Feiertagsarbeit **185** 23
Freizeitgewährung, Aufsuchen eines anderen Arbeitsverhältnisses **35** 24 f.; Entgeltfortzahlung **35** 26
Freizügigkeit, *s. Arbeitnehmerfreizügigkeit*
Fremdenverkehr, Sonntagsarbeit/Feiertagsarbeit **185** 23
Fremdfirmenbeschäftigte, Arbeitsbedingungen, sichere und gesunde **172** 48
Fremdfirmeneinsatz, Arbeitgebereigenschaft **23** 13
Fremdfirmenmitarbeiter, Betriebszugehörigkeit **285** 44
Fremdgeschäftsführer, Arbeitnehmereigenschaft **22** 14, 17; **142** 133; Betriebsübergang **142** 133; **143** 2; Diskriminierungsschutz **16** 27; Entlassung **121** 53, 90, 193; Haftungsbeschränkung **57** 66; Mutterschutz **22** 16; **189** 8
Fremdpersonaleinsatz, Missbrauchsverhinderung **18** 11
Fremdvergabe, Personalplanung **28** 19
Friedenspflicht, absolute **257** 26; **272** 44; *Vereinbarung* **272** 44; Arbeitskampfmaßnahmen, Untersagung **257** 6 ff., 18; **272** 44 f., 51 ff.; Berechtigte **257** 9; **272** 47; Beschränkung **257** 29; Betriebsrat **276** 49; Betriebsverfassung **287** 30; **288** 1, 21 ff.; Betriebsversammlung **299** 66a; Drittschutz **257** 12; **259** 3; **272** 47; einstweiliger Rechtsschutz **259** 12; Einwirkungspflicht **257** 13; Ende **257** 20; Entstehung **257** 19; Erfüllung **259** 1 ff.; Erfüllungsort **259** 13; Erweiterung **257** 23 ff.; Europäische Sozialcharta **12** 7; Handlungspflichten **272** 45; Nachbindung **245** 63; Nachbindungszeitraum **257** 22, 48; Nachwirkung **261** 28; Nachwirkungszeitraum **257** 20, 24; **272** 50; Nichtregelung **251** 12; Öffnungsklauseln **252** 35; pacta sunt servanda **257** 6; relative **8**; **272** 44, 44 f., 49; Relativität **257** 5, 15 ff.; Rührei-Theorie **272** 45; Schadensersatz **257** 31; **259** 22, 26; Spitzenverband **257** 11; Sprecherausschuss **310** 25, 33 ff.; Stabilitätsinteresse **257** 14; Streikziele **272** 53 f.; Tarifkollision **257** 21; Tarifpflicht **230** 21; **257** 5, 19; Tarifvertrag **8** 8; **257** 1; *Geltung, zeitliche* **260** 7; *Geltungsbereich* **238** 14; *Laufzeit* **272** 50; *Teilkündigung* **257** 20; **272** 50; *Vertrag zugunsten Dritter* **257** 10; Unterlassungsanspruch **288** 21, 23; Unterlassungspflichten **257** 30; **272** 45; Urabstimmung **272** 51 f.; Verbandsangehörigkeit **257** 10; Verhandlungsanspruch **257** 28; Verhandlungsverfahren **257** 57; Verpflichtete **257** 9; **272** 46; Verstoß **257** 32 ff.; Vertrag mit Schutzwirkung zugunsten Dritter; *s. Drittschutz*; Vertragstreue **272** 45
Friseurhandwerk, Gesundheitsschutz **173** 37
Frühpensionierung, betriebliche Altersversorgung **202** 68
Frühschicht, Leistungsbereitschaft **184** 1
Führungsgesellschaft, Tarifmacht **236** 23
Führungskräfte, Ansprechpartner des Betriebsrats **286** 11; Arbeitgebereigenschaft, betriebsverfassungsrechtliche **286** 11; Arbeitnehmereigenschaft **286** 11; Arbeitsbewertung **64** 16; Arbeitszeit **47** 36 ff.; Auskunftsverweigerungsrecht **55** 7; D&O-Versicherung **57** 51; Mitwirkungspflicht **55** 7; Outplacement **135** 1; Verband der Führungskräfte **222** 16; Zeitsouveränität **44** 79
Führungszeugnis, Auskunftseinholung **33** 180
Funktionsbeschreibung, Stellenplanung **28** 18
Funktionsträger, Sonderkündigungsschutz **113** 102
Fürsorgepflicht, Arbeitgeber **1** 12; **91** 1, 1 ff.; Arbeitskampf **276** 12; Arbeitsverhältnis **3** 19; Aussperrung **277** 1; Betriebsübung **10** 7; Diskriminierungsschutz **15** 4; Gefährdungen des Arbeitnehmers **91** 8; Gefahrenschutz **4** 14; Generalklausel **91** 3 f.; Kernbereich **91** 8; nachwirkende **32** 81, 83; **138** 61, 65; Nebenpflichten des Arbeitgebers **91** 1; Sozialstaatsprinzip **91** 6; Versetzungsverpflichtung **40** 43
Fürsorgezöglinge, Arbeitszeitrecht **182** 53

Gage, Arbeitsentgelt **60** 1
Gastmitglieder, Verbandsmitgliedschaft **245** 26
Gaststätten, Arbeitsentgelt **19** 39; Arbeitsverhältnisse **19** 38 f.; Betriebsübergang **142** 55a; Jugendarbeitsschutz **196** 32; Mutterschutz **19** 38; Nichtraucherschutz **177** 22; Rauchverbot **55** 24; Ruhezeitverkürzung **183** 9; Sonntagsarbeit/Feiertagsarbeit **185** 20
Gaswerke, Betriebsverfassungsrecht **284** 18
GdB, Gleichstellungsverfahren **198** 16 ff.; Gleichgestellte **198** 22 ff., 23; Schwerbehinderung **198** 12 ff.; Zehnerschritte **198** 23
Gebietskörperschaften, Arbeitsvertrag, Schriftform **36** 32 f., 53
Gebote, Tarifnormen **251** 11
Geburt, eheliche/nichteheliche, Benachteiligungsverbot **14** 39
Geburtsbeihilfen, Pfändungsschutz **74** 86
Gefährdungsbeurteilung, Arbeitsmittel **178** 35, 39, 42; arbeitsstättenbezogene **177** 12; Aufbewahrungspflicht **139** 27; Bildschirmarbeit **177** 31; Dokumentation **174** 87; Jugendarbeitsschutz **196** 66; Lastenhandhabung **174** 40; Tätigkeitsaufnahme **175** 21; Telearbeit **177** 3; Vorsorge, arbeitsmedizinische **180** 4
Gefährdungshaftung, Arbeitnehmerhaftung **57** 1
Gefahrenschutz, Arbeitnehmerschutzrecht **4** 12; Fürsorgepflicht **4** 14
Gefahrenzulagen, Unpfändbarkeit **74** 87
Gefahrgeneigte Arbeit, Haftungsbeschränkung **57** 21, 23, 26
Gefahrgutbeauftragte, Kooperation **174** 73
Gefahrstoffe, Benachteiligungsverbote **110** 63
Gefahrstoffrecht, *s. a. Chemikalienrecht*; A-Staub **179** 52; Alarmplanung **179** 56; Anlagen, nicht genehmigungsbedürftige **178** 73; Anordnungsbefugnisse **179** 65 f.; Arbeitsplatzgrenzwert **179** 52 f., 61 ff.; Arbeitsschutz

Sachverzeichnis

Fette Ziffern = Paragrafen

179 64; Asbest **175** 10; **179** 36; Auftragnehmer **179** 36; Auskunftspflichten **179** 44; Ausschuss für Gefahrstoffe **179** 61 ff.; Baurecht **175** 10; Beförderung gefährlicher Stoffe **179** 37; Bergbau **179** 38; Beschäftigte **179** 36; Beschäftigtenbegriff **179** 36; Beschäftigungsverbot **179** 56; Besucher des Betriebes **179** 36; Betriebsanweisung **176** 33; **179** 58; Betriebsnachbarn **179** 36; Betriebsstörungen **178** 73; **179** 56; Betriebsunterweisung **176** 33; biologische Arbeitsstoffe **179** 38, 70; Biostoffverordnung **179** 70; Bußgeld **179** 45; Einstufung **179** 38, 39f., 46f.; Einzelrichtlinien **173** 27 f.; erbgutverändernde Stoffe **179** 43, 55; fruchtbarkeitsgefährdende Stoffe **179** 43, 55; Futtermittel **179** 38; Gefährdungsbeurteilung **175** 15, 21; **179** 45 ff.; *Dokumentation* **179** 48; *fachkundige Person* **179** 47; *Informationsermittlung* **179** 46; Gefahrstoffe **179** 35; Gefahrstoffinformation **179** 27, 35, 39; Gefahrstoffverordnung **174** 4; **179** 29 ff.; *Anwendungsbereich, personeller* **179** 36f.; *Arbeitsschutz* **179** 33; *Schutzzweck* **179** 32; *Umweltschutz* **179** 32, 34; Gefahrstoffverordnung 2016 **179** 29; Gefahrstoffverzeichnis **179** 48; Gemische **179** 39; Gesundheitsschutz **179** 36; GHS-System **179** 39; Grenzwerte **174** 92, 103f.; Haushalte **179** 38; Hersteller-Gefährdungsbeurteilung **179** 46a; Hersteller-Informationen **179** 46a; Information der Beschäftigten **179** 57 ff.; Informationspflichten **179** 44; Informationspolitik, aktive **179** 46; Informationsrechte **175** 18; **179** 60; Inverkehrbringen von Stoffen **179** 32, 35; Kennzeichnung **179** 35, 39f., 42; Kommunikationspolitik, aktive **179** 46; krebserzeugende Stoffe **179** 43, 55, 60; Kunden **179** 36; Lebensmittel **179** 35; Lebensumwelt, allgemeine **179** 32; Lieferkette **179** 10f., 44, 46; Minimierungsgebot **172** 18; **177** 37; **179** 55; Mutterschutz **190** 6; Notfallplanung **179** 56; Ordnungswidrigkeiten **179** 67; REACH-Verordnung **179** 8 ff., 14a, 41f., 46; Restrisiko **172** 18; Risikowertkonzept **179** 55; Schutzausrüstungen **180** 2; Schutzmaßnahmen **179** 45, 52; Schutzstufe 1 **179** 50; Schutzstufe 2 **179** 51; Schutzstufe 3 **179** 54; Schutzstufe 4 **179** 55; Schutzstufenkonzept **179** 49 ff.; Selbständige **179** 36a; Selbstdefinitionsprinzip **179** 39; Sicherheitsdatenblatt **179** 7, 11, 15, 35, 41 ff., 46, 48; Straftatbestände **179** 67; Transporteure **179** 32; Überwachung **179** 64 ff.; Unterweisung **179** 59; Unterweisungsrechte **175** 18; Verpackung **179** 35, 39f.; Vorsorge, arbeitsmedizinische **180** 27; Zubereitungen **179** 35, 37, 39 ff.

Gegenmachtprinzip, Arbeitsmarkt **221** 7 f.

Gegnerfreiheit, Koalitionen **218** 42, 60, 64; **221** 2; Organbesetzung **218** 60

Gegnerunabhängigkeit, Koalitionen **218** 60 ff.; Tarifautonomie **216** 15

Gehalt, Arbeitsentgelt **60** 1; Einnahmen aus nichtselbständiger Arbeit **62** 8

Gehaltserhöhung, Betriebsübung **60** 74

Gehaltsfortzahlung im Krankheitsfall, *s. Entgeltfortzahlung im Krankheitsfall*

Gehaltstarifvertrag, Laufzeit **225** 6

Geheimhaltungspflicht, *s. a. Verschwiegenheitspflicht*; Arbeitsverhältnis, Beendigung **295** 213; Betriebsgeheimnisse **295** 205 ff.; Betriebsrat **295** 211; Betriebsratsmitglieder **295** 202 ff., 211; **299** 51; betriebsverfassungsrechtliche **295** 218f.; Einigungsstellenmitglieder **308** 56; Ersatzmitglieder **295** 211; Geheimhaltungserklärung **295** 210; Geheimhaltungswille des Arbeitgebers **295** 206f., 210; Geheimnis, formelles **295** 209; Gesamt-Jugend- und Auszubildendenvertreter **305** 34; Gesamtbetriebsratsmitglieder **300** 110; Gesamtsprecherausschuss **311** 125; Geschäftsgeheimnisse **295** 205 ff.; Jugend- und Auszubildendenvertreter **303** 85; Konzern-Jugend- und Auszubildendenvertreter **306** 32; Konzernbetriebsratsmitglieder **302** 82; Kündigung, außerordentliche **295** 216; Offenbarung des Geheimnisses **295** 212; Offenbarungspflicht, gesetzliche **295** 214; Schadensersatz **295** 216; Sprecherausschussmitglieder **311** 77f.; Strafbarkeit **287** 40; **295** 217; Unterlassungsanspruch des Arbeitgebers **287** 38; **295** 211, 216; Verhältnisse, persönliche **295** 219; Verwertung des Geheimnisses **295** 212; Wirtschaftsausschuss **307** 116

Gehilfenverhältnis, Arbeitsverhältnis **19** 5; **144** 3, 5, 23, 29 f.

Gehorsamspflicht, Arbeitnehmer **55** 3; Arbeitsverhältnis **11** 5; **40** 23

Geistliche, Amtsausübung **158** 21 f.

Geldhandel, Feiertagsarbeit **181** 24; **185** 42 f., 49

Geldschulden, Verbot der Indizierung **221** 22

Geldstrafen, vom Arbeitnehmer gezahlte **93** 42; Bezahlung durch Dritte **93** 42

Gemeinden, Arbeitsvertrag, Schriftform **36** 32, 53; Insolvenzsicherung **202** 130

Gemeinsame Einrichtungen, Allgemeinverbindlichkeit **242** 46, 51 ff.; **248** 9 ff., 22, 44, 70 ff., 129 f., 146; Anspruch zugunsten Dritter **242** 45; Arbeitgebereigenschaft **242** 21, 25; Arbeitsrechtsweg **242** 36; Arbeitsverhältnis, nachvertragliches **242** 14; Auflösung **242** 32 f.; Ausbildungszwecke **242** 4, 14; Auskunftspflichten **242** 40; Begriff **242** 1; Beitragsanspruch **242** 40; *Unpfändbarkeit* **242** 38; Beitragsbeziehung **242** 37 ff.; Beitragseinzug **242** 36; Berufsausübungsfreiheit **242** 42; Beteiligte **242** 26 f.; betriebliche Altersversorgung **242** 2, 14; Bezugnahme **242** 46; **246** 31, 37; Errichtung **242** 6; Finanzierung **248** 9; Funktionalität **248** 9 ff.; Geschäftsführung **242** 30; Günstigkeitsprinzip **253** 30 f.; Haustarifvertrag **242** 4; Hinterbliebenenversorgung **242** 45; Inhaltsnormen **242** 45; juristische Personen **242** 28; Leistungsansprüche **242** 47 ff.; Leistungsbestimmung **242** 49; Leistungsbeziehung **242** 43 ff.; Leistungsgewährung **242** 36; Lohnausgleichskassen **242** 2, 14; Nachbindung **245** 61; Nachwirkung **261** 67; **242** 34; **261** 35; Organisation **242** 28 f.; Paritätsgebot **242** 26 f.; Portabilität **242** 3; Prozessnormen **242** 19 f.; Rationalisierungszwecke **242** 4, 14; Rechtsform **242** 21 ff.; Sachleistungen **242** 40; Satzung **242** 1, 6; Tarifbindung **245** 41; Tarifmacht **236** 49; **242** 1, 7 ff.; Tarifnormen **251** 17; Tarifüberwachung **242** 34; Tarifvertrag **230** 22; **242** 6; **248** 39; Trennungsprinzip **242** 37 ff., 43 ff.; Übernahme bestehender Einrichtungen **242** 31; Urlaubskassen **242** 2, 14; Verbandstarifvertrag **242** 4; Vereinbarung, schuldrechtliche **257** 55; Verteilungsmechanik **242** 3; Verwaltung **242** 30; Weiterbildungszwecke **242** 4, 14; Zahlstelle, Arbeitgeber als **242** 44; Zuständigkeit, örtliche **242** 20; Zweck **242** 3, 7 ff.

Gemeinschaftsbetrieb, Arbeitgeberfunktion, Teilung **24** 38; Betriebseinheit **24** 41; Betriebsübergang **142** 36; **143** 49; Betriebsversammlung **299** 1; Führungsvereinbarung **24** 42; **121** 11 f.; Gesamtbetriebsrat **300** 12, 43, 77; Gleichbehandlungsgrundsatz **14** 14; Insolvenz eines Betriebs **121** 12; Konzernbetriebsrat **302** 68; Kündigung, betriebsbedingte **115** 58 ff.; Kündigungsschutz **26** 85; **112** 35; Leitungsapparat **24** 39,

1619

Sachverzeichnis

Magere Ziffern = Randnummern

41; Massenentlassungen **121** 11, 72, 87, 130; Organisationseinheit, betriebsratsfähige **24** 39; Sozialauswahl **115** 187; Unternehmenssprecherausschuss **311** 135; Vermutung **24** 43 ff.; **26** 84; Wirtschaftsausschuss **307** 5
Gemeinschaftscharta der sozialen Grundrechte, Arbeitsbedingungen **173** 3; Koalitionsfreiheit **217** 19; Streikrecht **269** 4
Gemeinschaftsrecht, s. *Unionsrecht*
Gemeinschaftsunternehmen, Abhängigkeit, mehrfache **302** 25; Betrieb, gemeinsamer **24** 36; Gesamtbetriebsrat **300** 9; Konzernbetriebsrat **302** 26; Konzernbindung **25** 53 f.; Konzernvermutung **302** 25
Gemeinschaftsunternehmen, deutsch-ausländische, Arbeitnehmerüberlassung **146** 21 ff.; Scheinbeteiligung **146** 22
Gemeinschaftsveranstaltungen, Versicherungsschutz **59** 7; Weisungsrecht des Arbeitgebers **40** 26
Gemeinwohlbindung, Arbeitskampf **272** 81 ff.; Tarifvertrag **226** 16
Gendiagnostik, Arbeitsmedizin **180** 62 ff.; Beweisverwertungsverbot **94** 16; Duldungspflicht **55** 38; Einstellungsuntersuchung **180** 62 f.; Erlaubnisvorbehalt **180** 63 f.; Fragerecht des Arbeitgebers **33** 52; Persönlichkeitsrecht des Arbeitnehmers **94** 16; Recht auf Nichtwissen **180** 62; Treuepflicht **180** 63; Unzulässigkeit **33** 187; Vorsorgeuntersuchungen, arbeitsmedizinische **180** 64
Generalklauseln, Kündigungsschutz **111** 16 ff.
Generalvollmacht, leitende Angestellte **20** 28 f.
Genomanalyse, s. Gendiagnostik
Genossenschaft, Betriebsverfassungsrecht **285** 50; Vorstandsmitglieder; s. *Vorstandsmitglieder (Genossenschaft)*
Gentechnikrecht, Anlagen, gentechnische **179** 89; Anlagenbetreiber **179** 89; Anmeldeverfahren **179** 94; Anzeigeverfahren **179** 94; Arbeiten, gentechnische **179** 89, 92 ff.; Arbeitsschutz **179** 87 f.; Ausschüsse für biologische Sicherheit **179** 91; Beauftragte für biologische Sicherheit **174** 73 f., **179** 91, 98; Beschäftigte **179** 89; Betriebsanweisung **179** 96; Betriebsstörungen **179** 97; Biostoffverordnung **179** 70, 90; Dokumentationspflichten **179** 91; Freisetzung veränderter Organismen **179** 89; Genehmigungsverfahren **179** 94; Gentechniksicherheitsverordnung **174** 75; **179** 88; Gesundheitsschutz **179** 88; Gesundheitsüberwachung **179** 96; Humangenetik **179** 89; Informationspflichten **179** 97; Informationsrecht **179** 90; Inverkehrbringen von Produkten **179** 89; Organisationspflichten **179** 91; Projektleiter **179** 91, 98; Schutzmaßnahmen **179** 95 f.; Sicherheitseinstufung **179** 92 ff.; Stand von Wissenschaft und Technik **174** 30; **179** 91; Störfälle **179** 97; Substitutionsgebot **179** 95; Transparenzgebot **179** 96 f.; Überwachung, behördliche **179** 99; Umweltrecht **174** 2; **179** 87 f.; Umweltschutz **179** 88; Unionsrecht **179** 87; Unterweisungspflichten **179** 96; Vorsorge, arbeitsmedizinische **179** 96; Vorsorgeprinzip **179** 91, 95
Genussrechte, Vermögensbeteiligung **68** 3
Geräte- und Produktsicherheitsgesetz, *s. a. Maschinensicherheit*; CE-Kennzeichnung **178** 12, 12b, 32; Fehlanwendung, vorhersehbare **178** 8; Gesundheitsgefährdung **178** 7 f.; Gesundheitsschutz **93** 2; Gewährleistung **178** 28 f.; GS-Zeichen **178** 32; Hersteller **178** 6; Inverkehrbringen technischer Arbeitsmittel **178** 3 ff., 28, 33; Lebensgefährdung **178** 7 f.; Präventi-

on **178** 7 f.; Schadensersatzansprüche **178** 28 ff.; Unionsrecht **174** 1; Verordnungen **174** 6; **178** 4, 9; Verwendung, bestimmungsgemäße **178** 7 f.; Verwendung, vorhersehbare **178** 8
Gerätesicherheitsgesetz, anerkannte Regeln der Technik **174** 31; **178** 2; Schutzgesetzcharakter **175** 41
Gerichte, Bereitschaftsdienst **185** 18; Eildienst **185** 18
Gerichtsstand, Arbeitsort **70** 8, 13; Erfüllungsort **70** 8, 10 ff.; Niederlassung, gewerbliche **70** 8 f.
Gerichtsstand des Erfüllungsorts, Leistungsort **40** 50
Gerichtsstandsfestschreibung, tarifliche Regelungen **241** 2
Gerichtsstandsklausel, Rechtswahl, stillschweigende **13** 19
Gerichtsstandsvereinbarung, Arbeitsgerichtsverfahren **241** 1; Seeschifffahrt **309** 28 f.; Zuständigkeit, internationale **13** 176
Geringfügige Beschäftigungsverhältnisse, Besteuerung **62** 22, 32 ff.; betriebliche Altersversorgung **206** 55 f.; Einzugsstelle für Sozialversicherungsabgaben **39** 12, 20; Entgeltfortzahlung im Krankheitsfall **80** 1; Entgeltgeringfügigkeit **62** 34, 75; Entgeltgrenze **39** 19, 22 f.; **62** 36, 76; Gleitzone **62** 80; Haushaltsbeschäftigung **62** 34, 79, 92; Krankenversicherungsbeitrag **62** 78; kurzfristige **39** 19, 21; mehrere Beschäftigungsverhältnisse **62** 77; Meldepflichten **39** 8, 21; Nebenbeschäftigung, geringfügige **62** 37; Pauschalabgaben **62** 22, 32 ff., 70; Rentenversicherungsbeitrag **62** 78; Sonderzuwendungen **62** 41; Stundenanzahl **39** 22 f.; Teilzeitarbeit **49** 4, 16, 55 f.; **50** 15; Zeitgeringfügigkeit **62** 75
Gesamt-Jugend- und Auszubildendenvertretung, Amtszeit **305** 35 ff.; Arbeitsbefreiung **305** 30; Aufwendungsersatz **305** 39; Ausschluss von Mitgliedern **305** 37; Auslagen **305** 17; Auszubildende, Übernahme **305** 33; Beschlussaussetzungsantrag **305** 29; Beschlussfähigkeit **305** 29; Beschlussfassung **305** 13, 29; Betriebsräteversammlung **301** 11; Bildungsveranstaltungen **305** 32; Dauereinrichtung **305** 35; Ehrenamt **305** 30; Entgeltzahlung **305** 39; Errichtung **305** 1 ff., 39; Ersatzmitglieder **305** 9; Freistellung **305** 31; Geheimhaltungspflicht **305** 34; Geschäftsführung **305** 15 ff., 39; Geschäftsordnung **305** 20; Größe **305** 5 ff.; Hilfsorgan des Gesamtbetriebsrats **305** 3, 11; Konstituierung **305** 4; Kostentragung **305** 38; Kündigungsschutz **305** 33; Kündigungsschutz, besonderer **127** 8; Mitgliederzahl, Herabsetzung **308** 14; Mitgliedschaft, Beendigung **305** 36 f.; Schulungsveranstaltungen **305** 32; Sitzungen **305** 24 ff.; Sitzungsniederschrift **305** 27; Sitzungsteilnahme **300** 93; Sprechstunden **305** 21; Stimmengewichtung **300** 100; **305** 13 f., 29; Stimmrecht **300** 93; Streitigkeiten **305** 39; Teilnahmerecht **305** 28; Unternehmensebene **303** 2; **305** 1; Versammlung **305** 22; Vertreterentsendung zum Gesamtbetriebsrat **305** 19; Vetorecht **300** 101; Vorsitzender **305** 16; *Stellvertreter* **305** 16; Wirtschaftsausschuss **307** 92; Zusammensetzung **305** 5; Zuständigkeit **305** 10 ff., 39; *Auftragszuständigkeit* **305** 12; *originäre* **305** 10 f.
Gesamtbetriebsausschuss, Aufgaben **300** 88; Beendigung **300** 90; Begriff **300** 85; Beschlussfassung **300** 89; Geschäftsführung **300** 85, 88; Größe **300** 86; Mitglieder **300** 87; Wahl **300** 87
Gesamtbetriebsrat, Amtszeit **300** 111 ff.; Angelegenheiten, personelle **300** 58 f.; Angelegenheiten, soziale **300** 49 ff.; Angelegenheiten, überbetriebliche **300** 41, 44 ff.; Angelegenheiten, wirtschaftliche **300** 60; Ar-

Fette Ziffern = Paragrafen **Sachverzeichnis**

beitsablauf **300** 57; Arbeitsanweisungen, betriebsunabhängige **300** 52; Arbeitsentgelt, Auszahlung **300** 51; Arbeitsplatzgestaltung **300** 57; Arbeitsumgebung **300** 57; Arbeitszeitlage **300** 50; Aufwand, wirtschaftlicher **300** 53; Auslandsbezug **300** 13; Ausschüsse **300** 91; *Gesamtbetriebsausschuss, s. dort*; Beauftragung durch Betriebsrat **300** 63ff.; *Ausführungspflicht* **300** 73; *Form* **300** 71f.; *Widerruf* **300** 74; Belegschaftsstärken, unterschiedliche **300** 75ff.; Beschlussaussetzung **305** 18; Beschlussfähigkeit **300** 99; Beschlussfassung **300** 98ff.; betriebliche Altersversorgung **206** 85, 97; Betriebsänderung **300** 60; Betriebsführungsgesellschaft **300** 10; Betriebsräte, mehrere **300** 15f.; Betriebsübergang **300** 113; Betriebsvereinbarungen **300** 95ff.; Datenverarbeitung, elektronische **300** 56; Daueinrichtung **300** 20, 111; Einigungsstelle **300** 97, 125; **308** 5; Entlohnungsgrundsätze **300** 54; Entlohnungsmethoden **300** 54; Entsendung von Betriebsratsmitgliedern **300** 17, 22ff., 37; Entsendung von Mitgliedern in Konzernbetriebsrat **302** 44ff.; Errichtung **300** 1ff.; Errichtungsmängel **300** 19; Ersatzmitgliedschaft **300** 25; Ethikrichtlinien **300** 49; Geheimhaltungspflicht **295** 215; Gemeinschaftsbetrieb **300** 12, 43, 77; Gemeinschaftsunternehmen **300** 9; Gesamtbetriebsausschuss **300** 25; Geschäftsführung **300** 79, 85; Geschäftsordnung **300** 103; Größe **300** 22ff.; *Veränderung* **300** 30ff.; Informationsblatt **300** 123; Kollegialorgan **300** 92; Konsultationsverfahren **121** 85; Kontrolleinrichtungen, technische **300** 56; Konzernbetriebsrat, Errichtung **300** 61; **302** 35ff.; Kostentragung **300** 122f.; Kündigungsschutz, besonderer **127** 8; Mandat, freies **300** 98; Mitbestimmung, freiwillige **300** 39; Mitgliederzahl **291** 141; *Herabsetzung* **308** 14; Ordnung, betriebliche **300** 49; Personalplanung **300** 59; Rechtsträger, einheitlicher **300** 8ff.; Sicherheitsanweisungen, betriebsunabhängige **300** 52; Sozialeinrichtungen **300** 53; Sprechstunden **300** 102; Stimmabgabe **300** 78; Stimmengewichtung **300** 75ff., 100; Stimmengleichheit **300** 100; Stimmenmehrheit **300** 100; Stimmrecht **300** 93; Streitigkeiten **300** 124; Tätigkeitsbericht **301** 17; Trennungsprinzip **300** 38; Unternehmen **300** 3ff., *mehrere* **300** 11; Unternehmensebene **300** 1, 37; Unternehmensmitbestimmung **300** 62; Unternehmensorgan **300** 1; Unternehmensumstrukturierung **300** 21; Unternehmensumwandlung **26** 82; Unternehmensverbindung **25** 39; Verhandlungspartner **300** 40; Verkleinerung **300** 32ff., 125; Vorsitzender; *s. Gesamtbetriebsratsvorsitzender*; Wahlvorstand, Bestellung **291** 196f.; Wahlvorstand, Ersatzbestellung **291** 193; Zusammensetzung **300** 20, 22ff.; Zuständigkeit **300** 37ff.; *besondere* **300** 61f.; *originäre* **300** 41f., 95, 97; Zuständigkeitsübertragung **300** 63ff., 96

Gesamtbetriebsratsmitglieder, Abberufung **300** 115; Amtsniederlegung **300** 117; Arbeitsbefreiung **300** 105f.; Ausschluss **300** 118ff.; *Antragsberechtigung* **300** 119; Beendigung der Mitgliedschaft **300** 114ff.; **302** 86; Betriebsratsmitglieder **300** 116; Bildungsveranstaltungen **300** 108; Ehrenamt **300** 104; Entgeltfortzahlung **300** 126; Entgeltschutz **300** 109; Entwicklung, berufliche **300** 109; Ersatzmitglieder **300** 114, 121; Freistellung **300** 107; Geheimhaltungspflicht **300** 110; Kündigungsschutz **300** 107; Neubestellung wegen Betriebsratswahlen **300** 111; Pflichtverletzungen, grobe **300** 118ff.; Reisekosten **300** 123; Rücktritt aller Mitglieder **300** 112; Schulungsveranstaltungen **300** 108; Versetzungsschutz **300** 109

Gesamtbetriebsratssitzungen, Auskunftspersonen **300** 93; Einberufung **300** 92; Einladung **300** 92; konstituierende Sitzung **300** 17f., 81f.; Nichtöffentlichkeit **300** 93; Ort **300** 94; Protokoll **300** 92; Quorum **300** 92; Sachverständige **300** 93; Tagesordnung **300** 92; Teilnahmerecht **300** 93; *Arbeitgeber* **300** 93; *Gewerkschaftsbeauftragte* **300** 93

Gesamtbetriebsratsvorsitzender, Amtszeit **300** 84; Aufgaben **300** 83; Neuwahl **300** 84; Stellvertreter **300** 80ff.; Wahl **300** 80ff.

Gesamtbetriebsvereinbarung, Änderung **300** 95; Betriebsübergang **300** 95; Durchführungsanspruch **300** 95; Geltung, normative **300** 97; Gesamt-Jugend- und Auszubildendenvertretung, Größe **305** 7f.; Kündigung **300** 95; Nachwirkung **300** 97

Gesamthafenarbeitsverhältnis, Wahlberechtigung **291** 108

Gesamthafenbetrieb, Arbeitgeber **144** 1, 37; **229** 11; Einrichtung, gemeinsame **242** 2f.; **291** 108; Personalbedarf **144** 37f.

Gesamthandsgemeinschaft, Arbeitgebereigenschaft **36** 17; *gesetzliche Vertretung* **36** 55

Gesamtrechtsnachfolge, Arbeitgeberwechsel **141** 7ff.; Arbeitsverhältnis, Übergang **141** 1, 4ff., 23

Gesamtschuld, gestörte, Arbeitnehmerhaftung **57** 67

Gesamtschwerbehindertenvertretung, Betriebsräteversammlung **301** 11; Sitzungsteilnahme **300** 93; Vetorecht **300** 101; Wirtschaftsausschuss **307** 91

Gesamtsozialversicherungsbeitrag, Abführung **39** 12; Aufrechnung gegen Entgeltanspruch **69** 29; Zahlungstag **69** 22

Gesamtsprecherausschuss, Amtszeit **311** 126; Beschlussfähigkeit **311** 123; Beschlussfassung **311** 123; Betriebsänderung **311** 119; Dauereinrichtung **311** 126; Entsendung in den Gesamtsprecherausschuss **311** 109, 111, 126; Errichtung **311** 106, 108f.; Ersatzmitglieder **311** 111, 126; Geheimhaltungspflicht **311** 125; Gesamtsprecherausschussvereinbarungen **311** 122; Geschäftsführung **311** 117ff.; Geschäftsordnung **311** 124; Größe **311** 110; Information der Sprecherausschüsse **311** 107; Kostentragung **311** 133; Mitglieder **311** 125ff.; *Abberufung* **311** 128; *Amtsniederlegung* **311** 130; *Ausschluss durch gerichtliche Entscheidung* **311** 131f.; *Erlöschen der Mitgliedschaft* **311** 127ff.; *Rücktritt aller Mitglieder* **311** 126; Reisekosten **311** 133; Sitzungen **311** 121; Stimmengewichtung **311** 116; Subsidiaritätsprinzip **311** 113; Territorialitätsprinzip **310** 19; Unternehmensebene **310** 8; Vorsitzender **311** 118ff.; *Stellvertreter* **311** 118f.; Zusammensetzung **311** 110; Zuständigkeit **311** 112ff.; *Auftragszuständigkeit* **311** 115

Gesamtstreitigkeiten, Betriebsverfassung **215** 3; Regelungsstreitigkeiten **215** 4; Tarifabschluss **215** 3

Gesamtvereinbarung, Betriebsvereinbarung **8** 27f.; Betriebsverfassung **215** 3; Tarifvertrag **8** 27f.; **215** 3

Gesamtzusage, Abänderung **8** 52; Begriff **8** 48ff.; Betriebsübung **10** 10; Erkennbarkeit der kollektiven Ausgestaltung **8** 41; Mitbestimmungsrechte des Betriebsrats **8** 51; Unterwerfungserklärung **8** 48

Geschäftsfähigkeit, Arbeitsvertragsparteien **36** 18ff.; **38** 1; Betriebsratswahlen **291** 114

Geschäftsfähigkeit, beschränkte, Nichtigkeitsfolge **38** 55ff.

Geschäftsführer, Abberufung **22** 20; Anstellungsverhältnis **22** 20f.; *Befristung* **22** 22; Anstellungsvertrag **19** 72; *Beendigung, ordentliche* **22** 22; *Kündigung, außeror-*

1621

Sachverzeichnis

Magere Ziffern = Randnummern

dentliche **22** 23; *Kündigungsfrist* **22** 22; Arbeitnehmerstatus **6** 33; Fremdgeschäftsführer **22** 22; Kündigungsschutz **112** 17; leitende Angestellte **20** 64 ff.; Massenentlassungen **121** 27 f.; Minderheitsgesellschaftergeschäftsführer **22** 22; Statuszuordnung **21** 29; Verbrauchereigenschaft **9** 5; Wettbewerbsverbot, nachvertragliches **140** 6 f.
Geschäftsführerdienstvertrag, Rechtsnatur **22** 19, 22
Geschäftsführervertrag, Arbeitsverhältnis, Beendigung **108** 8
Geschäftsgeheimnisse, Arbeitskampf **276** 16; Betriebsratsmitglieder **295** 205 ff.; Betriebsratssitzungen **294** 110; Betriebsversammlung **299** 58; Kündigung, außerordentliche **124** 57; Offenbarung, unbefugte **297** 69; Sicherheitsbedenken **33** 113 ff.; Unterlassungsklage **42** 7 f.; Verschwiegenheitspflicht **54** 32 ff.; **140** 2 ff.; Wirtschaftsausschuss **307** 55 ff.
Geschäftsordnung, Abweichung im Einzelfall **294** 125; Änderung **294** 125; Aufhebung **294** 125; Bekanntmachung **294** 121; Beschlussfassung **294** 118, 120; Betriebsrat **294** 19 f., 118 ff.; *Selbstbindung* **294** 119; Betriebsversammlung **299** 42; Ergänzung **294** 125; Geltungsdauer **294** 126; Gesamt-Jugend- und Auszubildendenvertretung **305** 20; Gesamtbetriebsrat **300** 103; Gesamtsprecherausschuss **311** 124; Inhalt **294** 122 f.; Jugend- und Auszubildendenvertretung **303** 67a; Konzern-Jugend- und Auszubildendenvertretung **306** 18; Konzernsprecherausschuss **311** 165; Mehrheit, absolute **294** 118, 120; Sprecherausschuss **311** 61; Verbindlichkeit **294** 124; Wirtschaftsausschuss **307** 74
Geschäftsreise, Steuerrecht **182** 12
Geschäftsunfähigkeit, Nichtigkeitsfolge **38** 55 ff.
Geschenke, Annahmeverbot **155** 67
Geschlecht, Benachteiligungsverbot **3** 35; **12** 31; **14** 37; **15** 5; **49** 105; **103** 172; *Europäische Sozialcharta* **12** 6; Diskriminierung, mittelbare **12** 31; **32** 138; **49** 41, 105; Diskriminierung, unmittelbare **16** 71, 74; Diskriminierung, verdeckte **14** 37; Diskriminierungsschutz durch AGG **32** 130 ff.; Diskriminierungsverbot **15** 3; **16** 11; **32** 118 f., 127 ff.; *Arbeitsvermittlung* **29** 24, 26; *Richtlinien, europäische* **15** 14 f.; Entgeltgleichheit **12** 40; **60** 36 f.; Geschlechtsumwandlung **16** 11; Ungleichbehandlung, gerechtfertigte **32** 136 f.; Zuordnung, biologische **16** 11
Geschlechterquote, Betriebsrat **291** 162, 177; drittes Geschlecht **291** 164
Geschlechtsumwandlung, Kündigungsgrund **113** 118
Gesellen, Arbeitsverhältnis **19** 5
Gesellenprüfung, Abschlussprüfung **147** 101 ff.
Gesellschaft bürgerlichen Rechts, betriebliche Altersversorgung **202** 18; Betriebsverfassungsrecht **285** 58; Mitgliedsfähigkeit **224** 1; Tariffähigkeit **232** 69
Gesellschafter, Altverbindlichkeiten, Haftung für **23** 23; Arbeitnehmereigenschaft **22** 7; Arbeitsverhältnis **19** 69; Betriebsverfassungsrecht **22** 6; Dienstleistungen **19** 69; Dienstverhältnis **22** 8; Haftung **23** 23; Kündigungsschutz, Ausschluss **112** 16; Mehrheits-Gesellschafter **22** 8, 17; Minderheitsgesellschafter **22** 9, 17; Sperrminorität **22** 9, 17; Wettbewerbsverbot, nachvertragliches **140** 6
Gesellschafter-Geschäftsführer, Alleingesellschafter-Geschäftsführer **22** 22; Arbeitnehmereigenschaft **142** 133; beherrschender **22** 22; betriebliche Altersversorgung **202** 51; Betriebsübergang **142** 133; Kündigungsfrist, verlängerte **109** 19 ff.; Minderheiten-Gesellschafter-Geschäftsführerinnen, Mutterschutz **22** 16
Gesellschafterausscheiden, Enthaftung **23** 25; Nachhaftung **23** 24 f.
Gesellschaftsstatut, Anknüpfung **13** 64; Arbeitgeberwechsel **13** 129
Gesellschaftsvertrag, Personenrecht **3** 19
Gesetzesauslegung, Tarifvertrag **243** 1 ff.
Gesetzesrecht, tarifdispositives, s. *Tarifdispositives Gesetzesrecht*
Gesetzgebung, Grundrechtsbindung **7** 16 ff.
Gesetzgebungskompetenz, Arbeitsrecht **1** 17; **5** 3, 9; **6** 1, 18 ff.; **220** 38; Länder **6** 19 f.; Tarifrecht **226** 1 ff.
Gesinde, Treuepflicht **53** 3
Gesinderecht, Hausangestellte **19** 26; Hauspersonal **5** 1; Industrialisierung **2** 5 ff.; Kündigungsschutz **107** 1; Landwirtschaft **2** 4; **5** 1
Gesinnung, verfassungswidrige, Kündigung, personenbedingte **113** 121 ff.
Gestaltungsfaktoren, Arbeitsrecht **5** 5 ff.; Rangordnung **5** 21 ff.
Gestaltungsfreiheit, Arbeitsvertrag **2** 4
Gestaltungsrechte, Verlustschutz **254** 12
Gestellungsvertrag, Arbeitnehmerüberlassung **291** 100; Begriff **291** 99 f.; Betriebsratswahlen **291** 100 f.; öffentlicher Dienst **145** 28; **291** 102; Vereinsrecht **291** 101
Gesundheit, Begriff **113** 5
Gesundheitsberichterstattung, Arbeitsschutz **172** 22 ff.; Arbeitszeit **172** 25
Gesundheitsdaten, Eingliederungsmanagement **113** 39
Gesundheitsförderung, Steuerfreiheit **62** 14
Gesundheitsförderung, betriebliche, Krankenversicherungen **172** 34 f.; Salutogenese **172** 34
Gesundheitsmanagement, betriebliches, Eingliederungsmanagement, betriebliches **113** 54
Gesundheitspfleger, Betriebsverfassungsrecht **285** 64
Gesundheitsschutz, s. a. *Arbeitsschutz*; Abschlussverbote **239** 44; arbeitnehmerähnliche Personen **21** 16 f.; Arbeitnehmerschutzrecht **4** 12 f.; **41** 2, 4; Arbeitnehmervertreter mit einer besonderen Funktion im Gesundheitsschutz **174** 54; Arbeitsmedizin **174** 13 ff.; Arbeitsschutz, technischer **93** 6 f.; Arbeitswissenschaft **174** 13 ff.; Arbeitszeithöchstgrenze **182** 8; Arbeitszeitschutz **182** ff.; Benachteiligungsverbot **110** 63; Beschwerderecht **176** 69 ff.; Betriebsnormen **240** 11; europäisches Recht **93** 4; Friseurhandwerk **173** 37; Gefährdungsbeurteilung **174** 63; Gentechnikrecht **179** 88; gesundheitsschutzgerechtes Verhalten der Beschäftigten **175** 44; Gewalt am Arbeitsplatz **172** 24; Hygiene **174** 13, 16; ILO-Übereinkommen **93** 4; Mitbestimmungsrecht des Betriebsrats **174** 59 ff.; Nadelstichverletzungen **173** 37; **179** 64, 83; Nichtraucherschutz; s. *dort*; normative Standards **174** 21; physische Beeinträchtigungen **172** 21; **173** 35; psychische Belastungen **172** 21, 24; **173** 35; **176** 11; Quarzfeinstaub **173** 37; Rahmenrichtlinie **12** 44; Schadensersatzanspruch, privatrechtlicher **175** 33 ff.; Schutzausrüstung, persönliche **180** 20; Schutzpflicht **93** 1; Siliziumdioxid **173** 37; Stress am Arbeitsplatz **172** 24; Unabdingbarkeit **93** 8; Unionsrecht **12** 43 f.; Unterweisung der Beschäftigten **176** 30 ff.; Verhältnismäßigkeitsgrundsatz **93** 7
Gesundheitsschutzkennzeichnung, Arbeitsschutz **12** 44; Einzelrichtlinie **173** 27
Gesundheitsstatus, Unzulässigkeit **33** 189

Fette Ziffern = Paragrafen   **Sachverzeichnis**

Gesundheitsuntersuchung, *s. Untersuchung, ärztliche*
Gesundheitszeugnis, Herausgabepflicht **139** 1; Vorlagepflicht **39** 41
Gesundheitszustand, Arbeitsvermittlung **29** 24, 27 f.; Fragerecht des Arbeitgebers **33** 26a, 37, 46
Gewalt am Arbeitsplatz, Arbeitsschutz **172** 24; **176** 11; Rahmenvereinbarung **173** 33, 36
Gewaltverhältnis, besondere, Kündigungsschutz **112** 18
Gewässerschutzbeauftragte, Kooperation **174** 73
Gewebespende, Entgeltfortzahlung **79** 4; **84** 1 ff.; *Erstattungsanspruch des Arbeitgebers* **84** 11 ff.; Folgeerkrankungen **84** 10
Gewerbebetriebe, Arbeitszeitrecht **182** 57; Recht am eingerichteten und ausgeübten Gewerbebetrieb; *s. dort*
Gewerbefreiheit, Stein-Hardenberg'sche Reformen **2** 2; Vertragsfreiheit **2** 2 f.
Gewerbeordnung, Arbeitnehmerbegriff **19** 18; Arbeitskampfrecht **267** 1
Gewerberecht, Arbeiterschutz **2** 9; Arbeitnehmer **153** 1
Gewerkschaften, AGG-Kontrolle **220** 18; Anhörungsrecht **222** 45; Antragsrechte **222** 45 f.; **289** 24 ff.; Arbeitgebereigenschaft **221** 2; **232** 68; Arbeitnehmerkoalition **232** 15; Arbeits- und Wirtschaftsbedingungen **222** 42; **223** 19; Arbeitskampfunterstützung **224** 20, 23; Arbeitszeitregelungen **182** 83; Aufgaben **222** 42 ff.; **289** 2 ff., 14 f.; Aufnahmeanspruch **16** 65, 67; **219** 11, 23; Aufspaltung **223** 14; ausländische **218** 43; Ausschluss **224** 42; Begriff **229** 3; Beitragsleistung **224** 22; Benennungsrechte **222** 47; Beratungsfunktion **289** 29; Beratungsrechte **222** 45, 48; Berufsgewerkschaften **225** 25; **232** 26; Berufsgruppengewerkschaften **222** 17, 19a; Berufsverbandsprinzip **222** 30; Besatzungszonen **2** 41; Betrieb, Rechte im **240** 34; Betriebsratswahlen **223** 19; Betriebsverfassung **286** 7, 9; Bezirke **223** 8; christliche **222** 1, 4, 16, 19a, 30; Diskriminierungsschutz durch AGG **16** 65; Einheitswerkschaften **222** 10, 20; Elitegewerkschaften **225** 25; Entsenderechte **222** 47; Fachgruppen **222** 17, 19a; Frauengewerkschaft **220** 18; freie **222** 1 f.; Freier Deutscher Gewerkschaftsbund **222** 20; Fusionen **222** 13; **223** 14; Gegnerunabhängigkeit **218** 62; gelbe **218** 62; **222** 7; Geschichte **222** 1 ff.; Gruppenversicherungen **222** 4, 20, 25; Hirsch-Dunckersche Gewerkvereine **222** 1, 3; Industriegewerkschaften **222** 11; Industrieverbandsprinzip **222** 15 f., 27 f.; **225** 25; Information, innerbetriebliche **289** 16 ff.; Informationsschriften **224** 20; Kartellbildung **8** 3; Klageantrag **289** 27; Koalitionsaufgaben **289** 15; Koalitionsbetätigung **222** 44; *im Betrieb* **289** 4 ff.; Koalitionsfreiheit **218** 51; Kontrollrechte **289** 16 ff.; Leistungen für Mitglieder **224** 20; Minderheitengewerkschaft **232** 22; Minderheitenschutz **224** 18; Mitgliederbetreuung **220** 74 ff., 77 f.; Mitgliederrückgang **222** 13; **225** 2; Mitgliederunterstützung **224** 20; Mitgliederversammlungen **224** 13 f.; Mitgliederwerbung **289** 17 f.; *s. a. dort*; Mitgliedschaft **222** 32, 34; **224** 1 ff.; *Antragsrecht* **224** 17; *Insolvenz* **224** 9; Mitgliedschaftsdauer **222** 42; Mitwirkungsrechte **222** 45 f.; **289** 23 ff.; Namensschutz **223** 14; Neutralität **222** 33; Observanz **223** 6; Organisationsgrad **222** 5 f., 19 f.; **225** 2 f.; Organisationsstruktur **222** 13, 26 ff., 34 f.; Parteifähigkeit **218** 93; **223** 14; *aktive* **223** 41; *Arbeitsgerichtsverfahren* **218** 93; *Zivilverfahren* **218** 93; **220** 29; Prozessvertretung **224** 21; Rechtsberatung **218** 98; **224** 21; Rechtsform

223 1 f., 5, 10; Rechtsschutz für Mitglieder **222** 48; **223** 10; **224** 20 f., 25; *Haftungsmaßstab* **224** 50; Selbstbeschränkung **256** 12; Spartengewerkschaften **225** 25; **232** 26; Sterbegelder **224** 20; Störungsabwehransprüche **223** 14; Strafantragsrecht **218** 93; **222** 46; **289** 27; Tariffähigkeit **8** 5; **12** 4; Tarifvertragsabschluss **222** 43; **289** 15; Tarifvertragsparteien **225** 5; Tarifzuständigkeit **223** 45; Teilnahmerechte **289** 28; Tendenzschutz **223** 10; Treuegelder **224** 20; Unterlassungsanspruch **289** 26; Unternehmensmitbestimmung **222** 44; Vereine, nicht rechtsfähige **223** 5, 14; Vermittlungsfunktion **289** 29; Vermögensbeteiligungsgesellschaften **223** 40; Vermögensverwaltung **220** 26; **223** 10; Verschmelzung, koalitionsrechtliche **223** 14; Versicherungsschutz **224** 20; Vertrauensleute **289** 19 ff.; Vertreterversammlungen **224** 13 f.; Vertretungsmacht, organschaftliche **234** 19; Vorschlagsrechte **222** 49; Wiedervereinigung Deutschlands **223** 20a; Ziele **222** 50; Zusammenschlüsse **223** 14; *internationale* **222** 64 ff.; Zuständigkeitsbereich, Abgrenzung **219** 13; Zuständigkeitsverteilung **222** 37 ff.; Zutrittsrecht zu Betrieben/Dienststellen **217** 12; **220** 82 f.; **289** 7 ff.
Gewerkschaftliche Betätigung/Einstellung, Differenzierungsverbot **14** 36; Diskriminierungsschutz **15** 3; **16** 4; Mitgliederwerbung; *s. dort*
Gewerkschaftsbeauftragte, Abteilungsversammlungen **299** 36; Betriebsräteversammlungen **301** 10, 16; Betriebsratssitzungen **294** 42 ff.; Betriebsversammlungen **299** 36; Wirtschaftsausschuss **307** 87 ff.; Zugangsrecht **294** 47
Gewerkschaftsbeiträge, Einzug **220** 80; **296** 76
Gewerkschaftsbeschäftigte, Koalitionsfähigkeit **218** 42
Gewerkschaftsbewegung, Arbeiterbewegung **2** 15; Arbeitsrechtentwicklung **2** 15; Sozialistengesetz **2** 17 f.; Vertragsautonomie, kollektive **2** 18 f.
Gewerkschaftsbezirke, Vereinseigenschaft **223** 8
Gewerkschaftsmitgliedschaft, Absperrklauseln **237** 21; Aufnahmevertrag **245** 34; Aufsichtsratsvergütung **224** 28 f.; Differenzierungsklauseln **237** 22 f.; kollektive **245** 34; Tarifvertrag, Geltungsbereich **238** 43 ff.; Wechsel **245** 34; Werbung; *s. Mitgliederwerbung*
Gewerkschaftspluralismus, Berufsgewerkschaften **225** 25; Tarifkollisionen **229** 6
Gewerkschaftstage, Satzungsregelung **223** 24; Tagesordnung, Mitteilung **223** 24
Gewerkschaftswettbewerb, Betriebsverfassung **220** 96
Gewerkschaftszeitungen, Verteilung im Betrieb **220** 79
Gewerkschaftszugehörigkeit, Arbeitsvermittlung **29** 30; Diskriminierungsverbot **32** 159; Fragerecht des Arbeitgebers **7** 71; **33** 13, 99 ff.; **219** 9; *Arbeitsverhältnis, laufendes* **55** 7; Recht zur Lüge **219** 9
Gewinnbeteiligung, Auskunftsanspruch **65** 49; Berechnung **65** 46 f.; betriebliche Altersversorgung **202** 109; Dividendenertrag pro Aktie **65** 43; Dividendensumme **65** 43; Einnahmen aus nichtselbständiger Arbeit **62** 8; Entgelt, flexibles **63** 2; **65** 42 f.; Erfolgsbezogenheit **65** 42; Fälligkeit **65** 48; Jahresgewinn **65** 43; Mindesttantieme **65** 43; Pfändungsschutz **74** 88; Phantom Stocks **65** 43, 52; Rechtsgrundlage **65** 45; Stock Appreciation Rights **65** 43, 52; unechte **65** 43; Unternehmensentscheidungen **65** 50
Gewissensfreiheit, Arbeitsbeziehungen **5** 8; Einstellungsentscheidung **33** 10; Grundrechtsschutz **7** 52; Persönlichkeitsrecht des Arbeitnehmers **94** 24

Gewissenskonflikt, Arbeitsleistung, Zurückbehaltungsrecht **114** 11; Arbeitsverhinderung **77** 20; Arbeitsverweigerung **113** 110, 112; **124** 31; Interessenabwägung **113** 113; Kündigung, personenbedingte **113** 110 f., 114 f.; Leistungsverweigerungsrecht **7** 54; **43** 19; Plausibilitätskontrolle **40** 29; Streikarbeit **40** 30; Weisungsrecht des Arbeitgebers **40** 29

Glaubensfreiheit, Arbeitsbeziehungen **5** 8; Einstellungsentscheidung **33** 10; forum externum **7** 51; Grundrechtsschutz **7** 51 ff.; Leistungsverweigerungsrecht **7** 54; Persönlichkeitsrecht des Arbeitnehmers **94** 24; Tarifvertrag **237** 48

Glaubensgemeinschaften, Fragerecht des Arbeitgebers **33** 104

Glaubenskonflikt, Arbeitsleistung, Zurückbehaltungsrecht **114** 11; Arbeitsverweigerung **113** 110, 112; Darlegungslast **40** 29; Interessenabwägung **113** 113; Kündigung, personenbedingte **113** 110 f., 114 f.; Weisungsrecht des Arbeitgebers **40** 29

Gleichbehandlungsgrundsatz, allgemeiner arbeitsrechtlicher **111** 14; Allgemeines Gleichbehandlungsgesetz **12** 33; **14** 1; **15** 17; Arbeitgeber **31** 40; Arbeitsbedingungen **12** 31; Arbeitsentgelt **14** 17 f.; **60** 75 f.; Arbeitsrecht **7** 46; **14** 2 f.; Auswahlkriterien **14** 19; Benachteiligungsverbote **110** 63; Beseitigungsanspruch **14** 52; Betrieb **14** 12 f.; betriebliche Altersversorgung **206** 38 ff.; Betriebsgemeinschaft **31** 40; Betriebsübergang **142** 142; Betriebsverfassung **240** 33; **288** 31, 36, 42; Dienstvorschriften **14** 22; Direktionsrecht des Arbeitgebers **14** 20 f.; Diskriminierungsschutz **15** 16; Einverständnis mit Ungleichbehandlung **14** 48; Entlassungsbedingungen **12** 31; Europäisches Niederlassungsabkommen **14** 2; Geltungsbereich **14** 12 ff.; Geltungsgrund **14** 8 ff.; Gesellschaftsrecht **14** 11; Gleichheitssatz, allgemeiner **14** 10; Gruppenbildung **14** 25, 27; Kollisionsrecht **13** 111 ff.; Konzernbindung **14** 15; **25** 28 f.; Kündigung **14** 23; **109** 64 ff.; Leistungsvoraussetzungen **14** 18; Maßstab, normativer **14** 24; Nachgewährung von Leistungen **14** 54; Rechtsquelle **5** 5, 17, 19 f.; Richtlinien, europäische **12** 5; sachfremde Differenzierung, Verbot **14** 25; *Normaufstellung* **14** 25; *Normenvollzug* **14** 25; Sozialleistungen, freiwillige **14** 16; Teilzeitarbeit **49** 40 ff.; überbetriebliche Regeln **14** 13; Unternehmen **14** 12 f.; Vertragsfreiheit, Vorrang **14** 48 ff.; Zugang zur Beschäftigung **12** 31

Gleichbehandlungspflicht, Arbeitgeber **14** 3 f., 12; Pflichtverletzung **14** 51 ff.; *Beweislast* **14** 55

Gleichbehandlungsrichtlinien, Diskriminierungsschutz **12** 31 ff.

Gleichberechtigung, Arbeitsrecht **7** 47 f.; Diskriminierungsschutz **15** 6; **32** 128; Diskriminierungsverbot **110** 63; Kündigungen **109** 68; **110** 6

Gleichgestellte, Berufsausbildung **198** 29; Eingliederungsmanagement, betriebliches **113** 32; Erwachsene, junge **198** 29; GdB **198** 23; Jugendliche **198** 29; Kündigungsschutz, besonderer **198** 94; *Entstehung* **198** 95; Rechtsvorschriften, anwendbare **198** 31; SGB IX-Regelungen, Anwendbarkeit **198** 31

Gleichheitssatz, Effektgarantieklauseln **237** 72; Koalitionsfreiheit **218** 80, 92 f.; Tarifmacht **237** 60 ff., 122

Gleichheitssatz, allgemeiner, Arbeitsrecht **5** 8; **7** 45 f.; Diskriminierungsschutz **15** 6; **16** 1; Neue Formel **7** 45

Gleichstellung, Berichtspflicht des Arbeitgebers **299** 55; **301** 18 f.; Heimarbeit; *s. dort*; Jugend- und Auszubildendenvertretung **303** 36

Gleichstellung behinderter Menschen, Antrag **198** 30; Arbeitsplatzbegriff **198** 25; Arbeitsplatzerhalt **198** 22, 28; Arbeitsplatzerlangung **198** 22, 27; Inlandsbezug **198** 24; Rücknahme **198** 30; Rückwirkung **198** 30; Ursachenzusammenhang Behinderung/Gleichstellung **198** 26 ff.; Verfahren **198** 30; Widerruf **198** 30

Gleichstellungsbeauftragte, Geschlecht **16** 103

Gleitzeit, Anwesenheitspflicht **47** 5; Arbeitszeitguthaben **47** 5; Arbeitszeitkonto **40** 82; **47** 1; Arbeitszeitplanung **47** 7 ff.; Begriff **44** 31; Betriebsversammlung **299** 14; Feiertage **47** 22; Flowtime **47** 3; Freistellung, bezahlte **47** 22; Gleitrahmen **47** 10 ff.; Gleitspannen **44** 31; **47** 3, 6, 10 ff.; Kernarbeitszeit **44** 31; **47** 1, 4 ff.; Krankheit **47** 22; Mitbestimmung **40** 65; ohne Kernarbeitszeit **44** 30, 3; **47** 3, 23 ff.; Ruhepausen **183** 25; Tarifvertrag **40** 90; Überstundenabbau **265** 6; Urlaub **47** 22; Verhinderung, persönliche **47** 22; Wochenarbeitszeit **47** 5; Zeitsouveränität **43** 9, 14; **44** 19; **47** 2

GmbH, Arbeitgebereigenschaft **23** 20; **36** 56; *betriebliche Altersversorgung* **202** 18

GmbH-Geschäftsführer, Abberufung **22** 10; Anstellungsvertrag **22** 10 f.; Arbeitgeberfunktion **23** 10; Arbeitnehmereigenschaft **22** 11; Beschäftigteneigenschaft **22** 36; Bestellung **22** 10; betriebliche Altersversorgung **202** 47; Betriebsübergang **143** 2; Betriebsverfassungsrecht **285** 48; Dienstvertrag, freier **19** 71; **22** 10; Fremdgeschäftsführer **22** 11, 36; *s. a. dort*; Gesellschafter-Geschäftsführer **22** 11; Haftungsbeschränkung **57** 66; Kündigung, außerordentliche **123** 7; Kündigungsfrist, verlängerte **109** 18; Kündigungsschutz **112** 15; Organstellung **22** 10

GmbH-Gesellschafter, Arbeitnehmereigenschaft **22** 7; Beschäftigteneigenschaft **22** 35; Sozialversicherungsrecht **22** 35

Gnadenbezüge, betriebliche Altersversorgung **202** 109

go sick, Arbeitskampfmittel **265** 8; **273** 10 ff.; **276** 32; Kündigung, verhaltensbedingte **276** 46; Verdachtskündigung **276** 46

go slow, Arbeitskampfmittel **265** 8

GOÄ, Vergütungsordnung **60** 103

Grad der Behinderung, *s. GdB*

Graphologische Gutachten, Persönlichkeitsrecht des Arbeitnehmers **288** 39

Gratifikation, Arbeitsentgelt **60** 2; Arbeitsverhältnis, gekündigtes **14** 45; Ausbildungsvergütung **149** 99; Betriebstreue **14** 45 f.; Betriebsübung **10** 15; Bezugszeitraum, Arbeitsverhältnis im **14** 45; Bindungsklausel **14** 45; Einnahmen aus nichtselbständiger Arbeit **62** 8; Gleichbehandlungsgrundsatz **14** 16; Inhaltsnormen **239** 11; Jahresleistungen **66** 1; Leistungszweck **66** 8; Rückzahlungsvereinbarung **7** 77; Stichtagsklausel **14** 45 f.

Grenzgänger, Mutterschutz **189** 4

Großbetragszahlungsverkehr, Feiertagsarbeit **181** 24; **185** 42 f., 49

Großhandel, Betriebsübergang **142** 55a

Grundfreiheiten, Arbeitskampf **221** 9; **227** 11; **269** 17 ff.; Internationales Arbeitsrecht **13** 8; Tarifmacht **227** 19; Tarifrecht **227** 2

Grundgesetz, Arbeits- und Sozialordnung **6** 3; Arbeitsschutz **172** 9; Benachteiligungsverbot behinderter Menschen **198** 4 f.; Koalitionsfreiheit **217** 7; Kündigungsschutz **109** 42; Religionsfreiheit **158** 4ff.; Sozialstaatsprinzip **6** 7ff.; Tarifvertrag **226** 4ff.; Weimarer Kirchenartikel **158** 1ff.; Wirtschaftsordnung **6** 14ff.; **221** 1

Grundrechte, Abwehrrechte **7** 2; Arbeitsrecht **5** 8; **7** 1ff., 16; Berufsausbildungsverhältnis **147** 5; Drittwirkung **7** 3ff.; **38** 8; **53** 15; **107** 17; *mittelbare* **7** 9ff.; **55** 17; **109** 42; *unmittelbare* **7** 4ff., 56; **96** 5; **109** 42; **218** 74f.; Fiskalgeltung **218** 76; freie Entfaltung der Persönlichkeit **218** 13; Geltung, unmittelbare **7** 1; Grundrechtsverzicht **218** 74; Koalitionsfreiheit **218** 13; **237** 20; Konkordanz, praktische **7** 53; **31** 13; körperliche Unversehrtheit **181** 9; Kündigung **109** 63ff.; Landesverfassungen **271** 12f.; Meinungsfreiheit **55** 17; **218** 13; Ordnung, normative **7** 2; Pressefreiheit **218** 13; Recht auf informationelle Selbstbestimmung **96** 1, 4; Schutzfunktion **7** 13ff., 24f., 29, 40; **53** 15; Schutzgebotsfunktion **109** 42; **215** 34; Tarifvertrag **237** 19ff.; Übermaßverbot **7** 14; Untermaßverbot **7** 14; **31** 13; Vereinigungsfreiheit **218** 13; Verhältnismäßigkeitsgrundsatz **31** 14; Versammlungsfreiheit **218** 13; Vertraulichkeit und Integrität informationstechnischer Systeme **33** 15a; **96** 4; Verzicht **7** 71

Grundrechtecharta, Allgemeinverbindlichkeit **248** 43; Anhörung der Arbeitnehmer **12** 15; Arbeitsbedingungen **12** 15; Arbeitsbeziehungen **5** 6; Arbeitsrecht **12** 9, 15f.; Diskriminierungsschutz **15** 13; **16** 1; Diskriminierungsverbote **12** 15; **32** 115, 117; Entlassungsschutz **12** 15; Entscheidungsfreiheit, unternehmerische **31** 13; Höchstarbeitszeit **12** 15; Jahresurlaub **12** 15; **85** 34ff.; Koalitionsfreiheit **217** 16, 19; **218** 105; **227** 7; **269** 7; *negative* **227** 9; Kollektivvereinbarungen **227** 7; Kollektivverhandlungen **227** 1, 7; Kündigungsschutz **107** 20; **109** 41a; Religionsfreiheit **158** 11ff.; Streikrecht **269** 5ff., 18f.; Tarifrecht **227** 7ff., 20; Unternehmerfreiheit **227** 9; **247** 33; Unterrichtung der Arbeitnehmer **12** 15; Vereinigungsfreiheit **12** 15

Grundrechtsbindung, Gesetzgebung **7** 16ff.; Tarifvertragsparteien **7** 19ff.

Gründungszuschuss, Arbeitsförderung **29** 91

Gruppen, arbeitszeitautonome, Arbeitszeitflexibilisierung **44** 34ff.; Besetzungsplan **44** 35; Mitbestimmungsrecht des Betriebsrats **44** 19; Zeitsouveränität **44** 19

Gruppenänderungskündigung, Amtsträger **127** 34f.

Gruppenarbeit, Individualrechte der Arbeitnehmer **290** 5

Gruppenarbeitsverhältnis, Außenverhältnis **64** 30; Betriebsgruppe **64** 29f.; Beweislast **57** 14; Eigengruppe **64** 29f.; Innenverhältnis **64** 30; Kündigungsschutz **112** 6; Personenmehrheit **23** 18

Gruppenvereinbarung, Arbeitsgruppen des Betriebsrats **293** 66

Gruppenversicherung, Gewerkschaftsleistung **224** 20, 25; Widerrufsrecht **224** 4

GS-Zeichen, Maschinensicherheit **178** 12b, 17, 24, 27, 32; Schutzausrüstung, persönliche **180** 16

Günstigkeitsprinzip, Abweichung von tarifvertraglichen Rechtsnormen **1** 18; **7** 30; **8** 18f.; Arbeitsplatzerhalt **225** 27; Arbeitsvertrag **252** 3; Arbeitsvertragsfreiheit **237** 29f.; **253** 2f., 6, 35, 51; Arbeitszeit **40** 91; Betriebsnormen **253** 25ff.; Betriebsvereinbarung **8** 39ff.; **215** 25; **252** 3; **253** 7ff.; Betriebsverfassung **283** 17f.; Bezugnahme auf Tarifvertrag **246** 11ff.; **256** 10; Gemeinsame Einrichtungen **253** 30f.; Individualnormen **253** 19ff.; Kartellverbot **253** 4; kollektives **283** 18; Kündigungsschutz **110** 81, 86; Nachbindung **245** 59; Nachweis der Günstigkeit **215** 26; Normen, betriebsverfassungsrechtliche **253** 28; Normen, prozessuale **253** 29; Rechtsquellen, Rang **5** 22; Tarifnormen **215** 25; Tariföffnung **253** 15; Tarifvereinbarungen, schuldrechtliche **258** 10, 14; Tarifvertrag **236** 46; **253** 1ff.; Tarifvertragsstatut **13** 153; Vertragsfreiheit **31** 30; Wirkung, zwingende **253** 16ff.; Zeitpunkt **253** 14

Günstigkeitsvergleich, Abmachungen, ambivalente **253** 58; Abmachungen, neutrale **253** 59f.; Arbeitnehmer, verständiger **253** 54ff.; Arbeitsverhältnis, Bestandsschutz **253** 50; Betriebsnormen **253** 65; Einzelvergleich **253** 39; Feststellung, positive **253** 35; Gesamtvergleich **253** 37f., 46f.; individueller **8** 39; **253** 65; kollektiver **8** 39f.; **10** 35; **253** 66; punktueller Vergleich **253** 39; Rosinenpicken **246** 12; **253** 39; **256** 100; Sachgruppenvergleich **246** 12; **253** 40f.; Tarifvertrag **237** 95; Vergleichsmaßstab **215** 27; Wahlrecht des Arbeitnehmers **253** 60ff.; Wirkung **253** 69ff.; Zeitpunkt **253** 67f.

Gütergemeinschaft, eheliche, Betriebsverfassungsrecht **285** 62

Gütermarkt, Kartellfolgewirkungen **221** 5

Gütestelle, gerichtliche, tarifliche Regelung **241** 7

Gütetermin, Konfliktlösung, außergerichtliche **308** 221

Güteverhandlung, Arbeitsgerichtverfahren **282** 14

Gutschrift, Arbeitsentgelt **69** 3; **74** 104

Halbleitertopographien, Schutzfähigkeit **100** 5

Hamburg, Alters- und Hinterbliebenenversorgung **202** 119; Koalitionsfreiheit/Arbeitskampf **271** 2; Kündigungsschutz für Abgeordnete **129** 84, 95; Ladenschlussregelung **188** 14

Hamburger-Hafen-Entscheidung, Unternehmerentscheidung **25** 34

Handelsgeschäft, Fortführung **141** 10ff., 27f., 30f.

Handelsgewerbe, Sonntagsarbeit/Feiertagsarbeit **185** 49

Handelsrecht, Individualarbeitsrecht **152** 1ff.

Handelsreisende, Leistungsort **40** 57

Handelsvertreter, arbeitnehmerähnliche Personen **21** 21, 25f.; Arbeitnehmerähnlichkeit **21** 2; **109** 92; Arbeitnehmereigenschaft **109** 92; Ausgleichsansprüche **202** 109; Begriff **19** 75; betriebliche Altersversorgung **202** 30, 109; Entgeltfestsetzung, staatliche **60** 27; Kündigungsfristen **109** 91; Kündigungsschutz **112** 18; Provisionsvergütung **65** 1; Selbständige **109** 92; Wettbewerbsverbot **54** 5; *nachvertragliches* **140** 6; Zeugnisanspruch **138** 2

Handelsvertretervertrag, Geschäftsbesorgung **65** 1; Vertrag auf Arbeit **3** 12

Handlungsgehilfen, Arbeitnehmereigenschaft **19** 75; **152** 4; Arbeitsentgelt, Fälligkeit **69** 5; Arbeitsverhältnis **152** 6ff.; Begriff **19** 5, 7; **152** 2ff.; Dienste, kaufmännische **152** 5; Dienstverhältnis **5** 1; Fürsorgepflicht des Arbeitgebers **152** 18; Gewinnbeteiligung **69** 5; Legaldefinition **19** 19; Mindestlohn **152** 7; Nebentätigkeit **152** 8, 13; Provisionsabrede **152** 7; Provisionsvergütung **65** 3ff.; **69** 5; Schutzpflicht des Arbeitgebers **3** 31; Sonderarbeitsrecht **152** 1; Sozialschutz **20** 1; Vorschussanspruch **69** 10; Wettbewerbsverbot **32** 9; **54** 5; **152** 1, 8ff.; *Karenzentschädigung* **152** 17; *nachvertragliches* **152** 16ff.

Handlungsvollmacht, Betriebsübergang **142** 146; Versorgungszusage **207** 61

Handwerk, Berufsbildung **147** 12

1625

Sachverzeichnis

Magere Ziffern = Randnummern

Handwerker, Versorgungszusage 202 39
Handwerksgesellen, Industrialisierung 2 7
Handwerksinnungen, Arbeitskampfpartei 272 14; Tariffähigkeit 218 96, 104; 229 13; 232 78f.; 272 16; Tarifzuständigkeit 233 42
Handwerkskammern, Staatskonkurrenz gegenüber Koalitionen 218 97
Hattenheimer Entwurf, Kündigungsschutz 107 7; 112 50
Hauptpflichten, Arbeitsverhältnis 56 1
Hausangestellte, Arbeitsverhältnis 19 26; Kündigung 112 28; Kündigungsfristen 109 23
Hausarbeitstag, Aufhebung 181 12
Hausgewerbetreibende, Absatzmarkt 200 13; arbeitnehmerähnliche Personen 21 23; 200 2; Begriff 200 9; Benachteiligungsverbot 16 28; Betriebsverfassungsrecht 285 32; Hilfskräfte 200 11 f.; Hilfsstoffe 200 13; Kündigungsfristen 109 90; Meldepflichten 39 25; Rohstoffe 200 13; Schutzbedürftigkeit, 200 1; Selbständigkeit 200 13; Sozialversicherung 200 14
Haushalt, s. *Privathaushalt*
Haushaltsscheckverfahren, Meldeverfahren, vereinfachtes 39 26; 62 92
Hausrecht, Betriebsratsräume 296 60; Betriebsratssitzungen 294 53 f.; Betriebsversammlungen 299 46
Haussanierungstarifvertrag, Bezugnahme 246 42
Haustarifvertrag, Anschlusstarifvertrag 225 7; Auslegung 243 7; Betriebsidentität 247 7; Betriebsübergang 247 7 ff.; Friedenspflicht 272 48; Gemeinsame Einrichtungen 242 4; Kündigung, außerordentliche 260 48; Nachwirkung 261 14, 37; Öffnungsklauseln 252 10; Tarifbindung 245 74 f.; Tarifkonkurrenz 256 11; Tarifsukzession 247 7; Tarifvertragsparteien 225 5; Tarifzuständigkeit 233 45; Unternehmensumstrukturierungen 26 43 ff.; Unternehmensumwandlung 247 2
Hauswirtschaft, Altersversorgung 202 116
Hebamme, Beleghebammenverhältnis 170 23; Selbständigkeit 170 83
Heilberufe, Arbeitnehmereigenschaft 19 46; Berufsrecht 169 1; Erlaubnispflicht 169 3; Leistungserbringungsrecht, sozialrechtliches 169 1
Heilhilfsberufe, Arbeitnehmereigenschaft 19 46
Heiligabend, Ladenschlussregelungen 188 5; Teilzeitbeschäftigte, Freistellung 50 209
Heilmittelerbringung, Zulassung 169 22
Heilmittelleistungen, Ausbildung, qualifizierende 169 19
Heilpraktiker, Erlaubnispflicht 169 3; Heilkunde, Ausübung 169 2
Heimarbeit, Abnahme 200 33; Absatzmarkt 200 8; Anzeigepflicht 200 25; Arbeitnehmer 285 34; Arbeitnehmerschutzrecht 4 12; Arbeitsbeziehungen 2 6; Arbeitskollisionsrecht 13 12, 39; Arbeitsmenge 200 23, 41; Arbeitsschutz 200 24, 46; Arbeitszeit 200 23; Arbeitszeitrecht 182 53; Auftraggeber 200 7, 17 f.; Ausgabe 200 33; erstmalige 200 44; Ausgabeverbot 200 45 f.; Benachteiligungsverbot 16 28, 35; betriebliche Altersversorgung 202 30; Datenschutz 200 26; Diskriminierungsschutz durch AGG 16 46; Elternzeit 191 5; Entgeltanspruch, Unverzichtbarkeit 71 2; Entgeltbücher, Aushändigung 39 50; Entgelthöhe, Festsetzung 60 28; Entgeltregelung 200 27 ff.; Entgeltsicherung 200 41 f.; Entgeltverzeichnisse 200 33; Erwerbsmäßigkeit 200 6; Familienangehörige 285 34; Gesundheitsschutz, öffentlicher 200 24, 46; Gleichstellung 200 19 ff.; *Gruppengleichstellung* 200 20, 22;

Kündigungsschutz 200 37; *Verfahren* 200 21; Heimarbeitsverhältnis 200 2; Hilfskräfte, fremde 285 34; Hilfsstoffe 200 9; Jugendarbeitsschutz 194 13; Koalitionsfreiheit, negative 219 27; Kündigungsfristen 109 90; 200 38 f., 41 f.; Kündigungsschutz 112 18; 142 134; 200 37 ff.; *besonderer* 127 10; 200 36; *Beteiligung des Betriebsrats* 200 40; Meldepflichten 39 25, 33; Mindestarbeitsbedingungen 200 27, 32 f.; Mitarbeitervertreter, Sonderkündigungsschutz 110 56; Mutterschutz 189 6, 9; 190 25, 50; Nachweispflichten 39 50; Ordnungswidrigkeiten 200 46; Rechtsnatur 200 2; Rohstoffe 200 8; Schutzbedürftigkeit, 200 1; Schutzvorschriften 200 44; Stückentgelte 200 30; Tarifmacht 229 11; Telearbeit 201 4, 13; Urlaubsrecht 21 14; Vorratsproduktion 200 7; Zwischenmeister 16 35; 200 7, 16, 31
Heimarbeiter, arbeitnehmerähnliche Personen 16 28; 21 5, 21 ff.; 200 2; Arbeitnehmereigenschaft 285 32; Begriff 200 3 ff.; 285 32; Betriebszugehörigkeit 285 33; Entgeltfortzahlung im Krankheitsfall 80 3; Gleichgestellte 200 1; *Offenbarungspflicht* 200 1; gleichgestellte Personen 16 28; Koalitionsfreiheit 218 29; Sozialversicherung 200 10; Tarifmacht 236 42, 48
Heimarbeitervergütung, Pfändungsschutz 74 89
Heimarbeitsausschuss, Tarifregister 235 36
Heimarbeitsplatz, Wohnung, Unverletzlichkeit 237 51
Heimat, Benachteiligungsverbot 15 6
Heime, Ruhezeitverkürzung 183 9
Heinisch (Rs.), Whistleblowing 12 5
Herausgabepflichten, Arbeitsverhältnis, Beendigung 136 3; 139 1 ff.; des Arbeitgebers 139 1 ff.; des Arbeitnehmers 139 7 ff.; *Transportgefahr* 139 10
Herkunft, Benachteiligungsverbot 14 30, 39; Diskriminierungsschutz 15 3; ethnische; *s. Ethnische Herkunft*; regionale 16 9 f.
Hessen, Arbeitskampfmittel 267 4; Aussperrungsverbot 217 13; 271 6a, 13; Koalitionsfreiheit 217 11; Kündigungsschutz für Abgeordnete 129 84 ff., 96 f.; Ladenschlussregelung 188 14; Schlichtungswesen 217 12; Streikrecht 217 13; 271 6a; Tarifvertragsrecht 217 14; Wirtschaftslenkung 217 15
Heuer, Abstoppheuer 163 62; Anreise 163 40; Arbeitsentgelt 60 1; 163 36, 39; Fälligkeit 163 41; Seearbeitsgesetz 19 23; Wartezeit 163 40
Heuerverhältnis, *s. a. Seearbeitsgesetz*; Arbeitskollisionsrecht 13 11 f.; Arbeitsverhältnis 163 28 ff.; Aufhebungsregelung 163 66; Aufhebungsvertrag 163 66; Auflösungsurteil 163 66; Auflösungsvergleich 163 66; Auslandsberührung 129 136; Beendigung 19 23; 163 51 ff.; Befristung 163 51 f.; Betreuung, medizinische 163 91, 96; Betriebsbegriff 163 28 f.; Bordanwesenheitspflicht 163 38; Dienstantritt 163 37; Dienstbescheinigung 163 68; Dienstleistungserbringung durch Reeder 163 42; Direktionsrecht 163 105; Erholungsurlaub 163 47 f.; Folgeleistungspflicht 163 38; Hafenarbeitszeit 163 44; Heimschaffung 163 67, 95; Heuertarifvertrag 129 138; Insolvenzgeld 163 77; Kommunikationseinrichtungen, Zugang zu 163 89; Krankenversicherung 163 92 ff.; Kündigung 108 5; 163 53 ff.; *außerordentliche* 123 2; 129 142 ff.; 163 54, 59 ff.; *ordentliche* 129 147 f.; 163 54 f.; Kündigungsfrist 163 55 ff.; Kündigungsschutz 129 139 ff.; 163 51, 55, 58; Kündigungsschutzklage 163 58; Landgang 163 38; Manteltarifvertrag 129 138; Nachtarbeit 163 45; Probezeit 163 55, 85; Rechtswegzuständigkeit 163 115 ff.; Schiffbruch 163 64; Schiffsverlust 163 64 f.;

Fette Ziffern = Paragrafen **Sachverzeichnis**

Seearbeitsgesetz **129** 137, 139f.; Seearbeitszeit **163** 44; Trinkwasser **163** 90; Umschau **163** 67; Unterkunft **163** 87f.; Urlaub **163** 47ff.; Urlaubsentgelt **163** 48; Urlaubsort **163** 47; Verpflegung **163** 87, 90; Waren, Verkauf durch Reeder **163** 42; Zeugnisanspruch **163** 69; Zurücklassung im Ausland **163** 95

Heuervertrag, Angaben **163** 32; Arbeitspflicht **163** 36ff.; Arbeitsvertrag **163** 30f., 36; Ausfertigung **163** 32; Entgeltpflicht **163** 36; Schriftform **163** 34f.

Hinterbliebenenbezüge, Pfändungsschutz **74** 90

Hinterbliebenenversorgung, Gemeinsame Einrichtungen **242** 45

Hintergrunddienst, Aufenthaltsbeschränkung **40** 79

Hinweispflichten, Arbeitgeber **93** 46

HIV-Infektion, Auskunftspflichten des Arbeitnehmers **33** 53ff.; Behinderung **32** 2; **33** 53, 186; Diskriminierungsschutz **113** 94; Druckkündigung **113** 96; Fragerecht des Arbeitgebers **33** 55; Kündigung, personenbedingte **113** 91, 94ff.; Kündigung, Sittenwidrigkeit **109** 79; Übertragungsgefahr **113** 95; **180** 57

HIV-Test, Angebotsuntersuchung **180** 57; Einstellungsuntersuchung **180** 57; Pflichtuntersuchung **180** 57

HOAI, Vergütungsordnung **60** 103

Hochbesoldete, Wettbewerbsverbot **20** 5

Hochqualifiziertenrichtlinie, Blaue Karte; *s. dort*

Hochschuldiplom, Anerkennung **12** 29

Hochschulen, Arbeitsverhältnisse, befristete **103** 59, 64; **156** 11f.; *Studenten* **103** 111; Personal, wissenschaftliches **156** 8ff.; *Wissenschaftsadäquanz* **156** 10

Hochschullehrer, Arbeitszeitrecht **182** 53; Beamte **156** 8; Erfindungen **98** 61; Juniorprofessur **104** 2

Hochseefischerei, kleine, Berufsausbildung **163** 80f.

Höchstarbeitsbedingungen, Tarifvertrag **253** 1f.

Höchstarbeitszeit, Absenkung **40** 90; Berufsausübungsfreiheit **31** 45; Kollisionsrecht **13** 115; Richtlinienrecht **12** 35; Tarifvertrag **40** 90

Holterman Ferko Exploitatie-Entscheidung, Individualarbeitsvertrag **13** 11

Home-Office, Betriebszugehörigkeit **285** 34; Weiterbeschäftigung im **107** 13

Homosexualität, Benachteiligungsverbot **14** 38; Kündigungsgrund **113** 117

Hotel, Arbeitsentgelt **19** 39; Arbeitsverhältnisse **19** 38f.; Mutterschutz **19** 38; Ruhezeitverkürzung **183** 9

Human Resources Management, Personalplanung **28** 9

Humanisierung der Arbeitswelt, Arbeitsschutz, autonomer **93** 3

Identität, sexuelle, *s. Sexuelle Identität*

Illegale Beschäftigung, Nettoarbeitsentgelt **62** 44, 108

ILO, Arbeitsaufsicht **174** 79; Arbeitsmedizin **180** 26, 28; Arbeitsschutzrecht **172** 21, 37ff.; **174** 111; *Arbeitseinstellung* **175** 7ff.; *Entfernungsrecht* **175** 9; betriebsärztliche Dienste **180** 41; decent work **173** 33; Diskriminierungsverbot (ILO-Übereinkommen Nr. 98) **218** 109; Gesamtarbeitsverträge **228** 5; Gesundheitsbegriff **172** 21, 38; **176** 3; Gewerkschaften **222** 47; ILO-Übereinkommen **172** 21, 37ff.; **174** 111f.; **175** 7ff.; **178** 63; **180** 26, 28, 41; **217** 24ff.; **218** 105f.; *Diskriminierungsschutz* **15** 9; *Förderungsrahmen für den Arbeitsschutz* **174** 111, *Kinderarbeit* **195** 3; *Kollektivverträge* **228** 1ff.; *Schutzverpflichtung der Bundesrepublik Deutschland* **217** 29; *Störfallrecht* **178** 63; *Zustimmungsgesetz* **172** 44; Internationale Arbeitgeberorganisation **222** 68; Internationaler Bund Freier Gewerkschaften **222** 68; Koalitionsfreiheit **217** 24ff.; **218** 105f., 110, 113f.; **269** 32ff.; Kollektivverhandlungen **217** 28; **228** 5; Maschinenschutz **178** 1; Nachtarbeit **180** 26; Streikrecht **269** 32ff.

Immaterialgüterrechte, Betriebsübergang **142** 55

Immissionsschutz, Umweltschutzausschuss **178** 72

Immissionsschutzbeauftragte, Beteiligungsrechte des Betriebsrats **174** 74; Identität mit Störfallbeauftragtem **178** 72; Kooperation **174** 73; Kündigungsschutz, besonderer **110** 58, 60

Incentive, Zielvereinbarungen **64** 36

Indexklauseln, Bedingung, auflösende **260** 10

Individualarbeitsrecht, Arbeitnehmerschutzrecht **4** 6, 11ff.; Arbeitsvertragsrecht **4** 6, 8ff.; Konzernverbundenheit **25** 19ff.; Kündigungsschutz **2** 43

Individualbeschwerde, EMRK **12** 22

Individualnormen, Abschlussnormen **239** 1, 33ff.; Adressaten **251** 14; Beendigungsnormen **239** 1, 46ff.; Betriebsnormen **242** 17f.; Betriebsübergang **247** 20; Doppelnormen **240** 6; Günstigkeitsprinzip **253** 19ff.; Inhaltsnormen **239** 1ff.; **242** 12ff.; Nachwirkung **261** 26, 29, 31

Individualrechte, Ausübung, kollektive **273** 13ff.; Betriebsratsmitglied, Hinzuziehung **290** 3, 5, 20f.; Betriebsverfassung **290** 1ff.; Gruppenarbeit **290** 5

Individualübung, Betriebsübung, Abgrenzung zur **10** 2

Industrialisierung, Arbeitnehmervertretung, betriebliche **283** 10; Arbeitsrechtsentwicklung **2** 5ff.; Sozialversicherung **2** 13

Industrie 4.0, Arbeitszeitgestaltung, flexible **40** 81

Industrie- und Handelskammern, Staatskonkurrenz gegenüber Koalitionen **218** 97; Tariffähigkeit **218** 104

Industrieverbandsprinzip, DGB **222** 15; DGB-Gewerkschaften **222** 26ff.; Geprägetheorie **233** 45; Koalitionen **220** 16; **223** 21; Tarifvertrag, Geltungsbereich **238** 30f.

Infektionsschutzrecht, Beschäftigungsverbote **32** 47ff.; **80** 41; Krankheitsverdacht **80** 41

Informationserhebung, *s.a. Fragerecht des Arbeitgebers*; Bundeszentralregister **33** 180; bei Dritten **33** 165ff., 207ff.; *Einverständnis des Bewerbers* **33** 211ff.; Verfassungsschutz **33** 181

Informationspflichten, Arbeitgeber **91** 7; **93** 46; Arbeitnehmer **55** 4; **93** 46; Arbeitskollisionsrecht **13** 82; Arbeitsverhältnis **12** 30; nachvertragliche **13** 149; tarifliche Regelungen **235** 20

Inhaltsirrtum, Anfechtung des Arbeitsvertrags **38** 27; Anfechtung des Aufhebungsvertrags **135** 33; Anfechtung des Vergleichs **134** 23; Ausgleichsquittung **137** 38

Inhaltskontrolle, Allgemeine Arbeitsbedingungen **37** 22, 31ff.; Arbeitsvertrag **3** 36; **31** 31; **37** 23f.; Freistellungsklausel **41** 23; Hauptleistungspflichten **37** 36f.; **38** 17; **40** 21; Prüfungsmaßstab **37** 39; Rückzahlungsklauseln **60** 14

Inhaltsnormen, Arbeitsbedingungen **239** 2; Arbeitsentgelt **239** 7ff.; Arbeitszeit **239** 14ff.; Gemeinsame Einrichtungen **242** 12ff.; Individualnormen **239** 1ff.; negative **239** 43; **253** 20; Regelung, negative **239** 4; Tarifmacht **239** 3; Verbandsmitgliedschaft **245** 36; Zuschläge **239** 10

Inklusionsvereinbarung, Arbeitsplatzeinrichtung **198** 58

Inländergleichbehandlung, Arbeitnehmerüberlassung **145** 10

Sachverzeichnis

Magere Ziffern = Randnummern

Innungsverbände, Arbeitskampfpartei 272 16; Tariffähigkeit 218 96; 232 78 f.; 272 16
Insichgeschäft, Arbeitsvertrag 36 52
Insolvenz, Arbeitgeber 122 1; 245 47; Arbeitnehmer 27 9; Betriebsrat, Kostenerstattungsanspruch 296 12 ff.; Betriebsveräußerung an Dritte 142 163; Kündigungsgrund 122 10; 124 89; Mitwirkung des Betriebsrats 283 14; Verbände 245 47
Insolvenzanfechtung, Bargeschäftsprivileg 75 44ff.; Deckung, inkongruente 75 49ff.; *Gemeinschaftsbetrieb* 75 55; *Ratenzahlung* 75 52; *Zuwendungen, mittelbare* 75 53; Deckung, kongruente 75 56; Gläubigerbenachteiligung 75 43; Leistung, unentgeltliche 75 57ff.; Rechtsweg, gespaltener 75 65; Rückforderungsanspruch 75 64; Scheingeschäft 75 60f.; Schuldnervermögen, Wiederherstellung 75 42ff.
Insolvenzeröffnung, Arbeitsentgelt 75 9ff.; Arbeitsverhältnis 75 1
Insolvenzfähigkeit, Arbeitgeber, öffentliche 202 128
Insolvenzgeld, Abtretung 73 4; Akzessorietät 75 74; Anspruch 75 67ff.; Anspruchsübergang 75 81; Antrag 75 80f.; Arbeitnehmer 27 39; 75 68ff.; Arbeitsbescheinigung 138 71; Arbeitsentgelt 75 73 ff.; *Schutz* 12 41; *Übertragung* 75 82; Arbeitsförderung 29 2f., 76; Auszubildende 149 85; Entgeltersatzleistung 29 103; Finanzierung 75 66; Fremdgeschäftsführer 75 69; Gesellschafter-Geschäftsführer 75 69; Heimarbeiter 75 68; Höhe 75 78f.; Inlandsbezug 75 70; Insolvenzereignis 75 66f., 71f.; Jahresleistungen 66 6; Kollisionsrecht 13 103; Pfändungsschutz 74 91; Vererblichkeit 40 9; Vorfinanzierung 75 83; Zeitraum 75 76f.
Insolvenzgeldbescheinigung, Ausstellung 27 39
Insolvenzordnung, Insolvenzverfahren 27 1; Reform 27 1
Insolvenzplan, Insolvenzverfahren 27 2, 51ff.; Planquote 27 53
Insolvenzrecht, Vermögenshaftung 27 2
Insolvenzverfahren, Anerkennung 27 3ff.; Antrag 27 10ff.; *Abweisung mangels Masse* 27 30; *Beschwerde, sofortige* 27 32; *Gläubiger* 27 12; *Schuldner* 27 11; Antragsberechtigung 27 10; *Betriebsrat* 27 13; Arbeitsentgelt 27 55; Arbeitsverhältnisse 27 54; 122 1ff.; Aufhebung 27 49f.; Auskunftspflicht des Schuldners 27 42; *Arbeitnehmer des Schuldners* 27 42; ausländische 27 3ff.; *Rechtsstreit, inländischer* 27 8; Ausschlussfristen 75 16; Berichtstermin 27 2, 43ff.; betriebliche Altersversorgung 212 1ff.; Betriebsänderung 27 61; Betriebsübergang 27 61; 75 17; 122 63 ff.; Betriebsübernahme 88 38; Betriebsveräußerung 27 61; 122 1, 65; Betriebsvereinbarungen 27 63f.; Betriebsverfassungsrecht 27 62ff.; Eigenverwaltung 27 28f.; Eröffnungsbeschluss 27 31; Eröffnungsgrund 27 14ff.; EuInsVO 27 3f.; Forderungsanmeldung 27 47f.; Gläubigerausschuss, vorläufiger 27 20; Gläubigergleichbehandlung 75 42; Insolvenzforderungen 75 1f.; *Geltendmachung* 75 30ff.; Interessenausgleich mit Namensliste 27 58; Kleinverfahren 27 43; Kündigung von Arbeitsverhältnissen 108 5; 122 2ff.; 207 90; *Änderungskündigung* 122 3; *Betriebsänderung* 122 22ff.; *betriebsbedingte Kündigung* 122 12; *Eigenverwaltung* 122 4; *Interessenausgleich* 122 26ff., 46; *Nachkündigung* 122 5; *Personalstruktur* 122 39ff.; *Rechtfertigung, soziale* 122 21; *Schadensersatz* 122 1, 17ff.; *Sozialauswahl* 122 33ff.; Kündigungsfrist 27 56; 122 1, 15f.; Kündigungsschutz 27 55, 57ff.; 122 1, 12; *Sozialauswahl* 27 59f.; *allgemeiner* 122 21 ff.; Kündigungsschutzklage 122 14; Liquidation 27 2;

Massenentlassung 122 45f.; Masseunzulänglichkeit 75 17ff., 34f.; 88 34ff.; *erneute* 75 35; Masseverbindlichkeiten 75 1, 3, 5ff.; 88 32f., *Altmasseverbindlichkeiten* 75 34; *Neumasseverbindlichkeiten* 75 35; *Nichterfüllung* 75 39ff.; *Zwangsvollstreckung* 75 38; Maßnahmen, vorläufige 27 19f.; Mutterschutz 190 59; Namensliste 122 28f.; Prüfungstermin 27 46; Restschuldbefreiung 27 50; Rückschlagsperre 75 36; Sanierung 27 2; Schuldnerverzeichnis 27 30; Schutzschirmverfahren 27 29; Sonderkündigungsrecht 122 2ff.; Tariffähigkeit 232 51, 75; Überschuldung 27 18; Urlaub des Arbeitnehmers 88 28ff.; Verteilungsverfahren 27 49; Vollstreckungsverbot 75 37f.; Zahlungseinstellung 27 16; Zahlungsstockung 27 15; Zahlungsunfähigkeit 27 15; *drohende* 27 17; Zwangsvollstreckungsrecht 27 2
Insolvenzverfahrensfähigkeit, Arbeitgeber 27 9
Insolvenzverwalter, Amtsführung, Überwachung 27 34; Arbeitgeberfunktion 23 12; 27 36, 38; Arbeitsverhältnisse, Begründung 122 6; Auskunftspflicht 27 39; Bestellung 27 33; Haftung 27 40; 75 39ff.; Informationsbeschaffung 27 41; Kündigung von Arbeitsverhältnissen 122 1, 10ff.; *Arbeitsverhältnis, befristetes* 122 8; *Berufsausbildungsverhältnis* 122 9; *vor Dienstantritt* 122 7; *Kündigungserklärungen* 108 14f.; *Kündigungsfristen* 109 13; Rentenversicherungsnachweise 27 39; Unternehmereigenschaft 27 38; Vermögen, Inbesitznahme 27 37; Vermögen, Verwaltung 27 37; vorläufiger 27 21ff.; *halbstarker* 27 26; *schwacher* 27 26; 75 4; *starker* 27 22; 75 3; Überwachungspflicht 27 27
Instandhaltungsarbeiten, Sonntagsarbeit/Feiertagsarbeit 185 30, 40
Integration ausländischer Arbeitnehmer, Berichtspflicht des Arbeitgebers 299 55; 301 18f.
Integrationsamt, Eingliederungsmanagement, betriebliches 113 49; Präventionsverfahren 198 77ff.; Schwerbehindertenrecht, Durchführung 198 166ff.; Unterstützung des Arbeitgebers 198 69; Zustimmung zur Kündigung 109 55f.; 110 51; 113 49; 124 108; 198 91ff.; *Änderungskündigung* 198 122; *Antragsverfahren* 198 113ff.; *Entbehrlichkeit* 198 105ff.; *Entscheidungsbegründung* 198 122a; *Erteilung der Zustimmung* 198 121f.; *Insolvenzeröffnung* 198 122; *Negativattest* 198 121, 126; *Rechtsweg* 198 126; *Stellungnahmen, Einholung* 198 118ff.; *Untätigkeitsklage* 198 121; *Zustellung* 198 122a f.; *Zweiwochenfrist* 125 26ff., 36; Zustimmungsfiktion 198 121, 132
Integrationsfachdienste, Eingliederung Schwerbehinderter 198 167
Integritätspflichtverletzung, Kollisionsrecht 13 83
Integritätsverletzung, Arbeitnehmer 53 14
Intelligenztest, Einwilligung 33 197ff.; Fragerecht des Arbeitgebers 33 20; Zulässigkeit 33 193, 195
Intendanten, Intendantenwechsel 165 54, 56; Rundfunk, öffentlich-rechtlicher 166 13, 23; Theater 165 18f.
Interessenausgleich, Betriebsänderung 312 97; Einigungsstellenverfahren 308 16
Interessenausgleich mit Namensliste, Änderungskündigung 115 144, 319; Auswahlrichtlinien 115 340; Beschäftigungsbedarf, Wegfall 115 142f., 145; Betriebsänderung 115 322ff., 337; Betriebsratsanhörung 122 47; betriebsratsloser Betrieb 115 325; Bezeichnung der Arbeitnehmer 115 334ff.; Gesamtbetriebsrat 115 325, 327; Insolvenzverfahren 122 1, 26ff.; Kleinunternehmen 115 324; Kündigung, betriebsbedingte 115 141ff., 318ff.; Kündigungsschutz

Sachverzeichnis

Fette Ziffern = Paragrafen

107 10; Massenentlassungen 121 121 ff.; Negativliste 115 334; Sachlage, Änderung 115 349; Schriftform 115 329 ff.; Störung der Geschäftsgrundlage 115 147; umwandlungsrechtlicher 26 19 f.; Vermutungswirkung 115 343; vorsorglicher 115 326; Weiterbeschäftigungsmöglichkeit 115 148; Zuständigkeit 115 327 f.
Interessenkonflikte, Offenbarungspflicht 124 59
Interessenwahrungspflicht, Diskriminierungsschutz durch AGG 16 139 f.; 17 30; Fürsorgepflicht des Arbeitgebers 91 1 ff.
Internal Investigations, Auskunftspflicht 55 7; 94 18
Internat, Anforderung, berufliche 16 103; Ruhezeitverkürzung 183 9
Internationale Arbeitsorganisation, s. ILO; ILO-Übereinkommen; s. ILO
Internationale Organisationen, Betriebsverfassungsrecht 284 19
Internationaler Pakt über bürgerliche und politische Rechte, Diskriminierungsschutz 15 8; Koalitionsfreiheit 217 31 f.; 218 110; 228 8; 269 35; Kollektivverträge 228 1
Internationaler Pakt über wirtschaftliche, soziale und kulturelle Rechte, Arbeitsentgelt 60 31; Diskriminierungsschutz 15 8; Koalitionsfreiheit 217 31 f.; 218 110, 114; 228 7; Kollektivverträge 228 1; Mindestvergütung 60 31, 96; Streikrecht 269 35
Internationales Arbeitsrecht, Abtretungsverbote 13 100; Anbahnungsverhältnis, schuldrechtliches 13 82; Anknüpfung, objektive 13 35 ff.; Arbeitgeber 202 21; Arbeitgeberwechsel 13 129 f.; Erbfall 13 129; gesellschaftsrechtliche Rechtsnachfolge 13 129; arbeitnehmerähnliche Personen 13 12; Arbeitnehmererfindungen 13 126; Arbeitnehmerhaftung 13 95 f.; Arbeitnehmerschutznormen 13 26 ff., 72 f.; Arbeitnehmerüberlassung 13 131 ff.; gewerbsmäßige 13 39, 132 ff.; nicht gewerbsmäßige 13 132; Arbeitsentgelt 13 28; Arbeitskampf 269 36 ff.; Arbeitskampfstatut 13 161 f.; Arbeitsleistung 13 94; Arbeitsort, gewöhnlicher 13 35 ff.; staatsfreies Gebiet 13 37, 40; Verlagerung 13 57; Arbeitsortprinzip 215 38, 40; Arbeitsschutz 13 121 f.; Arbeitsverhältnis, Beendigung 13 138 ff.; Form 13 140; nachvertragliche Pflichten 13 149; Arbeitsverhältnis, fehlerhaftes 13 93; Arbeitsvermittlung 13 81; Arbeitsvertrag, Anknüpfung 13 10 ff.; Arbeitsvertragsstatut; Änderung 13 57 f., 59 ff.; Nichtigkeit des Arbeitsvertrags 13 13; Sonderanknüpfung 13 85; Vorwirkung 13 80 f., 85; Arbeitszeit 13 28, 115 ff.; Aufhebungsvertrag 13 140 f.; Aufrechnungsverbote 13 100; Auslandsbezug 6 31; 13 1; Auslegung, einheitliche 13 9 f.; Ausweichstatut 13 35, 45 ff.; Befristung des Arbeitsvertrages 13 86 ff.; Berufsausbildung 13 12; Beschäftigungserlaubnis 13 81; Beschäftigungsverbote 13 81; betriebliche Altersversorgung 202 21; Betriebsübergang 13 130; 143 61; Betriebsvereinbarung 13 13; Betriebsverfassung 13 92; 284 25 f.; Realstatut 284 25 f.; Diskriminierungsverbote 13 110; Einbettungsstatut 13 33; Eingriffsnormen 13 8, 24, 67 ff., 75 f., 146 f.; ausländische 13 75; Interesse, öffentliches 13 70; Vertragsstatut 13 76; Einstellungspflichten 13 81; Entgeltfortzahlung 13 28, 71, 104, 108; Arbeitskampfmaßnahmen 13 109; Feiertage 13 107; im Krankheitsfall 13 105 f.; 80 5; Entgeltschutz 13 99 f.; Entgeltzahlungspflicht 13 99; Aktienoptionen 13 98; Flaggenanknüpfung 13 37, 51 ff.; Formerfordernisse 13 65 f.; Geschäftsfähigkeit 13 62 ff.; Gleichbehandlungsgrundsatz 13 111 ff.; Heimarbeit 13 12, 39; Inhaltskontrolle des Arbeitsvertrages 13 28; Interessenwahrungspflichten 13 94; intertemporales Recht 13 5 f.; Jugendarbeitsschutz 13 28, 71; Kollektivverträge 13 13; Kündigung 13 140; Kündigungsfristen 13 142; Kündigungsschutz 13 28, 71, 78, 145; 112 10, 19; Leiharbeit 13 39; lex loci labori 13 36; Lohnstop 13 99; Massenentlassungen 13 144; Mindestlohn 13 99; Mutterschutz 13 28, 71, 123; Nebenleistungspflichten 13 94; Niederlassung, einstellende 13 35, 40, 42 ff.; Anwerbestelle 13 43; Betriebsstätte 13 44; Betriebsteil 13 44; ordre public 13 61, 77 ff.; Pfändungsschutz 13 100; Rechtsfähigkeit 13 62 ff.; Rechtswahl 13 2, 14 f.; 284 26; Betriebsinhaberwechsel 13 148; 142 16; Verweisungsvertrag 13 18, 22; Rom I-VO 13 3, 6 f.; Rom II-VO 13 4; Ruhestandsverhältnis 13 150; Sachnormverweisung 13 60 f.; Schwerbehinderte 13 71; Sonderkündigungsschutz 13 146 f.; Statutenwechsel 13 41; Tarifvertrag 13 13; Tarifvertragsstatut 13 151 ff.; Teilverweisung, materielle 13 16; Teilzeitarbeit 13 71, 86, 89; Telearbeit 13 39; Telearbeitsverhältnis 201 19; Urheberrecht 13 127; Urlaub 13 28, 118 ff.; Vertragsstatut, objektives 13 24, 26 ff.; Vorstellungskosten 13 84; Wettbewerbsverbot, nachvertragliches 13 149; zwingende Bestimmungen 13 29, 67 ff.; Inlandsbezug 13 68
Internationales Insolvenzrecht, Arbeitsrecht, anwendbares 27 6; Arbeitsvertragsstatut 27 7; Europäische Insolvenzverordnung 13 101 f.; Insolvenzeröffnung 13 101 f.; Insolvenzverfahren 13 101 ff.
Internationales Privatrecht, Internationales Arbeitsrecht 13 2 ff.
Internationales Übereinkommen zur Beseitigung jeder Form von Rassendiskriminierung, Diskriminierungsschutz 15 8
Internet-Jobbörse, Arbeitsvermittlung 29 16
Internetnutzung, private, Arbeitspflichtverletzung 43 2; ausschweifende 124 36; Datenschutz 96 6; Kündigung, außerordentliche 124 36, 55 f.; Kündigung, verhaltensbedingte 107 18; Naturalvergütung 67 2
Inventar, anvertrautes, Arbeitsverhältnis 55 3
Investitionsplanung, Unternehmensplanung 28 9
Investivlohn, Kapitalbeteiligung 68 3
Inzidentkontrolle, Normenkontrolle, tarifliche 244 1 ff.
Irrtum, Anfechtung des Arbeitsvertrags 38 25 ff., 42; Anfechtung des Aufhebungsvertrags 135 33 f.; Anfechtung des Vergleichs 134 21 ff.
IT-Grundrecht, Nutzung eigener Systeme 96 4; Persönlichkeitsrecht des Arbeitnehmers 96 4
iustitia commutativa, Angemessenheitskontrolle 14 6
iustitia distributiva, Gleichbehandlungsgrundsatz 14 6
Jahresabschluss, Erläuterung 307 24, 46 ff., 96
Jahresarbeitsentgeltgrenze, Versicherungspflichtgrenze 62 82 ff.
Jahresarbeitszeitmodelle, Arbeitszeitkonten 40 87; 44 15
Jahresarbeitszeitvertrag, Annahmeverzug des Arbeitgebers 46 28 f.; Arbeitsdeputat 46 6; Arbeitszeitdeputat 46 16 ff.; Arbeitszeitplanung 46 10 ff.; Arbeitszeitverteilung 46 7; Bedarfsorientierung 46 2 ff., 22; Bedarfsschwankungen 45 5, 7; 46 1; Begriff 45 1; 49 9; Bestandsschutz 46 33; Entgeltfortzahlung im Krankheitsfall 46 25; Feiertagsvergütung 46 26; Feinanpassung 46 3 ff., 11, 16, 19 ff.; Freizeitausgleich 46 17; Freizeitperioden 46 30; 50 167; Jahresdeputat 45 5; 46 3; Konsensprinzip 44 19; 45 5 f.; 46 3 ff.; 49 9;

1629

Sachverzeichnis

Magere Ziffern = Randnummern

Krankheitszeiten **46** 2, 4; Kurzzeitplanung **46** 19 ff.; Langzeitplanung **45** 5, 7; **46** 3, 5, 10 ff., 32; Leiharbeit **145** 119; Mehrarbeit **46** 18; Planänderung **46** 21; Planungsperioden **46** 6; Teilzeitarbeit **50** 298 f.; Urlaubsanspruch **44** 102; **46** 31 f.; Vergütung **46** 6, 23 f.; **50** 167; Verhinderung, persönliche **46** 27; Verteilungsverfahren **46** 6; Wartezeit **46** 33; Zeitsouveränität **46** 2
Jahresleistungen, 13. Monatsgehalt **66** 1, 8; Abschlussvergütungen **66** 1; anteilige **66** 6 f.; Anwesenheitsprämie **66** 32; arbeitsleistungsbezogene **66** 2, 5, 8 ff., 26 f.; Arbeitsverhältnis, Beendigung **66** 17 ff.; Arbeitsverhältnis, Suspendierung **66** 24; Arbeitsverhältnis, Unterbrechung **66** 24; Auslegung **66** 7 f.; Betriebstreue **66** 2, 8, 16 f., 21, 26 f., 36; mit Bindungswirkung **66** 16 ff., 35; ohne Bindungswirkung **66** 5 ff.; *Kürzungsquote* **66** 13 f.; Fälligkeit **66** 1, 5, 7; Freiwilligkeitsvorbehalt **66** 4; Gleichbehandlungsgrundsatz **66** 4; Kleingratifikationen **66** 32; Kündigung, betriebsbedingte **66** 21 ff., 39 f.; Rechtsgrundlage **66** 4; Rückzahlungsklauseln **66** 35 ff.; *Arbeitgebersphäre* **66** 39; *Arbeitnehmersphäre* **66** 38; *Bruttomonatsentgelt* **66** 43 ff.; *Sockelbetrag* **66** 47; Stichtagsklauseln **66** 3, 11, 18 f., 21, 28; Streitwertfestsetzung **66** 6; Weihnachtsgratifikation **66** 1
Jahressonderzahlung, öffentlicher Dienst **155** 39
Jahresurlaub, Ausscheiden in der ersten Jahreshälfte **88** 8; Ausscheiden in der zweiten Jahreshälfte **88** 9; Grundrechtecharta **85** 34 ff.; ILO-Übereinkommen Nr. 132 **85** 38 ff.; Richtlinie, europäische **12** 35, 40; Vergütung ohne Arbeitsleistung **12** 40; voller **85** 9; **86** 23 f., 28; Zweck **85** 21
Jahreswirtschaftsbericht, Appellfunktion **221** 21
Jeweiligkeitsklausel, Bezugnahme **246** 51
Job Pairing, Eigengruppe **45** 81; Kündigung **45** 125
Job-Sharing, *s. a. Arbeitsplatzteilung*; Betriebsgruppe **144** 7 f.; Gestattung **40** 11; Vertretungspflicht **40** 11
Jobbörse, Arbeitsvermittlung **29** 16; Unentgeltlichkeit **29** 39
Journalisten, Arbeitnehmer **167** 8; arbeitnehmerähnliche freie Mitarbeiter **167** 9; Arbeitsverhältnisse **167** 4 ff.; freie Mitarbeiter **167** 8, 10 f.; Gesinnungsschutz **167** 27 f.; Gewissensschutz **167** 27 f.; Medienarbeitsrecht **167** 7; Urhebervergütungsrecht **167** 31
Jubiläumszuwendung, Anwartschaft **63** 35; betriebliche Altersversorgung **202** 109; Gleichbehandlungsgrundsatz **14** 16
Jugend- und Auszubildendenversammlung, Anträge, Unterbreitung **304** 17; Arbeitsentgelt **304** 18 f.; Arbeitszeit **304** 13; Aufgaben **304** 1; Auslagenerstattung **304** 19; Durchführung **304** 11 ff., 19; Einberufung **304** 1 f., 6 f., 19; Einladung **304** 7; Einvernehmen des Betriebsrats **304** 3; Hilfsfunktion **304** 2; Leitung **304** 14; Rechtsstellung **304** 2; Stellungnahmen **304** 17; Streitigkeiten **304** 19; Teilnahmerecht **304** 8 ff.; Themen **304** 15 ff.; Vollversammlung **304** 12; Zeitpunkt **304** 4 f., 13
Jugend- und Auszubildendenvertretung, Altersgrenze **303** 91; Amtsniederlegung **303** 90; Amtszeit **303** 86 ff., 94; Anregungen, Entgegennahme **303** 38 f.; Antragsrecht **303** 34 f.; Arbeitnehmer, jugendliche **303** 4 ff.; Arbeitsverhältnis, Beendigung **303** 90; Arbeitsversäumnis **303** 94; Aufgaben **303** 38 f., 94; Auflösung **303** 90; Aufsuchen der Arbeitnehmer **303** 41; Ausschluss von Mitgliedern **303** 67a; Ausschluss von Vertretern **303** 90; Ausschüsse **303** 53 f., 58, 67a; Auszubildende **129** 24 ff.; *Übernahme* **303** 84; Begünstigungsverbot **303** 82; Benachteiligungsverbot **303** 82; zu ihrer Berufsbildung Beschäftigte **303** 4 f.; Beschlussaussetzung **303** 94; Beschlussfassung **303** 56 ff., 61, 65a; betriebliche **303** 2; Betriebsausschuss **303** 65; Betriebsrat, bestehender **303** 7; Betriebsratssitzungen **294** 22, 35 f.; **303** 46 ff.; *Anträge* **303** 48; *Ladung* **294** 35, 92; **303** 52; *Teilnahmerecht* **294** 13, 35; **303** 49 ff.; *Vorberatung* **303** 47; Betriebsverfassung **303** 1; Bildungsveranstaltungen **303** 78 ff., 94; **308** 14; Doppelmitgliedschaft **303** 92; Ehrenamt **303** 77; Entgeltschutz **303** 81; Errichtung **303** 3 ff., 94; Ersatzmitglieder des Betriebsrats **303** 93; Ersatzmitglieder, Nachrücken **303** 67a; Freistellung **303** 94; Geheimhaltungspflicht **303** 85; Geschäftsführung **303** 67, 94; Geschäftsordnung **303** 67a; Gleichstellung **303** 36; Hilfsorgan des Betriebsrats **303** 1; Integration ausländischer Arbeitnehmer **303** 40; Kompetenzen **303** 33, 94; Kostentragung **303** 67a; Kündigung, außerordentliche **124** 106; **127** 2, 33, 37 f., 42 f.; *wichtiger Grund* **127** 39 f.; Kündigungsschutz **303** 30, 83, 94; Kündigungsschutz, besonderer **127** 1, 3 f., 7, 10, 19, 33 f.; *Nachwirkung* **127** 28 f., 32; Kündigungsverbot **110** 55; Mitgliederzahl **303** 16; Mitgliedschaft, Erlöschen **303** 90 f.; Option auf Begründung eines Arbeitsverhältnisses **22** 55 f.; Organisation **303** 2, 67, 94; Praktikanten **303** 5; Rechtsstellung **303** 1; Rederecht **303** 55, 66; Schulungsveranstaltungen **303** 78 ff., 94; **308** 14; Sitzungen **303** 68 ff.; Sitzungsniederschrift **303** 71; Sprechstunden **303** 72 f.; *Teilnahmerecht* **294** 132 f.; Stimmrecht **194** 1; **294** 75, 80, 92; **303** 14, 55 f.; Streitigkeiten **303** 94; Streitschutz **303** 81; Teilnahmerecht **194** 1; Teilnahmerecht an Besprechungen Betriebsrat/Arbeitgeber **303** 62 ff.; Überwachungsaufgabe **303** 37; Umlageverbot **303** 67a; Umschüler **303** 5; Unterlagen, Zurverfügungstellung **303** 44 f.; Unterrichtung durch Betriebsrat **303** 42 f.; Verhinderung **294** 36; Versetzung von Mitgliedern **127** 14 ff.; Vetorecht **294** 99; Volontäre **303** 5; Vorsitzender **303** 67a; Stellvertreter **303** 67a; Wahl **303** 3, 19 ff., 27 ff., 94; *geheime* **303** 28; *Mehrheitswahl* **303** 28; *unmittelbare* **303** 28; *Verhältniswahl* **303** 28; Wahlanfechtung **303** 32; Wahlausschreiben **303** 17; Wählerliste **303** 11, 15; Wahlkosten **303** 31; Wahlrecht, aktives **303** 7; *Betriebszugehörigkeit* **303** 10; Wahlrecht, passives **303** 12 ff.; *Ersetzung* **303** 26; Wahlschutz **303** 29 f.; Wahlvorstand **303** 21 ff.; Wirtschaftsausschuss **307** 92; Zusammensetzung **303** 18
Jugendarbeit, Sonderurlaub **90** 30 f.
Jugendarbeitsschutz, Akkordarbeit **32** 3, 20; Altersdiskriminierung **194** 3; Arbeitgeber **194** 9; Arbeitnehmer **194** 14; Arbeitnehmerschutzrecht **4** 12, 15; Arbeitsgestaltung, menschengerechte **196** 65; Arbeitsvertragsstatut **13** 124; Arbeitszeit **12** 36; **196** 1 ff.; Arbeitszeitbegrenzung **32** 19; Aufsichtsbehörde **32** 17; **197** 14 ff.; Ausbildungszwecke **32** 20; Aushänge **197** 9 f.; Auskunftspflicht des Arbeitgebers **197** 12 f.; Auslandstätigkeit **13** 124; Ausschüsse für Jugendarbeitsschutz **197** 16 f.; Berufsausbildung **194** 12; ähnliches Ausbildungsverhältnis **194** 13; Beschäftigung **194** 14 ff.; Beschäftigungsverbot **32** 6, 14 ff.; *Erkundigungspflicht* **197** 19; Dienstleistungen **194** 15; EG-Richtlinien **173** 31; **174** 3; Erreichbarkeit, ständige **196** 30; Existenzschutz **194** 10, 17, 20; Familienhaushalt **194** 16; Gefährdungsbeurteilung **196** 66; gefährliche Arbeiten **32** 20; Geltungsbereich, persönlicher **194** 5 ff.; Geltungsbereich, sachlicher **194** 10 ff.; Heimarbeit **194**

1630

14; Hilfeleistungen, geringfügige gelegentliche **194** 17 ff.; **195** 10; Jugendliche **194** 8; **196** 1 ff.; Kinder **194** 5 f., 8; **195** 1 ff.; Musikaufführung **32** 16; öffentlich-rechtlicher Arbeitsschutz **194** 1; Ordnungswidrigkeiten **194** 1; **197** 18; Qualifikation des Arbeitgebers **32** 21 ff.; *Mitarbeiter, beauftragte* **32** 23; Rechtsverordnungen **196** 49; Straftaten **194** 1; **197** 18; tarifliche Regelungen **196** 43 ff.; Territorialitätsprinzip **194** 4; Theatervorstellung **32** 16; Transformation öffentlich-rechtlicher Arbeitsschutzvorschriften **175** 10 ff.; Vermarktung der Tätigkeit **194** 16; Vertragspflichten **194** 2; Verzeichnis beschäftigter Jugendlicher **197** 11, 13; Vollzeitschulpflicht **194** 6; **196** 7; Zusatzurlaub **13** 118

Jugendfreiwilligendienst, Jugendarbeitsschutz **194** 5; Mutterschutz **189** 9; Rechtsverhältnis, öffentlich-rechtliches **157** 7

Jugendherberge, Ruhezeitverkürzung **183** 9

Jugendliche, Akkordarbeit **196** 62 f.; alkoholische Getränke **196** 68; Arbeitstempo **196** 62 f.; Arbeitszeit **196** 1 ff.; *Betriebsvereinbarung* **196** 43, 47; *Notfälle* **196** 42; *tarifliche Regelungen* **196** 43 ff.; *Verlängerung* **196** 45; Arbeitszeithöchstdauer **182** 47; Bereitschaftsdienste **196** 1; Beschäftigungsverbot **32** 3; **196** 50 ff.; Betreuung, betriebsärztliche **196** 61; Betreuung, gesundheitliche **197** 1 ff.; Betreuung, sicherheitstechnische **196** 61; Beurteilung **39** 41; Feiertagsarbeit **196** 49; Feiertagsruhe **196** 36 f.; Freizeit, tägliche **196** 29, 31; Fünf-Tage-Woche **196** 35; gefährliche Arbeiten **196** 50 ff.; Biostoffe **196** 56, 60; *Erschütterungen* **196** 54; *Fachkundiger* **196** 58; *Gefahrstoffe* **196** 56, 59; *Hitze* **196** 53; *Kälte* **196** 53; *Lärm* **196** 54; *Lasten* **196** 50; *Luftgrenzwert* **196** 59; *Nässe* **196** 53; *Strahlen* **196** 54 f.; *Unfallgefahren* **196** 52; häusliche Gemeinschaft, Aufnahme in die **196** 68; Jugendarbeitsschutz **194** 7 f.; Leistungsfähigkeit **196** 50; Mehrarbeit **196** 42; Nachtarbeit **196** 49; Nachtruhe **196** 31 ff.; Rauchwaren, nikotinfreie **196** 68; Rufbereitschaft **196** 1; Ruhepausen **196** 1, 23 ff., 45; Samstagsarbeit **196** 46; Samstagsruhe **196** 36; Schichtzeit **196** 27 f.; sittliche Gefährdung **196** 51, 68; Sonntagsarbeit **196** 49; Sonntagsruhe **196** 36 f.; Tabakwaren **196** 68; Untersuchung, ärztliche **197** 1 ff.; *Bescheinigungen* **197** 7; Unterweisungen **196** 67; Urlaub **196** 39 ff.; Wegezeiten **196** 1; Züchtigungsverbot **196** 68

Jugendpflege, Sonderurlaub **90** 30 f.

Jugendurlaub, Berufsschulzeiten **89** 3; Erholungsurlaub **89** 1 ff.

Juniorprofessur, Arbeitsverhältnisse, befristete **104** 2

Junk-Entscheidung, Richterrecht **6** 33, 37

Juristische Person, Arbeitgebereigenschaft, gesetzliche Vertretung **36** 54 ff.; Arbeitgeberfunktion **23** 10, 19; **36** 15; *betriebliche Altersversorgung* **202** 18; ausländische **218** 43; Dienstleistungspflicht **36** 17; Geschäftsfähigkeit, Anknüpfung **13** 64; Grundrechtsfähigkeit **224** 1; Kündigungserklärungen **108** 14; Mitgliedsfähigkeit **224** 1; Rechtsfähigkeit, Anknüpfung **13** 64; Sitz in EU-Mitgliedstaat **218** 44

Juristische Person des öffentlichen Rechts, Grundrechtsfähigkeit **218** 39 f.

Just-in-time-Produktion, Personalplanung **28** 19; Streik **265** 5

Kalenderjahr, Normung **182** 4

Kalendermonat, Normung **182** 4

Kalendertag, Normung **182** 4

Kalenderwoche, Normung **182** 4

Kammern, Koalitionseigenschaft **218** 59; Staatskonkurrenz gegenüber Koalitionen **218** 97

Kampagnebetriebe, Arbeitsanfall, periodischer **103** 42, 44; Arbeitszeitverlängerungen **186** 20; Begriff **112** 29; betriebliche Altersversorgung **207** 91; Kündigung, betriebsbedingte **115** 70; Kündigungsschutz **112** 29; Massenentlassungen **121** 3, 35

Kampfbeschluss, Folgepflicht **224** 31, 38; Streikvoraussetzung **265** 7; **272** 35; Urabstimmung **224** 38; **232** 19

Kampffreiheit, Arbeitskampf **224** 34

Kampfparität, Arbeitskampf **272** 55 ff.; **276** 50 f.; Chancengleichheit **272** 58; Neutralitätswahrung **220** 57 f.; Übermaßverbot **272** 55

Kampfverbot, Betriebsversammlung **298** 18

Kantinen, Betriebsnormen **240** 12; Ruhezeitverkürzung **183** 9

Kapitalgesellschaften, Arbeitgebereigenschaft **23** 20

Kapitän, Arbeitgeberfunktion **309** 17; Arbeitnehmereigenschaft **309** 17; Arbeitsrecht **163** 9; Begriff **163** 24; Bordverfassung **309** 17; Landbetrieb, Zuordnung zum **311** 177, 179; leitender Angestellter, Zuordnung **309** 20; **311** 177 f.; Weisungsbefugnis **309** 16

Kapovaz-Modell, Personaleinsatzplanung **28** 26; **40** 98

Karenzentschädigung, AGB-Kontrolle **140** 77; Anrechnung anderweitigen Erwerbs **140** 87 ff.; Anrechnung von Zahlungsverpflichtungen **140** 84; Auskunftsanspruch **140** 94 ff.; Ausschlussklauseln **140** 86; Berechnung **140** 80 ff.; Einmalzahlungen **140** 100; Einrede der Nichterfüllung **140** 100; Fälligkeit **140** 85; Fehlen einer Zusage **140** 40, 75; Höhe **140** 75, 77 ff.; Kürzung **140** 94; Mindestgrenze **140** 75, 84; Pfändungsschutz **74** 92; Ruhen **140** 67; Tarifsteigerungen **140** 82; Unmöglichkeit des Wettbewerbs **140** 67; Vergütungsbestandteile, feste **140** 81; Vergütungsbestandteile, variable **140** 83; Verjährung **140** 86; Verzicht auf Wettbewerbsverbot **140** 65; Wettbewerbsverbot, nachvertragliches; *s. dort*; Zahlungszusage **140** 75 ff.

Karneval, Kostümierung **55** 29

Kartellrecht, Kollektivverträge **221** 6 ff.; Tarifvertrag **221** 13; **227** 21; **231** 22 ff.; **253** 4

Kartellverbot, AEUV **221** 10 ff., 14; **227** 21; Freistellungskontrolle **221** 11 f.; Günstigkeitsprinzip **253** 4; GWB **221** 13, 14; Koalitionsfreiheit **221** 6; Verhaltensabstimmung **221** 14 ff.

Karzinogene, Arbeitsschutz **12** 44; Einzelrichtlinie **173** 27

Kaskoversicherung, Versicherungsobliegenheit des Arbeitgebers **57** 54

Kassen, anvertraute, Arbeitsverhältnis **55** 3

Kassenverantwortung, Mankoabreden **57** 74

Katastrophenschutzdienst, Freistellungsanspruch **5** 9; Kündigungsverbot **109** 52

Katholische Kirche, *s. a. Kirchen*; Arbeitsgerichte, staatliche **162** 1; Arbeitsschutzrecht **174** 69; Arbeitsverhältnisse **158** 62 ff.; Beamtenverhältnisse, kirchliche **158** 23 f.; Bistümer **158** 54; Bistums-/Regional-KODA **161** 10 ff., 16; Deutsche Bischofskonferenz **158** 36, 62; Dienstrecht **158** 49; Dienstverfassung **158** 20; Dienstverhältnisse **158** 23 f.; Diözesen **158** 54; Dritter Weg **161** 9; **162** 14; Ehescheidung **158** 62; Erzbistümer **158** 54; Gesetzgebungsbefugnis **158** 54, 63; **162** 13; Grundordnung des kirchlichen Dienstes **158** 62 ff.; **161** 9; **162** 12; *kollektives Arbeitsrecht* **158**

Sachverzeichnis

65; *Loyalitätsobliegenheiten* **158** 65; *Rechtsschutz, gerichtlicher* **158** 65; Kirchengerichtsbarkeit **162** 12 ff.; Kirchenrecht **158** 49 f.; Kirchliche Arbeitsgerichte erster Instanz **162** 14 ff.; Kirchliche Arbeitsgerichtsordnung **162** 13 ff.; *Auslagen* **162** 23; *Gebührenfreiheit* **162** 23; *Klageerhebung* **162** 21; *Prozessvertretung* **162** 22; *Rechtszug, erster* **162** 20 ff.; *Rechtszug, zweiter* **162** 24 f.; *Revision* **162** 24 f.; *Urteilsverfahren* **162** 20; *Verfahren* **162** 20 ff.; *Verfahrensbeteiligte* **162** 21; *Vollstreckung* **162** 26 f.; *Zuständigkeit* **162** 14; Kirchlicher Arbeitsgerichtshof **162** 14, 17 ff.; kirchlicher Dienst **159** 10 f.; *s. a. dort*; Koalitionsbetätigung **160** 21; Koalitionsfreiheit **160** 7 ff.; KODA-Regelungen **161** 9 ff.; Kündigungsgrund **159** 28 ff.; Laienmitwirkung **158** 49; Lebenspartnerschaften, gleichgeschlechtliche **158** 62; Loyalitätsobliegenheiten **159** 20 f.; Loyalitätspflichten **116** 45 ff.; Loyalitätsverstoß **159** 28 ff.; *Stellungnahme der zentralen Stelle* **159** 29; MAVO **162** 5, 14; Pfarrerdienstverhältnis **158** 21; Priester **158** 21; Rahmen-KODA-Ordnung **158** 10, 15, 16; Weltkirche **158** 37; **162** 13; Wiederverheiratung **158** 62; Zentral-KODA **161** 10

Kauffahrteischiffe, Arbeitszeitrecht **182** 59; Begriff **163** 5; Seearbeitsgesetz **19** 23

Kaufmann, Dienstleistungen **19** 75; Versorgungszusage **202** 4

Kaufpreisrenten, betriebliche Altersversorgung **202** 109

Kettenarbeitsvertrag, Befristungskontrolle **103** 140

Keylogger, Überwachung, verdeckte **130** 104

Kfz-Pauschale, Zweckbindung **93** 31

Kilometerpauschale, Zweckbindung **93** 31

Kinder, Altersgrenze **195** 5 f., 14; Arbeitstherapie **195** 2 ff.; Arbeitsverhältnis **195** 2; Aufführungen **195** 12; Ausnahmebewilligungen **195** 9 ff.; Berufsausbildungsverhältnis **36** 26; **195** 15; Beschäftigte, zulässige **195** 2 ff.; Beschäftigungstherapie **195** 2 ff.; Beschäftigungsverbot **36** 26; **195** 1; Betriebspraktikum **195** 2 ff.; Dienstleistungen **19** 65; Ferienbeschäftigung **195** 8; Filmaufnahmen **195** 12; Fotoaufnahmen **195** 12; Jugendarbeitsschutz **194** 5 f., 8; kirchliche Veranstaltungen **195** 10; Musikaufführungen **195** 11; Rundfunkaufnahmen **195** 12; Schulveranstaltungen **195** 10; Theatervorstellungen **195** 11; Vereinsveranstaltungen **195** 10; Vollzeitschulpflicht **195** 14 f.; Weisung, richterliche **195** 2 ff.; Werbeveranstaltungen **195** 12

Kinder, Erkrankung, Freistellungsanspruch **41** 7 f.; **193** 31

Kinderarbeit, Abschlussverbote **32** 1, 4; Arbeitszeithöchstdauer **182** 47; Bekämpfung **2** 7; **195** 20; Beschäftigungsverbote **32** 15; Kinderarbeitsschutzverordnung **195** 7, 16 ff.; Ordnungswidrigkeiten **195** 19; Strafvorschriften **195** 19

Kindergarten, Einrichtungen, kirchliche **158** 40, 51; Gemeinsame Einrichtungen **242** 17

Kindergeld, Tarifvertrag, drittbegünstigender **236** 25

Kinderheime, Ruhezeitverkürzung **183** 8, 15 f.

Kinderpflegekrankengeld, Betreuung erkrankter Kinder **77** 11

Kindertageseinrichtung, Diskriminierungsschutz durch AGG **16** 103

Kirchen, Achtungs- und Schonungsgebot **158** 8; Ämterhoheit **158** 20; Ämterorganisation **158** 20 ff., 26; Arbeitsmenge **40** 88; Arbeitsrecht **158** 49 ff.; **159** 4 ff.; Arbeitsverhältnisse **19** 30; **158** 52, 60 f.; Arbeitszeitregelungen **182** 82; Beamtenverhältnisse **19** 29; Behörden **158** 36; Betriebsverfassung **158** 61; Dienstherrnfähigkeit **158** 23 f.; Dienststellen **158** 36; Dienstverfassung **158** 20; Dienstverhältnisse **158** 52; Dritter Weg **40** 88; **160** 14, 18, 19 f.; **161** 1 f.; *Interessenvertretung, kollektive* **226** 5; Kommissionsmodell **160** 19; **161** 1; Pflegebereich **215** 39; **249** 27; Tarifautonomie **218** 90; Tarifmacht **236** 17; Tarifvertrag, allgemeinverbindlicher **248** 41; Erster Weg **161** 1; Finanzhoheit **158** 25; Fragerecht des Arbeitgebers **33** 104; Grundrechtsfähigkeit **218** 39; Insolvenzunfähigkeit **158** 25; **202** 129; Jugendarbeitsschutz **196** 48; Kirchenautonomie **103** 63; Kirchenverwaltung **158** 51; Koalitionsbetätigung, Einschränkung **220** 91; kollektives Arbeitsrecht **160** 1; Körperschaften des öffentlichen Rechts **158** 3 f., 36, 52; Kündigungsrecht **116** 1 ff.; Massenentlassungsschutz **121** 40; MAVO/MVG **162** 1; Mitarbeiter, kirchliche **19** 29 ff.; Mitarbeitervertretungsrecht **240** 28; **284** 21; Mitbestimmungsrecht **158** 16; *Arbeitsschutzrecht* **174** 68 f.; *Gefährdungsbeurteilung* **174** 68; Ordnungsbefugnis **158** 28; Personalhoheit **158** 20; Privatautonomie **158** 27, 30; Rechtskontrolle, kircheneigene **162** 5; Regelungsautonomie **6** 13; **19** 31; **158** 36; **160** 1; Regelungsbefugnis **160** 1, 4; Selbstbestimmungsrecht **23** 9; **116** 3, 11, 13; **158** 4 ff., 26 ff.; **159** 1 f.; **160** 3; *Schrankenvorbehalt* **158** 30 ff.; **159** 1; Selbstverwaltungsgarantie **116** 2; Selbstverwaltungsrecht **218** 90; Transzendenzschutz **158** 14, 17, 29; Unionsrecht **158** 8 ff.; **159** 2; verfasste Kirche **158** 36 f.; Verfassungsgarantie; *s. Selbstbestimmungsrecht*; Wohlfahrtspflege **158** 51; Zweiter Weg **160** 14, 21; **161** 1

Kirchenaustritt, Kündigungsgrund **159** 33

Kirchenautonomie, EU-Richtlinien **158** 15 ff.; Grundgesetz **158** 3 f.; kollektives Arbeitsrecht **160** 1, 12

Kirchensteuer, Abführungspflicht des Arbeitgebers **62** 27 f.; Finanzhoheit **158** 25

Kirchliche Einrichtungen, Betriebserwerb **159** 36 f.; Betriebsinhaberwechsel **159** 34 ff.; *Umwandlungsgesetz* **159** 34; Caritas **116** 9; *s. a. dort*; Diakonie **116** 9; *s. a. dort*; Gewinnerzielung **158** 43; Grundfunktion, kirchliche **158** 40, 42, 44; Insolvenzfähigkeit **158** 25; karitative Tätigkeit **158** 40, 44; Kindererziehung, schulische **158** 40; Kindererziehung, vorschulische **158** 40; Kindertagesstätten **116** 35; Krankenhäuser **158** 40, 45 f., 51; Krankenpflege **158** 40; Kündigungen **116** 1, 3; Kündigungsschutz **116** 1; Loyalitätserwartungen **116** 4, 12; Mischträgermodell **158** 46; Öffentlichkeitsarbeit **158** 41; ökumenisch **158** 48; Schulen **116** 36; Selbstverwaltungsgarantie **116** 2; Service-GmbH **158** 44; Tarifautonomie **160** 14; Tariffähigkeit **160** 14; Ungleichbehandlung **116** 21; Verselbständigung **158** 38 ff.; Versorgungseinrichtungen **158** 42; Verwaltungsaufgaben **116** 39; Zuordnung, institutionelle **158** 45 ff.

Kirchlicher Dienst, Allgemeines Gleichbehandlungsgesetz **159** 2; Angelegenheiten, eigene **158** 26 ff.; Arbeitsgerichte, Zuständigkeit **159** 31; **162** 1 ff.; *Inzidentkontrolle* **162** 3 f.; *Vorfragenkompetenz* **162** 3; Arbeitskampf **160** 15 ff.; *Schlichtungsverfahren* **160** 17 f.; Arbeitspflicht **159** 14; Arbeitsschutz, betrieblicher **176** 7; Arbeitsverhältnisse, befristete **103** 63; Arbeitsverträge **158** 29; **159** 14; Arbeitsvertragsordnungen **161** 18 f.; *Inhaltskontrolle* **161** 19; ärztliches Personal **116** 34; Aussperrung **160** 15 ff.; Befristungen **159** 23; Betriebsübergang **142** 154; Betriebsverfassung, kircheneigene **158** 61; Dienstgemeinschaft **158** 29, 44, 47, 55 ff.; **159** 3, 9; **160** 12, 15; *Legaldefinition* **158** 65; Dritter Weg **158** 32; Ehescheidung **158** 62; Eignung

Sachverzeichnis

159 9; Glaubenskonflikt 113 116; Individualarbeitsrecht 158 60; Kirchenaustritt 159 33; Kirchenautonomie 158 26 ff.; Kirchenklauseln 161 20 f.; Koalitionsbetätigung 160 11 f., 20 ff.; *Gewerkschaftsbetätigung* 160 21; *Zutrittsrecht* 160 22; Koalitionsfreiheit 160 2 ff., 8 ff.; *Individualgrundrecht* 160 5 ff.; *kollektive* 160 11 ff.; *Untermaßverbot* 160 4, 18; Kollektivarbeitsrecht 158 60; Kündigung, außerordentliche 159 23; Kündigung, ordentliche 159 23; Kündigungen 109 72 ff.; 116 1 ff.; 159 23; *Ehebruch* 116 60 f.; 159 32; *Eherecht* 159 32; *Homosexualität* 116 57; *Interessenabwägung* 116 11 ff., 56; *Kirchenaustritt* 116 58 f.; 159 33; *Kopftuch* 116 65 ff.; *Lebenspartnerschaft* 116 57; *Schwangerschaftsabbruch* 116 68; *sexuelle Handlungen* 116 63; *Werbung für andere Glaubensgemeinschaft* 116 64; *Wiederheirat* 116 62; Kündigungsgrund 159 25 ff.; Kündigungsrecht 159 23 ff.; Kündigungsschutz 159 23; Leiharbeit 158 44; Leistungstreuepflicht 159 15; Loyalitätsobliegenheiten 158 61, 65; 159 3, 15 f.; 162 4; Loyalitätspflichten 116 1 ff., 5 ff., 38 ff.; *evangelische Kirche* 116 44; *katholische Kirche* 116 44; *Prüfungsabfolge* 116 51 ff.; *Unionsrecht* 116 15 ff., 34; Loyalitätsverstoß 159 25 ff.; Massenentlassungen 121 93; Öffnungsklauseln 161 20 f.; Ordnung des kirchlichen Dienstes 158 26 ff.; Ordnungsbefugnis 158 28; Personalauswahl 159 8 ff.; Persönlichkeitsrecht des Arbeitnehmers 94 24; Pflegekräfte 116 34; Privatautonomie 158 27; 159 1; Schiedsstellen 162 7; Schlichtungsstelle, kirchliche 162 2, 7; Streik 160 15 ff.; Tarifdispositivität 161 20 f.; Tätigkeit, patientennahe 116 34; Tätigkeit, verkündungsnahe 116 6 ff., 34; Teilzeitarbeit 159 23; Tendenzträger 109 72 ff.; Unionsrecht 158 18 f.; Wiederheirat 113 116; Zölibatsklausel 7 61; 55 49

Klageverzicht, tarifliche Rechte 254 18

Klageverzichtsvereinbarung, Auflösungsvertrag 135 1

Klagezulassung, nachträgliche, s. *Kündigungsschutzklage*

Klassenrecht, Arbeitsverhältnis 3 18, 20, 24

Kleiderordnung, s. *Bekleidungsvorschriften*; Betriebsnormen 240 11

Kleidung, Lebensführung, private 93 42; Sicherungsmaßnahmen 93 19

Kleinarbeitgeber, Allgemeines Gleichbehandlungsgesetz 16 33

Kleinbetrieb, Arbeitsschutz, Dokumentationspflicht 176 27; Befristung 103 26; Betriebsbegriff 24 33 f.; Betriebsratswahlen 291 176, 179, 246 ff.; Brandbekämpfung 178 61 f.; Entgeltumwandlung, Anspruch auf 204 14; Erste Hilfe 178 61 f.; Evakuierung der Beschäftigten 178 61 f.; Jugend- und Auszubildendenvertretung 303 27; Kündigung, ordentliche 110 2; Kündigungsfrist 109 29; Kündigungsschutz 50 290 ff.; 109 5 ff., 76; 110 2, 13 ff.; 112 37 ff.; *Diskriminierungsschutz* 110 26; *venire contra factum proprium* 109 76; Unterrichtung der Arbeitnehmer 307 7

Kleinbetriebsklausel, Europarecht 112 39; Kündigungsschutz 24 16; 112 37 ff.; Verfassungsmäßigkeit 110 13 ff.; 112 37 ff.

Kleinstbetrieb, im Ausland 284 29; Zuordnung zum Hauptbetrieb 284 7

Klöster, Regelungsautonomie 158 37

Knappschaftsrecht, Arbeitsrecht 19 20

Know-how, Betriebsübergang 142 69

Koalitionen, ad-hoc-Koalitionen 218 57; AGG-Kontrolle 220 18; Arbeitgeber 218 42; Arbeits- und Wirtschaftsbedingungen 223 19; Arbeitskampfprivileg 218 73; Arbeitsverhältnisse, befristete 103 64; Arbeitsverträge der Mitglieder 220 62; Aufbau 223 23; Aufnahmeanspruch 224 7; Aufnahmesperre 219 12; ausländische 220 33; Ausschluss 224 7; Austritt 218;59; Austrittsaufrufe 220 12; Austrittsrecht 224 5, 51; Beamtenkoalitionen 220 67 ff., 115; Begriff 7 68; Beihilfeverbot 218 69; Beiräte 223 22; Beitragspflichten 224 26 f.; Beratungsrechte 222 48; Berufsprinzip 223 21; Berufsverbandsprinzip 220 16; Berufsverbandsrecht 215 3; Beschlussfassung 224 58; Bestandsschutz 220 5 ff.; Betätigungsfreiheit 224 40 f.; Betätigungsgarantie 218 4; 220 28 ff., 34 ff.; Bildungsveranstaltungen 220 75; Bleibeentscheidung 218 59; Collective Governance 218 66; Dachverbände 223 7, 23; Erfolgsgarantie 220 14; Existenzgarantie 218 4; 220 1 ff.; Fernbleiberecht 219 25 ff.; Folgepflicht 224 30 f.; *Rechtmäßigkeit der Kampfmaßnahmen* 224 35 ff.; Freiwilligkeit 218 59; 220 6; Gastmitgliedschaft 218 60; 223 32; 224 2; Gefolgschaft 224 60; Gegenmachtprinzip 218 63 f.; Gegnerfreiheit 220 6; 221 2; Gegnerunabhängigkeit 218 60 ff.; 220 77; Gesetzgebungskompetenz 217 7 f.; Gleichbehandlungsgrundsatz 224 19; Grundrechtsschutz 218 14, 55 f.; Gründung 220 2; Grundvermögen 223 33; Harmonieverbände 218 60; Indienstnahme des sozialen Gegenspielers, Verbot 220 77; Industrieverbandsprinzip 220 16; 222 26 ff.; 223 21; Insolvenz 224 27; Insolvenzfähigkeit 223 46; Kartellverbot 218 52; Koalitionsfähigkeit 218 42; Koalitionsfreiheit 218 4, 42; *kollektive* 220 1 ff.; kollektives Arbeitsrecht 4 19; Kommissionen 223 22; Loyalitätspflichten 224 40 f.; Mandat, allgemeinpolitisches 218 25; Mitgliederbetreuung 220 74 ff., 77 f.; Mitgliederversammlung 223 22; Mitgliederwechsel 220 19; Mitgliederwerbung 220 81 ff.; Mitgliedschaft 223 21; 224 1 ff.; *Aufhebungsvertrag* 224 6; *formale* 218 60; *ruhende* 218 60; Mitgliedschaftsrechte, Verletzung 224 48 ff.; Mitwirkungspflicht 220 81 ff.; Mitwirkungsrechte der Mitglieder 224 30; Namensrecht 220 30; Namensschutz 223 34; negative 224 5; Normsetzungsbefugnis 215 35; Organe 220 20 f.; Organisation, demokratische 218 70; Organisation, fehlerhafte 218 72 ff.; Organisationsautonomie 218 4; Organisationseinheiten 220 25 ff.; OT-Mitgliedschaft 220 17, 26; 223 32; Parteifähigkeit 220 29; 223 41 ff.; Postulationsfähigkeit 223 45; Prozessfähigkeit 220 29; 223 44; Prozessrecht 220 29; Prozessvertretung 218 93; 220 76; Prozessvertretungsbefugnis 220 108; Rechtsberatung 218 93; 220 76; 223 19; Rechtsfähigkeit 220 29; 223 33; Rechtsform 219 2; 220 19, 29; 223 1 ff.; Rechtsgeschäfte 223 37; Rechtsgeschäftsfähigkeit 220 29; Rechtsschutzgarantie 218 27; Registrierung 220 19; Repräsentativorgane 220 62; Sanktionen gegen Mitglieder 224 42 ff.; *Rechtsschutz* 224 54 ff.; Satzungen 223 19; 224 10 ff.; *Billigkeitskontrolle* 220 23; *Inhaltskontrolle* 224 11; *Treu und Glauben* 224 11; Satzungskontrolle 220 18; Satzungsverlangen 224 61; Schuldverträge 220 62 f.; Sonderleistungen 224 25; Sonderrechte 218 93 f.; Spitzenorganisationen 220 4; Staatsunabhängigkeit 218 69; Steuerbefreiungen 218 93; Steuerrecht 220 31; Steuervorteile 218 93; Stimmrechte der Mitglieder 224 10 f.; den Strafgesetzen zuwiderlaufende Tätigkeit 218 45 ff.; den Strafgesetzen zuwiderlaufende Zwecksetzung 218 45 ff.; Tarifautonomie 220 34 ff.; Tariffähigkeit 218 73; 219 3; 220 19; 232 12 ff.; *Organisation, demokratische* 218 70; 220 21; 224 12; *Wegfall* 260 59; Tarifwilligkeit 223

Sachverzeichnis

Magere Ziffern = Randnummern

19; **232** 36 ff.; Überbetrieblichkeit **218** 65; **219** 2; **232** 35; Unabhängigkeit **218** 67 ff.; **220** 6, 8, 14; Untergliederungen **223** 7, 23; *Tariffähigkeit* **232** 56 ff.; Unternehmen, beherrschende **223** 40; Unterstützungszahlungen **224** 59; Verbände, mächtige **224** 19, 25; Verbändegesetz **220** 23; Verbot **218** 53 f., 77; **220** 9; Vereinigungen **218** 57; Vereinigungsfreiheit **218** 13; Vereinsrecht **217** 2; Vereinszweckänderung **224** 13; Vermögensverwaltung **223** 25; Verschmelzung **220** 3; *Universalsukzession* **220** 3; Vertrauensschutz **218** 95; Vollmitgliedschaft **220** 17; **224** 2; Vollversammlung **220** 20; Vorstand **223** 22; Wettbewerbsrecht **220** 97 f.; Willensbildung **220** 20; *organisierte* **218** 58; Zulassungsschranken **218** 45; Ordnung, verfassungsmäßige **218** 45, 49; *Völkerverständigung* **218** 45, 50; Zwangsfusion **220** 11; Zwangsverbände **220** 6, 102; *öffentlichrechtliche* **218** 59; Zwangsvollstreckung **223** 46; Zweckautonomie **220** 18; Zwei-Verbände-Modell **220** 26; **223** 1

Koalitionsbeitritt, Koalitionsfreiheit **219** 6 ff.

Koalitionsbetätigung, Arbeitgeberverbandsmitgliedschaft, Hinweis auf **219** 15; Arbeitsbefreiung **219** 17; Arbeitskampfgarantie **219** 19; **220** 44 ff.; *Ausgestaltungsspielraum des Staates* **220** 53; Ausgestaltung **218** 77, 79 ff., 88 f., 95; Berufsfreiheit **220** 47; Bestechungsversuche **220** 120; im Betrieb **289** 3; Branchen **220** 16; Deliktsschutz **220** 120 f.; **223** 35; Duldungsanspruch **220** 123; Eigentumsgarantie **220** 47; Entfaltungsfreiheit, wirtschaftliche **220** 47; Gewerkschaften **220** 44; Gleichheitssatz **218** 92 ff.; Grundrechtseingriff **218** 77 f.; Kernbereich **218** 89 f.; Koalitionsfreiheit **219** 15 ff.; Plakate **220** 124; Plaketten **219** 15; Polizeischutz **220** 124; Prospektverteilung **220** 124; Recht, absolutes **223** 35; Sprecherausschuss **310** 41; Staatskonkurrenz **218** 96 ff.; **220** 102 ff.; Tarifautonomie **220** 67; Tarifvertrag **218** 86; Tarifvorrang **220** 125; Unterlassungsanspruch **223** 35; *quasi-negatorischer* **220** 120; Werbung, unfaire **223** 35; Zwangsvollstreckung **220** 124

Koalitionsfreiheit, Abwehranspruch, öffentlich-rechtlicher **219** 48; Abwehrrecht **218** 74; **219** 1; **220** 1; Allgemeinverbindlichkeit **248** 39; Arbeitgeber **218** 28, 37 f., 44; Arbeitnehmer **218** 28; *ausländische* **218** 43; arbeitnehmerähnliche Personen **218** 29 f.; Arbeitnehmerbegriff **218** 29; Arbeitnehmergrundrecht **218** 20; Arbeits- und Wirtschaftsbedingungen **218** 14 f., 21 ff., 55; **220** 7, 15 f.; **221** 2, 4, 21; *Arbeit, abhängige* **218** 15 ff.; *Tarifverträge* **221** 6; *Zwangsverbände, öffentlichrechtliche* **219** 4; Arbeitskampf **268** 3 ff.; Arbeitskampfgarantie **219** 19; **220** 44 ff.; Arbeitskampfmaßnahmen **272** 1; Arbeitslose **218** 34; Arbeitsverfassung **7** 67; Auflösungsfreiheit **219** 38; Ausgestaltungsvorbehalt **220** 22; ausländische juristische Personen **218** 44; Austrittsfreiheit **219** 35 ff.; *Austrittsgebühren* **219** 36; *Tarifweitergeltung* **219** 37; Auszubildende **218** 32, 33; Beamte **218** 31, 51; Beitrittsfreiheit **219** 6 ff.; *Aufnahmeanspruch* **219** 11; *Aufnahmesperre* **219** 12; Benachteiligungsverbot **15** 2; Betätigungsgarantie **219** 15 f.; **220** 28 ff., 34 ff.; *Umfang* **219** 21; betriebliche Altersversorgung **206** 8, 68; Bipolarität **221** 2, 9; Bündelungstheorie **272** 9, 11, 13; Demokratieprinzip **218** 11, 25; Diskriminierungsverbot **218** 6; **219** 40 ff.; **220** 106, 109 ff.; **221** 24; Doppelgrundrecht **7** 69; **272** 4 f., 10 f., 13; Doppelmitgliedschaft **219** 12; Drittwirkung, unmittelbare **5** 8; **7** 2, 5, 67; **32** 159, 171; **109** 43; **218** 74 f.; **219** 50; **220** 109 f.; Ein-Firmenvertreter

218 29; Eingriffsverbot **218** 5; Einrichtungsgarantie **218** 10; Einstellungsentscheidung **33** 11 f.; EMRK **12** 3 f.; Entscheidungsfindung, freie **218** 66; Europäische Sozialcharta **12** 6; Folgenbeseitigungsanspruch **219** 48; freie Entfaltung der Persönlichkeit **218** 13; freie Mitarbeiter **218** 29; Freiheitsrecht **218** 1, 12; *Privatnützigkeit* **218** 12; Fürsorgepflichtverletzung **219** 49; Gemeinschaftsrecht, ungeschriebenes **217** 16 ff.; Gewährleistung, international-rechtliche **218** 105 ff., 110; Gewerbeordnung des Norddeutschen Bundes **217** 1; Gleichheitssatz **218** 80, 92 ff.; Grundgesetz **217** 7; Grundrecht **6** 4, 12; **7** 67; *Doppelgrundrecht* **7** 69; Grundrecht der Arbeitsverfassung **215** 8, 10; Grundrechtecharta **217** 16, 19; **227** 7; Grundrechtskollisionen **218** 51; Grundrechtsschranken **219** 48; **220** 55, 79; Gründungsfreiheit **219** 1 ff., 38; Heimarbeiter **218** 29; individuelle **218** 76; **219** 1 ff.; **272** 5 ff.; innere **218** 66; Institutsgarantie **218** 10; Interessenverfolgung, gemeinschaftliche **218** 19 f.; kirchlicher Dienst **160** 2 ff., 8 ff.; Koalitionen **218** 42; Koalitionsbetätigung **218** 77 f.; Koalitionsverbote **218** 54; *präventive* **219** 1; Koalitionszweck **220** 15 ff., 106; kollektive **218** 4; **220** 1 ff.; **272** 5 ff.; kollektives Arbeitsrecht **4** 6; Kündigungen **109** 43; Landesverfassungen **217** 4, 11 ff.; Minderjährige **218** 41; Mitgliederwerbung **220** 81 ff.; Mitgliedschaft, Demonstration **219** 15; negative **2** 16; **7** 70 f.; **12** 3; **32** 159; **218** 2 f., 54, 105; **219** 25 ff.; **227** 9; **237** 20 ff.; *Allgemeinverbindlichkeit* **248** 33 f.; Neutralitätsgebot **220** 41, 53 f.; Öffnungsklauseln **252** 29 f.; Ordnungsvorstellung, objektive **218** 8 ff., 14; **221** 1; Organisationsautonomie **218** 19 ff.; *Allgemeininteresse* **220** 24; *Billigkeitskontrolle* **220** 23; Partizipationsprinzip **219** 32; positive **2** 16; **7** 70 f.; **12** 3; **32** 159; **218** 1, 54, 105 f.; **219** 1 ff.; **237** 26 f.; Pressefreiheit **218** 13; Rechtsordnung, allgemeine **218** 84 ff.; **220** 62, 64; **223** 2; Rechtsschutz **219** 47 ff.; Richter **218** 31; Rosinenpicken **233** 13; Ruheständler **218** 35; Sachwerbung **220** 99 ff., 119; Schadensersatz **219** 48; Schüler **218** 33; Schutzbedürftigkeit des Arbeitnehmers **3** 37; Selbstbestimmungsgarantie **220** 15 f.; Soldaten **218** 31; Sozialstaatsprinzip **6** 12; Staatenlose **218** 43; Staatsintervention, Verbot **220** 53; Streikarbeit **219** 20; Studenten **218** 33; Tarifautonomie **215** 20; Tariffähigkeit **218** 71; **220** 83; Tarifvertragssystem **215** 13; **226** 4 ff.; Teilhabe am Tariferfolg **219** 22, 43; Träger **218** 28 ff., 37; Unionsgrundrecht **217** 16 f.; **227** 11; Unternehmerfreiheit **218** 51; Verbotsgesetz **38** 8; Vereinigungsfreiheit **218** 13; Verhältnismäßigkeitsgrundsatz **218** 80 ff., 99; Versammlungsfreiheit **218** 13; Vertrauensschutz **218** 80; Weimarer Reichsverfassung **2** 26 f.; **217** 3; Wirtschaftsverfassung **221** 1 ff.; Zielwerbung **220** 99 ff.; Zivildienstleistende **218** 31; Zulassungsschranken **218** 45 ff.

Koalitionsgründung, Koalitionsfreiheit **219** 1 ff.

Koalitionspresse, Pressefreiheit **218** 13

Koalitionsverbandsrecht, kollektives Arbeitsrecht **4** 6

Koalitionsverbot, Fortsetzung einer verbotenen Vereinigung **218** 53; präventives **219** 1; Vermögenseinziehung **218** 53

Koalitionsverbotsverfahren, Verfassungswidrigkeit **218** 45

Koalitionsvereinbarungen, Arbeits- und Wirtschaftsbedingungen **264** 2; Arbeitsbedingungen **264** 13 ff.; Arbeitskampf **264** 12; Auslegung **264** 8 f., 11; Firmenkoalitionsvertrag **264** 6; Form **264** 8; Günstigkeitsprinzip **253** 32 ff.; Hauskoalitionsvertrag **264** 6;

Interessenwahrnehmung, gemeinsame **264** 5; Koalitionen, nicht tariffähige **264** 1, 5, 8; Koalitionssatzung **264** 18; Umsetzung, arbeitsvertragliche **264** 16 f., 19 ff.; Vereinbarung, schuldrechtliche **264** 1 ff.; Vereinbarung zugunsten Dritter **264** 8, 15; Vertretungsmacht **264** 14
Koalitionsverfahren, Tarifvertrag **3** 40
Koalitionsverträge, s. *Koalitionsvereinbarungen*
Koalitionswerbung, Gewerbebetrieb, Recht am **220** 93, 96, 98
Kodifikation, Arbeitsrecht **18** 6; *Brandenburg* **18** 6; *Freistaat Sachsen* **18** 6; *Professorenentwurf* **18** 6
Kollegenhilfe, Abwicklung **146** 15; Erlaubnisfreiheit **146** 9 ff.; Höchstdauer **146** 13; Überlassung, gelegentliche **146** 8; Überlassungsanzeige **146** 9, 14
Kollektive Ordnung, Allgemeine Arbeitsbedingungen **8** 43; Arbeitsverhältnis **8** 1 f., 43 ff., 56; **14** 11; Betriebsübung **10** 1 f.; Tarifvertrag **8** 3
Kollektives Arbeitsrecht, Abgrenzung **215** 5 ff.; Arbeitsverfassungsrecht **4** 18; Begriff **4** 17 ff.; **215** 1, 5; Betriebsebene **4** 20; Betriebsverfassungsrecht **4** 6; Gewerkschaftsmitbestimmung **216** 1; Grundordnung Arbeitgeber-Arbeitnehmer **1** 18; Grundrechtsbindung **215** 34; Gruppenbeteiligung **215** 12, 14; Individualbereich, kollektivfreier **215** 28 ff.; Koalitionsfreiheit **4** 6; Mitbestimmung, institutionelle **216** 1; Ordnung des Arbeitslebens **1** 18 f.; Privatautonomie **215** 24; Rechtsgebiet **1** 18 f.; **4** 19; Schutzbedürftigkeit des Arbeitnehmers **3** 37; überbetriebliches **4** 18; Unionsrecht **12** 49; Unternehmensebene **4** 20; Zweigleisigkeit **2** 20 ff., 28; **4** 19; **215** 1; **216** 1
Kollektivübung, Betriebsübung **10** 2, 17
Kollektivverhandlungen, Recht auf **12** 4, 6
Kollisionsrecht, Tarifvertrag **262** 1 ff.
Kommanditgesellschaft, Arbeitgebereigenschaft **23** 21 f.; *betriebliche Altersversorgung* **202** 18; Haftung **23** 22; Kündigungserklärungen **108** 14; Mitgliedschaft im Arbeitgeberverband **224** 1; Unternehmensbegriff **24** 23
Kommanditgesellschaft auf Aktien, Betriebsverfassungsrecht **285** 49, 56
Kommanditist, Arbeitsverhältnis **19** 69; betriebliche Altersversorgung **202** 44
Kommanditistenhaftung, Altverbindlichkeiten **23** 23; Neuverbindlichkeiten **23** 23
Kommission, paritätische, Entscheidung **308** 225 f.; *Begründung* **308** 225; *Überprüfung, gerichtliche* **308** 226 f.; *Unbilligkeit, grobe* **308** 226; Konfliktlösung **308** 222 ff.; Schiedsgutachtervereinbarung **308** 222
Kommissionär, Rechtsverhältnis **19** 75
Kommissionsvertrag, Vertrag auf Arbeit **3** 12
Kommunalparlamente, Kündigungsschutz **129** 87
Kommunikationsfähigkeit, ständige, s. *Erreichbarkeit, ständige*
Kommunikationsmittel, moderne, s. a. *Erreichbarkeit, ständige*; Arbeitszeit **44** 49; Arbeitszeiterfassung **48** 3a; Feiertagsruhe **44** 58; Mindestruhezeit **44** 56; Ruhezeit **44** 53 ff.; Sonntagsruhe **44** 58; Tätigkeit außerhalb der Betriebsstätte **44** 48; Urlaubsrecht **44** 59 ff.; Vergütung **44** 50 ff.; Zeiterfassung **44** 50 ff.
Komponisten, Vertragsverhältnis **165** 3
Konditoreien, Arbeitszeit **181** 23; Jugendarbeitsschutz **196** 32; Sonntagsarbeit/Feiertagsarbeit **185** 41
Konkordanz, praktische, Grundrechtskonflikt **7** 53; **40** 29; *Arbeitskampf* **220** 47 f.; *Arbeitszeitregelung* **40** 91;

Koalitionsfreiheit **160** 3, 12; *Kündigungsschutz* **112** 38; **115** 1; **116** 13; Persönlichkeitsrecht, allgemeines **94** 5
Konkurrentenklage, Ämterstabilität **154** 73 f.; Bewerberverfahrensanspruch **154** 71; Klagebefugnis **154** 71, 73; öffentlicher Dienst **154** 69 ff.; Schadensersatzanspruch des Unterlegenen **154** 76 f.
Konkurrenzschaden, Arbeitsverhältnis **43** 40
Konkurrenztätigkeit, Berufsfreiheit **55** 52; einfache Tätigkeit **55** 52; einstweiliger Rechtsschutz **42** 9; Einwilligung des Arbeitgebers **54** 13 ff.; Kündigung, außerordentliche **124** 57; Rücksichtnahmepflicht **55** 51; Unterlassungsklage **42** 7 ff.; *gegen Dritte* **42** 10; Wettbewerbsverbot; s. dort
Konsultationsrichtlinie, Arbeitnehmervertreter, Kündigungsschutz **32** 60
Kontrahierungszwang, Abschlussgebote **239** 36 ff.; Arbeitgeber **31** 39; Arbeitnehmer **31** 19 ff.; Betriebsübergang **31** 22
Konzern, Abhängigkeit **302** 9; Arbeitgebereigenschaft **25** 1 f.; **202** 19; **302** 73; Arbeitnehmerüberlassung **25** 22, 26; **146** 1 ff.; Arbeitsleistung **25** 24; Arbeitsverhältnisse **25** 19 ff.; Begriff **302** 5 f., 14, 73; Begriff im Arbeitsrecht **25** 5 ff.; Beschäftigungsbedarf **25** 34; betriebliche Altersversorgung **202** 19; Eingliederung **25** 7; Eingliederungskonzern **302** 23; faktischer **25** 7; **302** 24; Gläubigerschutz **25** 19; Gleichbehandlungsgrundsatz **14** 15; **25** 28 f.; Gleichordnungskonzern **25** 6; **302** 16, 20; Haftung **25** 27; Konzernabordnungsklausel **146** 5; Konzernleitungsmacht **25** 7, 25; Konzernunterstützungskassen **205** 132; **206** 119; Konzernversetzungsklausel **146** 5; Kündigungsschutz **112** 36; Legaldefinition **302** 6; Leiharbeitsverhältnis **25** 10; Leitung, einheitliche **302** 6, 10 f.; Leitungsmacht, einheitliche **302** 21; Massenentlassungen **121** 72, 88 f., 99 ff., 103, 130; Matrixstrukturen **302** 109 f.; Mehrheitsbeteiligung **302** 19; Stellvertretung **23** 18; Tariffähigkeit **232** 70 f.; Unternehmensbegriff **302** 6 ff.; Unterordnungskonzern **25** 6 f.; **302** 13, 16 ff., 36; Vertragskonzern **25** 7; **302** 22; Weisungsrecht **25** 25
Konzern im Konzern, Begriff **25** 52; Konzernbetriebsrat **302** 13 ff.; Konzernleitung **25** 51
Konzern-Jugend- und Auszubildendenvertretung, Abberufung von Mitgliedern **306** 34; Amtszeit **306** 33; Arbeitsbefreiung **306** 28; Aufwendungsersatz **306** 37; Ausschluss von Mitgliedern **306** 35; Ausschüsse **306** 15; Auszubildende, Übernahme **306** 31; Beschlussaussetzungsantrag **306** 16; Beschlussfähigkeit **306** 27; Beschlussfassung **306** 27; Bildungsveranstaltungen **306** 30; Ehrenamt **306** 28; Entgeltzahlung **306** 37; Errichtung **306** 1 ff., 37; Ersatzmitglieder **306** 8; Freistellung **306** 29; Geheimhaltungspflicht **306** 32; Geschäftsführung **306** 13 ff., 37; Geschäftsordnung **306** 18; Größe **306** 4 ff.; Hilfsorgan des Konzernbetriebsrats **306** 2; Konstituierung **306** 3; Konzernbetriebsvereinbarung **306** 5 ff.; Konzernebene **303** 2; Kostentragung **306** 36; Kündigungsschutz **306** 31; Mitgliederzahl, Herabsetzung **308** 14; Mitgliedschaft, Beendigung **306** 34 f.; Schulungsveranstaltungen **306** 30; Sitzungen **306** 32 ff.; Sitzungsniederschrift **306** 25; Sitzungsteilnahme **302** 80; Sprechstunden **306** 19; Stimmengewichtung **306** 11 f., 27; Streitigkeiten **306** 37; Teilnahmerecht **306** 26; Unterordnungskonzern **306** 1; Versammlung **306** 20; Vertreterentsendung zum Konzernbetriebsrat **306** 17; Vorsitzender **306** 14; *Stellvertreter* **306** 14; Zuständigkeit **306** 9 ff., 37; *Auftragszuständigkeit* **306** 10; *originäre* **306** 9

Sachverzeichnis

Konzernabordnungsklausel, Arbeitsvertrag 146 5
Konzernarbeitgeber, Konzernbetriebsverfassung 302 74
Konzernbetriebsausschuss, Geschäftsführung 302 69, 76; Mitgliederzahl 302 76
Konzernbetriebsrat, Amtszeit 302 83 ff.; Angelegenheiten, personelle 302 60; Angelegenheiten, soziale 302 58 f.; Angelegenheiten, wirtschaftliche 302 61 f.; Antragsrecht 302 62; Arbeitnehmerrepräsentation 302 1, 3; Auflösung 302 84; Aufsichtsrat, mitbestimmter 302 63; Auskunftspersonen 302 80; Ausschuss für wirtschaftliche Angelegenheiten 302 62; Ausschüsse 302 69, 77; *Konzernbetriebsausschuss; s. dort*; Beschlüsse, Aussetzung 302 69; 306 16; Beschlussfassung 302 39 ff., 69; Betrieb, ausländischer 302 34; betriebliche Altersversorgung 206 85, 97; Betriebsänderung 302 61; Betriebsräteversammlung 301 11; Betriebsvereinbarungen 302 70; Betriebsverfassung 25 40 ff.; 302 52; Bildungsveranstaltungen 302 81; Drittelbeteiligungsgesetz 302 63; Einigungsstelle 308 5; Errichtung 300 61; 302 1 ff., 35 f.; Geheimhaltungspflicht 295 215; Gemeinschaftsbetrieb 302 68; Gemeinschaftsunternehmen 25 53; 302 26; Geschäftsführung 302 69; Geschäftsordnung 302 69; Geschlechter, angemessene Berücksichtigung 302 46; Inlandssachverhalte 302 52; Interessenausgleich 302 27; Konzernbelegschaft 25 43; Konzernspitze, ausländische 302 28 f.; Konzernverhältnis, Beendigung 302 90; Konzernteile, inländische 302 27, 31; Kostentragung 302 91; Kündigungsschutz, besonderer 127 8; Mehrheitsbesitz 302 19; Mehrmütterherrschaft 25 53; Mitbestimmung 302 1, 4; Mitbestimmungsrecht 14 15; Mitgliederzahl 291 141; 302 44 ff.; *Herabsetzung* 308 14; Montan-Mitbestimmung 302 63; Organ, fakultatives 25 41; Quorum 302 41 ff.; Sachverständige 302 80; Schulungsveranstaltungen 302 81; Sitzungen 302 69; *konstituierende Sitzung* 302 50 f.; *Teilnahmerecht* 302 78 f.; Sitzungsniederschrift 302 69; Sozialplan 302 61; Stimmengewichtung 302 66 ff.; Streitigkeiten 302 92; Teilkonzernbetriebsrat 302 13, 29; Teilkonzernspitze, inländische 302 30; Umlageverbot 302 69; Unternehmen, ausländische 302 32; *Betriebsrat, inländischer* 302 33; Unternehmensumwandlung 26 83; Unterordnungskonzern 4 20; 25 2; 302 16 ff., 36; Unterrichtungsanspruch 302 62; Vorsitzender 302 50, 69; *Stellvertreter* 302 69; Wahlvorstand, Bestellung 291 196 f.; Wahlvorstand, Ersatzbestellung 291 193
Konzernbetriebsratsmitglieder, Abberufung 302 86; Amtsniederlegung 302 88; Arbeitsbefreiung 302 81; Arbeitsversäumnis 302 69; Ausschluss 302 89; Ehrenamt 302 69, 81; Erlöschen der Mitgliedschaft 302 85, 90; *im Gesamtbetriebsrat* 302 87; Ersatzmitglieder 302 49; *Nachrücken* 302 69, 85; Geheimhaltungspflicht 302 82; Kostentragung 302 69; Kündigungsschutz 302 81
Konzernbetriebsvereinbarung, Bindungswirkung 25 42 ff.; horizontale 25 46; Kompetenz 302 70; Konzern, faktischer 25 45; Konzern-Jugend- und Auszubildendenvertretung 306 5 ff.; vertikale 25 46; Wirkung, normative 302 71 ff.
Konzernklausel, Massenentlassungen 121 99 f.
Konzernleihe, Arbeitnehmerüberlassung 25 22; 40 14; 145 28, 30; 146 3; Arbeitsvermittlung 25 22; Betriebsratswahlen 291 97
Konzernobergesellschaft, Richtlinienkompetenz 302 13; Tariffähigkeit 232 70

Konzernspitze, Arbeitnehmerzurechnung 13 172
Konzernsprecherausschuss, Amtszeit 311 167; Auflösung 311 167 f.; Beschlussfassung 311 164; Dauereinrichtung 311 167; Entsendung in den Konzernsprecherausschuss 311 151 ff.; Errichtung 311 147; Ersatzmitglieder 311 153, 174; Geschäftsführung 311 160 ff.; Geschäftsordnung 311 165; Größe 311 151; Konzernebene 310 8; 311 146; Konzernsprecherausschussvereinbarungen 311 163; Kostentragung 311 175; Mitglieder 311 166; Abberufung 311 170; *Amtsniederlegung* 311 172; *Ausschluss durch gerichtliche Entscheidung* 311 173; *Erlöschen aller Mitgliedschaften* 311 171; *Rücktritt aller Mitglieder* 311 168; Mitgliedschaft, Beendigung 311 169 f.; Reisekosten 311 175; Sitzungen 311 162; *konstituierende Sitzung* 311 150; Stimmengewichtung 311 157 ff.; Subsidiaritätsprinzip 311 154; Territorialitätsprinzip 310 19; Unterordnungskonzern 311 147; Vorsitzender 311 161; *Stellvertreter* 311 161; Zusammensetzung 311 151 ff.; Zuständigkeit 311 154 ff.; *Auftragszuständigkeit* 311 156; Zustimmung der Gesamtsprecherausschüsse 311 148 f.
Konzernunternehmen, Tarifbindung 245 21; Tarifmacht 236 22
Konzernvermutung, Gemeinschaftsunternehmen 302 25
Konzernversetzungsklausel, Arbeitsvertrag 146 5; Inhaltskontrolle 40 57
Konzertierte Aktion, Appellfunktion 221 21, 23
Konzessionssysteme, Koalitionsfreiheit 219 1
Kooperationspflichten, Arbeitnehmer 55 2, 4, 6
Kooperationsvertrag, Betriebe 142 62
Kopftuchverbot, Anforderung, berufliche 16 103; 55 29; 116 65 f.; Diskriminierung 113 114 f.; Grundrechtskonflikt 7 53; 40 29; Kündigung, personenbedingte 113 114 ff.; Tarifvertrag 237 48
Koppelungsverbot, Sonderleistungen 224 25
Körperschaften des öffentlichen Rechts, betriebliche Altersversorgung 202 18; Insolvenzsicherung 202 130 f.
Körperschaften, öffentlich-rechtliche, Betriebsverfassungsrecht 284 18
Korruptionsverbot, Arbeitnehmer 54 1, 49 ff.; Auslandsbezug 54 51, 54; Bestechlichkeit 54 49, 51, 52 f.; Bestechung 54 49, 51, 54, 58; Ethikrichtlinien 54 50; Hauptvertrag, Sittenwidrigkeit 54 55; Herausgabeanspruch 54 56; Kündigung, fristlose 54 54, 58; öffentlicher Dienst 54 51, 56; 155 67; Reputationsschaden 54 54, 58; Schadensersatz 54 57; Schmiergeldabrede, Sittenwidrigkeit 54 55; Strafbarkeit 54 51; Untreue 54 51
Kostenerstattungsanspruch, tarifliche Regelungen 241 8
Kostentragung, Betriebsrat; *s. Kostentragung (Betriebsrat)*; Betriebsräteversammlung 301 21; Betriebsversammlung 299 76, 100; Einigungsstelle 308 172 ff.; Gesamt-Jugend- und Auszubildendenvertretung 305 38; Gesamtbetriebsrat 300 122 f.; Gesamtsprecherausschuss 311 133; Jugend- und Auszubildendenvertretung 303 67a; Konzern-Jugend- und Auszubildendenvertretung 306 36; Konzernbetriebsrat 302 69, 91; Konzernsprecherausschuss 311 175; Sprecherausschuss 311 79 ff.; Sprecherausschusswahlen 311 35; Versammlung der leitenden Angestellten 311 103 f.; Wirtschaftsausschuss 307 117
Kostentragung (Betriebsrat), Abrechnungsanspruch 296 19, 32; Abtretung 296 51 ff.; Angemessenheit

296 6ff., 21, 37; Anwaltskosten **296** 36, 38; Aufrechnung **296** 51ff.; Auslagenersatz **296** 46; Betriebsinhaberschaft **296** 9f.; Betriebsratstätigkeit **286** 17f.; **287** 9; **292** 34, 75; **294** 89; **296** 2f., 16ff., 44ff., 73; Betriebsratswahlen **291** 276ff.; **296** 2f.; Bildungsveranstaltungen **295** 78; Büropersonal; *s. dort*; Dolmetscher **296** 21; Einigungsstelle **296** 2f.; Erforderlichkeit **296** 5, 7, 21, 36; Erstattungsanspruch **296** 47, 54; *Ausschluss* **296** 55; *Verjährung* **296** 55; Fahrtkosten **296** 22f.; Freistellungsanspruch **286** 17f.; **296** 48, 51; Geeignetheit **296** 4; Höhe **296** 50; Kopierkosten **296** 21; Kosten-Nutzen-Abwägung **296** 8, 37; Nachweis der Kosten **296** 19; Pauschalzahlung **296** 19; Personenschäden **296** 43; Pfändung **296** 51ff.; Portokosten **296** 21; Räume **296** 2, 56f.; Rechtsschutz **296** 34ff.; Rechtsstreit, Führung **296** 36; Reisekosten **296** 24f.; Reisekostenpauschalen **296** 19; Restmandat **292** 93; **296** 9; Sachmittel; *s. Sachmittel (Betriebsrat)*; Sachverständige **296** 41; Schadensersatz **296** 42f.; Schuldverhältnis, gesetzliches **296** 45; Schulungsveranstaltung **295** 78; **296** 26f.; Streitigkeiten **296** 77f.; Telefonentgelte **296** 21; Übergangsmandat **292** 75; **296** 9; Umlageverbot **296** 2, 72f.; Verhältnismäßigkeitsgrundsatz **295** 8, 34; **296** 3ff., 17, 35; Vorschuss **296** 49, 52; Wahlvorstandstätigkeit **291** 216; Zustimmung des Arbeitgebers **296** 18
Kraftfahrer, *s. Berufskraftfahrer*
Kraftfahrzeug, *s. Dienstwagen*
Krankenbezüge, Pfändungsschutz **74** 93
Krankengeld, Aufstockung **79** 1; Entgeltersatzleistung **79** 7, 10; Entgeltumwandlung, Fortsetzungsrecht **204** 52
Krankengeldzuschuss, öffentlicher Dienst **155** 41
Krankengespräche, Arbeitnehmerverhalten, Kontrolle **94** 17; Geheimhaltungspflicht **94** 17; Mitbestimmung **94** 17
Krankenhaus, ärztlich-medizinischer Dienst **170** 2, 54f.; *Berufsgruppen, nichtärztliche* **170** 3; ärztlicher Direktor **170** 30; Assistenzarzt **170** 2, 60; Ausgleichszeiten **40** 81; Belegabteilung **169** 14; Belegarzt **169** 14; **170** 11, 16, 19; Belegkrankenhaus **169** 14; Bereitschaftsdienst **170** 41; Bereitschaftsdienste **40** 67; Chefarzt **170** 2, 9, 31ff.; Facharzt **170** 59; Feiertagsarbeit **185** 19; Funktionsbereiche **170** 1ff.; Gastarzt **170** 12f., 16, 20; Gestellungsvertrag **170** 25f.; Hauptabteilungskrankenhaus **169** 14; Heilberufe, nichtärztliche **170** 21ff., 80ff.; Heilhilfsberufe, nichtärztliche **170** 21ff., 80ff.; Hochschulkliniken **170** 18, 73; Honorararzt **170** 12f., 16, 20; Klinikdirektor **170** 2, 31; Leistungserbringung **170** 1ff.; Nachtarbeit **170** 79; Oberarzt **170** 2, 56ff.; *leitender* **170** 55; *Titularoberarzt* **170** 58; Outsourcing **170** 27f.; Pflegedienstleitung **170** 4; Pflegekräfte **170** 21; *freiberufliche* **170** 24; *selbständige* **170** 84; pflegerischer Dienst **170** 4ff.; Rufbereitschaft **170** 41; Ruhepausen **40** 85a f.; Ruhezeiten **40** 78, 84; **183** 7f.; Ruhezeitverkürzung **183** 8, 15f.; Schwangerschaftsabbruch **33** 98; Sonntagsarbeit **170** 79; **185** 19; Stationsarzt **170** 2; Techniker **170** 3; therapeutischer Dienst **170** 3; Überstundenvergütung **40** 73; Umkleidezeiten **40** 68; Wechselschicht **40** 86; Weisungsberechtigung **170** 2, 5; Wirtschafts- und Verwaltungsdienst **170** 7
Krankenhausärzte, angestellte **170** 52ff.; Arbeitnehmer **170** 14f.; Arbeitspflicht **170** 66; Arbeitszeit **170** 71ff.; Arbeitszeitschutz **170** 75f.; Aufgabenübertragung **170** 68; Beamtenverhältnis **170** 14, 17; Bereitschaftsdienst **170** 74, 76f.; Ermächtigung, persönliche **170** 10, 40; Freiberufler **170** 14; Höchstarbeitszeit **170** 76; Nachtarbeit **170** 72; Nebenberuflichkeit **170** 16; Nebentätigkeitsverpflichtung **55** 60; Rahmenrichtlinie **173** 15; Rettungsdienst **170** 69; Rufbereitschaft **170** 74, 77; Ruhepausen **170** 78; Ruhezeit **170** 77; Scheinselbständigkeit **170** 84; Tarifverträge **170** 53; Überstunden **170** 72; Verschwiegenheitspflicht **170** 70
Krankenhausbehandlung, Behandlungsvertrag **169** 24; Leistungen, teilstationäre **169** 10; Leistungen, vollstationäre **169** 10; Zulassung zur Leistungserbringung **169** 9f.
Krankenpflege, Arbeitnehmereigenschaft **19** 46; Ausbildungsgesetz **169** 17; Betriebsverfassungsrecht **285** 64; häusliche **169** 21; Krankenpflegehelfer **169** 17
Krankenrückkehrgespräch, nach Arbeitsunfähigkeit **113** 37, 51
Krankenversicherung, Beitragsbemessungsgrenze **62** 82ff.; Betriebsrente, Zuschlag auf **202** 109; Friedensgrenze **62** 83; Gesundheitsförderung, betriebliche **172** 34f.; Meldepflichten **39** 28
Krankenversicherung, gesetzliche, Arbeitskampf **280** 5ff.
Krankheit, Anfälligkeit, allgemeine **113** 14; ansteckende **32** 2, 47f.; *Schutzpflichtverletzung* **91** 16; Arbeitsunfähigkeit; *s. Arbeitsunfähigkeit infolge Krankheit*; Begriff **113** 5; Behinderung **113** 8; chronische **113** 14; Entgeltfortzahlung **1** 13; *s. a. Entgeltfortzahlung im Krankheitsfall*; Entgeltumwandlung, Fortsetzungsrecht **204** 52; Gefährdung anderer **33** 51, 135; Gehaltsfortzahlung **3** 32; Kündigung, außerordentliche **123** 27; **124** 74ff.; **125** 17f.; Kurzerkrankungen, häufige **113** 7; **124** 74; **125** 18; langandauernde **113** 7; Lebensrisiko, allgemeines **79** 6f.; Nebenbeschäftigung während Krankheit **124** 61; Offenbarungspflicht **33** 134f.; unheilbare **113** 65; Verhalten, genesungswidriges **124** 54, 61; Vortäuschen **124** 61
Krankheitsdaten, Eingliederungsmanagement **113** 39
Krankheitsurlaub, Zweck **85** 26
Krankheitszeiten, Datenspeicherung **96** 53
Krankmeldung, kollektive, Arbeitskampfmittel **273** 10ff.
Kroatien, Arbeitsuche **29** 71a; Arbeitsvermittlung **30** 7
Kücük (Rs.), Kettenbefristung **103** 57, 141ff.
Kücükdeveci (Rs.), Altersdiskriminierungsverbot **15** 12; Umsetzung im nationalen Recht **6** 40
Kundendienst, Leistungsort **40** 51
Kündigung, Abfindung **111** 6f.; Änderungskündigung; *s. dort*; Anhörung des Betriebsrats **286** 32; Anhörungsrecht des Betriebsrats **3** 45; **4** 4; **107** 8; Anhörungsverfahren **255** 26; Anscheinsbeweis **110** 37, 65; Arbeitgeberkündigung **107** 26; Arbeitnehmerkündigung **101** 35; **107** 26; vor Arbeitsantritt **108** 27, 35f.; Arbeitskampf **260** 57; Arbeitskampfmittel **265** 9; asynchrones Kündigungsrecht **260** 29; Ausschluss durch Einzelarbeitsvertrag **110** 82ff.; Austauschkündigung **115** 172f.; Auswahlrichtlinien **308** 15; bedingte **108** 38f.; Beendigungskündigung **108** 41; **109** 1; **110** 3; Beendigungsnormen **239** 46ff.; Beendigungswirkung **260** 27, 54; Behördenbeteiligung **110** 52; Bestätigung **108** 25f.; Bestimmtheit **108** 20; **110** 43; Betriebsratsmitglied **292** 109; Betriebsvereinbarung **293** 24; Beweislast **109** 62; **110** 36f., 65; culpa in contrahendo **109** 54; Darlegungslast **110** 36f.; Diskriminierungsschutz **110** 26; Diskriminierungsschutz durch AGG **16** 55ff., 134, 140; Diskriminierungsverbot **109**

Sachverzeichnis

Magere Ziffern = Randnummern

69f.; Druckkündigung; *s. dort* **115** 175; Eigenkündigung **107** 26; Einigungsstellenmitglieder **308** 55; Einspruch des Arbeitnehmers **286** 35; elektronische Form, Ausschluss **108** 5; Entschädigungsanspruch **16** 61; Feststellungsklage **260** 56; Freistellung **41** 17f., 21; Freizeitgewährung **35** 5; Geschäftsfähigkeit **109** 37; gesetzliche Verbote **109** 39, 41 ff.; Gestaltungsrecht **260** 20 f.; Gleichbehandlungsgrundsatz **14** 23; Grundrechte **109** 63 ff.; Grundrechtecharta **109** 41a; hilfsweise **108** 39; Inhaltskontrolle, abgeschwächte **110** 31 ff.; Koalitionsfreiheit **219** 5; Kollisionsrecht **13** 140, 142; konkludente **108** 7; Kündigungsfrist **108** 46; **109** 2, 8 ff., 37; **110** 40; *Beschäftigung, rechtliche Unterbrechung* **109** 26; *Beschäftigung, tatsächliche Unterbrechung* **109** 26; *Beschäftigungsdauer* **109** 23 ff.; *Einzelarbeitsvertrag* **109** 16; *nicht tarifgebundener Arbeitnehmer* **109** 33 f.; *tarifliche Regelungen* **109** 16, 30 ff.; *Unterbrechungsdauer* **109** 27; *verlängerte Fristen* **109** 17 ff.; *Verlängerung, einzelvertragliche* **109** 29; Kündigungsgrund **108** 45; **109** 2f., 8; **110** 1; Mitteilung **109** 61; nach Kündigungsschutzgesetz **108** 47; **109** 38; Kündigungstermin **109** 2, 8 ff.; Massenkündigung **32** 79; **108** 7; **109** 54; Maßregelungsverbot **109** 83; Minderleistung **43** 67 f.; Mischtatbestand **114** 4; Missbrauchskontrolle **101** 33; Nachkündigung **108** 13; Nachwirkung des Tarifvertrags **260** 55; Neuvornahme **108** 9, 25; Nichtigkeit **108** 9; Nichtvorlage von Arbeitspapieren **39** 44; Ort **108** 27; Potestativbedingung **117** 8; Rationalisierungskündigung **143** 47; Rechtfertigung, soziale **107** 22; Rechtsbedingung **108** 39; Rechtsmissbrauchskontrolle **110** 25; Regelungsort **101** 26; Resturlaub **41** 17; Rücknahme **130** 119 ff.; Sachgrund **101** 26, 29 f.; Schlechtleistung **43** 67 f.; Schriftform **108** 5; **110** 40, 45, 67; **130** 32 f.; **234** 61; *Einschreibebrief* **110** 67; selektive **276** 47; Sittenwidrigkeit **109** 39, 57 ff.; **110** 64 f.; **111** 20; Sozialwidrigkeit **107** 7; Spontankündigung **108** 7; Sprecherausschussmitglieder **310** 28; Stellvertretung **109** 37; **110** 44; **260** 26; Streitwert **130** 129 f.; Stufenverhältnis **101** 31 f.; Suspendierung **41** 17, 21 f.; Tarifvertrag **245** 68; **257** 60; **259** 16; mehrgliedriger **260** 23; tarifwidrige **251** 9; Teilkündigung **108** 43 f.; **260** 32, 53; Treu und Glauben **101** 26, 33; Treuwidrigkeit **110** 20 ff., 39; Umdeutung **260** 31; Umdeutung der unwirksamen Kündigung **108** 25 f.; ungehörige **109** 80; **111** 18; Unwirksamkeit **286** 32; zur Unzeit **108** 27; **109** 81; **110** 21; venire contra factum proprium **109** 81; **110** 65; Verdachtskündigung; *s. dort*; Verhältnismäßigkeitsgrundsatz **117** 42; Verhältnismäßigkeitsprinzip **101** 32; **114** 22, 54; verletzende Form **109** 81; **110** 21; Vertretung ohne Vertretungsmacht **130** 35 f.; *Genehmigung der Kündigung* **130** 46; Verwirkung **109** 77, 81; **111** 19; Verzeihung **109** 77, 81; Vollmachtsurkunde, mangelnde Vorlage **130** 36, 47; vorsorgliche **108** 7, 40; **130** 22; während Streik **276** 25 f.; Weiterbeschäftigung, vorläufige **131** 1 ff.; widersprüchliches Verhalten des Arbeitgebers **110** 21; Wiedereinstellungspflicht **32** 75, 79 f.; Wiederholungskündigung **130** 115 f.; Willenserklärung **109** 37; **110** 43 f.; Willkürkontrolle **108** 47; **110** 35, 39, 65; willkürliche **109** 78; Zugang **108** 28 ff.; **109** 37; **110** 44; **130** 39 ff.; *unter Anwesenden* **130** 44; *Empfangsboten* **130** 43; *Empfangseinrichtung* **130** 41; *Genehmigung der Kündigung* **130** 46; *Urlaubsabwesenheit* **130** 42, 65 f.; Zugangsvereitelung **130** 45; Zustimmung, behördliche **130** 48; Zustimmung des Betriebsrats **110** 77; **130** 49; **255** 26; **286** 32;

Einigungsstellenverfahren **308** 17; Zustimmung Dritter **108** 38

Kündigung, außerordentliche, Abgrenzung zur ordentlichen Kündigung **123** 19 ff.; Ablehnung der Beschäftigung des Arbeitnehmers **92** 18; Abmahnung **124** 20; Abwerbung von Mitarbeitern **124** 41; Alkoholabhängigkeit **113** 76; **124** 34, 76; Alkoholverbot **124** 50; Änderungen, wirtschaftliche **260** 44 ff.; Änderungskündigung des Arbeitnehmers **124** 97; arbeitnehmerseitige Kündigung **124** 69, 78; Arbeitserlaubnis **124** 72; Arbeitskampf **124** 30; Arbeitsverhältnis, Dauer **124** 7; Arbeitsverhältnis, störungsfreier Verlauf **124** 7, 17; Arbeitsvertrag, befristeter **123** 31; Arbeitsverweigerung **124** 31 f.; Auslaufrist **62** 98; **108** 46; **123** 9 ff., 25 ff.; **124** 80, 82; **125** 2; Ausschluss **124** 92; Ausschlussfrist **110** 46; **125** 1 ff.; *Dauertatbestände* **125** 14 ff.; *Fristende* **125** 24 ff.; *Unabdingbarkeit* **125** 37; Äußerungen über Arbeitgeber **124** 48, 58; Bagatelldelikt **124** 14; Beendigungskündigung **123** 9; Befristung **108** 46; **123** 9; Begriff **123** 1, 8; Beleidigungen **124** 64 f.; Beschränkung **124** 92; betriebsbedingte Kündigung **115** 23, 155 ff.; **123** 26; **124** 79 ff.; **125** 19; Betriebsratsanhörung **124** 103 f.; Betriebsratsbeteiligung **123** 30; Betriebsratsmitglieder **124** 27, 106; **125** 33 f.; **287** 41; **292** 120, 122; **294** 76; Betriebsstörung **124** 49a ff.; Betriebsübergang **143** 52; Dauerverfehlung **125** 15 f.; Diebstahl **124** 3, 14; Diskriminierungsschutz durch AGG **16** 140; Drogenkonsum **124** 50; Erklärungsfrist **260** 36; Ermittlungen **125** 6 ff.; Erweiterungen **124** 94; Fahrlässigkeit **124** 15; Fehlen, unentschuldigtes **124** 34, 59; fristlose Kündigung **108** 46; **109** 1; **123** 9; *Ausschlussfrist* **108** 16 f.; *Kenntnis* **108** 16 f.; Gleichbehandlungsgrundsatz **124** 25; Haustarifvertrag **260** 48; Integritätsverletzung **124** 14; Interessenabwägung **124** 7 ff.; Internetnutzung, private **124** 36, 55 f.; Kenntnis **125** 5, 20 ff.; Konkurrenztätigkeit **124** 57; Krankheit **123** 27; **124** 74 f.; **125** 17 f.; *Verhalten, genesungswidriges* **124** 54; Kündigungsart **107** 24; Kündigungsberechtigter **125** 20 ff.; Kündigungserklärung **123** 6, 8; Kündigungserklärungsfrist **125** 1 ff., 24 ff.; Kündigungsgründe, Mitteilung **124** 95 f.; Kündigungsgründe, Nachschieben **124** 98 ff., 104 f.; Kündigungsschutz, besonderer **127** 36 ff.; Lebensalter **124** 7; Leistungspflichten **124** 19; Massenkündigung **276** 47; Meinungsäußerungen **124** 48, 58; Mitteilungspflichten **124** 59; Mutterschutz **190** 59; Nachtat-Verhalten **124** 16; Nachwirkung **261** 16; Nebenbeschäftigung **124** 60 f.; Nebenpflichtverletzungen **124** 40 ff.; Nichtleistung **124** 29; Ordnung, betriebliche **124** 49a ff.; Pflichtverletzungen **259** 24; Pflichtverletzungen des Arbeitnehmers **123** 29; **124** 7, 19; Rechtsirrtum **124** 21; Rechtslage, Änderung **260** 42 f.; Regelungsort **101** 26; Sachgrund **101** 31; Schadensersatz **123** 34; Schlechtleistung **124** 38; Schmiergeldverbot **124** 66; Sozialauswahl **124** 85; Stellungnahme des Arbeitnehmers **125** 6, 8; Störung der Geschäftsgrundlage **123** 14; Strafanzeige gegen den Arbeitgeber **124** 57; Strafhaft **123** 28; Straftaten **124** 64; Strafverfahren **125** 9 f.; Streikteilnahme **276** 44 f., 47; Stufenverhältnis **123** 20, 22; Tarifmacht **237** 97; Tarifvertrag **260** 19, 33 ff.; Tarifvertragsparteien, Wegfall **260** 3; Tatkündigung **124** 97; **126** 16 ff.; Telefongespräche, private **124** 37; ultima ratio **124** 7, 11; **260** 50 ff.; Umdeutung **123** 22 ff.; **130** 25; **260** 37; Unpünktlichkeit **124** 3, 33; Unterhaltspflichten **124** 7; Unvermögen zur Vertragserfüllung **124** 71 ff.; Unzu-

1638

mutbarkeit der Fortsetzung des Arbeitsverhältnisses **124** 9f.; Unzumutbarkeit des Festhaltens am Tarifvertrag **260** 2, 38ff., 49; Urlaubsantritt, eigenmächtiger **124** 35; Verdachtskündigung **124** 70, 97; **126** 1ff.; *s.a. dort*; Vergütung **123** 34; Verhalten, außerdienstliches **124** 46ff.; Verhalten vor Vertragsschluss **124** 26; Verhaltenspflichten **124** 19; Verhältnismäßigkeitsprinzip **101** 32; **124** 7; Verschuldensgrad **124** 7, 17, 24; Verschuldung des Arbeitnehmers **124** 67; Vertragspflichtverletzung, erhebliche **101** 31; Vertrauen, Wiederherstellung **124** 17; Vertrauensbruch **124** 14f.; Verwirkung **125** 1; wichtiger Grund **107** 22; **109** 1; **123** 1, 8, 20, 25; **124** 1ff., 18, 98; **260** 2, 38ff.; „*an sich*" **124** 1, 3ff., 7; *Begriff* **124** 1; *Betriebsbereich* **124** 4; *Generalklausel* **124** 1f., 12; *Legaldefinition* **124** 1; *Leistungsbereich* **124** 4; *Unternehmensbereich* **124** 4; *Vertrauensbereich* **124** 4; Wiederholungsgefahr **124** 7; Willenserklärung, einseitige empfangsbedürftige **123** 8; Wirksamkeit **111** 4; **123** 8; Zugangsermächtigung (Verschlusssachen) **123** 28; Zumutbarkeit der Fortsetzung des Arbeitsverhältnisses **123** 20f.; **124** 1; *Kündigungsfrist* **124** 23; *Vermutung* **125** 1, 3; Zustimmung des Betriebsrats **124** 93; Zustimmungsbedürftigkeit **127** 36ff.; Zustimmungsersetzungsverfahren **127** 43f.; Zweiwochenfrist; *s. Ausschlussfrist*; zwingendes Recht **239** 49

Kündigung, betriebsbedingte, Abfindungsanspruch **132** 1; **133** 1ff.; **135** 26; *Klagefrist, Verstreichenlassen* **133** 10ff.; *Hinweis des Arbeitgebers* **133** 7ff.; Abfindungsprinzip **107** 12; Absatzrückgang **115** 169; Änderungskündigung **115** 28, 83ff., 113; **119** 6f., 10ff., **133** 6; Anforderungsprofil **115** 161, 165; Arbeitgeberstellung, Aufgabe **115** 168; Arbeitsplatzabbau **50** 278ff.; Arbeitszeitabbau **50** 272; Arbeitszeiten, flexible **115** 166; Auftragsrückgang **115** 18, 20, 132ff., 169ff.; Auskunftspflicht **115** 287ff., 345; außerordentliche Kündigung **115** 23, 155ff.; **124** 79ff.; Auswahlentscheidung; *Treu und Glauben* **110** 22; Auswahlrichtlinien **115** 96ff.; Beendigungskündigung **115** 83ff., 93, 104ff., 112, 113; **133** 6; Bestandsschutz **107** 12; Betriebe, betriebsratslose **115** 103, 108; Betriebsänderung **115** 26, 318ff.; Betriebsorganisation, Änderung **143** 44ff.; Betriebsratsanhörung **115** 347f.; Betriebsstilllegung **115** 174; **142** 24; **143** 39, 41; *geplante* **143** 40, 42; Betriebsübergang **115** 174; **143** 1; Betriebsunterbrechung **143** 43; Beweislast **115** 131ff., 149ff.; Darlegungslast **115** 19, 131ff., 149ff.; Digitalisierung **107** 13; Entscheidung, unternehmerische **115** 21ff., 124ff., 158ff.; *Rechtsmissbrauch* **115** 27; *Unvernunft, offenbare* **115** 152; *Willkür, offenbare* **115** 153; Entstehungsgeschichte **115** 2ff.; Erfordernisse, dringende betriebliche **115** 11ff., 104ff., 117; **133** 4; *betriebliche Erfordernisse* **115** 29ff.; *dringende Erfordernisse* **115** 32ff.; Gemeinschaftsbetrieb **115** 58ff.; Gleichheitssatz **115** 103; Hierarchieebene, Abbau **115** 162, 164; hilfsweise ordentliche Kündigung **133** 6; Insolvenzverfahren **122** 12; Interessenabwägung **115** 38ff.; *Beharrungsinteresse* **115** 42; *Loslösungsinteresse* **115** 22; Interessenausgleich **115** 22; Interessenausgleich mit Namensliste **115** 141ff., 318ff.; Kündigungsentschluss **115** 163; Kündigungsgrund **109** 1; **113** 1; Kündigungswille **115** 163; Kurzarbeit **115** 107ff., 134; Leistungsverdichtung **115** 176; öffentlicher Dienst **115** 63ff.; ordentliche Kündigung **133** 4ff.; Outsourcing **115** 137; Rationalisierungsmaßnahmen **115** 137ff.; Rationalisierungspotential **115** 20; Rechtfertigung, soziale **115** 12; Rechtsmissbrauch **115** 149ff.; Rentabilität **115** 17; Revisibilität **115** 12f.; Sachlage, Änderung **115** 349; Sozialauswahl **14** 23; **50** 277f.; **108** 47; **115** 42, 177f.; *Mitteilungspflichten* **115** 28; Sozialwidrigkeit, absolute **115** 102; Teilzeitbeschäftigte **50** 270ff.; Umsatzrückgang **115** 18, 136, 169f.; Umstände, außerbetriebliche **115** 18, 20; Umstände, innerbetriebliche **115** 18, 137ff.; Verbote, gesetzliche **115** 28; Verbote, tarifliche **115** 28; Verhältnismäßigkeitsprinzip **115** 24, 101; Weiterbeschäftigungsmöglichkeit **115** 43ff.; *Anforderungsprofil* **115** 76; *Arbeitsplatz, freier* **115** 68ff.; *Betriebe, ausländische* **115** 82; *Betriebsratsbeteiligung* **115** 91ff.; *Umschulung* **115** 76, 78ff.; *Vertragsbedingungen, geänderte* **115** 83ff.; Wettbewerbsverbot **115** 86; Wiedereinstellungsanspruch **32** 84ff.; **115** 71; Zeitguthaben, Abbau **115** 105f.; Zugang **115** 119ff., 132

Kündigung, fehlzeitbedingte, Krankheit **113** 4

Kündigung, fristlose, Abmahnung **43** 59; Arbeitsverweigerung **43** 59; außerordentliche Kündigung **108** 16f.; Kündigungsgrund, Angabe **108** 21; Unmöglichkeit der Leistung **43** 59; Vertragsbruch **43** 59; wichtiger Grund **43** 59; **108** 45

Kündigung, krankheitsbedingte, *s.a. Kündigung, personenbedingte*; Abmahnung **113** 69; AIDS-Erkrankung **113** 93; Alkoholabhängigkeit **113** 76; **124** 34, 50; Äquivalenzstörung **113** 3, 4, 17; Arbeitsunfähigkeit **113** 5f.; Arbeitsunfall **113** 71; außerordentliche Kündigung **113** 125; Behinderung **113** 8; Belastungen, betriebliche **113** 71f.; Beschäftigung, anderweitige **113** 23ff.; Betriebsbeeinträchtigung **113** 17ff., 70; Betriebsübergang **115** 50; Beweislast **113** 29ff., Darlegungslast **113** 29, 59ff.; Eingliederungsmanagement, betriebliches **113** 26, 30ff.; Fehlen, unentschuldigtes **124** 34; Fehlzeiten **113** 4; *ansteigende* **113** 13; Kostenbelastung **113** 72f.; Referenzzeitraum **113** 13; aus Fürsorge **113** 12, 59; Gesundheitszustand, Verbesserung **32** 87; Interessenabwägung **113** 21ff., 70ff.; Krankheitsanfälligkeit, allgemeine **113** 14; Kurzerkrankungen, häufige **113** 7, 13f., 18; Langzeiterkrankung **113** 7, 15, 19; Lastenhandhabung, manuelle **177** 40; Leistungsmangel **113** 4; Leistungsminderung, gesundheitsbedingte **113** 7, 16, 20, 74; Leistungsunfähigkeit, krankheitsbedingte dauernde **113** 7; mehrere Erkrankungen **113** 14; Negativprognose **113** 9ff.; Personalreserve **113** 73; Rechtfertigung, soziale **113** 3; Schweigepflichtentbindung **113** 13; Ultima-Ratio-Prinzip **113** 22; Verhältnismäßigkeit **113** 79; Weiterbeschäftigung **113** 23ff.; Wiedereinstellungsanspruch **32** 87; Wiederherstellung, völlige Ungewissheit **113** 19

Kündigung, ordentliche, Abgrenzung zur außerordentlichen Kündigung **123** 19ff.; Abmahnung **124** 20; Allgemeines Gleichbehandlungsgesetz **111** 12; arbeitgeberseitige **101** 33; Auflösungszeitpunkt **132** 21f.; Ausschluss **115** 202ff.; **123** 25; **237** 103; **239** 51; außerhalb des KSchG **109** 1, 3f.; Beendigungsnormen **239** 50; Betriebsratsanhörung **123** 24; Betriebsratsbeteiligung **110** 48ff.; Diskriminierungsschutz durch AGG **16** 60; entfristete **123** 32; Entfristung **108** 46; Kündigungsart **107** 24; Kündigungsfrist **110** 46; *abgekürzte* **123** 32; Kündigungsgrund **107** 7; **109** 1; **111** 3; **123** 20; Kündigungsschutz **110** 3; *allgemeiner* **111** 3, 5; Kündigungsschutzverbote **109** 45ff.; langfristig beschäftigte Arbeitnehmer **123** 19; Mutterschutz **190** 59; Personalratsbeteiligung **110** 46ff.; Sachgrund **101** 31; Streikteilnahme

1639

276 44f.; Stufenverhältnis 123 20, 22; Tarifmacht 237 103; Tarifvertrag 260 2, 19, 28ff.; *befristeter* 260 8; Teilzeitbeschäftigte 50 267ff.; Umdeutung 107 27; 130 25; Verdacht einer Pflichtverletzung 126 27ff.; Vereinbarung 257 60; Verhältnismäßigkeitsprinzip 101 32; 124 7, 11; Vertragspflichtverletzung 101 31; Wartezeit 16 60; Zumutbarkeit der Fortsetzung des Arbeitsverhältnisses 123 20f.

Kündigung, personenbedingte, Abgrenzung 113 2; Abmahnung 113 22, 69; AIDS 113 91ff.; Alkoholismus 55 22; 113 76ff.; Änderungskündigung 119 6ff.; Beeinträchtigung betrieblicher Interessen, erhebliche 113 3; Betriebsratsbeteiligung 113 126; Betriebsübergang 143 51; Drogenabhängigkeit 113 76ff.; Ehescheidung 113 103f.; Eheschließung 113 103f.; Gleichbehandlungsgrundsatz 109 66; Interessenabwägung 113 3; Krankheit 113 4ff.; *s.a. Kündigung, krankheitsbedingte*; Kündigungsgrund 109 1; 113 1; Lebenskrise 113 103; Leistungsmangel 113 4; low performance 40 47; Pflichtenkollision 41 16; Prognose 113 9ff.; Qualifizierungsobliegenheiten 150 4; Rechtfertigung, soziale 113 1, 3ff.; Steuerungsfähigkeit, fehlende 113 2; Teilzeitbeschäftigte 50 268f.; Ultima Ratio-Grundsatz 113 83f.; Verdachtskündigung 32 81f.; Wiedereinstellungsanspruch 32 87; Wiederholungsgefahr 114 15

Kündigung, verhaltensbedingte, Abgrenzung 113 2; 114 3; Abmahnung 114 21ff.; Alkoholkonsum 113 77; Änderungskündigung 119 6f., 9; Ansehensverlust des Arbeitgebers 114 59; Arbeitslosigkeit, Gefahr langandauernder 114 59; Arbeitsverhältnis, Dauer 114 59; Begriff 114 1; Betriebsübergang 143 51; Beurteilungsmaßstab 114 6; Beweislast 114 60ff.; Darlegungslast 114 60ff.; *sekundäre* 114 61; Drogenkonsum 113 77; Eigentumsdelikte 114 59; Familienstand 114 59; Generalprävention 114 59; Gleichbehandlungsgrundsatz 109 66; go sick-Fälle 276 46; Hauptleistungspflichten 114 5, 8; Interessenabwägung 114 57ff.; Internetnutzung, private 107 13; Kündigungsgrund 109 1; 113 1; Lebensalter 114 59; Mitverschulden 114 59; Nebenpflichten 114 5, 8; Negativprognose 114 18, 63; Prognoseprinzip 114 2, 18; Rauchverbot 55 28; Rechtfertigung, soziale 114 3, 5ff.; Rechtsirrtum 114 17; Rechtswidrigkeit 114 9; Rücksichtnahmepflichten 56 9; Schadenswiedergutmachung 114 59; Schutzpflichten 56 9; Social Media-Nutzung 107 13; Teilzeitbeschäftigte 50 268f.; Umstände, personenbezogene 114 59; Untätigkeit, pflichtwidrige 43 3; Unterhaltspflichten 114 59; Verbotsirrtum 114 17, 59; Verhalten, außerdienstliches 114 7; Verhalten, schuldhaftes 114 3, 7ff., 14ff.; Verhalten, vertragswidriges 114 3; Verhältnismäßigkeit 114 54; Vermögensdelikte 114 59; Verschulden 114 3, 14ff.; Verschuldensgrad 114 59; Vertragspflichtverletzung 114 59; Vertragsstörung, fortwirkende 114 18ff.; Weiterbeschäftigung des Arbeitnehmers 114 54ff., 64; Wiedereinstellungsanspruch 32 88; Wiederholungsgefahr 114 18ff., 59, 63

Kündigungsausschluss, Altersgrenze 123 25; Änderungskündigung, außerordentliche 120 1; Betriebsvereinbarung 115 207; Betriebszugehörigkeit 123 25; Individualvereinbarung 115 208; Insolvenz 122 11; Kündigung, ordentliche 115 25; Rechtsverzicht 115 207; Sozialauswahl 115 202ff.; tariflicher 115 204ff.

Kündigungsberechtigung, Betriebserwerber 260 24; Tarifvertragsparteien 260 22ff.

Kündigungserklärung, Auslegung 108 1, 26; Bedingungsfeindlichkeit 108 38; Beendigungsnormen 239 48; Beendigungswille 260 25; Bestimmtheit 108 20, 38; Einschreibeform 108 12; 110 67; Form 108 5ff.; Formgebot 260 20; Kündigung, außerordentliche 123 6; Kündigungsgrund, Angabe 108 6, 21; Potestativbedingung 108 39; Rücknahme 76 18; 108 33f.; 260 21; Rücknahmevereinbarung 108 33; Schriftform 260 20; Schriftformerfordernis 108 5ff.; *deklaratorische Klausel* 108 10f.; *gesetzliches* 108 11; *konstitutive Klausel* 108 10f.; Stellvertretung 108 13ff.; *Zurückweisung der Kündigung wegen fehlenden Vollmachtnachweises* 108 15; Umdeutung 108 25f.; 135 5; Widerruf 260 21; Willenserklärung 101 26; Zugang 108 6, 28ff.; 110 44; 260 21, 25; Abwesenheit des Arbeitnehmers 108 31; *Beweislast* 108 32; *Beweissicherung* 108 32; *Brief* 108 32; *Einschreiben* 108 30ff.; *Einschreiben mit Rückschein* 108 32; *Einwurfeinschreiben* 108 32; *Postzustellungsurkunde* 108 32; *Standardbrief* 108 32; *Übergabe-Einschreiben* 108 32; *Urlaub* 108 31; Zugangsvereitelung 108 27

Kündigungserschwerung, Grundrechtsschutz 7 77

Kündigungsfreiheit, Berufsfreiheit 110 4ff.; Grundgesetz 107 17f.

Kündigungsfrist, Grundkündigungsfrist 109 10ff.; 110 46; Kollisionsrecht 13 142; Kündigung 101 30; Regelungsort 101 26; Sittenwidrigkeit 110 88; Tarifdispositivität 239 47; tarifliche Regelungen 110 68; 260 30f.; Tarifnormen 251 2; Verlängerung, einzelvertragliche 110 85; Verlustschutz 254 13; Zeitschutz 107 14

Kündigungsgrund, Arbeitsverhältnis 108 45, 47; betriebsbedingter Grund 3 33; 111 3; *Weiterbeschäftigung in Konzernunternehmen* 25 32, 34; Beweislast 130 93; Darlegungslast 130 93; Diebstahl 25 31; mehrere Kündigungsgründe 114 4; minderwichtige Gründe 110 72; Mitteilungspflichten 108 21; 124 95f.; Nachschieben von Kündigungsgründen 108 22f.; 124 98ff., 104f.; personenbedingter Grund 3 33; 111 3; *Konzernbindung des Arbeitgebers* 25 31; verhaltensbedingter Grund 3 33; 111 3; *Konzernbindung des Arbeitgebers* 25 31

Kündigungsrecht, Begriff 107 21; Tarifdispositivität 237 109

Kündigungsrechtsstreit, Betriebsratswahlen 291 89, 121

Kündigungsschreiben, Übergabe 108 28

Kündigungsschutz, Abfindungsanspruch 107 10; allgemeiner 1 13; 3 33; 16 59f.; 111 2f.; 112 22; 237 97; Alt-Arbeitnehmer 112 48; Arbeitnehmer 112 3; Arbeitnehmerschutzprinzip 110 80; Arbeitnehmerschutzrecht 3 21; Auslandsbetriebe 112 34; Beschäftigungsdauer 112 3; Beschlussverfahren 122 1, 4ff., 58ff., besonderer 1 13; 3 34; 101 34; *Teilzeitbeschäftigte* 50 293ff.; Betriebsbegriff 24 59; 112 22ff.; Betriebsbezug 112 22, 46; Betriebsgröße 16 60; 130 92; Betriebsratsmitglieder 276 45, 58; 283 14; 292 9, 113; 295 198; *Nachwirkung* 297 27; Betriebsvereinbarung 110 75ff.; Beweislast 112 49, 53, 60; 130 91ff.; Darlegungslast 112 49, 53, 60; Diskriminierungsschutz durch AGG 16 55ff.; Diskriminierungsverbote 109 40; Einspruchsrecht 283 14; Einzelarbeitsvertrag 110 80ff.; Entwicklung 107 11ff.; formeller 107 23; Gesamtbetriebsratsmitglieder 300 109; Geschichte 107 1ff.; Grundgesetz 107 17f.; Grundrechtskollision 110 8f., 12; Hattenheimer Entwurf 107 7; Inlandsbetriebe 112 19, 28, 34; Insolvenzverfahren 122 1; Jugendund Auszubildendenvertreter **303** 30, 83, 94; Klagefrist **107** 10; Kleinbetriebsklausel **24** 16; Kontinuitätsinteresse des Arbeitnehmers **1** 13; Konzernbetriebsratsmitglieder **302** 81; im Konzern **25** 30 ff.; Kündigungsfrist **101** 30; Kündigungsschutzgesetz **111** 1 ff.; materialer **239** 49 ff.; materieller **107** 22; Mindestaltersgrenze **107** 8; Mindestkündigungsschutz **110** 65, 89; Nachkriegszeit **2** 40, 43; Nachwirkung **129** 26; ordre public **13** 143; Präklusion **130** 109, 116; Sachgrund **101** 29 f.; Schutzbedürftigkeit des Arbeitnehmers **3** 33; Schwellenwert **107** 10, 15; **112** 2, 37, 39, 40; **130** 92; *Arbeitsverhältnis, ruhendes* **112** 41; *Aushilfsarbeiter* **112** 41; *Auslandseinsatz* **112** 44; *Beschäftigung in der Regel* **112** 40 ff.; *ehrenamtlich Tätige* **112** 45; *Leiharbeitnehmer* **112** 43; *Praktikanten* **112** 45; *Teilzeitbeschäftigte* **112** 42; Sonderkündigungsschutz **111** 2; Sozialauswahl **107** 9 f.; tarifliche Regelungen **110** 66 ff.; Tarifmacht **237** 94, 97; Tarifvertrag **110** 66 ff.; Teilzeitbeschäftigte **50** 256 ff.; Tendenzschutz **101** 34; Unternehmensbegriff **112** 33 ff.; Unternehmensbezug **112** 22, 46 f.; **115** 235; Unternehmerfreiheit **237** 57; Verweigerungserklärung **108** 7; Wahlbewerber **291** 264; **292** 132; Wahlschutz **110** 63; Wahlvorstandsmitglieder **291** 217, 264; Wartefrist **50** 263 ff.; **109** 5 f.; **112** 3, 33, 50 ff.; **115** 194, 236; *Abdingbarkeit* **112** 52 f.; *Berechnung* **112** 54 ff.; *Option* **107** 11; Weimarer Republik **2** 29; Widerspruchsrecht des Betriebsrats **107** 8; Wirtschaftsausschussmitglieder **307** 115; zwingendes Recht **13** 143

Kündigungsschutzgesetz, Arbeitnehmerbegriff **112** 3, 15; Arbeitsverhältnisse, atypische **15** 5 ff.; Bestandsschutzgesetz **107** 14; **111** 6 f.; Geltungsbereich, betrieblicher **112** 21 ff.; Geltungsbereich, persönlicher **110** 2; **112** 1, 3 ff.; Geltungsbereich, räumlicher **112** 19; Geltungsbereich, sachlicher **110** 2; **112** 1; Inkrafttreten **107** 7; Konzernbezug **112** 36; Kündigung, betriebsbedingte **115** 9 ff.; Kündigung, ordentliche **101** 33; Kündigungsschutzrecht **111** 1 ff.; Schutzzweck **111** 8 ff.

Kündigungsschutzklage, Änderungsschutzklage; *s. dort*; Anerkenntnis **130** 122 f.; Anrufungsfrist, verlängerte **130** 81 ff.; Arbeitnehmereigenschaft **130** 28; Auflösungsantrag **130** 26 f., 124 f., 132, 142; **132** 4 ff., 8 ff.; Beendigungsschutzklage **118** 27; Beibringungsgrundsatz **130** 90; Beschleunigungsgrundsatz **130** 4; Betriebsratsmitglieder **292** 103; Betriebsübergang **143** 53 ff.; Beweislast **130** 91 ff.; Darlegungslast **130** 91, 92; Dienstwagen **67** 9; Feststellung **130** 17; Feststellungsantrag, allgemeiner **130** 19, 23, 89, 110, 114, 131; Feststellungsinteresse **130** 18, 20; Folgekündigung **130** 88; Hinweispflicht, gerichtliche **130** 85; Insolvenzverfahren **122** 14; Klageabweisung **130** 111; **131** 17; **132** 46; Klageantrag **130** 17 ff.; Klageerhebung **130** 2 f., 8 ff., 75; *objektiv bedingte* **130** 53; *subjektiv bedingte* **130** 52; *unzuständiges Gericht* **130** 11 f.; *Verzicht auf* **130** 5; Klageerweiterung **130** 13; Klagefrist **108** 47; **109** 85; **110** 41; **130** 30 ff.; *Fristversäumung* **130** 57 ff., 76 f.; *Anwaltsverschulden* **130** 70; *Fristbeginn* **130** 57 ff.; *Fristberechnung* **130** 38; *Fristenkontrolle* **130** 69; *Wahrung durch Änderungsschutzklage* **118** 34 ff.; Klagegegner **130** 50 ff.; Klagehäufung, subjektive **130** 51; Klagestattgabe **130** 112 ff.; **131** 17; Klageverzicht **132** 15; Klagezulassung, nachträgliche **130** 2, 56, 57 ff.; **133** 12; Antrag **130** 71 ff.; *Antragsbegründung* **130** 74; *Arglist des Arbeitgebers* **130** 63; *Auskunftserteilung, fehlerhafte* **130** 62; *Erfolgsaussichten der Klage* **130** 73; *Frist* **130** 73; *Glaubhaftma-* *chung* **130** 74; *Hilfsantrag* **130** 71; *Klageerhebung, Verbindung mit* **130** 75; *Krankenhausaufenthalt* **130** 64; *Krankheit des Arbeitnehmers* **130** 64; *Prüfungsumfang, sachlicher* **130** 76 f.; *Störung im Briefverkehr* **130** 61; *Urlaubsabwesenheit* **130** 65 f.; *Verschulden* **130** 60 ff.; *Vertreterverschulden* **130** 67 ff.; *Zuständigkeit* **130** 72; Kündigungsrücknahme **130** 119 ff.; Kündigungsschreiben **130** 17; Massenentlassungen **130** 6; mehrere Kündigungen **130** 21 ff.; Parteibezeichnung, Auslegung **130** 54 f.; Postulationsfähigkeit **130** 14 ff.; Präklusion von Unwirksamkeitsgründen **130** 81 ff.; punktuelle **133** 11; Rubrumsberichtigung **130** 54; Schleppnetzfunktion **130** 23 f., 131; Schlichtungsverfahren **129** 14 ff.; sic-non-Fälle **130** 28; Streitgegenstand **118** 27; **130** 17, 19, 105 ff.; Tatsache, doppelrelevante **130** 28 f.; Verwertungsverbote **130** 94 ff.; Verwirkung **109** 86; Weiterbeschäftigung **32** 52; Weiterbeschäftigungsantrag **130** 133; Wiedereinsetzung in den vorigen Stand **130** 59; Wiederholungskündigung **130** 111; Zugang der Kündigung; *im Ausland* **143** 15; Zuständigkeit **130** 9 f.; Zustellung, Vorwirkung **130** 10 ff.

Kündigungsschutzprozess, Arbeitsverhältnis, Auflösung durch Urteil **132** 1 f., 4 ff.; Berufung **130** 137; Kündigungserklärung, weitere; *Entgegennahme durch Prozessbevollmächtigten* **108** 18; Rechtskraftwirkung **130** 108 ff.; Revision **130** 137; Vergleich **134** 1 ff.

Kündigungsschutzrecht, Begriff **107** 21

Kündigungsschutzurteil, Anerkenntnisurteil **130** 123; Auflösungsurteil **130** 124 f.; Klageabweisung **130** 111; Klagestattgabe **130** 112 ff.; Kostenentscheidung **130** 126 f.; Rechtskraft **130** 108 ff., 112 f.; Streitwertfestsetzung **130** 128 ff.

Kündigungstermin, tarifliche Regelungen **260** 30 f.

Kündigungsverbot, Betriebsübergang **12** 47; Gleichbehandlungsgrundsatz **12** 47; Grundgesetz **109** 42

Kündigungsverzicht, durch Abmahnung **108** 24; **114** 42; Kündigungsgrund, Kenntnis **109** 77; Unwirksamkeit der Kündigung **108** 25; Verzicht **114** 41

Kunstfreiheit, Arbeitnehmerbegriff **18** 39; **19** 49; Arbeitnehmereigenschaft **165** 22; Arbeitsverhältnisse, befristete **103** 58; Bühnenarbeitsrecht **156** 58 f.; **165** 1, 5, 25; Filmarbeitsrecht **166** 1, 4, 40

Künstler, Arbeitsverhältnis **19** 27 f., 49 f.; Eignungsmangel **113** 108 f.; Leistungsschutzrechte **99** 32 ff.; *Vergütungsanspruch* **99** 35 ff.; Persönlichkeitsrechte **99** 38; Statuszuordnung **21** 29; Vermittlungsvergütung **29** 52

Künstlersozialversicherungsgesetz, Selbstständige **165** 5

Kurorte, Ladenschlussregelungen **188** 5, 6

Kurzarbeit, Arbeitsplatzerhaltung **29** 93; Beendigungskündigung **115** 112; Begriff **29** 93; **40** 74; Betrieb, betriebsratsloser **115** 108 f.; betriebsbedingte Kündigungen, Vermeidung **115** 107 ff., 134; Betriebsnormen **260** 30 f.; Betriebsvereinbarung **40** 75; **115** 110 f.; Individualnormen **240** 7, 14; Inhaltsnormen **239** 16; Mitbestimmung **283** 20; Mitbestimmungsrecht des Betriebsrats **29** 93; Mutterschutz **190** 59; Urlaubsentgelt **87** 36 ff.; Vereinbarung **40** 75

Kurzarbeit Null, Begriff **29** 93; **40** 74; Kurzarbeitergeld **29** 93; Urlaubsentgelt **87** 37

Kurzarbeitergeld, Anfechtung durch Arbeitgeber **93** 49; Antrag **29** 93; Arbeitsausfall, erheblicher **29** 93; **40** 74; Anzeigepflicht **29** 93; Arbeitsförderung **29** 93; Arbeitskampf **280** 17, 27; Bezugsdauer **29** 93; Entgeltausfall **29** 93; **40** 74; Höhe **29** 93; konjunkturelles **40** 74; Neutralitätsgebot **220** 56, 58, 118; Saison-Kurzar-

Sachverzeichnis

Magere Ziffern = Randnummern

beitergeld 29 94; **40** 74; Steuerfreiheit **62** 17; Streik **268** 5; Transferkurzarbeitergeld **29** 97; **40** 74; Verbleib in Beschäftigung **29** 92 f.; Verfahren **29** 93; Verlängerung **29** 93
Kurzerkrankungen, häufige, s. *Krankheit*
Kurzpausen, Ruhepausen **183** 26
Kurzzeitkonto, Arbeitszeitkonto **40** 82
Küstenfischerei, Berufsausbildung **163** 80 f.

Ladearbeiten, Nachleistung, Abbedingung **43** 9
Ladenschlussregelungen, Arbeitnehmerschutz **188** 1, 6 ff.; Aufsicht **188** 10; Aushangverpflichtung **188** 9; Ausnahmeregelungen im öffentlichen Interesse **188** 11 f., 14; Gesetzgebungskompetenz **188** 2 f., 14; Ladenschlusszeiten **188** 4 f.; Öffnungszeiten **188** 6; Ordnungswidrigkeiten **188** 13; Straftaten **188** 13; Verfassungsgemäßheit **188** 1, 14; Verzeichnis der an Sonn- und Feiertagen beschäftigten Arbeitnehmer **188** 9; Wettbewerbsneutralität **188** 1
Lage, wirtschaftliche, Berichtspflicht des Arbeitgebers **299** 56; **301** 18 f.
Lagebericht, Abstimmung mit Wirtschaftsausschuss **307** 68 f., 71; Großunternehmen **307** 65 ff.; Kleinunternehmen **307** 70 f.; Unterrichtung der Arbeitnehmer **307** 64 ff.
Landbetriebe, s. a. *Luftfahrt*; *Seeschifffahrt*; Kündigungsschutz **112** 31 f.
Länder, Insolvenzsicherung **202** 130; Landesarbeitsschutzrecht **172** 30; **174** 3; **176** 2; Nichtraucherschutz **177** 22
Landesbanken, Insolvenzsicherung **202** 130
Landesrecht, Arbeitskampf **271** 1 ff., 12; Arbeitsvertrag, Schriftform **36** 32 f., 53
Landkreise, Arbeitsvertrag, Schriftform **36** 32, 53
Ländliche Gebiete, Ladenschlussregelungen **188** 5 f.
Landtagsabgeordnete, Behinderungsverbot **129** 69; Kündigungsschutz, besonderer **129** 71, 84 ff.; *Ersatzbewerber* **129** 85; Kündigungsschutz, nachwirkender **129** 86
Landwirtschaft, Altersversorgung **202** 116; Arbeiterbegriff **19** 5; Arbeitnehmer **19** 21; Arbeitnehmerschutzrecht **152** 30; Arbeitsschutz **152** 34; Arbeitszeit **152** 36 f.; Arbeitszeitrecht **182** 58; Begriff **152** 31; biologische Arbeitsstoffe **179** 71; Erntezeit **152** 37; Gewerbebetriebe **152** 32 f.; Jugendarbeitsschutz **152** 35; **196** 6, 32; Kaufmannseigenschaft **152** 32; Koalitionsfreiheit **2** 26; Ruhezeitkürzung **183** 12; Sonntagsarbeit/Feiertagsarbeit **185** 28
Langzeitarbeitslose, Förderungsmaßnahmen **29** 82 a; Mindestlohn **61** 7; Vermittlungsgutschein **29** 51
Langzeitkonto, Arbeitszeitkonto **40** 82; Sabbatical **41** 29
Lärm, Einzelrichtlinie **173** 27
Lärmschutz, aktiver **176** 18; Arbeitsplätze **177** 30, 34 ff.; Einzelrichtlinien **173** 27 f.; Gefährdungsbeurteilung **175** 15; **177** 37; Gehörschutz **180** 2; Konzentrationsanforderungen, hohe **177** 35; Lärm- und Vibrationsschutzverordnung **174** 4; **175** 15; **177** 35 ff.; **180** 2; Lärmminderung **177** 34 ff.; Lärmschutzmaßnahmen, individuelle **176** 18; Minimierungsgebot **177** 35; Mutterschutz **190** 6
Laserstrahlung, Laserschutzbeauftragte **179** 122; Strahlenschutz **176** 11; **179** 121 f.
Lastenhandhabung, Arbeitsschutz **173** 27 ff.; **177** 40 f.; Eingliederungsmanagement, betriebliches **177** 40; Einzelrichtlinie **173** 27; Gefährdungsbeurteilung **174** 40; Gefahrenvermeidung **177** 40; Gewichtsgrenzen **174** 39; Kündigung, krankheitsbedingte **177** 40; Lastenhandhabungsverordnung **174** 4; **177** 39; *Anhang* **177** 40; manuelle **174** 39; Mutterschutz **190** 6; Unterweisungspflicht **177** 41

Laval (Rs.), Streikrecht **217** 17; **227** 11; **269** 3, 9, 15, 23 f., 26 ff.
Lawrie-Blum (Rs.), Arbeitnehmerbegriff **18** 52, 54
Lean Management, Hierarchie, flache **28** 19
Lebensalter, Ungleichbehandlung **14** 43
Lebensarbeitszeitkonto, Arbeitszeitkonto **40** 82
Lebensgemeinschaft, nichteheliche, Kündigung, personenbedingte **113** 104
Lebenslauf, Ausbildung **33** 33; Bewerbungsverfahren **33** 32 ff.; Leerzeiten **33** 33; Lückenlosigkeit **33** 33; Strafhaft **33** 33
Lebenspartner, Hinterbliebenenversorgung **202** 82, 99; Kündigung, personenbedingte **113** 103 f.
Lebenspartnerschaftsbegründung, Beihilfen, Pfändungsschutz **74** 86
Lehrdeputat, Arbeitszeitänderung **40** 95; Befristung, schuljahresbezogene **40** 100 a
Lehre, Arbeitszeit **182** 89
Lehrer, Arbeitnehmereigenschaft **19** 44; Arbeitspflicht **40** 6, 24; Arbeitsverhältnis, befristetes **103** 38, 48, 72, 114, 194; Arbeitszeit **156** 7; Befristungen des Arbeitsverhältnisses **156** 5; Gewerkschaft **222** 14, 17; Meinungsfreiheit **7** 57; Streikrecht **220** 73; tarifliche Regelungen **156** 2 ff.; Teilzeitbeschäftigung **102** 3; Urlaub **156** 7; Vergütung **156** 6
Lehrlinge, Personalentwicklung **28** 23
Lehrvertrag, Genehmigung, gerichtliche **36** 58
Leibesvisitationen, Persönlichkeitsrecht des Arbeitnehmers **55** 30, 32
Leiharbeit, s. a. *Arbeitnehmerüberlassung*; Abrufarbeit **145** 118; Arbeitgeber **112** 5; Arbeitsbedingungen, sichere und gesunde **172** 48; Arbeitskampf **145** 164 ff.; Arbeitskollisionsrecht **13** 39; Arbeitsschutz **12** 34, 37; **176** 6 a, 19; Arbeitsverhältnis **101** 2; Arbeitsverhältnis kraft Gesetzes **32** 62; Befristung **103** 13, 45 f.; Betriebsrat, Zuständigkeit **283** 14; Betriebsübergang **142** 134; Betriebsverfassung **145** 160 ff.; Betriebszugehörigkeit **24** 62; Dauerbedarf **145** 28; echte **145** 9; Entgeltgleichheit **60** 42; Gesundheitsschutz **12** 34, 37; **173** 26; Haftungsbeschränkung gegenüber Entleiher **57** 64; Jahresarbeitszeitvertrag **145** 119; Kettenverleih **145** 48; Kündigungsbefugnis **112** 5; Kündigungsschutz **112** 5; Lohndumping **145** 13 f.; Massenentlassungen **121** 23, 32; Modell, entleiherbetriebsbezogenes **145** 12; Modell, verleiherbetriebsbezogenes **145** 12; Personalvertretungsrecht **145** 161; Teilzeitarbeit **145** 118; unbefristete **103** 45 f.; unechte **145** 9; Unternehmenszugehörigkeit **24** 62; Urlaubsentgelt **88** 3; Urlaubsgewährung **88** 3; vorübergehende **145** 16, 19
Leiharbeitnehmer, Angebot der Arbeitsleistung **76** 23; Arbeitspflichtverletzung **145** 59, 68; Betriebszugehörigkeit **285** 16 f.; **291** 71, 92; Elternzeit **145** 111; Koalitionsfreiheit **145** 168 ff.; Leistungsmängel **145** 68; Leistungspflicht **145** 141; Leistungsverweigerungsrecht **145** 120 ff.; Lohnuntergrenze **8** 11; **215** 40; Mindestlohn **145** 97 ff.; Mutterschutz **145** 109 f.; **189** 7; Streikbrechereinsatz **25**; **275** 7 ff.; Streikklauseln **275** 11; Übernahmepflicht **239** 40; Urlaub **106** ff.; Vergütung **145** 92 ff., 112; Verhinderung, persönliche **145** 104 f.; Vertragsbestätigung **145** 94; Wahl-

recht, aktives **291** 92, 95 ff.; Zeiten, beschäftigungslose **145** 112; Zeugnisanspruch **138** 1
Leiharbeitsrichtlinie, Arbeitnehmerbegriff **22** 18; Gleichbehandlung **145** 13; Schwellenwerte **145** 15; tarifliche Regelung **145** 13; Überlassungshöchstdauer **145** 8
Leiharbeitsverhältnis, Arbeitsverhältnis **145** 90; Arbeitszeit **182** 50; Arbeitszeitlage **145** 114; Befristung **145** 128 ff.; Direktionsrecht **145** 113 f.; fehlerhaftes **145** 214; Kündigung **145** 137 ff.; *betriebsbedingte* **145** 139; *krankheitsbedingte* **145** 140; *personenbedingte* **145** 140; Mehrarbeit **145** 116 f.; Tarifmacht **236** 13; Vertrag zugunsten Dritter **145** 91, 115
Leiharbeitsvertrag, Form **36** 37
Leistungsbeschränkung, Arbeitskampfmittel **273** 9 f.
Leistungsbestimmung durch Dritte, tarifliche Regelung **241** 7
Leistungsbestimmung, einseitige, Anordnungen **11** 1; Arbeitsverhältnis **11** 1 ff.; Zusagen **11** 1
Leistungsbestimmungsrecht, Arbeitsbedingungen **117** 27; Tarifvertrag **237** 15 f.
Leistungsbewertung, Datenspeicherung **96** 53
Leistungsentgelt, Entgelthöhe **64** 1; Mitbestimmung **64** 55
Leistungsklage, Anrufungsfrist, verlängerte **130** 87; Einwirkungsklage **259** 8; Tarifvertragsvollzug **259** 7
Leistungslohn, Arbeitsentgelt **64** 4; Bemessungsgrundlagen **64** 7; Betriebsvereinbarung **64** 6 ff.; Entgeltausfallprinzip **64** 25; Entgelthöhe **64** 1; Leistungsentgeltkurve **64** 8; Leistungsentgeltstufen **64** 8; Mindestentgelt **64** 8; Mitbestimmung **64** 9; Prämiensystem **168** 22; Tarifvertrag **64** 6 ff.; Vereinbarung **64** 5 ff.; Wechsel in Zeitlohn **64** 10, 17
Leistungsort, *s. a. Arbeitsort*; Arbeitsleistung **40** 49 ff.; Erfüllungsort **40** 50; Gerichtsstand **40** 50; Inhaltsnormen **239** 12
Leistungspflicht, Subjektivität **40** 44
Leistungsprinzip, Einstellung in den öffentlichen Dienst **32** 89
Leistungsstörungen, Tarifpflichten **259** 15 ff.
Leistungsverdichtung, Kündigung, betriebsbedingte **115** 176
Leistungsverfügung, einstweiliger Rechtsschutz **42** 4
Leistungsverweigerung, Arbeitskampfmittel **265** 6 f.
Leistungsverweigerungsrecht, allgemeines **41** 15 f.; Arbeitsleistung **41** 7; Arbeitsverweigerung **124** 31; Pflichtenkollision **41** 15 f.
Leistungszeit, Inhaltsnormen **239** 12
Leistungszulage, Arbeitsleistung **40** 48
Leitende Angestellte, Abgrenzung **20** 2 f., 7 f., 40 ff.; ähnliche leitende Angestellte **20** 64 ff., 68 f.; Altersgrenze **103** 98; Altersteilzeit **51** 8; Arbeitgebereigenschaft, betriebsverfassungsrechtliche **286** 11; Arbeitnehmerbegriff **311** 185 f.; Arbeitnehmergruppe **20** 1, 3, 6, 9; Arbeitnehmerschaft **310** 2, 10; Arbeitnehmerschutzrecht **20** 5; Arbeitnehmerüberlassungsgesetz **310** 8; Arbeitsbedingungen **20** 8; **312** 2, 64 ff.; Arbeitsvertrag **20** 24; **285** 68 f., 77, 84; Arbeitszeit **20** 13; **47** 36 ff.; Arbeitszeitgesetz **182** 54; Aufgaben, sonstige **20** 23, 33 ff.; **285** 84; *Bestand des Unternehmens* **285** 84 ff.; *Bestand und Entwicklung des Betriebs* **20** 34 f.; *Entwicklung des Unternehmens* **285** 84 ff.; Aufgaben, unternehmerische **285** 79 ff.; Aufgabenwahrnehmung, regelmäßige **20** 39; **285** 95; Aufhebungsvertrag **312** 76; Auflösungsantrag **132** 41; Aufsichtsratswahlen **311** 185; Auslegungsregeln **20** 40 f.; Ausscheiden aus Betrieb **312** 76; Befristung **103** 27 f.; Begriff **19** 12 ff.; **20** 12 ff.; **310** 4 ff.; Beschwerderecht nach AGG **17** 35; betriebliche Altersversorgung **206** 88 ff., 95; *Zusagezeitpunkt* **207** 50 f.; Betriebsleiter **20** 64 f., 67; Betriebsratswahlen **20** 58; Betriebsübergang **142** 11, 132; Betriebsvereinbarung **8** 36; Betriebsverfassung **20** 12 ff.; **285** 67 ff.; **286** 11; **291** 67; **310** 1 f.; Betriebsversammlung, Teilnahme an **299** 30, 40; Beurteilungsgrundsätze, allgemeine **312** 2, 64, 70; Definition **285** 67; Einstellungen **312** 73 ff.; Einstellungsbefugnis **20** 26 f., 68 f.; **285** 69 ff.; **310** 5; Entgeltfortzahlung im Krankheitsfall **80** 1; Entlassungsbefugnis **20** 26 f., 68 f.; **285** 69 ff.; **310** 5; Entscheidungsmacht **310** 1; Entscheidungsspielraum **20** 16, 37 f.; Erfahrungen **20** 36; **285** 89; freie Entfaltung der Persönlichkeit **312** 54; Führungsgrundsätze **312** 70; Gehaltsgestaltung **312** 66; Generalvollmacht **20** 28 f.; **285** 78; **310** 5; Geschäftsführer **20** 64 ff.; Gleichbehandlungsgrundsatz **312** 54 f., 60; Haftungsbeschränkung **57** 64; Interessenvertretung **285** 87; Jahresarbeitsentgelt **20** 46, 53 ff.; **310** 6; *Dreifaches der Bezugsgröße des § 18 SGB IV* **310** 6; Jahresverdienstgrenze **20** 5; Kenntnisse, besondere **20** 36; **285** 89; Kontakt zum Sprecherausschuss **311** 60; Konzernbezug **20** 69; Kündigung **312** 2 f., 81 ff.; *Anhörung des Sprecherausschusses* **312** 81 ff., 124; *außerordentliche* **312** 84; *Datenschutz* **312** 83; *Einspruchsrecht des leitenden Angestellten* **312** 87; *hilfsweise ordentliche* **312** 84; *Weiterbeschäftigung, vorläufige* **312** 86; *Widerspruch des Sprecherausschusses* **312** 86; Kündigungsrechtsstreit **20** 59; Kündigungsschutz **20** 4, 61 ff.; **112** 17; *besonderer* **20** 63; Legaldefinition **20** 7 f., 20, 42, 45; **310** 6; leitende Stellung **20** 64; Leitungsaufgaben **20** 15 f.; Leitungsebene **20** 51 f.; **310** 6; Loyalitätsobliegenheiten **55** 49; Massenentlassungen **121** 29, 91 f.; Mitbestimmungsorgan **22** 4; Personalakten, Einsichtnahme **312** 60, 63; Personalentscheidungskompetenz **20** 26 f., 68 f.; **285** 69 ff.; *Selbstständigkeit* **285** 75 f.; Prokura **20** 28, 30; **285** 78 f.; **310** 5; **311** 11; Schutzbedürftigkeit, soziale **20** 10; Schutzgesetze **312** 11; Selbstverwaltung, soziale **20** 9; Sonderstellung **20** 10 f.; **310** 1 f.; Sprecherausschuss; *s. dort*; Sprecherausschuss, Wahlen zum **20** 58; *s. a. Sprecherausschusswahlen*; Sprecherausschussgesetz **20** 12 f.; Statusverfahren **20** 58, 60; Stellung **285** 68 f., 77, 84; Stellung im Unternehmen oder im Betrieb **20** 24 f.; Streikrecht **272** 19; Teilzeitanspruch **40** 97; Überarbeit **40** 70; Unternehmensleitung **20** 2; Unternehmensmitbestimmung **20** 13; VAA **222** 17 f.; **310** 1; VDF **222** 12; Veränderungen, personelle **312** 2, 73 f., 76; Verbände **222** 7, 18; Verhandlungspartner des Sprecherausschusses **311** 12; Versammlung der leitenden Angestellten **311** 84 ff.; *Artikulationsforum* **311** 84; *außerordentliche* **311** 89; *Dauer* **311** 93; *Einberufung* **311** 90; *Entgeltfortzahlung* **311** 105; *Friedenspflicht* **311** 85; *Kostentragung* **311** 103 f.; *Leitung* **311** 97 f.; *Nichtöffentlichkeit* **311** 94, 96; *ordentliche* **311** 87 f.; *Ort* **311** 92; *Rederecht* **311** 98; *Tätigkeitsbericht* **311** 99; *Teilnahmerecht* **311** 94 ff.; *Teilversammlungen* **311** 86; *Themen* **311** 99 ff.; *Zeitpunkt* **311** 91; Wahrnehmung eigener Belange **312** 3, 50; Unterstützung durch Sprecherausschuss **312** 60 f.; Weisungsfreiheit **20** 37 f.; **285** 90 f.; Wirtschaftsausschuss, Hinzuziehung zum **307** 18; Zeugnisanspruch **138** 1; Zuordnung **310** 7; **311** 4, 20; **312** 83; *aus Anlass der letzten Wahl* **20** 47 f.; *Entscheidung, gerichtliche* **20** 47, 49 f.;

Sachverzeichnis

Magere Ziffern = Randnummern

Zuordnungsverfahren **20** 58; **291** 14, 21, 229 ff., 290, 292; **311** 7, 11, 25
Lenkzeiten, Anweisungen des Arbeitgebers **93** 42
Lenkzeitunterbrechung, Ruhepause **40** 85
Lex Berlepsch, Arbeiterschutzrecht **2** 10 f.
lex rei sitae, Betriebsverfassung **284** 25 f.
Liquidatoren, Betriebsverfassungsrecht **285** 48, 50, 52
Listen, schwarze, s. *Schwarze Listen*
Listensprung, Betriebsratswahlen **291** 163
Lizenzfußballspieler, Arbeitnehmereigenschaft **19** 55; Beschäftigungsinteresse **92** 12
Lizenzspielerstatut, Vertragsstrafenvereinbarungen **43** 51
Logopäden, Ausbildung, qualifizierende **169** 19; Gesundheitsdienstleistungen **169** 16; Heilmittelerbringer **169** 1, 16
Lohn, Arbeitsentgelt **60** 1; Einnahmen aus nichtselbständiger Arbeit **62** 8
Lohnausfallprinzip, Entgeltfortzahlung im Krankheitsfall **50** 213; Urlaubsentgelt **44** 104
Lohnausgleichskassen, Einrichtungen, gemeinsame **242** 2, 14
Lohndumping, Arbeitnehmerentsendegesetz **249** 3; Leiharbeit **145** 13 f.; Unterbietungswettbewerb **60** 25
Lohnerhöhung, Gleichbehandlungsgrundsatz **14** 17, 47
Lohnfortzahlung im Krankheitsfall, Existenzschutz **3** 32
Lohngestaltung, Mitbestimmung **60** 67 f.
Lohngestaltung, betriebliche, Mitbestimmung **206** 81, 91
Lohngewerbetreibende, Begriff **200** 15
Lohnkonten, Aufbewahrungspflicht **139** 16
Lohnnebenleistungen, Benachteiligungsverbot **50** 175; ohne Entgeltcharakter **50** 171, 173 f.; Entgeltcharakter **50** 171 f., 174 f.; geldwerte teilbare **50** 171, 175, 187 f.; Gleichbehandlungsgebot **50** 175 f.; Sachleistung, unteilbare **50** 171; unteilbare **50** 190 ff.
Lohnpfändung, *s. a. Pfändungs- und Überweisungsbeschluss*; Abänderungsklage **74** 66; Abtretungsausschluss **73** 9 ff.; Anhörungen **74** 66; Arbeitsverhältnis **74** 70; Aufrechnung **74** 48 ff.; Auskunftspflicht des Arbeitgebers **93** 45; Auskunftspflicht des Arbeitnehmers **74** 62 f.; Betriebsübergang **142** 145; Drittschuldner **74** 3, 6a; *Arbeitgeber* **93** 45; *Feststellungsklage, negative* **74** 51; Drittschuldnererklärung **74** 25 f.; *Kosten* **74** 37; Drittschuldnerklage **74** 55 ff.; Endurteile **74** 4; Ersatzzustellung **74** 39; Fragerecht des Arbeitgebers **33** 128; Girokontoguthaben **74** 32a; Gläubiger **74** 3, 6a; Hinterlegungspflicht **74** 45; Klausel **74** 4; Kostenerstattungspflicht **74** 53 f.; Kündigungsgrund **74** 70; Lohnforderung **74** 9 ff.; *künftige Forderungen* **74** 14; Pfändungsantrag **74** 5 ff.; Beteiligtenbezeichnung **74** 6a; Zuständigkeit **74** 5; *Vollstreckungsforderung* **74** 7 ff.; Pfändungsschutz **74** 71 ff.; Pfändungsschutzkonto **74** 32a; Schuldner **74** 3, 6a; Urkundenherausgabe **74** 63; Verzicht **74** 61; Vollstreckungsgegenklage **74** 66; Vollstreckungshindernisse, Fehlen **74** 4, 16; Vollstreckungstitel **74** 4; Vollstreckungsvoraussetzungen **74** 4; besondere **74** 4; Vorpfändung **74** 23 f.; Vorratspfändung **74** 8; Wiederaufleben **74** 12; Wiederaufnahme **74** 65; Wiedereinsetzung in den vorigen Stand **74** 65; Zustellung **74** 39; Zwangsvollstreckung, Aufhebung **74** 69; Zwangsvollstreckung, einstweilige Einstellung **74** 69
Lohnrisiko, Arbeitskampf **279** 11 f., 24 ff.; ohne Arbeit kein Lohn **3** 30

Lohnrückstände, Kündigung, arbeitnehmerseitige **124** 39; Zurückbehaltungsrecht **124** 31
Lohnschiebung, Lohnpfändung **74** 105 f.
Lohnsenkung, Rückwirkung **237** 52
Lohnsteuer, Abführungspflicht des Arbeitgebers **62** 3, 24, 27 f., 57 f.; **69** 2; **93** 43; Abrechnung in Textform **62** 58; Abtretung des Vergütungsanspruchs **62** 4; Amtshaftungsanspruch **62** 26; Anrufungsauskunft **62** 28a; Ausbildungsvergütung **149** 100; Einbehaltungspflicht des Arbeitgebers **62** 3, 24, 57 f.; **69** 2; **93** 43; ELStAM **39** 36; Erhebungsform der Einkommensteuer **62** 3; Erstattungsanspruch **62** 26; Haftung des Arbeitgebers **93** 43; Höhe **62** 25; Lohnsteuer-Jahresausgleich **62** 26, 28a; Lohnsteueranmeldungszeitraum **62** 27; Lohnsteuerpauschalierung **62** 29 ff.; Pauschalierung **62** 29 ff.; Schuldner **93** 43; Steuerklassen **62** 25; Zuflussprinzip **62** 5
Lohnsteuer-Anmeldung, Steuererklärung **39** 34
Lohnsteuerabzugsmerkmale, elektronische, Abruf durch Arbeitgeber **62** 53; Steuerfreibeträge **62** 54
Lohnsteuerbescheinigung, Aushändigung **39** 45; Berichtigung **70** 7; Herausgabeklage **70** 7
Lohnsteuerbescheinigung, elektronische, Ausdruck, Herausgabepflicht **139** 1
Lohnsteuererstattungsanspruch, Pfändung **74** 62 f.
Lohnsteuerkarte, Abschaffung **39** 35 f.; Änderung der persönlichen Verhältnisse **62** 53; Herausgabe **35** 28; Steuerklassen **62** 25
Lohnstop, Kollisionsrecht **13** 99
Lohntarifvertrag, Laufzeit **225** 6
Lohnuntergrenze, Arbeitnehmerüberlassung **248** 7; Mindestlohn **218** 101; Mindeststundensätze **215** 40
Lohnuntergrenzenverordnung, Leiharbeitsverhältnisse **249** 28 ff.
Lohnverschleierung, Lohnpfändung **74** 105, 107 f.
Lohnverwendungsabreden, Betriebsvereinbarung **68** 9
Lohnverwirkungsabreden, AGB-Kontrolle **43** 58; Verfügung, aufschiebend bedingte **43** 58
Lohnwelle, Gleichbehandlungsgrundsatz **14** 17
Lohnwucher, zu Lasten des Arbeitgebers **38** 21; Sittenwidrigkeit **38** 18 f.; Strafbarkeit **38** 20; **60** 92; Vergütung, übliche **251** 25
Lohnzahlung, Arbeitsvertragsrecht **4** 9
Lohnzahlungsanspruch, Individualrecht **286** 31
Lohnzuschläge, Einkommensteuer **62** 7 f.
Lokomotivführer, GDL **222** 17, 19a
Lotsenbrüderschaften, Tariffähigkeit **232** 79
low performance, Abmahnung **40** 47; Arbeitsleistung **43** 27; Kündigung, personenbedingte **40** 47; **43** 67 f.; Kündigung, verhaltensbedingte **43** 67 f.; Vertragsanfechtung **40** 47
Loyalitätspflichten, Arbeitnehmer **54** 1; **55** 16, 49, 51; Arbeitsverhältnis **54** 1; Inhaltskontrolle **54** 1; kirchlicher Dienst **116** 1 ff., 5 ff., 11 ff., 38 ff.; Treuepflicht, arbeitsvertragliche **33** 105
Luftfahrt, Betriebsverfassung **284** 23; Flugbetrieb **240** 35; **284** 23; **309** 31, 38 f.; *Betriebsverfassung* **309** 42; *Sondervertretungen* **309** 45; Gewerbsmäßigkeit **309** 37; Landbetriebe **240** 35; **284** 23; **309** 30, 38, 40 f.; *Sprecherausschüsse* **310** 18; Luftfahrtunternehmen **309** 34 ff.; *Beförderungstätigkeit* **309** 39 f.; *Wirtschaftsausschuss* **309** 42; Luftfahrzeug **309** 35; Mitbestimmung, betriebliche **309** 30 ff.; Streitigkeiten **309** 52; Tarifeinheitsgesetz **309** 51; Tarifvertrag **309** 44 ff.; *Nachwirkung* **309** 49 f.; Unionsrecht **309** 32; Versetzung zum Bodenpersonal **309** 43

Luftrettungsdienst, Mitbestimmung, betriebliche **309** 36

Luftverkehr, Arbeitszeitschutz **187** 16; Kündigungsschutz **112** 32

Luftverkehrsbetriebe, Betriebsbegriff **121** 3, 16 f.; Massenentlassungen **121** 36

Lügendetektor, Unzulässigkeit **94** 14

Mächtigkeit, soziale, Tariffähigkeit **232** 20 ff.

Majoritätstarifvertrag, Tarifkollision, Auflösung **244** 2

Mandantenschutzklauseln, beschränkte **140** 22; Wettbewerbsverbot, nachvertragliches **140** 21

Mandantenübernahmeklauseln, Sittenwidrigkeit **140** 23; Wettbewerbsverbot, nachvertragliches **140** 23

Mandatsträger, Kündigung, betriebsbedingte **115** 73; Kündigungsausschluss **115** 202; **123** 33

Mangold-Entscheidung, Altersdiskriminierungsverbot **15** 12; **32** 117, 151; Diskriminierungsverbot **12** 11; Richterrecht **6** 33; Umsetzung im nationalen Recht **6** 40

Manko, Differenz Soll-/Istbestand **57** 69

Mankogelder, Festbetrag **57** 73; Risikoausgleich **57** 70, 73

Mankohaftung, Beweislast **57** 82 f.; Beweislast für Verschulden **57** 83; Darlegungslast, gestufte **57** 83; Fehlbetrag **57** 69; Fehlmenge **57** 69; gesetzliche **57** 70 f.; Haftungsbeschränkung **57** 69; Integritätsinteresse **57** 70; Kassenmanko **57** 78; Kassenverantwortung **57** 74; Kaution **57** 78; Mankovereinbarung **57** 68, 69a, 73 ff.; *Angemessenheitskontrolle* **57** 74 f.; *Beweislast* **57** 73, 76, 80 f.; *Beweislastklauseln* **57** 81; *Einstandspflicht, verschuldensunabhängige* **57** 76; *Manko, unverschuldetes* **57** 73; *Mankogeldzusage, isolierte* **57** 73; *Transparenzgebot* **57** 76; *Warenschwund, natürlicher* **57** 73; Mitverschulden des Arbeitgebers **57** 72, 83; Schadenshaftung **57** 69 f.; Sittenwidrigkeit **38** 17; Vereinbarung **57** 73 ff.; Versicherungsobliegenheit **57** 72; Verzicht **57** 79; Warenmanko **57** 78

Manteltarifvertrag, Unbefristetheit **260** 7

Marburger Bund, Rechtsform **223** 5; Spitzenorganisation **223** 8; Tariffähigkeit **222** 17

Margarethenhof-Abkommen, Schlichtung, tarifliche **282** 1 ff.

Marktverkehr, Arbeitsstätten **177** 5

Marktwirtschaft, Arbeitsverfassung **6** 22; Koalitionsfreiheit **221** 3; Tarifautonomie **5** 11

Maschinen, Begriff **178** 10; Inverkehrbringen **178** 10 ff.

Maschinenrichtlinie, Arbeitsschutzrecht **172** 27; **173** 7 f.; Haftungsrecht **175** 41

Maschinensicherheit, arbeitsvertragliche Ansprüche der Beschäftigten **178** 31; Bescheinigungsverfahren **178** 12 ff.; Bußgeldtatbestände **178** 12b, 27; CE-Kennzeichnung **178** 17, 19, 24, 32; Dokumentationspflichten **178** 12; Eigenverantwortung **178** 12a; Elektrizität **178** 10; erneuerte Maschinen **178** 10; gebrauchte Maschinen **178** 10, 15; gefährliche Maschinen **178** 12a; Gerätesicherheitsgesetz **178** 1; Gesundheitsanforderungen **178** 9; GS-Zeichen **178** 12b, 17, 24, 27, 32; Händler **178** 6; harmonisierter Bereich **178** 13; Hersteller **178** 6, 11, 30; Herstellerbescheinigung **178** 12a; Importeure **178** 6, 30; Information, behördliche **178** 25 f.; Konformitätserklärung **178** 12; Marktüberwachung **174** 32, 82; **178** 18 ff., 49; Maschinenverordnung **178** 4, 9 ff.; new approach **173** 5; **174** 32; **178** 15 f.; nicht harmonisierter Bereich **178** 13 ff.; Prüfpflichten **178** 12; Quasi-Hersteller **178** 6; Rechtsbruch **178** 32; Sicherheitsanforderungen **178** 11; Sicherheitsbauteile **178** 10 ff.; Überwachung **178** 18 f.; Vollzug **178** 21 ff.; Warnung, öffentliche **178** 22; Wettbewerbsrecht **178** 32

Massenänderungskündigung, Amtsträger **127** 34 f.; Arbeitnehmer, kündigungsgeschützte **120** 16; Arbeitskampfmittel **265** 23; **272** 52; **275** 3; *Rechtswidrigkeit* **273** 14; Begriff **117** 22; Entgeltreduzierung **275** 3; Entlassung **117** 23; Kündigungsschutz, besonderer **127** 34 f.

Massenentlassungen, 30-Tage-Zeitraum **121** 65 ff.; Abfindung **121** 113; Altersteilzeit **121** 50, 195 f.; Änderungskündigungen **121** 50, 195 f.; Anzeigepflicht **12** 48; **135** 13; Arbeitgeberbegriff **121** 4, 41; Arbeitnehmer, beurlaubte **121** 25; Arbeitnehmerbegriff **121** 4, 26 f.; Arbeitnehmerkategorien **121** 109; Arbeitnehmerschutz **12** 19, 48; **121** 1, 80 f.; Arbeitnehmervertretungen, Beteiligung **121** 4; Arbeitsmarktpolitik **121** 1 f., 8, 79, 127; Arbeitsverhältnisse, befristete **121** 22; Arbeitsvertragsstatut **13** 144; Arbeitsverwaltung, Beteiligung **121** 127 ff., 132; Aufhebungsvertrag **12** 48; **135** 13; Ausscheiden des Arbeitnehmers **121** 58 f.; Auswahlkriterien **121** 112, 146; Auswahlrichtlinien **121** 112; Auszubildende **121** 30; befristet Beschäftigte **121** 33 f., 54 ff.; Bereichsausnahmen **121** 3, 36, 40; Berufsgruppen **121** 2, 109 f., 172; Beschäftigungstherapie **121** 31; Betriebsänderung **12** 48; **115** 26; **121** 20; Betriebsbegriff **121** 3, 4 ff.; *Betriebsverfassungsrecht* **121** 9; Betriebsgröße **121** 3, 18; Betriebsratsanhörung **110** 52; Betriebsstilllegung **121** 19, 131, 172; Betriebsteile **121** 10, 87, 130; qualifizierte **121** 10; BQG, Wechsel in **121** 60 ff.; Darlegungslast **121** 197 ff.; Determination, subjektive **121** 107; Dienstleistungsbetrieb **121** 7; Eigenkündigung **121** 58; Elternzeit **121** 25; Entgeltanspruch **121** 154; Entlassungen, indirekte **121** 51 f.; Entlassungsbegriff **121** 4, 42 ff., 68, 157, 185; Entlassungsgründe **121** 108, 143; Entlassungssperre **121** 79, 153, 173; Entlassungszeitraum **121** 111; Fehler, Kausalität **121** 190 ff.; freie Mitarbeit, Wechsel in **121** 63; Freifrist **121** 157 ff.; Gemeinschaftsbetrieb **121** 11, 72, 87, 130; Geschäftsführer **121** 27 f.; Heilung **121** 185 f., 188 f.; Informationsverfahren **12** 48 f.; Insolvenz des Arbeitgebers **121** 78; **122** 12, 45 f.; Interessenausgleich **101** 29; Interessenausgleich mit Namensliste **121** 121 f.; Konsultationsverfahren **12** 48 f.; **117** 23; **121** 13, 19, 82, 83 ff., 106 ff.; *Anspruch auf Durchführung* **121** 204; *Arbeitnehmervertretung, Fehlen* **121** 96 f.; *Beendigung* **121** 116 ff., 132; *neben Beteiligungsverfahren* **121** 122; *Betriebsratsanhörung* **121** 124; *Einleitung durch Arbeitgeber* **121** 89, 102; *Fehlerhaftigkeit* **121** 166 f., 190 f.; *Gesamtbetriebsrat* **121** 85; *Interessenausgleichsverhandlungen* **121** 122 f.; *Mindestdauer* **121** 115, 118 ff.; *Schriftlichkeit* **121** 104 f., 170; *Unterrichtung des Betriebsrats* **121** 150 f., 171 f.; *Zusammenschlüsse* **121** 86; im Konzern **121** 27, 88 f., 99 ff., 103, 130; Kündigungen, außerordentliche **121** 48 f.; Kündigungen, personenbedingte **121** 47; Kündigungen, verhaltensbedingte **121** 47; Kündigungsfrist **121** 153 f.; Kündigungsschutz **112** 30; Kündigungsschutzklage **130** 6; Kündigungsschutzprozesse, anhängige **121** 21; Kündigungswellen **121** 59; Leiharbeitnehmer **121** 23, 32, 54 ff.; leitende Angestellte **121** 29; Mitwirkung des Betriebsrats **283** 14; Mutterschutz **190** 59; Nachkündigung **121** 76, 126, 131, 160 f.; Negativattest **121** 187; öffentliche Hand **121** 3, 38, 94; Personengruppen **121** 3; Präklusion von Rügen

1645

Sachverzeichnis

Magere Ziffern = Randnummern

121 82, 202; Praktikanten **121** 30; Produktionsbetrieb **121** 7; Rechtsmissbrauchskontrolle **121** 8; in der Regel Beschäftigte **121** 18 ff.; Regelungsort **101** 26; Regiebetriebe **112** 30; **121** 38; Richtlinien, europäische **12** 48 f.; Sachgrund **101** 29; Sanktionen **121** 165 ff.; Schwellenwerte, Überschreitung **12** 48; **117** 23; Schwellenwerte, Unterschreitung **121** 77, 173; Schwerbehinderte **121** 74; Sonderkündigungsschutz **121** 68 ff., 159 f.; *Zustimmung, behördliche* **121** 73 ff.; Sozialplan **101** 29; **121** 113; Sperrfrist **121** 153 ff.; stufenweise **121** 19; Teilzeitbeschäftigte **121** 24, 32; Tendenzbetriebe **121** 37; Transfergesellschaft, Wechsel in **121** 60 ff.; Umschüler **121** 30; Unterlassungsanspruch des Betriebsrats **121** 203; Unterrichtung der Arbeitsverwaltung **101** 29; **110** 52; Veranlassung durch Arbeitgeber **121** 57 ff.; Vermittlungsfähigkeit **121** 109; Volontäre **121** 30; Werkstattverhältnis **121** 31; Zusammenschlüsse **121** 13 ff.

Massenentlassungsanzeige, Arbeitnehmer **121** 144; Arbeitnehmerbegriff **22** 14 f.; Auswahlkriterien **121** 146; Betriebsart **121** 142; Determination, subjektive **121** 149; Entlassungsgründe **121** 143; Entlassungszeitraum **121** 145; erneute **121** 162; fehlende **121** 174; Fehler, Kausalität **121** 190; Fehlerhaftigkeit **121** 173, 175 ff., 190, 192 ff.; Form **121** 133, 182; Formular **121** 2; Glaubhaftmachung der Unterrichtung **121** 138 ff.; Heilung **121** 185 f.; Inhalt **121** 141 ff.; mehrere Anzeigeverfahren, Verbindung **121** 152; Mussangaben **121** 141 ff., 148 f., 183; Nachmeldung **121** 76, 162; Schwellenwerte **22** 15; **117** 23; Sollangaben **121** 141, 147 ff., 184; Sprache **121** 134; Stellungnahme des Betriebsrats **121** 119, 135 ff., 179; Unterrichtung des Betriebsrats **121** 150 f., 181; Verbrauch **121** 162; Verfahren **121** 82; Zeitpunkt **121** 132

Massenentlassungsrichtlinie, Arbeitnehmerbegriff **22** 14; Arbeitnehmerschutz **121** 1, 80 f.

Massenkündigung, Arbeitskampfmittel **265** 23; **272** 52; Druckausübung **273** 13; Streikteilnahme **276** 47; Verfahren **109** 54

Maßregelungsklausel, Streikbeteiligung **66** 10

Maßregelungsverbot, Änderungskündigung **119** 74; Anspruch auf Beschäftigungsverhältnis **32** 74; Kündigungen, Unwirksamkeit **109** 83; Kündigungsverbot **109** 52 f.; **110** 63

Matrixstrukturen, Wahlberechtigung **291** 109 f.

Mecklenburg-Vorpommern, Koalitionsfreiheit/Arbeitskampf **271** 2; Kündigungsschutz für Abgeordnete **129** 98; Kündigungsschutz für Mandatsträger **127** 88; Ladenschlussregelung **188** 14

Mediation, Arbeitszeitflexibilisierung **48** 32; Benachteiligung, Beseitigung **17** 25; Definition **282** 9; Konfliktlösung **308** 29; Kontrollratsgesetz Nr. 35 **282** 14; Phasen **282** 11; Tarifautonomie **282** 13; Tarifrecht **282** 9 ff.; Vertraulichkeit **282** 9, 11

Mediationsvereinbarung, Tarifrecht **282** 11; Verschwiegenheitsklausel **282** 11

Medienarbeitnehmer, Tendenzförderungspflicht **167** 24 ff.; Tendenzgebundenheit **167** 20 ff.

Medienarbeitsrecht, Arbeitskampf **167** 36; Arbeitsschutz **167** 5; Benachteiligungsschutz **167** 28; content **167** 3 f., 7; Mitbestimmung **167** 32 ff.; *Eigenartsklausel* **167** 33; Sozialschutz **19** 51 f.; **167** 4 ff.; Vertragsverhältnisse **19** 51 f.

Medienfreiheit, Arbeitskampfrecht **167** 36; Mitbestimmung **167** 32 ff.; Sozialschutz **167** 5

Medienmitarbeiter, freie Mitarbeit **166** 21

Medizinische Versorgungszentren, Ärzte, angestellte **169** 13; Behandlungsvertrag **169** 24 f.; Versorgung, ambulante vertragsärztliche **169** 11 f.

Mehrarbeit, Arbeitsverweigerung **124** 31; Arbeitszeit **40** 64; Arbeitszeitnormen **40** 90; Individualnormen **240** 7, 11; Vertretungsarbeit **45** 94; Zuschläge **239** 10

Mehrarbeitsvergütung, Kollisionsrecht **13** 117; Pfändungsschutz **74** 94

Mehrfachbeschäftigung, Entgeltfortzahlung im Krankheitsfall **50** 221; Nebentätigkeiten **55** 50; Teilzeitarbeit **50** 113; Urlaubsgewährung **50** 251 ff.

Mehrheitsgewerkschaft, Arbeitskampf **272** 28

Mehrheitstarifvertrag, Nachwirkung **261** 18; Tarifkollision **256** 56

Mehrleistung, Vergütungsregelung **37** 15

Mehrschichtbetriebe, Betriebsversammlung **299** 14; Jugendarbeitsschutz **196** 32

Mehrwoche, Freistellungsanspruch **295** 87

Meinungsäußerungen, Kündigung, außerordentliche **124** 48, 58

Meinungsäußerungsfreiheit, Arbeitsbeziehungen **5** 8; Arbeitsrecht **7** 56 f.; Persönlichkeitsrecht des Arbeitnehmers **94** 24

Meinungsfreiheit, Arbeitnehmer **55** 17; Arbeitsverhältnis **19** 49; Benachteiligungsverbote **110** 63; Betriebsfrieden **55** 18 ff.; Betriebsversammlung **299** 66; Drittwirkung, mittelbare **55** 17; Einstellungsentscheidung **33** 11 f., 14; freie Entfaltung der Persönlichkeit **218** 13; Kündigung **109** 71; Loyalitätskonflikt **224** 41; politische Betätigung im Betrieb **55** 18 ff.; Tarifvertrag **237** 49, 58; Whistleblowing **176** 72

Meistbegünstigungsklausel, Tarifinhalt **257** 62

Meistbegünstigungsvereinbarung, Verweisung auf anderen Tarifvertrag **237** 14

Meister, Fortbildung, berufliche **150** 5

Meldepflichten, Arbeitgeber **39** 1 ff.

Mengenleistungsprämien, Arbeitsergebnis **60** 21

Menschenwürde, Arbeitsgestaltung, menschengerechte **7** 41; Arbeitsschutzrecht **172** 9; Arbeitsverhältnis **7** 41; Mitbestimmung **283** 2 f.; Tarifvertrag **237** 46

Midijob, Arbeitsvermittlung **29** 5

Mikroorganismen, Arbeitnehmererfindungsrecht **100** 2

Minderheitengewerkschaft, Arbeitskampf **232** 22; Streikrecht **272** 27 f.

Minderheitentarifvertrag, Bezugnahme **246** 40; **256** 66; Friedenspflicht **272** 28, 45; Kündigungsrecht, außerordentliches **260** 49; Nachwirkung **261** 18

Minderjährige, Arbeitsverhältnis, Eingehung **36** 22 ff., 58, 60; Arbeitsvertragsschluss **36** 19 f., 57; Auszubildende **149** 3, 157; Berufsausbildungsverhältnis, Weiterbeschäftigungsverlangen **129** 38; Dienstverhältnis, Eingehung **36** 22 ff., 58, 60; Erwerbsgeschäft, selbständiger Betrieb **36** 59; Grundrechtsmündigkeit **218** 41; Koalitionsfreiheit **108** 14; **149** 157; Kündigung gegenüber Minderjährigen **108** 14; **149** 157; Kündigungserklärung **108** 14; Mutterschutz **190** 16; Ruhezeiten **183** 2; Teilgeschäftsfähigkeit **36** 23; Wettbewerbsverbot **140** 37

Minderleistung, Arbeitsleistung **40** 47; Kündigung **43** 67

Mindestalter, Arbeitsverhältnis **36** 26

Mindestarbeitsbedingungen, Gesetzesverstoß **29** 18; Koalitionsbetätigungsfreiheit **218** 100; Koalitionsfreiheit, negative **219** 27; Meldepflicht **39** 33; Mindest-

1646

entgeltfestsetzung **60** 26; Staatskonkurrenz gegenüber Koalitionen **218** 100; Tarifvertrag **253** 1; Tarifvertragsrecht **229** 14
Mindestarbeitsbedingungsgesetz, Mindestarbeitsentgelte, Festsetzung **215** 41
Mindestentgelt, Ausschlussfristen **71** 16a; Ausschlussklauseln **71** 19a; Unverzichtbarkeit **71** 2; Verwirkung **71** 11
Mindestentgeltsätze, Gesetzesverstoß **29** 18
Mindestjahresurlaub, Arbeitszeitrichtlinie **85** 17 ff.; Bezugszeitraum **85** 25 ff.
Mindestleistung, Arbeitsleistung **40** 48
Mindestlohn, Akkordlohn **61** 14; Anpassung **61** 20 f.; Anspruch, gesetzlicher **61** 11; Anwesenheitsprämien **61** 17; Arbeitnehmerbegriff **61** 5; Arbeitnehmerentsendegesetz **8** 11; Arbeitnehmerschutz **61** 22; Auftraggeberhaftung **61** 22; Aufwendungsersatzleistungen **61** 17; Aufzeichnungspflicht **44** 70; Auslandsberührung **61** 10; Austauschgerechtigkeit **79** 9; Bereitschaftsdienst **182** 37; zu ihrer Berufsbildung Beschäftigte **61** 6; Beschäftigungswirkung **61** 4; Differenzanspruch **61** 11; ehrenamtliche Tätigkeiten **61** 6; Einmalzahlungen **61** 17; Entgeltbestandteile, Anrechnung **61** 16 f.; Entgeltfortzahlung im Krankheitsfall **81** 5; Entgeltfortzahlungszeiten **61** 15; Europäische Sozialcharta **60** 31; Fälligkeit **61** 19; **69** 6a; Gesetzesverstoß **29** 18; gesetzlicher **60** 26; **61** 1 ff.; Höhe **29** 18; **61** 1, 3; Jugendliche **61** 7; Kinder **61** 7; Kollisionsrecht **13** 99; Konkurrenzen **61** 18; Langzeitarbeitslose **61** 7; Leiharbeitnehmer **145** 97 f.; Lohnuntergrenze **218** 101; Mankoprämien **61** 17; Mindestgeltschutz **248** 7 f.; Praktikanten **61** 8; Prämien **61** 17; Recht, einseitig zwingendes **237** 95; Reinigungsgelder **61** 17; Rückzahlungsklauseln **61** 17; Sachbezüge **61** 17; Sozialpolitik **218** 102 f.; Stücklohn **61** 14; Stundenlohn **61** 12 f.; Tarifautonomie **218** 101 f.; tarifliche Festlegung **60** 33; Trinkgeld **61** 17; Überstundenzuschläge **61** 17; Unabdingbarkeit **61** 19; Unverzichtbarkeit **71** 2; **137** 14; Urlaubsgeld **61** 17; Verfallfristen **44** 70; Verfassungsmäßigkeit **61** 5; Verjährung **71** 16a; vermögenswirksame Leistungen **61** 17; Verwirkung **71** 11; Verzugslohn **76** 59; Werkstätten für behinderte Menschen **60** 29; Zeitungszusteller **61** 9; Zulagen **61** 17
Mindestlohngesetz, Anwendungsbereich, personeller **61** 6 ff.; Anwendungsbereich, zeitlicher **61** 9; Übergangsfristen **218** 95
Mindestlohnkontrolle, Meldepflicht **39** 33
Mindeststundenentgelt, Aufzeichnungspflichten **139** 22
Mindesturlaub, Arbeitskollisionsrecht **13** 118; Staatskonkurrenz gegenüber Koalitionen **218** 98; Unabdingbarkeit **85** 16; **86** 18; Unverzichtbarkeit **71** 2a; **137** 11
Mineraliengewinnung, Arbeitsschutz **12** 44
Minijob, Arbeitsvermittlung **29** 5; Beschäftigung, geringfügige **39** 19
Mitarbeiterbefragung, Compliance **55** 7; **94** 18; Persönlichkeitsrecht des Arbeitnehmers **55** 7; Weisungsrecht des Arbeitgebers **40** 26; **55** 7; Zumutbarkeit **55** 7
Mitarbeiterbeteiligungs-Sondervermögen, Vermögensbeteiligung der Arbeitnehmer **68** 4a, 16
Mitarbeiterversammlung, Einberufung **298** 19; Themen **298** 20

Mitarbeitervertretung, Arbeitsschutz **174** 68 f.; Tarifmacht **240** 26 ff.
Mitbestimmung, Angelegenheiten, soziale **286** 32; Angelegenheiten, wirtschaftliche **283** 9, 19 f.; Anspruch des Arbeitnehmers gegen die Betriebspartner **287** 23; Arbeitskampf **276** 50 ff.; Demokratieprinzip **283** 2; Effektivitätshemmung **283** 5; institutionelle **216** 1, 8 ff.; Legitimation durch Verfahren **283** 4; Menschenwürde **283** 2 f.; Motivation der Arbeitnehmer **283** 4; paritätische **3** 21; Personalbedarf **283** 5; personelle **255** 24; Planungshemmung **283** 5; Rechtsfortbildung **283** 6; Sozialbindung des Eigentums **283** 2
Mitbestimmungsgesetz, Arbeitsdirektor **26** 12; Aufsichtsratsbesetzung **26** 12
Mitbestimmungsgesetz 197 6; Konzernleitung **25** 50; Unternehmen, herrschendes **25** 48; Unternehmensgröße **2** 46
Mitbestimmungsrecht des Betriebsrats, Angelegenheiten, soziale **52** 25 ff.; Angelegenheiten, wirtschaftliche **52** 46 ff.; während Arbeitskampf **276** 51 ff.; **288** 19; Einigungsstellenverfahren **288** 19; Einzelmaßnahmen, personelle **52** 33 ff.; Ersetzung fehlender Mitbestimmung **287** 11; Erweiterung **240** 36 f.; *tarifliche* **283** 23 ff.; Feststellungsantrag **287** 32 f., 44; Interessenwahrnehmung **286** 34; Sperrwirkung **31** 27
Mitgliederbetreuung, Koalitionen **220** 77 f.
Mitgliederwerbung, am Arbeitsplatz **224** 4; Arbeitszeit **220** 86; Außer-Geschäftsraum-Vertrag **224** 4; Betriebsmittel **220** 88; Betriebsräume **220** 89; Datenschutz **220** 89; Deliktsschutz **220** 93; E-Mail-Versand **220** 89; Einkaufsvorteile **220** 97; Freizeitunfallversicherung **220** 97; Gegenspieler, Kritik am **220** 94 f.; Gewerkschaftsmitgliedschaft **288** 22; Gewerkschaftswettbewerb **220** 96; Gruppenversicherung **224** 4; Internet-Beitritt **224** 4; Intranet **220** 90; Koalitionsbetätigung **220** 81 ff.; Koalitionsfreiheit **220** 83, 93; Rechtsschutzversicherung **220** 97; **224** 4; Sachwerbung **220** 92, 99 ff.; Schmähkritik **220** 94; Themen **220** 92 ff., 97 f.; unfaire Werbung **223** 35; Versicherungsverträge **224** 4; Widerrufsrecht **224** 4; Zielwerbung **220** 92, 99 ff.; Zutrittsrecht **220** 82 f., 85
Mitgliedschaft, Arbeitgeber **245** 19 ff.; Arbeitnehmer **245** 19; Arbeitnehmerähnliche **245** 19; Doppelmitgliedschaft **245** 18; Rechtsschein **245** 22 f.; Tarifbindung; *s. dort*
Mitgliedschaftsrecht, Deliktsschutz **224** 48 ff.; positive Vertragsverletzung **224** 48 f., 53
Mitgliedsverband, Haftung, gesamtschuldnerische **259** 32 ff.
Mitteilungspflichten, Kündigung, außerordentliche **124** 59; Tarifvertrag **235** 24, 28
Mitwirkungspflicht, Führungskräfte **55** 7; Gerichtsverfahren **55** 7
Mitwirkungsrechte der Arbeitnehmer, Betriebsverfassung **290** 1, 4
Mitwirkungsrechte des Betriebsrats, Interessenwahrnehmung **286** 34; Unterlassung der Mitwirkung **287** 11
Mobbing, Abmahnung **55** 43; Arbeitsschutz **176** 11; Begriff **91** 9; Belästigung **91** 10; Benachteiligung **16** 82; Beschwerde **55** 44; Betriebsbuße **55** 45; Handlungspflichten des Arbeitgebers **7** 44; **91** 10; Kündigung, verhaltensbedingte **55** 43; Nebenpflichtverletzung **43** 30; Ordnungsverhalten **55** 15, 41 f.; Persönlichkeitsschutz des Arbeitnehmers **3** 35; **91** 9; **94** 25; Schadensausgleich, innerbetrieblicher **57** 34;

1647

Sachverzeichnis

Magere Ziffern = Randnummern

Schadensersatzpflicht **55** 44; Schmerzensgeld **55** 43; Straftaten **55** 44; Umfeld, feindliches **16** 82; Unterlassungspflicht **55** 42f.; Verhalten, sozialverträgliches **55** 42; Versetzung **55** 43; Versetzungsverpflichtung **40** 43
Mobilitätshilfen, Transfermaßnahmen **29** 96
Mönche, Betriebsverfassungsrecht **285** 63
Montagearbeiter, Entgeltzahlung **69** 8
Montagestellen, Arbeitszeitverlängerungen **186** 19
Montanindustrie, Personalplanung **28** 7; Unternehmensmitbestimmung **2** 45
Montanmitbestimmung, Konzern **25** 47
Monteure, Betriebsverfassungsrecht **284** 32
Monti-II-Verordnung, Verordnungsvorschlag **269** 31
Mormonenkirche, Ehebruch **159** 32
Museen, Sonntagsarbeit/Feiertagsarbeit **185** 23
Musikaufführung, Sonntagsarbeit/Feiertagsarbeit **185** 21
Musiker, Arbeitnehmereigenschaft **165** 21; Arbeitsbefreiung **165** 38; Arbeitsrecht **19** 27; Arbeitsverhältnis zum Orchesterträger **165** 23; Arbeitsverhältnisse **165** 3f., 51; *Befristung* **165** 26; Arbeitsvertrag **165** 34, 38; *Schriftform* **165** 32; Arbeitszeitdauer **165** 39; Arbeitszeitlage **165** 41; Beschäftigungspflicht **165** 48; Betriebsgruppe **165** 21; Eignung, körperliche **165** 31; Erreichbarkeit **165** 42; freie Mitarbeit **165** 22; Instrumentengeld **165** 43; Jubiläumszuwendungen **165** 46; Kleidung **165** 43; Krankengeldzuschuss **165** 46; Kündigung, außerordentliche **156** 59; Kündigung, ordentliche **156** 58; Mitwirkungspflichten **165** 38, 50; Nebenbeschäftigung **165** 43; Orchestervorstand **165** 62; Probezeit **165** 29; Rechteübertragung **165** 50; Rundfunkfreiheit **165** 22; Sonderurlaub **165** 47; Sozialbezüge **165** 46; Sterbegeld **165** 46; Tarifvertrag **165** 11f.; Tätigkeitszulage **165** 45; Tendenzträger **165** 21; Urheberrechte **165** 49; Urlaub **165** 47; Vergütung **165** 45
Musikkapelle, Eigengruppe **40** 11
Musikschullehrer, Arbeitnehmereigenschaft **19** 44f.
Musterkoffer, Zurückbehaltungsrecht **41** 12
Mutagene, Arbeitsschutz **12** 44; Einzelrichtlinie **173** 27
Mutterschaft, Benachteiligung, unmittelbare **16** 74; Benachteiligung wegen des Geschlechts **14** 37; **32** 130; Beschäftigungsverbot **80** 39f.
Mutterschaftsgeld, Anrechnung **190** 43; Arbeitgeberzuschuss **13** 123; **190** 44f.; *Ausgleichsverfahren* **190** 45; *Umlageverfahren* **190** 45; nach Kündigung **135** 30; Mutterschutzlohn, Wegfall **190** 42; Sozialleistung **190** 43
Mutterschaftshilfe, Krankenversicherung, gesetzliche **190** 48
Mutterschutz, Adoptivmutter **190** 26; Akkordarbeit **64** 24, 28; **190** 1, 9, 18ff.; Änderungskündigung **190** 11, 59; Arbeitgeberpflichten **190** 4; arbeitnehmerähnliche Personen **189** 3, 9; Arbeitnehmerbegriff **189** 6; Arbeitnehmerschutzrecht **4** 12; Arbeitsbedingungen **190** 2, 4; *Anpassung* **175** 29; **176** 21; **190** 4, 7; Arbeitsentgelt **190** 31ff.; *s. a. Mutterschutzlohn*; Arbeitskollisionsrecht **13** 123; Arbeitsort, gewöhnlicher **13** 123; Arbeitsplatzgestaltung **190** 3; Arbeitsplatzschutz **189** 1; Arbeitsplatzumgestaltung **190** 6f.; Arbeitsplatzwechsel **190** 6f.; Arbeitsunterbrechungen **190** 3f.; Arbeitsverbote **189** 3; Arbeitsvertrag, Nichtigkeit **190** 66; Arbeitszeit **12** 36; Arbeitszeitbeschränkungen **189** 3; Arbeitszeithöchstdauer **182** 47; Aufbewahrungspflichten **139** 24; Aufhebungsvertrag **135** 30; **190** 66f.; Aufsichtsbehörden **190** 68f.; Aushangpflicht **190** 68; Auskunftsanspruch des Arbeitgebers **190** 15; Auskunftspflicht des Arbeitgebers **190** 68f.; Ausnahmegenehmigungen **190** 20; Ausschuss für Mutterschutz **190** 69; Behinderung des Kindes **189** 3; **190** 26; Beschäftigtenbegriff **189** 8; Beschäftigung **190** 3; Beschäftigungsverbote **31** 28; **32** 3, 6, 25ff.; **41** 2; **175** 29; **189** 2, 15ff.; **190** 1f., 7; *arbeitszeitliche* **190** 10; *ärztliche* **190** 30; *betriebliche* **190** 10; *Dauer* **190** 27; *generelle* **190** 9; *individuelle* **190** 9, 12ff., 27; *Nachweis* **41** 4; *partielle* **190** 12; *Verzicht der werdenden Mutter* **190** 16; Betriebsratswahlen **291** 87; Beweislast **190** 15, 58; biologische Mutter **7** 66; Bühnenarbeitsrecht **165** 5; CLP-Verordnung **190** 4; Darlegungslast **190** 15, 58; Dokumentationspflichten **190** 5; EG-Richtlinien **173** 31; **174** 3; Eigenkündigung **190** 66; Einzelrichtlinie **173** 27; Entbindung **190** 26, 53; Entgeltschutz **189** 1; **190** 1, 31; Entsendung **189** 4; Erhaltung von Rechten **190** 67; Existenzschutz **3** 32; Exterritoriale **189** 4; Familienhaushalt **128** 4; Fehlgeburt **128** 1a; **189** 3, 13; **190** 26, 49f.; Feiertagsarbeit **190** 9f., 21, 24; Fließbandarbeit **190** 1, 9, 18f.; Fragerecht des Arbeitgebers **189** 15ff.; Fremdgeschäftsführerinnen **22** 16; **189** 8; Frühgeburt **190** 26; Gefährdung von Mutter oder Kind **190** 14; Gefährdungsanalyse **190** 5, 17; Gefährdungsbeurteilung **175** 15; **190** 5f., 8; Gefahrenschutz **189** 1f.; **190** 1f.; Geltungsbereich, persönlicher **189** 4, 6ff., 14f.; Geltungsbereich, räumlicher **189** 4; Geltungsbereich, sachlicher **189** 5; Gesundheitsschutz **190** 1f.; *arbeitszeitlicher* **190** 2; *ärztlicher* **190** 2, 10; *betrieblicher* **190** 2, 4; GmbH-Fremdgeschäftsführer **22** 16; Grenzgängerinnen **189** 4; Grundrechtsschutz **7** 64ff.; **237** 50; Informationspflichten **190** 8, 17; Intersexualität **189** 10; Jahressonderleistung **7** 65; Kenntnis **190** 55ff.; Kündigung **190** 60ff.; *außerordentliche* **190** 59; *Klagefrist* **190** 65; *Kündigungsgrund* **190** 65; *ordentliche* **190** 65; *Schriftform* **190** 65; *Verwirkung* **190** 65; *Zugang* **190** 59; *Zweiwochenfrist* **190** 57f.; Kündigung vor Dienstantritt **128** 4; Kündigungserklärung, Rechtswidrigkeit **190** 59; Kündigungsschutz, besonderer **3** 34; **107** 23; **110** 59; **128** 1a; *Eingriffsnorm* **13** 147; *Verzicht* **190** 59; *Zustimmung, behördliche* **125** 35; **190** 60ff.; Kündigungsverbot **7** 64; **109** 47; **110** 6, 52; **124** 107; **125** 35; **128** 2, 4f.; **190** 11, 49ff., 59, 66; *absolutes* **190** 49; *Erlaubnisvorbehalt* **190** 49; Kündigungsvorbereitungen **190** 54; Lebendgeburt **190** 47; leitende Angestellte **20** 63; Mehrarbeit **190** 9f., 21f., 30; mehrere Arbeitgeber **189** 7; Mehrlingsgeburt **190** 26; Meldepflicht **39** 1, 33; Minderheiten-Gesellschafter-Geschäftsführerinnen **189** 8; minderjährige Arbeitnehmerin **190** 16; Mitteilungspflichten **189** 13ff.; *Nachholung der Mitteilung nach Kündigungszugang* **190** 57f.; *Tag der Entbindung, mutmaßlicher* **189** 13, 21, 23; Mutterschutzarbeitsplatzverordnung **190** 5f.; Nachtarbeit **33** 63; **184** 7; **190** 9f., 21, 23, 30; Ordnungswidrigkeiten **190** 5, 70f.; Praktikantinnen **189** 3; Reform **128** 1; **189** 3, 8; Resturlaub **190** 47; Ruhen auf einer Liege **190** 3; Schülerinnen **189** 3, 9; Schutzfrist **190** 9, 16, 26, 53; Schutzfristverlängerung **190** 26, 49; Schutzmaßnahmen **190** 7; Schwangerschaft; *s. dort*; Schwangerschaftsabbruch **190** 26, 53; schwere körperliche Arbeit **190** 18; Selbständigkeit **189** 8, 11; Sitzgelegenheiten **190** 3; Sonderkündigungsrecht **190** 67; Sonderkündigungsschutz **111** 2; *Auszubildende* **149** 153; Sonntagsarbeit **190** 9f., 21, 24, 30; Sozialauswahl **115** 200; Staatsangehörigkeit **189** 4; Statio-

1648

nierungsstreitkräfte **189** 4; Stillen **189** 14; Stillzeit **190** 9, 28 ff.; Straftaten **190** 5, 70 f.; Studentinnen **189** 3, 9, 11; Teilzeitarbeit **50** 230; **128** 4; Territorialitätsprinzip **189** 4; Tod des Kindes **190** 26, 53; Totgeburt **190** 26, 53; Transformation öffentlich-rechtlicher Arbeitsschutzvorschriften **175** 10 ff.; Transsexualität **189** 10; Umsetzungsrecht **190** 11, 27; Urlaubsanspruch **190** 46 f.; Urlaubsrecht **89** 5 ff.; Wanderarbeiterinnen **189** 4; Wegerisiko **190** 14; Weiterarbeit der werdenden Mutter **190** 16; Wohnsitz **189** 4; Zeugnis, ärztliches; *s. Schwangerschaft*; Zulässigkeitserklärung der Kündigung **190** 60 ff.; *Anfechtungsklage* **190** 64; *Antrag* **190** 61; *besonderer Fall* **190** 60, 62; *Ermessensentscheidung* **190** 63; *Verpflichtungsklage* **190** 64; Zwei-Personen-Arbeitsverhältnis **128** 5

Mutterschutzlohn, Anspruchsdauer **190** 42; Arbeitsunfähigkeit **190** 41; Berechnung **190** 32 ff.; *Durchschnittsverdienst* **190** 32; *Entgeltänderungen, dauerhafte* **190** 37; *Gesamtverdienst* **190** 32, 34; *Referenzzeitraum* **190** 33; *Verdiensterhöhungen* **190** 35; *Verdienstkürzungen* **190** 36; Entgeltfortzahlung im Krankheitsfall **190** 39 f.; Kausalzusammenhang Beschäftigungsverbot/Verdienstausfall **190** 38 ff.; Lohnersatzanspruch **190** 31 ff.; Pfändungsschutz **74** 95

Nacharbeit, Tarifvertrag **239** 23

Nachbarschaftsbüros, Telearbeit **201** 2, 11

Nachbindung, Ausschluss **245** 64; Begrenzung, zeitliche **245** 67; Betriebsnormen **245** 60; Betriebsverlagerung **245** 60; Dynamik **245** 59; Ende **245** 65 ff.; ewige **261** 34; Friedenspflicht **245** 63; **257** 22, 48; Gemeinsame Einrichtungen **245** 61; Günstigkeitsprinzip **245** 59; Inhaltsschutz **261** 69; Mitgliedschaftsbeendigung **245** 52 ff.; Nachwirkung **245** 69; Tarifauslegung **243** 11; Tarifbindung **245** 50 f.; Tarifflucht **245** 50, 57; Tarifkonkurrenz **245** 73; Tarifvertrag **230** 3, 15; *Änderung* **245** 69 f.; Tarifvertragsfreiheit, negative **219** 39; Verbandsaustritt, beiderseitiger **245** 57; Wirkung **245** 59; Zeitraum **245** 67 ff.

Nachkriegszeit, Arbeitsrecht **2** 38 ff.

Nachkündigung, Insolvenzverfahren **109** 13

Nachlassverwalter, Kündigung von Arbeitsverhältnissen; Kündigungsfristen **109** 13

Nachlehre, Ausbildungszeit **149** 26

Nachtarbeit, Abweichungsmöglichkeiten **184** 48; Arbeitnehmerschutz **184** 4 ff.; Arbeitswissenschaft **184** 20 ff., 29; Arbeitszeit **184** 17 ff., 25 ff.; Aufstieg **184** 47; Ausgleichsregelung **184** 44 ff.; Angemessenheit **184** 46; Begriff **184** 13; Bereitschaftsdienst **40** 78a; Definitionskaskade **184** 11; Freizeitausgleich **64** 54; Gleichbehandlung **184** 4 ff.; Gleichbehandlungsgrundsatz **14** 22; Krankenhaus **170** 79; Leitlinien **184** 22 f.; Nachtarbeitnehmer **184** 14 ff.; Nachtzeit **184** 11 f.; Schädlichkeit **184** 1 ff.; Schutzpflicht **172** 10; Umsetzung auf Tagesarbeitsplatz **184** 37 ff.; *Gesundheitsgefährdung* **184** 41; *Kinderbetreuung* **184** 42; *Versorgung schwerpflegebedürftiger Angehöriger* **184** 43; Untersuchung, arbeitsmedizinische **184** 29 ff.; *Freistellung* **184** 35; *Kosten* **184** 34; *Wiederholungsuntersuchungen* **184** 32 f.; Weiterbildung, betriebliche **184** 47

Nachtarbeitsverbot, Kollisionsrecht **13** 115; Schwangerschaft **33** 63

Nachtarbeitszuschlag, Angemessenheit **60** 84; **184** 46; Steuerfreiheit **62** 15; Unpfändbarkeit **74** 95a; Vergütung **64** 54

Nachteilsausgleich, Abfindungsanspruch **132** 1; Betriebsänderung **4** 4; Individualrecht **286** 31

Nachteilsausgleichsanspruch, Betriebsübergang **142** 122

Nachtschicht, Leistungsbereitschaft **184** 1

Nachweisgesetz, Arbeitsnachweis **36** 62 ff.; Befristung **103** 164; Mindestangaben **36** 66; Niederschrift, Aushändigung **39** 47a; Rechtswahl **13** 90; Rückzahlungsklauseln **66** 35; Tarifverträge, Hinweis auf **235** 19, 21; Tätigkeitsbeschreibung **40** 16; Unabdingbarkeit **13** 90 f.; Unterrichtung der Arbeitnehmer **12** 30; Vertragsbedingungen, Aushändigung **36** 34 ff.; **39** 47a; Vertragsbedingungen, wesentliche **36** 34, 63 ff.

Nachweispflicht, Nichterfüllung **36** 67 f.; *Beweisvereitelung* **36** 68; **Nachwirkung**, Abmachung, andere **256** 13; **261** 38 ff.; *Änderungskündigung* **261** 38; Arbeitsvertrag **261** 58 ff.; *Bezugnahme* **261** 60; *Einigungsstellenspruch* **261** 38; *Ersetzung tariflicher Regelungen* **261** 43 ff.; *Schlichterspruch* **261** 38; *Tarifvertrag* **261** 49 ff.; *Verschlechterungsverbot* **261** 39; Allgemeinverbindlicherklärung **248** 49; Allgemeinverbindlichkeit **248** 124 f., 134, 136; Anerkennungstarifvertrag **246** 46; Arbeitsverhältnisse, erfasste **261** 20 ff.; Ausschluss **261** 71 f.; Befristung **261** 71; Bekanntgabepflicht **235** 10; Beschränkung **261** 71; *zeitliche* **261** 26; Betriebsübergang **257** 19, 38; **261** 48, 70; Betriebsvereinbarung **8** 38; Betriebsverlagerung **238** 60; Bezugnahme **246** 39; **261** 27; Brückenfunktion **261** 5 ff., 13, 28, 38; *Verzicht* **261** 71; Dauer **261** 26; Entgeltstrukturen, tarifliche **261** 30; ewige **261** 26; Friedenspflicht **257** 20, 24; Gemeinsame Einrichtungen **238** 61; **272** 50; Gemeinsame Einrichtungen **238** 61; **242** 34; Herauswandern aus Geltungsbereich des Tarifvertrags **245** 64; **261** 8, 65; Inhaltsschutz **261** 3 f., 6 f., 13, 28; Nachbindung **261** 69; Öffnungsklausel **261** 55; Ordnungsfunktion **261** 7; Pflichten, echte nachwirkende **136** 1 ff.; Rechtsnachfolge des Arbeitgebers **261** 70; Rechtssicherheit **261** 4; Tarifauslegung **243** 11; Tarifentfall **261** 64 ff.; Tarifgeltung, Verlust **245** 52; Tarifkonkurrenz **256** 13; Tarifnormen **8** 20; Tarifnormen, Weitergeltung **261** 9 f.; Tarifvertrag **230** 15; **261** 11 ff., 25; *angefochtener* **234** 40; **261** 17; *auflösend bedingter* **260** 13; *befristeter* **260** 13; Ende **242** 34 f.; **261** 1 ff., 15 ff.; *gekündigter* **260** 55; *lediglich nachwirkender* **261** 74; *Normwirkung* **251** 6 f.; Tarifvertragsfreiheit, negative **219** 39; Tarifvertragspartei, Entfall **261** 66; Tarifwirkung, Beendigung **238** 56; Verstärkung **261** 73; Verzicht auf **251** 7

Nachwuchsplanung, Personalentwicklung **28** 24

Nachzeichnungsrecht, Arbeitskampfmaßnahmen **272** 28; Kündigung des Tarifvertrags **256** 74; Tarifkollision **256** 67 ff.

Nachzeichnungstarifvertrag, Differenzierungsklauseln **256** 75; Tarifkollision **256** 67 ff.

Nadelstichverletzungen, Gesundheitsschutz **173** 37; **179** 64; Prävention **179** 83

Namensliste, Interessenausgleich mit Namensliste; *s. dort*; Zuständigkeit **115** 328

Nationalität, Benachteiligungsverbot **14** 31; Diskriminierungsschutz **15** 3; Diskriminierungsverbot **32** 122

Nationalsozialismus, Arbeitgeberverbände, Auflösung **222** 21; Arbeitskampffreiheit **267** 3; Arbeitsverfassung **2** 36 f.; Arbeitsvertragsrecht **2** 37; Gewerkschaften, Auflösung **222** 10; Koalitionsfreiheit **217** 4; kollektives Arbeitsrecht **2** 36; Kündigungsschutz **107** 5; Lohngestaltung **2** 35; Tarifordnungen **225** 16

1649

Sachverzeichnis

Magere Ziffern = Randnummern

NATO-Truppen-Statut, Personalvertretungsrecht **284** 19
Naturalvergütung, Begriff **67** 1 f.; Betriebsübergang **67** 5; Entgeltfortzahlung **67** 2; Interesse, eigenbetriebliches **67** 2; Mangelfreiheit **67** 3; Pfändbarkeit **67** 4; Qualität **67** 3; Trinkgelder **60** 4; Verwendungszweck, Wegfall **67** 5; Widerrufsklauseln **67** 2
Naturerzeugnisse, Verhütung des Verderbens **185** 33
Natürliche Personen, Mitgliedsfähigkeit **224** 1
Navas-Entscheidung, Behinderungsbegriff **16** 19, 22
Nebenarbeitsverhältnis, Arbeitszeitbegrenzung **32** 34; Schadensersatzanspruch des Arbeitgebers **32** 35; Wirksamkeit **55** 62
Nebenbeschäftigung, s. *Nebentätigkeit*
Nebenbetrieb, Begriff **24** 24 ff.; Betriebsverfassung **24** 25; Hilfsfunktion **24** 24; Sonntagsarbeit/Feiertagsarbeit **185** 39
Nebenbetriebe, Tarifvertrag, Geltungsbereich **238** 35
Nebenleistungen, Weisungsrecht des Arbeitgebers **40** 24
Nebenleistungspflichten, Akzessorietät **53** 12; Arbeitgeber **91** 1, 7; Arbeitnehmer **53** 12 f.; Arbeitsverhältnis **56** 1; Inhalt **53** 13; Schadensersatz **56** 5
Nebenpflichten, Arbeitnehmer **53** 1 ff.; **54** 1; **55** 1; Arbeitsverhältnis **56** 1; Entstehung **91** 14; Inhaltsnormen **239** 24; Nachwirkung **91** 14; Ruhen der Hauptpflichten **91** 14; unselbständige **55** 3; Zurückbehaltungsrecht **41** 14
Nebenpflichtverletzung, Arbeitsleistung **43** 30
Nebentätigkeit, Abmahnung **152** 14; Abschlussverbote **239** 44; Ansehen des Arbeitgebers **55** 51; Anzeigepflicht des Arbeitnehmers **55** 54, 56 ff.; **152** 13; **155** 68 f.; Arbeitnehmer **152** 15; Arbeitspflicht **55** 51; Arbeitspflichtverletzung **124** 60; Arbeitszeit **55** 53 f.; Auskunftsanspruch des Arbeitgebers **55** 53; Begriff **55** 50; Berufsfreiheit **7** 78; **55** 50, 52, 58; **152** 13; Erholungsurlaub im Hauptarbeitsverhältnis **55** 55; Erkrankung des Arbeitnehmers **55** 51; Genehmigungsvorbehalt **55** 58; Höchstarbeitszeit **181** 17; Kündigung, außerordentliche **124** 61; Kündigungsgrund **124** 61; **152** 14; Rücksichtnahmepflicht **55** 51; Schwarzarbeit **55** 63; Tarifmacht **237** 37; Unterlassungspflicht **124** 60; Verpflichtung **55** 60; Wertigkeit **55** 52; Wettbewerbsverbot **124** 60; **152** 15
Nebentätigkeitsverbot, Abschlussverbot **32** 191; Arbeitsvertragsrecht **4** 9; Ethikrichtlinien **55** 59; Inhaltskontrolle **55** 59; Schadensersatzpflicht **55** 61; Vereinbarung **55** 59
Nettolohnabrede, Sozialversicherungsbeiträge **55** 63
Nettolohnregelungen, Inhaltsnormen **239** 12
Nettolohnvereinbarung, abgeleitete **62** 43, 47, 49; Abtastverfahren **62** 73; Lohnabzüge, Änderung **62** 48 f.; Lohnsteuer, pauschale **62** 54 ff.; Lohnsteuerschuldner **62** 46; originäre **62** 43, 47, 50, 108; Vergütungsvereinbarung **62** 42, 44; *Eindeutigkeitserfordernis* **62** 45
Netzwerkbildung, Beschäftigungsformen, neue **21** 30
Neutralitätsausschuss, Sozialleistungen **280** 25
Neutralitätsgebot, Arbeitslosengeld **220** 56, 58, 118; Aufgaben, öffentliche **220** 55; Kampfparität **220** 57 f.; Koalitionen **220** 41, 53 f.; Koalitionsrechtsschutz **220** 116, 118; Kurzarbeitergeld **220** 56, 58, 118; passive Neutralität **220** 56; Solidaritätsbekundungen **220** 54; Sonderleistungen, staatliche **220** 54; Transportmittel **220** 54 f.

Nicht-Arbeitnehmer, Betriebsverfassung **285** 45 ff.; Streikrecht **272** 19
Nicht-Organisierte, Streikrecht **272** 24 ff.
Nichtbeschäftigung, Interessenabwägung **92** 11 f.
Nichtfortsetzungserklärung, Arbeitsverhältnis **123** 18
Nichtraucherschutz, s. a. *Rauchen im Betrieb*; *Rauchverbot*; Arbeitsschutz **55** 23; **177** 24; Arbeitsstätten **177** 20; Arbeitsstättenverordnung **93** 10 f.; Auswahlmessen **55** 23, 27a; **93** 12; Gefährdungsminimierung **177** 23; Gesundheitsschutz **93** 9 ff.; Individualrechtsschutz **93** 11; Lüftung **177** 23; Nichtraucherzonen **177** 23; Passivrauchen **55** 23; **93** 11; Pausenräume, rauchfreie **177** 23; Personaleinsatzplanung **177** 23; Publikumsverkehr, Arbeitsstätten mit **177** 22 f.; Raucherplätze **55** 27a
Nichtregelung, Tarifvertrag **251** 12; **252** 11
Nichtverlängerungsmitteilung, Arbeitsverhältnis, befristetes **103** 64, 183; Bühnenarbeitsverhältnis **103** 64, 183; **108** 4; **165** 2, 51 ff.
Niederkunft der Ehefrau/Lebenspartnerin, Arbeitsbefreiung **41** 8
Niederlande, Arbeitsschutz **174** 53
Niederlassungserlaubnis, Aufenthaltstitel **30** 9, 15 f.; Hochqualifizierte **30** 15
Niederlassungsfreiheit, Arbeitsbeziehungen **5** 6; Arbeitskampfrecht **12** 12, 49; Arbeitsrecht **5** 6; **12** 12
Niedersachsen, Koalitionsfreiheit/Arbeitskampf **271** 2; Kündigungsschutz für Abgeordnete **129** 99; Ladenschlussregelung **188** 14
Niedriglohnsektor, Mindestlohn **218** 101 ff.
Nikotinsucht, Behinderung **33** 85
Nordrhein-Westfalen, Arbeitskampfrecht **271** 1; Bergmannversorgungsschein **152** 29; Koalitionsfreiheit/Arbeitskampf **271** 2; Kündigungsschutz für Abgeordnete **129** 84, 100 f.; Ladenschlussregelung **188** 14; Landesschlichter **281** 2
Normauslegung, Tarifvertrag **243** 1 ff.
Normenkontrolle, verfassungsrechtliche, Tarifnormen **244** 40 ff.
Normenkontrollverfahren, Aussetzung des Verfahrens **244** 25; Bindungswirkung **244** 27 ff.; Entscheidungsveröffentlichung **244** 39; Erga-omnes-Wirkung **244** 5 ff.; Feststellungsinteresse **244** 16 ff.; Feststellungsklage **244** 6, 9; Klageantrag **244** 10; Rechtskrafterstreckung **244** 27; Revisionszulassung **244** 38; Streitgegenstand **244** 20 ff.; Tarifvertrag, mehrgliedriger **244** 13; Urteilsverfahren **244** 9; Verfahrensparteien **244** 11 f.
Normenvertrag, Betriebsvereinbarung **8** 27; Tarifvertrag **8** 6 f., 27
Normwirkung, s. *Tarifvertrag*
Notar, Amtsverhältnis **154** 3
Notarbeiten, Mehrarbeit **50** 138; Treuepflicht **50** 138; Weisungsrecht des Arbeitgebers **40** 24 f.
Notarztfahrdienst, Ruhepausen **40** 85
Notausgänge, Arbeitsstätten **177** 12, 15; **178** 60; Barrierefreiheit **177** 17
Notdienstarbeiten, s. *Notstandsarbeiten*
Notdienste, Einrichtung **278** 1; Sonntagsarbeit/Feiertagsarbeit **185** 17
Notdienstvereinbarungen, s. *Notstandsvereinbarungen*
Notfallmaßnahmen, betriebliche, Beauftragte **283** 14
Notstandsarbeiten, Arbeitskampf **278** 1; Aussperrung **277** 3; **278** 1; Begriff **278** 1; Daseinsvorsorge **278** 1; Mitbestimmungsrechte des Betriebsrats **288** 19; Mitwirkung der kampfführenden Gewerkschaften **272** 62; Streik **272** 59 ff.; Streikleitung **278** 1

Fette Ziffern = Paragrafen **Sachverzeichnis**

Notstandsvereinbarungen, Daseinsvorsorge **272** 82; Erhaltungsarbeiten **272** 61; Koalitionsvereinbarungen **264** 3; Notdienstarbeiten **272** 61; **278** 1
Notwendigkeiten, betriebliche, Betriebsratssitzungen **294** 56 f., 59; Schulungsveranstaltungen **295** 106 f., 112; Tätigkeitsschutz **295** 194
Null-Stunden-Vertrag, AGB-Kontrolle **40** 83; Arbeitszeitgestaltung **40** 83; Rechtsnatur **40** 83
Obdachlosenheime, Ruhezeitverkürzung **183** 8, 15 f.
Observanz, Gewerkschaften **223** 6; Satzungsänderung **232** 47
Obst (Rs.), Privat- und Familienleben, Recht auf Achtung **12** 5
OECD, Arbeitgeberverbände **222** 64; Gewerkschaftsausschuss **222** 64
Offenbarungspflichten, Arbeitskollisionsrecht **13** 82
Offenbarungspflichten des Arbeitnehmers, Einstellungsverfahren **33** 131 ff.; Frage des Arbeitgebers **33** 139, 141 ff.; *Schwangerschaft* **189** 16 f.; ohne Frage **33** 139 f.; **35** 15; *Schwangerschaft* **189** 18; Leistungshindernis bei Arbeitsaufnahme **35** 16; Qualifikationsmangel **33** 138; Verfügbarkeit **33** 137
Offene Handelsgesellschaft, s. OHG
Öffentliche Hand, Massenentlassungen **121** 3, 38, 94
Öffentliche Sicherheit und Ordnung, Sonntagsarbeit/Feiertagsarbeit **185** 18
Öffentlicher Dienst, Abordnung **155** 74 f.; Abstandsgebot **154** 37; Altersgrenze **103** 81; Arbeitnehmer **19** 32 f.; **32** 101; **285** 35 ff.; *Betriebsverfassungsrecht* **285** 39; *Betriebszugehörigkeit* **285** 38; Arbeitnehmerpflichten **155** 63 ff.; Arbeitnehmervertretung **154** 1; Arbeitsrecht **154** 5; **155** 1; Arbeitsschutz, betrieblicher **176** 2, 7; *Anhörung der Beschäftigten* **176** 34; *Anordnungen* **174** 95, 102; *Polizeipflicht, formelle* **174** 99 ff.; *Polizeipflicht, materielle* **174** 99; *Überwachung* **174** 99; *Unterrichtung der Beschäftigten* **176** 34; *Vollzug* **174** 99, 102; Arbeitsschutzrecht **154** 15; Arbeitsverhältnisse **154** 33 ff.; Beendigung **155** 12 f.; Arbeitsvertrag **154** 31; **155** 6 ff.; *Schriftform* **155** 6 f.; Arbeitszeitkonto **155** 37; Arbeitszeitrecht **173** 15; **182** 55; Arbeitszeitschutz **186** 36; Arbeitszeitübertragung **186** 37 f.; Aufgaben, hoheitliche **154** 42 ff.; Auflösungsvertrag **155** 13; Ausschlussfristen **155** 5; Auswahlentscheidung **154** 59 ff.; *Beurteilungsspielraum* **154** 61, 65; Auswahlfreiheit **32** 90; Auswahlverfahren **154** 54 ff.; Auszubildende **157** 1 ff.; Beamte **32** 100; *s. a. dort*; Beamtenvorbehalt **154** 44 f.; Befähigung **154** 48 ff.; Beförderung, konkludente **40** 18; Befristungen **103** 99 ff.; **154** 34; **155** 11, 12; Begriff **154** 1 ff.; Beitrittsgebiet **123** 3; zur Berufsausbildung Beschäftigte **285** 35 f.; Berufsfreiheit **32** 91; Berufsgruppen, besondere **156** 1 ff.; Beschäftigte **154** 3; Bestechlichkeit **155** 67; Bestenauslese **154** 45 f., 52 f.; betriebliche Altersversorgung **202** 3, 18, 25, 32, 116, 119 ff.; betriebliche Altersvorsorge **155** 42; Betriebsübergang **142** 12 f., 63 ff., 75; Betriebsübung **110** 26 f.; **154** 29; Betriebsvereinbarung **155** 40; Betriebszugehörigkeit **24** 64 f.; Bewerberverfahrensanspruch **154** 71, 73; Chancengleichheit **32** 89; **154** 67; culpa in contrahendo **35** 11; Dienstleistungsberichte **95** 4; Dienstordnungsangestellte **189** 6; Dienstort **40** 51; Dienstreisen **40** 68; **93** 38; Dienststellenleiter, Arbeitszeitrecht **182** 55; Dienstvereinbarung **154** 28; Direktionsrecht des Arbeitgebers **154** 32; Diskriminierungsschutz **16** 42; Eignung **154** 49 f.; Eignung, gesundheitliche **33** 185; Eingruppierung **155** 20 ff.,

23 ff.; *Änderung* **155** 30 f.; Eingruppierungsfeststellungsklage **70** 23; Einstellungsanspruch **32** 105 ff., 109, 164; Einstellungsentscheidung **32** 92 ff.; *Auswahlermessen* **32** 106 f.; Befähigung **32** 95 f.; *Bestenauslese* **33** 29; *Beweislast* **32** 104; *Darlegungslast* **32** 104; *Eignung* **32** 95, 98, 101 f.; *Fortbildungsveranstaltungen* **32** 94; *Leistung, fachliche* **32** 95, 97; *Neubescheidung, Anspruch auf* **32** 108; *Unterlassen der Besetzung* **32** 110; *Verfassungstreue* **32** 99 f., 102; *verfassungswidrige Betätigung* **33** 12; *Verwaltungslehrgang* **32** 94; Einstellungsuntersuchung **155** 71; Entgeltanspruch **155** 17 ff.; Entgeltbemessung **155** 18; Entgeltfortzahlung im Krankheitsfall **155** 41; Entgeltgruppen **155** 18, 20; Entgeltordnungen **155** 18; Entgelttabellen **155** 18; Erfindungen **98** 2, 61 f.; Erholungsurlaub **155** 43, 45 f.; Erschwerniszulagen **155** 38; Europäische Union **154** 6; Feststellungsklage **70** 24; Fortbildung **155** 57 f., 72 f.; Fragerecht des Arbeitgebers **154** 15; Frauenförderung **154** 68; Freizeitausgleich **155** 37; Führungspositionen auf Zeit/auf Probe **155** 10 ff.; Fürsorgepflicht des Arbeitgebers **155** 59 ff.; Geheimhaltungspflichten **155** 66; Geschenke, Annahmeverbot **155** 67; Gesinnung, verfassungswidrige **113** 121 ff.; Gleichbehandlungsgrundsatz **14** 17; Gleichstellungsgesetz **154** 68; **155** 2 ff.; Haftungsprivilegierung **155** 53 ff.; Haushaltsrecht **103** 99 ff.; Jahressonderzahlung **155** 39; Konkurrentenklage **154** 69 ff.; Krankengeldzuschüsse **155** 41; Kündigung, außerordentliche **123** 3; Kündigung, betriebsbedingte **115** 18; *Weiterbeschäftigungsmöglichkeit* **115** 63 ff.; Kündigung, personenbedingte **113** 121 ff.; Kündigungen **109** 69; **155** 14; *Anhörung des Personalrats* **109** 54; *Kündigungserklärungen* **108** 14 f.; Kündigungsfristen **109** 95; Kündigungsschutz **112** 18, 33; **155** 14 ff.; Kurzarbeit **40** 75; Leistungsentgelt **155** 18 f., 32 ff.; Leistungsprinzip **32** 89; **33** 29; **154** 49; **155** 12; Loyalitätspflicht **33** 106 f.; **55** 47; Mehrarbeit **40** 72; Mitbestimmung **216** 9; Nebenabreden **10** 27; Nebenleistungen **10** 27; Nebentätigkeit **155** 68 f.; Nebentätigkeitsverbot **155** 70; Orchester **165** 6; Parteimitgliedschaft **155** 80 f.; Personalakten, Anforderung **138** 68; Personalakten, Anhörungspflicht **95** 10; Personalakten, Einsichtsrecht **95** 18; **155** 51 f.; Personalfragebogen **38** 36; Personalgestellung **155** 74, 76; **219** 102, 123; *Wahlberechtigung* **291** 103; Personalvertretung **2** 45; **3** 44; **4** 21; **284** 17 f.; Privatisierung **154** 1; Probezeit **155** 9; Qualifizierung **155** 57, 72 f.; Rahmenrichtlinie **173** 15; Rechtsbegriff **154** 2 ff.; Reisekostenvergütung **93** 38; Richterrecht **154** 15; Rufbereitschaft **155** 36; Schichtarbeit **155** 36; Schwerbehinderte **157** 5 f.; Sonderurlaub **155** 48 ff.; Sonderzahlungen **155** 40; Sozialauswahl **115** 182, 189; Stellenausschreibung **35** 2, 6, 9; Streikverbot **154** 41; Stufenaufstieg **155** 22; Tabellenentgelt **155** 18, 20 ff.; *Aufschläge* **155** 36; Tarifautomatik **155** 23; Tarifkollision **154** 18; Tarifverträge **154** 1, 14, 16 ff., 22; Tarifvertragsparteien **154** 20; Teilzeitarbeit, Anspruch auf **49** 25 f.; Theater **165** 6; Treuepflicht **7** 58; **155** 65, 77 ff.; *allgemeine arbeitsvertragliche* **155** 83 ff.; *politische* **32** 101; *verfassungsbezogene* **155** 79 ff.; TV-L **154** 19, 26; TVöD **154** 19, 23 ff.; Überstunden **40** 72; Überstundenvergütung **155** 37; Umsetzung **155** 75; Unbestechlichkeit **155** 67; Unionsrecht **154** 12 f.; Unternehmenszugehörigkeit **24** 64, 66; Untersuchung, ärztliche **155** 71; Untersuchungen, ärztliche **55** 36; Urlaubsabgeltung **155** 44; Urlaubsanspruch **155** 43 ff.; Verbände **222** 31; verfassungsfeindliche

1651

Sachverzeichnis

Magere Ziffern = Randnummern

Ziele **124** 49; Verfassungsrecht **154** 7 ff.; Verfassungstreue **32** 99 f., 102; **33** 206; **154** 40; Verschwiegenheitspflicht **155** 66; Versetzung **40** 36, 38, 57; **155** 74 f.; Versorgungsanstalt des Bundes und der Länder **202** 119 f.; Verwaltungsanordnungen **154** 30; Verwaltungseinheit **127** 52; Verwaltungszweig **112** 33; Vorstellungsgespräch **154** 66; Vorteilsannahme **155** 67; Wechselschicht **155** 36; Weisungsrecht des Arbeitgebers **11** 13; Zeugnisanspruch **155** 62; Zugang zu öffentlichen Ämtern **32** 89 ff.; Zulagen **155** 36; Zusatzurlaub **155** 47; Zusatzversorgungseinrichtungen **202** 119, 123; *Überleitungsabkommen* **202** 119; Zuschläge **155** 36 ff.; Zuweisung **155** 74, 76

Öffnungsklauseln, Abweichung, Umfang **252** 14 ff.; Abweichung vom Tarifvertrag **8** 18; Arbeitnehmergruppen **252** 5; Arbeitskampf **252** 35; gegenüber Arbeitsvertrag **252** 3; Auslegung des Tarifvertrags **252** 8; Autonomiekorridore **252** 16; Begrenzung, fachliche **252** 19; Begrenzung, räumliche **252** 19; Begrenzung, zeitliche **252** 20; Betriebsnormen **252** 22; Betriebsvereinbarung **252** 23 ff.; *Zuständigkeiten* **252** 25; gegenüber Betriebsvereinbarungen **252** 3; Friedenspflicht **252** 35; gesetzliche **252** 1; Gleichheitssatz **252** 28; Kirchenklauseln **161** 20 f.; Koalitionsfreiheit **252** 29 f.; Rechtssetzungsmacht **252** 2, 27; Rückwirkung **252** 21; Schriftformgebot **252** 8; stillschweigende Öffnung **252** 8; Tarifautonomie **3** 41; Tarifdispositivität **252** 1; Tarifmacht **252** 26; Tarifvertrag **225** 27; gegenüber Tarifverträgen **252** 3, 6; Tarifvertragsgesetz **225** 27; Unternehmerfreiheit **252** 31; Voraussetzungen, formale **252** 18; Zustimmung, Anspruch auf **252** 34; Zustimmungsvorbehalt **252** 32 ff.

Öffnungstarifvertrag, Öffnungsklauseln **252** 10

Öffnungsvereinbarung, Tarifvertrag **251** 2

Offshore-Personal, Begriff **309** 9

Offshore-Tätigkeiten, Arbeitsschutz **176** 5; Arbeitszeit **163** 46; **181** 30 f.; **182** 60; **186** 26; Begriff **182** 60

OHG, Arbeitgebereigenschaft **23** 21; *betriebliche Altersversorgung* **202** 18; Betriebsverfassungsrecht **285** 54 f.; Kündigungserklärungen **108** 14; Mitgliedsfähigkeit **224** 1; Unternehmensbegriff **24** 23

OHG-Gesellschafter, Betriebsverfassungsrecht **22** 4

Ohne Arbeit kein Lohn, Arbeitspflicht, Wegfall **41** 24; **43** 21; Lohnrisiko **3** 30

Online Background Check, Stellenbesetzung **29** 73

Oper, Arbeitsverhältnis **19** 49

Operationstechnische Assistenten, Leistungserbringung **170** 6

Opernchor, Begriff **165** 8; Bühnenschiedsgerichtsbarkeit **165** 64 f.

Opernchormitglieder, Arbeitsrecht **165** 1, 7 ff., 16; Arbeitsvertrag **165** 34; Arbeitszeitdauer **165** 39; Befristung **165** 25; Beschäftigungspflicht **165** 48; Gage **165** 44; Mitwirkungspflichten **165** 36; Nichtverlängerungsmitteilung **165** 54 f.; Opernchorvorstand **165** 62; Teilzeitarbeit **165** 40

Optionsvertrag, Angebotsvertrag **36** 9; Hauptvertrag mit Optionsvorbehalt **36** 9

Orchester, Arbeitgebereigenschaft **165** 23; Arbeitnehmereigenschaft **19** 50; **165** 21; Arbeitsrecht **19** 27, 49; Kammerorchester **165** 4; Konzertorchester **165** 4; Kulturorchester **165** 3; Kündigung, betriebsbedingte **115** 140; Leistungsschutzrechte **99** 33; Opernorchester **165** 4; Orchestertarifverträge **165** 3; Rundfunkorchester **165** 4, 6, 26; Tarifverträge **165** 6 ff., 11 ff.

Orchesteraushilfen, Arbeitnehmereigenschaft **165** 21

Orchestermusiker, *s. a. Musiker*; Arbeitsverhältnisse **165** 3; *Befristung* **165** 26; Eignungsmangel **113** 108 f.; Kunstfreiheit **165** 5; Tarifverträge **166** 13

Orden, religiöse, Regelungsautonomie **158** 37

Ordensangehörige, Arbeitsverhältnis **159** 5; Gestellungsvertrag **159** 6, 7; **170** 26; Rechtsverhältnis **19** 66 f.; **159** 4

Ordensschwestern, Betriebsverfassungsrecht **285** 63

Ordnung, betriebliche, Kündigung, außerordentliche **124** 49a ff.; Weisungsrecht **55** 14

Ordnung des Arbeitslebens, Berufsfreiheit **7** 73; Betriebsverfassung **8** 28; **14** 11; Koalitionsfreiheit **6** 4; kollektives Arbeitsrecht **1** 18 f.; **61** 2; marktmäßigrechtsgeschäftliche **2** 15 ff.; **3** 16, 24, 41; **6** 26

Ordnung im Betrieb, Mitbestimmung **40** 35

Ordnungsverhalten, Alkoholgenuss **55** 15, 21 f.; Arbeitsverhältnis **55** 14 f.; Bekleidungsvorschriften **55** 29; diskriminierendes Verhalten **55** 15; diskriminierungsfreies Verhalten **55** 39; Eigentum des Arbeitgebers **55** 15; Meinungsäußerungen, unternehmensschädliche **55** 15 ff.; Mobbing **55** 15, 41 f.; Nebenpflichten, selbständige **53** 15; politische Betätigung im Betrieb **55** 18; Rauchen im Betrieb **55** 15, 23 ff.; Rücksichtnahmepflichten **55** 16 ff., 29, 46 f.; *Amtsträger* **55** 19; *Arbeitsablauf* **55** 18; *Außenkontakte* **55** 18; Sozialverträglichkeit **55** 15, 39; Überwachungsmaßnahmen, Duldung **55** 17; Verhalten am Arbeitsplatz **55** 15; Verhalten, außerdienstliches **55** 45 ff.; *Regelungen, vertragliche* **55** 48 f.; Verhalten, gesundheitsförderndes **55** 46

ordre public, Arbeitsrecht **13** 77 ff.; Eingriff, geringstmöglicher **13** 79; Inlandsbezug **13** 78; Kündigungsschutz **13** 143

Organe juristischer Personen, Arbeitgebereigenschaft **22** 1; Arbeitnehmerähnlichkeit **22** 6; Arbeitnehmereigenschaft **22** 6; Arbeitsrecht **22** 1; Betriebsverfassungsrecht **22** 4; Feststellungsklage **22** 44; Gerichtsstandsvereinbarung **22** 43; Rechtsweg **22** 39 ff.; Schutzwürdigkeit **22** 2; Sozialversicherungsrecht **22** 34 f.

Organisationsbereiche, Betriebsrat **291** 158 ff.; Verbände **233** 2

Organisationsklauseln, Koalitionsfreiheit, negative **237** 21

Organisationsmacht, betriebliche, Arbeitgeber **23** 2 f.

Organisationsnormen, Nachwirkung **261** 26

Organmitglieder, Anstellungsvertrag **19** 72; Arbeitgebereigenschaft **22** 1; Arbeitnehmerähnlichkeit **22** 6; Arbeitnehmereigenschaft **22** 2, 6; **142** 133; Arbeitsrecht **22** 1; Betriebsübergang **142** 133; D&O-Versicherung **57** 51; Dienstleistungen **19** 70 ff.; Diskriminierungsschutz **16** 27, 36, 38 f.; Feststellungsklage **22** 44; Gerichtsstandsvereinbarung **22** 43; Kündigung, ordentliche **109** 14 f.; Kündigungsfrist, verlängerte **109** 18 ff.; Kündigungsschutz **112** 15; Mutterschutz **189** 11; Rechtsweg **22** 3, 39 ff.; Schutzwürdigkeit **22** 2; Sozialversicherungsrecht **22** 34 f.; Wettbewerbsverbot, nachvertragliches **140** 6

Organspende, Entgeltfortzahlung **79** 4; **84** 1 ff.; Erstattungsanspruch des Arbeitgebers **84** 11 ff.; Folgeerkrankungen **84** 10

Ortskräfte, Betriebsverfassungsrecht **13** 167

Ortskrankenkassen, Insolvenzsicherung **202** 130

Österreich, Arbeitsschutz **174** 55; Arbeitsverfassungsrecht **4** 18; **215** 13; Betriebsbegriff **24** 5

1652

Fette Ziffern = Paragrafen **Sachverzeichnis**

OSZE, Kollektivverträge **228** 1; Vereinigungsfreiheit **228** 9
OT-Mitgliedschaft, Arbeitgeberverbände **225** 25, 54; Einverbandsmodell **245** 28 ff.; Koalitionen **220** 26; **223** 32; **245** 27; Koalitionsfreiheit **223** 32; Stufenmodell **245** 28 ff.; Zwei-Mitgliedschaften-Modell **245** 28 ff.; Zweiverbändemodell **245** 31 ff.
Outplacement, Führungskräfte, Freisetzung **135** 1
Outsourcing, Betriebsübergang **142** 71; Inhouse-Outsourcing **145** 178, 183; Krankenhausleistungen **170** 27 ff.; Kündigung, betriebsbedingte **115** 137; Personalplanung **28** 19; Rückübereignung **142** 93; Zustimmungsrecht **264** 3
P-Konto, s. *Pfändungsschutzkonto*
pacta sunt servanda, Durchführungspflicht **257** 36; Friedenspflicht **257** 6; Kündigung **107** 2; Tariftreue **245** 50
pactum de non petendo, tarifliche Rechte **254** 18
Paletta-Entscheidungen, Arbeitsunfähigkeitsbescheinigung **12** 18; **82** 33 f.
Palliativversorgung, Leistungserbringung **169** 21
Papierindustrie, Feiertagsarbeitsverbot **181** 22; Sonntagsarbeitsverbot **181** 22
Parität, Gegenmachtprinzip **221** 8; Neutralität, paritätsgestaltende fördernde **220** 57 f., 116
Parkplatzbenutzung, Lebensführung, private **93** 42
Parlamentsfraktion, Arbeitsverhältnisse, befristete **103** 64
Parteifähigkeit, Gewerkschaften **218** 93; Koalitionen **223** 41
Parteipolitische Betätigung, Meinungsfreiheit **7** 59
Parteipolitische Betätigung, Verbot, Arbeitgeber **310** 37 f.; Betriebsfrieden **288** 24, 26; Betriebsverfassung **287** 30; **288** 1; Sprecherausschuss **310** 25, 37 f.; Unterlassungsanspruch **288** 30
Partnergesellschaft, Betriebsverfassungsrecht **285** 57
Partnerschaft, Haftung **23** 26
Passivrauchen, Gesundheitsschutz **55** 23; **93** 11
Pausen, Bildschirmarbeit **177** 33; Kollisionsrecht **13** 115; Richtlinienrecht **12** 35
Pausenräume, Anforderungen **177** 25 ff.; Einrichtung **177** 27; Rauchfreiheit **177** 23
Pensionen, Ruhezeitverkürzung **183** 9
Pensionsfonds, betriebliche Altersversorgung **26** 59, 61
Pensionskasse, betriebliche Altersversorgung **26** 59, 61
Personal, akzessorisches **104** 6; wissenschaftliches; s. *Wissenschaftliches Personal*
Personalabbau, Aufhebungsvertrag **135** 1, 7; Betriebsänderung **48** 14; Sozialplan **142** 8
Personalakten, Abmahnungen **95** 4, 24; **155** 52; Anhörungspflicht **95** 10; Anstellungsschreiben **95** 3; Arbeitsbescheinigungen **95** 3; Arbeitsverhältnis, Beendigung **95** 16, 19, 31; Arbeitsvertrag **95** 3; Aufbewahrungspflicht **95** 16; **139** 26; Aufbewahrungspflichten **139** 1; Aufnahme von Unterlagen **95** 8 f.; Aufzeichnungen **95** 3; Begriff **95** 1; **290** 14; *materieller* **95** 3 f., 23; Benachrichtigungsanspruch des Arbeitnehmers **95** 17; Berichtigungsanspruch **95** 24; Betriebsbußen **95** 4; Betriebsrat **95** 5; Beurteilungen **95** 4, 9, 27 f.; Bewerbungsunterlagen **95** 3; Dateien, personenbezogene **35** 35; **95** 2, 4, 6, 18 ff.; **96** 74 f.; **286** 31; **290** 14; *Betriebsratsmitglied, Hinzuziehung* **290** 14; *Erfüllungsanspruch* **290** 20; *leitende Angestellte* **312** 60, 63; *öffentlicher Dienst* **155** 51 f.; elektronische **96** 2; Entfernungsanspruch **94** 28; **95** 24 ff., 29; **96** 88; *berechtigte Eintragungen* **95** 29; *Fälligkeitszeitpunkt* **95** 30; *Streitwert* **95** 26; *Verwirkung* **95** 31; *Vollstreckung* **95** 26; *Vollzug* **95** 32; *Zeitablauf* **95** 29; Form **95** 7; Führungsbefugnis **95** 6; Führungspflicht **95** 7; Gegendarstellung **95** 22 f.; **96** 88; Gesundheitszustand **95** 13; Gutachten, ärztliche **95** 5; Inhalt **95** 3 ff.; Inhaltsverzeichnis **95** 7; Kopien **95** 18; Krankheitszeiten **95** 3; Lohnsteuerunterlagen **95** 3; Nebenakten **95** 3, 18; Paginierung **95** 7; Personalfragebogen **95** 3; Persönlichkeitsrecht des Arbeitnehmers **95** 8, 13, 24 f.; Prozessakten **95** 5; Recht auf informationelle Selbstbestimmung **95** 13, 19; Richtigkeit **95** 12; Rücksichtnahmepflicht **95** 8 f.; Sammelbelege **95** 5; Schadensersatz **95** 33; Schutzmaßnahmen **95** 13; Schutzpflicht des Arbeitgebers **95** 2; Sonderakten **95** 3; Strafurteile **95** 5; Tilgungsanspruch; s. *Entfernungsanspruch*; Übermittlungsrecht **138** 68; Unterlagen, betriebsärztliche **95** 5; Unterlassungsklage **95** 33; Verhältnismäßigkeitsgrundsatz **95** 8, 29; Versicherungsunterlagen **95** 3; Vertraulichkeit **95** 13 ff.; *gegenüber dem Betriebsrat* **95** 14; *gegenüber Dritten* **95** 15; Verwahrung **95** 13; Verwahrungsart **95** 3; Verwahrungsort **95** 3, 7; Vollständigkeit **95** 3, 11; Wahrheit **95** 12; Zeugnisse **95** 4
Personalanpassungsmaßnahmen, Transferkurzarbeitergeld **29** 28
Personalanwerbung, durch Mitarbeiter **29** 62
Personalauswahl, Assessment Center **28** 21
Personalbedarfsplanung, Personalplanung **28** 10, 12 f., 16 ff.; Stellenplanung **28** 18
Personalbemessungsregelungen, Betriebsnormen **240** 11
Personalbeschaffung, Arbeitsmarkt, externer **28** 21; Arbeitsmarkt, interner **28** 21, 25; Ein-Euro-Jobber **28** 21; Fremdfirmeneinsatz **28** 21; Leiharbeit **28** 21; Werkverträge **28** 21
Personalbogen, Datenspeicherung **96** 53
Personalcomputer, Privatnutzung **62** 14
Personaldaten, Datennutzung **33** 218; Datenspeicherung **33** 218; Eingliederungsmanagement **113** 39
Personaldatenbanken, Online-Zugriff des Sprecherausschusses **312** 11, 53
Personaleinsatz, menschengerechter **28** 28
Personaleinsatz, drittbezogener, Arbeitgebereigenschaft **23** 14 ff.
Personalfragebogen, Einigungsstellenverfahren **308** 15; Fragerecht des Arbeitgebers **33** 3; **38** 36; Mitbestimmungsrecht des Betriebsrats **3** 45; **33** 217; **38** 36; **96** 11, 51
Personalführungsgesellschaft, Versetzungen **142** 32
Personalgestellung, Mutterschutz **189** 9; öffentlicher Dienst **291** 102, 123; Sonderkündigungsschutz **124** 83; Wählbarkeit **291** 123; Wahlberechtigung **291** 103, 123
Personalinformationssysteme, administrative **96** 2; dispositive **96** 2; Personalplanung **28** 34
Personalkauf, Pflichten, nachwirkende **136** 1
Personalkontrolle, Daten, personenbezogene **96** 1
Personalkosten, Lohnstrukturen **28** 29 f.; Personalplanung **28** 29
Personalleasing, Arbeitnehmerüberlassungsvertrag **145** 36
Personalplanung, Aufgabe **28** 5 ff.; Bedarfsplanung **28** 11; Berichtspflicht des Arbeitgebers **299** 55; Beteiligung des Betriebsrats **28** 11, 35; Daten, personenbezogene **96** 1; Definition **28** 12; Gesamtbetriebsrat **300**

1653

Sachverzeichnis

Magere Ziffern = Randnummern

59; Gesamtplan **28** 32; Human Resources Management **28** 9; Inhalt **28** 11 ff.; intuitive **28** 4; kollektive **28** 10, 14; Kostenplanung **28** 16; kurzfristige **28** 4; langfristige **28** 4; Laufbahnplanung, individuelle **28** 14; Lean-Production-Modell **28** 19; Methoden **28** 34; mittelfristige **28** 4; Personalabbau **28** 16, 20, 22; Personalaufwandsplanung **28** 16, 29; Personalbedarfsplanung **28** 10, 12 f., 16 ff.; Personalbereitstellungsplanung **28** 10; Personalbeschaffung **28** 16, 21; Personalbeschaffungsplanung **28** 16, 20; Personaldeckungsplanung **28** 11, 16, 20; Personaleinsatzplanung **28** 16, 26; Personalentwicklungsplanung **28** 11, 16, 23 f.; Personalerhaltung **28** 16, 27 f.; Personalfreistellungsplanung **28** 16, 20, 22; Personalkostenplanung **28** 29; Personalpflege **28** 16, 27 f.; Personalpolitik **28** 8, 33; Personalrat **28** 36; Personalwirtschaft **28** 10; Plan **28** 3; Planungszeiträume **28** 4; Unternehmensplanung **28** 1 ff., 6, 9; Vorstadium **28** 2; Ziele **28** 12

Personalpolitik, Begriff **28** 8; Koalitionsverbotsvereinbarungen 264 3; Personalbedarfsplanung **28** 20; Personaldeckungsplanung **28** 20; Personalplanung **28** 33

Personalrabatte, Arbeitsentgelt 67 12 ff.; Sozialversicherung 67 32; Steuerfreiheit 62 19

Personalrat, Arbeitsschutz 174 103; Belegschaftsverband 218 96; Beteiligungsrechte 3 45; öffentlicher Dienst 3 44; Unabhängigkeit 3 34

Personalratsmitglieder, Kündigungsschutz, besonderer 127 5, 7, 19; *Landesrecht* 127 88; Kündigungsverbot 110 55; Sonderkündigungsschutz 111 2

Personalunterlagen, Aufbewahrungspflicht 139 12, 26

Personalvertretung, *s. a. Öffentlicher Dienst; Personalrat*; Arbeitsschutz 174 66 f.; *Gefährdungsbeurteilung* 174 66; Auszubildende; *Bestandsschutz* 129 22 ff.; Beamte 4 21; Interessenwahrnehmung 215 9; Koalitionsfreiheit 219 4; kollektives Arbeitsrecht 4 6; Kündigungsschutz 3 34; Mitbestimmungsordnung 5 13 f.; öffentlicher Dienst 4 21; 284 17 f.; Orchester 165 5; tarifliche Regelungen, Ausschluss 240 27; Theater 165 5; Truppen, ausländische 284 19; Weiterbeschäftigung Auszubildender 129 67 f.

Personalwesen, Berichtspflicht des Arbeitgebers 299 55; 301 18 f.; Organisationspflichten nach AGG 17 15

Personalwirtschaft, Personalführung **28** 10; Personalplanung **28** 10; Personalverwaltung **28** 10

Personenbetreuung, Arbeitszeit 182 89; Ruhezeitverkürzung 183 8, 15 f.

Personengesamtheiten, Betriebsverfassungsrecht 285 54, 66

Personengesellschaft, Arbeitgeberfunktion 23 11, 19; 144 1; *betriebliche Altersversorgung* 202 18; Geschäftsfähigkeit, Anknüpfung 13 64; Gesellschafter; *s. dort*; Rechtsfähigkeit, Anknüpfung 13 64

Personenhandelsgesellschaft, Arbeitgeberfunktion 23 10

Personennahverkehr, öffentlicher, Tarifvertrag, repräsentativer 250 10

Personenrecht, Arbeitsverhältnis 3 15, 18; Gesellschaft 3 19

Persönlichkeitsentfaltung, Arbeitsverhältnis 7 41, 43; Betriebsverfassung 288 31, 37 f.; Datenschutzrecht 96 11; Koalitionsfreiheit 218 13; leitende Angestellte 312 54; Meinungsäußerung, freie 218 13

Persönlichkeitsprofile, Unzulässigkeit 96 43

Persönlichkeitsrecht, zivilrechtliches 94 1 f.

Persönlichkeitsrecht, allgemeines, Abwehrrecht 94 4; Arbeitsbedingungen 237 47; Grundrechtsschutz 94 2 f.; Kollisionsrecht 13 83; Konkordanz, praktische 94 5; Verhältnismäßigkeitsgrundsatz 94 5

Persönlichkeitsrecht des Arbeitnehmers, Arbeitnehmerschutzrecht 41 2, 4; Arbeitskleidung, einheitliche 55 29; Arbeitsrecht 7 42 ff.; Äußeres, freie Gestaltung 94 20; Bekleidungsregeln 55 29; Beschäftigungsanspruch 7 42; Beschäftigungspflicht 92 5 ff.; Betriebsverfassung 290 1; Datenschutz 126 23 ff.; E-Mail-Überwachung 55 35; E-Mails, private 288 39; Ehre 94 19; Förderungspflicht 91 11; Freiheitssphäre 94 24; Genomanalyse 55 38; Grundrechte 96 5; Gutachten, graphologische 288 39; Haartracht 55 29; Handlungspflichten des Arbeitgebers 7 44; Kontrollmaßnahmen 55 30; 94 7; *Duldungspflicht* 55 32; Kopftuch 55 29; Leibesvisitationen 55 30, 32; Personalakten 95 8; Persönlichkeitssphäre 94 7; Recht am Charakterbild 94 13 f.; Recht am eigenen Bild 94 21; Recht auf informationelle Selbstbestimmung 7 42; 96 4; Schmuck 55 29; Schutzpflichten 91 9; *Allgemeines Gleichbehandlungsgesetz* 91 10; Telefondatenerfassung 288 39; Telefongespräche, Abhören 288 39; Telefonkontrollen 55 30; Telefonüberwachung 55 32; Tests, psychologische 55 36; Torkontrolle 55 30; Uniform 55 29; Untersuchungen, ärztliche 55 36; Vertraulichkeit und Integrität informationstechnischer Systeme 96 4; Verwertungsverbote 126 23 ff.; Videoüberwachung 55 30, 33 f.; 288 39; Zuverlässigkeitstests 55 32

Persönlichkeitsschutz, Abdingbarkeit 94 6; Arbeitnehmer 4 35; Förderungspflicht 94 27; Recht, absolutes 94 1

Persönlichkeitsverletzung, Beschwerderecht 94 31; Beseitigungsanspruch, quasinegatorischer 94 28; durch Dritte 94 25; durch Mitarbeiter 94 25; Schadensersatzanspruch 94 29 f.; Schmerzensgeld 94 30; schwere 94 30 f.; Unterlassungsanspruch, vorbeugender 94 28; Widerrechtlichkeit 94 28; Zurückbehaltungsrecht 94 31

Pfändungs- und Überweisungsbeschluss, *s. a. Lohnpfändung*; Änderungsantrag 74 76; Antrag 74 5 ff.; Arbeitgeberänderung 74 11; *Gesamtrechtsnachfolge* 74 11; *Umwandlungsrecht* 74 11; Arrestatorium 74 17; Auskunftspflicht 74 26, 33; Auslegung 74 6a; Beteiligtenbezeichnung 74 6a; Betriebsübergang 74 11; Bezüge, Einwendungen 74 46 ff., 52; Erinnerung 74 46, 67; Formularzwang 74 6; Inhibitorium 74 17; Pfändungspfandrecht 74 19; Pfandverstrickung 74 18; Überweisung an Zahlungs statt 74 20 f.; Überweisung zur Einziehung 74 20 f.; Verzicht 74 61; Zahlungspflicht 74 38 ff.; Zustellung an Drittschuldner 74 22

Pfändungsfreibetrag, Erhöhung durch Prozessgerichte 73 8; Sachbezüge, Anspruch auf 67 4

Pfändungsfreigrenze, Erhöhung des unpfändbaren Teil des Arbeitseinkommens 74 68; Existenzminimum 61 3

Pfändungsschutz, Arbeitseinkommen 74 71 ff.; Kollisionsrecht 13 100

Pfändungsschutzkonto, Lohnpfändung 74 32a; Pfändungsschutz 74 104; Sockelbetrag 74 104

Pfennig-Artikel, Flash-Mob-Aktionen 265 12; 273 16

Pflanzenzüchtung, Immaterialgüterrecht 100 1

Pflege, Familienangehörige 225 28

Pflegebereich, Arbeitnehmerentsendegesetz 215 39; 249 27; Dritter Weg 215 39; 249 27

Fette Ziffern = Paragrafen

Sachverzeichnis

Pflegeberufe, Ausbildungsgesetze **169** 17; Berufsbezeichnungsschutz **169** 18; Gesundheitsdienstleistungen **169** 16; Leistungserbringung **169** 21; Verkammerung **169** 18
Pflegebranche, Mindestarbeitsbedingungen **29** 18; **61** 25; Mindestentgelt **71** 19a
Pflegeheime, Ruhezeitverkürzung **183** 8, 15 f.
Pflegekassen, Insolvenzsicherung **202** 130
Pflegeunterstützungsgeld, Vergütungsanspruch **77** 11; **193** 12
Pflegeversicherung, Beitragsbemessungsgrenze **62** 82 ff.; Meldepflichten **39** 29; Pflege, häusliche **169** 21; Pflegegrade **184** 43; private **39** 29; soziale **39** 29
Pflegeversicherung, gesetzliche, Arbeitskampf **280** 5
Pflegezeit, *s. a. Familienpflegezeit*; Angehörige, nahe **41** 26; **193** 7, 10; *Minderjährige* **193** 17; Ankündigung **193** 14; Arbeitgebereigenschaft **193** 6; Arbeitsbefreiung **41** 6; Beendigung, vorzeitige **193** 18; Befristungsgrund **193** 21; Beschäftigtenbegriff **193** 5, 13; Beweislast **193** 13, 18; Darlegungslast **193** 13, 18; Dauer **193** 18; Entgeltfortzahlung **193** 12; Erforderlichkeit des Fernbleibens **193** 9 f.; Freistellung **41** 25 f.; **193** 13 f., 16; *teilweise* **193** 14, 16; häusliche Umgebung **193** 1 f., 13; Höchstdauer **193** 18; Kollisionsrecht **13** 120; Kombination mit Familienpflegezeit **193** 28; Kündigungsschutz **193** 20; Kündigungsschutz, besonderer **3** 34; Kurzpflegezeit **193** 3; Langpflegezeit **193** 3; Leistungsverweigerungsrecht **193** 9 ff.; Mitteilungspflichten **193** 11, 14; Nachweispflicht **193** 11, 15, 18; Pflegebedürftigkeit **193** 8; Pflegesituation, akute **193** 10; Pflegeunterstützungsgeld **77** 11; **193** 12; Rechtsmissbrauch **193** 20; Schwellenwert **193** 13; Sozialauswahl **115** 200; Sterbebegleitung **193** 17 f.; sukzessive Pflege **41** 26; Urlaubsanspruch, Kürzung **89** 18 f.; Urlaubskürzung **193** 19; Verlängerungsanspruch **193** 18
Pflichtenkollision, Arbeitsleistung **43** 18; *Zurückbehaltungsrecht* **114** 11; Freistellung, unbezahlte **41** 16, 27; Kündigung, personenbedingte **41** 16; Kündigung, verhaltensbedingte **41** 16; Leistungsverweigerungsrecht **41** 15 f.
Pflichtverletzungen, Arbeitsverhältnis **56** 1; Kündigung des Tarifvertrags, außerordentliche **260** 39; Leistungsstörungen **259** 15 ff.; Sanktionen, vereinsrechtliche **259** 25 f.; Schadensersatz statt der Leistung **259** 23; Tarifvertragsparteien **259** 17 ff.; Verschuldenszurechnung **259** 19 ff.
Phantom Stocks, Tantieme, börsenwertnotierte **65** 43; Vergütungssystem **65** 52, 60
Pharmazeutische Mitarbeiter im Außendienst, Schulung, allgemeine **150** 6
Physiotherapeuten, Ausbildung, qualifizierende **169** 19; Gesundheitsdienstleistungen **169** 16; Heilmittelerbringer **169** 1, 16
Piloten, Altersgrenze **103** 82, 96; **202** 68; **237** 102; Flugbetrieb **309** 38; Landbetrieb **309** 40; Loss-of-Licence-Versicherung **202** 68
Planwirtschaft, Koalitionsfreiheit **221** 3
Platzwechsel, Weisungsrecht des Arbeitgebers **40** 49, 52, 55
Politische Anschauungen, *s. Politische Einstellung*
Politische Betätigung, Betriebsfrieden **288** 26; Differenzierungsverbot **14** 35; Ordnungsverhalten **55** 18 ff.
Politische Einstellung, Differenzierungsverbot **14** 26, 35; **15** 6; Diskriminierungsschutz **15** 3; **32** 149, 159; Diskriminierungsverbot **109** 69; Fragerecht des Arbeitgebers **33** 11, 14, 98; Kündigung **109** 69
Polizei, Betriebsübergang **142** 13; Koalitionsfreiheit **218** 114
Post-Aktiengesellschaften, Beamte **19** 59; Urlaubsrecht **89** 43
Postulationsfähigkeit, Koalitionen **223** 45; Kündigungsschutzklage **130** 14 ff.
Postzustellungsurkunde, Kündigungserklärung, Zugang **108** 32
Präklusion, Kündigungsschutz **130** 109, 116
Praktikanten, Arbeitsentgelt **60** 98; Arbeitsnachweis **36** 62; Arbeitsverhältnis **19** 35; Begriff **149** 205; Betriebszugehörigkeit **285** 29; Entgeltfortzahlung im Krankheitsfall **80** 4; Geschäftsfähigkeit **36** 25; Kündigungsschutz, besonderer **129** 25; Massenentlassungen **121** 30; Mindestlohn **61** 8; **149** 213; Mutterschutz **189** 6, 9; Studenten **149** 213; Vergütung **149** 206; Zeugnisanspruch **138** 2
Praktikantenvertrag, Arbeitsgerichte, Rechtswegzuständigkeit **151** 24; Aufhebung **149** 208; Hauptpflicht **149** 207; Kündigung **149** 208; Nachweis **39** 47a; **149** 14a, 206; Niederschrift, schriftliche **149** 206; Vertragsverhältnis **19** 35; **147** 54; **149** 202 f., 205 ff.
Prämienlohn, Begriff **64** 31; Differentialsystem nach Taylor **64** 32; Emersonsches System **64** 32; Entgelt, flexibles **63** 2; Entgeltfortzahlung **64** 35; Entgelthöhe **64** 1; Entgeltminderung **60** 23; Erfolgsabhängigkeit **64** 2; Fahrpersonal **64** 34; Gantt-System **64** 32; Halsey-System **64** 32; Jugendliche **64** 34; kombinierter **64** 33; Mutterschutz **64** 34; Prämienlohnkurve **64** 33; Rowan-System **64** 32
Präsenzbibliotheken, wissenschaftliche, Sonntagsarbeit/Feiertagsarbeit **185** 23
Pre-Employment-Check, Stellenbesetzung **29** 73
Preisfestsetzung, Koalitionsfreiheit **221** 5
Preisnebenabreden, Flexibilisierungsklauseln **63** 15
Pressearbeitsrecht, *s. a. Medienarbeitsrecht*; Arbeitsrecht **19** 51 f.; Arbeitsverträge **167** 15 ff.; Direktionsrecht des Verlegers **167** 16, 19, 27 f.; Sonntagsarbeit/Feiertagsarbeit **185** 24; Tendenzschutz **167** 17 ff.
Pressefreiheit, Arbeitnehmerbegriff **18** 39; **19** 51; Definition **167** 2 f.; Koalitionsfreiheit **218** 13; Medien, neue **167** 3; Mitarbeiter, programmgestaltende **19** 52 ff.; Schutzbereich **167** 2; Sozialethik **275** ff.; Tarifvertrag **237** 49; Verlegerfreiheit **167** 2, 5, 16, 18
Priester, Amtsausübung **158** 21; Koalitionsfreiheit **160** 7
Privatautonomie, Arbeitgeber **283** 19; Arbeitnehmer **283** 17; Arbeitsrecht **1** 7 f., 15 f.; **5** 1 f.; Betriebsverfassungsrecht **283** 17, 19; Grundrechte **7** 40; individuelle **253** 5; kollektive **253** 5; kollektives Arbeitsrecht **215** 24; Tarifautonomie **215** 16; **216** 2 ff.; **218** 12; Verträge **264** 2
Privathaushalt, Allgemeines Gleichbehandlungsgesetz **16** 33; Arbeitszeitrecht **182** 58; Betriebseigenschaft **24** 19; Sonntagsarbeit/Feiertagsarbeit **185** 20; Stellenausschreibung, diskriminierungsfreie **17** 6
Privatisierung öffentlich-rechtlicher Unternehmen, Betriebsübergang **142** 63 ff.; Formwechsel **26** 12; öffentlicher Dienst **154** 1
Privatwirtschaft, Betriebsverfassung **284** 1
Pro-rata-temporis-Grundsatz, Teilzeitarbeit **49** 20, 84, 104; **50** 239; **77** 37; **83** 10; **86** 37 f.
Probearbeitsverhältnis, Arbeitszeit **182** 50; befristetes **103** 67, 71 f.; Kündigungsschutz **112** 7; Mutterschutz **189** 6; unbefristetes **103** 67 ff.

1655

Sachverzeichnis

Probebeschäftigung, Arbeitsförderung 29 83
Probemitglieder, Tarifbindung 245 26
Probezeit, Arbeitsverhältnis 37 55; *befristetes* 149 198; *Beginn* 37 57; Kündigungsschutz 37 57; stillschweigende 37 56; Tarifvertrag 37 56; Vereinbarung 37 56; Weiterbeschäftigung nach Ende der Ausbildungszeit 149 198
Produkthaftungsrecht, Arbeitsschutz 175 39; Herstellerhaftung 178 28; Sicherheitserwartungen, berechtigte 175 39
Produktion, vollkontinuierliche, Sonntagsarbeit/Feiertagsarbeit 185 35
Produktionsbehinderung, Arbeitskampfmittel 265 12
Produktionseinrichtungen, Zerstörung, Vermeidung 185 38
Produktionsmittel, Vergesellschaftung 221 2
Produktionsplanung, Unternehmensplanung 28 9
Profifußballer, *s. Sportler*
Profilingmaßnahmen, Transfermaßnahmen 29 96
Profisport, *s. Sportler*
Prokura, Betriebsübergang 142 146; Kündigung durch Prokuristen 108 15; leitende Angestellte 20 28, 30; Versorgungszusage 207 61
Prostitution, Vermittlungstätigkeit 29 22
Protokollnotizen, Auslegungsgrundlage 243 8, 16; Schriftform 234 60
Provision, Abschlussprovision 65 1; Arbeitsverhinderung 65 39; Bezirksprovision 65 1, 5; Buchauszug, Vorlagepflicht 65 27 f.; Drittgeschäft, Ausführung 65 17; *Beweislast* 65 20; *Teilausführung* 65 17; Entgelt, erfolgsbezogenes 65 1; Entgelt, flexibles 63 2; Feiertagsvergütung 65 36; Folgegeschäfte 65 11; Folgeprovision 65 24; Geschäftsvermittlung 65 8 ff.; Inkassoprovision 65 5; Jahressollvorgabe 65 40; Kausalität Vermittlungstätigkeit/Drittgeschäft 65 13; Kontrollrechte des Arbeitnehmers 65 27 ff.; im Krankheitsfall 65 34 f.; Mindestgehalt 65 4, 32; Mitbestimmung 65 41; Mutterschutzlohn 65 38; Nachbearbeitung notleidender Verträge 65 20; Provisionsanspruch 65 7, 14, 16; *Abrechnung* 65 26, 32; *Bedingung, aufschiebende* 65 17, 32; *Berechnung* 65 24 f.; *Beweislast* 65 15; *Fälligkeit* 65 21; *Höhe* 65 22 ff.; *Kontrahierungszwang des Arbeitgebers* 65 9; *nachgehender* 65 7; *Nichterfüllung des Arbeitgebers* 65 19 f.; *Nichtleistung des Dritten* 65 18, 20; *Verrechnung* 65 32; Provisionssatz 65 23; Überhangsprovision 65 16; Umsatzprovision 65 2; Urlaubsentgelt 65 37; Vermittlungsgegenstand, Identität 65 12; Vermittlungsprovision 65 1; Vorschuss 65 32 f.
Prozessbeschäftigung, Kündigungsschutzprozess 76 75; 105 12; Schriftformerfordernis 103 162
Prozessfähigkeit, Koalitionen 223 44
Prozessnormen, Gemeinsame Einrichtungen 242 19 f.
Prozessvergleich, *s. a. Vergleich*; Arbeitsgerichtsverfahren 241 1; Arbeitsrecht 134 3, 5 ff.; Befristungsvereinbarung 103 103 ff.; Doppelnatur 134 5; tarifliche Rechte 254 17
Prozessvertretung, Koalitionen 218 93; Verbandsmitglieder 255 6
Prüfungsstücke, Eigentum 97 2; 149 40, 59
PSA, *s. Schutzausrüstung, persönliche*
Qualifizierung des Arbeitnehmers, Förderungspflicht 91 11
Qualifizierungsmaßnahmen, Rückzahlung 147 11

Qualifizierungsverträge, Qualifizierungsverpflichtung 150 4; tarifliche Regelungen 150 2
Quarzfeinstaub, Gesundheitsschutz 173 37
Rahmentarifvertrag, Unbefristetheit 260 7
Rahmenvereinbarungen, Betriebsverfassung 283 20
Rahmenvorgaben, tarifliche Regelungen 252 12
Rasse, Benachteiligungsverbot 3 35; 12 32; 14 29; 15 5; 16 5 f.; 103 172; Diskriminierungsverbot 32 143 f.; Arbeitsvermittlung 29 29
Rationalisierung, Gemeinsame Einrichtungen 242 4, 14
Rationalisierungsmaßnahmen, Kündigung, betriebsbedingte 115 137 ff.
Rationalisierungsschutzabkommen, Abfindungsanspruch 133 17; Kündigungsbeschränkungen 110 74, 83
Rauchen im Betrieb, *s. a. Nichtraucherschutz*; Anspruch auf rauchfreien Arbeitsplatz 55 24, 27; 93 11 ff.; Arbeitspausen 55 26; Belästigung 93 11; Gefährdungsminimierung 177 23; Gesundheitsgefahren 55 23, 26 f.; Nichtraucherschutz 177 20 ff.; *s. a. dort*; Passivrauchen 55 23; 93 11; 177 20; Publikumsverkehr, Arbeitsstätten mit 177 22 f.; Raucherräume 55 26
Rauchverbot, Abmahnung 55 28; absolutes 55 26; allgemeines 93 13; Angemessenheit 55 26; Anzeigepflicht 55 10; betriebliches 93 13; Betriebsnormen 240 2, 11; Betriebsvereinbarung 55 25; Erforderlichkeit 55 26; Gaststätten 55 24; 93 13; Gleichbehandlungsgrundsatz 14 22; Kündigung, außerordentliche 124 51; Kündigung, verhaltensbedingte 55 28; 114 7; Mitbestimmungspflicht 33 87; Nichtraucherschutz 33 86; 93 12; 177 21; *s. a. dort*; öffentliche Einrichtungen 55 24; Personenverkehr, öffentlicher 93 13; Publikumsverkehr 55 24; 93 13; Rücksichtnahmepflicht 55 25; Spielbank 55 24; 93 13; Unternehmerfreiheit 55 24; 93 13; Weisungsrecht 55 25; Weisungsrecht des Arbeitgebers 40 23; WTO-Tabakrahmenkonvention 177 22
Räume, Betriebsratstätigkeit 296 2, 56 ff.
Rechenschaftslegung, Arbeitsverhältnis 55 3
Rechnersysteme, Funktionsfähigkeit, Aufrechterhaltung 185 32
Recht auf Arbeit, Länderverfassungen 7 79; 31 8; 92 1; Persönlichkeitsrecht 31 39; Vertragsfreiheit 31 12, 18
Recht am Charakterbild, Persönlichkeitsrecht des Arbeitnehmers 94 13 f.
Recht am eigenen Bild, Einwilligung des Betroffenen 96 38; Einwilligung in Veröffentlichung von Bildern des Arbeitnehmers 94 21; Persönlichkeitsrecht des Arbeitnehmers 94 21
Recht am eingerichteten und ausgeübten Gewerbebetrieb, Arbeitskampf 265 10; 273 5; 279 5; Boykottaufruf 224 46; Streikteilnahme 276 30, 35 f.; 278 6, 11; 279 59; Subsidiarität 276 36
Recht auf informationelle Selbstbestimmung, Auskunftseinholung 138 63; Datenschutz 96 1, 4, 29; Fragerecht des Arbeitgebers 33 15a f.; Personalakten 95 13, 19; Persönlichkeitsrecht des Arbeitnehmers 7 42; Telefonüberwachung 55 33; Videoüberwachung 55 33 f.
Recht auf Vergessenwerden, Datenschutzgrundverordnung 96 69; Eingliederungsmanagement, betriebliches 113 55

Fette Ziffern = Paragrafen **Sachverzeichnis**

Recht zur Lüge, Befragungen **94** 18; Frage, unzulässige **33** 25a, **142** f., **158** f.; Gewerkschaftszugehörigkeit **219** 9
Rechte, arbeitsvertragliche, Rechtsverlust **254** 8
Rechte, gewerkschaftliche, Koalitionsverbotsvereinbarungen **264** 3
Rechte, tarifliche, s. *Tarifliche Rechte*
Rechtfertigung, soziale, Kündigung, verhaltensbedingte **114** 3
Rechtsanwalt, Arbeitgebereigenschaft **23** 5; Dienstvertrag, freier **19** 74; Versorgungszusage **202** 4, 39
Rechtsberatung, Gewerkschaften **218** 98; Koalitionen **218** 93; **224** 21; OT-Mitglieder **245** 27
Rechtsfähigkeit, Koalitionen **223** 33
Rechtsfortbildung, unionsrechtskonforme **6** 40
Rechtskrafterstreckung, Normenkontrolle, tarifliche **244** 27
Rechtsmittelverzicht, Arbeitsgerichtsverfahren **241** 1
Rechtsprechung, s. a. *Richterrecht*; Arbeitsrecht **6** 2
Rechtsprechungsänderung, Vertrauensschutz **6** 37
Rechtsquellen, Arbeitsrecht **5** 5 ff., 9; Günstigkeitsprinzip **5** 23; Rangpyramide **5** 5 ff., 17, 21 ff.; **8** 29
Rechtsquellenklarheit, Tarifvertrag **234** 49; **237** 3, 75
Rechtsrat, Verbandsmitglieder **255** 6
Rechtsschutz-GmbH, Postulationsfähigkeit **223** 45
Rechtsstaatsprinzip, Allgemeinverbindlichkeit **248** 28, 31, 116; Tarifvertragssystem **226** 14; Verweisungen, dynamische **219** 28, 30 f.
Rechtsverlust, Öffnung des Tarifvertrags **254** 3; Vereinbarung **254** 3; Verlustschutz **254** 1 ff.
Rechtsverordnungen, Arbeitnehmerüberlassung **249** 28 ff.; Arbeitsschutz, technischer **6** 28; Tariferstreckung **8** 11; **249** 1 ff., 20 ff.; Tarifvertrag, Anwendbarkeit **5** 12
Rechtswahl, Arbeitsrecht **6** 31; **112** 19; Arbeitsvertragsstatut **262** 10; ausdrückliche **13** 18; Auslegung **13** 18; Binnenmarktfall **13** 15; Binnenmarktsachverhalt **13** 34; Eingriffsnormen **13** 24; **262** 11; Einigung **13** 17; Günstigkeitsvergleich **13** 24 ff., 30 ff.; *Einzelvergleich* **13** 31; *Gesamtvergleich* **13** 31; *Sachgruppen* **13** 31; Inlandssachverhalte **13** 33; konkludente **13** 19, 155 f.; nachträgliche **13** 20; Nachweisgesetz **13** 90; neutrales Recht **13** 15; ordre public **13** 24; Parteiautonomie **13** 14 ff.; Tarifvertrag **13** 152, 155; Tarifvertragsstatut **262** 3 f.; durch Tarifvertrag **262** 12; Teilrechtswahl **13** 16; Wirksamkeit **13** 21; Zeitpunkt **13** 20; zwingende Bestimmungen **13** 15, 25, 33, 67, 75
Rechtswahlklausel, Allgemeine Geschäftsbedingungen **13** 18, 22; Betriebsvereinbarung **13** 18; Tarifvertrag **13** 18; Verweisungsvertrag **13** 18
Rechtswissenschaft, Arbeitsrecht **6** 41 ff.
Redakteur, Begriff **167** 7; Freistellungsanspruch **167** 29 f.; Telearbeit **201** 9
Redaktionsvolontäre, Kündigungsschutz, besonderer **129** 25
Reeder, Arbeitgeber **309** 6; Begriff **163** 20 ff.; Haftung **163** 23
Reederei, Betriebsverfassungsrecht **285** 60
Regelaltersgrenze, Anhebung, stufenweise **202** 66a; Arbeitsverhältnis, Befristung **101** 27; **103** 77 f.; betriebliche Altersversorgung **202** 66 ff.
Regelarbeitszeit, Entgeltfortzahlung **81** 2; Flexibilisierung **40** 71, 74; Höchstarbeitszeit **40** 88; Interesse, öffentliches **40** 91; Jugendliche **196** 2 f.; Vollzeitkräfte **40** 69, 88

Regelungskompetenz der Betriebspartner, Grundrechte **215** 34
Regelungsstreitigkeiten, Eilbedürftigkeit **308** 36; Einigungsstellenverfahren **308** 11 f., 18, 36; Gesamtstreitigkeiten **215** 4
Regelungswille, Tarifvertragsparteien **258** 4
Regiebetriebe, Betriebsübergang **142** 13; Massenentlassungen **112** 30
Regionalbüros, Telearbeit **201** 2, 11
Regisseure, Arbeitnehmereigenschaft **165** 18; **166** 15 f.; Arbeitsvertrag **165** 34
Rehabilitanden, berufliche, Betriebsverfassungsrecht **285** 65
Rehabilitationsmaßnahmen, medizinische, Entgeltfortzahlung **79** 4; **84** 15 ff.; *Bewilligungsbescheid* **84** 19 ff.; *Lastenbegrenzung* **84** 26 ff.; *Mitteilungspflichten* **84** 28 f.; *Nachweispflicht* **84** 29 f.
Reinigungsarbeiten, Sonntagsarbeit/Feiertagsarbeit **185** 30, 40
Reinigungspersonal, Leistungsort **40** 51
Reisebüro, Zuendebedienen der Kunden **182** 91
Reisegewerbe, Arbeitsstätten **177** 5
Reisekosten, Arbeitsförderung **29** 81a; Aufwendungsersatz **93** 38
Reisekostenabrechnung, Aufbewahrungspflicht **139** 15
Reisekostenbeihilfe, Arbeitsförderung **29** 81a
Reisekostenerstattung, Steuerfreiheit **62** 14
Reiseleiter, Betriebsverfassungsrecht **284** 32
Reisezeiten, Arbeitsschutz **182** 11; Arbeitszeit **182** 11, 14 f.; Aufwandsentschädigung **93** 37; Begriff **182** 12; Betriebsverfassung **182** 11; Vergütung **182** 11, 16
Religion, Begriff **16** 15; Benachteiligungsverbot **3** 35; **12** 32; **13** 110; **14** 32; **15** 5; **16** 14 f.; **103** 172; Diskriminierungsschutz **15** 3; Diskriminierungsschutz durch AGG **16** 105 ff., 109 ff.; Diskriminierungsverbot **32** 149; *Arbeitsvermittlung* **29** 29; Einstellungsentscheidung **33** 10; Fragerecht des Arbeitgebers **33** 25; Ungleichbehandlung, zulässige **14** 42; **16** 95; Verkündungsferne **16** 110; Verkündungsnähe **16** 110 f.
Religionsfreiheit, Glaubensfreiheit **158** 5; Grundrechtecharta **158** 11 ff.; Kopftuch **109** 70; Kündigungen **109** 70; Selbstbestimmungsrecht, kirchliches **158** 5 ff.; Weisungsrecht des Arbeitgebers **109** 70
Religionsgemeinschaften, Betriebsverfassung **284** 21; Einrichtungen, erzieherische **284** 21; **310** 17; Einrichtungen, karitative **284** 21; **310** 17; Fragerecht des Arbeitgebers **33** 101; Gleichbehandlungspflicht **14** 26; Grundrechtsschutz **7** 55; Mitarbeitervertretungsrecht **284** 20; Selbstbestimmungsrecht **33** 101; Selbstverwaltungsrecht **218** 90; Sprecherausschuss **310** 17
Religionsgesellschaften, Ämterorganisation **158** 20 ff., 26; Arbeitszeitregelungen **182** 82; Finanzhoheit **158** 25; Jugendarbeitsschutz **196** 48; Selbstbestimmungsrecht **6** 13
Religionszugehörigkeit, Fragerecht des Arbeitgebers **7** 55
Religiöse Anschauungen, Diskriminierungsverbot **32** 149
Rentenauskunft, Kostenfreiheit **207** 145
Rentenbescheid, Zustellung **105** 6
Rentenversicherung, betriebliche Altersversorgung **202** 59; Meldepflichten **39** 30
Rentenversicherung, gesetzliche, Arbeitskampf **280** 11 f.

1657

Sachverzeichnis

Magere Ziffern = Randnummern

Rentnergesellschaft, Anpassungsprüfung 211 36, 111 ff.; betriebliche Altersversorgung 213 186 ff.; Unternehmensumwandlung 26 71
Reparaturarbeit, Nachleistung, Abbedingung 43 9
Residenzpflicht, Berufsfreiheit 237 44; Weisungsrecht des Arbeitgebers 40 26
Resistenz, passive, Arbeitsleistung 43 30
Restaurants, Ruhezeitverkürzung 183 9
Restmandat, Abwicklungsmandat 292 88 f.; Betriebsrat 292 31 f., 77 ff., 104; *Größe* 292 91; *Zusammensetzung* 292 91; Betriebsspaltung 292 77, 85; *Abspaltung* 292 85; *Aufspaltung* 292 84; Betriebsstilllegung 292 77, 79, 81 f.; Betriebszusammenfassung 292 77, 86; Dauer 292 92; Einzelmaßnahmen, personelle 292 89; Kostentragung 292 93; 296 9; Streitigkeiten 292 94; Umstrukturierungen 292 79, 83 ff.; Zusammenhang, funktionaler 292 88 ff.
Restschuldbefreiung, Arbeitnehmer 27 9
Rettungsassistenten, Rahmenrichtlinie 173 15
Rettungsdienst, Krankenhausärzte 170 69; Ruhepausen 40 85; Sonntagsarbeit/Feiertagsarbeit 185 17
Revisionsgrund, Tarifvertragsverletzung 251 25
Rheinland-Pfalz, Koalitionsfreiheit 217 11; Kündigungsschutz für Abgeordnete 129 102 ff.; Ladenschlussregelung 188 14; Schlichtungswesen 217 12; Streikrecht 217 13; 271 7; Tarifvertragsrecht 217 14; Wirtschaftslenkung 217 15
Rheinschifffahrt, Arbeitszeitschutz 187 14; Ruhetag, gemeinsamer 187 14
Rheumaklinik, Weiterbeschäftigung des Arbeitnehmers 25 34
Richter, Arbeitsschutz, betrieblicher 176 7; Arbeitszeitrecht 182 53; Dienstverhältnis 154 5, 14; Diskriminierungsschutz 16 42; Elternzeit 191 5; Koalitionsfreiheit 218 31; Mutterschutz 189 11 f.; öffentlicher Dienst 154 3
Richter, ehrenamtliche, Benachteiligungsverbot 109 51; 110 60; *Kündigung* 109 51; Vorschlagslisten 222 48
Richterrecht, Arbeitskampf 270 3 ff.; Arbeitsrecht 6 32 ff.; Rechtsquelleneigenschaft 6 34 ff.; Tarifvertrag 237 116 ff.; *Auslegung* 243 39; Vertrauensschutz 6 37
Richtlinien, europäische, Arbeitnehmerbegriff 18 53; Arbeitsrecht 5 6; 12 19; Auslegung 12 27; Diskriminierungsschutz 15 14 f.; Umsetzungsfrist, Ablauf 12 27
Riester-Förderung, Doppelverbeitragung, Abschaffung 204 43a, 84; Entgeltumwandlung 204 43a, 70 ff.; Sonderausgabenabzug 204 75 ff.; Zulage 204 75 ff.
Ring-Entscheidung, Behinderungsbegriff 16 19
Risikobegrenzungsgesetz, Unternehmensübernahme 307 33, 35, 37
Rohstoffe, Verhütung des Verderbens 185 33
Rom I-VO, Arbeitsrecht 6 31; 12 18; 13 3, 6 f.; 112 19; Arbeitsvertrag 262 2; Arbeitsvertrag, Anknüpfung 13 10 ff.; Auslegung, einheitliche 13 9; Eingriffsnormen 262 11; Internationales Arbeitsrecht 13 8; Seearbeitsrecht 163 6, 8 ff.
Rom II-VO, Arbeitskampfmaßnahmen 12 18; 13 4; 262 2; 269 36 ff.; Verschulden bei Vertragsverhandlungen 13 4
Röntgenverordnung, Dosisgrenzwerte 179 118; Integration ins Strahlenschutzrecht 174 5; 179 106, 117; Strahlenschutz 179 117 ff.
Rosenmontag, Teilzeitbeschäftigte, Freistellung 49 63; 50 209

Rosinenpicken, Bezugnahme 237 114; Günstigkeitsvergleich 246 12; 253 39; 256 100; Koalitionsfreiheit 233 13
Rot-Kreuz-Schwestern, Arbeitnehmerüberlassung 19 67; 145 28; 159 7; 170 26; 291 101; Gestellungsvertrag 19 67; 145 30; 170 25 f.; Mutterschutz 189 9; Rechtsverhältnis 19 66 ff.
Rückkehrzusage, Einstellungspflicht 32 192
Rückschlagsperre, Insolvenzverfahren 75 36
Rücksichtnahmepflichten, Abmahnung 56 8; Arbeitgeber 91 1, 12; Arbeitnehmer 53 14 f.; 54 1; 55 1, 16 ff., 47, 51; 56 1; Äußeres, freie Gestaltung 94 20; Erfüllungsklage 56 2; Kündigung, verhaltensbedingte 56 9; Pflichtverletzungen 91 16; Schadensersatz 56 5; Tarifvertrag 257 66; Unabdingbarkeit 91 15; Unterlassungsklage 56 3 f.; Verhältnismäßigkeitsgrundsatz 91 13
Rücktritt, Arbeitsverhältnis 123 13
Rücktrittsrecht, Arbeitsverhältnis 108 4
Rückwirkung, echte 238 55; Tarifvertrag 238 55; unechte 238 55
Rückzahlungsklauseln, Ausbildung 147 7; Berufsfreiheit 66 41; Inhaltskontrolle 37 44; Jahresleistungen 66 35 ff.
Rückzahlungsregelungen, Arbeitsplatzwahlfreiheit 237 41
Rückzahlungsvereinbarung, Gratifikation 7 77
Rufbereitschaft, Abruf zur Arbeitsleistung 40 79; Anfahrtzeit 182 40; Arbeitszeit 40 64; *tägliche* 182 42 f.; Arbeitszeitverlängerung 182 24; Aufenthalt am selbstgewählten Ort 182 39 f.; Aufenthalt an selbstgewähltem Ort 40 78a; Aufenthaltsbeschränkung 40 79; Begriff 182 39 ff.; Erreichbarkeit 40 79; 182 39; Freizeit, Unterbrechung 40 79; Haftung 40 79; Krankenhaus 170 41; Krankenhausärzte 170 74, 77; Mitbestimmungsrecht des Betriebsrats 182 46; Ruhezeit 40 79, 84 f.; 182 41; 186 21; Tarifvertrag 40 90; Verfügbarkeit, ständige 40 81; Vergütung 60 13; 182 43 ff.; *Urlaub* 182 45; Verkehrsunfall 40 79; Zuschläge 155 36
Ruhegeldansprüche, Arbeitnehmer, ausgeschiedene 142 136, 148; Vererblichkeit 202 9
Ruhegelder, Einnahmen aus nichtselbständiger Arbeit 62 8; Pfändungsschutz 74 96
Ruhegeldzusage, Widerruf 140 101
Ruhen des Arbeitsverhältnisses, gesetzliches 41 6; Hauptpflichten, Aussetzung 41 1, 24; Kündigungsschutz 112 12, 41; Sozialauswahl 115 196; Vereinbarung 76 14
Ruhensklauseln, Arbeitspflicht, Unterbrechung 41 28
Ruhepausen, Aufteilung 183 18; Begriff 40 85; 183 17; Bereitschaftsdienst 40 78; 182 36; Betriebspausen 183 20; Bildschirmarbeit 183 20; Dauer 40 85; 183 18; Freistellung von der Arbeitspflicht 183 19; Fürsorgepflicht des Arbeitgebers 183 22; Im-Voraus-Feststehen 40 85 f.; Kurzpausen 183 26; Lage 183 24; Lärmpausen 183 20; Mitbestimmungsrecht des Betriebsrats 40 86; Ordnungswidrigkeiten 183 23; Splitterzeiten 183 20; Straftaten 183 23; Unterbrechung der Arbeitszeit 40 85; Vergütung 40 86; Verlassen des Betriebsgeländes 183 17, 21; Verschnaufpausen 183 20
Ruheständler, Gewerkschaftsmitgliedschaft 222 32; Koalitionsfreiheit 218 35
Ruhestandsverhältnis, Arbeitsvertragsstatut 13 150; Betriebsübung 10 25; Tarifmacht 236 53

Ruhezeiten, 24-Stunden-Obergrenze **40** 84; Anweisungen des Arbeitgebers **93** 42; Arbeitsausfall **183** 4; Arbeitsverweigerung **183** 5; Arbeitszeit **183** 6; Aufzeichnungspflichten **139** 20; Ausgleich **183** 7; Begriff **40** 84; **183** 1; Betriebsratsmitglieder **295** 1; Dauer **183** 2; Elf-Stunden-Zeitraum **40** 84; Erkundigungsobliegenheiten des Arbeitgebers **55** 53; Freizeit **182** 22; Krankenhäuser **183** 7 f., 15 f.; Kürzung **183** 7 ff.; Minderjährige **183** 2; Öffnungsklauseln **40** 84; Rufbereitschaft **40** 79, 84; tarifliche Regelungen **183** 13; Umkleidezeiten **40** 84; Unterbrechung **40** 81, 84; **183** 3; *Arbeitsleistungen, nicht nennenswerte* **183** 3; Vergütung **40** 86; Waschzeiten **40** 84; Wegezeiten **40** 84; **183** 1
Rührei-Theorie, Arbeitskampfziele **272** 33, 45
Rundfunk, Arbeitsverhältnisse, befristete **103** 58; Arbeitszeit **166** 31; öffentlich-rechtlicher **166** 13, 26; Ruhezeitverkürzung **183** 11; Sonntagsarbeit/Feiertagsarbeit **185** 24; Tarifverträge **166** 11 ff.; Vertragsverhältnisse **19** 51; *Befristung* **23** 9
Rundfunkanstalten, Grundrechtsfähigkeit **218** 39
Rundfunkanstalten, öffentlich-rechtliche, Insolvenzfähigkeit **202** 130
Rundfunkfreiheit, Arbeitnehmerbegriff **18** 39; **19** 51; Arbeitnehmereigenschaft **165** 22; Arbeitsverhältnisse, befristete **166** 3, 22, 40 f.; Mitarbeiter, programmgestaltende **19** 52 ff.; Programmgestaltung **166** 22; Schutzbereich **167** 2
Rüstungssektor, Fragerecht des Arbeitgebers **33** 108 ff.
RVG, Vergütungsordnung **60** 103
Saarland, Bergmannversorgungsschein **152** 29; Hüttenknappschaftliche Pensionsversicherung **202** 116; Kammern auf Arbeitnehmerseite, Staatskonkurrenz gegenüber Koalitionen **218** 97, 104; Koalitionsfreiheit **217** 11; Kündigungsschutz für Abgeordnete **129** 106 f.; Ladenschlussregelung **188** 14; Streikrecht **217** 13; **271** 8, 12; Wirtschaftslenkung **217** 15
Sabbatical, Arbeitspflicht, Befreiung von der **41** 28; Arbeitszeitkonto **40** 82; Entgeltumwandlung, Fortsetzungsrecht **204** 52
Sabotage, Nichtleistung **43** 2
Sachbezüge, Annahmeverzug des Arbeitgebers **76** 55; Einkommensteuer **62** 18
Sachen des Arbeitnehmers, eingebrachte, *s. Vermögensgegenstände des Arbeitnehmers, eingebrachte*
Sachgruppenvergleich, Günstigkeitsvergleich **246** 12; **253** 40 ff.
Sachmittel, Betriebsversammlung **299** 23
Sachmittel (Betriebsrat), Besitz **296** 69 f.; Eigentum **296** 69, 71; Naturalleistung **296** 57; Überlassungspflicht **296** 2, 56 ff., 61 ff.; *Computer* **296** 67; *Fachliteratur* **296** 63; *Fachzeitschriften* **296** 63; *Faxgerät* **296** 66; *Gesetzestexte* **296** 62; *Handy* **296** 66; *Informationstechnik* **296** 56, 65 ff.; *Internetanschluss* **296** 66; *Intranet* **296** 67; *Kommunikationstechnik* **296** 56, 65 ff.; *Mobiliar* **296** 61; *Telefonanschluss* **296** 66
Sachsen, Arbeitskampfrecht **271** 9; Koalitionsfreiheit **271** 11; Kündigungsschutz für Abgeordnete **129** 108 ff.; Ladenschlussregelung **188** 14
Sachsen-Anhalt, Arbeitskampfrecht **271** 10; Koalitionsfreiheit **271** 11; Kündigungsschutz für Abgeordnete **129** 84, 111 ff.; Ladenschlussregelung **188** 14
Sachverständigenrat, Begutachtung der gesamtwirtschaftlichen Entwicklung **221** 21

Saison-Kurzarbeitergeld, Bezugsdauer **29** 94; Höhe **29** 94; Mehraufwandswintergeld **29** 94; Zuschuss-Wintergeld **29** 94
Saisonarbeit, Befristung **50** 299
Saisonbeschäftigung, Arbeitsanfall, periodischer **103** 41, 44
Saisonbetriebe, Arbeitszeitverlängerungen **186** 20; Begriff **112** 29; betriebliche Altersversorgung **207** 91; Kündigung, betriebsbedingte **115** 70; Kündigungsschutz **112** 29; Massenentlassungen **121** 3, 35
Säkularinstitute, Regelungsautonomie **158** 37
Salutogenese, Gesundheitsförderung, betriebliche **172** 34
Samstag, Ausgleichszeitraum **182** 68
Samstagsruhe, Jugendliche **196** 36
Sanatorium, Ruhezeitverkürzung **183** 9
Sanierungstarifvertrag, Betriebsnormen **240** 10; Nachwirkung, Ausschluss **261** 37; Stichtag **237** 24
Sanitäranlagen, Betriebsnormen **240** 11
Satellitenbüros, Telearbeit **201** 2, 11
Satzung, Arbeits- und Wirtschaftsbedingungen **223** 19; Arbeitskampf **223** 19, 23; Arbeitskampfbeschlüsse **223** 24; Auslegung **224** 36; Ausrichtung, konfessionelle **223** 26; Ausrichtung, politische **223** 26; Ausschlussverfahren **223** 24; Beitragshöhe **223** 27; Beitragszahlung **223** 27; Berufsgruppengewerkschaften **223** 21; Betriebsratswahlen **223** 19; Frauenquote **223** 20; Gewerkschaftstage **223** 24; Grundpflichten/-rechte **223** 27; Industrieverbandsprinzip **223** 21; Inhaltskontrolle **223** 29; **224** 23; Konkretisierung **223** 20; Mitgliederversammlung **223** 24; Mitgliedschaft **223** 21; Mitwirkungsrechte **223** 10 ff.; Ordnungen **223** 20; Rechtsberatung **223** 19; Richtlinien **223** 20; Satzungsänderung **223** 24, 28 f.; **224** 13; *Kardinalrechte* **223** 13; Satzungsverletzungen **224** 61; Schiedsverfahren **223** 24; Stimmrechte **224** 10 f.; Tarifabschlüsse **223** 24; Tarifzuständigkeit **223** 29 ff.; Urabstimmung **223** 23; Verbände, mächtige **223** 29; Verbandsverfassung **223** 18 ff.; Vereinsorgane **223** 22; Vereinszweck **223** 19, 28 f.; Verfahrensvorschriften **223** 23; Vermögensverwaltung **223** 24; Vertreterversammlung **223** 22; Vorstand **223** 22
Säuglingsheime, Ruhezeitverkürzung **183** 8, 15 f.
SCE, *s. Europäische Genossenschaft*
Schadensabwehr im Betrieb, Arbeitsverhältnis **55** 8 ff.
Schadensausgleich, innerbetrieblicher, Ausführungsverschulden **57** 34, 46; betrieblich veranlasste Tätigkeiten **57** 63; Betriebsratstätigkeit **57** 50; Betriebszugehörigkeit **57** 50; Beweislast **57** 59; dienstliches Verhalten des Arbeitnehmers **57** 47; Diskriminierungsverhalten des Arbeitnehmers **57** 34; Ergebniskontrolle, sozialstaatliche **57** 38, 50, 58; Existenzschutz **57** 40; Fahrlässigkeit, grobe **57** 37 ff., 55; Fahrlässigkeit, leichteste **57** 41, 46; Fahrlässigkeit, mittlere **57** 40, 55; Familienstand **57** 50; Fehler, unverschuldete **57** 33; Gefährneigung der Arbeitnehmertätigkeit **57** 45; Lebensalter des Arbeitnehmers **57** 50; Lebensrisiko, allgemeines **57** 31, 34, 61; Mitverschulden des Arbeitgebers **57** 46, 55 f.; *Verhalten Dritter* **57** 57; Mobbing **57** 34; Pflichtversicherung **57** 51 f.; Risikoverteilung **57** 26; Risikozuschlag **57** 49; Schadenshöhe **57** 48; Schadensneigung der Arbeitnehmertätigkeit **57** 45; Schadensprävention durch Arbeitgeber **57** 53; Schadensteilung **57** 37, 40, 58; Schwarzfahrt **57** 34; Stellung im Unternehmen **57** 49; Übernahmeverschulden **57** 34; Unterhaltspflich-

Sachverzeichnis

tungen **57** 50; Veranlassung, betriebliche **57** 31 ff.; Vermögensverhältnisse **57** 50; Verschuldensgrad **57** 46; Versicherungsobliegenheit **57** 54; Versicherungsschutz **57** 51 ff.; Vorsatz **57** 35 f.

Schadensersatz, Arbeitsverhältnis, Begründung **32** 60 f.

Schadensersatz neben der Leistung, Arbeitnehmerhaftung **57** 1

Schadensersatz statt der Leistung, Arbeitnehmerhaftung **57** 1, 62

Schadensersatzansprüche, Pfändungsschutz **74** 97

Schadenspauschalierungsabreden, AGB-Kontrolle **43** 57; Druckmittel **43** 57; Schadensersatzanspruch, vorausgesetzter **43** 57; Schadensschätzung, antizipierte **43** 57; Vertragsbruch **43** 47

Schadensverhütungspflicht, Fürsorgepflicht **91** 3 f.

Schadensverursachung, Nebenpflichtverletzung **43** 30

Schalterarbeit, Nachleistung, Abbedingung **43** 9

Schauspieler, Arbeitnehmereigenschaft **166** 15

Schaustellergewerbe, Jugendarbeitsschutz **196** 32

Scheckhingabe, Arbeitsgerichte, Zuständigkeit **70** 2

Scheinselbständigkeit, Beitragspflicht **62** 109; Krankenhausärzte **170** 84; Pflegekräfte **170** 84

Scheinwerkverträge, Arbeitnehmerüberlassung, illegale **145** 222 f.

Schichtarbeit, Arbeitswissenschaft **184** 20 ff.; Arbeitszeit **184** 17 ff.; Arbeitszeitverlängerungen **186** 19; Begriff **184** 8; Betriebsruhe, objektive **185** 11; Feiertagsruhe **185** 11; Leitlinien **184** 22 f.; Mindestpausen **182** 74; Mitbestimmungsrecht des Betriebsrats **184** 24; Nachleistung, Abbedingung **43** 9; Schichtarbeitnehmer **184** 10; Schichtpläne **184** 24; Sonntagsruhe **185** 11; Wechselschichtarbeit **184** 9; *Drei-Schicht-System* **184** 9; *Nachtarbeit* **184** 15; *Vollkonti-Schicht-System* **184** 9; *Zwei-Schicht-System* **184** 9; Zuschläge **155** 36; **239** 10

Schichtplan, Betriebsnormen **240** 14

Schichtsystem, Betriebsnormen **239** 17

Schichtwechsel, Ruhezeitverkürzung **186** 22

Schichtzeit, Anwesenheitszeit, individuelle **182** 10

Schiedsausschuss, Vorschlagslisten **222** 48

Schiedsgericht, Rechtswahl, stillschweigende **13** 19

Schiedsgerichtsbarkeit, tarifliche **241** 3 ff.; **257** 61; Gemeinsame Einrichtungen **242** 19

Schiedsgerichtsverfahren, Konfliktlösung **308** 228

Schiedsspruch, Bindungswirkung **308** 228

Schiedsvereinbarung, Einrede, prozesshindernde **308** 228

Schiedsvergleich, Arbeitsrecht **134** 3

Schifffahrtsbetriebe, Betriebsbegriff **121** 3, 16 f.; Landbetriebe **121** 36; Massenentlassungen **121** 36, 130

Schiffsbesatzung, *s. a. Besatzungsmitglieder*, Arbeitsrecht **19** 22; Arbeitsverhältnisse **163** 8; Arbeitszeitschutz **187** 6 ff.; Besatzungsliste **163** 27; Eignung **163** 27; Eignungsuntersuchung **180** 61; Massenentlassungen **121** 36; Qualifikation **163** 27; Tarifverträge, ausländische **262** 3; Zeugnisanspruch **138** 2

Schiffsmannschaft, Binnenschifffahrt **164** 22 ff.

Schlechtleistung, Äquivalenzinteresse **43** 62; **53** 12; Arbeitsleistung **43** 1, 4, 25 ff.; Entgeltminderung **43** 31 f., 60; Erfüllungswirkung **43** 26; Integritätsinteresse **43** 62; **53** 12; Kündigung des Arbeitsverhältnisses **43** 67 f.; Nacherfüllung **43** 60 f.; petitio principii **43** 31; Schadensersatz neben der Leistung **43** 60, 62, 65; **53** 14; Schadensersatz statt der Leistung **43** 60, 62 f.; Tätigkeit, weisungswidrige **40** 33

Schlechtwetterzeit, Saison-Kurzarbeitergeld **29** 94

Schleswig-Holstein, Koalitionsfreiheit/Arbeitskampf **271** 2; Kündigungsschutz für Abgeordnete **129** 114 f.; Ladenschlussregelung **188** 14

Schlichterspruch, Abmachung, andere **261** 38; Annahme **234** 69; *Schriftform* **234** 63; tariflicher **234** 69; Tarifvertragswirkung **234** 69; Unterwerfung, vorherige **234** 70; Verbindlichkeit **234** 71

Schlichtung, Ausgleichsverfahren **281** 3; kollektives Arbeitsrecht **4** 6, 19; Kontrollratsgesetz Nr. 35 **281** 2; Landesschlichter **281** 2 f.; Landesschlichtungsausschuss **281** 3; Margarethenhof-Abkommen **281** 1 ff.; Nachgeben, gegenseitiges **281** 1; staatliche **281** 1 f., 5; Tarifautonomie **281** 7; tarifliche **281** 1; **282** 1 ff.; Tarifverantwortung **237** 18; Zwangsschlichtung **220** 51, 114; **225** 14; **281** 1; **282** 8

Schlichtungsausschuss, Ausbildungsverhältnis **112** 8; Berufsausbildungsverhältnis **129** 14 ff.; Vorschlagslisten **222** 48

Schlichtungsspruch, Anerkennungspflicht **257** 58; Annahme **282** 6; Stimmengleichheit **282** 6; Stimmenmehrheit, einfache **282** 6; Überprüfbarkeit **281** 4; Unterwerfung **282** 6; Verbindlichkeit **281** 3

Schlichtungsstelle, Besetzung, Vereinbarungen **257** 58; Geheimhaltungspflicht **295** 215; Gemeinsame Einrichtungen **242** 17; Zutrittsrecht zum Betrieb **289** 7

Schlichtungsstelle, tarifliche, Abgrenzung **308** 214; Besetzung **308** 218; Einberufung **308** 215; Einigungsstelle, Ersetzung **308** 213 ff.; Regelungsstreitigkeiten, betriebliche **308** 213; Spruch **308** 220; Tarifbindung, einseitige **308** 215; Verfahren **308** 218 f.; Zuständigkeit **308** 217

Schlichtungsvereinbarung, Anfechtbarkeit **234** 36; Inhalt **282** 5

Schlichtungsverfahren, Berufsausbildungsverhältnis **151** 1 ff.; Vereinbarung, schuldrechtliche **257** 58

Schlüsselverlust, Arbeitnehmerhaftung **57** 7

Schmerzensgeld, Diskriminierung **32** 176

Schmiergeldabrede, Korruptionsverbot; *s. dort*; Sittenwidrigkeit **54** 55

Schmiergelder, Kündigung, außerordentliche **124** 66

Schmutzarbeit, Zuschläge **239** 10

Schmutzzulagen, Unpfändbarkeit **74** 87

Schöpferprinzip, Arbeitnehmer **165** 49

Schrankkontrolle, heimliche **130** 104

Schriftform, Auflockerungsrechtsprechung **103** 160; Beweisfunktion **108** 5; Kündigungserklärung **108** 5 ff.; nachgeholte **103** 161; Tarifvertrag **229** 10; **234** 4, 17, 45 ff.; Warnfunktion **108** 5

Schriftformklausel, Betriebsübung **10** 21; einfache **36** 45; Inhaltskontrolle **37** 44; Vertragsänderung **40** 20

Schriftformklausel, doppelte, AGB-Kontrolle **36** 46; in Allgemeinen Geschäftsbedingungen **10** 21; Arbeitsaufgabe **40** 20; im Arbeitsvertrag **10** 21; **36** 46

Schuldübernahme, Verlustschutz **254** 19

Schuldverträge, kollektive, Angemessenheitsvermutung **220** 64; Arbeits- und Wirtschaftsbedingungen **220** 62 ff.

Schulen, Einrichtungen, kirchliche **158** 40

Schüler, Koalitionsfreiheit **218** 33

Schulpflicht, Berufsausbildungsverhältnis **195** 15; Berufsschulpflicht **196** 7; Beschäftigungsverbote **195** 1; Jugendarbeitsschutz **194** 6; **195** 14 f.; **196** 7

Schultz-Hoff-Entscheidung, Jahresurlaub **85** 40; Umsetzung im nationalen Recht **6** 40

Schulungsmaßnahmen, Einweisungstätigkeiten **147** 11

Schulungsveranstaltungen, Anerkennung als geeignet **295** 81ff., 113; Angemessenheit **295** 70ff.; **296** 29; Anreise **295** 101; Anspruchsdurchsetzung **295** 92ff.; Arbeitsbefreiung **295** 92; *Zustimmung des Arbeitgebers* **295** 107a f.; Arbeitsentgelt **295** 89, 114; Arbeitsrecht **295** 60; Beschlussfassung **295** 96ff.; Betriebsratsmitglieder **295** 51ff.; **308** 14; Betriebsverfassungsrecht **295** 60; Dauer **295** 72; Einigungsstellenverfahren **295** 106f.; Entsendebeschluss **295** 77, 80; Erforderlichkeit **295** 64, 67ff., 110; **296** 28; *teilweise* **295** 64, 69, 73; Ersatzmitglieder **295** 63, 88, 91; Fahrtkosten **296** 33; Freistellung, Gesamtdauer **295** 88; Freistellungsanspruch **295** 81ff., 91; *Befristung* **295** 90; Freizeitausgleich **295** 92, 108; Geeignetheit **295** 66, 81, 83ff., 111; **296** 27; Gesamt-Jugend- und Auszubildendenvertretung **305** 32; Gesamtbetriebsratsmitglieder **300** 108; gewerkschaftliche **296** 30ff.; Grundkenntnisse **295** 52, 58a ff.; Individualanspruch **295** 80, 94, 131; Jugend- und Auszubildendenvertretung **295** 78ff., 94; Kenntnisse, Erforderlichkeit **295** 58a ff.; Kollektivanspruch **295** 80, 94, 101ff., 131; Konzern-Jugend- und Auszubildendenvertretung **306** 30; Konzernbetriebsratsmitglieder **302** 81; Kosten **295** 78, 89; **296** 6; Kostentragung **296** 26ff.; Lage, zeitliche **295** 93, 99f.; Mehrwoche **295** 87; Notwendigkeiten, betriebliche **295** 106f., 112; Schulungsteilnahme **295** 101, 108; Sprecherausschussmitglieder **311** 67; Streitigkeiten **295** 109ff.; Teilnahme, Verhältnismäßigkeit **296** 65ff.; Teilnahmeanspruch **295** 80; *Fälligkeit* **295** 94; Teilnahmegebühren **296** 33; Teilnehmerzahl **295** 71; Unterkunftskosten **296** 33; Unterrichtung des Arbeitgebers **295** 103ff.; Verpflegungskosten **296** 33; Wahlschuld **295** 93, 96; Wiederholungsveranstaltungen **295** 62; Wirtschaftsausschuss **307** 112; Wissensvermittlung **295** 62

Schüth (Rs.), Privat- und Familienleben, Recht auf Achtung **12** 5

Schutzausrüstung, persönliche, An-/Ablegen von Schutzkleidung **176** 41; Abschreckungsmittel **180** 20; Anforderungen **178** 4; Arbeitsschutz **12** 44; Arbeitsverfahren **180** 19, 22; Ausstellen **180** 13, 20; Benutzung **180** 11, 18ff., 25; Bereitstellung **180** 21f.; Bergbau **180** 20; Beschäftigte **180** 20; Bescheinigungsverfahren **180** 9f.; Bundeswehr **180** 13; Bußgeldtatbestände **180** 17; CE-Kennzeichnung **180** 12, 16; EG-Baumusterprüfung **180** 9; einfache PSA **180** 9f.; Einrichtungen der öffentlichen Sicherheit und Ordnung **180** 13; Einzelrichtlinie **173** 27; Ersatz **180** 23; Funktionsfähigkeit **180** 23; Gesundheitsschutz **180** 20; GS-Zeichen **180** 16; Hersteller-Information **180** 15; Hygiene **180** 23; Information der Beschäftigten **180** 24; Inverkehrbringen **180** 7ff., 12ff.; komplexe PSA **180** 9f.; Kostenbeteiligung der Beschäftigten **176** 41; **180** 22; Lagerung **180** 23; Marküberwachung **180** 17; Militär **180** 20; Mitwirkungspflicht **180** 24; normale PSA **180** 9f.; Ordnungsdienste **180** 20; Ordnungsverfügung **180** 17; Ordnungswidrigkeiten **180** 12f.; Personengebundenheit **180** 23; Polizei **180** 13, 20; Produktionsüberwachung **180** 9; PSA-Benutzungsverordnung **180** 18ff.; PSA-Richtlinie **180** 7ff.; *Umsetzung* **180** 12ff.; Qualitätssicherung **180** 15; Reinigung **180** 23; Reparatur **180** 23; Rettungsdienste **180** 20; Schutzklauselverfahren **180** 11; Selbstverteidigungsmittel **180** 20; Sicherheit **180** 20; Sicherheitsanforderungen **180** 12; Sicherheitsdienste, private **180** 20; Sportausrüstungen **180** 20; Strafvorschriften **180** 13; Tätigkeiten **180** 20, 22; technische Normen **180** 7ff.; Überwachung, behördliche **180** 25; Unionsrecht **180** 7; Unterweisung **180** 25; Verordnung **180** 12ff.; Verwendung, bestimmungsgemäße **176** 64; Warnung, öffentliche **180** 17; Wartung **180** 23; Zivilschutz **180** 13; Zusatzausrüstungen **180** 20

Schutzgesetz, tarifliche Regelungen **251** 20, 23

Schutzgesetzverletzung, Arbeitnehmerhaftung **57** 1

Schutzkleidung, Rückgabepflicht **93** 41; Rücksichtnahmepflicht **94** 20; Selbstbeschaffung **93** 41

Schutzpflichten, Abmahnung **56** 8; Arbeitgeber **57** 30; **91** 8; Arbeitnehmer **53** 1, 3, 14ff.; **56** 1; Arbeitsleistung, Zurückbehaltungsrecht **114** 12; Erfüllungsklage **56** 2; Gesundheitsschutz **93** 1; Kündigung, verhaltensbedingte **56** 9; Leben des Arbeitnehmers **93** 1; Pflichtverletzungen **91** 16; Unabdingbarkeit **91** 15

Schutzprinzip, soziales, Arbeitsrecht **3** 29ff.; **4** 10

Schutzschirmverfahren, Insolvenzplan **27** 29; Masseverbindlichkeiten **75** 5

Schwangerschaft, Anfechtung des Arbeitsvertrags **38** 30; Aufhebungsvertrag **135** 34; Aufhebungsvertrag mit Schwangerer **135** 2; Aufwendungsausgleichsgesetz **33** 73; Bauchhöhlenschwangerschaft **190** 13; Beendigung, vorzeitige **189** 13; Begriff **190** 13; Bekanntgabe, unbefugte **189** 21; Benachrichtigungspflicht des Arbeitgebers; *s. Meldepflicht*; Benachteiligung, unmittelbare **16** 74; Benachteiligung wegen des Geschlechts **14** 37; **32** 130; Beschäftigungsverbot **40** 26; **80** 39f.; Ersatztätigkeit **40** 26; Fehlgeburt **55** 12; Fragerecht des Arbeitgebers **33** 21ff., 59ff.; *Rechtfertigung* **33** 76ff.; *Rechtsmissbrauch* **33** 79; Kündigung in Arbeitsverhältnissen **108** 5; *außerordentliche Kündigung* **123** 6; *Zustimmung, behördliche* **124** 107; Kündigungsschutz, besonderer **13** 147; Massenentlassungen **121** 68; Meldepflicht **39** 1, 33; **189** 21f.; Mitteilung, unterlassene **189** 20; Mutterschutzrecht **7** 64; Offenbarungspflicht **33** 136; **189** 13, 15ff.; U2-Umlageverfahren **33** 73; Zeugnis, ärztliches **189** 13, 21, 23; **190** 12, 14f.; Kosten **189** 24; **190** 15; *Nachuntersuchung* **190** 15

Schwangerschaftsabbruch, Leistungsverweigerungsrecht **7** 54; Mutterschutz **190** 26, 53

Schwarzarbeit, Arbeitsvertrag **32** 45; Auskunftspflicht **32** 46; Beschäftigungsverhältnis, sozialversicherungspflichtiges **62** 63; Dienstvertrag, selbstständiger **32** 44; Nebentätigkeit **55** 63; Sofortmeldung **39** 11; Werkvertrag **32** 44

Schwarze Listen, Arbeitskampfmittel **265** 16f.

Schwarzes Brett, Betriebsfrieden, Störung **288** 21f.; Entfernung von Aushängen **288** 22; **296** 64; **310** 35; Massenkündigung **108** 7; Mitgliederwerbung **220** 88; **289** 17; Tarifvertrag, Bekanntmachung **235** 9; Überlassungspflicht **296** 64

Schwarzfahrt, Arbeitnehmerhaftung **57** 34

Schwarzgeldabrede, Nettoarbeitsentgelt **62** 44, 73, 108

Schweigepflicht, Arbeitskampf **276** 12; Berufspflicht **54** 32; Betriebsärzte **176** 54; Betriebsratsmitglieder **295** 220; *s. a. Geheimhaltungspflicht*; Krankenhausärzte **170** 70

Schweigepflichtverletzung, Lizenzanalogie **54** 46; Schadensersatz **54** 46

Schweiz, Arbeitnehmerfreizügigkeit **29** 71a; Vermittlungsbudget, Förderung aus **29** 81b f.

Schwellenwert, *s. Kündigungsschutz*

1661

Sachverzeichnis

Magere Ziffern = Randnummern

Schwerbehinderte, Altersteilzeit **51** 19, 24, 26f.; Änderungskündigung **119** 78; Anzeigepflicht des Arbeitgebers **198** 100; Arbeitnehmerschutzrecht **4** 12; Arbeitsentgelt **198** 74; Arbeitshilfen, technische **198** 68; Arbeitsverhältnis, Beendigung **198** 98; Arbeitsverhältnis, bestehendes **198** 59ff.; Auslandseinsatz **13** 125; Beschäftigung, behinderungsgerechte **198** 59, 63, 66ff., 71; Beschäftigung, qualifikationsgerechte **198** 60; Beschäftigungsanspruch **198** 61; Beschäftigungspflicht **32** 64ff.; **198** 32ff.; *Abrundungsregelung* **198** 42; *Anrechnung* **198** 43; *Arbeitsplatzbegriff* **198** 37ff.; *Ausbildungsplätze* **198** 41; *Ausgleichsabgabe* **198** 47ff., 167; *Gruppen, besondere* **198** 35f.; *Mehrfachanrechnung* **198** 44ff.; *Mindestzahl* **198** 40; *Pflichtzahl* **198** 40; *Unzumutbarkeit* **198** 70; Beschäftigungsverhältnis, öffentlich-rechtliches **236** 16; Bewerbungsunterlagen **17** 120; Bildungsmaßnahmen **198** 65; Dienstbezüge **198** 74; Diskriminierungsverbot **198** 58; Eingliederungsmanagement, betriebliches **113** 32; **198** 83ff.; Eingliederungszuschuss **29** 90a; Einsicht in Personalakten **198** 156; Einstellungsentscheidung **32** 68ff.; Entlassung, witterungsbedingte **198** 104; Existenzschutz **3** 32; Fragerecht des Arbeitgebers **33** 57f.; Gleichgestellte; *s. dort; s. Gleichstellung behinderter Menschen*; Hilfe im Arbeitsleben, begleitende **198** 166; Inlandsarbeitsplatz **13** 125; Kündigung, außerordentliche **123** 6; **124** 108; **125** 26ff.; **198** 128ff.; Kündigung, Mitwirkung des Betriebsrats **283** 14; Kündigung, ordentliche **198** 123ff.; Kündigungsabsicht, Mitteilung **198** 103; Kündigungsschutz, besonderer **3** 34; **107** 23; **110** 6, 59; **111** 2; **122** 12; **157** 6; **198** 91ff.; *Arbeitnehmer, altersgesicherte* **198** 102; *Arbeitsverhältnis* **198** 94; *Auszubildende* **149** 153; *Eingriffsnorm* **13** 146; *Entstehung* **198** 95; *Integrationsamt, Zustimmung* **109** 55f.; **110** 51; **113** 49; **124** 108; **125** 26ff., 36; **198** 91ff.; *Kenntnis des Arbeitgebers* **198** 110ff., 145; *Kündigung, arbeitgeberseitige* **198** 96f.; *Kündigungsfrist* **109** 87f.; **110** 40; *Nachweis der Schwerbehinderteneigenschaft* **198** 105ff.; *Schwerbehindertenvertretung, Beteiligung* **198** 91; *Stellen, ausgenommene* **198** 101; *Territorialitätsprinzip* **198** 93; *Wartezeit* **198** 100; Massenentlassungen **121** 74; Mehrarbeit **198** 76; Mindestkündigungsfrist **13** 146; Nichteinladung zum Vorstellungsgespräch **17** 120; öffentlicher Dienst **157** 5f.; Präventionsverfahren **198** 77ff.; schwangere schwerbehinderte Arbeitnehmerin **110** 40; SGB IX **198** 6ff.; Sozialauswahl **115** 200, 250f., 305; Stellenbesetzung **198** 53ff.; Teilzeitarbeit **198** 72f.; Teilzeitarbeit, Anspruch auf **49** 24; Vertrauensleute, besonderer Kündigungsschutz **110** 56; **127** 10; Vertrauensperson **198** 162ff.; Vorstellungsgespräch **157** 6; Wiedereingliederung, stufenweise **198** 62; Wiedereinstellung nach Aussperrung **32** 71; Wiedereinstellung nach Streik **32** 71f.; Wohnsitz **198** 14f.; Zusatzurlaub **13** 118; **89** 31ff.; **198** 75

Schwerbehindertenrecht, Arbeitsplätze **31** 35; Ausgleichsfonds **198** 166; Bundesagentur für Arbeit **198** 166; Durchführung **198** 166ff.; Integrationsamt; *s. dort*; Integrationsfachdienste **198** 167; Verbandsklage **198** 168; Versorgungsverwaltung **198** 166

Schwerbehindertenvertretung, Anhörungsrecht **198** 157ff.; Aufgaben **198** 155; Beteiligungsrecht **124** 108; **198** 53, 141ff.; Betriebsratssitzungen **198** 24; *Ladung* **294** 32; *Teilnahmerecht* **294** 13, 32f., 92; Betriebsverfassung **283** 15; Doppelmandat **294** 34; Einsicht in Personalakten, Hinzuziehung bei **198** 156; Gesamtschwerbehindertenvertretung **198** 154; Konzernschwerbehindertenvertretung **198** 154; Kündigungsschutz, besonderer **127** 19; *Beteiligung, vorherige* **198** 91, 141ff.; Präventionsverfahren **198** 77ff.; Stellenbesetzung **198** 53ff.; Teilnahmerecht **198** 161; Teilnahmerecht an Besprechungen Betriebsrat/Arbeitgeber **288** 6; Übergangsmandat **198** 154; Unterrichtungsrecht **198** 54, 157, 159; Verhinderung **294** 33f.; Verschwiegenheitspflicht **54** 48; Vetorecht **294** 99; Wahl **198** 152ff.; Mehrheitswahl **198** 154; Wahlanfechtung **198** 154; Wählbarkeit **198** 153; Wahlberechtigung **198** 153; Wahlkosten **198** 154; Wahlschutz **198** 154; Wahlverfahren **198** 154; Wirtschaftsausschuss **307** 91

Schwerbehinderung, Begriff **32** 119; **198** 11ff.; Fragerecht des Arbeitgebers **33** 21, 24; GdB von **50** **198** 12ff.; Inlandsbezug **198** 14f.; Offenbarungspflicht **33** 133

Scientology, Religionsbegriff **16** 15; **182** 82; Verfassungstreue **32** 103

SE, *s.* Europäische Gesellschaft

Seearbeitsgesetz, *s. a. Heuerverhältnis*; Arbeitgeber **163** 19f.; *anderer* **163** 22; Arbeitsschutz **163** 1, 23, 97; Arbeitssicherheit **163** 97f.; Arbeitsunfall, Entschädigungspflicht **163** 76, 78; Arbeitsvermittlung **163** 27; Arbeitszeiten **19** 23; **163** 43; **182** 59; *Drei-Wachen-System* **187** 7; *Hafenarbeitszeit* **182** 59; **187** 6; *Seearbeitszeit* **182** 59; **187** 6f., 9; *Servicepersonal* **187** 9; Auszubildender **163** 19; Aushangpflicht **187** 12; Auslegung, richtlinienkonforme **163** 2; Berufsgenossenschaft **163** 17; Berufskrankheiten, Entschädigungspflicht **163** 76, 78; Besatzungsmitglieder **129** 146; **187** 6; Beschwerdeverfahren **163** 104f.; Flagge, ausländische **163** 112ff.; Flaggenstaatkontrolle **163** 17, 101, 106ff.; Gesundheitsschutz **163** 16; Heimschaffung **163** 69f., 72ff.; Heuer **19** 23; Imstichlassen **163** 69, 76f.; Individualarbeitsrecht **163** 1; Kauffahrteischiffe **19** 23; Kündigungsschutz **129** 139f.; öffentliches Recht **163** 16; Ordnung an Bord **163** 1, 17, 100ff.; Ordnungswidrigkeiten **163** 118; Privatrecht **163** 16; Rechtsverordnungen **163** 1; Reeder **163** 20ff.; Richtlinienumsetzung **163** 2; Ruhezeiten **19** 23; Schiffssicherheitsausschuss **163** 98; Selbständige **163** 28; Sicherheitsbeauftragte **163** 98; Sicherheitsunterweisung **163** 27; Sozialeinrichtungen an Land **163** 99, 106; Straftaten **163** 118; Urlaub **19** 23; Versicherungspflicht **163** 69; Vorlagepflichten **39** 43; Zurücklassung **163** 69ff.; zwingendes Recht **163** 18

Seearbeitsrecht, anwendbares Recht **163** 8ff.; Berufsausbildung **163** 80ff.; Fischereiarbeitszeugnis **163** 110; Geltungsbereich **163** 3ff.; Kauffahrteischiffe **163** 5; Kollisionsrecht **163** 6f.; **164** 1; *Arbeitskampf* **164** 8f., 13; *Tarifvertrag* **164** 8ff.; *Tarifvertrag, schuldrechtlicher Teil* **164** 12; *Prüfung, arbeitssicherheitsrechtliche* **163** 107, 110; *Rom I-VO* **163** 6, 8ff.; **164** 9; Seearbeits-Konformitätserklärung **163** 107, 109, 110; Seearbeitszeugnis **163** 107f.; Tarifnormen, betriebliche **164** 11; Tarifnormen, betriebsverfassungsrechtliche **164** 11

Seearbeitsübereinkommen, Seearbeitsrecht **172** 39; Umsetzung **163** 2f.; Vorsorgepflicht **163** 76

Seebetriebsrat, Anhörung **129** 146; Arbeitnehmervertretung **164** 2, 4; Arbeitsplatz **308** 14; Auszubildende **129** 24ff.; Betriebsvereinbarungen **309** 16; Betriebsverfassungsorgan **309** 18; Einigungsstellenverfahren **308** 14; Entlassungen **309** 18; Freistellung **309** 19a; Geheimhaltungspflicht **295** 215; Geschäftsführung **164** 5; Jugendliche **32** 56f.; Kündigung, außerordentliche **124** 106; **127** 2, 33, 37f., 42ff.; *wichtiger*

Fette Ziffern = Paragrafen

Sachverzeichnis

Grund **127** 39 ff.; Kündigungsschutz, besonderer **127** 1, 3 f., 8, 33 ff.; *Nachwirkung* **127** 28 f., 32; Mitbestimmungsrechte **164** 5; Mitgliederzahl **309** 18; Seebetriebe **311** 177; Seebetriebsverfassung **311** 178; Sprechstunden **308** 14; Unterkunft gewählter Besatzungsmitglieder **308** 14; Versetzung von Mitgliedern **127** 14 ff.; Vertretung, betriebliche **309** 1, 7, 18 ff.; Wahl **164** 4; Zuständigkeit **309** 19
Seediensttauglichkeit, Anforderungen, gesundheitliche **163** 26; Seediensttauglichkeitsverzeichnis **163** 26
Seediensttauglichkeitszeugnis, ausländisches **163** 26; Vorlagepflicht **39** 43; **163** 26
Seeleute, Abschlagszahlungen **69** 11; Begriff **163** 24; Entgeltanspruch **69** 8; *Fälligkeit* **69** 5; Entgeltfortzahlung im Krankheitsfall **80** 1; Erholungsurlaub **89** 35 ff.; Heuerverhältnis, Beendigung **89** 40; Jahresurlaub **85** 41; Massenentlassungen **121** 3; Reisekosten, urlaubsbedingte **89** 39; Urlaubsentgelt **89** 38
Seeleuteausweis, Vorlagepflicht **39** 43
Seeschifffahrt, Arbeitskampfmaßnahmen **164** 14 ff.; Arbeitsrecht **19** 24; **163** 4; Arbeitszeitnachweise **187** 12; Arbeitszeitrecht **182** 59; Arbeitszeitschutz **187** 6 ff.; Arbeitszeitverlängerungen **187** 10 f.; Aussperrung **164** 18 f.; Bedienungspersonal **187** 9; Betriebsstilllegung **164** 17; Betriebsverfassung **164** 1 ff.; **284** 22; **309** 1 ff.; Betriebsverfassungsrecht **19** 24; **163** 4; Boykott **164** 19; Europäischer Betriebsrat **309** 24 f.; Flagge, ausländische **163** 5, 7; Flaggenrechtsstatut **163** 7; Flaggenstaatsprinzip **163** 12 f.; Gerichtsstandsvereinbarung **309** 28 f.; Gewerkschaften **309** 23; Heuertarifvertrag **163** 4; Jugendarbeitsschutz **194** 5; Krankenpflegepersonal **187** 9; Kündigungsschutz **112** 31 f.; Landbetrieb **112** 31 f.; **164** 1, 6; **284** 22; **309** 5; **311** 177; *Betriebsverfassung* **284** 22 f.; *Sprecherausschusswahl* **311** 180 f.; leitende Angestellte **311** 178; Manteltarifvertrag **163** 4; Reeder **309** 6; Seebetrieb **164** 1; **309** 4, 7; **311** 177; Seeschifffahrtsunternehmen **309** 3; **311** 176; *Betreiber* **309** 6; Sonntagsruhe **185** 60; Sozialversicherungsrecht **163** 15; Sprecherausschuss **164** 6; **309** 20 ff.; **310** 18; **311** 176 ff.; Streik **164** 14 ff., 19; Streitigkeiten **309** 26 ff.; Tarifvertragsrecht **164** 14; Umwelttarifvertrag **2**; Unternehmensmitbestimmung **164** 7; Verpflegungspersonal **187** 9; Wahlordnung Seeschifffahrt **309** 2; Zugangsrecht **309** 23; Zuständigkeit, internationale **163** 14; Zuständigkeit, örtliche **309** 27; Zweitregister **163** 12
Selbstbeschränkung, Tarifkonkurrenz **252** 7
Selbstbeschränkungsregelungen, Tarifvertrag **256** 11
Selbstbestimmung, Arbeitnehmer **6** 9; Kirchen; *s. dort*
Selbstbeurlaubung, Kündigungsgrund **124** 35
Selbstständige, Abgrenzung **21** 3; Allgemeines Gleichbehandlungsgesetz **16** 36 f.; arbeitnehmerähnliche **102** 3; Gesundheitsschutz **172** 48; **179** 36a; Gewerkschaftsmitgliedschaft **222** 32; Mutterschutz **189** 8, 11; neue Selbstständigkeit **225** 28; Soloselbstständige **236** 20; Streikrecht **272** 19; unabhängige **102** 3; Vertragsfreiheit **5** 1
Selbstsuche, Datenschutz **29** 73; Internetnutzung **29** 73; Stellenbesetzung **29** 7, 61 ff., 73
Selbstverwaltung, soziale, Arbeitsrecht **3** 39 ff.
Sexuelle Ausrichtung, Begriff **32** 148; Benachteiligungsverbot **16** 12
Sexuelle Belästigung, Benachteiligung **16** 85 ff.; **124** 62; Handlungspflichten des Arbeitgebers **91** 10; Kündigung, außerordentliche **124** 62 f.; Nebenpflichtverletzung **43** 30; Persönlichkeitsschutz des Arbeitnehmers **3** 35; Pflichtverletzung **55** 39 f.; **124** 62; Schadensersatz **55** 39; Schmerzensgeld **55** 39; Schutz vor sexueller Belästigung **15** 5; Verhalten, unerwünschtes **55** 39 f.
Sexuelle Identität, Begriff **16** 11 ff.; **32** 148; Benachteiligungsverbot **3** 35; **12** 32; **13** 110; **14** 38; **15** 5; **16** 11 ff.; **103** 172; Diskriminierungsverbot **32** 148 ff.; **113** 117 f.; *Arbeitsvermittlung* **29** 29; Geschlechtsumwandlung **16** 11, 13; Kündigungsgrund **113** 117 f.
Sicherheitsbeauftragte, Anzahl **176** 60; Arbeitsschutz **176** 40, 60; Auswahl **174** 64; Benachteiligungsverbot **110** 60; Beteiligungsrechte des Betriebsrats **174** 74; Entgeltfortzahlung **176** 60; Fortbildungen **176** 60; Kooperation **174** 73; Mitbestimmungsrechte des Betriebsrats **174** 64; Mitwirkung des Betriebsrats **283** 14
Sicherheitsfachkräfte, Fortbildungsverpflichtung **150** 7
Sicherheitsingenieure, Arbeitsschutz **176** 43
Sicherheitskennzeichnung, Arbeitsschutz **12** 44; Einzelrichtlinie **173** 27
Sicherheitskraft, Einsatzgenehmigung **41** 10
Sicherheitsüberprüfung, Beratungsaufgabe **174** 103 f.; Einstellungsverfahren **33** 181, 200 f.; **94** 18; Ergebnis **33** 205; Verschlusssachenzugang, Entzug **33** 111; **41** 10; Zustimmung **33** 204
Sicherungsverwahrte, Beschäftigungsverhältnis **19** 60
sick-out, Arbeitskampfmittel **273** 10 ff.
Siliziumdioxid, Gesundheitsschutz **173** 37
Silvester, Teilzeitbeschäftigte, Freistellung **50** 209
Sittenwidrigkeit, Arbeitsvertrag **38** 12 ff.; Beschäftigungsverhältnis, sozialversicherungspflichtiges **62** 63; Inhaltssittenwidrigkeit **38** 14; Kündigung **109**, 57 ff.; Nichtigkeitsfolge **38** 60; Tarifvertrag **234** 41; **237** 90; Umstandssittenwidrigkeit **38** 14
Skandinavien, Arbeitsschutz **174** 55
Sky Marshalls, Flugbetrieb **309** 38
SLIC, Arbeitsschutz **174** 113, 115
Slow go, *s.* go slow
Social Media, Kündigung, verhaltensbedingte **107** 13
Societas Europaea, *s. Europäische Gesellschaft*
Soldaten, Arbeitnehmereigenschaft **285** 35 ff.; Arbeitsschutz, betrieblicher **176** 7; Arbeitszeitrecht **182** 53; Begriff **285** 36; Betriebsverfassungsrecht **285** 39; Betriebszugehörigkeit **285** 38 f.; Dienstverhältnis **154** 5, 14; Elternzeit **191** 5; Koalitionsfreiheit **218** 31, 114 f.; **219** 7, 18; Mutterschutz **189** 11 f.; öffentlicher Dienst **154** 3; Treuepflicht **219** 18
Solidaritätszuschlag, Abführungspflicht des Arbeitgebers **62** 27 f.
Solidarnormen, Betriebsnormen **240** 2
Soll-Vorschriften, Tarifvertrag **252** 9
Soloselbständige, Arbeitgebereigenschaft **236** 20; Gesundheitsschutz **172** 48
Sommerzeit, Festlegung **182** 2 f.
Sonderkündigungsrecht, Arbeitsverhältnis, fortbestehendes **130** 138 ff.; Ausschlussfrist **130** 141; Erklärung des Arbeitnehmers **130** 138, 142; Zwischenverdienst **130** 139
Sonderkündigungsschutz, Eingriffsnormen **13** 146; Insolvenzverfahren **122** 1; Kündigungsbeschränkungen **107** 23; Kündigungsschutzrecht **111** 15; Personalgestellung **124** 83; Sozialauswahl **115** 200
Sonderurlaub, Arbeitnehmer **85** 1; Arbeitsbefreiung, unbezahlte **41** 27; Beamte **85** 1; Fürsorgepflicht **41** 27; Ruhensvereinbarung, einvernehmliche **41** 27; Vereinbarung **76** 14
Sondervergütung, Freiwilligkeitsvorbehalt **63** 9

1663

Sachverzeichnis

Magere Ziffern = Randnummern

Sonderzahlungen, Inhaltsnormen 239 11; Tarifmacht 237 70
Sonderzuwendungen, Arbeitsleistung, nicht erbrachte 66 9f.; *Elternzeit* 66 10, 25; *streikbedingte Fehlzeiten* 66 10, 25; Ausscheiden, unterjähriges 66 11; Entgeltfortzahlung 66 12; Erholungsurlaub 66 12; Freiwilligkeitsvorbehalt 101 7; Gleichbehandlungsgrundsatz 14 47; Jahresleistungen 66 1ff.; Kürzungen 66 9ff.; Mischgratifikationen 66 2, 14, 26ff.; *Fehlzeiten* 66 30ff.; *Kürzungsquote* 66 33f.; *Stichtagsklauseln* 66 23; Mutterschutz 66 12; Rückzahlungsklauseln 66 18; Weihnachtsgratifikation 66 1; Widerrufsvorbehalt 101 8
Sonntag, Ladenschlussregelungen 188 5; Ruhetag, gemeinsamer 185 4
Sonntagsarbeit, Arbeitsausfall, streikbedingter 275 6; Arbeitsmittel, Nichtbenutzung 185 14; Arbeitsverweigerung 124 31; Ausgleichsregelungen 185 56ff.; Beschäftigungsverbot 32 37; 185 8ff.; *Ausnahmeregelungen* 185 13ff.; Bühnenarbeitsrecht 165 5, 42; Ersatzruhetag 185 57f.; Gleichbehandlungsgrundsatz 14 22; Krankenhaus 170 79; Marktprivileg 185 25; Produktionsart, neue 185 14; Rechtsverordnungen 185 44ff.; Saldotheorie 185 40; tarifliche Regelungen 185 59ff.; Verwaltungsakte 185 48ff.; Weisungsrecht des Arbeitgebers 40 18; Zuschläge 62 15; 239 10
Sonntagsruhe, Arbeiten, öffentlich bemerkbare 185 4; Arbeitszeitschutz 181 10; Berufsausübungsregelung 185 3; Jugendliche 196 36f.; Kernbestand 185 2; Verfassungsrecht 185 1ff.
Sortenschutz, Immaterialgüterrecht 100 1
SOS-Kinderdörfer, Arbeitszeitrecht 182 56
Sozialauswahl, Abwicklungsarbeiten 115 178; Altersdiskriminierung 115 280f.; Altersgruppen 115 277ff.; Altersstruktur 115 271, 274, 276f.; Änderungskündigung 115 180f.; 119 18ff.; Arbeitnehmer 115 182ff.; Arbeitsverhältnis, befristetes 115 195; Arbeitsverhältnis, ruhendes 115 195; Auskunftspflicht 115 287ff., 345; Austauschbarkeit 50 278f.; 115 209ff.; Auswahlfehler 115 231ff.; Auswahlrichtlinien 115 193, 301ff.; Belegschaft 115 183, 191; Betrieb 115 185, 185ff.; Betriebsrat, Zuständigkeit 115 192; Betriebsratsbeteiligung 115 217ff.; Betriebsteil, Stilllegung 115 259; Betriebsübergang 115 237f.; *Widerspruch gegen* 115 198f.; Betriebszugehörigkeit 107 10; 115 204f., 207, 234ff.; Beweislast 115 228; Darlegungslast 115 228, 291ff.; Datenermittlung 115 229f.; Dienststelle 115 182, 189; Ehepartner, Verdienst 50 283; Einarbeitungszeit 115 210ff.; Eingruppierung 115 213; Einheit der Organisation 115 185, 190; Fähigkeiten 115 267, 269; Fehlerhaftigkeit, grobe 115 208, 211, 225, 233, 258, 289, 301, 305, 344, 346; 119 22, 24; Gemeinschaftsbetrieb 115 187; Gleichbehandlungsgrundsatz 115 184; Herausnahme von Arbeitnehmern 115 252ff., 344; Insolvenz 115 180, 202; Interessen, betriebliche 115 262ff., 304, 306, 307; Kenntnisse 115 267f.; Krankheitsanfälligkeit 115 227; Kriterien 115 220ff.; *Gewichtung* 115 221ff., 301, 304; *Gleichrangigkeit* 115 226; Kündigung, betriebsbedingte 50 277ff.; 108 47; 115 177ff.; Kündigungsausschluss 115 202ff.; *Betriebsvereinbarung* 115 207; *tariflicher* 115 204ff.; Kündigungsfristen 115 231; Kündigungsschutz 107 9f.; Lebensalter 107 10; 115 204f., 239ff.; Leistungen 115 267, 270; Leistungsmängel 115 227; Leistungsträger 115 254ff., 258, 261, 267ff.; Mandatsträger 115 202; Namensliste, Vermutungswirkung 115

343; öffentlicher Dienst 115 182, 189; Personalstruktur, ausgewogene 115 271ff.; Qualifikationsstruktur 115 271; Schwerbehinderung 107 10; 115 250ff., 305; Sonderkündigungsschutz 115 200; Sprachkenntnisse 115 258, 268; Teilzeitbeschäftigte 50 277ff.; 115 215f.; Unkündbarkeit, tarifliche 239 51f.; Unterhaltspflichten 50 284f.; 107 10; 115 243ff.; Unternehmensspaltung 115 188; Vergleichbarkeit, fachliche 115 211; Vergleichbarkeit, horizontale 115 210; Vergleichbarkeit, sachliche 115 209f.; Vergleichbarkeit, vertikale 115 214; Vergleichbarkeit, vertragliche 115 212; Vergleichsgruppenbildung 115 304, 306f., 344; Verleihunternehmen 115 186; Versetzungsrecht 115 187; Vollzeitbeschäftigte 115 215; Wahlbewerber 115 202; Wahlinitiatoren 115 202; Wahlvorstandsmitglieder 115 202; Wartefrist 115 194; Weiterbeschäftigung, vorläufige 115 197; Wertungsspielraum 115 225, 227, 248f.; *Erweiterung* 115 302ff.; Zustimmung zur Kündigung, behördliche 115 200f.
Sozialdumping, Arbeitnehmerentsendegesetz 215 37
Soziale Frage, Gewerkschaftsbewegung 2 15f.
Soziale Marktwirtschaft, Wirtschaftsordnung Bundesrepublik/DDR 2 48
Soziale Netzwerke, Stellenbesetzung 29 73
Sozialeinrichtungen, betriebliche Altersversorgung 206 116f.; Betriebsnormen 240 12; Geschäftsordnung 206 127; Mitbestimmung 206 91, 125; Organisation 206 125ff.; Satzung 206 127; Sondervermögen 206 123; Verwaltungsgremien, Wahl 206 127
Sozialer Dialog, Arbeitskampfrecht 269 2; Beteiligung der Sozialpartner 12 14, 49; Gleichbehandlungsgrundsatz 17 92; Tarifvertragsrecht 217 18; Vereinbarungen 12 14
Sozialgerichtsbarkeit, Parteifähigkeit 223 42; Richter, ehrenamtliche 222 48
Sozialgerichtsweg, Arbeitsbescheinigung, Berichtigung 70 7; Lohnsteuerbescheinigung, Berichtigung 70 7
Sozialistengesetz, Gewerkschaftsbewegung 2 17f.
Sozialkassen, Baugewerbe 248 10, 76
Sozialleistungen, Arbeitsentgelt 60 2; Arbeitskampf 280 17ff.; Gleichbehandlungsgrundsatz 14 16; Günstigkeitsvergleich, kollektiver 8 39f.; Steuerfreiheit 62 17; Tarifvertrag, drittbegünstigender 236 25
Soziallohn, Fortzahlung 41 3f., 9; Sozialverantwortung 41 4
Sozialordnung, Mitbestimmung, institutionelle 216 10ff.; Tarifvertragssystem 216 10ff.
Sozialpakt, s. *Internationaler Pakt über wirtschaftliche, soziale und kulturelle Rechte*
Sozialpartnervereinbarungen, Streikziel 272 42; Umsetzung, nationale 263 15ff.; Unionsrecht 263 4f., 8ff.; Verbindlichkeit 263 8ff.; Vereinbarung, schuldrechtliche 264 1
Sozialplan, Abfindungsanspruch 132 1; 133 17; Arbeitsverhältnis 215 6; betrieblicher 237 89; Betriebsübergang 142 157; Bezugnahmeklauseln 219 31; Einigungsstellenverfahren 308 15, 17, 123; Freistellungsregeln 41 21; Individualrechte 286 31; tariflicher 237 88f.; *s. a. Tarifsozialplan*; Transfer-Sozialplan 29 95
Sozialplananfechtung, Streitwert 308 238
Sozialplanansprüche, Betriebsübergang 142 122; Elternzeit 14 40; Masseverbindlichkeiten 75 21
Sozialplanleistungen, Staffelung nach Betriebszugehörigkeit 16 126ff.; Staffelung nach Lebensalter 16 126ff.

1664

Sachverzeichnis

Fette Ziffern = Paragrafen

Sozialplanmitbestimmung, kollektives Arbeitsrecht **215** 6
Sozialplanverhandlungen, Betriebsänderung **312** 97
Sozialpolitik, Mindestlohn **218** 102 f.
Sozialprivatrecht, Arbeitsrecht **41** 2
Sozialstaatsprinzip, Arbeitsschutzrecht **172** 9; Arbeitsverhältnis **53** 10; Arbeitsvertragsabschluss **31** 12; Auslegungsgrundsatz **6** 8; Fürsorgepflicht **91** 6; Grundrechtsschranke **6** 10 f.; **7** 15; Koalitionsfreiheit **6** 12; Konkordanz, praktische **31** 13; Mitbestimmung **6** 9 f.; Rechtsfindungsmaxime **6** 8; Schutzauftrag, sozialer **31** 13; Staatszielbestimmung **6** 7; Tarifvertragssystem **226** 15
Sozialtarifvertrag, Streikziel **272** 40
Sozialunion, s. *Wirtschaft-, Währungs- und Sozialunion*
Sozialverantwortung, Arbeitgeber **91** 8; Arbeitsvertrag **41** 2, 4
Sozialversicherung, Altersgrenze **103** 78 ff.; Altersgrenze der Sozialversicherung **103** 78; *vorgezogene* **103** 96; Arbeitsversuch, missglückter **62** 64 f.; Aufrechnung **69** 29 f.; Aufzeichnungspflichten **93** 44; Beitragsabzugsverfahren **62** 85 ff.; Beitragsanspruch **62** 66; *Verwirkung* **62** 106; Beitragsbemessungsgrenze **62** 74, 81; *anteilige* **66** 49; Beitragsfälligkeit **69** 17 ff.; Beitragshöhe **69** 23 f.; Beitragspflichten **93** 44; Beschäftigungsverhältnis, sozialversicherungspflichtiges **62** 62 ff.; Einmalzahlungen **66** 48 ff.; Entgeltabtretung **73** 18; Entgeltanspruch, Wegfall **69** 23 f.; Entgeltbegriff **62** 67 ff.; Entgeltumwandlung **62** 72; **69** 25; Fürsorgepflicht **91** 3 f.; Geringfügigkeitsgrenze **62** 74 f., 81; Haushaltsbeschäftigung **69** 19; Jahresleistungen **66** 51; Meldepflichten **93** 44; Meldung zu Sozialversicherungsträgern, Herausgabepflicht **139** 1; Mitwirkungspflichten des Arbeitgebers **91** 14; Nachweispflichten **93** 44; Regelaltersgrenze **103** 77 f.; *Weiterbeschäftigung* **103** 78; Regress **62** 93 ff.; Sachbezüge **67** 31; Säumniszuschläge **62** 107; Staatskonkurrenz gegenüber Koalitionen **218** 98; Versicherungsverhältnis **62** 62, 64 f.; *Beendigung* **62** 96 f.; Versorgungsschaden **93** 44; Zuflussprinzip **62** 66
Sozialversicherungsausweis, Aufbewahrungspflicht **39** 40; Hinweispflicht des Arbeitgebers **39** 40; Mitführungspflicht **39** 39 f.; Nachweisurkunde **39** 37; Vorlagepflicht **39** 35, 38 ff.
Sozialversicherungsbeiträge, Ausschlussfristen, tarifliche **71** 52; Erstattungsanspruch **72** 11; Nichtabführung **62** 103 ff.; Verjährung **71** 49 ff.; Verwirkung **71** 48; Verzicht **71** 46 f.
Sozialversicherungsentgeltverordnung, Einmalzahlungen **62** 71
Sozialversicherungsnummer, Nachweis **39** 37
Sozialversicherungspflicht, Berufsausbildungsverhältnis **149** 101
Sozialversicherungsrecht, Arbeitnehmerbegriff **8** 55; **18** 3, 47 f.; Beschäftigungsverhältnis **280** 1 ff.; Betriebsbegriff **24** 3; Datenerfassungs- und Übermittlungsverordnung **39** 4; Industrialisierung **2** 13; Krankenversicherung **2** 13; **39** 28; Meldepflichten **39** 2 f., 27 ff.; *Abmeldung* **39** 6; *Datenübertragung* **39** 17; *Einzugsstelle* **39** 12; *elektronische Form* **39** 7; *Form* **39** 18; *Frist* **39** 13; *Jahresmeldung* **39** 4; *Meldungsangaben* **39** 13; *Ordnungswidrigkeit* **39** 14; *Sofortmeldung* **39** 11; *Sozialversicherungsnachweisheft* **39** 17; *Textform* **39** 6, 18; Meldeverfahren **39** 4 ff., 15 ff.; *Einzugsstelle* **39** 12; Pflegeversicherung **39** 29; Rentenversicherung **2** 13;

39 30; Unfallversicherung **2** 13; **39** 31; Versicherungspflicht **2** 14
Sozialwesen, Berichtspflicht des Arbeitgebers **299** 55; **301** 18 f.
Sozialwidrigkeit, Diskriminierungsverbote **111** 11
Spaltung, *s. a. Betriebsspaltung*; Altverbindlichkeiten **26** 30; Arbeitsrecht **26** 6; Begriff **26** 7; **142** 205 ff.; Betrieb, gemeinsamer **24** 46, 53; betriebliche Altersversorgung **26** 66 f.; **213** 173 ff.; Betriebsrat **26** 75 ff., 90 ff.; Betriebsratsfähigkeit **26** 81; Betriebsübergang **142** 33 ff.; Fortgeltungsvereinbarung **26** 91, 94; Haftung, gesamtschuldnerische **26** 30; Handelsregistereintragung **26** 14; Haustarifvertrag **26** 44 f.; Kündigung **26** 25; Mitbestimmungsrechte, Weitergeltung **26** 91 f.; Restmandat des Betriebsrats **206** 98; Sozialauswahl **115** 188; Tarifnormen, Weitergeltung **247** 2; Unternehmensumwandlung **26** 8, 10; Vereine, rechtsfähige **223** 13
Spaltung zur Neugründung, Handelsregistereintragung **26** 14
Spaltungsvertrag, Arbeitsverhältnisse, Zuordnung **26** 17; Unterrichtung des Betriebsrats **26** 87
Spam-Mails, Arbeitskampfmittel **265** 12
Spanien, Arbeitsschutz **174** 55
Spannenklauseln, Tarifmacht **237** 25
Spannensicherungsklauseln, Diskriminierungsverbot **219** 44; Tarifmacht **237** 22
Sparkassen, Betriebsverfassungsrecht **284** 18; Insolvenzsicherung **202** 130
Sparkassenangestellte, Fortbildung, berufliche **150** 5
Spartenarbeitskampf, Aussperrung **274** 2
Spartenbetriebsrat, betriebsinterner **284** 13; betriebsübergreifender **284** 13; Betriebsverfassungsrecht **284** 13; **310** 13
Spartengewerkschaften, Organisationsgrad **232** 26; Tarifvertrag, Geltungsbereich **238** 32
Spätehenklauseln, betriebliche Altersversorgung **7** 63
Spätschicht, Leistungsbereitschaft **184** 1
Spediteur, Rechtsverhältnis **19** 75
Speditionsvertrag, Vertrag auf Arbeit **3** 12
Sperrabrede, Schadensersatz **140** 110; Unverbindlichkeit **140** 108 ff.
Sperrfrist, Massenentlassungen **121** 153 ff.
Sperrzeit, Abfindungsvergleich **134** 18; Arbeitsaufgabe **134** 18; Arbeitslosengeld **29** 102; Arbeitssuchendmeldung **29** 102; Aufhebungsvertrag **135** 23 f.; Eigenkündigung **135** 24 f.; Freistellungsphase vor Beendigung des Arbeitsverhältnisses **135** 29; Hinweispflicht des Arbeitgebers **91** 14; **93** 47
Spezialistenstreik, Arbeitskampfmittel **265** 5; Aussperrung **274** 2 f.
Spielbank, Rauchverbot **55** 24; **93** 13
Spielergewerkschaften, Sport **168** 49
Spijkers (Rs.), Betriebsübergang **142** 19, 53 f.
Spitzenorganisationen, Arbeitskampfpartei **272** 16; Tariffähigkeit **220** 4; **229** 4; **232** 52 ff.; Tarifzuständigkeit **232** 53 f.; **233** 40
Spitzentarifvertrag, Haftung **259** 31
Spitzenverbände, Friedenspflicht **257** 11; Haftung, gesamtschuldnerische **259** 32 ff.; Stellvertretung **234** 18, 21; Tarifbindung **245** 35; Vertreterhaftung **259** 28 ff.
Sport, Arbeitnehmer **168** 2 ff.; Bosman-Urteil **168** 49; Ehrenamt **168** 6 ff.; Entgeltlichkeit **168** 2; Grundrechte **19** 56; Individualsport **168** 3; Mannschaftssport **168** 4, 41 f.; Mindestlohn **168** 7 f., 10; Sonntagsarbeit/Feiertagsarbeit **185** 23; Tariffähigkeit **168** 49; Tarifverträ-

1665

Sachverzeichnis

Magere Ziffern = Randnummern

ge **168** 49; Übungsleiter **168** 8, 10; Vereinsengagement **168** 9 ff.
Sportfunktionäre, Arbeitnehmereigenschaft **168** 5
Sportler, Ablösesumme **168** 39; Abstiegsklauseln **168** 39; Arbeitnehmereigenschaft **19** 55; **168** 1 ff.; Arbeitsentgelt **168** 21; Arbeitsrecht **19** 55; Arbeitsverhältnis, Beendigung **168** 39; Arbeitsverträge **168** 12 ff.; *Kündigung, ordentliche* **168** 19; Auslagenersatz **168** 21; Befristung **103** 65; Befristungsabrede **168** 40 ff.; *Eigenart der Arbeitsleistung* **168** 41 ff.; Berufssportler **168** 1; Betriebsverfassungsrecht **168** 46 ff.; Direktionsrecht des Arbeitgebers **168** 27; Doping **168** 36; Eigenart der Arbeitsleistung **103** 65; Eigenwerbung **168** 26; Entgeltfortzahlung im Krankheitsfall **168** 21, 29 ff.; Haftung **168** 37 f.; Hobbysportler **168** 1; Jugendarbeitsschutz **168** 17; **196** 33; Kündigung, personenbedingte **168** 44; Leistungserbringungspflicht **168** 15 ff.; Leistungsnachlass **168** 44; Leistungsstörungsrecht **168** 28 ff.; Mindestlohn **168** 20; Persönlichkeitsrechte **168** 24; Prämiensystem **168** 20, 22 f.; Profifußballer **168** 13, 40 f.; Regelverstöße **168** 38; Sozialversicherungsbeiträge **168** 21; Sperren **168** 34 ff.; Spielergewerkschaften **168** 49; Training **168** 18; Treuepflicht **168** 25; Verbandsvorschriften **168** 12 ff.; Vergütung **168** 20 ff.; Vermarktung **168** 24 ff.; Vermittlungsvergütung **29** 52; Verschleißtatbestand **103** 65; Vertragsspieler **168** 10; Werbeverträge **168** 24 ff.
Sportmanagement, Arbeitnehmereigenschaft **168** 5
Sportstätten, Betriebsnormen **240** 12
Sportverein, Betriebsratswahlen **168** 47 f.; Tendenzbetrieb **168** 46
Sprache, Benachteiligungsverbot **15** 6; **16** 8 f.
Sprachkenntnisse, Diskriminierung, mittelbare **32** 123; Diskriminierungsverbot **32** 145 ff.
Sprecherausschuss, Absatzlage **312** 98; Absprachen Arbeitgeber/Sprecherausschuss **312** 8; Amtsausübung, Behinderung **312** 124; Amtszeit **311** 6, 41 ff.; Angelegenheiten, wirtschaftliche **312** 92 ff.; *Betriebsgeheimnisse* **312** 105 f.; *Geschäftsgeheimnisse* **312** 105 f.; *Unterlagenvorlage* **312** 102; *Unterrichtungspflicht* **312** 98 ff.; Anhörungsrechte **310** 2, 15, 24, 27; **312** 1 f., 81 ff.; *Betriebsvereinbarungen* **312** 56 ff.; Anstalten des öffentlichen Rechts **310** 16; Arbeitgeber, Gesetzesverstöße **311** 83; Arbeitnehmervertreter im Aufsichtsrat, Wahlanfechtung **311** 185; Arbeitsbedingungen **310** 3; **312** 64 ff.; Änderung **312** 2, 68; Einführung **312** 68; *Einführung neuer Arbeitsmethoden* **312** 98; Aufgaben **312** 45 ff.; Auflösung **310** 39; Auskunftsanspruch **312** 51, 53; Auslandssitz des Unternehmens **310** 19; Ausschüsse **311** 51; Begünstigungsverbot **311** 70, 72 f.; Behinderungsverbot **310** 28; **311** 69; Benachteiligungsverbot **110** 60; **310** 28; **311** 70 f., 73; Beratungsrechte **310** 2, 15; **312** 1 f., 71; Beschlüsse **311** 58 f.; **312** 16; Beschlussfähigkeit **311** 58; Betrieb **310** 8 ff., 13; **311** 1; *ausländische Betriebe* **310** 19; *Begriff* **310** 10 f.; *nicht betriebsratsfähige Betriebe* **310** 12; *sprecherausschussloser* **311** 19 f.; Betriebsänderung **312** 97, 110 ff.; *Beratungspflicht* **312** 116 ff.; *Nachteile, wirtschaftliche* **312** 114, 116 ff.; Betriebseinschränkung **312** 98; Betriebsorganisation, Änderung **312** 98; Betriebsratssitzungen, Teilnahmerecht **294** 51; **310** 30; Betriebsstilllegung **312** 98; Betriebsteile **310** 11; Betriebsverfassung **283** 15; Betriebsverlegung **312** 98; Beurteilungsgrundsätze, allgemeine **312** 2, 64, 70; Bruttolohnlisten, Einsichtnahme in **312** 51 f.; Datenschutz **312** 83; Dritter, innerbetrieblicher **287** 27;

Einheit, sprecherausschussfähige **310** 14; Einstellungen **312** 2, 73 f.; Einzelmaßnahmen, personelle **312** 73 ff.; Entgeltgleichheit **312** 69; Entsendungsrecht nach EBRG **311** 184; Errichtung **310** 4 ff.; Fabrikationsmethoden **312** 98; Fragebogenaktionen **310** 34; freiwillige Sprecherausschüsse **310** 1, 44 ff.; Freiwilligkeitsprinzip **311** 2, 18; Friedenspflicht **310** 25, 33 ff.; Funktion **312** 3; Gehaltsgestaltung **312** 66; Geheimhaltungspflicht **310** 26; Gesamtsprecherausschuss; *s. dort*; Geschäftsführung **311** 49 ff.; Geschäftsordnung **311** 61; Informationsanspruch **312** 51; Initiativrecht **312** 14, 49; Interessenvertretung **285** 67; **310** 23; **312** 45 ff.; Interessenwahrnehmung **312** 60; Investitionsprogramm **312** 98; Kleinbetriebe **310** 12; Koalitionsbestandsgarantie **310** 41; Koalitionsbetätigungsgarantie **310** 41; Koalitionsfreiheit **219** 4; Konzernsprecherausschuss; *s. dort*; Körperschaften des öffentlichen Rechts **310** 116; Kostentragung **311** 79 f.; Kündigung leitender Angestellter **312** 2 f., 81 f., 124; Lage, finanzielle **312** 98; Lage, wirtschaftliche **312** 98; Mitgliederwerbung **310** 41; Mitgliederzahl **311** 13 f.; Mitwirkungsrechte **312** 1 ff., 5, 64 ff.; *Streitigkeiten* **312** 121 f.; *Unterlassung geplanter Maßnahmen* **312** 123; *Verstöße* **312** 124; Mitwirkungsrechte der Verbände **310** 40; parteipolitische Betätigung, Verbot **310** 25, 37 f.; Personaldatenbanken, Online-Zugriff **312** 11, 53; Produktionslage **312** 98; Produktionsprogramm **312** 98; Rationalisierungsvorhaben **312** 98; Rechtsstreitigkeiten **311** 81; Regelungsabreden **312** 98; Religionsgemeinschaften **310** 17; Sachverständige, Hinzuziehung **311** 80; Schweigepflicht **312** 62; Sprecherausschussversammlung **311** 107; Sprecherausschussgesetz **310** 1 f.; Sprechstunden **311** 60; Stiftungen des öffentlichen Rechts **310** 16; Streitigkeiten **311** 182; tarifliche Regelungen, Ausschluss **240** 30; Tätigkeitsbericht **311** 99; Tendenzbetriebe-/unternehmen **310** 15; **312** 106 ff.; Territorialitätsprinzip **310** 19; Überwachungsaufgabe **312** 54 f.; Umstrukturierungen **311** 45; Umweltschutz, betrieblicher **312** 98; Unterlagenvorlage **312** 51; Unternehmensbegriff **310** 10; Unternehmensebene **310** 8 ff.; Unternehmensspaltung **312** 98; Unternehmenssprecherausschuss; *s. dort*; Unternehmensübernahme **312** 98; Unternehmenszusammenschlüsse **312** 98; Unterrichtung durch Arbeitgeber **310** 3; Unterrichtungsrechte **310** 2, 15, 27; **312** 1 f., 71 f.; *Rechtzeitigkeit der Unterrichtung* **312** 64, 71, 73 f., 76 f., 111; Veränderungen, personelle **312** 2, 73 f., 76; Vereinbarungen **312** 4 ff.; *s. a. Sprecherausschussvereinbarung*; Versammlung der leitenden Angestellten **311** 84 ff.; Verschwiegenheitspflicht **312** 88 ff.; Vertretungskompetenz **312** 45 ff.; Vertretungsmandat, allgemeines **312** 2; Vorschlagsrecht **312** 14; Vorschlagsrecht für besonderes Verhandlungsgremium **311** 186; Vorsitzender **311** 49 f.; *Stellvertreter* **311** 49; Wohl des Betriebes **310** 23; Wohl der leitenden Angestellten **310** 23; Zuordnungsverfahren; *s. Leitende Angestellte*; Zusammenarbeit mit dem Betriebsrat **310** 29 ff.; *Sitzung, gemeinsame* **310** 31; Zusammenarbeit, vertrauensvolle **310** 20 ff.; **312** 14; Zusammensetzung **311** 15 f.; Zutrittsrecht für betriebsfremde Mitglieder **310** 41
Sprecherausschussmitglieder, Amtsenthebung **311** 82; Arbeitsbefreiung **311** 64 ff.; Ausschluss **311** 82; Bildungsveranstaltungen **311** 67; Ehrenamt **311** 63; Einsichtsrecht **311** 57; Entgeltschutz **311** 74; Erlöschen der Mitgliedschaft **311** 47; Ersatzmitglieder **311** 48, 82; Freistellung **310** 28; Geheimhaltungspflicht

311 77f.; Kündigung **310** 28; Kündigungsschutz **311** 76; Rechtsstellung **311** 62ff.; Schulungsveranstaltungen **311** 67; Schutzbestimmungen **311** 68ff.; Tätigkeitsschutz **311** 75

Sprecherausschusssitzungen, Arbeitszeit **311** 56; Betriebsrat, Teilnahme **310** 30; Dauer **311** 56; Einberufung **311** 52; Häufigkeit **311** 56; konstituierende Sitzung **311** 49; Nichtöffentlichkeit **311** 55; Sitzungsniederschrift **311** 57; Tagesordnung **311** 52; Teilnahmerecht **311** 53ff.

Sprecherausschussvereinbarung, Ablösung **312** 42; Abschluss **312** 13ff.; AGB-Kontrolle **312** 12; Angelegenheiten, wirtschaftliche **312** 23; Arbeitsverhältnisse, Abschluss **312** 18f.; Arbeitsverhältnisse, Beendigung **312** 18, 21; Arbeitsverhältnisse, Inhalt **312** 18, 20; Aufhebung **312** 42; Auslegung **312** 7; Begriff **312** 5; betriebliche Fragen **312** 22; Betriebsübergang **312** 43f.; betriebsverfassungsrechtliche Fragen **312** 22; Datenschutz **312** 11, 53; dreiseitige Vereinbarung **312** 4; Freiwilligkeitsprinzip **312** 13, 41; Gesetzesvorrang **312** 9; Günstigkeitsprinzip **312** 35; Inhalt **312** 18ff.; Inhaltskontrolle **312** 12; Initiativrecht des Sprecherausschusses **312** 14; Kollektivvertrag **312** 5ff., 43; Kündigung **312** 37ff.; Kündigungsfrist **312** 37; Nachwirkung **312** 40f.; Richtlinien **312** 2, 5ff., 18ff., 28ff., 44; *Regelungen, generelle* **312** 26; *Umsetzung* **312** 30; *Verbindlichkeit* **312** 29, 31; Schriftform **312** 17; Schutzgesetze **312** 11; Tarifvorbehalt **312** 10; Tarifvorrang **312** 9f.; Terminologie **312** 5; Vertretung des Arbeitgebers **312** 15; Vertretung des Sprecherausschusses **312** 16; Verzicht auf Rechte **312** 36; Wirkung **312** 27ff.; *normative* **312** 31ff.; *unmittelbare* **312** 5f., 33, 36; *zwingende* **312** 5f., 34, 37

Sprecherausschussverfasssung, Änderungen, vertragliche **310** 42f.

Sprecherausschusswahlen, Abstimmung, besondere **311** 24; außerordentliche **311** 4ff.; Beeinflussungsverbot **311** 33f.; Behinderungsverbot **311** 32, 34; Durchführung **311** 28ff.; Kosten **311** 35; Mehrheitswahl **311** 17, 28f.; Neuwahlen **311** 6; Nichtigkeit **311** 16f.; regelmäßige **311** 3; Stimmenauszählung **311** 31; Verhältniswahl **311** 17, 29; Wahlanfechtung **311** 36, 38ff.; Wahlausschreiben **311** 4, 26; Wahleinleitung **291** 13f.; **311** 4, 18; Wahlergebnis, Feststellung **311** 31; Wählerliste **311** 7, 25; Wahlgrundsätze **311** 17; Wahlmängel **311** 36ff.; Wahlrecht, aktives **311** 7ff.; Wahlrecht, passives **311** 10; *Aufsichtsratsmitglied der Arbeitnehmer* **311** 12; *Betriebszugehörigkeit, sechsmonatige* **311** 10; *GmbH & Co. KG* **311** 12; *Handlungsbevollmächtigte* **311** 12; *Prokuristen* **311** 12; *Verhandlungspartner des Sprecherausschusses* **311** 12; *Verurteilung, strafgerichtliche* **311** 12; Wahlschutz **311** 32f.; Wahlvorbereitung **311** 25; Wahlvorschläge **311** 27, 30; Wahlvorstand **311** 2, 18ff.; *Arbeitsentgelt* **311** 22; *Ersatzmitglieder* **311** 21; *Größe* **311** 21; *Kündigungsschutz* **311** 23; *Mitglieder* **311** 22; *Zeitraum* **311** 4, 6f.; Zuordnungsverfahren; *s. Leitende Angestellte*

Sprechstunden, Arbeitszeit **294** 129; Besuchsrecht **294** 134f.; Betriebsausschuss **294** 130; Betriebsrat **286** 35; **294** 1, 127ff.; **308** 14; Bordversammlung **308** 14; Dauer **294** 129; Entgeltminderung, Verbot **294** 135; Gesamtbetriebsrat **300** 102; Inhalt **294** 131; Jugend- und Auszubildendenvertretung **303** 72ff.; **308** 14; *Teilnahmerecht an Betriebsratssprechstunden* **294** 132f.; Ort **294** 129; **308** 14; Seebetriebsrat **308** 14; Zeit **294** 129; **308** 14

Springer, Arbeitsaufgabe, ständige **103** 37

Staat, Betriebsübergang **142** 11, 63ff.

Staatenlose, Koalitionsfreiheit **218** 43

Staatsangehörigkeit, Benachteiligungsverbot **13** 23; **14** 31; Diskriminierung, mittelbare **16** 3; **32** 123; Diskriminierungsverbot **12** 29; **13** 110; **16** 9; **32** 122; Arbeitsvermittlung **29** 24f., 71a f.; Lohngerechtigkeit **60** 43

Staatskirchenrecht, Religionsfreiheit **158** 5ff.; Unionsrecht **158** 8ff.; Weimarer Kirchenartikel **158** 1ff.

Stabilitätsgesetz, Gleichgewicht, gesamtwirtschaftliches **31** 8

Standortentscheidung, Streikziel **272** 40

Standortsicherung, Tarifmacht **237** 56; Vereinbarung **234** 49

Standortverlagerung, Arbeitskampf **266** 6

Stationierungsstreitkräfte, Kündigung, betriebsbedingte **115** 65; Kündigungsschutz **112** 20; Kündigungsschutz, besonderer **127** 19; Massenentlassungen **121** 39; Mutterschutz **189** 4

Status, Arbeitnehmer **19** 1

Statuskontraktmodell, Sozialpartner, internationale **263** 7

Statusprozess, Arbeitsvertrag **112** 4

Stellenabbau, Transferleistungen **29** 95

Stellenanzeige, Altersdiskriminierungsverbot **32** 155, 170; Selbstsuche **29** 61

Stellenausschreibung, Altersdiskriminierungsverbot **17** 10; Anforderungsprofil **28** 18; Arbeitnehmerfreizügigkeit **35** 7; Berufserfahrung **17** 10; betriebsinterne **35** 1f.; diskriminierende **35** 8; diskriminierungsfreie **17** 2, 5ff.; **29** 68f.; **35** 3ff.; *Benachteiligung, mittelbare* **17** 9; *Erzwingungsverfahren* **17** 99; Initiativrecht des Betriebsrats **35** 1; nationalitätsneutrale **29** 71ff.; öffentliche **35** 1f.; Privathaushalt **17** 6; Teilzeitform **35** 9

Stellenbeschreibung, Anforderungsprofile **28** 18; Arbeitsaufgabe **40** 16; Bedarfsplanung **28** 19; Branchenübung **40** 16; Stellenplanung **28** 18

Stellengesuche, Selbstsuche **29** 61

Stellenplanung, Funktionsbeschreibung **28** 18; Personalbedarfsplanung **28** 18; Personalforderungen **28** 19; Stellenbeschreibung **28** 18

Stellenbesetzung, Selbstsuche **29** 61; *s. dort*

Stellensuche, Arbeitsbefreiung **77** 46; Freistellungsanspruch **41** 17f.; **77** 35ff., 44; *angemessene Zeit* **77** 41; *Arbeitsverhältnis, gekündigtes* **77** 38f.; *einstweiliger Rechtsschutz* **77** 44; *Freizeitverlangen* **77** 42; *Schadensersatzpflicht* **77** 45; Selbstbeurlaubung **77** 43; Vergütung **77** 46

Stellvertretung, Tarifvertrag **234** 16ff.; **237** 3; *s. a. dort*

Stempeluhr, Kündigung, außerordentliche **124** 52f.

Sterbegeld, Anwartschaft **63** 35; betriebliche Altersversorgung **202** 109

Steuerberater, Versorgungszusage **202** 4, 39

Steuererstattungsansprüche, Pfändungsschutz **74** 98

Steuerrecht, Arbeitnehmerbegriff **8** 55; **18** 3, 47, 49; Meldepflichten **39** 34

Stichtag, Leistungsgewährung **237** 24

Stichtagsklauseln, AGB-Kontrolle **66** 3; Ausscheiden, unterjähriges **66** 11; Bezugszeitraum **66** 18; Zielperiode, Stichtag außerhalb der **66** 29a

Stichtagsregelungen, Tarifmacht **237** 68

Stiftungen, Betriebsverfassungsrecht **285** 53

Stiftungen des öffentlichen Rechts, Insolvenzsicherung **202** 130f.

Sachverzeichnis

Magere Ziffern = Randnummern

Stillen, Mitteilungspflicht **189** 14, 19; Stillzeit **190** 9, 28 ff.; Stillzeitbescheinigung **190** 28
Stinnes-Legien-Abkommen, Arbeitsbedingungen **267** 2; Arbeitsverfassung **2** 23 f.; Tarifvertrag **225** 13
Stock Appreciation Rights, Tantieme, börsenwertnotierte **65** 43; Vergütungssystem **65** 52, 60
Störfall, Begriff **178** 66; Eindämmung **178** 70; Eintritt **178** 71; Vermeidung **178** 68, 70
Störfallbeauftragte, Arbeitsschutz **174** 74; **178** 72; Arbeitsschutzausschuss **178** 72; Beratungsaufgaben **178** 72; Beteiligungsrechte des Betriebsrats **174** 74; **179** 98; Betriebsangehörigkeit **178** 72; Identität mit Immissionsschutzbeauftragtem **178** 72; Initiativaufgaben **178** 72; Kooperation **174** 73; Kündigungsschutz, besonderer **110** 58, 60; Überwachungsaufgaben **178** 72; Umweltschutzausschuss **178** 72
Störfallrecht, Alarmpläne **178** 70; Anlage, genehmigungsbedürftige **178** 64 f.; Arbeitsschutz **174** 2, 64; **178** 63, 67; Aufsicht **174** 82; Aufsichtspflichten **178** 71; Beinahe-Störfall **178** 71; Berichtssystem, behördliches **178** 71; Betriebsbereich **178** 64 f.; Einrichtungen, sicherheitstechnische **178** 68; Gefahr, ernste **178** 66; Gefahrenabwehrpläne **178** 70; Gesundheitsschutz **178** 67; ILO-Übereinkommen **178** 63; Informationspflichten **178** 71; Nachbarschaft **178** 71; Öffentlichkeit **178** 71; Informationssystem, behördliches **178** 71; Informationsweitergabe **174** 88; Konzept zur Verhinderung von Störfällen **178** 68; Kulturgüterschutz **178** 67; Mengenschwellen **178** 65, 69; Sachgüterschutz **178** 67; Sicherheitsbericht **178** 69; Sicherheitsgrundpflicht **178** 68; Sicherheitskommunikation **178** 71; Sicherheitsmanagementsystem **178** 68 f.; Stand der Sicherheitstechnik **178** 68; Stofflisten **178** 65; Störfallverordnung **178** 64 ff.; Überwachungssystem, behördliches **178** 71; Umweltrecht **174** 2; **178** 63; Umweltschutz **178** 67; Unionsrecht **178** 63
Störfallrichtlinie, Arbeitsschutzrecht **172** 27
Störung der Geschäftsgrundlage, Arbeitsverhältnis, Beendigung **123** 14; Motivirrtum, beiderseitiger **123** 14
Strafantrag, Kündigung, außerordentliche **124** 43
Strafanzeigen, Kündigung, außerordentliche **124** 42; Whistleblowing, externes **55** 20
Strafgefangene, Arbeitnehmereigenschaft **285** 65; Arbeitsentgelt **60** 30; Arbeitszeitrecht **182** 53; Beschäftigungsverhältnis **19** 60; Eckvergütung **60** 30; Gewaltverhältnis, öffentlich-rechtliches **157** 7; Kündigungsschutz **112** 18
Strafgesetze, Koalitionsfreiheit **218** 45 f.; Vereinigungsfreiheit **218** 45 ff.
Strafhaft, Kündigung, außerordentliche **123** 28; **124** 77; Kündigung, personenbedingte **113** 119 f.
Straftaten, Kündigung, außerordentliche **124** 64, 73
Strafvollzug, Berufsausbildungsverhältnis **151** 1; Berufsausbildungsvertrag **149** 1
Strahlenschutz, Adressaten **179** 108; Arbeitnehmer **179** 103; Arbeitsschutz **173** 30; Arbeitsschutzbeauftragte **174** 47; Arzneimittelrecht **179** 106; Atomrecht **179** 105 f.; Auszubildende **179** 103; Berufsausübung **179** 103, 109 f.; Berufslebensdosis **179** 111; Beschäftigung **179** 108; deterministische Folgen hoher Strahlendosen **179** 100; Dosisbegrenzung **179** 102; Dosisgrenzwerte **179** 100 ff., 111, 116; Eigenüberwachung **179** 112, 116; Einsatzkräfte **179** 109; elektromagnetische Felder **179** 121, 123 f.; Euratom-Vertrag **179** 100; Fremdüberwachung **179** 112; Gefährdungsbeurteilung **179** 102; Gesundheitsüberwachung **179** 122; Infrarotstrahlung **179** 122; Kontaminierung **179** 107; Laserstrahlung **176** 11; **179** 121 f.; Lebensmittelrecht **179** 106; Leiharbeiter **179** 103; Leukämie **179** 101, 118; Medizinprodukte **179** 106; Minimierungsgebot **177** 37; Mitbestimmung **179** 116, 120; Mutterschutz **179** 106; **190** 6; Röntgeneinrichtungen, Schutzvorkehrungen **179** 119 f.; Röntgenverordnung **179** 106, 117 ff.; Schutzausrüstungen **179** 109; Schutzkleidung **179** 109; Schutzmaßnahmen **179** 103; Schutznormen **179** 100; Stand von Wissenschaft und Technik **174** 30; stochastische Folgen hoher Strahlendosen **179** 101; Strahlen, nichtionisierende **179** 121; Strahlenminimierungsgebot **179** 107; Strahlenschutzbeauftragte **179** 108, 114 ff.; *Bestellung* **179** 114, 116; *Beteiligungsrechte des Betriebsrats* **174** 74; **179** 98, 116; *Kooperation* **174** 73; *Kündigungsschutz* **179** 115; *Mitbestimmung* **179** 116; Strahlenschutzbereiche **179** 110; Strahlenschutzrecht **179** 105 f.; Strahlenschutzregister **179** 106; Strahlenschutzverantwortlicher **179** 113 ff.; *Kündigungsschutz* **179** 115; Strahlenschutzverordnung **179** 106; Strahlenvermeidungsgebot **179** 107; Strahlung, hochfrequente **179** 121 ff.; Strahlung, künstliche optische **179** 121 f.; Strahlung, natürliche **179** 121, 126; Strahlung, niederfrequente **179** 121 f.; Studierende **179** 103; Überwachung **179** 102; ärztliche **179** 111; *messtechnische* **179** 110; Unionsrecht **179** 100, 102 ff.; UV-Strahlung **179** 121 f., 126; Verhaltensweisen, riskante **179** 109; Verordnungsrecht **179** 105 f.; Vorsorge, arbeitsmedizinische **179** 111; *Duldungspflicht* **179** 111
Strahlenschutzrecht, Reform **179** 106
Strahlenschutzverordnung, Integration ins Strahlenschutzrecht **174** 5; **179** 106
Strahlung, künstliche optische, Einzelrichtlinie **173** 27
Straßentransport, s. *Verkehrswesen*
Straßentransport von Euro-Bargeld, grenzüberschreitender, Arbeitnehmerentsendegesetz **215** 39
Straßenverkehr, Sozialvorschriften **12** 18, 36
Straußwirtschaften, Ruhezeitverkürzung **183** 9
Streik, Abwehrstreik **220** 44 ff.; Angriffsstreik **220** 44 ff.; Arbeitskampfmittel **265** 5; **272** 33; **273** 1; Arbeitspflicht **276** 1; arbeitsrechtlicher **265** 5; Arbeitsverweigerung **265** 5 f.; Ärztestreik **272** 19; Begriff **272** 33; **273** 1; Beschäftigungspflicht **276** 1; Beseitigungsanspruch **276** 30; Betriebsratsamt **276** 48 f.; Bleistiftstreik **265** 7; Bummelstreik **265** 8; **273** 9; Definition **265** 5; Demonstrationsstreik **265** 5; **266** 10; **272** 39; Einschätzungsprärogative **269** 9, 29; **272** 68, 74, 79 f.; Erhaltungsarbeiten **272** 59; Erzwingungsstreik **265** 5; **266** 2; Existenzgefährdung des Gegners **272** 63; Fairnessgebot **272** 59; Feiertagsstreik **265** 6; Flächenstreik **265** 5; Friedenspflicht **272** 44; Generalstreik **266** 10; Gewerbebetrieb, Recht am **276** 30, 35 f.; **278** 6, 11; **279** 59; Grundfreiheiten **217** 16 f.; Haftung, gesamtschuldnerische **276** 43; Hauptleistungspflichten **276** 28; Internetstreik **265** 12; Kampfparität **272** 55 ff.; Kampfziele, mehrere **272** 33; Kausalität. haftungsausfüllende **276** 40; Kündigung, außerordentliche **124** 30; Kündigungsrecht **276** 25 ff.; Kurzarbeitergeldgewährung **268** 5; Leistungsverweigerung **265** 6 f.; Lohnzahlungspflicht **265** 6; **276** 1; Massenkündigung **32** 79; Mitwirkung **276** 41; Nadelstichstreik **224** 23; Neueinstellungen **275** 5; Notstandsarbeiten **272** 59 ff.; politischer **265** 5; **272** 39; **276** 32; rechtmäßiger **124** 30; Rechtmäßigkeit **272** 33 ff.; *Erkundigungspflicht*

276 32; Rechtswidrigkeit 276 28 ff.; Rührei-Theorie 272 33; Schaden 276 37 ff.; Schadensersatz, deliktischer 276 35 f.; Schadensersatz, vertraglicher 276 31 ff.; Schadensminderungspflicht 276 432; Schwerpunktstreik 265 5; 276 3; 279 10, 30; Sitzstreik 265 5; Sonntagsarbeit 265 6; Spezialistenstreik 265 5; 274 2 f.; Streikgeld 278 3; Streikquote 265 5; Streikschlichtung 288 13; Suspendierungswirkung 276 1 ff.; Tarifbezogenheit 272 38 ff.; Tarifvertrag, Erzwingung 3 42; Teilstreik 265 5; 272 79; 274 8; 276 3; 279 10, 29 f.; Überstunden 265 6; *Anordnung* 276 51 f.; Ultima-Ratio-Prinzip 216 4; 272 69; Unterlassungsanspruch 276 29 f.; Unterlassungsverfügung 276 29; Unterstützungsstreik 257 14, 18; 265 5; 266 11; 272 17, 25, 39; verbandsfreier 265 5; Vergütungspflicht, Suspendierung 276 13; Verhältnismäßigkeitsgrundsatz 272 64 ff.; Vollstreik 276 3; Warnstreik 265 5; 266 2; 272 71; Wechselstreik 265 5; Wellenstreik 224 23; 276 11; 279 29; wilder 124 30; 265 5; 272 34; 276 32, 45; *Koalitionsbetätigungsfreiheit* 220 46; Zeitungsstreik 266 10

Streikarbeit, direkte 40 30; Gewissenskonflikt 7 54; 40 30; indirekte 40 30; Koalitionsfreiheit 219 20; Verpflichtung des Arbeitnehmers 275 4; Verweigerung 224 33

Streikbeschluss, Mitteilungspflicht 272 36; 276 3 f.; Rechtmäßigkeitsvoraussetzung 272 34 ff.; Rechtsnatur 272 36; Übernahmebeschluss 272 34; Urabstimmung 272 34

Streikbrechereinsatz, Arbeitnehmer aus nicht bestreiktem Betrieb 265 27; Arbeitskampfmaßnahme 265 25; 275 4 ff.; Arbeitssuchende 265 25; Beamte 265 26; 275 12; Leiharbeitnehmer 265 25; 275 7 ff.

Streikbruchprämien, Arbeitskampfmittel 216 4; 265 18 ff.; 275 13 ff.; Lohngestaltung 276 53; Maßregelverbot 265 18 ff.; Mitbestimmungspflicht 276 53

Streikleitung, Anordnungen 224 33; Aussperrungserklärung, Abgabe 276 7; Erklärungen, kollektive 276 3, 7; Kündigung 276 47; Notstandsarbeiten 278 1; Streikbeendigung 272 37

Streikparagraph, Sozialleistungen 280 25 f.

Streikposten, Aufgabe 273 3; Entgeltfortzahlung im Krankheitsfall 276 16; Handlungen, rechtswidrige 278 11; Kampfführung 272 63; Kündigung 276 47; Mitwirkungspflicht 224 33; Unfallversicherungsschutz 280 9

Streikrecht, EMRK 12 4; Europäische Sozialcharta 12 7; subjektives 219 19; subjektives Recht 4 5; Verhandlungsgleichgewicht 215 11

Streikteilnahme, Abmahnung 276 44; Arbeitsvertragsbruch 276 44; Beendigung 276 10; Erklärung des Arbeitnehmers 272 37; 276 2 f.; *Handeln, schlüssiges* 276 4 f.; Kündigung des Arbeitsverhältnisses, außerordentliche 276 44 f., 47; Kündigung des Arbeitsverhältnisses, ordentliche 276 44 f.; Kündigung, selektive 276 47; Rädelsführerschaft 276 47; Streikaufruf 272 36; Suspendierung 41 30

Streikunterstützung, Pfändungsschutz 74 99

Streikziele, Friedenspflicht 272 53 f.; Kollektivverträge, schuldrechtliche 272 40; Mitteilungspflicht 272 36; Streikbezogenes 272 40; Tarifregelungen 272 39 f., 43

Streitbeilegung, friedliche, Benachteiligung, Beseitigung 17 25

Streitwert, Bestandsschutzklage 70 27; Entgeltklage 70 27; Kündigungsschutzklage 70 27

Stress, arbeitsbedingter, Arbeitsschutz 172 24; 176 11; Arbeitsschutzstrategie 174 119; Rahmenvereinbarung 173 33, 35

Strukturtarifvertrag, Betriebsratswahlen 291 5

Stücklohn, Mindestlohn 61 14

Studenten, Arbeitszeitrecht 182 51; befristetes Arbeitsverhältnis 103 111; Berufsausbildung, studienintegrierte 149 213; Koalitionsfreiheit 218 33; Praktikanteneigenschaft 60 98; Praktikum 149 213

Studium, Anschlussbeschäftigung, befristete 103 47 ff.

Stufenmodell, OT-Mitglieder 245 28 ff.

Stundenlohn, Mindestlohnanspruch 61 12 f.

Stundung, Arbeitsentgelt 71 1; 73 21; tarifliche Rechte 254 18

Suchmaschinen, Stellenbesetzung 29 73

Suspendierung, Arbeitspflicht, Wegfall 41 1; Arbeitsverhältnis, Ruhen 108 3, 37; einseitige 108 3; Freistellung, vorübergehende 123 15; Kündigung 41 17, 21 f.; Nebenpflichten 41 22; Streikteilnahme 41 30; Urlaub, unbezahlter 108 3

Sympathiearbeitskampf, Arbeitskampfmittel 268 10; Koalitionsbetätigungsfreiheit 220 46; 266 5; Unverhältnismäßigkeit 257 14

Sympathiestreik, Medienarbeitsrecht 167 36

Tankstellen, Ladenschlussregelungen 188 5

Tantieme, s. *Gewinnbeteiligung*

Tantiemen, betriebliche Altersversorgung 202 109

Tanzgruppenmitglieder, Arbeitsvertrag 165 34; Arbeitszeitdauer 165 39; Befristung 165 24 f.; Beschäftigungspflicht 165 48; Gage 165 44; Mitwirkungspflichten 165 36; Tanzgruppenvorstand 165 62; Teilzeitarbeit 165 40

Tarifarchiv, Einsichtnahme 235 1; Tarifverträge 235 37; Zweck 235 39

Tarifauslegung, Andeutungstheorie 243 3, 8; Auslegung 243 1 ff.; Auslegungsgrundsätze 243 40 ff.; Auslegungshilfen 243 17; Bezugnahme 243 12; 246 45; Entstehungsgeschichte 243 29 ff.; Gesamtzusammenhang, tariflicher 243 20 ff.; gesetzesfreundliche Auslegung 243 36; Gesetzesrecht, dispositives 243 37; Gesetzesrecht, zwingendes 243 16, 39; Interpretationshilfen 243 17; Lückenschließung 243 47 ff.; Nachbindung 243 11; Nachwirkung 243 11; normativer Teil 243 47 ff.; Protokollnotizen 243 8, 16; Rechtsstreitigkeiten 243 54 ff.; 244 1; Redaktionsversehen 243 18; *Reformgeschichte* 243 31; Richterrecht 243 39; schuldrechtlicher Teil 243 53; systematische Auslegung 243 20 ff.; Tarifpraxis 243 32; Tarifvertrag, allgemeinverbindlicher 243 26; Unionsrecht 243 35; Vereinbarungen, schuldrechtliche 243 45 f.; verfassungskonforme Auslegung 243 34; Völkerrecht 243 35; Wortlaut 243 13 ff.; zweckbezogene Auslegung 243 25 ff.

Tarifausschlussklauseln, Diskriminierungsverbot 219 44

Tarifausschuss, Allgemeinverbindlicherklärung 248 92 ff.; Konstitution 248 92 ff.

Tarifautomatik, Arbeitsentgelt 239 9; Normwirkung 251 2; öffentlicher Dienst 155 23; Tarifnormen, Geltung 230 5

Tarifautonomie, Allgemeinverbindlichkeit 248 17 ff.; Anwendungsbereich, persönlicher 218 35; Arbeits- und Wirtschaftsbedingungen 215 32; 220 37; Arbeitsbedingungen 220 35 ff.; *staatliche* 220 39; Arbeitskampf 3 42; 216 4; 272 1, 78; Arbeitskampfregeln

1669

Sachverzeichnis

220 60; Befriedungsfunktion 231 1; Betätigungsfreiheit der Koalitionen 220 34 ff.; Betriebsverfassung 283 21 ff.; Diskriminierung 220 62; Einzelarbeitsverhältnis 4 2; Funktionsfähigkeit 226 6; Gegnerunabhängigkeit 216 15; Gemeinwohlbelange 215 21 f.; Grundrechtsbindung 7 26 ff.; Gruppeninteressen 215 21; Kartellwirkung der Tarifverträge 221 6; Koalitionsfreiheit 215 20; 226 5; Koalitionsverfahren 1 14; Marktwirtschaft 5 11; Mediation 282 13; Nachkriegszeit 2 39, 42; Neutralitätsgebot 220 41; Nichtregelung 226 8; Ordnungsfunktion 231 1; Privatautonomie 3 40; 215 16; 216 2 ff.; 218 12; *kollektive* 231 3; Schlichtung 282 7; Subsidiaritätsverhältnis 6 26; Tariffähigkeit 232 3; Tarifzuständigkeit 233 1; Unabdingbarkeitsgrundsatz 215 15; Weimarer Reichsverfassung 217 3; Wirtschaftsverfassung 216 13

Tarifautonomiestärkungsgesetz, Allgemeinverbindlichkeit 248 2

Tarifbindung, Arbeitsverhältnis 244 26; Aufnahmeanspruch 245 14; Aufnahmevertrag 245 13; Beginn 245 13 ff.; Bestreiten, substantiiertes 245 76; Betriebsübergang 247 4; Betriebsübung 10 30; Blitzaustritt 245 77; Blitzwechsel 245 77; Ende 245 2 ff.; Gleichstellungsabrede 246 59 ff.; Haustarifvertrag 245 74 f.; Insolvenz des Arbeitgebers 245 47; mehrfache 245 65; Mitgliedschaft 238 2; 245 1 ff., 6 ff.; *s. a. Verbandsmitgliedschaft*; *Arbeitgeber* 245 19 ff.; *Arbeitnehmer* 245 19; *Arbeitnehmerähnliche* 245 19; *beiderseitige* 245 36; *Freiwilligkeit* 245 15; *Vereinsrecht* 245 10 ff.; Nachbindung 245 50 f.; Normbindung 245 1 f., 5; Tariferstreckung 226 12; Tarifzuständigkeit 245 4; Urteilsverfahren 245 76; Vergaberecht 250 1 ff.

Tarifbruch, Arbeitgeber, einzelner 220 121 f.; Unterlassungsanspruch 255 8 ff.; *Beschlussverfahren* 255 18

Tarifbruchunterlassungsklage, Antragsbefugnis 255 19; Deliktsschutz 255 8 ff.; *Ordnung, tarifvertragliche* 255 11 ff.

Tarifdiktat, Tariffähigkeit 232 31; Zwangsschlichtung, staatliche 281 2

Tarifdispositives Gesetzesrecht, Tarifvertragssystem 3 41

Tarifdispositivität, Betriebsverfassung 283 21 ff.; Bezugnahme 246 6; Gesetzesrecht 237 108 ff.; Recht, tarifdispositives 220 39, 42; Vereinbarung im Einzelarbeitsvertrag 8 25

Tarifdurchsetzung, Arbeitnehmervertretung 255 2, 22 ff.; Feststellungsverfahren 255 4; Handeln, staatliches 255 2, 27 ff.; Leistungsklage 255 4; Tarifvertragsparteien 255 2, 7; Urteilsverfahren 255 4

Tarifeinheit, im Betrieb 229 4; Dispositivität 256 25; Tarifkollision 235 11; 256 15 ff., 22 ff., 89; Tarifpluralität 256 18 ff.; Unternehmensumstrukturierungen 26 48; Verdrängung von Tarifverträgen 219 44

Tarifeinheitsgesetz, Arbeitskampfrecht 272 41; Tarifkollisionen 225 25 f.; 229 6

Tarifentwicklung, Betriebsübergang 247 21; Bezugnahme 246 48 ff.

Tariferhöhung, Günstigkeitsprinzip 253 23 f.

Tariferstreckung, Allgemeinverbindlicherklärung 215 36, 38; 225 24; 248 1; Arbeitnehmerentsendegesetz 215 37; Arbeitnehmerüberlassungsgesetz 215 40; Außenseiter 8 11; 215 36 ff.; 218 69; 236 5 f.; Rechtsverordnung 249 1, 20 ff.; staatliche 248 4; Tarifbindung 226 12

Tariffähigkeit, Arbeitgeber 8 5; 225 5; 232 5, 61 ff.; *einzelner* 8 5; Arbeitgeberverbände 8 5; 232 42 ff.; Arbeitnehmerkoalitionen 232 12 ff.; Arbeitskampfrecht, Anerkennung 232 40 f.; Aussetzungspflicht 244 2, 12; Begriff 229 3; 232 1; Beschlussverfahren, modifiziertes 232 80 ff.; Dogmatik 232 6; Durchsetzungsfähigkeit 232 20 ff.; Eintritt nach Tarifvertragsschluss 232 9; Ende 232 45 ff., 74; Fehlen 232 7 ff.; Feststellung, gerichtliche 232 7, 80 ff.; *Antragsbefugnis* 232 82 ff.; *Aussetzungspflicht* 232 87; Geschäftsfähigkeit, qualifizierte 232 6; Gewerkschaften 8 5; Indizienkontrolle 244 2; kirchliche Einrichtungen 160 14; Koalitionsfreiheit 218 71; 220 83; Leistungsfähigkeit, organisatorische 232 32 ff.; Mächtigkeit, soziale 232 20 ff.; Mitgliederzahl der Koalition 232 24 ff., 46; Organisation, demokratische 218 70; 220 21; 224 12; 232 16 ff.; Organisationsgrad 232 24 ff.; Prozessvertretung 220 108; Schlichtungsrecht, Anerkennung 232 40 f.; Spitzenorganisationen 220 4; 229 4; 232 52 ff.; Tarifautonomie 232 3; Tariffunktionalität 232 3; Tarifgemeinschaft 232 59 f.; Tarifgeschichte 232 27 ff.; Tarifrecht, Anerkennung 232 40 f.; Tarifvertrag, mehrgliedriger 232 10; Tarifvertragsschluss 232 2; Tarifwilligkeit 232 36 ff., 47; Tarifzuständigkeit 233 4; Überbetrieblichkeit 218 65; 232 35; Untergliederungen 232 56 ff.; Verbandsauflösung 232 49 ff.; Verbandsstruktur, vom Mitgliederwechsel unabhängige 220 19; Wegfall 260 3, 59; 261 66

Tarifflucht, Durchführungspflicht 257 37; Nachbindung 245 50, 57; Tarifbedingungen 221 8; Verbandsaustritt 247 15

Tariffunktionalität, Tariffähigkeit 232 3

Tarifgebundenheit, Arbeitgeber 8 9; Arbeitsverhältnis 8 9; *Inhalt* 4 3; Betriebsübergang 8 17; kraft Mitgliedschaft 8 9; Tarifnormen, Geltung 5 12; 8 9; Tarifvertragsparteien 8 9

Tarifgeltung, *s. a. Tarifvertrag, Geltungsbereich*; Außenseiter 7 31 ff.; Beginn 238 53; normative 8 10

Tarifgemeinschaft, Tariffähigkeit 232 59 f.

Tarifgitter, Mindestlöhne 226 7

Tarifinhalt, Vereinbarungen, schuldrechtliche 257 61 f.; 258 1 ff.

Tarifklausel, Verfall tariflicher Ansprüche 71 20

Tarifkollision, Arbeitskampf 256 89 f.; Auflösung 244 2; 251 13; 256 2, 15, 24; Begriff 256 1; Betriebsbezug 256 29 ff.; Betriebsnormen 256 15 ff.; Bezugnahme 142 114; Bezugnahme auf Minderheitentarifvertrag 246 40; Durchführungspflicht 257 38; Feststellungsverfahren 256 17, 52 ff.; Friedenspflicht 257 21; Geltungsanspruch mehrerer Tarifverträge 256 1, 9; Geltungsbereiche, Überschneidung 238 13; Günstigkeitsprinzip 253 10 ff.; Inhaltsgleichheit 256 42; Majoritätsprinzip 256 2 f., 16 f., 45 ff.; Mehrheitsprinzip 229 6; 252 7; 256 2; Mehrheitstarifvertrag, Anwendung 256 56; Minderheitentarifvertrag 256 56, 63 ff.; Mitteilungsverfahren 256 79 ff.; Nachzeichnungsrecht 256 67 ff.; Nichtigkeitswirkung 256 8; öffentlicher Dienst 154 18; Regelungsgegenstand 256 43 f.; Stellungnahmerecht 256 79 ff.; Tarifbindung des Arbeitgebers 256 35 ff.; Tarifeinheit 235 11; 256 15 ff., 22 ff., 89; Tarifvertrag, allgemeinverbindlicher 248 113; Tarifvertrag, in Bezug genommener 248 114; Tarifvertrag, Nichtanwendbarkeit 238 12; Tarifvertrag, wirksamer 256 14; Übergangsfrist 256 28; Überschneidung 256 40 f.; Unternehmensumwandlung 26 48 ff.; Verdrängungswirkung 256 27, 56 ff.; 272 45, 48

Fette Ziffern = Paragrafen **Sachverzeichnis**

Tarifkommissionen, Tarifvertrag, Zustimmung im 234 20

Tarifkonkurrenz, Arbeitsverhältnis 253 10; 256 1, 91 ff.; Auflösung 246 11; 256 2, 37; Begriff 256 1, 91; betriebliche Altersversorgung 206 75; Haustarifvertrag 256 11; Koalitionsfreiheit 219 6 ff.; Nachbindung 245 73; Nachwirkung 256 13; Selbstbeschränkung 252 7; Tarifeinheit 260 4; Tarifvertrag, allgemeinverbindlicher 248 113, 122; Tarifvertrag, Nichtanwendbarkeit 238 57; Unternehmensumstrukturierungen 26 47; Verbandstarifvertrag 256 11; Verdrängungswirkung 260 4

Tarifliche Rechte, Abtretung 254 5, 21; Aufrechnung 254 5, 21; Ausschlussfristen 8 23; 254 1, 18 f.; Ausübung, unbillige 254 35; dolo-agit-Einwand 254 35; Durchsetzung 255 1, 3 f.; Durchsetzungshilfe 255 1 f.; *staatliche* 255 27 ff.; Entstehung 254 7, 24; Erfüllung 254 5; exceptio doli 254 35; Geltendmachung 254 6; Klageverzicht 254 18; Leistungsklage 255 4; Nachwirkungszeitraum 254 7; pactum de non petendo 254 18; Stundung 254 18; venire contra factum proprium 254 35; Vergleich 8 21; 254 17, 26; Verjährung 254 37; Verjährungsverkürzung 254 40; Verlustschutz 254 1, 11 ff.; 255 3; Verwendungsfreiheit 254 5, 21; Verwirkung 8 22; 254 1; Verwirkungsschutz 254 34 ff.; Verzicht 8 21; 71 3 ff.; 254 1 f., 16

Tariflohnerhöhung, Gleichbehandlungsgrundsatz 14 47

Tarifmacht, Abschlussbedingungen 230 7; Altersdiskriminierung 237 98 f.; Arbeitgeber 236 8, 19 ff.; Arbeitnehmer 236 8 ff.; Arbeitnehmerähnliche 236 29 ff., 48; Arbeits- und Wirtschaftsbedingungen 258 2 f.; Arbeitsverhältnis 236 4, 8, 18, 52; 237 38; *atypisches* 236 11; *fehlerhaftes* 236 12; *nachwirkendes* 236 53; *prekäres* 236 11; Auszubildende 236 14; Beendigungsbedingungen 230 7; Begriff 236 1; Berufsfreiheit 237 28 ff.; betriebliche 236 47; Betriebsverfassung 240 22 ff.; Diskriminierungsverbot 219 43 f.; 237 124; Dritte 236 24 ff.; Eingliederungsmaßnahmen 236 16; Erweiterung 229 11; Gemeinsame Einrichtungen 236 49; Gesetzesrecht 237 84 ff.; dispositives 237 105 ff.; *einseitig zwingendes* 237 93 ff.; *tarifdispositives* 237 108 ff.; *zweiseitig zwingendes* 237 86 ff.; Gleichheitssatz 237 60 ff., 122; Grundfreiheiten 227 19; Heimarbeiter 236 42, 48; Individualnormen 236 44 ff.; Inhaltsbedingungen 230 7; Konzernunternehmen 236 22; Leiharbeitsverhältnis 236 15; Öffnungsklauseln 226 26; Regelungsbereiche 236 1 f.; Reichweite, sachliche 236 43 ff.; Ruhestandsverhältnis 236 53; Standortsicherung 237 56; Überschreitung 237 119 ff.; Unionsrecht 227 2; Unternehmerfreiheit 237 54 ff.; Vereinbarungen, tarifnormersetzende schuldrechtliche 258 12; Vereinbarungsmacht 258 1; Verhältnis, vorvertragliches 236 52

Tarifnormen, Abschlussnormen 32 179 f., 184; abstrakt-generelle 251 10; Adressaten 255 1 f., 7; AGB-Kontrolle 251 24; Arbeitszeitnormen 40 90; Auslegung 230 4; Betriebsnormen 32 179, 184; Betriebsübung 8 12 f.; betriebsverfassungsrechtliche Normen 256 31; 261 34; Einbeziehungsabrede 8 13; Einzelarbeitsvertragsbestandteil 8 12 f.; Gebote 251 11; Geltung, unmittelbare und zwingende 5 12; 8 9, 18; Gesetzesverstoß 237 119; Günstigkeitsprinzip 215 25; Haftung 237 125; Mindestarbeitsbedingungen 230 5; Nachwirkung 8 20; 261 9 ff.; prozessuale Normen 241 1 ff.; *Nachwirkung* 261 36; Rechtsdurchsetzung 255 1; Rechtsnormen 230 8; Rechtsregelqualität 220 36; Rückwirkung 237 76 ff.; *unechte* 237 81; Tarifvertragsstatut 13 153; Unabdingbarkeit 8 18 f., 21; Verbote 251 11; Verbotsgesetze 109 41; Vertrauensschutz 237 76 ff.; Vorrang 1 18; Wirkung 230 5; normative 226 6

Tarifnormerstreckung, kalte 219 29; Tarifvertragsrecht 229 14; 230 15; Vereinbarungen 257 53 f.

Tarifparteien, Normsetzungsbefugnis 215 17; 220 38, 64 f.; *Grundrechte* 215 34; Verhandlungsanspruch 218 63

Tarifpluralität, Auflösung 256 2 f.; Begriff 256 1; Betrieb 253 10; 256 1; Streikrecht 272 27; Tarifeinheit 256 18 ff.; 260 4; Tarifvertrag, Bekanntmachung 235 2; Tarifvertrag, Nichtanwendbarkeit 238 57; Unternehmensumstrukturierungen 26 47; Verdrängungswirkung 260 4; 272 27; Verweisung, große dynamische 246 58

Tarifpublizität, innerbetriebliche 235 2

Tarifrecht, Gesetzgebungskompetenz 226 1 ff.

Tarifregister, Gesetzverbindlichkeit 235 35, 45; Anerkennungstarifvertrag 235 35; Anschlusstarifvertrag 235 35; Aufhebungsvertrag 260 14; Aufnahmeantrag 235 38; Einsichtnahme 235 1, 39, 41; Eintragungen 235 33 ff., 40; Heimarbeitsausschuss, Festsetzung 235 36; Landesarbeitsbehörden 235 42; Regelungsort 229 7; Spitzenverbände 235 43; Tarifverträge, Anzahl 225 1; Zweck 235 39

Tarifschlichtung, Vereinbarungen, schuldrechtliche 257 58

Tarifsozialplan, Abfindungen 240 7; Arbeitskampf 266 6; Stichtag 237 24; Streikbeilegung 272 79; Tarifmacht 237 88

Tarifsperre, Abschaffung de lege ferenda 225 27

Tarifsprache, Bekanntgabe des Tarifvertrags 235 12; Wortauslegung 243 19

Tarifsukzession, Bezugnahmeklausel 246 57

Tariftransformation, Betriebsübergang 238 14, 53, 62; 247 13 ff.; 256 13, 38; kollektivrechtliche 247 14 f.

Tariftreue, Berufsfreiheit 250 6; Dienstleistungsfreiheit 250 7; konstitutive 250 5 f.; Landesrecht 250 8; pacta sunt servanda 245 50; private 250 13; Vergaberecht 221 25; 250 1, 12

Tariftreueregelungen, Auftragsvergabe, öffentliche 60 34

Tarifüberwachung, Gemeinsame Einrichtungen 242 16; Vertragsstrafe 242 16

Tarifüblichkeit, Sperrwirkung 8 29 f.

Tarifunwilligkeit, Tarifunfähigkeit 232 47 f., 51

Tarifverantwortung, Begriff 237 2; Leistungsbestimmungsrecht 237 15 f.; Stellvertretung 237 17

Tarifvereinbarungen, Zurverfügungstellung 235 23

Tarifvereinbarungen, schuldrechtliche, Arbeitnehmerschutzrecht 258 15; Auslegung 258 5; Bezugnahmeklausel 258 16; Einwirkungsklage 259 8 ff.; Grundrechtsbindung 258 13; Günstigkeitsprinzip 258 10, 14; Leistungsklage 259 7; Schiedsgericht 259 14; Tarifmacht 258 12; Umsetzung 258 6, 8 ff., 17; Vereinbarungen zugunsten Dritter 258 7; Vereinbarungsmacht 258 1, 12 ff.

Tarifverhandlungen, Gewerkschaften 222 38; Interessenausgleich 218 88; Scheitern 1 19

Tarifvertrag, abändernder 213 113 ff.; Ablauf 8 20; Ablösung 260 15 f.; *zeitliche* 256 6; Ablösungsprinzip 63 3; 101 23; Abmachung, andere 262 52, 54 f.; Abschluss 229 10; 234 2 f., 5; Abschlussanspruch 237 1; Abschlussnormen 8 6, 9; *Schriftformerfordernis* 36 40;

1671

Sachverzeichnis

Magere Ziffern = Randnummern

Abschlusszeitpunkt **234** 69; AGB-Kontrolle **8** 26; **237** 106; *Ausschluss* **230** 9; Allgemeinverbindlicherklärung **5** 12; **8** 10; Altersgrenzen **103** 84 ff.; **105** 14; Änderung **234** 57; **237** 4; **245** 69 ff.; **256** 6; Anerkennungstarifvertrag **234** 57; Anfechtbarkeit **234** 57; Anfechtung **234** 4, 31 ff., 61; Anpassung **237** 4; Anschlusstarifvertrag **225** 7; **234** 57; Ansprüche, entstandene **215** 33; *Vertrauensschutz* **215** 33; *Verzicht* **215** 33; Anwendungsvorrang **215** 23; Anzahl **225** 1; Äquivalenzstörung **260** 40; Arbeitgebergrundrechte **237** 20 ff.; Arbeits- und Wirtschaftsbedingungen, Wahrung und Förderung der **7** 28; Arbeitsbedingungen, Änderung **101** 23; Arbeitskollisionsrecht **13** 13; Arbeitslohn **215** 6; Arbeitszeitgestaltung **44** 1; Aufhebungsvertrag **234** 59; **245** 68; **257** 60; **260** 2, 14; Ausfertigungen **234** 50; Ausgleichsfunktion **272** 25; ausländischer **13** 160; **262** 15 ff.; Auslegung **229** 10; **230** 4; Außenseiterbindung **230** 15; Austritt des Arbeitgebers **206** 78; Bedingung **234** 44; *auflösende* **257** 60; **260** 2, 10 ff.; Beendigung **260** 2 ff.; **261** 1; Beendigungsnormen **8** 9; Befriedigungsfunktion **231** 1, 5, 10 ff.; **256** 22; **257** 5; Befristung **234** 43; **245** 66; **257** 60; **260** 2, 6 ff.; Bekanntgabe im Betrieb **235** 2 ff.; Bekanntmachung **235** 1 ff., 9 f.; *Einwirkungsklage* **235** 17; *Schadensersatz* **235** 16; Bestätigung **234** 39; Bestimmtheitsgrundsatz **237** 73 f.; Betriebsnormen **8** 6, 9; Betriebsübergang **142** 171 ff.; Betriebsvereinbarung **8** 19; Betriebsverfassungsnormen **8** 6, 9; Bevollmächtigung **234** 23 ff., 56; Bezugnahme **234** 52, 64; **236** 7; **238** 15; **246** 1 f., 37; **251** 19; *s. a. dort*; Bezugnahmeklausel **5** 12; **8** 13 ff.; Branchentarifvertrag **225** 4; Bündelungseffekt **230** 11; Dauer, überlange **237** 4; Demokratieprinzip **226** 13; Diskriminierungsschutz durch AGG **16** 54, 137; Diskriminierungsverbot **227** 17; Dissens **234** 42; **243** 5; Doppelnatur **10** 1; **230** 1; **243** 1; drittbegünstigender **236** 25; Durchführungspflicht **230** 21, 24; **257** 35 ff.; Eigentumsgarantie **237** 52; Einschätzungsprärogative **238** 49; Einstrahlung **13** 160; Einzelfallregelungen **251** 10; elektronische Form **234** 47; Entgeltgleichheit **227** 18; Entgelttarifvertrag **60** 55 ff.; Erfüllungsanspruch **259** 1 f.; Ergänzungstarifvertrag **225** 2; Ersetzung **256** 6; Europarecht **227** 1 ff.; fehlerhafter **234** 66; Feststellungsverfahren **255** 4; Firmentarifvertrag **206** 72; **225** 1, 5; Flächentarifvertrag **225** 5, 27; Formverstoß **234** 53 ff.; Friedenspflicht **8** 8; **231** 10 ff.; Friedensfunktion **257** 5 ff.; **272** 44; Funktionen **231** 1 ff.; Gehaltstarifvertrag **225** 6; Geltung, zeitliche **260** 1 ff.; Geltungsanspruch, normativer **238** 1; Geltungsbereich **238** 1, 4 ff., 9 ff., 13 ff., 16 ff.; *Arbeitskampf* **238** 28; *Arbeitsort* **238** 19; *Auslegung* **238** 10 ff.; *Außendienstmitarbeiter* **238** 23; *Betrieb* **238** 20 f.; *betrieblicher* **238** 16, 29 ff., 33, 36 f.; *Betriebsverlagerung* **238** 60; *branchenbezogener* **238** 29 ff.; *Eintritt in den* **238** 59; *Entsendung* **238** 24 ff.; *fachlicher* **238** 16, 29 ff., 38; *Herauswandern aus dem* **238** 60; **246** 52; *organisatorischer* **238** 43 ff.; *persönlicher* **238** 16, 39 ff., 49 ff.; *räumlicher* **238** 16 ff.; *Überprüfung, gerichtliche* **238** 63 f.; *Unternehmenssitz* **238** 22; *zeitlicher* **238** 14, 16, 52 ff.; Gemeinwohlbindung **226** 16; Gesamtnichtigkeit **234** 65; Gesamtvereinbarung **8** 27 f.; Geschichte **225** 8 ff.; Gesetzesauslegung **243** 1 ff.; Grundrechte **237** 45 ff.; Grundrechtsausübung **226** 10; **230** 1; Grundrechtsbindung **226** 10; *mittelbare* **237** 19 ff.; Grundrechtsschutz **226** 4 ff.; Günstigkeitsprinzip **236** 46; **253** 1 ff.; Günstigkeitsvergleich **237** 95; Haustarifvertrag **225** 5, 7; Herausgabepflicht **235** 13; Höchst-

arbeitsbedingungen **215** 25; **253** 1 f.; Höchstlaufzeit **260** 8; Informationspflicht des Arbeitgebers **93** 46; Inhaltsnormen **8** 6, 9; *Kündigungsgründe* **110** 70 ff.; *Schriftformerfordernis* **36** 40 f.; inländischer **13** 157 ff.; Kartellfunktion **8** 8; Kartellverbot **12** 49; Kartellvertrag **221** 7; Kartellwirkung **216** 5 ff.; **221** 6 ff.; **231** 22 ff.; Kategorisierung **225** 6; Koalitionsbetätigung **218** 86; Koalitionsmittel **216** 2 f.; Koalitionsverfahren **3** 40; Kollektivvertrag **234** 1; Konfliktlösung **215** 8; Konsensbereitschaft **216** 4; Kündbarkeit **260** 8; Kündigung **206** 78; **245** 68; **257** 60; **259** 16; *außerordentliche* **260** 19, 33 ff.; *ordentliche* **260** 2, 19, 28 ff.; *Schriftform* **234** 61; *Umdeutung* **260** 31, 37; Kündigungsfristen **109** 87, 94; Kündigungsrecht, ordentliches **237** 4; Kündigungsverbote **109** 84; Leistungsbestimmungsrecht **237** 15 f.; Lohnfindung **8** 8; Lohngerechtigkeit **8** 8; Lohntarifvertrag **225** 6; Majoritätstarifvertrag **244** 2; Manteltarifvertrag **225** 6; mehrgliedriger **232** 10; **234** 13, 15; **243** 10; **244** 13; **260** 17; Meinungsfreiheit **237** 46; Menschenwürde **237** 46; Mindestarbeitsbedingungen **253** 1; Mitteilungspflichten **235** 24, 28; Nachbindung; *s. dort*; Nachwirkung; *s. a. dort* **13** 153; **202** 113; **206** 78 f.; Nachwirkungszeitraum **109** 35; Nichtigkeit **234** 41; Nichtregelung **251** 12; **252** 11; normativer Teil **8** 5 f.; **206** 74; **230** 3 f.; **234** 51; **243** 47 f.; Normenvertrag **8** 6 f., 27; **226** 10; **229** 10; **234** 2, 4, 37, 41; Normwirkung **215** 11; **216** 5; **230** 6 f., 13 f.; **235** 14; **251** 1; *Arbeitsverhältnis* **251** 6; *hinkende* **235** 14; *Intensität* **251** 2 ff.; *unmittelbare* **251** 2; *vernichtende* **251** 6 ff.; Öffnungsklauseln **8** 18; **71** 7; **225** 27; **252** 1 ff.; *Abweichung zulasten der Arbeitnehmer* **5** 10; Optimierungsgebot **237** 53; Ordnung, kollektive **8** 3; Ordnungsfunktion **8** 8; **231** 1, 17 ff.; **251** 24; **253** 9; Ordnungsrahmen **3** 40; **8** 5; ordre public **13** 160; Pflichten, schuldrechtliche **257** 1 ff.; Pressefreiheit **237** 49; Privatautonomie, kollektive **226** 1; **230** 14; **231** 3; Publizität **235** 1 ff.; Rahmentarifvertrag **225** 6; Recht, gleichrangiges **237** 85; Recht, höherrangiges **237** 85; Rechtsgeschäft **215** 23; **230** 1, 4; **234** 1; Rechtsgeschäftslehre **230** 4; Rechtskarakter **234** 4, 17, 45; **243** 1 f.; Rechtsnatur **229** 8; Rechtsnormen **4** 3; **5** 12; Rechtsquelle **5** 5; **215** 19; **230** 1; Rechtsquellenklarheit **234** 49; **237** 3, 75; Rechtssicherheit **234** 4; **243** 1 f.; Rechtsstaatsprinzip **226** 14; Rechtswahlklausel **13** 152, 155; Regelungslücke, bewusste **243** 51; Regelungslücke, unbewusste **237** 116 ff.; Richterrecht **237** 116 ff.; Richtigkeitsgewähr **226** 4; **230** 9 ff.; **232** 3; **237** 2, 108; **245** 48; Rücksichtnahmepflicht **257** 66; Sachnähe **237** 108; Schriftform **8** 6; **206** 73; Schriftformgebot **229** 10; **234** 4, 17, 45 f., 56 ff.; **243** 1; Schuldrecht, allgemeines **234** 24; schuldrechtlicher **230** 2; schuldrechtlicher Teil **223** 36; **230** 3; **234** 51; **243** 53; *Leistungsstörungen* **259** 15 ff.; *Nichterfüllung* **259** 15 ff.; Schuldvertrag **230** 4, 17 ff.; **257** 1, 3; Schutzfunktion **8** 8; **231** 1, 5 ff.; **252** 1; **254** 1; Selbstbeschränkungsregelungen **256** 1; Selbstverwaltung **3** 40; Sittenwidrigkeit **234** 41; **237** 90; Soll-Vorschriften **252** 9; Sozialstaatsprinzip **226** 15; Sperrwirkung **5** 13; **8** 29 f.; Sprache **234** 46; **243** 19; *s. a. Tarifsprache*; Stellvertretung **234** 16 f.; **237** 3; *Handeln ohne Vertretungsmacht* **234** 27 f.; *Offenkundigkeit* **234** 17 f.; *Vertretungsmacht, Beschränkungen* **234** 26; *Vertretungsmacht, organschaftliche* **234** 19 ff., 26; *Vertretungsmacht, rechtsgeschäftliche* **234** 23 ff.; **237** 17; tarifdispositives Gesetzesrecht **6** 25; **8** 24 ff.; **13** 160; Tariffähigkeit **232** 2; tarifliche Rechte; *s. dort*; Tarifregister **235** 33 ff.; Tarifvertragsstatut **13** 151 f.; Tarifvorbehalt **215** 14; **216** 14; Teilanfechtung **234** 38; Themen **225** 28; Treu und Glauben **257** 65; Übergangsfristen **218** 95; Übersendungspflichten **235** 24 ff.; Überwachung **255** 22; Umdeutung **264** 10; Unionskartellrecht **217** 17; Unionsrecht, Anwendungsvorrang **12** 26; Unternehmenstarifvertrag **225** 5; Unternehmensverbindung **25** 38; Unterzeichnung **234** 47; Unwirksamkeit **234** 65 ff.; Verbandsautonomie **5** 11; Verbandstarifvertrag **206** 72; **225** 5; Verbotsgesetz **234** 41; **251** 20 f.; Vereinbarung, mehrseitige **237** 3; Vereinbarungen, schuldrechtliche **257** 56 ff., 60; Verhandlungsanspruch **226** 8; **237** 1; Verhandlungsgleichgewicht **3** 41 f.; Verlängerungsfrist **260** 10; Verteilungsfunktion **231** 1, 3, 14 ff.; **256** 22; Vertrag zugunsten Dritter **257** 10; Vertragsauslegung **243** 1 ff.; Vertragsfreiheit **215** 16; Vertragsfreiheit, Einschränkung **1** 18; Vertragsparteien **8** 6; **234** 11 ff.; Vertragsschluss; *s. Abschluss*; Vertragsübernahme **234** 62; Vertragsverhandlungen **230** 18; Vertrauensschutz **237** 76 ff.; Vertretungsmacht; *s. Stellvertretung*; Verweisungen, dynamische **219** 28, 30 f.; **234** 52; Verzichtsverbot **137** 11; Vorvertrag **234** 55, 58; Weisungsrecht des Arbeitgebers **239** 25 f.; Werktarifvertrag **225** 5; Willenserklärungen **234** 2 f.; Willensmängel **234** 31 ff.; Wirkung, normative **4** 2; **8** 18; **238** 2; **251** 1 ff.; *s. a. Normwirkung*; *Regelungswille* **258** 4; *Verzicht* **220** 65; Wirkung, schuldrechtliche **8** 7; Wirkung, zwingende **254** 2 ff.; zwingende Wirkung **38** 6

Tarifvertragsauslegung, *s. Tarifauslegung*

Tarifvertragsfreiheit, negative **219** 39

Tarifvertragsgesetz, Änderungen **220** 5 f.; Durchführungsverordnung **229** 7 f.; Fehlentwicklung, wirtschaftliche **229** 3; Öffnungsklausel de lege ferenda **225** 27; Tarifvertragsrecht **225** 20 f.; **229** 1 ff.

Tarifvertragsparteien, Arbeitgeber **225** 5; Arbeitgeberverbände **225** 5; ausländische **262** 6 ff.; Diskriminierung, Beseitigungsgebot **15** 6; **17** 4; Diskriminierung, Beseitigungsverbot **17** 92 f.; Gewerkschaften **225** 5; Grundrechtsbindung **7** 19 ff.; Normsetzungsbefugnis **7** 20 ff.; Regelungswille **258** 4; Tarifgebundenheit **8** 12; Tarifvertragsschluss **234** 11 ff.; Wegfall **260** 3, 59 ff.

Tarifvertragsrecht, kollektives Arbeitsrecht **4** 19

Tarifvertragsstatut, Abschluss des Tarifvertrags **13** 151 f.; Allgemeinverbindlicherklärung **13** 153, 159; Anknüpfung, objektive **13** 154 ff.; **262** 4; Auslandstätigkeit **13** 157 f.; Gleichlauf **262** 9; hink. d. Tarifvertrags **13** 151 f.; Inlandstätigkeit **13** 157; Kollisionsrecht **262** 2 ff.; Rechtswahl **262** 3 f.; Tariffähigkeit **262** 5; tarifliche Regelungen **262** 5; Tarifverhandlungen **13** 152; Tarifvertrag **262** 5; *Beendigung* **262** 5; Wirkungen des Tarifvertrags **13** 151, 153

Tarifvertragssystem, Arbeitsrecht **5** 11 f.

Tarifvertragsverhandlungen, Verhandlungsanspruch **234** 5 ff.

Tarifvorbehalt, Betriebsvereinbarung **8** 19; Betriebsverfassung **238** 14; Staatskonkurrenz **218** 100; Tarifvertrag **215** 14; **216** 14

Tarifvorrang, Betriebsverfassung **238** 14; **283** 23

Tarifwechselklausel, Betriebsübergang **246** 56; Bezugnahmeklausel, große dynamische **142** 185; **246** 8, 52 ff.; Gleichstellungsabrede **246** 54

Tarifwerk, Ablöseprinzip **256** 7; Abschlussbedingungen **225** 6; Auslegung **243** 7, 23; **256** 7; Kündigungsregelungen **225** 6; tarifliche Ansprüche, Geltendmachung **225** 6

Tarifwilligkeit, Koalitionen **223** 19; **232** 36 ff.; Tariffähigkeit **232** 36 ff.; Tarifzuständigkeit **233** 3; **238** 3; Verzicht **232** 47

Tarifzensur, Dritteinfluss **226** 9; **230** 12; Gemeinwohlbelange **215** 21; Verbot **226** 9

Tarifzuständigkeit, anfänglich fehlende **233** 47 ff.; Arbeitskampfparteien **272** 16; Aussetzungspflicht **244** 2; Begriff **233** 1; Beschlussverfahren **233** 63 ff.; Diskriminierungsverbot **233** 39; Geltungsbereich, tarifvertraglicher **233** 1, 5 ff.; geographische **234** 68; Herauswandern des Unternehmens **233** 46, 56, 57 f.; Inzidentkontrolle **244** 2; Matching-Funktion **233** 7, 12, 37; nachträglich entfallende **233** 52 ff.; Satzungskontrolle **233** 29 ff.; Satzungsregelung **233** 1 f., 11 ff., 37 f.; **238** 3; Spitzenorganisationen **232** 53 f.; Tarifautonomie **233** 1; Tarifbindung **245** 4; Tariffähigkeit **233** 4; Tarifwilligkeit **233** 3; **238** 3; Überschneidung **233** 7 ff.; Unternehmensumstrukturierungen **26** 40 ff.; Zuständigkeitsabgrenzung **233** 59 ff.

Täter-Opfer-Ausgleich, Benachteiligung, Beseitigung **17** 25

Tätigkeit, höherwertige, Inhaltskontrolle **103** 158

Tätigkeit, karitative, Betriebsverfassungsrecht **285** 63

Tätigkeit, religiöse, Betriebsverfassungsrecht **285** 63

Tätigkeitsbericht, Betriebsrat **298** 16; **299** 48 ff., 61; Gesamtbetriebsrat **301** 17

Tätigkeitsbeschreibung, Inhaltskontrolle **40** 21; Transparenzgebot **40** 21

Tätigkeitsdaten, Eingliederungsmanagement **113** 39

Tatkündigung, Anhörung des Betriebsrats **126** 18; Kündigung, außerordentliche **124** 97; **126** 16 ff.; Kündigungsschutzklage **130** 116

Tatsache, doppelrelevante, Arbeitsvertrag **130** 28 f.; Zuständigkeit, arbeitsgerichtliche **22** 41

Taxe, Vergütungsordnungen **60** 103

Teamarbeit, Arbeitsplatzteilung **45** 69, 71 f., 127; Arbeitszeitplanung **48** 29 f.; Personalplanung **28** 19; Vertretungsarbeit **45** 72, 75

Techniker, Arbeiterbegriff **19** 5

Technische Regeln, Betriebssicherheit **127** 42 f.

Teilarbeitslosengeld, Arbeitsförderung **29** 76, 102; Steuerfreiheit **62** 17

Teilbranchen, Öffnungsklauseln **252** 19

Teilkonzernspitze, Drittelmitbestimmung **13** 172

Teilkündigung, Änderungskündigung **117** 5; Änderungsvorbehalt **117** 37; Arbeitsbedingungen **117** 36; Begriff **107** 25; Formerfordernis **108** 7; Mutterschutz **190** 59; Rechtsverhältnis, zusammengesetztes **108** 44; Sozialleistungen **108** 43; Unzulässigkeit **117** 36; Vertragsbedingungen **101** 20; Widerrufsvorbehalt **108** 43; **117** 37

Teilstreik, Arbeitskampfmittel **265** 5; **272** 79; **274** 8; Arbeitskampfrisiko **279** 29 f.; enggeführter **274** 8; Proportionalität **272** 79

Teilübertragung, umwandlungsrechtliche, Betrieb, gemeinsamer **24** 53; Betriebsrat **26** 78; Fortgeltungsvereinbarung **26** 91, 94; Kündigung **26** 25; Mitbestimmungsrechte, Weitergeltung **26** 91

Teilversammlung, *s. Betriebsversammlung*

Teilzeit- und Befristungsgesetz, Arbeitsverhältnis, befristetes **12** 46; Eingriffsnormen **13** 89; Richtlinienumsetzung **49** 23 f.; Teilzeitarbeit **49** 27 f.; **50** 2 f.

Teilzeitarbeit, Abfindungen **52** 48 f.; Abgrenzung **49** 1 ff.; Abrufarbeit **40** 70, 89; Allgemeine Arbeitsbedingungen **50** 131 f., 135 f.; Altersteilzeit; *s. dort*; Anrechnungsfaktor **49** 29; Anspruch auf **49** 24 ff., 33; **50** 3;

1673

Sachverzeichnis

Magere Ziffern = Randnummern

Anwesenheitsprämien **50** 177; Arbeitsbedingungen, wesentliche **50** 14; Arbeitsdeputat, erhebliche Erhöhung **52** 38; Arbeitsentgelt **50** 153 ff.; *diskontinuierliche Entgeltzahlung* **50** 168; *kontinuierliche Entgeltzahlung* **50** 168; Arbeitskräftebedarf, Anpassung **115** 113 ff.; Arbeitsort **50** 118; Arbeitspflicht **50** 118 ff.; *konkurrierende* **50** 139 ff.; Arbeitsschutz **176** 6 a; Arbeitsverhältnis **101** 2; Arbeitsverhinderung **50** 224 ff.; Arbeitsvermittlung **29** 5; Arbeitsvertrag, Abänderung **50** 2; Arbeitszeit **12** 36; **50** 1; Arbeitszeitdauer **40** 89; **50** 16 f., 108 f.; Arbeitszeitdeputat **50** 18 ff.; Arbeitszeitkonzentration **50** 112; Arbeitszeitlage **49** 63; **50** 118, 122 ff.; Arbeitszeitoption **50** 38, 43 ff.; Arbeitszeitverkürzung **52** 39; Arbeitszeitverkürzung, Anspruch auf **50** 23 ff., 37 ff.; **52** 2; Arbeitszeitverlängerung **52** 38; Arbeitszeitverlängerung, Anspruch auf **50** 23 ff., 86 ff.; **52** 2; Arbeitszeitwünsche **50** 33 ff., 38; Ausschreibungspflicht **50** 29 ff.; Befristung **12** 14; **50** 5, 296 ff.; Begriff **40** 69; Benachteiligungsverbot **13** 110; **14** 41; **49** 57 ff.; *Gruppenbildung* **49** 59; Beschäftigungsverhältnisse, weitere **50** 139 ff.; *Unterrichtungspflicht* **50** 139 ff.; Bestandsschutz **50** 256 ff.; **52** 43 ff.; Betriebsgrößenberechnung **49** 29 f.; Betriebsverfassungsrecht **52** 1 f.; Bewährungszeit **50** 165; Brauchtumstage **49** 63; **50** 209; Dienstalter **50** 165; Diskriminierungsschutz durch AGG **16** 44; Diskriminierungsverbot **16** 4; **32** 119; Eingruppierung **52** 34 f.; Elterngeld **50** 230 f.; **192** 33 f.; Elternzeit **191** 5; **192** 16; Entgeltfortzahlung im Krankheitsfall **50** 210 ff.; Europäisches Recht **49** 19 f.; Feiertagsvergütung **50** 204 ff.; Feiertagszulagen **50** 177; flexible **49** 7 ff.; Formen **49** 5 ff.; Funktionszulagen **50** 177; Geschlechterdiskriminierung, mittelbare **49** 105; **50** 4, 166; **52** 53; Gesetzgebung **49** 18 ff.; Gleichbehandlungsanspruch **49** 43 ff.; **50** 158 f.; Gleichbehandlungsgrundsatz **49** 40 ff.; **50** 121, 156 f.; **52** 53; *Nachgewährung von Leistungen* **49** 87 f., **52** 53; *Rückwirkung* **49** 93; *Schadensersatz* **49** 89 ff.; Höchstbeitszeit **50** 108, 111, 113; Informationspflichtverletzung **50** 33 ff., 114; Informationsrechte **50** 27 f.; Jahresdeputat **50** 1; Kündigung **52** 43 ff.; Kündigungsschutz **50** 256 ff.; **112** 13; Kurzarbeit **52** 31; Leiharbeit **145** 118; Lohnnebenleistungen **49** 62; **50** 169 ff.; Mehrarbeit **50** 133 ff.; *Pflichtkollision* **50** 147; Mehrarbeitszuschläge **50** 177, 200 ff.; Mehrfachbeschäftigung **50** 113; Mindestarbeitszeit **50** 108; Mitbestimmungsrechte des Betriebsrats **52** 25 ff.; Mutterschutz **50** 230; **189** 6; Nachweispflicht **50** 14 f.; Nebenleistungen **50** 153 ff.; Nebentätigkeitsverbot **50** 152; Neueinstellung **50** 2 ff.; **52** 34 f.; Nichtdiskriminierungsgrundsatz **49** 20; Notarbeiten **50** 138; Prämien **50** 177; Pro-rata-temporis-Grundsatz **49** 20, 84, 104; **50** 239; **77** 37; **83** 10; **86** 37 f.; Sabbatical **41** 29; Schichtlohnzulagen **50** 177; Schmutzzulagen **50** 177; starre **49** 5 f.; Stellenausschreibung **35** 9; Tarifregelungen **49** 32 ff., 55 f.; Teilzeitanspruch **40** 97; Teilzeitvereinbarung der europäischen Sozialpartner **49** 19 f.; Überstunden **50** 133 ff.; Ungleichbehandlung; *Ausschlussfristen* **49** 94; *Gruppenbildung* **49** 78 ff.; Urlaub 232 ff.; *Mehrfachbeschäftigung* **50** 251 ff.; *Wochenarbeitszeit, Veränderung* **50** 244 ff.; Urlaubsentgelt **50** 249 f.; Urlaubsgeld **50** 178, 255; Verbreitung **49** 12 f.; Vergütung, anteilige **49** 84, 96 ff.; Vergütungsbemessung 155 ff.; Verlängerungsanspruch **40** 97 a; Versetzung **52** 36 f.; Vertragsänderung, Anspruch auf **40** 97 a; Wechselschichtzulage **49** 75; Weihnachtsgeld **49** 70; **50** 178 f.; Weisungsrecht des Arbeitgebers **50** 118 ff.; *Bil-*

ligkeit **50** 121, 126 ff., 150; Wettbewerbsverbot **50** 151; Wochenarbeitszeit **49** 1 f.; Zulagen **50** 177; zyklisch-vertikale **50** 185

Teilzeitbeschäftigte, Änderungskündigung **50** 286 ff.; Arbeitnehmereigenschaft **49** 14 ff.; betriebliche Altersversorgung **49** 87, 93, 95; **50** 181 ff.; **206** 54 ff.; Betriebsratsmitglieder **52** 2, 9 ff.; Betriebstreue **49** 67 f.; Betriebszugehörigkeit **285** 10; Diskriminierungsverbot **101** 34; Entgeltfortzahlung im Krankheitsfall **80** 1; Freistellung, bezahlte **49** 63; Gleichbehandlungsgrundsatz **49** 40 ff.; **237** 67; Kündigung **101** 34; Kündigungsschutz **110** 62; Massenentlassungen **121** 24, 32; Organisationsgrad **49** 38; Ungleichbehandlung **49** 52 ff.; *Sachgrund* **49** 65 ff., 78 ff.; Werkswohnungen **49** 81 ff.; **50** 195 ff.

Telearbeit, alternierende **201** 1, 10; Anspruch auf Einrichtung eines Telearbeitsplatzes **201** 18; Arbeitnehmereigenschaft **19** 43; **201** 5 ff.; Arbeitskollisionsrecht **13** 39; Arbeitsmittel **201** 16; Arbeitsschutz **201** 17; Arbeitsverhältnis **201** 3 ff.; Arbeitszeit **201** 18; Außendienst **201** 2, 9; Begriff **201** 1; Betriebsratswahlen **291** 65; Betriebsverfassung **201** 20; Betriebszugehörigkeit **285** 13; Datenschutz **201** 17; Entgeltrisiko **201** 16; freie Mitarbeit **201** 4, 14; Gefährdungsbeurteilung **177** 3; grenzüberschreitendes Telearbeitsverhältnis **201** 19; Haftung **201** 16; zu Hause **201** 2, 11 f.; Heimarbeit **201** 4, 13; Home-Office **201** 16; Kommunikationsmittel, elektronische **201** 1; Kostentragung **201** 16; mobile **201** 2, 9, 14; Mutterschutz **189** 7; Nachbarschaftsbüros **201** 2, 11; Nachbarschaftszentralen **201** 2, 11; offline-Telearbeit **201** 8; online-Telearbeit **201** 7; Rahmenvereinbarung **173** 33 f.; Regionalbüros **201** 2; Rückkehranspruch auf betrieblichen Arbeitsplatz **201** 18; Satellitenbüros **201** 2; Selbständige **201** 15; Zutrittsrechte **201** 17, 20

Telearbeitsplatz, Arbeitsstätte **177** 3

Telefondaten, Datenspeicherung **96** 53

Telefondatenerfassung, Mitbestimmungsrechte des Betriebsrats **288** 39; Persönlichkeitsrecht des Arbeitnehmers **288** 39

Telefondatenerfassungsanlage, Datenschutz **96** 21

Telefondienste, Nachleistung, Abbedingung **43** 9

Telefongespräche, **private**, Abmahnung **124** 37; Kündigung, außerordentliche **124** 37

Telefonüberwachung, Persönlichkeitsrecht des Arbeitnehmers **55** 30, 32; Zulässigkeit **94** 9 ff.

Telekommunikationsgeräte, Privatnutzung **62** 14

Telekommunikationsgesetz, Datenschutz **96** 6

Tendenzbetriebe, Betriebsverfassung **284** 24

Tendenzschutz, absoluter **23** 9; Kündigungsschutz **101** 34; relativer **23** 9

Tendenzträger, Arbeitnehmer **116** 71; Fragerecht des Arbeitgebers **33** 102 f.; Kündigung, außerordentliche **116** 75; Kündigung, betriebsbedingte **116** 74; Kündigung, personenbedingte **113** 102; Kündigung, sozial ungerechtfertigte **116** 76; Kündigung, verhaltensbedingte **116** 73; Loyalitätspflichten **116** 73; Rücksichtnahmepflichten **116** 72, 76

Tendenztreue, Einstellungsentscheidung **33** 12

Tendenzunternehmen, Arbeitsvermittlung **29** 30; Begriff **116** 69; Betriebsübergang **142** 11; Einstellungsentscheidung **33** 12; Fragerecht des Arbeitgebers **33** 101; Grundrechtsschutz **7** 55, 57; Kündigung **109** 69; **112** 11; Kündigungsschutz **116** 70; Massenentlassungen **121** 37; Mitbestimmungsrecht **158** 17; Tendenzautonomie **6** 10

Fette Ziffern = Paragrafen

Sachverzeichnis

Territorialitätsprinzip, Arbeitszeitgesetz **182** 48f.; Betriebsverfassung **13** 163ff.; **284** 25; **300** 14; Betriebsverfassungsgesetz **302** 27ff.; **307** 8; Jugendarbeitsschutz **194** 4; Mutterschutz **189** 4; Sprecherausschussgesetz **310** 19

Testamentsvollstrecker, Kündigung von Arbeitsverhältnissen; *Kündigungserklärungen* **108** 14; *Kündigungsfristen* **109** 13

Tests, graphologische, Einwilligung **33** 197ff.; Zulässigkeit **33** 193ff., 196

Tests, psychologische, Einwilligung **33** 197ff.; **94** 14; Fragerecht des Arbeitgebers **33** 20; Persönlichkeitsrecht des Arbeitnehmers **55** 36; Privatsphäre, Anspruch auf Achtung der **94** 15; Zulässigkeit **33** 193ff.

Theater, *s. a. Bühnenarbeitsverhältnis*; Arbeitgebereigenschaft **165** 19f.; Arbeitsrecht **19** 27; Arbeitsverhältnis **19** 49; Arbeitsverträge **165** 16ff.; Bühnenleiter **165** 19; Intendanten **165** 18f.; Landesbühnen **165** 19; Privattheater **165** 9, 20; Sonntagsarbeit/Feiertagsarbeit **185** 21; stehende **165** 9, 19; Theaterunternehmer **165** 19f.; Wanderbühnen **165** 9, 19

Thüringen, Arbeitskampfrecht **271** 11; Behinderungsverbot **129** 117; Koalitionsfreiheit **271** 11; Kündigungsschutz für Abgeordnete **129** 84, 116f.; Ladenschlussregelung **188** 14; Streikrecht **271** 13

Tierärzte in der Weiterbildung, Arbeitsverhältnisse, befristete **104** 8

Tierhaltung, Ruhezeitverkürzung **183** 11; Sonntagsarbeit/Feiertagsarbeit **185** 28

Tierpflege, Arbeitszeit **182** 89; Sonntagsarbeit/Feiertagsarbeit **185** 28

Tod eines Angehörigen, Arbeitsbefreiung **41** 8

Topftheorie, Mitbestimmung **60** 68

Torkontrolle, Angemessenheit **55** 31; Ausweiskontrolle **55** 31; Betriebsnormen **240** 11; Erforderlichkeit **55** 31; gesetzlich vorgeschriebene Kontrollen **55** 31; Gleichbehandlungsgrundsatz **14** 22; **55** 31; Persönlichkeitsrecht des Arbeitnehmers **55** 30

Trainee-Programme, Personalentwicklung **28** 23

Trainer, Arbeitnehmereigenschaft **168** 5; Befristung **103** 65; Befristungsabrede **168** 40

Transfergesellschaft, betriebsorganisatorisch eigenständige Einheit **29** 98; externe **29** 98

Transferkurzarbeitergeld, Anspruchsvoraussetzungen **29** 97f.; Anzeigepflicht **29** 98; Arbeitsausfall, dauerhafter **29** 97; Ausschlussfrist **29** 98; Bezugsdauer **29** 98; Höhe **29** 98; Personalanpassungsmaßnahmen **29** 98; Vermittlungsvorschläge **29** 98

Transferleistungen, Arbeitsförderung **29** 95ff.

Transfermaßnahmen, Begriff **29** 96; Eingliederungsmaßnahmen **29** 96; Verbleib in Beschäftigung **29** 92

Transparenzgebot, Arbeitsmenge **40** 88

Transparenzkontrolle, Arbeitsvertrag **37** 38; Hauptleistungspflichten **37** 40

Transportmittel, öffentliche, Arbeitsstätten **177** 5

Transportpersonal, Arbeitskollisionsrecht **13** 48ff.

Transsexualität, Benachteiligungsverbot **16** 11; Kündigungsgrund **113** 118

Trennungskostenbeihilfe, Arbeitsförderung **29** 81a

Treu und Glauben, Konkretisierungsfunktion **53** 12; Tarifvertrag **257** 65

Treudienstvertrag, Arbeitsvertrag, Vorbild für **3** 16

Treuepflicht, Arbeitnehmer im öffentlichen Dienst **7** 57; Arbeitsverhältnis **3** 19; **53** 2, 4ff.; **55** 3; Betriebsgeheimnisse, Wahrung **33** 113ff.; Loyalitätspflichten **33** 105; Notarbeiten **50** 138; Weisungen **40** 26

Treuepflicht des Arbeitgebers, Aussperrung **277** 1

Treueprämie, betriebliche Altersversorgung **202** 109

Treuhand, Betriebsverhältnis **287** 15

Treuwidrigkeit, tarifliche Rechte **254** 35

Trinkgelder, Arbeitsentgelt **60** 4; Einkommen aus nichtselbständiger Arbeit **62** 7; Steuerfreiheit **62** 14

Trittbrettfahren, Außenseiter **237** 22; Bezugnahme **246** 4, 28

Tronc-System, Arbeitsentgelt **60** 4; Einkommen aus nichtselbständiger Arbeit **62** 7

Trucksystem, Kreditierungsverbot **73** 22; Verbot **21** 2; **73** 22f.

Trunkenheitsfahrt, Kündigung, außerordentliche **124** 50

Turnusarbeitsverhältnis, Arbeitspflicht, Erfüllung **40** 11; Arbeitsplatzteilung **45** 76

Überarbeit, Gleichbehandlungsgrundsatz **14** 22

Übereinkommen zur Beseitigung jeder Form der Diskriminierung der Frau, Diskriminierungsschutz **15** 8

Übergangsbeihilfe, Arbeitsförderung **29** 81a

Übergangsgeld, Arbeitsförderung **29** 76; betriebliche Altersversorgung **202** 109

Übergangsmandat, Beginn **292** 73; Betriebsrat **292** 1, 31f., 36ff., 105; *Amtskontinuität* **292** 39, 70; *Größe* **292** 70; *Zusammensetzung* **292** 70; Betriebsratsfähigkeit des Betriebsteils **292** 48f.; Betriebsspaltung, unternehmensinterne **292** 36, 41ff.; *Abspaltung* **292** 45ff., 70f.; *Aufspaltung* **292** 45ff., 70; *Spaltung zur Eingliederung* **292** 45ff.; Betriebsteil **292** 63; Betriebszusammenfassung, unternehmensinterne **292** 36, 41, 54ff., 61ff.; Freistellungsanspruch **292** 75; Freizeitausgleich **292** 75; Kostenregelung **292** 75; **296** 9; Leiharbeitnehmer **292** 62; Neuwahlen **291** 10, 57f.; **292** 36; Prinzip der größeren Zahl **292** 62f.; Sechs-Monats-Frist **292** 73; Streitigkeiten **292** 76; Umstrukturierungen **292** 36ff., 84; *unternehmensübergreifende* **292** 36, 41, 65ff., 75; Verlängerung **292** 74; Vollmandat **292** 72; Wahldurchführung, Pflicht zur **291** 27; Wahlvorstand, Bestellung **291** 184; **292** 72

Überkreuzablösung, Betriebsübergang **247** 37

Übermaßverbot, Grundrechte **7** 14

Übernahmevertrag, Arbeitsverhältnisse, Zuordnung **26** 17

Übersendungspflichten, Tarifvertrag **235** 24ff.

Überstunden, Ablehnung **124** 31; Anordnung **40** 73; Arbeitszeit **40** 64; Arbeitszeitnormen **40** 90; Billigung **40** 73; Duldung **40** 73; Freizeitausgleich **40** 73; **64** 54; während Streik **276** 51f.

Überstundenausgleich, Kollisionsrecht **13** 117

Überstundenvergütung, Anspruch **40** 73; öffentlicher Dienst **155** 37; Transparenzgebot **40** 73; Vergütungserwartung **37** 16; Vergütungsregelung **37** 15f.; Verwirkung **71** 10; Zeitzuschläge **40** 73

Überstundenzuschlag, Vergütung **64** 54

Überwachungseinrichtungen, Betriebsnormen **240** 11

Überwachungseinrichtungen, technische, Mitbestimmungsrecht des Betriebsrats **96** 11

Überwachungsmaßnahmen, *s. a. Videoüberwachung*; Detektiveinsatz **94** 7; **130** 102; Einrichtungen, technische **94** 7; **96** 51, 116; Einwilligung **55** 30; heimliche **94** 7; **126** 26; **130** 99; *Beweisverwertung* **94** 7; *Beweiswürdigung* **94** 7; Keylogger **130** 103; Mitbestimmungsrecht des Betriebsrats **96** 51, 116; Persönlichkeitsrecht des Arbeitnehmers **126** 26; Schrankkontrolle **130** 104;

1675

Sachverzeichnis

Magere Ziffern = Randnummern

Überwachungsdruck **94** 7; Weisungsrecht des Arbeitgebers **94** 7
Überzahlung, Arbeitsentgelt **72** 1 ff.; Geringfügigkeit **72** 5; Rückzahlungsanspruch **72** 1 ff.; *Wegfall der Bereicherung* **72** 4 ff.; Schadensersatz **72** 2; Verjährung **72** 8 ff.
Übung, betriebliche, *s. Betriebliche Übung*
UFO, Rechtsform **223** 5; Tariffähigkeit **222** 17
Ultima-ratio-Grundsatz, Arbeitskampf **3** 42; Arbeitskampfmaßnahmen **272** 69 ff.; Fortbildung, berufliche **150** 7; Kündigung, außerordentliche **124** 7, 11; Kündigung des Tarifvertrags, außerordentliche **260** 53; Kündigung, krankheitsbedingte **113** 22; Kündigung, personenbedingte **113** 83 f.; Schlichtungsverfahren **272** 72
Umdeutung, Abrufarbeit, Ankündigung **45** 32, 42; Betriebsvereinbarung **8** 50; **10** 31; Kündigung **108** 25 f.; **135** 5; *außerordentliche* **123** 22 ff.; **130** 25; *ordentliche* **107** 27; **130** 25; tarifliche Regelungen **264** 10; Tarifvertragskündigung **260** 31, 37
Umgruppierung, Auswahlrichtlinien **308** 15; Mitbestimmungsrechte, Weitergeltung **26** 92; Zustimmungsverweigerungsrecht **255** 24
Umkleideräume, Anforderungen **177** 26; Dienstkleidung **55** 29; Zurverfügungstellung **182** 18
Umkleidezeiten, Arbeitszeit **40** 68; **60** 20; **182** 17 ff.; Mitbestimmung **60** 20; Ruhezeiten **40** 84; Vergütung **40** 68; **182** 19
Umlageverbot, Betriebsrat **296** 2, 72 f.; Jugend- und Auszubildendenvertretung **303** 67a; Konzernbetriebsrat **302** 69
Umsatzbeteiligung, Auskunftpflicht des Arbeitgebers **93** 48; Berechnungsgrundlage **65** 44; Einnahmen aus nichtselbständiger Arbeit **62** 8
Umschüler, Massenentlassungen **121** 30; Zeugnisanspruch **138** 2
Umschulung, Abschlussprüfung **150** 35; Arbeitsgerichte, Rechtswegzuständigkeit **151** 24; Arbeitsverwaltung **150** 21; Ausbildungsberuf, anerkannter **150** 26, 31; Ausbildungsberuf, nicht anerkannter **150** 26; Befähigung zu anderer Tätigkeit **147** 53, 69; **150** 18 f.; Berufsbildung **150** 2; Dauer **150** 36; Entgeltfortzahlung im Krankheitsfall **80** 4; Kostenträger **150** 21 f.; Probezeit **150** 30; Rehabilitationsträger, öffentlicher **150** 21; Rückzahlungsklauseln **147** 53; Sorgfaltspflichten **150** 34; Teilnahmepflichten **150** 34; Überwachung **150** 27; Umschulungsplan **150** 32; Umschulungsverhältnisse **150** 20 ff.; *betriebliche* **150** 25; *Registrierung* **150** 27; Umschulungsvertrag **150** 23, 28 f.; *Kündigung* **150** 37, 39; *Kündigung, außerordentliche* **150** 38 f.; Vergütung **150** 32; Verschwiegenheitspflicht **150** 34; Weisungsbefolgung **150** 34; Weiterbeschäftigung des Arbeitnehmers **113** 24 f.; Wiedereingliederung in Arbeitsprozess **150** 33
Umsetzung, Arbeitsort, Wechsel **40** 55; Weisungsrecht des Arbeitgebers **40** 52; Weiterbeschäftigung des Arbeitnehmers **114** 54 ff.
Umstrukturierung, Betriebsaufspaltung **142** 33 ff.; Erscheinungsformen **26** 1 ff.; Gesamtbetriebsrat **300** 21; Gesellschaftsrecht **26** 3; Restmandat **300** 21; Sprecherausschuss **311** 45; Übergangsmandat **292** 36 ff., 41, 65 ff., 75, 84
Umwandlung, Betriebsrat, Kostenerstattungsanspruch **296** 11; Insolvenz **296** 15; Mitwirkung des Betriebsrats **283** 14; Universalsukzession **223** 13

Umwandlungsrecht, *s. Unternehmensumwandlung*
Umwandlungsvertrag, Betriebsaufspaltung **142** 34 f.
Umweltrecht, Standards **174** 21; Störfallrecht **178** 63
Umweltschutz, Berichtspflicht des Arbeitgebers **299** 54, 57; **301** 18 f.; betrieblicher **173** 30; **299** 54, 57; *Koalitionsvorbotsvereinbarungen* **264** 3; *Wirtschaftsausschuss* **307** 29; Gefahrstoffverordnung **179** 32, 34
Umzug, Arbeitsbefreiung **41** 8
Umzugskostenbeihilfe, Arbeitsförderung **29** 81a
Umzugskostenerstattung, Steuerfreiheit **62** 14
UN-Behindertenrechtskonvention, Arbeitsrecht **12** 17; **198** 3; Diskriminierungsschutz **15** 8
Unfallkasse des Bundes, Überwachung des Arbeitsschutzes **174** 106
Unfallschutz, Arbeitnehmerschutzrecht **4** 13
Unfallverhütung, Beurteilungsspielraum **174** 62; DIN-Normen **174** 17; Durchführung im Betrieb **174** 41, 49 f.; Erfüllungsanspruch **175** 17 ff.; Ermessensspielraum **174** 62; Handlungsspielraum **174** 62; Kooperation **174** 70 ff.; normative Standards **174** 17 ff.; Verantwortung, verwaltungsrechtliche **174** 49 f.; Verweisungsnormen **174** 17 ff.; Vorsorgemaßnahmen **178** 52 ff.
Unfallverhütungsbericht, Gesundheitsberichterstattung **172** 22 ff.
Unfallverhütungsvorschriften, Arbeitsschutz, technischer **93** 2; **174** 7; Arbeitsschutzrecht **172** 31; **174** 7; autonomes Recht **174** 8, 10 f.; Bundesunternehmen-Unfallverhütungsverordnung, Aufhebung **174** 9; Durchführungsanweisungen **174** 12; Eignungsvorbehalte **180** 61; Gefahrenschutz **6** 28; Genehmigung **174** 11; Kollisionsrecht **13** 122; Regeln der Technik **4** 13; Satzungsrecht, autonomes **6** 28; Selbstregulierung **174** 16; Subsidiarität **174** 10
Unfallversicherung Bund und Bahn, Anordnungen **174** 106; Ausübungsbefugnis **174** 101; Überwachung des Arbeitsschutzes **174** 106; Zuständigkeit **174** 9
Unfallversicherung, gesetzliche, arbeitnehmerähnliche Personen **21** 17; Arbeitnehmerhaftung **59** 1; Arbeitskampf **280** 9 f.; Arbeitsunfall **59** 6; Aufbewahrungspflichten **139** 23; Kollisionsrecht, Haftungsprivilegierungen **13** 96; Meldepflichten **39** 31; Prävention **174** 1; Rechtsdurchsetzung **174** 1
Unfallversicherungsträger, Anordnungen **174** 105; arbeitsmedizinische Dienste, überbetriebliche **172** 33; Arbeitsschutz **174** 109; Aufgaben **172** 31 f.; **174** 7; Belehrung **174** 105; Beratung **174** 103, 105; Berufsgenossenschaften, gewerbliche **174** 8; Berufsgenossenschaften, landwirtschaftliche **174** 8; Besichtigungsschreiben **174** 105; Bußgeldverfahren **174** 107; Deutsche gesetzliche Unfallversicherung **172** 31; Körperschaften des öffentlichen Rechts **174** 8; Mahnung **174** 105; öffentliche Hand **174** 8; Rahmenvereinbarung **174** 103; Revisionsschreiben **174** 105; Selbstverwaltungsorgane **174** 8; Strafanzeigen **174** 107; Überwachung des Arbeitsschutzes **174** 83, 103 ff.; Unfallverhütungsvorschriften **174** 8; Zusammenarbeit **174** 84
Ungleichbehandlung, Rechtsfolgen **14** 51 ff.
Unionsgrundrechte, *s. Grundrechtecharta*
Unionskartellrecht, Tarifvertrag **217** 17
Unionsrecht, Anwendungsvorrang des Unionsrechts **12** 26; Arbeitnehmerbegriff **18** 50 ff.; **154** 12; Arbeitnehmerüberlassung **145** 10 ff.; Arbeitskampf **269** 14 ff.; Arbeitsleistung **12** 34; Arbeitsrecht **2** 50; **5** 6; **6** 17, 29 f.; Arbeitsschutzrecht **173** 1 ff.; **174** 1; *Kodifikation*

Sachverzeichnis

grundlegender Sicherheits- und Gesundheitsanforderungen **174** 16; *privatrechtlicher Arbeitsschutz* **175** 3 ff.; Berufsbildung **147** 2 f.; Diskriminierungsschutz **15** 11 ff.; **16** 1; **32** 114 ff.; Diskriminierungsverbote **227** 17; Grundrechtecharta; *s. dort*; Inkompetenzregelung **263** 2; Koalitionsfreiheit **217** 19; **263** 3; Kündigungsschutz **107** 19 f.; **110** 29; **112** 19; Marktrecht **174** 1; öffentlicher Dienst **154** 12 f.; Primärrecht **12** 9 ff., 25; **32** 114 f.; **147** 3; Richtlinien **12** 19, 27 f.; **32** 114 ff.; Sekundärrecht **12** 9, 18 f., 25 ff.; **147** 3; Sozialpartnervereinbarungen **263** 4 f.; Streikrecht **269** 18; Tarifmacht **227** 2; Tarifvertragsrecht **227** 3 ff., 16 ff.; **263** 1 ff.; Verordnungen **12** 18 f., 25; Warenverkehrsfreiheit **173** 1, 6
Universitäten, Grundrechtsfähigkeit **218** 39
Universitätsbibliotheken, Sonntagsarbeit/Feiertagsarbeit **185** 23
Universitätsklinikum, Arbeitszeit **170** 71, 73; Dienstverhältnisse **170** 18; Oberarzt **170** 57; Wissenschaftszeitvertragsgesetz **170** 63 ff.
Unklarheitenregel, AGB-Kontrolle **8** 15
Unkündbarkeit, Tarifnormen **239** 50 f.; Verbotsgesetze **38** 6; Verlustschutz **254** 13
Unpässlichkeit, Arbeitnehmer **43** 17
Unpünktlichkeit, Kündigung, außerordentliche **124** 3, 33
Unsicherheitseinrede, Arbeitspflicht **41** 13
Unterhaltsgeld, Weiterbildung, berufliche **150** 54
Unterhaltungskünstler, Arbeitsverhältnis **165** 1
Unterlassungsanspruch, Betriebsverfassungsrecht **255** 20 f.; Friedenspflicht **257** 30; Tarifbruch; *s. dort*
Unterlassungspflichten, Arbeitnehmer **32** 8
Untermaßverbot, Grundrechte **7** 14
Unternehmen, Begriff **24** 2, 4, 6, 20 ff.; **112** 33; **284** 2; **300** 4 ff.; Betrieb, Abgrenzung **24** 11 ff.; Betriebsverfassung **24** 21; Kündigungsschutz **112** 33 ff.; Organisationseinheit **24** 21 f.; Wirtschaftseinheit **24** 21
Unternehmensentwicklung, Berichtspflicht des Arbeitgebers **299** 56; **301** 18 f.
Unternehmensförderungspflicht, Arbeitnehmer **55** 2
Unternehmensfreiheit, Arbeitgeber **115** 1
Unternehmensgründung, Arbeitsverhältnisse, befristete **103** 132 ff.; **106** 16
Unternehmensleitung, Arbeitnehmerbeteiligung **3** 46; **4** 22 f.
Unternehmensmitbestimmung, Arbeitnehmerbeteiligung **2** 46; **3** 21, 43; **4** 23; Arbeitnehmerzahl, grenzüberschreitende Unternehmenstätigkeit **13** 169 ff.; Beschäftigtenbeteiligung **1** 14; Betriebsbegriff **24** 17; Betriebsverfassung **240** 29; Demokratieprinzip **3** 47; Fortgeltung nach Umwandlung **26** 100 ff.; Gesamtbetriebsrat **300** 62; Gesellschaftsstatut, deutsches **13** 168 ff.; Gewerkschaften **222** 44; Koalitionsfreiheit **221** 2; kollektives Arbeitsrecht **4** 6; Konzern **25** 3, 47 ff.; *mehrstufiger* **25** 47, 51 f.; Lex Berlepsch **2** 11; Privatautonomie **3** 47; Sitzverlegung ins Inland **13** 168; Sozialstaatsprinzip **6** 9 f.; unternehmensbezogene **3** 46 f.; **4** 22 f.; Wählbarkeit von Arbeitnehmern **291** 117
Unternehmensplanung, Absatzplanung **28** 9; Betriebsmittelplanung **28** 9; Betriebsstättenplanung **28** 9; Entwicklungsplanung **28** 9; Fertigungsplanung **28** 9; Finanzplanung **28** 9; Investitionsplanung **28** 9; Kostenplanung **28** 9; Materialplanung **28** 9; Personal/Betriebsmittelbeschaffungsplanung **28** 9; Personalbedarfsplanung **28** 9; Personalplanung **28** 1 ff., 6, 9; Produktionsplanung **28** 9

Unternehmenspolitik, Koalitionsvereinbarungen **264** 3
Unternehmenssprecherausschuss, Amtszeit **311** 144; Betriebe, mehrere **311** 135; Betriebsänderung **311** 119; Entscheidung der leitenden Angestellten **311** 137 ff.; Gemeinschaftsbetrieb **311** 135; Mindestzahl leitender Angestellter **311** 136; Mitgliederbegrenzung **311** 143; Neuwahlen **311** 141; Rechtsstellung **311** 143; Rückkehr zu betrieblichen Sprecherausschüssen **311** 141, 145; Territorialitätsprinzip **310** 19; Unternehmen, sprecherausschussloses **311** 138 f.; Unternehmensebene **310** 19; **311** 1, 134; Unternehmenswahlvorstand **311** 140 f.; Wahl **311** 142
Unternehmenstarifvertrag, Tarifvertragsparteien **225** 5
Unternehmensübernahme, Angelegenheit, wirtschaftliche **307** 33 ff.; Informationsdurchgriff **307** 37; Kontrollerwerb **307** 33 ff.; Unterlagen, erforderliche **307** 37; Wirtschaftsausschuss **307** 33 ff.
Unternehmensumstrukturierungen, Tarifzuständigkeit **26** 40 ff.
Unternehmensumwandlung, Abspaltung **142** 207, 215; Änderungskündigung **26** 24; Arbeitnehmer, Schutz von Ansprüchen **142** 215; Arbeitsrecht **26** 6 f.; Arbeitsverhältnis, Übergang **141** 6, 23; Arbeitsverhältnisse, Übergang **26** 15 ff.; *Lösungsrecht des Arbeitnehmers* **26** 21; *Widerspruchsrecht des Arbeitnehmers* **26** 21 f.; Aufspaltung **142** 206, 215; Ausgliederung **142** 208, 215; betriebliche Altersversorgung **26** 56 ff.; Betriebsrat **26** 74 ff.; *Beteiligungsrecht* **26** 89; *Fortgeltung von Rechten* **26** 90 ff.; *Gesamtbetriebsrat* **26** 82; *Konzernbetriebsrat* **26** 83; *Neuwahlen* **26** 75; *Restmandat* **26** 75, 81; *Übergangsmandat* **26** 76 ff., 95; *Unterrichtung* **26** 86; Betriebsratsauflösung **26** 73; Betriebsübergang **142** 200 ff.; Betriebsverfassung **26** 72 f.; Formwechsel **142** 209; gemeinsamer Betrieb **142** 221; Gesamtrechtsnachfolge **26** 15; **141** 3; Gesellschaftsrecht **26** 4 f.; Haftung **26** 7, 18, 29 f.; **142** 215; Handelsregistereintragung **26** 13 f.; Haustarifvertrag **247** 42; Interessenausgleich **26** 19 f.; kollektivvertragliche Regelungen, Fortgeltung **142** 216 ff.; Kündigungsschutz **142** 219 ff.; Kündigungsverbot **26** 23 ff.; **110** 62; Mehrheitsverhältnisse, Änderung **26** 49, 53 ff.; Mitbestimmungsverlust **26** 73, 90 ff.; Mithaftung **26** 32, 56, 70; Rentnergesellschaft **26** 71; Sicherheitsleistung **26** 32, 70; Spaltung **142** 33, 205 ff.; Stellung, kündigungsrechtliche **26** 25 ff.; Tarifkollision **26** 48 ff.; Tarifnormen, Weitergeltung **247** 2, 40 ff.; Tarifverträge **26** 33 ff.; Unternehmensmitbestimmung **26** 73; Verbandstarifvertrag **247** 43; Vermögensteilübertragung **142** 209, 215; Vermögensübertragung **142** 209, 215; Verschmelzung **142** 204, 215; Widerspruchsrecht des Arbeitnehmers **142** 115; Wirtschaftsausschuss, Unterrichtung **26** 88
Unternehmensverbindung, Arbeitgebereigenschaft **25** 9; Betriebsüberlassung **25** 11; Unternehmensvertrag **25** 11
Unternehmensverfassung, Begriff **283** 7 f.; Betriebsverfassung, Abgrenzung **283** 7 ff.; Unternehmensbegriff **283** 8
Unternehmenszugehörigkeit, Arbeitgeber, Bindung an **24** 59; Arbeitnehmer **24** 63; Betriebsverfassung **24** 60; Leiharbeit **24** 62
Unternehmer, Arbeitgeber **9** 2; **23** 4; Begriff **23** 1, 4 f.
Unternehmerfreiheit, Grundrechtecharta **227** 9; Grundrechtsschutz **23** 6; **31** 3; Öffnungsklauseln **252** 31; Tarifmacht **237** 54 ff.
Unterordnungskonzern, Konzernsprecherausschuss **310** 8; **311** 147

1677

Sachverzeichnis

Unterrichtung der Arbeitnehmer, Arbeitsverhältnis, wesentliche Punkte 12 30; Europäische Sozialcharta 12 6; Lage, wirtschaftliche 299 56; 307 64; Lagebericht 307 64ff.; Rahmenrichtlinie 12 50; Schriftform 12 30; Unionsrecht, sekundäres 12 30; Unternehmensentwicklung 299 56; 307 64

Unterrichtungspflicht, Arbeitgeber 290 6ff., 10; Erfüllungsanspruch 290 20

Unterstützungskassen, betriebliche Altersversorgung 26 59, 62

Unterstützungsstreik, *s. a. Streik*; Arbeitskampfmittel 265 5; 266 11; Friedenspflicht 257 18; Kampfgegner 272 17; Rechtmäßigkeit 272 25; Tarifbezogenheit 272 39; Unverhältnismäßigkeit 257 14

Unterstützungszahlungen, Arbeitskampf 278 3; Aussperrung 277 9; Leistungsklage 224 59

Untersuchung, ärztliche, Duldungspflicht 55 36; Eignungsuntersuchung 35 17ff.; *Kosten* 35 22; Einwilligung 33 190f.; 35 20f.; Nebenpflicht, arbeitsvertragliche 33 188; Persönlichkeitsrecht des Arbeitnehmers 55 36; Privatsphäre, Anspruch auf Achtung der 94 15; Recht auf informationelle Selbstbestimmung 7 42

Untersuchung, betriebsärztliche, Duldungspflicht 55 36f.; Krankengespräche 55 37

Untersuchungsergebnis, Weitergabe, Einwilligung 33 191; 35 20; Verwertungsverbot 33 192

Untersuchungsgefangene, Gewaltverhältnis, öffentlich-rechtliches 157 7

Untersuchungshaft, Kündigung, außerordentliche 124 77; Kündigung, personenbedingte 113 119f.

Unterweisung der Beschäftigten, Allgemeines Gleichbehandlungsgesetz 17 16; Anpassung 176 33; Arbeitsmittel 178 38; Arbeitsschutz 176 30ff.; 180 6; arbeitsstättenbezogene 177 12; biologische Arbeitsstoffe 175 18; 176 33; Einstellung 176 33; Gefahrstoffrecht 175 18; 176 33; 179 59; Gentechnikrecht 179 96; Gesundheitsschutz 176 30ff.; Jugendliche 196 67; Lastenhandhabung 177 41; Schutzausrüstung, persönliche 180 25; Sicherheitsunterweisung 163 27; Wiederholung 176 33

Unvermögen, Arbeitsleistung 41 10

Unzeit, Kündigung zur Unzeit 108 27

Urabstimmung, Folgepflicht 224 37; Friedenspflicht 272 51f.; Kampfbeschluss 224 38; 232 19; Streikbeschluss 272 34

Urheberpersönlichkeitsrecht, Computerprogramme 99 46; Unveräußerlichkeit 99 15; Verzicht auf Geltendmachung 99 15

Urheberrecht, Arbeitnehmerurheberrecht 99 1ff.; Arbeitskollisionsrecht 13 127; Bühnenarbeitsverhältnis 165 5, 49; Entstellungsverbot 166 38; Filmarbeitsrecht 166 5; Filmurheberrecht 166 38f.; Leistungsschutzrechte 99 31ff.; 165 49; Namensnennungsrecht 166 38; Rechteübertragung 165 50; Rechtseinräumung 166 39; Rechtswegzuständigkeit 99 55f.; Schöpferprinzip 99 4; 165 49; 166 38; Urheberpersönlichkeitsrecht 13 127; Vergütung, angemessene 167 31; Vergütungserwartung 37 18; Werkstücke, Sacheigentumserwerb 99 4; Zweckübertragungsregel 165 50; Zweitverwertung 13 127

Urlaub, Antrag 41 4; Arbeitskampf 276 21ff.; Arbeitsvertrag 89 47ff.; Arbeitszeitrichtlinie 85 17ff.; Arbeitszeitverlängerung 86 39; Auszubildende 196 14; Begriff 85 1; Betriebsnormen 240 11; Dauer 85 8; 86 33ff.; EG-Richtlinien 173 31; eigenmächtiger Urlaubsantritt 124 35; Erkrankung im Urlaub 124 35;

Ersatzurlaub 88 31; Erwerbsarbeit, Verbot 32 11f.; Festsetzung 286 35; Freistellungserklärung 85 12; 86 46ff.; Gesetzgebungskompetenz 90 1; Inhaltsnormen 239 18ff.; *Jahresurlaub* 85 9; *s. a. dort*; Kalenderjahr 86 7ff.; Kollisionsrecht 13 118ff.; Leistungsstörungen 85 12f.; Mehrurlaub 85 20; 89 44ff., 48; Mindesturlaub 13 118; Rückruf des Arbeitnehmers 86 68f.; Sonderurlaub 41 27; Stückelungsverbot 86 67; Tarifregelungen 89 41ff.; Teilurlaub 85 9; 86 23, 25ff., 32; THW-Einsatz 86 59; Umrechnung 86 34ff.; *Formel* 86 34; Verlegung, einvernehmliche 86 70; Widerruf 86 68; Zusatzurlaub 13 118

Urlaubsabbruch, Änderungsvereinbarung 86 71; Einverständnis 86 71

Urlaubsabgeltung, Arbeitgeberwechsel 88 16f.; Arbeitsverhältnis, Beendigung 85 13, 32ff.; Berechnung 87 47ff.; Ersatzurlaubsabgeltung 88 30; Freistellung zur Vermeidung 86 90; Insolvenz des Arbeitgebers 88 30; Vererblichkeit 236 25

Urlaubsabgeltungsanspruch, Abtretbarkeit 86 19; Befristung 86 88; Masseverbindlichkeit 75 14; Pfändbarkeit 86 19; Pfändungsschutz 74 100; Rechtsnatur 86 85ff.; Unvererblichkeit 40 10; Unverzichtbarkeit 71 2a; Verjährung 86 89

Urlaubsanspruch, Abrufarbeit 86 56f.; Arbeitgeberwechsel 85 9; 88 4ff., 19ff.; Arbeitsverhältnis, gekündigtes 88 2; Arbeitsverhältnisse, mehrere 88 1ff.; Arbeitszeitänderung 86 58; Arbeitszeitfestlegung 40 101; Befristung 86 11ff.; Betriebsübergang 88 21ff.; Dauer 85 22ff.; Einheitstheorie 86 1ff.; einstweilige Verfügung 86 100; Erfüllbarkeit 86 50ff.; Erholung 86 43, 62; Erholungsbedürfnis 86 4; Ersatzurlaubsanspruch 86 15ff.; Erwerbstätigkeit 86 6; Feststellungsklage 86 98; Freistellung von der Arbeitspflicht 44 91; Freistellungsanspruch 86 2ff.; *Abtretungsausschluss* 86 19; *Unpfändbarkeit* 86 19; *Vererblichkeit* 86 20ff.; Freizeitgestaltung 86 4; Insolvenz des Arbeitgebers 88 28f.; Klage 86 92, 94ff.; Konkretisierung 86 60f.; Leistungsklage 86 94ff.; Mahnung 86 92f.; Masseverbindlichkeit 75 14; Pro-rata-temporis-Grundsatz 85 21; Schichtarbeit 86 56f.; Übertragung 85 11; 86 72f.; Übertragungszeitraum 85 27; 86 81f.; Unvererblichkeit 40 10; Verfall 85 11, 28; 86 11ff.; Vollurlaubsanspruch 86 23f., 28; *Fälligkeit* 86 30ff.; Wartezeit 85 9; Zwangsvollstreckung 86 99

Urlaubsberechnung, Arbeitszeit, flexible 44 92

Urlaubsbescheinigung, Arbeitgeberwechsel 88 18; Herausgabepflicht 139 1; Leistungsklage 88 20; Vorlagepflicht 39 42

Urlaubsentgelt, Abtretbarkeit 87 5; Anrechnung 87 12; Anspruchsentstehung 87 6f.; Arbeitsausfall 87 39; Arbeitsentgelt, gewöhnliches 85 29f.; 86 3; Arbeitskampf 87 39; Arbeitszeitrichtlinie 87 26; Entgeltfortzahlung 85 29f.; Entgeltfortzahlungsanspruch 87 1ff.; Fälligkeit 85 15, 31; 87 8ff.; Geldfaktor 85 14; 87 14ff., 25; *Berechnung* 87 27ff.; *Stundenlohn* 87 28, 30; *Tagessatz* 87 29f.; Kurzarbeit 87 36ff.; Lebensstandardprinzip 87 17; Lohnausfallprinzip 44 104; Pfändbarkeit 87 5; Referenzperiodenprinzip 81 1; 87 18f.; Referenzprinzip 44 104; 50 250; 64 27; 87 14, 31ff.; Unabdingbarkeit 87 2ff.; Verdiensterhöhung 87 32ff.; Verdienstkürzung 87 35; Verrechnung 87 12; Verzug 87 11; Vorschuss 87 13; Zeitfaktor 85 14; 87 14ff., 20f.

Urlaubsgeld, Arbeitsvertrag 87 52; Betriebsübung 87 54; Betriebsvereinbarung 87 53; Einnahmen aus

Fette Ziffern = Paragrafen — Sachverzeichnis

nichtselbständiger Arbeit **62** 8; Elternzeit **192** 22 f.; Gesamtzusage **87** 54; Günstigkeitsvergleich **253** 39; Rechtsnatur **87** 51; Tarifvertrag **87** 52; Teilzeitbeschäftigte **50** 255; Unpfändbarkeit **74** 100; **87** 55

Urlaubsgewährung, Arbeitsvertragsrecht **4** 9; Grundrechtskonflikt **7** 53; Kündigung des Arbeitsverhältnisses **86** 91; Urlaubsanspruch, Erfüllung **86** 43 ff.; Urlaubszeitraum, Festlegung **86** 44 f.

Urlaubskassen, Gemeinsame Einrichtungen **242** 2, 14

Urlaubsrecht, arbeitnehmerähnliche Personen **21** 14; Tarifdispositivität **237** 109; Tarifmacht **237** 94

Urlaubsregelungen, Bezugnahme **246** 38

Urlaubstage, Günstigkeitsvergleich **253** 39

Urlaubsüberschreitung, Kündigungsgrund **124** 35

Urlaubsvergütung, Berechnung **87** 41 ff.; einheitliche **87** 5

Urlaubsverweigerung, Ersatzurlaub **86** 15 ff.

Urlaubswunsch, Leistungsverweigerungsrecht des Arbeitgebers **86** 65 f.; Urlaubsanspruch, Erfüllung **86** 62 ff.

Urlaubszeitraum, Festlegung **85** 10

Urteilsverfahren, Tarifdurchsetzung **255** 4; Verfahrensrecht **4** 7

USA, Diskriminierungsschutz **15** 7

Veranstaltungen, nichtgewerbliche, Sonntagsarbeit/Feiertagsarbeit **185** 22

Verbände, Auflösung **245** 58; fehlerhafte **245** 23; Folgepflicht **257** 64; Fusion **245** 58; Haftung, gesamtschuldnerische **259** 32 ff.; Insolvenz **245** 47; mächtige **223** 29; Tariffähigkeit **232** 12 ff.

Verbände, gelbe, Gewerkschaftseigenschaft **222** 7

Verbandsaustritt, Austrittsfrist **245** 42; Blitzaustritt **245** 48 f.; Dynamik **246** 68; Mitgliedschaftsbeendigung **245** 42; Tarifflucht **247** 15; wichtiger Grund **245** 43

Verbandsautonomie, Arbeitsrecht **5** 11

Verbandsbeitritt, Informationspflicht **245** 25

Verbandsmitgliedschaft, Aufhebungsvertrag **245** 42; Ausschluss des Mitglieds **245** 42; Bedingung **245** 44; Befristung **245** 44; Betriebsnormen **245** 37 ff.; Einverbandsmodell **245** 28 ff.; Ende **245** 42 ff., 52 ff.; Gerichtsbarkeit, ordentliche **245** 78; Inhaltsnormen **245** 36; Kündigung **245** 42; *außerordentliche* **245** 43; Pflichtverletzungen **245** 42 ff.; Stufenmodell **245** 28 ff.; Tod des Mitglieds **245** 46; Zwei-Mitgliedschaften-Modell **245** 28 ff.; Zweiverbändemodell **245** 31 ff.

Verbandstarifvertrag, Ablöseprinzip **256** 7; Allgemeinverbindlichkeit **248** 115; Arbeitskampf **272** 31 f.; Betriebsübergang **247** 7, 10; Bezugnahme **246** 21, 46; firmenbezogener **238** 46; **272** 31; *Streikziel* **272** 40; Friedenspflicht **272** 48; Geltungsbereich, persönlicher **238** 46 f.; Gemeinsame Einrichtungen **242** 4; Öffnung durch Haustarifvertrag **252** 10; Tarifkonkurrenz **256** 11; Tarifvertragsparteien **225** 5; unternehmensbezogener **225** 5; Unternehmensumwandlung **26** 34 ff.; **247** 43; Versorgungsleistungen **206** 71 f.; Vertretungsmacht, organschaftliche **234** 19

Verbandsuntergliederungen, Tariffähigkeit **232** 56 ff.

Verbandszuständigkeit, s. *Tarifzuständigkeit*

Verbeamtung, Koalitionsfreiheit **220** 68 ff.

Verbesserungsvorschläge, technische, einfache **98** 59 f., 63; Mitbestimmung **98** 63 f.; qualifizierte **98** 55 ff., 62; Rechtswegzuständigkeit **98** 66 f.; Verwertungsrecht **98** 54

Verbote, Tarifnormen **251** 11

Verbotsgesetze, Betriebsvereinbarungen **38** 6; Diskriminierungsverbote des AGG **38** 5, 8; Koalitionsfreiheit **38** 8; Nichtigkeitsfolge **32** 7; **38** 2 ff., 9, 58; Straftatbestände **38** 7; tarifliche Regelungen **251** 20 f.; Tarifnormen **38** 6; Tarifvertrag **234** 41

Verbraucher, Arbeitnehmer **9** 3 ff., 7; Geschäftsführer **9** 5

Verbraucherinsolvenzverfahren, Arbeitnehmer **27** 9

Verbraucherschutz, Arbeitgeberdarlehen **9** 14; Arbeitnehmerdarlehen **9** 15; Arbeitsrecht **9** 1, 6

Verbrauchervertrag, Arbeitsvertrag **8** 56; **37** 23; **103** 157

Verbraucherwiderrufsrecht, Änderungsvertrag **9** 11; Aufhebungsvertrag **9** 11 f.

Verdachtskündigung, Anhörung des Arbeitnehmers **108** 19; **124** 97; **126** 5 ff., 20; *Entbehrlichkeit* **126** 9; Anhörung des Betriebsrats **126** 22; Berufsausbildungsverhältnis **126** 2, 7; Bestreiten **126** 15; Beweislast **126** 4; Darlegungslast **126** 4, 13 ff.; Datenschutz **126** 8, 23; dringender Verdacht **126** 4; Ermittlungen **125** 7; Ermittlungsverfahren **126** 11; go sick-Fälle **276** 46; Kündigung, außerordentliche **124** 70; **126** 1 ff.; Kündigung, ordentliche **126** 27 ff.; Kündigungsart **108** 48; Pflichtverletzung, schwere **126** 1, 3 f., 26; Präklusionswirkung **130** 116; Sachverhaltsaufklärung **126** 3, 5 ff., 10 ff.; Stellungnahme des Arbeitnehmers **126** 3; strafbare Handlungen **126** 1, 3 f., 10, 26; Strafverfahren **126** 11 f., 14; Tatsachen, neue **126** 19 ff.; Tatsachen, objektive **126** 4; Überwachung, verdeckte **126** 26; Verwertungsverbot **126** 23 f.; Wiedereinstellungsanspruch **126** 30 f.; Wiedereinstellungspflicht **32** 61 f.

Verdienstsicherungsregelungen, Tarifmacht **237** 72

Vereinbarkeit von Beruf und Familie, Tarifpolitik **225** 28

Vereinbarungen, außertarifliche, s. *Tarifvereinbarungen, schuldrechtliche*

Vereine, Arbeitsverhältnisse, befristete **103** 64; Auflösung **223** 15; Eintragung **223** 11; Gründung **223** 11; Gründungsmangel **223** 12; Mitgliederverlust **223** 17; Mitgliedschaft **224** 1 ff.; nichtrechtsfähige **223** 14, 41; *Betriebsverfassungsrecht* **285** 59; Organe **223** 22; rechtsfähige **223** 13 f.; *Betriebsverfassungsrecht* **285** 51; Verbindlichkeit **223** 36 ff.; Rechtsfähigkeit, Entzug **223** 17; Rechtsfähigkeit, Verlust **223** 16; Satzung **223** 11, 18; Vereinsvermögen, Liquidation **223** 16; Vereinszweck **223** 19; Verfassung **223** 18 ff.

Vereinigung Cockpit, Rechtsform **223** 5; Tariffähigkeit **222** 17

Vereinigungsfreiheit, Betätigung, wirtschaftliche **216** 8; EMRK **12** 3; Europäische Sozialcharta **12** 6; Grundrechtecharta **12** 15; Grundrechtsschranken **218** 55; Koalitionen **218** 13; Koalitionsfreiheit **218** 55

Vereinsfreiheit, Gewerkschaftsbewegung **2** 17 f.

Vereinsgewalt, Sanktionen **224** 42 ff.

Vereinsgewohnheitsrecht, Gewerkschaften **223** 6

Vereinssatzung, s. *Satzung*

Vereinsschiedsgerichte, Koalitionen **223** 22

Vereinsvorstand, Beschäftigteneigenschaft **22** 38; Rechtsstellung **22** 33

Vereinte Nationen, Allgemeine Erklärung der Menschenrechte; s. *dort*; Diskriminierungsschutz **15** 8

Verfahren, arbeitsgerichtliches, s. *Arbeitsgerichtliches Verfahren*

Verfallklauseln, Arbeitsverhältnis **71** 12 ff.; einseitige **71** 23 f.; Fristbeginn **71** 27; Fristlänge **71** 31 ff.; Geltendmachung des Anspruchs, außergerichtliche **71** 35 ff.;

1679

Sachverzeichnis

Magere Ziffern = Randnummern

Geltendmachung des Anspruchs, gerichtliche **71** 40; Inhaltskontrolle **57** 18; **71** 31 ff.; Kündigungsschutzklage **71** 41; Rechtsnachfolge **71** 25; Rückwirkung **71** 26; Stufenklage **71** 40; Zahlungsklage **71** 40; zweistufige **71** 29, 39
Verfassungsbeschwerde, Koalitionsrechtsschutz **220** 112, 117; Tarifnormen **244** 41, 43
Verfassungsschutz, Sicherheitsüberprüfung **33** 181, 200 ff.
Verfassungstreue, Demonstrationsteilnahme **32** 102; öffentlicher Dienst **32** 99 f., 102; **33** 206
Verfilmungsvertrag, Rechteübertragung **166** 18
Verfrühungsschaden, Arbeitsverhältnis **43** 40; Wettbewerbsverbot **54** 18
Vergaberecht, Mindestlohn **250** 11; Rechtstreue **250** 4; Tariftreue **221** 25; **250** 1, 12; Koalitionsfreiheit, negative **219** 29
Vergleich, Abfindung **134** 14 f.; Abfindungsvergleich **134** 27; Anfechtung **134** 21 ff.; Angemessenheitskontrolle **134** 31; Arbeitslosengeld **134** 18; Arbeitsverhältnis, Fortsetzung **134** 19 f.; arglistige Täuschung **134** 24; Aufhebungsvergleich **134** 27 f.; Ausgleichsverfahren, Fortsetzung **134** 32 f.; Ausgleichsquittung **137** 1 f.; außergerichtlicher **103** 106 f., 109 ff.; Beendigungsvergleich **134** 17, 26; Befristung **134** 20; Befristungsvereinbarung **103** 103 ff.; Begriff **134** 6; Billigung **254** 28; Doppelnatur **134** 5; Drohung **134** 25; Einkommensteuerpflicht **134** 4, 16; gerichtlicher **103** 106 ff.; Geschäftsunfähigkeit **134** 27 f.; Günstigkeitsvergleich **254** 33; Irrtum **134** 29; Irrtum über streitausschließenden Umstand **134** 29; Kündigungsrechtsstreit **134** 4; Kündigungsschutzprozess **134** 1 ff.; Kündigungsschutzverfahren **134** 14 f.; Nachgeben, gegenseitiges **134** 6; Protokollierung **134** 8; Prozessvergleich **134** 1 ff.; Rechtsirrtum **134** 29; Rechtsstreit, anhängiger **134** 7; Rücktritt **134** 26, 30, 33; Scheingeschäft **134** 27; Scherzgeschäft **134** 27; Schiedsvergleich **134** 3; Schriftform **134** 8 f.; Sittenwidrigkeit **134** 27; Sozialversicherung **134** 14; Sperrzeit **134** 18; Störung der Geschäftsgrundlage **134** 30; tarifliche Rechte **254** 17, 26; Tatsachenvergleich **137** 26; **254** 27; Verbot, gesetzliches **134** 27; Verfahren, schriftliches **134** 9; Verfahrensfehler **134** 32; Verfügungsbefugnis **134** 27; Vergleichsvorschlag, übereinstimmender **134** 9; Verzicht **254** 26 ff.; Vorbehalt, geheimer **134** 27; Widerrufsvorbehalt **134** 10 ff.; Zustimmung **254** 26, 28 ff.; Zwangsvollstreckungsmaßnahmen **134** 2 f.
Vergleichsverfahren, Mutterschutz **190** 59
Vergleichsvertrag, tarifliche Regelungen **241** 7
Vergnügungseinrichtungen, Sonntagsarbeit/Feiertagsarbeit **185** 23
Vergütung, Abführungspflicht **224** 28 f.; Arbeitsentgelt **60** 1; Üblichkeit **60** 103 f.
Vergütung, übliche, tarifliche Vergütung **251** 25
Vergütungsgefahr, Arbeitsleistung **76** 1 ff.
Vergütungsklage, *s. Entgeltklage*
Verhalten, außerdienstliches, Arbeitnehmer **55** 1; Arbeitspflicht **55** 47 ff.; Ethikrichtlinien **55** 45; Kündigung, außerordentliche **124** 46 ff.; Ordnungsverhalten **55** 45 ff.; Persönlichkeitssphäre **94** 22
Verhaltenspflichten, Arbeitnehmer **55** 3; **54** 1; **55** 1; *gegenüber Arbeitskollegen* **55** 14; Weisungen **40** 27
Verhaltensregeln, Rücksichtspflichten **40** 23
Verhaltensrichtlinien, Arbeitnehmerverhalten **94** 23

Verhältnismäßigkeitsprinzip, Allgemeinverbindlichkeit **248** 40, 101; Arbeitskampf **269** 21 ff., 25 f., 29; **272** 76 f.; *Geeignetheit* **272** 68; Einschätzungsprärogative **269** 9, 29; **272** 68, 74, 79 f.; Proportionalität **272** 73 ff.; Streik **272** 64 ff.; Ultima-ratio-Prinzip **272** 69 ff.
Verhandlungsanspruch, Friedenspflicht **257** 28; Tarifrecht **226** 8; **237** 1; Vereinbarung **257** 57
Verhandlungsgehilfen, culpa in contrahendo **34** 10
Verhinderung, persönliche, Inhaltsnormen **239** 22
Verjährung, Arbeitnehmerhaftung **57** 17; Arbeitsentgelt **71** 43 ff.; Sozialversicherungsbeiträge **71** 49 ff.; tarifliche Rechte **254** 37, 40; Ultimo-Verjährung **57** 17
Verkaufsfahrer, Leistungsort **40** 51
Verkehrsflugzeugführer, Fortbildung, berufliche **150** 5
Verkehrshindernisse, Arbeitsverhinderung **41** 7
Verkehrsunfall, Arbeitnehmerhaftung **57** 11
Verkehrswesen, Arbeitszeithöchstdauer **182** 47; Arbeitszeitschutz **187** 1 ff.; Bereitschaftszeiten **187** 2; Fahrpersonal-Richtlinie **187** 2; Kontrollgeräte **187** 5; Lenkzeiten **187** 3, 5; Ruhezeiten **183** 2; **187** 3, 5; Ruhezeitverkürzung **183** 10; Sonntagsarbeit/Feiertagsarbeit **185** 26; Sozialvorschriften **187** 3
Verlängerungsfrist, Tarifvertrag **260** 10
Verleger, Direktionsrecht **167** 16, 19, 27 f.; Tendenzschutz **167** 17 ff., 27 f.
Verleiher, *s. Arbeitnehmerüberlassung*
Verletztengeld, Verdienstausfallrisiko **79** 7
Verlustbeteiligung, Sittenwidrigkeit des Arbeitsvertrags **38** 17
Verlustschutz, Rechtsmacht, einseitige **254** 20; Schuldübernahme **254** 19; tarifliche Rechte **254** 1 ff.; **255** 3; Verzichtsverbot **254** 15 ff.
Vermittlungsbudget, Förderung aus, Eingliederung, berufliche **29** 81 ff.
Vermittlungsgutschein, Arbeitsvermittlung **29** 51, 59 f.; *Beschäftigung, versicherungspflichtige* **30** 3; Behinderte **29** 51; Langzeitarbeitslose **29** 51
Vermittlungshemmnisse, Eingliederung, berufliche **29** 82a; Eingliederungszuschuss **29** 90a
Vermittlungsvertrag, Arbeitsvermittlung **29** 6; *private* **29** 47; Schriftform **29** 48; **30** 3
Vermögen des Arbeitnehmers, Schutzpflichten **91** 9
Vermögensbeteiligung der Arbeitnehmer, Abfindungsklauseln **68** 14; Arbeitsgerichte, Zuständigkeit **68** 15; Arbeitsverhältnis **68** 5; Arbeitsverhältnis, Beendigung **68** 12; Belegschaftsaktien **68** 3, 11; Beteiligungsgesellschaften **68** 4, 8; Beteiligungsverhältnis **68** 5; betriebliche **68** 4; betriebliche Altersversorgung **202** 109; Betriebsvereinbarung **68** 8 f.; Eigenkapitalbeteiligung **68** 1 f.; Einzelvertrag **68** 6; Fremdkapitalbeteiligung **68** 1; Genussrechte **68** 3; Gleichbehandlungsgrundsatz **68** 7; GmbH-Anteile **68** 3; Hinauskündigungsklauseln **68** 13; Inhaltskontrolle **68** 6; Investivlohn **68** 3; Kommanditeinlagen **68** 3; Kündigung der Beteiligung **68** 11 f.; Mitarbeiter-Gesellschafter **68** 13; Mitarbeiterbeteiligungs-Sondervermögen **68** 4a, 16; Mitbestimmung **68** 8; Rückübertragungsklauseln **68** 13; Steuerfreiheit **62** 21; stille Beteiligungen **68** 3; Tarifvertrag **68** 10; überbetriebliche **68** 4a; Verlustbeteiligung **68** 5
Vermögensbildung der Arbeitnehmer, allgemeine **202** 9; Vermögensbeteiligungen **68** 16 f.; vermögenswirksame Leistungen **68** 16 f.
Vermögensförderungspflichten, Arbeitgeber **93** 49
Vermögensgegenstände des Arbeitnehmers, eingebrachte, Arbeitgeberhaftung **93** 20 f.; *Erforderlichkeit*

93 30, 33; *Haftungsausschluss* **93** 22 f.; *Mitverschulden* **93** 21, 32; *verschuldensunabhängige Haftung* **93** 24 ff.; *Wertersatz* **93** 33; Aufwendungsersatz **93** 35 ff.; Eigenschäden **93** 24 ff.; *Ersatzanspruch* **93** 33; *Schadensausgleich, innerbetrieblicher* **93** 32, 34; *Veranlassung, betriebliche* **93** 24, 29; Fahrzeuge **93** 17, 19; Freizeichnungsklausel **93** 22; Fürsorgepflicht **91** 3 f., 15; Kleidung **93** 19; Lebensrisiko, allgemeines **93** 29; Obhutspflichten **93** 15 f.; Organisationsverschulden **93** 20; Persönlichkeitsrecht des Arbeitnehmers **93** 15 f.; Privatsachen, notwendige **93** 16; Risikoentgelt **93** 31; Sicherungsmaßnahmen **93** 19; Verkehrssicherungspflicht **93** 15, 17; Versicherungspflicht **93** 19; Verwahrungspflichten **93** 15 f.; Wertgegenstände **93** 19

Vermögensübertragung, Begriff **142** 209; betriebliche Altersversorgung **26** 69; Tarifnormen, Weitergeltung **247** 2; Unternehmensumwandlung **26** 8, 11; Unterrichtung des Betriebsrats **26** 88

Vermögenswirksame Leistungen, Arbeitnehmersparzulage **68** 16, 19 f.; Arbeitsentgelt **60** 9; **69** 2; Pfändungsschutz **74** 101; Steuerfreiheit **68** 16; Vermögensbildung der Arbeitnehmer **68** 16 ff.

Verpflegung, Lebensführung, private **93** 42

Versammlungsfreiheit, Arbeitnehmerversammlungen **298** 21; Einstellungsentscheidung **33** 11 f.; Koalitionsfreiheit **218** 13

Verschlusssachenzugang, Entzug, Kündigung **33** 111; *außerordentliche* **123** 28; Unvermögen **41** 10

Verschmelzung, Begriff **142** 204; betriebliche Altersversorgung **26** 68; Betriebsrat **26** 80; Betriebsratsfähigkeit **26** 81; Handelsregistereintragung **26** 14; Haustarifvertrag **26** 46; Tarifnormen, Weitergeltung **247** 2; Unternehmensmitbestimmung, Fortgeltung nach Umwandlung **26** 107; Unternehmensumwandlung **26** 8 f.; Vereine, rechtsfähige **223** 13; Widerspruchsrecht des Arbeitnehmers **26** 22

Verschmelzung, grenzüberschreitende, Kapitalgesellschaften **12** 54

Verschwiegenheitspflicht, Arbeitnehmer **54** 1, 32 ff.; berufspezifische **140** 3; Betriebsgeheimnisse **54** 32 ff.; Bindungsdauer **54** 43; Geschäftsgeheimnisse **54** 32 ff.; gesetzliche **54** 44 ff.; Herstellungsverbot **54** 46; nachvertragliche **54** 44 ff.; **140** 2, 4; nachwirkende **136** 2; öffentlicher Dienst **155** 66; Sprecherausschuss **312** 88 ff.; Tarifvertrag **54** 32; Unterlassungsklage **54** 46; **56** 2; Vereinbarung **33** 113; Vertragsstrafe **54** 47

Versetzung, Arbeitnehmer **25** 10; arbeitskampfbedingte **265** 27; **272** 25; **275** 4; **276** 54; **288** 18; Arbeitsvertragsrecht **40** 36 ff.; Arbeitszeitflexibilisierung **48** 37 ff.; Ausübungskontrolle **40** 39; Auswahlrichtlinien **308** 15; Begriff **40** 36, 56; Betriebsratswahlen **291** 90, 122; erweitertes Versetzungsrecht **40** 58 f.; Gleichwertigkeit der Tätigkeit **40** 38; Koalitionsfreiheit **219** 5; Mitbestimmung, personelle **40** 36; Mitbestimmungsrecht des Betriebsrats **4** 4; Mitbestimmungsrechte, Weitergeltung **26** 92; öffentlicher Dienst **40** 36, 38; tarifliche Regelungen **239** 25; Verhältnismäßigkeitsprinzip **124** 7; Versetzungskompetenz **40** 37; Versetzungsverpflichtung **40** 43; Weisungen **40** 27; Weisungsrecht des Arbeitgebers **40** 56; Weiterbeschäftigung des Arbeitnehmers **114** 54 ff.; Zustimmung des Betriebsrats **283** 18; *Entbehrlichkeit* **288** 18; Zustimmungsersetzungsverfahren **127** 15 ff.; Zustimmungsverweigerungsrecht **255** 24

Versetzungsklausel, Angemessenheitskontrolle **40** 39; Arbeitsort, Wechsel **40** 57; Konzernversetzungsklausel **40** 57; Transparenzgebot **40** 39

Versetzungsrecht, Sozialauswahl **115** 187

Versetzungsvorbehalt, Arbeitsort, Wechsel **40** 57

Versicherungsverein auf Gegenseitigkeit, Betriebsverfassungsrecht **285** 52; Vorstandsmitglieder; *s. Vorstandsmitglieder (VVaG)*

Versicherungsvermittler, Versorgungszusage **202** 4

Versicherungsvertreter, Entgeltfestsetzung, staatliche **60** 27; Wettbewerbsverbot **54** 5

Versicherungswirtschaft, Vergütungssysteme **65** 66

Versorgungsanstalt des Bundes und der Länder, Altersversorgung **202** 119 f.

Versorgungsanwartschaft, Arbeitnehmer, übernommene **142** 150; Gleichbehandlungsgrundsatz **14** 16

Versorgungsbetriebe, kommunale, Betriebsverfassungsrecht **284** 18

Versorgungsverpflichtung, Betriebsübung **10** 25

Versorgungswerke, berufsständische, betriebliche Altersversorgung **202** 32; Meldeverfahren zur Sozialversicherung **39** 5

Verspätung des Arbeitnehmers, Arbeitsentgelt **40** 101

Verteidigung, Arbeitszeitschutz **186** 27; Sonntagsarbeit/Feiertagsarbeit **185** 18

Verteidigungsfall, Dienstverpflichtung **31** 24 ff.

Verteidigungssektor, Fragerecht des Arbeitgebers **33** 108 ff.

Vertrag auf Arbeit, Abgrenzung **3** 12

Vertragsanbahnung, Mitteilungspflichten **35** 10, 15

Vertragsauslegung, Tarifvertrag **243** 1 ff.

Vertragsauslegung, ergänzende, Arbeitsvertrag **38** 11; **101** 18; Arbeitsvertragsbedingungen **37** 43

Vertragsautonomie, kollektive **3** 17

Vertragsbedingungen, Änderung **101** 1, 3; Befristung **117** 35

Vertragsbruch, Arbeitsleistung **43** 39, 47 ff.; Arbeitsverhältnis, Nichtantritt **42** 12; Bruttomonatsentgelt **42** 12; Kündigung, fristlose **43** 59; Vertragsstrafe **42** 12

Vertragsfreiheit, Abschlussfreiheit **2** 4; **31** 15 f.; *negative* **31** 15; Abschlussgebote **31** 16, 28; Abschlussverbote **31** 16, 28, 43 f.; Allgemeinwohl **31** 28, 30, 34; Arbeitgeber **31** 32 ff.; Arbeitnehmer **31** 18 ff.; **107** 18; Arbeitsvertrag **31** 1; Aufhebungsfreiheit **31** 15; Auswahlfreiheit **31** 36, 41 f.; Berufsfreiheit **1** 15; **5** 1; **31** 1 f.; Beschäftigungsverbote **31** 28; **32** 11 f., 6; betriebliche Altersversorgung **206** 1 f.; **207** 55; Gestaltungsfreiheit **2** 4; **31** 15, 17; *Arbeitszeitregelungen* **32** 32; Gewerbefreiheit **2** 2 f.; Gewerbeordnung **31** 9 f.; Gleichbehandlung **14** 2; Gleichbehandlungsgrundsatz **14** 48 ff.; Günstigkeitsprinzip **31** 30; Handlungsfreiheit, allgemeine **31** 1 f.; Inhaltsfreiheit **31** 17, 29 f., 43; negative **107** 17; Tarifvertrag, Vorrang **5** 3; Unternehmer **107** 17

Vertragsprinzip, Arbeitsrecht **1** 10

Vertragsstrafe, Akzessorietät **43** 48; Bruttomonatsgehalt **43** 53; Herabsetzung **43** 50; Höhe **43** 53; **55** 6; Inhaltskontrolle **38** 17; Konkurrenzen **43** 56; Sittenwidrigkeit **38** 17; Tarifdurchsetzung **255** 3; Unangemessenheit **43** 53; Verwirkung **43** 55; Zulässigkeit **43** 49

Vertragsstrafenvereinbarungen, Angemessenheitskontrolle **42** 12; **43** 49, 66; **56** 6; Anzeigepflichten **55** 12; Arbeitnehmerpflichten **56** 6; Ausübungskontrolle **43** 50; Bestimmtheitsgrundsatz **43** 50; blue pencil-test **43** 54; Einbeziehung **43** 50; Formularvertrag **43** 48 f., 53;

Sachverzeichnis

geltungserhaltende Reduktion **43** 54; Inhaltskontrolle **42** 12; **43** 48 ff., 66; Interesse, berechtigtes **43** 49, 51, 66; Konkretisierung **43** 50; Kündigungsrecht **43** 52; Leistungssicherungsfunktion **43** 48; Pflichtverletzung **43** 50; Schädigung des Arbeitgebers, schuldhafte **43** 66; Schlechtleistung **43** 51, 66; Teilbarkeit **43** 54; Transparenzgebot **43** 50, 66; unentschuldigtes Fehlen am Arbeitsplatz **43** 51; Unpünktlichkeit **43** 51; Verschuldenserfordernis **43** 52; versteckte Klausel **43** 50; Vertragsbruch **43** 47 ff., 50 f.; Wettbewerbsverbot, nachvertragliches **140** 102 ff.; Wiedergutmachungsfunktion **43** 48

Vertragstreue, Arbeitnehmer **53** 2; Arbeitsverhältnis **3** 19

Vertragsübernahme, Schriftform **234** 62

Vertrauensarbeitszeit, Arbeitsmenge **40** 87; Arbeitszeitautonomie **44** 44 ff.; Arbeitszeitflexibilisierung **47** 30; Arbeitszeitfreiheit **47** 30; Arbeitszeitplanung **47** 23 ff.; Aufzeichnungspflichten **47** 34 ff.; Bedarfsorientierung **47** 28; **48** 26; Entgeltfortzahlung im Krankheitsfall **47** 43 ff.; Flowtime **47** 3; Mehrarbeit **47** 31 ff.; Mindestlohngesetz **47** 35; Mitbestimmung **40** 65; Rahmenregelung **48** 27 f.; Selbstausbeutung, Tendenz zur **47** 27; Urlaub **47** 47 ff.; Vergütung **47** 31 ff.; Verhinderung, persönliche **47** 40 ff.; Verzicht auf Erfassung der Arbeitszeit **40** 87; Zeiterfassung **47** 30, 34; Zeitsouveränität **40** 104; **44** 30; **49** 10

Vertrauensleute, Gewerkschaften **289** 19 ff.; Minderheitenschutz **224** 18; Mitgliederbetreuung **220** 78

Vertrauensperson, Freistellung **198** 163; Kostentragung **198** 164; Rechtsstellung **198** 162

Vertrauensschutz, Koalitionsfreiheit **218** 80, 95; Rechtsprechungsänderung **6** 37; Tarifvertrag **237** 76 ff.

Vertreterversammlung, Satzung **223** 22; Vereinsverfassung **224** 13; Vereinszweck **224** 13 f.; Wahlrecht, passives **224** 14 f.

Vertretung, eines anderen Arbeitnehmers **103** 54; auflösend bedingte **103** 56; befristetes Arbeitsverhältnis **102** 1; **103** 54 ff.; Beschäftigungsbedarf **103** 54 f.; Elternvertretung **103** 54; mittelbare **103** 55; Zeitbefristung **103** 56; Zweckbefristung **103** 56

Vertretungsarbeit, Ankündigungsfrist **45** 103; Arbeitsplatzteilung **45** 72, 75, 93 ff.; Erfordernis, dringendes betriebliches **45** 99 f.; Mehrarbeit **45** 94; Vorabvereinbarung **45** 98 ff.; Zumutbarkeit **45** 101 ff.

Vertretungsorgane juristischer Personen, Betriebsverfassungsrecht **285** 46 ff.

Verwahrungsvertrag, Vertrag auf Arbeit **3** 12

Verwaltung, allgemeine, Betriebsübergang **142** 13

Verwaltungen, Arbeitszeitrecht **182** 57

Verwaltungsgerichtsbarkeit, Arbeitsschutz, Überwachung **174** 105; Unfallverhütung, Überwachung **174** 105

Verweisungen, *s. a. Bezugnahme*; Blankettverweisung **234** 52; Meistbegünstigungsvereinbarung **237** 14; Regelungen, gesetzliche **237** 13; Tarifvertrag, anderer **237** 5 f., 8, 14; Transparenzgebot **246** 35, 45; überraschende **246** 33; Unklarheitenregel **246** 34

Verweisungen, dynamische, AGB-Kontrolle **246** 33; Bezugnahmeklauseln **246** 8, 17, 48 ff.; große dynamische **246** 52 ff.; kleine dynamische **246** 49 ff.; Tarifentwicklung **246** 30; Tarifvertrag **219** 28, 30 f.; **234** 52; *anderer* **237** 9; *Kündigungsrecht* **237** 10; *nachwirkender* **237** 10 f.

Verweisungen, statische, AGB-Kontrolle **246** 33; Bezugnahme **246** 8; Tarifvertrag, anderer **237** 7, 12, 14; Tarifvertragsverfassung **246** 50

Verweisungsklausel, *s. Bezugnahmeklausel*

Verweisungsvertrag, Einbeziehungskontrolle **13** 22; Rechtswahl, ausdrückliche **13** 18

Verwertungsverbot, Prozessrecht **126** 24; **130** 94

Verwirkung, Abmahnung **114** 41; Anfechtung **38** 39; Anfechtungsrecht **38** 39; Arbeitsentgelt **71** 1; Betriebsübergang **142** 137; Entgeltansprüche **71** 10; Entgeltfortzahlungsanspruch **82** 45; Klagerecht **254** 36; Kündigung **109** 77, 81; **111** 19; außerordentliche **125** 1; Mindestentgelt **71** 11; Mindestlohn **71** 11; Sozialversicherungsbeiträge **71** 48; tarifliche Rechte **8** 22; **254** 1, 34 ff.; Überstundenvergütung **71** 10; Umstandsmoment **109** 77; **111** 19; **114** 41; **142** 115; Vertragsstrafe **43** 55; Widerspruchsrecht des Arbeitnehmers **142** 115; Zeitmoment **109** 77; **111** 19; **114** 41; Zeugnisanspruch **138** 19

Verzicht, Ausgleichsquittung **254** 25; Begriff **254** 16 ff.; tarifliche Rechte **254** 1 f., 16; Vergleich **254** 26 ff.

Verzichtsverbot, Betriebsübergang **254** 23; Klageverzicht **254** 18; pactum de non petendo **254** 18; Stundung **254** 18; Verlustschutz **254** 15 ff.

Verzug, Arbeitsentgelt **60** 7; Arbeitsleistung **43** 1, 3, 8 ff., 20; Entgeltzahlung **41** 12; **69** 14 ff.

Verzugslohn, Annahmeverzug des Arbeitgebers **76** 52 ff.; Anrechnung auf entgangenen Verdienst **76** 62 ff.; *Änderungskündigung* **76** 75; *Erwerb, böswillig unterlassener* **76** 72 ff.; Auskunftsrecht des Arbeitgebers **76** 70 f.; Ausschlussfristen **76** 57 f.; einstweilige Verfügung **76** 79; Fälligkeit **76** 56; Klageantrag **76** 77; *Vergütung, künftige* **76** 78; Klagehäufung, objektive **76** 79; Mindestlohn **76** 59; Verzicht **76** 60

Verzugsschaden, Entgeltzahlung **69** 15; Steuerprogressionsschaden **76** 61

Verzugszinsen, Entgeltzahlung **69** 15; Pauschale **69** 15a f.

Verzugszinssatz, Arbeitsverhältnis **9** 13

Vibrationsschutz, Arbeitsplätze **177** 30, 38; Beratung, medizinische **180** 34; Einzelrichtlinie **173** 27; Lärm- und Vibrationsschutzverordnung **177** 35 ff.; Mutterschutz **190** 6; Vibrationsschutzprogramme **177** 38; Wartungsprogramme **177** 38

Videoüberwachung, *s. a. Überwachungsmaßnahmen*; Datenlöschung **55** 34; öffentlich zugänglicher Ort **55** 34; Persönlichkeitsrecht des Arbeitnehmers **55** 30, 33 f.; **94** 7 f.; **126** 26; **130** 99 f.; Persönlichkeitsrechtsverletzung **288** 39; Unterlassungsanspruch, vorbeugender **94** 28; Zufallsfund **130** 101; Zulässigkeit **130** 99

Viking (Rs.), Streikrecht **217** 17; **227** 11; **269** 3, 9, 16, 24, 26 ff.

Viktimisierung, Benachteiligungsschutz **17** 31

Visum, Aufenthaltstitel **30** 9, 12; Erwerbstätigkeit, Aufnahme **30** 12; Van-der-Elst-Visum **30** 17

Volkshochschuldozenten, Arbeitnehmereigenschaft **19** 44 f.; **102** 3

Vollarbeit, Arbeitsintensität **40** 77; Inanspruchnahmeform **182** 22; Vergütung **182** 30

Vollbeschäftigung, Hinwirken auf **31** 7

Vollversammlung, *s. Betriebsversammlung*

Vollzeitarbeit, Regelarbeitszeit **45** 7

Vollzeitbeschäftigung, Arbeitsvermittlung **29** 5; Wirtschaftszweig **49** 2

Vollzeitschulpflicht, *s. Schulpflicht*

Fette Ziffern = Paragrafen **Sachverzeichnis**

Volontäre, Arbeitnehmereigenschaft **167** 14; Arbeitsentgelt **60** 98; Begriff **149** 209; **167** 12; Betriebszugehörigkeit **285** 29; Entgeltfortzahlung im Krankheitsfall **80** 4; Geschäftsfähigkeit **36** 25; Handelsvolontariat **167** 13; Kündigungsschutz, besonderer **129** 25; Massenentlassungen **121** 30; Medienarbeitsrecht **167** 12f.; Mindestlohn **167** 13f.; Mutterschutz **189** 6; Vergütung, angemessene **167** 13; Vertragsverhältnis **19** 35; **147** 54; **149** 202f., 210; **167** 13; *Arbeitsgerichte, Rechtswegzuständigkeit* **151** 24; Zeugnisanspruch **138** 2
Vorabentscheidung, Einigungsstellenverfahren **308** 83
Vorabentscheidungsverfahren (EuGH), Bindungswirkung **6** 39; Tarifnormen **244** 44
Vorausabtretung, Entgeltanspruch **73** 2, 10
Vorbehaltsannahme, s. *Änderungskündigung*
Vorbereitungsarbeiten, Sonntagsarbeit/Feiertagsarbeit **185** 31
Vorbeschäftigungsverbot, befristetes Arbeitsverhältnis **103** 121 ff.; Tarifdispositivität **103** 130; Teilzeitbeschäftigung **6** 38
Vorgründungsgesellschaft, Koalitionsfreiheit, kollektive **220** 2
Vorlageverfahren zum EuGH, s. *Vorabentscheidungsverfahren (EuGH)*
Vorleistung, Arbeitsentgelt **69** 6
Vorleistungspflicht, Arbeitnehmer **41** 12
Vorruhestandsleistungen, betriebliche Altersversorgung **202** 109; **207** 17
Vorsätzliche sittenwidrige Schädigung, Arbeitnehmerhaftung **57** 1
Vorschlagsrecht, Arbeitnehmer **290** 5, 19
Vorschuss, Entgeltvorauszahlung **67** 19ff.; **69** 10; Pfändungsschutz **74** 102; Rückgewähr **69** 12
Vorsorgemaßnahmen, medizinische, Entgeltfortzahlung **79** 4; **84** 15ff.; *Bewilligungsbescheid* **84** 19ff.; *Lastenbegrenzung* **84** 26ff.; *Mitteilungspflichten* **84** 28f.; *Nachweispflicht* **84** 29f.; **Vorstandsdienstvertrag**, Befristung **22** 24; Rechtsnatur **22** 24
Vorstandsmitglieder, Kündigung, außerordentliche **123** 7
Vorstandsmitglieder (Aktiengesellschaft), Anstellungsvertrag **22** 24f.; *Beendigung, ordentliche* **22** 26f.; *Kündigung, außerordentliche* **22** 28f.; *Kündigungsfrist* **22** 27; Arbeitgeberfunktionen **23** 10; Arbeitnehmerbegriff **22** 17, 37; betriebliche Altersversorgung **202** 47; Dienstverhältnis, freies **22** 12; Haftungsbeschränkung **57** 66; Kündigung, ordentliche **109** 14; Kündigungsfrist, verlängerte **109** 18; Kündigungsschutz **112** 15; Organstellung **22** 12; Rechtsstellung **19** 71; **22** 37; Sozialversicherungsrecht **22** 37; Weisungsfreiheit **22** 25
Vorstandsmitglieder (Genossenschaft), Anstellungsverhältnis **22** 30ff.; *Kündigung, außerordentliche* **22** 32; *Kündigung, ordentliche* **22** 31; Anstellungsvertrag **22** 30; betriebliche Altersversorgung **202** 47; Organstellung **22** 30; Rechtsverhältnis **19** 71; **22** 30
Vorstandsmitglieder (Verein), s. *Vereinsvorstand*
Vorstandsmitglieder (VVaG), betriebliche Altersversorgung **202** 47; Rechtsverhältnis **19** 71
Vorstellungsgespräch, Recht auf informationelle Selbstbestimmung **7** 42
Vorstellungskosten, Arbeitsvertragsrecht **4** 9; Erstattung **35** 13; **93** 39; *Auslandsbezug* **13** 84
Vorstrafen, Anfechtung des Arbeitsvertrags **38** 29; Auskunftseinholung **138** 63; Fragerecht des Arbeitgebers **33** 20, 33, 116 ff.

Vorverein, Koalitionsfreiheit, kollektive **220** 2
Vorvertrag, AGB-Kontrolle **36** 11; Arbeitsvertrag **36** 8, 10ff.; *Änderung* **36** 13; *Ergänzung* **36** 13; *Beendigung* **36** 12; *Einstellungspflicht* **32** 192; *Form* **36** 11; *Kündigung* **36** 12; *Rücktrittsvorbehalt* **36** 12; *Tarifvertrag* **234** 55, 58; **257** 57
Wachdienste, Nachleistung, Abbedingung **43** 9
Wachstums- und Beschäftigungsförderungsgesetz, Kündigungsschutz **107** 9
Wahlanfechtung, s. *Betriebsratswahlen, Anfechtung*
Wahlausschreiben, Betriebsratswahlen **291** 16; Regelungsverfügung **291** 18
Wahlbeeinflussung, Verbot **291** 268ff., 273
Wahlbehinderung, Verbot **291** 265ff., 273
Wahlbewerber, Auszubildende **129** 28; Kündigung, außerordentliche **124** 106; **127** 33, 37f., 42ff.; *wichtiger Grund* **127** 39ff.; Kündigungsausschluss **115** 202; Kündigungsschutz **291** 264; **292** 132; Kündigungsschutz, besonderer **127** 5, 9, 19, 21ff.; *Nachwirkung* **127** 28ff.; Rechtsstellung **292** 132; Versetzung **127** 14ff.
Wahlen, Straftaten **297** 69
Wahlen, öffentliche, Wählbarkeit, Verlust **291** 135
Wählerliste, Betriebsratswahlen **291** 65, 116, 137, 222ff.; Einspruch **291** 227, 232, 249, 256, 307; Jugend- und Auszubildendenvertretung **303** 11, 15
Wahlinitiatoren, Kündigungsausschluss **115** 202; Kündigungsschutz, besonderer **127** 13
Wahlleiter, Sitzung, konstituierende **294** 11f.
Wahlrecht, aktives, Altersgrenze **303** 8f.; Betriebsratswahlen; *s. dort*; doppeltes **303** 9; Jugend- und Auszubildendenvertretung **303** 8
Wahlrecht, passives, Altersgrenze **303** 12; Betriebsratswahlen; *s. dort*; Jugend- und Auszubildendenvertretung **303** 12ff.
Wahlschutz, Betriebsrat **110** 63; Betriebsratswahlen **291** 264ff.; Jugend- und Auszubildendenvertretung **303** 29f.; Kündigungsschutz **110** 63; Schwerbehindertenvertretung **198** 154; Sprecherausschusswahlen **311** 32f.
Wahlversammlung, Kündigungsschutz, besonderer **127** 5
Wahlvorstand, Amtsdauer **291** 212; Arbeitnehmerzahl, Feststellung **291** 153f.; Auszubildende **129** 28; Bestellung **291** 1, 14, 27f., 44, 181ff., 218; *Beschlussfassung* **291** 187; *Prioritätsprinzip* **291** 194, 205; *Wahlfehler* **291** 297; *Zustimmungserfordernis* **291** 188, 212; Betriebsfremde **291** 209; betriebsratsloser Betrieb **291** 195; Ersatzbestellung durch Amtsgericht **291** 189ff., 204; Ersatzbestellung durch Gesamtbetriebsrat **291** 193; Ersatzbestellung durch Konzernbetriebsrat **291** 193; Ersatzmitglieder **291** 211; Ersetzung **291** 215, 254; Jugend- und Auszubildendenvertretung **303** 21ff.; Kündigung, außerordentliche **124** 106; **127** 33, 37f., 42ff.; *wichtiger Grund* **127** 39ff.; Kündigungsschutz, besonderer **127** 5, 9f., 19, 21, 24; *Nachwirkung* **127** 28ff.; Kündigungsverbot **110** 55; **127** 33ff.; Mitgliederzahl **291** 206f.; Pflichtenkollision **291** 20; Schulung **291** 4; Verfahrensfehler **291** 218ff.; Versetzung von Mitgliedern **127** 14ff.; Vorsitzender **291** 210; Wahl in Betriebsversammlung **291** 198ff.; **298** 17; *Einladung* **291** 201a; *Einladungsberechtigung* **291** 200f.; *Stimmberechtigung* **291** 202; Wahlberechtigte **291** 208; Wahleinleitung **291** 17; Zusammensetzung **291** 206, 208ff., 218

1683

Sachverzeichnis

Magere Ziffern = Randnummern

Wahlvorstandsmitglieder, Arbeitsbefreiung **291** 216; Aufwendungsersatz **291** 216; Ehrenamt **291** 216; Entgeltfortzahlung **291** 216; Kündigungsausschluss **115** 202; Kündigungsschutz **291** 217, 264; Rücktritt **291** 214; Schulung **291** 280, 285; Verschwiegenheitspflicht **291** 217

Wahrheitspflicht, Treuepflicht **35** 14

Waisengelder, Einnahmen aus nichtselbständiger Arbeit **62** 8; Pfändungsschutz **74** 90

Wälder, Arbeitsstätten **177** 5

Wallfahrtsorte, Ladenschlussregelungen **188** 8

Wanderarbeitnehmer, Diskriminierungsschutz **15** 9; EU-Verordnung **5** 6; Mutterschutz **189** 4

Warnstreik, *s. a. Streik*; Arbeitskampfmittel **265** 5; Druckwirkung **272** 71; Tarifverhandlungen, Scheitern **272** 71; Ultima-Ratio-Prinzip **272** 71; verhandlungsbegleitender **266** 2

Wartegelder, Einnahmen aus nichtselbständiger Arbeit **62** 8

Wartezeit, Anrechnung **149** 198; Berufsausbildungsverhältnis, vorangegangenes **149** 198; betriebliche Altersversorgung **207** 16, 57; **210** 19; Elternzeit **192** 6; Entgeltfortzahlung im Krankheitsfall **50** 222; **80** 65ff.; Jahresarbeitszeitvertrag **46** 33; Kündigung, ordentliche **16** 60; Urlaubsanspruch **85** 9

Waschzeiten, Arbeitszeit **60** 20; Ruhezeiten **40** 84; Vergütung **182** 19

Wasserversorgungsbetriebe, Sonntagsarbeit/Feiertagsarbeit **185** 27

Wasserwerke, Betriebsverfassungsrecht **284** 18

Wechselhingabe, Arbeitsgerichte, Zuständigkeit **70** 2

Wechselschicht, Arbeitszeitnormen **40** 90; Pausen, Vergütung **40** 86; Zuschläge **155** 36

Wegegeld, Vergütung **93** 37

Wegerisiko, Arbeitnehmer **76** 84; Arbeitsleistung **43** 15, 24

Wegezeiten, Arbeitsschutz **182** 11; Arbeitszeit **60** 18; **182** 11, 13, 20; Begriff **182** 12f.; betriebsbedingte **182** 13; Betriebsverfassung **182** 11; Ruhezeiten **40** 84; Vergütung **182** 11, 13, 16

Wegfall der Geschäftsgrundlage, Änderungskündigung **117** 38; Vertragsänderungen **101** 18

Wegstreckenentschädigung, Zweckbindung **93** 31

Wehrdienst, Arbeitsverhältnis, Ruhen **3** 34; **41** 25; **129** 129; ausländische Arbeitnehmer **113** 124; **129** 122f.; ausländische Wehrpflicht **89** 22f.; Aussetzung **31** 19, 24; Berufsausbildungszeiten **147** 99; **149** 46, 91; Entgeltumwandlung, Fortsetzungsrecht **204** 52; Fragerecht des Arbeitgebers **33** 10; freiwilliger **31** 19; **129** 120f., 126; *Betriebsratswahlen* **291** 131; Kündigung, außerordentliche **110** 57; **124** 59; **129** 132; Kündigung, betriebsbedingte **129** 131; Kündigung, personenbedingte **113** 124; Kündigungsschutz, besonderer **109** 49, 51; **129** 130; Kündigungsverbot **110** 62; **129** 119ff.; Mitteilungspflicht **124** 59; Suspendierung **108** 3; Urlaubsabgeltung **89** 28; Urlaubsanspruch **89** 20ff.; Kürzung **89** 25

Wehrdienstverweigerung, Gewissensfreiheit **33** 10

Wehrübungen, Berufsausbildungszeiten **147** 99; **149** 46, 91; Kündigungsschutz, besonderer **109** 49; **129** 127, 130

Weihnachtsgeld, betriebliche Altersversorgung **202** 106, 109; **206** 35, 37; Einnahmen aus nichtselbständiger Arbeit **62** 8; Fälligkeit **66** 1; Leistungszweck **66** 8; Pfändungsschutz **74** 103; Rückzahlungsklausel **66** 35; Verwirkung **71** 10

Weimarer Reichsverfassung, Abgeordnetenmandat, Schutz **129** 72; Ämter, öffentliche **154** 10; Arbeits- und Sozialordnung **6** 3; Arbeitskampffreiheit **267** 2; Arbeitsrecht **1** 2; **2** 25; **5** 4; Berufsbeamtentum **154** 10f.; Kirchenartikel **158** 1ff.; Koalitionsfreiheit **2** 26; **217** 3; kollektives Arbeitsrecht **2** 28; Räteartikel **2** 27; **216** 11f.; Sonn- und Feiertagsruhe **185** 1; Tarifautonomie **217** 3; Wirtschaftsordnung **6** 14

Weimarer Republik, Achtstundentag **2** 29; Arbeitsgerichtsbarkeit **2** 33; Arbeitskampf **2** 32; Arbeitskampfrecht **267** 2f.; Arbeitslosenversicherung **2** 34; Arbeitsrecht **1** 5; Kündigungsschutz **2** 29; **107** 3f.; *Massenentlassungen* **2** 29; leitende Angestellte **20** 2; Schlichtungsrecht **2** 32; Stinnes-Legien-Abkommen **2** 23f.; Tarifvertrag **225** 13f.; Zwangsschlichtung **225** 14; **281** 1; **282** 8

Weisungen, Änderungskündigung **40** 26; Aufbewahrungspflicht **139** 13; betriebsbezogene **40** 23, 35; Billigkeitskontrolle **40** 22, 28f.; Diskriminierungsschutz durch AGG **16** 134; **40** 27; Einzelweisung **40** 23; Ermessen, billiges **40** 28f.; Gesetzwidrigkeit **40** 27; **41** 14; Grobsteuerung **40** 5f.; individuelle **40** 23; Kollektivvereinbarungen, Vereinbarkeit mit **40** 27; Kündigungsgrund **40** 33; Leistungsverweigerungsrecht **40** 31; **41** 14; Rechtsirrtum **40** 33; Rechtswidrigkeit **40** 31; Treuepflicht **40** 26; Unbilligkeit **40** 32; Unzumutbarkeit, persönliche **40** 31f.

Weisungsabhängigkeit, persönliche **40** 5

Weisungsänderung, Zumutbarkeit **40** 31

Weisungsbefolgung, Verweigerung **40** 33

Weisungsbindung, Arbeitnehmer **18** 17, 19, 21ff.; Digitalisierung der Arbeit **18** 31; fachliche **18** 23ff.; örtliche **18** 23, 30f.; zeitliche **18** 23, 28f.

Weisungsrecht des Arbeitgebers, Änderungskündigung **108** 42; Arbeitnehmerüberlassung **145** 113f.; Arbeitsbedingungen **101** 4; **117** 27ff.; Arbeitsleistung **11** 5; Arbeitsort **40** 60; Arbeitsverhalten **11** 12; Arbeitsvertrag **40** 5, 26; Arbeitszeit **11** 10; **40** 95f.; Arbeitszeitlage **40** 18; Ärzte **169** 6; Beschäftigung, Art der **11** 8; Beschäftigungsort **11** 9; Betriebsgestaltung **3** 47; Betriebsübung **10** 28; Betriebsverfassung **288** 1; Dienstleistungsanspruch, Unübertragbarkeit **40** 15; Direktionsrechtsklauseln, echte **18** 31; Direktionsrechtsklauseln, unechte **18** 31; Einzelweisungen **11** 7; Ermessen, billiges **11** 6; **40** 39, 52, 96; Erweiterung **117** 30f.; Fortbildung, unterlassene **150** 11; Gestaltungsfaktor **5** 5, 17; **11** 4; Gewissenskonflikt **40** 29; Gleichbehandlungsgrundsatz **14** 20f., 53; Grenzen **40** 26ff.; Grundrechte **40** 27; Inhalt **11** 6; Kodifikation **40** 5, 22; Leistungslohn **64** 5; Leistungsverhalten **11** 12; Leistungsverweigerungsrecht **41** 14; Leitungsmacht **11** 4; Mitbestimmung **40** 35; Nebenpflichten **40** 24f.; Nichtausübung **40** 33; Notarbeiten **40** 24f.; öffentlicher Dienst **154** 32; Ordnungsverhalten **11** 5, 11f.; Ort der Arbeitsleistung im Betrieb **40** 49; Platzwechsel **40** 49, 52, 55; Qualifizierung **150** 4; Seearbeitsrecht **163** 105; Sportler **168** 27; Tarifvertrag **239** 25f.; Tätigkeitsänderung, vorübergehende **40** 18, 42; Umfang **11** 6; **117** 2, 28; Umsetzung, betriebsinterne **40** 49, 52, 55

Weiterbeschäftigung, Arbeitsschutzkonformität **175** 29; Entgeltfortzahlung im Krankheitsfall **80** 10f.

Weiterbeschäftigungsanspruch, Änderungskündigung **131** 29; Annahmeverzug des Arbeitgebers **76** 19, 48f.; Antrag **131** 30ff.; Arbeitsverhältnis, bestehendes **32** 54; Arbeitsverhältnis, gekündigtes **131** 1ff., 12ff.;

1684

Aufhebungsvertrag **131** 26; Bedingung, auflösende **131** 25; Befristung **131** 25; Eigenkündigung **131** 27; einstweiliger Rechtsschutz **131** 32; Existenzsicherung **131** 2; Förderungspflicht **92** 6; Hauptpflicht **92** 1; Hilfsantrag, unechter **131** 30; Individualrecht **286** 31; Kündigung, nicht offensichtlich unwirksame **131** 16; Kündigung, offensichtlich unwirksame **131** 15; Kündigung, zweite **131** 28; Kündigungsschutzklage, Abweisung **131** 17; Kündigungsschutzklage, Stattgabe **131** 17; Kündigungsschutzprozess **92** 1; Mutterschutz **189** 7; Persönlichkeitsrecht, allgemeines **131** 3; Revisibilität **131** 18; Verzug des Arbeitgebers **69** 14; vorläufige Weiterbeschäftigung **131** 1 ff., 21
Weiterbeschäftigungspflicht, konzernbezogene **124** 82
Weiterbeschäftigungsverhältnis, Arbeitsverhältnis, faktisches **131** 41 f.; Arbeitsverhältnis, tatsächliches **131** 40; Bereicherungsrecht **131** 43 ff.; Bestandsschutzstreit **131** 38; Entgeltfortzahlung bei Krankheit **131** 51; Gratifikationen **131** 52 f.; Kündigungsrechtsstreit **131** 46 f.; Lohnanspruch **131** 49 f.; Mutterschutz **189** 7; Rechtsnatur **131** 33 ff.; Schutzpflichten **91** 14
Weiterbildung, Gemeinsame Einrichtungen **242** 4, 14
Weiterbildung, allgemeine, Arbeitnehmer **90** 29
Weiterbildung, berufliche, Abgrenzung **90** 23; Arbeitsförderung **29** 1, 89; Arbeitslosengeld **29** 76; Befristungsgrund **103** 66; Berufsbezogenheit **90** 25; Bildungsgutschein **29** 89; Förderungspflicht **91** 11; Freizeitausgleich **90** 26; Kostenbeteiligung **150** 40, 49 f.; Weiterbildungsträger, private **150** 6
Weiterbildungspflicht, Arbeitnehmer **55** 2
Weltanschauung, Begriff **16** 16; Benachteiligungsverbot **3** 35; **12** 32; **13** 110; **14** 32; **15** 5, 6; **16** 14, 16 f.; **103** 172; Diskriminierungsschutz durch AGG **16** 105 f., 109 ff.; Diskriminierungsverbot **32** 149; *Arbeitsvermittlung* **29** 29; Einstellungsentscheidung **33** 10; Fragerecht des Arbeitgebers **33** 25, 98; Ungleichbehandlung, zulässige **14** 42; **16** 95
Werhof (Rs.), Verweisung, dynamische **142** 106, 186
Werkdienstwohnung, Pflichten, nachwirkende **136** 1
Werkmeister, Arbeiterbegriff **19** 5
Werkmietwohnung, Pflichten, nachwirkende **136** 1
Werksleiter, Arbeitgebereigenschaft, betriebsverfassungsrechtliche **286** 11
Werkstätten für behinderte Menschen, Anerkennung **198** 166; **199** 1; Arbeitsentgelt **199** 5; Arbeitsleistung, Mindestmaß an wirtschaftlich verwertbarer **199** 2; Arbeitsverhältnis **199** 3; Aufgaben **199** 1 f.; Berufsbildungsbereich **199** 8; Betriebsverfassungsrecht **285** 65; Eingangsbereich **199** 8; Eingangsverfahren **199** 2; Fortbildungsmaßnahmen **150** 7; Frauenbeauftragte **199** 10; Massenentlassungen **121** 31; Mindestlohn **60** 29; **61** 6; Mutterschutz **189** 9; Rechtsverhältnis, arbeitnehmerähnliches **199** 3 f.; Rehabilitanden **199** 8; Untergrenze **199** 2; Werkstättenmitwirkungsverordnung **199** 1; Werkstättenverordnung **199** 1
Werkstattleiter, Fortbildungsrecht, gesetzliches **150** 7
Werkstattrat, Aufgaben **199** 9; Mitwirkungsrecht **199** 8 f.; Wahl **199** 8
Werkstattvertrag, Arbeitnehmereigenschaft **285** 65; Geschäftsunfähigkeit **199** 4, 7; Kündigung **199** 6; Schriftform **199** 4; Vertragsschluss **199** 4
Werkstudenten, Arbeitsrecht **149** 214
Werksvereine, Gegnerunabhängigkeit **218** 65
Werkswohnungen, Betriebsübergang **142** 145; Dienstwohnungen **142** 145; Mietwohnungen **142** 145; Teilkündigung **108** 44; Teilzeitbeschäftigte **49** 81 ff.; **50** 195 ff.
Werktage, Arbeitstage **182** 62; Samstag **182** 62
Werktarifvertrag, Tarifvertragsparteien **225** 5
Werkvertrag, Abgrenzung **3** 4 ff., 8 ff.; Dienstleistung **3** 5; Dienstvertrag, Verhältnis zum **3** 4 ff.; Entgeltgestaltung **3** 11; Entgeltlichkeit **3** 5; Entgeltrisiko **3** 9; Erfolg **1** 9; **3** 9 f.; Schwarzarbeit **32** 44
Werkvertragarbeitnehmer, Arbeitsschutz **176** 19
Werkzeuggeld, Aufwendungsersatz **93** 40; Steuerfreiheit **62** 14
Wertpapierhandel, Feiertagsarbeit **181** 24; **185** 42 f., 49
Wettbewerb, unlauterer, Arbeitskampf **221** 19; Koalitionsfreiheit **221** 17 ff.
Wettbewerbsabrede, Arbeitnehmer, ausgeschiedene **142** 153; Arbeitnehmer, übernommene **142** 152; Wettbewerbsverbot, nachvertragliches; *s. dort*
Wettbewerbsfreiheit, Arbeitnehmer **140** 1
Wettbewerbsschutz, Allgemeinverbindlichkeit **248** 12 ff.
Wettbewerbstätigkeit, *s. Konkurrenztätigkeit*
Wettbewerbsverbot, Abschlussverbot **32** 191; Annahmeverzug des Arbeitgebers **54** 17; Arbeitnehmer **152** 9; Arbeitskampf **276** 12; Arbeitsplatzwahlfreiheit **237** 43; Arbeitsverhältnis **54** 1 ff., 16; Aushändigung der Urkunde **39** 51; Auskunftsanspruch **54** 23; Begriff **54** 2; Berufsfreiheit **7** 78; **54** 4, 6; Betrieb eines anderen Unternehmens **54** 6 ff.; Betriebsübergang **54** 20; **142** 151; Eintrittsrecht **54** 21 ff., 25 ff.; Fragerecht des Arbeitgebers **33** 91; geheimes **140** 108; Geheimhaltungsabreden **54** 44; Geschäftemachen **54** 10 ff.; Gewinn, entgangener **54** 24; Hilfstätigkeiten **54** 4; Inhaltskontrolle **54** 31; Konkurrenztätigkeit, Unterlassung **42** 7; Kündigung **54** 18; Kündigung, betriebsbedingte **115** 266; Kündigungsschutzklage **54** 18; nachvertragliches, *s. Wettbewerbsverbot, nachvertragliches*; Rechnungslegungsanspruch **54** 23; Schadensersatz **54** 21 ff.; Schriftform **36** 38; Tarifmacht **236** 53; Transparenzgebot **54** 31; Treuepflicht **140** 1; Unterlassungsansprüche **54** 29; Unterlassungsklage **56** 4; Unternehmensänderung **54** 9 f.; Verfügungsschaden **54** 18; Verhalten, dienstliches **54** 2; Verjährungsfrist, kurze **54** 21, 27 f.; Vertragsbruch **54** 17; Vorbereitungshandlungen **54** 8, 12
Wettbewerbsverbot, nachvertragliches, Abschlussverbot **32** 191; AGB-Kontrolle **140** 17, 43; Arbeitskollisionsrecht **149** 17; Arbeitsverhältnis, Kündigung **140** 57 ff.; außerordentliche verhaltensbedingte Kündigung **140** 61 f.; Arbeitsverhältnis, nicht in Vollzug gesetztes **140** 19, 44; Arbeitsvertragsrecht **4** 9; **54** 16; Aufhebung **140** 56; Ausgleichsquittung **137** 20; Auskunftsanspruch **140** 106; Auszubildende **140** 5, 41; bedingtes **140** 53; Beginn **140** 19, 30; Berufsausübungsfreiheit **140** 17; Betriebseinstellung **140** 67; Betriebsübergang **140** 69 ff.; Betriebsvereinbarung **140** 8, 12; Bindungsfrist **140** 29 f.; Diskriminierungsschutz **16** 31; Drittbeteiligung **140** 39; Dynamik **140** 31 f.; Ehrenwort **140** 38; Handelsvertreter **140** 6; Höchstfrist **140** 29 f.; Inhalt **140** 17, 31 f.; Insolvenz des Arbeitgebers **140** 73 f.; Karenzentschädigung; *s. dort*; Lossagung **140** 57 ff.; Lösungsrecht des Arbeitgebers **140** 60 ff.; Mandantenschutzklauseln **140** 21 f.; Mängel **140** 34 ff.; minderjährige Arbeitnehmer **140** 37; Nichtigkeitsgründe **140** 35 ff., 41; Reichweite **140** 17 ff.; räumliche **140** 27 f.; zeitliche **140** 29 f.; Schadensersatzanspruch **140** 99, 107; Schriftform **140** 10 f.,

Sachverzeichnis

36; Sittenwidrigkeit **140** 42; tarifliches Wettbewerbsverbot **239** 32; Tarifvertrag **140** 8, 12; Tätigkeiten **140** 20f., 24; Tätigkeitswechsel **140** 32; Tod des Arbeitnehmers **140** 68; Transparenzkontrolle **140** 43; Unmöglichkeit, nachträgliche **140** 67ff.; Unterlassungsanspruch **140** 98; Unternehmensbezug **140** 25f., 108; Unverbindlichkeit **140** 45ff., 75; *teilweise* **140** 45, 48, 54; Urkunde, Aushändigung **140** 13ff.; Vereinbarung **136** 2; **140** 5ff.; Vereinbarung, vertragliche **140** 9ff., 18; Versicherung des Arbeitnehmers **140** 38; Verstöße gegen Vereinbarung **140** 97ff.; Vertragsstrafe **140** 102ff.; Verzicht **140** 64ff.; Wahlrecht **140** 46ff.; Zeitpunkt **140** 16

Wettbewerbsverhalten, Nebenpflichten, selbständige **53** 15; **54** 1; Verhalten, innerdienstliches **55** 1

Wettbewerbsverstoß, Abmahnung **54** 30; Kündigung des Arbeitsverhältnisses **54** 30; Vertragsstrafe **54** 31

Whistleblowing, anonyme Meldungen **55** 11; Beschwerderecht **176** 72; Betriebsrat **54** 42; externes **54** 41, 41f.; **55** 20; Gewerkschaft **54** 42; Grundrechtskonflikt **54** 41; Interesse, öffentliches **12** 5; interne Whistleblowing-Klausel **55** 11; Loyalitätspflichten **54** 1; **55** 1; Meinungsfreiheit **176** 72; Strafanzeigen **55** 20

Wichtiger Grund, s. *Kündigung, außerordentliche*

Widerruf zugesagter Leistungen, Formerfordernis **108** 7

Widerrufsklauseln, Inhaltskontrolle **37** 44

Widerrufsrecht, Aufhebungsvertrag **135** 38; Verlustschutz **254** 12

Widerrufsvorbehalt, Arbeitsentgelt **63** 14ff.; Arbeitsverhältnis, Änderungen **101** 6, 8ff.; **117** 33; Ausübungskontrolle **63** 23; **117** 33; Bestimmtheitsgebot **63** 17; Flexibilität, zeitliche **63** 3; Inhaltskontrolle **63** 14ff.; **101** 16; Prozessvergleich **134** 10ff.; Sachgruppenbildung **63** 20; Sonderzuwendungen **101** 8; Summierungseffekt **63** 20; Tariflohnunterschreitung **63** 21; Transparenzgebot **101** 10; Vergütung **101** 10; Zielvereinbarungen **64** 44

Wiedereingliederung, Schwerbehinderte **198** 62; Vertragsverhältnis sui generis **19** 62

Wiedereinstellung, Fürsorgepflicht, nachwirkende **32** 81, 83

Wiedereinstellungsanspruch, Abschlussgebote **239** 39; Abschlussnormen **239** 34; Arbeitsverhältnis, Beendigung **136** 5; nach Kündigung **32** 192; Nebenpflicht **91** 14

Wiedereinstellungsklauseln, Einstellungsgebote **32** 186; Sozialplan **32** 189; sozialpolitische Anliegen **32** 187

Wiederholungskündigung, Verbot **130** 115ff.

Wiedervereinigung, Einigungsvertrag **2** 48; Koalitionsfreiheit **217** 6, 10; Währungsunion **2** 48

Willensmängel, Arbeitsverhältnis **38** 1

Windhundprinzip, Einigungsstelle **308** 44

Winterausfallgeld, Steuerfreiheit **62** 17

Wintergeld, Mehraufwands-Wintergeld **153** 20f.; Mehraufwandswintergeld **29** 94; Zuschuss-Wintergeld **29** 94; **153** 20f.

Wirtschafts-, Währungs- und Sozialunion, Koalitionsfreiheit **217** 6, 10; Tariffähigkeit **229** 12; **232** 4

Wirtschaftsausschuss, Abberufung von Mitgliedern **307** 105; Absatzlage **307** 25; Amtsniederlegung **307** 108; Amtszeit **307** 101ff.; Angelegenheiten, wirtschaftliche **300** 60; **307** 21ff., 96; Arbeitgeber **307** 2; Arbeitsbefreiung **307** 111; Arbeitsmethoden **307** 28; *Einführung neuer* **307** 28; asset deal **307** 38; Aufgaben **307** 1, 21f.; Aufgabenübertragung auf Ausschüsse **307** 13ff.; Aufgabenwahrnehmung **300** 61; **307** 16; Auslandssitz des Unternehmens **307** 8; Ausschluss von Mitgliedern **307** 109; Begünstigungsverbot **307** 114; Benachteiligungsverbot **307** 114; Beratungsfunktion **307** 21, 39, 43, 113; Beschlüsse **307** 100; Beschlussverfahren, arbeitsgerichtliches **307** 118ff.; Betriebe, ausländische **307** 10; Betriebseinschränkung **307** 30; Betriebsgeheimnisse **307** 55ff.; Betriebsorganisation, Änderung **307** 32; Betriebsräteversammlung **301** 11; Betriebsstilllegung **307** 30; Betriebsübergang **142** 128; **307** 38; Betriebsverlegung **307** 30; Betriebszweck, Änderung **307** 32; Bildungsveranstaltungen **307** 112; Ehrenamt **307** 111; Einigungsstellenverfahren **307** 118, 122ff.; **308** 15; Einsichtnahme in Unterlagen **307** 53f., 97; Entgeltschutz **307** 113; Entgeltzahlung **307** 111; Errichtung **307** 3ff., 11f.; Ersatzmitglieder **307** 20, 110; Fabrikationsmethoden **307** 28; Geheimhaltungspflicht **307** 116; Gemeinschaftsbetrieb **307** 5; Generalklausel, doppelte **307** 23; Geschäftsführung **307** 72f., 100; Geschäftsgeheimnisse **307** 55ff.; Geschäftsordnung **307** 74; Größe **307** 17; Hilfsorgan des Betriebsrats **307** 1, 59f., 101; Interessen der Arbeitnehmer **307** 38; Investitionsprogramm **307** 26; Jahresabschluss, Erläuterung **307** 24, 46ff., 96; Kleinunternehmen **307** 6; Kostentragung **307** 117; Kündigungsschutz **307** 115; Lage, finanzielle **307** 24; Lage, wirtschaftliche **307** 24; Lagebericht **307** 64ff.; leitende Angestellte, Hinzuziehung **307** 18; Mitglieder **300** 61; Mitgliedschaft, Beendigung **307** 104ff.; Neubestellung der Mitglieder **307** 103, 110; Nichtöffentlichkeit **307** 79; Personalplanung **307** 45; Produktionslage **307** 25; Produktionsprogramm **307** 26; Protokollführer **307** 94; Prüfungsbericht des Abschlussprüfers **307** 51; Rationalisierungsvorhaben **307** 27; Sachverständige, Hinzuziehung **307** 93; Schulungsveranstaltungen **307** 112; selbständiger **307** 11f.; Sitzungen **307** 39, 75ff.; *Bericht an Betriebsrat* **307** 99; *Unterlagenvorlage* **307** 97; *vorbereitende* **307** 81; Sitzungsleitung **307** 89; Sitzungsniederschrift **307** 98; Steuerbilanz **307** 48; Streitigkeiten **307** 118; Tätigkeitsschutz **307** 113; Teilnahmerecht **307** 79ff.; *Arbeitgebervereinigungen* **307** 90; *Arbeitnehmer, sachkundige* **307** 85; *Betriebsrat* **307** 86; *Gesamt-Jugend- und Auszubildendenvertretung* **307** 92; *Gesamtschwerbehindertenvertretung* **307** 91; *Gewerkschaftsbeauftragte* **307** 87ff.; *Jugend- und Auszubildendenvertretung* **307** 92; *leitende Angestellte* **307** 85; *Schwerbehindertenvertretung* **307** 91; *Unternehmer* **307** 80ff.; Tendenzunternehmen **307** 1; Themen **307** 96; Umweltschutz, betrieblicher **307** 29; Unterlagenvorlage **307** 118; Unternehmen **307** 4; Unternehmensbereich, inländischer **307** 8f.; Unternehmensgröße **307** 3ff.; *Absinken der Arbeitnehmerzahl* **307** 3; *Konzernverhältnis* **307** 4; *Leiharbeitnehmer* **307** 3; *Verflechtung, wirtschaftliche* **307** 4; Unternehmenspolitik **307** 39; Unternehmensspaltung **307** 32; Unternehmensübernahme **307** 33f.; Unternehmenszusammenschlüsse **307** 31; Unternehmer **307** 2, 82; Unterrichtung durch Unternehmer **307** 40ff.; *Auskunftspflicht* **308** 12; *Einigungsstellenverfahren* **308** 12; *Ordnungswidrigkeiten* **307** 58; *Rechtzeitigkeit* **307** 42f.; *Unterlagenvorlage* **307** 49ff.; Unterrichtungsfunktion **307** 21, 40, 59ff., 113; Urteilsverfahren **307** 121; Verschmelzung **307** 31; Vorsitzender **307** 73, 95; Zusammenarbeit, vertrauensvolle **307** 63; Zusammensetzung **307** 17ff.

Fette Ziffern = Paragrafen

Sachverzeichnis

Wirtschaftslenkung, staatliche, Koalitionsfreiheit **221** 21 ff.
Wirtschaftsprüfer, Versorgungszusage **202** 39
Wirtschaftsrisiko, Arbeitgeber **41** 11; **76** 85; Auftragsschwankungen **115** 117; Sittenwidrigkeit des Arbeitsvertrags **38** 17
Wirtschaftsverfassung, Koalitionsfreiheit **221** 1 ff.
Wirtschaftszone, ausschließliche; *s. Ausschließliche Wirtschaftszone*
Wissenschaft, Arbeitsverhältnis, befristetes **37** 51
Wissenschaftliche Assistenten, Erfindungen **98** 61
Wissenschaftliche Mitarbeiter an Hochschulen, Arbeitsverhältnis, befristetes **102** 1; **103** 66
Wissenschaftliches Personal, Arbeitsverhältnisse, befristete **103** 64; **104** 2 ff.; Drittmittelfinanzierung **103** 107, 108; **104** 4 ff.; Höchstbefristungsdauer **104** 3; *Kinderbetreuung* **104** 6, 7; post-doc-Phase **104** 3
Wissenschaftsfreiheit, Arbeitsverhältnisse, befristete **103** 58; Persönlichkeitsrecht des Arbeitnehmers **94** 24
Wissenschaftszeitvertragsgesetz, Befristungen, Zulässigkeit **23** 9; **170** 63 ff.; wissenschaftliche Tätigkeit **170** 63
Witwengelder, Einnahmen aus nichtselbständiger Arbeit **62** 8; Pfändungsschutz **74** 90
Witwerversorgung, betriebliche Altersversorgung **202** 90; **206** 66
Wochenarbeitszeit, Arbeitszeitkorridor **40** 88; Arbeitszeitnormen **40** 90; Richtlinienrecht **12** 35; Tarifvertrag **40** 90; Teilzeitarbeit **49** 1 f.; Verkürzung **50** 11
Wöchnerin, Kündigungsschutz, besonderer **13** 147
Wohlfahrtseinrichtungen, Ruhezeitverkürzung **183** 8, 15 f.
Wohlfahrtspflege, Kirchen **158** 51
Wohnheime, Vermögensgegenstände des Arbeitnehmers, eingebrachte **93** 19
Wohnung, Unverletzlichkeit, Tarifvertrag **237** 51
Wohnungsbauprämien, Vermögensbildung der Arbeitnehmer **68** 16
Wohnungsrenovierung, Gesundheitsschutz **179** 36a
Wucher, Lohnwucher; *s. dort*
Wucherlohn, *s. Lohnwucher*
Zahlungsauftrag, Entgeltanspruch, Erfüllung **69** 3
Zahlungsklage, Betriebsratswahlen, Kosten **291** 285
Zahlungspflichten, Arbeitsverhältnis, Beendigung **136** 4
Zahlungsunfähigkeitsrichtlinie, Arbeitnehmerbegriff **22** 18
Zahlungsverzug, Arbeitgeber **114** 12
Zahnärzte in der Weiterbildung, Arbeitsverhältnisse, befristete **104** 8
Zeit, gesetzliche **182** 1
Zeitarbeit, Arbeitnehmerüberlassung **40** 14
Zeiterfassung, Arbeitnehmerschutz **48** 7; Arbeitsleistung außerhalb des Betriebes **48** 3a, 8; Arbeitszeitflexibilisierung **44** 70; Kommunikationsmittel, moderne **44** 50 ff.; Mitbestimmung **48** 22; Verfallklauseln **44** 70
Zeitlohn, Arbeitsentgelt **64** 4; Mitbestimmung **64** 9; Wechsel in Leistungslohn **64** 10, 17
Zeitsoldaten, Kündigungsschutz, besonderer **109** 49; **129** 127
Zeitsouveränität, Arbeitsplatzteilung **44** 41 f.; **45** 69, 84; **49** 10; Arbeitszeitflexibilisierung **44** 19, 30; Arbeitszeitgestaltung **44** 2; **49** 10; Arbeitszeitkonto **43** 9, 14; Führungskräfte **44** 79; Gleitzeit **47** 2; Gruppen-

arbeitszeitautonome **44** 19; Vertrauensarbeitszeit **40** 104; **43** 9; **44** 30; **49** 10
Zeitungen, Ladenschlussregelungen **188** 5
Zeitungszusteller, Hybridzustellung **61** 9; Mindestlohn **61** 9
Zeitzuschläge, Überstundenvergütung **40** 73
Zeugnis, Änderung **138** 48 ff.; Anführungszeichen **138** 21; Angaben, persönliche **138** 32, 37, 53; Anspruch **35** 27; Anspruchsgrundlage **138** 1 f.; Arbeitnehmer **138** 1; Arbeitsverhältnis, Beendigung **138** 9, 36, 53; Aufgabenbeschreibung; *Aufgaben* **138** 33; Ausgleichsquittung **137** 19; Ausschlussfrist **138** 17; Aussteller **138** 3 ff.; Berufsausbildungsverhältnis **149** 180 ff.; Beschwerderecht **138** 59; Betriebsratsbeteiligung **138** 58 f.; Betriebsratstätigkeit **138** 29; Betriebsübergang **138** 5, 47; Beweislast **138** 53 ff.; Bewertungen **138** 24, 26 f., 37 f.; Bindungswirkung **138** 47; Briefkopf **138** 20; Darlegungslast **138** 53 ff.; einfaches **35** 27; **138** 7, 9, 31 ff.; Eingruppierung **138** 35; Endzeugnis **138** 2, 8, 32; Erfüllungsort **138** 17; Ersatzzeugnis **138** 15; Fälligkeit **138** 53; Form **138** 20; Formatierung **138** 20; Formulierungen, doppelbödige **138** 40; Fortbildungsmaßnahmen **138** 33; Fremdsprache **138** 23; Frist **138** 9; Führungsbeurteilung **138** 37 f., 45; *Bewertungsskala* **138** 43; Geheimzeichen **138** 21; Haftung des Arbeitgebers **138** 55; Herausgabepflicht **139** 1; Holschuld **138** 12; Insolvenz des Arbeitgebers **138** 4; Klageantrag **138** 52; Kollusion **138** 57; Kopierfähigkeit **138** 20; Korrekturanspruch **138** 21, 49 ff.; Leistungsbeschreibung **138** 26 f., 39; Leistungsbewertung **138** 37 ff., 53 f.; *Notenskala* **138** 40 f.; Leistungsklage **138** 52; Nebenpflicht, Nachwirkung **91** 14; öffentlicher Dienst **155** 62; Personalratsbeteiligung **138** 58; qualifiziertes **35** 27; **138** 7, 9, 37 ff.; **149** 182, 184; **155** 62; *nach Erteilung eines einfachen Zeugnisses* **138** 14; Schadensersatz **138** 51, 55; *Schaden Dritter* **138** 56 f.; Schickschuld **138** 12; Schlussformel **138** 46; Schweigen, beredtes **138** 26; Sprache **138** 23 f.; Straftaten **138** 28; tarifliche Regelung **138** 11; Tarifmacht **236** 53; Tätigkeitsbeschreibung **138** 26, 34, 35, 53; Tätigkeitszeitraum **138** 33; Tod des Arbeitgebers **138** 6; Überschrift **138** 8, 32; Unabdingbarkeit **138** 16; ungefaltetes **138** 20; Unterbrechungszeiten **138** 30; Unterschrift **138** 20; Verhaltensbeschreibung **138** 26; Verhaltensbewertung **138** 37 f., 42 ff., 53 f.; *Bewertungsskala* **138** 42 f.; Verjährung **138** 18; Verständlichkeit **138** 22, 24; Vertragsbrüche **138** 27; Vertretungsvollmachten **138** 33; Verwirkung **138** 19; Verzicht **138** 16; Verzug **138** 50; Vollständigkeit **138** 26 ff.; vorläufiges **138** 8, 32; Wahlrecht **138** 9, 13; Wahrheitspflicht **138** 24, 27, 37, 56; **149** 183; Widerruf **138** 48; Wissenserklärung **138** 48; Wohlwollen **138** 25, 27, 40; **149** 183; Zwischenzeugnis **138** 2, 8, 10, 32, 47
Zielerreichungsprämie, Arbeitsleistung **40** 48
Zielvereinbarungen, Arbeitsleistungspflicht **64** 13; Auslegung **64** 43; Begriff **64** 36 ff.; Bestimmtheit **64** 39; Bonus **64** 36, 44 f.; Entgelt, leistungsabhängiges **64** 2, 42; Entgeltausfallprinzip **64** 48; Entgeltminderung **60** 23; Fehlzeiten **64** 48; Freiwilligkeitsvorbehalt **64** 44; Incentive **64** 36; Mindestentgelt **64** 40; Mitbestimmung **64** 49; Rahmenregelung **64** 39; unterlassene **64** 45 f.; Widerrufsvorbehalt **64** 44; Wirtschaftsrisiko **64** 41; Zielerreichung **64** 44, 47, 49; *teilweise* **64** 47a; Zielerreichungsgespräch **64** 46, 49; Zielfestlegung **64** 39; Zielkontrollgespräche **64** 49

1687

Sachverzeichnis

Magere Ziffern = Randnummern

Zielvorgaben, Weisungsrecht des Arbeitgebers **64** 37
Zinsvorteile, Arbeitsentgelt **60** 3
Zivildienst, Arbeitsverhältnis, Ruhen **3** 34; **41** 25; Arbeitszeitrecht **182** 53; Koalitionsfreiheit **218** 31; Kündigungsschutz, besonderer **109** 49; Kündigungsverbot **110** 62; Urlaubsanspruch **89** 29; Vertrauensmann der Zivildienstleistenden **283** 15
Zivilpakt, s. *Internationaler Pakt über bürgerliche und politische Rechte*
Zivilrechtsordnung, Arbeitsrecht, Verhältnis zum **1** 18; **5** 1 ff.
Zölibatsklausel, Arbeitsverhältnis, kirchliches **55** 49; Verfassungswidrigkeit **7** 61; **33** 15
Zölibatsregelung, Grundrechtswidrigkeit **237** 50
Zugangsermächtigung (Verschlusssachen), Kündigung, außerordentliche **123** 28
Zugangsrecht, s. *Zutrittsrecht*
Zukunftssicherungsleistungen, Einnahmen aus nichtselbständiger Arbeit **62** 8; Pauschalversteuerung **62** 31
Zulagen, Erschwerniszulage **64** 54; Funktionszulagen **64** 54; Sozialzulagen **64** 54; Zweckbindung **93** 31
Zulieferer, Arbeitskampf **279** 48 f.
Zurückbehaltungsrecht, Arbeitnehmer **41** 12; Arbeitsentgelt **73** 20 f.; Arbeitsleistung **114** 10 ff.; **273** 8; Arbeitsverweigerung **124** 31; Ausübung, kollektive **273** 13; Hinweispflicht **273** 8; Nebenpflichtverletzung **41** 14; Nichtbeschäftigung **92** 15; Tarifdurchsetzung **255** 3; Verhältnismäßigkeit **41** 12; Verlustschutz **254** 12
Zusagen, Leistungsbestimmung, einseitige **11** 1
Zusammenarbeit, vertrauensvolle, Betriebsverfassung **288** 1 ff.; **294** 38; **295** 165; **299** 11; **308** 1 f.; **310** 31 f.; Betriebsverhältnis **287** 9, 16; **288** 2 ff.; Einigungsstellenverfahren **308** 90; Sprecherausschuss **310** 20 ff.; **312** 14; Wirtschaftsausschuss **307** 63
Zusammenfassung, s. *Betriebszusammenfassung*
Zusammenlegung, s. *Betriebszusammenfassung*
Zusatzaltersversorgungsleistungen, betriebliche, Steuerfreiheit **62** 14
Zusatzleistungen, Inhaltskontrolle **40** 48
Zusatzpflichten, Entgeltminderung **60** 24
Zuschläge, Arbeitsentgelt **64** 50 ff.; Entgeltfortzahlung **64** 52; Inhaltsnormen **239** 10; Sonderzweck **64** 50; Steuerfreiheit **62** 15; Vergütungsbestandteile **64** 50 f.

Zuständigkeit, arbeitsgerichtliche, Aut-aut-Fälle **22** 42; Et-et-Fälle **22** 42; Sic-non-Fälle **22** 41; Tatsachen, doppelrelevante **22** 41; **130** 28
Zuständigkeit, internationale, Arbeitsverträge, individuelle **13** 173; Brüssel IIa-VO **12** 18; EuGGVO **13** 173 ff.; Schlichtungsverfahren **13** 177; Vorverfahren **13** 177
Zuständigkeit, örtliche, tarifliche Regelungen **241** 2
Zuständigkeitsfeststellungsverfahren, Tarifvertrag, Geltungsbereich **238** 64
Zutrittsrecht, Arbeitsplatz **289** 8; betriebsverfassungsrechtliches **289** 7 ff.; Gewerkschaften **217** 12; **289** 7 ff.; *betriebsfremde Gewerkschaftsangehörige* **289** 12 f.; koalitionsrechtliches **289** 12 f.; Mitgliederwerbung **220** 82 f., 85; Seeschiffe **309** 23; Tariffähigkeit **220** 83; Unterrichtung des Arbeitgebers **289** 9; Zutrittsverweigerung **289** 10 f.
Zuverlässigkeitstests, Verhältnismäßigkeit **55** 32
Zuzugssperre, Boykott, arbeitsrechtlicher **265** 11
Zwangspensionierung, Altersdiskriminierung **202** 68; betriebliche Altersversorgung **202** 68
Zwangsschlichtung, Arbeitskampf **220** 51, 114; **225** 14; **281** 1; **282** 8; Einigungsstelle **308** 6
Zwei-Komponenten-Lehre, Arbeitnehmerbegriff **285** 4, 6, 8; Arbeitnehmereigenschaft, betriebsverfassungsrechtliche **285** 4; zur Berufsausbildung Beschäftigte **285** 23; zur Berufsbildung Beschäftigte **285** 23; Betriebszugehörigkeit **291** 69 ff., 74 f.; Leiharbeitnehmer **285** 6, 8, 17; modifizierte **291** 75, 77
Zwei-Mitgliedschaften-Modell, OT-Mitglieder **245** 28 ff.
Zweitausbildung, Förderungsfähigkeit **29** 88
Zweitjob, Arbeitsvermittlung **29** 5
Zweiverbändemodell, Koalitionen **220** 26; **223** 1; OT-Mitglieder **245** 31 ff.
Zwingendes Recht, Gesetzesrecht, tarifdispositives **8** 24; Tarifgebundenheit **8** 24 f.
Zwischenfeststellungsklage, Tarifvertrag **244** 3
Zwischenmeister, Entgeltregelung **200** 31; Heimarbeit **200** 7, 16; Legaldefinition **16** 35
Zwischenzeugnis, Betriebsübergang **138** 47; Zeugnisanspruch **138** 2, 8, 10, 32;